Tschöpe (Hrsg.) **Anwalts-Handbuch Arbeitsrecht**

Anwalts-Handbuch
Arbeitsrecht

herausgegeben von

Dr. Ulrich Tschöpe

bearbeitet von

Dr. Lothar Beseler, Vors. Richter am LAG Düsseldorf
Peter Bopp, Vors. Richter am LAG Sachsen-Anhalt
Christoph Gross, Vors. Richter am LAG Sachsen-Anhalt
Dr. Susanne Hennige, Fachanwältin für Arbeitsrecht, Gütersloh
Dr. Hans-Jürgen Hiekel, Fachanwalt für Arbeitsrecht, Bielefeld
Barbara Holthöwer, Richterin am ArbG Duisburg
Ursel Kappelhoff, Fachanwältin für Arbeitsrecht, Hamburg
Dr. Alexius Leuchten, Fachanwalt für Arbeitsrecht, München
Dr. Wilhelm Moll, LL.M., Fachanwalt für Arbeitsrecht, Köln
Dr. Stefan Nägele, Fachanwalt für Arbeitsrecht, Stuttgart
Dr. Johannes Schipp, Fachanwalt für Arbeitsrecht, Gütersloh
Dr. Werner Schmalenberg, Fachanwalt für Arbeitsrecht, Bremen
Dr. Wienhold Schulte, Fachanwalt für Arbeitsrecht, Münster
Dr. Hans-Heinrich Schumann, Vors. Richter am LAG Hamm
Dr. Stefan Seitz, Fachanwalt für Arbeitsrecht, Köln
Dr. Ulrich Tschöpe, Fachanwalt für Arbeitsrecht, Gütersloh
Dr. Klaus Wessel, Richter am ArbG Hamm
Dr. Stefan Westhoff, Fachanwalt für Arbeitsrecht, Düsseldorf
Dr. Peter Wieland, Fachanwalt für Arbeitsrecht, München

1998

Zitierempfehlung: *Verfasser* in Tschöpe (Hrsg.),
Anwalts-Handbuch Arbeitsrecht, S. ...

Die Deutsche Bibliothek – CIP-Einheitsaufnahme

Anwalts-Handbuch Arbeitsrecht / hrsg. von Ulrich Tschöpe. Bearb. von Lothar Beseler ... – Köln: O. Schmidt, 1998
ISBN 3-504-42001-4

Verlag Dr. Otto Schmidt KG
Unter den Ulmen 96–98, 50968 Köln
Tel.: 02 21/9 37 38-01, Fax: 02 21/9 37 38-9 21

© 1998 by Verlag Dr. Otto Schmidt KG

Das Werk einschließlich aller seiner Teile ist urheberrechtlich geschützt. Jede Verwertung, die nicht ausdrücklich vom Urheberrechtsgesetz zugelassen ist, bedarf der vorherigen Zustimmung des Verlages. Das gilt insbesondere für Vervielfältigungen, Bearbeitungen, Übersetzungen, Mikroverfilmungen und die Einspeicherung und Verarbeitung in elektronischen Systemen.

Das verwendete Papier ist aus chlorfrei gebleichten Rohstoffen hergestellt, holz- und säurefrei, alterungsbeständig und umweltfreundlich.

Umschlaggestaltung: Jan P. Lichtenford, Mettmann
Gesamtherstellung: Bercker Graphischer Betrieb GmbH, Kevelaer
Printed in Germany

Vorwort

Je länger man sich selbst als Fachanwalt mit der Materie Arbeitsrecht befaßt, desto demütiger wird man – faktisch veraltetes Gesetzesrecht, kaum noch überschaubare Fluten rechtswissenschaftlicher Beiträge, gesetzliche Neuregelungen, die schon vor Inkrafttreten wieder modifiziert werden (SGB III) und interpretationsbedürftig bleiben sowie eine selbst in Dritter Instanz der Einzelfallgerechtigkeit verschriebene Rechtsprechung, die zudem von Widersprüchen und innerem Richtungsstreit nicht frei ist, machen die praktische Handhabung des Arbeitsrechts zu einem Drahtseilakt. Wegweiser sind deshalb gefragt. Neben klassischen Kommentaren zu einzelnen Gesetzen sind dies im wesentlichen Handbücher, die freilich gelegentlich darunter leiden, daß sie – mehrbändig und zwischen fünf- und sechstausend Seiten stark – gerade nicht mehr in eine Hand zu nehmen sind. Der Anspruch auf komplexe Vollständigkeit hat eben, auch im wahrsten Sinne des Wortes, seinen Preis.

Diesem Anwalts-Handbuch liegt deshalb die Idee zugrunde, ein griffiges Arbeits- und Nachschlagewerk für die Praxis zu schaffen, das auf hohem inhaltlichen Niveau die zur arbeitsrechtlichen Tagesarbeit unerläßliche Materie bereithält, ohne mit allzu breiter, grundlagenorientierter Wissenschaftlichkeit befrachtet zu sein. Auf die Behandlung im anwaltlichen Alltag sehr selten auftretender Randthemen (zB Wirtschaftsausschuß im Betriebsverfassungsrecht) glaubten wir daher im Sinne einer kompakten Darstellung verzichten zu können.

Seiner Namensgebung folgend wendet sich das vorliegende Buch an (Fach-)Anwälte, die – so möchte ich es ausdrücken – nicht ausschließlich und stets arbeitsrechtliche Mandate bearbeiten und die vielleicht gerade deshalb auf ein Medium angewiesen sind, das ihnen schnell und komplikationslos etwa schon vorhandenes Wissen in Erinnerung ruft oder aktualisiert und damit die arbeitsrechtliche Fallbearbeitung erleichtert. In gleicher Weise mag das Handbuch für Richter, Verbandsvertreter oder Personalleiter dienlich sein.

Der insgesamt sechsteilige Aufbau des Handbuchs ist am zeitlichen Ablauf eines Arbeitsverhältnisses orientiert: Teil 1 behandelt dementsprechend die Begründung von Arbeitsverhältnissen und ihre vertragliche Gestaltung, während im 2. Teil die gängigen Probleme im Rahmen eines bestehenden Arbeitsverhältnisses – zB Entgeltfortzahlung, Urlaub, Altersversorgung, Wettbewerbsverbote und Arbeitnehmerhaftung – zur Sprache kommen. Der 3. Teil widmet sich schwerpunktmäßig dem Kündigungsschutzrecht, dem der unmittelbaren Beziehung wegen das Kapitel zur Betriebsratsanhörung angegliedert ist. Das kollektive Arbeitsrecht findet sich im 4. Teil, dem sich das Thema Arbeitsgerichtsverfahren im 5. Teil anschließt. Den Schluß bildet im 6. Teil das durch öffentlich-rechtliche Vorgaben beeinflußte Arbeitsrecht mit Fragen zur (immer bedeutsameren) gesetzlichen Arbeitszeit, Arbeitsförderung und zur Arbeitnehmerüberlassung.

In der inhaltlichen Gestaltung der einzelnen Teile spiegelt sich der praxisnahe Zweck des Gesamtwerkes wider: Neben der ausformulierten, einer klaren

Systematik verpflichteten Problembeschreibung findet sich eine Vielzahl von – drucktechnisch besonders hervorgehobenen – Merkposten, Anregungen, (auch) taktischen Hinweisen, Checklisten und Beispielen, die dem Benutzer die gewünschte Hilfestellung geben sollen. Die abgestuften Gliederungen und das den tatsächlichen arbeitsrechtlichen Sprachgebrauch erfassende Stichwortverzeichnis bewirken ein übriges. Zur vertiefenden Themenbehandlung helfen vielfältige Literatur- und Rechtsprechungsnachweise. Dabei sind die Entscheidungen jeweils mit Datum angegeben, um ein Auffinden auch in anderen als den angegebenen Publikationen zu ermöglichen.

Dieses neue Arbeitsrechts-Handbuch zeigt die (auch individuelle) Handschrift seiner Autor(inn)en. Das war so beabsichtigt und trägt dem Umstand Rechnung, daß es sich sämtlich in ihrer Eigenschaft als Richter der Arbeitsgerichtsbarkeit oder als Fachanwälte um langjährig erfahrene Persönlichkeiten handelt. Für die notwendige Transparenz und Homogenität des Buches sollen teile- und kapitelübergreifende Querverweisungen sorgen.

Berücksichtigt sind alle gesetzlichen Neuerungen der letzten zwei Jahre, einschließlich des SGB III mit den vorläufig weiter geltenden Vorschriften des AFG. Literatur und Rechtsprechung sind bis März 1998 einbezogen.

Als Herausgeber danke ich an dieser Stelle allen Beteiligten sehr für ihren Beitrag zu diesem Werk, dem wir den erhofften Erfolg wünschen.

Für Anregungen und Verbesserungsvorschläge bin ich stets verbunden.

Gütersloh, im April 1998   Ulrich Tschöpe

Inhaltsübersicht

	Seite
Vorwort	V
Inhaltsverzeichnis	XI
Abkürzungsverzeichnis	XLV
Allgemeines Literaturverzeichnis	LIII

1. Teil
Begründung von Arbeitsverhältnissen und ihre vertragliche Gestaltung

A. Grundlagen *(Leuchten)*	1
B. Vertragstypisierung *(Leuchten)*	56
C. Anbahnung und Begründung des Arbeitsverhältnisses *(Moll)*	106
D. Internationales Arbeitsrecht *(Kappelhoff)*	161

2. Teil
Regelungen im Rahmen eines bestehenden Arbeitsverhältnisses

A. Gegenseitige Grundpflichten *(Schmalenberg)*	173
B. Entgeltfortzahlung *(Kappelhoff)*	423
C. Urlaub *(Gross)*	492
D. Vertragsstrafe und verwandte Regelungen *(Moll)*	560
E. Betriebliche Altersversorgung *(Schumann/Schipp)*	576
F. Nachvertragliches Wettbewerbsverbot *(Hiekel)*	700
G. Betriebsnachfolge *(Beseler/Bopp)*	737
H. Das Recht am Arbeitsergebnis *(Westhoff)*	801
I. Arbeitnehmerhaftung *(Westhoff)*	820

3. Teil
Änderung und Beendigung des Arbeitsverhältnisses

	Seite
A. Änderung der Arbeitsbedingungen *(Schulte)*	851
B. Der arbeitsrechtliche Aufhebungsvertrag *(Schulte)*	898
C. Ordentliche arbeitgeberseitige Kündigung *(Schulte)*	953
D. Kündigungsschutz nach dem KSchG *(Nägele)*	1016
E. Außerordentliche Kündigung *(Kappelhoff)*	1130
F. Sonderkündigungsschutz *(Schipp)*	1165
G. Kündigungen von A–Z *(Kappelhoff)*	1208
H. Befristete Arbeitsverhältnisse *(Schmalenberg)*	1243
I. Arbeitszeugnis *(Wessel)*	1281
J. Betriebsratsanhörung *(Moll/Seitz)*	1302

4. Teil
Kollektives Arbeitsrecht

A. Betriebsverfassungsrecht *(Hennige/Tschöpe/Kappelhoff)*	1363
B. Unternehmensmitbestimmung *(Westhoff)*	1681
C. Koalitions- und Tarifrecht *(Wieland)*	1716

5. Teil
Arbeitsgerichtsverfahren

A. Typische Klageziele *(Holthöwer)*	1809
B. Allgemeine Verfahrensfragen *(Holthöwer)*	1880
C. Das Urteilsverfahren 1. Instanz *(Holthöwer)*	1925
D. Berufungsverfahren *(Tschöpe)*	1941
E. Revisionsverfahren *(Tschöpe)*	1964
F. Nichtzulassungsbeschwerde *(Tschöpe)*	1980
G. Arbeitsgerichtliches Beschlußverfahren *(Wessel)*	1994
H. Zwangsvollstreckung *(Wessel)*	2078
I. Streitwert und Kosten *(Tschöpe)*	2107

6. Teil
Arbeitnehmerschutz und Arbeitsförderung

	Seite
A. Arbeitszeitrecht *(Hiekel/Zerbe)*	2143
B. Arbeitslosengeld, Arbeitslosenhilfe und Erstattung durch den Arbeitgeber (AFG, AFRG), SGB III im Überblick *(Hiekel)*	2175
C. Arbeitnehmerüberlassungsrecht *(Hiekel)*	2225
Stichwortverzeichnis	2261

Inhaltsverzeichnis

	Seite
Vorwort	V
Inhaltsübersicht	VII
Abkürzungsverzeichnis	XLV
Allgemeines Literaturverzeichnis	LIII

1. Teil
Begründung von Arbeitsverhältnissen und ihre vertragliche Gestaltung

A. Grundlagen *(Leuchten)*

	Rz.	Seite
I. Rechtsquellen, Europäisches Arbeitsrecht		
1. Kodifikationsbestrebungen	1	3
2. Rechtsquellen des Arbeitsrechts	8	5
3. Tarifvertrag	13	6
4. Recht der Europäischen Gemeinschaft	14	6
II. Arbeitnehmer		
1. Arbeitnehmerbegriff	19	8
2. Abgrenzung	51	23
3. Leitende Angestellte	80	33
4. Beamte und Arbeitnehmer im öffentlichen Dienst	121	50
5. Sonstige Gruppen	124	51
III. Arbeitgeber		
1. Unternehmer – Arbeitgeber	127	52
2. Träger der Arbeitgeberfunktionen im einzelnen	128	53

B. Vertragstypisierung *(Leuchten)*

	Rz.	Seite
I. Arten des Arbeitsvertrages		
1. Dauerarbeitsverhältnis	1	57
2. Befristeter Arbeitsvertrag	7	59
3. Probearbeitsverhältnis	58	75
4. Aushilfsarbeitsverhältnis	68	79
5. Leiharbeitsverhältnis	77	81
6. Gruppenarbeitsverhältnis	87	84
7. Job-Sharing, Job-Pairing	91	85
8. Teilzeitarbeit	92	85
9. Mittelbares Arbeitsverhältnis	102	88

	Rz.	Seite
II. Abgrenzung zu verwandten Verträgen	103	89
1. Dienstvertrag	104	89
2. Werkvertrag	105	89
3. Gesellschaftsvertrag	106	90
4. Entgeltliche Geschäftsbesorgung und Auftrag	107	90
5. Franchisevertrag	108	91
6. Familienrechtliche Mitarbeit	111	92
III. Berufsbildungsrecht		
1. Geltungsbereich des Berufsbildungsgesetzes	112	93
2. Berufsausbildungsvertrag	118	95
3. Beendigung des Berufsausbildungsvertrages	134	99

C. Anbahnung und Begründung des Arbeitsverhältnisses *(Moll)*

	Rz.	Seite
I. Ausgangspunkt	1	109
II. Vorbereitung	2	109
1. Stellenausschreibung durch den Arbeitgeber	3	109
2. Stellensuche durch den Arbeitnehmer	6	110
III. Einstellungsgespräch und Personalfragebogen		
1. Allgemeines	16	112
2. Einzelfälle	22	116
3. Rechtsfolgen falscher oder unterbliebener Information	46	125
IV. Eignungsüberprüfungen	56	128
1. Einstellungsuntersuchung	57	128
2. Genomanalyse	66	130
3. Psychologische Tests	67	130
4. Grafologische Gutachten	71	132
5. Führungszeugnis	72	132
6. Sicherheitsüberprüfung	73	132
7. Erkundigung beim bisherigen Arbeitgeber	74	133
V. Anbahnungsverhältnis		
1. Allgemeines	75	134
2. Einzelfälle	77	134
VI. Diskriminierung		
1. Verbot geschlechtsbezogener Diskriminierung	83	137
2. Rechtsfolgen und Verfahren	89	140
3. Quotenregelungen	100	144
VII. Vorstellungskosten	105	145
VIII. Abschluß und Wirksamkeit des Arbeitsvertrages		
1. Angebot und Annahme	109	146
2. Geschäftsfähigkeit	110	147

	Rz.	Seite
3. Scheingeschäft	111	147
4. Verstoß gegen ein gesetzliches Verbot	112	147
5. Sittenwidrigkeit	123	150
6. Unmöglichkeit	125	151
7. Formerfordernisse	126	151
IX. Fehlerhaftes Arbeitsverhältnis	141	155
X. Arbeitspapiere und Bewerberinformationen		
1. Arbeitspapiere	147	157
2. Bewerberinformationen	150	157
XI. Meldepflichten	157	159

D. Internationales Arbeitsrecht *(Kappelhoff)*

	Rz.	Seite
I. Einführung	1	162
II. Grundlagen		
1. Übersicht	2	162
2. Anwendungsbereich des Art. 30 EGBGB	4	163
III. Einvernehmliche Rechtswahl und ihre Einschränkungen		
1. Freiheit der Rechtswahl	6	163
2. Einschränkungen der Rechtswahl	8	163
IV. Bestimmung des Arbeitsvertragsstatuts bei fehlender Rechtswahl		
1. Regelanknüpfung	11	164
2. Gesamtheit der Umstände	15	165
3. Einzelfälle	17	165
V. Der Vorbehalt zugunsten zwingenden Rechts und zugunsten des deutschen ordre public		
1. Zwingendes Recht, Art. 34 EGBGB	22	167
2. Ordre public-Vorbehalt, Art. 6 EGBGB	25	168
VI. Auswirkungen des Arbeitsvertragsstatuts	27	168
VII. Kollektives Arbeitsrecht		
1. Betriebsverfassungsrecht	28	169
2. Tarifrecht	30	169
3. Arbeitskampfrecht	32	170
VIII. Prüfungsschema zum Arbeitsvertragsstatut	33	170

2. Teil
Regelungen im Rahmen eines bestehenden Arbeitsverhältnisses

A. Gegenseitige Grundpflichten *(Schmalenberg)*

	Rz.	Seite
I. Der Rechtscharakter des Arbeitsverhältnisses mit seinen Leistungs- und Nebenpflichten	1	178
II. Verpflichtungen des Arbeitnehmers		
1. Verpflichtung zur Arbeitsleistung und Leistungsstörungen	5	181
2. Treuepflicht – Allgemeine Interessenwahrnehmungs- und Unterlassungspflichten	179	231
III. Verpflichtungen des Arbeitgebers		
1. Pflicht zur Zahlung des Arbeitsentgelts	304	267
2. Durchsetzung und Sicherung des Arbeitsentgelts	606	348
3. Beschäftigungspflicht und Betätigungsanspruch	697	367
4. Fürsorgepflicht	712	371
5. Haftung des Arbeitgebers	776	390
6. Weiterbildungsmöglichkeit	808	398
7. Gleichbehandlung	815	400
8. Betriebliche Übung	869	417

B. Entgeltfortzahlung *(Kappelhoff)*

	Rz.	Seite
I. Annahmeverzug des Arbeitgebers		
1. Gesetzliche Grundlagen	1	426
2. Voraussetzungen des Annahmeverzuges	4	426
3. Beendigung des Annahmeverzuges	32	434
4. Rechtsfolgen des Annahmeverzuges	39	436
5. Anrechnung anderweitigen Verdienstes	48	438
6. Sonderfälle	62	442
II. Vergütungspflicht bei vorübergehender Verhinderung des Arbeitnehmers		
1. Grundlagen	87	450
2. Voraussetzungen der gesetzlichen Entgeltfortzahlungspflicht gemäß § 616 Abs. 1 BGB	88	451
3. Anmeldung/Unterrichtungspflicht	96	453
4. Wirkung: Fortzahlung des Arbeitsentgeltes	97	454
5. Anrechnung anderweitigen Erwerbs	98	454
6. Abdingbarkeit	99	454
7. Sonderfall: § 45 SGB V	102	455

	Rz.	Seite
III. Entgeltfortzahlung im Krankheitsfall		
1. Rechtsgrundlagen	105	455
2. Voraussetzungen der Entgeltfortzahlung	108	456
3. Dauer der Entgeltfortzahlung	124	460
4. Höhe der Entgeltfortzahlung	136	464
5. Anrechnung von Krankheitstagen auf den Erholungsurlaub	146	467
6. Anrechnung von Urlaub bei Maßnahmen der medizinischen Vorsorge und Rehabilitation	160	470
7. Kürzungsmöglichkeiten bei Sondervergütungen	168	472
8. Anzeige- und Nachweispflichten	173	474
9. Zweifel des Arbeitgebers an der Arbeitsunfähigkeit	189	478
10. Beendigung des Arbeitsverhältnisses	205	483
11. Anspruchsübergang bei Dritthaftung	209	484
12. Kostenausgleich in Kleinbetrieben	217	485
IV. Entgeltfortzahlung an Feiertagen		
1. Grundlagen	221	487
2. Anspruchsvoraussetzungen	224	487
3. Höhe des Feiertagsentgelts	230	489
4. Kurzarbeit, Feiertagsentgelt und Krankheit	234	489
5. Ausschluß des Anspruches	236	490

C. Urlaub *(Gross)*

	Rz.	Seite
I. Begriff und Rechtsgrundlage des Urlaubs		
1. Erholungsurlaub	1	494
2. Sonderurlaub	4	494
3. Hausarbeitstag	12	497
4. Bildungsurlaub	13	497
5. Rechtsgrundlagen des Urlaubsanspruchs	22	503
II. Erfüllung des Urlaubsanspruches		
1. Fälligkeit des Anspruchs	34	506
2. Freizeitgewährung	47	510
3. Urlaubsentgelt	63	517
4. Urlaubsgeld	77	520
5. Urlaubsanspruch bei Arbeitsplatzwechsel	80	521
6. Erwerbstätigkeit während des Urlaubs	85	522
7. Urlaubsabgeltung	89	524
III. Geltendmachung des Urlaubsanspruchs	102	529
1. Streit über den Umfang des Urlaubsanspruchs	103	529
2. Streit über die Festlegung der Urlaubszeit	106	530
3. Selbsthilfe des Arbeitnehmers	108	530
4. Die einstweilige Verfügung	109	531

	Rz.	Seite
5. Verfügung über den Urlaubsanspruch	111	532
6. Urlaubsanspruch bei Insolvenz des Arbeitgebers	117	534

IV. Urlaub und Mitbestimmung der Betriebsverfassungsorgane ... 121 ... 535
1. Die Aufstellung allgemeiner Urlaubsgrundsätze ... 123 ... 535
2. Die Aufstellung des Urlaubsplanes ... 124 ... 536
3. Urlaubsfestsetzung für einzelne Arbeitnehmer ... 128 ... 537
4. Grenzen der Mitbestimmung ... 130 ... 537

V. Der Urlaubsanspruch für besondere Beschäftigungsgruppen
1. Der Urlaub der Jugendlichen ... 133 ... 538
2. Der Urlaub im Bereich der Heimarbeit ... 137 ... 539
3. Der Urlaub für nicht vollbeschäftigte Arbeitnehmer ... 139 ... 540
4. Der Urlaub der arbeitnehmerähnlichen Personen ... 142 ... 541
5. Der Urlaub der Schwerbehinderten ... 143 ... 542
6. Urlaub und Wehrdienst/Zivildienst ... 152 ... 543
7. Der Urlaub im Baugewerbe ... 154 ... 544
8. Der Mutterschaftsurlaub ... 155 ... 545
9. Der Erziehungsurlaub ... 156 ... 545

VI. Krankheit und Urlaub
1. Erkrankung während des Urlaubs ... 167 ... 547
2. Auswirkungen auf das Urlaubsgeld ... 169 ... 548
3. Maßnahmen der medizinischen Vorsorge oder Rehabilitation ... 170 ... 548
4. Erkrankung während eines unbezahlten Urlaubs ... 176 ... 550

VII. Erlöschen des Urlaubsanspruchs
1. Erfüllung ... 179 ... 551
2. Ablauf des Urlaubsjahres und Übertragung in das nächste Urlaubsjahr ... 182 ... 552
3. Verjährung ... 187 ... 554
4. Ausschlußfristen ... 188 ... 554
5. Verzicht und Vergleich ... 194 ... 555
6. Verwirkung und Rechtsmißbrauch ... 198 ... 556
7. Tod des Arbeitnehmers ... 199 ... 556
8. Rückforderung zuviel gewährten Urlaubs ... 200 ... 557

VIII. Steuerpflicht
1. Urlaubsentgelt ... 202 ... 557
2. Urlaubsgeld ... 203 ... 558
3. Urlaubsabgeltung ... 204 ... 558

IX. Sozialpflichtversicherung
1. Urlaubsentgelt ... 205 ... 558
2. Urlaubsgeld ... 206 ... 558
3. Urlaubsabgeltung ... 207 ... 558

D. Vertragsstrafe und verwandte Regelungen *(Moll)*

	Rz.	Seite
I. Vertragsstrafe		
1. Allgemeines und Anwendbarkeit im Arbeitsrecht	1	560
2. Interesse des Arbeitgebers und Verwirkung der Vertragsstrafe	8	563
3. Höhe der Vertragsstrafe	12	564
4. Vertragsstrafe bei nachvertraglichem Wettbewerbsverbot	19	567
5. Textbeispiele	21	568
II. Pauschalierungsabreden	22	569
III. Verfallregelungen	23	569
IV. Betriebsbußen		
1. Ausgangspunkt und Grundlagen	27	570
2. Kontrollgesichtspunkte	31	572

E. Betriebliche Altersversorgung *(Schumann/Schipp)*

A. Allgemeine Rechtsgrundlagen betrieblicher Versorgungsverpflichtungen *(Schumann)*

	Rz.	Seite
I. Kennzeichen der Versorgungszusage	1	580
1. Vertrags- und Gestaltungsfreiheit	2	580
2. Zweck und Rechtscharakter	5	580
3. Elemente der Versorgungszusage	10	581
4. Abgrenzung zu anderen Sozialleistungen	17	583
II. Durchführungswege	38	586
1. Unmittelbare Versorgungszusage	39	586
2. Direktversicherung	42	587
3. Pensionskassen	53	590
4. Unterstützungskassen	65	592
III. Leistungsarten	71	593
1. Altersrente	72	593
2. Invalidenrente	74	594
3. Hinterbliebenenversorgung	76	594
IV. Versorgungsstrukturen	81	596
1. Statische Versorgungssysteme	83	597
2. Halbdynamische Versorgungssysteme	85	597
3. Bausteinmodelle	86	598
4. Beitragsabhängige und ergebnisorientierte Versorgungssysteme	87	598
5. Gesamtversorgungssysteme	89	598
6. Spannungsklauseln	92	599

	Rz.	Seite
V. Rechtsbegründungsakte	93	599
1. Kollektive Begründungsakte	94	599
2. Individualrechtliche Zusage	101	601
3. Gleichbehandlung	113	603
4. Zusagen aufgrund mehrerer Begründungsakte	146	613
VI. Die Mitbestimmung des Betriebsrats	151	615
1. Mitbestimmung bei unmittelbaren Zusagen	152	615
2. Mitbestimmung bei Sozialeinrichtungen	154	616
3. Begrenzung auf aktive Arbeitnehmer	156	616

B. Die betriebliche Altersversorgung nach den Bestimmungen des BetrAVG *(Schipp)*

	Rz.	Seite
I. Unverfallbarkeit	158	617
1. Gesetzliche Unverfallbarkeitsvoraussetzungen	159	617
2. Wartezeit	175	622
3. Sonderregelung für Vorruhestand	176	623
4. Vertragliche Unverfallbarkeit	177	623
5. Änderungen durch das Rentenreformgesetz 1999	178	623
II. Berechnung unverfallbarer Versorgungsanwartschaften	179	624
1. Zugesagter Leistungsumfang	180	624
2. Zeitanteilige Quotierung	193	630
3. Besonderheiten bei Direktversicherungen	207	634
4. Anwartschaftsausweis	212	636
III. Abfindung von Versorgungsanwartschaften	213	636
1. Abfindung von Anwartschaften bei Beendigung des Arbeitsverhältnisses	214	636
2. Abfindungsvoraussetzungen	220	638
3. Abfindungshöhe	223	639
4. Neuregelung durch das Rentenreformgesetz 1999	224	639
IV. Übernahme von Versorgungsverpflichtungen	225	640
V. Auszehrungs- und Anrechnungsverbot	234	643
1. Auszehrungsverbot	235	643
2. Anrechnung anderweitiger Versorgungsbezüge	239	644
VI. Vorzeitige Altersleistungen	241	645
1. Bezug des betrieblichen Ruhegeldes vor Vollendung des 65. Lebensjahres	242	646
2. Wegfall der Leistungen	249	647
3. Höhe vorzeitiger Leistungen	251	648
4. Vorzeitige feste Altersgrenze	257	651
5. Änderungen durch das Rentenreformgesetz 1999	258	652
VII. Insolvenzsicherung	259	652
1. Sicherungsfälle	267	655

	Rz.	Seite
2. Eintrittspflicht für laufende Leistungen	290	663
3. Eintrittspflicht für unverfallbare Versorgungsanwartschaften	296	665
4. Versicherungsmißbrauch	304	667
5. Mitteilungspflichten	306	668
6. Forderungsübergang	309	668
7. Beitragspflicht	311	669
8. Träger der gesetzlichen Insolvenzsicherung	315	670
VIII. Anpassung laufender Leistungen	317	671
1. Anpassungssysteme	318	671
2. Gesetzliche Anpassungsprüfungspflicht	320	672
3. Rentenreformgesetz 1999	339	677
IX. Geltungsbereich des BetrAVG	340	678
1. Persönlicher Geltungsbereich	341	678
2. Sachlicher Geltungsbereich	356	682
3. Auswirkungen der Nichtanwendbarkeit des BetrAVG	361	683

C. Abänderung von Versorgungszusagen *(Schipp)*

	Rz.	Seite
I. Abänderung aus wirtschaftlichen Gründen	365	684
1. Arbeitsvertragliche Ruhegeldzusagen	366	684
2. Versorgung durch Unterstützungskasse	381	689
3. Betriebsvereinbarung	385	691
4. Betriebliche Mitbestimmung	387	691
5. Maßstab für zulässige Änderungen von Versorgungsanwartschaften	388	692
6. Gerichtliche Billigkeitskontrolle	397	694
7. Maßstab für zulässige Änderungen bei laufenden Leistungen	399	695
II. Änderung aus nicht wirtschaftlichen Gründen	402	696
III. Widerruf wegen Treuebruch	404	697
1. Verfehlungen während des Arbeitsverhältnisses	405	697
2. Verfehlungen durch Ausgeschiedene	408	698

F. Nachvertragliches Wettbewerbsverbot *(Hiekel)*

	Rz.	Seite
I. Rechtsgrundlage	1	700
II. Persönlicher Geltungsbereich	2	700
III. Gegenstand der Wettbewerbsabrede, Abgrenzungen	7	704
IV. Rechtsnatur der Wettbewerbsabrede	14	707
V. Formelle Wirksamkeitsvoraussetzungen	15	708

	Rz.	Seite
VI. Zeitlicher Geltungsbereich der Schutzvorschriften	18	709
VII. Inhaltliche Anforderungen		
1. Verbotsumfang	21	710
2. Entschädigungszusage	30	715
3. Bedingte Wettbewerbsverbote	33	716
VIII. Wegfall des Wettbewerbsverbots		
1. Verzicht des Arbeitgebers	36	718
2. Außerordentliche Kündigung des Arbeitnehmers	39	719
3. Außerordentliche Kündigung des Arbeitgebers	41	720
4. Ordentliche Kündigung des Arbeitgebers	42	721
5. Beendigung durch Urteil nach § 9 KSchG	43	721
6. Aufhebungsvertrag	44	722
7. Ausgleichsklausel	45	722
8. Rücktritt	46	722
9. Konkurs und Vergleich des Arbeitgebers	47	723
10. Auflösende Bedingung	49	723
11. Unmöglichkeit der Konkurrenztätigkeit	50	724
12. Nichtantritt des Arbeitsverhältnisses	51	724
IX. Betriebsübergang	52	725
X. Pflichten des Arbeitnehmers aus der Wettbewerbsabrede		
1. Wettbewerbsenthaltungspflicht	54	726
2. Auskunftsverpflichtung	56	726
XI. Pflichten des Arbeitgebers aus der Wettbewerbsabrede		
1. Karenzentschädigung	58	728
2. Erstattung von Leistungen an die Bundesanstalt für Arbeit	71	733
XII. Rechtsfolgen bei Vertragsverletzungen		
1. Rechte des ehemaligen Arbeitgebers	72	734
2. Rechte des ehemaligen Arbeitnehmers	78	736

G. Betriebsnachfolge *(Beseler/Ropp)*

	Rz.	Seite
I. Grundlagen des Betriebsübergangs *(Beseler)*	1	740
1. Betrieb und Betriebsteil	2	740
2. Übergang des Betriebes bzw. Betriebsteils	10	742
3. Übergang durch Rechtsgeschäft	42	754
4. Exkurs: Umwandlungsgesetz und Betriebsübergang	53	757
5. Konkurseröffnung und Betriebsübergang	56	757
6. Zeitpunkt des Übergangs	58	758
7. Widerspruchsrecht des Arbeitnehmers	59	758

	Rz.	Seite
II. Individualrechtliche Folgen des Betriebsübergangs *(Beseler)*	76	762
1. Das vom Betriebsübergang erfaßte Arbeitsverhältnis	77	762
2. Zuordnung von Arbeitnehmern	86	764
3. Der Eintritt in bestehende Arbeitsverhältnisse	89	765
III. Vereinbarungen im Zusammenhang mit dem Betriebsübergang *(Beseler)*	113	769
IV. Haftung des Betriebsveräußerers *(Beseler)*	119	771
V. Kündigung im Zusammenhang mit dem Betriebsübergang *(Beseler)*	124	772
1. Kündigung durch den bisherigen Arbeitgeber	125	772
2. Kündigung durch den Betriebserwerber	135	774
3. Kündigung aus anderen Gründen	136	774
4. Beweislast	141	775
5. Geltendmachung der Unwirksamkeit	142	776
VI. Kollektivrechtliche Folgen des Betriebsübergangs *(Bopp)*		
1. Zweck und Allgemeines	150	779
2. Keine Anwendung des § 613a Abs. 1 Satz 2–4 BGB	155	782
3. Auswirkungen eines Betriebsinhaberwechsels auf Betriebsvereinbarungen und Tarifverträge (§ 613a Abs. 1 Satz 2–4 BGB)	165	784
4. Zusammenschluß des übernommenen Betriebes mit einem anderen Betrieb des Erwerbers	187	789
5. Schicksal von Gesamtbetriebsvereinbarungen, Konzernbetriebsvereinbarungen nach Betriebsübergang	191	790
6. Einzelfragen zum Schicksal des Tarifvertrages bei einem Betriebsübergang	199	792
7. Zusammentreffen unterschiedlicher Betriebsvereinbarungen zur betrieblichen Altersversorgung	214	796
8. Betriebsvereinbarungen und Tarifverträge bei der Umstrukturierung im Unternehmen nach dem Umwandlungsgesetz	219	797

H. Das Recht am Arbeitsergebnis *(Westhoff)*

I. Überblick		
1. Sacheigentum, Besitz	1	802
2. Immaterialgüterrechte	5	803
II. Arbeitnehmererfindung und Verbesserungsvorschläge	12	804
1. Geltungsbereich des ArbNErfG	13	804
2. Diensterfindungen	19	805
3. Freie Erfindungen	55	813
4. Verbesserungsvorschläge	61	813

	Rz.	Seite
III. Urheberrecht	65	815
1. Nutzungsrechte	66	815
2. Persönlichkeitsrechte	75	818
IV. Streitigkeiten	77	818

I. Arbeitnehmerhaftung *(Westhoff)*

	Rz.	Seite
I. Haftung für Sach- und Vermögensschäden beim Arbeitgeber		
1. Anspruchsvoraussetzungen	1	822
2. Haftungsbeschränkung	18	826
3. Mitverschulden	38	831
4. Beweislast	45	832
5. Beteiligung Dritter	48	833
II. Mankohaftung	49	834
1. Haftung aus Mankovereinbarung	50	834
2. Haftung ohne Mankovereinbarung	55	835
III. Haftung für Sach- und Vermögensschäden bei Arbeitskollegen und Dritten		
1. Außenhaftung	64	837
2. Erstattungs- und Freistellungspflichten des Arbeitgebers	68	838
3. Gesamtschuldnerschaft	71	839
4. Pfändung	73	839
IV. Haftung für Personenschäden	74	840
1. Voraussetzungen des Haftungsausschlusses	77	840
2. Vorsatztaten, Wegeunfälle	101	846
3. Bindung der Zivilgerichte	106	846
4. Regreßansprüche der Sozialversicherung	108	847
5. Verhältnis mehrerer Schädiger	112	848

3. Teil
Änderung und Beendigung des Arbeitsverhältnisses

A. Änderung der Arbeitsbedingungen *(Schulte)*

	Rz.	Seite
I. Überblick	1	852
II. Einvernehmliche Änderung	4	853
1. Grundsatz	5	853
2. Grenzen der einvernehmlichen Änderung der Arbeitsbedingungen	9	855

	Rz.	Seite
III. Direktionsrecht	14	856
1. Rechtsgrundlagen	14	856
2. Ausübung des Direktionsrechts	18	856
3. Grenzen des Direktionsrechts	25	858
IV. Teilkündigung	42	862
V. Änderungskündigung	47	864
1. Begriff und Inhalt	48	865
2. Abgrenzungen der Änderungskündigung	64	870
3. Voraussetzungen der Änderungskündigung	69	871
4. Annahme unter Vorbehalt	116	886

B. Der arbeitsrechtliche Aufhebungsvertrag *(Schulte)*

	Rz.	Seite
I. Allgemeines		
1. Rechtsgrundlage und Rechtsnatur arbeitsrechtlicher Aufhebungsverträge (Zulässigkeit)	1	900
2. Außergerichtlicher Aufhebungsvertrag und prozessualer Aufhebungsvertrag (Prozeßvergleich)	15	906
3. Abgrenzung zu anderen Beendigungsgründen und -vereinbarungen	17	907
II. Zustandekommen des Aufhebungsvertrages		
1. Ausdrücklicher Vertragsschluß	24	910
2. Konkludenter oder stillschweigender Aufhebungsvertrag	25	911
3. Umdeutung	28	912
4. Form des Aufhebungsvertrages	29	913
III. Der Inhalt von Aufhebungsverträgen	30	913
1. Zeitpunkt der Beendigung	31	914
2. Abfindungen	32	914
3. Freistellung von der Arbeit	35	916
4. Urlaub und Urlaubsabgeltung	36	916
5. Wettbewerbsverbot	39	917
6. Zeugniserteilung	42	919
7. Betriebliche Altersversorgung	45	920
8. Dienstwagen	46	920
9. Allgemeine Ausgleichsklausel/Verzichtserklärungen	47	921
IV. Hinweispflichten des Arbeitgebers	49	924
V. Die Beseitigung von Aufhebungsverträgen		
1. Rücktritts- und Widerrufsrechte	52	925
2. Anfechtung von Aufhebungserklärungen	57	926
VI. Prozessuales	62	931

	Rz.	Seite
VII. Rechtsfolgen		
1. Arbeitsrechtliche Folgen	66	932
2. Steuerrechtliche Folgen	67	933
3. Sozialversicherungsrechtliche Folgen	70	935
VIII. Besondere betriebliche Situationen		
1. Betriebsänderungen	86	943
2. Massenentlassungen	88	945
3. Betriebsübergang	89	945
IX. Das Altersteilzeitgesetz		
1. Grundlagen und Zweck des Altersteilzeitgesetzes	90	946
2. Anspruch auf Förderleistungen nach dem Altersteilzeitgesetz	91	946
3. Schutz der Altersteilzeitarbeitnehmer	111	950
4. Verfahrensfragen	116	951
5. Steuerrechtliche Aspekte	119	952

C. Ordentliche arbeitgeberseitige Kündigung *(Schulte)*

	Rz.	Seite
I. Kündigungserklärung		
1. Allgemeines	1	954
2. Abgrenzung zu anderen Maßnahmen und Beendigungsgründen	7	956
3. Inhalt der Kündigungserklärung	20	960
4. Zeit und Ort der Kündigung, Kündigung zur Unzeit und vor Dienstantritt	28	964
5. Form der Kündigungserklärung	38	968
6. Vertretung und Kündigungserklärung	51	972
7. Zugang der Kündigungserklärung	79	981
8. Umdeutung der Kündigungserklärung	107	990
9. Anfechtung und Rücknahme der Kündigungserklärung	127	997
II. Kündigungsarten		
1. Beendigungs- und Änderungskündigung	133	1000
2. Vorsorgliche Kündigung	136	1001
3. Bedingte Kündigung	138	1002
4. Teilkündigung	142	1003
5. Druck- und Verdachtskündigung	143	1003
III. Kündigungsfristen und -termine		
1. Allgemeines	144	1003
2. Sonderregelungen	150	1005
3. Berechnung der Kündigungsfrist	151	1006
4. Mindestkündigungsfristen	156	1007
5. Vertragliche Verlängerung und Verkürzung der Kündigungsfristen	160	1009
6. Tarifvertragliche Bestimmungen	178	1013

D. Kündigungsschutz nach dem KSchG *(Nägele)*

	Rz.	Seite
I. Überblick		
1. Einführung	1	1020
2. Gesetzesänderung	3	1020
3. Betrieblicher Geltungsbereich	4	1021
4. Geschützter Personenkreis	30	1027
5. Wartezeit	47	1032
6. Altersgrenzen	54	1033
7. Andere Unwirksamkeitsgründe	55	1034
II. Personenbedingte Kündigung		
1. Begriff	61	1035
2. Einzelsachverhalte	64	1036
3. Prüfungsschema	127	1055
III. Verhaltensbedingte Kündigung		
1. Begriff	128	1055
2. Verschulden	133	1057
3. Interessenabwägung	135	1058
4. Darlegungs- und Beweislast	140	1059
5. Abmahnung	141	1060
6. Anhörung des Arbeitnehmers	180	1073
7. Pflichtwidrigkeiten im Leistungsbereich	182	1074
8. Verletzung betrieblicher Verhaltenspflichten	190	1077
9. Verletzung außerbetrieblicher Verhaltenspflichten	202	1080
10. Sonderformen	215	1083
11. Prüfungsschema	242	1091
IV. Betriebsbedingte Kündigung		
1. Allgemeines	243	1092
2. Unternehmerentscheidung	245	1093
3. Betriebliche Gründe	250	1095
4. Dringlichkeit	275	1103
5. Interessenabwägung	281	1105
6. Sozialauswahl	284	1106
7. Darlegungs- und Beweislast	324	1119
8. Prüfungsschema	331	1122
V. Wiedereinstellungsanspruch		
1. Allgemeines	332	1122
2. Verhältnis zur Kündigungsschutzklage	335	1124
3. Zeitpunkt	336	1124
VI. Ordentliche Kündigung nach dem Einigungsvertrag		
1. Allgemeines	339	1125
2. Verhältnis zum KSchG und anderen Gesetzen	340	1126
3. Kündigungsgründe	342	1126

E. Außerordentliche Kündigung *(Kappelhoff)*

	Rz.	Seite
I. Grundlagen	1	1131

II. Arten der außerordentlichen Kündigung
1. Außerordentliche Kündigung mit Auslauffrist 3   1131
2. Außerordentliche Kündigung bei ordentlich unkündbaren Arbeitnehmern 4   1132

III. Abgrenzung der außerordentlichen Kündigung von anderen Beendigungstatbeständen
1. Anfechtung 5   1132
2. Rücktritt 7   1132
3. Wegfall der Geschäftsgrundlage 8   1133
4. Aufhebungsvertrag 9   1133
5. Suspendierung 10   1133
6. Nichtfortsetzungserklärung gem. § 12 KSchG 11   1133

IV. Allgemeine Grundsätze zur außerordentlichen Kündigung
1. Anhörung des Arbeitnehmers 12   1134
2. Beurteilungszeitpunkt 13   1134
3. Nachschieben von Kündigungsgründen 14   1134
4. Verzicht auf die außerordentliche Kündigung 16   1135
5. Nachträglicher Wegfall des Kündigungsgrundes 17   1135

V. Außerordentliche Kündigung des Arbeitgebers/Merkmale des wichtigen Grundes
1. Grundsätze 18   1135
2. Kündigungsgründe an sich 22   1137
3. Konkrete Beeinträchtigung des Arbeitsverhältnisses 23   1137
4. Interessenabwägung 24   1137
5. Prognoseprinzip 25   1138
6. Verhältnismäßigkeit (Ultima-ratio-Prinzip) 27   1139
7. Verschulden 28   1139
8. Verhältnis zur ordentlichen Kündigung 29   1139

VI. Besondere Arten der außerordentlichen Kündigung
1. Verdachtskündigung 31   1140
2. Druckkündigung 43   1146
3. Außerordentliche Änderungskündigung 48   1148
4. Außerordentliche Kündigung von ordentlich unkündbaren Arbeitnehmern 57   1150

VII. Kündigung des Arbeitnehmers
1. Grundsätze 65   1153
2. Einzelfälle 67   1153

VIII. Ausschlußfrist
1. Allgemeines 71   1154
2. Beginn der Ausschlußfrist 74   1155

	Rz.	Seite
3. Hemmung der Ausschlußfrist	80	1158
4. Besonderheiten bei der Verdachtskündigung sowie der Kündigung wegen einer Straftat	82	1158
5. Besonderheiten bei der Kündigung von Betriebs- und Personalräten	84	1159
IX. Mitteilung der Kündigungsgründe	92	1160
X. Umdeutung einer unwirksamen außerordentlichen Kündigung	93	1161
XI. Minderung der Vergütung und Schadenersatz nach § 628 BGB		
1. Minderung der Vergütung nach § 628 Abs. 1 Satz 2 BGB	94	1161
2. Schadenersatz nach § 628 Abs. 2 BGB	99	1163

F. Sonderkündigungsschutz *(Schipp)*

I. Sonderkündigungsschutz nach MuSchG		
1. Kündigungsverbot § 9 MuSchG	1	1166
2. Zulässige Kündigung in besonderen Fällen	9	1170
3. Eigenkündigung der Arbeitnehmerin	17	1172
4. Aufhebungsvertrag	21	1173
5. Befristung	22	1173
6. Annahmeverzug	23	1173
II. Erziehungsurlaub		
1. Kündigungsverbot	24	1174
2. Zulässige Kündigung in besonderen Fällen	27	1175
3. Eigenkündigung des Erziehungsurlaubers	32	1177
III. Schwerbehindertenschutz	33	1177
1. Geltungsbereich des Schwerbehindertengesetzes	34	1177
2. Kenntnis des Arbeitgebers	42	1179
3. Entscheidung der Hauptfürsorgestelle bei ordentlicher Kündigung	47	1182
4. Ausspruch der ordentlichen Kündigung	50	1183
5. Entscheidung der Hauptfürsorgestelle bei außerordentlicher Kündigung	54	1184
6. Ausspruch der Kündigung	59	1185
7. Betriebsratsanhörung	61	1186
8. Erweiterter Bestandsschutz	63	1187
IV. Sonderkündigungsschutz für betriebliche Funktionsträger	64	1187
1. Geltungsbereich	65	1188
2. Umfang des Kündigungsschutzes	67	1188
3. Inhalt des Kündigungsschutzes	68	1189
4. Zulässigkeit der außerordentlichen Kündigung	82	1193

Inhaltsverzeichnis

	Rz.	Seite
5. Zustimmung des Betriebsrats	88	1195
6. Zustimmungsersetzung durch das Arbeitsgericht	91	1196
7. Sonderfall: Kündigung bei Betriebsstillegung	95	1197

V. Sonderkündigungsschutz für Betriebsbeauftragte 102 1200
   1. Sonderkündigungsschutz von Immissionsschutzbeauftragten 103 1200
   2. Sonderkündigungsschutz für Störfallbeauftragte 107 1201
   3. Sonderkündigungsschutz für Gewässerschutzbeauftragte .. 108 1201
   4. Sonderkündigungsschutz für Abfallbeauftragte 110 1202

VI. Arbeitsplatzschutz für Wehr- und Zivildienstleistende ... 111 1202
   1. Kündigungsschutz für Wehrdienstleistende 112 1203
   2. Zivildienst 118 1204

VII. Berufsausbildungsverhältnis 119 1204
   1. Kündigung während der Probezeit 120 1205
   2. Kündigung nach Ablauf der Probezeit 121 1205
   3. Schriftform 123 1206
   4. Schlichtungsausschuß 124 1207

G. Kündigungen von A–Z *(Kappelhoff)*

Abkehrwille	1	1209
Abwerbung	2	1209
Alkoholmißbrauch	3	1209
Alkohol- und Drogensucht	7	1211
Alter	8	1211
Anzeige gegen Arbeitgeber	9	1211
Arbeitserlaubnis	10	1212
Arbeitskampf	11	1212
Arbeitsschutz	12	1213
Arbeitsversäumnis	13	1213
Arbeitsverweigerung	14	1213
Außerdienstliches Verhalten	18	1216
Austauschkündigung	19	1216
Betriebsfrieden/betriebliche Ordnung	20	1216
Betriebsstillegung	21	1217
Betriebsveräußerung	22	1218
Diebstahl	23	1219
Druckkündigung	25	1220
Ehe/Zerrüttung	26	1220
Ehrenämter	27	1221
Eignungs-/Leistungsmangel	28	1221
Fahrerlaubnis/Entzug	29	1222
Freiheitsstrafe/Haft	30	1223
Insolvenz	31	1223
Kirche	32	1224

Inhaltsverzeichnis

	Rz.	Seite
Krankheit	33	1225
Lohnpfändungen	42	1229
Meinungsäußerung	43	1230
Nachweis- und Mitteilungspflichten	44	1231
Nebentätigkeit	45	1232
Politische Betätigung	46	1233
Rauchverbot	47	1234
Schlecht- und Minderleistung	48	1234
Schmiergelder	49	1235
Sexuelle Belästigung	50	1235
Sicherheitsbereich	51	1236
Spesenbetrug	52	1236
Stempeluhren	53	1236
Strafbare Handlung	54	1237
Tätlichkeiten	55	1238
Urlaub	56	1239
Verdachtskündigung	57	1239
Verschwiegenheitspflicht	58	1240
Wettbewerbsverbot	59	1240
Witterungsbedingte Kündigung	60	1241
Zuspätkommen	61	1241

H. Befristete Arbeitsverhältnisse *(Schmalenberg)*

I. Allgemeines
1. Rechtliche Situation	1	1244
2. Betroffene Arbeitnehmer	6	1245
3. Vertragliche Regelungen	8	1245
4. Beurteilungszeitpunkt	13	1247

II. Befristungen ohne das Erfordernis eines sachlichen Grundes
1. Befristung nach dem Beschäftigungsförderungsgesetz	14	1247
2. Befristung bei Fehlen eines kündigungsrechtlichen Bestandsschutzes	26	1251

III. Arbeitsgerichtliche Befristungskontrolle
1. Zeitbefristung, Zweckbefristung und auflösende Bedingung	35	1253
2. Gründe für die Befristung als solche – Einzelfälle	40	1255
3. Sachlicher Grund für die Dauer der Befristung	66	1264
4. Mehrfache Befristung	67	1264
5. Befristung einzelner Arbeitsvertragsbedingungen	70	1265

IV. Rechtsfolgen bei wirksamer und unwirksamer Befristung
1. Wirksame Befristung	72	1266
2. Unwirksame Befristung	77	1267

	Rz.	Seite
V. Kündigungsmöglichkeit während des befristeten Arbeitsverhältnisses	79	1267
VI. Beteiligung des Betriebsrats	86	1269
VII. Prozessuale Geltendmachung	89	1270
VIII. Sonderfälle		
1. Vertretung für die Dauer der Beschäftigungsverbote nach dem Mutterschutzgesetz oder für die Dauer des Erziehungsurlaubs	95	1271
2. Wissenschaftliche Mitarbeiter gem. Hochschulrahmengesetz (HRG)	102	1273
3. Ärzte in der Weiterbildung	112	1276
4. Altersgrenzen	114	1277

I. Arbeitszeugnis *(Wessel)*

	Rz.	Seite
I. Rechtsgrundlagen und Bedeutung des Arbeitszeugnisses		
1. Rechtsgrundlagen	1	1281
2. Bedeutung für Arbeitnehmer und Arbeitgeber	4	1282
3. Wahrheitspflicht und Wohlwollen	7	1283
II. Anspruchsberechtigte und -verpflichtete Personen		
1. Berechtigte Personen	9	1284
2. Verpflichtete Personen	18	1285
III. Zeugnisarten	22	1286
1. Einfaches Zeugnis	23	1286
2. Qualifiziertes Zeugnis	25	1287
3. Zwischenzeugnis	27	1287
IV. Form	32	1289
V. Inhalt		
1. Einfaches Zeugnis	37	1290
2. Qualifiziertes Zeugnis	40	1291
3. Zeugnissprache	46	1293
VI. Aushändigung, Zurückbehaltungsrecht, Ersatzausstellung	48	1294
VII. Gerichtliche Durchsetzung des Zeugnisanspruchs		
1. Klage auf Ausstellung	51	1295
2. Klage auf Berichtigung	53	1296
3. Darlegungs- und Beweislast	57	1296
4. Einstweilige Verfügung	59	1297
5. Streitwert	60	1297
6. Zwangsvollstreckung	61	1298
VIII. Widerruf des Zeugnisses	63	1298

	Rz.	Seite
IX. Erlöschen des Zeugnisanspruchs		
1. Verjährung, Verwirkung	66	1299
2. Verzicht, Ausgleichsquittung	69	1299
3. Ausschlußklauseln	71	1300
X. Haftung des Ausstellers		
1. Gegenüber dem Arbeitnehmer	75	1300
2. Gegenüber dem neuen Arbeitgeber	77	1301

J. Betriebsratsanhörung *(Moll/Seitz)*

	Rz.	Seite
I. Vorbemerkung	1	1303
II. Anwendungsvoraussetzungen		
1. Geltungsbereich	2	1304
2. Beendigungsarten	10	1306
3. Persönlicher Anwendungsbereich	19	1307
III. Einleitung des Verfahrens		
1. Erklärungsempfänger	24	1310
2. Zeitpunkt der Einleitung des Verfahrens	25	1311
3. Form der Unterrichtung	28	1312
4. Inhalt und Umfang der Unterrichtung	29	1312
5. Formulierungsbeispiele für die Anhörung vor Kündigung	77	1326
IV. Abschluß des Verfahrens		
1. Beschluß des Betriebsrates	78	1327
2. Reaktionsmöglichkeiten des Betriebsrates	83	1328
3. Kündigungsausspruch	124	1339
V. Mängel des Anhörungsverfahrens und deren Rechtsfolgen		
1. Allgemeine Grundsätze	127	1339
2. Mängel außerhalb der Sphäre des Arbeitgebers	131	1340
3. Bewußte Fehlinformation	133	1341
4. Nachschieben von Kündigungsgründen	135	1342
VI. Vorläufige Weiterbeschäftigung		
1. Allgemeine Grundsätze	138	1343
2. Voraussetzungen des Weiterbeschäftigungsanspruchs	141	1344
3. Beendigung der Weiterbeschäftigungspflicht	148	1345
VII. Erweiterung der Mitbestimmungsrechte	149	1346
VIII. Weitere Mitwirkungserfordernisse	154	1347
IX. Zustimmungserfordernis nach § 103		
1. Allgemeine Grundsätze	164	1349
2. Geschützter Personenkreis	166	1350
3. Dauer des Kündigungsschutzes	170	1351
4. Kündigung und andere Beendigung des Arbeitsverhältnisses	175	1352

	Rz.	Seite
5. Zustimmung durch den Betriebsrat	183	1353
6. Ersetzung der Zustimmung durch das Arbeitsgericht	190	1354
7. Kündigungsschutzverfahren	199	1356
X. Checkliste für die Anhörung des Betriebsrates nach § 102 BetrVG	202	1357

4. Teil
Kollektives Arbeitsrecht

A. Betriebsverfassungsrecht *(Hennige/Tschöpe/Kappelhoff)*

I. Grundlagen *(Hennige)*
1. Sachlicher Geltungsbereich . . . . 1 . . . 1373
2. Räumlicher Geltungsbereich . . . . 34 . . . 1380
3. Persönlicher Geltungsbereich . . . . 47 . . . 1386

II. Beteiligte und Organe der Betriebsverfassung *(Hennige)*
1. Die Verbände . . . . 63 . . . 1392
2. Betriebsrat . . . . 77 . . . 1397
3. Der Gesamtbetriebsrat . . . . 229 . . . 1440
4. Der Konzernbetriebsrat . . . . 245 . . . 1444
5. (Gesamt-)Jugend- und Auszubildendenvertretung . . . 257 . . . 1446
6. Informationsforen . . . . 289 . . . 1454

III. Grundprinzipien der betriebsverfassungsrechtlichen Zusammenarbeit *(Hennige)*
1. Das Gebot der vertrauensvollen Zusammenarbeit (§ 2 Abs. 1 BetrVG, § 74 Abs. 1 BetrVG) . . . . 328 . . . 1463
2. Das Arbeitskampfverbot (§ 74 Abs. 2 Satz 1 BetrVG) . . 336 . . . 1464
3. Friedenspflicht (§ 74 Abs. 2 Satz 2 BetrVG) . . . . 340 . . . 1466
4. Verbot der parteipolitischen Betätigung (§ 74 Abs. 2 Satz 3 BetrVG) . . . . 343 . . . 1466
5. Grundsätze für die Behandlung von Betriebsangehörigen (§ 75 BetrVG) . . . . 353 . . . 1468

IV. Allgemeine Mitbestimmungsrechte/-pflichten *(Hennige)*
1. Mitwirkungs- und Beschwerderecht des Arbeitnehmers . . . 374 . . . 1475
2. Allgemeine Aufgaben des Betriebsrates (§ 80 Abs. 1 BetrVG) . . 415 . . . 1486
3. Auskunfts-/Unterrichtungsanspruch (§ 80 Abs. 2 BetrVG) . . 430 . . . 1491
4. Hinzuziehung von Sachverständigen (§ 80 Abs. 3 BetrVG) . . 445 . . . 1494
5. Geheimhaltungspflichten (§ 79 BetrVG) . . . . 453 . . . 1496
6. Gestaltung von Arbeitsplatz und -umgebung . . . . . . 460 . . . 1499

V. Mitbestimmung in sozialen Angelegenheiten *(Hennige)*
1. Voraussetzungen . . . . 480 . . . 1504

	Rz.	Seite
2. Ausübung des Mitbestimmungsrechts	496	1507
3. Auswirkungen der Nichtbeachtung des Mitbestimmungsrechtes	528	1517
4. Durchsetzung der Mitbestimmungsrechte	533	1519
5. Die Mitbestimmungstatbestände des § 87 Abs. 1 BetrVG	542	1521
6. Streitigkeiten über Mitbestimmungsrechte nach § 87 Abs. 1 BetrVG	639	1549

VI. Mitbestimmung in personellen Angelegenheiten *(Hennige)*

	Rz.	Seite
1. Allgemeine personelle Angelegenheiten	640	1550
2. Mitbestimmung im Bereich der Berufsbildung	677	1561
3. Mitbestimmungsrecht des Betriebsrats bei personellen Einzelmaßnahmen	703	1568
4. Vorläufige personelle Maßnahme (§ 100 BetrVG)	792	1590
5. Aufhebung personeller Maßnahmen wegen Nichtbeachtung des Mitbestimmungsrechtes (§ 101 BetrVG)	804	1594
6. Checkliste und Formulierungsvorschläge	812	1597

VII. Mitbestimmung bei Betriebsänderungen *(Tschöpe)*

	Rz.	Seite
1. Grundsätzliches	817	1602
2. Begriffsbestimmungen	823	1603
3. Interessenausgleich	861	1613
4. Sozialplan	884	1618
5. Nachteilsausgleich	942	1631
6. Checkliste	963	1636

VIII. Die Einigungsstelle *(Hennige)*

	Rz.	Seite
1. Die Einigungsstelle als Konfliktlösungsinstrument der Betriebsverfassung	964	1637
2. Bildung der Einigungsstelle	965	1637
3. Zuständigkeit der Einigungsstelle	975	1640
4. Das Verfahren vor der Einigungsstelle	985	1643
5. Gerichtliche Überprüfung des Einigungsstellenanspruchs	998	1647
6. Kosten der Einigungsstelle	1008	1649

IX. Tendenzbetriebe und andere Sonderformen des Betriebes *(Kappelhoff)*

	Rz.	Seite
1. Grundsätze	1021	1652
2. Tendenzunternehmen und -betriebe	1025	1653
3. Geistig-ideelle Bestimmungen (Nr. 1)	1031	1654
4. Berichterstattung und Meinungsäußerung (Nr. 2)	1048	1658
5. Tendenzträger	1051	1658
6. Einschränkungen der Beteiligungsrechte des Betriebsrats	1054	1659
7. Erweiterung der Mitbestimmungsrechte trotz Tendenzschutzes durch tarifliche Regelungen	1070	1663
8. Religionsgemeinschaften	1071	1664
9. Luftfahrt	1077	1665
10. Seeschiffahrt	1078	1665

	Rz.	Seite

X. Sprecherausschuß *(Hennige)*
1. Stellung des leitenden Angestellten 1086 1667
2. Geltungsbereich des Sprecherausschußgesetzes 1087 1667
3. Grundsätze der Zusammenarbeit 1091 1668
4. Behinderungs-, Benachteiligungs- und Begünstigungsverbot sowie betriebliche Friedenspflicht 1093 1668
5. Wahl des Sprecherausschusses 1096 1669
6. Stellung des Sprecherausschusses und seiner Mitglieder ... 1107 1671
7. Mitwirkungsrechte des Sprecherausschusses 1112 1673
8. Gesamt- und Konzernsprecherausschuß 1144 1677

B. Unternehmensmitbestimmung *(Westhoff)*

I. Die Mitbestimmungsgesetze 1 1683
1. Die Übersicht 4 1684
2. Überleitungsverfahren 8 1684
3. System der gesetzlichen Regelungen 11 1685

II. Geltungsbereiche der Mitbestimmungsordnungen
1. MitbestG 12 1686
2. Montan-MitbestG 14 1686
3. MitbestErgG 16 1687
4. BetrVG 1952 .... 19 1688
5. Beibehaltung der Mitbestimmung 20 1688
6. Berechnung der Arbeitnehmerzahlen 21 1688
7. Übersicht zum Geltungsbereich der Mitbestimmungsgesetze 30 1691

III. Bildung des Aufsichtsrats
1. Zahl der Mitglieder 31 1691
2. Persönliche Voraussetzungen für die Mitgliedschaft 36 1692
3. Wahlverfahren 37 1693
4. Ersatzmitglieder im Aufsichtsrat 49 1695
5. Wahlschutz, Wahlkosten 50 1695
6. Streitigkeiten 52 1696
7. Übersicht zur Wahl des Aufsichtsrats 59 1697
8. Gerichtliche Bestellung von Aufsichtsratsmitgliedern 60 1699
9. Amtsdauer, Amtsende 61 1699
10. Übersicht zur Abberufung 63 1700

IV. Rechte und Pflichten des Aufsichtsrats
1. Bestellung, Abberufung und Anstellung der gesetzlichen Vertreter 64 1701
2. Vertretung des Unternehmens gegenüber seinen gesetzlichen Vertretern 73 1703
3. Überwachung der gesetzlichen Vertreter 75 1703
4. Übersicht zu den Rechten des Aufsichtsrats 86 1706

	Rz.	Seite
V. Die innere Ordnung des Aufsichtsrats	87	1707
1. Wahl des Vorsitzenden und seines Stellvertreters	88	1707
2. Aufgaben des Vorsitzenden und seines Stellvertreters	90	1708
3. Beschlüsse des Aufsichtsrats	92	1708
4. Ausschüsse	104	1711
VI. Rechte und Pflichten der Mitglieder des Aufsichtsrats	107	1712
1. Rechte	108	1712
2. Pflichten	111	1713
3. Schutz der Arbeitnehmervertreter	115	1714
4. Streitigkeiten	117	1714
VII. Bekanntmachungen	118	1715

C. Koalitions- und Tarifrecht *(Wieland)*

	Rz.	Seite
I. Koalitionsrecht		
1. Begriff	1	1718
2. Koalitionsfreiheit	10	1721
3. Aufbau und Organisation der Koalitionen	23	1725
4. Arbeitskampfrecht	33	1728
II. Tarifrecht		
1. Bedeutung und Rechtsnatur des Tarifvertrags	72	1740
2. Abschluß, Beginn und Ende eines Tarifvertrages	85	1744
3. Inhalt	118	1754
4. Objektive und subjektive Bestimmungen	150	1764
5. Tarifbindung	206	1783
6. Verfallfristen	218	1787
7. Allgemeinverbindlichkeitserklärung	236	1793
8. Kollision mit individualvertraglichen Regelungen, Verweisungsprobleme	250	1798
9. Tarifkonkurrenz	263	1802
10. Prüfungsschema für Ansprüche aus Tarifvertrag	272	1806

5. Teil
Arbeitsgerichtsverfahren

A. Typische Klageziele *(Holthöwer)*

	Rz.	Seite
I. Vorbemerkung	1	1812
II. Kündigungsschutzklage bei Beendigungskündigung	3	1812
1. Voraussetzungen des allgemeinen Kündigungsschutzes	6	1813
2. Darlegungs- und Beweislast	7	1814
3. Klageantrag	12	1816
4. Klagefrist	21	1820

	Rz.	Seite
5. Parteibezeichnung	33	1824
6. Zuständiges Gericht	38	1825
7. Nachträgliche Klagezulassung	42	1826
III. Entfristungsklage		
1. Allgemeines	68	1833
2. Einzelheiten zur Entfristungsklage	70	1833
3. Darlegungs- und Beweislast	74	1834
IV. Allgemeine Feststellungsklage	78	1836
1. Außerordentliche Kündigung	80	1837
2. Ordentliche Kündigung	97	1843
3. Andere Unwirksamkeitsgründe als Sozialwidrigkeit (§ 1 KSchG) und Mangel des wichtigen Grundes (§ 626 BGB)	99	1844
4. Die sittenwidrige Kündigung insbesondere	103	1846
5. Die Kündigung wegen Betriebsübergangs (§ 613a BGB)	106	1847
V. Kündigungsschutzklage bei Änderungskündigung		
1. Allgemeines	110	1848
2. Begriffsbestimmung	115	1850
3. Reaktionen des Arbeitnehmers	121	1852
4. Klagefrist, Streitgegenstand und Klageantrag	127	1854
5. Rechtslage nach Ende des Änderungsschutzprozesses	131	1855
VI. Weiterbeschäftigungsantrag	133	1855
1. Materiell-rechtliche Grundlagen	135	1856
2. Klageverfahren	152	1861
3. Vorläufiger Rechtsschutz	163	1863
4. Darlegungs- und Beweislast	172	1865
VII. Der Auflösungsantrag	176	1867
1. Der Auflösungsantrag des Arbeitnehmers	179	1867
2. Der Auflösungsantrag des Arbeitgebers	192	1870
3. Beiderseitiger Auflösungsantrag	200	1872
VIII. Entgeltklagen	201	1873
1. Bruttolohnklage	202	1873
2. Überstundenvergütung	212	1875
3. Nettolohnklage	214	1876
4. Klage auf zukünftige Leistung	216	1877
5. Urlaubsentgelt und -abgeltung	220	1878

B. Allgemeine Verfahrensfragen *(Holthöwer)*

	Rz.	Seite
I. Vorbemerkung	1	1881
II. Voraussetzungen in bezug auf die Parteien		
1. Parteifähigkeit im Urteilsverfahren	3	1882
2. Beteiligtenfähigkeit im Beschlußverfahren	21	1886

Inhaltsverzeichnis

	Rz.	Seite
3. Prozeßfähigkeit	24	1887
4. Postulationsfähigkeit, Anwaltsbeiordnung und Prozeßkostenhilfe	27	1889
III. Voraussetzungen in bezug auf das Gericht	43	1894
1. Rechtsweg im Urteilsverfahren	44	1894
2. Rechtsweg im Beschlußverfahren	80	1907
3. Rechtswegzuständigkeit und Verweisung	90	1911
4. Funktionelle Zuständigkeit	108	1916
5. Örtliche Zuständigkeit	112	1917
6. Internationale Zuständigkeit	132	1923

C. Das Urteilsverfahren 1. Instanz *(Holthöwer)*

	Rz.	Seite
I. Überblick	1	1925
II. Verfahrensmaßnahmen des Gerichts		
1. Allgemeines	2	1926
2. Besonderheiten im Hinblick auf das Verfahrensrecht	6	1927
3. Anordnung des persönlichen Erscheinens der Parteien	13	1928
III. Die Güteverhandlung		
1. Allgemeines	21	1930
2. Das Verfahren in der Güteverhandlung	24	1931
3. Das Ergebnis der Güteverhandlung	28	1932
4. Die weitere Verhandlung	31	1932
IV. Die Verhandlung vor der Kammer		
1. Allgemeines	35	1933
2. Beweisaufnahme	38	1934
3. Vertagung	39	1935
4. Urteil	40	1935
V. Die Aussetzung des Verfahrens	44	1936
VI. Besonderheiten bei Berufsausbildungsverhältnissen	52	1938
1. Prozeßvoraussetzung	54	1939
2. Verfahren vor dem Ausschuß	57	1939
3. Verfahren vor dem Arbeitsgericht	62	1940

D. Berufungsverfahren *(Tschöpe)*

	Rz.	Seite
I. Vorbemerkung	1	1942
II. Zulässigkeit		
1. Nichtvermögensrechtliche Streitigkeiten	3	1942
2. Vermögensrechtliche Streitigkeiten	7	1943
3. Zulassung der Berufung	10	1944

	Rz.	Seite
4. Wert des Beschwerdegegenstandes	16	1946
5. Weitere Zulässigkeitsvoraussetzungen	23	1947
6. Anschlußberufung	26	1948
III. Berufungsfrist	29	1949
1. Fristbeginn	30	1949
2. Fristberechnung	32	1950
3. Fehlerhafte Rechtsmittelbelehrung	36	1950
4. Fristablauf bei Berichtigung des Urteils	38	1951
5. Berufungseinlegung zur „Fristwahrung"	39	1951
IV. Formerfordernisse		
1. Zuständiges Gericht	43	1952
2. Bezeichnung des anzufechtenden Urteils	44	1952
3. Adressierung	46	1953
4. Eigenhändige Unterschrift	47	1953
V. Berufungsbegründung		
1. Fristen	55	1955
2. Inhalt der Berufungsbegründung	65	1957
VI. Berufungsbeantwortung	71	1959
VII. Zulassung der Angriffs- und Verteidigungsmittel		
1. Grundsatz	75	1960
2. Glaubhaftmachung	77	1960
3. Zeitpunkt des Vorbringens	78	1961
VIII. Neuerliche Beweisaufnahme	81	1962
IX. Verfahren		
1. Anwendung der ZPO-Vorschriften	84	1962
2. Anträge im Berufungsverfahren	85	1963
X. Schriftliche Niederlegung des Urteils	87	1963

E. Revisionsverfahren *(Tschöpe)*

	Rz.	Seite
I. Überblick	1	1964
II. Zulässigkeit	2	1965
1. Zulassung der Revision	3	1965
2. Zulassungsgründe	4	1965
3. Exklusivregelung	14	1968
4. Zulassung im Urteil	20	1969
5. Beschränkte Zulassung	26	1970
III. Fristen		
1. Grundsatz	30	1971
2. Streithelfer	31	1971
3. Fristversäumnis	32	1971

	Rz.	Seite
IV. Postulationsfähigkeit	35	1972
V. Revisionsbegründung		
1. Grundsatz	37	1973
2. Inhalt	40	1974
3. Absolute Revisionsgründe	41	1974
4. Sonstige Revisionsgründe	44	1975
VI. Revisionsbeantwortung	46	1975
VII. Sprungrevision	48	1976
1. Formelle Voraussetzungen	49	1976
2. Zustimmungserklärung	50	1976
3. Materiell-rechtliche Voraussetzungen	52	1976
4. Bindung des Revisionsgerichts	53	1977
VIII. Revisionsbeschwerde	54	1977
IX. Entscheidung des Bundesarbeitsgerichts		
1. Zurückverweisung und Bindungswirkung	57	1977
2. Abschließende Entscheidung	61	1978
X. Hinweis: Die Revisionsanträge		
1. Antrag des Revisionsklägers	62	1978
2. Antrag des Revisionsbeklagten	64	1979

F. Nichtzulassungsbeschwerde *(Tschöpe)*

	Rz.	Seite
I. Überblick	1	1980
II. Grundsatzbeschwerde		
1. Voraussetzungen	3	1981
2. Tarifauseinandersetzung	5	1981
3. Auslegung eines raumgreifenden Tarifvertrages	8	1982
4. Rechtsstreitigkeiten aus unerlaubten Handlungen	12	1983
5. Darlegungslast	13	1983
6. Übersicht: Grundsatzbeschwerde	17	1984
III. Divergenzbeschwerde	18	1984
1. Begriff der Divergenz	19	1984
2. Zeitpunkt der divergenzfähigen Entscheidung	24	1985
3. Divergenzfähige Gerichte	25	1986
4. Darlegungslast des Beschwerdeführers	29	1986
5. Übersicht: Divergenzbeschwerde	32	1987
IV. Formelle Voraussetzungen		
1. Einlegung beim Bundesarbeitsgericht	33	1988
2. Fristen	34	1988
3. Begründungspflicht	37	1989

	Rz.	Seite
4. Form	39	1989
5. Inhalt	40	1989
6. Aufschiebende Wirkung	44	1990
V. Entscheidung des Bundesarbeitsgerichts	45	1990
1. Zurückweisung der Nichtzulassungsbeschwerde	46	1990
2. Zulassung der Revision	47	1990
3. Bindungswirkung	48	1991
4. Begründung	51	1991
5. Wirkung ehrenamtlicher Richter	52	1991
6. Unzulässigkeit oder Unbegründetheit der Nichtzulassungsbeschwerde	57	1992
VI. Anträge	59	1993

G. Arbeitsgerichtliches Beschlußverfahren *(Wessel)*

	Rz.	Seite
I. Grundsätzliches zum Urteils- und Beschlußverfahren	1	1996
II. Anwendungsfälle des Beschlußverfahrens	5	1998
1. Angelegenheiten aus dem Betriebsverfassungsgesetz, § 2a Abs. 1 Nr. 1 ArbGG	8	1999
2. Angelegenheiten aus dem Sprecherausschußgesetz, § 2a Abs. 1 Nr. 2 ArbGG	21	2005
3. Angelegenheiten aus den Mitbestimmungsgesetzen, § 2a Abs. 1 Nr. 3 ArbGG	23	2006
4. Entscheidungen über Tariffähigkeit und Tarifzuständigkeit, § 2a Abs. 1 Nr. 4 ArbGG	31	2008
5. Bestellung der Einigungsstelle und Vorabentscheidung	36	2009
6. Beschlußverfahren nach der Insolvenzordnung	50	2014
III. Beschlußverfahren vor dem Arbeitsgericht		
1. Örtliche Zuständigkeit	54	2016
2. Beteiligte	62	2018
3. Vertretung im Beschlußverfahren	99	2028
4. Antrag	108	2030
5. Verfahren	139	2038
6. Beendigung des Verfahrens	165	2044
IV. Einstweilige Verfügung, § 85 Abs. 2 ArbGG	195	2051
1. Anwendungsfälle	197	2051
2. Ausschluß einstweiliger Verfügungen	201	2052
3. Anhörung und Beschluß	206	2054
4. Rechtsmittel	210	2055
V. Beschwerde an das Landesarbeitsgericht	211	2055
1. Verweisung auf das Berufungsverfahren	214	2056
2. Einlegung und Begründung	216	2056

	Rz.	Seite
3. Anschlußbeschwerde	229	2061
4. Beendigung des Beschwerdeverfahrens	230	2061
VI. Rechtsbeschwerde an das Bundesarbeitsgericht	246	2065
1. Zulassung der Rechtsbeschwerde	250	2066
2. Zulassung nach Nichtzulassungsbeschwerde	254	2067
3. Rechtsbeschwerdeverfahren	260	2068
4. Beendigung des Rechtsbeschwerdeverfahrens	277	2073
VII. Sprungrechtsbeschwerde, § 96a ArbGG	288	2075
1. Zulassung auf Antrag	290	2076
2. Zustimmung der Beteiligten	292	2076

H. Zwangsvollstreckung *(Wessel)*

	Rz.	Seite
I. Grundsatz der vorläufigen Vollstreckbarkeit	1	2079
1. Vollstreckungstitel	3	2079
2. Ausschluß der vorläufigen Vollstreckbarkeit	8	2081
3. Einstellung der Zwangsvollstreckung	19	2084
II. Verfahren der Zwangsvollstreckung		
1. Vollstreckungsorgane und -titel	28	2087
2. Vollstreckung in Forderungen	32	2088
3. Zwangsvollstreckung wegen Geldforderungen	38	2089
4. Zwangsvollstreckung zwecks Herausgabe von Sachen	40	2090
5. Zwangsvollstreckung zur Erwirkung von Handlungen	41	2091
6. Rechtsbehelfe	55	2094
III. Arrest und einstweilige Verfügung	57	2094
1. Arrest	58	2095
2. Einstweilige Verfügung	64	2097
IV. Besonderheiten der Zwangsvollstreckung im Beschlußverfahren		
1. Anwendungsbereich und vorläufige Vollstreckbarkeit	87	2103
2. Stellen der Betriebsverfassung	93	2104
3. Verfahren	95	2105

I. Streitwert und Kosten *(Tschöpe)*

	Rz.	Seite
I. Grundsatz	1	2109
II. Streitwerte im Urteilsverfahren		
1. Kündigungsschutzklage bei Beendigungskündigung	3	2110
2. Kündigungsschutzklage bei Änderungskündigungen	59	2123
3. Bestandschutzklagen von Mitgliedern eines Vertretungsorgans	67	2124

Inhaltsverzeichnis

	Rz.	Seite
4. Wiederkehrende Leistungen und Eingruppierung	69	2125
5. Feststellungsklage	76	2127
6. Zeugnisklage	79	2127
7. Abmahnung	84	2128
8. Vergleich	85	2129
9. Herausgabe der Arbeitspapiere	92	2130
III. Gegenstandswerte im Beschlußverfahren		
1. Keine Kostenentscheidung	93	2131
2. Anwaltsgebühren	94	2131
IV. Streitwertbeschwerde		
1. Streitwertbeschwerde nach § 10 Abs. 3 BRAGO	114	2136
2. Streitwertbeschwerde nach § 25 GKG	122	2137
3. Ermessensüberprüfung	125	2137
V. Kosten und Kostenerstattung im Urteilsverfahren		
1. Gerichtskosten	126	2138
2. Anwaltskosten	129	2138

6. Teil
Arbeitnehmerschutz und Arbeitsförderung

A. Arbeitszeitrecht *(Hiekel/Zerbe)*

I. Rechtsgrundlage	1	2144
II. Gesetzeszweck	3	2144
III. Öffentlich-rechtliches Arbeitszeitrecht	4	2145
IV. Geltungsbereich	7	2145
1. Persönlicher Geltungsbereich	7	2145
2. Räumlicher und sachlicher Geltungsbereich	17	2148
V. Arbeitszeitbegriff	20	2148
VI. Einzelregelungen		
1. Begrenzungen der werktäglichen Arbeitszeit	26	2150
2. Ruhepausen	37	2153
3. Ruhezeit	45	2155
4. Nacht- und Schichtarbeit	53	2157
5. Abweichungsbefugnisse der Tarifvertragsparteien	69	2161
6. Gefährliche Arbeiten	81	2163
7. Überstunden und Mehrarbeit	82	2163
8. Sonn- und Feiertagsarbeit	83	2164
9. Frauenbeschäftigungsverbote	111	2171

	Rz.	Seite
VII. Aushangpflichten und Arbeitszeitnachweise	112	2171
VIII. Durchführung des Gesetzes	117	2172
1. Bußgeldtatbestände	118	2172
2. Straftatbestände	121	2173
3. Übergangsvorschrift für Tarifverträge und Betriebsvereinbarungen	126	2174

B. Arbeitslosengeld, Arbeitslosenhilfe und Erstattung durch den Arbeitgeber (AFG, AFRG), SGB III im Überblick *(Hiekel)*

	Rz.	Seite
I. Vorbemerkung	1	2177
II. Arbeitslosengeld		
1. Anspruchsvoraussetzungen	2	2177
2. Leistungsdauer	7	2179
3. Höhe	8	2179
4. Kranken- und Rentenversicherung	9	2180
5. Arbeitsbescheinigung	12	2181
6. Sperrzeit	14	2182
7. Ruhenszeiten	30	2188
III. Arbeitslosenhilfe		
1. Anspruchsvoraussetzungen	48	2196
2. Kranken- und Rentenversicherung	50	2197
IV. Erstattung des Arbeitslosengeldes durch den Arbeitgeber bei älteren Arbeitnehmern (§ 128 AFG)		
1. Beginn, Dauer, Umfang	51	2197
2. Voraussetzungen	53	2198
3. Ausnahmen von der Erstattungspflicht	54	2198
4. Minderung der Erstattungsforderung	73	2208
5. Erlaß der Erstattungsforderung	74	2208
6. Beratungspflicht des Arbeitsamtes	75	2209
7. Antrag auf aufschiebende Wirkung	76	2209
8. Sog. 128er-Vereinbarung	77	2209
V. Erstattung des Arbeitslosengeldes durch den Arbeitgeber bei nachvertraglichem Wettbewerbsverbot (§ 128a AFG)	78	2210
VI. Erstattung des Arbeitslosengeldes durch den Arbeitgeber bei Ablösung (§ 128b AFG)	81	2211
VII. Gesetz zur Reform der Arbeitsförderung vom 24. 3. 1997	82	2212
1. Abschaffung der Sonderregelung bei der Versicherungspflicht	83	2212
2. Begriff der Arbeitslosigkeit	84	2212
3. Anrechnung von Abfindungen auf das Arbeitslosengeld	85	2212

	Rz.	Seite
4. Dauer des Anspruchs auf Arbeitslosengeld	87	2213
5. Aufhebung des § 128 AFG	89	2214
VIII. SGB III	90	2215
1. Überblick	91	2215
2. Voraussetzungen, Dauer und Höhe des Arbeitslosengeldes, Sperrzeiten	97	2217
3. Teilarbeitslosengeld	106	2219
4. Anrechnung von Abfindungen auf das Arbeitslosengeld	108	2219
5. Kurzarbeitergeld	118	2223

C. Arbeitnehmerüberlassungsrecht *(Hiekel)*

	Rz.	Seite
I. Abgrenzungen		
1. Begriff der Arbeitnehmerüberlassung	1	2226
2. Sonstige Vertragsformen	2	2228
3. Arbeitsvermittlung	3	2228
II. Rechtsquellen	7	2229
1. Gesetzliche Vorschriften außerhalb des AÜG	8	2229
2. Rechtsakte der Europäischen Union	9	2230
III. Regelungsgegenstand und Regelungsinhalt des AÜG		
1. Gewerbliche Arbeitnehmerüberlassung	11	2231
2. Leiharbeitsverträge und Leiharbeitnehmerschutz im Verhältnis zwischen Verleiher und Leiharbeitnehmer	24	2236
3. Rechtsbeziehungen zwischen Entleiher und Leiharbeitnehmer	40	2242
4. Rechtsfolgen illegaler Arbeitnehmerüberlassung	46	2244
IV. Ordnungswidrigkeiten, Straftaten	56	2249
V. Sozialversicherungsrecht, Steuerrecht	57	2250
VI. Abgrenzung zwischen Arbeitnehmerüberlassung und sonstigen Einsatzarten in Fremdbetrieben		
1. Abgrenzung der Arbeitnehmerüberlassung gegenüber dienst- und werkvertraglichen Einsätzen in Fremdbetrieben	59	2252
2. Abgrenzung der Arbeitnehmerüberlassung gegenüber Überlassung von Maschinen mit Bedienungspersonal	74	2256
VII. Betriebsverfassungsrechtliche Besonderheiten beim Einsatz von Leiharbeitnehmern		
1. Zuordnung der Leiharbeitnehmer	75	2257
2. Beteiligungsrechte vor dem Einsatz von Leiharbeitnehmern	76	2257
3. Beteiligungsrechte während des Einsatzes von Leiharbeitnehmern	77	2258
4. Nichtgewerbliche Arbeitnehmerüberlassung	79	2260
5. Illegale Arbeitnehmerüberlassung	80	2260

Abkürzungsverzeichnis

aA	anderer Ansicht
aaO	am angeführten Ort
ABA	Arbeitsgemeinschaft für betriebliche Altersversorgung e. V.
ABl.	Amtsblatt
abl.	ablehnend
Abs.	Absatz
ADO	Allgemeine Dienstordnung
aE	am Ende
ÄArbVerG	Gesetz über befristete Arbeitsverträge mit Ärzten in der Weiterbildung
AEntG	Arbeitnehmer-Entsendegesetz
AETR	Europäisches Übereinkommen über die Arbeit des im internationalen Straßenverkehr beschäftigten Fahrpersonals
aF	alte Fassung
AFG	Arbeitsförderungsgesetz
AFRG	Arbeitsförderungs-Reformgesetz
AG	Aktiengesellschaft; Amtsgericht
AHK-Gesetz	Gesetz der Alliierten Hohen Kommission
AiB	Arbeitsrecht im Betrieb (Zeitschrift)
AktG	Aktiengesetz
AltTZG	Altersteilzeitgesetz
aM	anderer Meinung
Anh.	Anhang
Anm.	Anmerkung
AO	Anordnung
AOG	Gesetz zur Ordnung der nationalen Arbeit
AP	Arbeitsrechtliche Praxis
APlFG	Ausbildungsplatzförderungsgesetz
ArbG	Arbeitsgericht
ArbGG	Arbeitsgerichtsgesetz
ArbKrankhG	Gesetz zur Verbesserung der wirtschaftlichen Sicherung der Arbeiter im Krankheitsfall
AR-Blattei	Arbeitsrechtsblattei
ArbNErfG	Gesetz über Arbeitnehmererfindungen
ArbPlSchG	Arbeitsplatzschutzgesetz
ArbRGegw.	Arbeitsrecht der Gegenwart
ArbSichG	Arbeitssicherstellungsgesetz
ArbStättVO	Verordnung über Arbeitsstätten
ArbuR	Arbeit und Recht (Zeitschrift)
ArbVG 92	Arbeitsvertragsgesetz (Entwurf 1992)
ArbZG	Arbeitszeitgesetz
ArbZRG	Arbeitszeitrechtsgesetz

Abkürzungsverzeichnis

ARS	Arbeitsrechtssammlung, Entscheidungen des Reichsarbeitsgerichts und der Landesarbeitsgerichte
ARST	Arbeitsrecht in Stichworten
Art.	Artikel
ASiG	Arbeitssicherheitsgesetz
ATZG	Altersteilzeitgesetz
AuA	Arbeit und Arbeitsrecht (Zeitschrift)
AÜG	Arbeitnehmerüberlassungsgesetz
Aufl.	Auflage
AuR	Arbeit und Recht (Zeitschrift)
AVR	Arbeitsvertragsrichtlinien des Diakonischen Werkes der Ev. Kirche in Deutschland
AZO	Arbeitszeitordnung
BAG	Bundesarbeitsgericht
BAGE	Amtliche Sammlung der Entscheidungen des Bundesarbeitsgerichts
BAnz.	Bundesanzeiger
BArbBl.	Bundesarbeitsblatt
BAT	Bundesangestelltentarifvertrag
BayObLG	Bayerisches Oberstes Landesgericht
BB	Der Betriebs-Berater (Zeitschrift)
BBesG	Bundesbesoldungsgesetz
BBG	Bundesbeamtengesetz
BBiG	Berufsbildungsgesetz
Bd.	Band
BDSG	Bundesdatenschutzgesetz
bej.	bejahend
BErzGG	Bundeserziehungsgeldgesetz
BeschFG	Gesetz zur Förderung der Beschäftigung
BeSchuG	Gesetz zum Schutz der Beschäftigten vor sexueller Belästigung am Arbeitsplatz
BesG	Besoldungsgesetz
betr.	betreffend
BetrAVG	Gesetz zur Verbesserung der betrieblichen Altersversorgung
BetrR	Der Betriebsrat (Zeitschrift)
BetrVG	Betriebsverfassungsgesetz
BFH	Bundesfinanzhof
BGB	Bürgerliches Gesetzbuch
BGBl.	Bundesgesetzblatt
BGH	Bundesgerichtshof
BGHZ	Entscheidungen des Bundesgerichtshofs in Zivilsachen
BKGG	Bundeskindergeldgesetz
BlStR	Blätter für Steuerrecht, Sozialversicherung und Arbeitsrecht

BNotO	Bundesnotarordnung
BPersVG	Bundespersonalvertretungsgesetz
BR-Drucks.	Bundesrats-Drucksache
BRG	Betriebsrätegesetz
BRTV-Bau	Bundesrahmentarifvertrag für das Baugewerbe
BSG	Bundessozialgericht
BSHG	Bundessozialhilfegesetz
BT	Bundestag
BT-Drucks.	Bundestags-Drucksache
BUrlG	Bundesurlaubsgesetz
BVerfG	Bundesverfassungsgericht
BVerfGE	Entscheidungen des Bundesverfassungsgerichts
BVerfGG	Bundesverfassungsgerichtsgesetz
BVerfSchG	Bundesverfassungsschutzgesetz
BVerwG	Bundesverwaltungsgericht
DB	Der Betrieb (Zeitschrift)
DEVO	Datenerfassungsverordnung
dh.	das heißt
Diss.	Dissertation
DRK	Deutsches Rotes Kreuz
DVO	Duchführungsverordnung
EBRG	Europäisches Betriebsräte-Gesetz
EFZG	Entgeltfortzahlungsgesetz
EG	Europäische Gemeinschaft
EGBGB	Einführungsgesetz zum Bürgerlichen Gesetzbuch
EhfG	Entwicklungshelfergesetz
Einf.	Einführung
ESC	Europäische Sozialcharta
EStG	Einkommensteuergesetz
EU	Europäische Union
EuGH	Europäischer Gerichtshof
EuGVÜ	Europäisches Übereinkommen über die gerichtliche Zuständigkeit und die Vollstreckung gerichtlicher Entscheidungen in Zivil- und Handelssachen
EV	Einigungsvertrag
EWR	Europäischer Wirtschaftsraum
EzA	Entscheidungssammlung zum Arbeitsrecht
EzAÜG	Entscheidungssammlung zum Arbeitnehmerüberlassungsgesetz
f., ff.	folgende(r)
FFG	Frauenförderungsgesetz
FGG	Gesetz über die freiwillige Gerichtsbarkeit
FlRG	Flaggenrechtsgesetz

Abkürzungsverzeichnis

Fn.	Fußnote
FS	Festschrift
GBl.	Gesetzblatt
GefahrStVO	Gefahrstoffverordnung
gem.	gemäß
GemSOGB	Gemeinsamer Senat der obersten Gerichtshöfe des Bundes
GewArch	Gewerbearchiv (Zeitschrift)
GewO	Gewerbeordnung
GG	Grundgesetz
ggf.	gegebenenfalls
GK	Gemeinschaftskommentar
GKG	Gerichtskostengesetz
GmbH	Gesellschaft mit beschränkter Haftung
GmbHG	GmbH-Gesetz
GS	Großer Senat
GVBl.	Gesetz- und Verordnungsblatt
GVG	Gerichtsverfassungsgesetz
GVO	Gerichtsvollzieherordnung
HAG	Heimarbeitsgesetz
Halbs.	Halbsatz
HandwO	Handwerksordnung
HATG	Hausarbeitstagsgesetz (Ländergesetze)
HeimArbG	Heimarbeitsgesetz
HGB	Handelsgesetzbuch
hM	herrschende Meinung
HRG	Hochschulrahmengesetz
HwB-AR	Handwörterbuch zum Arbeitsrecht
HwO	Handwerksordnung
HzA	Handbuch zum Arbeitsrecht
ILO	International Labour Organisation
InsO	Insolvenzordnung
IRWAZ	Individuelle regelmäßige wöchentliche Arbeitszeit
iS.	im Sinne
iVm.	in Verbindung mit
JArbSchG	Jugendarbeitsschutzgesetz
JurBüro	Das juristische Büro (Zeitschrift)
KAPOVAZ	Kapazitätsorientierte variable Arbeitszeit
KG	Kammergericht; Kommanditgesellschaft
KO	Konkursordnung
KostO	Kostenordnung
KSchG	Kündigungsschutzgesetz

LAG	Landesarbeitsgericht
LAGE	Entscheidungen der Landesarbeitsgerichte
LFZG	Lohnfortzahlungsgesetz
LG	Landgericht
LohnFG	Lohnfortzahlungsgesetz
LPVG NW	Landespersonalvertretungsgesetz Nordrhein-Westfalen
Ls.	Leitsatz
LSG	Landessozialgesetz
MDR	Monatsschrift für Deutsches Recht (Zeitschrift)
MindArbbG	Gesetz über die Festsetzung von Mindestarbeitsbedingungen
MitbestG	Gesetz über die Mitbestimmung der Arbeitnehmer
MitbestErgG	Mitbestimmungsergänzungsgesetz
Montan-MitbestG	Gesetz über die Mitbestimmung der Arbeitnehmer in den Aufsichtsräten und Vorständen der Unternehmen des Bergbaus und der Eisen und Stahl erzeugenden Industrie
MTV	Manteltarifvertrag
MünchArbR	Münchener Handbuch zum Arbeitsrecht
MuSchG	Mutterschutzgesetz
mwN	mit weiteren Nachweisen
NachwG	Nachweisgesetz
nF.	neue Fassung
NJW	Neue Juristische Wochenschrift (Zeitschrift)
NJW-RR	NJW-Rechtsprechungsreport
Nr.	Nummer
NRW	Nordrhein-Westfalen
nv.	nicht veröffentlicht
NZA	Neue Zeitschrift für Arbeits- und Sozialrecht
NZS	Neue Zeitschrift für Sozialrecht
OHG	Offene Handelsgesellschaft
OLG	Oberlandesgericht
OVG	Oberverwaltungsgericht
OWiG	Gesetz über Ordnungswidrigkeiten
ParlKSch	Kündigungsschutz für Parlamentarier
PersV	Die Personalvertretung (Zeitschrift)
PersVG	Personalvertretungsgesetz
PSV	Pensionssicherungsverein
RAG	Reichsarbeitsgericht
RdA	Recht der Arbeit (Zeitschrift)
RdErl.	Runderlaß

Abkürzungsverzeichnis

Rdschr.	Rundschreiben
RDV	Recht der Datenverarbeitung (Zeitschrift)
RG	Reichsgericht
RGBl.	Reichsgesetzblatt
rkr.	rechtskräftig
RpflG	Rechtspflegergesetz
RVO	Reichsversicherungsordnung
Rz.	Randziffer
RzK	Rechtsprechung zum Kündigungsrecht
S.	Seite
sa.	siehe auch
SAE	Sammlung arbeitsrechtlicher Entscheidungen (Zeitschrift)
SchwarbG	Gesetz zur Bekämpfung der Schwarzarbeit
SchwbG	Schwerbehindertengesetz
SG	Sozialgericht
SGB	Sozialgesetzbuch
Sgb.	Die Sozialgerichtsbarkeit (Zeitschrift)
SGG	Sozialgerichtsgesetz
SoldG	Soldatengesetz
SozPlG; SozplKonkG	Gesetz über den Sozialplan im Konkurs- und Vergleichsverfahren
SprAuG	Sprecherausschußgesetz
StGB	Strafgesetzbuch
TOA	Tarifordnung für Angestellte
TSG	Transsexuellengesetz
TVG	Tarifvertragsgesetz
UrhG	Urheberrechtsgesetz
UVEG	Unfallversicherungs-Einordnungsgesetz
UVV	Unfallverhütungsvorschriften
VereinsG	Vereinsgesetz
VerglO	Vergleichsordnung
VermBG	Gesetz zur Förderung der Vermögensbildung der Arbeitnehmer
vgl.	vergleiche
VO	Verordnung
VOBl.	Verordnungsblatt
VwVfG	Verwaltungsverfahrensgesetz
WahlO; WO	Wahlordnung
WRV	Weimarer Reichsverfassung

L

zB	zum Beispiel
ZDG	Zivildienstgesetz
ZfA	Zeitschrift für Arbeitsrecht
ZIP	Zeitschrift für Wirtschaftsrecht
ZPO	Zivilprozeßordnung
ZTR	Zeitschrift für Tarifrecht
zust.	zustimmend
ZZP	Zeitschrift für Zivilprozeß

Allgemeines Literaturverzeichnis

Literaturhinweise zu Einzelproblemen finden sich jeweils am Anfang der mit Großbuchstaben bezeichneten Teile.

Ascheid/Bader/Dörner/Leinemann/Stahlhacke/Wenzel, Gemeinschaftskommentar zum Arbeitsgerichtsgesetz, Loseblatt

Baumbach/Hopt, Handelsgesetzbuch, 29. Aufl. 1995
Baumbach/Hueck, GmbH-Gesetz, 16. Aufl. 1996
Baumbach/Lauterbach/Albers/Hartmann, Zivilprozeßordnung, 56. Aufl. 1998
Becker/Etzel/Friedrich/Hillebrecht/Lipke/Pfeiffer/Rost/Spilger/Weigand/Wolff, Gemeinschaftskommentar zum Kündigungsschutzgesetz und zu sonstigen kündigungsschutzrechtlichen Vorschriften (KR), 4. Aufl. 1996 mit Nachtrag 1996
Das Bürgerliche Gesetzbuch mit besonderer Berücksichtigung der Rechtsprechung des Reichsgerichts und des Bundesgerichtshofes (RGRK), 12. Aufl. 1974 ff., 68. Lfg. (§§ 611a ff. BGB), 1992

Däubler, Das Arbeitsrecht 1, 15. Aufl. 1998
Däubler, Das Arbeitsrecht 2, 11. Aufl. 1998
Däubler, Tarifvertragsrecht, 3. Aufl. 1993
Däubler/Kittner/Klebe (Hrsg.), Betriebsverfassungsgesetz mit Wahlordnung, 6. Aufl. 1998
Dersch/Volkmar, Arbeitsgerichtsgesetz, 6. Aufl. 1955
Dietz/Nikisch, Arbeitsgerichtsgesetz, 1954
Dietz/Richardi, Betriebsverfassungsgesetz, 2 Bände, 6. Aufl. 1982

Erman, Handkommentar zum Bürgerlichen Gesetzbuch, 9. Aufl. 1993
Etzel, Betriebsverfassungsrecht, 5. Aufl. 1995

Fabricius (Hrsg.), Gemeinschaftskommentar zum Mitbestimmungsgesetz, 1992
Fabricius/Wiese/Kraft/Kreutz, Gemeinschaftskommentar zum Betriebsverfassungsgesetz, Band 1, 5. Aufl. 1994; Band 2, 5. Aufl. 1995
Fitting/Kaiser/Heither/Engels, Betriebsverfassungsgesetz, 18. Aufl. 1996

Galperin/Löwisch, Betriebsverfassungsgesetz, 6. Aufl. 1982 mit Nachtrag 1985
Geßler/Hefermehl/Eckardt/Kropff, Aktiengesetz, 1974 ff.
Germelmann/Matthes/Prütting, Arbeitsgerichtsgesetz, 2. Aufl. 1995
Grunsky, Arbeitsgerichtsgesetz, 7. Aufl. 1995

Hachenburg, GmbHG, Großkommentar, 8. Aufl. 1990 ff.
Hanau/Adomeit, Tarifvertragsrecht, 11. Aufl. 1994
Hauck, Arbeitsgerichtsgesetz, 1996
Herschel/Löwisch, Kommentar zum Kündigungsschutzgesetz, 6. Aufl. 1984
Hess/Schlochauer/Glaubitz, Kommentar zum Betriebsverfassungsgesetz, 5. Aufl. 1997

Literaturverzeichnis

Heymann, Handelsgesetzbuch, Kommentar, 2. Aufl. 1995 ff.
Hüffer, Aktiengesetz, 3. Aufl. 1997
Hueck/Nipperdey, Lehrbuch des Arbeitsrechts, Bd. I, 7. Aufl. 1963
Hueck/von Hoyningen-Huene, Kündigungsschutzgesetz, 12. Aufl. 1997

Kittner/Trittin, Kündigungsschutzrecht, 3. Aufl. 1997
Küttner (Hrsg.), Personalbuch 1997

Leinemann (Hrsg.), Kasseler Handbuch zum Arbeitsrecht, Band 1 Arbeitsverhältnis und Inhalt des Arbeitsverhältnisses, 1997
Lieb, Arbeitsrecht, 6. Aufl. 1997
Löwisch, Kommentar zum Kündigungsschutzgesetz, 7. Aufl. 1997
Löwisch, Taschenkommentar zum Betriebsverfassungsgesetz, 4. Aufl. 1996
Löwisch/Rieble, Tarifvertragsgesetz, 1992
Lüke/Walchshöfer (Hrsg.), Münchener Kommentar zur ZPO, 1992
Lutter/Hommelhoff, GmbH-Gesetz, 14. Aufl. 1995

Meisel/Sowka, Mutterschutz und Erziehungsurlaub, 4. Aufl. 1995
Meyer-Landrut/Miller/Niehus, Kommentar zum GmbH-Gesetz, 1987

Nikisch, Lehrbuch zum Arbeitsrecht, Band 1, Allgemeine Darlehen und Arbeitsvertragsrecht, 3. Aufl. 1961

Oetker/Preis (Hrsg.), Europäisches Arbeits- und Sozialrecht, 1994 ff., Loseblatt

Palandt, Bürgerliches Gesetzbuch, 57. Aufl. 1998
Preis, Prinzipien des Kündigungsrechts bei Arbeitsverhältnissen, 1987

Rebmann/Säcker (Hrsg.), Münchener Kommentar zum Bürgerlichen Gesetzbuch, Band 1, 3. Aufl. 1993; Band 2, 3. Aufl. 1994; Band 4, 3. Aufl. 1997
Richardi, Betriebsverfassungsgesetz, 7. Aufl. 1998
Richardi/Wlotzke (Hrsg.), Münchener Handbuch zum Arbeitsrecht, Band 1: Individualarbeitsrecht I, 1992; Band 2: Individualarbeitsrecht II, 1993; Band 3: Kollektives Arbeitsrecht, 1993
Rohlfing/Rewolle/Bader, Arbeitsgerichtsgesetz, 1986 ff., Loseblatt

Schaub, Arbeitsrechts-Handbuch, 8. Aufl. 1996
Schaub, Arbeitsrechtliche Formularsammlung und Arbeitsgerichtsverfahren, 6. Aufl. 1994
Scholz, Kommentar zum GmbH-Gesetz, 8. Aufl. 1993/95
Söllner, Grundriß des Arbeitsrechts, 11. Aufl. 1994
Soergel, Bürgerliches Gesetzbuch, Band 1, 12. Aufl. 1988; Band 2, 12. Aufl. 1990
Sowka (Hrsg.), Kündigungsschutzgesetz, Kölner Praxiskommentar, 1996
Stahlhacke/Bader, Arbeitsgerichtsgesetz, 3. Aufl. 1991

Stahlhacke/Preis, Kündigung und Kündigungsschutz im Arbeitsverhältnis, 6. Aufl. 1995 (mit Nachtrag 1996)
Staudinger, Kommentar zum Bürgerlichen Gesetzbuch, §§ 255 ff., 13. Bearb. 1995; §§ 620 ff., 13. Bearb. 1995
Stein/Jonas, Zivilprozeßordnung, 21. Aufl. 1993 ff.
Stege/Weinspach, Betriebsverfassungsgesetz, 7. Aufl. 1994

Thomas/Putzo, Zivilprozeßordnung, 20. Aufl. 1997

Wiedemann/Stumpf, Tarifvertragsgesetz, 6. Aufl. 1992
Wlotzke, Betriebsverfassungsgesetz, 2. Aufl. 1992

Zöller, Zivilprozeßordnung, 20. Aufl. 1997
Zöllner (Hrsg.), Kölner Kommentar zum Aktiengesetz, 2. Aufl. 1986 ff.
Zöllner/Loritz, Arbeitsrecht, 5. Aufl. 1998

1. Teil
Begründung von Arbeitsverhältnissen und ihre vertragliche Gestaltung

A. Grundlagen

	Rz.
I. Rechtsquellen, Europäisches Arbeitsrecht	
1. Kodifikationsbestrebungen	1
a) Kodifikationsauftrag im Einigungsvertrag	2
b) Geschichte der Kodifikationsversuche	6
2. Rechtsquellen des Arbeitsrechts	8
a) Schutzgesetzgebung	9
b) Kollektivrechtliche Regelungen	10
3. Tarifvertrag	13
4. Recht der Europäischen Gemeinschaft	14
a) Primäres Gemeinschaftsrecht	15
b) EG-Verordnungen	16
c) EG-Richtlinien	17
d) Rechtsprechung des Europäischen Gerichtshofs	18
II. Arbeitnehmer	
1. Arbeitnehmerbegriff	19
a) Einleitung	20
b) Fehlende gesetzliche Definition	21
c) Parteiwille	24
d) Hauptkriterien des Arbeitnehmerbegriffes	30
aa) Leistung von Arbeit	31
bb) Privatrechtlicher Vertrag	34
cc) Grad der persönlichen Abhängigkeit	35
(1) Freie Gestaltung der Arbeitszeit und § 84 Abs. 1 Satz 2 HGB	36
(2) Weitere Kriterien in Grenzfällen	39
e) Grad der persönlichen Abhängigkeit anhand ausgewählter Bereiche	40
aa) Medien	42
bb) Forschung und Lehre	46
cc) Freie Berufe	48

	Rz.
f) Kritik an der Definition der Rechtsprechung	49
2. Abgrenzung	51
a) Freier Mitarbeiter	52
b) Arbeitnehmerähnliche Person	53
c) Heimarbeiter	59
d) Telearbeitnehmer	65
e) Handelsvertreter	68
f) Auszubildende	72
g) Approbierter Arzt	78
3. Leitende Angestellte	80
a) Fehlen einer Legaldefinition	83
b) Gesetzliche Neuregelung des § 5 Abs. 3 BetrVG	84
aa) § 5 Abs. 3 Satz 2 1. Halbs. BetrVG	85
bb) § 5 Abs. 3 Satz 2 Nr. 1 BetrVG	89
cc) § 5 Abs. 3 Satz 2 Nr. 2 BetrVG	94
dd) § 5 Abs. 3 Satz 2 Nr. 3 BetrVG	99
(1) Für den Bestand oder die Entwicklung eines Unternehmens oder eines Betriebs bedeutsame Aufgaben	100
(2) Besondere Erfahrungen und Kenntnisse	102
(3) Treffen von Entscheidungen frei von Weisungen Dritter oder maßgebliche Beeinflussung von Entscheidungen	103
ee) § 5 Abs. 4 BetrVG	105
ff) Prüfungsschema für die Bestimmung des Status eines leitenden Angestellten	110
c) § 14 Abs. 2 KSchG	111

	Rz.		Rz.
aa) Geschäftsführer, Betriebsleiter und ähnliche leitende Angestellte	112	2. Träger der Arbeitgeberfunktion im einzelnen	128
		a) AG	129
bb) Befugnis zur Einstellung oder Entlassung	116	b) KGaA	130
		c) GmbH	131
4. Beamte und Arbeitnehmer im öffentlichen Dienst	121	d) KG	132
		e) OHG	133
5. Sonstige Gruppen	124	f) Genossenschaft	134
III. Arbeitgeber		g) Eingetragener Verein	135
1. Unternehmer – Arbeitgeber	127	h) BGB-Gesellschaft	136

Schrifttum:

Allgemein: *Adomeit,* Globalisierung – eine Chance, NJW 1996, 2138; *Adomeit,* Rechtsquellenfrage im Arbeitsrecht, 1969; *Dieterich,* Die Arbeitsgerichte zwischen Bundesverfassungsgericht und Europäischem Gerichtshof, NZA 1996, 673; *Franzen,* Rechtsangleichung der Europäischen Union im Arbeitsrecht, ZEuP 1995, 796; *Heither,* Arbeitsrechtsordnung in der Europäischen Gemeinschaft, EWS 1993, 168; *Hümmerich,* Von der Verantwortung der Arbeitsrechtsprechung für die Volkswirtschaft, NZA 1996, 1289; *Neumann,* Der Sächsische Entwurf eines Arbeitsvertragsgesetzes, DB 1995, 2013.

Zum Arbeitnehmerbegriff: *Bauschke,* Auf dem Weg zu einem neuen Arbeitnehmerbegriff, RdA 1994, 209; *Berger-Delhey/Alfmeier,* Freie Mitarbeiter oder Arbeitnehmer?, NZA 1991, 257; *Bezani,* Der arbeitsrechtliche Status von Rundfunk- und Fernsehmitarbeitern, NZA 1997, 856; *von Einem,* Abhängige Selbständigkeit?, BB 1994, 60; *Hilger,* Zum Arbeitnehmer-Begriff, RdA 1989, 1; *Hromadka,* Arbeitnehmerbegriff und Arbeitsrecht, NZA 1997, 569; *Kunz/Kunz,* Freie-Mitarbeiter-Verträge als Alternative zur Festanstellung?, DB 1993, 326; *Mankowski,* Ausländische Scheinselbständige und Internationales Privatrecht, BB 1997, 465; *Rosenfelder,* Der arbeitsrechtliche Status des freien Mitarbeiters, 1982; *Wank,* Arbeitnehmer und Selbständige, 1988; *Wank,* Die „neue Selbständigkeit", DB 1992, 90.

Zum leitenden Angestellten: *Bauer,* Kommentar zum Sprecherausschußgesetz, 2. Aufl. 1991; *Buchner,* Das Gesetz zur Änderung des Betriebsverfassungsgesetzes, über Sprecherausschüsse der leitenden Angestellten und zur Sicherung der Montanmitbestimmung, NZA 1989, Beil. 1, 2; *Dänzer-Vanotti,* Leitende Angestellte nach § 5 III, IV BetrVG nF, NZA 1989, Beil. 1, 30; *Engels/Natter,* Die geänderte Betriebsverfassung, BB 1989, Beil. 8, 1; *Hromadka,* Das Recht des leitenden Angestellten, 1979; *Hromadka,* Der Begriff des leitenden Angestellten, BB 1990, 57; *Hromadka,* Kommentar zum Sprecherausschußgesetz, 1991; *Martens,* Das Arbeitsrecht des leitenden Angestellten, 1983; *Müller, H.-P.,* Zur Präzisierung der Abgrenzung der leitenden Angestellten, DB 1988, 1697; *Schipp,* Die Stellung des leitenden Angestellten im Kündigungsschutzprozeß, 1992; *Wlotzke,* Die Änderungen des Betriebsverfassungsgesetzes und das Gesetz über Sprecherausschüsse der leitenden Angestellten, DB 1989, 111, 173.

Zum Arbeitgeber: *Diller,* Gesellschafter und Gesellschaftsorgan als Arbeitnehmer, 1995; *Henssler,* Das Anstellungsverhältnis der Organmitglieder, RdA 1992, 289.

I. Rechtsquellen, Europäisches Arbeitsrecht

1. Kodifikationsbestrebungen

Die Schwierigkeit, die Rechtsquellen des Arbeitsrechts in wenigen Worten zu benennen, läßt sich am ehesten darstellen an dem bis zum heutigen Tag erfolglosen Prozeß, das Arbeitsvertragsrecht **einheitlich zu kodifizieren.** Der letzte Versuch schien der erfolgversprechende einer langen Reihe vergeblicher Versuche zu sein. Er ist auch noch nicht endgültig gescheitert, wenn auch die Zeit nicht für eine Kodifizierung des Arbeitsrechtes läuft, und die derzeitige Ruhe der Diskussion in den Fachkreisen eher darauf schließen läßt, daß auch dieser Kodifizierungsversuch im Sande verläuft. 1

a) Kodifikationsauftrag im Einigungsvertrag

Der angesprochene letzte **Kodifizierungsversuch** entspringt einer vertraglichen Verpflichtung der beiden deutschen Staaten im Rahmen des Einigungsvertrages vom 31. 8. 1990. In **Art. 30 des Einigungsvertrages** heißt es: 2

> „Es ist Aufgabe des gesamtdeutschen Gesetzgebers,
>
> das Arbeitsvertragsrecht sowie das öffentlich-rechtliche Arbeitszeitrecht einschließlich der Zulässigkeit von Sonn- und Feiertagsarbeit und den besonderen Frauenarbeitsschutz möglichst einheitlich neu zu kodifizieren[1] . . ."

Seit dem 3. 10. 1990 gibt es ein **gesamtdeutsches Arbeitsrecht,** da auch im Gebiet der DDR das Recht der Bundesrepublik Deutschland gilt, sofern die Anlage 1 des Einigungsvertrages keine abweichenden Regelungen trifft[2]. 3

Vor der deutschen Wiedervereinigung hatte sich bereits ein **„Arbeitskreis deutsche Rechtseinheit im Arbeitsrecht"** gebildet, der überwiegend aus Hochschullehrern bestand und sich die Kodifizierung des Arbeitsrechts zum Ziel gesetzt hatte. Dieser Arbeitskreis übernahm nun den in Art. 30 des Einigungsvertrages gestellten Auftrag und legte in einem Gutachten für den 59. Deutschen Juristentag im Jahre 1992 den **Entwurf eines Arbeitsvertragsgesetzes** (ArbVG 92) der Öffentlichkeit vor[3]. In diesem Entwurf wurden Bestimmungen aus folgenden Gesetzen zusammengeführt: 4

▶ Bürgerliches Gesetzbuch (Dienstvertragsrecht),

▶ Handelsgesetzbuch,

---

[1] Der Vertrag zwischen der Bundesrepublik Deutschland und der Deutschen Demokratischen Republik über die Herstellung der Einheit Deutschlands – Einigungsvertrag – vom 31. 8. 1990 (BGBl. II, 889) ist auszugsweise (jedenfalls noch bis zur 52. Auflage) in der gängigen Textsammlung „Arbeitsgesetze", Beck-Texte im dtv, abgedruckt; *Neumann,* DB 1995, 2013.

[2] Art. 8 Einigungsvertrag; vgl. MünchArbR/*Richardi,* § 5 Rz. 19, § 9 Rz. 22 ff.

[3] Gutachten D zum 59. deutschen Juristentag in Hannover 1992, Band I, Gutachtenteil D (DJT-Gutachten).

- Beschäftigungsförderungsgesetz,
- Gewerbeordnung,
- Lohnfortzahlungsgesetz (jetzt: Entgeltfortzahlungsgesetz vom 26. 5. 1994),
- Gesetz über die Lohnfortzahlung an Feiertagen,
- Bundesurlaubsgesetz,
- Gesetz über Fristen für die Kündigung von Angestellten von 1926 (inzwischen abgelöst durch die gesetzliche Neuregelung des § 622 BGB),
- Kündigungsschutzgesetz,
- Gesetz zur Verbesserung der betrieblichen Altersversorgung und
- Betriebsverfassungsgesetz.

Damit hatte der Arbeitskreis aber noch **nicht alle arbeitsrechtlich relevanten Bestimmungen** in einem Arbeitsvertragsgesetzentwurf zusammengefaßt; so waren wichtige Bereiche wie

- Arbeitsrecht im Konzern,
- Bildungsurlaub und die
- Sondergesetzgebung für bestimmte Arbeitnehmergruppen

nicht Bestandteil des Arbeitsvertragsgesetzentwurfes.

5 Die Tatsache, daß dieser bisher jüngste und zunächst auch erfolgversprechendste Versuch der Kodifizierung des Arbeitsvertragsrechts noch nicht über den Diskussionsentwurf des Arbeitskreises für den deutschen Juristentag 1992 hinausgekommen ist, zeigt, daß es äußerst kompliziert ist, heute noch einen „großen Wurf" zu realisieren. Die Widerstände gegen umfassende neue Gesetzgebungsvorhaben sind in den einzelnen gesellschaftlichen Gruppen offenbar so stark, daß die Kraft zu einer umfassenden Kodifizierung fehlt[1].

b) Geschichte der Kodifikationsversuche

6 Diese Kraft fehlt aber nicht erst seit dem Einigungsvertrag von 1990, sondern sie fehlt bereits seit etwa 100 Jahren. Der erste Versuch, das Arbeitsrecht einheitlich zusammenzufassen, stammt aus dem Jahre 1896. Am 11. 12. 1896 hatte der deutsche Reichstag die gesetzliche Neuregelung des Individualarbeitsrechtes gefordert[2]. Diese Forderung wurde in der **Weimarer Reichsverfassung** wieder aufgenommen:

„Das Reich schafft ein einheitliches Arbeitsrecht",

heißt es in Art. 157 Abs. 2 der Weimarer Reichsverfassung.

---

1 Die Länder Brandenburg und Sachsen haben Arbeitsvertragsgesetze in den Bundesrat eingebracht, mit denen dem Auftrag des Einigungsvertrages in Art. 30 I Nr. 1 nachgekommen werden soll, vgl. BR-Drucks. 671/96 v. 12. 9. 1996 (Brandenburg) und BR-Drucks. 293/95 v. 23. 5. 1996 (Sachsen).
2 Vgl. DJT-Gutachten, D 13.

In den **siebziger Jahren** wurde von der Bundesregierung eine Kommission eingesetzt, die den Entwurf eines Arbeitvertragsgesetzes vorlegte (1977). An diesem Entwurf waren die Spitzenverbände der Wirtschaft (Gewerkschaften und Arbeitgeberverbände) beteiligt. Der Entwurf wurde jedoch so lange hin- und hergeschoben, bis nicht einmal die beteiligten Verbände selbst mehr etwas von ihm wissen wollten[1].

7

2. Rechtsquellen des Arbeitsrechts

Maßgebliche Rechtsquelle des Individualarbeitsrechts ist bis heute das **Bürgerliche Gesetzbuch.** Diesem liegt unverändert das Prinzip der Privatautonomie zugrunde. Der Dienstvertrag (§§ 611 ff. BGB) bildet den Grundtypus der Vertragsbeziehungen zwischen den Arbeitsvertragsparteien. Damit bleibt das Arbeitsrecht auch weiterhin in die Zivilrechtsdogmatik eingebunden[2]. Eine Ablösung des Arbeitsrechts von der Zivilrechtsdogmatik war im übrigen auch nicht von den Entwürfen eines Arbeitvertragsgesetzes gewünscht. Diese Feststellung klingt theoretisch, hat jedoch erhebliche praktische Auswirkungen. Durch die Einbindung in die Zivilrechtsdogmatik gilt zB der gesamte Allgemeine Teil des Bürgerlichen Gesetzbuches, so die Bestimmungen zur Auslegung und zum Zugang von Willenserklärungen, die Regelungen zur Geschäftsfähigkeit sowie zur Anfechtung von Willenserklärungen und die Grundsätze über das Zustandekommen eines (Arbeits-)Vertrages.

8

a) Schutzgesetzgebung

Bereits Ende des 19. Jahrhunderts wurden die individualrechtlichen Bestimmungen um Sonderbestimmungen aus anderen Gesetzen erweitert, die den Zweck verfolgten, den Arbeitnehmern in bestimmten Bereichen besonderen **gesetzlichen Schutz** zukommen zu lassen. So stammen die Bestimmungen der Gewerbeordnung (§§ 133a bis 133e) aus dem Jahre 1891. Das Allgemeine Deutsche Handelsgesetzbuch hatte dem Handlungsgehilfen besonderen gesetzlichen Schutz zugebilligt (Art. 57 ff. ADHGB)[3]. In der Folgezeit traten zu diesen ersten Arbeitnehmerschutzgesetzen immer mehr gesetzliche Regelungen in den Bereichen

9

- ▶ Gesundheitsschutz,
- ▶ Arbeitszeitschutz,
- ▶ Frauenarbeits- und Mutterschutz,
- ▶ Jugendarbeitsschutz,
- ▶ Schwerbehindertenschutz und
- ▶ Heimarbeitsschutz[4].

---

1 Vgl. MünchArbR/*Richardi*, § 5 Rz. 11; Staudinger/*Richardi*, Vorbem. zu §§ 611 ff. Rz. 691.
2 DJT-Gutachten, D 13; Staudinger/*Richardi*, Vorbem. zu §§ 611 ff. Rz. 19 ff., 115 ff.
3 Vgl. MünchArbR/*Richardi*, § 1 Rz. 15 und § 6 Rz. 15 ff.
4 Vgl. MünchArbR/*Richardi*, § 7 Rz. 21.

b) Kollektivrechtliche Regelungen

10 Neben der individualvertraglichen gesetzlichen Regelung und den Arbeitsschutzgesetzen, die auf die individualvertraglichen Beziehungen der Arbeitsvertragsparteien einwirken, entwickelte sich ein Rechtsbereich, der sich mit der Existenz, Organisation und Funktion **arbeitsrechtlicher Kollektive** befaßt. Dieser Bereich wird gleichfalls von einer Vielzahl von Gesetzen beeinflußt, denen allesamt eigen ist, daß sie sich auf die kollektive Vertretung und Durchsetzung der Arbeitnehmerinteressen beziehen. Es handelt sich dabei um

- das Tarifrecht,
- das Betriebsverfassungsrecht und
- die verschiedenen Gesetze über die Mitbestimmung der Arbeitnehmer im Unternehmen (sog. Unternehmensmitbestimmung).

11 Zu der Gruppe tarifrechtlicher Bestimmungen kann noch **Art. 9 Abs. 3 GG** gezählt werden. Das Streik- und Aussperrungsrecht wird von diesem Artikel grundgesetzlich gewährleistet.

12 Das **Arbeitsgerichtsgesetz** enthält Bestimmungen, nach denen die selbständige Arbeitsgerichtsbarkeit den von ihr Betroffenen (Arbeitnehmern, Betriebsräten, Gewerkschaften und Arbeitgebern) Rechtsschutz gewährt.

3. Tarifvertrag

13 Die im Rahmen des kollektiven Arbeitsrechts agierenden Körperschaften (Gewerkschaften und Betriebsräte auf der Arbeitnehmerseite sowie Arbeitgeber und Arbeitgeberverbände auf Arbeitgeberseite) haben ihrerseits wiederum die Befugnis verliehen bekommen, autonom Recht zu setzen[1]. Die dadurch gesetzlich sanktionierten **Tarifverträge** sind eine wichtige Rechtsquelle des Arbeitsrechts.

4. Recht der Europäischen Gemeinschaft

14 Das **Recht der Europäischen Gemeinschaft** als Rechtsquelle des Arbeitsrechts wird immer bedeutender[2]. Im europäischen Recht wird unterschieden zwischen dem primären Gemeinschaftsrecht (dem EG-Vertrag selbst und den Assoziierungsabkommen) auf der einen Seite und dem sekundären, abgeleiteten Gemeinschaftsrecht (Verordnungen und Richtlinien) auf der anderen Seite[3].

a) Primäres Gemeinschaftsrecht

15 Zentrale Bestimmung des primären Gemeinschaftsrechts ist der **Art. 119 des EG-Vertrages,** der gleiches Entgelt für Männer und Frauen vorschreibt. Der Europäische Gerichtshof vertritt die Auffassung, daß Art. 119 EG-Vertrag zwingend nicht nur für Rechtsvorschriften, sondern auch für Tarifverträge und Arbeitsverträge gilt[4].

---

1 Vgl. *Schaub,* § 3 I 7; MünchArbR/*Richardi,* § 9 Rz. 17 f.
2 Vgl. *Heither,* EWS 1993, 168, 169.
3 Vgl. *Heither,* EWS 1993, 168, 169; *Oppermann,* Europarecht, § 6 Rz. 394, 429.
4 EuGH v. 15. 12. 1994, EWS 1995, 48, 50 = NZA 1995, 215, 219.

b) EG-Verordnungen

Die EG-Verordnung stellt internationales Gesetzesrecht dar, das unmittelbar ohne Transformation in jedem Mitgliedsstaat gilt (Art. 189 Abs. 2 EG-Vertrag)[1]. Im Arbeitsrecht besitzt die EG-Verordnung jedoch nur **geringe Bedeutung,** da die Zuständigkeit der Gemeinschaft zum Erlaß von Verordnungen begrenzt ist[2].

c) EG-Richtlinien

Dagegen kommt der EG-Richtlinie im Arbeitsrecht **zentrale Bedeutung** zu[3]. EG-Richtlinien sind gemäß Art. 189 Abs. 3 EG-Vertrag Rechtsakte der Gemeinschaft, die den Mitgliedsstaaten die **Verpflichtung** auferlegen, den **Inhalt dieser Rechtsakte in nationales Recht umzusetzen.** Sie gelten daher sekundär, da primär das nationale Recht für das jeweilige Arbeitsverhältnis maßgeblich ist. Der Europäische Gerichtshof kann lediglich die Übereinstimmung des nationalen Rechts mit der Richtlinie überprüfen, eine direkte Ableitung rechtlicher Ansprüche aus der Richtlinie ist nur dann möglich, wenn der Mitgliedsstaat sein nationales Recht nicht fristgemäß angepaßt hat. Außerdem können aus einer Richtlinie dann direkte Ansprüche abgeleitet werden, wenn die Richtlinie dem nationalen Gesetzgeber in dem konkreten Streitfall kaum Gestaltungsmöglichkeiten einräumt, wenn sie also dem einzelnen Betroffenen rechtliche Ansprüche direkt aus der Richtlinie gewähren soll[4]. Die bedeutendsten Richtlinien sind die Richtlinien zur Wahrung der Ansprüche von Arbeitnehmern beim Übergang von Unternehmen, Betrieben oder Betriebsteilen[5], die Richtlinie über die Harmonisierung der Gesetze der Mitgliedsstaaten betreffend Massenentlassungen[6], die Richtlinie zum Schutz der Arbeitnehmer im Falle einer Insolvenz ihres Arbeitgebers[7] sowie die Richtlinie über die Einführung eines Europäischen Betriebsrates[8].

---

1 Vgl. *Schaub,* § 3 III 3a; *Oppermann,* Europarecht, § 6 Rz. 447.
2 Vgl. MünchArbR/*Birk,* § 18 Rz. 39.
3 Vgl. MünchArbR/*Birk,* § 18 Rz. 40.
4 Vgl. *Heither,* EWS 1993, 168, 170.
5 Richtlinie Nr. 77/187/EG v. 14. 2. 1977 – ABl. Nr. L 61/26 v. 5. 3. 1977, umgesetzt in deutsches Recht durch Art. 613a BGB; vgl. MünchArbR/*Birk,* § 18 Rz. 127 ff.
6 Richtlinie Nr. 75/129/EG v. 17. 2. 1975 – ABl. Nr. L 48/29 v. 22. 2. 1975, umgesetzt durch das Ergänzungsgesetz zum KSchG v. 27. 4. 1978, BGBl. I 1978, 555; vgl. MünchArbR/*Birk,* Rz. 123 ff.
7 Richtlinie Nr. 89/987 v. 20. 10. 1980 – Abl. Nr. L 283/23; eine Umsetzung war auf Grund der bereits bestehenden Bestimmungen des Arbeitsförderungsgesetzes sowie von Art. 7 Betriebsrentengesetz nicht erforderlich; vgl. MünchArbR/*Birk,* § 18 Rz. 135 ff. Mit dem Gesetz zur Anpassung arbeitsrechtlicher Bestimmungen an das EG-Recht vom 20. 7. 1995 wurde die sog. „Nachweisrichtlinie" (91/533/EWG) umgesetzt, die im wesentlichen vorsieht, daß jeder Arbeitnehmer Anspruch auf Vorlage eines Arbeitsvertrages in schriftlicher Form hat, die die wesentlichen Bestimmungen des Arbeitsvertrages enthält. Die Frist zur Umsetzung der Richtlinie in nationales Recht war bereits am 30. 6. 1993 abgelaufen; vgl. *Grünberger,* NJW 1995, 2809.
8 Richtlinie Nr. 94/45/EG v. 22. 9. 1994, EAS 1995, A 3460.

d) Rechtsprechung des Europäischen Gerichtshofs

18 Das europäische Gemeinschaftsrecht hat Vorrang vor dem Recht der Mitgliedsstaaten. Diesen Vorrang haben die deutschen Gerichte stets anerkannt[1]. Damit sich dieser Vorrang des Gemeinschaftsrechts in allen Mitgliedsstaaten durchsetzt und damit das Gemeinschaftsrecht auch von allen Mitgliedsstaaten in gleicher Weise interpretiert wird, hat der EG-Vertrag in Art. 177 dem Europäischen Gerichtshof ein Auslegungsmonopol gewährt. Dieses sieht vor, daß der Gerichtshof im Wege der **Vorabentscheidung** über die Auslegung des Vertrages und der übrigen Rechtsnormen der Gemeinschaft einheitlich und verbindlich entscheiden kann. Die nationalen Gerichte sind nicht zur Vorlage verpflichtet. Eine Verpflichtung ergibt sich lediglich für letztinstanzliche Gerichte (gem. Art. 177 Abs. 3 EG-Vertrag), damit eine Gewährleistung dafür besteht, daß das europäische Recht in allen Mitgliedsstaaten einheitlich interpretiert wird[2]. Nach Auffassung des Bundesverfassungsgerichts stellt die **willkürliche Nichtvorlage** eine Verletzung des Rechts auf den gesetzlichen Richter gem. Art. 101 Abs. 1 Satz 2 GG dar[3]. Allerdings kann ein Kläger die Vorlage der nationalen Gerichte an den EuGH nicht erzwingen. Hat jedoch der EuGH entschieden, ist das vorlegende Gericht an die Entscheidung gebunden[4].

II. Arbeitnehmer

1. Arbeitnehmerbegriff

19 Der Arbeitnehmerbegriff hat in jüngster Zeit verstärkt an Aktualität gewonnen, nachdem über viele Jahre hin der Eindruck entstanden ist, daß die Frage der Vorranges der „Eingliederungstheorie" vor der „Vertragstheorie" oder umgekehrt das einzige und bedeutendste Rechtsproblem in der Diskussion um den Arbeitnehmerbegriff ist. Die Diskussionen um eine Neubestimmung des Arbeitnehmerbegriffs haben sich vor allem an der **Abgrenzung des Arbeitnehmers vom freien Mitarbeiter** entzündet. In den Zeiten wirtschaftlicher Krise wird daran gedacht, durch verstärkten Einsatz von „freien Mitarbeitern" Sozialabgaben zu sparen und dadurch die Kosten der Arbeitskraft insgesamt zu senken. Außerdem soll auf diese Weise der Schutz des Arbeitsrechtes, der grundsätzlich nur Arbeitnehmern und nicht Selbständigen zugute kommt, umgangen werden[5]. Diese Diskussion wird heute unter den Schlagworten „neue Selbständig-

---

1 Vgl. BVerfG v. 22. 10. 1986, BVerfGE 73, 339 ff.; vgl. *Veelken*, JuS 1993, 265 ff.; *Heither*, EWS 1993, 168, 170; *Dieterich*, NZA 1996, 673.
2 Vgl. *Heither*, EWS 1993, 168, 170. *Heither* setzt sich in diesem Aufsatz insbesondere auch mit den kritischen Stimmen zu Entscheidungen des EuGH im Arbeitsrecht auseinander; vgl. auch *Blomeyer*, NZA 1994, 633, 635.
3 BVerfG v. 8. 4. 1987, BVerfGE 75, 223 ff.; BVerfG v. 22. 10. 1986, BVerfGE 73, 339, 367 f.; vgl. auch *von der Groeben/Krück*, Kommentar zum EWG-Vertrag, Art. 177 Rz. 77; s.a. *Müschmann*, NZA 1995, 920, 929 f.
4 MünchArbR/*Birk*, § 18 Rz. 82.
5 Vgl. *Kunz/Kunz*, DB 1993, 326; vgl. *Meisterernst*, BRAK-Mitt. 1996, 157; *Bergmann*, INF 1996, 306; *Hromadka*, NZA 1997, 569.

keit"¹ oder den Gegenbegriffen „Scheinselbständigkeit"² oder „Flucht aus dem Arbeitsrecht"³ geführt.

a) Einleitung

Daß es sich bei der Definition des Arbeitnehmers nicht um eine bloß akademische Frage handelt, wurde einleitend angesprochen. Dabei kommt es weniger auf die abstrakte Definition des Arbeitnehmerbegriffes als auf die **Abgrenzung des Arbeitnehmers zu anderen Formen der Ausübung bestimmter auf Gewinnerzielung gerichteter Tätigkeiten** an. Die bedeutenden arbeitsrechtlichen Gesetze sind lediglich auf Arbeitnehmer anwendbar, nicht jedoch auf freie Mitarbeiter. Dies gilt insbesondere für das Kündigungsschutzgesetz. Auch die Neuregelung der Kündigungsfristen durch das Kündigungsfristengesetz vom 7. 10. 1993[4] regelt lediglich die Kündigungsfristen von Arbeitnehmern. Das Bundesurlaubsgesetz ist ausschließlich anwendbar auf Arbeitnehmer, ebenso das Arbeitszeitgesetz vom 6. 6. 1994[5]. Die Liste der Beispiele ließe sich beliebig verlängern. Sie zeigt die große praktische Bedeutung der Abgrenzung der Tätigkeit einer Person als Arbeitnehmer von anderen Tätigkeiten, die nicht unter den Arbeitnehmerbegriff fallen.

20

b) Fehlende gesetzliche Definition

Die Gesetze selbst geben zwar vor, eine Begriffsbestimmung vornehmen zu wollen, tatsächlich wird jedoch lediglich auf andere Begriffe verwiesen, die das Problem der Definition des Arbeitnehmerbegriffes erst wieder aufwerfen. Ein gutes Beispiel dafür ist das Arbeitszeitgesetz vom 6. 6. 1994[6], das in der Überschrift von § 2 zwar Begriffsbestimmungen treffen will, in § 2 Abs. 2 jedoch lediglich ausführt, daß Arbeitnehmer im Sinne dieses Gesetzes Arbeiter und Angestellte sowie die zu ihrer Berufsbildung Beschäftigten sind. In gleicher Weise führt auch das Arbeitsgerichtsgesetz nicht weiter. Auch dieses gibt in § 5 vor, den Arbeitgeberbegriff zu definieren. Auch dort wird die gleiche „**Scheindefinition**" gegeben wie im Arbeitszeitgesetz (§ 5 Abs. 1 Satz 1 ArbGG). Die Verweisung „auf Arbeiter und Angestellte" ist deshalb eine Scheindefinition, weil diese Begriffe gesetzlich nirgendwo definiert sind. Die Begriffsbestimmungen verweisen lediglich auf andere unbestimmte Begriffe, ohne diese zu definieren. Auch der DJT-Entwurf für ein einheitliches Arbeitsrecht[7] hilft hier nicht weiter, die Kommission hat sich an die heiklen Definitionsprobleme offenbar nicht herangetraut.

21

Das Kündigungsfristengesetz vom 8. 10. 1993 hat bewußt aufgrund der Vorgaben des Bundesverfassungsgerichts[8] davon abgesehen, für Arbeiter und Ange-

22

---

1 *Wank*, DB 1992, 90.
2 *Meisterernst*, BRAK-Mitt. 1996, 157.
3 *Bauschke*, RdA 1994, 209.
4 BGBl. I, 1668.
5 BGBl. I, 1170.
6 BGBl. I, 1170.
7 Vgl. *Neumann*, DB 1995, 2013, 2015.
8 BVerfGE v. 30. 5. 1990, BB 1990, Beil. 27.

stellte unterschiedliche Kündigungsfristen vorzusehen[1]. Von Bedeutung bleibt die **Unterscheidung zwischen Arbeitern und Angestellten** zumindest vorerst noch in Bereichen der Rentenversicherung, die zwischen Arbeiterrentenversicherung und Angestelltenrentenversicherung unterscheidet[2], und in sonstigen sozialrechtlichen Bereichen. Aber auch die Suche nach brauchbaren Definitionskriterien in diesen Bereichen ist vergebens. So ist zB der Anspruch auf Arbeitslosengeld davon abhängig, daß der Anspruchsteller in einem Arbeitsverhältnis steht. § 168 Abs. 1 Arbeitsförderungsgesetz (AFG) verweist aber auch insoweit lediglich auf die Tätigkeit als Arbeiter oder Angestellter.

23 Eine **negative Definition** liefert das Handelsgesetzbuch. In § 84 Abs. 1 Satz 2 HGB wird der Begriff der **Selbständigkeit** dahingehend definiert, daß selbständig ist, wer im wesentlichen frei seine Tätigkeit gestalten und seine Arbeitszeit bestimmen kann. Nun kann daraus geschlossen werden, daß nicht selbständig derjenige ist, der dies gerade nicht kann. Tatsächlich ist in der Rechtsprechung diese Definition der Selbständigkeit in § 84 Abs. 1 Satz 2 HGB ein wichtiges Kriterium zur Bestimmung der Arbeitnehmereigenschaft. Daraus allein kann jedoch nicht geschlossen werden, daß jemand immer dann Arbeitnehmer ist, wenn er im wesentlichen nicht frei seine Tätigkeit gestalten und seine Arbeitszeit nicht bestimmen kann[3].

c) Parteiwille

24 Nun könnte ein näheres Eingehen auf den Arbeitnehmerbegriff als praktisch irrelevant abgetan werden, wenn es den Parteien eines Arbeitsvertrages möglich wäre, die Behandlung einer Person als Arbeitnehmer oder freier Mitarbeiter **vertraglich zu bestimmen.** Das Zivilrecht wird beherrscht von dem Grundsatz der Privatautonomie. Aus diesem Grundsatz könnte geschlossen werden, daß eine Person immer dann als Arbeitnehmer zu behandeln ist, wenn sie mit einem Dritten (Arbeitgeber) einen Arbeitsvertrag geschlossen hat, und daß sie andererseits immer dann als Selbständiger (zB freier Mitarbeiter) zu behandeln ist, wenn es heißt, zwischen beiden Vertragsparteien werde ein „freier Mitarbeitervertrag" geschlossen. Dieser Schluß ist jedoch nicht zulässig. Es kommt gerade nicht darauf an, ob ein Dienstleister als „Arbeitnehmer" oder „freier Mitarbeiter" bezeichnet wird. Es kommt ausschließlich auf die **tatsächlich ausgeübte Tätigkeit** der betreffenden Person an. Diese ist für die rechtliche Einordnung entscheidend[4].

---

1 Vgl. MünchArbR/*Richardi*, § 23 Rz. 4; MünchKomm/*Söllner*, § 611 Rz. 159.
2 So ist die Bundesversicherungsanstalt (BfA) nur für Angestelltenrenten zuständig, während die regional tätigen Landesversicherungsanstalten (LVAen) den Arbeitern Renten gewähren.
3 Ständige Rechtsprechung, so BAG v. 13. 1. 1983, AP Nr. 42 zu § 611 BGB – Abhängigkeit.
4 Ständige Rechtsprechung seit BAG v. 8. 6. 1967, AP Nr. 6 zu § 611 BGB – Abhängigkeit; siehe auch BAG v. 13. 1. 1983, AP Nr. 42 zu § 611 BGB – Abhängigkeit.

II. Arbeitnehmer

> **Hinweis:** 25
> Manche Tätigkeiten können sowohl im Rahmen eines Arbeitsverhältnisses als auch im Rahmen eines freien Mitarbeiterverhältnisses erbracht werden (zB die Tätigkeit eines Zeitungszustellers)[1]. Umgekehrt gibt es Tätigkeiten, die regelmäßig nur im Rahmen eines Arbeitsverhältnisses ausgeübt werden können (zB die Tätigkeit eines Co-Piloten[2]). Eindeutig gilt dies zB für die gewerblich Beschäftigten in der Industrie.

Der Status eines Beschäftigten richtet sich nicht nach den Wünschen und Vorstellungen der Vertragspartner, er richtet sich auch nicht danach, wie diese ihre Vertragsbeziehung bezeichnen. Maßgeblich ist, wie die **Vertragsbeziehung nach ihrem Geschäftsinhalt objektiv einzuordnen** ist. Denn durch Parteivereinbarung kann die Bewertung einer Rechtsbeziehung als Arbeitsverhältnis nicht abbedungen und der Geltungsbereich des Arbeitnehmerschutzrechts nicht eingeschränkt werden. Der wirkliche Geschäftsinhalt ist im Rahmen einer Gesamtschau sowohl aus den ausdrücklich getroffenen Vereinbarungen als auch aus der praktischen Durchführung des Vertrages zu entnehmen. Wenn der Vertrag abweichend von den ausdrücklichen Vereinbarungen vollzogen wird, ist die **tatsächliche Durchführung** maßgebend. Denn die praktische Handhabung läßt Rückschlüsse darauf zu, von welchen Rechten und Pflichten die Parteien in Wirklichkeit ausgegangen sind[3]. 26

Dies gilt aber nur dann, wenn der **Vertrag als freier Mitarbeitervertrag zwar bezeichnet, tatsächlich aber ein Arbeitsverhältnis** ist. Im umgekehrten Fall (ein Vertrag ist als Arbeitsverhältnis ausdrücklich bezeichnet, wird aber tatsächlich als freier Mitarbeitervertrag „gelebt") bleibt es bei der Bezeichnung. Ist ein Arbeitsverhältnis ausdrücklich vereinbart, so ist es auch als solches einzuordnen. Dies folgt aus der Schutzfunktion des Arbeitsrechts[4]. 27

> **Hinweis:** 28
> Stets ist der wirkliche Geschäftsinhalt der praktischen Durchführung des Vertrages zu entnehmen.

Lediglich dann, wenn **beide Formen auf Grund des Sachverhaltes möglich** sind, wenn es also sowohl möglich ist, eine bestimmte Tätigkeit als Arbeitnehmer oder auch als freier Mitarbeiter zu leisten, und wenn dies auch in der Praxis 29

---

1 Siehe dazu BAG v. 16. 7. 1997, DB 1997, 2437: Im konkreten Fall nahm das BAG an, daß der Zeitungszusteller selbständig tätig war; s. auch ArbG Oldenburg v. 7. 6. 1996, NZA-RR 1997, 162.
2 Vgl. BAG v. 16. 3. 1995, NZA 1994, 1132.
3 Zuletzt BAG v. 12. 9. 1996, NZA 1997, 194, 195; BAG v. 12. 9. 1996 – 5 AZR 1066/94, nv.; BAG v. 13. 1. 1983, AP Nr. 42 zu § 611 BGB – Abhängigkeit; BAG v. 16. 3. 1994, AP Nr. 68 unter III 1 zu § 611 BGB – Abhängigkeit; *Hueck/von Hoyningen-Huene*, KSchG, § 1 Rz. 31.
4 BAG v. 12. 9. 1996, NZA 1997, 194, 195.

tatsächlich offen gestaltet worden ist, soll der Bezeichnung des Vertragsverhältnisses durch die Parteien eine Indizwirkung zukommen[1].

d) Hauptkriterien des Arbeitnehmerbegriffs

30 Da der Arbeitnehmerbegriff gesetzlich nicht definiert ist, andererseits aber eine Abgrenzung des Arbeitnehmers von anderen Tätigkeiten und damit auch eine **Definition** des Arbeitnehmers **unverzichtbar** ist, um grundlegende Dinge wie die Anwendbarkeit von Gesetzen erst festzustellen, muß dieser Begriff inhaltlich bestimmt werden. Dabei werden allgemein **drei Kriterien** aufgestellt.

aa) Leistung von Arbeit

31 Der Arbeitnehmer schuldet die Leistung von Arbeit, **nicht einen bestimmten Arbeitserfolg.** Ist vertraglich ein Arbeitserfolg geschuldet, so ist dies ein Kriterium für das Vorliegen eines Werkvertrages. Kommt es dem „Besteller" der Leistung auf das Ergebnis, auf einen vereinbarten Erfolg an, so dürfte regelmäßig ein **Werkvertrag** geschlossen worden sein, wenn der Status des „Werkunternehmers" im übrigen diesen Schluß zuläßt (auch ein Arbeitnehmer kann in begrenztem Maß einen Arbeitserfolg schulden, die Regel ist dies jedoch nicht). Welchen Charakter die geschuldete Leistung nach dem Willen der Vertragsparteien haben soll, ist irrelevant. Ebenso ist irrelevant, ob tatsächlich die Ausübung bestimmter physischer Tätigkeiten verlangt wird, oder ob zum Beispiel lediglich Arbeitsbereitschaft gefordert wird. Beide Fälle gelten als Arbeit im Sinne dieser Definition. Die lediglich spielerische oder sportliche Betätigung, sofern letztere als Selbstzweck betrieben wird, wird nicht als Arbeit, sondern als Freizeitgestaltung oder Tätigkeit zur Befriedigung des Eigenbedarfs angesehen[2].

32 **Beispiele:**

Ein Softwareentwickler ist von seiner Wohnung aus tätig. Ein Unternehmen möchte ein Zeiterfassungsprogramm herstellen lassen, das der Softwareentwickler erarbeitet. Erwartet der Auftraggeber als Ergebnis das fertige Zeiterfassungsprogramm, so spricht eine entsprechende Vereinbarung für einen Werkvertrag.

33 *Ein Eishockey-Spieler, der lediglich eine monatliche Fahrtkostenentschädigung in Höhe von 667 DM erhält, betätigt sich lediglich sportlich in seiner Freizeit und ist nicht Arbeitnehmer des Vereins*[3].

---

1 BAG v. 14. 2. 1974, AP Nr. 12 zu § 611 – Abhängigkeit und BSG v. 13. 7. 1978, AP Nr. 29 zu § 611 BGB – Abhängigkeit; kritisch dazu *Hilger*, RzA 1989, 1, 6; *Hueck/von Hoyningen-Huene*, KSchG, § 1 Rz. 32.
2 Vgl. *Schaub*, § 8 II 1; MünchArbR/*Richardi*, § 23 Rz. 9; *Mankowski*, BB 1997, 465, 469.
3 Fall des LAG Nürnberg v. 27. 1. 1995, NZA-RR 1997, 1.

II. Arbeitnehmer

bb) Privatrechtlicher Vertrag

Ein Arbeitnehmer erbringt Leistungen auf Grund eines privatrechtlichen Vertrages, **nicht** zB auf Grund eines **öffentlich-rechtlichen Dienstverhältnisses**. Dabei ist nicht entscheidend, ob der privatrechtliche Vertrag rechtswirksam zustande gekommen ist, solange sich der Arbeitnehmer in dem Willen verpflichtet hat, freiwillig in den Dienst eines anderen zu treten. Die Erbringung von Leistungen im Rahmen einer **Geschäftsführung ohne Auftrag** (gem. §§ 677 ff. BGB) oder die **Leistung einer Gefälligkeit** macht die Person, die diese Leistungen erbringt, nicht zum Arbeitnehmer. So sind auch Strafgefangene, die auf Grund eines öffentlich-rechtlichen Verhältnisses in der Strafanstalt Arbeitsleistungen erbringen, nicht als Arbeitnehmer anzusehen, bei diesen fehlt es an der Freiwilligkeit der Verpflichtung zur Erbringung von Leistungen[1]. Allerdings können Strafgefangene dann Arbeitnehmer sein, wenn sie in einem freien Beschäftigungsverhältnis tätig sind[2]. Daher wurden auch die osteuropäischen Zwangsarbeiter, die unter der Nazi-Diktatur in Deutschland arbeiteten, nicht als Arbeitnehmer behandelt, ihre Vergütungsklagen wurden aus diesem Grunde abgewiesen[3].

34

cc) Grad der persönlichen Abhängigkeit

Die Tätigkeit als Arbeitnehmer setzt schließlich weiter voraus, daß die dienstleistende Person persönlich von dem Dienstgeber, dem Arbeitgeber, abhängig ist. Dieser Grad der persönlichen Abhängigkeit ist das letzte und **entscheidende Kriterium** für die Frage, ob jemand als Arbeitnehmer oder in anderer Weise (zB als freier Mitarbeiter) tätig ist[4].

35

(1) Freie Gestaltung der Arbeitszeit und § 84 Abs. 1 Satz 2 HGB

Für die Bestimmung des Grades der persönlichen Abhängigkeit wird von der Rechtsprechung zurückgegriffen auf den Umkehrschluß der gesetzlichen Definition der Selbständigkeit in § 84 Abs. 1 Satz 2 HGB[5]. Zwar gilt diese Regelung unmittelbar nur für die Abgrenzung des selbständigen Handelsvertreters vom abhängig beschäftigten kaufmännischen Angestellten, über ihren unmittelbaren Anwendungsbereich hinaus enthält diese Bestimmung jedoch eine allgemeine gesetzliche Wertung, die bei der Abgrenzung des Dienstvertrages vom Arbeitsvertrag zu beachten ist. Die Eingliederung in die fremde Arbeitsorganisation zeigt sich insbesondere daran, daß der Beschäftigte einem **Weisungsrecht des Arbeitgebers** unterliegt. Das Weisungsrecht kann Inhalt, Durchführung, Zeit, Dauer und Ort der Tätigkeit betreffen[6]. Allerdings ist anerkannt, daß es

36

---

1 Vgl. *Schaub*, § 8 II 23.
2 Vgl. MünchArbR/*Richardi*, § 23 Rz. 10.
3 BAG v. 3. 10. 1978, AP Nr. 18 zu § 5 BetrVG 1972; vgl. auch die rechtskräftige Entscheidung des ArbG München v. 8. 12. 1994 – 12 Ca 16531/92, nv.
4 Dies hat der 5. Senat des BAG erst jüngst wieder in einem Beschluß vom 13. 7. 1995, AP Nr. 23 zu § 5 ArbGG 1979 festgestellt.
5 Vgl. auch Rz. 23.
6 BAG v. 30. 11. 1974, AP Nr. 74 § 611 BGB – Abhängigkeit (B I 1).

Personen gibt, die im wesentlichen frei ihre Tätigkeit gestalten können, aber dennoch Arbeitnehmer sind. So sind zB Pharmaberater im Außendienst, die inhaltlich eine große Gestaltungsfreiheit in der Ausfüllung ihrer Tätigkeit haben, grundsätzlich Arbeitnehmer[1]. Eine größere Souveränität in der Gestaltung der Arbeitszeit gewähren dem Arbeitnehmer die zur Zeit in den Vordergrund tretenden **flexiblen Arbeitszeitregelungen.**

37 **Beispiel:**

Ein Unternehmen mit viel fremdsprachiger Korrespondenz engagiert eine sprachkundige Hausfrau, die jeden Nachmittag von 14:00 bis 16:00 h die anfallenden Übersetzungsarbeiten erledigt. Kommt die Dame zu vorgegebenen Zeiten in den Betrieb, bestünde wohl kein Zweifel daran, ihre Tätigkeit als abhängige Arbeit in Teilzeit zu werten. Wenn sie jedoch die Schriftstücke zur Bearbeitung mit nach Hause nimmt, weil zB familiäre Gründe ihre Anwesenheit zu Hause verlangen, oder auch weil der Betrieb keinen Raum zur Verfügung hat, in dem sie ungestört arbeiten kann, stellt sich die Frage, ob die Übersetzerin wegen dieser räumlichen Verlagerung und der damit verbundenen „Zeitsouveränität" plötzlich den Arbeitnehmerstatus verliert. Nach Hilger[2] *kann dies nur schwerlich rechtens sein, es käme darauf an, ob die Übersetzungsarbeiten einigermaßen regelmäßig anfallen und ob fest Ablieferungstermine vorgegeben sind; in diesem Fall wäre die Übersetzerin weiterhin Arbeitnehmerin (obwohl die Hausfrau vielfältige Möglichkeiten hat, den Zeitablauf ihrer Tätigkeit selbst zu bestimmen).*

38 Schließlich gibt es eine ganze Reihe von **höheren Tätigkeiten,** zB die Tätigkeit eines angestellten Rechtsanwalts in einer Anwaltskanzlei oder die Tätigkeit eines angestellten Arztes in einer Klinik, bei denen die Personen den Inhalt dieser Tätigkeiten im wesentlichen frei gestalten können. Dennoch gibt es in Rechtsprechung und Literatur kaum Zweifel daran, daß auch diese Personen grundsätzlich (zumindest ohne Hinzutreten weiterer Umstände) Arbeitnehmer sind[3]. Die Rechtsprechung hat stets anerkannt, daß die fachliche Weisungsgebundenheit für Dienste höherer Art nicht immer typisch ist[4]. Die Art der Tätigkeit kann es mit sich bringen, daß ein hohes Maß an Gestaltungsfreiheit, Eigeninitiative und fachlicher Selbständigkeit verbleibt – dennoch kann der Dienstverpflichtete als Arbeitnehmer anzusehen sein. Damit stellen sich die aus § 84 Abs. 1 Satz 2 HGB gewonnenen Kriterien zwar als wichtige Indizien für die Abgrenzung der Tätigkeit eines Arbeitnehmers von sonstigen, vor allem freiberuflichen Tätigkeiten dar, die aus dieser gesetzlichen Bestimmung gewon-

---

1 Das ArbG München (v. 29. 5. 1990 – 14 Ca 11935/89, nv.) hat jedoch entschieden, daß Pharmaberater im Außendienst nicht Arbeitnehmer sind, wenn sie selbständig entscheiden können, welche Ärzte sie wann im vorgegebenen Gebiet aufsuchen; dies selbst dann, wenn diese Pharmaberater einer Berichtspflicht unterliegen.
2 RdA 1989, 1, 3.
3 ZB LAG Berlin v. 16. 12. 1986, NZA 1987, 488.
4 BAG v. 13. 1. 1983, AP Nr. 42 zu § 611 BGB – Abhängigkeit unter B 2, 1; vgl. auch BAG v. 13. 11. 1991, NZA 1992, 1125, 1128.

II. Arbeitnehmer

nenen Kriterien beantworten jedoch nicht abschließend die Frage, ob jemand als Arbeitnehmer oder als Selbständiger Leistungen erbringt.

(2) Weitere Kriterien in Grenzfällen

Es muß daher nach weiteren Kriterien gerade in den Grenzfällen gesucht werden, um eine zutreffende Definition vorzunehmen. Es wird auch in der (kritischen) Literatur anerkannt, daß die Rechtsprechung in der Vergangenheit regelmäßig zu den „richtigen Ergebnissen"[1] gelangt ist, wenn weitere Kriterien in den Grenzbereichen verlangt wurden, um eine abschließende Einordnung der Tätigkeit einer Person als Arbeitnehmer vorzunehmen. Dabei hat sich die Rechtsprechung auf die drei Gruppen **Medien, Forschung/Lehre und freie Berufe** konzentriert. In diesen Bereichen kommen in der Praxis Gestaltungen vor, die die Frage der Definition des Arbeitnehmerbegriffes immer wieder aufwerfen und die Rechtsprechung dazu gezwungen haben, die einmal gefundenen Abgrenzungskriterien zu überdenken.

e) Grad der persönlichen Abhängigkeit anhand ausgewählter Bereiche

Vor dem Hintergrund der Tatsache, daß die Ableitung der Bestimmungskriterien aus § 84 Abs. 1 Satz 2 HGB nicht in allen Fällen zu zufriedenstellenden Lösungen führt, hat die Rechtsprechung als entscheidendes Kriterium für einen Arbeitnehmer dessen **persönliche Abhängigkeit** vom Arbeitgeber angesehen. Unter diesem Oberbegriff ist die örtliche, zeitliche und inhaltliche Weisungsbindung lediglich ein Ausfluß der persönlichen Abhängigkeit. Gleiches gilt für die Einbindung des Arbeitnehmers in die Organisation des Auftraggebers. Bezogen auf die vorgenannten drei Hauptbereiche (Medien, Forschung/Lehre und freie Berufe) und angereichert um einige Entscheidungen in Randbereichen (Bestimmung eines Co-Piloten von Verkehrsflugzeugen als Arbeitnehmer[2], einer Hebamme mit Belegvertrag[3] sowie der Versuch der Finanzgerichtsbarkeit, in Anlehnung an die Rechtsprechung des BAG gleichfalls eine Abgrenzung vorzunehmen[4]) ist darzulegen, wie im einzelnen anhand konkreter Fälle das Hauptkriterium „persönliche Abhängigkeit" definiert wird.

---

1 *Hilger*, RdA 1989, 1.
2 BAG v. 16. 3. 1994, AP Nr. 68 zu § 611 BGB – Abhängigkeit.
3 BAG v. 26. 6. 1991 – 5 AZR 453/90, nv.
4 BFH v. 24. 7. 1992, AP Nr. 63 zu § 611 BGB – Abhängigkeit.

Checkliste zur Abgrenzung Arbeitnehmer/freier Mitarbeiter

Bezeichnung	kein relevantes Unterscheidungsmerkmal	Indiz für selbständige Tätigkeit	Indiz für Arbeitnehmerstatus
Rechnungsstellung mit Mehrwertsteuer	x		
Steuerliche Behandlung der Vergütung	x		
Teilzeit/Vollzeit	x		
nebenberuflich/auf Dauer	x		
Tätigkeit wird regelmäßig nur im Rahmen eines Arbeitsverhältnisses ausgeübt			x
Tätigkeit wird regelmäßig von Selbständigen ausgeübt		x	
Wirtschaftliche Abhängigkeit des Dienstleistenden/Arbeitnehmers	x		
Auftraggeber kann innerhalb eines zeitlich bestimmten Rahmens über die Arbeitsleistung verfügen			x
Teilweise ständige Dienstbereitschaft erforderlich			x
„Zuweisung" von Arbeit			x
Aufnahme in einen Dienstplan			x
Genehmigungspflicht des Urlaubs			x
Lediglich Verpflichtung, den Urlaub anzuzeigen		x	
Nur geringes Maß an Gestaltungsfreiheit und Eigeninitiative			x
Im gleichen Unternehmen werden andere Mitarbeiter mit den gleichen Aufgaben als Arbeitnehmer beschäftigt	x		
Aufnahme in das Telefonverzeichnis			x
Eigener Arbeitsplatz im Unternehmen			x

aa) Medien

42 Im Medienbereich geht es regelmäßig um den arbeitsrechtlichen **Status von Rundfunk- oder Fernsehmitarbeitern**[1]. Zunächst wird in allen Entscheidungen des BAG darauf hingewiesen, daß eine wirtschaftliche Abhängigkeit des

---

[1] BAG v. 30. 11. 1974, AP Nr. 74 zu § 611 BGB – Abhängigkeit; BAG v. 20. 7. 1994, AP Nr. 73 zu § 611 BGB – Abhängigkeit; BAG v. 16. 2. 1994, AP Nr. 15 zu § 611 BGB – Rundfunk; BAG v. 9. 6. 1993, NZA 1994, 169; BAG v. 13. 1. 1983, AP Nr. 42 zu § 611 BGB – Abhängigkeit; vgl. auch *Bezani*, NZA 1997, 856.

II. Arbeitnehmer

Dienstnehmers vom Dienstgeber (oder des Arbeitnehmers vom Arbeitgeber) nicht gefordert wird. Diese ist kein taugliches Abgrenzungskriterium. Maßgeblich sind die Umstände, unter denen die Dienstleistung zu erbringen ist, nicht die Modalitäten der Bezahlung oder die steuer- und sozialversicherungsrechtliche Behandlung. Maßgeblich ist weiterhin auch nicht, ob über die betreffende Person eine Personalakte geführt wird. Schließlich kann die Arbeitnehmereigenschaft nicht mit der Begründung verneint werden, es handle sich um eine nebenberufliche Tätigkeit[1]. Andererseits spricht aber nicht schon für ein Arbeitsverhältnis, wenn es sich um eine auf Dauer angelegte rechtliche Beziehung zwischen beiden Parteien handelt[2]. Der Grad der persönlichen Abhängigkeit hängt maßgeblich von der Eigenart der jeweiligen Tätigkeit ab. Abstrakte, für alle Arbeitsverhältnisse geltende Kriterien lassen sich nicht aufstellen[3]. Es gibt gerade im Medienbereich Tätigkeiten, die sowohl im Rahmen eines freien Dienstverhältnisses (freien Mitarbeiterverhältnisses) erbracht werden können als auch im Rahmen eines Arbeitsverhältnisses. Das Bestehen eines Arbeitsverhältnisses kann aus der Art oder der Organisation der Tätigkeit folgen. Im Bereich der Medien unterscheidet das BAG zwischen **programmgestaltenden Tätigkeiten** und solchen, bei denen der Zusammenhang zur Programmgestaltung fehlt. Dies sind zB lediglich ausführende Tätigkeiten wie die eines (Nachrichten-)Sprechers, der regelmäßig als Arbeitnehmer tätig ist. Programmgestaltende Mitarbeit kann sowohl im Rahmen eines Arbeitsverhältnisses als auch im Rahmen eines freien Mitarbeiterverhältnisses erbracht werden[4]. Bei programmgestaltenden Tätigkeiten wird ein Arbeitsverhältnis vom BAG insbesondere dann bejaht, wenn der Sender innerhalb eines bestimmten zeitlichen Rahmens über die Arbeitsleistung verfügen kann. Das ist etwa dann der Fall, wenn ständige Dienstbereitschaft erwartet wird, oder wenn der Mitarbeiter in nicht unerheblichem Umfang ohne Abschluß dahingehender Vereinbarungen zur Arbeit herangezogen wird, ihm also die Arbeiten letztlich „zugewiesen" werden. Die **ständige Dienstbereitschaft** kann sich sowohl aus den ausdrücklich getroffenen Vereinbarungen als auch aus der praktischen Durchführung der Vertragsbeziehung ergeben. Ob ein Mitarbeiter einen eigenen Schreibtisch hat oder ein Arbeitszimmer benutzen kann, zu dem er einen Schlüssel besitzt, und ob er in einem internen Telefonverzeichnis aufgeführt ist, hat für sich genommen keine entscheidende Bedeutung. Dagegen ist es bedeutsam, wenn der Mitarbeiter in Dienstplänen aufgeführt ist. Dies ist ein starkes Indiz für Arbeitnehmereigenschaft[5]. Wenn ein Mitarbeiter seinen Urlaub nicht nur „anzuzeigen" hat, sondern ihn jeweils genehmigen lassen muß, spricht dies ebenfalls für ein Arbeitsverhältnis. Ein Arbeitsverhältnis kann auch dann vorliegen, wenn der Mitarbeiter zwar das Programm mitgestaltet, jedoch weitgehenden

---

[1] BAG v. 30. 11. 1994, AP Nr. 74 zu § 611 BGB – Abhängigkeit.
[2] BAG v. 27. 3. 1991, AP Nr. 53 zu § 611 BGB – Abhängigkeit.
[3] BAG v. 30. 11. 1994, AP Nr. 74 zu § 611 BGB – Abhängigkeit.
[4] BAG v. 16. 2. 1994, AP Nr. 15 zu § 611 BGB – Rundfunk.
[5] BAG v. 16. 2. 1994, AP Nr. 15 zu § 611 BGB – Rundfunk; LAG Köln v. 30. 1. 1997, NZA-RR 1997, 283.

inhaltlichen Weisungen unterliegt, ihm also bei seiner Arbeit nur ein geringeres Maß an Gestaltungsfreiheit, Eigeninitiative und Selbständigkeit bleibt[1].

43 **Hinweis:**
Bei der Bestimmung des Status einer Person als Arbeitnehmer oder freier Mitarbeiter ist die Frage der zeitlichen Inanspruchnahme irrelevant. Auch eine nebenberufliche Tätigkeit bei einem anderen „Arbeitgeber" als dem „Hauptarbeitgeber" kann ein Arbeitsverhältnis begründen (entweder als Zweitarbeitsverhältnis oder als einziges Arbeitsverhältnis).

44 Nachdem das **Bundesverfassungsgericht**[2] dem BAG aufgegeben hatte, bei Anwendung der Grundsätze zur Definition der Arbeitnehmereigenschaft im Bereich der Medien das Grundrecht des Art. 5 GG dadurch stärker zu beachten, daß dem Bedürfnis der Medien nach der Beschäftigung freier Mitarbeiter verstärkt nachgekommen werden sollte, änderte das BAG zunächst seine Rechtsprechung grundlegend[3]. Dann aber relativierte es diese Rechtsprechung immer mehr und läuft damit Gefahr, mit den Grundsätzen des Bundesverfassungsgerichts zu kollidieren. Hatte das Bundesverfassungsgericht dem BAG noch ins Stammbuch geschrieben, die verfassungsrechtliche Gewährleistung der Rundfunkfreiheit umfasse auch das Recht der Anstalten, über die Auswahl, Einstellung und Beschäftigung der Rundfunkmitarbeiter zu bestimmen, so hat der 5. Senat nach und nach die Auffassung vertreten, daß er durch die Rechtsprechung des Bundesverfassungsgerichts nicht gehindert sei, der (befristeten oder unbefristeten) Mitarbeit von freien Mitarbeitern Grenzen zu setzen. Dies zeigen die neueren Urteile, in denen der 5. Senat die Tätigkeit eines Funk- und Fernsehmitarbeiters **„aufspaltet" in Arbeitnehmeraufgaben und Aufgaben als freier Mitarbeiter.** Diese Personen sind somit Arbeitnehmer, soweit es um den technischen Teil der Ausführung geht. Dies sei selbstverständlich, wenn der Rundfunkmitarbeiter nicht programmgestaltend zB in fremdsprachlichen Diensten mit routinemäßiger Tätigkeit als Sprecher, Aufnahmeleiter und Übersetzer eingesetzt sei. Als Übersetzer und Sprecher ist ein Rundfunkmitarbeiter zwar programmgestaltend tätig, erfolgt diese Tätigkeit jedoch nach bestimmten Dienstplänen, die die Dispositionsfreiheit stark einschränken, ist dieser Mitarbeiter insoweit als Arbeitnehmer tätig. Andere Tätigkeiten im programmgestaltenden Bereich könnten jedoch im Status des freien Mitarbeiters erbracht werden, so zB die im wesentlichen selbständige Herstellung von Sendungen und Magazinbeiträgen[4].

45 Die neuere Rechtsprechung des BAG zum Arbeitnehmerstatus von Rundfunk- und Fernsehmitarbeitern zeigt exemplarisch die Nöte einer fallgruppenorien-

---

1 BAG v. 16. 2. 1994, AP Nr. 15 zu § 611 BGB – Rundfunk.
2 BVerfG v. 13. 1. 1982, BVerfGE 59, 231 = NJW 1982, 1447.
3 Ein Beispiel dafür sind die Darlegungen im Urteil v. 13. 1. 1983; BAG v. 13. 1. 1983, AP Nr. 42 zu § 611 BGB – Abhängigkeit.
4 Vgl. zu letzterem BAG v. 9. 6. 1993, NZA 1994, 169.

tierten Definition des Arbeitnehmerbegriffes unter dem Obergriff der persönlichen Abhängigkeit. Es geht auf Grund dieser neuen Rechtsprechung nicht mehr um die Abgrenzung des Status einer Person gegenüber einem bestimmten Arbeitgeber, es wird nunmehr **innerhalb eines „Vertragsverhältnisses"** (eines Rundfunkmitarbeiters) unterschieden zwischen solchen Tätigkeiten, die als Arbeitnehmer erbracht werden und solchen Aufgaben, die der Rundfunkmitarbeiter als freier Mitarbeiter erbringt. Ein für die Praxis schier unlösbares Problem, das in der nächsten Stufe die Frage der zeitlichen Abgrenzbarkeit der verschiedenen Tätigkeitsbereiche aufwirft.

bb) Forschung und Lehre

Im Bereich Forschung/Lehre ging es in der Rechtsprechung vor allem um die **Einordnung von Volkshochschuldozenten.** Das BAG hat ausgeführt[1], daß es entscheidend ist, ob und wie intensiv der Volkshochschuldozent in den Lehrbetrieb der Volkshochschule eingegliedert ist, und in welchem Umfang er den Inhalt seiner Tätigkeit, die Art und Weise der Unterrichtserteilung, die Arbeitszeit und die sonstigen Umstände der Dienstleistung mitgestalten kann. Auf ein Arbeitsverhältnis deutet es hin, wenn der Schulträger außerhalb der Unterrichtszeit über die Arbeitskraft des Dienstverpflichteten verfügen kann, entweder weil die Lehrkraft an Fortbildungsveranstaltungen und Dienstbesprechungen teilnehmen muß oder weil sie verpflichtet ist, zusätzliche Aufgaben zu übernehmen (etwa Betriebspraktika, oder sie wirkt bei der Vergabe von Lehrmitteln mit oder führt Pausenaufsicht). Bei der Erstellung der Prüfungsvorschläge und bei Korrekturarbeiten ist der Dozent jedoch in seiner Arbeitszeitgestaltung frei. Die Verpflichtung, das örtliche Schulrecht zu beachten, ist kein Hinweis auf typische Weisungsgebundenheit, und auch die umfassende Fachaufsicht deutet nicht darauf hin, daß die Tätigkeit als Arbeitnehmer erbracht wird. Typisch für ein Arbeitsverhältnis ist es, daß der Arbeitgeber innerhalb eines bestimmten zeitlichen Rahmens nach seinen Bedürfnissen über die Arbeitsleistung des Arbeitnehmers verfügen kann. Auch wenn ein Volkshochschuldozent sich an einen festen Stundenplan halten muß, kommt es darauf an, wann der Stundenplan vorlag, und ob der Dozent den Stundenplan entsprechend seinen Bedürfnissen noch ändern konnte.

46

Der 5. Senat des BAG nimmt eine **typisierende Unterscheidung** zwischen Lehrern an allgemeinbildenden Schulen einerseits und solchen Lehrern vor, die außerhalb schulischer Lehrgänge an Volkshochschulen oder in Musikschulen unterrichten. Erstere unterliegen einem dichten Regelwerk von Gesetzen, Verordnungen, Verwaltungsvorschriften und Einzelweisungen. Diese betreffen auch Inhalt, Art und Weise des Unterrichts. Die Lehrer an allgemeinbildenden Schulen unterlägen einer verstärkten Aufsicht und Kontrolle, außerdem fielen mehr Nebenarbeiten an als bei der Abhaltung von Volkshochschulkursen und von Musikschulunterricht[2]. Diese starke Reglementierung gebe es bei Volks-

47

---

[1] BAG v. 13. 11. 1991, AP Nr. 60 zu § 611 BGB – Abhängigkeit und v. 24. 6. 1992, AP Nr. 61 zu § 611 BGB – Abhängigkeit; BAG v. 26. 7. 1995, NZA 1996, 477.
[2] BAG v. 12. 9. 1996, NZA 1997, 600; BAG v. 12. 9. 1996, NZA 1997, 194.

hochschullehrern und Musikschullehrern nicht. Die Verbindung zwischen Schüler und Lehrer sei lockerer, es bestehe kein Schulzwang und nicht die Verpflichtung zur Ablegung förmlicher Abschlüsse. Der Unterricht sei meist nur fachbezogen und weniger reglementiert, die Kurse würden zudem nicht zur Berufsvorbereitung dienen. Auch fielen weniger Nebenarbeiten an. Die Organisation und Koordination sowie die inhaltlichen Vorgaben ließen den Lehrkräften mehr Spielraum als in allgemeinbildenden Schulen[1]. Der 7. Senat vertritt dagegen eine **stärker individualisierende Betrachtungsweise**[2]. Dem 7. Senat kommt es nicht auf Bindung an rechtliche Vorschriften und Lehrpläne an, sondern auf die Beantwortung der Frage, in welcher Weise die Lehrkraft in zeitlicher Hinsicht dem Verwaltungsrecht des Schulträgers unterliegt. Nach dieser Rechtsprechung des 7. Senats ist entscheidend die konkrete Ausgestaltung der Tätigkeit des Lehrers im Hinblick auf feststehende Studieninhalte[3]. Da die typisierende Betrachtungsweise des 5. Senats des BAG praktisch einfacher zu handhaben ist als die individuelle Sicht des 7. Senats, schließen sich immer mehr Landesarbeitsgerichte dieser Rechtsprechung des 5. Senats an[4].

cc) Freie Berufe

48   Im Bereich der freien Berufe geht es vor allem um die Einordnung von **(angestellten) Rechtsanwälten**[5]. In der Linie der Rechtsprechung des BAG haben die Obergerichte geprüft, ob der betroffene Rechtsanwalt seine gesamte Arbeitskraft der Kanzlei zur Verfügung stellen muß, selbst keine Mandanten haben darf, ein vertraglich fixiertes Arbeitsgebiet hat, auf die Zuweisung und den Entzug von Mandanten keinen Einfluß nehmen kann, Bürostunden einzuhalten hat, weder am Gewinn noch am Verlust der Anwaltskanzlei beteiligt ist, persönlichen und fachlichen Weisungen unterworfen ist und darauf verzichtet hat, Inhalt und Ziel der eigenen Tätigkeit wie ein selbständiger Anwalt zu bestimmen[6]. Kritische Punkte sind dabei vor allem die nicht durchsetzbare inhaltliche Weisungsunterworfenheit des Rechtsanwalts sowie die Problematik der Gewinn- oder Verlustbeteiligung.

---

1   BAG (5. Senat) v. 12. 9. 1996, NZA 1997, 194 und 600.
2   So BAG (7. Senat) v. 30. 10. 1991, AP Nr. 57 zu § 611 BGB – Abhängigkeit; BAG v. 13. 11. 1991, AP Nr. 60 zu § 611 BGB – Abhängigkeit; BAG v. 11. 3. 1992, 7 AZR 58/91, 130/91, 188/91 und 189/91, nv.
3   Anm. von *Kühn* zur Entscheidung des LAG Baden-Württemberg v. 4. 7. 1996, BB 1997, 684.
4   So LAG Baden-Württemberg v. 4. 7. 1996, BB 1997, 683 und LAG Düsseldorf v. 13. 11. 1996, BB 1997, 791. Der 5. Senat hatte in der Entscheidung v. 12. 9. 1996, NZA 1997, 600 erwogen, den Großen Senat anzurufen, unterließ dies jedoch deshalb, weil auch nach der individualisierenden Betrachtungsweise des 7. Senats die Entscheidung identisch gewesen wäre.
5   OLG Köln v. 15. 9. 1993, BB 1994, 145; LAG Frankfurt v. 16. 3. 1990, BB 1990, 2492; LAG Berlin v. 16. 12. 1986, NZA 1987, 488; LAG Baden-Württemberg v. 14. 3. 1985, BB 1985, 1534; LAG Hessen v. 1. 6. 1995, NZA-RR 1996, 64.
6   LAG Frankfurt v. 16. 3. 1990, BB 1990, 2492.

f) Kritik an der Definition der Rechtsprechung

Die überfrachtete Rechtsprechung hat in der Literatur den Ruf nach einer Neudefinition des Arbeitnehmerbegriffes geweckt[1]. Danach kommt es entscheidend auf die **Verteilung der Chancen und Risiken** an. Trägt der Betroffene nicht nur die Risiken einer bestimmten Vertragsgestaltung, sondern werden ihm dadurch auch wirtschaftliche Chancen eröffnet, dann handelt er regelmäßig als Selbständiger, werden jedoch dem Betroffenen überwiegend nur die Risiken übertragen, hat er jedoch aus seiner Tätigkeit keine wirtschaftlichen Chancen auf dem Markt, so ist er regelmäßig als Arbeitnehmer zu behandeln. Typische Arbeitnehmermerkmale sind auf Dauer angelegte Arbeit nur für einen Auftraggeber in eigener Person, ohne Mitarbeiter, im wesentlichen ohne eigenes Kapital und ohne eigene Organisation. Eine Person ist dann als Selbständiger zu behandeln, wenn sie trotz Erfüllens der vorgenannten Kriterien das Unternehmerrisiko freiwillig übernimmt, am Markt auftritt und die unternehmerischen Chancen und das unternehmerische Risiko ausgewogen verteilt sind[2].

49

Bauschke[3] hält der Rechtsprechung vor, sie denke „vom Ergebnis her", behaupte aber, sie halte objektive Kriterien ein. Damit stehe die Rechtsprechung nicht offen dazu, daß rechtspolitische Zielsetzungen tatsächlich verfolgt werden müßten, um eine „Flucht aus dem Arbeitsrecht" zu vermeiden. Die von der Rechtsprechung geforderte „Gesamtwürdigung" verschleiere, daß es keine Rationalität und Durchgängigkeit der Methode bei der Bestimmung des Arbeitnehmerbegriffes gebe. Es sei daher eine legislatorische Initiative erforderlich. Der massenhafte Ausstieg aus dem arbeits- und sozialrechtlichen System führe zu dramatischen Folgen, eine weitere „Verselbständigung" klassischer Arbeitnehmertätigkeiten sei sozialpolitisch unerwünscht und müsse daher auch offen zurückgedrängt werden. Es müsse ein echtes **Regel-Ausnahmeverhältnis** eingeführt werden, wobei das Arbeitnehmerverhältnis die Regel und das Vertragsverhältnis als Selbständiger die Ausnahme sei[4]. Tatsächlich ist eine Tendenz erkennbar, größere Gruppen traditionell abhängiger Berufe in die Selbständigkeit zu entlassen. Dabei handelt es sich zB um Frachtführer, die einzelne LKW ihren ehemaligen Mitarbeiter verkaufen, um diese dann selbständig zu betreiben[5], oder um Baufirmen, die Arbeitnehmer aus Drittstaaten außerhalb der EG als selbständige Subunternehmer einsetzen[6]. Häufig sind es aber auch die betroffenen „typischen" Arbeitnehmer selbst, die durch den Übertritt in die

50

---

1 *Wank*, DB 1992, 90 und *Wank*, Arbeitnehmer und Selbständige, S. 146 ff., fordert eine teleologische Begriffsbildung.
2 *Wank*, DB 1992, 90, 91; *Hilger*, RdA 1989, 1 Fn. 6 hält *Wank* vor, seine Definition sei von der von diesem kritisierten Methode nicht allzu weit entfernt; s. dazu auch die sehr ausführlich begründete Entscheidung des ArbG Nürnberg v. 31. 7. 1996, NZA 1997, 37.
3 RdA 1994, 209; siehe auch die empirischen Befunde zur „Scheinselbständigkeit", abgedruckt in NZA 1997, 590.
4 *Bauschke*, RdA 1994, 209, 215.
5 Vgl. *Meisterernst*, BRAK-Mitt. 1996, 157.
6 *Meisterernst*, BRAK-Mitt. 1996, 157.

Selbständigkeit mehr verdienen wollen, indem sie die Sozialabgaben sparen und nicht daran denken, daß damit weder Vorsorge für das Alter noch für Krankheit getroffen wird. Vor dem Hintergrund dieser Entwicklung bieten die **Definitionsansätze der neuen arbeitsrechtlichen Literatur** brauchbare Kriterien. Danach verlangt eine selbständige Tätigkeit

- die freiwillige Übernahme des Unternehmerrisikos mit
- den damit verbundenen Chancen auf dem Markt (zB durch Zusammenarbeit mit verschiedenen Partnern) und
- den Möglichkeiten der Beschäftigung von Mitarbeitern sowie
- dem Aufbau einer eigenen Organisation mit eigenem Kapitaleinsatz.

Zwar wird nicht verkannt, daß auch diese Kriterien lediglich **Indizien** sind, diese Indizien sind jedoch konkret wirtschaftlich festmachbar und verlangen ihrerseits nicht wieder nach neuen Definitionen[1].

---

1 Vgl. auch *Wank*, Arbeitnehmer und Selbständige, S. 117 ff.; *Rosenfelder*, S. 70 ff. In der Republik Österreich wurde durch das sogenannte Strukturanpassungsgesetz 1996 (ÖBGBl. v. 20. 8. 1996 und v. 31. 10. 1996) der Personenkreis der nach den Bestimmungen des allgemeinen Sozialversicherungsgesetzes Pflichtversicherten ab 1. 7. 1996 erweitert. Ab diesem Zeitpunkt unterliegen Personen mit freien Dienstverhältnissen und mit Werkverträgen, die in einer arbeitnehmerähnlichen Stellung tätig werden, der Pflichtversicherung. Dabei stellt der Gesetzgeber auch bei diesen Personen auf den wahren wirtschaftlichen Gehalt der vertraglichen Vereinbarungen ab und spricht ausdrücklich als Grund für diese neue Gesetzgebung den Mißbrauch von Formen und Gestaltungsmöglichkeiten des bürgerlichen Rechts an. Für einen sozialversicherungspflichtigen freien Dienstvertrag sind folgende Kriterien kennzeichnend:
 – Verpflichtung zur Dienstleistung für *einen* Auftraggeber, wobei die persönliche Abhängigkeit nicht gegeben ist,
 – Möglichkeit, den Arbeitsablauf selbst zu regeln und gegebenenfalls den Beschäftigungsort sowie die Arbeitszeit selbst zu bestimmen,
 – Vertrag auf bestimmte oder unbestimmte Zeit,
 – Entgeltbezug aus dieser Tätigkeit.
Dabei ist Merkmal für die Pflichtversicherung, daß die arbeitnehmerähnliche Tätigkeit in persönlicher Selbständigkeit und wirtschaftlicher Unselbständigkeit für einen Auftraggeber regelmäßig verrichtet wird. Der dienstnehmerähnliche Werkvertrag, der nach § 4 Abs. 5 ASVG gleichfalls der Sozialversicherungspflicht unterliegt, zeichnet sich aus durch folgende Kriterien:
 – Menschliche Arbeitsleistung steht im Vordergrund gegenüber Einsatz von eigenem Kapital,
 – begrenzte Anzahl an Auftraggebern,
 – der Beschäftigte verfügt über keine nennenswerte eigene unternehmerische Struktur (Geschäftsräumlichkeiten, Betriebsmittel, kaufmännische Buchführung usw.) oder
 – der Beschäftigte ist in seiner unternehmerischen Disposition rechtlichen oder faktischen Beschränkungen im Verhältnis zum Beschäftiger unterworfen (Konkurrenzklausel, Bindung an die Verwendung bestimmter Arbeitsmittel und Produkte usw.),
 – Entgeltbezug aus dieser Tätigkeit.

II. Arbeitnehmer

2. Abgrenzung

Die **praktische Relevanz** der Definition des Arbeitnehmerbegriffes zeigt sich bei der Abgrenzung zu verwandten Tätigkeiten. Die Konsequenzen der Einordnung einer Person als Arbeitnehmer oder Selbständiger liegen auf Hand. Die Arbeitsgesetze sind grundsätzlich nicht auf freie Mitarbeiter anwendbar, auch die Befristungsrechtsprechung des BAG gilt ausschließlich für Arbeitnehmer und nicht für freie Mitarbeiter[1].

51

a) Freier Mitarbeiter

Die Abgrenzungskriterien zwischen der Arbeitnehmertätigkeit und der Tätigkeit eines freien Mitarbeiters ergeben sich aus der vorstehenden Auseinandersetzung mit der Definition des Arbeitnehmerbegriffes (Rz. 19 ff.). Auf diese Ausführungen wird verwiesen.

52

b) Arbeitnehmerähnliche Person

Die arbeitnehmerähnliche Person ist selbst kein Arbeitnehmer, sei es, weil diese Person nicht in eine fremde betriebliche Organisation eingegliedert ist, sei es, weil sie nicht hinsichtlich der Bestimmung des Ortes und der Zeit ihrer Tätigkeit fremdbestimmt ist, sei es, daß diese Person aus anderen Gründen kein Arbeitnehmer ist. An die Stelle der persönlichen Abhängigkeit und der Weisungsgebundenheit tritt bei der arbeitnehmerähnlichen Person das Merkmal der **wirtschaftlichen Unselbständigkeit**[2]. Das Merkmal der wirtschaftlichen Unselbständigkeit ist bei der Definition des Arbeitnehmers irrelevant (vgl. Rz. 41). Das BAG hat in ständiger Rechtsprechung die Auffassung vertreten, daß ein Arbeitnehmer nicht notwendigerweise wirtschaftlich von seinem Arbeitgeber abhängig sein muß. Daher wurden auch Teilzeitbeschäftigte bei Vorliegen der besonderen Arbeitnehmerkriterien als Arbeitnehmer behandelt (so zB Personen, die in Nebenbeschäftigung Zeitungen zustellen). Der wirtschaftlich abhängige Dienstnehmer muß zudem seiner gesamten sozialen Stellung nach einem Arbeitnehmer vergleichbar sozial schutzbedürftig sein.

53

> **Hinweis:**
> Folgende Berufsgruppen wurden von der Rechtsprechung als arbeitnehmerähnliche Personen angesehen:
> ▶ Künstler und Schriftsteller,

54

---

1 Diese Konsequenzen zeigt das BAG lapidar in der Entscheidung v. 13. 11. 1991, AP Nr. 60 zu § 611 BGB – Abhängigkeit auf, wenn ausgeführt wird, daß sich freie Mitarbeiter weder auf den Kündigungsschutz noch auf die angeblich unwirksame Befristung ihres Rechtsverhältnisses berufen können.
2 BAG in ständiger Rechtsprechung, so zuletzt BAG v. 25. 7. 1996 – 5 AZB 5/96, nv.; BAG v. 16. 7. 1997, DB 1997, 2127 = BB 1997, 2220; BAG v. 15. 4. 1993, AP Nr. 12 zu § 5 ArbGG 1979; BAG v. 6. 7. 1996, NZA 1996, 33; LAG Hessen v. 1. 6. 1995, NZA-RR 1996, 64; *Hueck/von Hoyningen-Huene*, KSchG, § 1 Rz. 46.

- ▶ Fernsehjournalisten,
- ▶ Rechtsanwälte,
- ▶ Zeitungszusteller,
- ▶ Franchise-Nehmer,
- ▶ Geschäftsführer einer Betriebskrankenkasse.

55 § 12a Satz 1 Nr. 1 Tarifvertragsgesetz ermöglicht den **Abschluß von Tarifverträgen** auch für arbeitnehmerähnliche Personen, die trotz persönlicher Unabhängigkeit wirtschaftlich abhängig und vergleichbar einem Arbeitnehmer sozial schutzbedürftig sind. Es ist aber nicht Sinn dieser Bestimmung, das eigentliche Arbeitsrecht zugunsten des Rechts der arbeitnehmerähnlichen Personen und der freien Mitarbeiter zurückzudrängen. Die Bestimmung setzt die Unterscheidung zwischen Arbeitnehmer und arbeitnehmerähnlichen Personen voraus, sie liefert keine Kriterien für die Abgrenzung selbst[1].

56 Daraus folgt, daß die Tarifvertragsparteien es nicht in der Hand haben, zu bestimmen, ob eine bestimmte Person als arbeitnehmerähnliche Person einzustufen ist oder als Arbeitnehmer. Denn wer **tatsächlich Arbeitnehmer** ist, muß auch in dieser Weise behandelt werden, eine tarifvertragliche Regelung, die unter Berufung auf § 12a TVG dem Arbeitnehmer den Schutz entzöge, wäre unwirksam[2].

57 Diese tarifrechtliche Regelung hat aber über das Tarifrecht hinaus allgemeine Bedeutung, da der Begriff der arbeitnehmerähnlichen Person in anderen Rechtsbereichen, insbesondere im Arbeitsgerichtsgesetz, von erheblich größerer praktischer Bedeutung ist als im Bereich des Tarifvertragsgesetzes. Nach § 5 Abs. 1 Satz 2 ArbGG ist das **Arbeitsgericht** auch für Rechtsstreitigkeiten zwischen Arbeitgebern und arbeitnehmerähnlichen Personen zuständig. Wann jedoch Personen einem Arbeitnehmer vergleichbar sozial schutzbedürftig sind, kann nur unter Berücksichtigung der Verkehrsanschauung nach den gesamten Umständen des Einzelfalles entschieden werden[3]. Eine Person, die, obwohl sie nicht Arbeitnehmer ist, wirtschaftlich unselbständig ist, dürfte in der Regel auch von ihrer sozialen Stellung her einem Arbeitnehmer vergleichbar schutzbedürftig sein. Ist der Dienstnehmer auf seine Einkünfte aus dem in Frage stehenden Rechtsverhältnis angewiesen, weil ansonsten die Existenzgrundlage des Dienstnehmers gefährdet ist, dann dürfte es sich bei diesem Dienstnehmer regelmäßig um eine arbeitnehmerähnliche Person handeln[4]. Das BAG hat ei-

---

1 BAG v. 15. 3. 1978, AP Nr. 26 zu § 611 BGB – Abhängigkeit.
2 BAG v. 15. 3. 1978, AP Nr. 26 zu § 611 BGB – Abhängigkeit; LAG Hessen v. 1. 6. 1995, NZA-RR 1996, 64, 66; die Literatur sieht jedoch in der Regelung des § 12a TVG eine Legaldefinition der arbeitnehmerähnlichen Person, so MünchArbR/*Richardi*, § 28 Rz. 2; *Schaub*, § 9 I 1b.
3 BAG v. 15. 4. 1993, AP Nr. 12 zu § 5 ArbGG 1979.
4 Vgl. *Germelmann/Matthes/Prütting*, ArbGG, § 5 Rz. 20; OLG Köln v. 13. 8. 1993, AP Nr. 5 zu § 12a TVG.

nen angestellten Rechtsanwalt zwar als wirtschaftlich von der Sozietät abhängig angesehen, es hat ihn jedoch nicht als seiner gesamten Stellung nach einem Arbeitnehmer vergleichbar sozial schutzbedürftig angesehen. Rechtsgrundlage war in dem entschiedenen Fall ein Gesellschaftsvertrag, der auf Gleichrangigkeit, Gegenseitigkeit und Zusammenarbeit ausgerichtet war, der Rechtsanwalt war frei und unabhängig geblieben[1].

Arbeitnehmerähnliche Personen sind im Ergebnis keine Arbeitnehmer, sondern **Selbständige**. Sie werden sowohl versicherungsrechtlich als auch steuerrechtlich als solche behandelt. Sie unterliegen nicht der Lohnsteuerabzugspflicht und auch nicht der gesetzlichen Krankenversicherungspflicht[2]. Allerdings geht die Tendenz des Gesetzgebers in jüngster Zeit dahin, arbeitnehmerähnliche Personen vermehrt **in den Schutzbereich des Arbeitsrechts einzubeziehen**. Das jüngste Beispiel dafür ist das sog. „Beschäftigtenschutzgesetz", das in § 1 Abs. 2 Nr. 1 ausdrücklich auch für Personen gilt, die wegen ihrer wirtschaftlichen Unselbständigkeit als arbeitnehmerähnliche Personen anzusehen sind[3].

c) Heimarbeiter

Nach herrschender Ansicht handelt es sich auch bei einem in Heimarbeit Beschäftigten um eine **arbeitnehmerähnliche Person**[4]. Häufig nennt das Gesetz Heimarbeiter in einem Atemzug mit arbeitnehmerähnlichen Personen[5]. Da sich die Frage der analogen oder direkten Anwendung von arbeitsrechtlichen Bestimmungen in gleicher Weise wie für Heimarbeiter auch für arbeitnehmerähnliche Personen stellt, führt der Streit um die Frage, ob es sich bei dem Heimarbeitsverhältnis um ein Dauerrechtsverhältnis eigener Art oder um das Rechtsverhältnis mit einer arbeitnehmerähnlichen Person handelt, nicht weiter. Die damit verbundenen Probleme werden durch eine Sonderbehandlung des Heimarbeitsverhältnisses nicht gelöst.

---

1 BAG v. 15. 4. 1993, AP Nr. 12 zu § 5 ArbGG 1979; vgl. LAG Hessen v. 1. 6. 1995, NZA-RR 1996, 64; vgl. dazu auch MünchArbR/*Richardi*, § 28; *Schaub*, § 9 I 1b.
2 Vgl. *Schaub*, § 9 II 4b.
3 Art. 10 des zweiten Gleichberechtigungsgesetzes v. 24. 6. 1994 (BGBl. I, 1412), Gesetz zum Schutz der Beschäftigten vor sexueller Belästigung am Arbeitsplatz.
4 So *Hueck*, in Hueck/Nipperdey, Arbeitsrecht, Bd. I, § 10 I; *Schaub*, § 9 I 1b; MünchArbR/*Richardi*, § 28 II; KR/*Rost*, Arbeitnehmerähnliche Personen, Rz. 77; eine im Vordringen befindliche Mindermeinung hält das Heimarbeitsverhältnis jedoch für ein Dauerrechtsverhältnis eigener Art, so *Maus/Schmidt*, Kommentar zum Heimarbeitsgesetz, Anh. nach § 19 Rz. 10; *Otten*, NZA 1995, 289; die noch von *Dietz/Richardi*, Kommentar zum Betriebsverfassungsgesetz 1972, § 5 Rz. 34 vertretene Auffassung, das Heimarbeitsverhältnis sei ein Arbeitsverhältnis, wird heute nicht mehr vertreten. Der Streit ist jedoch eher ein Streit um Begriffe; auch *Otten* räumt ein, daß die Zuordnung der Heimarbeiter zur Großgruppe der arbeitnehmerähnlichen Personen nicht schädlich ist, wenn ihre Sonderstellung darin beachtet wird, so *Otten*, NZA 1995, 292.
5 So in der Auflistung der Beschäftigten in § 1 Abs. 2 Nr. 1 Beschäftigtenschutzgesetz.

60 Denn es besteht kein Streit darüber, daß Heimarbeiter ebenso wie arbeitnehmerähnliche Personen wirtschaftlich vom Unternehmer abhängig sind, nicht jedoch persönlich. Das Heimarbeitsgesetz enthält in § 2 die Legaldefinition, daß derjenige **Heimarbeiter** ist, der in selbst gewählter Arbeitsstätte (eigener Wohnung oder selbst gewählter Betriebsstätte) allein oder mit seinen Familienangehörigen im Auftrag von Gewerbetreibenden oder Zwischenmeistern erwerbsmäßig arbeitet, jedoch die Verwertung der Arbeitsergebnisse dem unmittelbar oder mittelbar auftraggebenden Gewerbetreibenden überläßt. Daneben fällt unter das Heimarbeitsgesetz auch der sog. **Hausgewerbetreibende,** den das Gesetz in § 2 Abs. 2 definiert. Im Unterschied zum Heimarbeiter beschäftigt der Hausgewerbetreibende in seiner eigenen Arbeitsstätte fremde Hilfskräfte oder Heimarbeiter. Eine Stufe höher sind die sogenannten **Zwischenmeister** nach dem Heimarbeitsgesetz eingeordnet. Zwischenmeister ist derjenige, der die von Gewerbetreibenden ihm übertragene Arbeit an Heimarbeiter oder Hausgewerbetreibende weitergibt (§ 2 Abs. 3 HAG).

61 Ähnlich wie bei der Abgrenzung zwischen Arbeitnehmer und freier Mitarbeiter kommt es auch bei der Abgrenzung zwischen Heimarbeiter (und Hausgewerbetreibendem) einerseits und Arbeitnehmer andererseits nicht auf die Bezeichnung oder auf die von den Parteien gewünschte Rechtsfolge an. Widersprechen sich schriftliche Vereinbarung und tatsächliche Durchführung des Vertrages, ist die **praktische Durchführung maßgebend**[1]. Dabei ist die Abgrenzung nicht einfach dadurch vorzunehmen, daß regelmäßig derjenige, der zu Hause oder in einer selbst gewählten Betriebsstätte außerhalb des Betriebes des auftraggebenden Unternehmens tätig ist, Heimarbeiter oder Hausgewerbetreibender ist. Es gibt durchaus auch Fälle, in denen echte Arbeitnehmer, die persönlich abhängig sind, zu Hause tätig sind. Bei diesen sog. „Außenarbeitnehmern" gelten im Grundsatz die gleichen Abgrenzungskriterien wie bei der Abgrenzung von Arbeitnehmern zu freien Mitarbeitern.

Beispiel:

Eine Anwaltsgehilfin, die zu Hause regelmäßig Schriftsätze schreibt, weil sie daneben ein Kind zu versorgen hat und zeitlich unabhängig sein will, kann echte Arbeitnehmerin sein[2].

62 Bei der Abgrenzung „echter" Heimarbeit zu freier Mitarbeitertätigkeit in Heimarbeit kommt es nach einer grundlegenden Entscheidung des BAG[3] im Rahmen des Ausmaßes der wirtschaftlichen Abhängigkeit darauf an, **wie die Aufträge vergeben** werden.

---

[1] Ständige Rechtsprechung des BAG, so BAG v. 3. 4. 1990, EzA § 2 HAG Nr. 1.
[2] Vgl. BSG v. 22. 10. 1971, AP Nr. 7 zu § 2 HAG, *Schaub,* § 10 I 4.
[3] BAG v. 20. 4. 1990, EzA § 2 HAG Nr. 1.

II. Arbeitnehmer

> **Hinweis:** 63
> Muß eine zu Hause tätige Näherin fürchten, künftig Aufträge zu verlieren, wenn sie einen Auftrag des Gewerbetreibenden ablehnt oder wenn sie es ablehnt, vorgegebene Preise zu akzeptieren, dann ist dies ein starkes Indiz für eine abhängige Lohnarbeit. Ist eine Näherin überwiegend nur für **einen** Gewerbetreibenden tätig, spricht dies gleichfalls für wirtschaftliche Abhängigkeit von diesem Gewerbetreibenden. Ist die Näherin jedoch für eine Vielzahl von Gewerbetreibenden tätig, spricht dies für selbständige Tätigkeit[1].

Außer der (bereits erwähnten) ausdrücklichen Nennung des Heimarbeiters (wie zB im Beschäftigtenschutzgesetz) gibt es in einer ganzen Reihe von Gesetzen eher am Rande **Bestimmungen, die auch für Heimarbeiter gelten.** Dabei kann aus der ausdrücklichen Erwähnung nicht geschlossen werden, daß Heimarbeiter wie Arbeitnehmer zu behandeln sind, eher ist das Gegenteil der Fall. Denn mit der ausdrücklichen Erwähnung stellt der Gesetzgeber klar, daß Heimarbeiter eine Sonderrolle einnehmen und daß in den Fällen, in denen das Gesetz nicht ausdrücklich Heimarbeiter erwähnt, keine analoge Anwendung erfolgen soll. So regelt das Entgeltfortzahlungsgesetz für Heimarbeiter den Anspruch auf einen Zuschlag zum Arbeitsentgelt[2]. § 11 EFZG beschäftigt sich mit der Feiertagsbezahlung von Heimarbeitern. Das Bundesurlaubsgesetz macht in § 12 deutlich, daß die übrigen Bestimmungen dieses Gesetzes für Heimarbeiter gerade nicht analog gelten. Das Gesetz enthält ausdrücklich Sonderregelungen. Der Selbständigkeit des Heimarbeiters wird durch die Einräumung der Möglichkeit Rechnung getragen, auch weiterhin die Rentenversicherungsbeiträge selbst abzuführen[3]. In gleicher Weise wird auch die Erwähnung der Heimarbeit in § 8 Abs. 5 Mutterschutzgesetz als Unterstreichung der Selbständigkeit der Heimarbeit verstanden[4]. 64

d) Telearbeitnehmer

In einer Gemengelage aller denkbaren Formen der Arbeitsleistung findet sich die sogenannte Telearbeit. Bei Telearbeit handelt es sich um eine neue Arbeitsform, bei der die **Tätigkeit außerhalb des Betriebes an einem privaten Arbeitsplatz geleistet** wird. In der Regel erfolgt die Arbeitsleistung in der Wohnung des Telearbeitnehmers. Für Telearbeit werden auch die Begriffe Computerheimarbeit, Teleheimarbeit oder Fernarbeit benutzt[5]. Telearbeit ist in verschiedenen 65

---

1 Vgl. BAG v. 20. 4. 1990, EzA § 2 HAG Nr. 1.
2 § 10 EFZG.
3 § 28m Abs. 3 SGB IV.
4 Vgl. zum Ganzen ausführlich *Otten*, NZA 1995, 289, 293; vgl. auch BAG v. 25. 3. 1992, NZA 1992, 899; *Hilger*, RdA 1989, 1.
5 Vgl. dazu insbesondere *Kappus*, Rechtsfragen der Telearbeit, S. 68 ff.; KR/*Rost*, Arbeitnehmerähnliche Personen, Rz. 4a; *Fitting/Kaiser/Heither/Engels*, § 5 Rz. 54; Münch-ArbR/*Richardi*, § 23 Rz. 79, jeweils m.w. Literaturnachw.

Formen möglich, die geläufigen Formen sind die Tätigkeit als Arbeitnehmer, Heimarbeiter oder Selbständiger[1].

66 Ausgehend von dem maßgeblichen Kriterium der Arbeitnehmereigenschaft, der persönlichen Abhängigkeit, ist der Telearbeitnehmer regelmäßig echter Arbeitnehmer (und nicht selbständiger Dienstnehmer oder Heimarbeiter), wenn sein Arbeitsplatz **on-line mit dem Betrieb verbunden** ist. In diesem Falle besteht eine ständige Kontroll- und Kontaktmöglichkeit zwischen dem Betrieb und dem Telearbeitnehmer. Die Betriebsleitung kann daher stets feststellen und demgemäß auch vorgeben, wann der Telearbeitnehmer arbeitet. Alle Daten können zeitbezogen gespeichert werden, indem der Rechner gleichzeitig die Uhrzeit festhält. Durch die entsprechende Auswertung der aufgezeichneten Bedienerdaten kann ein lückenloses Bild der Tätigkeit am Bildschirm gewonnen werden[2].

67 Beim **off-line-Betrieb** dagegen ist eine technisierte Überwachung der Arbeitsausführung grundsätzlich ausgeschlossen, da das Arbeitsergebnis technisch vollkommen abgekoppelt erstellt wird, bevor es komplett an den Zentralrechner übermittelt wird[3]. Daher spricht die off-line-Anbindung gegen Arbeitnehmereigenschaft, wenn auch die Fragen der technischen Anbindung lediglich ein wichtiges Kriterium unter mehreren möglichen Kriterien bei der Prüfung der Frage sind, ob der Telearbeitnehmer seine Tätigkeit als Arbeitnehmer oder als arbeitnehmerähnliche Person (oder Selbständiger) erbringt[4]. Neben diesem Kriterium kommt es darauf an, ob andauernde Rufbereitschaft des Telearbeitnehmers besteht, ob bestimmte Zeitvorgaben vereinbart worden sind, ob eine ständige Kontrollmöglichkeit (bei off-line-Anbindung auch durch andere technische Mittel möglich) besteht, ob etwa der Urlaub genehmigt werden muß, ob ein betrieblicher Urlaubsplan beachtet werden muß und ob der Telearbeitnehmer lediglich einem oder mehreren Arbeitgebern zuarbeitet[5]. Erfüllt der Telearbeiter nicht die Voraussetzungen eines Arbeitnehmerverhältnisses, kann die Telearbeit auch in Heimarbeit geleistet werden. Dafür müssen allerdings die übrigen Voraussetzungen der Heimarbeit erfüllt sein[6].

e) Handelsvertreter

68 Ein Handelsvertreter ist per Definition Selbständiger und damit kein Arbeitnehmer. Nach der gesetzlichen Definition des § 84 Abs. 1 HGB ist Handelsvertreter, wer als **selbständiger Gewerbetreibender** ständig damit betraut ist, für einen anderen Unternehmer Geschäfte zu vermitteln oder in dessen Namen abzuschließen. Ein Handelsvertreter ist dann selbständig, wenn er im wesentlichen frei seine Tätigkeit gestalten und seine Arbeitszeit bestimmen kann. Ist er

---

1 *Kappus*, Rechtsfragen der Telearbeit, S. 55.
2 Vgl. *Kappus*, S. 111.
3 Vgl. *Kappus*, S. 112.
4 Vgl. *Kappus*, S. 130 f.; *Fitting/Kaiser/Heither/Engels*, § 5 Rz. 56.
5 Vgl. *Fitting/Kaiser/Heither/Engels*, § 5 Rz. 56; KR/*Rost*, Rz. 4a; *Kappus*, NJW 1984, 2384, 2385.
6 Vgl. KR/*Rost*, Rz. 84a.

II. Arbeitnehmer

dazu nicht in der Lage, kann er zB als Außendienstmitarbeiter im Vertriebsbereich seine Tätigkeit im wesentlichen nicht frei gestalten und seine Arbeitszeit nicht frei bestimmen, dann gilt er als Arbeitnehmer (§ 84 Abs. 2 HGB). Dies gilt auch für Versicherungsvertreter (§ 92 HGB). Dabei kann die **Abgrenzung zwischen Handelsvertreter und Außendienstmitarbeiter** als Arbeitnehmer im Einzelfall die gleichen Schwierigkeiten bereiten wie die Abgrenzung zwischen einem Arbeitnehmer und einem freien Mitarbeiter. Entscheidend kommt es dabei auf eine Gesamtgewichtung der Umstände an. Für Selbständigkeit spricht die Möglichkeit eines Handelsvertreters, nicht nur das Risiko der geschäftlichen Betätigung im Handelsverkehr auf sich zu nehmen sondern auch bestimmte Chancen im geschäftlichen Verkehr wahrnehmen zu können. Muß der Handelsvertreter lediglich das Risiko tragen, ohne die Chancen wahrnehmen zu können, so dürfte es sich regelmäßig um einen Arbeitnehmer handeln. Zwar kann die Freiheit der Tätigkeitsgestaltung durch Vorgaben des Unternehmens eingeschränkt sein[1], andererseits spricht es für die Handelsvertretereigenschaft des Außendienstmitarbeiters, wenn dieser über seine Tätigkeit keine Rechenschaft ablegen muß und nicht gehindert ist, auch anderweitig tätig zu werden[2].

> **Hinweis:** 69
> Ist ein als Handelsvertretervertrag bezeichnetes Vertragsverhältnis tatsächlich ein Arbeitsverhältnis, dann steht dem Arbeitnehmer-Handelsvertreter nicht der Ausgleichsanspruch nach § 89b HGB zu; für die Abrechnung der Provision des Handelsvertreter-Arbeitnehmers gelten allerdings die §§ 87 ff. HGB analog (über § 65 HGB).

Im Sinne der gesetzlichen Bestimmung des Handelsvertreters als selbständigem Gewerbetreibenden ist auch die entsprechende Anwendung des Tarifvertragsgesetzes (anders als bei arbeitnehmerähnlichen Personen) ausdrücklich ausgeschlossen[3]. Das Arbeitsgerichtsgesetz behandelt lediglich eine bestimmte Gruppe von Handelsvertretern wie Arbeitnehmer, indem es die Zuständigkeit des Arbeitsgerichts auch für diese bejaht. Sie **gelten** bei Vorliegen der nachfolgenden Voraussetzungen als Arbeitnehmer, so daß damit auch die Zuständigkeit der Arbeitsgerichte für Streitigkeiten dieser besonderen Gruppe von Handelsvertretern gegeben ist: 70

▶ Es muß sich um sog. „**Einfirmenvertreter**" handeln, die nicht für weitere Unternehmer tätig werden dürfen, oder um solche Vertreter, denen die Tätigkeit für weitere Unternehmer nach Art und Umfang der von ihnen verlangten Tätigkeit nicht möglich ist[4].

---

1 Vgl. *Baumbach/Duden/Hopt*, § 84 HGB Rz. 37 für eine Propagandistin in einem Kaufhaus.
2 Vgl. LAG Düsseldorf v. 6. 3. 1991, BB 1991, 911.
3 Gem. § 12a Abs. 4 TVG.
4 § 5 Abs. 3 Satz 1 ArbGG iVm. § 92a Abs. 1 HGB.

▶ Der Handelsvertreter hat während der letzten sechs Monate der Vertragsdauer (bei kürzerer Vertragsdauer während dieser) im Durchschnitt **monatlich nicht mehr als 2000 DM** an Vergütung einschließlich Provision und Ersatz für im regelmäßigen Geschäftsbetrieb entstandene Aufwendungen bezogen[1]. Gleiches gilt auch entsprechend für Versicherungsvertreter. Für die Berechnung der Vergütungsgrenze sind die tatsächlich verdienten Provisionen und Auslagen maßgeblich, nicht darauf gezahlte Vorschüsse[2].

71 Ob **Handelsvertreter iSd. § 92a HGB** (der Einfachheit halber „Einfirmenvertreter" genannt) eine Sondergruppe im Bereich des Handelsvertreterrechtes darstellen, oder ob sie auch darüber hinaus als arbeitnehmerähnliche Personen anzusehen sind, ist nicht eindeutig. Das Tarifvertragsgesetz (§ 12a Abs. 4 TVG) läßt den Schluß zu, daß Handelsvertreter auch als Einfirmenvertreter gerade nicht zu den arbeitnehmerähnlichen Personen gehören. Auch § 5 ArbGG unterscheidet zwischen arbeitnehmerähnlichen Personen und Einfirmenvertretern (in § 5 Abs. 3 ArbGG). Dennoch werden allgemein ohne nähere Begründung Einfirmenvertreter als arbeitnehmerähnliche Personen behandelt. So wird ihnen ein Zeugniserteilungsanspruch zugebilligt, sie sollen den gesetzlichen Mindesturlaubsanspruch nach § 2 BUrlG haben und auch mit ihrer Vergütungsforderung im Konkurs bevorrechtigt sein (gem. §§ 59, 61 Nr. 1 KO)[3]. Diese Auffassung ist jedoch abzulehnen, da sie im Gesetz keine Grundlage hat und die auf arbeitnehmerähnliche Personen bezogenen Bestimmungen entweder ausdrücklich oder inzident gerade nicht für Handelsvertreter (auch nicht für Einfirmenvertreter) Anwendung finden sollen. In der Literatur und Rechtsprechung zum Arbeitsgerichtsgesetz hat sich dementsprechend auch als herrschende Meinung durchgesetzt, daß immer dann die ordentlichen Gerichte zuständig sind, wenn die Voraussetzungen des § 92a HGB nicht mehr erfüllt sind (wenn zB die Vergütungsgrenze überschritten ist)[4].

f) Auszubildende

72 Im Bereich der Berufsausbildung ist zunächst von dem klassischen Typus des **Auszubildenden nach dem Berufsbildungsgesetz** vom 14. 8. 1969 auszugehen. Dieses Gesetz findet direkt nur auf diejenigen Auszubildenden Anwendung, die zu einem **anerkannten Ausbildungsberuf** ausgebildet werden (gem. § 28 BBiG). Das Berufsbildungsgesetz kann lediglich über § 19 BBiG auf Auszubildende in

---

1 Der Bundesminister für Arbeit und Sozialordnung kann die Vergütungsgrenze von zur Zeit 2000 DM erhöhen, wie es in § 5 Abs. 3 Satz 2 und in § 92a Abs. 1 HGB heißt; die Vergütungsgrenze wurde jedoch noch nicht erhöht.
2 BGH v. 9. 12. 1963, AP Nr. 27 zu § 2 ArbGG 1953 – Zuständigkeitsprüfung; *Germelmann/Matthes/Prütting*, ArbGG, § 5 Rz. 26.
3 Vgl. *Spiegelhalter*, Arbeitsrechtslexikon Stichwort Handelsvertreter V; *Schaub*, § 11 II 3; MünchArbR/*Richardi*, § 196 Rz. 9.
4 So BAG v. 15. 7. 1961, AP Nr. 1 zu § 92a HGB; *Germelmann/Matthes/Prütting*, ArbGG, § 5 Rz. 28; aA *Grunsky*, ArbGG, § 5 Rz. 22, der auch (zB) nach Überschreiten der Vergütungsgrenze noch prüfen will, ob der Handelsvertreter nicht dennoch als arbeitnehmerähnliche Person wirtschaftlich von dem Unternehmer abhängig ist, auch wenn er mehr als die erlaubten 2000 DM monatlich verdient.

II. Arbeitnehmer Rz. 75 Teil 1 A

einem nicht anerkannten Ausbildungsberuf angewandt werden. Allerdings deckt sich der in § 5 Abs. 1 BetrVG verwendete Begriff der Berufsausbildung nicht mit dem Begriff in § 1 Abs. 2 BBiG. Unter § 5 Abs. 1 BetrVG fallen grundsätzlich alle Maßnahmen, die innerhalb eines Betriebes berufliche Kenntnisse und Fertigkeiten vermitteln[1]. Voraussetzung ist bei § 5 Abs. 1 BetrVG jedoch, daß der Ausbildende einen auf die Ausbildung gerichteten privatrechtlichen Vertrag geschlossen hat. Der Auszubildende im Sinne des Berufsbildungsgesetzes ist grundsätzlich Arbeitnehmer, auch wenn das Berufsbildungsgesetz dies nicht ausdrücklich sagt, sondern lediglich ausführt, daß die für den Arbeitsvertrag geltenden Rechtsvorschriften und Rechtsgrundsätze anzuwenden sind[2].

Auch wenn von dem Auszubildenden nicht die Leistung von Arbeit gefordert wird[3], ist dessen **Arbeitnehmereigenschaft** nicht streitig. Dennoch verlangt das BAG für die Arbeitnehmereigenschaft von zu ihrer Berufsausbildung Beschäftigten iSd. § 5 Abs. 1 bzw. § 60 Abs. 1 BetrVG, also für die Wahlberechtigung bei Betriebsratswahlen vor allem, daß es sich bei der Ausbildung um eine **betriebliche Ausbildung** und nicht um eine außerbetriebliche Ausbildung handelt (zB in außerbetrieblichen Ausbildungswerken, Berufsbildungswerken, Berufsförderungswerken und Rehabilitationszentren). Auszubildende in derartigen außerbetrieblichen Berufsbildungseinrichtungen sind nach Auffassung des BAG keine Arbeitnehmer iSd. § 5 Abs. 1 BetrVG, da sie den Zweck dieser Einrichtung bestimmen und nicht in vergleichbarer Weise wie ein Arbeiter oder Angestellter in den Betrieb eingegliedert sind[4]. Ähnlich wie an einer Privatschule gehören zu den Arbeitnehmern dieser Schule lediglich die Lehrer und die Verwaltungsangestellten, nicht jedoch die Schüler selbst. Dies gilt auch dann, wenn ein Teil der Auszubildenden im Betrieb des Arbeitgebers zumindest gelegentlich mit anderen Arbeitnehmern mit praktischen Tätigkeiten beschäftigt werden[5]. Auch dies ändert nichts daran, daß die betroffenen Auszubildenden keine Arbeitnehmer iSd. § 5 Abs. 1 BetrVG sind. 73

> **Hinweis:** 74
> Der Begriff „Ausbildungsverhältnis" kann irreführend sein; es ist stets zu unterscheiden zwischen der Ausbildung zu einem anerkannten Ausbildungsberuf und sonstigen Ausbildungsverhältnissen.

Helfer im freiwilligen sozialen Jahr sind weder Arbeitnehmer noch zu ihrer Berufsausbildung Beschäftigte iSd. § 5 Abs. 1 BetrVG. Ziel dieser Tätigkeit ist die Vermittlung sozialer Erfahrungen und die Stärkung des Verantwortungsbe- 75

---

1 Ständige Rechtsprechung des BAG, zB BAG v. 25. 10. 1989, AP Nr. 14 zu § 5 BetrVG 1972; BAG v. 26. 1. 1994, NzA 1995, 120.
2 Gem. § 3 Abs. 2 BBiG, vgl. *Schaub*, § 16 II 2.
3 Vgl. § 9 BBiG.
4 BAG v. 26. 1. 1994, AP Nr. 54 zu § 5 BetrVG 1972 = NZA 1995, 120.
5 BAG v. 12. 9. 1996, BB 1997, 318; vgl. dazu *Rohlfing*, NZA 1997, 65.

wußtseins für das Gemeinwohl[1]. Damit steht nicht die fremdbestimmte Tätigkeit für den Arbeitgeber im Vordergrund. Helfer im freiwilligen sozialen Jahr sind nicht zu ihrer Berufsausbildung beschäftigt, da es bei dieser Tätigkeit nicht darum geht, auf bestimmte Berufe hinzuführen. Damit handelt es sich bei dem Verhältnis der Helfer im freiwilligen sozialen Jahr zu dem Veranstalter um ein Rechtsverhältnis eigener Art, auf das nicht alle arbeitsrechtlichen Bestimmungen, sondern nur diejenigen, auf die das Gesetz verweist, anzuwenden sind[2].

76 Dagegen sind Personen, die im Rahmen von **Arbeitsbeschaffungsmaßnahmen** gem. §§ 91, 99 AFG beschäftigt sind, den Arbeitnehmern zuzurechnen. Denn diese Personen leisten fremdbestimmte Arbeit und sind in den Arbeitsprozeß des Arbeitgebers weisungsunterworfen eingegliedert[3].

77 Ein **Praktikantenverhältnis** ist je nach Ausgestaltung Arbeitsverhältnis oder Berufsausbildungsverhältnis[4]. Ist das Praktikantenverhältnis im Rahmen eines Studiums oder einer sonstigen Hochschulausbildung erforderlich, damit die Prüfungsvoraussetzungen erreicht werden können, ist es Teil dieses Studiums und es findet soweit kein Arbeitsrecht Anwendung[5]. Leistet der Praktikant jedoch neben einer Hochschul- oder sonstigen Schulausbildung Arbeit in einem Unternehmen zB zur Finanzierung des Studiums, dann handelt es sich dabei um ein normales (meist befristetes) Arbeitsverhältnis[6].

g) Approbierter Arzt

78 Nach dem ärztlichen Berufsrecht sind approbierte Ärzte in der Regel im Rahmen von **Arbeitsverhältnissen in Krankenhäusern** tätig. Auf Grund des ärztlichen Berufsrechts ist es Ärzten nur sehr eingeschränkt möglich, als Angestellte in Praxen niedergelassener Ärzte tätig zu werden[7]. Für die Tätigkeit als **Assistenzarzt** im Krankenhaus ist das Gesetz über befristete Arbeitsverträge mit Ärzten in der Weiterbildung vom 15. 5. 1986 maßgeblich. Dagegen ist der approbierte „**Arzt im Praktikum**" (AiP) Arbeitnehmer, wenn die Tätigkeit als AiP im Rahmen der Ausbildung erforderlich ist[8]. **Chefärzte** sind Arbeitnehmer, deren Arbeitsverträge in der Regel auf Dauer oder auf Lebenszeit geschlossen werden[9].

---

1 Gem. § 1 Abs. 1 Nr. 2 des Gesetzes zur Förderung des freiwilligen sozialen Jahres.
2 Das Gesetz verweist auf die Anwendbarkeit der Arbeitsschutzbestimmungen und auf das Bundesurlaubsgesetz, § 15 des Gesetzes zur Förderung des freiwilligen sozialen Jahres vom 17. 8. 1964; in diesem Sinne BAG v. 12. 2. 1992, AP Nr. 52 zu § 5 BetrVG 1972.
3 Vgl. auch MünchArbR/*Richardi*, § 23 Rz. 96.
4 Vgl. *Schaub*, § 16 IV; *Scherer*, NZA 1986, 280.
5 Vgl. *Schaub*, § 16 IV 1.
6 Vgl. *Schaub*, § 16 V.
7 Vgl. §§ 10, 17 Berufsordnung für die deutschen Ärzte; Arbeitsverträge müssen zudem vor ihrem Abschluß der Ärztekammer vorgelegt werden, § 10 Abs. 2 Berufsordnung.
8 Vgl. *Schaub*, § 16 VI, der darauf hinweist, daß es umstritten ist, ob § 19 BBiG auf diese Arbeitsverhältnisse Anwendung findet.
9 Vgl. *Schaub*, § 16 VI 3.

II. Arbeitnehmer

> **Hinweis:**
> Das ärztliche Berufsrecht wird weitgehend von den ärztlichen Standesorganisationen in eigener Verantwortung festgelegt. Diese Standesorganisationen üben auch die standesrechtliche Aufsicht aus.

79

3. Leitende Angestellte

Der Begriff des „leitenden Angestellten" ist einer der Schlüsselbegriffe des Arbeitsrechts. Dabei geht es nicht um die Frage, ob ein leitender Angestellter etwa nicht **Arbeitnehmer** wäre. An der Arbeitnehmereigenschaft eines leitenden Arbeitnehmers besteht kein Zweifel[1]. Die Abgrenzung des leitenden Angestellten von den „übrigen" Arbeitnehmern ist deshalb von besonderer Bedeutung, weil eine ganze Reihe von Gesetzen für leitende Angestellte nicht oder nur eingeschränkt gelten. Die wichtigsten gesetzlichen Regelungen sind dabei der grundsätzliche Ausschluß der Anwendbarkeit des Betriebsverfassungsrechtes auf leitende Angestellte (gem. § 5 Abs. 3 BetrVG) sowie die eingeschränkte Geltung des Kündigungsschutzgesetzes (§ 14 Abs. 2 KSchG) für diese Arbeitnehmergruppe[2]. Aus den erwähnten Bestimmungen, die Sonderregelungen für leitende Angestellte enthalten, ist der zweite Grundsatz neben der Feststellung, daß leitende Angestellte grundsätzlich Arbeitnehmer sind, abzuleiten: Alle arbeitsrechtlichen Gesetze gelten uneingeschränkt auch für leitende Angestellte, es sei denn, die jeweiligen gesetzlichen Bestimmungen sehen für diesen Personenkreis **Sonderregelungen** vor. Zu den bereits erwähnten gesetzlichen Sonderregelungen ist in neuer Zeit mit dem Arbeitszeitgesetz vom 6. 6. 1994 die Bestimmung hinzugekommen, daß dieses Gesetz nicht auf leitende Angestellte iSd. § 5 Abs. 3 BetrVG anzuwenden ist.

80

Die Sonderstellung der leitenden Angestellten hat durch das Gesetz über Sprecherausschüsse der leitenden Angestellten vom 20. 12. 1988[3] (sog. **Sprecherausschußgesetz**) eine besondere Anerkennung gefunden. Dieses Gesetz schafft für leitende Angestellte eine Sondervertretung (den Sprecherausschuß) innerhalb der Betriebsverfassung.

81

> **Hinweis:**
> Leitende Angestellte zeichnen sich dadurch aus, daß sie als Arbeitnehmer unternehmerische Teilfunktionen ausüben. Im Tarifbereich sind leitende Angestellte regelmäßig außertarifliche Angestellte; allerdings ist nicht jeder außertarifliche Angestellte gleichzeitig leitender Angestellter.

82

---

1 Vgl. dazu *Hromadka*, Das Recht des leitenden Angestellten, S. 114 ff., 289 ff.
2 Daneben sind die Regelungen im Arbeitsgerichtsgesetz, wonach auf Arbeitgeberseite als ehrenamtliche Richter bei den Arbeits- und Sozialgerichten nur leitende Angestellte tätig sein dürfen, erwähnenswert, §§ 22 Abs. 2 Nr. 2, 37 Abs. 2, 43 Abs. 3 ArbGG, § 16 Abs. 4 Nr. 4 SozGG.
3 BGBl. I 1988, 2312.

a) Fehlen einer Legaldefinition

83 Zu den bestehenden aufgezeigten Schwierigkeiten bei der Handhabung des Begriffs des leitenden Angestellten kommt hinzu, daß es keine allgemeingültige Legaldefinition des leitenden Angestellten gibt. Die Abgrenzung des leitenden Angestellten ist **in den einzelnen Rechtsbereichen verschieden**. So weicht noch nach heute herrschender Ansicht die Begriffsdefinition des leitenden Angestellten in § 14 Abs. 2 KSchG von der Bestimmung des leitenden Angestellten in § 5 Abs. 3 BetrVG ab[1]. Es ist jedoch eine Tendenz sowohl in der Rechtsprechung als auch in der Literatur zu erkennen, den leitenden Angestellten durch alle Arbeitsgesetze hindurch **im Sinne des § 5 Abs. 3 BetrVG** zu verstehen[2].

b) Gesetzliche Neuregelung des § 5 Abs. 3 BetrVG

84 Die Vorgängerbestimmung des § 5 Abs. 3 BetrVG 1972, § 4 Abs. 2 lit. c BetrVG 1952, hatte noch festgestellt, daß leitende Angestellte nicht als Arbeitnehmer im Sinne des Gesetzes gelten. Diese Herausnahme des Kreises der leitenden Angestellten aus der Betriebsverfassung wurde durch das BetrVG 1972 aufgehoben. Die Fassung des § 5 Abs. 3 BetrVG aus dem Jahre 1972 traf eine funktionsbezogene Umschreibung des Begriffs des leitenden Angestellten. Mit einer derartigen **funktionsbezogenen Definition** hatte die Rechtsprechung jedoch erhebliche Schwierigkeiten. Die erste Entscheidung des BAG, die sich mit dieser neuen Regelung auseinandersetzte, kam zu dem Ergebnis, es handle sich bei der Fallgruppe des § 5 Abs. 3 Nr. 3 BetrVG 1972 nicht um eine „justitiable Regelung"[3]. Der Einleitungssatz des § 5 Abs. 3 BetrVG 1972 beziehe sich auf einen Oberbegriff des leitenden Angestellten, der ein hohes Maß an Unbestimmtheit aufweise, die Tatbestandsmerkmale des dritten Absatzes seien so allgemein gefaßt, daß die Rechtsprechung mit diesen Tatbestandsmerkmalen nicht umgehen könne. Daher müsse eine Gesamtwürdigung unter Berücksichtigung der einzelnen Kriterien vorgenommen werden. Bildeten die unternehmerischen Teilaufgaben den Schwerpunkt der Tätigkeit und gäben dieser Tätigkeit ihr Gepräge, dann könne das Zurücktreten einzelner anderer Merkmale dadurch ausgeglichen werden, daß andere Merkmale wiederum stärker ausgeprägt seien[4]. Die durch diese Entscheidungen ausgelöste Kritik versuchte das BAG in der Entscheidung vom 29. 1. 1980[5] aufzufangen, indem es die sehr

---

1 Vgl. *Schaub*, § 14 III 1; MünchArbR/*Richardi*, § 25 Rz. 5.
2 Diese Tendenz unterstreicht die Entscheidung des BAG v. 11. 1. 1995, NZA 1995, 747; s.a. *Schipp*, S. 102 ff. und *Trümner*, in Däubler/Kittner/Klebe/Schneider, § 5 BetrVG Rz. 179 ff.; noch in MünchArbR/*Richardi*, § 25 Rz. 15 heißt es ausdrücklich, daß die Abgrenzung des leitenden Angestellten durch § 5 Abs. 3 Satz 2 BetrVG nur für diesen Bereich gelte und für andere Gesetze keine Bedeutung habe; dennoch deutet der Verfasser an, daß die Bestimmung des § 5 Abs. 3 Satz 3 BetrVG auch für künftige Gesetzesvorhaben Modellcharakter habe.
3 BAG v. 5. 7. 1974, AP Nr. 1 zu § 5 BetrVG.
4 BAG v. 5. 3. 1974, wie vor, bestätigt auch durch BAG v. 8. 2. 1977, AP Nr. 16 zu § 5 BetrVG 1972.
5 AP Nr. 22 zu § 5 BetrVG 1972.

II. Arbeitnehmer

weitgehende Behauptung, die Bestimmung sei „unjustitiabel", teilweise wieder zurücknahm. Die Abgrenzung des leitenden Angestellten erfordere nicht die Annahme eines Oberbegriffs, der diesen Begriff praktisch voraussetze. Die Abgrenzungsmerkmale des leitenden Angestellten von den übrigen Angestellten kämen im Wortlaut des § 5 Abs. 3 Nr. 3 BetrVG 1972 hinreichend klar zum Ausdruck[1]. Im Zuge dieser Diskussion um die Frage der „Justitiabilität" dieser Bestimmung wurde schließlich das **Bundesverfassungsgericht** angerufen, das in der Entscheidung vom 24. 11. 1981 feststellte, daß die Umschreibung des Personenkreises des leitenden Angestellten in § 5 Abs. 3 Nr. 3 BetrVG dem rechtsstaatlichen Bestimmtheitsgebot genüge[2]. Obwohl damit das höchste deutsche Gericht festgestellt hatte, daß die rechtsstaatlichen Bedenken gegen die Neuregelung des § 5 Abs. 3 BetrVG 1972 unbegründet waren, sah sich der Gesetzgeber im Jahre 1988 im Zusammenhang mit der Etablierung der Sprecherausschüsse für leitende Angestellte veranlaßt, den Begriff des leitenden Angestellten zu präzisieren[3]. Dabei blieb der Gesetzgeber dem Grundkonzept der alten Regelung treu. Dieses bestand darin, funktionale Abgrenzungskriterien aufzustellen, die ihrerseits jedoch wieder das Problem der Definition der in diesen Beschreibungen vorgenommenen unbestimmten Rechtsbegriffe aufwarfen. Während die Nummern 1 und 2 des § 5 Abs. 3 BetrVG 1972 im wesentlichen unverändert blieben, wurde Nr. 3 neu formuliert. Nach dieser grundlegenden Bestimmung ist leitender Angestellter, wer nach Arbeitsvertrag und Stellung im Unternehmen oder im Betrieb regelmäßig Aufgaben wahrnimmt, die für den Bestand und die Entwicklung des Unternehmens oder eines Betriebs von Bedeutung sind und deren Erfüllung besondere Erfahrungen und Kenntnisse voraussetzt, wenn der leitende Angestellte dazu die Entscheidungen entweder im wesentlichen frei von Weisungen trifft oder sie maßgeblich beeinflußt. Ausgangspunkt des Gesetzgebers war es dabei, den Begriff des leitenden Angestellten „präziser zu fassen"[4]. Der neu eingefügte Absatz 4 von § 5 Abs. 3 BetrVG 1972 sollte eine Ergänzung zu den genauer gefaßten funktionalen Abgrenzungsmerkmalen bieten, um die Auslegung zu erleichtern.

aa) § 5 Abs. 3 Satz 2 1. Halbs. BetrVG

Der Einleitungssatz von § 5 Abs. 3 BetrVG stellt zunächst fest, daß das Betriebsverfassungsgesetz keine Anwendung auf leitende Angestellte findet, soweit in ihm nicht ausdrücklich etwas anderes bestimmt ist. Danach wird die beschriebene **funktionsbezogene Definition** versucht, wobei zunächst im ersten Halbsatz von Satz 2 des § 5 Abs. 3 BetrVG ein Kriterium festgeschrieben

---

1 Auch einige Autoren und Landesarbeitsgerichte hielten diese Bestimmung für unjustitiabel und damit für verfassungswidrig, so *Küttner/Zietsch/Gravenhorst*, DB 1979, 546 ff.; LAG Düsseldorf v. 9. 11. 1978, AP Nr. 20 zu § 5 BetrVG 1972.
2 AP Nr. 27 zu § BetrVG 1972.
3 Gesetz zur Änderung des Betriebsverfassungsgesetzes, über Sprecherausschüsse der leitenden Angestellten und zur Sicherung der Montan-Mitbestimmung vom 20. 12. 1988, BGBl. I, 2312.
4 BT-Drucks. 11/2503, 24, vgl. *Schipp*, S. 60.

wird, das für alle drei folgenden alternativ beschriebenen funktionalen Merkmale gilt. Erfüllt ein Mitarbeiter eines der drei funktionalen Merkmale der Nummern 1 bis 3, dann qualifiziert ihn dies allein noch nicht zum leitenden Angestellten. Mindestens eine der in den Nummern 1 bis 3 beschriebenen Funktionen müssen sowohl nach Arbeitsvertrag als auch nach Stellung im Unternehmen oder im Betrieb erfüllt sein.

86 **Hinweis:**

Ist ein Arbeitnehmer zwar zur selbständigen Einstellung und Entlassung von im Betrieb beschäftigten Arbeitnehmern berechtigt (gem. § 5 Abs. 3 Satz 3 Nr. 1 BetrVG), fehlt dieser Berechtigung jedoch die arbeitsvertragliche Grundlage oder befindet sich dieser Arbeitnehmer nach seiner Stellung im Unternehmen trotz der arbeitsvertraglichen Zuweisung dieser Befugnisse in einer untergeordneten Position, dann handelt es sich bei diesem Arbeitnehmer noch nicht um einen leitenden Angestellten im Sinne des § 5 Abs. 3 BetrVG.

87 Nach bislang herrschender Meinung ist es grundsätzlich möglich, daß eine arbeitsvertragliche Absprache über die Zuweisung bestimmter Funktionen an einen Mitarbeiter auch mündlich erfolgen kann[1], jedoch dürfte es regelmäßig schwierig sein, eine derartige **mündliche Absprache** zu beweisen. Daher wurde auch bislang empfohlen, eine schriftliche Vereinbarung abzuschließen, die dieses Beweisproblem beseitigt[2]. Nachdem die EG-Nachweisrichtlinie[3] umgesetzt worden ist[4], ist es zweifelhaft, ob derartige mündliche Ergänzungen zum Arbeitsvertrag überhaupt noch Beweiskraft haben. Eine Ausnahme von dem Schriftlichkeitsgebot dürfte nur dann zu machen sein, wenn ein Mitarbeiter über einen längeren Zeitraum hinweg in leitende Positionen aufrückt, ohne daß sein früherer Arbeitsvertrag geändert wird. Wenn der Mitarbeiter in dieser leitenden Funktion von den Kompetenzen eines leitenden Angestellten nachweisbar Gebrauch gemacht hat, kann von einer konkludenten arbeitsvertraglichen Zuweisung derartiger leitender Funktionen ausgegangen werden, auch wenn eine ausdrückliche schriftliche Ergänzung des Arbeitsvertrages fehlt[5].

88 Allein die arbeitsvertragliche Übertragung leitender Funktionen an einen Mitarbeiter sagt jedoch noch nichts über die **tatsächliche Stellung dieses Mitarbeiters in der Organisation des Unternehmens** aus. Aus diesem Grunde verlangt das Gesetz kumulativ zu der arbeitsvertraglichen Übertragung von leitenden Funktionen auch eine diesen Funktionen angepaßte Stellung des Arbeitneh-

---

1 BAG v. 5. 3. 1974, AP Nr. 1 zu § 5 BetrVG 1972 und BAG v. 23. 6. 1976, AP Nr. 14 zu § 5 BetrVG 1972; *Trümner*, in Däubler/Kittner/Klebe/Schneider, § 5 Rz. 190.
2 *Fitting/Kaiser/Heither/Engels*, § 5 Rz. 135.
3 V. 14. 10. 1991, 91/533/EWG.
4 Durch das Gesetz über den Nachweis der für ein Arbeitsverhältnis wesentlichen Bedingungen v. 20. 7. 1995 (Nachweisgesetz) BGBl. I 1995, 946.
5 Vgl. *Hromadka*, BB 1990, 57; *Fitting/Kaiser/Heither/Engels*, § 5 Rz. 135.

mers im Unternehmen oder im Betrieb. Nach der alten Fassung des § 5 Abs. 3 BetrVG wurde es als ausreichend angesehen, wenn der Arbeitnehmer die entsprechende Funktion in **einem** Betrieb eines Unternehmens innehatte. Dies war mißverständlich, weil ein leitender Angestellter durchaus leitende Funktionen im Gesamtunternehmen innehaben kann, ohne diese Funktionen in einzelnen Betrieben des Unternehmens ausüben zu können. Andererseits darf aber auch die neue Gesetzesfassung, die Unternehmen und Betriebe gleichrangig nebeneinander stellt, nicht dazu führen, daß jetzt generell unternehmerische Funktionen auch von solchen leitenden Angestellten verlangt werden, die eine leitende Funktion lediglich in einem Betrieb ausüben[1]. Denn ein derartiges Verständnis würde dazu führen, daß unter Umständen der Betriebsleiter eines kleinen Betriebes eines großen Unternehmens nicht leitender Angestellter wäre, obwohl er die entsprechenden Funktionen betriebsbezogen innehatte. In diesem Fall wäre eine Vielzahl von kleineren Betrieben völlig ohne leitenden Angestellten, der Arbeitgeber, das Unternehmen also, hätte in diesen Betrieben keinen Repräsentanten auf der leitenden Ebene mehr. Das Gesetz stellt ausdrücklich klar, daß sowohl die leitende Stellung im Unternehmen als auch die leitende Stellung in einem Betrieb dieses Unternehmens ausreichend ist, wenn eine der Funktionen der Nummern 1 bis 3 hinzukommt[2].

bb) § 5 Abs. 3 Satz 2 Nr. 1 BetrVG

Die erste Fallgruppe in § 5 Abs. 3 Satz 2 Nr. 1 BetrVG verlangt, daß der leitende Angestellte zur **selbständigen Einstellung und Entlassung** von im Betrieb oder in der Betriebsabteilung beschäftigten Arbeitnehmern berechtigt ist[3]. Wie bereits im Einleitungssatz angesprochen, muß die Berechtigung zur selbständigen Einstellung und Entlassung sowohl im Innenverhältnis als auch im Außenverhältnis gegeben sein. Nach dem heutigen Verständnis dieser Bestimmung ist zunächst an dieses formale Kriterium der Nr. 1 anzuknüpfen. Ist dieses erfüllt, ist in einem zweiten Schritt zu prüfen, ob es sich bei der Person desjenigen, der diese Kompetenz besitzt, um einen Angestellten handelt, der für den Bestand und die Entwicklung des Unternehmens oder des Betriebs bedeutsame Aufgaben wahrnimmt (iSd. § 5 Abs. 3 Satz 2 Nr. 3 BetrVG)[4]. Zur Erfüllung des formalen Merkmals ist zunächst die Befugnis notwendig, im Außenverhältnis wirksam einstellen und entlassen zu können. Darüber hinaus ist auch im Innenverhältnis erforderlich, daß der Angestellte dem Arbeitgeber gegenüber selbständig über Einstellung und Entlassung entscheiden darf[5]. Aus dem Einleitungssatz von § 5 Abs. 3 Nr. 1 BetrVG ergibt sich bereits, daß zwischen dem nach außen gerichteten „Können" und dem nach innen gerichteten „Dürfen" ein Dek-

89

---

1 So offenbar *Fitting/Kaiser/Heither/Engels*, § 5 Rz. 137 f.
2 *Wlotzke*, DB 1989, 111, 119.
3 Im Gegensatz dazu steht die Einstellungs- und Entlassungsbefugnis bei § 14 Abs. 2 KSchG in einem Alternativverhältnis.
4 Vgl. MünchArbR/*Richardi*, § 25 Rz. 28.
5 Vgl. BAG v. 11. 3. 1982, AP Nr. 28 zu § 5 BetrVG 1972; *Fitting/Kaiser/Heither/Engels*, § 5 Rz. 143; *Dietz/Richardi*, § 5 Rz. 142; GK-BetrVG/*Kraft*, § 5 Rz. 79.

kungsverhältnis bestehen muß. Bei der modernen Betriebsorganisation vor allem in größeren Unternehmen wird regelmäßig die Zustimmung eines zweiten Mitarbeiters auf leitender Ebene erforderlich sein (meist des Personalleiters, Stichwort „Vier-Augen-Prinzip"). In diesen Fällen kommt es darauf an, wer **bei Personalentscheidungen das letzte Wort** hat. Ist die Unterschrift des Personalleiters lediglich erforderlich, um die Einhaltung innerbetrieblicher Formalien sicherzustellen und um eine einheitliche Personalpolitik zu gewährleisten, hat der handelnde Bereichsleiter jedoch das letzte Wort über Einstellungen und Entlassungen von Mitarbeitern seines Bereiches, dann übt nicht der Personalleiter, sondern der jeweils betroffene Bereichsleiter die Funktionen der Nummer 1 aus[1]. Entscheidend ist jedoch – um in dem vorgenannten Beispiel zu bleiben –, daß der Bereichsleiter letztverantwortlich über Einstellungen und Entlassungen seines Bereiches entscheidet, mit anderen Worten, daß er auch die Geschäftsführung mit seinen Entscheidungen binden kann[2].

90 Das Recht des Angestellten zur selbständigen Einstellung und Entlassung muß sich nicht notwendigerweise auf den gesamten Betrieb oder das gesamte Unternehmen beziehen. Es müssen jedoch **bedeutende Bereiche des Betriebes oder des Unternehmens** betroffen sein (iSd. § 5 Abs. 3 Nr. 3 BetrVG 1972).

91 **Beispiel:**

In einem Unternehmen mit 1000 Arbeitnehmern unterstehen dem Leiter des Bereichs Finanzen fünf Finanzbuchhalter, denen gegenüber der Leiter berechtigt ist, selbständig Personalmaßnahmen zu treffen.

92 Unterstehen einem Angestellten in einem Unternehmen mit 1000 Mitarbeitern **lediglich wenige Mitarbeiter,** und hat er diesen gegenüber sowohl nach innen als auch nach außen das Recht zur Einstellung und Entlassung, dann dürfte es sich schon wegen dieses Zahlenverhältnisses nicht um einen bedeutsamen Bereich handeln. Der betroffene Angestellte wäre damit nicht im Sinne von § 5 Abs. 3 Satz 2 Nr. 1 BetrVG als leitend anzusehen[3]. Allerdings kommt dem Zahlenverhältnis des Gesamtunternehmens zu dem jeweils betroffenen Bereich, in dem dem Angestellten das Recht zur selbständigen Einstellung und Entlassung zusteht, nur begrenzte Bedeutung zu. So ist es durchaus möglich, daß selbst in einem Unternehmen mit 1000 Mitarbeitern ein Bereichsleiter, der zB mit unternehmenswichtigen Spezialaufgaben betraut ist, und dem nur wenige Mitarbeiter unterstellt sind, die Funktionen der Nummer 1 besitzt. Gleiches gilt auch für Betriebsleiter von kleinen Betrieben eines großen Unternehmens. Die Grenzlinie zwischen unbedeutenden und bedeutenden Bereichen ist schwer zu ziehen.

---

1 Dies schließt allerdings nicht aus, daß der Personalleiter in seinem Bereich, dem Personalbereich, die Funktionen der Nummer 1 hat. Vgl. dazu *Fitting/Kaiser/Heither/Engels*, § 5 Rz. 143.
2 *Fitting/Kaiser/Heither/Engels*, § 5 Rz. 143; *Hromadka*, BB 1990, 59.
3 Vgl. BAG v. 11. 3. 1982, AP Nr. 28 zu § 5 BetrVG 1972. Er könnte jedoch im Beispielsfall gem. § 5 Abs. 3 Nr. 3 BetrVG leitend sein.

II. Arbeitnehmer

> **Hinweis:** 93
> In der Praxis sollte auf folgende Kriterien geachtet werden:
> ▶ Klare schriftliche arbeitsvertragliche Regelung.
> ▶ Klare Definition der Stellung des Arbeitnehmers im Betrieb.
> ▶ Nachweisbare faktische Durchführung der vertraglich definierten Funktionen (zB Dokumentation über den Entscheidungsprozeß von Einstellungen und Entlassungen).

cc) § 5 Abs. 3 Satz 2 Nr. 2 BetrVG

Leitend können auch solche Angestellte sein, die nach Arbeitsvertrag und 94
Stellung im Unternehmen oder im Betrieb **Generalvollmacht oder Prokura** haben, sofern die Prokura auch im Verhältnis zum Arbeitgeber nicht unbedeutend ist, und wenn sie – wie mit Blick auf § 5 Abs. 3 Satz 2 Nr. 3 BetrVG 1972 hinzuzufügen ist – diese in Bereichen einsetzen dürfen, die für die Entwicklung des Unternehmens oder des Betriebs von Bedeutung sind. Die im Gesetzestext der Nr. 2 vorgenommene Einschränkung (die Prokura darf im Verhältnis zum Arbeitgeber nicht unbedeutend sein) wurde erst im Verlaufe der Gesetzgebungsarbeiten von dem zuständigen Bundestagsausschuß eingefügt, um der Tatsache Rechnung zu tragen, daß naturgemäß eine Prokura vertraglich beschränkt ist und auch vertraglich beschränkt sein darf, ohne daß der Status dieses Mitarbeiters als leitender Angestellter davon berührt wäre[1]. Dementsprechend hat das BAG auch jüngst festgestellt, daß ein Prokurist leitender Angestellter iSv. § 5 Abs. 3 Satz 2 Nr. 2 BetrVG auch dann sein kann, wenn seine Vertretungsbefugnis im Verhältnis zum Arbeitgeber Beschränkungen unterliegt[2]. Auch die **Gesamt- oder Niederlassungsprokura** (gem. § 48 Abs. 2 HGB bzw. § 50 Abs. 3 HGB) kann ausreichend sein, um die Voraussetzungen der Nr. 2 zu erfüllen[3]. Es bestand zu keinem Zeitpunkt Streit in Rechtsprechung und Literatur darüber, daß von dem Anwendungsbereich der Nr. 2 solche Prokuristen ausgeschlossen sind, die lediglich auf Grund ausdrücklicher Vereinbarung oder Weisung des Arbeitgebers von der Prokura Gebrach machen dürfen. Eine derartige **Titularprokura** kann einen Prokuristen nicht in den Kreis der leitenden Angestellten nach Nr. 2 heben[4].

Dieses funktionsbezogene Merkmal, wonach die Prokura im Verhältnis zum 95
Arbeitgeber nicht unbedeutend sein darf, ist jedoch nicht eindeutig. Es kann

---

1 Das BAG hatte in einer Entscheidung v. 27. 4. 1988, AP Nr. 37 zu § 5 BetrVG 1972, die Auffassung vertreten, der Prokurist müsse nach Dienststellung und Dienstvertrag dazu befugt sein, die mit der Prokura im Außenverhältnis verbundene Vertretungsmacht im Innenverhältnis uneingeschränkt auszuüben; diese Entscheidung wurde durch die Einfügung dieses Zusatzes im Gesetzestext obsolet.
2 BAG v. 11. 1. 1995, NZA 1995, 747.
3 BAG v. 11. 1. 1995, NZA 1995, 747.
4 So bereits BAG v. 27. 4. 1988, AP Nr. 37 zu § 5 BetrVG 1972 und BAG v. 11. 1. 1995, NZA 1995, 747.

Leuchten

nicht um die Beschränkung der Prokura im Innenverhältnis selbst gehen, da die Prokura inhaltlich unbeschränkbar ist. Gemeint ist eine zulässige **Beschränkung des der Prokura zugrundeliegenden Aufgabengebietes**[1].

96 Auch ein Prokurist muß als leitender Angestellter **unternehmerische Führungsaufgaben** ausüben. Diese dürfen sich nicht in der Wahrnehmung sog. Stabsfunktionen erschöpfen. Denn eine **Stabsfunktion** ist auf das Innenverhältnis zum Unternehmer beschränkt. Der in einer Stabsfunktion tätige Prokurist übt keine Aufgaben aus, die regelmäßig einem Prokuristen kraft gesetzlicher Vertretungsmacht vorbehalten sind. Für die Aufgaben von Prokuristen in Stabsfunktionen hat die Prokura keine sachliche Bedeutung. Derartige Prokuristen können nicht als leitende Angestellte iSd. § 5 Abs. 3 Satz 2 Nr. 2 BetrVG anerkannt werden[2]. Selbst wenn einem Prokuristen in einer Linienfunktion (also mit unmittelbarer Außenwirkung und Verantwortung für einen bedeutsamen Bereich des Unternehmens oder des Betriebes) Prokura erteilt wird, kommt es darüber hinaus auch darauf an, ob der Prokurist eine bedeutsame unternehmerische Führungsaufgabe wahrnimmt. Dies bestimmt sich nach den zu § 5 Abs. 3 Satz 2 Nr. 3 BetrVG entwickelten Grundsätzen[3]. Die einzelnen Tatbestandsgruppen des § 5 Abs. 3 BetrVG sind untereinander gleichwertig und es ist nicht vertretbar, einen Prokuristen als leitenden Angestellten nach Nr. 2 anzuerkennen, obwohl dieser Teilaufgaben wahrnimmt, die für den Betrieb oder das Unternehmen nicht im Sinne von Nr. 3 bedeutsam sind. Dies führt zu unerwünschten Konsequenzen, die zum Gestaltungsmißbrauch einladen. Eine Differenzierung nach einem unscharf bleibenden Grad unternehmerischer Aufgabengewichtung läßt eine zuverlässige Abgrenzung der Tatbestandsgruppen des Abs. 3 Satz 2 Nr. 2 und Nr. 3 des BetrVG nicht zu[4].

97 Damit ist die Frage nach der Bedeutung der einzelnen Fallgruppen gestellt. Wenn in jede dieser drei Fallgruppen die Tatbestandsmerkmale von § 5 Abs. 3 Satz 2 Nr. 3 BetrVG hineingelesen werden, sind die Fallgruppen Nr. 1 und Nr. 2 überflüssig. Das BAG stellt diese Frage selbst und beantwortet sie mit Hinweis auf die **unterschiedliche Verteilung der Darlegungslast.** Hat ein Angestellter Prokura erhalten, dann muß derjenige, der aus der Behauptung, die Prokura sei im Verhältnis zum Arbeitgeber unbedeutend, Rechte ableiten will, dies darlegen. Bei § 5 Abs. 3 Satz 2 Nr. 3 BetrVG muß derjenige, der sich auf die Eigenschaft einer Person als leitender Angestellter berufen will, sämtliche

---

1 So BAG v. 11. 1. 1995, NZA 1995, 747, 748, vgl. auch *Fitting/Kaiser/Heither/Engels*, § 5 Rz. 150; *Trümner*, in Däubler/Kittner/Klebe/Schneider, § 5 Rz. 210; *Röder*, NZA 1989, Beil. 4, 2, 5, *Buchner*, NZA 1989, Beil. 1, 2, 7.
2 So BAG v. 11. 1. 1995, NZA 1995, 747, 748; *Fitting/Kaiser/Heither/Engels*, § 5 Rz. 152 – was jedoch nicht ausschließt, daß Mitarbeiter in Stabsfunktionen leitend gem. § 5 Abs. 3 Satz 2 Nr. 3 BetrVG sind, vgl. GK-BetrVG/*Kraft*, § 5 Rz. 102.
3 So BAG v. 11. 1. 1995, NZA 1995, 748, 749, unter ausdrücklichem Hinweis auf *Trümner*, in Däubler/Kittner/Klebe/Schneider, § 5 Rz. 212.
4 BAG v. 11. 1. 1995, NZA 1995, 749; anderer Auffassung noch *Fitting/Auffarth/Kaiser/Heither*, 17. Aufl., § 5 Rz. 151; *Wlotzke*, DB 1989, 111, 119; *Engels/Natter*, BB 1989, Beil. 8, 8; jetzt wie BAG *Fitting/Kaiser/Heither/Engels*, § 5 Rz. 151; GK-BetrVG/*Kraft*, § 5 Rz. 86; *Stege/Weinspach*, § 5 Rz. 11b.

II. Arbeitnehmer

Voraussetzungen darlegen. Für die Behauptung einer positiven Statusfeststellung genügt bereits der Nachweis der Prokura[1]. Insofern sind die Nrn. 1 und 2 nicht überflüssig.

Ob diese vom BAG grundsätzlich vorgenommene **Angleichung der Voraussetzungen** der Nrn. 1 und 2 von § 5 Abs. 3 an § 5 Abs. 3 Nr. 3 BetrVG wünschenswert ist, oder ob damit der Wortlaut und die Entstehungsgeschichte dieser Bestimmung zu arg strapaziert werden, kann an dieser Stelle nicht ausführlich diskutiert werden. Die Tendenz der jüngsten Rechtsprechung zeigt jedoch den Weg zu einer nicht nur in Bezug auf andere Gesetze, sondern auch innerhalb des Betriebsverfassungsgesetzes einheitlichen Definition des leitenden Angestellten im Sinne der Vorgaben des § 5 Abs. 3 Satz 2 Nr. 3 BetrVG.

98

dd) § 5 Abs. 3 Satz 2 Nr. 3 BetrVG

Die dritte Tatbestandsgruppe von § 5 Abs. 3 BetrVG baut auf einem Grundtatbestand für die Abgrenzung der leitenden Angestellten auf, der zunehmend Bedeutung auch bei den beiden anderen Fallgruppen gewinnt.

99

(1) Für den Bestand oder die Entwicklung eines Unternehmens oder eines Betriebs bedeutsame Aufgaben

Zunächst wird vorausgesetzt, daß der leitende Angestellte Aufgaben wahrnimmt, die für den **Bestand und die Entwicklung des Unternehmens oder eines Betriebes** von Bedeutung sind. Damit soll gewährleistet werden, daß die vom Angestellten wahrgenommenen Aufgaben für die Verwirklichung der unternehmerischen Zielsetzung bedeutsam sind. Unerheblich ist, in welchem Bereich eines Unternehmens oder eines Betriebes der Angestellte eingesetzt ist. Eine Einschränkung in diesem Sinne wird nicht vorgenommen, solange eine für den Bestand und die Entwicklung bedeutsame Position eingenommen wird. Unterhalb der Ebene der Geschäftsführer oder des Vorstandes muß es zumindest bei größeren Unternehmen eine Ebene geben, auf der Personen tätig sind, die für den Bestand und die Entwicklung des Unternehmens bedeutsame Aufgaben wahrnehmen. Für den Betrieb liegt dies nicht in gleicher Weise auf der Hand, es soll jedoch durch die Aufnahme auch des Betriebes in diesem Zusammenhang klargestellt werden, daß auch in einem Betrieb zumindest eine Person (zB der Betriebsleiter) vorhanden ist, die als der verlängerter Arm des Unternehmers handelt[2].

100

Hinweis:
Es wäre nicht nachvollziehbar, wenn in einem selbständigen, von der Hauptverwaltung örtlich getrennten Betrieb mit mehreren hundert Arbeitnehmern kein einziger Mitarbeiter als leitender Angestellter anzuerkennen wäre, weil der Betriebsleiter dieses Betriebes unter Umständen keine für den Bestand und die Entwicklung des gesamten Unternehmens bedeutsamen Aufgaben wahrnimmt.

101

---

1 BAG v. 11. 1. 1995, NZA 1995, 447, 449; vgl. auch *Fitting/Kaiser/Heither/Engels*, § 5 Rz. 151.
2 *Fitting/Kaiser/Heither/Engels*, § 5 Rz. 156.

(2) Besondere Erfahrungen und Kenntnisse

102 Schließlich muß die Erfüllung dieser Aufgaben besondere Erfahrungen und Kenntnisse des Angestellten voraussetzen. Dieses Merkmal hängt sachlich eng mit dem ersten Merkmal zusammen. Wenn ein Angestellter für den Bestand und die Entwicklung des Unternehmens oder eines Betriebes bedeutsame Aufgaben übernimmt, wird er diese nur dann übernehmen können, wenn er über besondere Erfahrungen und Kenntnisse verfügt. Wollte man diesem Merkmal einen eigenständigen Charakter zubilligen, wäre regelmäßig ein Hochschulabgänger, der ohne besondere Berufserfahrung in leitende Positionen eines Unternehmens oder eines Betriebes einrückt, als leitender Angestellter ausgeschlossen, da er nicht über besondere Erfahrungen (wenn auch unter Umständen über besondere Kenntnisse) verfügt. Daher werden auch **keine spezifischen Bildungsvoraussetzungen** aufgestellt. Besondere Erfahrungen können auch im Selbststudium oder in der längeren Ausübung einer bestimmten leitenden Position gewonnen werden[1].

(3) Treffen von Entscheidungen frei von Weisungen Dritter oder maßgebliche Beeinflussung von Entscheidungen

103 Eigenständige Bedeutung hat das dritte Merkmal von § 5 Abs. 3 Nr. 3 BetrVG, wonach ein Angestellter nur dann als leitender Angestellter anzusehen ist, wenn er entweder die **Entscheidungen im wesentlichen frei von Weisungen trifft oder sie maßgeblich beeinflußt.** Die im Gesetzestext vorgenommene Einschränkung (Möglichkeit der Vorgaben in Form von Rechtsvorschriften, Plänen oder Richtlinien oder im Rahmen der Zusammenarbeit mit anderen leitenden Angestellten) drückt lediglich soziologisch das aus, was in größeren Unternehmen gang und gäbe ist. Diese Einschränkung wäre ohnehin selbstverständlich, da sich ansonsten die widersinnige Konsequenz ergäbe, daß ein Unternehmen, je größer es ist, um so weniger leitende Angestellte hätte.

104 Der erste Halbsatz dieser dritten Gruppe spricht die Entscheidungsträger selbst an. Diese müssen die Entscheidung nur im wesentlichen frei von Weisungen treffen können. Die Verwendung des Wortes „**eigenverantwortlich**" in der alten Fassung des § 5 Abs. 3 BetrVG ist inhaltlich identisch mit der Neufassung[2]. Die Entscheidungen müssen weitgehend frei von Weisungen Dritter getroffen werden können, allerdings ist es unschädlich, wenn der Entscheidungsbereich durch organisatorisch bedingte Vorgaben des Unternehmens eingeschränkt ist[3]. Der zweite Halbsatz spricht den in der Realität vor allem bei Großunternehmen häufigen Fall an, daß Entscheidungen nicht selbst getroffen, sondern lediglich maßgeblich beeinflußt werden. Hat die selbst zu treffende oder zu beeinflussende Entscheidung keine Auswirkung auf bedeutsame Entwicklungen des Unternehmens, kann es sich bei den jeweiligen Entscheidungsträgern

---

1 BAG v. 9. 12. 1975, AP Nr. 11 zu § 5 BetrVG 1972; *Fitting/Kaiser/Heither/Engels*, § 5 Rz. 167.
2 So *Fitting/Kaiser/Heither/Engels*, § 5 Rz. 162.
3 BAG v. 23. 1. 1986, AP Nr. 32 zu § 5 BetrVG 1972.

oder den Arbeitnehmern, die diese Entscheidung beeinflussen, nicht um leitende Angestellte handeln. Insofern greifen die einzelnen Bestandteile der Nr. 3 ineinander[1]. Dabei ist nicht erforderlich, daß der Betroffene ausschließlich unternehmerische Leitungsaufgaben wahrnimmt. Es genügt, wenn neben anderen auch unternehmerische Leitungsaufgaben wahrgenommen werden[2]. Ein Arbeitnehmer ist dann im Sinne dieser Bestimmung leitender Angestellter, wenn er eine **Schlüsselposition** wahrnimmt, in der Aufgaben entweder selbst entschieden oder doch so vorbereitet werden, daß der Unternehmer an den Überlegungen des Angestellten nicht vorbeigehen kann[3].

ee) § 5 Abs. 4 BetrVG

Ist schließlich nach Ausschöpfung aller Erkenntnismittel bei der Bestimmung des leitenden Angestellten (insbesondere nach § 5 Abs. 3 Satz 2 Nr. 3 BetrVG) noch keine Entscheidung möglich, greift die sog. **Zweifelsregel** des § 5 Abs. 4 BetrVG ein. Diese Bestimmung wird allgemein lediglich als Unklarheitenregel verstanden, damit bei Bestehen eines Bewertungsspielraums eine eindeutige Abgrenzung vorgenommen werden kann[4]. Fraglich ist, worauf sich die Zweifel beziehen müssen. Denn die materiellen Kriterien für die Zuordnung eines Arbeitnehmers zu den leitenden Angestellten dürfen ausschließlich § 5 Abs. 3 BetrVG entnommen werden. Durch die Neufassung sollten gerade die früheren Auslegungsschwierigkeiten beseitigt werden. Nur soweit bei der Anwendung auf den konkreten Sachverhalt noch Zweifel bestehen, soll Abs. 4 eine Entscheidungshilfe geben[5]. 105

Dementsprechend ist auch streitig, ob sich die Zweifel im Sinne des Abs. 4 auf die materielle Aufklärung des Sachverhalts beziehen dürfen oder ob sie lediglich Hilfestellung („Orientierungshilfe in Grenzfällen") bei der **rechtlichen Würdigung** geben dürfen[6]. Richtigerweise kann die Zweifelsregel nicht den Ausschlag bei der rechtlichen Einordnung eines Angestellten geben, wenn zB offengeblieben ist, ob ein leitender Angestellter Entscheidungen im Unterneh- 106

---

1 Vgl. MünchArbR/*Richardi*, § 25 Rz. 48; *Fitting/Kaiser/Heither/Engels*, § 5 Rz. 163.
2 So BAG v. 11. 1. 1995, NZA 1995, 747, 450; MünchArbR/*Richardi*, § 25 Rz. 49.
3 Vgl. BAG v. 11. 1. 1995, NZA 1995, 747, 451; bei dieser Entscheidung ging es um einen Leiter der Hauptabteilung Rechnungswesen, dem im Bereich der Bilanzierung Aufgaben übertragen waren, die u.a. die selbständige Erstellung der Bilanzen beinhalteten. Bei diesen Aufgaben war der Angestellte weitgehend frei, abgesehen von vorgegebenen unternehmensweiten Richtlinien, die seinen Verantwortungsbereich aber nicht einschränkten. Damit nahm der Angestellte nicht nur gelegentlich unternehmerische Aufgaben wahr, an denen der Geschäftsführer nicht vorbeigehen konnte, vgl. auch *Schipp*, S. 68 ff.
4 So MünchArbR/*Richardi*, § 25 Rz. 71.
5 Vgl. MünchArbR/*Richardi*, § 25 Rz. 56.
6 In ersterem Sinne *H.-P. Müller*, DB 1988, 1697, 1699; *Stege/Weinspach*, § 5 Rz. 24; MünchArbR/*Richardi*, § 25 Rz. 55; in letzterem Sinne BAG v. 22. 2. 1994 – 7 ABR 32/93, nv.; *Fitting/Kaiser/Heither/Engels*, § 5 Rz. 177; *Trümner*, in Däubler/Kittner/Klebe/Schneider, § 5 Rz. 241; *Wlotzke*, DB 1989, 111, 122; *Buchner*, NZA 1989, Beil. 1, 2, 9; *Engels/Natter*, BB 1989, Beil. 8, 10; *Richardi*, ArbuR 1991, 41.

men maßgeblich beeinflußt. Die Erfüllung irgendeines der formellen Merkmale des § 5 Abs. 4 BetrVG sagt nichts zu der Frage aus, ob ein Angestellter die Entscheidungen in seinem Unternehmen maßgeblich beeinflußt. Nur auf letzteres kommt es an. Lediglich dann, wenn trotz der vollständigen Aufklärung des Sachverhaltes bei der rechtlichen Einordnung des Angestellten als leitend noch Zweifel verbleiben, sind die formalen Merkmale des § 5 Abs. 4 BetrVG ergänzend heranzuziehen.

107   Ist zB ein Bereichsleiter Rechnungswesen auf einer Ebene tätig, auf der im Unternehmen **überwiegend leitende Angestellte** vertreten sind, so ist diese Tatsache ein zusätzlicher Hinweis darauf, daß es sich tatsächlich um einen leitenden Angestellten handelt. Ein bestimmter Arbeitnehmer ist nicht deshalb leitender Angestellter, weil auf seiner Ebene überwiegend leitende Angestellte vertreten sind. Mit diesem Verständnis, das im übrigen auch das Verständnis der herrschenden Meinung ist, verliert Absatz 4 von § 5 BetrVG weitgehend seine Bedeutung[1]. Sind die Voraussetzungen von § 5 Abs. 3 Satz 2 Nr. 3 BetrVG bereits erfüllt, verbietet sich ein weiteres Eingehen auf Absatz 4, wie auch umgekehrt Absatz 4 nicht angewandt werden darf, um einen Arbeitnehmer wegen Fehlens einzelner Voraussetzungen von Nr. 3 auf die Ebene des leitenden Angestellten zu heben[2]. Bei den einzelnen Merkmalen des § 5 Abs. 4 BetrVG handelt es sich um **formale Gesichtspunkte.** Im Falle einer Einordnung des Angestellten als leitend im Rahmen eines Beschlußverfahrens (sog. Statusverfahren) sind alle Beteiligten (insbesondere Arbeitgeber und Wahlvorstände) an die Entscheidung gebunden[3]. Die Bedeutung der ersten Gruppe (Nr. 1) liegt vor allem darin, daß sich nach einem Statusverfahren die Verhältnisse unter Umständen geändert haben. Denn ansonsten gäbe es bereits eine bindende Einordnung, so daß die Zweifelsregel überflüssig wäre[4]. Richtlinie für die mit dem betreffenden Angestellten vergleichbare Leitungsebene[5] ist in der Regel das Organigramm des Unternehmens. Sind auf der gleichen hierarchischen Ebene wie der betroffene Angestellte mehr als 50 % der Arbeitnehmer anerkanntermaßen bereits leitende Angestellte, so spricht dies im Zweifel dafür, daß auch der betroffene Angestellte als leitend anzusehen ist[6].

108   Die Definition des **regelmäßigen Jahresarbeitsentgeltes** (gem. § 5 Abs. 4 Nr. 3 BetrVG) wird allgemein § 14 SGB IV entnommen[7]. Dazu gehören neben dem Festgehalt auch variable Vergütungsbestandteile (wie Tantieme und Provision), wobei als Referenzzeitraum das vergangene Kalenderjahr oder, bei stark schwankenden Provisionen, auch ein kürzerer Zeitraum heranzuziehen sind[8]. Dabei können nur solche leitende Angestellten vergleichbar herangezogen wer-

---

1 *Fitting/Kaiser/Heither/Engels,* § 5 Rz. 191.
2 Vgl. MünchArbR/*Richardi,* § 25 Rz. 68.
3 Vgl. *Fitting/Kaiser/Heither/Engels,* § 5 Rz. 183a; aA GK-BetrVG/*Kraft,* § 5 Rz. 131.
4 Vgl. *Fitting/Kaiser/Heither/Engels,* § 5 Rz. 185.
5 § 5 Abs. 4 Nr. 2 BetrVG.
6 Vgl. *Fitting/Kaiser/Heither/Engels,* § 5 Rz. 186.
7 *Fitting/Kaiser/Heither/Engels,* § 5 Rz. 187.
8 Vgl. *Fitting/Kaiser/Heither/Engels,* § 5 Rz. 187.

den, deren Status zweifelsfrei feststeht[1]. Hegt der Wahlausschuß im Rahmen der Vorbereitung einer Betriebsratswahl Zweifel an der rechtlichen Einordnung bestimmter Personen als leitende Angestellte, dann kann er vom Arbeitgeber unter Berufung auf § 5 Abs. 4 Nr. 3 die Vorlage der vergleichbaren Gehälter bei leitenden Angestellten im Unternehmen verlangen. Dieses Verlangen ist jedoch nicht erzwingbar. Kommt der Arbeitgeber dem Verlangen nicht nach, kann er sich in einem späteren Wahlanfechtungsverfahren nicht unter Berufung auf die Auslegungsregel der Nr. 4 damit verteidigen, daß der betroffene leitende Angestellte regelmäßig ein für leitende Angestellte des Unternehmens übliches Jahresarbeitsentgelt erhält.

Nr. 4 enthält **kein selbständiges Kriterium,** diese Bestimmung greift nur dann ein, wenn Zweifel über die Üblichkeit der Jahresarbeitsentgelte in dem Unternehmen bestehen. Nur dann kann auf Nr. 4 zurückgegriffen werden, nicht bereits dann, wenn feststeht, daß leitende Angestellte weniger verdienen als üblicherweise auf der Ebene der leitenden Angestellten im Unternehmen verdient wird. Ist dies (letztere) der Fall, bleibt es bei dem nach Anwendung der Regel Nr. 3 ermittelten Ergebnis, wonach der betreffende Angestellte gerade nicht als leitend anzusehen ist[2]. Die Regelung in Nr. 4 des § 5 Abs. 4 BetrVG ist damit praktisch bedeutungslos[3]. Die Bezugsgröße wird jährlich neu festgesetzt. Im Jahre 1997 beträgt das Dreifache der Bezugsgröße 153 720 DM für die alten und 131 040 DM für die neuen Bundesländer[4]. 109

ff) Prüfungsschema für die Bestimmung des Status eines leitenden Angestellten

> ▶ Übt der Arbeitnehmer nach Arbeitsvertrag und Stellung im Unternehmen oder im Betrieb Funktionen aus, die **im wesentlichen** in § 5 Abs. 3 Satz 2 Nr. 3 BetrVG beschrieben sind (funktioneller Grundtatbestand; Nr. 3 „Grobprüfung").
> ▶ Wird die Frage **verneint,** ist die Prüfung abgeschlossen: Der Arbeitnehmer ist kein leitender Angestellter.
> ▶ Wird die Frage **bejaht,** werden die beiden formalen Kriterien in § 5 Abs. 3 Satz 2 Nr. 1 und Nr. 2 BetrVG geprüft.
> ▶ Trifft eines dieser beiden formalen Kriterien zu, ist die Prüfung erledigt: Der Arbeitnehmer ist leitender Angestellter.
> ▶ Trifft keine der formalen Voraussetzungen von Nr. 1 oder Nr. 2 zu, erfolgt eine **detaillierte Prüfung** der Voraussetzungen des § 5 Abs. 3 Satz 2 **Nr. 3** BetrVG (Nr. 3 „Feinprüfung"). 110

---

1 *Trümner,* in Däubler/Kittner/Klebe/Schneider, § 5 Rz. 243; MünchArbR/*Richardi,* § 25 Rz. 62 f.
2 Vgl. *Fitting/Kaiser/Heither/Engels,* § 5 Rz. 191; GK-BetrVG/*Kraft,* § 5 Rz. 139 f.
3 So auch *Fitting/Kaiser/Heither/Engels,* § 5 Rz. 191; *Buchner,* NZA 1989, Beil. 1, 2, 10; *Bauer,* Sprecherausschußgesetz, § 5 BetrVG Anm. VII 5; aA *Hromadka,* Sprecherausschußgesetz, § 5 BetrVG Rz. 43.
4 Gem. § 18 SGB IV.

> ▶ Sind die Voraussetzungen der Nr. 3 erfüllt, ist die Frage beantwortet: Der Arbeitnehmer ist leitender Angestellter.
>
> ▶ Sind die Voraussetzungen nicht vollständig erfüllt, ist in einzelnen offengebliebenen Punkten der Katalog von § 5 Abs. 4 BetrVG heranzuziehen; dabei ist zu beachten, daß die Erfüllung aller oder einzelner Merkmale von § 5 Abs. 4 BetrVG für die Bestimmung des Status nichts aussagt.
>
> ▶ Kann die Bestimmung des Status des Arbeitnehmers unter hilfsweiser Heranziehung der Kriterien von § 5 Abs. 4 BetrVG beantwortet werden, so ist die Statusbestimmung beendet.

c) § 14 Abs. 2 KSchG

111 Im Kündigungsschutzprozeß kann der Arbeitgeber die **Auflösung des Arbeitsverhältnisses** gem. § 9 Abs. 1 Satz 2 KSchG selbst dann beantragen, wenn die Arbeitgeberkündigung sozialwidrig ist. Der Grund für diese in der Praxis bedeutsame Regelung ist darin zu sehen, daß es dem Arbeitgeber möglich sein soll, sich selbst dann von einem leitenden Angestellten zu trennen, wenn die Kündigung unwirksam ist und der leitende Angestellte grundsätzlich weiterbeschäftigt werden müßte. Da der Gesetzgeber dem Arbeitgeber dies jedoch nicht zumuten will, wurde die gesetzliche Möglichkeit der **Beendigung des Arbeitsverhältnisses gegen Zahlung einer Abfindung** geschaffen[1]. Die entsprechende Regelung gilt jedoch nur für Kündigungen gegenüber Geschäftsführern, Betriebsleitern und ähnlichen leitenden Angestellten, soweit diese zur selbständigen Einstellung oder Entlassung von Arbeitnehmern berechtigt sind[2].

aa) Geschäftsführer, Betriebsleiter und ähnliche leitende Angestellte

112 Die Bestimmung des § 14 Abs. 2 KSchG ist lediglich auf Geschäftsführer, Betriebsleiter und ähnliche leitende Angestellte anwendbar. Die Begriffe „Geschäftsführer" und „Betriebsleiter" sind **nicht im technischen Sinn** zu verstehen. Der Geschäftsführer ist daher nicht allein der GmbH-Geschäftsführer, sondern jede Person, die unternehmerische (Teil-)Aufgaben ausübt[3].

113 Betriebsleiter ist regelmäßig der Vorgesetzte aller Arbeitnehmer in einem Betrieb eines Unternehmens. Es reicht auch aus, daß der Betriebsleiter eine Betriebsabteilung führt[4]. Weiterhin besteht Einigkeit darüber, daß die im un-

---

1 Diese Begründung wird mit dem Argument angezweifelt, sie gelte nicht bei einer nicht im Vertrauensbereich angesiedelten Kündigung, so KR/*Rost*, § 14 KSchG Rz. 5; der Kritik ist allerdings entgegenzuhalten, daß das Vertrauensverhältnis in der Regel zwischen dem Unternehmer und dem leitenden Angestellten enger ist als zwischen dem Unternehmer und allen anderen Angestellten; das abstrakt wirkende Gesetz kann nur einen Regelfall benennen.
2 § 14 Abs. 2 KSchG.
3 Vgl. KR/*Rost*, § 14 KSchG Rz. 27; *Herschel/Löwisch*, § 14 KSchG Rz. 11; *Hueck/von Hoyningen-Huene*, § 14 Rz. 14.
4 So *Hueck/von Hoyningen-Huene*, § 14 Rz. 15.

II. Arbeitnehmer

technischen Sinn zu verstehenden Geschäftsführer und Betriebsleiter und damit auch die „ähnlich leitenden Angestellten" ein **gewisses Maß an Selbständigkeit** aufweisen müssen[1]. Der Angestellte entspricht dann dem gesetzlichen Leitbild eines „Geschäftsführers" oder „Betriebsleiters", wenn er kraft seiner leitenden Funktion maßgeblichen Einfluß auf die wirtschaftliche, technische, kaufmännische, organisatorische, personelle oder wissenschaftliche Führung des Unternehmens oder eines Betriebes ausübt[2]. Bereits diese Ausführungen zeigen, daß es einen zweiten Begriff des „leitenden Angestellten" außerhalb des § 5 Abs. 3 BetrVG im Kündigungsschutzgesetz gibt. Tatsächlich wird dieser **zweite Begriff des leitenden Angestellten im Kündigungsschutzrecht** auch anders definiert als der entsprechende Begriff im Betriebsverfassungsgesetz. So gibt es Arbeitnehmer, die zwar nach § 5 Abs. 3 BetrVG leitende Angestellte sind, nicht jedoch nach § 14 Abs. 2 KSchG und umgekehrt, wenngleich letzteres seltener vorkommt[3]. Alle Definitionsversuche des Geschäftsführers, des Betriebsleiters und des ähnlich leitenden Angestellten münden in einer Verbindung dieser Begriffe zu dem Begriff des leitenden Angestellten in § 5 Abs. 3 Nr. 3 BetrVG. Die Literatur bezieht sich dabei auf die Judikatur des Bundesarbeitsgerichts zu dieser Bestimmung[4]. Allerdings geht diese Bezugnahme nicht soweit, daß bereits heute Einigkeit darin bestünde, daß die Begriffe des leitenden Angestellten im Betriebsverfassungsrecht und im Kündigungsschutzgesetz deckungsgleich sind[5]. Es besteht jedoch eine merkliche **Tendenz der Gleichsetzung** der im Kündigungsschutzgesetz und im Betriebsverfassungsrecht verwandten Begriffe des leitenden Angestellten, die allerdings de lege lata begrenzt ist durch die unterschiedlichen gesetzlichen Zweckkriterien[6].

Auch das BAG hat sich bislang noch nicht zu einer Deckungsgleichheit des Begriffs des leitenden Angestellten in beiden Rechtskreisen bekannt. Eine Tendenz in diese Richtung ist jedoch auch in der **Rechtsprechung des BAG** festzustellen. So wird vom BAG der Betriebsleiter im Sinne des § 14 Abs. 2 KSchG als Regelbeispiel eines leitenden Angestellten genannt. Es sei zwar denkbar, daß ein Betriebsleiter die entsprechende Einstellungs- oder Entlassungsbefugnis besitzt, jedoch nicht regelmäßig Aufgaben wahrnimmt, die für den Bestand und die Entwicklung des Unternehmens oder eines Betriebes von Bedeutung sind und deren Erfüllung besondere Erfahrungen und Kenntnisse voraussetzt[7]. Für diesen Personenkreis stellt das BAG fest, daß derjenige, der einen selbständigen Betrieb mit zahlreichen Arbeitnehmern eigenverantwortlich leitet und dabei sowohl auf personellem als auch auf wirtschaftlichem Gebiet

114

---

1 Vgl. *Schipp*, S. 46.
2 Vgl. BAG v. 23. 11. 1993, NZA 1994, 137.
3 *Hueck von Hoyningen-Huene*, § 14 Rz. 12.
4 Vgl. KR/*Rost*, § 14 KSchG Rz. 26; *Hueck/von Hoyningen-Huene*, § 14 KSchG Rz. 27.
5 *Herschel/Löwisch*, § 14 KSchG Rz. 10.
6 So verlangt § 5 Abs. 3 Satz 2 Nr. 1 BetrVG die Vollmacht zur Einstellung *und* Entlassung, während § 14 Abs. 2 KSchG alternativ die Einstellungs- *oder* Entlassungsbefugnis genügen läßt.
7 NZA 1994, 837; entsprechend § 5 Abs. 3 Nr. 3 BetrVG.

bedeutende Befugnisse und Entscheidungsspielräume hat, wesentliche unternehmerische Teilaufgaben eigenverantwortlich wahrnimmt und damit als Betriebsleiter anzusehen ist. Mit dieser Entscheidung bewegt sich das BAG auf ein einheitliches Verständnis des Begriffs des leitenden Angestellten im Betriebsverfassungsrecht und im Kündigungsschutzrecht zu, wenn es auch den entscheidenden Schritt noch nicht unternimmt. Es fehlt noch das klare Bekenntnis zu dem gleichartigen Verständnis dieses Begriffes in beiden Gesetzen.

115 Nach der **neueren Literatur** ist § 14 Abs. 2 KSchG so auszulegen, daß leitender Angestellter ist, wer die Tatbestandsmerkmale des § 5 Abs. 3 Nr. 3 BetrVG erfüllt[1]. Es ist auch nicht nachvollziehbar, aus welchen Gründen das Kündigungsschutzgesetz von einem anderen Begriffsinhalt ausgehen sollte. Verschiedene Inhalte identischer Begriffe führen zu einem unerwünschten Auseinandertriften von einheitlichen Lebensbereichen. Die Verschiedenheit des Wortlautes in § 14 Abs. 2 KSchG ist lediglich historisch bedingt[2].

bb) Befugnis zur Einstellung oder Entlassung

116 Mit der Feststellung, daß es sich bei dem Betroffenen um einen leitenden Angestellten iSd. § 5 Abs. 3 Nr. 3 BetrVG handelt, ist im Rahmen des § 14 Abs. 2 KSchG der Auflösungsantrag jedoch noch nicht begründet. Zweite Tatbestandsvoraussetzung dieser Bestimmung ist, daß der leitende Angestellte berechtigt sein muß, Einstellungen oder Entlassungen vorzunehmen[3]. Dabei darf auch in diesem Bereich (wie im Betriebsverfassungsrecht) zwischen **Arbeitsvertrag und tatsächlicher Gestaltung** keine Lücke bestehen. Beide Bereiche müssen deckungsgleich sein[4]. Die Einstellungs- und Entlassungsbefugnis nach dem vorgenannten Verständnis des leitenden Angestellten bezieht sich notwendigerweise auf alle in § 14 Abs. 2 KSchG erwähnten Personengruppen[5]. Weiterhin ist nicht erforderlich, daß sich die Einstellungs- oder Entlassungsbefugnis auf den ganzen Betrieb oder gar auf das Gesamtunternehmen bezieht. Es ist hinreichend, wenn der Betroffene zB berechtigt ist, in einer Vertriebsabteilung Arbeitnehmer einzustellen oder zu entlassen und dies auch nach außen praktiziert[6]. Dabei ist ausreichend, wenn sich diese Befugnis nur auf bestimmte Gruppen der Arbeitnehmerschaft bezieht, also auf gewerbliche Arbeitnehmer

---

1 Vgl. *Schipp*, S. 102.
2 Der jetzige Wortlaut des § 14 Abs. 2 KSchG stammt im wesentlichen aus dem Betriebsrätegesetz des Jahres 1920; er wurde in das Kündigungsschutzgesetz vom 10. 8. 1951 übernommen, vgl. *Schipp*, S. 20 f.
3 Auf die Unterschiede im Wortlaut zu § 5 Abs. 3 Nr. 1 BetrVG (Einstellungen und Entlassungen) wurde bereits hingewiesen. Diese Unterschiede sind lediglich historisch erklärbar.
4 Vgl. BAG v. 25. 3. 1976, AP Nr. 13 zu § 5 BetrVG 1972; BAG v. 15. 3. 1977, DB 1978, 496.
5 Vgl. *Hueck/von Hoyningen-Huene*, § 14 KSchG Rz. 10; *Schipp*, S. 92.
6 Vgl. BAG v. 28. 9. 1961, DB 1961, 1651; KR/*Becker*, § 14 KSchG Rz. 29; *Hueck/von Hoyningen-Huene*, § 14 KSchG Rz. 24.

II. Arbeitnehmer

oder Angestellte, oder auf kaufmännische oder technische Angestellte[1]. Allerdings muß die Gruppe von Arbeitnehmern, auf die sich diese Befugnis bezieht, von einiger Bedeutung sein, es reicht nicht, wenn zB in einem Betrieb mit 1000 Arbeitnehmern sich die Befugnis lediglich auf die zwei Arbeitnehmer erstreckt, die dem Betroffenen unterstellt sind[2]. Denn bei der Ausübung dieser Befugnis soll der leitende Angestellte wie ein Arbeitgeber handeln, es soll die Nähe zum Arbeitgeber und damit auch die Identifikation des leitenden Angestellten mit dem Arbeitgeber unterstrichen werden[3]. Zwar bedarf die Berechtigung zur Einstellung und Entlassung im Innenverhältnis nicht einer ausdrücklichen schriftlichen Vereinbarung, es ist jedoch in der Praxis kompliziert, die Bevollmächtigung im Innenverhältnis nachzuweisen, wenn es an einer schriftlichen Vereinbarung fehlt.

Hinweis: 117
Bei der Übertragung einer Vollmacht zur selbständigen Einstellung und Entlassung sollte darauf geachtet werden, daß diese entweder ausdrücklich im Arbeitsvertrag oder in der Stellenbeschreibung erwähnt ist. Eine nur gelegentliche vorübergehende oder stellvertretende Befugnis, derartige Maßnahmen vorzunehmen, ist nicht ausreichend[4].

Schwieriger als der Nachweis der erforderlichen Vollmacht im Innenverhältnis ist die Berechtigung zur selbständigen Einstellung oder Entlassung im **Außenverhältnis**, wenn der Betroffene keine Prokura oder keine Generalvollmacht besitzt. In größeren Unternehmen gibt es in der Regel eine zentrale Personalabteilung, die die Arbeitsverträge zumindest mit unterschreibt und die auch bei Entlassungsmaßnahmen mitzuentscheiden hat. Dann stellt sich die Frage, ob der „in der Linie" leitende Angestellte diese Befugnis hat, oder ob sie lediglich dem Leiter der Personalabteilung zukommt. Wird von dem „Linienverantwortlichen" die Entscheidung in letzter Instanz über die Einstellung oder Entlassung eines Mitarbeiters der entsprechenden Abteilung getroffen, dann wird die Personalabteilung lediglich als „Serviceabteilung" hinzugezogen, damit bei der Ausführung einer Kündigungsentscheidung oder beim Abschluß eines Arbeitsvertrages keine formalen Fehler gemacht werden. Sofern die **materielle Entscheidung** von dem entsprechenden leitenden Angestellten getroffen wird, liegt die auch nach außen gerichtete Befugnis zur Entlassung bei diesem Mitarbeiter[5]. Dies schließt nicht aus, daß der Personalbereichsleiter gleichfalls leitender Angestellter ist, er dürfte dies für den ihm unterstellten Bereich (sofern es ein wesentlicher Unternehmensbereich ist) ohne Einschränkung sein, da er zur Entscheidung über Einstellungen oder Entlassungen in der Regel nicht die Zustimmung einer anderen Stabsstelle benötigt. 118

---
1 Vgl. KR/*Rost*, § 14 KSchG Rz. 29; *Hueck/von Hoyningen-Huene*, § 14 KSchG Rz. 24.
2 Vgl. KR/*Rost*, § 14 KSchG Rz. 29.
3 BAG v. 11. 3. 1982, DB 1982, 1990.
4 KR/*Rost*, § 14 KSchG Rz. 30 und 32.
5 So *Schipp*, S. 98; *Martens*, S. 203.

119 Die selbständige Einstellungs- oder Entlassungsberechtigung muß einen wesentlichen Teil der Tätigkeit des leitenden Angestellten ausmachen. Die Tätigkeit dieses Angestellten muß durch diese unternehmerischen Funktionen **schwerpunktmäßig bestimmt** werden[1]. Eine schwerpunktmäßige Bestimmung ist regelmäßig dann anzunehmen, wenn die Entscheidung über Einstellung oder Entlassung von unterstellten Mitarbeitern einen wichtigen Kompetenzbereich ausmacht. Eine auch zeitlich bedeutende Beschäftigung mit diesem Bereich ist nicht erforderlich. Eine bloß vertretungsweise Übernahme derartiger Funktionen reicht nicht; die vertretungsweise Übernahme reicht lediglich dann, wenn der Angestellte als ständiger Vertreter mit der selbständigen Einstellungs- oder Entlassungsbefugnis betraut ist[2].

120 Die Einstellungs- und Entlassungsberechtigung muß sich nicht nur auf das Außenverhältnis, sondern auch auf das **Innenverhältnis** erstrecken. Es kommt, mit anderen Worten, nicht nur auf das rechtliche Können, sondern auch auf das rechtliche Dürfen an. Eine Prokura, bei der intern die selbständige Einstellungs- und Entlassungsbefugnis ausgeschlossen ist, reicht daher nicht, obwohl sie unter Umständen sogar eine nach außen unbeschränkbare Einzelprokura ist. Andererseits reicht es nicht aus, wenn ein Angestellter zwar nach innen unbegrenzte Vollmacht zur Einstellung und Entlassung hat, sie jedoch nicht nach außen kundtun darf (weil er zB keine Prokura oder Generalvollmacht besitzt)[3].

4. Beamte und Arbeitnehmer im öffentlichen Dienst

121 Im öffentlichen Dienst ist zu unterscheiden zwischen Beamten und sonstigen Arbeitnehmern. **Beamte** sind grundsätzlich keine Arbeitnehmer, da sie in einem Dienst- und Treueverhältnis zu der sie beschäftigenden Körperschaft stehen. Für sie gelten die hergebrachten Grundsätze des Berufsbeamtentums[4]. Werden jedoch Beamte im Betrieb eines privatrechtlichen Unternehmens auf Grund eines Arbeitsvertrages tätig, sind sie Arbeitnehmer. Die Übernahme derartiger Tätigkeiten kann durch Beurlaubung, Ausscheiden aus dem Beamtenverhältnis, Ruhestand oder eine erlaubte Nebentätigkeit erfolgen. Werden Beamte im Rahmen ihres öffentlich-rechtlichen Dienstverhältnisses zu ihrem Dienstherrn abgeordnet, überlassen oder zugewiesen, so gelten sie als Arbeitnehmer des zugewiesenen Betriebes[5]. Bei den umfassenden Privatisierungsmaßnahmen im öffentlichen Dienst ist diese Einordnung des Be-

---

1 So KR/*Rost*, § 14 KSchG Rz. 32; *Herschel/Löwisch*, § 14 Rz. 15; *Hueck/von Hoyningen-Huene*, § 14 Rz. 23.
2 Vgl. KR/*Rost*, § 14 KSchG Rz. 30; *Hueck/von Hoyningen-Huene*, § 14 KSchG Rz. 23.
3 KR/*Rost*, § 14 KSchG Rz. 30; *Hueck/von Hoyningen-Huene*, § 14 KSchG Rz. 21.
4 Dazu gem. Art. 33 Abs. 5 GG; vgl. dazu *Schaub*, § 15 2; MünchArbR/*Richardi*, § 27 Rz. 2.
5 Zumindest im Sinne des Betriebsverfassungsgesetzes; vgl. *Fitting/Kaiser/Heither/Engels*, § 5 Rz. 101a.

amten als Arbeitnehmer des neuen Betriebes von großer praktischer Bedeutung[1].

Die **Arbeitnehmer des öffentlichen Dienstes** unterliegen nicht dem Beamtenrecht[2]. Sie sind daher Arbeitnehmer, die sich noch in klassischer Weise aufgliedern in Arbeiter und Angestellte[3]. Die Abgrenzung zwischen Arbeitnehmern des öffentlichen Dienstes und sonstigen Arbeitnehmern erfolgt nach der Verfassung des Arbeitgebers. Handelt es sich um eine öffentlich-rechtliche Institution, so sind die darin tätigen Arbeitnehmer solche des öffentlichen Dienstes, handelt es sich jedoch um eine juristische Person des privaten Rechts, handelt es sich um privatrechtlich tätige Arbeitnehmer. Dies selbst dann, wenn die Anteile dieser juristischen Person des Privatrechts sich ausschließlich in öffentlicher Hand befinden[4]. Daher sind auch die Mitarbeiter einer Stadtwerke-GmbH nicht als Arbeitnehmer im öffentlichen Dienst anzusehen, sie fallen nicht unter das Personalvertretungsrecht, sondern unter das Betriebsverfassungsgesetz[5]. 122

Arbeitnehmer im öffentlichen Dienst unterscheiden sich grundsätzlich nicht von sonstigen Arbeitnehmern. Die Besonderheiten des öffentlichen Dienstes treten lediglich dann zutage, wenn es um tarifvertragliche Fragen geht. Denn für die Arbeitnehmer des öffentlichen Dienstes gelten ausführliche **Tarifverträge**, so vor allem der Bundesangestelltentarifvertrag (BAT) und entsprechende Manteltarifverträge für Beschäftigte des Bundes, der Länder und der Gemeinden[6]. Desweiteren besteht ein erheblicher Unterschied im Bereich der **Unternehmensverfassung**. Wegen der Regelung in § 130 BetrVG gilt nicht das Betriebsverfassungsgesetz, sondern es gelten die jeweiligen Personalvertretungsgesetze im Bund und in den Ländern. Bei Streitigkeiten aus dem Arbeitsverhältnis entscheiden auch für Arbeitnehmer im öffentlichen Dienst die Arbeitsgerichte im Urteilsverfahren[7], bei personalvertretungsrechtlichen Streitigkeiten, also bei Streitigkeiten aus dem Personalvertretungsrecht, sind dagegen die Verwaltungsgerichte zuständig[8]. 123

5. Sonstige Gruppen

Neben den Beamten gehören auch **Soldaten** nicht zum Kreis der Arbeitnehmer. **Zivildienstleistende** gelten gleichfalls nicht als Arbeitnehmer nach dem Zivildienstgesetz, auch soweit sie zB in der Krankenpflege tätig sind[9]. Auch **Strafge-** 124

---

1 Vgl. zu den damit zusammenhängenden Problemen *Engels/Müller/Mauß*, DB 1994, 473.
2 Gem. § 191 BBG.
3 *Schaub*, § 15 3.
4 *Schaub*, § 15 6; MünchArbR/*Richardi*, § 27 Rz. 6.
5 Vgl. § 130 BetrVG.
6 Vgl. MünchArbR/*Richardi*, § 27 Rz. 8.
7 Gem. § 2 Abs. 1 Nr. 3, Abs. 5 iVm. §§ 46 ff. ArbGG.
8 Gem. § 89 BPersVG.
9 *Fitting/Kaiser/Heither/Engels*, § 5 Rz. 100, der darauf hinweist, daß Kriegsdienstverweigerer in einem freien Arbeitsverhältnis nach § 15a ZDG jedoch Arbeitnehmer sind.

fangene gelten nicht als Arbeitnehmer[1]. Ein **Sozialhilfeempfänger,** der gem. § 19 BSHG gemeinnützige und zusätzliche Arbeit leistet, ist dann Arbeitnehmer, wenn er das übliche Arbeitsentgelt erhält[2]. Helfer im Rahmen des **freiwilligen sozialen Jahres** sind gleichfalls keine Arbeitnehmer[3]. Auch **Entwicklungshelfer** sind keine Arbeitnehmer, das Entwicklungshilfegesetz gibt diesen einen Sonderstatus[4].

125 Dagegen sind Personen, die im Bereich der **Arbeitsbeschaffung** nach §§ 91 bis 99 AFG beschäftigt sind, als Arbeitnehmer anzusehen[5].

126 Weder Arbeitnehmer noch arbeitnehmerähnliche Personen sind **Rote-Kreuz-Schwestern,** da diesen Mitgliedschaftsrechte zustehen, mit denen sie die Geschicke des Vereins und zugleich die Arbeitsorganisation beeinflussen können. Sie stehen damit nicht in persönlicher Abhängigkeit. Sie sind darüber hinaus auch nicht wirtschaftlich abhängig (und damit auch keine arbeitnehmerähnliche Personen), da sie in ihrer sozialen Stellung nicht wie ein Arbeitnehmer sozial schutzbedürftig sind[6].

III. Arbeitgeber

1. Unternehmer – Arbeitgeber

127 Arbeitgeber im Sinne des Arbeitsrechts ist jeder, der einen Arbeitnehmer beschäftigt[7]. Nach der Definition des Bundesarbeitsgerichts ist Arbeitgeber derjenige, der die **Dienstleistung vom Arbeitnehmer kraft des Arbeitsvertrages fordern kann**[8]. Der Begriff des Arbeitgebers ist nicht identisch mit dem Begriff des Unternehmers. Dem Unternehmer gehört wirtschaftlich das Unternehmen, in dem er unter Umständen jedoch nicht tätig ist. Natürlich kann der Unternehmer auch Arbeitgeber sein. Arbeitgeber ist auch der Fremdgeschäftsführer in

---

1 BAG v. 3. 10. 1978, AP Nr. 18 zu § 5 BetrVG 1972; BAG v. 24. 4. 1969, AP Nr. 18 zu § 5 ArbGG und LAG Schleswig-Holstein v. 14. 6. 1976, BB 1976, 1127.
2 Und nicht lediglich Hilfe zum Lebensunterhalt zuzüglich einer angemessenen Entschädigung für Mehraufwendungen, denn dann liegt nach § 19 Abs. 3 BSHG kein Arbeitsverhältnis vor, vgl. MünchArbR/*Richardi,* § 23 Rz. 95.
3 So BAG v. 12. 2. 1992, AP Nr. 52 zu § 5 BetrVG 1972.
4 Vgl. BAG v. 27. 4. 1977, AP Nr. 1 zu § 611 BGB – Entwicklungshelfer.
5 So *Fitting/Kaiser/Heither/Engels,* § 5 Rz. 101; MünchArbR/*Richardi,* § 34 Rz. 96.
6 Rote-Kreuz-Schwestern wählen wie Arbeitnehmerinnen eine Vertretung, den Schwesternbeirat. Anders als Arbeitnehmerinnen stehen ihnen damit Mitgliedschaftsrechte zu, mit denen sie die Geschicke des Vereins und die Arbeitsorganisation beeinflussen können, so zB haben sie das Recht, die Oberin zu wählen und abzuwählen und über die Wirtschaftsplanung mitzuentscheiden. Aus diesen Gründen hat das BAG entschieden, daß Rote-Kreuz-Schwestern weder Arbeitnehmer noch arbeitnehmerähnliche Personen sind, so BAG v. 6. 7. 1995, NZA 1996, 33.
7 *Schaub,* § 17 I.
8 BAG v. 9. 9. 1992, EzA § 611 Nr. 1 – Arbeitgeberbegriff.

einer GmbH, der nicht an der Gesellschaft beteiligt und damit auch nicht Unternehmer ist[1].

2. Träger der Arbeitgeberfunktion im einzelnen

Arbeitgeber kann eine **natürliche oder auch eine juristische Person des privaten oder des öffentlichen Rechts** sein. Auf die konkrete Rechtsform kommt es nicht an[2]. 128

a) AG

Bei der Aktiengesellschaft üben die **Mitglieder des Vorstandes** als gesetzliche Vertreter gem. § 78 Abs. 1 AktG die Arbeitgeberfunktionen aus. Ein Vorstandsmitglied einer AG ist bereits dann Arbeitgeber, wenn der Anstellungsvertrag mit ihm abgeschlossen ist, auf den Bestellungsakt kommt es nicht entscheidend an[3]. Der Aufsichtsrat ist jedoch kein Vertretungsorgan, die Mitglieder des Aufsichtsrates gelten nicht als Arbeitgeber. Dies gilt auch für die Arbeitnehmervertreter im Aufsichtsrat[4]. 129

b) KGaA

Die Kommanditgesellschaft auf Aktien wird durch die **persönlich haftenden Gesellschafter** gesetzlich vertreten[5]. Nur diese gelten als Arbeitgeber. Die Kommanditaktionäre sind von der gesetzlichen Vertretung ausgeschlossen und können, sofern sie sich in einem Arbeitsverhältnis zur KGaA befinden, normale Arbeitnehmer der Gesellschaft sein[6]. 130

c) GmbH

Bei der GmbH gelten grundsätzlich **alle Geschäftsführer** als Arbeitgeber, selbst wenn sie in ihrer Vertretung beschränkt sind und unabhängig davon, ob ihnen Geschäftsanteile an der Gesellschaft gehören. Prokuristen sind dagegen einfache Arbeitnehmer, die in einem Arbeitsverhältnis zur Gesellschaft stehen[7]. Fremdgeschäftsführer können ausnahmsweise dann neben ihrer Eigenschaft als Arbeitgeber auch ein Arbeitsverhältnis zur Gesellschaft unterhalten, wenn zwischen der Gesellschaft und dem Geschäftsführer zwei Rechtsverhältnisse bestehen, wenn der Geschäftsführer ein gesondertes Dienstverhältnis unabhängig von einem daneben bestehenden Arbeitsverhältnis mit der Gesellschaft unterhält. Diese Konstruktion kommt praktisch nur in eng begrenzten Ausnah- 131

---

1 MünchArbR/*Richardi*, § 29 Rz. 1 und 4; *Schaub*, § 17 3; *Bauer*, Arbeitsrechtliche Aufhebungsverträge, Rz. 388.
2 *Schaub*, § 17 1a.
3 Gem. § 84 Abs. 2 AktG.
4 KR/*Rost*, § 14 KSchG Rz. 8.
5 § 279 Abs. 2 AktG iVm. § 161 Abs. 2, 125 HGB.
6 KR/*Rost*, § 14 KSchG Rz. 9.
7 Dies ergibt sich bereits § 5 Abs. 3 Satz 2 Nr. 2 BetrVG; siehe dazu auch BAG v. 13. 7. 1995, AP Nr. 23 zu § 5 ArbGG 1979.

mefällen vor. Selbst wenn ein früher als Arbeitnehmer beschäftigter Fremdgeschäftsführer zum Geschäftsführer bestellt wird, ohne daß ein neuer Dienstvertrag ausdrücklich abgeschlossen wird, ist im Zweifel davon auszugehen, daß das alte Arbeitsverhältnis erlischt und ein neues Dienstverhältnis begründet wird[1]. Andererseits kann auch ausdrücklich ein Arbeitnehmer einer GmbH zu deren Geschäftsführer bestellt werden, ohne daß ein eigenes Dienstverhältnis begründet wird. Dies bedarf aber der klaren Absprache; in diesem Fall übernimmt der Arbeitnehmer die Organstellung als Geschäftsführer zusätzlich zu seinem (ausdrücklich vereinbarten) fortbestehenden Arbeitsverhältnis. Ist eine Gesellschaft noch nicht gem. § 11 Abs. 1 GmbHG im Handelsregister eingetragen, ist jedoch bereits entsprechend dem Gesellschaftsvertrag ein Geschäftsführer dieser Vor-GmbH bestellt, so ist der Geschäftsführer bereits Arbeitgeber; auf die Eintragung der GmbH kommt es für die Arbeitgebereigenschaft des bestellten Geschäftsführers nicht an[2].

d) KG

132 Bei der Kommanditgesellschaft üben die **persönlich haftenden Gesellschafter** die Arbeitgeberfunktionen aus, da die Kommanditisten von der Vertretung der Kommanditgesellschaft ausgeschlossen sind. Lediglich bei der **GmbH & Co. KG** gibt es die Möglichkeit, daß zwischen der KG und dem Geschäftsführer der persönlich haftenden Gesellschafterin ein eigenes Arbeitsverhältnis besteht (wenn zB der Geschäftsführer der persönlich haftenden Gesellschafterin gleichzeitig Prokurist der KG ist). In diesem Falle ist der Geschäftsführer der persönlich haftenden Gesellschafterin neben seiner Position als Arbeitgeber gleichzeitig auch Arbeitnehmer der KG. Soll diese Konsequenz vermieden werden, so muß ein etwa vor Geschäftsführerbestellung bestehendes Arbeitsverhältnis zwischen dem Geschäftsführer und der KG beendet werden. Das einzige rechtliche Band darf dann nur noch das Dienstverhältnis zwischen der persönlich haftenden Gesellschaft und dem Geschäftsführer sein[3].

e) OHG

133 Die Arbeitgeberfunktion in der offenen Handelsgesellschaft üben **alle Gesellschafter** aus, und zwar jeder von ihnen einzeln, da jeder Gesellschafter nach der gesetzlichen Regelung auch zur Vertretung der Gesellschaft berechtigt ist[4].

---

1 Streitig; dies ist jedoch die Tendenz der neueren Rechtsprechung, so jetzt BAG v. 7. 10. 1993, AP Nr. 16 zu § 5 ArbGG 1979; siehe dazu auch BAG v. 28. 9. 1995, AP Nr. 24 zu § 5 ArbGG 1979, unter Aufgabe der früheren Rechtsprechung des 2. Senats, insbesondere vom 9. 5. 1985, AP Nr. 3 zu § 5 ArbGG 89 und vom 12. 3. 1987, AP Nr. 6 zu § 5 ArbGG 79; siehe dazu *Henssler*, RdA 1992, 298 und *Bauer*, Arbeitsrechtliche Aufhebungsverträge, Rz. 437.
2 BAG v. 13. 5. 1996, AP Nr. 27 zu § 5 ArbGG 1979.
3 In diesem Sinne ausdrücklich BAG v. 13. 7. 1995, AP Nr. 23 zu § 5 ArbGG 1979.
4 § 125 HGB, wenn sie nicht durch Gesellschaftsvertrag von der Vertretung ausgeschlossen sind.

III. Arbeitgeber   Rz. 136 Teil **1 A**

f) Genossenschaft

In der Genossenschaft ist der **Vorstand** das zur Vertretung berechtigte Organ und damit Arbeitgeber[1]. Dies hindert die Genossen natürlich nicht, selbst ein Arbeitsverhältnis mit der Genossenschaft einzugehen. Dies hindert auch weiterhin nicht den Aufsichtsrat daran, für die Genossenschaft tätig zu werden. In den beiden letzten Fällen wird ein Arbeitsverhältnis zur Genossenschaft begründet. 134

g) Eingetragener Verein

Im rechtsfähigen Verein übt gleichfalls der **Vorstand** alle Arbeitgeberfunktionen aus[2]. Dabei ist irrelevant, ob es sich um einen nicht wirtschaftlichen oder um einen wirtschaftlichen Verein handelt[3]. Arbeitgeber sind neben den Vorstandsmitgliedern auch die sogenannten **besonderen Vertreter nach § 30 BGB**[4]. Zwischen diesen und dem Verein besteht gleichfalls lediglich ein Dienstverhältnis und kein Arbeitsverhältnis. Analog der Rechtsprechung zur Bestellung von Arbeitnehmern einer GmbH zu Geschäftsführern ist im Zweifel davon auszugehen, daß auch ein Vorstandsmitglied eines Vereins einen etwa bestehenden Arbeitsvertrag mit der Bestellung zum Vorstandsmitglied beendet. Dies gilt jedenfalls dann, wenn ein neuer Dienstvertrag mit höheren Bezügen abgeschlossen wird[5]. 135

h) BGB-Gesellschaft

Bei den Gesellschaftern einer BGB-Gesellschaft fällt die Arbeitgeberstellung den **Gesellschaftern gemeinschaftlich** zu. Denn die BGB-Gesellschaft ist selbst nicht rechtsfähig und kann daher auch grundsätzlich nicht Vertragspartner eines schuldrechtlichen Vertrages nach §§ 611 ff. BGB sein. Träger der Arbeitgeberrechte und Arbeitgeberpflichten werden damit die BGB-Gesellschafter, die diese Rechte und Pflichten gemeinschaftlich und zur gesamten Hand verbunden ausüben, auch wenn sie durch ein gemeinsam geschaffenes Vertretungsorgan ihrer Gesellschaft im Rechtsverkehr sich vertreten lassen, und auch wenn im Rubrum eines Dienst- und Arbeitsvertrages lediglich die Gesellschaft genannt wird[6]. 136

---

1 Gem. § 24 Abs. 1 GenG.
2 Gem. § 26 Abs. 2 BGB.
3 Gem. § 21 bzw. § 22 BGB.
4 Einschränkend – nur wenn die Satzung ihre Bestellung ausdrücklich zuläßt – BAG v. 5. 5. 1997 – 5 AZB 35/96, noch nv.
5 BAG v. 28. 9. 1995, AP Nr. 24 zu § 5 ArbGG 1979.
6 So BAG v. 6. 7. 1989, EzA § 611 Nr. 3 – Arbeitgeberbegriff.

B. Vertragstypisierung

Rz.

I. Arten des Arbeitsvertrages
1. Dauerarbeitsverhältnis 1
2. Befristeter Arbeitsvertrag 7
   a) Grundsätzliche Zulässigkeit befristeter Arbeitsverhältnisse, § 620 BGB 9
   b) Fälle unterhalb der Schwelle des Kündigungsschutzgesetzes (insbesondere Kettenarbeitsverhältnisse) 10
   c) Befristung von Teilen des Arbeitsvertrages 16
   d) Zeit- und Zweckbefristung .. 19
   e) Der sachliche Grund für die Befristung 21
      aa) Altersgrenzen 23
      bb) Ausbildung und Fortbildung 24
      cc) Aushilfsarbeitsverhältnisse 25
      dd) Drittmittelfinanzierung .. 26
      ee) Erprobung 27
      ff) Befristung aus sozialen Gründen und auf Wunsch des Arbeitnehmers 30
      gg) Gerichtlicher Vergleich .. 31
      hh) Saisonarbeitsverträge ... 32
      ii) Erziehungsurlaub 33
      jj) Hochschulrecht, BAT ... 37
      kk) Zusätzlicher vorübergehender Arbeitskräftebedarf .. 39
   f) Rechtsfolgen der Beendigung befristeter Arbeitsverhältnisse 40
   g) Befristung gem. § 1 BeschFG . 45
      aa) Neueinstellung 46
      bb) Enger sachlicher Zusammenhang 49
      cc) Keine Beschränkung ab Lebensalter 60 53
      dd) Keine Verweisungspflicht im Arbeitsvertrag 54
      ee) Ausbildungsverhältnisse . 56
3. Probearbeitsverhältnis 58
   a) Zweck der Probezeit 59
   b) Arten der Probezeit 60
      aa) Unbefristetes Probearbeitsverhältnis 62
      bb) Befristetes Probearbeitsverhältnis 63
   c) Dauer der Probezeit 64
   d) Kündigung in der Probezeit .. 66

Rz.

4. Aushilfsarbeitsverhältnis 68
   a) Wesen 69
   b) Dauer 70
   c) Beendigung 73
5. Leiharbeitsverhältnis 77
   a) Echte Leiharbeit 78
   b) Unechte Leiharbeit 79
6. Gruppenarbeitsverhältnis 87
7. Job-Sharing, Job-Pairing 91
8. Teilzeitarbeit 92
   a) Wesen 93
   b) Formen der Teilzeitarbeit ... 94
   c) Geringfügige Beschäftigung .. 95
   d) Atypische Arbeitsverhältnisse . 97
9. Mittelbares Arbeitsverhältnis .. 102

II. Abgrenzung zu verwandten Verträgen 103
1. Dienstvertrag 104
2. Werkvertrag 105
3. Gesellschaftsvertrag 106
4. Entgeltliche Geschäftsbesorgung und Auftrag 107
5. Franchisevertrag 108
6. Familienrechtliche Mitarbeit ... 111

III. Berufsbildungsrecht
1. Geltungsbereich des Berufsbildungsgesetzes 112
2. Berufsausbildungsvertrag 118
   a) Abschluß und Vertragsinhalt . 119
   b) Nichtige Vereinbarungen ... 127
   c) Pflichten des Ausbildenden .. 129
   d) Pflichten des Auszubildenden . 131
   e) Ausbildungsvergütung 132
3. Beendigung des Berufsausbildungsvertrages 134
   a) Befristung 135
   b) Aufhebungsvertrag 136
   c) Kündigung 137
      aa) Kündigung während der Probezeit 138
      bb) Kündigung nach der Probezeit 140
      cc) Ausschlußfrist für außerordentliche Kündigung .. 145
      dd) Kündigung und Minderjährigkeit 146
   d) Güteverfahren nach § 111 Abs. 2 ArbGG 147

I. Arten des Arbeitsvertrages

Schrifttum:

Allgemein: *von Hoyningen-Huene/Linck,* Neuregelungen des Kündigungsschutzes und befristeter Arbeitsverhältnisse, DB 1997, 41; *Hunold,* Beschäftigung in zahlreichen kurzzeitig befristeten oder Dauerteilzeitarbeitsverhältnissen, NZA 1996, 113; *Hunold,* Mehrfachbefristungen heute, NZA 1997, 71; *Koch,* Die Rechtsprechung des BAG zur Zulässigkeit befristeter Arbeitsverhältnisse, NZA 1992, 154; *Leuchten,* Widerrufsvorbehalt und Befristung von Arbeitsvertragsbedingungen, insbesondere Provisionsordnungen, NZA 1994, 721; *Löwisch,* Das arbeitsrechtliche Beschäftigungsförderungsgesetz, NZA 1996, 1009; *Meisel/Sowka,* Mutterschutz und Erziehungsurlaub, 4. Aufl. 1995; *Moll,* Altersgrenzen in Kollektivverträgen, DB 1992, 475; *Rolfs,* Erweiterte Zulässigkeit befristeter Arbeitsverträge durch das arbeitsrechtliche Beschäftigungsförderungsgesetz, NZA 1996, 1134; *Schwedes,* Das Arbeitsrechtliche Beschäftigungsförderungsgesetz, BB 1986, Beil. 17, 1; *Sowka,* Befristete Arbeitsverträge nach dem Beschäftigungsförderungsgesetz, BB 1997, 677; *Sowka,* Befristete Arbeitsverhältnisse, BB 1994, 1001; *Waltermann,* Die Neuregelung des § 41 SGB VI und ihre Auswirkung auf die Beendigung des Arbeitsverhältnisses, NZA 1991, Beil. 4, 19; *Worzalla,* Der Anwendungsbereich des § 41 IV SGB VI und die Auswirkungen auf die betriebliche Personalpolitik, NZA 1991, Beil. 4, 15.

Zum Berufsbildungsrecht: *Alexander,* Das weite Verständnis der betrieblichen Berufsbildung, NZA 1992, 1057; *Große,* Rechtliche Gestaltungsmöglichkeiten zur vorzeitigen Beendigung des Berufsausbildungsverhältnisses, BB 1993, 2081; *Knopp/Kraegeloh,* Kommentar zum Berufsbildungsgesetz, 3. Aufl. 1990; *Kreutzfeldt,* Rechtsfragen der Kündigung des Berufsausbildungsverhältnisses, DB 1995, 975; *Natzel,* Ausbildungspflichten – Erziehungspflichten des Ausbildenden, RdA 1981, 158; *Natzel,* Berufsbildungsrecht, 3. Aufl. 1982; *Schiefer,* Gesetz zur Anpassung arbeitsrechtlicher Bestimmungen an das EG-Recht, DB 1995, 1910; *Wohlgemuth,* Wann ist die Abschlußprüfung bestanden?, AiB 1995, 14.

I. Arten des Arbeitsvertrages

1. Dauerarbeitsverhältnis

Der gesetzliche Regelfall ist das Arbeitsverhältnis auf unbestimmte Dauer (Dauerarbeitsverhältnis)[1]. Ein derartiges **auf unbestimmte Zeit abgeschlossenes Arbeitsverhältnis** darf nicht mit einem dauernden Arbeitsverhältnis verwechselt werden. Zu letzterem gehören auch die auf bestimmte Zeit abgeschlossenen Arbeitsverträge. Das Gesetz spricht das dauernde Dienstverhältnis in den §§ 617, 627, 629 und 630 BGB an. Diese Bestimmungen gelten auch für befristete Arbeitsverträge, da ein dauerndes Dienstverhältnis auch durch einen zeitlich befristet abgeschlossen Dienstvertrag begründet wird. Maßgeblich ist, daß beide Vertragsparteien sich für ständige und langfristige Aufgaben verpflichten wollen und beide Parteien von der Möglichkeit und der Zweckmäßigkeit einer Verlängerung ausgehen[2].

1

---

1 Vgl. *Schaub,* § 37 1; MünchArbR/*Richardi,* § 42 Rz. 18.
2 BGH v. 31. 3. 1967, BGHZ 47, 303, 307; vgl. MünchArbR/*Richardi,* § 42 Rz. 21; *Schaub,* § 38 I 2.

Formulierungsvorschlag:

> Der Arbeitsvertrag läuft auf unbestimmte Zeit.

2   Wenn auch das Gesetz selbst in § 620 BGB davon ausgeht, daß Arbeitsverträge regelmäßig nur für eine bestimmte Zeit abgeschlossen werden, ist die unbefristete Dauer eines Arbeitsverhältnisses der **Regelfall**. Der Grund dafür ist wohl darin zu suchen, daß die Rechtsprechung die Zulässigkeit befristeter Arbeitsverträge eingeschränkt hat. Es soll damit vermieden werden, daß durch die Befristung von Arbeitsverträgen der Kündigungsschutz umgangen wird. Es soll den Arbeitsvertragsparteien nicht jederzeit freistehen, Befristungen beliebig zu vereinbaren. Der Grundsatz der Vertragsfreiheit wird im Hinblick auf die Gewährung des gesetzlichen Kündigungsschutzes insofern eingeschränkt[1].

3   Neben der Gruppe der auf unbestimmte Zeit abgeschlossenen Arbeitsverträge und der befristeten Arbeitsverträge gibt es noch eine dritte Gruppe. Dies sind die **auf Lebenszeit** eingegangenen Arbeitsverhältnisse. Grundsätzlich ist es zulässig, zu vereinbaren, daß ein Arbeitsverhältnis auf Lebenszeit des Arbeitnehmers, des Arbeitgebers oder einer dritten Person eingegangen wird[2].

Formulierungsvorschlag:

> Der Arbeitsvertrag wird auf die Lebenszeit des Arbeitnehmers/Arbeitgebers abgeschlossen und endet erst mit dem Ableben des Arbeitnehmers/Arbeitgebers.

4   Regelmäßig werden Arbeitsverhältnisse auf die **Lebenszeit des Arbeitnehmers** abgeschlossen. In diesem Falle endet das Arbeitsverhältnis im Zweifel erst mit dem Tod des Arbeitnehmers. An eine lebenslange Bindung werden strenge Anforderung gestellt, eine derartige Vereinbarung muß ausdrücklich getroffen werden[3]. Daher ist die ausdrückliche Vereinbarung eines Arbeitsverhältnisses auf Lebenszeit zu trennen von der Zusage einer Lebens- oder Dauerstellung. Letztere ist im Zweifel nicht als Zusage einer lebenslangen Bindung zu verstehen. Die Zusage einer Lebens- oder Dauerstellung ist auslegungsbedürftig, sie kann je nach den Umständen den Ausschluß der ordentlichen Kündigung für einen angemessenen Zeitraum bedeuten, oder sie kann auch die Kündigung auf wichtige Gründe beschränken[4].

5   Das Gesetz räumt dem Arbeitnehmer für den Fall eines echten auf Lebenszeit geschlossenen Vertrages **nach Ablauf von fünf Jahren ein außerordentliches Kündigungsrecht** ein. Damit bezweckt § 624 BGB, den Dienstverpflichteten vor einer zu starken Einschränkung seiner Vertragsfreiheit zu schützen. Der

---

1 Siehe dazu grundlegend den Beschluß des Großen Senats des BAG v. 12. 10. 1960, AP Nr. 16 zu § 610 BGB – Befristeter Arbeitsvertrag.
2 MünchArbR/*Richardi*, § 42 Rz. 24; KR/*Hillebrecht*, § 24 BGB Rz. 9.
3 KR/*Hillebrecht*, § 624 Rz. 11.
4 Vgl. dazu KR/*Hillebrecht*, § 624 Rz. 15.

Dienstberechtigte ist dagegen an einen möglichen Kündigungsausschluß gebunden, er kann bei Bindung auf Lebenszeit des Arbeitnehmers ohne wichtigen Grund das Arbeitsverhältnis nicht kündigen[1]. Nach Ablauf der Fünfjahresfrist kann vom Arbeitnehmer die vorzeitige Kündigung mit einer Frist von sechs Monaten zu jedem beliebigen Termin ausgesprochen werden[2].

Von den im Arbeitsrecht geltenden Beschränkungen befristeter Arbeitsverträge sind **befristete Dienstverträge außerhalb des Arbeitsrechts** nicht betroffen. Es steht den Vertragspartnern frei, zB bei Vorständen von Aktiengesellschaften im Rahmen der gesetzlichen Regelungen (insbesondere im Hinblick auf die Beschränkungen, die sich aus § 84 AktG ergeben) unbeschränkt Befristungen zu vereinbaren. Die Grenzen ergeben sich lediglich aus Grundsätzen, die sowohl für Dienst- wie auch für Arbeitsverträge gelten (insbesondere § 624 BGB)[3]. 6

2. Befristeter Arbeitsvertrag[4]

Ein befristeter Arbeitsvertrag liegt vor, wenn als **Beendigungszeitpunkt ein genaues Kalenderdatum** oder als **Vertragsdauer ein genauer Zeitraum** festgelegt ist. Dabei reichen ungenaue Angaben, die die Ermittlung eines bestimmten Kalenderdatums nicht ermöglichen, nicht aus (zB ca. drei Wochen)[5]. Es muß aber kein bestimmter Kalendertermin angegeben sein. Es ist auch möglich, den Fristablauf von Umständen abhängig zu machen, die von dritter Seite beeinflußt werden. Dann dürfte es sich regelmäßig um einen auflösend bedingten Arbeitsvertrag handeln. 7

Beispiel:

Eine Landtagsfraktion vereinbart mit einem juristischen Mitarbeiter, daß das Arbeitsverhältnis automatisch endet, wenn die Partei nicht mehr in den Landtag einzieht, weil sie die 5%-Hürde nicht schafft.

Der **auflösend bedingte Arbeitsvertrag** ist ein Unterfall des Zeitvertrages[6]. Eine Befristung kann jedoch nicht wirksam vereinbart werden, wenn das Ende des Arbeitsvertrages ausschließlich von dem Willen des Arbeitgebers abhängig ist[7]. Um eine derartige Befristungsvereinbarung wirksam werden zu lassen, müssen die Beschaffenheit und der Zweck der Dienst- bzw. Arbeitsleistung sich für beide Vertragsteile erkennbar aus dem Vertragsinhalt ergeben. Sie müssen objektiv feststellbar sein. Auch insoweit gilt der Grundsatz, daß es keine wirksame Befristungsabrede darstellt, wenn der Arbeitgeber oder der Arbeitnehmer das Ende des Arbeitsverhältnisses selbst bestimmen können[8]. 8

---

1 KR/*Hillebrecht*, § 624 Rz. 25.
2 KR/*Hillebrecht*, § 624 Rz. 29.
3 *Staudinger/Neumann*, § 620 Rz. 3 ff.
4 Siehe zu befristeten Arbeitsverhältnissen auch die ausführlichen Ausführungen von *Schmalenberg*, unten Teil 3 H.
5 MünchKomm/*Schwerdtner*, § 620 BGB Rz. 2; MünchArbR/*Richardi*, § 42 Rz. 28.
6 Vgl. MünchKomm/*Schwerdtner*, § 620 Rz. 4.
7 § 620 Abs. 2 BGB erwähnt die sogenannte Zweckbefristung und die Befristung auf Grund der Beschaffenheit des Arbeitsverhältnisses.
8 Vgl. *Staudinger/Neumann*, § 620 Rz. 6.

a) Grundsätzliche Zulässigkeit befristeter Arbeitsverhältnisse, § 620 BGB

9   Das Bürgerliche Gesetzbuch geht davon aus, daß Arbeitsverträge grundsätzlich auch befristet abgeschlossen werden können (§ 620 BGB). Die Rechtsprechung hat jedoch sehr früh erkannt, daß die gesetzlich gewährleistete Zulässigkeit befristeter Arbeitsverträge zu einem **Konflikt mit dem Kündigungsschutz** führen kann. Denn es liegt in der Eigenart befristeter Arbeitsverträge, daß diese enden, ohne daß es einer Kündigung bedarf. Dies gilt selbst dann, wenn der Arbeitnehmer Sonderkündigungsschutz besitzt (zB als Betriebsrat, als Wehrpflichtiger oder als Schwangere). Andererseits bestimmt das Kündigungsschutzgesetz, daß grundsätzlich nach sechs Monaten das Arbeitsverhältnis nur unter eingeschränkten Bedingungen gekündigt werden darf[1]. Die aus diesem Konflikt sich ergebenden notwendigen Spannungen hat der Große Senat des BAG mit der Entscheidung vom 12. 10. 1960[2] aufzulösen versucht. Der Große Senat hat eine Befristungsabrede dann als unwirksam angesehen (mit der Konsequenz des Bestehens eines unbefristeten Arbeitsverhältnisses), wenn zum Zeitpunkt des Vertragsabschlusses kein **sachlicher Grund für die Befristung** vorlag. Diese Entscheidung des Großen Senats bildet bis heute die Grundlage der Befristungsrechtsprechung der Arbeitsgerichte.

b) Fälle unterhalb der Schwelle des Kündigungsschutzgesetzes (insbesondere Kettenarbeitsverhältnisse)

10 Damit lassen sich sowohl positive als auch negative Eingrenzungen der Wirksamkeit befristeter Arbeitsverhältnisses vornehmen:

Die Vereinbarung eines befristeten Arbeitsvertrages ist stets dann wirksam, wenn sie unterhalb der Schwelle des Eingriffs des Kündigungsschutzgesetzes erfolgt. Wird ein befristeter Arbeitsvertrag mit einem Arbeitnehmer für einen Zeitraum von **weniger als sechs Monaten** geschlossen, ist diese Befristung regelmäßig wirksam, ohne daß es dafür eines sachlichen Grundes bedarf. Erfolgt eine Befristungsabrede (gleichgültig für welche Laufzeit) in einem Betrieb, dessen Arbeitnehmer nicht dem Kündigungsschutzgesetz unterliegen (gem. § 23 KSchG), dann ist auch für derartige Befristungsabreden ein sachlicher Grund nicht erforderlich. Die Befristung ist regelmäßig wirksam.

11 Eine Ausnahme von diesem Grundsatz wird bei sogenannten **Kettenarbeitsverträgen** gemacht[3]. Kettenarbeitsverträge sind mehrere hintereinandergeschaltete befristete Arbeitsverträge.

12 **Beispiele:**

a) Arbeitgeber und Arbeitnehmer sind sich einig, daß der derzeit bestehende befristete Arbeitsvertrag des Arbeitnehmers als Vertreter der Mitarbeiterin X zum 31. 12. 1997 endet.

---

1 Unter der weiteren Bedingung, daß im übrigen der Betrieb, in dem der Arbeitnehmer beschäftigt ist, die gesetzlichen Voraussetzungen des § 23 KSchG erfüllt.
2 BAG v. 12. 10. 1960, AP Nr. 16 zu § 620 BGB – Befristeter Arbeitsvertrag.
3 Staudinger/Neumann, § 620 Rz. 48; MünchKomm/*Schwerdtner*, § 620 Rz. 13 f.

I. Arten des Arbeitsvertrages Rz. 14 Teil 1 B

Gleichzeit kommen die Parteien überein, daß mit Wirkung ab 1. 1. 1998 ein neuer befristeter Arbeitsvertrag bis zum 31. 5. 1998 abgeschlossen wird. Der Arbeitnehmer übernimmt in dieser Zeit die Vertretung der erkrankten Mitarbeiterin Y.

b) Die Parteien sind sich einig, daß der am 31. 12. 1997 auslaufende befristete Arbeitsvertrag befristet um einen weiteren Zeitraum von fünf Monaten bis zum 31. 5. 1998 verlängert wird. Der Arbeitsvertrag endet dann mit diesem Termin, ohne daß es einer Kündigung bedarf. 13

Werden **mehrere befristete Arbeitsverträge hintereinander geschaltet,** stellt sich die Frage, ob dann nicht doch nach dem sachlichen Grund für die Befristung gefragt werden muß. Das Bundesarbeitsgericht hat in ständiger Rechtsprechung diese Frage für die Beispielsfälle negativ beantwortet, es wird grundsätzlich auf den jeweils letzten Arbeitsvertrag abgestellt. Ist dessen Dauer unterhalb der Grenze der Sechsmonatsfrist nach § 1 KSchG, dann ist dieser befristete Arbeitsvertrag (und damit mittelbar auch etwaige vorangehende Arbeitsverträge) rechtswirksam[1]. Der Grund hierfür ist darin zu sehen, daß die Parteien durch den Abschluß eines nachfolgenden Arbeitsvertrages hinreichend zum Ausdruck gebracht haben, daß sie das frühere (befristete) Arbeitsverhältnis aufheben wollten. Es wurde bei Aufhebung dieses früheren Arbeitsverhältnisses nicht zum Ausdruck gebracht, daß dessen Wirksamkeit in Frage gestellt werden sollte. Daher kommt es bei der Prüfung der Wirksamkeit derartiger Kettenarbeitsverhältnisse grundsätzlich ausschließlich auf den **letzten Arbeitsvertrag** an[2]. Da es stets grundsätzlich auf die Gültigkeit des letzten befristeten Arbeitsvertrages ankommt, ist die absolute Dauer des Arbeitsverhältnisses irrelevant, ebenso wie die Anzahl der befristeten Arbeitsverträge[3]. Eine Ausnahme wird jedoch dann gemacht, wenn sich der letzte Vertrag als **unselbständiger Annex** des vorletzten Vertrages darstellt[4]. Ein unselbständiger Annex ist dann anzunehmen, wenn sich der Abschluß des letzten Vertrages lediglich als Fortsetzung des vorhergehenden Vertrages darstellt, ohne daß die Parteien diesen letzten Vertrag auf eine neue rechtliche Grundlage gestellt hätten, wenn also die Parteien lediglich den Endzeitpunkt des vorangegangenen Vertrages durch eine neue Befristungsabrede hinausschieben wollten[5]. Eine derartige Verlängerung eines bestehenden befristeten Vertrages würde auch aus dem Gesichtspunkt der Umgehung vor dem Hintergrund des § 242 BGB bereits nicht mehr unter die zugelassenen Befristungsfälle fallen. Daher ist in dem eingangs in Rz. 13 erwähnten Fall b) die Befristung des letzten Vertrages unwirksam, weil die letzte Verlängerungsabrede lediglich den Ablauf des vorletzten Vertrages hinausschob, umgekehrt dagegen der Beispielsfall a) Rz. 12. 14

---

1 Seit der Entscheidung vom 8. 5. 1985, AP Nr. 97 zu § 620 BGB – Befristeter Arbeitsvertrag; s.a. BAG v. 27. 1. 1988, AP Nr. 116 zu § 620 BGB – Befristeter Arbeitsvertrag.
2 Zuletzt BAG v. 24. 1. 1996, NZA 1996, 1036.
3 Streitig, siehe dazu *Hunold,* NZA 1997, 741, 744.
4 Vgl. *Koch,* NZA 1992, 154, 155.
5 So BAG v. 21. 1. 1987, AP Nr. 4 zu § 620 BGB – Hochschule.

15 Auch dann, wenn zwischen zwei oder mehreren befristeten Arbeitsverträgen eine **zeitliche Unterbrechung** liegt, besteht die Möglichkeit der Zusammenrechnung dieser beiden befristeten Verträge, so daß unter Umständen die Sechsmonatsfrist überschritten wird und die Gültigkeit des gesamten einheitlich zu sehenden befristeten Vertrages an der Befristungsrechtsprechung des BAG zu überprüfen ist. Es gibt jedoch keine klaren Vorgaben für die erforderliche Dauer der zeitlichen Unterbrechung. Die Zeit von vier Monaten in § 1 Abs. 3 Satz 2 Beschäftigungsförderungsgesetz ist lediglich ein Anhaltspunkt, keine allgemeingültige zeitliche Grenze[1]. Steht das neue Arbeitsverhältnis in einem engen zeitlichen und sachlichen Zusammenhang zu dem früheren befristeten Arbeitsverhältnis, dann dürfte es sich unabhängig von der Unterbrechungszeit zwischen diesen beiden Arbeitsverhältnissen um ein einheitliches Arbeitsverhältnis handeln[2].

c) Befristung von Teilen des Arbeitsvertrages

16 Ebenso wie der gesamte Arbeitsvertrag befristet abgeschlossen werden kann, ist es **grundsätzlich** auch **möglich,** Teile eines Arbeitsvertrages zu befristen.

17 **Beispiel:**

Auszug aus einem Arbeitsvertrag mit einem Vertriebsingenieur eines Datenverarbeitungsunternehmens:

Der Arbeitnehmer erhält zusätzlich zu seiner Festvergütung eine Provision, die sich nach den Bestimmungen des jeweils gültigen Provisionsplans richtet. Der Provisionsplan ist jeweils auf ein Geschäftsjahr befristet und wird für jedes Geschäftsjahr vom Arbeitgeber nach freiem Ermessen neu erstellt.

18 Derartige Befristungen sind vor dem Hintergrund der Umgehung von Änderungskündigungen (gem. § 2 KSchG) zu prüfen. Bei der Prüfung der Wirksamkeit befristeter Vereinbarungen von Teilen des Arbeitsvertrages kommt es neben der **Geschäftsüblichkeit** derartiger Vereinbarungen auch darauf an, ob die befristete Vereinbarung von Arbeitsvertragsteilen **sachlich gerechtfertigt** ist. Maßgeblich ist im Ergebnis auch hier der sachliche Grund. Bei der Prüfung des sachlichen Grundes ist zu berücksichtigen, daß es nicht um die Auflösung, sondern lediglich um eine inhaltliche Veränderung des Arbeitsvertrages geht[3]; vgl. dazu auch unten Teil 3 H Rz. 70 f.

---

1 Der Rechtsgedanke des § 1 Abs. 3 Satz 2 BeschFG ist jedoch heranzuziehen, so *Staudinger/Preis,* § 620 Rz. 49; MünchArbR/*Wank,* § 113 Rz. 25; vgl. dazu auch KR/*Lipke,* § 620 Rz. 99.
2 BAG v. 4. 4. 1990, AP Nr. 136 zu § 620 BGB – Befristeter Arbeitsvertrag.
3 BAG v. 16. 10. 1987, AP Nr. 5 zu § 620 BGB – Hochschule; BAG v. 15. 3. 1989 – 7 AZR 539/87, nv.; vgl. *Leuchten,* NZA 1994, 721. In einer Entscheidung vom 21. 4. 1993 hat das BAG festgestellt, daß der gesetzliche Änderungskündigungsschutz, der zur Unwirksamkeit der Befristung einzelner Arbeitsvertragsbedingungen führt, dann noch nicht umgangen wird, wenn eine befristete Provisionszusage lediglich 15% der Gesamtvergütung ausmacht; derart schematische Prozentsätze sind jedoch zu pauschal und berücksichtigen nicht den Einzelfall, insbesondere zB auch nicht die Höhe der Gesamtvergütung, BAG v. 21. 4. 1993, AP Nr. 34 zu § 2 KSchG 1969.

d) Zeit- und Zweckbefristung

Die Rechtsprechung unterscheidet zusätzlich zwischen der Zeitbefristung und der Zweckbefristung. Ein befristeter Arbeitsvertrag ist zeitlich befristet, wenn der Ablaufzeitpunkt fest vereinbart ist. Lediglich auf Zweckerreichung gezielte befristete Arbeitsverträge sind ebenso wie Verträge mit zeitlich feststehenden Ablaufterminen zu behandeln.   19

Beispiel:
Das Arbeitsverhältnis wird bis zur Beendigung einer Fortbildungsmaßnahme befristet.

Zusätzlich wird aber für den Fall der **Zweckerreichung** gefordert, daß dieser Zeitpunkt für den Arbeitnehmer **frühzeitig erkennbar** ist, daß er also entweder bei Vertragsabschluß voraussehbar ist oder vom Arbeitgeber rechtzeitig angekündigt wird. Fehlen diese zusätzlichen Voraussetzungen, so endet das Arbeitsverhältnis erst mit Ablauf einer entsprechenden Auslauffrist[1]. – Vgl. zur Zeit- und Zweckbefristung auch unten Teil 3 H Rz. 35 ff.   20

e) Der sachliche Grund für die Befristung

Schlüsselbegriff für die Beurteilung der Wirksamkeit eines befristeten Arbeitsvertrages ist die Bestimmung des sachlichen Grundes für die Befristung. Dazu hat sich eine nahezu unüberschaubare Kasuistik entwickelt[2]. Bei der Frage, ob die Befristung eines Arbeitsvertrages wirksam ist, kommt es nach der ständigen Rechtsprechung des BAG darauf an, ob die **Befristung mit allen ihren Besonderheiten zur Zeit des Abschlusses gerechtfertigt** war[3]. Dabei sind alle für und gegen die Befristung sprechenden Umstände zu berücksichtigen. Es bedarf nicht noch zusätzlich einer eigenen sachlichen Rechtfertigung der gewählten Dauer der Befristung[4]. Die Vertragsdauer hat nur Bedeutung im Rahmen der Prüfung des sachlichen Befristungsgrundes selbst. Die Vertragsdauer muß sich am Sachgrund der Befristung orientieren und sich aus dem Sachgrund selbst rechtfertigen[5]. Einer Befristung fehlt regelmäßig dann der sachliche Grund, wenn die Befristung als rechtliche Gestaltungsmöglichkeit objektiv funktionswidrig verwendet wird[6]. Die Frage nach dem sachlichen Grund für die Rechtfertigung einer Befristung kann nach dem BAG nur lauten, ob verständige und verantwortungsbewußte Parteien unter den im Einzelfall gegebenen Umständen anstelle des befristeten einen unbefristeten und damit dem Kündigungsschutz unterliegenden Arbeitsvertrag geschlossen hätten[7].   21

---

1 BAG v. 12. 6. 1987, AP Nr. 113 zu § 620 BGB – Befristeter Arbeitsvertrag.
2 So sind in der Sammlung AP nahezu 200 BAG-Entscheidungen zu der Rechtswirksamkeit befristeter Arbeitsverträge abgedruckt.
3 BAG v. 3. 5. 1962, AP Nr. 23 zu § 620 BGB – Befristeter Arbeitsvertrag.
4 BAG v. 26. 8. 1988, AP Nr. 124 zu § 620 BGB – Befristeter Arbeitsvertrag.
5 BAG wie vor.
6 BAG v. 27. 2. 1987, AP Nr. 112 zu § 620 BGB – Befristeter Arbeitsvertrag.
7 BAG v. 26. 8. 1988, AP Nr. 124 zu § 620 BGB – Befristeter Arbeitsvertrag.

22 Der Versuch einer Definition des sachlichen Grundes zeigt, daß dieser Begriff nur im Rahmen konkreter Beispielsfälle erläutert werden kann. Die Anwendung des sachlichen Grundes in der Rechtsprechung läßt sich am ehesten durch **typische Fallgruppen** illustrieren; vgl. dazu auch unten Teil 3 H Rz. 40 ff.

aa) Altersgrenzen

23 Die Vereinbarung einer bestimmten Altersgrenze als Ausscheidenstermin des Arbeitnehmers aus dem Arbeitsverhältnis in Einzelverträgen oder in Tarifverträgen stellt eine Befristung des Arbeitsverhältnisses dar. Das Problem der Altersgrenzen wurde durch die Neuregelung des § 41 Abs. 4 Satz 3 SGB VI wieder (mit Wirkung ab 1. 8. 1994) entschärft[1]. Der Gesetzgeber hat durch diese Neuregelung implizit klargestellt, daß eine **auf das Rentenalter bezogene Altersgrenzenvereinbarung** grundsätzlich sachlich gerechtfertigt ist.

bb) **Ausbildung und Fortbildung**

24 Die Befristung eines Vertrages zur Ausbildung und Fortbildung wird allgemein als zulässig angesehen, wenn Kenntnisse vermittelt werden, die **auch außerhalb des konkreten Arbeitsverhältnisses beruflich verwertet** werden können[2].

cc) **Aushilfsarbeitsverhältnisse**

25 Kurzzeitig befristete Arbeitsverhältnisse zur Aushilfe werden vor allem mit Studenten geschlossen, die neben ihrem Studium arbeiten wollen. Dabei wird es in der Regel an einem **auf Dauer angelegten Bindungswillen** beider Parteien fehlen[3]. Häufig werden einzelne auf den jeweiligen Einsatz befristete Arbeitsverträge geschlossen. Die Rechtsprechung ist jedoch nicht einheitlich. In dem Fall der Beschäftigung einer Medizinstudentin für die Arbeit als Sitz- und Sonderwache hat das BAG auf Grund vorheriger Einarbeitung ein Dauerarbeitsverhältnis angenommen[4].

dd) **Drittmittelfinanzierung**

26 Werden für die Vergütung eines Arbeitnehmers Drittmittel in Anspruch genommen, also Finanzmittel öffentlicher Haushalte oder von dritter Seite, dann kann diese Tatsache einen sachlichen Grund für die **Befristung des Arbeitsvertrages für den Zeitraum der Zahlung dieser Drittmittel** abgeben. Wird zB ein Arbeitnehmer in einer Forschungseinrichtung tätig, die die betreffende Arbeitsstelle aus Drittmitteln (befristet) finanziert, dann ist eine darauf fußende Befristungsabrede regelmäßig sachlich gerechtfertigt[5]. Dies gilt auch bei der befristeten Beschäftigung von ABM-Kräften für die Dauer der Zuweisung der Mittel

---

1 Nachdem der Gesetzgeber durch die Neufassung dieser Bestimmung im Rentenreformgesetz 1992 einen Sturm der Entrüstung entfacht hatte. Siehe dazu beispielhaft *Worzalla*, NZA 1991, Beil. 4, 15; *Waltermann*, NZA 1991, Beil. 4, 19; *Moll*, DB 1992, 475.
2 Vgl. BAG v. 31. 10. 1974, DB 1975, 842; *Kittner/Trittin*, § 620 BGB Rz. 24.
3 Vgl. BAG v. 4. 4. 1990, NZA 1991, 18.
4 BAG v. 19. 1. 1993, NZA 1993, 988; vgl. zu dieser Problematik *Hunold*, NZA 1996, 113 ff.; KR/*Lipke*, § 620 BGB Rz. 123a.
5 BAG AP Nr. 124 zu § 620 BGB – Befristeter Arbeitsvertrag.

durch die Bundesanstalt für Arbeit[1]. Ist in einem Haushaltsplan einer öffentlichen Körperschaft eine Stelle für eine bestimmte Zeitdauer bewilligt, dann kann darauf eine Befristungsabrede gestützt werden, wenn die Streichung der Stelle mit einiger Sicherheit zu erwarten ist[2]. Allgemeine haushaltsrechtliche Erwägungen ohne die vorstehende Einschränkung, wonach die Streichung der Stelle mit einiger Sicherheit zu erwarten ist, können jedoch eine Befristung nicht rechtfertigen[3]. Daher kann bei einem sogenannten „kw-Vermerk" (künftig wegfallend) einer Planstelle nur dann ein befristeter Arbeitsvertrag wirksam abgeschlossen werden, wenn konkrete Anhaltspunkte dafür vorhanden sind, daß die Stelle zum vorgesehenen Zeitpunkt tatsächlich wegfallen wird[4].

ee) Erprobung

Ein zur Erprobung eines Arbeitnehmers befristet eingegangenes Arbeitsverhältnis ist **grundsätzlich sachlich gerechtfertigt**[5]. Da die Probezeit jedoch (in der Regel) im Hinblick auf § 1 KSchG höchstens sechs Monate betragen darf, ist es grundsätzlich unproblematisch, eine befristet vorgeschaltete Probezeit statt eines von Beginn an unbefristeten Arbeitsverhältnisses zu vereinbaren, dem eine sechsmonatige Probezeit lediglich vorgeschaltet ist. Eine befristete Probezeitvereinbarung muß aber eindeutig erkennbar sein, es muß im Arbeitsvertrag festgelegt werden, daß das Arbeitsverhältnis auf Grund befristeter Probezeit ausläuft, wenn es nicht über den Zeitpunkt des Ablaufs der Befristung hinaus fortgesetzt wird[6].

Formulierungsvorschlag für die Vereinbarung einer befristeten Probezeit:

> „Dieser Arbeitsvertrag wird zunächst bis zum Ablauf der Probezeit befristet. Das Arbeitsverhältnis endet mit Ablauf dieser befristeten Probezeit, ohne daß es einer Kündigung bedarf. Wird das Arbeitsverhältnis über die befristete Probezeit hinaus tatsächlich fortgesetzt, so schließt sich an den Ablauf der Probezeit ein unbefristetes Arbeitsverhältnis an."
>
> Gegebenenfalls zusätzlich:
>
> „Innerhalb der befristeten Probezeit kann das Arbeitsverhältnis mit einer Frist von zwei Wochen zu jedem Tag gekündigt werden."

Es gibt in jüngster Zeit einige LAG-Entscheidungen, die unter Berufung auf das Fehlen des sachlichen Grundes bei bestimmten Fallgestaltungen derartige Probezeitvereinbarungen für unzulässig halten[7]. Bei diesen Entscheidungen geht es

---

1 BAG v. 12. 6. 1987, NZA 1988, 468, 469; BAG v. 28. 5. 1986, NZA 1986, 820; BAG v. 20. 12. 1995, NZA 1996, 642.
2 BAG v. 14. 1. 1982, DB 1982, 74.
3 BAG v. 16. 1. 1987, AP Nr. 111 zu § 620 BGB – Befristeter Arbeitsvertrag; vgl. *Kittner/Trittin*, § 620 BGB Rz. 27.
4 BAG v. 16. 1. 1987, NZA 1988, 279.
5 Vgl. *Hueck/von Hoyningen-Huene*, § 1 KSchG Rz. 562.
6 Vgl. *Kittner/Trittin*, § 620 Rz. 32.
7 LAG Köln v. 26. 5. 1994, NZA 1995, 1105 und LAG Hamm v. 6. 6. 1991, LAGE Nr. 25 zu § 620 BGB.

jedoch um die Anwendung des **Grundsatzes der rechtsmißbräuchlichen Gestaltung**, die Befristung selbst wird nicht in Frage gestellt. Die Befristung eines Probearbeitszeitverhältnisses ist regelmäßig wirksam. Die Berufung auf den Ablauf des Arbeitsverhältnisses kann jedoch rechtsmißbräuchlich sein, wenn zB lediglich die Fortsetzung des Arbeitsverhältnisses einer schwangeren Arbeitnehmerin verhindert werden soll.

ff) Befristung aus sozialen Gründen und auf Wunsch des Arbeitnehmers

30 Ein Arbeitsvertrag kann auch aus sozialen Gründen befristet abgeschlossen werden. Dies ist insbesondere dann der Fall, wenn dem Arbeitnehmer konkret geholfen werden soll, bestimmte soziale Probleme zu überwinden (zB einen neuen Arbeitsplatz zu finden). Hätte ein verständiger und verantwortungsbewußter Arbeitgeber auf Grund der konkreten sozialen Situation des Arbeitnehmers lediglich einen befristeten Arbeitsvertrag geschlossen, dann kann die Befristung sachlich gerechtfertigt sein. In diesem Falle liegt die Befristung aber auch im objektiven Interesse des Arbeitnehmers, da er andernfalls keinen Arbeitsvertrag erhalten hätte[1]. In gleicher Weise kann eine Befristung auch dann gerechtfertigt sein, wenn sie dem Wunsch des Arbeitnehmers entspricht. Gerade bei dieser Fallgruppe kommt es entscheidend darauf an, ob **objektivierbare Gründe** bestehen, die diesen Wunsch des Arbeitnehmers nachvollziehbar erscheinen lassen[2]. Daher ist es nicht entscheidend, daß in einem befristeten Arbeitsvertrag ausdrücklich erwähnt wird, die Befristung erfolge auf Wunsch des Arbeitnehmers. Maßgeblich für das Vorliegen des sachlichen Befristungsgrundes ist allein die Tatsache, ob ein objektiv gerechtfertigter Grund für den Arbeitnehmer bestand, die Befristung zu wünschen[3].

gg) Gerichtlicher Vergleich

31 Sachlich gerechtfertigt ist die Vereinbarung einer Befristung des Arbeitsvertrags in einem gerichtlichen Vergleich (zB im Zusammenhang mit einem Aufhebungsvertrag). Denn die gerichtliche Mitwirkung an dem Zustandekommen des Vergleiches gewährleistet in der Regel, daß die **Interessen der Parteien angemessen berücksichtigt** werden[4]. Gleiches gilt auch für den Abschluß eines außergerichtlichen Vergleiches, der die befristete Fortsetzung eines Arbeitsverhältnisses vorsieht[5].

---

1 BAG v. 24. 2. 1988, AP Nr. 3 zu § 1 BeschFG 1985; BAG v. 12. 12. 1985, AP Nr. 96 zu § 620 BGB – Befristeter Arbeitsvertrag.
2 BAG v. 26. 4. 1985, AP Nr. 91 zu § 620 BGB – Befristeter Arbeitsvertrag; *Hueck/von Hoyningen-Huene*, § 1 KSchG Rz. 567; KR/*Lipke*, § 620 BGB Rz. 141.
3 ZB der Wunsch einer Arbeitnehmerin, noch einige Monate vor ihrer Eheschließung Geld zu verdienen, um sich dann ganz ihrem Haushalt widmen zu können, vgl. KR/*Lipke*, § 620 BGB Rz. 141.
4 BAG v. 9. 2. 1984, AP Nr. 7 zu § 620 BGB – Bedingung.
5 BAG v. 4. 3. 1980, AP Nr. 53 zu § 620 BGB – Befristeter Arbeitsvertrag und BAG v. 22. 2. 1984, AP Nr. 80 zu § 620 BGB – Befristeter Arbeitsvertrag; aA *Hueck/von Hoyningen-Huene*, § 1 KSchG Rz. 569; KR/*Lipke*, § 620 BGB Rz. 143a.

hh) Saisonarbeitsverträge

Typisches Beispiel für eine zulässige Befristung ist der befristete Arbeitsvertrag mit Saisonarbeitnehmern[1]. Bei befristeten Saisonarbeitsverträgen wird auf die **Üblichkeit im Arbeitsleben** abgestellt, die vor dem Hintergrund zu beantworten ist, ob ein verständiger und verantwortungsbewußter Arbeitgeber im konkreten Fall nur einen befristeten statt einen unbefristeten Arbeitsvertrag angeboten hätte. An dem Beispiel des erhöhten Arbeitskräftebedarfs im Bereich des Hotel- und Gaststättengewerbes in den Sommermonaten läßt sich am besten belegen, daß nachvollziehbare Gründe für die Vereinbarung befristeter Arbeitsverhältnisses für die jeweilige Fremdenverkehrssaison bestehen[2].

32

ii) Erziehungsurlaub[3]

Der Gesetzgeber hat in § 21 Abs. 1 Bundeserziehungsgeldgesetz einen sachlichen Grund für die Rechtfertigung der Befristung eines Arbeitsvertrages festgeschrieben. Nach der bis zum 1. 10. 1996 gültigen Rechtslage mußte der Ablauf des Arbeitsvertrages kalendermäßig festgeschrieben werden[4]. Eine Zweckbefristung bis zum noch ungewissen Ende einer Mutterschutzfrist oder bis zum Ende eines eventuell noch zu beantragenden Erziehungsurlaubs war unzulässig[5].

33

Durch das am 1. 10. 1996 in Kraft getretene Arbeitsrechtliche Beschäftigungsförderungsgesetz ist § 21 Abs. 3 BErzGG dahingehend erweitert worden, daß die **Dauer der Befristung sich** auch **aus den genannten Zwecken** (Vertretung für die Mutterschutzfrist und/oder für den Erziehungsurlaub) **ergeben kann**. Damit hat der Gesetzgeber die für unglücklich gehaltene Rechtslage[6] korrigiert. Die Dauer der Befristung kann jetzt (neben den kalendermäßigen Angaben) rechtsgültig auch dadurch vereinbart werden, daß der Zweck der Vertretung ohne genaue Bestimmung des Endtermins der Befristung festgeschrieben wird[7].

34

Formulierungsvorschlag:

35

> Das Arbeitsverhältnis wird befristet bis zur Beendigung des Erziehungsurlaubs der Arbeitnehmerin vereinbart und endet, ohne daß es einer Kündigung bedarf, mit dem Tag der Beendigung des Erziehungsurlaubs[8].

---

1 BAG Großer Senat v. 12. 10. 1960, AP Nr. 16 zu § 620 BGB – Befristeter Arbeitsvertrag.
2 BAG v. 29. 1. 1987, AP Nr. 1 zu § 620 BGB – Saisonarbeit; LAG Hamm v. 15. 11. 1985, NZA 1986, 751.
3 Vgl. dazu auch unten Teil 3 H Rz. 95 ff.
4 § 21 Abs. 3 BErzGG, vgl. LAG Köln v. 13. 9. 1995, NZA-RR 1996, 125.
5 BAG v. 9. 11. 1994, NZA 1995, 575.
6 Vgl. *Meisel/Sowka*, Mutterschutz und Erziehungsurlaub, § 21 Rz. 19.
7 Vgl. *Löwisch*, NZA 1996, 1009, 1012; *Rolfs*, NZA 1996, 1134, 1140; *Sowka*, BB 1997, 677, 679.
8 Endet der Erziehungsurlaub vorzeitig, zB gem. § 16 Abs. 3 oder Abs. 4 BErzGG, so muß die Zweckerreichung und dementsprechend die Beendigung des Arbeitsverhältnisses unter Einhaltung der gesetzlichen Mindestkündigungsfrist angekündigt werden, vgl. *Rolfs*, NZA 1996, 1134, 1140.

36 Wenn zukünftig mit weiteren Vertretungstätigkeiten des betreffenden Arbeitnehmers zu rechnen ist, weil zB **weitere Erziehungsurlaube** in einem Betrieb **voraussehbar** sind, besteht kein Anspruch des Arbeitnehmers auf Abschluß eines unbefristeten Arbeitsvertrages, da eine derartige Prognose dem Arbeitgeber nicht abverlangt werden kann[1].

jj) Hochschulrecht, BAT

37 Weitere gesetzliche Möglichkeiten zur Vereinbarung befristeter Arbeitsverträge gewährt vor allem das Hochschulrecht; ausführlich dazu *Schmalenberg*, unten Teil 3 H Rz. 102 ff. Nach §§ 57a ff. Hochschulrahmengesetz (HRG) dürfen befristete Arbeitsverträge für eine **Höchstgrenze von fünf Jahren** abgeschlossen werden, wenn der sachliche Grund mit einem der in § 57b HRG genannten **Befristungsgründe** übereinstimmt[2]. Abweichend von den allgemeinen Regelungen muß der Grund der Befristung selbst im Arbeitsvertrag ausdrücklich angegeben werden. Wird der Grund nicht angegeben, kann der Arbeitgeber die sachliche Rechtfertigung der Befristung nicht erfolgreich durchsetzen[3]. § 57b Abs. 3 HRG läßt seinem Wortlaut nach bereits die Lektorentätigkeit als Befristungsgrund genügen. Der EuGH hat dies jedoch als Diskriminierung EU-angehöriger Lektoren angesehen, da die unterschiedlichen Anforderungen an den Befristungsgrund bei Lektoren gegenüber den sonstigen Lehrkräften mit besonderen Aufgaben zu einer Ungleichbehandlung führen, die geeignet ist, Staatsangehörige anderer EU-Staaten zu diskriminieren[4]. Das BAG hat sich dieser Rechtsprechung des EuGH angeschlossen und bei der Befristung von Verträgen mit ausländischen Lektoren wie bei allen Fällen der Befristung lediglich auf den sachlichen Rechtfertigungsgrund der Befristung abgestellt[5].

38 Daneben sind im öffentlichen Dienst die Bestimmungen des **Bundesangestelltentarifvertrages** zu beachten. Danach dürfen Zeitangestellte nur angestellt werden, wenn sachliche oder in der Person des Angestellten liegende Gründe dies rechtfertigen. Derartige Tarifnormen (wie sie im BAT vorhanden sind)[6] weichen zugunsten des Arbeitnehmers von den gesetzlichen Befristungsregelungen ab. Sie sind, da sie günstigere Bedingungen für den Arbeitnehmer aufstellen, in dem Anwendungsbereich der jeweiligen Tarifnormen rechtswirksam[7].

---

1 LAG Köln v. 13. 9. 1995, NZA-RR 1996, 125.
2 Vgl. KR/*Lipke*, § 57b HRG Rz. 49 ff.; BAG v. 20. 9. 1995, NZA 1996, 1034; BAG v. 24. 1. 1996, NZA 1996, 1036; BAG v. 6. 11. 1996, BB 1997, 686; BAG v. 4. 12. 1996, NZA 1997, 940.
3 BAG v. 31. 1. 1990, AP Nr. 1 zu § 57b HRG.
4 EuGH v. 20. 10. 1993, AP Nr. 17 zu § 48 EWG-Vertrag = NZA 1994, 115.
5 Danach ist die Befristung unter dem Gesichtspunkt des kulturellen Austauschs sachlich gerechtfertigt, wenn die konkrete Lektorenstelle dem internationalen Austausch von Hochschulabsolventen dient, BAG v. 20. 9. 1995, NZA 1996, 696; BAG v. 12. 2. 1997, NZA 1997, 998.
6 SR 2y BAT.
7 BAG v. 15. 3. 1989, AP Nr. 7 zu § 1 BeschFG 1985.

kk) Zusätzlicher vorübergehender Arbeitskräftebedarf

Ein zusätzlicher, aber vorübergehender Arbeitskräftebedarf kann die Befristung eines Arbeitsverhältnisses rechtfertigen[1]. Es muß aber nach der Rechtsprechung im Zeitpunkt des Vertragsabschlusses auf Grund greifbarer Tatsachen mit einiger Sicherheit zu erwarten sein, daß für eine Beschäftigung des befristet eingestellten Arbeitnehmers über das vorgesehene Vertragsende hinaus kein Bedarf besteht. Der Arbeitgeber muß dazu eine **Prognose** anstellen, die im Rahmen einer abgestuften Darlegungslast im Falle des Bestreitens durch den Arbeitnehmer auch durch Tatsachen belegt vortragen muß. Der Arbeitgeber muß dazu insbesondere vortragen, ob im Zeitpunkt des Ablaufs der Befristung mit hinreichender Wahrscheinlichkeit kein Bedarf mehr an der Weiterbeschäftigung des Arbeitnehmers besteht. Will der Arbeitnehmer diesen Vortrag widerlegen, muß er seinerseits Tatsachen vortragen, die diese Prognose nicht gerechtfertigt hätten, wenn sie in die Überlegungen des Arbeitgebers einbezogen worden wären. Auf diese Überlegungen des Arbeitnehmers muß der Arbeitgeber dann wiederum mit Tatsachen erwidern, wenn er diesem Vortrag entgegentreten will[2].

f) Rechtsfolgen der Beendigung befristeter Arbeitsverhältnisse

Besteht für die vereinbarte Befristung ein sachlicher Grund, endet das Arbeitsverhältnis mit Ablauf der Befristung, ohne daß es einer zusätzlichen Erklärung bedarf. Wird das Arbeitsverhältnis jedoch **mit Wissen des Arbeitgebers fortgesetzt**, wird fingiert, daß von Beginn des Arbeitsverhältnisses an ein unbefristetes Arbeitsverhältnis bestand (gem. § 625 BGB). Die Fiktion tritt jedoch nur ein, wenn ein zur Einstellung befugter Mitarbeiter des Arbeitgebers von der Weiterarbeit Kenntnis erlangt hat[3].

> **Hinweis:**
> Bei dem Ablauf befristeter Arbeitsverträge ist darauf zu achten, daß durch die tatsächliche Fortsetzung des Arbeitsverhältnisses es nicht ungewollt zu einem dauerhaften unbefristeten Arbeitsverhältnis kommt.

Hat der Arbeitgeber bei der Ankündigung der Beendigung eines **zweckbefristeten** Arbeitsverhältnisses die Mindestkündigungsfristen nicht eingehalten, führt dies nicht zur unbefristeten Verlängerung des Arbeitsverhältnisses. Statt dessen endet das Arbeitsverhältnis nach Ablauf der gesetzlichen Mindestfristen. Bis zum 1. 10. 1996 galt nicht die Klagefrist des § 4 KSchG für eine Klage auf Feststellung der Unwirksamkeit des Ablaufs des Arbeitsverhältnisses auf Grund einer Befristungsabrede[4]. Durch das Beschäftigungsförderungsgesetz vom 25. 9. 1996 ist § 1 BeschFG um einen Absatz 5 erweitert worden. Die

---

1 BAG v. 14. 1. 1982, AP Nr. 65 zu § 620 BGB – Befristeter Arbeitsvertrag.
2 BAG v. 12. 9. 1996, DB 1997, 232.
3 BAG v. 2. 12. 1984, AP Nr. 85 zu § 620 BGB – Befristeter Arbeitsvertrag.
4 HM, zB KR/*Lipke*, § 620 Rz. 231 ff.

Bestimmung sieht vor, daß nunmehr die Rechtsunwirksamkeit einer Befristung innerhalb von **drei Wochen** nach dem vereinbarten Ende des befristeten Arbeitsvertrages gerichtlich geltend gemacht werden muß. Die §§ 5 bis 7 KSchG gelten entsprechend. Die Klagefrist gilt für alle Befristungen, also auch für Befristungen außerhalb des Beschäftigungsförderungsgesetzes. Sie gilt damit sowohl für Befristungen nach § 620 BGB (die einen sachlichen Grund verlangen) als auch für die in Spezialgesetzen geregelten Befristungen (§ 21 Abs. 3 BErzGG und § 57a ff. HRG)[1]. Bei der Neuregelung in § 1 Abs. 5 BeschFG hat der Gesetzgeber einen weiteren Schritt hin auf die allgemeine Klagefrist von drei Wochen getan. Dementsprechend ist auch die Regelung in § 1 Abs. 5 BeschFG nicht wie die übrigen Regelungen dieser Bestimmung zeitlich bis zum 31. 12. 2000 befristet, sondern als unbefristete Dauerregelung konzipiert[2].

43 **Hinweis:**
Die dreiwöchige Klagefrist des Kündigungsschutzgesetzes sollte generell zur Vermeidung etwaiger Rechtsnachteile gewahrt werden – unabhängig davon, ob konkret § 4 KSchG anwendbar ist.

44 Die **Beweislast** für den Befristungsgrund und die Befristungsdauer trifft den **Arbeitgeber**[3]. Für die Frage der Verteilung der Beweislast ist entscheidend, welches Regel/Ausnahmeverhältnis gebildet wird. Nach der neueren Rechtsprechung ist die Regel das unbefristete Arbeitsverhältnis, daher spricht eine Vermutung dafür, daß ein Vertrag nicht befristet abgeschlossen worden ist. Wer sich auf die Beendigung des Arbeitsverhältnisses durch eine vereinbarte Befristung beruft, macht eine rechtsauflösende Tatsache geltend und hat diese zu beweisen[4]. Daher hat in der Regel der Arbeitgeber sowohl den Befristungsgrund als auch die Befristungsdauer zu beweisen, wenn, wie im Regelfall, er sich im Prozeß auf die wirksame Beendigung des Arbeitsvertrages durch vereinbarte Befristung beruft.

g) Befristung gem. § 1 BeschFG[5]

45 Die Schwierigkeiten einer klaren Definition des sachlichen Grundes bei der Befristung haben zu einer unübersehbaren Kasuistik geführt. Nicht zuletzt um

---

1 So *Rolfs*, NZA 1996, 1134, 1139; *von Hoyningen-Huene/Link*, DB 1997, 41, 46; *Sowka*, BB 1997, 677; *Löwisch*, NZA 1996, 1009, 1012.
2 De lege lata gilt jedoch die dreiwöchige Klagefrist nicht für Kündigungen von Arbeitsverhältnissen, die nicht dem Kündigungsschutzgesetz unterliegen, bei denen zB nicht die Sozialwidrigkeit als Unwirksamkeitsgrund geltend gemacht wird; vgl. daher kritisch zu der noch nicht vollständig vollzogenen Neuerung *Rolfs*, NZA 1996, 1134, 1139.
3 BAG v. 12. 10. 1994, AP Nr. 165 zu § 620 BGB – Befristeter Arbeitsvertrag; KR/*Lipke*, § 620 Rz. 239a.
4 So BAG v. 22. 10. 1994, AP Nr. 167 zu § 620 BGB – Befristeter Arbeitsvertrag; KR/*Lipke*, § 620 BGB Rz. 239 mwN.
5 Siehe dazu auch unten Teil 3 H Rz. 14.

die Wirksamkeit einer Befristungsabrede vorhersehbarer zu machen, hat der Gesetzgeber am 26. 4. 1985 im Rahmen des Beschäftigungsförderungsgesetzes die **Befristung von Arbeitsverhältnissen erleichtert.** Insbesondere verlangt der Gesetzgeber für bestimmte befristete Arbeitsverhältnisse keinen sachlichen Rechtfertigungsgrund mehr. Das Beschäftigungsförderungsgesetz wurde durch Gesetz vom 26. 7. 1994 bis zum 31. 12. 2000 verlängert. Das arbeitsrechtliche Beschäftigungsförderungsgesetz vom 25. 9. 1996 hat die ursprüngliche Höchstgrenze für Befristungen von 18 Monaten auf insgesamt 24 Monate verlängert. Hinzugefügt wurde die Möglichkeit, das Arbeitsverhältnis mit einer kürzeren Laufzeit von wenigen Monaten befristet beginnen zu lassen und maximal bis zur Dauer von 24 Monaten dreimal zu verlängern. Damit sollte den Unternehmen die Möglichkeit gegeben werden, einen Arbeitskräftebedarf, der sich erst im Laufe des befristeten Arbeitsverhältnis zeigt, dadurch abzudecken, daß mit den betroffenen Arbeitnehmern eine neue Befristung vereinbart wird. Dies war nach der früheren Rechtslage nicht möglich[1]. Die Neuerung ist für die Zeitspanne zwischen dem Ablauf des sechsten Monats und dem 24. Monat von Bedeutung. In dieser Zeitspanne griff vor Geltung des Beschäftigungsförderungsgesetzes der Kündigungsschutz ein. Daher war für diesen Zeitraum ein sachlicher Grund Wirksamkeitsvoraussetzung für eine Befristungsabrede.

aa) Neueinstellung

Nach der bis zum 31. 10. 1996 geltenden Rechtslage konnten befristete Arbeitsverträge nach dem Beschäftigungsförderungsgesetz nur mit Arbeitnehmern vereinbart werden, die neu eingestellt wurden[2]. Auf dieses Erfordernis hat der Gesetzgeber nunmehr verzichtet. Es ist auf Grund der seit dem 1. 10. 1996 bestehenden Gesetzeslage möglich, einen befristeten Arbeitsvertrag nach dem Beschäftigungsförderungsgesetz **in direktem Anschluß an einen vorhergehenden befristeten Arbeitsvertrag** abzuschließen, sofern dieser vorhergehende befristete Arbeitsvertrag nicht gleichfalls auf dem Beschäftigungsförderungsgesetz beruht. 46

Beispiel: 47

Mit einer Kellnerin eines Fremdenverkehrslokals wird ein Saisonarbeitsvertrag befristet vom 1. April bis zum 31. Oktober abgeschlossen. Noch im Monat Oktober vereinbart die Kellnerin mit dem Arbeitgeber einen befristeten Arbeitsvertrag über einen Zeitraum von 24 Monaten (nach dem Beschäftigungsförderungsgesetz).

Wurde ein Saisonarbeitsvertrag befristet abgeschlossen, oder wurde ein befristetes Arbeitsverhältnis auf Grund eines sachlichen Grundes entsprechend § 620 BGB vereinbart, dann kann **unmittelbar nach Beendigung des befristeten Arbeitsvertrages ein befristeter Vertrag nach dem Beschäftigungsförderungsgesetz** eingegangen werden. Dies ergibt sich aus § 1 Abs. 3 Satz 1 BeschFG. Diese Bestimmung verweist auf vorhergehende befristete Arbeitsverträge nach § 1 48

---

1 Vgl. *Hueck/von Hoyningen-Huene*, DB 1997, 41, 46; *Rolfs*, NZA 1996, 1134, 1135.
2 BAG v. 27. 4. 1988, AP Nr. 4 zu § 1 BeschFG 1985.

Abs. 1 BeschFG. Dieser Hinweis ist allerdings nicht so zu verstehen, daß eine Verlängerung im Rahmen des § 1 Abs. 1 BeschFG nicht möglich wäre[1]. Wenn zB ein befristeter Arbeitsvertrag nach dem Beschäftigungsförderungsgesetz entweder die maximale Laufzeit von 24 Monate erreicht hat oder bereits dreimal unterhalb der Grenze von 24 Monaten verlängert worden ist, ist es nicht möglich, nach Ablauf dieses befristeten Arbeitsvertrages einen neuen befristeten Arbeitsvertrag nach dem Beschäftigungsförderungsgesetz zu vereinbaren. Unabhängig davon kann allerdings ein neuer befristeter Arbeitsvertrag mit sachlichem Grund (gem. § 620 BGB) auch nach Ausschöpfen des Rahmens des Beschäftigungsförderungsgesetzes vereinbart werden[2]. Aus dem Zusammenspiel zwischen § 1 Abs. 1 und § 1 Abs. 3 BeschFG ist weiterhin zu folgern, daß eine Verlängerungsabrede nur dann wirksam ist, wenn die Verlängerung in unmittelbarem Anschluß an ein laufendes befristetes Arbeitsverhältnis erfolgt. Die Verlängerungsabrede muß daher noch während des Laufes des (zu verlängernden) befristeten Arbeitsverhältnisses in der Weise erfolgen, daß das laufende befristete Arbeitsverhältnis ohne Unterbrechung um einen weiteren Befristungszeitraum fortgesetzt wird[3].

bb) Enger sachlicher Zusammenhang

49 Für die Frage der Wiedereinstellung nach einem bestimmten Zeitraum stellt das Gesetz eine unwiderlegbare Vermutung dahingehend auf, daß bei einem Zeitraum von weniger als **vier Monaten** regelmäßig von einem engen sachlichen Zusammenhang zum vorhergehenden Arbeitsverhältnis auszugehen ist. Umgekehrt heißt dies, daß immer dann, wenn wenigstens vier Monate zwischen dem vorangehenden Arbeitsverhältnis und dem neuen Arbeitsverhältnis liegen, davon auszugehen ist, daß ein neues Arbeitsverhältnis begründet wird[4]. Bei der Berechnung der Viermonatsfrist kommt es auf den Zeitpunkt der rechtlichen Beendigung des früheren im Vergleich zu dem vereinbarten Beginn des neuen Arbeitsverhältnisses an. Der Zeitpunkt des Abschlusses des Arbeitsvertrages ist unerheblich[5].

---

1 *Sowka*, BB 1997, 677, 678.
2 So *Rolfs*, NZA 1996, 1134, 1136; *Hunold*, NZA 1997, 741, 743.
3 So auch *Sowka*, BB 1997, 677, 678; aA *Hunold*, NZA 1997, 741, 742: Verlängerung ist auch noch nachträglich möglich.
4 *Kittner/Trittin*, § 1 BeschFG 1985 Rz. 5; siehe die Kritik dazu bei KR/*Lipke*, § 1 BeschFG 1985 Rz. 52; der Kritik ist zuzugeben, daß neben der zeitlichen Unterbrechung Umstände maßgeblich sein können, die dazu führen, eine kürzere Unterbrechung als Verneinung des engen zeitlichen Zusammenhanges oder eine längere Unterbrechung als Bejahung dieses Zusammenhangs anzusehen, den Zeitablauf also nur als ein Kriterium unter mehreren anzusehen, siehe dazu auch BAG v. 10. 5. 1989, AP Nr. 7 zu § 1 KSchG 1969 Wartezeit; andererseits ist aber der zeitliche Ablauf klar abgrenzbar und macht die Bestimmung damit handhabbar, die Ergebnisse sind voraussehbar.
5 *Hueck/von Hoyningen-Huene*, § 1 KSchG Rz. 611, der auf ein Redaktionsversehen bei der Wahl des Wortes „Arbeitsvertrag" hinweist, da es auch für die Berechnung der Wartezeit bei Unterbrechungen immer auf den Bestand des Arbeitsverhältnisses ankommt.

I. Arten des Arbeitsvertrages

Streitig ist, ob im **unmittelbaren Anschluß an ein für maximal sechs Monate befristetes Arbeitsverhältnis** ein oder mehrere befristete(s) Arbeitsverhältnis(se) nach dem Beschäftigungsförderungsgesetz angeschlossen werden kann/können.

50

Beispiel:

51

Ein landwirtschaftlicher Arbeitnehmer wird für einen Zeitraum von sechs Monaten als Erntehelfer befristet beschäftigt. Vor Ablauf der vereinbarten Befristung wird ein befristetes Arbeitsverhältnis von einem Jahr vereinbart, das sich direkt an das Arbeitsverhältnis anschließt. Dieses einjährige befristete Arbeitsverhältnis nach dem Beschäftigungsförderungsgesetz wird kurz vor Ablauf des Jahres um ein weiteres Jahr ohne sachlichen Grund verlängert.

Bei dem vorgenannten Beispiel ist die Höchstdauer für zwei Jahren (§ 1 Abs. 1 BeschFG) überschritten, **wenn** das erste befristete Arbeitsverhältnis von sechs Monaten als Erntehelfer mitberücksichtigt wird. Der Arbeitnehmer in dem Beispielsfall kann sich darauf berufen, daß ein unbefristetes Arbeitsverhältnis besteht, weil für den letzten Befristungszeitraum von einem Jahr ein sachlicher Grund (wie im Beispiel unterstellt wurde) nicht bestand. Das Beschäftigungsförderungsgesetz greift wegen Überschreitens der zulässigen Befristungsdauer nicht ein. Die gegenteilige Rechtsansicht würde die Maximalfrist von zwei Jahren aushöhlen und zur Umgehung dieser gesetzlichen Regelung einladen[1].

52

cc) Keine Beschränkung ab Lebensalter 60

Ohne jede zeitliche Beschränkung ist es möglich, mit Arbeitnehmern, die bei Beginn des befristeten Arbeitsverhältnisses das 60. Lebensjahr vollendet haben, **unbegrenzt viele befristete Arbeitsverhältnisse** einzugehen (§ 1 Abs. 2 BeschFG). Weder die Gesamtdauer noch die Zahl der Verlängerungen eines befristeten Arbeitsvertrages sind daher für derartige Arbeitsverhältnisse mit älteren Arbeitnehmern relevant. Mit dieser Regelung sollen die Möglichkeiten älterer Arbeitnehmer, auf dem Arbeitsmarkt noch eine Beschäftigung zu finden, verbessert werden[2]. Dagegen dürfen Arbeitgeber, die ältere Arbeitnehmer beschäftigen, ein unbefristetes Arbeitsverhältnis nicht mit dem Ziel kündigen, dem über 60jährigen Arbeitnehmer einen befristeten Arbeitsvertrag anzubieten. Dies ergibt sich aus § 1 Abs. 3 BeschFG.

53

dd) Keine Verweisungspflicht im Arbeitsvertrag

Wird ein befristeter Arbeitsvertrag materiell unter Berufung auf das Beschäftigungsförderungsgesetz abgeschlossen, ist es nicht erforderlich, ausdrücklich auf dieses Gesetz zu verweisen. Eine allgemeine Verweisungspflicht ergibt sich

54

---

1 So auch *Schwedes*, BB 1996, Beil. 17, 1, 5; aA *Hunold*, NZA 1997, 741, 743.
2 *Rolfs*, NZA 1996, 1134, 1138.

weder aus dem Gesetz noch aus den allgemeinen Grundsätzen der Befristungskontrolle. Anders als bei der Zweckbefristung bedarf es bei der Zeitbefristung weder einer Vereinbarung über den Befristungsgrund noch eines entsprechenden Hinweises[1].

55 **Hinweis:**
Ein ausdrücklicher Hinweis auf das Beschäftigungsförderungsgesetz ist empfehlenswert, da dieser Hinweis die rechtliche Zuordnung erleichtert: „Das Arbeitsverhältnis wird hiermit vom 1. 1. 1998 bis zum 31. 10. 1998 unter Berufung auf das Beschäftigungsförderungsgesetz befristet und endet zum Ablauf der Befristung, ohne daß es einer Kündigung bedarf."

ee) Ausbildungsverhältnisse

56 Nach der **bis 1. 10. 1996 geltenden Rechtslage** konnten Auszubildende im Anschluß an die Berufsausbildung bis maximal 18 Monate befristet eingestellt werden, wenn kein Arbeitsplatz für einen unbefristet einzustellenden Arbeitnehmer zur Verfügung stand. Dabei war nach der alten Rechtslage streitig, ob das Gesetz nur auf den engen Kreis der Berufsausbildungsverträge nach dem Berufsbildungsgesetz oder auch auf andere Berufsausbildungsverhältnisse von Umschülern, Volontären, Praktikanten und ähnlichen Personen anwendbar war[2]. Die **Neufassung des Gesetzes** spricht die Auszubildenden nicht mehr gesondert an. Damit können diese wie alle anderen Arbeitnehmer **für die Dauer bis zu zwei Jahren** befristet beschäftigt werden. Da ein vorangegangener Ausbildungsvertrag im weiteren Sinne (also nicht nur auf der Basis des Berufsbildungsgesetzes) befristet abgeschlossen wird, kollidiert diese Regelung auch nicht mit § 1 Abs. 3 BeschFG, da befristete Ausbildungsverträge nicht zu den befristeten Verträgen im Sinne des § 1 Abs. 1 BeschFG gehören. Aus diesem Grunde war eine gesonderte Erwähnung der Ausbildungsverhältnisse (im weiteren Sinne) nicht erforderlich. Mit der Änderung des § 5 Abs. 1 Satz 1 BBiG hat der Gesetzgeber zudem auch den Konflikt zwischen dieser Bestimmung und dem Beschäftigungsförderungsgesetz gelöst. Nach neuer Rechtslage kann der Auszubildende jetzt innerhalb der letzten sechs Monate sich verpflichten, nach Beendigung der Ausbildung ein (befristetes oder unbefristetes) Arbeitsverhältnis einzugehen[3].

---

1 Sogenannte objektive Wirksamkeitsvoraussetzung, so BAG v. 28. 12. 1988, AP Nr. 6 zu § 1 BeschFG 1985.
2 Im letzteren Sinne BAG v. 22. 6. 1994, AP Nr. 15 zu § 1 BeschFG 1985; KR/*Lipke*, § 1 BeschFG 1985 Rz. 63.
3 Vgl. dazu *Rolfs*, NZA 1996, 1134, 1136.

I. Arten des Arbeitsvertrages Rz. 59 **Teil 1 B**

Übersicht zu befristeten Arbeitsverträgen: 57

> 1. Bei mehreren hintereinander geschalteten befristeten Arbeitsverträgen (**Kettenarbeitsverhältnis**) ist allein der letzte Arbeitsvertrag maßgeblich.
>   - ▶ Ausnahme:
>   Mehrere hintereinander geschaltete Arbeitsverhältnisse im Rahmen des § 1 BeschFG. Danach kommt es auf die Einhaltung der Voraussetzungen des Gesetzes an (Beachtung der maximalen Befristungsdauer und Zahl der möglichen Verlängerungen).
> 2. Befristeter Arbeitsvertrag bis zu **maximal sechs Monaten** Dauer:
>   - ▶ Stets zulässig;
>   - ▶ Ausnahme: Letzte Befristung nach § 1 BeschFG ist unzulässig wegen Überschreitung der Maximaldauer von 24 Monaten oder Nichtbeachtung der Anzahl der zulässigen Verlängerungen.
> 3. Befristeter Arbeitsvertrag von **über sechs Monaten** Dauer ist zulässig bei
>   - ▶ Tätigkeit im Kleinbetrieb (§ 23 KSchG), oder
>   - ▶ sachlichem Grund für die Befristung (gem. § 620 BGB), oder
>   - ▶ Befristung gem. § 1 BeschFG, oder
>   - ▶ sondergesetzlicher Regelung (§ 21 BErzGG, §§ 57a ff. HRG).

3. Probearbeitsverhältnis

Das für den Zeitraum der Probezeit begründete Probearbeitsverhältnis soll sowohl dem **Arbeitgeber** als auch dem **Arbeitnehmer** die Möglichkeit geben, zu prüfen, ob eine vernünftige Grundlage für die dauerhafte Fortführung des Arbeitsvertrages besteht. Nicht nur der Arbeitgeber, sondern auch der Arbeitnehmer sollen die Möglichkeit haben zu prüfen, ob das Arbeitsverhältnis auf Dauer fortgeführt werden kann. 58

a) Zweck der Probezeit

In älteren Entscheidungen hatte das Bundesarbeitsgericht den Sinn der Probezeit lediglich darin gesehen, daß dem Arbeitnehmer vor Augen gehalten werden sollte, daß er sich erst noch bewähren müsse, wenn er Aussicht haben wolle, weiter auf Dauer beschäftigt zu werden[1]. Nach heutigem Verständnis hat das **Recht der Erprobung** auch der Arbeitnehmer[2]. Auch er soll sich in der Probezeit Gewißheit darüber verschaffen, ob das eingegangene Arbeitsverhältnis für ihn auf Dauer befriedigend ist. 59

---

1 BAG v. 29. 7. 1958, AP Nr. 3 zu § 620 BGB – Probearbeitsverhältnis.
2 MünchArbR/*Richardi*, § 42 Rz. 52.

b) Arten der Probezeit

60 Das Probearbeitsverhältnis kann einem unbefristeten Arbeitsverhältnis **vorgeschaltet** werden oder als **befristetes Probearbeitsverhältnis** ausgestaltet werden.

61 **Formulierungsvorschlag:**

> Der Arbeitsvertrag wird auf unbestimmte Zeit abgeschlossen. Die ersten sechs Monate gelten als Probezeit. Während dieser Zeit kann das Arbeitsverhältnis von jeder der Parteien mit einer Frist von zwei Wochen zu jedem Tag gekündigt werden[1].

aa) Unbefristetes Probearbeitsverhältnis

62 In der Regel ist das Probearbeitsverhältnis **einem unbefristeten Arbeitsverhältnis vorgeschaltet** und somit Bestandteil dieses unbefristeten Arbeitsverhältnisses (s. oben Formulierungsvorschlag Rz. 61). Für den Zeitraum der vorgeschalteten Probezeit gilt die kürzeste gesetzliche Kündigungsfrist von zwei Wochen zu jedem beliebigen Tag gem. § 622 Abs. 3 BGB, wenn keine besondere Kündigungsfrist für diese Zeit vereinbart ist und die Auslegung des Arbeitsvertrages auch nicht ergibt, daß etwa zu anderen Kündigungsterminen gekündigt werden kann[2]. Ist das Probearbeitsverhältnis nicht ausdrücklich als befristetes Arbeitsverhältnis bezeichnet, gilt es als vorgeschaltetes Probearbeitsverhältnis eines insgesamt unbefristeten Arbeitsverhältnisses[3].

bb) Befristetes Probearbeitsverhältnis

63 Ist das Probearbeitsverhältnis ausdrücklich als befristetes Probearbeitsverhältnis ausgestaltet, dann **endet es mit Ablauf der Befristung.** Auch bei einem befristeten Probearbeitsverhältnis kann vereinbart werden, daß dieses während der Probezeit gekündigt werden kann. Wurde jedoch eine Kündigungsmöglichkeit während des befristeten Probearbeitszeitverhältnisses (zB unter Anwendung der Frist des § 622 Abs. 3 BGB) nicht ausdrücklich vereinbart, ist im Zweifel die ordentliche Kündigung ausgeschlossen[4]. Nach Ablauf der befristeten Probezeit endet das Arbeitsverhältnis, wenn es nicht ausdrücklich mit Wissen und Wollen beider Parteien verlängert wird oder ohne gesonderte Erklärung über den Ablauf der Befristung hinaus fortgesetzt wird. Dies gilt selbst dann, wenn sich der Arbeitnehmer im Arbeitsverhältnis bewährt hat[5]. Ein ausdrücklicher Hinweis des Arbeitgebers rechtzeitig vor Ablauf der Probezeit, daß eine Weiterbeschäftigung nicht in Betracht komme, ist zwar nicht erforderlich, jedoch sinnvoll. Denn andernfalls müßte auch vom Arbeitnehmer ein

---

1 Formulierungsvorschlag für befristete Probezeit, s.o. Rz. 28.
2 BAG v. 22. 7. 1971, AP Nr. 11 zu § 620 BGB – Probearbeitsverhältnis.
3 BAG v. 1. 8. 1968, AP Nr. 10 zu § 620 BGB – Probearbeitsverhältnis.
4 MünchArbR/*Richardi*, § 42 Rz. 60.
5 BAG v. 12. 2. 1970, AP Nr. 23 zu § 611 BGB – Direktionsrecht.

I. Arten des Arbeitsvertrages

entsprechender ausdrücklicher Hinweis verlangt werden, wenn dieser das Arbeitsverhältnis nach Ablauf der Befristung nicht fortsetzen will[1].

c) Dauer der Probezeit

Die Dauer der Probezeit ist gesetzlich nicht festgeschrieben, sie steht jedoch praktisch in einem engen Wechselverhältnis zu der Wartefrist des § 1 KSchG[2]. Wird eine **längere als sechsmonatige Probezeit** vereinbart, kann dies leicht zu der falschen Vorstellung führen, als gäbe es auch nach Ablauf von sechs Monaten die Möglichkeit, das Arbeitsverhältnis ohne Eingreifen des Kündigungsschutzgesetzes zu kündigen. Die Wartefrist des Kündigungsschutzgesetzes kann jedoch auch durch die Vereinbarung einer längeren Probezeit nicht ausgeschaltet werden. Zudem muß bei einer befristeten Probezeit ein sachlicher Grund gegeben sein, um eine längere als sechsmonatige Probezeit zu rechtfertigen[3]. Es kann aber eine **kürzere Probezeit als sechs Monate** vereinbart werden. Eine zB dreimonatige Probezeit[4] bedeutet andererseits ohne weitere ausdrückliche Vereinbarung nicht, daß nach Ablauf der Probezeit sofort das Kündigungsschutzgesetz eingreift. Dies wäre bedeutsam für den vierten bis sechsten Monat. Nach Ablauf der dreimonatigen Probezeit schließt sich lediglich ein unbefristetes Arbeitsverhältnis an, das zu den vertraglich vereinbarten oder gesetzlichen Regelkündigungsfristen gekündigt werden kann. Lediglich § 622 Abs. 3 BGB gilt danach nicht mehr. Es ist auch nicht möglich, den Ablauf der Wartefrist nach § 1 KSchG durch eine vereinbarte oder einseitige Verlängerung der Probezeit hinauszuzögern. Daher dürfte eine Verlängerung der Probezeit über sechs Monate hinaus als Gestaltungsmittel des Arbeitsverhältnisses praktisch ausscheiden. Häufig kommt auch die **Abkürzung der Probezeit durch eine einseitige Erklärung des Arbeitgebers** vor. Da die Probezeit auch zugunsten des Arbeitnehmers gilt und nur einvernehmlich verkürzt werden kann, ist in einer derartigen Erklärung des Arbeitgebers (ohne sonstige Anhaltspunkte) ein einseitiger Verzicht des Arbeitgebers auf die Kündigung mit der verkürzten Frist des § 622 Abs. 3 BGB zu sehen. Ohne besondere Erklärung bedeutet dieser Verzicht des Arbeitgebers auch nicht, daß etwa das Kündigungsschutzgesetz sofort gilt. Die Verzichtserklärung des Arbeitgebers kann vom Arbeitnehmer konkludent angenommen werden.

---

1 So aber *Zimmer* in HzA Teilbereich 3, Probe/Aushilfsarbeitsverhältnis Rz. 664.
2 Abgesehen von gesetzlichen Regelungen für die Höchstdauer der Probezeit, so § 13 Abs. 1 Satz 2 BBiG, und abgesehen von anders lautenden Bestimmungen in Tarifverträgen, die nach dem Günstigkeitsprinzip zu beachten sind.
3 MünchArbR/*Richardi*, § 42 Rz. 56; es handelt sich in diesem Fall um einen „normalen" befristeten Arbeitsvertrag gem. § 620 BGB, der einen sachlichen Grund (Erprobung) verlangt.
4 Wie zB in vielen Tarifverträgen vorgesehen, so drei Monate Probezeit in § 3 MTV 3 Einzelhandel Bayern, Nr. 2 MTV Modellbauerhandwerk Bayern und § 2 Abs. 2 MTV Gaststätten Bayern.

> **65** **Hinweis:**
> Die Probezeit sollte regelmäßig sechs Monate betragen. Eine kürzere Probezeit ist problematisch, weil regelmäßig unklar ist, ob die Parteien den Willen hatten, das Kündigungsschutzgesetz direkt nach Ablauf der kürzeren Probezeit eingreifen zu lassen. Eine längere als die sechsmonatige Probezeit scheitert an § 1 Abs. 1 KSchG; an dieser Bestimmung scheitert auch eine (an sich mögliche) nachträgliche Verlängerung der Probezeit über sechs Monate hinaus.

d) Kündigung in der Probezeit

66 Während der vereinbarten Dauer (längstens für sechs Monate) kann das Arbeitsverhältnis von jeder Vertragspartei mit der vereinbarten oder gesetzlichen Mindestkündigungsfrist (gem. § 622 Abs. 3 BGB) gekündigt werden. Die Kündigung kann grundsätzlich auch noch am letzten Tag der Probezeit ausgesprochen werden. Auch in diesem Falle fällt die Kündigung noch in die Wartefrist des § 1 KSchG, obwohl die Kündigungsfrist erst im siebten Monat des Bestehens des Arbeitsverhältnisses abläuft[1]. Nur unter ganz besonderen Umständen kann der Ausspruch der **Kündigung am letzten Tag (oder gegen Ende) der Probezeit** treuwidrig sein[2]. Wie allgemein gilt auch für die Kündigung während der Probezeit der aus § 242 BGB abgeleitete Grundsatz des Verbotes rechtsmißbräuchlichen Verhaltens. So kann im Einzelfall eine Kündigung am Ende oder gegen Ende der Probezeit dann treuwidrig sein, wenn der Arbeitgeber zuvor durch ausdrückliches oder konkludentes Verhalten beim Arbeitnehmer den Eindruck erweckt hat, er werde das Arbeitsverhältnis unbefristet fortsetzen.

67 Ein zweiter Fall rechtsmißbräuchlichen Verhaltens ist gegeben, wenn die **Kündigung in verletzender Form oder zur Unzeit** ausgesprochen wird[3]. Kündigungen während der Probezeit sind rechtsmißbräuchlich, wenn der Arbeitgeber den Arbeitnehmer nur wegen seines persönlichen Sexualverhaltens innerhalb der Probezeit kündigt[4]. Kündigungen (auch während der Probezeit) können unter Umständen sittenwidrig (gem. § 134 BGB) sein, wenn nicht Vorgänge aus dem Arbeitsbereich Anlaß für die Kündigung sind, sondern Umstände, die das Persönlichkeitsrecht des Arbeitnehmers berühren. In der Praxis dürfte es jedoch schwierig sein, dies zu beweisen. Der Arbeitnehmer trägt die Beweislast für Eingriffe in sein Persönlichkeitsrecht durch eine Kündigung (auch in der Probezeit).

---

1 BAG v. 17. 2. 1966, AP Nr. 30 zu § 133 BGB; BAG v. 21. 4. 1966, AP Nr. 1 zu § 53 BAT.
2 *Stahlhacke/Preis*, Rz. 610a; vgl. Löwisch, BB 1997, 782, 784 ff.
3 BAG v. 23. 9. 1976, AP Nr. 1 zu § 1 KSchG, 1969 – Wartezeit; BAG v. 14. 11. 1984, AP Nr. 88 zu § 626 BGB.
4 Der Arbeitnehmer war homosexuell veranlagt, BAG v. 23. 6. 1994, BB 1995, 204; vgl. auch LAG Hamm v. 6. 6. 1991, BB 1991, 1865 für die rechtsmißbräuchliche Berufung des Arbeitgebers auf den Fristablauf bei einem befristeten Probearbeitsverhältnis mit einer Schwangeren.

4. Aushilfsarbeitsverhältnis

Das Wesen eines Aushilfsarbeitsverhältnisses besteht darin, daß der Arbeitgeber dieses von vornherein nicht auf Dauer eingehen will, sondern nur, um einen **vorübergehenden Bedarf an Arbeitskräften** zu decken, der nicht durch den normalen Betriebsablauf, sondern durch den Ausfall von Stammkräften oder durch einen zeitlich begrenzten zusätzlichen Arbeitsanfall begründet ist[1].

68

a) Wesen

Das Aushilfsarbeitsverhältnis ist grundsätzlich ein Arbeitsverhältnis wie jedes andere. Es ist regelmäßig (jedoch nicht notwendig) **zweckbefristet**[2]. Häufig tritt das Aushilfsarbeitsverhältnis in der Form geringfügiger Beschäftigung auf. Ein **geringfügiges Beschäftigungsverhältnis** als Aushilfsarbeitsverhältnis hat jedoch ausschließlich sozialversicherungsrechtliche und steuerrechtliche Besonderheiten. Arbeitsrechtlich ist ein geringfügiges Beschäftigungsverhältnis ebenso zu beurteilen wie jedes andere (Zeit-)Arbeitsverhältnis.

69

b) Dauer

Ein Aushilfsarbeitsverhältnis ist nicht notwendigerweise zweckbefristet. Die Dauer ist auch **nicht notwendigerweise auf drei Monate beschränkt,** weil diese Frist in § 622 Abs. 5 Satz 1 Nr. 1 BGB angesprochen ist. Danach kann von den normalen Kündigungsfristen abgewichen werden, wenn ein Arbeitnehmer zur vorübergehenden Aushilfe für einen Zeitraum von bis zu drei Monaten eingestellt wird.

70

> **Hinweis:**
> Aushilfsarbeitskräfte werden häufig bei der Feststellung der Betriebsgröße vergessen. Es sollte in jedem Einzelfall geprüft werden, ob Aushilfsarbeitskräfte mitzählen (zB bei § 23 KSchG oder § 111 BetrVG)[3].

71

---

1 BAG v. 22. 5. 1986, AP Nr. 23 zu § 622 BGB.
2 ZB für die Dauer einer Saison, des Schlußverkaufs, des Weihnachtsverkaufs oder der Erkrankung eines Arbeitnehmers, so die Beispiele bei MünchKomm/*Schwerdtner*, § 622 Rz. 54.
3 Aushilfsarbeitnehmer sind sowohl im Rahmen des § 23 KSchG als auch im Rahmen des § 111 BetrVG nicht mitzuzählen, wenn sie nur vorübergehend aus Anlaß eines konkret auftretenden vermehrten Arbeitsanfalls eingestellt wurden, zB Ausverkauf, Weihnachtsgeschäft, oder wenn sie zur Vertretung von Stammpersonal (Krankheit, Schwangerschaft, Kur) in einem Kleinbetrieb arbeiten. Sie sind aber dann zu berücksichtigen, wenn sie regelmäßig über einen Zeitraum von mehr als sechs Monaten pro Jahr beschäftigt werden und wenn auch zukünftig mit der Beschäftigung gerechnet werden kann, vgl. KR/*Weigand*, § 23 KSchG Rz. 44; Fitting/*Kaiser*/Heither/Engels, § 1 BetrVG Rz. 240.

72 Es ist Streit darüber entstanden, ob die **ausdrückliche Nennung eines Aushilfs-arbeitsverhältnisses** im Arbeitsvertrag für sich schon bedeutet, daß die Kündigungsfrist auf die gesetzlichen Mindestfristen reduziert wird[1]. Nach richtiger Ansicht kann bei einem Aushilfsarbeitsverhältnis im Zweifel nicht die entfristete Kündigung unterstellt werden, nur weil es als solches im Arbeitsvertrag bezeichnet ist. Die Sachlage ist hier anders als bei einem Probearbeitsverhältnis. Fehlt eine ausdrückliche Regelung über eine Abkürzung der Kündigungsfrist, dann verbleibt es bei den gesetzlichen Regelfristen[2].

c) Beendigung

73 Häufig wird ein zunächst befristet eingegangenes Aushilfsarbeitsverhältnis über den Wegfall der Befristung hinaus **fortgesetzt,** insbesondere dann, wenn der Befristungsgrund nicht klar umrissen ist.

74 **Beispiele:**

a) Ein Aushilfsarbeitsvertrag mit einer Verkäuferin ist zunächst in Verbindung mit der Vorbereitung und Nacharbeitung des Winterschlußverkaufs auf acht Wochen befristet. Da der Arbeitgeber die Verkäuferin noch brauchen kann, wird sie ohne gesonderte Vereinbarung für fünf Monate weiterbeschäftigt.

75 *b) In einem Direktvertriebsunternehmen ist eine Arbeitnehmerin über ein Jahr regelmäßig lediglich in den letzten 10 Tagen eines jeden Kalendermonats beschäftigt. Die Beschäftigung erfolgt jeweils durch neu abgeschlossene schriftliche Aushilfsarbeitsverträge.*

76 In diesen Fällen wird aus dem zunächst befristet abgeschlossenen Aushilfsarbeitsvertrag ein **Dauerarbeitsverhältnis,** das rechtlich jeden Aushilfscharakter verliert (Beispiel Rz. 74). Es gelten dann ausschließlich die gesetzlichen Bestimmungen über Regelarbeitsverhältnisse[3]. Wird ein Aushilfsarbeitsverhältnis jedoch nach Erreichung des der Befristung zugrundegelegten Zwecks zunächst beendet und bald darauf neu begründet, stellt sich wie bei jedem Regelarbeitsverhältnis die Frage nach einer Fortsetzung des alten Arbeitsverhältnisses (dann meist auf unbestimmte Zeit) oder der Begründung eines neuen Arbeitsverhältnisses. Die in § 1 Abs. 1 BeschFG genannte Regelfrist von vier Monaten kann bei Aushilfsarbeitsverhältnissen nicht gelten, da die Dauer des Aushilfsarbeitsverhältnisses selbst meist nur auf wenige Wochen oder Monate angelegt ist. Ist der Zweck und dessen Erreichung auf Grund der Parteivereinbarung eindeutig feststellbar, dann kann auch eine **kurzzeitige Unterbrechung** dazu führen, daß ein Aushilfsarbeitsverhältnis neu begründet wird. Die Dauer des Aushilfsarbeitsverhältnisses muß im Verhältnis zu der Unterbrechungszeit ge-

---

1 Vgl. zu diesem Streit die Ausführungen bei KR/*Hillebrecht/Spilger*, § 622 BGB Rz. 157 f. sowie bei *Staudinger/Preis*, § 622 BGB Rz. 23.
2 So auch KR/*Hillebrecht/Spilger*, § 622 BGB Rz. 157 f. und *Staudinger/Preis*, § 622 BGB Rz. 23.
3 Vgl. *Kittner/Trittin*, § 622 BGB Rz. 74; KR/*Hillebrecht/Spilger*, § 622 BGB Rz. 168.

sehen werden. Ist das Aushilfsarbeitsverhältnis nur für wenige Tage begründet, dann bedarf es auch nur einer Unterbrechung von wenigen Tagen, um ein neues Aushilfsarbeitsverhältnis zu begründen. Wird jedoch ein Arbeitnehmer während eines über sechs Monate hinausgehenden Zeitraums regelmäßig wiederkehrend immer wieder in der gleichen Zeitperiode beschäftigt, liegt tatsächlich ein einheitliches Teilzeitarbeitsverhältnis vor, das nach sechs Monaten zu einem **unbefristeten Dauerarbeitsverhältnis** wird (Beispiel Rz. 75). Auf die Dauer der Unterbrechung sowie auf die Dauer der jeweiligen (Aushilfs-)Tätigkeit kommt es nicht an (ein Dauerarbeitsverhältnis wäre auch dann begründet, wenn ein Arbeitnehmer jeweils im letzten Monat eines Kalenderquartals über einen Zeitraum von etwa einem Jahr tätig ist). Entscheidend ist, ob die Aushilfstätigkeit als **immer wiederkehrende Tätigkeit** vorhersehbar und gewollt ist (dann liegt ein einheitliches Arbeitsverhältnis vor), oder ob die Entscheidung über den Abschluß eines neuen Aushilfsarbeitsvertrages nicht nur formal, sondern auch tatsächlich jeweils neu fällt. Im letzteren Fall werden immer wieder neue befristete Aushilfsarbeitsverhältnisse begründet, die in der Regel kürzer als sechs Monate sein werden und daher keinen Kündigungsschutz entstehen lassen.

5. Leiharbeitsverhältnis

Der Leiharbeitsvertrag zeichnet sich durch ein **Dreiecksverhältnis** aus, in dem rechtliche Beziehungen zwischen dem Verleiher, dem Entleiher und dem Leiharbeitnehmer bestehen. Fehlt es an diesem Moment des drittbezogenen Personaleinsatzes durch einen Arbeitnehmerüberlassungsvertrag (durch den ein Leiharbeitnehmer im Betrieb eines anderen für diesen tätig wird), dann liegt auch regelmäßig kein Leiharbeitsverhältnis vor, sondern der Arbeitnehmer steht ausschließlich in einem Arbeitsverhältnis zu dem Betrieb, in dem er tatsächlich eingesetzt ist[1]. Für die Annahme von Arbeitnehmerüberlassung und damit eines Leiharbeitsverhältnisses ist es erforderlich, daß der Arbeitnehmer auf Grund einer vertraglichen Verpflichtung seines Arbeitgebers gegenüber dem Dritten zur Förderung von dessen Betriebszwecken tätig wird[2].

77

a) Echte Leiharbeit

Allgemein wird zwischen sogenannter echter Leiharbeit und unechter Leiharbeit unterschieden. Echte oder nicht gewerbsmäßige Leiharbeit liegt vor, wenn Arbeitnehmer grundsätzlich im Betrieb ihres Arbeitgebers arbeiten und **nur gelegentlich oder ohne Gewinnerzielungsabsicht an Dritte ausgeliehen** werden[3]. Echte Leiharbeit unterliegt nicht den Beschränkungen des Arbeitnehmerüberlassungsgesetzes (AÜG), da entweder der Verleih nur gelegentlich erfolgt,

78

---

1 BAG v. 26. 4. 1995, AP Nr. 19 zu § 1 AÜG.
2 BAG v. 22. 6. 1994, AP Nr. 16 zu § 1 AÜG.
3 *Schüren*, Kommentar zum AÜG, Einleitung Rz. 72, § 1 AÜG Rz. 62; KR/*Etzel*, § 1 KSchG Rz. 66; *Sandmann/Marschall*, Kommentar zum AÜG, Einleitung Anm. I 8; auch nicht gewerbsmäßig Leiharbeit genannt, so MünchArbR/*Marschall*, § 165 Rz. 27.

oder es an der Gewinnerzielungsabsicht des Verleihers fehlt[1]. Nicht um Leiharbeit handelt es sich dann, wenn von einem Unternehmen Arbeitnehmer zur Leistung bestimmter Dienste (zB Montagearbeiten) in ein anderes Unternehmen (vorübergehend) entsandt werden. In diesem Falle bleiben die Arbeitnehmer weiterhin ausschließlich Arbeitnehmer des Entsenders. Eine für das Leiharbeitsverhältnis typische Dreiecksbeziehung wird nicht begründet.

b) Unechte Leiharbeit

79 Unechte oder gewerbsmäßige Leiharbeit fällt dagegen unter das **Arbeitnehmerüberlassungsgesetz.** Bei dieser verpflichtet sich der Leiharbeitnehmer gegenüber dem Verleiher, seine Arbeitsleistung im Organisationsbereich eines Dritten zu erbringen und sich dessen Weisungen bei der Erbringung der Arbeitsleistung zu unterwerfen[2]. Nach Art.1 § 1 Abs. 1 AÜG bedarf jeder Verleiher der Erlaubnis durch die Bundesanstalt für Arbeit. Abgrenzungsprobleme ergeben sich insbesondere zur Arbeitsvermittlung einerseits und zum Abschluß von Werkverträgen mit Selbständigen andererseits.

80 Ist der Inhalt der Tätigkeit des Verleihers darauf gerichtet, Arbeitsuchende und Arbeitgeber zusammenzuführen, dann handelt es sich um (unerlaubte) **Arbeitsvermittlung.** Diese unterscheidet sich von der Arbeitnehmerüberlassung vor allem dadurch, daß nicht die Tätigkeit des Arbeitnehmers im eigenen Interesse des Verleihers im Vordergrund steht, sondern daß dem Verleiher die Arbeitsergebnisse und der Inhalt der Arbeit des Arbeitnehmers bedeutungslos sind. Da Arbeitsvermittlung dem Monopol der Bundesanstalt für Arbeit unterliegt, sind Verträge über Arbeitsvermittlung nichtig, so daß der Vermittler (Verleiher) keinen Entgeltanspruch durchsetzen kann[3].

81 Überläßt ein „Verleiher" Selbständige dritten Unternehmen, so können diese nicht als Leiharbeitnehmer tätig werden, da Voraussetzung für ein Leiharbeitsverhältnis die Begründung eines Arbeitsverhältnisses ist[4]. Arbeitnehmerüberlassung ist im Vergleich zu **werk- oder dienstvertraglicher Tätigkeit** dadurch gekennzeichnet, daß dem Entleiher Arbeitskräfte zur Verfügung gestellt werden, die er seinen Vorstellungen und Zielen gemäß in seinem Betrieb wie eigene Arbeitnehmer einsetzt. Die entliehenen Arbeitskräfte sind in den Betrieb des Entleihers eingegliedert und nicht (wie bei einem werk- oder dienstvertraglichen Verhältnis) auch während der Ausführung der Werk- oder Dienstleistung dem jeweiligen Auftraggeber gegenüber verantwortlich. Es spricht für einen Werkvertrag, wenn in einem dritten Betrieb tätige eingesetzte Arbeitnehmer nicht den Weisungen des Betriebsinhabers dieses dritten Betriebs unterliegen. Dabei kommt es, wie auch sonst, nicht auf die vertragliche Bezeichnung

---

1 MünchArbR/*Marschall*, § 165 Rz. 28.
2 *Schüren*, Kommentar zum AÜG, § 1 AÜG Rz. 61.
3 *Schüren*, Kommentar zum AÜG, § 1 AÜG Rz. 337 ff.; MünchArbR/*Marschall*, § 165 Rz. 38.
4 BAG v. 9. 11. 1994, AP Nr. 18 zu § 1 AÜG.

I. Arten des Arbeitsvertrages

des Vertrages, sondern auf den tatsächlichen Geschäftsinhalt an, der sich aus der getroffenen Vereinbarung und deren praktischer Durchführung ergibt[1].

Beispiel: 82

Das Unternehmen A vertreibt Videokassetten. Es überträgt den Bereich Verpackung/Versand dem Unternehmen B. Dabei soll der Bereich weiterhin im Gebäude von A verbleiben, dort sollen die Videokassetten versandfertig gemacht werden.

Voraussetzung für die Umsetzung des im vorgenannten Beispiel genannten 83 Konzeptes ist zunächst der Abschluß eines **Geschäftsbesorgungsvertrages** (oder Werkvertrages) zwischen A und B. Danach verpflichtet sich B zur Verpackung und zum Versand aller anfallender Videokassetten. Die Vergütung sollte auf der Basis der verpackten und versandten Videokassetten (Geldbetrag pro Videokassette) geregelt werden.

Zweitens muß der Bereich Verpackung/Versand **räumlich** von den übrigen 84 Bereichen des Unternehmens A **getrennt** werden (notfalls durch Plastikbänder, wie sie bei Straßenbaustellen verwandt werden). Schließlich (3.) darf keiner der Mitarbeiter von A gegenüber irgendeinem der Mitarbeiter von B ein **Direktionsrecht** haben oder gar tatsächlich ausüben. Der geschäftliche Kontakt läuft ausschließlich zwischen dem zuständigen Mitarbeiter bei A für den Bereich Verpackung und Versand einerseits und dem Betriebsleiter B andererseits. Nur wenn die vorstehenden Voraussetzungen formal und auch tatsächlich eingehalten sind, besteht keine illegale Arbeitnehmerüberlassung der Arbeitnehmer von B an A[2].

Das AÜG ist **strafbewehrt**. So ist die Überlassung nichtdeutscher Arbeitneh- 85 mer ohne Arbeitserlaubnis mit Freiheitsstrafe bedroht[3]. Sowohl der illegale Verleiher als auch der Entleiher, der ohne Erlaubnis überlassene Leiharbeitnehmer tätig werden läßt, begehen eine Ordnungswidrigkeit (gem. Art. 1 § 16 AÜG), die mit Geldbuße bis zu 50 000 DM geahndet werden kann. Daneben ist die Bundesanstalt für Arbeit berechtigt, den aus der illegalen Leiharbeit fließenden Gewinn abzuschöpfen. Die Verfolgung illegaler Leiharbeit erfolgt vor allem durch die Schwerpunktbehörden der Bundesanstalt für Arbeit, die sich bei der Durchsetzung ihrer Maßnahmen polizeilicher Unterstützung bedienen.

---

1 BAG v. 9. 11. 1994, AP Nr. 18 zu § 1 AÜG; *Sandmann/Marschall*, Kommentar zum AÜG, Art. 1 § 1 Anm. 12.
2 Vgl. dazu das Beispiel zum „Regalfüllvertrag" bei *Sandmann/Marschall*, Kommentar zum AÜG, Art. 1 § 1 Anm. 14; dort wurde Arbeitnehmerüberlassung angenommen, wenn das Personal eines Unternehmens, das Regale bei einem Kaufhausunternehmen auffüllt, die Leistungen erst erbringen kann, wenn die in die Regale einzusortierende Ware von dem Kaufhausunternehmen bereitgestellt wurde und somit das damit befaßte Personal unmittelbar mit den Mitarbeitern des Kaufhausunternehmens zusammenarbeiten mußte; diese Abgrenzung erscheint zu eng.
3 Art. 1 § 15a AÜG.

86 > **Hinweis:**
> Da auch der Entleiher sich strafbar machen kann, ist es ratsam, daß sich der Entleiher die Genehmigungsurkunde der Bundesanstalt für Arbeit in beglaubigter Fotokopie vorlegen läßt, bevor er in Geschäftsbeziehung mit einem Verleihunternehmen tritt (es sei denn, es handelt sich um eine große bekannte Verleihorganisation).

6. Gruppenarbeitsverhältnis

87 Bei einem Gruppenarbeitsverhältnis sind die Arbeitsverträge mit den einzelnen Arbeitnehmern, die sich zu einer gemeinsamen Dienstleistung verpflichtet haben, in ihrem Bestand in der Regel **voneinander abhängig**[1]. Gruppenarbeitsverhältnisse werden angetroffen, wenn das Zusammenspiel von mindestens zwei Personen auf Arbeitnehmerseite für die Ausführung des Arbeitsverhältnisses von derart großer Bedeutung ist, daß das Arbeitsverhältnis mit dem einen Arbeitnehmer nicht ohne das Arbeitsverhältnis mit dem zweiten Arbeitnehmer (oder weiteren Arbeitnehmern) zustande gekommen wäre.

88 **Beispiele:**
- ▶ *Vertrag einer Trägerorganisation mit einem Heimleiterehepaar*[2]
- ▶ *Arbeitsvertrag einer Wohnungseigentümergemeinschaft mit einem Hausmeisterehepaar*
- ▶ *Vertrag eines Ballveranstalters mit einer Musikkapelle*[3]
- ▶ *Vertrag eines Zirkusunternehmens mit einer Artistengruppe*[4]

89 Die Besonderheit des Gruppenarbeitsvertrages besteht darin, daß alle Ansprüche aus dem Arbeitsverhältnis einschließlich des Lohnanspruches den Gruppenmitgliedern **gemeinschaftlich** zustehen. Dementsprechend kann auch die Gruppe selbst nur in Gesamtheit kündigen und gekündigt werden[5].

90 Ein **echtes Gruppenarbeitsverhältnis** besteht nur mit einer sogenannten Eigengruppe, die sich selbst vor Abschluß des Arbeitsvertrages als Gruppe zusammengeschlossen hat. Verschiedentlich wird auch die **Betriebsgruppe** als Vertragspartner eines Gruppenarbeitsverhältnisses bezeichnet. Bei dieser handelt es sich jedoch um eine vom Arbeitgeber auf Grund seines Direktionsrechts zusammengestellte Gruppe, bei der jedes Arbeitsverhältnis weiterhin seine Selbständigkeit gegenüber dem Arbeitgeber behält. Bei einer Betriebsgruppe

---

1 BAG v. 21. 10. 1971, AP Nr. 1 zu § 611 BGB – Gruppenarbeitsverhältnis.
2 So der Fall des BAG v. 21. 10. 1971, AP Nr. 1 zu § 611 BGB – Gruppenarbeitsverhältnis.
3 BAG v. 2. 9. 1960, AR-Blattei D Gruppenarbeit Entscheidung 1.
4 KR/*Etzel*, § 1 KSchG Rz. 57.
5 BAG v. 21. 10. 1971, AP Nr. 1 zu § 611 BGB – Gruppenarbeitsverhältnis; MünchArbR/*Marschall*, § 164 Rz. 16.

kann der Arbeitgeber diese Gruppe auf Grund des Direktionsrechtes wieder auflösen[1].

7. Job-Sharing, Job-Pairing

Eine besondere Form der gesetzlich nicht geregelten „Betriebsgruppe" ist das sogenannte Job-Sharing (gem. § 5 BeschFG). Dabei vereinbaren zwei oder mehr Arbeitnehmer, sich einen **Arbeitsplatz zu teilen**[2]. Anders als bei der Eigengruppe sind die Arbeitsverhältnisse der Arbeitnehmer, die zusammen ein Job-Sharing eingegangen sind, rechtlich voneinander unabhängig. Daher genießt jedes Arbeitsverhältnis gesondert Bestandsschutz. Dagegen kann ein als Eigengruppe begründetes einheitliches Arbeitsverhältnis (auch Job-Pairing genannt) entsprechend den Grundsätzen der Eigengruppe nur gemeinschaftlich gekündigt werden. Auch die übrigen Rechte können nur gemeinschaftlich von der Eigengruppe ausgeübt werden[3].

91

8. Teilzeitarbeit

Teilzeitarbeitsverhältnisse werden immer bedeutender. Es werden immer wieder neue Formen der Teilzeitarbeit bekannt und realisiert[4].

92

a) Wesen

Nach der gesetzlichen Definition sind Arbeitnehmer teilzeitbeschäftigt, deren **regelmäßige Wochenarbeitszeit kürzer als die regelmäßige Wochenarbeitszeit vergleichbarer vollzeitbeschäftigter Arbeitnehmer** des Betriebs ist. Ist eine regelmäßige Wochenarbeitszeit nicht vereinbart, so ist die regelmäßige Arbeitszeit maßgeblich, die im Jahresdurchschnitt auf eine Woche entfällt[5]. Teilzeitbeschäftigte sind Arbeitnehmer. Die Frage ihrer zeitlichen Inanspruchnahme ist für die Bestimmung ihres Status irrelevant[6]. Bei der Prüfung der Frage, ob sie Arbeitnehmer oder Selbständige sind, sind die allgemeinen Abgrenzungskriterien Arbeitnehmer/Selbständiger anzuwenden[7], da es auf den zeitlichen Umfang der Tätigkeit nicht ankommt[8]. Ebensowenig ist entscheidend, ob der Teilzeitbeschäftigte nebenberuflich tätig ist, ob er also nur ein oder mehrere Teilzeitarbeitsverhältnisse ausübt[9]. Daraus folgt, daß Teilzeitbeschäftigte Kündigungsschutz genießen, sofern ihr Arbeitsverhältnis im übrigen unter das

93

---

1 MünchArbR/*Marschall*, § 164 Rz. 3 ff.; zum Charakter der Betriebsgruppe als uneigentliches Gruppenarbeitsverhältnis KR/*Etzel*, § 1 KSchG Rz. 57.
2 MünchKomm/*Müller-Glöge*, § 611 Rz. 524.
3 MünchArbR/*Schüren*, § 161 Rz. 60.
4 So zB mit Jahresarbeitszeitkonten.
5 § 2 Abs. 2 BeschFG.
6 MünchArbR/*Schüren*, § 157 Rz. 21 ff., 37.
7 Vgl. dazu oben Teil 1 A Rz. 19 ff.
8 BAG v. 30. 10. 1991, AP Nr. 59 zu § 611 BGB – Abhängigkeit.
9 BAG v. 24. 6. 1992, AP Nr. 61 zu § 611 BGB – Abhängigkeit.

Kündigungsschutzgesetz fällt[1]. Das Kündigungsschutzgesetz ist auf das Arbeitsverhältnis von Teilzeitbeschäftigten unabhängig von dem Umfang der Arbeitszeit anwendbar[2].

b) Formen der Teilzeitarbeit

94 Die Formen, unter denen Teilzeitarbeitsverhältnisse vorkommen, sind zahllos. Die heute gängigen Formen lassen sich wie folgt zusammenfassen:

- Starr festgelegte reduzierte tägliche Arbeitszeit,
- Gleitzeitregelungen,
- Anpassung der Arbeitszeit an den Arbeitsanfall gem. § 4 BeschFG,
- Arbeitsplatzteilung (Job-Sharing),
- Monats- oder Jahresarbeitszeitkonten.

c) Geringfügige Beschäftigung

95 Die sogenannte geringfügige Beschäftigung ist ein Begriff aus dem Sozialversicherungsrecht. Arbeitsrechtlich handelt es sich bei geringfügig Beschäftigten um teilzeitbeschäftigte Arbeitnehmer, die **regelmäßig weniger als 15 Stunden in der Woche** tätig sind und deren Arbeitsentgelt regelmäßig im Monat $1/7$ der monatlichen Bezugsgröße gem. § 18 SGB IV (bei höherem Arbeitsentgelt $1/7$ des Gesamteinkommens) nicht übersteigt. Im Jahre 1998 gilt für geringfügig Beschäftigte in den alten Bundesländern eine Obergrenze von 620 DM, in den neuen Bundesländern eine solche von 520 DM. Ist ein Arbeitnehmer ein geringfügiges Beschäftigungsverhältnis eingegangen, so ist die daraus gezogene Vergütung **nicht kranken-, renten- und pflegeversicherungspflichtig**[3]. Steuerrechtlich unterliegt das Gehalt des geringfügig Beschäftigten der **Pauschalversteuerung**[4]. Dabei ist Steuerschuldner der Arbeitgeber und nicht wie sonst[5] der Arbeitnehmer. Der Pauschalsatz beträgt im Jahr 1998 20%.

96 Übt ein Arbeitnehmer **mehrere geringfügige Beschäftigungen** nebeneinander aus, sind die Einkünfte aus diesen Beschäftigungsverhältnisse zu addieren. Wenn die Summe der Vergütungen der geringfügigen Beschäftigungsverhältnisse über den vorgenannten Grenzbeträgen liegt, ist die Gesamtvergütung versicherungs- und (normal) steuerpflichtig[6].

---

1 KR/*Etzel*, § 1 KSchG Rz. 72.
2 BAG v. 13. 3. 1987, AP Nr. 37 zu § 1 KSchG 1969 – Betriebsbedingte Kündigung.
3 Gem. § 7 SGB V bzw. § 5 Abs. 2 Nr. 1 SGB VI bzw. § 20 Abs. 1 SGB XI. Für die Arbeitslosenversicherung gilt § 169a Abs. 1 AFG. Danach ist der kurzzeitig Beschäftigte beitragsfrei; dies ist der Arbeitnehmer, der weniger als 18 Stunden in der Woche beschäftigt ist (die Höhe des Einkommens ist dabei irrelevant).
4 § 40a EStG.
5 § 38 Abs. 3 EStG.
6 BAG v. 16. 3. 1993, AP Nr. 6 zu § 1 BetrAVG – Teilzeit.

d) Atypische Arbeitsverhältnisse

Die Versuchung war stets groß, im Rahmen von Teilzeitarbeitsverhältnissen Teilzeitarbeitnehmer von bestimmten Leistungen auszunehmen, die Vollzeitarbeitnehmern gewährt wurden. Der Gesetzgeber hat dem durch das Beschäftigungsförderungsgesetz 1985[1] ausdrücklich einen Riegel vorschieben wollen. Dennoch sind bis zum heutigen Tag noch nicht alle mit der Gleichbehandlung von Teilzeitbeschäftigten im Vergleich zu Vollzeitbeschäftigten verbundenen Probleme gelöst. Unter dem Schlagwort „atypische Arbeitsverhältnisse" wollen die europäischen Sozialpartner in Zusammenarbeit mit der Europäischen Kommission **Verhandlungen auf der Grundlage des Maastrichter Sozialabkommens** (Art. 3 und Art. 4) aufnehmen, um die Auswüchse der Flexibilisierung der Arbeitszeit soweit notwendig durch gesetzliche Schranken zu vermeiden[2].

Prüfungsmaßstab ist nicht nur § 2 BeschFG. Die unterschiedliche Behandlung von Teilzeitbeschäftigten ist auch anhand

▶ des Art. 119 EG-Vertrag,
▶ des allgemeinen arbeitsrechtlichen Gleichbehandlungsgrundsatzes
▶ und des Diskriminierungsverbotes in Art. 3 GG[3] zu prüfen.

Beispielsfälle:

a) *Teilzeitbeschäftigte Arbeitnehmer eines Unternehmens erhalten keine Überstundenzuschläge, so lange noch nicht die tägliche regelmäßige Vollarbeitszeit erreicht ist.*

b) *Teilzeitarbeitnehmer werden von einem Unternehmen von der betrieblichen Altersversorgung ausgeschlossen.*

c) *Teilzeitbeschäftigte Betriebsratsmitglieder erhalten keine Vergütung für Betriebsratstätigkeit außerhalb der individuell vereinbarten Teilzeit.*

Der **Europäische Gerichtshof** hat am 6. 2. 1996[4] erneut festgestellt, daß eine Ungleichbehandlung von Teilzeitbeschäftigten immer dann vorliegt, wenn bei gleicher Zahl von Stunden das den Vollzeitbeschäftigten gezahlte Gesamtentgelt höher ist als das den Teilzeitbeschäftigten gezahlte Gehalt. Der Ausschluß der Teilzeitbeschäftigten von bestimmten Vergütungen verstößt auch dann gegen Art. 119 EGV, wenn ein erheblich geringerer Prozentsatz von Frauen als von Männern vollzeitbeschäftigt ist und diese Maßnahme (unter Berücksichtigung der für weibliche Arbeitnehmer bestehenden Schwierigkeiten, als Voll-

---

1 § 2 Abs. 1 BeschFG.
2 Vgl. zwei Berichte von Vertretern des DGB und des Bundesarbeitgeberverbandes Chemie zur geplanten Regelung atypischer Arbeitsverhältnisse, abgedruckt in Euro-AS 1996, 112.
3 Siehe dazu insbesondere *Linck*, in HzA 1/4, Teilzeitarbeit Rz. 770 ff.; MünchArbR/ *Schüren*, § 177 Rz. 58 ff.
4 EuGH v. 6. 2. 1996, NZA 1996, 319.

zeitbeschäftigte zu arbeiten) nicht durch Faktoren zu erklären ist, die eine Diskriminierung auf Grund des Geschlechts ausschließen[1].

101 Dennoch besteht kein Anspruch von teilzeitbeschäftigten Arbeitnehmern auf **Überstundenzuschläge,** wenn die Gesamtarbeitszeit unterhalb der täglichen Vollarbeitszeit liegt[2]. Andererseits haben teilzeitbeschäftigte **Betriebsratsmitglieder** keinen Vergütungsanspruch für außerhalb der vereinbarten individuellen Teilzeit geleistete Betriebsratstätigkeit[3]. Dagegen dürfen Teilzeitbeschäftigte von dem Erwerb von Anwartschaften aus der **betrieblichen Altersversorgung** nicht ausgeschlossen werden[4].

9. Mittelbares Arbeitsverhältnis

102 Ist ein Arbeitnehmer bei einem Arbeitgeber beschäftigt, der seinerseits Arbeitnehmer in einem anderen Arbeitsverhältnis zu einem Arbeitgeber höherer Stufe ist, dann handelt es sich um ein sogenanntes mittelbares Arbeitsverhältnis[5]. Bei einem mittelbaren Arbeitsverhältnis bestehen **zwei Arbeitsverhältnisse,** die getrennt zu betrachten sind. Dies gilt für Fragen der Vergütung, des Kündigungsschutzes und Fragen der Beendigung des jeweiligen Arbeitsverhältnisses. Kündigungsberechtigter ist der jeweilige Arbeitgeber aus dem jeweiligen Arbeitsverhältnis gegenüber dem Arbeitnehmer des jeweils betroffenen Arbeitsverhältnisses. Auch die Kündigungsschutzklage ist gegen den jeweiligen Vertragspartner zu richten[6]. Mittelbare Arbeitsverhältnisse kommen vor allem im künstlerischen Bereich vor[7]. Der Arbeitnehmer kann den Arbeitgeber zweiter Stufe nur dann ausnahmsweise in Anspruch nehmen, wenn er selbst gegenüber seinem Arbeitgeber (Mittelsmann) nicht zu seinem Recht kommt. Dazu bedarf es aber eines besonderen Verpflichtungsgrundes. So muß der Arbeitgeber der zweiten Stufe dem Arbeitnehmer gegenüber erklärt haben, daß er für die Lohnzahlung einstehen wolle[8]. Das Rechtsinstitut des mittelbaren Arbeitsverhältnisses wird **mißbraucht,** wenn ein Arbeitgeber (zweiter Stufe) einen Dritten anweist, im eigenen Namen als mittelbarer Arbeitgeber Arbeitnehmer für be-

---

1 Sogenannte mittelbare Diskriminierung, vgl. EuGH v. 31. 3. 1981, NJW 1981, 2639; NZA 1986, 599 – Bilka.
2 EuGH v. 15. 12. 1994, NZA 1995, 218; BAG v. 23. 2. 1977, AP Nr. 1 zu § 1 TVG – Tarifverträge: Technikerkrankenkasse; MünchKomm/*Müller-Glöge*, § 611 Rz. 521; aA MünchArbR/*Schüren*, § 158 Rz. 109.
3 BAG v. 5. 3. 1997, DB 1997, 580 (Pressemitteilung).
4 BAG v. 28. 7. 1992, AP Nr. 18 zu § 1 BetrAVG – Gleichbehandlung; vgl. aber EuGH v. 14. 12. 1995, DB 1996, 43, der Ausschluß geringfügig Beschäftigter von der Sozialversicherung ist mit europäischem Recht vereinbar.
5 BAG v. 9. 4. 1957, AP Nr. 2 zu § 611 BGB – Mittelbares Arbeitsverhältnis.
6 BAG v. 9. 4. 1957, AP Nr. 2 zu § 611 BGB – Mittelbares Arbeitsverhältnis.
7 Zum Beispiel der Gastwirt, der einen Konzertmeister engagiert, zu dem seinerseits dessen Musiker in einem Arbeitsverhältnis stehen; siehe dazu den Fall BAG v. 15. 12. 1954, AP Nr. 1 zu § 611 BGB – Mittelbares Arbeitsverhältnis.
8 BAG v. 8. 8. 1958, AP Nr. 3 zu § 611 BGB – Mittelbares Arbeitsverhältnis; dazu auch MünchKomm/*Müller-Glöge*, § 611 Rz. 512; KR/*Etzel*, § 1 KSchG Rz. 69.

stimmte Aufgaben anzustellen, sofern dieser Mittelsmann unternehmerische Entscheidungen nicht treffen kann und auch keinen Gewinn aus dieser Tätigkeit erzielen kann[1]. Bei einem derartigen Gestaltungsmißbrauch bestehen direkte Arbeitsverhältnisse zwischen dem Arbeitgeber (zweiter Stufe) einerseits und den Arbeitnehmern (der mittleren und der unteren Stufe) andererseits.

II. Abgrenzung zu verwandten Verträgen

Das Bürgerliche Gesetzbuch kannte ursprünglich lediglich die Form des Dienstvertrages. Aus dieser Rechtsform wurde der Arbeitsvertrag entwickelt. Zur Verdeutlichung des besonderen Charakter des Arbeitsvertrages ist dieser von den verwandten Vertragsverhältnissen wie Dienstvertrag, Gesellschaftsvertrag, Franchisevertrag, Werkvertrag, Auftragsverhältnis, familienrechtliche Mitarbeit und Berufsausbildungsvertrag abzugrenzen.

103

1. Dienstvertrag

Der Dienstvertrag ist gem. § 611 BGB ein auf den Austausch von Dienstleistung und einer grundsätzlich in Geld zu leistenden Vergütung gerichteter schuldrechtlicher Vertrag[2]. Wird der Dienstvertrag mit einem **Selbständigen,** zum Beispiel einem Arzt oder einem Rechtsanwalt, abgeschlossen, steht dieser mit seinem Auftraggeber oder Mandanten in keinem Arbeitsverhältnis[3]. Dienstverträge werden auch mit **„echten" freien Mitarbeitern** abgeschlossen. Gemeinsam ist dem Dienstvertrag wie dem Arbeitsvertrag die Betonung des Zeitmoments. Der Vertrag wird nicht zu einem bestimmten Zeitpunkt, sondern im Verlauf einer Zeitspanne erfüllt[4].

104

2. Werkvertrag

Gerade das zuletzt beschriebene Moment des Dienstvertrages unterscheidet ihn vom Werkvertrag. Der Werkvertrag zielt auf ein bestimmtes Ergebnis, auf einen definierten **Erfolg der Tätigkeit** ab. Dem Werkbesteller ist es gleichgültig, wie lange der Werkunternehmer zur Erstellung seines Werkes braucht. Ihm kommt es ausschließlich auf den Erfolg der Tätigkeit an[5]. Daher trägt der Werkunternehmer auch die Gefahr des Untergangs des Werks vor Abnahme[6]. Besondere Bedeutung gewinnt die Abgrenzung des Dienstvertrages zum Werkvertrag im Arbeitnehmerüberlassungsrecht[7]. Es handelt sich nur dann um ge-

105

---

1 BAG v. 20. 7. 1982, AP Nr. 5 zu § 611 BGB – Mittelbares Arbeitsverhältnis.
2 MünchKomm/*Müller-Glöge*, § 611 Rz. 7.
3 MünchArbR/*Richardi*, § 23 Rz. 107; MünchKomm/*Müller-Glöge*, § 611 Rz. 42 ff.
4 MünchKomm/*Müller-Glöge*, § 611 Rz. 18.
5 MünchKomm/*Soergel*, § 631 Rz. 13; MünchArbR/*Richardi*, § 6 Rz. 7.
6 *Kittner/Trittin*, Einleitung Rz. 40.
7 S.o. Rz. 77 ff.; *Schüren*, AÜG, § 1 Rz. 100 ff.

nehmigungspflichtige Arbeiternehmerüberlassung im Sinne des Gesetzes, wenn Arbeitnehmer verliehen werden. Dies ist nicht der Fall, wenn ein Werkunternehmer mit seinen Arbeitnehmern in einer dritten Firma tätig wird, um ein bestimmtes Werk herzustellen.

3. Gesellschaftsvertrag

106 Gesellschafter einer BGB-Gesellschaft, einer OHG oder Komplementäre einer Kommanditgesellschaft stehen **in der Regel zu der Gesellschaft selbst nicht in einem Arbeitsverhältnis.** Denn sie leisten ihre Tätigkeit für die Gesellschaft auf Grund der verbandsrechtlichen Beziehung zu dieser Gesellschaft[1]. Enthält jedoch der Gesellschaftsvertrag keine Verpflichtung zur Dienst- oder Arbeitsleistung, dann kann auch zwischen diesen Gesellschaftsformen und einem Gesellschafter ein gesondertes Arbeitsverhältnis begründet werden. Derartige **Sonderarbeitsverhältnisse** sind jedoch eher die Ausnahme. Häufig anzutreffen sind dagegen Arbeitsverhältnisse zwischen der KG und Kommanditisten[2].

4. Entgeltliche Geschäftsbesorgung und Auftrag

107 Der entgeltliche Geschäftsbesorgungsvertrag gem. § 675 BGB kann dem **Dienst- oder Werkvertragsrecht** unterliegen. Die in § 675 BGB genannten Auftragsvorschriften sind im Arbeitsrecht analog anwendbar[3]. Beispielhaft ist dafür die Bestimmung des § 670 BGB, die dem Arbeitnehmer einen Anspruch auf Erstattung der Auslagen (zum Beispiel bei vom Arbeitgeber gewünschter Dienstreise) gibt. Enger als beim Auftrag muß die Tätigkeit des Geschäftsbesorgers selbständig sein, sie muß Raum für eigenverantwortliche Überlegung und Willensbildung des Geschäftsbesorgers lassen[4]. Der **Auftrag** ist begrifflich unentgeltlich und unterscheidet sich dadurch allein schon vom Dienst- und Arbeitsvertrag[5]. In Wissenschaft und Rechtsprechung besteht lediglich Streit darüber, ob einzelne Bestimmungen des Auftragsrechts mittelbar über den Geschäftsbesorgungsvertrag (§ 675 BGB) auf das Arbeitsverhältnis anwendbar sind, oder ob die Bestimmungen des Auftragsrechts auch ohne ausdrückliche Statuierung der entsprechenden Anwendbarkeit analog im Arbeitsrecht gelten[6].

---

1 MünchArbR/*Richardi*, § 23 Rz. 83.
2 Der Kommanditist ist gem. § 164 HGB von der Geschäftsführung ausgeschlossen, vgl. MünchKomm/*Söllner*, § 611 Rz. 27; MünchArbR/*Richardi*, § 23 Rz. 83, 101.
3 So insbesondere §§ 666, 667 sowie §§ 669, 670 BGB, MünchKomm/*Söllner*, § 611 Rz. 31; BAG (GS) v. 10. 11. 1961, AP Nr. 2 zu § 611 BGB – Gefährdungshaftung des Arbeitgebers.
4 *Palandt/Thomas*, § 675 BGB Rz. 1.
5 BAG (GS) v. 10. 11. 1961, AP Nr. 2 zu § 611 BGB – Gefährdungshaftung des Arbeitgebers; *Schaub*, § 36 III.
6 Für ersteres BAG (GS) v. 10. 11. 1961, AP Nr. 2 zu § 611 BGB – Gefährdungshaftung des Arbeitgebers und ihm folgend MünchKomm/*Söllner*, § 611 Rz. 31; *Schaub*, § 85 I; in letzterem Sinne *Palandt/Thomas*, § 675 Rz. 2 ff., der Geschäftsbesorgungsrecht nur bei selbständiger Geschäftsbesorgung anwendet; für die Praxis hat dieser Streit jedoch keine Bedeutung.

5. Franchisevertrag

In einem Franchisevertrag wird dem Franchisenehmer von dem Franchisegeber gegen direktes oder indirektes Entgelt das Recht eingeräumt, im Rahmen eines Dauerschuldverhältnisses bestimmte Waren und/oder Dienstleistungen zu vertreiben. Der Vertrieb erfolgt unter Benutzung von Image, Namen, Zeichenrechten, Ausstattung, Kennzeichnungen, Symbolen oder sonstigen Nutzrechten des Franchisegebers sowie unter Benutzung von dessen gewerblichen und/oder technischen Erfahrungen und unter Beachtung des vom Franchisegeber entwickelten Organisations- und Marketingsystems, dessen ständige Weiterentwicklung ihm obliegt[1]. Dabei ist der Franchisenehmer grundsätzlich selbständiger Händler und Unternehmer[2]. Das LAG Düsseldorf hat jedoch in einer Entscheidung aus dem Jahre 1987 festgestellt, daß Franchisenehmer dann als Arbeitnehmer zu behandeln sind, wenn sie derart vom Franchisegeber **persönlich abhängig** sind, daß sie nicht mehr als selbständige Unternehmer angesehen werden können[3]. Eine Gesamtbetrachtung aller Umstände des Einzelfalles ergebe, daß der Franchisenehmer nicht im wesentlichen frei seine Tätigkeit gestalten könne und seine Arbeitszeit bestimmen könne. Die Zusammenarbeit spiele sich nicht auf der Ebene der Gleichordnung, sondern auf der Ebene der Unterordnung ab; daher war der Franchisenehmer in dem konkreten Fall als Arbeitnehmer anzusehen[4]. Diese Entscheidung wurde vielfach kritisiert[5]. Dabei wurde dem LAG Düsseldorf vor allem vorgeworfen, daß die Vorschriften des Arbeitsrechts auf Franchiseverträge schon aus typologischer Sicht nicht paßten, es könnten allenfalls partiell arbeitsrechtliche Schutzvorschriften angewandt werden[6]. Eine Beurteilung des gleichen Vertriebssystems durch das LAG Köln führte zu dem Ergebnis, daß der Franchisenehmer kein Arbeitnehmer war[7]. Auch das Bundesarbeitsgericht kam bei einem Agentursystem zum Ergebnis, daß eine persönliche Abhängigkeit des Agenturinhabers (Franchisenehmers) nicht vorliege, wenn dieser zB über die Ladenöffnungszeiten selbst zu entscheiden habe[8]. Die typologische Schwelle zum Arbeitsrecht werde nur dann überschritten, wenn entweder die **Risikoverteilung verändert** oder dem Franchisenehmer **jegliche unternehmerische Selbstbetätigung verwehrt** werde[9].

---

1 Definition von *Skaupy*, DB 1982, 2446, 2447.
2 *Skaupy*, DB 1982, 2446, 2447; *Weltrich*, DB 1988, 806; *Ekkenga*, Die Inhaltskontrolle von Franchiseverträgen, S. 36 ff.; *Kittner/Trittin*, Einleitung Rz. 45.
3 LAG Düsseldorf v. 20. 10. 1987, NJW 1988, 725; in dieser Entscheidung ging es um das Franchisesystem von Jacques Weindepot.
4 LAG Düsseldorf v. 20. 10. 1987, NJW 1988, 725.
5 *Ekkenga*, Die Inhaltskontrolle von Franchiseverträgen, S. 40; *Weltrich*, DB 1988, 806; MünchArbR/*Richardi*, § 24 Rz. 118.
6 So vor allem *Ekkenga*, Die Inhaltskontrolle von Franchiseverträgen, S. 40 f.
7 LAG Köln v. 23. 1. 1989, DB 1989, 1195.
8 BAG v. 21. 2. 1990, BB 1990, 1064.
9 So *Weltrich*, DB 1988, 806, 808.

109 **Beispiel:**

Im Transportgewerbe schließt ein Franchisegeber mit selbständigen Transportunternehmern (Franchisenehmern) einen Vertrag, der in vollem Umfang vom Franchisegeber ausgearbeitet wurde und dem sich der Franchisenehmer ohne eigenen Gestaltungsspielraum unterwerfen mußte. Der Franchisenehmer verpflichtet sich, Transportleistungen ausschließlich für den Franchisegeber und in dessen Namen und für dessen Rechnung auszuführen; dem Franchisenehmer ist jegliche Kundenakquisition auf eigene Rechnung untersagt; dem Franchisenehmer ist bis ins letzte Detail vorgeschrieben, nach welchen Grundsätzen er Transporte übernehmen muß, und er ist zudem verpflichtet, die Leistungen persönlich auszuführen. Die LKW werden von den Franchisenehmern selbst geleast[1].

110 Wird die Grundform des Franchisevertrages tatsächlich umgesetzt, dürfte kein Zweifel daran bestehen, daß der Franchisenehmer kein Arbeitnehmer, sondern Selbständiger ist[2]. Denn nach dem Franchisevertrag ist es Aufgabe des Franchisenehmers, einen eigenen Geschäftsbetrieb mit Unterstützung und unter Verwendung von Namen, Warenzeichen, Ausstattung oder sonstigen Schutzrechten des Franchisegebers zu führen. Es gibt jedoch beim Franchisevertrag ebenso wie beim Handelsvertretervertrag oder beim Werkvertrag Fälle, in denen eine bestimmte Rechtsform mißbräuchlich benutzt wird. Derartige Formen des **Rechtsformmißbrauches** führen (gem. § 242 BGB) zur Anwendung derjenigen Vorschriften, die durch die rechtsmißbräuchliche Verwendung gerade ausgeschlossen werden sollten. Wenn einem Franchisenehmer jegliche Selbständigkeit untersagt wird, wenn er tatsächlich wie ein Arbeitnehmer in die Organisation des Arbeitgebers eingegliedert ist und weder ein wirtschaftliches Risiko trägt noch wirtschaftliche Chancen auf dem Markt wahrnehmen kann (zB durch Führung von Konkurrenzprodukten), liegt tatsächlich ein Arbeitsverhältnis vor[3].

6. Familienrechtliche Mitarbeit

111 Ein Arbeitsverhältnis kann auch mit Familienangehörigen bestehen. Dabei kommt es vor dem Hintergrund des Gestaltungsmißbrauchs vor allem darauf an, ob der mitarbeitende Familienangehörige in allen Punkten des Arbeitsverhältnisses ebenso behandelt wird wie ein familienfremder Dritter. Dies gilt sowohl hinsichtlich der Art der Dienstleistung und der Vergütung als auch hinsichtlich der Versteuerung dieser Vergütung. Es müssen klare, eindeutige und ernsthafte Vereinbarungen getroffen werden, die auch tatsächlich vollzogen werden. Vertragsinhalt und Vertragsdurchführung müssen **dem entspre-**

---

1 Fall des LSG Berlin v. 27. 10. 1993, NZA 1995, 139.
2 So auch MünchArbR/*Richardi*, § 24 Rz. 118; *Ekkenga*, Die Inhaltskontrolle von Franchiseverträgen, S. 40; *Weltrich*, DB 1988, 806, 808; *Skaupy*, NJW 1992, 1784, 1790.
3 Das LSG Berlin v. 27. 10. 1993, NZA 1995, 139, hat sogenannten „Franchisenehmern" im Transportgewerbe die Selbständigkeit versagt.

chen, was zwischen Fremden üblich ist[1]. Stets ist eine Einzelfallbetrachtung vorzunehmen. Die Tätigkeit eines Familienangehörigen als Arbeitnehmer ist abzugrenzen von der Mithilfe auf Grund der Familienzugehörigkeit[2]. Beschäftigt zB ein niedergelassener Arzt seine Ehefrau in der Buchhaltung seiner Praxis, werden die Einkünfte versteuert und zur Sozialversicherung angemeldet, und läßt sich die Tätigkeit auch praktisch nachweisen, dann dürfte es bei der Qualifikation dieser Tätigkeit als Arbeitsverhältnis keine Probleme geben. Die Ehefrau ersetzt eine Arbeitskraft, die andernfalls eingestellt werden müßte[3].

III. Berufsbildungsrecht

1. Geltungsbereich des Berufsbildungsgesetzes

Die betriebliche Bildung wird durch das Berufsbildungsgesetz vom 14. 8. 1969[4] geregelt. Das Berufsbildungsgesetz (BBiG) verwendet den Begriff der Berufsbildung als Oberbegriff für **Berufsausbildung, berufliche Fortbildung und berufliche Umschulung**[5]. Der für das individuelle Berufsausbildungsverhältnis maßgebliche zweite Teil des Berufsbildungsgesetzes (§§ 3–19 BBiG) ist nur auf die Berufsausbildung anwendbar. Für die berufliche Umschulung und die berufliche Fortbildung gelten lediglich §§ 46, 47 BBiG (über § 1 Abs. 3 und 4 BBiG)[6]. Ziel der Umschulung im Sinne von § 47 BBiG ist es, den Übergang in eine andere geeignete berufliche Tätigkeit zu ermöglichen. Der Gesetzgeber hat darauf verzichtet, Umschulungsverhältnisse ebenso eingehend und zwingend zu regeln wie Berufsausbildungsverhältnisse. Er hat sich daher bewußt darauf beschränkt, lediglich allgemeine Grundsätze in § 47 Abs. 1 BBiG für die berufliche Umschulung aufzustellen[7]. Gleiches gilt für die berufliche Fortbildung gem. § 1 Abs. 3 BBiG. Berufsausbildung im Sinne des Gesetzes soll eine breit angelegte berufliche Grundbildung und die für die Ausübung einer qualifizierten beruflichen Tätigkeit notwendigen fachlichen Fertigkeiten und Kenntnisse in einem geordneten Ausbildungsgang vermitteln. Daneben soll sie den Erwerb der erforderlichen Berufserfahrungen ermöglichen[8].

112

Das Berufsbildungsgesetz geht von dem in Deutschland herrschenden **dualen System der Berufsbildung** aus. Dabei wird die Berufsbildung in den Betrieben der Wirtschaft, in vergleichbaren Einrichtungen außerhalb der Wirtschaft, ins-

113

---

1 BFH v. 6. 3. 1995, NzA 1995, 934.
2 BSG v. 5. 4. 1956, AP Nr. 2 zu § 611 BGB – Arbeitsverhältnis zwischen Eltern und Kindern; MünchKomm/*Hinz*, § 1619 Rz. 34.
3 OLG Frankfurt v. 11. 1. 1996, NZA-RR 1996, 229; KR/*Etzel*, § 1 KSchG Rz. 55.
4 BGBl. I, 1112.
5 § 1 Abs. 1 BBiG.
6 BAG v. 15. 3. 1991, AP Nr. 2 zu § 47 BBiG.
7 BAG v. 15. 3. 1991, AP Nr. 2 zu § 47 BBiG.
8 So die Definition der Berufsausbildung in § 1 Abs. 2 BBiG; die berufliche Fortbildung und die berufliche Umschulung sind in § 1 Abs. 3 und Abs. 4 BBiG definiert.

besondere des öffentlichen Dienstes, der freien Berufe und der Haushalte einerseits (betrieblicher Teil der Berufsbildung) sowie gleichzeitig in berufsbildenden Schulen und sonstigen Berufsbildungseinrichtungen außerhalb der schulischen und betrieblichen Berufsbildung durchgeführt. Dieser schulische Bereich der Berufsbildung ist vom Berufsbildungsgesetz nicht erfaßt, da die schulische Ausbildung Länderangelegenheit ist[1]. Darüber hinaus gilt das Berufsbildungsgesetz nicht für die Berufsbildung in einem öffentlich-rechtlichen Dienstverhältnis sowie für die Berufsbildung auf Kauffahrteischiffen (gem. § 2 Abs. 2 BBiG).

114 Unter Berufsausbildung in einem **öffentlich-rechtlichen Dienstverhältnis** wird diejenige Berufsausbildung verstanden, in der kraft Verwaltungsakt ein Dienstverhältnis begründet wird[2]. Eine weitere Einschränkung des Geltungsbereiches des Berufsbildungsgesetzes wird von § 28 BBiG vorgenommen. Danach gilt das Berufsbildungsgesetz ausschließlich für die Berufsbildung in einem **anerkannten Ausbildungsberuf**[3]. Es kommt also nicht darauf an, ob bestimmte Vertragsverhältnisse einvernehmlich als Ausbildungsverhältnisse oder in ähnlicher Weise bezeichnet werden. Durch derartige Vereinbarungen ist es nicht möglich, Vertragsverhältnisse unter das Berufsbildungsgesetz zu ziehen, wenn nicht zu einem anerkannten Beruf ausgebildet wird (oder fortgebildet oder umgeschult wird). Ebenso kann auch nicht durch die anderslautende Benennung von Ausbildungsverträgen das Berufsbildungsgesetz ausgeschaltet werden. Fällt ein Vertragsverhältnis materiell unter das Berufsbildungsgesetz, dann gelten die Bestimmungen dieses Gesetzes.

115 Die Bestimmungen des zweiten Teils des Berufsbildungsgesetzes sind **zwingend** und nicht zu Lasten des Auszubildenden abdingbar (§ 18 BBiG).

116 Die zu ihrer Berufsausbildung Beschäftigten sind gem. § 5 Abs. 1 BetrVG **Arbeitnehmer.** Allerdings ist der in § 5 Abs. 1 BetrVG verwandte Begriff weitergehend als der Begriff der Berufsausbildung im Berufsbildungsgesetz[4].

117 Wird ein Auszubildender in einem anerkannten Ausbildungsberuf ausgebildet, ist eine **Abweichung von der jeweiligen Ausbildungsordnung unzulässig.** Verträge mit Jugendlichen unter 18 Jahren über nicht anerkannte Ausbildungsziele sind nichtig[5]. Etwas anderes gilt für Umschulungsverhältnisse, in denen gem. § 47 Abs. 3 BBiG andere Ausbildungsziele verfolgt werden können. Mit dem Gesetz zur Förderung der Berufsbildung durch Planung und Forschung (Berufsbildungsförderungsgesetz) vom 23. 12. 1981[6] hat der Gesetzgeber sich zur Berufsbildungsplanung und Berufsbildungsförderung bekannt. Von besonderer Be-

---

1 § 2 Abs. 1 BBiG; vgl. MünchArbR/*Natzel*, § 170 Rz. 191.
2 ZB Beamtenverhältnis, Soldatendienstverhältnis; dagegen gilt das Gesetz für sonstige Personen im öffentlichen Dienst uneingeschränkt, soweit sie nicht als Beamte, Richter oder Soldaten ausgebildet werden, MünchArbR/*Natzel*, § 170 Rz. 193.
3 Das Verzeichnis der anerkannten Ausbildungsberufe und der zuständigen Stellen ist abgedruckt im Bundesanzeiger (132a v. 18. 7. 1995).
4 Vgl. *Fitting/Kaiser/Heither/Engels*, § 5 BetrVG Rz. 87; siehe dazu auch BAG v. 26. 1. 1994, NZA 1995, 120.
5 § 28 Abs. 2 BBiG; MünchArbR/*Natzel*, § 173 Rz. 16.
6 BGBl. I, 1692.

deutung ist die individuelle Förderung der beruflichen Bildung, die in verschiedenen Gesetzen, wie zum Beispiel dem Arbeitsförderungsgesetz, enthalten ist[1].

2. Berufsausbildungsvertrag

Maßgeblich für den Inhalt des Berufsausbildungsverhältnisses ist der Berufsausbildungsvertrag (gem. § 3 Abs. 1 BBiG). Es handelt sich dabei um die privatschriftliche Vereinbarung zwischen dem Ausbildenden und dem Auszubildenden. Der **Mindestinhalt** des Ausbildungsvertrages wird in § 4 BBiG vorgegeben. 118

a) Abschluß und Vertragsinhalt

Das Zustandekommen des Berufsausbildungsvertrages erfordert wie jeder Arbeitsvertrag die Willenseinigung zwischen dem Ausbildenden und dem Auszubildenden. Das Gesetz verweist ausdrücklich auf die **Geltung aller für den Arbeitsvertrag geltenden Rechtsvorschriften und Rechtsgrundsätze (§ 3 Abs. 2 BBiG)**. Damit gelten die gesetzlichen Bestimmungen über Willensmängel und über die Anfechtung für den Berufsausbildungsvertrag ebenso, wie sie auch auf den Arbeitsvertrag Anwendung finden. Ist der Auszubildende zum Zeitpunkt des Vertragsabschlusses minderjährig, bedarf er der Zustimmung seiner Personensorgeberechtigten; dies ergibt sich mittelbar aus § 3 Abs. 3 BBiG, der darauf hinweist, daß im Falle des Abschlusses des Berufsausbildungsvertrages zwischen den Eltern und ihrem Kind erstere von dem Verbot des Selbstkontrahierens (§ 181 BGB) befreit sind[2]. § 113 BGB berechtigt den Minderjährigen nicht zum Abschluß des Ausbildungsvertrages im eigenen Namen. Der Berufsausbildungsvertrag ist selbst dann wirksam, wenn der Ausbildende nicht berechtigt ist, Auszubildende einzustellen. 119

Der Ausbildende ist verpflichtet, unverzüglich nach Abschluß des Berufsausbildungsvertrages, spätestens vor Beginn der Berufsausbildung, den wesentlichen Inhalt des Vertrages **schriftlich niederzulegen** (§ 4 Abs. 1 Satz 1 BBiG). Der frühere Eingangswortlaut des Satzes 2 von § 4 Abs. 1 BBiG wurde durch das Gesetz über den Nachweis der für ein Arbeitsverhältnis geltenden wesentlichen Bedingungen **(Nachweisgesetz)** vom 20. 7. 1995[3] verschärft. Die Neufassung verpflichtet jetzt den Arbeitgeber, die unter Nummern 1 bis 9 von § 4 Abs. 1 BBiG genannten Punkte in den Berufsausbildungsvertrag aufzunehmen. Die Änderung von § 4 BBiG durch das Nachweisgesetz[4] besagt jedoch nicht, daß etwa ein mündlich abgeschlossener Ausbildungsvertrag rechtsunwirksam wäre. Der Berufsausbildungsvertrag kann wirksam auch formlos abgeschlossen werden[5]. 120

---

1 Vgl. dazu ausführlich MünchArbR/*Natzel*, § 175 Rz. 24 ff.
2 MünchArbR/*Natzel*, § 171 Rz. 3; *Schaub*, § 174 II 1.
3 BGBl. I 1995, 946.
4 Siehe dazu *Schiefer*, DB 1995, 1910.
5 BAG v. 22. 2. 1972, AP Nr. 1 zu § 15 BBiG; s.a. BAG v. 21. 8. 1997 – 5 AZR 713/96, noch nv., unter Bezugnahme auf das Nachweisgesetz.

121 Die in § 4 Abs. 1 Nr. 2 BBiG angesprochene **Dauer der Berufsausbildung** folgt aus den jeweiligen Ausbildungsordnungen. Die Berufsausbildung soll nicht mehr als drei und nicht weniger als zwei Jahre dauern (§ 25 Abs. 2 Nr. 2 BBiG)[1]. Nr. 9 von § 4 Abs. 2 wurde durch das Nachweisgesetz neu hinzugefügt, der Wortlaut entspricht der Nr. 10 von § 2 Abs. 1 Nachweisgesetz.

122 Die zulässige **Dauer der Probezeit** des Berufsausbildungsvertrages ergibt sich aus § 13 BBiG. Danach muß die Probezeit mindestens einen Monat und darf höchstens drei Monate betragen. Sowohl eine kürzere als auch eine längere Probezeitvereinbarung sind nichtig[2].

123 Der in § 4 Abs. 1 Nr. 9 BBiG enthaltene **Hinweis auf Tarifverträge, Betriebs- oder Dienstvereinbarungen,** die auf das Berufsausbildungsverhältnis anwendbar sind, kann nur dann eingehalten werden, wenn es derartige Tarifverträge, Betriebs- oder Dienstvereinbarungen gibt, die anwendbar sein können. Sind Kollektivvereinbarungen nicht anwendbar, ist ein Negativhinweis nicht erforderlich.

124 Zwischen den Parteien vereinbarte **Änderungen** des Berufsausbildungsvertrages bedürfen gleichfalls der Schriftform (gem. § 4 Abs. 4 BBiG).

125 Üblicherweise wird der Berufsausbildungsvertrag unter Verwendung von **Musterausbildungsverträgen** abgeschlossen, die bei den zuständigen Behörden angefordert werden können[3].

126 Der Ausbildende ist verpflichtet, den Abschluß eines Berufsausbildungsvertrages bei den zuständigen Stellen (Handwerkskammern, Industrie- und Handelskammern) anzumelden (§ 32 BBiG). Wird die **Anmeldung vom Ausbildenden** in schuldhafter Weise unterlassen, kann der Auszubildende trotzdem zur Abschlußprüfung zugelassen werden, wenn er die Unterlassung der Anmeldung nicht zu vertreten hat (§ 39 Abs. 1 Nr. 3 BBiG).

b) Nichtige Vereinbarungen

127 Eine **nachvertragliche Wettbewerbsbeschränkung** des Auszubildenden ist nichtig (§ 5 Abs. 1 Satz 1 BBiG). Eine Ausnahme besteht lediglich bei Zeitsoldaten (§ 85 BBiG). Unter bestimmten Bedingungen kann der Ausbildende mit dem Auszubildenden vor Abschluß des Berufsausbildungsverhältnisses vereinbaren, daß der Auszubildende nach der Abschlußprüfung im Betrieb des Ausbildenden verbleibt. Eine derartige **Weiterarbeitsklausel**[4] ist nur dann wirksam, wenn sie innerhalb der letzten sechs[5] Monate des Berufsausbildungsverhältnisses verein-

---

1 *Schaub*, § 174 II 3 verweist auf die mögliche Anrechnung von Schul- und Fachschulzeiten hin, diese Anrechnungsmöglichkeit ist in insgesamt fünf Verordnungen niedergelegt. Vgl. auch MünchArbR/*Natzel*, § 171 Rz. 29.
2 MünchArbR/*Natzel*, § 171 Rz. 45.
3 So zB Handwerkskammer, IHK.
4 BAG v. 13. 5. 1975, AP Nr. 2 zu § 5 BBiG.
5 Durch das Beschäftigungsförderungsgesetz vom 25. 9. 1996 wurde die Frist von 3 auf 6 Monate verlängert.

bart wurde (also nicht bereits Inhalt des Ausbildungsvertrages war). Bis zum 1. 10. 1996 wurde noch verlangt, daß nach Abschluß der Berufsausbildung ein Arbeitsverhältnis auf unbestimmte Zeit eingegangen wird, oder ein Arbeitsverhältnis zeitlich für maximal fünf Jahre eingegangen wird, sofern der Ausbildende zusätzliche Kosten für eine weitere Berufsausbildung des Auszubildenden übernimmt und diese Kosten in einem angemessenen Verhältnis zur Dauer der Verpflichtung stehen (§ 5 Abs. 1 Satz 2 BBiG). Durch das Beschäftigungsförderungsgesetz vom 25. 9. 1996 ist § 5 BBiG geändert worden. Nunmehr kann innerhalb der letzten sechs Monate des Berufsausbildungsverhältnisses jede Art von Anschlußarbeitsvertrag mit dem Ausbilder geschlossen werden. Der jeweilige Anschlußarbeitsvertrag (zB als befristeter Arbeitsvertrag nach dem Beschäftigungsförderungsgesetz) wird nicht vor dem Hintergrund des BBiG, sondern vor dem Hintergrund allgemeiner Bestimmungen geprüft (zB § 620 BGB – sachlicher Befristungsgrund)[1]. Vereinbarungen, die außerhalb der Grenzen des § 5 Abs. 1 BBiG getroffen werden, sind nichtig.

Nichtig sind auch Vereinbarungen über die Verpflichtung des Auszubildenden, für die Berufsausbildung eine **Entschädigung zu bezahlen.** Nach dem Gesetz hat der Ausbildende dem Auszubildenden kostenlos die zur Ausbildung und zur Ablegung der Prüfung notwendigen Gerätschaften zur Verfügung zu stellen (§ 6 Abs. 1 Nr. 3 BBiG). Zu den Kosten der Ausbildung gehören auch Kosten für Verpflegung und Unterkunft des Auszubildenden, wenn der Auszubildende nicht im Ausbildungsbetrieb, sondern an einem anderen Ort praktisch ausgebildet wird (weil das ausbildende Unternehmen zB eine zentrale Ausbildungswerkstatt unterhält)[2]. Wenn der Ausbildende versucht, die Eltern an den Kosten der Berufsausbildung ihres Kindes zu beteiligen[3], wird dieses Verbot in rechtswidriger Weise umgangen. Gleichfalls ist die **Vereinbarung von Vertragsstrafen** im Rahmen des Ausbildungsvertrages nichtig. Nicht betroffen von dieser Regelung ist die Vereinbarung einer Vertragsstrafe, wenn zulässigerweise innerhalb der letzten sechs Monate des Ausbildungsverhältnisses ein Arbeitsvertrag abgeschlossen worden ist, der im Falle des Nichtantritts mit einer Vertragsstrafe gesichert wurde. Für diese Vertragsstrafe gilt das Verbot des § 5 Abs. 2 Nr. 2 BBiG nicht[4]. 128

c) Pflichten des Ausbildenden

Eine wesentliche Nebenpflicht des Ausbildenden ist die bereits erwähnte Verpflichtung, dem Auszubildenden die Ausbildung kostenlos zu gewähren (§ 6 Abs. 1 Nr. 3 BBiG). Hauptpflicht ist jedoch die in § 6 Abs. 1 Nr. 1 BBiG niedergelegte Verpflichtung des Ausbildenden, dafür zu sorgen, daß das Ausbildungsziel erreicht werden kann. Daraus ergibt sich ein **materieller Beschäftigungsanspruch des Auszubildenden;** dieser darf zB nicht von der tatsächlichen Tätig- 129

---

1 Vgl. *Rolfs,* NZA 1996, 1134, 1136.
2 BAG v. 21. 9. 1995, AP Nr. 6 zu § 5 BBiG.
3 BAG v. 28. 7. 1982, AP Nr. 3 zu § 5 BBiG.
4 BAG v. 23. 6. 1982, AP Nr. 4 zu § 5 BBiG.

keit freigestellt werden[1]. Der Ausbildende muß grundsätzlich persönlich und fachlich für seine Aufgabe geeignet sein (§ 20 BBiG). Er darf jedoch ausdrücklich einen Erfüllungsgehilfen als Ausbilder mit der Ausbildung beauftragen; dieser muß seinerseits gleichfalls die Voraussetzungen des § 20 BBiG erfüllen[2]. Schließlich muß der Ausbildende den Auszubildenden anhalten, die **Berufsschule** regelmäßig zu besuchen und **Berichtshefte** zu führen (§ 6 Abs. 1 Nr. 4 BBiG). Ein ordnungsgemäß geführtes Berichtsheft ist Voraussetzung für die Zulassung zur Abschlußprüfung (§ 39 Abs. 1 Nr. 2 BBiG). Die Verpflichtung des Ausbildenden in § 6 Abs. 1 Nr. 5 BBiG tritt selbständig neben das Erziehungsrecht und die Erziehungspflicht der Eltern[3]. Nach heutigem Verständnis dürfte sich diese Verpflichtung des Ausbildenden eher darauf beschränken, charakterliche Fehlentwicklungen oder Gefahrenmomente zu erkennen und gegenzusteuern, notfalls auch durch Einschaltung der Eltern oder sonstiger Stellen[4]. Für diese Verpflichtung ist es irrelevant, ob der Auszubildende minderjährig ist.

130 Bei Beendigung des Ausbildungsverhältnisses ist der Ausbildende verpflichtet, dem Auszubildenden ein **Zeugnis** auszustellen (§ 8 Abs. 1 BBiG).

d) Pflichten des Auszubildenden

131 Der Auszubildende hat sich zu bemühen, die **Fertigkeiten und Kenntnisse zu erwerben,** die erforderlich sind, um das Ausbildungsziel zu erreichen (§ 9 Abs. 1 Satz 1 BBiG). Dabei wird vom Auszubildenden erwartet, daß er diese Bemühungen auch außerhalb der Arbeitszeit entfaltet[5]. Der Auszubildende ist daneben verpflichtet, die **Berufsschule** regelmäßig zu besuchen (§ 9 Nrn. 2 und 7 BBiG). Unterläßt der Auszubildende dies schuldhaft, kann seine Vergütung für jeden Fehltag um 1/30 gekürzt werden[6]. Schließlich kann darauf auch eine fristlose Kündigung (nach vorheriger Abmahnung) gestützt werden. Verletzt der Auszubildende die Verpflichtung zur **Geheimhaltung** von Betriebs- und Geschäftsgeheimnissen (gem. § 9 Nr. 6 BBiG), kann er sich gem. § 17 BBiG wie jeder andere Arbeitnehmer strafbar machen[7].

e) Ausbildungsvergütung

132 Die Festlegung der Ausbildungsvergütung ist gem. § 4 Abs. 1 Satz 2 Nr. 6 BBiG notwendiger Bestandteil des Ausbildungsvertrages. Zu zahlen ist eine **angemessene Vergütung;** wie hoch diese ist, sagt das Gesetz nicht. Sind auf das Ausbildungsverhältnis Tarifverträge anwendbar, so gelten zwingend die **tariflichen**

---

1 *Natzel*, RdA 1981, 158 ff.; der Auszubildende kann den Beschäftigungsanspruch im Wege der einstweiligen Verfügung durchsetzen.
2 MünchArbR/*Natzel*, § 171 Rz. 80.
3 MünchArbR/*Natzel*, § 171 Rz. 91 ff.
4 ZB kann diese Pflicht praktisch relevant werden, wenn der Auszubildende drogenabhängig wird; in diesem Fall hat der Ausbildende die Pflicht, wenn er dies erkennt, davor nicht die Augen zu schließen, sondern sich aktiv für eine Entziehungskur einzusetzen.
5 BAG v. 11. 1. 1973, AP Nr. 1 zu § 6 BBiG.
6 MünchArbR/*Natzel*, § 171 Rz. 143; *Knopp/Kraegeloh*, § 9 BBiG Anm. 5.
7 MünchArbR/*Natzel*, § 171 Rz. 165.

Mindestsätze[1]. Eine geringere als die angemessene Vergütung kann schon wegen § 18 BBiG nicht zu Ungunsten des Auszubildenden vereinbart werden. Bei der Festlegung der Ausbildungsvergütung besteht ein Spielraum. Angemessen ist eine Vergütung, wenn sie für den Lebensunterhalt des Auszubildenden eine fühlbare Unterstützung bildet und zugleich eine Mindestentlohnung für die in dem jeweiligen Gewerbezweig bestimmbare Leistung eines Auszubildenden darstellt[2]. Bestehen im Bereich des Ausbildungsbetriebes Tarifverträge (die für das konkrete Ausbildungsverhältnis allerdings nicht anwendbar sind, ansonsten gelten die tariflichen Bestimmungen direkt), dann sind diese Vergütungen jedenfalls als angemessen anzusehen[3]. Eine Vergütung ist dann nicht mehr angemessen, wenn sie mehr als 20% unter den als angemessen anzusehenden tariflichen Vergütungen bleibt. Dann kann nicht mehr davon gesprochen werden, die vereinbarten Beträge stellten sich als gewichtiger fühlbarer Beitrag zum Lebensunterhalt des Auszubildenden dar[4]. Eine unwirksame Vergütungsabrede hat zur Folge, daß die angemessene Vergütung geschuldet ist. Wird die **Ausbildung von der Bundesanstalt für Arbeit finanziert** und bringt sie dem Ausbildenden selbst (zB einem gemeinnützigen Verein) keine Vorteile, dann können auch Vergütungen, die erheblich unter den tariflichen Ausbildungsvergütungen liegen, die für den Betrieb gelten, in denen die berufspraktische Ausbildung durchgeführt wird, noch angemessen sein[5].

Die Vergütung muß **jährlich angehoben** werden (gem. § 10 Abs. 1 Satz 2 BBiG). Die Fortzahlung der Vergütung im Verhinderungsfall ist im Gesetz analog § 616 BGB geregelt[6]. Im Falle der Erkrankung verweist das Gesetz auf die Anwendbarkeit des Entgeltfortzahlungsgesetzes.

3. Beendigung des Berufsausbildungsvertrages

Das Berufsausbildungsverhältnis ist auf den Zeitraum der Berufsausbildung befristet und endet dementsprechend mit dem **Ablauf der Ausbildungszeit** (§ 14 Abs. 1 BBiG).

a) Befristung

Besteht der Auszubildende vor Ablauf der Ausbildungszeit die **Abschlußprüfung**, so endet das Ausbildungsverhältnis bereits zu diesem Zeitpunkt[7]. Besteht der Auszubildende die Abschlußprüfung nicht, kann er verlangen, daß sich das

---

1 *Schaub*, § 174 V 2a; MünchArbR/*Natzel*, § 171 Rz. 190.
2 BAG v. 10. 4. 1991, AP Nr. 3 zu § 10 BBiG.
3 BAG v. 10. 4. 1991, AP Nr. 3 zu § 10 BBiG.
4 BAG v. 10. 4. 1991, AP Nr. 3 zu § 10 BBiG.
5 BAG v. 11. 10. 1995, AP Nr. 6 zu § 10 BBiG.
6 § 12 Abs. 1 Nr. 2 BBiG.
7 Dabei besteht Streit über den genauen Zeitpunkt des Bestehens der Abschlußprüfung, vgl. BAG v. 16. 2. 1994, AP Nr. 6 zu § 14 BBiG (Mitteilung des Prüfungsergebnisses); v. 16. 2. 1994, AP Nr. 7 zu § 14 BBiG und ebenfalls v. 16. 2. 1994, AP Nr. 8 zu § 14 BBiG sowie die kritische Auseinandersetzung mit dieser Rechtsprechung von *Weber*, Anm. zu AP Nr. 6, 7 und 8 zu § 14 BBiG sowie *Wohlgemuth*, AiB 1995, 114.

Ausbildungsverhältnis bis zur nächstmöglichen **Wiederholungsprüfung** verlängert, höchstens jedoch um ein Jahr (§ 14 Abs. 3 BBiG). Dies gilt auch unter Berücksichtigung der Tatsache, daß die Prüfung insgesamt zweimal wiederholt werden darf (gem. § 34 BBiG). Der Auszubildende kann die Verlängerung der Ausbildungszeit nur um ein Jahr verlangen, unter Umständen kann er in diesem Jahr die Prüfung zweimal wiederholen. Gelingt ihm dies nicht, ist die Fortsetzung des Ausbildungsverhältnisses über dieses eine Verlängerungsjahr hinaus abhängig von der Zustimmung des Ausbildenden[1]. Die Verlängerung selbst kann zwar mündlich verlangt werden, die Vereinbarung über die Verlängerung ist jedoch schriftlich gem. § 4 BBiG niederzulegen und nach § 32 BBiG der zuständigen Stelle vorzulegen[2].

b) Aufhebungsvertrag

136 Außer durch Fristablauf kann das Berufsausbildungsverhältnis auch durch eine Aufhebungsvereinbarung beendet werden, die in **gegenseitigem Einvernehmen** jederzeit geschlossen werden kann[3]. Dies folgt aus dem §§ 241, 305 BGB entnommenen Grundsatz der Vertragsfreiheit[4]. Bei minderjährigen Auszubildenden bedarf der Abschluß eines Aufhebungsvertrages der Zustimmung des gesetzlichen Vertreters[5]. Ein Aufhebungsvertrag ist jederzeit möglich, es dürfen jedoch nicht zwingende Schutzvorschriften des Berufsbildungsgesetzes umgangen werden. So wurde vom BAG ein Aufhebungsvertrag für unwirksam erklärt, der vorsah, daß das Ausbildungsverhältnis automatisch enden sollte, wenn der Auszubildende im nächsten Berufsschulzeugnis in bestimmten Fächern die Note „mangelhaft" erhielt. Das BAG hat diese Vereinbarung für nichtig erachtet, da mit ihr die zwingenden Bestimmungen des § 15 Abs. 2 Nr. 1 BBiG umgangen wurden[6].

c) Kündigung

137 Als dritter Weg für die Beendigung des Berufsausbildungsverhältnisses kommt die Kündigung in Betracht. Dabei ist zu unterscheiden zwischen

- ▶ der Kündigung während der Probezeit und
- ▶ der Kündigung nach Ablauf der Probezeit.

aa) Kündigung während der Probezeit

138 Während der Probezeit kann das Berufsausbildungsverhältnis **jederzeit ohne Einhaltung einer Kündigungsfrist** gekündigt werden (§ 15 Abs. 1 BBiG). Diese

---

1 So die hM, MünchArbR/*Natzel*, § 171 Rz. 252; *Natzel*, S. 268; *Haase/R. Wagner*, § 14 BBiG Anm. 4; aA *Schaub*, § 174 VII 2c.
2 *Schaub*, § 174 VII 2c.
3 MünchArbR/*Natzel*, § 171 Rz. 254; *Große*, BB 1993, 2081.
4 *Bauer*, Arbeitsrechtliche Aufhebungsverträge, Rz. 7.
5 *Bauer*, Arbeitsrechtliche Aufhebungsverträge, Rz. 285; darauf wurde bereits im Zusammenhang mit § 113 BGB hingewiesen.
6 BAG v. 15. 12. 1985, BB 1986, 2128.

Bestimmung ist auf die Kündigung des Berufsbildungsvertrages zwischen dem Abschluß des Vertrages und dem Antritt des Berufsbildungsverhältnisses entsprechend anzuwenden, es sei denn, die Parteien hätten eine abweichende Regelung vereinbart (zB die Kündigung vor Antritt des Berufsausbildungsverhältnisses ausgeschlossen)[1]. Die Möglichkeit der Kündigung ohne Einhaltung einer Kündigungsfrist in der Probezeit soll beiden Vertragspartnern erlauben, sich kurzfristig voneinander zu lösen, wenn entweder festgestellt wird, daß der gewählte Ausbildungsgang für den Auszubildenden nicht der richtige ist, oder der Ausbildende zu der Auffassung gelangt, der Auszubildende eigne sich für den eingeschlagenen Berufsweg nicht[2]. Auf Grund der Möglichkeit, während der Probezeit eine entfristete Kündigung mit sofortiger Wirkung auszusprechen, erübrigt sich für diesen Zeitraum die außerordentliche Kündigung aus wichtigem Grund[3]. Im Kündigungsschreiben muß der Kündigungsgrund nicht angegeben werden (dies ergibt sich aus dem Umkehrschluß aus § 15 Abs. 3 BBiG). Besteht ein Betriebsrat, so sind diesem die Gründe für die Kündigung während der Probezeit gem. § 102 Abs. 1 BetrVG mitzuteilen[4].

Die „entfristete" ordentliche Kündigung während der Probezeit muß nicht fristlos erklärt werden, sie kann auch mit einer **Auslauffrist** ausgesprochen werden. Die Auslauffrist muß jedoch so bemessen sein, daß sie nicht zu einer unangemessen langen Fortsetzung des Berufsausbildungsvertrages führt, der nach dem endgültigen Entschluß des Kündigenden nicht bis zur Beendigung der Ausbildung fortgeführt werden soll[5]. Daneben sind bei einer Kündigung in der Probezeit die besonderen Kündigungsschutzbestimmungen des Mutterschutzgesetzes (§ 9 MuSchG) und des Schwerbehindertengesetzes (§§ 15 ff. SchwBG) zu beachten[6]. 139

bb) Kündigung nach der Probezeit

Nach der Probezeit kann das Berufsausbildungsverhältnis vom Ausbildenden nur **aus wichtigem Grund** ohne Einhalten einer Kündigungsfrist gekündigt werden. Der Auszubildende hat neben der Möglichkeit, aus wichtigem Grund auch seinerseits zu kündigen, die Möglichkeit, mit einer Frist von vier Wochen zu kündigen, wenn er die **Berufsausbildung aufgeben** will oder sich für eine andere Berufstätigkeit ausbilden lassen will (§ 15 Abs. 2 Nrn. 1 und 2 BBiG). 140

---

1 So BAG v. 17. 9. 1987, AP Nr. 7 zu § 18 BBiG; *Große*, BB 1993, 2081, 2082; KR/*Weigand*, §§ 14, 15 BBiG Rz. 41.
2 KR/*Weigand*, §§ 14, 15 BBiG Rz. 42.
3 *Kittner/Trittin*, § 15 BBiG Rz. 4; es handelt sich um eine „entfristete" ordentliche Kündigung.
4 KR/*Weigand*, §§ 14,15 BBiG Rz. 42 unter Hinweis auf ArbG Oldenburg v. 13. 12. 1976, AuR 1977, 123.
5 BAG v. 10. 11. 1988, AP Nr. 8 zu § 15 BBiG.
6 Allerdings dürfte bei der praktisch wohl allein vorkommenden Neueinstellung eines Schwerbehinderten dieser während der Probezeit noch keinen Kündigungsschutz erlangt haben (wegen § 20 Abs. 1 Nr. 1 SchwBG).

141 Eine ordentliche Kündigung nach Ablauf der Probezeit ist damit ausgeschlossen. Die vertragliche Vereinbarung einer ordentlichen Kündigung ist wegen § 18 BBiG nichtig. Die **außerordentliche Kündigung** nach § 15 Abs. 2 BBiG bedarf der Schriftform. Darüber hinaus muß im Kündigungsschreiben der **Kündigungsgrund** angegeben werden. Eine schriftliche Kündigung ohne schriftliche Angabe des Kündigungsgrundes ist nichtig[1]. Es ist auch nicht möglich, eine Kündigung nachträglich zu heilen, wenn die Kündigungsgründe nicht oder nicht hinreichend angegeben worden sind. Die Kündigungsgründe können insbesondere nicht schriftlich nachgeschoben werden[2]. Die Kündigungsgründe müssen im Kündigungsschreiben nicht so detailliert angegeben werden, wie sie einem Betriebsrat gem. § 102 BetrVG unterbreitet werden müßten. In dem Kündigungsschreiben müssen lediglich die Tatsachen mitgeteilt werden, die für die Kündigung maßgebend sind. Werturteile wie „mangelhaftes Benehmen" oder „Störung des Betriebsfriedens" genügen jedoch nicht. Eine derart pauschale Umschreibung der Kündigungsgründe macht das Kündigungsschreiben gleichfalls nichtig[3]. Die Kündigungsgründe müssen so eindeutig geschildert werden, daß der Kündigungsempfänger sich darüber schlüssig werden kann, ob er die Kündigung anerkennen will oder nicht[4]. Der Kündigungsempfänger soll durch die Angabe der Gründe erkennen können, warum die Kündigung ausgesprochen wurde, er soll die Möglichkeit erhalten, die Rechtswirksamkeit der Kündigung rasch feststellen zu können; daher ist das Schriftformerfordernis allein nicht ausreichend[5]. Die Bezugnahme auf Erklärungen des Kündigenden gegenüber Dritten ist gleichfalls keine ausreichende Beschreibung der Kündigungsgründe im Kündigungsschreiben[6].

142 Bei der **Beurteilung des wichtigen Grundes** der außerordentlichen Kündigung im Bereich des Berufsausbildungsverhältnisses ist auszugehen von den zu § 626 Abs. 1 BGB entwickelten Grundsätzen. Es müssen Tatsachen vorliegen, auf Grund deren dem Kündigenden unter Berücksichtigung aller Umstände des Einzelfalles und unter Abwägung der Interessen beider Vertragsteile die Fortsetzung des Berufsausbildungsverhältnisses bis zum Ablauf der Ausbildungszeit nicht mehr zugemutet werden kann. Dabei können jedoch nicht die gleichen Maßstäbe wie die bei einem Arbeitsverhältnis eines erwachsenen Arbeitnehmers angelegt werden. Die spezifischen Besonderheiten des Berufsausbildungsverhältnisses bei der Auslegung des Begriffs „wichtiger Grund" sind zu berücksichtigen. Regelmäßig ist eine Häufung von Vertragsverstößen erforderlich (sogenannte Kette von Pflichtwidrigkeiten)[7].

---

1 BAG v. 25. 11. 1976, AP Nr. 4 zu § 15 BBiG; MünchArbR/*Natzel*, § 171 Rz. 281; *Kittner/Trittin*, § 15 BBiG Rz. 18, 19; *Große*, BB 1993, 2081, 2083; KR/*Weigand*, §§ 14, 15 BBiG Rz. 92 ff.
2 MünchArbR/*Natzel*, § 171 Rz. 281; BAG v. 22. 2. 1972, AP Nr. 1 zu § 15 BBiG.
3 BAG v. 25. 11. 1976, AP Nr. 4 zu § 15 BBiG.
4 BAG v. 22. 2. 1972, AP Nr. 1 zu § 15 BBiG.
5 BAG v. 22. 2. 1972, AP Nr. 1 zu § 15 BBiG.
6 KR/*Weigand*, §§ 14, 15 BBiG Rz. 95 unter Berufung auf LAG Nürnberg v. 21. 6. 1994, LAGE § 15 Abs. 3 BBiG Nr. 8.
7 LAG Baden-Württemberg v. 31. 10. 1996, NZA 1997, 288, 289; KR/*Weigand*, §§ 14, 15 BBiG Rz. 45.

Beispielsfälle für die außerordentliche Kündigung durch den Ausbildenden: 143
- *Wiederholt verspätetes Abliefern des Berichtsheftes trotz Abmahnung: ja*[1]
- *Ungenügende Berufsschulleistungen: nein*[2]
- *Andauerndes Führen von Privattelefonaten vom Diensttelefon des Ausbildenden im dritten Ausbildungsjahr (trotz mehrfacher Abmahnung): nein*[3]
- *Grobe Beleidigungen und Mißachtung des Ausbildenden: ja*[4]
- *Strafbare Handlungen: je nach Schwere der strafbaren Handlung*[5].

Die individuellen Umstände beim Auszubildenden (Stichwort „Jugendstreiche") einerseits und die objektiven Gegebenheiten andererseits sind **abzuwägen**. Es ist gerade die Pflicht des Ausbildenden, den Auszubildenden vor sittlicher und körperlicher Gefährdung zu schützen (§ 6 Abs. 1 Nr. 5 BBiG). Vor diesem Hintergrund erscheint ein Fehlverhalten eines jugendlichen Auszubildenden in einem milderen Licht als ein gleichgelagertes Verhalten eines erwachsenen Arbeitnehmers. Als objektive Faktoren sind die Folgen einer fristlosen Kündigung für den Auszubildenden zu sehen. Unter Umständen ist jede Form der Ausbildung nach einer fristlosen Kündigung gescheitert, der Auszubildende hätte keine abgeschlossene Berufsausbildung. Insbesondere gegen Ende des Berufsausbildungsverhältnisses gewinnen die Interessen des Auszubildenden eine derart große Bedeutung, daß praktisch eine fristlose Kündigung kurz vor Abschluß der Ausbildung nicht mehr in Betracht kommt[6]. 144

cc) Ausschlußfrist für außerordentliche Kündigung

Die außerordentliche Kündigung muß innerhalb einer Ausschlußfrist von **zwei Wochen** ausgesprochen werden (§ 15 Abs. 1 BBiG). Die zu § 626 Abs. 2 BGB entwickelten Grundsätze gelten entsprechend[7]. Auch im Rahmen des § 15 BBiG ist eine Verdachtskündigung nur wirksam, wenn der Auszubildende vorher angehört wurde[8]. 145

---

1 Fall des ArbG Wesel v. 14. 11. 1996, NZA 1997, 291.
2 KR/*Weigand*, §§ 14, 15 BBiG Rz. 64.
3 Fall des LAG Baden-Württemberg v. 31. 10. 1996, NZA 1997, 288.
4 Vgl. KR/*Weigand*, §§ 14, 15 BBiG Rz. 62; *Kittner/Trittin*, § 15 BBiG Rz. 14.
5 *Kittner/Trittin*, § 15 BBiG Rz. 14.
6 BAG v. 10. 5. 1973, AP Nr. 3 zu § 15 BBiG; KR/*Weigand*, §§ 14, 15 BBiG Rz. 45; LAG Baden-Württemberg v. 31. 10. 1996, NZA 1997, 288, 289.
7 *Kittner/Trittin*, § 15 BBiG Rz. 23; KR/*Weigand*, §§ 14, 15 BBiG Rz. 97.
8 Ständige Rechtsprechung des BAG, vgl. beispielhaft BAG v. 30. 4. 1987, AP Nr. 19 zu § 626 BGB – Verdacht strafbarer Handlungen. Etwas mißverständlich heißt es bei MünchArbR/*Natzel*, § 171 Rz. 288, eine Anhörung des Auszubildenden müsse generell erfolgen; in diese Richtung geht auch KR/*Weigand*, §§ 14, 15 BBiG Rz. 100, der dem Kündigenden Gelegenheit zur Stellungnahme geben will. Nach richtiger Ansicht kann dies aber nur für die Verdachtskündigung gelten, eine allgemeine Anhörungspflicht bei außerordentlichen Kündigungen von Berufsausbildungsverhältnissen ergibt sich weder aus dem Gesetz noch ist sie erforderlich.

dd) Kündigung und Minderjährigkeit

146 Die Kündigung gegenüber einem minderjährigen Auszubildenden muß an den **gesetzlichen Vertreter** gerichtet werden. Dabei besteht Uneinigkeit darüber, ob an jeden der gesetzlichen Vertreter gesonderte Kündigungsschreiben zuzustellen sind, oder ob die Zustellung an einen gesetzlichen Vertreter reicht. In gleicher Weise herrscht Streit darüber, ob eine von einem minderjährigen Auszubildenden abgegebene schriftliche Kündigungserklärung der Unterschrift beider gesetzlicher Vertreter bedarf[1].

d) Güteverfahren nach § 111 Abs. 2 ArbGG

147 Der Lauf der Frist gem. § 15 Abs. 4 BBiG ist gehemmt, so lange ein vorgesehenes Güteverfahren vor einer außergerichtlichen Stelle schwebt (§ 15 Abs. 4 Satz 2 BBiG). Haben die zuständigen Stellen im Sinne des Berufsbildungsgesetzes Ausschüsse gebildet, denen Arbeitnehmer und Arbeitgeber in gleicher Zahl angehören, dann muß nach § 111 Abs. 2 ArbGG zunächst dieser **Ausschuß zur Vermittlung** angerufen werden (§ 102 ArbGG)[2]. Diese Vermittlung ist Prozeßvoraussetzung und ersetzt das arbeitsgerichtliche Güteverfahren[3]. Wird der von dem Ausschuß gefällte Spruch nicht innerhalb von einer Woche von beiden Parteien anerkannt, kann binnen zwei Wochen nach ergangenem Spruch Klage beim zuständigen Arbeitsgericht erhoben werden. Wird nicht rechtzeitig Klage erhoben, hat dies zur Folge, daß der von dem Ausschuß verhandelte Streitgegenstand von keiner Partei mehr vor die Arbeitsgerichte gebracht werden kann[4]. Die Anrufung des Schlichtungsausschusses ist als Prozeßvoraussetzung der Klage vor dem Arbeitsgericht von Amts wegen zu prüfen. Auf die Durchführung des Schlichtungsverfahrens kann nicht verzichtet werden[5]. Besteht ein Schlichtungsausschuß nicht oder ist er nicht zuständig, ist das Arbeitsgericht direkt für Ansprüche aus dem Berufsausbildungsverhältnis anzurufen[6]. Die zunächst ohne Anrufung des Schlichtungsausschusses eingereichte Klage wird nachträglich zulässig, wenn das nach Kla-

---

1 Der Zugang gegenüber nur einem gesetzlichen Vertreter wird als ausreichend angesehen von *Natzel* in Anm. zu AP Nr. 4 zu § 15 BBiG; aA KR/*Weigand*, §§ 14,15 BBiG Rz. 106 unter Berufung auf arbeitsgerichtliche Rechtsprechung; KR/*Weigand* weist aber darauf hin, daß gem. § 167 Abs. 1 BGB ein Elternteil den anderen bevollmächtigen kann, auch in seinem Namen zu handeln, wobei aber in diesem Falle im Hinblick auf § 174 BGB die schriftliche Vollmacht der Kündigungserklärung beizufügen ist; bei Entgegennahme einer Kündigung dürfte jedoch die Zustellung an einen Elternteil ausreichen, ansonsten müßten zwei getrennte Kündigungsschreiben zugestellt werden; so auch BGH v. 9. 2. 1977, DB 1977, 819.
2 BAG v. 18. 9. 1985, AP Nr. 2 zu § 111 ArbGG 1953 und BAG v. 9. 10. 1979, AP Nr. 3 zu § 111 ArbGG 1953.
3 KR/*Weigand*, §§ 14, 15 BBiG Rz. 111.
4 BAG v. 9. 10. 1979, AP Nr. 3 zu § 111 ArbGG 1953.
5 KR/*Weigand*, §§ 14, 15 BBiG Rz. 111; *Germelmann/Matthes/Prütting*, ArbGG § 111 Rz. 19 f.; aA *Schaub*, Formularsammlung, § 82 I 5d.
6 *Germelmann/Matthes/Prütting*, § 111 ArbGG Rz. 21.

geerhebung eingeleitete Schlichtungsverfahren beendet und der Spruch nicht anerkannt wurde[1].

> **Hinweis:**
> Zur Fristwahrung sollte der Antrag an den Schlichtungsausschuß gleichzeitig mit der (meist länger dauernden) Klage zum Arbeitsgericht eingereicht werden.

Über die **Anwendbarkeit des Kündigungsschutzgesetzes** im Bereich des Berufsausbildungsverhältnisses besteht Uneinigkeit. Die überwiegende Meinung ist für eine beschränkte Anwendung des Kündigungsschutzgesetzes auf Berufsausbildungsverhältnisse. Während der bis zu dreimonatigen Probezeit findet das Kündigungsschutzgesetz keine Anwendung, danach kann das Ausbildungsverhältnis nur noch fristlos gekündigt werden. In diesem Falle gilt § 13 Abs. 1 Satz 2 KSchG. Insbesondere sollen bei der außerordentlichen Kündigung nach Ablauf der Probezeit § 4 KSchG (Klagefrist) und die §§ 5 bis 7 KSchG auch im Berufsausbildungsverhältnis Anwendung finden[2]. Diese Frage ist gerade für das Verfahren vor dem Schlichtungsausschuß von besonderer Bedeutung. Denn wird die entsprechende Anwendung von § 4 KSchG auch für das Verfahren vor dem Schlichtungsausschuß bejaht, dann muß der Schlichtungsausschuß innerhalb einer Frist von drei Wochen ab Zugang der Kündigung angerufen werden. § 111 ArbGG sagt dazu nichts, die Meinungen in dieser Frage sind geteilt[3]. Für die entsprechende Anwendung von § 4 KSchG spricht das Bedürfnis nach einer raschen Klärung der Frage, ob sich eine Partei des Berufsausbildungsverhältnisses gegen eine Kündigung wendet oder ob die Kündigung anerkannt wird. Da § 4 KSchG hinreichend allgemein bekannt ist, bedeutet die entsprechende Anwendung auch im Schlichtungsverfahren kein Überraschungsmoment.

---

1 BAG v. 25. 11. 1976, AP Nr. 4 zu § 15 BBiG; LAG Baden-Württemberg v. 31. 10. 1996, NZA 1997, 288, 290; *Germelmann/Matthes/Prütting*, § 111 ArbGG Rz. 19.
2 So BAG v. 5. 7. 1990, EzA § 4 KSchG nF Nr. 39 mit ablehnender Anmerkung *Vollkommer*; LAG Berlin v. 15. 10. 1974, BB 1975, 884; LAG Hamm v. 11. 12. 1964, DB 1965, 76; *Herkert*, § 15 BBiG Rz. 27; aA *Herschel/Löwisch*, § 11 KSchG Anm. 2a und *Rohlfing/Rewolle*, § 13 Anm. 2.
3 Zum Meinungsstreit siehe *Germelmann/Matthes/Prütting*, § 111 ArbGG Rz. 22.

C. Anbahnung und Begründung des Arbeitsverhältnisses

	Rz.
I. Ausgangspunkt	1
II. Vorbereitung	2
1. Stellenausschreibung durch den Arbeitgeber	3
2. Stellensuche durch den Arbeitnehmer	6
III. Einstellungsgespräch und Personalfragebogen	
1. Allgemeines	16
2. Einzelfälle	
a) Schwangerschaft	22
b) Gesundheitszustand	27
c) Schwerbehinderteneigenschaft	30
d) Vorstrafen	32
e) Ermittlungs- und Strafverfahren	33
f) Stasi-Tätigkeit	34
g) Gewerkschaftszugehörigkeit	35
h) Partei- und Religionszugehörigkeit	36
i) Werdegang	40
j) Vergütung	41
k) Vermögensverhältnisse	42
l) Arbeitsverhältnisse/Wettbewerbsverbote	43
m) Privatsphäre	45
3. Rechtsfolgen falscher oder unterbliebener Information	
a) Anfechtung	46
aa) Anfechtung gemäß § 119 Abs. 2 BGB	47
bb) Anfechtung gemäß § 123 Abs. 1 BGB	48
cc) Fristen	49
dd) Wirkung der Anfechtung	53
b) Kündigung	54
c) Schadenersatz	55
IV. Eignungsüberprüfungen	56
1. Einstellungsuntersuchung	57
2. Genomanalyse	66
3. Psychologische Tests	67
4. Grafologische Gutachten	71
5. Führungszeugnis	72
6. Sicherheitsüberprüfung	73
7. Erkundigung beim bisherigen Arbeitgeber	74
V. Anbahnungsverhältnis	
1. Allgemeines	75
2. Einzelfälle	
a) Hinweispflichten des Arbeitgebers	77
b) Inaussichtstellen einer Dauerstellung	79
c) Aufbewahrungs- und Schutzpflichten	80
d) Vertrauen auf das Zustandekommen des Arbeitsvertrags	82
VI. Diskriminierung	
1. Verbot geschlechtsbezogener Diskriminierung	83
2. Rechtsfolgen und Verfahren	89
3. Quotenregelungen	103
VII. Vorstellungskosten	105
VIII. Abschluß und Wirksamkeit des Arbeitsvertrags	
1. Angebot und Annahme	109
2. Geschäftsfähigkeit	110
3. Scheingeschäft	111
4. Verstoß gegen ein gesetzliches Verbot	112
5. Sittenwidrigkeit	123
6. Unmöglichkeit	125
7. Formerfordernisse	126
IX. Fehlerhaftes Arbeitsverhältnis	141
X. Arbeitspapiere und Bewerberinformationen	
1. Arbeitspapiere	147
2. Bewerberinformationen	
a) Bewerbungsunterlagen	150
b) Personalfragebogen	151
c) Datenschutz	152
XI. Meldepflichten	157

C. Anbahnung und Begründung des Arbeitsverhältnisses Teil 1 C

Schrifttum:
Abele, Schadenersatz wegen geschlechtsbezogener Diskrimierung eines Stellenbewerbers, NZA 1997, 641; *Adomeit,* Der untypische Arbeitnehmer – am Bsp. des Wissenschaftlichen Angestellten, Festschrift für Kissel, 1994, S. 1; *Battis/Schulte-Trux/Weber,* „Frauenquoten" und Grundgesetz, DVBl. 1991, 1165; *Bauer/Baeck/Merten,* Scientology – Fragerecht der Arbeitgeber und Kündigungsmöglichkeiten, DB 1997, 2534; *Becker-Schaffner,* Umfang und Grenzen der arbeitgeberseitigen Hinweis- und Belehrungspflichten, BB 1993, 1281; *Bepler,* Persönlichkeitsverletzung durch grafologische Gutachten, NJW 1976, 1873; *Birk,* Das Nachweisgesetz zur Umsetzung der Richtlinie 91/533/EWG in das deutsche Recht, NZA 1996, 281; *Boemke,* Privatautonomie im Arbeitsvertragsrecht, NZA 1993, 532; *Bruns,* Aids im Betrieb und im Arbeitsleben, MDR 1988, 95; *Buchner,* Freiheit und Bindung des Arbeitgebers bei Einstellungsentscheidungen, NZA 1991, 577; *Buchner,* Die Rolle des europäischen Gerichtshofs bei der Entwicklung des Arbeitsrechts, ZfA 1993, 279; *Buchner,* Neuregelung des Arbeitsverhältnisrechts – Anmerkung zum Diskussionsentwurf für ein Arbeitsvertragsgesetz, DB 1992, 1930; *Coester,* Anmerkung zu BAG AP Nr. 8 zu § 611 BGB; *Colneric,* Neue Entscheidung des EuGH zur Gleichbehandlung von Männern und Frauen, EuZW 1991, 75; *Colneric,* Verfahrenskoordination bei der Auslegung gemeinschaftsrechtlicher Vorschriften über Diskriminierung wegen des Geschlechts, RdA 1996, 82; *Colneric,* Frauenquoten auf dem Prüfstand des EG-Rechts, DB 1996, 265; *Däubler,* EG-Arbeitsrecht auf dem Vormarsch, NZA 1992, 577; *Deutsch,* Die Genomanalyse im Arbeits- und Sozialrecht – Ein Beitrag zum genetischen Datenschutz, NZA 1989, 657; *Diekgräf,* Genomanalyse im Arbeitsrecht, BB 1991, 1854; *Ehrich,* Die Entscheidung des BAG zur Zulässigkeit der Frage nach bestehender Schwangerschaft – Ein Beitrag zur Verwirklichung des Diskriminierungsverbots?, DB 1993, 431; *Ehrich,* Die Entschädigung nach § 611a Abs. 2 BGB – ein neuer „Nebenverdienst"?, BB 1996, 1007; *Eich,* Aids und Arbeitsrecht, NZA 1987, Beil. 2, 10; *Fuchsloch,* Erforderliche Beseitigung des Gleichberechtigungsdefizits oder verfassungswidrige Männerdiskriminierung?, NVwZ 1991, 442; *Fuchsloch/Weber,* Geschlechterquoten im öffentlichen Dienst, AuR 1994, 409; *Großmann,* Schwerbehinderte im Konflikt zwischen Statusrecht und Offenbarungspflicht, NZA 1989, 702; *Haesen,* Zur Aids-Problematik im Arbeitsrecht und öffentlichen Dienstrecht, RdA 1988, 158; *Hanau/Preis,* Zur mittelbaren Diskriminierung wegen des Geschlechts, ZfA 1988, 177; *Hasselbach,* „Lex Kalanke" – Die Vorschläge der EU-Kommission zur Änderung der Gleichbehandlungsrichtlinie, NZA 1996, 1308; *Heilmann,* Aids und (Arbeits-)Recht, BB 1989, 1413; *Hentschel,* Das DEVO/DÜVO-Meldeverfahren ab 1.1.1989, NZA 1989, 380; *Hergenröder,* Die Entwicklung des arbeitsrechtlichen Schrifttums im Jahre 1990, ZfA 1991, 409; *Herrmann,* Die Abschlußfreiheit – ein gefährdetes Prinzip – Zugleich der Versuch einer dogmatischen Erfassung der vorvertraglichen Regelungen des § 611 a BGB, ZfA 1996, 19; *Hans Hofmann,* Bevorzugung von Frauen bei Stellenbesetzungen?, NVwZ 1995, 662; *Hans Hofmann,* Zur Problematik der Quotenregelungen in den Landesbeamtengesetzen, NVwZ 1996, 424; *Paul Hofmann,* Zur Offenbarungspflicht des Arbeitnehmers, ZfA 1975, 1; *von Hoyningen-Huene,* Der psychologische Test im Betrieb, DB 1991, Beil. 10; *Hunold,* Aktuelle Rechtsprobleme der Personalauswahl, DB 1993, 224; *Hunold,* Nebentätigkeit und Arbeitszeitgesetz, NZA 1995, 558; *Käppler,* Die Rechtsprechung des Bundesarbeitsgerichts im Jahre 1993, ZfA 1995, 271; *Keller,* Die ärztliche Untersuchung des Arbeitnehmers im Rahmen des Arbeitsverhältnisses, NZA 1988, 561; *Klempt,* Mutterschutz/Erziehungsurlaub, in: Leinemann (Hrsg.), Handbuch zum Arbeitsrecht, Gruppe 6, Teilbereich 1; *Knigge,* Gesetzliche Neuregelung der Gleichbehandlung von Männern und Frauen am Arbeitsplatz, BB 1980, 1272; *Kursawe,* Die Aufklärungspflicht der Arbeitgeber bei Abschluß von Arbeitsverträgen, NZA 1997, 245; *Lepke,* Schulden des Arbeitnehmers, Lohn- und Gehaltspfändungen bzw. Abtretungen als Beendigungsgrund arbeitsvertraglicher Beziehungen, RdA 1989, 185; *Lichtenberg/Schücking,* Stand der arbeitsrechtlichen Diskussion zur HIV-Infektion und Aids-Erkrankung, NZA 1990, 41; *Linnenkohl,* Datenschutz und Tätigkeit des Betriebs-

rats, NJW 1981, 202; *Linnenkohl*, Arbeitsverhältnis und Vorstrafenfragen, AuR 1983, 129; *Löwisch*, Arbeitsrechtliche Fragen von Aids-Erkrankung und Aids-Infektion, DB 1987, 936; *Loritz*, Anmerkung zu BVerfG, SAE 1995, 226; *Marburger*, Aktuelle Zweifelsfragen im Zusammenhang mit dem Sozialversicherungsausweis, BB 1994, 421; *Marschner*, Rechtliche Aspekte der Schwarzarbeit, AuA 1995, 84; *Menzel*, Genomanalyse im Arbeitsverhältnis und Datenschutz, NJW 1989, 2041; *Michel/Wiese*, Zur rechtlichen und psychologischen Problematik grafologischer Gutachten, NZA 1986, 505; *Moritz*, Fragerecht des Arbeitgebers sowie Auskunfts- und/oder Offenbarungspflicht des Arbeitnehmers bei der Anbahnung von Arbeitsverhältnissen?, NZA 1987, 329; *Nasemann*, Diskriminierungsverbot bei Bewerbungen, AuA 1994, 274; *Pfarr*, Das zweite Gleichberechtigungsgesetz, RdA 1995, 204; *Pfarr*, Die Frauenquote, NZA 1995, 809; *Picker*, Die Anfechtung von Arbeitsverträgen, ZfA 1981, 1; *Plagemann*, Grenzen der Versicherungspflicht bei geringfügigen Beschäftigungen, BB 1994, 133; *Preis*, Das Nachweisgesetz – lästige Förmelei oder arbeitsrechtliche Zeitbombe?, NZA 1997, 10; *Raab*, Das Fragerecht des Arbeitgebers nach schwebenden Strafverfahren und die Unschuldsvermutung des Bewerbers, RdA 1995, 36; *Richardi*, Arbeitsrechtliche Probleme bei der Einstellung und Einlassung Aids-infizierter Arbeitnehmer, NZA 1988, 73; *Rothe*, Der Anspruch des Stellenbewerbers auf Auslagenersatz, DB 1968, 1906; *Sachs*, Die Quotenregelung und der Rentenaltersbeschluß des BVerfG, NVwZ 1991, 437; *Schmid*, Zur rechtlichen Zulässigkeit der Verhaltensbeurteilung bei der Bewerberauswahl, DB 1980, 1965; *Schmid*, Rechtsprobleme bei der Anwendung psychologischer Testverfahren zur Personalauslese, BB 1981, 1646; *Schmid*, Rechtsprobleme bei der Einholung von Auskünften über Bewerber, DB 1983, 769; *Schneider*, Einführung eines Sozialversicherungsausweises und Erweiterung der Meldepflicht, BB 1989, 1974; *Scholz*, Die Berufsfreiheit als Grundlage und Grenze arbeitsrechtlicher Regelungssysteme, ZfA 1981, 265; *Scholz*, Schweigepflicht des Berufspsychologen und Mitbestimmung des Betriebsrats bei psychologischen Einstellungsuntersuchungen, NJW 1981, 1987; *Schulz*, Zur Auskunfterteilung unter Arbeitgebern über Arbeitnehmer, NZA 1990, 717; *Schwarze*, Praktische Handhabung und dogmatische Einordnung des Nachweisgesetzes, ZfA 1997, 43; *Schwarze*, Die Bedeutung des Nachweisgesetzes für fehlerhafte tarifliche Eingruppierungen, RdA 1997, 343; *Simon*, Genomanalyse – Anwendungsmöglichkeiten und rechtlicher Regelungsbedarf, MDR 1991, 5; *Slupik/Holpner*, § 611 b BGB und die Bundesanstalt für Arbeit – Die Bindung der Verwaltung an zivilrechtliche Soll-Vorschriften, RdA 1990, 24; *Sowka*, Die Frage nach der Schwangerschaft, NZA 1994, 967; *Sproll*, Individualrechtliche Probleme des Arbeitnehmerdatenschutzes, 1982; *Stober*, Frauenquoten im öffentlichen Dienst, ZBR 1989, 289; *Stückemann*, Dokumentationspflichten für den Arbeitgeber, BB 1995, 1846; *Vogg*, Grundgesetzliche Bindungen bei der Begründung von Arbeitsverhältnissen durch die öffentliche Hand, AuR 1993, 287; *Wank*, Das Nachweisgesetz, RdA 1996, 21; *Wiedemann*, Zur culpa in contrahendo beim Abschluß des Arbeitsvertrages, in: Festschrift für Wilhelm Herschel zum 85. Geburtstag, 1982, S. 463; *Wiedemann*, Probleme der Gleichberechtigung im europäischen und deutschen Arbeitsrecht, in: Festschrift für Karl Heinrich Friauf zum 65. Geburtstag, 1996, S. 135; *Wiese*, Der Persönlichkeitsschutz des Arbeitnehmers gegenüber dem Arbeitgeber, ZfA 1971, 273; *Wiese*, Gentechnische Analysen bei Arbeitnehmern, RdA 1986, 120; *Wilmerstadt/Schattschneider*, Neue Meldepflichten für Arbeitgeber, BB 1989, Beil. 18; *Wohlgemuth*, Datenschutz und Arbeitnehmer, 2. Aufl. 1988; *Wollenschläger/Kreßel*, Die arbeitsrechtlichen Konsequenzen von AIDS, AuR 1988, 198; *Worzalla*, Die Folgen geschlechtsspezifischer Diskriminierung nach dem 2. Gleichberechtigungsgesetz, DB 1994, 2646; *Zeller*, Die Einstellungsuntersuchung, BB 1987, 2439; *Zeller*, Die Zulässigkeit der Frage nach der Schwangerschaft, BB 1991, 1124; *Zwanziger*, Ausgewählte Einzelprobleme des Nachweisgesetzes, DB 1996, 2027.

I. Ausgangspunkt

Grundlage und Regelungsprinzip des Arbeitsvertragsrechts ist die durch Art. 2 GG, Art. 12 GG und Art. 14 GG garantierte **Vertragsfreiheit**[1]. Sowohl der Arbeitgeber als auch der Bewerber um einen Arbeitsplatz können grundsätzlich frei darüber bestimmen, ob und mit wem sie ein Arbeitsverhältnis begründen[2]. Die Parteien des Arbeitsvertrags verwirklichen durch die Begründung des Arbeitsverhältnisses das in **Art. 12 Abs. 1 GG** garantierte Grundrecht der Berufsfreiheit. Der Arbeitnehmer übt sein Recht auf freie Wahl des Arbeitsplatzes aus. Der Arbeitgeber trifft mit der Auswahl eines Bewerbers für die Besetzung eines Arbeitsplatzes eine Entscheidung im Rahmen der Berufsausübung[3]. Die bei der Begründung von Arbeitsverhältnissen grundsätzlich gewährleistete Abschlußfreiheit ist allerdings rechtlich vielfältigen **Beschränkungen** unterworfen. Dies gilt nicht nur im Hinblick auf die durch Gesetz und Kollektivvertragsnormen statuierten Beschränkungen der Inhaltsfreiheit. Es gilt auch im Hinblick auf gesetzliche und richterrechtliche Regelungen, die bestimmen, welche Auswahlkriterien gestattet sind, welche Beschäftigungen für bestimmte Personen möglich sind und in welcher Weise ggf. Personengruppen bevorzugt oder geschützt werden.

1

II. Vorbereitung

Der Einstellung von Arbeitskräften geht regelmäßig eine **Personalplanung** voraus. Der Personalbedarf wird dabei im Rahmen von Personalbedarfsplänen quantitativ und qualitativ festgelegt[4]. Die Bestimmung des aktuellen, jeweiligen Personalbedarfs ist Teil der unternehmerischen Entscheidungsfreiheit des Arbeitgebers. Der Betriebsrat ist jedoch nach § 92 Abs. 1 Satz 1 BetrVG über den Personalbedarf und die Personalplanung zu informieren. Der Betriebsrat kann dem Arbeitgeber seinerseits nach § 92 Abs. 2 BetrVG Vorschläge für eine Personalplanung machen.

2

1. Stellenausschreibung durch den Arbeitgeber

Die Anwerbung von Arbeitskräften erfolgt ua. durch **Ausschreibungen** (Bsp.: Stellenanzeigen in Tageszeitungen oder On-line-Diensten). Der Betriebsrat kann verlangen, daß Arbeitsplätze innerhalb des Betriebs ausgeschrieben werden (§ 93 Satz 1 BetrVG).

3

Der Arbeitgeber darf nach § 611b BGB weder innerbetrieblich noch öffentlich Arbeitsplätze nur für Angehörige eines Geschlechts ausschreiben. Eine Aus-

4

---

1 Vgl. *Boemke,* NZA 1993, 532, 534.
2 Vgl. *Staudinger/Richardi,* § 611 Rz. 47.
3 Vgl. MünchArbR/*Buchner,* § 36 Rz. 11; *Scholz,* ZfA 1981, 265, 278.
4 Siehe dazu etwa *Fitting/Kaiser/Heither/Engels,* § 92 Rz. 11.

nahme ist dann möglich, wenn ein bestimmtes **Geschlecht** unverzichtbare Voraussetzung für die auszuübende Tätigkeit ist. In Aushängen oder Stellenanzeigen ist daher, um die inhaltlichen Anforderungen des § 611b BGB zu erfüllen, sowohl die männliche als auch die weibliche Berufsbezeichnung zu verwenden (Bsp.: Arzt/Ärztin; Rechtsanwalt/Rechtsanwältin)[1]. Das Gebot der geschlechtsneutralen Stellenausschreibung gilt auch für Berater und Vermittler, die Stellenanzeigen schalten, um für einen Arbeitgeber Personal zu suchen. Dies ergibt sich daraus, daß geschlechtsspezifische Differenzierungen in jeder Phase des Einstellungsverfahrens zu unterbleiben haben[2].

5 Die Stellenausschreibung **beinhaltet** zweckmäßigerweise Angaben über die Art der Arbeitsaufgabe und Position, die Qualifikation, etwaige Erfordernisse betreffend Aus- und Fortbildung, ggfls. den erwarteten Zeitpunkt der Arbeitsaufnahme. Die Stellenausschreibung kann auch Angaben über die Entgelthöhe enthalten. Der Arbeitgeber ist, soweit nicht ein Fall des § 93 Satz 1 BetrVG vorliegt, frei darin, ob er eine Ausschreibung vornimmt, d.h. insbesondere eine Stellenanzeige in einer Pressepublikation schaltet, und wie er deren Inhalt ausgestaltet. Er kommt jedoch seiner Pflicht nach § 93 Satz 1 BetrVG dann nicht nach, wenn er in einer Stellenanzeige der Tagespresse andere bzw. geringere Anforderungen für eine Bewerbung nennt, als in der Stellenausschreibung im Betrieb vorgesehen ist[3].

2. Stellensuche durch den Arbeitnehmer

6 Die Stellensuche kann für den Bewerber um einen Arbeitsplatz mit erheblichem Zeitaufwand verbunden sein. Er muß nicht nur Vorstellungsgespräche führen, sondern möglicherweise auch Einstellungsuntersuchungen oder Testverfahren durchlaufen. Dies führt, wenn der Bewerber in einem Arbeitsverhältnis steht, zu Interessenkonflikten in diesem Arbeitsverhältnis wegen der im Rahmen der Stellensuche aufzuwendenden Zeit. § 629 BGB gewährt dem Arbeitnehmer gegen den Arbeitgeber einen **Anspruch auf Freizeitgewährung** zum Zwecke der Stellensuche. Voraussetzung ist, daß es sich um ein dauerndes Arbeitsverhältnis handelt, daß dieses gekündigt worden ist und daß der Arbeitnehmer gegenüber dem Arbeitgeber das Freistellungsverlangen gestellt hat.

7 Ein **dauerhaftes Arbeitsverhältnis** liegt vor, wenn der Arbeitsvertrag auf eine bestimmte, längere Dauer abgeschlossen ist, aber auch dann, wenn ein Arbeitsvertrag auf unbestimmte Dauer vorliegt, sofern die Arbeitsvertragsparteien mit einer längeren Vertragsdauer rechnen[4]. Aushilfs- oder Probearbeitsverhältnisse genügen für § 629 BGB nicht. Die Anwendung des § 629 BGB wird allerdings nicht dadurch ausgeschlossen, daß eine Probezeit vereinbart ist, wenn diese Teil eines auf unbestimmte Dauer abgeschlossenen Arbeitsvertrags ist, d.h. keine Befristung als Probearbeitsverhältnis vereinbart ist.

---

1 Vgl. *Staudinger/Richardi*, § 611b Rz. 5.
2 Vgl. BVerfG v. 16. 11. 1993, AP Nr. 9 zu § 611a BGB.
3 Vgl. BAG v. 23. 2. 1988, AP Nr. 2 zu § 93 BetrVG 1972.
4 Vgl. *Erman/Hanau*, § 629 Rz. 2.

II. Vorbereitung

Es ist unerheblich, ob ein Teilzeit- oder ein Vollzeitarbeitsverhältnis vorliegt; auch **Teilzeitbeschäftigte** können Freizeit zur Stellensuche beanspruchen, wenn die Stellensuche während der Freizeit erschwert oder unmöglich ist. 8

Der Anspruch auf Freizeit zur Stellensuche besteht im Falle einer **Änderungskündigung** ebenso wie im Falle einer **Beendigungskündigung**. Der Abschluß eines **Aufhebungsvertrags** ist einer Kündigung gleichzustellen. 9

Der Anspruch entsteht, sobald die **Kündigung ausgesprochen** bzw. der **Aufhebungsvertrag abgeschlossen** ist. Bei bedingten oder befristeten Arbeitsverhältnissen besteht der Freistellungsanspruch von dem Zeitpunkt an, in dem die Kündigungsfrist im Falle eines auf unbestimmte Dauer abgeschlossenen Arbeitsvertrags zu laufen beginnen würde[1]. Ein Anspruch auf Freizeitgewährung ist von der Rechtsprechung ausnahmsweise auch in einem ungekündigten Arbeitsverhältnis gewährt worden, wenn Rationalisierungsmaßnahmen bevorstehen oder der Arbeitgeber dem Arbeitnehmer Bewerbungen nahegelegt hat. 10

Die Stellensuche beinhaltet Besuche beim Arbeitsamt, Vorstellungsgespräche, Einstellungsuntersuchungen und Eignungstests[2]. Ausmaß und Häufigkeit der Freizeitgewährung bestehen im Rahmen des Angemessenen. 11

Der Arbeitgeber hat die Freizeit auf **Verlangen des Arbeitnehmers** zu gewähren. Der Arbeitnehmer würde eine Arbeitsvertragsverletzung begehen, wenn er der Arbeit ohne ein entsprechendes Verlangen fernbleibt. Dies rechtfertigt eine außerordentliche Kündigung durch den Arbeitgeber jedoch dann nicht, wenn dem Arbeitnehmer der Freizeitgewährungsanspruch zugestanden hat[3]. 12

Der Arbeitnehmer braucht sich für die Stellensuche **nicht auf Inanspruchnahme von Urlaub verweisen** zu lassen[4]. Er kann jedoch keinen Urlaubsabgeltungsanspruch nach § 7 Abs. 4 BUrlG geltendmachen, wenn Urlaub in die Kündigungsfrist fällt und der Arbeitnehmer während dieser Zeit auf Stellensuche geht[5]. 13

Der Arbeitnehmer kann für die Zeit der Gewährung von Freizeit zu Zwecken der Stellensuche **Fortzahlung der Vergütung** verlangen, soweit die Voraussetzungen des § 616 Satz 1 BGB vorliegen, dh. soweit es sich um eine verhältnismäßig nicht erhebliche Zeit handelt, die im Einzelfall für die Stellensuche aufgewandt wird[6]. Der Anspruch nach § 616 Satz 1 BGB ist abdingbar[7]. 14

Der Arbeitnehmer kann den Freizeitgewährungsanspruch **einklagen** und auch im Wege der einstweiligen Verfügung geltendmachen. Er kann, wenn der Ar- 15

---

1 Vgl. Erman/Hanau, § 629 Rz. 3; Schaub, § 26 I 1, S. 145.
2 Vgl. Erman/Hanau, § 629 Rz. 5.
3 Vgl. LAG Düsseldorf v. 4. 10. 1963, DB 1964, 338; LAG Baden-Württemberg v. 11. 4. 1967, DB 1967, 1048.
4 Vgl. BAG v. 26. 10. 1956, AP Nr. 14 zu § 611 BGB-Urlaubsrecht.
5 Vgl. LAG Düsseldorf v. 11. 1. 1973, DB 1973, 676.
6 Vgl. BAG v. 11. 6. 1957, AP Nr. 1 zu § 629 BGB; BAG v. 13. 11. 1969, AP Nr. 41 zu § 616 BGB.
7 Siehe dazu näher Moll, in GmbH-Handbuch, Rz. 279.2.

beitgeber die Freizeit auf Verlangen nicht gewährt, das Arbeitsverhältnis fristlos kündigen und Schadenersatz nach § 628 Abs. 2 BGB verlangen. Dem Arbeitnehmer steht ein **Leistungsverweigerungsrecht** und damit im Ergebnis ein Selbstbeurlaubungsrecht zu, wenn er zuvor ordnungsgemäß und rechtzeitig das Verlangen dem Arbeitgeber mitgeteilt hat und dieser pflichtwidrig die Freizeit für die Stellensuche nicht gewährt[1].

III. Einstellungsgespräch und Personalfragebogen

1. Allgemeines

16 Dem Einstellungsgespräch mit den Fragen (mündlich oder schriftlich) an den Bewerber kommt zentrale Bedeutung in einem Bewerbungsverfahren zu. Der Arbeitgeber sucht für den zu besetzenden Arbeitsplatz einen bestgeeigneten Bewerber. Er legt Wert darauf, mit der Arbeitsleistung kalkulieren und die Risiken begrenzen zu können. Der Arbeitgeber wird daher bestrebt sein, möglichst umfassende Informationen über den Bewerber zu erlangen, um mit größtmöglicher Sicherheit dessen Eigenschaften, Fähigkeiten und Kenntnisse beurteilen zu können. Das Interesse des Bewerbers ist demgegenüber darauf gerichtet, einen Arbeitsplatz zu erlangen, ohne seine Lebensumstände oder Person betreffende Tatsachen zu offenbaren, die Teil der gem. Art. 1 Abs. 1 GG und Art. 2 Abs. 1 GG geschützten Privatsphäre sind oder die ihm zum Nachteil gereichen können[2]. Der Arbeitnehmer wird daher, da er einerseits die Erlangung des Arbeitsplatzes und andererseits den Schutz seiner Privatsphäre anstrebt, im Stadium der Anbahnung des Arbeitsverhältnisses möglichst wenig Informationen preis geben wollen, die seine Privatsphäre betreffen oder einen Nachteil darstellen könnten. Aus dem Spannungsverhältnis der einander widersprechenden Interessen des Arbeitgebers einerseits und des Bewerbers andererseits erfolgt eine Begrenzung des Frage- und Informationsrechts des Arbeitgebers durch die Rechte des Bewerbers. Der Umfang des Frage- und Informationsrechts des Arbeitgebers ist durch eine **Abwägung der entgegenstehenden Interessen und Rechtspositionen** zu bestimmen[3].

17 Das Frage- und Informationsrecht des Arbeitgebers ist anhand der folgenden Kriterien einzugrenzen:

▶ Die Tatsachen müssen in **Zusammenhang** mit der in Aussicht genommenen Beschäftigung stehen.

▶ Die Tatsachen müssen **objektiv** geeignet sein, das für den Arbeitgeber in einem Arbeitsverhältnis liegende Risiko zu erhöhen.

---

1 Vgl. LAG Baden-Württemberg v. 11. 4. 1967, DB 1967, 1048; LAG Düsseldorf v. 23. 5. 1967, DB 1967, 1227; *Erman/Hanau*, § 629 Rz. 5.
2 Vgl. *Heilmann*, BB 1989, 1413, 1414; *Lichtenberg/Schücking*, NZA 1990, 41, 44.
3 Siehe dazu und zum folgenden näher *Hofmann*, ZfA 1975, 1, 26; *Hunold*, DB 1993, 224 ff.; *Moritz*, NZA 1987, 329, 331; *Richardi*, NZA 1988, 73, 74; *Schmid*, DB 1980, 2442, 2445; *Simon*, MDR 1991, 5, 9; *Zeller*, BB 1987, 1522.

III. Einstellungsgespräch und Personalfragebogen

▶ Das **Persönlichkeitsrecht** des Bewerbers muß beachtet werden. Die Fragen dürfen nicht unverhältnismäßig in den Privatbereich des Arbeitnehmers eindringen. Sie dürfen auch nicht darauf abzielen, den Menschen in seiner ganzen Persönlichkeit zu erfassen.

▶ Die **Diskriminierungsverbote** und die Wertentscheidungen des Gesetzgebers sind einzuhalten, insbesondere soweit es sich um den Schutz bestimmter Personengruppen handelt.

▶ Es sind schließlich diverse **Einzelaspekte** zu beachten (Bsp.: Art. 33 Abs. 2 GG, § 8 BAT)[1].

Der Bewerber ist grundsätzlich nicht verpflichtet, ohne Befragung durch den Arbeitgeber Tatsachen mitzuteilen, die ihm zum Nachteil gereichen. Ausnahmen von dieser Regel ergeben sich aus Treu und Glauben (§ 242 BGB). Einzelheiten und Reichweite einer **Offenbarungspflicht nach Treu und Glauben** sind unsicher[2]. Offenbarungspflichten bestehen, wie im Zivilrecht auch sonst, nur in Ausnahmefällen[3]. Eine Pflicht des Bewerbers zur Offenbarung von Tatsachen auch ohne Nachfrage des Arbeitgebers wird nach Treu und Glauben dann anzunehmen sein, wenn es sich um Umstände handelt, die einerseits – für den Arbeitnehmer ersichtlich – von grundlegender Bedeutung für die Entscheidung des Arbeitgebers über den Vertragsschluß sind und die andererseits dem Arbeitgeber nicht bekannt sind. Es geht daher insbesondere um Fälle, in denen der Arbeitnehmer zur Erfüllung der Arbeitspflicht nicht in der Lage ist oder in denen er eine Gefährdung für Dritte darstellen würde[4]. 18

Der Arbeitgeber kann sein Informationsbedürfnis in einem Einstellungsgespräch oder auch in einem Personalfragebogen artikulieren. Einen Unterschied für die Rechtmäßigkeit der gestellten Fragen macht dies nicht. 19

Der Arbeitgeber ist berechtigt, den Bewerber einen **Personalfragebogen** ausfüllen zu lassen. Er hat jedoch bei dessen Aufstellung und Verwendung § 94 Abs. 1 BetrVG zu beachten. Personalfragebogen bedürfen der **Zustimmung des Betriebsrats**. Dies gilt ebenfalls, wenn in schriftlichen Arbeitsverträgen persönliche Angaben gemacht werden, wie dies ansonsten im Einstellungsgespräch oder im Personalfragebogen geschieht (§ 94 Abs. 2 BetrVG). Der Betriebsrat ist nach § 94 Abs. 1 BetrVG auch dann zu beteiligen, wenn der Arbeitgeber im Einstellungsgespräch aus einer formularmäßigen Zusammenfassung von Fragen über die persönlichen Verhältnisse dem Bewerber die Fragen nacheinander mündlich stellt und die Antworten jeweils selbst vermerkt[5]. 20

---

1 Vgl. BAG v. 31. 3. 1976, AP Nr. 2 zu Art. 33 Abs. 2 GG.
2 Siehe dazu und zum folgenden *Eich*, NZA 1987, Beil. 2, 10, 11; *Hofmann*, ZfA 1975, 1, 49; *Staudinger/Richardi*, § 611 Rz. 110; *Wiedemann*, Festschrift Herschel, S. 463, 468.
3 Vgl. *Lieb*, § 2 I, S. 43 Rz. 128.
4 § 13 ArbVG 1992 formuliert (eng): „Der Bewerber ist auch ohne Befragung durch den Arbeitgeber verpflichtet, Krankheiten oder andere Umstände mitzuteilen, von denen eine Gefährdung anderer Personen ausgehen kann. Kann oder darf der Bewerber die Arbeit zu dem vorgesehen Zeitpunkt nicht aufnehmen, so hat er dies dem Arbeitgeber mitzuteilen."
5 Vgl. BAG v. 21. 9. 1993, AP Nr. 4 zu § 94 BetrVG 1972.

21 Beispiel eines Personalfragebogens[1]:

Personalfragebogen

Ich bewerbe mich um die Einstellung als

I. Angaben zur Person

Name:	Vorname:
Geburtsname:	
Wohnort:	Straße: Nr.:
Telefon:	Telefax:
Geburtstag:	Geburtsort:

Staatsangehörigkeit:
Beginn des Aufenthalts in Deutschland
bei Ausländern:
Aufenthaltserlaubnis gültig bis:
Arbeitserlaubnis gültig bis:
Familienstand: ledig, verheiratet,
geschieden, verwitwet (ggf. seit wann?):
Namen der Kinder:

1.	geb.:
2.	geb.:
3.	geb.:

II. Persönliche Verhältnisse

1. Sind Sie anerkannter Schwerbehinderter oder Gleichgestellter? (bitte ggf. Grad der Behinderung angeben)
2. Haben Sie einen Bergmannsversorgungsschein? (Nr. . . .)
3. Haben Sie eine sonstige Arbeitsbehinderung, durch die die Tauglichkeit für die vorgesehene Tätigkeit eingeschränkt ist?
4. Leiden Sie an chronischen Erkrankungen, durch die die Tauglichkeit für die vorgesehene Tätigkeit eingeschränkt ist?
5. a) Sind Sie bereit, sich auf Kosten des Unternehmens ärztlich untersuchen zu lassen?
   b) Entbinden Sie Ihren Arzt von der ärztlichen Schweigepflicht?
6. Für Jugendliche: Sind Sie, sofern Sie in das Berufsleben eintreten, innerhalb der letzten neun Monate, sonst innerhalb der letzten zwölf Monate, ärztlich untersucht worden?
7. Bekleiden Sie ein Ehrenamt?

---

[1] Vgl. die Muster bei *Bauer*, in Wurm/Wagner/Zartmann, Rechtsformularbuch, S. 1136; *Schaub*, Formularsammlung, S. 1; *Zeller*, BB 1987, 1522, 1526.

III. Ausbildung
1. Schulbildung:
   Abschluß:
2. Berufsschule/Studium:
3. Berufsausbildung als ... bei ...
4. Welche Abschlußprüfungen haben Sie wann abgelegt?
5. Welche Fortbildungsveranstaltungen haben Sie besucht?
6. Haben Sie Kenntnisse in Fremdsprachen?
7. Sind Sie im Besitz einer Fahrerlaubnis? Falls ja, welcher?
8. Welche besonderen Kenntnisse und Fertigkeiten haben Sie?

IV. Bisherige berufliche Beschäftigung
1. Beschäftigungsnachweis der letzten ... Jahre (bitte in der Anlage beifügen).
2. Sind Sie in ungekündigter/gekündigter Stellung/arbeitslos (seit wann)?
3. Werden Sie neben der Beschäftigung bei uns einer anderen Tätigkeit nachgehen?

V. Sozialversicherung und Betriebsrentenansprüche
1. In welcher Krankenkasse sind Sie versichert?
2. Wollen Sie Mitglied der Betriebskrankenkasse werden?
3. Haben Sie gegen frühere Arbeitgeber einen Anspruch auf Betriebsrente oder eine unverfallbare Versorgungsanwartschaft?

VI. Sonstiges
1. Gehaltsvorstellungen:
2. Höhe des letzten Verdienstes (nur zu beantworten, wenn die bisherige Vergütung erfolgsabhängig war):
3. Ist Ihr Ehegatte berufstätig?
4. Liegt eine Vorstrafe vor, die für die Art des zu besetzenden Arbeitsplatzes von Bedeutung ist bzw. schwebt gegen Sie zur Zeit ein solches Strafverfahren?
5. Vermögensverhältnisse (nur von Bewerbern mit besonderer Vertrauensstellung zu beantworten, die mit Geld, Vermögenswerten, Betriebsgeheimnissen, Computerprogrammen u.ä. beschäftigt sind.):
   a) Liegen Pfändungen vor?
      Falls ja, durch wenn und in welcher Höhe?
   b) Haben Sie Ihre Bezüge verpfändet oder im voraus abgetreten?
6. Wurde Ihnen für das laufende Kalenderjahr bereits bei einem früheren Arbeitgeber Urlaub gewährt?

> 7. Haben Sie den Wehrdienst abgeleistet?
>   a) Sind Sie wehrpflichtig?
>   b) Sind Sie als wehrtauglich gemustert?
> 8. Wann können Sie die Arbeit aufnehmen?
> 9. Unterliegen Sie irgendwelchen Wettbewerbsbeschränkungen? Falls ja, welchen Inhalt hat das Wettbewerbsverbot?
>
> Dieser Personalbogen wird Bestandteil des Arbeitsvertrages. Die Verarbeitung der Daten dieses Fragebogens erfolgt nur im Rahmen der Zweckbestimmung des Arbeitsverhältnisses. Personalbezogene Daten werden nur mit Zustimmung des Betriebsrats an Dritte übermittelt. Unberührt bleibt die Verarbeitung oder Übermittlung, soweit das Unternehmen hierzu kraft Gesetzes verpflichtet ist. Herr/Frau . . . erteilt zu der Verarbeitung seiner/ihrer personenbezogenen Daten insoweit seine/ihre Zustimmung.
>
> Ort, Datum   (Unterschrift)
>
> Unvollständige und unrichtige Angaben berechtigen zur Anfechtung des Arbeitsvertrages oder zur fristlosen Entlassung und verpflichten zum Schadensersatz.
>
> Ort, Datum   (Unterschrift)

2. Einzelfälle

a) Schwangerschaft

22 Die Schwangerschaft einer Bewerberin hat für den Arbeitgeber einen langfristigen Arbeitsausfall zur Folge. Da eine Neueinstellung den Sinn hat, die Leistungsfähigkeit eines Betriebs zu steigern und nicht zu vermindern, hat der Arbeitgeber ein erhebliches Informationsinteresse. Die Bewerberin ist **nicht** verpflichtet, dem Arbeitgeber **ungefragt** Auskunft über eine Schwangerschaft zu geben. Die Beurteilung der Fragemöglichkeiten des Arbeitgebers hat sich im Laufe der Zeit gewandelt.

23 Das **Bundesarbeitsgericht** hat die Frage nach einer bestehenden Schwangerschaft zunächst uneingeschränkt zugelassen und später noch für den Fall erlaubt, daß nur Frauen um den Arbeitsplatz konkurrieren[1]. Der **EuGH** hat in der Verweigerung der Einstellung aufgrund einer Schwangerschaft in jedem Falle eine geschlechtsbezogene **Diskriminierung** gesehen[2]. Die Diskriminierung könne nicht damit gerechtfertigt werden, daß der Arbeitgeber finanzielle Nach-

---

[1] Vgl. BAG v. 22. 9. 1961, AP Nr. 15 zu § 123 BGB; BAG v. 20. 2. 1986, AP Nr. 31 zu § 123 BGB.
[2] Vgl. EuGH v. 8. 11. 1990, AP Nr. 23 in Art. 119 EWG-Vertrag (Verstoß gegen Art. 2 Abs. 1 und 3 Abs. 1 der Richtlinie 76/207/EWG). Siehe dazu näher *Buchner*, DB 1992, 1930, 1932; *Colneric*, EuZW 1991, 75 ff.; *Däubler*, NZA 1992, 577, 581.

III. Einstellungsgespräch und Personalfragebogen

teile erleide, wenn er eine schwangere Frau einstelle. Es sei auch unerheblich, ob durch die Einstellung der schwangeren Frau die betriebliche Tätigkeit in Mitleidenschaft gezogen werde. Das Bundesarbeitsgericht ist dem EuGH gefolgt und geht nunmehr davon aus, daß die Frage nach der Schwangerschaft grundsätzlich unzulässig ist[1].

Gegenstand der aktuellen Diskussion sind etwaige Ausnahmen von diesem Grundsatz[2]. Ausgangspunkt der Erwägungen ist, daß es von Bedeutung sei, ob die Bewerberin aufgrund der Schwangerschaft beschäftigt werden könne. Die Rechtsprechung hat früher insoweit gar eine Offenbarungspflicht selbst ohne Nachfrage des Arbeitgebers angenommen, wenn es dem Arbeitgeber erkennbar auf die sofortige Einsetzbarkeit der Bewerberin ankommt[3]. Die danach für das Fragerecht entscheidende **Nichtrealisierbarkeit des Arbeitsverhältnisses** knüpft daran an, daß die Bewerberin für die in Rede stehende Arbeit objektiv ungeeignet ist[4]. Bsp.: Nichtmöglichkeit der Arbeitsaufnahme wegen objektiver Gesundheitsgefahr für die schwangere Bewerberin aufgrund Hantierens mit Blut- und Serumproben mit zT infektiösem Material in einer Praxis für Laboratoriumsmedizin. Daß bereits das Bestehen (bloß) sachlicher Gründe für die Informationsberechtigung über die Schwangerschaft zur Begründung eines Fragerechts ausreichen könnte[5], wird zu verneinen sein. Ob insoweit allein ein Beschäftigungsverbot ausreicht, erscheint ebenfalls zweifelhaft. Es wird im übrigen erwogen, daß bei der Einstellung einer Ersatzkraft für eine schwangere Arbeitnehmerin die sich auf die Stelle der Ersatzkraft bewerbende Person nach der Schwangerschaft gefragt werden könne und daß im Falle eines Fristvertrages die Frage nach der Schwangerschaft möglich sei, wenn die aufgrund der Schwangerschaft zu erwartenden Ausfallzeiten einen erheblichen Zeitraum des Arbeitsverhältnisses ausfüllen würde[6].

24

Der **EuGH** erkennt den Gesichtspunkt der Nichtrealisierbarkeit des Arbeitsverhältnisses zur Vermeidung einer Einstellung Schwangerer jedenfalls in **unbefristeten** Arbeitsverhältnissen nicht an. Er hat ausgeführt, daß Art. 2 Abs. 1 iVm. Art. 3 Abs. 1 und Art. 5 Abs. 1 der Richtlinie 76/207/EWG es ausschließen, daß der Arbeitgeber einen Arbeitsvertrag mit einer Schwangeren anfechte oder beende, der sich auf eine nachts zu verrichtende Tätigkeit beziehe, die die Bewerberin wegen des Nachtarbeitsverbots nicht ausüben könne[7]. Der EuGH hat für den Fall eines Arbeitsverhältnisses auf unbestimmte Zeit in der Ent-

25

---

1 Vgl. BAG v. 15. 10. 1992, AP Nr. 8 zu § 611a BGB.
2 Vgl. dazu näher *Buchner*, ZfA 1993, 279, 334; *Coester*, Anm. zu BAG v. 15. 10. 1992, AP Nr. 8 zu § 611a BGB; *Colneric*, RdA 1996, 82, 83; *Ehrich*, DB 1993, 431, 434; *Hunold*, DB 1993, 224, 225; *Sowka*, NZA 1994, 967, 968; *Zeller*, BB 1991, 1124.
3 Vgl. BAG v. 8. 9. 1988, AP Nr. 1 zu § 8 MuSchG 1968 (Einstellung einer schwangeren Frau als Nachtwache in einem Altenheim mit einem befristeten Arbeitsvertrag und Nichterteilung der Befreiung vom Nachtarbeitsverbot).
4 Vgl. BAG v. 15. 10. 1992, AP Nr. 8 zu § 611a BGB; BAG v. 1. 7. 1993, AP Nr. 36 zu § 123 BGB.
5 Vgl. *Ehrich*, DB 1993, 431, 434.
6 Vgl. *Sowka*, NZA 1994, 67 ff.
7 Vgl. EuGH v. 5. 5. 1994, AP Nr. 3 zu EWG-Richtlinie Nr. 76/207.

scheidung vom 14. 7. 1994 bestätigt, daß es im Hinblick auf die Beschäftigung bzw. Einstellung Schwangerer **unerheblich** sei, **ob diese in der Lage seien,** die Arbeitsleistung zu erbringen, dh. das Arbeitsverhältnis zu realisieren[1]. Dies ist in letzter Konsequenz dahingehend zu verstehen, daß die Nichteignung einer Schwangeren bzw. die Nichtrealisierungsmöglichkeit eines Arbeitsverhältnisses aufgrund der Schwangerschaft in unbefristeten Arbeitsverhältnissen weder eine Anfechtungsmöglichkeit noch ein Fragerecht des Arbeitgebers begründet, wobei es nicht darauf ankommt, ob die Unmöglichkeit der Beschäftigung in der Person der Schwangeren, in den Umständen des Arbeitsplatzes oder in einem Beschäftigungsverbot begründet ist[2]. Die in Rechtsprechung und Literatur erwogene **Anfechtungs- und Fragemöglichkeit** wegen Nichtrealisierbarkeit des Arbeitsverhältnisses ist danach nur im Hinblick auf **befristete** Arbeitsverträge relevant, falls die schwangerschaftsbedingte Nichtrealisierbarkeit des Arbeitsverhältnisses einen wesentlichen Teil des Fristzeitraums betreffen würde[3].

26 | **Hinweis:**
Daß verschiedentlich angesichts dieser Rechtslage der mit einer **befristeten** Einstellung von Bewerberinnen verbundene Vorteil betont wird, ist zwar verständlich, jedoch mit Vorsicht zu behandeln. Befristungen werden in der Rechtsprechung zwischenzeitlich im Hinblick auf das Diskriminierungsverbot überprüft[4]. Vereinbarungen über die Befristung des Arbeitsverhältnisses können danach gem. § 611a Abs. 1 Satz 1 BGB iVm. § 134 BGB unwirksam sein, wenn anzunehmen ist, daß mit der Befristung die Unzulässigkeit der Frage nach der Schwangerschaft kompensiert wird.

b) Gesundheitszustand

27 Ein **berechtigtes** Interesse des Arbeitgebers an Fragen nach bestehenden oder früheren Erkrankungen des Bewerbers ist in drei Fällen anerkannt[5]. Zum einen geht es darum, ob die **Eignung** des Bewerbers für die vorgesehene Tätigkeit dauerhaft oder regelmäßig wiederkehrend **beeinträchtigt** wird. Zum anderen ist wesentlich, ob eine **ansteckende** Krankheit vorliegt, die zwar die Leistungsfähigkeit nicht einschränkt, jedoch Arbeitskollegen oder Dritte (Bsp.: Kunden oder Patienten) gefährdet. Schließlich kann es so sein, daß zur vorgesehenen Arbeitsaufnahme mit einer **längeren** Arbeitsunfähigkeit etwa wegen einer bevorstehenden Kur oder Operation zu rechnen ist. Die Rechtsprechung hat für

---

1 Vgl. EuGH v. 14. 7. 1994, AP Nr. 21 zu § 9 MuSchG 1968.
2 Vgl. *Klempt*, in HzA, Gruppe 6, Teilbereich 1: Mutterschutz/Erziehungsurlaub, Rz. 126.
3 Vgl. *Klempt*, in HzA, Gruppe 6, Teilbereich 1: Mutterschutz/Erziehungsurlaub, Rz. 128.
4 Vgl. LAG Köln v. 26. 5. 1994, LAGE § 620 BGB Nr. 37.
5 Vgl. BAG v. 7. 6. 1984, AP Nr. 26 zu § 123 BGB; BAG v. 7. 2. 1964, AP Nr. 6 zu § 276 BGB-Verschulden bei Vertragsschluß; LAG Frankfurt a.M. v. 13. 10. 1972, DB 1972, 2359; *Hunold*, DB 1993, 224, 229; *Richardi*, NZA 1988, 73, 74.

III. Einstellungsgespräch und Personalfragebogen

diesen dritten, letztgenannten Fall sogar angenommen, daß der Bewerber unabhängig von einer Nachfrage des Arbeitgebers zu einer entsprechenden Mitteilung verpflichtet sei[1]. Es ist nicht zulässig, generell oder unspezifiziert frühere Krankheiten abzufragen oder Fragen nach ausgeheilten oder für die konkrete Beschäftigung irrelevanten Erkrankungen zu stellen; insoweit liegt kein schutzwürdiges Interesse des Arbeitgebers vor[2].

Die Grundsätze zur Fragemöglichkeit und Offenbarungspflicht bei Krankheiten sind auch bei **AIDS** anzuwenden. Zu differenzieren ist allerdings zwischen der AIDS-Erkrankung und der AIDS-Infektion. Beurteilung und Meinungsbild über diese grundlegende Differenzierung hinaus sind umstritten[3]. Überwiegend wird angenommen, daß die Frage nach der AIDS-Erkrankung rechtmäßigerweise gestellt werden könne und wahrheitsgemäß zu beantworten sei, da die Fähigkeit des Arbeitnehmers zur Leistungserbringung aufgrund der **AIDS-Erkrankung** erheblich beeinträchtigt oder sogar vollständig ausgeschlossen sein könne. Einerseits wird dies dahingehend eingeschränkt, daß die Pflicht zur wahrheitsgemäßen Beantwortung nur insoweit bestehe, wie nicht eine Arbeitsfähigkeit für einen Mindestzeitraum (Bsp.: 6 Monate) gewährleistet sei. Andererseits wird erweiternd sogar eine Offenbarungspflicht auch ohne Nachfrage des Arbeitgebers angenommen. Ein generelles Fragerecht des Arbeitgebers nach einer **AIDS-Infektion** wird dagegen allgemein abgelehnt. Grund dafür ist, daß die Leistungsfähigkeit des Bewerbers durch die AIDS-Infektion nicht ohne weiteres gemindert ist. Es ist nach derzeitigem Kenntnisstand nicht vorhersehbar, ob die AIDS-Erkrankung überhaupt zum Ausbruch kommt und ggf. zu welchem Zeitpunkt dies geschieht, so daß nicht sicher vom Ausfall der Arbeitskraft ausgegangen werden kann. Der Arbeitgeber trägt insoweit das Risiko des Ausbruchs der AIDS-Erkrankung wie bei anderen verborgenen Krankheiten auch[4]. Im Stadium der AIDS-Infektion liegt weder eine Krankheit im medizinischen Sinn noch eine im Außenverhältnis wirkende Beeinträchtigung des Gesundheitszustands vor. Die Situation eines AIDS-Infizierten kommt derjenigen eines jeden Bewerbers nahe, irgendwann einmal an einer tödlich verlaufenden Krankheit zu leiden. Ein berechtigtes Interesse des Arbeitgebers an der Information über eine AIDS-Infektion des Bewerbers und damit ein Fragerecht ist allerdings anzuerkennen, wenn aufgrund der Art der auszuübenden Tätigkeit eine Gefährdung von Kollegen oder Dritten besteht. Die Frage nach der AIDS-Infektion ist also zulässig, wenn die Eignung für die Tätigkeit berührt wird (Bsp.: Infektionsgefährdung). Diskutiert werden insoweit Heil- und Pflegeberufe, Küchenpersonal, Tätigkeiten im Zusammenhang mit der Herstellung von Lebensmitteln,

---

1 Dies ist allerdings in BAG v. 27. 3. 1991, AP Nr. 92 zu § 1 LohnFG ausdrücklich offengelassen worden.
2 Vgl. LAG Frankfurt a.M. v. 13. 10. 1972, DB 1972, 2359; *Heilmann*, DB 1989, 1413, 1414.
3 Vgl. dazu näher *Bruns*, MDR 1988, 95, 96; *Eich*, NZA 1987 Beil. 2, 10, 11; *Haesen*, RdA 1988, 158, 161; *Heilmann*, BB 1989, 1413, 1415; *Lichtenberg/Schücking*, NZA 1990, 41, 44; *Löwisch*, DB 1987, 936, 940; *Richardi*, NZA 1988, 73, 74; *Wollenschläger/Kreßel*, AuR 1988, 198, 202.
4 Siehe auch LAG Berlin v. 6. 7. 1973, DB 1974, 99.

Optikertätigkeiten, Tätigkeiten in Frisiersalons, Kraftfahrer und Piloten wegen der Gefahr von Beurteilungsfehlern und Fehlhandlungen. Die Einzelheiten sind ungeklärt und unsicher. Der Bewerber ist nicht verpflichtet, sich selbst von vornherein durch einen Test Gewißheit über eine AIDS-Infektion zu verschaffen.

Zu Einstellungsuntersuchungen siehe unten Rz. 57.

29 **Beispiele** für Fragen nach dem Gesundheitszustand:
- ▶ Waren Sie in der Vergangenheit wegen einer chronischen oder schwerwiegenden Erkrankung arbeitsunfähig erkrankt, die Einfluß auf Ihre Arbeitsleistung haben kann oder hat?
- ▶ Müssen Sie zum vorgesehen Zeitpunkt der Arbeitsaufnahme damit rechnen, aufgrund einer Krankheit oder Kur oder Operation die Arbeit nicht aufnehmen zu können?
- ▶ Sind Sie an AIDS erkrankt?

c) Schwerbehinderteneigenschaft

30 Der Bewerber muß den Arbeitgeber **nicht** von sich aus darüber **informieren**, ob er Schwerbehinderter (§ 1 SchwbG) oder Gleichgestellter (§ 2 SchwbG) ist. Etwas anderes gilt nur insoweit, wie ihm die Ausführung der arbeitsvertraglichen Tätigkeit unmöglich ist oder die Leistungsfähigkeit in einer für die vorgesehene Beschäftigung maßgebenden Weise eingeschränkt ist[1]. Der Arbeitgeber ist allerdings berechtigt, und zwar unabhängig davon, ob die Behinderung für die auszuübende Tätigkeit von Bedeutung ist oder nicht, nach der Schwerbehinderung oder einer Gleichstellung zu **fragen**[2]. Das berechtigte Interesse des Arbeitgebers an der wahrheitsgemäßen Beantwortung der Frage nach der Schwerbehinderteneigenschaft oder einer Gleichstellung folgt aus den besonderen gesetzlichen Verpflichtungen, die für den Arbeitgeber entstehen. Es folgt weiterhin aus der rechtlichen und wirtschaftlichen Tragweite sowie den betrieblichen Auswirkungen einer Einstellung Schwerbehinderter oder Gleichgestellter. Es ist zudem nicht zu verkennen, daß die Anerkennung eines „Rechts zur Lüge" denjenigen bevorzugen würde, bei dem die Behinderung äußerlich nicht erkennbar ist.

31 Der Bewerber hat auf Nachfrage außerdem anzugeben, ob er einen **Antrag auf Anerkennung als Schwerbehinderter oder auf Gleichstellung** gestellt hat[3]. Der Bewerber ist hingegen nicht zur wahrheitsgemäßen Antwort darüber verpflichtet, ob er beabsichtige, einen derartigen Antrag zu stellen[4].

---

1 Vgl. BAG v. 25. 3. 1976, AP Nr. 19 zu § 123 BGB; BAG v. 1. 8. 1985, AP Nr. 30 zu § 123 BGB; BAG v. 5. 10. 1995, AP Nr. 40 zu § 123 BGB.
2 Vgl. BAG v. 1. 8. 1985, AP Nr. 30 zu § 123 BGB; BAG v. 11. 11. 1993, AP Nr. 38 zu § 123 BGB; BAG v. 5. 10. 1995, AP Nr. 40 zu § 123 BGB. Siehe aber auch BAG v. 7. 5. 1984, AP Nr. 26 zu § 123 BGB; *Großmann*, NZA 1989, 702, 705.
3 Siehe aber demgegenüber *Moritz*, NZA 1987, 329, 335.
4 Vgl. LAG Hamm v. 22. 5. 1973, DB 1973, 1306; *Moritz*, NZA 1987, 329, 335; *Schaub*, § 26 III 3, S. 150.

d) Vorstrafen

Die Frage nach Vorstrafen ist zulässig, soweit solche Vorstrafen für die zu besetzende Stelle von **Bedeutung** sind[1]. Die Pflicht des Arbeitnehmers zur Beantwortung der Frage nach Vorverurteilungen wird durch die Regelungen des Bundeszentralregistergesetzes begrenzt bzw. modifiziert (§ 51 Abs. 1 BZRG und § 53 Abs. 1 BZRG)[2]. 32

e) Ermittlungs- und Strafverfahren

Die Frage nach einem laufenden Ermittlungs- bzw. Strafverfahren ist zulässig und daher wahrheitsgemäß zu beantworten, wenn wegen des Verdachts einer bestimmten Straftat die **Eignung des Bewerbers für die vorgesehene Tätigkeit** beeinträchtigt ist[3]. Die Unschuldsvermutung des Art. 6 Abs. 2 EMRK steht dem nicht entgegen. Dieser Prozeßgrundsatz entfaltet keine unmittelbaren rechtlichen Wirkungen im Privatrechtsverkehr. Die Unschuldsvermutung verbietet auch nicht, daß die Existenz eines Verfahrens oder des Verdachts einer Straftat zur Kenntnis genommen wird und Dritte daraus Folgerungen ziehen. Ein realitätsbestimmtes Verhalten dieser Art bedeutet keine Vorverurteilung. Entscheidend ist jeweils, ob das Interesse des Arbeitgebers das Geheimhaltungsinteresse des Bewerbers im Einzelfall überwiegt[4]. Dies ist insbesondere in drei Fallgestaltungen zu bejahen[5]: 33

- Es liegt ein **direkter Bezug** zwischen der Tätigkeit und dem Verdacht vor (Bsp.: Bankkassierer und Vermögensdelikt, Kinderbetreuer- und Sittlichkeitsvergehen, Kraftfahrer und Verkehrsdelikt).
- Es handelt sich um eine besonders **exponierte oder herausgehobene** Stelle. Der Arbeitgeber legt berechtigterweise Wert darauf, daß jedwede Art von Berührung mit Ermittlungs- oder Strafverfahren ausgeschlossen ist. Dem Arbeitgeber kommt es also auf absolute äußere Integrität des Arbeitnehmers an.
- Der Arbeitnehmer ist an der **Aufnahme der Tätigkeit** zum vorgesehenen Zeitpunkt aufgrund des Verfahrens bzw. einer in Betracht kommenden Verurteilung **gehindert**. Dies berührt die Interessen des Arbeitgebers unabhängig davon, ob die Tat bzw. der Verdacht Relevanz für die auszuübende Tätigkeit hat. Die Verfügbarkeit des Arbeitnehmers ist nicht gegeben[6].

---

1 Vgl. BAG v. 5. 12. 1957, AP Nr. 2 zu § 123 BGB: „Nach Vorstrafen darf der Arbeitsplatzbewerber bei der Einstellung nur gefragt werden, wenn und soweit die Art des zu besetzenden Arbeitsplatzes dies erfordert." Siehe dazu näher *Hofmann*, ZfA 1975, 1, 30; *Linnenkohl*, AuR 1983, 129, 135 ff.
2 § 12 Abs. 3 ArbVG 1992 formuliert: „Nach Vorstrafen darf nur gefragt . . . werden, wenn dies für den Arbeitsplatz für Bedeutung ist und der Bewerber sich nicht nach § 53 Abs. 1 des Bundeszentralregistergesetzes als straffrei bezeichnen darf."
3 Vgl. *Linnenkohl*, AuR 1983, 129, 140; *Raab*, RdA 1995, 36, 42; *Staudinger/Richardi*, § 611 Rz. 107. Siehe aber demgegenüber ArbG Münster v. 20. 11. 1992, NZA 1993, 461; *Moritz*, NZA 1987, 329, 334.
4 Vgl. LAG Bremen v. 8. 12. 1954, DB 1955, 170; *Hofmann*, ZfA 1975, 1, 35.
5 Siehe dazu näher *Raab*, RdA 1995, 36, 42 ff.
6 Vgl. LAG Frankfurt a.M. v. 7. 8. 1986, LAGE § 123 BGB Nr. 8.

f) Stasi-Tätigkeit

34 Gemäß Anlage I, Kapitel XIX, Sachgebiet A, Abschnitt III, Nr. 1 Abs. 5 des Einigungsvertrages liegt im **öffentlichen Dienst** ein wichtiger Grund für eine außerordentliche Kündigung vor, wenn der Arbeitnehmer für das Ministerium für Staatssicherheit bzw. das Amt für nationale Sicherheit tätig gewesen ist und deshalb ein Festhalten am Arbeitsverhältnis unzumutbar erscheint[1]. Die Rechtsprechung geht aufgrund dessen davon aus, daß Bewerber, die eine Tätigkeit im öffentlichen Dienst anstreben, zur wahrheitsgemäßen Beantwortung der Frage nach einer Tätigkeit für das Ministerium für Staatssicherheit bzw. Amt für nationale Sicherheit verpflichtet sind[2].

g) Gewerkschaftszugehörigkeit

35 Die Frage nach der Gewerkschaftszugehörigkeit ist unzulässig[3]. Dies wird allgemein mit dem Hinweis auf Art. 9 Abs. 3 Satz 2 GG begründet. Eine Frage nach der Gewerkschaftszugehörigkeit vor der Einstellung kann auch nicht deshalb anerkannt werden, weil der Arbeitgeber Gewißheit im Hinblick auf die einzuhaltenden Arbeitsbedingungen oder Erfordernisse sonstiger Art (Befristungsvoraussetzungen, Formerfordernisse) erlangen möchte. Derartige Fragen können nach Abschluß des Arbeitsvertrages geklärt werden, wenn es für die Durchführung des Arbeitsverhältnisses auf diese Aspekte ankommt[4]. Eine **Ausnahme von der generellen Unzulässigkeit** der Frage nach der Gewerkschaftszugehörigkeit wird bei der Begründung von Arbeitsverhältnissen in einem Arbeitgeberverband oder in einer Gewerkschaft anzuerkennen sein, um den Tendenzbezug sicherzustellen[5]. Es wird darüber hinaus zu erwägen sein, die Frage nach der Gewerkschaftszugehörigkeit zuzulassen, wenn es dem Arbeitgeber darum geht, einen Arbeitnehmer zu gewinnen, der in der Eigenschaft als leitender Angestellter den Arbeitgeber gegenüber der Arbeitnehmerschaft vertritt.

h) Partei- und Religionszugehörigkeit

36 Die Frage nach der Partei- oder Religionszugehörigkeit ist grundsätzlich unzulässig[6]. Dies kann nicht dadurch umgangen werden, daß der Arbeitgeber sich nach tatsächlichen Umständen oder Verhältnissen erkundigt, die Rückschlüsse auf politische und religiöse Einstellungen zulassen[7]. Die Frage nach einer Mitgliedschaft bei *Scientology* ist dagegen zu bejahen. Zum einen ist Scientology weder eine Partei noch eine Religionsgemeinschaft[8]. Zum anderen sind erheb-

---

1 Vgl. dazu näher *Scholz*, BB 1991, 2515 ff.
2 Vgl. BAG v. 26. 8. 1993, AP Nr. 8 zu Art. 20 Einigungsvertrag; BAG v. 13. 9. 1995, AP Nr. 53 zu Einigungsvertrag Anlage I Kap. XIX; BAG v. 13. 6. 1996, AP Nr. 33 zu § 1 KSchG 1969.
3 Vgl. MünchArbR/*Buchner*, § 38 Rz. 117; *Staudinger/Richardi*, § 611 Rz. 97.
4 Vgl. MünchArbR/*Buchner*, § 38 Rz. 119.
5 Vgl. *Staudinger/Richardi*, § 611 Rz. 97.
6 Vgl. MünchArbR/*Buchner*, § 38 Rz. 116; *Staudinger/Richardi*, § 611 Rz. 98.
7 Vgl. MünchArbR/*Buchner*, § 38 Rz. 120.
8 Vgl. BAG v. 22. 3. 1995, AP Nr. 21 zu § 5 ArbGG 1979.

liche Interessen der Arbeitgeber – bei der Besetzung von Vertrauenspositionen jedenfalls – an einer Kenntniserlangung anzuerkennen[1].

Die Frage nach der **Parteizugehörigkeit** ist gestattet, wenn es um die **Wahrung des Tendenzbezugs** geht, wobei im Einzelfall zu fragen sein wird, ob die Art der Tätigkeit die Parteizugehörigkeit verständlicherweise gebietet. Dies ist auch für die Putzfrau anders als für einen Referenten zu beantworten. 37

Die Frage nach der **Religionszugehörigkeit** widerspricht der in Art. 4 Abs. 1 GG garantierten Gewissens- und Glaubensfreiheit. Ausnahmen von der generellen Unzulässigkeit bestehen in zweierlei Hinsicht: 38

Zum einen folgt aus der Selbstordnungs- und Selbstverwaltungsgarantie der Kirchen gemäß Art. 140 GG iVm. Art. 137 Abs. 3 WRV, daß das Fragerecht des Arbeitgebers bei der **Neueinstellung in einer kirchlichen Einrichtung** weiterreicht als das Fragerecht anderer Arbeitgeber. Dem kirchlichen Arbeitgeber ist es gestattet, nach einer loyalen Einstellung zu den Grundsätzen der Kirche und einer kirchlichen Lebensführung zu fragen. Die Glaubwürdigkeit der Kirche hängt nach außen davon ab, daß ihre Arbeitnehmer die kirchliche Ordnung in ihrer Lebensführung respektieren. Zu beachten ist aber der Grundsatz der Verhältnismäßigkeit. Arbeitsverhältnisse kirchlicher Arbeitnehmer sind privatrechtlicher Natur und erfassen nicht die Person insgesamt ohne weiteres in ihrer privaten Lebensführung.

Zum anderen kann es so liegen, daß dem Arbeitnehmer die **Arbeitsleistung** aufgrund religiöser Gebote oder Verbote **nicht oder nur eingeschränkt möglich** ist. Bsp.: Der als Schlachter einzustellende Bewerber ist aus religiösen Gründen nicht bereit, Tiere entsprechend den deutschen Lebensmittelgesetzen zu schlachten; ein Arzt ist nicht bereit, an Schwangerschaftsabbrüchen mitzuwirken. Der Aspekt der Gewissensfreiheit kann im Einzelfall ein Leistungsverweigerungsrecht des Arbeitnehmers begründen[2]. Der Arbeitgeber hat daher ein berechtigtes Interesse an Fragen insoweit, wie es darum geht zu klären, ob aufgrund von Gewissenskonflikten die Arbeitsverrichtung nachhaltig und naheliegend beeinträchtigt werden kann. 39

i) Werdegang

Der Arbeitgeber ist berechtigt, sich über den beruflichen Werdegang des Bewerbers zu informieren. Der Bewerber ist verpflichtet, über Entwicklung und Qualifikation vollständig und wahrheitsgemäß **Auskunft zu geben**[3]. Dies betrifft insbesondere Ausbildung und Prüfungen, Fähigkeiten und Kenntnisse, Beschäftigungsverhältnisse. Der Arbeitgeber kann Wert auf eine wahrheitsgemäße Beantwortung der Frage nach dem Bestehen und der Laufzeit früherer Arbeitsverhältnisse legen[4]. Daß Kurzfristigkeit oder Langfristigkeit früherer Arbeitsverhältnisse von Bedeutung sein können, liegt auf der Hand. Die Frage 40

---

1 Vgl. *Bauer/Baeck/Merten*, DB 1997, 2534 ff.
2 Siehe dazu näher *Moll*, in GmbH-Handbuch, Rz. 157 mwN.
3 Vgl. MünchArbR/*Buchner*, § 38 Rz. 46; *Staudinger/Richardi*, § 611 Rz. 91.
4 Vgl. LAG Hamm v. 8. 2. 1995, LAGE § 123 BGB Nr. 21.

nach dem beruflichen Werdegang ist auch dann richtig zu beantworten, wenn der Bewerber daran interessiert ist, eine Entziehungstherapie nicht anzugeben[1]. Der Arbeitgeber kann ebenso Auskünfte über eine bevorstehende oder erfolgte Einberufung zum Wehrdienst verlangen[2].

j) Vergütung

41 Die Frage nach dem Entgelt bei einem früheren Arbeitgeber ist zulässig, wenn die angestrebte und die bisherige Position zumindest **vergleichbare Kenntnisse und Fähigkeiten erfordern** oder wenn der Bewerber eine **erfolgsabhängige Vergütung bezogen** hat[3]. Die Frage ist allerdings unzulässig, wenn die bisherige Vergütung keine Aussagekraft für die neue Stelle aufweist und der Bewerber sie auch nicht als Mindestvergütung gefordert hat.

k) Vermögensverhältnisse

42 Die Vermögensverhältnisse eines Arbeitnehmers gehören zu dessen Privatsphäre. Ein Fragerecht des Arbeitnehmers besteht daher grundsätzlich nicht. Dies kann jedoch im Einzelfall anders sein[4]. Zu denken ist etwa an Fälle, in denen der Bewerber einen Arbeitsplatz einnehmen soll, der ein besonderes, herausgehobenes **Vertrauensverhältnis** voraussetzt oder bei dem es auf gewissenhaften und ordnungsgemäßen Umgang mit Geld ankommt oder bei dem die Gefahr der Bestechung oder des Geheimnisverrats besteht. Der Arbeitgeber kann in jedem Falle nach **Pfändungs- und Überweisungsbeschlüssen** fragen, da insoweit für den Arbeitgeber Aufwand und Risiken verursacht werden können[5]. Eine Pflicht zur unaufgeforderten Auskunft über Vermögensverhältnisse besteht allerdings in keinem Fall.

l) Arbeitsverhältnisse/Wettbewerbsverbote

43 Der Arbeitgeber kann nach anderen, parallelen **Arbeitsverhältnissen** fragen. Dies rechtfertigt sich aus Gesichtspunkten des Arbeitszeitrechts, des Sozialversicherungsrechts und des Zutrauens in eine ordnungsgemäße Erledigung der Arbeitsaufgaben.

44 Der Arbeitgeber kann sich legitimerweise nach **Wettbewerbsverboten** erkundigen, denen der Bewerber unterliegen könnte.

m) Privatsphäre

45 Der Bewerber ist nicht verpflichtet, über seine familiären oder persönlichen Verhältnisse Angaben zu machen, es sei denn, daß der Arbeitgeber im Einzelfall ein besonderes betriebsbezogenes **Interesse** an der Kenntnis derartiger Umstän-

---

1 LAG Köln v. 13. 11. 1995, LAGE § 123 BGB Nr. 23.
2 Vgl. BAG v. 7. 9. 1983, AP Nr. 7 zu § 1 KSchG 1969-Verhaltensbedingte Kündigung.
3 Vgl. BAG v. 19. 5. 1983, AP Nr. 25 zu § 123 BGB.
4 Vgl. *Moritz*, NZA 1987, 329, 333; *Staudinger/Richardi*, § 611 Rz. 95.
5 Vgl. *Boewer/Bommermann*, Lohnpfändung und Lohnabtretung, Rz. 1067; *Lepke*, RdA 1980, 185, 195; *Staudinger/Richardi*, § 611 Rz. 95. Siehe auch BAG v. 13. 4. 1963, AP Nr. 32 zu § 63 HGB („Offenbarungseid").

de hat. So ist vorstellbar, daß in einem konkreten Fall Verwandtschaftsbeziehungen mit Betriebsangehörigen von Interesse sein können[1]. Fragen nach dem Familienstand, nach einer Verheiratung oder Scheidung oder Lebensgemeinschaft sind generell unzulässig (von berechtigten Belangen bei der Beschäftigung von Kirchenbediensteten abgesehen[2], weil diese besonderen, kirchenspezifischen Anforderungen unterliegen).

3. Rechtsfolgen falscher oder unterbliebener Information

a) Anfechtung

Arbeitsverträge können – wie jedes andere Rechtsgeschäft auch – nach § 119 BGB oder § 123 BGB angefochten werden. Das Anfechtungsrecht wird durch das Recht zur außerordentlichen Kündigung nicht verdrängt[3].

46

aa) Anfechtung gemäß § 119 Abs. 2 BGB

Anfechtungsgrund kann ein **Irrtum über eine Eigenschaft der Person** des Arbeitnehmers sein, die im Verkehr als wesentlich angesehen wird. Welche Eigenschaften **verkehrswesentlich** sind, beurteilt sich nach den Umständen des Einzelfalles jeweils in Anbetracht der Art der in Aussicht genommenen Tätigkeit (Bsp.: Geschlecht, Konfession, Vorbildung, Zuverlässigkeit). Verkehrswesentliche Eigenschaften können regelmäßig nicht in solchen Umständen gesehen werden, auf die sich das Fragerecht des Arbeitgebers nicht erstreckt (Bsp.: Gewerkschaftszugehörigkeit, Schwangerschaft). Dies bedeutet allerdings nicht, daß umgekehrt alles als verkehrswesentliche Eigenschaft angesehen werden könnte, wozu der Arbeitgeber den Bewerber befragen darf. Dementsprechend wird darauf hingewiesen, daß Schwerbehinderung oder Vorstrafen nicht als verkehrswesentliche Eigenschaften eines Arbeitnehmers in Betracht kommen, es sei denn, daß diese Umstände die Ausführung der konkreten Tätigkeit vereiteln[4]. Das Anfechtungsrecht gemäß § 119 Abs. 2 BGB hat im wesentlichen in zwei Fällen praktische Bedeutung. Zum einen kann es sein, daß der Arbeitnehmer den Bewerber nicht gezielt nach dem Vorliegen bestimmter Umstände gefragt, sondern diese stillschweigend seiner Einstellungsentscheidung zugrunde gelegt hat, wie zB das Vorhandensein bestimmter körperlicher Voraussetzungen für die Ausübung der Tätigkeit oder das Fehlen von Beschäftigungsverboten. Zum anderen kommt die Irrtumsanfechtung nach § 119 Abs. 2 BGB in denjenigen Fällen in Betracht, in denen der Arbeitnehmer einen Umstand zulässigerweise verschweigt, den der Arbeitgeber jedoch im Einzelfall gleichwohl aufgrund eines berechtigten Interesses zur Voraussetzung der Einstellung des Bewerbers erheben darf[5].

47

---

1 Vgl. *Moritz*, NZA 1987, 329, 333; *Staudinger/Richardi*, § 611 Rz. 96.
2 Siehe dazu näher *Gehring*, in BGB-RGRK, § 630 Anh. III; *Moll*, in GmbH-Handbuch, Rz. 185; *Staudinger/Richardi*, Vorbem. zu 611 ff. Rz. 477 ff.
3 Vgl. BAG v. 11. 11. 1993, AP Nr. 38 zu § 123 BGB; *Käppler*, ZfA 1995, 271, 275.
4 Vgl. *Schaub*, § 35 II 4, S. 208.
5 Vgl. BAG v. 21. 2. 1991, AP Nr. 35 zu § 123 BGB: Eine transsexuelle Person, die aus rechtlicher Sicht bereits als Frau auftreten dürfte, biologisch aber noch ein Mann war,

bb) Anfechtung gemäß § 123 Abs. 1 BGB

48 Eine **Anfechtung wegen arglistiger Täuschung** gemäß § 123 Abs. 1 BGB setzt voraus, daß eine rechtmäßigerweise gestellte Frage falsch beantwortet worden ist oder daß nach Treu und Glauben (§ 242 BGB) eine Pflicht bestanden hat, eine Tatsache auch ungefragt zu offenbaren. Der Anfechtungsgegner muß in dem letztgenannten Fall wissen oder erkennen können, daß die verschwiegene Tatsache für die Entscheidung über das Zustandekommen des Arbeitsverhältnisses von Bedeutung ist. Die Anfechtung ist begründet, wenn die arglistige Täuschung für das Zustandekommen des Arbeitsvertrages ursächlich gewesen ist[1]. Eine bloße Nichtbeantwortung einer Frage genügt nicht. Die Versicherung einer richtigen und vollständigen Beantwortung am Ende dieses Personalbogens bezieht sich nur auf beantwortete Fragen[2].

cc) Fristen

49 Die Anfechtung nach **§ 119 Abs. 2 BGB** muß gemäß ohne schuldhaftes Zögern nach Kenntniserlangung erfolgen (§ 121 Abs. 1 BGB). Sie ist nach 30 Jahren ausgeschlossen (§ 121 Abs. 2 BGB).

50 Die Rechtsprechung hat das Erfordernis der Unverzüglichkeit durch **Heranziehung der Grundsätze des § 626 Abs. 1 BGB** konkretisiert[3]. Dies ist zu Recht kritisiert worden[4]. Anfechtung und Kündigung sind unterschiedliche Rechtsinstitute und nach den jeweils für sie geltenden Voraussetzungen zu behandeln. Es ist nicht veranlaßt, die für die Anfechtungsregeln geltenden gesetzlichen Wertentscheidungen durch diejenigen für das Kündigungsrecht beiseitezuschieben, nicht zuletzt deshalb, weil es einen Unterschied macht, ob ein ordnungsgemäß zustandegekommener Arbeitsvertrag beendet wird oder ob sich ein Mangel realisiert, der bereits das ordnungsgemäße Entstehen des Arbeitsvertrag in Frage stellt.

51 Die Anfechtung nach **§ 123 Abs. 1 BGB** hat binnen **Jahresfrist** zu erfolgen (§ 124 Abs. 1 BGB). Eine Eingrenzung dieser Anfechtungsfrist entsprechend dem Rechtsgedanken des § 626 Abs. 1 BGB findet nicht statt[5].

52 Die Anfechtung ist nach § 242 BGB im Rahmen einer umfassenden Interessenabwägung ausgeschlossen, wenn dem bei Abschluß des Arbeitsvertrags vorlie-

---

hatte sich um eine Stelle als Arzthelferin beworben, ohne die Transsexualität zu offenbaren. Dem Arzt kam es entscheidend darauf an, daß die Stelle mit einer Frau besetzt wurde, weil er hauptsächlich türkische Patientinnen behandelte. Das Bundesarbeitsgericht bestätigte die Anfechtung nach § 119 Abs. 2 BGB. Die Bewerberin habe im Hinblick auf den Schutzzweck des TSG ihr wahres Geschlecht jedenfalls nicht ungefragt angeben müssen, so daß eine Anfechtung nach § 123 Abs. 1 BGB ausscheide. Der Arzt habe jedoch wegen der Ausrichtung seiner Praxis ein berechtigtes Interesse daran, daß es sich bei der Arzthelferin um eine „echte" Frau handele.

1 Vgl. BAG v. 11. 11. 1993, AP Nr. 38 zu § 123 BGB; BAG v. 5. 10. 1995, AP Nr. 40 zu § 123 BGB.
2 Vgl. LAG Thüringen v. 4. 11. 1996 – 8 Sa 101/96, nv.
3 Vgl. BAG v. 14. 12. 1979, AP Nr. 4 zu § 119 BGB.
4 Vgl. *Lieb*, § 2 1, S. 45; *Picker*, ZfA 1981, 1, 15 ff.; *Staudinger/Richardi*, § 611 Rz. 164.
5 Vgl. BAG v. 19. 5. 1983, AP Nr. 25 zu § 123 BGB.

genden Anfechtungsgrund im Zeitpunkt der Anfechtungserklärung **keine Bedeutung** mehr für das Arbeitsverhältnis zukommt[1]. Bsp.: Der Arbeitnehmer, der verschwiegen hat, daß er kurze und vielfache Arbeitsverhältnisse in der Vergangenheit hatte, ist bereits langjährig tätig; der einem Ermittlungs- oder Strafverfahren ausgesetzte Arbeitnehmer ist voll rehabilitiert; der wegen einwandfreier, vorheriger Tätigkeit eingestellte Arbeitnehmer, der über Verfehlungen getäuscht hat, arbeitet mehrere Jahre einwandfrei.

dd) Wirkung der Anfechtung

Die Wirkung der Anfechtung hängt davon ab, ob sie vor oder nach der **Invollzugsetzung** des Arbeitsverhältnisses erklärt wird. Vor Invollzugsetzung des Arbeitsverhältnisses gilt § 142 Abs. 1 BGB. Der Arbeitsvertrag ist von Anfang an nichtig. Nach Invollzugsetzung des Arbeitsverhältnisses wirkt die Anfechtung nur für die Zukunft bzw. auf den Zeitpunkt der Außervollzugsetzung[2]. Die Abwicklung erfolgt nach den Regeln über das faktische Arbeitsverhältnis. Vgl. dazu unten Rz. 143 f.

53

b) Kündigung

Pflichtverletzungen des Arbeitnehmers bei Abschluß des Arbeitsvertrags können eine außerordentliche **Kündigung aus wichtigem Grund** rechtfertigen, wenn dadurch die Fortsetzung des Arbeitsverhältnisses für den Arbeitgeber unzumutbar wird. Die Kündigung entfaltet lediglich Wirkungen für die Zukunft. Dem Arbeitgeber steht ein Wahlrecht zu, ob er die Anfechtung erklärt oder die Kündigung ausspricht.

54

c) Schadenersatz

Dem Arbeitgeber können Schadenersatzansprüche nach den Grundsätzen des **Verschuldens bei Vertragsschluß (c.i.c.)** oder nach **Deliktsrecht** zustehen. Eine Schadensersatzhaftung des Arbeitnehmers besteht dann, wenn er Umstände pflichtwidrig verschweigt. Anspruchsgrundlage ist sowohl culpa in contrahendo als auch § 823 Abs. 2 BGB iVm. § 263 StGB. Die Schadenberechnung kann allerdings im Einzelfall zu Problemen führen. Das Bundesarbeitsgericht hat angenommen, daß ein Arbeitgeber nicht den **Entgeltfortzahlungsbetrag als Schaden** geltend machen könne, wenn der Arbeitnehmer es pflichtwidrig unterlasse, über ein Heilverfahren oder eine Krankheit zu informieren[3]. Dies überzeugt nicht. Daß die Erfüllung einer gesetzlichen Verpflichtung kein Schaden sei, wie das Bundesarbeitsgericht meint, ist nicht begründbar. Die Belastung mit Verbindlichkeiten ohne Gegenleistung stellt einen Schaden dar, der in den

55

---

1 Vgl. BAG v. 12. 2. 1970, AP Nr. 17 zu § 123 BGB; BAG v. 18. 9. 1987, AP Nr. 32 zu § 123 BGB; LAG Thüringen v. 4. 11. 1996 – 8 Sa 101/96, nv.; *Picker*, ZfA 1981, 1, 82; *Staudinger/Richardi*, § 611 Rz. 163.
2 Vgl. BAG v. 16. 9. 1982, AP Nr. 24 zu § 123 BGB; BAG v. 29. 8. 1984, AP Nr. 27 zu § 123 BGB.
3 Vgl. BAG v. 27. 3. 1991, AP Nr. 92 zu § 1 LohnFG.

Schutzzweckzusammenhang der Aufklärungs- bzw. Wahrheitspflicht fällt. Es kann nicht darauf ankommen, ob die Entgeltfortzahlungspflicht im Einzelfall gesetzlich oder rechtsgeschäftlich begründet ist. Das Erschleichen einer Vertragsposition, aufgrund derer der Vertragspartner zur Zahlung ohne Gegenleistung verpflichtet ist, ist ein typischer Fall der Schadenzufügung. Die Bejahung eines Schadens ist nicht davon abhängig, daß Arbeiten liegen bleiben oder durch eine Ersatzkraft verrichtet werden.

IV. Eignungsüberprüfungen

56 Der Arbeitgeber setzt oftmals über das Einstellungsgespräch und den Personalfragebogen hinaus Verfahren ein, um die Eignung des Arbeitnehmers festzustellen. Derartige Verfahren sind – auch – nur insoweit zulässig, wie eine **Abwägung** der beiderseitigen Interessen ergibt, daß dem Informationsinteresse des Arbeitgebers Vorrang vor dem Interesse des Arbeitnehmers an einer Nichtoffenbarung der in Rede stehenden Umstände zukommt.

1. Einstellungsuntersuchung

57 Ärztliche Untersuchungen im Zusammenhang mit der Begründung eines Arbeitsverhältnisses sind für bestimmte Personengruppen ausdrücklich **gesetzlich** normiert.

58 § 8 Abs. 1 BAT sieht für Arbeitnehmer im öffentlichen Dienst eine Eignungsuntersuchung durch einen Arzt **tarifvertraglich** vor.

59 Der Arbeitgeber ist grundsätzlich auch **unabhängig von gesetzlichen oder tariflichen** Regelungen berechtigt, von dem Bewerber zu verlangen, daß dieser sich einer ärztlichen Untersuchung unterzieht[1].

60 Die ärztliche Untersuchung ist nur mit **Einverständnis des Bewerbers** zulässig. Das Einverständnis des Bewerbers erstreckt sich ohne einen ausdrücklichen,

---

1 Siehe auch § 14 ArbVG 1992: „(1) Der Arbeitgeber kann den Abschluß des Arbeitsvertrags von einer ärztlichen Untersuchung der Eignung des Arbeitnehmers für die vorgesehene Tätigkeit abhängig machen. Er kann den untersuchenden Arzt bestimmen. (2) Der Arzt darf dem Arbeitgeber nur mitteilen, ob er den Bewerber für die vorgesehene Tätigkeit gesundheitlich für geeignet hält. Hält er ihn für eingeschränkt geeignet, so darf er die Einschränkungen insoweit mitteilen, als der Bewerber sie auf Befragen des Arbeitgebers offenbaren müßte. (3) Der Arbeitgeber darf sonstige Eignungsuntersuchungen vornehmen, soweit sie zur Ermittlung der Eignung für die vorgesehene Tätigkeit erforderlich sind. Die Untersuchung muß nach den Regeln der Fachkunde durchgeführt werden; sie darf nicht die Persönlichkeit und Würde des Bewerbers verletzen. (4) Die Untersuchung und die Mitteilung des Ergebnisses an den Arbeitgeber bedürfen der Einwilligung des Bewerbers. Dieser kann die Einwilligung jederzeit zurücknehmen. (5) Dem Bewerber ist das Ergebnis der Untersuchung auf Verlangen mitzuteilen. Der Arbeitgeber trägt die Kosten der Untersuchung."

IV. Eignungsüberprüfungen

besonderen Hinweis nicht auf die Durchführung eines HIV-Tests oder eine Analyse von Erbgut[1].

Beispiel einer Einverständniserklärung[2]: 61

> Ich bin mit einer Untersuchung durch den (Werksarzt) (Arzt Dr. med. . . .) einverstanden. Die Untersuchung kann auf eine HIV-Infektion erstreckt werden. Ich entbinde den Arzt von der Schweigepflicht, soweit seine Mitteilung erforderlich ist, meine Eignung für Aufnahme und Wahrnehmung der Tätigkeit zu beurteilen.

Gegenstand der ärztlichen Untersuchung ist der Gesundheitszustand des Bewerbers insoweit, und nur insoweit, wie dieser für die **Beurteilung der Eignung des Bewerbers** im Hinblick auf die Anforderungen des Arbeitsplatzes von Bedeutung ist[3]. 62

Die Untersuchung kann sich bei Einverständnis des Bewerbers auf eine **AIDS-Erkrankung** erstrecken, da insoweit ein Fragerecht besteht[4]. Eine Untersuchung auf eine AIDS-Infektion kommt demgegenüber außerhalb der für das Fragerecht relevanten Konstellationen nicht in Betracht[5]. 63

Das Einverständnis des Bewerbers mit der ärztlichen Untersuchung enthält dem Sinn nach zugleich die **Befreiung des Arztes von der Schweigepflicht** über das Untersuchungsergebnis[6]. Die Befreiung von der Schweigepflicht bezieht sich allein auf die für die Einstellung relevante Beurteilung der Eignung. Die Befreiung von der Schweigepflicht beinhaltet nicht die Mitteilung eines detaillierten Untersuchungsergebnisses. Der Arbeitgeber hat lediglich das Recht zu erfahren, ob der Bewerber gesundheitlich geeignet ist[7]. Es wird darüber hinausgehend teilweise angenommen, daß der Arzt berechtigt sei, arbeitsmedizinische Empfehlungen für Unterstützungs- und Schutzmaßnahmen am Arbeitsplatz auszusprechen, die aus gesundheitlichen Gründen zugunsten des Bewerbers geboten erscheinen[8]. 64

Die **Auswahl des Arztes** erfolgt durch den Arbeitgeber. Der Arbeitnehmer kann den Arzt nur aus triftigen Gründen ablehnen. Er muß dartun, warum die 65

---

1 Vgl. *Bruns,* MDR 1988, 95, 96; MünchArbR/*Buchner,* § 38 Rz. 218; *Haesen,* RdA 1988, 158, 161; *Richardi,* NZA 1988, 73, 75; *Heilmann,* BB 1989, 1414, 1415; *Simon,* MDR 1991, 5, 12.
2 Vgl. die Muster bei *Bauer,* in Wurm/Wagner/Zartmann, Rechtsformularbuch, S. 1138; *Schaub,* Formularsammlung, S. 5.
3 Vgl. MünchArbR/*Buchner,* § 38 Rz. 211; *Keller,* NZA 1988, 561, 562.
4 Siehe dazu näher *Haesen,* RdA 1988, 158, 161; *Lichtenberg/Schücking,* NZA 1990, 41, 44; *Löwisch,* DB 1987, 936, 940; *Richardi,* NZA 1988, 73, 75.
5 Siehe aber demgegenüber *Böhm/Spiertz,* § 7 Rz. 19: Untersuchungsmöglichkeit ohne Einschränkung wegen der nicht ausschließbaren Ansteckungsgefahr und wegen der finanziellen Risiken des Arbeitgebers.
6 Vgl. *Keller,* NZA 1988, 561, 563; *Schaub,* § 24 II 7, S. 138; *Scholz,* NJW 1981, 1987, 1989 ff.; *Zeller,* BB 1987, 2439, 2442.
7 Vgl. *Böhm/Spiertz,* § 7 Rz. 20; *Löwisch,* DB 1987, 936, 940.
8 Vgl. *Zeller,* BB 1987, 2439, 2440.

Untersuchung gerade durch diesen Arzt für ihn unzumutbar erscheint[1]. Die Kosten der Einstellungsuntersuchung trägt gemäß § 670 BGB der Arbeitgeber.

2. Genomanalyse

66 Genomanalysen sind als Untersuchungsmethoden zu verstehen, die Funktionen und Strukturen von Genen ermitteln, um so gegebenenfalls erblich bedingte Dispositionen festzustellen[2]. Im wesentlichen geht es um Chromosomenanalysen und DNA-Analysen. Das Persönlichkeitsrecht des Arbeitnehmers und der Verhältnismäßigkeitsgrundsatz werden berührt, da die Genomanalyse zu Erkenntnissen führt, die über die konkreten arbeitsplatzbezogenen Erfordernisse hinausgehen. Die Genomanalyse erscheint daher sowohl im anzubahnenden als auch im bestehenden Arbeitsverhältnis **problematisch.** Ihre Zulässigkeit wird teilweise bejaht, wenn sie auf die Ermittlung arbeitsvertragsrelevanter Umstände beschränkt ist, der Erwerber über Inhalt und Umfang der Untersuchung aufgeklärt wird, die Zustimmung des Bewerbers vorliegt und die Geheimhaltung des Ergebnisses gewährleistet ist[3]. Ein Arbeitsplatzbezug wird anerkannt, wenn der Arbeitnehmer die Tätigkeit wegen einer genetischen Veranlagung mit an Sicherheit grenzender Wahrscheinlichkeit nicht ausüben könnte oder aber der Ausbruch einer anlagebedingten Krankheit vorhersehbar ist, die Gefahren für Arbeitskollegen oder Dritte begründet[4].

3. Psychologische Tests

67 Eignungstests existieren im wesentlichen in zwei verschiedenen Formen, nämlich psychometrischen und projektiven Testverfahren[5]. **Psychometrische Tests** (Bsp.: Intelligenztest, Leistungstest) sind Meßverfahren, die bestimmte Eigenschaften oder Fähigkeiten des Menschen ermitteln. **Projektive Tests** (Bsp.: Lüscher-Farbtest, Rohrschach-Test) bestehen darin, daß die Testperson grafische oder verbale Darstellungen gestaltet oder deutet. Assessment-Center, bei denen Äußerungen und Verhalten mehrerer Teilnehmer in bestimmten Situationen durch verschiedene Beobachter gleichzeitig beurteilt werden, sind den projektiven Testverfahren zuzurechnen.

68 Da die Durchführung psychologischer Testverfahren einen Eingriff in das Persönlichkeitsrecht (Art. 2 Abs. 1 GG) darstellt, ist die **Zustimmung des Bewer-**

---

1 Vgl. *Böhm/Spiertz*, § 7 Rz. 16 und 18. Siehe auch BAG v. 23. 2. 1967, AP Nr. 1 zu § 7 BAT.
2 Siehe dazu näher *Deutsch*, NZA 1989, 657, 659; *Diekgräf*, BB 1991, 1854, 1858; *Menzel*, NJW 1989, 2041, 2042; *Wiese*, RdA 1986, 120, 123, 129.
3 Vgl. *Deutsch*, NZA 1989, 657, 659; *Diekgräf*, BB 1991, 1854, 1858; *Wiese*, RdA 1986, 120, 123. Siehe aber demgegenüber generell verneinend *Fitting/Kaiser/Heither/Engels*, § 94 Rz. 25; *Hunold*, DB 1993, 224, 229.
4 Siehe etwa *Diekgräf*, BB 1991, 1854, 1858; *Wiese*, RdA 1986, 120, 123 (Bsp.: Flugzeug- oder Lokführer mit epileptischer Veranlagung); jew. auch mit Erwägungen zu Offenbarungspflichten bei Kenntnis von anomalen genetischen Dispositionen.
5 Vgl. dazu näher *von Hoyningen-Huene*, DB 1991, Beil. 10, 2; *Hunold*, DB 1993, 224, 227.

IV. Eignungsüberprüfungen

bers erforderlich[1]. Die Zustimmung ist nur wirksam, wenn der Bewerber über Ablauf des Tests, Art der Aufgaben, Auswertung des Test und Bedeutung des Ergebnisses vorher ausreichend aufgeklärt worden ist. Die Einwilligung muß ohne Täuschung oder Zwang erfolgen. Der Bewerber muß die erforderliche Einsichtsfähigkeit haben.

Der Arbeitgeber darf zum Schutz des Bewerbers **nur wissenschaftlich anerkannte** Tests einsetzen, die den Kriterien der Objektivität, Reliabilität und Validität genügen[2]. Die Durchführung der psychologischen Eignungstests hat im Interesse der Wahrung des Persönlichkeitsrechts des Bewerbers unter der Leitung von Berufspsychologen zu erfolgen, die der Schweigepflicht (§ 203 Abs. 1 Nr. 2 StGB) unterliegen[3]. 69

Die Ermittlung von Eigenschaften, Fähigkeiten und Persönlichkeitsmerkmalen des Bewerbers ist nach den für das Fragerecht des Arbeitgebers geltenden Grundsätzen zulässig, soweit sie einen konkreten **Bezug zu der am Arbeitsplatz auszuübenden Tätigkeit** aufweisen[4]. Der Einsatz psychologischer Tests wird durch den Grundsatz der Verhältnismäßigkeit begrenzt. Es muß ein sachlicher Grund für die Durchführung des Eignungstests vorliegen. Ein sachlicher Grund liegt vor, wenn die Tätigkeit besondere Fertigkeiten verlangt oder mit erheblichen psychischen Belastungen verbunden ist (Bsp.: Busfahrer, Kapitäne, Lokführer, Piloten)[5]. Dementsprechend sind leistungsermittelnde Tests sowie analytische Intelligenztests zulässig, nicht jedoch rein quantifizierende Intelligenztests[6]. Dem Arbeitgeber steht keine umfassende Information über ein gesamtheitliches Persönlichkeitsbild eines Arbeitnehmers zu, so daß **psychologische Testverfahren nicht auf umfassende Beurteilung der gesamten Persönlichkeit gerichtet** sein dürfen, sondern nur auf die Feststellung bestimmter Eigenschaften oder Merkmale, die einen konkreten Bezug zur Arbeitsaufgabe aufweisen. Es ist unzulässig, ein allgemeines Persönlichkeitsprofil des Bewerbers zu ermitteln[7]. Eine Bestimmung der allgemeinen Persönlichkeitsstruktur scheidet aus, wenngleich nicht zu verkennen ist, daß je nach Aufgabenstellung und Führungsposition bestimmte einzelne Persönlichkeitsmerkmale von Bedeutung sein können. Persönlichkeitstests können ausnahmsweise für Führungskräfte oder für Mitarbeiter angemessen sein, die Tätigkeiten mit bestimmten Umgangs- und Verhaltensanforderungen ausüben[8]. Entscheidend bleibt immer, daß 70

---

1 Vgl. *Hunold*, DB 1993, 224, 227; *Moritz*, NZA 1987, 329, 333; *Schmid*, BB 1981, 1646.
2 Vgl. *Schmid*, BB 1981, 1646, 1650.
3 Vgl. *Fitting/Kaiser/Heither/Engels*, § 94 Rz. 23; *Schmid*, BB 1981, 1646, 1650. Siehe aber demgegenüber *von Hoyningen-Huene*, DB 1991, Beil. 10, 5.
4 Vgl. *von Hoyningen-Huene*, DB 1991, Beil. 10, 4; *Hunold*, DB 1993, 224, 227; *Moritz*, NZA 1987, 329, 334; *Schmid*, BB 1981, 1646, 1647.
5 Vgl. BAG v. 13. 2. 1964, AP Nr. 1 zu Art. 1 GG (Eignungsuntersuchung bei Busfahrern); *Schmid*, BB 1981, 1646, 1651.
6 Vgl. MünchArbR/*Buchner*, § 33 Rz. 221; *Fitting/Kaiser/Heither/Engels*, § 94 Rz. 25; *Schmid*, BB 1981, 1646, 1649.
7 Vgl. MünchArbR/*Buchner*, § 38 Rz. 221; *Fitting/Kaiser/Heither/Engels*, § 94 Rz. 24; *von Hoyningen-Huene*, DB 1991, Beil. 10, 4.
8 Vgl. *Schmid*, BB 1981, 1646, 1649.

durch die psychologische Untersuchung ein erforderliches Qualifikationsmerkmal ermittelt werden kann. Je allgemeiner dieses Qualifikationsmerkmal ist, um so eher erscheint – jeweils von dem einzelnen Umstand abhängig – denkbar, daß im Rahmen einer Abwägung zwischen den Erfordernissen des Arbeitgebers und dem Persönlichkeitsrechts des Arbeitnehmers die Ermittlung bestimmter Eigenschaften oder Merkmale zu unterbleiben hat. Je einfacher der Arbeitsplatz ist, desto eher ist die Durchführung psychologischer Tests unverhältnismäßig.

4. Grafologische Gutachten

71 Die Verläßlichkeit grafologischer Gutachten ist gering[1]. Die Einholung bzw. Erstellung grafologischer Gutachten bedarf des **Einverständnisses** des Betroffenen[2]. Der Betroffene bestimmt, ob und wie weit er ein Ausleuchten seiner Persönlichkeit mit Mitteln gestattet, die über die jedermann zur Verfügung stehenden Erkenntnismöglichkeiten hinausgehen[3]. Ob in der **Einreichung handschriftlicher Unterlagen** und insbesondere eines handgeschriebenen Lebenslaufs eine konkludente Einwilligung zur Einholung bzw. Erstellung eines grafologischen Gutachtens liegt, ist umstritten, wird jedoch insbesondere bei Führungskräften erwogen[4]. Die Erfordernisse der Arbeitsplatzbezogenheit der ermittelten Merkmale und der Verhältnismäßigkeit gelten auch für grafologische Gutachten[5]. Der Arbeitgeber ist angesichts dessen insbesondere nicht berechtigt, bei einfachen Tätigkeiten ein grafologisches Gutachten zu verlangen[6].

5. Führungszeugnis

72 Eine Verpflichtung des Bewerbers zur Vorlage eines Führungszeugnisses (§ 30 BZRG) ist zu verneinen[7]. Etwas anderes gilt für den **öffentlichen Dienst**. Arbeitgeber des öffentlichen Dienstes sind berechtigt, die Vorlage eines Führungszeugnisses (§ 30 Abs. 5 BZRG) zu verlangen[8].

6. Sicherheitsüberprüfung

73 Eine Sicherheitsüberprüfung eines Bewerbers ist berechtigt, soweit es um die **Besetzung einer sicherheitsempfindlichen Position** geht[9]. Die Sicherheitsüber-

---

1 Siehe dazu eingehend *Michel/Wiese*, NZA 1986, 505, 507 ff.
2 Vgl. BAG v. 16. 9. 1982, AP Nr. 24 zu § 123 BGB.
3 Vgl. *Wiese*, ZfA 1971, 273, 292.
4 Vgl. dazu näher BAG v. 16. 9. 1982, AP Nr. 24 zu § 123 BGB; ArbG München v. 14. 4. 1975, DB 1975, 1657; *Bepler*, NJW 1976, 1872, 1873; *Michel/Wiese*, NZA 1986, 505 ff.; *Moritz*, NZA 1987, 329, 334; MünchKomm/*Söllner*, § 611 Rz. 288.
5 Vgl. MünchArbR/*Buchner*, § 38 Rz. 221, 227.
6 Vgl. *Schaub*, § 24 II 5, S. 137.
7 Vgl. *Linnenkohl*, AuR 1983, 129, 135; *Schaub*, § 26 III 3, S. 150; *Wohlgemuth*, DB 1985, Beil. 21, 3, 6.
8 Vgl. dazu *Böhm/Spiertz*, § 4 Anh. Nr. 1.
9 Vgl. BAG v. 26. 10. 1978, AP Nr. 1 zu § 1 KSchG 1969-Sicherheitsbedenken (Energieversorgungsunternehmen); BAG v. 17. 5. 1983, AP Nr. 11 zu § 75 BPersVG (EDV-Be-

IV. Eignungsüberprüfungen

prüfung hat besondere **Bedeutung im öffentlichen Dienst** und ist dort ausdrücklich vorgesehen[1]. Die Verfassungsschutzbehörden sind zur Mitwirkung bei der Sicherheitsüberprüfung von Personen verpflichtet (§ 3 Abs. 2 BVerfSchG). Entsprechende Regelungen finden sich in Ländergesetzen. Die Forderung des Arbeitgebers nach einer Sicherheitsüberprüfung stellt keine Verletzung des Persönlichkeitsrechts des Bewerbers dar, soweit das Verlangen in Anbetracht der zu besetzenden Position nicht als willkürlich erscheint[2].

7. Erkundigung beim bisherigen Arbeitgeber

Der Arbeitgeber hat häufig ein Interesse daran, über das von dem Bewerber vorgelegte Arbeitszeugnis hinaus weitere Informationen bei dem bisherigen Arbeitgeber einzuholen. Der frühere Arbeitgeber ist zur Auskunftserteilung zwar nicht generell verpflichtet, ihn trifft jedoch eine Mitteilungspflicht aufgrund nachwirkender arbeitsvertraglicher Fürsorgepflicht, wenn die Auskunftserteilung im **Interesse oder auf Wunsch des Arbeitnehmers** erfolgt[3]. Die Rechtsprechung bejaht die Erteilung von Auskünften durch den bisherigen Arbeitgeber **auch ohne oder gegen den Willen** des Arbeitnehmers[4]. Dies ergebe sich aus der Stellung von Arbeitgeber und Arbeitnehmer innerhalb des Arbeitsverhältnisses oder aus der Sozialpartnerschaft der Arbeitgeber. Eine Aushändigung der Personalakte durch den bisherigen Arbeitgeber an den neuen Arbeitgeber ist allerdings nicht statthaft[5]. Die Rechtsprechung ist im Schrifttum kritisiert worden, welches Auskünfte des früheren Arbeitgebers nur mit Zustimmung des Bewerbers zuläßt[6]. Die Auskünfte des früheren Arbeitgebers müssen den für Arbeitszeugnisse geltenden Grundsätzen entsprechen und wahrheitsgemäß sein[7]. Die Information muß wahrheitsgemäß im Sinne einer gerechten, vollständigen und nach objektiven Grundsätzen getroffenen Beurteilung erfolgen. Dem neuen Arbeitgeber dürfen in diesem Rahmen auch solche Umstände mitgeteilt werden, die für den Bewerber nachteilig sind[8]. Arbeitgeber im Bereich des öffentlichen Dienstes sind aufgrund des in Art. 35 GG normierten Amtshilfegrundsat-

74

---

reich der Bundesversicherungsanstalt für Angestellte); ArbG München v. 22. 12. 1987, DB 1989, 129 (Nachrichtentechnik); *Buchner*, NZA 1991, 577, 580.

1 Vgl. die Richtlinie für die Sicherheitsüberprüfung von Bundesbediensteten (Sicherheitsrichtlinien) vom 15. 2. 1971.
2 Vgl. *Buchner*, NZA 1991, 577, 581.
3 Vgl. LAG Berlin v. 27. 11. 1989, LAGE § 242 BGB-Auskunftspflicht Nr. 2; MünchKomm/*Schwerdtner*, § 630 Rz. 48, 51; *Staudinger/Preis*, § 630 Rz. 84.
4 Vgl. BAG v. 25. 10. 1957, AP Nr. 1 zu § 630 BGB; BAG v. 5. 8. 1976, AP Nr. 10 zu § 630 BGB; BAG v. 18. 12. 1984, AP Nr. 8 zu § 611 BGB-Persönlichkeitsrecht; LAG Hamburg v. 16. 8. 1984, DB 1985, 284; *Leinemann*, in Kasseler Handbuch, Kapitel 1.1 Rz. 416.
5 Vgl. BAG v. 18. 12. 1984, AP Nr. 8 zu § 611 BGB-Persönlichkeitsrecht.
6 Vgl. (teilweise unterschiedlich) MünchKomm/*Schwerdtner*, § 630 Rz. 48; *Schmid*, DB 1983, 769, 771 ff.; *Schulz*, NZA 1990, 717, 719; MünchArbR/*Wank*, § 124 Rz. 58.
7 Vgl. BAG v. 18. 12. 1984, AP Nr. 8 zu § 611 BGB-Persönlichkeitsrecht; LAG Berlin v. 27. 11. 1989, LAGE § 242 BGB-Auskunftspflicht Nr. 2; MünchKomm/*Schwerdtner*, § 630 Rz. 51; *Staudinger/Preis*, § 630 Rz. 85.
8 Vgl. BAG v. 5. 8. 1976, AP Nr. 10 zu § 630 BGB.

zes untereinander zu Auskünften über Bewerber verpflichtet. Diese Pflicht kann durch arbeitsvertragliche Abreden nicht beschränkt werden[1].

V. Anbahnungsverhältnis

1. Allgemeines

75 Mit der tatsächlichen Aufnahme der Vertragsverhandlungen entsteht zwischen den Parteien ein gesetzliches Schuldverhältnis. Aus diesem erwachsen Verhaltenspflichten zur gegenseitigen Rücksichtnahme. Das durch die Begründung eines geschäftlichen Kontaktes entstehende vorvertragliche **Schuldverhältnis** begründet sowohl für den Arbeitgeber als auch für den Bewerber Aufklärungs-, Loyalitäts- und Schutzpflichten. Eine Verletzung der Pflichten im vorvertraglichen Schuldverhältnis verpflichtet zum Schadenersatz. Der Schadenersatz aufgrund von culpa in contrahendo ist grundsätzlich auf das negative Interesse gerichtet. Das Erfüllungsinteresse kann allerdings in bestimmten Fällen unter besonderen Voraussetzungen verlangt werden, insbesondere dann, wenn der Vertragsschluß (auch) ohne culpa in contrahendo erfolgt wäre.

76 Der Schwerpunkt der **Pflichten des Bewerbers** liegt in den Auskunfts- und Mitteilungspflichten betreffend die für den Arbeitgeber bedeutsamen Umstände seiner Person und seiner Verhältnisse. Vgl. dazu oben Rz. 16 ff. Der **Arbeitgeber** ist seinerseits dem Arbeitnehmer zur Aufklärung über für diesen bedeutsame Tatsachen, zur Rücksichtnahme und zum Schutz verpflichtet. Beide Parteien haben im Rahmen des vorvertraglichen Schuldverhältnisses auch dem Vertrauen Rechnung zu tragen, welches die andere Seite in das Zustandekommen des Arbeitsvertrages gefaßt hat.

2. Einzelfälle

a) Hinweispflichten des Arbeitgebers

77 Den Arbeitgeber treffen Hinweispflichten im Falle **außergewöhnlicher Umstände,** mit denen der Arbeitnehmer nicht ohne weiteres zu rechnen braucht. Die insoweit vorzunehmenden Beurteilungs- und Interessenabwägungsvorgänge stellen insbesondere auf vier Gesichtspunkte ab:[2]

▶ Erkennbarer Informationsbedarf des aufzuklärenden Teils;

▶ Informationsmöglichkeiten der Parteien;

▶ Intellektuelle und wirtschaftliche Voraussetzungen der Parteien;

▶ Ausmaß der Interessengefährdung.

Der Arbeitgeber muß darauf aufmerksam machen, wenn die Leistungsanforderungen im Hinblick auf den Arbeitsplatz außergewöhnlich, überdurchschnitt-

---

1 Vgl. BAG v. 15. 7. 1960, AP Nr. 1 zu Art. 35 GG.
2 Vgl. *Kursawe*, NZA 1997, 245, 246.

V. Anbahnungsverhältnis

lich hoch sind[1], die Gefahr des Ausbleibens der Entgeltzahlung wegen finanzieller Schwierigkeiten besteht[2] oder eine Betriebsschließung bzw. Betriebsverlegung bevorsteht[3]. Eine Aufklärung kommt auch bei Gesundheitsgefahren in Betracht[4]. Sie wird sogar bei „Mobbing-Gefahr" erörtert[5]. Der Arbeitgeber im öffentlichen Dienst ist verpflichtet, den Arbeitnehmer auf bestehende Versorgungsmöglichkeiten hinzuweisen[6]. Die Belehrungspflicht erstreckt sich allerdings nicht darauf, welche Versorgungsart zweckmäßig ist[7]. Eine Haftung des Arbeitgebers aus culpa in contrahendo kann sich auch ergeben, wenn er im Zuge der Vertragsverhandlungen falsche Angaben über die Tätigkeit oder die Verdienstmöglichkeiten macht[8]. Der Arbeitgeber braucht sich allerdings nicht dazu zu äußern, ob er eine Stelle für den Arbeitnehmer, den er eingestellt hat, als angemessen ansieht. Er braucht insbesondere nicht darauf aufmerksam zu machen, und er darf dies auch nicht, ob er ein bestimmtes Geschlecht für eine Stelle als geeigneter ansieht. Der Bewerber kann aus einer geschlechtsneutralen Ausschreibung allein nicht schließen, daß die Stelle für beiderlei Geschlecht gleich geeignet ist[9].

Die Verletzung von Hinweis- bzw. Wahrheitspflichten begründet eine **Schadenersatzverpflichtung**. Schadenersatz ist grundsätzlich in **Höhe des negativen Interesses** zu leisten, dh. der Betroffene ist so zu stellen, wie er ohne die Pflichtverletzung und gegebenenfalls den Vertragsschluß stehen würde, so daß er gegebenenfalls die Rückgängigmachung des Arbeitsvertrags verlangen kann. Es ist jedoch auch möglich, daß der Geschädigte am Vertrag festhält, und er ist dann so zu behandeln, als ob es ihm gelungen wäre, den Vertrag zu den für ihn günstigeren Bedingungen abzuschließen[10]. Macht beispielsweise ein Arbeitgeber in Stellenanzeigen unzutreffende Angaben über die Höhe eines zu erzielenden Mindestjahreseinkommens und weist der Arbeitgeber in einem Vorstellungsgespräch den Arbeitnehmer nicht darauf hin, daß das angegebene, nur durch Provision erzielbare Mindesteinkommen lediglich von wenigen Mitarbeitern tatsächlich erreicht wird, so verstößt der Arbeitgeber gegen die ihm gegenüber dem Stellenbewerber obliegende Aufklärungspflicht, und der Arbeit-

78

---

1 Vgl. BAG v. 12. 12. 1957, AP Nr. 2 zu § 276 BGB-Verschulden bei Vertragsschluß.
2 Vgl. BAG v. 2. 12. 1976, AP Nr. 10 zu § 276 BGB-Verschulden bei Vertragsschluß; MünchKomm/*Söllner*, § 611 Rz. 289.
3 Vgl. BAG v. 24. 9. 1974, AP Nr. 1 zu § 13 GmbHG; *Zöllner/Loritz*, § 11 I 5a S. 134.
4 Vgl. *Zöllner/Loritz*, § 11 I 5a, S. 134.
5 Vgl. *Haller/Koch*, NZA 1995, 356; *Kursawe*, NZA 1997, 245, 248.
6 Vgl. BAG v. 13. 12. 1988 und 17. 12. 1991, AP Nr. 22 und 32 zu § 1 BetrAVG-Zusatzversorgungskassen; *Becker-Schaffner*, BB 1993, 1281, 1283.
7 Vgl. BAG v. 13. 12. 1988 und 17. 12. 1991, AP Nr. 22 und 32 zu § 1 BetrAVG-Zusatzversorgungskassen.
8 Vgl. LAG Hessen v. 13. 1. 1993, NZA 1994, 884.
9 Vgl. LAG Düsseldorf v. 5. 7. 1991, DB 1991, 2244: Arbeitnehmerin verlangt Schadenersatz, weil der Arbeitgeber sie darüber habe aufklären müssen, daß die Stelle für sie nicht passend sei (Sozialarbeiter(in) für männliche Prostituierte).
10 Vgl. BGH v. 14. 3. 1991, NJW 1991, 1819, 1920; LAG Hessen v. 13. 1. 1993, NZA 1994, 884.

geber hat den Arbeitnehmer aufgrund dieser Pflichtverletzung so zu stellen, als wenn der Mindestverdienst erreicht würde, dh. die Differenz zu zahlen[1].

b) Inaussichtstellen einer Dauerstellung

79 Der Arbeitgeber kann durch Ankündigungen einen **unzutreffenden Eindruck erwecken** und den Arbeitnehmer so zu Maßnahmen im Vertrauen darauf veranlassen. Dies wird insbesondere praktisch, wenn jemand im Vertrauen auf eine „Dauerstellung" seinen bisherigen Arbeitsplatz aufgibt und den neuen Arbeitsplatz alsbald nach Arbeitsaufnahme verliert. Der Arbeitnehmer ist berechtigt, als Schadenersatz denjenigen Verdienst zu verlangen, den er erzielen könnte und würde, wenn er bei seinem alten Arbeitgeber geblieben wäre oder einen anderen Arbeitsplatz gewählt hätte, anstatt im Vertrauen auf die Inaussichtstellung des Arbeitgebers den Arbeitsvertrag mit diesem abzuschließen. Voraussetzung für einen Schadenersatzanspruch des Arbeitnehmers ist in allen Fällen aber, daß die Äußerungen und die Inaussichtstellung durch den Arbeitgeber **pflichtwidrig** erfolgt sind, dh. daß der Arbeitgeber im Zeitpunkt der Ankündigung entweder wußte oder wissen mußte, daß diese nicht zu realisieren sein würde.

c) Aufbewahrungs- und Schutzpflichten

80 Der Arbeitgeber hat die von dem Bewerber eingereichten **Unterlagen** sorgfältig aufzubewahren. Er schuldet bei Beschädigung oder Verlust Schadenersatz.

81 Der Arbeitgeber kann durch rechtswidrige, unzulässige **Eignungsüberprüfungen oder Fragen** Pflichtverletzungen begehen. Es handelt sich dabei sowohl um Verstöße gegen Verhaltenspflichten aus dem vorvertraglichen Schuldverhältnis als auch um Persönlichkeitsrechtsverletzungen (Bsp.: Durchführung eines AIDS-Tests ohne Zustimmung des Bewerbers, Einholung eines grafologischen Gutachtens ohne Zustimmung des Bewerbers). Diese Pflichtverletzungen begründen, falls ein Schaden daraus entsteht, einen Schadenersatzanspruch des Arbeitnehmers. Ein Schaden wird jedoch oftmals nicht nachweisbar sein, weil er voraussetzt, daß der Arbeitnehmer dartun kann, daß eine Einstellung aufgrund der Rechtsverletzung des Arbeitgebers unterblieben ist[2]. Der Arbeitnehmer kann jedoch Schmerzensgeld wegen Verletzung des Persönlichkeitsrechts verlangen (§ 847 BGB). Voraussetzung ist, daß ein schwerwiegender Eingriff in das Persönlichkeitsrecht des Bewerbers vorliegt[3].

d) Vertrauen auf das Zustandekommen des Arbeitsvertrags

82 Es hängt von dem Ablauf der Vertragsverhandlungen oder dem Inhalt einer Einstellungszusage ab, ob ein Arbeitnehmer einzustellen ist oder (nur) Schadenersatz aufgrund culpa in contrahendo verlangen kann. Läßt sich feststellen, daß

---

1 Vgl. LAG Hessen v. 13. 1. 1993, NZA 1994, 884.
2 Vgl. *Moritz*, NZA 1987, 329, 334.
3 Vgl. BAG v. 14. 3. 1989, AP Nr. 5 zu § 611a BGB; BAG v. 14. 3. 1989, AP Nr. 6 zu § 611a BGB; *Wiese*, ZfA 1971, 273, 292, 311 ff.

die Parteien sich bereits abschließend rechtsgeschäftlich gebunden haben, so können Arbeitgeber und Arbeitnehmer **Durchführung und Erfüllung des – abgeschlossenen – Arbeitsvertrags** verlangen. Ob dann, wenn bei einer Einstellungszusage beide Parteien davon ausgehen, daß noch ein schriftlicher Arbeitsvertrag zu fertigen und zu unterzeichnen ist, bereits ein Abschluß eines Arbeitsvertrags vorliegt oder nicht, ist nach den zu § 154 Abs. 2 BGB entwickelten Kriterien zu beurteilen, dh. in erster Linie danach, ob die Erstellung eines schriftlichen Dokuments nach dem Willen der Parteien deklaratorisch oder konstitutiv ist. Keine Partei kann sich, nachdem sie bei der anderen das Vertrauen darauf erweckt hat, daß der Vertrag zustandekommen werde, ohne berechtigten, sachlichen Grund aus den Vertragsverhandlungen und damit dem Prozeß des Zustandekommens des Vertrages lösen. Der Abbruch der Vertragsverhandlungen begründet in diesem Falle einen Schadenersatzanspruch, vorausgesetzt, daß der abbrechende Teil schuldhaft Vertrauen auf das Zustandekommen des Vertrags in dem anderen Teil erweckt hat[1].

VI. Diskriminierung

1. Verbot geschlechtsbezogener Diskriminierung

Der Arbeitgeber unterliegt bei der Einstellung dem Diskriminierungsverbot des § 611a Abs. 1 Satz 1 BGB[2]. Das Benachteiligungsverbot aufgrund des Geschlechts bezweckt einen umfassenden Schutz gegenüber geschlechtsspezifischer Diskriminierung – auch – bei der Begründung von Arbeitsverhältnissen. Die Regelung bezweckt, sämtliche Benachteiligungen aufgrund geschlechtsspezifischer Gesichtspunkte entgegenzuwirken. Die Regelung ist im Lichte des Art. 3 Abs. 2 GG und unter Berücksichtigung der Richtlinie 76/207/EWG so auszulegen, daß der Arbeitsuchende möglichst wirksam gegen Diskriminierung geschützt wird[3].

83

Das Verbot des § 611a Abs. 1 Satz 1 BGB erstreckt sich auf jede – die mittelbare ebenso wie die unmittelbare – Diskriminierung aufgrund des Geschlechts innerhalb des gesamten Bewerbungsverfahrens. Sie erfaßt **jedes Stadium der Stellenbesetzung bzw. der Stellensuche**[4]. Der Arbeitgeber ist mithin von Beginn an verpflichtet, das Einstellungsverfahren in einer Weise durchzuführen, die den Anforderungen an eine Vermeidung von Diskriminierung gerecht wird[5]. Es ist daher rechtswidrig, wenn einer Frau wegen des Geschlechts oder wegen einer Schwangerschaft keine Gelegenheit zu einer Bewerbung gegeben

84

---

1 Vgl. LAG Köln v. 28. 7. 1993, LAGE § 276 BGB-Verschulden bei Vertragsschluß Nr. 2.
2 Siehe dazu unter dem Aspekt der Beschränkung der Abschlußfreiheit *Herrmann*, ZfA 1996, 19 ff.
3 Vgl. BVerfG v. 16. 11. 1993, AP Nr. 9 zu § 611a BGB.
4 Vgl. BVerfG v. 16. 11. 1993, AP Nr. 9 zu § 611a BGB.
5 Siehe dazu kritisch *Loritz*, SAE 1995, 226, 227.

wird[1]. Eine Diskriminierung kann auch darin liegen, daß eine Bewerberin gar nicht erst zum Vorstellungsgespräch eingeladen wird[2].

85 Eine frühzeitige Diskriminierungsverhinderung stellt § 611b BGB sicher, wonach der Arbeitgeber Stellen **geschlechtsneutral auszuschreiben** hat[3]. Vgl. bereits oben Rz. 4.

86 Eine unterschiedliche Behandlung wegen des Geschlechts ist nach § 611a Abs. 1 Satz 2 BGB zulässig, soweit ein bestimmtes **Geschlecht unverzichtbare Voraussetzung für die in Aussicht genommene Tätigkeit** ist, also die Tätigkeit nur von Personen eines bestimmten Geschlechts ausgeübt werden kann (Bsp.: Bereich der katholischen Kirche, Streitkräfte, Justizvollzugsdienst, Dressman, Modell, Tanz, Theaterrollen)[4]. Die Bundesregierung hat einen Katalog aufgestellt, in dem eine Reihe typischer Berufe aufgeführt ist, bei denen geschlechtsabhängige Erwägungen in Betracht kommen[5]. Er ist einerseits nicht abschließend. Er bindet andererseits die Gerichte nicht. Der Arbeitgeber ist auch unter Geltung von § 611a Abs. 1 Satz 1 BGB nicht gehindert, Anforderungen und Kriterien für den Arbeitsplatz aufzustellen, die für eine angemessene Aufgabenwahrnehmung geboten erscheinen (Bsp.: Bereitschaft zur Leistung von Überstunden, Mobilität für Reisen und Versetzungen, Vollzeittätigkeit). Derartige Erfordernisse können nicht mit der Begründung in Frage gestellt werden, daß möglicherweise weniger Frauen als Männer solche Bedingungen erfüllen[6]. Es handelt sich um angemessene und sachgerechte Zugangsvoraussetzungen zum jeweiligen Arbeitsplatz. Der Arbeitgeber darf eine Frau zwar nicht für eine bestimmte Tätigkeit ablehnen, weil Frauen generell kleiner oder schwächer seien, zumal es auch Frauen gibt, die größer und stärker als mancher Mann sind. Der Arbeitgeber darf aber gleichwohl im Einzelfall die Entscheidung treffen, daß eine bestimmte Bewerberin für eine Tätigkeit zu schwach ist, und daher unter dem Belastbarkeitsgesichtspunkt den Arbeitsplatz mit einem Mann besetzen.

87 Der Arbeitnehmer muß **darlegen und nachweisen,** daß der Arbeitgeber gegen das Benachteiligungsverbot des § 611a Abs. 1 Satz 1 BGB verstoßen hat. Ihm kommt die Beweisregelung des § 611a Abs. 1 Satz 3 BGB zugute. Der Arbeitgeber trägt die Beweislast dafür, daß sachliche Gründe, die nicht auf das Geschlecht bezogen sind, eine unterschiedliche Behandlung rechtfertigen oder daß das Geschlecht unverzichtbare Voraussetzung für die auszuübende Tätigkeit ist, wenn der Arbeitnehmer Tatsachen glaubhaft macht, die eine Benachteiligung wegen des Geschlechts vermuten lassen. Eine Tatsache im Sinne des § 611a Abs. 1 Satz 3 BGB ist ein Verstoß gegen das Gebot der geschlechtsneu-

---

1 LAG Kiel v. 20. 2. 1990 – 2 Sa 561/89, nv.
2 Vgl. *Nasemann,* AuA 1994, 274, 276.
3 Siehe dazu näher *Nasemann,* AuA 1994, 274, 276; *Slupik/Holpner,* RdA 1990, 24 ff.; *Worzalla,* DB 1994, 2446, 2449.
4 Vgl. *Staudinger/Richardi,* § 611a Rz. 46.
5 Vgl. *Leinemann,* in Kasseler Handbuch, Kapitel 1.1 Rz. 401.
6 Siehe dazu näher *Hanau/Preis,* ZfA 1988, 177, 197.

VI. Diskriminierung

tralen Stellenausschreibung gem. § 611b BGB[1]. Eine Tatsache im Sinne des § 611a Abs. 1 Satz 3 BGB wird ebenso begründet, wenn eine Stellenbewerberin glaubhaft macht, daß der Arbeitgeber ihre Einstellung mit der Erklärung abgelehnt hat, daß er die Belastungen des Mutterschutzgesetzes fürchte[2]. Eine Tatsache im Sinne des § 611a Abs. 1 Satz 3 BGB kann – von den Einzelfallumständen abhängig – auch dann zu erwägen sein, wenn sich nur Bewerber eines Geschlechts bewerben und die Stelle dann gar nicht besetzt wird[3]. Die Anforderungen an den dem Arbeitgeber nach § 611a Abs. 1 Satz 3 BGB obliegenden Beweis sind hoch. Der Arbeitgeber kann, falls es zu einem Rechtsstreit kommt, nicht nach Belieben neue sachliche Gründe nachschieben[4]. Das Bundesverfassungsgericht hat ein **Nachschieben von Gründen** zwar nicht gänzlich ausgeschlossen, jedoch merklich eingeschränkt[5]. Ein nachträglich vorgebrachter Grund für die Bevorzugung eines Bewerbers des anderen Geschlechts kann danach nur dann anerkannt werden, wenn besondere Umstände erkennen lassen, daß der Arbeitgeber diesen Grund nicht vorgeschoben hat. Ein solcher Umstand kann darin liegen, daß sich während des Einstellungsverfahrens die Aufgabenstellung und damit die Anforderungen an die Qualifikation des Einzustellenden geändert haben. Ein solcher Umstand kann auch darin liegen, daß sich ein Arbeitnehmer bewirbt, der für die zugedachte Aufgabe geradezu prädestiniert ist, mit dessen Bewerbung aber zur Zeit der Ausschreibung bzw. der Ablehnungsentscheidung nicht gerechnet worden ist. Erst wenn der Arbeitgeber derartige besonderen Umstände darlegt und gegebenenfalls nachweist, kann er die Vermutung des § 611a Abs. 1 Satz 3 BGB mit Gründen widerlegen, die von denen abweichen, die er zunächst mitgeteilt hat.

---

[1] Vgl. *Nasemann*, AuA 1994, 274, 276; *Worzalla*, DB 1994, 2446, 2449.
[2] Vgl. EuGH v. 8. 11. 1990, AP Nr. 23 Art. 119 EWG-Vertrag.
[3] Vgl. *Erman/Hanau*, § 611a Rz. 15.
[4] Siehe zur Diskussion in der Rechtsprechung etwa LAG Frankfurt a.M. v. 11. 3. 1988, LAGE § 611a BGB Nr. 4; ArbG Hannover EzA v. 15. 11. 1990, § 611a BGB Nr. 6.
[5] Vgl. BVerfG v. 16. 11. 1993, AP Nr. 9 zu § 611a BGB: Die Bewerberin bewarb sich als einzige Frau neben etwa 40 weiteren Interessenten um eine Stelle. Der Arbeitgeber teilte allen Bewerbern, die die formalen Voraussetzungen der Ausschreibung erfüllten und daher auch der Bewerberin mit, sie würden demnächst zu Vorstellungsgesprächen eingeladen. Tatsächlich erhielten acht Bewerber die Gelegenheit, sich vorzustellen. Die Bewerberin wurde dabei nicht berücksichtigt. Zwei der Bewerber, die über längere Berufserfahrung verfügten, wurden eingestellt. Auf telefonische Nachfrage erklärt ein Mitarbeiter des Arbeitgebers der Bewerberin, die Wahl sei nicht auf sie gefallen, weil die Tätigkeit für eine Frau nicht geeignet sei. Dies bestätigte der Arbeitgeber in der Folgezeit. Die Bewerberin klagte daraufhin auf Einstellung, hilfsweise auf Ersatz des immateriellen Schadens in Höhe von sechs Monatsverdiensten. Der Arbeitgeber behauptete in dem Verfahren, die in die engste Wahl gezogenen acht Bewerber seien der Bewerberin hinsichtlich ihrer Qualifikation und Berufserfahrung weit überlegen gewesen. Die von ihm vorprozessual gegebene Begründung für die Ablehnung sei ungeschickt und unzutreffend gewesen. Man habe der Bewerberin die Aussichtslosigkeit ihrer Bewerbung möglichst schonend beibringen wollen.

88

Hinweis:

Es empfiehlt sich unter rechtlichen Gesichtspunkten kaum, überhaupt eine **Begründung für die Ablehnung** eines Bewerbers zu geben, jedenfalls solange er sich nicht danach erkundigt. Die Gefahr ist groß, daß man nicht alle Aspekte vollständig zum Ausdruck bringt und daß eine Änderung der Begründung später im Rechtsstreit versagt wird. Jedenfalls sollte eine Begründung, falls sie gegeben wird, möglichst allgemein und umfassend gehalten werden. – Die Rechtsprechung zum Nachschieben von Auswahlgründen bei der Einstellung knüpft daran an, daß der Arbeitgeber überhaupt Gründe benannt hat, insbesondere solche, die keine Sachgründe im Sinne des § 611a Abs. 1 Satz 3 BGB darstellen. Ein Abscheiden von Argumenten und Darlegungen ist der Rechtsprechung demgegenüber nicht für den Fall zu entnehmen, daß der Arbeitgeber keine Stellungnahme abgegeben hat oder daß eine allgemeine und umfassende Begründung lediglich konkretisiert wird.

2. Rechtsfolgen und Verfahren

89 Der Bewerber hat **keinen Anspruch auf Einstellung** (§ 611a Abs. 3 BGB). Dies gilt auch dann, wenn festgestellt werden kann, daß er – allein – wegen des Verstoßes des Arbeitgebers gegen das Diskriminierungsverbot nicht eingestellt worden ist[1].

90 Der Bewerber kann **Ersatz des ihm durch die Diskriminierung entstandenen Vermögensschadens** im Falle eines zu vertretenden Verstoßes des Arbeitgebers gegen das Diskriminierungsverbot verlangen (§§ 249 ff. BGB). Anspruchsgrundlage für den Schadenersatzanspruch ist unabhängig von § 611a Abs. 2 Satz 1 BGB das Rechtsinstitut des Verschuldens bei Vertragsschluß oder § 823 Abs. 1 BGB oder § 823 Abs. 2 BGB iVm. § 611a Abs. 1 Satz 1 BGB. Die Verletzung vorvertraglicher Pflichten bzw. deliktsrechtlicher Schutzpflichten verpflichtet den Arbeitgeber zum Schadenersatz. Der EuGH hat erklärt, daß ein tatsächlich entstandener Vermögensschaden vollständig auszugleichen ist[2]. Der Ersatz des Vertrauensschadens (Bsp.: Bewerbungskosten) kann, muß sich aber durchaus nicht auf geringfügige Beträge beschränken, sondern kann im Einzelfall beträchtlich sein[3]. Zu denken ist etwa an Fälle, in denen der Bewerber ein anderes Stellenangebot wegen Vertrauens auf den Erhalt der Stelle ausschlägt und den Arbeitsplatz mit einer das Diskriminierungsverbot verletzenden Begründung nicht erhält.

91 § 611a Abs. 2 Satz 1 BGB sieht unabhängig vom Entstehen eines Schadens im Sinne der §§ 249 ff. BGB vor, daß dem benachteiligten Bewerber eine angemessene **Entschädigung in Geld** zu zahlen ist. Das in § 611a Abs. 2 Satz 1 BGB

---

1 Vgl. EuGH v. 10. 4. 1984, AP Nr. 1 zu § 611a BGB; *Worzalla*, DB 1994, 2446, 2447.
2 Vgl. EuGH v. 2. 8. 1993, Slg. 1993, 4367.
3 Vgl. *Knigge*, BB 1980, 1272 ff.

VI. Diskriminierung

aufgestellte Erfordernis des Vertretenmüssens verstößt gegen die Richtlinie 76/207[1]. Es ist nicht erforderlich, daß zwischen einer unzulässigen Diskriminierung und einem konkreten Vermögensschaden ein Kausalzusammenhang besteht[2]. Grundlage der Regelung ist die Rechtsprechung des EuGH, wonach unter Berücksichtigung der Richtlinie 76/207 die Sanktion bei Verstößen gegen das Diskriminierungsverbot nicht nur symbolischen Charakter haben dürfe, daß vielmehr eine zur Durchsetzung des Diskriminierungsverbots erforderliche Abschreckung erfolgen müsse[3]. Das Gesetz sieht eine **Obergrenze von drei Monatsverdiensten** vor. Die Obergrenze des § 611a Abs. 2 Satz 1 BGB läßt den Ausgleich eines entstandenen wirtschaftlichen Schadens unberührt. Die Höchstgrenze von drei Monatsverdiensten in § 611a Abs. 2 Satz 1 BGB knüpft an die Rechtsprechung des Bundesarbeitsgerichts an, in der die Entschädigung als Schmerzensgeldanspruch nach § 847 BGB wegen Verletzung des Persönlichkeitsrechts durch die Diskriminierung gewährt worden ist[4]. Die Entschädigung beträgt danach im **Normalfall ein Monatsgehalt.** Der Anspruch kann im Einzelfall ausnahmsweise ganz entfallen. Er kann aber auch höher als der Regelwert sein und die Höchstgrenze des § 611a Abs. 2 Satz 1 BGB erreichen. Abwägungsgesichtspunkte sind: Art und Schwere der Benachteiligung, Grad des Verschuldens, Anlaß und Beweggrund des Handelns des Arbeitgebers[5]. Das Bundesarbeitsgericht hat einen Verstoß als nicht so schwerwiegend eingestuft, als daß eine Entschädigung geleistet werden müsse, wenn die Bewerberin zuvor eine andere Stelle im Betrieb des Arbeitgebers ausgeschlagen hat, in dem sie sich erneut um eine Stelle bemüht[6].

Eine Obergrenze für eine angemessene Entschädigung ist nach der **Rechtsprechung des EuGH** nicht ausgeschlossen. Der EuGH hat (lediglich) verlangt, daß ein tatsächlich entstandener Vermögensschaden vollständig auszugleichen sei[7]. Die zum Ausgleich des immateriellen Schadens vorgesehene Obergrenze muß (nur) dem Erfordernis genüge tun, daß die Sanktion angemessen zu sein habe. Der EuGH hat die Höchstgrenze von drei Monatsverdiensten für den Fall gebilligt, daß der Arbeitgeber nachweisen kann, daß der Bewerber die Stelle auch bei diskriminierungsfreiem Vorgehen nicht erhalten hätte, sie jedoch als Verstoß gegen die Richtlinie 76/207 angesehen, wenn der Bewerber bei diskriminierungsfreiem Verhalten die Stelle erhalten hätte[8].

92

Mißbrauchsmöglichkeiten ist im Einzelfall zu begegnen. Die Geltendmachung des Entschädigungsanspruchs kann **rechtsmißbräuchlich** sein[9]. Es hat sich in

93

---

1 Vgl. EuGH v. 22. 4. 1997, DB 1997, 983. Siehe bereits *Pfarr*, RdA 1995, 204, 207.
2 Vgl. LAG Hamm v. 22. 11. 1996, LAGE § 611a BGB Nr. 9.
3 Vgl. EuGH v. 10. 4. 1984, AP Nr. 1 und 2 zu § 611a BGB.
4 Vgl. BAG v. 14. 3. 1989, AP Nr. 5 zu § 611a BGB.
5 Vgl. LAG Hamm v. 22. 11. 1996, LAGE § 611a BGB Nr. 9.
6 Vgl. BAG v. 14. 3. 1989, AP Nr. 6 zu § 611a BGB.
7 Vgl. EuGH v. 2. 8. 1993, Slg. 1993, 4367.
8 Vgl. EuGH v. 22. 4. 1997, DB 1997, 983. Siehe zur Diskussion *Abele*, NZA 1996, 641 ff.; *Däubler*, NZA 1992, 577 ff.; *Pfarr*, RdA 1995, 204, 209; *Worzalla*, DB 1994, 2446, 2448.
9 Vgl. LAG Hamm v. 22. 11. 1996 – 10 Sa 1069/96, LAGE § 611a BGB Nr. 9.

der Praxis herausgestellt, daß „Bewerbungen" zuweilen zu dem Zweck erfolgen, eine Entschädigungspflicht des Arbeitgeber im Sinne von § 611a Abs. 2 BGB zu begründen. Dem Anspruch auf Zahlung der Entschädigung nach § 611a Abs. 2 BGB steht der Einwand des Rechtsmißbrauchs dann entgegen, wenn der Bewerber von vornherein nicht an der Begründung des Arbeitsverhältnisses interessiert ist, sondern mit der Bewerbung ausschließlich das Ziel verfolgt, nach der erfolgen Ablehnung vom Arbeitgeber eine Entschädigung zu erlangen. Das Problem wird jeweils sein, diejenigen Indizien zu erkennen und nachzuweisen, die auf eine derartige Absicht schließen lassen. Zu denken ist an Ablehnung anderer Einstellungszusagen, an mehrfache Klagen gegen verschiedene Arbeitgeber innerhalb kürzester Zeit, an zu geringe oder zu hohe Qualifikationen, an Bewerbungen auf Stellen mit geringer Vergütung trotz Bestehens eines ungekündigten Arbeitsverhältnisses[1].

94 Der benachteiligte Bewerber hat den Entschädigungsanspruch des § 611a Abs. 2 BGB innerhalb einer **Frist von zwei Monaten** geltend zu machen (§ 611a Abs. 4 BGB). Die Frist beginnt in dem Zeitpunkt, in dem dem benachteiligten Bewerber die Ablehnung zugeht.

95 > **Hinweis:**
> Der Arbeitgeber ist angesichts dessen gut beraten, wenn er die Bewerbungsunterlagen jedenfalls für die Dauer von zwei Monaten wenigstens in Kopie behält, um im Falle einer Anspruchsgeltendmachung Material zur Verfügung zu haben, damit er die Ablehnung in ausreichender und erforderlicher Weise begründen kann.

96 Die Geltendmachung des Entschädigungsanspruchs nach § 611a Abs. 2 BGB wird in § 61b Abs. 1 ArbGG einer **Klagefrist von drei Monaten** unterworfen, die ab dem Zeitpunkt der schriftlichen Geltendmachung des Anspruchs durch den Bewerber zu laufen beginnt.

97 Das Gesetz sieht in § 61b Abs. 2 S. 1 ArbGG eine **Begrenzung der Entschädigungspflicht** des Arbeitgebers im Falle einer Mehrfachinanspruchnahme vor. Das Arbeitsgericht hat auf Antrag des Arbeitgebers eine Obergrenze für die Haftung gegenüber allen aus Anlaß eines Stellenbesetzungsfalles in Betracht kommenden Bewerbern in Höhe von sechs Monatsverdiensten festzusetzen. Der Betrag erhöht sich auf 12 Monatsverdienste im Fall eines einheitlichen Auswahlverfahrens für mehrere freie Stellen. Der einzelne Bewerber ist von der Haftungsbegrenzung des Arbeitgebers solange nicht betroffen, wie die Summe der einzelnen Ansprüche der abgelehnten Bewerber die Obergrenze nicht überschreitet. Ein Überschreiten der Obergrenze durch die Summe der Einzelansprüche führt zu anteiligen Kürzungen der Einzelansprüche.

---

[1] Vgl. ArbG Köln v. 13. 6. 1996 – 14 Ca 7934/95, nv.; *Ehrich*, BB 1996, 1007, 1008.

VI. Diskriminierung

Beispiel[1]: 98
Sechs Bewerber machen erfolgreich Entschädigungsansprüche geltend. Das Gericht will zwei Bewerbern den Höchstbetrag von jeweils drei Monatsverdiensten zusprechen, zwei weiteren Bewerbern zwei Monatsverdienste und den beiden verbleibenden Bewerbern jeweils einen Monatsdienst. Der Arbeitgeber müßte bei einem Monatsverdienst von 3000 DM eine Gesamtsumme von 36 000 DM zahlen (zwei Bewerber je 9000 DM, zwei Bewerber je 6000 DM und zwei Bewerber je 3000 DM). Die Haftungsobergrenze beträgt 6 × 3000 DM = 18 000 DM. Da zwei Bewerber je 1/4, zwei Bewerber je 1/6 und zwei Bewerber je 1/12 der Gesamtsumme ihrer Einzelansprüche von 36 000 DM erhalten hätten, ist diese Relation auf die Aufteilung des Haftungshöchstbetrags von 18 000 DM anzuwenden, so daß zwei Bewerber je 1/4 von 18 000 DM und damit je 4500 DM, zwei Bewerber je 1/6 von 18 000 DM und damit je 3000 DM und zwei Bewerber je 1/12 von 18 000 DM und damit je 1500 DM erhalten.

Der Arbeitgeber muß die **Festlegung der Obergrenze im Rechtsstreit** beantragen. Die Obergrenze gilt zwar nicht bei außergerichtlichen Vergleichsverhandlungen. Das Gesetz sieht allerdings Regelungen für diejenigen Fälle vor, in denen der Arbeitgeber bereits vor dem gerichtlichen Verfahren Ansprüche von Bewerbern befriedigt hat. Eine Anrechnung dieser Zahlungen erfolgt auf den Höchstbetrag insoweit, wie sie im Falle einer gerichtlichen Geltendmachung hätten erfüllt werden müssen (§ 61b Abs. 2 Satz 2 und 3 ArbGG). 99

Die in § 61b Abs. 2 Satz 1 ArbGG vorgesehene Aufteilung des Höchstbetrages von sechs Monatsverdiensten auf eine beliebige Anzahl von Bewerbern ist **mit der Richtlinie 76/207 nicht vereinbar**, weil nicht auszuschließen ist, daß auf einen einzelnen Bewerber nur noch ausgesprochen geringe Entschädigungsbeträge entfallen[2]. 100

Ein besonderer **Gerichtsstand** ist nach § 61b Abs. 3 ArbGG begründet, in dem alle Verfahren wegen Diskriminierung bei einer Einstellung erledigt werden. Zuständig für Durchführung aller Verfahren bzw. des gesamten Rechtsstreits ist das Gericht, bei dem die erste Klage erhoben worden ist. Die Zuständigkeit wird dadurch begründet, daß der Arbeitgeber den Antrag auf Begrenzung der Entschädigungssumme im Sinne von § 61b Abs. 2 Satz 1 ArbGG stellt. Die Arbeitsgerichte haben in diesem Falle Prozesse von Amts wegen an den Gerichtsort des einheitlichen Entschädigungsverfahrens zu verweisen. 101

Der Arbeitgeber kann schließlich nach § 61b Abs. 4 ArbGG beantragen, daß die **mündliche Verhandlung nicht vor Ablauf von sechs Monaten seit der Erhebung der ersten Klage** stattfindet. Dies bezweckt, daß ausreichend Zeit vorhanden ist, um eine Zusammenfassung der eventuell mehreren Verfahren zu ermöglichen. 102

---

1 Vgl. *Worzalla*, DB 1994, 2446, 2448.
2 Vgl. EuGH v. 22. 4. 1997, DB 1997, 983.

3. Quotenregelungen

103 Der Gesetzgeber hat in mehreren Zusammenhängen zur Förderung der Frauenbeschäftigung Quotenregelungen erlassen. Das Gesetz zur Förderung von Frauen und der Vereinbarkeit von Familie und Beruf in der Bundesverwaltung und den Gerichten des Bundes (FFG) sieht – wie eine Reihe von Ländergesetzen auch – eine **Einstellungspriorität für Frauen** vor. § 7 FFG bestimmt, daß die Dienststelle den Frauenanteil im Falle einer Unterrepräsentation durch entsprechende Stellenbesetzungen zu erhöhen hat, wobei aber der Vorrang von Eignung, Befähigung und fachlicher Leistung gewahrt bleibt[1]. Eine Unterrepräsentation von Frauen wird angenommen, wenn in einer Vergütungsgruppe oder auf einer Funktionsebene weniger als die Hälfte der Positionen mit Frauen besetzt ist.

104 Quotenregelungen bedürfen in jedem Fall einer **gesetzlichen Grundlage**. Die Einführung einer Quotenregelung durch Verwaltungsvorschrift ist rechtswidrig und unwirksam[2]. Es besteht ebenso Einigkeit darüber, daß „starre" Quoten unzulässig sind, die die Höhe des Frauenanteils in einem bestimmten Bereich unabhängig von Eignung, Befähigung und fachlicher Leistung zwingend vorschreiben, da dies eine Verletzung des Art. 33 Abs. 2 GG darstellen würde[3]. Die **Rechtmäßigkeit „leistungsabhängiger" Quotenregelungen** wird in Rechtsprechung und Schrifttum kontrovers beurteilt[4]. Der **EuGH** hat entschieden, daß es mit der Richtlinie 76/207 nicht vereinbar sei, daß weiblichen Bewerbern bei gleicher Qualifikation automatisch Vorrang eingeräumt werde, wenn Frauen in dem in Rede stehenden Bereich unterrepräsentiert seien[5]. Die Entscheidung des EuGH ist zu § 4 BremischesLGG ergangen. Die Diskussion geht im Anschluß an die Entscheidung des EuGH darum, ob „leistungsabhängige" Quotenregelungen dann mit der Richtlinie 76/207 vereinbar sind, wenn sie Ausnahmen von der Bevorzugung der weiblichen Bewerberin in Härte- bzw. Sonderfällen enthalten[6]. Der EuGH hat seine Rechtsprechung konkretisiert, nachdem ihm im Hinblick auf § 25 Abs. 5 Satz 2 LBG NW die Frage vorgelegt worden ist[7], ob es mit der Richtlinie 76/207 vereinbar sei, wenn die Bevorzugung der weiblichen Bewerberin in einem Ausnahme- bzw. Härtefall entfalle, der dadurch

---

1 Siehe auch etwa § 25 Abs. 5 Satz 2 LBG NW, Art. 2 Abs. 1 FFG NW, § 4 Bremisches LGG.
2 Vgl. OVG Münster v. 15. 6. 1989, NJW 1989, 2560.
3 Vgl. *Battis/Schulte-Trux/Weber*, DVBl. 1991, 1165, 1166.
4 Siehe zur Diskussion näher BAG v. 22. 6. 1993, AP Nr. 193 zu Art. 3 GG; LAG Bremen v. 8. 7. 1992, LAGE Art. 3 GG Nr. 9; LAG Hamm v. 15. 7. 1993, DB 1993, 1723; OVG Münster v. 23. 10. 1990, AP Nr. 30 zu Art. 33 Abs. 2 GG; OVG Münster v. 19. 12. 1995, EzA Art. 3 GG Nr. 48; *Battis/Schulte-Trux/Weber*, DVBl. 1991, 1165 ff.; *Colneric*, BB 1996, 265 ff.; *Pfarr*, NZA 1995, 809 ff.; *Hasselbach*, NZA 1996, 1308 ff.; *Sachs*, NVwZ 1991, 437 ff.; *Stober*, ZBR 1989, 289 ff.
5 Vgl. EuGH v. 17. 10. 1995, AP Nr. 6 zu EWG-Richtlinie Nr. 76/207. Siehe dazu weiterhin BAG v. 5. 3. 1996, AP Nr. 226 zu Art. 3 GG.
6 Siehe dazu etwa OVG Münster v. 19. 12. 1995, EzA Art. 3 GG Nr. 48; *Colneric*, BB 1996, 265, 268; *Hasselbach*, NZA 1996, 1308 ff.; *Hofmann*, NVwZ 1996, 424, 427.
7 Vgl. VG Gelsenkirchen v. v. 21. 12. 1995, NVwZ 1996, 511.

VII. Vorstellungskosten   Rz. 106 Teil 1 C

umschrieben werde, daß der Einstellung der weiblichen Bewerberin überwiegende Gründe in der Person des männlichen Bewerbers entgegenstehen. Der EuGH bekräftigt, daß ein absoluter und unbedingter Vorrang weiblicher Bewerber gegen die Richtlinie 76/207 verstößt, erlaubt jedoch Bevorzugungsregelungen mit „Öffnungsklausel"[1]. Frauen können danach bei Vorliegen einer Unterrepräsentation bevorzugt werden, wenn nicht in der Person des Mitbewerbers liegende Gründe überwiegen. Art, Dringlichkeit und Gewicht dieser Gründe werden zu entwickeln sein.

VII. Vorstellungskosten

Der Bewerber hat unabhängig vom Zustandekommen des Arbeitsvertrages gegen den Arbeitgeber einen Anspruch auf Ersatz von Vorstellungskosten, wenn entweder eine **Vereinbarung** mit diesem Inhalt getroffen worden ist oder die Voraussetzungen des **§ 670 BGB** vorliegen[2]. Der Anspruch nach § 670 BGB setzt voraus, daß der Arbeitnehmer zur Vorstellung aufgefordert worden ist. Ob dies durch den Arbeitgeber oder einen Personal- bzw. Unternehmensberater geschieht[3], ist unerheblich Es ist jedoch nicht erforderlich, daß eine ausdrückliche Aufforderung zur Vorstellung erfolgt. Es ist vielmehr ausreichend, daß der Bewerber sich mit Wissen und Wollen des Arbeitgebers vorstellt, auch wenn die Anregung zur Vorstellung vom Bewerber ausgegangen ist[4]. Ein Anspruch besteht nicht, wenn der Arbeitnehmer sich auf eigene Veranlassung vorstellt. Der Arbeitgeber ist zum Ersatz der Vorstellungskosten nicht verpflichtet, wenn der Bewerber sich unaufgefordert vorstellt, wobei allein aufgrund einer Stellenanzeige nicht von einer Aufforderung zur Vorstellung auszugehen ist, so daß diese keine Ersatzpflicht des Arbeitgebers für Vorstellungskosten begründet, es sei denn, daß die Stellenanzeige bereits eine ausdrückliche Aufforderung zur Vorstellung enthält[5].

105

Der Umfang der dem Bewerber zu ersetzenden Aufwendungen bestimmt sich nach §§ 670, 254 BGB. Ersatzfähig sind dabei regelmäßig die getätigten Aufwendungen für **Fahrt, Übernachtung und Verpflegung.** Der Ersatz von Fahrtkosten beinhaltet die Kosten für die Benutzung öffentlicher Verkehrsmittel ebenso wie die Kraftfahrzeugkosten bei Benutzung eines eigenen PKW[6]. Die Höhe der für die Benutzung eines eigenen PKW zu ersetzenden Kosten richtet sich

106

---
1 Vgl. EuGH v. 11. 11. 1997, DB 1997, 2383.
2 Vgl. BAG v. 14. 12. 1977, AP Nr. 8 zu § 1696 BGB. Siehe auch *Hergenröder,* ZfA 1990, 409, 432.
3 Vgl. *Leinemann,* in Kasseler Handbuch, Kapitel 1.1 Rz. 411.
4 Vgl. LAG Nürnberg v. 25. 7. 1995, LAGE § 670 BGB Nr. 12; ArbG Berlin v. 25. 6. 1975, DB 1975, 1609. Siehe aber demgegenüber *Schaub,* § 26 II 2, S. 147; MünchKomm/*Schwerdtner,* § 629 Rz. 9.
5 Vgl. *Rothe,* DB 1968, S. 1906; *Schaub,* § 26 II 2, S. 147; MünchKomm/*Schwerdtner,* § 629 Rz. 9.
6 Vgl. LAG Nürnberg v. 25. 7. 1995, LAGE § 670 BGB Nr. 12; MünchKomm/*Söllner,* § 611 Rz. 290. Siehe auch LAG Frankfurt a.M. v. 6. 8. 1980, DB 1981, 1000; ArbG Berlin v. 25. 6. 1975, DB 1975, 1609.

nach den einschlägigen steuerrechtlichen Vorschriften bei der Benutzung eines PKW für Dienstreisen[1]. Flugkosten sind mangels entsprechender Vereinbarung nur dann zu ersetzen, wenn sie niedriger sind als die Kosten, die bei Benutzung der Bahn oder des PKW des Bewerbers entstehen[2]. Übernachtungskosten können nur dann geltend gemacht werden, wenn sie wegen der Weite der Anreise erforderlich werden. Der Bewerber kann keinen finanziellen Ausgleich dafür beanspruchen, daß er zur Wahrnehmung des Vorstellungsgesprächs Urlaub in Anspruch genommen hat[3].

107 Der Anspruch auf Ersatz von Vorstellungskosten ist **ausgeschlossen,** wenn der Arbeitgeber dies im Zusammenhang mit der Aufforderung zur Vorstellung unzweideutig erklärt. Ein derartiger Ausschluß ist jedoch nicht bereits darin zu sehen, daß dem Bewerber anheim gegeben wird, sich vorzustellen, oder daß er zu einer unverbindlichen Rücksprache mit dem Arbeitgeber aufgefordert wird[4]. Ein Anspruch auf Ersatz von Vorstellungskosten auf der Grundlage des § 670 BGB ist auch ausgeschlossen, wenn der Bewerber aus für ihn deutlich erkennbaren Gründen für die Stelle ohnehin nicht in Betracht kommt[5]. Der Bewerber kann die Erstattung der Kosten nur einmal geltend machen, wenn er sich am selben Ort bei zwei Arbeitgebern vorstellt[6].

108 Der Aufwendungsersatzanspruch unterliegt der **Verjährung** nach § 196 Abs. 1 Nr. 8 und 9 BGB[7].

VIII. Abschluß und Wirksamkeit des Arbeitsvertrages

1. Angebot und Annahme

109 Arbeitsverträge kommen – wie Verträge auch sonst – durch Angebot und Annahme zustande. Die entsprechenden Willenserklärungen können **schriftlich, mündlich oder konkludent** abgegeben werden. Das Zustandekommen des Arbeitsvertrages erfordert, daß die Parteien sich darüber einig sind, daß Arbeit gegen Vergütung geleistet werde, und daß Beginn und Ort der Arbeitsleistung feststehen. Die Art der im einzelnen zu leistenden Arbeit wird, soweit eine Festlegung im Arbeitsvertrag nicht getroffen ist, mit Hilfe des Direktionsrechts des Arbeitgebers vorgenommen. Die Vergütung richtet sich, wenn die Höhe im Arbeitsvertrag nicht festgelegt ist, nach § 612 Abs. 2 BGB. Die Wirksamkeit von durch Angebot und Annahme zustandegekommenen Arbeitsverträgen

---

1 Vgl. LAG Frankfurt a.M. v. 6. 8. 1980, DB 1981, 1000; LAG Nürnberg v. 25. 7. 1995, LAGE § 670 BGB Nr. 12.
2 Vgl. ArbG Marburg v. 5. 2. 1969, DB 1969, 2041; ArbG Wuppertal v. 28. 4. 1983, BB 1983, 1473. Siehe auch MünchKomm/*Schwerdtner*, § 629 Rz. 12: Ersatz bei der Besetzung von Spitzenpositionen.
3 Vgl. ArbG Marburg v. 5. 2. 1969, DB 1969, 2041; *Schaub*, § 26 II 1, S. 147.
4 Vgl. MünchKomm/*Schwerdtner*, § 629 Rz. 9.
5 Vgl. *Schaub*, § 26 II 2, S. 147; MünchKomm/*Schwerdtner*, § 629 Rz. 12.
6 Vgl. *Staudinger/Richardi*, § 611 Rz. 823.
7 Vgl. BAG v. 14. 2. 1977, AP Nr. 8 zu § 196 BGB.

richtet sich nach den Vorschriften des Allgemeinen Teils des Bürgerlichen Gesetzbuchs.

2. Geschäftsfähigkeit

Die Geschäftsfähigkeitsvorschriften sind auch beim Abschluß von Arbeitsverträgen zu beachten. Dies bedeutet insbesondere, daß die **Minderjährigen-Regelungen** der §§ 106 ff. BGB zu beachten sind. Der Minderjährige ab dem 7. Lebensjahres ist beschränkt geschäftsfähig. Er bedarf zum Abschluß des Arbeitsvertrags der Einwilligung bzw. Genehmigung seines gesetzlichen Vertreters (§§ 107, 108 BGB). Der gesetzliche Vertreter kann den Minderjährigen nach § 113 Abs. 1 Satz 1 BGB zum Abschluß von Arbeitsverträgen ermächtigen, was eine Teilgeschäftsfähigkeit des Minderjährigen begründet. Die Ermächtigung gilt nicht für Arbeits- oder Berufsausbildungsverträge, die für länger als ein Jahr fest abgeschlossen werden (§ 113 Abs. 1 Satz 2 BGB iVm. § 1822 Nr. 6 und 7 BGB). Arbeitsverträge, durch die ein Minderjähriger als Arbeitgeber zu wiederkehrenden Leistungen für einen längeren Zeitraum als ein Jahr nach dem Eintritt der Volljährigkeit verpflichtet wird, bedürfen gemäß §§ 1643 Abs. 1, 1822 Nr. 5 BGB der Gestattung durch das Vormundschaftsgericht. Ein ohne die Gestattung des Vormundschaftsgerichts geschlossener langfristiger Vertrag ist für den zulässigen Zeitraum aufrecht zu erhalten. Der Minderjährige kann mit Gestattung des Vormundschaftsgerichts auch zum selbständigen Betrieb eines Erwerbsgeschäfts ermächtigt werden (§ 112 BGB). Eine gesonderte vormundschaftliche Gestattung ist in diesem Fall für die in § 1822 Nr. 5 genannten Verträge nicht erforderlich[1]. Die Möglichkeit der Ermächtigung zum selbständigen Betrieb eines Erwerbgeschäfts besteht auch für volljährige Personen, die unter Betreuung gestellt sind, soweit ein Zustimmungsvorbehalt angeordnet ist (§ 1903 Abs. 1 Satz 2 BGB iVm. § 112 BGB).

3. Scheingeschäft

Ein Scheingeschäft (§ 117 BGB) liegt vor, wenn Parteien einen Arbeitsvertrag abschließen, die Arbeitsleistung abredegemäß aber **von einem Dritten erbracht** werden soll[2]. Beispiel: Abschluß eines Vertrags mit einer 20jährigen Schülerin und Ausübung der Tätigkeit allein durch deren Vater. Die Beweislast für das Vorliegen eines Scheingeschäfts trifft den Arbeitgeber, wenn er dieses einwendet[3].

4. Verstoß gegen ein gesetzliches Verbot

Der Arbeitsvertrag kann **nach § 134 BGB nichtig** sein. Der Eintritt der Nichtigkeitsfolge hängt wesentlich von Sinn und Zweck der Rechtsnorm ab, gegen die verstoßen wird.

---

1 Vgl. MünchArbR/*Richardi*, § 41 Rz. 47. Siehe aber *Schaub*, § 32 II 2, S. 183.
2 Vgl. BAG v. 22. 9. 1992, AP Nr. 2 zu § 117 BGB.
3 Vgl. BAG v. 9. 2. 1995, EzA § 1 KSchG-Personenbedingte Kündigung Nr. 12.

113 Nichtigkeit ist in allen Fällen anzunehmen, in denen der **Arbeitsvertrag eine strafrechtlich verbotene Tätigkeit** zum Gegenstand hat[1].

114 Die Nichtigkeit des Arbeitsvertrags ist anzunehmen, wenn ein **Verstoß gegen § 1 SchwArbG** vorliegt[2].

115 Eine Nichtigkeit des Arbeitsvertrags ist auch in denjenigen Fällen zu prüfen, in denen **Beschäftigungsverbote** bestehen. Derartige Beschäftigungsverbote untersagen den tatsächlichen Einsatz des Arbeitnehmers auf einem bestimmtem Arbeitsplatz mit einer bestimmten Tätigkeit[3]. Beschäftigungsverbote können zweierlei Schutzzweck haben. Zum einen kann es um den Schutz des Arbeitnehmers vor den Gefahren der Arbeit gehen. Zum anderen kommt der Schutz Dritter gegenüber einem Tätigwerden des Arbeitnehmers in Betracht (Bsp.: §§ 17, 18 BSeuchG). Die Rechtsfolge eines gesetzlichen Beschäftigungsverbots hängt von dessen Sinn und Zweck ab. Es gibt **einfache** Beschäftigungsverbote, die nur die tatsächliche Tätigkeit unterbinden, die Wirksamkeit des Arbeitsvertrags jedoch unberührt lassen. Es gibt jedoch auch **absolute** Beschäftigungsverbote, die als Abschlußverbote zur Nichtigkeit des Arbeitsvertrags führen. Derartige Abschlußverbote sind anzunehmen, wenn nach dem Schutzzweck des gesetzlichen Verbots der Vertragsschluß als solcher unterbunden wird. Im Regelfall handelt es sich bei den arbeitsrechtlichen Beschäftigungsverboten um einfache Beschäftigungsverbote, die die Wirksamkeit des Arbeitsvertrags unberührt lassen und sich nur gegen die Ausführung der Arbeit richten, die jedoch nicht wie absolute Beschäftigungsverbote den Abschluß des Arbeitsvertrags unterbinden. Allerdings wird erwogen, daß auch Verstöße gegen einfache Beschäftigungsverbote dann zur Nichtigkeit des Arbeitsvertrags führen, wenn der Arbeitsvertrag ausschließlich auf die Ausführung einer verbotenen Tätigkeit gerichtet ist[4].

116 Ein Arbeitsvertrag ist insoweit nichtig, wie die in ihm vereinbarte Arbeitszeit die **Höchstgrenzen des Arbeitszeitgesetzes** überschreitet. Ein zusätzlicher, zweiter Arbeitsvertrag, aufgrund dessen unter Berücksichtigung der im ersten Arbeitsverhältnis abzuleistenden Arbeitszeit die gesetzlich zulässige tägliche Arbeitszeit (10 Stunden) erheblich überschritten wird, ist insgesamt nichtig[5].

117 § 5 Abs. 1 JArbSchG und § 7 Abs. 1 JArbSchG (Verbot der **Beschäftigung von Kindern und Jugendlichen** unter 15 Jahren) beinhalten ein absolutes Beschäftigungsverbot.

Einfache Beschäftigungsverbote für Kinder und Jugendliche sind in den §§ 8–46 JArbSchG enthalten, die die inhaltliche Ausgestaltung von Arbeitsverhältnissen mit Kindern und Jugendlichen im einzelnen regeln.

---

1 Vgl. *Staudinger/Richardi*, § 611 Rz. 197.
2 Siehe dazu näher *Marschner*, AuA 1995, 84 ff.
3 Vgl. MünchArbR/*Buchner*, § 37 Rz. 9.
4 Vgl. *Schaub*, § 32 IV 2, S. 192.
5 Vgl. BAG v. 19. 6. 1959, AP Nr. 1 zu § 611 BGB-Doppelarbeitsverhältnis; LAG Nürnberg v. 19. 9. 1995, LAGE § 611 BGB-Doppelarbeitsverhältnis Nr. 1. Siehe auch *Hunold*, NZA 1995, 558 ff.

VIII. Abschluß und Wirksamkeit des Arbeitsvertrages Rz. 119 **Teil 1 C**

§ 25 JArbSchG, §§ 20 Abs. 1, 22 Abs. 1 BBiG und §§ 20, 23 HO untersagen bestimmten Personengruppen, daß diese Kinder und Jugendliche bzw. Auszubildende oder Lehrlinge beschäftigen. Es handelt sich insoweit um einfache Beschäftigungsverbote.

Ein speziell auf den Schutz weiblicher Arbeitnehmer ausgerichtetes Beschäftigungsverbot ist in **§ 15b Abs. 8 GefahrstoffVO** enthalten. Gebärfähige Arbeitnehmerinnen dürfen danach nicht im Umgang mit blei- oder quecksilberhaltigen Arbeitsstoffen beschäftigt werden. 118

Das **Mutterschutzgesetz** beinhaltet eine Mehrzahl von Beschäftigungsverboten für werdende und stillende Mütter (§ 3 Abs. 2 MuSchG, § 6 Abs. 1 MuSchG, §§ 4, 6 Abs. 3 MuSchG, § 3 Abs. 1 MuSchG, § 6 Abs. 2 MuSchG). Ob und wann ein Arbeitsvertrag nichtig ist, der eine Tätigkeit zum Inhalt hat, die Gegenstand eines derartigen Beschäftigungsverbots ist, erscheint fraglich. Das Bundesarbeitsgericht hat in einer frühen Entscheidung angenommen, daß ein Arbeitsvertrag nach § 134 BGB nichtig sei, wenn er nur Arbeiten zum Gegenstand habe, die nach § 4 MuSchG für werdende Mütter verboten seien[1]. Das Bundesarbeitsgericht hat die Anwendung des § 134 BGB im Hinblick auf das Nachtarbeitsverbot (§ 8 Abs. 1 MuSchG) verneint, wenn noch mit der Erteilung einer Ausnahmegenehmigung nach § 8 Abs. 6 MuSchG zu rechnen sei[2]. Die Anwendung des § 134 BGB bei Bestehen einer Schwangerschaft im Zeitpunkt des Abschlusses des Arbeitsvertrages wegen der sich ergebenden Beschäftigungsverbote ist richtigerweise zu verneinen[3]. Sinn und Zweck des Mutterschutzgesetzes gehen nicht dahin, der Schwangeren den Arbeitsplatz schlechthin vorzuenthalten oder den Arbeitsvertrag zu untersagen. Es geht vielmehr darum, daß **vorübergehend** eine Durchführung arbeitsvertraglicher Pflichten nicht möglich ist. Dies beinhaltet nicht, daß die Rechtsordnung den Abschluß des Arbeitsvertrags mißbilligt. Die Anwendung des § 134 BGB verbietet sich in jedem Falle angesichts der Rechtsprechung des EuGH zur Richtlinie 76/207[4]. Es ist danach mit der Richtlinie 76/207 nicht vereinbar, wenn ein Arbeitsvertrag für nichtig erklärt wird oder eine Arbeitnehmerin entlassen wird, weil sie schwangerschaftsbedingt Beschäftigungsverboten unterliegt bzw. Tätigkeiten nicht ausüben kann. Arbeitsverträge sind angesichts dessen ungeachtet der Beschäftigungsverbote des Mutterschutzgesetzes jedenfalls dann wirksam, wenn das Arbeitsverhältnis auf unbestimmte Zeit abgeschlossen ist[5]. Die Situation bei befristeten Arbeitsverhältnissen ist unsicher. Die Entwicklung der Rechtspre- 119

---

1 Vgl. BAG v. 27. 11. 1959, AP Nr. 2 zu § 4 MuSchG. Siehe auch BAG v. 6. 10. 1962, AP Nr. 24 zu § 9 MuSchG (Anfechtung gem. § 119 Abs. 2 BGB wegen Ausfalls während eines erheblichen Teils eines befristeten Arbeitsverhältnisses bei Verneinung des Vorliegens der Voraussetzungen der §§ 4 MuSchG, 134 BGB); *Bulla/Buchner*, Vorbem. zu §§ 3–8 Rz. 23; *Meisel/Sowka*, Vor § 3 Rz. 10.
2 Vgl. BAG v. 8. 9. 1988, AP Nr. 1 zu § 8 MuSchG 1968.
3 Vgl. *Bulla/Buchner*, Vorbem. zu §§ 3–8 Rz. 24; MünchArbR/*Buchner*, § 37 Rz. 37.
4 Vgl. EuGH v. 5. 5. 1994, AP Nr. 3 zu EWG-Richtlinie Nr. 76/207; EuGH v. 14. 7. 1994, AP Nr. 21 zu § 9 MuSchG 1968.
5 Vgl. *Klempt*, in HzA, Gruppe 6, Teilbereich 1: Mutterschutz/Erziehungsurlaub, Rz. 118.

chung wird abzuwarten sein. Es spricht viel dafür, die Nichtigkeitsfolgen des § 134 BGB nicht anzuwenden. Vgl. zur Anfechtung oben Rz. 46 ff.

120 Das **Fehlen einer Arbeitserlaubnis** (§ 19 Abs. 1 AFG iVm. § 229 Abs. 1 AFG) führt nicht zur Nichtigkeit des Arbeitsvertrags nach § 134 BGB[1]. Etwas anderes gilt nur dann, wenn die Parteien beabsichtigen, in Kenntnis der Erlaubnispflicht den Arbeitsvertrag ohne Erlaubnis durchzuführen[2].

121 Das **Approbationserfordernis** für Ärzte stellt ein Beschäftigungsverbot dar, das die Wirksamkeit des Arbeitsvertrages nicht berührt[3].

122 Ein Verstoß gegen **§§ 17, 18 BSeuchG** begründet keine Nichtigkeit des Arbeitsvertrags[4].

5. Sittenwidrigkeit

123 Die Sittenwidrigkeit eines Arbeitsvertrags kann sich aufgrund seines Inhalts ergeben, wobei insbesondere der **Gegenstand der versprochenen Arbeitsleistung** als Nichtigkeitsgrund in Betracht kommt, oder aufgrund der Umstände wie etwa der **Art der Begründung** oder des **Zwecks des Vertrags** begründet sein (§ 138 Abs. 1 BGB)[5]. Sittenwidrigkeit ist etwa bei Vorführung des Geschlechtsverkehrs auf einer Bühne oder bei Zusage sexueller Hingabe angenommen worden[6]. Die Tätigkeit als Stripteasetänzerin ist nicht unter § 138 Abs. 1 BGB subsumiert worden[7]. Das Bestehen sexueller Beziehungen zwischen Arbeitgeber und Arbeitnehmer führt nicht zur Sittenwidrigkeit des Arbeitsvertrags. Dies setzt allerdings voraus, daß die Entgeltzahlung die Gegenleistung für die Arbeitsleistung darstellt[8].

124 Die Sittenwidrigkeit kann sich auf **einzelne Vertragsabreden** beschränken. So können Vertragsstrafenklauseln sittenwidrig sein[9]. Ebenso sind Abreden über

---

1 Vgl. BAG v. 13. 1. 1977, AP Nr. 2 zu § 19 AFG; BAG v. 19. 1. 1977, AP Nr. 3 zu § 19 AFG; BAG v. 16. 12. 1976, AP Nr. 4 zu § 19 AFG.
2 Siehe dazu näher MünchArbR/*Buchner*, § 37 Rz. 59.
3 Vgl. *Schaub*, § 32 IV 2, S. 192. Siehe in einem anderen Zusammenhang aber BGH v. 21. 3. 1996, NJW 1996, 1954: Nichtigkeit eines Vertrages über Hilfeleistung in Steuersachen mit einer dazu nicht befugten Person.
4 Vgl. BAG v. 2. 3. 1971, AP Nr. 2 zu § 18 BSeuchG.
5 Vgl. *Hueck/Nipperdey*, I § 32 IV 3, S. 195; *Staudinger/Richardi*, § 611 Rz. 135.
6 Vgl. BAG v. 1. 4. 1976, AP Nr. 34 zu § 138 BGB; BGH v. 18. 7. 1980, AP Nr. 35 zu § 138 BGB.
7 Vgl. BAG v. 7. 6. 1972, AP Nr. 18 zu § 611 BGB-Faktisches Arbeitsverhältnis.
8 Vgl. *Staudinger/Richardi*, § 611 Rz. 137. Siehe auch LAG Nürnberg v. 4. 7. 1994, LAGE § 138 BGB Nr. 8: Ein Arbeitsvertrag, durch den der Geschäftsführer und Mehrheitsgesellschafter einer GmbH seine Geliebte als Reisesekretärin anstellt, ist selbst dann nicht nach § 138 BGB sittenwidrig und nichtig, wenn diese für den Betrieb keine Dienstleistung erbringt, sofern der Vertrag nicht ausschließlich die geschlechtliche Hingabe entlohnen soll. Insoweit gelten die gleichen Grundsätze wie beim Geliebtentestament. Es liegt kein Scheinvertrag vor, selbst wenn eine unmittelbare Tätigkeit der Geliebten für die Gesellschaft nicht beabsichtigt gewesen ist.
9 Vgl. LAG Berlin v. 26. 10. 1962, AP Nr. 23 zu § 138 BGB.

VIII. Abschluß und Wirksamkeit des Arbeitsvertrages   Rz. 126 **Teil 1 C**

Verlustbeteiligungen des Arbeitnehmers ohne angemessenen Ausgleich sittenwidrig[1]. Eine Entgeltabrede kann gem. § 138 Abs. 2 BGB nichtig sein, wenn der Arbeitnehmer zur Arbeitsleistung gegen einen außerverhältnismäßig geringen Verdienst verpflichtet wird (Mißverhältnis)[2]. § 138 Abs. 2 BGB setzt im übrigen voraus, daß der Vertragsschluß auf einer Zwangslage oder der Unerfahrenheit oder einem Mangel an Urteilsvermögen des Arbeitnehmers beruht. Die Rechtsprechung hat es auch als sittenwidrig angesehen, wenn eine mit dem Leitbild des Arbeitsvertrages unvereinbare Überwälzung des unternehmerischen Marktrisikos auf den abhängig beschäftigten Arbeitnehmer erfolgt, ohne daß im Falle des Mißerfolgs für ordnungsgemäß geleistete Dienste eine Vergütung garantiert wird[3].

6. Unmöglichkeit

Eine die Nichtigkeit des Arbeitsvertrags begründende **anfängliche objektive Unmöglichkeit** liegt nicht bereits vor, wenn der Arbeitnehmer mit zwei konkurrierenden Arbeitgebern gleichzeitig langfristige Arbeitsverträge abschließt, aufgrund derer er jeweils für einen tätig zu werden berechtigt ist[4]. Eine Leistung ist nur dann objektiv unmöglich, wenn sie aus allgemeinen, technischen Gründen von niemandem erbracht werden kann[5]. Die Rechtsprechung hat in einem Sonderfall § 306 BGB angewandt, in dem ein Anlernverhältnis begründet worden ist, bei Nichtvorhandensein des vertraglich vorgesehenen Berufsbildes[6].

125

7. Formerfordernisse

Der Abschluß des Arbeitsvertrags ist **grundsätzlich formfrei** möglich. Er kann auch konkludent erfolgen. Schriftformerfordernisse können sich allerdings aus **arbeitsvertraglichen oder kollektivvertraglichen** Regelungen ergeben. Die Auswirkungen der Nichteinhaltung des Formerfordernisses hängen davon ab, ob es sich um ein deklaratorisches oder ein konstitutives Formerfordernis handelt. Diese Frage ist zu beantworten, nachdem im Hinblick auf § 154 Abs. 2 BGB die Frage geklärt ist, ob überhaupt der Abschluß eines Vertrags mit Rechtsbindungswillen aus der Sicht der Parteien anzunehmen ist. Ob ein Schriftformerfordernis deklaratorisch oder konstitutiv wirkt, ist im Einzelfall durch Auslegung zu ermitteln. Ein konstitutives Schriftformerfordernis sieht § 4 Abs. 2 BAT für Nebenabreden vor. Die Verletzung einer konstitutiven Schriftformregelung führt zur Nichtigkeit des abgeschlossenen Vertrags (§ 125 BGB). Der

126

---

1 Vgl. BAG v. 10. 10. 1990, AP Nr. 47 zu § 138 BGB. Siehe dazu kritisch *Adomeit*, Festschrift Kissel, S. 1, 5 ff.; *Moll*, in GmbH-Handbuch, Rz. 202.6.
2 Vgl. BAG v. 11. 1. 1973, AP Nr. 30 zu § 138 BGB; LAG Düsseldorf v. 23. 8. 1977, DB 1978, 165.
3 Vgl. LAG Hamm v. 16. 10. 1989, LAGE § 138 BGB Nr. 4 (Sonderfall!).
4 Vgl. BAG v. 26. 3. 1965, AP Nr. 1 zu § 306 BGB.
5 Vgl. BAG v. 26. 3. 1965, AP Nr. 1 zu § 306 BGB; BAG v. 27. 2. 1974, AP Nr. 2 zu § 306 BGB (Fall anfänglichen *Unvermögens* bei Nichterreichen der Produktionsreife für zum Verkauf vorgesehene Artikel).
6 Vgl. LAG Bremen v. 29. 7. 1959, AP Nr. 1 zu § 611 BGB-Anlernverhältnis.

Verstoß gegen eine deklaratorische Schriftformklausel läßt die Wirksamkeit des abgeschlossenen Vertrags unberührt. Ausnahmen von der Nichtigkeitsfolge des § 125 BGB ergeben sich, wenn die Nichtigkeitsfolge mit dem Grundsatz von Treu und Glauben (§ 242 BGB) schlechthin unvereinbar wäre[1].

127 Dokumentationspflichten, wie sie der Gesetzgeber verschiedentlich normiert hat, sind kein Schriftformerfordernis. Derartige Dokumentationspflichten sind etwa in § 11 Abs. 1 AÜG, § 4 Abs. 1 Satz 1 BBiG und § 24 SeemannsG geregelt. Das Erfordernis des § 4 Abs. 1 Satz 1 BBiG hat nur deklaratorische Bedeutung und läßt die Wirksamkeit des Berufsausbildungsvertrags unberührt[2].

128 Eine Dokumentationspflicht gilt aufgrund des **Nachweisgesetzes** für alle Arbeitsverhältnisse[3]. Der Arbeitgeber hat die wesentlichen Vertragsbedingungen schriftlich niederzulegen und eine von ihm unterzeichnete Niederschrift dem Arbeitnehmer auszuhändigen. Das Nachweisgesetz bezweckt, durch eine verstärkte Information des Arbeitnehmers über die für ihn geltenden und wesentlichen Vertragsbedingungen mehr Rechtssicherheit zu schaffen, die Beweislage des Arbeitnehmers zu verbessern und etwaige Rechtsstreitigkeiten über den Inhalt des Arbeitsverhältnisses zu vermeiden.

129 Das Nachweisgesetz gilt sowohl für private als auch für öffentliche Arbeitgeber. Es ist **nicht** auf solche Arbeitnehmer anzuwenden, die zur vorübergehenden Aushilfe oder einer anderen gelegentlichen Tätigkeit für nicht mehr als 400 Stunden innerhalb eines Jahres eingestellt werden, sowie für Arbeitnehmer, die hauswirtschaftliche, erzieherische oder pflegerische Tätigkeiten in einem Familienhaushalt ausüben und die Grenze des § 8 Abs. 1 SGB IV (Geringfügigkeit) nicht überschreiten (§ 1 NachwG).

130 Der Arbeitgeber hat nach § 2 Abs. 1 NachwG spätestens **1 Monat nach Beginn** des Arbeitsverhältnisses die wesentlichen Vertragsbedingungen schriftlich niederzulegen. Die Niederschrift ist zu unterzeichnen und dem Arbeitnehmer auszuhändigen. Das Schriftstück muß folgende Punkte enthalten: Vertragsparteien, Beginn des Arbeitsverhältnisses und eine etwaige Befristung, Ort der Beschäftigung, Bezeichnung der Arbeit, Höhe und Zusammensetzung des Verdienstes, Arbeitszeit, Urlaubsdauer, Kündigungsfristen, Angabe anzuwendender Betriebsvereinbarungen und Tarifverträge. Ob die Angabe der Eingruppierung bzw. Vergütungsgruppe von § 2 Abs. 1 Satz 2 Nr. 6 NachwG erfaßt wird und welche Folgen dies für eine Korrektur hat, ist umstritten[4].

131 § 2 Abs. 2 NachweisG sieht zusätzliche Angaben bei einem **Auslandseinsatz** des Arbeitnehmers vor.

---

1 Vgl. dazu näher BGH v. 27. 6. 1988, NJW 1989, 166, 167.
2 Vgl. BAG v. 21. 8. 1997, DB 1997, 2619.
3 Vgl. dazu näher *Birk*, NZA 1996, 281 ff.; *Preis*, NZA 1997, 10 ff.; *Schwarze*, ZfA 1997, 43 ff.; *Schwarze*, RdA 1997, 343 ff.; *Stückemann*, BB 1995, 1848 ff.; *Wank*, RdA 1996, 21 ff.; *Zwanziger*, DB 1996, 2027 ff.
4 Siehe dazu näher *Schwarze*, RdA 1997, 343 ff.

VIII. Abschluß und Wirksamkeit des Arbeitsvertrages   Rz. 133 **Teil 1 C**

Eine **vereinfachte** Information des Arbeitnehmers durch einen allgemeinen Hinweis auf die einschlägigen Tarifverträge und Betriebsvereinbarungen ist nach § 2 Abs. 3 NachwG bezüglich Arbeitsentgelt, Arbeitszeit, Erholungsurlaub und Kündigungsfristen möglich. 132

Beispiel einer Niederschrift[1]: 133

---

1. Arbeitgeber
   Name:
   Anschrift:
2. Arbeitnehmer
   Name:
   Anschrift:
3. Beginn des Arbeitsverhältnisses:
4. Dauer des Arbeitsverhältnisses:
5. Arbeitsort:
   (an verschiedenen Orten Beschäftigung möglich: ja/nein)
6. Art der Arbeit:
7. Arbeitsentgelt
   Höhe:
   Zusammensetzung:
   Zuschläge:
   Zulagen:
   Prämien:
   Sonderzahlungen:
   Sonstiges Entgelt:
   Fälligkeit:
8. Arbeitszeit:
9. Urlaubsdauer:
10. Kündigungsfristen:
11. Anzuwenden sind auf das Arbeitsverhältnis:
    – Tarifvertrag:
    – Betriebsvereinbarung:
12. Auslandstätigkeit:
    Dauer:
    Währung für Entgelt:
    Zusatzleistungen:
    Rückkehrregelung:

Ort, Datum   (Unterschrift)

---

[1] Vgl. *Stückemann*, BB 1995, 1846, 1848.

134 Die Aushändigung eines Schriftstücks kann durch **Abschluß eines schriftlichen Arbeitsvertrags** ersetzt werden, der die nach § 2 Abs. 1 und 2 NachwG erforderlichen Angaben enthält (§ 2 Abs. 4 NachwG).

135 Eine **Änderung** der wesentlichen Vertragsbedingungen ist ebenfalls schriftlich zu dokumentieren. Die Mitteilung hat einen Monat nach dem Änderungsakt zu erfolgen[1].

136 Die Nachweispflichten können **nicht zuungunsten des Arbeitnehmers abbedungen** werden.

137 Dem Arbeitnehmer steht ein **Erfüllungsanspruch** zu, der durch Klage durchgesetzt werden kann. Er kann ebenso eine Korrektur unrichtiger Angaben verlangen[2]. Der Arbeitgeber macht sich im Falle einer von ihm zu vertretenden Verletzung der Dokumentationspflicht schadenersatzpflichtig[3]. Anspruchsgrundlage sind das Rechtsinstitut der positiven Forderungsverletzung und § 823 Abs. 2 BGB iVm. § 2 Abs. 1 NachwG. Die praktische Bedeutung dieses Schadenersatzanspruchs erscheint jedoch gering, weil ein ersatzfähiger Schaden tatsächlich nur schwer vorstellbar ist. Ein Zurückbehaltungsrecht des Arbeitnehmers ist abzulehnen.

138 Das Nachweisgesetz läßt nicht zu, daß Schlüsse auf den Inhalt der Arbeitsbedingungen dergestalt gezogen werden, daß diese nicht mehr unbestimmt sein dürften[4]. Es kommt für die Erfüllung der Dokumentationspflicht nicht darauf an, ob die **dokumentierten** Arbeitsbedingungen eng oder weit gefaßt sind. Das Nachweisgesetz besagt über den Inhalt der Regelungen nichts und beinhaltet keine Pflicht zur Regelung[5]. Unbestimmte Klauseln und einseitige Leistungsbestimmungen sind möglich.

139 Die Verletzung der durch das Nachweisgesetz vorgesehenen Dokumentationspflichten hat Auswirkungen auf die Beweissituation im Rechtsstreit. Es ist allgemein anerkannt, daß die **Verletzung** von Dokumentationspflichten, die im Interesse eines Vertragspartners bestehen, Beweiserleichterungen für diesen zur Folge haben, wenn der geschützten Vertragspartei die Beweisführung erschwert oder unmöglich gemacht wird[6]. Da der Zweck des Nachweisgesetzes darin besteht, Klarheit über die Arbeitsbedingungen zu schaffen und den Arbeitnehmer vor Beweisschwierigkeiten zu schützen[7], muß die Verletzung der Nachweispflicht Konsequenzen für die Beweissituation haben. Dogmatische Einordnung und systematischer Ansatz sind umstritten. Zum einen wird auf den

---

1 Vgl. *Schwarze*, ZfA 1997, 43, 47.
2 Vgl. *Schwarze*, ZfA 1997, 43, 61.
3 Vgl. *Birk*, NZA 1996, 281, 289; *Wank*, RdA 1996, 21, 24.
4 Siehe aber *Zwanziger*, DB 1996, 2027 ff.
5 Vgl. *Schwarze*, ZfA 1997, 43, 45.
6 Vgl. BGH v. 28. 6. 1988, NJW 1988, 2949; BGH v. 24. 1. 1989, NJW 1989, 2330, 2331; OLG Köln v. 18. 4. 1994, NJW-RR 1995, 346, 347 (jeweils die ärztliche Dokumentationspflicht betreffend).
7 Vgl. LAG Hamm v. 27. 7. 1995, LAGE § 2 NachwG Nr. 1; LAG Hamm v. 9. 7. 1996, LAGE § 2 NachwG Nr. 2.

Aspekt der Beweislastumkehr verwiesen[1]. Zum anderen hält man die Grundsätze der Beweisvereitelung für anwendbar[2]. Schließlich wird vorgeschlagen, es mit einer Berücksichtigung der Unterlassung des Nachweises im Rahmen der richterlichen Überzeugungsbildung nach § 286 ZPO bewenden zu lassen[3].

Sind die Arbeitsbedingungen trotz Erfüllung des Dokumentationserfordernisses streitig, gelten die **allgemeinen beweisrechtlichen Grundsätze**[4]. Macht der Arbeitnehmer Arbeitsbedingungen geltend, die der Arbeitgeber in den Nachweis aufgenommen hat, gelten §§ 416, 420 ZPO. Der Arbeitgeber hat diese Beweiswirkung zu entkräftigen[5]. Hat der Arbeitgeber einen Nachweis erteilt, muß er die Unrichtigkeit oder Unvollständigkeit der Urkunde beweisen. Dem Arbeitgeber obliegt der Beweis des Gegenteils[6]. Macht der Arbeitnehmer Arbeitsbedingungen geltend, die nicht dem Nachweis entsprechen, so muß er die anspruchsbegründenden Tatsachen darlegen und nachweisen[7]. Dies entspricht der allgemeinen beweisrechtlichen Grundregel. Der Nachweis ändert hieran nichts. Er gewährt dem Arbeitgeber auch keine günstigere Position. Der Arbeitgeber wird durch die Ausstellung der Urkunde nicht privilegiert. Es gibt keinen Anscheinsbeweis zu seinen Gunsten. Es wird allerdings zu berücksichtigen sein, wenn der Arbeitnehmer längere Zeit zu den im Nachweis genannten Arbeitsbedingungen gearbeitet hat. Besonderheiten aufgrund des Nachweisgesetzes ergeben sich nicht.

IX. Fehlerhaftes Arbeitsverhältnis

Die Folgen einer Anfechtung oder Nichtigkeit des Arbeitsvertrags (§§ 134, 138, 142 Abs. 1 BGB) hängen davon ab, ob das Arbeitsverhältnis **in Vollzug gesetzt** worden ist oder nicht. Das Arbeitsverhältnis wird durch Arbeitsantritt in Vollzug gesetzt. Es reicht aus, daß der Arbeitnehmer am Arbeitsplatz erscheint, den Arbeitsplatz zugewiesen erhält und Informationsmaterial über seine künftige Tätigkeit ausgehändigt bekommt[8]. Der Erbringung von Arbeitsleistung ist es gleichzustellen, wenn der Arbeitnehmer bei Beginn des Arbeitsverhältnisses erkrankt[9].

Vor der Invollzugsetzung des Arbeitsverhältnisses gelten die allgemeinen Regeln des Zivilrechts über Anfechtung und Nichtigkeit. Der Arbeitsvertrag ist dementsprechend von Anfang an als nichtig anzusehen.

---

1 Vgl. *Birk*, NZA 1996, 281, 289; *Wank*, RdA 1996, 21, 24.
2 Vgl. *Preis*, NZA 1997, 10, 13; *Stückemann*, BB 1995, 1846, 1848; *Zwanziger*, DB 1996, 2027, 2030.
3 Vgl. *Schwarze*, ZfA 1997, 43, 65.
4 Vgl. *Preis*, NZA 1997, 10, 12.
5 Vgl. *Schwarze*, ZfA 1997, 43, 65.
6 Vgl. EuGH v. 4. 12. 1997, DB 1997, 2617.
7 Vgl. *Schwarze*, ZfA 1997, 43, 65.
8 Vgl. BAG v. 13. 4. 1963, AP Nr. 32 zu § 63 HGB.
9 Vgl. *Schaub*, § 35 III 1, S. 210.

143 Nach der Invollzugsetzung des Arbeitsverhältnisses wird eine auf den Abschluß des Arbeitsvertrags zurückwirkende Nichtigkeit herkömmlich abgelehnt[1]. Durch die Invollzugsetzung des rechtlich unwirksamen Arbeitsvertrags entsteht ein **faktisches** Arbeitsverhältnis. Dessen Wirkungen können nur noch ex nunc beseitig werden. Es ist für die Vergangenheit wie ein fehlerfreies Arbeitsverhältnis zu behandeln. Die Parteien sind lediglich berechtigt, es durch einseitige Erklärung mit sofortiger Wirkung für die Zukunft zu beenden.

144 Dem Arbeitnehmer stehen aufgrund des faktischen Arbeitsverhältnisses **quasivertragliche Ansprüche** auf Entgeltzahlung und Urlaubsgewährung zu[2]. Der Arbeitnehmer hat bis zur Beendigung des faktischen Arbeitsverhältnisses auch Entgeltfortzahlungsansprüche bei Arbeitsunfähigkeit bzw. Verhinderung oder im Falle des Mutterschutzes[3]. Für Rechtsstreitigkeiten aus dem und im Zusammenhang mit dem faktischen Arbeitsverhältnis sind die Arbeitsgerichte zuständig[4].

145 Die Beschränkung der Anfechtungs- bzw. Nichtigkeitswirkung für die Vergangenheit greift dann nicht ein, wenn das **Vertrauen** des Arbeitnehmers in die Wirksamkeit des Arbeitsvertrags **nicht schutzwürdig** ist. Die Rückabwicklung richtet sich dann nach Bereicherungsrecht[5]. Dies ist insbesondere in den folgenden Fällen anzunehmen:

▶ Der Arbeitnehmer hat den Arbeitsvertrag in **Kenntnis des Unwirksamkeitsgrundes** abgeschlossen.

▶ Die Ausführung des Arbeitsvertrages und die Aufrechterhaltung für die Vergangenheit als faktisches Arbeitsverhältnis widerspricht grundlegenden, wesentlichen Grundsätzen der Rechtsordnung[6].

▶ Ansprüche des Arbeitnehmers sind auch dann ausgeschlossen, wenn der Arbeitnehmer den Abschluß des Arbeitsvertrages **durch arglistige Täuschung oder widerrechtliche Drohung herbeigeführt** hat und die Arbeitsleistung für den Arbeitnehmer wertlos ist[7].

146 Der **Schutz nicht voll geschäftsfähiger Personen** hat Vorrang vor den Grundsätzen über das faktische Arbeitsverhältnis. Den nicht voll geschäftsfähigen Arbeitnehmer treffen daher aus dem Arbeitsverhältnis keine Pflichten. Der Arbeitgeber hat keine vertraglichen Ansprüche gegen diesen. Der nicht voll ge-

---

1 Vgl. MünchArbR/*Richardi*, § 44 Rz. 59; *Zöllner/Loritz*, § 11 II. 1b S. 136; jew. mwN.
2 Vgl. BAG v. 19. 6. 1959, AP Nr. 1 zu § 611 BGB-Doppelarbeitsverhältnis.
3 Vgl. BAG v. 13. 4. 1963, AP Nr. 32 zu § 63 HGB; BAG v. 19. 12. 1966, AP Nr. 3 zu § 12 MuSchG.
4 Vgl. BAG v. 25. 4. 1963, AP Nr. 2 zu § 611 BGB-Faktisches Arbeitsverhältnis.
5 Vgl. MünchArbR/*Richardi*, § 44 Rz. 67.
6 Vgl. BAG v. 1. 4. 1976, AP Nr. 34 zu § 138 BGB (Vorführung von Geschlechtsverkehr auf einer Bühne). Siehe auch BAG v. 25. 4. 1963, AP Nr. 2 zu § 611 BGB-Faktisches Arbeitsverhältnis (Entgeltansprüche eines Bürovorstehers anteilig nur für legale und nicht für illegale Tätigkeit).
7 Vgl. *Picker*, ZfA 1981, 1, 58; MünchArbR/*Richardi*, § 44 Rdn. 66; *Schaub*, § 35 III 7, S. 213.

schäftsfähige Arbeitgeber ist nicht aufgrund des faktischen Arbeitsverhältnisses quasi-vertraglichen Vergütungsansprüchen des Arbeitnehmers ausgesetzt. Der Arbeitnehmer kann lediglich Bezahlung im Rahmen der Regeln über die ungerechtfertigte Bereicherung verlangen.

X. Arbeitspapiere und Bewerberinformationen

1. Arbeitspapiere

Der Arbeitnehmer hat dem Arbeitgeber zu Beginn des Arbeitsverhältnisses die **Lohnsteuerkarte** sowie das **Sozialversicherungsnachweisheft** auszuhändigen. Je nach Einzelfall können darüber hinaus spezielle Vorlagepflichten in Betracht kommen: § 18 BSeuchG (Gesundheitszeugnis im Einzelhandel), § 19 AFG (Arbeitserlaubnis ausländischer Arbeitnehmer), § 32 JArbSchG (Gesundheitsbescheinigung für Jugendliche), §§ 18 SeemG, 5 SchifferdienstbücherG. § 2 BRTV (Bundesrahmentarifvertrag für das Baugewerbe) sieht in § 2 die Aushändigung der Lohnnachweiskarte über Lohnausgleich, Urlaub und Zusatzversorgung im Baugewerbe vor. 147

Der Arbeitnehmer, der im Besitz eines **Sozialversicherungsausweises** ist, hat diesen bei Beschäftigung dem Arbeitgeber vorzulegen (§ 99 Abs. 1 SGB IV). Einen Sozialversicherungsausweis erhält grundsätzlich jeder Beschäftigte (§ 95 Abs. 1 SGB IV). Eine Ausnahme gilt für die in § 109 Abs. 1 SGB IV genannten Personen. Beschäftigte im Baugewerbe, Beherbergungs- und Gaststättengewerbe, Gebäudereinigergewerbe und Schaustellergewerbe sind gemäß § 99 Abs. 2 SGB IV verpflichtet, den Sozialversicherungsausweis mit sich zu führen[1]. Dies gilt auch, wenn es sich um Arbeitsverträge handelt, die sich auf den Auf- und Abbau von Ausstellungen und Messen beziehen. 148

Der Arbeitgeber ist zur **Aufbewahrung** der ihm vom Arbeitnehmer ausgehändigten Arbeitspapiere verpflichtet und haftet dem Arbeitnehmer im Falle einer Beschädigung oder des Verlustes auf Schadenersatz. 149

2. Bewerberinformationen

a) Bewerbungsunterlagen

Der Arbeitgeber hat Bewerbungsunterlagen an den Bewerber zurückzugeben, wenn es nicht zur Einstellung des Bewerbers kommt. Die **Aufbewahrung** der Berwerbungsunterlagen durch den Arbeitgeber ist nur dann rechtmäßig, wenn der Arbeitgeber ein berechtigtes Interesse an der Aufbewahrung hat[2]. Dies kann der Fall sein, wenn die Bewerbung in gegenseitigem Einvernehmen in absehbarer Zeit wiederholt werden soll oder wenn ein Rechtsstreit mit einem Bewerber zu erwarten ist. Es wird auch zu erwägen sein, ob nicht in jedem Fall im 150

---

1 Vgl. *Marburger*, BB 1994, 421, 423.
2 Vgl. MünchKomm/*Schwerdtner*, § 629 Rz. 16.

Hinblick auf § 611a Abs. 4 BGB eine Aufbewahrung für die Dauer von zwei Monaten nach Ablehnung der Bewerbung geboten ist.

b) Personalfragebogen

151 Der Arbeitgeber ist nicht berechtigt, einen anläßlich einer Bewerbung ausgefüllten Personalfragebogen aufzubewahren, wenn die Bewerbung erfolglos geblieben ist, soweit die Angaben die Privatsphäre berühren. Dem Bewerber steht gegen den Arbeitgeber ein **Anspruch auf Vernichtung** des Personalfragebogens zu[1]. Etwas anderes gilt auch hier nur dann, wenn der Arbeitgeber ein berechtigtes Interesse an der Aufbewahrung hat.

c) Datenschutz

152 Der Arbeitgeber hat bei der Speicherung der ihm anläßlich der Bewerbung mitgeteilten personenbezogenen Daten die Regelungen des **Bundesdatenschutzgesetzes** zu beachten.

153 Daten des Bewerbers, die unter **Verletzung der Grenzen des Fragerechts** (Rz. 22 ff.) erhoben worden sind, dürfen nicht gespeichert werden[2]. Eine unzulässige Erhebung und Speicherung von Daten liegt auch vor, wenn diese durch einen Personalfragebogen ermittelt worden sind und der Betriebsrat der Verwendung des Personalfragebogens nicht zugestimmt hat[3].

154 Die **Speicherung zulässigerweise erhobener Daten** ist nach § 27 Abs. 1 Nr. 1 BDSG dem Arbeitgeber gestattet, soweit dies zur Erfüllung des konkreten Vertragszwecks erforderlich ist oder der Arbeitgeber ein berechtigtes Interesse hat[4]. Der Arbeitgeber darf im Rahmen des Arbeitsverhältnisses insbesondere die folgenden Arbeitnehmerdaten speichern: Geschlecht, Familienstand, Berufsausbildung, Schul- und Fachschulausbildung mit Fachrichtung und Abschluß, Sprachkenntnisse[5]. Die Kenntnis dieser Gesichtspunkte kann auch im Verlauf des Arbeitsverhältnisses im Rahmen von dessen Zweckbestimmung erforderlich sein. Die nach § 33 Abs. 1 BDSG bestehende Unterrichtungspflicht des Arbeitgebers über die Speicherung der erhobenen Daten entfällt im Rahmen des Bewerbungsverfahrens; der Bewerber muß bei Ausfüllung eines Personalfragebogens regelmäßig mit der Speicherung rechnen (§ 33 Abs. 2 Nr. 1 BDSG)[6].

155 Bewerberdaten dürfen Dritten nur zugänglich gemacht werden, soweit es sich um betriebliche Stellen handelt, die am Einstellungsverfahren beteiligt sind, zB Betriebsrat, Personalrat oder Gleichstellungsbeauftragte[7]. Eine **Datenübermittlung an Dritte** ist überdies im Rahmen der arbeitsvertraglichen Zweckbestim-

---

1 Vgl. BAG v. 6. 6. 1984, AP Nr. 7 zu § 611 BGB-Persönlichkeitsrecht.
2 Vgl. MünchArbR/*Buchner*, § 38 Rz. 277.
3 Vgl. BAG v. 22. 10. 1986, AP Nr. 2 zu § 23 BDSG.
4 Vgl. BAG v. 11. 3. 1986, AP Nr. 14 zu § 87 BetrVG 1972-Überwachung.
5 Vgl. BAG v. 22. 10. 1986, AP Nr. 2 zu § 23 BDSG.
6 Vgl. MünchArbR/*Blomeyer*, § 97 Rz. 41.
7 Vgl. MünchArbR/*Buchner*, § 38 Rz. 275; *Linnenkohl*, NJW 1981, 202, 203.

mung nach Maßgabe von § 28 Abs. 1 Nr. 1 BDSG zulässig, so zB an Altersversorgungseinrichtungen, Banken und Einrichtungen der Tarifparteien[1]. Der Zweck des Arbeitsvertrags rechtfertigt dagegen keine Mitteilungen an Auskunftsstellen von Arbeitgebern bzw. Gewerkschaften oder an Drittunternehmen zu Werbezwecken. Der Arbeitgeber kann nach § 28 Abs. 1 Nr. 2 BDSG Arbeitnehmerdaten weitergeben, soweit dies zur Wahrung eigener berechtigter Interessen des Arbeitgebers erforderlich ist. Eine darüber hinausgehende Übermittlung kann in den Fällen des § 28 Abs. 2 BDSG in Betracht kommen[2]. Dem Arbeitnehmer stehen im Falle einer unzulässigen Datenübermittlung **Beseitigungsansprüche** (Analogie zu § 1004 BGB) und **Schadenersatzansprüche** (Verschulden bei Vertragsschluß oder Rechtsinstitut der positiven Forderungsverletzung; § 823 Abs. 2 BGB iVm. §§ 4, 27 ff. BDSG; Persönlichkeitsrechtsverletzung) zu[3]. Der Arbeitgeber trägt nach § 8 BDSG im Falle eines Schadenersatzbegehrens des Arbeitnehmers die Beweislast dafür, daß ein Schaden nicht Folge eines von ihm zu vertretenden Umstandes (Nichteinhaltung der datenschutzrechtlichen Regelung) ist[4].

Die Erhebung, Speicherung und Übermittlung von Daten ist im übrigen immer rechtmäßig im Falle einer **Einwilligung** des Arbeitnehmers. Dieser Gesichtspunkt wird praktisch, wenn Betriebs- oder Personalräte, die an Personalmaßnahmen beteiligt sind, die ihnen zugänglich gemachten Daten auf Dauer zu speichern beabsichtigen[5]. Die Einwilligung des Betroffenen ist gem. § 4 Abs. 2 BDSG schriftlich zu erklären. Der Betroffene muß vor Erteilung der Einwilligung auf Umfang und Zweck der Speicherung hingewiesen worden sein. 156

XI. Meldepflichten

Der Arbeitgeber hat Meldepflichten insbesondere gegenüber den **Sozialversicherungsträgern** zu erfüllen. Er hat bei der Krankenkasse, bei der der Arbeitnehmer versichert ist, als Einzugsstelle für den Gesamtsozialversicherungsbeitrag jeden in der Kranken- oder Rentenversicherung kraft Gesetzes versicherten Beschäftigten sowie die nach dem AFG beitragspflichtigen Arbeitnehmer bei Beginn der Beschäftigung unter Angabe bestimmter persönlicher Daten zu melden (§ 28a Abs. 1 Nr. 1 und Abs. 3 SGB IV iVm. § 28i SGB IV). Eine besondere Meldepflicht trifft nach § 28a Abs. 4 SGB IV den Entleiher hinsichtlich des Leiharbeitnehmers. Der Arbeitgeber hat den Arbeitnehmer gem. § 28a Abs. 5 SGB IV über den Inhalt der Meldung schriftlich zu unterrichten. Anderweitige 157

---

1 Vgl. MünchArbR/*Blomeyer*, § 97 Rz. 34; *Sproll*, S. 157.
2 Siehe dazu näher *Wohlgemuth*, Rz. 425 ff.
3 Vgl. BGH v. 7. 7. 1983, NJW 1984, 436 (Widerruf der übermittelten Daten durch die übermittelnde Stelle); BGH v. 22. 5. 1984, NJW 1984, 1886.
4 Vgl. MünchArbR/*Blomeyer*, § 97 Rz. 57.
5 Siehe dazu näher BVerwG v. 4. 9. 1990, AP Nr. 1 zu § 68 BPersVG; MünchArbR/*Buchner*, § 38 Rz. 284.

Meldepflichten sind beispielsweise in §§ 199, 200, 202, 204 SGB V oder in § 15g StVZO normiert[1].

158 **Geringfügig beschäftigte Arbeitnehmer** im Sinne von § 8 Abs. 1 Nr. 1 SGB IV sind innerhalb von 7 Tagen nach Aufnahme der Beschäftigung vom Arbeitgeber anzumelden (§ 104 SGB IV iVm. § 3 Satz 2 und § 4 Abs. 1 Satz 1 der 2. DEVO). Ausnahmen von der Meldepflicht bestehen für die in § 109 Abs. 1 und 3 SGB IV genannten Personengruppen.

Falls der Arbeitnehmer den Sozialversicherungsausweis bei Beginn der Beschäftigung nicht vorlegt und die Vorlage auch nicht innerhalb von drei Tagen nach Aufnahme der Beschäftigung erfolgt, ist der Arbeitgeber zu einer Kontrollmitteilung an die zuständige Krankenkasse verpflichtet (§ 102 Abs. 1 Satz 2 SGB IV iVm. § 2a Abs. 1 der 2. DEVO). Eine Sofortmeldemitteilung am ersten Tag der Beschäftigung ist im Baugewerbe, im Gebäudereinigergewerbe, im Schaustellergewerbe und bei Unternehmen vorgesehen, die sich mit dem Auf- und Abbau von Messen beschäftigen (§ 103 Abs. 1 Satz 1 SGB IV iVm. § 2b Satz 1 der 1. DEVO).

159 Die **Wirksamkeit des Arbeitsvertrags** wird durch die Nichteinhaltung der öffentlich-rechtlichen Meldepflichten nicht berührt[2]. Die sozialversicherungsrechtlichen Meldepflichten dienen neben der Funktionsabwicklung für die Sozialversicherung der Bekämpfung illegaler Beschäftigung, der Verhinderung des unrechtmäßigen Bezugs von Sozialleistungen und der Beschränkung des Mißbrauchs im Bereich geringfügiger Beschäftigung[3]. Der Arbeitgeber kann bei Verletzung der ihm obliegenden Meldepflicht zum **Schadenersatz** verpflichtet sein. Die Meldevorschriften stellen Schutzgesetze im Sinne von § 823 Abs. 2 BGB dar. Ein Schadensersatzanspruch kann dementsprechend zugunsten des Arbeitnehmers bestehen, für den keine ordnungsgemäße Meldung erfolgt ist[4]. Ein Schadenersatzanspruch eines Sozialversicherungsträgers aufgrund einer unterbliebenen oder unzutreffenden Meldung des Arbeitgebers ist möglich, wenn an den Beschäftigten deswegen überhöhte Sozialleistungen erbracht worden sind[5]. Ein Schadenersatzanspruch anderer Arbeitgeber kommt in Betracht, wenn ein geringfügiges Beschäftigungsverhältnis nicht rechtzeitig gemeldet worden ist und sich später eine Mehrfachbeschäftigung herausstellt, die zur Zahlung von Arbeitgeber- und Arbeitnehmeranteilen verpflichtet[6].

---

1 Siehe zu den Meldepflichten des Arbeitgebers näher *Hentschel*, NZA 1989, 380 ff.; *Schneider*, BB 1989, 1974 ff.
2 Vgl. LAG Berlin v. 15. 10. 1990, LAGE § 134 BGB Nr. 4; *Plagemann*, BB 1994, 133, 137; *Staudinger/Richardi*, § 611 Rz. 202. Siehe aber demgegenüber OLG Karlsruhe v. 6. 4. 1993, NJW-RR 1993, 918.
3 Vgl. *Wilmerstadt/Schattschneider*, BB 1989, Beil. 18, 2.
4 Vgl. BAG v. 14. 7. 1960, AP Nr. 1 zu § 823 BGB-Schutzgesetz; BAG v. 30. 9. 1969, AP Nr. 4 zu § 823 BGB-Schutzgesetz.
5 Vgl. OLG Düsseldorf v. 7. 2. 1992, NJW-RR 1992, 1507. Siehe auch *Plagemann*, BB 1994, 133, 137.
6 Vgl. *Plagemann*, BB 1994, 133, 137.

D. Internationales Arbeitsrecht

	Rz.		Rz.
I. Einführung	1	b) Einstellende Niederlassung	14
II. Grundlagen		2. Gesamtheit der Umstände	15
1. Übersicht	2	3. Einzelfälle	17
2. Anwendungsbereich des Art. 30 EGBGB		V. Der Vorbehalt zugunsten zwingenden Rechts und zugunsten des deutschen ordre public	
a) Vorliegen eines Arbeitsverhältnisses	4	1. Zwingendes Recht, Art. 34 EGBGB	22
b) Auslandsberührung	5	2. Ordre public-Vorbehalt, Art. 6 EGBGB	25
III. Einvernehmliche Rechtswahl und ihre Einschränkungen		VI. Auswirkungen des Arbeitsvertragsstatuts	27
1. Freiheit der Rechtswahl	6	VII. Kollektives Arbeitsrecht	
2. Einschränkungen der Rechtswahl	8	1. Betriebsverfassungsrecht	28
IV. Bestimmung des Arbeitsvertragsstatuts bei fehlender Rechtswahl		2. Tarifrecht	30
		3. Arbeitskampfrecht	32
1. Regelanknüpfung	11	VIII. Prüfungsschema zum Arbeitsvertragsstatut	33
a) Arbeitsort	12		

Schrifttum:

Birk, Die Bedeutung der Parteiautonomie im internationalen Arbeitsrecht, RdA 1989, 201; *Birk*, Das Arbeitskollisionsrecht der Bundesrepublik Deutschland, RdA 1984, 129; *Däubler*, Das neue Internationale Arbeitsrecht, RIW 1987, 249; *Firsching/von Hoffmann*, Internationales Privatrecht, 4. Aufl. 1994; *Gamillscheg*, Internationales Arbeitsrecht, 1959; *Hickl*, Arbeitsverhältnisse mit Auslandsberührung, NZA 1987, Beil. 1, 10; *Hickl*, Auswirkungen und Probleme des Entsendegesetzes, NZA 1997, 513; *Hönsch*, Die Neuregelung des Internationalen Privatrechts aus arbeitsrechtlicher Sicht, NZA 1988, 113; *Junker*, Internationales Arbeitsrecht im Konzern, 1992; *Kegel*, Internationales Privatrecht, 7. Aufl. 1994; *Kraushaar*, Die Auslandsberührungen des deutschen Arbeitsrechts, BB 1989, 2124; *Kropholler*, Internationales Privatrecht, 1990; *Lorenz, E.*, Das objektive Arbeitsstatut nach dem Gesetz zur Neuregelung des Internationalen Privatrechts, RdA 1989, 221; *Lüderitz*, Internationales Privatrecht, 1987; *Reiserer*, Allgemeiner Kündigungsschutz bei Arbeitsverhältnissen mit Auslandsbezug, NZA 1994, 673; *Reithmann/Martiny*, Internationales Vertragsrecht, 5. Aufl. 1996; *Walz*, Multinationale Unternehmen und internationaler Tarifvertrag, 1981; *Wimmer*, Minderer Grundrechtsschutz bei internationalen Arbeitssachverhalten?, NZA 1995, 250; *Wollenschläger/Frölich*, Kündigungsschutz nach § 613a BGB beim grenzüberschreitenden Betriebsübergang, AuR 1990, 314.

I. Einführung

1 Nachfolgend werden die Regelungen des deutschen Internationalen Arbeitsrechts als **Kollisionsrecht** behandelt. Es geht also zum einen darum, ob ein Arbeitsverhältnis mit Auslandsberührung der deutschen oder einer ausländischen Rechtsordnung unterliegt, wenn eine Rechtswahl nicht getroffen wurde. Zum anderen werden die Grenzen der Zulässigkeit einer im Arbeitsvertrag getroffenen Wahl einer – ausländischen oder deutschen – Rechtsordnung dargestellt. Das internationale Prozeßrecht sowie internationale Regelungen, die die Regelungen deutschen Rechts überlagern, sind nicht Gegenstand dieses Abschnitts.

II. Grundlagen

1. Übersicht

2 Nach Art. 27 Abs. 1 EGBGB können die Parteien das auf einen Vertrag anwendbare Recht, das sog. Vertragsstatut, grundsätzlich selbst bestimmen. Dies gilt auch für Arbeitsverträge, für die allerdings Art. 30 Abs. 1 EGBGB gewisse **Einschränkungen der Rechtswahl** vorsieht. Wurde eine Rechtswahl nicht getroffen, sind in Art. 30 Abs. 2 EGBGB objektive Anknüpfungspunkte vorgesehen, nach denen das anwendbare Recht zu bestimmen ist. Kommt eine ausländische Rechtsordnung zur Anwendung, gilt diese unter dem Vorbehalt „besonders zwingender"[1] Bestimmungen deutschen Rechts (Art. 34 EGBGB) sowie des deutschen ordre public (Art. 6 EGBGB).

3 Das nach dem Gesetz zur Neuregelung des Internationalen Privatrechts vom 25. 7. 1986 (BGBl. I, 1142) anwendbare deutsche internationale Privatrecht gilt seit dem 1. 9. 1986. Nach der Übergangsregelung des Art. 220 Abs. 1 EGBGB bleibt das bisherige internationale Privatrecht auf vor dem 1. 9. 1986 abgeschlossene Vorgänge anwendbar. Bei Schuldverträgen kommt es grundsätzlich auf das Datum des Vertragsschlusses an. Streitig ist, ob das neue Recht auch für Dauerschuldverhältnisse, also solche **Arbeitsverhältnisse** gilt, die **vor dem 1. 9. 1986 abgeschlossen** wurden[2]. Die nunmehr wohl hM[3] bejaht dies mit der Begründung, wegen der Besonderheiten von Dauerschuldverhältnissen sei die Neuregelung auf solche Verträge anzuwenden, die zwar vor dem 1. 9. 1986 abgeschlossen, aber bislang noch nicht beendet wurden. Die Parteien solcher Verträge müßten mit künftigen Änderungen des Kollisionsrechts ebenso rechnen wie mit Änderungen des von ihnen gewählten Rechts[4].

---

1 *Däubler,* RIW 1987, 249, 255.
2 Verneinend: *Basedow,* NJW 1986, 2973; *Hönsch,* NZA 1988, 113; *Lorenz,* RdA 1989, 220; *Palandt/Heldrich,* Art. 220 EGBGB Rz. 4.
3 BAG v. 29. 10. 1992, AP Nr. 31 – Intern. Privatrecht, Arbeitsrecht; *Däubler,* RIW 1987, 249; *Reithmann/Martiny,* Internationales Vertragsrecht, Rz. 134, 135; *Rüthers/Heilmann,* Anm. zu BAG v. 24. 8. 1989, EzA Art. 30 EGBGB Nr. 1.
4 BAG v. 29. 10. 1992, AP Nr. 31 – Intern. Privatrecht, Arbeitsrecht.

2. Anwendungsbereich des Art. 30 EGBGB

a) Vorliegen eines Arbeitsverhältnisses

Art. 30 EGBGB betrifft Arbeitsverträge, gilt aber auch für Arbeitsverhältnisse, das heißt für nichtige und in Vollzug gesetzte Arbeitsverträge und für faktische Arbeitsverhältnisse. 4

b) Auslandsberührung

Auslandsberührung ist gegeben, wenn ein Merkmal des Arbeitsverhältnisses über die Grenzen eines Staates hinausweist[1] (zB ausländische Staatsangehörigkeit einer Partei; Erbringung der Arbeitsleistung im Ausland; Wahl einer ausländischen Rechtsordnung). 5

III. Einvernehmliche Rechtswahl und ihre Einschränkungen

1. Freiheit der Rechtswahl

Wie oben bereits dargelegt (vgl. Rz. 2), können die Parteien eines Arbeitsverhältnisses grundsätzlich das anzuwendende Recht selbst wählen, Art. 27 Abs. 1 Satz 1 EGBGB. Dies muß nicht ausdrücklich erfolgen. Es reicht aus, wenn sich die Rechtswahl „mit hinreichender Sicherheit" aus den Bestimmungen des Vertrages oder aus sonstigen Umständen ergibt, Art. 27 Abs. 1 Satz 2 EGBGB. Maßgeblich ist der reale, nicht der hypothetische Wille[2]. Die Rechtswahl kann auch nachträglich im Prozeß geschehen[3] und ist jederzeit einvernehmlich abänderbar, Art. 27 Abs. 2 Satz 1 EGBGB. 6

Zulässig ist es, nur bestimmte **Teile eines Vertrages** einer bestimmten Rechtsordnung zu unterstellen, Art. 27 Abs. 1 Satz 3 EGBGB[4]. 7

2. Einschränkungen der Rechtswahl

Art. 30 Abs. 1 EGBGB schließt die Freiheit der Rechtswahl nicht aus – die getroffene Rechtswahl ist also gültig –, sondern schränkt sie nur ein. Die Einschränkung erfolgt dadurch, daß die **zwingenden Arbeitnehmerschutzvorschriften** der (deutschen oder ausländischen) Rechtsordnung, die ohne die Rechtswahl der Vertragsparteien maßgeblich wäre, anwendbar bleiben. Welche Rechtsordnung dies ist, ergibt sich aus Art. 30 Abs. 2 EGBGB, der an das Recht des Arbeitsortes bzw. – bei wechselnden Einsatzorten – der einstellenden Niederlassung anknüpft (vgl. Rz. 11 ff.). Hierdurch soll erreicht werden, daß zwingende arbeitsrechtliche Schutzvorschriften der vertraglich abbedungenen (deut- 8

---

[1] *Däubler*, RIW 1987, 250.
[2] *Hickl*, NZA 1987, Beil. 1, 12.
[3] BAG v. 12. 6. 1986, NJW-RR 1988, 483.
[4] *Däubler*, RIW 1987, 253; *Reiserer*, NZA 1994, 673, 675; aA *Hickl*, NZA 1987, Beil. 1, 12.

9 schen oder ausländischen) Rechtsordnung anwendbar bleiben, indem sie das gewählte Recht ergänzen bzw. an dessen Stelle treten.

9 Zwingende Bestimmungen im Sinne von Art. 30 Abs. 1 EGBGB sind alle **Vorschriften, von denen durch Vertrag nicht abgewichen werden kann**[1]; hierzu gehören auch Tarifverträge und öffentlich-rechtliche Bestimmungen[2].

10 Ob dem Arbeitnehmer der Schutz zwingender Bestimmungen des vertraglich abbedungenen Rechts entzogen wird, ist durch **Vergleich der beiden Rechtsordnungen,** also der gewählten und der abbedungenen, zu ermitteln: Regelt das abbedungene Recht bestimmte Bereiche zwingend, für die es im gewählten Recht keine oder keine gleichwertigen Bestimmungen gibt, bleibt das abbedungene Recht insoweit anwendbar. Bestehen in beiden Rechtsordnungen gleichartige zwingende Regelungen, gilt die für den Arbeitnehmer günstigere[3]. Dabei ist jeweils auf die Ergebnisse abzustellen, zu denen diese Rechte in dem betreffenden Teilbereich im Einzelfall gelangen[4]. Als **Teilbereiche gesondert zu bewerten** sind beispielsweise Kündigungsfristen, Kündigungsgründe, Abfindungsregelungen, Vergütungsregelungen, Entgeltfortzahlung im Krankheitsfall.

IV. Bestimmung des Arbeitsvertragsstatuts bei fehlender Rechtswahl

1. Regelanknüpfung

11 Haben die Arbeitsvertragsparteien keine Rechtswahl getroffen, sehen Art. 30 Abs. 2 Nr. 1 und Nr. 2 EGBGB die **Regelanknüpfungen des Arbeitsortes und der einstellenden Niederlassung** vor.

a) Arbeitsort

12 Aufgrund der objektiven Anknüpfung in Art. 30 Abs. 2 Nr. 1 EGBGB ist grundsätzlich das Recht des Staates maßgebend, in dem der Arbeitnehmer in Erfüllung seines Arbeitsvertrages gewöhnlich seine Arbeit verrichtet, das heißt das **Recht des normalen Arbeitsortes.** Bei organisatorischer Eingliederung in einen Betrieb ist dies in der Regel der **Betriebsort,** sonst der **Ort,** an dem die **Tätigkeit** ihr **Schwergewicht** hat[5].

13 Dabei bleibt es auch, wenn der Arbeitnehmer vorübergehend in einen anderen Staat entsandt wird (sog. **Ausstrahlung**). Bei einer auf Dauer angelegten Versetzung an einen Arbeitsort in einem anderen Staat kann es also zu einem Wechsel des Arbeitsvertragsstatuts kommen.

---

[1] BAG v. 29. 10. 1992, AP Nr. 31 – Intern. Privatrecht, Arbeitsrecht; MünchKomm/*Martiny*, Art. 30 EGBGB Rz. 30.
[2] *Hickl*, NZA 1987, Beil. 1, 13; *Kronke*, DB 1984, 405.
[3] *Hickl*, NZA 1987, Beil. 1, 13; *Kronke*, DB 1984, 405.
[4] *Palandt/Heldrich*, Art. 30 EGBGB Rz. 5 mwN.
[5] BAG v. 29. 10. 1992, AP Nr. 31 – Intern. Privatrecht, Arbeitsrecht.

b) Einstellende Niederlassung

Verrichtet der Arbeitnehmer seine Arbeit gewöhnlich nicht in ein und demselben Staat, ist nach Art. 30 Abs. 2 Nr. 2 EGBGB das **Recht der Niederlassung des Arbeitgebers** maßgebend, die den Arbeitnehmer **eingestellt** hat. Hiervon werden Arbeitnehmer mit ständig wechselnden Einsatzorten (zB Monteure, fliegendes Personal) erfaßt. 14

2. Gesamtheit der Umstände

Die Regelanknüpfungen des Arbeitsortes und der einstellenden Niederlassung kommen nicht in Betracht, wenn sich aus der Gesamtheit der Umstände ergibt, daß der Arbeitsvertrag **engere Verbindungen zu einem anderen Staat** aufweist[1] (**Ausnahmeklausel** des Art. 30 Abs. 2 Halbs. 2 EGBGB). Dann ist das Recht dieses anderen Staates anzuwenden. 15

Für die Frage, wann engere Beziehungen zu einer bestimmten Rechtsordnung vorliegen, stellt das Gesetz auf die Gesamtheit der Umstände ab. Es soll keine Rangfolge der zu berücksichtigenden Umstände gelten. Es muß eine **Mehrzahl von Einzelumständen** vorliegen, die auf eine bestimmte Rechtsordnung weisen und insgesamt das Gewicht der jeweils in Betracht kommenden Regelanknüpfungen deutlich überwiegen. **Primäre Anknüpfungskriterien** sind bei Vertragsverhältnissen neben dem Erfüllungsort und der einstellenden Niederlassung die Staatsangehörigkeit der Parteien, der Wohnsitz des Arbeitnehmers und der Sitz des Arbeitgebers. Zwar Indizfunktion, aber keine für sich genommen ausschlaggebende Bedeutung haben die Vertragssprache, die Währung, in der die Vergütung bezahlt wird, und der Ort des Vertragsschlusses (sog. **sekundäre Anknüpfungskriterien**)[2]. Das Gewicht der Anknüpfungskriterien, die eine engere Verbindung ergeben, muß das Gewicht der Kriterien der Regelanknüpfung (Arbeitsort, einstellende Niederlassung) deutlich übersteigen[3]. Allein der Umstand, daß ein deutscher Arbeitgeber Vertragspartei ist, reicht nicht aus[4]. 16

3. Einzelfälle

Mangels Rechtswahl richten sich die Arbeitsverhältnisse von **Besatzungsmitgliedern eines Schiffes**, das im **internationalen Seeschiffahrtsregister** (sog. **Zweitregister**) eingetragen ist, bei fehlender Rechtswahl nach dem Recht des Staates, zu dem sich aus der Gesamtheit der Umstände die engere Verbindung ergibt. Aufgrund der Sonderregelung in § 21 Abs. 4 Satz 1 FlRG ist das maßgebliche Recht ohne Rücksicht auf die Bundesflagge zu bestimmen. Nunmehr gilt also die Rechtsordnung des Staates, auf den die Gesamtheit aller maßgeblichen Umstände hindeutet (Art. 30 Abs. 2 Halbs. 2 EGBGB). Zu diesen maßgeblichen Umständen gehören die Nationalität von Arbeitgeber und Arbeitnehmer, der 17

---

1 BAG v. 24. 8. 1989 u. 29. 10. 1992, AP Nr. 30, 31 – Intern. Privatrecht, Arbeitsrecht.
2 BAG v. 24. 8. 1989, AP Nr. 30 – Intern. Privatrecht, Arbeitsrecht.
3 BAG v. 29. 10. 1992, AP Nr. 31 – Intern. Privatrecht, Arbeitsrecht.
4 *Junker*, Anm. zu BAG AP Nr. 28 – Intern. Privatrecht, Arbeitsrecht.

Ort des Vertragsschlusses, die Vertragssprache sowie Zahlungsort und -modalitäten[1]. Auf das Arbeitsverhältnis eines indischen Seemanns mit einer deutschen Reederei findet danach indisches Recht Anwendung, wenn der Heuervertrag in Indien geschlossen, der Seemann in Indien angeworben wurde und dort seinen Wohnsitz hat[2].

18 Für **Besatzungsmitglieder auf Schiffen,** die **nicht im internationalen Seeschiffahrtsregister** eingetragen sind, gilt dies nicht; hier dürfte es vielmehr bei der Regelanknüpfung an das **Recht der Flagge** verbleiben[3], es sei denn, es ergeben sich gemäß Art. 30 Abs. 2 Halbs. 2 EGBGB aus den Gesamtumständen engere Verbindungen zu einem anderen Staat. Nach Auffassung des BAG[4] hat § 1 SeemG, also die Anknüpfung an das Recht der Flagge, seit dem Inkrafttreten des Art. 30 Abs. 2 EGBGB keine kollisionsrechtliche Bedeutung mehr.

19 **Beispiele:**

Das Arbeitsverhältnis eines englischen Arbeitnehmers, der seinen Wohnsitz in England hat, dessen Vertrag in englischer Sprache in England abgeschlossen ist und eine Bezahlung in englischer Währung nach einem englischen Tarifvertrag vorsieht, seine Tätigkeit jedoch auf einem Fährschiff unter deutscher Flagge ausübt, unterliegt mangels Rechtswahl englischem Recht, da es engere Beziehungen zu England aufweist[5].

20 *Wird ein deutscher Arbeitnehmer von seinem deutschen Arbeitgeber nicht nur vorübergehend zu einer ausländischen Tochtergesellschaft abgeordnet, sprechen sowohl die gemeinsame Staatsangehörigkeit, die Möglichkeit zur Rückkehr in die deutsche Gesellschaft wie auch der Umstand, daß die Abordnung aus einem Inlandsarbeitsverhältnis heraus erfolgte, wegen der engeren Beziehungen (Art. 30 Abs. 2 Halbs. 2 EGBGB) für die Geltung deutschen Rechts auch für die Dauer der Abordnung. Anders ist dies, wenn der Arbeitnehmer die Staatsangehörigkeit des Landes besitzt, in das er abgeordnet wird; sodann verbleibt es bei dem Recht des Arbeitsortes (Art. 30 Abs. 2 Nr. 1 EGBGB). Dies gilt ebenso, wenn die Einstellung des deutschen Arbeitnehmers durch die ausländische Tochtergesellschaft direkt erfolgt*[6].

21 *Auf das Arbeitsverhältnis eines amerikanischen Flugzeugpiloten mit einer amerikanischen Fluggesellschaft, der überwiegend auf innerdeutschen Flügen eingesetzt ist und in Deutschland wohnt, wäre mangels Rechtswahl nach der Regelanknüpfung (Recht des Arbeitsortes, Art. 30 Abs. 2 Nr. 1 EGBGB) deutsches Recht anwendbar. Ein solches Arbeitsverhältnis weist jedoch eine engere Verbindung zu der ausländischen Rechtsordnung auf, wenn die eingesetzten Flugzeuge in den USA registriert sind, die Vertragssprache englisch ist, der*

---

1 BVerfG v. 10. 1. 1995, AP Nr. 76 zu Art. 9 GG unter B II b) aa); BAG v. 3. 5. 1995, AP Nr. 32 – Intern. Privatrecht, Arbeitsrecht.
2 BAG v. 3. 5. 1995, AP Nr. 32 – Intern. Privatrecht, Arbeitsrecht.
3 HM: *Däubler*, RIW 1987, 251 mwN; vgl. auch BVerfG v. 10. 1. 1995, AP Nr. 76 zu Art. 9 GG unter B II b) aa).
4 BAG v. 3. 5. 1995, AP Nr. 32 – Intern. Privatrecht, Arbeitsrecht.
5 BAG v. 24. 8. 1989, AP Nr. 30 – Intern. Privatrecht, Arbeitsrecht.
6 Vgl. insgesamt *Däubler*, RIW 1987, 252.

Vertrag in den USA geschlossen wurde und diverse weitere Anknüpfungen an amerikanisches Recht (Altersversorgung, Zuständigkeit einer amerikanischen Betriebskrankenkasse) enthält, so daß nach der Ausnahmeklausel des Art. 30 Abs. 2 Halbs. 2 EGBGB amerikanisches Recht gilt[1].

V. Der Vorbehalt zugunsten zwingenden Rechts und zugunsten des deutschen ordre public

1. Zwingendes Recht, Art. 34 EGBGB

Kommt aufgrund Rechtswahl der Vertragsparteien oder gemäß Art. 30 Abs. 2 EGBGB eine **ausländische Rechtsordnung** zur Anwendung, **gehen** nach Art. 34 EGBGB solche **Bestimmungen deutschen Rechts vor**, die ohne Rücksicht auf das auf den Vertrag anzuwendende Recht den Sachverhalt zwingend regeln (sog. **Eingriffsnormen**). Welche Bestimmungen in diesem Sinne zwingend sind, ist nur unvollständig geregelt. Es besteht Einigkeit, daß nicht alle nach deutschem Recht zwingenden Rechtsnormen auch nach Art. 34 EGBGB unabdingbar sind[2]. Andernfalls wäre Art. 30 Abs. 1 EGBGB überflüssig und das gesamte Kollisionsrecht bezöge sich nur auf dispositives nationales Recht[3].

22

Deutsche Gesetze sind **Eingriffsgesetze** im Sinne des Art. 34 EGBGB, wenn sie entweder ausdrücklich oder nach ihrem Sinn und Zweck ohne Rücksicht auf das nach den deutschen Kollisionsnormen anwendbare Recht zwingend gelten sollen (sog. international zwingende Bestimmungen im Gegensatz zu den innerstaatlich zwingenden Normen)[4]. Hierzu sind vor allem solche Normen zu rechnen, deren **Zweck** sich **nicht im Ausgleich widerstreitender Interessen** der Vertragsparteien erschöpft, sondern auch **auf öffentliche Interessen gerichtet** ist[5]. Unerheblich ist, ob die betreffende Norm dem privaten oder dem öffentlichen Recht zuzuordnen ist[6].

23

Beispiele:

24

Die Bestimmungen über den allgemeinen Kündigungsschutz (§§ 1 bis 14 KSchG) sind nicht als Eingriffsnormen im Sinne des Art. 34 EGBGB anzusehen[7]. *Ebenso sind weder die Kündigungsvorschriften*[8] *noch die Bestimmungen*

---

1 BAG v. 29. 10. 1992, AP Nr. 31 – Intern. Privatrecht, Arbeitsrecht.
2 BAG v. 24. 8. 1989, AP Nr. 30 – Intern. Privatrecht, Arbeitsrecht; *Däubler*, RIW 1987, 255; *E. Lorenz*, RIW 1987, 569, 578.
3 *Däubler*, RIW 1987, 255; BAG v. 29. 10. 1992, AP Nr. 31 – Intern. Privatrecht, Arbeitsrecht.
4 HM: BAG v. 24. 8. 1989, AP Nr. 30 – Intern. Privatrecht, Arbeitsrecht; *Kropholler*, S. 17; *E. Lorenz*, RIW 1987, 578, 579.
5 BAG v. 3. 5. 1995, AP Nr. 32 – Intern. Privatrecht, Arbeitsrecht.
6 BAG v. 24. 3. 1992 u. 24. 8. 1989, AP Nr. 28, 30 – Intern. Privatrecht, Arbeitsrecht.
7 BAG v. 24. 8. 1989, AP Nr. 30 – Intern. Privatrecht, Arbeitsrecht; so wohl auch *Däubler*, RIW 1987, 255; aM *Birk*, RdA 1989, 201, 207.
8 BAG v. 24. 8. 1989, AP Nr. 30 – Intern. Privatrecht, Arbeitsrecht.

des Seemannsgesetzes[1] noch § 613a BGB[2] noch Tarifverträge[3] als Eingriffsnormen gemäß Art. 34 EGBGB zu qualifizieren. Anders ist dies bei den Regelungen über die Massenentlassung (§§ 17 ff. KSchG), den Kündigungsschutz der Betriebsverfassungsorgane, beim Schwerbehinderten- und Mutterschutz[4], bei den materiell-rechtlichen Konkursvorschriften[5], Unfallverhütungsvorschriften[6] und den für allgemeinverbindlich erklärten Tarifverträgen[7].

2. Ordre public-Vorbehalt, Art. 6 EGBGB

25 Die Anwendung einer ausländischen Rechtsordnung findet eine weitere Einschränkung in dem **ordre public-Vorbehalt, Art. 6 EGBGB.** Danach sind solche ausländischen Rechtsnormen nicht anzuwenden, die zu einem Ergebnis führen, das mit **wesentlichen Grundsätzen deutschen Rechts offensichtlich unvereinbar** ist, insbesondere wenn ihre Anwendung **gegen Grundrechte verstößt.** Art. 6 EGBGB greift nur ein, wenn die Anwendung des ausländischen Rechts im Einzelfall zu einem Ergebnis führt, das zu der in der entsprechenden deutschen Regelung liegenden Gerechtigkeitsvorstellung in so starkem Widerspruch steht, daß die Anwendung ausländischen Rechts schlechthin untragbar wäre[8]. Durch diesen Grundsatz wird nicht die Anwendung ausländischen Rechts im Inland schlechthin ausgeschlossen, sondern nur einzelner Sätze dieses ausländischen Rechts[9].

26 **Beispiele:**

Weder der Ausschluß des Ausgleichsanspruchs gemäß § 89b HGB[10] noch des Kündigungsschutzes zu Beginn der Beschäftigungszeit (im konkreten Fall nach Ablauf eines Jahres)[11] noch des § 613a BGB[12] verstoßen gegen den deutschen ordre public.

VI. Auswirkungen des Arbeitsvertragsstatuts

27 Das auf den Arbeitsvertrag anwendbare Recht, das Arbeitsvertragsstatut, regelt grundsätzlich alle mit **Begründung, Inhalt, Erfüllung und Beendigung** zusammenhängenden Fragen, Art. 31 und 32 EGBGB. Nach dem Arbeitsvertragssta-

---

1 BAG v. 3. 5. 1995, AP Nr. 32 – Intern. Privatrecht, Arbeitsrecht.
2 BAG v. 29. 10. 1992, AP Nr. 31 – Intern. Privatrecht, Arbeitsrecht.
3 *Hickl*, NZA 1997, 514.
4 BAG v. 24. 8. 1989, AP Nr. 30 – Intern. Privatrecht, Arbeitsrecht; *Kropholler*, S. 412; *Reithmann/Martiny*, Internationales Vertragsrecht, Rz. 741.
5 BAG v. 24. 3. 1992, AP Nr. 28 – Intern. Privatrecht, Arbeitsrecht.
6 *Hickl*, NZA 1997, 514.
7 *Hickl*, NZA 1997, 514; aA BAG v. 4. 5. 1977, EzA § 4 TVG-Bauindustrie Nr. 25.
8 BAG v. 24. 8. 1989, AP Nr. 30 – Intern. Privatrecht, Arbeitsrecht mwN.
9 BAG v. 3. 5. 1995, AP Nr. 32 – Intern. Privatrecht, Arbeitsrecht.
10 BAG v. 18. 9. 1980, AP Nr. 18 – Intern. Privatrecht, Arbeitsrecht.
11 BAG v. 24. 8. 1989, AP Nr. 30 – Intern. Privatrecht, Arbeitsrecht.
12 BAG v. 29. 10. 1992, AP Nr. 31 – Intern. Privatrecht, Arbeitsrecht.

tut beurteilt sich auch die Frage, ob bei einem **Betriebsübergang** das Arbeitsverhältnis mit dem neuen Inhaber fortzusetzen ist[1].

VII. Kollektives Arbeitsrecht

1. Betriebsverfassungsrecht

Deutsches Betriebsverfassungsrecht gilt nach dem **Territorialitätsprinzip** für alle im Inland gelegenen Betriebe, für inländische Betriebe ausländischer Unternehmen also auch dann, wenn das Arbeitsverhältnis ausländischem Recht unterliegt. **Anknüpfungspunkt** ist also der **Sitz des Betriebes.** Umgekehrt gilt es für Auslandsbetriebe auch dann nicht, wenn Arbeitgeber und/oder Arbeitnehmer deutsche Staatsangehörige sind und auf die Vertragsverhältnisse deutsches Recht Anwendung findet. Nach welcher Rechtsordnung sich die Vertragsverhältnisse richten, ist also ohne Bedeutung[2]. 28

Auf Mitarbeiter deutscher Betriebe, die im Ausland tätig sind, ist das BetrVG anwendbar, soweit sich deren Auslandstätigkeit als **Ausstrahlung des Inlandsbetriebes** darstellt. Bei der Prüfung, wann eine solche Ausstrahlung vorliegt, wurde bislang auf die Dauer der Auslandstätigkeit abgestellt: Vorübergehend ins Ausland entsandte Arbeitnehmer wurden dem deutschen Betrieb zugerechnet. Bei einem dauernden Auslandseinsatz (Einstellung für einen bestimmten Auslandseinsatz ohne Tätigkeit im inländischen Betrieb) war dies dagegen nicht der Fall[3]. Nach neuerer Rechtsprechung des BAG[4] kann eine Zuordnung zum Inlandsbetrieb auch bei dauernder Auslandstätigkeit in Betracht kommen. Maßgeblich ist danach allein der konkrete Bestand einer **materiellen Beziehung zum Inlandsbetrieb.** Ob der Inlandsbezug erhalten geblieben ist, hänge von den Umständen des Einzelfalls ab, insbesondere von der Dauer des Auslandseinsatzes, der Eingliederung in einen Auslandsbetrieb, dem Bestehen und den Voraussetzungen eines Rückrufrechts zu einem Inlandseinsatz sowie dem sonstigen Inhalt der Weisungsbefugnis des Arbeitgebers. Im konkreten Fall war der Betriebsrat eines im Inland gelegenen Reiseunternehmens auch bei der Kündigung einer nicht nur vorübergehend im Ausland eingesetzten Reiseleiterin zu beteiligen[5]. 29

2. Tarifrecht

Das auf Tarifverträge anwendbare **Tarifvertragsstatut**[6] können die Tarifvertragsparteien durch ausdrückliche oder stillschweigende **Rechtswahl** selbst be- 30

---
1 BAG v. 29. 10. 1992, AP Nr. 31 – Intern. Privatrecht, Arbeitsrecht.
2 *Hickl*, NZA 1987, Beil. 1, 14.
3 *Hickl*, NZA 1987, Beil. 1, 14.
4 BAG v. 7. 12. 1989, AP Nr. 27 – Intern. Privatrecht, Arbeitsrecht.
5 BAG v. 7. 12. 1989, AP Nr. 27 – Intern. Privatrecht, Arbeitsrecht.
6 Dazu ausführlich *Hagemeier/Kempen/Zachert/Zilius*, § 4 TVG Rz. 63 ff.; *Walz*, Multinationale Unternehmen und internationaler Tarifvertrag, S. 145 ff.; *Däubler/ Hege*, TVG, Rz. 670 ff.

stimmen, Art. 27 EGBGB[1]. In Ermangelung einer Rechtswahl ist dasjenige Recht maßgebend, zu dem die engste Verbindung besteht, Art. 28 EGBGB, insbesondere in dessen Bereich der Tarifvertrag seinen räumlichen Schwerpunkt hat, bzw. ein davon abweichendes gemeinsames Heimatrecht der Parteien. Art. 30 EGBGB gilt also für die rechtlichen Beziehungen der Tarifvertragsparteien untereinander nicht.

31 Ob ein Tarifvertrag auf ein Arbeitsverhältnis einwirkt, beurteilt sich nach dem **Arbeitsvertragsstatut**. Ein zwischen deutschen Tarifvertragsparteien geschlossener Tarifvertrag kann auch Arbeitsverhältnisse erfassen, die einer fremden Rechtsordnung unterliegen[2].

3. Arbeitskampfrecht

32 Arbeitskämpfe unterliegen grundsätzlich dem am **Arbeitskampfort** geltenden Recht[3]. Ein im Inland geführter Arbeitskampf ist also, auch als Teil einer internationalen Aktion, nach inländischem Recht zu beurteilen. Ein **Streikaufruf im Ausland** ist nach **inländischem Recht** zu beurteilen, wenn der **Erfolg des Streiks im Inland** eintritt[4]. Ebenso unterliegen inländische Sympathiestreiks zur Unterstützung im Ausland geführter Hauptstreiks ausschließlich **inländischem Recht**[5].

VIII. Prüfungsschema zum Arbeitsvertragsstatut

33
1. Besteht ein Hinweis auf einen Sachverhalt mit Auslandsberührung? (vgl. Rz. 5)
2. Wurde zwischen den Arbeitsvertragsparteien eine Rechtsordnung ausdrücklich oder konkludent vereinbart, wenn ja, welche? (vgl. Rz. 6 f.)
3. Welche Rechtsordnung ist nach Art. 30 Abs. 2 EGBGB anwendbar? Kommen die Regelanknüpfungen des Arbeitsortes oder der einstellenden Niederlassung in Betracht, oder weist das Arbeitsverhältnis nach der Ausnahmeklausel engere Verbindungen zu einer anderen Rechtsordnung auf? (vgl. Rz. 11 ff.)
4. Weichen die vereinbarte (vgl. Nr. 2) und die nach dem Gesetz anwendbare Rechtsordnung (vgl. Nr. 3) voneinander ab, gelten die zwingenden Arbeit

---

1 BAG v. 11. 9. 1991, AP Nr. 29 – Intern. Privatrecht, Arbeitsrecht, unter II 2 b).
2 *Hagemeier/Kempen/Zachert/Zilius*, § 4 TVG Rz. 65; *Wimmer*, NZA 1995, 250, 253; *Arnold*, Anm. zu BAG v. 11. 9. 1991, AP Nr. 29 – Intern. Privatrecht, Arbeitsrecht.
3 Ausführlich dazu: MünchKomm/*Kreuzer*, Art. 38 EGBGB Rz. 193 ff.; *Gitter*, ZfA 1971, 127; *Hergenröder*, Der Arbeitskampf mit Auslandsberührung, 1986; *Wintrich*, Die rechtliche Beurteilung von Streiks mit Auslandsberührung, 1976.
4 MünchKomm/*Kreuzer*, Art. 38 EGBGB Rz. 194.
5 MünchKomm/*Martiny*, Art. 38 EGBGB Rz. 194; aA *Birk*, RdA 1984, 129, 136.

VIII. Prüfungsschema

nehmerschutzvorschriften der Rechtsordnung, die ohne die Rechtswahl anzuwenden wäre, auch weiterhin. (vgl. Rz. 8 ff.)

5. Kommt – aufgrund des Gesetzes (vgl. Nr. 3) oder Rechtswahl (vgl. Nr. 2) – eine ausländische Rechtsordnung zur Anwendung, ist zu prüfen:
   a) Gehen sog. Eingriffsnormen vor, Art. 34 EGBGB? (vgl. Rz. 22 ff.)
   b) Steht der deutsche ordre public entgegen, Art. 6 EGBGB? (vgl. Rz. 25 f.)

2. Teil
Regelungen im Rahmen eines bestehenden Arbeitsverhältnisses

A. Gegenseitige Grundpflichten

	Rz.
I. Der Rechtscharakter des Arbeitsverhältnisses mit seinen Leistungs- und Nebenpflichten	1
II. Verpflichtungen des Arbeitnehmers	
1. Verpflichtung zur Arbeitsleistung und Leistungsstörungen	
a) Verpflichtung zur Arbeitsleistung	5
aa) Persönliche Verpflichtung	6
bb) Gläubiger der Arbeitsleistung	10
cc) Art der zu leistenden Arbeit	14
(1) Vertragliche Regelung	17
(2) Weisungs- bzw. Direktionsrecht, Versetzung	32
(3) Verpflichtung zur Ausübung des Weisungsrechts	57
(4) Konkretisierung	60
dd) Ort der Arbeitsleistung	63
ee) Quantität, Intensität und Qualität der zu leistenden Arbeit	74
(1) Quantität	75
(2) Intensität	77
(3) Qualität	79
ff) Arbeitszeit	
(1) Allgemeines – Begriffliche Abgrenzung	81
(2) Dauer der Arbeitszeit	96
(3) Lage der Arbeitszeit	111
b) Befreiung von der Arbeitspflicht ohne Entgeltfortzahlung	
aa) Allgemeines	123
bb) Gesetzliche Regelungen und Tarifverträge	124
cc) Einverständliche und einseitige unbezahlte Freistellung, Kurzarbeit	133

	Rz.
dd) Auswirkungen	139
c) Leistungsstörungen	
aa) Begriffe	144
bb) Nichtleistung der Arbeit – Unmöglichkeit und Verzug	
(1) Vom Arbeitnehmer zu vertretende Nichtleistung	150
(2) Vom Arbeitnehmer nicht zu vertretende Nichtleistung	165
(3) Von keiner Seite zu vertretende Nichtleistung/Betriebsrisiko	167
cc) Schlechtleistung der Arbeit	171
2. Treuepflicht – Allgemeine Interessenwahrnehmungs- und Unterlassungspflichten	
a) Allgemeiner Inhalt der sog. Treuepflicht	179
b) Interessenwahrnehmungspflichten	
aa) Schutz der betrieblichen Ordnung und Betriebsmittel	187
(1) Äußeres Erscheinungsbild	189
(2) Alkohol	191
(3) Rauchen	195
(4) Radiohören	197
(5) Telefonieren	198
(6) Kontrollen	199
(7) Mobbing	203
(8) Schutz des Unternehmenseigentums	204
bb) Unternehmensförderung	207
cc) Informationspflichten	212
dd) Außerdienstliches Verhalten	219
c) Unterlassungspflichten	
aa) Nebentätigkeit	222
bb) Abwerbung	233

	Rz.
cc) Annahme von Schmiergeldern	236
dd) Unternehmensschädliche Meinungsäußerung	243
d) Verschwiegenheitspflicht	
aa) Inhalt und Umfang	250
bb) Während des Arbeitsverhältnisses	258
cc) Nach Beendigung des Arbeitsverhältnisses	261
dd) Rechtsfolgen bei Geheimnisverrat	265
e) Wettbewerbsverbot während des Arbeitsverhältnisses	
aa) Inhalt	266
bb) Rechtsgrundlage	267
cc) Gesetzliches Wettbewerbsverbot für kaufmännische Angestellte gem. §§ 60, 61 HGB	
(1) Persönlicher Geltungsbereich	270
(2) Gegenstand des Wettbewerbsverbotes	271
(3) Zeitlicher Geltungsbereich	282
(4) Rechtsfolgen eines Wettbewerbsverstoßes	285
dd) Wettbewerbsverbot für andere Arbeitnehmer	
(1) Persönlicher und zeitlicher Geltungsbereich	297
(2) Gegenstand des Wettbewerbsverbotes	298
(3) Rechtsfolgen eines Wettbewerbsverstoßes	299
III. Verpflichtungen des Arbeitgebers	
1. Pflicht zur Zahlung des Arbeitsentgelts	
a) Allgemeines	304
b) Höhe des Arbeitsentgelts und seine Bemessung	
aa) Vereinbartes Entgelt	313
bb) Bemessung nach der Arbeitsleistung – Akkord, Prämien, Leistungszulagen	328
cc) Mehrarbeit und Überstunden	359
dd) Eingruppierung	370

	Rz.
c) Sonderformen der Vergütung – Anspruch auf derartige Leistungen, Kürzungsmöglichkeit und Erstattungspflicht	
aa) Sachbezüge	402
bb) Vermögensbildung und Miteigentum	418
cc) Arbeitgeberdarlehen	425
dd) Ausbildungskosten	439
ee) Ergebnisbezogene Entgelte	
(1) Provision	455
(2) Umsatz- und Ertragsbeteiligung	481
(3) Bedienungsgelder	488
(4) Prämien	489
ff) Gratifikationen	492
gg) Anwesenheitsprämien	527
hh) Zulagen und ihre Anrechnung	532
d) Leistungsort	548
e) Fälligkeit	550
f) Verjährung	553
g) Ausschlußfristen	557
h) Verwirkung	592
i) Erstattung überzahlten Entgelts	595
2. Durchsetzung und Sicherung des Arbeitsentgelts	
a) Gerichtliche Geltendmachung	
aa) Klage	606
bb) Einstweiliger Rechtsschutz	615
b) Sicherung des Entgelts	
aa) Truck-Verbot	619
bb) Pfändung des Arbeitseinkommens	620
cc) Abtretung	666
dd) Aufrechnung	672
ee) Zurückbehaltungsrecht	674
ff) Arbeitsentgelt im Konkurs, Gesamtvollstreckungsverfahren und Vergleich des Arbeitgebers	
(1) Sicherung im Konkursverfahren	680
(2) Insolvenzgeld/Konkursausfallgeld	693
(3) Vergleichsverfahren	696
3. Beschäftigungspflicht und Betätigungsanspruch	
a) Allgemeines	697
b) Freistellung	699
c) Nebentätigkeit	711

A. Gegenseitige Grundpflichten

	Rz.		Rz.
4. Fürsorgepflicht		c) Freistellung von Prozeß- und	
a) Allgemeines	712	Anwaltskosten	803
b) Schutz von Leben und Gesundheit	717	d) Übernahme von Geldstrafen und Geldbußen	805
c) Schutz wirtschaftlicher Interessen		6. Weiterbildungsmöglichkeit	
		a) Rechtsgrundlagen	808
aa) Obhutspflichten	724	b) Individuelle und betriebliche Interessen	810
bb) Hinweispflichten	729		
cc) Mitwirkungspflichten	735	7. Gleichbehandlung	
d) Schutz des Persönlichkeitsrechts des Arbeitnehmers		a) Rechtsgrundlagen	815
		b) Geltungsbereich	818
aa) Allgemeines	737	c) Inhalt und Auswirkungen des Gleichbehandlungsgrundsatzes	823
bb) Überwachung des Arbeitnehmers	738	d) Einzelfälle	829
cc) Personalakten und Datenschutz	743	e) Gleichbehandlung von Frauen und Männern	
dd) Behandlung durch Vorgesetzte und Arbeitskollegen	762	aa) Diskriminierungsverbot	839
ee) Sexuelle Belästigung	770	bb) Mittelbare Diskriminierung	852
5. Haftung des Arbeitgebers		f) Gleichbehandlung von Teilzeitbeschäftigten	859
a) Haftung für Personenschäden			
aa) Allgemeine Haftung	776	8. Betriebliche Übung	
bb) Haftung für Arbeitsunfälle	784	a) Rechtsgrundlagen	
b) Haftung für Sachschäden		aa) Begründung einer betrieblichen Übung	869
aa) Allgemeine Haftung	791	bb) Bindungswirkung	873
bb) Haftung für vom Arbeitnehmer selbst verursachte Schäden	797	b) Beseitigung einer betrieblichen Übung	880

Schrifttum:

Literatur zu den Arbeitnehmerpflichten: *Adomeit,* Gesellschaftsrechtliche Elemente im Arbeitsverhältnis, 1996; *Adomeit,* Arbeitsrecht für die 90er Jahre, 1991; *Anzinger,* Die aktuelle Entwicklung im Arbeitszeitrecht, RdA 1994, 11; *Bauer,* Rechtliche und taktische Probleme der Altersteilzeit, NZA 1997, 401; *Bauer/Haußmann,* Der Notdienst im Arbeitskampf, DB 1996, 881; *Berger-Delhey,* Die Leitungs- und Weisungsbefugnis des Arbeitgebers, DB 1990, 2266; *Beuthien,* Das Nachleisten versäumter Arbeit, RdA 1972, 20; *Beuthien,* Lohnminderung bei Schlechtarbeit oder Arbeitsunlust, ZfA 1972, 73; *Bitter,* Die Arbeitspflicht des Arbeitnehmers, AR-Blattei 190; *Börgmann,* Arbeitsrechtliche Aspekte des Rauchens im Betrieb, RdA 1993, 275; *Buchner,* Meinungsfreiheit im Arbeitsrecht, ZfA 1982, 49; *Buchner,* Das Wettbewerbsverbot während der Dauer des Arbeitsverhältnisses, AR-Blattei, Wettbewerbsverbot II; *Däubler* (Hrsg.), Arbeitskampfrecht, 2. Aufl. 1987; *Däubler,* Wissenschaftsfreiheit im Arbeitsrecht – Eine erste Skizze, NZA 1989, 945; *Dannecker,* Der Schutz von Geschäfts- und Betriebsgeheimnissen, BB 1987, 1614; *Diller,* Fortschritt oder Rückschritt? – Das neue Arbeitszeitrecht, NJW 1994, 2726; *Ehler,* Gerichtsstand bei Außendiensttätigkeit, BB 1995, 1849; *Ehmann,* Das Lohnrisiko bei Smog-Alarm, NJW 1987, 401; *von Einem,* Rechtliche Probleme bei Mehrfachtätigkeit geringfügig Beschäftigter, BB 1989, 1614; *Els,* Dienstreise und Arbeitszeit, BB 1995, 406; *Färber/Kappes,* Telefondatenerfassung und Datenschutz, BB 1986, 520; *Faßhauer,* Rechtsfragen zur unbezahlten Freistellung, NZA 1986, 453; *Fleck,* Suchtkontrolle am Arbeitsplatz, BB 1987, 2029; *B. Gaul,* Neues zum nachvertraglichen Wettbewerbsverbot, DB 1995, 874; *D. Gaul,* Die nachvertragliche Geheimhaltungspflicht eines ausgeschiedenen Arbeitnehmers, NZA 1988, 225; *D. Gaul,* Die Kennzeichnung des unerlaubten Wettbewerbs bei arbeitsrechtlichen Wettbewerbsbeschränkungen, BB 1984, 846; *D. Gaul,* Vertragsänderung durch Änderung des Organisationsplanes?, NZA 1990, 873; *Gerauer,* Keine Mitbestimmung bei Versetzung aufgrund einer Umsetzungs- oder Versetzungsklausel, BB 1995, 406; *von Gierke,* Deutsches Privatrecht, 3. Band, Schuldrecht, 1917; *Grunewald,* Mobbing – arbeitsrechtliche Aspekte eines neuen Phänomens, NZA 1993, 1071; *Grunewald,* Inhalt und Grenzen des arbeitsrechtlichen Nebentätigkeitsverbotes, NZA 1994, 971; *Gutzeit,* Die Mitbestimmung des Betriebsrats bei Fragen der Arbeitszeit, BB 1996, 106; *Heinze,* Konventionalstrafe und andere Sanktionsmöglichkeiten in der arbeitsrechtlichen Praxis, NZA 1994, 244; *Herschel,* Haupt- und Nebenpflichten im Arbeitsverhältnis, BB 1978, 569; *von Hoyningen-Huene,* Die unbezahlte Freistellung von der Arbeit, NJW 1981, 713; *Hromadka,* Das Leistungsbestimmungsrecht des Arbeitgebers, DB 1995, 1609; *Hromadka,* Das allgemeine Weisungsrecht, DB 1995, 2601; *Hunold,* Dienstreisezeit als Arbeitszeit, DB 1977, 1506; *Kemper,* Liquidation und betriebliche Altersversorgung, DB 1995, 373; *Kempff,* „Treuepflicht" und Kündigungsschutz, DB 1979, 790; *Kettler,* Das BAG und die „umgekehrte betriebliche Übung", NJW 1998, 435; *Kissel,* Arbeitsrecht und Meinungsfreiheit, NZA 1988, 145; *Kohte,* Gewissenskonflikte am Arbeitsplatz – Zur Aktualität des Rechts der Leistungsstörungen, NZA 1989, 161; *Konzen/Rupp,* Gewissenskonflikte im Arbeitsverhältnis. Leistungsverweigerung und Gewissensfreiheit im Vertragsrecht, 1990; *Kraft,* Sanktionen im Arbeitsverhältnis, NZA 1989, 777; *Krummel/Küttner,* Antisemitismus und Ausländerfeindlichkeit im Betrieb, NZA 1996, 67; *Künzl,* Nochmals: Mitbestimmung bei Versetzung aufgrund einer Umsetzungs- oder Versetzungsklausel, BB 1995, 823; *Kunz,* Betriebs- und Geschäftsgeheimnisse und Wettbewerbsverbot während der Dauer und nach Beendigung des Anstellungsverhältnisses, DB 1993, 2482; *Leinemann,* Wirkungen von Tarifverträgen und Betriebsvereinbarungen auf das Arbeitsverhältnis, DB 1990, 732; *Linnenkohl,* Tele-Computing, BB 1996, 51; *Loritz,* Die Dienstreise des Arbeitnehmers, NZA 1997, 1188; *Loritz/Koch,* Reisezeit als Arbeitszeit, BB 1987, 1102; *Mayer,* Arbeits- und sozialrechtliche Probleme der Gewissensfreiheit, AuR 1985, 105; *Meier/Schulz,* Die Rückzahlung von Ausbildungskosten bei vorzeitiger oder erfolgloser Beendigung der Ausbildung, NZA 1996, 742; *Monjau,* Nebentätigkeit von Arbeitnehmern, AR-Blattei, Nebentätigkeit des Arbeitnehmers I; *Ostrop/Zumkeller,* Die örtliche Zuständigkeit im Urteilsverfahren bei Außendienstmitarbeitern, NZA 1994, 644; *Picker,* Fristlose Kündigung und Unmöglichkeit, Annahmeverzug und Vergütungsgefahr im Dienstvertragsrecht, Teil 2, JZ 1985, 693; *Preis,* Das Nachweisgesetz – lästige Förmelei oder arbeitsrechtliche Zeitbombe?, NZA 1997, 10; *Preis/Reinfeld,* Schweigepflicht und Anzeigerecht im Arbeitsverhältnis, AuR 1989, 361; *Reuter,* Das Gewissen des Arbeitnehmers als Grenze des Direktionsrechts des Arbeitgebers, BB 1986, 385; *Röhsler/Borrmann,* Wettbewerbsbeschränkungen für Arbeitnehmer und Handelsvertreter, 1981; *Schaub,* Die Freiheit der Meinungsäußerung im Individualarbeits- und Betriebsverfassungsrecht, RdA 1979, 137; *Schiefer,* Die schwierige Handhabung der Jahressonderzahlungen, NZA 1993, 1015; *Schüren,* Abrufarbeit mit variabler Arbeitszeit oder: Was steht eigentlich in § 4 I BeschFG?, NZA 1996, 1306; *Schulin/Babl,* Rechtsfragen der Telefondatenverarbeitung, NZA 1986, 46; *Söllner,* Einseitige Leistungsbestimmung im Arbeitsverhältnis, 1966; *Söllner,* „Wes Brot ich eß', des Lied ich sing'", Festschrift für Wilhelm Herschel, 1982, S. 389; *von Stebut,* Rechtsfolgen von Arbeitszeitüberschreitungen, NZA 1987, 257; *Stoll,* Die Lehre von den Leistungsstörungen, 1936; *Waas,* Das sogenannte „mittelbare" Arbeitsverhältnis, RdA 1993, 153; *Wank,* Der neue Entwurf eines Arbeitsschutzgesetzes, DB 1996, 1134; *Weimar,* Der Einsatz der eigenen Arbeitskraft im Schadensersatzrecht, NJW 1989, 3246; *Wendeling-Schröder,* Gewissen und Eigenverantwortung im Arbeitsleben, BB 1988, 1742; *Willemsen/Brune,* Alkohol und Arbeitsrecht, DB 1988, 2304; *Wochner,* Die Geheimhaltungspflicht und § 79 BetrVG und ihr Verhältnis zum Privatrecht, insbesondere Arbeitsvertragsrecht, BB 1995, 1541; *Zmarzlik/Anzinger,* Kommentar zum Arbeitsgerichtsgesetz, 1995; *Zwanziger,* Ausgewählte Einzelprobleme des Nachweisgesetzes, DB 1996, 2027.

A. Gegenseitige Grundpflichten

Literatur zu den Arbeitgeberpflichten: *Arndt,* Teilzeitarbeit, NZA 1989, Beil. 3, 8; *Bekker-Schaffner,* Die Nutzung von Firmenfahrzeugen bei Beendigung des Arbeitsverhältnisses, DB 1993, 2078; *Bengelsdorf,* Probleme bei der Ermittlung des pfändbaren Teils des Arbeitseinkommens, NZA 1996, 176; *Benner/Bals,* Arbeitsentgelt im Sinne der Sozialversicherung und Arbeitslohn im Sinne des Lohnsteuerrechts, BB 1996, Beil. 2; *Berenz,* Gleichbehandlung und Altersgrenze in der betrieblichen Altersversorgung, BB 1996, 530; *Berkowsky/Drews,* Die Zulässigkeit einer Netto-Zahlungsklage bei bestehender Bruttolohnvereinbarung, DB 1994, 1978; *Binz/Sorg,* Noch einmal: Rauchen am Arbeitsplatz?, BB 1994, 1709; *Birk,* Das Nachweisgesetz zur Umsetzung der Richtlinie 91/533/EWG in das deutsche Recht, NZA 1996, 281; *Börgmann,* Arbeitsrechtliche Aspekte des Rauchens im Betrieb, RdA 1993, 275; *Brill,* Zum Anspruch des Arbeitnehmers auf Arbeits-, Berufs-, Dienst- und Schutzkleidung, DB 1975, 1076; *Colneric,* Frauenquoten auf dem Prüfstand des EG-Rechts, BB 1996, 265; *Colneric,* Aktuelle Probleme der Teilzeitarbeit, Brennpunkte des Arbeitsrechts 1995, 93; *Däubler,* Mobbing und Arbeitsrecht, BB 1995, 1347; *Fuhrmann,* Thesen zur Weiterentwicklung des Beschäftigungsschutzgesetzes mit dem Ziel eines besseren Schutzes vor sexueller Belästigung am Arbeitsplatz, ZRP 1995, 167; *Gaul,* Rechtsprobleme der Akkordentlohnung, BB 1990, 1549; *Gralka,* Mobbing und Arbeitsrecht, BB 1995, 2651; *Grunewald,* Mobbing – arbeitsrechtliche Aspekte eines neuen Phänomens, NZA 1993, 1071; *Haller/Koch,* Mobbing – Rechtsschutz im Krieg am Arbeitsplatz, NZA 1995, 356; *Hanau/Gilberg,* Die Bindungswirkung des EuGH-Urteils vom 15. 12. 1994 zu Überstundenzuschlägen für Teilzeitbeschäftigte, BB 1995, 1238; *Heilmann,* Rauchen am Arbeitsplatz?, BB 1994, 715; *Heinze,* Rechtliche Einordnung der Vergünstigungen aus Miles & More-Bonus-Programmen, DB 1996, 2490; *Hohmeister,* Beweislastumkehr durch das Nachweisgesetz?, BB 1996, 2406; *Holly/Friedhofen,* Die Abwälzung von Geldstrafen und Geldbußen auf den Arbeitgeber, NZA 1992, 145; *von Hoyningen-Huene/Wagner,* Das untertarifliche Arbeitsentgelt, NZA 1995, 969; *Hromadka,* Zur betrieblichen Übung, NZA 1984, 241; *Hromadka,* Der Große Senat zu den übertariflichen Zulagen, DB 1992, 1573; *Kaiser,* Nettolohnvereinbarungen im deutschen Steuerrecht, DB 1994, 178; *Kaiser/Dunkl,* Die Entgeltfortzahlung im Krankheitsfall, 2. Aufl. 1984; *Kammerer,* Personalakte und Abmahnung 1989; *Kammerer,* Die Berichtigung der Personalakte bei unzutreffenden Abmahnungen, BB 1991, 1926; Kasseler Kommentar Sozialversicherungsrecht, Loseblatt; *Kleinsorge,* Gesetz über die Zahlung des Arbeitsentgelts an Feiertagen und im Krankheitsfall, NZA 1994, 640; *Kollmer,* Aushangpflichtige Arbeitsschutzgesetze im Betrieb, DB 1995, 1662; *Kollmer,* Inhalt und Anwendungsbereich der vier neuen Verordnungen zum Arbeitsschutzgesetz, NZA 1997, 138; *Kort,* Die Auswirkungen des neuen Bundesdatenschutzgesetzes auf die Mitbestimmung im Arbeitsrecht, RdA 1992, 378; *Kreßel,* Parkplätze für Betriebsangehörige, RdA 1992, 169; *Künzl,* Alkohol im Betrieb, BB 1993, 1581; *Langer,* Gesetzliche und vereinbarte Ausschlußfristen im Arbeitsrecht, 1993; *Leuchten,* Widerrufsvorbehalt und Befristung von Arbeitsverträgen, insbesondere Provisionsordnungen, NZA 1994, 721; *Lingemann/Göpfert,* Der Einsatz von Detektiven im Arbeitsrecht, DB 1997, 374; *Löwisch,* Arbeitsrechtliche Fragen von AIDS-Erkrankung und AIDS-Infektion, DB 1987, 936; *Marschner,* Der Anspruch auf Konkursausfallgeld, DB 1996, 780; *Mayer-Maly,* Die Risikohaftung des Arbeitgebers für Eigenschäden des Arbeitnehmers, NZA 1991, Beil. 3, 1; *Meisel,* Übertarifliches Entgelt und Tarifentgelterhöhungen, BB 1991, 406; *Mölders,* Arbeitsrechtliche Rahmenbedingungen für Cafeteria-Systeme, DB 1996, 213; *Molkentin,* Das Recht auf Arbeitsverweigerung bei Gesundheitsgefährdung des Arbeitnehmers; *Molkentin/Müller,* Spritzasbest am Arbeitsplatz, NZA 1995, 873; *Nägele,* Aufklärungs- und Hinweispflichten des Arbeitgebers bei Abschluß eines Aufhebungsvertrages, BB 1992, 1274; *Nägele,* Probleme beim Einsatz von Dienstfahrzeugen, NZA 1997, 1196; *Nägele/Schmidt,* Das Dienstfahrzeug, BB 1993, 1797; *Pfarr,* Die Frauenquote, NZA 1995, 809; *Preis,* Grundfragen der Vertragsgestaltung im Arbeitsrecht, 1993; *Preis,* Das Nachweisgesetz – lästige Förmelei oder arbeitsrechtliche Zeitbombe?, NZA 1997, 10; *Reichold,*

Geschäftsbesorgung im Arbeitsverhältnis, NZA 1994, 488; *Reiserer,* Ausschluß- und Rückzahlungsklauseln für Gratifikationen bei betriebsbedingter Kündigung, NZA 1992, 436; *Richardi,* Arbeitsrecht in der Kirche, 2. Aufl. 1992; *Richardi,* Arbeitsrechtliche Probleme bei Einstellung und Entlassung AIDS-infizierter Arbeitnehmer, NZA 1988, 73; *Richardi,* Der Große Senat des BAG zur Mitbestimmung bei der Anrechnung einer Tariflohnerhöhung auf über- und außertarifliche Zulagen, NZA 1992, 961; *Rolfs,* Die Neuregelung der Arbeitgeber- und Arbeitnehmerhaftung bei Arbeitsunfällen durch das SGB VII, NJW 1996, 3177; *Rudolf,* Aufgaben und Stellung des betrieblichen Datenschutzbeauftragten, NZA 1996, 296; *Ruhl/Kassebohm,* Der Beschäftigungsanspruch des Arbeitnehmers, NZA 1995, 497; *Schiefer,* Gesetz zur Anpassung arbeitsrechtlicher Bestimmungen an das EG-Recht, DB 1995, 1910; *Schiefer,* Die schwierige Handhabung der Jahressonderzahlungen, NZA 1993, 1015; *Schiek,* Formulararbeitsverträge mit Verkaufsfahrern, BB 1997, 310; *Schmitt,* Entgeltfortzahlungsgesetz, 2. Aufl. 1995; *Schroeder,* Die Nutzungsentschädigung des Arbeitnehmers wegen Entzugs des Firmenwagens nach unwirksamer Kündigung, NZA 1994, 342; *Schukai,* Praktische Konsequenzen aus den Entscheidungen des Großen Senats des BAG vom 3. 12. 1991, NZA 1992, 967; *Schwerdtner,* Fürsorge- und Treuepflichten im Gefüge des Arbeitsverhältnisses oder: Vom Sinn und Unsinn einer Kodifikation des Allgemeinen Arbeitsvertragsrechts, ZfA 1979, 1; *Stichler,* Freizeitausgleich teilzeitbeschäftigter Betriebsratsmitglieder für Schulungsbesuch außerhalb ihrer individuellen Arbeitszeit, BB 1996, 426; *Stükemann,* Dokumentationspflichten für den Arbeitgeber, BB 1995, 1846; *Tschöpe,* Der räumliche Geltungsbereich des arbeitsrechtlichen Gleichbehandlungsgrundsatzes, DB 1994, 40; *Tschöpe,* Gestaltungselemente bei Arbeitsverträgen, MDR 1996, 1081; *Vogl,* Das neue Arbeitsschutzrecht, NJW 1996, 2753; *Wackerbarth,* Entgelt für Betriebstreue, 1996; *Wagner,* Ergebnisorientierte variable Vergütungen, BB 1997, 150; *Waltermann,* Gestaltung von Arbeitsbedingungen durch Vereinbarung mit dem Betriebsrat, NZA 1996, 357; *Westhoff,* Die Fortzahlung der Provision bei Krankheit, Urlaub und in anderen Fällen der Arbeitsverhinderung, NZA 1986, Beil. 3, 25; *Wiese,* Der Persönlichkeitsschutz des Arbeitnehmers gegenüber dem Arbeitgeber, ZfA 1971, 273; *Wlotzke,* Auf dem Weg zu einer grundlegenden Neuregelung des betrieblichen Arbeitsschutzes, NZA 1994, 602; *Wlotzke,* Das neue Arbeitsschutzgesetz – zeitgemäßes Grundlagengesetz für den betrieblichen Arbeitsschutz, NZA 1996, 1017; *Wohlgemuth,* Datenschutz für Arbeitnehmer, 2. Aufl. 1988; *Worzalla,* Das Beschäftigtenschutzgesetz in der Praxis, NZA 1994, 1016; *Worzalla,* Die Folgen geschlechtsspezifischer Diskriminierung nach dem 2. Gleichberechtigungsgesetz, DB 1994, 2446.

I. Der Rechtscharakter des Arbeitsverhältnisses mit seinen Leistungs- und Nebenpflichten

1 Der Arbeitsvertrag begründet **ein zweiseitig verpflichtendes Schuldverhältnis**, dh. einen gegenseitigen Vertrag oder Austauschvertrag (do ut des-Prinzip)[1]: Jeder gibt, damit der andere gibt. Der Pflicht des Arbeitnehmers zur Leistung der versprochenen Dienste steht die Pflicht des Arbeitgebers zur Gewährung der vereinbarten Vergütung gegenüber; die Arbeitspflicht steht im Synallagma zu der Entgeltzahlungspflicht des Arbeitgebers.

Daraus folgt, daß auf den Arbeitsvertrag grundsätzlich die §§ 320 ff. BGB anwendbar sind. Da der Arbeitsvertrag **Dienstvertrag iS der §§ 611 ff. BGB** ist,

---

1 BAG (GS) v. 17. 12. 1959 zu IV, AP Nr. 21 zu § 616 BGB; *Zöllner/Loritz,* § 11 II 4.

I. Rechtscharakter des Arbeitsverhältnisses

gelten jedoch schon im System des BGB für ihn eine Reihe von Sonderregelungen, so für Leistungsstörungen[1]. Sie ergeben sich aus dem Umstand, daß der Arbeitsvertrag ein Dauerschuldverhältnis begründet.

Während das „Schuldverhältnis" mitunter nur als einzelne Leistungsbeziehung verstanden wird (so zB in § 263 BGB)[2], erfordern **Dauerschuldverhältnisse** zu ihrer Durchführung meist ein vertrauensvolles Zusammenwirken oder doch besondere Rücksicht und Sorgfalt bei der Wahrnehmung des eigenen Interesses und der Ausführung einer übernommenen Tätigkeit, da bei längerer zeitlicher Bindung jeder in stärkerem Maße als sonst auf den guten Willen des anderen und die Erhaltung des Einvernehmens angewiesen ist[3]. Daher gewinnen hier die Pflichten der Wahrung von „Treu und Glauben", der persönlichen Rücksichtnahme, Loyalitätspflichten, eine gesteigerte Bedeutung[4]. Das bloße Synallagma, die wechselseitige Verknüpfung der beiderseitigen Leistungspflichten, prägt also nicht allein die Rechtsbeziehung. Dies gilt umso mehr bei einem nicht nur auf einzelne Dienstleistungen, sondern einem auf Dauer angelegten Arbeitsverhältnis. Dies verdeutlichen schon verschiedene spezielle gesetzliche Regelungen, wie § 60 HGB, der vom kaufmännischen Angestellten nicht nur Loyalität zugunsten des Arbeitgebers verlangt, sondern jeglichen Wettbewerb während des bestehenden Arbeitsverhältnisses untersagt, oder die der persönlichen Entfaltung und dem Gesundheitsschutz dienenden Bestimmungen des Bundesurlaubsgesetzes, des Arbeitszeitregelungsgesetzes bis hin zum Mutterschutzgesetz.

Die über den bloßen Austausch von Arbeit einerseits und Arbeitsentgelt andererseits **hinausgehenden beiderseitigen Verpflichtungen** im Arbeitsverhältnis gaben Anlaß zu unterschiedlichen Charakterisierungen dieses besonderen Rechtsverhältnisses, die – bis heute – allerdings nicht frei waren vom jeweiligen ideologischen Ansatz.

Mit der Hervorhebung **personenrechtlicher Beziehungen** zwischen Arbeitnehmer und Arbeitgeber hat schon *von Gierke* 1914 dogmatisch weitgehende Verpflichtungen über das nach § 611 BGB auf einen bloßen Austausch von Arbeit und Lohn gerichtete Schuldverhältnis hinaus begründet[5]. Aus dem Merkmal der persönlichen Abhängigkeit treffe den Arbeitnehmer eine persönliche Treueverpflichtung, während der Arbeitgeber zur Fürsorge für die Person des Arbeitnehmers verpflichtet sei[6]. Dieser personenrechtlichen Betrachtungsweise folgte das RAG[7]. Sie bestimmte auch die Rechtsprechung des BAG[8] und

---

1 *Zöllner/Loritz*, § 11 II 4.
2 *Larenz*, Lehrbuch des Schuldrechts, 1. Band, 14. Aufl. 1987, § 2 V, S. 26.
3 *Larenz*, § 2 VI, S. 32.
4 *Larenz*, § 2 VI, S. 32.
5 *Von Gierke*, Deutsches Privatrecht, Bd. III, S. 609 ff.
6 *Von Gierke*, S. 610.
7 RAG v. 13. 9. 1939, ARS 37, 230, 236, 237.
8 BAG v. 10. 11. 1955, AP Nr. 2 zu § 611 BGB – Beschäftigungspflicht; BAG v. 24. 2. 1955, AP Nr. 2 zu § 616 BGB; BAG v. 17. 7. 1958, AP Nr. 10 zu § 611 BGB – Lohnanspruch.

die arbeitsrechtliche Literatur[1]. Aus dem personenrechtlichen Gemeinschaftsverhältnis wurden die Nebenpflichten, insbesondere die Fürsorgepflicht des Arbeitgebers und die Treuepflicht des Arbeitnehmers, abgeleitet.

Zu Recht halten die **Kritiker** der Auffassung vom Arbeitsverhältnis als personenrechtliches Gemeinschaftsverhältnis entgegen, daß es an einer rechtsdogmatisch überzeugenden Begründung fehlt[2]. Schon die typusbildende Realität der Unterordnung im Arbeitsverhältnis (im Gegensatz zum Dienstverhältnis) spricht gegen die Kennzeichnung als Gemeinschaftsverhältnis[3]. Auch ist es wegen der Möglichkeit der arbeitgeberseitigen betriebsbedingten Kündigung gem. § 1 Abs. 2 KSchG verfehlt, mit gesellschaftsrechtlichen Merkmalen die gegenseitigen Verpflichtungen zu begründen[4].

Schlagworte wie „corporate identity" und „Unternehmenskorporation" können schließlich nicht darüber hinwegtäuschen, daß für die Rechtsbeziehungen zwischen Arbeitgeber und Arbeitnehmer vielmehr in verschiedener Hinsicht ein **Interessengegensatz** kennzeichnend ist. Indessen ist es auch verfehlt, das Arbeitsverhältnis auf ein vom Interessengegensatz geprägtes, kontradiktorisches Rechtsverhältnis zu reduzieren[5]. Ein derartiges „klassenrechtliches Verständnis des Arbeitsrechts" riskiert, wesentliche gegenseitige Verpflichtungen in Frage zu stellen.

4 Aus der **Besonderheit der rechtsgeschäftlichen Leistungspflichten** im Arbeitsverhältnis sind die Pflichten sowohl auf Arbeitgeber- wie auf Arbeitnehmerseite zu erklären. Neben den primären Leistungspflichten, wie sie § 611 BGB zu entnehmen sind, begründet das Arbeitsverhältnis je nach der Position und konkreten Aufgabenstellung Pflichten zu wechselseitiger Rücksichtnahme, der Beachtung der berechtigten Belange des anderen, zu einem Verhalten insgesamt, wie es unter „redlich" und „loyal" handelnden Vertragspartnern erwartet werden kann. Die Norm hierfür bildet das Prinzip der Wahrung von „Treu und Glauben" (§ 242 BGB)[6]. Unter dieser Anforderung steht nicht nur, wie der Wortlaut des § 242 BGB vermuten lassen könnte, die eigentliche Bewirkung der Leistung, die Leistungshandlung selbst (die Dienstleistung sowie deren Vergütung im Arbeitsverhältnis), sondern alles Verhalten, das zu dieser hinführt oder in einem inneren Zusammenhang mit ihr steht. Bei der Vorbereitung der Leistung sowie in ihrer Ausführung muß der Schuldner diejenige Sorgfalt und Mühe aufwenden, der es bedarf, um den „Schuldzweck" zu erreichen und den Gläubiger vor möglichen, jedoch vermeidbaren Schäden zu bewahren[7]. Das Arbeitsverhältnis erfordert daher ein vertrauensvolles Zusammenwirken oder doch besondere Rücksicht und Sorgfalt bei der Wahrnehmung des eigenen

---

1 *Hueck/Nipperdey*, Bd. I, S. 129; *Nikisch*, Bd. I, S. 169.
2 MünchArbR/*Richardi*, § 8 Rz. 8.
3 *Zöllner/Loritz*, § 11, II, 7c, 140; *Kempff*, DB 1979, 790, 792.
4 *Adomeit*, Gesellschaftsrechtliche Elemente im Arbeitsverhältnis, insbes. 11 ff.; Hanau/*Adomeit*, § 10b; *Adomeit*, Arbeitsrecht für die 90er Jahre, S. 5 ff.
5 *Däubler*, Arbeitsrecht 2, 6.2.1.5., S. 368.
6 *Larenz*, § 2 I, S. 9.
7 *Larenz*, § 2 I, S. 9.

Interesses und der Ausführung der übernommenen Tätigkeiten. Aufgrund der besonderen rechtsgeschäftlichen Leistungspflichten im Arbeitsverhältnis wird Vertragstreue geschuldet, die inhaltlich nicht von dem rechtsgeschäftlichen Leistungsversprechen getrennt werden kann, sondern die Ergänzung gemäß dem Grundsatz von „Treu und Glauben" (§ 242 BGB) darstellt[1].

II. Verpflichtungen des Arbeitnehmers

1. Verpflichtung zur Arbeitsleistung und Leistungsstörungen

a) Verpflichtung zur Arbeitsleistung

Gem. § 611 Abs. 1 BGB ist der Arbeitnehmer verpflichtet, „die **versprochenen Dienste**" zu leisten, er muß also die im Arbeitsvertrag vorgesehene Tätigkeit ausüben. Es handelt sich um die Hauptleistungspflicht des Arbeitnehmers. Sie steht gem. § 611 Abs. 1 BGB im Synallagma zur Vergütungspflicht des Arbeitgebers und korrespondiert mit der dem Arbeitgeber obliegenden Beschäftigungspflicht.

Im Unterschied zu den begrifflich in § 611 Abs. 1 BGB angesprochenen Dienstverträgen wird die nach einem Arbeitsvertrag zu erbringende Tätigkeit in wirtschaftlicher und sozialer Abhängigkeit erbracht.

aa) Persönliche Verpflichtung

Gem. § 613 Satz 1 BGB hat der Arbeitnehmer im Zweifel die **Arbeitsleistung persönlich** zu erbringen.

Durch die Worte „im Zweifel" stellt sich diese Vorschrift als **Auslegungsregel** dar. Nachdem heute zwischen Dienst- und Arbeitsverhältnis klar unterschieden wird, kommt dieser Auslegungsregel kaum noch Bedeutung zu. Mögliche abweichende Vereinbarungen beschränken sich daher auf Fälle, bei denen die Arbeit nach ihrer Art nur durch Mithilfe von Hilfskräften ausgeführt werden kann (zB Einweisen des Lkw-Fahrers) oder wenn Ersatzkräfte die Arbeit bzw. deren Fortführung sicherstellen (Versorgen der Heizung durch die Ehefrau des erkrankten Hausmeisters)[2]. Soweit es dem Arbeitnehmer nicht generell gestattet ist, Dritte hinzuzuziehen, oder der Arbeitgeber ausdrücklich zustimmt, wird man von einer konkludenten Zustimmung des Arbeitgebers ausgehen können, wenn nur durch die Inanspruchnahme des außenstehenden Dritten die Arbeit überhaupt oder rechtzeitig ausgeführt werden kann. Regelmäßig entsteht in diesen Fällen, in denen von dem Arbeitnehmer ein Dritter zur „Hilfestellung" hinzugezogen wird, ein mittelbares Arbeitsverhältnis. Dies kann u. a. zu der Pflicht des Arbeitgebers führen, daß dieser für die Vergütung einzustehen hat[3].

---

1 MünchArbR/*Richardi*, § 8 Rz. 9.
2 *Schaub*, § 45 I 2; *Bitter*, AR-Blattei, Arbeitspflicht, Rz. 8.
3 S. dazu i. e. *Waas*, RdA 1993, 153 ff.

7 Erbringt der Arbeitnehmer **nicht selbst** seine Arbeitspflicht, so gerät er in Leistungsverzug. Sofern die Arbeitsleistung infolge ihrer Termingebundenheit nicht nachholbar ist, was der Regel entspricht, so liegt subjektive Unmöglichkeit vor[1].

8 Die **persönliche Leistungsverpflichtung** des Arbeitnehmers bedeutet, daß er nicht berechtigt ist, seine Arbeit durch einen Ersatzmann oder Gehilfen ausführen zu lassen. Andererseits ist der Arbeitnehmer deshalb bei Ausfall seiner Arbeitskraft, zB infolge Krankheit oder Urlaub, nicht verpflichtet, eine Ersatzkraft zu stellen[2]. Die Höchstpersönlichkeit der Arbeitspflicht hat außerdem zur Folge, daß das Arbeitsverhältnis mit dem Tode des Arbeitnehmers erlischt, ohne daß dies gesondert vertraglich festgelegt sein muß.

9 **Gruppenarbeit** (zB infolge „business reengineering" oder „time optimized process") schließt selbstverständlich nicht das Erfordernis der Höchstpersönlichkeit der Arbeitsleistung aus.

bb) Gläubiger der Arbeitsleistung

10 **Nur gegenüber dem Arbeitgeber,** mit dem er seinen Arbeitsvertrag abgeschlossen hat, ist der Arbeitnehmer idR zur Arbeitsleistung verpflichtet. Nach § 613 Satz 2 BGB ist der Anspruch auf die Arbeitsleistung im Zweifel nicht auf einen anderen Gläubiger/Arbeitgeber übertragbar.

11 Diese Auslegungsregel erfährt vielfältige **Ausnahmen.** Zu einem gesetzlichen Forderungsübergang kommt es, wenn der Betrieb, in welchem der Arbeitnehmer beschäftigt ist, kraft Gesetzes (Universalsukzession, zB infolge Erbfall) oder kraft Rechtsgeschäftes (Betriebsübergang gem. § 613a BGB) auf einen Dritten, den Rechtsnachfolger, übergeht. Dieser erwirbt den Anspruch auf die Arbeitsleistung der in dem Betrieb beschäftigten Arbeitnehmer.

12 Eine vertragliche Abtretung des Anspruchs auf Arbeitsleistung erfolgt im Rahmen von **Leiharbeitsverhältnissen.** Wegen der damit regelmäßig verbundenen wesentlichen Änderung der Arbeitsbedingungen bedarf es zur „Ausleihe" des Einverständnisses durch den betroffenen Arbeitnehmer oder von vornherein der vertraglichen Vereinbarung mit dem Arbeitnehmer, daß dieser für einen Dritten arbeiten soll.

13 Aus dem Inhalt des Arbeitsvertrages und der danach zu leistenden Arbeit ergibt sich, ob die Tätigkeiten nur zugunsten des als Vertragspartner auftretenden **Arbeitgebers** zu erbringen sind (zB Pflegekraft) oder für den **Betrieb des Arbeitgebers.** Ebenso hängt es von der im Vertrag erfolgten örtlichen Festlegung der zu erbringenden Arbeitsleistung ab, ob der Arbeitnehmer seine Arbeiten für den Arbeitgeber im Betrieb eines Dritten ausführen muß (zB Montagearbeiten).

---

1 MünchArbR/*Blomeyer*, § 46 Rz. 11; *Schaub*, § 45 I 1.
2 MünchArbR/*Blomeyer*, § 46 Rz. 10; *Schaub*, § 45 I 1.

II. Verpflichtungen des Arbeitnehmers

cc) Art der zu leistenden Arbeit

Neben der Verpflichtung zur Arbeitsleistung selbst ist für die dem Arbeitnehmer obliegenden arbeitsvertraglichen Verpflichtungen entscheidend, **welche Arbeiten er zu leisten hat**, welche Tätigkeiten also der Arbeitgeber abfordern kann. Auf das Verlangen nach einer vertraglich nicht geschuldeten Arbeitsleistung kann der Arbeitnehmer mit einem Leistungsverweigerungsrecht reagieren[1].

> **Hinweis:**
> Eine auf ein derartiges begründetes Leistungsverweigerungsrecht hin ausgesprochene Kündigung wegen Arbeitsverweigerung wäre infolgedessen sozial nicht gerechtfertigt, mithin unwirksam.

Umgekehrt stellt sich für den Arbeitnehmer die Frage, welche Arbeiten ihm durch **den Arbeitgeber zugewiesen** werden **müssen**. Bedeutsam wird dies dann, wenn ein Arbeitnehmer nach erfolgreichem Abschluß eines Kündigungsschutzverfahrens gegenüber dem Arbeitgeber den Anspruch auf Weiterbeschäftigung zu den bisherigen Arbeitsbedingungen „geltend macht"[2], aber auch bei der Vergleichbarkeit des Arbeitsplatzes im Zusammenhang mit der sozialen Auswahl gem. § 1 Abs. 3 KSchG.

Welche Tätigkeit der Arbeitnehmer zu erbringen hat, worin also der Leistungsgegenstand besteht, richtet sich nach der **von ihm geschuldeten Art der zu leistenden Arbeit**. Die Festlegung der auszuführenden Arbeiten, der Art der Arbeitsleistung, ergibt sich aus dem Arbeitsvertrag. Gemäß § 2 Abs. 1 Satz 2 Nr. 5 NachwG ist die von dem Arbeitnehmer zu leistende Tätigkeit schriftlich zu bezeichnen oder allgemein zu beschreiben[3]. Dieses Schriftformerfordernis des Nachweisgesetzes hat aber keine konstitutive Bedeutung[4]. Je ungenauer die auszuübende Tätigkeit im Arbeitsvertrag festgeschrieben ist, desto mehr unterliegt deren Konkretisierung dem Direktions-/Weisungsrecht des Arbeitgebers. Doch kann dieses Direktionsrecht eine nachträgliche Einschränkung erfahren, wenn sich die Arbeitspflicht auf eine bestimmte Tätigkeit konkretisiert hat.

(1) Vertragliche Regelung

Um überhaupt die von dem Arbeitnehmer geschuldete Leistung bestimmen zu können, muß **die Art der Arbeitsleistung im Arbeitsvertrag** zumindest grob umrissen festgelegt (allgemein beschrieben, § 2 Abs. 1 Satz 2 Nr. 5 NachwG)

---

1 *Kohte*, NZA 1989, 161, 166.
2 Siehe hierzu BAG v. 10. 11. 1955, AP Nr. 2 zu § 611 BGB – Beschäftigungspflicht.
3 Art. 2 Abs. 2 lit. c Richtlinie 91/533/EWG verlangt dagegen präziser die Angabe der dem Arbeitnehmer bei der Einstellung zugewiesenen Amtsbezeichnung, seinen Dienstgrad und ggf. Art oder Kategorie seiner Stelle.
4 BAG v. 21. 8. 1997, DB 1997, 2619; *Preis*, NZA 1997, 10.

sein[1]. Eine Konkretisierung kann die Art der Arbeit im Wege der Auslegung unter Berücksichtigung kollektiv-vertraglicher (tarifvertraglicher) Regelungen und nach Treu und Glauben, der Verkehrssitte sowie einer etwa bestehenden Betriebsübung erfahren[2].

Allgemein wird in den Arbeitsverträgen die Art der Arbeitsleistung desto genauer von der Tätigkeit und der Aufgabe her beschrieben, je qualifiziertere Anforderungen die Position hinsichtlich der fachlichen und personellen Eignung voraussetzt. Dies wird an folgenden, üblichen Arbeitsverträgen und Formularsammlungen entnommenen **Vertragsbeispielen** deutlich:

Vertragsbeispiel 1:

18 Aus einem Arbeitsvertrag mit einem Chefarzt:

> „Der Arzt wird mit Wirkung vom ... als Chefarzt der Abteilung ... des Krankenhauses eingestellt. Er führt die Dienstbezeichnung leitender Arzt der ... Abteilung des ... Krankenhauses in ...[3]."

Vertragsbeispiel 2:

19 Aus einem Anstellungsvertrag als Ärztin/Arzt (Praxisarzt) mit dem Praxisinhaber:

> „1. Frau/Herr ... wird ab ... als Ärztin/Arzt angestellt.
>
>   Die Einstellung erfolgt zum Zwecke der
>
>   a) Weiterbildung
>
>   b) Entlastung
>
>   c) ständigen Mitarbeit (angestellter Arzt iS von § 32b ZulassungsVO für Vertragsärzte)
>
> 2. Pflichten des Praxisarztes
>
>   Der Praxisarzt ist verpflichtet, den organisatorischen Weisungen des Praxisinhabers oder seines Vertreters Folge zu leisten und alle seinen Fähigkeiten entsprechenden ärztlichen Leistungen zu erbringen."

---

1 MünchArbR/*Blomeyer*, § 46 Rz. 19.
2 *Schaub*, § 45 IV 1.
3 *Schaub*, Arbeitsrechtl. Formularsammlung, § 2 V 1.

II. Verpflichtungen des Arbeitnehmers

Vertragsbeispiel 3:

Vorstandsmitglied: 20

> „§ 1
> (1) Der Aufsichtsrat der ... hat Frau/Herrn ... mit Wirkung vom ... zum Vorstandsmitglied bestellt.
> (2) Dauer
> (3) Das Vorstandsmitglied hat in Gemeinschaft mit den anderen Vorstandsmitgliedern die Geschäfte der Gesellschaft nach Maßgabe des Gesetzes, der Satzung und dieses Anstellungsvertrages zu führen. Über die Verteilung der Arbeitsgebiete haben sich die Vorstandsmitglieder untereinander zu verständigen.
> (4) Das Vorstandsmitglied verpflichtet sich, seine berufliche Tätigkeit ausschließlich der ... zu widmen und ihre Interessen nach bestem Wissen und Können zu wahren."

Vertragsbeispiel 4:

Leitende Angestellte:

a) Geschäftsführer/Prokurist: 21

> „Das Unternehmen überträgt Frau/Herrn ... die Position des kaufmännischen Leiters für die gesamte Unternehmensgruppe. Die beiliegende Stellenbeschreibung ist Bestandteil des Angestelltenvertrages. Frau/Herr ... berichtet direkt der Geschäftsführung. Es ist beabsichtigt, Frau/Herrn ... Prokura zu erteilen."

b) Hauptabteilungsleiter: 22

> „Frau/Herr ... wird als Leiter der Hauptabteilung ... eingestellt. Frau/ Herr ... verpflichtet sich, ihre/seine gesamte Arbeitskraft dem Unternehmen zur Verfügung zu stellen."

c) Abteilungsleiter: 23

> „Der Mitarbeiter wird als Leiter der Abteilung ... eingestellt. Sein Aufgabengebiet erfaßt ... und alle mit diesen Aufgaben im Zusammenhang stehenden Arbeiten."

24 d) Aus einem Vertrag mit einem Prokuristen:

> „Herr/Frau ... wird ab ... tätig als ...
> Sein/Ihr Aufgabengebiet umfaßt ...
> Arbeitskraft und Fähigkeiten sind nach besten Kräften und – soweit erforderlich – unabhängig von der im Betrieb üblichen Arbeitszeit einzusetzen.
> Falls geschäftlich notwendig, sind auch andere, den Fähigkeiten entsprechende Aufgaben bei gleicher Vergütung zu übernehmen sowie Mitarbeiter in vergleichbarer Stellung zu vertreten, beides ggf. auch an anderen Orten."

Vertragsbeispiel 5:

25 Arbeitsvertrag für einen Verkaufsreisenden:

> „Der Arbeitnehmer wird mit Wirkung vom ... als Verkaufsreisender eingestellt[1]."

Vertragsbeispiel 6:

26 Verkäufer/Kassierer:

> „Die Einstellung erfolgt
> zum ... als Verkäufer/Kassierer.
> Die Zuweisung anderer als bei der Einstellung vorgesehener Arbeiten sowie die Versetzung in andere Abteilungen oder Betriebe der Gesellschaft sind zulässig."

Vertragsbeispiel 7:

27 Kaufmännischer Angestellter:

> „Der Arbeitnehmer wird als kaufmännischer Angestellter eingestellt. Sein Aufgabengebiet umfaßt ... und alle mit diesen Aufgaben im Zusammenhang stehenden Arbeiten.
> Der Arbeitnehmer verpflichtet sich, entsprechend der jeweiligen Anordnung der Geschäftsleitung oder seines Vorgesetzten vorübergehend oder auf Dauer andere Tätigkeiten – auch an anderen Orten – ohne besondere Vergütung auszuüben."

---

[1] *Schaub*, Arbeitsrechtl. Formularsammlung, § 2 III 1.

II. Verpflichtungen des Arbeitnehmers

Vertragsbeispiel 8:

Gewerblicher Arbeitnehmer: 28

„Der Arbeitnehmer wird mit Wirkung vom ... als Lagerarbeiter eingestellt."

Ist jemand, wie im 1. Beispiel, als Chefarzt einer bestimmten Fachrichtung für die Leitung einer dem Fachgebiet entsprechenden Abteilung eingestellt worden, so ist diesem Arbeitnehmer gerade dieser **Arbeitsplatz zuzuweisen**. Nicht anders verhält es sich bei den Arbeitnehmern, wie sie die Beispiele 4a–c aufführen, oder wenn ein Arbeitnehmer als Filialleiter einer bestimmten Niederlassung oder als Leiter einer Betriebsabteilung eingestellt wird. Wird der Arbeitnehmer laut Vertrag für eine bestimmte Tätigkeit angenommen, wie im 5. Beispiel der Verkaufsreisende, so wird gerade diese Tätigkeit zum Vertragsinhalt[1]. Bei einer fachlichen Umschreibung der Tätigkeit im Vertrag (Beispiele 6 und 7, aber auch zB Schlosser oder Maurer), erfassen die von dem Arbeitnehmer zu erbringenden Arbeiten sämtliche Tätigkeiten, die sich innerhalb des vereinbarten Berufsbildes halten. Wenn die Arbeit jedoch nur ganz generell umschrieben wird (8. Beispiel), ist der Arbeitnehmer vertraglich verpflichtet, jede Arbeit zu verrichten, die dem billigen Ermessen entspricht (§ 315 BGB) und bei Vertragsschluß voraussehbar war[2]. 29

Ist die Art der zu leistenden Arbeit – entgegen § 2 Abs. 1 Satz 2 Nr. 5 NachwG – vertraglich nicht besonders festgeschrieben, so kann die Art der Arbeitsleistung auch **konkludent festgelegt** werden, so durch die Zuweisung einer bestimmten, nicht nur einmalig auszuführenden Tätigkeit in einem bestimmten Betriebsteil bei der erstmaligen Arbeitsaufnahme (zB an der Telefonzentrale oder der Anmeldung). Nimmt der Arbeitnehmer die ihm zugewiesene Arbeit auf, so zeigt das Einverständnis die vertragliche Annahme der ihm zugewiesenen Tätigkeit. Diese konkludente Festlegung der Art der Arbeitsleistung bzw. des Leistungsgegenstandes ist nicht zu verwechseln mit der Zuweisung einer Tätigkeit kraft Weisungs- oder Direktionsrechts des Arbeitgebers. Es geht hier um die erstmalige Festlegung der Hauptleistungspflicht des Arbeitnehmers, die nicht im Belieben des Arbeitgebers steht, sondern nur im Einverständnis mit dem Mitarbeiter erfolgt[3]. Das Weisungs- bzw. Direktionsrecht des Arbeitgebers kann sodann nur in den vertraglichen Grenzen, wie sie im Arbeitsvertrag selbst oder durch die konkludente Festlegung der Art der Tätigkeit umrissen sind, ausgeübt werden. Die Tätigkeitsbeschreibung bestimmt das Direktionsrecht des Arbeitgebers. 30

Durch das seit dem 21. 7. 1995 geltende **Nachweisgesetz** sind der bloßen konkludenten Festlegung von Arbeitsbedingungen engere Grenzen gesetzt. Gemäß § 2 Abs. 1 Satz 2 Nr. 5 NachwG ist in einem schriftlichen Arbeitsvertrag die vom Arbeitnehmer zu leistende Tätigkeit zu bezeichnen oder allgemein zu 31

---

1 Ein stellvertretender 1. Solo-Fagottist ist deshalb auch nicht verpflichtet, generell die 3. Fagottstimme zu spielen, BAG v. 8. 9. 1994, NZA 1995, 957.
2 BAG v. 12. 4. 1973, AP Nr. 24 zu § 611 BGB – Direktionsrecht; *Schaub*, § 45 IV 1.
3 MünchArbR/*Blomeyer*, § 46 Rz. 22.

beschreiben. Jedoch sind durch das Nachweisgesetz die Arbeitsbedingungen und deren Änderung keinem konstitutivem Formerfordernis unterworfen[1]. Klauseln wie „. . . der Arbeitnehmer ist verpflichtet, auch sonstige zumutbare Tätigkeiten zu übernehmen . . .", sind daher trotzdem zulässig und verbindlich[2]. Auch das Direktionsrecht erfährt im Rahmen seiner vertraglichen Zulässigkeit durch das Nachweisgesetz keine Einschränkung. Führt die Umsetzung zu einer dauerhaften und wesentlichen Änderung der Vertragsbedingungen, so ist dies gem. § 3 NachwG dem Arbeitnehmer spätestens einen Monat nach der Änderung schriftlich mitzuteilen.

(2) Weisungs- bzw. Direktionsrecht, Versetzung

32 Im Rahmen des vertraglich festgelegten Tätigkeitsbereichs kann der Arbeitgeber kraft seines **Direktions- oder Weisungsrechts** die Leistungspflicht des Arbeitnehmers nach Art, Ort und Zeit (s. dazu Rz. 113) einseitig näher bestimmen[3]. Das durch den Arbeitsvertrag eingeräumte Weisungsrecht kann darüber hinaus den Umfang der Arbeitsleistung sowie die Art und Weise der Erledigung spezifizieren wie auch das Verhalten im Betrieb regeln. Bei dem Weisungs- oder Direktionsrecht des Arbeitgebers handelt es sich um ein einseitiges Leistungsbestimmungsrecht durch den Arbeitgeber, welches seine Grundlage im Arbeitsvertrag hat[4]. Je konkreter und je enger die Tätigkeit im Vertrag festgelegt ist, desto eingeschränkter ist das Weisungs- oder Direktionsrecht des Arbeitgebers.

33 Das allgemeine Weisungsrecht des Arbeitgebers hat stets nur eine **Konkretisierungsfunktion** hinsichtlich der im Arbeitsvertrag enthaltenen Rahmenarbeitsbedingungen. Der Umfang der beiderseitigen Hauptleistungpflichten (Vergütungs- und Arbeitspflicht) unterliegt nicht dem allgemeinen Weisungsrecht des Arbeitgebers. Die Regelung der beiderseitigen Hauptleistungspflichten gehört zum Kernbereich des Arbeitsverhältnisses mit der Folge, daß diese Arbeitsbedingungen lediglich durch Gesetz, Kollektiv- oder Einzelarbeitsvertrag gestaltbar sind[5]. Eine die vertraglichen Grenzen der Hauptleistungspflicht überschreitende Anordnung kann daher nur mit einer Änderungskündigung (§ 2 KSchG) und den insoweit zu beachtenden Voraussetzungen einseitig durch den Arbeitgeber durchgesetzt werden.

34 Handelt es sich nicht nur um eine Konkretisierung der Aufgaben, sondern führt das Weisungs- oder Direktionsrecht zu einer **Änderung des Aufgabenbereichs**, so erfüllt dies den individual-rechtlichen Versetzungsbegriff[6].

---

1 BAG v. 21. 8. 1997, DB 1997, 2619; *Preis,* NZA 1997, 10.
2 AA *Zwanziger,* DB 1996, 2027.
3 BAG v. 27. 4. 1960, AP 10 zu § 615 BGB; BAG v. 27. 3. 1980 und 20. 12. 1984, AP Nr. 26 und Nr. 27 zu § 611 BGB – Direktionsrecht; BAG v. 11. 10. 1995, AP Nr. 45 zu § 611 BGB – Direktionsrecht; *Berger-Delhey,* DB 1990, 2266, 2267 ff.; MünchArbR/*Richardi,* § 12 Rz. 50 ff.; MünchArbR/*Blomeyer,* § 46 Rz. 23 ff.; *Söllner,* Einseitige Leistungsbestimmung im Arbeitsverhältnis, S. 119 ff.
4 *Hromadka,* DB 1995, 2601.
5 BAG v. 12. 12. 1984, NZA 1985, 321.
6 Unter Umsetzung wird verschiedentlich die allgemeine, nicht an die Voraussetzungen des § 95 Abs. 3 BetrVG gebundene Veränderung der Arbeitsbedingungen verstanden;

II. Verpflichtungen des Arbeitnehmers

Im **gewerblichen Bereich** ist das Direktionsrecht in § 121 GewO gesetzlich 35
verankert. Für gewerbliche Arbeitsverhältnisse ordnet § 121 GewO an, daß
Gesellen und Gehilfen verpflichtet sind, den Anordnungen der Arbeitgeber in
Bezug auf die ihnen übertragenen Arbeiten und auf die häuslichen Einrichtungen Folge zu leisten.

Das Weisungsrecht bzw. die damit korrespondierende „Weisungsunterworfen- 36
heit" des Arbeitnehmers sind **beschränkt** durch den Inhalt des Arbeitsvertrages, durch Gesetze (§§ 134, 138 BGB, MuSchG, JArbSchG, GewO und Arbeitszeitgesetz), Tarifverträge, aber auch durch das Betriebsverfassungsgesetz (so im Fall einer Versetzung gem. §§ 95 Abs. 3, 99 BetrVG). Einzelvertraglich wird das Weisungsrecht durch das „billige Ermessen" (§ 315 Abs. 1 und Abs. 3 BGB) begrenzt, dh. das Weisungs- bzw. Direktionsrecht hat im Vergleich zu den vertraglichen Festlegungen die Einzelumstände zu berücksichtigen und die beiderseitigen Interessen abzuwägen[1].

Ein **weisungsfreier Ausführungsspielraum**[2] oder Autonomiespielraum[3] kann 37
sich aus der übertragenen Arbeit ergeben. Dies gilt insbesondere bei gehobenen Tätigkeiten, wo dem Arbeitnehmer aufgrund des Arbeitsvertrages ein weisungsfreier Entscheidungsspielraum in der Art der Ausführung der Tätigkeit eingeräumt ist, so zB für Lehrer, Ärzte, Künstler, Wissenschaftler und leitende Angestellte, wie sich dies aus der pauschalen Arbeitsbeschreibung der im 3., 4. und 5. Beispiel angeführten Vertragsmuster (Rz. 20–25) ergibt. Es würde der Verantwortung der leitenden Tätigkeit widersprechen, wenn hier jeweils eine Konkretisierung durch arbeitgeberseitige Weisungen zu erfolgen hätte (s. a. § 5 Abs. 3 Satz 2 Nr. 3 BetrVG). Ebensowenig kann einem Arzt im einzelnen die Behandlungsmethode vorgeschrieben werden. Aber auch Gruppenarbeit (zB in Form von sog. Fertigungsinseln) bringt regelmäßig, wenn sie nicht nur als Rationalisierungs- bzw. Produktivitätssteigerungsinstrument begriffen wird, Autonomie für die in dieser Gruppe zusammengeschlossenen Mitarbeiter und damit einen entsprechend der der Gruppe übertragenen Aufgabe weisungsfreien Raum mit sich.

Ist der Arbeitnehmer aufgrund fachlich umschriebener Tätigkeit tariflich in 38
eine bestimmte **Vergütungsgruppe** eingereiht, kann ihm grundsätzlich jede Arbeit zugewiesen werden, die die Merkmale der für sie maßgebenden Vergütungsgruppe erfüllt, solange arbeitsvertraglich keine nähere Konkretisierung

---

zu dem unterschiedlichen Versetzungsbegriff des Individualarbeitsrechts und des Betriebsverfassungsrechts und der Frage der Mitbestimmung bei Versetzung aufgrund einer Umsetzungs- oder Versetzungsklausel siehe *Gerauer*, BB 1995, 406 und *Künzl*, BB 1995, 823.
1 BAG v. 27. 3. 1980 und 25. 10. 1989, AP Nr. 26 und 36 zu § 611 BGB – Direktionsrecht; BAG v. 23. 6. 1993, NZA 1993, 1127; BAG v. 28. 5. 1997, NZA 1997, 1160 bzgl. einer sog. Entwicklungsklausel in Chefarztverträgen; MünchArbR/*Blomeyer*, § 46 Rz. 24; *Söllner*, S. 44 ff.; *Hromadka*, DB 1995, 1609.
2 MünchArbR/*Blomeyer*, § 46 Rz. 6 und 25.
3 *Däubler*, Arbeitsrecht 2, 3.5.5., S. 140.

vorliegt¹. Dasselbe gilt, wenn die Einstellung für einen fachlich umschriebenen Bereich, wie zB kaufmännische Angestellte, Kfz-Mechaniker oder Verkäufer/in erfolgt ist. In diesem Falle kann der Arbeitgeber kraft seines Weisungs- bzw. Direktionsrechtes dem Arbeitnehmer sämtliche Arbeiten zuweisen, die sich innerhalb des vereinbarten Berufsbildes bewegen. So kann eine als Verkäuferin eingestellte Arbeitnehmerin im Kaufhaus kraft des Weisungs- bzw. Direktionsrechtes von der Kinder- in die Herrenabteilung versetzt werden. Es bedarf also keiner Änderungskündigung².

39 Durch einzelvertragliche Regelung, so durch einen **Weisungsvorbehalt** oder eine sog. Versetzungsklausel (s. Vertragsbeispiel Rz. 67), und durch einen Tarifvertrag kann das Direktionsrecht des Arbeitgebers erweitert werden. Der durch das Weisungsrecht eingeräumte Änderungsvorbehalt darf nicht so weitgehend sein, daß er sich als eine **Umgehung des Kündigungsschutzgesetzes** darstellt³. Eine derartige Vorbehaltsklausel bzw. weitgefaßte Weisungsmöglichkeit ist unwirksam.

40 Das Direktionsrecht des Arbeitgebers berechtigt diesen grundsätzlich auch dazu, den **Arbeitsbereich eines Arbeitnehmers zu verkleinern,** indem zB eine Abteilung aufgeteilt wird⁴. Allerdings muß diese Maßnahme billigem Ermessen entsprechen, darf also nicht willkürlich sein. Zulässig ist sie, wenn durch die Aufteilung zB mehr fachliche Kompetenz erreicht wird.

41 Die einseitige Zuweisung **geringerwertiger oder unterwertiger** Tätigkeit kann nicht auf das Direktions- oder Weisungsrecht gestützt werden. Ohne Einvernehmen mit dem Mitarbeiter ist dies nur unter Berücksichtigung der auch für eine Änderungskündigung vorausgesetzten Rechtfertigungsgründe (§ 2 KSchG) möglich⁵. Von einer geringerwertigen Arbeit ist dann auszugehen, wenn sie nach dem Tätigkeits- oder Berufsbild in der Sozialanschauung geringer bewertet wird⁶, was zumeist bei einer deutlichen Verkleinerung des bisherigen Aufgaben- und Verantwortungsbereichs und erst recht bei einer hierarchischen Herabstufung des Arbeitnehmers der Fall ist⁷. Dieser Gesichtspunkt der innerbetrieblichen sozialen Stellung wird ausreichend beachtet, solange der Arbeitnehmer mit Arbeiten innerhalb derselben tariflichen Vergütungsgruppe beschäftigt wird, die aber einer anderen Fallgruppe angehören⁸, auch wenn sie

---

1 BAG v. 14. 12. 1961, 14. 7. 1965, 28. 2. 1968 und 12. 4. 1973, AP Nr. 17, 19, 22, 24 zu § 611 BGB – Direktionsrecht; BAG v. 23. 6. 1993, NZA 1993, 1127, 1128; BAG v. 30. 8. 1995, NZA 1996, 440; anders, wenn es trotz Beibehaltung der bisherigen Vergütung zu einer Herabstufung innerhalb der Behördenhierarchie kommt, LAG Hamm v. 9. 1. 1997, NZA-RR 1997, 337.
2 LAG Köln v. 26. 10. 1984, NZA 1985, 258.
3 BAG v. 7. 10. 1982, AP Nr. 5 zu § 620 BGB – Teilkündigung; BAG v. 28. 5. 1997, NZA 1997, 1160.
4 BAG v. 23. 6. 1993, NZA 1993, 1127.
5 Anders bei tarifvertraglich eingeräumter Befugnis und sachgerechtem Interessenausgleich BAG v. 22. 5. 1985, NZA 1986, 166.
6 *Schaub*, § 45 IV, 5.
7 LAG Hamm v. 9. 1. 1997, NZA-RR 1997, 337.
8 BAG v. 2. 12. 1981, AP Nr. 6 zu § 75 BPersVG; BAG v. 23. 10. 1985, AP Nr. 10 zu § 24 BAT.

II. Verpflichtungen des Arbeitnehmers

unterwertig sind. Ohne diese tarifliche Besonderheit kann aber eine Tätigkeit, die geringerwertigen Merkmalen entspricht, nicht einseitig kraft des Weisungs- und Direktionsrechts übertragen werden, selbst wenn die bisherige Vergütung weiter gezahlt wird[1].

Eine **Prokura** kann zwar in jedem Fall ohne Rücksicht auf den Arbeitsvertrag widerrufen werden[2]. Solange damit nur die Außenvollmacht entzogen wird, ist dies noch keine wesentliche Änderung der Art der Arbeitsleistung. Anders verhält es sich, wenn zugleich innerbetriebliche Entscheidungsbefugnisse entzogen werden.

Auch in dem **höherwertigen Einsatz** eines Arbeitnehmers kann eine Überschreitung des Direktionsrechtes liegen[3]. Schließlich kann es zu einer Überforderung des Arbeitnehmers kommen.

Sog. **Nebenarbeiten** können dem Arbeitnehmer kraft des Direktionsrechts ebenfalls einseitig zugewiesen werden. Unter Nebenarbeiten versteht man Tätigkeiten, die in unmittelbarem Zusammenhang mit der vertraglich geschuldeten Leistung stehen[4]. Zu derartigen Nebenarbeiten gehören zB der Transport des Werkzeuges und des Materials für den zu Reparaturarbeiten eingesetzten Klempner, die Pflege der Arbeitsmittel, die Säuberung des Arbeitsplatzes, die Warenpflege für Verkaufskräfte und die Durchführung von Wandertagen und Klassenfahrten durch Lehrer[5]. Die Verpflichtung zur Ausführung von derartigen Nebenarbeiten ergibt sich in der Regel schon aus dem Berufsbild selbst, im übrigen aus der im Arbeitsvertrag beschriebenen Tätigkeit und darüber hinaus aus der Branchenüblichkeit bzw. Verkehrssitte[6].

In **Notfällen** kann der Arbeitnehmer kraft des Weisungs- und Direktionsrechts darüber hinaus zu sog. Notarbeiten herangezogen werden, dh. zu Tätigkeiten, die weder dem Berufsbild noch der arbeitsvertraglich geregelten Leistungspflicht entsprechen. Die Verpflichtung, in Notfällen auf Verlangen des Arbeitgebers andersartige Tätigkeiten zumindest vorübergehend auszuüben, ergibt sich aus der vertraglichen Nebenpflicht des Arbeitnehmers, Schaden vom Arbeitgeber bzw. dem Betrieb abzuwenden (Treuepflicht)[7]. Schon wegen der erforderlichen fachlichen Eignung, aber auch aus dem Gesichtspunkt von Treu und Glauben bzw. zur Vermeidung einer mißbräuchlichen Ausnutzung sind zur

---

1 BAG v. 30. 8. 1995, NZA 1996, 440; BAG v. 24. 4. 1996, NZA 1997, 104; *Hromadka*, DB 1995, 2601, 2603.
2 BAG v. 26. 8. 1986, NZA 1987, 202.
3 BAG v. 16. 1. 1991, NZA 1991, 490; LAG Hamm v. 27. 3. 1992, LAGE, § 611 BGB – Direktionsrecht Nr. 12.
4 MünchArbR/*Blomeyer*, § 46 Rz. 27; verfehlt ist daher die Auffassung von *Schaub*, § 45 IV 2, daß sie nur dann zu verrichten wären, wenn deren Übernahme dem Arbeitsvertrag entspricht.
5 Zur Pflicht zur Durchführung von Klassenreisen auch für Teilzeitlehrer s. BAG v. 20. 11. 1996, NZA 1997, 885.
6 MünchArbR/*Blomeyer*, § 46 Rz. 27.
7 BAG v. 29. 1. 1960, AP Nr. 12 zu § 123 GewO; BAG v. 8. 10. 1962, AP Nr. 18 zu § 611 BGB – Direktionsrecht; *Schaub*, § 45 IV 2.

Erledigung der Notarbeiten zunächst die Arbeitnehmer heranzuziehen, die diesen Tätigkeiten funktionsmäßig am nächsten stehen.

46 Bei der **Zuweisung sog. Streikarbeit** ist zu unterscheiden, ob Arbeitnehmer kraft des Direktionsrechtes zu Arbeiten herangezogen werden sollen, die bisher von Streikenden verrichtet wurden (direkte Streikarbeit) oder solchen Tätigkeiten, die zur Erhaltung von Betriebsanlagen während des Streiks notwendigerweise ausgeführt werden müssen.

Die Hinzuziehung zu sog. **direkter Streikarbeit** kraft des Direktionsrechtes kann der Arbeitnehmer verweigern[1]. Dem Arbeitnehmer ist kein unsolidarisches Verhalten gegenüber den Streikenden zuzumuten. Darüber hinaus wird sein Recht auf Arbeitsverweigerung auf Art. 9 Abs. 3 GG gestützt. Unmittelbare gesetzliche Anerkennung hat dieses Recht zur Arbeitsverweigerung bei Hinzuziehung zu sog. direkter Streikarbeit in § 11 Abs. 5 AÜG gefunden.

47 Dies gilt jedoch nicht hinsichtlich der Erledigung direkter Streikarbeit im Rahmen von **Notstandsarbeiten** sowie **Erhaltungsarbeiten** während eines Arbeitskampfes[2]. Notstandsarbeiten sind die Arbeiten, die die Versorgung der Bevölkerung mit lebensnotwendigen Diensten und Gütern während eines Streiks sicherstellen sollen. Unter Erhaltungsarbeiten sind nach der Rechtsprechung die Arbeiten zu verstehen, die erforderlich sind, um das Unbrauchbarwerden der sächlichen Betriebsmittel zu verhindern. Angesichts des Fehlens jeglicher gesetzlicher Regelung sind Vereinbarungen über die Einrichtung und den Umfang von Notdienst- und Erhaltungsarbeiten nicht nur zulässig, sondern auch wünschenswert und vorrangig von den Arbeitskampfparteien anzustreben[3]. Ansonsten steht dem Arbeitgeber eine einseitige Anordnungskompetenz zu, bis er einstweiligen Rechtsschutz erlangen kann[4].

48 Von **indirekter Streikarbeit** spricht man, wenn in einem nur mittelbar von dem Streik betroffenen Betrieb die Arbeit aufrecht erhalten wird, indem entweder die Ware anderweitig beschafft wird oder doch noch von dem bestreikten Betrieb Ware ausgeliefert wird – möglicherweise von Streikbrechern hergestellt – und die Arbeitnehmer mit dieser Ware weiterhin produzieren können. Arbeitnehmer dieses belieferten Betriebes sind nicht zur Arbeitsverweigerung aus Solidarität gegenüber den streikenden Kollegen in dem Zulieferbetrieb berechtigt. Anders verhält es sich, wenn „ausgelagerte" Streikarbeit zu leisten ist[5].

49 Eine andere Situation besteht auch dann, wenn Arbeitnehmer gerade **zur Überwindung des Streiks** eingestellt werden und sog. Streikarbeit erledigen sollen.

---

1 BGH v. 19. 1. 1978, AP Nr. 56 zu Art. 9 GG – Arbeitskampf; BAG v. 10. 9. 1985, AP Nr. 86 zu Art. 9 GG – Arbeitskampf; *Däubler/Colneric*, Arbeitskampfrecht, Rz. 590 ff.; MünchArbR/*Blomeyer*, § 46 Rz. 34; *Schaub*, § 45 IV 3.
2 BAG v. 31. 1. 1995, DB 1995, 1817.
3 BAG v. 31. 1. 1995, DB 1995, 1817.
4 *Bauer/Haußmann*, DB 1996, 881, 886.
5 *Däubler/Colneric*, Arbeitskampfrecht, Rz. 596, 598; MünchArbR/*Blomeyer*, § 46 Rz. 34.

II. Verpflichtungen des Arbeitnehmers Rz. 53 Teil 2 A

Wegen des ihnen bei Vertragsabschluß bekannten Einsatzzwecks besteht kein Leistungsverweigerungsrecht im Hinblick auf die abverlangte Streikarbeit. Demgemäß ist auch der Arbeitnehmer, der sich dem Streik nicht anschließt (ein sog. Streikbrecher), verpflichtet, die ihm vertraglich obliegenden Tätigkeiten auszuführen, jedoch keine anderen.

Bei der Ausübung des Weisungsrechts hat der Arbeitgeber **Gewissenskonflikte** 50 auf seiten des Arbeitnehmers zu vermeiden. Aus Art. 4 Abs. 1 GG folgt, daß Gewissensentscheidungen auch im Arbeitsverhältnis zu respektieren sind. Grundsätzlich darf der Arbeitgeber nach der Rechtsprechung des Bundesarbeitsgerichts dem Arbeitnehmer keine Arbeit zuweisen, die diesen in einen vermeidbaren Gewissenkonflikt bringt[1].

Problematisch ist die Situation, wenn wegen der fachlichen Anforderung in 51 dem Betrieb **kein anderer Arbeitnehmer** zur Ausführung gerade dieser Tätigkeit zur Verfügung steht. Zwar wird in diesem Fall eine ordentliche Kündigung nicht gerechtfertigt sein[2]. Man wird von einer Teil-Leistungsunmöglichkeit auszugehen haben, die weder der Arbeitnehmer noch der Arbeitgeber zu vertreten haben, so daß dem Arbeitnehmer gem. § 323 Abs. 1 BGB kein Anspruch auf das Arbeitsentgelt für den maßgeblichen Zeitraum der Arbeitsverweigerung zusteht.

Mußte der Arbeitnehmer jedoch schon **bei Vertragsabschluß** damit rechnen, 52 daß ihm in diesem Betrieb eine Tätigkeit zugewiesen werden kann, die ihn einem Gewissenkonflikt aussetzt, so kann er die ihm zugewiesene Arbeit nicht unter Berufung auf die verfassungsrechtlich garantierte Gewissensfreiheit verweigern[3]. Dies gilt auch bei einer nachträglichen Änderung seiner Auffassung.

Anzuerkennen ist jede ernste, sittliche, dh. an den Kategorien von „Gut" und 53 „Böse" orientierte Entscheidung des Arbeitnehmers, die er in einer bestimmten Lage **für sich bindend und verpflichtend** ansieht[4]. Die Relevanz und Wichtigkeit der Gewissensbildung auf seiten des Arbeitnehmers unterliegt allerdings keiner Gerechtigkeits- sondern nur einer Plausibilitätskontrolle[5]. Es ist Sache des Arbeitnehmers, darzulegen, daß es ihm wegen einer aus einer spezifischen

---

1 BAG v. 20. 12. 1984, AP Nr. 27 zu § 611 BGB – Direktionsrecht; BAG v. 24. 5. 1989, NZA 1990, 144; *Däubler*, NZA 1989, 945 ff.; *Kohte*, NZA 1989, 161 ff.; *Reuter*, BB 1986, 385 ff.
2 BAG v. 20. 12. 1984, AP Nr. 27 zu § 611 BGB – Direktionsrecht; BAG v. 24. 5. 1989, AP Nr. 1 zu § 611 BGB – Gewissensfreiheit.
3 *Däubler*, Arbeitsrecht 2, 6.1.4.1., S. 355.
4 BVerfG v. 20. 12. 1960, 13. 4. 1978 und 24. 4. 1985, BVerfGE 12, 45, 54 f.; 48, 127, 173; 69, 1, 23; BVerwG v. 3. 12. 1986 und 3. 2. 1988, BVerwGE 75, 188; 79, 24, 27; BAG v. 20. 12. 1984, AP Nr. 27 zu § 611 BGB – Direktionsrecht; MünchArbR/*Blomeyer*, § 46 Rz. 33; *Meyer*, AuR 1985, 105, 108; *Meyer*, Anm. zu BAG v. 20. 12. 1984, JZ 1985, 1111, 1112; *Preuß*, Anm. zu BAG v. 20. 12. 1984, AuR 1986, 382, 383; *Wendeling-Schröder*, BB 1988, 1742, 1744; *Kohte*, NZA 1989, 161, 163; *Kissel*, NZA 1988, 145, 151; *Berger-Delhey*, DB 1990, 2266.
5 BVerfGE 69, 1, 27 ff.; MünchArbR/*Blomeyer*, § 46 Rz. 33; *Konzen/Rupp*, 66 ff., 102 ff.

Sachlage folgenden Gewissensnot heraus nicht zuzumuten ist, die geschuldete Arbeitsleistung zu erbringen[1]. Die von der Rechtsprechung entschiedenen Fälle betrafen ua.:

- ▶ Weigerung eines Wehrdienstverweigerers, einen Prospekt zu drucken, mit dem für Bücher über den 2. Weltkrieg und das Dritte Reich geworben wird[2];
- ▶ Mitwirkung an Schwangerschaftsabbrüchen[3];
- ▶ Mitwirkung eines Arztes an der Entwicklung einer Substanz, die die Symptome der Strahlenkrankheit zeitweise unterdrücken soll[4];
- ▶ Bearbeitung von möglicherweise zur Waffenherstellung geeigneten Exportlieferungen in den Irak durch einen Arbeitnehmer jüdischer Abstammung[5];
- ▶ Weigerung eines Musikers, aus christlichen Erwägungen an einer „außergewöhnlichen" Inszenierung von Verdis Oper „Der Troubadour" mitzuwirken[6];
- ▶ Weigerung von Musikern des Bayerischen Staatsorchesters, Dienste mutterschutzverhinderter Musikerinnen zu übernehmen, weil dies zur Diskriminierung der vertretenen Kolleginnen führe[7];
- ▶ Zustellung von Wahlwerbung einer rechtsradikalen Partei mit ausländerfeindlichem Inhalt als Postwurfsendung[8].

54 Ein **Leistungsverweigerungsrecht** hat der betroffene Arbeitnehmer dann, wenn der Arbeitgeber die vertraglichen oder dem Ermessen (§ 315 BGB) gesetzten Grenzen des Weisungs- bzw. Direktionsrechtes überschreitet. Unzulässige Weisungen müssen nicht befolgt werden; sie lassen die so konkretisierte Arbeitspflicht entfallen[9]. Grundlage dieses Leistungsverweigerungsrechts ist das Zurückbehaltungsrecht gem. § 273 BGB. Eine völlige Einstellung jeglicher Tätigkeit ohne Verlust des Arbeitsentgelts setzt voraus, daß der Arbeitnehmer den Arbeitgeber zunächst auf die Unzumutbarkeit der Arbeitsleistung hinweist und ihn auffordert, vertragsgerechte Arbeit zuzuweisen[10]. Erst wenn auf eine derartige Aufforderung hin keine Änderung eintritt, ist der Arbeitnehmer zur Leistungsverweigerung berechtigt, ohne seinen Anspruch auf das Arbeitsentgelt (§ 615 BGB) zu verlieren.

---

1 BAG v. 24. 5. 1989, AP Nr. 1 zu § 611 BGB – Gewissensfreiheit.
2 BAG v. 20. 12. 1984, AP Nr. 27 zu § 611 BGB – Direktionsrecht.
3 BVerfG v. 28. 5. 1993, NJW 1993, 1751.
4 BAG v. 24. 5. 1989, AP Nr. 1 zu § 611 BGB – Gewissensfreiheit.
5 ArbG Köln v. 18. 4. 1989, AiB 1991, 126.
6 LAG Düsseldorf v. 7. 8. 1992, NZA 1993, 411.
7 BAG v. 10. 1. 1996, DB 1996, 1477.
8 Hessisches LAG v. 20. 12. 1994, DB 1995, 1619.
9 BAG v. 22. 12. 1982, AP Nr. 23 zu § 123 BGB (unter II 2b); *Kohte*, NZA 1989, 163; MünchArbR/*Blomeyer*, § 46 Rz. 36.
10 MünchArbR/*Blomeyer*, § 46 Rz. 36.

II. Verpflichtungen des Arbeitnehmers

> **Hinweis:** 55
> Für den Arbeitnehmer ist es riskant, sich auf ein Leistungsverweigerungsrecht wegen einer die vertraglichen Grenzen oder billiges Ermessen (§ 315 BGB) überschreitenden Weisung des Arbeitgebers „zu verlassen" und deshalb die Arbeit zu verweigern. Der Arbeitnehmer muß damit rechnen, daß der Arbeitgeber mit einer Kündigung reagiert. In aller Regel wird es sich wegen der angeblich ungerechtfertigten Arbeitsverweigerung um eine die wirtschaftliche Situation des Arbeitnehmers zumeist extrem belastende fristlose Kündigung handeln, so daß eine Klärung im Kündigungsschutzverfahren wegen der zwischenzeitlich eingetretenen nachteiligen Folgen eine unzureichende rechtliche Absicherung für den betroffenen Arbeitnehmer darstellt. Diesem Risiko der arbeitgeberseitigen Kündigung kann der Arbeitnehmer nur dadurch entgehen, daß er der Weisung unter Vorbehalt nachkommt und sodann im Wege der Feststellungsklage den Umfang der ihm obliegenden Arbeitspflicht durch das Arbeitsgericht klären läßt.

Unter bestimmten engen Voraussetzungen ist eine **gerichtliche Klärung** des Weisungsrechts nicht nur im ordentlichen Verfahren, sondern auch im Wege der **einstweiligen Verfügung** möglich. Allerdings sind einem einstweiligen Rechtsschutz gegenüber arbeitgeberseitiger Ausübung des Direktionsrechtes enge Grenzen gesetzt[1]. Da unter das Weisungs- bzw. Direktionsrecht begrifflich auch bloße fachliche Anweisungen fallen, wird man *Blomeyer* folgend den Rechtsschutz, auch den einstweiligen Rechtsschutz, auf die Abwehr solcher Maßnahmen beschränken müssen, mit denen das Weisungsrecht in das – auch mittelbar – grundgesetzlich geschützte Arbeitnehmer-Persönlichkeitsrecht eingreift[2]. 56

(3) Verpflichtung zur Ausübung des Weisungsrechts

Die auf dem Weisungs-(Direktions-)Recht beruhende Möglichkeit zur einseitigen Gestaltung der Arbeitsbedingungen[3] hat der Arbeitgeber aber auch gegen sich gelten zu lassen, wenn aus in der Person des Arbeitnehmers liegenden Gründen[4] oder wegen äußerer Umstände der Arbeitnehmer nur noch mit ganz bestimmten Arbeiten betraut werden kann oder sich die Einsatzmöglichkeit in anderer Weise beschränkt. Die **Pflicht zur Zuweisung** anderer, vom Arbeitsvertrag aber „gedeckter" Arbeiten ergibt sich nicht nur aus der dem Arbeitgeber obliegenden Fürsorgepflicht[5], sondern bereits aus dem gem. § 315 Satz 1 BGB anzulegenden billigem Ermessen und der daraus resultierenden Interessenabwägung. Wenn ein Arbeitnehmer aus persönlichen oder betrieblichen Gründen 57

---

1 Siehe dazu LAG Köln v. 26. 8. 1992, LAGE § 940 ZPO Nr. 1; LAG München v. 21. 1. 1994 – 8 Ta 284/93, nv.
2 MünchArbR/*Blomeyer*, § 46 Rz. 38.
3 BAG v. 23. 6. 1993, AP Nr. 42 zu § 611 BGB – Direktionsrecht.
4 Hessisches LAG v. 2. 4. 1993, NZA 1994, 622.
5 *Schaub*, § 45 IV Nr. 10.

nur noch mit ganz bestimmten Arbeiten beschäftigt werden kann, die dessen Fähigkeiten entsprechen und deren Art von seinem Arbeitsvertrag erfaßt wird, so reduziert sich das dem Arbeitgeber eingeräumte Ermessen in der Ausübung des Weisungsrechts dahingehend, daß dem Arbeitnehmer diese Arbeit zugewiesen werden muß.

58 Ggf. kann der Arbeitgeber auf Antrag des Arbeitnehmers durch das **Arbeitsgericht** verpflichtet werden, eine dahingehende Bestimmung zu treffen.

59 Die Zuweisung anderer Arbeit bzw. Versetzung kraft des Direktionsrechts kann dem Arbeitgeber aber auch **zur Vermeidung einer Kündigung** obliegen. Nach der Rechtsprechung des Bundesarbeitsgerichts ist der Arbeitgeber im Rahmen des § 1 Abs. 2 Satz 1 KSchG zur Weiterbeschäftigung des Arbeitnehmers auf einem anderen freien vergleichbaren (gleichwertigen) Arbeitsplatz verpflichtet. Vergleichbar ist ein Arbeitsplatz, wenn der Arbeitgeber aufgrund der inhaltlichen Ausgestaltung des Arbeitsvertrages kraft seines Weisungsrechts den Arbeitnehmer ohne Änderung seines Arbeitsvertrags weiterbeschäftigen kann[1], ein Austausch also möglich ist. Im Hinblick auf die Berufsausbildung sowie die im Laufe der Beschäftigung gewonnenen beruflichen Erfahrungen muß aber eine alsbaldige Substituierbarkeit möglich sein[2].

(4) Konkretisierung

60 Soweit aufgrund des Arbeitsvertrages dem Arbeitgeber ein Weisungs- bzw. Direktionsrecht zusteht, kann dieses nach längerer Beschäftigung mit bestimmten Tätigkeiten **eingeschränkt oder verengt**[3] oder auch völlig **ausgeschlossen** sein, so daß es einer Änderungskündigung bedarf, um dem Arbeitnehmer andere Arbeiten zuweisen zu können.

Eine derartige Einschränkung des nach dem ursprünglichen Arbeitsvertrag dem Arbeitgeber zustehenden Weisungsrechtes kann durch die dauernde Ausübung höherwertiger oder gleichwertiger, aber andersartiger Tätigkeiten eingetreten sein. Neben dem Zeitablauf (sog. **Zeitmoment**) setzt die Konkretisierung – ähnlich wie der Gesichtspunkt der Verwirkung – allerdings noch voraus, daß ein sog. **Umstandsmoment** erfüllt ist, weil die Einschränkung des Direktionsrechts eine Vertragsänderung darstellt und deshalb entsprechende rechtsgeschäftliche Willenselemente, die auf eben diese Änderung gerichtet sind, erkennbar sein müssen[4]. Der Arbeitnehmer muß aufgrund äußerer Umstände darauf vertrauen dürfen, daß es eine einseitige Einwirkung des Arbeitgebers auf den Arbeitsbereich oder eine Änderung nicht mehr geben werde[5]. Solche besonderen Umstände können sich aus der arbeitgeberseitig gewollten oder geförderten beruflichen Weiterbildung, aus der Förderung, aus der Übertragung von

---

1 BAG v. 29. 3. 1990, NZA 1991, 181, 182 (zu B II 5b).
2 BAG v. 5. 5. 1994, NZA 1994, 1023, 1025; so auch KR/*Becker*, § 1 KSchG Rz. 347b.
3 *Zöllner/Loritz*, § 12 III 1c.
4 LAG Rheinland-Pfalz v. 5. 7. 1996, BB 1997, 474.
5 BAG v. 14. 12. 1961 und 12. 4. 1973, AP Nr. 17 und 24 zu § 611 BGB – Direktionsrecht; BAG v. 11. 10. 1995, DB 1996, 834; *Gaul*, NZA 1990, 873, 878.

Führungsaufgaben, aber auch aus Gewöhnung an einen Rechtszustand ergeben[1].

Eindeutig stellt sich die Situation **bei der dauernden Ausübung höherwertiger Tätigkeit** anstelle der ursprünglich vereinbarten dar, wenn der ursprüngliche Arbeitsvertrag eine geringerwertige oder mit weniger Befugnissen ausgestattete Tätigkeit beinhaltet. Eine Arbeit, die sowohl der Ausbildung wie auch dem im Arbeitsvertrag angegebenen allgemeinen Berufsbild entspricht, die jedoch zwischenzeitlich angeeignete besondere Fähigkeiten voraussetzt, kann nicht mehr durch einseitiges Direktionsrecht abgeändert werden; so kann eine Diplomsportlehrerin, die jahrelang als Dozentin in der Sportlehrerausbildung tätig war, nicht wieder aufgrund des Direktionsrechtes einseitig im allgemeinen Hochschulsport der Bediensteten und Studenten der Hochschule eingesetzt werden[2]. Es muß aber eine durch weitere Umstände auch für den Arbeitnehmer ersichtliche dauerhafte, vom Arbeitgeber zumindest gebilligte und nicht nur von äußeren Umständen abhängige Einengung der auszuführenden Arbeiten erfolgt sein, so daß es nicht ausreicht, daß ein Hafenlotse 16 Jahre lange ausschließlich im niedersächsischen Hafenteil Cuxhavens Lotsendienste erbracht hat[3]. Auch kann eine Arbeitnehmerin, die zunächst rd. 1 1/2 Jahre lang mit Maschinenarbeit beschäftigt war, nach rd. 20jährigem Einsatz im Warenkontrollbereich wieder Maschinenarbeit zugewiesen erhalten[4]. Da in beiden Fällen das Weisungsrecht nur vertragsvollziehenden Charakter hatte, führte allein der Zeitablauf zu keiner Konkretisierung der geschuldeten Arbeitsleistung[5].

61

> **Hinweis und Vertragsbeispiel:**
>
> Arbeitgeber, die trotz dieser Rechtsprechung Mißverständnisse auf seiten des Arbeitnehmers vermeiden wollen, sollten zusätzlich eine sog. **Direktions- oder Versetzungsklausel** aufnehmen, daß auch bei längerem Einsatz in einer bestimmten Funktion oder Beschäftigung mit bestimmten Arbeiten dem Arbeitgeber vorbehalten bleibt, den Arbeitnehmer auch anderweitig einzusetzen oder mit anderen Tätigkeiten zu betrauen, zB:
>
> „Der Arbeitnehmer wird tätig als ... Auch nach längerem unveränderten Einsatz für bestimmte Arbeiten ist er verpflichtet, bei Bedarf andere zumutbare Tätigkeiten zu übernehmen."

62

dd) Ort der Arbeitsleistung

Der Ort der Arbeitsleistung richtet sich in erster Linie nach den **getroffenen Vereinbarungen,** also nach dem Arbeitsvertrag. Gemäß § 2 Abs. 1 Satz 2 Nr. 4

63

---

1 Schaub, § 45 IV 2 mwN.
2 LAG Köln v. 29. 1. 1991, LAGE § 611 BGB – Direktionsrecht Nr. 8.
3 BAG v. 12. 4. 1973, AP Nr. 24 zu § 611 BGB – Direktionsrecht.
4 LAG Düsseldorf v. 23. 6. 1994, LAGE § 611 BGB – Direktionsrecht Nr. 18.
5 S. a. BAG v. 11. 10. 1995, EBE/BAG 1996, 29, zur bloßen Korrektur fehlerhafter Rechtsanwendung.

NachwG ist der Arbeitsort anzugeben oder, falls der Arbeitnehmer nicht nur an einem bestimmten Arbeitsort tätig sein soll, darauf hinzuweisen, daß der Arbeitnehmer an verschiedenen Orten beschäftigt werden kann. Auch wenn der örtlichen Festlegung keine konstitutive Bedeutung zukommt[1], so hat sie zur Folge, daß ein abweichender örtlicher Einsatz nur im Wege der Änderungskündigung möglich ist. Etwas anderes gilt nur dann, wenn vertraglich eine Versetzung vorbehalten worden ist.

64 Bereits aus dem Arbeitsvertrag und den ihn bestimmenden **Umständen** gibt es keine Zweifel daran, daß ein in einem Kfz-Betrieb eingestellter Autoschlosser seine Arbeitsleistung in dem gesamten Betrieb dieses Unternehmens erbringen muß. Auch eine als Verkäuferin in einem Kaufhaus eingestellte Arbeitnehmerin kann, ohne daß es einer Änderungskündigung bedarf, von der Kinder- in die Herrenabteilung umgesetzt werden[2], solange die Tätigkeit der Ausbildung dieser Verkäuferin entspricht, also keiner anderer Warenkunde bedarf. Auch eine als Krankenschwester eingestellte Arbeitnehmerin hat den Ort der Arbeitsleistung nicht in einer bestimmten Station, in der sie erstmalig die Arbeit aufgenommen hat, sondern das gesamte Krankenhaus ist der Leistungsort. Anders verhält es sich, wenn die Arbeitnehmerin zB als Kinderkrankenschwester eingestellt wurde und deshalb schon nach dem Berufsbild ein Einsatz nur in der Kinderstation des Krankenhauses möglich ist. Wer als Dekorateur, Fensterputzer, Montagearbeiter oder Kundendienstmitarbeiter eingestellt wurde, hat bereits nach den Umständen des Vertrages und der von ihm geschuldeten Tätigkeit seine Leistung nicht an einem bestimmten Ort, also im Betrieb des Arbeitgebers zu erbringen, sondern selbstverständlich in den einzelnen Haushalten oder auf den einzelnen Baustellen. Der jeweilige Wechsel des Arbeitsortes beruht hier nicht auf einer Versetzung iSd. §§ 95 Abs. 3, 99 BetrVG, sondern der Arbeitsort ist von vornherein unter Berücksichtigung der Verkehrssitte durch den **Wirkungsbereich des Betriebes** bestimmt[3]. Maßgeblich ist nicht das Weisungsrecht, sondern allenfalls eine Konkretisierung der jeweils geschuldeten Arbeitsleistung hinsichtlich des Leistungsortes.

65 Darüber hinaus kann der Ort der Arbeitsleistung aber auch durch eine sog. **Versetzungsklausel** vorbehalten sein, indem der jeweilige Einsatz des Arbeitnehmers dem Weisungs- bzw. Direktionsrecht des Arbeitgebers unterliegt[4].

Beispiel:

Wird ein kaufmännischer Angestellter für die Exportabteilung eines Unternehmens eingestellt und ist dies auch im Arbeitsvertrag derart konkret festgelegt, so kann ein Einsatz in der Importabteilung nur kraft des Direktions- oder Weisungsrechts aufgrund einer Versetzungsklausel im Arbeitsvertrag erfolgen, sofern sich der Arbeitnehmer nicht von sich aus mit einem derartigen Wechsel

---

1 *Preis*, NZA 1997, 10.
2 LAG Köln v. 26. 10. 1984, NZA 1985, 258.
3 *Großmann/Schneider*, Tz. 102.
4 Siehe dazu auch oben Rz. 32 ff.

II. Verpflichtungen des Arbeitnehmers

einverstanden erklärt oder sodann über eine Änderungskündigung eine Veränderung des Arbeitsortes seitens des Arbeitgebers durchgeführt werden soll.

Bei **leitenden Angestellten** kann die Versetzungsklausel so weit gehen, daß ein Arbeitnehmer im Rahmen eines Konzerns von einem zum anderen Unternehmen versetzt werden kann, zB als Betriebsleiter. Auch kann dies zum Einsatz eines Geschäftsführers eines Tochterunternehmens führen (delegierter Geschäftsführer).

Wie auch ein allgemeines Weisungsrecht **tarifvertraglich** vorbehalten sein kann, kann tarifvertraglich auch ein Versetzungsvorbehalt bestehen, wie etwa bei den Angestellten des öffentlichen Dienstes gem. § 12 BAT. 66

Vertragsbeispiel: 67

> „Ort, Art und zeitliche Lage der vom Arbeitnehmer zu erledigenden Arbeiten richten sich im Rahmen des Zumutbaren nach den betrieblichen Bedürfnissen des Arbeitgebers. Dem Arbeitnehmer können daher auch anderweitige, seinen Fähigkeiten entsprechende Aufgaben übertragen werden. Ebenso kann er auch an einem anderen Arbeitsplatz/in einer anderen Abteilung/in einer anderen Betriebsstätte des Arbeitgebers beschäftigt werden."

Siehe auch die zu Rz. 24, 26 und 27 angeführten Beispiele zu 4d), 6. und 7.

Derartige im Arbeitsvertrag vorbehaltene Umsetzungs- oder Versetzungsmöglichkeiten geben aber **nicht eine betriebsverfassungsrechtliche Mitbestimmungsfreiheit**[1]. Sofern ein Betriebsrat vorhanden ist und die arbeitgeberseitig beabsichtigte Veränderung des Arbeitsortes die Voraussetzungen einer mitbestimmungspflichtigen Versetzung iS der §§ 95 Abs. 3, 99 BetrVG erfüllt, ist die Zustimmung des Betriebsrates erforderlich; bei einer Versetzung in einen anderen Betrieb desselben Unternehmens auch die Zustimmung des Betriebsrats des „aufnehmenden" Betriebes[2]. 68

Die arbeitgeberseitig veranlaßte Veränderung des Arbeitsortes muß sich nach **billigem Ermessen** (§ 315 BGB) richten. So braucht der Arbeitnehmer einer Umsetzung nicht nachzukommen, wenn die Aufnahme der Arbeit an dem anderen Arbeitsplatz unzumutbar ist, zB wegen der Entfernung oder auch der Wegezeit. Entstehen dem Arbeitnehmer infolge der Zuweisung eines anderen Ortes der Arbeitsleistung höhere Fahrtkosten, so ist nach herrschender Meinung der Arbeitgeber verpflichtet, dem Arbeitnehmer diese Kosten zu ersetzen[3]. 69

Kommt es zur vollständigen Verlegung des Arbeitsortes (**Betriebsverlegung**), muß der Arbeitnehmer grundsätzlich die Betriebsverlegung befolgen, da die 70

---

1 Anders aber *Gerauer*, BB 1995, 406.
2 BAG v. 16. 12. 1986, NZA 1987, 424; BAG v. 20. 9. 1990, NZA 1991, 195; *Künzl*, BB 1995, 823.
3 *Schaub*, § 45 III 4.

Arbeitsleistung i.d.R. vertraglich nicht an einen geographischen Ort gebunden ist, sondern an einen bestimmten Betrieb[1]. Diese Pflicht gilt aber nur im Rahmen des Zumutbaren. Auch wenn der Arbeitgeber bereit – und verpflichtet – ist, die entstehenden zusätzlichen Fahrtkosten zu übernehmen, so ist der Arbeitnehmer dann nicht verpflichtet, in Zukunft am Betriebssitz seine Arbeit zu erbringen, wenn er seinen „persönlichen Lebensbereich" verlassen muß, dh. zB, daß er nach Beendigung der Arbeit nicht mehr nach Hause zurückkehren kann[2]. Da der Arbeitgeber den Arbeitnehmer nicht mehr zu zumutbaren Bedingungen weiterbeschäftigen kann, bedingt dies eine arbeitgeberseitige Kündigung.

Die Zustimmung des Betriebsrats zur Verlegung des Betriebes im Rahmen eines Interessenausgleichs gem. § 111 BetrVG kann nicht die **individuelle Zustimmung** des jeweils betroffenen Arbeitnehmers ersetzen. Der Interessenausgleich hat keine normative Wirkung.

71 Dem Ort der Arbeitsleistung kommt zudem prozessuale Wirkung zu, da er den besonderen **Gerichtsstand des Erfüllungsortes** begründet (§ 29 Abs. 1 ZPO). Der Ort der geschuldeten Arbeitsleistung ist zugleich „Erfüllungsort"[3]. Wegen Identität des Ortes der Arbeitsleistung und des vereinbarten „Erfüllungsortes" steht § 29 Abs. 2 ZPO der Vereinbarung des Erfüllungsortes in Arbeitsverträgen nicht entgegen.

72 Trotz des Umstandes, daß ein **Außendienstmitarbeiter** (Verkaufsreisender etc.) zu Hause im Grunde genommen nur Nebentätigkeiten ausübt, während die wesentliche vertraglich geschuldete Arbeitsverpflichtung durch das Aufsuchen der Kunden erbracht wird, steht die Rechtsprechung auf dem Standpunkt, daß dann, wenn der Reisende von seinem Wohnsitz aus seine Reisetätigkeit ausübt, nach § 269 Abs. 1 BGB Erfüllungsort für die Arbeitsleistung eines für die Bearbeitung eines größeren Bezirks angestellten Reisenden dessen Wohnsitz ist[4].

73 Schließlich ist der Ort der Arbeitsleistung auch Anknüpfungspunkt für das auf das Arbeitsverhältnis **anzuwendende Recht.**

ee) Quantität, Intensität und Qualität der zu leistenden Arbeit

74 Abgesehen vom zeitlichen Umfang der zu leistenden Arbeit ergibt sich aus dem Arbeitsvertrag in der Regel nicht, **welches Arbeitsergebnis** überhaupt oder in zeitlichen Abschnitten, **welches Arbeitstempo** und **welche Intensität** sowie **welche Arbeitsqualität** von dem Arbeitnehmer bei der von ihm zu erbringenden Tätigkeit erwartet werden. Aus dem Personalcharakter des Arbeitsverhältnisses folgt, daß der Arbeitnehmer grundsätzlich nicht einen bestimmten Ar-

---

1 MünchArbR/*Blomeyer*, § 46 Rz. 87.
2 MünchArbR/*Blomeyer*, § 46 Rz. 87; *Schaub*, § 40 III 3.
3 BAG v. 3. 12. 1985, AP Nr. 5 zu § 1 TVG – Tarifverträge: Großhandel.
4 BAG v. 12. 6. 1986, AP Nr. 1 zu Art. 5 – Brüsseler Abkommen; BAG v. 3. 11. 1993, AP Nr. 11 zu § 17a GVG; BAG v. 11. 12. 1995 – 5 AS 27/95, nv.; ArbG Solingen v. 24. 3. 1993, NZA 1994, 480; dagegen kritisch: *Ostrop/Zumkeller*, NZA 1994, 644 ff.; *Ehler*, BB 1995, 1849 ff.: „einheitlicher Erfüllungsort" am Sitz des Betriebes.

II. Verpflichtungen des Arbeitnehmers

beitserfolg schuldet, sondern nur verpflichtet ist, die eigene Arbeitskraft während der vereinbarten Arbeitszeit im Rahmen der vertraglichen und gesetzlichen Grenzen – also nicht seine ganze Arbeitskraft[1] – zur Leistung der „versprochenen Dienst" einzusetzen[2]. Infolgedessen sind grundsätzlich keine konkret bestimmte Leistungsquantität oder -qualität und auch kein konkret bestimmtes Arbeitstempo zu erbringen[3]. Aufgrund des im BGB vorausgesetzten Zeitlohnes riskiert der Arbeitnehmer auch bei schlechter Leistung keine Abzüge, da anders als bei Kauf, Miete oder Werkvertrag eine Minderung ausscheidet, weil für das Arbeitsrecht die Gewährleistungsregeln (wie zB §§ 459 ff. BGB) nicht gelten[4].

(1) Quantität

Der **Umfang der Arbeitspflicht** wird in der Regel bestimmt durch die vertragliche, tarifliche, gesetzliche oder auch betriebliche Arbeitszeit. Der Arbeitnehmer hat daher für die vorgesehene zeitliche Dauer die individuell mögliche Arbeitsleistung zur Verfügung zu stellen. Gemäß § 2 Abs. 1 Nr. 7 NachwG ist die vereinbarte Arbeitszeit schriftlich zu fixieren.

Kraft des ihm durch den Arbeitsvertrag eingeräumten Weisungs- bzw. Direktionsrechts oder Betriebsvereinbarung und Tarifvertrag kann der Arbeitgeber ermächtigt sein, den Arbeitsumfang, also die Dauer der Arbeitszeit, der betrieblichen Notwendigkeit entsprechend anzupassen, soweit nicht gesetzliche Regelungen (insbesondere das Arbeitszeitgesetz) entgegenstehen. In erster Linie gilt dies für die **Anordnung von Überstunden.** Führt die – dauernde – Änderung des Arbeitsumfanges auch zu einer Abänderung des Arbeitsentgelts, bedarf es wegen der Änderung des vertraglichen Synallagmas einer Vertragsänderung (s. a. § 3 NachwG). Eine einseitige Vertragsänderung durch den Arbeitgeber stellt sich als Umgehung des Kündigungsschutzgesetzes dar und ist deshalb unzulässig[5].

Während der vereinbarten Arbeitszeit hat der Arbeitnehmer **im Rahmen seiner individuellen Möglichkeiten,** also unter Aufwendung aller ihm gegebenen geistiger und körperlicher Fähigkeiten zu arbeiten, auch wenn diese über der – objektiven – Normalleistung liegen[6]. Selbstverständlich nicht nur im Interesse des persönlich betroffenen Arbeitnehmers, sondern auch aus dem Gesichtspunkt der vertraglichen Nebenpflichten, darf die zur Erfüllung der Arbeitsleistung gezeigte Anstrengung aber nicht zu einer gesundheitlichen Schädigung führen. Eine entsprechende Verpflichtung ergibt sich im übrigen auch aus § 618 Abs. 1 BGB.

---

1 *Schaub,* § 45 V 1.
2 MünchArbR/*Blomeyer,* § 46 Rz. 54.
3 MünchArbR/*Blomeyer,* § 46 Rz. 54.
4 MünchArbR/*Blomeyer,* § 46 Rz. 54; *Beuthien,* ZfA 1972, 73, 74.
5 MünchArbR/*Blomeyer,* § 46 Rz. 55.
6 *Schaub,* § 45 V 1; anderer Auffassung: *Däubler,* Arbeitsrecht 2, 6.1.2.2., S. 351, der die Obergrenze der Pflicht zum „individuell Möglichen" grundsätzlich in der sog. Normalleistung sieht.

Auch bei einer vereinbarten **Akkordarbeit** gilt der Grundsatz, daß der Arbeitnehmer die „volle" Arbeitsleistung entsprechend seinen individuellen Möglichkeiten zu erbringen hat. Die Mindest- und Normalleistung sind nur der Vergütungsmaßstab, der die Arbeitspflicht nicht beeinflußt. Die Beschränkung des Arbeitnehmers auf die im Akkord vorgesehene Mindestleistung kann uU zu einer arbeitgeberseitigen Kündigung führen[1]. Dies gilt für zeitbestimmte Entlohnung, aber auch bei Prämienvergütung.

(2) Intensität

77 Sieht man einmal von zeitbestimmter oder erfolgsabhängiger Arbeitsvergütung ab, so ist das Arbeitstempo nicht vorgegeben, so daß auch kein konkret bestimmtes Arbeitstempo geschuldet wird. Das **Tempo und die Intensität der Arbeitsleistung** richten sich deshalb vielfach nach den individuellen und betrieblichen Umständen. Die Arbeitnehmer dürfen nicht physisch überfordert werden, andererseits müssen sie eine ihren Fähigkeiten und den sonstigen Umständen angemessene Arbeitsleistung erbringen[2].

78 Der Vorgabe des Arbeitstempos insbesondere durch Fließbandarbeit wird durch Einführung von **Gruppenarbeit** und der dortigen Möglichkeit der Tempovariation begegnet. Während im herkömmlichen Betrieb die Funktionen gegliedert und die Produktion in kleine Einzelschritte zerlegt ist, wird hier der umgekehrte Weg gegangen: Funktionale Trennungen werden wieder aufgehoben, die Arbeit wird zu Prozessen zusammengeführt. Aus der Solidarität erwächst eine interne Pflicht des einzelnen Arbeitnehmers gegenüber der Gruppe. Allerdings handelt es sich dabei auch um eine Verpflichtung des Arbeitnehmers gegenüber dem Arbeitgeber bzw. dem Unternehmen, innerhalb dieser Gruppenarbeit unter angemessener Anspannung der vorhandenen individuellen Kräfte und Fähigkeiten die der Gruppe zugewiesenen Tätigkeiten zu erfüllen. Die nähere Konkretisierung der Art der Arbeitsleistung und des Arbeitstempos bzw. der Intensität der Arbeitsleistung bleibt jedoch der Gruppe weitgehend selbst überlassen, soweit sie als Gruppe die ihr gesteckten betrieblichen Vorgaben erfüllt. Bleibt die Arbeitsleistung hinter diesen Vorgaben zurück und ist dies individuell einem einzelnen Arbeitnehmer zurechenbar, so sind aber nur auf den einzelnen Arbeitnehmer bezogene Reaktionen möglich.

(3) Qualität

79 Gem. § 611 Abs. 1 BGB ist der Arbeitnehmer verpflichtet, die „versprochenen" Dienste zu leisten. Entsprechend der vertraglich übernommenen Aufgabe hat der Arbeitnehmer **unter Anspannung der ihm möglichen Fähigkeiten die ihm obliegenden Arbeiten ordnungsgemäß** zu verrichten, dh. es ist sorgfältig und konzentriert zu arbeiten[3]. Die Individualität der „persönlichen" Arbeitspflicht

---

[1] BAG v. 20. 3. 1969, AP Nr. 27 zu § 123 GewO; aA *Däubler*, Arbeitsrecht 2, 6.1.2.1 und 6.1.2.2.
[2] *Zöllner/Loritz*, § 12 III 2b.
[3] BAG v. 14. 1. 1986, AP Nr. 10 zu § 87 BetrVG 1972 – Ordnung des Betriebes, unter B 2c); MünchArbR/*Blomeyer*, § 46 Rz. 60.

II. Verpflichtungen des Arbeitnehmers

steht der Annahme einer Gattungsschuld iS von § 243 BGB entgegen, die auf objektiv bestimmbare Sachleistungen zugeschnitten ist[1]. Bei mangelhaften Leistungen bestehen somit auch keine Gewährleistungsansprüche, wie sie zB für das Kaufvertragsrecht die §§ 459 ff. BGB vorsehen.

Eine ganz **konkrete Leistungsqualität** kann aber – ausdrücklich oder konkludent – vertraglich geregelt sein. Sie kann sich aus der übertragenen Aufgabe, aber auch aus der Branchen- bzw. Betriebsüblichkeit sowie aus der Höhe der Vergütung ergeben[2]. Infolgedessen können nicht nur besondere Fachkunde und entsprechende Fähigkeiten vorausgesetzt werden, sondern auch der Einsatz von entsprechendem Fachwissen, Zuverlässigkeit und Qualitätsbewußtsein. 80

ff) Arbeitszeit

(1) Allgemeines – Begriffliche Abgrenzung

Unter Arbeitszeit wird allgemein **die Dauer der täglichen oder wöchentlichen Arbeitszeit** verstanden (siehe dazu nachstehend Rz. 96 ff.). Grundsätzlich und so auch die gesetzliche Begriffsdefinition in § 2 Abs. 1 ArbZG ist Arbeitszeit „die Zeit vom Beginn bis zum Ende der Arbeit ohne die Ruhepausen", also der Zeitraum, innerhalb der ein Arbeitnehmer – auch wenn er nicht arbeitet – seine Arbeitskraft dem Arbeitgeber zur Verfügung stellen muß. 81

Sieht man einmal von leitenden Angestellten ab, deren Gehalt auch die über die betriebsübliche Arbeitszeit hinausgehende Tätigkeit vergütet (§ 18 ArbZG nimmt diesen Personenkreis auch aus der Regelung des Arbeitszeitgesetzes aus), so bestimmt die Arbeitszeit den **Umfang der vom Arbeitnehmer geschuldeten Leistung,** für die der Arbeitgeber als Gegenleistung das vereinbarte Arbeitsentgelt zu zahlen hat (vertragliches Synallagma)[3].

▶ Von **Überstunden** (auch als Überarbeit bezeichnet) spricht man, wenn Arbeit über die arbeitsvertragliche oder tarifvertragliche Arbeitszeit hinaus geleistet wird. Arbeitszeit, die über die gesetzlich zulässige tägliche Arbeitszeit hinausgeht, wird als **Mehrarbeit** bezeichnet[4]. Siehe hierzu auch Rz. 109 f. 82

▶ **Kurzarbeit** ist die durch einen vorübergehenden Arbeitsausfall bedingte Kürzung der betriebsüblichen bzw. vereinbarten individuellen Arbeitszeit (§§ 169 ff. SGB III). 83

Von der eigentlichen Arbeitszeit sind folgende Zeiten minderer und anderer Arbeitsintensität zu unterscheiden:

▶ **Arbeitsbereitschaft/Dienstbereitschaft:** Hierunter versteht die Rechtsprechung „wache Achtsamkeit im Zustande der Entspannung"[5]; der Arbeitnehmer ist während der Arbeitsbereitschaft nicht zu einer konkreten Tätigkeit 84

---

1 MünchArbR/*Blomeyer*, § 46 Rz. 54.
2 MünchArbR/*Blomeyer*, § 46 Rz. 60.
3 MünchArbR/*Blomeyer*, § 46 Rz. 90.
4 *Schaub*, § 45 VI 3.
5 BAG v. 30. 1. 1985, AP Nr. 2 zu § 35 BAT; BAG v. 14. 4. 1966, AP Nr. 3 zu § 13 AZO.

verpflichtet, doch muß er während dieser Zeit jederzeit damit rechnen, eine bestimmte Tätigkeit erbringen zu müssen, wie zB bei einem Chauffeur, der nur in größeren Abständen in Anspruch genommen wird, sowie einem Rettungssanitäter, wenn die Wartezeiten regelmäßig länger als 10 Minuten sind[1].

Von der seitens der Rechtsprechung begrifflich vorausgesetzten teilweise geringeren Anspannung geht auch das Arbeitszeitgesetz (ArbZG) aus, indem es zu § 7 Abs. 1 Nr. 1a eine Überschreitung der in § 3 ArbZG festgelegten Höchstdauer der Arbeitszeit durch Tarifvertrag zuläßt, wenn regelmäßig und in erheblichem Umfang Arbeitsbereitschaft in die Arbeitszeit fällt.

Arbeitsbereitschaft ist zu vergüten. Sowohl die Verpflichtung zur Arbeitsbereitschaft wie auch ihre Vergütung müssen jedoch vertraglich oder tariflich geregelt sein[2].

85 ▶ **Bereitschaftsdienst:** Er liegt vor, wenn der Arbeitnehmer sich an einer vom Arbeitgeber festgelegten Stelle innerhalb des Betriebes oder außerhalb aufzuhalten hat, um, sobald es notwendig ist, seine Arbeit aufzunehmen[3]. Während des Bereitschaftsdienstes braucht sich der Arbeitnehmer nicht ständig im „Zustand wacher Achtsamkeit zu befinden"[4]. Bei Bereitschaftsdienst wie auch bei der nachstehend dargestellten Rufbereitschaft läßt § 7 Abs. 2 Nr. 1 ArbZG tarifliche Kürzungen der Ruhezeit (§ 5 ArbZG) zu.

Während die Arbeitsbereitschaft gegenüber der während der üblichen Arbeitszeit zu erbringenden Tätigkeit in körperlicher und geistiger Hinsicht eine mindere Leistung darstellt, handelt es sich beim Bereitschaftsdienst um eine andere Leistung[5].

86 Auch die Leistung vom Bereitschaftsdienst muß **tariflich oder einzelvertraglich vorgesehen** sein. Eine Verpflichtung zur Leistung von Bereitschaftsdienst sieht zB § 15 Abs. 6a BAT vor. Besteht nur eine rahmenmäßige Verpflichtung, so kann der Arbeitgeber unter Berücksichtigung des billigen Ermessens die Einteilung zum Bereitschaftsdienst einseitig kraft Weisungsrechts unter Berücksichtigung des Arbeitszeitgesetzes vornehmen[6]. Selbst wenn der Arbeitnehmer während des Bereitschaftsdienstes keine Tätigkeit erbringen mußte, so hat er doch Anspruch auf eine **Vergütung,** da es sich auch beim Bereitschaftsdienst um vertragliche Arbeitszeit handelt (s. a. dazu § 15 Abs. 6a Unterabs. 2 BAT). Freizeitausgleich und pauschale Abgeltung des Bereitschaftsdienstes sind möglich. Sofern für den Bereitschaftsdienst ein bestimmter Anteil an Arbeitszeit vorausgesetzt und bei der pauschalen Abgeltung zugrundegelegt wurde, so folgt aus einer Überschreitung des voraus-

---

[1] *Däubler,* Arbeitsrecht 2, 4.2.3.1.1., S. 166; MünchArbR/*Blomeyer,* § 46 Rz. 93.
[2] MünchArbR/*Blomeyer,* § 46 Rz. 93; *Schaub,* § 45 VI 3.
[3] MünchArbR/*Blomeyer,* § 46 Rz. 94; *Schaub,* § 45 VI 3.
[4] BAG v. 10. 6. 1959, AP Nr. 5 zu § 7 AZO; BAG v. 23. 11. 1960, AP Nr. 6 zu § 12 AZO; BAG v. 27. 2. 1985, AP Nr. 12 zu § 17 BAT.
[5] MünchArbR/*Blomeyer,* § 46 Rz. 94; *Schaub,* § 45 VI 3.
[6] BAG v. 25. 10. 1989, NZA 1990, 561; MünchArbR/*Blomeyer,* § 46 Rz. 94.

II. Verpflichtungen des Arbeitnehmers

gesetzten Arbeitszeitanteils nicht ohne weiteres, daß der Bereitschaftsdienst wie Arbeitszeit bezahlt werden muß[1].

▶ **Rufbereitschaft:** Der Arbeitnehmer muß auf Abruf zur unverzüglichen Arbeitsaufnahme in der Lage sein, kann jedoch unter Berücksichtigung dieser Verfügbarkeit seinen Aufenthaltsort selbst bestimmen, sofern er dort **jederzeit durch den Arbeitgeber erreichbar** ist (so zB telefonisch oder über Euro-Pieper). So kann sich der angestellte Arzt während der Rufbereitschaft außerhalb des Krankenhauses in einem Restaurant aufhalten, wenn er dort erreichbar ist und von dort aus ohne wesentliche zeitliche Verzögerung seinen Arbeitsplatz bzw. das Krankenhaus aufsuchen kann.

Die Verpflichtung zur Leistung von Rufbereitschaft ergibt sich entweder aus der einzel- und tarifvertraglichen Vereinbarung (so gemäß § 15 Abs. 6b BAT) oder aber aus den Erfordernissen der vertraglich übernommenen Arbeit, wie dies bei einem angestellten Krankenhausarzt der Fall ist.

Sofern nicht ausdrücklich eine Vergütung vorgesehen ist, wie zB im öffentlichen Dienst mit einer pauschalen Abgeltung (§ 15 Abs. 6b BAT), besteht **kein Anspruch auf eine Vergütung.** Die Rufbereitschaft ist keine Arbeitszeit[2]. Während der Rufbereitschaft anfallende Arbeitsleistung ist aber als solche zu vergüten (gem. § 15 Abs. 6b BAT mit einer Überstundenvergütung)[3].

▶ Als **Dienstreisezeit** wird die Zeit bezeichnet, die zur Überbrückung der räumlichen Entfernung zwischen dem Betriebs- bzw. Wohnort des Arbeitnehmers und dem vom Arbeitgeber bestimmten Ort der Arbeitsverrichtung außerhalb der Gemeindegrenzen des Betriebs- bzw Wohnorts benötigt wird[4]. Zu unterscheiden ist sie daher schon begrifflich von der zB von Berufskraftfahrern und Außendienstmitarbeitern aufgewandten Fahrzeit, die Teil der arbeitsvertraglichen Hauptleistung ist und schon deshalb zur Arbeitszeit gehört. Von der Dienstreisezeit sind ebenfalls zu unterscheiden die dienstlichen Wegezeiten, die sich, wie zB Botengänge, auf Wegstrecken innerhalb der Gemeindegrenzen beziehen und deshalb in die Arbeitszeit fallen.

Vergütet wird die Dienstreisezeit wie Arbeitszeit, wenn sie während der üblichen Arbeitszeit anfällt oder wenn während ihrer Dauer Arbeit erbracht wird (zB Anfahrt mit dem eigenen Pkw oder Aktenstudium), obwohl sie außerhalb der üblichen Arbeitszeit liegt[5]. Dagegen besteht kein Vergütungs-

---
1 BAG v. 27. 2. 1985, AP Nr. 12 zu § 17 BAT; *Schaub*, § 45 VI 3.
2 OLG Karlsruhe v. 29. 4. 1981, AP Nr. 7 zu § 611 BGB – Arbeitsbereitschaft; *Schaub*, § 45 VI 3.
3 Siehe dazu auch BAG v. 28. 7. 1994, NZA 1995, 999.
4 MünchArbR/*Blomeyer*, § 4 Rz. 97; *Schaub*, § 45 VI 3; *Els*, BB 1986, 2192; *Hunold*, DB 1977, 1506; *Loritz/Koch*, BB 1987, 1102.
5 BAG v. 8. 12. 1960, AP Nr. 1 zu § 611 BGB – Wegezeit; BAG v. 20. 9. 1989, NZA 1990, 488; BAG v. 3. 9. 1997, BB 1998, 52: nicht dagegen, wenn die Reisezeit durch das reguläre Gehalt als abgegolten zu behandeln ist; *Schaub*, § 45 VI 3; differenzierend *Loritz*, NZA 1997, 1188.

anspruch, wenn die Dienstreise keine Arbeitsbelastung mit sich bringt[1]. Von diesen Grundsätzen abweichende Vereinbarungen, Einzelverträge oder Tarifverträge sind üblich, so zB in § 17 Abs. 2 BAT, wonach von vornherein nicht die Dienstreise als solche, sondern nur die Zeit der dienstlichen Inanspruchnahme am auswärtigen Geschäftsort als Arbeitszeit gilt.

90 Zur Arbeitszeit gehört nicht die **Wegezeit,** die der Arbeitnehmer braucht, um von seiner Wohnung zur Arbeitsstätte und zurück zu gelangen[2]. Wird jedoch der Arbeitnehmer außerhalb des Betriebes eingesetzt, so sind die erforderlichen An- und Abfahrten als Arbeitszeit zu vergüten, sofern keine gegenteilige Tarif- oder einzelvertragliche Regelung besteht. Anzurechnen ist jedoch die ersparte Wegezeit zum Betrieb[3].

91 ▶ **Ruhepausen und -zeiten** sind Zeiten, in denen der Arbeitnehmer von jeglicher Arbeitsleistung freigestellt ist. Das Arbeitszeitgesetz regelt nur unbezahlte Pausen (§ 2 Abs. 1 Satz 1 ArbZG). Nach § 4 ArbZG ist bei einer Arbeitszeit von mehr als sechs Stunden eine halbstündige Ruhepause vorgeschrieben, die durch zwei viertelstündige Ruhepausen ersetzt werden kann. Überschreitet die Arbeitszeit neun Stunden, sind ingesamt 45 Minuten Pause zu gewähren. Eine Verkürzung der Pausenzeiten ist nicht möglich, auch nicht durch Tarifvertrag. Nach § 7 Abs. 1 Nr. 2 ArbZG können nur in Schicht- und Verkehrsbetrieben die Pausen auf kleinere Einheiten aufgeteilt werden.

Während der Pause muß der Arbeitnehmer von jeder, auch einer nur möglichen Beanspruchung freigestellt sein[4]. Vom Arbeitgeber während der Pausen stillschweigend vorausgesetzte Arbeitsbereitschaft stellt sich nicht als Pause iS des § 2 Abs. 1 ArbZG dar, sondern als Arbeitszeit, kann daher im Ergebnis zu einer Überschreitung der individuellen oder betriebsüblichen Arbeitszeit und damit zu Mehrarbeit oder Überstunden führen.

92 Die **zeitliche Lage der Pausen** ist nicht vorgeschrieben. Sofern sie nicht ausdrücklich vereinbart oder durch eine Betriebsvereinbarung gem. § 87 Abs. 1 Nr. 2 BetrVG geregelt ist, kann sie der Arbeitnehmer selbst bestimmen.

93 Nicht zu den unbezahlten Pausen gehören sog. **Splitterzeiten,** die keine ins Gewicht fallende Entspannung ermöglichen[5], sog. **Kurzpausen,** die der Arbeitnehmer in teil- oder vollmechanisierten Betrieben nach freiem Ermessen nehmen kann[6] sowie durch Unterbrechung der Arbeit aus technischen Grün-

---

1 Dann besteht auch kein Mitbestimmungsrecht des Betriebsrats gem. § 87 Abs. 1 Nr. 3 BetrVG.
2 BAG v. 8. 12. 1960 und 26. 8. 1960, AP Nr. 1, 2 zu § 611 BGB – Wegezeit; *Schaub,* § 45 VI 3.
3 BAG v. 8. 12. 1960, AP Nr. 1 zu § 611 BGB – Wegezeit.
4 BAG v. 5. 5. 1980, NZA 1989, 138; BAG v. 23. 9. 1992, DB 1993, 1194; *Däubler,* Arbeitsrecht 2, 4.2.3.2., S. 172.
5 BAG v. 12. 2. 1986, DB 1987, 995.
6 MünchArbR/*Blomeyer,* § 46, Rz. 99; *Schaub,* § 45 VI 3.

II. Verpflichtungen des Arbeitnehmers

den entstehende **Betriebspausen,** wenn der Arbeitnehmer währenddessen zur Arbeitsleistung verpflichtet bleibt[1].

Die **gesetzliche Ruhezeit** nach Beendigung der täglichen Arbeit bzw. zwischen zwei Schichten beträgt gem. § 5 ArbZG grundsätzlich 11 Stunden. Für einzelne Branchen, wie zB im Verkehrs- und Gaststättengewerbe, sind gem. § 5 Abs. 2–4 ArbZG Ausnahmen zugelassen. Auch kann durch Tarifvertrag nach § 7 Abs. 1 Nr. 3 ArbZG eine Reduzierung der Ruhezeit auf neun Stunden erfolgen und die Ruhezeit bei Bereitschaftsdienst und Rufbereitschaft gekürzt werden (§ 7 Abs. 2 Nr. 1 ArbZG). Zur Ruhezeit zählen nicht die Wegezeiten[2].

94

Gem. § 9 ArbZG ist grundsätzlich die **Arbeit an Sonn- und Feiertagen** verboten. § 10 ArbZG enthält einen Katalog von insgesamt 16 Ausnahmen, die weitgehend aus den §§ 105b bis 105i GewO übernommen wurden und sich vor allem auf besondere Branchen (Krankenhäuser, Polizei, Gaststätten, Theater etc.) beziehen. Über zusätzliche Ausnahmen durch Rechtsverordnung und die in § 14 ArbZG geregelten außergewöhnlichen Fälle hinaus hat das Gewerbeaufsichtsamt gem. § 13 Abs. 5 ArbZG Sonntagsarbeit zu bewilligen, wenn „bei einer weitgehenden Ausnutzung der gesetzlich zulässigen wöchentlichen Betriebszeiten und bei längeren Betriebszeiten im Ausland die Konkurrenz unzumutbar beeinträchtigt ist und durch die Genehmigung von Sonn- und Feiertagsarbeit die Beschäftigung gesichert werden kann."

95

(2) Dauer der Arbeitszeit

Das Arbeitszeitgesetz (ArbZG) geht in § 3 von einer **maximalen täglichen Arbeitszeit** von 8 Stunden aus[3]. Obwohl der Samstag nicht einmal mehr im Einzelhandel als voller Arbeitstag angesehen wird, sieht das Gesetz im Samstag nach wie vor einen normalen Werktag, so daß weiterhin die 48-Stunden-Woche zugrunde gelegt wird.

96

Die gesetzliche Höchstdauer gilt gem. § 18 ArbZG **nicht** für leitende Angestellte, Chefärzte sowie Dienststellen- und Personalleiter im öffentlichen Dienst und die Arbeitnehmerkreise, wie sie § 18 Abs. 1 Nr. 3 und 4 sowie Abs. 3 (Seeleute) und Abs. 4 (Arbeitnehmer in Bäckereien und Konditoreien) ArbZG aufführt.

97

Zur Überschreitung der Höchstarbeitszeit infolge einer Nebentätigkeit s. Rz. 231.

Gem. § 3 Satz 2 ArbZG ist einzelvertraglich eine **Ausdehnung der Arbeitszeit** auf 10 Stunden täglich zulässig, wenn innerhalb eines sog. Ausgleichszeitraumes von sechs Monaten oder 24 Wochen ein Durchschnitt von acht Stunden werktäglich erreicht wird; dabei kann aber der arbeitsfreie Samstag zur Verrechnung einbezogen werden. Durch Tarifvertrag kann gem. § 7 Abs. 1 Nr. 1a

98

---

1 BAG v. 23. 11. 1960, AP Nr. 6 zu § 12 AZO.
2 *Däubler,* Arbeitsrecht 2, 4.2.3.2.3, S. 173; *Anzinger,* RdA 1994, 11, 16.
3 *Diller,* NJW 1994, 2726.

ArbZG die Höchstdauer von täglich 10 Stunden überschritten werden, wenn in die Arbeitszeit regelmäßig und in erheblichem Umfang Arbeitsbereitschaft fällt. Auch läßt sich durch Tarifvertrag der Ausgleichszeitraum von sechs Monaten oder 24 Wochen verlängern (§ 7 Abs. 1 Nr. 1b ArbZG). Sofern im Jahr an höchstens 60 Tagen 10 Stunden gearbeitet wird, kann durch Tarifvertrag auf einen Ausgleich ganz verzichtet werden (§ 7 Abs. 1 Nr. 1c ArbZG). In den in § 14 ArbZG genannten „außergewöhnlichen Fällen" kann ua. die in § 3 ArbZG vorgegebene tägliche Höchstarbeitszeit überschritten werden. Weitere Ausnahmen sind nach § 15 ArbZG aufgrund einer Bewilligung seitens der Gewerbeaufsicht möglich.

99 In dem vom Gesetz gesteckten Rahmen wird die Dauer der **Arbeitszeit grundsätzlich durch Arbeitsvertrag oder Tarifvertrag bestimmt.** Wird im Arbeitsvertrag nicht insoweit auf einen einschlägigen Tarifvertrag verwiesen (§ 2 Abs. 3 Satz 1 NachwG) so ist gemäß § 2 Abs. 1 Satz 2 Nr. 7 NachwG in einem schriftlichen Arbeitsvertrag die vereinbarte Arbeitszeit anzugeben. Die gesetzliche Regelung läßt allerdings offen, ob nicht nur die Dauer, sondern auch die Lage der Arbeitszeit aufzuführen ist.

100 Dem **Weisungsrecht des Arbeitgebers** unterliegt nicht die Dauer der Arbeitszeit[1]. Sie betrifft den Umfang der von dem Arbeitnehmer zu erbringenden Arbeitspflicht, also eine Hauptleistungspflicht, die nicht dem Direktionsrecht des Arbeitgebers unterfällt[2].

101 Zulässig ist dagegen eine **Vereinbarung,** daß sich der Umfang der Arbeitszeit nach dem Bedarf des Arbeitgebers richten soll und an einen zu Beginn des Arbeitsverhältnisses bestehenden Bedarf anknüpft, der sich als Mindestarbeitszeit darstellt[3].

102 Sofern die Grenzen billigen Ermessens gewahrt werden, was regelmäß durch einen entsprechenden Zeitausgleich für die betroffenen Arbeitnehmer der Fall ist, kann das allgemeine Weisungsrecht des Arbeitgebers durch **Tarifvertrag** erweitert werden[4]. Dagegen kann dem Arbeitgeber nicht durch eine Betriebsvereinbarung ein sich auf die Arbeitszeit erstreckendes Weisungsrecht eingeräumt werden, da individuelle Rechte des einzelnen Arbeitnehmers durch Betriebsvereinbarungen keine Einschränkung erfahren können[5]. Grundsätzlich steht einer Regelung der Arbeitszeitdauer durch eine Betriebsvereinbarung auch § 77 Abs. 3 Satz 1 BetrVG entgegen.

103 Ob **einzelvertraglich die tariflich vorgesehene Höchstgrenze der Arbeitszeit überschritten** werden kann, ist umstritten[6]. Im Rahmen des erforderlichen

---

1 *Hromadka*, DB 1995, 2601.
2 BAG v. 12. 12. 1984, AP Nr. 6 zu § 2 KSchG 1969; MünchArbR/*Blomeyer*, § 46, Rz. 104.
3 BAG v. 28. 11. 1984, AP Nr. 1 zu § 4 TVG – Bestimmungsrecht; MünchArbR/*Blomeyer*, § 46 Rz. 104.
4 BAG v. 12. 2. 1986, AP Nr. 7 zu § 15 BAT; BAG v. 26. 6. 1985, AP Nr. 4 zu § 9 TVAL II; BAG v. 17. 3. 1988, AP Nr. 11 zu § 15 BAT; BAG v. 12. 12. 1990, DB 1991, 865.
5 MünchArbR/*Blomeyer*, § 46 Rz. 106.
6 MünchArbR/*Blomeyer*, § 46 Rz. 108 mwN.

II. Verpflichtungen des Arbeitnehmers

Günstigkeitsvergleichs nach § 4 Abs. 3 TVG kann der subjektiven Betrachtungsweise gefolgt werden, wonach Beurteilungsmaßstab für die Günstigkeit der konkret betroffene Arbeitnehmer ist.

Um einerseits Arbeitnehmern sog. Zeitsouveränität einzuräumen, andererseits eine größere Flexibilität im personellen Einsatz zu erreichen, werden verschiedene **flexible Arbeitszeitmodelle** vereinbart und umgesetzt (s. dazu auch nachstehend Rz. 116 ff.). Dies wird ausdrücklich mit dem Arbeitszeitgesetz bezweckt (§ 1 Nr. 1 ArbZG). So sehen verschiedene Tarifverträge eine Arbeitszeitdifferenzierung und daraus resultierend eine Arbeitszeitflexibilisierung (sog. Fleximodelle) vor. Sie ergibt sich aus dem Unterschied zwischen der tariflichen wöchentlichen Arbeitszeit und der im Tarifvertrag häufig zugelassenen „individuellen regelmäßigen wöchentlichen Arbeit" (IRWAZ). Während die tarifliche wöchentliche Arbeitszeit schrittweise auf letzlich 35 Wochenstunden reduziert wird, gestatten Tarifbestimmungen vielfach dem Arbeitgeber die „individuelle regelmäßige wöchentliche Arbeitszeit" bis zu 40 Wochenstunden zu verlängern. Die Anpassung dieser individuellen regelmäßigen Arbeitszeit an die tarifliche wöchentliche Arbeitszeit geschieht durch Einführung eines sog. „Freischichtenmodells". Häufig stellt dieses dem Arbeitnehmer frei, die „zu viel geleistete Differenz in einem bestimmten zeitlichen Rahmen abzufeiern" (Ausgleichszeitraum)[1]. 104

Im Rahmen der Freischichten bzw. Freizeittage hat das Bundesarbeitsgericht grundsätzlich herausgestellt, daß ein **Ausgleich durch Freizeit** nur dann erfolge, wenn tatsächlich vorher über die normale, regelmäßige Arbeitszeit hinaus gearbeitet worden sei[2]. Da dies im Ergebnis zu einer dauerhaften Kürzung der tariflichen Arbeitszeit führen würde, begründen Urlaubstage keinen Freizeitausgleich. Eine dem entgegenstehende Regelung in einer Betriebsvereinbarung ist nach § 77 Abs. 3 Satz 1 BetrVG unwirksam. Für den Fall, daß der Arbeitnehmer an dem Tag des Freizeitausgleichs erkrankt, erhält er daher auch keinen „Ersatzfreizeittag"[3]. 105

In der Regel **beginnt die Arbeitszeit** mit der Aufnahme der Arbeitsleistung, sofern nicht eine anderweitige tarifliche oder individuelle (ausdrückliche oder konkludente) Vereinbarung getroffen ist. Dies kann auch der Zeitpunkt sein, zu welchem der Arbeitgeber in der Lage ist, die Arbeitskraft des Arbeitnehmers zur Leistung der Dienste einzusetzen[4]. Grundsätzlich beginnt daher die Arbeitszeit mit der Aufnahme der Tätigkeit am Arbeitsplatz[5]. 106

---

1 MünchArbR/*Blomeyer*, § 46 Rz. 114 mit Hinweisen auf verschiedene tarifliche Regelungen.
2 BAG v. 2. 12. 1987, NZA 1988, 663; BAG v. 7. 7. 1988, NZA 1989, 65; BAG v. 18. 10. 1988, NZA 1989, 767; BAG v. 18. 12. 1990, NZA 1991, 484; BAG v. 10. 3. 1993, NZA 1993, 946.
3 BAG v. 25. 2. 1986, NZA 1986, 716; BAG v. 2. 12. 1987, NZA 1988, 739; BAG v. 21. 8. 1991, NZA 1992, 76.
4 MünchArbR/*Blomeyer*, § 46 Rz. 134.
5 MünchArbR/*Blomeyer*, § 46 Rz. 134.

107 **Vorverlegt sein kann der Beginn der Arbeitszeit** nach den vertraglichen Umständen. So stellt nach Ansicht des Landesarbeitsgerichts Baden-Württemberg die Zeit für das An- und Ablegen von Sicherheitsbekleidung vergütungspflichtige Arbeitszeit dar[1]. In dem Urteil v. 28. 7. 1994 hat der 6. Senat des BAG ebenfalls die Zeit des Umkleidens und den Weg zur und von der Station zum Umkleideraum zur Arbeitszeit von Krankenschwestern gerechnet[2]. Im Widerspruch dazu hat der 5. Senat im Urteil v. 28. 3. 1995 hervorgehoben, daß der Arbeitnehmer während des Umkleidens regelmäßig nicht die von ihm geschuldete Arbeitsleistung erbringt[3]. Nur ausnahmsweise kann bei Tätigkeiten, zB als Modell auf Modenschauen, das Umkleiden zum Inhalt der Arbeitsleistung gehören.

108 Eine Vorverlegung der Arbeitszeit kann sich auch aus **tariflichen Regelungen** ergeben, wie zB das Erreichen der Arbeitsstelle gem. § 15 Abs. 7 BAT (unter Berücksichtigung der Protokollnotiz zu § 15 Abs. 7 BAT, wonach entgegen früherer Regelung und Rechtsprechung – BAG v. 15. 9. 1988, NZA 1989, 139 – dies der Verwaltungs-/Betriebsbereich in dem Gebäude/Gebäudeteil ist, in dem der Angestellte arbeitet oder das Betätigen einer an der Pforte angebrachten Stechuhr).

109 Nach denselben Kriterien, die für den Beginn der Arbeitszeit maßgeblich sind, richtet sich auch der **Zeitpunkt der Beendigung der Arbeitszeit**[4]. Zur Leistung von Überarbeit (Überstunden), also Arbeit, die über die arbeitsvertragliche oder tarifvertragliche Arbeitszeit hinausgeht, ist der Arbeitnehmer grundsätzlich nur verpflichtet, wenn dies der Arbeitsvertrag vorsieht. Darüber hinaus hat der Arbeitnehmer im Rahmen seiner Verpflichtung, Schaden vom Betrieb oder Unternehmen fernzuhalten, nur im Notfall Überstunden zu leisten. Die Verpflichtung zur Leistung von Überarbeit kann somit grundsätzlich nicht aus dem allgemeinen Weisungsrecht des Arbeitgebers abgeleitet werden[5].

110 Das Arbeitszeitgesetz enthält keinerlei Begrenzung der **Überstunden.** Solange die Grenzen des Arbeitszeitgesetzes nicht überschritten werden, sind also Überstunden unbegrenzt zulässig. Das Arbeitszeitgesetz sieht entgegen der früheren Regelung des § 15 AZO keine Regelung über die Vergütung von Mehrarbeit vor. Der Arbeitgeber hat bei der Hinzuziehung zu regelmäßig anfallenden Überstunden den **Gleichbehandlungsgrundsatz** zu berücksichtigen. Bei der Anordnung von Überstunden hat der Betriebsrat ein **Mitbestimmungsrecht** nach § 87 Abs. 1 Nr. 3 BetrVG.

---

1 LAG Baden-Württemberg v. 12. 2. 1987, AiB 1987, 246 – „Degen".
2 BAG v. 28. 7. 1994, NZA 1995, 437: Aus den besonderen Umständen ergab sich, daß das Umkleiden schon als arbeitsvertragliche Verpflichtung anzusehen sei.
3 BAG v. 22. 3. 1995, DB 1995, 2073.
4 MünchArbR/*Blomeyer*, § 46 Rz. 135.
5 MünchArbR/*Blomeyer*, § 46 Rz. 119.

(3) Lage der Arbeitszeit

Mit der Lage der Arbeitszeit wird die **Arbeitsdauer konkretisiert**. Aus ihr ergibt sich, wann die Arbeitszeit am Tag beginnt und endet und mit welchen Pausen sie unterbrochen ist. Zeitliche Einschränkungen seitens des Arbeitnehmers haben daher grundsätzlich Auswirkungen auf die Entlohnungspflicht des Arbeitgebers[1].

In der Regel enthalten Tarifverträge keine Bestimmungen über die Lage der Arbeitszeit. Schon wegen des nach § 87 Abs. 1 Nr. 2 BetrVG bestehenden **Mitbestimmungsrechts des Betriebsrats** bei der Festlegung von Beginn und Ende der täglichen Arbeitszeit[2] sind die Verteilung der Arbeitszeit auf die einzelnen Tage sowie Beginn und Ende vielfach durch Betriebsvereinbarungen festgelegt. Ist ein Betriebsrat vorhanden, bedarf daher auch die Umsetzung einer tariflichen Arbeitszeitverkürzung wegen des sich dadurch verändernden Arbeitszeitbeginns oder -endes der Mitbestimmung des Betriebsrats. Sie kann also nicht einseitig durch den Arbeitgeber vorgenommen werden, auch nicht einseitig durch Verkürzung der Mittagspausen[3].

Eine Fixierung der Arbeitszeitlage kann auch durch den **Arbeitsvertrag** erfolgen. Häufig behält sich der Arbeitgeber insoweit ein Leistungsbestimmungsrecht gem. § 315 BGB vor, um zukünftigen betrieblichen Erfordernissen die Lage der Arbeit anpassen zu können.

Vertragsbeispiel:

> „Die regelmäßige wöchentliche Arbeitszeit beträgt z. Zt. ... Stunden. Die zeitliche Lage wird gemäß den jeweiligen betrieblichen Belangen von der Geschäftsleitung unter Berücksichtigung der Interessen des Mitarbeiters/der Mitarbeiterin bzw. nach der jeweiligen Betriebsvereinbarung festgelegt."

Sofern das Leistungsbestimmungsrecht dem billigen Ermessen gem. § 315 BGB entspricht, kann bei einem **Vorbehalt** durch das **Direktionsrecht** der Arbeitgeber die arbeitsvertragliche Arbeitszeit einseitig auf die einzelnen Wochentage verteilen und Beginn und Ende der täglichen Arbeitszeit, auch einen Wechsel von Nacht- zur Tagarbeit anordnen[4]. Vorbehaltlich eines ggf. zu beachtenden Mitbestimmungsrechts des Betriebsrats gem. § 87 Abs. 1 Nr. 2 und § 99 BetrG werden vom **allgemeinen Weisungsrecht** umfaßt:

▶ die Bestimmung von Beginn und Ende der täglichen Arbeitszeit,

▶ die Verlängerung des Arbeitszeitrahmens,

---

1 MünchArbR/*Blomeyer*, § 46 Rz. 127.
2 Siehe dazu *Gutzeit*, BB 1996, 106.
3 BAG v. 19. 5. 1992, AP Nr. 1 zu Art. 70 Verf. Baden-Württemberg.
4 Die Umsetzung eines Arbeitnehmers von der Tagschicht in die Nachtschicht bedarf auch nicht der Zustimmung des Betriebsrats gem. § 99 BetrVG, wenn sich dadurch lediglich die Lage der Arbeitszeit des betroffenen Arbeitnehmers ändert (BAG v. 23. 11. 1993, DB 1994, 735). Jedoch ist die Schichtzuteilung im Rahmen von § 87 Abs. 1 Nr. 2 BetrVG mitbestimmungspflichtig.

- die Einteilung und Dauer der Pausen (s. aber auch § 4 ArbZG),
- die Einführung von Gleitzeit oder von starren Arbeitszeiten,
- die Aufstellung von Dienstplänen,
- die Einführung von Schichtarbeit[1],
- die Einführung von Wechselschichtbetrieb,
- die Versetzung in die Wechselschicht und die Herausnahme hierzu,
- die Versetzung in die Nachtschicht[2].

114 Allein in der Vereinbarung der **im Betrieb geltenden Regelungen** über die Lage der Arbeitszeit liegt noch keine für die Zukunft nicht mehr außerhalb einer Kündigung einseitig abänderbare arbeitsvertragliche Regelung. Solange es nicht zu einer Konkretisierung der Arbeitszeitlage oder der betriebsüblichen Arbeitszeit gekommen ist, kann daher der Arbeitgeber zB einen Arbeitnehmer, der acht Jahre Nachtdienst geleistet hat, in den Tagesdienst versetzen[3]. Auch dann, wenn die zur Zeit des Abschlusses des Arbeitsvertrages geltende Arbeitszeit seinen Interessen entspricht, muß der Arbeitnehmer die bestimmte Lage der Arbeitszeit im Vertrag fixieren, wenn die Regelung dem Weisungsrecht des Arbeitgebers entzogen sein soll[4].

115 Nur wenn die Lage der Arbeitszeit im Arbeitsvertrag **vereinbart** ist und sie nicht dem Weisungsrecht des Arbeitgebers vorbehalten bleibt, scheidet eine Änderung aufgrund des Direktionsrechts durch den Arbeitgeber aus[5]. Bei der Festlegung der Arbeitszeitlage und der Verteilung der Arbeitszeit auf die einzelnen Wochentage sind aber durch die Regelung der Nacht- und Schichtarbeit § 6 ArbZG sowie die gem. § 9 ArbZG einzuhaltende Sonn- und Feiertagsruhe Grenzen gesetzt.

116 Bei der Festlegung der Lage der Arbeitszeit gibt es vielfältige **Regelungsmöglichkeiten,** die inzwischen sowohl im Arbeitnehmer- wie auch im Arbeitgeberinteresse zu einer Flexibilisierung des Arbeitseinsatzes geführt haben.

117 ▶ Zu den Gestaltungsformen gehört die **gleitende Arbeitszeit.** Dabei unterscheidet man zwei Formen, nämlich die einfache und die qualifizierte Gleitarbeitszeit. Bei der sog. einfachen Gleitzeit ist der Arbeitnehmer berechtigt, innerhalb einer vorbestimmten Zeitdauer (Zeitspanne) über die Lage der Arbeitszeit selbst zu bestimmen. Dagegen kann der Arbeitnehmer bei der sog. qualifizierten Gleitzeit auch über die Dauer der täglichen Arbeitszeit disponieren, indem er binnen eines „Ausgleichszeitraumes" einen Zeitausgleich vornimmt, also entweder Vor- oder Nacharbeit leistet.

---

[1] Unter Schichtarbeit werden aber sowohl Arbeit zu wechselnden Zeiten (Wechselschicht) als auch Arbeit zu konstanter, aber ungewöhnlicher Zeit (Nachtschicht) verstanden.
[2] *Hromadka*, DB 1995, 2601, 2603 mit Rechtsprechungsnachweisen.
[3] LAG Berlin v. 29. 4. 1991, DB 1991, 2193; BAG v. 23. 6. 1992, AP Nr. 1 zu § 611 BGB – Arbeitszeit.
[4] BAG v. 15. 10. 1992, NZA 1993, 1139.
[5] LAG Berlin v. 26. 7. 1993 – 9 Sa 52/93, LAGE Nr. 16 zu § 611 BGB – Direktionsrecht.

II. Verpflichtungen des Arbeitnehmers

Insbesondere im Rahmen der qualifizierten Gleitzeit wird aber stets eine **Kernarbeitszeit** vereinbart, also eine Arbeitszeit, während der alle Arbeitnehmer zwingend anwesend sein müssen.

Problematisch und deshalb regelmäßig in Betriebsvereinbarungen zu regeln sind die Fragen, inwieweit die gesetzliche Befreiung von der Arbeitspflicht, zB gem. § 616 Satz 1 BGB, eingreift. Der Arbeitnehmer kann bei „einfacher Gleitzeit" uU noch am selben Tag, bei „qualifizierter Gleitzeit" innerhalb des Ausgleichszeitraumes die Arbeit nachholen. Häufig wird es auch zum Wegfall von Überstundenvergütungen kommen, wenn den betrieblichen Gegebenheiten entsprechend unter Ausnutzung des Gleitzeitkontos an verschiedenen Tagen länger gearbeitet wird[1].

▶ Eine weitere Form der Flexibilisierung bezüglich der Arbeitszeitlage ist die einer **variablen Wochenarbeitszeit.** Hier wird in einem bestimmten Zeitabschnitt (zB innerhalb von sechs Monaten) eine Wochenarbeitszeit vorgegeben, die ganz individuell in den einzelnen Wochen „erarbeitet" werden kann. Um die jeweils geleistete Arbeitszeit bei flexiblen Arbeitszeitmodellen feststellen zu können, ist ein Arbeitszeitkonto zu führen. 118

▶ Eine Anpassung der Arbeitszeit an den Arbeitsanfall ermöglicht schließlich auf der Grundlage des § 4 BeschFG die sog. **kapazitätsorientierte variable Arbeitszeit** (Kapovaz). Hier ist dem Arbeitgeber das Recht vorbehalten, die einzelnen Einsatzzeiten oder auch die Arbeitszeitdauer (bei Vereinbarung einer Mindestarbeitszeit) selbst zu bestimmen[2]. Zwingend vorgegeben ist gem. § 4 Abs. 2 BeschFG lediglich, daß der Arbeitgeber dem Arbeitnehmer den Arbeitseinsatz jeweils mindestens vier Tage im voraus mitteilen muß. Eine derartige kapazitätsorientierte variable Arbeitszeit kann auch in einem sog. Jahresarbeitsvertrag vereinbart werden. Kapazitätsorientierte Verträge können jedoch nur dort individuell vereinbart werden, wo nicht zwingende tarifliche Regelungen entgegenstehen (§ 6 BeschFG). 119

Vertragsbeispiel[3]: 120

> „1. Der Arbeitnehmer wird mit Wirkung vom . . . als Abrufarbeitnehmer für die Tätigkeit als . . . eingestellt.
> Die ersten drei Monate des Arbeitsverhältnisses gelten als Probezeit.
> 2. Der Arbeitnehmer hat seine Arbeitsleistung entsprechend dem Arbeitsanfall im Bereich . . . zu erbringen. Der Arbeitgeber entscheidet darüber, wann und in welchem Umfang der Arbeitnehmer zur Arbeitsleistung eingesetzt wird. Der Arbeitnehmer wird nur nach Abruf durch den Arbeitgeber tätig.

---

1 Zu den Auswirkungen der Teilnahme an einem Streik auf das Freizeitkonto siehe BAG v. 30. 8. 1994, AP Nr. 131 zu Art. 9 GG – Arbeitskampf; BAG v. 30. 8. 1994, AP Nr. 132 zu Art. 9 GG – Arbeitskampf.
2 BAG v. 20. 6. 1995, NZA 1996, 579; kritisch dazu *Schüren*, NZA 1996, 1306.
3 *Schaub*, Arbeitsrechtl. Formularsammlung, § 3, 4.

> 3. a) Die wöchentliche/monatliche/jährliche Arbeitszeit beträgt . . . Stunden.
>
> b) Der Arbeitgeber bestimmt, an welchen Tagen/in welchen Wochen/Monaten der Arbeitnehmer seine Arbeitsleistung zu erbringen hat. Er bestimmt Beginn und Ende der täglichen Arbeitszeit ggf. im Rahmen einer bestehenden Betriebsvereinbarung.
>
> c) Die tägliche Arbeitszeit beträgt für den Arbeitnehmer mindestens . . ., höchstens . . . Stunden.
>
> d) Der Arbeitgeber wird den Arbeitseinsatz mindestens vier Tage im voraus mitteilen[1]."

121 **Andere flexible Arbeitszeitformen** bis hin zum Ansparen von Arbeitzeitguthaben aus Steuergründen werden diskutiert, zum Teil schon erprobt[2].

122 Eine gesetzliche Herabsetzung der regelmäßigen Arbeitszeit sieht das **Altersteilzeitgesetz** (Art. 1 des Gesetzes zur Förderung eines gleitenden Übergangs in den Ruhestand) vor. Die Verkürzung der Arbeitszeit eines Arbeitnehmers, der mindestens 55 Jahre alt ist, wird von der Bundesanstalt für Arbeit für die Dauer von fünf Jahren bezuschußt, wenn ein Arbeitsloser neu eingestellt oder ein Auszubildender übernommen wird. Die Arbeitszeit ist auf die Hälfte der tariflichen regelmäßigen wöchentlichen Arbeitszeit, jedoch auf nicht weniger als 18 Stunden wöchentlich, zu verkürzen (§ 2 Abs. 1 Nr. 2 ATZG). Dies kann aufgrund eines Tarifvertrages auch durch unregelmäßige Verteilung der Arbeitszeit geschehen (§ 2 Abs. 2 Nr. 1 ATZG), so zB durch sog. Blocklösungen (zunächst 2 $^1/_2$ Jahre in Vollzeit und die nächsten 2 $^1/_2$ Jahre überhaupt nicht mehr)[3].

b) Befreiung von der Arbeitspflicht ohne Entgeltfortzahlung

aa) Allgemeines

123 **Erbringt der Arbeitnehmer seine Arbeitsleistung nicht,** so folgt aus dem vertraglichen Synallagma, daß der Arbeitgeber keine Vergütung schuldet (ohne Arbeit kein Lohn). Dies entspricht den allgemeinen Regeln des BGB, daß eine Vertragspartei eines gegenseitigen Vertrages ihre Leistung nicht zu erbringen braucht, wenn die andere nicht leistet oder nicht leisten kann (§§ 320, 323 BGB). Sieht man einmal von dem Fall der Unmöglichkeit ab, wonach der Arbeitnehmer, dem die Erfüllung der Arbeitsleistung dauernd unmöglich wird, von der Arbeitsleistung befreit ist (§ 275 BGB), er jedoch andererseits den Anspruch auf Gegenleistung verliert (§ 323 BGB), gibt es im Arbeitsrecht spezielle Regelungen bezüglich unbezahlter Freistellungen, jedoch auch wichtige

---

1 Fristberechnung gem. §§ 187 Abs. 1, 188 Abs. 1 BGB.
2 So die Bahnwahlarbeitszeitregelung der Deutschen Bahn AG, NZA 1995, 878; s. a. *Linnenkohl*, BB 1996, 51.
3 Zu den Einzelheiten s. *Bauer*, NZA 1997, 401.

Ausnahmen, die zu einer bezahlten Freistellung von der Arbeitsleistung führen.

Vorübergehende Arbeitsbefreiung unter **Fortzahlung der Bezüge** stehen insbesondere zu bei Gewährung des bezahlten Erholungsurlaubs nach dem Bundesurlaubsgesetz und bei vorübergehender unverschuldeter Arbeitsverhinderung des Arbeitnehmers – insbesondere im Krankheitsfall (§ 3 Entgeltfortzahlungsg). **Anspruch auf bezahlte Freistellung** besteht gemäß § 629 BGB („Freizeit zur Stellungssuche") und für Betriebsratsmitglieder, die an Schulungs- und Bildungsveranstaltungen teilnehmen (§ 37 Abs. 6 und 7 BetrVG) sowie im Falle des Annahmeverzuges des Arbeitgebers (§ 615 BGB) und eines berechtigten Zurückbehaltungsrechts des Arbeitnehmers (Einrede des Zurückbehaltungsrechts gem. §§ 273, 274 BGB; Einrede des nicht erfüllten Vertrages gem. § 320, 322 BGB und die Einrede der Vermögensverschlechterung gem. § 321 BGB).

bb) Gesetzliche Regelungen und Tarifverträge

Gesetzliche Bestimmungen und Tarifverträge sehen Arbeitsbefreiungen ohne Entgeltfortzahlung entweder nur bei einer kurzen Dauer der Suspendierung der Hauptleistungspflicht oder aber in Fällen vor, in denen die wirtschaftliche Existenz des Arbeitnehmers hinreichend durch Einsatz staatlicher oder anderweitiger Mittel gesichert ist. Tarifvertragliche Freistellungen ohne Entgeltfortzahlung sind in verschiedenen Tarifverträgen für kurzfristige Arbeitsbefreiungen oder Sonderurlaub aus wichtigem Grund vorgesehen (so zB in § 50 Abs. 2 und § 52 Abs. 3 Satz 2 BAT).

Ein **Anspruch auf unbezahlte Freistellung** kann sich aus folgenden gesetzlich geregelten Fällen ergeben:

▶ **§ 45 SGB V:**
Danach hat, soweit kein Anspruch nach § 616 BGB besteht, jeder Elternteil Anspruch auf bezahlte Freistellung und Krankengeld, wenn ein Kind unter 12 Jahren erkrankt, pflegebedürftig ist und keine andere Pflegeperson zur Verfügung steht. Der Anspruch besteht für jedes Kind längstens für 10, bei Alleinerziehenden längstens für 20 Arbeitstage im Jahr (maximal 25 bzw. 50 Arbeitstage je Kalenderjahr). Für den Lohnausfall hat die Krankenkasse Krankengeld zu gewähren. Allerdings gilt dieser Anspruch gegenüber dem arbeitsrechtlichen Befreiungsanspruch als subsidiär, so daß der Anspruch auf bezahlte Freistellung aus § 616 BGB in derartigen Fällen vorrangig ist. Dieser Anspruch – nicht jedoch die Freistellung selbst (§ 45 Abs. 3 Satz 3 SGB V) – ist abdingbar, so daß insoweit § 45 SGB V Bedeutung zukommen kann[1].

Ein **vertraglicher Ausschluß der Lohnfortzahlung** nach § 616 BGB kann zB folgenden Inhalt haben:

---

[1] Für eine Übertragung der Grundsätze über die Inhaltskontrolle von Arbeitsverträgen auf § 616 BGB und damit gegen eine Abdingbarkeit spricht sich *Däubler*, Arbeitsrecht 2, 7.2.5.2.6, S. 458, aus.

Vertragsbeispiel:

> „§ 616 Abs. 1 Satz 1 BGB findet keine Anwendung im Falle der Erkrankung eines Kindes". (Geeignete Stelle für diese Klausel wäre bei den Regelungen zur Arbeitsunfähigkeit oder zum Urlaub.)
>
> oder
>
> „Im Falle der Erkrankung eines Kindes besteht Anspruch auf unbezahlte Freistellung im gesetzlich zulässigen Rahmen."
>
> oder
>
> „Im Falle der schweren Erkrankung eines Kindes, das das 12. Lebensjahr noch nicht vollendet hat, wird der Arbeitnehmer nach Vorlage eines entsprechenden ärztlichen Nachweises pro Jahr für die Dauer von fünf Arbeitstagen unbezahlt von der Arbeitsleistung freigestellt, wenn glaubhaft nachgewiesen worden ist, daß das Kind nicht durch Verwandte oder andere Personen ausreichend versorgt werden kann."

127 ▶ **Art. 48 Abs. 1 GG**[1]**:**

Danach haben Bewerber um einen Sitz im Deutschen Bundestag Anspruch auf die zur Vorbereitung ihrer Wahl erforderliche Beurlaubung. Entsprechende Vorschriften enthalten die Verfassungen der Bundesländer. Grundsätzlich besteht für die Zeit der Kandidatur und die Ausübung des Mandats kein Vergütungsanspruch[2].

128 ▶ **§§ 1 Abs. 1, 10, 16a Abs. 1 Nr. 2 ArbPlSchG, § 78 ZDG:**

Wer den Grundwehrdienst und Wehrübungen ableistet, hat einen Anspruch auf Freistellung; ebenso Arbeitnehmer, die sich für eine Dauer bis zu zwei Jahren als Soldat verpflichten. Entsprechendes gilt gemäß § 78 ZDG für Zivildienstleistende.

129 ▶ **§§ 3 Abs. 2, 6 Abs. 1 MuSchG:**

Arbeitnehmerinnen, die sechs Wochen vor und acht Wochen nach einer Entbindung einem Beschäftigungsverbot unterliegen, haben Anspruch auf Freistellung. Während dieser Zeit erhalten sie gem. § 13 MuSchG Mutterschaftsgeld. Der Arbeitgeber hat gem. § 14 MuSchG die Differenz zum Arbeitsentgelt zu zahlen.

130 ▶ **§ 15 BErzGG:**

Weibliche und männliche Arbeitnehmer können bis zu 36 Monate unbezahlten Erziehungsurlaub erhalten. Er knüpft regelmäßig an die Zahlung von staatlichem Erziehungsgeld an (§§ 1–4 BErzGG).

---

[1] Mit einem wenig überzeugenden, klischeehaften Beispiel ist nach der Auffassung *Däublers*, Arbeitsrecht 2, 7.2.5.2.3, S. 456, § 616 BGB auch auf die Wahlvorbereitung anzuwenden.
[2] *Faßhauer*, NZA 1986, 453.

II. Verpflichtungen des Arbeitnehmers

▸ Bei einer den 6-Wochen-Zeitraum des § 3 Abs. 1 EFZG **überschreitenden unverschuldeten Arbeitsunfähigkeit** besteht Anspruch auf unbezahlte Freistellung. Entsprechendes gilt für Maßnahmen der medizinischen Vorsorge und Rehabilitation (Kuren) gem. § 9 EFZG.

▸ Soweit nicht landesrechtliche Regelungen eine ausdrückliche Bestimmung über die Bezahlung von Bildungsurlaub vorsehen, kann ein Anspruch auf unbezahlte Freistellung für die **Dauer des Bildungsurlaubs** bestehen[1].

cc) Einverständliche und einseitige unbezahlte Freistellung, Kurzarbeit

Es steht den Arbeitsvertragsparteien frei, **einverständlich** sowohl die Arbeitsleistung wie auch die Entgeltzahlung vorübergehend auszusetzen. Auf seiten des Arbeitgebers werden die Gründe für ein derartiges Vorgehen häufig wirtschaftlicher Art sein (zB Arbeitsmangel infolge unzureichenden Absatzes). Für den Arbeitnehmer sind zumeist persönliche Gründe maßgeblich, wie zB ein längerer Auslandsaufenthalt, Wehrdienst in der Heimat, aber auch ein sog. Sabbat-Jahr.

Mit der einverständlichen Arbeitsbefreiung ohne Fortzahlung des Entgelts erfährt der ursprüngliche Arbeitsvertrag eine wesentliche Änderung. Häufig werden sich allerdings derartige Verträge darauf beschränken, das **Ruhen der beiderseitigen Hauptpflichten,** also der Arbeits- und der Vergütungspflicht, für einen bestimmten Zeitraum zu vereinbaren.

Für den Arbeitnehmer kann als Anspruchsgrundlage für eine unbezahlte Freistellung von der Arbeitsleistung die Fürsorgepflicht des Arbeitgebers in Betracht kommen[2]. Da der Arbeitnehmer aber ohnehin in besonderen Fällen eine bezahlte Freistellung gem. § 616 BGB geltend machen kann, werden für die Durchsetzung einer unbezahlten Freistellung weniger dringende Anlässe ausreichend sein[3]. Andererseits können **betriebliche Belange** dem Freistellungsanspruch entgegenstehen, insbesondere dann, wenn der Arbeitgeber keine Ersatzkraft findet oder deren Einarbeitung mit erheblichen Kosten verbunden wäre[4]. Im Ergebnis führt dies zu einer Abwägung der beiderseitigen Interessen, so daß der Arbeitgeber dem Arbeitnehmer eine unbezahlte Freistellung gewähren muß, wenn ihm in Anbetracht der für den Arbeitnehmer maßgeblichen Gründe die sich aus der Freistellung ergebende Störung des Betriebsablaufs zuzumuten ist.

In besonderen Fällen kann der Anspruch auf unbezahlte Freistellung von der Arbeit aus dem Grundsatz der Gleichbehandlung hergeleitet werden. Auch der Gesichtspunkt der betrieblichen Übung kann einen Anspruch auf unbezahlte Freistellung begründen[5].

---

1 *Faßhauer,* NZA 1986, 454.
2 LAG Frankfurt v. 3. 10. 1985, NZA 1986, 717; *von Hoyningen-Huene,* NJW 1981, 713, 716.
3 *Däubler,* Arbeitsrecht 2, 6.1.5, S. 357/358.
4 *Däubler,* Arbeitsrecht 2, 6.1.5, S. 357/358.
5 *Von Hoyningen-Huene,* NJW 1981, 716.

135 Bei vorübergehenden Arbeitsausfällen kann **Kurzarbeit** (maximal für die Dauer von 6 Monaten) zur Vermeidung von Entlassungen eingeführt werden (grundsätzlich schließt daher Kurzarbeit betriebsbedingte Kündigungen aus)[1]. Beruht der Arbeitsausfall auf strukturellen Veränderungen im Wirtschaftsablauf und ist damit dem Grunde nach auf Dauer angelegt, kann gemäß § 175 SGB III ebenfalls Kurzarbeitergeld gewährt werden.

Die Möglichkeit der einseitigen Einführung von Kurzarbeit kann **einzelvertraglich** schon vor Einführung der Kurzarbeit vereinbart werden, insbesondere bereits im Arbeitsvertrag.

Vertragsbeispiel:

> „Der Arbeitgeber kann Kurzarbeit einführen, wenn dafür die gesetzlichen Voraussetzungen vorliegen."

136 Eine Befreiung von der Arbeitspflicht unter gleichzeitigem Wegfall der Vergütungszahlung ist auch **auf kollektiv-rechtlicher Grundlage,** also durch Tarifvertrag oder Betriebsvereinbarung, möglich. So wird idR Kurzarbeit aufgrund tariflicher Ermächtigungsnorm eingeführt[2]. Kurzarbeit kann jedoch auch durch eine Betriebsvereinbarung gem. § 77 Abs. 2 BetrVG eingeführt werden[3]. In ihr müssen Beginn und Dauer der Kurzarbeit, die Lage und Verteilung der Arbeitszeit, die Auswahl der von der Kurzarbeit betroffenen Arbeitnehmer oder Abteilungen sowie auch die Zeiträume, in denen die Arbeit ganz ausfallen soll, festgelegt werden[4]. Eine derartige Betriebsvereinbarung wirkt gegenüber sämtlichen Arbeitnehmern. Diese können sich nicht auf die individuelle, günstigere Regelung der Arbeitszeit im Arbeitsvertrag berufen; insofern gilt weder ein individuelles noch ein kollektives Günstigkeitsprinzip[5].

Bei unzureichender Beschäftigungsmöglichkeit kann der **Arbeitgeber** durch das Landesarbeitsamt gem. § 19 KSchG ermächtigt sein, während der Entlassungssperre des § 18 Abs. 1 und Abs. 2 KSchG **Kurzarbeit** einzuführen. Diese Ermächtigung ermöglicht dem Arbeitgeber nach hM einseitig die Einführung von Kurzarbeit ohne Abschluß einer Betriebsvereinbarung und ohne Kündigung der Arbeitsverträge, gibt ihm also ein einseitiges Änderungsgestaltungsrecht[6]. Da das Arbeitsentgelt gemäß § 19 Abs. 2 2. Halbs. KSchG erst nach Ablauf der gesetzlichen oder vertraglichen Kündigungsfrist gekürzt werden kann, geht die Ermächtigung häufig ins Leere.

137 Fehlt es an einer derartigen vertraglichen oder kollektiv-rechtlichen Regelung und liegt auch keine Ermächtigung des Arbeitsamtes gem. § 19 KSchG vor, so kann der Arbeitgeber **nicht einseitig** mittels Weisungsrecht **Kurzarbeit** unter

---

1 S. aber BAG v. 26. 6. 1997, BB 1997, 2655.
2 *Schaub*, § 47 I 3; MünchArbR/*Blomeyer*, § 47 Rz. 6.
3 Hess. LAG v. 14. 3. 1997, BB 1997, 2217.
4 Hess. LAG v. 14. 3. 1997, BB 1997, 2217.
5 *Leinemann*, DB 1990, 732, 737; MünchArbR/*Blomeyer*, § 47 Rz. 7.
6 MünchArbR/*Blomeyer*, § 47 Rz. 32.

II. Verpflichtungen des Arbeitnehmers

entsprechender Lohnminderung einführen[1], sondern nur über eine Änderungskündigung eine Anpassung der Arbeitszeit und der Vergütung erreichen. Dieser Weg ist aber regelmäßig wenig brauchbar, da ihm die unterschiedlichen Kündigungsfristen und der unterschiedliche Kündigungsschutz der einzelnen Mitarbeiter entgegenstehen[2].

Während die einzelvertragliche, auf Veranlassung des Arbeitnehmers erfolgte unbezahlte Freistellung keiner **Mitbestimmung durch den Betriebsrat** unterliegt, ist die arbeitgeberseitig veranlaßte Einführung von Kurzarbeit oder Freischichten gem. § 87 Abs. 1 Nr. 3 BetrVG mitbestimmungspflichtig[3]. Dies gilt auch dann, wenn das Landesarbeitsamt nach § 19 KSchG die Einführung von Kurzarbeit zugelassen hat oder sie aufgrund Einzel- oder Tarifvertrages eingeführt werden kann. Die Mitbestimmung beschränkt sich aber in diesem Fall auf die Durchführung der Kurzarbeit selbst[4], sonst erfaßt sie auch, ob, ab wann und für wie lange Kurzarbeit eingeführt wird. Anders verhält es sich dann, wenn sich Kurzarbeit als Folge eines Arbeitskampfes in einem anderen Betrieb (Zuliefererbetrieb) ergibt. In diesem Fall entfällt nach der Betriebsrisikolehre und im Hinblick auf den Grundsatz der Kampfparität die Mitbestimmung des Betriebsrats[5]. 138

Die **Voraussetzungen** zur Gewährung von Kurzarbeitergeld sind in den §§ 169–182 SGB III geregelt.

Zur Kurzarbeit, ihrer Einführung und Kurzarbeitergeld siehe im übrigen unten Teil 2 B Rz. 65 ff.

dd) Auswirkungen

Die Auswirkungen der Befreiung von der Arbeitspflicht richten sich nach der vertraglichen Vereinbarung. Wenn sich die Arbeitsvertragsparteien auf eine unbezahlte Freistellung geeinigt haben, so bedeutet das die **Suspendierung** beider nach dem Arbeitsvertrag gegebenen **Hauptleistungspflichten,** also der Arbeitsleistungspflicht des Arbeitnehmers und der arbeitgeberseitigen Pflicht zur Fortzahlung des Arbeitsentgelts. 139

Im übrigen bleibt der Arbeitsvertrag bestehen, so daß die **Nebenpflichten** aus dem Arbeitsverhältnis, wie die Schweigepflicht und Wettbewerbsabreden, unverändert weitergelten[6]. Da das Arbeitsverhältnis für den Zeitraum der unbezahlten Freistellung ruht, werden derartige Befreiungszeiträume, auch wenn sie sich zB infolge eines sog. Sabbatical über ein Jahr erstrecken, auf die Dauer des Arbeitsverhältnisses weiterhin angerechnet. 140

Erkrankt der Arbeitnehmer während der unbezahlten Freistellung, so hat er nur dann gem. § 9 BUrlG Anspruch auf Lohnfortzahlung und Krankengeld, wenn 141

---

1 LAG Rheinland-Pfalz v. 7. 10. 1996, BB 1997, 419.
2 MünchArbR/*Blomeyer*, § 47 Rz. 8.
3 S. dazu auch Hess. LAG v. 14. 3. 1997, BB 1997, 2217.
4 MünchArbR/*Blomeyer*, § 47 Rz. 10.
5 BAG v. 22. 12. 1980, AP Nr. 70 zu Art. 9 GG – Arbeitskampf.
6 *Faßhauer*, NZA 1986, 453, 454; MünchArbR/*Blomeyer*, § 47 Rz. 26.

die unbezahlte Freistellung Erholungszwecken dient und einem berechtigten Urlaubsbedürfnis des Arbeitnehmers entspricht[1]. Demgemäß besteht auch kein Vergütungsanspruch für einen Feiertag, der in die unbezahlte Freistellung fällt.

142 Ist die Befreiung von der Arbeitspflicht für eine bestimmte Zeit vereinbart worden, so kann **nicht einseitig eine vorzeitige Beendigung** der Freistellung verlangt werden[2].

143 Trotz Freistellung bleibt es wegen des Fortbestandes des Arbeitsverhältnisses beiden Seiten unbenommen, **das Arbeitsverhältnis zu kündigen.** Allerdings kann sich der Arbeitgeber nur bei veränderten Umständen zur Begründung der Kündigung auf den auch für die Freistellung maßgeblichen Grund berufen.

c) Leistungsstörungen

aa) Begriffe

144 Im Anschluß an *Stoll*[3] nennt man solche Tatumstände Leistungsstörungen, die den Anspruch des Gläubigers beeinflussen, ihn ganz oder teilweise beseitigen, ihn umwandeln, verstärken oder abschwächen, weil die Leistung unterbleibt oder nicht zur richtigen Zeit oder nicht in der richtigen Art und Weise erbracht wird. Dazu zählen das **Unmöglichwerden** der Leistung (§§ 275–283 BGB und für gegenseitige Verträge zusätzlich §§ 323–325 BGB), der **Verzug** des Schuldners (§§ 284–289 BGB und für gegenseitige Verträge zusätzlich § 326 BGB), der Gläubigerverzug (§§ 293–304 BGB) und die gesetzlich nicht geregelte **„positive Forderungsverletzung"/„positive Vertragsverletzung"**[4].

145 In Bezug auf die Verpflichtungen des Arbeitnehmers fällt unter den Begriff der Leistungsstörungen die **Verletzung der Arbeitspflicht,** indem der Arbeitnehmer die Arbeit verspätet aufnimmt, überhaupt nicht arbeitet oder die Arbeitsleistung mit Mängeln behaftet ist. Man unterscheidet daher arbeitsrechtlich zwischen Nichtleistung und Schlechtleistung der Arbeit.

146 Ist die Arbeitsleistung dem Arbeitnehmer **von Anfang an unmöglich,** so ist der Arbeitsvertrag gem. § 306 BGB nichtig. Dies gilt aber nur bei sog. objektiver Unmöglichkeit, also nur für solche Fälle, in denen die Arbeitsleistung schon bei Vertragsschluß und nicht erst nachträglich objektiv, dh. für jedermann, unmöglich ist. – Eine völlige Unmöglichkeit tritt im Arbeitsverhältnis eigentlich nur dann ein, wenn die Arbeitsleistung von Anfang an endgültig unmöglich ist. Unterbleibt die Arbeitsleistung nur für eine bestimmte Zeit, handelt es sich also tatsächlich um eine Teilunmöglichkeit gem. § 325 Abs. 1 Satz 2 BGB[5]. Auf subjektive Unmöglichkeit (Unvermögen) ist § 306 BGB unanwendbar, so daß für anfängliches Unvermögen jeder Schuldner einzustehen hat.

---

1 BAG v. 13. 8. 1980, EzA § 9 BUrlG Nr. 11; *von Hoyningen-Huene,* NJW 1981, 713.
2 BAG v. 6. 9. 1994, NZA 1995, 952.
3 Die Lehre von den Leistungsstörungen, 1936.
4 *Palandt/Heinrichs,* Rz. 3 und 4 vor § 275.
5 BAG v. 17. 3. 1988, AP Nr. 99 zu § 626 BGB (unter II 4d); MünchArbR/*Blomeyer,* § 55 Rz. 8.

II. Verpflichtungen des Arbeitnehmers

Da der Arbeitnehmer gem. § 613 Satz 1 BGB die Arbeitsleistung im Regelfall persönlich zu leisten hat, fallen subjektive und objektive Unmöglichkeit zusammen, wenn der Arbeitnehmer seine Arbeitsleistung nicht erbringen kann[1]. Demzufolge kann sich das Nichtigkeitsprivileg des § 306 BGB nur auf **physisch und psychisch unerbringbare Arbeitsleistungen** erstrecken[2]. Dazu zählt die Verpflichtung zu einer mehr als 24 Stunden andauernden ärztlichen Tätigkeit (Tag-/Bereitschafts-/Nachtdienst) ohne ausreichende Ruhezeiten[3] und die Verpflichtung zur Arbeitsleistung für einen nicht existierenden Betrieb[4].

Ist dagegen die Leistung dem Arbeitnehmer nur **anfänglich subjektiv unmöglich**, weil er zB zugleich mit einem anderen Arbeitgeber einen Arbeitsvertrag über die gleiche Arbeitsleistung abgeschlossen hat, so ist seine Arbeitsverpflichtung wirksam[5].

Ist die Arbeitsleistung aus **später erst eingetretenen Gründen** nicht vollziehbar, so liegt Unmöglichkeit (§ 275 BGB) vor. Dabei spielt es keine Rolle, ob die Unmöglichkeit wieder behoben werden kann, denn der Arbeitnehmer schuldet nicht ein bestimmtes Arbeitsergebnis wie der Werkunternehmer gem. § 633 BGB, sondern Arbeit innerhalb bestimmter Zeit. Wenn er einmal einen Tag infolge von Betriebsstörungen, aber auch Verkehrsschwierigkeiten, nicht hat arbeiten können, ist die Arbeit an diesem Tag unmöglich und nicht später nachzuholen. Sieht man einmal von den Fällen der gesetzlichen oder vertraglichen Befreiung von der Arbeitspflicht (zB bei Urlaub, Krankheit oder einverständlicher Arbeitsfreistellung) ab, so gelten grundsätzlich für die Voraussetzungen und Rechtsfolgen der Unmöglichkeit der Schuldnerleistung die §§ 275 ff. und 320 ff. BGB[6].

Nimmt der Arbeitnehmer **verspätet** seine Arbeit auf, so befindet er sich grundsätzlich in Leistungsverzug gem. § 284 Abs. 2 BGB. Dies setzt allerdings die Nachholbarkeit der geschuldeten Leistung voraus[7]. Sofern es um eine bestimmte Arbeitsleistung geht, die durch den betreffenden Arbeitnehmer nachgeholt werden kann (zB bei einer Teilzeitkraft), kommt der Arbeitnehmer also in Verzug, wenn er zu spät zur Arbeit kommt. Handelt es sich aber um wiederkehrende Arbeiten (zB innerhalb eines Produktionsbetriebes) oder muß der Arbeitgeber die nicht zeitgerecht erbrachte Leistung von einer Ersatzkraft ausführen lassen (zB Koch oder Telefonistin), ist also die Arbeitsleistung zeit- und betriebsgebunden, so ist die Verzögerung der Unmöglichkeit gleichzusetzen. Die Arbeitsleistung ist in diesem Falle eine Fixschuld (§ 361 BGB)[8]. Soweit aber

---

1 MünchArbR/*Blomeyer*, § 53 Rz. 14.
2 MünchArbR/*Blomeyer*, § 55 Rz. 16.
3 BAG v. 24. 2. 1982, AP Nr. 7 zu § 17 BAT.
4 MünchArbR/*Blomeyer*, § 55 Rz. 16.
5 MünchArbR/*Blomeyer*, § 47 Rz. 47.
6 MünchArbR/*Blomeyer*, § 55 Rz. 4.
7 BGH v. 9. 6. 1982, BGHZ 84, 244, 248 f.; BGH v. 6. 2. 1985, NJW 1986, 124, 126; *Palandt/Heinrichs*, § 284 Rz. 2.
8 *Beuthien*, RdA 1972, 20, 22; *Beuthien*, ZfA 1972, 73, 74; *Ehmann*, NJW 1987, 401, 406; *Schaub*, § 51 II 1; *Zöllner/Loritz*, § 18 I 1; aA MünchArbR/*Blomeyer*, § 55 Rz. 11, der generell die Auslegungsregel für relative Fixgeschäfte gelten lassen will.

die Arbeitsleistung nicht mehr nachholbar ist, bildet jede Nachleistung nicht die geschuldete Leistung, sondern „eine Art Naturalersatz"[1].

149 Positive Forderungsverletzung liegt grundsätzlich vor, wenn der Arbeitnehmer schuldhaft **nicht vertragsgemäß** arbeitet, zB fehlerhaft oder zu langsam. Auf die gesetzlich nicht geregelte positive Forderungsverletzung werden die Vorschriften über verschuldete Unmöglichkeit und Schuldnerverzug angewendet (§§ 280, 286, 325, 326 BGB)[2].

bb) Nichtleistung der Arbeit – Unmöglichkeit und Verzug

(1) Vom Arbeitnehmer zu vertretende Nichtleistung

150 Liegt **anfängliches Unvermögen** vor (der Arbeitnehmer hat sich zB schon in einem weiteren Arbeitsvertrag zur Arbeitsleistung verpflichtet, obwohl er noch für einige Zeit aufgrund des bestehenden Arbeitsvertrages zu Montagearbeiten eingesetzt ist), ist also die Arbeitsleistung nicht völlig unerbringbar, trifft den Arbeitnehmer eine Erfüllungshaftung. Dasselbe gilt im Falle der **nachträglichen Unmöglichkeit, wenn der Arbeitnehmer die Unmöglichkeit der Leistung zu vertreten hat** (zB fehlt der Arbeitnehmer unentschuldigt oder hat trotz noch bestehenden Arbeitsvertrages bereits in einem neuen Arbeitsverhältnis die Arbeit aufgenommen). Zu vertreten hat der Arbeitnehmer die Nichtleistung dann, wenn er vorsätzlich oder fahrlässig die Arbeit nicht erbringt (§ 276 BGB). Nach §§ 282, 285 BGB wird das Verschulden vermutet; der Arbeitnehmer muß sich entlasten. Meint er irrtümlich, er sei zur Nichtleistung berechtigt, so ist ihm dies als Verschulden zuzurechnen, wenn er bei der Aufklärung der Rechtslage nicht die im Verkehr erforderliche Sorgfalt angewandt hat[3]. Im vorgenannten Beispielsfall der Aufnahme einer anderen Tätigkeit kann sich der Arbeitnehmer nicht damit entschuldigen, er habe die Möglichkeit gehabt, eine andere, besser bezahlte Stelle anzutreten. Er muß wie der Arbeitgeber die Kündigungsfrist einhalten[4].

151 Von einer schuldhaften Nichtleistung ist dann nicht auszugehen, wenn der Arbeitnehmer **gesetzlich oder vertraglich von der Arbeitspflicht befreit** ist, wie dies für den Urlaub, die Krankheit oder bei einer einverständlichen Freistellung von der Arbeitsleistung der Fall ist. Ausgenommen sind Fälle der grob fahrlässig oder gar vorsätzlich selbst verschuldeten Arbeitsunfähigkeit (selbst provozierte Schlägerei oder unterlassenes Gurtanlegen im Auto)[5].

152 Hat der Arbeitnehmer die **Unmöglichkeit der Arbeitsleistung zu vertreten,** so hat er nach dem Grundsatz „kein Lohn ohne Arbeit" für die Zeit der Nichtleistung auch keinen Anspruch auf das ihm sonst zustehende Entgelt (§§ 614, 320, 323 Abs. 1 iVm. § 325 Abs. 1 Satz 3 BGB)[6]. Bezüglich noch bestehender

---

1 *Picker,* JZ 1985, 693 ff., 699 Fn. 113; MünchArbR/*Blomeyer,* § 55 Rz. 13.
2 *Großmann/Schneider,* Tz. 130.
3 *Schaub,* § 51 II 3.
4 *Schaub,* § 51 II 3.
5 BAG v. 7. 10. 1981, AP Nr. 47 zu § 1 LohnFG.
6 BAG v. 17. 7. 1970, AP Nr. 3 zu § 11 MuSchG 1968; MünchArbR/*Blomeyer,* §§ 55 Rz. 42; *Schaub,* § 51 III 2.

II. Verpflichtungen des Arbeitnehmers

restlicher Vergütungsansprüche kann der Arbeitgeber die Einrede des nicht erfüllten Vertrages gem. § 320 BGB erheben. Der Arbeitgeber ist für die Nichtleistung beweispflichtig, wenn er gegenüber der Vergütungsforderung des Arbeitnehmers die Vertragserfüllung leugnet[1]. Sollte der Arbeitnehmer für die Zeit, für die er schuldhaft vertragswidrig seiner Arbeitspflicht nicht nachgekommen ist, bereits eine Vergütung erhalten haben, so kann das ohne Rechtsgrund gezahlte Arbeitsentgelt nach den Grundsätzen der ungerechtfertigten Bereicherung gem. §§ 323 Abs. 3, 325 Abs. 1 Satz 3 BGB vom Arbeitgeber zurückverlangt werden (s. dazu auch Rz. 595 ff.).

Dem Arbeitgeber stehen bei schuldhafter Nichterfüllung der Arbeitsverpflichtung durch den Arbeitnehmer **folgende Rechte zu:**

153 Der Arbeitgeber kann **auf Erfüllung der Arbeitsleistung klagen**[2]. Es wird jedoch teilweise die Auffassung vertreten, daß wegen § 888 Abs. 2 ZPO aus einem Urteil auf Erbringung einer bestimmten Arbeitsleistung nicht vollstreckt werden darf. Neben seiner Wirkung als moralischer Appell habe ein solches Urteil daher nur die Bedeutung, die Rechtslage zu klären und evtl. die Grundlage für die Durchsetzung eines Schadensersatzanspruchs zu bilden[3].

Dagegen wird von der herrschenden Meinung bezüglich der Vollstreckung eines Urteils auf Erbringung einer bestimmten Arbeitsleistung zwischen **vertretbaren und unvertretbaren Arbeitsleistungen** differenziert. Bei solchen Arbeitsleistungen, bei denen es für den Arbeitgeber unerheblich ist, ob sie der Schuldner oder ein Dritter erfüllt, also bei vertretbaren Arbeitsleistungen, kann der Arbeitgeber gem. § 887 ZPO vom Vollstreckungsgericht ermächtigt werden, einen Dritten auf Kosten des Arbeitnehmers mit der Erbringung der Leistungen zu beauftragen. Gem. § 888 ZPO ist aber die Zwangsvollstreckung ausgeschlossen, wenn die Arbeitsleistung in einer unvertretbaren Tätigkeit besteht[4]. Durch Auslegung des Arbeitsvertrages ist zu ermitteln, ob der Arbeitgeber im Einzelfall ein besonderes Interesse daran hat, daß gerade der Schuldner die Arbeitsleistung erbringt, somit eine unvertretbare Handlung vorliegt. Ein Anhaltspunkt für die Vertretbarkeit kann die sonst übliche Überbrückung von Arbeitsausfällen des Schuldners in der Vergangenheit bieten (zB durch befristet eingestellte Aushilfskräfte).

154 Die Klage auf Arbeitsleistung kann mit dem Antrag gem. § 61 Abs. 2 Satz 1 ArbGG verbunden werden, den Arbeitnehmer für den Fall, daß er seine Arbeitsleistung nicht binnen einer bestimmten Frist erbringt, zur **Zahlung einer Entschädigung** zu verurteilen. Die Höhe der Entschädigung ist vom Arbeitsgericht nach freiem Ermessen festzusetzen. Gem. § 61 Abs. 2 Satz 2 ArbGG ist in diesem Fall jedoch eine Zwangsvollstreckung nach den §§ 887 und 888 ZPO ausgeschlossen[5].

---

1 LAG Köln v. 7. 4. 1995, BB 1995, 2276.
2 BAG v. 2. 12. 1965, AP Nr. 27 zu § 620 BGB – Befristeter Arbeitsvertrag; *Schaub*, § 51 III 1 und § 45, 7.
3 *Zöllner/Loritz*, § 12 V; *Großmann/Schneider*, Tz. 126.
4 *Schaub*, § 45 VII 1.
5 BAG v. 23. 5. 1984, NZA 1984, 255.

155 Unter den Voraussetzungen des § 256 ZPO kann der Arbeitgeber auch die gerichtliche **Feststellung** beantragen, daß das Arbeitsverhältnis fortbesteht[1].

156 Der Anspruch auf Arbeitsleistung kann nach herrschender Auffassung auch **im Wege der einstweiligen Verfügung** durchgesetzt werden. Ebenso wie bei der Leistungsklage im sog. Hauptverfahren nicht die idR fehlende Vollstreckbarkeit einem Rechtsschutzbedürfnis entgegensteht, gilt für eine einstweilige Verfügung, daß das summarische einstweilige Verfügungsverfahren die Rechtslage klärt und den Arbeitnehmer nachdrücklich auf seine Vertragspflichten hinweist[2].

157 Dagegen kann der Arbeitgeber seinen vertragsbrüchigen Arbeitnehmer nicht durch Urteil oder einstweilige Verfügung dazu zwingen, die inzwischen bei einem anderen Arbeitgeber **aufgenommene Tätigkeit zu unterlassen**[3]. Ausschließlich in den Fällen, in denen über den bloßen Vertragsbruch hinaus ein besonderes Interesse des Arbeitgebers an der Unterlassung der vertragswidrig bei dem Dritten aufgenommenen Tätigkeit besteht, wie zB bei gesetzlichen und vertraglichen Wettbewerbsverboten, kommt ein solcher Unterlassungsanspruch in Betracht[4]. Nur unter ganz engen Voraussetzungen kann darüber hinaus der fremde Arbeitgeber gezwungen werden, den vertragsbrüchigen Arbeitnehmer nicht weiterzubeschäftigen. Ein dahingehender Unterlassungsanspruch besteht nach herrschender Meinung nur dann, wenn die Voraussetzungen sittenwidrigen Verhaltens (§ 826 BGB) oder unlauteren Wettbewerbs (§ 1 UWG) erfüllt sind[5].

158 Hat der Arbeitnehmer die Nichtleistung zu vertreten, so kann der Arbeitgeber **Schadensersatz wegen Nichterfüllung** nach § 325 Abs. 1 Satz 1 BGB iVm. § 249 BGB verlangen, soweit ihm ein Schaden entstanden ist. Infolge der Unmöglichkeit hat der Arbeitnehmer für den entstandenen Schaden grundsätzlich gem. § 251 BGB Geldersatz zu leisten. Er hat die durch die Nichtleistung der Arbeit adäquat kausal verursachten Schäden zu ersetzen. Dazu gehören die nach dem Arbeitgeberaufwand berechnete Differenz zwischen der Vergütung des Arbeitnehmers und dem Entgelt der für ihn eingestellten Ersatzkraft und die Mehrvergütung für Kollegen, die den Arbeitsausfall durch Überstunden ausgeglichen haben. Der Arbeitnehmer ist dabei maximal zum Ersatz desjenigen Schadens verpflichtet, der bei Einhaltung der Kündigungsfrist nicht entstanden sein würde[6]. Nach der Rechtsprechung soll dem Arbeitgeber auch dann ein Schadensersatzanspruch zustehen, wenn der Ausfall der Arbeitskraft durch größere An-

---

1 BAG v. 24. 10. 1996, DB 1997, 636.
2 LAG Bremen v. 9. 11. 1955, BB 1955, 1089; LAG Bremen v. 17. 4. 1964, BB 1964, 1486; ArbG Düsseldorf v. 12. 7. 1979, BB 1979, 1245; *Schaub*, § 45 VII 2; aA LAG Frankfurt v. 19. 10. 1989, NZA 1990, 614; MünchArbR/*Blomeyer*, § 48 Rz. 3.
3 LAG Bremen v. 9. 11. 1955, BB 1955, 1089; LAG Bremen v. 17. 4. 1964, BB 1964, 1486; ArbG Düsseldorf v. 12. 7. 1979, BB 1979, 1245; *Großmann/Schneider*, Tz. 126.
4 BAG v. 17. 9. 1969, AP Nr. 7 zu § 611 BGB – Treuepflicht; *Schaub*, § 45 VII 3.
5 MünchArbR/*Blomeyer*, § 48 Rz. 9; siehe dazu auch OLG Frankfurt v. 16. 12. 1993, BB 1994, 376.
6 BAG v. 14. 9. 1984, AP Nr. 10 zu § 276 BGB – Vertragsbruch.

II. Verpflichtungen des Arbeitnehmers

strengung der übrigen Arbeitnehmer in der normalen Arbeitszeit aufgefangen worden ist[1]. Auch dann, wenn der Arbeitgeber die anfallende Mehrarbeit selbst erledigt hat, weil er so schnell keine Ersatzkraft gefunden hat, besteht ein Schadensersatzanspruch. Der Arbeitgeber kann in diesem Fall als Schaden den Mehrwert seiner Arbeitsleistung geltend machen, wobei eine Art „Überstundenvergütung" zu berücksichtigen ist[2]. Nach anderer Auffassung soll in diesem Fall der zu ersetzende Schaden in der Einkommensminderung bestehen, die der Arbeitgeber infolge des Vertragsbruches ohne seine schadensabwendende Tätigkeit erlitten habe[3].

Der Arbeitgeber muß sich aber in all diesen Fällen den **ersparten Lohnaufwand** im Wege der Vorteilsausgleichung **anrechnen** lassen. Außerdem ist der Ersatzanspruch stets auf die Zeit bis zum ersten ordentlichen Kündigungstermin des Arbeitnehmers beschränkt (auf den sog. Verfrühungsschaden).

Neben dem durch Aufholen des Arbeitsausfalls entstandenen Mehraufwand schuldet der vertragsbrüchige Arbeitnehmer auch den infolge des Arbeitsausfalls entstandenen **Vermögensschaden des Arbeitgebers.** Dazu können die wegen der Auftragsverspätung verfallene Konventionalstrafe[4], Fahrtkosten für eine Ersatzkraft, Stillstandskosten einer Maschine, aber auch Rechtsanwaltskosten gehören, soweit sie durch den Vertragsbruch des Arbeitnehmers veranlaßt worden sind[5]. Sofern es zu einem Produktionsausfall infolge der Nichtleistung der Arbeit gekommen ist, kann der Arbeitgeber den entgangenen Gewinn ersetzt verlangen[6]. Eine Schadensersatzpflicht kann sich auch daraus ergeben, daß der Arbeitgeber im Vertrauen auf die vertraglich zugesagte Arbeitsaufnahme erhebliche Aufwendungen gemacht hat, der Arbeitnehmer jedoch ohne Benachrichtigung die Arbeit überhaupt nicht antritt[7]. Auch hinsichtlich des Ersatzes der Aufwendungen für die Suche nach einer Aushilfe oder einem Nachfolger gilt die inzwischen von der Rechtsprechung aufgestellte Eingrenzung auf den sog. **Verfrühungsschaden.** Anwerbungskosten sind daher nur unter dem Gesichtspunkt des sog. Verfrühungsschadens ersatzfähig. Wenn ein Arbeitnehmer ohne Einhaltung der Kündigungsfrist seine Tätigkeit entweder nicht aufnimmt oder vorzeitig verläßt, so wird demgemäß der Umfang des Schadensersatzanspruchs danach bemessen, wie der Arbeitgeber im Falle einer fristgerechten, ordnungsgemäßen Beendigung gestanden hätte. Der Arbeitnehmer ist somit nur zum Ersatz desjenigen Schadens verpflichtet, der bei Einhaltung der Kündigungsfrist nicht entstanden wäre[8]. Für zusätzlich aufgewandte

159

---

[1] BAG v. 24. 4. 1970, AP Nr. 5 zu § 60 HGB mit zust. Anm. *Weitnauer/Emde; Kraft,* NZA 1989, 777, 779.
[2] BAG v. 24. 8. 1967, AP Nr. 7 zu § 249 BGB; *Schaub,* § 51 III 5d.
[3] BGH v. 16. 2. 1971, BGHZ 55, 329 ff.; BAG v. 24. 8. 1967, NJW 68, 221; *Weimar,* NJW 1989, 3246.
[4] LAG Düsseldorf v. 19. 10. 1967, DB 1968, 90.
[5] MünchArbR/*Blomeyer,* § 55 Rz. 34.
[6] BAG v. 27. 1. 1972, AP Nr. 2 zu § 252 BGB; LAG Düsseldorf v. 19. 10. 1967, DB 1968, 90.
[7] BAG v. 14. 9. 1984, BB 1985, 932.
[8] BAG v. 14. 9. 1994, AP Nr. 10 zu § 276 BGB – Vertragsbruch.

Insertionskosten hat deshalb der Arbeitnehmer bei Vertragsbruch nur dann Ersatz zu leisten, wenn diese Kosten bei Einhaltung der Kündigungsfrist vermieden worden wären[1]. Auch die Aufwendungen für eine Personal- bzw. Unternehmensberatung zwecks Suche eines Arbeitnehmers sind in aller Regel ohne Rücksicht darauf angefallen, ob der Arbeitnehmer überhaupt den Anstellungsvertrag abschließt oder ob er den Anstellungsvertrag eine gewisse Mindestzeit ordnungsgemäß erfüllt. Diese Kosten stehen mithin in keinem kausalen Zusammenhang zu dem vertragsbrüchigen Nichtantritt der Stelle. Dasselbe gilt für Aufwendungen für ein Vorstellungsgespräch.

Anders verhält es sich dann, wenn die Aufwendungen durch den vertragsbrüchigen Arbeitnehmer selbst veranlaßt wurden oder wenn es sich um Leistungen bzw. Maßnahmen gerade aufgrund des Vertrages für diesen Arbeitnehmer handelt, wie zB der Druck von Visitenkarten.

160 Sofern der Arbeitnehmer mit seiner Arbeitsleistung **in Verzug gerät** (dies setzt die Nachholbarkeit der Leistung voraus), so kann der Arbeitgeber gem. § 326 Abs. 1 BGB Erfüllung, also Nachholung der unterbliebenen Arbeitsleistung verlangen. Er kann dafür dem Arbeitnehmer eine Frist setzen und für den Fall der Nichtleistung innerhalb der gesetzten Frist die Ablehnung der Leistung androhen. Läuft die Frist ab, ohne daß der Arbeitnehmer die geschuldete Arbeitsleistung nachgeholt hat, kann der Arbeitgeber Schadensersatz wegen Nichterfüllung verlangen.

Darüber hinaus verbleibt dem Arbeitgeber die Möglichkeit, gem. § 286 BGB den sog. **Verspätungsschaden** geltend zu machen. Hierzu kann insbesondere eine Konventionalstrafe gehören, die den Arbeitgeber trifft, weil er aufgrund der nicht rechtzeitigen Arbeitsleistung durch den Arbeitnehmer verspätet liefert[2].

161 Sofern vertraglich vereinbart, kann die Nichtleistung auch zu einer **Kürzung von freiwilligen Sonderleistungen** des Arbeitgebers führen, so zur Kürzung einer sog. Anwesenheitsprämie; s. das Vertragsbeispiel zu Rz. 531.

Besteht keine vertragliche Regelung bezüglich einer Kürzungsmöglichkeit, so kann eine Sonderzahlung gleichwohl gekürzt werden, wenn sich diese als zusätzliche Vergütung der Arbeitsleistung darstellt[3] (s. dazu Rz. 500 ff.).

162 Verschiedentlich sehen Arbeitsverträge oder Tarifverträge als Sanktionen gegen die Nichtleistung **Vertragsstrafen oder Lohnverwirkungen** vor. Die Zulässigkeit von Vertragsstrafenvereinbarungen richtet sich nach den allgemeinen Regeln (so zB § 138 BGB)[4].

Von der Vertragsstrafe unterscheidet sich die **Lohnverwirkungsabrede** dadurch, daß zu Lasten des vertragsbrüchigen Arbeitnehmers Vergütung einbehalten wird. Die Lohnverwirkungsabrede kann auf Einzelvertrag oder auch auf Tarif-

---

1 BAG v. 26. 3. 1981 und 23. 3. 1984, AP Nr. 7 und 8 zu § 276 BGB – Vertragsbruch.
2 LAG Düsseldorf v. 19. 10. 1967, DB 1968, 90.
3 MünchArbR/*Blomeyer*, § 55 Rz. 44; *Schiefer*, NZA 1993, 1015, 1018.
4 BAG v. 18. 9. 1991, NZA 1992, 215; *Heinze*, NZA 1994, 244, 249; III 8 des Beschlusses der 70. Arbeits- und Sozialministerkonferenz, NZA 1995, 300 ff.

vertrag beruhen. Die Verwirkung kann gem. § 394 BGB nur im Rahmen der Pfändungsfreigrenzen durchgesetzt werden. Darüber hinaus kann nach §§ 133h, 134 GewO in Betrieben, die regelmäßig 20 oder mehr Arbeitnehmer beschäftigen, nur maximal der durchschnittliche Wochenlohn im Falle der rechtswidrigen Auflösung des Arbeitsverhältnisses als verwirkt vereinbart werden.

Der Arbeitgeber kann schließlich das mit dem vertragsbrüchigen Arbeitnehmer bestehende Arbeitsverhältnis gem. § 626 BGB **außerordentlich kündigen**. Diese außerordentliche fristlose Kündigung tritt im Arbeitsverhältnis an die Stelle des bei zu vertretender Unmöglichkeit dem anderen Vertragsteil gem. § 325 BGB zustehenden Rücktrittsrechts. 163

Nicht jede Nichtleistung durch den Arbeitnehmer berechtigt allerdings zur außerordentlichen fristlosen Kündigung. Nur wenn sich aus den weiteren Umständen ergibt, daß der **Vertragsbruch vorsätzlich und endgültig** erfolgt ist, kann sich dies als „wichtiger Grund" iS des § 626 Abs. 1 BGB darstellen und eine vorhergehende Abmahnung überflüssig machen[1]. Ggf. kommt nur eine ordentliche, also fristgemäße Kündigung in Betracht.

Wird das Arbeitsverhältnis wegen vertragswidrigen Verhaltens des Arbeitnehmers fristlos gekündigt, so kann der Arbeitgeber außerdem gem. § 628 Abs. 2 BGB den sog. **Auflösungsschaden** ersetzt verlangen. Im Gegensatz zu § 325 Abs. 1 BGB, wonach die Möglichkeiten des Schadensersatzes und des Rücktritts alternativ nebeneinanderstehen, räumt § 628 Abs. 2 BGB dem Arbeitgeber den Schadensersatzanspruch trotz Beendigung des Arbeitsverhältnisses ein. § 628 Abs. 2 BGB wird entsprechend angewandt, wenn das Arbeitsverhältnis durch Aufhebungsvertrag oder ordentliche Kündigung beendet worden ist und eine Vertragsverletzung vorausgeht[2]. Im Falle des § 628 Abs. 2 BGB hat der Arbeitnehmer den dem Arbeitgeber aufgrund der vorzeitigen Vertragsbeendigung entstandenen Schaden zu ersetzen, dh. das volle Erfüllungsinteresse[3]. 164

(2) Vom Arbeitnehmer nicht zu vertretende Nichtleistung

Ist die **Arbeitsleistung aus Gründen, die der Arbeitnehmer nicht zu vertreten hat, unmöglich**, zB infolge von Betriebsstörungen oder Naturkatastrophen, so wird er von seiner Verpflichtung zur Arbeitsleistung gem. § 275 Abs. 1 BGB frei. In derartig gelagerten Fällen, in denen auch dem Arbeitgeber kein Vorwurf dafür gemacht werden kann, daß die Arbeitsleistung unterbleiben muß, entfällt gem. § 323 Abs. 1 BGB grundsätzlich der Vergütungsanspruch. Dies gilt aber nur in den Fällen, in denen die Unmöglichkeit keiner Vertragsseite zuzurechnen ist, zB bei einem wetterbedingten Verkehrschaos oder wenn Arbeitswillige 165

---

1 *Kraft*, NZA 1989, 777, 780; MünchArbR/*Blomeyer*, § 55 Rz. 55.
2 BAG v. 10. 5. 1971, AP Nr. 6 zu § 628 BGB; BAG v. 11. 2. 1981, AP Nr. 8 zu § 4 KSchG 1969; LAG Düsseldorf v. 29. 8. 1972, DB 72, 1879. Entgegen der von *Schaub* zu § 51 III 5c vertretenen Auffassung bedarf es mE nicht eines dahin gehenden Anspruchsvorbehalts.
3 MünchArbR/*Blomeyer*, § 55 Rz. 38.

im bestreikten Betrieb nicht beschäftigt werden können[1]. Ansonsten ergibt sich bereits aus den §§ 615, 616 BGB, daß die grundsätzliche Regelung des § 323 BGB durch arbeitsrechtliche Sondervorschriften und -grundsätze eingeschränkt ist.

166 Hat der **Arbeitgeber** die Unmöglichkeit der Arbeitsleistung **zu vertreten,** indem er zB den Arbeitnehmer versehentlich morgens nicht zur Montagearbeit wie verabredet abholt, so wird der Arbeitnehmer von der Arbeitsleistung frei, behält aber gem. § 324 Abs. 1 BGB den Anspruch auf die Vergütung.

(3) Von keiner Seite zu vertretende Nichtleistung/Betriebsrisiko

167 Wird die **Arbeitsleistung aus objektiven Gründen unmöglich, die keiner Seite zuzurechnen sind,** wie zB bei wetterbedingten Verkehrschaos oder einer Naturkatastrophe, so liegt eine von keiner Seite zu vertretende Unmöglichkeit gem. §§ 275, 323 BGB vor. Die gesetzliche Folge besteht darin, daß der Arbeitnehmer von seiner Arbeitspflicht frei wird und seinen Vergütungsanspruch verliert. Man ist sich darüber einig, daß ein derartiges allgemeines Risiko der Arbeitnehmer trägt. Treffen allgemeine und persönliche Hindernisse zusammen, bleibt es bei der „normalen Risikoverteilung" der §§ 275, 323 BGB, weil die Arbeitsverhinderung auch ohne die persönliche Unmöglichkeit bestanden hätte[2].

168 Davon zu unterscheiden ist eine **betriebs- und wirtschaftsbedingte Unmöglichkeit,** wie zB in dem Fall, daß die Maschinen wegen Stromausfalls nicht betrieben werden können. Da grundsätzlich die Arbeitnehmer nur verpflichtet sind, ihre Arbeitskraft als solche zur Verfügung zu stellen, wären sie in dieser Situation in der Lage, ihre Arbeit aufzunehmen. Der sinnvolle Einsatz scheitert daran, daß der Arbeitgeber die ihm obliegende Mitwirkungshandlung nicht erbringen kann, weil die Maschinen infolge des Stromausfalls nicht in Betrieb gesetzt werden können. Dies hat grundsätzlich zur Folge, daß der Arbeitgeber in Annahmeverzug gerät und deshalb die Arbeitnehmer gem. § 615 BGB die Vergütung verlangen können, ohne zur Nachleistung verpflichtet zu sein.

169 Die herrschende Lehre grenzt die Lohnzahlungspflicht in derartigen Fällen nicht durch Einordnung entweder in den Bereich des Annahmeverzuges des Arbeitgebers gem. § 615 BGB oder der Unmöglichkeit der Arbeitsleistung gem. § 323 BGB ein, sondern argumentiert mit dem sog. Betriebsrisiko.

In der Rechtsprechung und Lehre entwickelten sich die **Grundsätze über das sog. Betriebsrisiko** aus der Überlegung, daß die zivilrechtlichen Folgen der Unmöglichkeit und des Annahmeverzuges dann nicht passen, wenn die fehlende Möglichkeit der Beschäftigung auf Störungen im betrieblichen Bereich zurückzuführen ist, zB wenn wegen Stromausfalls oder fehlender Rohstoffe die Arbeit nicht aufgenommen werden kann. Im Anschluß an das Reichsgericht hat das Bundesarbeitsgericht festgestellt, daß der Arbeitgeber grundsätzlich das

---

[1] BAG v. 11. 7. 1995, BB 1996, 216: dies gilt auch, wenn Arbeitswillige nur deshalb nicht beschäftigt werden, weil der Arbeitgeber den bestreikten Betrieb ganz stillgelegt hat, BAG v. 31. 1. 1995, BB 1996, 214.
[2] MünchArbR/*Blomeyer*, § 55 Rz. 28.

Betriebs- und Wirtschaftsrisiko trägt. Daraus wird gefolgert, daß der Arbeitgeber den Lohn auch dann zahlen muß, wenn er die Belegschaft ohne sein Verschulden aus betriebstechnischen Gründen nicht beschäftigen kann oder wenn die Fortsetzung des Betriebes wegen Auftrags- oder Absatzmangels wirtschaftlich sinnlos wird (Wirtschaftsrisiko)[1].

Während das Wirtschaftsrisiko ohnehin nach allgemeiner Auffassung nicht auf die Arbeitnehmer abgewälzt werden kann, auch wenn es dadurch zu Störungen im Arbeitsbereich kommt, setzt die Betriebsrisikolehre bei Störungen im Betriebsbereich an, die auf Katastrophen, behördlichen oder gesetzlichen Maßnahmen, auf Arbeitskämpfen oder dem Eingreifen Dritter beruhen. Nach den Grundsätzen der Betriebsrisikolehre trägt der Arbeitgeber das Lohnrisiko bei fehlender Beschäftigungsmöglichkeit infolge von Betriebsstörungen. Dies gilt selbst dann, wenn die Störung im Betriebsablauf nicht aus einer vom Arbeitgeber beeinflußbaren Gefahrenzone kommt. Auch in diesem Fall bleibt er zur Zahlung des Arbeitsentgelts verpflichtet. Im Hinblick auf das vom Arbeitgeber zu tragende Betriebsrisiko behält der Arbeitnehmer somit seinen Vergütungsanspruch, selbst wenn die Beschäftigungsmöglichkeit aus vom Arbeitgeber nicht zu vertretenden Gründen unmöglich geworden ist. Der Arbeitgeber kann sich von dieser Pflicht zur Zahlung des Entgelts nur durch betriebsbedingte Kündigung lösen.

Eine Ausnahme gilt für den Fall, daß die Ursache der Störung auf **Arbeitskampfmaßnahmen** zurückzuführen, also der Sphäre der Arbeitnehmer zuzuordnen ist[2]. 170

cc) Schlechtleistung der Arbeit

Der Arbeitnehmer schuldet aufgrund des Arbeitsvertrages grundsätzlich keinen bestimmten Arbeitserfolg. Seine Verpflichtung besteht darin, die eigene Arbeitskraft während der vereinbarten Arbeitszeit im Rahmen der vertraglichen und gesetzlichen Grenzen zur Leistung der „versprochenen Dienste" einzusetzen, so daß er grundsätzlich **keine bestimmte Quantität oder Qualität der Arbeitsleistung schuldet.** Die Arbeitsquantität wird entsprechend dem individuellen Bezug des Arbeitsverhältnisses (§ 613 Satz 1 BGB) vom persönlichen Leistungsvermögen des Arbeitnehmers bestimmt, soweit nicht Abweichungen vereinbart sind. Auch die Qualität wird subjektiv beurteilt, indem der Arbeitnehmer die ihm übertragene Arbeit sorgfältig und konzentriert ausführen muß. 171

---

1 RG v. 6. 2. 1923, RGZ 106, 272; BAG v. 7. 12. 1962 und 30. 5. 1963, AP Nr. 14 und 15 zu § 615 BGB – Betriebsrisiko; BAG v. 22. 12. 1980, AP Nr. 70 zu Art. 9 GG – Arbeitskampf.
2 BAG v. 22. 12. 1980, AP Nr. 70 und 71 zu Art. 9 GG – Arbeitskampf; BAG v. 22. 3. 1994, AP Nr. 130 zu Art. 9 GG – Arbeitskampf; BAG v. 31. 1. 1995, BB 1996, 214; BAG v. 11. 7. 1995, NZA 1996, 209. Dagegen stellt sich nach Auffassung von *Zöllner/Loritz* die Betriebsrisikolehre als überflüssig dar, da das Betriebsrisiko in § 615 BGB erfaßt sei; es stelle sich lediglich die Frage, wie die in § 615 BGB getroffene Grundentscheidung zu modifizieren sei, wenn die Beschäftigungsmöglichkeit von Arbeitnehmern infolge von Arbeitskämpfen entfällt, siehe *Zöllner/Loritz*, § 18 V, S. 214 ff.

Bei der Arbeitsqualität kann es jedoch vertragliche Mindest-Standards geben, die der Arbeitnehmer einhalten muß.

172 Zeigt die Arbeitsquantität Mängel infolge mangelnder Arbeitsintensität bzw. Minderleistung oder zeigen sich aufgrund unsorgfältiger Arbeitsausführung Qualitätsmängel, so liegt eine **Schlechterfüllung der Arbeitsleistung** vor. Eine Schlechtleistung liegt weiterhin vor, wenn der Arbeitnehmer das Eigentum des Arbeitgebers beschädigt oder eine andere Arbeitsleistung als die geschuldete erbringt.

173 Da sich die Frage der einwandfreien Arbeitsleistung nach den persönlichen Fähigkeiten und Leistungsvermögen richtet und der Arbeitsvertrag nicht die Herstellung eines bestimmten Leistungserfolgs beinhaltet, weist das Arbeitsrecht bzw. das im BGB geregelte Dienstvertragsrecht **keine Gewährleistungsvorschriften** auf. Daher kann der Arbeitgeber, wenn der Arbeitnehmer unverschuldet eine qualitativ oder quantitativ unzureichende Leistung erbringt, die Arbeitsvergütung nicht mindern. Fordert der Arbeitgeber den Arbeitnehmer zur Nachbesserung auf, so ist auch die hierfür erforderliche Zeit zu vergüten, uU sogar mit Zuschlägen, wenn sie Überstunden erfordert[1].

174 Im Zusammenhang mit Akkord- oder Prämienentlohnung findet sich aber häufig die von der Rechtsprechung anerkannte Vereinbarung, daß **nur mängelfreie Arbeit bezahlt** wird („Nur einwandfreie Stücke werden vergütet")[2]. Allerdings muß dem Arbeitnehmer der Nachweis offen bleiben, daß der Fehler nicht auf seine Arbeitsleistung zurückzuführen ist, sondern auf Umständen beruht, die in den Verantwortungsbereich des Arbeitgebers fallen (zB fehlerhaftes Material).

175 Eine **Lohnminderung** kommt ansonsten nur gem. §§ 275, 325 Abs. 1 Satz 2 und 3 iVm. § 323 Abs. 1 BGB in Betracht, wenn man in der verschuldeten Schlechtleistung auch eine verschuldete Teil-Nichterfüllung sieht[3]. Dieser Lösungsmöglichkeit steht entgegen, daß der Arbeitnehmer für eine verschuldete Schlechtleistung das Risiko trägt, die möglicherweise keinen Schaden verursacht hat[4]. Grundsätzlich kann daher eine Lohnminderung nur in Ausnahmefällen in Betracht kommen. Dazu können neben Regelungen bei Akkord- oder Prämienentlohnung eine verschuldete tatsächliche Teil-Nichterfüllung (unberechtigte Arbeitspausen) und die rechtsmißbräuchliche Ausnutzung eines absoluten Kündigungsschutzes (eine unter Mutterschutz stehende Arbeitnehmerin leistet bewußt weniger)[5] gehören.

176 Im Ergebnis folgt daher nach herrschender Ansicht die **Haftung** aus dem Institut der **positiven Forderungsverletzung**, und zwar sowohl für den Fall der

---

1 MünchArbR/*Blomeyer*, § 56 Rz. 12.
2 BAG v. 15. 3. 1960, AP Nr. 13 zu § 611 BGB – Akkordlohn.
3 *Beuthien*, ZfA 1972, 73 ff.
4 MünchArbR/*Blomeyer*, § 56 Rz. 15 sowie mit einer ausführlichen Auseinandersetzung der Problematik in Rz. 2–11.
5 BAG v. 17. 7. 1970, AP Nr. 3 zu § 11 MuSchG.

qualitativen wie auch der zeitlichen Schlechterfüllung der Arbeitsleistung selbst wie auch der zu erfüllenden Nebenpflichten. Demzufolge kann der Arbeitgeber vom Arbeitnehmer Schadensersatz verlangen, wenn dieser seine arbeitsvertraglichen Pflichten verletzt, er die Vertragsverletzung zu vertreten hat, dem Arbeitgeber ein Schaden erwächst und zwischen Vertragsverletzung und Schaden ein kausaler Zusammenhang besteht[1]. Darüber hinaus kommt eine Haftung des Arbeitnehmers aus **Delikt** (§ 823 BGB) in Betracht, wenn er schuldhaft im Zuge der Nichtleistung gem. § 823 BGB geschützte Rechtsgüter des Arbeitgebers verletzt.

Der Arbeitgeber kann mit seiner Schadensersatzforderung gegen den Vergütungsanspruch des Arbeitnehmers unter Beachtung der Pfändungsfreigrenze gem. § 394 BGB **aufrechnen** (s. Rz. 672 ff.). 177

Vom Arbeitnehmer zu vertretende Schlechtleistungen können zudem eine **Kündigung**, im Ausnahmefall auch eine außerordentliche fristlose Kündigung rechtfertigen. Regelmäßig wird aber auch eine ordentliche fristgemäße Kündigung wegen Schlechtleistung erst nach einer Abmahnung in Betracht kommen. Dabei ist zu berücksichtigen, daß ein verständiger Arbeitgeber mit einmaligen oder gelegentlich vorkommenden Fehlleistungen rechnen muß[2]. 178

2. Treuepflicht – Allgemeine Interessenwahrnehmungs- und Unterlassungspflichten

a) Allgemeiner Inhalt der sog. Treuepflicht

Das Arbeitsverhältnis erschöpft sich nicht in dem bloßen Austauschen von Leistung und Gegenleistung (Arbeit gegen Entgelt). Aus der Tatsache, daß es sich um ein Dauerschuldverhältnis handelt, ergeben sich vielmehr **für beide Seiten weitergehende** Pflichten[3]. Diese Nebenpflichten werden allgemein auf der Arbeitgeberseite unter dem Begriff „Fürsorgepflicht" und auf Arbeitnehmerseite unter dem Begriff „Treuepflicht" zusammengefaßt[4]. 179

Die **Treuepflicht** als Pflicht zur Förderung der Interessen des Vertragspartners hat ihre Grundlage in der schuldrechtlichen Generalklausel des § 242 BGB. Danach hat jeder Schuldner „die Leistungen so zu bewirken, wie Treu und Glauben mit Rücksicht auf die Verkehrssitte es erfordern". Der Begriff der Treuepflicht mag deshalb zwar antiquiert wirken und nicht mehr zu unserer heutigen Arbeitswelt passen[5], unter Berücksichtigung des heutigen Inhalts ist er jedoch wertfrei lediglich als Hinweis auf die gesetzliche Grundlage, nämlich § 242 BGB anzusehen[6]. Die Treuepflicht umschreibt über die primäre Lei- 180

---

1 *Schaub*, § 52 IV 1.
2 *Schaub*, § 52 III.
3 BAG v. 22. 8. 1974, AP Nr. 1 zu § 103 BetrVG 1972 (unter C VI 3a).
4 *Großmann/Schneider*, Tz. 140.
5 *Schaub*, § 53 I 1; *Großmann/Schneider*, Tz. 140.
6 BAG v. 27. 2. 1985, AP Nr. 14 zu § 611 BGB – Beschäftigungspflicht = NZA 1985, 702 ff. (unter C. I 2b); *Zöllner/Loritz*, § 13 III.

stungspflicht der Erbringung der Arbeitsleistung die selbständigen Nebenpflichten der Wahrung von „Treu und Glauben", der persönlichen Rücksichtnahme und der Loyalitätspflichten, nämlich die betriebliche Interessen und die Interessen des Arbeitgebers zu wahren und Maßnahmen zu unterlassen, die den Arbeitgeber oder den Betrieb schädigen könnten[1].

Als **Nebenpflicht** steht die Treuepflicht nicht im Gegenseitigkeitsverhältnis der §§ 320 ff. BGB, auch nicht im Hinblick auf die ebenfalls außerhalb des Synallagmas liegenden Nebenpflichten des Arbeitgebers[2]. Die einzelne, der Treuepflicht zu entnehmende Nebenpflicht ergänzt aber die dem Arbeitnehmer jeweils in seiner Aufgabe obliegende Hauptleistungspflicht. Daraus folgt, daß eine Verletzung der Nebenpflicht die Hauptleistung unzureichend erscheinen läßt, so daß sich im Ergebnis bei einer Verletzung der Treuepflicht auch die Sanktionen ergeben können, wie sie bei einer schlechten oder unterbliebenen Arbeitsleistung vorgesehen sind[3].

181 Der **Umfang und die Grenzen der Treuepflicht** und der daraus resultierenden Nebenpflichten werden durch die Art der ausführenden Tätigkeit bestimmt. Je mehr Verantwortung die Tätigkeit mit sich bringt, desto weiter wird der Umfang der Treuepflicht. Auch ihre Intensität wird stärker, so daß an die Einhaltung der obliegenden Nebenpflichten strenge Anforderungen gestellt werden können. Aber auch aus der Dauer des Arbeitsverhältnisses sowie aus den ggf. bestehenden engen Beziehungen zu dem Betriebsinhaber kann der Inhalt der Treuepflicht eine stärkere Bedeutung gewinnen. Schließlich kann auch die Art der geschuldeten Arbeitsleistung den Inhalt und den Umfang der Treuepflichten beeinflussen; so werden zB an einen Mitarbeiter der Personalabteilung ganz andere Erwartungen an die Verschwiegenheitspflicht geknüpft als an den Schlosser innerhalb des Fertigungsbereiches.

Aufgrund ihrer Bedeutung in der Praxis können die sich aus der Treuepflicht ergebenden Nebenpflichten unterschieden werden in Interessenwahrnehmungs-(Handlungs-) und Unterlassungspflichten.

182 Da der Begriff der Treuepflicht nur die sich aus dem Arbeitsverhältnis ergebenden Nebenpflichten umschreibt, bedeutet diese Pflicht nicht, daß der Arbeitnehmer seine **persönlichen Interessen** der Treuepflicht hintenanstellen muß. So setzen insbesondere die Grundrechte aus Art. 2 (allgemeines Persönlichkeitsrecht), Art. 5 (Recht der freien Meinungsäußerung), Art. 9 (Vereinigungsfreiheit) und Art. 12 GG (Berufsfreiheit) der von dem Arbeitnehmer zu beachtenden Treuepflicht Grenzen. Demgemäß ist ein Arbeitnehmer nicht gehindert, seine Interessen mit den gesetzlich zulässigen Mitteln auf Kosten des Arbeitgebers zu verfolgen, indem er zB unter Zusammenschluß mit anderen Arbeitskollegen bessere Arbeitsbedingungen durchzusetzen versucht oder seinen Freizeitbereich nicht ausschließlich der Erholung widmet[4].

---

1 BAG v. 17. 2. 1953, AP Nr. 1 zu § 611 BGB – Treuepflicht.
2 *Zöllner/Loritz*, § 13; MünchArbR/*Blomeyer*, § 49 Rz. 3.
3 MünchArbR/*Blomeyer*, § 49 Rz. 16.
4 *Schaub*, § 53 I 2.

II. Verpflichtungen des Arbeitnehmers

Aus dem Gesichtspunkt der angebahnten Vertragsverhandlungen kann sich auch schon eine **vorvertragliche Treuepflicht** auswirken, so zB zur Offenbarung von weiteren Beschäftigungsverhältnissen bei der Einstellung eines sog. Geringfügig Beschäftigten oder zur Offenbarung von körperlichen Einschränkungen, wenn diese offensichtlich Auswirkungen auf den vorgesehenen Arbeitseinsatz haben[1]. 183

Andererseits wirkt die Treuepflicht **über die Beendigung des Arbeitsverhältnisses hinaus** fort, wie zB die aus der Treuepflicht resultierende Verschwiegenheitspflicht. Sie wäre wertlos, wenn sie nur an die formelle Dauer des Arbeitsvertrages gebunden wäre. Als weitere Beispiele der nachwirkenden arbeitsvertraglichen Treuepflicht sind zu nennen die Auskunftspflicht von leitenden Angestellten und die Pflicht zur Zustimmung zu Übertragungsvereinbarungen durch Versorgungsberechtigte bei Liquidation[2]. Eine Ausnahme bildet das nachvertragliche Wettbewerbsverbot. Dieses ist gem. § 74 HGB nur dann wirksam, wenn es schriftlich vereinbart ist und eine Karenzentschädigung vorsieht. 184

Eine **allgemeine Erledigungserklärung** in einer Auflösungsvereinbarung hat auf die Nachwirkung der aus der Treuepflicht entstehenden Nebenpflichten keinen Einfluß. Mit der Erledigungserklärung werden nur die Hauptpflichten, also die etwaigen noch bestehenden primären Leistungspflichten aus dem Arbeitsverhältnis und seiner Beendigung geregelt. 185

Abgesehen davon, daß die Treuepflicht generell auf § 242 BGB beruht, können sich die Nebenpflichten im einzelnen **auch aus dem Arbeitsvertrag selbst, einer Betriebsvereinbarung oder einem Tarifvertrag sowie aus Gesetz** (zB Datenschutz) ergeben. 186

b) Interessenwahrnehmungspflichten

aa) Schutz der betrieblichen Ordnung und Betriebsmittel

Gegenüber dem Arbeitgeber besteht die **Pflicht zur Wahrung des Unternehmenseigentums** sowie die **Pflicht zur Wahrung der betrieblichen Ordnung**. Da zu den Arbeitskollegen keine Vertragsbeziehung besteht, gibt es keine eigenständige Verhaltenspflicht des Arbeitnehmers gegenüber seinen Arbeitskollegen[3]. Die Pflicht zur Sicherung der ungestörten Arbeitsabläufe als Bestandteil der dem Arbeitnehmer obliegenden Treuepflicht bedingt aber die Wahrung des Betriebsfriedens und damit Kollegialität gegenüber den Arbeitskollegen. Die betriebliche Ordnung zu schützen bedeutet deshalb nicht nur, im Interesse einer hohen Effizienz reibungslose Arbeitsabläufe zu gewährleisten, sondern im Interesse der Arbeitskollegen und des Betriebsfriedens auch Rücksichtnahme gegenüber den Kollegen zu zeigen. 187

Der Schutz der betrieblichen Ordnung kann individuell durch **Arbeitsanweisungen** auf der Grundlage des Weisungs- bzw. Direktionsrechtes seitens des Arbeit- 188

---
1 *Zöllner/Loritz*, § 13 VII.
2 Siehe dazu *Kemper*, DB 1995, 373, 376.
3 MünchArbR/*Blomeyer*, § 51 Rz. 1.

gebers durchgesetzt werden. Häufig werden das Verhalten am Arbeitsplatz, das Zusammenwirken der Arbeitnehmer im Betrieb sowie der Umgang mit dem Eigentum des Arbeitgebers in einer **Betriebsordnung** festgelegt. Dabei ist zu beachten, daß zwar die individuelle Arbeitsanweisung gegenüber einem einzelnen Arbeitnehmer kraft des Weisungsrechts nicht der Mitbestimmung des Betriebsrats unterliegt, dagegen aber die generelle Regelung des Verhaltens am Arbeitsplatz und gegenüber den Kollegen in einer Betriebsordnung (§ 87 Abs. 1 Nr. 1 BetrVG).

Im einzelnen gehören zu der Pflicht, die betriebliche Ordnung und das Unternehmenseigentum zu wahren, folgende Verhaltensregeln:

(1) Äußeres Erscheinungsbild

189 Grundsätzlich widerspricht es dem Persönlichkeitsrecht des einzelnen Arbeitnehmers, wenn er gezwungen wird, hinsichtlich seines äußeren Erscheinungsbildes den Weisungen des Arbeitgebers oder einer dahingehenden Betriebsordnung folgen zu müssen. Aus **Sicherheits- oder Hygienegründen** gelten aber Ausnahmen, so daß nicht nur Schutzkleidung bzw. hygienisch einwandfreie Arbeitskleidung (zB im OP-Bereich) getragen werden muß, sondern auch wegen der bei der Arbeit zu tragenden Schutzmasken oder wegen der Bedienung von Maschinen kein Bart zulässig ist bzw. lange Haare unter einer Haube zusammengesteckt werden müssen. Auch kann wegen der **Verletzungsgefahr** Schmuck im Gesicht, an den Ohren und an den Händen bei der Ausübung des Pflegedienstes an Geistig- und Mehrfachbehinderten untersagt werden[1]. In der betrieblichen Praxis sind jedoch noch weitergehende Weisungen in Bezug auf das äußere Erscheinungsbild üblich. Gerechtfertigt sind derartige Anweisungen dann, wenn der Arbeitnehmer das Unternehmen **nach außen vertritt**, also zB im Außendienst Kundenkontakte unterhält. In solchen Fällen kann der Arbeitgeber auf eine Kleidung dringen, die der Art der Tätigkeit, den allgemeinen Erwartungen der Kunden an das Auftreten von Außendienstmitarbeitern dieses Unternehmens und dem Niveau der angebotenen Leistungen angemessen ist[2].

190 Sofern der Arbeitgeber eine **einheitliche Dienstbekleidung** vorschreibt, unterliegt die Ausgestaltung der näheren Regelung der Mitbestimmung des Betriebsrats gem. § 87 Abs. 1 Nr. 1 BetrVG[3]. Für die vom Arbeitgeber vorgeschriebene einheitliche Arbeitskleidung können den Arbeitnehmern die Kosten hierfür nicht auferlegt werden, auch nicht teilweise. Dies gilt auch dann, wenn dies in einer Betriebsvereinbarung geschieht[4].

Wenn eine Dienstkleidung getragen wird, kann von dem Arbeitnehmer verlangt werden, daß das **übrige Erscheinungsbild** mit dieser Dienstkleidung im Einklang steht (so daß zB das Tragen von Ohrringen nicht zulässig ist)[5].

---

1 LAG Schleswig-Holstein v. 26. 10. 1995, BB 1996, 222.
2 LAG Hamm v. 22. 10. 1991, DB 1992, 280; s. aber auch ArbG Mannheim v. 16. 2. 1989, BB 1989, 1201.
3 BAG v. 8. 8. 1989, AP Nr. 15 zu § 87 BetrVG 1972 – Ordnung des Betriebes.
4 BAG v. 1. 12. 1992, AP Nr. 20 zu § 87 BetrVG 1972 – Ordnung des Betriebes.
5 OVG Münster v. 24. 2. 1989, NJW 1989, 2770; BVerwG v. 25. 1. 1990, NJW 1990, 2266; sowie BVerfG v. 10. 1. 1991, NJW 1991, 1477.

II. Verpflichtungen des Arbeitnehmers

(2) Alkohol

Trotz der Gefahr des Alkoholmißbrauchs und der bei einem bloßen relativen Alkoholverbot bestehenden Unsicherheit wird allgemein die Auffassung vertreten, daß ein **generelles Alkoholverbot** nicht zulässig ist[1]. Demgemäß können aufgrund einseitiger Anordnungen des Arbeitgebers keine Alkoholkontrollen durchgeführt werden, so daß nur mit dem Willen des Arbeitnehmers selbst ein Alkoholtest veranlaßt werden kann[2]. Gegenüber bestimmten Arbeitnehmergruppen kann der Arbeitgeber jedoch ein absolutes Alkoholverbot aussprechen, wenn dies bei objektiver Betrachtungsweise die Erhaltung der Leistungsqualität notwendig macht (wie zB bei Piloten, Kranführern oder Chirurgen)[3]. Sofern durch den Alkoholgenuß die Erfüllung der Arbeitspflicht und das Zusammenwirken der Arbeitnehmer im Betrieb in Frage gestellt werden, besteht auch ohne ein ausdrückliches Alkoholverbot aus dem Gesichtspunkt der Treuepflicht ein **relatives Alkoholverbot**[4].

191

Da ein ohne Rücksicht auf die auszuführende Tätigkeit erfolgtes generelles Alkoholverbot im Hinblick auf das Persönlichkeitsrecht des Arbeitnehmers allgemein für unzulässig erachtet wird, kann ein derartiges absolutes Alkoholverbot gem. § 75 Abs. 2 BetrVG auch nicht durch eine **Betriebs- oder Dienstvereinbarung** festgesetzt werden. Anders verhält es sich mit Einzelvereinbarungen und Alkoholverboten in Tarifverträgen[5].

192

Verstöße gegen ein Alkoholverbot, auch gegen ein relatives, sich lediglich wegen der besonderen Art der Tätigkeit aus der Treuepflicht ergebendes Alkoholverbot, können eine Abmahnung rechtfertigen und Grund zu einer ordentlichen verhaltensbedingten, ggf. auch außerordentlichen Kündigung sein.

193

Sollte es zur Übertretung des Alkoholverbotes wegen Alkoholismus kommen, so kann allerdings eine **Kündigung,** und zwar eine personenbedingte Kündigung, nur unter Berücksichtigung der besonderen hierfür geltenden Anforderungen in Betracht kommen. Entsprechendes gilt auch für andere Suchtmittel.

Um den in vielen Betrieben doch sehr bedeutsamen Auswirkungen der Alkoholabhängigkeit **entgegenzuwirken,** können sog. Interventionsketten kraft Betriebs- oder Dienstvereinbarung hilfreich sein. Mit Hilfe dieser Interventionsketten soll einerseits den betrieblichen Interessen der Auswirkungen infolge Alkoholmißbrauchs entsprochen, andererseits Alkoholabhängigen die Möglichkeit einer rechtzeitigen Rehabilitation unter Erhaltung des Arbeitsplatzes geschaffen werden.

194

---

1 MünchArbR/*Blomeyer*, § 51 Rz. 5; *Däubler*, Arbeitsrecht 2, 6.2.2.1, S. 371.
2 MünchArbR/*Blomeyer*, § 51 Rz. 5.
3 MünchArbR/*Blomeyer*, § 51 Rz. 5; *Däubler*, Arbeitsrecht 2, 6.2.2.1, S. 371.
4 MünchArbR/*Blomeyer*, § 51 Rz. 4; *Künzl*, BB 1993, 1581.
5 LAG München v. 23. 9. 1975, BB 1976, 465; *Fleck*, BB 1987, 2029, 2030; *Willemsen/Brune*, DB 1988, 2304, 2305.

(3) Rauchen

195 Das Persönlichkeitsrecht des einzelnen Arbeitnehmers steht grundsätzlich einem **generellem Rauchverbot** entgegen. Sofern nicht einzelvertraglich oder durch einen Tarifvertrag ein Rauchverbot von vornherein vorgeschrieben ist, kann daher durch eine Betriebs- oder Dienstvereinbarung kein generelles Rauchverbot festgesetzt werden[1]. Nur kraft des Verhältnismäßigkeitsgrundsatzes kann ein allgemeines Rauchverbot zulässig sein. So kann sich die Notwendigkeit und damit die Zulässigkeit eines generellen Rauchverbotes aus der Art der Tätigkeit ergeben (so zB wegen Brandgefahr oder Gefahr der Verunreinigung von Lebensmitteln), aber auch aus dem Interesse der Mehrzahl der Arbeitskollegen, wenn Rauchern die Gelegenheit geboten wird, an anderer Stelle, zB während der Arbeitspausen, zu rauchen[2]. Zum Anspruch auf einen rauchfreien Arbeitsplatz s. Rz. 719.

196 **Gesetzliche Rauchverbote** sind allgemein zu beachten. Dazu gehört das Rauchverbot in Pausen-, Bereitschafts- und Liegeräumen gemäß § 5 der Arbeitsstättenverordnung[3].

(4) Radiohören

197 Im Hinblick auf das Persönlichkeitsrecht des Arbeitnehmers kann auch das **Radiohören, Abspielen von Audiocassetten** oder auch das **Singen** nicht generell untersagt werden. Hier gilt ebenfalls der Verhältnismäßigkeitsgrundsatz. Stört der Arbeitnehmer durch das Radiohören oder durch das eigene Singen die eigenen Tätigkeiten oder andere Arbeitnehmer, so ist sein eigenes Interesse nachrangig.

(5) Telefonieren

198 Dem Arbeitgeber ist es gestattet, insgesamt die **Benutzung der betrieblichen Telefonanlage für private Gespräche** zu verbieten. Ist die Benutzung gestattet, so kann grundsätzlich vom Arbeitnehmer die Bezahlung seiner privaten Telefongespräche verlangt werden.

Sofern eine **automatische Telefondatenerfassung** im Betrieb eingeführt wird, hat der Betriebsrat ein erzwingbares Mitbestimmungsrecht nach § 87 Abs. 1 Nr. 6 BetrVG[4].

(6) Kontrollen

199 Die Arbeitsabläufe und -ergebnisse sowie das Verhalten des einzelnen Arbeitnehmers können durch den Arbeitgeber bzw. den jeweiligen Vorgesetzten **kontrolliert** werden[5]. Eine Überprüfung des einzelnen Arbeitnehmers durch Torkontrollen bis hin zur Leibesvisitation und weitergehende Überwachungen,

---

1 *Däubler*, Arbeitsrecht 2, 6.2.2.1, S. 371; aA MünchArbR/*Blomeyer*, § 51 Rz. 9.
2 MünchArbR/*Blomeyer*, § 51 Rz. 13; s. a. Rz. 560 ff.
3 Siehe dazu im einzelnen auch *Börgmann*, RdA 1993, 275 ff.
4 *Schaub*, § 55 III 4; siehe im einzelnen zur Zulässigkeit der Datenerfassung bis hin zur Erfassung der Zielnummer *Färber/Kappes*, BB 1986, 520; *Schulin/Babl*, NZA 1986, 46.
5 BAG v. 26. 3. 1991, NZA 1991, 729.

II. Verpflichtungen des Arbeitnehmers

wie zB durch Fernsehkameras oder Telefonüberwachung, bedürfen aber grundsätzlich der Einwilligung des einzelnen Arbeitnehmers. Sie kann jedoch stillschweigend (konkludent) erfolgen[1]. Davon ist zB dann auszugehen, wenn der Arbeitnehmer die Tätigkeit in einem einer besonderen Geheimhaltungspflicht unterliegenden Entwicklungsbereich eines Unternehmens aufnimmt und ihm schon von seiner ersten Vorstellung her bekannt ist, daß das Betreten und Verlassen der Betriebsstätte mit einer intensiven Torkontrolle verbunden ist.

Eine Kontrolle und ggf. Leibesvisitation auch **ohne vorhergehende Zustimmung** des Mitarbeiters kann aus einem **begründeten Anlaß** heraus gerechtfertigt sein, so zB dann, wenn es während der Schicht zu einem Diebstahl gekommen ist und alsdann sämtliche Arbeitnehmer ohne jede Ausnahme einer Torkontrolle und einer angemessenen Leibesvisitation unterzogen werden. Aber auch betriebliche Erfordernisse können eine Kontrolle bis hin zu einer Überwachung notwendig machen, so zB in Kassenräumen von Banken, wenn die Überwachung nicht dem Verhalten und der Arbeitsintensität der Arbeitnehmer gilt, sondern dem allgemeinen Sicherheitsbedürfnis ua. auch der in dem Kassenraum tätigen Angestellten. Obwohl es wegen des bekannten hohen Diebstahlsverlustes in Kaufhäusern schon zur Unterbindung jeglichen Verdachts gegenüber den dort tätigen Verkäufer angezeigt wäre, mit Videokameras die Kaufräume überwachen zu lassen, hat das Bundesarbeitsgericht in der Entscheidung vom 7. 10. 1987 das zur Verhütung von Diebstählen erfolgte Anbringen von versteckten Videokameras in einem Kaufhaus untersagt[2]. Als Verstoß gegen das Grundrecht aus Art. 2 Abs. 2 GG stellt sich schließlich auch das Überwachen von Telefongesprächen dar, die der Arbeitnehmer führt. Lediglich eine Aufzeichnung der Zeit des Gesprächs und der angerufenen Nummern ist nach allgemeiner Auffassung zulässig[3]. 200

Besteht ein **Betriebsrat,** so ist auch bei dringenden betrieblichen Erfordernissen die Einführung von Torkontrollen, Leibesvisitationen und anderen Überwachungsmaßnahmen gem. § 87 Abs. 1 Nr. 1 BetrVG von der Zustimmung des Betriebsrats abhängig. Anders verhält es sich, wenn nicht das sog. Ordnungsverhalten der Arbeitnehmer, sondern ausschließlich das Arbeitsverhalten kontrolliert wird[4]. 201

Schließlich ist der einzelne Arbeitnehmer zur **Duldung von ärztlichen Untersuchungen** während des bestehenden Arbeitsverhältnisses nur in Ausnahmefällen verpflichtet. Aus dem Verhältnismäßigkeitsgrundsatz heraus kann demnach eine ärztliche Untersuchung gegen den Willen des betroffenen Arbeitnehmers nur verlangt werden, wenn ein einwandfreier Gesundheitszustand unabdingbare Voraussetzung für die weitere Tätigkeit ist, so zB aus hygienischen Gründen in Großküchen oder in Krankenhäusern[5]. 202

---

1 *Schaub*, § 55 II 3.
2 BAG v. 7. 10. 1987, NZA 1988, 92.
3 BAG v. 27. 5. 1986, AP Nr. 15 zu § 87 BetrVG 1972 – Überwachung.
4 BAG v. 26. 3. 1991, NZA 1991, 729.
5 LAG Düsseldorf v. 31. 5. 1996, NZA-RR 1997, 88: Kündigung wegen verweigerter Teilnahme an Vorsorgeuntersuchung kann wegen Vereitelung der Weiterbeschäftigungsmöglichkeit zulässig sein.

(7) Mobbing

203 Auch ohne daß bislang das als Mobbing bezeichnete Phänomen der **Ausgrenzung von einzelnen Arbeitnehmern** besonders im Vordergrund stand, ergibt sich schon aus der Treuepflicht und der Pflicht zu betriebsförderndem Verhalten, daß Kollegialität gezeigt wird. Jeder Arbeitnehmer hat sich daher gegenüber seinen Kollegen korrekt und rücksichtsvoll zu verhalten. Nicht nur aus Respekt vor der Persönlichkeit des Kollegen, sondern auch im Hinblick auf den Betriebsfrieden darf daher kein einzelner Arbeitnehmer systematisch ausgegrenzt und abschätzig behandelt werden[1].

Mobbing zu verhindern, ist auch Bestandteil der dem **Arbeitgeber** obliegenden Nebenpflichten[2].

(8) Schutz des Unternehmenseigentums

204 Aufgrund seiner Treuepflicht ist der Arbeitnehmer verpflichtet, mit den dem Unternehmen (Arbeitgeber) gehörigen Sachen **sorgfältig umzugehen**. Schäden an den Einrichtungen, Maschinen sowie Material und Produkt/Arbeitsergebnis müssen vermieden werden. Auch ist jeder einzelne Arbeitnehmer verpflichtet, kein Material oder Energie zu verschwenden.

205 Dem Arbeitnehmer steht an den dem Arbeitgeber gehörigen Gegenständen (Arbeitsgeräte etc.) grundsätzlich **kein eigenes Besitzrecht** zu. Er darf sie daher grundsätzlich nicht zu privaten Zwecken nutzen. Anders verhält es sich nur dann, wenn dem Arbeitnehmer der Gegenstand zur eigenverantwortlichen Behandlung und Entscheidung überlassen worden ist, wie zB einen Firmenwagen, den der Arbeitnehmer auch zur privaten Nutzung erhält.

Der Arbeitnehmer hat demzufolge an den ihm durch den Arbeitgeber überlassenen Gegenständen **kein Zurückbehaltungsrecht** gem. § 273 BGB. Sofern dem Arbeitnehmer die Nutzung von Gegenständen auch zu Privatzwecken überlassen wurde, so zB das Firmenfahrzeug, so endet das Recht zur Nutzung mit der Beendigung des Arbeitsverhältnisses.

206 Solange der Arbeitnehmer bestimmte Gegenstände des Arbeitgebers nutzt, ist er auch verpflichtet, diese Gegenstände ausreichend gegen Verlust und Beschädigungen zu **schützen**. So muß ein Arbeitnehmer, der an der von ihm bedienten Maschine einen Schaden feststellt, diesen sofort seinem Vorgesetzten bzw. dem Arbeitgeber anzeigen, wenn er den Schaden nicht selbst beheben kann.

bb) Unternehmensförderung

207 Die Pflicht zu **unternehmens- bzw. betriebsförderndem Verhalten** bedeutet, daß der Arbeitnehmer aktiv die Arbeitsabläufe und den Bestand des Betriebes zu sichern hat. Mit der Pflicht zur Unternehmensförderung, die ebenfalls als Teil der Treuepflicht anzusehen ist, ist also nicht eine bloße Hinnahme von

---

1 *Grunewald*, NZA 1993, 1071; *Däubler*, Arbeitsrecht 2, 5.3.2, S. 277.
2 Siehe dazu unten Rz. 764 ff.

II. Verpflichtungen des Arbeitnehmers

Weisungen gemeint, sondern die Pflicht zu aktivem Verhalten, nicht nur zur Vermeidung von Schäden, sondern auch zur Förderung der betrieblichen Interessen. Neben der nachstehend in Rz. 212 ff. dargestellten Informationspflicht obliegt es deshalb dem einzelnen Arbeitnehmer, drohende Störungen oder Schäden zu verhindern. Soweit es ihm möglich ist, hat er auch derartige Schäden oder Störungen selbst zu beheben[1].

Auch im eigenen Interesse des Arbeitnehmers sind durch seinen „überobligationsmäßigen" Einsatz in **Notfällen** der Fortbestand des Betriebes und damit auch der eigene Arbeitsplatz zu sichern. Zum Schutz der Betriebsanlagen sind deshalb Arbeitnehmer auch zu Erhaltungsarbeiten im Falle des Streiks verpflichtet (zB Sicherung von Hochöfen, Gießeinrichtungen etc.)[2]. Eine Grenze findet diese Pflicht zu andersartiger Tätigkeit und/oder Mehrarbeit im Falle einer Notsituation in den dem einzelnen Arbeitnehmer zustehenden Fähigkeiten und Möglichkeiten seines gefahrlosen Einsatzes. Nicht gleichgestellt werden darf ein derartiger Noteinsatz mit den durch besondere äußere oder innerbetriebliche Besonderheiten entstandenen Ausnahmesituationen, die jedoch auf innerbetrieblichen Ursachen beruhen, wie zB Auftragsüberhang oder Transportprobleme[3]. 208

Eine besondere Verpflichtung zur Förderung des Unternehmenszwecks kommt regelmäßig nur **leitenden Angestellten** zu. Nur von ihnen wird erwartet, daß sie sich mit den Zielen des Unternehmens derartig identifizieren, daß sie diese aktiv durch ihre Tätigkeit fördern. Entsprechendes gilt für sog. Tendenzträger in Tendenzunternehmen, also Arbeitnehmer, die durch ihre Stellung innerhalb des Unternehmens Einfluß nehmen auf die Zielsetzung der Unternehmenstätigkeit oder der Funktion (zB Radiosender oder Zeitungen). 209

Im **öffentlichen Dienst** wird eine Identifizierung mit der freiheitlichen, demokratischen rechts- und sozialstaatlichen Ordnung aufgrund des Bundes-Angestellten-Tarifvertrages vorausgesetzt, indem das zu § 6 geregelte Gelöbnis eine gewissenhafte Diensterfüllung und die Wahrung der Gesetze beinhaltet (s. a. § 8 BAT). 210

Eine besondere Loyalitätspflicht wird im **kirchlichen Bereich** vorausgesetzt. Die Kirchen können nach eigenem Selbstverständnis Loyalitätspflichten festlegen und bestimmen, welche Grundsätze der kirchlichen Lehre die Mitarbeiter auch in ihren privaten Bereichen einzuhalten haben. Eine Verletzung dieser Loyalitätspflicht kann eine Kündigung sachlich rechtfertigen[4]. So steht ein Arzt in einem kirchlich geführten Krankenhaus grundsätzlich in einem dem religiösen Kern kirchlich-qualitativer Tätigkeit besonders verpflichteten Dienst. Greift ein solcher Arzt die kirchliche Lehre in Fragen gerade des ärztlichen 211

---
1 MünchArbR/*Blomeyer*, § 52 Rz. 6 und 7.
2 *Zöllner/Loritz*, § 13 II 2b.
3 MünchArbR/*Blomeyer*, § 52 Rz. 9.
4 BVerfG v. 4. 6. 1985, AP Nr. 24 zu Art. 140 GG; LAG Rheinland-Pfalz v. 9. 1. 1997 – 11 Sa 428/96, nv.: fristlose Kündigung einer Sozialpädagogin wegen Austritts aus der Kirche.

Aufgabenkreises an, so kann dies eine arbeitgeberseitiger Kündigung wegen Widerspruchs zu der Loyalitätspflicht rechtfertigen[1].

cc) Informationspflichten

212 Zur Treuepflicht gehört auch die Pflicht, dem Arbeitgeber sämtliche den Betrieb und das eigene Arbeitsverhältnis betreffenden **wesentlichen Umstände rechtzeitig mitzuteilen.**

Nicht nur für Mitarbeiter, deren Aufgabe es ohnehin ist, den Vorgesetzten bzw. dem Arbeitgeber Schäden oder auffällige Vorgänge anzuzeigen (zB Wachdienste oder Werkschutz), sondern auch sämtlichen anderen Arbeitnehmern obliegt die Verpflichtung, nicht erst aufgetretene, sondern schon bemerkbare oder voraussehbare drohende Schäden oder Gefahren im Arbeitsbereich anzuzeigen[2]. Schließlich geht es darum, im Interesse des Betriebes und der Sicherung der Arbeitsabläufe insgesamt Schäden zu verhindern, die zu Betriebsstörungen führen oder führen können. Anders kann es sich nur dann verhalten, wenn der Schaden bereits eingetreten ist, also dem Betrieb kein weiterer Nachteil droht.

213 Ein Arbeitnehmer ist aber nicht verpflichtet, seine **Arbeitskollegen zu überwachen** oder gar zu denunzieren, es sei denn, der Arbeitnehmer hat eine Überwachungsfunktion inne, wie zB der jeweilige Vorgesetzte. Hat ein anderer Arbeitnehmer den Arbeitgeber geschädigt, so trifft den Kollegen ebenfalls nur dann die Informationspflicht, wenn derartige Mitteilungen zu seinem Aufgabenbereich gehören oder sich in seinem Verantwortungsbereich ereignen.

Da Wiederholungen nicht ohne weiteres auszuschließen sind, hat ein gleichgestellter Arbeitnehmer dann eine **Anzeigepflicht,** wenn der Betrieb durch strafbare Handlungen anderer Arbeitnehmer geschädigt wird[3]. Jedoch muß der Arbeitnehmer davon ausgehen können, durch seine Information tatsächlich weiteres strafbares Verhalten des Kollegen unterbinden zu können. Auch muß ihm diese Mitteilung an den Vorgesetzten oder andere geeignete Stellen zumutbar sein. Bei der Zumutbarkeit kommt es auf die Verhältnismäßigkeit zwischen der Beeinträchtigung von Unternehmens- und Arbeitnehmerinteressen an[4].

214 Aber auch **ihn selbst betreffende Umstände** hat der Arbeitnehmer, sofern es für seine Arbeitsleistung und die ihm obliegende Treuepflicht von Bedeutung ist, sogleich dem Arbeitgeber mitzuteilen. So muß der Arbeitnehmer auch ihn betreffende Vergütungsabrechnungen überprüfen, wenn konkrete Anhalts-

---

1 BAG v. 7. 10. 1993, AP Nr. 114 zu § 626 BGB; im vorliegenden Fall wurde die Kündigung allerdings deshalb für unwirksam erklärt, weil dem Arzt trotz Anfrage keine klare Aussage über die Zulässigkeit der von ihm beabsichtigten homologen Insemination erteilt wurde.
2 Vgl. § 86 Abs. 1 des Diskussionsentwurfs eines Arbeitsvertragsgesetzes des Arbeitskreises Deutsche Rechtseinheit im Arbeitsrecht – Verh. des 59. DJT, Bd. I, Gutachten, 1992, D 46.
3 LAG Berlin v. 9. 1. 1989, BB 1989, 630.
4 MünchArbR/*Blomeyer,* § 52 Rz. 6.

II. Verpflichtungen des Arbeitnehmers

punkte für eine Überzahlung vorliegen, und gegebenenfalls davon den Arbeitgeber informieren[1].

Der Arbeitgeber ist darüber hinaus über derartige Umstände zu unterrichten, die den weiteren Einsatz in der vertraglich vorgesehenen Aufgabe ausschließen (zB Entzug des Führerscheins bei einem Berufskraftfahrer) oder einer Weiterbeschäftigung insgesamt entgegenstehen (zB Wegfall der Aufenthalts- und Arbeitserlaubnis)[2].

Der Arbeitnehmer hat den Vorgesetzten bzw. den Arbeitgeber sofort zu informieren, wenn er an der Aufnahme seiner Tätigkeit, zB infolge einer Erkrankung, verhindert ist[3]. Diese Pflicht zum unverzüglichen **Hinweis auf eine bestehende Arbeitsverhinderung** besteht, sobald der Arbeitnehmer davon ausgeht, seine Arbeit nicht aufnehmen zu können. Er darf also nicht erst die ärztliche Diagnose abwarten; diese betrifft die Pflicht zum Nachweis für die eingetretene Arbeitsverhinderung, also die Arbeitsunfähigkeit. Die Mitteilungspflicht geht der Nachweispflicht voraus, so daß der Hinweispflicht nicht durch Übersendung einer Arbeitsunfähigkeitsbescheinigung genügt wird. Dies ergibt sich aus § 5 Abs. 1 EFZG sowie häufig aus einzelvertraglichen Regelungen, Tarifverträgen (so zB § 18 Abs. 3 BAT) und Arbeitsordnungen. Die Hinweispflicht beschränkt sich nicht auf die erstmalige Mitteilung der Arbeitsverhinderung. Angezeigt werden muß auch, daß die Krankheit länger andauern wird, als bei der ersten Anzeige vorhersehbar war.

Vertragsbeispiel:

„Der Arbeitnehmer verpflichtet sich, jede Arbeitsverhinderung unter Angabe des Grundes und der voraussichtlichen Dauer der Geschäftsleitung/dem Vorgesetzten unverzüglich am ersten Tage auf kürzestem Wege (möglichst telefonisch) mitzuteilen.

Der Arbeitnehmer verpflichtet sich weiter, im Falle der Erkrankung der Personalabteilung vor Ablauf des dritten Kalendertages eine ärztliche Bescheinigung über die Arbeitsunfähigkeit und ihre voraussichtliche Dauer vorzulegen. Dauert die Arbeitsunfähigkeit über den letzten bescheinigten Tag hinaus fort, so ist der Arbeitnehmer, unabhängig von der Gesamtdauer der Arbeitsunfähigkeit, verpflichtet, jeweils innerhalb von drei Tagen eine neue ärztliche Bescheinigung einzureichen und zuvor die fortdauernde Arbeitsunfähigkeit erneut unverzüglich anzuzeigen."

Da es für den Betriebsablauf (zB wegen der Einstellung einer Aushilfskraft) bedeutsam sein kann, wie lange die Arbeitsunfähigkeit noch andauern wird,

---

1 BAG v. 1. 6. 1995, NZA 1996, 135.
2 LAG Nürnberg v. 21. 9. 1994, NZA 1995, 228.
3 BAG v. 30. 1. 1976, AP Nr. 2 zu § 626 BGB – Krankheit; BAG v. 31. 8. 1989, AP Nr. 23 zu § 1 KSchG 1969 – Verhaltensbedingte Kündigung; BAG v. 16. 8. 1991, AP Nr. 27 zu § 1 KSchG 1969 – Verhaltensbedingte Kündigung.

kann der Arbeitgeber auch **nach Ablauf der ersten sechs Krankheitswochen** (§ 3 Abs. 1 EFZG) ärztliche Atteste verlangen[1].

218 Die **Verletzung** der dem Arbeitnehmer obliegenden Informationspflicht kann, ggf. nach vorheriger Abmahnung, zu einer verhaltensbedingten Kündigung führen, in besonderen Fällen, wie bei einer vorsätzlichen und arglistigen Täuschung über ein bestehendes Beschäftigungsverbot zu einer außerordentlichen Kündigung[2].

dd) Außerdienstliches Verhalten

219 Dem Grundrecht der freien Entfaltung der Persönlichkeit (Art. 2 Abs. 1 GG) stehen grundsätzlich Verhaltensanforderungen im außerdienstlichen Bereich entgegen. Anders kann es sich verhalten, wenn durch das außerdienstliche Verhalten bei objektiver Betrachtungsweise der **Ruf des Unternehmens** oder **betriebliche Interessen** Schaden erleiden können. In diesem Fall bedarf es nicht einer ausdrücklichen Verhaltensanweisung. Vielmehr folgt bereits aus der allgemeinen Treuepflicht, daß sich der Arbeitnehmer im außerdienstlichen Bereich entsprechend dem Ansehen des Unternehmens und des in der Öffentlichkeit an dieses Unternehmen und seine Leistungen gestellten Erwartungen verhält. Dies gilt für sämtliche Arbeitnehmer, soweit es darum geht, Äußerungen zu unterlassen, die nicht lediglich zur Wahrung eigener Interessen erfolgen und dem Unternehmen Schaden zuführen können. **Leitende Angestellte** werden zumindest dann, wenn sie im außerdienstlichen Bereich erkennbar ihr Unternehmen repräsentieren, sich in ihrem Verhalten an den Interessen des Unternehmens orientieren müssen. Es ist also auch außerhalb des Dienstes in Lebensbereichen, in denen der Mitarbeiter mit dem Unternehmen gewissermaßen identifiziert wird, darauf zu achten, daß das Ansehen des Unternehmens gewahrt wird. Angestellten des **öffentlichen Dienstes** obliegt die Pflicht zur politischen Zurückhaltung und Verfassungstreue (§ 8 Abs. 1 BAT), so daß die Verbreitung ausländerfeindlicher Flugblätter außerhalb des Dienstes geeignet ist, eine außerordentliche Kündigung zu begründen[3]. In Tendenzunternehmen, also insbesondere kirchlichen Einrichtungen, gehört es zu der Treuepflicht zumindest von sog. **Tendenzträgern,** sich im außerdienstlichen Bereich nicht in Widerspruch zu den von dem Unternehmen verfolgten Zwecken oder den dessen Tätigkeit bestimmenden Anschauungen und Inhalten (Tendenzen) zu setzen. Bei Vermeidung von erheblichen arbeitsrechtlichen Sanktionen ist es daher zB dem Lektor eines geistlichen Verlages untersagt, Bücher zur Propagierung des Atheismus zu schreiben[4].

220 Der Arbeitnehmer ist nicht verpflichtet, sich im außerdienstlichen Bereich so zu verhalten, daß jede **Selbstschädigung** ausgeschlossen ist. Demzufolge kann grundsätzlich ein Arbeitnehmer nicht gezwungen werden, bestimmte schadensgeneigte Sportarten oder Hobbys in seiner Freizeit zu unterlassen. Ausnah-

---

1 LAG Köln v. 2. 11. 1988, LAGE, § 3 LohnFG Nr. 2.
2 LAG Nürnberg v. 21. 9. 1994, NZA 1995, 228.
3 BAG v. 14. 2. 1996, DB 1996, 2134.
4 Zöllner/Loritz, § 13 I 6.

II. Verpflichtungen des Arbeitnehmers

men gelten nur dann, wenn dem Arbeitnehmer gerade für einen bestimmten Zeitraum eine bestimmte Aufgabe zugedacht ist, die nicht durch ein Verletzungsrisiko gefährdet werden darf (zB Künstler oder Berufssportler). Die Gestaltung des Urlaubs ist ebenfalls ausschließlich Sache des Arbeitnehmers, so daß ihm nicht eine bestimmte Form des Urlaubs vorgeschrieben werden kann. Gem. § 8 BUrlG ist ihm lediglich untersagt, während des Urlaubs eine „dem Urlaubszweck widersprechende Erwerbstätigkeit" zu leisten.

Ist der Arbeitnehmer **krankgeschrieben**, so ist er verpflichtet, sich so zu verhalten, daß er möglichst bald wieder gesund wird. Aus diesem Grunde hat er alles zu unterlassen, was den Genesungsprozeß verzögern kann[1]. 221

c) Unterlassungspflichten

aa) Nebentätigkeitkeit

Einer **Nebentätigkeit** kann grundsätzlich jeder Arbeitnehmer nachgehen (zum Erlaubnisvorbehalt während des Erziehungsurlaubs s. § 15 Abs. 4 BErzGG). Da er nicht seine gesamte Arbeitskraft dem Betrieb zur Verfügung zu stellen hat, sondern nur unter angemessener Anspannung seiner Kräfte und Fähigkeiten innerhalb der vorgegebenen Arbeitszeit zu arbeiten hat, steht es ihm frei, eine zusätzliche Nebentätigkeit auszuüben. Dies folgt für Nebentätigkeiten beruflicher Natur aus Art. 12 Abs. 1 Satz 1 GG, wonach auch die Ausübung einer zweiten oder dritten Erwerbstätigkeit geschützt ist[2]. Wegen anderer entgeltlicher oder unentgeltlicher Tätigkeiten kann sich der Arbeitnehmer grundsätzlich auf das Recht auf freie Entfaltung der Persönlichkeit (Art. 2 Abs. 1 GG) stützen. 222

Aus der Treuepflicht folgt, daß ein Arbeitnehmer durch die Ausübung seiner Nebentätigkeit **nicht die Belange des Betriebes beeinträchtigen darf.** Dies bedeutet, daß die Nebentätigkeit nicht während der Arbeitszeit ausgeübt werden darf[3]. Unter Einbeziehung der Nebenbeschäftigung darf die vom Arbeitszeitgesetz vorgeschriebene Höchstgrenze nicht überschritten werden. Gem. § 2 Abs. 1 Satz 1 ArbZG sind bei der Ermittlung der zulässigen Höchstarbeitszeit die Beschäftigungszeiten aller Arbeitsverhältnisse zusammenzurechnen; siehe dazu auch Rz. 231. Die Nebentätigkeit darf den Arbeitnehmer nicht so in Anspruch nehmen, daß er nicht in der Lage ist, seine Pflicht gegenüber dem Arbeitgeber ordnungsgemäß zu erfüllen. Insbesondere darf es daher durch die Nebenbeschäftigung nicht zu einer Überbeanspruchung der Körper- und Geisteskräfte des Arbeitnehmers kommen[4] oder der Urlaubszweck in Frage gestellt werden (§ 8 BUrlG). 223

---

[1] BAG v. 13. 11. 1979, AP Nr. 5 zu § 1 KSchG 1969 – Krankheit; LAG Hamm v. 28. 8. 1991, LAGE, § 1 KSchG – Verhaltensbedingte Kündigung Nr. 34.

[2] BVerfG v. 11. 6. 1958, 17. 12. 1958 und 15. 2. 1967, BVerfGE 7, 377, 397; 9, 39, 48; 21, 173, 179; BAG v. 25. 5. 1970, AP Nr. 4 zu § 60 HGB; BVerfG v. 3. 12. 1970, AP Nr. 60 zu § 626 BGB.

[3] BAG v. 3. 12. 1970, AP Nr. 60 zu § 626 BGB.

[4] MünchArbR/*Blomeyer*, § 53 Rz. 5; *Monjau*, Nebentätigkeit von Arbeitnehmern, AR-Blattei, Nebentätigkeiten des Arbeitnehmers I, unter B IV; LAG Baden-Württemberg v. 24. 7. 1969, BB 1969, 1135.

Durch die Nebentätigkeit darf der Arbeitnehmer nicht in **Konkurrenz zu seinem Arbeitgeber** bzw. Betrieb treten (siehe näher unten Rz. 266 ff.) oder die seinem Arbeitgeber obliegenden Schutz- oder Interessenwahrungspflichten „unterlaufen", indem zB ein Verwalter eines Wertpapierdepots Insider-Geschäfte tätigt, also zu Lasten anderer nicht unterrichteter Aktionäre durch Aktienveräußerung bzw. -kauf Gewinne einstreicht (ein Compliance-Konzept enthalten jetzt die Leitsätze für Mitarbeitergeschäfte gemäß der Verlautbarung des Bundesaufsichtsamtes für das Kreditwesen).

224 Nur unter Berücksichtigung dieser einer Nebentätigkeit entgegenstehenden Einschränkungen kann die Übernahme einer Nebentätigkeit vertraglich untersagt werden. Ein generelles **Nebentätigkeitsverbot** ist schon wegen Verstoßes gegen die Grundrechte des Arbeitnehmers auf freie Entfaltung der Persönlichkeit (Art. 2 Abs. 1 GG) und auf freie Berufswahl (Art. 12 Abs. 1 GG) unzulässig. Die Rechtsprechung beschränkt derartige generelle Verbote bestandserhaltend darauf, daß sie nur für solche Nebentätigkeiten gelten, an deren Unterlassung der Arbeitgeber ein berechtigtes Interesse hat (s.a. die Regelung zu § 15 Abs. 4 BErzGG)[1]. Dagegen ist ein Nebentätigkeitsverbot wegen Verstoßes gegen Art. 12 Abs. 1 GG unwirksam, wenn einem teilzeitbeschäftigten Arbeitnehmer nur die Ausübung dieser Tätigkeit gestattet wird[2].

225 Ist in dem Arbeitsvertrag die Aufnahme einer Nebenbeschäftigung **von einer Zustimmung des Arbeitgebers abhängig** gemacht, so ist die Genehmigung durch den Arbeitgeber nach billigem Ermessen zu erteilen[3]. Für die Ausübung des billigen Ermessens gelten die hier aufgezeigten Grenzen der Zulässigkeit, einer weiteren Tätigkeit nachgehen zu können[4]. Werden diese der Nebentätigkeit gesteckten Grenzen durch die von dem Arbeitnehmer beantragte Aufnahme einer Nebenbeschäftigung eingehalten, so ist sie deshalb zu genehmigen[5].

226 Vertraglich vereinbart werden kann, daß der Arbeitnehmer die Aufnahme einer Nebentätigkeit **anzeigen** muß. Diese Anzeigepflicht gilt aber nur bezüglich der Nebentätigkeiten, die der Arbeitgeber wegen der aufgezeigten Grenzen „verbieten" könnte[6].

Schon um eine übereinstimmende Regelung zu finden, die die Höchstarbeitszeit des § 3 ArbZG berücksichtigt, erscheint es zweckmäßig, sich nicht auf eine bloße Anzeigepflicht zu beschränken, sondern zB folgende Vereinbarung in den Arbeitsvertrag aufzunehmen:

---

1 BAG v. 26. 8. 1976, AP Nr. 68 zu § 626 BGB; weitergehend, nämlich unwirksam: LAG Nürnberg v. 25. 7. 1996, NZA 1997, 547.
2 BAG v. 18. 11. 1988, AP Nr. 3 zu § 611 BGB – Doppelarbeitsverhältnis; BAG v. 6. 9. 1990, NZA 1991, 221.
3 *Monjau*, AR-Blattei, Nebentätigkeiten, unter B II.
4 Dies gilt auch für den öffentlichen Dienst, LAG Hamm v. 28. 9. 1995, BB 1996, 272.
5 *Grunewald*, NZA 1994, 971, 972.
6 BAG v. 18. 1. 1996, NZA 1997, 41.

II. Verpflichtungen des Arbeitnehmers

Vertragsbeispiel: 227

> „Anderweitige Tätigkeiten
> Der Arbeitnehmer ist grundsätzlich verpflichtet, seine ganze Arbeitskraft den vertraglichen Aufgaben zu widmen. Entgeltliche Nebenbeschäftigungen sind deshalb nur mit ausdrücklicher Genehmigung der Geschäftsleitung/des Vorgesetzten gestattet.
> Die Genehmigung zur Nebentätigkeit ist zu erteilen, wenn sich die Gesamtarbeitszeit im Rahmen des Arbeitszeitgesetzes hält, die Nebentätigkeit die vertraglich geschuldeten Leistungen nicht beeinträchtigt und nicht für ein Konkurrenzunternehmen ausgeübt wird."

Ist in dem Arbeitsvertrag kein Nebentätigkeitsverbot enthalten, auch nicht mit einem Genehmigungsvorbehalt, und keine Anzeigepflicht vereinbart, so hat der Arbeitnehmer gleichwohl eine beabsichtigte Nebenbeschäftigung aufgrund der allgemeinen **Treuepflicht** dem Arbeitgeber anzuzeigen, soweit dadurch dessen Interessen bedroht sind[1]. Dies ist der Fall, wenn die Nebentätigkeit mit der vertraglich geschuldeten Arbeitsleistung nicht vereinbar ist, und die Ausübung der Nebentätigkeit somit eine Verletzung der Arbeitspflicht darstellt[2]. Eine Anzeigepflicht kann auch bestehen, wenn es um die von dem „Hauptarbeitgeber" zu beachtenden Arbeitszeit-, Sozialversicherungs- und steuerrechtlichen Bestimmungen geht[3]. Aus diesem Grunde besteht gerade auch für „Geringverdiener" eine Pflicht zur Offenbarung einer weiteren Tätigkeit. 228

Nach § 8 Abs. 2 SGB IV sind für die Ermittlung der **Voraussetzungen einer geringfügigen Beschäftigung** gemäß § 8 Abs. 1 SGB IV mehrere geringfügige Beschäftigungen nach § 8 Abs. 1 Nr. 1 oder Nr. 2 SGB IV zusammenzurechnen, und zwar sowohl die wöchentlichen Arbeitsstunden als auch die Entgelte. Wird durch die Zusammenrechnung die Zeitgrenze oder die Entgeltgrenze überschritten, werden sämtliche Beschäftigungen von der Versicherungspflicht erfaßt. Die Höhe der zu entrichtenden Pflichtbeiträge zur Sozialversicherung bestimmt sich in diesem Fall nach dem Gesamtarbeitsentgelt. Bei Überschreiten der sog. Geringverdienergrenze infolge Addition mehrerer Beschäftigungen tragen Arbeitgeber und Arbeitnehmer die Beiträge je zur Hälfte. Der Arbeitgeber ist aber alleiniger Schuldner der Beiträge. Er hat den vollen Beitrag an die Einzugsstelle zu zahlen, gleichgültig, ob er ihn allein oder nur zur Hälfte zu tragen hat, und ob er den zulässigen Lohnabzug vorgenommen hat oder nicht[4], jedoch nur hinsichtlich des zwischen ihm und dem Arbeitnehmer bestehenden Arbeitsverhältnisses. 229

---

1 BAG v. 18. 11. 1988, AP Nr. 3 zu § 611 BGB – Doppelarbeitsverhältnis; BAG v. 6. 9. 1990, NZA 1991, 221; BAG v. 18. 1. 1996, DB 1996, 2182; MünchArbR/*Blomeyer*, § 53 Rz. 8; aA *Schaub*, § 53 II 6.
2 BAG v. 18. 1. 1996, DB 1996, 2182.
3 MünchArbR/*Blomeyer*, § 53 Rz. 8.
4 *Von Einem*, BB 1989, 1614.

Hat der Arbeitnehmer bei geringfügiger Beschäftigung eine weitere Nebenbeschäftigung dem Arbeitgeber schuldhaft pflichtwidrig verschwiegen, und mußte der Arbeitgeber die anfallenden Arbeitgeber- und Arbeitnehmeranteile zur **Sozialversicherung nachentrichten**, hat er gegenüber dem Arbeitnehmer nur einen Schadensersatzanspruch hinsichtlich der Arbeitnehmeranteile, nicht aber bezüglich der Arbeitgeberanteile[1].

230 Geht der Arbeitnehmer einer Nebentätigkeit nach, obwohl diese aufgrund der vertraglichen Vereinbarung bzw. der hier aufgezeigten Treuepflicht mit den Interessen des Arbeitgebers kollidiert, so kann der Arbeitgeber eine **Einstellung oder zumindest Einschränkung der Nebenbeschäftigung** verlangen. Ggf. ist auch unter Berücksichtigung der ansonsten allgemein geltenden kündigungsrechtlichen Regeln eine Kündigung des Arbeitsverhältnisses möglich. Für den Fall, daß der Arbeitnehmer gegen ein rechtswirksam vereinbartes ausdrückliches Nebentätigkeitsverbot verstoßen hat, kommt auch eine fristlose außerordentliche **Kündigung** in Betracht[2].

Nur dann, wenn es infolge der Nebentätigkeit zu einer Beeinträchtigung des Hauptarbeitsverhältnisses kommt, kann darüber hinaus ein Anspruch auf **Schadenersatz** gegeben sein[3].

231 Sofern nur das Beschäftigungsverbot zu beachten ist, unterliegt die Tätigkeit der **Grenze des § 3 ArbZG,** die die Höchstgrenze konkret überschreitet, ohne Rücksicht darauf, ob es sich um das erste oder spätere Arbeitsverhältnis handelt[4].

Wird durch das weitere Arbeitsverhältnis die Höchstarbeitszeit des § 3 ArbZG erheblich überschritten, ist das nachträglich eingegangene weitere Arbeitsverhältnis nach Auffassung der Rechtsprechung **nichtig**[5].

232 Nach § 1 des Gesetzes zur Bekämpfung der **Schwarzarbeit** ist eine entgeltliche Nebentätigkeit (Dienst- oder Werkleistung) unzulässig, die nicht den zuständigen Sozialversicherungsträgern mitgeteilt, nicht gem. § 14 GewO angezeigt, für die keine Reisegewerbekarte (§ 45 GewO) vorliegt oder für die nicht die Eintragung in die Handwerksrolle (§ 1 HandwO) erfolgt ist. Ausgenommen von dieser gesetzlichen Regelung sind jedoch gem. § 1 Abs. 3 SchwArbG Dienst- oder Werkleistungen aus Gefälligkeit, als Nachbarschaftshilfe oder als Wohnungsbauselbsthilfe.

---

1 BAG v. 18. 11. 1988, AP Nr. 3 zu § 611 BGB – Doppelarbeitsverhältnis; BAG v. 6. 9. 1990, NZA 1991, 221.
2 MünchArbR/*Blomeyer*, § 53 Rz. 31.
3 *Schaub*, § 43 II 4; MünchArbR/*Blomeyer*, § 53 Rz. 28.
4 Zmarzlik/*Anzinger*, § 3 ArbZG Rz. 56; *von Stebut*, NZA 1987, 257, 261; MünchArbR/*Blomeyer*, § 53 Rz. 16.
5 BAG v. 19. 6. 1959, AP Nr. 1 zu § 611 BGB – Doppelarbeitsverhältnis; BAG v. 14. 12. 1967 (zu Nr. 4 der Gründe), AP Nr. 2 zu § 1 AZO; LAG Nürnberg v. 19. 9. 1995, NZA 1996, 882; *von Stebut*, NZA 1987, 257, 258; aA MünchArbR/*Blomeyer*, § 53 Rz. 17.

bb) Abwerbung

Die **Abwerbung von Arbeitskollegen** verletzt die Treuepflicht und ist daher unzulässig. Eine treuwidrige Abwerbung liegt vor, wenn ein Arbeitnehmer auf seine Arbeitskollegen einzuwirken versucht, zu kündigen und einen Arbeitsplatz zukünftig bei ihm oder bei seinem neuen Arbeitgeber anzunehmen[1]. Ob unlautere Mittel angewandt werden, ist unwesentlich[2]. Die Verletzung der dem Arbeitnehmer obliegenden Treuepflicht setzt also nicht voraus, daß der Arbeitnehmer sittenwidrig iS des § 826 BGB handelt[3]. Auch die erfolglose, also nur versuchte Abwerbung ist nicht gestattet, sofern ernsthaft und beharrlich auf Arbeitskollegen mit dem Ziel eingewirkt wird, sie zu einem Arbeitgeberwechsel zu veranlassen. Ob es zu der Beendigung des bisherigen Arbeitsverhältnisses sodann durch Vertragsbruch oder nach ordnungsgemäßer Kündigung kommt, ist unerheblich[4]. Wenn die Abwerbung zu dem Zweck erfolgt, daß eine Fachkraft zu einem Konkurrenzunternehmen wechselt, so kann sich die Abwerbung als besonders grober Verstoß gegen die Treuepflicht darstellen. Geschieht dies auf Veranlassung eines früheren Arbeitskollegen bzw. des Konkurrenzunternehmens, so kann unter besonderen Voraussetzungen dem Konkurrenzunternehmen ein Verstoß gegen § 1 UWG vorgeworfen werden[5].

233

Nicht unter eine gegen die Treuepflicht verstoßende Abwerbung fällt dagegen die Frage eines leitenden Angestellten an einen ihm unterstellten Mitarbeiter, ob er mit ihm gehen würde, wenn er sich selbständig mache[6]. Erst recht sind Gespräche unter Arbeitskollegen über einen beabsichtigten Stellenwechsel zulässig, auch wenn dabei besondere Leistungen des anderen Arbeitgebers herausgestellt werden[7].

234

Im Einzelfall ist die Grenze zu der von der Rechtsprechung und Lehre als treuwidrige Abwerbung bezeichneten ernsthaften und beharrlichen Einwirkung auf Kollegen zum Zwecke des Arbeitsplatzwechsels schwer zu ziehen. Eindeutig stellt sich die Situation nur dann dar, wenn der Arbeitnehmer auf einen Kollegen dahingehend einwirkt, unter **Vertragsbruch** beim bisherigen Arbeitgeber auszuscheiden, wenn er gezielt diesen Versuch im **Auftrag eines Konkurrenzunternehmens** unternimmt oder wenn er insoweit seinen Arbeitgeber **planmäßig zu schädigen** sucht[8].

---

1 BAG v. 16. 1. 1975, AP Nr. 8 zu § 60 HGB; LAG Düsseldorf v. 15. 10. 1969, DB 1969, 2353; *Schaub*, § 53 II 2.
2 LAG Schleswig-Holstein v. 6. 7. 1989, DB 1989, 1880.
3 MünchArbR/*Blomeyer*, § 51 Rz. 97.
4 LAG Bremen v. 6. 7. 1955, AP Nr. 10 zu § 626 BGB; LAG Düsseldorf v. 28. 2. 1957, DB 1957, 432; MünchArbR/*Blomeyer*, § 51 Rz. 99.
5 Siehe auch OLG Frankfurt a.M. v. 16. 12. 1993, BB 1994, 376.
6 LAG Schleswig-Holstein v. 6. 7. 1989, LAGE § 626 BGB Nr. 42; MünchArbR/*Blomeyer*, § 51 Rz. 99.
7 *Schaub*, § 53 II 2.
8 LAG Rheinland-Pfalz v. 7. 2. 1995, LAGE § 626 BGB Nr. 64; LG Osnabrück v. 16. 6. 1995, EWiR § 1 UWG 19/95, 921 *(Paefgen)*.

235 Auf den Versuch einer Abwerbung kann seitens des Arbeitgebers mit einer verhaltensbedingten ordentlichen **Kündigung** reagiert werden. In besonderen Fällen, insbesondere dann, wenn eine weitere Abwerbung zugunsten der Konkurrenz während der verbleibenden Zeit zu befürchten ist oder ein anderer besonderer Vertrauensbruch in der Abwerbung oder in dem Abwerbungsversuch zu sehen ist, kann eine außerordentliche Kündigung erfolgen.

cc) Annahme von Schmiergeldern

236 Der Arbeitnehmer darf keine Schmiergelder annehmen und auch nicht Dritten zuwenden lassen, die ihm persönlich verbunden sind. Es **widerspricht der Treuepflicht**, wenn der Arbeitnehmer sich auch nur dem Anschein aussetzt, nicht loyal die Interessen des Arbeitgebers zu sichern. Schmiergelder zielen regelmäßig darauf ab, den Arbeitnehmer für das Anliegen desjenigen gefügig zu machen, der das Schmiergeld leistet (zumeist Lieferanten des Arbeitgeberbetriebes)[1]. Es kommt nicht darauf an, ob der Arbeitnehmer tatsächlich entsprechend dem vorausgesetzten Interesse des Gebers handelt oder gehandelt hat. Von einem Schmiergeld ist deshalb auch dann zu sprechen, wenn es nur in der Erwartung gegeben wird, der Arbeitnehmer werde die Interessen des Gebers berücksichtigen[2]. § 89 des Diskussionsentwurfs eines Arbeitsvertragsgesetzes des Arbeitskreises Deutsche Rechtseinheit im Arbeitsrecht verbietet daher auch die Entgegennahme von Geschenken oder sonstigen Vorteilen, wenn sie lediglich dazu dienen, daß der Arbeitnehmer „seine Pflichten erfüllt"[3].

237 **Strafbar** gem. § 12 UWG ist die Entgegennahme, aber auch das Sich-Versprechen-Lassen und das Fordern von Schmiergeldern („Vorteil als Gegenleistung") im geschäftlichen Verkehr, um dadurch unlauter einem anderen beim Waren- oder Leistungswettbewerb eine Bevorzugung zu verschaffen. Ein ausdrückliches Verbot der Empfangnahme von Geschenken, Vermächtnissen oder sonstigen Vorteilen enthält für Arbeitnehmer in Altenheimen § 14 Abs. 5 HeimG (ausgenommen sind auch hier geringwertige Aufmerksamkeiten).

238 Schmiergeldverbote werden offensichtlich wegen ihrer Selbstverständlichkeit regelmäßig nicht ausdrücklich in **Arbeitsverträge** aufgenommen. Anders die tarifliche Regelung in § 10 BAT, die entgegen der allgemeinen Auffassung, wie sie hier dargestellt wurde, für Angestellte im öffentlichen Dienst kein generelles Verbot der Entgegennahme von Belohnungen und Geschenken vorsieht, sondern diese lediglich von der Zustimmung des Arbeitgebers abhängig macht (§ 10 Abs. 1 BAT).

239 Ausgenommen von dem Verbot der Annahme von Geschenken sind sog. **gebräuchliche Gelegenheitsgeschenke** (Kugelschreiber, Kalender etc.) und in verschiedenen Berufszweigen, soweit dies der Üblichkeit entspricht, die Annahme von Trinkgeldern (zB bei Kellnern und Croupiers). Die Abgrenzung von gebräuchlichen Gelegenheitsgeschenken und verbotenen Schmiergeldern kann

---

1 *Schaub*, § 53 II 7.
2 MünchArbR/*Blomeyer*, § 51 Rz. 79.
3 Verh. des 59. DJT, Bd. I, Gutachten, 1992, D 47.

II. Verpflichtungen des Arbeitnehmers

nur anhand des jeweiligen Einzelfalles und nach Treu und Glauben unter Berücksichtigung der Verkehrssitte getroffen werden[1].

Wird ein Schmiergeld angeboten, so hat dies der Arbeitnehmer **zurückzuweisen**. Streitig ist, ob er ein derartiges Angebot auch dem Arbeitgeber anzeigen muß[2]. Stimmt der Arbeitgeber zu, so kann selbstverständlich der Arbeitnehmer Geschenke oder Belohnungen annehmen, die zunächst nach dem von dem Geber vorausgesetzten Zweck als Schmiergeld zu bezeichnen waren.

240

Das Versprechen wie auch die Gewährung des Schmiergeldes sind sittenwidrig und daher **gem. § 138 BGB nichtig**[3], so daß weder auf Zahlung noch auf Erstattung verauslagter Schmiergelder (letzterem steht regelmäßig § 817 Satz 2 BGB entgegen) geklagt werden kann.

241

Der **Arbeitgeber** hat dann einen Anspruch auf Herausgabe des verlangten Schmiergeldes aus dem Gesichtspunkt der unechten Geschäftsführung ohne Auftrag (§§ 667, 681, 687 Abs. 2 BGB), wenn der Arbeitnehmer befugt war, selbständig für den Arbeitgeber Verträge abzuschließen und Preise und sonstige Vertragsbedingungen auszuhandeln[4]. Daneben bleibt dem Arbeitgeber die Möglichkeit, Schadensersatz zu verlangen, wenn der Arbeitnehmer infolge der durch das Schmiergeld bezweckten Pflichtverletzung einen Vermögensschaden herbeigeführt hat[5]. Nimmt ein Arbeitnehmer Schmiergeld entgegen, so stellt dies eine massive Verletzung des zum Arbeitgeber bestehenden Vertrauensverhältnisses – der Treuepflicht – dar, so daß idR eine fristlose Kündigung gerechtfertigt ist[6].

242

dd) Unternehmensschädliche Meinungsäußerung

Unbeschadet des Rechts auf freie Meinungsäußerung nach Art. 5 Abs. 1 Satz 1 GG auch im betrieblichen Bereich hat der Arbeitnehmer **Meinungsäußerungen** zu unterlassen, die den Interessen des Arbeitgebers oder seinen Kollegen schädlich sind oder sein können (zB durch ernstliche Gefährdung des Betriebsfriedens)[7]. Die Meinungsäußerung beinhaltet ein Werturteil. Sie ist zu unterscheiden von der Weitergabe von Tatsachenbehauptungen. Letztere können der Verschwiegenheitspflicht unterliegen (siehe insoweit nachstehend d), Rz. 250 ff.).

243

---

1 *Schaub*, § 53 II 7.
2 So *Schaub*, § 53 II 7; aA MünchArbR/*Blomeyer*, § 51 Rz. 85.
3 BGH v. 13. 10. 1976, BB 1977, 264.
4 BAG v. 14. 7. 1961, 15. 4. 1970 und 26. 2. 1971, AP Nr. 1, 4, 5 zu § 687 BGB.
5 Siehe im einzelnen MünchArbR/*Blomeyer*, § 51 Rz. 93.
6 BAG v. 17. 8. 1972, AP Nr. 65 zu § 626 BGB; LAG Köln v. 4. 1. 1984, DB 1984, 1101; MünchArbR/*Blomeyer*, § 51 Rz. 95; *Schaub*, § 53 II 7.
7 BAG v. 28. 9. 1972, AP Nr. 2 zu § 134 BGB; *Schaub*, § 53 II 5b; hinsichtlich des Tragens einer Anti-Strauß-Plakette BAG v. 9. 12. 1982, AP Nr. 73 zu § 626 BGB; BAG v. 5. 11. 1992, AuR 1993, 124; LAG Hamm v. 11. 11. 1994, NZA 1995, 994; ArbG Bremen v. 29. 6. 1994, BB 1994, 1568; ArbG Siegburg v. 4. 11. 1993, NZA 1994, 698; einschränkend LAG Schleswig-Holstein v. 23. 10. 1996 – 2 Sa 191/96, nv.; *Krummel/Küttner*, NZA 1996, 67 ff.

Jedoch kann die Einschränkung der Meinungsfreiheit durch den Schutz der **Pressefreiheit** aufgehoben sein. Letztere gilt auch für kritische Bewertungen der Betriebsratsarbeit in einer Werkszeitung[1].

244 Eine parteipolitische Propaganda oder sonstige politische Werbung, die sich **nicht auf den innerbetrieblichen Bereich beschränkt,** sondern auch außenstehende Kunden und Lieferanten erreichen soll (zB durch Abstellen des mit politischer Propaganda beklebten Privatfahrzeuges auf dem Firmenparkplatz) kann deshalb unzulässig sein, weil sie entweder geeignet ist, Außenstehende zu provozieren oder aber den falschen Eindruck erweckt, der Arbeitgeber identifiziere sich hiermit[2]. Strengere Maßstäbe werden auch dann gelten müssen, wenn sich ein Arbeitnehmer mit seiner Kritik am Arbeitgeber an die Öffentlichkeit wendet[3]. Die Treuepflicht endet allerdings dann, wenn berechtigte Interessen des Arbeitnehmers, dritter Personen oder der Allgemeinheit einer bloßen innerbetrieblichen Klärung entgegenstehen. So darf ein Arbeitnehmer Mißstände bei der zuständigen Behörde anzeigen, wenn er auf schonenderem Weg keine Abhilfe erreichen kann[4].

245 Meinungsäußerungen dürfen auch nicht die **Arbeitsabläufe** selbst fühlbar **beeinträchtigen.** Dafür sind grundsätzlich die Pausen zu verwenden[5]. Demgemäß darf ein Arbeitgeber einem Arbeitnehmer die Teilnahme an einer politischen Demonstration während der Arbeitszeit verbieten[6].

246 Weitergehenden Beschränkungen der Meinungsfreiheit unterliegen Arbeitnehmer von **Tendenzunternehmen, Kirchen und kirchlichen Einrichtungen sowie des öffentlichen Dienstes.** Die Loyalitätspflicht zwingt den Arbeitnehmer, auf die Tendenz des Arbeitgebers, also insbesondere auf die konfessionellen, wissenschaftlichen oder künstlerischen Ziele Rücksicht zu nehmen. Mit seinen Äußerungen darf sich daher ein Arbeitnehmer weder innerbetrieblich noch außerbetrieblich in Widerspruch zu den im Arbeitsverhältnis geltenden tendenziellen Grundsätzen setzen. Für die Arbeitnehmer im öffentlichen Dienst hat die politische Rücksichtspficht eine tarifliche Grundlage in § 8 Abs. 1 Satz 2 BAT, für Beamte in Art. 33 Abs. 5 GG.

247 Einer größeren Einschränkung der Meinungsfreiheit als sonstige Arbeitnehmer unterliegen auch **Betriebsratsmitglieder** gem. § 74 Abs. 2 Satz 3 BetrVG. Soweit sie in Ausübung ihres Amtes handeln, ist ihnen eine parteipolitische Betätigung untersagt. Gleiches gilt auch für Mitglieder der Personalvertretungen (wie dies in § 67 Abs. 1 Satz 3 BPersVG geregelt ist). Eine Gewerkschaftswerbung unter Ausnutzung ihres Amtes ist unzulässig[7].

---

1 BVerfG v. 8. 10. 1996, BB 1997, 205.
2 MünchArbR/*Blomeyer*, § 51 Rz. 69.
3 MünchArbR/*Blomeyer*, § 51 Rz. 73.
4 Zöllner/Loritz, § 13 I 2.
5 *Däubler*, Arbeitsrecht 2, 5.8.2.3, S. 326.
6 LAG Schleswig-Holstein v. 18. 1. 1995, NZA 1995, 842.
7 *Schaub*, § 53 II 5.

II. Verpflichtungen des Arbeitnehmers

Die **gewerkschaftliche Betätigung** erfährt einen speziellen Grundrechtsschutz durch Art. 9 Abs. 3 GG. Sie darf jedoch nicht so weit gehen, daß sie dem Recht anderer Arbeitnehmer auf freie Meinungsäußerung oder dem durch Art. 9 Abs. 3 GG gewährleisteten Koalitionspluralismus widerspricht[1]. Auch darf es ebensowenig wie bei den allgemeinen Meinungsäußerungen zu den Betriebsfrieden störenden Provokationen oder anderen den Betriebsablauf störenden Maßnahmen infolge der Gewerkschaftswerbung kommen. Eine Mitgliederwerbung innerhalb des Betriebes ist aber grundsätzlich zulässig[2].

248

Macht ein Arbeitnehmer unternehmensschädliche Meinungsäußerungen, also Äußerungen, die entweder den Betriebsfrieden ernstlich gefährden, oder die den Zwecken und Interessen des Betriebes zuwiderlaufen, so kann dies eine verhaltensbedingte fristgemäße **Kündigung** – regelmäßig aber erst nach einer erfolglosen Abmahnung – oder aber auch in Ausnahmefällen eine fristlose Kündigung (zB bei einer bewußt wahrheitswidrigen Erklärung in der Öffentlichkeit oder antisemitischen Äußerungen über einen Vorgesetzten) rechtfertigen[3].

249

d) Verschwiegenheitspflicht

aa) Inhalt und Umfang

Aus dem für beide Seiten geltenden Grundsatz von Treu und Glauben und der daraus resultierenden Treuepflicht ist der Arbeitnehmer verpflichtet, über geheimzuhaltende Tatsachen, die die Interessen des Arbeitgebers bzw. des Unternehmens berühren, **Stillschweigen zu bewahren**[4]. Die Verschwiegenheitspflicht besteht grundsätzlich gegenüber jedermann, also auch gegenüber Arbeitnehmern desselben Betriebes, die ersichtlich keine Kenntnis von diesen vertraulichen Tatsachen haben.

250

Geschützt werden nicht nur eigentliche Betriebs- und Geschäftsgeheimnisse, sondern alle Vorgänge und Tatsachen, die dem Arbeitnehmer im **Zusammenhang mit seiner Stellung im Betrieb** bekannt geworden sind und deren Geheimhaltung im Interesse des Arbeitgebers liegt, wie zB auch persönliche Umstände und Verhaltensweisen des Arbeitgebers oder Kenntnisse über Kollegen[5].

Zu den ohnehin geschützten Betriebs- und Geschäftsgeheimnissen gehören insbesondere Tatsachen aus dem **technischen und betrieblichen Bereich** (zB technisches Know-how, auch wenn es nicht patentfähig ist, eigene Erfindungen des Arbeitnehmers, wenn sie im Rahmen des Arbeitsverhältnisses gemacht wurden, Produktionseinrichtungen, betriebliche Abläufe, Computersoftware und Personaleinsatzplanung) und aus dem **wirtschaftlich/kaufmännischen Bereich** Tatsachen, die den Absatzbereich betreffen (zB Preis- und Kundenlisten),

251

---

1 BAG v. 23. 2. 1979, AP Nr. 30 zu Art. 9 GG; MünchArbR/*Blomeyer*, § 51 Rz. 74.
2 BVerfG v. 14. 11. 1995, NZA 1996, 381.
3 LAG Hamm v. 11. 11. 1994, NZA 1995, 994.
4 BAG v. 25. 8. 1966, AP Nr. 1 zu § 611 BGB – Schweigepflicht.
5 MünchArbR/*Blomeyer*, § 51 Rz. 46; *Preis/Reinfeld*, AuR 1989, 361; *Danneker*, BB 1987, 1614.

aus dem Lieferantenbereich (zB Warenbezugsquellen, Kreditwürdigkeit) sowie aus dem Rechnungswesen (zB Bilanzen, Inventuren und Kalkulationen)[1].

Weiterhin gehören zu derartigen Geheimnissen **Personaldaten** einschl. derjenigen, die den Arbeitnehmer persönlich betreffen[2].

Zur Sicherung der konkreten Geschäftsinteressen des Arbeitgebers unterfallen bei Vorliegen eines berechtigten Interesses darüber hinaus **als geheimhaltungsbedürftig bezeichnete** Tatsachen der Schweigepflicht[3].

Offenkundige Verfahren oder Tatsachen unterliegen aber auch dann nicht der Schweigepflicht, wenn sie der Arbeitgeber als geheim bezeichnet hat.

252 Neben den Betriebs- und Geschäftsgeheimnissen erfaßt die Verschwiegenheitspflicht nur solche als geheim bezeichnete Tatsachen, an deren Geheimhaltung der Arbeitgeber ein **berechtigtes Interesse** hat. Da das berechtigte Interesse objektiv zu beurteilen ist[4], brauchen „illegale" Geheimnisse nicht verschwiegen zu werden. Dies betrifft zB Verstöße des Arbeitgebers gegen Arbeitsschutzgesetze, Umweltschutzrecht, Sozialversicherungsrecht und auch unlautere Wettbewerbstätigkeit des Arbeitgebers[5]. Allerdings darf der Arbeitnehmer erst dann seine Schweigepflicht brechen, also gewichtige innerbetriebliche Mißstände, die auch die Öffentlichkeit betreffen, offenbaren, wenn er durch betriebsinternes Vorgehen keine Abhilfe innerhalb angemessener Zeit erreicht[6].

253 Soweit es die **Verhältnismäßigkeit** der geschützten Rechtsgüter rechtfertigt sowie bei eigener Rechtswahrnehmung tritt die Schweigepflicht zurück. Ohne zuvor eine Entbindung von der Schweigepflicht zu erhalten, kann der Arbeitnehmer die Verschwiegenheitspflicht „brechen", wenn dies die einzige Möglichkeit ist, dem Arbeitnehmer, seinen Kollegen oder der Öffentlichkeit drohende Gefahren abzuwenden. Zu diesem Zweck ist es jedoch dem Arbeitnehmer nicht ohne weiteres gestattet, sich bereits an die Öffentlichkeit, insbesondere die Presse, zu wenden. Die Treuepflicht verlangt auch hier die Einhaltung des Verhältnismäßigkeitsgrundsatzes, so daß zunächst alle anderen Möglichkeiten ausgeschöpft werden müssen, so zB Anzeigen bei den dafür zuständigen staatlichen Stellen[7].

254 Die Verschwiegenheitspflicht kann **durch Vertrag erweitert** werden. Derartige vertragliche Geheimhaltungs-Klauseln erstrecken sich häufig auf sämtliche dem Arbeitnehmer während des Beschäftigungsverhältnisses bekanntgeworde-

---

1 *Schaub*, § 54 1b; MünchArbR/*Blomeyer*, § 51 Rz. 39.
2 *Preis/Reinfeld*, AuR 1989, 361, 363.
3 BAG v. 16. 3. 1982, BB 1982, 1792; LAG Hamm v. 5. 10. 1988, DB 1989, 783; aA *Däubler*, Arbeitsrecht 2, 6.2.2.2.3., S. 374, der auch unter Hinweis auf § 79 BetrVG die allgemeine Schweigepflicht auf Betriebs- und Geschäftsgeheimnisse begrenzt.
4 MünchArbR/*Blomeyer*, § 51 Rz. 43.
5 *Preis/Reinfeld*, AuR 1989, 361, 369 ff.; MünchArbR/*Blomeyer*, § 51 Rz. 51.
6 BGH v. 20. 1. 1981 AP Nr. 4 zu § 611 BGB – Schweigepflicht; *Preis/Reinfeld*, AuR 1989, 361, 369 ff.
7 BAG v. 28. 9. 1972, AP Nr. 2 zu § 134 BGB; BGH v. 20. 1. 1981, AP Nr. 4 zu § 611 BGB – Schweigepflicht; *Buchner*, ZFA 1982, 49, 70; *Kissel*, NZA 1988, 145, 150; MünchArbR/*Blomeyer*, § 51 Rz. 53.

II. Verpflichtungen des Arbeitnehmers

nen geschäftlichen und betrieblichen Tatsachen. Damit kann der Arbeitnehmer verpflichtet werden, auch über ihn persönlich betreffende Umstände, insbesondere die Gehaltshöhe, Stillschweigen zu bewahren[1]. Sämtliche Betriebs- und Geschäftsvorgänge erfassende Geheimhaltungsklauseln gelten aber nur innerhalb der Grenzen der §§ 134, 138 BGB und nur insoweit, als damit einem anzuerkennenden berechtigten Interesse des Arbeitgebers entsprochen wird[2].

Vertragsbeispiel: 255

> „Geheimhaltungspflicht
> Der Arbeitnehmer verpflichtet sich, über alle nicht allgemein bekannten Firmenangelegenheiten gegenüber Außenstehenden und unbeteiligten Mitarbeitern Verschwiegenheit zu wahren. Diese Schweigepflicht erstreckt sich auch auf Angelegenheiten anderer Firmen, mit denen das Unternehmen wirtschaftlich oder organisatorisch verbunden ist, und dauert über das Ende des Arbeitsverhältnisses hinaus fort. Sie gilt insbesondere für Kunden- und Lieferantenlisten, Umsatzziffern, Bilanzen und Angaben über die finanzielle Lage des Betriebes."

Einer besonderen Verschwiegenheitspflicht unterliegen Arbeitnehmer, die aufgrund ihrer **innerbetrieblichen Amtsstellung** Betriebs- oder Geschäftsgeheimnisse erfahren. Gem. § 79 Abs. 1 BetrVG und gem. § 107 Abs. 3 Satz 4 BetrVG gilt dies für Mitglieder und Ersatzmitglieder des Betriebsrats sowie des Wirtschaftsausschusses. Entsprechendes gilt für Mitglieder der Personalräte[3]. 256

Da Arbeitnehmer in der Funktion eines Betriebsratsmitglieds unter Umständen Informationen aus Bereichen erhalten, mit denen sie sonst nie befaßt sind, sieht § 79 BetrVG vor, daß der Arbeitgeber Betriebs- oder Geschäftsgeheimnisse ausdrücklich als geheimhaltungsbedürftig bezeichnet haben muß. Daneben bleibt die allgemeine arbeitsvertragliche Verschwiegenheitspflicht für den Arbeitnehmer, der auch Mitglied des Betriebsrates ist, bestehen[4].

Enger als diese allgemeine, sich aus der Treuepflicht ergebende arbeitsvertragliche Verschwiegenheitspflicht ist die in **§ 17 UWG** normierte Schweigepflicht. Nach § 17 UWG wird der Arbeitnehmer bestraft, der Geschäfts- oder Betriebsgeheimnisse während der Dauer des Arbeitsverhältnisses unbefugt an andere zu Zwecken des Wettbewerbs, aus Eigennutz oder in der Absicht, dem Arbeitgeber Schaden zuzufügen, mitteilt. 257

Der gem. § 17 UWG mit Strafe bedrohte Geheimnisverrat beschränkt den Schutz auf **Betriebs- und Geschäftsgeheimnisse.** Dies sind Tatsachen, die im Zusammenhang mit einem Geschäftsbetrieb nur einem eng begrenzten Personenkreis bekannt und nicht offenkundig sind, sowie nach dem Willen des

---
1 LAG Düsseldorf v. 9. 7. 1975, DB 1976, 1112; *Schaub,* § 54 1b; anderer Ansicht *Däubler,* Arbeitsrecht 2, 6.2.2.2.5, S. 375.
2 LAG Hamm v. 5. 10. 1988, DB 1989, 783; *Preis/Reinfeld,* AuR 1989, 361, 364.
3 Vgl. § 10 BPersVG.
4 *Wochner,* BB 1975, 1541, 1543, aA *Däubler,* Arbeitsrecht 2, 6.2.2.2.3., S. 374.

Arbeitgebers aufgrund eines berechtigten wirtschaftlichen Interesses geheimgehalten werden sollen[1]. Geschäftsgeheimnisse im Sinne dieser Bestimmung beziehen sich auf kaufmännische/wirtschaftliche, Betriebsgeheimnisse auf technische und personelle Angelegenheiten[2].

Außerdem unterscheidet sich der gem. § 17 UWG strafbedrohte Geheimnisverrat dadurch von der allgemeinen vertraglichen Verschwiegenheitspflicht, daß sich nur strafbar macht, wer Geheimnisse zu Wettbewerbszwecken, aus Eigennutz oder in Schädigungsabsicht verrät.

bb) Während des Arbeitsverhältnisses

258   Die Verschwiegenheitspflicht besteht **während der gesamten Dauer des Arbeitsverhältnisses.** Nur dann, wenn dem zukünftigen Arbeitnehmer bereits im Rahmen der Vertragsverhandlungen Geschäfts- und Betriebsgeheimnisse bekannt geworden sind, erstreckt sich die Verschwiegenheitspflicht auch auf diesen Verhandlungszeitraum **vor Abschluß des Arbeitsvertrages**[3]. Mit der Beendigung des Arbeitsverhältnisses endet nach der bisher geltenden Auffassung grundsätzlich die Verschwiegenheitspflicht.

259   Die generelle Bindung der Schweigepflicht an den rechtlichen Bestand des Arbeitsverhältnisses gilt auch bei einer **außerordentlichen, fristlosen Kündigung** des Arbeitnehmers oder Arbeitgebers. Allerdings muß sich der Arbeitnehmer an die Schweigepflicht halten, wenn seiner Auffassung nach der Arbeitgeber ungerechtfertigt außerordentlich gekündigt hat und er, der Arbeitnehmer, an dem Arbeitsverhältnis festhalten will[4].

Endete das Arbeitsverhältnis aufgrund einer außerordentlichen, fristlosen Kündigung seitens des Arbeitgebers, so soll die „vorzeitige" Beendigung der Verschwiegenheitspflicht im Rahmen des Schadenersatzanspruchs nach § 628 Abs. 2 BGB Berücksichtigung finden können[5].

260   Auch bei einem **Betriebsübergang** bleibt die Geheimhaltungspflicht im Verhältnis zum Erwerber bestehen, wenn das Arbeitsverhältnis zum Zeitpunkt des Überganges nicht beendet war. Bei beendeten Arbeitsverhältnissen betrifft die Verpflichtung nur noch das Verhältnis zwischen Betriebsveräußerer und Arbeitnehmer[6].

---

1 BAG v. 16. 3. 1982, AP Nr. 1 zu § 611 BGB – Betriebsgeheimnis; MünchArbR/*Blomeyer*, § 51 Rz. 38; *Schaub*, § 54 1b.
2 BAG v. 16. 3. 1982, AP Nr. 1 zu § 611 BGB – Betriebsgeheimnis; BAG v. 15. 12. 1987, NZA 1988, 502.
3 *Preis/Reinfeld*, AuR 1989, 361, 365; *Schaub*, § 54 2a; MünchArbR/*Blomeyer*, § 51 Rz. 54.
4 *Schaub*, § 54 2b.
5 BGH v. 16. 11. 1954, AP Nr. 1 zu § 60 HGB; *Schaub*, § 54 2b; aA MünchArbR/*Blomeyer*, § 51 Rz. 54.
6 *Gaul*, DB 1995, 874, 877.

cc) Nach Beendigung des Arbeitsverhältnisses

Eine nachvertragliche Verschwiegenheitspflicht gilt nur **ausnahmsweise**[1]. Soweit die Verschwiegenheitspflicht über die Beendigung des Arbeitsverhältnisses hinaus fortdauern soll, bedarf dies einer besonderen Begründung[2]. Etwas anderes gilt dann, wenn der Arbeitnehmer das Geheimnis selbst in einer gegen das Gesetz oder die guten Sitten verstoßenden Weise erworben hat oder wenn für den Arbeitnehmer ersichtlich das Interesse des früheren Arbeitgebers an der Geheimhaltung besonders groß ist[3]. Darüber hinaus sieht § 17 UWG eine nachvertragliche Verschwiegenheitspflicht unter den dort genannten Voraussetzungen vor[4].

261

Zwischen den Arbeitsvertragsparteien kann eine nachvertragliche Verschwiegenheitsverpflichtung **vereinbart** werden. Eine solche vereinbarte nachvertragliche Verschwiegenheitsverpflichtung verbietet es dem Arbeitnehmer, Geschäfts- oder Betriebsgeheimnisse durch Weitergabe der geheimzuhaltenden Tatsachen zu verwerten. Es muß sich um konkrete Tatsachen über die Preisgestaltung, Kalkulation, Organisationsstrukturen, Kundenlisten oder Kaufgewohnheiten der Kunden (zB Verhandlungsstrategie, Geschmack) handeln[5]. Diese Kenntnisse darf der Arbeitnehmer nicht weitergeben und auf diese Weise für sich verwerten.

262

Die nachvertragliche Verschwiegenheitspflicht stellt grundsätzlich **kein entschädigungsloses Wettbewerbsverbot**[6] war, es sei denn, sie untersagt dem Arbeitnehmer generell das Umwerben von Kunden des früheren Arbeitgebers, eine Vertretungs- und Beratungstätigkeit für einen Konkurrenten des früheren Arbeitgebers oder eine Verwertung von im vorangegangenen Arbeitsverhältnis erworbenem fachlichen Wissen, so daß er infolgedessen gehindert ist, eine angemessene anderweitige Beschäftigung auszuüben. Eine derartig weitgehende nachvertragliche Verschwiegenheitspflicht ist aber in der Regel schon deshalb unwirksam, weil es an der gem. § 74 Abs. 2 HGB vorgesehenen Zusage einer Karenzentschädigung fehlt[7]. Einem Wettbewerbsverbot kommt die nachvertragliche Verschwiegenheitspflicht auch dann gleich, wenn das berufliche Fortkommen des ausgeschiedenen Arbeitnehmers im konkreten Fall mit der Preisgabe oder Verwertung der im vorangegangenen Arbeitsverhältnis erworbenen Kenntnisse über Geheimnisse verknüpft ist[8]. Eine nachvertragliche Ge-

263

---

1 BAG v. 24. 11. 1956, AP Nr. 4 zu § 611 BGB – Fürsorgepflicht; BAG v. 16. 3. 1982, AP Nr. 1 zu § 611 BGB – Betriebsgeheimnis; BGH v. 16. 11. 1954, AP Nr. 1 zu § 60 HGB; BGH v. 15. 5. 1955, AP Nr. 1 zu § 17 UWG.
2 MünchArbR/*Blomeyer*, § 51 Rz. 55.
3 *Schaub*, § 54 2c; MünchArbR/*Blomeyer*, § 51 Rz. 55.
4 Siehe im einzelnen auch wegen evtl. Schadenersatzpflicht nach § 826 BGB MünchArbR/*Blomeyer*, § 51 Rz. 56.
5 BAG v. 15. 6. 1991, DB 1993, 1291.
6 BAG v. 16. 3. 1982, AP Nr. 1 zu § 611 BGB – Betriebsgeheimnis.
7 BAG v. 15. 12. 1987, DB 1988, 1020; BAG v. 15. 6. 1993, DB 1993, 1291; *Gaul*, DB 1995, 875, 877.
8 BAG v. 15. 12. 1987, DB 1988, 1020; MünchArbR/*Blomeyer*, § 51 Rz. 51.

heimhaltungsvereinbarung ist zwar ohne Karenzentschädigung wirksam, sie schließt jedoch eine Konkurrenztätigkeit nicht aus, so daß aus der bloßen Pflicht, zukünftig Kundenlisten vertraulich zu bewahren, nicht folgt, daß es dem Arbeitnehmer untersagt ist, die ihm solchermaßen bekannten Kunden des früheren Arbeitgebers zu besuchen und damit für seinen neuen Arbeitgeber zu werben[1].

264 Die vertraglich übernommene Pflicht, auch nach Kündigung des Arbeitsverhältnisses Verschwiegenheit zu bewahren, gilt nicht, soweit sie den Arbeitnehmer daran hindern würde, **eigene Rechte,** insbesondere gegenüber seinem Arbeitgeber, wahrzunehmen[2]. Ebenso wie die vertragliche Verschwiegenheitspflicht ist die nachvertragliche Schweigepflicht auch dann nicht zu beachten, wenn ihr schwerwiegende öffentliche Belange entgegenstehen[3].

dd) Rechtsfolgen bei Geheimnisverrat

265 Verstößt der Arbeitnehmer gegen die ihm obliegende Verschwiegenheitspflicht, so kann dies als Verletzung der ihm obliegenden arbeitsvertraglichen Verpflichtungen eine fristgemäße **Kündigung** und bei besonders schwerwiegendem Verstoß sowie irreparabler Erschütterung des Vertrauensverhältnisses eine außerordentliche, fristlose Kündigung rechtfertigen.

Darüber hinaus bestehen unter Berücksichtigung der jeweiligen gesetzlichen Voraussetzungen **Schadensersatzansprüche** gem. § 823 Abs. 1 und 2 BGB iVm. § 17 UWG, gem. § 19 UWG iVm. § 17 UWG und gem. § 826 BGB, § 1 UWG sowie aus dem Gesichtspunkt der positiven Forderungsverletzung[4]. Zur Ermöglichung eines derartigen Schadensersatzanspruchs ist der Arbeitnehmer, der die Verschwiegenheitspflicht gebrochen hat, zur Auskunft verpflichtet.

Schließlich kann die Schweigepflicht auch im Wege einer **Unterlassungsklage** oder eines Herstellungsverbotes durchgesetzt werden[5].

Unabhängig von den arbeitgeberseitig bestehenden Ansprüchen setzt sich der Arbeitnehmer nach § 17 UWG unter den dort genannten Voraussetzungen der **Strafbarkeit wegen Geheimnisverrats** aus.

e) Wettbewerbsverbot während des Arbeitsverhältnisses

aa) Inhalt

266 Aus der Treuepflicht folgt, daß der Arbeitnehmer die **Ziele und Zwecke des Arbeitgebers fördern und unterstützen** muß. Er ist deshalb während des Arbeitsverhältnisses verpflichtet, jeden Wettbewerb zu Lasten seines Arbeitge-

---

1 BAG v. 15. 12. 1987, DB 1988, 1020; LAG Hamm v. 16. 4. 1986, LAGE, § 74 HGB Nr. 2; *Gaul,* NZA 1988, 225 ff.; *Preis/Reinfeld,* AuR 1989, 361, 367.
2 BAG v. 13. 2. 1969, AP Nr. 3 zu § 611 BGB – Schweigepflicht.
3 MünchArbR/*Blomeyer,* § 51 Rz. 57.
4 MünchArbR/*Blomeyer,* § 51 Rz. 58; siehe dort auch wegen der Möglichkeit der Berechnung des Schadens im Wege der „Lizenzanalogie".
5 MünchArbR/*Blomeyer,* § 51 Rz. 60.

II. Verpflichtungen des Arbeitnehmers

bers zu unterlassen. Dieses Verbot bezieht sich sowohl auf die eigentliche Arbeitszeit als auch auf die Freizeit des Arbeitnehmers[1]. Zwar kann dem Arbeitnehmer nach Art. 12 Abs. 1 Satz 1 GG grundsätzlich nicht die Möglichkeit genommen werden, mehrere Berufe auszuüben[2]. Er kann jedoch für sich nicht in Anspruch nehmen, zu Lasten seines Arbeitgebers bzw. des Bestandes des Betriebes zB für ein Konkurrenzunternehmen Kunden abzuwerben, sei es auch nur während der Freizeit[3]. Wenn begründete Betriebsinteressen des Arbeitgebers entgegenstehen, was zumeist dann der Fall ist, wenn es um Wettbewerbstätigkeit innerhalb derselben Branche geht, ist daher ein Wettbewerbsverbot mit Art. 12 Abs. 1 Satz 1 GG vereinbar[4].

bb) Rechtsgrundlage

Gesetzlich **geregelt** ist das während der Dauer des Arbeitsverhältnisses bestehende Wettbewerbsverbot für kaufmännische Angestellte (gesetzlicher Begriff: Handlungsgehilfen) in § 60 HGB. Für andere Arbeitnehmer, Auszubildende und freie Mitarbeiter folgt die Pflicht, dem Arbeitgeber im selben Geschäftszweig keine Konkurrenz zu machen, aus der allgemeinen, auf Treu und Glauben gestützten Treuepflicht des Arbeitnehmers[5]. Da eine analoge Anwendung der in § 61 HGB geregelten Rechtsfolgen auf nicht kaufmännische Arbeitnehmer nicht in Betracht kommt, lehnt die Rechtsprechung insgesamt eine analoge Anwendung der §§ 60, 61 HGB auf derartige Arbeitnehmer, Auszubildende und freie Mitarbeiter ab[6]. 267

Während es für den Geschäftsführer einer GmbH keine gesetzliche Regelung gibt, besteht für Vorstandsmitglieder einer Aktiengesellschaft ein Wettbewerbsverbot gem. § 88 AktG. Wettbewerbsverbote bestehen darüber hinaus für Gesellschafter einer OHG gem. § 112 HGB, dem Komplementär einer KG gem. § 161 Abs. 2 HGB iVm. § 112 HGB und § 165 HGB sowie dem persönlich haftenden Gesellschafter einer KGaA nach § 284 AktG. 268

Zusätzlich kann ein Wettbewerbsverbot während der Dauer des Arbeitsverhältnisses auch **vertraglich vereinbart** werden. Diese vertragliche Vereinbarung darf jedoch nicht der Berufsfreiheit des Art. 12 Abs. 1 Satz 1 GG entgegenstehen, so daß ein vertragliches Wettbewerbsverbot für die Dauer des Arbeitsverhältnisses nur wirksam ist, wenn es schützenswerten geschäftlichen Interessen des Arbeitgebers dient[7]. Ein wirksames Nebentätigkeitsverbot beinhaltet regelmäßig 269

---

1 MünchArbR/*Blomeyer*, § 50 Rz. 10.
2 BVerfG v. 15. 2. 1967, AP Nr. 37 zu Art. 12 GG.
3 *Däubler*, Arbeitsrecht 2, 6.2.3.1., S. 376.
4 BAG v. 29. 6. 1962, AP Nr. 25 zu Art. 12 GG; *Röhsler/Borrmann*, S. 24; *Däubler*, Arbeitsrecht 2, 6.2.3.1., S. 376; MünchArbR/*Blomeyer*, § 50 Rz. 3.
5 BAG v. 17. 10. 1969, AP Nr. 7 zu § 611 BGB – Treuepflicht; BAG v. 16. 6. 1976, NJW 1977, 646; BAG v. 6. 8. 1987, AP Nr. 97 zu § 626 BGB.
6 BAG v. 17. 10. 1969, AP Nr. 7 zu § 611 BGB – Treuepflicht; BAG v. 16. 1. 1975, AP Nr. 8 zu § 60 HGB mit ablehnender Anmerkung von *Beuthien* und *Janzen*; aA auch *Schaub*, § 56 3a.
7 BAG v. 26. 8. 1976, AP Nr. 68 zu § 626 BGB; *Buchner*, AR-Blattei, Wettbewerbsverbot II, zu B I 2; MünchArbR/*Blomeyer*, § 50 Rz. 52.

das – speziellere – Wettbewerbsverbot während der Dauer des Arbeitsverhältnisses. Mithin beinhalten Nebentätigkeitsverbote zugleich auch die Pflicht, sich jeglicher Wettbewerbstätigkeit zu enthalten.

cc) Gesetzliches Wettbewerbsverbot für kaufmännische Angestellte gem. §§ 60, 61 HGB

(1) Persönlicher Geltungsbereich

270 Das gesetzliche Wettbewerbsverbot gem. § 60 Abs. 1 HGB gilt ausschließlich für **Handlungsgehilfen,** also nach heutigem Sprachgebrauch für kaufmännische Angestellte in einem Handelsgewerbe. Der Arbeitgeber muß Kaufmann iS der §§ 1 ff. HGB sein. Dazu gehören auch Kaufleute kraft Eintragung nach § 5 HGB, juristische Personen nach § 33 HGB, Gebietskörperschaften nach § 36 HGB und größere Versicherungsvereine aG nach § 16 VAG[1]. Da Handlungsgehilfen gem. § 59 HGB Personen sind, die in einem Handelsgewerbe zur Leistung kaufmännischer Dienste angestellt sind, werden von dem Wettbewerbsverbot des § 60 Abs. 1 HGB nur Arbeitnehmer erfaßt, also nicht gesetzliche Vertreter, Auszubildende (vgl. die besonderen Pflichten gem. § 9 BBiG) und auch nicht – auch nicht analog – Handelsvertreter[2].

(2) Gegenstand des Wettbewerbsverbotes

271 Der kaufmännische Angestellte darf ohne Einwilligung des Arbeitgebers weder ein **Handelsgewerbe betreiben** noch in dem Handelszweig des Arbeitgebers **für eigene oder fremde Rechnung Geschäfte machen.**

Die erste Alternative des § 60 Abs. 1 HGB verbietet den Betrieb eines Handelsgewerbes iS der §§ 1–7 HGB[3]. In verfassungskonformer Auslegung des § 60 HGB steht die Rechtsprechung und die herrschende Auffassung in der Literatur zu Recht auf dem Standpunkt, daß entgegen dem weitergehenden Gesetzeswortlaut dieses Wettbewerbsverbot **nur im Handelszweig des Arbeitgebers** gilt, so daß der kaufmännische Angestellte nur in der Branche seines Arbeitgebers kein selbständiges Handelsgewerbe betreiben darf[4]. Im Sinne des § 60 Abs. 1 HGB steht aber bereits dann ein Unternehmen in Wettbewerb zu dem Arbeitgeber, wenn es in seinem Namen und seiner handelsregisterlichen Eintragung den Hinweis auf den Handelszweig (Branche) des Arbeitgebers („Prinzipals") iS des § 60 Abs. 1 HGB führt[5].

---

1 MünchArbR/*Blomeyer,* § 50 Rz. 6.
2 *Schaub,* § 57 I 1; MünchArbR/*Blomeyer,* § 50 Rz. 6.
3 AA *Schaub,* § 57 II 1, nach dessen Auffassung es nicht darauf ankommt, ob ein Handelsgewerbe unter §§ 1, 2 oder 3 HGB fällt.
4 BAG v. 25. 5. 1970, 12. 5. 1972, 7. 9. 1972 und 3. 5. 1983, AP Nr. 4, 6, 7, 10 zu § 60 HGB; LAG Bremen v. 5. 12. 1980, DB 1981, 847; MünchArbR/*Blomeyer,* § 50 Rz. 16; *Buchner,* AR-Blattei, Wettbewerbsverbot II, zu B I 1a aa; *Gaul,* BB 1984, 346, 348; *Schaub,* § 57 II 1.
5 LAG Köln v. 29. 4. 1994, BB 1995, 679.

II. Verpflichtungen des Arbeitnehmers

Weil sich die Branchenvergleichbarkeit aus der jeweiligen Situation des Arbeitgebers ergibt, kann eine **Änderung oder Erweiterung der Unternehmenstätigkeit** (zB auch infolge einer Betriebsveräußerung) zu einem bislang nicht bestehenden Wettbewerbsverbot führen. Da im Hinblick auf die Existenzsicherung des Betriebes, in welchem der Arbeitnehmer beschäftigt ist, die Arbeitgeberinteressen Vorrang gegenüber dem Interesse des Arbeitnehmers an dem Fortbestand der bisherigen Situation genießen, ist der Arbeitnehmer bei nachträglich auftretender Wettbewerbssituation verpflichtet, diesen Interessenkonflikt in geeigneter Weise zu unterbinden[1].

272

Der kaufmännische Angestellte betreibt ein **Handelsgewerbe** in der Branche seines Arbeitgebers, wenn er sich als Unternehmer betätigt, also für eigene oder fremde Rechnung ein Unternehmen führt[2]. Unerheblich ist, ob der Arbeitnehmer dabei persönlich nach außen auftritt oder einen Strohmann vorschiebt, der im eigenen Namen handelt[3].

273

Wenn sich der Arbeitnehmer **an einer Handelsgesellschaft beteiligt,** so verstößt er gegen das Wettbewerbsverbot des § 60 Abs. 1 erste Alternative HGB dann, wenn er kaufmännisch tätig wird. Aus diesem Grunde ist es ihm nicht gestattet, in eine OHG oder KG als persönlich haftender Gesellschafter einzutreten[4]. Beteiligt sich der Arbeitnehmer als Kommanditist, so liegt ein Verstoß gegen das Wettbewerbsverbot nur dann vor, wenn ihm Vertretungsmacht eingeräumt ist[5].

274

Demgemäß ist es dem kaufmännischen Angestellten auch nicht gestattet, als **gesetzliches Organ einer Kapitalgesellschaft** tätig zu werden. Aber auch schon in dem Eintritt als Gesellschafter in die Kapitalgesellschaft eines zum Arbeitgeber-Unternehmen im Wettbewerb stehenden Unternehmens und in der Ausstattung dieser Gesellschaft mit zusätzlichem Kapital liegt das „Betreiben eines Handelsgewerbes" im Sinne von § 60 Abs.1 HGB und das Geschäfte-Machen in dem „Handelszweige des Prinzipals" im Sinne dieser Vorschrift[6].

Aus Gründen der Rechtssicherheit und -klarheit kommt es auf eine konkrete Schädigung oder auch nur Gefährdung des Arbeitgebers nicht an[7].

275

Es besteht **keine Wettbewerbslage** zwischen Arbeitgeber und Arbeitnehmer, wenn sich der Arbeitnehmer zwar in derselben Branche betätigt, sich seine

---

1 AA *Schaub*, § 57 II 2.
2 MünchArbR/*Blomeyer*, § 50 Rz. 18.
3 MünchArbR/*Blomeyer*, § 50 Rz. 18; *Schaub*, § 57 II 1.
4 *Buchner*, AR-Blattei, Wettbewerbsverbot II, zu B I 1a cc; MünchArbR/*Blomeyer*, § 50 Rz. 18; *Schaub*, § 57 II 1.
5 MünchArbR/*Blomeyer*, § 50 Rz. 18.
6 BAG v. 15. 2. 1962, AP Nr. 1 zu § 61 HGB; LAG Köln v. 29. 4. 1994, NZA 1995, 994; MünchArbR/*Blomeyer*, § 50 Rz. 20 und *Schaub*, § 57 II 2 differenzierend: Die bloße kapitalmäßige Beteiligung an einer GmbH oder stillen Gesellschaft derselben Branche unterfällt nicht der ersten Alternative des § 60 Abs. 1 HGB, sondern stellt eine Konkurrenztätigkeit im Sinne der zweiten Alternative des § 60 Abs. 1 HGB dar.
7 MünchArbR/*Blomeyer*, § 50 Rz. 2.

Tätigkeit aber darauf beschränkt, dem Arbeitgeber als Anbieter entgegenzutreten[1].

Nicht erfaßt wird von dem Konkurrenzverbot die **bloße Vorbereitung** für eine spätere Konkurrenztätigkeit, solange sie nicht bereits aktuelle Geschäftsinteressen des Arbeitgebers gefährdet[2], so daß jedenfalls schon die formalen und organisatorischen Voraussetzungen für das geplante eigene Unternehmen geschaffen werden dürfen.

276 Gem. § 60 Abs. 1 zweite Alternative HGB ist es dem kaufmännischen Angestellten untersagt, im Handelszweig seines Arbeitgebers **Geschäfte zu machen.** Dieses Wettbewerbsverbot erfaßt jede selbständige und unselbständige Geschäftstätigkeit auf eigene oder fremde Rechnung in der Branche des Arbeitgebers. Da schon die Gefährdung der Wettbewerbsinteressen des Arbeitgebers vermieden werden soll, kommt es nicht auf den Erfolg und die Intensität der Geschäftstätigkeit an, sondern nur auf das Ziel. Unter dem Begriff des „Geschäftemachen" ist daher jede, wenn auch nur spekulative, auf Gewinnerzielung gerichtete Teilnahme am geschäftlichen Verkehr zu verstehen, „die nicht nur zur Befriedigung eigener privater Bedürfnisse des Handlungsgehilfen erfolgt"[3].

Unerheblich ist, in welcher Form die Wettbewerbstätigkeit erfolgt. Eine verbotene Konkurrenztätigkeit stellt daher auch die Kundenwerbung für ein anderes Unternehmen und die Gewährung von Darlehen bzw. die Ausstattung der Gesellschaft mit zusätzlichem Kapital dar[4].

Für die Bewertung als Konkurrenztätigkeit ist letzten Endes entscheidend, daß der Arbeitnehmer aufgrund der ihm obliegenden Treuepflicht nicht als Wettbewerber auftritt oder durch seine Wettbewerbstätigkeit die wirtschaftlichen Interessen seines Arbeitgebers gefährdet. Demzufolge unterliegen dem Wettbewerbsverbot nicht solche Tätigkeiten in einem Konkurrenzunternehmen, die für die Wettbewerbssituation der beiden Unternehmen ohne jede Relevanz sind.

277 Auch bei der Konkurrenztätigkeit iS der zweiten Alternative des § 60 Abs. 1 HGB kann sich diese erst aufgrund einer **Änderung oder Erweiterung des Geschäftszwecks** auf seiten des Arbeitgeberunternehmens ergeben. Im Zweifelsfall ist der Arbeitnehmer aufgrund der ihm obliegenden Treuepflicht im Interesse des Bestandsschutzes seines Arbeitgeberunternehmens verpflichtet, seine Konkurrenztätigkeit einzustellen[5].

---

1 BAG v. 3. 5. 1983, AP Nr. 10 zu § 60 HGB.
2 BAG v. 12. 5. 1972, 7. 9. 1972, 16. 1. 1975 und 30. 5. 1978, AP Nr. 6, 7, 8 und 9 zu § 60 HGB; *Buchner*, AR-Blattei, Wettbewerbsverbot II, zu B I 1a dd; MünchArbR/*Blomeyer*, § 50 Rz. 19.
3 BAG v. 15. 2. 1962, AP Nr. 1 zu § 61 HGB zu II 2 der Gründe mit Anmerkung von *Hefermehl*; BAG v. 30. 1. 1963, AP Nr. 3 zu § 60 HGB; MünchArbR/*Blomeyer*, § 50 Rz. 22; *Schaub*, § 57 II 2.
4 BAG v. 24. 4. 1970, AP Nr. 5 zu § 60 HGB; LAG Frankfurt v. 29. 7. 1969, BB 1970, 709; LAG Köln v. 29. 4. 1994, NZA 1995, 994.
5 AA *Schaub*, § 57 II 2.

II. Verpflichtungen des Arbeitnehmers

278 Durch vertragliche Vereinbarung kann das Wettbewerbsverbot über den sachlichen Geltungsbereich des § 60 Abs. 1 HGB **erweitert** werden. Dies darf aber nicht zu einer unzulässigen Beschränkung der in Art. 12 GG geschützten Berufsfreiheit führen. Eine Erweiterung des sachlichen Gegenstandsbereiches des Wettbewerbsverbotes ist daher nur wirksam, wenn es schützenswerten geschäftlichen Interessen des Arbeitgebers dient[1].

279 Das Wettbewerbsverbot besteht dann nicht, wenn der Arbeitgeber zu der Wettbewerbstätigkeit seine **Einwilligung** erteilt. Die Einwilligung kann befristet, bedingt oder auch unter Widerrufsvorbehalt seitens des Arbeitgebers erteilt werden[2]. Die Einwilligung kann widerrufen werden, wenn sich die Umstände ändern, unter denen sie erteilt worden ist.

Die Einwilligung kann auch **konkludent** erfolgen, indem der Arbeitgeber trotz Kenntnis von Konkurrenzgeschäften seitens des Arbeitnehmers diese nicht untersagt[3].

Die Einwilligung kann sich auf Einzelkonkurrenzgeschäfte beschränken.

280 Gem. § 60 Abs. 2 HGB wird, bezogen allerdings nur auf den Betrieb eines Handelsgewerbes, die Einwilligung unwiderlegbar vermutet, wenn dem Arbeitgeber schon **bei der Einstellung** des kaufmännischen Angestellten positiv bekannt ist, daß dieser ein Gewerbe betreibt, und der Arbeitgeber nicht ausdrücklich die Aufgabe dieses Betriebes mit dem Arbeitnehmer vereinbart.

Da diese gesetzliche Regelung nicht für Konkurrenzgeschäfte iS der zweiten Alternative des § 60 Abs. 1 HGB gilt, kann daraus, daß der Arbeitgeber bei der Einstellung des Arbeitnehmers wußte, daß dieser derartige Geschäfte betreibt, nicht ebenfalls auf eine stillschweigende Einwilligung zu Konkurrenzgeschäften der zweiten Alternative geschlossen werden[4].

281 In einem Rechtsstreit muß grundsätzlich der Arbeitnehmer **beweisen**, daß die Einwilligung des Arbeitgebers zu der Konkurrenztätigkeit vorliegt. Geht es aber um die Rechtfertigung einer Kündigung wegen unerlaubter Konkurrenztätigkeit des Arbeitnehmers, so hat der Arbeitgeber entsprechend den kündigungsrechtlichen Grundsätzen die Darlegungs- und Beweislast dafür, daß eine Einwilligung nicht vorliegt. Voraussetzung dafür ist, daß der Arbeitnehmer die Tatsachen substantiiert vorgetragen hat, aus denen er die Einwilligung herleitet[5].

---

1 BAG v. 26. 8. 1976, AP Nr. 68 zu § 626 BGB; MünchArbR/*Blomeyer*, § 50 Rz. 52; *Buchner*, AR-Blattei, Wettbewerbsverbot II, unter B I 2.
2 MünchArbR/*Blomeyer*, § 50 Rz. 24.
3 *Schaub*, § 57 III 1.
4 MünchArbR/*Blomeyer*, § 50 Rz. 26; *Buchner*, AR-Blattei, Wettbewerbsverbot II, unter B I 2c; *Schaub*, § 57 III 2; aA *Baumbach/Hopt*, § 60, Rz. 6.
5 BAG v. 6. 8. 1987, AP Nr. 97 zu § 626 BGB.

(3) Zeitlicher Geltungsbereich

282 Das Wettbewerbsverbot besteht **bis zur rechtlichen Beendigung** des Arbeitsverhältnisses. Auf die tatsächliche Situation kommt es also nicht an[1].

Für den Fall einer **Kündigung** und eines sich anschließenden **Kündigungsschutzprozesses** ist grundsätzlich darauf abzustellen, ob das Arbeitsverhältnis rechtlich fortbesteht oder nicht. Das Wettbewerbsverbot gilt auch dann während des rechtlichen Bestehens des Arbeitsverhältnisses, wenn über die Beendigung zwischen den Arbeitsvertragsparteien gestritten wird[2]. Hat der Arbeitgeber dem Arbeitnehmer berechtigt fristlos oder fristgemäß gekündigt, entfällt folglich das Wettbewerbsverbot mit der Beendigung des Arbeitsverhältnisses. Im Fall einer fristlosen Kündigung kann aber ein Auflösungsschadensersatz iS des § 628 Abs. 2 BGB deshalb bestehen, weil der Arbeitgeber durch die vorzeitige Vertragsbeendigung den Konkurrenzschutz des § 60 HGB verliert[3]. Begrenzt wird der Anspruch jedoch durch den Zeitraum zwischen der fristlosen Kündigung und dem nächstmöglichen ordentlichen Kündigungstermin, da ansonsten die Wirkungen eines nachvertraglichen Wettbewerbsverbotes eintreten, welches aber nur aufgrund ausdrücklicher vertraglicher Vereinbarung unter Zubilligung einer Karenzentschädigung rechtswirksam ist.

283 Ist es zu einer **unberechtigten fristlosen oder fristgemäßen Kündigung** durch den Arbeitgeber gekommen und unterbleibt deshalb die Arbeitsleistung, so erlischt das Wettbewerbsverbot grundsätzlich nur dann, wenn der Arbeitnehmer die Kündigung akzeptiert[4]. Greift der Arbeitnehmer diese arbeitgeberseitige Kündigung mit einer Kündigungsschutzklage an, ist er auch an das Wettbewerbsverbot weiter gebunden; es sei denn, der Arbeitgeber hat nach der Entlassung ausdrücklich oder konkludent zu erkennen gegeben, mit Wettbewerbshandlungen des Arbeitnehmers nach der faktischen Beendigung des Arbeitsverhältnisses einverstanden zu sein[5].

284 **Kündigt der Arbeitnehmer** unberechtigterweise fristlos, besteht das Wettbewerbsverbot fort, da der Arbeitnehmer aus einem vertragswidrigen Verhalten keine Vorteile ziehen darf[6]. Das Wettbewerbsverbot kann aber nur bis zum nächstmöglichen vertraglichen oder gesetzlichen Kündigungstermin gelten.

---

1 BAG v. 30. 5. 1978, AP Nr. 9 zu § 60 HGB.
2 BAG v. 25. 4. 1991, AP Nr. 104 zu § 626 BGB.
3 BAG v. 9. 5. 1975, AP Nr. 8 zu § 628 BGB.
4 MünchArbR/*Blomeyer*, § 50 Rz. 9.
5 BAG v. 25. 4. 1991, AP Nr. 104 zu § 626 BGB; aA LAG Köln v. 4. 7. 1995, NZA-RR 1996, 2, das den Anspruch auf Unterlassung von Wettbewerbshandlungen von dem Angebot einer Karenzentschädigung abhängig macht; MünchArbR/*Blomeyer*, § 50 Rz. 9, der von einer nach § 615 Satz 2 BGB während des Annahmeverzugs bestehenden Obliegenheit auch zur Aufnahme einer Konkurrenztätigkeit ausgeht.
6 MünchArbR/*Blomeyer*, § 50 Rz. 9.

(4) Rechtsfolgen eines Wettbewerbsverstoßes

Da § 60 Abs. 1 HGB **nur eine schuldrechtliche Verpflichtung,** nicht aber ein gesetzliches Verbot iS des § 134 BGB beinhaltet, sind Rechtshandlungen, die den Betrieb eines Handelsgewerbes oder Geschäftstätigkeiten im Handelszweig des Arbeitgebers zum Gegenstand haben, wirksam. Daraus folgt, daß der Arbeitgeber gem. § 61 Abs. 1 HGB entweder Schadensersatz oder einen sog. Selbsteintritt verlangen kann. Das Wahlrecht wird ausgeübt durch eine zugangsbedürftige, einseitige Willenserklärung des Arbeitgebers gem. § 263 BGB oder durch gerichtliche Geltendmachung eines der beiden Ansprüche[1]. Die Wahl kann sodann nicht widerrufen werden. Gem. § 263 Abs. 2 BGB gilt der gewählte Anspruch als von Anfang an erhoben und geschuldet.

285

Entscheidet sich der Arbeitgeber für die **Geltendmachung von Schadensersatzansprüchen,** so ist er darlegungs- und beweispflichtig dafür, daß ihm infolge des unerlaubten Betreibens eines Handelsgewerbes oder einer verbotenen Konkurrenztätigkeit ein Schaden erwachsen ist. Er muß auch nachweisen, daß er sonst die Geschäfte selbst getätigt hätte[2].

286

Der Schadensersatzanspruch umfaßt nicht nur den tatsächlich entstandenen Schaden, sondern auch den **entgangenen Gewinn,** jedoch begrenzt auf die Höhe, die der Arbeitgeber erzielt hätte, wenn er das Geschäft selbst abgeschlossen hätte[3]. Sofern der Arbeitnehmer zugleich Betriebs- oder Geschäftsgeheimnisse verletzt hat, kann der Arbeitgeber Schadensersatz auch im Wege der „Lizenzanalogie" verlangen, also die Lizenzgebühren beanspruchen, die bei einer Lizenzvergabe voraussichtlich erzielt worden wären[4].

Sofern nicht nur dem eigenen Arbeitnehmer, sondern auch einem an dem Verbotsgeschäft beteiligten Dritten der Vorwurf der **vorsätzlichen sittenwidrigen Schädigung** gemacht werden kann, bestehen sowohl gegenüber dem eigenen Arbeitnehmer wie auch gegenüber dem Dritten Ansprüche gem. §§ 826 BGB, 1 UWG[5].

287

Wählt der Arbeitgeber gem. § 61 Abs. 1 HGB das ihm eingeräumte **Eintrittsrecht,** so kann er verlangen, daß der Arbeitnehmer die verbotswidrig für eigene Rechnung gemachten Geschäfte als für Rechnung des Arbeitgebers eingegangen gelten läßt und die aus Geschäften für fremde Rechnung bezogene Vergütung herausgibt oder seinen Anspruch auf die Vergütung abtritt. Für den Fall des Eintrittsrechts braucht der Arbeitgeber nicht nachzuweisen, daß ihm ein Schaden entstanden ist[6]. Das Eintrittsrecht ist deshalb dann für den Arbeitgeber vorteilhafter, wenn ihm der Schadensnachweis nicht möglich ist oder wenn

288

---

1 MünchArbR/*Blomeyer,* § 50 Rz. 29.
2 MünchArbR/*Blomeyer,* § 50 Rz. 31; *Schaub,* § 57 IV 2.
3 *Schaub,* § 57 IV 2.
4 BAG v. 24. 6. 1986, AP Nr. 4 zu § 611 BGB – Betriebsgeheimnis.
5 MünchArbR/*Blomeyer,* § 50 Rz. 32; *Buchner,* AR-Blattei, Wettbewerbsverbot II, zu E.
6 *Schaub,* § 57 IV 3.

der von dem Angestellten erzielte Gewinn höher ist als der, den der Arbeitgeber im Wege des Schadensersatzes geltend machen könnte[1].

289 Die **Ausübung des Eintrittsrecht** erfolgt gegenüber dem Angestellten. Es wird nur der wirtschaftliche Erfolg auf den Arbeitgeber überführt. Die Stellung und die Interessen Dritter werden durch das Eintrittsrecht daher nicht berührt[2]. Der Arbeitgeber kann aber nicht für einzelne Geschäfte des Arbeitnehmers Schadensersatz wählen und für andere das Eintrittsrecht. Hat der Angestellte mehrere Geschäfte unter Verstoß gegen das Wettbewerbsverbot getätigt, so muß sich der Arbeitgeber generell für den Schadensersatz oder das Eintrittsrecht entscheiden[3]. Das Eintrittsrecht bezieht sich auch nur auf ein Handelsgewerbe im Geschäftsbereich des Arbeitgebers[4].

290 Bezieht sich das Eintrittsrecht auf ein von dem Angestellten unerlaubt getätigtes Konkurrenzgeschäft, so hat der Arbeitgeber einen **Herausgabeanspruch auf den erzielten Gewinn,** wenn dieses Geschäft bereits abgewickelt ist. Ist die Gegenleistung dem Arbeitnehmer noch nicht zugeflossen, so kann der Arbeitgeber gem. § 61 Abs. 1 HGB von dem Angestellten die Abtretung der ihm zustehenden Ansprüche verlangen. Bei Geschäften, die der Arbeitnehmer für fremde Rechnung gemacht hat, erstreckt sich der Anspruch des Arbeitgebers auf die Vergütung. Diese ist entweder herauszugeben oder, sofern die Vergütung noch nicht an den Angestellten geleistet worden ist, der Anspruch darauf an den Arbeitgeber abzutreten (zB eine Provision).

291 Das Eintrittsrecht ist **ausgeschlossen,** wenn ein Eintritt von der Natur der Sache her nicht möglich ist. Der Arbeitgeber kann deshalb nicht die Vergütung beanspruchen, die dem Angestellten aufgrund Arbeits-, Dienst- oder Gesellschaftsvertrag gegenüber einer konkurrierenden GmbH zusteht[5]. Die Beteiligung des Angestellten an einer konkurrierenden Gesellschaft stellt zwar ein „Geschäftemachen" iS von § 60 Abs. 1 HGB dar. Ein Eintrittsrecht des Arbeitgebers, also Übertragung der Gesellschafterrechte, ist aber nicht mit dem Wesen einer Gesellschaft und mit den Rechten der anderen Gesellschafter vereinbar[6]. Der Arbeitgeber kann das Eintrittsrecht auch nicht auf die bloße Herausgabe des Gewinnanteils beschränken, da dies entgegen § 61 Abs. 1 HGB nur ein Teil-Eintritt wäre[7].

292 Macht der Arbeitgeber von seinem Eintrittsrecht Gebrauch, so kann der Arbeitnehmer entsprechend § 670 BGB **Ersatz der Aufwendungen** verlangen; eine Vergütung nur dann, wenn er diese auch sonst zu beanspruchen hätte, zB eine Provision[8].

---

1 MünchArbR/*Blomeyer,* § 50 Rz. 33.
2 BAG v. 14. 7. 1961, AP Nr. 1 zu § 687 BGB; MünchArbR/*Blomeyer,* § 50 Rz. 33; *Kunz,* DB 1993, 2482, 2484.
3 BAG v. 15. 2. 1962, AP Nr. 1 zu § 61 HGB.
4 LAG Bremen v. 5. 12. 1980, DB 1981, 847; MünchArbR/*Blomeyer,* § 50 Rz. 34.
5 *Schaub,* § 57 IV 4.
6 MünchArbR/*Blomeyer,* § 50 Rz. 36.
7 MünchArbR/*Blomeyer,* § 50 Rz. 36.
8 MünchArbR/*Blomeyer,* § 50 Rz. 37; *Schaub,* § 57 IV 3.

II. Verpflichtungen des Arbeitnehmers

Besteht Anlaß zur Vermutung, daß der Arbeitnehmer das vertragliche Wettbewerbsverbot verletzt hat, so hat der Arbeitgeber einen Anspruch auf **Auskunftserteilung**[1]. 293

Ein Auskunftsanspruch besteht darüber hinaus dafür, daß der Arbeitgeber sein Wahlrecht gem. § 61 Abs. 1 HGB ausüben kann. Zu diesem Zweck hat der Arbeitnehmer auch Rechnung zu legen. Der Arbeitnehmer hat alle Angaben zu machen, die Voraussetzung für eine etwaige Schadensersatzforderung oder ein Eintrittsrecht sein können. Dazu gehören ua. die Angaben, mit welchen Firmen der Angestellte mit welchem Inhalt und zu welchen Preisen in geschäftliche Beziehungen getreten ist[2]. Es gelten insofern die §§ 666, 687 Abs. 2 BGB.

Der Schadensersatzanspruch und das Eintrittsrecht gem. § 61 Abs. 1 HGB **verjähren** gem. § 61 Abs. 2 HGB in drei Monaten ab Kenntnis des Arbeitgebers vom Verstoß gegen das Wettbewerbsverbot; ohne Rücksicht auf diese Kenntnis gem. § 61 Abs. 2 HGB in fünf Jahren vom Abschluß des Geschäfts an. 294

Die Verjährung beginnt bei Abschluß mehrerer Geschäfte für jedes gesondert. Dies gilt auch für das jeweilige unerlaubte Betreiben eines Handelsgewerbes[3]. Der kurzen Verjährungsfrist unterliegen nicht Ansprüche, die nicht aus dem Wettbewerbsverstoß gem. § 60 Abs. 1 HGB resultieren, sondern auf einer anderen Anspruchsgrundlage beruhen. Demgegenüber unterliegen ebenfalls der kurzen Verjährungsfrist des § 61 Abs. 2 HGB die mit dem Anspruch nach § 61 Abs. 1 HGB konkurrierenden Ansprüche aus §§ 826 BGB, 1 UWG gegen den Arbeitnehmer[4].

Neben den Schadensersatzansprüchen verbleibt dem Arbeitgeber darüber hinaus die Möglichkeit, das mit dem Arbeitnehmer bestehende Arbeitsverhältnis wegen des Wettbewerbsverstoßes zu **kündigen**[5]. Der Arbeitgeber kann sich aber auch zur Vermeidung weiterer Wettbewerbsverstöße auf einen Unterlassungsanspruch gegenüber dem Arbeitnehmer beschränken, ggf. im Wege der einstweiligen Verfügung[6]. 295

Eine **Vertragsstrafe** für den Fall eines Wettbewerbsverstoßes bedarf der einzelvertraglichen Vereinbarung. Ein Einbehalt oder eine Kürzung der Vergütung wegen des Wettbewerbsverstoßes ist unzulässig, es sei denn, der Arbeitnehmer hat sich in besonders krasser Weise unloyal verhalten und seinen Anspruch dadurch verwirkt[7]. 296

---

1 BAG v. 12. 5. 1972, AP Nr. 6 zu § 60 HGB.
2 BAG v. 12. 5. 1972, AP Nr. 6 zu § 60 HGB.
3 *Schaub*, § 57 IV 6.
4 BAG v. 28. 1. 1986, AP Nr. 2 zu § 61 AGB; *Schaub*, § 57 IV 6, der dies entgegen der Entscheidung des BAG v. 22. 8. 1966 (AP Nr. 3 zu § 687) auch für Ansprüche auf Herausgabe des Erlöses nach § 687 BGB annimmt.
5 LAG Köln v. 29. 4. 1994, BB 1995, 679.
6 LAG Köln v. 8. 12. 1995, LAGE § 60 HGB Nr. 5.
7 BGH v. 19. 10. 1987, AP Nr. 33 zu § 611 BGB – Konkurrenzklausel.

dd) Wettbewerbsverbot für andere Arbeitnehmer

(1) Persönlicher und zeitlicher Geltungsbereich

297 Die §§ 60, 61 HGB sind auf **andere Arbeitnehmer** nicht analog anzuwenden[1]. Da das in § 60 HGB enthaltene Wettbewerbsverbot eine Ausprägung der allgemeinen, auf Treu und Glauben gestützten Treuepflicht des Arbeitnehmers darstellt, gilt aber auch für alle anderen Arbeitnehmer einschließlich der Auszubildenden ein Wettbewerbsverbot über den persönlichen und über den sachlichen Anwendungsbereich des § 60 HGB hinaus[2]. Während der rechtlichen Dauer des Arbeitsverhältnisses unterliegen daher gem. der vertraglichen Treuepflicht alle Arbeitnehmer einem Wettbewerbsverbot.

(2) Gegenstand des Wettbewerbsverbotes

298 Über den sachlichen Anwendungsbereich des § 60 Abs. 1 HGB hinaus dürfen nichtkaufmännische Arbeitnehmer nicht den **unternehmerischen Interessen** des Arbeitgebers durch Betreiben eines Gewerbes zuwider handeln[3]. Die Tätigkeit in einem Konkurrenzunternehmen oder das Betreiben eines Konkurrenzunternehmens stellt sich bereits als Verstoß gegen das Wettbewerbsverbot dar. Ob es tatsächlich zu einer Konkurrenz zu dem Arbeitgeber-Unternehmen kommt, ist somit unerheblich[4].

Ebenso wie bei kaufmännischen Angestellten kann das Wettbewerbsverbot durch **Einwilligung** des Arbeitgebers aufgehoben werden.

(3) Rechtsfolgen eines Wettbewerbsverstoßes

299 Wie gegenüber dem kaufmännischen Angestellten hat der Arbeitgeber gegenüber dem nichtkaufmännischen Mitarbeiter einen **Anspruch auf Schadensersatz.** Folgt man der Rechtsprechung des Bundesarbeitsgerichts, wonach eine analoge Anwendung der §§ 60, 61 HGB für andere Arbeitnehmer ausscheidet, so ist Anspruchsgrundlage für Schadensersatzansprüche die Verletzung der auf Treu und Glauben gestützten Treuepflicht und der Gesichtspunkt der positiven Forderungsverletzung[5].

300 Statt des Eintrittsrechts besteht nach Auffassung des Bundesarbeitsgerichts ein zum gleichen Ergebnis führender **Herausgabeanspruch** aus den §§ 687 Abs. 2 iVm. § 681 Satz 2, 667 BGB[6].

---

1 BAG v. 17. 10. 1969, AP Nr. 7 zu § 611 BGB – Treuepflicht; BAG v. 16. 1. 1975, AP Nr. 8 zu § 60 HGB mit abl. Anm. von *Beuthien* und *Janzen*.
2 BAG v. 16. 6. 1976, AP Nr. 8 zu § 611 BGB – Treuepflicht; BAG v. 16. 8. 1990, DB 1991, 1682.
3 MünchArbR/*Blomeyer*, § 50 Rz. 46.
4 BAG v. 17. 10. 1969, AP Nr. 7 zu § 611 BGB – Treuepflicht; MünchArbR/*Blomeyer*, § 50 Rz. 46.
5 MünchArbR/*Blomeyer*, § 50 Rz. 49; aA *Schaub*, § 57 V 4, der dem Arbeitgeber dieselben Rechte, also auch das Eintrittsrecht gem. § 61 Abs. 1 HGB zugesteht; *Buchner*, AR-Blattei, Wettbewerbsverbot II, zu C II 2.
6 BAG v. 21. 10. 1970, AP Nr. 13 zu § 242 BGB – Auskunftspflicht; BAG v. 16. 6. 1976, AP Nr. 8 zu § 611 BGB – Treuepflicht; MünchArbR/*Blomeyer*, § 50 Rz. 49.

Da das Bundesarbeitsgericht eine analoge Anwendung der §§ 60, 61 HGB auf nichtkaufmännische Arbeitnehmer ablehnt, gilt nicht die **Verjährungsfrist** des § 61 Abs. 2 HGB. Im Hinblick auf die parallelen Regelungen bei Verletzung von Wettbewerbsverboten durch Gesellschafter einer OHG und durch Vorstandsmitglieder einer Aktiengesellschaft (§ 113 Abs. 3 HGB, § 88 Abs. 3 AktG), und die überwiegend in der Literatur vertretene Auffassung, daß die §§ 60, 61 HGB auch für nichtkaufmännische Arbeitnehmer entsprechend anzuwenden sind, dürfte es für die Praxis angeraten erscheinen, gleichwohl bezüglich Schadensersatzansprüchen gegenüber nichtkaufmännischen Mitarbeitern die Verjährungsregelung des § 61 Abs. 2 HGB zu beachten. 301

Ebenso wie gegenüber dem kaufmännischen Angestellten besteht gegenüber dem nichtkaufmännischen Mitarbeiter ein Anspruch des Arbeitgebers auf **Auskunft und Rechnungslegung**. Darüber hinaus kann der Arbeitgeber einen **Unterlassungsanspruch** geltend machen. 302

Da § 60 Abs. 1 HGB nur eine gesetzliche Ausprägung des sich aus der Treuepflicht generell ergebenden Wettbewerbsverbotes darstellt, kann das Arbeitsverhältnis auch mit einem nichtkaufmännischen Arbeitnehmer fristgemäß oder bei Vorliegen besonderer Gründe außerordentlich fristlos **gekündigt** werden. 303

III. Verpflichtungen des Arbeitgebers

1. Pflicht zur Zahlung des Arbeitsentgelts

a) Allgemeines

Der Pflicht des Arbeitnehmers zur Leistung der versprochenen Dienste steht gem. § 611 Abs. 1 BGB die Pflicht des Arbeitgebers „zur **Gewährung der vereinbarten Vergütung**" gegenüber. Das Entgelt ist die Gegenleistung des Arbeitgebers für die vom Arbeitnehmer erbrachte oder noch zu erbringende Arbeit (so auch Art. 119 EWG-Vertrag). Die Entgeltzahlungspflicht ist die Hauptpflicht des Arbeitgebers. 304

§ 611 Abs. 1 BGB bezeichnet das Entgelt als Vergütung. Im allgemeinen Sprachgebrauch nennt man das Arbeitsentgelt des Arbeiters „Lohn" und das des Angestellten „Gehalt", während bei Künstlern von „Gage" gesprochen wird. Vereinheitlichend bezeichnet das Entgeltfortzahlungsgesetz die an Arbeiter und Angestellte zu zahlende Vergütung als Arbeitsentgelt (§ 1 EntgeltfortzahlungsG).

Die Zahlung eines Arbeitsentgelts und dessen Höhe werden regelmäßig **im Arbeitsvertrag vereinbart**. Gemäß § 2 Abs. 1 Satz 2 Nr. 6 NachwG sind vom Arbeitgeber das Arbeitsentgelt und seine Zusammensetzung detailliert schriftlich niederzulegen. Neben der Grundvergütung sind alle Zusatzentgelte wie Überstunden-, Sonn- und Feiertagszuschläge, Zulagen, Prämien, Sonderzahlungen, Auslösungen, Provisionen und Tantiemen, aber auch entgeltwirksame 305

Leistungen aus betrieblicher Altersversorgung und vermögenswirksamer Leistung anzugeben. Allerdings ist der materielle Inhalt des Arbeitsverhältnisses durch das Nachweisgesetz nicht konstitutiv an die gesetzlich vorgeschriebene Schriftform gebunden[1]. Deshalb kann auch eine konkludente Vergütungsvereinbarung verbindlich sein, indem zB der Arbeitnehmer Lohn- oder Gehaltsabrechnungen sowie die daraus resultierenden Zahlungen widerspruchslos entgegennimmt[2].

Die Vergütungsvereinbarung ist ein wesentlicher Bestandteil des Arbeitsvertrages. Fehlt eine vertragliche Grundlage oder Vergütungsvereinbarung oder ist diese nichtig, so gilt gem. § 612 Abs. 1 BGB eine Vergütung **als stillschweigend vereinbart,** wenn „die Dienstleistung den Umständen nach nur gegen eine Vergütung zu erwarten ist". Durch diese Vermutung des § 612 Abs. 1 BGB wird vermieden, daß ein Vertrag mangels Einigung über die Vergütung unwirksam ist. Demzufolge scheidet auch eine Anfechtung wegen Irrtums über die Vergütungspflichtigkeit aus[3].

306 **Unentgeltlichkeit der Arbeitsleistung** ist somit ausdrücklich zu vereinbaren, sofern nicht den Umständen nach eine unentgeltliche Arbeitsleistung als gewollt anzusehen ist, wie zB bei Gefälligkeitsdiensten in der Nachbarschaft oder aufgrund verwandtschaftlicher Beziehungen.

307 Bedeutsamste Rechtsgrundlage für die Arbeitsentgelte sind **Tarifverträge.** Der Anspruch auf das Entgelt und seine Höhe können sich entweder aus der Allgemeinverbindlichkeit des Tarifvertrages gem. § 5 Abs. 4 TVG, aus der Tarifbindung der Vertragsparteien gem. § 4 Abs. 1 TVG oder aus der Verweisung und damit der einzelvertraglichen Einbeziehung eines Tarifvertrages in einem Arbeitsvertrag ergeben[4].

308 Durch die Verweisung im Arbeitsvertrag können auch **Betriebs- und Dienstvereinbarungen** Grundlage des Arbeitsentgelts sein. Da aber Tarifverträge im Hinblick auf Arbeitsentgelte und sonstige Arbeitsbedingungen gem. § 77 Abs. 3 BetrVG und § 75 Abs. 3 PersVG gegenüber Betriebs- und Dienstvereinbarungen grundsätzlich Vorrang genießen, kommt der Regelung von Arbeitsentgelten durch Dienst- oder Betriebsvereinbarungen nur geringe Bedeutung zu. Dies gilt auch im Hinblick auf die Höhe des Arbeitsentgelts.

309 Nicht hinsichtlich des Anspruchs auf das Arbeitsentgelt selbst, sondern wegen der Höhe des zu zahlenden Entgelts, können auch die **betriebliche Übung** (siehe Rz. 869 ff.) und der **Grundsatz der Gleichbehandlung** (siehe Rz. 815 ff.) Grundlage von Entgeltansprüchen sein[5].

---

1 BAG v. 21. 8. 1997, DB 1997, 2619; *Preis,* NZA 1997, 10.
2 *Schaub,* § 66 II 1a.
3 *Schaub,* § 66 II 2.
4 *Von Hoyningen-Huene/Wagner,* NZA 1995, 969.
5 Wird kein Arbeitsentgelt gezahlt, so brauchen diese beiden Rechtsinstitute schon regelmäßig wegen der Regelung in § 612 Abs. 1 BGB nicht bemüht zu werden.

III. Verpflichtungen des Arbeitgebers

Aus dem Gegenseitigkeitsverhältnis der Entgeltpflicht zur Arbeitspflicht (Synallagma) folgt grundsätzlich die **Anwendung der §§ 320 ff. BGB**. Kommt der Arbeitgeber seinen Verpflichtungen nicht nach, so kann deshalb der Arbeitnehmer seine Arbeitsleistung gem. § 320 BGB zurückhalten. Ist die Arbeitsleistung unmöglich, so behält der Arbeitnehmer gem. § 324 Abs. 1 BGB den Anspruch auf das Arbeitsentgelt, wenn der Arbeitgeber die Unmöglichkeit iS des § 324 Abs. 1 BGB zu vertreten hat. Ist die Unmöglichkeit von keiner der beiden Parteien zu vertreten, so findet grundsätzlich § 323 BGB Anwendung. Im Arbeitsvertragsrecht sind jedoch sowohl für die Unmöglichkeit wie auch für den Verzug die Sonderregelungen in § 616 und § 615 BGB zu berücksichtigen. Statt des in den §§ 325, 326 BGB bei wesentlichem Zahlungsrückstand vorgesehenen Rücktrittsrecht steht dem Arbeitnehmer das Recht zur fristlosen Kündigung des Arbeitsverhältnisses zu.

Nicht unter dieses Synallagma fällt das **Entgelt im weiteren Sinne**[1], also zusätzliche nicht direkt an die Arbeitsleistung anknüpfende vermögenswerte Leistungen. Demzufolge kommt hierfür eine unmittelbare Anwendung der §§ 320 ff. BGB nicht in Betracht[2].

Die **einseitige Änderung** des Arbeitsentgelts im engeren Sinne als Gegenleistung für erbrachte Arbeitsleistung kann durch den Arbeitgeber nur über eine Änderungskündigung gem. § 2 KSchG und der insoweit geforderten sozialen Rechtfertigung erfolgen[3]. Entgelte im weiteren Sinne können demgegenüber unter Widerrufsvorbehalt vereinbart werden. Auf diesen Widerrufsvorbehalt ist § 315 BGB anwendbar, so daß sich die Entscheidung des Arbeitgebers nach billigem Ermessen zu richten hat.

Das als Grundlage des Arbeitsverhältnisses geltende Arbeitsentgelt im engeren Sinne kann nur dann wirksam **befristet** werden, wenn ein sachlicher Befristungsgrund vorliegt[4]. Das Erfordernis des sachlichen Grundes für die Befristung des gesamten Arbeitsverhältnisses gilt auch für die Befristung von Einzelabreden, die zum „Kernbestand des Arbeitsverhältnisses" gehören[5].

b) Höhe des Arbeitsentgelts und seine Bemessung

aa) Vereinbartes Entgelt

Das Gesetz setzt in § 611 Abs. 1 BGB voraus, daß sich die **Höhe des Arbeitsentgelts** nach der zwischen den Arbeitsvertragsparteien getroffenen Vereinbarung richtet. Arbeitgeber und Arbeitnehmer können daher die Höhe des Arbeitsentgelts grundsätzlich frei vereinbaren[6].

---
1 BAG v. 24. 10. 1990, DB 1991, 446.
2 *Zöllner/Loritz*, § 15 I.
3 MünchArbR/*Hanau*, § 60 Rz. 100.
4 MünchArbR/*Hanau*, § 60 Rz. 112.
5 BAG v. 13. 6. 1986, AP Nr. 19 zu § 2 KSchG 1969.
6 Bei auffälligem Mißverhältnis zwischen der Arbeitsleistung und dem Arbeitsentgelt ist strafbarer Wucher möglich: BGH v. 22. 4. 1997, DB 1997, 1670.

Gemäß § 2 Abs. 1 Satz 2 Nr. 6 NachwG ist die Zusammensetzung und die Höhe des Arbeitsentgelts vom Arbeitgeber schriftlich zu fixieren, es sei denn, es wird auf einschlägige Tarifverträge etc. verwiesen (§ 2 Abs. 3 NachwG). Eine Ausnahme sieht das am 1. 3. 1996 in Kraft getretene Gesetz über zwingende Arbeitsbedingungen bei grenzüberschreitenden Dienstleistungen (Arbeitnehmer-Entsendegesetz – AEntG) vor. Es weitet den Adressatenkreis der Rechtsnormen allgemeinverbindlicher Tarifverträge auf ausländische Arbeitnehmer aus. Ausländische Arbeitgeber werden dadurch verpflichtet, ihren in Deutschland beschäftigten Arbeitnehmern die hier geltenden wettbewerbsrelevanten Arbeitsbedingungen zu gewähren. Diese gesetzliche Ausweitung beschränkt sich aber auf Tarifverträge, die für eine der in den §§ 1 und 2 Baubetriebe-Verordnung aufgeführten Tätigkeiten gelten und für allgemeinverbindlich erklärte Tarifverträge im Bereich der Seeschiffahrtsassistenz (Hafenschlepper). Das Arbeitnehmer-Entsendegesetz gilt auch für einen unter den Geltungsbereich eines entsprechenden Tarifvertrages fallenden Arbeitgebers mit Sitz im Inland. Demnach trifft den inländischen Arbeitgeber auch die Bußgeldandrohung, wenn er seinen in Deutschland beschäftigten deutschen oder ausländischen Arbeitnehmern nicht die tariflichen Mindestentgelte gewährt oder nicht seine Verpflichtungen gegenüber der Urlaubskasse erfüllt.

314 Für beide Seiten verbindliche Regelungen über die Höhe des Arbeitsentgelts können sich aus einem **Tarifvertrag** aufgrund der Tarifbindung beider Vertragsparteien (§ 3 Abs. 1 iVm. § 4 Abs. 1 TVG) oder der Allgemeinverbindlichkeit eines das Arbeitsentgelt regelnden Tarifvertrages (§ 5 TVG) ergeben. In diesem Fall gelten die Tarifbestimmungen über die Höhe des Arbeitsentgelts für das Arbeitsverhältnis unmittelbar und zwingend, ohne daß es einer gesonderten Einbeziehung in den Einzelvertrag bedarf. Liegt eine derartige für beide Seiten verbindliche Bindung an einen Tarifvertrag vor, so kann gem. § 4 Abs. 3 TVG hiervon nur zugunsten des Arbeitnehmers abgewichen werden, oder wenn der Tarifvertrag überhaupt eine Abweichung zuläßt[1].

315 Haben Arbeitgeber und Arbeitnehmer **im Arbeitsvertrag** die Höhe des Arbeitsentgelts in der Weise festgelegt, daß im Vertrag entweder insgesamt ein Tarifvertrag einbezogen wird oder aber wegen des Arbeitsentgelts auf einen bestimmten Tarifvertrag verwiesen wird, so handelt es sich bei dieser erstmaligen vertraglichen Festlegung um eine freie Vereinbarung (s. a. § 2 Abs. 3 NachwG). Einschränkungen ergeben sich jedoch für die Zukunft. Diese einzelvertragliche Einbeziehung führt dazu, daß Änderungen des in Bezug genommenen Tarifvertrages für beide Seiten verbindlich sind. Eine Lösung von dieser vertraglich vereinbarten tariflichen Angleichung läßt sich nur einverständlich oder aber über eine Kündigung bzw. Änderungskündigung – arbeitgeberseitig nur unter ganz engen Voraussetzungen, wie zB Unrentabilität des Betriebes – erreichen[2].

---

1 *Von Hoyningen-Huene/Wagner*, NZA 1995, 969, 974.
2 Vgl. zB BAG v. 20. 3. 1986, AP Nr. 14 zu § 2 KSchG 1969, Bl. 5.

III. Verpflichtungen des Arbeitgebers

Vertragsbeispiele für eine derartige tarifvertragliche Einbeziehung: 316

> **Global:**
> „Auf das Arbeitsverhältnis finden im übrigen der BAT und die ihn ergänzenden Tarifverträge entsprechende Anwendung."
> **Lediglich bezogen auf das Arbeitsentgelt:**
> „Die Vergütung richtet sich nach dem Tarifvertrag für das Gebäudereinigerhandwerk."

Der Höhe nach festgelegt sein kann das Arbeitsentgelt aber auch durch sog. **innerbetriebliche Lohnsysteme** aufgrund von Betriebsvereinbarung oder Dienstvereinbarung. 317

Der freien Vereinbarung der Höhe des Arbeitsentgelts ist weiterhin eine Grenze gesetzt durch den **Grundsatz der Lohngleichheit** (§ 612 Abs. 3 BGB). Siehe dazu unten Rz. 815 ff. 318

Eine **verbindliche Entgeltfestsetzung** durch den sog. Heimarbeiterausschuß sieht § 19 HeimarbeitsG für die Heimarbeiter vor. Auch erlaubt das Gesetz über Festsetzung von Mindestarbeitsbedingungen zur Sicherung einer unteren Grenze des Arbeitsentgelts eine staatliche Lohnfestsetzung durch Rechtsverordnung des Bundesministers für Arbeit, falls Tarifverträge nicht vorliegen. Bislang hat der Bundesminister für Arbeit von der ihm gesetzlich erteilten Ermächtigung keinen Gebrauch gemacht. 319

Die **einzelvertragliche Festlegung** der Höhe des Arbeitsentgelts kann ausdrücklich (durch Angabe eines bestimmten Betrages oder bei Inbezugnahme eines Tarifvertrages einer dortigen Tarifgruppe bzw. tariflich ausgewiesenen Tätigkeit) oder konkludent (durch widerspruchslose Entgegennahme eines bestimmten Arbeitsentgelts) erfolgen. Stillschweigende Festlegungen der Höhe des Arbeitsentgelts erfolgen regelmäßig im Zusammenhang von Gehalts- oder Lohnerhöhungen. 320

Ist die Höhe des Arbeitsentgelts einzelvertraglich oder tariflich nicht festgelegt oder ist die getroffene Vereinbarung zB wegen Verstoßes gegen § 612 Abs. 3 BGB oder § 2 Abs. 1 BeschFG unwirksam, so ist gem. § 612 Abs. 2 BGB (bei kaufmännischen Angestellten gem. § 59 HGB) die **ortsübliche Vergütung** zu zahlen. Üblich ist die in dem gleichen oder in einem ähnlichen Gewerbe an dem betreffenden Ort für entsprechende Arbeit normalerweise gezahlte Vergütung[1]. IdR läßt sich diese übliche Vergütung dem maßgeblichen Tarifvertrag entnehmen, wenn andere Arbeitnehmer diesen ohne Rücksicht auf Gewerkschaftszugehörigkeit erhalten[2]. Läßt sich auch eine übliche Vergütung gem. § 612 Abs. 2 BGB nicht feststellen, so hat im Zweifel der Arbeitnehmer gem. § 316 BGB die Höhe des Arbeitsentgelts zu bestimmen[3]. Eine Korrektur dieser 321

---
1 Für Teilzeitbeschäftigte: BAG v. 26. 5. 1993, NZA 1993, 1049.
2 BAG v. 27. 10. 1960, AP Nr. 21 zu § 611 BGB – Ärzte, Gehaltsansprüche.
3 *Großmann/Schneider*, Tz. 156.

Leistungsbestimmung seitens des Arbeitnehmers gem. § 316 BGB kann durch arbeitsgerichtliches Urteil nach § 319 BGB erfolgen[1].

322 Für die Mehrzahl der Arbeitsverhältnisse haben jedoch § 612 Abs. 2 BGB sowie die Frage nach einer stillschweigenden Vereinbarung über die Höhe des Arbeitsentgelts durch das seit dem 21. 7. 1995 geltende **Nachweisgesetz** v. 20. 7. 1995 ihre Bedeutung verloren[2]. Die danach erforderliche schriftliche Niederschrift der für das Arbeitsverhältnis wesentlichen Vertragsbedingungen müssen ua. die Zusammensetzung und die Höhe des Arbeitsentgelts, einschließlich der Zuschläge, Zulagen, Prämien und Sonderzahlungen, wie etwa Weihnachtsgratifikationen und Tantiemen, oder andere Bestandteile des Arbeitsentgelts sowie deren Fälligkeiten enthalten (§ 2 Abs. 1 Nr. 6 NachwG). Ggf. müssen bei Akkordlöhnen die Berechnungsfaktoren angegeben werden.

323 Eine **Änderung der Höhe** des Arbeitsentgelts ist dem Arbeitnehmer gem. § 3 NachwG spätestens einen Monat nach der Änderung schriftlich mitzuteilen (sofern es sich nicht um die bloße Mitteilung tariflicher Änderungen, zB infolge einer Umgruppierung, handelt, wird ohnehin regelmäßig eine vertragliche Vereinbarung vorliegen). Die dem Arbeitgeber obliegende Dokumentationspflicht führt nicht zu einem Schriftformerfordernis des Arbeitsvertrages, so daß eine Nichtbeachtung der Nachweispflicht nicht gem. § 125 BGB die Nichtigkeit zur Folge hat[3]. Nicht aufgenommen werden muß die Höhe des Arbeitsentgelts, wenn sich dieses aus einem Tarifvertrag, einer Betriebs- oder Dienstvereinbarung o. ä. für das Arbeitsverhältnis geltenden Regelung entnehmen läßt. Auf diese ist allerdings in der Niederschrift ebenfalls hinzuweisen (§ 2 Abs. 3 NachwG).

324 Im Zweifel handelt es sich bei dem vertraglich vereinbarten Arbeitsentgelt um eine **Bruttovergütung**[4]. Das sog. Bruttoentgelt setzt sich zusammen aus dem an den Arbeitnehmer auszuzahlenden Nettoentgeltbetrag und den vom Arbeitgeber einzubehaltenen öffentlich-rechtlichen Lohnabzügen (Lohnsteuer und Sozialversicherungsbeiträge).

Ungeachtet der Pflicht des Arbeitgebers zur Einbehaltung von Lohnsteuern bleibt aber der **Arbeitnehmer Steuerschuldner.** Dennoch kann sich der Arbeitgeber wegen Steuerhinterziehung strafbar machen, wenn er vorsätzlich die Einbehaltung von Lohnsteuern unterläßt[5].

Von den **Beiträgen zur Sozialversicherung** (Krankenversicherung, Rentenversicherung der Arbeiter und Angestellten bzw. Knappschaftsversicherung der

---

1 BAG v. 17. 5. 1968, AP Nr. 20 zu § 72 ArbGG – Streitwertrevision; *Großmann/Schneider*, Tz. 156.
2 BGBl. I 1995, 946.
3 BAG v. 21. 8. 1997, DB 1997, 2619; siehe zu den Dokumentationspflichten auch nachstehend Rz. 729 ff. sowie *Stükemann*, BB 1995, 1846 ff.; *Birk*, NZA 1996, 281.
4 BAG v. 21. 4. 1966, AP Nr. 13 zu § 611 – Lohnanspruch; BAG v. 18. 1. 1974, AP Nr. 19 zu § 670 BGB; für Tarifvertrag: BAG v. 17. 4. 1985, AP Nr. 1 zu § 1 TVG – Tarifverträge: Chemie.
5 BGH v. 3. 9. 1970, NJW 70, 2034; *Schaub*, § 71 I 2.

Bergleute sowie Arbeitslosenversicherung) werden die Arbeitnehmeranteile abgezogen, während der Arbeitgeber noch zusätzlich zu dem vereinbarten Bruttoarbeitsentgelt die andere Hälfte zuzüglich der Unfallversicherung zu tragen hat.

Aus dem Grundsatz, daß es sich bei der vereinbarten Höhe des Arbeitsentgelts um einen Bruttobetrag handelt, folgt, daß eine Zahlungsklage auf rückständiges Arbeitsentgelt auf den Bruttobetrag zu richten ist (siehe dazu unten Rz. 606 ff.).

Da eine sog. **Nettolohnvereinbarung** die Vereinbarung beinhaltet, daß der Arbeitgeber für den Arbeitnehmer in vollem Umfange die öffentlichen Abzüge übernehmen soll, bedarf es einer eindeutigen Vereinbarung[1]. Nur ausnahmsweise, so zB bei Hauspersonal, sind Nettolohnvereinbarungen üblich. Ansonsten stellt die Vereinbarung eines bestimmten Betrages als Arbeitsentgelt eine Bruttovereinbarung dar. 325

Die Höhe des Arbeitsentgelts kann **zeitabhängig oder leistungsabhängig** bestimmt sein[2]. Am häufigsten sind in Arbeitsverträgen und Tarifverträgen sog. Zeitvergütungen vereinbart. Regelmäßig liegt auch einer leistungsabhängigen Vergütung als sog. Mindestlohn ein Zeitlohn zugrunde, so daß leistungsabhängige Entgelte zumeist nur in sog. Mischsystemen zwischen Akkord- und Zeitlohn vereinbart werden. 326

Wegen eines sog. Akkordlohnverbotes für Jugendliche (§ 23 Abs. 1 Nr. 1 JArbSchG), werdende Mütter (§ 4 Abs. 3 Nr. 1 MuSchG) und Kraftfahrer (VO des EWG-Rates Nr. 3820/85) können mit diesen Arbeitnehmern nur sog. Zeitvergütungen vereinbart werden.

Die **Zeitvergütung** wird als Stunden-, Tages-, Wochen-, Monats- oder auch, so bei leitenden Angestellten, insbesondere Geschäftsführern, als Jahresvergütung vereinbart. Grundsätzlich ist in diesem Fall also die Zeiteinheit Bemessungsfaktor für das Arbeitsentgelt. Der zeitliche Umfang wird wiederum durch den Einzelarbeitsvertrag oder durch die Tarifverträge (insbesondere dort die sog. Wochenarbeitszeit) geregelt[3]. 327

Die Zeitvergütung ist unabhängig von der innerhalb des Zeitraums erbrachten Quantität und Qualität der Arbeit zu leisten. Demzufolge hat der Arbeitgeber auch bei Schlecht- oder Minderleistung die vereinbarte Vergütung zu zahlen.

bb) Bemessung nach der Arbeitsleistung – Akkord, Prämien, Leistungszulagen

Die Ausführung der übertragenen Aufgabe und die dabei gezeigte Leistung führen bei der zeitabhängigen Vergütung dann zu einer **Differenzierung**, wenn die Höhe des Entgelts von einer Arbeitsbewertung abhängig ist, die sich an den den Arbeitsplatz kennzeichnenden Anforderungen orientiert. Dies ist bei einer tariflichen Eingruppierung (siehe unten Rz. 370 ff.) die Regel. Aber auch ohne 328

---

1 MünchArbR/*Hanau*, § 62 Rz. 51.
2 Der Betriebsrat kann zur Herstellung der Lohngerechtigkeit in der betrieblichen Lohngestaltung nach § 87 Abs. 1 Nr. 10 BetrVG die Einführung von Leistungs- anstelle von Zeitlohn verlangen, LAG Niedersachsen v. 30. 11. 1995, NZA-RR 1996, 374.
3 MünchArbR/*Kreßel*, § 64 Rz. 7.

das Vorhandensein bestimmter Vergütungsgruppen ist dies häufig der Fall, weil in der betrieblichen Praxis die Höhe des Arbeitsentgelts von den für die jeweilige Tätigkeit vorausgesetzten Anforderungen an die Person oder die zu erfüllende Aufgabe selbst bestimmt werden. Ganz abgesehen davon, daß die Arbeitsbewertung regelmäßig nicht an der Leistung oder am Erfolg orientiert ist, geht sie zumeist der Eingruppierung voraus, so daß bei der Ausführung der übertragenen Aufgabe gezeigter Fleiß und Geschick des Arbeitnehmers keinen Einfluß auf das Arbeitsentgelt haben. Das Arbeitsergebnis ist also bei einer zeitabhängigen Vergütung in der Regel unbeachtlich.

329 Ein Anreiz zu einer besseren Arbeitsleistung, insbesondere hinsichtlich der Quantität und Qualität (so aus der Sicht des Arbeitgebers) und Honorierung besonderer Leistungen (so aus der Sicht des Arbeitnehmers) werden dagegen durch **leistungsbezogene Arbeitsentgelte** erreicht. Die erfolgs- oder leistungsbezogene Vergütung hat entsprechend der unterschiedlichen Regelungsinhalte verschiedene Formen, die vom traditionellen Akkordlohn über Prämien bis zu dem durch eine Leistungszulage ergänzten zeitabhängigen Arbeitsentgelt reichen.

330 Beim **Akkordlohn** ist Bezugsgröße für den „bezahlten" Arbeitserfolg die geleistete Arbeitsmenge. Nach der Art der Arbeitsleistung gibt es verschiedene Bezugsgrößen:

- Die produzierte oder verarbeitete Anzahl wird beim **Stückakkord** zugrunde gelegt;
- auf das Gewicht des beförderten oder aber auch verarbeiteten Materials stellt der **Gewichtsakkord** ab;
- die Größe der von dem Arbeitnehmer bearbeiteten Fläche bestimmt den **Flächenakkord**;
- das Ausmaß bearbeiteter Gegenstände, zB die Länge, ist für den **Maßakkord** maßgeblich und
- wenn die zu erledigenden Arbeiten nicht einheitlich sind, sondern die Erledigung einer aus verschiedenen Tätigkeiten bestehenden Arbeitsaufgabe vergütet wird, handelt es sich um einen **Pauschalakkord**.

Akkordarbeit ist für Jugendliche gemäß § 23 Abs. 1 Nr. 1 JArbSchG, für Schwangere gemäß § 4 Abs. 3 Nr. 1 MuSchG und für Fahrpersonal gemäß § 3 FahrpersonalG verboten.

331 Beim **Geldakkord** wird einer bestimmten Bezugsgröße (Anzahl, Gewicht, Fläche etc.) unmittelbar ein fester Geldbetrag zugeordnet und miteinander multipliziert, also:

Bezugsgröße bzw. Arbeitsmenge × Geldfaktor = Akkordlohn.

332 Der **Zeitakkord** legt für eine bestimmte Arbeitsleistung eine Zeit, die sogenannte Vorgabezeit, fest. Der Geldfaktor, mit welchem die Vorgabezeit multipliziert wird, ist der durchschnittliche Verdienst eines Arbeitnehmers pro Arbeitsminute. Dabei wird vom sogenannten Akkordrichtsatz ausgegangen. Dies ist der Betrag, den der im Akkordlohn tätige Arbeitnehmer bei Normalleistung

III. Verpflichtungen des Arbeitgebers

in der Stunde zu erhalten hat. Er ist vertraglich vorgegeben. Er setzt sich regelmäßig aus dem tariflichen Stundenlohn der entsprechenden Lohngruppe eines im Akkord beschäftigten Arbeitnehmers (Akkordbasis) und einem Zuschlag zusammen. Dieser sogenannte Akkordzuschlag betrug früher im Durchschnitt 15 %. Mit ihm sollte berücksichtigt werden, daß der im Akkordlohn beschäftigte Arbeitnehmer schon vom Ansatz her in der Regel mehr Arbeitsleistung erbringt als der im Zeitlohn tätige Mitarbeiter. Auch wurde berücksichtigt, daß eine leistungsbezogene Arbeit einen psychischen Druck begründet[1]. Heute liegt der Akkordrichtsatz in der tariflichen Vorgabe meist nicht wesentlich über dem Zeitlohn nach Ablauf der Einarbeitungszeit.

Der aus dem Akkordrichtsatz ermittelte Geldfaktor wird beim Zeitakkord mit der Vorgabezeit und sodann zur Ermittlung des Akkordlohnes mit der Arbeitsmenge multipliziert. Die Formel lautet also beim Zeitakkord:

Vorgabezeit je Stück × Geldfaktor × produzierte Menge = Akkordlohn.

Der Vorteil des Zeitakkords besteht darin, daß bei Lohnerhöhungen nur jeweils der Geldfaktor anzupassen ist.

Besondere Bedeutung kommt beim Zeitakkord der **Vorgabezeit** (auch Zeitfaktor, Zeitvorgabe, Akkordvorgabe genannt) zu. Dieses ist die in Minuten ausgedrückte Zeit, die für die Erbringung der akkordierten Leistungseinheit bei Normalleistung erforderlich ist[2]. Dabei wird eine sogenannte Normalleistung zugrunde gelegt, also diejenige Arbeitsleistung, die ein hinreichend geeigneter und ausreichend geübter Arbeitnehmer bei Einhaltung der vorgegebenen Arbeitsläufe und Erholungszeiten ohne Gesundheitsschädigung auf Dauer zu erbringen vermag[3]. Diese Normalleistung als Vorgabezeit ist die Sollzeit. Wird die Vorgabezeit richtig bemessen, kommt der Arbeitnehmer also bei normaler Leistung auf den für ihn vorgesehenen (tariflichen Stundenlohn eines nicht im Akkord beschäftigten Arbeitnehmers) Stundenverdienst (also den Akkordrichtsatz)[4]. Ein Mehrverdienst ergibt sich demgemäß, wenn die Normalleistung überschritten wird.

333

Demzufolge ist für die realen Verdienstmöglichkeiten des Arbeitnehmers die **Ermittlung der Vorgabezeit** von besonderer Bedeutung. Die Vorgabezeit kann nach unterschiedlichen Methoden ermittelt und bestimmt werden. Es wird unterschieden zwischen dem ausgehandelten Akkord, dem Faust- oder Meisterakkord, dem Schätzakkord und dem arbeitswissenschaftlichen Akkord oder methodisch gebundenen Akkord[5]. In der Praxis hat inzwischen der arbeitswissenschaftlich geprägte Akkord vorrangige Bedeutung gewonnen. Dabei wird die arbeitsnotwendige Zeit methodisch nach abstrakten Bewertungsmaßstäben ermittelt. Zugrunde gelegt werden Methoden, die zur Ermittlung des Zeitbedarfs

---

1 *Gaul*, BB 1990, 1549, 1550.
2 *Zöllner/Loritz*, § 15 V 3 (2).
3 *Gaul*, BB 1990, 1550; MünchArbR/*Kreßel*, § 65 Rz. 23; *Däubler*, Arbeitsrecht 2, 7.1.2.1., S. 427.
4 *Zöllner/Loritz*, § 15 V 3 (2).
5 Bezüglich der Unterschiede und ihrer Bedeutung wird ua. verwiesen auf *Schaub*, § 64 IV und MünchArbR/*Kreßel*, § 65 Rz. 15 ff.

das Zeitquantum des Arbeitsablaufs insgesamt oder einzelner Elemente des Zeitablaufs (sogenanntes Kleinstzeitverfahren) bewerten. Die hierfür üblichen vier Systeme sind RefA – Reichsausschuß für Arbeitszeitermittlung –, Bédaux-System, MTM – Methods Time Measurement – und Work Factor.

334 Der **Vorteil des Zeitakkords** liegt darin, daß nicht willkürlich eine zu erreichende Leistungsmenge vorgegeben ist, sondern die Zeitvorgabe anhand der vorgenannten Systeme objektiv bewertet werden kann. Darüber hinaus bietet der Zeitakkord für den Arbeitgeber die Möglichkeit, auf der Grundlage der Vorgabezeiten und bestimmter Erfahrungswerte über den Zeitgrad der im Akkord tätigen Arbeitnehmer als deren durchschnittlichen Leistungsgrad planerische Entscheidungen zu treffen, in welchem Zeitraum bestimmte Arbeiten voraussichtlich abgewickelt sein können[1].

335 Zu unterscheiden ist weiter zwischen **Einzelakkord und Gruppenakkord.** Wie sich schon aus der Bezeichnung ergibt, stellt der Einzelakkord allein auf das Leistungsergebnis des einzelnen Arbeitnehmers ab. Dem Gruppenakkord liegt das Leistungsergebnis einer Arbeitsgruppe zugrunde, wie zB einer Putzkolonne. Er kommt deshalb dann zur Anwendung, wenn die Leistung notwendigerweise von mehreren Arbeitnehmern gemeinsam ausgeübt werden muß oder wenn einer Gruppe eigenständige Tätigkeitsbereiche wie Fertigungsinseln übertragen sind[2].

336 Der **Prämienlohn** honoriert wie der Akkordlohn eine individuelle Leistung des Arbeitnehmers. Der Prämienlohn unterscheidet sich vom Akkordlohn dadurch, daß nicht eine Leistungseinheit oder eine Leistungsmenge allein als Bezugsgröße dient, sondern noch andere, vom Arbeitnehmer zu beeinflussende Bezugsgrößen maßgebend sind. In erster Linie stellt der Prämienlohn auf die Qualität der Arbeit, die Ausnutzung einer maschinellen Anlage, Verwertung von Rohstoffen etc. ab , sofern es sich um eine an dem jeweiligen Arbeitserfolg ausgerichtete Prämie handelt (im Unterschied zu Prämien, die bestimmte Verhaltensweisen der Arbeitnehmer honorieren, wie zB Anwesenheit und Pünktlichkeit). Häufig werden die Prämien aber nicht nur nach einer Bezugsgröße bemessen, sondern an mehrere Bezugsgrößen geknüpft. Es können dadurch gleichzeitig mehrere ergebnisorientierte Zielsetzungen verfolgt werden. Um zB zu verhindern, daß bei der Arbeitsleistung nur die Quantität im Vordergrund steht und nicht die Qualität, wird vielfach eine Mengenprämie mit einer Güteprämie verknüpft.

Es werden im wesentlichen **fünf Prämienlohnsysteme** unterschieden, nämlich der Halsey-Lohn, das Emersonsche Leistungssystem, das Rowan-System, das Differentiallohnsystem nach Taylor und das Gantt-System[3].

Ebenso wie der Akkordlohn ist Prämienlohn gemäß § 4 Abs. 3 Nr. 2 MuSchG für Schwangere, gemäß § 23 Abs. 1 Nr. 1 JArbSchG für Jugendliche und gemäß § 3 Fahrpersonalgesetz für Fahrpersonal verboten.

---

[1] *Gaul*, BB 1990, 1550.
[2] Zum Mitbestimmungsrecht beim Wechsel in den Gruppenakkord: BAG v. 22. 4. 1997, DB 1998, 208.
[3] Zu den Unterschieden siehe MünchArbR/*Kreßel*, § 65 Rz. 76–86; *Schaub*, § 65 I 2.

Die **echte Leistungszulage** knüpft unmittelbar an das Arbeitsergebnis an. Basis für sie ist in der Regel eine individuelle Leistungsbeurteilung, ggf. anhand von Bewertungskatalogen. Möglich ist eine derartige Leistungsbeurteilung jedoch nur, wenn eine genaue Stellenbeschreibung des Arbeitnehmers vorhanden ist. Diese wiederum prägt die für die Leistungsbeurteilung bedeutsamen Kriterien. 337

Wie sich schon aus dem Begriff ergibt, wird eine Leistungszulage nur **zusätzlich** zu dem vertraglichen oder tariflichen Arbeitsentgelt gezahlt. Leistungszulagen werden häufig Angestellten gewährt, also Arbeitnehmern, die durch ihre Arbeitsleistung nicht unmittelbar und direkt Einfluß nehmen können auf eine Arbeitsmenge[1].

Das **Gedinge** ist eine Form der Leistungsentlohnung, die im Bergbau verwendet wird. Vom Akkord unterscheidet sich das Gedinge dadurch, daß nicht auf eine für einen längeren Zeitraum vorhersehbare gleichartige Arbeitsleistung unter vergleichbaren Arbeitsbedingungen abgestellt werden kann. Demgemäß dient für das Gedinge nur eine erfahrungs- und kenntnisbegründete Schätzung der mutmaßlich erreichbaren Arbeitsleistung als Grundlage für einen im Ergebnis arbeitserfolgsbezogenen mengenabhängigen vereinbarten Verdienst[2]. 338

Neue Formen des leistungs- und ergebnisbezogenen Arbeitsentgelts sind der Pensumlohn[3], der Programmlohn und der Kontrakt- bzw. Vertragslohn[4]. Beim Pensumlohn erhält der Arbeitnehmer eine zusätzliche Vergütung, wenn er die qualitativ und quantitativ vorgegebene Arbeitsleistung innerhalb einer bestimmten Zeit erbracht hat. Die negative Variante hiervon ist der sogenannte Programmlohn. Wird die Arbeit nicht termingemäß fertig oder weist sie quantitative oder qualitative Mängel auf, so können Lohnabzüge vorgenommen werden. Der Kontrakt- oder Vertragslohn stellt lediglich einen Vertrag mit entsprechend besseren Bedingungen in Aussicht, wenn der Arbeitnehmer innerhalb eines bestimmten Zeitraums die vertraglich vorausgesetzte Leistung erbracht hat. Der ihm hierfür garantierte Festlohn wird auch dann ausgezahlt, wenn die Leistung insgesamt nicht den Erwartungen entspricht[5]. In diesem Falle kann der Arbeitnehmer jedoch nicht mit einem mit besseren Bedingungen ausgestatteten Vertrag rechnen, vielmehr muß er sodann einen schlechteren Vertrag in Kauf nehmen[6]. 339

Für die verschiedenen leistungsbezogenen Arbeitsentgelte ist **nicht die Bezeichnung maßgeblich**. Entscheidend ist vielmehr der Inhalt und Gehalt einer Entgeltregelung, um aus den Merkmalen heraus die sachgerechte Zuordnung zu einer Erscheinungsform des leistungsbezogenen Arbeitsentgelts schließen zu können. Wichtig kann dies dann sein, wenn es um die Frage geht, ob im 340

---

1 MünchArbR/*Kreßel*, § 65 Rz. 98.
2 *Gaul*, BB 1990, 1550; *Schaub*, § 67 V 1, 2.
3 Siehe dazu *Gaul*, BB 1990, 1549, 1550.
4 Siehe dazu MünchArbR/*Kreßel*, § 65 Rz. 178–182; *Däubler*, Arbeitsrecht 2, 7.1.2.3., S. 432.
5 *Däubler*, Arbeitsrecht 2, 7.1.2.3., S. 432.
6 *Däubler*, Arbeitsrecht 2, 7.1.2.3., S. 432.

Tarifvertrag vorgesehene Akkordlohnregelungen oder Prämienlohnregelungen als Grundlage in Betracht kommen. Die sachgerechte Zuordnung eines leistungsbezogenen Arbeitsentgelts ist auch für die Frage bedeutsam, ob eine bestehende tarifvertragliche Vergütungsregelung die Mitbestimmungsrechte des Betriebsrates nach § 87 BetrVG ausschließt oder ob eine tarifliche Öffnungsklausel gemäß § 77 Abs. 3 BetrVG vorliegt, die Regelungen über leistungsbezogene Arbeitsentgelte zuläßt[1].

341 Das nach Arbeitsleistung bemessene Arbeitsentgelt bedarf in der Regel einer **besonderen Vereinbarung.** Diese kann in einem Arbeitsvertrag, einem Tarifvertrag oder in einer Betriebsvereinbarung bestehen. Aber auch aus der Art der Arbeit und der betrieblichen Übung kann sich ergeben, daß bestimmte Arbeiten im Akkord verrichtet werden müssen[2].

Festgelegt sein müssen in diesem Fall nicht nur, daß ein leistungsbezogenes Entgelt gewährt wird, sondern auch das Verhältnis zwischen Arbeitsleistung oder Arbeitserfolg zum Arbeitsentgelt. Wegen der für die Bemessung der Arbeitsleistung oder des Arbeitserfolges möglichen Anknüpfungspunkte wird auf die vorstehenden Ausführungen zu den die einzelnen Arbeitsentgelte unterscheidenden Merkmale verwiesen.

342 **Einzelvertraglich** sind Akkordlöhne und leistungsbezogene Prämienlöhne nur selten vereinbart. Anders verhält es sich bei Prämien, die nicht eine besondere Leistung honorieren, sondern Arbeits- und Verhaltensweisen, auf die der Arbeitgeber ohnehin Anspruch hat, wie zB Anwesenheits- und Pünktlichkeitsprämien. Der Einzelarbeitsvertrag beschränkt sich daher meist auf die bloße Feststellung des Mindestverdienstes oder eines Grundlohnes. Allenfalls einfache Akkordvorgaben sind noch in Einzelverträgen anzutreffen, wie zB folgende:

343 „Der Arbeitnehmer erhält eine Leistungsprämie, die sich nach dem Arbeitsplatz wie folgt aufschlüsselt:
1.1 Handflämmer
    a) Für die ersten geflämmten 80 m^2 DM . . . brutto/m^2.
    b) Für jeden weiteren m^2 ab 80 m^2 DM . . . brutto/m^2.
1.2 Maschinenflämmer DM . . . brutto/m^2
1.3 Kranfahrer (Kran . . .) DM . . . brutto/t."

344 Schon um nicht Gefahr zu laufen, daß eine **Änderung der Akkordvorgabe/Zeitvorgabe** in einem leistungsbezogenen Vergütungssystem nur im Wege einer Vielzahl von Änderungskündigungen umgesetzt werden kann, empfiehlt es sich, sofern eine tarifvertragliche Regelung fehlt, diese Vorgaben in einer Betriebsvereinbarung zu regeln und demgemäß im Einzelvertrag nur auf die jeweils gültige Betriebsvereinbarung Bezug zu nehmen. Dabei ist aber die Besonderheit zu beachten, daß im Einzelvertrag vom Tarifvertrag abweichende, den

---

1 *Gaul,* BB 1990, 1550.
2 *Schaub,* § 67 III 5.

III. Verpflichtungen des Arbeitgebers

Arbeitnehmer begünstigende Akkordlohngestaltungen wegen des tariflichen Günstigkeitsprinzips nach § 4 Abs. 3 TVG möglich sind, jedoch einer den Tarifvertrag verbessernden Regelung in einer Betriebsvereinbarung in aller Regel § 77 Abs. 3 BetrVG entgegensteht.

Sieht der Einzelvertrag keine leistungs- oder ergebnisbezogene Tätigkeit vor, ist also das Arbeitsentgelt ohne Rücksicht auf das Arbeitsergebnis nach der Arbeitszeit bestimmt, so kann der Arbeitnehmer **nicht gegen seinen Willen** mit Akkordarbeiten beschäftigt werden[1]. Ist dagegen von vornherein im Arbeitsvertrag eine Akkord- oder Prämienvergütung vorgesehen, so kann der Arbeitgeber aufgrund des Weisungsrechts dem Arbeitnehmer zwar Arbeit zuweisen, die nicht einem Akkord oder einer Prämie unterliegen. Sofern vertraglich nicht etwas anderes vereinbart ist, hat dieser Arbeitnehmer jedoch in einem solchen Fall Anspruch auf Weiterzahlung des Durchschnittsakkordverdienstes bzw. Durchschnittsprämienverdienstes[2]. Ist der Wechsel der Vergütungsart mit der Zuweisung eines anderen Arbeitsbereichs im Sinne des § 95 Abs. 3 BetrVG verbunden, ist bei Vorhandensein eines Betriebsrats gemäß § 99 Abs. 1 BetrVG dessen Zustimmung erforderlich. 345

Eine einzelvertraglich vereinbarte Akkord- oder Zeitvorgabe kann einseitig nur im Wege einer **Änderungskündigung** abgeändert oder beseitigt werden. Dabei sind der individuelle Kündigungsschutz und gegebenenfalls auch die Anzeigepflicht gemäß § 17 KSchG zu berücksichtigen. 346

Wurde dagegen bei der Ermittlung der Vorgabe von **falschen Voraussetzungen** ausgegangen, so kann die vertraglich erfolgte Festsetzung grundsätzlich jederzeit geändert werden[3]. Sofern keine abweichende Sonderregelung besteht, können festgestellte Fehler bei der Akkord- oder Prämienberechnung korrigiert werden, ohne daß der Betriebsrat ein Mitbestimmungsrecht hat[4]. Die auf einem Bewertungsfehler beruhende Abänderung der Vorgabe eines leistungsbezogenen Arbeitsentgelts kann aber nur **für die Zukunft** erfolgen[5]. Da derartige Bewertungsfehler regelmäßig in der Sphäre des Arbeitgebers liegen, ist allerdings eine Abänderung, die zu einer verbesserten Vergütung des betreffenden Arbeitnehmers führt, **rückwirkend** vorzunehmen[6]. 347

Die **Befristung** eines leistungsbezogenen Arbeitsentgelts, also eines Akkords, einer Prämie oder einer Leistungszulage, ist grundsätzlich möglich. Aber auch für die Befristung einer einzelnen Vertragsbedingung bedarf es eines sachlichen Grundes für die Befristung, wenn die unbefristete Regelung nur im Wege einer Änderungskündigung gemäß § 2 KSchG abgeändert werden könnte. Nur wenn ohne dieses zusätzliche leistungsbezogene Arbeitsentgelt eine übliche Vergü- 348

---

1 *Schaub*, § 67 III 5.
2 BAG v. 27. 1. 1988, BB 1988, 1390; *Schaub*, § 67 III 5.
3 *Schaub*, § 67 III 3.
4 *Gaul*, BB 1990, 1555 zu 5.
5 *Gaul*, BB 1990, 1555 zu 4.
6 *Gaul*, BB 1990, 1555 zu 4.

tung im Sinne von § 612 BGB vereinbart bleibt[1], oder dieser leistungsbezogene Anteil des Arbeitsentgelts gegenüber der Gesamtvergütung nur unwesentlich ist[2], ist die Befristung ohne sachlichen Grund wirksam.

349 Leistungszulagen wie auch Tätigkeitszulagen können unter dem **Vorbehalt jederzeitigen Widerrufs** gewährt werden[3]. Der Widerruf bzw. die Kürzung solcher zusätzlicher Lohn- und Gehaltsbestandteile ist aber nur nach billigem, gerichtlich nachprüfbaren Ermessen möglich, also dann, wenn der Arbeitgeber für den Widerruf bzw. die Kürzung der Sonderzulage einen sachlichen Grund hat[4].

350 Durch einen Einzelarbeitsvertrag kann nicht von der **Vergütungsregelung eines Tarifvertrages** abgewichen werden, wenn beide Arbeitsvertragsparteien tarifgebunden sind oder der Vergütungstarif allgemeinverbindlich ist. Der Tarifvertrag hat wegen der Regelung zu § 77 Abs. 3 BetrVG und 87 Abs. 1 Eingangssatz BetrVG zentrale Bedeutung für leistungsbezogene Arbeitsentgelte. Tarifverträge können unmittelbar den Geldfaktor festsetzen, aber auch die Bezugsmerkmale für das leistungsbezogene Arbeitsentgelt (Akkord, Prämie oder Leistungszulage) und die Akkordvorgabe. Die Vorgabewerte und die weitere Umsetzung werden in der Regel Betriebsvereinbarungen überlassen. Aufgrund des Günstigkeitsprinzips des § 4 Abs. 3 TVG bleibt der Tariflohn als Mindestlohn bestehen.

351 **Betriebs- und Dienstvereinbarungen** enthalten wegen des Tarifvorbehalts in § 77 Abs. 3 BetrVG und § 75 Abs. 5 PersVG keine Vergütungsregelung. Es können lediglich ergänzende leistungsbezogene Arbeitsentgelte vereinbart werden, wenn in dem für den Betrieb vom Geltungsbereich her maßgebenden Tarifvertrag eine Akkordlohnregelung fehlt oder keine abschließende Regelung besteht. Es dürfen jedoch dabei nicht zu Lasten der Arbeitnehmer mögliche tarifliche Rahmenvorschriften eingeschränkt werden[5]. Auch in einem derartigen Fall hat der Betriebsrat kein Initiativrecht, mit welchem der Arbeitgeber zur Einführung eines leistungsbezogenen Entgelts gezwungen werden kann, sofern nicht der Tarifvertrag ein solches vorsieht. In der Phase der Umsetzung eines leistungsbezogenen Arbeitsentgelts besteht gem. § 87 Abs. 1 Nr. 10 BetrVG ein Mitbestimmungsrecht des Betriebsrats. Der Betriebsrat kann in diesem Zusammenhang aber durch sein Mitbestimmungsrecht keine Überschreitung der sog. Dotierungsgrenze erreichen, also nicht mit der Änderung der Entlohnungsmethode unmittelbar eine Erhöhung des Vergütungsvolumens bewirken.

352 Bei bestehender Tarifvertragsregelung, die bereits verbindliche Vorgaben beinhaltet, so zB den Akkordrichtsatz, sind weder verschlechternde noch verbes-

---

1 MünchArbR/*Kreßel*, § 65 Rz. 178–182.
2 BAG v. 21. 4. 1993, NZA 1994, 476; *Leuchten*, NZA 1994, 721, 726.
3 BAG v. 7. 9. 1994, DB 1995, 1618.
4 BAG v. 7. 9. 1994, DB 1995, 1618; zur Einschränkung der Einkünfte aufgrund einer Entwicklungsklausel in Chefarztverträgen: BAG v. 28. 5. 1997, NZA 1997, 1160.
5 *Gaul*, BB 1990, 1551 zu II 2.

sernde Regelungen gem. § 77 Abs. 3 BetrVG durch Betriebsvereinbarung erlaubt, sofern keine Öffnungsklausel im Tarifvertrag besteht[1].

Die Änderung bzw. Berichtigung von Vorgaben, insbesondere der Zeitvorgabe, kann gem. § 87 Abs. 1 Nr. 10 und 11 BetrVG nur mit **Zustimmung des Betriebsrats** erfolgen, sofern nicht die Vorgabe auf offensichtlich fehlerhaften Fakten beruht. 353

Grundsätzlich wirkt sich der Leistungsbezug der vereinbarten Vergütung auch im Falle der **Arbeitsverhinderung**, an **Feiertagen**, während des **Urlaubs, im Mutterschutz** und bei **Kurzarbeit** aus. 354

Wegen der Abhängigkeit des leistungsbezogenen Arbeitsentgelts von der tatsächlichen individuellen Leistung ist im Gegensatz zu dem allein zeitbezogenen Arbeitsentgelt eine konkrete Ermittlung für den **Lohnfortzahlungszeitraum** gemäß dem Lohnausfallprinzip nicht möglich. Aus diesem Grund ist es notwendig, anhand des Referenzprinzips auf den individuellen Durchschnittsverdienst des betroffenen Arbeitnehmers abzustellen, den er außerhalb der Arbeitsverhinderung erzielt hat. Regelmäßig wird dabei auf einen Zeitraum von vier Wochen vor Eintritt der Arbeitsunfähigkeit bzw. der Arbeitsverhinderung abgestellt[2]. Beim Gruppenakkord kann allerdings der Ausfall des Arbeitsentgelts durch einen Vergleich mit dem Verdienst der übrigen Gruppenmitglieder während der Arbeitsverhinderung festgestellt werden[3].

Für infolge eines **gesetzlichen Feiertages** ausgefallene Arbeitszeit ist dem Arbeitnehmer ebenfalls das Arbeitsentgelt zu zahlen, das er ohne den Arbeitsausfall erhalten hätte (§ 2 Abs. 1 EntgeltfortzahlungsG). Es gilt also auch hier das Lohnausfallprinzip, wobei für leistungsbezogenes Arbeitsentgelt im Hinblick auf einen individuell betroffenen Arbeitnehmer auf einen Referenzzeitraum abzustellen ist. 355

Für das **Urlaubsentgelt** gilt für die leistungsbezogene Vergütung gem. § 11 Abs. 1 BUrlG das Referenzprinzip. Danach bemißt sich das Urlaubsentgelt nach dem durchschnittlichen Arbeitsverdienst, den der Arbeitnehmer in den letzten 13 Wochen vor Beginn des Urlaubs individuell erzielt hat. Hiervon kann gem. § 13 Abs. 1 BUrlG nur in Tarifverträgen abgewichen werden. 356

Werdende Mütter, die gem. § 4 Abs. 3 MuSchG mit keiner Akkord- und sonstigen Arbeit, bei der durch ein gesteigertes Arbeitstempo ein höheres Entgelt erzielt werden kann, beschäftigt werden dürfen, haben für den gesamten Zeitraum dieses Beschäftigungsverbotes gem. § 11 Abs. 1 MuSchG Anspruch auf das Arbeitsentgelt, das dem Durschnittsverdienst der letzten 13 Wochen oder der letzten drei Monate vor Beginn des Monats entspricht, in dem die Schwangerschaft eingetreten ist. 357

---

1 *Gaul*, BB 1990, 1552 zu III 3; *Löwisch/Rieble*, § 4 Rz. 121, 176.
2 *Schmitt*, § 4 EFZG Rz. 104; MünchArbR/*Kreßel*, § 65 Rz. 48.
3 *Kaiser/Dunkl*, § 2 Rz. 58; *Schmitt*, § 4 EFZG Rz. 103.

358 Während für die Berechnung des **Kurzarbeitergeldes** grundsätzlich auf das Lohnausfallprinzip abgestellt wird, gilt für das leistungsbezogene Arbeitsentgelt das Referenzprinzip. Gem. § 179 Abs. 4 SGB III ist in diesem Fall für das Kurzarbeitergeld das Arbeitsentgelt maßgebend, das der Arbeitnehmer im letzten Lohnabrechnungszeitraum vor dem Arbeitsausfall durchschnittlich in der Arbeitsstunde erzielt hat.

cc) Mehrarbeit und Überstunden

359 Als **Mehrarbeit** gilt die Überschreitung der gesetzlich zulässigen regelmäßigen Höchstarbeitszeit von acht Stunden am Tag und 48 Stunden in der Woche, während **Überstunden** die Überschreitung der regelmäßigen tariflichen, betrieblichen oder einzelvertraglichen Arbeitszeit darstellen.

360 Tarifverträge (so § 17 Abs. 5 BAT), aber auch individuelle Vereinbarungen, sehen häufig den Ausgleich der Überstunden durch entsprechende **Arbeitsbefreiung** vor. Wird Mehr- oder Überarbeit nicht durch Freizeit ausgeglichen, so ist die zusätzliche Arbeitszeit entsprechend dem Äquivalenzprinzip (Leistung = Gegenleistung) nach der für das jeweilige Arbeitsverhältnis geltenden Bemessungsgrundlage zu vergüten. Die Mehrarbeits- bzw. Überstundenvergütung wird daher auf der Grundlage der üblichen Arbeitszeit und des jeweiligen Arbeitsentgelts ermittelt.

361 Während § 15 der bis zum 30. 6. 1994 geltenden Arbeitszeitordnung einen **Anspruch auf Mehrarbeitsvergütung** vorsah, enthält das seit dem 1. 7. 1994 in Kraft getretene Arbeitszeitgesetz keine Bestimmung über die Vergütung von Mehrarbeit und Überstunden. Demgemäß kann ein Anspruch auf einen Vergütungszuschlag wegen Über- und Mehrarbeitsstunden nicht auf § 612 Abs. 1 BGB gestützt werden. Er kann sich nur aus Vereinbarungen wie Einzelarbeitsvertrag, Betriebsvereinbarung oder Tarifverträgen ergeben. Insofern wird in der Regel für Mehrarbeit an üblichen Arbeitstagen ein Zuschlag von 25% und für Mehrarbeit an Sonn- und Feiertagen ein solcher von 50% vorgesehen. Entsprechendes gilt für einen Freizeitausgleich.

Die gesetzliche Regelung durch das Arbeitszeitgesetz läßt aber umgekehrt bei nicht tarifgebundenen Arbeitsverhältnissen künftig bis zu den Grenzen der §§ 612 Abs. 1, 242, 138 BGB Vertragsklauseln zu, wonach **mit dem Gehalt sämtliche Überstunden abgegolten** sind (siehe nachstehend Rz. 369)[1]. Die Bezahlung von Überstunden, Mehrarbeit oder sonstigen von der Regelarbeitszeit abweichenden Zeiten ist jetzt Gegenstand freier Übereinkunft von Arbeits- oder Tarifvertrag[2].

362 Für das nach § 11 BUrlG zu bemessende **Urlaubsentgelt** bleiben Überstundenvergütungen ausgenommen (§ 11 Abs. 1 Satz 1 BUrlG).

---

1 *Diller*, NJW 1994, 2726, 2728.
2 *Diller*, NJW 1994, 2726, 2728.

III. Verpflichtungen des Arbeitgebers

Teilzeitbeschäftigten steht eine zusätzliche Vergütung zu, wenn sie länger als die vereinbarte Arbeitszeit arbeiten. Überstundenzuschläge, sofern sie tarifvertraglich für Vollzeitbeschäftigte vorgesehen sind, stehen Teilzeitmitarbeitern nur zu, wenn die für Vollzeitbeschäftigte vereinbarte Arbeitszeit von ihnen überschritten wird. Eine bloße Überschreitung der vertraglich vereinbarten Teilzeit führt also nicht bereits zu dem Anspruch auf einen Überstundenzuschlag[1].

363

Vertragsbeispiel für die Regelung von Mehrarbeit bei Teilzeitkräften:

364

„Der Arbeitnehmer erklärt sich ausdrücklich bereit, im Bedarfsfalle nach vorheriger Absprache/auf Anordnung auch über die vereinbarte tägliche Arbeitszeit hinaus zu arbeiten. Ein Überstundenzuschlag für diese zusätzliche Arbeitszeit fällt nur an, wenn die betriebliche wöchentliche Arbeitszeit in der laufenden Woche überschritten wird und ein Zeitausgleich innerhalb der nächsten 2 Wochen nicht gewährt wird."

Sofern für die Überschreitung der regelmäßigen betrieblichen Arbeitszeit ein Zuschlag vorgesehen ist, können sich bei **Gleitzeitregelungen** Probleme ergeben, wenn nicht klare Vereinbarungen darüber bestehen, wann das Überschreiten der individuellen täglichen Arbeitszeit einen Überstundenzuschlag auslösen soll. Allgemein sehen Gleitzeitregelungen vor, daß der Arbeitnehmer Beginn und Ende der täglichen Arbeitszeit innerhalb des Gleitzeitrahmens selbst frei wählen kann, er also selbst innerhalb eines in der Gleitzeitregelung geregelten Zeitraumes für einen Ausgleich von zusätzlicher Arbeitszeit sorgen kann. Infolgedessen kann im Rahmen einer Gleitzeitregelung ein Überstundenzuschlag nur dann beansprucht werden, wenn Überstunden konkret angeordnet wurden und die übrigen einzelvertraglichen oder tarifvertraglichen Voraussetzungen für Überstunden erfüllt sind.

365

Überstundenvergütung – auch soweit für sie kein Zuschlag gewährt wird – setzt voraus, daß die zusätzliche Arbeit **angeordnet**, zumindest aber durch den Arbeitgeber bewußt geduldet wurde[2]. Seinen Anspruch auf Durchsetzung der Überstunden bzw. Mehrarbeitsvergütung kann der Arbeitnehmer daher nur dann mit Erfolg durchsetzen, wenn er nicht nur darlegt und beweist, daß er über die gesetzliche oder tarifliche Arbeitszeit hinaus gearbeitet hat, sondern daß diese Überstunden/Mehrarbeit vom Arbeitgeber angeordnet oder doch zumindest zustimmend geduldet worden sind[3]. – Um Mißverständnisse zu vermeiden, können folgende

366

---

1 EuGH v. 15. 12. 1994, NZA 1995, 218; siehe dazu auch BAG v. 1. 12. 1994, NZA 1995, 590; BAG v. 20. 6. 1995, DB 1996, 685; BAG v. 25. 7. 1996, BB 1996, 2628 (Ls); *Hanau/Gilberg*, BB 1995, 1238 ff.
2 BAG v. 27. 11. 1990, NZA 1991, 382, 384.
3 Bei einer Klage auf Vergütung von Überstunden müssen die Zeiträume, für die die Vergütung gefordert wird, kalendermäßig bezeichnet werden, BAG v. 5. 9. 1995, BB 1996, 116.

367 **Vertragsklauseln** hilfreich sein:

> „Nur für ausdrücklich angeordnete Mehr- und Überstunden besteht Anspruch auf eine Vergütung."
> oder:
> „Anspruch auf Vergütung von Über-/oder Mehrarbeitsstunden besteht nur, wenn diese ausdrücklich angeordnet oder vereinbart worden sind oder wenn sie aus dringenden betrieblichen Gründen erforderlich waren, und der Arbeitnehmer Beginn und Ende der zusätzlichen Arbeitszeit durch seinen Vorgesetzten schriftlich bestätigen läßt/oder am folgenden Tag der Geschäftsleitung schriftlich anzeigt."

368 Wegen der **vom Arbeitszeitgesetz ausgenommenen Arbeitnehmergruppen** wird auf § 18 ArbZG verwiesen. Gemäß § 18 Abs. 1 Nr. 1 ArbZG gehören hierzu auch leitende Angestellte sowie Chefärzte. Hier wird davon ausgegangen, daß üblicherweise mit dem vereinbarten Arbeitsentgelt auch zusätzliche Arbeitsleistung abgegolten ist.

369 **Vertragsbeispiele:**

> 1. Abgeltung von Mehrarbeit bzw. Überstunden durch das Gehalt bei leitenden Angestellten:
>
> „Der Mitarbeiter verpflichtet sich, Mehr-, Wochenend- und Feiertagsarbeit im zulässigen Rahmen zu leisten.
>
> Mit dem monatlichen Bruttogehalt ist etwaige Mehr-, Wochenend- und Feiertagsarbeit abgegolten."
>
> 2. Vertragliche Festlegung der Verpflichtung zur Leistung von Überstunden bzw. Mehrarbeit:
>
> „Der Arbeitnehmer ist verpflichtet, Mehr- und Überstunden sowie Nacht-/Schicht-/Sonntagsarbeit im gesetzlich zulässigen Umfang zu leisten."

dd) Eingruppierung

370 Mit der Eingruppierung von Arbeitnehmern in Vergütungsgruppen erfolgt eine **Quantifizierung der Arbeitsleistung nach dem Arbeitswert.** Dazu werden verschiedene Arbeitnehmergruppen mit gleichen Tätigkeiten und gleichwertigen Merkmalen zusammengefaßt. Diesen Gruppen werden bestimmte Arbeitsentgelte zugeordnet.

Die **Zusammenfassung der einzelnen Arbeitnehmergruppen** – in der Regel dann als Lohn- oder Gehaltsgruppe ausgewiesen – geschieht grundsätzlich durch die Anführung allgemeiner, abstrakter Tätigkeitsmerkmale. Aus ihnen ergeben sich die Anforderungen, die ein einzelner Arbeitnehmer in seiner Arbeit erfüllen muß, um dieser Vergütungsgruppe zugeordnet werden zu können. Höhere – besser dotierte – Vergütungsgruppen stellen darüber hinaus noch Voraussetzungen in der Person des Arbeitnehmers auf, also insbesondere hinsichtlich der fachlichen Qualifikation (so zB „mit einschlägiger Berufsausbildung" oder „Diplom-Sozialpädagoge mit staatlicher Anerkennung"). Vielfach werden diese in der Person des Arbeitnehmers gestellten Voraussetzungen als subjektive Tarifmerkmale im Gegensatz zu den objektiven Tarifmerkmalen der allgemein und abstrakt beschriebenen Tätigkeiten bezeichnet.

Sog. **Aufbaufallgruppen** in Vergütungssystemen enthalten idR die die Tätigkeit selbst qualifizierenden oder heraushebenden Merkmale, wie zB „besonders schwierig" oder „mit erheblichem Verantwortungsbereich". Sie bauen also auf allgemeinen Tätigkeitsmerkmalen einer anderen Vergütungsgruppe auf. In diesem Fall ist zunächst das Vorliegen der Merkmale der Ausgangsfallgruppe und erst dann der Reihe nach jeweils das Vorliegen der weiteren qualifizierenden Tätigkeitsmerkmale zu prüfen. 371

Die **Zuordnung** zu den einzelnen in den Vergütungsgruppen genannten Tarifmerkmalen wird häufig in den Vergütungssystemen dadurch erleichtert, daß neben der abstrakten Definition der auszuführenden Tätigkeiten **bestimmte Berufe** (Tätigkeitsbeispiele) aufgezählt werden. Dabei ist nach dem Inhalt des Vergütungssystems, insbesondere also nach dem Wortlaut der jeweiligen Vergütungsgruppe zu unterscheiden, ob es sich um ein Tätigkeitsbeispiel handelt, bei welchem die Tarifvertragsparteien davon ausgehen, daß es die Anforderungen der allgemein formulierten abstrakten Tätigkeitsmerkmale erfüllt, oder ob diese zusätzlich genannten Berufe nur dazu dienen sollen, den Arbeitswert der abstrakten Definition näher zu erläutern. Zumeist wird mit der Angabe eines Tätigkeitsbeispiels gewollt sein, daß bei Erfüllung dieses Beispiels die allgemein formulierten Anforderungen (des „Obersatzes") als erfüllt anzusehen sind. 372

Bei der Eingruppierung sind die von dem Arbeitnehmer überwiegend ausgeübten Tätigkeiten, die qualifizierenden Merkmale sowie in der Person des Arbeitnehmers liegenden besonderen Voraussetzungen den Tarifmerkmalen der jeweiligen **Vergütungsgruppe zuzuordnen** im Hinblick auf 373

▶ **objektive Merkmale,** wie
   – Anforderungen in Bezug auf die auszuübende Tätigkeit
   – Qualifizierungsmerkmale, wie besondere Anforderung an die Tätigkeit, Unterstellung von Arbeitnehmern etc.

sowie

▶ **subjektive Merkmale,** wie
   – Anforderungen an die persönlichen Voraussetzungen (insbesondere Ausbildung[1], aber auch Gleichstellung infolge entsprechender Erfahrungen und gleichwertiger Fähigkeiten).

Ist jedoch in der Vergütungsgruppe ein **bestimmter Beruf** angeführt und fällt die Tätigkeit des Arbeitnehmers unter dieses Tätigkeitsbeispiel, gelten die Merk-

---

1 Auch wenn konkret die entsprechende Tätigkeit ausgeübt wird, ist im Gesundheitswesen auf die subjektiven Eingruppierungsvoraussetzungen abzustellen, BAG v. 5. 3. 1997, NZA-RR 1997, 366.

male der allgemeinen, abstrakt formulierten Tätigkeitsmerkmale grundsätzlich als erfüllt[1]. Es brauchen dann diese allgemeinen Merkmale weder herangezogen noch überprüft zu werden[2]. Werden in der Einzelvergütungsgruppe **Tätigkeitsbeispiele** angeführt, ist jedoch ein solches Beispiel im Einzelfall nicht erfüllt, ist auf die allgemein abstrakten Tätigkeitsmerkmale zurückzugreifen. Deren Bestimmung hat dann aber von den Maßstäben der Beispielstatbestände aus zu erfolgen; die Tarifvertragsparteien haben mit den Beispielen Maß und Richtung für die Auslegung des allgemeinen Begriffs vorgegeben[3]. Die Arbeitsgerichte sind grundsätzlich nicht befugt, spezielle Eingruppierungsmerkmale für eine Berufsgruppe zu schaffen, deren Eingruppierung von den Tarifvertragsparteien bislang bewußt nicht geregelt worden ist[4].

Erfaßt eine Beispielstätigkeit die Tätigkeit des Arbeitnehmers nicht erschöpfend oder enthält sie selbst auslegungsfähige und auslegungsbedürftige **unbestimmte Rechtsbegriffe,** dann ist für deren Auslegung ebenfalls auf die abstrakten Oberbegriffe zurückzugreifen[5].

374 Für die Zuordnung zu den einzelnen Tarifmerkmalen ist im Einzelfall entscheidend, welche Tätigkeit der Arbeitnehmer **überwiegend,** also mindestens zur Hälfte der Arbeitszeit ausübt oder ihr das maßgebliche Gepräge gibt, wie zB bei Leitungsfunktion oder betreuenden Tätigkeiten.

375 Während auch für die Eingruppierung von Arbeitern im **öffentlichen Dienst** die überwiegend, also mindestens zur Hälfte der Arbeitszeit auszuübende Tätigkeit für die Eingruppierung entscheidend ist, kommt es für die Angestellten im öffentlichen Dienst gem. § 22 BAT (nahezu wortgleich auch die Tarifverträge kommunaler Arbeitgeber und der Kirche) auf die Erfüllung der tariflichen Voraussetzungen in einzelnen Arbeitsvorgängen an. Nach § 22 Abs. 2 Unterabs. 2 Satz 1 BAT richtet sich die Eingruppierung eines Angestellten im öffentlichen Dienst zunächst einmal danach, daß mindestens zur Hälfte Arbeitsvorgänge anfallen, die für sich genommen die Anforderungen eines Tätigkeitsmerkmals oder mehrerer Tätigkeitsmerkmale einer bestimmten Vergütungsgruppe erfüllen.

Nach der ständigen Rechtsprechung des 4. Senats des Bundesarbeitsgerichts ist unter einem **Arbeitsvorgang** eine unter Hinzurechnung der Zusammenhangstätigkeiten und bei Berücksichtigung einer sinnvollen, vernünftigen Verwaltungsübung nach tatsächlichen Gesichtspunkten abgrenzbare und rechtlich selbständig zu bewertende Arbeitseinheit der zu einem bestimmten Arbeitsergebnis führenden Tätigkeiten eines Angestellten zu verstehen[6]. Es muß sich

---

1 BAG v. 10. 5. 1995, NZA-RR 1996, 235.
2 BAG v. 12. 12. 1990, AP Nr.1 zu § 12 AVR – Diakonisches Werk; BAG v. 10. 5. 1995, NZA-RR 1996, 235.
3 BAG v. 29. 1. 1986, AP Nr. 115 zu §§ 22, 23 BAT 1975; BAG v. 29. 9. 1993, AP Nr. 7 zu §§ 22, 23 BAT – Sozialarbeiter.
4 BAG v. 6. 3. 1996, NZA-RR 1997, 229.
5 BAG v. 15. 6. 1994, NZA 1995, 483; BAG v. 10. 5. 1995, NZA-RR 1996, 235.
6 BAG v. 5. 7. 1978, AP Nr. 7 zu §§ 22, 23 BAT; BAG v. 16. 1. 1991, NZA 1991, 490; BAG v. 27. 7. 1994, AP Nr. 5 zu § 12 AVR – Caritasverband; BAG v. 20. 9. 1995, NZA-RR 1996, 232.

III. Verpflichtungen des Arbeitgebers

jedoch bei diesem Arbeitsvorgang nicht um den kleinstmöglichen abgrenzbaren Teil der Tätigkeit handeln (sog. Atomisierungsverbot). Als ein Arbeitsvorgang stellt sich aber auch die Zusammenfassung von Tätigkeiten zu Leitungstätigkeiten sowie die Wahrnehmung von Betreuungsaufgaben dar (wie zB die Tätigkeit eines Hausmeisters[1]).

Sog. **Zusammenhangstätigkeiten,** die also dem Arbeitsvorgang iS des § 22 BAT zuzuordnen sind, sind solche Tätigkeiten, die in untrennbarem Zusammenhang stehen. Bei der Bildung der Arbeitsvorgänge sind auch die Tätigkeitsbeschreibungen in Form von Beispielen zu beachten. Diese können es verbieten, mehrere in verschiedenen Beispielen beschriebene Tätigkeiten zu einem Arbeitsvorgang zusammenzufassen[2]. Auch dürfen einheitliche Arbeitsvorgänge nicht zeitlich aufgespalten werden.

Mit der Eingruppierung nicht in Zusammenhang gebracht werden darf die **Qualität** der von dem Angestellten geleisteten Arbeit. Auch kann nicht allein auf Arbeitsplatzbeschreibungen oder Stellenausschreibungen ohne Berücksichtigung der tatsächlich gezeigten Leistungen und Fähigkeiten abgestellt werden. 376

Sofern sich nicht aus dem **Arbeitsvertrag** ergibt, daß die dort genannte Vergütungsgruppe ohne Rücksicht auf die zugrundeliegenden tariflichen Bestimmungen als fest vereinbart gilt, ist für die Eingruppierung die im Arbeitsvertrag genannte Vergütungsgruppe unerheblich. Wenn, wovon allgemein auszugehen ist, die Arbeitsvertragsparteien nur die tariflichen Bestimmungen widerspiegeln wollen, dh. nur zum Ausdruck bringen wollen, welche Vergütungsgruppe nach ihrer Auffassung aufgrund der getroffenen Vereinbarung über die Anwendung des Tarifvertrages zutreffend ist, hat die Eingruppierung im Arbeitsvertrag nur deklaratorische Bedeutung. Daran hat die nach §§ 2 und 3 NachwG notwendige schriftliche Fixierung der Vergütungsgruppe nichts geändert[3] (gem. § 22 Abs. 3 BAT ohnehin schon vor Inkrafttreten des Nachweisgesetzes erforderlich). Die Eingruppierung richtet sich gewissermaßen automatisch nach der von dem Arbeitnehmer auszuübenden Tätigkeit und den entsprechenden Tätigkeitsmerkmalen der jeweiligen Vergütungsgruppe[4]. 377

Zur Feststellung, ob der in der Vergütungsgruppe genannte Beruf oder das Tätigkeitsbeispiel tatsächlich den Arbeiten entspricht, die der Arbeitnehmer ausführt, und er auch die evtl. hierfür geforderten Ausbildungserfordernisse aufweist, sind die **Blätter zur Berufskunde** von der Bundesanstalt für Arbeit hilfreich. Es lassen sich hieraus im einzelnen für die jeweiligen Berufe Tätigkeitsbeschreibungen und Ausbildungserfordernisse entnehmen. 378

Zu einer **Höher- oder Umgruppierung,** also einer Eingruppierung in eine andere Lohn- oder Gehaltsgruppe kommt es, wenn die Tätigkeit des Arbeitnehmers nicht oder nicht mehr den Tätigkeitsmerkmalen derjenigen Lohn- oder Gehaltsgruppe entspricht, in die er bislang eingruppiert war, sondern den Tätig- 379

---

1 BAG v. 12. 2. 1997, NZA 1997, 1119.
2 BAG v. 26. 7. 1995, DB 1996, 1188.
3 *Hohmeister,* BB 1996, 2406.
4 BAG v. 12. 12. 1990, AP Nr. 1 zu § 12 AVR – Diakonisches Werk.

keitsmerkmalen einer anderen – höheren oder niedrigeren – Lohn- oder Gehaltsgruppe[1].

380 Vielfach sehen Vergütungssysteme eine Höhergruppierung auch allein aufgrund eines **Zeit- oder Bewährungsaufstiegs** vor. Um einen reinen Zeitaufstieg handelt es sich, wenn die nächsthöhere Vergütungsgruppe nur verlangt, daß der Arbeitnehmer eine bestimmte Dauer (zB vier Jahre) in der darunterliegenden Vergütungsgruppe tätig bzw. eingruppiert war. Von einem Bewährungsaufstieg spricht man, wenn der Arbeitnehmer nicht nur die Bewährungszeit erfüllt, sondern sich tatsächlich auch bewährt hat. Der Arbeitnehmer muß sich den gestellten Anforderungen also gewachsen gezeigt haben. Liegt keine Beanstandung vor, kann idR von einer Bewährung ausgegangen werden[2].

381 Eine im Verhältnis zur Vollzeittätigkeit entsprechende Verlängerung von Bewährungszeiten für **Teilzeitbeschäftigte** ist generell unzulässig, vielmehr ist im Hinblick auf die im Einzelfall im Streit stehende Tätigkeit des Teilzeitarbeitnehmers eine Prüfung erforderlich[3].

382 Die tariflich vorgesehene **Nichtanrechnung von Zeiten des Erziehungsurlaubs** auf eine Bewährungszeit stellt sich nicht als mittelbare Frauendiskriminierung dar, wenn die Differenzierung zwischen anrechenbaren und nicht anrechenbaren Zeiten auf objektiven Faktoren beruht, die nichts mit der Diskriminierung aufgrund des Geschlechts zu tun haben[4].

383 Auch die Höhergruppierung hat nur **deklaratorische Bedeutung.** Die Arbeitsvergütung folgt also automatisch dem höheren Arbeitswert[5].

384 Hat der Arbeitgeber den Arbeitnehmer irrtümlich zu hoch eingruppiert, kann er eine sog. **korrigierende Rückgruppierung** vornehmen[6]. Wenn die ursprüngliche Eingruppierung nur deklaratorische Bedeutung hatte, sollte sie also nur die Auffassung des Arbeitgebers wiedergeben, welcher Lohn- oder Vergütungsgruppe die Tätigkeit zutreffenderweise zuzuordnen ist, so gilt eine Tarifautomatik in der Weise, daß der Arbeitnehmer nur Anspruch auf die Vergütung nach den vertraglichen oder tariflichen Bestimmungen einer zutreffenden Eingruppie-

---

1 Von einer Neueingruppierung spricht das BAG v. 21. 3. 1995, DB 1996, 480, wenn dem Arbeitnehmer eine neue Tätigkeit (erstmals) zugewiesen wird, die sich nach ihrem Gesamtbild von der bisherigen Tätigkeit so deutlich unterscheidet, daß sie als eine andere Tätigkeit angesehen werden muß.
2 BAG v. 17. 2. 1993, NZA 1993, 663; nach der Entscheidung des BAG v. 5. 4. 1995, NZA-RR 1996, 96, ist es mit dem Gleichheitsgrundsatz des Art. 3 Abs. 1 GG nicht vereinbar, wenn die Stufenfindung bei Umgruppierung über mehrere Vergütungsgruppen über die Oberbegriffe einerseits und über den Beispielskatalog andererseits zu unterschiedlichen Ergebnissen führt. Eine derartige tarifliche Regelung ist deshalb unwirksam.
3 BAG v. 2. 12. 1992, AP Nr. 28 zu § 23a BAT.
4 BAG v. 9. 11. 1994, DB 1995, 1967; BAG v. 18. 6. 1997, DB 1997, 1472.
5 *Schaub*, § 67 II 2.
6 Hinsichtlich der Tatsachen, die eine fehlerhafte Eingruppierung begründen, ist der Arbeitgeber darlegungspflichtig, BAG v. 11. 6. 1997 – 10 AZR 724/95, nv.

rung hat[1]. Diese korrigierende Rückgruppierung muß der Arbeitnehmer auch dann gegen sich gelten lassen, wenn der Betriebsrat oder Personalrat bei der Zuordnung der Tätigkeit durch den Arbeitgeber zu einer niedrigeren als der bisherigen Lohn- oder Vergütungsgruppe nicht beteiligt war[2]. – Zur Mitbestimmung bei einer Korrektur s. Rz. 394.

Anders verhält es sich, wenn die Eingruppierung von vornherein **bewußt falsch** erfolgt war, also die Tarifgruppe ungeachtet der konkreten, tatsächlichen Tätigkeitsmerkmale vereinbart worden war. In einem solchen Fall liegt eine individuelle arbeitsvertragliche Vergütungszusage mit konstitutiver Wirkung vor. Eine einseitige Korrektur ist dann allenfalls über den Weg einer Änderungskündigung möglich[3]. 385

Die Eingruppierung in bestimmte Lohn- oder Gehaltsgruppen kann auf einem **Tarifvertrag**, einer **Betriebsvereinbarung** oder auch auf vom Arbeitgeber eingeführten **Gehaltsgruppenordnungen** beruhen. Soweit ein Eingruppierungssystem eines Tarifvertrages Anwendung findet, kann dies auch durch einzelvertragliche Bezugnahme oder aufgrund einer betrieblichen Übung geschehen. 386

Ist ein Eingruppierungssystem vertraglich vereinbart, so hat der Arbeitnehmer Anspruch auf das Arbeitsentgelt derjenigen Lohn- oder Gehaltsgruppe, deren Tätigkeitsmerkmale seiner vertraglich auszuübenden **Tätigkeit** entspricht. Die Eingruppierung in die richtige Vergütungsgruppe ist deshalb kein rechtsgestaltender Akt, sondern hat lediglich deklaratorische Wirkung. Demzufolge ist auch die Umgruppierung von dem Anlaß zu unterscheiden, der zu der Eingruppierung in eine andere Lohn- oder Gehaltsgruppe führt. Dieser Anlaß kann darin bestehen, daß sich die Tätigkeit des Arbeitnehmers im Laufe der Zeit von selbst geändert hat und deshalb nicht mehr den Merkmalen der bisherigen Vergütungsgruppe entspricht. Der Anlaß kann aber auch in einer Versetzung iS des § 95 Abs. 3 BetrVG bestehen. – Auch bei der Herabgruppierung ist auf den Anlaß abzustellen. Sofern es sich nicht um eine bloß korrigierende Eingruppierung handelt, besteht dieser Anlaß in der Zuweisung einer geringerwertigen Tätigkeit als der bisherigen bzw. der vertraglich vereinbarten. Sie ist daher einseitig nur im Wege der Änderungskündigung durchsetzbar. 387

Steht ein Arbeitnehmer auf dem Standpunkt, daß er falsch eingruppiert ist, strebt er also eine höhere Eingruppierung an, so hat er die Tatsachen im **Prozeß** vorzutragen und im Bestreitensfalle zu beweisen, aus denen für das Gericht der rechtliche Schluß möglich ist, daß er die tariflichen Tätigkeitsmerkmale ggf. unter Einschluß der vorgesehenen Qualifizierung erfüllt. Der Arbeitnehmer trägt die Darlegungs- und Beweislast dafür, daß er mit seiner Person und seiner 388

---

1 BAG v. 30. 5. 1990, NZA 1990, 899; BAG v. 26. 10. 1995, NZA 1996, 765: Wenn der Arbeitgeber die zu Unrecht gewährten Leistungen nicht zurückfordert, ist für die Vergangenheit die Lohngleichheit dadurch zu verwirklichen, daß dem diskriminierten Arbeitnehmer die Leistung ebenfalls zusteht.
2 BAG v. 30. 5. 1990, NZA 1990, 899; BAG v. 26. 10. 1995, NZA 1996, 765.
3 LAG Köln v. 17. 3. 1995, NZA-RR 1996, 115: Sofern im Vertrag ausdrücklich die unrichtige Vergütungsgruppe genannt ist, soll dies auch gelten, wenn es sich um einen Irrtum handelt.

Tätigkeit die Anforderungen erfüllt, die die von ihm angestrebte Vergütungsgruppe hinsichtlich der objektiven und subjektiven Tarifmerkmale voraussetzt.

Sofern der Arbeitgeber der Ansicht ist, schon die ursprüngliche Eingruppierung sei fehlerhaft gewesen, trägt der Arbeitnehmer auch die Darlegungs- und Beweislast für das Vorliegen der Eingruppierungsvoraussetzungen in die bisherige Vergütungsgruppe. Jedoch führt die vertragliche Fixierung der Eingruppierung in die bisherige Vergütungsgruppe zu einer Beweislastumkehr. Dies gilt nach dem Nachweisgesetz auch für Vergütungsmitteilungen des Arbeitgebers über die Eingruppierung in die bisherige Vergütungsgruppe[1].

389 Zur Durchsetzung der höheren Vergütungsgruppe ist auch außerhalb des öffentlichen Dienstes statt einer Leistungsklage auf Zahlung des höheren Entgelts ein bloßer **Feststellungsantrag**[2] zulässig. Die Feststellungsklage hat auf Vergütung nach einer bestimmten Vergütungsgruppe zu lauten, nicht dagegen nach einer Fallgruppe (soweit – wie im öffentlichen Dienst – vorhanden).

Handelt es sich um eine Feststellungsklage, so sind nach der Rechtsprechung in der Regel nur **Rechtshängigkeitszinsen** möglich[3]. Sieht man darin lediglich eine Entschädigung des Arbeitnehmers, so können diese Rechtshängigkeitszinsen nur auf die Nettobeträge geltend gemacht werden.

390 Der **Feststellungsantrag,** mit dem eine Höhergruppierung durchgesetzt werden soll, kann etwa wie folgt lauten:

> „... festzustellen, daß dem Kläger ab ... eine Vergütung nach der Vergütungsgruppe ... zu zahlen ist, und daß die sich aus den jeweiligen Differenzbeträgen ergebenden Nettobeträge mit 4% Jahreszinsen ab Rechtshängigkeit zu verzinsen sind."

391 Die Ein- und Umgruppierung bedarf gem. § 99 BetrVG der **Zustimmung des Betriebsrats.**

Der Betriebsrat bzw. die Personalvertretung ist auch dann zu beteiligen, wenn der Arbeitgeber die bisherige Eingruppierung beibehalten will, wenn durch Übertragung eines neuen Arbeitsbereiches für den Arbeitgeber die Notwendigkeit besteht, die Eingruppierung zu überprüfen[4].

Aus der Tatsache, daß bei einem vorhandenen Eingruppierungssystem idR die Ein- und Umgruppierung kein rechtsgestaltender Akt ist, sondern bloße Rechtsanwendung, folgt, daß sich das Mitbestimmungsrecht des Betriebsrats bei der Eingruppierung in einem Mitbeurteilungsrecht, einer **Richtigkeitskontrolle,** erschöpft. Der Betriebsrat kann somit vom Arbeitgeber nicht die Aufhebung seiner Eingruppierung verlangen, sondern nur die Durchführung des Beteiligungsverfahrens.

---

1 EuGH v. 4. 12. 1997 – Rs. C 253–258/96 (Kampelmann), BB 1998, 272; *Hohmeister,* BB 1996, 2406.
2 BAG v. 20. 4. 1988, NZA 1989, 114.
3 BAG v. 11. 6. 1997, DB 1998, 87.
4 BAG v. 31. 3. 1995, BB 1995, 2224.

Zumeist wird mit dem Antrag auf Zustimmung zur **Einstellung eines Arbeitnehmers** gem. § 99 BetrVG der Antrag auf Zustimmung zur beabsichtigten – ersten – Eingruppierung dieses Arbeitnehmers verbunden. Nicht nur aus der gesetzlichen Regelung, sondern auch aus der Richtigkeitskontrolle im Hinblick auf die Eingruppierung ergibt sich, daß die Einstellung und die Eingruppierung zwei unabhängige Vorgänge sind, die jeweils für sich der Zustimmung des Betriebsrats bedürfen. Der Betriebsrat kann daher der Einstellung zustimmen, der vorgesehenen Eingruppierung jedoch seine Zustimmung verweigern oder – was jedoch kaum geschieht – umgekehrt die Einstellung ablehnen, gleichwohl aber für den Fall, daß eine Zustimmung zur Einstellung ersetzt wird, der Eingruppierung zustimmen[1]. 392

Unabhängig davon, ob der Betriebsrat der Eingruppierung zugestimmt hat, hat aber der Arbeitnehmer aufgrund seines Arbeitsvertrages Anspruch auf das mit ihm **vereinbarte Arbeitsentgelt** (es sei denn, daß dies vorbehaltlich der Zustimmung des Betriebsrats vereinbart wurde oder aber eine korrigierende Rückgruppierung in Betracht kommt). 393

Da zu jeder Umgruppierung die Zustimmung des Betriebsrats einzuholen ist, unterliegt entgegen früherer Rechtsprechung auch die zur **Korrektur** einer unrichtigen Eingruppierung vorzunehmende Umgruppierung (Höhergruppierung oder Rückgruppierung) der Mitbestimmung des Betriebsrats gem. § 99 BetrVG[2]. Wegen einer ggf. oder auch nur vorsorglich auszusprechenden Änderungskündigung ist daneben die Anhörung gem. § 102 Abs. 1 BetrVG durchzuführen. 394

Das gem. § 99 Abs. 1 BetrVG bei Ein- oder Umgruppierungen einzuhaltende **Mitbestimmungsverfahren** entspricht dem bei einer Einstellung oder Versetzung eines Arbeitnehmers. Dem Betriebsrat sind daher die geplante Ein- oder Umgruppierung mitzuteilen, die in Aussicht genommene Lohn- oder Gehaltsgruppe anzugeben und die Tätigkeit des Arbeitnehmers zu beschreiben, sofern diese dem Betriebsrat nicht aus der Funktion ohnehin bekannt ist[3]. Der Betriebsrat kann seine Zustimmung aus den in § 99 Abs. 2 BetrVG genannten Gründen verweigern. Regelmäßig wird die Verweigerung auf § 99 Abs. 2 Nr. 1 BetrVG mit dem Argument gestützt, daß die vorgesehene Eingruppierung gegen einen Tarifvertrag, eine Betriebsvereinbarung oder eine betriebliche Lohn- oder Gehaltsgruppenordnung verstößt, weil die beabsichtigte Vergütungsgruppe danach unrichtig sei. 395

Der Arbeitgeber ist seiner Verpflichtung zur Beteiligung des Betriebsrats im Rahmen der Ein-/Umgruppierung erst dann nachgekommen, wenn das Beteiligungsverfahren zu einer **positiven Bestimmung der Vergütungsgruppe** geführt hat[4]. Ist also der Arbeitgeber mit dem Ersetzungsverfahren nach § 99 Abs. 4 BetrVG gescheitert, muß er anschließend die Zustimmung des Betriebsrats zur 396

---

1 BAG v. 10. 2. 1976, AP Nr. 4 zu § 99 BetrVG 1972; MünchArbR/*Matthes*, § 347 Rz. 5.
2 BAG v. 30. 5. 1990, AP Nr. 31 zu § 75 BPersVG; BAG v. 26. 8. 1992, AP Nr. 37 zu § 75 BPersVG.
3 MünchArbR/*Matthes*, § 347 Rz. 15.
4 BAG v. 3. 5. 1994, BB 1994, 2490.

Eingruppierung in eine andere Vergütungsgruppe beantragen[1]. In aller Regel wird es sich dann zur Vermeidung eines nochmaligen Zustimmungsersetzungsverfahrens um die Gruppe handeln, die der Betriebsrat für den betroffenen Arbeitnehmer bei seiner ersten Ablehnung beansprucht hat, da das Arbeitsgericht in dem ersten Zustimmungsersetzungsverfahren nur darüber entscheidet, ob die vom Arbeitgeber in Aussicht genommene Vergütungsgruppe zutreffend ist, nicht aber darüber, welche Gruppe nun die richtige ist.

397 Sofern der Arbeitgeber eine Ein- oder Umgruppierung **ohne Zustimmung des Betriebsrats** oder Ersetzung durch das Arbeitsgericht gem. § 99 Abs. 4 BetrVG vorgenommen hat, kann der Betriebsrat nicht gem. § 101 BetrVG die Aufhebung der vorgenommenen Ein- oder Umgruppierung verlangen[2]. Dies folgt aus dem bloßen Mitbeurteilungsrecht des Betriebsrats im Zusammenhang mit der Ein- oder Umgruppierung[3]. Demgemäß kann der Betriebsrat auch nur erreichen, daß er in die Mitbeurteilung der Tätigkeit des Arbeitnehmers einbezogen wird, so daß er nach § 101 BetrVG beim Arbeitsgericht lediglich beantragen kann, dem Arbeitgeber aufzugeben, die Zustimmung des Betriebsrats zu der von ihm in Aussicht genommenen Eingruppierung einzuholen und im Verweigerungsfall die Ersetzung der Zustimmung durch das Arbeitsgericht zu beantragen[4].

398 Da der Arbeitnehmer aufgrund seines Arbeitsvertrages den Anspruch auf die vereinbarte Vergütung hat und diese auch nach Aufnahme der Tätigkeit gezahlt wird, wird in der Praxis verschiedentlich die von seiten des Betriebsrats gegen die vorgesehene Eingruppierung erhobene Verweigerung vom Arbeitgeber übersehen oder übergangen. In entsprechender Anwendung des § 101 BetrVG beschränkt sich daher zumeist die Reaktion des Betriebsrats auf den Antrag,

> „... dem Arbeitgeber aufzugeben, das Zustimmungsersetzungsverfahren gem. § 99 BetrVG wegen der Eingruppierung des Arbeitnehmers ... in die Tarifgruppe ... einzuleiten."

Sofern der Arbeitgeber tatsächlich nicht nach § 99 Abs. 4 BetrVG vorgegangen sein sollte und er die beabsichtigte Vergütungsgruppe beibehalten will, empfiehlt es sich aus Arbeitgebersicht, auf ein derartiges Verfahren des Betriebsrats mit dem Antrag auf Zustimmungsersetzung gem. § 99 Abs. 4 BetrVG zu reagieren, so daß sich dadurch dann das von dem Betriebsrat eingeleitete Verfahren erledigt.

399 Das Beteiligungsverfahren bezüglich der Ein- und Umgruppierung entfaltet nicht nur im Verhältnis zwischen Arbeitgeber und Betriebsrat **rechtliche Wirkungen,** sondern auch im Verhältnis zwischen dem Arbeitgeber und dem im Einzelfall betroffenen Arbeitnehmer[5]. Daraus folgt, daß jedenfalls dann, wenn

---

1 BAG v. 3. 5. 1994, BB 1994, 2490.
2 BAG v. 3. 5. 1994, BB 1994, 2490; MünchArbR/*Matthes*, § 347 Rz. 22.
3 BAG v. 6. 8. 1997, NZA 1998, 263.
4 BAG v. 22. 3. 1983, AP Nr. 6 zu § 101 BetrVG 1972; BAG v. 31. 5. 1983, AP Nr. 27 zu § 118 BetrVG 1972; MünchArbR/*Matthes*, § 347 Rz. 47.
5 BAG v. 3. 5. 1994, BB 1994, 2490.

ein Zustimmungsersetzungsverfahren nach § 99 Abs. 4 BetrVG stattgefunden hat, eine gerichtlich als zutreffend festgestellte Eingruppierung für den Arbeitgeber im Verhältnis zu dem betroffenen Arbeitnehmer verbindlich ist[1]. Der Arbeitnehmer ist jedoch nicht an diese Entscheidung gebunden, er kann individuell für sich eine günstigere als die nach § 99 BetrVG festgestellte Eingruppierung geltend machen[2].

Auch die **übertarifliche Eingruppierung** unterliegt der Mitbestimmung des Betriebsrats[3]. Da schon in der Einstufung als AT-Angestellter eine Eingruppierungsentscheidung liegt, kann diese nicht mit der Begründung verneint werden, daß eine individuelle Vereinbarung über die Höhe des Entgelts in diesem Fall zugrundeliegt, die nicht der Mitbestimmung des Betriebsrats unterliegt[4]. 400

Eingruppierungen unterliegen häufig auch tariflichen **Ausschlußfristen.** Allerdings gilt dies nicht für das sog. Stammrecht, so daß sich ein Arbeitnehmer auch auf eine möglicherweise schon überholte Vergütungsgruppe berufen kann. Unter die Ausschlußfrist fallen aber die aus der Höhergruppierung resultierenden Differenzbeträge. 401

c) Sonderformen der Vergütung – Anspruch auf derartige Leistungen, Kürzungsmöglichkeit und Erstattungspflicht

aa) Sachbezüge

Das Arbeitsentgelt wird **grundsätzlich in Geld** geschuldet. Dieser Grundsatz ergibt sich für gewerbliche Arbeitnehmer aus § 115 Abs. 1 GewO. Danach sind die Löhne in Deutsche Mark zu berechnen und bar auszuzahlen. Zur Geld- oder Barvergütung gehört aber auch die bargeldlose Vergütungsleistung sowie die Hingabe von Scheck oder Wechsel[5]. 402

In bestimmten Branchen und Berufen wird aber auch **sog. Naturallohn,** wozu auch **Sachbezüge** wie Unterkunft und Verpflegung gehören, gewährt. Dazu zählen die Deputate in der Landwirtschaft, die Kohle- und Hausbrandlieferungen im Bergbau, der „Haustrunk" in Brauereien, Kost und Logis bei Hausgehilfen, Verpflegung, Unterbringung und Krankenfürsorge bei Seeleuten, die Überlassung eines Kraftfahrzeuges zur privaten Nutzung. Die Überlassung einer Wohnung stellt sich nur dann als Sachbezugsleistung dar, wenn ihre Überlassung zu der vom Arbeitgeber geschuldeten Gegenleistung für die Dienste gehört, der Arbeitnehmer also keine besondere Vergütung hierfür zu entrichten hat (sog. Werkdienstwohnung, § 565e BGB). Davon unterscheidet sich die Werkmietwohnung gem. § 565b BGB, für die der Arbeitnehmer seinerseits eine Miete leistet. Sachbezüge werden auch in sog. Cafeteria-Systemen im Rahmen von echten Wahlrechten oder Vergütungsumwandlungen angeboten[6]. 403

---

1 BAG v. 3. 5. 1994, BB 1994, 2490; aA MünchArbR/*Matthes,* § 347 Rz. 29.
2 BAG v. 3. 5. 1994, BB 1994, 2490.
3 BAG v. 31. 10. 1995, BB 1996, 1009.
4 So ua. *Fitting/Kaiser/Heither/Engels,* § 99 Rz. 14a.
5 *Schaub,* § 68 I 1.
6 Siehe dazu *Mölders,* DB 1996, 213.

404 § 115 GewO enthält für **gewerbliche Arbeitnehmer** insofern eine Einschränkung für Sachbezugsleistungen, als für diese Arbeitnehmergruppe nur bestimmte Bezugsleistungen und auch nur zu Anschaffungs-, Selbstkosten bzw. bei Wohnungen nur gegen die üblichen Mietpreise zugelassen sind. Im übrigen gilt ein sog. Truck-(=Tausch)-Verbot. Um eine Verschuldung des Arbeitnehmers gegenüber dem Arbeitgeber und eine Verrechnung der Darlehensforderung gegen den Lohnanspruch zu verhindern, verbietet § 115 Abs. 1 Satz 1 GewO gegenüber gewerblichen Arbeitnehmern das Kreditieren von Waren.

405 Keine Sachbezüge liegen vor, wenn die Leistungen überwiegend im **eigenbetrieblichen Interesse** erfolgen, wie zB die Teilnahme an Betriebsveranstaltungen einschließlich Verpflegung oder die Überlassung von spezieller Dienst- oder Arbeitskleidung oder Arbeitsgerät. Mit derartigen Leistungen soll nicht die Tätigkeit des Arbeitnehmers vergütet werden[1].

406 Zum Arbeitsentgelt gehören auch **Personalrabatte**[2]. Der Personalrabatt stellt allerdings keine mittelbare Vergütung von Arbeitsleistung dar, sondern nach allgemeiner Auffassung die Vergütung von bereits erbrachter und noch zu erwartender Betriebstreue[3]. Er kann auch unter Widerrufsvorbehalt zugesagt werden[4].

407 Sog. **Jahreswagenklauseln** sehen regelmäßig einen erheblichen Preisnachlaß für Mitarbeiter vor, verpflichten aber den Arbeitnehmer, bei Ausscheiden vor einem bestimmten Zeitpunkt den zum vollen Kaufpreis bestehenden Differenzbetrag nachzuzahlen[5]. Hat der Personalrabatt Entgeltcharakter, so ist fraglich, ob eine derartige Nachzahlungsklausel eine unzulässige Kündigungserschwerung darstellt[6].

408 In der Regel sind Sachbezüge leistungsunabhängige Vergütungsbestandteile.

409 Sachbezüge unterliegen grundsätzlich der **Steuerpflicht**, es sei denn, daß es sich um Sachzuwendungen in überwiegend eigenbetrieblichem Interesse handelt und auch die geldwerte Höhe der Zuwendung gegen einen Arbeitslohn spricht[7].

Zur **Ermittlung des Barwertes** ermächtigt § 17 Satz 1 Nr. 3 SGB IV die Bundesregierung, durch Rechtsverordnung im voraus für jedes Kalenderjahr den Wert der Sachbezüge nach dem tatsächlichen Verkehrswert zu bestimmen. Diese Sachbezugswerte gelten auch dann, wenn in einem Arbeitsvertrag, in einem Tarifvertrag oder in einer Betriebsvereinbarung andere Werte angesetzt sind.

410 Der Anspruch auf die Sachbezüge ist gem. § 851 Abs. 2 ZPO grundsätzlich **nicht pfändbar.** Es handelt sich regelmäßig um gem. § 399 BGB nicht übertragbare zweckgebundene Ansprüche des einzelnen Arbeitnehmers[8].

---

1 BFH v. 5. 5. 1994, EzA § 19 EStG Nr. 1.
2 AA LAG Bremen v. 28. 7. 1987, NZA 1987, 815.
3 MünchArbR/*Hanau*, § 68 Rz. 5; *Schaub*, § 68 I 5.
4 BAG v. 14. 6. 1995, DB 1995, 2273.
5 LAG Bremen v. 28. 7. 1987, NZA 1987, 815.
6 MünchArbR/*Hanau*, § 68 Rz. 7.
7 *Schaub*, § 68 II 3; s. a. die alphabetische Übersicht bei *Benner/Bals*, BB 1996, Beil. 2.
8 MünchArbR/*Hanau*, § 68 Rz. 4.

III. Verpflichtungen des Arbeitgebers

Für den Fall, daß der Arbeitnehmer die Sachbezüge **nicht entgegennehmen kann**, obwohl ihm die Vergütung fortzuzahlen ist, ist der jeweilige Sachbezug mit dem Betrag abzugelten, den der Arbeitnehmer aufwenden muß, um ihn sich anderweitig zu beschaffen[1]. 411

Da der Sachbezug in aller Regel eine Gegenleistung für die von dem Arbeitnehmer erbrachte Tätigkeit darstellt, bestehen seitens des Arbeitnehmers **Gewährleistungsansprüche** in entsprechender Anwendung der §§ 459 ff. bzw. §§ 537 ff. BGB, wenn die von dem Arbeitgeber gelieferten Sachen bzw. die zur Verfügung gestellte Wohnung mangelhaft sind. 412

Wird ein **Firmenfahrzeug** dem Arbeitnehmer nicht nur für Dienstfahrten, sondern auch **zur privaten Nutzung** zur Verfügung gestellt, stellt die Möglichkeit der privaten Nutzung eine echte Sachleistung dar[2]. Aus dem Vergütungscharakter eines derartigen Sachbezuges folgt, daß dem Arbeitnehmer das Fahrzeug auch zur Nutzung verbleiben muß, wenn er an der Arbeitsleistung verhindert ist, jedoch weiterhin Anspruch auf das Arbeitsentgelt hat[3]. Der Arbeitgeber kann sich allerdings vorbehalten, unter bestimmten Umständen (längere Erkrankung des Arbeitnehmers, Freistellung nach erfolgter Kündigung) das Fahrzeug zurückzuverlangen. Um einen Austausch des Dienstwagens zu ermöglichen, sollte von der Festlegung eines konkreten Wagentyps abgesehen werden. Damit auch die Übernahme der steuerlichen Lasten klargestellt ist, empfiehlt es sich, nach folgendem 413

Vertragsbeispiel zu verfahren: 414

„Der Arbeitgeber stellt dem Arbeitnehmer einen Dienstwagen der Mittelklasse zur Verfügung. Der Arbeitnehmer ist, soweit er tatsächlich für den Arbeitgeber tätig ist, berechtigt, dieses Fahrzeug auch zu privaten Zwecken in angemessenem Umfang zu nutzen. Die Versteuerung des damit verbundenen geldwerten Vorteils übernimmt der Arbeitnehmer.

Der Arbeitgeber kann die Überlassung des Dienstwagens ganz oder teilweise widerrufen. Er ist insbesondere im Falle der Arbeitsunfähigkeit des Arbeitnehmers berechtigt, das Fahrzeug anderweitig einzusetzen.

Der Arbeitgeber kann den Dienstwagen auch sofort zurückfordern, wenn der Arbeitnehmer seine tatsächliche Tätigkeit für das Unternehmen einstellt. Dies gilt auch für den Fall der Freistellung nach Ausspruch der Kündigung.

Ein Zurückbehaltungsrecht an dem Dienstwagen kann der Arbeitnehmer, gleich aus welchem Rechtsgrund, nicht geltend machen[4]."

---

1 *Schaub*, § 68 I 7b.
2 *Nägele*, NZA 1997, 1196.
3 LAG Köln v. 29. 11. 1995, NZA 1996, 986.
4 S. a. *Tschöpe*, MDR 1996, 1081; wegen detaillierterer Überlassungsregelungen s. das Vertragsbeispiel bei *Schaub*, Arbeitsrechtl. Formularsammlung, § 7 II 2.

415 Wird das **Arbeitsverhältnis beendet,** so hat der Arbeitnehmer zum Beendigungszeitpunkt das Fahrzeug dem Arbeitgeber zurückzugeben[1]. Dies gilt auch, wenn der Arbeitnehmer gegen diese Kündigung eine Kündigungsschutzklage erhoben hat[2].

Stellt sich aufgrund der Kündigungsschutzklage die Kündigung als unwirksam dar, so hat der Arbeitnehmer Anspruch auf **Wiedereinräumung des Nutzungsrechts** an dem Kraftfahrzeug. Im Hinblick auf die Entscheidung des Bundesarbeitsgerichts vom 27. 2. 1985[3] hat der Arbeitnehmer konsequenterweise auch einen bereits mit dem erstinstanzlichen Urteil des Arbeitsgerichts gerichtlich durchsetzbaren Anspruch auf Wiedereinräumung des Nutzungsrechts an dem Fahrzeug im Zusammenhang mit dem Weiterbeschäftigungsanspruch.

416 Wird dem Arbeitnehmer die Nutzung des Dienstfahrzeuges zu privaten Zwecken vorenthalten bzw. erklärt das Arbeitsgericht die Kündigung für unwirksam, nachdem der Arbeitnehmer mit dem Beendigungszeitpunkt bereits das Fahrzeug dem Arbeitgeber zurückgegeben hat, so kann der Arbeitnehmer gem. § 615 BGB eine Entschädigung für die entgangene Nutzung, ggf. auch Schadensersatz verlangen[4]. Die **Nutzungsausfallentschädigung** kann nach verschiedenen Bemessungsgrößen ermittelt werden, so zB nach dem Sachbezugswert nach Steuerrecht (§ 8 Abs. 2 EStG, § 3 Sachbezugsverordnung)[5], nach der ADAC-Kostentabelle[6] und nach der Tabelle von *Sanden/Danner/Küppersbusch*[7]. Da die steuerlichen Bemessungsregeln den tatsächlichen wirtschaftlichen Wert nachweisbar nicht erfassen, vielmehr der Arbeitnehmer so gestellt werden muß, als hätte er das Dienstfahrzeug zur Verfügung gehabt, umfaßt sein Anspruch auch eine Nutzungsentschädigung wegen entgangener Gebrauchsvorteile, so daß es sachgemäß ist, bei kurzfristigem Gebrauchsentzug die Tabelle von *Sanden/Danner/Küppersbusch* bei der Bemessung zugrunde zu legen[8], ansonsten den Sachbezugswert nach Steuerrrecht. Der Schadenersatzanspruch steht dem geschädigten Arbeitnehmer nicht als Nettovergütung, sondern als Bruttovergütung zu, da er die Überlassung zur privaten Nutzung zu versteuern hat. Der Schadensersatzanspruch tritt nur an die Stelle des Naturallohnanspruches[9].

---

1 Eine in einem sochen Fall vertraglich vorgesehene Überbürdung von Ablösekosten, die dem Arbeitgeber durch die vorzeitige Rückgabe eines für den Arbeitnehmer geleasten Fahrzeuges wegen dessen Eigenkündigung entstehen, beeinträchtigt übermäßig das Recht des Arbeitnehmers, seinen Arbeitsplatz frei zu wählen (Art. 12 Abs. 1 GG) und ist deshalb unwirksam, LAG Düsseldorf v. 18. 5. 1995, NZA-RR 1996, 363.
2 MünchArbR/*Hanau*, § 68 Rz. 12; *Becker-Schaffner*, DB 1993, 2078 ff.
3 BAG v. 27. 2. 1985, AP Nr. 14 zu § 611 BGB – Beschäftigungspflicht.
4 BAG v. 16. 11. 1995, DB 1996, 630 (Schadensersatz gem. §§ 325, 251 BGB); LAG Rheinland-Pfalz v. 23. 3. 1990, LAGE § 249 BGB Nr. 4; LAG Hamm v. 13. 7. 1992, LAGE § 249 Nr. 5.
5 *Nägele/Schmidt*, BB 1993, 1797, 1799.
6 Dahingehend BAG v. 23. 6. 1994, NZA 1994, 1128; BAG v. 16. 11. 1995, DB 1996, 630; LAG Rheinland-Pfalz v. 23. 3. 1990, LAGE § 249 BGB Nr. 4; LAG Hamm v. 13. 7. 1992, LAGE § 249 Nr. 5.
7 *Schroeder*, NZA 1994, 342, 345.
8 LAG Rheinland-Pfalz v. 19. 11. 1996, NZA 1997, 942.
9 BAG v. 16. 11. 1995, DB 1996, 630.

Verfügt der betroffene Arbeitnehmer tatsächlich über einen **gleichwertigen Pkw**, so kann keine abstrakte Nutzungsentschädigung berechnet werden. Zu erstatten sind in diesem Fall nur die von ihm aufgewendeten Kosten für den Betrieb dieses gleichwertigen Fahrzeuges[1].

Für **Auseinandersetzungen** im Zusammenhang mit dem Arbeitnehmer gewährten Sachbezügen sind die Arbeitsgerichte gem. § 2 Abs. 1 Nr. 4a ArbGG zuständig. Nicht eindeutig ist die Zuständigkeitsfrage bei Rechtsstreitigkeiten im Hinblick auf eine Werkdienstwohnung[2]. Bei der Überlassung einer **Werkmietwohnung** ist wegen des zum Arbeitsverhältnis parallel bestehenden Mietverhältnisses die ordentliche Gerichtsbarkeit bei Rechtsstreitigkeiten zuständig. 417

bb) Vermögensbildung und Miteigentum

Ausgehend von der gesetzlichen Situation kann bei einer zugunsten von Arbeitnehmern erfolgenden Vermögensbildung im weiteren Sinne von zwei Formen ausgegangen werden, nämlich der **Vermögensbildung in Arbeitnehmerhand** auf der Grundlage des 5. Gesetzes zur Förderung der Vermögensbildung der Arbeitnehmer (VermBG) in der Fassung vom 4. 3. 1994 und Vermögensbeteiligung bzw. **Mitarbeiterbeteiligung durch Miteigentum** in Form von gesellschaftsrechtlicher Beteiligungsform. 418

Die allgemeine Vermögensbildung ermöglicht eine **Fremdkapitalbeteiligung,** während von Miteigentum bzw. Mitarbeiterbeteiligung im eigentlichen Sinne gesprochen wird, wenn es zu einer **Eigenkapitalbeteiligung** kommt. Diese beiden Formen werden staatlich gefördert.

Eine ganz allgemeine Förderung sieht die Gewährung einer **Arbeitnehmersparzulage** in § 13 des 5. VermBG vor. Unabhängig davon gewährt § 19a EStG für die Beteiligung, die der Arbeitgeber dem Arbeitnehmer unentgeltlich oder verbilligt überläßt, einen **Freibetrag.**

Arbeitsrechtlich relevant sind für beide Beteiligungsformen nur die Frage der Verpflichtung zur Aufbringung der finanziellen Mittel und, im Bereich der Verschaffung von Miteigentum durch gesellschaftsrechtliche Beteiligung, die Frage der Verhinderung eines Abflusses des Mitarbeiterkapitals.

Vermögenswirksame Leistungen iS des 5. Vermögensbildungsgesetzes sind einmal Zuwendungen des Arbeitgebers für den Arbeitnehmer, zum anderen auch Aufwendungen, die der Arbeitnehmer von seinem Arbeitsentgelt für die in § 2 Abs. 1 5. VermBG angeführten Zwecke leistet. Als vermögenswirksame Leistungen kommen gem. §§ 6 ff. 5. VermBG auch Leistungen aufgrund einer Ergebnisbeteiligung, dh. einer vereinbarten Beteiligung der Arbeitnehmer an dem durch ihre Mitarbeit erzielten Leistungserfolg des Betriebes oder des Betriebsteils in Betracht[3]. Gem. § 2 Abs. 6 und 7 5. VermBG sind diese vermö- 419

---

1 BAG v. 16. 11. 1995, DB 1996, 630.
2 *Schaub*, § 84 VII.
3 *Großmann/Schneider,* Tz. 171.

genswirksamen Leistungen arbeitsrechtlich Lohnbestandteile und unterliegen in vollem Umfang der Steuer- und Sozialversicherungspflicht.

Auf schriftliches Verlangen des Arbeitnehmers ist der Arbeitgeber gem. § 11 Abs. 1 5. VermBG verpflichtet, unter den Voraussetzungen des § 10 Abs. 2–4 5. VermBG einen Vertrag über die vermögenswirksame Anlage von Teilen des Arbeitslohnes abzuschließen[1].

Eine Verpflichtung des Arbeitgebers, zusätzliche Zuwendungen zu vermögenswirksamen Leistungen zu erbringen, kann sich gem. § 10 5. VermBG aus dem Einzelarbeitsvertrag, Betriebsvereinbarung oder Tarifvertrag ergeben. Zu Lasten des Bundes wird die Vermögensbildung durch eine **Sparzulage** gem. § 13 5. VermBG gefördert. Diese ist kein Lohnbestandteil und unterliegt daher auch nicht der Steuer- und Sozialversicherungspflicht. Gleichwohl ist sie als solche – also nicht durch formularmäßige Pfändung des Arbeitseinkommens – pfändbar[2].

420 Die **Gewährung von Unternehmensanteilen,** wie Belegschaftsaktien oder GmbH-Anteilen, ist ebenfalls Bestandteil des Arbeitsentgelts (investive Vergütungen).

Die Verschaffung von Miteigentum, die Mitarbeiterbeteiligung an einem Unternehmen, erfährt aber eine andere steuerliche Förderung. Nach § 19a EStG bleibt diese **bis zur Höhe des Wertes der halben Beteiligung,** maximal bis zu 500 DM, **steuerfrei.** Voraussetzung ist, daß der Arbeitnehmer im Rahmen eines gegenwärtigen Arbeitsverhältnisses unentgeltlich oder verbilligt eine Kapitalbeteiligung an einem Unternehmen oder eine Darlehensforderung gegen den Arbeitgeber, also eine Sachzuwendung, erhält. Wenn der Arbeitgeber dem Arbeitnehmer Geld zuwendet und damit der Arbeitnehmer die Beteiligung erst erwirbt, erfolgt jedoch keine Förderung. – Die Mitarbeiterbeteiligung nach § 19a EStG kann mit prämiengeförderten vermögenswirksamen Leistungen des Arbeitgebers nach dem 5. VermBG kombiniert werden[3]. Die Mitarbeiterbeteiligung bzw. Verschaffung von Miteigentum in Form von gesellschaftsrechtlicher Beteiligung kann durch Einzelvertrag oder durch Betriebsvereinbarung erfolgen[4].

421 **Tarifvertraglich** kann dem Arbeitgeber nur eine Pflicht zur Geldleistung zur vermögenswirksamen Anlage auferlegt werden. Zu einer Unternehmensbeteiligung kann der Arbeitgeber aufgrund der nach Art. 14 GG bestehenden Eigentumsgarantie nicht, jedenfalls nicht gegen seinen Willen, verpflichtet werden[5].

422 Die **Kündigung der gesellschaftsrechtlichen Beteiligung** durch den Arbeitnchmer kann ausgeschlossen werden, so daß ein Abfluß des aus Vermögensbeteili-

---

1 Es stehen hierfür von der Finanzverwaltung herausgegebene Formblätter zur Verfügung.
2 BAG v. 23. 7. 1976, AP Nr. 1 zu § 12 3. VermBG.
3 Zöllner/Loritz, § 15 VII; Schaub, § 83 VIII 1.
4 Einschränkend Wagner, BB 1997, 150.
5 MünchArbR/Hanau, § 68 Rz. 19; Schaub, § 83 VIII 3b.

III. Verpflichtungen des Arbeitgebers

gungen stammenden Arbeitnehmerkapitals während des Arbeitsverhältnisses verhindert wird[1]. Unberührt bleibt das Kündigungsrecht gem. § 723 Abs. 3 BGB und § 133 Abs. 3 HGB.

Fraglich ist, ob ein **Abfluß des Mitarbeiterkapitals** bei Beendigung des Arbeitsverhältnisses durch eine Verfallklausel des gesellschaftsrechtlichen Abfindungsanspruchs verhindert werden kann. Ein genereller Abfindungsausschluß scheitert an § 723 Abs. 3 BGB. Unter Berücksichtigung des gem. § 624 BGB möglichen Kündigungsausschlusses von fünf Jahren wird man jedoch eine Bindungsdauer von bis zu fünf Jahren für zulässig halten können[2]. 423

Bei einer **Belegschaftsaktie** bleibt dem Mitarbeiter die Möglichkeit der **Übertragung**. Dieses Recht kann aufgrund der zwingenden Vorschriften der §§ 53a–75 AktG auch nicht gegenüber Arbeitnehmern eingeschränkt werden[3]. Eine wirksame Verfallklausel hinsichtlich einer gesellschaftsrechtlichen Beteiligung des Arbeitnehmers kann sich auf die Bemessung einer Abfindung im Rahmen des § 10 KSchG auswirken. 424

cc) Arbeitgeberdarlehen

Zur Überbrückung eines aktuellen finanziellen Engpasses werden Arbeitnehmern häufig **Vorschüsse** eingeräumt. Aber auch **Arbeitgeberdarlehen,** mit denen der Arbeitnehmer größere Anschaffungen tätigen will (zB zum Erwerb eines Eigenheimes) werden vielfach gewährt. 425

Der Unterschied zum Vorschuß ist beim **Arbeitgeberdarlehen** darin zu sehen, daß der Darlehensbetrag wesentlich höher ist als das Arbeitsentgelt für ein oder zwei Monate, so daß in aller Regel die Rückzahlung des Darlehens in monatlichen Raten vereinbart wird. Auch spricht für die Hingabe eines Darlehens und nicht nur für die bloße Einräumung eines Vorschusses der mit dem eingeräumten Darlehen seitens des Arbeitnehmers verfolgte Zweck. Kann dieser nicht mit dem normalen Arbeitsentgelt üblicherweise sofort verwirklicht werden, und wird auch sonst allgemein hierfür ein Kredit in Anspruch genommen, so ist von einem Darlehen auszugehen. Erst recht gilt dies, wenn zusätzlich eine Verzinsung vereinbart ist, oder wenn der Arbeitnehmer eine Sicherheit für die Darlehensgewährung zur Verfügung zu stellen hat.

Im Gegensatz zu einem Arbeitgeberdarlehen ist der **Vorschuß** eine bloße Vorauszahlung auf noch nicht verdientes und noch nicht fälliges Arbeitsentgelt. Der Vorschuß dient so zur Überbrückung bis zum Erhalt des nächsten fälligen Arbeitsentgelts, so daß er bereits in voller Höhe oder aber mit den unmittelbar darauf fälligen Gehalts- oder Lohnzahlungen in Verrechnung gelangt. Dieser beiderseits vorausgesetzte Zweck eines Vorschusses und die zumindest stillschweigende Abrede, daß in voller Höhe das nächste Arbeitsentgelt auf die Vorschußzahlung in Anrechnung gelangt, gibt dem Arbeitgeber nach der herr- 426

---

[1] MünchArbR/*Hanau*, § 68 Rz. 23.
[2] MünchArbR/*Hanau*, § 68 Rz. 24.
[3] BayObLG v. 14. 11. 1988, DB 1989, 214; MünchArbR/*Hanau*, § 68 Rz. 24.

schenden Auffassung die Möglichkeit, den Vorschuß auch mit dem unpfändbaren Teil des Arbeitseinkommens zu verrechnen[1]. Dagegen kann der Arbeitgeber beim Darlehen gemäß § 394 BGB nur gegen den pfändbaren Teil der Gehalts- oder Lohnforderungen aufrechnen.

427 Handelt es sich um einen sogenannten **stehenden Vorschuß**, wie etwa den Reisekostenvorschuß, ist klarzustellen, daß es sich hierbei um ein Darlehen und nicht um einen echten Vorschuß handelt. Diese Unterscheidung ist wegen der erheblich abweichenden Verjährungsfristen bedeutsam. Rückzahlungsansprüche aus einem Darlehen verjähren gemäß § 195 BGB erst nach 30 Jahren, Ansprüche aus einem Arbeitsverhältnis, also auch Ansprüche auf Rückzahlung von Vorschüssen gemäß § 196 Abs. 1 Nr. 8 BGB nach 2 Jahren. Richtiggestellt werden kann dies durch folgende Vereinbarung:

> „Gewährt der Arbeitgeber dem Arbeitnehmer Vorschußzahlungen, die erst bei Beendigung des Arbeitsverhältnisses abgerechnet werden sollen, so gilt eine solche Zahlung als Darlehen."

428 Der Darlehensvertrag ist regelmäßig gegenüber dem Arbeitsvertrag **rechtlich selbständig**[2]. Aus der rechtlichen Selbständigkeit des Darlehensvertrages neben dem Arbeitsvertrag folgt, daß das Darlehen nicht ohne besondere Vereinbarung mit der Beendigung des Arbeitsverhältnisses zur Rückzahlung fällig wird. Ein vereinbarter Tilgungsplan bleibt weiterhin für beide Seiten verbindlich. Ansonsten sind die Kündigungsvoraussetzungen des § 609 BGB maßgeblich.

429 Die **sofortige Fälligkeit** des dann noch valutierenden Darlehens mit der Beendigung des Arbeitsverhältnisses kann jedoch vereinbart werden (sogenannte Rückzahlungsklausel). Eine derartige Klausel darf aber nicht in unzulässiger Weise die Kündigungsmöglichkeit eines Arbeitnehmers erschweren, weil ihm zuvor die Rückzahlung des mit der Beendigung des Arbeitsverhältnisses fällig werdenden Darlehens nicht möglich ist. Da der Arbeitnehmer weiß, daß er zur Rückzahlung des Darlehens verpflichtet ist, kann aber von einer unzulässigen Kündigungserschwerung auch dann nicht gesprochen werden, wenn kein fester Raten- bzw. Tilgungsplan mit dem Arbeitgeber vereinbart ist; schließlich kann in einem derartigen Falle auch unter Berücksichtigung der Voraussetzungen des § 609 BGB ein Darlehen von mehr als 300 DM relativ kurzfristig fälliggestellt werden. Anders verhält es sich dann, wenn trotz eines festen Tilgungsplanes, der ansonsten über die Beendigung des Arbeitsverhältnisses hinausreichen würde, eine sofortige Rückzahlung des Darlehens mit der Beendigung des Arbeitsverhältnisses vertraglich vorgesehen ist. Eine solche Rückzahlungsklausel gilt nicht, wenn der Arbeitnehmer kündigt.

---

[1] BAG v. 11. 2. 1987, NZA 1987, 485; *Schaub*, § 90 V 4.
[2] BAG v. 23. 9. 1992, AP Nr. 1 zu § 611 BGB – Arbeitnehmerdarlehen (unter II. 2a der Gründe); BAG v. 26. 5. 1993, AP Nr. 13 zu § 23 AGB (unter 1b der Gründe); LAG Hamm v. 19. 2. 1993, NZA 1994, 559; LAG Hamm v. 28. 4. 1995, NZA-RR 1996, 286.

III. Verpflichtungen des Arbeitgebers

Umstritten ist, ob eine Rückzahlungsklausel unbeachtlich ist, wenn es zu einer **betriebsbedingten arbeitgeberseitigen Kündigung** kommt. Während *Schaub*[1] es im Sinne des § 162 Abs. 2 BGB als treuwidrig ansieht, wenn der Arbeitgeber an die betriebsbedingte arbeitgeberseitige Kündigung die sofortige Fälligstellung des Darlehens knüpft, sieht *Hanau*[2] in einer gesetzlich gerechtfertigten Kündigung seitens des Arbeitgebers keinen treuwidrig herbeigeführten Eintritt einer Bedingung gemäß § 162 Abs. 2 BGB.

430

> **Hinweis:**
> Um zu verhindern, daß mit einer eventuell eintretenden längeren Arbeitslosigkeit zugleich auch eine erhebliche Darlehensschuld sofort an den bisherigen Arbeitgeber zurückgezahlt werden muß, ist es für Arbeitnehmer angeraten, eine sofortige Rückzahlung jedenfalls für den Fall auszuschließen, daß das Arbeitsverhältnis von seiten des Arbeitgebers aus dringenden betrieblichen Gründen gekündigt wird.

Eine Rückzahlungsklausel muß auch unwirksam erscheinen, wenn die arbeitnehmerseitige Kündigung deshalb erfolgt, weil die dafür maßgeblichen Gründe von seiten des Arbeitgebers zu vertreten sind.

431

Folgende **Rückzahlungsklausel** ist unter Berücksichtigung dieser Hinweise zweckmäßig:

432

> „Mit der Beendigung des Arbeitsverhältnisses werden Vorschüsse und noch offenstehende Restbeträge von gewährten Darlehen fällig. Ein vereinbarter Tilgungs- oder Ratenzahlungsplan gilt dann unverändert weiter, wenn der Arbeitgeber die vorzeitige Beendigung des Arbeitsverhältnisses zu vertreten hat, er aus betrieblichen Gründen kündigt oder der Arbeitnehmer von sich aus das Arbeitsverhältnis kündigt."

Aus der rechtlichen Selbständigkeit des Arbeitgeberdarlehensvertrags folgt weiter, daß das **AGB-Gesetz** für Darlehensverträge anwendbar ist, die die Begriffsmerkmale von allgemeinen Geschäftsbedingungen gemäß § 1 AGBG beinhalten[3]. § 23 Abs. 1 AGBG nimmt also den zwischen Arbeitnehmer und Arbeitgeber abgeschlossenen Darlehensvertrag nicht aus[4]. Es widerspricht aber nicht § 9 AGBG, wenn mit der Beendigung des Arbeitsverhältnisses unter den genannten Einschränkungen das Arbeitgeberdarlehen sofort fälliggestellt wird[5].

433

---

1 *Schaub*, § 70 III 5.
2 MünchArbR/*Hanau*, § 69 Rz. 13.
3 MünchArbR/*Hanau*, § 69 Rz. 14.
4 Offensichtlich anderer Auffassung ist *Schaub*, § 70 III 5, wonach die Ausnahmeregelung des § 23 AGBG für Arbeitgeberdarlehen nur nach Beendigung des Arbeitsverhältnisses nicht gelten soll.
5 MünchArbR/*Hanau*, § 69 Rz. 15.

434 Nicht zu beanstanden ist, wenn – allerdings auch unter Berücksichtigung der vorstehend genannten Einschränkungen – statt einer sofortigen Rückzahlung eine **Erhöhung des Zinses** auf den marktüblichen Zins für den Fall der Beendigung des Arbeitsverhältnisses vereinbart wird.

435 Allein die steuerliche Behandlung und der Umstand, daß das Darlehen mit Rücksicht auf ein bestehendes Arbeitsverhältnis gewährt wird, macht den Darlehensrückzahlungsanspruch nicht zu einem Anspruch „aus dem Arbeitsverhältnis"[1], so daß weder eine allgemeine **Ausgleichsklausel** noch **Ausschlußfristen** mit diesem Inhalt derartige Ansprüche aus dem Darlehensvertrag ausschließen[2]; s. a. Rz. 565. Etwas anderes kann gelten, wenn das Darlehen zinslos oder unter dem marktüblichen Zins dem Arbeitnehmer zur Verfügung gestellt wird, und deshalb diese Zinsvorteile Bestandteil des Arbeitsentgelts sind.

436 Zinsvorteile aus Arbeitgeberdarlehen sind bei Überschreitung der in Abschn. 31 Abs. 8 LStR genannten Grenzen **steuerpflichtig**[3].

437 Besteht ein **Betriebsrat,** so sind Vergaberichtlinien von arbeitgeberseitig gewährten Darlehen gemäß § 87 Abs. 1 Nr. 10 BetrVG mitbestimmungspflichtig. Ob überhaupt finanzielle Mittel zur Gewährung von Arbeitgeberdarlehen zur Verfügung gestellt werden, unterliegt aber nicht der Mitbestimmung des Betriebsrats.

438 Gemäß § 2 Abs. 1 Nr. 4a ArbGG ist das **Arbeitsgericht** für Streitigkeiten im Zusammenhang mit Arbeitgeberdarlehen zuständig. Die rechtliche Selbständigkeit des Darlehens steht dem nicht entgegen, da sich die Zuständigkeitsregelung nicht auf Ansprüche aus dem Arbeitsverhältnis bezieht, sondern weitergehend bürgerliche Rechtsstreitigkeiten insgesamt aus dem Arbeitsverhältnis erfaßt, also lediglich an einen Lebenssachverhalt anknüpft.

dd) Ausbildungskosten

439 Um für den eigenen Betrieb ausreichend qualifizierte Arbeitskräfte zu erhalten, fördern Arbeitgeber häufig **Fort-, Aus- und Weiterbildungsmaßnahmen** der einzelnen Mitarbeiter. Fort- oder Ausbildung ist jede Maßnahme zur Entwicklung von Fähigkeiten und Kenntnissen, die generell für den Arbeitnehmer beruflich von Nutzen sind. Fort- oder Ausbildung kann auch darin bestehen, bereits vorhandene Kenntnisse zu verbessern oder durch tatsächliche praktische Übungen zu vervollkommnen[4]. Dies kann durch eigene Bildungseinrichtungen geschehen, aber auch durch andere Institutionen erfolgen. Diese Fort-, Aus- und Weiterbildung ist zu unterscheiden von der Berufsausbildung iS der §§ 3 ff. BBiG. Bei einer Fortbildung werden üblicherweise neben den reinen Schulungskosten während der Fortbildung auch die Vergütung fortgezahlt oder ein Unterhaltszuschuß gewährt. Der Arbeitgeber verknüpft mit diesen Zahlungen regel-

---

1 AA MünchArbR/*Hanau,* § 69 Rz. 20.
2 LAG Hamm v. 28. 4. 1995, NZA-RR 1996, 286; der Entscheidung ist aber nicht zu entnehmen, ob und welcher Zinssatz dem Darlehen zugrunde lag.
3 Siehe auch § 3 Nr. 68 iVm. § 52 Abs. 2b Satz 2 EStG.
4 BAG v. 30. 11. 1994, BB 1995, 1191.

III. Verpflichtungen des Arbeitgebers

mäßig die Erwartung, daß der durch diese Fortbildung besser qualifizierte Arbeitnehmer nach der Fortbildungsmaßnahme dem Betrieb für längere Zeit noch angehören wird.

Um diese Erwartung sicherzustellen und zu erreichen, daß die für die Aus-, Fort- und Weiterbildung durch den Arbeitgeber investierten Kosten nicht allein dem Mitarbeiter oder gar einem Konkurrenzunternehmen zugute kommen, kann in diesen Fällen vereinbart werden, daß der Arbeitnehmer die vom Arbeitgeber für die Aus-, Fort- oder Weiterbildung aufgewandten **Kosten zurückzuzahlen** hat, wenn er vor Ablauf bestimmter Fristen aus dem Arbeitverhältnis ausscheidet. Wenn eine Ausbildung vorzeitig oder nicht erfolgreich beendet wird, kommt ebenfalls eine solche Rückzahlungsvereinbarung in Betracht. Durch derartige Klauseln darf der Arbeitnehmer nicht in seinem Entschluß beeinträchtigt werden, eine konkrete Beschäftigungsmöglichkeit in dem gewählten Beruf zu ergreifen, beizubehalten oder aufzugeben (Art. 12 Abs. 1 GG). Zahlungsverpflichtungen des Arbeitnehmers, die an die von ihm ausgehende Kündigung anknüpfen, dürfen ihn nur im Rahmen von Treu und Glauben (§ 242 BGB) binden bzw. finanziell belasten. Die Erstattungspflicht muß dem Arbeitnehmer **nach Treu und Glauben zumutbar** sein. Die für den Arbeitnehmer tragbaren Bindungen sind aufgrund einer Güter- und Interessenabwägung nach Maßgabe des Verhältnismäßigkeitsgrundsatzes und der Heranziehung der Umstände des Einzelfalles zu ermitteln[1]. 440

Die Frage der Wirksamkeit der Rückzahlungsklausel wird nach den Umständen beurteilt, wie sie sich im **Zeitpunkt des Vertragsschlusses** darstellten[2]. Dabei kommt es nach der Rechtsprechung des Bundesarbeitsgerichts auf den von dem Arbeitnehmer durch die Aus- oder Weiterbildung erworbenen geldwerten Vorteil sowie auf die Dauer der Bindung, den Umfang der Fortbildungsmaßnahme, die Höhe des Rückzahlungsbetrages und dessen Abwicklung an[3]. 441

Je größer der mit der Ausbildung verbundene berufliche Vorteil für den Arbeitnehmer ist, desto eher ist ihm auch eine Kostenbeteiligung zuzumuten[4]. Daher kommt eine Kostenbeteiligung bzw. Bindungswirkung in Betracht, wenn der Arbeitnehmer die durch die Fortbildungsmaßnahme erworbenen Kenntnisse und Fähigkeiten **auch außerhalb des Betriebes** des die Aus- oder Fortbildung finanzierenden Arbeitgebers verwerten und beruflich aufsteigen kann. Diese Möglichkeit hat der Arbeitnehmer insbesondere dann, wenn er durch die Maßnahme eine auch außerhalb des eigenen Betriebes allgemein anerkannte Qualifikation erwirbt, die ihm bisher verschlossene berufliche Chancen eröffnet. Auch können Fortbildungsmaßnahmen insofern einen geldwerten Vorteil darstellen, als mit ihnen die Voraussetzungen zum Aufstieg in eine höhere Tarifgruppe eröffnet werden[5]. 442

---

1 BAG v. 26. 10. 1994, NZA 1995, 305, 307.
2 BAG v. 16. 3. 1994, NZA 1994, 937.
3 BAG v. 16. 3. 1994, NZA 1994, 937.
4 BAG v. 16. 3. 1994, NZA 1994, 937.
5 BAG v. 6. 9. 1995, BB 1996, 959.

Anders verhält es sich, wenn die Aus- oder Weiterbildung **nur innerbetrieblich** von Nutzen ist oder der Arbeitnehmer lediglich eine Auffrischung vorhandener Kenntnisse oder die Anpassung dieser Kenntnisse an vom Arbeitgeber veranlaßte neuere betriebliche Gegebenheiten erfährt[1]. Hier scheidet eine Kostenbeteiligung des Arbeitnehmers aus, da die Aus- oder Weiterbildung nicht zu einem für ihn persönlich zusätzlich auszunutzenden geldwerten Vorteil führt.

443 Neben diesem geldwerten Vorteil zugunsten des Arbeitnehmers hängt die Zulässigkeit von Rückzahlungsklauseln auch von der **Fortbildungs- und Bindungsdauer** ab, zumal die Dauer der Fortbildung ein starkes Indiz für die Qualität der erworbenen Qualifikation ist. Fortbildungs- und Bindungsdauer müssen in einem angemessenen Verhältnis stehen[2].

Das Bundesarbeitsgericht hat hinsichtlich der **zulässigen Bindungsdauer** von einzelvertraglichen Rückzahlungsklauseln in der Entscheidung vom 16. 3. 1994[3] folgende Grundsätze entwickelt:

▶ Bei einer Lehrgangsdauer **von bis zu 4 Monaten** ohne Verpflichtung zur Arbeitsleistung kann im Regelfall höchstens eine einjährige Bindung vereinbart weren[4].

▶ Eine Lehrgangsdauer **von 6 Monaten bis zu einem Jahr** ohne Arbeitsverpflichtung läßt im Regelfall höchstens eine Bindung von 3 Jahren zu.

▶ Bei einer **mehr als zweijährigen Dauer** der Fortbildungsmaßnahme ohne Arbeitsleistung hält das Bundesarbeitsgericht eine Bindungsdauer von 5 Jahren für zulässig[5].

Allerdings hebt das Bundesarbeitsgericht hervor, daß der **Verhältnismäßigkeitsgrundsatz** weitere Abstufungen erfordert und diese Grundsätze nur für den Regelfall gelten. Besonders vorteilhafte berufliche Chancen aufgrund erheblicher arbeitgeberseitiger Aufwendungen können daher auch bei kurzer Ausbildungsdauer eine verhältnismäßig lange Bindung rechtfertigen.

444 Die zu einzelvertraglichen Rückzahlungsklauseln entwickelten Grundsätze sind aber auf eine Rückzahlungspflicht aus einer **tariflichen Norm** nicht übertragbar. Zugunsten der Tarifvertragsparteien gilt eine weitergehende Gestaltungsfreiheit[6].

445 Auch dann, wenn wegen der Ausbildungskosten zusätzlich ein **Darlehensvertrag** hinsichtlich der Rückzahlung dieser Kosten vereinbart wird, gelten die hier

---

1 BAG v. 16. 3. 1994, NZA 1994, 937.
2 BAG v. 16. 3. 1994, NZA 1994, 937.
3 BAG v. 16. 3. 1994, NZA 1994, 937.
4 BAG v. 6. 9. 1995, BB 1996, 332; in diesem Rahmen bleibt auch die Entscheidung des Hessischen LAG v. 21. 11. 1994, DB 1995, 1619: Eine einmonatige Ausbildung zum Erwerb einer Fahrerlaubnis für Kraftomnibusse mit Kosten von 5000 DM rechtfertigt keine längere Bindung als 1 Jahr.
5 BAG v. 16. 3. 1994, NZA 1994, 937; BAG v. 6. 9. 1995, BB 1996, 332: Es gibt keinen Grundsatz, daß die Bindungsdauer höchstens sechs mal so lang sein darf wie die Dauer der Bildungsmaßnahme.
6 BAG v. 6. 9. 1995, NZA 1996, 437.

angeführten Beschränkungen, wenn die Rückzahlung des Darlehens von einer Eigenkündigung des Arbeitnehmers abhängig gemacht wird.

Auch bezüglich der **Höhe der Rückzahlungsverpflichtung** stellt das Bundesarbeitsgericht Grenzen auf: 446

Der Arbeitnehmer hat höchstens den in der Rückzahlungsvereinbarung angeführten Betrag zurückzuzahlen, auch dann, wenn die Kosten der Aus- oder Weiterbildung höher liegen. Der Arbeitgeber kann nur den Betrag zurückverlangen, den er tatsächlich aufgewandt hat[1]. Schließlich ist für die Zumutbarkeit entscheidend, daß der Rückzahlungsbetrag zeitanteilig zur Bindungsdauer gestaffelt ist. Dies ist zB bei einer einjährigen Bindung der Fall, wenn sich der Rückzahlungsbetrag nach jedem vollen Monat, den das Arbeitsverhältnis nach dem Ende der Fortbildungsmaßnahme besteht, um 1/12 verringert.

Rückzahlungsklauseln, die eine sachwidrige Bindungsdauer enthalten, sind jedoch nicht völlig unwirksam, sondern werden **auf das „zulässige Maß" zurückgeführt**[2]. Die Staffelung bzw. monatliche Abstufung der Rückzahlungslast wird dabei beibehalten. 447

Die **Darlegungs- und Beweislast** für die tatsächlichen Voraussetzungen, aus denen sich die Rechtswirksamkeit der Rückzahlungsklausel ergibt, also insbesondere hinsichtlich der vom Arbeitgeber aufgewandten Kosten und des vom Arbeitnehmer aus der Fortbildung gezogenen geldwerten Vorteils, trägt der Arbeitgeber[3]. 448

Die **Bindungswirkung** aus der Rückzahlungsklausel **entfällt** dann für den Arbeitnehmer, wenn er aus ihm zu Recht zu einer fristlosen Kündigung berechtigenden Gründen das Arbeitsverhältnis beendet. Der Arbeitgeber trägt die Darlegungs- und Beweislast für die Umstände, die die weitere Bindung wirksam erscheinen lassen[4]. 449

Grundsätzlich ist auch eine Vereinbarung zulässig, die die Rückzahlung von Ausbildungskosten vorsieht, wenn die Ausbildung **vorzeitig abgebrochen** oder **nicht erfolgreich** abgeschlossen wird. Eine Erstattungspflicht besteht für den Arbeitnehmer in der Regel dann, wenn er den Abbruch oder die erfolglose Teilnahme zu vertreten hat[5]. 450

Ausgeschlossen sind Rückzahlungsklauseln bei Berufsausbildungsverhältnissen im Sinne des Berufsbildungsgesetzes. Für derartige Ausbildungsgänge bestimmt § 5 Abs. 2 Nr. 1 BBiG, daß Vereinbarungen nichtig sind, die den Auszubildenden verpflichten, für die Berufsausbildung eine Entschädigung zu zahlen. Dies gilt auch für die Kosten für Verpflegung und Unterkunft des Auszubildenden, selbst wenn sich die gesamte praktische Ausbildung außerhalb des Ausbil- 451

---
1 BAG v. 16. 3. 1994, NZA 1994, 937.
2 BAG v. 26. 10. 1994, NZA 1995, 305, 307.
3 BAG v. 16. 3. 1994, NZA 1994, 937.
4 LAG Bremen v. 25. 2. 1994, DB 1994, 2630.
5 BAG v. 12. 12. 1979, AP Nr. 4 zu § 611 BGB – Ausbildungsbeihilfe; *Meier/Schulz*, NZA 1996, 742.

dungsbetriebes vollzieht[1]. Auch kann selbstverständlich nicht wegen der für die Schulung von Betriebsratsmitgliedern angefallenen Kosten (§ 37 Abs. 6 und § 40 Abs. 1 BetrVG) eine Rückzahlungsklausel vereinbart werden. Schließlich wirft das Bundesarbeitsgericht in der Entscheidung vom 16. 3. 1994 die Frage auf, ob nicht auch Rückzahlungsklauseln unwirksam sind, die sich aus Umschulungs- oder Fortbildungsmaßnahmen ergeben, mit denen ein Arbeitnehmer zur Vermeidung einer ansonsten sozial gerechtfertigten Kündigung zur Weiterbeschäftigung an einem anderen Arbeitsplatz qualifiziert wird[2].

452 **Vertragsbeispiel** für eine Rückzahlungsklausel:

> „Der Arbeitgeber übernimmt die Kosten für den Erwerb einer Fahrerlaubnis für Kraftomnibusse einschließlich der Vergütung für die einmonatige Ausbildung in Höhe von insgesamt 5000 DM. Wird das Arbeitsverhältnis vor Ablauf eines Jahres nach Erwerb der Fahrerlaubnis für Kraftomnibusse auf Veranlassung des Arbeitnehmers beendet, ohne daß hierfür seinerseits ein zu einer fristlosen Kündigung berechtigender Grund vorliegt, so hat der Arbeitnehmer den Betrag von 5000 DM zurückzuzahlen. Dieser Betrag verringert sich nach jedem vollen Monat, den das Arbeitsverhältnis nach dem Erwerb der Fahrerlaubnis für Kraftomnibusse besteht, um 1/12. Eine Rückzahlungsverpflichtung für die bis dahin aufgewandten Ausbildungskosten besteht auch, wenn die Ausbildung aus Gründen, die der Arbeitnehmer zu vertreten hat, vorzeitig oder erfolglos beendigt wird."

453 Wenn dem Arbeitgeber nicht an einer längeren Bindung des qualifizierten Arbeitnehmers, sondern in erster Linie an einem **Ausgleich der finanziellen Aufwendungen** liegt, so kann er die Schulungskosten und das während der Schulung gezahlte Entgelt dadurch verrechnen, daß bei einem nicht tarifgebundenen Arbeitsverhältnis für einen bestimmten Zeitraum unter dem Durchschnitt liegende Gehälter vereinbart werden.

454 Steht das Interesse im Vordergrund, einen durch die Fortbildungsmaßnahme besonders qualifizierten Mitarbeiter langfristig für das Unternehmen zu behalten, so kann statt einer Rückzahlungsklausel ein **längerer Arbeitsvertrag** (gem. § 524 BGB bis zu 5 Jahren) abgeschlossen werden. Diese Bindung gilt aber für beide Seiten (siehe auch § 622 Abs. 6 BGB).

ee) **Ergebnisbezogene Entgelte**

(1) **Provision**

455 Mit der Provision wird der Mitarbeiter am Wert der Geschäfte beteiligt, die er selbst abgeschlossen (**Abschlußprovision**) oder vermittelt hat (**Vermittlungsprovision**) oder die in einem ihm übertragenen Bezirk anfallen (**Bezirksprovision**).

---

1 BAG v. 21. 9. 1995, BB 1996, 168.
2 BAG v. 16. 3. 1994, NZA 1994, 937, 940.

III. Verpflichtungen des Arbeitgebers

Bemessungsgrundlage ist also nicht die Arbeitsleistung selbst, sondern vorrangig der Erfolg.

Stärker ergebnisbezogen ist die **Umsatzprovision.** Sie hängt nicht von dem Erfolg des einzelnen Mitarbeiters ab, sondern stellt eine Beteiligung an dem Wert sämtlicher Geschäfte eines Unternehmens oder einer Abteilung dar[1]. Die Umsatzprovision ist mit der Tantieme vergleichbar, die man als eine Beteiligung am Geschäftsgewinn (Reingewinn) bezeichnet. Auf die Umsatzprovision sind daher die handelsrechtlichen Provisionsregelungen nicht anwendbar[2]. 456

Grundsätzlich richtet sich die Provision nach einem bestimmten **Prozentsatz des Wertes der Geschäfte,** die der Arbeitnehmer persönlich abgeschlossen oder vermittelt hat. Bei der Gebiets- oder Bezirksprovision wird der Mitarbeiter an allen in einem bestimmten Gebiet zustande gekommenen Geschäften prozentual beteiligt. Allgemein werden Provisionsvereinbarungen mit Mitarbeitern abgeschlossen, die in ihrer Arbeitsleistung keinen detaillierten Weisungen unterliegen, vielmehr weitgehend selbst über Zeit und Ort ihrer Arbeitsleistung bestimmen können. Außerdem dient die Provision als Leistungsanreiz. Zumeist wird sie Außendienstmitarbeitern gewährt. Deshalb ist die Provision als die übliche Vergütung des („freien") Handelsvertreters in den den Handelsvertreter betreffenden Bestimmungen der §§ 87 bis 87c HGB geregelt. 457

Von den für den Handelsvertreter geltenden Bestimmungen betreffen gemäß § 65 HGB die §§ 87 Abs. 1 und Abs. 3 sowie 87a bis 87c HGB die Provisionsvereinbarungen mit **kaufmännischen Angestellten.** Für **nicht kaufmännische Arbeitnehmer** bestehen keine gesetzlichen Vorschriften über Provisionsregelungen. Schon wegen der teilweise zwingenden Vorschriften (§ 87a Abs. 5 und § 87c Abs. 5 HGB) sind die für kaufmännische Angestellte gem. § 65 HGB geltenden Regelungen entsprechend anzuwenden und nicht von Vereinbarungen abhängig[3]. 458

Wie sich aus § 65 HGB ergibt, hat ein Arbeitnehmer (im Unterschied zum Handelsvertreter) nur dann Anspruch auf eine Provision, wenn dies mit ihm besonders vereinbart wird. Es muß allerdings nicht der Begriff „Provision" besonders verwendet werden, wenn sich aus dem Vertrag ergibt, daß eine einer Provision entsprechende erfolgsbezogene Vergütung gewährt werden soll.

Für die **Höhe der Provision** ist die zwischen den Arbeitsvertragsparteien getroffene Vereinbarung maßgeblich. Häufig wird dem Mitarbeiter ein bestimmter monatlicher Betrag garantiert (Fixum oder Garantieprovision). So sind auch Bedingungen möglich, daß ein Provisionsanspruch nur dann entsteht, wenn die vermittelten oder abgeschlossenen Geschäfte der Höhe nach die Summe eines Festgehaltes und der Reisekostenpauschale des Arbeitnehmers übersteigen. Ohne besondere Vereinbarung führt dies jedoch nicht dazu, daß Unterschrei- 459

---

1 *Schaub,* § 76 I 1.
2 MünchArbR/*Kreßel,* § 66 Rz. 2.
3 So aber *Großmann/Schneider,* Tz. 165.

tungen in einem Monat mit das Fixum in anderen Monaten überschreitenden Provisionen verrechnet werden[1] (s. a. die Vertragsbeispiele zu Rz. 478 f.).

460 Zwischen Arbeitgeber und Arbeitnehmer können die **Provisionsvoraussetzungen** gemäß § 87 Abs. 1 und 3 HGB, gemäß § 87a Abs. 1 und 2 HGB und gemäß § 87b HGB vertraglich anders gestaltet werden[2]. Die Provisionsansprüche können von vornherein auf bestimmte Geschäftsergebnisse beschränkt werden, so im Automobilhandel auf die Differenz zwischen Alt- und Neuwagenpreis[3].

461 Für bestimmte Geschäfte können Provisionsansprüche überhaupt **ausgeschlossen** werden, also zB solche, die überhaupt nicht auf die Tätigkeit des Arbeitnehmers zurückzuführen sind.

462 Provisionen, die zwar auf die Tätigkeit des Arbeitnehmers zurückzuführen sind, jedoch erst nach der Beendigung des Arbeitsverhältnisses gemäß § 87a HGB fällig werden (sog. **Überhangprovision**) können nur dann ausgeschlossen werden, wenn hierfür ein sachlicher Grund besteht[4]. Schließlich verliert der Arbeitnehmer bei einer derartigen Vereinbarung den Anspruch auf die Vergütung für bereits geleistete Arbeit. Allerdings wird ein Ausschluß dann berechtigt sein, wenn nicht allein die Vermittlung oder der Abschluß des Geschäftes zur Ausführung ausreichen, sondern durch den Mitarbeiter selbst noch erhebliche Arbeiten zur Ausführung des Geschäftes notwendig sind[5]. Auch wird ein sachlicher Grund für den Ausschluß von sogenannten Überhangprovisionen anzunehmen sein, wenn der Arbeitnehmer zu Beginn des Vertragsverhältnisses Provisionen aus Verträgen erhält, die sein Vorgänger zustande gebracht hat[6].

463 Da § 65 HGB nicht auf § 87 Abs. 2 und Abs. 4 HGB verweist, stehen dem kaufmännischen Angestellten die sogenannte **Bezirks- und Inkassoprovision** nur aufgrund ausdrücklicher vertraglicher Vereinbarungen zu. Ist dem Arbeitnehmer ein bestimmter Bezirk zugewiesen worden, so ist daraus nicht bereits die Einräumung einer Bezirksprovision zu schließen, also einer Provision, die unabhängig von der vermittelnden Tätigkeit des Arbeitnehmers entsteht. Aus diesem Grunde ist es notwendig, daß in dem Vertrag nicht nur das dem Mitarbeiter zugewiesene Gebiet eindeutig umrissen, sondern auch eindeutig geregelt wird, ob dem Arbeitnehmer entsprechend § 87 Abs. 2 HGB auch Provisionen für Geschäfte zustehen sollen, die ohne seine Mitwirkung innerhalb seines Verkaufsbezirkes zustandekommen.

464 Die für **Versicherungs- und Bausparkassenvertreter** gemäß § 92 HGB geltenden Bestimmungen sind auch auf Handlungsgehilfen anwendbar[7].

---

1 BAG v. 25. 3. 1976, AP Nr. 9 zu § 65 HGB; LAG Köln v. 3. 11. 1995, NZA-RR 1996, 296 zur Auffüllung des Gehalts mit Provisionen bis zur Erreichung des Tarifgehalts.
2 MünchArbR/*Kreßel*, § 66 Rz. 10.
3 BAG v. 24. 9. 1965, AP Nr. 1 zu § 87b HGB; *Schaub*, § 76 V 1.
4 BAG v. 4. 7. 1972, 20. 7. 1973 und 30. 7. 1985, AP Nr. 2, 6, 7, 13 zu § 65 HGB.
5 BAG v. 28. 2. 1984, BB 1984, 1687; *Schaub*, § 76 II 8.
6 BAG v. 20. 7. 1973, AP Nr. 7 zu § 65 HGB.
7 Nur aufgrund eines redaktionellen Versehens ist in § 65 HGB nicht auch auf § 92 HGB verwiesen worden, BAG v. 25. 10. 1967, AP Nr. 3 zu § 92 HGB.

III. Verpflichtungen des Arbeitgebers

Ist ein **Provisionssatz nicht vereinbart** worden, so gilt nach § 87b Abs. 1 HGB die übliche Provision als vereinbart, also die Provision, die von vergleichbaren Unternehmen für Geschäfte dieser Art am Sitz des Arbeitsverhältnisses an Arbeitnehmer gezahlt werden. Ist dies nicht zu ermitteln, auch nicht aufgrund eines Gutachtens der zuständigen Industrie- und Handelskammer, so hat der Arbeitnehmer nach § 316 BGB ein Bestimmungsrecht[1]. 465

Schon aufgrund der vertraglich vereinbarten Höhe der Provision kann der Provisionssatz **nachträglich** nur durch Vertrag oder Änderungskündigung **geändert** werden. Nur dann, wenn die Vergütung des Arbeitnehmers im wesentlichen von einem festen Arbeitsentgelt geprägt wird, die Provision also nur einen geringeren Teil des monatlichen Arbeitsentgelts ausmacht, kann eine wirksame Befristung oder eine Teilkündigung (Widerruf) dieser Provisionsabrede vereinbart werden[2]. Eine objektive Umgehung des gesetzlichen Änderungskündigungsschutzes liegt nach der Rechtsprechung nicht bereits in der Befristung einer Provisionszusage, die neben das Tarifgehalt tritt und 25 bis 30% der Gesamtvergütung ausmacht[3]. Ein vorbehaltener Widerruf oder Änderungsvorbehalt ist in diesen Fällen nur darauf zu überprüfen, ob sie billigem Ermessen des § 315 BGB entsprechen. 466

Abgesehen von einem bestehenden Arbeitsverhältnis, in welchem eine Provisionsleistung vereinbart wurde, setzt der Provisionsanspruch eine **einen Geschäftsabschluß vermittelnde Tätigkeit** des Arbeitnehmers, den **Abschluß des Geschäfts** zwischen dem Arbeitgeber und dem Dritten sowie einen **Ursachenzusammenhang** zwischen der Tätigkeit des Arbeitnehmers und dem Geschäftsabschluß voraus. Eine vermittelnde Tätigkeit und damit ein Ursachenzusammenhang zwischen der Tätigkeit des Arbeitnehmers und dem Geschäftsabschluß ist lediglich bei Bestehen einer Bezirksvertretung nicht notwendig. 467

Das vermittelte oder angebahnte Geschäft ist dann abgeschlossen, wenn der **Vertrag** zwischen Arbeitgeber und Dritten **rechtswirksam zustande gekommen** ist. Während bei einem Handelsvertreter der Unternehmer den Abschluß dieses Geschäftes ablehnen kann, ohne sich gegenüber dem Handelsvertreter schadensersatzpflichtig zu machen, erscheint dies im Arbeitsverhältnis zweifelhaft. Aufgrund der Abhängigkeit des Arbeitnehmers aus dem bestehenden Arbeitsverhältnis und der andererseits bestehenden Fürsorgepflicht ist der Arbeitgeber zum Schadensersatz verpflichtet, wenn er sich grundlos weigert, das vom Arbeitnehmer angebahnte oder vermittelte Geschäft abzuschließen[4]. 468

Hinsichtlich des **Kausalzusammenhanges** zwischen der Tätigkeit des Arbeitnehmers und dem Geschäftsabschluß reicht es aus, wenn nachgewiesen wird, daß es ohne die Tätigkeit des Arbeitnehmers nicht zum Geschäftsabschluß gekommen wäre[5]. 469

---

1 Schaub, § 76 V 1.
2 BAG v. 21. 4. 1993, NZA 1994, 476; Leuchten, NZA 1994, 721, 726.
3 BAG v. 21. 4. 1993, NZA 1994, 476.
4 Schaub, § 76 II 1.
5 Schaub, § 76 II 1.

470 Auch für die Provisionsansprüche eines Arbeitnehmers gilt § 87a HGB mit der dort getroffenen Regelung, wann und in welchem Umfang der nach § 87 HGB mit dem Geschäftsabschluß entstandene **Provisionsanspruch unbedingt** wird. Es muß zur Ausführung des Geschäftes durch den Arbeitgeber kommen. Erst dann besteht der Provisionsanspruch gegen den Arbeitgeber unbedingt. Weil der Provisionsanspruch von der Ausführung im Sinne des § 87a Abs. 1 HGB auflösend bedingt abhängig ist, haben zwischenzeitlich eingetretene Änderungen der Provisionsbedingungen und -voraussetzungen keinen Einfluß mehr auf den Provisionsanspruch[1].

Wegen der Einzelheiten zu dem unbedingten Entstehen des Provisionsanspruchs, insbesondere bei Nichtausführung des Geschäftes und seines dadurch eventuell bedingten Wegfalls, wird auf die gesetzliche Regelung des § 87a HGB verwiesen.

471 Ist der Provisionsanspruch im Sinne der §§ 87, 87a Abs. 1 und 3 HGB unbedingt entstanden, wird er mit der Abrechnung **fällig** (§ 87a Abs. 4 HGB). Dies ist das Ende des nächsten Monats (§ 87c Abs. 1 HGB). Dieser Abrechnungszeitraum kann jedoch gemäß § 87c Abs. 1 Satz 1 2. Halbsatz HGB auf 3 Monate verlängert werden.

472 Die **Berechnung der Provision** erfolgt nach Maßgabe des § 87b Abs. 2 und Abs. 3 HGB. Grundlage sind die ursprünglich vereinbarten Entgelte, nicht spätere Preisherabsetzungen[2]. Nachlässe für Barzahlung, Treue- und Mengenrabatte sind nicht abzusetzen. Ebensowenig sind Nebenkosten (Fracht, Verpackung, Zoll, Steuern, Versicherung etc.) und die Umsatzsteuer in Abzug zu bringen, es sei denn, daß zwischen den Arbeitsvertragsparteien etwas anderes vereinbart wurde[3].

473 Wegen der **Abrechnung** des Provisionsanspruchs und der dem Arbeitnehmer zustehenden Kontrollrechte wird auf § 87c HGB und die insoweit für Handelsvertreter geltenden Grundsätze verwiesen. Gemäß § 87c Abs. 5 HGB können die Kontrollrechte des Arbeitnehmers auf Vorlage eines Buchauszuges (§ 87c Abs. 2 HGB), Mitteilung über alle maßgeblichen Umstände (§ 87c Abs. 3 HGB) und die Möglichkeit der Einsichtnahme in die Geschäftsbücher (§ 87c Abs. 4 HGB) nicht abbedungen werden.

474 Im **Krankheitsfalle** kommt auch für kaufmännische Angestellte das Entgeltfortzahlungsgesetz zur Anwendung, nachdem § 63 HGB mit Wirkung ab 1. 6. 1994 aufgehoben worden ist. Es gilt das Lohnausfallprinzip. Gemäß § 4 Abs. 1 Satz 3 EFZG erhält daher der Arbeitnehmer, dessen Arbeitsentgelt ganz oder zumindest teilweise auf Provisionen beruht, die Provisionen weitergezahlt, die er in dieser Zeit ohne Krankheit verdient hätte. Dieser Durchschnittsverdienst ist einem vorangegangenen vergleichbaren Zeitabschnitt zu entnehmen. Um wiederkehrenden saisonalen Schwankungen Rechnung zu tragen, sind unter Um-

---

[1] MünchArbR/*Kreßel*, § 66 Rz. 26.
[2] *Schaub*, § 76 III 2.
[3] *Schaub*, § 76 III 2.

III. Verpflichtungen des Arbeitgebers   Rz. 478 **Teil 2 A**

ständen nur der entsprechende Vorjahreszeitraum oder ein anderer Zeitabschnitt vergleichbar und nicht gerade die letzten Monate vor der Erkrankung[1].

Entsprechendes gilt für die **Vergütung an Feiertagen** (§ 2 EFZG). 475

Auch während des **Urlaubs** ist die durchschnittliche Provision unabhängig von einem zusätzlichen Gehalt weiter zu leisten. Gemäß § 11 BUrlG ist der Durchschnittsverdienst der letzten 13-Wochen heranzuziehen. Wegen der unregelmäßigen Provisionshöhe (zB wie die bereits erwähnten saisonalen Unterschiede) hat aber die Rechtsprechung anerkannt, daß der gesetzliche 13-Wochen-Zeitraum nicht repräsentativ sein muß, sondern unter Umständen auf einen längeren Zeitraum oder anderen Zeitabschnitt zurückzugreifen ist[2]. Dies gilt gemäß § 11 MuSchG auch für werdende Mütter, die unter ein Beschäftigungsverbot fallen. 476

Da während des Urlaubs, der Krankheit oder des Beschäftigungsverbots der Mitarbeiter keine Geschäfte abschließen bzw. vorbereiten kann, sind ihm Provisionen, die während des Urlaubs, der Krankheit oder des Beschäftigungsverbots fällig werden, zusätzlich zu zahlen, dürfen also nicht mit der während des Urlaubs, der Krankheit oder des Beschäftigungsverbots geleisteten Vergütung verrechnet werden[3].

Der kaufmännische Angestellte hat **keinen Ausgleichsanspruch** nach § 89b HGB (§ 65 HGB). 477

Vertragsbeispiel für im Anstellungsvertrag enthaltene Provisionsregelungen: 478

„1. a) Der Arbeitnehmer hat neben dem Gehalt Anspruch auf Provision für alle während des Vertragsverhältnisses durch ihn abgeschlossenen Geschäfte.

   b) Der Provisionsanspruch entsteht nach erfolgter Auslieferung der Fahrzeuge und nach Eingang der Zahlungsmittel und deren Gutschrift. Die Provision wird mit dem Grundgehalt des dem Provisionsanspruch folgenden Monats ausgezahlt. Die Zielerreichungsprovisionen werden einen Monat nach Ablauf des Jahres zusammen mit dem Grundgehalt ausgezahlt.

2. a) Nach dem Ausscheiden aus der Firma erhält der Arbeitnehmer für alle bis zur Beendigung des Anstellungsverhältnisses abgeschlossenen Verkäufe bzw. Vermittlungen, soweit für diese ein Provisionsanspruch entsteht, eine Provision, die sich unter Zugrundelegung einer Nachbearbeitung nach dem Zeitpunkt der Auslieferung und der Bezahlung staffelt:

---

1 Siehe hierzu auch *Westhoff*, NZA 1986, Beil. 3, 25.
2 BAG v. 30. 7. 1975, AP Nr. 12 zu § 11 BUrlG.
3 BAG v. 16. 10.1959, AP Nr. 48 zu § 611 BGB – Urlaubsrecht; BAG v. 3. 6. 1958, AP Nr. 1 zu § 89b HGB.

- Bei Auslieferung und Bezahlung im 1. bis 6. Monat nach Vertragsbeendigung 3/4,
- bei Auslieferung und Bezahlung im 7. bis 12. Monat nach Vertragsbeendigung 2/3

der festgelegten Provisionen

b) Provisionsansprüche erlöschen 1 Jahr nach der Bearbeitungszuständigkeit bzw. dem Ausscheiden des Arbeitnehmers aus der Firma, wenn sie zuvor nicht schriftlich geltend gemacht wurden.

3. Provisionshöhe

a) Die Geschäftsleitung legt jährlich sogenannte Jahresabsatzziele für zu verprovisionierende Geschäfte fest. Diese werden verbindliche Grundlage der Provisionsabrechnungen.

Das Provisionssystem besteht aus 3 Komponenten:
- Grundprovision
- Zielerreichungsprovision
- Eroberungsprovision.

b) Die Firma zahlt diese Provisionen nach Maßgabe nachfolgender Bestimmungen.

aa) Grundprovision

Bemessungsgrundlage für eine Verprovisionierung ist der sich ergebende Bruttogewinn eines Fahrzeuges. Der Bruttogewinn des Fahrzeuges ist die Differenz zwischen Einkaufspreis und Verkaufspreis, vermindert um

- Nachlässe,
- Vermittlungsprovisionen,
- Rabatte an rabattberechtigte Arbeitnehmer in der Höhe, die die Firma zu tragen hat,
- Leistungen und Waren, die dem Kunden nicht berechnet werden,
- Gebrauchtwagen,
- Überzahlungen.

Die Grundprovision vom Bruttogewinn beträgt: . . . %

bb) Zielerreichungsprovision

Bemessungsgrundlage (Jahresauslieferungsziel) ist das von der Firma mit dem Arbeitnehmer vereinbarte Jahresziel bezüglich der Zahl der insgesamt auszuliefernden Neufahrzeuge. Diese Zielsetzungen dienen der Ermittlung von Zielerreichungsprovisionen. Sie unterliegen den zu Ziffer 5 angeführten Anpassungsregelungen.

Wird das vereinbarte Auslieferungsziel in Stück und Jahr erbracht bzw. überschritten, so erhält der Arbeitnehmer auf die von ihm

III. Verpflichtungen des Arbeitgebers

> gesamt erarbeitete Grundprovision eine in Abhängigkeit von dem Zielerreichungsgrad gestaffelte Zielerreichungsprovision entsprechend der folgenden Tabelle:
>
> | Zielerreichung in % | Provision in % v. d. Grundprovision |
> |---|---|
> | ab 90% | 5,0% |
> | ab 100% | 7,5% |
> | ab 110% | 10,0% |
> | ab 120% (max.) | 12,5% |
>
> cc) Eroberungsprovision
>
> Werden ____ Fahrzeuge an Käufer veräußert, die zuvor das Fahrzeug eines anderen Fahrzeugherstellers besaßen, so erhält der Arbeitnehmer eine Zusatzprovision in Höhe von 2% des auf das einzelne Geschäft entfallenden Bruttogewinns.
>
> 4. Sonder- und Aktionsprämien werden von der Firma gesondert ausgeschrieben. Sie begründen nach Abschluß der Prämienaktion keinen weiteren Anspruch auf Gewährung.
>
> 5. Anpassungsregelungen
>
> Die Firma kann in Abhängigkeit von der Modellschichtung und dem daraus resultierenden Bruttogewinn, der vom Lieferanten vorgegeben ist, bei einer Änderung jederzeit eine Anpassung der Grundprovision vornehmen.
>
> Die Firma behält sich vor, die Absatzzielsetzung zur Ermittlung der Zielerreichungsprovision im Laufe des Jahres zu verändern, sofern gravierende Abweichungen im laufenden Ist-Absatz gegenüber dem Zielabsatz zu registrieren sind. Zielanpassungen sind dem Arbeitnehmer unverzüglich mitzuteilen.
>
> Die Provisions-Prozentsätze werden für jeweils 1 Kalenderjahr bekanntgegeben. Sie bleiben in der Höhe bestehen, sofern nicht mindestens 6 Wochen vor Beginn des neuen Kalenderjahres eine anderslautende Regelung in Kraft tritt."

Wegen der eventuell gesondert zu vereinbarenden **Verrechnung der Provision** auf das Gehalt und eine etwaige Reisekostenpauschale wird auf die nachstehenden Beispiele verwiesen.

Vertragsbeispiele:

> 1. „Anspruch auf die Provision besteht nur, wenn das Gehalt von ... DM zuzüglich Reisekostenpauschale von ... DM überschritten wird. Wird in einzelnen Monaten nicht der sich aus Gehalt zuzüglich Reisekostenpauschale ergebende Betrag durch Provisionen erreicht, können im selben Kalenderjahr Provisionen verrechnet werden, die um diesen Betrag das Gehalt zuzüglich Reisekostenpauschale überschreiten."

> 2. „Basisgehalt sind 2000 DM zuzüglich folgender Zahlungen in % auf den akquirierten Umsatz gestaffelt nach Warengruppen: ... Falls im laufenden Monat das Basisgehalt zuzüglich der Provision nicht das garantierte Mindestgehalt von 3000 DM erreicht, wird das Mindestgehalt gezahlt. Im darauf folgenden Monat wird die Differenz von der Provision abgezogen, es sei denn, daß der Hauptjahresurlaub (mind. 3 Wochen) genommen wurde."

480 Die Provisionsansprüche eines kaufmännischen Angestellten („Handlungsgehilfen") **verjähren** nach § 196 Abs. 1 Nr. 8 BGB in zwei Jahren. Auf die für Handelsvertreter geltende Bestimmung des § 88 HGB wird in § 65 HGB nicht verwiesen, so daß die vierjährige Verjährungsfrist des § 88 HGB nur für selbständige Handelsvertreter gilt. Eine entsprechende Anwendung auf kaufmännische Angestellte ist deshalb ausgeschlossen[1].

Mit der **Auskunftsklage** wird diese Verjährungsfrist von Provisionsansprüchen nicht unterbrochen[2].

(2) Umsatz- und Ertragsbeteiligung

481 Mit der **Umsatz- und Ertrags-/Gewinnbeteiligung** wird der Arbeitnehmer an dem Geschäftsergebnis des Unternehmens oder des Betriebes beteiligt. Die auch als Tantieme bezeichnete Gewinnbeteiligung orientiert sich im Gegensatz zur Provision nicht am Bruttowert des einzelnen Geschäfts, sondern am Ergebnis des gesamten Unternehmens oder eines Unternehmensteils.

Im Zusammenhang mit der Beteiligung an dem Geschäftsergebnis können auch **Verlustbeteiligungen** vereinbart werden. Diese sind jedoch nur dann wirksam, wenn dafür ein angemessener Ausgleich gewährt wird[3].

Diese vorgenannten Beteiligungen werden als **zusätzliche Vergütung** gewährt, die das übliche Arbeitsentgelt ergänzt[4]. Fraglich ist, ob Vergütungsvereinbarungen wirksam sind, nach denen Arbeitnehmer nur eine umsatzabhängige Provision ohne garantierten Festbetrag beanspruchen können. Wenn nicht ein auskömmliches Mindesteinkommen garantiert ist, kann dies dem Charakter des abhängigen Arbeitsverhältnisses widersprechen[5].

482 Die Umsatz- oder Ertragsbeteiligung beruht zumeist auf einzelvertraglicher **Vereinbarung.** Rechtsgrundlage können aber auch ein Tarifvertrag oder eine Betriebsvereinbarung sein. Eine einseitige Änderung ist daher in diesen Fällen nur einverständlich oder unter den allgemeinen Voraussetzungen einer Kündigung möglich. Etwas anderes gilt dann, wenn die Tantieme lediglich als eine freiwillige, jederzeit einseitig widerrufbare Leistung zugesagt ist. In diesem Fall kann sich der Arbeitgeber für die Zukunft von dieser Zusage lösen[6].

---

1 BAG v. 5. 9. 1995, BB 1996, 271.
2 BAG v. 5. 9. 1995, BB 1996, 271.
3 BAG v. 10. 10. 1990, NZA 1991, 264.
4 MünchArbR/*Kreßel*, § 66 Rz. 86.
5 *Schiek*, BB 1997, 310.
6 MünchArbR/*Kreßel*, § 66 Rz. 92.

III. Verpflichtungen des Arbeitgebers   Rz. 488 **Teil 2 A**

Die **Höhe** und damit die Berechnung der Tantieme und Umsatzbeteiligung richtet sich nach den vertraglichen Vereinbarungen. Soweit sich die Beteiligung nach dem Gewinn richtet, ist grundsätzlich der jährliche Reingewinn maßgebend, wobei auf die vom Unternehmen aufgestellte Handelsbilanz und nicht die hiervon abweichende Steuerbilanz abzustellen ist[1]. Es gelten nicht die bei einer Gewinnbeteiligung für Vorstandsmitglieder zwingend vorgeschriebenen gesetzlichen Regelungen gemäß § 86 Abs. 2 AktG[2]. Der Arbeitgeber ist nicht berechtigt, den als Berechnungsbasis dienenden Gewinn um einen „Unternehmerlohn" zu schmälern, auch wenn er selbst im Betrieb mitarbeitet; dies gilt auch für die Kommanditisten einer KG, wenn diese wirtschaftliche Inhaber des Betriebes sind[3]. 483

Auch wenn der Arbeitnehmer bei dieser zusätzlichen Beteiligung am Geschäftsergebnis ein persönliches Interesse an einer erfolgreichen Geschäftsführung hat, so kann er doch nicht auf die **Unternehmensentscheidungen** und die Geschäftsführung des Unternehmens Einfluß nehmen bzw. aus einer für ihn finanziellen nachteiligen Maßnahme der Geschäftsführung finanzielle Ansprüche herleiten[4]. Etwas anderes kann dann gelten, wenn bewußt zum Nachteil der beteiligten Arbeitnehmer Entscheidungen getroffen werden. 484

Die Umsatz- und Ertragsbeteiligung wird **fällig**, sobald die Bilanz festgestellt ist oder bei ordnungsgemäßem Geschäftsgang hätte festgestellt werden können[5]. 485

Ohne besondere Vereinbarung ist eine Zwischenbilanz lediglich zur Feststellung der Beteiligung eines **im Laufe des Geschäftsjahres eintretenden oder ausscheidenden Mitarbeiters** nicht zu erstellen. Hier gilt grundsätzlich nur ein zeitanteiliger Anspruch nach Maßgabe des Jahresergebnisses. 486

Um die Richtigkeit der ihm gegenüber mitgeteilten Umsatz- oder Ertragsbeteiligung überprüfen zu können, hat der Arbeitnehmer einen **Auskunftsanspruch** gegenüber dem Arbeitgeber[6]. 487

(3) Bedienungsgelder

Bedienungs- oder Trinkgelder werden im Hotel- und Gaststättengewerbe als **zusätzliche Vergütung** gesehen. Beim sogenannten Tronc-System werden diese Trink- oder Bedienungsgelder für die am Tronc Beteiligten einer gemeinsamen Kasse zugeführt, aus der jeder der beteiligten Arbeitnehmer den ihm zustehenden Anteil nach einem vereinbarten Verteilungsschlüssel erhält. Bemessen werden kann diese Beteiligung auch an einem Prozentsatz der Preise, die nach der Gesamtabrechnung die von dem betreffenden Arbeitnehmer/Kellner bedienten Gäste haben zahlen müssen. 488

---

1 BAG v. 7. 7. 1960, AP Nr. 2 zu § 242 BGB – Auskunftspflicht.
2 MünchArbR/*Kreßel*, § 66 Rz. 90.
3 LAG Köln v. 12. 8. 1994 – 13 Sa 457/94, nv.
4 MünchArbR/*Kreßel*, § 66 Rz. 95; *Schaub*, § 77, 4.
5 MünchArbR/*Kreßel*, § 67 Rz. 98; *Schaub*, § 77, 6.
6 MünchArbR/*Kreßel*, § 66 Rz. 96; *Schaub*, § 77, 5.

Von den Gästen freiwillig gewährte Trinkgelder gehören arbeitsrechtlich **in der Regel nicht zum Arbeitsverdienst.** Die Möglichkeit, von den Gästen Trinkgelder zu erhalten, ist nicht als Naturalvergütung anzusehen[1]. Anders kann es sich verhalten, wenn sich der Arbeitgeber bei Abschluß des Arbeitsvertrages – ggf. konkludent – dazu verpflichtet hat, dem Arbeitnehmer als Teil seiner Vergütung die Erwerbschance zu geben, etwaige Trinkgelder in Empfang zu nehmen[2]. Bei Fehlen einer besonderen arbeitsvertraglichen Vereinbarung sind somit Trinkgelder im Krankheitsfall, während des Urlaubs oder für die Dauer einer Betriebsratstätigkeit nicht als Arbeitsentgelt vom Arbeitgeber fortzuzahlen[3].

(4) Prämien

489 Prämien knüpfen an bestimmte Arbeitserfolge an oder **honorieren besondere Leistungen** des Arbeitnehmers, wie zB auch die Dauer der Betriebszugehörigkeit. – Zu der Anwesenheitsprämie, mit welcher Arbeitnehmer motiviert werden sollen, die Zahl der Fehltage möglichst gering zu halten, siehe nachstehend Rz. 527 ff.

Mit einer Prämie wird neben dem sonstigen Arbeitsentgelt also ein **Erfolg oder Ereignis** zusätzlich vergütet. So werden Prämien für die Einsparung von Arbeitsmaterialien oder für qualitativ besonders gute Leistungen gewährt. Insbesondere sind Prämien auch für technische Verbesserungsvorschläge in Betriebsvereinbarungen vorgesehen, die das betriebliche Vorschlagswesen zum Gegenstand haben.

490 Prämien dürfen aber **nicht als Anreiz für sogenannte Streikbrecher** zugesagt oder gezahlt werden. Die Zahlung einer Prämie an diejenigen Arbeitnehmer, die sich nicht an einem Streik beteiligen, stellt eine unzulässige Maßregelung im Sinne des § 612a BGB iVm. Art. 9 Abs. 3 Satz 3 GG dar[4]. Dagegen hat das LAG Düsseldorf dann keinen Verstoß gegen den arbeitsrechtlichen Gleichbehandlungsgrundsatz und das Maßregelungsverbot des § 612a BGB gesehen, wenn ein Arbeitgeber nach Abschluß eines Streiks eine Zulage ausschließlich an die gewerblichen Arbeitnehmer in der Produktion zahlt, die während des Streiks unter erschwerten Bedingungen gearbeitet haben[5].

491 Knüpft die Prämie an **wiederkehrende Leistungen, Erfolge oder Ereignisse** an, so gelten für die Prämie die gleichen Grundsätze wie für die Gewährung einer Gratifikation bezüglich der Gleichbehandlung, der Abänderung und einer etwaigen Rückzahlungsverpflichtung.

ff) Gratifikationen

492 Unter Gratifikationen sind Zuwendungen zu verstehen, die der Arbeitgeber **aus bestimmten Anlässen** einmalig oder jährlich wiederkehrend gewährt. Rechtli-

---

1 BAG v. 28. 6. 1995, DB 1996, 226.
2 BAG v. 28. 6. 1995, DB 1996, 226.
3 BAG v. 28. 6. 1995, DB 1996, 226.
4 BAG v. 13. 7. 1993, NZA 1993, 1135.
5 LAG Düsseldorf v. 17. 12. 1991, NZA 1992, 519.

III. Verpflichtungen des Arbeitgebers

che Probleme im Zusammenhang mit solchen Zuwendungen resultieren in erster Linie aus Anspruchsbeschränkungen, der Berücksichtigung von Fehlzeiten sowie dem Wegfall und aus Rückzahlungsklauseln.

Außer als Gratifikation bzw. Weihnachtsgratifikation werden diese einmaligen, neben dem eigentlichen Arbeitsentgelt gewährten Sonderzahlungen auch Weihnachtsgeld, 13. Monatseinkommen bzw. -gehalt, Jahres-Sonderzuwendung oder, wie im BAT-Bereich, schlicht als Zuwendung bezeichnet. Allerdings hat die Rechtsprechung auch aus diesen Begriffen bereits unterschiedliche rechtliche Folgerungen gezogen, indem unterschieden wird zwischen Jahressonderzahlungen mit reinem Entgeltcharakter, Sonderzahlung als reine Belohnung von Betriebstreue und Sonderzahlung mit sogenanntem Mischcharakter[1].

Anspruchsgrundlage derartiger jährlicher Sonderzahlungen können, wie auch bei den anderen individuellen Ansprüchen des Arbeitnehmers, neben einzelvertraglichen Vereinbarungen tarifliche Regelungen, aber auch Betriebsvereinbarungen sein. Darüber hinaus sind gerade für Ansprüche auf derartige jährliche Sonderzahlungen der Gesichtspunkt der betrieblichen Übung und der Gleichbehandlungsgrundsatz als Rechtsgrundlage von Bedeutung.

493

Die einzelvertragliche Vereinbarung kann auf dem Arbeitsvertrag und auf einheitlichen Regelungen gegenüber sämtlichen Mitarbeitern durch Bekanntmachung und Zahlung beruhen.

Betriebliche Übung ist die Rechtsgrundlage für den Anspruch auf die jährliche Sonderzahlung, wenn der Arbeitgeber derartige Leistungen wiederholt und vorbehaltlos gewährt und hierdurch für die Arbeitnehmer den Vertrauenstatbestand erweckt hat, er wolle sich auch in Zukunft binden[2]; siehe dazu auch unten Rz. 869 ff. Aus einer mindestens dreimaligen vorbehaltlosen Zahlung in drei aufeinanderfolgenden Jahren hat daher das Bundesarbeitsgericht in ständiger Rechtsprechung die Vereinbarung eines Anspruchs auf eine Sonderzahlung gefolgert, wenn nicht aus besonderen Umständen ein entgegenstehender Bindungswille des Arbeitgebers entnommen werden kann[3]. Gegen das Entstehen einer dahingehenden betrieblichen Übung kann sprechen, daß der Arbeitgeber bei jeder derartigen Sonderzuwendung hervorgehoben hat und hervorhebt, daß es sich um eine freiwillige Leistung handelt, die jederzeit widerrufbar ist und keine Verpflichtung für die Zukunft begründen soll[4]. Dieser Vorbehalt muß jedoch gegenüber jedem einzelnen Empfänger dieser Sonderzuwendung geäußert werden. Dies kann durch Unterzeichnen eines entsprechenden Revers vor Aushändigung oder Überweisung der Sonderzuwendung geschehen oder aber durch eine Mitteilung, die mit der Lohn- und Gehaltsabrechnung dem Arbeitnehmer zugeht (siehe das Beispiel Rz. 526). – Der Arbeitgeber ist aufgrund eines Freiwilligkeitsvorbehalts jederzeit frei, erneut zu bestimmen, ob und unter welchen

494

---

1 So stellt *Schaub* die Abschlußgratifikation und das 13. Monatsgehalt begrifflich neben die Gratifikation, *Schaub*, § 78 I.
2 *Schiefer*, NZA 1993, 1015, 1016; *Schaub*, § 78 II 5.
3 BAG v. 6. 3. 1956, 4. 10. 1956 und 27. 6. 1958, AP Nr. 3, 4, 7 zu § 611 BGB – Gratifikation; *Schaub*, § 78 II 5.
4 BAG v. 6. 12. 1995, DB 1996, 739; *Schiefer*, NZA 1993, 1016.

Voraussetzungen er eine Gratifikation gewähren will, also auch noch für den laufenden Bezugszeitraum[1]. Für das Jahr der Ankündigung der freiwilligen Gratifikation erwerben die Arbeitnehmer jedoch einen Rechtsanspruch[2]. Zu einer betrieblichen Übung kommt es auch dann nicht, wenn aus dem Verhalten des Arbeitgebers nur eine Zahlung für das jeweilige Jahr abzuleiten ist[3].

Der aus betrieblicher Übung entstandene Anspruch auf das Weihnachtsgeld kann nur durch eine einvernehmliche Änderung des Arbeitsvertrages beseitigt werden[4]; dies kann auch eine gegenläufige Übung sein[5].

495 Da der Arbeitgeber einzelne Arbeitnehmer nicht ohne ausreichenden Grund von sonst allgemein gewährten Leistungen ausschließen darf, kann der Anspruch auf Zahlung der jährlichen Sonderzuwendung auch auf dem **Gleichbehandlungsgrundsatz** beruhen. Der Gleichbehandlungsgrundsatz gebietet dem Arbeitgeber, bei freiwilligen Leistungen die Voraussetzungen so abzugrenzen, daß nicht sachwidrig oder willkürlich ein Teil der Arbeitnehmer von den Vergünstigungen ausgeschlossen bleibt[6]. Dem Arbeitgeber ist es also verwehrt, in seinem Betrieb einzelne oder Gruppen von Arbeitnehmern ohne sachlichen Grund von allgemein begünstigenden Regelungen wie die jährlichen Sonderzahlungen auszunehmen oder sie schlechter zu stellen. Diese Bindung an den Gleichbehandlungsgrundsatz wird auch durch einen in den Vorjahren regelmäßig erklärten Freiwilligkeitsvorbehalt für das Jahr der Zahlung nicht ausgeschlossen[7].

Das Bundesarbeitsgericht hat **sachliche Gründe für eine Differenzierung** ua. in der Bindung qualifizierter Arbeitnehmer an den Betrieb, im Ausgleich übertariflicher Leistungen der anderen Gruppe[8] oder in der Möglichkeit anderweitiger Einkünfte (Trinkgeld)[9] gesehen. Auch können im Laufe des Bezugsjahres ausscheidende Arbeitnehmer von der freiwilligen Leistung ausgenommen werden, obwohl im Laufe des Bezugsjahres neu eintretende Mitarbeiter die Gratifikation zeitanteilig erhalten[10].

496 Da jährliche Sonderzahlungen freiwillige Arbeitgeberleistungen darstellen, hat der **Betriebsrat** keinen Anspruch darauf, daß Betriebsvereinbarungen abgeschlossen werden, die die Zahlung von Gratifikationen etc. zum Gegenstand haben. Mithin können derartige Betriebsvereinbarungen durch den Arbeitgeber auch ohne die Nachwirkung gemäß § 77 Abs. 6 BetrVG gekündigt werden[11].

---

1 BAG v. 5. 6. 1996, BB 1996, 2147.
2 BAG v. 26. 6. 1975, AP Nr. 86 zu § 611 BGB – Gratifikation.
3 BAG v. 16. 4. 1997, BB 1997, 1798.
4 BAG v. 14. 8. 1996, NZA 1996, 1323.
5 BAG v. 26. 3. 1997, DB 1997, 1672; kritisch dazu Kettler, NJW 1998, 435.
6 BAG v. 26. 10. 1994, AP Nr. 167 zu § 611 BGB – Gratifikation = BB 1995, 1411 = NZA 1995, 307; BAG v. 8. 3. 1995, BB 1996, 378.
7 BAG v. 26. 10. 1994, AP Nr. 167 zu § 611 BGB – Gratifikation = BB 1995, 1411 = NZA 1995, 307.
8 BAG v. 25. 1. 1984, NZA 1984, 323, 326; BAG v. 30. 3. 1994, BB 1994, 1219.
9 BAG v. 19. 4. 1995, NZA 1995, 985.
10 BAG v. 8. 3. 1995, BB 1996, 378.
11 BAG v. 17. 1. 1995, DB 1995, 1918.

III. Verpflichtungen des Arbeitgebers

Die **Höhe** der jährlichen Sonderzahlung bestimmt sich ebenfalls nach den vorstehend aufgezeigten Rechtsgrundlagen. 497

Der Anspruch auf die jährliche Sonderzahlung kann davon abhängig gemacht werden, daß der Arbeitnehmer an einem bestimmten **Stichtag** oder im Zahlungszeitpunkt dem Betrieb angehört und sich noch in einem **ungekündigten Arbeitsverhältnis** befindet. Bei derartigen Regelungen wird davon ausgegangen, daß der Zweck der Sonderzahlung auch darin besteht, zu zukünftiger Betriebstreue anzuhalten. Aus diesem Grunde besteht auch kein anteiliger Anspruch auf die Sonderzahlung[1]. 498

Dies gilt auch für den Fall einer **arbeitgeberseitigen betriebsbedingten Kündigung**[2]; selbst dann, wenn der Arbeitgeber früher als nötig gekündigt hat, also die Mindestkündigungsfrist erst nach dem maßgeblichen Stichtag zu laufen beginnt. – Anders verhält es sich, wenn der Arbeitgeber nur deshalb so frühzeitig gekündigt hat, um den Arbeitnehmer von der Gratifikation auszuschließen[3].

Sofern der Anspruch davon abhängig gemacht wird, daß sich der Arbeitnehmer noch in einem ungekündigten Arbeitsverhältnis befindet, so haben **andere Beendigungstatbestände**, wie zB ein Aufhebungsvertrag oder die Auflösung des Arbeitsverhältnisses durch das Arbeitsgericht gemäß § 9 KSchG, keinen Einfluß auf den Anspruch[4].

Anders stellt sich die Rechtslage dar, wenn im Arbeitsvertrag schlicht dem Mitarbeiter ein **13. oder 14. Gehalt** zugesagt wird[5]. Solange die Zahlung nicht davon abhängig gemacht wird, daß der Arbeitnehmer sich an einem bestimmten Stichtag (der allgemein betriebsübliche Auszahlungstermin 30.11.) in einem ungekündigten Arbeitsverhältnis befindet, hat hier der Arbeitnehmer Anspruch auf eine für die Dauer seines Arbeitsverhältnisses in diesem Kalenderjahr zeitanteilige Leistung. Aber die Bezeichnung als Weihnachtsgeld läßt die Auslegung zu, daß ein Anspruch dann nicht gegeben ist, wenn das Arbeitsverhältnis zu Weihnachten nicht mehr besteht[6]. 499

Bezüglich der **Kürzung jährlicher Sonderzahlungen wegen Fehlzeiten** wird unterschieden, ob es sich um Arbeitsunfähigkeitszeiten, Mutterschutzzeiten (§§ 3 Abs. 2, 6 Abs. 1 MuSchG) oder Erziehungsurlaub gemäß § 15 BErzGG handelt. Nach dem Regelwerk und dem Zweck der Jahressonderzahlung bestimmt sich, ob sich Fehlzeiten anspruchsausschließend oder anspruchsmindernd auf die jährliche Sonderzahlung auswirken. Läßt sich eine Kürzungsbefugnis nicht bereits der Zweckbestimmung der Sonderzuwendung entnehmen, kommt es 500

---

1 *Schiefer*, NZA 1993, 1021.
2 BAG v. 4. 9. 1985, NZA 1986, 225; *Reiserer*, NZA 1992, 436.
3 *Schiefer*, NZA 1993, 1021.
4 BAG v. 7. 10. 1992, NZA 1993, 948; *Schiefer*, NZA 1993, 1021.
5 Sofern das 13. Monatseinkommen von dem Arbeitsentgelt abhängig gemacht wird, ist nur dieses und nicht der erzielte Gesamtverdienst maßgebend, BAG v. 21. 12. 1994, DB 1995, 983.
6 BAG v. 30. 3. 1994, NZA 1994, 651.

darauf an, ob eine ausdrückliche Kürzungsregelung gegeben ist und ob diese die jeweils in Betracht kommende Fehlzeit erfaßt[1].

501 Handelt es sich um eine Jahressonderzahlung mit reinem **Entgeltcharakter** (so zB die ohne jede Einschränkung erfolgte vertragliche Vereinbarung eines 13. Monatsgehalts), so besteht ohnehin nur für die Dauer des Arbeitsverhältnisses im Laufe des Bezugsjahres Anspruch auf die Zahlung dieser Sonderzuwendung, also entsprechend dem Eintritts- oder Ausscheidensdatum nur zeitanteilig.

502 Demgemäß erhält der Arbeitnehmer für **Fehlzeiten,** in denen er keine Ansprüche auf Arbeitsentgelt hat, keinen Anspruch auf die jährliche Sonderzahlung bzw. kann diese um derartige Fehlzeiten gekürzt werden[2]. Es bedarf also keiner gesonderten vertraglichen Kürzungsregelung[3], wenn der vertraglichen Regelung deutlich zu entnehmen ist, daß die Gratifikation bzw. das 13. Monatsgehalt (in diesem Zusammenhang der eindeutigere Begriff) Teil der im Austauschverhältnis zur Arbeitsleistung stehenden Vergütung ist.

503 **Vertragsbeispiel:**

> „Der Arbeitnehmer erhält für seine Tätigkeit ein Gehalt von monatlich . . . DM brutto zuzüglich eines 13. Monatsgehaltes in Höhe von . . . DM brutto, welches mit dem November-Gehalt überwiesen wird."

504 Vorstehendes gilt auch für **berechtigte Fehlzeiten ohne Anspruch auf Fortzahlung des Arbeitsentgelts,** so daß ua. bei Vorliegen der folgenden Fehlzeiten kein Anspruch besteht bzw. eine Kürzung berechtigt ist:

- Abwesenheit infolge Arbeitsunfähigkeit nach Ablauf des 6-wöchigen Entgeltfortzahlungszeitraums[4],
- Zeiten des Erziehungsurlaubs[5],
- Zeiten des Wehrdienstes,
- Zeiten einer Wehrübung, soweit diese nicht länger als 3 Tage dauert (ansonsten gemäß § 11 Abs. 1 S. 1 ArbPlSchG Entgeltanspruch),
- Zeiten des Sonderurlaubs unter Wegfall der Bezüge[6].

---

1 *Schiefer,* NZA 1993, 1018; siehe dazu auch *Wackerbarth,* Entgelt für Betriebstreue, § 3 I und II.
2 *Schiefer,* NZA 1993, 1019.
3 BAG v. 24. 10. 1990, NZA 1991, 318.
4 BAG v. 23. 5. 1984, AP Nr. 14 zu § 611 BGB – Anwesenheitsprämie; BAG v. 5. 8. 1992, AP Nr. 144 zu § 611 BGB – Gratifikation; dies gilt auch für krankheitsbedingte Fehlzeiten im Zusammenhang mit einer Schwangerschaft, BAG v. 27. 7. 1994, AP Nr. 164 zu § 611 BGB – Gratifikation.
5 BAG v. 24. 10. 1990, NZA 1991, 318; BAG v. 19. 4. 1995, DB 1995, 2272 = NZA 1995, 1098; BAG v. 24. 5. 1995, NZA 1996, 31. Eine an Zeiten des Erziehungsurlaubs anknüpfende Minderung der Sonderzahlung verstößt nicht gegen Art. 119 EWG-Vertrag, BAG v. 28. 9. 1994, AP Nr. 165 zu § 611 BGB – Gratifikation; ebenso für mutterschaftliches Beschäftigungsverbot nach der Niederkunft BAG v. 14. 12. 1995, DB 1996, 2341.
6 *Schiefer,* NZA 1993, 1019.

III. Verpflichtungen des Arbeitgebers

Behält sich der Arbeitgeber die Zahlung einer Gratifikation vertraglich vor, ist dieser notwendige Austauschcharakter nicht gegeben. Eine anteilige Kürzung für Fehlzeiten, in denen kein Anspruch auf Arbeitsentgelt besteht, ist dann nur möglich, wenn dies ausdrücklich vereinbart ist. Aufgrund eines **Freiwilligkeitsvorbehalts** ist der Arbeitgeber aber nicht gehindert, künftig den Personenkreis anders zu bestimmen und etwa Arbeitnehmer, deren Arbeitsverhältnis ruht, von der Leistung auszunehmen[1]. Ein solcher Freiwilligkeitsvorbehalt hat zum Inhalt, daß sich der Arbeitgeber nicht nur für die Zukunft, sondern auch für den laufenden Bezugszeitraum[2] die Entscheidung darüber vorbehält, nicht nur ob er eine Gratifikation und ggf. in welcher Höhe zahlen will, sondern auch darüber, unter welchen näher bestimmten Voraussetzungen und an welche Arbeitnehmer künftig eine Gratifikation gezahlt werden soll. Davon zu unterscheiden ist der Widerrufsvorbehalt, der für eine zunächst zugestandene Verpflichtung eine spätere einseitige Lösung vorsieht. 505

Stellt die Rechtsgrundlage für die Leistung der jährlichen Sonderzahlung auf die tatsächlich erbrachte **Arbeitsleistung** ab, so war bislang fraglich, ob eine Kürzung für Fehlzeiten, für die dem Arbeitnehmer ein Anspruch auf Vergütungszahlung gegen den Arbeitgeber zustand, möglich sei. Mit der Entscheidung vom 12. 7. 1995[3] hat das Bundesarbeitsgericht seine gegenteilige Entscheidung vom 12. 5. 1993[4] aufgegeben. Danach gilt die Zeit der Beschäftigungsverbote während der Mutterschutzfristen nach den §§ 3 und 6 MuSchG nicht als Zeit einer tatsächlichen Arbeitsleistung. 506

Es stellt keinen Verstoß gegen das Maßregelungsverbot des § 612a BGB dar, wenn die vertragliche Vereinbarung eine Minderung der freiwillig gewährten Weihnachtsgratifikation durch **Zeiten krankheitsbedingter Arbeitsunfähigkeit** vorsieht, auch wenn hierfür dem Arbeitnehmer das Arbeitsentgelt zu zahlen ist[5]. Gemäß § 4b EFZG darf die Kürzung jedoch für jeden Tag der Arbeitsunfähigkeit infolge Krankheit ein Viertel des Arbeitsentgelts, das im Jahresdurchschnitt auf einen Arbeitstag entfällt, nicht überschreiten. 507

Soll mit der Sonderzuwendung ausschließlich die **Betriebstreue belohnt** werden, ist der Anspruch auf die jährliche Sonderzahlung allein vom Bestand des Arbeitsverhältnisses zum Zeitpunkt der Auszahlung bzw. des festgelegten Stichtages abhängig. Sie kann nicht aufgrund von Fehlzeiten gekürzt werden[6]. – Nicht zuletzt aufgrund der vom BAG vorgenommenen Auslegung sind Sonderzahlungen nur für die gezeigte Betriebstreue selten. Nach Auffassung des BAG soll mit einer Jahressonderzahlung, die von der Betriebszugehörigkeit abhängt, im Zweifel mindestens auch im Bezugsjahr geleistete Arbeit zusätzlich belohnt werden[7]. 508

---

1 BAG v. 6. 12. 1995, DB 1996, 739.
2 BAG v. 5. 6. 1996, DB 1996, 2033.
3 BB 1995, 2273 = DB 1995, 2427 = NZA 1995, 1165.
4 NZA 1993, 1002.
5 BAG v. 26. 10. 1994, BB 1995, 312.
6 *Schiefer*, NZA 1993, 1019.
7 BAG v. 7. 9. 1989, NZA 1990, 498.

509 Macht eine tarifliche Regelung den Anspruch auf eine Jahressonderzahlung allein vom **rechtlichen Bestand** des Arbeitsverhältnisses abhängig, dann ist diese Sonderzahlung auch für Zeiten zu gewähren, in denen das Arbeitsverhältnis geruht hat (zB wegen eines Arbeitskampfes)[1].

510 Im Gegensatz dazu stehen **Sonderzahlungen mit Mischcharakter.** Um eine derartige Sonderzahlung handelt es sich, wenn neben einer Klausel, die vergangene oder künftige Betriebstreue belohnen will, eine Regelung entnommen werden kann, die auf die gleichzeitige Honorierung der Arbeitsleistung hinweist[2]. Im Zweifel ist anzunehmen, daß mit einer jährlichen Sonderzahlung zumindest auch im Bezugszeitraum geleistete Arbeit zusätzlich vergütet werden soll[3].

Aus dem Mischcharakter folgt, daß der Arbeitnehmer dann keinen Anspruch auf die Gratifikation hat, wenn er vor dem Bezugstag aus dem Arbeitsverhältnis ausscheidet. Ohne ausdrückliche Regelung findet hier keine Quotierung entsprechend der zurückgelegten Zeit zur Gesamtdauer des Beschäftigungsverhältnisses im Kalenderjahr statt[4].

Sonderzahlungen mit Mischcharakter können wegen zurückliegender Fehlzeiten auch nur gekürzt werden, wenn dies ausdrücklich vorgesehen ist oder sie ohnehin vertraglich unter dem ausdrücklichen Vorbehalt der Freiwilligkeit der Leistung in Aussicht gestellt werden[5].

511 Die **Notwendigkeit eindeutiger Formulierungen** der die Sonderzahlungen betreffenden Vereinbarungen wird aus der Entscheidung des Bundesarbeitsgerichts vom 10. 5. 1995 deutlich. Danach durfte für Zeiten des Erziehungsurlaubs das Weihnachtsgeld nicht gekürzt werden, weil es sich nicht um eine Sonderzahlung mit reinem Entgeltcharakter handelte[6]. Der Jahressonderzahlung mit reinem Entgeltcharakter standen in dem hier entschiedenen Fall der Vorbehalt des jederzeitigen Widerrufs und der Hinweis, daß kein Rechtsanspruch auf das Weihnachtsgeld bestehe, entgegen.

512 Bei den Kürzungsregelungen ist zur Vermeidung eines Verstoßes gegen das Maßregelungsverbot des § 612a BGB zu beachten, daß die gegenseitigen **Interessen der Vertragsparteien** gewahrt werden[7]. Die Ausgestaltung und Handhabung einer vertraglichen Kürzungsregelung für Fehlzeiten unterliegen entsprechend § 315 BGB der richterlichen Kontrolle. Eine Vereinbarung wahrt im Regelfall die Interessen der Vertragsparteien, wenn die Kürzungsrate pro Fehltag 1/60 der jährlichen Sonderzahlung bzw. die Grenze des § 4b EFZG im Krankheitsfalle nicht übersteigt[8].

---

1 BAG v. 20. 12. 1995, NZA 1996, 491.
2 *Schiefer*, NZA 1993, 1018.
3 BAG v. 7. 9. 1989, NZA 1990, 498.
4 BAG v. 7. 11. 1991, BB 1992, 142.
5 BAG v. 24. 10. 1990, NZA 1991, 317; BAG v. 22. 2. 1995, BB 1995, 988; BAG v. 6. 12. 1995, DB 1996, 739.
6 BAG v. 10. 5. 1995, BB 1995, 1963 = NZA 1995, 1096.
7 Zum Prämienverlust bei Streikteilnahme s. BAG v. 31. 10. 1995, BB 1996, 1275.
8 BAG v. 15. 2. 1990, NZA 1990, 601.

III. Verpflichtungen des Arbeitgebers

Obwohl Sonderzahlungen gerade auch im Hinblick auf die besonderen finanziellen Bedürfnisse zu Weihnachten mit dem Novembergehalt ausgezahlt werden, sind sie in Ermangelung anderweitiger Regelungen nach der Rechtsprechung am 31. 12. des Jahres **fällig**[1]. 513

Kündigt ein Arbeitnehmer unmittelbar nach Erhalt der jährlichen Sonderzahlung sein Arbeitsverhältnis, so hat er diese Sonderzuwendung nur dann **zurückzuzahlen**, wenn dies mit ihm besonders vereinbart worden ist. Aber auch dann kann die Erstattung der Sonderzahlung seitens des Arbeitgebers nur unter ganz bestimmten Voraussetzungen hinsichtlich des Ausscheidungszeitpunkts und der Höhe der gewährten Sonderzahlung geltend gemacht werden. Rückzahlungsklauseln sollen den Arbeitnehmer nicht in seinen Grundrechten auf freie Entfaltung der Persönlichkeit (Art. 2 GG) und freie Wahl des Arbeitsplatzes (Art. 12 GG) durch eine Kündigungserschwerung einschränken. 514

Für einzelvertraglich vereinbarte Rückzahlungsklauseln (im Gegensatz zu tarifvertraglichen Regelungen) hat die Rechtsprechung folgende Regeln aufgestellt: 515

- Bei Gratifikationen bis zu 200 DM darf keine Bindung vereinbart werden[2].
- Bei einem Betrag, der 200 DM übersteigt, aber kein Monatsentgelt erreicht, darf nur eine Bindung bis zum 31. 3. des nächsten Jahres festgelegt werden[3].
- Bei einem Betrag von mindestens einem Monatsgehalt ist eine Bindung über den 31. 3. des folgendes Jahres hinaus zulässig. Unter Zugrundelegung der bisher für Angestellte geltenden Kündigungsfristen war bislang die Auffassung vertreten worden, daß es dem Arbeitnehmer zuzumuten sei, diese eine Kündigungsmöglichkeit (31. 3.) auszulassen, und den Betrieb erst nach dem 31. 3. zum nächstzulässigen Kündigungstermin zu verlassen. Infolge der Änderung des § 622 BGB müßte diese Argumentation dazu führen, daß bei einer Zahlung der Sonderzuwendung per 30. 11. des Vorjahres bereits für Gratifikationen von weniger als einem Monatsgehalt die Frist am 15. 1. des folgenden Jahres, und die für Gratifikationen in Höhe eines Monatsverdienstes am 15. 2. des folgenden Jahres endet.
- Bei einer Gratifikation von mehr als einem, aber weniger als zwei Monatsverdiensten kann eine Rückzahlungsklausel den Arbeitnehmer nicht über den 30. 6. des folgenden Jahres hinaus binden, wenn er wie bisher und seit der Änderung des § 622 BGB erst recht mehrere Kündigungsmöglichkeiten hat[4].
- Nur dann, wenn die Sonderzahlung einen Monatsverdienst erheblich überschreitet, kann ausnahmsweise die Bindung über den 30. 6. des folgenden Jahres hinausgehen[5].

Der Bindungszeitraum endet mit Ablauf des genannten Tages (24.00 Uhr)[6].

---

1 BAG v. 8. 11. 1978, DB 1979, 505; *Schiefer*, NZA 1993, 1022.
2 BAG v. 17. 3. 1982, AP Nr. 110 zu § 611 BGB – Gratifikation.
3 BAG v. 28. 1. 1981, AP Nr. 106 zu § 611 BGB – Gratifikation; BAG v. 9. 6. 1993, AP Nr. 150 zu § 611 BGB – Gratifikation.
4 *Schiefer*, NZA 1993, 1023.
5 BAG v. 12. 12. 1962, AP Nr. 25 zu § 611 BGB – Gratifikation; BAG v. 27. 10. 1978, DB 1979, 898.
6 LAG Düsseldorf v. 25. 3. 1997, NZA-RR 1997, 457.

516 Die Rückzahlungspflicht muß **ausdrücklich und eindeutig** sowie für den Arbeitnehmer überschaubar und klar geregelt werden. Ohne eine ausdrückliche Rückzahlungsklausel ist der Arbeitnehmer, der vorzeitig ausscheidet, zur Rückzahlung des erhaltenen Weihnachtsgeldes/Sonderzahlung nicht verpflichtet. Ein bloßer Freiwilligkeitsvorbehalt begründet keine Rückzahlungsverpflichtung[1]. Eine Rückzahlungsvereinbarung ohne Festlegung irgendwelcher Voraussetzungen für den Eintritt der Rückzahlungspflicht und ohne eindeutige Bestimmung des Zeitraums der Bindung des Arbeitnehmers ist unwirksam[2].

517 Anders als bei einzelvertraglichen Regelungen kann durch **Tarifvertrag** die Rückzahlungspflicht erweitert werden[3] (siehe zB Zuwendungs-Tarivertrag zum BAT)[4]. Diese tarifliche Rückzahlungsregelung gilt auch dann, wenn der Tarifvertrag nur durch Vereinbarung, also durch Inbezugnahme im Einzelvertrag, auf das Arbeitsverhältnis Anwendung findet[5].

518 Mit einer **Betriebsvereinbarung** kann eine weitergehende Bindung des Rückzahlungsvorbehalts jedoch nicht geregelt werden[6].

519 Gratifikationsansprüche sind **steuer- und beitragspflichtig.** Für derartig einmalig gezahltes Arbeitsentgelt, das zusammen mit dem laufenden Arbeitsentgelt die monatliche Beitragsbemessungsgrenze übersteigt, wird als Bemessungsrahmen der gesamte Teil der Jahresbeitragsbemessungsgrenze vom Beginn des laufenden Kalenderjahres bis zum Ende des Auszahlungsmonats zugrunde gelegt[7]. Mit Wirkung ab 1. 1. 1997 sind die Vorschriften zur Beitragspflicht von einmalig gezahltem Arbeitsentgelt für alle Bereiche der Sozialversicherung sowie die Arbeitslosenversicherung im Vierten Buch SGB zusammengefaßt (§ 23a SGB IV)[8].

520 Für die Zukunft kann ein bereits entstandener **Anspruch** auf die jährliche Sonderzahlung nur durch Einigung oder Änderungskündigung **beseitigt** werden, wenn er auf einer einzelvertraglichen Vereinbarung oder betrieblichen Übung beruht[9]. Gegenüber neu eintretenden Mitarbeitern kann die Betriebsübung

---

1 LAG Rheinland-Pfalz v. 19. 4. 1996, NZA-RR 1997, 46.
2 BAG v. 14. 6. 1995, NZA 1995, 1034.
3 *Schiefer,* NZA 1993, 1023; *Großmann/Schneider,* Tz. 180.
4 Die Zuwendung nach dem – weitgehend inhaltlich gleichen – kirchlichen Zuwendungs-Tarifvertrag wird auch nicht „pro rata temporis" verdient, so daß ihre Anspruchsgrundlage noch kurz vor dem Fälligkeitstag mit Wirkung für den gesamten Bezugszeitraum geändert werden kann, BAG v. 17. 4. 1996, DB 1996, 2630.
5 BAG v. 31. 3. 1966 und 23. 2. 1967, AP Nr. 54, 57 zu § 611 BGB – Gratifikation.
6 BAG v. 16. 11. 1967, AP Nr. 63 zu § 611 BGB – Gratifikation; *Schiefer,* NZA 1993, 1023.
7 *Schaub,* § 78 VII 3.
8 Anders als nach bisher geltendem Recht werden zugunsten des sozialversicherten Arbeitnehmers leistungsrechtlich Einmalzahlungen berücksichtigt, wenn der Arbeitnehmer diese Sonderzahlung während der Zeit des Lohnersatzes nicht erhält, obwohl er sie sonst – zB im Bereich der gesetzlichen Krankenversicherung ohne die Arbeitsunfähigkeit – erhalten würde. In diesen Fällen wird gemäß § 47a SGB V ein zusätzliches Krankengeld als Lohnersatz für eine ausfallende Einmalzahlung geleistet.
9 BAG v. 14. 8. 1996, NZA 1996, 1323.

durch einseitigen, nach außen in Erscheinung tretenden Entschluß des Arbeitgebers beendet werden, zB durch Bekanntmachung oder durch einen individuellen Zusatz in den zukünftigen Arbeitsverträgen, daß keine jährliche Sonderzahlung gewährt wird[1]. Aus Gründen des Wegfalls der Geschäftsgrundlage infolge der Verschlechterung der finanziellen Lage des Betriebes kann der Arbeitgeber nicht einseitig die Zahlung von tariflich abgesicherten Gratifikationsansprüchen verweigern[2].

Eine Ablösung durch eine nachfolgende Betriebsvereinbarung kann nur auf der Grundlage des vom Großen Senat des BAG angeführten **kollektiven Günstigkeitsvergleichs** vorgenommen werden. Danach ist ein Abbau oder eine Einschränkung von Ansprüchen aus einer Betriebsübung grundsätzlich dann möglich, wenn es sich nur um eine umstrukturierende Betriebsvereinbarung und nicht um eine verschlechternde Betriebsvereinbarung handelt[3]. 521

Betriebsvereinbarungen, die eine Gratifikation oder Sonderzahlung zum Gegenstand haben, können gemäß § 77 Abs. 5 BetrVG **gekündigt** werden, ohne daß es zu einer Nachwirkung gemäß § 77 Abs. 6 BetrVG kommt, da hinsichtlich der freiwillig gewährten Sonderzahlung kein erzwingbares Mitbestimmungsrecht besteht (s. oben Rz. 496).

Tarifliche Ansprüche auf jährliche Sonderzahlungen entfallen nicht allein durch Aufhebung des Tarifvertrages, weil der aufgehobene Tarifvertrag insoweit im allgemeinen gemäß § 4 Abs. 5 TVG nachwirkt. 522

Weihnachtsgratifikationen sind nach § 850a ZPO bis zum Betrag der Hälfte des monatlichen Arbeitseinkommens, höchstens aber bis zum Betrag von 540 DM **unpfändbar.** 523

Vertragsbeispiele

1. Für den Fall, daß lediglich ein zukünftiger Rechtsanspruch verhindert werden soll: 524

> „Die Firma zahlt dem Arbeitnehmer freiwillig und unter dem Vorbehalt eines jederzeitigen Widerrufs jährlich eine Weihnachtsgratifikation in Höhe von..."
>
> oder
>
> „Wenn der Arbeitnehmer während des ganzen Kalenderjahres bei der Firma beschäftigt war und der Arbeitsvertrag bis zum Ende des Jahres von beiden Seiten nicht gekündigt wurde, erhält der Arbeitnehmer eine Weihnachtsgratifikation in Höhe von mindestens 50% seines monatlichen Grundverdienstes. Die Zahlung des Weihnachtsgeldes erfolgt freiwillig und begründet keinen Rechtsanspruch."

---

1 *Schiefer,* NZA 1993, 1018.
2 LAG Hamm v. 9. 2. 1996, NZA-RR 1997, 17.
3 BAG v. 16. 9. 1986, AP Nr. 17 zu § 77 BetrVG.

525 2. Beispiel für eine verbindliche, aber nicht widerrufbare Gratifikationsregelung (jedoch zu (4) mit Freiwilligkeitsvorbehalt bei Gewährung zusätzlicher Leistungen) mit Kürzungsmöglichkeit und Rückzahlungsklausel:

> „(1) Der Arbeitnehmer erhält neben dem vereinbarten Arbeitsentgelt zusätzlich eine Zuwendung von ... DM brutto, die mit den November-Bezügen ausgezahlt wird. Ein Anspruch besteht nur, wenn das Arbeitsverhältnis im Auszahlungszeitpunkt ungekündigt ist.
>
> (2) Die Zuwendung wird nur dann voll gezahlt, wenn der Arbeitnehmer an den möglichen Arbeitstagen tatächlich gearbeitet hat. Bei Arbeitsaufnahme nach dem 1. 1. erfolgt eine anteilige Kürzung. Für Fehlzeiten (so ua. Arbeitsunfähigkeit, Beschäftigungsverbot), wird die Zuwendung unabhängig davon, ob während dieser Zeit Entgeltansprüche bestehen, um 1/60 pro Fehltag gekürzt. Bei Arbeitsunfähigkeit infolge Krankheit ist die Kürzung jedoch der Höhe nach beschränkt auf ein Viertel des Arbeitsentgelts, das im Jahresdurchschnitt auf einen Arbeitstag entfällt. Außerdem erfolgt in den Fällen, in denen das Arbeitsverhältnis im Laufe des Jahres ruhte oder am Auszahlungstag noch ruht (zB wegen Wehr- oder Ersatzdienstes, Erziehungsurlaubs, befristeter Zuerkennung einer Erwerbsunfähigkeitsrente) ein Abzug in Höhe von 1/12 für jeden vollen Kalendermonat, in dem das Arbeitsverhältnis ruht.
>
> (3) Der Arbeitnehmer ist verpflichtet, diese Zuwendung zurückzuzahlen, wenn er bis zum 31. 3. des auf die Auszahlung folgenden Kalenderjahres ausscheidet und die Zuwendung den Betrag von 200 DM übersteigt, jedoch unterhalb des Betrages einer Monatsvergütung liegt. Beträgt die Zuwendung eine Monatsvergütung oder einen darüber hinausgehenden Betrag, ist der Arbeitnehmer zur Rückzahlung der Zuwendung verpflichtet, wenn er bis zum 30. 6. des auf die Auszahlung folgenden Kalenderjahres ausscheidet. Die Rückzahlungsverpflichtung gilt entsprechend, wenn das Arbeitsverhältnis innerhalb des vorgenannten Zeitraumes durch Aufhebungsvertrag beendet wird.
>
> Der Arbeitgeber ist berechtigt, mit der Rückzahlungsforderung gegen die rückständigen oder nach der Kündigung fällig werdenden Vergütungsansprüche unter Beachtung der Pfändungsschutzbestimmungen aufzurechnen.
>
> (4) Die Gewährung sonstiger Leistungen erfolgt freiwillig mit der Maßgabe, daß auch durch eine wiederholte Zahlung ein Rechtsanspruch in Zukunft nicht begründet wird."

III. Verpflichtungen des Arbeitgebers

3. Beispiel für eine Weihnachtsgeld betreffende Empfangsbestätigung: 526

> Hiermit bestätige ich, für das Jahr . . . eine Weihnachtsgratifikation in Höhe von brutto . . . DM erhalten zu haben.
> Mir ist bekannt, daß es sich bei der obigen Zahlung um eine freiwillige Leistung handelt, auf die – auch bei wiederholter Zahlung – kein Rechtsanspruch besteht und deren Zahlung sich der Arbeitgeber für die Zukunft ausdrücklich vorbehält.
>
> Ort, Datum   (Unterschrift)

gg) Anwesenheitsprämien

Mit einer Anwesenheitsprämie erhält der Arbeitnehmer über das übliche Arbeitsentgelt hinaus eine Sondervergütung für den Fall, daß er während eines bestimmten Zeitraumes **tatsächlich und ununterbrochen arbeitet.** Zweck einer solchen Prämie ist es, dem Arbeitnehmer einen Anreiz zu geben, die Zahl seiner – berechtigten oder unberechtigten – Fehltage im Bezugszeitraum möglichst gering zu halten. Jeder Fehltag führt deshalb zum Verlust eines Teils der Sonderzahlung. Abgesehen von dem Prämienaufwand zur Erreichung des Zwecks stellt sich die Frage, wie hoch der finanzielle Anreiz sein muß, damit der Arbeitnehmer sich auch veranlaßt sieht, die Zahl seiner Fehltage zu reduzieren. 527

Anwesenheitsprämien werden in Form von Leistungen zum laufenden Arbeitsentgelt, aber auch als Einmalzahlungen aus besonderem Anlaß gewährt. Häufig werden auch Weihnachtsgratifikationen fehlzeitabhängig berechnet, indem neben der Gratifikationsregelung eine Minderung für Fehlzeiten vorgesehen ist[1].

Grundsätzlich gehört die Anwesenheitsprämie zum **Arbeitsentgelt.** Für die Vergangenheit kann sie daher nicht wegen außerordentlicher Kündigung oder deshalb, weil im Zeitpunkt ihrer Fälligkeit das Arbeitsverhältnis nicht mehr besteht, entfallen[2]. Allerdings gehören nur laufend gezahlte Prämien zum fortzuzahlenden Arbeitsentgelt im Falle der Erkrankung, nicht dagegen einmalig im Jahr gezahlte Anwesenheitsprämien[3]. 528

Aufgrund ausdrücklicher Regelungen[4] kann aber die Anwesenheitsprämie um **Fehlzeiten gemindert** werden. 529

Für unberechtigte Fehlzeiten und sog. berechtigte Fehlzeiten ohne Lohn- oder Gehaltsfortzahlungsanspruch war eine Minderung der Anwesenheitsprämie

---

1 Siehe dazu oben Rz. 492 ff. – Gratifikationen – und die dortigen Ausführungen zu der Minderung der freiwillig gewährten Weihnachtsgratifikation durch Fehlzeiten sowie die Kürzungsklausel in Abs. 2 des Vertragsbeispiels Rz. 525.
2 *Schaub*, § 79 II 1.
3 *Schaub*, § 79 II 4 und III 1.
4 BAG v. 11. 10. 1995, DB 1996, 1041.

nicht in Frage gestellt worden[1]. Inzwischen wird jedoch für **krankheitsbedingte Fehlzeiten** auch innerhalb des 6-wöchigen Lohnfortzahlungszeitraumes eine Kürzung aufgrund einer vertraglichen Vereinbarung für zulässig erachtet[2]. Das Bundesarbeitsgericht unterwirft aber die Ausgestaltung und Handhabung einer vertraglichen Kürzungsvorschrift für Fehlzeiten der richterlichen Inhaltskontrolle gem. § 315 BGB. Im Regelfall seien die Interessen der Vertragsparteien gewahrt, wenn die Kürzungsrate pro Fehltag 1/60 des versprochenen Betrages nicht übersteigt[3]. Dementsprechend ist es auch zulässig, daß eine in zweimonatigen Abständen gewährte Anwesenheitsprämie in Höhe von 240 DM um 1/10 pro Fehltag gekürzt wird[4].

Eine wesentliche Einschränkung dieser von der Rechtsprechung entwickelten Kürzungsquoten brachte das **Arbeitsrechtliche Beschäftigungsförderungsgesetz** vom 25. 9. 1996 durch die Einfügung des § 4b in das Entgeltfortzahlungsgesetz. § 4b EFZG stellt zwar fest, daß Vereinbarungen über die Kürzung von Leistungen, die der Arbeitgeber zusätzlich zum laufenden Arbeitsentgelt erbringt (Sondervergütungen), auch für Zeiten der Arbeitsunfähigkeit infolge von Krankheit zulässig sind. Die Kürzung darf jedoch für jeden Tag der Arbeitsunfähigkeit infolge Krankheit ein Viertel des Arbeitsentgelts, das im Jahresdurchschnitt auf einen Arbeitstag entfällt, nicht überschreiten. Diese Begrenzung ist nicht abdingbar (§ 12 EFZG). Im Vergleich zur bisherigen Rechtsprechung bedeutet dies: Wenn sich die Prämie auf ein Brutto-Monatsgehalt beläuft und dieses 3000 DM beträgt, war nach der Rechtsprechung eine Kürzung von 50 DM je Fehltag möglich, während die gesetzliche Regelung bei 20 Arbeitstagen im Monat nur eine solche von 37,50 DM zuläßt. Gemäß § 9 Abs. 1 EFZG besteht die Möglichkeit, die Kürzung von Sondervergütungen im gesetzlich zulässigen Maß auch für Kuren zu vereinbaren. Die Kürzungsbegrenzung des § 4b Satz 2 EFZG gilt aber nicht für Kürzungen von Anwesenheitsprämien aus anderen als krankheitsbedingten Gründen. Wegen des Regelungsgegenstandes des Entgeltfortzahlungsgesetzes (§ 1 EFZG) wird man auch weiterhin eine höhere Kürzung für krankheitsbedingte Fehlzeiten ohne Entgeltfortzahlungsanspruch als wirksam ansehen können.

---

[1] BAG v. 31. 10. 1995, BB 1996, 1275 zu Nr. 3: Prämienverlust auch bei Streikteilnahme; dies ist keine nach § 612a BGB verbotene Maßregelung. Anders jedoch, wenn nur auf den rechtlichen Bestand des Arbeitsverhältnisses abgestellt wird, BAG v. 20. 12. 1995, DB 1996, 1423.
[2] BAG v. 15. 2. 1990, AP Nr. 15 zu § 611 BGB – Anwesenheitsprämie = NZA 1990, 601: 1/60 pro Fehltag.
[3] BAG v. 15. 2. 1990, AP Nr. 15 zu § 611 BGB – Anwesenheitsprämie = NZA 1990, 601: 1/60 pro Fehltag; BAG v. 26. 10. 1994, BB 1995, 312; im Rahmen einer Betriebsvereinbarung ist nach Auffassung des BAG v. 26. 10. 1994, BB 1995, 312, auch eine Kürzung von 1/30 der Sonderzahlung möglich, wenn sie eine durchgehende Betriebszugehörigkeit während eines bestimmten Bezugszeitraums vorsieht; aA *Wackerbarth,* Entgelt für Betriebstreue, § 3 III 2, 3.
[4] LAG Berlin v. 28. 8. 1991, NZA 1992, 220.

Auf sog. **Aufbauprämien**, wo der auszuzahlende Betrag additiv ermittelt wird (zB pro Anwesenheitstag ein prozentualer Zuschlag zum Arbeitsentgelt), ist § 4b Satz 2 EFZG entsprechend anwendbar. 530

Anwesenheitsprämien werden einzelvertraglich, häufig aber auch in Betriebsvereinbarungen geregelt.

Vertragsbeispiel: 531

> „Es wird eine Anwesenheitsprämie in Höhe von ... DM zum Ende eines jeden Jahres gezahlt. Für krankheitsbedingte und etwaige unentschuldigte Fehlzeiten erfolgt ein Abzug in Höhe von je 1/60 der Prämie pro Ausfalltag. Bei Arbeitsunfähigkeit infolge Krankheit ist die Kürzung der Höhe nach beschränkt auf ein Viertel des Arbeitsentgelts, das im Jahresdurchschnitt auf einen Arbeitstag entfällt. Für jeden vollen Kalendermonat, in welchem noch kein Arbeitsverhältnis bestand oder das Arbeitsverhältnis wegen Wehr- oder Ersatzdienstes, Erziehungsurlaubs etc. im zurückliegenden Jahr ruhte, erfolgt ein Abzug in Höhe von 1/12."

Ein Vergleich zu dem zweiten Vertragsbeispiel für Gratifikationen – Rz. 525 – macht deutlich, daß auch **andere Sonderzahlungen** ihre Höhe von der Anwesenheit des Arbeitnehmers abhängig machen können. In der Praxis begegnet man daher vermehrt Gratifikationsregelungen, die Fehlzeitenabzüge in der dargestellten Weise beinhalten.

hh) Zulagen und ihre Anrechnung

Vielfach werden zusätzlich zum Arbeitsentgelt gesondert ausgewiesene und berechnete **Zulagen oder Vergütungszuschläge** gewährt. Eine derartige Leistung kann auf verschiedenen Gründen beruhen. Insoweit kann man im wesentlichen fünf Gruppen unterscheiden, nämlich 532

▶ **Persönliche Zulagen.** Sie dienen dazu, eine besondere Vertrauensstellung des Mitarbeiters im Betrieb zusätzlich zu honorieren. Nicht selten zielen diese persönliche Zulage auch darauf ab, einen Mitarbeiter für das Unternehmen zu gewinnen oder zu behalten, der sich mit der tariflich vorgesehenen Vergütung nicht zufrieden gibt. Dazu kann auch ein Zuschuß zum Krankengeld dienen, der im Ergebnis zu einer Verlängerung der Entgeltfortzahlung im Krankheitsfall führt: 533

Vertragsbeispiel:

> „Bei unverschuldeter krankheitsbedingter Arbeitsunfähigkeit zahlt der Arbeitgeber dem Arbeitnehmer das vertragliche Arbeitsentgelt für die Dauer von sechs Wochen weiter. Danach gewährt der Arbeitgeber dem Arbeitnehmer einen Zuschuß in Höhe der Differenz zwischen dem Krankengeld der Krankenversicherung und seinem bisherigen durchschnittlichen Nettoarbeitsentgelt für die Dauer von weiteren drei Monaten."

534 ▶ **Sozialzulagen.** Sie sollen der besonderen sozialen Situation des Arbeitnehmers Rechnung tragen. Es gehören dazu die Verheirateten-, Kinder-, Alters-, Wohn- und Ortszuschläge.

535 ▶ **Leistungs- und Funktionszulagen.** Sie werden zur Anerkennung besonderer Leistungen oder der Übernahme besonderer Verantwortung gewährt. – Im Unterschied zur Prämie stellt die Zulage nicht einen bloßen auf einem bestimmten System beruhenden Anreiz zu höherer oder besserer Leistung dar, sondern honoriert zusätzlich übernommene Tätigkeiten oder Funktionen.

536 ▶ **Erschwerniszulagen.** Mit ihr werden besondere Belastungen des Arbeitnehmers während oder infolge der Arbeit vergütet. Insbesondere können dies Zulagen für besonders gefährliche oder gesundheitsgefährdende Arbeiten bei Lärm, Licht, Kälte, Nässe, bei besonderen psychischen Belastungen, bei Schmutz und für weite Entfernungen zum Arbeitsplatz sein[1].

Gerade im Hinblick auf die Erschwerniszulagen, zu der auch eine Entfernungszulage zählt, ist von den Zulagen eine **Aufwandsentschädigung** zu unterscheiden. Sie stellt eine zusätzliche Arbeitsvergütung zum Ersatz für einen konkreten Mehraufwand dar[2]. Diese Unterscheidung ist besonders hinsichtlich der Entgeltfortzahlung im Krankheitsfall bedeutsam. Während grundsätzlich die Vergütungszuschläge weiterhin zu zahlen sind, entfallen währenddessen Zahlungen, die nur einen konkreten Mehraufwand auf seiten des Arbeitnehmers ausgleichen[3].

537 ▶ **Arbeitszeitzuschläge.** Hiermit werden nur über die betriebliche Arbeitszeit hinausgehende Tätigkeiten oder Arbeiten zu sog. ungünstigen Zeiten vergütet. Es handelt sich insbesondere um Überstunden- und Mehrarbeitszuschläge (siehe dazu oben Rz. 359 ff.) sowie ua. Nachtarbeits-[4], Feiertags- und Wechselschichtzulagen[5].

538 Im wesentlichen handelt es sich bei den zu den vorstehenden Rz. 534–537 angeführten Vergütungszuschlägen um **zweckgebundene Zulagen.** Sie sind wegen der Anrechnungsmöglichkeit von den sog. freiwilligen Zulagen, denen die der Gruppe 1 (Rz. 533) im wesentlichen zugeordnet werden können, zu unterscheiden. Aufgrund der unterschiedlichen Anknüpfungspunkte können Zulagen auch nebeneinander und kumulativ geleistet werden, wie zB die Erschwerniszulagen zusätzlich zum Ortszuschlag.

539 Der **Anspruch auf eine Zulage** kann sich aus dem Gesetz (so aus dem früheren § 15 AZO), aus Tarifvertrag, aus einer Betriebsvereinbarung oder einer einzel-

---

1 MünchArbR/*Kreßel*, § 65 Rz. 219; *Schaub*, § 69 VI.
2 *Schaub*, § 69 VI; MünchArbR/*Kreßel*, § 65 Rz. 224.
3 MünchArbR/*Kreßel*, § 65 Rz. 192.
4 Zur Frage der überwiegenden Stundenanteile in der Nachtschicht siehe BAG v. 7. 9. 1994, DB 1995, 1618.
5 Aufgrund der tariflichen Regelung der Schicht- und Wechselschichtzulage in Nr. 8 SR 2a BAT haben Teilzeitkräfte entgegen § 34 Abs. 2 BAT Anspruch auf die volle Wechselschichtzulage, BAG v. 23. 6. 1993, NZA 1994, 41.

III. Verpflichtungen des Arbeitgebers

vertraglichen Vereinbarung ergeben. Bei einzelvertraglichen Regelungen wird häufig bewußt, sei es „zweckgebunden" oder „aus persönlichen Gründen", das tarifliche Entgelt überschritten, eine übertarifliche Zulage bzw. ein übertarifliches Entgelt gewährt. Übertarifliche Entgelte sind nach § 4 Abs. 3 TVG zulässig.

Eine **Zulage** kann **befristet** gewährt werden, so zB befristet auf die Dauer des geltenden Tarifvertrages. Eine Zulage kann aber auch unter dem **Vorbehalt** jederzeitigen Widerrufs[1] oder von vornherein nur **freiwillig** gewährt werden, so daß kein Anspruch auf die Leistung entsteht. Darüber hinaus kann vertraglich vorgesehen werden, daß die Zulage bei Tarifentgelterhöhungen ganz oder teilweise „angerechnet" oder mit solchen „verrechnet" werden kann. 540

Vertragsbeispiel für eine sich sowohl auf zweckgebundene Zulagen wie auf sog. freiwillige Zulagen erstreckende Vorbehaltsklausel: 541

> „Alle übertariflichen Zulagen werden freiwillig gewährt und stehen unter dem Vorbehalt eines jederzeitigen Widerrufs unabhängig von den sonstigen Bedingungen dieses Arbeitsvertrages. Auch bei wiederholter Gewährung besteht kein Rechtsanspruch für die Zukunft. Auf die Zulagen sind tariflich geregelte Entgelterhöhungen – unabhängig von deren Grund und Art – ganz oder teilweise anrechenbar, und zwar auch rückwirkend, wenn das Tarifentgelt rückwirkend erhöht wird. Dies gilt auch für faktische, etwa durch Verkürzung der Arbeitszeit begründete tarifliche Entgelterhöhungen."

Besteht eine derartige Klausel, so führt eine **Tarifentgelterhöhung** dazu, daß nur der tariflich abgesicherte Anteil am Effektivverdienst steigt, während der Effektivverdienst durch die Tarifentgelterhöhung unberührt bleibt, solange nicht durch die Erhöhungen die ursprüngliche Zulage „aufgezehrt" ist[2]. 542

Vereinbart werden kann auch, daß der **Effektivverdienst** in der gleichen Weise steigen soll wie das der Tätigkeit zugrundeliegende Tarifentgelt. Dies bedeutet im Ergebnis, daß sich das Arbeitsentgelt, nämlich der Effektivverdienst, um die Tarifgehaltssteigerung insgesamt erhöht. Es kann aber auch die Abrede getroffen werden, daß die Differenz zwischen der Tarifvergütung und dem effektiven Arbeitsentgelt bei Tariferhöhungen unverändert bleibt. In diesem Fall erhöht sich das Arbeitsentgelt nur um den Betrag, um den sich die Tarifvergütung erhöht.

Wird eine übertarifliche Zulage ohne eine **ausdrückliche Anrechnungsvereinbarung** gewährt, so erfolgt bei einer Tariflohnerhöhung grundsätzlich eine Anrechnung, es sei denn, dem Arbeitnehmer soll eine feste, selbständige Zulage neben dem jeweiligen Tarifentgelt zustehen[3]. Der Anrechnung steht nicht entgegen, daß der Arbeitgeber die Tariflohnerhöhung in den Jahren zuvor stets 543

---
1 BAG v. 7. 9. 1994, DB 1995, 1618.
2 *Meisel*, BB 1991, 406, 407.
3 BAG v. 8. 12. 1982, AP Nr. 15 zu § 4 TVG – Übertariflicher Lohn und Tariflohnerhöhung; BAG v. 11. 8. 1992 und 22. 9. 1992, AP Nr. 53, 54 zu § 87 BetrVG 1972 Lohngestaltung; LAG Baden-Württemberg v. 30. 12. 1996 – 7 Sa 45/96, nv.

weitergegeben hat. Dieser Umstand allein begründet keine die Anrechnung ausschließende Betriebsübung, so daß es nicht eines entsprechenden Vorbehalts bezüglich der Weitergewährung bei einer Tariflohnerhöhung bedarf, um einen entsprechenden Vertrauenstatbestand auszuschließen[1].

Voraussetzung ist allerdings, daß der übertarifliche Lohnbestandteil als „übertariflich" gekennzeichnet und nicht als zweckgebundene Zulage zu betrachten ist, also nicht zum Ausgleich für erschwerte Arbeitsbedingungen, Arbeitsumstände oder für besonders qualifizierte Leistungen gewährt wird, es sei denn, daß eine Tarifänderung diese erfaßten Zwecke als Tarifmerkmal erfaßt[2]. Eine Erschwerniszulage wird daher, sofern nicht tariflich hierfür gesondert eine Erhöhung ebenfalls vorgesehen ist, nach der Tariflohnerhöhung in ihrer konkreten Höhe weitergezahlt.

544 Von der Anrechnung zu unterscheiden ist die **Möglichkeit des Widerrufs** der Zulage. Der Arbeitgeber kann bei einem vorbehaltenen Widerruf jederzeit die Zulage widerrufen. Nach der Rechtsprechung des Bundesarbeitsgerichts muß aber für den Widerruf ein sachlicher triftiger Grund vorliegen, der die Maßnahme als billigenswert iS des § 315 BGB erscheinen läßt[3]. So liegt ein zum Widerruf berechtigender sachlicher Grund vor, wenn es zur Höhergruppierung des Arbeitnehmers kommt[4], der Tariflohn erhöht[5] oder eine Zusatzaufgabe, wegen der eine Zulage gewährt wurde, entzogen wird.

Durch den vorbehaltenen Widerruf darf der **Kündigungsschutz nicht umgangen** werden. Dies ist dann nicht der Fall, wenn die Zulage nur ca. 15% der Gesamtbezüge des Arbeitnehmers ausmacht[6].

Keines Grundes bedarf die Einstellung der Zahlung einer Zulage, wenn diese von vornherein nur freiwillig geleistet wurde.

545 Tarifliche Regelungen, die vorsehen, daß die tariflichen Vergütungen Mindestentgelte sind und daß die bisher gezahlten höheren Arbeitsentgelte weitergezahlt werden müssen (sog. **Effektivklauseln**), sind unwirksam[7].

546 Neben der vertraglichen Möglichkeit bzw. individualrechtlichen Möglichkeit der Anrechnung bzw. des Widerrufs kann eine wirksame Anrechnung von Tariflohnerhöhungen auf Zulagen bzw. Widerruf vom **Mitbestimmungsrecht des Betriebsrats** abhängig sein.

---

1 BAG v. 8. 12. 1982, AP Nr. 15 zu § 4 TVG – Übertariflicher Lohn und Tariflohnerhöhung; betont wird ausdrücklich, daß die Rechtsprechung zur vorbehaltlosen Gewährung einer Weihnachtsgratifikation nicht auf die Gewährung einer übertariflichen Zulage ohne Vorbehalt angewendet werden kann; aA *Preis*, Grundfragen der Vertragsgestaltung im Arbeitsrecht, S. 427, 428.
2 BAG v. 23. 1. 1980 und 4. 6. 1980, AP Nr. 12, 13 zu § 4 TVG – Übertariflicher Lohn und Tariflohnerhöhung; *Schaub*, § 69 IV 1b; MünchArbR/*Hanau*, § 60 Rz. 50.
3 BAG v. 7. 9. 1994, DB 1995, 1618; *Meisel*, BB 1991, 408.
4 BAG v. 7. 9. 1994, DB 1995, 1618.
5 BAG v. 22. 8. 1979, AP Nr. 11 zu § 4 TVG – Übertariflicher Lohn und Tariflohnerhöhung.
6 BAG v. 15. 11. 1995, NZA 1996, 603.
7 BAG v. 16. 9. 1987, AP Nr. 15 zu § 4 TVG – Effektivklausel; BAG v. 21. 7. 1993, DB 1994, 1294.

Grundsätzlich besteht ein Mitbestimmungsrecht des Betriebsrats nach § 87 Abs. 1 Nr. 10 BetrVG auch im Bereich der übertariflichen Zulagen. Das Mitbestimmungsrecht kann sich sowohl auf die Anrechnung einer Tariflohnerhöhung wie auch auf den Widerruf solcher Zulagen erstrecken. Der Tarifvorbehalt des § 87 Abs.1 Eingangssatz BetrVG steht dem nicht entgegen, es sei denn, es besteht eine inhaltliche und abschließende tarifliche Regelung. Nach der **Entscheidung des Großen Senats des Bundesarbeitsgerichts vom 3. 12. 1991**[1] unterliegen die Anrechnung einer Tariflohnerhöhung auf über-/außertarifliche Zulagen und der Widerruf von über-/außertariflichen Zulagen aus Anlaß und bis zur Höhe einer Tariflohnerhöhung dann nach § 87 Abs. 1 Nr. 10 BetrVG der Mitbestimmung des Betriebsrats, wenn sich dadurch die Verteilungsgrundsätze ändern und darüber hinaus für eine anderweitige Anrechnung bzw. Kürzung ein Regelungsspielraum verbleibt. Das Mitbestimmungsrecht entfällt, wenn der Arbeitgeber eine Tariflohnerhöhung auf übertarifliche Bestandteile vollständig und gleichmäßig anrechnet[2]. Sieht aber ein Tarifvertrag die Anrechnung auf die Differenz zur neuen Gehaltsgruppe ausdrücklich vor, so ist ein Mitbestimmungsrecht des Betriebsrats aufgrund der tariflichen Regelung nach § 87 Abs. 1 Eingangssatz BetrVG ausgeschlossen[3]. Anders verhält es sich, wenn der Arbeitgeber zwar die übertariflichen Zulagen voll auf eine neu geschaffene tarifliche Zulage anrechnen will, jedoch trotz der vollen Anrechnung deshalb ein Regelungsspielraum verbleibt, weil gleichzeitig mit der Einführung der neuen Tarifzulage auch die Tarifgehälter linear erhöht werden und der Arbeitgeber nicht nur die Tarifgehälter entsprechend anhebt, sondern auch – ohne Rechtspflicht – seine übertariflichen Zulagen. In diesem Fall hat der Betriebsrat ein Mitbestimmungsrecht nach § 87 Abs. 1 Nr. 10 BetrVG[4]. Auch kann der Arbeitgeber nicht dadurch der Mitbestimmung des Betriebsrats gem. § 87 Abs. 1 Nr. 10 BetrVG entgehen, daß er zunächst eine volle Anrechnung einer Tariferhöhung auf übertarifliche Zulagen vornimmt, wenn er wenig später neue übertarifliche Leistungen zusagt und insofern ein konzeptioneller Zusammenhang zur Anrechnung besteht[5]. Im Ergebnis hat also der Betriebsrat bei der Anrechnung einer Tariferhöhung ein Mitbestimmungsrecht gem. § 87 Abs. 1 Nr. 10 BetrVG, wenn sich infolge der Anrechnung die Verteilungsgrundsätze ändern und darüber hinaus für eine anderweitige Anrechnung ein Regelungsspielraum verbleibt. Verletzt der Arbeitgeber bei der Anrechnung übertariflicher Zulagen auf eine Tariferhöhung das Mitbestimmungsrecht des Betriebsrats, so führt das zur Unwirksamkeit der Anrechnung in ihrer vollen Höhe[6]. Diese vom Großen Senat entwickelten Grundsätze gelten auch, wenn betriebliche Prämiensätze erhöht und auf übertarifliche Leistungen angerechnet werden sollen[7].

---

1 AP Nr. 51 zu § 87 BetrVG 1972 – Lohngestaltung.
2 BAG v. 31. 10. 1995, DB 1996, 1189; *Hromadka*, DB 1992, 1573; *Richardi*, NZA 1992, 961; *Schukai*, NZA 1992, 976.
3 BAG v. 10. 11. 1992, NZA 1993, 570; BAG v. 7. 9. 1994, DB 1995, 1618.
4 BAG v. 14. 2. 1995, DB 1995, 1917 = BB 1995, 2061.
5 BAG v. 17. 1. 1995, DB 1995, 1410; BAG v. 9. 7. 1996, DB 1997, 332.
6 BAG v. 9. 7. 1996, DB 1997, 332.
7 BAG v. 10. 11. 1992, AP Nr. 58 zu § 87 BetrVG 1972 – Lohngestaltung.

547 Das Mitbestimmungsrecht des Betriebsrats erstreckt sich aber **nur auf generelle Regelungen** und nicht auf die Gestaltung von Einzelfällen. Die Abgrenzung von Einzelfallgestaltungen zu kollektiven Tatbeständen richtet sich danach, ob es um Strukturformen des Entgelts einschließlich ihrer näheren Vollzugsform geht oder nicht[1].

d) Leistungsort

548 Besteht keine ausdrückliche Vereinbarung über den **Zahlungsort**, so ist aus den Umständen bzw. der Natur des Arbeitsverhältnisses zu entnehmen, daß ein einheitlicher Erfüllungsort für die Leistungen von Arbeitnehmern und Arbeitgebern besteht. Grundsätzlich ist daher die Vergütung dort zu zahlen, wo auch die Arbeit geleistet wird, also am Sitz des Betriebes. Etwas anderes kann dann gelten, wenn die Erfüllungsorte für die beiderseitigen Verpflichtungen aus dem Arbeitsverhältnis nicht identisch sind, so zB wenn der Außendienstmitarbeiter von seinem Wohnsitz aus einen Bezirk betreut, in welchem sich nicht der Betrieb bzw. das Unternehmen des Arbeitgebers befindet[2].

549 Haben die Arbeitsvertragsparteien einen **Gerichtsstand vereinbart,** so ist dieser verbindlich. Die Bestimmungen der §§ 29 Abs. 2 und 38 ZPO stehen dem nicht entgegen. § 29 Abs. 2 ZPO entfaltet keine Sperrwirkung für die materiellrechtliche Erfüllungsvereinbarung[3]. Hieraus folgt, daß sowohl ein Erfüllungsort für die Arbeitsleistung als auch ein Erfüllungsort für die Vergütung vereinbart werden können.

e) Fälligkeit

550 Gemäß § 614 BGB ist die Vergütung „**nach der Leistung der Dienste zu entrichten**". Weiter heißt es in § 614 BGB, daß dann, wenn die Vergütung nach Zeitabschnitten bemessen ist, sie nach dem Ablauf der einzelnen Abschnitte zu entrichten ist (§ 614 Satz 2 BGB). Da kaufmännische Angestellte allgemein ein auf den Monat bezogenes Gehalt beziehen, sieht § 64 HGB demzufolge vor, daß die Zahlung des Gehalts am Schluß jedes Monats erfolgt. Da inzwischen auch Arbeitnehmer, deren Arbeitsentgelt nach Stunden abgerechnet wird, in der Regel ihre Vergütung nicht mehr am Ende einer Woche, sondern ebenfalls im Monatsabstand (am 15. oder am 30. eines jeden Monats) abgerechnet und ausgezahlt erhalten, ist von einer abweichenden Verkehrssitte bezüglich der Fälligkeit auszugehen, wenn man nicht ohnehin infolge konkludenten Verhaltens von einer diesbezüglichen Abänderung der in § 614 getroffenen Fälligkeitsregelung ausgehen kann.

551 Im übrigen bestimmt sich die Fälligkeit der Arbeitsvergütung nach den im einzelnen Arbeitsvertrag oder auch Tarifvertrag getroffenen **Vereinbarungen.** Ein späterer Fälligkeitstermin als das Monatsende kann nicht wirksam vereinbart werden.

---

1 BAG v. 9. 7. 1996, DB 1997, 332.
2 BAG v. 11. 12. 1995 – 5 As 27/95, nv.
3 *Schaub,* Arbeitsrechtl. Formularsammlung, § 81 III 4a.

III. Verpflichtungen des Arbeitgebers

Steht keine tarifvertragliche oder gesetzliche Regelung (so zB § 64 Satz 2 HGB) entgegen, so kann eine Festlegung der Fälligkeit durch **Betriebsvereinbarung** vom Betriebsrat gemäß § 87 Abs. 1 Nr. 4 BetrVG erzwungen werden.

Auf **Vorschüsse**, also Zahlungen auf noch nicht verdientes Arbeitsentgelt besteht kein Anspruch, es sei denn, daß dies ausdrücklich vereinbart worden ist. 552

f) Verjährung

Der Anspruch auf Arbeitsentgelt der Arbeitnehmer **verjährt** gemäß § 196 Abs. 1 Nr. 8 und Nr. 9 BGB innerhalb von 2 Jahren. Die Frist beginnt mit dem Ablauf des Jahres, in dem der Vergütungsanspruch entstanden ist (§ 201 BGB). Dieser kurzen Verjährungsfrist gemäß § 196 BGB unterliegen auch andere Teile des Arbeitsentgelts, wie zB Prämien und Sonderzahlungen[1]. 553

Ansprüche, die **nicht zum Arbeitsentgelt** gehören, so zB die Erteilung eines Zeugnisses, verjähren gemäß § 195 BGB in 30 Jahren. 554

Unterbrochen wird die Verjährung durch gerichtliche Geltendmachung (§ 209 BGB) oder durch Anerkenntnis (§ 208 BGB). Eine bloße Auskunftsklage reicht nicht aus[2]. 555

Anders als bei der Unterbrechung der Ausschlußfrist (sofern hierfür eine bloße schriftliche, nicht gerichtliche Geltendmachung notwendig ist) wird durch eine **Kündigungsschutzklage** gemäß § 4 KSchG oder eine Klage auf Feststellung des Bestehens des Arbeitsverhältnisses gemäß § 256 ZPO die Verjährung der sich aus Annahmeverzug ergebenden Zahlungsansprüche des Arbeitnehmers nicht unterbrochen[3]. Die gesetzliche Verjährungsfrist ist deshalb neben den Ausschlußfristen zu beachten.

Der **Ablauf der Verjährungsfrist** läßt das bestehende Recht unberührt. Es gibt dem Schuldner lediglich über die Einrede der Verjährung ein Leistungsverweigerungsrecht gemäß § 222 Abs. 1 BGB[4]. Dagegen kann nach Ablauf der Ausschlußfrist das Recht nicht mehr geltend gemacht werden. Demzufolge ist die Einrede der Verjährung im Gegensatz zur Ausschlußfrist nicht von Amts wegen in einem anhängigen Verfahren seitens des Gerichts zu beachten (etwas anderes gilt für die für Beitragsansprüche geltende 4jährige Verjährungsfrist gemäß § 25 Abs. 1 Satz 1 SGB IV)[5]. 556

---

1 BAG v. 17. 9. 1991, AP Nr. 120 zu Art. 9 GG – Arbeitskampf; unter analoger Anwendung des § 196 Abs. 1 Nr. 8 BGB sollen der zweijährigen Verjährungsfrist auch Rückforderungsansprüche des Arbeitgebers wegen irrtümlicher Gehaltsüberzahlung unterliegen, ArbG Cottbus v. 24. 11. 1995, NZA-RR 1996, 446.
2 BAG v. 5. 9. 1995, NZA 1996, 251.
3 BAG v. 7. 11. 1991, AP Nr. 6 zu § 209 BGB; *Langer,* Gesetzliche und vereinbarte Ausschlußfristen im Arbeitsrecht, Rz. 195.
4 Zum Einwand des Rechtsmißbrauchs gegenüber der Verjährungseinrede: BAG v. 18. 3. 1997, DB 1997, 2543.
5 BSG v. 25. 10. 1990, NZA 1991, 493.

g) Ausschlußfristen

557 Ausschlußfristen (auch Verfallfristen, Verwirkungsfristen oder Präklusivfristen genannt) haben zur Folge, daß mit ihrem Ablauf das Recht nicht mehr geltend gemacht werden kann, es also im Gegensatz zu dem Ablauf der Verjährungsfrist **erlischt,** wenn nicht rechtzeitig vor dem Ablauf der Anspruch in der gesetzlich oder vertraglich vorgesehenen Weise geltend gemacht worden ist. Die Ausschlußfrist bzw. das durch die Ausschlußfrist bewirkte Erlöschen des Anspruchs ist eine von Amts wegen zu beachtende Einwendung. Eine einzelvertraglich vereinbarte Ausschlußfrist ist aber zunächst vom Schuldner vorzutragen und gegebenenfalls zu beweisen.

Während § 390 Satz 2 BGB die **Aufrechnung** mit einer verjährten Forderung ermöglicht, kann ein Anspruch, der durch eine Ausschlußfrist untergegangen ist, nicht mehr zur Aufrechnung gestellt werden. Die Bestimmung des § 390 Satz 2 BGB ist auch nicht entsprechend anwendbar[1].

558 Ausschlußfristen gibt es sowohl **im Gesetz wie auch in Verträgen, insbesondere Tarifverträgen.** Außer den verfahrenseinleitenden Fristen, wie zB die dreiwöchige Klagefrist des § 4 KSchG und des § 113 Abs. 2 InsO, ist für Arbeitsverhältnisse besonders bedeutsam die zweiwöchige Ausschlußfrist des § 626 Abs. 2 BGB für den Ausspruch einer fristlosen Kündigung. Wichtig für die Durchsetzung von Leistungsansprüchen (Gewährung von Konkursausfallgeld) ist zB die gesetzliche Ausschlußfrist des § 325 Abs. 3 SGB III (2 Monate nach Eröffnung des Konkursverfahrens).

559 Außerhalb des Gesetzes finden sich Ausschlußfristen in Tarifverträgen, Betriebsvereinbarungen und Einzelarbeitsverhältnissen (Ausschlußklausel).

Da fast alle **Tarifverträge** über Ausschlußfristen verfügen, ist bei der Durchsetzung von tariflichen Ansprüchen stets die Prüfung des Vorhandenseins und des Inhalts von Ausschlußfristen notwendig.

560 Soweit **Betriebsvereinbarungen** im Rahmen der subsidiären Regelungsmöglichkeiten des § 77 Abs. 3 BetrVG mit unmittelbarer Wirkung gegenüber den Betriebsangehörigen Leistungen vorsehen, können hierfür in der Betriebsvereinbarung Ausschlußfristen vorgesehen werden. Im übrigen erstreckt sich die Sperrwirkung des § 77 Abs. 3 BetrVG nicht nur auf materielle, sondern auch auf formelle Arbeitsbedingungen wie auch auf Ausschlußfristen[2].

Ebenso wie für tarifliche Rechte Ausschlußfristen gemäß § 4 Abs. 4 Satz 3 TVG nur in einem Tarifvertrag vereinbart werden können, können Rechte aus der Betriebsvereinbarung nur durch eine in einem Tarifvertrag oder einer Betriebsvereinbarung geregelte Ausschlußfrist gemäß § 77 Abs. 4 Satz 3 BetrVG ausgeschlossen werden. Ausgenommen von der Regelung des § 4 Abs. 4 Satz 3 TVG sind **nicht tarifgebundene Arbeitsvertragsparteien.** Anders verhält es sich dagegen bei Rechten, die durch eine Betriebsvereinbarung festgelegt worden sind, da diese auch für nicht organisierte Arbeitnehmer im Betrieb gelten.

---

1 BAG v. 15. 11. 1967, AP Nr. 3 zu § 390 BGB.
2 BAG v. 9. 4. 1991, NZA 1991, 734; *Langer,* Rz. 224.

Fraglich erscheint, ob Ausschlußklauseln in Betriebsvereinbarungen auch gesetzliche oder einzelvertragliche Ansprüche erfassen können, also Ansprüche außerhalb der durch die Betriebsvereinbarung geregelten Rechte[1].

Vielfach sind auch in **Einzelarbeitsverträgen** Ausschlußfristen vereinbart. Dies geschieht entweder durch eine spezielle Vertragsklausel oder, was häufiger vorkommt, durch die generelle Verweisung in dem Einzelarbeitsvertrag auf einen Tarifvertrag und damit auf die darin enthaltene Ausschlußfrist. Die einzelvertraglichen Ausschlußfristen können außertarifliche, aber auch, sofern die Vertragsparteien nicht tarifgebunden sind, im Falle der Inbezugnahme tarifliche Ansprüche ausschließen. Anders verhält es sich, wenn beide Arbeitsvertragsparteien tariflich organisiert sind. Dann können sich einzelvertragliche Ausschlußfristen nicht auf tarifliche Ansprüche auswirken (§ 4 Abs. 4 Satz 3 TVG). Dieselbe Beschränkung gilt für vertragliche Ausschlußklauseln hinsichtlich der Ansprüche aus Betriebsvereinbarungen (§ 77 Abs. 4 Satz 3 BetrVG). Einzelvertragliche Ausschlußklauseln unterliegen der Inhaltskontrolle nach §§ 138, 242 BGB. Dabei ist von Bedeutung, ob die Ausschlußklausel gleichermaßen auf beide Seiten des Arbeitsverhältnisses Anwendung findet, ob sie inhaltlich ausgewogen ist und nicht Rechte des Arbeitnehmers einseitig beschneidet[2]. Hinsichtlich des Verzichts des Arbeitnehmers auf grundlegende Arbeitnehmerschutzrechte gilt eine restriktive Auslegung. Eine vertragliche Ausschlußfrist wird nicht Vertragsbestandteil, wenn sie der Arbeitgeber (Verwender) ohne besonderen Hinweis und ohne drucktechnische Hervorhebung unter falscher oder mißverständlicher Überschrift einordnet[3]. Derartige überraschende Klauseln sind daher unbeachtlich.

561

Die **Reichweite der Ausschlußfristen** ist anhand des Wortlauts der Ausschlußklausel zu ermitteln. So kann sich die Ausschlußfrist entsprechend dem Wortlaut der entsprechenden Klausel nur auf Lohnansprüche und damit auf Ansprüche des Arbeitnehmers gegen den Arbeitgeber beschränken. Sieht die Klausel vor, daß innerhalb der genannten Frist alle Ansprüche aus dem Arbeitsvertrag erlöschen oder verfallen, so gilt die Ausschlußklausel für beide Arbeitsvertragsparteien[4].

562

Da das Arbeitsverhältnis die Summe aller Rechtsbeziehungen zwischen den Arbeitsvertragsparteien erfaßt, ist eine darauf bezogene Ausschlußklausel umfassender als eine, die nur die **Ansprüche aus dem Arbeitsvertrag** erfaßt. Sofern also nur sämtliche Ansprüche aus dem Arbeitsvertrag ausgeschlossen sein sollen, fallen außervertragliche Ansprüche, wie zB aus unerlaubter Handlung oder Bereicherung, nicht unter diese Ausschlußklausel[5].

Werden in der Ausschlußklausel sämtliche beiderseitigen **Ansprüche aus dem Arbeitsverhältnis** angeführt, so werden nicht nur tarifvertragliche Rechte, son-

---

1 Siehe dazu *Langer*, Rz. 228; zur Reichweite der Regelungsbefugnis der Betriebsparteien kritisch *Waltermann*, NZA 1996, 357.
2 BAG v. 24. 3. 1988, AP Nr. 1 zu § 241 BGB.
3 BAG v. 29. 11. 1995, BB 1996, 908.
4 BAG v. 17. 6. 1997, DB 1998, 426.
5 BAG v. 28. 6. 1967, AP Nr. 36, im Gegensatz zu BAG v. 10. 8. 1967, 6. 5. 1969 und 8. 2. 1972, AP Nr. 37, 42, 49 zu § 4 TVG – Ausschlußfristen.

dern auch Ansprüche aus Betriebsvereinbarungen, einzelvertragliche und gesetzliche Ansprüche erfaßt. – Soweit aber tarifliche Rechte oder Rechte aus Betriebsvereinbarungen einer Verfallklausel unterworfen werden, sind die durch § 4 Abs. 4 Satz 3 TVG und § 77 Abs. 4 Satz 4 BetrVG gezogenen Grenzen zu beachten, daß zwischen den – jedenfalls tariflich gebundenen – Arbeitsvertragsparteien einzelvertraglich tarifliche Ansprüche und, wegen der unmittelbaren Wirkung gemäß § 77 Abs. 4 Satz 1 BetrVG, unabhängig von der Tarifgebundenheit Rechte aus Betriebsvereinbarungen überhaupt nicht einzelvertraglich ausgeschlossen werden können, es sei denn, daß dies entweder im Tarifvertrag oder in der Betriebsvereinbarung vorgesehen ist.

563 Von derartig weitreichenden, das Arbeitsverhältnis betreffenden Klauseln werden **erfaßt:**

- ▶ Ansprüche auf Erfüllung der beiderseitigen vertraglichen Verpflichtungen aus dem Arbeitsvertrag[1];
- ▶ Ansprüche aus Vertragsverletzungen. Umstritten ist dabei, ob darunter auch Ansprüche fallen, die auf einer vorsätzlichen strafbaren Handlung beruhen[2]. Stellt man auf den einheitlichen Lebenssachverhalt ab, so können deliktische Ansprüche, die mit vertraglichen Ansprüchen konkurrieren, nicht anders behandelt werden, unterliegen also ebenfalls der Ausschlußfrist;
- ▶ der Anspruch auf Übergangsgelder[3];
- ▶ der Anspruch auf Karenzentschädigung, soweit sich die Verfallklausel auch auf Ansprüche erstreckt, die mit dem Arbeitsverhältnis in Verbindung stehen[4];
- ▶ der Anspruch auf einen Hausarbeitstag[5];
- ▶ der Anspruch auf Krankengeldzuschuß[6];
- ▶ der Anspruch auf Freizeitausgleich nach § 46 Abs. 2 Satz 2 BPersVG[7];
- ▶ soweit in der Ausschlußklausel die Abgeltung der Überstunden genannt ist, ist damit aber nicht nur der Freizeitausgleich gemeint, sondern auch die Bezahlung der Mehrarbeitsvergütung[8];
- ▶ Ansprüche auf Lohnsteuernachzahlung[9];
- ▶ der Anspruch auf richtige Ausfüllung der Lohnnachweiskarte[10];

---

1 Auch der Zeugnisanspruch, BAG v. 23. 2. 1983, AP Nr. 10 zu § 70 BAT; aA ArbG Hamburg v. 5. 3. 1997, BB 1997, 1212.
2 So BAG v. 6. 5. 1969, AP Nr. 42 zu § 4 TVG – Ausschlußfristen, BAG v. 26. 5. 1981, AP Nr. 71 zu § 4 TVG – Ausschlußfristen; LAG Rheinland-Pfalz v. 10. 10. 1995, NZA-RR 1996, 384.
3 BAG v. 14. 2. 1977, AP Nr. 5 zu § 70 BAT.
4 BAG v. 17. 6. 1997, DB 1998, 426.
5 BAG v. 23. 6. 1961, AP Nr. 27 zu § 4 TVG – Ausschlußfristen.
6 BAG v. 30. 3. 1962, AP Nr. 28 zu § 4 TVG – Ausschlußfristen.
7 BAG v. 26. 2. 1992, AP Nr. 18 zu § 46 BPersVG.
8 BAG v. 7. 2. 1995, DB 1995, 2318.
9 BAG v. 19. 1. 1979, AP Nr. 21 zu § 670 BGB und auf Lohnsteuererstattung BAG v. 14. 6. 1974 und 20. 3. 1984, AP Nr. 20, 22 zu § 670 BGB.
10 LAG Düsseldorf v. 15. 7. 1970, DB 1970, 1934.

III. Verpflichtungen des Arbeitgebers

▶ Ansprüche auf Rückerstattung von zuviel gezahltem Arbeitsentgelt[1];
▶ Ansprüche aus Lohnvorauszahlungen bzw. eines Gehaltsvorschusses[2];
▶ Ansprüche aus einem Sozialplan[3];
▶ der Anspruch auf Nachteilsausgleich gemäß § 113 BetrVG[4];
▶ der Anspruch auf Arbeitnehmerweiterbildung[5].

▶ **Ansprüche auf Urlaub und Urlaubsabgeltung** unterliegen nicht den Ausschlußklauseln, da für den eigentlichen Urlaubsanspruch während des bestehenden Arbeitsverhältnisses die Verfallregelung des § 7 Abs. 3 BUrlG bedeutsam ist[6]. Soweit der Abgeltungsanspruch nicht gemäß § 7 Abs. 3 BUrlG verfallen ist, wird der mit der Beendigung des Arbeitsverhältnisses entstehende Abgeltungsanspruch lediglich hinsichtlich des (tarif)vertraglichen Anteils von einer (tarif)vertraglichen Ausschlußfrist erfaßt. Der Anteil im Umfang des gesetzlichen Mindesturlaubs bleibt wegen der Unabdingbarkeit nach § 13 Abs. 1 BUrlG unberührt[7]. 564

Nicht zu den Ansprüchen aus dem Arbeitsverhältnis werden von der Rechtsprechung **gezählt**: 565

▶ Ansprüche aus schöpferischen Sonderleistungen[8];
▶ Ansprüche auf Herausgabe des Eigentums[9];
▶ Ansprüche aus Verletzung des Persönlichkeitsrechts (Schmerzensgeld), soweit diese nicht mit Ansprüchen aus Verletzung der vertraglichen Fürsorgepflicht konkurrieren[10];
▶ Ansprüche aus dem arbeitsrechtlichen Beschäftigungsanspruch[11];
▶ Ansprüche aus der Tätigkeit als Betriebsratsmitglied[12];
▶ Ansprüche aus in einem gerichtlichen Vergleich geregelten Abfindungen nach §§ 9, 10 KSchG[13];
▶ Ansprüche auf Karenzentschädigung, wenn an die Beendigung des Arbeitsverhältnisses angeknüpft wird[14];
▶ eine auf Ansprüche aus dem Arbeitsverhältnis beschränkte Verfallklausel erfaßt nicht den Anspruch von Angehörigen eines Arbeitnehmers auf Unterstützung im Todesfall[15];

---

1 BAG v. 26. 4. 1978, AP Nr. 64 zu § 4 TVG – Ausschlußfristen; BAG v. 1. 6. 1995, DB 1995, 2317; LAG Berlin v. 3. 4. 1995, BB 1996, 222.
2 BAG v. 18. 6. 1980, AP Nr. 68 zu § 4 TVG – Ausschlußfristen.
3 BAG v. 27. 3. 1996, NZA 1996, 986.
4 BAG v. 20. 6. 1978, AP Nr. 3 zu § 113 BetrVG 1972.
5 BAG v. 24. 10. 1995, BB 1996, 270.
6 BAG v. 24. 11. 1992, BB 1993, 654.
7 BAG v. 23. 4. 1996, DB 1996, 2132.
8 BAG v. 21. 6. 1979, AP Nr. 4 zu § 9 ArbNErfG.
9 LAG Düsseldorf v. 13. 11. 1953, BB 1954, 29; *Langer*, Rz. 139.
10 BAG v. 15. 7. 1987, NZA 1988, 53.
11 *Schaub*, § 205 II 2.
12 BAG v. 30. 1. 1973, AP Nr. 3 zu § 40 BetrVG 1972.
13 BAG v. 13. 1. 1982, AP Nr. 7 zu § 9 KSchG 1969.
14 BAG v. 24. 4. 1970, AP Nr. 25 zu § 74 HGB.
15 Hessisches LAG v. 13. 1. 1995, NZA-RR 1996, 60.

▶ auch werden von Verfallklauseln nicht Ansprüche aus selbständig neben dem Arbeitsvertrag abgeschlossenen **anderen Verträgen** erfaßt[1]. Unter die Ausschlußfrist fallen somit keine Ansprüche aus Werkmiet-Wohnungsverhältnissen. Auch Ansprüche aus Arbeitgeberdarlehen werden daher grundsätzlich nicht von derartigen Ausschlußklauseln erfaßt[2]. Dies gilt jedenfalls dann, wenn die Zinsen und deren Höhe denen entsprechen, die jeder andere Darlehensnehmer üblicherweise zu zahlen hat. Erhält der Arbeitnehmer jedoch das Arbeitgeberdarlehen mit Rücksicht auf das bestehende Arbeitsverhältnis zinslos oder zu einem wesentlich günstigeren Zinssatz als dem banküblichen, wird von einem Anspruch aus dem Arbeitsverhältnis ausgegangen[3].

566 Eine sämtliche Ansprüche aus dem Arbeitsverhältnis erfassende Ausschlußklausel berührt aber nicht **Besitzstandsklauseln,** insbesondere **sogenannte Stammrechte**[4]. Dies gilt sowohl für den Anspruch auf richtige Eingruppierung wie auch für Ansprüche aus einer Betriebsrente[5] und Ansprüche auf Verschaffung einer Zusatzversorgung bei der VBL bzw. der Schadensersatzanspruch gegen den Arbeitgeber wegen unterlassener Anmeldung zur Zusatzversorgung[6]. Dagegen werden von der Ausschlußklausel die einzelnen sich aus der Eingruppierung oder aus der bestehenden Betriebsrente ergebenden Zahlungsansprüche erfaßt[7].

567 Nicht erfaßt werden von Ausschlußfristen **Ansprüche der Arbeitnehmer untereinander,** auch wenn sie gemäß § 6 EFZG auf den Arbeitgeber übergegangen sind[8].

568 Bei einem **Forderungsübergang** der von einer Ausschlußfrist erfaßten Forderung gilt diese Ausschlußfrist auch gegenüber dem Rechtsnachfolger des ursprünglich anspruchsberechtigten Arbeitnehmers, so im Falle des § 115 Abs. 1 SGB X, wenn infolge von Sozialleistungen die Arbeitsentgeltansprüche auf den Leistungsträger übergegangen sind[9].

569 Eine Ausschlußfrist kommt auch dann zur Anwendung, wenn der Arbeitnehmer von einer entsprechenden Verfallklausel **keine Kenntnis** hatte[10]. Es kann sich aber als arglistig darstellen, wenn sich der Arbeitgeber auf die in der

---

1 BAG v. 20. 1. 1982, AP Nr. 72 zu § 4 TVG – Ausschlußfristen; *Schaub,* § 205 II 2a.
2 Bezogen auf eine Ausgleichsklausel: LAG Hamm v. 28. 4. 1995, NZA-RR 1996, 286; *Langer,* Rz. 133.
3 BAG v. 18. 6. 1980, AP Nr. 68 zu § 4 TVG – Ausschlußfristen; OLG Düsseldorf v. 9. 7. 1997, BB 1997, 2237; *Langer,* Rz. 127 und Rz. 133.
4 BAG v. 14. 7. 1965, AP Nr. 5 zu § 1 TVG – Tarifverträge BAVAV.
5 BAG v. 27. 2. 1990, AP Nr. 107 zu § 4 TVG – Ausschlußfristen.
6 BAG v. 12. 1. 1974, AP Nr. 5 zu § 242 BGB – Ruhegehalt VBL.
7 BAG v. 14. 7. 1965, AP Nr. 5 zu § 1 TVG – Tarifverträge BAVAV und BAG v. 27. 2. 1990, AP Nr. 107 zu § 4 TVG – Ausschlußfristen.
8 *Schaub,* § 205 II 2d.
9 BAG v. 24. 5. 1973, AP Nr. 52 zu § 4 TVG – Ausschlußfristen; BAG v. 15. 11. 1973, AP Nr. 53 zu § 4 TVG – Ausschlußfristen; aA *Langer,* Rz. 233.
10 BAG v. 3. 2. 1961, AP Nr. 14 zu § 4 TVG – Ausschlußfristen; BAG v. 18. 2. 1992, NZA 1992, 881, 883.

III. Verpflichtungen des Arbeitgebers

Verfallklausel vorgesehene Schriftform beruft, obwohl er den Tarifvertrag entgegen seiner gesetzlichen Verpflichtungen nicht ausgelegt und der Arbeitnehmer innerhalb der Frist den Anspruch mündlich geltend gemacht hat[1].

Die Ausschlußfrist muß angemessen lang sein. Für einzelvertragliche Ausschlußfristen ist eine **Mindestfrist** von zwei Monaten einzuhalten[2]. 570

Wann die Ausschlußfrist **zu laufen beginnt,** hängt von der Regelung in der Verfallklausel ab. Zumeist wird der Beginn der Verfallfrist von der Fälligkeit abhängig gemacht. Es wird aber auch auf die Entstehung des Anspruchs, die Abrechnung, den Auszahlungstag, die Ablehnung durch den Anspruchsgegner sowie auf die Beendigung des Arbeitsverhältnisses oder das Vertragsende abgestellt[3]. 571

Hängt die Verfallfrist von der **Fälligkeit des Anspruchs** ab, so muß diese nicht mit dem Entstehen des Anspruchs zusammenfallen. Aufgrund der allgemeinen Vereinbarung, daß das Arbeitsentgelt mit Ablauf einer Woche oder heute im allgemeinen mit Ablauf eines Monats abzurechnen ist, werden die Ansprüche auf Arbeitsentgelt zumeist mit dem Abrechnungszeitpunkt fällig. Berücksichtigt man, daß dem Arbeitnehmer auch noch eine Überprüfung des abgerechneten Betrages möglich sein muß, so beginnt die Ausschlußfrist erst am Tage des Zugangs der Abrechnung[4]. Ist aber die Forderung des Arbeitnehmers in einer Abrechnung vorbehaltlos ausgewiesen, so braucht der Arbeitnehmer diese Forderung nicht geltend zu machen, um die Ausschlußfrist zu wahren[5]. Für wiederkehrende Ansprüche aus Ruhegeldzusagen oder infolge eines Anspruchs auf Höhergruppierung bleiben die sogenannten Stammrechte unberührt. Die Einzelansprüche unterliegen jedoch der Verfallfrist ab jeweiliger Fälligkeit. 572

Ein Anspruch auf **Rückzahlung überzahlter Vergütung** wird im Zeitpunkt der Überzahlung fällig, auch ohne daß dies grundsätzlich dem Arbeitgeber bekannt sein muß[6]. Mit der Erklärung, die Zahlung erfolge unter Vorbehalt, kann der Arbeitgeber den Beginn der Ausschlußfrist für die Geltendmachung von Ansprüchen auf Rückzahlung von gezahltem Arbeitsentgelt nicht hinausschieben[7]. 573

Ein **Schadensersatzanspruch** wird erst fällig, wenn er in seinem Bestand feststellbar ist und geltend gemacht werden kann. Dies ist der Fall, sobald sich der Gläubiger den erforderlichen Überblick ohne schuldhaftes Zögern verschaffen und seine Forderungen wenigstens annähernd beziffern konnte[8]. 574

---

1 *Langer,* Rz. 148.
2 BAG v. 24. 3. 1988, AP Nr. 1 zu § 241 BGB; BAG v. 17. 6. 1997, DB 1998, 426; LAG Köln v. 18. 11. 1996, BB 1997, 1263.
3 *Langer,* Rz. 155.
4 *Langer,* Rz. 161. Zur Fälligkeit und Ausschlußfrist der Ansprüche auf Überstundenvergütung siehe BAG v. 7. 2. 1995, NZA 1995, 1048.
5 BAG v. 20. 10. 1982, AP Nr. 76 zu § 4 TVG – Ausschlußfristen; BAG v. 21. 4. 1993, NZA 1993, 1091.
6 BAG v. 1. 6. 1995, DB 1995, 2317.
7 BAG v. 27. 3. 1996, DB 1997, 235.

575 Die **verzugsbegründende Mahnung** auf Erfüllung von Urlaub oder Freistellung für einen gesetzlich oder tariflich vorgesehenen Bildungsurlaub reicht aber aus, um die Ausschlußfrist für einen auf dieselbe Handlung gerichteten Schadensersatzanspruch zu wahren, wenn sich wegen Zeitablaufs der ursprüngliche Anspruch auf Freistellung in einen Schadensersatzanspruch gewandelt hat[1].

576 Sofern die Ausschlußklausel an die **Beendigung des Arbeitsverhältnisses** anknüpft, so ist nicht die Einstellung der Tätigkeit, sondern die rechtliche Beendigung des Arbeitsverhältnissses gemeint[2].

577 Ist ein **Kündigungsschutzverfahren anhängig,** so kann die bei Beendigung des Arbeitsverhältnisses einsetzende besondere Ausschlußfrist aber erst dann beginnen, wenn geklärt ist, daß das Arbeitsverhältnis sein Ende gefunden hat[3], also aufgrund eines Urteils oder eines das Verfahren abschließenden Vergleichs. Gilt neben der an die Beendigung des Arbeitsverhältnisses anknüpfenden Verfallklausel eine allgemeine Ausschlußfrist aber nach Fälligkeit des Anspruchs, so ist die kürzere zu beachten, es sei denn, daß wegen eines Kündigungsschutzprozesses zunächst nur die nach Fälligkeit des Anspruchs eintretende Ausschlußklausel relevant ist.

578 Wenn die Ansprüche ohnehin erst **nach der Beendigung des Arbeitsverhältnisses fällig** werden, beginnt die Ausschlußfrist nicht schon mit der Beendigung des Arbeitsverhältnisses, sondern erst mit der Fälligkeit der Ansprüche[4].

579 Bestimmt eine **Ausschlußklausel,** daß ein Anspruch zwei Monate nach Fälligkeit bzw. nach Beendigung des Arbeitsverhältnisses schriftlich geltend zu machen ist, so kann die Geltendmachung rechtswirksam auch schon vor diesen Ereignissen erfolgen[5]. Handelt es sich um eine zweistufige Ausschlußklausel, die zusätzlich innerhalb einer bestimmten Frist die gerichtliche Geltendmachung verlangt, so beginnt diese Frist aber nicht schon im Zeitpunkt der schriftlichen Geltendmachung des Anspruchs, sondern erst ab der Fälligkeit des Anspruches zu laufen[6].

580 Der **Beginn der Ausschlußfrist** regelt sich nach § 187 Abs. 1 BGB. Ist zB der Beginn der Frist durch die Fälligkeit der Forderung bestimmt, so beginnt die Ausschlußfrist erst am nächsten Tag zu laufen[7]. Das Ende der Frist ergibt sich aus § 188 BGB[8].

---

8 BAG v. 16. 5. 1984, AP Nr. 85 zu § 4 TVG – Ausschlußfristen.
1 BAG v. 24. 10. 1995, DB 1996, 99.
2 BAG v. 3. 12. 1970, AP Nr. 45 zu § 4 TVG – Ausschlußfristen.
3 BAG v. 3. 12. 1970, AP Nr. 45 zu § 4 TVG – Ausschlußfristen.
4 BAG v. 18. 1. 1969, AP Nr. 41 zu § 4 TVG – Ausschlußfristen.
5 BAG v. 27. 3. 1996, NZA 1996, 986.
6 BAG v. 27. 3. 1996, NZA 1996, 986.
7 Durch einseitige Erkärung, er zahle „unter Vorbehalt", kann der Arbeitgeber den Beginn der Ausschlußfrist für die Geltendmachung von Ansprüchen auf Rückzahlung von gezahltem Arbeitsentgelt nicht hinausschieben, BAG v. 27. 3. 1996, DB 1997, 235.
8 Siehe dazu auch *Langer,* Rz. 178.

III. Verpflichtungen des Arbeitgebers

Kommt es zu einem **Betriebsübergang** gemäß § 613a BGB, so gilt der Betriebsübergang gegenüber dem früheren Arbeitgeber als Beendigung des Arbeitsverhältnisses im Sinne einer Ausschlußklausel, die an diesen Umstand anknüpft.

In welcher Weise und Form die Forderung innerhalb der Ausschlußfrist **geltend zu machen ist,** richtet sich nach der Regelung in der Ausschlußklausel. In aller Regel wird die schriftliche Geltendmachung verlangt. Verschiedentlich ist auch eine gerichtliche Geltendmachung erforderlich, zumeist jedoch erst in der sogenannten zweiten Stufe. Von zweistufigen Ausschlußfristen spricht man dann, wenn der Anspruch zunächst formlos oder schriftlich geltend gemacht werden muß und, wenn der Schuldner nach einer bestimmten Frist nicht reagiert oder diesen Anspruch ablehnt, eine gerichtliche Inanspruchnahme innerhalb einer weiteren Ausschlußfrist vorausgesetzt wird[1].

Die in der Verfallklausel vorgesehene **Form** muß eingehalten werden. Eine schriftliche Geltendmachung liegt aber auch dann vor, wenn sich der Arbeitgeber über eine entsprechende mündliche Bitte des Arbeitnehmers Notizen macht[2].

Der Anspruch muß **vom Gläubiger selbst oder** einer dazu **bevollmächtigten Person** geltend gemacht werden. Nicht gewahrt wird die Ausschlußfrist, wenn der Betriebsrat ohne entsprechende Bevollmächtigung vorgeht[3].

Inhaltlich setzt die Geltendmachung eines Anspruchs voraus, daß er dem Grunde nach individualisiert wird, damit der Anspruchsgegner erkennen kann, welche Forderungen erhoben werden. Auch muß annähernd angegeben werden, in welcher Höhe Forderungen erhoben werden, damit sich der Anspruchsgegner darüber schlüssig werden kann, wie er sich verhalten soll[4]. Es reicht daher nicht aus, wenn ein Betrag genannt wird, der erheblich hinter dem zurück bleibt, den der Gläubiger von dem Anspruchsgegner verlangen will[5]. Zur Vermeidung von Nachteilen ist es somit empfehlenswert, die Forderungen nach Grund und Höhe genau zu beschreiben und sie auch nach Zeit und Gegenstand zu begründen[6].

Ist nur formlose oder schriftliche Geltendmachung der Ansprüche vorausgesetzt, so reicht die **Erhebung einer Kündigungsschutzklage** zur Geltendmachung von Ansprüchen, die während des Kündigungsschutzprozesses fällig werden und von seinem Ausgang abhängen (insbesondere also Arbeitsentgelt

---

1 *Langer*, Rz. 180.
2 BAG v. 25. 3. 1966, AP Nr. 2 zu § 2 HATG Hamburg.
3 BAG v. 5. 4. 1995, BB 1996, 62; LAG Berlin v. 5. 10. 1987, LAGE Nr. 6 zu § 4 TVG – Ausschlußfristen; in diesem Fall muß sich die von einem kollektiven Anspruch abhebende individuelle Geltendmachung für einen einzelnen Arbeitnehmer deutlich aus der Erklärung ergeben, LAG Köln v. 15. 3. 1996 – 4 (5) Sa 1081/95, nv.
4 BAG v. 8. 2. 1972, AP Nr. 49 zu § 4 TVG – Ausschlußfristen; s. a. BAG v. 5. 4. 1995, NZA 1995, 1068.
5 BAG v. 8. 2. 1972, AP Nr. 49 zu § 4 TVG – Ausschlußfristen.
6 *Langer*, Rz. 187.

aus Annahmeverzug) aus[1]. Einschränkend dagegen für den öffentlichen Dienst die Entscheidung des Bundesarbeitsgerichts vom 16. 6. 1976[2].

Zu beachten ist, daß bei einer derartigen Geltendmachung des Anspruchs im Rahmen einer Klage diese dem Arbeitgeber vor Ablauf der Ausschlußfrist **zugestellt** worden sein muß; die fristwahrenden prozessualen Regeln des § 270 Abs. 3 ZPO gelten nicht für die Wahrung der schriftlichen Geltendmachung innerhalb einer Ausschlußfrist[3].

586 Durch eine bloße Kündigungsschutzklage, mit der zB die Ansprüche aus dem Annahmeverzug fristwahrend geltend gemacht worden sind, wird aber nicht eine etwaige **Verjährung der Zahlungsansprüche unterbrochen.** Hierfür bedarf es einer Zahlungsklage, die gegebenenfalls in das laufende Kündigungsschutzverfahren im Rahmen einer Klagerweiterung eingeführt werden kann[4].

587 Auch kann die Ausschlußfrist durch Anmeldung der Forderung zur **Konkurstabelle** unterbrochen werden[5].

588 Wird in der Verfallklausel eine **gerichtliche Geltendmachung der Ansprüche** vorausgesetzt, so reicht es nicht aus, wenn es lediglich zur Erhebung einer Kündigungsschutzklage kommt. In einem solchen Fall ist vielmehr die Erhebung einer fristgerechten Zahlungsklage erforderlich.

589 Sofern die Verfallklausel eine **zweistufige Geltendmachung** erfordert, und die zweite Stufe, also die gerichtliche Geltendmachung, nach einer Ablehnung durch den Anspruchsgegner zu erfolgen hat, so ist schon in dem Klagabweisungsantrag des Anspruchsgegners im Kündigungsschutzverfahren und auch in seinem Bestreiten des Anspruchs eine Ablehnung zu sehen, so daß mit diesem Antrag die für die zweite Stufe maßgebliche Frist zu laufen beginnt[6]. Etwas anderes gilt jedoch dann, wenn die Ausschlußfrist eine ausdrückliche Ablehnung durch den Arbeitgeber verlangt[7].

590 Dem Ablauf der tariflichen Ausschlußfristen kann der Gläubiger mit dem auf den Grundsatz von Treu und Glauben (§ 242 BGB) gestützten **Einwand der unzulässigen Rechtsausübung** begegnen, wenn ihn der Schuldner durch aktives Handeln von der Einhaltung der Ausschlußfrist abgehalten oder wenn dieser es pflichtwidrig unterlassen hat, ihm Umstände mitzuteilen, die ihn zur Einhaltung der Ausschlußfrist veranlaßt hätten[8]. So verstößt es gegen Treu und Glauben, wenn der Arbeitgeber schuldhaft eine Abrechnung verzögert, ohne

---

1 BAG v. 10. 4. 1963, AP Nr. 23 zu § 615 BGB; BAG v. 16. 6. 1976, AP Nr. 56 zu § 4 TVG – Ausschlußfristen.
2 BAG v. 16. 6. 1976, AP Nr. 57 zu § 4 TVG – Ausschlußfristen.
3 BAG v. 8. 3. 1976, AP Nr. 4 zu § 496 ZPO.
4 *Langer*, Rz. 195.
5 BAG v. 18. 12. 1984, NZA 1985, 396.
6 BAG v. 16. 3. 1995, NZA 1995, 1213.
7 *Langer*, Rz. 203 und 204.
8 BAG v. 1. 6. 1992, DB 1995, 2317.

III. Verpflichtungen des Arbeitgebers

die der Arbeitnehmer seine Ansprüche nicht erheben und erkennen kann[1]. Umgekehrt ist ein Verfall der Rückerstattung überzahlter Bezüge nach § 242 BGB ausgeschlosssen, wenn dem Arbeitnehmer konkrete Anhaltspunkte für eine mögliche Überzahlung vorlagen und er diese bei einer Prüfung der vom Arbeitgeber erstellten Abrechnung hätte feststellen können[2]. Auch verstößt es gegen Treu und Glauben, wenn der Schuldner während des Laufs der Ausschlußfrist den Eindruck erweckt, eine gerichtliche Klärung des Anspruchs sei entbehrlich, sich jedoch nach Ablauf der Frist auf die Ausschlußklausel beruft[3]. Dagegen ist es nicht arglistig, wenn der Arbeitnehmer seine Ansprüche nur mündlich geltend gemacht und ihn der Arbeitgeber nicht auf die vorgeschriebene schriftliche Geltendmachung aufmerksam gemacht hat[4]. Hat ein Arbeitgeber dem Arbeitnehmer nur eine unzutreffende Auskunft über das Bestehen eines Anspruchs gegeben, so verstößt es ebenfalls nicht gegen Treu und Glauben, wenn sich der Arbeitgeber sodann auf die Ausschlußfrist beruft[5].

Von Amts wegen zu berücksichtigen sind Ausschlußfristen, wenn sie tariflich vereinbart sind oder sich aus einer Betriebsvereinbarung ergeben. Allerdings braucht das Gericht nicht von sich aus nachzuforschen, so daß es unbedingt erforderlich ist, daß derjenige, der sich auf die Ausschlußfrist beruft, auch auf diese hinweist. Nicht von Amts wegen zu berücksichtigen sind einzelvertraglich vereinbarte Ausschlußfristen[6]. Liegt also lediglich eine einzelvertraglich vereinbarte Ausschlußfrist vor, so ist es Sache des Schuldners, sie vorzutragen und bei Bestreiten der Verfallklausel zu beweisen[7]. 591

h) Verwirkung

Ebenso wie die Überschreitung der Ausschlußfrist läßt die **Verwirkung** den Anspruch untergehen. Der Gesichtspunkt der Verwirkung ist daher ebenfalls vom Gericht von Amts wegen zu prüfen. Die Verwirkung folgt aus dem Grundsatz von Treu und Glauben (§ 242 BGB) und stellt sich als Fall der unzulässigen Rechtsausübung dar[8]. 592

Ansprüche und Rechte gelten als verwirkt, wenn aus Zeitablauf und zusätzlichen besonderen Umständen der Schuldner folgern darf, daß der Gläubiger das Recht nicht mehr geltend machen werde. Neben dem sogenannten **Zeitmoment** ist daher das sogenannte **Umstandsmoment** von besonderer Bedeutung. Ob der Schuldner davon ausgehen kann, daß das Recht nicht mehr geltend gemacht werde, und er sich hierauf auch eingerichtet hat, ist von den besonderen Umständen eines jeden Einzelfalles abhängig.

---

1 MünchArbR/*Hanau*, § 73 Rz. 15; wegen eines Schadensersatzanspruchs s. a. LAG Rheinland-Pfalz v. 10. 10. 1995, NZA 1996, 384.
2 BAG v. 1. 6. 1995, DB 1995, 2317; aA LAG Düsseldorf v. 11. 6. 1997, BB 1997, 2273.
3 BAG v. 18. 12. 1984, AP Nr. 87 zu § 4 TVG – Ausschlußfristen.
4 BAG v. 14. 6. 1994, NZA 1995, 229.
5 BAG v. 22. 1. 1997, NZA 1997, 445.
6 *Langer*, Rz. 236.
7 *Langer*, Rz. 236.
8 *Schaub*, § 73 III 1.

593 Verwirkt werden können nicht nur Zahlungsansprüche wie zB die Vergütung von Mehrarbeit, wenn diese erst etliche Monate nach erfolgter Abrechnung geltend gemacht werden oder deren Höhe beanstandet wird. Verwirkt werden können auch Ansprüche, die erst nach Beendigung des Arbeitsverhältnisses geltend gemacht werden, wie der Anspruch auf Zeugniserteilung[1], es sei denn, nach der Natur der Sache ist erst mit späterer Geltendmachung zu rechnen, so zB bei Versorgungsansprüchen[2].

Die Verwirkung kann schon **vor Ablauf der Verjährungsfrist** eintreten und hat demzufolge im Arbeitsrecht eine viel größere Bedeutung als die Verjährung[3]. Während des Laufes tariflicher Verfallfristen verwirken Ansprüche jedoch grundsätzlich nicht[4].

594 Die Verwirkung von **Rechten aus Tarifverträgen,** sofern diese allgemeinverbindlich sind oder kraft Tarifbindung gelten, ist nach § 4 Abs. 4 Satz 2 TVG ausgeschlossen. Dasselbe gilt für **Rechte aus Betriebsvereinbarungen** gemäß § 77 Abs. 4 Satz 3 BetrVG.

i) Erstattung überzahlten Entgelts

595 Hat der Arbeitgeber dem Arbeitnehmer irrtümlich ein zu hohes Arbeitentgelt oder einen anderen zusätzlichen Betrag überwiesen, auf den der Arbeitnehmer keinen Anspruch hat, hat der Arbeitgeber gegenüber dem Arbeitnehmer aus dem Gesichtspunkt der **ungerechtfertigten Bereicherung** gemäß § 812 Abs. 1 Satz 1 BGB einen Anspruch auf Rückerstattung dieser Zahlung. Dieser Anspruch aus ungerechtfertigter Bereicherung ist nicht auf Auszahlungen bei falscher Abrechnung beschränkt, sondern kann sich auch daraus ergeben, daß der Arbeitnehmer bislang irrtümlich in eine zu hohe tarifliche Vergütungsgruppe eingruppiert war oder der Arbeitgeber irrtümlich glaubte, aufgrund anderer Regelungen zur Leistung verpflichtet zu sein[5].

Nach Bereicherungsrecht erfolgt die Rückabwicklung rechtsgrundlos erbrachter Arbeitgeberleistungen auch, wenn der Arbeitnehmer seine Tätigkeit trotz Beendigung des Arbeitsverhältnisses fortgesetzt hat[6].

596 **Ausgeschlossen** von dem Rückerstattungsanspruch gemäß § 812 BGB sind Zahlungen, die als solche oder in dieser Höhe bewußt seitens des Arbeitgebers dem Arbeitnehmer geleistet worden sind[7].

597 Zur Erstattung der zuviel erhaltenen Zahlung ist der Arbeitnehmer gemäß § 818 Abs. 3 BGB dann nicht verpflichtet, wenn er **„nicht mehr bereichert"** ist. Das ist der Fall, wenn der Arbeitnehmer gutgläubig war, er also nicht wußte, daß er in Wahrheit zuviel erhalten hatte, er die Überzahlung nicht mehr in seinem Vermögen und infolge der Zuvielzahlung keine anderen Aufwendungen erspart hat.

---

1 BAG v. 17. 2. 1988, AP Nr. 17 zu § 630 BGB.
2 BAG v. 5. 11. 1965, AP Nr. 103 zu § 242 BGB – Ruhegehalt.
3 *Großmann/Schneider,* Tz. 222.
4 *Schaub,* § 73 III 2.
5 *Schaub,* § 74 I 1a.
6 BAG v. 30. 4. 1997, BB 1997, 2431.
7 *Schaub,* § 74 I 1a.

598 Grundsätzlich ist ein Arbeitnehmer nur dann im Sinne des § 818 Abs. 3 BGB entreichert, wenn er **von der falschen Zahlung nichts wußte und sogenannte Luxusausgaben getätigt hat**, also die Überzahlung für außergewöhnliche Dinge verwendet hat, die er sich sonst nicht geleistet hätte. Von einer Entreicherung kann dann nicht gesprochen werden, wenn lediglich notwendigerweise angefallene Ausgaben erspart wurden. Dies ist dann der Fall, wenn der Arbeitnehmer einwendet, er habe das zuviel erhaltene Geld für seinen Lebensunterhalt verbraucht. In diesem Falle hat er sich den Rückgriff auf anderweitiges Einkommen oder Vermögen erspart. Von dieser klaren Abgrenzung löst sich aber die Rechtsprechung bei Arbeitnehmern mit unterem oder mittlerem Einkommen, wenn es nur zu einer geringfügigen Überzahlung gekommen ist[1], so daß erfahrungsgemäß ein alsbaldiger Verbrauch der Überzahlung für die laufenden Kosten der Lebenshaltung anzunehmen ist.

599 Den Arbeitnehmer trifft für den Wegfall der Bereicherung die **Darlegungs- und Beweislast**.

600 Auf die Entreicherung kann sich der Schuldner nicht berufen, wenn er von der Überzahlung **Kenntnis hatte** (§ 819 Abs. 1 BGB), die Ausgabe von ihm erst **nach Eintritt der Rechtshängigkeit** des Rückforderungsanspruchs getätigt wurde (§ 818 Abs. 4 BGB) oder der Arbeitgeber **unter Vorbehalt gezahlt** hat (§ 820 Abs. 1 BGB)[2].

601 Der Arbeitnehmer kann zudem aus dem **Gesichtspunkt der positiven Forderungsverletzung** und gegebenenfalls wegen unerlaubter Handlung gemäß § 823 Abs. 2 BGB in Verbindung mit § 263 Abs. 1 StGB[3] zur Erstattung bzw. zum Schadensersatz verpflichtet sein, wenn er den Arbeitgeber nicht auf die Überzahlung oder unzutreffende Abrechnung aufmerksam macht, obwohl er den Fehler erkannt hat oder leicht hätte erkennen können. Diese Anspruchsgrundlagen können Bedeutung gewinnen, wenn eine tarifliche Ausschlußfrist nicht für Ansprüche aus positiver Forderungsverletzung oder aus unerlaubter Handlung gilt.

602 Mit Rückzahlungsansprüchen kann der Arbeitgeber unter Berücksichtigung der Pfändungsfreigrenzen gemäß § 394 BGB gegenüber den Ansprüchen des Arbeitnehmers auf Zahlung des Arbeitsentgelts **aufrechnen**.

603 Während die Finanzverwaltungen und Finanzgerichte davon ausgehen, daß der Arbeitnehmer dem Arbeitgeber die auf den zurückzuzahlenden Betrag entfallende **Lohnsteuer** ebenfalls zu erstatten habe, wird unter Hinweis auf § 26 Abs. 2 SGB IV auch die Ansicht vertreten, daß der Arbeitgeber vom Arbeitnehmer nur den überzahlten Nettobetrag verlangen kann, während er die überzahlten Sozialversicherungsbeiträge und Steuern direkt bei der Sozialverwaltung

---

1 BAG v. 18. 9. 1986, AP Nr. 5 zu § 812 BGB; BAG v. 12. 1. 1994, NZA 1994, 658; BAG v. 18. 1. 1995, BB 1995, 2215; LAG Hamm v. 14. 9. 1992, BB 1992, 2434: Bei einer Überzahlung bis zu 10% der Gesamtvergütung.
2 *Schaub*, § 74 I 2 I.
3 LAG Berlin v. 15. 12. 1995, BB 1996, 1335.

bzw. dem Finanzamt geltend machen muß[1]. Nach Beendigung des Arbeitsverhältnisses sind Lohnüberzahlungen jedoch – auch nach Bereicherungsrecht – in Höhe ihres Brutto-Betrages zurückzuzahlen[2].

604 Im Arbeitsvertrag kann eine **Rückzahlung überzahlter Beträge ausdrücklich vereinbart** werden. In diesem Falle kann sich der Arbeitnehmer nicht auf den Wegfall der Bereicherung berufen[3].

605 Der Anspruch auf Rückerstattung zuviel gezahlter Beträge **verjährt** gemäß § 195 BGB in 30 Jahren. Soweit die Rückerstattung derartiger Leistungen von **Verfallklauseln** erfaßt wird (so zB wenn sämtliche Ansprüche aus dem Arbeitsverhältnis aufgeführt sind) unterliegt der Anspruch auf Rückgewähr zuviel erhaltener Beträge der Ausschlußfrist.

2. Durchsetzung und Sicherung des Arbeitsentgelts

a) Gerichtliche Geltendmachung

aa) Klage

606 Gerichtlich durchgesetzt werden kann der Anspruch auf Zahlung des Arbeitsentgelts mit einer **Leistungsklage.** Da der Arbeitgeber regelmäßig einen Bruttobetrag schuldet[4], ist die Klage grundsätzlich auf den Bruttobetrag zu richten[5].

607 Ergibt sich aus einer auf rückständiges Arbeitsentgelt gerichteten Zahlungsklage nicht ausdrücklich aus dem Klagantrag, daß das Bruttoentgelt verlangt wird, und erfolgt während des Verfahrens keine Klarstellung, so wird **im Zweifel von einem Bruttobetrag** auszugehen sein[6]. Demzufolge handelt es sich auch grundsätzlich um einen Bruttobetrag, wenn im Urteilstenor die Bezeichnung als Bruttobetrag unterbleibt oder in einem Zahlungsansprüche eines Arbeitnehmers betreffenden Vergleich die Bestimmung als Bruttobetrag unterbleibt[7].

608 Umstritten ist, inwieweit **Zahlungsklagen auf die Nettovergütung** zulässig sind, wenn zwischen den Arbeitsvertragsparteien eine Bruttolohnvereinbarung besteht[8]. Berücksichtigt man die Rechtsprechung des BFH, daß im Zweifelsfall im Urteil zugesprochene Beträge Bruttobeträge darstellen, ist auf jeden Fall bei einer Klage auf den Nettobetrag Vorsicht geboten[9], sofern nicht in der Klage die Steuer- und Beitragspflicht ebenfalls beziffert werden.

---

1 MünchArbR/*Hanau*, § 74 Rz. 5.
2 LAG Köln v. 17. 11. 1995, NZA-RR 1996, 161.
3 BAG v. 8. 2. 1964, AP Nr. 2 zu § 611 BGB – Lohnrückzahlung; BAG v. 20. 6. 1989, DB 1989, 2385.
4 *Kaiser*, DB 1994, 178; *Schaub*, § 71 I 4a.
5 *Schaub*, § 71 I 4a; MünchArbR/*Hanau*, § 70 Rz. 9.
6 BFH v. 18. 6. 1993, BStBl. II 1994, 182.
7 *Schaub*, § 71 I 4b.
8 Befürwortend: *Schaub*, Arbeitsrechtl. Formularsammlung und Arbeitsgerichtsverfahren, § 91 II 1b; MünchArbR/*Hanau*, § 70 Rz. 9; dagegen und als unzulässig bezeichnend: *Berkowsky/Drews*, DB 1994, 1978.
9 *Berkowsky/Drews*, DB 1994, 1979.

III. Verpflichtungen des Arbeitgebers

Verzugs- und Rechtshängigkeitszinsen kann der Gläubiger auf jeden Fall bei Vorliegen der gesetzlichen Voraussetzungen auf den Nettobetrag geltend machen[1]. Soweit die Meinung vertreten wird, daß die Zinsen auf die Bruttoforderung zu entrichten seien, weil der Arbeitnehmer Gläubiger einer Bruttoforderung ist[2], so kann dies nur für die gesetzlichen Zinsen in Höhe von 4% gelten. Der auf einen höheren Schaden gestützte höhere Zinssatz kann nur das Nettoentgelt betreffen, da nur dieses bei rechtzeitiger Verwendung durch den Gläubiger/Arbeitnehmer einen weitergehenden, von ihm behaupteten Zinsverlust hätte vermeiden können[3]. 609

Sind dem Arbeitnehmer bereits auf die rückständigen Lohn- bzw. Gehaltsansprüche **Nettobeträge geleistet** worden, so sind diese unter ausdrücklicher Bezeichnung als Nettobeträge im Klagantrag von dem geltend gemachten Bruttobetrag abzusetzen, **beispielsweise:** 610

> „... 8500 DM brutto abzüglich am ... geleisteter 2500 DM netto nebst 4% Zinsen auf den verbleibenden Nettobetrag seit dem ... zu zahlen."

Aus einem auf einen Bruttobetrag lautenden vollstreckungsfähigen Urteil kann der Arbeitnehmer als Gläubiger hinsichtlich des Gesamtbetrages die **Vollstreckung** betreiben, also nicht nur beschränkt auf den Nettobetrag. Es ist dann Sache des Arbeitgebers, die Lohnsteuer und Sozialversicherungsbeiträge einzubehalten und abzuführen. Sofern der Arbeitgeber nicht gem. § 775 Nr. 5 ZPO die Abführung von Steuern und Sozialversicherungsbeiträgen nachweist, trifft sodann den Gläubiger/Arbeitnehmer die Pflicht, diese Beiträge abzuführen. – Gem. § 86 GVollzO hat der Gerichtsvollzieher das für den Vollstreckungsort zuständige Finanzamt zu unterrichten, wenn er 80 DM übersteigende Beträge an den Gläubiger abführt. 611

Wegen der von dem Arbeitnehmer als Gegenleistung für das verlangte Arbeitsentgelt zu erbringenden Arbeitsleistung scheitert die **Geltendmachung zukünftigen Arbeitsentgelts** an den Voraussetzungen der §§ 257, 258 ZPO. Mithin kann die Klage auf künftig fällige Vergütungsansprüche nur auf § 46 Abs. 2 ArbGG iVm. § 259 ZPO gestützt werden, so daß sie nur dann zulässig ist, wenn die Besorgnis besteht, daß sich der Arbeitgeber der rechtzeitigen Leistung entziehen werde. Von dieser Voraussetzung ist auszugehen, wenn der Arbeitgeber den Vergütungsanspruch ernstlich bestreitet, zB nach Ausspruch einer fristlosen Kündigung, die von dem Arbeitnehmer mit einer Kündigungsschutzklage angegriffen wird. Dies gilt zumindest bis zur Rechtskraft des den (Fort-)Bestand des Arbeitsverhältnisses feststellenden Urteils[4]. Statt einer unter den Voraussetzungen des § 259 ZPO möglichen Klage auf die künftig fällig werdende Arbeitsvergütung kann der Arbeitnehmer auch eine Feststellungsklage erheben[5]. 612

---

1 LAG Köln v. 29. 1. 1997 – 7 Sa 807/96, nv.; in Eingruppierungsstreitigkeiten regelmäßig erst ab Rechtshängigkeit, BAG v. 11. 6. 1997, DB 1998, 87.
2 LAG Schleswig-Holstein v. 21. 11. 1995, BB 1996, 486.
3 *Schaub*, § 71 I 4c.
4 MünchArbR/*Hanau*, § 70 Rz. 26.
5 MünchArbR/*Hanau*, § 70 Rz. 30.

613 Sachlich zuständig für die gerichtliche Geltendmachung des Arbeitsentgelts ist gem. § 2 Abs. 1 Nr. 3a ArbGG ausschließlich das Arbeitsgericht. Als Gegenleistung für die von dem Arbeitnehmer erbrachte Tätigkeit resultiert der Anspruch auf Zahlung des Arbeitsentgelts aus dem Arbeitsverhältnis iS des § 2 Abs. 1 Nr. 3a ArbGG.

614 Die **örtliche Zuständigkeit** des anzurufenden Arbeitsgerichts bestimmt sich nach dem Erfüllungsort für das von dem Arbeitgeber geschuldete Arbeitsentgelt (§ 29 Abs. 1 ZPO, § 269 BGB). Erfüllungsort ist demzufolge regelmäßig der Firmensitz des Arbeitgebers, wenn dieser mit dem Sitz der Firmen- bzw. Betriebsleitung und der für die Personalverwaltung zuständigen Betriebsstätte identisch ist.

bb) Einstweiliger Rechtsschutz

615 Der Anspruch auf Zahlung des Arbeitsentgelts kann auch im Wege einer **einstweiligen Verfügung** geltend gemacht werden. Da mit der einstweiligen Verfügung zumindest teilweise die Erfüllung der von dem Arbeitgeber geschuldeten Zahlungsverpflichtung erreicht werden soll, stellt § 940 ZPO an den Verfügungsgrund der Abwendung wesentlicher Nachteile strenge Anforderungen. Die Durchsetzung des Vergütungsanspruchs im Wege der einstweiligen Verfügung kommt deshalb grundsätzlich nur in Betracht, wenn der Arbeitnehmer darlegt und glaubhaft macht, daß er sich in einer derartigen finanziellen Notlage befindet, daß er das Arbeitsentgelt oder einen Teil davon für seinen Lebensunterhalt dringend benötigt[1]. Zur Bestreitung des aktuellen Unterhaltsbedarfs wird allgemein ein Betrag für notwendig, aber auch für ausreichend erachtet, der dem der Pfändungsfreigrenze entspricht[2]. Der weitergehende Anspruch kann nur im Wege der ordentlichen Zahlungsklage geltend gemacht werden.

616 Entgegen der auf Zahlung des Arbeitsentgelts gerichteten Klage ist in dem **Antrag auf Erlaß einer einstweiligen Verfügung** ein Nettobetrag anzugeben, da sich auch die im Rahmen einer einstweiligen Verfügung zugestandenen Pfändungsfreibeträge nach § 850c ZPO aus dem Nettoverdienst errechnen[3].

617 Ausgeschlossen ist die Durchsetzung der finanziellen Ansprüche im Wege einer einstweiligen Verfügung, wenn dem Arbeitnehmer zur Bestreitung des dringend benötigten Lebensunterhaltes **andere Mittel sogleich zur Verfügung** stehen, also zB innerhalb kurzer Zeit verwertbares Vermögen oder Unterhaltsansprüche ihm gegenüber unterhaltsverpflichteter Personen. Demzufolge besteht auch dann nach allgemeiner Auffassung kein Verfügungsgrund, wenn der Arbeitnehmer Anspruch auf Zahlung von Arbeitslosengeld hat[4].

---

1 LAG Bremen v. 20. 4. 1961, BB 1961, 1130; Hessisches LAG v. 9. 7. 1995, DB 1996, 48.
2 LAG Baden-Württemberg v. 24. 11. 1967, BB 1968, 335; BAG v. 26. 11. 1986, AP Nr. 8 zu § 850c ZPO zur Frage des angemessenen Unterhalts.
3 MünchArbR/*Hanau*, § 70 Rz. 33.
4 MünchArbR/*Hanau*, § 70 Rz. 36.

III. Verpflichtungen des Arbeitgebers

Mit der einstweiligen Verfügung kann nur das **zuletzt fälliggewordene Arbeitsentgelt** bzw. der daraus resultierende Pfändungsfreibetrag geltend gemacht werden[1]. 618

b) Sicherung des Entgelts

aa) Truck-Verbot

Durch das sog. Truck-Verbot soll sichergestellt werden, daß der Arbeitnehmer als Gegenleistung für seine Arbeitsleistung einen **frei verfügbaren Geldbetrag** erhält. Dies war früher keine Selbstverständlichkeit, so daß § 115 Abs. 1 GewO Gewerbetreibende verpflichtet, die Löhne ihrer Arbeitnehmer „in Deutsche Mark zu berechnen und bar auszuzahlen". Allgemein gebilligt worden ist entgegen dem Wortlaut des § 115 Abs. 1 GewO die bargeldlose Überweisung oder die Hingabe von Schecks zur Erfüllung der dem Arbeitgeber obliegenden Zahlungsverpflichtung[2]. 619

Um zu verhindern, daß es zu einer Verrechnung der Lohnansprüche mit Darlehensforderungen kommt, verbietet § 115 Abs. 2 Satz 1 GewO das **Kreditieren von Waren** an Arbeitnehmer.

Bedeutung hat § 115 GewO heute insofern noch, als durch diese Bestimmung die **Vereinbarung von Naturallohn** beschränkt und **Abzahlungsgeschäfte** zwischen dem Arbeitgeber und den bei ihm beschäftigten Arbeitnehmern verboten sind. Allerdings sind ausgenommen finanzierte Abzahlungskäufe, wenn der Arbeitgeber an der Finanzierungsbank nicht beteiligt ist[3].

Vereinbarungen, die der Regelung des § 115 GewO entgegenstehen, sind gem. § 117 Abs. 1 GewO nichtig.

bb) Pfändung des Arbeitseinkommens

Der **Pfändung** ist das Arbeitsentgelt gem. § 850 Abs. 1 ZPO im Rahmen der §§ 850a–850k ZPO nur beschränkt unterworfen. Im Interesse des Arbeitnehmers und seiner Familie, aber auch zur Vermeidung staatlicher Fürsorgeleistungen soll dadurch sichergestellt werden, daß dem Arbeitnehmer von dem erarbeiteten Arbeitsentgelt ein Betrag verbleibt, der wenigstens zur Deckung des notwendigen Unterhalts für die Familie ausreicht. Arbeitseinkommen ist daher nur nach Maßgabe der §§ 850a–850k ZPO über einen Pfändungs- und Überweisungsbeschluß des Amtsgerichts (§§ 828 ff. ZPO) pfändbar[4]. Kommt es zu einer Pfändung, ist der Arbeitgeber aber nicht verpflichtet, den Arbeitnehmer über die Möglichkeit eines Vollstreckungsschutzantrages nach § 850i ZPO zu belehren[5]. 620

---

1 MünchArbR/*Hanau*, § 70 Rz. 38 und 39.
2 *Schaub*, § 87 VIII.
3 BGH v. 12. 5. 1975, NJW 1975, 1515.
4 Siehe dazu auch i. e. *Bengelsdorf*, NZA 1996, 176.
5 BAG v. 13. 11. 1991, NZA 1992, 384.

621 Zum **Arbeitseinkommen** zählen gem. § 850 Abs. 4 ZPO alle Vergütungen, die dem Schuldner aus der Arbeit oder Dienstleistung zustehen, ohne Rücksicht auf ihre Benennung oder Berechnungsart. Die in § 850 Abs. 2 und 3 ZPO genannten Arten des Arbeitseinkommens sind daher nur Beispielsfälle. Nicht entscheidend ist, ob es sich um eine fortlaufende Vergütung oder um eine einmalige Geldleistung handelt (hier besteht allerdings Pfändungsschutz gem. § 850i ZPO nur auf Antrag des Schuldners).

622 **Pfändbar** sind nur die Nettoeinkünfte. Nicht mitzurechnen sind die Lohnsteuer- und Sozialversicherungsbeiträge.

623 Der **Pfändungsschutz von Einkünften** ist in drei Gruppen abgestuft, nämlich in absolut unpfändbare Bezüge (§ 850a ZPO), bedingt pfändbare Bezüge (§ 850b ZPO) und relativ pfändbare Bezüge (§ 850c ZPO).

Folgende Einkünfte sind nach Maßgabe des unterschiedlichen Pfändungsschutzes wie folgt pfändbar:

624 ▶ **Abfindungen** gem. §§ 9, 10 KSchG, §§ 112 Abs. 1 und 4[1], 113 Abs. 1 und 3 BetrVG. Da es sich in aller Regel um einmalige Zahlungen handelt, genießt der Arbeitnehmer/Schuldner gem. § 850i ZPO nur Pfändungsschutz auf seinen Antrag hin.

625 ▶ **Arbeitnehmersparzulagen** gem. § 13 Fünftes Vermögensbildungsgesetz zählen nicht zum Arbeitseinkommen. Sie können daher selbständig und ohne die Einschränkungen der §§ 850 ff. ZPO gepfändet werden[2]. Einem nur das Arbeitseinkommen erfassenden Pfändungs- und Überweisungsbeschluß unterliegen sie nicht.

626 ▶ **Arbeitslosengeld und -hilfe** sowie **Kurzarbeitergeld** und **Insolvenzgeld** sind nach Maßgabe der §§ 54 Abs. 2 und 4, 55 SGB I pfändbar.

627 ▶ **Aufwandsentschädigungen** wie Reisekosten, Kilometergeld sowie Auslösungsgelder und sonstige soziale Zulagen für auswärtige Beschäftigungen, auch Entgelt für selbst gestelltes Arbeitsmaterial, Gefahrenzulagen sowie Schmutz- und Erschwerniszulagen sind gem. § 850a Nr. 3 ZPO unpfändbar, soweit diese Leistungen nicht den Rahmen des Üblichen überschreiten. Mitgerechnet werden sie gemäß § 850e Nr. 1 ZPO auch nicht für die Berechnung des pfändbaren Arbeitseinkommens. Zum in diesen Grenzen unpfändbaren Aufwendungsersatz zählen auch Erstattungsansprüche von Betriebsratsmitgliedern nach § 40 BetrVG.

628 ▶ **Dienst- und Versorgungsbezüge der Beamten** sind ausdrücklich als pfändbares Arbeitseinkommen in § 850 Abs. 2 ZPO aufgeführt. Für sie gilt die relative Pfändbarkeit gem. § 850c ZPO.

---

1 BAG v. 13. 11. 1991, NZA 1992, 384.
2 MünchArbR/*Hanau*, § 72 Rz. 161.

III. Verpflichtungen des Arbeitgebers Rz. 638 **Teil 2 A**

▶ **Entgeltfortzahlungen im Krankheitsfall** gem. dem Entgeltfortzahlungsgesetz 629
stellen Arbeitseinkommen dar. Sie gehören unter Berücksichtigung des
§ 850c ZPO zu den relativ pfändbaren Ansprüchen.

▶ **Erfindervergütungen** zählen nur dann zum Arbeitseinkommen gem. § 850 630
ZPO, wenn es sich um Diensterfindungen iS von §§ 2, 6 ArbnErfG handelt.
Sie unterliegen ebenfalls nur dem relativen Pfändungsschutz gem. § 850c
ZPO.

▶ **Gefahrenzulagen** sind gem. § 850a Nr. 3 ZPO unpfändbar, soweit sie nicht 631
den Rahmen des Üblichen überschreiten. Gemäß § 850e Nr. 1 ZPO werden
sie auch nicht bei der Berechnung des pfändbaren Arbeitseinkommens berücksichtigt.

▶ **Gewinnbeteiligungen** gelten als Arbeitseinkommen. Sie sind unter Einbeziehung 632
des sonstigen Arbeitsentgeltes relativ pfändbar gem. § 850c ZPO.

▶ **Gratifikationen:** siehe Weihnachtsvergütungen, Rz. 655.

▶ **Heimarbeitervergütungen** sind gem. § 87 HeimArbG dem Pfändungsschutz 633
für Arbeitseinkommen entsprechend unterstellt. Sie sind gem. § 850c ZPO
relativ pfändbar.

▶ **Heirats- und Geburtsbeihilfen** sind gem. § 850a Nr. 5 ZPO absolut unpfänd- 634
bar, es sei denn, daß die Vollstreckung wegen einer Forderung erfolgt, die aus
Anlaß der Heirat oder der Geburt entstanden ist. Sie werden auch nicht dem
pfändbaren Einkommen hinzugerechnet, § 850e Nr. 1 ZPO.

▶ **Hinterbliebenenbezüge,** also Witwen- und Waisengelder, zählen gem. § 850 635
Abs. 2 ZPO ebenfalls zum pfändungsgeschützten Arbeitseinkommen. Sie
sind gem. § 850c ZPO relativ pfändbar.

▶ **Jubiläumszuwendungen** und andere Zahlungen aufgrund eines besonderen 636
Betriebsereignisses sind, soweit sie den Rahmen des Üblichen nicht überschreiten,
gem. § 850a Nr. 2 ZPO absolut unpfändbar. Sie bleiben gemäß
§ 850e Nr. 1 ZPO auch zur Berechnung des pfändbaren Arbeitseinkommens
außer Betracht.

▶ **Karenzentschädigungen** zum Ausgleich für Wettwerbsbeschränkungen gem. 637
§§ 74 Abs. 2, 74b HGB werden in § 850 Abs. 3 lit. a ZPO ausdrücklich als
Arbeitseinkommen benannt. Bei einmaliger Zahlung gilt der Pfändungsschutz
nur auf Antrag des Arbeitnehmers gem. § 850i ZPO. Wird die Karenzentschädigung
wie üblich wiederkehrend geleistet, so ist sie gem. § 850c
ZPO relativ pfändbar.

▶ **Kindergeld** kann gem. § 54 Abs. 5 SGB I nur wegen der gesetzlichen Unter- 638
haltsansprüche eines Kindes, das bei Festsetzung der Geldleistungen berücksichtigt
wird, gepfändet werden. Dies wird auch in den Fällen gelten, in
denen ab 1. 1. 1996 durch den Arbeitgeber das Kindergeld direkt dem Arbeitnehmer
ausgezahlt wird. Anders verhält es sich bei Arbeitnehmern des öf-

Schmalenberg 353

fentlichen Dienstes, wo das Kindergeld Teil des Arbeitseinkommens ist und deshalb der relativen Pfändbarkeit gem. § 850c ZPO unterliegt[1].

639 ▶ **Konkursausfallgeld** ist kein Arbeitseinkommen[2]. Es handelt sich um von der Bundesanstalt für Arbeit geleistete Sozialleistungen. Demzufolge ist etwaiger Drittschuldner für Pfändungsmaßnahmen das Arbeitsamt.

640 ▶ **Krankenbezüge** (zur Entgeltfortzahlung Rz. 629), die ein Arbeitnehmer nach Ablauf des Entgeltfortzahlungszeitraumes durch die Krankenkasse erhält, sind gem. § 54 Abs. 4 SGB I pfändbar. Handelt es sich um Bezüge aus privaten Krankenkassen, die ausschließlich oder zu einem wesentlichen Teil zu Unterstützungszwecken gewährt werden, sind diese nur gem. § 850b Abs. 1 Nr. 4 ZPO bedingt, und zwar gem. § 850b Abs. 2 ZPO pfändbar.

641 ▶ **Kurzarbeitergeld** gem. §§ 169 ff. SGB III ist ebenfalls nicht Arbeitseinkommen. Es handelt sich um Leistungen der Bundesanstalt für Arbeit, die nach Maßgabe der §§ 54 Abs. 4, 55 SGB I pfändbar sind.

▶ **Lohnfortzahlung im Krankheitsfall:** siehe Entgeltfortzahlung im Krankheitsfall, Rz. 629.

642 ▶ **Lohnsteuerjahresausgleich** wird nach herrschender Meinung dem Arbeitseinkommen zugezählt, wenn er gem. § 42b EStG vom Arbeitgeber durchgeführt wird[3]. Da es sich in aller Regel um eine einmalige, nicht wiederkehrende Vergütung zum Jahresende handelt, genießt der vom Arbeitgeber durchgeführte Jahreslohnsteuerausgleich nur dann Pfändungsschutz, wenn ihn der Arbeitnehmer gem. § 850i ZPO beantragt.

Zugleich mit dem Pfändungs- und Überweisungsbeschluß kann gem. § 836 Abs. 3 ZPO angeordnet werden, daß der Schuldner/Arbeitnehmer die Lohnsteuerkarte herauszugeben hat.

643 ▶ **Mankogelder** zählen ebenfalls zum geschützten Arbeitseinkommen (gemäß Abschn. 70 Abs. 2 Nr. 11 LStR gehören sie zum steuerpflichtigen Arbeitslohn, sofern sie monatlich 30 DM übersteigen). Die Pfändung kann im Rahmen des § 850c ZPO erfolgen.

644 ▶ **Mehrarbeitsvergütung/Überstundenverdienst** gehört zum Arbeitseinkommen. Gem. § 850a Nr. 1 ZPO ist die Mehrarbeitsvergütung zur Hälfte unpfändbar, bei Vollstreckung für Unterhaltsforderungen gem. § 850d Abs. 1 Satz 2 2. Halbsatz ZPO zu einem Viertel unpfändbar. Den Unpfändbarkeitsschutz des § 850a Nr. 1 ZPO bzw. 850d Abs. 1 Satz 2 2. Halbsatz ZPO genießt nicht nur der sog. Mehrarbeitszuschlag, sondern er erstreckt sich auf die gesamte Mehrarbeitsvergütung, also das Arbeitsentgelt, das für Mehrarbeit über die gesetzliche, tarifliche oder betriebliche Arbeitszeit hinaus gelei-

---

1 *Schaub*, § 92 II 13.
2 AA MünchArbR/*Hanau*, § 72 Rz. 151.
3 *Schaub*, § 92 II 15; MünchArbR/*Hanau*, § 72 Rz. 153.

III. Verpflichtungen des Arbeitgebers　　　　　　　　　Rz. 650　Teil 2 A

stet wird[1]. Die Unpfändbarkeit erstreckt sich nicht auf 50% der Brutto-, sondern 50% der Nettovergütung[2]. Bei der Berechnung des pfändbaren Einkommens wird die Mehrarbeitsvergütung insoweit gemäß § 850e Nr. 1 ZPO nicht mitgerechnet.

▶ **Mutterschaftsgeld** gem. § 13 MuSchG ist eine von der jeweiligen Krankenkasse gezahlte Sozialgeldleistung, also kein Arbeitseinkommen. Hierfür gilt der Pfändungsschutz gem. § 54 Abs. 3 Nr. 2 SGB I. Dagegen stellen sich der Zuschuß zum Mutterschaftsgeld gem. § 14 MuSchG sowie das Arbeitsentgelt bei einem Beschäftigungsverbot gem. § 11 MuSchG als Arbeitseinkommen dar. Sie unterliegen der relativen Pfändbarkeit des § 850c ZPO. 645

▶ **Naturalbezüge** sind für sich genommen regelmäßig gem. §§ 399 BGB iVm. § 851 ZPO unpfändbar. Gem. § 850e Nr. 3 ZPO sind jedoch bei einer Pfändung des Arbeitseinkommens in Geld die Nettobezüge mit dem Wert der Naturalleistung zusammenzurechnen. Der nach § 850c ZPO unpfändbare Betrag ist aus dem sich als Summe ergebenden Gesamteinkommen zu berechnen. In diesem Falle ist der in Geld zahlbare Betrag insoweit pfändbar, als der nach § 850c ZPO unpfändbare Teil des Gesamteinkommens durch den Wert der dem Arbeitnehmer/Schuldner verbleibenden Naturalleistungen gedeckt ist. Für die Berechnung der Naturalbezüge ist der Nettowert anhand der Richtsätze des Sozialversicherungs- und Steuerrechts (Sachbezugsverordnung gem. § 17 Abs. 1 Satz 1 Nr. 3 SGB IV ergänzt durch § 8 Abs. 2 EStG) zu ermitteln. 646

▶ **Provisionen,** die Arbeitnehmer erhalten, sind gem. § 850c ZPO relativ pfändbares Arbeitseinkommen. 647

▶ **Prozente/Bedienungsgelder,** die zB ein Kellner erhält, werden auch von der Lohnpfändung als Arbeitseinkommen erfaßt. Zum Zwecke einer korrekten Berechnung des durch einen Pfändungs- und Überweisungsbeschluß gepfändeten Arbeitseinkommens kann der Arbeitgeber die Herausgabe derartiger Bedienungsgelder notfalls unter Androhung einer fristlosen Kündigung von dem Arbeitnehmer verlangen[3]. 648

▶ **Ruhegelder** stehen gem. § 850 Abs. 2 ZPO Arbeitseinkommen gleich. Unerheblich ist, ob das Ruhegeld auf einzelvertraglicher Absprache, Betriebsvereinbarung oder Tarifvertrag beruht, und ob es von einer Unterstützungskasse, einer Pensionskasse oder vom früheren Arbeitgeber selbst gewährt wird. Bedingt pfändbar gem. § 850b Abs. 1 Nr. 2 ZPO sind sog. Unterhaltsrenten. 649

▶ **Sonstige Vergütungen** für Dienstleistungen aller Art werden in § 850 Abs. 2 ZPO Arbeitseinkommen gleichgestellt. Hierunter fallen Ansprüche selbständiger Handels- und Versicherungsvertreter auf Fixum und Provision, die Vergütungsansprüche von Vorstandsmitgliedern einer Aktiengesellschaft und von Geschäftsführern einer GmbH[4]. 650

1 MünchArbR/*Hanau*, § 72 Rz. 154.
2 *Schaub*, § 92 II 16.
3 *Schaub*, § 42 II 19.
4 MünchArbR/*Hanau*, § 72 Rz. 158.

651 ▶ **Sozialleistungsansprüche** sind kein Arbeitseinkommen. Für Pfändungen sind die Regelungen in § 54 SGB I zu beachten.

▶ **Sozialplanabfindungen:** siehe Abfindungen, Rz. 624.

652 ▶ **Urlaubsentgelt** ist unabhängig davon, daß es dem Arbeitnehmer zum Zwecke des höchstpersönlichen Anspruchs auf Erholung bezahlt wird, Arbeitsvergütung. Schließlich ist es nur eine Fortzahlung der Arbeitsvergütung während des Erholungszeitraumes. Es ist daher relativ pfändbar gem. § 850c ZPO, so daß ein das Arbeitseinkommen erfassender Pfändungs- und Überweisungsbeschluß auch während des Urlaubs des Arbeitnehmers das Urlaubsentgelt erfaßt. Dasselbe gilt für die Urlaubsabgeltung gem. § 7 Abs. 4 BUrlG[1].

653 ▶ **Urlaubsgeld,** also eine Zuwendung oder Bezüge, die zusätzlich zum Urlaubsentgelt gezahlt werden, ist gem. § 850a Nr. 2 ZPO absolut unpfändbar, soweit es nicht den Rahmen des Üblichen übersteigt.

Insoweit bleibt es auch bei der Berechnung des pfändbaren Arbeitseinkommens außer Betracht, § 850e Nr. 1 ZPO.

654 ▶ **Vermögenswirksame Leistungen** sind unabhängig davon, ob sie der Arbeitgeber über das Arbeitsentgelt zusätzlich gewährt oder nicht, nicht übertragbar und daher gem. § 851 Abs. 1 ZPO nicht pfändbar. Diesem Pfändungsschutz unterliegen nicht Teile des Arbeitsentgelts, für die der Arbeitnehmer erst nach Vorliegen eines Pfändungs- und Überweisungsbeschlusses mit seinem Arbeitgeber eine vermögenswirksame Anlage vereinbart[2].

Nach überwiegender Auffassung sind bei der Berechnung des pfändbaren Einkommens gem. § 850e ZPO die vermögenswirksamen Leistungen nicht mitzurechnen[3].

655 ▶ **Weihnachtsvergütungen** sind nach § 850a Nr. 4 ZPO bis zu 50% des monatlichen Arbeitsentgelts, höchstens jedoch bis 540 DM pfändbar. Bei Pfändungen zugunsten gesetzlicher Unterhaltsgläubiger ist aber die Hälfte der unpfändbaren Weihnachtsgratifikation wiederum pfändbar gem. § 850d ZPO. Bei der Berechnung des pfändbaren Einkommens wird die Weihnachtsvergütung gem. § 850e Nr. 1 ZPO nicht mitgerechnet.

Nicht eindeutig ist, ob vertraglich oder tarifvertraglich zugesagte Sonderzuwendungen oder das 13. Monatsgehalt der Weihnachtsvergütung gem. § 850a Nr. 4 ZPO gleichstehen. Wenn die zusätzliche Leistung im Zusammenhang mit den vermehrten Bedürfnissen anläßlich eines Weihnachtsfestes gesehen werden kann, soll sie dem Pfändungsschutz des § 850a Nr. 4 ZPO unterliegen[4].

▶ **Wettbewerbsentschädigung:** siehe Karenzentschädigung, Rz. 637.

---

1 LAG Berlin v. 22. 7. 1991, NZA 1992, 122.
2 MünchArbR/*Hanau*, § 72 Rz. 161.
3 *Schaub*, § 92 II 23; MünchArbR/*Hanau*, § 72 Rz. 161.
4 MünchArbR/*Hanau*, § 72 Rz. 163.

III. Verpflichtungen des Arbeitgebers   Rz. 661 **Teil 2 A**

Soweit Ansprüche aus dem Arbeitsverhältnis der Pfändung unterliegen, sind 656
die **gesetzlichen Pfändungsgrenzen** zu beachten. Diese sind im wesentlichen
abhängig von der Höhe des Arbeitseinkommens des Arbeitnehmers/Schuldners
(§ 850c Abs. 3 ZPO), den Unterhaltspflichten des Arbeitnehmers/Schuldners
(§ 850c Abs. 1 ZPO) und der Art der Gläubigerforderung (§ 850d Abs. 1 ZPO).

Das **pfändbare Arbeitseinkommen** wird nach § 850e ZPO auf der Basis der 657
Nettoeinkünfte berechnet. Nicht mitzurechnen sind die nach § 850a ZPO
unpfändbaren Bezüge und die vom Arbeitgeber einzubehaltenen Steuern[1].
Nicht vorab in Abzug zu bringen sind Beiträge für Berufsorganisationen, Beiträge zur betrieblichen Altersversorgung sowie Prämien für Lebensversicherungsverträge[2].

Wegen der **Unpfändbarkeitsgrenze** bei relativ pfändbaren Bezügen wird auf die 658
in § 850c Abs. 1 ZPO genannten Beträge verwiesen.

Der Pfändungsfreibetrag des Arbeitnehmers/Schuldners gilt nur, wenn der Ar- 659
beitnehmer nicht nur gesetzliche **Unterhaltsverpflichtungen** zu erfüllen hat,
sondern diesen Verpflichtungen auch tatsächlich nachkommt. Für den Arbeitgeber sind hinsichtlich der Unterhaltspflichten die Eintragungen in der Lohnsteuerkarte maßgebend, es sei denn, er hat Anhaltspunkte dafür, daß diese
Eintragungen unrichtig sind[3].

Obwohl nicht nur die Unterhaltspflichten, sondern auch die Erfüllung dieser
Unterhaltspflichten maßgeblich ist, kann sich auch ein **Ehegatte**, der weniger
verdient als der andere Ehegatte auf die vollen Freibeträge gem. § 850c Abs. 1
ZPO berufen[4]. Es ist Sache des Gläubigers gem. § 850c Abs. 4 ZPO, durch einen
Antrag beim Vollstreckungsgericht feststellen zu lassen, daß eine selbst verdienende Person im Rahmen des § 850c Abs. 1 Satz 2 ZPO unberücksichtigt bleiben kann.

Unterhalt an **Partner einer eheähnlichen Lebensgemeinschaft** kann nicht gem.
§ 850c Abs. 1 Satz 2 ZPO berücksichtigt werden[5].

Liegen der **Gläubigerforderung gesetzliche Unterhaltsansprüche** zugrunde, so 660
entfallen gem. § 850d ZPO die Pfändungsgrenzen des § 850c ZPO. Auch sind
die unpfändbaren Bezüge gem. § 850a Nr. 1 (Mehrarbeitsvergütung), Nr. 2 (Urlaubsgeld) und Nr. 4 (Weihnachtsvergütungen) zu 75% pfändbar (soweit bei der
Weihnachtsvergütung nicht ohnehin die Höchstgrenze von 540 DM nur unter
dem pfändbaren Betrag von 1/4 verbleibt). Nur der notwendige Unterhalt des
Arbeitnehmers/Schuldners ist abzusetzen.

Auch bei **Ansprüchen aus vorsätzlich unerlaubten Handlungen** kann gem. 661
§ 850f Abs. 2 ZPO auf Antrag des Gläubigers die Pfändungsgrenze des § 850c

---
1 *Bengelsdorf*, NZA 1996, 176, 179, 180.
2 *Schaub*, § 92 III 1.
3 *Bengelsdorf*, NZA 1996, 182.
4 BAG v. 23. 2. 1983, AP Nr. 4 zu § 850c ZPO; *Bengelsdorf*, NZA 1996, 181.
5 *Schaub*, § 92 III 5c.

ZPO entfallen. Aber auch in diesem Fall ist dem Schuldner der notwendige Unterhalt für sich und seine Angehörigen zu belassen.

662 Auf Antrag des Arbeitnehmers kann das Vollstreckungsgericht gem. § 850f Abs. 1 ZPO unter bestimmten Voraussetzungen den nach §§ 850c, 850d ZPO **pfändbaren Teil** des Arbeitseinkommens **ermäßigen**. Andererseits kann gem. § 850f Abs. 2 und 3 ZPO auf Antrag eines Gläubigers das Vollstreckungsgericht unter bestimmten Voraussetzungen den pfändbaren Teil des Arbeitseinkommens über die in § 850c ZPO genannten Beträge **erhöhen**.

663 Der Pfändungsgläubiger kann den Arbeitgeber zur **Auskunft über die gepfändete Forderung** auffordern, sobald der Pfändungsbeschluß zugestellt ist. Die Erklärungspflicht des Arbeitgebers hat sich nicht über die Fragen von § 840 Abs. 1 Nr. 1 und 3 ZPO hinaus zu erstrecken[1]. Der Arbeitgeber ist also nicht verpflichtet, Auskunft über den Bruttolohn, die Lohnsteuer, Sozialversicherungsbeiträge, Mehrarbeitsverdienste oder über den Familienstand des Arbeitnehmers zu erteilen[2]. Mithin kann der Gläubiger von dem Arbeitgeber nicht die Vorlage der Gehaltsabrechnung oder einer Kopie derselben verlangen. Einen derartigen Anspruch hat der Gläubiger allenfalls gem. § 836 Abs. 3 ZPO gegenüber dem Arbeitnehmer.

664 Versuche, durch sog. **Lohnschiebungsverträge** die Realisierung der Ansprüche des Gläubigers zu hintertreiben, werden in § 850h ZPO erfaßt. So umfaßt die Pfändung auch den Anspruch des sog. Drittberechtigten, der nach den Vorstellungen des Arbeitnehmers/Schuldners statt des sog. Dienstberechtigten Anspruch auf das Arbeitsentgelt haben soll. Einem sog. verschleierten Arbeitseinkommen begegnet § 850h Abs. 2 ZPO durch die Fiktion der Forderung auf eine angemessene Vergütung.

665 Der Pfändungsschutz des Arbeitnehmers beschränkt sich nicht auf das Arbeitsentgelt vor der Auszahlung, sondern gilt **auch nach der Überweisung** hinsichtlich des Kontoguthabens. Gem. § 835 Abs. 3 Satz 2 ZPO darf das Geldinstitut ohnehin erst nach Ablauf von zwei Wochen nach Zustellung des Pfändungs- und Überweisungsbeschlusses Leistungen an den Gläubiger bewirken. Wird ständig das Arbeitsentgelt des Arbeitnehmers auf das Bankkonto überwiesen, so hat gem. § 850k ZPO das Vollstreckungsgericht auf Antrag des Arbeitnehmers/Schuldners die Pfändung insoweit aufzuheben, als das Guthaben nicht der Pfändung nach § 850c ZPO unterworfen ist.

cc) Abtretung

666 Der Arbeitnehmer kann seinen Anspruch auf Arbeitsentgelt gem. § 398 BGB grundsätzlich abtreten. Nach § 400 BGB ist eine Abtretung jedoch ausgeschlossen, soweit der **Entgeltanspruch unpfändbar** ist. Gem. § 1274 Abs. 2 BGB ist insoweit auch eine Verpfändung des Arbeitsentgeltes nicht möglich. Eine den unpfändbaren Teil des Arbeitseinkommens betreffende Abtretung ist unwirk-

---

[1] Schaub, § 89 IV 4.
[2] Schaub, § 89 IV 4c.

III. Verpflichtungen des Arbeitgebers

sam. Demgemäß ist eine formularmäßige Sicherungsabtretung aller Ansprüche eines Kreditnehmers aus dem Arbeitsverhältnis unwirksam (aber auch nach § 9 AGBG).

Auch Rechtsformen, die zu dem **gleichen wirtschaftlichen Ergebnis** wie die Abtretung führen, sind unzulässig, wenn auch nichtpfändbare Forderungen erfaßt werden, wie zB bei der Erteilung einer Einziehungsermächtigung oder der Vereinbarung einer Inkassozession[1]. Etwas anders gilt jedoch dann, wenn der Arbeitnehmer die Forderung an jemanden abtritt, der ihm Leistungen in Höhe der abgetretenen Forderung zuvor zur Verfügung gestellt hatte, sowie in anderen Fällen, in denen der Arbeitnehmer von dem Abtretungsempfänger eine wirtschaftlich gleichwertige Leistung erhält[2].

Der Arbeitnehmer kann auch **zukünftige Arbeitsentgelte** und Vergütungen aus zukünftigen Arbeitsverhältnissen mit der Wirkung abtreten, daß sie späteren Pfändungen vorgehen. 667

Zu einem **gesetzlichen Übergang der Entgeltforderung** kommt es bei Gewährung von Krankengeld auf die Krankenkasse und bei Gewährung von Arbeitslosengeld auf die Bundesanstalt für Arbeit gem. § 115 Abs. 1 SGB X. 668

Einzelvertraglich, aber auch durch Tarifvertrag oder Betriebsvereinbarung kann gem. § 399 BGB die Abtretung der Vergütungsansprüche **ausgeschlossen** werden. Damit kann aber keine Pfändung vermieden werden (§ 851 Abs. 2 ZPO). Da Pfändungen und Abtretungen von Arbeitsentgelt auf seiten des Arbeitgebers zu einem erheblichen Kosten- und Arbeitsaufwand führen, empfiehlt sich eine Klausel entsprechend dem folgenden **Vertragsbeispiel:** 669

„Abtretung und Verpfändung von Forderungen aus dem Arbeitsverhältnis sind ausgeschlossen und dem Arbeitgeber gegenüber unwirksam. Zur Deckung der Kosten für die Bearbeitung anfallender Pfändungen werden 3% des jeweils einbehaltenen und an den Gläubiger abgeführten Betrages/wird eine Kostenpauschale von 10 DM berechnet. Dieser Anspruch gilt jeweils als vor der Gehaltszahlung entstanden[3]." 670

Zahlt der Arbeitgeber trotz des vertraglich vereinbarten Abtretungsverbotes an den Dritten (Zessionar), so bleibt er gegenüber dem Arbeitnehmer zur Leistung des Arbeitsentgelts verpflichtet. 671

Der Arbeitgeber kann eine entgegen dem Abtretungsverbot vorgenommene Abtretung **genehmigen,** wenn das Abtretungsverbot in erster Linie den Arbeitgeber gegen eine übermäßige Belastung der Personalbuchhaltung schützen sollte[4].

---

[1] MünchArbR/*Hanau*, § 71 Rz. 2.
[2] MünchArbR/*Hanau*, § 71 Rz. 3.
[3] *Tschöpe*, MDR 1996, 1081, 1089.
[4] MünchArbR/*Hanau*, § 71 Rz. 11; *Schaub*, § 87 I 4.

Wegen der Folgen einer Abtretung wird im übrigen auf §§ 404 ff. BGB verwiesen.

dd) Aufrechnung

672 Der Arbeitgeber kann gegen eine Forderung des Arbeitnehmers auf Zahlung des Arbeitsentgelts mit einer eigenen Forderung gem. § 387 BGB **aufrechnen**. Unzulässig ist eine Aufrechnung gem. § 393 BGB wegen einer Forderung aus einer vorsätzlich begangenen unerlaubten Handlung. Außerdem kann der Arbeitgeber nach § 394 BGB gegen eine Entgeltforderung nicht aufrechnen, soweit diese nicht der Pfändung unterworfen ist (siehe dazu oben Rz. 620 ff. Pfändung des Arbeitseinkommens). Auch kann eine Aufrechnung durch Vertrag ausgeschlossen sein.

Aus der **Zweckbestimmung** der Leistung bzw. der **fehlenden Gegenseitigkeit** kann sich ein Aufrechnungsverbot ergeben, so zB bei der Verrechnung von Lohnüberzahlungen gegen Ansprüche auf vermögenswirksame Leistungen.

673 **Gegen unpfändbare Lohnforderungen** kann aber gemäß Treu und Glauben mit Forderungen aus vorsätzlicher Vertragsverletzung und vorsätzlicher unerlaubter Handlung aufgerechnet werden[1]. Jedoch sollen in solchen Fällen die Pfändungsgrenzen des § 850d ZPO gelten, es sei denn, der Arbeitnehmer ist bereits aus dem Arbeitsverhältnis ausgeschieden[2]. Es ist ihm aber das Existenzminimum zu belassen; dies ist nach dem im Unterhaltsrecht maßgebenden notwendigen Selbstbehalt zu bemessen[3].

ee) Zurückbehaltungsrecht

674 Kommt der Arbeitgeber seinen Verpflichtungen aus dem Arbeitsvertrag nicht nach, so kann der Arbeitnehmer zu einem **Leistungsverweigerungsrecht (Arbeitsverweigerung)** berechtigt sein. Es kann sich aus der Einrede des nicht erfüllten Vertrages (§ 320 BGB) oder aus einem Zurückbehaltungsrecht (§ 273 BGB) ergeben.

Während der Arbeitgeber das Zurückbehaltungsrecht des § 273 Abs. 1 BGB durch **Sicherheitsleistung** abwenden kann (§ 273 Abs. 3 BGB), gibt es bei der Einrede des nicht erfüllten Vertrages gem. § 320 Abs. 1 Satz 3 BGB diese Möglichkeit für den Arbeitgeber nicht, so daß der Arbeitnehmer bei einem auf die Einrede des nicht erfüllten Vertrages gestützten Leistungsverweigerungsrecht sein Druckmittel behält.

675 Hinsichtlich des zu beanspruchenden und fälligen **Arbeitsentgelts** ist der Arbeitnehmer grundsätzlich berechtigt, seine Arbeitsleitung zu verweigern[4]. Dies gilt auch, wenn wegen bezogener Arbeitslosengeldzahlungen der Anspruch

---

1 BAG v. 31. 3. 1960, AP Nr. 5 zu § 394 BGB; BGH v. 4. 12. 1968, AP Nr. 12 zu § 394 BGB; MünchArbR/*Hanau*, § 63 Rz. 12.
2 BAG v. 16. 6. 1960, AP Nr. 8 zu § 394 BGB; BAG v. 28. 8. 1964, AP Nr. 9 zu § 394 BGB; MünchArbR/*Hanau*, § 63 Rz. 12.
3 BAG v. 18. 3. 1997, DB 1997,1474.
4 BAG v. 9. 5. 1996, NZA 1996, 1085.

III. Verpflichtungen des Arbeitgebers　　　　　　　　　　　Rz. 679 **Teil 2 A**

teilweise auf die Bundesanstalt für Arbeit übergegangen ist[1]. Ausgeschlossen ist dieses Leistungsverweigerungsrecht aber, wenn nur ein unverhältnismäßig geringfügiger Teil des Arbeitsentgelts noch geschuldet wird[2]. Während sich dieses für die Einrede des nicht erfüllten Vertrages unmittelbar aus § 320 Abs. 2 BGB ergibt, gilt dies aus Treu und Glauben auch für das Zurückbehaltungsrecht nach § 273 BGB. Auch darf das Leistungsverweigerungsrecht nicht zur Unzeit ausgeübt werden, also dann, wenn ersichtlich die Arbeitsverweigerung zu erheblichem wirtschaftlichen Schaden führen würde[3]. Bevor ein Zurückbehaltungsrecht ausgeübt werden kann, muß der Arbeitnehmer dem Arbeitgeber gegenüber die fälligen Gegenansprüche konkret bezeichnen und eindeutig zum Ausdruck bringen, er verweigere deshalb seine Arbeitsleistung, so daß der Arbeitgeber noch durch Zahlung der ausstehenden Beträge das Zurückhalten der Arbeitsleistung abwenden kann[4].

Ist die Arbeitsverweigerung berechtigt, so hat der Arbeitnehmer auch für diesen Zeitraum **Anspruch auf das Arbeitsentgelt** aus dem Gesichtspunkt des Annahmeverzuges (§ 615 BGB)[5]. 676

Abgesehen von der Durchsetzung seines Anspruchs auf Zahlung des Arbeitsentgelts kann der Arbeitnehmer auch bei der **Verletzung sonstiger Pflichten** durch den Arbeitgeber ein Leistungsverweigerungsrecht haben. Dies gilt zB wegen Asbestbelastung der Arbeitsräume[6] oder dann, wenn der Arbeitgeber nicht die nötige Schutzkleidung zur Durchführung der Arbeiten zur Verfügung stellt, oder das Fahrziel eines Lkw-Fahrers nur mit einer erheblichen Lenkzeitüberschreitung zu erreichen ist[7]. 677

Umgekehrt kann auch der Arbeitgeber **gegenüber dem Lohnanspruch** ein Zurückbehaltungsrecht ausüben. Dies ist jedoch insoweit ausgeschlossen, als eine Aufrechnung unzulässig wäre[8]. § 394 BGB ist im Rahmen eines Zurückbehaltungsrechtes entsprechend anwendbar. Dies muß auch dann gelten, wenn die Ausübung des Zurückbehaltungsrechts gegenüber einer ungleichartigen Forderung erfolgt, also der Arbeitgeber wegen Ansprüchen auf Herausgabe von Werkzeug, Arbeitsgeräten etc. das Arbeitsentgelt zurückbehält[9]. 678

An Arbeitspapieren besteht kein Zurückbehaltungsrecht seitens des Arbeitgebers. 679

---

1 ArbG Hannover v. 11. 12. 1996 – 9 Ca 138/96, nv.
2 BAG v. 25. 10. 1984, NZA 1985, 355.
3 MünchArbR/*Blomeyer*, § 47 Rz. 56.
4 ArbG Lübeck v. 22. 1. 1997 – 5 Ca 249/96, nv.
5 MünchArbR/*Blomeyer*, § 47 Rz. 57.
6 BAG v. 19. 2. 1997, NZA 1997, 821; *Molkentin*, NZA 1997, 849.
7 ArbG Passau v. 23. 8. 1996, BB 1997, 160.
8 BAG v. 16. 10. 1967, AP Nr. 11 zu § 394 BGB; *Schaub*, § 87 III 2.
9 AA *Schaub*, § 87 III 2.

ff) Arbeitsentgelt im Konkurs, Gesamtvollstreckungsverfahren und Vergleich des Arbeitgebers

(1) Sicherung im Konkursverfahren

680 Ist der Arbeitgeber zahlungsunfähig und kommt es zu einem **Konkursverfahren** (und nicht wegen Fehlens einer die Kosten des Verfahrens entsprechenden Masse zur Abweisung des Eröffnungsantrages), so besteht der Nachteil der Arbeitnehmer darin, daß sie im Gegensatz zu den meist durch Eigentumsvorbehalt, Sicherungsübereignung oder Pfandrecht abgesicherten Warenlieferanten über keine Absicherung des ihnen für erbrachte Arbeitsleistung zustehenden Arbeitsentgelts verfügen. Auch wenn eine Forderung auf Arbeitsentgelt durch ein rechtskräftiges Urteil bestätigt worden ist, verschafft dies im Konkurs den Arbeitnehmern keine größere Durchsetzungmöglichkeit.

681 Durch **gesetzlich vorgesehene bevorrechtigte Behandlung der Vergütungsforderung** haben jedoch Arbeitnehmer eine Absicherung dafür erfahren, daß sie aufgrund der aus dem Arbeitsverhältnis bestehenden Abhängigkeit anders als andere Gläubiger bis zur Konkurseröffnung ihre Leistung zugunsten des Unternehmens erbringen müssen, ohne sich selbst während der ersten Zeichen der Zahlungsunfähigkeit in irgendeiner Weise eine „konkursfeste" Sicherheit verschaffen zu können.

682 Je nach ihrem Zeitpunkt des Entstehens besteht für das Arbeitsentgelt der Arbeitnehmer eine **unterschiedliche Absicherung** im Konkurs- bzw. im Gesamtvollstreckungsverfahren:

- ▶ Arbeitsentgelt für die Zeit von Eröffnung des Konkurses bis zur Kündigung:
  Masseschuld nach § 59 Abs. 1 Nr. 2 KO
  Bevorrechtigt nach § 13 Abs. 1 Nr. 1 GesO.

- ▶ Arbeitsentgelt für die letzten sechs Monate vor Eröffnung des Konkursverfahrens:
  Masseschuld nach § 59 Abs. 1 Nr. 3 KO
  Bevorrechtigt nach § 13 Abs. 1 Nr. 3 lit. a GesO.

- ▶ Arbeitsentgelt für die letzten 7 bis 12 Monate vor Eröffnung des Konkursverfahrens:
  Konkursforderung nach § 61 Abs. 1 Nr. 1 KO
  Erstrangig unter den verbleibenden Forderungen zu berücksichtigen gem. § 17 Abs. 3 Nr. 1 lit. a GesO.

- ▶ Arbeitsentgelt für die Zeit früher als ein Jahr vor der Konkurseröffnung:
  Konkursforderung nach § 61 Abs. 1 Nr. 6 KO
  Im vierten Rang zu befriedigen gem. § 17 Abs. 3 Nr. 4 GesO.

- ▶ Arbeitsentgelt für die Zeit nach der Kündigung (Schadensersatz wegen Nichterfüllung):
  Konkursforderung nach § 61 Abs. 1 Nr. 6 KO
  Viertrangige Forderung gem. § 17 Abs. 3 Nr. 4 GesO.

683 Soweit es sich um **Masseschulden** handelt (Arbeitsentgelt für die letzten sechs Monate vor Eröffnung des Konkursverfahrens und für die Tätigkeit aus der Zeit

III. Verpflichtungen des Arbeitgebers

nach Konkurseröffnung), sind diese gem. § 57 KO vorab aus der Konkursmasse, also aus dem bei Konkurseröffnung noch vorhandenen Vermögen, zu erfüllen. Ist jedoch ein voller Ausgleich aller Masseansprüche (Massekosten und Masseschulden) nicht möglich, werden die Masseschulden in der gem. § 60 KO angeordneten Reihenfolge aus dem verbliebenen Vermögen befriedigt. Dabei ist zu berücksichtigen, daß zunächst sämtliche Forderungen aus einer Rangklasse des § 60 KO erfüllt sein müssen, bevor die nachrangigen Masseschulden befriedigt werden. Für das Arbeitsentgelt bedeutet dies, daß erst die Vergütungsansprüche aus der Tätigkeit für die Zeit nach der Konkurseröffnung wie auch alle anderen aus der Zeit nach der Konkurseröffnung resultierenden Schulden (§ 59 Abs. 1 Nr. 1 und 2 KO) erfüllt werden, bevor Vergütungsansprüche, die in den letzten 6 Monaten vor Eröffnung des Konkursverfahrens entstanden sind, bezahlt werden, obwohl diese ebenfalls zu den sog. Masseschulden oder nach der Gesamtvollstreckungsordnung zu den vorab zu befriedigenden Ansprüchen gehören.

Aus dem nach Verteilung der Massekosten und -schulden verbleibenden Vermögen des Gemeinschuldners werden die **übrigen Konkursforderungen** in der in § 61 KO genannten Rangfolge erfüllt. Auch hier gilt die Regelung, daß Forderungen aus dem nächsten Rang erst dann berücksichtigt werden, wenn die Forderungen aus dem vorrangigen Rang in vollem Umfange befriedigt wurden. Arbeitnehmer mit Vergütungsansprüchen aus dem letzten Jahr vor der Konkurseröffnung „rangieren" bei den übrigen Konkursforderungen an erster Stelle. 684

Auch wenn das **Gesamtvollstreckungsverfahren** nicht die Begriffe „Massekosten" und „Masseschulden" verwendet, so gilt hier eine ähnliche Rangfolge wie nach der Konkursordnung. Es wird insoweit auf §§ 13, 17 GesO verwiesen. 685

Für die **Berechnung** der für die Rangstelle bedeutsamen **12-Monats- und 6-Monats-Frist** kommt es allein auf das Entstehen der Forderung und nicht die Fälligkeit des Arbeitsentgelts an[1]. Beim Arbeitsentgelt ist dies der Zeitpunkt der Arbeitsleistung (§ 614 BGB regelt die Fälligkeit). 686

Während Urlaubsentgelt und Urlaubsgeld an den tatsächlich gewährten Urlaub anknüpfen, stellt der **Anspruch auf Urlaubsabgeltung** auf die Beendigung des Arbeitsverhältnisses ab. Demzufolge richten sich der Urlaubsabgeltungsanspruch und seine Berücksichtigung innerhalb des Konkurs- oder Gesamtvollstreckungsverfahrens nach dem Zeitpunkt der Beendigung des Arbeitsverhältnisses[2].

Maßgebender Zeitpunkt für den **Fristbeginn** ist die Konkurseröffnung.

Jährlich fällig werdende Leistungen wie das 13. Monatsgehalt müssen gleichmäßig auf den damit jeweils erfaßten Zeitraum verteilt werden (also in der Regel gezwölftelt werden), so daß dieser eigentlich einheitliche Anspruch einen 687

---

1 BAG v. 12. 1. 1967, AP Nr. 3 zu § 61 KO; MünchArbR/*Hanau*, § 75 Rz. 3.
2 MünchArbR/*Hanau*, § 75 Rz. 34.

unterschiedlichen Rang erfahren kann. – Ist eine Zuordnung zu den einzelnen Monaten nicht möglich, ist eine Jahressonderzahlung beim Konkursausfallgeld voll zu berücksichtigen, wenn der Fälligkeitstag in die letzten 3 Monate vor Konkurseröffnung fällt[1].

688 Unter **Bezügen aus einem Arbeitsverhältnis** (§ 59 Abs. 1 Nr. 3a KO) und **Bezügen aus einem Beschäftigungsverhältnis** (so § 61 Abs. 1 Nr. 1a KO) ist Arbeitsentgelt in dem hier verwandten Sinne zu verstehen. Unerheblich ist dabei, ob es sich um Geld- oder Naturalleistungen handelt[2].

Erfaßt werden also **Gehälter und Löhne** einschließlich aller Zuschläge, Provisionen (bei Handelsvertretern besonders gesetzlich erwähnt), Gewinnbeteiligungen, Gratifikationen, Urlaubsentgelt, Urlaubsgeld, Urlaubsabgeltung, Kilometergelder, Auslagenersatz, Aufwendungen und Reisekosten[3]. Besondere Erwähnung finden jeweils parallel zu diesem Arbeitsentgelt die Ansprüche der Arbeitnehmer auf Entschädigung aus einer Wettbewerbsabrede mit dem Gemeinschuldner (siehe § 59 Abs. 1 Nr. 3b und § 61 Abs. 1 Nr. 1b KO).

Vorruhestandsleistungen sind ebenfalls Bezüge aus einem Arbeitsverhältnis. Die Ansprüche auf Betriebsruhegeld werden dagegen gesondert in § 59 Abs. 1 Nr. 3d und § 61 Abs. 1 Nr. 1d KO aufgeführt. Im übrigen erhalten Arbeitnehmer mit gem. § 1 BetrAVG unverfallbaren Versorgungsanwartschaften mit Konkurseröffnung gem. § 7 Abs. 2 BetrAVG einen Anspruch gegenüber dem Pensions-Sicherungs-Verein. Die Anwartschaften des Arbeitnehmers gehen damit auf den Pensions-Sicherungs-Verein über, so daß dieser Konkursgläubiger wird.

689 Nach allgemeiner Auffassung sind **Abfindungsansprüche** nach §§ 9, 10 EStG, die vor Konkurseröffnung entstanden sind, nur einfache Konkursforderungen gem. § 61 Abs. 1 Nr. 6 KO. Wird die Abfindungszahlung erst nach Konkurseröffnung ausgelöst oder vereinbart, so handelt es sich durchweg um eine Masseschuld gem. § 59 Abs. 1 Nr. 1 KO.

Bestimmte **Abfindungsansprüche aus Sozialplänen** sind mit dem Rang der bevorrechtigten Konkursforderungen gem. § 61 Abs. 1 Nr. 1 KO ausgestattet (§ 4 SozPlG). Dazu gehören die Abfindungsbeträge der von einer Entlassung betroffenen Arbeitnehmer bis zu 2 1/2 Monatsverdiensten (§ 2 SozPlG). Jedoch können sie höchstens mit dieser Summe aus einem Sozialplan berücksichtigt werden, der nicht früher als 3 Monate vor Eröffnung des Konkurs- oder Vergleichsverfahrens vereinbart bzw. durch eine Einigungsstelle verabschiedet wurde (§ 3 Satz 1 SozPlG). In der Konkursmasse darf aber nur allenfalls 1/3 für diese Forderungen berücksichtigt werden (§ 4 SozPlG). – Ab 1. 1. 1999 sind Sozialplanforderungen in § 123 InsO geregelt.

690 Zu den durch die bevorrechtigte Berücksichtigung des Arbeitsentgelts **geschützten Personenkreis** gehören Arbeitnehmer unabhängig von der Wirksamkeit des Arbeitsvertrages, zu ihrer Berufsausbildung Beschäftigte, Heimarbeiter

---

1 BSG v. 7. 9. 1988, NZA 1989, 288.
2 *Schaub*, § 93 II 4a.
3 *Schaub*, § 93 II 4a.

III. Verpflichtungen des Arbeitgebers

und ihnen Gleichgestellte. Mitglieder der gesetzlichen Vertretungsorgane juristischer Personen sind nicht ausdrücklich von dem Anwendungsbereich der §§ 59, 61 KO ausgenommen. Grundsätzlich steht der Status als Organmitglied oder Geschäftsführer einer rechtlichen Einordnung als Arbeitnehmer iS der §§ 59, 61 KO nicht entgegen[1]. Maßgeblich ist, ob die die Einordnung als Arbeitnehmer kennzeichnende persönliche Abhängigkeit und Weisungsgebundenheit auch hinsichtlich derartiger Organmitglieder vorliegt[2]. Bei GmbH-Geschäftsführern wird man im konkursrechtlichen Sinne von einer Arbeitnehmereigenschaft auszugehen haben, wenn es sich um einen sog. Fremd-Geschäftsführer handelt oder dem Geschäftsführer wegen seiner unter 50% liegenden Beteiligung als Gesellschafter eine entscheidende Einflußnahme fehlt[3], was sich aber bei mehreren Gesellschafter-Geschäftsführern mit einer unter 50% liegenden-Beteiligung wegen des uU für jeden von ihnen bestehenden „Einigungszwanges" anders darstellen kann.

Veräußert der Konkursverwalter einen Betrieb, so gehen gem. § 613a BGB die bestehenden Arbeitsverhältnisse auf den Erwerber über. Grundsätzlich haftet deshalb der Betriebserwerber auch für die rückständigen Arbeitsentgelte. Aus konkursrechtlichen Grundsätzen ist diese Haftung des Betriebserwerbers jedoch auf die Ansprüche begrenzt, die erst nach der Konkurseröffnung entstanden sind[4], so daß Konkursforderungen ausgeschlossen sind, nicht aber Masseschulden[5]. Gem. § 16 SpaltungsG gilt für das Gesamtvollstreckungsverfahren in den neuen Bundesländern bis zum 31. 12. 1998 insofern eine Sonderregelung, als hier die Vereinbarung eines Haftungsausschlusses gesetzlich ermöglicht wird. 691

Die ab 1. 1. 1999 geltende Insolvenzordnung (InsO), die die Konkursordnung, die Vergleichsordnung und die Gesamtvollstreckungsordnung für die neuen Bundesländer ablösen wird, bringt auch im Hinblick auf die Sicherung des Arbeitsentgelts im Konkurs-(Insolvenz-)Verfahren wichtige Veränderungen. Die Vorrangstellung der Arbeitnehmer gem. §§ 59 Abs. 1 Nr. 3 und 61 Abs. 1 Nr. 1 KO sowie die übrigen Arbeitnehmervorrechte aus den §§ 59, 61 KO und damit das bisherige 5-stufige Sicherungs-Schema entfallen. Die Forderungen auf rückständiges Arbeitsentgelt sind gem. §§ 38, 108 Abs. 2 InsO Insolvenzforderungen. Die Entgeltansprüche der weiterbeschäftigten Arbeitnehmer sind, da sie nach Verfahrenseröffnung entstehen, Masseverbindlichkeiten. Dies gilt sowohl für den Fall, daß der Insolvenzverwalter die Erfüllung des Arbeitsvertrages zur Insolvenzmasse verlangt (§ 55 Abs. 1 Nr. 2 InsO) als auch dann, wenn der Insolvenzverwalter die Arbeitsleistungen nicht mehr in Anspruch nehmen will und die Arbeitnehmer nach Kündigung bis zum Wirksamwerden der Kündigung freistellt (§ 55 Abs. 1 Nr. 2 2. Alt., § 108 Abs. 1 InsO). 692

---

1 MünchArbR/*Hanau*, § 75 Rz. 13.
2 MünchArbR/*Hanau*, § 75 Rz. 13.
3 MünchArbR/*Hanau*, § 75 Rz. 15.
4 Sog. Haftungsprivileg: BAG v. 17. 1. 1980 und 13. 11. 1986, AP Nr. 18 und 57 zu § 613a BGB; BAG v. 11. 10. 1995, BB 1996, 166.
5 BAG v. 4. 12. 1986, AP Nr. 56 zu § 613a BGB.

Bei **Masseunzulänglichkeit** ist hinsichtlich der Rangstellung zu unterscheiden: Nimmt der Insolvenzverwalter die Arbeitsleistung der Arbeitnehmer in Anspruch, so nehmen die Forderungen der Arbeitnehmer nach den Kosten des Verfahrens den zweiten Rang der Masseverbindlichkeiten ein (§ 209 Abs. 1 Nr. 2 iVm. Abs. 2 Nr. 3 InsO). Dagegen fallen die Forderungen der freigestellten Arbeitnehmer unter § 209 Abs. 1 Nr. 3 InsO und damit unter den letzten Rang der Masseverbindlichkeiten.

Kündigt der Insolvenzverwalter das bestehende Arbeitsverhältnis mit der verkürzten Frist des § 113 Abs. 1 Satz 2 InsO, dann hat der Arbeitnehmer gem. § 113 Abs. 1 Satz 3 InsO wegen der vorzeitigen Beendigung des Arbeitsverhältnisses einen Schadensersatzanspruch. Insoweit ist der Arbeitnehmer Insolvenzgläubiger.

(2) Insolvenzgeld/Konkursausfallgeld

693 Einen zusätzlichen Schutz erfahren die Arbeitnehmer bezüglich ihres Arbeitsentgelts im Insolvenzfall durch das **Insolvenzgeld** (§§ 183 ff. SGB III – bis 31. 12. 1997: Konkursausfallgeld – „Kaug", §§ 141a ff. AFG)[1]. Neben dem Schutz des Arbeitseinkommens bewirkt das Insolvenzgeld aber auch die Bereitschaft von Arbeitnehmern, trotz Ausbleiben des Arbeitsentgelts noch Arbeitsleistungen zu erbringen.

Insolvenzgeld können Arbeitnehmer beanspruchen, die bei Eröffnung des Insolvenzverfahrens/Konkursverfahrens über das Vermögen ihres Arbeitgebers noch Ansprüche auf Arbeitsentgelt für die letzten der Eröffnung des Insolvenzverfahrens vorausgehenden **drei Monate** des Arbeitsverhältnisses haben[2]. Der Eröffnung des Insolvenzverfahrens stehen gem. § 183 Abs. 1 SGB III gleich die Abweisung des Insolvenzantrages mangels Masse und die vollständige Beendigung der Betriebstätigkeit, wenn ein Insolvenzantrag nicht gestellt worden ist und ein Insolvenzverfahren offensichtlich mangels Masse nicht in Betracht kommt. Hat ein Arbeitnehmer in Unkenntnis dessen, daß ein Insolvenzantrag mangels Masse bereits abgewiesen worden ist, weitergearbeitet oder erst die Arbeit in dem Betrieb aufgenommen, so treten gem. § 183 Abs. 2 SGB III an die Stelle der letzten drei Monate vor dem Abweisungsbeschluß die letzten dem Tag der Kenntnisnahme vorausgehenden drei Monate des Arbeitsverhältnisses.

694 Insolvenzgeld steht dem Arbeitnehmer in **Höhe** des um die gesetzlichen Abzüge verminderten Nettoarbeitsentgelts zu (§ 185 Abs. 1 SGB III).

695 Die Zahlung des Insolvenzgeldes erfolgt nur auf **Antrag des Arbeitnehmers.** Dieser Antrag ist fristgebunden. Gemäß § 324 Abs. 3 SGB III ist der Antrag innerhalb einer Ausschlußfrist von zwei Monaten nach Eröffnung des Insolvenzverfahrens bei einem – beliebigen – Arbeitsamt zu stellen, spätestens zwei Monate nach Wegfall des Hindernisses, wenn es zu einer nicht zu vertretenden Fristversäumung gekommen ist (§ 324 Abs. 3 Satz 2 und 3 SGB III). Für den Rechtsanwalt, der ohne ausdrückliche Eingrenzung auf das Arbeitsrecht das

---

1 Siehe dazu auch *Marschner*, DB 1996, 780.
2 BSG v. 9. 5. 1995, NZA-RR 1996, 151.

Mandat erhält, die aus der Nichtzahlung von Lohn folgenden Ansprüche zu realisieren, besteht nach Auffassung des BSG auch die Pflicht, einen Antrag auf Insolvenzgeld (Konkursausfallgeld) zu stellen[1]. Auf den Antrag hin hat das Arbeitsamt gem. § 186 SGB III einen angemessenen **Vorschuß** zu zahlen.

Mit Stellung des Antrages auf Insolvenzgeld gehen die Ansprüche gem. § 187 SGB III auf die **Bundesanstalt für Arbeit** über. Der Arbeitnehmer kann also insoweit das rückständige Arbeitsentgelt nicht mehr selbst geltend machen. Hat er vor der Antragstellung bereits eine Zahlungsklage erhoben, ist der Klagantrag umzustellen auf Leistung an die Bundesanstalt für Arbeit.

(3) Vergleichsverfahren

Vom **Vergleichsverfahren** sind Arbeitnehmer mit ihren Entgeltansprüchen in der Regel nicht betroffen. Gemäß § 61 Abs. 1 Nr. 1 KO bevorrechtigte Forderungen nehmen nicht am Vergleichsverfahren teil (§ 26 Abs. 1 VerglO). Arbeitnehmer, deren Ansprüche auf das Arbeitsentgelt nicht früher als 12 Monate vor Eröffnung des Vergleichsverfahrens entstanden sind, sind daher gem. § 26 VerglO nicht sog. Vergleichsgläubiger. Ihnen gegenüber kann sich der Arbeitgeber nicht auf eine Haftungsbeschränkung aufgrund des Vergleichsrechts berufen. Die Vergleichsordnung wird ab 1. 1. 1999 durch die Insolvenzordnung abgelöst.

696

3. Beschäftigungspflicht und Betätigungsanspruch

a) Allgemeines

Bei der **Beschäftigungspflicht** handelt es sich um einen aus dem Arbeitsvertrag resultierenden Anspruch gegen den Arbeitgeber, den Arbeitnehmer mit den Arbeitsaufgaben zu beschäftigen, die sich aus dem Arbeitsvertrag bzw. aus der während der Dauer des Arbeitsverhältnisses erfolgten Konkretisierung dieses Arbeitsverhältnisses ergeben haben[2]. Auch ohne besondere Gründe kann ein Arbeitnehmer beanspruchen, in einem bestehenden Arbeitsverhältnis vertragsgemäß beschäftigt zu werden[3]. Unter Abkehr der früheren Begründung für diesen Weiterbeschäftigungsanspruch hat der Große Senat des BAG in der Entscheidung vom 27. 2. 1985 einen Weiterbeschäftigungsanspruch auch nach Ablauf der Kündigungsfrist anerkannt[4]. Gestützt wurde dieser Beschäftigungsanspruch nicht mehr unmittelbar auf den verfassungsrechtlichen Persönlichkeitsschutz, sondern mit der Fürsorgepflicht des Arbeitgebers im Zusammen-

697

---
1 BSG v. 29. 10. 1992, NZS 1993, 272, 274.
2 Der Diskussionsentwurf eines Arbeitsvertragsgesetzes des Arbeitskreises Deutsche Rechtseinheit im Arbeitsrecht enthält in § 30 eine ausdrückliche Regelung der arbeitgeberseitigen Beschäftigungspflicht. Es heißt dort: „Der Arbeitgeber hat den Arbeitnehmer mit der vereinbarten Arbeitsaufgabe zu beschäftigen, sofern dem nicht dringende betriebliche oder vorrangige in der Person oder in dem Verhalten des Arbeitnehmers liegende Gründe entgegenstehen." (Gutachten D zum 90. Deutschen Juristentag, 1992, D 29).
3 BAG v. 10. 11. 1955, AP Nr. 2 zu § 611 BGB – Beschäftigungspflicht.
4 BAG v. 27. 2. 1985, AP Nr. 14 zu § 611 BGB – Beschäftigungspflicht = NZA 1985, 702.

hang mit § 242 BGB begründet. Die Verpflichtung zur Arbeitsleistung steht daher nicht nur im Synallagma zur Vergütungspflicht des Arbeitgebers, sondern korrespondiert mit einer dem Arbeitgeber obliegenden Beschäftigungspflicht während eines bestehenden Arbeitsverhältnisses. Inhaltlich richtet sich der Beschäftigungsanspruch nach dem Arbeitsvertrag und den danach geltenden Bestimmungen für die Art der auszuübenden Tätigkeit.

698 Der Anspruch auf vertragsgerechte Beschäftigung während des bestehenden Arbeitsverhältnisses kann ausdrücklich **in dem Arbeitsvertrag vereinbart** werden. Dies ist aber in der Praxis nur ausnahmsweise der Fall, so zB bei Schauspielern (sog. Bühnen-Arbeitnehmer)[1] oder einem Dirigenten, mit dem eine bestimmte Zahl von Dirigaten in einer Spielzeit vereinbart wurde[2].

b) Freistellung

699 Die Pflicht des Arbeitgebers, den Arbeitnehmer **während eines bestehenden Arbeitsverhältnisses** vertragsgerecht zu beschäftigen, setzt grundsätzlich voraus, daß zwischen Arbeitnehmer und Arbeitgeber ein Arbeitsverhältnis besteht. Daraus folgt, daß sie bei Ausspruch einer Kündigung zunächst bis zum Ablauf der Kündigungsfrist bzw. – bei einer außerordentlichen fristlosen Kündigung – bis zum Zugang der Kündigungserklärung besteht. Nach Ablauf der Kündigungsfrist kann sich ein „gesetzlicher" Weiterbeschäftigungsanspruch aus § 102 Abs. 5 BetrVG und im öffentlichen Dienst zB aus § 79 Abs. 2 BPersVG oder gewissermaßen als Verlängerung des bisherigen Beschäftigungsverhältnisses bei offensichtlich rechtsunwirksamer, rechtsmißbräuchlicher oder willkürlicher Kündigung oder bei erstinstanzlichem Obsiegen des Arbeitnehmers in einem Kündigungsschutzprozeß[3] ergeben.

700 Grundsätzlich ist daher auch bei einem **gekündigten Arbeitsverhältnis** die Freistellung bzw. Suspendierung des Arbeitnehmers bis zur Beendigung des Arbeitsvertrages unzulässig. Selbst wenn der bisherige Arbeitsplatz entfallen ist, ist der Arbeitgeber verpflichtet, ggf. dem Arbeitnehmer einen anderen Arbeitsplatz zuzuweisen[4].

701 Eine **einseitige Freistellung** von der Arbeitsleistung ist nur dann möglich, wenn ein „billigenswerter Grund" vorliegt[5]. Dieser kann im Schutz von Geschäfts- und Betriebsgeheimnissen eines zur Konkurrenz wechselnden Arbeitnehmers[6], im Wegfall der Vertrauensgrundlage nach der ordentlichen Kündigung eines leitenden Angestellten[7] und in der Gefahr des Verrats von Betriebsgeheimnis-

---

1 *Ruhl/Kassebohm*, NZA 1995, 497, 498.
2 LAG Köln v. 30. 5. 1996, NZA 1996, 1327.
3 BAG v. 27. 2. 1985, AP Nr. 14 zu § 611 BGB – Beschäftigungspflicht = NZA 1985, 702.
4 Siehe aber LAG Köln v. 24. 10. 1995, NZA-RR 1996, 108, wonach die Zwangsvollstreckung unzulässig ist, wenn die Weiterbeschäftigung unmöglich ist.
5 BAG v. 19. 8. 1976 und 27. 2. 1985, AP Nr. 4, 14 zu § 611 BGB – Beschäftigungspflicht; MünchArbR/*Blomeyer*, § 93 Rz. 18; *Schaub*, § 110 III 1c.
6 BAG v. 27. 2. 1985, AP Nr. 14 zu § 611 BGB – Beschäftigungspflicht, unter C I 2 und II 3c.
7 BAG v. 10. 11. 1955, AP Nr. 2 zu § 611 BGB – Beschäftigungspflicht.

III. Verpflichtungen des Arbeitgebers

sen[1] bzw. in sämtlichen Gründen, die ohnehin eine fristlose Entlassung rechtfertigen würden[2], liegen. Die Übertragung der Aufgaben des gekündigten Arbeitnehmers auf andere Arbeitnehmer schließt den Beschäftigungsanspruch aus keinem Rechtsgrund aus. Den Ausnahmetatbestand einer Freistellung trotz entgegenstehendem Beschäftigungsanspruch hat der Arbeitgeber darzulegen und zu beweisen.

Die Arbeitsvertragsparteien können schon **bei der Begründung des Arbeitsverhältnisses** die Suspendierung der Beschäftigungspflicht für den Fall des Ausspruchs der Kündigung **vereinbaren**. Es besteht dann für den Arbeitnehmer kein Beschäftigungsanspruch während der Kündigungsfrist[3]. Teilweise wird eine solche Vereinbarung aber nur dann als wirksam betrachtet, wenn der Arbeitgeber an einer solchen Freistellungsvereinbarung ein berechtigtes Interesse hat[4]. Die Suspendierung eines Arbeitnehmers stellt keine Versetzung iS des § 95 Abs. 3 BetrVG dar und bedarf daher nicht der Zustimmung des Betriebsrats nach § 99 BetrVG[5]. 702

Durch die Freistellung von der Arbeitsleistung wird der **Vergütungsanspruch** während des bestehenden Arbeitsverhältnisses nicht beseitigt. 703

Da der Arbeitgeber grundsätzlich die Suspendierung jederzeit widerrufen kann, folgt aus einer Arbeitsfreistellung nicht gleichzeitig die **Anrechnung von Resturlaubsansprüchen.** Selbst wenn der Arbeitgeber dem Arbeitnehmer mit der Arbeitsfreistellung zugleich den Urlaub erteilt, kommt es dann nicht zu einer Anrechnung, wenn sich der Arbeitgeber vorbehält, die Suspendierung jederzeit widerrufen zu können. Resturlaubsansprüche gelten daher nur dann mit der Suspendierung als abgegolten, wenn dem Arbeitnehmer ausdrücklich oder stillschweigend Urlaub erteilt wird[6]. Wegen des Vorrangs des ungeteilten Urlaubs soll dies aber nur kraft einseitiger Freistellung möglich sein, wenn wenigstens zwei Wochen Urlaub zusammenhängend gewährt werden[7]. 704

Beispiel für die Suspendierung unter gleichzeitiger Anrechnung von Resturlaubsansprüchen: 705

„Der Arbeitnehmer wird hiermit unwiderruflich unter Anrechnung sämtlicher etwaiger bestehender Urlaubsansprüche bis zum Ablauf der Kündigungsfrist von der Arbeitsleistung freigestellt."

---

1 BAG v. 27. 2. 1985, AP Nr. 14 zu § 611 BGB – Beschäftigungspflicht.
2 BAG v. 20. 7. 1978, AP Nr. 6 zu § 611 BGB – Beschäftigungspflicht (unter II 4); kein Annahmeverzug des Arbeitgebers wegen Unzumutbarkeit der Annahme der Leistung des Arbeitnehmers: LAG Berlin v. 27. 11. 1995, NZA-RR 1996, 283.
3 ArbG Düsseldorf v. 3. 6. 1993, NZA 1994, 559.
4 *Schaub*, § 110 II 8a und III 1b.
5 ArbG Minden v. 10. 12. 1996, NZA-RR 1997, 437.
6 LAG Bremen v. 21. 10. 1959, BB 1960, 50; *Schaub*, § 110 III 2.
7 LAG Düsseldorf v. 2. 11. 1972, DB 1973, 191.

706 **Vertragsbeispiel** für eine Suspendierung für die Dauer der Kündigungsfrist (bereits im Arbeitsvertrag vereinbart):

> „Dem Arbeitgeber bleibt es vorbehalten, nach Ausspruch einer Kündigung den Arbeitnehmer von der Arbeitsleistung widerruflich oder unwiderruflich und unter Anrechnung von Urlaubsansprüchen von der Arbeitsleistung freizustellen."

707 Der Arbeitnehmer kann gegen eine Freistellung von der Arbeitspflicht **gerichtlich** seinen Beschäftigungsanspruch geltend machen. Zulässig ist auch eine **einstweilige Verfügung.** Ein Verfügungsgrund für die Durchsetzung des allgemeinen Beschäftigungsanspruchs bis zum Ablauf der Kündigungsfrist ist mit Rücksicht auf den rechtsstaatlichen Justizgewährungsanspruch regelmäßig gegeben, wenn der Beschäftigungsanspruch zweifelsfrei besteht und der Arbeitnehmer keine Möglichkeit hat und auch keine Möglichkeit hatte, den Beschäftigungsanspruch noch im Hauptsacheverfahren durchzusetzen[1].

708 Der **Klagantrag** bzw. der **Antrag im einstweiligen Verfügungsverfahren** kann wie folgt lauten:

> „... die Beklagte zu verurteilen/der Beklagten aufzugeben, den Kläger/die Klägerin zu den bisherigen Bedingungen des Arbeitsvertrages als ... an dem bisherigen Arbeitsplatz ... bis zum Ablauf der Kündigungsfrist am ... weiter zu beschäftigen."

709 Die Zwangsvollstreckung erfolgt gem. § 888 Abs. 1 ZPO.

710 Der Beschäftigungsanspruch erfaßt nicht nur die Betätigung insgesamt, sondern auch **einzelne Tätigkeiten sowie die Beibehaltung der bisherigen Funktion.** Auch der **Umfang** der Tätigkeit ist durch die bisherige vertragliche Gestaltung der Beschäftigung festgelegt, so daß auch insoweit eine einseitige Reduzierung dem Beschäftigungsanspruch des Arbeitnehmers entgegensteht[2]. Wenn einem Arbeitnehmer ein wesentlicher Teil seiner Aufgaben entzogen wird, so kann dies zudem als mitbestimmungspflichtige Versetzung bewertet werden[3].

c) Nebentätigkeit

711 Grundsätzlich kann dem Arbeitnehmer nicht untersagt werden, außerhalb der Arbeitszeit eine **Nebentätigkeit auszuüben,** solange der Arbeitnehmer keine Tätigkeit ausübt, die mit der geschuldeten Arbeitsleistung zeitlich oder aus anderen Gründen unvereinbar ist[4]. Die Nebentätigkeit darf den Arbeitnehmer nicht so in Anspruch nehmen, daß er nicht mehr in der Lage ist, seine Pflichten

---

1 LAG München v. 19. 8. 1992, DB 1993, 2292.
2 UU kann ein Arbeitnehmer sogar einen Anspruch auf Zuweisung von Überstunden haben, LAG Köln v. 22. 6. 1994, LAGE Nr. 19 zu § 611 BGB – Direktionsrecht.
3 BAG v. 2. 4. 1996, BB 1996, 1940.
4 BAG v. 6. 9. 1990, AP Nr. 47 zu § 615 BGB in III 3b aa der Gründe.

III. Verpflichtungen des Arbeitgebers

gegenüber dem Arbeitgeber ordnungsgemäß zu erfüllen. Erst recht hat jede Nebentätigkeit zu unterbleiben, mit der der Arbeitnehmer selbständig oder unselbständig in Konkurrenz zu seinem Arbeitgeber tritt. Zur Pflicht, Nebentätigkeiten zu unterlassen, siehe i. e. Rz. 222 ff.

4. Fürsorgepflicht

a) Allgemeines

Mit dem Begriff „Fürsorgepflicht" werden die von dem Arbeitgeber sich aus dem Arbeitsverhältnis ergebenden **Nebenpflichten** erfaßt. Der Begriff „Fürsorgepflicht" wird teilweise in der Literatur wegen seiner patriarchalischen Anklänge vermieden[1] oder als überholt bezeichnet[2]. Sieht man in der vom Arbeitgeber zu beachtenden Fürsorgepflicht das Korrelat der Einordnung der Arbeitnehmerpersönlichkeit in die betriebliche Organisation und ihrer Unterordnung in die organisatorische Weisungsmacht des Arbeitgebers, so scheint der Begriff nicht völlig unangebracht. Wesentlicher ist aber, daß der Begriff der Fürsorgepflicht in der Literatur und Rechtsprechung als Zusammenfassung der dem Arbeitgeber aus dem Arbeitsverhältnis obliegenden Nebenpflichten verstanden wird.

712

Wie die dem Arbeitnehmer obliegende Treuepflicht, mit der umgekehrt auf der Arbeitnehmerseite die Nebenpflichten begrifflich erfaßt werden, stellt sich die allgemeine Fürsorgepflicht des Arbeitgebers als Ausfluß des in § 242 BGB niedergelegten Gedankens von **Treu und Glauben** dar[3]. Die Fürsorgepflicht resultiert also aus der vertraglichen Sonderbindung der Arbeitsvertragsparteien. Diese ist zugleich Maßstab für den Inhalt und die Grenzen der aus der Fürsorgepflicht resultierenden arbeitgeberseitigen Nebenpflichten. Unter ihren Schutz fallen demzufolge auch die Interessen des Arbeitnehmers, für die das Arbeitsverhältnis relevant ist[4]. Soweit es erforderlich ist, sind diese Arbeitnehmerinteressen unter Berücksichtigung etwaiger anderer entgegenstehender Interessen, auch die des Arbeitgebers, von seiten des Arbeitgebers zu schützen. Die Rechtsprechung zur Fürsorgepflicht macht deutlich, daß der Umfang der Fürsorgepflicht im Zusammenhang der möglicherweise auch widerstreitenden Interessen der Arbeitsvertragsparteien zu ermitteln ist.

Inhaltlich kann man im wesentlichen drei Gruppen der sich aus der Fürsorgepflicht ergebenen Nebenpflichten unterscheiden, nämlich

713

▶ **Schutzpflichten,** zu denen auch die Obhuts- und Sorgfaltspflichten zählen,

▶ **Informationspflichten,** zu denen Erkundigungs-, Aufklärungs-, Mitteilungs- und Auskunftspflichten gehören und

▶ **Mitwirkungspflichten.**

---

1 *Zöllner/Loritz,* § 16 III.
2 *Großmann/Schneider,* Tz. 234.
3 BAG v. 13. 11. 1984, AP Nr. 5 zu § 1 BetrAVG – Zusatzversorgungskassen (unter 3a); BAG v. 9. 3. 1995, NZA 1995, 777, 778; *Schwerdtner,* ZfA 1979, 1, 39.
4 MünchArbR/*Blomeyer,* § 92 Rz. 16.

714 Da die Fürsorgepflicht aus dem den Inhalt des Arbeitsverhältnisses bestimmenden Gedanken von Treu und Glauben (§ 242 BGB) resultiert, setzt sie einen **rechtswirksamen Arbeitsvertrag** voraus. Nebenpflichten können aber schon durch vorvertragliche Kontakte und bei der Begründung des Arbeitsverhältnisses entstehen[1]. Andererseits kann die Fürsorgepflicht auch über die Beendigung des Arbeitsverhältnisses hinaus nachwirken, wie zB die Verpflichtung des Arbeitgebers, dem Arbeitnehmer noch ein Zeugnis, zur Vorlage beim Arbeitsamt eine Arbeitsbescheinigung oder Auskünfte zu erteilen.

715 Da die Fürsorgepflicht notwendiger Bestandteil des Arbeitsverhältnisses ist, kann sie **nicht insgesamt vertraglich ausgeschlossen** oder eingeschränkt werden[2]. Sofern nicht gegen zwingendes Gesetz verstoßen wird oder die Regelung sittenwidrig ist, können nur einzelne Pflichten abbedungen werden. Gem. § 619 BGB und § 62 Abs. 4 HGB sind die dem Leben und der Gesundheit dienenden Bestimmungen der §§ 617, 618 BGB und § 62 Abs. 1–2 HGB ohnehin unabdingbar.

716 **Verletzt der Arbeitgeber** eine der aus der Fürsorgepflicht resultierende Nebenpflicht, so kann der Arbeitnehmer aus dem Gesichtspunkt der positiven Forderungsverletzung Schadensersatzansprüche geltend machen. Auch kann ein deliktischer Schadensersatzanspruch aus § 823 BGB bestehen, so daß bei einem schwerwiegenden Eingriff in das Persönlichkeitsrecht des Arbeitnehmers ein Anspruch auf Schmerzensgeld bestehen kann[3]. Allerdings ist die Haftung des Arbeitgebers bei Arbeitsunfällen durch die gesetzliche Unfallversicherung umfassend ausgeschlossen (§ 8 iV mit § 104 SGB VII). Zur Einhaltung der dem Arbeitgeber obliegenden Nebenpflicht kann der Arbeitnehmer zudem mit einem Zurückbehaltungsrecht, also mit Arbeitsverweigung gem. § 273 Abs. 1 BGB reagieren[4]. Auch kann er auf Unterlassung oder Erfüllung bzw. Leistung (zB auf einen rauchfreien Arbeitsplatz) klagen[5].

b) Schutz von Leben und Gesundheit

717 Einer besonderen, gesetzlich normierten Fürsorgepflicht unterstehen **Leben und Gesundheit** der Arbeitnehmer gem. § 618 BGB, § 62 HGB und § 120a GewO. Danach muß der Arbeitgeber zur Vermeidung von Gefahr von Leib und Gesundheit der Arbeitnehmer dafür sorgen, daß die Arbeitsräume zweckentsprechend beschaffen sind. Von Maschinen, Geräten, sonstigen Betriebseinrichtungen und den Arbeitsabläufen dürfen keine Gefahren ausgehen. Insoweit hat der Arbeitgeber alle wirtschaftlich vertretbaren und ihm im Rahmen des Betriebes und der Arbeit möglichen Vorsorgemaßnahmen zu ergreifen.

---

1 MünchArbR/*Blomeyer*, § 92 Rz. 18; *Schaub*, § 108 I 3.
2 *Schaub*, § 108 I 5; MünchArbR/*Blomeyer*, § 92 Rz. 21.
3 BAG v. 21. 2. 1979, AP Nr. 13 zu § 847 BGB; BAG v. 18. 12. 1984, NZA 1985, 811; *Schaub*, § 108 II 6; MünchArbR/*Blomeyer*, § 93 Rz. 25 u. 26.
4 BAG v. 2. 2. 1994, NZA 1994, 610; BAG v. 19. 2. 1997, NZA 1997, 821.
5 Hess. LAG v. 24. 11. 1994 – 5 Sa 732/94, nv.; s. aber BAG v. 8. 5. 1996, DB 1996, 1782: keine Begrenzung bei Einschränkung unternehmerischer Betätigungsfreiheit durch Rauchverbot.

III. Verpflichtungen des Arbeitgebers

Diese allgemeinen Regelungen haben inzwischen eine **Konkretisierung** durch eine Vielzahl differenzierter Bestimmungen erfahren, wie zB mit der Arbeitsstättenverordnung, dem Gerätesicherheitsgesetz, der Gefahrstoff-Verordnung, dem Arbeitssicherheitsgesetz sowie den Arbeitsschutz- und Unfallverhütungsvorschriften der Berufsgenossenschaften[1]. Während sich das Gerätesicherheitsgesetz und die Gefahrstoffverordnung mit sicherheitsrelevanten Beschaffenheitsanforderungen an technischen Arbeitsmitteln und chemischen Stoffen bereits im Vorfeld des betrieblichen Arbeitsschutzes an Hersteller, Importeure und Händler wendet und neben dem vorgreifenden Arbeitsschutz zugleich auch dem allgemeinen Gesundheitsschutz, dem Verbraucher- und zum Teil auch dem Umweltschutz dient, betrifft das Arbeitsschutzgesetz (ArbSchG) den Arbeitsschutz bei der Arbeit, also im betrieblichen Geschehen[2]. Es dient dazu, Sicherheit und Gesundheit der Beschäftigten bei der Arbeit durch Maßnahmen des Arbeitsschutzes zu sichern und zu verbessern. Es gilt für alle Tätigkeitsbereiche, also nicht nur die gewerbliche Wirtschaft. Zu den Maßnahmen des Arbeitsschutzes zählen Maßnahmen zur **Verhütung von Unfällen bei der Arbeit und von arbeitsbedingten Gesundheitsgefahren** wie auch Maßnahmen, die die menschengerechte **Gestaltung der Arbeit** betreffen. Der Arbeitgeber hat demzufolge vorbeugend schon bei der Gestaltung der Arbeitsplätze sowie bei der Auswahl von Arbeitsmitteln und von Arbeits- und Fertigungsverfahren auch ergonomische, arbeitspsychologische und arbeitsmedizinische Erkenntnisse zu beachten. Er hat aber nicht nur die Arbeitsschutzmaßnahmen festzulegen, er muß sie auch auf ihre Wirksamkeit überprüfen und sich ändernden Gegebenheiten anpassen[3]. Durch das Arbeitsschutzgesetz und durch die Änderung weiterer Gesetze werden die EG-Rahmenrichtlinie Arbeitsschutz vom 12. 6. 1989[4] und die diese ergänzende EG-Richtlinie zum betrieblichen Arbeitsschutz für Arbeitnehmer mit befristetem Arbeitsverhältnis oder Leiharbeitsverhältnis vom 25. 6. 1991 in das nationale Recht umgesetzt. Zugleich sind entsprechend der Ermächtigung nach den §§ 18 und 19 ArbSchG vier Einzelrichtlinien, nämlich die Arbeitsstätten-Richtlinie (89/654/EWG), die Lastenhandhabungsrichtlinie (90/269/EWG), die Bildschirmgeräte-Richtlinie (90/270/EWG) und die Richtlinie über die Benutzung von persönlichen Schutzausrüstungen (89/656/EWG) per Verordnung in nationales Recht übernommen worden (die Verordnung ist am 20. 12. 1996 in Kraft getreten)[5].

Diese dem technischen Arbeitsschutz dienenden Gesetze sind ebenso wie die dem **sozialen Arbeitsschutz** dienenden Regelungen des Arbeitszeitgesetzes, Mutterschutzgesetzes (siehe dazu auch die Mutterschutzrichtlinienverordnung)[6] und Jugendarbeitsschutzgesetzes aufgrund der jeweiligen gesetzlichen

---

1 Siehe zur Neuregelung des betrieblichen Arbeitsschutzes: *Wlotzke*, NZA 1994, 602 ff.; *Wank*, DB 1996, 1134.
2 *Wlotzke*, NZA 1996, 1017.
3 *Wlotzke*, NZA 1996, 1017; *Vogl*, NJW 1996, 2753.
4 Richtlinie 89/391/EWG.
5 BGBl. I 1996, 1841; s. dazu *Kollmer*, NZA 1997, 138.
6 BGBl. I 1997, 782.

Regelungen durch den Arbeitgeber an gut sichtbarer Stelle im Betrieb auszulegen oder auszuhängen[1].

719 Auf verschiedene Weise tragen diese Regelungen den besonderen **Gefahren am Arbeitsplatz** Rechnung. So wird die in § 618 BGB enthaltene Verpflichtung, Räume so einzurichten, daß der Arbeitnehmer gegen Gefahr für Leben und Gesundheit soweit geschützt ist, als die Natur der Dienstleistung es gestattet, durch die Asbest-Richtlinien (83/477/EWG) konkretisiert[2]. Der Arbeitgeber hat derartigen Gefahrstoffen dadurch zu begegnen, daß er den Arbeitnehmern eine ausreichende Schutzausrüstung kostenlos zur Verfügung stellt und in ordnungsgemäßem Zustand erhält[3]. Nur dann, wenn die Schutzkleidung oder Arbeitskleidung dem Arbeitnehmer auch private Vorteile bietet, sind die Kosten hierfür vom Arbeitnehmer ganz oder teilweise zu tragen[4]. Eine tarifliche Regelung für die Überlassung von Schutzkleidung enthält zB § 66 BAT.

Der Arbeitgeber hat dafür zu sorgen, daß die Schutzkleidung oder Schutzmittel (zB Sicherheitsschuhe) seitens der Arbeitnehmer auch tatsächlich **benutzt** werden.

Aus § 618 BGB iVm. § 5 ArbStVO kann sich der Anspruch des Arbeitnehmers ergeben, ihm einen **rauchfreien Arbeitsraum** zur Verfügung zu stellen[5].

720 Im Rahmen seiner Fürsorgepflicht hat der Arbeitgeber auch dafür zu sorgen, daß sich der Arbeitnehmer **nicht überarbeitet** und daß er auch den ihm zustehenden **Urlaub** nimmt[6]. Ansteckenden **Krankheiten** ist durch Einhaltung der Hygieneregeln zu begegnen. Im übrigen trifft den Arbeitgeber nur die Pflicht, die Arbeitnehmer zu informieren (zB hinsichtlich der Übertragung des HIV-Virus) und zu ausreichendem Selbstschutz aufzufordern[7].

721 Soweit der Arbeitnehmer in die **häusliche Gemeinschaft** aufgenommen ist, enthält § 618 Abs. 2 BGB besondere Regelungen.

722 Die Einhaltung der öffentlich-rechtlichen Arbeitsschutzregelungen ist **Arbeitsvertragspflicht** des Arbeitgebers. Dies ist insofern bedeutsam, als sich der Arbeitgeber nicht gem. § 831 BGB darauf berufen kann, daß seine Hilfspersonen/Arbeitnehmer von ihm sorgfältig ausgesucht und überwacht worden seien. Die Arbeitsschutzregelungen werden nach herrschender Meinung nicht als Schutzgesetze iS des § 823 Abs.2 BGB angesehen[8].

---

1 *Kollmer*, DB 1995, 1662.
2 BAG v. 19. 2. 1997, NZA 1997, 821; *Molkenthien/Müller*, NZA 1995, 873, 876.
3 BAG v. 10. 3. 1976, 18. 8. 1982 und 21. 8. 1985, AP Nr. 17, 18, 19 zu § 618 BGB; *Brill*, DB 1975, 1076.
4 BAG v. 10. 3. 1976, 18. 8. 1982 und 21. 8. 1985, AP Nr. 17, 18 und 19 zu § 618 BGB.
5 LAG München v. 2. 3. 1990, LAGE, § 618 BGB Nr. 4; Hess. LAG v. 24. 11. 1994 – 5 Sa 732/94, nv.; *Börgmann*, RdA 1993, 275, 282 ff.; *Binz/Sorg*, BB 1994, 1709; *Heilmann*, BB 1994, 715; siehe aber auch BAG v. 8. 5. 1996, DB 1996, 1782: kein Rauchverbot, wenn dies zu einer Veränderung einer rechtlich zulässigen unternehmerischen Betätigung führen würde.
6 BAG v. 27. 2. 1970, AP Nr. 16 zu § 618 BGB.
7 *Löwisch*, DB 1987, 936; *Richardi*, NZA 1988, 73, 78.
8 MünchArbR/*Blomeyer*, § 94 Rz. 23.

III. Verpflichtungen des Arbeitgebers

Im Rahmen der gesetzlichen Vorschriften hat der Betriebsrat gemäß § 87 Abs. 1 Nr. 7 BetrVG über den Gesundheitsschutz mitzubestimmen[1].   723

c) Schutz wirtschaftlicher Interessen

aa) Obhutspflichten

Aus der allgemeinen Fürsorgepflicht des Arbeitgebers folgt, daß er den Arbeitnehmer nicht der Gefahr eines Schadens aussetzen darf. Ihm obliegt daher grundsätzlich gegenüber Sachen, die der Arbeitnehmer in den Betrieb bzw. zu seiner Arbeitsstelle mitbringt, eine **Obhutspflicht**[2].   724

Da die Obhutspflicht des Arbeitgebers gegenüber dem Arbeitnehmer eine der Fürsorgepflicht zuzuordnende **nebenvertragliche Pflicht** des Arbeitgebers ist, also nicht lediglich aus der allgemeinen Verkehrssicherungspflicht resultiert, hat der Arbeitnehmer bei Verletzung dieser Pflicht nicht nur einen deliktsrechtlichen, sondern einen vertraglichen Anspruch. Mithin haftet der Arbeitgeber, sofern er den Schaden nicht selbst zugefügt hat, nicht nur gem. § 831 Abs. 1 Satz 1 BGB (mit der Möglichkeit der Exkulpation gem. § 831 Abs. 1 Satz 2 BGB), sondern für Verschulden der Kollegen des betroffenen Mitarbeiters gem. § 278 BGB.   725

Den Arbeitgeber trifft die Obhutspflicht **nicht hinsichtlich sämtlicher Sachen**, die der Arbeitnehmer in den Betrieb oder an seine Arbeitsstelle mitbringt. Vor Verlust und Beschädigung sind nur die von dem Arbeitnehmer üblicherweise in den Betrieb eingebrachten Sachen zu schützen[3]. Dazu gehören nach der Rechtsprechung arbeitsnotwendige oder arbeitsdienliche eigene Gegenstände des Arbeitnehmers, wie zB Arbeitskleidung, aber auch Werkzeug, das besser geeignet ist und mit Zustimmung oder Duldung des Arbeitgebers eingesetzt wird. Von der Obhutspflicht werden ebenfalls erfaßt persönliche, übliche Sachen des Arbeitnehmers, wie zB seine Straßenkleidung, Uhr, Brieftasche mit Ausweisen sowie Fahrrad und Pkw. Nicht arbeitsnotwendige und nicht üblicherweise zum Arbeitsplatz mitzubringende Sachen, wie zB größere Geldbeträge, wertvoller Schmuck oder Fotoapparat, unterliegen nicht der Obhutspflicht des Arbeitgebers[4].   726

Was ein Arbeitnehmer **üblicherweise** von zu Hause mit zur Arbeitsstelle bringt, richtet sich nach den betrieblichen Gegebenheiten, aber auch nach der Art der Tätigkeit und der Position dieses Mitarbeiters. Bei der Verkäuferin in einem Kaufhaus muß der Arbeitgeber daher nicht damit rechnen, daß diese einen Pelzmantel im Werte von ca. 5000 DM mit zur Arbeitsstelle bringt,

---

1 Jedoch kein Initiativrecht des Personalrats zur Einleitung von Maßnahmen zur Asbestsanierung von Schulräumen, BVerwG v. 2. 10. 1995, NZA-RR 1996, 438; BVerwG v. 29. 1. 1996, NZA-RR 1996, 435.
2 BAG v. 9. 3. 1995, NZA 1995, 777, 778; MünchArbR/*Blomeyer*, § 94 Rz. 33 mwN.
3 So die vorgesehene Regelung in § 77 Abs. 1 des Diskussionsentwurfs eines Arbeitsvertragsgesetzes des Arbeitskreises Deutsche Rechtseinheit im Arbeitsrecht, Gutachten D zum 90. DJT, 1992, D 43.
4 *Schaub*, § 108 IV 2; MünchArbR/*Blomeyer*, § 94 Rz. 94.

sondern nur normale übliche Winterbekleidung. Anders verhält es sich bei einer Verkäuferin in einem Pelzgeschäft oder in einer Boutique, die ein besonders teures Warenangebot aufweist[1].

727 Für **Sachen, die der Arbeitnehmer berechtigterweise in den Betrieb mitbringt,** und auf die er nicht während der gesamten Arbeitszeit achten kann, weil er sie vor Arbeitsbeginn ablegt bzw. deponieren muß, trifft den Arbeitgeber die Verpflichtung, daß der Arbeitnehmer diese Sachen sicher unterbringen kann, so daß ihnen kein Verlust und keine Beschädigung drohen[2]. Die Art der Unterbringung und ihre Absicherung richten sich nach der betrieblichen Notwendigkeit und die zu sichernden Gegenstände. Es sind daher nicht nur Abstellmöglichkeiten und Kleiderablagen in ausreichendem Maße zur Verfügung zu stellen, sondern auch verschließbare Spinde oder Fächer[3].

Für den Fall, daß die Arbeitnehmer bei ihrer Tätigkeit besondere Arbeitskleidung tragen müssen, und ihnen ein Umkleiden in einem anderen Raum nicht zumutbar ist, schreibt § 34 ArbStättenVO dem Arbeitgeber die **Bereitstellung von Umkleideräumen** und Kleiderablagen vor. Sofern Umkleideräume nicht erforderlich sind, müssen aber jedem Arbeitnehmer zumindest eine Kleiderablage und ein **verschließbares Fach** zur Aufbewahrung persönlicher Wertgegenstände bereitgestellt werden (§ 34 Abs. 6 ArbStättenVO).

728 Hinsichtlich der **Fahrzeuge,** mit denen die Arbeitnehmer zur Arbeit gelangen, wird bezüglich der vom Arbeitgeber zur Verfügung zu stellenden Abstellmöglichkeiten nach dem Aufwand unterschieden. Bedeutet es keine übermäßige und unverhältnismäßige Belastung, so hat der Arbeitgeber Abstellflächen bzw. Parkflächen zur Verfügung zu stellen. Daraus folgt, daß grundsätzlich der Arbeitgeber für Unterbringungsmöglichkeiten von Fahrrädern und Krafträdern zu sorgen hat[4]. Kann der Arbeitgeber in angemessener und zumutbarer Weise Parkflächen zur Verfügung stellen, und kann der Arbeitnehmer nicht auf andere Weise den Arbeitsplatz erreichen, so kann er die Überlassung von Parkraum beanspruchen[5], insbesondere wenn die Tätigkeit des Arbeitnehmers eine Fahrzeugbenutzung erfordert, oder wenn ein Schwerbehinderter darauf angewiesen ist, mit dem Pkw zur Arbeit zu fahren[6].

Stellt ein Arbeitgeber für die Mitarbeiter Parkplätze zur Verfügung, so trifft ihn insoweit auch die **Verkehrssicherungspflicht.** Jedoch sind nur solche Sicherungsmaßnahmen erforderlich, die technisch nach den Örtlichkeiten möglich sind und nach den Belangen der Arbeitnehmer und des Arbeitgebers erforder-

---

1 ArbG Karlsruhe v. 10. 11. 1992 – 2 Ca 339/92, nv.
2 BAG v. 1. 7. 1965, AP Nr. 75 zu § 611 BGB – Fürsorgepflicht.
3 Die Sicherung selbst durch ein Vorhängeschloß oä. obliegt allerdings dem Arbeitnehmer, BAG v. 1. 7. 1965, AP Nr. 75 zu § 611 BGB – Fürsorgepflicht; MünchArbR/*Blomeyer*, § 94 Rz. 40.
4 LAG Düsseldorf v. 23. 2. 1955, BB 1955, 508; LAG Hamm v. 2. 7. 1969, DB 1969, 2282; *Schaub*, § 108 IV 6a; *Großmann/Schneider*, Tz. 242.
5 BAG v. 4. 2. 1960 und 5. 3. 1959, AP Nr. 7, 9 zu § 618 BGB; *Kreßel*, RdA 1992, 169, 171.
6 BAG v. 4. 2. 1960, AP Nr. 7 zu § 618 BGB.

III. Verpflichtungen des Arbeitgebers   Rz. 730 **Teil 2 A**

lich und zumutbar sind[1]. Eine Pflicht, die abgestellten Fahrzeuge gegen Schäden zu versichern, besteht für den Arbeitgeber nicht[2]. Im übrigen hat der Arbeitnehmer selbst darauf zu achten, daß sein Fahrzeug keinen Schaden nimmt[3].

bb) Hinweispflichten

Aufgrund der dem Arbeitgeber obliegenden Fürsorgepflicht kann er auch verpflichtet sein, sich und den Arbeitnehmer über wesentliche Umstände des Arbeitsverhältnisses, bestehende Regelungen hinsichtlich des Arbeitsverhältnisses und die sich aus der Beendigung eines Arbeitsverhältnisses ergebenden Folgen zu **informieren**. 729

So besteht nicht allein eine Pflicht des Arbeitnehmers, **gesundheitliche Einschränkungen** zu offenbaren, wenn ihm deutlich ist, daß er infolgedessen die ihm zugedachte Arbeit nicht oder nur eingeschränkt ausüben kann, sondern es kann umgekehrt Pflicht des Arbeitgebers sein, sich nach derartigen Einschränkungen zu erkundigen, um zB eine Überanstrengung des Arbeitnehmers zu vermeiden[4].

Eine gesetzliche Regelung hat die Informationspflicht durch das seit dem 21. 7. 1995 geltende **Nachweisgesetz** erfahren (BGBl. I 1995, 946). Danach ist der Arbeitgeber verpflichtet, dem Arbeitnehmer bis spätestens einen Monat nach dem vereinbarten Beginn des Arbeitsverhältnisses eine schriftliche, vom Arbeitgeber unterzeichnete Niederschrift über die wesentlichen Vertragsbedingungen (wie zB den Arbeitsplatz, die Arbeitszeit, die Höhe des Arbeitsentgelts, die Dauer des Erholungsurlaubes etc.) auszuhändigen, sofern der Arbeitnehmer nicht schon über einen schriftlichen Arbeitsvertrag verfügt[5]. Darüber hinaus ist gegebenenfalls über die Sozialversicherung[6] und, sofern vorhanden, Möglichkeiten betrieblicher Altersversorgung[7] zu belehren. In diesem Zusammenhang ist auf Mittel und Wege zu der Ausschöpfung dieser bestehenden Zusatzversorgungsmöglichkeiten sowie die einzuhaltenden Fristen hinzuweisen[8]. Unter bestimmten Voraussetzungen hat der Arbeitgeber den Arbeitnehmer auch darauf aufmerksam zu machen, daß für die Wahrung der Rechte eine Klage notwendig oder zur Einhaltung der Ausschlußklausel tariflich eine schriftliche Geltendmachung vorgesehen ist[9]. Der Arbeitgeber ist aber nicht generell verpflichtet, 730

---

1 BAG v. 16. 3. 1966, AP Nr. 1 zu § 611 BGB – Parkplatz; BAG v. 25. 6. 1975, AP Nr. 4 zu § 611 BGB – Parkplatz.
2 BAG v. 16. 3. 1966, AP Nr. 1 zu § 611 BGB – Parkplatz.
3 BAG v. 18. 5. 1965, AP Nr. 4 zu § 611 BGB – Gefährdungshaftung.
4 BAG v. 13. 3. 1967 und 27. 2. 1970, AP Nr. 15, 16 zu § 618 BGB.
5 Siehe dazu im einzelnen *Stückemann*, BB 1995, 1846; *Schiefer*, DB 1995, 1910; *Birk*, NZA 1996, 281.
6 LAG Hamm v. 15. 11. 1976, DB 1977, 1951; nicht aber über den Umfang des Krankenversicherungsschutzes im Ausland: Hess. LAG v. 4. 9. 1995, NZA 1996, 482.
7 BAG v. 17. 12. 1991, NZA 1992, 973.
8 BAG 17. 12. 1991, NZA 1992, 973; zur Aufklärungspflicht einer Urlaubskasse über einzuhaltende Verfahren und Fristen: BAG v. 20. 8. 1996, NZA 1997, 211.
9 BAG v. 24. 5. 1974, AP Nr. 6 zu § 242 BGB – Ruhegehalt – VBL; BAG v. 14. 6. 1994, NZA 1995, 229.

einen ausländischen Arbeitnehmer auf die Notwendigkeit der Erteilung und rechtzeitige Verlängerung der nach §§ 284, 285 SGB III erforderlichen Arbeitserlaubnis hinzuweisen[1]. Kommt es zu einer Pfändung des Arbeitseinkommens, braucht der Arbeitgeber den Arbeitnehmer nicht über die Möglichkeit eines Vollstreckungsschutzantrages nach § 850i ZPO zu belehren[2].

731 Weiterhin ergeben sich gesetzliche **Hinweispflichten aus § 81 BetrVG**. Danach hat der Arbeitgeber den Arbeitnehmer über dessen Aufgabe und Verantwortung sowie über die Art seiner Tätigkeit und ihrer Einordnung in den Arbeitsablauf des Betriebes zu unterrichten. Vor Beginn der Beschäftigung ist der Arbeitnehmer über die ihn betreffenden Unfall- und Gesundheitsgefahren sowie über die Maßnahmen zur Gefahrenabwehr zu belehren. Schließlich muß der Arbeitgeber den Arbeitnehmer gem. § 81 Abs. 2 BetrVG über Veränderungen in seinem Bereich rechtzeitig unterrichten, ihm insbesondere eine Veränderung der technischen Produktionsabläufe und eine geplante Versetzung mitteilen.

732 **Bei Auflösung des Arbeitsverhältnisses** durch einen Aufhebungsvertrag kann der Arbeitgeber verpflichtet sein, den Arbeitnehmer auf die sozialversicherungsrechtlichen Folgen eines solchen Vertrages hinzuweisen, wenn dem Arbeitgeber bewußt ist, daß sich der Arbeitnehmer über diese Folgen nicht im klaren ist[3]. Schließlich riskiert ein Arbeitnehmer mit Abschluß eines Aufhebungsvertrages nicht nur eine dauernde Arbeitslosigkeit, sondern zunächst einmal auch wegen seiner Mitwirkung eine Sperrzeit nach § 144 SGB III. Darüber hinaus kann eine vorzeitige Beendigung des Arbeitsverhältnisses Auswirkungen auf die Versorgungsanwartschaften haben, sei es daß der Arbeitnehmer nur mit einer Versicherungsrente statt einer Versorgungsrente oder gar mit einem völligen Verlust der Zusatzversorgung rechnen muß, weil die Versorgungsanwartschaften noch nicht unverfallbar sind.

Wenn der **Arbeitnehmer von sich aus** um die Auflösung des Arbeitsverhältnisses bittet, ist es jedoch nicht Aufgabe des Arbeitgebers, den Arbeitnehmer auf mögliche nachteilige Folgen zB bezüglich der Auswirkungen auf die Rente oder die bevorstehende Unverfallbarkeit der Versorgungsanwartschaften aufmerksam zu machen[4]. Seiner Hinweispflicht bezüglich zukünftiger Ansprüche auf Arbeitslosengeld kann der Arbeitgeber dadurch genügen, daß er den Arbeitnehmer an das Arbeitsamt verweist, um dort die Folgen eines Aufhebungsvertrages zu klären[5].

Nur dann ist der Arbeitgeber daher zu Hinweisen verpflichtet, wenn der eine Belehrung evtl. notwendig machende Sachverhalt seinen Ursprung im „Lager des Arbeitgebers" hat. Beruht dagegen der Sachverhalt auf Umständen, die der

---

[1] BAG v. 26. 6. 1996, NZA 1996, 1087.
[2] BAG v. 13. 11. 1991, NZA 1992, 384.
[3] BAG v. 10. 3. 1988, NZA 1988, 837.
[4] BAG v. 10. 3. 1988, NZA 1988, 837; BAG v. 23. 5. 1989, BB 1990, 211; BAG v. 3. 7. 1990, BB 1991, 142.
[5] BAG v. 10. 3. 1988, NZA 1988, 837.

III. Verpflichtungen des Arbeitgebers

Arbeitnehmer selbst recherchieren kann und/oder die das Rechtsverhältnis mit dem Arbeitgeber nicht betreffen, obliegt ihm keine Belehrungspflicht[1].

Kommt es zu einer **Aufhebungsvereinbarung**, so erscheint es dennoch zweckmäßig, die Kenntnisse des Arbeitnehmers oder die von seiten des Arbeitgebers erfolgten Hinweise auf die Bedeutung und Folgen einer solchen Aufhebungsvereinbarung wie folgt als abschließende feststellende Erklärung in der Vereinbarung festzuhalten:

> „Der Arbeitnehmer verzichtet auf Bedenk- und Widerrufsmöglichkeiten. Er verzichtet außerdem hiermit ausdrücklich auf Hinweise des Arbeitgebers auf mögliche Konsequenzen, die sich aus diesem Aufhebungsvertrag für ihn ergeben können".[2]

733

Oder:

> „Der Arbeitnehmer wurde darüber informiert, daß verbindliche Auskünfte über Art, Höhe und Dauer von Leistungen aus der Arbeitslosenversicherung sowie mögliche Sperrfristen nur das zuständige Arbeitsamt geben kann."

Verletzt der Arbeitgeber seine Belehrungspflicht gegenüber seinem Arbeitnehmer, so ist er diesem gegenüber schadensersatzpflichtig. Dies kann bei dem unterlassenen Hinweis auf eine bestehende Zusatzversorgungskasse dazu führen, daß der Arbeitgeber den Arbeitnehmer so zu stellen hat, wie er stünde, wenn er vom ersten möglichen Zeitpunkt an in der Zusatzversorgungskasse versichert gewesen wäre[3]. Ist der Arbeitnehmer bei einvernehmlicher Beendigung des Arbeitsverhältnisses durch den Arbeitgeber trotz bestehender Belehrungspflicht nicht ausreichend unterrichtet worden, so hat der Arbeitgeber dem Arbeitnehmer das durch Sperrzeiten oder Ruhenszeiträume ausgefallene Arbeitslosengeld zu erstatten, auch mögliche Einschränkungen der Altersversorgung[4].

734

cc) Mitwirkungspflichten

Aus dem Gesichtspunkt der Fürsorgepflicht hat der Arbeitgeber **daran mitzuwirken,** daß der Arbeitnehmer seinen Arbeitsplatz erhält, eine berufliche Qualifizierung erfährt, aber auch bei Beendigung des Arbeitsverhältnisses durch Gewährung von Freizeit die Möglichkeit hat, sich um einen neuen Arbeitsplatz zu bemühen.

735

Zwar besteht grundsätzlich keine Pflicht des Arbeitgebers, auf eine **Beförderung** des Arbeitnehmers hinzuwirken, noch eine **Aus- und Fortbildung** zu gewähren[5]. Wenn es aber das Berufsbild voraussetzt, und auch arbeitsvertraglich die Möglichkeit eingeräumt ist, besteht ein Anspruch auf Aus- und Weiter-

736

---

1 *Nägele*, BB 1992, 1274, 1277.
2 *Nägele*, BB 1992, 1274, 1278.
3 BAG v. 17. 12. 1991, NZA 1992, 973.
4 Siehe hierzu BAG v. 13. 11. 1984, NVwZ 1985, 942.
5 BAG v. 28. 3. 1973, AP Nr. 2 zu § 319 BGB; BAG v. 20. 6. 1984, AP Nr. 58 zu § 611 BGB – Dienstordnungs-Angestellte.

bildung, wie zB bei einem Klinikarzt zur Anerkennung des Arztes mit einer bestimmten Gebietsbezeichnung[1]. Aufgrund seiner Fürsorgepflicht kann der Arbeitgeber auch gehalten sein, bei der Erlangung des sog. Freigängerstatus mitzuwirken, sofern nicht trotz der Bewilligung des sog. Freiganges weitere Störungen des Arbeitsverhältnisses zu befürchten sind[2].

d) Schutz des Persönlichkeitsrechts des Arbeitnehmers

aa) Allgemeines

737 Mit dem Abschluß des Arbeitsvertrages und der Aufnahme der Tätigkeit erfolgt eine **Eingliederung des Arbeitnehmers** in Betriebsabläufe, die dazu führt, daß er sich Maßnahmen und organisatorischen Weisungen des Arbeitgebers unterwerfen muß. Dies führt unvermeidlich zu mehr oder minder starken Einschränkungen der Freiheitssphäre. Gleichwohl ist es Pflicht des Arbeitgebers, die in Art. 1 GG geschützte Menschenwürde des Arbeitnehmers zu beachten und grundsätzlich auch das in Art. 2 GG geschützte Recht auf freie Entfaltung der Persönlichkeit des Arbeitnehmers zu wahren. Diese Verpflichtung, die Persönlichkeits- und Freiheitssphäre des Arbeitnehmers zu schützen, ergibt sich zum einen aus den allgemeinen Persönlichkeitsrechten des Arbeitnehmers, zum anderen aus der gerade auch diesen Schutz bezweckenden Fürsorgepflicht des Arbeitgebers. Die betrieblichen Interessen des Arbeitgebers treten infolgedessen in einen Interessengegensatz zu den von ihm ebenfalls zu berücksichtigenden Persönlichkeitsrechten der in seinem Betrieb tätigen Arbeitnehmer. Dadurch entstehende Interessenkonflikte können nach herrschender Meinung nur mit Hilfe einer Güter- und Interessenabwägung basierend auf dem Grundsatz der Verhältnismäßigkeit gelöst werden[3].

bb) Überwachung des Arbeitnehmers

738 Zu den unvermeidlichen Einschränkungen der Persönlichkeitssphäre eines Arbeitnehmers gehört es, daß der Arbeitgeber bzw. die an seiner Stelle handelnden Vorgesetzten die Arbeitsabläufe sowie das Verhalten des einzelnen Arbeitnehmers **kontrollieren**[4]. Eine ständige und womöglich heimliche Beobachtung, insbesondere durch technische Einrichtungen optischer oder akustischer Art, ist aber unzulässig. Als über das „normale" Maß hinausgehende Überwachung des Arbeitnehmers und damit als Verstoß gegen das Persönlichkeitsrecht werden daher Einweg-Spiegelglasscheiben oder versteckte Videokameras angesehen[5].

739 Dasselbe gilt für das **Abhören** (womöglich durch Mikrophone oder sog. Wanzen) und das **Mithören** bzw. die Aufzeichnung von Telefongesprächen der Arbeitnehmer[6] sowie die Kontrolle von Arbeitnehmer-e-mails.

---

1 BAG v. 22. 2. 1990, AP Nr. 23 zu § 611 BGB – Arzt-Krankenhaus-Vertrag.
2 BAG v. 9. 3. 1995, NZA 1995, 777.
3 MünchArbR/*Blomeyer*, § 95 Rz. 4.
4 BAG v. 26. 3. 1991, NZA 1991, 729; *Däubler*, Arbeitsrecht 2, 5.4., S. 279.
5 BAG v. 7. 10. 1987, AP Nr. 15 zu § 611 BGB – Persönlichkeitsrecht = NZA 1988, 92.
6 Zur Zulässigkeit einer Betriebsvereinbarung, die das Mithören externer Telefongesprä-

III. Verpflichtungen des Arbeitgebers Rz. 742 Teil 2 A

Das grundsätzliche **Abhörverbot von Telefongesprächen** gilt sowohl für private wie auch dienstliche Gesprächen[1]. Dies gilt aber nur für den Inhalt des Gesprächs, nicht für das Telefonverhalten selbst, so daß bei Dienstgesprächen die Erfassung der Telefondaten (Zahl, Zeitpunkt, Dauer, Gebühreneinheiten, Gebühren, Nummer des benutzten Apparates, Zielnummer und Art des Gespräches) grundsätzlich zulässig ist[2]. Jedoch ist eine Unterbrechung privater Telefongespräch durch sog. Aufschaltanlagen möglich, wenn die Aufschaltung vernehmbar erfolgt[3].

Abgesehen von einer ausdrücklichen Einwilligung des Arbeitnehmers, zB zum Mithören eines Telefongesprächs, können sich Ausnahmen aus dem **Verhältnismäßigkeitsgrundsatz** ergeben. Überwachungsmaßnahmen können aus Sicherheitsgründen unvermeidlich sein und dienen dann auch dem Schutz des Arbeitnehmers, zB an Bankschaltern. Gegenüber notwendigen anerkannten Schutz- und Sicherungszwecken tritt das Persönlichkeitsrecht des Arbeitnehmers zurück. Der Arbeitnehmer ist jedoch von der Überwachung generell zu informieren[4]. Soweit die Überwachungsmaßnahme unzulässig ist, besteht für den Arbeitgeber ein Verwertungsverbot[5]. 740

Sog. **Torkontrollen** oder **Leibesvisitationen** sind nur ausnahmsweise zulässig, selbst wenn sie generell jeden Arbeitnehmer treffen. Der Arbeitgeber muß einen zwingenden sachlichen Grund für derartige Kontrollen haben, so zB besondere Sicherheitsanforderungen. Sind nicht gleichmäßig alle Arbeitnehmer von diesen Maßnahmen betroffen, so dürfen einzelne Maßnahmen nur nach dem Stichprobenprinzip erfolgen[6]. Nur dann, wenn gerade gegen einen bestimmten Arbeitnehmer ernstzunehmende Verdachtsmomente vorliegen, darf dieser gezielt herausgegriffen werden. Schließlich dürfen die Kontrollmaßnahmen nur in dem Umfang erfolgen, der dem jeweiligen Zweck entspricht. 741

Sofern ein **Betriebsrat** vorhanden ist, unterliegen die Einführung und Anwendung sämtlicher derartiger Überwachungsmaßnahmen der Mitbestimmung des Betriebsrats, so bei Torkontrollen gem. § 87 Abs. 1 Nr. 1 BetrVG[7] und bei der Überwachung durch technische Einrichtung der Mitbestimmung gem. § 87 Abs. 1 Nr. 6 BetrVG. 742

---

che der Arbeitnehmer in deren Gegenwart zu Ausbildungszwecken erlaubt, siehe BAG v. 30. 8. 1995, NZA 1996, 218.
1 BAG v. 29. 10. 1997, DB 1998, 371; MünchArbR/*Blomeyer*, § 95 Rz. 9; *Wiese*, ZfA 1971, 289.
2 MünchArbR/*Blomeyer*, § 95 Rz. 10.
3 BAG v. 1. 3. 1973, AP Nr. 1 zu § 611 BGB – Persönlichkeitsrecht.
4 *Wiese*, ZfA 1971, 273 ff., 287.
5 Beweisverwertungsverbot hinsichtlich der Aufzeichnungen einer versteckten Videokamera: LAG Köln v. 30. 8. 1996 – 12 Sa 639/96, nv. (n.rkr.).
6 *Däubler*, Arbeitsrecht 2, 5.4.3., S. 286.
7 BAG v. 26. 5. 1988, AP Nr. 14 zu § 87 BetrVG 1972 – Ordnung des Betriebes; nicht aber bei der bloßen Kontrolle des Arbeitsverhaltens: BAG v. 26. 3. 1991, NZA 1991, 729; zum Einsatz von Detektiven: *Lingemann/Göpfert*, DB 1997, 374.

Auch die Tätigkeit mit Datenverarbeitungssystemen oder Produktographen ermöglicht teilweise die Überwachung der Arbeitsweise und der Arbeitsmenge des jeweiligen Arbeitnehmers. Wenn dieser Nebeneffekt der Überwachung des Verhaltens oder der Leistung der Arbeitnehmer bei der Verwendung derartiger technischer Einrichtungen auftritt, so hat der Betriebsrat ein Mitbestimmungsrecht gem. § 87 Abs. 1 Nr. 6 BetrVG[1]. Dies gilt ua. auch für Fahrtenschreiber[2].

cc) Personalakten und Datenschutz

743   Grundsätzlich ist kein Arbeitgeber verpflichtet, **Personalakten** zu führen. Eine derartige Pflicht ergibt sich auch nicht aus § 83 BetrVG[3]. Werden aber Urkunden, Schriftstücke und sonstige Vorgänge, die sich auf die Begründung und den Verlauf des Arbeitsverhältnisses sowie auf Fähigkeiten und Leistungen des Arbeitnehmers beziehen, vom Arbeitgeber aufbewahrt, so liegt nach dem sog. materiellen Personalaktenbegriff eine Personalakte vor. Es kommt also nicht auf die Bezeichnung der Akte als Personalakte an[4]. Davon zu unterscheiden sind nicht einsichtspflichtige Handakten. Diese sind nur unselbständige Hilfsinstrumente zur Mitarbeiterführung, solange sie keine eigenständigen offiziellen Dokumente enthalten, sondern nur Aufzeichnungen mit persönlichem Charakter, die in erster Linie der Gedächtnisstütze dienen[5].

744   Werden Personalakten für Arbeitnehmer geführt, so dürfen diese nur Angaben enthalten, die einen Bezug zum Arbeitsverhältnis haben. Auch wenn nur im Beamtenrecht und im öffentlichen Dienst das Prinzip der **Vollständigkeit der Personalakte** herrscht[6], muß dies auch für die Privatwirtschaft gelten, obwohl hier der Arbeitgeber nicht zur Führung von Personalakten verpflichtet ist[7].

745   **Hinweis:**

Reagiert ein Arbeitnehmer auf einen schriftlichen Vorwurf oder eine Abmahnung des Arbeitgebers nur mit einer Gegendarstellung, empfiehlt es sich, sich vom Arbeitgeber schriftlich bestätigen zu lassen, daß diese Gegendarstellung ebenfalls zur Personalakte aufgenommen und dort ebenso wie der Vorwurf des Arbeitgebers/die Abmahnung aufbewahrt wird.

746   Im öffentlichen, aber auch im kirchlichen Dienst gelten **tarifliche Regelungen,** die vorsehen, daß Arbeitnehmer vor der Aufnahme von Beschwerden und Behauptungen tatsächlicher Art, die für sie ungünstig sind oder für sie nachteilig werden können, anzuhören sind (§ 13 Abs. 2 BAT, § 4 Abs. 2 AVR des Diakoni-

---

1 BAG v. 14. 5. 1974 und 9. 9. 1975, AP Nr. 1, 2 zu § 87 BetrVG 1972 – Überwachung.
2 BAG v. 10. 7. 1979, AP Nr. 3 zu § 87 BetrVG 1972 – Überwachung.
3 BAG v. 7. 5. 1980, AuR 1981, 124, 126.
4 *Fitting/Kaiser/Heither/Engels,* § 83 Rz. 5.
5 *Hromadka,* Arbeitsrecht, § 15.
6 BAG v. 25. 2. 1959, AP Nr. 6 zu § 611 BGB – Fürsorgepflicht; BAG v. 25. 4. 1972, AP Nr. 9 zu § 611 BGB – Öffentlicher Dienst; abweichend: BAG v. 7. 5. 1980, AuR 1981, 124, 126.
7 AA MünchArbR/*Blomeyer,* § 96 Rz. 11.

III. Verpflichtungen des Arbeitgebers

schen Werks der Evangelischen Kirche Deutschlands). Eine Gegendarstellung des Arbeitnehmers ist zur Personalakte zu nehmen. Dies gilt auf Verlangen des Arbeitnehmers auch für die Privatwirtschaft (§ 83 Abs. 2 BetrVG)[1].

Enthält die Personalakte objektiv unrichtige **Angaben oder Unterlagen mit objektiv falschem Inhalt**, so hat der Arbeitnehmer einen Anspruch auf Berichtigung und nicht nur auf eine Gegendarstellung. Der Arbeitgeber hat diese Angaben und die sie betreffenden Unterlagen aus den Personalakten zu entfernen und zu vernichten[2]. Dies wird besonders bei Abmahnungen durch den Arbeitgeber bedeutsam, da diese in aller Regel Voraussetzung für eine verhaltensbedingte Kündigung sind[3]. Soweit es um die inhaltliche Richtigkeit einer Abmahnung geht, so endet der Entfernungsanspruch des Arbeitnehmers grundsätzlich mit der Beendigung des Arbeitsverhältnisses, es sei denn, daß die Abmahnung dem Arbeitnehmer auch noch nach Beendigung des Arbeitsverhältnisses schaden kann[4]. 747

Aus dem Persönlichkeitsrecht und der Fürsorgepflicht des Arbeitgebers ergibt sich weiterhin, daß der Arbeitgeber den Inhalt der Personalakte **vertraulich** zu behandeln hat. Die Personalakten dürfen deshalb nicht allgemein zugänglich sein[5]. Die Vertraulichkeit gilt nicht nur gegenüber Betriebsfremden, sondern insbesondere gegenüber Kollegen des Arbeitnehmers. Deshalb ist der Arbeitgeber verpflichtet, die Zahl der mit der Akte in Berührung kommenden Mitarbeiter der Personalabteilung möglichst zu begrenzen[6]. Diese Vertraulichkeit ist auch gegenüber dem Betriebsrat zu wahren. Ein Einsichtsrecht des Betriebsrat wird man nur im Zusammenhang mit der Einsichtnahme durch den Arbeitnehmer im Rahmen des § 83 Abs. 1 Satz 2 BetrVG für zulässig erachten können. 748

Nicht nur aufgrund der Regelung in § 83 BetrVG und tariflichen Regelungen wie in § 13 BAT, § 4 AVR EKD, sondern auch aufgrund des allgemeinen Persönlichkeitsrechts und der dem Arbeitgeber obliegenden Fürsorgepflicht ist dem Arbeitnehmer auf sein Verlangen **Einsicht in seine Personalakte** zu gewähren[7]. Diese Einsichtnahme darf auch während der Arbeitszeit erfolgen[8]. Dem Arbeitnehmer ist es gestattet, sich Notizen zu machen und ggf. eine Fotokopie zu fertigen[9]. Zur Einsichtnahme kann er ein Betriebsratsmitglied oder, wenn er schwerbehindert ist, die Schwerbehindertenvertretung hinzuziehen (§ 83 BetrVG, § 25 Abs. 3 SchwbG). 749

---

1 *Kammerer*, Personalakte und Abmahnung, S. 60; *Hromadka*, Arbeitsrecht, § 15.
2 BAG v. 9. 2. 1977 und 27. 11. 1985, AP Nr. 83, 93 zu § 611 BGB – Fürsorgepflicht; BAG v. 12. 6. 1986, NZA 1987, 153; *Kammerer*, BB 1991, 1926.
3 Das BAG hat es in der Entscheidung vom 13. 7. 1987, BB 1987, 1741, für zulässig erachtet, daß der Arbeitnehmer die Richtigkeit der abgemahnten Pflichtwidrigkeit aber noch in einem späteren Kündigungsschutzprozeß bestreitet.
4 BAG v. 14. 9. 1994, DB 1995, 732.
5 BAG v. 4. 4. 1990, AP Nr. 21 zu § 611 BGB – Persönlichkeitsrecht; *Kammerer*, Personalakte, S. 52.
6 *Däubler*, Arbeitsrecht 2, 5.5.1.2, S. 289.
7 MünchArbR/*Blomeyer*, § 96 Rz. 17.
8 *Fitting/Kaiser/Heither/Engels*, § 83 Rz. 12.
9 *Däubler*, Arbeitsrecht 2, 5.5.1.3., S. 290; *Schaub*, § 148 II 4.

750 Auch wenn der Inhalt einer Personalakte noch nicht elektronisch in einer Datenbank erfaßt ist, werden doch häufig schon verschiedene den Arbeitnehmer betreffende Personaldaten elektronisch erfaßt und gespeichert, so zB im Rahmen der Personalbuchhaltung. Die Vorschriften des **Bundesdatenschutzgesetzes** finden auch auf das Arbeitsverhältnis Anwendung (zum Zwecke der Rechtssicherheit und der Rechtsvereinheitlichung auf dem Europäischen Binnenmarkt dient die Richtlinie 95/46/EG des Europäischen Parlamentes und des Rates zum Schutz natürlicher Personen bei der Verarbeitung personenbezogener Daten und zum freien Datenverkehr vom 24. 10. 1995).

751 Gemäß § 28 BDSG ist ein Speichern von Daten des Arbeitnehmers zulässig, wenn ein **unmittelbarer Zusammenhang zwischen der Speicherung und dem Verwendungszweck** besteht. Vom Vertragszweck ist das Speichern von Daten des Arbeitnehmers gedeckt, wenn dies für das reibungslose Abwickeln und Durchführen des Arbeitsverhältnisses zwischen Arbeitgeber und Arbeitnehmer erforderlich ist. Auch die Daten müssen einen unmittelbaren Bezug zum Arbeitsverhältnis aufweisen; der Umfang der Datenerhebung wird durch die jeweiligen Erfordernisse des konkreten Arbeitsverhältnisses beschränkt[1]. Es darf also nicht in die Privat- und Intimsphäre des Arbeitnehmers eingedrungen werden, sofern nicht der Zweck des Arbeitsverhältnisses dies unbedingt erfordert.

Nicht gespeichert werden dürfen Daten, die auf unzulässige Weise etwa unter Überschreitung des arbeitgeberseitigen Fragerechts ermittelt wurden oder die unzutreffend sind[2].

752 Die von dem Arbeitnehmer gespeicherten Daten sind **sorgfältig aufzubewahren,** sie dürfen nicht jedem zugänglich sein. Hier gilt ein ähnlicher Schutz wie bei der Führung von Personalakten. Um dies zu gewährleisten, kann die Aufstellung besonderer Pflichten, wie das Vermerken von Personalien des Einsichtnehmenden sowie Datum und Grund der Einsichtnahme, ggf. auch das Sperren der elektronischen Abfrage, erforderlich sein[3].

753 In der Regel enthält § 28 BDSG eine ausreichende Grundlage, um bei bestehenden Arbeitsverhältnissen im vorgezeigten Rahmen Personaldaten speichern zu dürfen. Zulässig ist eine weitergehende Datenverarbeitung bzw. -nutzung dann, wenn der Betroffene **eingewilligt** hat (§ 4 Abs. 1 BDSG). Gerade im Hinblick darauf, daß Arbeitgeber häufig die Personalbuchhaltung „außer Haus" erledigen lassen, kann es zur Vermeidung von Mißverständnissen zweckmäßig sein, sich von dem Arbeitnehmer bereits im Arbeitsvertrag schriftlich die Einwilligung zur Datenverarbeitung, -nutzung und -übermittlung gem. § 4 Abs. 2 Satz 2 BDSG geben zu lassen. Diese Einwilligung kann allerdings jederzeit widerrufen werden und sie gilt nur insoweit, als die Daten eine Beziehung zum Arbeitsverhältnis aufweisen, und der Arbeitgeber an ihrer Kenntnis ein objektiv gerechtfertigtes Interesse hat[4].

---

[1] MünchArbR/*Blomeyer*, § 97 Rz. 19.
[2] *Däubler*, Arbeitsrecht 2, 5.5.2.6.3., S. 299.
[3] BAG v. 15. 7. 1987, AP Nr. 14 zu § 611 BGB – Persönlichkeitsrecht.
[4] *Wohlgemuth*, Rz. 176.

III. Verpflichtungen des Arbeitgebers

Beispiel für eine Vertragsklausel: 754

> „Der Arbeitnehmer erklärt sich damit einverstanden, daß personenbezogene Daten, soweit sie für die Gehaltsabrechnung erforderlich sind, maschinell und manuell gespeichert werden und aufgrund gesetzlicher Bestimmungen bzw. aufgrund betrieblicher Notwendigkeiten an Dritte, insbesondere an Sozialversicherungsträger, Finanzämter, Geldinstitute sowie an Treuhandgesellschaften (zwecks Errechnung von Versorgungsansprüchen), weitergegeben werden."

Gem. § 4 BDSG kann die Datenverarbeitung und Nutzung durch eine **Betriebsvereinbarung** geregelt werden, auch wenn diese den Datenschutz für den Arbeitnehmer verschlechtert[1]. 755

Sofern der Arbeitgeber die Lohn- und Gehaltsabrechnungen „außer Haus" erledigen läßt, bleibt gem. § 11 Abs. 1 BDSG der Arbeitgeber für die Einhaltung des Datenschutzes **verantwortlich**. 756

Die Datenverarbeitung und -nutzung ist nur **während des Vertragsverhältnisses** zulässig. Demgemäß sind nach Beendigung des Arbeitsverhältnisses oder auch nach einer ergebnislosen Bewerbung die Daten gem. § 35 Abs. 2 Satz 2 Nr. 3 BDSG zu löschen[2]. 757

Der einzelne Arbeitnehmer ist von der erstmaligen Speicherung und der Art seiner personenbezogenen Daten gem. § 33 Abs. 1 BDSG zu **benachrichten**. Diese Benachrichtigung kann dann unterbleiben, wenn, wie in dem vorstehenden Vertragsbeispiel, der betroffene Arbeitnehmer bereits Kenntnis von der Speicherung der Personaldaten erlangt hat[3]. Daneben steht jedem Arbeitnehmer gem. § 34 Abs. 1 Satz 1 Nr. 1 und 2 BDSG ein **Auskunftsanspruch** über die zu seiner Person gespeicherten Daten, den Zweck der Speicherung und über die Person und Stellen zu, an die seine Daten regelmäßig übermittelt werden. 758

Ebenso wie bei der Aufnahme falscher Angaben in die Personalakte hat der Arbeitnehmer gem. § 35 Abs. 1 BDSG einen Anspruch auf **Berichtigung unrichtiger personenbezogener Daten**. Unter bestimmten Voraussetzungen hat er auch einen Anspruch auf Löschung der von ihm gespeicherten personenbezogenen Daten, wenn ihre Speicherung unzulässig ist. Ebenso sind Daten zu löschen, für deren Speicherung der Zweck entfallen ist sowie sog. sensible Daten, die die persönlichen Verhältnisse des Arbeitnehmers besonders berühren, und deren Richtigkeit der Arbeitgeber nicht beweisen kann. 759

Gem. § 36 Abs. 1 BDSG hat jedes Unternehmen, das personenbezogene Daten automatisch verarbeitet und idR mindestens fünf Arbeitnehmer ständig beschäftigt, einen **Beauftragten für den Datenschutz** schriftlich zu bestellen[4]. Der 760

---

1 BAG v. 27. 5. 1986, AP Nr. 15 zu § 87 BetrVG 1972 – Überwachung; aA *Kort*, RdA 1992, 378, 385.
2 *Wohlgemuth*, Rz. 587 und 591.
3 MünchArbR/*Blomeyer*, § 97 Rz. 41.
4 *Rudolf*, NZA 1996, 296.

Beauftragte kann dem Unternehmen angehören. Er ist in diesem Fall dem Arbeitgeber bzw. dem zuständigen Vorstandsmitglied unmittelbar unterstellt und bei Anwendung seiner Fachkunde auf dem Gebiet des Datenschutzes weisungsfrei. Die Bestellung des Datenschutzbeauftragten unterliegt nicht der Mitwirkung des Betriebsrates[1]. Nur dann, wenn die Bestellung zum Datenschutzbeauftragten zugleich die Voraussetzungen einer Versetzung erfüllt, bedarf es gem. § 99 Abs. 1 BetrVG der Zustimmung des Betriebsrats.

Gemäß § 37 Abs. 1 BDSG hat der Beauftragte die ordnungsgemäße Anwendung der Programme für personenbezogene Daten zu überwachen, bei der Auswahl der in der Verarbeitung tätigen Personen mitzuwirken und sie mit den Datenschutzvorschriften vertraut zu machen.

761 Eine gesetzliche **Verwahrungsfrist** besteht für allgemeine Personalunterlagen nicht. Grundsätzlich sind sie so lange aufzubewahren, wie noch mit Ansprüchen des Arbeitnehmers zu rechnen ist. Vernichtet werden können sie daher nach Ablauf der jeweils maßgeblichen Verfallfristen, spätestens nach Ablauf der Verjährungsfristen. Besondere gesetzliche Aufbewahrungsfristen gelten für Quittungsbelege über gezahlten Arbeitslohn (gem. § 257 HGB: 6 Jahre) und für die Besteuerung maßgeblichen Lohnberechnungsunterlagen (§ 147 AO: 6 Jahre) und Lohnkonten (§ 41 Abs. 1 S. 9 EStG: bis zum Ende des 6. Jahres, das auf die eingetragene Lohnzahlung folgt).

dd) Behandlung durch Vorgesetzte und Arbeitskollegen

762 Die Arbeitsleistung kann nicht isoliert in der ordnungsgemäßen Erfüllung der an den jeweiligen Arbeitsplatz gestellten Arbeitsanforderungen gesehen werden. Regelmäßig ist das Arbeitsergebnis nur in **Zusammenarbeit mit anderen Arbeitnehmern** zu erreichen oder durch Ergänzung verschiedener Arbeitsvorgänge. Darüber hinaus werden die Arbeitsanforderungen durch **Anweisungen der Vorgesetzten** konkretisiert oder auch geändert. Arbeitnehmer müssen sich daher in aller Regel in einen Betrieb einordnen, so daß sich Abhängigkeiten im Zusammenwirken mit Kollegen sowie von Vorstellungen und Weisungen Vorgesetzter ergeben. Von der Eingliederung sind aber nicht nur Arbeitsabläufe und die Erledigung der einzelnen Aufgaben betroffen. Auswirkungen hat diese Einordnung auch auf die Anerkennung der Persönlichkeit und der Arbeitsleistung durch die Kollegen und Vorgesetzten.

Während sich unterschiedliche Auffassungen zu Arbeitsleistungen und Arbeitsergebnissen weitgehend versachlichen lassen, stellt sich die Lösung persönlicher Differenzen zwischen Arbeitskollegen oder auch Arbeitnehmern und ihren Vorgesetzten weitaus schwieriger dar. Diese Differenzen können zB auf unterschiedlichen Weltanschauungen, auf der Forderung nach einem Rauchverbot, aber auch auf unterschiedlichen Auffassungen über die Frisur, die korrekte Kleidung oder anderen Äußerlichkeiten beruhen.

Durch seine Einordnung in den Betrieb und die Arbeitsabläufe und die dadurch gegebene Abhängigkeit kann sich der einzelne Arbeitnehmer meist nicht den

---

1 *Däubler*, Arbeitsrecht 2, 5.5.2.10.2., S. 304.

III. Verpflichtungen des Arbeitgebers

divergierenden Meinungen und Vorstellungen seiner Vorgesetzten und seiner Kollegen entziehen. Häufig ist deshalb nur der Arbeitgeber oder – kraft gesetzlichen Auftrages gem. § 75 Abs. 2 BetrVG – auch der Betriebsrat in der Lage, die Interessen des betroffenen Arbeitnehmers zu wahren, seine Persönlichkeit zu schützen.

Für den **Arbeitgeber** ergibt sich die **Pflicht**, die Persönlichkeitsrechte des einzelnen Arbeitnehmers auch gegen Vorgesetzte und Kollegen zu wahren, aus der Fürsorgepflicht. Er muß den einzelnen Arbeitnehmer gegen Maßnahmen derjenigen schützen, auf die er selbst einwirken kann[1]. Er hat deshalb dafür Sorge zu tragen, daß Kollegen oder Vorgesetze insbesondere den Arbeitnehmer nicht belästigen, in seinem Verhalten beeinträchtigen oder beleidigen. Da sich der Arbeitgeber das Verhalten von Personalleitern oder Vorgesetzten gem. § 278 BGB zurechnen lassen muß, ist sicherzustellen, daß die Vorgesetzten die geeigneten Maßnahmen treffen, um die Persönlichkeitssphäre der einzelnen Mitarbeiter zu schützen.

Unmittelbar ergibt sich die Verpflichtung für den Arbeitgeber und den Betriebsrat auch aus **§ 75 Abs. 2 BetrVG**. Die Betriebsparteien haben danach die „freie Entfaltung der Persönlichkeit der im Betrieb beschäftigten Arbeitnehmer zu schützen und zu fördern".

Schwierig gestaltet sich die Möglichkeit der Einflußnahme dann, wenn Vorgesetzte oder Kollegen mit Maßnahmen, die keine straf- oder zivilrechtliche Relevanz haben, also durch sog. **Mobbing**[2] einem Arbeitskollegen „zusetzen". Es können dies allgemeine Formen des unkollegialen Verhaltens, Unhöflichkeiten, beleidigende Äußerungen und Ausgrenzungen von gemeinsamen Vorhaben und Veranstaltungen sein. Gegen derartige Maßnahmen hat der Arbeitgeber häufig keine geeigneten Sanktionsmöglichkeiten. Er kann nur versuchen, durch Feststellung der Ursachen, die zu der Ausgrenzung eines bestimmten Arbeitsnehmers führen, eine Lösung zu finden. Dazu bedarf es einer offenen Auseinandersetzung mit allen Beteiligten. Vielfach kann eine Umorganisation der Arbeitsabläufe oder aber eine Umsetzung des betroffenen Mitarbeiters oder einzelner anderer Arbeitnehmer eine Hilfe sein.

In Betrieben, in denen ein **Betriebsrat** vorhanden ist, obliegt diesem ohnehin aufgrund eigener, gem. § 75 Abs. 2 BetrVG bestehender Pflicht, für Abhilfe zu sorgen.

Überschreiten die Maßnahmen der einzelnen Mitarbeiter gegenüber einem Arbeitskollegen die Grenze des sozialen Verhaltens, haben sie womöglich strafrechtliche Relevanz, so kann der Arbeitgeber darauf mit den **arbeitsrechtlichen Sanktionen** der Rüge, Abmahnung, Versetzung oder Kündigung reagieren. Zum Schutz der Persönlichkeitsrechte des einzelnen betroffenen Mitarbeiters trifft den Arbeitgeber im Rahmen der Verhältnismäßigkeit die Pflicht, in geeigneter Weise von diesen ihm zustehenden Möglichkeiten Gebrauch zu machen[3].

---

1 MünchArbR/*Blomeyer*, § 95 Rz. 26.
2 So die begriffliche Eingrenzung des Begriffs Mobbing von *Gralka*, BB 1995, 2651, 2654.
3 Siehe zu Mobbing und die arbeitsrechtlichen Reaktionsmöglichkeiten hierauf: *Grunewald*, NZA 1993, 1071; *Haller/Koch*, NZA 1995, 356; *Däubler*, BB 1995, 1347 und *Gralka*, BB 1995, 2651.

766 Fordern außenstehende Dritte, zB Vertragspartner oder aber auch Vorgesetzte und/oder Kollegen, einen bestimmten Arbeitnehmer zu entlassen (sog. **Druckkündigung**), so muß sich der Arbeitgeber schützend vor diesen Arbeitnehmer stellen und versuchen, die Betreffenden von ihrem Verlangen abzubringen. Hat dieser Versuch keinen Erfolg, so ist zu überprüfen, ob eine Versetzung ausreicht, wobei der „angegriffene" Arbeitnehmer mitzuwirken hat. Ist eine Versetzung nicht möglich, so ist dann eine Kündigung gerechtfertigt, wenn dem Arbeitgeber bei einer Weiterbeschäftigung dieses Arbeitnehmers erhebliche Nachteile drohen[1].

767 Kommt es zu **ausländerfeindlicher Hetze** oder provozierenden **menschenverachtenden Äußerungen** gegenüber einem Arbeitskollegen innerhalb des Betriebes, so ist der Arbeitgeber zur außerordentlichen Kündigung berechtigt[2].

768 Aber auch alkoholgefährdete und unter dem Tabakrauchen leidende Arbeitnehmer sind vor ihren Arbeitskollegen, die zum **Alkoholgenuß** und dem **Rauchen** am Arbeitsplatz eine andere Auffassung vertreten, zu schützen[3]. In diesem Zusammenhang sind die Mitbestimmungsrechte des Betriebsrats gem. § 87 Abs. 1 Nr. 1 BetrVG zu berücksichtigen. Häufig hilft gerade eine im Zusammenwirken mit dem Betriebsrat geschaffene Betriebsvereinbarung bei einem ausreichenden Interessenausgleich der betroffenen Arbeitnehmer.

769 Sofern der Arbeitgeber nicht geeignete Maßnahmen zur Unterbindung der Beeinträchtigung des Persönlichkeitsrechts unternimmt, **haftet der Arbeitgeber** dem Arbeitnehmer aus positiver Forderungsverletzung, wenn Vorgesetzte oder Arbeitskollegen pflichtwidrig gegen einen Arbeitnehmer vorgehen. UU kann auch ein Schadensersatzanspruch nach § 628 Abs. 2 BGB in Betracht kommen.

ee) Sexuelle Belästigung

770 Die Wahrung der Menschenwürde gerade vor sexueller Belästigung am Arbeitsplatz hat durch das **Gesetz zum Schutz der Beschäftigten vor sexueller Belästigung am Arbeitsplatz** (Beschäftigtenschutzgesetz) vom 24. 6. 1994 eine spezielle Normierung erfahren. Gem. § 1 Abs. 1 BeSchuG ist es Ziel des Gesetzes, die Würde von Frauen und Männern durch den Schutz vor sexueller Belästigung am Arbeitsplatz zu wahren. Demgemäß haben nach § 2 Abs. 1 BeSchuG Arbeitgeber und Dienstvorgesetzte die Beschäftigten vor sexueller Belästigung am Arbeitsplatz zu schützen und dazu auch vorbeugende Maßnahmen zu ergreifen. In § 2 Abs. 3 BeSchuG ist klargestellt, daß sexuelle Belästigungen am Arbeitsplatz eine Verletzung der arbeitsvertraglichen Verpflichtungen darstellen.

771 Die **Definition der sexuellen Belästigung in § 2 Abs. 2 BeSchuG** umfaßt „jedes vorsätzliche, sexuell bestimmte Verhalten, das die Würde von Beschäftigten

---

1 *Schaub,* § 130 II 13; KR/*Hillebrecht,* Rz. 148 ff.
2 BAG v. 14. 2. 1996, NZA 1996, 873; LAG Hamm v. 11. 11. 1994, NZA 1995, 994; LAG Köln v. 11. 8. 1995, NZA-RR 1996, 128; aufgrund einer Interessenabwägung nur eine ordentliche Kündigung zulässig: LAG Rheinland-Pfalz v. 10. 6. 1997, BB 1998, 163.
3 Siehe dazu auch vorstehend b), Rz. 717 ff.; zum Tabakrauchen: LAG München v. 27. 11. 1990, NZA 1991, 521; *Börgmann,* RdA 1993, 275.

III. Verpflichtungen des Arbeitgebers

am Arbeitsplatz verletzt". Dazu werden beispielhaft in § 2 Abs. 2 Satz 2 BeSchuG genannt: Strafrechtlich relevantes Verhalten und „sonstige sexuelle Handlungen und Aufforderungen zu diesen, sexuell bestimmte körperliche Berührungen, Bemerkungen sexuellen Inhalts sowie Zeigen und sichtbares Anbringen von pornographischen Darstellungen, die von den Betroffenen erkennbar abgelehnt werden"[1].

Vom Beschäftigtenschutzgesetz werden augenblicklich erfaßt: Sexuell bestimmtes Verhalten, das von dem betroffenen Arbeitnehmer abgelehnt wird, also unerwünscht ist, und darüber hinaus geeignet ist, die Würde des betroffenen Mitarbeiters zu verletzen[2]. Dieses Erfordernis der Ablehnung bzw. des Unerwünschtseins kann sich in Arbeitsverhältnissen als unzureichend darstellen. Gerade im Verhältnis zwischen dominierenden Vorgesetzten und besonders stark auf den Arbeitsplatz angewiesenen Arbeitnehmerinnen können Abhängigkeiten bestehen, die eine vorhandene Ablehnung ausschließen[3].

Dem sexuell belästigten Arbeitnehmer steht gem. § 3 BeSchuG ein **Beschwerderecht** zu. Der Arbeitgeber oder der Dienstvorgesetzte haben die Beschwerde zu prüfen und geeignete Maßnahmen zu treffen, um die Fortsetzung einer festgestellten sexuellen Belästigung zu unterbinden. Darüber hinaus hat der Arbeitgeber gem. § 4 Abs. 1 BeSchuG die im Einzelfall angemessene arbeitsrechtlichen Maßnahmen wie Abmahnung, Umsetzung, Versetzung oder Kündigung zu ergreifen. Dabei ist der Grundsatz der Verhältnismäßigkeit einzuhalten. 772

Kommt der Arbeitgeber seiner Verpflichtung auf entsprechende Sanktionen nicht nach, so ist der belästigte Arbeitnehmer nach § 4 Abs. 2 BeSchuG berechtigt, die Arbeit ohne Verlust des Arbeitsentgelts einzustellen, also ein **Zurückbehaltungsrecht** auszuüben, es sei denn auch aus der Sicht des betroffenen Arbeitnehmers sind vorrangig betriebliche Interessen zu erfüllen[4]. 773

Bleiben das Beschwerderecht und das Zurückbehaltungsrecht des Arbeitnehmers ohne Wirkung auf die Verpflichtung des Arbeitgebers und seiner Vorgesetzten, so kann dies den Arbeitnehmer zu einer **außerordentlichen fristlosen Kündigung** berechtigen. In diesem Fall steht ihm auch ein Schadensersatzanspruch nach § 628 Abs. 2 BGB zu. Ein Anspruch auf Schadensersatz kann sich uU darüber hinaus auf § 823 Abs. 2 BGB iVm. den Regelungen des Beschäftig- 774

---

1 Siehe hierzu auch die Definitionen in verschiedenen Landesgesetzen, wie zB § 12 Abs. 2 Landesantidiskriminierungsgesetz Berlin, § 12 Abs. 2 Hessisches Gesetz über die Gleichberechtigung von Frauen und Männern und zum Abbau von Diskriminierungen von Frauen in öffentlichen Verwaltungen, § 9 Abs. 3 zur Gleichstellung von Frauen und Männern im öffentlichen Dienst des Landes Mecklenburg-Vorpommern, § 16 Abs. 1 Gesetz zur Förderung von Frauen und der Vereinbarkeit von Familie und Beruf im öffentlichen Dienst im Freistaat Sachsen, § 11 Abs. 2 Niedersächsisches Gleichberechtigungsgesetz.
2 Auch dann, wenn keine sexuellen Absichten verfolgt werden: LAG Hamm v. 13. 2. 1997, NZA-RR 1997, 250.
3 Siehe auch *Däubler*, Arbeitsrecht 2, 12.5.2., S. 757; *Fuhrmann*, ZRP 1995, 167 ff., 168.
4 *Worzalla*, NZA 1994, 1016, 1021.

tenschutzgesetzes stützen. Schließlich kann unter den gesetzlichen und in der Rechtsprechung entwickelten Voraussetzungen ein Schmerzensgeldanspruch gem. § 847 BGB gerechtfertigt sein.

775 Bei einer gerichtlichen Auseinandersetzung, zB wegen der Fortzahlung des Arbeitsentgelts wegen Einstellung der Arbeitsleistung gem. § 4 Abs. 2 BeSchuG, kann es allerdings zu erheblichen **Beweisproblemen** für den betroffenen Arbeitnehmer kommen. Leugnet der Arbeitgeber, eine zum Zurückbehaltungsrecht gem. § 4 Abs. 2 BeSchuG vorausgesetzte sexuelle Belästigung, so muß der betroffene Arbeitnehmer beweisen, daß die Vorfälle stimmen[1]. Die an eine Parteivernehmung gemäß § 445 ZPO gestellten Voraussetzungen sind somit ein hohes Risiko für die Ausübung des Zurückbehaltungsrechts gem. § 4 Abs. 2 BeSchuG. Dasselbe gilt für die Geltendmachung von Schadensersatzansprüchen.

5. Haftung des Arbeitgebers

a) Haftung für Personenschäden

aa) Allgemeine Haftung

776 Beruht eine **Gesundheitsschädigung** des Arbeitnehmers **nicht auf einem Versicherungsfall im Sinne der §§ 7 ff. SGB VII (Arbeitsunfall)**[2], wozu auch Berufskrankheiten zählen, so haftet der Arbeitgeber dem Arbeitnehmer nach den allgemeinen Grundsätzen. Dies gilt auch dann, wenn der Arbeitgeber den Arbeitsunfall vorsätzlich herbeigeführt hat oder der Arbeitsunfall im allgemeinen Verkehr eingetreten ist.

Für eine **zu vertretende Körper- oder Gesundheitsverletzung** des Arbeitnehmers kann sich also die Haftung des Arbeitgebers aus unerlaubter Handlung (§§ 823 ff. BGB) oder auch aus der Gefährdungshaftung des § 7 StVG ergeben. Umstritten ist, ob ein Anspruch aus unerlaubter Handlung auch auf § 823 Abs. 2 BGB iVm. § 618 BGB (Pflicht des Arbeitgebers zu Schutzmaßnahmen) gestützt werden kann. Die herrschende Auffassung sieht in **§ 618 BGB kein Schutzgesetz** iS des § 823 Abs. 2 BGB. Auch haben § 618 Abs. 3 BGB und § 62 Abs. 3 HGB keine deliktsrechtliche Rechtsnatur. Die dort vorgesehene entsprechende Anwendbarkeit der §§ 842–846 BGB ist nur eine Rechtsfolgenverweisung eines ansonsten vertraglichen Anspruchs[3].

777 Haftet der Arbeitgeber aus **unerlaubter Handlung,** so kann auch ein Schmerzensgeldanspruch gem. § 847 BGB in Betracht kommen.

---

1 *Däubler,* Arbeitsrecht 2, 12.5.2., S. 758.
2 Mit Wirkung ab 1. 1. 1997 ist durch das Gesetz zur Einordnung des Rechts der gesetzlichen Unfallversicherung in das Sozialgesetzbuch (UVEG) vom 7. 8. 1996 (BGBl. I, 1254) das gesamte Unfallversicherungsrecht in das neu geschaffene Siebte Buch des Sozialgesetzbuches eingegliedert worden.
3 *Palandt/Putzo,* § 618 Rz. 8.

III. Verpflichtungen des Arbeitgebers

Wird ein Schadensersatzanspruch wegen eines dem Arbeitnehmer entstandenen Schadens am Körper oder der Gesundheit nur auf unerlaubte Handlung gestützt, kann sich der Arbeitgeber auch gegenüber dem geschädigten Arbeitnehmer im Gegensatz zu der vertraglichen Haftung gem. § 831 Abs. 1 Satz 2 BGB **exkulpieren**. Er haftet nur für die Auswahl oder Leitung der möglicherweise den Schaden verursachenden Kollegen des betroffenen Arbeitnehmers. Auch unterliegt ein nur auf unerlaubter Handlung begründeter Schadensersatzanspruch der kurzen Verjährungsfrist des § 852 BGB.

Sofern der von dem Arbeitnehmer erlittene Personenschaden auf einer von dem Arbeitgeber zu vertretenen **Verletzung seiner Fürsorgepflicht** (Nebenpflicht) beruht, ist der Arbeitgeber zum Schadensersatz aufgrund positiver Forderungsverletzung verpflichtet. Hierzu zählt auch die Nichterfüllung seiner Schutzpflichten gem. § 618 BGB und § 62 HGB.

Im Rahmen dieses auf positive Forderungsverletzung gestützten Schadensersatzanspruchs haftet der Arbeitgeber auch für ein Verschulden der Erfüllungsgehilfen (§ 278 BGB).

Der **Haftungsumfang** ergibt sich aus § 249 BGB. Bei einer Verletzung der sich aus § 618 BGB bzw. § 62 HGB ergebenden Pflichten wird nach § 618 Abs. 3 BGB bzw. § 62 Abs. 3 HGB der Haftungsumfang entsprechend den §§ 642–646 BGB ausgedehnt auch auf Nachteile, die für den Erwerb und das Fortkommen des verletzten Arbeitnehmers entstehen. Da § 847 BGB nicht in die Verweisung des § 618 Abs. 3 BGB bzw. § 62 Abs. 3 HGB einbezogen ist, besteht kein Anspruch auf Schmerzensgeld.

Der Schadensersatzanspruch aufgrund vertraglicher Haftung unterliegt der 30jährigen **Verjährungsfrist** gem. § 195 BGB.

Bei fehlendem Verschulden werden auch bei Personenschäden darüber hinaus die Vorschriften über den **Aufwendungsersatz** (§ 670 BGB) entsprechend angewandt[1].

Die **deliktische Haftung** wird in erster Linie bedeutsam, wenn der Arbeitsunfall, der Wegeunfall oder die Berufskrankheit von dem Arbeitgeber vorsätzlich herbeigeführt worden oder der Arbeitsunfall bei der Teilnahme am allgemeinen Verkehr eingetreten ist. Die **vertragliche Haftung** des Arbeitgebers greift ein, wenn eine Gesundheitsschädigung des Arbeitnehmers weder auf einem Arbeitsunfall noch einer Berufskrankheit beruht, sondern vom Arbeitgeber aufgrund der Verletzung seiner Fürsorgepflicht zu vertreten ist, wie zum Beispiel das bei einem Arbeitnehmer aufgetretene Bronchialsyndrom infolge Passivrauchens[2].

---

1 *Schaub*, § 85 Va; *Däubler*, Arbeitsrecht 2, 4.6.2.3., S. 266; *Palandt/Putzo*, § 618 BGB Rz. 8.
2 *Däubler*, Arbeitsrecht 2, 4.6.2.3., S. 266; MünchArbR/*Blomeyer*, § 94 Rz. 29; das ArbG Hamburg hat einem Arbeitnehmer sogar einen Schmerzensgeldanspruch gem. § 847 BGB zugesprochen, weil der Arbeitgeber an der Zuweisung des Arbeitsplatzes an den Nichtraucher trotz dessen Beschwerden festhielt, ArbG Hamburg v. 14. 4. 1989, DB 1989, 1142, 1143.

bb) Haftung für Arbeitsunfälle

784 Erleidet der Arbeitnehmer einen Schaden am Körper oder an der Gesundheit infolge eines Arbeitsunfalls (§ 8 Abs. 1 SGB VII), so haften der Arbeitgeber und die in demselben Betrieb beschäftigten Arbeitnehmer gem. §§ 104, 105 SGB VII dem geschädigten Arbeitnehmer bzw. dessen Hinterbliebenen nur dann, wenn sie den Unfall, den Versicherungsfall, vorsätzlich oder auf einem nach § 8 Abs. 2 Nr. 1 bis 4 SGB VII versicherten Weg herbeigeführt haben. Ansonsten tritt zugunsten des Arbeitgebers bzw. des Arbeitskollegen ein **Haftungsausschluß** ein. Der Haftungsausschluß hat zur Folge, daß über die im SGB VII geregelten Unfallversicherungsleistungen hinaus keine Ansprüche gegen den Arbeitgeber bzw. den Arbeitskollegen durchsetzbar sind; insbesondere ist die Geltendmachung eines Schmerzensgeldanspruchs nach § 847 BGB ausgeschlossen[1]. In derartigen Fällen hat die zuständige Berufsgenossenschaft als Träger der Unfallversicherung für die Folgen des Arbeitsunfalls aufzukommen. Diese hat aber gem. § 110 Abs. 1 Satz 1 SGB VII ein Rückgriffsrecht, wenn der Arbeitgeber oder der Arbeitskollege den Arbeitsunfall vorsätzlich oder grob fahrlässig herbeigeführt hat. – Der Haftungsausschluß gem. § 104 SGB VII betrifft jedoch nicht Sachschäden des Arbeitnehmers (siehe dazu nachstehend b), Rz. 791 ff.).

785 Ein **Arbeitsunfall** im Sinne des § 8 Abs. 1 SGB VII ist ein körperlich schädigendes, auf längstens eine Arbeitsschicht begrenztes Ereignis, das mit der Versichertentätigkeit ursächlich zusammenhängt[2]. Auch wenn sich der Unfall nicht aus der Arbeit selbst, sondern aus „Gefahren des täglichen Lebens" ergibt, besteht Versicherungsschutz, wenn es zu dem Unfall gerade im Zusammenhang mit der Ausübung der Tätigkeit gekommen ist. Unterbricht der Arbeitnehmer seine Tätigkeit zwecks Erledigung privater Angelegenheiten, so besteht während der Dauer der Unterbechung kein Versicherungsschutz. Deshalb haftet die Berufsgenossenschaft nicht, wenn der Arbeitnehmer außerhalb der Arbeitszeit seine Lohnsteuerkarte beschafft oder während der Arbeitszeit eine private Besorgung macht, die nicht nur zu einer geringfügigen Unterbrechung der Versichertentätigkeit führt[3]. Kein Unfallversicherungsschutz besteht bei einem durch Trunkenheit herbeigeführten Unfall, es sei denn, daß unabhängig von dem Alkoholeinfluß betriebsbedingte Gefahren wesentlich zum Eintritt des Unfallereignisses geführt haben[4].

786 Als Arbeitsunfall gilt auch ein Unfall, der bei der **Verwahrung, Beförderung, Instandhaltung und Erneuerung des Arbeitsgerätes** eintritt, und zwar auch dann, wenn es der Arbeitnehmer selbst stellen mußte (§ 8 Abs. 2 Nr. 5 SGB VII).

787 Zu den Arbeitsunfällen gehören weiterhin **Unfälle auf sog. Betriebs- oder Arbeitswegen.** Dies sind Wege, die in Ausführung der versicherten Tätigkeit zurückgelegt werden, wie etwa Botengänge, Lieferfahrten, Dienst- und Ge-

---

1 BVerfG v. 7. 11. 1972, AP Nr. 6 zu § 636 RVO.
2 *Großmann/Schneider*, Tz. 239.
3 BSG v. 2. 7. 1996 – 2 RU 34/95, nv.; *Schaub*, § 109 II 2.
4 BSG v. 30. 4. 1991, DB 1993, 277.

III. Verpflichtungen des Arbeitgebers

schäftsreisen, auch wenn sie von der Wohnung des Arbeitnehmers ausgehen oder dorthin zurückführen[1]. Unfälle auf derartigen Wegen oder Fahrten unterliegen dem Haftungsprivileg des § 104 SGB VII. Dies gilt auch dann, wenn dabei private Dinge miterledigt werden, die jedoch nach dem Gesamtbild des Weges nach Anlaß und Grund nicht überwiegen bzw. nur eine untergeordnete Rolle spielen, der innere Zusammenhang mit der versicherten Tätigkeit also erhalten bleibt. Diese sachliche Verbindung fehlt, wenn der Arbeitnehmer seinen Weg zur Arbeit für nicht kurze Zeit unterbricht, um sog. eigenwirtschaftliche Zwecke zu erfüllen[2].

Nicht beschränkt war die Schadensersatzpflicht des Arbeitgebers nach der bis zum 31. 12. 1996 geltenden gesetzlichen Situation bei einer Teilnahme des Arbeitnehmers am **allgemeinen Verkehr bei Verkehrsunfällen.** Die Abgrenzung zu organisatorisch als innerbetriebliche Vorgänge zu kennzeichnenden Fahrten war vielfach zweifelhaft. Das UVEG hat hier zu einer Klärung beigetragen. Aufgrund der gesetzlichen Neuregelung kann der Arbeitnehmer ab 1. 1. 1997 privatrechtliche Schadensersatzansprüche dann geltend machen, wenn sich der Unfall auf einem nach § 8 Abs. 2 Nr. 1 bis 4 SGB VII versicherten Weg ereignet hat. Nach der amtlichen Begründung zu § 104 Abs. 1 Satz 1 SGB VII sollen nicht mehr Betriebswege vom Haftungsauschluß ausgenommen sein, die unter der alten Rechtslage als „Teilnahme am allgemeinen Verkehr" gewertet wurden[3]. Kommt es bei einer der in § 8 Abs. 2 Nr. 1 bis 4 SGB VII genannten Tätigkeiten zu einem Unfall, genießt der Arbeitnehmer („der Versicherte") zwar den Versicherungsschutz der gesetzlichen Unfallversicherung, kann aber daneben (allerdings unter Abzug dessen, was er als Berechtigter nach Gesetz oder Satzung infolge des Versicherungsfalles erhält) privatrechtliche Schadensersatzansprüche gegen den den Unfall verursachenden Arbeitgeber nach Maßgabe des allgemeinen zivilen Haftungsrechts geltend machen[4]. 788

Nach der herrschenden Meinung kann sich auch die **Haftplichtversicherung** des Arbeitgebers (so zB die Kfz-Haftpflicht-Versicherung) auf den Haftungsausschluß nach § 104 Abs. 1 SGB VII (früher § 636 RVO) berufen[5]. 789

Gemäß § 105 Abs. 1 Satz 1 SGB VII sind von der zivilrechtlichen Haftung auch **nicht betriebsangehörige Arbeitnehmer** freigestellt, die durch eine betriebliche Tätigkeit einen Arbeitsunfall herbeiführen 790

b) Haftung für Sachschäden

aa) Allgemeine Haftung

Wird im Betrieb oder in Ausübung der Tätigkeit eine dem Arbeitnehmer gehörige **Sache von dritter Seite beschädigt oder entwendet,** so kann nach allgemei- 791

---

1 *Rolfs*, NJW 1996, 3177.
2 Kasseler Kommentar/*Ricke*, § 548 RVO, Rz. 21, 22.
3 BT-Drucksache 13/2204, 100.
4 *Rolfs*, NJW 1996, 3177.
5 BGH v. 8. 5. 1973, VersR 1973, 736, 737.

nen Gesichtspunkten eine deliktische Haftung gegen den Arbeitgeber in Betracht kommen oder – möglicherweise auch daneben – eine vertragliche Haftung, sofern der Arbeitgeber gegen die ihm obliegende Fürsorgepflicht verstoßen hat.

792 Im Rahmen der deliktischen Haftung können sich Ansprüche des Arbeitnehmers gegenüber dem Arbeitgeber insbesondere aus der **Verletzung von Schutzvorschriften** iS des § 823 Abs. 2 BGB sowie aus der **Verletzung der allgemeinen Verkehrssicherungspflicht** (§ 823 Abs. 1 BGB) ergeben[1]. Ebenso wie gegenüber außenstehenden Dritten hat der Arbeitgeber auch im Hinblick auf die bei ihm beschäftigten Arbeitnehmer dafür Sorge zu tragen, daß die notwendigen Sicherheitsvorkehrungen getroffen werden, wenn er eine Gefahrenquelle schafft oder von einer solchen innerhalb des Betriebsbereiches weiß. So besteht auf den Wegen und Straßen des Betriebsgeländes eine Streupflicht bei Glatteis oder eine Pflicht zur Absicherung von Baustellen.

793 Wird der Arbeitgeber aus **unerlaubter Handlung** (§ 823 BGB) in Anspruch genommen, so haftet er für Verschulden des von ihm eingesetzten Personals, mithin der Kollegen des Arbeitnehmers, nur im Rahmen des § 831 BGB, also mit der Möglichkeit der Exkulpation gem. § 831 Abs. 1 Satz 2 BGB.

794 Für **Fahrzeugschäden** aufgrund eines Verkehrsunfalls zwischen einem Fahrzeug des Arbeitnehmers und einem Fahrzeug des Arbeitgebers haftet letzterer auch als Halter gem. § 7 StVG.

795 Die **vertragliche Haftung** für dem Arbeitnehmer entstandenen Sachschaden besteht nur dann, wenn dem Arbeitgeber eine besondere Schutzpflicht gegenüber dem betroffenen Arbeitnehmer obliegt. Diese kann sich aus der Fürsorgepflicht[2], insbesondere aus der daraus resultierenden Obhutspflicht des Arbeitgebers ergeben. Wegen der von der Obhutspflicht erfaßten Gegenstände des Arbeitnehmers wird auf die obigen Ausführungen in Rz. 724 ff. verwiesen. Für Verschulden der Arbeitskollegen des geschädigten Arbeitnehmers haftet der Arbeitgeber gem. § 278 BGB, wenn gerade diesen Mitarbeitern es oblag, in der erforderlichen Weise für eine Sicherung der dem Arbeitnehmer gehörigen Gegenstände Sorge zu tragen. Eine sog. Gehilfenhaftung gem. § 278 BGB kommt demzufolge nur in Betracht, wenn der Arbeitgeber gerade den Arbeitnehmer, dem die Schadenszufügung ursächlich zugerechnet werden kann, willentlich mit der Schutzaufgabe betraut hat[3].

796 Ein **Mitverschulden** hat sich der Arbeitnehmer gem. § 254 BGB anrechnen zu lassen. Bedeutsam ist in diesem Zusammenhang die dem Arbeitnehmer selbst obliegende Schadensabwendungs- bzw. Minimicrungspflicht, wie zB die nötige Eigenabsicherung von in den Betrieb mitgebrachten Gegenständen.

---

1 MünchArbR/*Blomeyer*, § 94 Rz. 44.
2 BFH v. 20. 9. 1996, DB 1997, 23: Falschberechnung der Lohnsteuer und falsche Lohnsteuerbescheinigung.
3 MünchArbR/*Blomeyer*, § 94 Rz. 96.

III. Verpflichtungen des Arbeitgebers

bb) Haftung für vom Arbeitnehmer selbst verursachte Schäden

Auch **ohne Verschulden** oder ihm bei deliktischer Haftung nach § 831 BGB bzw. bei vertraglicher Haftung nach § 278 BGB zurechenbarem Verschulden haftet der Arbeitgeber für Sachschäden, die sein Arbeitnehmer erleidet, wenn

▶ der eigene Schaden im Zusammenhang mit dem Arbeitsverhältnis steht, also dem Betätigungsbereich zuzurechnen ist,

▶ der Schaden so hoch ist, daß er durch das Arbeitsentgelt nicht als abgegolten anzusehen ist,

▶ der Arbeitnehmer nicht vorsätzlich oder grob fahrlässig den Schaden verursacht hat,

▶ der Schaden nicht dem Lebensbereich des Arbeitnehmers zuzuordnen ist, wie zB der normale Verschleiß oder die Beschädigung von Kleidung, wie sie auch außerhalb des Betriebes nicht auszuschließen sind.

Diese Haftung des Arbeitgebers ohne Verschulden beruht im wesentlichen auf der Entscheidung des Großen Senats des Bundesarbeitsgerichts vom 10. 11. 1961[1] sowie der Modifikation durch den 8. Senat in den Entscheidungen vom 11. 8. 1988 und 20. 4. 1989[2].

Unter den genannten Voraussetzungen hat der Arbeitgeber bei entsprechender Anwendung der Vorschriften über den Aufwendungsersatz (§ 670 BGB) dem Arbeitnehmer **Wertersatz** für die Vernichtung oder Beschädigung seiner Sachen zu leisten[3].

Für die Frage, ob der Schaden dem **betrieblichen Betätigungsbereich** des Arbeitgebers zuzuordnen ist und nicht dem persönlichen Lebensbereich des Arbeitnehmers, ist entscheidend, ob der Arbeitgeber sonst eigenes Vermögen hätte einsetzen müssen, und ob er den Einsatz der dem Arbeitnehmer gehörigen Vermögenswerte (so zB Pkw) gewollt hat. Ist dies der Fall, nimmt die Rechtsprechung eine Gefährdungshaftung des Arbeitgebers an[4].

Demgemäß muß der Arbeitgeber nach Maßgabe der Grundsätze der Gefährdungshaftung dem Arbeitnehmer die an dessen **Fahrzeug entstandenen Unfallschäden** ersetzen, wenn der Arbeitgeber es gebilligt hatte, daß der Arbeitnehmer ohne besondere Vergütung für betriebliche Zwecke mit seinem eigenen Auto fuhr. Ein für betriebliche Zwecke erfolgter Einsatz bzw. ein Einsatz im Betätigungsbereich des Arbeitgebers ist dann anzunehmen, wenn der Arbeitgeber dem Arbeitnehmer ansonsten ein ihm gehöriges Fahrzeug hätte zur Verfügung stellen und somit selbst das Unfallrisiko hätte tragen müssen[5]. Anders

---

1 AP Nr. 2 zu § 611 BGB – Gefährdungshaftung des Arbeitgebers = NJW 1962, 411.
2 AP Nr. 7 und 9 zu § 611 BGB – Gefährdungshaftung des Arbeitgebers; s. a. BAG v. 16. 3. 1995, BB 1995, 1488; BAG v. 14. 12. 1995, BB 1996, 433.
3 BAG v. 17. 7. 1997, BB 1997, 2381; *Reichold*, NZA 1994, 488.
4 BAG v. 8. 5. 1980, AP Nr. 6 zu § 611 BGB – Gefährdungshaftung des Arbeitgebers; BAG v. 7. 9. 1995, BB 1995, 2429; für eine verschuldensabhängige Risikoverteilung *Reichold*, NZA 1994, 488, 493.
5 BAG v. 8. 5. 1980 und 3. 3. 1983, AP Nr. 6 und 8 zu § 611 BGB – Gefährdungshaftung des Arbeitgebers; BAG v. 7. 9. 1995, BB 1995, 2429; BAG v. 14. 12. 1995, BB 1996, 433.

verhält es sich, wenn der Arbeitnehmer sein Auto nur zur persönlichen Bequemlichkeit benutzt.

Diese Grundsätze gelten entsprechend, wenn ein **Mitglied des Betriebsrats** oder ein Wahlvorstandsmitglied bei oder im Zusammenhang mit der Amtsausübung Schäden an seinem Eigentum, wie zB an seinem Kraftfahrzeug, erleidet[1].

800 Erhält der Arbeitnehmer vom Arbeitgeber im Rahmen der Lohnsteuerrichtlinien **Kilometergeld,** so ist der Ersatzanspruch des Arbeitnehmers unter den genannten Voraussetzungen nicht ausgeschlossen[2]. Allerdings braucht in diesem Fall der Arbeitgeber nicht die Kosten der Rückstufung in der Haftpflichtversicherung zu erstatten, die durch den anläßlich der beruflichen Tätigkeit erlittenen Autounfall verursacht worden sind. Kann der Arbeitnehmer seinen Pkw und die Versicherungsgesellschaft frei auswählen, ist im Zweifel anzunehmen, daß mit der Zahlung der Kilometer-Pauschale auch die Rückstufungserhöhungen abgegolten sind[3]. Die Grundsätze der beschränkten Arbeitnehmerhaftung gelten auch dann, wenn über das Fahrzeug des Arbeitnehmers mit dem Arbeitgeber ein Mietvertrag abgeschlossen worden war[4]. Die Ersatzpflicht des Arbeitgebers entfällt nur dann, wenn der Arbeitnehmer zur Abgeltung aller Schäden infolge dienstlicher Benutzung seines Fahrzeuges einen angemessenen Pauschalbetrag erhält und zwischen den Arbeitsvertragsparteien vereinbart ist, daß der Arbeitgeber nicht für Unfallschäden an dem Pkw des Arbeitnehmers haftet (so zB ein Betrag von jährlich 3000 DM)[5].

801 Der Ersatzanspruch des Arbeitnehmers wird durch sein **Mitverschulden** nicht von vornherein ausgeschlossen. Es gelten auch hier die Haftungsmaßstäbe bei Verletzung der Arbeitspflicht, dh. bei Vorsatz und grober Fahrlässigkeit haftet der Arbeitnehmer grundsätzlich selbst, während der Arbeitgeber den Schaden bei mittlerer Fahrlässigkeit anteilig und bei leichter Fahrlässigkeit des Arbeitnehmers voll zu übernehmen hat[6].

802 Seine Haftung für Sachschäden kann der Arbeitgeber gegenüber dem Arbeitnehmer **nicht einseitig ausschließen,** wenn ihm aufgrund der Fürsorgepflicht eine besondere Obhut hinsichtlich der dem Arbeitnehmer gehörigen Sachen obliegt[7].

Anders verhält es sich, wenn der Haftungsausschluß zwischen Arbeitgeber und Arbeitnehmer **individuell vereinbart** wird. Sofern diese Vereinbarung nicht gem. § 138 Abs. 1 BGB gegen die guten Sitten verstößt, schließt sie die Haftung des Arbeitgebers für auf Fahrlässigkeit beruhende Schädigungen der dem Arbeitnehmer gehörigen Sachen wirksam aus.

---

1 BAG v. 3. 3. 1983, AP Nr. 8 zu § 20 BetrVG 1972 = Nr. 8 zu § 611 BGB – Gefährdungshaftung des Arbeitgebers.
2 *Schaub*, § 85 V.
3 BAG v. 30. 4. 1992, AP Nr. 11 zu § 611 BGB – Gefährdungshaftung des Arbeitgebers.
4 BAG v. 17. 7. 1997, BB 1997, 2381.
5 LAG Baden-Württemberg v. 17. 9. 1991, NZA 1992, 458.
6 *Großmann/Schneider*, Tz. 244.
7 MünchArbR/*Blomeyer*, § 94 Rz. 48.

III. Verpflichtungen des Arbeitgebers

c) Freistellung von Prozeß- und Anwaltskosten

Anspruch auf **Erstattung von Prozeß- und Anwaltskosten** hat der Arbeitnehmer, wenn sie dem Betätigungsbereich des Arbeitgebers zuzurechnen sind. Weitere Voraussetzung ist, daß der die Prozeß- und Anwaltskosten auslösende Vorwurf unverschuldet ist, also nicht auf einer gravierenden Pflichtverletzung beruht[1], und keine Straftat vorliegt[2].

803

Den Erstattungsanspruch haben vorwiegend **Kraftfahrer**, die unverschuldet während einer Dienstfahrt in einen Verkehrsunfall verwickelt werden. Die dem Arbeitnehmer durch die Beauftragung eines Verteidigers im nachfolgenden Ermittlungsverfahren erwachsenden Aufwendungen gelten als bei Ausführung einer betrieblichen Tätigkeit eingetreten[3]. Dem steht nicht entgegen, daß der Arbeitnehmer von sich aus den Verteidiger beauftragt hat, sofern dies wegen des erheblichen Gewichts des Tatvorwurfs als durch die betriebliche Tätigkeit ebenfalls veranlaßt anzusehen ist.

804

Von seiten des Arbeitgebers kann demgegenüber nicht eingewandt werden, als Berufskraftfahrer habe sich der Arbeitnehmer gegen einschlägige Risiken seiner Teilnahme am Straßenverkehr durch eine **Rechtsschutzversicherung** absichern müssen. Dazu besteht keine analog § 254 BGB zu berücksichtigende Obliegenheit, sofern nicht mit dem Arbeitgeber eine dahingehende besondere Vereinbarung getroffen worden ist[4]. In jedem Fall besteht dann ein Anspruch auf Erstattung der Anwalts- und Gerichtskosten seitens des Arbeitnehmers, wenn das Ermittlungs- und nachfolgende Strafverfahren auf einem Sachverhalt beruht, den der Arbeitgeber kannte und bewußt hinnahm, so zB die Anordnung einer Dienstfahrt, ohne daß hierfür die erforderlichen Genehmigungen oder Nachweise vorlagen.

d) Übernahme von Geldstrafen und Geldbußen

Die **Bewahrung vor einer Geldstrafe oder -buße** bzw. deren Erstattung durch den Arbeitgeber fällt grundsätzlich nicht in den Schutzbereich der Fürsorgepflicht, da sie zum persönlichen Lebensbereich des Arbeitnehmers gehört. Dies gilt auch, wenn der diesen Geldstrafen oder -bußen zugrundeliegende Vorwurf mit der beruflichen Tätigkeit des Arbeitnehmers in direktem Zusammenhang steht[5].

805

Vertragliche Zusagen zur Übernahme von Geldstrafen und Geldbußen können dem Zweck der Straf- und Bußgeldvorschriften zuwiderlaufen und werden

806

---

1 BAG v. 14. 11. 1991, AP Nr. 10 zu § 611 BGB – Gefährdungshaftung des Arbeitgebers; LAG Köln v. 11. 3. 1993, LAGE § 670 Nr. 11: regelmäßig kein Erstattungsanspruch.
2 BAG v. 16. 3. 1995, BB 1995, 1488.
3 BAG v. 16. 3. 1995, BB 1995, 1488.
4 BAG v. 16. 3. 1995, BB 1995, 1488; der Erstattungsanspruch ist aber begrenzt auf die gesetzlichen Gebühren des Verteidigers.
5 BAG v. 11. 8. 1988, AP Nr. 7 zu § 611 BGB – Gefährdungshaftung des Arbeitgebers; LAG Hamm v. 30. 7. 1990, BB 1990, 2267; *Holly/Friedhofen*, NZA 1992, 145.

daher gem. § 134 BGB bzw. 138 Abs. 1 BGB für nichtig gehalten[1]. Teilweise werden sie aber dann für rechtswirksam gehalten, wenn die Übernahme erst nach Verwirkung der Buße oder Strafe zugesagt wird[2].

807 Doch kann der Arbeitnehmer die Erstattung einer von ihm im Ausland hinterlegten **Kaution** vom Arbeitgeber in entsprechender Anwendung des § 670 BGB verlangen, wenn er sie nur deshalb verfallen ließ, um der nach deutschem Recht ausgeschlossenen Strafverfolgung oder Strafvollstreckung aufgrund eines Vorwurfs zu entgehen, der im Zusammenhang mit seiner beruflichen Tätigkeit steht[3].

6. Weiterbildungsmöglichkeit

a) Rechtsgrundlagen

808 Während die Schulung und Bildung der Betriebsratmitglieder in § 37 Abs. 6 und 7 BetrVG eine Regelung durch Bundesgesetz gefunden hat, fehlt es hinsichtlich der **allgemeinen Arbeitnehmerweiterbildung** an einer bundeseinheitlichen gesetzlichen Regelung. Ein Anspruch auf Freistellung des Arbeitnehmers zu Bildungszwecken besteht daher bislang nur aufgrund einzelner Ländergesetze und aufgrund von Tarifverträgen.

Über gesetzliche Regelungen verfügen verschiedene Bundesländer, so die Länder Berlin (Berliner Bildungsurlaubsgesetz vom 24. 10. 1990), Bremen (Bremisches Bildungsurlaubsgesetz vom 18. 12. 1974), Hamburg (Hamburgisches Bildungsurlaubsgesetz vom 21. 1. 1974), Hessen (Hessisches Gesetz über den Anspruch auf Bildungsurlaub vom 16. 10. 1984) Niedersachsen (Niedersächsisches Gesetz über den Bildungsurlaub für Arbeitnehmer und Arbeitnehmerinnen idF v. 25. 1. 1991), Nordrhein-Westfalen (Gesetz zur Freistellung von Arbeitnehmern zum Zwecke der beruflichen und politischen Weiterbildung vom 6. 11. 1984), Saarland (Saarländisches Weiterbildungs- und Bildungsurlaubsgesetz vom 17. 1. 1990) und Schleswig-Holstein (Bildungsfreistellungs- und Qualifizierungsgesetz für das Land Schleswig-Holstein vom 7. 6. 1990).

809 Neben diesen gesetzlichen oder tarifvertraglichen, ggf. auch einzelvertraglichen Regelungen der Freistellung zur Weiterbildung unter Fortzahlung des Arbeitsentgelts besteht **kein Anspruch des Arbeitnehmers auf bezahlte Freistellung** von der Arbeitsleistung zwecks persönlicher Weiterbildung. Ein solcher Anspruch kann auch nicht aus § 616 Abs. 1 BGB hergeleitet werden[4]. Allerdings wird der Arbeitgeber aufgrund seiner Fürsorgepflicht gehalten sein, Arbeitnehmern die erforderlichen Fortbildungsmaßnahmen zugänglich zu machen, wenn diese notwendig sind, um sich für die berufliche Tätigkeit besser zu qualifizieren. Es werden daher häufig von Arbeitgebern Fort- oder Weiterbildungsmaß-

---

[1] Holly/Friedhofen, NZA 1992, 145; 148/149.
[2] Mayer-Maly, NZA 1991, Beil. 3, 1, 12.
[3] BAG v. 11. 8. 1988, AP Nr. 7 zu § 611 BGB – Gefährdungshaftung des Arbeitgebers.
[4] BVerfG v. 15. 12. 1987, AP Nr. 62 zu Art. 12 GG.

nahmen, die der beruflichen Qualifizierung und Spezialisierung dienen, gefördert oder auch vorausgesetzt. Zur Frage, ob der Arbeitgeber im Falle der Beendigung des Arbeitsverhältnisses eine Erstattung der dafür aufgewandten Schulungskosten und der während der Weiterbildungsmaßnahmen fortgezahlten Vergütung verlangen kann, wird auf die obigen Ausführungen in Rz. 439 ff. verwiesen.

b) Individuelle und betriebliche Interessen

Die vorhandenen Landesgesetze sehen zur Teilnahme an Weiterbildungsveranstaltungen pro Jahr eine **bezahlte Freistellung** von regelmäßig fünf Arbeitstagen vor. Verschiedene Ländergesetze (so von Bremen und Hamburg) sehen Bildungsurlaub in einem Rhythmus von zwei Jahren vor und gehen daher grundsätzlich von zusammenhängend zehn bezahlten Arbeitstagen aus. 810

Übereinstimmend setzen die Ländergesetze voraus, daß die Weiterbildungsmaßnahme **der beruflichen und politischen Weiterbildung** dient und sie in anerkannten Bildungsveranstaltungen von anerkannten Trägern der Weiterbildung durchgeführt wird. Die berufliche Weiterbildung soll der Erhaltung und Erweiterung der beruflichen Kenntnisse und Fertigkeiten dienen. Die politische Weiterbildung soll das Verständnis der Arbeitnehmer für gesellschaftliche, soziale und politische Zusammenhänge verbessern und die in einem demokratischen Gemeinwesen anzustrebende Mitsprache in Staat, Gesellschaft und Beruf fördern. Es ist nicht ausreichend, wenn in einer Veranstaltung mit einem anderen Ziel nebenbei Kenntnisse in politischen Fragen vermittelt werden[1]. Wie die umfangreiche Rechtsprechung zu den einzelnen Weiterbildungsmaßnahmen deutlich macht, erweist es sich als schwierig, eine klare Abgrenzung zur Allgemeinbildung und zur Vermittlung lediglich für den privaten Bereich nützlicher Kenntnisse und Fertigkeiten vorzunehmen[2]. 811

Ebensowenig wie beim Erholungsurlaub kann sich der Arbeitnehmer selbst **von seiner Arbeitsleistung befreien.** Er bedarf der Genehmigung des Arbeitgebers[3]. Schließlich können dringende betriebliche Interessen dem Bildungsurlaub gerade in der von dem Arbeitnehmer angestrebten Zeit entgegenstehen, die der Arbeitnehmer auch gegen sich gelten lassen muß. 812

Lehnt der Arbeitgeber den Bildungsurlaub zu dem vom Arbeitnehmer gewünschten Zeitpunkt **ab,** so kann der Bildungsurlaub in der laufenden Bezugsperiode nachgeholt oder auf den nachfolgenden Bezugszeitraum übertragen werden. Betriebliche Interessen können nicht dazu führen, daß der Weiterbildungsurlaub völlig versagt werden kann. Ansonsten ist der Freistellungsanspruch für die Dauer des Kalenderjahres oder der gesetzlich vorgesehenen Zeitspanne befristet und erlöscht mit deren Ende[4]. Für nicht vor Beendigung 813

---

1 BAG v. 24. 10. 1995, DB 1996, 145, 786, 888.
2 Siehe zB aus jüngerer Zeit LAG Hessen v. 19. 3. 1996, NZA-RR 1996, 448.
3 BAG v. 11. 5. 1993, DB 1993, 1825; BAG v. 21. 9. 1993, DB 1994, 552; BAG v. 9. 5. 1995, DB 1995, 2072; BAG v. 24. 10. 1995, DB 1996, 145.
4 BAG v. 24. 10. 1995, DB 1996, 99.

des Arbeitsverhältnisses genommenen Bildungsurlaub kann der Arbeitnehmer im Gegensatz zum Erholungsurlaub keine Abgeltung beanspruchen. Hat der Arbeitnehmer erfolglos eine Freistellung verlangt, so entsteht aber mit dem Erlöschen des Erfüllungsanspruchs ein Schadensersatzanspruch auf Ersatzfreistellung[1].

814 Bereits aus der Mitteilung des Arbeitnehmers, mit der er eine Freistellung zur Teilnahme an einer Weiterbildungsveranstaltung beantragt, muß er dem Arbeitgeber den **Zeitpunkt und die Dauer** der Weiterbildungsveranstaltung und auch die Bezeichnung des Veranstalters sowie der Themenstellung nachweisen[2]. Ein bloßer Nachweis über die erfolgte Anmeldung und Teilnahme reicht nicht aus, um dem Arbeitgeber die Möglichkeit zu geben, die gesetzlichen Teilnahmevoraussetzungen zu überprüfen.

Wegen der Anmeldung des Bildungsurlaubes gegenüber dem Arbeitgeber, der für die Verschiebung des Bildungsurlaubs maßgeblichen betrieblichen Interessen sowie weiterer Einzelheiten bezüglich der bezahlten Freistellung zur Teilnahme an Weiterbildungsveranstaltungen wird auf die Ländergesetze und, soweit vorhanden, die tariflichen Regelungen verwiesen.

7. Gleichbehandlung

a) Rechtsgrundlagen

815 Gegen den **Gleichheitssatz** wird verstoßen, wenn im wesentlichen gleichliegende Sachverhalte ohne sachlich einleuchtenden Grund unterschiedlich behandelt werden[3]. Der arbeitsrechtliche Gleichbehandlungsgrundsatz verbietet demgemäß sowohl die sachfremde Schlechterstellung einzelner Arbeitnehmer gegenüber anderen Arbeitnehmern in vergleichbarer Lage als auch die sachfremde Differenzierung zwischen Arbeitnehmern in einer bestimmten Ordnung[4].

816 Der Gleichbehandlungsgrundsatz ist inhaltlich bestimmt durch den **allgemeinen Gleichheitssatz** des Art. 3 Abs. 1 GG, wonach jedem einzelnen ein subjektives öffentliches Recht gegen den Staat auf Rechtsgleichheit gegeben wird. Da Tarifverträge und Betriebsvereinbarungen Gesetze im materiellen Sinne sind, sind an diesen allgemeinen Gleichheitssatz des Art. 3 Abs. 1 GG auch die Tarifvertragsparteien und Betriebsparteien gebunden[5].

---

1 BAG v. 24. 10. 1995, DB 1996, 99; BAG v. 5. 12. 1995, DB 1996, 1421.
2 AA MünchArbR/*Boewer*, § 91 Rz. 11.
3 BAG v. 7. 3. 1995, BB 1995, 2217, 2218 = DB 1995, 2020 ff., m. w. Rechtsprechungsnachweisen.
4 BAG v. 15. 11. 1994, AP Nr. 121 zu § 242 BGB – Gleichbehandlung = NZA 1995, 939 ff.
5 BAG v. 17. 10. 1995, BB 1996, 380; BAG v. 28. 5. 1996, NZA 1997, 101; LAG Düsseldorf v. 10. 7. 1995, NZA-RR 1996, 175 bzgl. Ungleichbehandlung von Arbeitern und Angestellten bei verlängerten Kündigungsfristen.

III. Verpflichtungen des Arbeitgebers

Von dem allgemeinen Gleichheitssatz ist der in Art. 3 Abs. 2 GG niedergelegte **Gleichberechtigungssatz** zu unterscheiden, der den allgemeinen Gleichheitssatz dahingehend konkretisiert, daß Männer und Frauen gleichberechtigt sind. In Art. 3 Abs. 3 GG ist der Gleichheitssatz in einem Benachteiligungs- und Bevorzugungsverbot ausgestaltet. Art. 3 Abs. 3 GG verbietet eine Benachteiligung bzw. eine Bevorzugung aufgrund Geschlechts, Abstammung, Rasse, Sprache, Heimat, Herkunft und der religiösen oder politischen Anschauung.

In arbeitsrechtlicher Hinsicht hat der allgemeine Gleichbehandlungsgrundsatz eine gesetzliche Ausgestaltung in § 611a und § 611b BGB, § 75 Abs. 1 BetrVG, § 67 BPersVG und § 2 Abs. 1 BeschFG erfahren.

Die **Pflicht zur Gleichbehandlung** ist nicht identisch mit einer Bindung an den Gleichheitssatz. Dort wo kollektive oder individuelle vertragliche Regelungen fehlen, ist der arbeitsrechtliche Gleichbehandlungsgrundsatz eine selbständige Anspruchsgrundlage, so ausdrücklich für das Recht der betrieblichen Altersversorgung § 1 Abs. 1 Satz 4 BetrAVG[1]. Wo kollektive oder individuelle Vereinbarungen vorhanden sind, ist der Gleichheitssatz Maßstab für die Geltung oder Nichtgeltung der getroffenen Regelungen. Ein Verstoß gegen den Gleichheitssatz hat zur Folge, daß diese Regelung nicht gilt[2]. 817

b) Geltungsbereich

Der Anspruch auf Gleichbehandlung gegenüber dem Arbeitgeber setzt voraus, daß zwischen dem Arbeitnehmer und dem Arbeitgeber überhaupt ein Arbeitsverhältnis, also **Rechtsbeziehungen,** bestehen. Allerdings können sich auch ausscheidende oder ausgeschiedene Arbeitnehmer auf die Verletzung des Gleichbehandlungsgrundsatzes berufen, wenn sie während des bestehenden Arbeitsverhältnisses ungleich behandelt worden sind oder eine rückwirkende Regelung nachträglich zu einer Ungleichbehandlung im Zeitpunkt des bestehenden Arbeitsverhältnisses führt. Demzufolge ist es nicht zulässig, ausscheidende oder ausgeschiedene Arbeitnehmer von rückwirkenden Vergütungserhöhungen auszuschließen, wenn sie in dem fraglichen Zeitraum noch beschäftigt gewesen sind[3]. Auch gilt der Gleichbehandlungsgrundsatz – nachwirkend – für Rentner, die zu Unrecht während der aktiven Tätigkeit von einer betrieblichen Versorgungsregelung ausgeschlossen wurden[4]. 818

Bei **Einstellungen,** also noch vor Abschluß eines Arbeitsvertrages, bestimmen ausdrücklich die §§ 611a, 611b und 612 Abs. 3 BGB Differenzierungsverbote. 819

Das Bundesarbeitsgericht hat bislang in seiner Rechtsprechung offengelassen, ob sich der arbeitsrechtliche Gleichbehandlungsgrundsatz nur auf den einzel- 820

---

1 BAG v. 25. 4. 1995, BB 1995, 2009, 2010.
2 BAG v. 7. 3. 1995, BB 1995, 2217.
3 BAG v. 4. 2. 1976 und 10. 3. 1982, AP Nr. 40, Nr. 47 zu § 242 BGB – Gleichbehandlung.
4 BAG v. 12. 11. 1991, AP Nr. 17 zu § 1 BetrAVG – Gleichbehandlung.

nen Betrieb bzw. die Dienststelle bezieht, oder ob es einen **überbetrieblichen Gleichbehandlungsgrundsatz** gibt[1]. Man wird die bisherige Rechtsprechung des Bundesarbeitsgerichts jedoch dahingehend verstehen müssen, daß sich die Rechtsbindung nicht auf den einzelnen Betrieb beschränkt, vielmehr unternehmensbezogen ist. Soweit die überbetriebliche Gleichbehandlung von Arbeitnehmern in mehreren Betrieben eines Unternehmens in Frage steht, geht es nicht um den Geltungsbereich des Gleichbehandlungsgrundsatzes, sondern um die Zulässigkeit einer Differenzierung nach der Betriebszugehörigkeit[2]. Andererseits können in einem von zwei verschiedenen Unternehmen gemeinsam geführten Betrieb die Arbeitnehmer des einen Unternehmens nicht Gleichbehandlung mit denen des anderen Unternehmens verlangen[3]. Auch besteht im Konzern kein Anspruch auf Gleichbehandlung, da innerhalb des Konzerns jedes Unternehmen seine rechtliche Eigenständigkeit behält und die Konzernmutter nicht Arbeitgeber für alle im Konzern beschäftigten Arbeitnehmer ist[4].

Der arbeitsrechtliche Gleichbehandlungsgrundsatz und die Regelung des § 1 Abs. 1 BeschFG haben dagegen überbetriebliche Geltung, wenn der Arbeitgeber eine überbetriebliche Regelung aufstellt und anwendet[5].

821 Das **Differenzierungsverbot** setzt voraus, daß sich die Arbeitnehmer in vergleichbarer Lage befinden. Der arbeitsrechtliche Gleichbehandlungsgrundsatz gebietet also nicht die Gleichbehandlung aller Arbeitnehmer schlechthin. Es wird nur die Gleichbehandlung solcher Arbeitnehmer verlangt, die sich in einer vergleichbaren Situation befinden. Der Arbeitgeber kann demzufolge bei der Unterscheidung der Arbeitnehmer nach bestimmten Ordnungen differenzieren, also Gruppen bilden. Voraussetzung für eine derartige Gruppe ist eine im wesentlichen übereinstimmende Lage der betroffenen Arbeitnehmer. Dies ist idR dann der Fall, wenn sich Arbeitnehmer nach gemeinsamen Merkmalen (Tätigkeit, Nachtschicht, Montage) oder nach bestimmten Stichtagen (Alter, Betriebszugehörigkeit) zusammenfassen lassen. Die Gruppenbildung muß sachlichen Kriterien entsprechen[6]. Eine unterschiedliche Behandlung der Gruppen ist dann sachfremd, wenn es für diese unterschiedliche Behandlung keine billigenswerten Gründe gibt[7].

---

1 BAG v. 17. 12. 1992, NZA 1993, 691, 693.
2 BAG v. 17. 12. 1992, NZA 1993, 691, 693; BAG v. 25. 4. 1995, NZA 1995, 1063: Differenzierung zwischen betriebsratslosen Betrieben und solchen Betrieben, für die die Mitbestimmungsregelungen nach § 87 BetrVG anzuwenden sind; für eine grundsätzliche Beschränkung des Gleichbehandlungsgrundsatzes auf den Betrieb *Tschöpe*, DB 1994, 40 ff.
3 BAG v. 19. 11. 1992, NZA 1993, 405.
4 BAG v. 20. 8. 1986, AP Nr. 6 zu § 1 TVG – Tarifverträge: Seniorität; BGH v. 14. 5. 1990, DB 1990, 1810.
5 BAG v. 12. 1. 1994, NZA 1994, 993.
6 BAG v. 22. 11. 1994, BB 1995, 2011; BAG v. 13. 12. 1994, BB 1995, 931; BAG v. 25. 4. 1995, BB 1995, 2009.
7 BAG v. 13. 12. 1994, BB 1995, 931.

III. Verpflichtungen des Arbeitgebers

Ist es mit dem Zweck der Leistung zu vereinbaren, so können **verschiedene Arbeitnehmergruppen** unterschiedlich behandelt werden[1]. Der arbeitsrechtliche Gleichbehandlungsgrundsatz findet nach der Rechtsprechung des Bundesarbeitsgerichts daher keine Anwendung im Verhältnis zwischen tarifgebundenen und tarifungebundenen Arbeitnehmern. Eine gegenteilige Auffassung würde überdies die Vorschriften über die Allgemeinverbindlicherklärung von Tarifverträgen überflüssig machen. Nicht tarifgebundene Arbeitnehmer können deshalb nicht den gleichen Tariflohn wie tarifgebundene Arbeitnehmer unter Hinweis auf den arbeitsrechtlichen Gleichbehandlungsgrundsatz verlangen[2]. Der für die Feststellung einer unzulässigen Differenzierung regelmäßig erforderliche kollektive Bezug fehlt, wenn der Arbeitgeber zwei Arbeitnehmergruppen beschäftigt und nur einer von beiden eine Gratifikation zahlt[3]. Von einer willkürlichen Ausnahmeregelung kann in einem derartig gelagerten Fall idR nicht ausgegangen werden.

822

c) Inhalt und Auswirkungen des Gleichbehandlungsgrundsatzes

Grundsätzlich kann der Arbeitgeber frei entscheiden, welchen Zweck er mit der von ihm gewährten Leistung verfolgt. Er verstößt aber gegen den Gleichbehandlungsgrundsatz, wenn er entweder eine von ihm aufgestellte Regel nicht auf alle Arbeitnehmer anwendet, die unter sie fallen, oder wenn er die Voraussetzungen dieser Regel so abgrenzt, daß eine Differenzierung nicht mehr dem mit ihr verfolgten Zweck entspricht. Der betroffene Arbeitnehmer soll also **vor einer willkürlichen Schlechterstellung geschützt** werden[4]. Eine in einer Maßnahme oder Regelung getroffene Differenzierung ist nur dann rechtlich zulässig, wenn sachliche, sinnvolle, willkürfreie und jedermann einleuchtende Gründe hierfür vorliegen. Insoweit kommt es maßgeblich auf den Zweck der Leistung an. Er ist Maßstab dafür, ob eine Unterscheidung sachlich gerechtfertigt ist[5].

823

Ausgenommen von der Unterscheidung nach dem arbeitgeberseitig vorausgesetzten Zweck einer Leistung oder Regel sind die in Art. 3 Abs. 3 GG, § 75 Abs. 3 BetrVG und § 67 BPersVG angeführten **Differenzierungsverbote.** Danach hat jede unterschiedliche Behandlung von Personen wegen ihrer Abstammung, Religion, Nationalität, Herkunft, politischen oder gewerkschaftlichen Betätigung oder Einstellung oder wegen ihres Geschlechts zu unterbleiben. Dies schließt jedoch eine Besserstellung nicht aus[6].

824

Ist der Arbeitgeber bei einer von ihm getroffenen Maßnahme oder Leistung von falschen Voraussetzungen ausgegangen, so können sich bislang „übergangene" Arbeitnehmer nicht auf den Gleichbehandlungsgrundsatz berufen. Es besteht

825

---

1 BAG v. 20. 7. 1993, AP Nr. 11 zu § 1 BetrAVG – Gleichbehandlung; BAG v. 20. 11. 1996, DB 1997, 1139.
2 BAG v. 20. 7. 1960, AP Nr. 7 zu § 4 TVG.
3 BAG v. 25. 1. 1984, AP Nr. 66 zu § 242 BGB – Gleichbehandlung.
4 MünchArbR/*Richardi*, § 14 Rz. 22.
5 BAG v. 15. 5. 1997, NZA 1998, 207.
6 MünchArbR/*Richardi*, § 14 Rz. 23, 24.

keine Gleichbehandlung im Unrecht oder im Irrtum[1]. Ein Arbeitnehmer kann daher nicht unter Berufung auf den Gleichbehandlungsgrundsatz eine Leistung fordern, auf die er keinen Anspruch hat.

826 Ein Vertrag, mit welchem ein Arbeitnehmer von vornherein **auf die Gleichbehandlung verzichtet,** stellt sich in der Regel gem. § 138 BGB als sittenwidrig dar. Anders verhält es sich mit vertraglichen Regelungen, mit denen sich ein Arbeitnehmer einverstanden erklärt, daß er bestimmte Leistungen, auf die er ansonsten aufgrund des Gleichbehandlungsgrundsatzes Anspruch hätte, verzichtet. Ist Beweggrund für einen solchen Verzicht ein Differenzierungsverbot, wie es Art. 3 Abs. 3 GG sowie § 75 Abs. 1 BetrVG und § 67 BPersVG enthalten, so dürfte aber auch ein derartiger Verzicht sittenwidrig sein. Schließlich sind Vereinbarungen gem. § 134 BGB nichtig, die sich über das Verbot der § 611a BGB, § 612 Abs. 3 BGB und § 2 Abs. 1 BeschFG hinwegsetzen[2].

827 **Verträge sind so auszulegen,** daß die Gleichbehandlung der Arbeitnehmer gewährleistet wird[3].

828 Der **Verstoß** gegen den Gleichheitssatz führt zur Unwirksamkeit der Maßnahme des Arbeitgebers oder der Regelung, die dem Gleichbehandlungsgrundsatz widerspricht. Die dadurch entstehende Regelungslücke kann nur im Wege ergänzender Vertragsauslegung geschlossen werden. Der durch eine Ausschlußregelung benachteiligte Arbeitnehmer ist demgemäß in die für die anderen Arbeitnehmer geltende Regelung einzubeziehen. Dies führt zur Anwendbarkeit der Grundregel[4]. Der unter Verletzung des Gleichbehandlungsgrundsatzes ausgeschlossene Arbeitnehmer erlangt somit im Ergebnis dieselben Ansprüche wie die übrigen Arbeitnehmer dieser Gruppe[5].

Bei Verstößen gegen den Gleichbehandlungsgrundsatz können ferner **Schadensersatzansprüche** nach §§ 823, 826 BGB bestehen.

d) Einzelfälle

829 Der Gleichbehandlungsgrundsatz zwingt nicht dazu, daß alle **Arbeitsverträge** der Arbeitnehmer eines Betriebes übereinstimmen[6]. Wegen der daraus resultierenden ungleichen Leistungen kann aber die vertragliche Abweichung, daß bei der einen Gruppe der Arbeitnehmer ein Tarifvertrag in den Arbeitsvertrag einbezogen wird, bei anderen Arbeitnehmer jedoch nicht, zu einer ungerechtfertigten Ungleichbehandlung führen[7].

---

1 *Schaub,* § 112 II 3c.
2 Siehe auch *Schaub,* § 112 II 4; MünchArbR/*Richardi,* § 14 Rz. 32 bis 34.
3 *Schaub,* § 112 II. 5c.
4 BAG v. 7. 3. 1995, BB 1995, 2217, 2219.
5 Kann die geschuldete Altersversorgung nicht auf dem vorgesehenen Durchführungsweg erbracht werden, so hat der Arbeitgeber aufgrund seiner Einstandspflicht erforderlichenfalls selbst die Versorgungsleistungen zu erbringen, BAG v. 7. 3. 1995, BB 1995, 2217.
6 LAG Schleswig-Holstein v. 23. 6. 1988, DB 1988, 2058.
7 BAG v. 26. 10. 1995, NZA 1996, 765: Anwendung des BAT oder BAT-O; BAG v. 28. 3. 1996, BB 1996, 2464: Ausschluß von Studierenden aus dem Geltungsbereich des BAT.

III. Verpflichtungen des Arbeitgebers

Die Vereinbarung unterschiedlicher **Arbeitsentgelte** auch bei gleicher Arbeit verstößt grundsätzlich nicht gegen den Gleichbehandlungsgrundsatz[1]. Der insoweit eingeräumte Vorrang des Grundsatzes der Vertragsfreiheit gilt jedoch nur, wenn es sich um individuell vereinbarte Vergütungen handelt, der Arbeitgeber also nicht nach gruppenspezifischen Merkmalen vorgeht[2]. Beruht die Abweichung nicht auf einer individuellen Vereinbarung, bedarf sie sachlicher Gründe[3]. 830

Mit dem Gleichheitsgrundsatz des Art. 3 Abs. 1 GG ist es ebenfalls nicht vereinbar, daß die **Stufenfindung bei Umgruppierungen** über mehrere Vergütungsgruppen über die Oberbegriffe einerseits und über den Beispielskatalog andererseits zu unterschiedlichen Ergebnissen führt. Eine derartige tarifliche Regelung ist deshalb unwirksam[4]. 831

Der arbeitsrechtliche Grundsatz der Gleichbehandlung gilt auch für freiwillige **Gehaltserhöhungen,** soweit der Arbeitgeber dafür nach abstrakten Regeln verfährt[5]. Ohne sachlichen Grund dürfen daher einzelne Arbeitnehmer nicht von der Vergütungserhöhung ausgenommen werden. So ist es nicht zulässig, ausscheidende oder ausgeschiedene Arbeitnehmer von rückwirkenden Vergütungserhöhungen auszuschließen, wenn sie in dem fraglichen Zeitraum noch beschäftigt gewesen sind[6]. Arbeitnehmer, die arbeitsunfähig gewesen sind, dürfen ebenfalls nicht von allgemeinen Vergütungserhöhungen ausgeschlossen werden[7]. 832

Da mit der Vergütungserhöhung zugleich ein **Kaufkraftverlust** ausgeglichen werden soll, so spricht eine tatsächliche Vermutung dafür, daß in der Erhöhung ein gewisser Grundbetrag als Kaufkraftausgleich enthalten sein soll, wenn der Arbeitgeber regelmäßig über einen längeren Zeitraum die Gehälter ungefähr im Jahresrhythmus erhöht. Von der Gewährung dieses Grundbetrages zum Zwecke des Kaufkraftausgleichs, der sich regelmäßig als Prozentsatz des jeweiligen Gehalts darstellen wird, darf ein Arbeitnehmer nach dem Gleichbehandlungsgrundsatz nur bei Vorliegen sachlicher Gründe ausgeschlossen werden, die mit dieser Zwecksetzung vereinbar sind[8].

Von **Gratifikationen und Sonderleistungen** dürfen einzelne Arbeitnehmer in vergleichbarer Lage nicht ausgeschlossen werden. Dem Gleichbehandlungsgrundsatz widerspricht es, wenn Arbeitnehmer oder Gruppen von Arbeitnehmern ohne sachlichen Grund von allgemein begünstigenden Regelungen 833

---

1 BAG v. 10. 4. 1973, AP Nr. 38 zu § 242 BGB – Gleichbehandlung; BAG v. 30. 5. 1984, AP Nr. 2 zu § 21 MTL II; BAG v. 23. 8. 1995, DB 1996, 834.
2 BAG v. 10. 4. 1973, 27. 7. 1988 und 19. 8. 1992, AP Nr. 38, 83, 102 zu § 242 BGB – Gleichbehandlung.
3 BAG v. 23. 8. 1995, DB 1996, 834; die Ausnahme des § 3d BAT (ABM-Kräfte) bestätigend: BAG v. 18. 6. 1997, DB 1997, 1874.
4 BAG v. 5. 4. 1995, NZA-RR 1996, 96.
5 BAG v. 15. 11. 1994, NZA 1995, 939 = AP Nr. 121 zu § 242 BGB – Gleichbehandlung.
6 BAG v. 4. 2. 1976 und 10. 3. 1982, AP Nr. 40, AP Nr. 47 zu § 242 BGB – Gleichbehandlung.
7 BAG v. 9. 6. 1982, AP Nr. 51 zu § 242 BGB – Gleichbehandlung.
8 BAG v. 11. 9. 1985, AP Nr. 76 zu § 242 BGB – Gleichbehandlung.

ausgenommen oder schlechtergestellt werden. Der Arbeitgeber ist vielmehr verpflichtet, die Voraussetzungen für die Gratifikationsgewährung so abzugrenzen, daß nicht ein Teil der Arbeitnehmer willkürlich oder sachwidrig von den Vergünstigungen ausgenommen bleibt[1]. Dieser Grundsatz gilt auch dann, wenn im übrigen ein Rechtsanspruch auf die Gratifikation oder Sonderleistung nicht besteht oder ausdrücklich im Vertrag ausgeschlossen ist[2].

Eine **höhere Gratifikation** an eine bestimmte Arbeitnehmergruppe kann deshalb sachlich gerechtfertigt sein, um diese Gruppe stärker an den Betrieb zu binden, weil ihr Weggang zu besonderen Belastungen führen würde[3].

Aus dem gleichen Grund kann eine **Differenzierung zwischen Arbeitern und Angestellten** gerechtfertigt sein. Allerdings reicht ein unterschiedlicher Fluktuationsgrad allein zur Begründung der Ungleichbehandlung nicht aus[4]. Eine generelle Differenzierung zwischen Arbeitern und Angestellten ist bei der Lohnfortzahlung[5] und bei der Gewährung einer Gratifikation[6] sachlich nicht gerechtfertigt.

Ein für die Gewährung einer Gratifikation oder Sonderleistung ausreichender Differenzierungsgrund kann darin liegen, daß mit der Gratifikation **Einkommensnachteile ausgeglichen** werden[7]. So hat es das Bundesarbeitsgericht als ausreichende Differenzierung angesehen, daß Zeitungszusteller die Möglichkeit haben, zur Weihnachtszeit von den Abonnenten ein Trinkgeld zu erhalten, so daß sie im Gegensatz zu den Innendienstangestellten kein Weihnachtsgeld erhalten[8].

Wesentlich geringere **krankheitsbedingte Ausfallzeiten** werden nicht als sachlicher Differenzierungsgrund anerkannt, so daß gegen den arbeitsrechtlichen Gleichbehandlungsgrundsatz verstoßen wird, wenn an die gewerblichen Arbeitnehmer wegen erheblich höherer krankheitsbedingter Fehlzeiten eine gekürzte Sondervergütung gezahlt wird, die Angestellten jedoch einzelvertraglich ein ungekürztes 13. Monatsgehalt erhalten[9]. Es stellt aber einen Verstoß gegen den Gleichbehandlungsgrundsatz dar, wenn eine Arbeitnehmerin, die sich im Erziehungsurlaub befindet, von der in diesen Zeitraum fallenden Jubiläumszuwendung ausgenommen bleibt[10], oder wegen der Dienstzeit als Zeitsoldat die Jahressonderzahlung anteilig gekürzt wird[11].

---

1 LAG Hamm v. 5. 11. 1997, BB 1998, 428.
2 BAG v. 11. 9. 1974, AP Nr. 39 zu § 242 BGB – Gleichbehandlung; BAG v. 8. 3. 1995, NZA 1996, 418.
3 BAG v. 25. 1. 1984, AP Nr. 67 zu § 242 BGB – Gleichbehandlung.
4 BAG v. 25. 1. 1984, AP Nr. 67 zu § 242 BGB – Gleichbehandlung.
5 ArbG Reutlingen v. 9. 1. 1997, BB 1997, 687.
6 BAG v. 25. 1. 1984, AP Nr. 67 zu § 242 BGB – Gleichbehandlung.
7 BAG v. 30. 3. 1994, DB 1994, 2141.
8 BAG v. 19. 4. 1995, BB 1995, 1804.
9 BVerfG v. 1. 9. 1997, BB 1997, 2330 entgegen BAG v. 19. 4. 1995, DB 1995, 1966; zuvor schon dagegen: BAG vom 25. 1. 1984, NZA 1984, 323; BAG v. 6. 12. 1995, BB 1996, 1383.
10 LAG Düsseldorf v. 14. 2. 1995, NZA-RR 1996, 3.
11 BAG v. 24. 1. 1996, DB 1996, 942.

III. Verpflichtungen des Arbeitgebers

Bei der Zahlung von **Umsatzprämien** kann ein Arbeitgeber nicht aufgrund des Gleichbehandlungsgrundsatzes gezwungen werden, Zusagen, die er gegenüber Arbeitnehmern in betriebsratslosen Betrieben gemacht hat, auch für Betriebe mit Betriebsrat einzuhalten[1]. Begründet wird diese Differenzierung damit, daß ansonsten die mitbestimmungsrechtlichen Kompetenzen des Betriebsrats verletzt würden.

834

Ist die **Gewährung einer Zulage** nicht von der Art der Tätigkeit oder dem Zweck der Zulagengewährung her gerechtfertigt, so haben Arbeiter, die von der Zulagengewährung ausgenommen sind, einen Anspruch auf Gleichbehandlung mit den begünstigten Angestellten. Dies gilt unabhängig davon, ob gerade in der Beschäftigungsdienststelle überhaupt Angestellte beschäftigt sind, denen diese allgemeine Zulage gewährt wird[2].

835

Von **Leistungen der betrieblichen Altersversorgung** sind aus unterschiedlichen Gründen vornehmlich Teilzeitbeschäftigte ausgenommen worden. Es wird insoweit auf die nachstehenden Ausführungen in Rz. 859 ff. verwiesen.

836

Soweit bei Vollzeitbeschäftigten bezüglich der Gewährung einer Betriebsrente unterschieden wird, ist dies nur möglich, wenn hierfür ein **sachlicher Grund der Differenzierung** vorliegt[3]. Berücksichtigt man, daß der Zweck einer betrieblichen Altersversorgung darin besteht, zur Versorgung der Arbeitnehmer im Alter beizutragen sowie idR Betriebstreue zu fördern und zu belohnen, so kann nicht ohne weiteres eine bestimmte Arbeitnehmergruppe von der betrieblichen Altersversorgung ausgenommen werden.

Wird ein Arbeitnehmer aus der betrieblichen Altersversorgung ausgenommen, erhält er aber ein wesentlich höheres laufendes Arbeitsentgelt, kann dies im Einzelfall seine Schlechterbehandlung bei der betrieblichen Altersversorgung sachlich rechtfertigen[4]. Da im Rahmen der Prüfung der Anwendung des Gleichbehandlungsgrundsatzes einzelne Rechte und Ansprüche den Ausgangspunkt bilden, kann sich aus einem **Gesamtvergleich** der einander gegenüberstehenden arbeitsrechtlichen Vereinbarungen ergeben, daß es nicht zu einer Ungleichbehandlung kommt.

Je nach dem Umfang der regelmäßigen Arbeitszeit können Arbeitnehmergruppen gebildet werden, für die unterschiedlich hohe **Versicherungsleistungen** gelten[5].

Arbeitnehmer, deren Arbeitsverhältnis rechtswirksam **befristet** ist (zB ABM-Kräfte), dürfen von Zusagen auf Leistungen der betrieblichen Altersversorgung ausgenommen werden, da der Arbeitgeber in der Regel mit der Zusage auf eine betriebliche Altersversorgung die Betriebstreue fördern und belohnen sowie den Arbeitnehmer an den Betrieb binden will[6].

---

1 BAG v. 25. 4. 1995, BB 1995, 2170 = NZA 1995, 1063.
2 BAG v. 17. 12. 1992, NZA 1993, 691; BAG v. 23. 4. 1997, NZA 1997, 1177.
3 BAG v. 20. 11. 1996, BB 1997, 267.
4 BAG v. 20. 11. 1996, BB 1997, 267.
5 BAG v. 5. 10. 1993, EzA § 1 BetrAVG – Lebensversicherung Nr. 5.
6 BAG v. 13. 12. 1994, DB 1995, 931.

Ansonsten führt gerade § 1 Abs. 1 Satz 4 BetrAVG den Gleichbehandlungsgrundsatz als selbständige vertragliche Anspruchsgrundlage für die Gewährung einer betrieblichen Altersversorgung an.

Aus dem Prinzip der Lohngleichheit dürfen befristet eingestellte Arbeitnehmer nicht generell von einer Prämienvergütung ausgenommen werden[1].

837 Kein Verstoß gegen den Gleichbehandlungsgrundsatz liegt vor, wenn Arbeitnehmer von **Abfindungszahlungen** ausgeschlossen sind, die aufgrund einer Eigenkündigung oder eines Aufhebungsvertrages ausscheiden[2]. Dies gilt unabhängig davon, ob die Abfindung in einem Sozialplan vorgesehen ist oder auf einer vertraglichen Zusage des Arbeitgeber beruht. Im übrigen sind Abfindungen, die an eine Mehrheit von Arbeitnehmern geleistet werden, am Gleichbehandlungsgrundsatz zu messen. Dabei ist unter Berücksichtigung des Zwecks der Abfindung sachlich zu differenzieren, zB nach den unterschiedlichen Aussichten der betroffenen Arbeitnehmer auf dem Arbeitsmarkt[3].

838 Der Gleichbehandlungsgrundsatz ist ebenso für das **Direktionsrecht** des Arbeitgebers maßgeblich. Bei sich wiederholenden Anweisungen dürfen nur aus sachlichem Grund Unterschiede vorgenommen werden, die zu einer Bevorzugung oder auch Benachteiligung einzelner Arbeitnehmer führen können[4].

e) Gleichbehandlung von Frauen und Männern

aa) Diskriminierungsverbot

839 Während Art. 3 Abs. 2 GG ganz allgemein die Gleichberechtigung von Frauen und Männern feststellt und die Förderung der Durchsetzung der Gleichberechtigung sowie die Beseitigung bestehender Benachteiligungen fordert, enthält Art. 3 Abs. 3 GG ein **Diskriminierungsverbot,** das ua. jede Benachteiligung oder Bevorzugung wegen des Geschlechts verbietet. Diese Grundrechtsnormen haben nur mittelbare Wirkung über die Generalklauseln zivilrechtlicher Bestimmungen entfaltet. Direkte geschlechtsbezogene Diskriminierungsverbote sind vor allem durch das Europarecht und die sich daran anschließende nationale Gesetzgebung (wie zB im Jahr 1994 durch das Gesetz zur Durchsetzung der Gleichberechtigung von Frauen und Männern – Zweites Gleichberechtigungsgesetz – vom 24. 6. 1994) und die Rechtsprechung entwickelt worden.

Die Richtlinie 76/207/EWG zur Verwirklichung des Grundsatzes der Gleichbehandlung von Männern und Frauen hinsichtlich des Zugangs zur Beschäftigung, zur Berufsbildung und zum beruflichen Aufstieg sowie in Bezug auf die Arbeitsbedingungen vom 9. 2. 1976 findet in den Diskriminierungsschutzvorschriften der §§ 611a, 611b BGB ihre Umsetzung. Sie werden durch § 61b ArbGG ergänzt.

---

1 LAG Hamm v. 27. 2. 1997, NZA-RR 1998, 71.
2 BAG v. 8. 3. 1995, NZA 1995, 675 = BB 1995, 1851; BAG v. 19. 7. 1995, DB 1995, 2531.
3 BAG v. 25. 11. 1993, NZA 1994, 788.
4 *Schaub,* § 112 III 6.

III. Verpflichtungen des Arbeitgebers

Gem. § 611b BGB ist bereits bei der **Ausschreibung eines Arbeitsplatzes** eine Diskriminierung zu verhindern. Die Ausschreibung hat geschlechtsneutral zu erfolgen[1]. Etwas anders gilt dann, wenn auf das Geschlecht bezogene sachliche Gründe eine geschlechtsbezogene Ausschreibung rechtfertigen oder das Geschlecht unverzichtbare Voraussetzung für die auszuübende Tätigkeit ist (wie zB bei einem Mannequin)[2]. Zum Verbot geschlechtsbezogener Diskriminierung im Stadium der Stellenbesetzung bzw. Stellensuche siehe i.e. auch oben Teil 1 C Rz. 83 ff. Wird gegen die Regelung des § 611b BGB verstoßen, so kann daraus iS des § 611a Abs. 1 Satz 3 BGB gefolgert werden, daß eine Benachteiligung wegen des Geschlechts im Rahmen der Einstellungsvoraussetzungen zu vermuten ist. Nach der Rechtsprechung des Bundesverfassungsgerichts wird durch § 611a Abs. 1 BGB jedes Stadium der Stellenbesetzung bzw. der Stellensuche erfaßt, so daß eine Diskriminierung auch darin liegen kann, daß eine Bewerberin gar nicht erst zum Vorstellungsgespräch geladen wird[3].

840

Eine Diskriminierung liegt insbesondere vor, wenn die **Bewerbung einer Frau** wegen ihres Geschlechts oder wegen der möglicherweise zu erwartenden Schwangerschaft und der daraus resultierenden Belastungen des Mutterschutzgesetzes nicht berücksichtigt oder womöglich mit diesen Argumenten zurückgewiesen wird.

841

Nur dann, wenn es dem Arbeitgeber gelingt, den Nachweis zu erbringen, daß nicht geschlechtsbezogene, sondern **sachliche Gründe** die Nichteinstellung der Frau/des Mannes rechtfertigen, liegt keine geschlechtsbezogene Benachteiligung vor[4]. Umstritten ist, inwieweit die erste spontane Äußerung des Arbeitgebers gegenüber dem Bewerber maßgeblich ist, oder ob noch Gründe „nachgeschoben" werden können, die eine Nichtberücksichtigung der Bewerbung zu rechtfertigen vermögen[5].

842

Grundsätzlich sind diskriminierende Maßnahmen nach §§ 611a Abs. 1 Satz 1, 134 BGB unwirksam. Die **Rechtsfolge eines Verstoßes** gegen § 611a Abs. 1 Satz 1 BGB besteht aber nicht darin, daß der übergangene Arbeitnehmer einen Rechtsanspruch gegen den Arbeitgeber auf Einstellung oder Beförderung erlangt[6]. Bei einem vom Arbeitgeber zu vertretenden Verstoß gegen das Benachteiligungsverbot ist dieser gem. § 611a Abs. 2 BGB lediglich zum Schadensersatz verpflichtet. Die Entschädigung beträgt bis zu drei Monatsverdiensten auf der Grundlage dessen, was dem Bewerber in dem Arbeitsverhältnis zugestanden hätte. Diese Begrenzung gilt jedoch gemäß Richtlinie 76/207/EWG nur, wenn der Arbeitgeber nachweisen kann, daß der Bewerber die zu besetzende

843

---

1 LAG Hamm v. 22. 11. 1996, BB 1997, 525; s. a. EuGH v. 22. 4. 1997, DB 1997, 983 – Nils Draehmpaehl.
2 LAG Köln v. 19. 7. 1996, NZA-RR 1997, 84.
3 BVerfG v. 16. 11. 1993, DB 1994, 1292.
4 EuGH v. 8. 11. 1990, AP Nr. 23, 24 zu Art. 119 EWG-Vertrag.
5 Siehe dazu BVerfG v. 16. 11. 1993, DB 1994, 1292.
6 *Worzalla*, DB 1994, 2446, 2447; EuGH v. 10. 4. 1984, DB 1984, 1042.

Position wegen der besseren Qualifikation des eingestellten Bewerbers auch bei diskriminierungsfreier Auswahl nicht erhalten hätte. Dagegen muß der Schadensersatz in einem angemessenen Verhältnis zum erlittenen Schaden stehen, ist also nicht an die Höchstgrenzen des § 611a Abs. 2 BGB und des § 61b Abs. 2 ArbGG gebunden, wenn der Bewerber bei diskriminierungsfreier Auswahl die zu besetzende Stelle erhalten hätte[1].

844 Der benachteiligte Bewerber muß seinen Anspruch gem. § 611a Abs. 4 BGB innerhalb einer **Frist** von zwei Monaten schriftlich geltend machen. Die Frist beginnt in dem Zeitpunkt, in dem dem Bewerber die Ablehnung zugeht. Im Anschluß an die schriftliche Geltendmachung gilt gem. § 61b Abs. 1 ArbGG eine Klagefrist von drei Monaten[2].

845 Wegen einer etwaigen **Begrenzung der Schadensersatzansprüche** bei mehrfacher Geltendmachung von Schadenersatzansprüchen gegenüber demselben Arbeitgeber sowie des Gerichtsstandes wird auf die besonderen Vorschriften des § 61b ArbGG verwiesen, der die Diskriminierungsverbote des §§ 611a, 611b BGB ergänzt[3].

846 Kommt es zur **Benachteiligung bei Beförderungen,** finden gem. § 611a Abs. 5 BGB die Sanktionen entsprechende Anwendung, die für eine Diskriminierung im Zusammenhang mit einer Bewerbung gelten. Besondere Modifikationen bei der gerichtlichen Inanspruchnahme wegen Benachteiligung beim beruflichen Aufstieg sieht § 61b Abs. 5 ArbGG vor.

847 Zur Förderung der Frauenbeschäftigung existieren in einzelnen Bundesländern **Quotenregelungen**[4]. Diese sind durch die Entscheidungen des Europäischen Gerichtshofes vom 17. 10. 1995 und 5. 3. 1996[5] in Frage gestellt. Durch Urteil vom 17. 10. 1995 hat der Europäische Gerichtshof festgestellt, daß eine nationale Regelung, wonach Frauen, die die gleichen Qualifikationen wie ihre männlichen Mitbewerber besitzen, in Bereichen, in denen die Frauen unterrepräsentiert sind, bei einer Beförderung automatisch der Vorrang eingeräumt wird, eine Diskriminierung der Männer aufgrund des Geschlechts bewirkt. Eine solche Regelung geht daher über eine Förderung der Chancengleichheit hinaus und überschreitet damit die Grenzen der in Art. 2 Abs. 4 der Richtlinie 76/207/EWG vorgesehenen Ausnahme[6]. Anders verhält es sich, wenn die Quotenregelung durch eine „Öffnungsklausel", die zusätzlich eine objektive Beurteilung erfordert, eingeschränkt wird[7].

848 Art. 119 EWG-Vertrag gebietet **gleiches Entgelt für Männer und Frauen** bei gleicher Arbeit. Dieses Gebot ist in den Mitgliedsstaaten der EG unmittelbar

---

1 EuGH v. 22. 4. 1997, DB 1997, 983 – Nils Draehmpaehl; s. dazu den Referentenentwurf Art. 1, NZA 1997, Heft 22, VIII.
2 Der Referentenentwurf sieht eine Aufhebung von § 611a Abs. 4 BGB und § 61b ArbGG vor.
3 S. aber EuGH v. 22. 4. 1997, DB 1997, 983 – Nils Draehmpaehl.
4 Siehe dazu *Pfarr*, NZA 1995, 809.
5 NZA 1995, 1095 – Kalanke; BAG v. 5. 3. 1996, BB 1996, 1332.
6 Siehe auch *Colneric*, BB 1996, 265.
7 EuGH v. 11. 11. 1997, DB 1997, 2383 – Marschall.

III. Verpflichtungen des Arbeitgebers

anwendbares Recht, auf das sich der einzelne Arbeitnehmer gegenüber dem Arbeitgeber und vor Gericht berufen kann[1]. Dieses Gebot beansprucht nach ständiger Rechtsprechung des Europäischen Gerichtshofs Vorrang auch gegenüber Tarifverträgen[2]. Dies ergibt sich nicht nur aus Art. 119 EWG-Vertrag, sondern auch aus der in Art. 4 der Lohngleichheitsrichtlinie 75/117/EWG ausdrücklich festgelegten Verpflichtung, wonach die Mitgliedsstaaten die Geltung von Tarifvertragsbestimmungen auszuschließen haben, die mit dem Grundsatz des gleichen Entgelts nicht vereinbar sind[3].

Für das deutsche Recht ist das Verbot der Entgeltdiskriminierung in § 612 Abs. 3 BGB „umgesetzt" worden[4].

Eine **unterschiedliche Entlohnung von Mann und Frau,** die insgesamt gleiche oder gleichwertige Tätigkeiten ausführen, ist nur dann zulässig, wenn dies durch biologische oder funktionale Unterschiede bedingt ist. Auch kann differenziert werden nach Flexibilität, Ausbildung und Anciennität[5]. Eine Differenzierung des Arbeitsentgelts aufgrund geschlechtsspezifischer Schutzvorschriften und dadurch bedingter erhöhter Ausfallzeiten ist aber unzulässig.

Ob Tätigkeiten als gleich oder gleichwertig anzusehen sind, ist im Hinblick auf alle Umstände des jeweiligen Einzelfalles nach objektiver Bewertung der Arbeitsleistung zu bestimmen[6].

Bei der **betrieblichen Altersversorgung** ist ebenfalls eine Differenzierung zwischen Männern und Frauen ausgeschlossen. Art. 119 EWG-Vertrag steht einer unterschiedlichen Altersgrenze (unterschiedliches Rentenzugangsalter) von Männern und Frauen in Betriebsrentensystemen[7] und bei der Gewährung von Übergangsgeld im Falle der Inanspruchnahme einer vorzeitigen Altersrente entgegen[8].

Der Grundsatz von Lohngleichheit von Männern und Frauen hat auch Auswirkungen auf die **Witwen- bzw. Witwerrente.** Versorgungsregelungen, die lediglich eine Witwenversorgung vorsehen, sind unzulässig. Die Gleichheit von Männern und Frauen bedingt eine gleichhohe Witwerversorgung[9].

---

1 EuGH v. 17. 5. 1990, AP Nr. 20 zu Art. 119 EWG-Vertrag – Barber; BAG v. 9. 10. 1991, NZA 1992, 259; BAG v. 2. 12. 1992, AP Nr. 28 zu § 23a BAT.
2 EuGH v. 27. 6. 1990, AP Nr. 21 zu Art. 119 EWG-Vertrag – Kowalska; EuGH v. 31. 5. 1995, DB 1995, 1615, 1617.
3 BAG v. 2. 12. 1992, AP Nr. 28 zu § 23a BAT.
4 BAG v. 23. 8. 1995, BB 1996, 1279.
5 BAG v. 11. 11. 1986, AP Nr. 4 zu § 1 BetrAVG – Gleichberechtigung; EuGH v. 17. 10. 1989, NZA 1990, 772.
6 EuGH v. 31. 5. 1995, DB 1995, 1615; BAG v. 23. 8. 1995, BB 1996, 1279.
7 EuGH v. 17. 5. 1990, AP Nr. 20 zu Art. 119 EWG-Vertrag – Barber; EuGH v. 14. 12. 1993, NZA 1994, 165 – Moroni; EuGH v. 28. 9. 1994, NZA 1994, 1073 – Russel ua.; EuGH v. 24. 10. 1996, BB 1996, 2692 – Dietz; BAG v. 18. 3. 1997, NZA 1997, 824; BAG v. 3. 6. 1997, BB 1997, 1694: jedoch nicht für eine Übergangsfrist bis zum 17. 5. 1990; zu den Auswirkungen der Vereinheitlichung *Berenz,* BB 1996, 530.
8 BAG v. 7. 11. 1995, DB 1996, 941.
9 BAG v. 5. 9. 1989, AP Nr. 8 zu § 1 BetrAVG – Hinterbliebenenversorgung.

bb) Mittelbare Diskriminierung

852 Art. 119 EWG-Vertrag enthält nicht nur ein Verbot der unmittelbaren Diskriminierung beim Arbeitsentgelt, sondern auch ein solches der mittelbaren Diskriminierung. Nach der Rechtsprechung des EuGH liegt eine mittelbare Diskriminierung vor, wenn eine Regelung einen **Nachteil** beinhaltet, von dem **wesentlich mehr Mitglieder des einen als des anderen Geschlechts betroffen** sind, und diese Regelung **nicht durch objektive Faktoren,** die nichts mit der Diskriminierung aufgrund des Geschlechts zu tun haben, **gerechtfertigt** ist[1]. Hinzukommen muß, daß das zahlenmäßige Verhältnis der Geschlechter unter den von dieser Rechtsnorm Begünstigten wesentlich anders ist[2]. Sind die statistischen Voraussetzungen erfüllt, wird eine mittelbare Diskriminierung aufgrund des Geschlechts indiziert. Es muß nicht als zusätzliche Voraussetzung geprüft werden, ob der statistische Effekt nur mit dem Geschlecht oder mit den Geschlechterrollen erklärt werden kann[3]. Entscheidend ist in diesem Fall nur noch, ob es eine objektive Rechtfertigung für diese Regelung gibt. Der rechtfertigende Grund muß gerade die ein Geschlecht besonders belastenden Wirkungen rechtfertigen[4].

853 Ob eine mittelbare Diskriminierung des Geschlechts vorliegt, erfordert nach der Rechtsprechung zunächst die Bildung von **Arbeitnehmergruppen,** die bei unterschiedlicher Vergütung eine gleiche oder gleichwertige Arbeitsleistung erbringen. Anschließend ist der Anteil von Männern und Frauen in den Vergleichsgruppen zu ermitteln. Der Tatbestand der mittelbaren Diskriminierung ist nur dann erfüllt, wenn das Verhältnis von Männern und Frauen bei einer Gegenüberstellung der Vergleichsgruppen wesentlich voneinander abweicht[5].

Von einer mittelbaren Diskriminierung ist grundsätzlich dort auszugehen, wo ein Arbeitgeber für zu gewährende Leistungen oder zu vergebende Arbeiten ohne sachlichen Grund Voraussetzungen aufstellt, die von Zugehörigen eines Geschlechtes schlechter erfüllt werden können als von denen des anderen, auch wenn diese Voraussetzungen geschlechtsneutral formuliert sind und evtl. auch keine Benachteiligungsabsicht gegeben ist[6].

Da Frauen den Hauptanteil der **Teilzeitbeschäftigten** ausmachen, ergeben sich häufig Diskriminierungen aus betrieblichen und tariflichen Regelungen, die unterschiedliche Leistungen für Voll- und Teilzeitbeschäftigte vorsehen. Diese betreffen in erster Linie den Bereich der betrieblichen Altersversorgung und den der Sonderzahlungen, aber auch die Berechnung des Dienstalters[7] und die Berücksichtigung von Beschäftigungszeiten[8].

---

1 EuGH v. 13. 7. 1989, AP Nr. 16 zu Art. 119 EWG-Vertrag – Rinner-Kühn; EuGH v. 27. 6. 1990, AP Nr. 21 zu Art. 119 EWG-Vertrag – Kowalska; EuGH v. 4. 6. 1992, EzA Nr. 108 zu § 37 BetrVG 1972 – Bötel.
2 BAG v. 5. 3. 1997, BB 1997, 2218.
3 BAG v. 2. 12. 1992, AP Nr. 28 zu § 23a BAT.
4 *Colneric,* Brennpunkte des Arbeitsrechts, 1995, S. 93, 100.
5 BAG v. 23. 2. 1994, NZA 1994, 1136; s. dazu auch BAG v. 5. 3. 1997, BB 1997, 2218.
6 MünchArbR/*Buchner,* § 37 Rz. 159.
7 EuGH v. 2. 10. 1997, NZA 1997, 1277 – Hellen Gerster.
8 EuGH v. 2. 10. 1997, NZA 1997, 1221 – Brigitte Kording; BAG v. 15. 5. 1997, DB 1997, 2180.

III. Verpflichtungen des Arbeitgebers

Auch **gesetzliche Regelungen** unterliegen dem Verbot der mittelbaren Diskriminierung, wie dies durch Urteil des BAG vom 9. 10. 1991 hinsichtlich § 1 Abs. 3 Nr. 2 des seit dem 1. 6. 1994 nicht mehr geltenden Lohnfortzahlungsgesetzes festgestellt wurde[1]. 854

Ebenso unterliegen **Tarifverträge** dem Verbot der mittelbaren Diskriminierung. Demzufolge hat das BAG entgegen bisheriger Rechtsprechung das früher in § 23a Satz 2 Nr. 6 BAT generell aufgestellte Erfordernis verlängerter Bewährungszeiten für Teilzeitbeschäftigte zwar nicht für nichtig, aber im entschiedenen Fall für unanwendbar erklärt[2]. Da die Zusatzversorgung im öffentlichen Dienst die Rentenversicherung ergänzt, ist es aber sachlich begründet, daß hiervon geringfügig Beschäftigte tariflich ausgeschlossen werden[3]. 855

Eine geschlechtsspezifische Diskriminierung liegt dann nicht vor, wenn es für die unterschiedliche Behandlung einen **sachlichen Grund** gibt, unabhängig davon, daß von der Regelung mehr Frauen als Männer betroffen sind. So verstößt eine Versorgungsordnung, die ausschließlich für Arbeitnehmer in gehobenen Positionen gilt, auch dann nicht gegen den Gleichbehandlungsgrundsatz, das Gleichberechtigungsprinzip oder das Gleichheitsgebot des Art. 119 EWG-Vertrag, wenn sie unverhältnismäßig mehr Männer als Frauen begünstigt, weil Frauen nur in geringer Zahl in gehobene Positionen gelangt sind[4]. Auch verstößt die Regelung, daß Teilzeitbeschäftigte bei Überschreitung ihrer individuellen Arbeitszeit keine Mehrarbeitszuschläge verlangen können, nicht gegen Art. 119 EWG-Vertrag[5]. Da jeweils für die gleiche Stundenzahl auch gleicher Lohn gezahlt wird, liegt keine Ungleichbehandlung vor. Als objektiv rechtfertigender Faktor schließt die Ausgestaltung des Betriebsratsamts als unentgeltliches Ehrenamt einen Verstoß gegen das gemeinschaftsrechtliche Lohngleichheitsgebot aus, so daß teilzeitbeschäftigte weibliche Betriebsratsmitglieder keinen Anspruch auf Freizeitausgleich haben, wenn sie ganztägige Schulungsveranstaltungen iSd. § 37 Abs. 6 BetrVG – zumindest teilweise – außerhalb ihrer individuellen Arbeitszeit besuchen[6]. 856

Gestattet kann eine unterschiedliche Behandlung auch dann sein, wenn die Differenzierung einem **wirklichen Bedürfnis des Unternehmens** dient und für die Erreichung dieses Ziels geeignet und erforderlich ist. 857

Im Bereich der **sozialen Sicherheit** sieht die Richtlinie 79/7/EWG eine schrittweise Verwirklichung des Grundsatzes der Gleichbehandlung von Männern und Frauen vor. Die in Art. 2 Richtlinie 79/7/EWG angeführte „Erwerbsbevölkerung" umfaßt alle Arbeitnehmer und Selbständige einschließlich der Arbeits- 858

---
1 BAG v. 9. 10. 1991, AP Nr. 95 zu § 1 LohnFG.
2 BAG v. 2. 12. 1992, AP Nr. 28 zu § 23a BAT; zum tariflichen Übergangsgeld ab Erreichen einer für Frauen und Männer unterschiedlichen Altersgrenze: BAG v. 7. 11. 1995, NZA 1996, 653.
3 BAG v. 27. 2. 1996, NZA 1996, 992.
4 BAG v. 11. 11. 1986, AP Nr. 4 zu § 1 BetrAVG – Gleichberechtigung.
5 EuGH v. 15. 12. 1994, BB 1995, 153; s. a. BAG v. 20. 6. 1995, BB 1996, 488 (Ls.).
6 BAG v. 5. 3. 1997, BB 1997, 2218; s. dagegen die Vorabentscheidung: EuGH v. 6. 2. 1996, BB 1996, 429; dazu auch *Stichler*, BB 1996, 426.

suchenden und auch der **geringfügig Beschäftigten**[1]. Gleichwohl ist nach Auffassung des EuGH der Ausschluß der geringfügig Beschäftigten aus der Sozialversicherung (gesetzliche Kranken-, Renten- und Arbeitslosenversicherung), wie ihn das deutsche Recht vorsieht (§ 7 SGB V, § 5 Abs. 2 Nr. 1 SGB VI, § 8 Abs. 1 Nr. 1 SGB IV und § 27 Abs. 2 SGB III), zulässig. Selbst wenn dieser Ausschluß aus der Sozialversicherung mehr Frauen als Männer betrifft, so stellt er keine Diskriminierung aufgrund des Geschlechts iS von Art. 4 Abs. 1 Richtlinie 79/7/EWG dar. Die Unterscheidung ist nach Ansicht des EuGH gerechtfertigt, da der nationale Gesetzgeber in vertretbarer Weise davon ausgehen konnte, daß mit der getroffenen Regelung das sozialpolitische Ziel der Schaffung von Arbeitsplätzen gefördert werde, das mit einer Diskriminierung des Geschlechts nichts zu tun hat[2].

f) Gleichbehandlung von Teilzeitbeschäftigten

859 Gem. § 2 Abs. 1 BeschFG darf ein Arbeitgeber einen Teilzeitbeschäftigten nicht wegen der Teilzeitbeschäftigung gegenüber einem vollzeitbeschäftigten Arbeitnehmer unterschiedlich behandeln, es sei denn, sachliche Gründe rechtfertigen dies[3]. Während für die Gleichbehandlung von Mann und Frau das Differenzierungsmerkmal des Geschlechts nicht maßgeblich sein darf, kann für Teilzeitbeschäftigte **nicht die abweichende Arbeitszeit** Grund für eine abweichende Regelung sein. § 2 Abs. 1 BeschFG ist im Ergebnis lediglich eine Konkretisierung des allgemeinen Gleichbehandlungsgrundsatzes aufgrund Art. 3 Abs. 1 GG[4].

Sachliche Gründe, die eine unterschiedliche Behandlung von Teilzeitkräften gestatten, dürfen also nicht auf das unterschiedliche Arbeitspensum abstellen. Die für den Ausschluß der Teilzeitkräfte maßgeblichen Sachgründe müssen anderer Art sein, zB Arbeitsleistung, Qualifikation, Berufserfahrung oder unterschiedliche Anforderungen am Arbeitsplatz[5].

Der sachlich rechtfertigende Grund muß mit Sinn und Zweck der vorenthaltenen Leistung oder Maßnahme korrelieren.

860 Das **Gebot der Gleichbehandlung** nach § 2 Abs. 1 BeschFG erstreckt sich sowohl auf einseitige Maßnahmen wie auf vertragliche Vereinbarungen[6]. Das Verbot der unterschiedlichen Behandlung des § 2 Abs. 1 BeschFG erfaßt alle Arbeitsbedingungen, also nicht nur das Arbeitsentgelt, sondern auch die betriebliche Altersversorgung, Gratifikationen, Zulagen, und tarifliche Unkündbarkeitsregelungen[7]. Teilzeitbeschäftigte haben daher grundsätzlich Anspruch

---

1 EuGH v. 17. 12. 1995, NZA 1996, 129, 131 – Nolte und Mengner/Scheffel.
2 EuGH v. 17. 12. 1995, NZA 1996, 129, 131 – Nolte und Mengner/Scheffel.
3 EuGH v. 2. 10. 1997, NZA 1997, 1221 – Brigitte Kording.
4 BAG v. 25. 10. 1994, NZA 1995, 730.
5 BAG v. 28. 7. 1992, AP Nr. 18 zu § 1 BetrAVG – Gleichbehandlung; BAG v. 25. 10. 1994, NZA 1995, 730.
6 BAG v. 23. 6. 1993, NZA 1994, 41; BAG v. 15. 11. 1994, DB 1995, 2616.
7 BAG v. 13. 3. 1997, BB 1997, 1638; BAG v. 24. 4. 1997, DB 1997, 1776, 1777; BAG v. 18. 9. 1997, BB 1998, 164.

III. Verpflichtungen des Arbeitgebers

auf gleich hohe Leistungen wie vollzeitbeschäftigte Arbeitnehmer (so zB auf Beihilfe im Krankheitsfall[1], Urlaubsgeld[2]). Nur dort, wo die Gegenleistung in Abhängigkeit zu der Arbeitszeit steht, wie beim Arbeitsentgelt oder einer Funktionszulage[3], darf das unterschiedliche Arbeitspensum zu einer dementsprechenden anteiligen Reduzierung bzw. Anpassung führen.

Daher stellt eine **hauptberufliche Existenzsicherung** keinen sachlichen Grund dafür dar, eine Teilzeitkraft, für die die Teilzeitarbeit nur eine Nebentätigkeit ist, im Vergleich zu Vollzeitkräften mit identischen Arbeitsaufgaben schlechter zu bezahlen[4].

Der unterschiedliche Arbeitsumfang rechtfertigt auch keinen vollständigen Ausschluß des Teilzeitbeschäftigten von Leistungen der **betrieblichen Altersversorgung,** auch nicht, wenn ein weiteres Arbeitsverhältnis besteht[5]. Allerdings können Teilzeitkräfte keine gleich hohe betriebliche Altersversorgung fordern wie Vollzeitkräfte[6]. Dagegen können geringfügig Beschäftigte, die nicht der gesetzlichen Rentenversicherungspflicht unterliegen, von der Zusatzversorgung ausgenommen werden[7]. Auch hat das Bundesarbeitsgericht einem niedergelassenen Tierarzt, der zugleich als teilzeitbeschäftigter Fleischbeschautierarzt tätig war, die Einbeziehung in die Kommunale Versorgungskasse versagt. Dies wurde damit begründet, daß die Arbeitsbedingungen erhebliche Unterschiede aufweisen, insbesondere aufgrund der Möglichkeit, durch Stücklohn eine höhere Vergütung zu erzielen und die Arbeitszeit frei gestalten zu können. Da die Altersversorgung Arbeitsentgelt im weiteren Sinne sei, habe diese in den Vergleich der Arbeitsbedingungen mit einbezogen werden dürfen[8]. Durch einen Gesamtvergleich der beanspruchten Leistungen mit den tatsächlich zustehenden Arbeitsbedingungen kann die Ungleichbehandlung widerlegt werden. 861

Teilzeitbeschäftigte dürfen bei der **Gewährung von langfristigen Baudarlehen** gem. § 2 Abs. 1 BeschFG nicht ausgeschlossen werden[9]. Jedoch ist es zulässig, das Darlehen der Höhe nach anteilig im Verhältnis der wöchentlichen Arbeitszeit zu der wöchentlichen Arbeitszeit einer Vollzeitkraft zu begrenzen. 862

---
1 BAG v. 25. 9. 1997, NZA 1998, 151; BAG v. 19. 2. 1998, BB 1998, 592.
2 BAG v. 23. 4. 1996, DB 1996, 2290.
3 BAG v. 17. 4. 1996, NZA 1997, 324.
4 Bisherige Rechtsprechung: BAG v. 22. 8. 1990, DB 1991, 285; BAG v. 11. 3. 1992, DB 1992, 1528; anders jetzt: BAG v. 1. 11. 1995, DB 1996, 1285 und 1287; BAG v. 9. 10. 1996, BB 1997, 1157: auch der Bezug von Altersruhegeld rechtfertigt keine schlechtere Bezahlung.
5 BVerfG v. 27. 11. 1997, NZA 1998, 247; BAG v. 7. 3. 1995, BB 1995, 2217; BAG v. 16. 1. 1996, DB 1996, 939; BAG v. 27. 2. 1996, BB 1996, 1561; BAG v. 12. 3. 1996, NZA 1996, 939: auch rückwirkend seit 1968 (s. dagegen zum Rückwirkungsverbot den Vorlagebeschluß des LAG Hamburg v. 20. 12. 1995, NZA-RR 1996, 321); BAG v. 9. 10. 1996, BB 1997, 1157.
6 BAG v. 28. 7. 1992, AP Nr. 18 zu § 1 BetrAVG – Gleichbehandlung; BAG v. 25. 10. 1994, NZA 1995, 730.
7 BAG v. 27. 2. 1996, BB 1996, 1561; BAG v. 12. 3. 1996, NZA 1996, 939.
8 BAG v. 17. 10. 1995, BB 1996, 380; anders nach der ab 1. 4. 1979 geltenden tariflichen Regelung: BAG v. 13. 5. 1997, NZA 1997, 1294; BAG v. 26. 8. 1997, NZA 1998, 265.
9 BAG v. 27. 7. 1994, DB 1994, 2348.

863 **Sonderzuwendungen** (13. Gehalt, Gratifikation, Weihnachts- und Urlaubsgeld) sind grundsätzlich auch Teilzeitbeschäftigten anteilig zu gewähren[1]. Der insofern erfolgte Ausschluß einer geringfügig Beschäftigten iS des § 8 SGB IV in einer Gesamtbetriebsvereinbarung ist demgemäß nichtig[2]. Bei einer nachträglichen Feststellung kann dies wegen Überschreitung der Verdienstgrenze in § 8 Abs. 1 Nr. 1 SGB IV zu einer Sozialversicherungspflicht für das gesamte Jahr führen. Tarifliche Jubiläumszuwendungen sind Teilzeitbeschäftigten ungekürzt zu gewähren, da Voraussetzung für ihre Gewährung allein das Zurücklegen einer bestimmten Dienstzeit ist und nicht der Umfang der erbrachten Arbeitsleistung[3].

864 **Überstundenzuschläge** kann ein Teilzeitbeschäftigter erst beanspruchen, wenn dafür auch Vollzeitbeschäftigte Mehrarbeitszuschläge erhalten würden. Die bloße Überschreitung der individuellen Arbeitszeit gibt deshalb keinen Anspruch auf einen Überstundenzuschlag[4].

865 Ist die Bezahlung einer **Wechselschichtzulage** nach einer tariflichen Regelung allein davon abhängig, daß der Arbeitnehmer in Wechselschicht arbeitet und innerhalb eines bestimmten Zeitraumes eine bestimmte Mindestzahl von Nachtdienststunden leistet, so steht die Wechselschichtzulage auch teilzeitbeschäftigten Angestellten in voller Höhe zu, wenn sie die tariflichen Anspruchsvoraussetzungen erfüllen[5].

866 Andererseits wird eine hälftig teilzeitbeschäftigte Pflegekraft nicht wegen der Teilzeit iS des § 2 Abs. 1 BeschFG ungleich behandelt, wenn sie zur gleichen Zahl von Wochenenddiensten herangezogen wird wie eine vollzeitbeschäftigte Pflegekraft[6]. Erhalten Vollzeitarbeitnehmer an bestimmten Tagen, wie Heiligabend oder Silvester, bereits ab 12.00 Uhr Dienstbefreiung, so können Teilzeitbeschäftigte, deren Arbeitszeit ohnehin um diese Zeit endet, auch **nicht** verlangen, **proportional zusätzlich Freizeit** zu erhalten[7]. Dasselbe gilt für eine teilzeitbeschäftigte Lehrkraft, die an einer einwöchigen Klassenfahrt teilnimmt; sie erhält dafür keinen Freizeit- oder Vergütungsausgleich[8]. Ein weibliches teilzeitbeschäftigtes Betriebsratsmitglied hat bei ganztägigen Schulungen nach § 37 Abs. 1 BetrVG für die über die individuelle Arbeitszeit hinausgehende Schu-

---

1 Hessisches LAG v. 14. 3. 1995, NZA 1995, 1162; *Arndt,* NZA 1989, Beil. 3, 8.
2 Hessisches LAG v. 14. 3. 1995, NZA 1995, 1162.
3 BAG v. 22. 5. 1996, DB 1996, 1783.
4 BAG v. 21. 11. 1991, DB 1992, 1091; EuGH v. 15. 12. 1994, DB 1995, 49; BAG v. 20. 6. 1995, NZA 1996, 597; BAG v. 20. 6. 1995, BB 1996, 1277; bzgl. des öffentlichen Dienstes: BAG v. 25. 7. 1996, NZA 1997, 774; die vorübergehende Verlängerung der Arbeitszeit von Teilzeitbeschäftigten ist gemäß § 87 Abs. Nr.3 BetrVG mitbestimmungspflichtig, auch wenn sie nicht über die regelmäßige Arbeitszeit vergleichbarer Vollzeitbeschäftigter hinausgeht, BAG v. 23. 7. 1996, BB 1997, 472.
5 BAG v. 23. 6. 1993, NZA 1994, 41.
6 BAG v. 1. 12. 1994, NZA 1995, 590.
7 BAG v. 26. 5. 1993, AP Nr. 42 zu Art. 119 EWG-Vertrag; LAG Köln v. 10. 3. 1992, DB 1992, 1528.
8 BAG v. 20. 11. 1996, NZA 1997, 885.

lungszeit keinen Anspruch auf Arbeitsbefreiung oder Vergütung[1]. Die aus dem Ehrenamtprinzip folgende Benachteiligung teilzeitbeschäftigter Frauen ist nach Auffassung des Bundesarbeitsgerichts zur Sicherung der inneren und äußeren Unabhängigkeit der Betriebsräte hinzunehmen. Sie stellt auch keine Geschlechtsdiskriminierung dar.

Auch eine unterschiedliche Behandlung vollzeit- und teilzeitbeschäftigter Arbeitnehmer durch eine **tarifvertragliche Regelung** muß durch sachliche Gründe gerechtfertigt sein. Andernfalls ist die tarifliche Regelung wegen Verstoßes gegen § 2 Abs. 1 BeschFG nichtig[2]. Auch kann umgekehrt der Tarifvertrag in seiner vollständigen Fassung anzuwenden sein[3]. Die Geltung des Gleichbehandlungsgrundsatzes wird nicht durch den Tarifvorrang gem. § 6 Abs. 1 BeschFG aufgehoben. § 6 Abs. 1 BeschFG gestattet es den Tarifvertragsparteien nicht, vom Grundsatz der Gleichbehandlung teilzeit- und vollzeitbeschäftigter Arbeitnehmer, wie er in § 2 Abs. 1 BeschFG konkretisiert und niedergelegt ist, abzuweichen[4]. 867

Liegt eine ungerechtfertigte Ungleichbehandlung von teilzeitbeschäftigten Arbeitnehmern vor, so ist die **vorenthaltene Leistung nachzugewähren.** Dies gilt auch dann, wenn ein teilzeitbeschäftigter Arbeitnehmer zu Unrecht von der betrieblichen Altersversorgung ausgeschlossen wurde. Ihm steht nicht lediglich ein Schadensersatzanspruch, sondern ein Vergütungsanspruch zu[5]. Selbst wenn der Verstoß gegen den Gleichheitssatz erst nachträglich erkannt wird, führt dies nicht zum Wegfall oder Einschränkung einer rückwirkenden Erfüllung. Der Gleichheitssatz gehört zu den Grundbestandteilen der verfassungsmäßigen Ordnung, so daß ihm nicht der sich aus dem Rechtsstaatsprinzip ergebende Vertrauensschutz entgegengesetzt werden kann. 868

8. Betriebliche Übung

a) Rechtsgrundlagen

aa) Begründung einer betrieblichen Übung

Werden mit regelmäßiger Wiederholung und gleichmäßig **zusätzliche Leistungen ohne vertragliche Verpflichtung** innerhalb eines Arbeitsverhältnisses ge- 869

---

1 BAG v. 5. 3. 1997, BB 1997, 2218, obwohl der EuGH (v. 6. 2. 1996, BB 1996, 429) auf den Vorlagebeschluß des erkennenden Senats zuvor eine gegen Art. 119 EG-Vertrag verstoßende mittelbare Frauendiskriminierung festgestellt hatte; s. a. LAG Hamm v. 3. 1. 1996, BB 1996, 645 zu den Auswirkungen auf teilzeitbeschäftigte männliche Betriebsräte; aA LAG Berlin v. 30. 1. 1990, DB 1991, 49; EuGH v. 4. 6. 1992, NZA 1992, 687 – Bötel.
2 BAG v. 23. 6. 1993, NZA 1994, 41, 42; BAG v. 9. 10. 1996, BB 1997, 1157; LAG Köln v. 3. 7. 1996, LAGE § 2 BeschFG Nr. 32, n.rkr., zu § 53 Abs. 3 BAT.
3 BAG v. 28. 3. 1996, DB 1996, 2549, betreffend § 3n BAT.
4 BAG v. 29. 8. 1989, AP Nr. 6 zu § 2 BeschFG; BAG v. 23. 6. 1993, NZA 1994, 41, 42; BAG v. 7. 3. 1995, BB 1995, 2217; BAG v. 13. 3. 1997, BB 1997, 1638; dies gilt auch für teilzeitbeschäftigte Studierende, die nach § 6 Abs. 1 Nr. 3 SGB V versicherungsfrei sind, BAG v. 28. 3. 1996, DB 1996, 2549.
5 BAG v. 7. 3. 1995, BB 1995, 2217; s. a. BAG 16. 1. 1996, NZA 1996, 607; BAG v. 12. 3. 1996, DB 1996, 2085.

währt, die darauf schließen lassen, sie werden auf Dauer gewährt, ohne daß sie durch Gesetz, Tarifvertrag, Betriebsvereinbarung oder Einzelarbeitsvertrag festgelegt sind, so kennzeichnet man dies als **betriebliche Übung**[1]. Ob aus einem wiederholten tatsächlichen Verhalten des Arbeitgebers eine betriebliche Übung mit Anspruch der Arbeitnehmer auf eine zukünftige Gewährung entsteht oder ob aus dem Verhalten des Arbeitgebers nur eine Entscheidung für das jeweilige Jahr abzuleiten ist, ist eine Tatsachenfrage. Für den Begriff der betrieblichen Übung ist maßgeblich die regelmäßige Wiederholung bestimmter Verhaltensweisen des Arbeitgebers, aus denen seine Arbeitnehmer schließen können, ihnen solle eine Leistung oder eine Vergünstigung auf Dauer gewährt werden[2]. Die betriebliche Übung muß sich nicht unbedingt auf sämtliche oder zumindest mehrere Arbeitnehmer des Betriebes erstrecken[3].

870 Die **Verbindlichkeit einer betrieblichen Übung** wird überwiegend mit der Vertragstheorie begründet[4]. Danach erlangt eine betriebliche Übung nur dann rechtliche Bedeutung für das Arbeitsverhältnis, wenn sie Inhalt des Arbeitsvertrages wird. Deshalb muß der Arbeitgeber zumindest ein Verhalten an den Tag legen, das sein Einverständnis mit der Entstehung entsprechender Rechte erkennen oder nach dem Grundsatz von Treu und Glauben wenigstens darauf schließen läßt[5]. Einschränkend heißt es in den Entscheidungen des BAG jedoch, daß es für die Begründung eines Anspruchs durch betriebliche Übung nicht darauf ankommt, ob der Arbeitgeber mit Verpflichtungswillen gehandelt hat, sondern darauf, wie der Arbeitnehmer als Erklärungsempfänger die Erklärung und das Verhalten des Arbeitgebers unter Berücksichtigung aller Begleitumstände nach §§ 133, 157 BGB verstehen mußte[6]. Die Wirkung einer Willenserklärung oder eines bestimmten Verhaltens tritt im Rechtsverkehr nicht lediglich deshalb ein, weil der Erklärende einen bestimmten Willen gehabt, sondern weil er einen auf eine bestimmte Rechtswirkung gerichteten Willen gegenüber dem Erklärungsempfänger geäußert hat[7]. Zur Vertragsannahme kommt es durch Hinnahme der Leistungen und Vergünstigungen seitens des Arbeitnehmers (bzw. – in den wenigen Ausnahmefällen, wenn es zugunsten des Arbeitgebers zu einer betrieblichen Übung kommt – durch den Arbeitgeber), also durch stillschweigende Annahme gem. § 151 BGB.

---

1 BAG v. 11. 10. 1995, DB 1996, 834; BAG v. 28. 2. 1996, NZA 1996, 758; *Hromadka*, NZA 1984, 241.
2 So ua. BAG v. 14. 9. 1994, NZA 1995, 419; BAG v. 16. 4. 1997, BB 1997, 1798.
3 AA MünchArbR/*Richardi*, § 13 Rz. 3.
4 So BAG v. 8. 12. 1982, BB 1983, 903; BAG v. 4. 9. 1985, AP Nr. 22 zu § 242 BGB – Betriebliche Übung; BAG v. 6. 9. 1994, NZA 1995, 418; BAG v. 14. 9. 1994, NZA 1995, 419; BAG v. 11. 10. 1995, NZA 1996, 718; BAG v. 16. 4. 1997, BB 1997, 1798; zu den Meinungen siehe im übrigen MünchArbR/*Richardi*, § 13 Rz. 5 ff.; *Schaub*, § 111 I 2–7.
5 BAG v. 8. 12. 1982, BB 1983, 903; BAG v. 11. 10. 1995, DB 1996, 834; BAG v. 21. 1. 1997, NZA 1997, 1009.
6 So ua. BAG v. 16. 4. 1997, BB 1997, 1798.
7 BAG v. 6. 9. 1994 und 14. 9. 1994, NZA 1995, 418, 419; BAG v. 11. 10. 1995, NZA 1996, 718.

III. Verpflichtungen des Arbeitgebers Rz. 873 Teil 2 A

Auch gegenüber **neu in den Betrieb eintretenden Arbeitnehmern** wirken die Vergünstigungen und Leistungen des Arbeitgebers als Vertragsangebot, sofern er diesen gegenüber nichts Gegenteiliges deutlich macht[1].

An einem **wirksamen Verpflichtungswillen** fehlt es, wenn der Arbeitgeber irrtümlich aufgrund eines Tarifvertrages oder einer Betriebsvereinbarung glaubt, zur Gewährung der Leistungen verpflichtet zu sein. Dies kann jedoch dann nicht gelten, wenn der Arbeitgeber bewußt, also unabhängig von der formellen Wirksamkeit der vertraglichen Grundlage, die Vergünstigung oder Leistung gewähren wollte. Anders als im öffentlichen Dienst (s. dazu Rz. 879) können Arbeitnehmer nicht grundsätzlich davon ausgehen, daß der Arbeitgeber nur die Leistungen gewähren will, zu denen er rechtlich verpflichtet ist.

871

Gegenstand der betrieblichen Übung kann alles sein, was auch Inhalt eines Tarif- und Arbeitsvertrages sein kann, also insbesondere Gratifikationen, übertarifliche Erhöhungen des Arbeitsentgelts, Freizeitgewährung, Überstundenzuschläge und Ansprüche auf Altersversorgung.

872

bb) Bindungswirkung

Nicht eindeutig bestimmbar ist, **wie häufig oder wie lange** eine Vergünstigung oder Leistung durch den Arbeitgeber gewährt worden sein muß, um von einer verbindlichen betrieblichen Übung ausgehen zu können. Bei **Weihnachtsgratifikationen** geht man allgemein davon aus, daß eine dreimalige vorbehaltlose Leistung dazu führt, daß der Arbeitgeber auch in Zukunft vertraglich verpflichtet ist, diese Gratifikation den Arbeitnehmern zu gewähren[2]. Dies wird auch für Zulagen gelten müssen[3]. Anders verhält es sich, wenn – für den Arbeitnehmer erkennbar – aus dem Verhalten des Arbeitgebers nur eine Zahlung für das jeweilige Jahr abzuleiten ist[4] oder die Zuwendung nach Gutdünken des Arbeitgebers dreimalig in unterschiedlicher Höhe gezahlt wird. Dann entsteht keine betriebliche Übung auf zukünftige Gewährung von Weihnachtsgeld. Der Arbeitnehmer muß in einem solchen Fall davon ausgehen, daß der Arbeitgeber die Zuwendung nur für das jeweilige Jahr gewähren will[5].

873

Bezüglich einer **Versorgungszusage** geht das Bundesarbeitsgericht von einer betrieblichen Übung aus, nachdem 6 bzw. 8 Jahre lang jedem Arbeitnehmer, der 10 Jahre ununterbrochen im Betrieb tätig war, ohne weitere schriftliche Erklärung nur durch Übergabe einer Urkunde eine Betriebsrente zugesagt worden war[6]. Im Ergebnis wird man auf die Art der Leistung sowie darauf abstellen müssen, inwieweit der Arbeitgeber das Entstehen von Ansprüchen kraft betrieblicher Übung erkennen konnte.

---

1 *Schaub*, § 111 I 3b.
2 BAG v. 24. 1. 1956, 17. 4. 1957 und 3. 4. 1957, AP Nr. 2, 5, 6 zu § 611 BGB – Gratifikation.
3 Bzgl. einer Trennungsentschädigung BAG v. 7. 9. 1982, BB 1983, 1033.
4 BAG v. 16. 4. 1997, BB 1997, 1798.
5 BAG v. 28. 2. 1996, NZA 1996, 758.
6 BAG v. 5. 2. 1971, AP Nr. 10 zu § 242 BGB – Betriebliche Übung; BAG v. 30. 10. 1984, NZA 1985, 531.

874 Eine Bindung für die Zukunft kann der Arbeitgeber nur dadurch vermeiden, daß er bei Gewährung der Leistung ausdrücklich den **Vorbehalt** macht, daß die **Leistung freiwillig erfolge** oder den ausdrücklichen Hinweis gibt, daß auch bei wiederholter Zahlung kein Rechtsanspruch darauf besteht.

Erforderlich ist, daß der **Vorbehalt klar und unmißverständlich** kundgetan wird. Dabei steht die Form des Vorbehaltes dem Arbeitgeber frei. Er kann den Vorbehalt sowohl durch Aushang oder Rundschreiben als auch durch Erklärung gegenüber dem einzelnen Arbeitnehmer bekanntgeben[1].

Dieser Freiwilligkeitsvorbehalt muß bei jedem neuen Anlaß **wiederholt** werden. Andernfalls kann eine bindende betriebliche Übung in der Zeit nach dem letzten Vorbehalt entstehen[2].

875 **Vertragsbeispiel:**

> „Die Zahlung erfolgt freiwillig. Sie begründet keinen Rechtsanspruch. Auch aus wiederholter Zahlung können keine Ansprüche für die Zukunft hergeleitet werden."

876 Ein **Widerrufsvorbehalt** schließt dagegen das Entstehen einer Rechtsbindung nicht aus. Er gibt nur die Möglichkeit, sich einseitig durch Widerruf von der kraft betrieblicher Übung entstandenen Verpflichtung zu lösen. Ein Widerrufsvorbehalt beseitigt aber nur dann die einmal entstandene Verpflichtung, wenn für den Widerruf sachliche Gründe vorliegen[3].

877 Diese Bindungswirkungen treten auch für Betriebsübungen ein, die **zu Lasten von Arbeitnehmern** entstanden sind, indem diese zB jahrelang ohne vertragliche Verpflichtung zusätzliche oooder andere Tätigkeiten mit erledigt haben. Voraussetzung für eine entsprechende Bindungswirkung ist aber, daß es übereinstimmender Wille beider Arbeitsvertragsparteien war, den Vertrag entsprechend zu verändern oder zu erweitern.

878 **Keine Bindungswirkung** aufgrund einer betrieblichen Übung entsteht, wenn überhaupt nicht auf einen rechtsgeschäftlichen Willen zu schließen ist, auch zukünftig die bisherigen zusätzlichen Vergünstigungen oder Leistungen weitergewähren zu wollen. Ein derartiger Wille kann nicht der jahrelangen vorbehaltlosen Zahlung einer übertariflichen Zulage zum jeweiligen Tariflohn entnommen werden, da es für den Unternehmer nicht übersehbar ist, ob er zu den Tariflohnerhöhungen aus wirtschaftlichen Gründen überhaupt ständig in der Lage und deshalb willens ist, eine bisher gewährte übertarifliche Zulage weiter zu zahlen[4]. Ob sich der Arbeitgeber binden wollte oder nicht, ist danach zu beurteilen, inwieweit Arbeitnehmer dies aus dem Erklärungsverhalten des Ar-

---

1 BAG v. 6. 9. 1994, NZA 1995, 418, 419.
2 MünchArbR/*Richardi*, § 13 Rz. 24.
3 MünchArbR/*Richardi*, § 13 Rz. 25.
4 BAG v. 8. 12. 1982, BB 1983, 903.

III. Verpflichtungen des Arbeitgebers

beitgebers unter Berücksichtigung von Treu und Glauben (§ 242 BGB) sowie aller Begleitumstände gem. den §§ 133, 157 BGB schließen dürfen[1].

Für den **öffentlichen Dienst** gilt die Besonderheit, daß hier unterstellt wird, daß sich der Arbeitgeber nur normgemäß verhalten und keine über- oder außertariflichen Leistungen erbringen will[2]. Die durch Anweisungen vorgesetzter Dienststellen, Verwaltungsrichtlinien, Verordnungen und gesetzliche Regelungen, vor allem aber durch die Festlegungen des Haushaltsplanes gebundenen öffentlichen Arbeitgeber sind anders als private Arbeitgeber gehalten, die Mindestbedingungen des Tarifrechts und die Haushaltsvorgaben bei der Gestaltung von Arbeitsverhältnissen zu beachten. Im Zweifel gilt Normvollzug. Ein Arbeitnehmer des öffentlichen Dienstes muß daher grundsätzlich davon ausgehen, daß ihm sein Arbeitgeber nur die Leistungen gewähren will, zu denen er rechtlich verpflichtet ist. Er muß also damit rechnen, daß eine fehlerhafte Rechtsanwendung korrigiert wird[3]. Dies gilt insbesondere für die Vergütung; s. dazu oben Rz. 384 zur korrigierenden Rückgruppierung und Versorgungsleistungen, auch an Hinterbliebene[4]. Ohne besondere Anhaltspunkte darf der Arbeitnehmer des öffentlichen Dienstes auch bei langjährigem Verzicht des Arbeitgebers auf Ausübung seines Direktionsrechts nicht von einer Konkretisierung der Arbeitsbedingungen ausgehen[5]. Selbständige Nebenabreden bedürfen ohnehin im öffentlichen Dienst gem. § 4 Abs. 2 BAT grundsätzlich der Schriftform[6]. – Für Eigengesellschaften gelten gleichfalls die angeführten Einschränkungen hinsichtlich einer betrieblichen Übung im öffentlichen Dienst[7]. 879

b) Beseitigung einer betrieblichen Übung

Durch **bloße Einstellung der Leistung** kann eine bereits verbindliche betriebliche Übung nicht aufgehoben werden. Dies steht dem Vertragscharakter einer betrieblichen Übung entgegen. Die gewährten Leistungen gelten als Bestandteil des Einzelarbeitsvertrages[8]. 880

Aufgrund der vertraglichen Verbindlichkeit einer kraft betrieblicher Übung gewährten Begünstigung oder Leistung können die erworbenen einzelvertraglichen Ansprüche oder Anwartschaftsrechte nur durch **einverständliche Regelung** beseitigt werden oder durch eine Kündigung bzw. Änderungskündigung der Einzelarbeitsverhältnisse[9], es sein denn, aus dem Zweck der Leistung ergibt 881

---

1 S. ua. BAG v. 11. 10. 1995, NZA 1996, 718.
2 BAG v. 10. 4. 1985, NZA 1986, 604.
3 BAG v. 14. 9. 1994, NZA 1995, 419, 420 m.w. Rechtsprechungsnachweisen; BAG v. 11. 10. 1995, DB 1996, 834; anders, wenn es sich um einen autonomen Verband handelt: BAG v. 16. 7. 1996, NZA 1997, 664.
4 LAG Hamm v. 16. 4. 1996, BB 1996, 1775.
5 BAG v. 11. 10. 1995, NZA 1996, 718.
6 S. aber BAG v. 16. 7. 1996, NZA 1997, 664.
7 LAG Hamm v. 16. 4. 1996, BB 1996, 1775.
8 *Schaub*, § 111 III 3.
9 BAG v. 14. 8. 1996, BB 1996, 2465.

sich die Dauer der Bindung[1]. Zu einer einverständlichen Änderung einer aus betrieblicher Übung vorbehaltlos geschuldeten Weihnachtsgratifikation kann aber auch das Entstehen einer gegenläufigen Übung führen[2]. Gibt der Arbeitgeber über einen Zeitraum von drei Jahren zu erkennen, daß er eine betriebliche Übung anders zu handhaben gedenkt als bisher – nämlich die Gratifikation nur noch unter einem Freiwilligkeitsvorbehalt gewährt –, so wird die alte betriebliche Übung einvernehmlich entsprechend geändert, wenn die Arbeitnehmer der neuen Handhabung über einen Zeitraum von drei Jahren hinweg nicht widersprechen[3].

882 Gegenüber **neu eintretenden Arbeitnehmern** kann die Verbindlichkeit einer betrieblichen Übung kraft Vereinbarung ausgeschlossen werden. Dabei muß deutlich werden, welche Leistungen zukünftig, jedenfalls gegenüber dem neu eintretenden Mitarbeiter, nicht mehr gewährt werden.

---

1 *Hromadka*, NZA 1984, 241, 245.
2 BAG v. 26. 3. 1997, DB 1997, 1672; kritisch dazu *Kettler*, NJW 1998, 435.
3 BAG v. 26. 3. 1997, DB 1997, 1672.

B. Entgeltfortzahlung

	Rz.
I. Annahmeverzug des Arbeitgebers	
1. Gesetzliche Grundlagen	1
2. Voraussetzungen des Annahmeverzuges	
a) Erfüllbares Arbeitsverhältnis	4
b) Angebot der Arbeitsleistung durch den Arbeitnehmer	
aa) §§ 294–296 BGB	6
bb) Einzelfälle	
(1) Während eines bestehenden Arbeitsverhältnisses	12
(2) Nach Ausspruch der Kündigung während des Laufs der Kündigungsfrist	15
(3) Nach Ausspruch einer fristlosen Kündigung oder nach Ablauf der Kündigungsfrist bei einer ordentlichen Kündigung	16
(4) Arbeitsunfähigkeit des gekündigten Arbeitnehmers	17
c) Leistungsfähigkeit und -willigkeit des Arbeitnehmers	23
d) Nichtannahme der Leistung durch den Arbeitgeber	30
3. Beendigung des Annahmeverzuges	
a) Allgemeines	32
b) Einzelfälle	35
4. Rechtsfolgen des Annahmeverzuges	
a) Zahlung der Vergütung	39
b) Besondere Vergütungsformen	40
c) Sachbezüge	42
d) Verjährung, tarifliche Ausschlußfristen	47
5. Anrechnung anderweitigen Verdienstes	48
a) Anderweitiger Verdienst	49
b) Ersparte Aufwendungen	56
c) Böswilliges Unterlassen	57
6. Sonderfälle	
a) Freistellung	62
b) Kurzarbeit	65
aa) Einführung der Kurzarbeit	66

	Rz.
bb) Kurzarbeitergeld	70
cc) Kurzarbeit und Arbeitskampf	73
c) Betriebsrisikolehre	75
d) Störungen bei Arbeitskämpfen	81
II. Vergütungspflicht bei vorübergehender Verhinderung des Arbeitnehmers	
1. Grundlagen	87
2. Voraussetzungen der gesetzlichen Entgeltfortzahlungspflicht gemäß § 616 BGB	
a) Arbeitsverhinderung	88
b) Verhinderungsdauer	92
c) Schuldlosigkeit	93
d) Einzelfälle	94
3. Anmeldung/Unterrichtungspflicht	96
4. Wirkung: Fortzahlung des Arbeitsentgelts	97
5. Anrechnung anderweitigen Erwerbs	98
6. Abdingbarkeit	99
7. Sonderfall: § 45 SGB V	102
III. Entgeltfortzahlung im Krankheitsfall	
1. Rechtsgrundlagen	105
2. Voraussetzungen der Entgeltfortzahlung	108
a) Wartezeit	109
b) Arbeitsunfähigkeit	110
c) Unverschuldete Krankheit	
aa) Grundsätze	114
bb) Einzelfälle	117
cc) Schwangerschaftsabbruch und Sterilisation	121
d) Vorsorge- und Rehabilitationsmaßnahmen	122
3. Dauer der Entgeltfortzahlung	
a) Beginn und Ende	124
b) Sechswochenzeitraum	127
c) Wiederholte Arbeitsunfähigkeit	129
aa) Fortsetzungskrankheit	130
bb) Zwölfmonatszeitraum	133
cc) Sechsmonatsregelung	134
d) Berechnungsbeispiele	135
4. Höhe der Entgeltfortzahlung	
a) Grundsätze	136

	Rz.
b) Regelmäßige Arbeitszeit	139
c) Arbeitsentgelt	140
d) Leistungsentgelt	144
e) Kurzarbeit, Feiertagsentgelt	145
5. Anrechnung von Krankheitstagen auf den Erholungsurlaub	146
6. Anrechnung von Urlaub bei Maßnahmen der medizinischen Vorsorge oder Rehabilitation	160
7. Kürzungsmöglichkeit bei Sondervergütungen	168
8. Anzeige- und Nachweispflichten	
a) Anzeigepflicht	173
b) Nachweispflicht	174
c) Verletzung der Anzeige- und Nachweispflichten	177
d) Auslandserkrankung	180
aa) Anzeige- bzw. Mitteilungspflichten	181
bb) Nachweispflichten	187
9. Zweifel des Arbeitgebers an der Arbeitsunfähigkeit	
a) Ausgangslage	189
b) Ernsthafte und begründete Zweifel	190
c) § 275 SGB V	
aa) Inhalt der Regelung	192

	Rz.
bb) Auswirkungen	197
d) Zweifel bei Auslandserkrankungen	202
10. Beendigung des Arbeitsverhältnisses	205
11. Anspruchsübergang bei Dritthaftung	209
12. Kostenausgleich in Kleinbetrieben	217
a) Kleinbetriebe	218
b) Erstattungsfähige Aufwendungen	219
c) Freiwilliges Ausgleichsverfahren	220
IV. Entgeltfortzahlung an Feiertagen	
1. Grundlagen	221
2. Anspruchsvoraussetzungen	
a) Gesetzlicher Feiertag	224
b) Geltungsbereich	226
c) Kausalität	227
3. Höhe des Feiertagsentgelts	230
4. Kurzarbeit, Feiertagsentgelt und Krankheit	234
5. Ausschluß des Anspruchs	236

Schrifttum:

Zum Annahmeverzug: *Bauer/Baeck,* Die Anrechnung anderweitigen Verdienstes bei der Freistellung eines Arbeitnehmers, NZA 1989, 784; *Bauer/Hahn,* Zum Annahmeverzug des Arbeitgebers bei unwirksamer Kündigung, NZA 1991, 216; *Becker-Schaffner,* Die Nutzung von Firmenfahrzeugen bei Beendigung des Arbeitsverhältnisses, DB 1993, 2078; *Denck,* Das vorläufige Weiterbeschäftigungsangebot des Arbeitgebers im Kündigungsrechtsstreit, NJW 1983, 255; *Gamillscheg,* In Sachen Arbeitskampf: Öfter mal was Neues, BB 1996, 212; *Gumpert,* Anrechnung von anderweitigem Erwerb des Arbeitnehmers während des Kündigungsschutzprozesses, BB 1964, 1300; *Kohte,* Gewissenskonflikte am Arbeitsplatz – Zur Aktualität des Rechts der Leistungsstörungen, NZA 1989, 161; *Kreßel,* Neutralität des Staates im Arbeitskampf, NZA 1995, 1121; *Löwisch,* Die Beendigung des Annahmeverzugs durch ein Weiterbeschäftigungsangebot während des Kündigungsrechtsstreits, DB 1986, 2433; *Löwisch,* Arbeitsrechtliche Maßnahmen bei Kurzarbeit, Massenentlassung, Betriebsänderungen und Betriebsveräußerungen, 2. Aufl. 1984; *Nägele/Schmidt,* Das Dienstfahrzeug, BB 1993, 1797; *Ohlendorf,* Die Weiterbeschäftigung während eines Kündigungsschutzprozesses auf Wunsch des Arbeitgebers, AuR 1981, 109; *Schäfer,* Nochmals: Zum Weiterbeschäftigungsangebot des Arbeitgebers während des Kündigungsschutzprozesses, DB 1982, 902; *Schäfer,* Zur Lohnzahlungspflicht des Arbeitgebers nach verlorenem Kündigungsschutzprozeß, NZA 1984, 105; *Schroeder,* Die Nutzungsentschädigung des Arbeitnehmers wegen Entzugs des Firmenwagens nach unwirksamer Kündigung, NZA 1994, 342; *Stahlhacke,* Aktuelle Probleme des Annahmeverzuges im Arbeitsverhältnis, AuR 1992, 8; *Stephan,* Die Entwicklung der Rechtsprechung des BAG zum Annahmeverzug des Arbeitgebers, NZA 1992, 585; *Thüsing,* Ar-

B. Entgeltfortzahlung　　　　　　　　　　　　　　　　　　　　　　Teil 2 B

beitskampfrisiko, Notdienstvereinbarung und Beschäftigungspflicht – Anmerkung zu neueren Tendenzen der BAG-Rechtsprechung, DB 1995, 2607; *Waas*, Rechtsfragen des Annahmeverzugs bei Kündigung durch den Arbeitgeber, NZA 1994, 151; *Winderlich*, Der Annahmeverzug bei einseitiger Freistellung, BB 1991, 271.

Zur Entgeltfortzahlung bei vorübergehender Verhinderung: *Brill*, Arztbesuche während der Arbeitszeit, NZA 1984, 281; *Erasmy*, Arbeitsrechtliche Auswirkungen der Neuregelung des Kinderkrankengeldes in § 45 SGB V, NZA 1992, 921; *Grabau*, Die Wahrnehmung religiöser Pflichten im Arbeitsverhältnis, BB 1991, 1257; *Moll*, Dienstvergütung bei vorübergehender Verhinderung, RdA 1980, 138.

Zur Entgeltfortzahlung bei Krankheit und an Feiertagen: *Abele*, Entgeltfortzahlung an erkrankte Wanderarbeitnehmer und Anerkennung von EG-ausländischen Attesten, NZA 1996, 631; *Bauer/Lingemann*, Probleme der Entgeltfortzahlung nach neuem Recht, BB 1996, Beil. 17, 8; *Berenz*, Aktuelle Probleme bei der Entgeltfortzahlung im Krankheitsfall, DB 1995, 2166; *Berenz*, Anzeige- und Nachweispflichten bei Erkrankung im Ausland, DB 1995, 1462; *Birk/Prütting/Sprang/Steckhan*, Gemeinschaftskommentar zum Entgeltfortzahlungsrecht, 1993; *Brecht*, Entgeltfortzahlung an Feiertagen und im Krankheitsfall, 1995; *Diller*, Krankfeiern seit 1. 6. 1994 schwieriger?, NJW 1994, 1690; *Feldgen*, Das neue Entgeltfortzahlungsgesetz, DB 1994, 1290; *Gola*, Entgeltfortzahlungs-Gesetz, Handkommentar, 1994; *Gola*, Krankenkontrolle, Datenschutz und Mitbestimmung, BB 1995, 2318; *Hanau*, Reformbedarf im Arbeitsvertragsrecht, ZRP 1996, 349; *Hanau/Kramer*, Zweifel an der Arbeitsunfähigkeit, DB 1995, 94; *Heither*, Der Verhinderungsfall im Recht der Lohnfortzahlung bei Krankheit, Festschrift für Hilger/Stumpf, 1983, S. 299; *Helml*, Entgeltfortzahlungsgesetz, Kommentar, 1995; *Hofmann*, Fristenprobleme bei der Fortsetzungserkrankung, Festschrift für Hilger/Stumpf, 1983, S. 343; *Hohmeister*, Die Anrechnung einer Maßnahme der medizinischen Vorsorge oder Rehabilitation auf den zukünftigen Urlaub nach § 10 Abs. 3 BUrlG, DB 1997, 172; *Hunold*, Krankheit des Arbeitnehmers, 3. Aufl. 1994; *Junker*, Der EuGH im Arbeitsrecht – Die schwarze Serie geht weiter, NJW 1994, 2527; *Kaiser/Dunkel/Hold/Kleinsorge*, Entgeltfortzahlung, Kommentar, 3. Aufl. 1996; *Kleinsorge*, Gesetz über die Zahlung des Arbeitsentgelts an Feiertagen und im Krankheitsfall, NZA 1994, 640; *Kramer*, Die Vorlage der Arbeitsunfähigkeitsbescheinigung, BB 1996, 1662; *Leinemann*, Fit für ein neues Arbeitsvertragsrecht?, BB 1996, 1381; *Lepke*, Kündigung bei Krankheit, 9. Aufl. 1995; *Lepke*, Pflichtverletzungen des Arbeitnehmers bei Krankheit als Kündigungsgrund, NZA 1995, 1084; *Lorenz*, Das Arbeitsrechtliche Beschäftigungsförderungsgesetz, DB 1996, 197; *Löwisch*, Das Arbeitsrechtliche Beschäftigungsförderungsgesetz, NZA 1996, 1009; *Marburger*, Die Gehalts- und Lohnfortzahlung im Krankheitsfall, 6. Aufl. 1993; *Marburger*, Neu geregelt: Entgeltfortzahlung im Krankheitsfall, BB 1994, 1417; *Mayer*, Die Anrechnung von Krankheit auf bezahlte Arbeitsbefreiung, BB 1996, Beil. 17, 20; *Müller/Berenz*, Entgeltfortzahlungsgesetz, Kommentar, Loseblatt; *Preis*, Das arbeitsrechtliche Beschäftigungsförderungsgesetz 1996, NJW 1996, 3369; *Raab*, Entgeltfortzahlung an arbeitsunfähig erkrankte Arbeitnehmer an Feiertagen nach der Neuregelung des EFZG, NZA 1997, 1144; *Sabel*, Entscheidungssammlung zur Entgeltfortzahlung an Arbeiter und Angestellte bei Krankheit, Kur und Mutterschaft, Loseblattsammlung; *Schaub*, Rechtsfragen der Arbeitsunfähigkeitsbescheinigung nach dem Entgeltfortzahlungsgesetz, BB 1994, 1629; *Schliemann*, Neues und Bekanntes im Entgeltfortzahlungsgesetz, AuR 1994, 317; *Schmatz/Fischwasser*, Vergütung der Arbeitnehmer bei Krankheit und Mutterschaft, 6. Aufl., Loseblatt-Kommentar; *Schmitt*, Entgeltfortzahlungsgesetz, 2. Aufl. 1995; *Schwedes*, Das Arbeitsrechtliche Beschäftigungsförderungsgesetz, BB 1996, Beil. 17, 2; *Sieg*, Einige Sonderprobleme der Entgeltfortzahlung nach neuem Recht, BB 1996, Beil. 17, 18; *Viethen*, Entgeltfortzahlungsgesetz, Leitfaden, 1994; *Waltermann*, Entgeltfortzahlung bei Arbeitsunfähigkeit und Berufskrankheiten nach neuem Recht, NZA 1997, 177; *Wedde/Gerntke/Kunz/Platow*, Entgeltfortzahlungsgesetz, Basiskommentar, 1994; *Worzalla*, Die Anzeige- und Nachweispflicht nach § 5 I EFZG, NZA 1996, 61; *Worzalla/Süllwald*, Entgeltfortzahlungsgesetz, Kommentar, 1995.

I. Annahmeverzug des Arbeitgebers

1. Gesetzliche Grundlagen

1 Gemäß § 615 Satz 1 BGB kann der Arbeitnehmer ohne Arbeitsleistung die vereinbarte Vergütung verlangen, wenn sich der Arbeitgeber im Annahmeverzug befindet. Die Voraussetzungen des Annahmeverzuges richten sich auch für das Arbeitsverhältnis nach den §§ 293 ff. BGB. Annahmeverzug tritt gemäß § 293 BGB ein, wenn der Arbeitgeber die ihm angebotene Leistung nicht annimmt.

2 Nach § 615 Satz 2 BGB muß sich der Arbeitnehmer **anrechnen lassen,** was er infolge des Unterbleibens seiner Arbeitsleistung erspart oder durch anderweitige Verwendung seiner Arbeitsleistung erwirbt oder zu erwerben böswillig unterläßt. Eine vergleichbare Regelung enthält § 11 KSchG für den Fall des Fortbestehens eines Arbeitsverhältnisses nach erfolgreicher Kündigungsschutzklage.

3 Die Regelungen über den Annahmeverzug sind grundsätzlich **abdingbar,** können also sowohl durch Arbeitsvertrag wie durch Betriebsvereinbarung und Tarifvertrag ausgeschlossen oder anderweitig geregelt werden[1]. Dies gilt auch für § 11 KSchG. Hinsichtlich § 615 Satz 1 BGB ist dies jedoch stark eingeschränkt. So darf der Arbeitgeber das **Betriebs- und Wirtschaftsrisiko nicht generell** auf den Arbeitnehmer abwälzen. Eine anderweitige Vereinbarung hinsichtlich der Fortzahlung der Vergütung bei Annahmeverzug ist daher nur zulässig, wenn es angemessen und vertretbar erscheint, den Arbeitnehmer das Risiko mittragen zu lassen, daß die Arbeit nicht angenommen werden kann[2].

2. Voraussetzungen des Annahmeverzuges

a) Erfüllbares Arbeitsverhältnis

4 § 615 Satz 1 BGB setzt das Bestehen eines Arbeitsverhältnisses voraus. Es muß ein erfüllbares Arbeitsverhältnis vorliegen, das aufgrund eines rechtswirksamen Vertrages zustande gekommen ist. Im Rahmen eines **faktischen Arbeitsverhältnisses** besteht ein Anspruch so lange, bis sich der Arbeitgeber auf die Nichtigkeit des Vertrages beruft[3]. Ebenso besteht im Falle der **Weiterbeschäftigung nach § 102 Abs. 5 BetrVG** das Arbeitsverhältnis kraft Gesetzes fort, und zwar auflösend bedingt bis zur Abweisung der Klage auf dessen Fortbestand[4].

---

1 BGB-RGRK/*Matthes*, § 615 BGB Rz. 98; BAG v. 6. 2. 1994, AP Nr. 24 zu § 615 BGB; BAG v. 6. 11. 1968, AP Nr. 16 zu § 615 BGB-Betriebsrisiko; *Staudinger/Richardi*, § 615 BGB Rz. 9; MünchKomm/*Schaub*, § 615 BGB Rz. 44.

2 BGB-RGRK/*Matthes*, § 615 BGB Rz. 101; *Staudinger/Richardi*, § 615 BGB Rz. 10.

3 MünchKomm/*Schaub*, § 615 BGB Rz. 10; BAG v. 15. 11. 1957, AP Nr. 2 zu § 125 BGB; *Schäfer*, NZA 1984, 105, 106; BGB-RGRK/*Matthes*, § 615 Rz. 32, 59; aA LAG Baden-Württemberg v. 26. 11. 1971, AP Nr. 1 zu § 19 AFG.

4 *Boewer*, NZA 1988, 7; BGB-RGRK/*Matthes*, § 615 Rz. 33.

I. Annahmeverzug des Arbeitgebers

Bei einer Tätigkeit im Rahmen des **allgemeinen Weiterbeschäftigungsanspruchs** ist zu differenzieren zwischen der einvernehmlichen Beschäftigung und der Vollstreckung: Im Falle der **einvernehmlichen Beschäftigung** handelt es sich in der Regel um ein konkludent abgeschlossenes Arbeitsverhältnis, auflösend bedingt durch den Abschluß des Rechtsstreits. Hier gelten also keine Besonderheiten. Bei der **Vollstreckung** des allgemeinen Weiterbeschäftigungsanspruchs besteht dagegen kein Anspruch aus Annahmeverzug, weil hierdurch kein Arbeitsverhältnis zustande kommt. Zahlt allerdings der Arbeitgeber nach einer Verurteilung zur Weiterbeschäftigung des Arbeitnehmers bis zum rechtskräftigen Abschluß des Kündigungsrechtsstreits den vereinbarten Lohn, ohne daß der Arbeitnehmer weiterbeschäftigt wird, kann der Arbeitgeber diesen gemäß den §§ 812 Abs. 1 Satz 1, 818 Abs. 2 BGB zurückverlangen, wenn das Arbeitsverhältnis später zu einem Zeitpunkt beendet wird, der vor dem Zahlungszeitraum lag[1]. Allein die Verurteilung zur Weiterbeschäftigung begründet nämlich kein auflösend bedingtes Arbeitsverhältnis und damit auch keinen Zahlungsanspruch[2]. Ebenso wenig liegt allein in der Zahlung der Gehälter durch den Arbeitgeber und deren Annahme durch den Arbeitnehmer die Begründung eines Arbeitsverhältnisses bis zur Beendigung des Kündigungsrechtsstreits[3]. Allenfalls kommt ein Schadenersatzanspruch wegen der Nichtbeschäftigung in Betracht[4].

b) Angebot der Arbeitsleistung durch den Arbeitnehmer

aa) §§ 294–296 BGB

Für das Angebot gelten die §§ 294–296 BGB. Danach bedarf es grundsätzlich eines **tatsächlichen Angebots**, § 294 BGB. Dieses Angebot erfolgt, indem der Arbeitnehmer seine Arbeitsstelle antritt, sich dort also zu Beginn der Arbeitszeit zur Aufnahme seiner Tätigkeit einfindet und seine Dienste so anbietet, wie sie **vertragsgemäß geschuldet** werden. Ein tatsächliches Angebot belegt in aller Regel den ernsthaften Leistungswillen des Arbeitnehmers, so daß der Arbeitgeber in einem solchen Fall mit der Einrede abgeschnitten ist, der Arbeitnehmer sei nicht leistungsfähig oder leistungswillig gewesen[5].

Gemäß § 295 BGB genügt ein **wörtliches Angebot,** wenn der Arbeitgeber vorher erklärt hat, er werde die Leistung nicht annehmen oder wenn zur Bewirkung der Leistung eine Handlung des Arbeitgebers erforderlich ist. In seiner älteren Rechtsprechung hat das BAG nach Ausspruch einer Kündigung ein wörtliches Angebot für ausreichend, aber auch für erforderlich erachtet und in der Erhebung der Kündigungsschutzklage die Fiktion des wörtlichen Angebots gesehen[6].

---

1 BAG v. 17. 1. 1991, AP Nr. 8 zu § 611 BGB – Weiterbeschäftigung.
2 *Staudinger/Richardi*, § 615 BGB Rz. 45; BGB-RGRK/*Matthes*, § 615 Rz. 33; BAG v. 10. 3. 1987, AP Nr. 1 zu § 611 BGB – Weiterbeschäftigung.
3 BAG v. 17. 1. 1991, AP Nr. 8 zu § 611 BGB – Weiterbeschäftigung.
4 BAG v. 12. 9. 1985, AP Nr. 7 zu § 102 BetrVG 1972 – Weiterbeschäftigung.
5 BAG v. 10. 5. 1973, AP Nr. 27 zu § 615 BGB.
6 BAG v. 27. 1. 1975, AP Nr. 31 zu § 615 BGB.

8 Seit seiner Entscheidung vom 9. 8. 1984[1] wendet das BAG **nach Ausspruch einer Kündigung** § 296 BGB an, wonach ein **tatsächliches oder auch wörtliches Angebot entbehrlich** ist. Diese Rechtsprechung hat das BAG bis heute aufrecht erhalten[2]. Nach § 296 BGB ist ein – tatsächliches oder auch wörtliches – Angebot entbehrlich, wenn für eine vom Gläubiger vorzunehmende Mitwirkungshandlung eine Zeit nach dem Kalender bestimmt ist und der Gläubiger die Handlung nicht rechtzeitig vornimmt. In einem Arbeitsverhältnis hat der Arbeitgeber für die arbeitstechnischen Voraussetzungen zur Verrichtung der Arbeit zu sorgen, also den funktionsfähigen Arbeitsplatz zur Verfügung zu stellen und dem Arbeitnehmer die Arbeit zuzuweisen, also das Direktionsrecht auszuüben, damit dieser die geschuldete Arbeitsleistung nach dem Kalender erbringen kann[3]. Die Arbeitszuweisung ist eine dem Kalender synchron verlaufende Daueraufgabe[4]. Mit der Kündigung gibt der Arbeitgeber dem Arbeitnehmer den entgegengesetzten Willen zu erkennen, nämlich daß er den funktionsfähigen Arbeitsplatz für die Zeit nach Ablauf der Kündigungsfrist nicht mehr zur Verfügung stellen wolle. Der Arbeitgeber kommt damit seiner kalendermäßig bestimmten Mitwirkungspflicht nicht nach und gerät in **Annahmeverzug,** wenn er dem Arbeitnehmer **unberechtigt kündigt,** ohne daß es eines **tatsächlichen oder** auch nur **wörtlichen Angebots des Arbeitnehmers** auf Arbeitsleistung bedarf[5]. Will der Arbeitgeber trotz der Kündigung nicht in Annahmeverzug geraten, muß er den Arbeitnehmer wieder zur Arbeit auffordern (zu den Einzelheiten der Beendigung des Annahmeverzuges vgl. Rz. 32 ff.).

9 Das BAG räumt zwar ein, daß die Einpassung der §§ 293 ff. BGB in das Modell des Arbeits- und Dienstvertrages wenig gelungen sei, es hat dennoch seine Rechtsprechung mit Urteil vom 22. 11. 1994 erneut bestätigt[6]. Die Rechtsprechung des BAG hat hinsichtlich ihrer dogmatischen Begründung zwar vielfältige Kritik erfahren[7]; die Anwendung der §§ 294 bis 296 BGB und insbesondere des § 296 BGB für die Zeit nach Wirksamwerden der Kündigung ist jedoch mittlerweile herrschende Meinung[8].

10 Ein **tatsächliches sowie wörtliches Angebot** sind ferner **entbehrlich,** wenn der Arbeitgeber dem Arbeitnehmer gegenüber zu verstehen gegeben hat, er werde

---

1 Grundlegend: BAG v. 9. 8. 1984, AP Nr. 34 zu § 615 BGB nach außerordentlicher Kündigung; BAG v. 21. 3. 1985, AP Nr. 35 zu § 615 BGB nach ordentlicher Kündigung; *Konzen,* gemeins. Anm. AP Nr. 34 und 35 zu § 615 BGB.
2 Zuletzt BAG v. 24. 11. 1994, AP Nr. 60 zu § 615 BGB.
3 BAG v. 21. 3. 1985 und 14. 11. 1985, AP Nr. 35 u. 39 zu § 615 BGB; *Herschel,* AuR 1969, 383; BGB-RGRK/*Alff,* § 296 BGB Rz. 2; *Beitzke,* SAE 1970, 4.
4 BAG v. 21. 1. 1992, AP Nr. 53 zu § 615 BGB.
5 Grundlegend: BAG v. 9. 8. 1984, AP Nr. 34 zu § 615 BGB; ebenso BAG v. 14. 11. 1985, 17. 4. 1986 und 21. 1. 1992, AP Nr. 39, 40 u. 53 zu § 615 BGB.
6 BAG v. 24. 11. 1994, AP Nr. 60 zu § 615 BGB.
7 Vgl. zum Meinungsstand insgesamt die ausführliche Übersicht bei *Waas,* NZA 1994, 151.
8 BGB-RGRK/*Matthes,* § 615 Rz. 39; *Schwarze,* Anm. zu EzA § 615 BGB Nr. 78; *Waas,* NZA 1994, 151; aA *Kaiser,* Anm. zu EzA § 615 BGB Nr. 70.

I. Annahmeverzug des Arbeitgebers

den Arbeitnehmer auf keinen Fall mehr beschäftigen[1]. Dies gilt insbesondere auch **nach endgültiger Freistellung** von der Arbeit[2], bei **unwirksamer Befristung** oder wenn zunächst davon ausgegangen wird, es bestehe kein Kündigungsschutz[3].

Die vorstehenden Grundsätze gelten nach der Rechtsprechung des BGH[4] **nicht bei** einem **Dienstvertrag, der nicht Arbeitsvertrag** ist. Danach muß der Dienstverpflichtete sein Angebot auf Arbeitsleistung nach Ausspruch der Kündigung wiederholen, auch wenn der Dienstberechtigte vor der Kündigung die Annahme der Dienste verweigert hat. 11

bb) Einzelfälle

(1) Während eines bestehenden Arbeitsverhältnisses

Hier sind solche Fälle betroffen, in denen der Arbeitnehmer während des Arbeitsverhältnisses seine Arbeitsleistung wegen Krankheit, Urlaub oder dergleichen unterbricht und danach seine Arbeitsleistung wieder aufnimmt. In allen diesen Fällen ist unverändert ein **tatsächliches Angebot** zur Arbeitsleistung gemäß § 294 BGB **erforderlich**, um Ansprüche aus Annahmeverzug auszulösen. 12

Dieses Arbeitsangebot des Arbeitnehmers muß seinem Arbeitsvertrag und den heranzuziehenden tariflichen und arbeitsvertraglichen Bestimmungen entsprechen. Dabei kommt es entscheidend auch darauf an, wo der Arbeitnehmer seine Arbeitsleistung zu erbringen hat[5]. Ist das **Arbeitsangebot** des Arbeitnehmers **nicht vertragsgemäß**, gerät der Arbeitgeber auch **nicht in Annahmeverzug.** 13

Der Arbeitnehmer kann auch **nach** seiner **Gesundung** den Arbeitgeber gemäß § 295 Satz 1 2. Alt. BGB **auffordern**, ihm **Arbeit zuzuweisen**[6]. Diese Aufforderung des Arbeitnehmers, die Mitwirkungshandlung vorzunehmen, kann ausdrücklich oder auch konkludent durch die Anzeige der Arbeitsfähigkeit erfolgen[7]. Sie steht nach § 295 Satz 2 BGB einem Angebot gleich. 14

(2) Nach Ausspruch der Kündigung während des Laufs der Kündigungsfrist

Anders als bei der fristlosen Kündigung bringt der Arbeitgeber bei der ordentlichen und der außerordentlichen befristeten Kündigung durch die Kündigung nicht zum Ausdruck, daß er die Arbeitsleistung ab sofort nicht mehr wolle, sondern daß er bis zum Ablauf der Kündigungsfrist den Arbeitsplatz für den betreffenden Arbeitnehmer bereithält und ihm Arbeit zuzuweisen beabsichtigt. 15

---

1 BAG v. 6. 2. 1964, AP Nr. 24 zu § 615 BGB.
2 *Bauer/Hahn*, NZA 1991, 216, 217.
3 MünchKomm/*Schaub*, § 615 BGB Rz. 17; *Bauer/Hahn*, NZA 1991, 216, 217; aA LAG Köln v. 18. 1. 1984 – EzA § 615 BGB Nr. 41.
4 BGH v. 20. 1. 1988, NJW 1988, 1201.
5 BAG v. 8. 12. 1982, AP Nr. 58 zu § 616 BGB.
6 BAG v. 9. 8. 1984, 21. 3. 1985 und 14. 11. 1985, AP Nr. 34, 35 u. 39 zu § 615 BGB.
7 BAG v. 19. 4. 1990, AP Nr. 45 zu § 615 BGB.

Erst für die Zeit nach Ablauf der Kündigungsfrist verzichtet er auf die Dienste des Arbeitnehmers. Dementsprechend ist es Sache des Arbeitnehmers, während des Laufs der Kündigungsfrist wie bisher seine **Arbeit tatsächlich anzubieten**[1]. Dies gilt auch in Fällen der Wiedergenesung vor Ablauf der Kündigungsfrist[2]. Die Rechtslage ändert sich erst mit – unwirksamer – Kündigung. Ein tatsächliches Angebot ist allerdings nach vorheriger Freistellung entbehrlich.

(3) Nach Ausspruch einer fristlosen Kündigung oder nach Ablauf der Kündigungsfrist bei einer ordentlichen Kündigung

16 Wie oben bereits ausgeführt, bringt der Arbeitgeber bei der fristlosen Kündigung sowie bei der ordentlichen Kündigung für die Zeit nach Ablauf der Frist durch die Kündigung zum Ausdruck, daß er die Arbeitsleistung nicht mehr wolle, also den Arbeitsplatz für den betreffenden Arbeitnehmer nicht mehr bereithalte. In diesen Fällen bedarf es grundsätzlich **keines tatsächlichen oder wörtlichen Angebots des Arbeitnehmers.** Will der Arbeitgeber trotz der Kündigung nicht in Annahmeverzug geraten, muß er vielmehr den Arbeitnehmer wieder zur Arbeit auffordern[3].

(4) Arbeitsunfähigkeit des gekündigten Arbeitnehmers

17 Es sind folgende Fälle denkbar: Die Arbeitsunfähigkeit besteht bei Ausspruch der außerordentlichen Kündigung bzw. bei Ablauf der Kündigungsfrist, also zum Zeitpunkt der Entlassung, oder sie tritt erst später ein; die Arbeitsunfähigkeit ist absehbar bzw. kurzfristig, mehrfach befristet oder unabsehbar bzw. langwährend.

18 Die Problematik ergibt sich aus folgendem: Ist der Arbeitnehmer arbeitsunfähig krank, besteht **mangels Leistungsfähigkeit** zunächst **kein Annahmeverzug** (näheres dazu unter Rz. 23 ff.). Ist der Arbeitnehmer wieder gesund, hat er dies dem Arbeitgeber mitzuteilen oder ihn gemäß § 295 Satz 1 Halbs. 2 BGB aufzufordern, ihm Arbeit zuzuweisen (vgl. Rz. 12, 14). Die Frage ist, ob dies auch gilt, wenn die Arbeitsunfähigkeit zum Zeitpunkt der außerordentlichen Kündigung bestand bzw. später eingetreten ist oder ob in diesen Fällen der Annahmeverzug ohne weiteres (wieder) eintritt, ohne daß es einer Anzeige des Arbeitnehmers bedarf.

19 Nach der früheren Rechtsprechung des BAG hatte der Arbeitnehmer in diesen Fällen den Beginn seiner Leistungsfähigkeit dem Arbeitgeber mitzuteilen oder ihn aufzufordern, ihm Arbeit zuzuweisen[4]. Versäumte dies der Arbeitnehmer, konnte trotz Wiederherstellung der Leistungsfähigkeit kein Annahmeverzug eintreten. Hiervon ist das BAG seit einiger Zeit abgewichen[5]. Danach muß der

---

1 BAG v. 21. 3. 1985, AP Nr. 35 zu § 615 BGB.
2 BAG v. 29. 10. 1992 – 2 AZR 250/92, nv.
3 BAG v. 9. 8. 1984, 21. 3. 1985, 14. 11. 1985, 17. 4. 1986, 21. 1. 1992, 26. 6. 1994 und 24. 11. 1994, AP Nr. 34, 35, 39, 40, 53, 56 u. 60 zu § 615 BGB.
4 BAP v. 9. 8. 1984, AP Nr. 34 zu § 615 BGB.
5 Grundlegend: BAG v. 19. 4. 1990, AP Nr. 45 zu § 615 BGB.

I. Annahmeverzug des Arbeitgebers

Arbeitnehmer dem Arbeitgeber also **weder** die **Wiedergenesung anzeigen noch** diesen **zur Zuweisung der Arbeit auffordern**. **Voraussetzung** ist allerdings, daß der Arbeitnehmer durch Erhebung der **Kündigungsschutzklage oder sonstigen Widerspruch** seine weitere **Leistungsbereitschaft deutlich** gemacht hat, also ein Bereitschaftssignal gesetzt hat[1]. Zur Begründung verweist das BAG auf die §§ 293 ff. BGB, wonach ein Hinweis auf die fortbestehende Leistungsfähigkeit nicht zu den Voraussetzungen des Annahmeverzuges gehöre. Vielmehr müsse der Arbeitgeber auch ohne Hinweis auf die Leistungsfähigkeit des Arbeitnehmers durch Zuweisung von Arbeit seine Mitwirkungshandlung erfüllen, da der Arbeitgeber als Gläubiger den entscheidenden Anteil an der unterbrochenen Leistung des Arbeitnehmers habe[2]. Letztlich liegt dem die Wertung zugrunde, der Arbeitgeber könne nicht auf der einen Seite durch Ausspruch der Kündigung deutlich erklären, auf die Leistung des Arbeitnehmer keinen Wert mehr zu legen, diesen aber auf der anderen Seite an dessen Leistungspflicht festhalten, indem er von ihm weiterhin die Anzeige der Arbeitsfähigkeit verlange. Nachdem das BAG dies zunächst nur für die **kurzfristige Erkrankung** entschieden hatte[3], bestätigte es dies später auch für die **mehrfach befristete**[4] sowie die **unabsehbare bzw. langwährende Erkrankung**[5]. Diese neuere Rechtsprechung des BAG hat im Ergebnis weitgehend Zustimmung erfahren[6], ist allerdings von der dogmatischen Ableitung her nach wie vor umstritten[7].

Unabhängig davon ist die **Mitteilung** der Arbeitsbereitschaft durch den Arbeitnehmer **entbehrlich**, wenn der **Arbeitgeber** klar und ernsthaft **erklärt** hat, er **verzichte auf die Arbeitsleistung** auch für die Zeit nach dem Ende der fehlenden Arbeitsbereitschaft oder -fähigkeit[8]. Sie ist weiter entbehrlich, wenn der **Arbeitgeber von** der **Arbeitsunfähigkeit** des Arbeitnehmers **nichts wußte**[9] sowie dann, wenn sich der Arbeitgeber **vor Eintritt der Arbeitsunfähigkeit bereits in Annahmeverzug** befand[10]. 20

---

1 BGB-RGRK/*Matthes*, § 615 Rz. 43; MünchKomm/*Schaub*, § 615 BGB Rz. 18; BAG v. 19. 4. 1990, 24. 10. 1991, 23. 6. 1994 und 24. 11. 1994, AP Nr. 45, 50, 56 u. 60 zu § 615 BGB.
2 BAG v. 19. 4. 1990, AP Nr. 45 zu § 615 BGB.
3 BAG v. 19. 4. 1990, AP Nr. 45 zu § 615 BGB.
4 BAG v. 24. 10. 1991, AP Nr. 50 zu § 615 BGB; dazu: *Künzl*, EWiR § 615 BGB 1/92; *Stephan*, NZA 1992, 585; *Ramrath*, SAE 1992, 56; *Kaiser*, Anm. zu EzA § 615 BGB Nr. 70.
5 BAG v. 21. 1. 1992 und 24. 11. 1994, AP Nr. 53 u. 60 zu § 615 BGB; aA für den Fall unabsehbarer Erkrankung zum Zeitpunkt der Entlassung: *Ramrath*, Anm. zu BAG v. 24. 11. 1994, AP Nr. 60 zu § 615 BGB.
6 *Ramrath*, Anm. zu BAG v. 24. 11. 1994, AP Nr. 60 zu § 615 BGB; *Waas*, NZA 1994, 151.
7 Zum Meinungsstand: *Waas*, NZA 1994, 151.
8 BAG v. 9. 8. 1984, AP Nr. 34 zu § 615 BGB; *Bauer/Hahn*, NZA 1991, 216, 217.
9 *Bauer/Hahn*, NZA 1991, 216, 218; *Konzen*, Gemeins. Anm. zu BAG v. 9. 8. 1984 und 21. 3. 1985, AP Nr. 34 u. 35 zu § 615 BGB.
10 BAG v. 27. 1. 1975 und 21. 3. 1985, AP Nr. 31 u. 35 zu § 615 BGB; BGB-RGRK/*Matthes*, § 615 Rz. 46.

21 Im Ergebnis darf es als gefestigte Rechtsprechung angesehen werden, daß der gekündigte Arbeitnehmer, der im Zeitpunkt der Entlassung oder danach arbeitsunfähig ist, dies dem Arbeitgeber nicht anzeigen muß, um die Voraussetzungen des Annahmeverzuges (wieder) herzustellen. **In der Praxis ist es dem Arbeitnehmer dennoch zu empfehlen,** dem Arbeitgeber **das Ende der Arbeitsunfähigkeit jeweils anzuzeigen.**

22 An den vorstehenden Grundsätzen ändert sich nichts, wenn die **Kündigungsschutzklage verspätet erhoben** und erst **nachträglich zugelassen** wird. Die Fiktionswirkung des § 7 KSchG tritt dann von vornherein nicht ein[1].

c) Leistungsfähigkeit und -willigkeit des Arbeitnehmers

23 Der Arbeitnehmer muß zum Zeitpunkt des Angebots **rechtlich und tatsächlich in der Lage** sein, die **Arbeitsleistung zu erbringen.** Dies beruht darauf, daß der Annahmeverzug gemäß § 297 BGB nicht eintreten kann, wenn dem Arbeitnehmer die Leistung unmöglich ist[2]. Der Arbeitnehmer muß des weiteren **leistungswillig** sein[3].

24 Nach § 297 BGB kommt ein Gläubiger nicht in Verzug, wenn der Schuldner zur vertraglich vorgesehenen Zeit „außerstande ist", die von ihm geschuldete Leistung zu erbringen. Dabei ist unter „Außerstandesein" nicht nur die **subjektive**, sondern **auch** eine **objektive Unmöglichkeit** der Leistung zu verstehen[4]. Es muß sich allerdings um Umstände handeln, die in der **Sphäre des Arbeitnehmers** liegen[5].

25 Die **rechtliche Unmöglichkeit** (fehlendes Gesundheitszeugnis, Fahr- oder Arbeitserlaubnis) ist grundsätzlich zu behandeln wie die tatsächliche Unmöglichkeit.

26 Der Unmöglichkeit der Arbeitsleistung steht die **Leistungsunwilligkeit** des Arbeitnehmers gleich[6]. Von einer Leistungsunwilligkeit des Arbeitnehmers ist beispielsweise dann auszugehen, wenn dieser nicht innerhalb angemessener Zeit die Unwirksamkeit einer Kündigung geltend macht[7]. Ein Auflösungsantrag ist dagegen unschädlich[8].

27 Die **Darlegungs- und Beweislast** dafür, daß der Arbeitnehmer nicht leistungsfähig bzw. -willig ist, trägt der **Arbeitgeber.** Wie oben ausgeführt, besteht im Falle eines tatsächlichen Angebots eine Vermutung für die Leistungsfähigkeit und -willigkeit des Arbeitnehmers. Dies gilt nicht bei einem nur wörtlichen Angebot.

---

1 BAG v. 24. 11. 1994, AP Nr. 60 zu § 615 BGB.
2 BAG v. 14. 11. 1985, AP Nr. 39 zu § 615 BGB; BGB-RGRK/*Matthes*, § 615 Rz. 42.
3 BAG v. 10. 5. 1973, 7. 6. 1973 und 18. 12. 1974, AP Nr. 27, 28 u. 30 zu § 615 BGB.
4 BAG v. 8. 12. 1982, AP Nr. 58 zu § 616 BGB.
5 BGB-RGRK/*Matthes*, § 615 Rz. 42.
6 BAG v. 21. 3. 1985 und 14. 11. 1985, AP Nr. 35 u. 39 zu § 615 BGB; BGB-RGRK/*Matthes*, § 615 Rz. 48.
7 BGB-RGRK/*Matthes*, § 615 Rz. 49.
8 BGB-RGRK/*Matthes*, § 615 Rz. 49; aA *Denck*, NJW 1983, 255.

I. Annahmeverzug des Arbeitgebers

Ist der **Arbeitnehmer nicht leistungsfähig**, finden die §§ 323 und 325 BGB Anwendung, das heißt der **Arbeitgeber** wird grundsätzlich von der Leistung der Vergütung **frei**. Dies gilt nicht in den folgenden **Ausnahmefällen**: Beruht die Leistungsunfähigkeit des Arbeitnehmers während des Annahmeverzuges auf einer **krankheitsbedingten Arbeitsunfähigkeit** oder einer **sonstigen persönlichen Verhinderung** (§ 616 BGB), bleibt der **Anspruch auf Vergütung** nach dem Entgeltfortzahlungsgesetz bzw. nach § 616 BGB bestehen. Zu der Frage, ob der Arbeitnehmer seine Arbeitsleistung nach Beendigung der Krankheit bzw. der sonstigen persönlichen Verhinderung wieder anbieten muß, vgl. Rz. 12 ff. sowie 17 ff. Bei Aufnahme einer **anderweitigen Tätigkeit** bleibt der Anspruch aus Annahmeverzug bestehen, der Arbeitnehmer muß sich jedoch den anderweitig erzielten Zwischenverdienst anrechnen lassen, § 615 Satz 2 BGB bzw. § 11 KSchG (vgl. Rz. 48 ff.). 28

Zu den Fällen der **Kurzarbeit** und der **Betriebsrisikolehre** siehe Rz. 65 ff. sowie 75 ff. 29

d) Nichtannahme der Leistung durch den Arbeitgeber

Der Arbeitgeber gerät in Annahmeverzug, wenn er die Dienste des Arbeitnehmers nicht annimmt. Dies kann erfolgen durch **Verweigerung der Zuweisung von Arbeit,** wenn er dem Arbeitnehmer keinen funktionsfähigen Arbeitsplatz einrichtet oder den Arbeitnehmer nach Ausspruch einer Entlassung nicht auffordert, die Arbeit wieder aufzunehmen[1]. **Unerheblich** ist, ob den Arbeitgeber ein **Verschulden** trifft[2]. Um eine Verweigerung der Zuweisung von Arbeit handelt es sich auch, wenn die zugewiesene **Arbeit nicht vertragsgemäß** ist. 30

Der Arbeitgeber darf die Annahme der Dienste des Arbeitnehmers verweigern, wenn ihm eine **weitere Beschäftigung** unter Berücksichtigung von dem Arbeitnehmer zuzurechnenden Umständen nach Treu und Glauben **unzumutbar** ist[3]. In einem solchen Fall tritt **kein Annahmeverzug** ein. Dies gilt allerdings nicht bereits bei jedem Verhalten des Arbeitnehmers, das zur fristlosen Kündigung berechtigt, sondern nur bei **besonders groben Vertragsverstößen**. Werden bei der Annahme der Leistung Rechtsgüter des Arbeitgebers, seiner Familienangehörigen oder anderer Arbeitnehmer gefährdet, hat deren Schutz Vorrang vor den Interessen des Arbeitnehmers an der Erhaltung seines Verdienstes. Dies kann auch ein einmaliges Verhalten des Arbeitnehmers sein, es muß sich hierbei aber um einen **besonders verwerflichen Eingriff in absolut geschützte Rechtsgüter** handeln[4]. Beispiele: Bedrohung des Arbeitgebers und dessen Familie mit einem Beil[5]; dringender Verdacht des sexuellen Mißbrauchs von Kleinkindern durch einen Erzieher[6]. Dagegen wurde in einem Fall, in dem der Arbeit- 31

---

1 BAG v. 9. 8. 1984 und 24. 11. 1994, AP Nr. 34 u. 60 zu § 615 BGB.
2 *Staudinger/Löwisch*, § 293 BGB Rz. 13.
3 BAG v. 29. 10. 1987, AP Nr. 42 zu § 615 BGB; BAG v. 26. 4. 1956, AP Nr. 5 zu § 9 MuSchG; BAG v. 11. 11. 1976, AP Nr. 8 zu § 103 BetrVG.
4 BAG v. 29. 10. 1987, AP Nr. 42 zu § 615 BGB.
5 BAG v. 26. 4. 1956, AP Nr. 5 zu § 9 MuSchG.
6 LAG Berlin v. 27. 11. 95, LAGE § 615 BGB Nr. 46.

nehmer Ware des Arbeitgebers gestohlen bzw. unterschlagen hatte, die Unzumutbarkeit verneint[1].

3. Beendigung des Annahmeverzuges

a) Allgemeines

32 Der Annahmeverzug endet zum einen mit dem **Ende des Arbeitsverhältnisses.** Er endet des weiteren, wenn der Arbeitgeber für die arbeitstechnischen Voraussetzungen zur Fortsetzung der Arbeit sorgt, also den **funktionsfähigen Arbeitsplatz** zur Verfügung stellt und dem Arbeitnehmer mitteilt, daß er arbeiten darf bzw. ihm die **Arbeit zuweist**[2]. Was der Arbeitgeber im einzelnen tun muß, um den Annahmeverzug zu beenden, ist nach wie vor umstritten.

33 Nach der **Rechtsprechung des BAG** endet der Annahmeverzug, wenn der Arbeitgeber erklärt, er wolle gerade die dem Arbeitnehmer aufgrund des noch bestehenden Vertrages geschuldete Leistung annehmen[3]. Der Arbeitgeber müsse die **Leistung** so **annehmen,** wie der Arbeitnehmer sie nach der zugrundeliegenden **vertraglichen Verpflichtung** grundsätzlich zu erbringen habe, nämlich zum Zweck der Erfüllung des Vertrages[4]. Daraus leitet das BAG[5] insbesondere ab, daß der Arbeitgeber zur Beendigung des Annahmeverzuges die **Folgen einer unwirksamen Kündigung,** soweit es möglich ist, wieder **beseitigen und klarstellen** muß, daß die **Kündigung zu Unrecht** erfolgt sei. Der Arbeitgeber muß also erklären, er nehme die Arbeitsleistung des Arbeitnehmers aufgrund des noch bestehenden Arbeitsvertrages an[6]. Insbesondere ist der **Arbeitgeber** bei einer von ihm ausgesprochenen unwirksamen Kündigung gehalten, wegen § 296 BGB **von sich aus** den Arbeitnehmer durch Zuweisung von Arbeit zur Wiederaufnahme der Arbeit aufzufordern, wenn er die Folgen aus § 615 BGB vermeiden will[7].

34 Die Rechtsprechung des BAG, die als gefestigt gelten kann, hat in der Literatur vielfältige Kritik erfahren. So soll es zur Beendigung des Annahmeverzuges ausreichen, wenn der Arbeitgeber dem Arbeitnehmer ein zumutbares Weiterbeschäftigungsangebot macht[8]. Allerdings hat das BAG in seiner Entscheidung vom 24. 11. 1994[9] offen gelassen, ob der Arbeitgeber mit einem **für die Dauer des Kündigungsrechtsstreits** befristeten Arbeitsvertrag zu den bisherigen Be-

---

1 BAG v. 29. 10. 1987, AP Nr. 42 zu § 615 BGB.
2 BAG v. 21. 3. 1985, AP Nr. 35 zu § 615 BGB.
3 BAG v. 21. 5. 1981, AP Nr. 32 zu § 615 BGB.
4 BAG v. 14. 11. 1985, AP Nr. 39 zu § 615 BGB.
5 BAG v. 21. 5. 1981 und 14. 11. 1985, AP Nr. 32 u. 39 zu § 615 BGB.
6 BAG v. 14. 11. 1985, AP Nr. 39 zu § 615 BGB; *Soergel/Krafft,* BGB, 11. Aufl., § 615 Rz. 6; teilw. abweichend: *Ohlendorf,* AuR 1981, 109; aA *Herschel/Löwisch,* 6. Aufl., § 4 Rz. 78; *Waas,* NZA 1994, 151, 156 f.; *Schäfer,* DB 1982, 902; *Schäfer,* NZA 1984, 105.
7 BAG v. 21. 1. 1992, 9. 8. 1984 und 24. 11. 1994, AP Nr. 53, 34, 60 zu § 615 BGB.
8 *Waas,* NZA 1994, 151, 158.
9 BAG v. 24. 11. 1994, AP Nr. 60 zu § 615 BGB.

I. Annahmeverzug des Arbeitgebers

dingungen oder einer **auflösend bedingten Fortsetzung des bisherigen Vertrages** die Verzugsfolgen vermeiden kann[1].

b) Einzelfälle

Zur **Beendigung des Annahmeverzuges** nach Ausspruch einer Entlassung führen **nicht**: 35

- die Aufforderung des Arbeitgebers, **den Dienst „einstweilen" wieder aufzunehmen**[2].
- die Weiterbeschäftigung des Arbeitnehmers ohne vertragliche Übergangsregelung im Rahmen eines **faktischen Arbeitsvertrages „zur Vermeidung von Verzugslohn"** längstens bis zur erstinstanzlichen Entscheidung[3].
- das Angebot eines **für die Dauer des Kündigungsschutzrechtsstreits befristeten neuen Arbeitsvertrages** zu den bisherigen Bedingungen oder eine durch die rechtskräftige Feststellung der Wirksamkeit der Kündigung **auflösend bedingte Fortsetzung des Vertrages.** Die Ablehnung kann aber böswilliges Unterlassen sein[4] (vgl. Rz. 57 ff.).
- die Weiterbeschäftigung am früheren Arbeitsplatz zu den bisherigen Bedingungen, **ohne die Kündigung zurückzunehmen**[5].
- **die Weiterbeschäftigung nach § 102 Abs. 5 BetrVG**[6]. In der Ablehnung kann allerdings die böswillige Ablehnung anderweitigen Erwerbs gemäß § 615 Satz 2 BGB liegen (vgl. Rz. 57 ff.)[7].

Sonstige Fälle: Nimmt der Arbeitgeber im Einvernehmen mit dem Arbeitnehmer die **Kündigungserklärung vorbehaltlos „zurück",** erkennt er damit zugleich die Voraussetzungen des Annahmeverzuges an[8]. 36

Einigen sich die Parteien auf eine **Unwirksamkeit der Kündigung** und die **Fortsetzung des Arbeitsverhältnisses,** kommt der Arbeitnehmer in Leistungsverzug, wenn er seine Arbeit nicht vertragsgemäß anbietet. Einer Aufforderung des Arbeitgebers an den Arbeitnehmer, die Arbeit aufzunehmen, bedarf es nicht[9]. 37

Erklärt der Arbeitgeber, die Dienste wieder anzunehmen, **endet** der **Annahmeverzug** nicht mit Zugang dieser Erklärung, sondern erst **mit Ablauf der Zeit, die** 38

---

1 Vgl. auch BAG v. 21. 5. 1981, AP Nr. 32 zu § 615 BGB.
2 BAG v. 21. 5. 1981, AP Nr. 32 zu § 615 BGB; m. Anm. *Mühl.*
3 BAG v. 21. 5. 1981 und 14. 11. 1985, AP Nr. 32, 39 zu § 615 BGB.
4 BAG v. 14. 11. 1985, AP Nr. 39 zu § 615 BGB; wieder offen gelassen in BAG v. 24. 11. 1994, AP Nr. 60 zu § 615 BGB.
5 BAG v. 21. 5. 1981 und 14. 11. 1985, AP Nr. 32, 39 zu § 615 BGB.
6 BAG v. 12. 9. 1985, AP Nr. 7 zu § 102 BetrVG – Weiterbeschäftigung; BGB-RGRK/*Matthes*, § 615 Rz. 51; *Staudinger/Richardi*, § 615 Rz. 105; *Heinze*, Personalplanung, Rz. 625; aA *Schäfer*, NZA 1984, 105; *Schäfer*, BB 1982, 902; *Löwisch*, DB 1986, 2433.
7 BAG v. 12. 9. 1985, AP Nr. 7 zu § 102 BetrVG – Weiterbeschäftigung.
8 BAG v. 17. 4. 1986, AP Nr. 40 zu § 615 BGB.
9 LAG Rheinland-Pfalz v. 3. 12. 1992, EzA § 615 BGB Nr. 82 unter Hinweis auf BAG v. 14. 11. 1985, AP Nr. 39 zu § 615 BGB.

der Arbeitnehmer nach Treu und Glauben benötigt, um seine **Arbeit wieder aufzunehmen**[1]. Bei Eingehen eines anderweitigen Arbeitsverhältnisses ist dies der Zeitpunkt, zu dem das anderweitige Arbeitsverhältnis frühestens gekündigt werden kann[2].

4. Rechtsfolgen des Annahmeverzuges

a) Zahlung der Vergütung

39 Der Arbeitgeber ist zur Zahlung der Vergütung verpflichtet, die der Arbeitnehmer im Falle einer Weiterbeschäftigung während des Annahmeverzuges erhalten hätte mit Einschluß von Sondervergütungen und Zulagen, soweit sie zum Arbeitsentgelt gehören. Es handelt sich um einen **echten Erfüllungs- und keinen Schadenersatzanspruch**[3]. Für die Berechnung gilt das **Lohnausfallprinzip**[4]. Die Rechtslage ist derjenigen bei Entgeltfortzahlung im Krankheitsfall vergleichbar[5]. Nicht hierzu gehören Leistungen, die dem Auslagenersatz dienen.

b) Besondere Vergütungsformen

40 Bei **Leistungslohn- und Provision**sempfängern ist das Entgelt zu zahlen, das der Arbeitnehmer bei Weiterarbeit verdient hätte. Bereitet die Ermittlung Schwierigkeiten, kann auf einen **vergleichbaren Arbeitnehmer** oder, wenn ein solcher nicht zur Verfügung steht, auf den **Durchschnitt eines zurückliegenden Zeitraums** (üblich sind drei Monate) abgestellt werden. Im Prozeß kann der ausgefallene Verdienst gemäß § 287 ZPO geschätzt werden[6]. **Verdiensterhöhungen** während des Annahmeverzuges sind zu berücksichtigen. Wären **Mehrarbeit, Nacht- oder Wechselschicht** angefallen, sind auch die entsprechenden Zuschläge zu zahlen. Ebenso sind **Erschwernis-**[7], **Sozial- und Funktionszulagen** sowie **Gratifikationen**[8] und **Anwesenheitsprämien**[9] zu leisten. Sind Teile des Arbeitsentgelts wie **Nachtschichtzuschläge** nur bei tatsächlicher Leistung steuerfrei, ist trotzdem nur der entsprechende Bruttobetrag zu zahlen[10].

41 Es **entfallen Aufwandsentschädigungen, Spesen, Tagegelder** und ähnliche Leistungen, die Aufwendungen abgelten. Dies gilt ebenso für **Schmutzzulagen**[11]. **Pauschalierte Aufwandsentschädigungen** wie etwa Nahauslösungen, die kei-

---

1 BGB-RGRK/*Matthes*, § 615 Rz. 62; BAG v. 14. 3. 1962, AP Nr. 21 zu § 615 BGB.
2 BGB-RGRK/*Matthes*, § 615 Rz. 62.
3 BGB-RGRK/*Matthes*, § 615 Rz. 3; MünchKomm/*Schaub*, § 615 BGB Rz. 38; BGH v. 14. 11. 1966, NJW 1967, 248.
4 BGB-RGRK/*Matthes*, § 615 Rz. 69.
5 *Schaub*, § 95 I 2 aE.
6 BGB-RGRK/*Matthes*, § 615 Rz. 73, 74.
7 BAG v. 18. 6. 1958, AP Nr. 6 zu § 615 BGB.
8 BAG v. 18. 1. 1963, AP Nr. 22 zu § 615 BGB; BAG v. 11. 7. 1985, AP Nr. 35a zu § 615 BGB; BGB-RGRK/*Matthes*, § 615 Rz. 76.
9 MünchKomm/*Schaub*, § 615 BGB Rz. 47; BGB-RGRK/*Matthes*, § 615 Rz. 76.
10 MünchKomm/*Schaub*, § 615 BGB Rz. 41; BGB-RGRK/*Matthes*, § 615 Rz. 70.
11 *Schaub*, § 95 I 2.

nen bestimmbaren Aufwand abgelten, stellen Arbeitsentgelt dar und sind daher weiterzuzahlen.

c) Sachbezüge

Naturallohn wie Wohnung, Heizung, Wasser, Licht ist ebenfalls weiterhin zu gewähren. Können Sachleistungen nicht erbracht werden, sind sie mit ihrem Wert auszugleichen. Für die Wertberechnung ist § 17 SBG IV iVm. §§ 1 bis 4 SachbezugsVO zugrunde zu legen. 42

Bei einem (auch) **privat genutzten Dienstwagen** ist an den Arbeitnehmer **Schadenersatz** zu leisten. Die Überlassung eines PKW durch den Arbeitgeber zur privaten Nutzung hat Vergütungscharakter. Kommt der Arbeitgeber dem nicht nach und hat er dies auch zu vertreten, muß der Arbeitgeber den Arbeitnehmer im Wege des Schadenersatzes eine **Nutzungsentschädigung** leisten[1]. Wird dem Arbeitnehmer die **Nutzung der Gebrauchsvorteile eines PKW entzogen,** kann die **Entschädigung abstrakt,** also ohne Rücksicht auf den tatsächlichen Ausgleich **berechnet** werden. Der Arbeitnehmer muß sich in diesen Fällen also nicht auf eine konkrete Schadensberechnung im Form des Ersatzes von tatsächlich erbrachten Aufwendungen verweisen lassen. Erst recht muß sich der Arbeitnehmer nicht mit dem steuerlichen Sachbezugswert begnügen[2]. Streitig ist allerdings nach wie vor, ob hierfür die Kostentabelle des ADAC[3] oder von *Sanden/Danner/Küppersbusch*[4] zugrunde zu legen sind. Die Erstattung des Nutzungswerts kann ganz oder teilweise entfallen, wenn der Arbeitnehmer das Fahrzeug in der Vergangenheit nicht privat genutzt hat, oder wenn er im Anspruchszeitraum keine Nutzungsmöglichkeit oder keinen Nutzungswillen hatte[5]. 43

Hat der Arbeitnehmer anstelle des Firmenfahrzeugs einen **gleichwertigen privaten PKW genutzt,** kann die Nutzungsentschädigung nicht abstrakt berechnet werden, da der Arbeitnehmer in dem Fall keinen Nutzungsausfall hatte. Der **Schadenersatz** richtet sich sodann nach den konkreten Umständen des Einzelfalls, dies sind die **Kosten für den Betrieb des privaten Fahrzeugs,** bestehend aus den anteiligen Kosten der Fahrzeugbeschaffung, Steuern, Versicherung, Wartung, Reparaturen, Benzin und sonstigen Betriebsmitteln. Die **ADAC-Tabelle** ist **eingeschränkt anwendbar,** nämlich soweit diese solche Kosten berücksichtigt, die nach der vertraglichen Vereinbarung vom Arbeitgeber zu tragen sind. Dagegen kann die Kostentabelle nach *Sanden/Danner/Küppersbusch* nicht herangezogen werden. Hat der Arbeitnehmer den Privatwagen auch für Dienstrei- 44

---
1 BAG v. 26. 3. 1994, AP Nr. 34 zu § 249 BGB; BAG v. 16. 11. 1995, NZA 1996, 415.
2 BAG v. 26. 3. 1994, AP Nr. 34 zu § 249 BGB.
3 So BAG v. 26. 3. 1994, AP Nr. 34 zu § 249 BGB; es wurde allerdings ausdrücklich offen gelassen, ob auch eine Berechnung nach *Sanden/Danner/Küppersbusch* hätte erfolgen können.
4 LAG Rheinland-Pfalz v. 23. 3. 1990, AuR 1991, 60; LAG Rheinland-Pfalz v. 30. 11. 1983 – 1 Ta 216/83, nv.; *Gruss,* BB 1994, 71; *Becker-Schaffner,* DB 1993, 2078; *Schroeder,* NZA 1994, 342; *Nägele/Schmidt,* BB 1993, 1797; Hess. LAG v. 21. 8. 1995 – 11 Sa 87/95, nv.
5 BAG v. 26. 3. 1994, AP Nr. 34 zu § 249 BGB.

sen im Auftrag eines Dritten genutzt, ist der Schadenersatz um die hierfür aufgewendeten Kosten zu mindern[1].

45 Im übrigen trifft den Arbeitnehmer eine **Schadensminderungspflicht** nach § 254 Abs. 2 BGB.

46 Die **private Nutzung** eines PKW kann **vertraglich für** die Dauer einer **Freistellung ausgeschlossen** werden. Der damit verbundene Widerruf unterliegt allerdings der gerichtlichen Kontrolle nach § 315 Abs. 3 BGB[2].

d) Verjährung, tarifliche Ausschlußfristen

47 Es gelten die üblichen Verjährungs- und Ausschlußfristen. In der Erhebung einer **Kündigungsschutzklage** liegt sowohl eine **formlose**[3] wie auch **schriftliche Geltendmachung**[4] im Sinne tariflicher Verfallklauseln. Nach Rechtskraft des Urteils ist keine erneute Geltendmachung erforderlich[5]. Ist nach der tariflichen Verfallklausel eine **gerichtliche Geltendmachung** erforderlich, reicht die Erhebung einer **Kündigungsschutzklage nicht**[6]. Die Kündigungsschutzklage oder die Klage auf Feststellung des Fortbestehens des Arbeitsverhältnisses nach § 256 ZPO **unterbrechen** auch **nicht** die **Verjährung** der sich aus § 615 BGB ergebenden Zahlungsansprüche[7].

5. Anrechnung anderweitigen Verdienstes

48 Der Arbeitnehmer muß sich außer den infolge der Nichtleistung der Dienste gemachten Ersparnissen, zB Fahrtkosten, anrechnen lassen, was er durch anderweitige Verwendung seiner Arbeitskraft erwirbt oder zu erwerben böswillig unterläßt, § 615 Satz 2 BGB, § 11 KSchG. Die Ersparnisse müssen eine unmittelbare Folge der Nichtleistung der Dienste sein. § 11 KSchG ist eine Sonderregelung zu § 615 Satz 2 BGB; sie deckt sich inhaltlich mit jener, trotz des etwas anderen Wortlauts[8]. Die Anrechnungsvorschriften der §§ 615 Satz 2 BGB, 11 KSchG sind **abdingbar**. Eine solche Abdingung muß jedoch **zweifelsfrei vereinbart** sein[9].

a) Anderweitiger Verdienst

49 Anzurechnen ist der **tatsächlich gemachte Erwerb,** vorausgesetzt, daß er dem Arbeitnehmer erst **durch** die **Nichtannahme seiner Dienste möglich gemacht** wurde. Hierzu gehört auch die Einräumung der **privaten Nutzung eines Dienst-Pkw** durch einen anderen Arbeitgeber. Für die Wertberechnung im Rahmen der

---

1 BAG v. 16. 11. 1995, NZA 1996, 415.
2 *Schroeder*, NZA 1994, 343; *Becker-Schaffner*, DB 1993, 2081.
3 BAG v. 26. 3. 1977, AP Nr. 59 zu § 4 TVG – Ausschlußfristen.
4 BAG v. 9. 8. 1990, AP Nr. 46 zu § 615 BGB.
5 BAG v. 26. 3. 1977, AP Nr. 59 zu § 4 TVG – Ausschlußfristen.
6 BAG v. 22. 2. 1978 und 8. 8. 1985, AP Nr. 63, 94 zu § 4 TVG – Ausschlußfristen; BGB-RGRK/*Matthes*, § 615 Rz. 71.
7 BAG v. 7. 11. 1991, AP Nr. 6 zu § 209 BGB.
8 BAG v. 6. 9. 1990, AP Nr. 47 zu § 615 BGB; KR/*Spilger*, § 11 KSchG Rz. 32.
9 BAG v. 6. 2. 1964, AP Nr. 24 zu § 615 BGB.

I. Annahmeverzug des Arbeitgebers

Anrechnung ist die ADAC-Kostentabelle und nicht die Tabelle *Sanden/Danner/Küppersbusch* zugrunde zu legen[1]. Der Arbeitnehmer muß sich ferner anrechnen lassen, was er aus der **Arbeitslosenversicherung** erhalten hat.

Der anderweitige Verdienst des Arbeitnehmers ist auf die Vergütung für die **gesamte Dauer des Annahmeverzuges** anzurechnen und nicht nur für den Zeitabschnitt, in dem der anderweitige Erwerb gemacht wurde[2]. Es ist also zunächst die gesamte Vergütung für die infolge des Verzugs nicht geleisteten Dienste zu berechnen. Dieser Vergütung für den Annahmeverzug ist gegenüberzustellen, was der Arbeitnehmer in der betreffenden Zeit anderweitig erwirbt, erspart oder zu erwerben böswillig unterläßt. Eine **Anrechnung nach einzelnen Zeitabschnitten** kommt also **nicht** in Betracht[3]. Andernfalls könnte der Arbeitnehmer auf Kosten des Arbeitgebers einen Gewinn machen, wenn er in einzelnen Zeitabschnitten einen überdurchschnittlich hohen Zwischenverdienst, in anderen Zeitabschnitten keinen Verdienst erzielt hat. 50

Anrechnungspflichtig ist nur der Verdienst, den der Arbeitnehmer durch anderweitige Verwendung desjenigen Teils seiner Arbeitskraft erwirbt, welche er dem Arbeitgeber zur Verfügung zu stellen verpflichtet war. **Nebenverdienste,** wie sie auch bei Erfüllung des Arbeitsvertrages **in der eigentlich freien Zeit** möglich gewesen wären, also zusätzlich erzielt werden, **bleiben** bei der Anrechnung **außer Betracht,** weil sie nicht mit dem Freiwerden der Arbeitskraft zusammenhängen[4]. Der **anderweitige Erwerb muß kausal durch das Freiwerden der Arbeitskraft ermöglicht worden sein und darauf beruhen**[5]. Gleichgültig ist, ob der anderweitige Verdienst durch Arbeit der gleichen Art oder durch andersartige Arbeit erzielt wird. Auch bei **Teilzeitarbeit** ist allein ausschlaggebend die Kausalität zwischen dem Freiwerden von der bisherigen Arbeitsleistung und der Aufnahme der neuen Tätigkeit. **Gewichtige Kriterien für eine Tätigkeit anstelle der bisherigen** sind: Aufnahme der anderen Tätigkeit nach Ablauf der Kündigungsfrist und späteres Lösen des Arbeitsvertrages zum alten Arbeitgeber; Gründe für die Auflösung der alten Tätigkeit; die Arbeitszeiten stimmen überein. 51

Der **Arbeitgeber** hat die **Darlegungs- und Beweislast,** ob und in welcher Höhe anrechenbare Bezüge den Anspruch des Arbeitnehmers auf Fortzahlung seiner Vergütung während des Annahmeverzuges mindern[6]. Ihm darf jedoch keine unerfüllbare Darlegungs- und Beweislast auferlegt werden. Ihr Umfang richtet 52

---

1 LAG Köln v. 4. 1. 1994 – 2 Sa 831/94, nv.
2 Ganz hM: BAG v. 1. 3. 1958, AP Nr. 1 zu § 9 KSchG; BAG v. 6. 9. 1990, AP Nr. 47 zu § 615 BGB; MünchArbR/*Boewer*, § 76 Rz. 60; *Kittner/Trittin*, KSchR, Einleitung Rz. 119; *Schaub*, § 95 II 3a; KR/*Spilger*, § 11 Rz. 33; *Staudinger/Richardi*, § 615 Rz. 144; vorsichtige Bedenken: *Gumpert*, BB 1964, 1300.
3 BAG v. 29. 9. 1993, AP Nr. 52 zu § 615 BGB.
4 BAG v. 6. 9. 1990, AP Nr. 47 zu § 615 BGB; BAG v. 16. 5. 1969, AP Nr. 23 zu § 133f GewO; BAG v. 14. 8. 1974, AP Nr. 3 zu § 13 KSchG 1969.
5 BAG v. 6. 9. 1990, AP Nr. 47 zu § 615 BGB; *Hueck/Nipperdey*, 7. Aufl., Bd. 1, § 44 II 2, S. 326; *Nikisch*, ArbR, 3. Aufl., Bd. 1, § 26 III 3a, S. 278.
6 BAG v. 6. 9. 1990, AP Nr. 47 zu § 615 BGB; BAG v. 18. 10. 1958, AP Nr. 1 zu § 615 BGB – Böswilligkeit; BAG v. 14. 8. 1974, AP Nr. 3 zu § 13 KSchG 1969; BAG v. 19. 7. 1978, AP Nr. 16 zu § 242 BGB – Auskunftspflicht.

sich deshalb danach, wie substantiiert sich der Arbeitnehmer auf den Vortrag des Arbeitgebers einläßt. Deshalb **genügt** es, wenn der Arbeitgeber **Indizien** vorträgt, die für das Vorliegen des Kausalzusammenhangs sprechen. Hat der Arbeitgeber solche Anhaltspunkte vorgetragen, muß der Arbeitnehmer nach § 138 Abs. 2 ZPO darlegen, weshalb die vom Arbeitgeber behauptete Kausalität nicht vorliegt[1].

53 Der Darlegungs- und Beweislast des Arbeitgebers steht die **Auskunftspflicht des Arbeitnehmers** gegenüber[2]. Macht der Arbeitnehmer Ansprüche auf Fortzahlung seiner Vergütung aus Annahmeverzug geltend, ist er also dem Arbeitgeber zur Auskunfterteilung über die **Höhe seines anderweitigen Verdienstes im Verzugszeitraum** verpflichtet[3]. Der Anspruch ergibt sich aus der entsprechend anwendbaren Vorschrift des § 74 c Abs. 2 HGB[4]. **Inhalt und Umfang** richten sich im Einzelfall **nach Treu und Glauben.** Es ist das Interesse des Arbeitnehmers zu berücksichtigen, daß die Auskunft ihm keinen unzumutbaren Aufwand verursacht, andererseits das Interesse des Arbeitgebers, ein möglichst deutliches Bild über den anrechenbaren Zwischenverdienst zu erhalten. Inwieweit **Belege und konkrete Nachweise** erforderlich sind, kann nur eine Einzelfallabwägung nach Treu und Glauben ergeben. Regelmäßig werden konkrete Nachweise zu fordern sein wie zB der Steuerbescheid[5]. Der **Anspruch** des Arbeitgebers **auf Auskunfterteilung** ist **selbständig einklagbar**[6].

54 Der Arbeitgeber kann die Zahlung verweigern, wenn der Arbeitnehmer die Auskunft nicht oder nicht ausreichend erteilt hat[7]. Eine Zahlungsklage ist in dem Fall als zur Zeit unbegründet abzuweisen. Das **Leistungsverweigerungsrecht** hat der **Arbeitgeber** aber **nur bei Nichterfüllung.** Ist die **Auskunft** lediglich **unvollständig**, kommt nur eine Verpflichtung des Arbeitnehmers zur **Ableistung der eidesstattlichen Versicherung** in Betracht[8].

55 Erteilt der Arbeitnehmer entsprechend § 74 c HGB nur unvollständig Auskunft, kann der Arbeitgeber ihn zur **Abgabe der eidesstattlichen Versicherung der Vollständigkeit der Auskunft** zwingen, § 260 Abs. 2 BGB analog[9]. Der Arbeit-

---

1 BAG v. 6. 9. 1990, AP Nr. 47 zu § 615 BGB.
2 BAG v. 29. 7. 1993, AP Nr. 52 zu § 615 BGB.
3 BAG v. 29. 7. 1993, AP Nr. 52 zu § 615 BGB; BAG v. 27. 3. 1974, AP Nr. 15 zu § 242 BGB – Auskunftspflicht; BAG v. 14. 8. 1974, AP Nr. 13 zu § 13 KSchG 1969; MünchArbR/*Boewer*, § 76 Rz. 62; MünchKomm/*Schaub*, § 615 BGB Rz. 65; Staudinger/*Richardi*, § 615 Rz. 158.
4 BAG v. 27. 3. 1974, AP Nr. 15 zu § 242 BGB – Auskunftspflicht.
5 BAG v. 29. 7. 1993, AP Nr. 52 zu § 615 BGB.
6 BAG v. 29. 7. 1993, AP Nr. 52 zu § 615 BGB; aA *Herschel*, Anm. zu BAG v. 19. 7. 1978, AP Nr. 16 zu § 242 BGB – Auskunftspflicht; MünchKomm/*Schaub*, § 615 BGB Rz. 65; BGB-RGRK/*Matthes*, § 615 Rz. 96; unentschieden BAG v. 19. 7. 1978, AP Nr. 16 zu § 242 BGB – Auskunftspflicht: lediglich Obliegenheit.
7 BAG v. 27. 3. 1974, AP Nr. 15 zu § 242 BGB – Auskunftspflicht; BAG v. 19. 7. 1978, AP Nr. 16 zu § 242 BGB – Auskunftspflicht; BAG v. 2. 6. 1987, AP Nr. 13 zu § 74c HBG; BAG v. 16. 5. 1969, AP Nr. 23 zu § 133f GewO.
8 BAG v. 29. 7. 1993, AP Nr. 52 zu § 615 BGB.
9 BAG v. 29. 7. 1993, AP Nr. 52 zu § 615 BGB; BAG v. 27. 3. 1974, AP Nr. 15 zu § 242 BGB – Auskunftspflicht; BAG v. 12. 5. 1972, AP Nr. 6 zu § 60 HGB; *Schaub*, AR-Blattei, Annahmeverzug D IV 6; *Erman/Hanau*, Rz. 41; MünchKomm/*Schaub*, § 615 BGB

nehmer kann diese auch freiwillig abgeben[1]. Die Abgabe einer derartigen freiwilligen eidesstattlichen Versicherung richtet sich nach den §§ 163, 79 FGG. Zuständig ist das Amtsgericht als Gericht der Freiwilligen Gerichtsbarkeit, dort der Rechtspfleger. Die Formalien richten sich nach den §§ 478 ff. ZPO.

b) Ersparte Aufwendungen

Anrechnungspflichtig ist auch, was der Arbeitnehmer an Aufwendungen dadurch erspart, daß er seine Arbeitsleistung nicht erbracht hat. Hierzu sind zu rechnen: Fahrtkosten für den Weg zur Arbeit, Aufwendungen für Arbeitskleidung, Material, Werkzeug, wenn der Arbeitnehmer dies selbst zu stellen hatte. Die Aufwendungen müssen **unmittelbar dadurch erspart** worden sein, daß die **Tätigkeit unterblieben** ist[2]. Nimmt der Arbeitnehmer eine Ersatztätigkeit auf und macht er hierfür Aufwendungen, sind diese wieder hinzuzurechnen. Die ersparten Aufwendungen sind vom Nettobetrag des Verzugslohns in Abzug zu bringen[3]. Nach *Matthes*[4] sollen ersparte Aufwendungen **während eines Kündigungsschutzprozesses** nach § 11 KSchG nicht anzurechnen sein.

56

c) Böswilliges Unterlassen

Böswillig handelt der Arbeitnehmer, der in Kenntnis zumutbarer Arbeit und der für den Arbeitgeber entstehenden Nachteile **vorsätzlich untätig** bleibt oder die **Aufnahme einer zumutbaren Arbeit verweigert**. Nicht erforderlich ist die Absicht, dem Arbeitgeber Schaden zuzufügen[5]. Die Frage der **Zumutbarkeit** ist unter Berücksichtigung aller Umstände nach Treu und Glauben zu bestimmen[6].

57

Für die Frage der **Zumutbarkeit** einer **Weiterarbeit beim bisherigen Arbeitgeber** ist nach der Rechtsprechung des BAG[7] in erster Linie auf die **Art der Kündigung** und ihre **Begründung** sowie das **Verhalten des Arbeitgebers** im Kündigungsschutzprozeß abzustellen. Handelt es sich um eine **betriebs- oder krankheitsbedingte Kündigung**, ist dem Arbeitnehmer die **vorläufige Weiterbeschäftigung in der Regel zumutbar**. Wird eine Kündigung auf **verhaltensbedingte Gründe** gestützt, spricht dies eher für die Unzumutbarkeit. Dies gilt insbesondere, wenn eine **außerordentliche Kündigung** erklärt wird, da der Arbeitnehmer bereits durch diese Art der Kündigung in seinem Ansehen beeinträchtigt wird. Auch **Art und Schwere** der gegenüber dem Arbeitnehmer erhobenen **Vorwürfe** können die Unzumutbarkeit der Weiterarbeit begründen[8].

58

Rz. 65; ablehnend: *Brüggemann/Würdinger*, HGB, 3. Aufl., § 74c, 6; *Küstner/Manteuffel*, Anm. zu BAG v. 2. 6. 1987, AP Nr. 13 zu § 74c HGB.
1 BAG v. 29. 7. 1993, AP Nr. 52 zu § 615 BGB.
2 BGB-RGRK/*Matthes*, § 615 Rz. 88; *Staudinger/Richardi*, § 615 Rz. 139.
3 BGB-RGRK/*Matthes*, § 615 Rz. 90.
4 BGB-RGRK/*Matthes*, § 615 Rz. 89.
5 BAG v. 11. 7. 1985, AP Nr. 35a zu § 615 BGB; BAG v. 18. 10. 1958 und 18. 6. 1965, AP Nr. 1, 2 zu § 615 BGB – Böswilligkeit.
6 BAG v. 18. 6. 1965 und 3. 12. 1980, AP Nr. 2, 4 zu § 615 BGB – Böswilligkeit.
7 BAG v. 14. 11. 1985, AP Nr. 39 zu § 615 BGB.
8 BAG v. 11. 7. 1985, AP Nr. 35a zu § 615 BGB; BAG v. 18. 10. 1958 und 18. 6. 1965, AP Nr. 1, 2 zu § 615 BGB – Böswilligkeit.

59 Das böswillige Unterlassen ist nicht bereits einem **Auslandsaufenthalt des Arbeitnehmers** zu entnehmen. Es muß hinzukommen, daß in dieser Zeit zumutbare Arbeitsmöglichkeiten vorhanden gewesen sind, die wegen der Auslandsreisen nicht haben genutzt werden können[1].

60 Nach ständiger Rechtsprechung des BAG kann der Arbeitnehmer böswillig handeln, der ein Angebot seines bisherigen Arbeitgebers auf **befristete Weiterarbeit** für die Dauer des Kündigungsrechtsstreits und zu denselben Arbeitsbedingungen in seinem Betrieb ablehnt[2]. Ebenso kann in der **Ablehnung einer Weiterbeschäftigung nach § 102 Abs. 5 BetrVG** die böswillige Ablehnung anderweitigen Erwerbs liegen[3]. **Verlangt der Arbeitnehmer die vorläufige Weiterbeschäftigung** zu den bisherigen Bedingungen, **lehnt** aber andererseits das entsprechende **Angebot** des Arbeitgebers **ab**, handelt er treuwidrig mit der Folge, daß Annahmeverzugsansprüche gemäß § 615 Satz 2 BGB entfallen[4]. Nicht böswillig handelt der Arbeitnehmer, der eine **vertraglich nicht geschuldete Tätigkeit** ablehnt[5]. Hält sich der Arbeitnehmer **nach Ausspruch einer außerordentlichen Kündigung** des Arbeitgebers, die der Arbeitnehmer angreift, an ein **vertragliches Wettbewerbsverbot,** kann ihm das Unterlassen einer solchen Wettbewerbstätigkeit nur dann als böswillig im Sinne von § 615 Satz 2 BGB angelastet werden, wenn der Arbeitgeber nach der Entlassung ausdrücklich oder konkludent erkennen läßt, mit Wettbewerbshandlungen einverstanden zu sein[6].

61 Von einem böswilligen Unterlassen anderweitigen Erwerbs ist auszugehen, wenn der Arbeitnehmer eine sich ihm bietende **Gelegenheit zur Arbeit** nur deshalb **nicht nutzt,** weil er noch **Entgelt** von seinem bisherigen Arbeitgeber **zu fordern** hat. Entsprach im übrigen die Arbeit den Fähigkeiten des Arbeitnehmers und seiner Lebensstellung, lagen keine sonstigen Gründe für eine Ablehnung vor und hat der Arbeitnehmer das auch erkannt, so handelt er böswillig, wenn er trotzdem ausschlägt[7].

6. Sonderfälle

a) Freistellung

62 Bei einer **Freistellung oder Suspendierung** von der Arbeitsleistung bleibt der Arbeitgeber nach den Grundsätzen des Annahmeverzuges auch weiterhin zur Zahlung des vereinbarten Entgelts verpflichtet. Die Freistellung kann einseitig oder einvernehmlich erfolgen. Zu einer einseitigen Freistellung, also gegen den Willen des Arbeitnehmers, ist der Arbeitgeber nur bei Vorliegen besonderer

---

1 BAG v. 11. 7. 1985, AP Nr. 35a zu § 615 BGB.
2 BAG v. 18. 6. 1965, AP Nr. 4 zu § 615 BGB – Böswilligkeit; BAG v. 14. 11. 1985, AP Nr. 39 zu § 615 BGB.
3 BAG v. 12. 9. 1985, AP Nr. 7 zu § 102 BetrVG – Weiterbeschäftigung.
4 LAG Köln v. 14. 12. 1995, AP Nr. 6 zu § 615 BGB – Böswilligkeit.
5 BAG v. 18. 6. 1965, AP Nr. 4 zu § 615 BGB – Böswilligkeit.
6 BAG v. 25. 4. 1991, AP Nr. 104 zu § 626 BGB.
7 *Nikisch*, Arbeitsrecht, 3. Aufl., Bd. 1, § 26 III 3.b.

I. Annahmeverzug des Arbeitgebers

Gründe berechtigt; diese können insbesondere nach Ausspruch einer Kündigung gegeben sein. Ist dem Arbeitgeber die Beschäftigung des Arbeitnehmers unzumutbar, entfällt mangels Annahmeverzug die Entgeltzahlungspflicht (vgl. Rz. 31).

Bei der einvernehmlichen wie bei der einseitigen Freistellung unter Fortzahlung der Bezüge stellt sich uU die Frage nach der **Anrechnung anderweitigen Verdienstes**. Bei der **einvernehmlichen Freistellung** findet die Anrechnungsvorschrift § 615 Satz 2 BGB keine Anwendung. Da der Arbeitgeber aufgrund der getroffenen Vereinbarung keinen Anspruch auf die Arbeitsleistung des Arbeitnehmers hat, kann er auch nicht in Gläubigerverzug geraten. Die Anrechnungsmöglichkeit gemäß § 615 Satz 2 BGB besteht nur, wenn der Arbeitnehmer Annahmeverzugslohn fordert[1]. Eine Anrechnung anderweitigen Verdienstes kommt daher bei der einvernehmlichen Freistellung nur in Betracht, wenn dies vereinbart ist. Enthält die Vereinbarung keine Regelung, ist auf allgemeine Auslegungsgrundsätze zurückzugreifen, wobei *Bauer/Baeck*[2] die Auffassung vertreten, daß die Anrechnung anderweitigen Verdienstes in der Regel dem hypothetischen Willen der Parteien entspreche[3]. Bei der **einseitigen unberechtigten Freistellung** gerät der Arbeitgeber in Annahmeverzug, so daß auch die Anrechnungsvorschrift des § 615 Satz 2 BGB bestehen bleibt[4].

Streitig ist die Behandlung der Fälle, in denen der **Arbeitgeber zur Freistellung berechtigt** ist. Dabei besteht bereits Streit über den Ausgangspunkt, nämlich ob durch die berechtigte Freistellung die **Arbeitspflicht des Arbeitnehmers**[5] oder die **Beschäftigungspflicht des Arbeitgebers**[6] vorübergehend **beseitigt** wird. Nur nach der letzteren Auffassung kann Annahmeverzug des Arbeitgebers eintreten, und zwar im Hinblick auf die weiterbestehende Arbeitspflicht des Arbeitnehmers mit der Konsequenz, daß auch § 615 Satz 2 BGB anwendbar bleibt. Nach ersterer Auffassung findet dagegen § 615 BGB und damit auch die Anrechnungsvorschrift des § 615 Satz 2 BGB bei der berechtigten Freistellung keine Anwendung[7]; vielmehr soll sich der Vergütungsanspruch dann wieder unmittelbar aus § 611 BGB ergeben. Richtig dürfte sein, daß auch die berechtigte Freistellung die Arbeitspflicht des Arbeitnehmers unberührt läßt, also der Arbeitgeber in Annahmeverzug gerät[8]. In jedem Fall dürfte § 615 Satz 2 BGB für den Arbeitnehmer als Obliegenheit bestehen bleiben[9].

---

1 *Bauer/Baeck*, NZA 1989, 784, 785.
2 *Bauer/Baeck*, NZA 1989, 784, 785; ebenso LAG Schleswig-Holstein v. 11. 10. 1996, NZA-RR 1997, 286.
3 AA LAG Köln v. 21. 8. 1991, NZA 1992, 123 und LAG Hamm v. 11. 10. 1996, NZA-RR 1997, 287, wonach eine Anrechnung in der Regel nicht erfolgt.
4 *Bauer/Baeck*, NZA 1989, 786; *Winderlich*, BB 1991, 271, 272.
5 So *Winderlich*, BB 1991, 271.
6 So *Bauer/Baeck*, NZA 1989, 786.
7 *Winderlich*, BB 1991, 272.
8 BGB-RGRK/*Matthes*, § 615 Rz. 120.
9 So: MünchArbR/*Boewer*, § 93 Rz. 22.

b) Kurzarbeit

65 Kurzarbeit beinhaltet die vorübergehende Verkürzung der vertraglich vereinbarten Arbeitszeit unter entsprechender Minderung des Entgelts[1].

aa) Einführung der Kurzarbeit

66 Der Arbeitgeber kann Kurzarbeit mit entsprechender Entgeltminderung nur **aufgrund** einer **Vereinbarung** kollektiven oder einzelvertraglichen Charakters, **nicht** aber **aufgrund** seines **Direktionsrechts** einführen. Andernfalls bedarf es zur Arbeitszeitverkürzung einer Änderungskündigung[2]. Eine Änderung der Arbeitsverträge hinsichtlich Arbeitszeit und Entgelthöhe für die Dauer der Kurzarbeit ohne Rücksicht auf den Willen des Arbeitnehmers kann nur **durch** eine **förmliche Betriebsvereinbarung** nach § 77 Abs. 2 BetrVG herbeigeführt werden; eine formlose **Regelungsabrede genügt nicht**[3].

§ 15 Abs. 5 BAT-O, der die einseitige Einführung von Kurzarbeit durch den Arbeitgeber erlaubt, ohne Regelungen über Voraussetzungen, Umfang und Höchstdauer dieser Maßnahme zu treffen, verstößt gegen tariflich unabdingbares Kündigungsschutzrecht und ist deshalb unwirksam[4].

67 Ist die Einführung von Kurzarbeit einzelvertraglich oder in einem Tarifvertrag geregelt, ist diese gemäß § 87 Abs. 1 Nr. 3 BetrVG dennoch **mitbestimmungspflichtig**. Dem Mitbestimmungsrecht des Betriebsrats unterliegt nicht nur die **Einführung,** sondern auch der **zeitliche Umfang** und die **Ausgestaltung**. Dem Betriebsrat steht ein **Initiativrecht** zu[5]. Ob der Betriebsrat auch bei Zahlung eines Zuschlags zum Kurzarbeitergeld mitzubestimmen hat, ist streitig[6].

68 Ist die Kurzarbeit wirksam eingeführt, besteht für den Arbeitnehmer **hinsichtlich der ausfallenden Arbeitszeit keine Arbeitspflicht,** so daß der Arbeitgeber auch **nicht** in **Annahmeverzug** geraten kann. Die Arbeitnehmer behalten jedoch gemäß § 615 BGB ihren vollen Entgeltanspruch, wenn es an einer Rechtsgrundlage für die Einführung der Kurzarbeit fehlt oder das Mitbestimmungsrecht des Betriebsrats mißachtet wurde[7].

69 Auf die **Wirksamkeit der Einführung von Kurzarbeit** ist zwar grundsätzlich **ohne Einfluß**, ob die Voraussetzungen für die Gewährung von **Kurzarbeitergeld durch das Arbeitsamt** vorliegen oder nicht[8]. Nach einer Entscheidung des BAG[9] können die Arbeitnehmer jedoch trotz wirksam vereinbarter Kurzarbeit ein

---

1 BGB-RGRK/*Matthes,* § 615 Rz. 130.
2 BAG v. 15. 12. 1961 und 14. 2. 1991, AP Nr. 1, 4 zu § 615 BGB – Kurzarbeit.
3 BAG v. 14. 2. 1991, AP Nr. 4 zu § 615 BGB – Kurzarbeit.
4 BAG v. 27. 1. 1994, AP Nr. 1 zu § 15 BAT-O; BAG v. 18. 10. 1994, AP Nr. 11 zu § 615 BGB – Kurzarbeit.
5 BAG v. 4. 3. 1986, AP Nr. 3 zu § 87 BetrVG 1972 – Kurzarbeit.
6 Bejahend: BGB-RGRK/*Matthes,* § 615 Rz. 135; aA *Hess/Schlochauer/Glaubitz,* § 87 BetrVG Rz. 173; LAG Köln v. 14. 6. 1989, NZA 1989, 939.
7 BAG v. 13. 7. 1977, AP Nr. 2 zu § 87 BetrVG 1972 – Kurzarbeit; BGB-RGRK/*Matthes,* § 615 Rz. 138; *Staudinger/Richardi,* § 615 Rz. 169.
8 BGB-RGRK/*Matthes,* § 615 Rz. 139.
9 BAG v. 11. 7. 1990, AP Nr. 32 zu § 615 – Betriebsrisiko.

Entgelt in Höhe des Kurzarbeitergeldes verlangen, wenn das Kurzarbeitergeld vom Arbeitsamt rückwirkend widerrufen wird, da in dem Fall das Wirtschaftsrisiko des Arbeitgebers wieder auflebe.

bb) Kurzarbeitergeld

Ist Kurzarbeit eingeführt, kann das Arbeitsamt Kurzarbeitergeld gewähren, §§ 169 ff. SGB III. Gemäß § 169 SGB III besteht ein Anspruch auf Kurzarbeitergeld, wenn 70

- ein erheblicher Arbeitsausfall mit Entgeltausfall vorliegt (§ 170 SGB III),
- die betrieblichen und die persönlichen Voraussetzungen erfüllt sind (§§ 171 bzw. 172 SGB III) und
- der Arbeitsausfall dem zuständigen Arbeitsamt schriftlich angezeigt worden ist (§ 173 SGB III).

Ein **erheblicher Arbeitsausfall** ist nach § 170 SGB III gegeben, wenn er

- auf **wirtschaftlichen Gründen** (Veränderung der betrieblichen Strukturen aufgrund allgemeiner wirtschaftlicher Entwicklung, § 170 Abs. 2 SGB III) oder einem **unabwendbaren Ereignis** (ungewöhnliche Witterungsgründe; behördliche vom Arbeitgeber nicht zu vertretende Maßnahmen, § 170 Abs. 3 SGB III) beruht,
- vorübergehend und
- unvermeidbar (§ 170 Abs. 4 SGB III) ist und
- im Anspruchszeitraum mindestens **ein Drittel der in dem Betrieb Beschäftigten** von einem **Entgeltausfall von jeweils mehr als 10%** ihres monatlichen Bruttoentgelts betroffen ist.

Die **Ursachen des Arbeitsausfalls** müssen also außerhalb des Verantwortungsbereichs des Betriebes liegen; durch die Zahlung des Kurzarbeitergeldes soll zum Erhalt der Arbeitsverhältnisse beigetragen werden. Ein **vorübergehender Arbeitsausfall** ist zu verneinen, wenn die Dauer der gesetzlichen Bezugsfrist überschritten wird. Der Arbeitsausfall ist **unvermeidbar,** wenn der Betrieb alle zumutbaren Vorkehrungen getroffen hat, um den Arbeitsausfall zu verhindern (Umsetzungen, Produktion auf Lager, Abbau von Urlaubs- und Arbeitszeitguthaben). Von vornherein vermeidbar sind branchen-, betriebsübliche, saisonbedingte oder solche Arbeitsausfälle, die ausschließlich auf betriebsorganisatorischen Maßnahmen beruhen (§ 170 Abs. 4 Satz 2 Nr. 1 SGB III). Die **betrieblichen Voraussetzungen** liegen gemäß § 171 SGB III vor, wenn in dem betreffenden Betrieb mindestens ein Arbeitnehmer beschäftigt ist. Die **persönlichen Voraussetzungen** sind nur bei Arbeitnehmern erfüllt, die eine versicherungspflichtige Beschäftigung ungekündigt fortsetzen oder aus zwingenden Gründen aufnehmen (Beispiel: Eine wichtige Person im Betrieb wird frei und kann nicht aus den eigenen Reihen der Belegschaft besetzt werden). Der Aufhebungsvertrag ist der Kündigung gleichgestellt.

Daneben wird zeitlich befristet bis zum 31. 12. 2002 **strukturelles Kurzarbeitergeld** gewährt, wenn der Arbeitsausfall auf strukturellen Veränderungen im Betrieb beruht und nicht nur vorübergehender Natur ist, sondern **auf Dauer angelegt** ist, § 175 SGB III. Voraussetzung ist, daß hierdurch eine **Massenentlassung** im Sinne von § 17 Abs. 1 KSchG **vermieden** wird und die von dem Arbeitsausfall betroffenen Arbeitnehmer in einer **betriebsorganisatorisch eigenständigen Ein-** 71 heit (organisatorisch getrennt vom übrigen Betrieb, eigene Kostenstelle) zusammengefaßt werden. Ein Anspruch besteht nach § 175 Abs. 4 SGB III auch für Arbeitnehmer, deren Arbeitsverhältnis gekündigt oder durch Aufhebungsvertrag aufgelöst ist. Es führt zu einem Anspruchsausschluß, wenn die Arbeitnehmer nur vorübergehend in der betriebsorganisatorisch eigenständigen Einheit zusammengefaßt werden, um anschließend einen anderen Arbeitsplatz des Betriebes zu besetzen. Das strukturelle Kurzarbeitergeld soll dazu beitragen, die Schaffung und Besetzung neuer Arbeitsplätze zu erleichtern.

72 Das Kurzarbeitergeld beträgt in beiden Fällen **60 bzw. 67% des pauschalierten Nettoarbeitsentgelts**, § 178 SGB III. Die **Anspruchsdauer** beträgt grundsätzlich bei der konjunkturellen Kurzarbeit längstens sechs und bei der strukturellen Kurzarbeit längstens 12 Monate, § 177 Abs. 1 Satz 3 SGB III. Die Bezugsfristen können durch Rechtverordnung verlängert werden, § 182 SGB III. Sind für Arbeitnehmer in struktureller Kurzarbeit Maßnahmen der beruflichen Qualifizierung oder andere geeignete Maßnahmen zur Eingliederung nicht vorgesehen, verkürzt sich die Anspruchsdauer auf sechs Monate, § 177 Abs. 1 Satz 4 SGB III.

cc) Kurzarbeit und Arbeitskampf

73 Soweit die Arbeitnehmer im Arbeitskampf keinen Anspruch auf Vergütung haben (vgl. Rz. 81 ff.), stellt sich die Frage, ob sie **Arbeitslosen- oder Kurzarbeitergeld** beanspruchen können. Nach den §§ 174 Abs. 1, 146 Abs. 1 SGB III darf durch die Gewährung von Arbeitslosen- und Kurzarbeitergeld nicht in Arbeitskämpfe eingegriffen werden. Die **Leistungen ruhen** zum einen, wenn der **Arbeitnehmer selbst streikt bzw. ausgesperrt wird**, § 146 Abs. 2 SGB III. Gemäß § 146 Abs. 3 Satz 1 SGB III gilt dies auch für **mittelbar von einem Arbeitskampf betroffene Arbeitnehmer**. Dies sind zum einen die Arbeitnehmer, die zum **selben Tarifgebiet** und zur **selben Branche** gehören, § 146 Abs. 3 Satz 1 Nr. 1 SGB III. Dies sind des weiteren die Arbeitnehmer, die zur **selben Branche**, aber einem **räumlich anderen Tarifgebiet** gehören, wenn sie an dem **Ergebnis des Arbeitskampfes partizipieren**, § 146 Abs. 3 Satz 1 Nr. 2 SGB III. Leistungen dürfen gewährt werden, wenn der Arbeitnehmer nicht dem fachlichen Geltungsbereich des umkämpften Tarifvertrages zuzuordnen ist, § 146 Abs. 1 Satz 2 SGB III.

74 Nachdem dies bereits zuvor vom BSG hinsichtlich § 116 Abs. 3 Satz 1 Nr. 2 AFG (jetzt wortgleich: § 146 Abs. 3 Satz 1 Nr. 2 SGB III) bejaht worden war[1], ist § 116 Abs. 3 Satz 1 AFG (wortgleich: § 146 Abs. 3 Satz 1 SGB III) auch vom BVerfG für **verfassungsgemäß** befunden worden[2]. Der Gesetzgeber habe die Regelung getroffen, weil durch die Zahlung von Kurzarbeitergeld nicht zugunsten der Gewerkschaften in Arbeitskämpfe eingegriffen werden solle. Die **Neutralität der Bundesanstalt für Arbeit** werde durch die Zahlung von Kurzarbeitergeld an Arbeitnehmer außerhalb des umkämpften Gebiets **verletzt**, wenn diese Arbeitnehmer aller Voraussicht nach an dem erkämpften Ergebnis teil haben. Diese müßten daher auch das Vergütungsrisiko tragen[3]. Das **BVerfG** äußert

---

1 BSG v. 4. 10. 1994, NZA 1995, 320.
2 BVerfG v. 4. 7. 1995, NZA 1995, 754.
3 BVerfG v. 4. 7. 1995, NZA 1995, 754 unter C I 2a).

I. Annahmeverzug des Arbeitgebers

gegen den **Ausschluß von Kurzarbeitergeld Bedenken**, wenn es durch **zusätzliche Aussperrungen** und damit verbundene **Fernwirkungen** zu einer **Paritätsstörung** komme. Durch eine Einschränkung der Zulässigkeit von Aussperrungen könnten die mittelbaren Folgen solcher Kampfmaßnahmen wirksam begrenzt werden. Auch könne bei der Anwendung von § 116 Abs. 3 AFG (wortgleich: § 146 Abs. 3 SGB III) eine **Differenzierung** zwischen den **mittelbaren Folgen eines Streiks** oder einer **Aussperrung** geboten sein, wenn sonst ein **strukturelles Übergewicht der Arbeitnehmer** eintreten würde. Andernfalls müsse der Gesetzgeber geeignete Maßnahmen treffen[1].

c) Betriebsrisikolehre

Rechtliche Probleme des Betriebsrisikos treten auf, wenn der Arbeitnehmer zur Arbeit fähig und bereit ist, der Arbeitgeber ihn jedoch aus Gründen nicht beschäftigen kann, die ihre **Ursache im betrieblichen Bereich** haben, **ohne** daß den **Arbeitgeber** ein **Verschulden** trifft[2]. Die Betriebsrisikolehre beantwortet die Frage, wer bei einer Betriebsstörung das Vergütungsrisiko zu tragen hat, losgelöst von den Regeln des BGB.

75

Reichs-[3] und Reichsarbeitsgericht[4] haben dazu die **sog. Sphärentheorie** entwickelt, wonach **derjenige** das **Vergütungsrisiko** zu tragen habe, **aus dessen Sphäre** die **Störung** herrühre[5]. Diese Rechtsprechung, die vom BAG fortgeführt wurde[6], hat insbesondere im Hinblick auf die Behandlung arbeitskampfbedingter Störungen heftige Kritik erfahren[7]. Gleichermaßen wird angezweifelt, ob es der Betriebsrisikolehre auch in den übrigen Fällen bedarf, diese nicht vielmehr auch über § 615 BGB gelöst werden können[8]. Dem ist zuzustimmen, da § 615 BGB selbst mit der Zuweisung des Vergütungsrisikos an den Arbeitgeber bereits eine eindeutige Gefahrtragungsregel beinhaltet. Das **BAG**[9] stellt folgende **Grundsätze** auf:

76

Innerhalb eines Arbeitsverhältnisses hat der **Arbeitgeber** das **Risiko** der Unmöglichkeit der Arbeitsleistung **aus im Betrieb liegenden Gründen** schlechthin zu tragen und bleibt zur Entgeltfortzahlung verpflichtet, sofern nicht durch Einzelvertrag oder Kollektivvereinbarung eine andere Regelung getroffen ist. Dies gilt nicht nur bei **betriebstechnischen Störungen** oder einem **Versagen der sachlichen oder persönlichen Mittel des Betriebes** (Rohstoffmangel, Ausfall der Hei-

77

---

1 BVerfG v. 4. 7. 1995, NZA 1995, 754 unter C I 2c) cc).
2 BAG v. 8. 12. 1982, AP Nr. 58 zu § 616 BGB; *Hueck/Nipperdey*, § 44 IV 1, S. 347.
3 RG v. 6. 2. 1923, RGZ 106, 272.
4 RAG v. 20. 6. 1928, RGZ 3, 116 = ARS 5, 32.
5 Zu den näheren Einzelheiten vgl. *Staudinger/Richardi*, § 615 Rz. 194 ff.; BGB-RGRK/*Matthes*, § 615 Rz. 16 ff.; MünchKomm/*Schaub*, § 615 BGB Rz. 99 ff.; *Soergel/Kraft*, § 615 Rz. 30 ff.
6 BAG v. 8. 2. 1957, BAGE 3, 346.
7 Vgl. *Staudinger/Richardi*, § 615 Rz. 200 ff. mwN.
8 *Staudinger/Richardi*, § 615 Rz. 203; BGB-RGRK/*Matthes*, § 615 Rz. 25 ff. mwN.
9 Vgl. zuletzt: BAG v. 23. 6. 1994, AP Nr. 56 zu § 615 BGB.

zung¹), sondern auch, wenn die **Störungen von außen** (durch Naturkatastrophen, Brände, Unglücksfälle, extreme Witterungsverhältnisse) auf das Unternehmen und dessen typische Betriebsmittel (Maschinen, Gebäude, Heizungsanlagen) einwirken². Der Arbeitgeber trägt auch das Betriebsrisiko, wenn die Arbeit aufgrund **behördlicher Verbote oder Maßnahmen** vorübergehend eingestellt wird. Der Arbeitgeber trägt außerdem das **Wirtschaftsrisiko**³. Dies sind solche Fälle, in denen die Arbeit zwar weiterhin möglich, aber wegen **Auftrags- und Absatzmangels** oder dergleichen für den Arbeitgeber wirtschaftlich sinnlos wird⁴.

78 Diese **Grundsätze gelten nicht,** wenn die Unmöglichkeit der Beschäftigung auf das **Verhalten der Arbeitnehmer** zurückzuführen ist oder das die Betriebsstörung herbeiführende Ereignis den Betrieb wirtschaftlich so schwer trifft, daß bei Zahlung der vollen Löhne die **Existenz des Betriebes gefährdet** würde⁵.

79 Das vom Arbeitgeber zu tragende Betriebsrisiko beschränkt sich in aller Regel nur auf den betrieblichen Bereich und umfaßt **nicht** auch einen vom Arbeitgeber – in welcher Weise auch immer – eingerichteten **Transport des Arbeitnehmers zum Arbeitsplatz**⁶ oder **objektive Leistungshindernisse im außerbetrieblichen Bereich** wie Verkehrssperren, Ausfall öffentlicher Verkehrsmittel, Smogalarm, Naturereignisse wie Hochwasser oder Schneeverwehungen, die den Arbeitnehmer hindern, seinen Arbeitsplatz zu erreichen.

80 Durch **Einzelvertrag** oder **Kollektivvereinbarung** (Tarifvertrag, Betriebsvereinbarung) kann von den obigen Grundsätzen abgewichen werden. Eine solche Abbedingung muß hinreichend deutlich sein⁷.

d) Störungen bei Arbeitskämpfen

81 Bei arbeitskampfbedingten Störungen stellt sich ebenfalls die Frage, wer das **Vergütungsrisiko** trägt. Einigkeit besteht, daß **Arbeitnehmer,** die sich **an dem Streik beteiligen, keinen Anspruch** auf Entgeltzahlung haben. Gleiches gilt, wenn der Arbeitgeber die Arbeitnehmer aussperrt und die **Aussperrung rechtmäßig** ist, da der Arbeitskampf die Suspendierung der beiderseitigen Rechte und Pflichten aus dem Arbeitsverhältnis zur Folge hat. Die Wirkungen eines Arbeitskampfes können jedoch auch **arbeitswillige Arbeitnehmer** des bestreikten Betriebes wie **Arbeitnehmer in nicht bestreikten Betrieben,** letztere **aufgrund von Fernwirkungen,** treffen. In diesen Fällen stellt sich die Frage, wer das **sog. Arbeitskampfrisiko** trägt.

---

1 BAG v. 9. 3. 1983, AP Nr. 31 § 615 BGB – Betriebsrisiko.
2 BAG v. 30. 5. 1963 und 9. 3. 1983, AP Nr. 15, 31 zu § 615 BGB – Betriebsrisiko.
3 BAG v. 11. 7. 1990, AP Nr. 32 zu § 615 BGB – Betriebsrisiko.
4 BAG v. 23. 6. 1994, AP Nr. 56 zu § 615 BGB.
5 BAG v. 30. 5. 1963 und 9. 3. 1983, AP Nr. 15 u. 31 zu § 615 BGB – Betriebsrisiko; BAG v. 23. 6. 1994, AP Nr. 56 zu § 615 BGB.
6 BAG v. 8. 12. 1982, AP Nr. 58 zu 616 BGB.
7 BAG v. 4. 7. 1958 und 9. 3. 1983, AP Nr. 5, 31 zu § 615 BGB – Betriebsrisiko.

I. Annahmeverzug des Arbeitgebers

Wie oben bereits angedeutet (vgl. Rz. 76), wurden diese Störungen nach der **älteren Rechtsprechung** über die **Betriebsrisikolehre** gelöst: Das Betriebsrisiko wurde den Arbeitnehmern auferlegt, während das Wirtschaftsrisiko (also aus den Fernwirkungen eines Arbeitskampfes) weiterhin bei den Arbeitgebern verblieb[1]. **Später** wurde mit dem Argument der Wahrung der Kampfparität für den Arbeitskampf das **Wirtschaftsrisiko dem Betriebsrisiko gleichgestellt**[2], da andernfalls den Arbeitnehmern wegen der damit verbundenen möglichen Einflußnahme auf Fremdbetriebe ein zusätzliches Kampfmittel an die Hand gegeben werde[3].

Nunmehr gelten die folgenden Grundsätze[4]: Das sog. **Arbeitskampfrisiko**, nämlich das Risiko der Unmöglichkeit der Beschäftigung und des vergeblichen tatsächlichen Angebotes der Arbeitsleistung, haben **grundsätzlich die Arbeitnehmer** zu tragen[5]. Bei Störungen in einem nicht bestreikten Betrieb, die also auf **Fernwirkungen eines Arbeitskampfs** in einem anderen Betrieb beruhen, muß der Arbeitgeber nach der Arbeitskampfrisikolehre den Arbeitnehmern, die er nicht beschäftigt, das Entgelt zahlen, soweit die Fortsetzung des Betriebs möglich und wirtschaftlich zumutbar wäre. Ist das zu verneinen, tragen die betroffenen Arbeitnehmer das **Vergütungsrisiko**, verlieren also ebenfalls ihre Vergütungsansprüche für die Dauer des Arbeitskampfes[6]. Diese Grundsätze gelten **ebenso**, wenn die Unmöglichkeit der Beschäftigung Folge eines zeitlich vorangegangenen Arbeitskampfs im selben Betrieb ist[7].

Die vorstehenden Grundsätze des Arbeitskampfrisikos sind **nicht anwendbar**, wenn in dem **bestreikten Betrieb** oder Betriebsteil selbst **arbeitswillige Arbeitnehmer** ihre Arbeitsleistung anbieten[8]. In dem Fall ist der **Arbeitgeber** in seiner Entscheidung frei, wie er auf den Arbeitskampf reagiert:

Einerseits kann er sich **den Streikmaßnahmen beugen** und den bestreikten **Betrieb** für die Dauer und im Umfang des Streiks **stillegen**. Dies gilt auch, wenn ihm eine teilweise Aufrechterhaltung technisch möglich und wirtschaftlich zumutbar wäre. Damit wird die Beschäftigungs- und **Lohnzahlungspflicht** auch

---

1 BAG v. 1. 2. 1973 und 7. 11. 1975, AP Nr. 29 u. 30 zu § 615 BGB – Betriebsrisiko.
2 BAG v. 22. 12. 1980, AP Nr. 70 u. 71 zu Art. 9 GG – Arbeitskampf.
3 Ausführlich zur Entwicklung der Rechtsprechung und deren Grundlagen: *Staudinger/Richardi*, § 615 Rz. 233 ff.
4 Vgl. zur neueren Rechtsprechung: *Oetker*, Anm. AP Nr. 130 zu Art. 9 GG – Arbeitskampf; *Gamillscheg*, BB 1996, 212; *Fischer/Rüthers*, Anm. EzA Art. 9 GG – Arbeitskampf Nr. 115; *Mayer*, AiB 1995, 135; *Buschmann*, AuR 1995, 39; *Thüsing*, DB 1995, 2607.
5 BAG v. 27. 6. 1995, BB 1996, 216.
6 BAG v. 22. 12. 1980 und 22. 3. 1994, AP Nr. 70, 71 u. 130 zu Art. 9 GG – Arbeitskampf; BAG v. 31. 1. 1995, AP Nr. 135 zu Art. 9 GG – Arbeitskampf; BAG v. 27. 6. 1995, DB 1996, 143.
7 BAG v. 27. 6. 1995, DB 1996, 143.
8 BAG v. 22. 3. 1994, AP Nr. 130 zu Art. 9 GG – Arbeitskampf; BAG v. 31. 1. 1995, BB 1996, 214.

gegenüber arbeitswilligen Arbeitnehmern **suspendiert**[1]. Die **Suspendierung der arbeitswilligen Arbeitnehmer** geschieht durch eine **Erklärung des Arbeitgebers**, den bestreikten Betrieb nicht aufrecht erhalten zu wollen und die Arbeitsverhältnisse der betroffenen Arbeitnehmer für die Dauer des Arbeitskampfs zu suspendieren[2]. Die Erklärung muß hinreichend eindeutig sein. **Adressaten** sind die **betroffenen Arbeitnehmer, nicht** dagegen die den Streik führende **Gewerkschaft**. Die Erklärung kann auch stillschweigend erfolgen. Das ist anzunehmen, wenn der Arbeitgeber hinreichend deutlich macht, daß er sich dem Streik beugen und den Betrieb nicht weiterführen will. Daran fehlt es, wenn der Betrieb zwar ruht, der Arbeitgeber aber den Eindruck erweckt, er wolle die Arbeitnehmer so bald wie möglich zur Arbeit heranziehen[3].

86 **Andererseits** kann der Arbeitgeber versuchen, den **Betrieb** wenigstens teilweise **aufrecht zu erhalten**, sich also **dem Streik nicht beugen**. Sodann sind die Grundsätze des **Arbeitskampfrisikos** auch für unmittelbar streikbetroffenen Betriebe **maßgebend**[4]. Für den Arbeitgeber entfällt also die Beschäftigungs- und Vergütungspflicht, wenn eine Beschäftigungsmöglichkeit nicht gegeben ist.

II. Vergütungspflicht bei vorübergehender Verhinderung des Arbeitnehmers

1. Grundlagen

87 Nach § 616 Abs. 1 BGB verliert der Arbeitnehmer seinen Anspruch auf Entgelt **nicht** dadurch, daß er

- durch einen in seiner Person liegenden Grund
- ohne sein Verschulden
- für eine verhältnismäßig nicht erhebliche Zeit

an der Dienstleistung verhindert wird. § 616 Abs. 1 Satz 1 BGB enthält eine Ausnahme von dem Grundsatz „ohne Arbeit kein Lohn". Er betrifft Fälle, in denen dem Arbeitnehmer die Dienstleistung aus einem in seiner Person liegenden, von ihm aber nicht zu vertretenden Grund unmöglich wird, so daß er an der Erbringung der Dienste verhindert ist. Die Vorschrift schließt insoweit § 323 BGB aus.

---

1 BAG v. 22. 3. 1994, AP Nr. 130 zu Art 9 GG – Arbeitskampf; BAG v. 31. 1. 1995, BB 1996, 214; BAG v. 27. 6. 1995, DB 1996, 143; BAG v. 11. 7. 1995, BB 1996, 216.
2 BAG v. 22. 3. 1994, AP Nr. 130 zu Art. 9 GG – Arbeitskampf.
3 BAG v. 11. 7. 1995, BB 1996, 216; BAG v. 27. 6. 1995, DB 1996, 143.
4 BAG v. 14. 12. 1993, AP Nr. 129 zu Art. 9 GG – Arbeitskampf; BAG v. 11. 7. 1995, BB 1996, 216.

2. Voraussetzungen der gesetzlichen Entgeltfortzahlungspflicht gemäß § 616 BGB

a) Arbeitsverhinderung

Die Entgeltzahlungspflicht nach § 616 BGB setzt voraus, daß es sich um ein in der **persönlichen Sphäre des Arbeitnehmers** liegendes **subjektives Leistungshindernis** handelt[1]. Der Hinderungsgrund muß nicht unmittelbar in der Person des Arbeitnehmers oder in dessen persönlichen Eigenschaften liegen, die Arbeitsleistung muß ihm auch nicht unmöglich sein, es reicht vielmehr aus, wenn dem Arbeitnehmer die Arbeitsleistung im Hinblick auf den Hinderungsgrund nicht zuzumuten ist[2].

88

Ein Anspruch besteht nicht, wenn die Ursache des Leistungshindernisses weder in der privaten Sphäre des Arbeitnehmers noch im betrieblichen Bereich, d.h. innerhalb der Einflußmöglichkeiten des Arbeitgebers, liegt[3]. Beispiel: Allgemeine Verkehrssperren, Ausfall öffentlicher Verkehrsmittel, Naturereignisse. Hierbei handelt es sich um **objektive Leistungshindernisse,** bei denen die Leistungspflicht des Arbeitgebers aus § 616 BGB entfällt[4]. Arbeitnehmer und Arbeitgeber werden sodann gemäß §§ 323 ff. BGB von der Leistungspflicht frei[5].

89

Die Verhinderungsgründe müssen sich auf **den Arbeitnehmer** beziehen, der die Entgeltfortzahlung verlangt, nicht auf einen größeren Kreis von Arbeitnehmern. So kann die Zahl der betroffenen Arbeitnehmer gewisse Hinweise darauf geben, ob das Leistungshindernis in der Person des Arbeitnehmers begründet ist oder ein allgemeines Leistungshindernis vorliegt[6].

90

§ 616 Satz 1 BGB enthält also eine **Gefahrtragungsregel,** wonach der Arbeitgeber die Risiken übernimmt, die sich aus einem persönlichen Hinderungsgrund beim einzelnen Arbeitnehmer ergeben, während er die Folgen objektiver Leistungshindernisse, auf die er keinen Einfluß hat und die in der Regel unvorhersehbar eintreten, nicht zu tragen hat[7]. Hierzu gehören alle Fälle der Unmöglichkeit des Zugangs zum Arbeitsplatz[8], worin sich letztlich das allgemeine Lebensrisiko verwirklicht, das vom Arbeitnehmer zu tragen ist[9].

91

Die **Darlegungs- und Beweislast** für das Vorliegen der Hinderungsgründe trägt grundsätzlich der Arbeitnehmer.

---

1 BAG v. 8. 12. 1982 und 8. 9. 1982, AP Nr. 58, 59 zu § 616 BGB.
2 BAG v. 25. 4. 1960, 19. 4. 1978 und 8. 12. 1982, AP Nr. 23, 48 u. 58 zu § 616 BGB.
3 BAG v. 8. 9. 1982, AP Nr. 59 zu § 616 BGB; aA *Moll*, RdA 1980, 138 ff.
4 BAG v. 8. 12. 1982, AP Nr. 58 zu § 616 BGB; *Hueck/Nipperdey*, Lehrbuch des Arbeitsrechts, Band I, § 44 III 1a) bb, S. 330; *Nikisch*, Lehrbuch des Arbeitsrechts, Band I, § 43 I 3; MünchKomm/*Schaub*, § 616 BGB Rz. 7–8; *Staudinger/Richardi*, § 616 BGB Rz. 11.
5 BAG v. 8. 12. 1982, AP Nr. 58 zu § 616 BGB; BAG v. 24. 3. 1982, BB 1982, 1547; LAG Hamm v. 6. 11. 1979, DB 1980, 311.
6 BAG v. 8. 9. 1982, AP Nr. 59 zu § 616 BGB.
7 BAG v. 8. 12. 1982 und 8. 9. 1982, AP Nr. 58, 59 zu § 616 BGB.
8 *Herschel*, Anm. zu BAG v. 8. 9. 1982, AP Nr. 59 zu § 616 BGB.
9 BAG v. 8. 9. 1982, AP Nr. 59 zu § 616 BGB.

b) Verhinderungsdauer

92 Die Verhinderungsdauer darf nur eine **verhältnismäßig nicht erhebliche Zeit** betragen. Maßgebend ist das Verhältnis von Verhinderungszeit zur gesamten, auch voraussichtlichen Dauer des Arbeitsverhältnisses. Auch bei dauerndem Arbeitsverhältnis sind in der Regel nur wenige Tage von § 616 BGB gedeckt. Bei längerer Dauer besteht kein Anspruch, auch nicht für eine verhältnismäßig nicht erhebliche Zeit[1].

c) Schuldlosigkeit

93 Den Arbeitnehmer darf in Bezug auf den **Verhinderungsgrund kein Verschulden** treffen. Ein Verschulden des Arbeitnehmers in diesem Sinne ist nur zu bejahen bei einem leichtsinnigen, unverantwortlichen Verhalten oder einem groben Verstoß gegen die im Verkehr erforderliche Sorgfalt[2]. Die Darlegungs- und Beweislast für das Verschulden des Arbeitnehmers trägt der Arbeitgeber[3].

d) Einzelfälle

94 **Anspruch zu bejahen:**
- Arztbesuch während der Arbeitszeit[4], wenn der Arztbesuch aus medizinischen Gründen während der Arbeitszeit notwendig ist; die Notwendigkeit ist auch zu bejahen, wenn der Arbeitnehmer während der Arbeitszeit bestellt wird und auf die Termingestaltung keinen Einfluß nehmen kann[5].
- Eheschließung
- Erfüllung religiöser Pflichten[6]
- Erkrankung von Familienangehörigen[7]
- Goldene Hochzeit der Eltern[8]
- kirchliche Eheschließung[9]
- Niederkunft der Ehefrau
- Ausübung öffentlicher Ehrenämter[10]
- Pflege eines erkrankten Kindes[11]
- schwere Erkrankung eines nahen Angehörigen[12]

---

1 BAG v. 18. 12. 1959 und 20. 7. 1977, AP Nr. 22, 47 zu § 616 BGB; BGB-RGRK/*Matthes*, § 616 BGB Rz. 19.
2 BGB-RGRK/*Matthes*, § 616 BGB Rz. 17.
3 BGB-RGRK/*Matthes*, § 616 BGB Rz. 18.
4 BAG v. 29. 2. 1984, AP Nr. 22 zu § 1 TVG – Tarifverträge: Metallindustrie.
5 BAG v. 7. 3. 1990 und 27. 6. 1990, AP Nr. 83, 89 zu § 616 BGB.
6 BAG v. 27. 4. 1983, AP Nr. 61 zu § 616 BGB.
7 BAG v. 8. 12. 1982, AP Nr. 58 zu § 616 BGB.
8 BAG v. 25. 10. 1973 und 25. 8. 1982, AP Nr. 43, 55 zu § 616 BGB.
9 BAG v. 27. 4. 1983, AP Nr. 61 zu § 616 BGB.
10 BAG v. 25. 10. 1973, 19. 4. 1978, 20. 6. 1979, 25. 8. 1982 und 8. 12. 1982, AP Nr. 43, 48, 49, 55, 58 zu § 616 BGB.
11 BAG v. 20. 6. 1979, NJW 1980, 903; *Sowka*, RdA 1993, 34.
12 BAG v. 11. 8. 1982, AP Nr. 1 zu § 33 MTL II.

II. Vorübergehende Verhinderung des Arbeitnehmers   Rz. 96 **Teil 2 B**

▶ Tätigkeitsverbot aufgrund Bundesseuchengesetz[1]
▶ Teilnahme an seltener Familienfeier[2]
▶ Todesfälle in der Verwandtschaft[3]
▶ U-Haft, unschuldig erlitten
▶ Umzug[4]
▶ Wahrnehmung amtlicher, insbesondere gerichtlicher oder polizeilicher Termine[5], soweit sie nicht durch private Angelegenheiten des Arbeitnehmers veranlaßt sind.

Anspruch zu verneinen: 95
▶ allgemeine Straßenverkehrsstörungen[6]
▶ Arbeitsgerichtsprozeß gegen den Arbeitgeber aus dem Arbeitsverhältnis, auch wenn persönliches Erscheinen angeordnet wurde[7]
▶ Ausfall öffentlicher Verkehrsmittel
▶ Demonstrationen
▶ Eisglätte, Schneeverwehungen[8]
▶ Fahrverbote wegen Schneeverwehungen[9] oder Smogalarm[10]
▶ Naturereignisse wie Hochwasser usw.[11]
▶ Strafverbüßung, denn der Arbeitnehmer hat die durch eine Strafverbüßung bedingte Unmöglichkeit der Arbeitsleistung zu vertreten[12]
▶ Teilnahme an Sportveranstaltungen
▶ Verkehrssperren
▶ Wahrnehmung amtlicher, insbesondere gerichtlicher oder polizeilicher Termine, soweit durch private Angelegenheiten veranlaßt.

3. Anmeldung/Unterrichtungspflicht

Der Arbeitnehmer hat seine Arbeitsverhinderung dem Arbeitgeber **rechtzeitig** 96 **vorher,** auf jeden Fall aber **unverzüglich** anzuzeigen. Das Unterlassen hat nicht

---

1 BGH v. 30. 11. 1978, NJW 1979, 422.
2 BAG v. 25. 10. 1973, NJW 1974, 663.
3 BAG v. 8. 12. 1982, AP Nr. 58 zu § 616 BGB.
4 BAG v. 25. 4. 1960, BAGE 9, 179.
5 BAG v. 8. 12. 1982, AP Nr. 58 zu § 616 BGB; BAG v. 4. 9. 1985, AP Nr. 1 zu § 29 BMT-G II.
6 LAG Hamm v. 6. 11. 1979, DB 1980, 311.
7 BAG v. 4. 9. 1985, AP Nr. 1 zu § 29 BMT II.
8 BAG v. 8. 9. 1982, NJW 1983, 1078.
9 BAG v. 8. 9. 1982, AP Nr. 59 zu § 616 BGB.
10 *Ehmann,* NJW 1987, 401.
11 BAG v. 8. 12. 1982, AP Nr. 58 zu § 616 BGB.
12 BAG v. 15. 11. 1984, AP Nr. 87 zu § 626 BGB unter II 2b) aa); MünchKomm/ *Schwerdtner,* § 626 BGB Rz. 88.

den Verlust des Zahlungsanspruchs zur Folge, stellt jedoch die Verletzung einer Nebenpflicht dar, die im Wiederholungsfall und nach Abmahnung zur Kündigung berechtigen kann[1].

4. Wirkung: Fortzahlung des Arbeitsentgelts

97 Der Vergütungsanspruch gemäß § 611 BGB bleibt entgegen § 323 BGB bestehen. Es gilt das **Entgeltausfallprinzip**, das heißt, es ist das Entgelt zu zahlen, das der Arbeitnehmer ohne die ausgefallene Arbeitszeit verdient hätte[2]. Der Anspruch endet mit dem Arbeitsverhältnis.

5. Anrechnung anderweitigen Erwerbs

98 § 616 Satz 2 BGB sieht zwar eine Anrechnung von Beträgen aus einer **gesetzlichen Kranken- oder Unfallversicherung** vor, diese hat aber keine praktische Bedeutung.

6. Abdingbarkeit

99 § 616 BGB enthält dispositives Recht, so daß dieser einzelvertraglich sowie kollektivvertraglich abbedungen und modifiziert werden kann[3]. Die Formulierung, „bezahlt wird nur die tatsächlich geleistete Arbeit", stellt regelmäßig einen zulässigen Ausschluß der Entgeltfortzahlung bei persönlicher Arbeitsverhinderung dar[4].

100 In den meisten Fällen enthalten **Tarifverträge** Bestimmungen darüber, unter welchen Voraussetzungen der Arbeitnehmer sein Entgelt ohne Arbeitsleistung beanspruchen kann. Hier bedarf es der Auslegung, ob es sich um eine § 616 BGB im übrigen ausschließende Regelung oder um konkretisierte Einzelfälle handelt.

101 Zulässig ist es auch, die **unbezahlte Freistellung** vorzusehen oder den **Anspruch der Höhe nach zu beschränken**[5]. Ob ein Ausschluß für alle Fälle der Arbeitsverhinderung im Einzelarbeitsvertrag zulässig ist, ist wohl zu bejahen[6]. Da es sich um Gründe handelt, die in der Person des Arbeitnehmers liegen, stellt der Ausschluß keine im Einzelfall unzulässige Abwälzung des Betriebsrisikos auf den Arbeitnehmer dar[7].

---

1 BGB-RGRK/*Matthes*, § 616 BGB Rz. 48.
2 BGB-RGRK/*Matthes*, § 616 Rz. 49.
3 BAG v. 6. 12. 1956, 25. 4. 1960, 20. 6. 1979 und 25. 8. 1982, AP Nr. 8, 23, 51 u. 55 zu § 616 BGB.
4 BAG v. 8. 12. 1982, AP Nr. 58 zu § 616 BGB.
5 BGB-RGRK/*Matthes*, § 616 BGB Rz. 55.
6 BGB-RGRK/*Matthes*, § 616 BGB Rz. 56; offen gelassen in BAG v. 20. 6. 1979, AP Nr. 49 zu § 616 BGB.
7 BGB-RGRK/*Matthes*, § 616 BGB Rz. 56.

7. Sonderfall: § 45 SGB V

Nach § 45 Abs. 3 SGB V haben Arbeitnehmer gegen ihren Arbeitgeber bei Betreuung ihres erkrankten Kindes Anspruch auf **Freistellung** von der Arbeitsleistung. § 45 Abs. 3 SBG V regelt die Frage einer Vergütung durch den Arbeitgeber während der Freistellung nicht, so daß die Freistellung **grundsätzlich unbezahlt** ist, es sei denn, eine einzel- oder kollektivrechtlichen Regelung sieht eine entsprechende Vergütung vor. Ist also eine derartige Regelung nicht getroffen, besteht auch kein Anspruch auf Vergütung. Gemäß § 45 Abs. 1 SGB V besteht gegenüber der Krankenkasse ein Anspruch auf Krankengeld. Der Anspruch auf Freistellung von der Arbeitsleistung kann nicht durch Vertrag ausgeschlossen oder beschränkt werden, § 45 Abs. 3 Satz 3 SGB V. 102

Voraussetzungen: 103

▶ das Fernbleiben von der Arbeit zur Beaufsichtigung, Betreuung oder Pflege des erkrankten Kindes ist nach ärztlichem Zeugnis erforderlich,

▶ eine andere im Haushalt lebende Person kann das Kind nicht beaufsichtigen, und

▶ das Kind hat das zwölfte Lebensjahr noch nicht vollendet.

Die **Dauer** beträgt je Kind längstens 10 Arbeitstage je Kalenderjahr, bei Alleinerziehenden erhöht sich diese auf 20 Arbeitstage. Insgesamt sind maximal 25 Arbeitstage, für Alleinerziehende 50 Arbeitstage je Kalenderjahr zu gewähren. 104

III. Entgeltfortzahlung im Krankheitsfall

1. Rechtsgrundlagen

Die Entgeltfortzahlung im Krankheitsfall richtet sich seit dem 1. 6. 1994 nach dem **Entgeltfortzahlungsgesetz** (EFZG; Art. 53 PflegeVG vom 26. 5. 1994, BGBl. I, 1065), das für alle Arbeitnehmer – Arbeiter, Angestellte und die zu ihrer Berufsausbildung Beschäftigten – eine einheitliche rechtliche Basis bildet. In der Ausgestaltung lehnt sich das EFZG weitgehend an die Rechtslage vor seinem Inkrafttreten an. Aus den Regelungen des **Lohnfortzahlungsgesetzes** (dessen §§ 1 bis 9 sind durch Art. 60 PflegeVG aufgehoben worden) sind die §§ 10–19 über den Ausgleich der Arbeitgeberaufwendungen für kleinere Betriebe bestehen geblieben. 105

Durch Art. 3 des **Arbeitsrechtlichen Beschäftigungsförderungsgesetzes** v. 25. 9. 1996 (BGBl. I, 1476, 1477) ist das EFZG in einigen wesentlichen Passagen **geändert** worden. So wurde nicht nur eine vierwöchige Wartezeit für neu eingestellte Beschäftigte eingeführt, in der noch kein Anspruch auf Entgeltfortzahlung besteht. Darüber hinaus wurde die Entgeltfortzahlung von bislang 100% auf 80% des Arbeitsentgelts abgesenkt. Um der Absenkung zu entgehen, kann der Arbeitnehmer für je fünf Krankheitstage auf einen Urlaubstag verzichten. Ferner darf der Arbeitgeber bei Maßnahmen der medizinischen Vorsorge 106 oder Rehabilitation von je fünf Arbeitstagen zwei Tage auf den Urlaub anrechnen. Die Änderungen sind zum 1. 10. 1996 in Kraft getreten. Eine Übergangsregelung in § 13 EFZG sieht vor, daß die bisherigen Vorschriften anwendbar bleiben, wenn der Arbeitnehmer am 1. 10. 1996 arbeitsunfähig war; die Änderungen finden also auf alle Arbeitnehmer Anwendung, deren Erkrankung vom 2. 10. 1996 an begonnen hat[1]. § 13 EFZG gilt nicht für Maßnahmen der medizinischen Vorsorge und Rehabilitation (§ 9 Abs. 1 EFZG), so daß für diese das Gesetz seit dem Tag des Inkrafttretens der Änderungen, also ab dem 1. 10. 1996 maßgebend ist.

107 Die Bestimmungen des EFZG sind **unabdingbar,** § 12 EFZG, das heißt, von ihnen darf nur zugunsten des Arbeitnehmers abgewichen werden. Lediglich die Bemessungsgrundlage betreffend das fortzuzahlende Entgelt kann durch Tarifvertrag abweichend geregelt werden, § 4 Abs. 4 EFZG. Im Geltungsbereich eines solchen Tarifvertrages kann die Anwendung der tarifvertraglichen Regelungen auch zwischen nichttarifgebundenen Arbeitnehmern und Arbeitgebern vereinbart werden, § 4 Abs. 4 Satz 2 EFZG.

2. Voraussetzungen der Entgeltfortzahlung

108 Nach § 3 Abs. 1 Satz 1 EFZG hat ein Arbeitnehmer, der durch Arbeitsunfähigkeit infolge unverschuldeter Krankheit an seiner Arbeitsleistung verhindert ist, Anspruch auf Entgeltfortzahlung im Krankheitsfall bis zur Dauer von sechs Wochen.

a) Wartezeit

109 Nach dem zum 1. 10. 1996 neu eingefügten § 3 Abs. 3 EFZG entsteht der Entgeltfortzahlungsanspruch erst nach **vierwöchiger ununterbrochener Dauer des Arbeitsverhältnisses.** Hierunter ist die Zeit ab der vereinbarten Arbeitsaufnahme zu verstehen[2] (vgl. Rz. 124). Während dieser vier Wochen erhält der Arbeitnehmer Krankengeld von der Krankenkasse, § 44 Abs. 1 iVm. § 49 Abs. 1 Nr. 1 SGB V; dieses beträgt 70% des regelmäßigen Arbeitsentgelts und darf 90% des Nettoarbeitsentgelts nicht übersteigen, § 47 Abs. 1 SGB V.

b) Arbeitsunfähigkeit

110 § 3 Abs. 1 Satz 1 EFZG setzt voraus, daß der Arbeitnehmer durch Arbeitsunfähigkeit infolge Krankheit an seiner Arbeitsleistung verhindert ist. Die Krankheit muß zur Arbeitsunfähigkeit führen, denn Krankheit allein löst noch keine Entgeltfortzahlung aus[3]. Im medizinischen Sinne ist **Krankheit** jeder regelwidrige körperliche oder geistige Zustand, der einer Heilbehandlung bedarf[4]. **Arbeitsunfähigkeit infolge Krankheit** liegt vor, wenn ein solches Krankheitsge-

---

1 *Schwedes,* BB 1996, Beil. 17, 2, 6.
2 *Löwisch,* NZA 1996, 1009, 1013.
3 BAG v. 26. 7. 1989, AP Nr. 86 zu § 1 LohnFG.
4 BAG v. 9. 1. 1985 und 26. 7. 1989, AP Nr. 62 u. 86 zu § 1 LohnFG mwN.

schehen den Arbeitnehmer außerstande setzt, die von ihm nach dem Arbeitsvertrag geschuldete Leistung zu erbringen, oder der Arbeitnehmer nur mit der Gefahr, in absehbarer naher Zukunft seinen Zustand zu verschlimmern, fähig ist, seiner bisherigen Erwerbstätigkeit nachzugehen[1]. Die Arbeitsfähigkeit kann also nicht losgelöst von der vertraglich zu verrichtenden Tätigkeit bestimmt werden[2]. Arbeitsunfähigkeit ist auch gegeben, wenn ärztlich die Enthaltung von der Arbeit zur Vermeidung eines Rückfalls oder zur Festigung des Gesundheitszustandes empfohlen wird[3] oder der Arbeitnehmer infolge seiner Krankheit nur unter Bedingungen arbeiten kann, die ihm vernünftigerweise auf Dauer nicht zuzumuten sind (zB starke Schmerzen bei der Ausübung der geschuldeten Arbeitsleistung)[4]. Krankheitsbedingte Arbeitsunfähigkeit kann ferner eintreten, wenn der Arbeitnehmer zwar noch nicht arbeitsunfähig ist, die zur Behebung der Krankheit erforderliche Behandlung ihn jedoch an der künftigen Arbeitsleistung hindert (Heilmaßnahme durch Operation)[5].

Ob der Arbeitnehmer durch die Krankheit **ganz oder teilweise arbeitsunfähig** wird, ist arbeitsrechtlich gleichbedeutend[6]. Ebenso ist unerheblich, wann und bei welcher Gelegenheit sich der Arbeitnehmer eine Krankheit zuzieht oder einen Unfall erleidet[7]. 111

Arbeitsunfähigkeit liegt nicht vor, wenn der Arbeitnehmer während der Arbeitszeit einen **Arztbesuch** vornimmt. Allerdings kann sich in diesen Fällen ein Anspruch aus § 616 BGB ergeben (vgl. Rz. 94). **Alkoholabhängigkeit** ist eine Krankheit im Sinne des Entgeltfortzahlungsrechts[8], während dies für eine **normale Schwangerschaft** verneint wird[9]. Als Krankheit im Rechtssinne ist nur die mit außergewöhnlichen Beschwerden oder Störungen verbundene Schwangerschaft anzusehen; das gleiche gilt bei **Fehlgeburten**. 112

Die krankheitsbedingte Arbeitsunfähigkeit muß **alleinige Ursache** für den **Ausfall der Arbeitsleistung** und damit für den Verlust des Entgeltanspruchs sein. Hat der Arbeitnehmer ohne die Erkrankung keinen Entgeltanspruch, kann ihm die Erkrankung nicht zu einem solchen Anspruch verhelfen[10]. Wird beispielsweise die für den 24. und 31. 12. vorgesehene Arbeit vorgeholt, hat der Arbeitnehmer keinen Anspruch auf Entgeltfortzahlung, wenn er an diesen Tagen arbeitsunfähig erkrankt[11]. 113

---

1 BAG v. 25. 6. 1981, AP Nr. 52 zu § 616 BGB; BAG v. 25. 10. 1993, AP Nr. 42 zu § 616 BGB; BAG v. 9. 1. 1985, AP Nr. 62 zu § 1 LohnFG.
2 BAG v. 25. 6. 1981, AP Nr. 52 zu § 616 BGB.
3 BAG v. 14. 1. 1972, AP Nr. 12 zu § 1 LohnFG.
4 BAG v. 1. 6. 1983, AP Nr. 54 zu § 1 LohnFG.
5 BAG v. 9. 1. 1985, AP Nr. 62 zu § 1 LohnFG.
6 BAG v. 1. 12. 1976 und 25. 6. 1981, AP Nr. 42 u. 52 zu § 616 BGB.
7 BAG v. 21. 4. 1982, AP Nr. 49 zu § 1 LohnFG.
8 BAG v. 25. 6. 1981, AP Nr. 52 zu § 616 BGB.
9 BAG v. 14. 11. 1984, AP Nr. 61 zu § 1 LohnFG.
10 BAG v. 25. 5. 1983, 20. 3. 1985 und 7. 9. 1988, AP Nr. 53, 64 u. 79 zu § 1 LohnFG mwN.
11 BAG v. 7. 9. 1988, AP Nr. 79 zu § 1 LohnFG.

c) Unverschuldete Krankheit
aa) Grundsätze

114 Gemäß § 3 Abs. 1 Satz 1 EFZG darf den Arbeitnehmer an seiner Krankheit kein **Verschulden** treffen. Dieses ist gegeben bei einem **gröblichen Verstoß gegen das von einem verständigen Menschen im eigenen Interesse zu erwartende Verhalten,** weil es unbillig wäre, den Arbeitgeber zu belasten, wenn der Arbeitnehmer zumutbare Sorgfalt sich selbst gegenüber außer acht gelassen und dadurch die Arbeitsunfähigkeit verursacht hat („Verschulden gegen sich selbst")[1].

115 Ein schuldhaftes Verhalten des Arbeitnehmers führt nur dann zum Wegfall der Entgeltfortzahlung, wenn und soweit die **Arbeitsunfähigkeit Folge des Verschuldens** ist[2].

116 Die **Beweislast** für das Verschulden des Arbeitnehmers trägt der **Arbeitgeber**[3]. Liegen Umstände vor, die nach der Lebenserfahrung auf ein Verschulden des Arbeitnehmers schließen lassen, obliegt es dem Arbeitnehmer nachzuweisen, daß die Ereignisse einen vom ersten Anschein abweichenden Verlauf genommen haben. Der Arbeitnehmer, der Entgeltfortzahlung wegen krankhafter Alkoholabhängigkeit fordert, muß allerdings auf Verlangen des Arbeitgebers die für die Entstehung des Alkoholismus erheblichen Umstände offenbaren[4].

bb) Einzelfälle

117 Verschulden **bejaht:** Verstoß gegen Rauchverbot nach Herzinfarkt[5]; Verletzung durch Schlägerei nach vorangegangener Provokation[6]. Verschulden **verneint:** Selbstmordversuch[7]; Sucht (Drogen, Alkohol)[8].

118 Bei **Sportunfällen**[9] ist Verschulden zu bejahen bei einer sportlichen Betätigung in einer die Kräfte und Fähigkeiten deutlich übersteigenden Weise, bei einem besonders groben und leichtsinnigen Verstoß gegen anerkannte Regeln der jeweiligen Sportart oder bei Teilnahme an einer besonders gefährlichen Sportart[10]. Letztere ist gegeben, wenn das Verletzungsrisiko bei objektiver Betrachtung so groß ist, daß auch ein gut ausgebildeter Sportler bei sorgfältiger Beachtung aller Regeln Risiken nicht vermeiden kann und sich der Arbeitnehmer damit unbeherrschbaren Gefahren aussetzt[11]. Hierzu rechnen nicht: Amateurboxen[12], Drachenfliegen[13], Fallschirmspringen, Fußball, Grasbahnrennen.

---

1 BAG v. 7. 10. 1981 und 21. 4. 1982, AP Nr. 45, 49 zu § 1 LohnFG mwN.
2 BAG v. 7. 10. 1981 und 21. 4. 1982, 46, 49 zu § 1 LohnFG.
3 BAG v. 1. 6. 1983, AP Nr. 52 zu § 1 LohnFG.
4 BAG v. 1. 6. 1983 und 7. 8. 1991, AP Nr. 52, 94 zu § 1 LohnFG.
5 BAG v. 17. 4. 1985, DB 1986, 976.
6 BAG v. 7. 10. 1981, AP Nr. 45 zu § 616 BGB.
7 BAG v. 28. 2. 1979, AP Nr. 44 zu § 1 LohnFG.
8 BAG v. 1. 6. 1983, AP Nr. 52 zu § 1 LohnFG; BAG v. 7. 8. 1991, DB 1991, 2488.
9 BAG v. 7. 10. 1981, AP Nr. 45 zu § 1 LohnFG.
10 BAG v. 25. 2. 1972 und 21. 1. 1976, AP Nr. 18 u. 39 zu § 1 LohnFG.
11 BAG v. 7. 10. 1981, AP Nr. 45 zu § 1 LohnFG.
12 AA ArbG Essen v. 14. 12. 1966, DB 1967, 429.
13 BAG v. 7. 10. 1981, AP Nr. 45 zu § 1 LohnFG.

Verkehrsunfälle: Verschulden wird bejaht bei Nichtanlegen von Sicherheitsgurten[1], Alkoholmißbrauch[2], Verstößen gegen sonstige Bestimmungen der StVO[3]. Die unfallbedingten Verletzungen müssen auf dem Verstoß beruhen[4]. 119

Verstöße gegen Arbeitsschutzbestimmungen: Verschulden wird bejaht bei deutlichem Verstoß gegen Bestimmungen der Arbeitszeitordnung[5] sowie beim Nichttragen von Schutzkleidung trotz vorheriger Belehrung[6]. 120

cc) Schwangerschaftsabbruch und Sterilisation

Als **unverschuldete Arbeitsunfähigkeit** gilt auch eine Arbeitsverhinderung infolge Schwangerschaftsabbruchs oder Sterilisation unter den in § 3 Abs. 2 EFZG genannten Voraussetzungen (gesetzliche Fiktion fehlenden Verschuldens). Ist der Schwangerschaftsabbruch oder die Sterilisation nicht rechtswidrig (vgl. § 3 Abs. 2 Satz 1 EFZG), bedarf es daher keiner näheren Prüfung eines Verschuldens. Als nicht rechtswidrig gilt ein im Sinne des § 218a StGB nicht strafbarer, also erlaubter Schwangerschaftsabbruch[7]. Liegt lediglich ein subjektives Nichtverschulden vor, fehlt es also an den objektiven Voraussetzungen eines nicht rechtswidrigen Schwangerschaftsabbruchs, reicht dies nicht[8]. Ebenso enthält § 3 Abs. 2 Satz 2 EFZG eine gesetzliche Fiktion fehlenden Verschuldens für den Fall eines Schwangerschaftsabbruchs nach der Fristenregelung mit Beratungspflicht. Sinn und Zweck der Regelung des § 3 Abs. 2 EFZG ist, den straffreien Schwangerschaftsabbruch arbeitsrechtlich durch Einräumung eines Entgeltfortzahlungsanspruchs zu ergänzen[9]. Zweck war also eine Parallelschaltung von strafrechtlicher und arbeitsrechtlicher Regelung[10]. § 3 Abs. 2 EFZG gilt daher auch nach Maßgabe der Neufassung des § 218a StGB (Art. 8 des Gesetzes vom 21. 8. 1995, BGBl. I, 1050). 121

d) Vorsorge- und Rehabilitationsmaßnahmen

Die Maßnahme muß von einem Träger der Kranken-, Renten- oder Unfallversicherung, einer Verwaltungsbehörde der Kriegsopferversorgung oder einem sonstigen Sozialleistungsträger **bewilligt** sein. Voraussetzung ist außerdem, daß die Maßnahme in einer Einrichtung der medizinischen Vorsorge oder Rehabilitation **stationär** durchgeführt wird, § 9 Abs. 1 S. 1 EFZG. Gemäß § 9 Abs. 2 EFZG hat der Arbeitnehmer den **Zeitpunkt** des Antritts der Maßnahme sowie deren voraussichtliche **Dauer unverzüglich anzuzeigen** und die **Bewilligung** der 122

---

1 BAG v. 7. 10. 1981, AP Nr. 46 zu § 1 LohnFG.
2 BAG v. 11. 3. 1987 und 30. 3. 1988, AP Nr. 71, 77 zu § 1 LohnFG.
3 *Wedde* ua., § 3 EFZG Rz. 80.
4 BAG v. 11. 3. 1987 und 30. 3. 1988, AP Nr. 71, 77 zu § 1 LohnFG.
5 BAG v. 21. 4. 1982, AP Nr. 49 zu § 1 LohnFG.
6 *Wedde* ua., § 3 EFZG Rz. 75.
7 BAG v. 5. 4. 1989, AP Nr. 84 zu § 1 LohnFG und BAG v. 14. 12. 1994, AP Nr. 1 zu § 3 EntgeltFG.
8 BAG v. 27. 8. 1971, AP Nr. 1 zu § 3 EntgeltFG.
9 BAG v. 5. 4. 1989, AP Nr. 84 zu § 1 LohnFG.
10 *Wank*, Gemeins. Anm. zu AP Nr. 84 und 84a zu § 1 LohnFG.

Maßnahme durch Vorlage einer Bescheinigung des Sozialversicherungsträgers oder eines Arztes **nachzuweisen**.

123 Für eine anschließende **Schonzeit** besteht kein Entgeltfortzahlungsanspruch mehr; diese ist auch im Sozialversicherungsrecht nicht mehr vorgesehen.

3. Dauer der Entgeltfortzahlung

a) Beginn und Ende

124 Nach § 3 Abs. 3 EFZG entsteht der Anspruch auf Entgeltfortzahlung **nach vierwöchiger ununterbrochener Dauer** des Arbeitsverhältnisses. Nach dem Gesetzeswortlaut führt, außer bei Umgehungstatbeständen, auch eine nur kurzzeitige Unterbrechung des Arbeitsverhältnisses zu einem erneuten Beginn der Wartezeit[1]. Die Entgeltfortzahlung beginnt sodann mit dem ersten Tag der fünften Woche. Wie nach bisherigem Recht beginnt die vierwöchige Wartezeit mit dem Tag der vereinbarten Arbeitsaufnahme zu laufen, wenn also das Arbeitsverhältnis mit seinen Hauptpflichten voll in Kraft getreten ist[2]. Der Tag der vereinbarten Arbeitsaufnahme ist nicht mit der tatsächlichen Arbeitsaufnahme oder dem Vertragsschluß gleichzusetzen[3].

125 Hat die **Erkrankung bereits in der Wartezeit** oder auch vor der Arbeitsaufnahme begonnen, und **dauert sie über das Ende der vierwöchigen Wartefrist hinaus** an, ist ab dem ersten Tag der fünften Woche Entgeltfortzahlung zu leisten[4]. Insoweit besteht in der Literatur weitgehend Einigkeit, auch wenn der Gesetzeswortlaut die Auslegung zuläßt, ein Anspruch auf Entgeltfortzahlung entstehe frühestens für Erkrankungen, die nach Ablauf der Wartezeit begonnen haben[5]. Streitig ist dagegen, ob die Zeiten der Erkrankung während der Wartezeit auf den Sechswochenzeitraum anzurechnen sind oder nicht. Dies ist nach dem Gesetzeswortlaut zu verneinen, so daß nach dem Ende der Wartezeit vom Arbeitgeber noch für **volle sechs Wochen** Entgeltfortzahlung zu leisten ist, unabhängig davon, ob die Erkrankung bereits während der Wartezeit begonnen hat[6].

126 Die **Entgeltfortzahlung endet** mit dem auf der Arbeitsunfähigkeitsbescheinigung angegebenen Tag. Ist ein Kalendertag angegeben und fällt dieser auf einen Arbeitstag, endet die Arbeitsunfähigkeit nicht mit Ablauf des bescheinigten Tages, sondern mit dem Ende der üblichen Arbeitszeit oder der jeweiligen Schicht des erkrankten Arbeitnehmers; dies kann auch die Nacht des folgenden

---

1 *Preis*, NJW 1996, 3369, 3374.
2 *Löwisch*, NZA 1996, 1009, 1013; zum alten Recht: BAG v. 6. 9. 1989, AP Nr. 45 zu § 63 HGB.
3 BAG v. 6. 9. 1989, AP Nr. 45 zu § 63 HGB.
4 *Schwedes*, BB 1996, Beil. 17, 2, 6; *Bauer/Lingemann*, BB 1996, Beil. 17, 8.
5 So *Sieg*, BB 1996, Beil. 17, 18, 19; nach Auffassung von *Buschmann*, AuR 1996, 285, 290, ist rückwirkend die volle Entgeltfortzahlung zu leisten, wenn der vorher erkrankte Arbeitnehmer mit Beginn der fünften Woche noch in demselben Arbeitsverhältnis steht.
6 *Bauer/Lingemann*, BB 1996, Beil. 17, 8; *Schwedes*, BB 1996, Beil. 17, 2, 6; aA *Preis*, NJW 1996, 1369, 1374.

III. Krankheit

Kalendertages sein[1]. Fällt der bescheinigte Kalendertag auf einen arbeitsfreien Tag, muß anhand sonstiger Umstände geklärt werden, ob der gesamte Tag oder nur Teile desselben erfaßt sind[2].

b) Sechswochenzeitraum

Anspruch auf Arbeitsentgelt besteht nach § 3 Abs. 1 EFZG für die Zeit einer krankheitsbedingten Arbeitsunfähigkeit bis zur Dauer von sechs Wochen. Die sechs Wochen entsprechen 42 Kalendertagen. Für die Berechnung der Frist finden die §§ 187, 188 BGB Anwendung. Die Frist **beginnt** mit dem Tag zu laufen, der auf denjenigen folgt, an welchem die Arbeitsleistung des Arbeitnehmers aufgrund der Erkrankung endete[3]. Bei Begründung eines neuen Arbeitsverhältnisses ist dies der erste Tag der fünften Woche nach der vereinbarten Arbeitsaufnahme, auch wenn die Arbeitsunfähigkeit bereits vorher begonnen hat (vgl. Rz. 125)[4]. Erkrankt der Arbeitnehmer vor Beginn der täglichen Arbeitszeit, beginnt die Sechswochenfrist nach nicht unumstrittener Auffassung des BAG bereits mit diesem Tag zu laufen[5].

127

Bei **erneuter Arbeitsunfähigkeit** infolge einer anderen Krankheit ist ein neuer Entgeltfortzahlungsanspruch von wiederum bis zu sechs Wochen gegeben. **Tritt die andere Krankheit während bestehender Arbeitsunfähigkeit hinzu,** führt dies nicht zu einer Verlängerung der Sechswochenfrist **(Grundsatz der Einheit des Verhinderungsfalls)**[6]. Um **zwei selbständige Verhinderungsfälle** handelt es sich, wenn der Arbeitnehmer zwischen zwei Erkrankungen wieder arbeitsfähig war[7]. Darauf, daß er tatsächlich arbeitet, kommt es für die Arbeitsfähigkeit nicht an[8]. Im Regelfall ist davon auszugehen, daß ein Arbeitnehmer wieder arbeitsfähig ist, wenn er tatsächlich Arbeit leistet, zwingend ist dies jedoch nicht[9].

128

c) Wiederholte Arbeitsunfähigkeit

Wird der Arbeitnehmer infolge derselben Krankheit (**Fortsetzungskrankheit**) erneut arbeitsunfähig, kann er insgesamt **nur einen Anspruch** auf Entgeltfortzahlung für sechs Wochen geltend machen. Der sechswöchige Anspruch auf Entgeltfortzahlung entsteht in jedem neuen Arbeitsverhältnis unabhängig von gleichartigen Ansprüchen aus einem vorangegangenen Arbeitsverhältnis infol-

129

---

1 BAG v. 2. 12. 1981 und 14. 9. 1983, AP Nr. 48, 55 zu § 1 LohnFG; *Heither*, FS Hilger/Stumpf, 1983, S. 299, 306; aA *Trieschmann*, Anm. zu BAG AP Nr. 48 zu § 1 LohnFG.
2 BAG v. 14. 9. 1983, AP Nr. 55 zu § 1 LohnFG.
3 BAG v. 6. 9. 1989, AP Nr. 45 zu § 63 HGB.
4 *Bauer/Lingemann*, BB 1996, Beil. 17, 8; aA *Sieg*, BB 1996 Beil. 17, 18, 19.
5 BAG v. 21. 9. 1971 und 2. 12. 1981, AP Nr. 6, 48 zu § 1 LohnFG; aA *Wedde* ua., § 3 EFZG Rz. 88 sowie *Hofmann*, FS Hilger/Stumpf, 1983, S. 343, 350.
6 BAG v. 2. 12. 1981 und 19. 6. 1991, AP Nr. 48 u. 93 zu § 1 LohnFG; *Heither*, FS Hilger/Stumpf, 1983, S. 299, 301.
7 *Heither*, FS Hilger/Stumpf, 1983, S. 299, 306.
8 BAG v. 2. 12. 1981 und 19. 6. 1991, AP Nr. 48 u. 93 zu § 1 LohnFG.
9 BAG v. 1. 6. 1983, AP Nr. 54 zu § 1 LohnFG.

ge derselben Krankheit[1]. Zeiten einer Arbeitsunfähigkeit wegen derselben Krankheit bei einem früheren Arbeitgeber sind nicht mitzurechnen.

aa) Fortsetzungskrankheit

130 **Dieselbe Krankheit** liegt vor, wenn die Krankheit, auf der die frühere Arbeitsunfähigkeit beruhte, bis zum Beginn der neuen Arbeitsunfähigkeit medizinisch nicht vollständig ausgeheilt war, sondern als **Grundleiden latent weiterbestanden** hat, so daß die neue Erkrankung nur eine Fortsetzung der früheren Erkrankung bedeutet[2]. Die wiederholte Arbeitsunfähigkeit muß auf demselben nicht behobenen Grundleiden beruhen. Dieses kann in verschiedenen Krankheitssymptomen zutage treten[3]. Es ist also zwischen dem Grundleiden und den jeweiligen Krankheitserscheinungen zu unterscheiden.

Beispiel:

Ein Epileptiker verletzt sich bei verschiedenen, zeitlich auseinander liegenden Anfällen und erleidet dabei zunächst einen Armbruch, dann eine Bißwunde an der Zunge, später einen Beinbruch.

Bei den verschiedenen Krankheitserscheinungen handelt es sich jeweils um Fortsetzungserkrankungen, da sie auf demselben Grundleiden beruhen[4].

131 Eine **Vorerkrankung** wird **nicht** als Teil einer späteren **Fortsetzungserkrankung** angesehen, wenn sie zu einer bereits **bestehenden krankheitsbedingten Arbeitsunfähigkeit hinzugetreten** ist, ohne einen eigenen Anspruch auf Entgeltfortzahlung auszulösen[5]. Dies gilt allerdings nur, wenn die ursprüngliche und die hinzugetretene Erkrankung zeitgleich enden.

Beispiel[6]**:**

Ein Arbeitnehmer ist 5 Wochen lang aufgrund einer Rippenfraktur arbeitsunfähig. In den letzten 2 Wochen tritt ein Hautekzem hinzu. Beide Erkrankungen enden gleichzeitig. 2 Monate später wird der Arbeitnehmer infolge des Hautekzems erneut für 6 Wochen arbeitsunfähig.

Zwischen beiden Hauterkrankungen besteht kein Fortsetzungszusammenhang, da die erste Erkrankung an dem Ekzem keine eigene Entgeltfortzahlung ausgelöst hat, so daß bei der zweiten Erkrankung ein neuer, und zwar voller Entgeltfortzahlungsanspruch entsteht.

Dauert die **hinzugetretene Krankheit** dagegen **über das Ende der ursprünglichen Erkrankung hinaus** an, ist sie für die Zeit, in der sie **alleinige Ursache der Arbeitsunfähigkeit** war, als **Teil der späteren Fortsetzungserkrankung** zu werten[7].

---

1 BAG v. 2. 3. 1983, AP Nr. 51 zu § 1 LohnFG; BAG v. 6. 9. 1989, AP Nr. 45 zu § 63 HGB.
2 BAG v. 4. 12. 1985, AP Nr. 42 zu § 63 HGB mwN.
3 BAG v. 14. 11. 1984, AP Nr. 61 zu § 1 LohnFG mwN.
4 BAG v. 4. 12. 1985, AP Nr. 42 zu § 63 HGB.
5 BAG v. 19. 6. 1991, AP Nr. 93 zu § 1 LohnFG.
6 Vgl. BAG v. 19. 6. 1991 und 2. 2. 1994, AP Nr. 93 u. 99 zu § 1 LohnFG.
7 BAG v. 2. 2. 1994, AP Nr. 99 zu § 1 LohnFG.

Beispiel:

In dem vorstehenden Beispielsfall endet die hinzugetretene Hauterkrankung 2 Wochen nach dem Rippenbruch. Die erste Arbeitsunfähigkeit dauert also insgesamt 7 Wochen. 2 Monate später wird der Arbeitnehmer wegen der Hauterkrankung nochmals für 6 Wochen arbeitsunfähig.

Entgeltfortzahlung ist zunächst für sechs Wochen zu leisten, für die siebte Woche dagegen nicht, denn eine hinzugetretene Erkrankung verlängert den Sechswochenzeitraum nicht (vgl. Rz. 128). Für die zweite Arbeitsunfähigkeit von 6 Wochen ist noch für 5 Wochen Entgeltfortzahlung zu leisten, da eine Woche bereits verbraucht ist.

Für das Vorliegen einer Arbeitsunfähigkeit wegen derselben Krankheit (Fortsetzungskrankheit) trägt der **Arbeitgeber** die **Beweislast**, weil die Fortsetzungserkrankung eine zugunsten des Arbeitgebers getroffene Ausnahmeregelung von dem allgemeinen Grundsatz der Entgeltfortzahlung im Krankheitsfall bedeutet. Dabei kann dem Arbeitgeber der Anscheinsbeweis zugute kommen[1]. Zusätzlich sind die Krankenkassen gemäß § 69 Abs. 4 SGB X befugt, den Arbeitgebern Mitteilung zu geben.

bb) Zwölfmonatszeitraum

Wird ein Arbeitnehmer innerhalb von zwölf Monaten infolge derselben Krankheit wiederholt arbeitsunfähig, hat er **innerhalb dieses Zwölfmonatszeitraums für längstens sechs Wochen** Anspruch auf Entgeltfortzahlung. Der **Entgeltfortzahlungsanspruch entsteht** also bei erneuter Arbeitsunfähigkeit wegen derselben Krankheit **nach Ablauf des Zwölfmonatszeitraums neu.** Diese Rahmenfrist ist vom Eintritt der ersten auf derselben Ursache beruhenden Arbeitsunfähigkeit an zu berechnen[2], Methode der Vorausberechnung (Berechnungsbeispiel unter Rz. 135). Wie oft der Arbeitnehmer innerhalb der Zwölfmonatsfrist wegen derselben Krankheit arbeitsunfähig war, ist unerheblich. Der Anspruch kann auch während einer laufenden Erkrankung neu entstehen[3]. Die vorstehenden Grundsätze gelten nicht, wenn die ursprüngliche Arbeitsunfähigkeit selbst seit mehr als zwölf Monaten besteht[4].

cc) Sechsmonatsregelung

Unabhängig von der Zwölfmonatsregelung hat der Arbeitnehmer bei wiederholter Arbeitsunfähigkeit wegen derselben Krankheit einen erneuten Anspruch auf Entgeltfortzahlung, wenn er **sechs Monate lang infolge derselben Erkrankung nicht arbeitsunfähig** war, § 3 Abs. 1 Satz 2 Nr. 1 EFZG, und zwar wiederum für die Dauer von bis zu insgesamt sechs Wochen. Der Sechsmonatszeit-

---

1 BAG v. 4. 12. 1985, AP Nr. 42 zu § 63 HGB mwN.
2 BAG v. 9. 11. 1983 und 16. 12. 1987, AP Nr. 56 u. 73 zu § 1 LohnFG; aA *Hofmann*, FS Hilger/Stumpf, 1983, S. 343, 355 ff. mwN, Methode der Rückberechnung.
3 *Wedde* ua., § 3 EFZG Rz. 106.
4 *Wedde* ua., § 3 EFZG Rz. 107.

raum beginnt mit dem Tag, der dem Ende der letzten Arbeitsunfähigkeit folgt und endet mit Ablauf des Tages des sechsten folgenden Monats (Berechnungsbeispiel unter Rz. 135). Arbeitsrechtlich stellt sich die spätere Arbeitsunfähigkeit in dem Fall als neue Krankheit dar und löst einen neuen Entgeltfortzahlungsanspruch aus. Der Fortsetzungszusammenhang zwischen früherer und späterer Arbeitsunfähigkeit infolge derselben Krankheit ist damit aufgehoben[1]. Dies hat zur Folge, daß der Zwölfmonatszeitraum (vgl. Rz. 133) mit der späteren Erkrankung erneut zu laufen beginnt. Die Arbeitsunfähigkeit wegen einer anderen Erkrankung unterbricht den Sechsmonatszeitraum nicht, ist also unschädlich[2].

d) Berechnungsbeispiele[3]:

135 *Ein Arbeitnehmer war wegen derselben Krankheit arbeitsunfähig vom 11. 6. bis 22. 6. 1995 (11 Kalendertage), vom 15. 10. 1995 bis 10. 6. 1996, am 22. 6. 1996 und sodann ab 11. 8. 1996 längerfristig.*

Die sechswöchige Entgeltfortzahlung endete am 13. 11. 1995. Der Lauf der 12-Monats-Frist begann am 11. 6. 1995, endete also am 10. 6. 1996. Ab 22. 6. 1996 bestand somit erneut ein Anspruch auf Entgeltfortzahlung für sechs Wochen, nämlich für den 22. 6. 1996 (1 Kalendertag) sowie ab 11. 8. bis 20. 9. 1996 (41 Kalendertage), dies sind insgesamt 42 Kalendertage[4].

Verkürzt man die zweite Arbeitsunfähigkeit auf die Zeit 15. 10. bis 5. 12. 1995, hat der Arbeitnehmer ebenfalls ab 22. 6. 1996 erneut Anspruch auf die sechswöchige Entgeltfortzahlung, denn er war zwischen der zweiten und dritten Erkrankung für mindestens sechs Monate arbeitsfähig (Beginn des Sechsmonatszeitraums: 6. 12. 1995, Ende: 5. 5. 1996).

4. Höhe der Entgeltfortzahlung

a) Grundsätze

136 Nach § 4 Abs. 1 Satz 1 EFZG beträgt die Höhe der Entgeltfortzahlung im Krankheitsfall **80%** des dem Arbeitnehmer bei der für ihn maßgebenden regelmäßigen Arbeitszeit zustehenden Arbeitsentgelts. Dies gilt ebenso für Maßnahmen der medizinischen Vorsorge und Rehabilitation gemäß § 9 Abs. 1 EFZG. Bei **Arbeitsunfällen** oder einer **Berufskrankheit** im Sinne des SGB VII beträgt die Entgeltfortzahlung dagegen weiterhin **100%**; hinsichtlich eines Arbeitsunfalls gilt dies nur für den Arbeitgeber, bei dem der Arbeitnehmer den Arbeitsunfall erlitten hat, § 4 Abs. 1 Satz 2 EFZG. Ob mit Arbeitsunfall auch

---

1 BAG v. 22. 8. 1984, AP Nr. 60 zu § 1 LohnFG.
2 BAG v. 29. 9. 1982, AP Nr. 50 zu § 1 LohnFG.
3 Grundlage: BAG v. 9. 11. 1983, AP Nr. 56 zu § 1 LohnFG.
4 Nach der Methode der Rückberechnung (vgl. Rz. 133 Fn. 2) wären ab 11. 8. 1996 12 Monate zurückzurechnen: Es ist bereits für 32 Kalendertage gezahlt, und es blieben noch 10 Kalendertage, also vom 11. bis 20. 8. 1996.

III. Krankheit

der **Wegeunfall** gemeint ist, ist streitig[1]. Dies ist zu bejahen, da nach § 8 Abs. 2 SGB VII zu den Arbeitsunfällen auch Wegeunfälle gehören[2].

Berechnungsgrundlage für die Entgeltfortzahlung ist – wie nach dem bis zum 1. 10. 1996 geltenden Recht – die Vergütung, die der Arbeitnehmer ohne die Arbeitsunfähigkeit, also bei Weiterarbeit, erhalten hätte. Es gilt also auch weiterhin das **Entgeltausfallprinzip**[3]. Danach gehören alle fortlaufend gewährten Leistungen, die der Arbeitgeber als Vergütung zugesagt hat, zum zugrundezulegenden Entgelt. Ausgenommen sind Leistungen, mit denen Aufwendungen ersetzt werden sollen, die lediglich im Falle der Arbeitsleistung entstehen, § 4 Abs. 1a Satz 1 EFZG.

137

Viele **Tarifverträge** enthalten allerdings nicht nur bezüglich der Berechnungsgrundlagen, sondern auch hinsichtlich der Höhe der Entgeltfortzahlung modifizierte Regelungen. Soweit diese aus der Zeit vor dem 1. 10. 1996 datieren, was inzwischen nur noch auf wenige Tarifverträge zutreffen wird, gelten diese trotz der gesetzlichen Absenkung der Entgeltfortzahlung auch weiterhin, wenn der Tarifvertrag eine günstigere Regelung beinhaltet und eine eigenständige, vom Gesetz unabhängige Regelung treffen wollte. Letzteres muß im Tarifvertrag hinreichenden Ausdruck gefunden haben. Ein solcher Wille ist regelmäßig anzunehmen, wenn die Tarifvertragsparteien eine im Gesetz nicht oder anders enthaltene Regelung treffen oder eine gesetzliche Regelung übernehmen, die sonst nicht für die betroffenen Arbeitsverhältnisse gilt. In dem Fall hat der Tarifvertrag Vorrang vor der gesetzlichen Neuregelung. Für einen rein deklaratorischen Charakter der Übernahme spricht dagegen, wenn einschlägige Vorschriften wörtlich oder inhaltlich übernommen werden[4]. Entsprechendes gilt für einzelvertraglich abgesicherte Rechte der Arbeitnehmer.

138

b) Regelmäßige Arbeitszeit

Berechnungsgrundlage für die Höhe der Entgeltfortzahlung ist das dem Arbeitnehmer bei der für ihn maßgebenden regelmäßigen Arbeitszeit zustehende Entgelt. Das Erfordernis der regelmäßigen Arbeitszeit bedeutet eine Modifizierung des Entgeltausfallprinzips. Hierfür ist uU rückschauend zu beurteilen, welches die regelmäßige Arbeitszeit ist[5]. In jedem Fall ist die **individuelle, nicht die betriebliche Arbeitszeit** zugrunde zu legen. „Regelmäßig" bedeutet mit gewisser Stetigkeit und Dauer; eine vorübergehende Änderung bleibt demgegenüber unberücksichtigt[6]. Dies schließt nicht aus, daß auch **Sonderschichten** zu vergüten sind, wenn feststeht, daß der Arbeitnehmer teilgenommen

139

---

1 Verneinend: *Löwisch*, NZA 1996, 1009, 1013; bejahend *Preis*, NJW 1996, 3369, 3375 sowie *Bauer/Lingemann* BB 1996, Beil. 17, 8, 9 und *Schwedes*, BB 1996, Beil. 17, 2, 6.
2 *Preis*, NJW 1996, 3369, 3375; *Bauer/Lingemann*, BB 1996, Beil. 17, 8, 9; *Waltermann*, NZA 1997, 177, 179.
3 *Lorenz*, DB 1996, 1973, 1976; *Bauer/Lingemann*, BB 1996, Beil. 17, 8, 9; *Schwedes*, BB 1996, Beil. 17, 2, 6.
4 Vgl. dazu *Bauer/Lingemann*, BB 1996, Beil. 17, 8, 15 ff.
5 *Wedde* ua., § 4 EFZG Rz. 31.
6 *Schmitt*, § 4 EFZG Rz. 10; *Wedde* ua., § 4 EFZG Rz. 31.

hätte[1]. **Überstunden** sind Teil der regelmäßigen Arbeitszeit[2]. Voraussetzung für ihre Berücksichtigung bei der Entgeltfortzahlung ist, daß sie in der Vergangenheit regelmäßig geleistet wurden. Abzustellen ist auf die letzten drei Monate vor der Erkrankung. Schwankungen sind unschädlich. In der Vergangenheit regelmäßig angefallene Überstunden haben Indizwirkung. Lassen allerdings die Umstände erkennen, daß während der Arbeitsunfähigkeit keine Überstunden geleistet worden wären, sind auch frühere Überstunden unbeachtlich. Die maßgebliche Frage ist, ob die Überstunden auch im Entgeltfortzahlungszeitraum angefallen wären. Bei Unklarheiten kann auf die Arbeitszeiten vergleichbarer Arbeitnehmer im Betrieb zurückgegriffen werden. Für **Saisonarbeit und Freischichten** gilt das Entgeltausfallprinzip, das heißt, es ist zu prüfen, ob für den konkreten Tag der Arbeitsunfähigkeit ein Arbeitstag vorgesehen war[3].

c) Arbeitsentgelt

140 Arbeitsentgelt ist der **Verdienst des Arbeitnehmers,** soweit er ihn als Gegenleistung für die Arbeit enthält. Ein **Trinkgeld im Gaststättengewerbe** findet bei der Entgeltfortzahlung keine Berücksichtigung[4], wenn dieses von den Gästen freiwillig erbracht wird und damit nicht zum Arbeitsentgelt gehört, weil darauf kein Anspruch gegen den Arbeitgeber besteht. Etwas anderes gilt dann, wenn der Arbeitnehmer ein relativ niedriges Fixum erhält und bei seiner Vergütung die weitgehend sicher zu realisierende Chance auf Trinkgeld mit berücksichtigt ist[5].

141 Für die Entgeltfortzahlung **ohne Bedeutung** sind Vergütungen, die nicht unmittelbar an die regelmäßige Arbeitsleistung als solche anknüpfen, sondern unabhängig von einer Arbeitsunfähigkeit gewährt werden. Hierzu zählen **Gratifikationen, Jubiläumsgeschenke, Prämien und dergleichen.** Leistungen dieser Art werden unabhängig von einer Arbeitsleistung gewährt[6].

142 Für die Berechnung der Entgeltfortzahlung sind die konkret ausgefallenen Tage zugrunde zu legen. Endet also der Entgeltfortzahlungsanspruch an einem Tag im laufenden Monat, ist für die **Berechnung des anteiligen Entgeltfortzahlungsanspruchs** das monatliche Bruttoentgelt durch die in dem betreffenden Monat tatsächlich anfallenden Arbeitstage zu teilen und der sich danach ergebende Betrag mit der Anzahl der krankheitsbedingt ausgefallenen Arbeitstage zu multiplizieren (konkrete Berechnungsweise auf der Grundlage des Entgeltausfallprinzips)[7].

143 **Aufwendungen** wie Auslösungen, Schmutzzulagen, Reisekosten bleiben gemäß § 4 Abs. 1a Satz 1 EFZG **unberücksichtigt.** Hierbei handelt es sich um Leistungen für Aufwendungen des Arbeitnehmers, für die der Anspruch davon abhängig ist, daß dem Arbeitnehmer entsprechende Aufwendungen tatsächlich entstanden sind und während der Arbeitsunfähigkeit nicht entstehen.

---

1 *Schmitt*, § 4 EFZG Rz. 12
2 *Schmitt*, § 4 EFZG Rz. 15.
3 *Schmitt*, § 4 EFZG Rz. 20 u. 23.
4 BAG v. 28. 6. 1995, DB 1996, 226.
5 *Wedde* ua., § 4 EFZG Rz. 16.
6 *Wedde* ua., § 4 EFZG Rz. 5.
7 BAG v. 14. 8. 1985, AP Nr. 40 zu § 63 HGB.

d) Leistungsentgelt

Erhält der Arbeitnehmer eine **auf das Ergebnis der Arbeit abgestellte Vergütung (Leistungsentgelt)**, ist der von dem Arbeitnehmer in der für ihn maßgeblichen regelmäßigen Arbeitszeit erzielbare Durchschnittsverdienst zugrundezulegen, § 4 Abs. 1a Satz 3 EFZG. Zum Leistungsentgelt gehören der **Akkordlohn** sowie erfolgsabhängige Vergütungen wie **Provisionen, Tantiemen, Prämien** und dergleichen. Die Berechnungsgrundlage der Entgeltfortzahlung richtet sich auch hier danach, was der Arbeitnehmer während seiner Arbeitsunfähigkeit durchschnittlich verdient hätte. Dies kann im Einzelfall schwer zu ermitteln sein, so daß auf vorangegangene Abrechnungszeiträume (Referenzzeiträume) abzustellen ist[1]. Der Referenzzeitraum sollte so bemessen sein, daß Zufallsergebnisse möglichst ausgeschlossen sind. Scheidet eine rückwirkende Betrachtung aus, sind vergleichbare Arbeitnehmer heranzuziehen. Grundsätzlich ist das Berechnungsprinzip anzuwenden, das dem Entgeltausfallprinzip am ehesten gerecht wird. Versagen alle Berechnungsverfahren, ist eine Schätzung nach § 287 Abs. 2 ZPO vorzunehmen[2].

144

e) Kurzarbeit, Feiertagsentgelt

Bei **Kurzarbeit** ist die verkürzte Arbeitszeit maßgebend, § 4 Abs. 3 EFZG. Allerdings besteht gegenüber dem Arbeitsamt ein Anspruch auf Kurzarbeitergeld, wenn die übrigen Voraussetzungen hierfür erfüllt sind (§§ 169 ff. SGB III; s. Rz. 70 ff.). Beim Zusammenfallen von krankheitsbedingter Arbeitsunfähigkeit und **Feiertag** ist das sich nach § 2 EFZG ergebende Feiertagsentgelt zu zahlen, § 4 Abs. 2 EFZG. Es besteht also ein Anspruch auf Bezahlung der Arbeitszeit, die wegen des Feiertags ausgefallen ist, und eine Kürzung auf 80% kommt nicht in Betracht (s. Rz. 228 und 235).

145

5. Anrechnung von Krankheitstagen auf den Erholungsurlaub

Um der Beschränkung der Entgeltfortzahlung auf 80% zu entgehen, kann der Arbeitnehmer bis zum dritten Tag nach Beendigung der Arbeitsunfähigkeit verlangen, daß ihm **von je fünf Krankheitstagen der erste Tag auf den Urlaub angerechnet** wird, § 4a Abs. 1 EFZG. Der erste der fünf Krankheitstage ist sodann als Urlaubstag zu vergüten, so daß für diesen Tag nicht Entgeltfortzahlung (nach dem Entgeltausfallprinzip), sondern Urlaubsentgelt (nach dem Referenzprinzip, nämlich durchschnittliches Arbeitsentgelt der letzten 13 Wochen, allerdings ohne Überstunden, § 11 Abs. 1 Satz 1 BUrlG) zu leisten ist, und zwar einschließlich eines eventuell zu zahlenden Urlaubsgeldes. Da es sich um Urlaubsvergütung handelt, kann das Entgelt für den anzurechnenden Urlaubstag nicht in das Lohnausgleichsverfahren nach den §§ 10 ff. LohnFG (vgl. Rz. 217 ff.) einbezogen werden. Für die übrigen vier Tage ist Entgeltfortzahlung zu leisten, und zwar in voller Höhe.

146

---

1 *Schmitt*, § 4 EFZG Rz. 102; *Wedde* ua., § 4 EFZG Rz. 38.
2 *Schmitt*, § 4 EFZG Rz. 109; *Wedde* ua., § 4 EFZG Rz. 38.

147 **Hinweis:**

Der Arbeitnehmer, der die Anrechnung erwägt, wird einmal die finanzielle Seite zu bedenken haben: Da das Urlaubsentgelt nach § 11 BUrlG nunmehr ohne Einbeziehung der Überstunden berechnet wird, kann dieses im Einzelfall niedriger sein als die 80%ige Entgeltfortzahlung; ein eventuell zusätzlich zu zahlendes Urlaubsgeld verbleibt ohnehin. Zum zweiten ist zu bedenken, daß der Urlaub nicht genommen werden kann, der Arbeitnehmer also den Anspruch auf Befreiung von der Arbeitspflicht einbüßt[1]. Zum dritten gilt § 9 BUrlG (Erkrankung während des Urlaubs) bei der Anrechnung nach § 4a Abs. 1 EFZG gerade nicht.

148 Dauert die Erkrankung im Einzelfall weniger als fünf Arbeitstage, werden **mehrere Krankheitszeiten zusammengerechnet,** womit die erbrachte „Vorleistung" später ausgeglichen werden soll, § 4a Abs. 1 Satz 2 EFZG.

Beispiel:

Der Arbeitnehmer erkrankt für die Dauer von 3 Arbeitstagen. Verzichtet er auf einen Urlaubstag, verbleibt somit ein „Guthaben" von zwei Tagen.

149 Ähnliches gilt, wenn die Zahl der Arbeitstage, an denen der Arbeitnehmer erkrankt ist, nicht durch fünf teilbar ist: Es entsteht entweder ein „Guthaben", oder an den restlichen Tagen verkürzt sich die Entgeltfortzahlung wieder auf 80%.

Beispiel:

Der Arbeitnehmer erkrankt für 8 Arbeitstage. Läßt er sich nur einen Urlaubstag anrechnen, zählt der erste Tag der Erkrankung als Urlaubstag, an weiteren vier Tagen ist 100% Entgeltfortzahlung zu leisten und an den restlichen drei Tagen 80%. Läßt er sich zwei Urlaubstage anrechnen, verbleibt wiederum ein Guthaben von zwei Tagen.

150 Ein **„Guthaben" verfällt nicht** am Ende des Kalenderjahres (die Krankheitszeiten können also in unterschiedlichen Kalenderjahren liegen), sondern bleibt bis zum Ende des Arbeitsverhältnisses bestehen und verfällt erst dann[2]. Eine **Auszahlung** des „Guthabens" ist im Gesetz nicht vorgesehen und kann daher auch nicht beansprucht werden, sie kommt allenfalls auf freiwilliger Basis in Betracht.

151 Die **Anrechnungserklärung** nach § 4a Abs. 1 Satz 1 EFZG hat der Arbeitnehmer spätestens **bis zum dritten Arbeitstag** nach dem Ende der Erkrankung abzugeben, sie muß also dem Arbeitgeber spätestens mit Ablauf des dritten Tages zugehen. Für die Fristberechnung gilt § 187 BGB.

---

1 *Leinemann,* BB 1996, 1381, 1382.
2 *Bauer/Lingemann,* BB 1996, Beil. 17, 8, 10.

III. Krankheit

Beispiel:
Endet die Arbeitsunfähigkeit an einem Donnerstag und ist der Samstag kein Arbeitstag, muß die Erklärung dem Arbeitgeber spätestens am Dienstag zugehen.

Bei **Kurzerkrankungen**, die weniger als fünf Arbeitstage betragen, soll es nach dem Sinn und Zweck der Regelung ausreichen, wenn der Arbeitnehmer die Erklärung rechtzeitig, dh. bis zum dritten Arbeitstag nach der zuletzt liegenden Kurzerkrankung, mit der mehr als fünf Krankheitstage erreicht werden, abgibt[1]. 152

Beispiel:
Der Arbeitnehmer erkrankt an einem Tag im Januar, zwei Tagen im Februar und an vier Tagen im März. Gibt er die Anrechnungserklärung spätestens am dritten Tag nach der März-Erkrankung ab, erstreckt sich diese auch auf die beiden früheren Kurzerkrankungen. Auf den Urlaub anzurechnen ist sodann ein Tag im Januar und der dritte Krankheitstag im März; die restlichen drei Tage verbleiben als „Guthaben".

Ist das „Guthaben" verbraucht bzw. wird es mit der nächsten Erkrankung überschritten, bedarf es einer erneuten Anrechnungserklärung innerhalb der Frist. 153

Der Arbeitgeber kann auf die **Einhaltung der dreitägigen Erklärungsfrist verzichten,** er darf diese jedoch nicht einseitig verkürzen. Ob eine einvernehmliche **Verkürzung** möglich ist, hängt davon ab, ob man hierin eine Regelung zugunsten oder zulasten des Arbeitnehmers sieht, da § 4a EFZG zwingendes Recht beinhaltet und hiervon nur zugunsten des Arbeitnehmers abgewichen werden kann. Da eine Verkürzung der Frist jedoch zumindest auch zu Lasten des Arbeitnehmers wirkt, ist die Möglichkeit der einvernehmlichen Verkürzung der Frist zu verneinen. Der Arbeitnehmer kann die Anrechnungserklärung auch bereits vor Ablauf der Dreitagefrist oder zu Beginn der Erkrankung abgeben[2]. Die Ausübung des Wahlrechts für alle Krankheitsfälle im voraus dürfte dagegen bedenklich sein[3] und auch an der Begrenzung durch den gesetzlichen Mindesturlaub scheitern (vgl. Rz. 155). 154

Durch den Verzicht darf der **gesetzliche Mindesturlaub** nach § 3 Abs. 1 BUrlG (vier Wochen), § 19 JArbSchG, §§ 53, 54 SeemG und der einwöchige Zusatzurlaub für Schwerbehinderte (§ 47 SchwbG) **nicht unterschritten** werden, § 4a Abs. 2 EFZG. 155

Nicht als gesetzlicher Urlaub in diesem Sinne ist der **tarifvertragliche Urlaubsanspruch** anzusehen. Einige Autoren sehen darin, das heißt in der Anrechnungsbefugnis, einen unzulässigen Eingriff in den geschützten Kernbereich der Tarifautonomie und damit einen Verstoß gegen Art. 9 Abs. 3 GG[4]. 156

---

1 *Bauer/Lingemann*, BB 1996, Beil. 17, 8, 10.
2 *Bauer/Lingemann*, BB 1996, Beil. 17, 8, 10.
3 *Mayer*, BB 1996, Beil. 17, 20, 21.
4 So: *Leinemann*, BB 1996, 1381, 1382 und *Buschmann*, AuR 1996, 285, 290; einen Verfassungsverstoß insoweit verneinend: *Bauer/Lingemann*, BB 1996, Beil. 17, 8, 11; *Preis*, NJW 1996, 3369, 3376; *Löwisch*, NZA 1996, 1009, 1014 f.

157 Eine Anrechnung kommt ferner insoweit nicht in Betracht, als einheitliche **Betriebsferien** für alle oder Gruppen von Arbeitnehmern festgelegt sind oder der Urlaub durch arbeitsfreie Zeiträume als abgegolten gilt (zB Ferien für angestellte Lehrer), § 4a Abs. 3 EFZG.

158 Beträgt die **Entgeltfortzahlung unverändert 100%,** kommt eine Anrechnung der Krankheitstage nicht in Betracht[1]. Das Gesetz sieht die Anrechnung auch nicht bei einer Entgeltfortzahlung zwischen 81 und 99% vor. *Bauer/Lingemann*[2] meinen allerdings, daß diese vom Gesetzeszweck her zulässig sein müsse. Auf der anderen Seite läßt das Gesetz eine entsprechende Anpassung der anzurechnenden Urlaubstage (einer für je fünf Krankheitstage) nicht zu, so daß dies für den Arbeitnehmer von vornherein uninteressant sein dürfte.

159 Der **Entgeltfortzahlungszeitraum** von maximal sechs Kalenderwochen (vgl. Rz. 127 ff.) verlängert sich durch die Anrechnungstage **nicht**[3]. Auch wenn der Arbeitnehmer also sechs Wochen lang krank war und sich hierauf 6 Urlaubstage hat anrechnen lassen, ist der Sechswochenzeitraum damit erschöpft.

6. Anrechnung von Urlaub bei Maßnahmen der medizinischen Vorsorge oder Rehabilitation

160 Nach § 10 BUrlG kann – im Gegensatz zur Regelung nach § 4a EFZG, wonach dieses Recht nur dem Arbeitnehmer zusteht – der **Arbeitgeber** erklären, daß **von je fünf Tagen** einer Maßnahme der medizinischen Vorsorge oder Rehabilitation gemäß § 9 Abs. 1 EFZG (vgl. Rz. 122) **die ersten zwei Tage auf den Urlaub angerechnet** werden. Nach der Übergangsvorschrift des § 15a BUrlG gilt § 10 BUrlG nicht für Arbeitnehmer, die sich am 1. 10. 1996 in einer Vorsorge- oder Rehabilitationsmaßnahme befanden. § 10 BUrlG findet keine Anwendung bei Arbeitsunfähigkeit des Arbeitnehmers, Anschlußrehabilitationen, Vorsorge- und Müttergenesungskuren (§ 24 bzw. § 41 SGB V) sowie Kuren für Beschädigte nach dem Bundesversorgungsgesetz (§ 11 Abs. 2 BVG), § 10 Abs. 1 Satz 3 BUrlG.

161 Der **gesetzliche Mindesturlaub** bildet auch für den Arbeitgeber die Anrechnungsgrenze (vgl. Rz. 155). Für den tariflichen Urlaub gilt dies dagegen nicht. Die Anrechnungsregelung wird daher von diversen Autoren wegen des damit verbundenen Eingriffs in den Kernbereich der Tarifautonomie (Art. 9 Abs. 3 GG) für verfassungswidrig gehalten[4].

162 Die angerechneten Tage gelten als Urlaubstage und sind entsprechend nach § 11 BUrlG zu vergüten, dh. es ist keine Entgeltfortzahlung zu gewähren,

---

1 *Bauer/Lingemann,* BB 1996, Beil. 17, 8, 10; *Löwisch,* NZA 1996, 1009, 1015.
2 *Bauer/Lingemann,* BB 1996, Beil. 17, 8, 10.
3 *Schwedes,* BB 1996, Beil. 17, 2, 6; *Bauer/Lingemann,* BB 1996, Beil. 17, 8, 11; aA *Buschmann,* AuR 1996, 285, 291.
4 *Preis,* NJW 1996, 3369, 3376; *Leinemann,* BB 1996, 1381, 1382; *Buschmann,* AuR 1996, 290.

III. Krankheit

sondern **Urlaubsentgelt zuzüglich eines eventuellen Urlaubsgeldes**. Für die drei verbleibenden Tage einer Woche ist Entgeltfortzahlung zu leisten, und zwar in Höhe von lediglich 80%, § 9 iVm. § 4 Abs. 1 EFZG[1].

Will der **Arbeitnehmer** auch hinsichtlich dieser drei Tage eine Erhöhung der Entgeltfortzahlung auf 100% erreichen, kann er sich für je fünf verbleibende Tage einen Urlaubstag **anrechnen** lassen, § 9 iVm. § 4a EFZG. Da die Anrechnung des Arbeitgebers nach § 10 BUrlG als die speziellere von beiden Anrechnungsregelungen die ersten beiden Tage einer jeden Woche umfaßt, beginnt die Anrechnung des Arbeitnehmers erst ab dem dritten Tag[2].

Beispiel:
Ein Arbeitnehmer mit einer normalen Fünftagewoche nimmt für vier Wochen an einer stationären Rehabilitationsmaßnahme teil, dies sind also 20 Arbeitstage. Der Arbeitgeber rechnet von je fünf Tagen die ersten beiden Tage auf den Urlaub an. Für die restlichen Arbeitstage sind lediglich 80% Entgeltfortzahlung zu leisten. Diese kann der Arbeitnehmer auf 100% aufstocken, wenn er sich seinerseits für je fünf Tage einen Urlaubstag anrechnen läßt. Sodann gilt: Die Anrechnung des Arbeitgebers nach § 10 BUrlG umfaßt die ersten beiden Tage einer jeden Woche, also jeweils Montag und Dienstag. Die Anrechnung des Arbeitnehmers beginnt ab dem dritten Tag der ersten Woche. Somit sind Montag, Dienstag und Mittwoch als Urlaubstag zu vergüten und 100% Entgeltfortzahlung zu leisten für die nächsten vier Arbeitstage (im Beispiel also Donnerstag, Freitag sowie Mittwoch und Donnerstag der Folgewoche), während Montag, Dienstag und Freitag der Folgewoche wieder auf den Urlaub angerechnet werden, ebenso Montag und Dienstag der dritten Woche, sodann für Mittwoch, Donnerstag und Freitag der dritten Woche wiederum 100% Entgeltfortzahlung usw.

Ist eine Anrechnung nicht oder nur teilweise möglich, weil der Arbeitnehmer den anrechenbaren Urlaub bereits ganz oder teilweise erhalten hat, kann der Arbeitgeber nach § 10 Abs. 3 BUrlG eine **Anrechnung auf den Urlaub des nächsten Kalenderjahres** vornehmen. Dies gilt auch für solche Teile des Urlaubs, die der Arbeitnehmer nicht genommen, sondern sich gemäß § 4a EFZG auf Krankheitstage hat anrechnen lassen, da der angerechnete Urlaub gemäß § 4a Abs. 1 Satz 3 EFZG als genommen gilt[3]. Mit der Regelung des § 10 Abs. 3 BUrlG wird erstmals eine Vorgriffsmöglichkeit des Arbeitgebers auf den erst in der Zukunft entstehenden Urlaubsanspruch des Arbeitnehmers geschaffen[4].

Fraglich ist, was mit dem vorgeholten Urlaub geschieht, wenn der Arbeitnehmer zum Ende des laufenden Kalenderjahres **ausscheidet**. Ist sodann der vom Arbeitgeber angerechnete Urlaub für den nächsten Arbeitgeber gemäß § 6

---
1 *Löwisch*, NZA 1996, 1009, 1015; *Schwedes*, BB 1996, Beil. 17, 2, 7.
2 *Bauer/Lingemann*, BB 1996, Beil. 17, 8, 12; *Lorenz*, DB 1996, 1973, 1975.
3 *Bauer/Lingemann*, BB 1996, Beil. 17, 8, 13.
4 *Hohmeister*, DB 1997, 172, 173.

BUrlG als genommen zu bescheinigen, oder hat der Arbeitgeber einen Anspruch auf „Rückzahlung" des angerechneten Urlaubs?

166 Hierzu hat sich inzwischen die wohl herrschende Meinung herausgebildet, daß der – im Vorgriff auf das kommende Kalenderjahr – angerechnete Urlaub **nicht als genommen gelten kann** und daher auch nicht in die Urlaubsbescheinigung gemäß § 6 Abs. 2 BUrlG aufzunehmen ist[1]. Der Urlaub ist an das Kalenderjahr gebunden, kann damit vor dessen Beginn nicht entstehen und folglich auch nicht als genommen bescheinigt werden.

167 Der Arbeitgeber soll jedoch in dem Fall einen Anspruch aus **ungerechtfertigter Bereicherung** gemäß den §§ 812 ff. BGB in Höhe der Differenz zwischen dem gezahlten Urlaubsentgelt und der 80%igen Entgeltfortzahlung haben[2]. Der Arbeitnehmer kann sich auf den Wegfall der Bereicherung gemäß § 818 Abs. 3 BGB berufen, wenn er sich zu einer Beendigung des Arbeitsverhältnisses erst später entschlossen hat und folglich gutgläubig war[3].

7. Kürzungsmöglichkeit bei Sondervergütungen

168 Nach § 4b EFZG (ab 1. 10. 1996 neu eingefügt) können krankheitsbedingte Fehlzeiten bei der Bemessung von Sondervergütungen in bestimmtem Umfang berücksichtigt werden. Dies war auch vorher schon von der Rechtsprechung anerkannt[4]. Dabei war im Einzelfall eine Kürzungsrate je Fehltag von bis zu 1/60 in Einzelvereinbarungen[5] und bis zu 1/30 in Betriebsvereinbarungen anerkannt worden[6]. Das Gesetz sieht eine etwas andere Regelung vor und bleibt damit teilweise hinter der bisherigen Rechtsprechung zurück.

169 Gemäß § 4b EFZG sind – einzel- oder kollektivvertragliche – Vereinbarungen zulässig, wonach eine Sondervergütung für jeden krankheitsbedingten Fehltag um bis zu ein Viertel des Arbeitsentgelts, das im Jahresdurchschnitt auf einen Arbeitstag entfällt, gekürzt werden darf. Einbezogen sind **alle krankheitsbedingten Fehlzeiten,** gleich, ob ein Anspruch auf Entgeltfortzahlung besteht oder nicht[7]. Die Kürzungsregelung gilt auch für Fehltage, die durch eine Maßnahme der medizinischen Vorsorge und Rehabilitation bedingt sind, §§ 9 Abs. 1 Satz 1 und 2 iVm. 4b EFZG. Sie gilt dagegen nicht für **Aufbauprämien,** die also für jeden Tag der Anwesenheit gezahlt werden; diese sind unverändert zulässig und bleiben von der Kürzungsregelung des § 4b EFZG unberührt[8].

---

1 *Hohmeister*, DB 1997, 172, 173; *Leinemann*, BB 1996, 1381, 1382; *Schwedes*, BB 1996, Beil. 17, 2, 6; aA *Bauer/Lingemann*, BB 1996, Beil. 17, 8, 13 sowie *Löwisch*, NZA 1996, 1009, 1015.
2 *Bauer/Lingemann*, BB 1996, Beil. 17, 8, 13; *Hohmeister*, DB 1997, 172, 173.
3 *Bauer/Lingemann*, BB 1996, Beil. 17, 8, 13; *Hohmeister*, DB 1997, 172, 173.
4 BAG v. 19. 4. 1995, DB 1995, 1966; BAG v. 26. 10. 1994, AP Nr. 18 zu § 611 BGB – Anwesenheitsprämie; BAG v. 15. 2. 1990, AP Nr. 15 zu § 611 BGB – Anwesenheitsprämie; aA *Wedde* ua., § 4 EFZG Rz. 6.
5 BAG v. 15. 2. 1990, AP Nr. 15 zu § 611 BGB – Anwesenheitsprämie.
6 BAG v. 26. 10. 1994, AP Nr. 18 zu § 611 BGB – Anwesenheitsprämie.
7 *Bauer/Lingemann*, BB 1996, Beil. 17, 8, 14.
8 *Bauer/Lingemann*, BB 1996, Beil. 17, 8, 14.

Sondervergütung ist jede Leistung, die zusätzlich zum laufenden Arbeitsentgelt erbracht wird[1]. Bei der Berechnung des **jahresdurchschnittlichen Arbeitsentgelts** ist nach dem Gesetzeswortlaut auch die Sondervergütung selbst einzubeziehen. Hinsichtlich des Zeitraums, für den der Jahresdurchschnitt zu ermitteln ist, ist nicht auf das Kalenderjahr abzustellen, sondern auf **die letzten 12 Monate vor** dem Monat, in dem der Anspruch auf **Auszahlung der Sondervergütung** besteht[2].

Beispiel:
Eine einzel- oder kollektivvertragliche Regelung sieht für den 1. 12. die Zahlung einer Sondervergütung in Höhe von 3000 DM vor. Das Arbeitsentgelt aus der Zeit vom 1. 12. des Vorjahres bis zum 30. 11. des laufenden Jahres beträgt unter Einbeziehung der Sondervergütung 52 800 DM. Bei 220 Arbeitstagen ergibt sich somit ein jahresdurchschnittliches Entgelt von 240 DM je Arbeitstag (52 800 DM : 220 Tage). Sodann darf die Sondervergütung für jeden krankheitsbedingten Fehltag um bis zu 60 DM gekürzt werden (240 DM : 4 = 60 DM).

Die Fehltage müssen in demselben Zeitraum liegen, der auch für die Berechnung des Jahresdurchschnitts zugrundegelegt wurde[3]. Die **Kürzung** ist **nur einvernehmlich** durch Tarifvertrag, Betriebsvereinbarung oder Einzelvertrag möglich.

Formulierungsvorschlag einer Kürzungsregelung:

> „Das Urlaubs- und Weihnachtsgeld zuzüglich sonstiger Sondervergütungen wird für jeden krankheitsbedingten Fehltag um ein Viertel des Arbeitsentgelts, das im Jahresdurchschnitt auf einen Arbeitstag entfällt, gekürzt."

Zu beachten ist, daß durch eine Kürzungsvereinbarung nicht in **höherrangige Urlaubs- oder Weihnachtsgeldregelungen** eingegriffen werden darf. So kann beispielsweise durch Einzelvertrag oder Betriebsvereinbarung nicht die Kürzung eines tariflichen Weihnachts- oder Urlaubsgeldes vorgesehen werden.

Kürzungsregelungen, die auf der rechtlichen Grundlage der bisherigen Rechtsprechung abgeschlossen wurden und für den Arbeitnehmer **ungünstiger** sind als das neue Gesetz, sind zwar nach § 12 EFZG **unzulässig**. Sie sind jedoch nicht unwirksam, denn § 134 BGB betrifft nur gesetzliche Verbote, die bei Abschluß der Vereinbarung schon bestanden. Kürzungsvereinbarungen, die am 1. 10. 1996 wirksam waren, bleiben also bestehen[4].

---

1 *Schwedes*, BB 1996, Beil. 17, 2, 7.
2 *Bauer/Lingemann*, BB 1996, Beil. 17, 8, 14 f.
3 *Schwedes*, BB 1996, Beil. 17, 2, 7.
4 *Bauer/Lingemann*, BB 1996, Beil. 17, 8, 14.

8. Anzeige- und Nachweispflichten

a) Anzeigepflicht

173 Die **Arbeitsunfähigkeit** und deren **voraussichtliche Dauer** ist dem Arbeitgeber gemäß § 5 Abs. 1 Satz 1 EFZG **unverzüglich**, das heißt ohne schuldhaftes Zögern (§ 121 BGB), anzuzeigen. Der Arbeitnehmer muß sicherstellen, daß der Arbeitgeber am ersten Tag der Erkrankung unterrichtet wird; das bloße Absenden einer brieflichen Mitteilung genügt nicht. Dabei hat der Arbeitnehmer die voraussichtliche Dauer mitzuteilen und nach seinem subjektiven Kenntnisstand zu schätzen, es genügt eine Selbstdiagnose. Der Arbeitnehmer muß die Unterrichtung nicht selbst vornehmen[1], andere Personen können also Erklärungsbote sein; das Übermittlungsrisiko trägt der Arbeitnehmer. Die Anzeige ist gegenüber dem Arbeitgeber abzugeben; dies kann auch eine Person sein, die zur Entgegennahme derartiger Erklärungen berechtigt ist (Dienstvorgesetzter, Personalleiter oder auch -sachbearbeiter). Ebensowenig braucht die Art der Erkrankung mitgeteilt zu werden[2]. Dauert die Arbeitsunfähigkeit länger als mitgeteilt, besteht eine **erneute Anzeigepflicht**[3]. Die Anzeigepflicht ist auch während der vierwöchigen Wartefrist nach § 3 Abs. 3 EFZG zu beachten.

b) Nachweispflicht

174 Die Arbeitsunfähigkeit ist nachzuweisen, wenn sie **länger als drei Kalendertage** dauert, § 5 Abs. 1 Satz 2 EFZG. Die ebenfalls vertretene Auffassung, daß die Nachweispflicht auch bereits für Erkrankungen unter drei Tagen gilt[4], ist aufgrund des Gesetzeswortwortlauts abzulehnen[5]. Die Nachweispflicht besteht spätestens am darauffolgenden Arbeitstag, dies ist der vierte Krankheitstag[6], auch wenn der Wortlaut der Bestimmung eine andere Auslegung zuläßt. Die Fristberechnung ändert sich nicht, wenn die Erkrankung zwischen Arbeitsende und 24.00 Uhr eintritt[7]. Als Vorlagetag kommt nur ein Tag in Betracht, an dem im Betrieb gearbeitet wird[8]. Der Nachweis geschieht durch **Vorlage der Bescheinigung eines Arztes über die Arbeitsunfähigkeit sowie deren voraussichtliche Dauer**. Die Nachweispflicht besteht auch, wenn ein Anspruch auf Entgeltfortzahlung nicht oder nicht mehr besteht, also sowohl während der vier-

---

1 BAG v. 31. 8. 1989, EzA § 1 KSchG – Verhaltensbedingte Kündigung Nr. 27 = AP Nr. 23 zu § 1 KSchG 1969 – Verhaltensbedingte Kündigung; *Lepke*, NZA 1995, 1084, 1085.
2 BAG v. 31. 8. 1989, EzA § 1 KSchG – Verhaltensbedingte Kündigung Nr. 27 = AP Nr. 23 zu § 1 KSchG 1969 – Verhaltensbedingte Kündigung; *Lepke*, NZA 1995, 1084, 1085.
3 *Hanau/Kramer*, DB 1995, 94; *Schliemann*, AuR 1994, 317; *Lepke*, NZA 1995, 1085.
4 *Berenz*, DB 1995, 2166, 2170.
5 *Kramer*, BB 1996, 1662.
6 *Hanau/Kramer*, DB 1995, 95; *Schaub*, BB 1994, 1629; *Diller*, NJW 1994, 1690; *Schliemann*, AuR 1994, 317; *Lepke*, NZA 1995, 1086; *Kramer*, BB 1996, 1662, 1663; aA *Müller/Berenz*, § 5 EFZG Rz. 7: fünfter Tag.
7 *Kramer*, BB 1996, 1662, 1664.
8 *Kramer*, BB 1996, 1662, 1663.

wöchigen Wartezeit des § 3 Abs. 3 EFZG[1] wie auch nach Ablauf des Entgeltfortzahlungszeitraums[2].

Der Arbeitgeber kann die Vorlage der ärztlichen Bescheinigung auch **früher** verlangen, § 5 Abs. 1 Satz 3 EFZG. Dies kann sowohl durch Betriebsvereinbarung, Tarifvertrag wie auch einzelvertraglich[3] geschehen. Ferner ist der Arbeitgeber berechtigt, eine entsprechende Anordnung im Einzelfall zu erteilen, sofern dieses Verlangen billigem Ermessen entspricht[4] und hierdurch nicht gegen einen Tarifvertrag oder eine Betriebsvereinbarung verstoßen wird.

175

Eine **neue ärztliche Bescheinigung** ist vorzulegen, wenn die Arbeitsunfähigkeit länger dauert als in der ärztlichen Bescheinigung angegeben, § 5 Abs. 1 Satz 4 EFZG. Welche Frist hierfür gilt, ist nicht geregelt und daher umstritten. Es wird davon auszugehen sein, daß in Anlehnung an die bisherige Rechtsprechung des BAG[5] von der ursprünglichen Nachweispflicht auszugehen, § 5 Abs. 1 Satz 2 EFZG also entsprechend anzuwenden ist. Die Vorlagefrist beginnt mit dem Ende der zunächst bescheinigten Arbeitsunfähigkeit zu laufen[6]. Ist also in der Bescheinigung als letzter Tag der Arbeitsunfähigkeit der 15. 8. angegeben und dauert die Arbeitsunfähigkeit fort, ist spätestens am 19. 8. eine neue Bescheinigung vorzulegen.

176

c) Verletzung der Anzeige- und Nachweispflichten

Sowohl bei der Pflicht zur **Vorlage der Arbeitsunfähigkeitsbescheinigung** (Nachweispflicht gemäß § 5 Abs. 1 Satz 2 EFZG) sowie bei der Verpflichtung zur unverzüglichen **Anzeige der Arbeitsunfähigkeit** und deren voraussichtlicher Dauer (Mitteilungspflicht nach § 5 Abs. 1 Satz 1 EFZG) handelt es sich um arbeitsvertragliche Nebenpflichten, deren Verletzung in aller Regel **keinen außerordentlichen Kündigungsgrund** darstellen, es sei denn, aus der beharrlichen Nichtbeachtung dieser Pflichten ergibt sich die fehlende Bereitschaft des Arbeitnehmers zur ordnungsgemäßen Vertragserfüllung überhaupt[7].

177

Solange der Arbeitnehmer seiner **Pflicht zur Vorlage einer ärztlichen Bescheinigung** nicht nachkommt, ist der Arbeitgeber berechtigt, die Entgeltfortzahlung zu verweigern, § 7 Abs. 1 Nr. 1 EFZG, es besteht also ein **vorübergehendes Leistungsverweigerungsrecht**. Die schuldhafte Verletzung dieser Nachweispflicht rechtfertigt im Wiederholungsfall nach vorheriger Abmahnung ferner

178

---

1 *Bauer/Lingemann*, BB 1996, Beil. 17, 8, 9.
2 *Lepke*, NZA 1995, 1085 mwN.
3 *Hanau/Kramer*, DB 1995, 96 mwN; aA hinsichtlich einer einzelvertraglichen Regelung: *Schaub*, BB 1994, 1629.
4 *Lepke*, NZA 1995, 1086 mwN.
5 BAG v. 29. 8. 1980, AP Nr. 18 zu § 6 LohnFG; *Trieschmann*, Gemeins. Anm. zu BAG v. 20. 8. 1980 und 29. 8. 1980, AP Nr. 11, 13, 16, 17 u. 18 zu § 6 LohnFG.
6 Ebenso: *Lepke*, NZA 1995, 1087; aA *Gola*, § 5 EFZG Rz. 6, wonach die Vorlage spätestens an dem Tag zu erfolgen hat, an dem der Arbeitnehmer seine Arbeit hätte wieder aufnehmen müssen.
7 BAG v. 15. 1. 1986, AP Nr. 93 zu § 626 BGB.

die **ordentliche Kündigung**[1]. Die Verletzung der Nachweispflicht kann außerdem ein wichtiger Grund für eine außerordentliche Kündigung sein; wegen des regelmäßig geringen Gewichts dieser Pflichtverletzung müssen sodann erschwerende Umstände hinzukommen[2]. Dabei ist zu berücksichtigen, daß dem Arbeitgeber als Sanktion bereits das Leistungsverweigerungsrecht zusteht.

179 **Kein Leistungsverweigerungsrecht** ist gegeben bei **Verletzung der Anzeigepflicht** gemäß § 5 Abs. 1 Satz 1 EFZG[3]. Die schuldhafte und wiederholte Nichtbeachtung dieser Pflicht kann nach vergeblicher Abmahnung eine verhaltensbedingte **ordentliche Kündigung** sozial rechtfertigen, und zwar auch ohne daß es zu einer Störung der Arbeitsorganisation oder des Betriebsfriedens gekommen ist[4].

d) Auslandserkrankung

180 Auch hier ist zu unterscheiden zwischen den Anzeige- bzw. Mitteilungspflichten einerseits und den Nachweispflichten andererseits.

aa) Anzeige- bzw. Mitteilungspflichten

181 Eine detaillierte Regelung zu den Anzeige- bzw. Mitteilungspflichten bei einer Auslandserkrankung enthält **§ 5 Abs. 2 EFZG**. Dieser umfaßt alle Fälle, in denen die Arbeitsunfähigkeit im Ausland beginnt, unabhängig davon, ob sich ein Arbeitnehmer auf Auslandsurlaub oder ein ausländischer Arbeitnehmer auf Heimaturlaub befindet.

182 Nach § 5 Abs. 2 EFZG muß der Arbeitnehmer bei Auslandserkrankungen dem Arbeitgeber nicht nur die **Erkrankung** und deren **voraussichtliche Dauer** anzeigen, sondern auch die **Adresse am Aufenthaltsort** angeben. Als Adresse am Aufenthaltsort gilt die Anschrift, unter der der Arbeitnehmer erreicht werden kann. Hierzu gehört, sofern vorhanden, auch die Telefonnummer[5]. Die Anzeige hat „in der **schnellstmöglichen Art der Übermittlung**" zu geschehen, also per Telefon, Telegramm oder Fax. Ein einfacher Brief reicht nicht. Die hierdurch entstehenden Kosten hat der Arbeitgeber zu tragen, § 5 Abs. 2 Satz 2 EFZG. Die Kosten dürfen nicht außer Verhältnis stehen. Die Kostentragungspflicht entfällt ganz, wenn der Arbeitgeber zuvor ausdrücklich auf die schnellstmögliche Art der Übermittlung verzichtet hat[6].

183 Teilt der Arbeitnehmer seine Urlaubsanschrift nicht mit, hat der Arbeitgeber gemäß § 7 Abs. 1 EFZG ein **zeitweiliges Leistungsverweigerungsrecht,** das mit Erfüllung der Verpflichtungen gemäß § 5 Abs. 2 Satz 1 EFZG rückwirkend ab

---

1 *Schaub*, § 130 II 7.
2 BAG v. 15. 1. 1986, AP Nr. 93 zu § 626 BGB.
3 *Hanau/Kramer*, DB 1995, 94.
4 BAG v. 16. 8. 1991, EzA § 1 KSchG – Verhaltensbedingte Kündigung Nr. 41 in ausdrücklicher Abweichung von seiner früheren Rechtsprechung (BAG v. 7. 12. 1988, EzA § 1 KSchG – Verhaltensbedingte Kündigung Nr. 26) mit kritischer Anm. v. *Rüthers/Müller*.
5 *Berenz*, DB 1995, 1462.
6 *Berenz*, DB 1995, 1462.

Beginn der Arbeitsunfähigkeit erlischt. Darüber hinaus kann die Verletzung der Mitteilungspflichten des § 5 Abs. 2 Satz 1 EFZG je nach den Umständen des Einzelfalls dazu führen, daß der **Beweis für das Vorliegen einer Arbeitsunfähigkeit nicht** als **erbracht** anzusehen ist, so beispielsweise, wenn der Arbeitnehmer auf ausdrückliche Frage des Arbeitgebers seine Urlaubsadresse nicht mitteilt. Im einzelnen wird es auf die Gründe ankommen, die zur Verletzung der Mitteilungspflicht geführt haben[1].

Der Arbeitnehmer, der **Mitglied einer gesetzlichen Krankenkasse** ist, ist verpflichtet, auch dieser die **Arbeitsunfähigkeit und deren voraussichtliche Dauer** unverzüglich **anzuzeigen**, § 5 Abs. 2 Satz 3 EFZG. Dauert die Arbeitsunfähigkeit länger als angezeigt, hat er der gesetzlichen Krankenkasse die voraussichtliche Fortdauer der Arbeitsunfähigkeit mitzuteilen, § 5 Abs. 2 Satz 4 EFZG. 184

Nach § 5 Abs. 2 Satz 5 EFZG können die gesetzlichen Kassen festlegen, daß der Arbeitnehmer die Anzeige- und Mitteilungspflichten direkt gegenüber einem **ausländischen Sozialversicherungsträger** erfüllen kann, der seinerseits den deutschen Sozialversicherungsträger informiert. Dies sehen zum einen zwischenstaatliche Sozialversicherungsabkommen[2] vor. Für die Staaten der Europäischen Union sowie die Staaten, die dem Europäischen Wirtschaftsraum angehören[3], finden sich die einschlägigen Regelungen in den EWG-Verordnungen Nr. 1408/71[4] sowie Nr. 574/72[5] (zu den vereinfachten Nachweispflichten vgl. Rz. 188). 185

Kehrt der arbeitsunfähig erkrankte Arbeitnehmer **in das Inland zurück**, hat er dies sowohl dem Arbeitgeber wie auch der Krankenkasse unverzüglich **anzuzeigen**, § 5 Abs. 2 Satz 7 EFZG. 186

bb) Nachweispflichten

Die Nachweispflichten sind bei einer Auslandserkrankung grundsätzlich die gleichen wie im Inland; es besteht also die **Pflicht zur Vorlage der Arbeitsunfähigkeitsbescheinigung** gemäß § 5 Abs. 1 Satz 2 EFZG innerhalb der dort genannten Fristen[6]. 187

Aufgrund **zwischenstaatlicher Abkommen über soziale Sicherheit** sowie der **EWG-Verordnungen** Nr. 1408/71 und 574/72 für die Staaten des Europäischen Wirtschaftsraums (vgl. Rz. 185) gelten für krankenversicherungspflichtige Arbeitnehmer hinsichtlich der Nachweispflicht **vereinfachte Verfahren**. Die einschlägige Bestimmung für die Staaten des Europäischen Wirtschaftsraums ent- 188

---

1 BAG v. 19. 2. 1997, DB 1997, 1237, 1239.
2 ZB Türkei, Schweiz, Tunesien.
3 Dies sind neben den EU-Ländern Liechtenstein, Norwegen und Island.
4 Verordnung (EWG) Nr. 1408/71 des Rates zur Anwendung der Systeme der sozialen Sicherheit auf Arbeitnehmer und deren Familie, die innerhalb der Gemeinschaft zu- und abwandern, vom 14. 6. 1971 (ABl. Nr. L 149, S. 2).
5 Verordnung (EWG) Nr. 574/72 des Rates vom 21. 3. 1972 über die Durchführung der Verordnung (EWG) Nr. 1408/71 (ABl. Nr. L 74, S. 1).
6 *Berenz*, DB 1995, 1462 mwN.

hält Art. 18 der EWG-VO Nr. 574/72, den die beiden *Paletta*-Urteile des EuGH[1] sowie die zum selben Fall ergangenen Entscheidungen des BAG[2] zur Grundlage haben (zu den Auswirkungen vgl. Rz. 204). Danach hat sich der Versicherte unverzüglich nach Beginn der Arbeitsunfähigkeit an den für den Aufenthaltsort **zuständigen ausländischen Versicherungsträger** zu wenden und **diesem** eine **ärztliche Bescheinigung** über die Arbeitsunfähigkeit **vorzulegen**. Der ausländische Sozialversicherungsträger, der gegebenenfalls Kontrolluntersuchungen veranlaßt, unterrichtet die deutsche Krankenkasse, die ihrerseits den Arbeitgeber entsprechend informiert[3]. Der Arbeitgeber behält jedoch die rechtliche Möglichkeit, die betreffende Person durch einen Arzt seiner Wahl untersuchen zu lassen, Art. 18 Abs. 5 EWG-VO Nr. 574/72. Wird das vereinfachte Verfahren durchgeführt, **entfallen die Nachweispflichten** gemäß § 5 Abs. 1 EFZG[4]. Das vereinfachte Verfahren findet nur Anwendung bei Arbeitnehmern, die gesetzlich krankenversichert sind und auf im Inland tätige Arbeitnehmer, die während des Aufenthalts in einem der betroffenen Staaten erkranken. Hervorzuheben ist, daß die Verpflichtungen des Arbeitnehmers nach § 5 Abs. 2 Satz 1 EFZG, betreffend die **Mitteilung an** den **Arbeitgeber** über Arbeitsunfähigkeit, Aufenthaltsort usw. auf schnellstmöglichem Wege, **bestehen bleiben**. Die **Vereinfachungen** beziehen sich also **nur** auf die **Mitteilungspflichten gegenüber** den **Krankenkassen** sowie die **Nachweispflichten**.

9. Zweifel des Arbeitgebers an der Arbeitsunfähigkeit

a) Ausgangslage

189 Der **Arbeitnehmer**, der Entgeltfortzahlung beansprucht, muß **darlegen und beweisen**, daß er **arbeitsunfähig** ist. Dies geschieht durch Vorlage einer ärztlichen Arbeitsunfähigkeitsbescheinigung. Nach der Rechtsprechung des BAG hat die **ordnungsgemäß ausgestellte ärztliche Arbeitsunfähigkeitsbescheinigung** die **Vermutung der Richtigkeit** für sich und einen **hohen Beweiswert;** sie ist der für Arbeitnehmer gesetzlich vorgesehene und gewichtigste Beweis für die Tatsache einer krankheitsbedingten Arbeitsunfähigkeit[5]. Die Arbeitsunfähigkeit gilt dann grundsätzlich als nachgewiesen[6]. In dem Fall kann der **Arbeitgeber** die Entgeltfortzahlung nicht mit dem bloßen Bestreiten verweigern, es liege keine

---

[1] EuGH v. 3. 6. 1992, AP Nr. 1 zu Art. 18 EWG-Verordnung Nr. 574/72 (Paletta I); EuGH v. 2. 5. 1996, DB 1996, 1039 (Paletta II).
[2] BAG v. 27. 4. 1994, AP Nr. 100 zu § 1 LohnFG sowie BAG v. 19. 2. 1997, DB 1997, 1235.
[3] Nähere Einzelheiten bei *Berenz*, DB 1995, 1462.
[4] Vereinbarung zwischen der Deutschen Verbindungsstelle Krankenversicherung – Ausland beim AOK-Bundesverband und der Bundesvereinigung der Deutschen Arbeitgeberverbände; Rundschreiben VI/103 v. 17. 12. 1969 und VI/31 v. 22. 4. 1974 der Bundesvereinigung der Deutschen Arbeitgeberverbände; zitiert nach *Berenz*, DB 1995, 1463.
[5] BAG v. 19. 2. 1997, DB 1997, 1237, 1238; BAG v. 15. 7. 1992, AP Nr. 98 zu § 1 LohnFG mwN.
[6] *Schmitt*, § 5 EFZG Rz. 67.

III. Krankheit   Rz. 193 **Teil 2 B**

Arbeitsunfähigkeit vor. Er muß vielmehr **Umstände darlegen und beweisen**, die zu **ernsthaften und begründeten Zweifeln** Anlaß geben[1].

b) Ernsthafte und begründete Zweifel

Das BAG[2] benennt hierzu exemplarisch folgende **Fälle:** Der Arbeitnehmer erklärt, er werde krank, wenn der Arbeitgeber ihm den Urlaub nicht verlängert, obwohl er in dem Zeitpunkt nicht krank ist und sich auch noch nicht krank fühlen konnte[3]. Der Arbeitnehmer geht während einer attestierten Arbeitsunfähigkeit schichtweise einer Nebenbeschäftigung bei einem anderen Arbeitgeber nach[4]. Ein Arbeitnehmer verrichtet während einer Arbeitsunfähigkeit private Tätigkeiten, mit deren Vornahme eine ärztlich bescheinigte Arbeitsunfähigkeit nicht vereinbar ist. Ein Arbeitnehmer verbleibt im Anschluß an seinen in der Heimat verbrachten Urlaub wiederholt aufgrund behaupteter Arbeitsunfähigkeit in seiner Heimat[5] (zu Zweifeln bei Auslandserkrankungen vgl. Rz. 202 ff.). 190

Hat der Arbeitgeber einen derartigen **Mißbrauchsfall nachgewiesen,** muß der Arbeitnehmer zusätzlich Beweis für die behauptete Arbeitsunfähigkeit erbringen, wofür alle zulässigen Beweismittel in Betracht kommen. 191

c) § 275 SGB V

aa) Inhalt der Regelung

Nach § 275 SGB V in der seit dem 1. 1. 1995 geltenden Fassung (Art. 4 Nr. 11, 68 Abs. 1 PflegeVG) kann der Arbeitgeber bei Zweifeln an der Arbeitsunfähigkeit des Arbeitnehmers die **Krankenkasse** einschalten, die verpflichtet ist, vom **Medizinischen Dienst unverzüglich eine Begutachtung** einzuholen. Es genügen einfache Zweifel; ein nur subjektiver, durch objektive Umstände nicht erhärteter Verdacht reicht nicht[6]. Die Vorschrift gilt nur für in der **gesetzlichen Krankenkasse** oder bei einer **Ersatzkasse** versicherte Arbeitnehmer. 192

Nach § 275 Abs. 1a SGB V haben die Krankenkassen Zweifel an der Arbeitsunfähigkeit insbesondere in den Fällen anzunehmen, in denen der Arbeitnehmer entweder **auffallend häufig** bzw. **auffallend häufig für kurze Dauer** arbeitsunfähig ist oder der Beginn der Arbeitsunfähigkeit häufig auf einen **Arbeitstag am Beginn oder Ende einer Woche** fällt oder die Arbeitsunfähigkeit von einem **Arzt** festgestellt wird, der durch die Häufigkeit der von ihm ausgestellten Arbeitsunfähigkeitsbescheinigungen auffällig geworden ist. Von einer auffallenden Häufigkeit ist auszugehen, wenn eine Wiederholung vorliegt, die nach allgemeiner Lebenserfahrung nicht plausibel erscheint[7]. Eine nicht plausible Wiederholung 193

---

1 BAG v. 15. 7. 1992, AP Nr. 98 zu § 1 LohnFG.
2 Die nachstehenden Beispiele sind entnommen BAG v. 27. 4. 1994, AP Nr. 100 zu § 1 LohnFG.
3 BAG v. 5. 11. 1992, AP Nr. 4 zu § 626 BGB – Krankheit.
4 BAG v. 26. 8. 1993, AP Nr. 112 zu § 616 BGB.
5 BAG v. 20. 2. 1985, AP Nr. 4 zu § 3 LohnFG.
6 *Hanau/Kramer,* DB 1995, 97; *Lepke,* NZA 1995, 1089.
7 Amtl. Begründung, BT-Drucks. 12/5262, 157.

ist anzunehmen, wenn der Arbeitnehmer gegenüber dem Durchschnitt um 50% erhöhte Krankheitswerte aufweist. Vergleichsgruppe sind die übrigen Arbeitnehmer des Betriebs oder, wenn dieser sehr groß ist, der Abteilung[1]. Auch Abweichungen von allgemeinen Durchschnittswerten sind zu berücksichtigen[2].

194 Der Arbeitgeber kann verlangen, daß die Krankenkasse eine **gutachterliche Stellungnahme des Medizinischen Dienstes** zur Arbeitsunfähigkeit einholt (§ 275 Abs. 1a Satz 3 SGB V). Die Krankenkasse kann von dem Gutachten absehen, wenn sich die medizinischen Voraussetzungen eindeutig aus den der Krankenkasse vorliegenden ärztlichen Unterlagen ergeben (§ 275 Abs. 1a Satz 4 SGB V).

195 Ist der Arbeitnehmer wegen seines Gesundheitszustandes nicht in der Lage, einer Vorladung des Medizinischen Dienstes zu folgen oder sagt er einen solchen Termin unter Berufung auf seinen Gesundheitszustand ab oder bleibt diesem fern, soll die Untersuchung in der Wohnung des Arbeitnehmers stattfinden. Verweigert der Arbeitnehmer hierzu seine Zustimmung, kann die Krankenkasse das Krankengeld verweigern, § 276 Abs. 5 SGB V.

196 Das Ergebnis der Begutachtung wird der Krankenkasse mitgeteilt, § 277 Abs. 1 Satz 1 SBG V. Die Krankenkasse informiert den Arbeitgeber von der Beurteilung, wenn diese von der Arbeitsunfähigkeitsbescheinigung abweicht, § 277 Abs. 2 Satz 1 SBG V bzw. der Arbeitnehmer nicht zu der Untersuchung erschienen ist. Angaben über Befund und Diagnose werden dem Arbeitgeber nicht mitgeteilt.

bb) Auswirkungen

197 Ungeregelt ist geblieben, welche Auswirkungen sich aus der Neuregelung des § 275 SGB V im einzelnen ergeben. Diese dürften wir folgt sein:

198 ▶ Stellt die Begutachtung des Medizinischen Dienstes die **Arbeitsfähigkeit** des Arbeitnehmers fest, ist die **Richtigkeitsvermutung** der ärztlichen Arbeitsunfähigkeitsbescheinigung **erschüttert.** Der Arbeitgeber kann sodann die Entgeltfortzahlung verweigern[3]. Dies schließt nicht aus, daß der Arbeitnehmer den Beweis seiner Arbeitsunfähigkeit auf andere Weise erbringt.

199 ▶ **Verweigert der Arbeitnehmer die Untersuchung** durch den Medizinischen Dienst ohne triftigen Grund, kann die Krankenkasse die Zahlung des Krankengeldes verweigern (vgl. Rz. 195 aE). Daraus wird man auch für den **Arbeitgeber** das Recht ableiten können, die **Entgeltfortzahlung zu verweigern**[4]. Ob allein hierdurch auch die Richtigkeitsvermutung der Arbeitsunfähigkeitsbescheinigung erschüttert wird, ist zu bezweifeln; vielmehr werden sonstige Umstände hinzutreten müssen[5].

---

1 *Hanau/Kramer*, DB 1995, 98.
2 *Gola*, BB 1995, 2318, 2321.
3 *Gola*, BB 1995, 2321.
4 *Hanau/Kramer*, DB 1995, 98; *Gola*, BB 1995, 2321; aA *Wedde* ua., § 5 EFZG Rz. 56.
5 *Lepke*, NZA 1995, 1084, 1089; *Wedde* ua., § 5 EFZG Rz. 44; aA *Gola*, BB 1995, 2321; *Schmitt*, § 5 EFZG Rz. 125.

Die in § 275 SGB V aufgelisteten Zweifelsfälle sind **nicht abschließend,** wie 200
bereits der Wortlaut ergibt. So sind alle Fälle, die nach der bisherigen Rechtsprechung die Richtigkeitsvermutung einer Arbeitsunfähigkeitsbescheinigung zu erschüttern vermögen (vgl. Rz. 190), auch geeignet, Zweifel im Sinne des § 275 SGB V zu begründen[1]. Hieraus läßt sich jedoch nicht ableiten, daß – über die bisherige Rechtsprechung hinaus – in allen Zweifelsfällen des § 275 SGB V nunmehr auch eine Beweiserschütterung der Arbeitsunfähigkeitsbescheinigung eintritt[2]. Hiergegen spricht, daß die Vorschriften des SGB V nur im Verhältnis zwischen Krankenkassen und Versicherten gelten[3]. Die Bestimmung selbst enthält dazu auch keine Anhaltspunkte. Aus denselben Gründen wird sich aus der Neuregelung des § 275 SGB V auch nicht ableiten lassen, daß sich der Arbeitgeber auf ernsthafte und begründete Zweifel im Sinne der bisherigen Rechtsprechung nur noch berufen kann, wenn er das in § 275 SGB V vorgesehene Verfahren einhält[4]. Die Rechtsprechung zu den Fällen der ernsthaften und begründeten Zweifel an der Arbeitsunfähigkeit des Arbeitnehmers bleibt daher durch die Neuregelung des § 275 SGB V unberührt.

Schließlich besteht eine **Schadenersatzpflicht des Arztes** nach § 106 Abs. 3a 201
SGB V, wenn dieser die Arbeitsunfähigkeitsbescheinigung vorsätzlich oder grob fahrlässig zu Unrecht erteilt hat. Dies dürfte sich allerdings kaum jemals nachweisen lassen.

d) Zweifel bei Auslandserkrankungen

Hier ergeben sich grundsätzlich **keine Besonderheiten gegenüber Erkrankungen** 202
im Inland. Allein der Umstand, daß eine Arbeitsunfähigkeitsbescheinigung von einem ausländischen Arzt im Ausland ausgestellt ist, berechtigt den Arbeitgeber daher nicht zu Zweifeln. Die Bescheinigung muß jedoch erkennen lassen, daß der ausländische Arzt zwischen einer bloßen Erkrankung und einer mit Arbeitsunfähigkeit verbundenen Krankheit unterscheidet und damit eine den Begriffen des deutschen Arbeits- und Sozialversicherungsrechts entsprechende Beurteilung vorgenommen hat[5].

Besonderheiten gelten **bei Erkrankungen in Staaten des Europäischen Wirt-** 203
schaftsraums[6]. Wie dargelegt (vgl. Rz. 188), kommt hier ein vereinfachtes Verfahren zur Anwendung, dessen Einzelheiten in Art. 18 der EWG-VO Nr. 574/72 geregelt sind. Hierzu hat der EuGH bereits 1987 entschieden[7], daß der zuständige (Sozialversicherungs-)Träger an die vom Träger der sozialen Sicherheit des Wohnorts getroffenen ärztlichen Feststellungen bezüglich Eintritt und Dauer

---
1 *Schmitt*, § 5 EFZG Rz. 122.
2 AA *Hanau/Kramer*, DB 1995, 99; danach darf der Arbeitgeber jedoch die Entgeltfortzahlung nur verweigern, wenn er das Verfahren nach § 275 SGB V erfolgreich durchgeführt hat.
3 *Lepke*, NZA 1995, 1084, 1089 mwN.
4 So aber *Hanau/Kramer*, DB 1995, 99.
5 BAG v. 19. 2. 1997, DB 1997, 1237; BAG v. 20. 2. 1985, Nr. 4 zu § 3 LohnFG.
6 Neben den EU-Ländern: Liechtenstein, Norwegen und Island.
7 EuGH v. 12. 3. 1987, NJW 1988, 2171 (Rindone) = AP Nr. 9 zu Art. 48 EWG-Vertrag.

der Arbeitsunfähigkeit gebunden sei. 1992 hat der EuGH[1] diese Rechtsprechung dahingehend ergänzt, daß auch der **Arbeitgeber in tatsächlicher und rechtlicher Hinsicht an die vom (ausländischen) Träger des Wohn- und Aufenthaltsorts getroffenen ärztlichen Feststellungen** über Eintritt und Dauer der Arbeitsunfähigkeit **gebunden** ist, sofern er den Arbeitnehmer nicht durch einen Arzt seiner Wahl untersuchen läßt, wozu ihn Art. 18 Abs. 5 der EWG-VO ermächtige. Im konkreten Fall war die italienische Familie *Paletta* (Mutter, Vater, Tochter, Sohn), tätig bei einem deutschen Arbeitgeber, aufgrund behaupteter Arbeitsunfähigkeit im Anschluß an ihren Heimaturlaub wiederholt in der Heimat verblieben, und hatte jeweils eine ordnungsgemäße ärztliche Bescheinigung vorgelegt; dies betraf jeweils die gesamte Familie. Die Entscheidung des EuGH hat vielfältige Kritik erfahren[2], aber auch Zustimmung gefunden[3]. Das BAG hat denselben Fall dem EuGH erneut vorgelegt[4], um insbesondere den Beweiswert einer solchen Arbeitsunfähigkeitsbescheinigung und die Behandlung möglicher Mißbrauchsfälle klären zu lassen. Der EuGH hat daraufhin bestätigt, der Arbeitnehmer müsse keinen zusätzlichen Beweis für die durch ärztliche Bescheinigung belegte Arbeitsunfähigkeit erbringen, auch wenn der Arbeitgeber Umstände darlege und beweise, die zu ernsthaften Zweifeln an der Arbeitsunfähigkeit Anlaß gäben. Dies sei mit den Zielen des Art. 18 der EWG-VO Nr. 574/72 nicht vereinbar, wonach gerade vermieden werden solle, daß der Arbeitnehmer in Beweisschwierigkeiten gerate. Art. 18 der EWG-VO Nr. 574/72 verwehre es dem Arbeitgeber jedoch auch nicht, Nachweise für einen Mißbrauchs- oder Betrugsfall zu erbringen[5]. Das BAG hat daraus abgeleitet, es reiche, **im Gegensatz zu inländischen Arbeitsunfähigkeitsbescheinigungen,** nicht aus, daß der Arbeitgeber lediglich Umstände beweise, die zu ernsthaften Zweifeln an der Arbeitsunfähigkeit Anlaß gäben. Vielmehr liege die **Beweislast** dafür, daß der **Arbeitnehmer nicht arbeitsunfähig krank** war, **beim Arbeitgeber.** Der Arbeitgeber sei allerdings nicht darauf beschränkt, den Beweis dafür, daß der Arbeitnehmer nicht arbeitsunfähig krank war, unmittelbar zu führen, vielmehr sei auch ein Indizienbeweis zulässig[6].

204   Die **Auswirkungen der Rechtsprechung des EuGH** richten sich nach dem Anwendungsbereich von Art. 18 der EWG-VO Nr. 574/72. Dieser findet zum einen Anwendung auf Arbeitnehmer, die in einem anderen Mitgliedstaat als dem zuständigen Staat wohnen. Er gilt ferner gemäß Art. 24 der EWG-VO Nr. 574/72 für Arbeitnehmer, die während ihres Aufenthalts in einem anderen Mitgliedstaat erkranken. Ob hiervon auch deutsche Arbeitnehmer erfaßt wer-

---

1 EuGH v. 3. 6. 1992, AP Nr. 1 zu Art. 18 EWG-Verordnung Nr. 574/72 (Paletta I).
2 *Berenz*, DB 1992, 2442; *Wank*, AR-Blattei „Krankheit" III A Entsch. 164; *Junker*, NJW 1994, 2527; *Blomeyer/Bramigk*, Anm. zu BAG v. 27. 4. 1994, AP Nr. 100 zu § 1 LohnFG, die die einzelnen rechtlichen Aspekte der EuGH-Entscheidung ausführlich beleuchten.
3 *Abele*, EuZW 1992, 482; *Steinmeyer*, FS Kissel, 1994, S. 1165.
4 BAG v. 27. 4. 1994, AP Nr. 100 zu § 1 LohnFG.
5 EuGH v. 2. 5. 1996, DB 1996, 1039 (Paletta II); zustimmend: *Heinze/Giesen*, BB 1996, 1830, 1832 f.
6 BAG v. 19. 2. 1997, DB 1997, 1235, 1236.

den, die ihren Urlaub in einem der EU-Mitgliedstaaten verbringen, muß bezweifelt werden. Zwar schließt der Wortlaut der Bestimmung auch diese grundsätzlich ein. Auf der anderen Seite haben die Regelungen der EWG-VO Nr. 574/72 Arbeitnehmer, „die innerhalb der Gemeinschaft zu- und abwandern", zum Ziel, wozu ein inländischer Arbeitnehmer, der seinen Urlaub im Ausland verbringt, nicht gehört. Art. 18 der EWG-VO Nr. 574/72 und die dazu ergangene Rechtsprechung der EuGH dürften also auf deutsche Arbeitnehmer keine Anwendung finden[1]. Insoweit ist jedoch die weitere Rechtsprechung abzuwarten.

10. Beendigung des Arbeitsverhältnisses

Bei **Kündigung durch den Arbeitgeber aus Anlaß der Arbeitsunfähigkeit** besteht trotz der **Beendigung** des Arbeitsverhältnisses weiterhin ein Anspruch auf **Entgeltfortzahlung,** § 8 Abs. 1 Satz 1 EFZG. Dies gilt ebenso bei einer durch den Arbeitgeber veranlaßten Kündigung des Arbeitnehmers aus wichtigem Grund, § 8 Abs. 1 Satz 2 EFZG.

Hat der Arbeitgeber **im zeitlichen Zusammenhang mit der Krankmeldung** oder der Anzeige, daß eine bekannte Arbeitsunfähigkeit fortdauert, **gekündigt,** spricht ein **Beweis des ersten Anscheins** dafür, daß aus Anlaß der Arbeitsunfähigkeit gekündigt wurde. Diesen kann der Arbeitgeber nur dadurch erschüttern, daß er Tatsachen vorträgt und erforderlichenfalls beweist, aus denen sich ergibt, daß andere Gründe seinen Kündigungsentschluß bestimmt haben[2]. Kündigt ein Arbeitgeber einem unentschuldigt fehlenden Arbeitnehmer vor Ablauf der Nachweisfrist des § 5 Abs. 1 Satz 2 EFZG, kann sich der Arbeitgeber nicht darauf berufen, er habe von der Arbeitsunfähigkeit nichts gewußt. Wartet der Arbeitgeber dagegen die Nachweisfrist ab und kündigt dann, ohne von einer Arbeitsunfähigkeit Kenntnis zu haben, kann er davon ausgehen, daß der Arbeitnehmer unentschuldigt fehlt, auch wenn er tatsächlich erkrankt war[3]. Kündigt der Arbeitgeber einen erkrankten Arbeitnehmer zum voraussichtlichen Ende der Arbeitsunfähigkeit, ohne abzuwarten, ob die Arbeitsunfähigkeit andauert, ist der Arbeitnehmer dann aber weiterhin krank, kann es sich um eine Kündigung aus Anlaß der Arbeitsunfähigkeit handeln[4]. Die Wartefrist beträgt in diesem Fall drei Kalendertage und beginnt mit dem Ende der zunächst bescheinigten Dauer der Arbeitsunfähigkeit[5].

Der Anspruch nach § 8 EFZG wird im Regelfall nicht schon dadurch ausgeschlossen, daß Arbeitgeber und Arbeitnehmer das Arbeitsverhältnis einver-

---

1 *Abele,* NZA 1996, 631, 632; aA, jedoch kritisch zu diesem weiten Anwendungsbereich: *Blomeyer/Bramigk,* Anm. zu BAG v. 27. 4. 1994, AP Nr. 100 zu § 1 LohnFG; aA wohl auch *Schlachter,* Anm. zu EuGH v. 2. 5. 1996, EuZW 1996, 377.
2 BAG v. 20. 8. 1980, AP Nr. 11 zu § 6 LohnFG.
3 BAG v. 20. 8. 1980, AP Nr. 13 zu § 6 LohnFG.
4 BAG v. 20. 8. 1980, AP Nr. 16 zu § 6 LohnFG.
5 BAG v. 29. 8. 1980, AP Nr. 18 zu § 6 LohnFG.

nehmlich aufheben[1], da nicht der formelle, sondern der **materielle Aufhebungsgrund entscheidend** ist.

208 Der Entgeltfortzahlungsanspruch nach § 8 EFZG besteht **für die Dauer des gesamten Verhinderungsfalls**, der Anlaß für die Kündigung des Arbeitgebers gewesen ist[2]. Treten also zwei Erkrankungen jedenfalls zeitweise gleichzeitig auf und bilden damit einen einheitlichen Verhinderungsfall (vgl. oben Rz. 128), besteht die Entgeltfortzahlungspflicht nicht nur für die Dauer einer Krankheit, sondern endet mit Ablauf des Verhinderungsfalls.

11. Anspruchsübergang bei Dritthaftung

209 Kann der Arbeitnehmer von einem Dritten Schadenersatz wegen des Verdienstausfalls beanspruchen, geht dieser Anspruch gemäß § 6 Abs. 1 EFZG in der Höhe auf den Arbeitgeber über, in der dieser dem Arbeitnehmer Entgeltfortzahlung geleistet hat. § 6 Abs. 1 EFZG stellt einen **Fall des gesetzlichen Forderungsübergangs** dar und ist daher unabhängig vom Willen des betroffenen Arbeitnehmers.

210 Der Forderungsübergang umfaßt nicht nur das gesamte **Bruttoarbeitsentgelt** einschließlich der Arbeitnehmeranteile sowie zuzüglich der **darauf anfallenden Arbeitgeberanteile zur Sozialversicherung** (Bundesanstalt für Arbeit, Rentenversicherung, Pflegeversicherung, betriebliche Altersversorgung, nicht jedoch die Beiträge zur Berufsgenossenschaft). Ferner gehören dazu sämtliche Ansprüche mit Entgeltcharakter wie anteilige Leistungen für **Weihnachtsgeld, Urlaubsvergütung und Urlaubsgeld**[3].

211 Nach § 6 Abs. 2 EFZG ist der Arbeitnehmer verpflichtet, dem Arbeitgeber unverzüglich die zur Geltendmachung des Schadenersatzanspruchs erforderlichen Angaben zu machen. Kommt der Arbeitnehmer dem schuldhaft nicht nach, hat der Arbeitgeber ein **Leistungsverweigerungsrecht**. Ob es sich hierbei um ein dauerhaftes oder nur vorübergehendes Leistungsverweigerungsrecht handelt, läßt sich dem Gesetz nicht entnehmen, da § 7 EFZG das Leistungsverweigerungsrecht nur für den Fall der Verhinderung des Anspruchsübergangs regelt. Nach der früheren Rechtslage (vgl. § 5 Satz 1 Nr. 1 LohnFG) bestand in diesem Fall nur ein vorübergehendes Leistungsverweigerungsrecht. Davon wird auch jetzt auszugehen sein, das heißt, das Leistungsverweigerungsrecht besteht nur solange, wie der Arbeitnehmer seine Verpflichtungen gemäß § 6 Abs. 2 EFZG nicht erfüllt und erlischt rückwirkend, sobald der Arbeitnehmer ihnen nachgekommen ist (vorübergehende rechtshemmende Einrede)[4].

212 Verhindert der Arbeitnehmer den Übergang des Schadenersatzanspruchs **schuldhaft**, hat der Arbeitgeber ein **dauerhaftes Leistungsverweigerungsrecht**,

---

1 BAG v. 28. 11. 1979, AP Nr. 10 zu § 6 LohnFG.
2 BAG v. 2. 12. 1981, AP Nr. 19 zu § 6 LohnFG.
3 BAG v. 12. 12. 1989 – 8 AZR 195/88, nv.; BGH v. 4. 7. 1972, BGHZ 59, 109; aA *Wedde* ua., § 7 EFZG Rz. 30.
4 *Wedde* ua., § 7 EFZG Rz. 7.

§ 7 Abs. 1 Nr. 2 EFZG. Dies kann geschehen, indem der Arbeitnehmer mit dem Schädiger einen Abfindungsvergleich schließt, auf seine Forderung gegenüber dem Schädiger verzichtet oder seine Forderung gegen den Schädiger an einen anderen abtritt. Das dauerhafte Leistungsverweigerungsrecht kann gleichbedeutend mit einem Anspruchsverlust sein. Der Arbeitnehmer muß die Verhinderung des Anspruchsübergangs im Sinne von § 276 BGB zu vertreten haben, § 7 Abs. 2 EFZG. Hat der Arbeitgeber Entgeltfortzahlung gewährt, obwohl ihm gemäß § 7 Abs. 1 Nr. 2 EFZG ein dauerhaftes Leistungsverweigerungsrecht zustand, kann er deren Rückzahlung gemäß § 813 Abs. 1 BGB verlangen[1].

Gemäß § 6 Abs. 3 EFZG darf der Arbeitgeber die übergegangene Forderung nicht zum Nachteil des Arbeitnehmers geltend machen. Dies betrifft den Fall einer Leistungsunfähigkeit des Schädigers oder gesetzlicher Haftungsbeschränkungen. Dem Arbeitnehmer steht sodann ein **Befriedigungsvorrecht** gegenüber dem Arbeitgeber zu. 213

Leistet der Arbeitgeber **Entgeltfortzahlung in Höhe von 80%**, kann bzw. muß der Arbeitnehmer die Differenz von 20% als Schadenersatz direkt vom Schädiger fordern. Der Arbeitnehmer kann den Arbeitgeber ermächtigen, den Anspruch des Arbeitnehmers in Prozeßstandschaft mitzuverfolgen oder seine Ansprüche abtreten[2]. Hierzu wird der Arbeitgeber unter Fürsorgegesichtspunkten auch verpflichtet sein, wenn der Arbeitnehmer dies verlangt[3]. 214

Ein weiteres Problem ergibt sich, wenn der Ersatzanspruch wegen **Mitverschuldens des Arbeitnehmers** nicht ausreicht, um Arbeitgeber und Arbeitnehmer voll zu befriedigen. Hier bietet sich eine Aufteilung in entsprechender Anwendung von § 116 Abs. 3 SGB X an[4]. 215

Beispiel:

Den Arbeitnehmer trifft ein Drittel Mitverschulden. Das Entgelt während der Arbeitsunfähigkeit beträgt 9000 DM. Der Schädiger hat hiervon also 6000 DM zu zahlen. Der Arbeitgeber zahlt 7200 DM, während beim Arbeitnehmer 1800 DM verbleiben. Sodann ist der Ersatz des Schädigers von 6000 DM im Verhältnis 80 zu 20 auf Arbeitgeber und Arbeitnehmer zu verteilen.

Ist der Schädiger nur **eingeschränkt zahlungsfähig**, hat der Arbeitnehmer gemäß § 6 Abs. 3 EFZG ein Befriedigungsvorrecht und kann den Anspruch vor dem Arbeitgeber geltend machen[5]. 216

12. Kostenausgleich in Kleinbetrieben

Die in Kraft gebliebenen §§ 10–19 LohnFG sehen für Arbeitgeber in Kleinbetrieben die **teilweise Erstattung der Entgeltfortzahlungskosten aus einem Son-** 217

---

1 BAG v. 7. 12. 1988, AP Nr. 2 zu § 5 LohnFG.
2 *Sieg*, BB 1996, Beil. 17, 18, 20.
3 Vgl. auch *Sieg*, BB 1996, Beil. 17, 18, 20; problematisierend: *Leinemann*, BB 1996, 1382.
4 *Sieg*, BB 1996, Beil. 17, 18, 20.
5 *Waltermann*, NZA 1997, 180.

dervermögen vor, um für die betroffenen Arbeitgeber eine finanzielle Entlastung zu schaffen. Das Sondervermögen wird **bei den gesetzlichen Krankenkassen** durch Umlagen gebildet.

a) Kleinbetriebe

218 Der Arbeitgeber darf im vorangegangenen Kalenderjahr in wenigstens acht Monaten **nicht mehr als 20 Arbeitnehmer, Arbeiter und/oder Angestellte** beschäftigt haben, § 10 Abs. 1 Satz 1, Abs. 2 Satz 2 LohnFG. Die Krankenkasse kann die Zahl der Arbeitnehmer per Satzung bis auf 30 erhöhen. Bei der Anzahl der Arbeitnehmer sind **nicht mitzurechnen** Auszubildende, Wehr- und Zivildienstleistende, in Heimarbeit Beschäftigte, Schwerbehinderte sowie Aushilfskräfte, die für im Erziehungsurlaub befindliche Arbeitnehmer gemäß § 21 Abs. 7 BErzGG eingestellt wurden. Nicht mitgerechnet werden ferner **Teilzeitkräfte, deren regelmäßige Arbeitszeit wöchentlich 10 oder monatlich 45 Stunden nicht übersteigt.** Teilzeitbeschäftigte mit einer Wochenarbeitszeit von bis zu 20 Stunden werden als halbe, solche mit einer Wochenarbeitszeit von bis zu 30 Stunden als dreiviertel Arbeitnehmer gerechnet, § 10 Abs. 2 Satz 6 LohnFG.

b) Erstattungsfähige Aufwendungen

219 Erstattungsfähig sind die Aufwendungen für die **gesetzliche Lohnfortzahlung für Arbeiter und für Auszubildende,** Zuschüsse zum Mutterschaftsgeld nach § 14 Abs. 1 MuSchG, die Entgeltfortzahlung bei Beschäftigungsverboten nach dem MuSchG einschließlich der darauf entfallenden **Arbeitgeberanteile** zur Bundesanstalt für Arbeit und zur gesetzlichen Kranken- und Rentenversicherung. **Nicht erstattungsfähig** sind die Aufwendungen für die **Entgeltfortzahlung der Angestellten.** Ebensowenig ist das Urlaubsentgelt erstattungsfähig, wenn der Arbeitnehmer von der Anrechnungsmöglichkeit nach § 4a EFZG (vgl. Rz. 146 ff.) Gebrauch gemacht hat. Die Aufwendungen werden dem Arbeitgeber in Höhe von 80% ersetzt. Die Satzung der Krankenkasse kann auch einen niedrigeren Prozentsatz vorsehen. Die Erstattung erfolgt erst, nachdem der Arbeitgeber diese bereits erbracht hat.

c) Freiwilliges Ausgleichsverfahren

220 Arbeitgeber eines Wirtschaftszweiges können mit Genehmigung des Bundesministers für Arbeit und Sozialordnung freiwillig Einrichtungen zum Ausgleich der Arbeitgeberaufwendungen errichten. An dem Erstattungsverfahren können dann auch Arbeitgeber größerer Betriebe teilnehmen. Ist eine solche Einrichtung geschaffen, tritt diese auch für die Kleinbetriebe an die Stelle des gesetzlichen Ausgleichsverfahrens, § 19 Abs. 2 LohnFG.

IV. Entgeltfortzahlung an Feiertagen

1. Grundlagen

Für die Entgeltzahlung an Feiertagen gilt seit dem 1. 6. 1994 **§ 2 Entgeltfortzahlungsgesetz** (EFZG; Art. 53, 62 PflegeVG vom 26. 5. 1994, BGBl. I, 1014). § 2 EFZG ist im wesentlichen text- und inhaltsgleich mit dem **außer Kraft getretenen § 1 Lohn- und FeiertagsG**. 221

Nach § 2 Abs. 1 EFZG hat der Arbeitgeber dem Arbeitnehmer das Arbeitsentgelt für die Arbeitszeit zu zahlen, die infolge eines gesetzlichen Feiertags ausfällt. Es ist das Arbeitsentgelt zu zahlen, das der Arbeitnehmer ohne den Arbeitsausfall erhalten hätte. Arbeitnehmer, die am letzten Arbeitstag vor oder am ersten Arbeitstag nach Feiertagen unentschuldigt der Arbeit fernbleiben, haben keinen Anspruch auf Bezahlung für diese Feiertage, § 2 Abs. 3 EFZG. 222

Der **Anspruch auf Feiertagsbezahlung** ist gemäß § 12 EFZG **nicht abdingbar**, und zwar weder einzelvertraglich noch durch Betriebsvereinbarung oder Tarifvertrag[1]. Im Gegensatz zur Entgeltfortzahlung im Krankheitsfall darf durch Tarifvertrag auch nicht von der Berechnungsmethode oder Entgelthöhe abgewichen werden[2]. Eine Abweichung von § 2 EFZG zugunsten des Arbeitnehmers bleibt zulässig. 223

2. Anspruchsvoraussetzungen

a) Gesetzlicher Feiertag

Die gesetzlichen Feiertage gemäß § 2 Abs. 1 EFZG sind durch **Bundes- oder Landesrecht** festgelegt. Feier- und Festtage ohne gesetzliche Anerkennung lösen keine Rechtsansprüche nach dem EFZG aus. 224

Maßgebend ist das Recht, das **am Arbeitsort** Anwendung findet. Dieser entspricht in der Regel dem Betriebssitz[3]. Für **Außendienstmitarbeiter mit wechselnden Einsatzorten** gilt das Feiertagsrecht des **Betriebssitzes**; sonst ist auch für diese der Arbeitsort maßgeblich. Wird ein Arbeitnehmer für einen längeren Einsatz in ein anderes Bundesland entsandt, ist auf die dortige Feiertagsregelung abzustellen[4]. 225

b) Geltungsbereich

Voraussetzung für den Anspruch auf Feiertagsentgelt ist das Bestehen eines Arbeits- oder Ausbildungsverhältnisses. Der Anspruch auf Feiertagsentgelt besteht auch, wenn das **Arbeitsverhältnis mit einem Feiertag beginnt oder endet**. **Aushilfen und Teilzeitkräften**, die nur **kurzfristig** beschäftigt werden, steht das 226

---

1 *Wedde* ua., § 12 EFZG Rz. 5.
2 *Schmatz/Fischwasser*, § 2 EFZG Rz. 34.
3 *Schaub*, § 107; *Boewer*, Münch.Hdb. Bd. I, § 79 Rn 5; *Wedde* ua., § 2 EFZG Rz. 5.
4 *Boewer*, § 79 Rz. 5; *Wedde* ua., § 2 EFZG Rz. 6.

Feiertagsentgelt **ebenfalls** zu[1]. Dies gilt **nicht** bei **Eintagsarbeitsverhältnissen**, auch wenn der Arbeitstag vor oder nach einem Feiertag liegt[2]. Bei **Teilzeitkräften** besteht ein **Anspruch**, wenn der **Feiertag** auf einen der **regelmäßigen Arbeitstage** fällt.

c) Kausalität

227 Der **Feiertag** muß die **alleinige Ursache des Arbeitsausfalls** bilden[3]. Dies ist dann der Fall, wenn **ohne den Feiertag** an dem betreffenden Tag **gearbeitet** worden wäre[4]. Keinen Anspruch auf Feiertagsvergütung hat daher beispielsweise ein Arbeitnehmer, dessen dienstplanmäßiger freier Tag auf einen Feiertag fällt[5]; Voraussetzung ist, daß der Dienstplan von der Feiertagsruhe unabhängig ist[6]. Fällt die Arbeit an einem Feiertag wegen objektiver Leistungshindernisse (witterungsbedingt, Ausfall öffentlicher Verkehrsmittel etc.) aus, kann dies ebenfalls den Wegfall des Feiertagsentgelts zur Folge haben. Fällt der gesetzliche Feiertag auf einen Sonntag, steht den Arbeitnehmern Feiertagsentgelt zu, deren Arbeitszeit am Sonntag wegen des Feiertags ausfällt[7]. Hat ein Arbeitnehmer seinen Jahresurlaub schon genommen und sieht der Arbeitsvertrag in diesem Fall unbezahlten Sonderurlaub für die Dauer von Betriebsferien zwischen Weihnachten und Neujahr vor, bleibt der Anspruch auf Feiertagsbezahlung bestehen; Grund ist, daß der unbezahlte Urlaub ausschließlich auf Wunsch des Arbeitgebers erfolgt ist und daher die zwingenden Regelungen des Feiertagsentgelts umgangen würden[8].

228 Fällt ein **gesetzlicher Feiertag** mit einer **krankheitsbedingten Arbeitsunfähigkeit** zusammen, steht dem Arbeitnehmer für diesen Tag Entgeltfortzahlung in Höhe des **Feiertagsentgelts** zu, § 4 Abs. 2 EFZG. Für diesen Tag entfällt also die Möglichkeit der Kürzung der Entgeltfortzahlung im Krankheitsfall auf 80% (sa. Rz. 235).

229 In den **Urlaub** fallende gesetzliche Feiertage sind nach § 2 EFZG zu bezahlen. Feiertage sind nicht auf den Urlaub anzurechnen, da als Urlaubstage nur Werk- bzw. Arbeitstage gelten[9].

---

1 *Wedde* ua., § 2 EFZG Rz. 10.
2 BAG v. 14. 7. 1967, AP Nr. 24 zu § 1 FeiertagslohnzahlungsG; MünchKomm/*Schaub*, § 612 BGB Rz. 236.
3 BAG v. 31. 5. 1988, AP Nr. 58 zu § 1 FeiertagslohnzahlungsG mwN; *Schaub*, § 104 I 1; *Wedde* ua., § 2 EFZG Rz. 15.
4 BAG v. 31. 5. 1988, AP Nr. 58 zu § 1 FeiertagslohnzahlungsG.
5 BAG v. 16. 3. 1988, AP Nr. 19 zu § 1 TVG Tarifverträge: Einzelhandel; *Wedde* ua., § 2 EFZG Rz. 17.
6 BAG v. 27. 9. 1983, AP Nr. 41 zu § 1 FeiertagslohnzahlungsG.
7 BAG v. 26. 7. 1979, AP Nr. 34 zu § 1 FeiertagslohnzahlungsG; *Wedde* ua., § 2 EFZG Rz. 29; *Boewer*, § 79 Rz. 13; *Schaub*, § 104 I 1.
8 BAG v. 6. 4. 1982, AP Nr. 36 zu § 1 FeiertagslohnzahlungsG.
9 BAG v. 31. 5. 1988, AP Nr. 58 zu § 1 FeiertagslohnzahlungsG.

3. Höhe des Feiertagsentgelts

Der Arbeitgeber hat dem Arbeitnehmer für die Arbeitszeit, die infolge des gesetzlichen Feiertags ausfällt, die Vergütung zu zahlen, die er ohne den Feiertag erhalten hätte. Es gilt also das **Entgeltausfallprinzip**. Der Arbeitgeber ist verpflichtet, den Arbeitnehmer so zu stellen, wie er gestanden hätte, wenn die Arbeit nicht infolge des Feiertags ausgefallen wäre. Für die Feststellung eines feiertagsbedingten Arbeitsausfalls ist entscheidend **die für den betreffenden Arbeitnehmer maßgebende Arbeitszeitregelung**, die für den Feiertag gegolten hätte, wenn dieser ein Arbeitstag gewesen wäre[1]. 230

Überstunden sind zu bezahlen, wenn der Arbeitnehmer diese ohne den Feiertag geleistet hätte[2]. Wurden in der Vergangenheit regelmäßig Überstunden geleistet, kann dies ein Indiz dafür sein, daß auch am Feiertag Überstunden ausgefallen sind. Gleiches gilt, wenn unmittelbar vor und nach dem Feiertag längere Zeit Überstunden geleistet wurden[3]. 231

Bei **stärkeren Verdienstschwankungen** ist ein größerer Bezugszeitraum heranzuziehen, um zu einem sachgerechten Ausgleich zu kommen. Nach der Rechtsprechung des BAG kann bei **Akkordarbeit, Provisionen oder Prämien** ein Bezugszeitraum von vier Wochen vor dem Feiertag ausreichend sein[4]. Der Bezugszeitraum soll für die durchschnittliche Vergütung möglichst repräsentativ sein[5]. 232

Nicht zur Vergütung gehören **Spesen und Aufwendungen**, es sei denn, sie beinhalten eine verdeckte Vergütung oder fallen auch am Feiertag an[6]. 233

4. Kurzarbeit, Feiertagsentgelt und Krankheit

Fällt ein Feiertag mit Kurzarbeit zusammen, geht die Zahlung von Feiertagsentgelt durch den Arbeitgeber dem Kurzarbeitergeld des Arbeitsamts vor. Nach § 2 Abs. 2 EFZG erhält der Arbeitnehmer von seinem Arbeitgeber ein **Feiertagsentgelt in Höhe des Kurzarbeitergeldes**. § 2 Abs. 2 EFZG bildet damit die Ausnahme von dem Grundsatz, daß der Feiertag die alleinige Ursache des Arbeitsausfalls sein muß[7]. 234

Fallen Entgeltfortzahlung im **Krankheitsfall und Feiertagsbezahlung** zusammen, bemißt sich die **Höhe** des fortzuzahlenden Entgelts gemäß § 4 Abs. 2 EFZG nach der Feiertagsregelung des § 2 Abs. 1 EFZG. Ein arbeitsunfähiger Arbeitnehmer erhält also die Vergütung, die er erhalten hätte, wenn er an diesem Tag arbeitsfähig gewesen wäre, und eine Kürzung der Entgeltfortzahlung auf 80% kommt nicht in Betracht. Für die **Voraussetzungen** der Entgelt- 235

---

1 BAG v. 1. 2. 1995, AP Nr. 67 zu § 1 FeiertagslohnzahlungsG mwN.
2 BAG v. 18. 3. 1992, AP Nr. 64 zu § 1 FeiertagslohnzahlungsG.
3 BAG v. 18. 3. 1992, AP Nr. 64 zu § 1 FeiertagslohnzahlungsG mwN.
4 BAG v. 29. 9. 1971, AP Nr. 28 zu § 1 FeiertagslohnzahlungsG.
5 *Wedde* ua., § 2 EFZG Rz. 40.
6 MünchKomm/*Schaub*, § 612 BGB Rz. 241.
7 MünchKomm/*Schaub*, § 612 BGB Rz. 238.

fortzahlung an Feiertagen bei arbeitsunfähig erkrankten Arbeitnehmern ist dagegen weiterhin allein § 3 EFZG maßgeblich[1]. Ein Arbeitnehmer erhält an einem Feiertag also nur dann Entgeltfortzahlung, wenn er sonst auch einen Anspruch auf Entgeltfortzahlung hätte, weil die Wartezeit von vier Wochen erfüllt und der Sechswochenzeitraum noch nicht überschritten ist. Beim Zusammentreffen von **krankheitsbedingter Arbeitsunfähigkeit, Kurzarbeit und gesetzlichem Feiertag** ist gemäß den §§ 4 Abs. 2, Abs. 3 Satz 2, 2 Abs. 2 EFZG Feiertagsentgelt zu gewähren, allerdings höchstens in Höhe des Betrages, der der Vergütung für die verkürzte Arbeitszeit zuzüglich Kurzarbeitergeld entspricht[2].

5. Ausschluß des Anspruchs

236 Ein Arbeitnehmer, der am letzten Arbeitstag vor oder am ersten Arbeitstag nach einem Feiertag **unentschuldigt fehlt,** hat keinen Anspruch auf Bezahlung dieses Feiertages, § 2 Abs. 3 EFZG.

237 Maßgeblich ist der **Tag, an dem vor oder nach dem Feiertag eine Arbeitspflicht** des Arbeitnehmers **bestanden hat**[3]. Abzustellen ist auf den Arbeits-, nicht auf den Kalendertag. Beispiele: Fällt der Feiertag auf einen Montag, sind im Rahmen einer normalen Fünftagewoche die maßgeblichen Tage der Freitag und der Dienstag; hat der Arbeitnehmer am Freitag vorher Urlaub, sind dies der Donnerstag und der Dienstag.

238 Der **Entgeltanspruch entfällt,**
- wenn zwischen Fehltag und Feiertag ein Wochenende oder ein Urlaubstag liegt[4] (vgl. Beispiele in Rz. 237);
- für Weihnachten und Neujahr, wenn in einem Betrieb die Arbeit zwischen beiden Feiertagen ruht und der Arbeitnehmer unmittelbar vor oder nach diesem Zeitraum unentschuldigt fehlt[5] (vgl. aber Rz. 227 aE);
- beim Fehlen zwischen zwei Feiertagen für beide Feiertage[6].

239 Der **Anspruch bleibt bestehen,** wenn in den Urlaub ein Feiertag fällt und der Arbeitnehmer den Urlaub unentschuldigt überschreitet[7].

240 Das **Fernbleiben** muß sich **nicht** auf den **vollen Arbeitstag** erstrecken, jedoch **erheblich** sein. Davon ist auszugehen, wenn der Arbeitnehmer mehr als die

---

1 *Raab,* NZA 1997, 1144.
2 BAG v. 16. 7. 1980 und 19. 4. 1989, AP 35, 62 zu § 1 FeiertagslohnzahlungsG; *Schmitt,* § 2 EFZG Rz. 101; *Raab,* NZA 1997, 1144.
3 *Boewer,* § 79 Rz. 26; *Schaub,* § 104 II; *Wedde* ua., § 2 EFZG Rz. 49.
4 *Boewer,* § 79 Rz. 26; *Wedde* ua., § 2 EFZG Rz. 49.
5 BAG v. 16. 6. 1965 und 6. 4. 1982, AP Nr. 18, 37 zu § 1 FeiertagslohnzahlungsG; aA *Wedde* ua., § 2 EFZG Rz. 50.
6 AA *Wedde* ua., § 2 EFZG Rz. 51: Anspruch entfällt nur für einen der beiden Tage.
7 *Schaub,* § 104 II; *Wedde* ua., § 2 EFZG Rz. 52; aA *Staudinger/Richardi,* § 611 BGB Rz. 673.

IV. Feiertage

Hälfte der für ihn maßgebenden Arbeitszeit versäumt[1]. Das Fernbleiben muß sich **nicht nahtlos an den gesetzlichen Feiertag anschließen;** auf die zeitliche Lage innerhalb des jeweiligen Arbeitstages kommt es also nicht an[2].

Beispiel:
Kommt der Arbeitnehmer ohne Grund am 30. 4. statt um 8.00 Uhr erst um 12.30 Uhr, entfällt die Feiertagsbezahlung für den 1. Mai.

Das Fernbleiben ist **unentschuldigt,** wenn **objektiv eine Vertragsverletzung** vorliegt, also der Arbeitnehmer ohne stichhaltigen Grund der Arbeit fernbleibt, und ihn **subjektiv ein Verschulden an der Arbeitsversäumnis trifft**[3]. An einem vertragswidrigen Verhalten fehlt es, wenn der Arbeitnehmer mit Genehmigung des Arbeitgebers der Arbeit fernbleibt[4]. Ein subjektives Verschulden ist zu verneinen, wenn sich der Arbeitnehmer über die Arbeitspflicht irrt und ihm der Irrtum nicht vorzuwerfen ist[5]. 241

Teilt der Arbeitnehmer dem Arbeitgeber einen Entschuldigungsgrund nicht unverzüglich mit, führt dies nur zu einem **vorübergehenden Anspruchsausschluß**[6], nämlich bis zur Mitteilung des Entschuldigungsgrundes. 242

Der **Anspruchsausschluß** umfaßt die Vergütung für den gesamten Feiertag[7]. 243

---

1 BAG v. 28. 10. 1966, AP Nr. 23 zu § 1 FeiertagslohnzahlungsG; *Schmitt,* § 2 EFZG Rz. 111.
2 BAG v. 28. 10. 1966, AP Nr. 23 zu § 1 FeiertagslohnzahlungsG; *Schmitt,* § 2 EFZG Rz. 113.
3 BAG v. 28. 10. 1966, AP Nr. 23 zu § 1 FeiertagslohnzahlungsG.
4 BAG v. 28. 10. 1966, AP Nr. 23 zu § 1 FeiertagslohnzahlungsG; *Schmitt,* § 2 EFZG Rz. 117.
5 *Schmitt,* § 2 EFZG Rz. 121.
6 *Wedde* ua., § 2 EFZG Rz. 60; *Schmitt,* § 2 EFZG Rz. 116.
7 *Schmitt,* § 2 EFZG Rz. 122.

C. Urlaub

	Rz.
I. Begriff und Rechtsgrundlage des Urlaubs	
1. Erholungsurlaub	1
2. Sonderurlaub	4
a) Sonderurlaub aus Gründen in der Person des Arbeitnehmers	5
b) Sonderurlaub im öffentlichen Interesse	8
c) Muster: Vereinbarung von unbezahltem Sonderurlaub im Anschluß an bezahlten Erholungsurlaub	11
3. Hausarbeitstag	12
4. Bildungsurlaub	
a) Ausgangspunkt	13
b) Voraussetzungen des Anspruchs auf Bildungsurlaub	15
aa) Politische Weiterbildung	16
bb) Berufliche Weiterbildung	17
cc) Freistellung und Entgeltfortzahlung	18
c) Schulungs- und Bildungsveranstaltungen für Betriebsratsmitglieder	21
5. Rechtsgrundlagen des Urlaubsanspruchs	22
a) Das Bundesurlaubsgesetz	23
b) Sonstige gesetzliche Regelungen für einzelne Gruppen von Arbeitnehmern	25
c) Einzel- und kollektivrechtliche Regelungen	30
d) Unabdingbarkeit und Tarifautonomie	33
II. Erfüllung des Urlaubsanspruchs	
1. Fälligkeit des Anspruchs	
a) Wartezeit	34
b) Urlaubsjahr	35
c) Teilurlaub	39
2. Freizeitgewahrung	
a) Urlaubszeitpunkt	47
b) Anfechtung; Verlegung des Urlaubszeitpunktes; Rückruf aus dem Urlaub	51
c) Festlegung in der Kündigungszeit	52
d) Dauer des Urlaubs und seine Berechnung	57
3. Urlaubsentgelt	
a) Die Berechnung des Urlaubsentgelts	63
b) Auszahlung des Urlaubsentgelts	73
c) Rückforderung zuviel gezahlten Urlaubsentgelts	76
4. Urlaubsgeld	77
5. Urlaubsanspruch bei Arbeitsplatzwechsel	
a) Ausschluß von Doppelansprüchen	80
b) Urlaub bei Mehrfachbeschäftigung	84
6. Erwerbstätigkeit während des Urlaubs	85
7. Urlaubsabgeltung	
a) Grundsatz des Abgeltungsverbotes	89
b) Die gesetzliche Ausnahmeregelung des § 7 Abs. 4 BUrlG	90
c) Die Berechnung des Abgeltungsbetrages	96
d) Wegfall der Abgeltung	97
e) Höchstpersönliche Natur des Anspruchs	99
f) Muster: Klage auf Zahlung von Urlaubsabgeltung	101
III. Geltendmachung des Urlaubsanspruchs	102
1. Streit über den Umfang des Urlaubsanspruchs	103
2. Streit über die Festlegung der Urlaubszeit	106
3. Selbsthilfe des Arbeitnehmers	108
4. Die einstweilige Verfügung	109
5. Verfügung über den Urlaubsanspruch	
a) Abtretung	111
b) Pfändbarkeit und Verpfändung	112
c) Aufrechnung	116
6. Urlaubsanspruch bei Insolvenz des Arbeitgebers	117
IV. Urlaub und Mitbestimmung der Betriebsverfassungsorgane	121
1. Die Aufstellung allgemeiner Urlaubsgrundsätze	123

C. Urlaub

	Rz.
2. Die Aufstellung des Urlaubsplanes	124
3. Urlaubsfestsetzung für einzelne Arbeitnehmer	128
4. Grenzen der Mitbestimmung	130

V. Der Urlaubsanspruch für besondere Beschäftigungsgruppen

	Rz.
1. Der Urlaub der Jugendlichen	133
2. Der Urlaub im Bereich der Heimarbeit	137
3. Der Urlaub für nicht vollbeschäftigte Arbeitnehmer	139
4. Der Urlaub der arbeitnehmerähnlichen Personen	142
5. Der Urlaub der Schwerbehinderten	143
6. Urlaub und Wehrdienst/Zivildienst	152
7. Der Urlaub im Baugewerbe	154
8. Der Mutterschaftsurlaub	155
9. Der Erziehungsurlaub	156

VI. Krankheit und Urlaub

	Rz.
1. Erkrankung während des Urlaubs	167
2. Auswirkungen auf das Urlaubsentgelt	169
3. Maßnahmen der medizinischen Vorsorge oder Rehabilitation	170
4. Erkrankung während eines unbezahlten Urlaubs	176

VII. Erlöschen des Urlaubsanspruchs

	Rz.
1. Erfüllung	179
2. Ablauf des Urlaubsjahres und Übertragung in das nächste Urlaubsjahr	182
3. Verjährung	187
4. Ausschlußfristen	188
5. Verzicht und Vergleich	194
6. Verwirkung und Rechtsmißbrauch	198
7. Tod des Arbeitnehmers	199
8. Rückforderung zuviel gewährten Urlaubs	200

VIII. Steuerpflicht

	Rz.
1. Urlaubsentgelt	202
2. Urlaubsgeld	203
3. Urlaubsabgeltung	204

IX. Sozialversicherungspflicht

	Rz.
1. Urlaubsentgelt	205
2. Urlaubsgeld	206
3. Urlaubsabgeltung	207

Schrifttum:

Bauer/Lingemann, Probleme der Entgeltfortzahlung nach neuem Recht, BB 1996, Beil. 17, 8; *Bengelsdorf*, Pfändung und Abtretung von Lohn, 1996; *Bengelsdorf*, Urlaubsdauer und Urlaubsvergütung bei ungleicher Verteilung der Arbeitszeit, DB 1988, 1161; *Boerner*, Die Reform der Entgeltfortzahlung und der Urlaubsanrechnung im Lichte der Tarifautonomie, ZTR 1996, 435; *Boewer*, Die Lohnpfändung in der betrieblichen Praxis, 2. Aufl. 1987; *Boldt/Röhsler*, Bundesurlaubsgesetz, 2. Aufl. 1967; *Buschmann*, Gemeine Marktwirtschaft, ArbuR 1996, 285; *Danne*, Urlaubsdauer bei unterschiedlicher Tagesarbeitszeit, DB 1990, 1965; *Dersch/Neumann*, Bundesurlaubsgesetz, 8. Aufl. 1997; *Dörner*, Die Rechtsprechung des BAG zum Zusatzurlaub nach dem Schwerbehindertengesetz, DB 1995, 1174; *Düwell*, Freistellung für die politische und berufliche Weiterbildung, BB 1994, 637; Gemeinschaftskommentar zum BUrlG, bearbeitet von *Stahlhacke/Bachmann/Bleistein*, 5. Aufl. 1992; *Gottwald*, Die Lohnpfändung 1996; *Gross*, Das Urlaubsrecht, 3. Aufl. 1997; *Hohmeister*, Ist die Urlaubsvergütung pfändbar? BB 1995, 2110; *Kube*, Urlaubsrechtliche Leitsätze für die Praxis, BB 1975, 747; *Leinemann*, Fit für ein neues Arbeitsvertragsrecht?, BB 1996, 1381; *Leinemann/Linck*, Urlaubsrecht, 1995; *Löwisch*, Das Arbeitsrechtliche Beschäftigungsförderungsgesetz, NZA 1996, 1009; *Matthes*, Arbeitnehmer und Urlaub, 1974; *Meisel*, Die Änderungen des Bundesurlaubsgesetzes durch das Heimarbeitsänderungsgesetz vom 29. 10. 1974, RdA 1975, 166; *Neumann*, Urlaubsrecht, 11. Aufl. 1995; *Schütz/Hauck*, Gesetzliches und tarifliches Urlaubsrecht, 1996; *Siara*, Wegfall der Urlaubsabgeltung, DB 1975, 836; *Wlotzke*, Neuerungen im gesetzlichen Arbeitsrecht, DB 1974, 2252.

I. Begriff und Rechtsgrundlage des Urlaubs

1. Erholungsurlaub

1 Das Bundesurlaubsgesetz[1] bestimmt für alle Arbeitnehmer einen gesetzlichen Anspruch auf einen jährlichen Mindesterholungsurlaub. Während man unter Urlaub grundsätzlich jedes Befreitsein von der Arbeitspflicht versteht, regelt das BUrlG ausschließlich den Erholungsurlaub. Die Rechtsprechung und Literatur versteht unter Erholungsurlaub die **Freistellung des Arbeitnehmers von der Arbeitspflicht zum Zwecke der Erholung unter Fortzahlung der Vergütung.** Erholungsurlaub im gesetzlichen Sinn ist daher begrifflich nur während eines bestehenden Arbeitsverhältnisses möglich[2].

Der Urlaubsanspruch des Arbeitnehmers besteht nach nahezu einhelliger Meinung aus zwei Wesenselementen, nämlich einerseits der **Freizeitgewährung** und andererseits der **Fortzahlung der Vergütung** während der Freistellung von der Arbeitspflicht. Diese beiden Elemente sind untrennbar verbunden und ergeben den einheitlichen Urlaubsanspruch des Arbeitnehmers.

2 Der Urlaubsanspruch bezweckt, dem Arbeitnehmer eine von wirtschaftlichen Sorgen freie Zeit der Erholung zu verschaffen. Er ist daher **eng an das Kalenderjahr gebunden** und verfällt, wenn er nicht rechtzeitig geltend gemacht wird. Damit wird verhindert, daß der Arbeitnehmer Urlaub über das Urlaubsjahr hinaus ansammeln kann. Denn der Arbeitnehmer soll sich nach den urlaubsrechtlichen Bestimmungen in jedem Jahr von seiner Arbeit erholen.

3 Der Urlaubsanspruch ist nach seinem Zweck ein **höchstpersönlicher Anspruch,** das heißt, der Anspruch kann nicht abgetreten (§ 399 BGB), nicht gepfändet (§ 851 ZPO), nicht verpfändet (§§ 1274 Abs. 2, 399 BGB) und nicht vererbt werden[3].

2. Sonderurlaub

4 Vom Erholungsurlaub und dem teilweise verlängerten Erholungsurlaub für besondere Personengruppen[4] ist der Sonderurlaub aus **besonderen, zumeist außerhalb des Arbeitsverhältnisses liegenden Anlässen** zu unterscheiden. Der Sonderurlaub kann sowohl eine bezahlte als auch eine unbezahlte Beurlaubung des Arbeitnehmers sein.

---

1 Das Gesetz uber den Mindesturlaub für Arbeitnehmer (BUrlG) v. 8. 1. 1963 – BGBl. I, 2 –, zuletzt geändert durch Art. 2 des Gesetzes v. 25. 9. 1996 – BGBl. I, 1476.
2 BAG v. 10. 1. 1974, DB 1974, 1023.
3 BAG v. 20. 4. 1956, BB 1956, 596 = DB 1956, 600; *Gross,* Urlaubsrecht, S. 43, 44; *Schaub,* § 102 I 4; *Neumann,* Urlaubsrecht, § 1 S. 4; GK-BUrlG/*Bleistein,* § 1 Rz. 10; *Schütz/Hauck,* Gesetzliches und tarifliches Urlaubsrecht, Rz. 135, 137, 138; *Hohmeister,* BB 1995, 2110; aA MünchArbR/*Leinemann,* § 87 Rz. 17; vgl. unten Rz. 99, 100, 111–115, 200.
4 Vgl. Rz. 156.

I. Begriff und Rechtsgrundlage des Urlaubs

a) Sonderurlaub aus Gründen in der Person des Arbeitnehmers

Häufig suchen Arbeitnehmer aus persönlichen Gründen um Befreiung von der Arbeitspflicht nach; sie bitten um einen Sonderurlaub. Von besonderer Bedeutung ist die Frage, ob für die Zeit ohne Arbeit vom Arbeitgeber Lohn zu zahlen ist. Für zwangsläufig in die Arbeitszeit fallende Ereignisse regelt das Gesetz in **§ 616 Abs. 1 BGB,** daß Arbeitnehmer bei unverschuldeter, in ihrer Person begründeter Arbeitsverhinderung für eine verhältnismäßig nicht erhebliche Zeit ihren Lohnanspruch nicht verlieren. Welche Zeit noch als nicht erheblich angesehen werden kann, beurteilt sich nach dem Verhältnis der Verhinderungszeit zur Dauer des Arbeitsverhältnisses, wobei auch bei lange bestehendem Arbeitsverhältnis immer **nur wenige Tage** von § 616 Abs. 1 BGB gedeckt sind. Bei längerer Verhinderung besteht auch kein Anspruch auf Vergütung für den Teil der Zeit, der normalerweise als unerheblich angesehen werden kann. Diese Bestimmung hat dazu geführt, daß in vielen Tarifverträgen für bestimmte Fälle die Zeit der bezahlten Arbeitsfreistellung festgelegt wird,

zB Eheschließung: 2 Arbeitstage
    Niederkunft der Ehefrau: 2 Arbeitstage
    Tod des Ehegatten: 4 Arbeitstage[1].

Die gesetzliche Vorschrift ist einzelvertraglich oder durch Tarifvertrag[2] abdingbar mit der Folge, daß nur die tatsächlich geleistete Arbeit zu bezahlen ist. Der Arbeitnehmer hat dann in den von § 616 Abs. 1 BGB erfaßten Fällen lediglich **Anspruch auf unbezahlte Arbeitsfreistellung.**

Abgesehen vom Fall des § 616 BGB kann der Arbeitgeber insbesondere bei **gleitender Arbeitszeit** den aus persönlichen Gründen um Sonderurlaub bittenden Arbeitnehmer grundsätzlich auf die **Freizeit** verweisen. Nur wenn sich die Angelegenheiten des Arbeitnehmers nicht in der Freizeit erledigen lassen, hat der Arbeitgeber nach billigem Ermessen über den Sonderurlaubswunsch zu entscheiden[3].

Nach § 629 BGB hat der Arbeitgeber bei Ablauf des Arbeitsverhältnisses dem Arbeitnehmer auf Verlangen **angemessene Zeit zum Aufsuchen eines neuen Arbeitsverhältnisses (Stellensuche)** zu gewähren. Die Zahlungspflicht ergibt sich für den Arbeitgeber aus § 616 Abs. 1 BGB. Sie ist ebenfalls einzelvertraglich abdingbar.

b) Sonderurlaub im öffentlichen Interesse

Neben dem Sonderurlaub aus persönlichen Gründen können Arbeitnehmer auch im öffentlichen Interesse zu Diensten und Ämtern herangezogen werden, die eine Arbeitsfreistellung erforderlich machen. So ist einem Arbeitnehmer bei Berufung zum **Mitglied eines Gerichts**[4] oder eines **Ausschusses**[5] entsprechende Freizeit zu gewähren. Das gilt auch bei einer Bewerbung um einen **Sitz**

---

1 § 52 BAT.
2 BAG v. 19. 4. 1978, BB 1978, 1116 = DB 1978, 1595.
3 Zur Erkrankung im unbezahlten Sonderurlaub in Verbindung mit Erholungsurlaub vgl. unten Rz. 176–177.
4 ZB als Schöffe, Geschworener, Beisitzer.
5 ZB nach § 192 AFG, § 41 SchwbG 10.

im Parlament. Die Bezahlung der Freizeit wird in der Regel nach besonderen Gesetzen geregelt und der öffentlichen Hand auferlegt.

9 Bei **Gerichtsterminen in eigener Sache** ist zu prüfen, ob die Voraussetzungen des § 616 Abs. 1 BGB (unverschuldet) vorliegen.

Im öffentlichen Interesse liegt auch die Tätigkeit als **Jugendleiter.** In den meisten Bundesländern sehen Gesetze unbezahlten Sonderurlaub für Jugendleiter vor. Dabei ist der Begriff Arbeitstag im Sinne des Sonderurlaubsgesetzes Baden-Württemberg für Mitarbeiter in der Jugendpflege und Jugendwohlfahrt nicht mit dem Begriff Werktag gleichzusetzen[1]. Es besteht demzufolge ein Anspruch auf zwölf Tage Sonderurlaub.

10 Der wehrpflichtige Arbeitnehmer hat nach § 14 Abs. 1 ArbPlSchG Anspruch auf bezahlte Freistellung von der Arbeitspflicht für Zeiten, in denen er sich bei der Erfassungs- oder Wehrersatzbehörde melden oder vorstellen muß.

c) Muster: Vereinbarung von unbezahltem Sonderurlaub im Anschluß an bezahlten Erholungsurlaub

11 Zwischen
der Firma ...

und

Herrn/Frau ...

wird folgende Vereinbarung getroffen:

Herr/Frau ... erhält in der Zeit vom ... bis ... unbezahlten Sonderurlaub.

Der Sonderurlaub wird auf Antrag des Arbeitnehmers gewährt. Er wird als unbezahlte Freizeit gewährt. Er dient ausschließlich zur Erledigung privater Angelegenheiten des Arbeitnehmers und wird zur Erholung weder benötigt noch verwendet. Zwischen beiden Seiten besteht Einvernehmen dahingehend, daß für die Dauer des unbezahlten Sonderurlaubs das Arbeitsverhältnis ruht. Aus diesem Grund entfällt die Arbeitspflicht des Arbeitnehmers und die Pflicht zur Zahlung der vereinbarten Arbeitsvergütung. Dies gilt auch für den Fall einer Erkrankung während des Sonderurlaubs.

Zwischen beiden Seiten besteht Einvernehmen, daß die Arbeit am ... pünktlich wieder aufgenommen werden muß. Bei verspäteter Arbeitsaufnahme und für den Fall, daß bis zum ... keine ordnungsgemäße Mitteilung entsprechend den Regelungen des Entgeltfortzahlungsgesetzes erfolgt ist, ist der Arbeitgeber berechtigt, arbeitsvertragliche Maßnahmen (z.B. Abmahnung, ordentliche Kündigung oder fristlose Kündigung) zu ergreifen.

Ort, Datum

(Unterschrift des Arbeitgebers)   (Unterschrift des Arbeitnehmers)

---

[1] BAG v. 23. 2. 1984, ArbuR 1984, 353.

3. Hausarbeitstag

Nach der FreizeitAO[1] und den Hausarbeitstagsgesetzen (HATG) verschiedener Bundesländer war Frauen mit eigenem Haushalt und einer Tätigkeit an allen sechs Werktagen der Woche unter bestimmten Voraussetzungen ein bezahlter Hausarbeitstag zu gewähren. Alle Hausarbeitsgesetze der Länder sowie die Freizeitanordnung sind durch das Arbeitszeitrechtsgesetz vom 6. 6. 1994[2] (Art. 18 und 19 Nr. 8a) **aufgehoben** worden. 12

Das **Bundesverfassungsgericht** hatte das nordrhein-westfälische Hausarbeitstagsgesetz mit dem Grundgesetz für unvereinbar erklärt, soweit der Hausarbeitstag weiblichen, aber nicht männlichen alleinstehenden Arbeitnehmern mit eigenem Hausstand gewährt wird. Damit sind auch die anderen Ländergesetze und die Freizeitanordnung insoweit mit dem Grundgesetz unvereinbar[3].

Der Termin für das **Außerkrafttreten** der Hausarbeitstagsregelungen ist rückwirkend auf den **29. 1. 1980** festgesetzt worden (Tag der Bekanntgabe der Entscheidung des BVerfG).

Als Folge dieser Entscheidung und der gesetzlichen Regelung können alleinstehende Arbeitnehmer einen Hausarbeitstag oder eine Abgeltung für einen nicht gewährten Hausarbeitstag nur noch verlangen, wenn sie vor dem 29. 1. 1980 **Klage** erhoben haben. Der Anspruch kann nicht damit begründet werden, daß der Gesetzgeber erst 1994 eine dem Gleichberechtigungsgebot des Art. 3 Abs. 2 GG entsprechende Regelung geschaffen hat[4].

4. Bildungsurlaub

a) Ausgangspunkt

Ausgangspunkt für den Bildungsurlaub ist das **Übereinkommen Nr. 140 der Internationalen Arbeitsorganisation (ILO)** vom 24. 6. 1974. Danach sind die das Übereinkommen ratifizierenden Mitgliedsstaaten zur Festlegung und zur Durchführung einer Politik verpflichtet, die mit geeigneten Methoden und nötigenfalls schrittweise den bezahlten Bildungsurlaub fördert. Der Bundestag hat 1976 das **Ratifikationsgesetz** zu diesem Übereinkommen beschlossen[5]. Trotz dieser Ratifizierung ist eine **bundesgesetzliche Regelung des Bildungsurlaubs** bisher **nicht** erfolgt. 13

Inzwischen haben **10 Bundesländer Bildungsurlaubsgesetze** erlassen. Das Bundesverfassungsgericht hat die Zuständigkeit der Länder zum Erlaß derartiger Arbeitnehmerweiterbildungsgesetze bestätigt. Zur Begründung hat es ausgeführt, daß die Länder kraft konkurrierender Gesetzgebungskompetenz arbeitsrechtliche Regelungen zur Arbeitnehmerweiterbildung nach Art. 70, Art. 72

---

1 Freizeitanordnung des Reichsarbeitsministers v. 22. 10. 1943 – RABl. 1943 III, 325.
2 BGBl. I 1994, 1170.
3 BVerfG v. 13. 11. 1979, NJW 1980, 823.
4 BAG v. 14. 9. 1994, NZA 1995, 467.
5 BGBl. II 1976, 1526.

Abs. 1 und Art. 74 Nr. 12 GG treffen könnten, da der Bundesgesetzgeber von seiner Kompetenz nicht abschließend Gebrauch gemacht habe[1].

14 Derzeit gelten in folgenden Ländern Bildungsurlaubsgesetze:

▶ Berlin:

Berliner Bildungsurlaubsgesetz vom 24. 10. 1990 (GVBl. 1990 I, 2209).

Danach werden den Arbeitnehmern 10 Arbeitstage im Zeitraum von 2 aufeinanderfolgenden Kalenderjahren bezahlt. Arbeitnehmer bis zum vollendeten 25. Lebensjahr erhalten 10 Arbeitstage im Kalenderjahr. Anspruchsvoraussetzung ist, daß es sich um anerkannte Veranstaltungen der **politischen Bildung** und der **beruflichen Weiterbildung** handelt. Während der Berufsausbildung ist eine Einschränkung dahingehend erfolgt, daß es sich um eine Veranstaltung der politischen Bildung handeln muß.

▶ Brandenburg:

Brandenburgisches Weiterbildungsgesetz vom 15. 12. 1993 (GVBl. 1993 I, 498).

Nach der dort getroffenen Regelung werden 10 Arbeitstage innerhalb von 2 aufeinanderfolgenden Kalenderjahren bezahlt, wobei Übertragungsmöglichkeiten bestehen. Als anerkannte Veranstaltungen gelten dort Veranstaltungen der **beruflichen, kulturellen oder politischen Weiterbildung.**

▶ Bremen:

Bremisches Bildungsurlaubsgesetz vom 18. 12. 1974, zuletzt geändert durch Gesetz vom 21. 5. 1985 (Gesetzblatt S. 99). Nach der dortigen Regelung werden 10 Arbeitstage innerhalb von 2 aufeinanderfolgenden Kalenderjahren bezahlt. Bei den Veranstaltungen muß es sich um solche handeln, die der **politischen, beruflichen und allgemeinen Weiterbildung** dienen.

▶ Hamburg:

Hamburgisches Bildungsurlaubsgesetz vom 21. 1. 1974, zuletzt geändert durch Gesetz vom 16. 4. 1991 (GVBl. 1991, 113).

Es werden 10 Arbeitstage bezahlt innerhalb von 2 aufeinanderfolgenden Kalenderjahren. Es muß sich dabei um anerkannte Veranstaltungen der **politischen Bildung** und der **beruflichen Weiterbildung** handeln.

▶ Hessen:

Hessisches Gesetz über den Anspruch auf Bildungsurlaub vom 16. 10. 1984 (GVBl. I, 261). Nach der gesetzlichen Regelung werden 5 Arbeitstage bzw. 1 Woche im Kalenderjahr bezahlt. Es besteht eine Übertragungsmöglichkeit auf das nächste Kalenderjahr. Es muß sich um anerkannte Veranstaltungen der politischen Bildung und der beruflichen Weiterbildung handeln. Während der Berufsausbildung ist eine Einschränkung vorgenommen worden auf anerkannte Veranstaltungen der politischen Bildung. Dabei soll nach § 1 Abs. 3 und 4 dieses Bildungsurlaubsgesetzes **politische Bildung** den Arbeitnehmer in die Lage versetzen, seinen eigenen Standort im Betrieb und in der Gesellschaft

---

[1] BVerfG v. 15. 12. 1987, AP Nr. 62 zu Art. 12 GG.

I. Begriff und Rechtsgrundlage des Urlaubs   Rz. 14   Teil 2 C

sowie gesellschaftliche Zusammenhänge zu erkennen und ihn befähigen, staatsbürgerliche Rechte und Aufgaben wahrzunehmen. Dies bedeutet, daß eine Veranstaltung den Anforderungen dieses Gesetzes dann genügt, wenn sie nicht nur sein Verständnis für gesellschaftliche, soziale und politische Zusammenhänge verbessert, sondern wenn die vermittelten Kenntnisse und Befähigungen für den Arbeitgeber ein auch nur gering einzuschätzendes Mindestmaß an greifbaren Vorteilen mit sich bringen[1].

Dieser Begriff der beruflichen Weiterbildung bedeutet, daß eine rein auf die **berufliche Qualifikation** ausgerichtete Veranstaltung **nicht** die Voraussetzungen für eine Anerkennung als berufliche Weiterbildung im Sinne dieses Gesetzes erfüllt.

▶ Niedersachsen:

Niedersächsisches Gesetz über den Bildungsurlaub für Arbeitnehmerinnen und Arbeitnehmer in der Neufassung vom 25. 1. 1991, geändert durch Gesetz vom 2. 3. 1994 (GVBl. 1994, 95).

Es besteht ein Anspruch auf 5 Arbeitstage bzw. 1 Woche bezahlten Bildungsurlaub im Kalenderjahr. Eine Übertragungsmöglichkeit auf das nächste Kalenderjahr besteht. Es muß sich weiter um **anerkannte Veranstaltungen zur Weiterbildung** handeln, wobei im Gesetz eine **Einschränkung** dahin vorgenommen wird, daß Veranstaltungen, bei denen die Teilnahme von der Zugehörigkeit zu Parteien, Gewerkschaften oder ähnlichen Vereinigungen abhängig gemacht wird, und Veranstaltungen, die als Studienreise durchgeführt werden, sowie Veranstaltungen, die unmittelbar der Durchsetzung politischer Ziele dienen oder ausschließlich betrieblichen oder dienstlichen Zwecken, der Erholung, der Unterhaltung oder der privaten Haushaltsführung, der Körper- und Gesundheitspflege, der sportlichen, künstlerischen oder kunsthandwerklichen Betätigung oder der Vermittlung entsprechender Kenntnisse oder Fertigkeiten, dem Einüben psychologischer oder ähnlicher Fertigkeiten bzw. dem Erwerb von Fahrerlaubnissen und ähnlichen Berechtigungen dienen, nicht anerkannt werden bzw. nach § 11 Abs. 3–5 des Gesetzes ausgenommen sind.

▶ Nordrhein-Westfalen:

Gesetz zur Freistellung von Arbeitnehmern zum Zwecke der beruflichen und politischen Weiterbildung – Arbeitnehmerweiterbildungsgesetz – vom 6. 11. 1984 (GVBl. 1984, 678).

Im Kalenderjahr werden 5 Arbeitstage bzw. eine Woche oder 10 Arbeitstage bzw. 2 Wochen in 2 Kalenderjahren bezahlt. Es muß sich dabei um anerkannte Veranstaltungen der **beruflichen und politischen Weiterbildung** handeln.

▶ Rheinland-Pfalz:

Landesgesetz über die Freistellung von Arbeitnehmerinnen und Arbeitnehmer für Zwecke der Weiterbildung (Bildungsfreistellungsgesetz) vom 30. 3. 1993 (GVBl. 1993, 157).

---

1 BAG v. 9. 2. 1993, NZA 1993, 1032.

Für zwei aufeinanderfolgende Kalenderjahre werden danach 10 Arbeitstage bezahlt. Voraussetzung ist, daß es sich um **anerkannte Veranstaltungen der beruflichen oder der gesellschaftspolitischen Weiterbildung** oder deren Verbindung handelt. Ausgenommen sind Veranstaltungen, die der Erholung, der Unterhaltung oder der allgemeinen Freizeitgestaltung dienen. Klein- und Mittelbetriebe können auf Antrag eine Beteiligung an der Entgeltfortzahlung geltend machen.

▶ Saarland:

Saarländisches Weiterbildungs- und Bildungsurlaubsgesetz vom 17. 1. 1990, geändert durch Gesetz vom 12. 12. 1991 (ABl. 1991, 1402). Pro Jahr werden 5 Arbeitstage bzw. eine Woche Bildungsurlaub bezahlt. Voraussetzung ist, daß es sich um eine **berufliche und politische Weiterbildung** in staatlich anerkannten und allen offen stehenden Einrichtungen handelt.

▶ Schleswig-Holstein:

Bildungsfreistellungs- und Qualifizierungsgesetz für das Land Schleswig-Holstein vom 7. 6. 1990, geändert durch Gesetz vom 8. 2. 1994 (GVBl. 1994, 124).

Danach werden 5 Arbeitstage oder eine Woche im Kalenderjahr bezahlt oder bis zu 10 Arbeitstagen in 2 Kalenderjahren, wenn vom Veranstalter eine Erforderlichkeit nachgewiesen wird. Anerkannte Veranstaltungen sind solche, die der **allgemeinen, politischen und beruflichen Weiterbildung** dienen.

b) Voraussetzungen des Anspruchs auf Bildungsurlaub

15 Das Bundesarbeitsgericht geht, ausgehend von der Entscheidung des Bundesverfassungsgerichts vom 15. 12. 1987, davon aus, daß von den Gerichten für Arbeitssachen jeweils zu prüfen ist, ob die umstrittene Bildungsveranstaltung **inhaltlich den gesetzlichen Vorgaben** entspricht[1].

Dabei haben die Gerichte zu überprüfen, ob der jeweilige geforderte Bildungsurlaub der beruflichen und der politischen Weiterbildung dient.

aa) Politische Weiterbildung

16 Der Begriff der politischen Weiterbildung ist gesetzlich nicht definiert. Er ist deshalb durch **Auslegung** zu konkretisieren[2]. Auch hier ist Ausgangspunkt wieder der Beschluß des Bundesverfassungsgerichts vom 15. 12. 1987 und die dort in dieser Entscheidung aufgeführten Prüfungsmerkmale. Danach liegt es im Gemeinwohl, neben dem erforderlichen Sachwissen für die Berufsausübung auch das **Verständnis der Arbeitnehmer für die gesellschaftlichen, sozialen und politischen Zusammenhänge zu verbessern,** um damit die in einem demokratischen Gemeinwesen anzustrebende Mitsprache und Mitverantwortung in Staat, Gesellschaft und Beruf zu fördern. Deshalb dienen Veranstaltungen, die Kenntnisse über den Aufbau unseres Staates, die demokratischen Institutionen und die Verfahren unserer Verfassung sowie die Rechte und die Pflichten der Staatsbürger vermitteln, der politischen Weiterbildung. Dies bedeutet weiter, daß hin-

---

1 BAG v. 9. 2. 1993, NZA 1993, 1032.
2 *Düwell*, BB 1994, 637 ff.

I. Begriff und Rechtsgrundlage des Urlaubs

sichtlich jeder Veranstaltung eine **Einzelfallprüfung** zu erfolgen hat. Für eine Anerkennung als politische Weiterbildung ist es daher erforderlich, daß nach dem didaktischen Konzept sowie der zeitlichen und sachlichen Ausrichtung der einzelnen Lerneinheiten das Erreichen dieses Ziels uneingeschränkt ermöglicht wird[1]. Die bloße Bezugnahme auf Umweltschutz im Titel der Veranstaltung genügt daher für eine Qualifizierung als Veranstaltung der politischen Weiterbildung nicht. Erforderlich ist vielmehr, daß die Veranstaltung das Verständnis für gesellschaftliche, soziale und politische Zusammenhänge verbessert.

bb) Berufliche Weiterbildung

Auch hinsichtlich der beruflichen Weiterbildung ist eine gesetzliche Definition nicht erfolgt. Vielmehr ist auch hier bei der **Auslegung** dieses Begriffs von der Entscheidung des Bundesverfassungsgerichts vom 15. 12. 1987 auszugehen.

Ausgehend hiervon hat das Bundesarbeitsgericht entschieden, daß unter den Begriff der beruflichen Weiterbildung zum einen Veranstaltungen fallen, die **Kenntnisse zum ausgeübten Beruf** vermitteln, darüber hinaus aber auch Veranstaltungen, bei denen das **erlernte Wissen im Beruf** verwendet werden kann und so auch für den Arbeitgeber von Vorteil ist[2]. Dies bedeutet, daß daher immer zu prüfen ist, ob die Veranstaltung in bezug auf das konkrete Arbeitsverhältnis die oben genannten Voraussetzungen erfüllt. Aus diesem Grund hat das Bundesarbeitsgericht auch einen Sprachkurs „Italienisch für Anfänger" anerkannt, der der beruflichen Weiterbildung einer Krankenschwester diente, die auch italienische Patienten zu betreuen hatte[3].

cc) Freistellung und Entgeltfortzahlung

Ein Recht des Arbeitnehmers zur **Selbstbeurlaubung** besteht **nicht,** vielmehr hat der Arbeitnehmer einen gesetzlich bedingten Anspruch auf Freistellung von der Arbeit zum Zwecke der Arbeitnehmerweiterbildung[4]. Zur Erfüllung dieses Anspruchs bedarf es einer rechtsgeschäftlichen Erklärung des Arbeitgebers[5]. Nimmt ein Arbeitnehmer an einer Bildungsveranstaltung teil, **ohne** vorher vom Arbeitgeber zur Teilnahme an dieser Veranstaltung freigestellt worden zu sein, so hat er **keinen Anspruch auf Entgeltfortzahlung.** Dies gilt selbst dann, wenn die Veranstaltung objektiv der beruflichen oder politischen Weiterbildung dient[6].

Erklärt der Arbeitgeber aber auf Antrag des Arbeitnehmers die Freistellung für die Teilnahme an einer bestimmten Bildungsurlaubsveranstaltung, so besteht auch ein **Entgeltfortzahlungsanspruch,** denn auf den Inhalt der Veranstaltung und deren Durchführung kommt es dann nicht mehr an[7]. Selbst ein Vorbehalt

---

1 *Düwell,* BB 1994, 637 ff.
2 BAG v. 15. 6. 1993, NZA 1994, 692.
3 BAG v. 15. 6. 1993, NZA 1994, 692.
4 *Düwell,* BB 1994, 637 ff.
5 BAG v. 11. 5. 1993, BB 1993, 1735.
6 BAG v. 21. 9. 1993, BB 1993, 2531.
7 BAG v. 11. 5. 1993, DB 1993, 1825 = BB 1993, 1735.

des Arbeitgebers, ohne Entgeltfortzahlung freistellen zu wollen, ist dann unbeachtlich[1].

Ein Entgeltfortzahlungsanspruch besteht jedoch nicht, wenn der Arbeitgeber die **Freistellung ablehnt** und zugleich ersatzweise eine **unbezahlte Freistellung anbietet** und der Arbeitnehmer, ohne sich weiter hierzu zu erklären, an der Veranstaltung teilnimmt[2].

19 Hinsichtlich der **Darlegungs- und Beweislast** gilt folgendes: Der Arbeitnehmer hat im gerichtlichen Verfahren die Darlegungs- und Beweislast für die gesetzlichen Voraussetzungen des Anspruchs auf Bildungsurlaub nach dem entsprechenden Gesetz, wobei er gegebenenfalls auch den **Inhalt der Bildungsveranstaltung** vorzutragen hat. Wenn der Arbeitgeber das Bildungsurlaubsverlangen des Arbeitnehmers jedoch im Hinblick auf dringende bzw. zwingende betriebliche Erfordernisse oder vorrangige Urlaubswünsche anderer Arbeitnehmer **ablehnen** will, dann trägt er hierfür die Darlegungs- und Beweislast.

20 Hat der Arbeitgeber einen Anspruch auf Bildungsurlaub zu Unrecht abgelehnt und ist die Teilnahme an einer Weiterbildungsveranstaltung im entsprechenden Bezugszeitraum nicht mehr möglich, so entsteht ein **Schadensersatzanspruch des Arbeitnehmers** auf Übertragung des Bildungsurlaubsanspruchs auf den folgenden Bildungszeitraum (Ersatzurlaub in gleicher Höhe)[3].

Beantragt ein Arbeitnehmer im Anspruchszeitraum keinen Bildungsurlaub, so **erlischt** sein Anspruch. Ein Abgeltungsanspruch besteht nicht[4].

c) Schulungs- und Bildungsveranstaltungen für Betriebsratsmitglieder

21 Zur ordnungsgemäßen Durchführung der Aufgaben der Mitglieder des Betriebsrates im Sinne des 37 Abs. 2 BetrVG gehört nach § 37 Abs. 6 BetrVG auch die Teilnahme an Schulungs- und Bildungsveranstaltungen, soweit dabei Kenntnisse vermittelt werden, die für die Arbeit des Betriebsrates erforderlich sind. Für diese **Veranstaltungen aus konkretem, betriebsbezogenem Anlaß** ist das Betriebsratsmitglied von der Arbeit unter Fortzahlung der Vergütung freizustellen. Der Betriebsrat muß dem Arbeitgeber die Teilnahme und die zeitliche Lage der Schulungs- und Bildungsveranstaltung bekanntgeben und bei der Festlegung der zeitlichen Lage die betrieblichen Notwendigkeiten berücksichtigen (§ 37 Abs. 6 Satz 2, 3 BetrVG). Darüber hinaus hat jedes Betriebsratsmitglied während seiner regelmäßigen Amtszeit Anspruch auf bezahlte Freistellung von insgesamt **drei Wochen** zur **Teilnahme an Schulungs- und Bildungsveranstaltungen** (§ 37 Abs. 7 BetrVG). Bei erstmaliger Übernahme des Amtes stehen dem Betriebsratsmitglied vier Wochen zu. Diese Veranstaltungen müssen von der obersten Arbeitsbehörde des Landes **genehmigt** sein. Dafür entfällt im Einzelfall die Prüfung, ob auf der Veranstaltung für die Arbeit des Betriebsrats erforderliche Kenntnisse vermittelt werden.

---

1 BAG v. 9. 2. 1993, NZA 1993, 1032.
2 BAG v. 7. 12. 1993, NZA 1994, 453.
3 *Schütz/Hauck*, Rz. 1087.
4 *Schütz/Hauck*, Rz. 1086.

5. Rechtsgrundlagen des Urlaubsanspruchs

Das Recht des Arbeitnehmers auf Erholungsurlaub wird im **BUrlG** geregelt. Daneben sehen verschiedene andere Gesetze für einzelne Gruppen von Arbeitnehmern zusätzliche Bestimmungen auch über den Urlaub vor. Als weitere wichtige Rechtsgrundlage für den Erholungsurlaub enthalten die meisten **Tarifverträge** detaillierte Vereinbarungen über den Urlaub. Schließlich können Arbeitgeber und Arbeitnehmer auch **einzelvertraglich** den Urlaub regeln.

22

a) Das Bundesurlaubsgesetz

Das BUrlG enthält als bundeseinheitliche Regelung in Ablösung der früher geltenden einzelnen Länderurlaubsgesetze zwingende Mindestbestimmungen, von denen teilweise nicht abgewichen werden darf. So ist die **Mindestdauer** des bezahlten Erholungsurlaubs mit jährlich 24 (bis zum 31. 12. 1994: 18) Werktagen (§ 3 Abs. 1 BUrlG), die **Bindung des Urlaubs an das Kalenderjahr** (§ 1 BUrlG) sowie die **Einbeziehung aller Arbeitnehmer** in den Kreis der Urlaubsberechtigten (§§ 1, 2 BUrlG) absolut unabdingbar. Daher sind alle anderen zwischen Arbeitnehmer und Arbeitgeber bestehenden urlaubsrechtlichen Vereinbarungen nichtig, soweit diese Mindestregelungen nicht eingehalten werden. Darüber hinaus greift das BUrlG als gesetzliche Regelung immer dann ein, wenn zwischen den Parteien keine anderen Vereinbarungen über den Urlaub bestehen oder in bestehenden Vereinbarungen ein bestimmter Teilbereich nicht geregelt ist.

23

In den **neuen Bundesländern** galt § 3 (bis 31. 12. 1994) in folgender Fassung (BGBl. II, 899, 1020): Der Urlaub beträgt mindestens 20 Arbeitstage. Dabei ist von 5 Arbeitstagen je Woche auszugehen.

24

b) Sonstige gesetzliche Regelungen für einzelne Gruppen von Arbeitnehmern

Neben dem BUrlG enthalten verschiedene andere Gesetze Bestimmungen über den Urlaub.

25

Für **Jugendliche** ist der Urlaubsanspruch in § 19 JArbSchG geregelt[1]. Gemäß § 19 Abs. 2 JArbSchG beträgt der Urlaub jährlich

- mindestens 30 Werktage, wenn der Jugendliche zu Beginn des Kalenderjahres noch nicht 16 Jahre alt ist,
- mindestens 27 Werktage, wenn der Jugendliche zu Beginn des Kalenderjahres noch nicht 17 Jahre alt ist,
- mindestens 25 Werktage, wenn der Jugendliche zu Beginn des Kalenderjahres noch nicht 18 Jahre alt ist.

Jugendliche, die im Bergbau unter Tage beschäftigt werden, erhalten in jeder Altersgruppe darüber hinaus einen zusätzlichen Urlaub von drei Werktagen (§ 19 Abs. 2 JArbSchG)[2].

---

1 Gesetz v. 12. 4. 1976 (BGBl. I, 965), zuletzt geändert durch Gesetz v. 24. 2. 1997 (BGBl. I, 311).
2 Vgl. unten Rz. 133–136.

26 Für **Schwerbehinderte** sieht § 47 SchwbG einen Zusatzurlaub von fünf Arbeitstagen im Jahr vor, wobei als Arbeitstage alle Tage gelten, an denen im Betrieb oder in der Dienststelle regelmäßig gearbeitet wird[1].

27 Bei **Wehr- und Ersatzdienstleistenden** kann der Arbeitgeber den Erholungsurlaub für jeden vollen Kalendermonat, den der Arbeitnehmer Wehr- oder Ersatzdienst leistet, um 1/12 kürzen[2]. Sonderregelungen für die in der Heimarbeit beschäftigten Arbeitnehmer bestehen in den §§ 2 Satz 2, 12 BUrlG; 7 ArbPlSchG; 19 Abs. 4 mit 2 Abs. 2 JArbSchG; 49 SchwbG[3].

28 Für **Seeleute** gelten die Sonderbestimmungen der §§ 53 ff. SeemannsG[4]. Nach dieser Sonderregelung gilt das BUrlG ausdrücklich nur bezüglich der Vorschriften über den Mindesturlaub (§ 53 Abs. 2). Insbesondere besteht bei Besatzungsmitgliedern ausnahmsweise die Möglichkeit, den Urlaub für zwei Beschäftigungsjahre zusammen zu gewähren (§ 55 Abs. 2 Satz 2 SeemannsG).

29 Landesrechtliche Bestimmungen über den Urlaub für **Opfer des Nationalsozialismus** bleiben in Kraft (§ 15 Abs. 2 Satz 2 BUrlG). Dieser Zusatzurlaub wird neben dem Grundurlaub gewährt.

c) Einzel- und kollektivrechtliche Regelungen

30 Auch im Arbeitsvertrag können Arbeitgeber und Arbeitnehmer den Urlaub des Arbeitnehmers regeln. Dabei ist jedoch zu berücksichtigen, daß nach § 13 Abs. 1 Satz 3 BUrlG **nicht zuungunsten des Arbeitnehmers von den Bestimmungen des BUrlG abgewichen** werden darf. Eine ausdrückliche gesetzlich geregelte Ausnahme besteht nur für § 7 Abs. 2 Satz 2 BUrlG (Aufteilung des Urlaubs). Daher ist jede vom BUrlG abweichende einzelvertragliche Bestimmung daraufhin zu überprüfen, ob sie nicht ungünstiger als die entsprechende Regelung des Gesetzes ist. Bei diesem Günstigkeitsvergleich hat nur die einzelvertragliche Regelung Bestand, die entweder gleichgünstig oder günstiger ist. Der über den gesetzlichen Mindesturlaub hinaus gewährte Mehrurlaub untersteht nicht den Schutzvorschriften des BUrlG[5].

31 Der gesetzliche Urlaubsanspruch kann **nicht** durch einen Einzelvertrag zwischen Arbeitgeber und Arbeitnehmer an eine **Ausschlußfrist** (mit Ablauf der Frist erlischt der Anspruch) gebunden werden, weil dies gegen § 13 Abs. 1 BUrlG verstieße[6].

Nach § 4 Tarifvertragsgesetz ist bei einem Arbeitsverhältnis, auf das ein **Tarifvertrag** Anwendung findet, eine einzelvertraglich ungünstigere Urlaubsvereinbarung als die im Tarifvertrag enthaltene nichtig.

---

1 Vgl. unten Rz. 143–151.
2 § 4 Abs. 1 ArbPlSchG; § 35 Abs. 1 iVm. § 78 Abs. 1 Satz 1 ZDG; vgl. ausführlich unten Rz. 152–153.
3 Vgl. ausführlich unten Rz. 137–138.
4 Gesetz v. 26. 7. 1957 (BGBl. II, 713), zuletzt geändert durch Gesetz v. 15. 7. 1994 (BGBl. I, 1554).
5 BAG v. 21. 6. 1968, BB 1968, 996 = DB 1968, 1720.
6 BAG v. 5. 4. 1984, BB 1984, 1809 = DB 1985, 48.

I. Begriff und Rechtsgrundlage des Urlaubs

In fast allen **Tarifverträgen** ist der Erholungsurlaub im einzelnen geregelt. Bezüglich der Dauer des Urlaubs ist der Arbeitnehmer in der Regel nach den Tarifverträgen **günstiger** gestellt als nach dem BUrlG. So erhöht sich in der Mehrzahl der Tarifverträge der tarifliche Urlaub in mehreren Schritten vom Grundurlaub bis zum Endurlaub, wobei insbesondere Lebensalter, Dauer der Betriebszugehörigkeit oder Lebensalter und Betriebszugehörigkeit Steigerungsvoraussetzungen sind.

32

Durch Tarifvertrag können nach Dienstplan **dienstfreie Tage,** die sich an einen tariflichen Urlaub anschließen, in die Berechnung der Urlaubsdauer einbezogen werden. Dies hat das BAG[1] entschieden, aber hinzugefügt, daß dadurch der gesetzliche Mindesturlaubsanspruch des § 3 Abs. 1 BUrlG (24 Werktage im Kalenderjahr) nicht unterschritten werden dürfe.

d) Unabdingbarkeit und Tarifautonomie

Der Gesetzgeber hat im BUrlG in § 13 den Tarifpartnern in Würdigung ihrer sozialpolitischen und rechtlichen Verdienste um die Entwicklung des Urlaubsrechts freigestellt, auch für den Arbeitnehmer ungünstigere Regelungen zu vereinbaren. Diese Bestimmung wird als **Vorrangprinzip der Tarifautonomie** bezeichnet. Lediglich die Vorschriften der §§ 1, 2 und 3 Abs. 1 BUrlG sind tariffester Kern des Urlaubsrechts und den einschränkenden Regelungen der Tarifpartner verschlossen.

33

Der **tarifliche Mehrurlaub** teilt regelmäßig das rechtliche Schicksal des gesetzlichen Mindesturlaubs. Zwar untersteht der über den gesetzlichen Mindesturlaub hinausgehende tarifvertraglich begründete Anspruch auf Mehrurlaub nicht den Schutzvorschriften des BUrlG[2], jedoch ist bei Tarifverträgen bei Fehlen gegenteiliger Regelungen davon auszugehen, daß Mehrurlaub nicht unter Sonderbedingungen, sondern nach den Grundsätzen des allgemeinen Urlaubsrechts gewährt wird[3]. Das gilt sicherlich immer dann, wenn der tarifliche Urlaubsanspruch nicht ausdrücklich in einen dem Gesetz entsprechenden Grundurlaub und den darüber hinausgehenden Mehrurlaub aufgegliedert ist.

Durch Tarifvertrag kann der **Anspruch auf Teilurlaub** des **vor erfüllter Wartezeit** von sechs Monaten nach Beginn des Arbeitsverhältnisses ausscheidenden Arbeitnehmers ausgeschlossen werden[4].

Scheidet dagegen ein Arbeitnehmer **nach erfüllter Wartezeit** in der zweiten Hälfte eines Kalenderjahres aus, hat er nach der Regelung des BUrlG Anspruch auf den vollen gesetzlichen Jahresurlaub von 24 Werktagen. Dieser gesetzliche Urlaubsanspruch kann durch Tarifvertrag nicht ausgeschlossen oder gemindert werden, weil dies gegen § 13 Abs. 1 BUrlG verstoßen würde[5]. Deshalb ist auch eine Zwölftelung für jeden Monat des Bestehens des Arbeitsverhältnisses im

---

1 BAG v. 17. 11. 1983, DB 1984, 1305.
2 BAG v. 21. 6. 1968, BB 1968, 996 = DB 1968, 1720.
3 BAG v. 21. 6. 1968, BB 1968, 996 = DB 1968, 1720.
4 BAG v. 17. 11. 1983, DB 1984, 1305.
5 BAG v. 5. 4. 1984, BB 1984, 1809 = DB 1985, 48.

Kalenderjahr unzulässig, wenn dadurch der gesetzliche Jahresurlaub unterschritten wird.

Das tarifliche Vorrangprinzip des § 13 Abs. 1 Satz 1 BUrlG ist als einer der tragenden Grundsätze des Urlaubsrechts anzusehen.

II. Erfüllung des Urlaubsanspruchs

1. Fälligkeit des Anspruchs

a) Wartezeit

34 Der volle Urlaubsanspruch des Arbeitnehmers entsteht gem. § 4 BUrlG erstmalig nach Erfüllung einer Wartezeit von **sechs Monaten.** So lange muß das Arbeitsverhältnis rechtlich bestanden haben.

Beispiel:

Der Arbeitgeber schließt mit dem Arbeitnehmer am 7. 6. 1997 (Samstag) einen Arbeitsvertrag ab, in dessen Vollzug der Arbeitnehmer am 16. 6. 1997 die Arbeit aufzunehmen hat. Infolge einer plötzlichen Erkrankung kann der Arbeitnehmer erst am 23. 6. 1997 die Arbeit tatsächlich aufnehmen.

Entscheidend für die Berechnung der Wartezeit ist der **Beginn des Arbeitsverhältnisses,** nicht der Tag des Abschlusses des Arbeitsvertrages oder der tatsächlichen Arbeitsaufnahme. Dabei ist die Wartefrist nach §§ 187 ff. BGB zu berechnen[1]. Im Beispielsfall ist die Wartefrist daher mit Ablauf des 15. 12. 1997 erfüllt (§ 188 Abs. 2 BGB). Der 16. 6. 1997 (Beginn des Arbeitsverhältnisses) ist bei der Berechnung der Frist mitzurechnen (§ 187 Abs. 2 Satz 1 BGB). Dabei ist es gleichgültig, ob der Arbeitnehmer am Tag der vereinbarten Arbeitsaufnahme zur Arbeit erscheint oder krankheitsbedingt fehlt[2]. Vor erfüllter Wartezeit entstehen lediglich Teilurlaubsansprüche. Ist die Wartezeit in einem Arbeitsverhältnis einmal erfüllt, so entsteht der volle Urlaubsanspruch in den folgenden Jahren bereits mit Beginn des Kalenderjahres, kann sich jedoch infolge der Beendigung des Arbeitsverhältnisses reduzieren oder gemäß §§ 17 Abs. 1 BErzGG, 4 Abs. 2 ArbPlSchG bei Erziehungsurlaub oder Grundwehrdienst gekürzt werden. Die Rechtswirkungen der erfüllten Wartezeit werden nicht dadurch aufgehoben, daß der Arbeitnehmer gleichzeitig mit dem Ende der Wartezeit aus dem Arbeitsverhältnis ausscheidet[3].

Die Parteien des Arbeitsverhältnisses können einzelvertraglich nur zugunsten, die Tarifpartner auch zuungunsten des Arbeitnehmers abweichende Regelungen vereinbaren.

---

1 Nahezu einhellige Meinung in Rspr. und Lit.; vgl. zB *Schaub,* § 102 II 3; GK-BUrlG/*Bleistein,* § 4 Rz. 12 f.; *Gross,* S. 19; *Leinemann/Linck,* § 4 Rz. 3 f.; *Schütz/Hauck,* Rz. 173.

2 GK-BUrlG/*Bleistein,* § 4 Rz. 12; *Dersch/Neumann,* § 4 Rz. 19; *Leinemann/Linck,* § 4 Rz. 6; *Schütz/Hauck,* Rz. 177.

3 BAG v. 26. 1. 1967, BB 1967, 717 = DB 1967, 824.

II. Erfüllung des Urlaubsanspruchs

b) Urlaubsjahr

Grundsätzlich und unabdingbar entsteht der Urlaubsanspruch für **jedes Kalenderjahr** (§ 1 BUrlG). **Ausnahmen** sind lediglich nach § 13 Abs. 3 BUrlG tarifvertraglich für die Deutsche Bahn AG sowie einer gemäß § 2 Abs. 1 und § 3 Abs. 3 des Deutsche Bahn Gründungsgesetzes vom 27. 12. 1993 (BGBl. I, 2378, 2386) ausgegliederten Gesellschaft und für den Bereich der Deutschen Bundespost zulässig. Für Seeleute ist das Urlaubsjahr nach § 53 Abs. 1 SeemannsG das Beschäftigungsjahr bei dem jeweiligen Reeder. 35

Der Arbeitnehmer erwirbt in jedem Urlaubsjahr **nur einmal** Anspruch auf den vollen Jahresurlaub[1]. Unerheblich für den Urlaubsanspruch in jedem Urlaubsjahr ist, in welchem Umfang der Arbeitnehmer tatsächlich gearbeitet hat. In der Vergangenheit hat der Fünfte Senat des Bundesarbeitsgerichts dann eine Einschränkung gemacht, wenn das Urlaubsverlangen des Arbeitnehmers **rechtsmißbräuchlich** ist. 36

Der Sechste Senat hat diese Rechtsprechung aufgegeben[2] und entschieden, daß nicht davon ausgegangen werden kann, daß die Geltendmachung des Urlaubsanspruchs durch einen Arbeitnehmer wegen Rechtsmißbrauchs dann grundsätzlich ausgeschlossen ist, wenn dieser krankheitsbedingt im Urlaubsjahr **nur eine geringe oder gar keine Arbeitsleistung** erbracht hat. Dies ergibt sich nach Auffassung des Bundesarbeitsgerichts aus § 4 BUrlG, der den Urlaubsanspruch unabhängig vom Umfang der Arbeitsleistung entstehen läßt, wobei die Erfüllung des Anspruchs lediglich an die Wartezeit von sechs Monaten geknüpft ist. An dieser Rechtsprechung hat das BAG festgehalten. Der Urlaubsanspruch eines Arbeitnehmers ist danach nicht wegen Rechtsmißbrauchs ausgeschlossen, wenn dieser allein durch langdauernde **Krankheit** verhindert war zu arbeiten[3]. Dies ist seit dem 28. 1. 1982 ständige Rechtsprechung des BAG. 37

Hinsichtlich des über den gesetzlichen Mindesturlaub hinausgehenden Urlaubs, der auf tarifvertraglicher oder einzelarbeitsvertraglicher Grundlage beruhen kann, können jedoch **abweichende Regelungen** zulässigerweise getroffen werden[4]. Wenn jedoch ein türkischer Arbeitnehmer zur Ableistung seines auf zwei Monate verkürzten Wehrdienstes in seinem Heimatland durch den Arbeitgeber einvernehmlich ohne Vergütung von seiner Arbeitspflicht befreit worden ist, so ist der Arbeitgeber nicht berechtigt, für diese Zeit den Urlaubsanspruch des Arbeitnehmers anteilig zu kürzen[5]. Der Urlaubsanspruch ist grundsätzlich im Urlaubsjahr zu erfüllen[6]. 38

---

1 Zur Verhinderung von doppeltem Urlaub vgl. unten Rz. 80–83.
2 BAG v. 28. 1. 1982, DB 1982, 1065.
3 BAG v. 23. 6. 1983, BB 1984, 674 = DB 1983, 2522; BAG v. 8. 3. 1984, BB 1984, 1618 = DB 1984, 1883; BAG v. 8. 3. 1984, BB 1984, 1874 = DB 1984, 1939; BAG v. 7. 11. 1985, BB 1986, 735 = DB 1986, 973.
4 Ständige Rechtsprechung des BAG, bspw. v. 22. 9. 1992, NZA 1993, 406.
5 BAG v. 30. 7. 1986, BB 1986, 2200.
6 Einzelheiten bei Ablauf des Urlaubsjahres sowie Übertragung des Urlaubs in das neue Kalenderjahr vgl. unten Rz. 182–186.

c) Teilurlaub

39 Der Urlaub ist nach § 7 Abs. 2 BUrlG **zusammenhängend** zu gewähren. Lediglich dringende betriebliche oder in der Person des Arbeitnehmers liegende Gründe können eine Teilung des Urlaubs erforderlich machen. Das Gesetz schreibt bei Anspruch des Arbeitnehmers auf mehr als zwölf Werktage Urlaub einen Teilurlaub von **mindestens zwölf aufeinanderfolgenden Werktagen** vor (§ 7 Abs. 2 Satz 3 BUrlG). Diese Bestimmung ist jedoch auch zuungunsten des Arbeitnehmers abdingbar (§ 13 Abs. 1 Satz 3 BUrlG).

40 Die Aufteilung des Urlaubs zB in **einzelne Halbtagesteile oder nach einzelnen ganzen Tagen** stellt auch bei entsprechender Vereinbarung zwischen den Arbeitsvertragsparteien keine wirksame Erfüllung des Anspruchs auf den gesetzlichen Mindesturlaub dar. Der Arbeitnehmer kann den gesetzlichen Mindesturlaub bei einer solchen Aufteilung noch einmal fordern[1]. Wenn der Arbeitnehmer noch einmal den Urlaub fordert, sind an die Einrede der unzulässigen Rechtsausübung nicht zu geringe Anforderungen zu stellen[2].

Das Gesetz sieht Teilurlaub ausdrücklich in drei Fällen vor:

41 ▶ Der Arbeitnehmer hat im Kalenderjahr wegen **Nichterfüllung der Wartezeit** keinen vollen Urlaubsanspruch erworben (§ 5 Abs. 1 Buchst. a BUrlG).

▶ Der Arbeitnehmer scheidet **vor erfüllter Wartezeit** aus dem Arbeitsverhältnis aus (§ 5 Abs. 1 Buchst. b BUrlG).

▶ Der Arbeitnehmer scheidet nach Erfüllung der Wartezeit **in der ersten Hälfte des Kalenderjahres** aus (§ 5 Abs. 1 Buchst. c BUrlG).

In diesen Fällen steht dem Arbeitnehmer pro vollem Monat des Bestehens des Arbeitsverhältnisses 1/12 des Jahresurlaubs zu.

Beispiel:

Der Arbeitnehmer tritt am 9. 12. 1996 in den Betrieb ein und scheidet am 22. 4. 1997 aus. Der vereinbarte Jahresurlaub beträgt 24 Tage.

Dem Arbeitnehmer stehen für vier volle Monate des Bestehens des Arbeitsverhältnisses 4/12 des Jahresurlaubs, also acht Tage Urlaub zu[3].

42 Die **Berechnung des vollen Monats** beginnt nicht erstmalig mit dem Ersten eines Monats, sondern mit dem Tag des rechtlichen Beginns des Arbeitsverhältnisses. Allerdings war nach der Rechtsprechung des BAG ein voller Monat des Bestehens des Arbeitsverhältnisses im Sinne des § 5 Abs. 1 BUrlG auch dann anzunehmen, wenn an dem vollen Monat nur ein Sonntag oder Feiertag fehlte, an dem nach den betrieblichen Gegebenheiten für den Arbeitnehmer keine Arbeitspflicht bestanden hätte[4].

---

1 BAG v. 29. 7. 1965, BB 1965, 1149 = DB 1965, 1184, 1524; vgl. auch unten Rz. 179–181.
2 *Hueck* in Anm. zu AP Nr. 1 zu § 7 BUrlG.
3 BAG v. 9. 10. 1969, BB 1970, 36 = DB 1970, 66.
4 BAG v. 22. 2. 1966, BB 1966, 535 = DB 1966, 708.

II. Erfüllung des Urlaubsanspruchs

Beispiel:
Das seit 1. 5. bestehende Arbeitsverhältnis wird zum 30. 5. (Samstag) gekündigt. Der vereinbarte Jahresurlaub beträgt 24 Tage.

Der fehlende Sonntag (31. 5.) verhinderte nicht das Entstehen eines Teilurlaubsanspruchs für einen Monat, nämlich zwei Tage.

Diese Auffassung hat das BAG inzwischen aufgegeben und entschieden, daß auch in diesem Fall für den nichtvollendeten Monat **kein Urlaubsanspruch** entsteht[1].

Zur Begründung hat es zu Recht ausgeführt, daß § 5 Abs. 1 Buchst. b BUrlG für den Teilurlaubsanspruch ebenso wie § 4 BUrlG für den Vollurlaubsanspruch nur auf das **Bestehen des Arbeitsverhältnisses** abstellt. Wenn ein Arbeitnehmer daher bspw. befristet von Montag, dem 28. 7., bis einschließlich Freitag, den 26. 9., beschäftigt ist, hat er gemäß § 5 Abs. 1 Buchst. b BUrlG nur Anspruch auf ein Zwölftel des gesetzlichen Urlaubsanspruchs, weil sein Arbeitsverhältnis nur einen vollen und keine zwei vollen Monate bestanden hat[2].

Der **Teilurlaubsanspruch besteht** in dem Augenblick, in dem feststeht, daß es 43 nicht mehr zum vollen Jahresurlaub kommen kann, also in der Regel mit der Kündigung. Teilansprüche nach § 5 Abs. 1 Buchst. a BUrlG können während des gesamten folgenden Urlaubsjahres gewährt werden. Ein Arbeitnehmer, dessen Arbeitsverhältnis mit Ablauf des 30. 6. endet, scheidet noch in der ersten Jahreshälfte im Sinne des § 5 Abs. 1 Buchst. c BUrlG aus[3].

Ergeben sich bei der Ermittlung des Teilurlaubs **Bruchteile von mindestens** 44 **einem halben Tag** (zB 6,5 Tage), so sind sie auf volle Urlaubstage aufzurunden. Besteht bspw. ein Arbeitsverhältnis vom 1. 1. bis zum 15. 5., hat der Arbeitnehmer gemäß § 5 Abs. 1 Buchst. b BUrlG einen Teilurlaubsanspruch in Höhe von 4/12 des Jahresurlaubs, weil das Arbeitsverhältnis vier volle Beschäftigungsmonate (§ 5 Abs. 1 BUrlG) bestanden hat. Bei einem Jahresurlaub von 24 Werktagen beträgt damit der Urlaubsanspruch 6,66 Arbeitstage unter Zugrundelegung einer Fünf-Tage-Woche. Nach der Regelung des § 5 Abs. 2 BUrlG sind die sich bei dieser Berechnung ergebenden Bruchteile aufzurunden, sodaß der Arbeitnehmer einen Teilurlaubsanspruch in Höhe von 7 Arbeitstagen hat.

Streitig ist, wie mit Bruchteilen von Urlaubstagen, die **weniger als einen halben** 45 **Tag** betragen, zu verfahren ist.

Das BAG hatte früher die Auffassung vertreten, daß in einem solchen Fall **abzurunden** sei[4]. Auch im Schrifttum wird dies zum Teil vertreten[5], zum Teil aber auch abgelehnt[6].

---

1 BAG v. 26. 1. 1989, BB 1989, 2189 = DB 1989, 2129; unter Aufgabe von BAG 22. 2. 1966.
2 So zu Recht *Leinemann/Linck*, § 5 Rz. 16.
3 BAG v. 16. 6. 1966, BB 1966, 742, 983 = DB 1966, 985, 1358.
4 BAG v. 17. 3. 1970, BB 1970, 802 = DB 1970, 1183.
5 GK-BUrlG/*Bachmann*, § 5 Rz. 43; *Dersch/Neumann*, § 5 Rz. 36.
6 *Leinemann/Linck*, § 5 Rz. 44; *Schütz/Hauck*, Rz. 337.

Das BAG hat seine Auffassung inzwischen aufgegeben und entschieden[1], daß Bruchteile von Urlaubstagen, die nicht nach § 5 Abs. 2 BUrlG aufgerundet werden müssen, entsprechend ihrem Umfang dem Arbeitnehmer durch **Befreiung von der Arbeitspflicht** zu gewähren oder nach dem Ausscheiden aus dem Arbeitsverhältnis gemäß § 7 Abs. 4 BUrlG **abzugelten** sind. Zur Begründung hat das BAG ausgeführt, daß § 5 Abs. 2 BUrlG einen Ausschlußtatbestand für weniger als einen halben Urlaubstag nicht enthält.

46 In **Tarifverträgen** ist die Gewährung von Teilurlaub größtenteils detailliert geregelt.

Durch Tarifvertrag können dabei Ansprüche des Arbeitnehmers auf Teilurlaub beim Ausscheiden vor erfüllter Wartezeit (sechs Monate) **ausgeschlossen** werden. Dies ist auch dann möglich, wenn der Tarifvertrag nicht kraft beiderseitiger Tarifbindung, sondern kraft einzelvertraglicher Vereinbarung auf das Arbeitsverhältnis Anwendung findet[2].

Dementsprechend kann auch durch Tarifvertrag für neu in den Betrieb eintretende Arbeitnehmer das Entstehen von Teilurlaubsansprüchen bis zu sechs Monaten **hinausgeschoben** werden. Dies hat zur Folge, daß bei Ausscheiden des Arbeitnehmers vor erfüllter Wartezeit kein Teilurlaubsanspruch entsteht[3].

Dies bedeutet, daß § 5 Abs. 1 Buchst. a und b BUrlG über den Teilurlaub des Arbeitnehmers durch eine tarifvertragliche Regelung abgeändert werden kann, während § 5 Abs. 1 Buchst. c BUrlG unabdingbar ist. Von § 5 Abs. 2 und 3 BUrlG kann grundsätzlich durch Tarifvertrag abgewichen werden.

2. Freizeitgewährung

a) Urlaubszeitpunkt

47 Die Bestimmung der Urlaubszeit für den einzelnen Arbeitnehmer erfolgt durch den Arbeitgeber nach § 7 Abs. 1 BUrlG.

Mit der zeitlichen Festlegung **konkretisiert der Arbeitgeber als Schuldner die ihm obliegende Pflicht zur Urlaubsgewährung**[4].

Die **Bestimmung** des Urlaubszeitpunkts obliegt nicht dem billigen Ermessen des Arbeitgebers iSv. § 315 BGB, sondern der Arbeitgeber ist als Schuldner des Urlaubsanspruchs verpflichtet, nach § 7 Abs. 1 Halbs. 1 BUrlG die Urlaubswünsche des Arbeitnehmers zu berücksichtigen und daher auch den Urlaub für den vom Arbeitnehmer angegebenen Termin festzusetzen, es sei denn, es sind die Voraussetzungen nach § 7 Abs. 1 Halbs. 2 BUrlG gegeben[5].

---

1 BAG v. 14. 2. 1991, BB 1991, 1789 = DB 1991, 1987.
2 BAG v. 27. 6. 1978, BB 1979, 886 = DB 1978, 2226.
3 BAG v. 25. 10. 1984, DB 1985, 820.
4 BAG v. 18. 12. 1986, DB 1987, 1362.
5 GK-BUrlG/*Bachmann*, § 5 Rz. 43; *Dersch/Neumann*, § 5 Rz. 36.

II. Erfüllung des Urlaubsanspruchs

Jedoch hat der Arbeitgeber **Ermessensspielraum** in zwei Fällen:
Wenn dringende betriebliche Belange vorliegen oder wenn unter sozialen Gesichtspunkten vorrangige Urlaubsansprüche anderer Arbeitnehmer bestehen. **Dringende betriebliche Belange** im Sinne des § 7 Abs. 1 BUrlG können dann vorliegen, wenn der Urlaubswunsch des Arbeitnehmers den betrieblichen Ablauf erheblich beeinträchtigt[1]. Dabei ist zu berücksichtigen, daß Urlaubsgewährung in der Regel mit betrieblichen Schwierigkeiten verbunden ist. **Sozial vorrangig** können Urlaubswünsche anderer Arbeitnehmer sein, wenn deren Urlaub zB mit Rücksicht auf den Urlaub der Ehefrau, die Ferien der Kinder oder die Gesundheit zu einem bestimmten Zeitpunkt genommen werden muß. Hier muß der Arbeitgeber die beiderseitigen Interessen, die des Arbeitnehmers an der von ihm gewünschten Urlaubszeit und seine eigenen an einer bestimmten Urlaubszeit, gemäß § 315 Abs. 1 BGB nach billigem Ermessen objektiv abwägen[2]. Für den Arbeitnehmer ist die danach getroffene Bestimmung **nur verbindlich**, wenn die Festlegung der **Billigkeit** entspricht. Das Gericht kann die Entscheidung des Arbeitgebers daraufhin überprüfen, ob die Grenzen des Ermessens eingehalten oder ob sachfremde oder willkürliche Motive maßgebend gewesen sind.

48

Aufgrund der Einfügung von § 7 Abs. 1 Satz 2 BUrlG[3] ist der Arbeitgeber verpflichtet, Urlaub zu gewähren, wenn der Arbeitnehmer dies im **Anschluß an eine Maßnahme der medizinischen Vorsorge oder Rehabilitation** verlangt. In einem solchen Fall stehen dem Arbeitgeber die Leistungsverweigerungsrechte des § 7 Abs. 1 Satz 1 BUrlG nicht zu.

49

Der Arbeitgeber kann auch der gesamten Belegschaft unter Beachtung der aufgezeigten Gesichtspunkte einheitlich Urlaub erteilen. Diese Urlaubserteilung nennt man **Betriebsferien**. Sie beinhalten die gleichzeitige gemeinsame Freistellung der Arbeitnehmer des Betriebs über einen bestimmten Zeitraum, um den Erholungsurlaub anzutreten[4]. Dabei kann auch eine für mehrere aufeinanderfolgende Jahre geltende Regelung vereinbart werden[5]. Der Erholungsurlaub aller Arbeitnehmer in Form der Betriebsferien ist der Einzelgewährung von Urlaub gleichgestellt[6]. Durch eine Betriebsvereinbarung, mit der allgemeine Betriebsferien eingeführt werden, wird allein der Urlaubszeitpunkt für alle urlaubsberechtigten Arbeitnehmer einheitlich festgelegt. Die Wartefrist für den Erwerb des vollen Urlaubsanspruchs wird damit nicht aufgehoben. Damit haben grundsätzlich noch nicht urlaubsberechtigte Arbeitnehmer, die für den Zeitpunkt der Betriebsferien ihre Arbeit anbieten, auch dann Anspruch auf Lohnzahlung, wenn sie wegen der Betriebsferien nicht beschäftigt werden.

50

---

1 Vgl. *Matthes*, Rz. 117.
2 BAG v. 4. 12. 1970, BB 1971, 220 = DB 1971, 295.
3 Art. 57 PflegeVG v. 26. 5. 1994 (BGBl. I, 1014, 1068).
4 BAG v. 30. 11. 1961, BB 1962, 222 = DB 1962, 243, 1047.
5 BAG v. 28. 7. 1981, BB 1981, 1397 = DB 1981, 2621.
6 Bezügl. der Mitbestimmung des Betriebsrates vgl. Kap. IV, Rz. 121–132.

Allerdings kann von dieser Regelung durch individuelle Vereinbarung abgewichen werden[1].

b) Anfechtung; Verlegung des Urlaubszeitpunktes; Rückruf aus dem Urlaub

51 Die Erteilung des Urlaubs ist eine Willenserklärung des Arbeitgebers, die nach §§ 119, 123 BGB wegen **Irrtums oder arglistiger Täuschung** angefochten werden kann. Allerdings ist eine Anfechtung nach Antritt des Urlaubs nicht mehr für die bereits abgelaufene Freizeit, sondern nur für die Zeit ab Anfechtung möglich. Nach Beendigung des Urlaubs kann die Erklärung nicht mehr angefochten werden[2]. Der anfechtende Arbeitgeber hat dem Arbeitnehmer den **Schaden zu ersetzen,** den dieser dadurch erlitten hat, daß er auf die Verbindlichkeit der Urlaubserteilung vertraut hat (§ 123 BGB; „negatives Interesse"). Das sind zB Buchungsgebühren für eine Urlaubsreise, die bei Rücktritt verfallen, nicht jedoch Kosten für die Anschaffung von üblichen Ausrüstungsgegenständen. Hierunter fällt auch der Fall, daß ein Arbeitnehmer eine gebuchte Urlaubsreise stornieren muß, weil der Arbeitgeber nicht rechtzeitig die vereinbarte Vergütung zahlt. Dem Arbeitnehmer stehen gegen den Arbeitgeber Schadenersatzansprüche in Höhe der Stornierungskosten zu[3]. Ein **Schmerzensgeldanspruch** wird jedoch verneint, denn der Arbeitgeber schuldet dem Arbeitnehmer nur Urlaub und Vergütung, nicht aber auch Urlaubserholung und Urlaubsfreude.

Zwischen Arbeitgeber und Arbeitnehmer kann ohne weiteres einvernehmlich eine **Verlegung** des bereits festgelegten Urlaubs vorgenommen werden[4].

Da der Arbeitgeber mit der Urlaubserteilung die ihm obliegende Erfüllungshandlung in Form einer Willenserklärung vorgenommen hat, kann er diese **nicht** mehr **einseitig zurücknehmen.** Er kann daher den Arbeitnehmer nicht aus dem Urlaub zurückrufen[5].

c) Festlegung in der Kündigungszeit

52 Bei gekündigtem Arbeitsverhältnis und noch bestehenden Urlaubsansprüchen des Arbeitnehmers kann dieser grundsätzlich davon ausgehen, daß der Arbeitgeber seine Anwesenheit im Betrieb bis zum letzten Tag des Arbeitsverhältnisses als unentbehrlich betrachtet[6]. Der Arbeitgeber muß daher die Abwicklung der Urlaubsansprüche übernehmen, wobei das **zwingende Verbot der Abgeltung** bzw. der **Vorrang der Freizeitgewährung** zu beachten ist.

---

1 BAG v. 2. 10. 1974, BB 1975, 136 = DB 1975, 601.
2 BAG v. 29. 1. 1960, BB 1960, 779, 782 = DB 1960, 848.
3 LAG Berlin v. 20. 6. 1986, LAGE § 253 BGB Nr. 1; *Gross,* S. 25.
4 GK-BUrlG/*Bachmann,* § 7 Rz. 52; *Dersch/Neumann,* § 7 Rz. 36; *Gross,* S. 25; *Leinemann/Linck,* § 7 Rz. 41.
5 GK-BUrlG/*Bachmann,* § 7 Rz. 50; MünchArbR/*Leinemann,* § 87 Rz. 80; *Leinemann/Linck,* § 7 Rz. 37 f.; aA *Dersch/Neumann,* § 7 Rz. 38; *Boldt/Röhsler,* § 7 Rz. 41.
6 BAG v. 16. 11. 1968, BB 1969, 273 = DB 1969, 355.

II. Erfüllung des Urlaubsanspruchs

Grundsätzlich ist die Festlegung des Urlaubstermines durch den Arbeitgeber in die Kündigungsfrist zulässig[1]. 53

Beispiel 1:
Der Arbeitnehmer hat seinen noch vorhandenen Jahresurlaub in Höhe von 18 Werktagen noch nicht genommen. Am 15. 9. kündigt der Arbeitgeber das Arbeitsverhältnis zum 31. 12.

Beispiel 2:
Dem Arbeitnehmer wird am 9. 9. zum 30. 9 gekündigt. Der Arbeitgeber legt den Urlaub in die Zeit vom 10. 9.–30. 9.

Beispiel 3:
Dem Arbeitnehmer wird am 9. 9. zum 22. 9. gekündigt unter Festlegung des Urlaubs in die Kündigungsfrist.

Beispiel 4:
Für den Arbeitnehmer ist Urlaub vom 25. 9.–21. 10. festgelegt worden. Er hat eine Urlaubsreise vom 26. 9. bis 16. 10. gebucht. Am 11. 8. kündigt der Arbeitnehmer das Arbeitsverhältnis zum 30. 9.

In **Beispiel 1** hat der Arbeitgeber den Urlaub nach § 7 Abs. 1 BUrlG zeitlich festzulegen. Dabei ist zu berücksichtigen, daß Freizeit zu gewähren ist und nur unter den Voraussetzungen des § 7 Abs. 4 BUrlG[2] Abgeltung erfolgen kann.

Im **Beispiel 2** ist der Arbeitgeber berechtigt, den Urlaub in die noch verbleibende Zeit des bestehenden Arbeitsverhältnisses zu legen. Eine Ausnahme würde gelten, wenn es dem Arbeitnehmer unter dem Gesichtspunkt des billigen Ermessens nicht zuzumuten ist, die Freizeit noch während der verbleibenden Dauer des Arbeitsverhältnisses zu nehmen[3]. Das kann zB der Fall sein, wenn der Arbeitnehmer die Zeit zur Suche einer neuen Arbeitsstelle benötigt. Auch dann, wenn der Arbeitnehmer die Kündigung nicht veranlaßt oder das Arbeitsverhältnis selbst aus berechtigtem persönlichen Anlaß, nicht nur aus wichtigem Grund im Sinne des § 626 BGB gekündigt hat und sich bereits auf einen bestimmten Urlaubszeitpunkt festgelegt hatte, kann die Festlegung des Urlaubstermins in die Kündigungsfrist unzulässig sein. Der Arbeitnehmer, der in einem solchen Falle anstelle der Freizeit die Urlaubsabgeltung verlangen wird, muß im Prozeß die Voraussetzungen des Abgeltungsfalles nach § 7 Abs. 4 BUrlG darlegen, dh. vortragen, inwiefern es ihm nicht zuzumuten ist, die Freizeit noch während des Arbeitsverhältnisses zu nehmen. Auch bei der Urlaubserteilung während der Kündigungsfrist sind nach § 7 Abs. 1 BUrlG die Urlaubswünsche des Arbeitnehmers zu beachten. Wenn der Arbeitnehmer der

---

1 BAG v. 26. 10. 1956, BB 1957, 222 = DB 1957, 240; LAG Hamm v. 10. 1. 1979, DB 1979, 507; LAG Schleswig-Holstein v. 16. 7. 1984, 192/84 = BB 1985, 337; BAG v. 18. 12. 1986, DB 1987, 1259; BAG v. 14. 5. 1986, BB 1986, 2338 = DB 1986, 2685.
2 Vgl. unten Rz. 89 ff.
3 BAG v. 5. 2. 1970, BB 1970, 444 = DB 1970, 690.

Urlaubsgewährung widerspricht, ist dies jedoch noch keine Äußerung eines Urlaubswunsches iSv. § 7 Abs. 1 Satz 1 BUrlG, der ein Annahmeverweigerungsrecht begründen könnte[1].

Für **Beispiel 3** gilt das in Beispiel 2 Ausgeführte entsprechend. Jedoch sind wegen eines Teils des Urlaubsanspruchs die Voraussetzungen der Abgeltung gegeben, da Freizeit nur während des Bestehens eines Arbeitsverhältnisses gewährt werden kann. Der Arbeitgeber hat daher noch Resturlaub abzugelten.

In **Beispiel 4** kann der Arbeitgeber den Urlaub in die Kündigungszeit legen. Im Streit über die Berechtigung einer solchen Maßnahme muß der Arbeitnehmer, der wegen seiner gebuchten Urlaubsreise Abgeltung für die Zeit bis 16. 10. verlangen will, die Voraussetzungen der Abgeltung darlegen und auch beweisen. Bei konkreten Urlaubsvorbereitungen des Arbeitnehmers, wie zB durch Buchen einer Urlaubsreise, hat der Arbeitnehmer insbesondere darzulegen, daß eine Umbuchung nicht möglich war. Darüber hinaus ist bei Kündigung durch den Arbeitnehmer zu berücksichtigen, daß er die von ihm begehrte Beendigung des Arbeitsverhältnisses mit seinen Urlaubsplänen abstimmen kann. Im vorliegenden Fall hätte der Arbeitnehmer zB zum 31. 10. kündigen können.

Der Arbeitgeber, der wegen eines Fehlverhaltens des Arbeitnehmers kündigt, kann den Urlaub des Arbeitnehmers, falls das Fehlverhalten in **unberechtigter Abwesenheit vom Arbeitsplatz** besteht, in die Fehlzeiten legen. In diesem Fall muß er jedoch Urlaubsentgelt bezahlen[2].

54 Wird dem Arbeitnehmer, der noch Urlaubsanspruch hat, **fristlos gekündigt**, kann der Urlaub nur **abgegolten** werden. Wenn im Prozeß um die Wirksamkeit der fristlosen Kündigung deren Unwirksamkeit festgestellt wird, wird der Urlaubsanspruch nicht dadurch erledigt, daß der Arbeitgeber nach § 615 BGB (Annahmeverzug) Lohn an den Arbeitnehmer zahlen muß. Der Urlaubsanspruch kann nicht nachträglich in die Frist einer ordentlichen Kündigung gelegt werden[3].

55 Wenn der Arbeitgeber fristlos und vorsorglich für den Fall der Unwirksamkeit der fristlosen Kündigung fristgemäß kündigt und den Resturlaub ebenfalls vorsorglich in die Kündigungsfrist legt, ist darin eine wirksame Urlaubserteilung zu sehen.

56 Eine **Suspendierung oder Freistellung des Arbeitnehmers** nach der Kündigung ist nicht ohne weiteres als Urlaubserteilung anzusehen. Insbesondere besteht im Arbeitsleben kein Erfahrungssatz, daß in der Freistellung von der Arbeitspflicht eine stillschweigende Urlaubserteilung zu sehen ist[4]. Jedoch ist in einem Abgeltungsverlangen eine mißbräuchliche Rechtsausübung zu sehen, wenn der Arbeitnehmer bis zum bevorstehenden Ablauf des Arbeitsverhältnisses von der Arbeit freigestellt ist und ein Rückruf auf den Arbeitsplatz mit

---

1 BAG v. 22. 9. 1992, NZA 1993, 406.
2 BAG v. 5. 2. 1970, BB 1970, 444 = DB 1970, 690.
3 LAG Düsseldorf v. 23. 10. 1962, DB 1962, 1704.
4 BAG v. 16. 11. 1968, BB 1969, 273 = DB 1969, 355.

II. Erfüllung des Urlaubsanspruchs

Sicherheit nicht erfolgen wird[1]. Der Arbeitgeber sollte daher bei einer Freistellung die Anrechnung des Urlaubs unmißverständlich erklären.

d) Dauer des Urlaubs und seine Berechnung

§ 3 Abs. 1 BUrlG regelt die Dauer des Urlaubs. Danach beträgt der jährliche **Mindesturlaub 24 Werktage**. Diese Bestimmung ist eine auch nicht durch Tarifvertrag abdingbare Mindestregelung. Einzelvertraglich sowie in Tarifverträgen kann nur eine längere Urlaubsdauer vereinbart werden[2]. 57

Für die Berechnungsmethode zur Ermittlung der Dauer des Urlaubs wird in § 3 Abs. 2 BUrlG geregelt, daß als Urlaubstage **Werktage**, also alle Tage mit Ausnahme der Sonn- und gesetzlichen Feiertage, zählen. In Tarifverträgen wird zunehmend die Zahl der Urlaubstage nach **Arbeitstagen** bestimmt, wobei die Fünftagewoche berücksichtigt und die Anrechnung der freien Samstage auf den Urlaub ausgeschlossen wird. 58

Das **BAG** geht bei der Berechnung der Urlaubsdauer bei einer Fünf-Tage-Woche von folgender Umrechnung aus:

Für die Bestimmung der Urlaubstage werden Arbeitstage und Werktage zueinander rechnerisch in Beziehung gesetzt[3]. Dies geschieht nach folgender allgemeiner Formel: Urlaubsanspruch geteilt durch Werktage mal Arbeitstage einer Woche.

Bei der Fünf-Tage-Woche gelten daher folgende **Beispiele**:

Gesetzlicher Urlaub: 24 Werktage/5-Tage-Woche

$$\frac{24\ Werktage}{6} \times 5\ Arbeitstage\ je\ Woche = 20\ Arbeitstage$$

Tariflicher Urlaub: 36 Werktage/5-Tage-Woche

$$\frac{36\ Werktage}{6} \times 5\ Arbeitstage\ je\ Woche = 30\ Arbeitstage$$

Einzelarbeitsvertraglicher Urlaub: 30 Werktage/5-Tage-Woche

$$\frac{30\ Werktage}{6} \times 5\ Arbeitstage\ je\ Woche = 25\ Arbeitstage$$

Auch **Teilzeitbeschäftigte** oder **Job-Sharer** haben Anspruch auf Urlaub. Für die Berechnung der Urlaubsdauer gelten die gleichen Regelungen wie bei Vollzeitbeschäftigten, doch er wird für die Dauer der Zahl der ihm zustehenden Urlaubstage von der Arbeit freigestellt. 59

---

1 BAG v. 16. 11. 1968, AP Nr. 3 zu § 7 BUrlG-Abgeltung; BAG v. 9. 1. 1979, BB 1979, 992 = DB 1979, 1138; LAG Baden-Württemberg v. 12. 9. 1980 – 5 Sa 67/80, nv.
2 ZB § 48 BAT. Zur Dauer des Urlaubs bei besonderen Personengruppen vgl. unten Rz. 133–136 (Jugendliche) und Rz. 143–151 (Schwerbehinderte).
3 Ständige Rechtsprechung seit BAG v. 8. 3. 1984, BB 1984, 1489 = DB 1984, 1885; bspw. BAG v. 14. 1. 1992, BB 1992, 995 = DB 1992, 1889.

Beispiel:

Tarifvertraglicher Urlaub: 25 Arbeitstage/5-Tage-Woche
Arbeitnehmer arbeitet 2 Tage/Woche

$$\frac{25 \text{ Werktage}}{5} \times 2 = 10 \text{ Arbeitstage}$$

60 Auch **geringfügig Beschäftigte** haben einen Urlaubsanspruch. Die Dauer des Urlaubs ergibt sich aus der Zahl der zu arbeitenden Arbeitstage. Daher hat auch die zweimal wöchentlich jeweils vier Stunden arbeitende Putzfrau einen Urlaubsanspruch. Die Gesamtdauer des Urlaubs (24 Tage) ist durch die Zahl der Werktage (6 Tage) zu teilen und mit der Zahl der zu leistenden Arbeitstage zu multiplizieren.

Beispiel:

$$\frac{24 \text{ Tage}}{6 \text{ Werktage}} \times 2 \text{ Arbeitstage} = 8 \text{ Arbeitstage}$$

Die geringfügig beschäftigte Putzfrau hat also Anspruch auf Arbeitsfreistellung für 8 Arbeitstage.

61 Ist die regelmäßige Arbeitszeit eines Arbeitnehmers auf einen Zeitraum verteilt, der **nicht mit einer Kalenderwoche übereinstimmt,** muß die Umrechnung eines nach Arbeitstagen bemessenen Urlaubsanspruchs auf längere Zeitabschnitte als eine Woche abgestellt werden[1].

Die Urlaubsdauer errechnet sich daher bspw. bei einer **flexiblen Arbeitszeit** folgendermaßen: Gesetzliche oder tarifliche Urlaubsdauer geteilt durch die Jahreswerktage (oder bei einem auf Arbeitstage bezogenen Urlaubsanspruch die Jahresarbeitstage) multipliziert mit den Tagen, an denen der Arbeitnehmer zur Arbeit verpflichtet ist[2].

Hat ein Arbeitnehmer mit einem Urlaubsanspruch von 38 Werktagen in einer Sechs-Tage-Woche im Rahmen eines rollierenden Freizeitsystems 26 Wochen an 5 Tagen, 21 Wochen an 4 Tagen und 5 Wochen an 3 Tagen zu arbeiten, so ist der Urlaub folgendermaßen zu berechnen:

Urlaubsdauer von 38 Werktagen geteilt durch 312 Jahreswerktage (52 Wochen × 6 Werktage) multipliziert mit 229 Arbeitstagen (26 Wochen × 5 Arbeitstagen + 21 Wochen × 4 Arbeitstagen + 5 Wochen × 3 Arbeitstagen). Hieraus ergibt sich eine Urlaubsdauer von 27,89 Arbeitstagen.

Dabei ist der über 27 Tage hinausreichende Bruchteil weder auf- noch abzurunden, da § 5 Abs. 2 BUrlG nicht einschlägig ist[3].

62 Ein in die Urlaubszeit fallendes Ereignis, bei dem dem Arbeitnehmer ohne Urlaub Freizeit unter Fortzahlung der Bezüge nach § 616 Abs. 1 BGB zugestanden hätte[4], begründet für die Arbeitnehmer **keinen Anspruch auf Nachgewäh-**

---

1 BAG v. 22. 10. 1991, DB 1993, 841 = NZA 1993, 79.
2 *Leinemann/Linck,* § 3 Rz. 41; MünchArbR/*Leinemann,* § 87 Rz. 61.
3 Vgl. Fn. 2.
4 ZB Niederkunft der Ehefrau.

II. Erfüllung des Urlaubsanspruchs

rung eines Urlaubstages, soweit keine entsprechende einzelvertragliche oder tarifvertragliche Regelung besteht[1]. Nach dem Urteil des BAG gibt es keinen entsprechenden allgemeinen Rechtssatz. Solche Ereignisse fallen demnach in den Risikobereich jedes einzelnen Arbeitnehmers. Auch sonstige familiäre Ereignisse in der Urlaubszeit begründen keinen Anspruch auf Nachurlaub[2]. Eine Nachgewährung hat nur in solchen Fällen zu erfolgen, in denen der Lohn für den auf Grund bestimmter Ereignisse eintretenden Verdienstausfall kraft Gesetzes unabdingbar weiterzuzahlen ist[3].

3. Urlaubsentgelt

a) Die Berechnung des Urlaubsentgelts

Nach § 11 BUrlG ist das Urlaubsentgelt aus dem in den **letzten 13 abgerechneten Wochen** vor Urlaubsantritt erzielten Arbeitsverdienst zu errechnen. Es muß daher der Gesamtarbeitsverdienst des Arbeitnehmers im Dreizehnwochenzeitraum ermittelt werden. Dazu zählen neben dem normalen Arbeitsentgelt alle **Zulagen**, die im Zusammenhang mit der Arbeitsleistung bezahlt worden sind, wie zB Erschwerniszulagen, Schmutzzulagen, Gefahrenzulagen oder Schichtzulagen. Angefallene **Überstundenvergütungen** im Berechnungszeitraum sind nicht mehr zu berücksichtigen[4]. 63

Spesen, Fahrgeld oder Auslösungen, die der Arbeitnehmer als Ersatz für Aufwendungen erhält, zählen nicht zum Arbeitsentgelt und bleiben bei der Urlaubsentgeltberechnung außer Betracht. Ebenfalls **einmalige Leistungen** wie Weihnachtsgratifikationen oder Treueprämien, die im Berechnungszeitraum zur Auszahlung gelangen. 64

Bei Bezahlung auf **Provisionsbasis** ist die im Durchschnitt der letzten 13 Wochen erzielte Provision zu zahlen. In einem solchen Fall kann aber die Natur des Arbeitsverhältnisses es von vornherein ausschließen, auf der Basis von 13 Wochen ein verläßliches Bild des erzielten Arbeitsverdienstes zu gewinnen. Man wird dann einen längeren Berechnungszeitraum wählen müssen[5]. So kann auch bei Bedienungsprozenten im Gaststättengewerbe verfahren werden[6]. 65

Erhält der Arbeitnehmer während des Arbeitsverhältnisses **Sachbezüge** (Kost, Logis), die während des Urlaubs nicht weitergewährt werden, so sind diese für die Dauer des Urlaubs entsprechend der Sachbezugsordnung in bar abzugelten.

Wird im **Akkord** gearbeitet, wird nach der üblichen Abrechnungsmethode ermittelt, was der Arbeitnehmer tatsächlich erhalten hat. 66

---

1 BAG v. 1. 8. 1963, BB 1963, 1339 = DB 1963, 1579.
2 BAG v. 11. 1. 1966, BB 1966, 369 = DB 1966, 156, 427.
3 Krankheit, Kur, Musterung; BAG v. 11. 1. 1966, BB 1966, 369; BAG v. 1. 8. 1963, BB 1963, 1339 = DB 1963, 1579.
4 Art. 2 Nr. 2 des Arbeitsrechtlichen Beschäftigungsförderungsgesetzes v. 25. 9. 1996, BGBl. I, 1476.
5 BAG v. 9. 12. 1965, BB 1966, 164 = DB 1966, 306; BAG v. 19. 9. 1985, DB 1986, 699.
6 BAG v. 30. 7. 1975, BB 1975, 1578 = DB 1976, 106.

Tantiemen und **Gewinnbeteiligungen,** bei denen die zeitliche Bindung an eine bestimmte Arbeitsleistung fehlt, und die nur zufällig im Berechnungszeitraum anfallen, sind nicht mitzurechnen[1].

67 Besteht das Arbeitsverhältnis **noch keine 13 Wochen,** ist von dem gesetzlichen Bezugszeitraum abzuweichen und entsprechend der Dauer des Arbeitsverhältnisses zu rechnen. Dasselbe gilt für Krankheit und den dadurch verursachten Entfall eines Arbeitsverdienstes.

Der Urlaub wird gem. § 3 BUrlG nach Werktagen berechnet; es muß daher das Urlaubsentgelt regelmäßig auch tageweise berechnet werden.

68 Der **Tagesverdienst** errechnet sich aus dem Verdienst der letzten 13 Wochen, geteilt durch die Arbeitstage. Dabei sind alle Arbeitstage zu berücksichtigen[2].

Bei **Wochenlohn** ist die Tagesvergütung zu ermitteln, indem man den Wochenlohn durch sechs teilt; bei **Monatslohn** gilt der Divisor 26. Eine andere Berechnungsart kann durch Tarifvertrag oder auch einzelvertraglich zugunsten des Arbeitnehmers vereinbart werden.

69 Dieselbe Art der Berechnung gilt auch für **Teilzeitbeschäftigte.** So ist bei der Halbtagskraft in gleicher Weise der Gesamtverdienst der letzten 13 Wochen durch 78 zu teilen. Auch bei Arbeitnehmern, die nur an einigen Tagen der Woche arbeiten, kann ohne Abweichung der Grundverdienst durch 78 geteilt werden[3].

70 Wenn während des Bezugszeitraums oder während des Urlaubs eine **Verdiensterhöhung** nicht nur vorübergehender Art zB durch Tariferhöhung eintritt, muß die Berechnung so durchgeführt werden, als wenn der erhöhte Verdienst schon seit Beginn des Bezugszeitraums bestanden hätte (§ 11 Abs. 1 Satz 2 BUrlG). Bei **Verdienstminderung** des Arbeitnehmers im Berechnungszeitraum wegen Kurzarbeit, Arbeitsausfällen oder sonstiger unverschuldeter Arbeitsversäumnis ist der Verdienst auf den normalen Verdienst ohne die Minderung hochzurechnen (§ 11 Abs. 1 Satz 3 BUrlG).

71 Verdienstminderungen infolge **Kurzarbeit und Arbeitsausfall** im Berechnungszeitraum bleiben nach Auffassung des BAG aber bei der Berechnung des Urlaubsentgelts nur dann außer Betracht, wenn der urlaubsberechtigte Arbeitnehmer selbst Kurzarbeit geleistet hat oder unmittelbar von einem Arbeitsunfall betroffen war[4].

Werden in einem Tarifvertrag bei der Berechnung der Urlaubsvergütung **Kurzarbeitszeiten** als Berechnungsfaktor anspruchmindernd berücksichtigt, ist dies nicht zu beanstanden, wenn die Urlaubsvergütung durch die Einbeziehung eines Zuschlags (Urlaubsgeld) insgesamt höher ist, als der Lohnanspruch ohne die Berücksichtigung der Kurzarbeit gewesen wäre[5].

---

1 BAG v. 24. 2. 1972, BB 1972, 619 = DB 1972, 832, 1832.
2 BAG v. 9. 12. 1965, DB 1966, 306.
3 Vgl. auch *Boldt/Röhsler*, § 11 Rz. 91; *Leinemann/Linck*, § 11 Rz. 60 f.
4 BAG v. 27. 6. 1978, DB 1978, 1939.
5 BAG v. 13. 11. 1986, DB 1987, 843.

Stellt eine Berechnungsregelung in einem Tarifvertrag für den Anspruch auf Urlaubsentgelt nur auf im Bezugszeitraum **tatsächlich geleistete und bezahlte Arbeit** ab, ist es ausgeschlossen, Arbeitszeit in die Berechnung einzubeziehen, die wegen Kurzarbeit ausgefallen ist[1]. 72

Eine vertragliche Regelung, die den während des gesetzlichen Mindesturlaubs weiterbestehenden Vergütungsanspruch des Arbeitnehmers mindert, ist unwirksam[2].

Während der urlaubsbedingten Abwesenheit des Arbeitnehmers **weiterbezahlte Teile des Arbeitsentgelts** sind bei der Ermittlung des Gesamtverdienstes des 13-Wochen-Zeitraums grundsätzlich nicht zu berücksichtigen[3].

b) Auszahlung des Urlaubsentgelts

Nach § 11 Abs. 2 BUrlG ist das Urlaubsentgelt **vor Antritt des Urlaubs** auszuzahlen. Der Arbeitnehmer muß danach in angemessener Zeit vor Beginn des Urlaubs über das Geld verfügen können. 73

Bei Angestellten, die regelmäßig zu einem bestimmten Zeitpunkt ihr Gehalt bekommen und in der Regel auch während des Urlaubs das Gehalt wie üblich fortbeziehen, ist davon auszugehen, daß diese Zahlung keine für den Arbeitnehmer ungünstigere und damit verbotene Regelung darstellt[4]. Konsequenterweise wird man diese Regelung auch für Arbeiter mit **unveränderten Bezügen zu regelmäßigen Terminen** im Monat zulassen müssen. Allerdings ist in allen Fällen auf Verlangen des Arbeitnehmers bei Urlaubsantritt ein angemessener Abschlag auf das Urlaubsentgelt zu zahlen.

Eine rechtswirksame Zahlung von Urlaubsentgelt setzt voraus, daß sie in bestimmter, **vom sonstigen Arbeitsentgelt abgegrenzter und unterscheidbarer Höhe** erfolgt[5]. Die Lohnabrechnung muß eine Abgrenzung zwischen Urlaubsentgelt und Arbeitsentgelt zulassen und die Bestimmung der Höhe des Urlaubsentgelts ermöglichen. 74

Der Arbeitgeber ist darüber hinaus zur Zahlung des Urlaubsentgelts an den im Urlaub befindlichen Arbeitnehmer auch während **Streiktagen** verpflichtet, da ein bewilligter Urlaub nicht dadurch unterbrochen wird, daß während des Urlaubs der Betrieb bestreikt wird[6]. 75

c) Rückforderung zuviel gezahlten Urlaubsentgelts

Zahlt der Arbeitgeber infolge falscher Berechnung dem Arbeitnehmer irrtümlich zuviel Urlaubsentgelt aus, so kann er den zuviel gezahlten Betrag ebenso 76

---

1 BAG v. 27. 1. 1987, BB 1987, 1672 = DB 1987, 1363.
2 BAG v. 21. 3. 1985, DB 1985, 2153.
3 BAG v. 5. 2. 1970, BB 1970, 581 = DB 1970, 787.
4 So die wohl hM; vgl. Boldt/Röhsler, § 11 Rz. 96 mwN; Leinemann/Linck, § 11 Rz. 94; Gross, S. 32.
5 BAG v. 3. 11. 1965, BB 1966, 247 = DB 1966, 196.
6 BAG v. 9. 2. 1982, BB 1982, 993 = DB 1982, 1328.

wie zuviel gezahlten Lohn nach §§ 812 ff. BGB zurückfordern[1]. Hier gilt nicht die kurze Verjährungsfrist des § 196 BGB, sondern die allgemeine dreißigjährige Verjährungsfrist[2]. Allerdings wird der Arbeitnehmer, der irrtümlich zuviel Urlaubsentgelt erhalten hat, oft das Geld im Urlaub verbraucht haben und daher **entreichert** sein. Damit würde die Rückforderung entfallen, es sei denn, der Arbeitnehmer hatte die falsche Berechnung erkannt (§ 814 BGB).

Wegen der Rückforderung zuviel gezahlten Urlaubsentgelts wegen zuviel erteilten Urlaubs vgl. unten Rz. 200 f.

4. Urlaubsgeld

77 Neben dem für die Urlaubszeit zu gewährenden Urlaubsentgelt nach § 11 BUrlG erhalten Arbeitnehmer häufig aus Anlaß des Urlaubs eine **betriebliche Sonderzuwendung,** die vom Urlaubsentgelt und dessen rechtlicher Behandlung zu unterscheiden ist. Diese zusätzliche Leistung des Arbeitgebers, hinter der kein Freizeitanspruch steht, nennt man Urlaubsgeld[3]. Die Zahlung des Urlaubsgeldes wird häufig mit einem Rückzahlungsvorbehalt belastet und ist in diesem Falle wie eine Gratifikation zu behandeln[4].

78 Zulässig ist es, für Arbeitnehmer, die aufgrund einzelvertraglicher Vereinbarung **regelmäßig verkürzt arbeiten,** wenn keine entgegenstehende tarifliche Regelung besteht, den Anspruch auf ein im Verhältnis ihrer Arbeitszeit gemindertes Urlaubsgeld zu mindern[5].

Allerdings ist eine **Vergütungsabrede mit einem teilzeitbeschäftigten Arbeitnehmer** wegen Verstoßes gegen Art. 1 § 2 Abs. 1 BeschFG 1985 unwirksam, wenn der Anspruch nicht auf einem dem Maß der vereinbarten regelmäßigen Arbeitszeit entsprechenden Teil des Urlaubsgeldes besteht, das der Arbeitgeber einem vollzeitbeschäftigen Arbeitnehmer zahlt[6].

79 **Schwerbehinderte** haben nur dann einen Anspruch auf ein zusätzliches tarifliches Urlaubsgeld für den **gesetzlichen Zusatzurlaub,** wenn dies ausdrücklich vertraglich vereinbart worden ist[7].

---

1 BAG v. 31. 3. 1960, BB 1960, 593 = DB 1960, 612; so auch die überwiegende Meinung in der Lit., vgl. *Dersch/Neumann*, § 5 Rz. 53, § 11 Rz. 82; *Gross*, S. 32.
2 BAG v. 20. 9. 1972, BB 1972, 1453 = DB 1972, 2309.
3 BAG v. 9. 3. 1967, BB 1967, 629 = DB 1967, 823; Urt. v. 15. 3. 1973, BB 1973, 663 = DB 1973, 973.
4 Wegen Rückzahlung des Urlaubsentgelts vgl. unten Rz. 200–201.
5 BAG v. 23. 7. 1976, BB 1976, 1512 = DB 1976, 2214.
6 BAG v. 15. 11. 1990, BB 1991, 771 = DB 1991, 865.
7 BAG v. 30. 7. 1986, BB 1986, 406 = DB 1986, 2337.

II. Erfüllung des Urlaubsanspruchs   Rz. 82 **Teil 2 C**

5. Urlaubsanspruch bei Arbeitsplatzwechsel
a) Ausschluß von Doppelansprüchen

Der Arbeitnehmer hat einmal im Jahr Anspruch auf den gesetzlichen Mindesturlaub (§§ 1, 3 Abs. 1 BUrlG). Insbesondere bei einem Arbeitsplatzwechsel könnten sich Fälle ergeben, in denen der Arbeitnehmer bei jedem einzelnen Arbeitsverhältnis mehr Urlaubsansprüche erwirbt. Hier greift die Regelung des § 6 Abs. 1 BUrlG ein, um Doppelansprüche des Arbeitnehmers zu verhindern. 80

Beispiel:
Der Arbeitnehmer hat vom 2. 1.–30. 9. 1997 in einem tariflich nicht gebundenen Arbeitsverhältnis gearbeitet und den vollen gesetzlichen Jahresurlaub von 24 Werktagen erhalten. Ab 1. 10. 1997 arbeitet er in einem neuen ebenfalls nicht tariflich gebundenen Arbeitsverhältnis.

In diesem Fall würde der Arbeitnehmer ab 1. 10. 1997 einen **Teilurlaubsanspruch** gegen seinen neuen Arbeitgeber nach § 5 Abs. 1 Buchst. a BUrlG erwerben. Denn Teilurlaubsansprüche nach § 5 Abs. 1 Buchst. a und b BUrlG entstehen unabhängig davon, ob der Arbeitnehmer für das laufende Kalenderjahr bereits Anspruch auf den vollen Jahresurlaub gegen einen früheren Arbeitgeber erworben hat[1]. Nach der Regelung des § 6 Abs. 1 BUrlG **entfällt** jedoch dieser Anspruch, da der Jahresurlaub schon gewährt worden ist. Es genügt jedoch nicht die bloße Tatsache des Bestehens eines Urlaubsanspruchs gegenüber einem früheren Arbeitgeber[2]. Der Urlaub muß auch tatsächlich gewährt worden sein[3].

Das Gesetz verpflichtet den Arbeitgeber, beim Ausscheiden des Arbeitnehmers diesem eine **Bescheinigung** über den bereits gewährten oder abgegoltenen Urlaub des Kalenderjahres zu erteilen (§ 6 Abs. 2 BUrlG). Der Arbeitnehmer kann vom Arbeitgeber klageweise die Erteilung dieser Urlaubsbescheinigung verlangen. 81

Beispiel:
Der Arbeitnehmer scheidet am 30. 4. 1997 aus dem seit 1. 1. 1997 bestehenden Arbeitsverhältnis aus und verlangt vom Arbeitgeber Abgeltung des Teilurlaubs von acht Tagen. Der Arbeitgeber verweist ihn darauf, daß er in seinem neuen Arbeitsverhältnis ab 1. 5. 1997 noch Anspruch auf den vollen Jahresurlaub erwerben könne.

Der auf Urlaubsabgeltung in Anspruch genommene bisherige Arbeitgeber kann tatsächlich den Arbeitnehmer auf einen gegen den späteren Arbeitgeber bereits entstandenen **Freizeitanspruch** verweisen. Jedoch ist das Bestehen des Freizeitanspruchs nach den Verhältnissen im Zeitpunkt der gerichtlichen Geltendma- 82

---
1 BAG v. 17. 2. 1966, BB 1966, 452 = DB 1966, 346, 627.
2 BAG v. 17. 2. 1966, BB 1966, 452 = DB 1966, 346, 627.
3 GK-BUrlG/*Bachmann*, § 6 Rz. 3; *Boldt/Röhsler*, § 6 Rz. 8; *Dersch/Neumann*, § 6 Rz. 4; *Gross*, S. 33; *Leinemann/Linck*, § 6 Rz. 7.

chung des Abgeltungsanspruchs zu beurteilen[1]. In der Regel wird daher wegen der Wartezeit von sechs Monaten der Freizeitanspruch noch nicht bestehen. Nur die Möglichkeit, daß der Freizeitanspruch entsteht, reicht nicht aus. Der Arbeitgeber muß daher den Urlaub **abgelten.**

Beispiel:

Der Arbeitnehmer ist seit 11. 10. 1996 in einem tarifgebundenen Arbeitsverhältnis beschäftigt. In dem früheren nicht tarifgebundenen Arbeitsverhältnis hat er bereits den gesamten gesetzlichen Jahresurlaub 1996 von 24 Werktagen erhalten. Der Tarifvertrag sieht einen Jahresurlaub von 30 Werktagen vor und enthält das Zwölftelungsprinzip des § 5 Abs. 1 Buchst. a BUrlG sowie die wörtliche Übernahme des § 6 Abs. 1 BUrlG.

Hier hat das BAG entschieden, daß bei **Teilurlaubsansprüchen** auf der Grundlage eines **höheren Jahresurlaubs** dieser insoweit entfällt, als beide Urlaubsansprüche sich auf einander überdeckende Teile des Kalenderjahres beziehen[2].

83 Im **Streitfall** hat der neue **Arbeitgeber darzulegen und zu beweisen,** daß dem Arbeitnehmer von einem anderen Arbeitgeber bereits Urlaub gewährt worden ist. Denn § 6 BUrlG ist eine zugunsten des Arbeitgebers erlassene Vorschrift, die ausnahmsweise den an sich entstandenen Urlaubsanspruch entfallen läßt[3].

b) Urlaub bei Mehrfachbeschäftigung

84 Während § 6 BUrlG gesetzlich den Doppelurlaub in einem Urlaubsjahr bei zeitlich hintereinander liegender Beschäftigung des Arbeitnehmers bei mehreren Arbeitgebern ausschließt, hat der Arbeitnehmer bei parallel nebeneinander bestehenden Arbeitsverhältnissen **Urlaubsansprüche gegen jeden einzelnen Arbeitgeber.** Auch bei Überschreiten der gesetzlich zulässigen Höchstarbeitszeit und der sich daraus ergebenden Nichtigkeit des oder der zusätzlichen Arbeitsverhältnisse[4] bleiben die Urlaubsansprüche gegen jeden Arbeitgeber bestehen. Es müssen allerdings jeweils die üblichen Voraussetzungen des Urlaubsanspruchs, zB Erfüllen der Wartezeit, vorliegen. Das Urlaubsentgelt richtet sich bei jedem einzelnen Beschäftigungsverhältnis nach dem entsprechenden Arbeitsentgelt. Bei der Festlegung des Urlaubs ist von allen Arbeitgebern § 7 Abs. 2 BUrlG zu beachten, wonach der Urlaub grundsätzlich zusammenhängend zu gewähren ist.

6. Erwerbstätigkeit während des Urlaubs

85 Nach § 8 BUrlG darf der Arbeitnehmer während des Urlaubs entgeltlich keine Tätigkeit ausüben, die mit dem **Urlaubszweck,** nämlich sich von geleisteter Arbeit zu erholen und für künftige Arbeit Kraftreserven zu schaffen, nicht vereinbar ist.

---

1 BAG v. 5. 11. 1970, BB 1971, 220 = DB 1971, 199.
2 BAG v. 6. 11. 1969, BB 1970, 260 = DB 1970, 354.
3 *Leinemann/Linck,* § 6 Rz. 30; *Schaub,* § 102 A II 4c; *Schütz/Hauck,* Rz. 852.
4 BAG v. 12. 12. 1959, BB 1960, 238 = DB 1960, 387.

II. Erfüllung des Urlaubsanspruchs

Ob durch eine Tätigkeit der Urlaubszweck verhindert wird, ist im Einzelfall nach **Art und Umfang der Arbeit** zu beurteilen. So wird Schreibtischarbeit für sonst körperlich Arbeitende oder körperliche Arbeit für Büroangestellte jeweils in nicht großem Umfang den Urlaubszweck noch nicht vereiteln. Von entscheidender Bedeutung für die Frage, ob eine Tätigkeit während des Urlaubs vom Gesetz verboten ist oder nicht, ist, ob die Urlaubsarbeit **in erster Linie dem Erwerb dient**. Bei Zweckentfremdung des Urlaubs durch unzulässige Erwerbsarbeit verliert der Arbeitnehmer den Anspruch auf Urlaubsentgelt bzw. kann der Arbeitgeber das bereits gezahlte Urlaubsentgelt nach § 812 Abs. 1 Satz 2 BGB zurückfordern.

Etwas anderes ergibt sich auch nicht für den Fall, daß bei Kündigung des Arbeitsverhältnisses der Urlaub in die Kündigungszeit gelegt wird und der Arbeitnehmer **während der Urlaubszeit** eine **neue Stellung** antritt. 86

Beispiel:
Der Arbeitnehmer kündigt sein Arbeitsverhältnis zum 31. 3. 1997. Im Einvernehmen mit dem Arbeitgeber wird der anteilige Urlaub für 1997 von acht Tagen in die Kündigungsfrist gelegt. Bereits am 18. 3. 1997 tritt der Arbeitnehmer seine neue Stelle an.

Nach der früheren **Rechtsprechung des BAG** verlor der Arbeitnehmer, der gegen das in § 8 BUrlG normierte Tätigkeitsverbot verstieß, seinen Urlaubsentgeltanspruch. Diese Auffassung hat das BAG inzwischen aufgegeben[1]. Ein Verstoß gegen die sich aus § 8 BUrlG ergebende Pflicht, während des gesetzlichen Mindesturlaubs keine dem Urlaubszweck widersprechende Erwerbstätigkeit vorzunehmen, begründet danach weder ein Recht des Arbeitgebers, die Urlaubsvergütung zu kürzen, noch entfällt dadurch der Anspruch des Arbeitnehmers auf die Urlaubsvergütung.

Wenn der Arbeitgeber von einer verbotenen Erwerbstätigkeit seines Arbeitnehmers während des Urlaubs Kenntnis erlangt, kann er auf **Unterlassung** klagen. Die Vollstreckung erfolgt nach § 890 ZPO. Der Unterlassungsanspruch kann auch mit einer einstweiligen Verfügung durchgesetzt werden (§ 940 ZPO)[2]. 87

Ob der Arbeitgeber wegen Verstoßes gegen § 8 BUrlG zur **Kündigung** des Arbeitsverhältnisses berechtigt ist, hängt von den Umständen des Einzelfalls ab. Insbesondere wird die Schwere des Verstoßes bei der Frage zu berücksichtigen sein, ob lediglich eine Abmahnung, eine fristgerechte Kündigung (verhaltensbedingt im Sinne des § 1 Abs. 2 Satz 1 KSchG) oder sogar eine außerordentliche Kündigung gerechtfertigt ist. 88

---

1 BAG v. 25. 2. 1988, BB 1988, 2246 = 1988, 1554.
2 Vgl. *Dersch/Neumann*, § 8 Rz. 8 mwN.

7. Urlaubsabgeltung

a) Grundsatz des Abgeltungsverbotes

89 Die Abgeltung des Urlaubs erfolgt in Form einer **Geldzahlung anstelle der Freizeitgewährung** und ist im Urlaubsrecht als Ersatz des nicht mehr erfüllbaren Freizeitanspruchs geregelt. Dabei ist davon auszugehen, daß zu den Grundsätzen des Urlaubsrechts unabdingbar gehört, daß jeder berechtigte Urlaubsanspruch **zunächst als Freizeit** zu erfüllen ist. Daraus ergibt sich zwingend, daß die Abgeltung des Urlaubs als der gesetzlich geregelte **Ausnahmefall** nicht über den im Gesetz vorgesehenen Bereich hinaus ausgedehnt werden darf[1].

b) Die gesetzliche Ausnahmeregelung des § 7 Abs. 4 BUrlG

90 Eine Abgeltung des Urlaubs ist nach § 7 Abs. 4 BUrlG nur zulässig, wenn und soweit der Urlaub wegen Beendigung des Arbeitsverhältnisses **nicht mehr als Freizeit verwirklicht werden kann.** Diese Bestimmung ist als abschließende Ausnahmeregelung im Gesetz zu verstehen. Die Einführung sonstiger Abgeltungstatbestände für einen nicht erfüllten und noch bestehenden Freizeitanspruch ist daher auch in Tarifverträgen im Grundsatz nicht gestattet[2].

Tarifverträge können aber für fortbestehende Arbeitsverhältnisse Urlaubsabgeltungsregelungen treffen für den Fall, daß der Arbeitnehmer den Urlaub **wegen Krankheit** weder im Urlaubsjahr noch im Übertragungszeitraum des Folgejahres nehmen konnte[3].

91 Schließt ein Arbeitsverhältnis an ein **Berufsausbildungsverhältnis** beim gleichen Arbeitgeber an, ist die Abgeltung von noch nicht erfüllten Urlaubsansprüchen aus dem Berufsausbildungsverhältnis ausgeschlossen. Diese Urlaubsansprüche sind nach den für das Arbeitsverhältnis maßgebenden Vorschriften zu erfüllen[4].

92 Eine **Vereinbarung zwischen Arbeitnehmer und Arbeitgeber** über eine Urlaubsabgeltung in einem nicht von § 7 Abs. 4 BUrlG erfaßten Fall ist wegen Verstoßes gegen gesetzliche Bestimmungen **nach § 134 BGB nichtig.** Der Arbeitnehmer verliert in einem solchen Fall nicht seinen Anspruch auf bezahlte Freizeit, muß aber den als Freizeitausgleich erhaltenen Geldbetrag auch nicht zurückzahlen (§ 817 Satz 2 BGB), es sei denn, er hat selbst die gesetzwidrige Abgeltung veranlaßt[5]. In diesem Fall kann die Geltendmachung des Urlaubsanspruchs rechtsmißbräuchlich sein. Es ist auch denkbar, daß sich der Arbeitnehmer aus diesem Grunde den bereits erhaltenen Abgeltungsbetrag auf das Urlaubsentgelt anrechnen lassen muß.

---

1 Vgl. *Dersch/Neumann*, § 7 Rz. 98; *Gross*, S. 36.
2 BAG v. 3. 2. 1971, BB 1971, 436 = DB 1971, 683.
3 BAG v. 26. 5. 1983, BB 1983, 2259 = DB 1983, 2522 zum Urlaubsabkommen für die Metallindustrie Südwürttemberg-Hohenzollern v. 23. 1. 1979.
4 BAG v. 29. 11. 1984, BB 1985, 1985 = DB 1985, 1347.
5 BAG v. 21. 3. 1968, BB 1968, 834 = DB 1968, 1275.

II. Erfüllung des Urlaubsanspruchs

Der Urlaubsabgeltungsanspruch **entsteht mit Ausscheiden des Arbeitnehmers** aus dem Arbeitsverhältnis, ohne daß es dafür weiterer Handlungen des Arbeitgebers oder des Arbeitnehmers bedarf[1]. 93

Ohne Bedeutung für das Entstehen des Abgeltungsanspruchs ist, ob die Urlaubsgewährung vor Beendigung des Arbeitsverhältnisses möglich war oder ob der Anspruch erfolglos geltend gemacht wurde. Zuerst ist jedoch jeweils im Einzelfall festzustellen, ob zum Zeitpunkt des Ausscheidens (beispielsweise zum Jahresende oder zum Ende des Übertragungszeitraums) überhaupt noch Urlaubsansprüche bestehen oder ob sie, weil sie nicht rechtzeitig geltend gemacht wurden, teilweise oder ganz wegen Unmöglichkeit der Erfüllung vor Fristende erloschen sind[2].

Dabei entsteht der Urlaubsabgeltungsanspruch als Surrogat des Urlaubsanspruchs mit dem Ausscheiden, gleichgültig, ob der Arbeitnehmer zu diesem Zeitpunkt seine vertragliche Arbeitsleistung erbringen kann, er also **arbeitsfähig ist oder nicht**[3]. 94

Von der Entstehung des Urlaubsabgeltungsanspruchs ist zu trennen, ob der Anspruch **erfüllbar** ist und daher der **Befristung** unterliegt. Dies bedeutet, daß der Urlaubsabgeltungsanspruch mit Ablauf des Kalenderjahres erlischt, in dem der Urlaubsanspruch entstanden ist bzw. bei Vorliegen der Übertragungsvoraussetzungen des § 7 Abs. 3 BUrlG mit Ablauf des Übertragungszeitraums am 31. 3. des folgenden Jahres. 95

Beispiel:

Ein Arbeitnehmer ist vom 8. 1. bis 7. 7. arbeitsunfähig. Sein Arbeitsverhältnis endet am 30. 6. Am 15. 7. beginnt der Arbeitnehmer ein neues Arbeitsverhältnis[4]. *Der Arbeitnehmer kann in diesem Fall Abgeltung des noch nicht erfüllten Urlaubs verlangen. Ist der Arbeitnehmer bis über den 31. 3. des Folgejahres hinaus krank, steht ihm kein Anspruch auf Abgeltung zu, denn der Anspruch ist als Surrogat des Urlaubsanspruchs erloschen.*

c) Die Berechnung des Abgeltungsbetrages

Im BUrlG finden sich keine Bestimmungen über die Berechnung des Abgeltungsbetrages. Dieser muß daher nach denselben Regeln **wie das Urlaubsentgelt** nach § 11 BUrlG ermittelt werden[5]. Insofern kann auf die Ausführungen oben Rz. 62 ff. verwiesen werden. 96

Wenn in einem Tarifvertrag für die Berechnung des Abgeltungsbetrages keine besonderen Regelungen vorgesehen sind, ist sie nach dem **Verdienst der letzten 13 Wochen** vorzunehmen. Ergeben sich bei der Berechnung des Abgeltungsbetrages Bruchteile von Tagen, so ist bei mindestens einem halben Tag auf einen

---

1 BAG v. 19. 1. 1993, BB 1993, 1516 = DB 1993, 1724.
2 BAG v. 7. 12. 1993, BB 1995, 309 = DB 1994, 1088 = EzA § 7 BUrlG Nr. 91.
3 BAG ständige Rechtsprechung bspw. v. 26. 4. 1990, BB 1990, 2490 = DB 1990, 1925.
4 BAG v. 28. 6. 1984, BB 1984, 2133 = DB 1984, 2716.
5 Einhellige Meinung; vgl. BAG v. 20. 10. 1966, DB 1967, 386.

Tag aufzurunden. Bruchteile von weniger als einem halben Tag sind nach geänderter Rechtsprechung des BAG entsprechend ihrem Umfang abzugelten[1].

d) Wegfall der Abgeltung

97 Nach der heute nicht mehr gültigen Bestimmung des § 7 Abs. 4 Satz 2 BUrlG[2] entfiel der Abgeltungsanspruch des Arbeitnehmers unter bestimmten Voraussetzungen. Es handelte sich um Fälle, in denen der Arbeitnehmer unter **grober Verletzung der Treuepflicht das Arbeitsverhältnis unberechtigt vorzeitig gelöst** hat bzw. durch eigenes Verschulden aus einem Grunde entlassen wurde, der eine fristlose Kündigung rechtfertigte, und auch hier eine grobe Verletzung der Treuepflicht beim Arbeitnehmer vorlag. Mit § 7 Abs. 4 Satz 2 BUrlG fand damit eine ständige Rechtsprechung der Arbeitsgerichte im Gesetz ihren Niederschlag, nach der in solchen Fällen das Abgeltungsverlangen des Arbeitnehmers nach § 242 BGB auf Rechtsmißbräuchlichkeit überprüft wurde.

Trotz der Streichung dieser Bestimmung wird auch in Zukunft das Abgeltungsverlangen des Arbeitnehmers daraufhin überprüft werden können, ob es einen **Rechtsmißbrauch** darstellt[3].

Dabei wird man die bisherige Rechtsprechung zu § 7 Abs. 4 Satz 2 BUrlG berücksichtigen können. Der Arbeitgeber hat in solchen Fällen die Tatsache vorzutragen und zu beweisen, die das grundsätzlich berechtigte Abgeltungsverlangen des Arbeitnehmers als einen Rechtsmißbrauch erscheinen lassen. Die Gerichte werden auch in Zukunft wie bereits in der Vergangenheit bei der Prüfung nur in **Ausnahmefällen** einen Rechtsmißbrauch annehmen, zB wenn das Fordern des Abgeltungsbetrages arglistig ist[4].

Dabei sind jedoch **strenge Maßstäbe** anzulegen, dh. die Versagung des Urlaubsabgeltungsanspruchs wegen rechtsmißbräuchlicher Geltendmachung kann nur in besonders krassen Ausnahmefällen in Betracht kommen. Eine tarifliche Regelung, die den Urlaubsabgeltungsanspruch unterschiedslos bei jeder fristlosen Entlassung aus Verschulden des Arbeitnehmers ausschließt, ist daher unwirksam, soweit sie sich auch auf den gesetzlichen Mindesturlaub bezieht[5].

98 Ein Urlaubsanspruch nach § 7 Abs. 4 BUrlG kommt nicht in Betracht, wenn das Arbeitsverhältnis durch den **Tod** des Arbeitnehmers endet[6]. Tarifvertraglich kann jedoch ein Übergang auf die Erben vorgesehen werden[7].

---

1 BAG v. 26. 1. 1989, BB 1989, 2189 = DB 1989, 2129.
2 Gestrichen durch das Heimarbeitsänderungsgesetz v. 29. 10. 1974 – BGBl. I 1974, 2879 in Anpassung an das Übereinkommen Nr. 132 der Internationalen Arbeitsorganisation.
3 Vgl. auch *Siara*, DB 1975, 836 ff.; *Meisel*, RdA 1975, 166 ff.; aA wohl: *Kube*, BB 1975, 750; *Wlotzke*, DB 1974, 2252, 2259.
4 BAG v. 30. 11. 1977, DB 1978, 847; BAG v. 18. 6. 1980, BB 1980, 1691 = DB 1980, 2197; LAG Berlin v. 18. 4. 1978, BB 1979, 1145.
5 BAG v. 30. 11. 1977, DB 1978, 847; BAG v. 18. 6. 1980, BB 1980, 1691 = DB 1980, 2197; LAG Berlin v. 18. 4. 1978, BB 1979, 1145.
6 BAG v. 23. 6. 1992, BB 1992, 2004 = DB 1992, 2404.
7 BAG v. 26. 4. 1990, BB 1990, 2490 = DB 1990, 1925.

II. Erfüllung des Urlaubsanspruchs

e) Höchstpersönliche Natur des Anspruchs

Der Abgeltungsanspruch als Anspruch auf eine Geldleistung für eine nicht mehr mögliche Freizeitgewährung ist wie auch der Anspruch auf Freizeitgewährung zweckgebunden und höchstpersönlich[1]. Der Arbeitnehmer kann daher den Abgeltungsanspruch gem. § 399 BGB **nicht abtreten**[2], der Anspruch ist **nicht pfändbar** (§ 851 ZPO) und der Arbeitgeber kann gegen ihn nach § 394 BGB grundsätzlich **nicht aufrechnen**[3]. Dies ist neuerdings **streitig** geworden. Die Literatur und Rechtsprechung geht zum Teil inzwischen davon aus, daß das Urlaubsentgelt in der Höhe pfändbar ist, in der auch ein Lohnanspruch pfändbar wäre. Dies wird damit begründet, daß nach der neueren Rechtsprechung des BAG das Urlaubsentgelt lediglich die während der Freistellung weiterzuzahlende Arbeitsvergütung darstelle[4]. Der Anspruch ist nicht vererblich, der Arbeitnehmer muß ihn also selbst bereits gerichtlich geltend gemacht haben[5].

Ein **Erlaßvertrag über den Abgeltungsanspruch** ist wie auch ein solcher Vertrag über unpfändbare Arbeitsvergütung **unwirksam**[6]. Der Arbeitnehmer kann daher auch nicht durch eine Ausgleichsquittung auf den Abgeltungsanspruch verzichten[7]. In einem Vergleich zwischen Arbeitgeber und Arbeitnehmer, der alle Streitpunkte des Arbeitsverhältnisses bereinigen soll, kann auf einen in seinen rechtlichen und tatsächlichen Voraussetzungen unstreitigen Abgeltungsanspruch nicht verzichtet werden. Dies gilt auch im Rahmen eines Prozeßvergleichs[8]. Unwirksam ist jedoch **stets** nur der **Verzicht auf den gesetzlichen Mindesturlaub**, während auf den einzelvertraglich vereinbarten Mehrurlaub ebenso verzichtet werden kann, wie die Tarifpartner hinsichtlich eines tariflichen Mehrurlaubs von den Beschränkungen der §§ 1–3 BUrlG befreit sind, da deren Schutzfunktion allein für den gesetzlichen Mindesturlaub gelten[9].

---

1 Vgl. oben Rz. 3 Fn. 2; *Gottwald*, S. 70.
2 Vgl. mögliche Einschränkungen zugunsten unterhaltsberechtigter Personen, unten Rz. 111–114.
3 BAG v. 12. 2. 1959, BB 1959, 340 = DB 1959, 350.
4 MünchArbR/*Leinemann*, § 89 Rz. 43; *Schaub*, § 102 A VIII 1.
5 Vgl. Rz. 3 Fn. 2.
6 BAG v. 27. 7. 1967, BB 1967, 1247 = DB 1967, 1859.
7 LAG Schleswig-Holstein v. 26. 2. 1981, DB 1981, 900.
8 BAG v. 21. 7. 1978, DB 1978, 2323.
9 BAG v. 21. 7. 1978, DB 1978, 2323.

f) Muster: Klage auf Zahlung von Urlaubsabgeltung

101

An das Arbeitsgericht ...

Klage
des ... (Beruf, Vorname, Familienname, Wohnort, Straße, Nr.)
– Kläger –
– Prozeßbevollmächtigter: ...

gegen

die Firma ...
– Beklagte –

wegen Zahlung von Urlaubsabgeltung

Namens und kraft beiliegender Vollmacht des Klägers erhebe ich gegen die Beklagte Klage und bitte um Anberaumung eines Termins zur mündlichen Verhandlung, in dem ich beantragen werde,

die Beklagte zu verurteilen, ... DM brutto nebst 4% Zinsen aus dem entsprechenden Nettobetrag seit Klagezustellung zu zahlen.

Begründung:

Der Kläger ist seit ..., also seit mehr als sechs Monaten, bei der Beklagten als ... beschäftigt.

Beweis: Arbeitsvertrag vom ...

Das Arbeitsverhältnis endete aus ... Gründen am ...

Da der Kläger während des Arbeitsverhältnisses keinen Urlaub erhalten hat, stehen ihm aus dem beendeten Arbeitsverhältnis noch ... Urlaubstage zu.

Da diese Urlaubstage aus dringenden (betrieblichen oder persönlichen) Gründen nicht genommen werden konnten, sind sie nach § 7 Abs. 4 BUrlG abzugelten.

Die Höhe der Urlaubsabgeltung ergibt sich aus folgender Berechnung:

Durchschnittsverdienst der letzten 13 Wochen vor Beendigung des Arbeitsverhältnisses = ... DM. Dies ergibt einen Gesamtverdienst für die Zeit vom ..., der durch die in dieser Zeit liegenden Werktage zu teilen ist, so daß sich ein werktäglicher Betrag von ... DM ergibt, der mit der Zahl der Urlaubstage multipliziert den in der Klage geforderten Betrag ergibt.

Da der Abgeltungsbetrag mit der Beendigung des Arbeitsverhältnisses fällig wurde, ist er von diesem Zeitpunkt an mit den gesetzlichen Zinsen zu verzinsen.

Ort, Datum (Unterschrift)

Anlage: Klageabschriften
 Vollmacht
 Beweisunterlagen

III. Geltendmachung des Urlaubsanspruchs

Wenn sich Arbeitgeber und Arbeitnehmer über den Urlaubsanspruch des Arbeitnehmers nicht einigen können, kann der Arbeitnehmer seinen Anspruch gerichtlich gem. § 2 Abs. 1 Nr. 2 ArbGG beim Arbeitsgericht geltend machen. 102

1. Streit über den Umfang des Urlaubsanspruchs

Verweigert der Arbeitgeber dem Arbeitnehmer ganz oder teilweise den Urlaub, so kann der Arbeitnehmer mit einer **Leistungsklage** gegen den Arbeitgeber vorgehen, solange der vom Arbeitnehmer begehrte Zeitraum nicht verstrichen ist. 103

Beispiel:
Der entsprechende Antrag muß wie folgt lauten:
Die Beklagte wird verurteilt, dem Kläger 24 Werktage Urlaub für das Kalenderjahr ... zu gewähren, und zwar in der Zeit vom ... bis ...

Das im arbeitsgerichtlichen Prozeß ergehende Urteil ist nach § 894 ZPO vollstreckbar, da die Gewährung von Urlaub eine **Willenserklärung** ist, die mit Rechtskraft des Urteils als geschehen gilt.

Hat der Arbeitnehmer den Urlaubsanspruch jedoch **erfolglos geltend gemacht** und war dem Arbeitgeber die Erteilung des Urlaubs möglich, so hat der Arbeitgeber für die infolge Zeitablaufs eingetretene Unmöglichkeit, als welche das Erlöschen des Urlaubsanspruchs anzusehen ist, einzustehen (§§ 286 Abs. 1, 230 Abs. 1, 287 Satz 2 BGB). An die Stelle des ursprünglichen Urlaubsanspruchs tritt dann ein **Schadenersatzanspruch** in Geld (§ 249 Satz 1 BGB)[1]. 104

Zu berücksichtigen ist aber, daß die Erhebung einer **Kündigungsschutzklage** grundsätzlich nicht die Geltendmachung von Urlaubsansprüchen des Arbeitnehmers zum Inhalt hat. Vielmehr bedarf es zur Vermeidung des Untergangs von Urlaubsansprüchen einer Handlung des Arbeitnehmers (Aufforderung an den Arbeitgeber, den Urlaub zu erteilen) mit der Rechtsfolge, den Arbeitgeber in Verzug zu setzen, um sich bei Nichtverwirklichung einen Schadenersatzanspruch zu erhalten[2]. 105

Die **Angabe in einer Lohnabrechnung,** wieviele Urlaubstage dem Betreffenden noch zustehen, ist kein Schuldanerkenntnis. Die Lohnabrechnung hat nicht den Zweck, streitig gewordene Ansprüche endgültig festzulegen. Bei Irrtum kann grundsätzlich keine Seite die andere am Inhalt der Mitteilung festhalten[3]. Sofern Urlaubsentgelt und Urlaubsabgeltung in Frage stehen, ist in der Regel eine reine **Leistungsklage,** beziffert auf einen bestimmten Betrag, zu erheben (siehe Muster Rz. 101).

---
1 BAG v. 7. 11. 1985, BB 1986, 735 = DB 1986, 973; BAG v. 26. 6. 1986, BB 1986, 2270 = DB 1986, 2684.
2 BAG v. 1. 12. 1983, BB 1984, 1299 = DB 1984, 1150.
3 BAG v. 10. 3. 1987, DB 1987, 1694.

2. Streit über die Festlegung der Urlaubszeit

106 **Beispiel:**

Es wird beantragt:

Die Beklagte wird verurteilt, dem Kläger 14 Werktage Urlaub in der Zeit vom 1.–17. 3. (einschließlich) zu gewähren.

In diesem Beispiel wird bereits der Streit über die **zeitliche Lage des Urlaubs** bei der Antragstellung mit berücksichtigt. Zu denken ist darüber hinaus an die Fälle, bei denen der Arbeitgeber die Urlaubsbestimmung nicht rechtzeitig vornimmt oder der Arbeitnehmer die Ansicht des Arbeitgebers nicht teilt, daß die Urlaubswünsche anderer Arbeitnehmer aus sozialen Gesichtspunkten gegenüber seinen Wünschen vorrangig erfüllt werden müssen[1].

107 Bei der zeitlichen Festlegung des Urlaubs kann der Arbeitgeber **nicht willkürlich** verfahren. Früher wurde angenommen, daß der Arbeitgeber unter Berücksichtigung der Interessen des Arbeitnehmers die zeitliche Lage des Urlaubs bestimmen muß. Die Festlegung des Urlaubs sollte danach im Rahmen des billigen Ermessens im Sinne von § 315 BGB durchgeführt werden. Dieses billige Ermessen ist durch § 7 Abs. 1 BUrlG aber dahingehend gesetzlich festgelegt, daß grundsätzlich die **Urlaubswünsche** des Arbeitnehmers zu berücksichtigen sind. Der Arbeitnehmer kann also grundsätzlich die Berücksichtigung seiner Urlaubswünsche verlangen und der Arbeitgeber müßte in einem Prozeß darlegen und – im Falle des Bestreitens durch den Arbeitnehmer – auch beweisen, daß dringende betriebliche Belange oder nach sozialen Gesichtspunkten vorrangige Urlaubswünsche anderer Arbeitnehmer dem konkreten Urlaubswunsch des Klägers entgegenstehen[2].

Bei derartigen Rechtsstreiten ist zu berücksichtigen, daß eine Klage auf Gewährung von Urlaub, mit der die **Urlaubserteilung für einen genannten bestimmten Zeitraum** verlangt wird, zulässig ist[3]. Ist jedoch der Zeitpunkt, für den der Urlaub verlangt wird, verstrichen, wird die Klage unzulässig, weil sie dann auf eine inzwischen unmöglich gewordene Leistung gerichtet ist[4]. Es kommt allenfalls ein **Schadenersatzanspruch** in Frage (vgl. Rz. 104).

3. Selbsthilfe des Arbeitnehmers

108 Insbesondere im Hinblick auf die recht lange Dauer eines Rechtsstreites ist die Frage zu stellen, ob dem Arbeitnehmer unter bestimmten Voraussetzungen ein **Selbsthilferecht** bei Meinungsverschiedenheiten mit dem Arbeitgeber über Umfang und Zeitpunkt des Urlaubs zusteht. Man könnte daran denken, daß der Arbeitnehmer auf Grund eines Rechts zur Zurückbehaltung seiner Arbeitslei-

---

1 Bezüglich der Beteiligung des Betriebsrates vgl. unten Rz. 121 ff.
2 Vgl. Dersch/Neumann, § 7 Rz. 9, 10.
3 BAG v. 18. 12. 1986, DB 1987, 1362.
4 BAG v. 18. 12. 1986, DB 1987, 1362.

III. Geltendmachung des Urlaubsanspruchs

stung (§ 273 BGB), eines Selbsthilferechts (§ 229 BGB) oder auch durch Aufrechnungserklärung (§§ 387 ff. BGB) eigenmächtig in Urlaub gehen darf.

Das BAG verneint grundsätzlich ein Recht des Arbeitnehmers, seinen Urlaubsanspruch durch **eigenmächtiges Fernbleiben** von der Arbeit zu verwirklichen[1]. Dieser Ansicht folgen größtenteils die Instanzgerichte und überwiegend auch das Schrifttum[2].

In der **Literatur** wird teilweise die Ansicht vertreten, daß der Arbeitnehmer dann seinen noch nicht verbrauchten Urlaub eigenmächtig antreten dürfe, wenn **nur noch ein bestimmter Zeitraum zur Realisierung des Freizeitanspruchs** zur Verfügung stehe. Das sind die Fälle des ablaufenden Urlaubsjahres und des gekündigten Arbeitsverhältnisses. In diesem Fall sei der Arbeitnehmer zur Zurückhaltung seiner Arbeitsleistung berechtigt, wenn er im zu Ende gehenden Urlaubsjahr oder in der Kündigungsfrist seinen Urlaubsanspruch gegenüber dem Arbeitgeber geltend gemacht und der Arbeitgeber die Gewährung des Urlaubs ohne ausreichenden Grund ausgehend von § 7 BUrlG verweigert habe. Der Arbeitgeber sei in diesen Fällen mit der Festsetzung des Urlaubszeitpunktes in Verzug[3].

Das **BAG** überträgt dem Arbeitnehmer jedoch nur dann das Recht zur eigenen Festlegung des Urlaubszeitpunktes, wenn der Arbeitgeber zur Erteilung des Urlaubs ohne zeitliche Festsetzung desselben **verurteilt** worden ist und der Arbeitgeber den Urlaub vor Ablauf des Urlaubsjahres **nicht gewährt**. In allen anderen Fällen, auch in den Fällen, in denen die Literatur dem Arbeitnehmer teilweise ein Recht zum eigenmächtigen Urlaubsantritt gewährt, setzt sich der Arbeitnehmer der Gefahr von Schadenersatzansprüchen oder sogar einer berechtigten fristlosen Kündigung aus[4].

4. Die einstweilige Verfügung

Die Zivilprozeßordnung bietet zur Sicherung der Verwirklichung eines Anspruchs das beschleunigte Verfahren der einstweiligen Verfügung nach §§ 935, 940 ZPO. Trotz dieser Zweckbestimmung, nämlich **Sicherung**, nicht Befriedigung eines Anspruchs ist davon auszugehen, daß auch der Urlaubsanspruch mit einer einstweiligen Verfügung durchgesetzt werden kann[5].

Als Verfügungsanspruch sind nicht nur **Dauer und Festlegung des Urlaubszeitpunkts** denkbar, sondern auch das **Urlaubsentgelt** sowie in Ausnahmefällen auch die **Urlaubsabgeltung**. In diesen Fällen werden häufig durch Erlaß einer einstweiligen Verfügung endgültige Verhältnisse geschaffen und nicht nur An-

109

---

1 Vgl. BAG v. 12. 12. 1962, BB 1963, 473 = DB 1963, 487; BAG v. 20. 1. 1994, BB 1994, 868 = DB 1994, 1042.
2 Vgl. *Dersch/Neumann*, § 7 Rz. 42; *Gross*, S. 42; *Leinemann/Linck*, § 7 Rz. 9; GK-BUrlG/*Bachmann*, § 7 Rz. 70; *Schütz/Hauck*, Rz. 461.
3 So *Dersch/Neumann*, § 7 Rz. 42–48 mwN; vgl. die Darstellung des Problems auch bei *Boewer*, BB 1970, 632 f.
4 Vgl. auch *Schaub*, § 102 A V 1 mit Rspr.-Nachweisen.
5 *Gross*, S. 42, 43; vgl. auch *Schaub*, § 102 A II 8 mwN; *Leinemann/Linck*, § 7 Rz. 74 f.

sprüche gesichert. Das Gericht wird daher bei der Prüfung einen strengen Maßstab anlegen. So kommt es bei der Prüfung des Verfügungsgrundes entscheidend darauf an, ob die einstweilige Festlegung des Urlaubszeitpunktes, die Klärung der Zahl der Urlaubstage oder die Zahlung des Urlaubsentgelts **zur Abwendung wesentlicher Nachteile erforderlich** ist[1].

Bezüglich der **Festsetzung der Urlaubszeit** liegt zB dann ein wesentlicher Nachteil vor, wenn der Arbeitnehmer im ablaufenden Urlaubsjahr bzw. bei gekündigtem Arbeitsverhältnis in der Kündigungszeit seinen Urlaub verlangt und der **Verlust des Freizeitanspruchs** droht. Da die betrieblichen Belange nach § 7 BUrlG bei der Festsetzung des Urlaubszeitpunktes zu berücksichtigen sind, wird das Gericht in der Regel nicht ohne mündliche Verhandlung entscheiden[2]. Es sind auch kaum Fälle denkbar, in denen die mündliche Verhandlung den Zweck der einstweiligen Verfügung gefährden könnte. Bei kurzfristigem Widerruf des bereits festgelegten Urlaubs durch den Arbeitgeber wegen außergewöhnlich dringender betrieblicher Erfordernisse ist bei der Frage der wesentlichen Nachteile für den Arbeitnehmer zu berücksichtigen, daß der Arbeitgeber nach §§ 242, 670 BGB zum Ersatz der durch den Widerruf der Urlaubserteilung dem Arbeitnehmer entstehenden Kosten verpflichtet ist. Das Gericht wird auch prüfen, ob im Hinblick auf die dringenden betrieblichen Erfordernisse evtl. für den Arbeitnehmer Teilurlaub in Frage kommt[3].

110 Das vor Urlaubsantritt auszuzahlende **Urlaubsentgelt** kann ebenfalls mit einstweiliger Verfügung erstritten werden[4]. Da hier aber in der Regel nicht nur Sicherstellung, sondern auch die Befriedigung des Anspruchs erreicht wird, gilt das nicht für geringfügige Differenzen bezüglich der Höhe des Entgelts, sondern nur dann, wenn der Arbeitgeber überhaupt die Zahlung verweigert. In diesem Fall ist davon auszugehen, daß der Zweck des Urlaubs gefährdet ist[5].

5. Verfügung über den Urlaubsanspruch

a) Abtretung

111 Der Urlaubsanspruch ist ein einheitlicher Anspruch auf bezahlte Freizeit. Er dient zur Erholung sowie zur Wiederherstellung der Arbeitskraft des Arbeitnehmers. Daraus ergibt sich, daß der **Anspruch höchstpersönlicher Art** ist und sowohl Freizeitgewährung als auch Urlaubsentgelt ohne wesentliche Veränderung des Inhalts der Leistung nicht an einen Dritten gewährt werden können.

Der Anspruch kann daher **nicht abgetreten** werden (§ 399 BGB)[6]. Eine Einschränkung ist bei der Abtretung des Anspruchs auf Urlaubsentgelt an **unter-**

---

1 Vgl. auch *Boldt/Röhsler*, § 1 Rz. 102.
2 ArbG Hamm v. 10. 5. 1983, DB 1983, 1553.
3 Vgl. LAG Baden-Württemberg v. 29. 10. 1968, DB 1968, 2136.
4 Vgl. auch *Dersch/Neumann*, § 11 Rz. 80.
5 Vgl. auch *Boldt/Röhsler*, § 11 Rz. 97.
6 Vgl. *Palandt/Heinrichs*, § 399 Anm. 2b m. w. Rspr.-Nachweisen; RGRK-BGB/*Weber*, § 399 Rz. 21 mit Hinweis auf Urt. des LAG Bremen v. 3. 10. 1956, AP Nr. 17 zu § 611 BGB – Urlaubsrecht; *Dersch/Neumann*, § 1 Rz. 72 f. mwN zur Rspr. und Lit.; Münch-

III. Geltendmachung des Urlaubsanspruchs   Rz. 115 **Teil 2 C**

haltsberechtigte Personen zu machen. Da das Urlaubsentgelt auch zur Sicherung des Unterhalts der ganzen Familie des Arbeitnehmers dient, ist eine Leistung an diesen Personenkreis „ohne Veränderung ihres Inhalts" im Sinne des § 399 BGB möglich und daher insofern eine Übertragung des Anspruchs nicht ausgeschlossen[1].

b) Pfändbarkeit und Verpfändung

Nach § 851 ZPO kann eine Forderung nur insoweit gepfändet werden, als sie gem. § 399 BGB übertragbar ist. Daher ist der Urlaubsanspruch, insbesondere der Anspruch auf Urlaubsentgelt, **nicht pfändbar**[2]. Auch hier ist eine **Einschränkung zugunsten unterhaltsberechtigter Personen** zu machen, da die Zweckgebundenheit des Urlaubs den Arbeitnehmer und die Personen, denen er unterhaltsverpflichtet ist, erfaßt[3]. 112

Bezüglich des zusätzlichen **Urlaubsgeldes** ergibt sich aus § 850a Nr. 2 ZPO die Unpfändbarkeit. Bei Unterhaltsansprüchen regelt § 850d ZPO, daß dem Arbeitnehmer mindestens die Hälfte des Urlaubsgeldes verbleiben muß; allerdings darf dem Arbeitnehmer insgesamt nicht mehr als der Betrag in der Pfändungstabelle nach § 850c ZPO verbleiben (§ 850d Abs. 1 Satz 3 ZPO). Ist in dem vom Gericht erlassenen Pfändungs- und Überweisungsbeschluß irrtümlich auch das Urlaubsentgelt erfaßt, so hat der Arbeitgeber zumindest in Höhe des der normalen Arbeitsvergütung entsprechenden Urlaubsentgeltes von der Rechtsbeständigkeit der Pfändung bis zur Kenntnis von seiner Aufhebung auszugehen (§ 836 Abs. 2 ZPO)[4]. 113

Die **Pfändung des Arbeitseinkommens** erstreckt sich nicht auf das Urlaubsgeld, auch wenn das Urlaubsgeld im Pfändungsbeschluß ausdrücklich aufgenommen ist[5]. 114

Eine **Verpfändung** des Urlaubsanspruchs oder des Anspruchs auf Urlaubsentgelt ist nach § 1274 Abs. 2 BGB nicht möglich. Nach dieser gesetzlichen Bestimmung kann an einem nicht übertragbaren Recht ein Pfandrecht nicht bestellt werden. 115

KommBGB/*Roth*, § 399 Rz. 10; GK-BUrlG/*Bleistein*, § 1 Rz. 70; *Gross*, S. 44; *Schütz/Hauck*, Rz. 137, str.; aA *Boldt/Röhsler*, § 1 Rz. 35 ff. hinsichtlich des Urlaubsentgelts mwN; teilweise anders *Leinemann/Linck*, § 1 Rz. 111.
1 LAG Bremen v. 11. 1. 1956, AP Nr. 1 zu § 850a ZPO; vgl. auch Urlaubsabgeltung unter Rz. 89 ff.
2 BAG v. 12. 2. 1959, DB 1959, 340; *Dersch/Neumann*, § 1 Rz. 76 mwN, str.; aA BAG v. 30. 9. 1965, NJW 1966, 222; *Bengelsdorf*, Rz. 329–330; *Boldt/Röhsler*, § 1 Rz. 35 f. mwN; vgl. auch *Boewer*, S. 184 mwN; *Thomas/Putzo*, § 850a ZPO Anm. 2; *Gross*, S. 44; *Schütz/Hauck*, Rz. 138; aA auch *Leinemann/Linck*, § 1 Rz. 114.
3 Vgl. *Dersch/Neumann*, § 1 Rz. 80 mwN; LAG Bremen v. 11. 1. 1956, AP Nr. 1 zu § 850a ZPO.
4 Vgl. auch BAG v. 30. 5. 1965, AP Nr. 5 zu § 850 ZPO.
5 Vgl. *Thomas/Putzo*, § 850a ZPO Anm. 1; *Bengelsdorf*, Rz. 354.

c) Aufrechnung

116 Die Frage der Aufrechnungsmöglichkeit stellt sich nicht bei der Freizeitgewährung, sondern nur beim Anspruch auf Urlaubsentgelt. Nach § 394 Abs. 1 BGB kann gegen eine Forderung, die unpfändbar ist, **nicht aufgerechnet** werden. Daher kann der Arbeitgeber gegen den Anspruch auf Urlaubsentgelt nicht aufrechnen[1].

6. Urlaubsanspruch bei Insolvenz des Arbeitgebers

117 Wird über das Vermögen des Arbeitgebers Konkurs eröffnet, so ergeben sich folgende Möglichkeiten:

▶ Wird das **Arbeitsverhältnis nach Eröffnung des Konkursverfahrens fortgesetzt**, ist der Urlaubsanspruch des Arbeitnehmers auf Freizeitgewährung und Bezahlung des Urlaubsentgelts eine Masseforderung nach § 59 Abs. 1 Nr. 2 KO, die vor den Konkursforderungen zu befriedigen ist[2]. Dabei ist zu berücksichtigen, daß auch die Urlaubsvergütung für einen nach Konkurseröffnung gewährten Urlaub eine **Masseforderung** ist, selbst wenn der Konkursverwalter gem. § 23 KO gekündigt und den Urlaub in den Lauf der Kündigungsfrist gelegt hat.

Durch die Konkurseröffnung wird der Urlaubsanspruch als gesetzlich oder tarifvertraglich bedingte Verpflichtung des Arbeitgebers, den Arbeitnehmer von der Verpflichtung zur Arbeitsleistung für die Dauer des Urlaubs freizustellen, nicht berührt. Dies deshalb, weil sie auf eine Handlung des Gemeinschuldners bezogen ist, das Konkursverfahren sich aber nur auf Zahlungsverpflichtungen des Gemeinschuldners erstreckt. Der Anspruch ist daher **vom Konkursverwalter zu erfüllen,** weil dieser auf Grund von § 22 KO das Arbeitsverhältnis jedenfalls bis zum Ablauf der gesetzlichen Kündigungsfrist fortsetzen muß[3].

Hat der Konkursverwalter den Anspruch nicht bis zur Beendigung des Arbeitsverhältnisses erfüllt, entsteht mit dem Ausscheiden des Arbeitnehmers aus dem Arbeitsverhältnis als Surrogat des Urlaubsanspruchs ein **Urlaubsabgeltungsanspruch.** Auch dieser vom Konkursverwalter zu erfüllende Anspruch ist Masseschuld nach § 59 Abs. 1 Nr. 2 KO[4].

Reicht die Kündigungsfrist nicht aus, so ist eine darüber hinausgehende Urlaubsabgeltung gleichfalls Masseforderung[5].

---

1 BAG v. 12. 2. 1959, BB 1959, 340 = DB 1959, 350; LAG Bremen v. 11. 1. 1956, AP Nr. 1 zu § 850a ZPO; *Dersch/Neumann*, § 1 Rz. 87 f. mwN, str.; aA *Boldt/Röhsler*, § 1 Rz. 42 mwN; konsequent auch abweichend von der hM, da er die Pfändbarkeit bejaht, *Leinemann/Linck*, § 1 Rz. 138.
2 *Dersch/Neumann*, § 1 Rz. 92; BAG v. 4. 6. 1977, BB 1977, 1351 = DB 1977, 1799.
3 BAG v. 15. 5. 1987, BB 1987, 1954 = DB 1987, 2212.
4 BAG v. 15. 5. 1987, BB 1987, 1954 = DB 1987, 2212; *Dersch/Neumann*, § 1 Rz. 95; GK-BUrlG/*Bleistein*, § 1 Rz. 157.
5 BAG v. 21. 5. 1980, AP Nr. 10 zu § 59 KO.

IV. Urlaub und Mitbestimmung

▶ Für die ersten drei Monate vor Konkurseröffnung besteht ein Anspruch auf Bezahlung von **Konkursausfallgeld** nach § 141b AFG gegen das Arbeitsamt[1]. 118

▶ Die bei Konkurseröffnung für die letzten sechs Monate rückständigen Forderungen auf Urlaubsentgelte und Urlaubsgelder[2] sind **Masseschulden**. 119
Der Arbeitnehmer kann also wählen, ob er die Ansprüche der drei Monate vor Konkurseröffnung als Masseschuld oder als Konkursausfallgeld geltend macht.

▶ Die bei Konkurseröffnung rückständigen Forderungen von sechs Monaten bis zu einem Jahr sind **bevorrechtigte Konkursforderungen** nach § 61 Abs. 1 Nr. 1 KO. 120

Im **Vergleichsverfahren** des Arbeitgebers ist der Arbeitnehmer wegen seines Urlaubsanspruchs gem. § 26 Abs. 1 VerglO nicht Vergleichsgläubiger. Durch das Vergleichsverfahren werden die Urlaubsansprüche des Arbeitnehmers nicht berührt. Dasselbe gilt für den Abgeltungsanspruch.

IV. Urlaub und Mitbestimmung der Betriebsverfassungsorgane

Durch das **Betriebsverfassungsgesetz 1972**[3] ist das Mitbestimmungsrecht des Betriebsrates unabhängig von seiner Größe in Urlaubsfragen erweitert worden. 121
§ 87 Abs. 1 Nr. 5 BetrVG sichert dem Betriebsrat für jede Form von Urlaub ein **Mitbestimmungsrecht** bei der Aufstellung allgemeiner Urlaubsgrundsätze, des Urlaubsplans sowie unter bestimmten Voraussetzungen bei der Festlegung der zeitlichen Lage des Urlaubs für einzelne Arbeitnehmer zu. Dabei ist das Mitbestimmungsrecht des Betriebsrates beschränkt durch die bestehenden gesetzlichen und für den Betrieb gültigen tariflichen Regelungen (§ 87 Abs. 1 BetrVG).

Das Mitbestimmungsrecht ist in der Form des **positiven Konsensprinzips** gestaltet, dh. weder der Arbeitgeber noch der Betriebsrat können gegen den Willen des anderen die in § 87 Abs. 1 Nr. 5 BetrVG aufgeführten Angelegenheiten regeln. Andererseits muß zB ein Urlaubsplan nicht aufgestellt werden. Immer aber hat der Betriebsrat ein Initiativrecht, dh. er kann verlangen, daß eine Regelung erfolgt. Eine einseitige Maßnahme des Arbeitgebers ist unwirksam[4]. 122

1. Die Aufstellung allgemeiner Urlaubsgrundsätze

Unter „allgemeinen Urlaubsgrundsätzen" sind **Richtlinien** zu verstehen, nach denen der Urlaub des einzelnen Arbeitnehmers festgelegt wird. Inhalt einer 123

---
1 BSG v. 1. 12. 1976, AP Nr. 1 zu § 141b AFG = BB 1977, 999.
2 BAG v. 4. 6. 1977, DB 1977, 1799.
3 BetrVG v. 15. 1. 1972, BGBl. I, 13, zuletzt geändert durch Gesetz v. 25. 9. 1996, BGBl. I, 1476.
4 HM, vgl. zB *Fitting/Kaiser/Heither/Engels*, § 87 Rz. 393, 403.

solchen Richtlinie kann zB die Verteilung des Urlaubs im Urlaubsjahr nach der saisonabhängigen Auftragslage (zB: der Urlaub ist in erster Linie im Sommer zu nehmen), die einheitliche Festlegung des Urlaubs für alle Arbeitnehmer (Betriebsferien) oder die Bevorzugung von Urlaubswünschen bestimmter Arbeitnehmer (zB mit schulpflichtigen Kindern) sein. Auch die Regelung der Urlaubsvertretung gehört zu diesen allgemeinen Richtlinien. Wenn der Arbeitgeber mit den Angehörigen einer Arbeitnehmergruppe (zB Gastarbeitern) eine **Vereinbarung über unbezahlten Sonderurlaub** treffen will, dann ist diese beabsichtigte Vereinbarung als allgemeiner Urlaubsgrundsatz im Sinne des § 87 Abs. 1 Nr. 5 BetrVG mitbestimmungspflichtig, wenn dieser Sonderurlaub im Zusammenhang mit dem bezahlten Erholungsurlaub gewährt werden soll[1].

Der Betriebsrat wird in aller Regel mit dem Arbeitgeber über die allgemeinen Urlaubsgrundsätze eine **Betriebsvereinbarung** abschließen.

2. Die Aufstellung des Urlaubsplanes

124 Im Urlaubsplan kann für die einzelnen Arbeitnehmer die **Lage des Urlaubs zeitlich festgelegt** werden. Wenn Betriebsferien vereinbart sind, regelt der Urlaubsplan deren zeitliche Lage. Wegen der gesetzlichen Schranke des § 7 Abs. 1 BUrlG ist die Regelung aber durch betriebliche Belange und Wünsche des Arbeitnehmers im Einzelfall noch abänderbar.

125 Die Bindung des Urlaubs an das Urlaubsjahr steht einer allgemeinen Regelung über die Einführung von **Betriebsferien für mehrere aufeinanderfolgende Urlaubsjahre** in einer Betriebsvereinbarung oder in einem Spruch der Einigungsstelle nicht entgegen. Aus § 7 Abs. 1 BUrlG folgt nämlich nicht, daß die Einführung von Betriebsferien nur dann zulässig ist, wenn dringende betriebliche Belange im Sinne dieser Vorschrift dafür sprechen. Vielmehr begründet die rechtswirksame Einführung von Betriebsferien betriebliche Belange, die der Berücksichtigung der individuellen Urlaubswünsche der Arbeitnehmer entgegenstehen können[2].

126 Wird bis zu einem angemessenen Zeitpunkt vor dem im Urlaubsplan festgelegten Urlaubsbeginn weder vom Arbeitnehmer noch vom Arbeitgeber eine Änderung aus den in § 7 Abs. 1 BUrlG aufgeführten Gesichtspunkten verlangt, gilt der Urlaub für diesen Zeitpunkt als **erteilt**[3]. Der Arbeitnehmer kann dann seinen Urlaub ohne weitere Erklärung des Arbeitgebers antreten. Auch beim Urlaubsplan hat der Betriebsrat ein Initiativrecht, er kann also jederzeit die Aufstellung eines Urlaubsplans vom Arbeitgeber verlangen. Eine einseitige Festlegung des Urlaubs durch den Arbeitgeber ist dann unwirksam.

127 Im Gegensatz zum Urlaubsplan nimmt die **Urlaubsliste** die Urlaubswünsche der Arbeitnehmer auf, ohne daß damit der Urlaubszeitpunkt für den Arbeitnehmer verbindlich feststeht. Innerhalb der Betriebsvereinbarung über allgemeine

---

1 BAG v. 18. 6. 1974, BB 1974, 1639 = DB 1974, 2263.
2 BAG v. 28. 7. 1981, BB 1981, 1397 = DB 1981, 2621.
3 Vgl. *Fitting/Kaiser/Heither/Engels*, § 87 Rz. 60.

IV. Urlaub und Mitbestimmung

Urlaubsgrundsätze kann die Auslegung einer Urlaubsliste und der Zeitpunkt, bis zu dem die Eintragungen vorzunehmen sind, geregelt werden.

Die Urlaubsliste ist **nicht mitbestimmungspflichtig,** da sie erst der Aufstellung eines Urlaubsplans dient. Auch die Anweisung des Arbeitgebers an die Abteilungsleiter, bei Aufstellung der Urlaubslisten darauf hinzuwirken, daß der Urlaub möglichst zu bestimmten Zeiten genommen wird, verstößt nicht gegen ein Mitbestimmungsrecht des Betriebsrats[1].

3. Urlaubsfestsetzung für einzelne Arbeitnehmer

Der Betriebsrat hat auch dann ein Mitbestimmungsrecht, wenn zwischen einem einzelnen Arbeitnehmer und dem Arbeitgeber kein Einverständnis über die zeitliche Lage des Urlaubs erzielt werden kann[2]. Der Betriebsrat hat in diesem Fall in einer Art **Schiedsrichterfunktion** ein Mitbeurteilungsrecht[3], ob die Grundsätze des § 7 Abs. 1 BUrlG bei der Festlegung des Urlaubszeitraums beachtet sind. Arbeitgeber und Betriebsrat können sich nicht gegen die Wünsche des Arbeitnehmers verständigen. 128

Dem Arbeitnehmer steht immer das Recht zu, beim Arbeitsgericht **Klage auf Urlaubserteilung zu einem von ihm gewünschten Zeitpunkt** zu erheben. Das gilt unabhängig davon, ob sich wegen der nicht erzielten Einigung zwischen Betriebsrat und Arbeitgeber gleichzeitig die Einigungsstelle gem. § 87 Abs. 2 BetrVG mit der Sache befaßt und gegebenenfalls sogar die Entscheidung der Einigungsstelle als Rechtsentscheidung vom Arbeitgeber im Beschlußverfahren vor dem Arbeitsgericht angegriffen wird[4]. 129

4. Grenzen der Mitbestimmung

Die Grenzen der Mitbestimmung des Betriebsrates werden von den gesetzlichen Bestimmungen und den für den Betrieb geltenden tariflichen Regelungen gesetzt. So besteht **kein Mitbestimmungsrecht** über die **Dauer des Urlaubs**[5] oder die **Höhe des Urlaubsentgelts.** Betriebsvereinbarungen hierüber sind nur im Rahmen des § 88 BetrVG (freiwillige Betriebsvereinbarung) unter Beachtung des § 77 Abs. 3 BetrVG und des Günstigkeitsprinzips des § 13 BUrlG zulässig. 130

Die Zahlung eines zusätzlichen **Urlaubsgeldes** kann ebenfalls nur in einer freiwilligen Betriebsvereinbarung nach § 88 BetrVG vereinbart werden, wenn tarifvertraglich keine Regelung besteht und auch nicht üblich ist oder wenn der Tarifvertrag solche Vereinbarungen ausdrücklich zuläßt[6]. 131

---

1 LAG Hamm v. 19. 8. 1977, DB 1977, 2191.
2 HM, vgl. zB *Dietz/Richardi,* § 87 Rz. 315 mwN; aA GK-BetrVG/*Wiese,* § 87 Rz. 411.
3 Vgl. *Dietz/Richardi,* § 87 Rz. 314.
4 Vgl. *Dietz/Richardi,* § 87 Rz. 319; aA *Fitting/Kaiser/Heither/Engels,* § 87 Rz. 61: kein Rechtsschutzbedürfnis für Klage des Arbeitnehmers, solange Verfahren zwischen BR und ArbG noch nicht durchgeführt ist.
5 Geregelt im BUrlG, JArbSchG, SchwbG oder Tarifvertrag.
6 Vgl. *Fitting/Kaiser/Heither/Engels,* § 87 Rz. 62.

132 Besondere Regelungen gelten für das Mitbestimmungsrecht des Betriebsrates bei **betrieblichem Bildungsurlaub** im Rahmen des § 98 BetrVG. Der Bildungsurlaub von Betriebsratsmitgliedern und Jugendvertretern wird in § 37 Abs. 6 Satz 2–5 abschließend gesondert geregelt[1].

V. Der Urlaubsanspruch für besondere Beschäftigungsgruppen

1. Der Urlaub der Jugendlichen

133 Der Erholungsurlaub der jugendlichen Beschäftigten wird in **§ 19 JArbSchG**[2] geregelt. Wer als Jugendlicher anzusehen ist, ergibt sich aus § 2 Abs. 2 JArbSchG. Danach ist Jugendlicher, wer 15, aber noch nicht 18 Jahre alt ist.

134 Die **Urlaubsdauer** beträgt nach § 19 Abs. 2 JArbSchG für Jugendliche im Kalenderjahr oder dem nach § 13 Abs. 3 BUrlG abweichenden Urlaubsjahr mindestens 30 Werktage, wenn der Jugendliche zu Beginn des Kalenderjahres (1. 1.) noch nicht 16 Jahre alt ist, mindestens 27 Werktage, wenn er am Stichtag noch nicht 17 Jahre und mindestens 25 Werktage, wenn er am Stichtag noch nicht 18 Jahre alt ist. Hinzu kommt für im Bergbau unter Tage beschäftigte Jugendliche ein Zuschlag von jeweils 3 Werktagen. **Werktage** sind nach § 3 Abs. 2 BUrlG alle Kalendertage, die nicht Sonntage oder gesetzliche Feiertage sind, also auch arbeitsfreie Werktage[3].

135 Der Urlaub soll Berufsschülern in der Zeit der **Berufsschulferien** gegeben werden (§ 19 Abs. 3 Satz 1 JArbSchG). Dies bedeutet, daß Berufsschüler einen Anspruch auf Urlaub in den Berufsschulferien haben und Abweichungen von dieser Sollvorschrift einer Begründung bedürfen[4].

Erteilt der Arbeitgeber den Urlaub nicht während der Berufsschulferien, so ist für jeden Tag, an dem die Berufsschule während des Urlaubs besucht wird, ein weiterer Urlaubstag zu gewähren (§ 19 Abs. 3 Satz 2 JArbSchG). Es besteht umgekehrt aber kein Anspruch, wenn der Berufsschüler die Berufsschule versäumt, wobei die Gründe für die Säumnis unerheblich sind[5].

Im übrigen verweist § 19 Abs. 4 JArbSchG weitgehend auf die Vorschrift des BUrlG.

136 Auch **Volontäre und Praktikanten,** sowie **Werkstudenten und Schüler**[6] mit Verpflichtung zum regelmäßigen Erscheinen haben Anspruch auf Erholungsurlaub. Die Länge des Urlaubs richtet sich auch bei diesem Personenkreis nach

---

1 Vgl. *Dietz/Richardi*, § 87 Rz. 294.
2 Jugendarbeitsschutzgesetz = JArbSchG v. 12. 4. 1976, BGBl. I, 965; zuletzt geändert durch Gesetz v. 24. 2. 1997 (BGBl. II, 311).
3 *Leinemann/Linck*, Teil II A III Rz. 14, 15.
4 *Dersch/Neumann*, Anh. V. Rz. 13.
5 *Schaub*, 102 X 1.
6 ArbG Mainz v. 14. 12. 1983, BB 1984, 472.

dem Alter. Soweit sie allerdings ohne Entgelt tätig sind, entfällt das Urlaubsentgelt, so daß nur unbezahlte Freizeit zu gewähren ist.

Im übrigen gelten die Regelungen des allgemeinen Urlaubsrechts wie bei den erwachsenen Arbeitnehmern.

2. Der Urlaub im Bereich der Heimarbeit

Aus den Besonderheiten der Heimarbeit, nämlich in der Regel Verdienstschwankungen, unregelmäßige Arbeitszeit, häusliche Arbeitsstätte, ergeben sich auch für das Urlaubsrecht spezielle Regelungen. Diese sind in **§ 12 BUrlG** enthalten. Danach gelten im Bereich der Heimarbeit nicht die Bestimmungen über die Wartezeit, den Teilurlaub, den Ausschluß von Doppelansprüchen (§§ 4–6 BUrlG), die Regelung der Übertragung und Abgeltung des Urlaubs (§ 7 Abs. 3 und 4 BUrlG) sowie der Bemessung des Urlaubsentgelts (§ 11 BUrlG). 137

Das Urlaubsentgelt wird nach dem verdienten Bruttoarbeitsentgelt in der Zeit vom 1. 5. des Vorjahres bis 30. 4. des laufenden Jahres **berechnet**. Es sind also die Steuern und Sozialversicherungsbeiträge mitzuvergüten. Abzuziehen sind lediglich Unkostenzuschläge (zB für Strom) sowie die Zahlungen für den Lohnausfall an Feiertagen, den Arbeitsausfall infolge Krankheit und den Urlaub. Von dem somit ermittelten Betrag ist ein Urlaubsentgelt in Höhe von 9,1% für 24 Werktage zu zahlen. Bei Hausgewerbetreibenden wird mit der Zahlung von 9,1% als Pauschalzahlung auch der Urlaubsanspruch der von den gewerbetreibenden Beschäftigten abgegolten. Die Einzelheiten der Auszahlung und des besonderen Entgeltbeleges ergeben sich aus § 12 BUrlG.

Wegen des zusätzlichen Urlaubsentgelts der **Schwerbehinderten** im Bereich der Heimarbeit vgl. § 49 Abs. 3 SchwbG[1]. 138

Über den § 7 Abs. 1 ArbPlSchG findet § 4 ArbPlSchG Anwendung, so daß in der Heimarbeit auch bei **Einberufung zum Wehrdienst** der Urlaubsanspruch entsprechend gekürzt werden kann.

Jugendliche Heimarbeiter erhalten nach § 19 Abs. 4 Satz 2 JArbSchG jedoch abweichend von § 12 Nr. 1 des BUrlG entsprechend § 19 Abs. 2 JArbSchG bezahlten Erholungsurlaub. Das Urlaubsentgelt der jugendlichen Heimarbeiter beträgt bei einem Urlaub von 30 Werktagen 11,6%, bei einem Urlaub von 27 Werktagen 10,3% und bei einem Urlaub von 25 Werktagen 9,5%.

Durch **Tarifvertrag** kann bestimmt werden, daß Heimarbeiter, die nur für einen Auftraggeber tätig sind und tariflich allgemein wie Betriebsarbeiter behandelt werden, den allgemeinen Bestimmungen des Bundesurlaubsgesetzes unterstellt werden (§ 12 Nr. 7 BUrlG).

---

1 Vgl. unten Rz. 151.

3. Der Urlaub für nicht vollbeschäftigte Arbeitnehmer

139 Der Arbeitnehmerbegriff des BUrlG umfaßt auch solche Personen, deren verrichtete Arbeit nicht die gesamte Arbeitskraft des Beschäftigten in Anspruch nimmt[1]. Daher unterscheidet das BUrlG nicht zwischen Arbeitnehmern mit größerer oder geringerer Beanspruchung der Arbeitskraft und somit größerem, kleinerem oder überhaupt fehlendem Erholungsbedürfnis.

140 Derartige Teilzeitbeschäftigte, die an weniger Arbeitstagen einer Woche als Vollzeitbeschäftigte arbeiten, haben entsprechend der Zahl der für sie maßgeblichen Arbeitstage **Anspruch auf Erholungsurlaub**. Sofern nicht in einem Tarifvertrag eine abweichende Regelung enthalten ist, sind die für den Vollzeitbeschäftigten maßgeblichen Arbeitstage rechnerisch zueinander in Beziehung zu setzen[2].

Beispiel 1:

Regelmäßige Arbeitszeit der vollbeschäftigen Arbeitnehmer: 5 Arbeitstage pro Woche; Teilzeitbeschäftigter arbeitet zwei Arbeitstage pro Woche. Urlaubsanspruch der Vollbeschäftigten Arbeitnehmer: 30 Arbeitstage pro Jahr.

Berechnung des Urlaubsanspruchs: $30 : 5 \times 2 = 12$ Urlaubstage

Der Teilzeitbeschäftigte kann verlangen, an 12 Urlaubstagen freigestellt zu werden.

Beispiel 2:

Regelmäßige Arbeitszeit der vollbeschäftigen Arbeitnehmer: 6 Arbeitstage pro Woche; Teilzeitbeschäftigte arbeitet an 2 Arbeitstagen mit jeweils 4 Stunden. Der Urlaubsanspruch der vollbeschäftigten Arbeitnehmer beträgt 24 Werktage im Jahr.

Berechnung des Urlaubsanspruchs: $24 : 6 \times 2 = 8$ Urlaubstage.

Die Teilzeitbeschäftigte kann verlangen, an 8 Urlaubstagen freigestellt zu werden.

141 Die Auffassung, daß wegen der bei Teilzeitbeschäftigten oft sehr unterschiedlichen Stundenzahl der Urlaubsanspruch **in Stunden umgerechnet** werden müsse[3], ist **unzutreffend**[4].

Für den „Urlaubstag" als Gegenstand des Urlaubsanspruchs kommt es nämlich nicht darauf an, wieviele Arbeitsstunden an dem Arbeitstag ausfallen würden.

Eine Umrechnung der Urlaubsdauer auf Stunden ist auch dann nicht möglich, wenn arbeitsvertraglich nur eine bestimmte **monatliche oder jährliche Arbeitsstundenzahl festgelegt** ist[5]. Dies ist wegen der in BUrlG festgelegten Fixierung

---

1 BAG v. 21. 10. 1965, BB 1966, 35 = DB 1966, 155.
2 BAG v. 14. 2. 1991, BB 1991, 1789 = DB 1991, 1987.
3 Bspw. *Bengelsdorf*, DB 1988, 1161; *Danne*, DB 1990, 1965.
4 BAG v. 28. 11. 1989, BB 1990, 923 = DB 1990, 792.
5 *Leinemann/Linck*, § 3 Rz. 34; *Gross*, S. 52.

des gesetzlichen Mindesturlaubs auf Tage (§ 3 Abs. 1, § 13 Abs. 1 Satz 1 BUrlG) zwingend.

Gegebenenfalls muß im Wege der **ergänzenden Vertragsauslegung** die Verteilung der Jahresarbeitszeit auf einzelne Wochentage vorgenommen werden[1].

4. Der Urlaub der arbeitnehmerähnlichen Personen

Nach § 2 Satz 2 BUrlG gelten auch arbeitnehmerähnliche Personen als Arbeitnehmer, so daß auch ihnen **Erholungsurlaub** nach den Bestimmungen des BUrlG zusteht. Die Frage, ob jemand Arbeitnehmer oder arbeitnehmerähnliche Person ist, ist nach der tatsächlichen Durchführung des Vertragsverhältnisses zu entscheiden. Dabei ist die rechtliche Würdigung der Parteien selbst nicht bindend. Vielmehr ist wesentliches Merkmal der Arbeitnehmerähnlichkeit die **wirtschaftliche Unselbständigkeit** und Abhängigkeit von der Person, in deren Auftrag Dienste geleistet werden. Darüber hinaus muß nach der gesamten sozialen Stellung unter Berücksichtigung der Verkehrsauffassung eine Schutzbedürftigkeit vorliegen[2].

142

Arbeitnehmerähnliche Personen können Tätigkeiten für **mehrere Auftraggeber** ausüben. Voraussetzung der wirtschaftlichen Unselbständigkeit und damit eines Anspruchs auf Erholungsurlaub ist jedoch, daß die Beschäftigung für einen der Auftraggeber die wesentliche ist und die hieraus fließende Vergütung die entscheidende Existenzgrundlage darstellt.

Abweichungen von den Regelungen des BUrlG ergeben sich aus der **fehlenden persönlichen Abhängigkeit** vom Auftraggeber. Doch bestimmt der Auftraggeber auch hier den Zeitraum, in dem er unter Fortzahlung des Entgelts von der Zuweisung von Arbeit absieht[3], wobei er die Interessen der arbeitnehmerähnlichen Person zu berücksichtigen hat. So kann der Auftraggeber während des Urlaubs nicht auf der Unterlassung von Tätigkeit für andere Auftraggeber bestehen. Die Urlaubsentgeltbescheinigung richtet sich nach § 11 BUrlG, mögliche unbillige Ergebnisse zB wegen starker Verdienstschwankungen sind über § 315 BGB mit der Möglichkeit der gerichtlichen Bestimmung nach § 315 Abs. 3 BGB zu regulieren[4].

Bei **Erkrankung** während des Urlaubs ist das Entgeltfortzahlungsgesetz nicht anwendbar.

Im **Prozeß** hat die arbeitnehmerähnliche Person die Einzelheiten des Vertragsverhältnisses vorzutragen, aus denen sich die rechtliche Einordnung als arbeitnehmerähnlich ergibt[5].

---

1 *Leinemann/Linck*, § 3 Rz. 34; *Gross*, S. 52.
2 BAG v. 28. 6. 1973, BB 1973, 1356 = DB 1973, 1756.
3 BAG v. 26. 6. 1969, DB 1970, 80.
4 Vgl. auch *Schaub*, 102 XI 3.
5 *Gross*, S. 53.

5. Der Urlaub der Schwerbehinderten

143 Nach § 47 SchwbG[1] haben Schwerbehinderte ab 1. 1. 1987 Anspruch auf einen bezahlten **zusätzlichen Urlaub von fünf Arbeitstagen** im Urlaubsjahr. Verteilt sich die regelmäßige Arbeitszeit in der Kalenderwoche auf mehr oder weniger als fünf Arbeitstage, erhöht oder vermindert sich der Zusatzurlaub entsprechend.

144 Der Anspruch auf Zusatzurlaub besteht **ohne Rücksicht auf die Kenntnis** des Arbeitgebers von der Schwerbehinderteneigenschaft. Allerdings erhält der Schwerbehinderte im Jahr, in dem er die Rechtsstellung als Schwerbehinderter erhält, nur entsprechend **anteiligen Zusatzurlaub**[2]. Bezüglich des zusätzlichen Urlaubs gelten im übrigen die gleichen Regelungen wie beim normalen Urlaub. Der Zusatzurlaub entsteht daher auch erst mit dem Grundurlaub nach Maßgabe der §§ 1, 4 und 5 BUrlG. Insbesondere darf nach § 8 BUrlG der Schwerbehinderte während des Zusatzurlaubs keine dem Urlaubszweck widersprechende Erwerbstätigkeit leisten.

145 Wird das Arbeitsverhältnis eines Schwerbehinderten in der ersten Hälfte des Jahres beendet, so kommt die **Zwölftelungsbestimmung** des § 5 Abs. 1 Buchst. c BUrlG über den gekürzten Vollurlaub zur Anwendung.

Scheidet der Schwerbehinderte erst in der zweiten Jahreshälfte aus, behält er seinen Anspruch auf 5 Tage Zusatzurlaub in diesem Jahr.

146 Der gesetzliche Zusatzurlaub nach dem Schwerbehindertengesetz bleibt von **tarifvertraglichen Zwölftelungsvorschriften** unberührt[3].

Dies bedeutet: Der Anspruch auf den vollen Zusatzurlaub entsteht mit der Schwerbehinderung, ohne daß es darauf ankommt, zu welchem Zeitpunkt die Schwerbehinderung von der zuständigen Behörde festgestellt worden ist. Eine Zwölftelung kommt nur im Eintritts- und Austrittsjahr in Betracht[4].

Wird in einem Prozeß die Schwerbehinderteneigenschaft rückwirkend festgestellt, so ist zu beachten, daß der Anspruch auf Zusatzurlaub mit Ablauf des Urlaubsjahres **entfällt**, wenn der Grundurlaub genommen und der Zusatzurlaub nicht beansprucht worden ist[5].

147 Der Zusatzurlaub **erlischt** mit Ablauf des Urlaubsjahres, wenn der Schwerbehinderte ihn nicht geltend gemacht, dh. verlangt hat. Die Mitteilung des Schwerbehinderten an den Arbeitgeber, er habe einen Antrag auf Anerkennung als Schwerbehinderter gestellt, ist noch keine solche Geltendmachung[6].

148 Ein Anspruch auf **Urlaubsentgelt** für den Zusatzurlaub für Schwerbehinder besteht nur, wenn dies vereinbart ist. Nimmt eine tarifliche Regelung für die Urlaubsdauer auf das SchwbG Bezug und sieht sie ein zusätzliches **Urlaubsgeld**

---

1 Schwerbehindertengesetz in der Fassung der Bekanntmachung v. 26. 8. 1986 – BGBl. I, 1421, ber. S. 1550, zuletzt geändert durch Gesetz vom 5. 10. 1994 (BGBl. I, 2911).
2 LAG Berlin v. 29. 9. 1962, AP Nr. 2 zu § 34 SchwbG aF; vgl. auch *Schaub,* § 178 V 6.
3 BAG v. 8. 3. 1994, DB 1994, 1528 = NZA 1994, 1095.
4 BAG v. 21. 2. 1995, BB 1995, 1410 = DB 1995, 222; *Dörner,* DB 1995, 1174 f.
5 LAG Niedersachsen v. 24. 1. 1978, DB 1978, 848.
6 BAG v. 28. 1. 1982, BB 1982, 1302 = DB 1982, 1329; BAG v. 26. 6. 1986, BB 1986, 2337.

vor, das neben dem Urlaubsentgelt zu zahlen ist, kann der Schwerbehinderte auch für den ihm zustehenden Zusatzurlaub Urlaubsgeld verlangen[1]. Ist der Anspruch auf Urlaubsentgelt im Tarifvertrag jedoch auf die tariflich festgelegte Urlaubsdauer begrenzt, scheidet ein Anspruch auf Urlaubsgeld für den Zusatzurlaub aus[2].

War der Zusatzurlaub aber geltend gemacht worden und wurde er nur deshalb nicht gewährt, weil die Schwerbehinderteneigenschaft noch nicht endgültig vorlag, ist der Urlaub nachträglich in Freizeit zu gewähren[3].

Er bleibt in diesem Fall als **Ersatzurlaubsanspruch** auch nach Ablauf des Urlaubsjahres und gegebenenfalls des Übertragungszeitraumes erhalten[4].

Kann der gesetzliche Zusatzurlaub für Schwerbehinderte wegen **Beendigung des Arbeitsverhältnisses** nicht gewährt werden, ist er nach § 7 Abs. 4 BUrlG abzugelten[5].

Soweit **tarifliche, betriebliche oder sonstige Urlaubsregelungen** für Schwerbehinderte einen längeren als den gesetzlichen Zusatzurlaub vorsehen, gelten diese Sonderregelungen (§ 47 Satz 2 SchwbG). Sieht eine tarifliche Regelung die Zwölftelung von Urlaubsansprüchen bei Ausscheiden des Arbeitnehmers in der zweiten Hälfte eines Jahres vor, ist sie gegenüber einem Schwerbehinderten insoweit unwirksam, als dadurch der gesetzliche Ausspruch auf Zusatzurlaub vermindert wird[6]. — 149

Nach der ausdrücklichen gesetzlichen Regelung des § 2 Abs. 2 SchwbG steht den Schwerbehinderten **Gleichgestellten** (§ 2 Abs. 1 SchwbG) der Zusatzurlaub nicht zu. — 150

Der Schwerbehinderte, der in **Heimarbeit** beschäftigt ist, hat wie jeder andere Schwerbehinderte Anspruch auf den Zusatzurlaub nach § 47 SchwbG. Als Besonderheit sieht § 49 Abs. 3 SchwbG vor, daß diese Gruppe als zusätzliches Urlaubsgeld 2% des vom 1. 5. des Vorjahres bis zum 30. 4. des laufenden Jahres verdienten Arbeitsentgelts, ausschließlich der Unkostenzuschläge, erhält, sofern keine besondere Regelung besteht. — 151

6. Urlaub und Wehrdienst/Zivildienst

Nach § 4 ArbPlSchG[7] und § 35 Abs. 1 Zivildienstgesetz[8] kann der dem Wehr- bzw. Zivildienstpflichtigen aus dem Arbeitsverhältnis zustehende Erholungsur- — 152

---

1 BAG v. 23. 1. 1996, DB 1996, 1345 = NZA 1996, 831.
2 BAG v. 30. 7. 1986, BB 1986, 2337.
3 BAG v. 26. 6. 1986, BB 1986, 2270 = NZA 1987, 98.
4 BAG v. 26. 6. 1986, BB 1986, 2337.
5 BAG v. 25. 6. 1996, AP Nr. 117 § 47 SchwbG = BB 1996, 2100 (LS).
6 BAG v. 8. 3. 1994, DB 1994, 686.
7 Gesetz über den Schutz des Arbeitsplatzes bei Einberufung zum Wehrdienst (Arbeitsplatzschutzgesetz) idF v. 14. 4. 1980, BGBl. I, 425, zuletzt geändert durch Gesetz v. 25. 9. 1996 (BGBl. I, 1476).
8 Gesetz über die Ableistung des Zivildienstes idF v. 31. 7. 1986, BGBl. I, 1205, zuletzt geändert durch Gesetz v. 21. 6. 1994 (BGBl. I, 1286).

laub für jeden vollen Monat des Wehr- bzw. Zivildienstes um 1/12 **gekürzt** werden, da § 78 Zivildienstgesetz die Anwendung des ArbPlSchG vorschreibt.

Der Erholungsurlaub ist auf Verlangen des Arbeitnehmers **vor Antritt** des Dienstes (§ 4 Abs. 1 Satz 2 ArbPlSchG), ein noch bestehender **Resturlaub** ist nach dem Grundwehrdienst im laufenden oder im nächsten Urlaubsjahr zu gewähren (§ 4 Abs. 2 ArbPlSchG). Endet das Arbeitsverhältnis während des Dienstes oder setzt der Arbeitnehmer im Anschluß an den Dienst das Arbeitsverhältnis nicht fort, so ist der Resturlaub abzugelten (§ 4 Abs. 3 ArbPlSchG). Hat der Arbeitnehmer vor der Einberufung mehr Urlaub erhalten, als ihm wegen der Kürzungsmöglichkeit des Arbeitgebers zustand, so kann der Arbeitgeber den dem Arbeitnehmer nach dem Dienst zustehenden Urlaub entsprechend kürzen (§ 4 Abs. 4 ArbPlSchG).

153 Wird ein Arbeitnehmer zu einer **Wehrübung** einberufen, so hat ihm sein Arbeitgeber den Urlaub **voll** zu gewähren.

Nach dem Eignungsübungsgesetz und der dazu ergangenen Verordnung (BGBl. 1956 I, 13; BGBl. 1956 I, 71) gewähren die Streitkräfte für jeden angefangenen Monat **1/12 des Jahresurlaubs** (§ 1 Abs. 1 der VO). Dabei ist nicht auf Kalendermonate abzustellen. Ergibt sich bei dieser Berechnung ein Bruchteil eines Tages, so ist entgegen § 5 Abs. 2 BUrlG auch für Bruchteile von weniger als 1/2 eine Aufrundung vorzunehmen (§ 1 Abs. 2 VO). Für im Baugewerbe Beschäftigte müssen die Streitkräfte die Lohnnachweiskarte nach dem bisherigen Verdienst ausfüllen und die entsprechenden Beiträge an die Einzugsstelle abführen.

Bei Eintritt in die Streitkräfte wird von diesen der in dem Arbeitsverhältnis nicht gewährte Urlaub **übernommen.** Bei Geltung eines Stichtagsprinzips ohne Zwölftelung entfällt ein Anspruch aber, falls die Eignungsübung vor dem Stichtag beginnt (§ 2 Abs. 1 und 2 VO). Zur Feststellung des zustehenden und anzurechnenden Urlaubs sind vom Arbeitgeber und den Streitkräften Urlaubsbescheinigungen vor bzw. nach der Eignungsübung auszustellen (§ 3 VO).

7. Der Urlaub im Baugewerbe

154 Grundsätzlich gelten die Bestimmungen des BUrlG auch für das Baugewerbe. In § 13 Abs. 2 BUrlG läßt das Gesetz aber **tarifvertragliche Sonderregelungen** für das Baugewerbe zur Sicherung eines Jahresurlaubs für die Arbeitnehmer zu, da hier Arbeitsverhältnisse von kürzerer Dauer als ein Jahr üblich sind.

Die Tarifparteien haben im Baugewerbe eine „**Gemeinsame Urlaubskasse für die Bauwirtschaft**" mit Sitz in Wiesbaden eingerichtet. Diese Urlaubskasse sichert die Auszahlung des Urlaubsentgelts sowie des tarifvertraglich vereinbarten zusätzlichen Urlaubsgeldes. Der Arbeitgeber zahlt monatlich einen Prozentsatz des verdienten Bruttolohnes an die Urlaubskasse. Dieser Betrag wird auf einer **Lohnnachweiskarte** des Arbeitnehmers festgehalten. Bei Urlaubsantritt zahlt der Arbeitgeber den nach der Lohnnachweiskarte zu berechnenden Betrag des Urlaubsentgelts an den Arbeitnehmer aus. Der Arbeitgeber erhält die ausgezahlten Beträge von der Urlaubskasse erstattet.

V. Urlaub für besondere Beschäftigungsgruppen

Eine **anderweitige Abgeltung,** etwa bei Ausscheiden des Arbeitnehmers, ist **unzulässig** und läßt den Anspruch auf Berichtigung der Lohnnachweiskarte auf den vollen Betrag bestehen[1]. Dem Berichtigungsverlangen kann jedoch dann der Einwand der unzulässigen Rechtsausübung entgegenstehen, wenn der Arbeitnehmer selbst auf Auszahlung des Geldes bestanden hat[2].

8. Der Mutterschaftsurlaub

Der bisherige Mutterschaftsurlaub ist ab 1. 1. 1986 durch die Vorschriften über den Erziehungsurlaub aufgehoben worden. 155

9. Der Erziehungsurlaub

Nach § 15 Abs. 1 BErzGG[3] haben alle Arbeitnehmer einen **unabdingbaren Anspruch** auf Erziehungsurlaub. 156

Dies gilt für ab 1992 geborene Kinder bis zur **Vollendung des 3. Lebensjahres,** wenn der Arbeitnehmer mit dem Kind in einem Haushalt lebt und das Kind selbst betreut und erzieht. Bestehen Bedenken, ob die Voraussetzungen für den Erziehungsurlaub vorliegen, kann der Arbeitgeber, mit Zustimmung des Arbeitnehmers, eine Stellungnahme der Erziehungsgeldstelle einholen (§ 16 Abs. 1 Satz 3 BErzGG).

Während des Erziehungsurlaubs bleibt das **Arbeitsverhältnis** bestehen, aber es **ruht,** dh. die gegenseitigen Pflichten (Arbeitspflicht und Lohnzahlungspflicht) bestehen nicht.

Dem steht die Möglichkeit der **teilweisen Erwerbstätigkeit** nach § 15 Abs. 4 BErzGG nicht entgegen.

Das Ruhen des Arbeitsverhältnisses tritt mit der Inanspruchnahme ein[4].

Der Anspruch auf Erziehungsurlaub besteht **nicht,** solange 157

- während der im **Mutterschutzgesetz** vorgesehenen Schutzfrist von acht Wochen (bei Früh- und Mehrlingsgeburten von 12 Wochen) nach der Geburt die Mutter nicht beschäftigt werden darf, oder
- der mit dem Arbeitnehmer in einem Haushalt lebende andere Elternteil **nicht erwerbstätig** ist, es sei denn, der andere Elternteil ist arbeitslos oder befindet sich in Ausbildung, oder
- der **andere Elternteil** Erziehungsurlaub in Anspruch nimmt, es sei denn, die Betreuung und Erziehung der Kinder kann nicht sichergestellt werden (§ 15 Abs. 2 BErzGG).

---
1 LAG Düsseldorf v. 21. 3. 1969, DB 1969, 1346 = BB 1969, 915 = ArbuR 1970, 27.
2 LAG Düsseldorf v. 20. 2. 1975, DB 1975, 1465.
3 Gesetz über die Gewährung von Erziehungsgeld und Erziehungsurlaub (BErzGG) v. 6. 12. 1985 – BGBl. I, 2154, zuletzt geändert durch Gesetz v. 25. 9. 1996 (BGBl. I, 1476).
4 BAG v. 10. 2. 1993, BB 1993, 1083 = DB 1993, 1090.

158 Der Arbeitnehmer muß den Erziehungsurlaub spätestens **4 Wochen** vorher von dem Arbeitgeber **verlangen** und gleichzeitig erklären, bis zu welchem Lebensmonat des Kindes er den Erziehungsurlaub in Anspruch nehmen will (§ 16 Abs. 1 Satz 1 BErzGG). An diese Erklärung ist der Arbeitnehmer unwiderruflich gebunden[1].

159 Verlangt der Arbeitnehmer Erziehungsurlaub, ohne zu erklären, für welchen Zeitraum, dann ist der Erziehungsurlaub nicht wirksam geltend gemacht[2].

160 Eine **Verlängerung** kann nach § 16 Abs. 3 Satz 2 BErzGG verlangt werden, wenn ein vorgesehener Wechsel in der Anspruchsberechtigung aus einem wichtigen Grund nicht erfolgen kann oder der Arbeitgeber einverstanden ist.

161 Der Erziehungsurlaub **endet vorzeitig,** wenn

▶ der Arbeitgeber der Beendigung zustimmt (§ 16 Abs. 3 Satz 1 BErzGG), oder

▶ das Kind während des Erziehungsurlaubs stirbt (§ 16 Abs. 4 BErzGG), oder

▶ das Arbeitsverhältnis vorher endet (zB durch Kündigung).

162 Nach § 17 BErzGG kann der Arbeitgeber für jeden **vollen Kalendermonat,** für den der Arbeitnehmer Erziehungsurlaub nimmt, den Erholungsurlaub um **ein Zwölftel kürzen,** es sei denn, der Arbeitnehmer leistet während des Erziehungsurlaubs bei seinem Arbeitgeber Teilzeitarbeit.

163 Hat der Arbeitnehmer den ihm zustehenden Urlaub vor dem Beginn des Erziehungsurlaubs nicht oder nicht vollständig erhalten, so hat der Arbeitgeber den **Resturlaub nach dem Erziehungsurlaub** im laufenden oder im nächsten Urlaubsjahr zu **gewähren.** Bei einem Ende des Arbeitsverhältnisses während des Erziehungsurlaubs oder wenn der Arbeitnehmer das Arbeitsverhältnis nach dem Erziehungsurlaub nicht fortsetzt, ist der noch nicht gewährte Erholungsurlaub **abzugelten.**

164 Der auf das nach dem Erziehungsurlaub laufende und das nächste Urlaubsjahr **übertragene Urlaub** verfällt mit Ablauf des nächsten Urlaubsjahres auch dann, wenn der Arbeitnehmer den Urlaub wegen Krankheit, Beschäftigungsverboten nach dem Mutterschutzgesetzes und einen sich daran anschließenden zweiten Erziehungsurlaub nicht nehmen kann. Dabei wird der mit der Beendigung des Arbeitsverhältnisses entstehende Abgeltungsanspruch lediglich hinsichtlich des tarifvertraglichen Anteils von einer tarifvertraglichen Ausschlußfrist erfaßt. Der Anteil im Umfang des gesetzlichen Mindesturlaubs bleibt unberührt. Er ist nach § 13 Abs. 1 BUrlG unabdingbar und kann bis zum Ablauf des Übertragungszeitraums verlangt werden[3].

165 Das Arbeitsverhältnis ruht während des Erziehungsurlaubs kraft Gesetzes[4].

Bestimmt ein **Tarifvertrag,** daß eine **tarifliche Jahressonderzahlung** für Zeiten **gekürzt** werden kann, in denen das Arbeitsverhältnis „kraft Gesetzes" ruht, so

---

1 ArbG Hanau v. 19. 1. 1995, DB 1995/433.
2 BAG v. 17. 2. 1994, BB 1994, 1148 = DB 1994, 1477.
3 BAG v. 23. 4. 1996, BB 1996, 2046.
4 BAG v. 10. 2. 1993, BB 1993, 1083 = DB 1993, 1090.

kann die Jahressonderzahlung auch für die Zeit gekürzt werden, in der die Arbeitnehmerin oder der Arbeitnehmer sich im Erziehungsurlaub befindet[1].

Mit einer **Ersatzkraft**, die zur Vertretung des Erziehungsurlaubers eingestellt ist, kann ein **befristeter Arbeitsvertrag** abgeschlossen werden.

166

Nach Auffassung des BAG[2] ist eine Befristung nach § 21 BErzGG nur für die Dauer eines im Zeitpunkt des Vertragsschlusses bereits verlangten Erziehungsurlaubs zulässig.

Diese Rechtsprechung des BAG ist jedoch durch die **Änderung des § 21 Abs. 3 BErzGG** hinfällig, nachdem im Gesetzestext jetzt die Dauer der Befristung nicht nur bestimmt oder bestimmbar sein muß, sondern durch die Wörter „oder den in den Absätzen 1 und 2 genannten Zwecken zu entnehmen" eingefügt wurde[3].

VI. Krankheit und Urlaub

1. Erkrankung während des Urlaubs

Erkrankt ein Arbeitnehmer während des Urlaubs, können gem. § 9 BUrlG die durch ärztliches Attest nachgewiesenen Tage der Arbeitsunfähigkeit **nicht auf den Jahresurlaub angerechnet** werden. Die Rechtsprechung und Literatur hat jedoch diesen generellen Satz insofern eingeschränkt, als durch die Arbeitsunfähigkeit der **Erholungszweck des Urlaubs vereitelt** werden muß. Das ist zwar in der Regel anzunehmen, muß jedoch nicht der Fall sein[4].

167

Auch in dem Fall, daß der Arbeitnehmer **vor Antritt des Urlaubs erkrankt**, gilt der generelle Satz, daß Urlaub nicht während der Arbeitsunfähigkeit genommen und gewährt werden kann. Zu beachten ist auch hier die Einschränkung, daß dieser Satz nur gilt, wenn die Arbeitsunfähigkeit dem Erholungszweck des Urlaubs nicht entgegensteht[5].

Wenn nun der Arbeitnehmer während seines gesetzlichen, tarifvertraglichen oder einzelvertraglichen bezahlten Erholungsurlaubs erkrankt, greift § 9 BUrlG ein. Danach wird der Erholungsurlaub für die Dauer der Arbeitsunfähigkeit **unterbrochen** mit der Folge, daß der Arbeitnehmer wieder zur Arbeitsleistung verpflichtet wird, die er jedoch wegen Erkrankung nicht erbringen kann. Es gelten dann die Regelungen der Lohn- oder Gehaltsfortzahlung im Krankheitsfall.

Auch der über den gesetzlichen Mindesturlaub hinausgehende **einzelvertragliche Mehrurlaub** wird im Zweifel durch Arbeitsunfähigkeit des Arbeitnehmers unterbrochen[6].

---

1 BAG v. 24. 5. 1995, NZA 1996, 31.
2 BAG v. 9. 11. 1994, BB 1995, 361 = DB 1995, 682.
3 Art. 12 des Gesetzes v. 25. 9. 1996, BGBl. I, 1479.
4 LAG Düsseldorf v. 23. 10. 1974, BB 1975, 137.
5 LAG Düsseldorf v. 23. 10. 1974, BB 1975, 137.
6 BAG v. 3. 10. 1972, BB 1973, 89.

168 Die durch ärztliches Zeugnis nachgewiesenen Tage der Arbeitsunfähigkeit werden auf den Jahresurlaub nicht angerechnet. Sie sind vom Arbeitgeber **nachzugewähren**. Ein Selbstbeurlaubungsrecht des Arbeitnehmers oder eine Selbstverlängerungsmöglichkeit besteht nicht.

Vielmehr besteht die Verpflichtung des Arbeitgebers, den Urlaub nachzugewähren, wenn der Arbeitnehmer wieder zur Erfüllung seiner Arbeitspflichten in der Lage und der Urlaubsanspruch noch nicht durch Fristablauf erloschen ist[1].

2. Auswirkungen auf das Urlaubsentgelt

169 In § 11 Abs. 1 Satz 3 BUrlG ist geregelt, daß Verdienstkürzungen infolge unverschuldeter Arbeitsversäumnisse bei der Berechnung des Urlaubsentgeltes **außer Betracht bleiben**. Daher verringern unverschuldete Krankheitstage vor Urlaubsantritt nicht das Urlaubsentgelt. Ob Krankheitstage unverschuldet sind, regelt sich nach den Bestimmungen über die Lohn- oder Gehaltsfortzahlung im Krankheitsfall[2].

3. Maßnahmen der medizinischen Vorsorge oder Rehabilitation

170 Nach der **bisherigen Regelung** (§ 10 BUrlG aF) durften Maßnahmen der medizinischen Vorsorge oder Rehabilitation (Kuren) nicht auf den Urlaub angerechnet werden, soweit ein Anspruch auf Fortzahlung des Arbeitsentgelts nach den gesetzlichen Vorschriften über die Entgeltfortzahlung im Krankheitsfall bestand. Ein solcher Anspruch bestand nach § 9 EFZG, denn das Entgelt war fortzuzahlen, wenn die Arbeitsverhinderung infolge einer Maßnahme der medizinischen Vorsorge oder Rehabilitation bedingt war.

171 Durch das **arbeitsrechtliche Beschäftigungsförderungsgesetz** vom 25. 9. 1996 (BGBl. 1996 I, 1476) ist hinsichtlich der Maßnahmen der medizinischen Vorsorge oder Rehabilitation eine gesetzliche Neuregelung erfolgt:

Für jede Woche, die ein Arbeitnehmer an einer Maßnahme der medizinischen Vorsorge oder Rehabilitation (Kur) teilnimmt, kann der Arbeitgeber bei einer 5-Tage-Arbeitswoche die ersten 2 Tage auf den Erholungsurlaub des **laufenden oder nächsten Kalenderjahres anrechnen.** Die angerechneten Tage gelten als Urlaubstage, d.h. es besteht kein Anspruch des Arbeitnehmers auf Entgeltfortzahlung im Krankheitsfall. Für die restlichen drei Tage der Woche kann der Arbeitnehmer sich nach § 4a Abs. 1 EFZG Urlaubstage anrechnen lassen, um die auf 80% abgesenkte Entgeltfortzahlung zu vermeiden (§ 9 Abs. 1 Satz 1 iVm. § 4a EFZG).

Beispiel:

Ein Arbeitnehmer, der in der 5-Tage-Woche arbeitet, nimmt an einer 3-wöchigen Kur teil.

---

1 BAG v. 9. 6. 1988, BB 1988, 2108 = DB 1988, 2466.
2 Vgl. zB § 3 Entgeltfortzahlungsgesetz.

Dies führt jetzt zu folgender Berechnung:
Der Arbeitgeber kann von je 5 Tagen die ersten zwei anrechnen = **6 Urlaubstage** *(3 × 2).*
Für die restlichen 9 Tage erhält der Arbeitnehmer nach § 9 iVm. § 4 EFZG wegen der Absenkung nur 80% des Arbeitsentgelts. Will er dies vermeiden, muß er hierfür weitere Urlaubstage einsetzen (§ 9 iVm. § 4a EFZG) dh. von je fünf Tagen den ersten Tag = **2 Urlaubstage,** *wobei für den Arbeitnehmer dann noch 1 Resttag verbleibt, der bei Folgeanrechnungsfällen eingesetzt werden kann. Der Arbeitnehmer muß also im obigen Beispiel insgesamt für die Kur 8 Urlaubstage einsetzen.*

Da in verschiedenen **Tarifverträgen** ebenso wie im § 10a BUrlG aF ausdrücklich das Verbot enthalten ist, Erholungsurlaub auf Kuren anzurechnen, ist abzusehen, daß es zu Rechtsstreitigkeiten darüber kommen wird, ob die Neuregelung diese Tarifverträge erfaßt. Streitig wird inbesondere die Frage sein, ob hier, trotz oder gerade wegen der Regelung des § 4a Abs. 1 Satz 5 EFZG, wonach § 4 Abs. 4 Satz 1 der Tarifvertragsgesetze und § 9 BUrlG nicht anzuwenden sind, nicht ein unzulässiger **Eingriff in die Tarifhoheit** der Tarifvertragsparteien gegeben ist. Streitig ist weiter, ob durch die Gesetzesneuregelung des § 10 BUrlG nicht ein verfassungswidriger **Eingriff in Art. 9 Abs. 3 GG** erfolgt ist. Auch hier werden unterschiedliche Positionen vertreten[1].
Auch diese Frage wird letztlich durch die Gerichte entschieden werden müssen.

Bei weniger Arbeitstagen in der Woche verkürzt sich der anzurechnende Urlaub entsprechend.

Ausgenommen sind Fälle der
- Arbeitsunfähigkeit infolge Krankheit,
- der Anschlußrehabilitation,
- der Müttergenesungskuren,
- der Vorsorgekuren für Mütter und
- der Kuren für Beschäftigte nach dem Bundesversorgungsgesetz.

Der gesetzliche **Mindesturlaub,** der **Mindesturlaub für Jugendliche** und der **Urlaub für Schwerbehinderte** bleiben **unberührt.**
Dies bedeutet, daß die Neuregelung im wesentlichen nur für Fälle einschlägig sein wird, in denen ein arbeitsfähiger Arbeitnehmer an einer Vorsorgekur teilnimmt.

Nach der gesetzlichen Neuregelung des § 10 Abs. 3 BUrlG darf der **Arbeitgeber** eine Anrechnung auf den Urlaub des **nächsten Kalenderjahres** vornehmen,

---

[1] Verfassungswidrig bspw: *Buschmann,* ArbuR 1996, 290; *Leinemann,* BB 1996, 1381; differenzierend: *Boerner,* ZTR 1996, 435; verfassungsgemäß: *Bauer/Lingemann,* BB 1996, Beil. 17, 13; *Löwisch,* NZA 1996, 1015.

wenn der Arbeitnehmer den ihm zustehenden Urlaub schon ganz oder teilweise erhalten hat.

175 Eine Regelung, wie zu verfahren ist, wenn der Arbeitnehmer, dessen Urlaub für das nächste Jahr schon angerechnet ist, noch im laufenden Kalenderjahr **ausscheidet,** ist im Gesetz nicht erfolgt.

Beispiel:
Der Arbeitnehmer hat seinen gesamten tariflichen Jahresurlaub von 30 Urlaubstagen für 1996 verbraucht.
Er tritt am 2. 11. 1996 eine dreiwöchige Kur an. Der Arbeitgeber rechnet von dem tariflichen Urlaub des kommenden Jahres 1997 nach § 10 Abs. 3 iVm. Abs. 2 BUrlG 6 Urlaubstage an. Der Arbeitnehmer scheidet aufgrund eigener Kündigung zum 31. 12. 1996 aus.

Nach *Bauer/Lingemann*[1] hat der Arbeitnehmer in diesem Fall schon sechs Urlaubstage für das kommende Jahr im voraus erhalten, die in die Urlaubsbescheinigung aufzunehmen sind.

Nach Auffassung von *Hohmeister*[2] und *Schütz/Hauck*[3] ist dies nicht zutreffend, da die Anrechnung keine Urlaubserteilung sei bzw. die Neuregelung unter der stillscheigenden auflösenden Bedingung erfolge, daß das Arbeitsverhältnis nicht vor Ende des laufenden Urlaubsjahrs beendet werde.

Letztlich wird dieser Streit durch die Gerichte entschieden werden müssen.

4. Erkrankung während eines unbezahlten Urlaubs

176 Während des unbezahlten Sonderurlaubs ist der Arbeitnehmer von der Arbeitspflicht befreit und hat keinen Vergütungsanspruch. Auch bei Erkrankung besteht daher grundsätzlich **keine Lohnfortzahlungspflicht** des Arbeitgebers.

177 Eine **Ausnahme** macht die Rechtsprechung allerdings, wenn der Sonderurlaub dazu dient, eine längere, zusammenhängende Erholungszeit zu verschaffen, wenn also beispielsweise in unmittelbarem Anschluß an den bezahlten Erholungsurlaub ein unbezahlter Urlaub ebenfalls zu **Erholungszwecken** gewährt wird und der Arbeitnehmer während des bezahlten Urlaubs arbeitsunfähig erkrankt. Der Arbeitnehmer ist dann berechtigt, seinen bezahlten Urlaub abzubrechen und den unbezahlten Urlaub nicht zu nehmen. Er ist so zu stellen, als sei keine Freistellung von der Arbeit ohne Entgeltfortzahlung vereinbart worden[4].

Dient der Sonderurlaub **anderen Zwecken,** zB Ausländern die Heimfahrt zu ermöglichen, so besteht im Falle der Erkrankung kein Anspruch auf Krankenvergütung[5].

---

1 BB 1996 Beil. 17, 8 ff., 13.
2 DB 1997, 172.
3 Schütz/Hauck, Rz. 1167.
4 BAG v. 23. 12. 1971, BB 1972, 496 = DB 1972, 831; BAG v. 1. 7. 1974, BB 1974, 1938; BAG v. 3. 10. 1972, BB 1973, 89.
5 BAG v. 10. 2. 1972, BB 1972, 497 = DB 1972, 831; BAG v. 25. 5. 1983, DB 1983, 2526.

Diese Grundsätze gelten auch für das **Recht der Sozialversicherung**. Der von den Arbeitsvertragsparteien als Einheit angesehene Urlaub (bezahlt und daran anschließend unbezahlt) gilt bei Erkrankung des Arbeitnehmers als unterbrochen. Falls daher nicht Lohnfortzahlungspflicht des Arbeitgebers besteht, muß die Krankenkasse dem Arbeitnehmer Krankengeld gewähren[1]. Bei unbezahltem Urlaub bleibt die Mitgliedschaft in der gesetzlichen Krankenversicherung erhalten, längstens jedoch für drei Wochen.

Erkrankt ein Arbeitnehmer während eines unbezahlten Urlaubs, so beginnt die Sechswochenfrist des § 3 EFZG nicht mit dem Tag der Erkrankung, sondern mit Einsetzen der Lohnfortzahlung[2].

Eine Vereinbarung zwischen Arbeitgeber und Arbeitnehmer, nach der das Arbeitsverhältnis bei **verspäteter Rückkehr** des Arbeitnehmers aus dem Urlaub automatisch endet, ist rechtsunwirksam[3]. Das gilt unabhängig davon, welche Umstände die Versäumung der Arbeitsaufnahme zum vereinbarten Zeitpunkt veranlaßt haben. Auch eine Regelung, nach der das Arbeitsverhältnis automatisch endet, wenn die nicht rechtzeitige Arbeitsaufnahme **vom Arbeitnehmer zu vertreten** ist, ist unwirksam. Solche Regelungen vereiteln nämlich den Bestandsschutz des Arbeitsverhältnisses, der vom Kündigungsschutz- und dem Mitbestimmungsrecht des Betriebsrates gesichert wird. 178

Eine Vereinbarung zwischen Arbeitgeber und Arbeitnehmer, in der sich der Arbeitgeber ein **einseitiges Bestimmungsrecht** über die Dauer des Sonderurlaubs vorbehält, ist nichtig. Diese Vereinbarung ist unter Berücksichtigung der Interessen beider Teile in eine wirksame Vereinbarung umzudeuten[4].

VII. Erlöschen des Urlaubsanspruchs

1. Erfüllung

Der Urlaubsanspruch erlischt wie jeder andere privatrechtliche Anspruch mit der Erfüllung durch den Arbeitgeber (§ 362 Abs. 1 BGB). Wenn daher der Arbeitnehmer die Freizeit und das Urlaubsentgelt bzw. unter den Voraussetzungen des § 7 Abs. 4 BUrlG den Abgeltungsbetrag erhalten hat, ist sein Anspruch erfüllt. 179

Zu berücksichtigen ist jedoch, daß eine Erfüllung und damit ein Erlöschen des Anspruchs nur durch **Bewirken der geschuldeten Leistung** erreicht wird. Die Urlaubserteilung muß daher im Rahmen des § 7 BUrlG liegen. Eine Aufteilung des Urlaubs in Tage, halbe Tage oder gar in Stunden ist keine Erfüllung, so daß der Arbeitnehmer den Urlaub nach wie vor beanspruchen kann. Eine Erfüllung 180

---

1 BSG v. 24. 10. 1974, BB 1975, 231; BSG v. 14. 12. 1976, BB 1977, 499.
2 BAG v. 14. 6. 1974, AP Nr. 36 zu § 1 LohnfortzG.
3 BAG v. 19. 12. 1974, BB 1975, 651 = DB 1975, 890 ff.; LAG Düsseldorf v. 24. 6. 1974, DB 1974, 2111 f.
4 BAG v. 13. 8. 1980, BB 1981, 974 = DB 1981, 479.

liegt auch dann nicht vor, wenn der Arbeitgeber einseitig Fehltage des Arbeitnehmers als Urlaubstage verrechnet oder über den Rahmen des § 7 Abs. 4 BUrlG eine Abgeltung vornimmt. In beiden Fällen ist der Urlaubsanspruch nicht untergegangen. Der Arbeitnehmer kann seinen gesetzlichen Mindesturlaub in zusammenhängender Form noch einmal verlangen[1].

181 Auch eine einseitige **Verrechnung** des Urlaubs des laufenden Urlaubsjahres mit zuviel gewährtem Urlaub im Vorjahr ist nicht möglich, da der Mindesturlaubsanspruch sich auf ein bestimmtes Urlaubsjahr bezieht[2].

2. Ablauf des Urlaubsjahres und Übertragung in das nächste Urlaubsjahr

182 Der Urlaubsanspruch verfällt grundsätzlich kraft Gesetzes (§§ 1, 13 BUrlG), wenn er nicht **während des Urlaubsjahres** oder des Übertragungszeitraumes, also **bis zum 31. 3. des Folgejahres,** vom Arbeitnehmer geltend gemacht wird[3]. Der Urlaub muß in der Übertragungszeit so zeitig geltend gemacht werden, daß er auch bis zum 31. 3. genommen werden kann[4].

183 Der Arbeitnehmer muß also tätig werden und in erster Linie bis zum Ende des Urlaubsjahres seinen Urlaub vom Arbeitgeber **verlangen** und auch bis zu diesem Zeitpunkt **genommen** haben. Nur bei Vorliegen der Voraussetzungen des § 7 Abs. 3 Satz 2[5] oder des § 5 Abs. 1 Buchst. a BUrlG in Verbindung mit § 7 Abs. 3 Satz 4 BUrlG ist eine **Übertragung** bis zum 31. 3. des Folgejahres, im Falle des § 5 Abs. 1a BUrlG auf das gesamte nächste Urlaubsjahr zulässig. Eine aus anderen Gründen getroffene Vereinbarung über eine Übertragung ist gem. § 134 BGB nichtig[6]. Jedoch ist es möglich, daß die Tarifvertragsparteien weitere Übertragungsmöglichkeiten vorsehen, da im BUrlG nur ein Mindestrahmen gegeben ist, der nach § 13 Abs. 1 BUrlG zugunsten der Arbeitnehmer erweitert werden kann[7].

In diesen Urteilen hat das **BAG** entschieden, daß der Anspruch eines Arbeitnehmers gegen den Arbeitgeber auf Gewährung von Erholungsurlaub nach dem BUrlG nur jeweils während des Kalenderjahres sowie bei Vorliegen besonderer gesetzlicher Merkmale bis zum Ende des sogenannten **Übertragungszeitraumes** am 31. 3. des folgenden Jahres (§ 7 Abs. 3 BUrlG) bestehe. Daran ändere sich nichts, wenn ein Arbeitnehmer infolge langdauernder Arbeitsunfähigkeit gehindert war, den Urlaub vor Ablauf des Kalenderjahres bzw. des Übertragungszeitraums zu nehmen, es sei denn, daß die Arbeitsunfähigkeit vom Arbeitgeber zu vertreten sei. Das BAG hat darauf abgestellt, daß der Anspruch auf Erholungsurlaub jedenfalls mit Ablauf des Übertragungszeitraums dann erlischt,

---

1 BAG v. 12. 10. 1961, BB 1962, 48 = DB 1962, 70.
2 Vgl. auch *Boldt/Röhsler,* § 1 Rz. 50, § 3 Rz. 38 mwN.
3 BAG v. 26. 6. 1969, BB 1970, 80.
4 BAG v. 17. 1. 1995, BB 1995, 1039 = DB 1995, 1289.
5 Dringende betriebliche oder in der Person des Arbeitnehmers liegende Gründe.
6 Vgl. auch *Boldt/Röhsler,* § 7 Rz. 54 mwN.
7 BAG v. 13. 5. 1982, DB 1982, 2193.

VII. Erlöschen des Urlaubsanspruchs

wenn der Arbeitgeber als Schuldner der Pflicht zur Urlaubserteilung die Unmöglichkeit der Urlaubsgewährung im Urlaubsjahr bzw. im Übertragungszeitraum nicht zu vertreten hat.

Aus diesem Grund scheidet nach Auffassung des BAG auch eine Abgeltung des Urlaubsanspruchs aus.

Diese Auffassung hat das BAG in der Folgezeit auch weiter aufrechterhalten und hat ausdrücklich darauf hingewiesen, daß seine Rechtsprechung und die Regelungen des Bundesurlaubsgesetzes mit Art. 9 Abs. 1 des Übereinkommens Nr. 132 der Internationalen Arbeitsorganisation (ILO) vom 24. 6. 1970 über bezahlten Jahresurlaub in Übereinstimmung stehen[1].

Ein **rechtzeitig gerichtlich geltend gemachter Urlaubsanspruch** verfällt jedoch auch bei einer Prozeßdauer von mehreren Jahren nicht. Der Anspruch bleibt als Freizeitanspruch bestehen und geht nur in einen Abgeltungsanspruch über, wenn das Arbeitsverhältnis während des Prozesses beendet wird[2]. 184

Wenn sich im **Prozeß** der Arbeitgeber bei Urlaubsansprüchen des Arbeitnehmers auf einen Verfall des Anspruchs wegen nicht rechtzeitiger Geltendmachung beruft, muß der Arbeitnehmer darlegen und notfalls beweisen, daß der Urlaubsanspruch nicht verfallen ist. Denn der Verfall ist vom Gericht von Amts wegen zu berücksichtigen[3].

Urlaub aus dem laufenden Urlaubsjahr **verfällt grundsätzlich am 31. 12.**, da der Urlaub im laufenden Kalenderjahr gewährt und genommen werden muß (§ 7 Abs. 3 BUrlG), denn der Urlaubsanspruch besteht **im** Urlaubsjahr und nicht **für** das Urlaubsjahr. Hängt die tarifvertraglich mögliche Übertragung eines Urlaubsanspruchs in ein neues Urlaubsjahr von der Geltendmachung des Anspruchs durch den Arbeitnehmer ab, muß der Urlaub so frühzeitig verlangt werden, daß dem Arbeitgeber die Erfüllung des Urlaubsanspruchs bis zum Ablauf des Übergangszeitraums möglich ist[4]. 185

Wird der Urlaub **zu spät** geltend gemacht oder so spät, daß er nicht mehr oder nicht mehr in vollem Umfang vor dem Ende der Befristung verwirklicht werden kann, ist die Erfüllung ganz oder zum Teil unmöglich und der Anspruch erlischt[5]. 186

Hat der Arbeitnehmer den Anspruch rechtzeitig geltend gemacht und hat der Arbeitgeber trotz möglicher Urlaubsgewährung die **Erfüllung des Anspruchs verweigert,** ist der Urlaubsanspruch trotzdem erloschen. In diesem Fall hat aber der Arbeitnehmer einen Urlaubsanspruch in entsprechender Höhe als Schadensersatzanspruch, da der Arbeitgeber die Unmöglichkeit der Erfüllung zu vertreten hat[6].

---

1 BAG v. 28. 11. 1990, BB 1991, 764 = NZA 1991, 423.
2 BAG v. 28. 7. 1992, DB 1993, 642.
3 Vgl. auch *Boldt/Röhsler*, § 1 Rz. 57.
4 BAG v. 7. 11. 1985, DB 1986, 757.
5 BAG v. 7. 11. 1985, DB 1986, 757.
6 BAG v. 7. 11. 1985, DB 1986, 757; BAG v. 28. 11. 1990, BB 1991, 764 = NZA 1991, 423.

3. Verjährung

187 Urlaubsansprüche verjähren nach § 196 Abs. 1 Nr. 8 und 9 BGB nach **zwei Jahren**. Die Verjährungsfrist beginnt gem. § 201 BGB mit dem Schluß des Jahres, in dem der Anspruch zu erfüllen war. Die Verjährung gibt dem Arbeitgeber im Prozeß eine Einrede, sie wird nicht von Amts wegen geprüft.

Allerdings wird wegen der Bindung an das Urlaubsjahr und des Verfalls bei nicht rechtzeitiger Geltendmachung die Frage der Verjährung nur bei der **Forderung nach Urlaubsentgelt bzw. Abgeltung** bedeutsam. Auch in diesen Fällen gilt wegen der Einheit des Urlaubsanspruchs noch die Einschränkung, daß bei nicht gewährter Freizeit mit Verfall des Freizeitanspruchs auch der Anspruch auf Entgelt verfallen ist[1].

Es bleiben also die Fälle, in denen der Urlaubsanspruch vom Arbeitnehmer ordentlich geltend gemacht und die Freizeit gewährt worden ist und noch Differenzen wegen des Urlaubsentgelts bestehen sowie der Abgeltungsanspruch bei Beendigung des Arbeitsverhältnisses.

4. Ausschlußfristen

188 In **Tarifverträgen** sind überwiegend Ausschlußfristen enthalten, die die Geltendmachung von Ansprüchen zeitlich begrenzen.

Beispiel:

Alle beiderseitigen Ansprüche aus dem Arbeitsverhältnis und solche, die mit dem Arbeitsverhältnis in Verbindung stehen, verfallen, wenn sie nicht innerhalb von zwei Monaten nach der Fälligkeit gegenüber der anderen Vertragspartei schriftlich erhoben werden[2].

Die Tarifvertragsparteien können für den mit Beendigung des Arbeitsverhältnisses an die Stelle des Urlaubsanspruchs tretenden Abgeltungsanspruch im Umfang des **tariflichen Mehranspruchs** Ausschlußfristen vereinbaren[3].

189 Umstritten ist, ob in einem Tarifvertrag auch **Ausschlußfristen** für den **gesetzlichen Urlaubsanspruch** oder den **gesetzlichen Urlaubsabgeltungsanspruch** vereinbart werden können.

Dies hat das BAG bisher noch nicht entschieden.

190 Für **Teilurlaubsansprüche** aus § 5 Abs. 1 Buchst. a und b BUrlG, die durch die Tarifvertragsparteien abweichend geregelt werden können (§ 13 BUrlG), die also nicht tariffest sind, können **tarifliche Ausschlußfristen** festgesetzt werden.

191 Tarifvertragliche Ausschußfristen, die die Dauer der Ausübung für den gesetzlichen Urlaubs- oder Urlaubsabgeltungsanspruch **verkürzen,** sind unwirksam[4].

---

1 Vgl. oben Rz. 169.
2 § 16 BRTV für das Baugewerbe.
3 BAG v. 25. 8. 1992, DB 1993, 1371 = NZA 1993, 406.
4 *Leinemann/Linck,* § 7 Rz. 208; *Gross,* S. 68.

VII. Erlöschen des Urlaubsanspruchs				Rz. 197 **Teil 2 C**

Eine tarifliche Ausschlußfrist, nach der gegenseitige Ansprüche aller Art aus dem Arbeitsverhältnis nur innerhalb einer Ausschlußfrist von **einem Monat** seit Fälligkeit der Anspruchs schriftlich geltend gemacht werden können, ist auf Urlaubs- und Urlaubsabgeltungsansprüche nicht anzuwenden[1].

Urlaubs- und Urlaubsabgeltungsansprüche, die sich wegen Fristablaufs in **Schadensersatzansprüche** umgewandelt haben, unterliegen dagegen tariflichen Ausschlußfristen. 192

Dagegen kann durch eine einzelvertragliche Ausschlußklausel der (gesetzliche) Urlaubs- oder Urlaubsabgeltungsanspruch nicht ausgeschlossen werden, da beide den Änderungsbeschränkungen nach § 13 Abs. 1 BUrlG unterliegen[2].

Betriebliche Gründe berechtigten den Arbeitgeber nur bis zum Ende des Urlaubsjahres, den Urlaub zu verweigern. Während des Übertragungszeitraums (§ 7 Abs. 3 Satz 2 BUrlG) hat der Arbeitgeber kein Recht, den Urlaub aus diesen Gründen abzulehnen[3]. 193

5. Verzicht und Vergleich

Nach § 13 Abs. 1 Satz 3 BUrlG kann durch einzelvertragliche Vereinbarungen **zuungunsten des Arbeitnehmers** von den Bestimmungen des BUrlG **nicht** abgewichen werden. Damit wird auch ein Verzicht des Arbeitnehmers auf den Freizeitanspruch ausgeschlossen. Der Arbeitnehmer kann auch nicht mit einer Ausgleichsquittung auf seinen Urlaubsanspruch verzichten. Eine entsprechende Vereinbarung zwischen Arbeitgeber und Arbeitnehmer wäre nach § 134 BGB nichtig[4]. Entsprechendes gilt nach Beendigung des Arbeitsverhältnisses für den Abgeltungsanspruch[5]. 194

Für **tarifvertragliche** Urlaubsansprüche gilt § 4 Abs. 4 TVG mit derselben Wirkung. 195

Wird der Tarifvertrag nur durch **einzelvertragliche Vereinbarung** in Bezug genommen, ist ein Verzicht auf den Urlaubsanspruch möglich, der den gesetzlichen Mindesturlaub überschreitet[6]. 196

Einen **Vergleich** über einen unstreitigen Urlaubsanspruch können die Parteien aus denselben Erwägungen ebenfalls nicht schließen[7]. Dies gilt auch im Rahmen eines Prozeßvergleichs[8]. 197

---

1 BAG v. 24. 11. 1992, BB 1993, 654 = DB 1993, 1423.
2 BAG v. 5. 4. 1984, BB 1984, 1809 = DB 1985, 58.
3 BAG v. 10. 3. 1987, DB 1987, 1694.
4 BAG v. 31. 7. 1967, BB 1967, 1247 = DB 1967, 1859; BAG v. 31. 5. 1990, BB 1990, 2046 = NZA 1990, 935.
5 Vgl. oben Rz. 89 ff.
6 BAG v. 31. 5. 1990, BB 1990, 2046 = NZA 1990, 935.
7 BAG v. 31. 7. 1967, BB 1967, 1247 = DB 1967, 1859.
8 BAG v. 21. 7. 1978, DB 1978, 2323.

Das BAG hat aber die Zulässigkeit von Vergleichen der Parteien des Arbeitsverhältnisses über solche Urlaubs- oder Urlaubsabgeltungsansprüche, deren tatsächliche oder rechtliche Voraussetzungen im Streit stehen, nicht ausgeschlossen[1].

6. Verwirkung und Rechtsmißbrauch

198 Das auf § 242 BGB beruhende Rechtsinstitut der „Verwirkung" ist auch im Arbeitsrecht grundsätzlich anerkannt und dient zur schnellen und endgültigen Abwicklung der Rechtsbeziehungen und damit dem Rechtsfrieden. Ein Recht ist verwirkt, wenn es **längere Zeit nicht geltend gemacht** wird und wegen zusätzlicher besonderer Umstände die verspätete Geltendmachung gegen **Treu und Glauben** verstößt.

Wegen der Bindung an das Urlaubsjahr wird beim Freizeitanspruch eine Verwirkung nur in **Ausnahmefällen** denkbar sein. Die Frage der Verwirkung wird eher bei rückständigen streitigen Urlaubsentgeltsansprüchen für gewährte Freizeit und Abgeltungsansprüchen aktuell. Hier schließt auch das BAG eine Verwirkung nicht aus[2].

Im Prozeß muß der Arbeitgeber die längere Nichtgeltendmachung behaupten und beweisen, der Arbeitnehmer muß darlegen, wann und wie er seinen Anspruch geltend gemacht hat.

Verwirkung eines Anspruchs auf Urlaubsentgelt kommt nur in Betracht,
- wenn der Arbeitnehmer beim Arbeitgeber den Eindruck hervorruft, er werde den Anspruch nicht mehr geltend machen,
- wenn die nachträgliche Erfüllung dem Arbeitgeber nach Treu und Glauben nicht mehr zumutbar ist und
- wenn der Arbeitgeber sich erkennbar darauf eingestellt hat, vom Arbeitnehmer nicht mehr in Anspruch genommen zu werden[3].

7. Tod des Arbeitnehmers

199 Da der Urlaubsanspruch höchstpersönlich ist, **erlischt** er mit dem Tod des Arbeitnehmers. Die Erfüllung des Urlaubszwecks ist hier nicht mehr möglich[4]. Urlaubsentgelts- und Abgeltungsansprüche sind **nicht vererblich**[5]. Der Arbeitnehmer selbst muß sie gerichtlich geltend gemacht haben. Nur dann können die Erben nach der Vorschrift des § 239 ZPO den Prozeß des verstorbenen Arbeitnehmers aufnehmen.

---

1 Vgl. auch *Natzel* in Anm. zu AP Nr. 2 zu § 7 BUrlG – Abgeltung mwN; GK-BUrlG/*Bachmann*, § 7 Rz. 199.
2 BAG v. 5. 2. 1970, BB 1970, 444 = DB 1970, 690.
3 LAG Frankfurt v. 27. 4. 1981, AR-Blattei D Urlaub, Entsch. 242.
4 BAG v. 26. 4. 1990, BB 1990, 2490 = DB 1990, 1925; BAG v. 13. 6. 1992, BB 1992, 2004 = DB 1992, 2404; BAG v. 22. 5. 1996, AP Nr. 13 zu § 4 TVG – Rationalisierungsschutz.
5 BAG v. 28. 5. 1975, BB 1975, 1206; BAG v. 13. 11. 1985, DB 1986, 1079; BAG v. 18. 7. 1989, NZA 1990, 238.

Jedoch steht es den Tarifvertragsparteien im Rahmen ihrer Rechtsetzungsautonomie frei, zugunsten der Erben eines verstorbenen Arbeitnehmers anstelle nicht erfüllter urlaubsrechtlicher Ansprüche eine andersartige **tarifliche Leistung** einzuführen. Diese kann auch auf Angehörige des verstorbenen Arbeitnehmers ausgedehnt werden, die nicht dessen Erben sind[1].

8. Rückforderung zuviel gewährten Urlaubs

Das BUrlG bestimmt in § 5 Abs. 3, daß der Arbeitgeber von einem Arbeitnehmer, der nach erfüllter Wartezeit in der ersten Hälfte des Kalenderjahres ausscheidet und Urlaub über den ihm zustehenden Umfang erhalten hat, **Urlaubsentgelt nicht zurückfordern** kann[2]. 200

Beispiel:
Der seit 1995 beschäftigte Arbeitnehmer nimmt vom 7. 1. bis 6. 2. 1997 seinen Jahresurlaub 1997. Das Arbeitsverhältnis wird vom Arbeitgeber zum 31. 3. 1997 gekündigt.

Der Arbeitnehmer hätte nach § 5 Abs. 1 BUrlG Anspruch auf 3/12 des Jahresurlaubs (= Teilurlaub), somit nach § 5 Abs. 2 BUrlG Anspruch auf sechs Urlaubstage. Nach § 5 Abs. 3 BUrlG braucht jedoch der Arbeitnehmer das zuviel erhaltene Urlaubsentgelt nicht zurückzuzahlen.

Das **Rückforderungsverbot** des § 5 Abs. 3 BUrlG erstreckt sich auch auf die Fälle, in denen ein längerer als der gesetzliche Mindesturlaub gewährt worden ist[3].

Die Rückforderung von Urlaubsentgelt ist jedoch dann **zulässig**, wenn die Voraussetzungen hierfür nicht gegeben waren oder ein Schadensersatzanspruch auf Rückzahlung des zuviel bezahlten Urlaubsentgelts besteht[4]. 201
Dann ist das Sichberufen auf das Rückforderungsrecht rechtsmißbräuchlich.

VIII. Steuerpflicht

1. Urlaubsentgelt

Da das Urlaubsentgelt nach seiner gesetzlichen Bestimmung den laufenden Bezügen für einen der Dauer des Urlaubs entsprechenden Lohnzahlungszeitraum entspricht, ist das Urlaubsentgelt **wie Arbeitslohn** zu versteuern. 202
Bemißt sich das Urlaubsentgelt in seiner Höhe nach dem Durchschnittslohn der Vergangenheit unter **Einschluß steuerfreier Lohnzuschläge** (zB für Sonntags-, Feiertags- und Nachtarbeit), so ist auch das „erhöhte" Urlaubsentgelt

---
1 BAG v. 13. 11. 1985, DB 1986, 1079.
2 Fall des § 5 Abs. 1 Buchst. c BUrlG.
3 BAG v. 15. 3. 1962, BB 1962, 677 = DB 1962, 755.
4 GK-UrlG/*Bachmann*, § 5 Rz. 66; *Leinemann/Linck*, § 5 Rz. 54; *Gross*, S. 70, 71.

steuerpflichtig, da es sich nicht um einen Zuschlag für tatsächlich geleistete Arbeit zu den begünstigten Zeiten handelt.

2. Urlaubsgeld

203 Auch ein zusätzlich oder neben dem Arbeitslohn gezahltes Urlaubsgeld ist **lohnsteuerpflichtig**.

3. Urlaubsabgeltung

204 Urlaubsabgeltungen, die ein Arbeitgeber einem Arbeitnehmer für nicht genommenen Urlaub zahlt, gehören zum **steuerpflichtigen Arbeitslohn** und sind als „sonstige Bezüge" zu versteuern (§ 39b Abs. 3 EStG; Abschnitt 70 II Nr. 6 LStR).

IX. Sozialversicherungspflicht

1. Urlaubsentgelt

205 Urlaubsentgelt ist wie laufendes Arbeitsentgelt zu behandeln.

2. Urlaubsgeld

206 Urlaubsgelder sind im allgemeinen als **einmalige Einnahme** in dem Lohnzahlungszeitraum für die Beitragsberechnung heranzuziehen, in dem sie fällig werden. Nur wenn das Urlaubsgeld als Teil des monatlich verdienten Arbeitsentgelts anzusehen ist und auch bei vorzeitigem Ausscheiden aus dem Betrieb anteilig gezahlt wird, ist es wie laufendes Arbeitsentgelt zu behandeln.

3. Urlaubsabgeltung

207 Der **Anspruch auf Arbeitslosengeld ruht** für die Zeit, in der der Arbeitslose Urlaubsabgeltung erhalten oder noch zu beanspruchen hat (§ 117 Abs. 1a AFG). Hat der Arbeitnehmer Arbeitslosengeld erhalten, geht der Anspruch auf Urlaubsabgeltung nur in Höhe der erbrachten Sozialleistungen gemäß § 115 SGB X auf die Bundesanstalt für Arbeit über[1].

208 Urlaubsabgeltungen, die wegen Beendigung des Arbeitsverhältnisses gezahlt werden, verlängern nicht das versicherungspflichtige Beschäftigungsverhältnis, sondern sind beitragsrechtlich als **einmalige Einnahme** zu behandeln. Sie sind dem Arbeitsentgelt des letzten Lohnabrechnungszeitraums zuzuordnen.

209 Überschreitet die Einmalzahlung zusammen mit dem laufenden Arbeitsentgelt des Zuordnungszeitraums die **Beitragsbemessungsgrenze**, so ist die anteilige Jahres-Beitragsbemessungsgrenze zu bilden.

---

[1] BAG v. 7. 11. 1985, BB 1986, 1229 = DB 1986, 975.

IX. Sozialversicherungspflicht

Urlaubsabgeltungen, die in der Zeit bis 31. 3. gezahlt werden, sind dem Monat Dezember des Vorjahres zuzuordnen, wenn die Einmalzahlung die anteilige Jahresbeitragsbemessungsgrenze (Januar–März) überschreitet.

Erhält der Arbeitnehmer bei **weiterbestehendem Arbeitsverhältnis** eine Urlaubsabgeltung (z.B. weil tariflich vereinbart ist, daß wegen Krankheit nicht genommener Urlaub auch im bestehenden Arbeitsverhältnis abgegolten wird), so ist diese als einmalige Einnahme in dem Lohnabrechnungszeitraum für die Beitragsberechnung heranzuziehen, in dem sie gewährt wird. 210

D. Vertragsstrafe und verwandte Regelungen

	Rz.		Rz.
I. Vertragsstrafe		**III. Verfallregelungen**	23
1. Allgemeines und Anwendbarkeit im Arbeitsrecht	1	**IV. Betriebsbußen**	
2. Interesse des Arbeitgebers und Verwirkung der Vertragsstrafe	8	1. Ausgangspunkt und Grundlagen	27
3. Höhe der Vertragsstrafe	12	2. Kontrollgesichtspunkte	
4. Vertragsstrafe bei nachvertraglichem Wettbewerbsverbot	19	a) Wirksamkeit der Betriebsbußenordnung	31
5. Textbeispiele	21	b) Verfahren	34
II. Pauschalierungsabreden	22	c) Überprüfung der Tatbegehung	38
		d) Angemessenheit der Sanktion	41

Schrifttum:

Bengelsdorf, Schadensersatz bei Nichtantritt der Arbeit, BB 1989, 2390; *Bötticher*, Wesen und Arten der Vertragsstrafe sowie deren Kontrolle, ZfA 1970, 1; *Heinze*, Konventionalstrafe und andere Sanktionsmöglichkeiten in der arbeitsrechtlichen Praxis, NZA 1994, 244; *Kaiser*, Bedeutung strafprozessualer Grundsätze für Werkschutz und Betriebsgerichte, BB 1967, 1295; *Klose*, Nochmals: Sozialversicherungsbeiträge und lohnmindernde Vertragsstrafen, NZA 1997, 872; *Kraft*, Sanktionen im Arbeitsverhältnis, NZA 1989, 777; *Langheid*, Vertragsstrafenvereinbarung in Arbeitsverträgen, DB 1980, 1219; *Leßmann*, Betriebsbuße statt Kündigung, DB 1989, 1769; *Marschner*, Die Berechnung von Sozialversicherungsbeiträgen bei lohnmindernden Vertragsstrafen, NZA 1997, 300; *Preis*, Die verhaltensbedingte Kündigung, DB 1990, 685; *Preis/Stoffels*, Vertragsstrafe, AR-Blattei, 1993; *Schmidt*, Die Abmahnung und ihre rechtliche Problematik, NZA 1985, 409; *Söllner*, Vertragsstrafen im Arbeitsrecht, AuR 1981, 97; *Walker*, Zur Zulässigkeit von Betriebsbußen, in: Festschrift für Otto Rudolf Kissel, 1994, S. 1205.

I. Vertragsstrafe

1. Allgemeines und Anwendbarkeit im Arbeitsrecht

1   Das Recht der Vertragsstrafe ist in den §§ 339 ff. BGB geregelt[1]. Die Strafabrede ist ein aufschiebend bedingtes Leistungsversprechen. Die Leistung ist die Entrichtung der Vertragsstrafe. Der Bedingungseintritt für die Leistung liegt in der Nicht- oder Schlechterfüllung eines Schuldnerverhaltens[2]. Bedingung bzw. Gegenstand des Vertragsstrafeversprechens kann jedes Handeln oder Unterlassen des Schuldners sein. Von der Art des Schuldnerverhaltens hängt ab, ob es sich um ein selbständiges oder unselbständiges Strafversprechen handelt. Ein **selbständiges Strafversprechen** liegt vor, wenn der Gläubiger **keinen** Anspruch auf das Schuldnerverhalten hat, die Vertragsstrafe damit letztlich eine Art Entschä-

---

1 Vgl. zur Entwicklung aus dem römischen Recht MünchKomm/*Gottwald*, Vor § 339 Rz. 1.
2 Vgl. *Staudinger/Rieble*, Vorbem. zu §§ 339 ff. Rz. 1.

I. Vertragsstrafe

digung für das enttäuschte Vertrauen auf das erwartete Schuldnerverhalten beinhaltet[1]. Das **unselbständige Strafversprechen** ist die typische Gestaltungsform. Es liegt § 339 BGB zugrunde. Die Regelung bezieht sich auf die Sicherung von Erfüllungsansprüchen durch Strafversprechen[2]. Das unselbständige Strafversprechen sichert eine **Hauptverpflichtung** des Schuldners. Der Schuldner begeht in diesem Falle eine Verletzung der ihm obliegenden Primärpflicht und löst durch seine Pflichtverletzung die Sanktion der Vertragsstrafe aus[3]. Der Vertragsstrafe kommt eine **Doppelfunktion** zu[4]. Zum einen stellt die Vertragsstrafe ein **Druckmittel** dar, das den Schuldner zur Leistungserbringung anhält. Zum anderen eröffnet sie dem Gläubiger die Möglichkeit einer erleichterten **Schadloshaltung** ohne den Einzelnachweis eines Schadens.

Die betriebliche Praxis sieht sich regelmäßig dem Bedürfnis gegenüber, durch Nichterfüllung arbeitsvertraglicher Pflichten drohende oder eintretende Schäden abzuwehren oder auszugleichen. Die Vertragsstrafe stellt ein geeignetes Instrumentarium dar, mit dem **arbeitsvertragliches Fehlverhalten sanktioniert** werden kann. Vertragsstrafenvereinbarungen sind bedeutsam, weil die Rechtsfolgen von Pflichtverstößen des Arbeitnehmers im Arbeitsverhältnis oftmals kaum Wirkung haben. Der Anspruch auf Erfüllung der Arbeitsleistung ist bei nicht vertretbaren Diensten nicht vollstreckbar (§ 888 Abs. 2 ZPO)[5]. Schadenersatzansprüche hängen von der Darlegung eines Schadens ab.

Das Rechtsinstitut der Vertragsstrafe findet auch im Arbeitsrecht Anwendung. Das Arbeitsrecht kennt kein generelles Verbot von Vertragsstrafen. Dem steht insbesondere § 888 Abs. 2 ZPO nicht entgegen[6]. § 5 Abs. 2 Nr. 2 BBiG erklärt die Vereinbarung einer Vertragsstrafe im Berufsausbildungsverhältnis für nichtig. Die Arbeitsvertragsparteien können, abgesehen davon, Vertragsstrafen vereinbaren. Die Rechtsprechung geht von der grundsätzlichen Möglichkeit und Rechtmäßigkeit von Vertragsstrafenversprechen aus[7]. Praktische und rechtliche Bedeutung für das Arbeitsrecht hat das **unselbständige Strafversprechen.** Der Arbeitgeber kann in bestimmten Situationen einem Dritten gegenüber verpflichtet sein, von seinen Arbeitnehmern strafbewährte Verpflichtungserklärungen zu verlangen, damit diese entweder Geheimnisse des Dritten wahren oder Know-how des Dritten nicht verletzen oder Urheberrechte (Verbot der Anfertigung von Raubkopien) beachten[8]. Das selbständige Strafversprechen ist im Arbeitsrecht praktisch bedeutungslos. Es dürfte auch fraglich sein, ob selbständige Strafversprechen arbeitsrechtlich überhaupt wirksam vereinbart wer-

---

1 Vgl. *Bötticher*, ZfA 1970, 1, 17; *Larenz*, I § 24 IIb, S. 381; *Fikentscher*, Schuldrecht § 25 II 2c, S. 97; *Staudinger/Rieble*, Vorbem. zu §§ 339 ff. Rz. 5 und 24.
2 Vgl. *Staudinger/Rieble*, § 339 Rz. 2.
3 Vgl. *Staudinger/Rieble*, Vorbem. zu §§ 339 ff. Rz. 3.
4 Vgl. BGH v. 27. 11. 1974, NJW 1975, 163; BGH v. 18. 11. 1982, NJW 1983, 385; BGH v. 23. 6. 1988, NJW 1988, 2536; BGH v. 6. 5. 1993, NJW 1993, 2993.
5 Siehe dazu etwa *Moll*, in GmbH-Handbuch, Rz. 186.2.
6 Siehe aber *Langheid*, DB 1980, 1219; *Soergel/Lindacher*, Vor § 339 Rz. 17.
7 Vgl. BAG v. 1. 10. 1963, AP Nr. 2 zu § 67 HGB; BAG v. 23. 5. 1984, AP Nr. 9 zu § 339 BGB.
8 Vgl. *Staudinger/Rieble*, § 339 Rz. 57.

den könnten, und zwar deshalb, weil das erforderliche Interesse des Arbeitgebers (dazu siehe sogleich in Rz. 8) verneint werden müßte, wenn der Arbeitgeber auf den Arbeitnehmer Druck ausübt, um etwas zu erreichen, worauf er keinen Anspruch hat.

4 Es ist unerheblich, auf welcher Rechtsquelle die Vertragsstrafe beruht. Die Vertragsstrafenabrede muß nicht in einem **Individualarbeitsvertrag** getroffen werden, sie kann auch in einem **Formularvertrag** enthalten sein[1]. Das AGB-Gesetz ist ausweislich § 23 Abs. 1 AGBG nicht anwendbar, so daß insbesondere § 11 Nr. 6 AGBG nicht gilt. Es wird auch allgemein abgelehnt, den Grundgedanken dieser Regelung in das Arbeitsrecht zu übernehmen[2]. Vertragsstrafenregelungen können ebenso in **Kollektivvertragsnormen** enthalten sein[3]. Die Rechtsprechung unterwirft Vertragsstrafenvereinbarungen der Billigkeits- bzw. Inhaltskontrolle[4]. Diese ist nicht auf Formulararbeitsbedingungen beschränkt. Die Angemessenheitskontrolle wirkt sich insbesondere auf die Höhe der Vertragsstrafe aus[5].

5 Vertragsstrafenregelungen sind nicht schrankenlos zulässig. Die Vertragsstrafe gibt dem Vertragspartner immerhin ein erhebliches Druckmittel an die Hand. Voraussetzung jedes Vertragsstrafenversprechens im Arbeitsrecht ist, daß der **Arbeitgeber ein berechtigtes Interesse** hat und daß die **Höhe der Strafe in einem angemessenen Verhältnis zum Verdienst** des Arbeitnehmers steht[6]. Keinesfalls dürfen Kündigungsbefugnisse des Arbeitnehmers unangemessen vereitelt werden (Art. 12 Abs. 1 GG)[7].

6 Vertragsstrafenregelungen können **einseitig** vereinbart werden. Es ist nicht erforderlich, daß dann, wenn Pflichtverletzungen des Arbeitnehmers mit Vertragsstrafen sanktioniert werden, dies auch für Pflichtverletzungen des Arbeitgebers geschehen müßte[8].

7 Die Vertragsstrafenvereinbarung bedarf grundsätzlich keiner **Form**. Dies ist im Falle der §§ 74 ff. HGB nach allgemeiner Ansicht anders. Die Vertragsstrafenregelung wird als Bestandteil der Vereinbarung über das nachvertragliche Wettbe-

---

1 Vgl. BAG v. 23. 5. 1984, AP Nr. 9 zu § 339 BGB.
2 Vgl. *Ulmer/Brandner/Hensen*, § 23 Rz. 4a.
3 Vgl. BAG v. 6. 8. 1991, AP Nr. 52 zu § 77 BetrVG 1972: Die Betriebsvereinbarung könne allerdings nicht einzelvertraglichen Vertragsstrafenversprechen insoweit den Vorrang einräumen, wie diese für den Arbeitnehmer ungünstiger sind; die Betriebsvereinbarung verfehle dadurch, daß sie dann letztlich nur für Fälle gelte, in denen nicht bereits eine einzelvertragliche Vertragsstrafe geregelt sei, ihren Zweck (mE fraglich).
4 Vgl. BAG v. 23. 5. 1984, AP Nr. 9 zu § 339 BGB.
5 Vgl. *Preis/Stoffels*, Vertragsstrafe, AR-Blattei, 1993, Rz. 59 ff.; *Staudinger/Rieble*, § 339 Rz. 71.
6 Vgl. BAG v. 23. 5. 1984, AP Nr. 9 zu § 339 BGB; BAG v. 18. 9. 1991, AP Nr. 14 zu § 339 BGB; LAG Köln v. 15. 5. 1991, LAGE § 339 BGB Nr. 9; MünchArbR/*Blomeyer*, § 55 Rz. 48.
7 Vgl. BAG v. 11. 3. 1971, AP Nr. 9 zu § 622 BGB (eine Vertragsstrafe kann nicht an eine rechtmäßige Kündigung des Arbeitnehmers angeknüpft werden); BAG v. 6. 9. 1989, AP Nr. 27 zu § 622 BGB.
8 Vgl. LAG Berlin v. 19. 5. 1980, AP Nr. 8 zu § 339 BGB.

I. Vertragsstrafe

werbsverbot angesehen und dem Formerfordernis des § 74 Abs. 1 HGB unterworfen.

2. Interesse des Arbeitgebers und Verwirkung der Vertragsstrafe

Typische **Fälle** eines anerkannten, legitimen Interesses für Vertragsstrafenregelungen sind: Geheimnisschutz, Wettbewerbsenthaltung, Arbeitsantritt bei Arbeitsvertragsbeginn, Einhaltung der Kündigungsfrist im Falle der Beendigung der Tätigkeit[1]. Die Einhaltung der Kündigungsfristen und damit die Verhinderung eines rechtswidrigen Verlassens der Arbeit stellt einen Schwerpunkt in der Rechtsprechung zu den Vertragsstrafen im Arbeitsrecht dar[2]. Die Rechtsprechung behandelt daneben insbesondere Vertragsstrafenregelungen zur Sicherung von Wettbewerbsverboten sowohl nach Ablauf des Arbeitsverhältnisses als auch während des Arbeitsverhältnisses[3].

8

Es hängt vom **Inhalt der jeweiligen Vertragsstrafenregelung** ab, welches **Verhalten** sanktioniert wird. Dies läßt es geraten erscheinen, die Vertragsstrafenklausel präzise zu fassen und den zu sanktionierenden Pflichtverstoß konkret zu bezeichnen. Das Anknüpfen an einen Vertragsbruch erfaßt im Regelfall nur die Nichtaufnahme der Arbeit oder das Einstellen der Arbeit vor Ablauf der Kündigungsfrist[4]. Die Formulierung erfaßt nicht die Veranlassung der Kündigung aus wichtigem Grund durch den Arbeitgeber aufgrund Vertragsverletzung des Arbeitnehmers. Sie erfaßt auch nicht andere Vertragsverletzungen. Sie betrifft insbesondere nicht Nebenverpflichtungen. Diese müssen ausdrücklich und eindeutig als Anknüpfungspunkt für die Vertragsstrafe bezeichnet werden[5]. Die **Sicherung einer Nebenpflicht** durch Vertragsstrafe ist nicht ausgeschlossen, muß jedoch eindeutig vereinbart werden[6]. Es ist auch möglich, die Vertragsstrafe für den Fall vorzusehen, daß der Arbeitgeber den Arbeitnehmer wegen

9

---

1 § 101 ArbVG 1992 formuliert in Abs. 1 wie folgt:
„Arbeitgeber und Arbeitnehmer können Vertragsstrafen vereinbaren, zum Nachteil des Arbeitnehmers aber nur für folgende schuldhafte Vertragsverletzungen:
1. Nichtantritt, verspäteter Antritt oder vorzeitige Beendigung der Arbeit,
2. Verstoß gegen Verschwiegenheitspflichten (§ . . .),
3. Verstoß gegen Wettbewerbsbeschränkungen (§ . . .).
Die Vertragsverletzung und die Höhe der Vertragsstrafe müssen in einem angemessenen Verhältnis zueinander stehen. Eine Vertragsstrafe zum Nachteil des Arbeitnehmers darf das Doppelte eines durchschnittlichen Monatsentgelts für jeden Vertragsverstoß nicht überschreiten. Ist eine Vertragsstrafe unverhältnismäßig hoch, so kann sie auf Antrag des Schuldners durch Urteil herabgesetzt werden; § 343 Abs. 1 des Bürgerlichen Gesetzbuchs ist entsprechend anzuwenden."
2 Vgl. BAG v. 23. 5. 1984, AP Nr. 9 zu § 339 BGB; BAG v. 18. 9. 1991, AP Nr. 14 zu § 339 BGB; LAG Baden-Württemberg v. 14. 5. 1963, AP Nr. 2 zu § 339 BGB; LAG Berlin v. 6. 12. 1966, AP Nr. 4 zu § 339 BGB.
3 Vgl. BAG v. 21. 5. 1971, AP Nr. 5 zu § 339 BGB; BAG v. 25. 9. 1980, AP Nr. 7 zu § 339 BGB.
4 Vgl. BAG v. 18. 9. 1991, AP Nr. 14 zu § 339 BGB.
5 Vgl. BAG v. 4. 9. 1964, AP Nr. 3 zu § 339 BGB.
6 Vgl. BAG v. 4. 9. 1964, AP Nr. 3 zu § 339 BGB.

schuldhaften vertragswidrigen Verhaltens entläßt[1]. Unklarheiten gehen zu Lasten des Arbeitgebers. Dies gilt sowohl bei Formulararbeitsverträgen als auch bei Individualarbeitsverträgen. Zum Teil ist angenommen worden, daß das bloße Anknüpfen an einen Vertragsbruch oder eine Vertragsbrüchigkeit zu unbestimmt ist, um überhaupt Rechtsfolgen auszulösen[2].

10 Die Vertragsstrafe ist verwirkt, sobald die gesicherte Leistung nicht erbracht wird. Nach § 339 Satz 1 BGB liegt diese Situation im Falle des **Verzugseintritts** vor, wenn die Vertragsstrafe für die Nichterfüllung oder Schlechterfüllung zugesagt ist. Gemäß § 339 Satz 2 BGB löst bei einer Unterlassungspflicht die **Zuwiderhandlung** die Vertragsstrafe aus.

11 Voraussetzung dafür, daß die Vertragsstrafe verwirkt ist, ist in allen Fällen das **Vertretenmüssen** des Schuldners[3]. Dies gilt auch für das Verschulden von Erfüllungsgehilfen[4]. Eine Vertragsstrafe für Fälle des Vertragsbruchs wird regelmäßig nur verwirkt, wenn die Pflichtverletzung vorsätzlich erfolgt, jedenfalls in den Fällen des Nichtantritts der Arbeit und des Wegbleibens von der Arbeit vor Ablauf der Kündigungsfrist[5].

3. Höhe der Vertragsstrafe

12 Die Höhe der Vertragsstrafe kann mit Hilfe unterschiedlicher Mechanismen festgelegt werden. Zum einen kann die **Vertragsstrafenklausel** selbst bestimmte Beträge bestimmen. Zum anderen kann die Bestimmung dem **Gläubiger** anheim gestellt werden (§ 315 Abs. 1 BGB). Schließlich kann auch ein **Dritter** die Höhe der Vertragsstrafe bestimmen (§ 317 Abs. 1 BGB). Es ist dagegen nicht möglich, daß von vornherein dem Gericht die Bemessung der Vertragsstrafe zugewiesen wird[6].

13 Die Vertragsstrafe darf **nicht unangemessen** hoch sein. Die insoweit anzustellende Abwägung hat jedoch zu beachten, daß der Strafbetrag **spürbar** sein muß, um einen Arbeitnehmer davon abzuhalten, etwa vertragsbrüchig die Arbeit zu beenden. Dies gebietet es, bei der Bemessung von Vertragsstrafensummen keine zu niedrigen Maßstäbe anzulegen[7]. Aus § 61 Abs. 2 ArbGG lassen sich untere Grenzen für die Bemessung der Vertragsstrafe entnehmen. Die Bifunktionalität der Vertragsstrafe gebietet, daß **beide** Funktionen der Vertragsstrafe bei der Festlegung der Höhe zu berücksichtigen sind. Die Wiedergutmachungsfunktion entspricht dem Rechtsgedanken des § 61 Abs. 2 ArbGG[8]. Die Auswirkungen des Vertragsbruchs des Arbeitnehmers können von Fall zu Fall durch-

---

1 Vgl. BAG v. 23. 5. 1984, AP Nr. 9 zu § 339 BGB.
2 Vgl. OLG Düsseldorf v. 18. 10. 1991, DB 1992, 86.
3 Vgl. BGH v. 29. 6. 1972, NJW 1972, 1893.
4 Vgl. BGH v. 15. 5. 1985, NJW 1986, 127.
5 Vgl. BAG v. 18. 9. 1991, AP Nr. 14 zu § 339 BGB; LAG Berlin v. 6. 12. 1966, AP Nr. 4 zu § 339 BGB.
6 Vgl. BAG v. 25. 9. 1980, AP Nr. 7 zu § 339 BGB.
7 Vgl. *Heinze*, NZA 1994, 244, 251.
8 Vgl. *Heinze*, NZA 1994, 244, 251.

I. Vertragsstrafe

aus unterschiedlich sein. Das Schadenpotential kann und muß bei der Bemessung der Vertragsstrafe berücksichtigt werden[1]. Die Präventionsfunktion der Vertragsstrafe muß darüber hinausgehend Berücksichtigung finden. Je nach Lage des Falles kann nur eine hohe Vertragsstrafensumme den Präventivzweck erfüllen (Bsp.: Wettbewerbsverbote). Eine Vertragsstrafe in Höhe des dreifachen Bruttomonatsgehaltes ist bei Verletzung der Pflicht zur Geheimhaltung von Betriebs- und Geschäftsgeheimnissen als angemessen angesehen worden[2]. Der ordentlichen Kündigungsfrist kann – auch – ein Maßstab für die Höhe der Vertragsstrafe zu entnehmen sein. Die Höhe der Arbeitnehmerbezüge bis zum Ablauf der ordentlichen Kündigungsfrist kann einen angemessenen Rahmen für die Bemessung der Höhe der Vertragsstrafe darstellen[3]. Das LAG Köln hat ein halbes Monatsgehalt für jeden Monat, den der Arbeitnehmer nicht mehr gearbeitet hat (Nichteinhaltung der vertraglichen Kündigungsfrist), als angemessene Höhe der Vertragsstrafe angesehen[4].

Das Bundesarbeitsgericht sieht **Vertragsstrafen in Höhe von ein bis zwei Monatsverdiensten** grundsätzlich als zulässig an[5].   14

Beispiele:

▶ *Vertragsstrafe für vorzeitiges Verlassen der Arbeit ohne Einhaltung der gesetzlichen Kündigungsfrist: 3.300 DM*[6].

▶ *Vertragsstrafe für Verweigerung der Aufnahme der Arbeit: 2 Brutto-Wochenlöhne (vom LAG Berlin mangels Vorsatz des Arbeitnehmers abgelehnt)*[7].

▶ *Vertragsstrafe für Nichtantritt der Arbeit: Vereinbarung eines doppelten Monatsgehalts (Klage auf ein einfaches Monatsgehalt)*[8].

▶ *Vertragsstrafe für Vertragsbruch des Arbeitnehmers bei schuldhafter Veranlassung der fristlosen Kündigung des Arbeitsverhältnisses: 1 Bruttogehalt*[9].

▶ *Vertragsstrafe in Höhe der Nettobezüge in der ordentlichen Kündigungsfrist*[10].

Eine **generelle Begrenzung** der Vertragsstrafe auf einen Bruttomonatsverdienst ist weder angemessen noch rechtlich begründbar[11]. Eine Vertragsstrafe, deren Höhe über dem Betrag liegt, den der Arbeitnehmer in der Zeit zwischen dem Vertragsbruch und der gesetzlichen Kündigungsfrist erhält, ist nicht ohne wei-   15

---

1 Vgl. *Bengelsdorf*, BB 1989, 2390, 2393.
2 Vgl. LAG Berlin v. 28. 10. 1985, LAGE Nr. 2 zu § 339 BGB.
3 Vgl. *Heinze*, NZA 1994, 244, 251.
4 Vgl. LAG Köln v. 15. 5. 1991, LAGE Nr. 9 zu § 339 BGB.
5 Vgl. BAG v. 23. 5. 1984, AP Nr. 9 zu § 339 BGB.
6 Vgl. LAG Baden-Württemberg v. 14. 5. 1963, AP Nr. 2 zu § 339 BGB.
7 Vgl. LAG Berlin v. 6. 12. 1966, AP Nr. 4 zu § 339 BGB.
8 Vgl. LAG Berlin v. 19. 5. 1980, AP Nr. 8 zu § 339 BGB.
9 Vgl. BAG v. 23. 5. 1984, AP Nr. 9 zu § 339 BGB.
10 Vgl. BAG v. 18. 9. 1991, AP Nr. 14 zu § 339 BGB.
11 Siehe aber demgegenüber *Preis/Stoffels*, Vertragsstrafe, AR-Blattei, Rz. 99. Vgl. zutreffend *Staudinger/Rieble*, § 339 Rz. 71.

teres unwirksam[1]. Es geht bereits im Ansatz fehl, einen Vertragsbruch durch Minimierung von Vertragsstrafen generell zu privilegieren. Es spricht nichts dagegen, eine Vertragsstrafe in Höhe der ausstehenden Monatsbezüge für die Zeit zwischen Einstellung der Arbeit und Ablauf der Kündigungsfrist zu vereinbaren[2]. Dies stellt jedoch keine Höchstgrenze dar. Die Beeinträchtigung des Arbeitgebers und ein Schaden können fühlbar darüber hinausgehen. Die Vertragsstrafe muß dem Vertragsbruch auch **effektiv** entgegensteuern können. Die Bemessung der Vertragsstrafe hat sich auch nicht ohne weiteres an der Karenzentschädigung zu orientieren; es besteht kein Rechtssatz dahingehend, daß ein angemessenes Verhältnis zwischen Vertragsstrafe und Karenzentschädigung bestehen müßte[3]. Eine kurze Wettbewerbstätigkeit kann mit einer hohen Strafe belegt werden, weil der Angestellte die für die Konkurrenz entscheidenden Tatsachen schon in kurzer Zeit an das Konkurrenzunternehmen weitergeben kann[4]. Die **Einzelfallerfordernisse** lassen eine generelle Begrenzung der Höhe der Vertragsstrafe problematisch erscheinen. Zu berücksichtigen sind insbesondere die Schwere und Dauer der Zuwiderhandlung, die wirtschaftlichen Verhältnisse, die Fortkommenserschwerung, der Verschuldensgrad und die Einkommensverhältnisse des Schuldners[5]. Daß der Arbeitgeber keinen konkreten Schaden erlitten hat, schließt eine Vertragsstrafe nicht aus[6]. Vertragsstrafenregelungen im Hinblick auf Schlechtleistung des Arbeitnehmers dürfen nicht zur Umgehung der Haftungsprivilegierung des Arbeitnehmers führen[7].

16 Das Bundesarbeitsgericht hat zutreffend darauf hingewiesen, daß dann, wenn die Vertragsstrafe – die nicht im Wege der Billigkeits- bzw. Inhaltskontrolle bereits reduziert ist – im Falle ihrer Verwirkung gleichwohl unverhältnismäßig erscheint, die **Herabsetzungsmöglichkeit nach § 343 Abs. 1 BGB** besteht[8]. § 343 Abs. 1 BGB eröffnet die gerichtliche Möglichkeit zur Herabsetzung „unverhältnismäßig" hoher Strafen. Das BGB geht damit vom Grundgedanken der Wirksamkeit auch unverhältnismäßiger Vertragsstrafen aus. Das Argument, der Arbeitnehmer werde bei einem Verfahren nach § 343 Abs. 1 BGB mit Kosten belastet, verliert demgegenüber an Gewicht[9]. Der Gedanke des Verbots einer geltungserhaltenden Reduktion aus dem Recht der Allgemeinen Geschäftsbedingungen ist auf die Angemessenheit der Höhe einer Vertragsstrafe

---

1 Vgl. LAG Köln v. 26. 9. 1989, LAGE Nr. 4 zu § 339 BGB.
2 Vgl. BAG v. 18. 9. 1991, AP Nr. 14 zu § 339 BGB; LAG Köln v. 26. 9. 1989, LAGE § 339 BGB Nr. 4.
3 Vgl. BAG v. 21. 5. 1971, AP Nr. 5 zu § 339 BGB.
4 Vgl. BAG v. 21. 5. 1971, AP Nr. 5 zu § 339 BGB (5000 DM Vertragsstrafe für jeden Fall der Zuwiderhandlung. Verwirkung der Vertragsstrafe für jeden angefangenen Monat des Wettbewerbs. Begrenzung auf insgesamt 25 000 DM. Monatsverdienst 1400 DM. Karenzentschädigung in Höhe der Hälfte).
5 Vgl. LAG Berlin v. 19. 5. 1980, AP Nr. 8 zu § 339 BGB; LAG Berlin v. 24. 6. 1991, LAGE § 339 BGB Nr. 8.
6 Vgl. LAG Berlin v. 19. 5. 1980, AP Nr. 8 zu § 339 BGB; LAG Berlin v. 24. 6. 1991, LAGE § 339 BGB Nr. 8.
7 Vgl. *Söllner*, AuR 1981, 97, 104; *Staudinger/Rieble*, § 339 Rz. 63.
8 Vgl. BAG AP Nr. 9 zu § 339 BGB (Blatt 2).
9 Vgl. LAG Köln v. 26. 9. 1989, LAGE § 339 BGB Nr. 4.

I. Vertragsstrafe

nicht übertragbar[1]. § 343 BGB stellt die gesetzlich vorgesehene Möglichkeit einer derartigen „geltungserhaltenden" Reduktion dar. Diese Regelung ist für die Arbeitsgerichte nach Art. 20 Abs. 3 GG bindend[2].

Die Geltendmachung und Zahlung der Vertragsstrafe schließt im Falle einer Vertragsstrafe für Nichterfüllung einer Leistung nicht aus, **daß der Gläubiger über den Betrag der Vertragsstrafe hinaus Schadensersatz geltend macht**, so daß die Vertragsstrafe lediglich den Mindestbetrag des Schadensersatzes darstellt (§ 340 Abs. 2 BGB). Dies gilt entsprechend, wenn die Vertragsstrafe einen Fall der Schlechtleistung betrifft (§ 341 Abs. 2 BGB). Der Unterschied zwischen Vertragsstrafen für Nichtleistung im Gegensatz zu solchen für Schlechtleistung liegt darin, daß die Vertragsstrafe im Nichterfüllungsfall den Anspruch auf Erfüllung ausschließt, während der Anspruch auf Erfüllung neben der Vertragsstrafe im Schlechterfüllungsfall erhalten bleibt (§ 340 Abs. 1 BGB gegenüber § 341 Abs. 1 BGB).

Eine Aufrechnung mit einem Vertragsstrafenanspruch oder eine Entgeltminderung als bzw. durch Vertragsstrafe läßt die Berechnungsgrundlage für die Abführung von Sozialversicherungsbeiträgen vom gesamten Bruttoarbeitsentgelt unberührt, so daß die Beitragspflicht des Arbeitgebers (§ 28e Abs. 1 SGB IV) in vollem Umfang auf der Grundlage des Bruttoentgelts trotz eingeschränkter oder fehlender Auszahlung an den Arbeitnehmer erfüllt werden muß[3].

4. Vertragsstrafe bei nachvertraglichem Wettbewerbsverbot

Einen Sonderfall der Vertragsstrafe regelt § 75c HGB. Die Regelung betrifft ein Vertragsstrafenversprechen zur Sicherung eines nachvertraglichen Wettbewerbsverbots. Sie verweist sowohl auf § 341 Abs. 1 BGB (§ 75c Abs. 1 Satz 1 HGB) als auch auf § 343 Abs. 1 BGB (§ 75c Abs. 1 Satz 2 HGB). Die Vorschrift des § 75c Abs. 2 HGB ist obsolet, weil es den dort geregelten Sachverhalt (Wettbewerbsverbot ohne Entschädigungspflicht für bestimmte Personen) nicht mehr gibt[4]. § 75c Abs. 1 Satz 1 HGB in Verbindung mit § 340 Abs. 1 BGB besagt, daß Erfüllung des Wettbewerbsverbots und Leistung der Vertragsstrafe nicht nebeneinander und zugleich verlangt werden können. Der Arbeitgeber kann und muß wahlweise die Entrichtung der Vertragsstrafe oder die Erfüllung des Wettbewerbsverbots (Unterlassung der Konkurrenz) verlangen. Er kann für ein und denselben Wettbewerbsverstoß **nicht Unterlassung und Vertragsstrafe zugleich** geltend machen[5]. Dies ist jedoch nicht in dem Sinne mißzuverstehen, daß eine Entrichtung der Vertragsstrafe immer ohne weiteres das Freiwerden des Arbeitnehmers vom Wettbewerbsverbot nach sich zieht. Entscheidend ist

---

1 Vgl. LAG Köln v. 26. 9. 1989, LAGE § 339 BGB Nr. 4.
2 Vgl. LAG Köln v. 15. 5. 1991, LAGE § 339 BGB Nr. 9.
3 Vgl. BSG v. 21. 5. 1996, SozR 3-2500 § 226 SGB V, Nr. 2. Siehe dazu *Klose*, NZA 1997, 872 ff.; *Marschner*, NZA 1997, 300.
4 Vgl. *Heymann/Henssler*, § 75c Rz. 9; *Konzen/Weber*, in Großkommentar § 75c Rz. 3; *Schaub*, § 58 VIII 3, S. 430.
5 Vgl. *Konzen/Weber*, in Großkommentar § 75c Rz. 5.

nämlich festzustellen, wodurch die Vertragsstrafe verwirkt worden ist. Das Entweder-Oder betrifft allein die mit der Erfüllung bzw. Nichterfüllung der Vertragspflicht **korrespondierende** Vertragsstrafe. Bezieht sich die Verwirkung der Vertragsstrafe auf die Nichterfüllung des Wettbewerbsverbots insgesamt, so führt die Wahl des Arbeitgebers zugunsten der Entrichtung der Vertragsstrafe zur Befreiung des Arbeitnehmers von der Unterlassungspflicht auch für die Zukunft[1]. Läßt sich dagegen feststellen, was normalerweise der Fall ist, daß nämlich die **Vertragsstrafe für einzelne Verstöße** im Sinne von Zeiträumen oder Zuwiderhandlungen neu verwirkt wird, so bleibt der **Erfüllungsanspruch in der Zukunft** jenseits der in Rede stehenden Zeiträume oder Zuwiderhandlungen unberührt. Das **Wahlrecht** besteht für jeden neuen Zeitraum bzw. für jede neue Zuwiderhandlung[2].

20 Das **Bundesarbeitsgericht** hat bei einem Verstoß gegen ein nachvertragliches Wettbewerbsverbot durchaus erhebliche Summen als Vertragsstrafe anerkannt:

- Monatliches Gehalt von 1400 DM. Nachvertragliches Wettbewerbsverbot von 2 Jahren. Für jeden Fall der Zuwiderhandlung ist eine Vertragsstrafe von 5000 DM zu zahlen. Bei einem Dauerverstoß ist die Vertragsstrafe für jeden angefangenen Monat neu verwirkt, in der Höhe aber auf 25 000 DM begrenzt[3].
- Monatliches Gehalt von 2098 DM. Nachvertragliches Wettbewerbsverbot von 2 Jahren. Für einen Verstoß gegen das Wettbewerbsverbot ist eine Vertragsstrafe in Höhe des Zwölffachen von dem Arbeitnehmer zuletzt bezogenen Monatsgehalts zu zahlen. Herabsetzung nach § 343 Abs. 1 Satz 1 BGB um 1/5[4].

5. Textbeispiele[5]

21 **Beispiel 1:**

Tritt der Arbeitnehmer seine Tätigkeit vertragswidrig nicht an oder beendet er sie vertragswidrig vorzeitig, so wird für jeden angefangenen Monat, in dem der Arbeitnehmer vertragswidrig tätig ist, eine Vertragsstrafe in Höhe von 1/12 eines Jahresverdienstes unter Berücksichtigung sämtlicher Verdienstbestandteile verwirkt.

Zugrunde zu legen sind diejenigen Bezüge, die der Arbeitnehmer in den dem Vertragsbruch vorausgegangenen zwölf Monaten erhalten hat. Hat das Arbeitsverhältnis noch keine zwölf Monate bestanden oder noch nicht begonnen, so ist der Betrag zugrundezulegen, der vertragsmäßig bis zum Ablauf von zwölf Monaten bei ordnungsgemäßer Fortsetzung des Arbeitsverhältnisses er-

---

1 Vgl. RGZ 112, 366; *Heymann/Henssler*, § 75c Rz. 4.
2 Vgl. BAG v. 26. 9. 1963, AP Nr. 1 zu § 75 HGB; BAG v. 26. 1. 1973, AP Nr. 4 zu § 75 HGB; *Heymann/Henssler*, § 75c Rz. 4; *Konzen/Weber*, in Großkommentar § 75c Rz. 6.
3 Vgl. BAG v. 21. 5. 1971, AP Nr. 5 zu § 339 BGB.
4 Vgl. BAG v. 30. 4. 1971, AP Nr. 2 zu § 340 BGB.
5 Siehe auch *Bauer*, in Wurm/Wagner/Zartmann, Rechtsformularbuch, S. 1173; *Schaub*, Formularsammlung, S. 12 und 116.

zielt worden sein würde. Die Verpflichtung zur Zahlung der Vertragsstrafe durch den Arbeitnehmer besteht in gleicher Weise, wenn der Arbeitgeber das Arbeitsverhältnis fristlos kündigt, weil ein wichtiger Grund im Verhalten des Arbeitnehmers vorliegt. Weitergehende Ansprüche des Arbeitgebers und insbesondere die Geltendmachung von Schadenersatzansprüchen bleiben unberührt. Gegenüber diesen Ansprüchen des Arbeitgebers kann der Arbeitnehmer nicht aufrechnen.

Beispiel 2:

Für jeden Fall der Zuwiderhandlung gegen dieses Wettbewerbsverbot wird eine Vertragsstrafe in Höhe von 1/4 des Jahresverdienstes, welcher der Berechnung der Karenzentschädigung zugrundeliegt, verwirkt.

Bei einem Dauerverstoß (Beteiligung oder Tätigkeit von länger als einem Monat) ist die Vertragsstrafe für jeden angefangenen Monat neu verwirkt. Die Entrichtung der Vertragsstrafe enthebt den Arbeitnehmer nicht von der Einhaltung des Wettbewerbsverbots. Weitergehende Ansprüche des Arbeitgebers und insbesondere die Geltendmachung von Schadenersatzansprüchen bleiben unberührt. Gegenüber den Ansprüchen des Arbeitgebers wegen Verstoßes gegen dieses Wettbewerbsverbot (Vertragsstrafe, Schadenersatz, Ansprüche sonstiger Art) kann der Arbeitnehmer nicht aufrechnen.

II. Pauschalierungsabreden

Eine Vertragsstrafenregelung ist nicht mit Pauschalierungsabreden zu verwechseln. Die §§ 339 ff. BGB gelten für Pauschalierungsvereinbarungen nicht. Da die Darlegung der Schadenhöhe für den Arbeitgeber in der Praxis oft mit erheblichen Schwierigkeiten verbunden ist, besteht für ihn ein erhebliches Interesse an der Festlegung von Schadenpauschalen. Derartige Vereinbarungen sind zulässig[1]. Ihnen steht das AGB-Gesetz aufgrund der Bereichsausnahme für das Arbeitsrecht (§ 23 AGBG) nicht entgegen. Der Rechtsgedanke des § 61 Abs. 2 ArbGG spricht für die Zulässigkeit von Pauschalierungsabreden. Pauschalierungsabreden werden von der Rechtsprechung einer **Billigkeits- bzw. Inhaltskontrolle** unterworfen[2]. 22

III. Verfallregelungen

Sanktionsnormen in Form von Verfallklauseln unterliegen **besonderen Anforderungen**. Diese sind zusätzlich zu den für Vertragsstrafenregelungen allgemein geltenden Grenzen und Grundsätzen zu beachten[3]. Derartige Entgeltverwir- 23

---

1 Vgl. *Heinze*, NZA 1994, 244, 248.
2 Vgl. BAG v. 14. 12. 1966, AP Nr. 26 zu § 138 BGB.
3 Siehe dazu näher MünchArbR/*Blomeyer*, § 55 Rz. 54; *Staudinger/Rieble*, § 339 Rz. 66 ff.

kungsabreden haben vertragsstrafenähnlichen Charakter und stehen der Vertragsstrafe funktional gleich[1].

24 Verwirkungsabreden können durch Arbeitsvertrag, Betriebsvereinbarung oder Tarifvertrag aufgestellt werden. Es handelt sich bei arbeitsvertraglich begründeten Verfallklauseln nicht um Verwirkungen oder Verzichte im Sinne von § 4 Abs. 4 TVG oder § 77 Abs. 4 BetrVG[2].

25 § 134 Abs. 1 GewO verbietet, für den **Fall der rechtswidrigen Auflösung des Arbeitsverhältnisses** durch den Arbeitnehmer die **Verwirkung des rückständigen Entgelts** über den Betrag einer durchschnittlichen Wochenvergütung hinaus auszubedingen. Dies gilt nach § 133h GewO für Betriebe mit in der Regel mindestens 20 Arbeitnehmern. Die Vorschrift gilt ausweislich ihres Wortlauts nur für den Fall der rechtswidrigen Beendigung des Arbeitsverhältnisses durch den Arbeitnehmer. Sie betrifft auch nur den Fall der Verwirkung rückständiger Vergütung und nicht den Einbehalt künftigen Entgelts oder die Statuierung eigenständiger Vertragsstrafenzahlungen. § 119a Abs. 1 GewO begrenzt im übrigen Entgelteinbehalte zur Sicherung von Schadenersatz- und Vertragsstrafenforderungen wegen einer widerrechtlichen Beendigung des Arbeitsverhältnisses durch den Arbeitnehmer auf 25 % der fälligen Vergütung und höchstens den Betrag eines durchschnittlichen Wochenverdienstes. § 64 Satz 2 HGB verbietet für den von dieser Vorschrift erfaßten Arbeitnehmerkreis im übrigen jedweden Einbehalt.

26 Die **Pfändungsschutzvorschriften** sind auch auf Einbehaltsregeln bzw. Entgeltverfallklauseln anzuwenden[3]. Das Arbeitseinkommen ist im Rahmen der Pfändungsfreigrenzen Lebensgrundlage des Arbeitnehmers. Diese darf ihm durch Verfallregelungen nicht genommen werden[4].

IV. Betriebsbußen

1. Ausgangspunkt und Grundlagen

27 Die Betriebsbuße unterscheidet sich von der Vertragsstrafe dadurch, daß sie weniger die Erfüllung oder Nichterfüllung arbeitsvertraglicher Pflichten vor Augen hat als die **Störung der betrieblichen Ordnung**. Beide Instrumentarien weisen zwar Berührungspunkte wegen der generellen Sanktionsfunktion auf, sind jedoch zu unterscheiden. Die dogmatischen Grundlagen sind unterschiedlich. Es geht um tatbestandlich verschiedene Voraussetzungen. Die Rechtswirkungen sind erst recht verschieden. Während die Vertragsstrafe die Sicherung vertraglicher Ansprüche insbesondere des Arbeitgebers bezweckt, hat die Be-

---

[1] Vgl. BAG v. 9. 5. 1985, AP Nr. 1 zu § 4 TVG – Vertragsstrafe.
[2] Vgl. BAG v. 9. 5. 1985, AP Nr. 1 zu § 4 TVG – Vertragsstrafe.
[3] Vgl. LAG Berlin v. 14. 7. 1989, LAGE Nr. 3 zu § 339 BGB; MünchArbR/*Blomeyer*, § 55 Rz. 54; *Hueck/Nipperdey*, § 45 VII 1, S. 377; *Staudinger/Richardi*, § 611 Rz. 754.
[4] Vgl. LAG Berlin v. 14. 7. 1989, LAGE § 339 BGB Nr. 3; *Staudinger/Rieble*, § 339 Rz. 67.

IV. Betriebsbußen

triebsbuße **Disziplinarcharakter**. Ihr geht es darum, die kollektive Ordnung im Betrieb aufrecht zu erhalten. Dies bedeutet, daß mit der Betriebsbuße ein gemeinschaftswidriges Verhalten sanktioniert wird. Dies spricht dagegen, die Betriebsbuße als Sonderfall der Vertragsstrafe anzusehen[1].

Die **Abgrenzung** zwischen Betriebsbuße und Vertragsstrafe kann im Einzelfall problematisch sein. „Ob die in einem Arbeitsvertrag aufgenommene ‚Vertragsstrafe' die Vertragsrechte der Erfüllung der Pflichten des Arbeitnehmers sichern oder in Wirklichkeit als Grundlage für eine Betriebsbuße dienen soll, entscheidet sich ... danach, ob die Vertragsklausel nur auf die Gläubigerinteressen des Arbeitgebers oder darüber hinaus auf die Sicherung der betrieblichen Ordnung ausgerichtet ist. Dabei ist der Rechtscharakter der Strafvereinbarung durch Auslegung zu ermitteln; wie die Sanktion im Arbeitsvertrag bezeichnet wird, ist rechtlich ohne Bedeutung (...)."[2] Der Arbeitgeber ist nicht gehalten, bei Verstößen gegen die betriebliche Ordnung mit Betriebsbußen zu reagieren. Er kann dem mit der Vereinbarung einer Vertragsstrafe begegnen[3]. Typische Ordnungsvorschriften im Betrieb mit Betriebsbußenrelevanz sind Alkohol- und Rauchverbote oder Kontrollmaßnahmen. 28

Eine gesetzliche Ermächtigung des Arbeitgebers zur Festlegung von Betriebsbußen besteht nicht. Die früher geltenden Regelungen, die davon ausgingen, daß in Betrieben Strafen verhängt werden, sind sämtlich außer Kraft getreten (§ 134 Abs. 1 Nr. 4 iVm. Abs. 2 GewO, § 80 BRG, § 28 AOG). Das Direktionsrecht des Arbeitgebers ermöglicht die Verhängung von Betriebsbußen nicht, da es sich nur auf die Konkretisierung der arbeitsvertraglichen Haupt- und Nebenpflichten bezieht. Dies beinhaltet zwar auch Verhaltenspflichten des Arbeitnehmers im Zusammenhang mit der Aufrechterhaltung der betrieblichen Ordnung. Es erfaßt jedoch nicht die Aufstellung von Sanktionen bei Vertragsverstößen außerhalb des Vertragsrechts[4]. Der Arbeitgeber kann daher zwar Ordnungspflichten begründen, nicht aber einseitig Betriebsbußen verhängen[5]. Die Betriebsbuße ist, wenn sie nicht entweder arbeitsvertraglich oder tarifvertraglich statuiert wird, **Ausfluß des autonomen Betriebsverbandes** und hat letztlich durch § 87 Abs. 1 Nr. 1 BetrVG eine Bestätigung erfahren[6]. Die Betriebsbuße ist kein aus dem Rechtsprechungsmonopol des Staates (Art. 101 GG) abgeleitetes Poenalisierungssystem. Es handelt sich um eine Maßnahme der betrieblichen Selbstverwaltung[7]. 29

---

1 Siehe zum Meinungsstreit GK/*Wiese*, 87 Rz. 170 und 188.
2 Vgl. BAG v. 5. 2. 1986, AP Nr. 12 zu § 339 BGB; siehe auch BAG v. 7. 11. 1979, AP Nr. 3 zu § 87 BetrVG 1972 – Betriebsbuße; BAG v. 17. 10. 1989, AP Nr. 12 zu § 87 BetrVG 1972 – Betriebsbuße.
3 Vgl. MünchArbR/*Matthes*, § 325 Rz. 23.
4 Vgl. *Walker*, Festschrift für Kissel, S. 1205, 1209.
5 Vgl. BAG v. 14. 12. 1966, AP Nr. 27 zu § 59 BetrVG; BAG v. 25. 2. 1966, AP Nr. 8 zu § 66 PersVG 1955.
6 BAG v. 12. 9. 1967, AP Nr. 1 zu § 56 BetrVG – Betriebsbuße; BAG v. 5. 12. 1975 und 30. 1. 1979, AP Nr. 1 und 2 zu § 87 BetrVG 1972 – Betriebsbuße.
7 Vgl. BAG v. 12. 9. 1967, AP Nr. 1 zu § 56 BetrVG – Betriebsbuße.

30 Betriebsbußen sind von den Arbeitsgerichten überprüfbar. Die **Überprüfung** betrifft die Wirksamkeit der Betriebsbußenordnung, die Einhaltung eines rechtsstaatlichen Verfahrens, die Verwirklichung der mit der Betriebsbuße bedrohten Handlung und die Angemessenheit der verhängten bzw. vorgesehenen Betriebsbuße.

2. Kontrollgesichtspunkte

a) Wirksamkeit der Betriebsbußenordnung

31 Die Betriebsbuße bedarf einer **wirksamen Rechtsgrundlage.** Betriebsbußenregelungen können rechtsquellenmäßig auf Arbeitsverträgen, Betriebsvereinbarungen oder Tarifverträgen beruhen. Soweit sie in Betriebsvereinbarungen oder Tarifverträgen enthalten sind, handelt es sich um betriebliche Normen. Der Erlaß einer Betriebsbußenordnung durch Betriebsvereinbarung ist in der Rechtsprechung grundsätzlich anerkannt[1]. Entsprechendes gilt für Tarifvertragsregelungen[2]. Betriebsbußenregelungen können auch in Formulararbeitsverträgen enthalten sein. Eine Betriebsbußenregelung im Rahmen von Formulararbeitsverträgen verstößt nicht gegen § 11 Nr. 5 AGBG. Die Regelung findet aufgrund der Bereichsausnahme des § 23 Abs. 1 AGBG auf Arbeitsverträge keine Anwendung[3].

32 Die Einführung einer Betriebsbußenregelung unterliegt, soweit sie nicht tarifvertraglich erfolgt, der **Mitbestimmung** nach § 87 Abs. 1 Nr. 1 BetrVG. Ob die Mitbestimmung durch Betriebsvereinbarung ausgeübt wird oder durch Regelungsabrede eine Aufnahme entsprechender Klauseln in die Arbeitsverträge gestattet wird, ist für die Charakterisierung der Regelung und die Einhaltung des Mitbestimmungserfordernisses unerheblich.

33 Die in der Betriebsbußenordnung sanktionierten Verhaltenstatbestände und die Rechtsfolgen müssen **ausreichend bestimmt** sein. Der Arbeitnehmer muß vorhersehen können, welches Verhalten die Betriebsbuße auslöst. Die Betriebsbußenordnung muß auch im Betrieb **bekannt gemacht** werden[4]. Betriebsbußen können nur **Verstöße gegen die betriebliche Ordnung** und nicht die Verletzung arbeitsvertraglicher Pflichten ahnden[5].

b) Verfahren

34 Die Verhängung von Betriebsbußen muß in einem Verfahren erfolgen, das rechtsstaatlichen Anforderungen entspricht. Dies beinhaltet insbesondere die

---

1 Vgl. BAG v. 12. 9. 1967, AP Nr. 1 zu § 56 BetrVG – Betriebsbuße. Siehe aber demgegenüber *Walker*, Festschrift für Kissel, S. 1205, 1212 ff.
2 Vgl. *Schaub*, § 61 II 2, S. 439. Siehe aber demgegenüber *Walker*, Festschrift für Kissel, S. 1205, 1217 ff.
3 Vgl. *Walker*, Festschrift für Kissel, S. 1205, 1210.
4 Vgl. BAG v. 12. 9. 1967, AP Nr. 1 zu § 56 BetrVG – Betriebsbuße.
5 Vgl. BAG v. 5. 12. 1975, AP Nr. 1 zu § 87 BetrVG 1972 – Betriebsbuße; BAG v. 22. 10. 1985, AP Nr. 18 zu § 87 BetrVG 1972 – Lohngestaltung.

Gewährung rechtlichen Gehörs. Die Vorwürfe sind dem Arbeitnehmer gegenüber so zu begründen und darzulegen, daß es ihm möglich ist, sich zu verteidigen.

Die Betriebsbußenordnung kann vorsehen, daß ein **Ausschuß** gebildet wird, der für die Verhandlung und Verhängung von Betriebsbußen zuständig ist. Dies bietet sich deshalb an, weil sich das Mitbestimmungsrecht des Betriebsrats nicht nur auf die Festlegung der Betriebsbußenordnung, sondern auch auf die Verhängung der Betriebsbuße im konkreten Einzelfall bezieht[1]. Im Konfliktfall entscheidet die Einigungsstelle[2]. 35

Die Verhängung von Betriebsbußen unterliegt dem **Opportunitätsprinzip**[3]. Dies bedeutet, daß keine Verpflichtung zur Verfolgung von Verletzungen der betrieblichen Ordnung besteht[4]. Der Ausschuß ist bei der Überlegung, ob gegen einen Arbeitnehmer eine Betriebsbuße verhängt wird, nicht gehindert, Erwägungen der Zweckmäßigkeit anzustellen. So kann etwa mit Rücksicht auf den Arbeitnehmer oder auf den Betriebsfrieden von der Verhängung einer Betriebsbuße abgesehen werden. Die Grenze stellt Art. 3 GG dar. Hat sich der Arbeitgeber durch seine Praxis der Verhängung von Betriebsbußen in einer bestimmten Weise gebunden, so kann er nicht ohne rechtfertigenden Grund zu Ungunsten des Arbeitnehmers von der bisherigen Praxis abweichen. 36

Auf das Verfahren zur Verhängung der Betriebsbuße finden strafprozessuale Grundsätze entsprechende Anwendung[5]. So gilt das Verbot der Doppelbestrafung (ne bis in idem)[6]. Aus Art. 1 Abs. 1 GG folgt, daß der Arbeitnehmer nicht zur Aussage gezwungen oder unzulässig unter Druck gesetzt werden darf. Die Freiheit der Willensentschließung darf bei seiner Anhörung nicht beeinträchtigt werden. Der Arbeitnehmer darf nicht getäuscht werden[7]. Dem Arbeitnehmer muß die Möglichkeit gegeben werden, seine Sicht des Sachverhaltes so vorzutragen, daß die Argumente des Arbeitnehmers abgewogen werden können (audiatur et altera pars). Die Vertretung des Arbeitnehmers durch Angehörige, Gewerkschaftsvertreter oder Rechtsanwälte ist zuzulassen[8]. Die Betriebsbuße ist schriftlich zu begründen[9]. 37

c) Überprüfung der Tatbegehung

Die Betriebsbußenverhängung ist daraufhin zu überprüfen, ob der Arbeitgeber oder der Ausschuß den Sachverhalt, der die Grundlage für die Verhängung der Betriebsbuße bildet, zutreffend erfaßt haben; nur ein **richtiger Sachverhalt** darf 38

---

1 Vgl. BAG v. 30. 1. 1979, AP Nr. 2 zu § 87 BetrVG 1972 – Betriebsbuße.
2 Vgl. GK-BetrVG/*Wiese*, § 87 Rz. 228.
3 Vgl. *Fitting/Kaiser/Heither/Engels*, § 87 Rz. 83.
4 Vgl. *Fitting/Kaiser/Heither/Engels*, § 87 Rz. 83.
5 Vgl. *Kaiser*, BB 1967, 1295 ff.
6 Vgl. *Schaub*, § 61 III 1, S. 440.
7 Vgl. *Kaiser*, BB 1967, 1295 ff.
8 Vgl. BAG v. 12. 9. 1967, AP Nr. 1 zu § 56 BetrVG – Betriebsbuße; *Schaub*, § 61 III 1, S. 440.
9 Vgl. *Schaub*, § 61 III 1, S. 440.

und kann der Verhängung der Betriebsbuße zugrunde gelegt werden[1]. Der Arbeitnehmer kann daher gegen die Verhängung einer Betriebsbuße das Arbeitsgericht anrufen und geltend machen, daß ihm das vorgeworfene Verhalten in Wahrheit nicht zur Last falle.

39 Der Arbeitgeber oder der Ausschuß haben zur **Erforschung des Sachverhaltes** Ermittlungen anzustellen und ggf. Zeugen anzuhören. Die Verhängung einer Betriebsbuße aufgrund des bloßen Verdachts, daß der Arbeitnehmer die Tat begangen haben könnte, ist nicht erlaubt. Die Verhängung der Betriebsbuße kann nach dem Grundsatz „in dubio pro reo" nur erfolgen, wenn vernünftige Zweifel an der Tatbegehung des Arbeitnehmers nicht bestehen[2].

40 Die Betriebsbuße ist nur dann verwirkt, wenn der Arbeitnehmer **rechtswidrig** und **schuldhaft** gehandelt hat. Dies gilt unabhängig davon, ob der Tatbestand in der Betriebsbußenordnung rechtswidriges und schuldhaftes Handeln verlangt. Grund hierfür ist der Sanktionscharakter der Betriebsbuße.

d) Angemessenheit der Sanktion

41 Betriebsbußenordnungen können typischerweise **Verwarnungen, Verweise und Geldbußen** vorsehen. Die für Geldbußen diskutierten Höchstbeträge belaufen sich auf die Größenordnung eines Tagesverdienstes[3]. Teilweise wird geltend gemacht, daß Geldbußen nicht dem Arbeitgeber zufließen dürfen[4]. Dem ist zu widersprechen. Es mag sinnvoll und vorzugswürdig erscheinen, karitative Verwendungszwecke für Geldbußen festzulegen, rechtlich geboten ist dies jedoch nicht.

42 Es besteht Einigkeit darüber, daß Ehrenstrafen unzulässig sind, die den Arbeitnehmer bloßstellen oder in seiner Persönlichkeit treffen. Betriebsbußen haben die **Menschenwürde** und das **Persönlichkeitsrecht** zu beachten (Art. 2 Abs. 1 GG iVm. Art. 1 Abs. 1 GG). Bloßstellende oder diskriminierende Aushänge am schwarzen Brett sind daher unzulässig[5].

43 Eine **Kündigung** kommt **nicht** als Betriebsbuße in Betracht. Der Kündigungsschutz unterliegt nicht der Disposition durch Betriebsbußenordnungen. Der Betriebsbußenkatalog kann daher keine Kündigung als Sanktion vorsehen. Betriebsbußenrecht und Kündigungsrecht stehen unabhängig nebeneinander. Es geht daher fehl, den Versuch zu unternehmen, das Betriebsbußenrecht in das System des Kündigungsrechts zu integrieren[6]. Die Betriebsbuße ist kein milderes Mittel gegenüber einer Kündigung. Grundlage und Zweck beider Maßnahmen stehen in keinem Zusammenhang[7]. Die Betriebsbuße „poenalisiert" das

---

1 Vgl. BAG v. 12. 9. 1967, AP Nr. 1 zu § 56 BetrVG – Betriebsbuße; *Kaiser*, BB 1967, 1295, 1296; *Schaub*, § 61 III 1, S. 440; MünchArbR/*Matthes*, § 325 Rz. 32.
2 Vgl. *Kaiser*, BB 1967, 1295, 1297.
3 Vgl. *Kraft*, NZA 1989, 777, 783; GK/*Wiese*, § 87 Rz. 225.
4 Vgl. GK/*Wiese*, § 87 Rz. 227.
5 Vgl. BAG v. 21. 2. 1979, AP Nr. 13 zu § 847 BGB.
6 Siehe aber demgegenüber *Leßmann*, DB 1989, 1769 ff.
7 Vgl. KR/*Hillebrecht*, § 626 Rz. 191; *Preis*, DB 1990, 685, 686.

betriebliche Unrecht bzw. den betrieblichen Ordnungsverstoß. Die Kündigung bezweckt, die andauernde, künftige Beeinträchtigung des Arbeitsverhältnisses zu verhindern. Die Kündigung hat keinen Sanktionscharakter im Sinne der Betriebsbußenregelungen. Es paßt auch nicht zusammen, daß die Betriebsbuße nach § 87 Abs. 1 Nr. 1 BetrVG der Mitbestimmung unterliegt, während dies bei der Kündigung nicht der Fall ist[1].

Dem Arbeitgeber bzw. dem Ausschuß steht bei der Verhängung der Betriebsbuße auf der Grundlage des korrekt festgestellten Sachverhalts ein **Ermessen** zu, welches nur auf Fehlgebrauch überprüfbar ist[2]. Beispiel: Sieht eine Betriebsordnung mehrere Möglichkeiten der Verhängung von Betriebsbußen vor (Verwarnung, Verweis, Geldbuße), so kann das Arbeitsgericht die Verhängung einer Geldbuße nicht etwa mit der Begründung für unwirksam erklären, ein Verweis würde den erwünschten Besserungseffekt des Arbeitnehmers eher erzielen. Die Einschätzung der Zweckmäßigkeit der jeweiligen Art der verhängten Betriebsbuße ist vom Arbeitsgericht nicht überprüfbar. Etwas anderes gilt nur bei einem Verstoß gegen den Verhältnismäßigkeitsgrundsatz. 44

Vermerke über die Verhängung von Betriebsbußen sind, falls sie in die **Personalakte** des Arbeitnehmers aufgenommen werden, nach angemessener Zeit wieder zu entfernen, wenn dem Arbeitnehmer kein weiteres Fehlverhalten zur Last fällt. Diesbezüglich wird teilweise eine entsprechende Anwendung der Entfernungsfristen des Bundeszentralregistergesetzes vorgeschlagen[3]. 45

Betriebsbußen werden, wenn sie verhängt sind, durch den **Arbeitgeber** ausgeführt bzw. vollstreckt. Dies beinhaltet, daß der Arbeitgeber im Falle von Geldbußen Aufrechnungen bzw. Einbehalte vornimmt. Die Pfändungsfreigrenzen sind dabei zu beachten[4]. 46

---

1 Vgl. *Schmidt*, NZA 1985, 409, 414.
2 Vgl. BGH v. 30. 5. 1983, NJW 1984, 918; BAG v. 12. 9. 1967, AP Nr. 1 zu § 56 BetrVG – Betriebsbuße; *Kraft*, NZA 1989, 777, 783; *Schaub*, § 61 S. 440.
3 Vgl. *Schaub*, § 61 S. 438.
4 Vgl. *Schaub*, § 61 S. 441.

E. Betriebliche Altersversorgung

	Rz.
A. Allgemeine Rechtsgrundlagen betrieblicher Versorgungsverpflichtungen *(Schumann)*	
I. Kennzeichen der Versorgungszusage	1
1. Vertrags- und Gestaltungsfreiheit	2
2. Zweck und Rechtscharakter	5
3. Elemente der Versorgungszusage	10
4. Abgrenzung zu anderen Sozialleistungen	17
II. Durchführungswege	38
1. Unmittelbare Versorgungszusage	39
2. Direktversicherung	42
3. Pensionskassen	53
4. Unterstützungskassen	65
III. Leistungsarten	71
1. Altersrente	72
2. Invalidenrente	74
3. Hinterbliebenenversorgung	76
a) Witwenrente	77
b) Witwerversorgung	78
c) Versorgung des nichtehelichen Partners	79
d) Waisenrente	80
IV. Versorgungsstrukturen	81
1. Statische Versorgungssysteme	83
2. Halbdynamische Versorgungssysteme	85
3. Bausteinmodelle	86
4. Beitragsabhängige und ergebnisorientierte Versorgungssysteme	87
5. Gesamtversorgungssysteme	89
6. Spannungsklauseln	92
V. Rechtsbegründungsakte	93
1. Kollektive Begründungsakte	94
a) Tarifvertrag	95
b) Betriebsvereinbarung	98
c) Regelung mit dem Sprecherausschuß der leitenden Angestellten	100
2. Individualrechtliche Zusagen	101
a) Einzelzusage	102
b) Vertragliche Einheitsregelung	105
c) Gesamtzusage	106
d) Betriebliche Übung	108

	Rz.
3. Gleichbehandlung	113
a) Generelle Gesichtspunkte	114
aa) Unmittelbare Diskriminierung	117
bb) Mittelbare Diskriminierung	118
b) Besondere Fallgestaltungen	121
aa) Teilzeitbeschäftigte	122
bb) Teilzeitbeschäftigte im öffentlichen Dienst	128
cc) Geringfügig Beschäftigte	132
dd) Nebenberufliche Tätigkeit	133
ee) Zweitarbeitsverhältnis	134
ff) Befristetes Arbeitsverhältnis	135
gg) Saisonarbeitskräfte	137
hh) Zeitweilig ruhendes Arbeitsverhältnis	138
ii) Unterscheidung Arbeiter – Angestellte	139
jj) Unterscheidung Außen- und Innendienstmitarbeiter	145
4. Zusagen aufgrund mehrerer Begründungsakte	146
a) Zusammentreffen, Günstigkeitsprinzip	147
b) Zeitkollisionsklausel	150
VI. Die Mitbestimmung des Betriebsrats	151
1. Mitbestimmung bei unmittelbaren Zusagen	152
2. Mitbestimmung bei Sozialeinrichtungen	154
3. Begrenzung auf aktive Arbeitnehmer	156
B. Die betriebliche Altersversorgung nach den Bestimmungen des BetrAVG *(Schipp)*	
I. Unverfallbarkeit	158
1. Gesetzliche Unverfallbarkeitsvoraussetzungen	159
a) Zusagedauer	161
aa) Erteilung der Versorgungszusage	162
bb) Beendigung der Versorgungszusage	167
cc) Wechsel des Arbeitgebers	168

E. Betriebliche Altersversorgung Teil 2 E

	Rz.
b) Beginn und Ende der Betriebszugehörigkeit	
aa) Allgemeines	169
bb) Konzern	171
cc) Arbeitgeberwechsel	172
dd) Anrechnung von Vordienstzeiten	173
2. Wartezeit	175
3. Sonderregelung für Vorruhestand	176
4. Vertragliche Unverfallbarkeit	177
5. Änderungen durch das Rentenreformgesetz 1999	178
II. Berechnung unverfallbarer Versorgungsanwartschaften	179
1. Zugesagter Leistungsumfang	180
a) Möglicher Versorgungsanspruch	183
b) Eintritt in den Altersruhestand	184
c) Invaliditäts- und Hinterbliebenenleistungen	186
d) Beibehalten der bei Ausscheiden gültigen Versorgungsregelungen und Bemessungsgrundlagen	188
2. Zeitanteilige Quotierung	193
a) Tatsächliche Betriebszugehörigkeit	194
b) Anrechnung von Nachdienstzeiten	196
c) Mögliche Betriebszugehörigkeit	197
aa) Vollendung des 65. Lebensjahres	198
bb) Frühere feste Altersgrenze	199
(1) Feste Altersgrenze	200
(2) Flexible Altersgrenze	202
(3) Geschlechtsbezogene unterschiedliche Altersgrenze	204
3. Besonderheiten bei Direktversicherungen	207
a) Auffüllpflicht	208
b) Ersatzverfahren	209
4. Anwartschaftsausweis	212
III. Abfindung von Versorgungsanwartschaften	213
1. Abfindung von Anwartschaften bei Beendigung des Arbeitsverhältnisses	214
a) Abfindung bei Ausscheiden	215
b) Abfindung bei fortbestehendem Arbeitsverhältnis	217

	Rz.
c) Abfindung laufender Leistungen	218
2. Abfindungsvoraussetzungen	220
3. Abfindungshöhe	223
4. Neuregelung durch das Rentenreformgesetz 1999	224
IV. Übernahme von Versorgungsverpflichtungen	225
V. Auszehrungs- und Anrechnungsverbot	234
1. Auszehrungsverbot	235
2. Anrechnung anderweitiger Versorgungsbezüge	239
VI. Vorzeitige Altersleistungen	241
1. Bezug des betrieblichen Ruhegeldes vor Vollendung des 65. Lebensjahres	242
a) Inanspruchnahme der gesetzlichen Altersrente	243
b) Erfüllung der Wartezeit	246
c) Sonstige Leistungsvoraussetzungen	247
d) Zahlungsverlangen des Arbeitnehmers	248
2. Wegfall der Leistungen	249
3. Höhe vorzeitiger Leistungen	251
a) Versicherungsmathematische Abschläge	252
b) Ratierliche Kürzung bei fehlender Regelung	253
c) Höhe bei Ausscheiden mit unverfallbarer Anwartschaft	255
4. Vorzeitige feste Altersgrenze	257
5. Änderung durch das Rentenreformgesetz 1999	258
VII. Insolvenzsicherung	259
1. Sicherungsfälle	267
a) Eröffnung des Konkursverfahrens	269
b) Abweisung des Konkursantrags	270
c) Gerichtliches Vergleichsverfahren	271
d) Außergerichtlicher Vergleich	274
e) Vollständige Betriebseinstellung bei offensichtlicher Masselosigkeit	279
f) Wirtschaftliche Notlage	283
g) Änderungen durch Insolvenzrechtsreform	289

	Rz.		Rz.
2. Eintrittspflicht für laufende Leistungen	290	(2) Gesellschafter von juristischen Personen	350
3. Eintrittspflicht für unverfallbare Versorgungsanwartschaften	296	(3) Persönlich haftende Gesellschafter	351
a) Unverfallbare Versorgungsanwartschaft	297	(4) Kommanditisten	352
b) Anrechnung von Vordienstzeiten	300	(5) GmbH & Co. KG	353
c) Keine Anpassung von Anwartschaften	302	2. Sachlicher Geltungsbereich	356
d) Berechnung der Leistungen	303	3. Auswirkungen der Nichtanwendbarkeit des BetrAVG	361
4. Versicherungsmißbrauch	304	**C. Abänderung von Versorgungszusagen** *(Schipp)*	364
5. Mitteilungspflichten	306	**I. Abänderung aus wirtschaftlichen Gründen**	365
6. Forderungsübergang	309	1. Arbeitsvertragliche Ruhegeldzusagen	366
7. Beitragspflicht	311	a) Änderungsvereinbarung	367
8. Träger der gesetzlichen Insolvenzsicherung	315	b) Änderungskündigung	368
VIII. Anpassung laufender Leistungen	317	c) Anfechtung, Rücktritt, Unmöglichkeit, Verzug	370
1. Anpassungssysteme	318	d) Widerruf	371
2. Gesetzliche Anpassungsprüfungspflicht	320	aa) Vorbehaltener Widerruf	372
a) Anpassung laufender Leistungen	321	bb) Wegfall der Geschäftsgrundlage	373
b) Prüfungsrhythmus	324	(1) Wirtschaftliche Notlage	374
c) Belange des Versorgungsempfängers	326	(2) Überversorgung	375
aa) Teuerungsausgleich	327	e) Nachfolgende Betriebsvereinbarung	376
bb) Nachholende Anpassung	330	2. Versorgung durch Unterstützungskasse	381
cc) Reallohnbezogene Obergrenze	333	3. Betriebsvereinbarung	385
dd) Keine Anpassung bei Insolvenz	334	4. Betriebliche Mitbestimmung	387
d) Wirtschaftliche Lage des Arbeitgebers	335	5. Maßstab für zulässige Änderungen von Versorgungsanwartschaften	388
aa) Teuerungsausgleich aus Wertzuwachs	336	a) Erdienter Teilwert	389
bb) Konzerndurchgriff	337	b) Erdiente Dynamik	392
e) Darlegungs- und Beweislastverteilung	338	c) Nicht erdiente Steigerungsraten	396
3. Rentenreformgesetz 1999	339	6. Gerichtliche Billigkeitskontrolle	397
IX. Geltungsbereich des BetrAVG	340	7. Maßstab für zulässige Änderungen bei laufenden Leistungen	399
1. Persönlicher Geltungsbereich	341	**II. Änderung aus nicht wirtschaftlichen Gründen**	402
a) Arbeitnehmer	342	**III. Widerruf wegen Treuebruch**	404
b) Arbeitnehmerähnliche Personen	344	1. Verfehlungen während des Arbeitsverhältnisses	405
aa) Am Unternehmen nicht beteiligte Personen	346	a) Treuebruch vor Unverfallbarkeit	406
bb) Am Unternehmen beteiligte Personen	347	b) Treuebruch nach Unverfallbarkeit	407
(1) Organmitglieder juristischer Personen	348	2. Verfehlungen durch Ausgeschiedene	408

E. Betriebliche Altersversorgung

Schrifttum:

Kommentare, Monographien: *Ahrend/Förster/Rößler*, Steuerrecht der betrieblichen Altersversorgung mit arbeitsrechtlicher Grundlegung, Loseblatt; *Blomeyer/Otto*, Gesetz zur Verbesserung der betrieblichen Altersversorgung, 2. Aufl., 1997; *Griebeling*, Betriebliche Altersversorgung, 1996; *Heubeck/Höhne/Paulsdorff/Rau/Weinert*, Kommentar zum Betriebsrentengesetz, 2. Aufl., 1982 (zitiert: Heubeck/Verfasser); *Höfer*, Gesetz zur Verbesserung der betrieblichen Altersversorgung, Loseblatt; *Kemper/Kisters-Kölkes*, Betriebliche Altersversorgung, 1992; *Kiefer/Giloy*, Die Verbesserung der betrieblichen Altersversorgung, 1975; *Meisel/Sowka*, Mutterschutz, 4. Aufl., 1995; *Paulsdorff*, Kommentar zur Insolvenzsicherung der betrieblichen Altersversorgung, 2. Aufl., 1996; *Prölss/Martin*, Versicherungsvertragsgesetz, 25. Aufl., 1992; *Rühle*, Betriebliche Altersversorgung und Mitbestimmung des Betriebsrats, 1995; *Steinmeyer*, Betriebliche Altersversorgung und Arbeitsverhältnis, 1991.

Aufsätze: *Beyer*, Entwicklung der betrieblichen Altersversorgung in Deutschland, BB 1994, 653; *Blomeyer*, Direktversicherung und Gehaltsumwandlung, DB 1994, 882; *Bode*, Betriebliche Altersversorgung in Form von Gehaltsumwandlungs-Direktzusagen, BB 1994, 784; *Bode/Grabner*, Pensionsrückstellungen für beitragsorientierte Versorgungszusagen, DB 1980, 2151; *Engbroks*, Wirtschaftliche Einflußfaktoren auf die betriebliche Altersversorgung, BetrAV 1995, 180; *Everhardt*, Insolvenzschutz für durch den Arbeitgeber zugesagte Altersversorgung aus Gehaltsumwandlung?, DB 1994, 780; *Förster*, Möglichkeiten eines betrieblichen Altersversorgungssystems, Festschrift für Ahrend, 1992, S. 116; *Gerstenberg*, Versorgungslohn statt Barlohn, BetrAV 1994, 120; *Grabner*, Kostenorientierte Direktzusagen in der betrieblichen Altersversorgung, DB 1979, 843; *Grabner/Bode*, Betriebliche Altersversorgung als flexibler Bestandteil der Gesamtvergütung, DB 1995, 1862; *Griebeling*, Abänderung von Versorgungszusagen, NZA 1989, Beil. 3, 26; *Grossmann*, Geltendmachung und Nachweis der Schwerbehinderteneigenschaft bei Kündigungen, NZA 1992, 241; *Heither*, Aktuelle Rechtsprechung zu Fragen der betrieblichen Altersversorgung bei individualrechtlicher Ausgestaltung, DB 1991, 166; *Heither*, Bestandsschutz und Billigkeitskontrolle in der betrieblichen Altersversorgung, RdA 1993, 72; *Heppt*, Neueste Ergebnisse der Erhebungen des Statistischen Bundesamtes über die betriebliche Altersversorgung 1990, BetrAV 1994, 179; *Kleine*, Modell eines ergebnisorientierten, eigenbeitragsgestützten und individuell leistungsorientierten mehrstufigen Versorgungssystems, BetrAV 1995, 135; *Niermann*, Arbeitnehmerfinanzierte Pensionszusagen, DB 1995, 704; *Rey/Hünlich*, Kostenorientierte Direktzusagen in der betrieblichen Altersversorgung, DB 1980, 276; *Steinmeyer*, Die Gehaltsumwandlungsversicherung als betriebliche Altersversorgung, BB 1992, 1553; *Urbitsch*, Die Unterstützungskassen und ihre Begünstigten im Jahre 1993, BetrAV 1995, 57; *von Wartenberg*, Zur Bedeutung der betrieblichen Altersversorgung für die Finanzierung deutscher Unternehmen, Festschrift für Ahrend, 1992, S. 141; *Wlotzke*, Die Änderungen des Betriebsverfassungsgesetzes und das Gesetz über Sprecherausschüsse der leitenden Angestellten, DB 1989, 173.

A. Allgemeine Rechtsgrundlagen betrieblicher Versorgungsverpflichtungen

I. Kennzeichen der Versorgungszusage

1 Die betriebliche Altersversorgung ist nach ihrem Umfang und Gewicht die bedeutendste **Sozialleistung des Arbeitgebers**. Nicht abschließend geregelt, ist sie durch ihren Zweck und Rechtscharakter in besonderer Weise geprägt und grenzt sich dadurch von anderen Sozialleistungen ab.

1. Vertrags- und Gestaltungsfreiheit

2 Bei der betrieblichen Altersversorgung handelt es sich um eine **freiwillige Sozialleistung**. Der Arbeitgeber ist zu ihrer Einführung nicht verpflichtet. Es gelten die Grundsätze der **Vertragsfreiheit**. Der Arbeitgeber kann frei darüber befinden, ob und in welchem Umfang er Mittel für eine betriebliche Altersversorgung zur Verfügung stellen will[1]. Entschließt er sich zur Einführung eines Versorgungswerks, kann er entscheiden, in welcher Versorgungsform Leistungen gewährt werden sollen und welchen Personenkreis er zu versorgen gedenkt[2].

3 Der **Gestaltungsfreiheit** des Arbeitgebers sind nur wenige Grenzen gesetzt. Es gibt keine umfassende gesetzliche Regelung der betrieblichen Altersversorgung. Es gelten die allgemeinen Rechtsquellen, also das Grundgesetz, das Bürgerliche Gesetzbuch mit dem allgemeinen Vertragsrecht, Tarif- und Betriebsverfassungsrecht und das Kündigungsrecht.

4 Das Gesetz zur Verbesserung der betrieblichen Altersversorgung, das am 22. 12. 1974 in Kraft getreten ist, hat diesen Zustand nicht grundlegend geändert. Im arbeitsrechtlichen Teil dieses Gesetzes, dem sogenannten **Betriebsrentengesetz**, sind nur Ausschnitte des Rechtsgebiets geregelt. Schwerpunkte bilden die **Unverfallbarkeit** dem Grunde und der Höhe nach (§§ 1 und 2) einschließlich der Abfindung und Übertragung solcher Anwartschaften (§§ 3 und 4), das **Auszehrungs- und Anrechnungsverbot** (§ 5), die Regelung der **flexiblen Altersgrenze** (§ 6), die **Insolvenzsicherung** (§§ 7 bis 15) und die **Anpassung laufender Versorgungsleistungen** (§ 16). Die in dem Betriebsrentengesetz enthaltenen **Mindestnormen** sind von den Vertragsparteien zu beachten.

2. Zweck und Rechtscharakter

5 Die Versorgung im Alter wird durch die gesetzliche Rentenversicherung, die betriebliche Altersversorgung und die Eigenvorsorge sichergestellt. Der **sozialpolitische Zweck** der betrieblichen Altersversorgung, der **zweiten Säule** in diesem Konzept, besteht darin, die Versorgungslücke, die bei alleiniger Versor-

---

[1] BAG v. 10. 3. 1972, AP Nr. 156 zu § 242 BGB – Ruhegehalt.
[2] BAG v. 12. 6. 1975 und 13. 7. 1978, AP Nrn. 1 bis 3 und 5 zu § 87 BetrVG 1972 – Altersversorgung.

gung durch die Rentenversicherung nicht abgedeckt wird, aufzufüllen. Die betriebliche Versorgung soll dazu beitragen, den Lebensstandard, den der Arbeitnehmer vor Eintritt des Versorgungsfalls erreicht hatte, aufrechtzuerhalten. Eine zusätzliche Möglichkeit, dieses Ziel zu erreichen, bietet sich durch einen von den Arbeitsvertragsparteien zu vereinbarenden Austausch von Barlohn gegen Versorgungslohn. Mit diesem bislang nur selten eingesetzten Instrument läß sich eine weitere Absicherung des Arbeitnehmers zu attraktiven Bedingungen erreichen[1].

Von etwa der Hälfte aller Unternehmen wird diese **Ergänzungsfunktion** der betrieblichen Altersversorgung erkannt und wahrgenommen. Insgesamt ist der Verbreitungsgrad der betrieblichen Altersversorgung allerdings rückläufig[2]. Die fehlende Bereitschaft, neue Versorgungszusagen zu erteilen, wird auf die fehlende Verläßlichkeit der arbeitsrechtlichen Vorschriften und die mangelnde Attraktivität der steuerrechtlichen Behandlung der betrieblichen Altersversorgung zurückgeführt[3]. 6

Die betriebliche Altersversorgung bildet für den Arbeitgeber zugleich einen Teil der **Personalpolitik**. Mit ihrer Hilfe sollen insbesondere qualifizierte Fachkräfte gebunden – sogenannte goldene Fessel – und leistungsfähiger Nachwuchs gewonnen werden. Zusätzlich wird die Zusage motiviert durch die Möglichkeit, die Versorgungsleistungen durch **steuerliche Begünstigungen** mit zu finanzieren[4]. 7

Die betriebliche Altersversorgung hat danach **Versorgungs- und Entgeltcharakter**. Sie ist Gegenleistung für die vom Arbeitnehmer erbrachte Arbeitsleistung und Betriebstreue[5]. Der Arbeitgeber kann Leistungen der betrieblichen Altersversorgung allerdings auch unabhängig von der erwarteten und erbrachten Betriebstreue zusagen[6]. 8

Vom BAG wird der Entgeltgedanke zunehmend betont. Soweit die Anwartschaft auf betriebliche Altersversorgung bereits erdient ist, wird ihr ein **eigentumsähnlich geschützter Vermögenswert** beigemessen[7]. 9

3. Elemente der Versorgungszusage

Nach der **Legaldefinition** in § 1 Abs. 1 Satz 1 BetrAVG umfaßt der Begriff der betrieblichen Altersversorgung alle Leistungen der Alters-, Invaliditäts- oder Hinterbliebenenversorgung, die einem Arbeitnehmer aus Anlaß des Arbeitsver- 10

---

1 *Grabner/Bode*, DB 1995, 1862 ff. und *Niermann*, DB 1995, 704.
2 Vgl. *Heppt*, BetrAV 1994, 182 ff.
3 Vgl. im einzelnen dazu *Höfer*, ART Rz. 9 f.
4 Zu den Finanzierungseffekten im einzelnen vgl. *Ahrend/Förster/Rößler*, 2. Teil Rz. 39 ff.; *von Wartenberg*, Festschrift für Ahrend, S. 141 ff.; *Engbroks*, BetrAV 1995, 180 ff.
5 BVerfG v. 19. 10. 1993, AP Nr. 2 zu § 1 BetrAVG – Unterstützungskassen.
6 BAG v. 8. 5. 1990, AP Nr. 58 zu § 7 BetrAVG.
7 BAG v. 22. 9. 1987, AP Nr. 5 zu § 1 BetrAVG; vgl. insbesondere auch *Steinmeyer*, S. 36 ff.

hältnisses zugesagt worden sind. Der **Arbeitgeber** muß somit seinem **Arbeitnehmer** aus **Anlaß** eines bestehenden **Arbeitsverhältnisses** eine **Versorgungszusage** erteilt haben.

11 Um eine Leistung der betrieblichen Altersversorgung handelt es sich auch dann, wenn aufgrund einer Vereinbarung zwischen Arbeitgeber und Arbeitnehmer die Prämie für eine Lebensversicherung anstelle einer Vergütung gezahlt wird. Die Versicherung nach **Gehaltsumwandlung** ist keine Maßnahme der Eigenvorsorge. Versicherungsnehmer ist der Arbeitgeber; er schuldet die Beiträge. Der Anspruch des Arbeitnehmers auf Barlohn geht aufgrund einer solchen Vereinbarung endgültig unter[1]. Es gibt kein ungeschriebenes Tatbestandsmerkmal „zusätzlich zum Barlohn entrichtete, freiwillige Arbeitgeberleistung"[2].

12 Erteilt der Arbeitgeber ein Versorgungsversprechen, ist er an seine **Zusage gebunden.** Dabei umfaßt der Begriff der Zusage alle kollektiv- und individualvertraglichen Vereinbarungen.

13 Arbeitgeber kann auch eine **Konzernobergesellschaft** sein, die dem Arbeitnehmer als Gegenleistung für die Begründung eines Arbeitsverhältnisses zu einem Tochterunternehmen – auch wenn es sich um eine ausländische Tochtergesellschaft handelt – den Fortbestand der betrieblichen Altersversorgung zusagt. Ob daneben noch eine arbeitsrechtliche Restbeziehung mit der Konzernobergesellschaft bestehen muß, hat das BAG zuletzt offen gelassen[3].

14 Geschuldet wird eine **Leistung zum Zweck der Versorgung.** Leistungsempfänger können nach § 17 Abs. 1 Satz 2 BetrAVG auch Personen sein, denen Leistungen der betrieblichen Altersversorgung aus Anlaß ihrer Tätigkeit für ein Unternehmen zugesagt worden sind; zu Einzelheiten vgl. Rz. 343 ff. Der **Versorgungsfall** wird durch Eintritt in den **Altersruhestand, Invalidität oder Tod** ausgelöst[4].

15 Die Zusage muß aus **Anlaß eines Arbeitsverhältnisses** erfolgt sein. Es kommt deshalb darauf an, ob im Zeitpunkt der Zusage ein Arbeitsverhältnis bestanden hat und ob auch anderen Arbeitnehmern Zusagen erteilt worden sind. Nach diesen Kriterien sind auch **Zusagen an den Ehegatten** des Arbeitnehmers zu beurteilen.

16 Auch die **Mitarbeit von Familienmitgliedern** eines persönlich haftenden Gesellschafters in einer OHG oder KG kann Gegenstand eines Arbeitsvertrages sein. Aus Anlaß dieser Arbeitsverhältnisse können Leistungen der betrieblichen Altersversorgung zugesagt werden. Um Mißbrauch zu verhindern, werden der schriftliche Abschluß und der tatsächliche Vollzug eines Vertrages verlangt, der die üblichen Regelungen eines Arbeitsverhältnisses enthält[5].

---

1 Zu Einzelheiten vgl. *Gerstenberg*, BetrAV 1994, 120 ff.; *Blomeyer*, DB 1994, 882.
2 BAG v. 26. 6. 1990, AP Nr. 11 zu § 1 BetrAVG – Lebensversicherung.
3 BAG v. 25. 10. 1988, AP Nr. 46 zu § 7 BetrAVG.
4 BAG zuletzt v. 8. 5. 1990 und 26. 6. 1990, AP Nr. 58 zu § 7 BetrAVG und AP Nr. 11 zu § 1 BetrAVG – Lebensversicherung.
5 BAG v. 20. 7. 1993, AP Nr. 4 zu § 1 BetrAVG – Unverfallbarkeit; *Höfer*, § 17 Rz. 3693 ff.

4. Abgrenzung zu anderen Sozialleistungen

Die rechtliche Einordnung als Leistung der betrieblichen Altersversorgung ist von großer praktischer Bedeutung. Nur die zugesagten Versorgungsleistungen sind unverfallbar und insolvenzgesichert. Ob Zuwendungen des Arbeitgebers als Leistungen der betrieblichen Altersversorgung qualifiziert werden können, richtet sich nach ihrem Zweck. Werden sie aufgrund der in § 1 Abs. 1 Satz 1 BetrAVG aufgeführten biologischen Ereignisse, also bei Eintritt der Altersgrenze, Invalidität oder Tod des Versorgungsberechtigten erbracht, handelt es sich um betriebliche Versorgungsleistungen. Ausgehend von dieser Prämisse ergibt sich, **alphabetisch aufgelistet,** folgende Zuordnung: 17

- **Abfindungen** aus Anlaß einer Kündigung gehören nicht zu den Leistungen der betrieblichen Altersversorgung. Wird dagegen ein durch eine vorzeitige Kündigung entstandener Versorgungsmehrbedarf durch eine regelmäßig wiederkehrende Leistung aufgefüllt und wird diese erst ab dem Erreichen der Altersgrenze für den Bezug des vorgezogenen Altersruhegeldes aus der Sozialversicherung gezahlt, stellt sie eine Leistung der betrieblichen Altersversorgung dar[1]. 18

- **Ausgleichsansprüche** von Handelsvertretern gemäß § 89b HGB sind keine betrieblichen Versorgungsleistungen, es sei denn, der noch nicht ausgezahlte Ausgleichsanspruch wird in eine Versorgungsleistung umgewandelt[2]. Außerdem kann die funktionelle Verwandtschaft zwischen Ausgleichsanspruch und Altersversorgung zu einer Anrechenbarkeit der Versorgungsleistungen auf den Ausgleichsanspruch führen[3]. 19

- **Deputate** sind Versorgungsleistungen. Durch sie soll die Versorgung des Arbeitnehmers für den Fall des Ausscheidens unabhängig vom Bedarf des Berechtigten gesichert werden. Die Sachleistungen müssen durch eine Geldleistung ersetzt werden, wenn der Arbeitgeber sie nicht mehr erbringen oder der Begünstigte die Sachleistungen nicht länger verwenden kann. Die Anwartschaften sind bei vorzeitigem Ausscheiden aufrechtzuerhalten. Zu den Sachleistungen, die eine betriebliche Altersversorgung darstellen, gehören vor allem Kohledeputate einschließlich der an ihre Stelle getretenen Barabgeltung[4]. 20

- Ansprüche, die auf eine **Gehaltsumwandlung** zurückzuführen sind, gehören zu den betrieblichen Versorgungsleistungen. Im Rahmen der Vertragsfreiheit ist es den Arbeitsvertragsparteien unbenommen, eine ursprüngliche Barvergütung in Altersversorgung umzuwandeln[5]. Zudem ist eine nachträgliche Feststellung, ob die betriebliche Altersversorgung auf einer Gehaltsumwand- 21

---

1 BAG v. 8. 5. 1990, AP Nr. 58 zu § 7 BetrAVG.
2 *Höfer*, ART Rz. 48.
3 BGH v. 18. 2. 1982 und 17. 11. 1983, AP Nr. 9 zu § 89b HGB = DB 1984, 556.
4 BAG v. 14. 6. 1983, AP Nr. 58 zu § 242 BGB – Gleichbehandlung; BAG v. 11. 8. 1981, AP Nr. 11 zu § 16 BetrAVG; BAG v. 2. 12. 1986, AP Nr. 9 zu § 611 BGB – Deputat.
5 BAG v. 26. 6. 1990, AP Nr. 11 zu § 1 BetrAVG – Lebensversicherung und v. 8. 6. 1993, AP Nr. 3 zu § 1 BetrAVG – Unverfallbarkeit; *Steinmeyer*, BB 1992, 1553.

lung beruht oder ob sie zusätzlich zum Gehalt gewährt wurde, in der Praxis kaum möglich[1].

22 ▶ **Gewinnbeteiligungen** beziehen sich zumeist auf einen vom Arbeitnehmer in einem gewissen Zeitraum erbrachten Beitrag zum Unternehmenserfolg. Sie können nur dann als Leistungen der betrieblichen Altersversorgung gewertet werden, wenn sie unabhängig von dem Zeitraum, auf den sie sich beziehen, erst bei Erreichen der Altersgrenze, bei Invalidität oder Tod ausgezahlt werden sollen[2], der Arbeitnehmer mithin nicht einseitig zu einem beliebigen Zeitpunkt über die Versorgungsmittel verfügen kann.

23 ▶ **Jubiläumsgaben** sind in der Regel lediglich an das Verbleiben des Arbeitnehmers im Unternehmen für einen gewissen Zeitraum geknüpft. Sie sind deshalb nicht als betriebliche Versorgungsleistungen zu kennzeichnen.

24 ▶ **Lebensversicherungen** und die damit verbundenen **Zusatzversicherungen** wie die Berufsunfähigkeits- und die Unfallzusatzversicherung, aus der der Arbeitnehmer oder dessen Hinterbliebene bezugsberechtigt sind, gehören schon kraft gesetzlicher Definition zur betrieblichen Altersversorgung. Sofern jedoch nicht der Arbeitgeber, sondern der Arbeitnehmer selbst als Versicherungsnehmer auftritt und der Arbeitgeber lediglich Beiträge zahlt, liegt keine Direktversicherung und damit auch keine betriebliche Altersversorgung vor. Dies trifft insbesondere auf Lebensversicherungen zu, die der Arbeitnehmer zur Befreiung von der Versicherungspflicht abgeschlossen hat.

25 ▶ **Leibrenten** werden nicht aus Anlaß eines Arbeitsverhältnisses zugesagt. Sie stellen daher keine Leistungen der betrieblichen Altersversorgung dar.

26 ▶ Eine **Nachprovision** auf Lebenszeit kann der Altersversorgung des Handelsvertreters dienen[3].

27 ▶ **Rückdeckungsversicherungen** des Arbeitgebers, die auf das Leben der Arbeitnehmer abgeschlossen sind, aber bei ausschließlichem Bezugsrecht des Arbeitgebers dazu dienen, ihm im Versorgungsfall die Mittel zur Erfüllung seiner Versorgungsverpflichtungen zu sichern, bilden keine betriebliche Versorgungsleistung[4].

28 ▶ **Sterbegelder** haben keinen Versorgungscharakter, da durch sie nur der Ausfall der Arbeitsvergütung infolge des Todes kurzfristig ausgeglichen werden soll und sie zur Deckung der mit dem Todesfall verbundenen besonderen Aufwendungen beitragen sollen. Ob allerdings eine Anrechnung auf eine Hinterbliebenenleistung, mit der zugleich ähnliche Zwecke verfolgt werden, nicht in Betracht kommt[5], erscheint zweifelhaft[6].

---

1 *Heither*, DB 1991, 166.
2 BAG v. 30. 10. 1980, AP Nr. 4 zu § 1 BetrAVG.
3 LG Aachen v. 25. 4. 1975, BB 1976, 249.
4 BAG v. 14. 7. 1972, AP Nr. 2 zu § 242 BGB Ruhegehalt – Lebensversicherung.
5 So BAG v. 10. 8. 1993, AP Nr. 112 zu § 1 TVG Tarifverträge: Metallindustrie.
6 Kritisch auch *Höfer*, ART Rz. 63.2.

A. I. Kennzeichen der Versorgungszusage

▶ Für **Tantiemen** gilt das zur Gewinnbeteiligung Gesagte, sie können also im Einzelfall Versorgungsleistungen darstellen. 29

▶ **Treueprämien** sind in der Regel Entgelt für erbrachte oder künftig erwartete Betriebstreue, sie stehen daher den Anwesenheitsprämien nahe und haben Lohncharakter[1]. Soweit sie eine bestimmte Betriebszugehörigkeit belohnen sollen, werden sie nicht als Leistungen der betrieblichen Altersversorgung anerkannt[2]. 30
Es erscheint indessen verfehlt, allein auf die begriffliche Kennzeichnung der Leistung abzustellen. Anderenfalls könnten die zugunsten der Versorgungsberechtigten bestehenden Schutzbestimmungen des Betriebsrentenrechts umgangen werden. Von Leistungen der betrieblichen Altersversorgung ist daher auszugehen, wenn Treueprämien den Arbeitnehmern aus Anlaß eines Arbeitsverhältnisses zugesagt werden und die Fälligkeit nicht nur von der Dauer der Betriebstreue, sondern auch vom Eintritt eines biologischen Ereignisses wie Erreichen der Altersgrenze, Invalidität oder Tod abhängt[3]. Eine andere Beurteilung ist allerdings dann angebracht, wenn die Treueprämie ausdrücklich als zusätzliche Sozialbeihilfe gekennzeichnet und neben Leistungen der betrieblichen Altersversorgung gewährt wird[4].

▶ Mit der Zahlung von **Übergangsgeldern** wird bezweckt, den Einkommensverlust des ausgeschiedenen Arbeitnehmers für den Fall einer vorzeitigen Beendigung seiner Tätigkeit auszugleichen. Die Gewährung der Leistung wird also nicht durch ein biologisches Ereignis ausgelöst, sondern durch den Verlust des Arbeitsplatzes[5]. BAG und BGH stufen deshalb Übergangsgelder, **Überbrückungszahlungen** oder **Gnadengehälter** nicht als betriebliche Versorgungsleistungen ein[6]. Das gilt auch für Übergangsgelder nach § 62 BAT[7] und den Bestimmungen des Essener und Bochumer Verbandes[8], und zwar auch, wenn die Höhe der Leistung an die Höhe des Ruhegeldes gekoppelt ist[9]. 31

▶ Die **Unfallversicherung mit Beitragsrückgewähr** ist im Gegensatz zur selbständigen Unfallversicherung der betrieblichen Altersversorgung zuzuordnen, weil sie wegen der Rückgewähr der Beiträge bei fehlendem Unfallein- 32

---

1 BAG v. 27. 7. 1972, AP Nr. 75 zu § 611 BGB – Gratifikation.
2 *Blomeyer/Otto*, Einl. Rz. 67; *Heubeck/Höhne*, § 1 Rz. 31; *Höfer*, ART Rz. 53.
3 BAG v. 10. 3. 1992, AP Nr. 17 zu § 1 BetrAVG – Lebensversicherung; BAG v. 10. 8. 1993, AP Nr. 41 zu § 1 BetrAVG – Zusatzversorgungskassen; BAG v. 25. 10. 1994, BB 1995, 573; vgl. auch *Höfer*, ART Rz. 54; *Ahrend/Förster/Rößler*, 2. Teil Rz. 12.
4 LAG Hamm v. 26. 4. 1988, DB 1995, 935.
5 BAG v. 26. 4. 1988, AP Nr. 45 zu § 7 BetrAVG.
6 BAG v. 5. 2. 1981, AP Nr. 188 zu § 242 BGB – Ruhegehalt; BAG v. 2. 8. 1983 und 24. 6. 1986, AP Nrn. 19 und 33 zu § 7 BetrAVG; BAG v. 28. 1. 1986, AP Nr. 18 zu § 59 KO; BAG v. 26. 4. 1988, AP Nr. 45 zu § 7 BetrAVG; BAG v. 10. 8. 1993, AP Nr. 41 zu § 1 BetrAVG – Zusatzversorgungskassen; BGH v. 16. 3. 1989 und 28. 8. 1981, AP Nrn. 10 und 12 zu § 7 BetrAVG.
7 BAG v. 5. 2. 1981, AP Nr. 188 zu § 242 BGB – Ruhegehalt.
8 BAG v. 26. 4. 1988, AP Nr. 45 zu § 7 BetrAVG; aA BGH v. 23. 10. 1975, DB 1975, 2313.
9 AA *Blomeyer/Otto*, Einl. Rz. 69.

tritt während der Versicherungszeit Elemente einer Lebensversicherung aufweist[1].

33 ▶ **Unterstützungsleistungen** im Notfall, die, auch als Beihilfen und Zuschüsse bezeichnet, unabhängig vom Eintritt eines biologischen Ereignisses gezahlt werden, dienen nicht der betrieblichen Altersversorgung. Das gilt auch dann, wenn sie, wie üblich, durch eine Unterstützungskasse gewährt werden[2].

34 ▶ Leistungen der **Vermögensbildung** der Arbeitnehmer bezwecken die Ansammlung von Dauervermögensanteilen, die überdies frei vererbbar sind. Sie sind deshalb nicht als betriebliche Altersversorgung zu qualifizieren[3].

35 ▶ **Vorruhestandsgelder** stellen keine Leistungen der betrieblichen Altersversorgung dar, sondern werden als Ausgleich für die vorzeitige Aufgabe des Arbeitsplatzes gezahlt. Ist das Vorruhestandsgeld jedoch Bestandteil einer einheitlichen Versorgungsregelung, dessen Höhe von derjenigen der eigentlichen Versorgungsleistung abhängt und mündet es beim Eintritt des Versorgungsfalls in eine reguläre Versorgungsleistung ein, kann ausnahmsweise eine Leistung der betrieblichen Altersversorgung vorliegen[4].

36 ▶ **Weihnachtsgelder,** die an Ruhegeldempfänger ausgezahlt werden, dienen der betrieblichen Altersversorgung[5].

37 ▶ Das Nutzungsrecht einer **Werkswohnung** kann eine Leistung der betrieblichen Altersversorgung darstellen[6].

II. Durchführungswege

38 Entschließt sich der Arbeitgeber zur Gewährung betrieblicher Versorgungsleistungen, stehen ihm für das Vorhaben verschiedene Durchführungswege zur Verfügung. Der Arbeitgeber kann Leistungen **unmittelbar aus seinem Vermögen** erbringen; er kann sich zur Erfüllung der Verpflichtungen aber auch **anderer Versorgungsträger** bedienen. In § 1 BetrAVG sind die unmittelbare Versorgungszusage, die Direktversicherung, die Pensionskasse und die Unterstützungskasse als Gestaltungsformen vorgesehen, die auch miteinander kombiniert werden können.

1. Unmittelbare Versorgungszusage

39 Bei dieser Durchführungsform verspricht der Arbeitgeber dem Arbeitnehmer, nach Eintritt des Versorgungsfalls die Versorgungsleistungen selbst zu erbrin-

---

1 *Blomeyer/Otto,* § 1 Rz. 246; *Höfer,* ART Rz. 84 ff.
2 BAG v. 25. 10. 1994, AP Nr. 31 zu § 1 BetrAVG; *Blomeyer/Otto,* Einl. Rz. 70.
3 LAG Hamm v. 6. 4. 1982, DB 1982, 1523.
4 *Höfer,* ART Rz. 59.
5 BAG v. 23. 4. 1963, AP Nr. 26 zu § 611 BGB – Gratifikationen; BAG v. 19. 5. 1981, AP Nr. 13 zu § 16 BetrAVG.
6 *Schaub,* § 80 I 1b.

gen. Er haftet für die Erfüllung der Zusage unmittelbar mit seinem **Betriebsvermögen** und als Einzelkaufmann oder persönlich haftender Gesellschafter auch mit seinem Privatvermögen.

Betriebliche Versorgungsleistungen aus unmittelbaren Versorgungszusagen können durch **Verbände branchenspezifisch** angeglichen und in ihrer Verwaltung zentralisiert werden. Sie verlieren dadurch ihren Charakter als unmittelbare Versorgungszusage nicht. Die Deckungsmittel verbleiben bei den einzelnen Unternehmen. Versorgungsrechtliche Beziehungen bestehen nur zwischen den Arbeitnehmern und ihren jeweiligen Arbeitgebern. Derartige **Konditionenkartelle** existieren bei Unternehmen des Bergbaus (Bochumer Verband), der Eisen- und Stahlindustrie (Essener Verband) und des Speditionsgewerbes (Duisburger Verband). 40

Von allen Durchführungsformen ist die unmittelbare Versorgungszusage am weitesten verbreitet. Rund 54% aller Versorgungsberechtigten haben eine Direktzusage von ihrem Arbeitgeber erhalten[1]. Zurückzuführen ist der starke **Verbreitungsgrad** der unmittelbaren Versorgungszusage auf die Finanzierung durch **Pensionsrückstellungen** zu günstigem Rechnungszinsfuß. Dadurch werden die Einkommens-, Körperschafts- und Ertragssteuer vermindert. Die Mittel verbleiben dauerhaft im Unternehmen und verstärken seine Finanzierungsbasis[2]. 41

2. Direktversicherung

Nach der Definition des § 1 Abs. 2 BetrAVG liegt eine Direktversicherung vor, wenn für die betriebliche Altersversorgung eine **Lebensversicherung** auf das Leben des Arbeitnehmers durch den Arbeitgeber abgeschlossen worden ist und der Arbeitnehmer oder seine Hinterbliebenen hinsichtlich der Leistungen des Versicherers ganz oder teilweise bezugsberechtigt sind. Erfaßt werden damit alle Versicherungen, die ein Arbeitgeber zugunsten eines Arbeitnehmers als Leistungen einer betrieblichen Alters-, Invaliditäts- oder Hinterbliebenenversorgung abgeschlossen hat. Der **Arbeitgeber** muß **Versicherungsnehmer** sein. Schließt der Arbeitnehmer die Versicherung im eigenen Namen ab, so liegt keine Form der betrieblichen Altersversorgung vor. Das Betriebsrentengesetz findet keine Anwendung[3]. 42

Der Abschluß des Lebensversicherungsvertrages durch den Arbeitgeber schließt es nicht aus, daß sich der Arbeitnehmer an der Beitragszahlung beteiligt. Die Zulässigkeit von **Eigenbeitragsanteilen der Arbeitnehmer** ergibt sich aus § 2 Abs. 2 Satz 1 BetrAVG, wo bei der Höhe der aufrechtzuerhaltenden Anwartschaft ausdrücklich auf die durch Arbeitgeberbeiträge finanzierte Teilleistung verwiesen wird. Auch bei Eigenbeitragsanteilen des Arbeitnehmers 43

---

1 *Heppt*, BetrAV 1994, 185.
2 Vgl. zu den Finanzierungseffekten im einzelnen *von Wartenberg*, Festschrift für Ahrend, S. 141 ff.
3 BAG v. 10. 3. 1992, AP Nr. 17 zu § 1 BetrAVG – Lebensversicherung.

bleibt versicherungsrechtlich der Arbeitgeber Verpflichteter des Versicherungsvertrages. Er schuldet gemäß § 1 Abs. 2 VVG dem Versicherer auch dann die Beiträge, wenn der Arbeitnehmer im Innenverhältnis der Pflicht zur Zahlung seines Anteils nicht nachkommt.

44 Im Wege der **Gehaltsumwandlung** können Arbeitgeber und Arbeitnehmer vereinbaren, daß die Prämie für die Lebensversicherung anstelle einer Vergütung gezahlt werden soll. Daß es sich bei den Leistungen der betrieblichen Altersversorgung um zusätzlich zum Arbeitsentgelt erbrachte freiwillige Leistungen des Arbeitgebers handeln muß, ist nach dem Betriebsrentengesetz nicht erforderlich (vgl. Rz. 11). Gehaltsumwandlungsversicherungen unterliegen daher auch dem **Insolvenzschutz**[1]. Es ist ferner bei dieser Versorgungsform davon auszugehen, daß der Arbeitgeber dem Arbeitnehmer von vornherein eine unentziehbare Rechtsposition einräumen und damit die **Unverfallbarkeit** der Anwartschaft zusagen will[2]. Es wäre widersprüchlich, wenn der Arbeitgeber von seinem versicherungsvertraglichen Recht Gebrauch machte, das Bezugsrecht des Arbeitnehmers zu widerrufen. Der Arbeitnehmer ist damit in der Lage, den durch Gehaltsumwandlung erworbenen Teil der Versicherung selbst zur Beleihung, Abtretung oder Verpfändung zu nutzen, falls er im Innenverhältnis keine anderweitige Vereinbarung mit dem Arbeitgeber getroffen hat, was in der Praxis allerdings zumeist der Fall sein wird.

45 Die Versorgung durch eine Direktversicherung ist durch ein Dreiecksverhältnis gekennzeichnet: Einerseits besteht ein **Versicherungs- bzw. Deckungsverhältnis** zwischen dem Arbeitgeber und dem Versicherer, andererseits ein **Versorgungs- bzw. Valutaverhältnis** zwischen dem Arbeitgeber und dem Arbeitnehmer. In ihrem rechtlichen Bestand sind das Versicherungs- und das Versorgungsverhältnis voneinander unabhängig.

46 Im Rahmen des Versicherungsverhältnisses schließt der Arbeitgeber auf das Leben des Arbeitnehmers einen Versicherungsvertrag, der je nach Anzahl der versicherten Arbeitnehmer als **Einzel- oder Gruppenversicherung** ausgestaltet sein kann. Ob zur Gültigkeit des Vertrages gemäß § 159 Abs. 2 VVG die schriftliche Einwilligung des versicherten Arbeitnehmers erforderlich ist, wird im Schrifttum unterschiedlich beurteilt[3]. Bei Gruppenversicherungen kann auf das Zustimmungserfordernis verzichtet werden, wenn die versicherten Arbeitnehmer einen unmittelbaren Anspruch auf Versicherungsleistungen haben oder vom Arbeitgeber über den Vertrag und seine wesentlichen Einzelheiten unterrichtet worden sind[4].

47 Der Versicherungsvertrag kann dem Arbeitnehmer als Versicherten die Anwartschaft auf die Versicherungsleistung entweder unwiderruflich oder wider-

---

1 BAG v. 26. 6. 1990, AP Nr. 11 zu § 1 BetrAVG – Lebensversicherung; *Bode*, DB 1994, 784; aA *Everhardt*, DB 1994, 780.
2 BAG v. 8. 6. 1993, AP Nr. 3 zu § 1 BetrAVG – Unverfallbarkeit.
3 Bejahend: *Prölss/Martin*, § 159 Anm. 2 A; *Blomeyer/Otto*, Einl. Rz. 723 f.; *Ahrend/Förster/Rößler*, 4. Teil Rz. 41; Verneinend: *Höfer*, ART Rz. 147.
4 *Prölls/Martin*, § 159 Anm. 2 B; *Kiefer/Giloy*, § 1 Anm. 16.

ruflich einräumen. Das **Bezugsrecht** ist widerruflich, wenn nicht ausdrücklich ein unwiderrufliches Bezugsrecht vereinbart wurde – § 166 Abs. 1 VVG.

Bei **widerruflichem Bezugsrecht** kann der Arbeitgeber einseitig die Person des Bezugsberechtigten verändern. Der Arbeitgeber kann die Rechte aus dem Versicherungsvertrag abtreten, beleihen oder verpfänden. Nach Eintritt der Unverfallbarkeitsvoraussetzungen ist der Widerruf des Bezugsrechts zwar versicherungsrechtlich noch möglich, arbeitsrechtlich aber unwirksam. Der Arbeitgeber ist dann zum **Schadenersatz** verpflichtet. Er muß dem Arbeitnehmer eine beitragsfreie Versicherungsanwartschaft verschaffen, deren Wert dem widerrufenen Bezugsrecht bei Beendigung des Arbeitsverhältnisses entspricht[1]. 48

Bei Einräumung eines **unwiderruflichen Bezugsrechts** erwirbt der bezugsberechtigte Arbeitnehmer ein durch den Eintritt des Versorgungsfalls bedingtes, vom Arbeitgeber nicht mehr beeinflußbares Recht auf die Leistungen aus dem Versicherungsvertrag. Eine wirtschaftliche Nutzung durch den Arbeitgeber ist nur mit Zustimmung des Arbeitnehmers zulässig. Unwiderrufliche Bezugsrechte sind auch **konkursfest;** sie fallen nicht in die Konkursmasse. Der Versorgungsberechtigte kann gemäß § 43 KO die Aussonderung der Rechte aus dem Versicherungsvertrag verlangen[2]. 49

Das Bezugsrecht muß nicht einheitlich für die gesamte versicherungsvertragliche Leistung geregelt sein. Es kann auch teilweise widerruflich und teilweise unwiderruflich gestaltet sein. Vereinbarungen über ein derartiges **gespaltenes Bezugsrecht** werden zB hinsichtlich verschiedener Leistungsarten oder bezüglich des Grundanspruchs und der Überschußanteile getroffen. 50

Wie bei der unmittelbaren Versorgungszusage ist der Arbeitgeber im Rahmen der Versorgungsverhältnisse verpflichtet, dafür Sorge zu tragen, daß der Arbeitnehmer im Versorgungsfall die Versorgungsleistung erhält. Wenn nicht ausdrücklich etwas anderes vereinbart ist, kann der Arbeitnehmer auch die Auszahlung der **Überschußanteile** beanspruchen[3]. Der Arbeitgeber muß Schadenersatz leisten, wenn er seinen Verpflichtungen nicht nachkommt, indem er zB eine ausreichende Prämienzahlung unterläßt oder eine wirtschaftliche Nutzung des Versicherungsvertrages nicht rechtzeitig rückgängig macht[4]. 51

Versorgungszusagen im Wege der Direktversicherung haben etwa 14% aller Versorgungsberechtigten erhalten[5]. Die **Finanzierungseffekte** sind bei dieser Durchführungsform begrenzt, weil es vor Eintritt des Versorgungsfalls zu Liquiditätsabflüssen kommt, die durch die Inanspruchnahme eines Policendarlehns nur unvollkommen ausgeglichen werden können. In mittelständischen Unternehmen ist die Direktversicherung wegen ihrer Übersichtlichkeit und des geringen Verwaltungsaufwands gleichwohl stark verbreitet. 52

---

1 BAG v. 28. 7. 1987, AP Nr. 4 zu § 1 BetrAVG – Lebensversicherung.
2 BAG v. 21. 6. 1990, AP Nr. 10 zu § 1 BetrAVG – Lebensversicherung.
3 LAG Hamm v. 10. 11. 1987, AP Nr. 5 zu § 1 BetrAVG – Lebensversicherung.
4 *Blomeyer/Otto,* Einl. Rz. 756.
5 *Heppt,* BetrAV 1994, 185.

3. Pensionskassen

53 Nach § 1 Abs. 3 Satz 1 BetrAVG ist eine Pensionskasse eine **rechtsfähige Versorgungseinrichtung**, die dem Arbeitnehmer oder seinen Hinterbliebenen auf ihre Leistungen einen **Rechtsanspruch** gewährt. Die Pensionskassen können privatrechtlich oder öffentlich-rechtlich organisiert sein.

54 Die **öffentlich-rechtlichen Pensionskassen** dienen der Versorgung der Arbeitnehmer im öffentlichen Dienst. Sie sind organisiert als Körperschaften des öffentlichen Rechts (VBL, Zusatzversorgungskassen von Ländern und Gemeinden, kirchliche Zusatzversorgungskassen).

55 Die **privatrechtlichen Pensionskassen** sind in der Praxis zumeist als VVaG organisiert. Sie können aber auch als Versicherungsaktiengesellschaften gegründet werden, § 7 VAG. Überwiegend handelt es sich bei Pensionskassen um kleinere Vereine iSd. § 53 VAG.

56 Die Pensionskassen unterliegen als privatrechtliche Versicherungsunternehmen der **Versicherungsaufsicht** durch das BAV. Ziel und Aufgabe der Versicherungsaufsicht bestehen darin, die jederzeitige Erfüllbarkeit der im Rahmen der bestehenden Versicherungsverhältnisse gegebenen Leistungsversprechen zu gewährleisten.

57 Eine Pensionskasse kann der rechtlich selbständige Versorgungsträger für einen oder mehrere Arbeitgeber sein. Man unterscheidet **Betriebs- oder Firmenpensionskassen,** die Mitarbeiter eines Unternehmens erfassen, **Konzernpensionskassen,** die Mitarbeiter mehrerer Unternehmen, die untereinander im Konzernverbund stehen, versichern, und **Gruppenpensionskassen,** in denen Mitarbeiter mehrerer rechtlich selbständiger Unternehmen ohne einheitliche Leitung, etwa einer **gesamten Branche,** wie Unternehmen des Bau- und Versicherungsgewerbes oder Kreditinstitute, zusammengefaßt sind. Im Gegensatz zum gewerblichen Versicherer sind die etwa 200 bestehenden Pensionskassen also regelmäßig auf einen bestimmten Arbeitgeber- oder Arbeitnehmerkreis beschränkt.

58 Auch bei der Pensionskasse besteht zwischen Arbeitgeber, Arbeitnehmer und Pensionskasse ein **Dreiecksverhältnis.** Es unterscheidet sich von der Direktversicherung dadurch, daß der **Arbeitnehmer** selbst **Versicherungsnehmer** bei der Pensionskasse ist. Außerdem ist er zumeist **Beitragszahler** und kann darüber hinaus **Mitglied** der Kasse sein.

59 Der Arbeitgeber ist Träger der Pensionskasse. Er finanziert ihre Leistungen, soweit die Arbeitnehmer nicht an der Aufbringung des Beitragsaufkommens beteiligt werden. Das kann wie bei der Direktversicherung auch im Wege der **Gehaltsumwandlung** erfolgen. Die Pflicht zu Zuwendungen an die Pensionskasse ergibt sich entweder als gesonderte vertragliche Verpflichtung oder als Sonderpflicht aus der Mitgliedschaft des Arbeitgebers in der Pensionskasse.

60 Dem Arbeitnehmer als Versichertem und Versicherungsnehmer der Pensionskasse steht das **Bezugsrecht** auf die Versicherungsleistungen zu. Die Rechtsbe-

ziehungen zwischen ihm als Mitglied der Pensionskasse und der Kasse selbst werden durch die allgemeinen Vertragbedingungen, die jeweilige Satzung der Kasse sowie durch das VVG, VAG, das BGB und das Genossenschaftsrecht geregelt. Der Abschluß des Versicherungsvertrages geschieht in der Regel durch den Arbeitgeber im Wege der Anmeldung. Allein aus dem Beitritt des Arbeitgebers zu einer Pensionskasse kann der Arbeitnehmer aber noch nicht das Recht ableiten, an dem Versorgungswerk der Kasse beteiligt zu werden[1].

Grundsätzlich ist der **Beitritt** zur Pensionskasse **freiwillig.** Der Arbeitnehmer kann jedoch im Arbeitsvertrag zum Beitritt verpflichtet werden. Die Pensionskasse ist zur Annahme der Mitgliedschaft verpflichtet[2]. 61

Bei Ausscheiden vor Eintritt des Versorgungsfalls endet entweder das Mitgliedschaftsrecht des Arbeitnehmers oder es kommt zum Ruhen. Die Versicherung wird gemäß § 174 Abs. 1 VVG in eine **beitragsfreie Versicherung** umgewandelt, soweit der Arbeitnehmer Beiträge erbracht hat oder die Unverfallbarkeitsvoraussetzungen erfüllt sind. Läßt es die Satzung der Kasse zu, kann der Arbeitnehmer auch freiwilliges Mitglied mit dem Recht auf Fortführung der Versicherung bleiben, auch wenn die Versorgungsanwartschaft noch nicht unverfallbar geworden ist[3]. 62

Der Arbeitgeber ist aufgrund des Versorgungsverhältnisses verpflichtet, alles zu unternehmen, damit der Arbeitnehmer im Versorgungsfall Leistungen aus der Pensionskasse erhält. Es besteht insofern ein **durchsetzbarer Anspruch** des Arbeitnehmers, ihn zur Pensionskasse anzumelden, sofern deren Satzung es zuläßt[4]. Kommt der Arbeitgeber diesen Verpflichtungen schuldhaft nicht nach, so macht er sich gegenüber dem Arbeitnehmer schadenersatzpflichtig, es sei denn, er legt Umstände dar, die sein Verschulden ausschließen[5]. Hat der Arbeitgeber dem Arbeitnehmer eine Versorgungszusage erteilt, so haftet er für deren Erfüllung auch dann, wenn er diese nicht über die Pensionskasse versichern kann[6]. 63

Etwa 19% aller Versorgungsberechtigten erhalten Versorgungsleistungen durch eine Pensionskasse[7]. Die Zuwendungen an die Pensionskasse können vom Arbeitgeber als Betriebsausgaben steuerlich geltend gemacht werden. Ein weiterer Vorteil besteht darin, daß wegen der Kontrolle durch das BAV **keine Beitragszahlung an den PSV** zu erfolgen hat. 64

---

1 BAG v. 12. 7. 1968, AP Nr. 128 zu § 242 BGB – Ruhegehalt.
2 *Schaub,* § 80 IV 6.
3 BAG v. 4. 5. 1993, AP Nr. 1 zu § 1 BetrAVG – Pensionskasse.
4 BAG v. 28. 7. 1972, AP Nr. 4 zu § 242 BGB – Ruhegehalt – Pensionskasse.
5 BAG v. 28. 7. 1972, AP Nr. 7 zu § 282 BGB.
6 BAG v. 29. 11. 1979, AP Nr. 10 zu § 242 BGB – Ruhegehalt – VBL; BAG v. 29. 7. 1986, AP Nr. 11 zu § 1 BetrAVG – Zusatzversorgungskassen.
7 *Heppt,* BetrAV 1994, 180.

4. Unterstützungskassen

65 Nach der Legaldefinition des § 1 Abs. 4 BetrAVG sind Unterstützungskassen rechtsfähige Versorgungseinrichtungen, die eine betriebliche Altersversorgung durchführen und auf ihre Leistungen keinen Rechtsanspruch gewähren. Sie können für einen, aber auch für mehrere Arbeitgeber eingerichtet sein. Als **Trägerunternehmen** einer Unterstützungskasse können mehrere Unternehmen eines Konzerns oder mehrere voneinander unabhängige Unternehmen fungieren, die dann als **Konzern-** bzw. **Gruppenunterstützungskasse** die Versorgung durchführen. Unterstützungskassen werden zumeist in der Rechtsform eines eV oder einer GmbH betrieben, dagegen wegen der bestehenden Staatsaufsicht seltener als Stiftung.

66 Die **Arbeitnehmer** können **Mitglieder** einer Unterstützungskasse sein. Aus steuerlichen Gründen ist es erforderlich, daß Zuwendungen allein vom Arbeitgeber erbracht werden. Beitragsleistungen der Arbeitnehmer sind danach nicht möglich[1].

67 Der **Ausschluß des Rechtsanspruchs** auf die Versorgungsleistungen, der letztlich zur Befreiung von der Versicherungsaufsicht geführt hat, ist praktisch bedeutungslos geworden. Das BAG – bestätigt durch das BVerfG[2] – versteht ihn lediglich als ein an sachliche Gründe gebundenes Widerrufsrecht[3]. Es räumt damit den Arbeitnehmern einen Anspruch auf die zugesagten Leistungen ein. Dieses Verständnis ergibt sich aus dem Gebot des Vertrauensschutzes, das als Rechtsstaatsprinzip Verfassungsrang besitzt[4].

68 Grundsätzlich hat sich der Arbeitnehmer zunächst wegen seiner Versorgungsansprüche an die Unterstützungskasse zu halten[5]. Ungeachtet dessen besteht zwischen dem Arbeitgeber und dem Arbeitnehmer eine Versorgungszusage, in der sich der Arbeitgeber verpflichet hat, dafür aufzukommen, daß die Unterstützungskasse nach Maßgabe der Satzung und ihrer Versorgungsrichtlinien die zugesagten Leistungen erbringt. Der Arbeitgeber hat die Unterstützungskassen ausreichend zu dotieren, anderenfalls muß er selbst dem Arbeitnehmer gegenüber einstehen[6]. Diese **Einstandspflicht** trifft ihn auch dann, wenn er die Auszahlung von Leistungen der Kasse vereitelt. Scheidet der Arbeitgeber aus dem Kreis der Trägerunternehmen aus, muß er die Zusage selbst erfüllen[7].

69 Zwischen dem Arbeitgeber und der Unterstützungskasse besteht ein **Auftragsverhältnis**, die Versorgung der Arbeitnehmer entsprechend dem Leistungsplan durchzuführen. Das bedeutet für die Unterstützungskasse, daß sie zwar keinen

---

1 Heubeck/Höhne, § 1 Rz. 388.
2 BVerfG v. 19. 10. 1983, 14. 1. 1987 und 16. 2. 1987, AP Nrn. 2, 11, 12, 13 zu § 1 BetrAVG – Unterstützungskassen.
3 St. Rspr., BAG v. 6. 5. 1984, 3. 2. 1987 und 18. 4. 1989, AP Nrn. 3, 17, 23 zu § 1 BetrAVG – Unterstützungskassen.
4 BVerfG v. 19. 10. 1983, AP Nr. 2 zu § 1 BetrAVG – Unterstützungskassen.
5 BAG v. 12. 2. 1976, AP Nr. 3 zu § 242 BGB – Ruhegehalt – Unterstützungskassen.
6 BAG v. 28. 4. 1977, AP Nr. 7 zu § 242 BGB – Ruhegehalt – Unterstützungskassen; BAG v. 3. 2. 1987, AP Nr. 17 zu § 1 BetrAVG – Unterstützungskassen.
7 BAG v. 11. 2. 1992, AP Nr. 32 zu § 1 BetrAVG – Unterstützungskassen.

A. III. Leistungsarten

Anspruch auf Geldzuweisungen in der nach § 4d EStG steuerrechtlich zulässigen Höhe hat. Sie hat aber für die von ihr getätigten Zahlungen einen Aufwendungsersatzanspruch gemäß § 670 BGB[1]. Für den Versorgungsberechtigten besteht daher die Möglichkeit, daß er den Aufwendungsersatzanspruch der Unterstützungskasse gegenüber dem Arbeitgeber pfänden und sich überweisen läßt.

Etwa 13% aller Versorgungsberechtigten erhalten Versorgungsleistungen durch eine der zur Zeit bestehenden rund 5100 Unterstützungskassen[2]. Auch wenn die Unterstützungskasse den Trägerunternehmen üblicherweise Darlehen zur Verfügung stellt, ist der **Finanzierungseffekt** im Vergleich zur unmittelbaren Versorgung wegen der eingeschränkten Anwartschaftsfinanzierung wesentlich geringer[3]. Darauf dürfte es zurückzuführen sein, daß diese Durchführungsform am wenigsten verbreitet ist.

III. Leistungsarten

Aus der Entscheidungsfreiheit des Arbeitgebers folgt, daß er den Personenkreis bestimmen kann, den er versorgen will. Die betriebliche Praxis ist vielgestaltig. Es können mehrere **Leistungsarten** – das ist der Regelfall – **kumulativ** zusammentreffen. Eine betriebliche Altersversorgung liegt auch vor, wenn ein Arbeitgeber nur eine Invaliden- oder Hinterbliebenenrente zusagt.

1. Altersrente

In fast allen Versorgungszusagen wird dem Arbeitnehmer wenigstens eine Altersrente gewährt. Bei ihr wird der Leistungsanspruch vom Erreichen eines bestimmten Lebensalters abhängig gemacht. Abgestellt wird zumeist auf die Vollendung des 65. Lebensjahres. Die **Altersgrenze** kann aber auch an ein anderes Lebensalter geknüpft werden, solange die danach gewährte Rente noch als Alterssicherung charakterisiert werden kann[4]. Der PSV sieht Ruhegeldansprüche auch dann als insolvenzgeschützt an, wenn die betriebliche Altersrente ab einer festen Altersgrenze von 60 Jahren gewährt wird[5].

Als feste Altersgrenze gilt derjenige Zeitpunkt, zu dem der Versorgungsberechtigte auch vor Vollendung des 65. Lebensjahres in den Ruhestand treten und seine Altersrente ungekürzt in Anspruch nehmen kann[6]. Eine niedrigere feste

---

1 BAG v. 10. 11. 1977, AP Nr. 8 zu § 242 BGB – Ruhegehalt – Unterstützungskassen; *Blomeyer/Otto*, Einl. Rz. 911; *Schaub*, § 81 XIV 4a.
2 Vgl. *Heppt*, BetrAV 1994, 185; *Urbitsch*, BetrAV 1995, 57.
3 Einzelheiten vgl. bei *Ahrend/Förster/Rößler*, 3. Teil Rz. 10 f.
4 BAG v. 24. 6. 1986 und 26. 4. 1988, AP Nrn. 33 und 45 zu § 7 BetrAVG; BGH v. 24. 11. 1988, AP Nr. 15 zu § 17 BetrAVG; vgl. ferner die ausführliche Analyse bei *Paulsdorff*, § 7 Rz. 233 ff.
5 *Paulsdorff* will dagegen erst die Vollendung des 63. Lebensjahres als feste Altersgrenze anerkennen, § 7 Rz. 249 ff.
6 BAG v. 12. 11. 1985, AP Nr. 2 zu § 1 BetrAVG – Gleichberechtigung.

Altersgrenze als das 65. Lebensjahr berechtigt den Arbeitgeber bei Inanspruchnahme der Betriebsrente zu diesem Zeitpunkt nicht zu versicherungsmathematischen Abschlägen. Zur Notwendigkeit der **Harmonisierung der Altersgrenzen von Männern und Frauen** für nach dem 17. 5. 1990 entstandenen Versorgungsanwartschaften vgl. Rz. 204 ff., 257[1].

2. Invalidenrente

74 Für den Fall der **Erwerbs- und Berufsunfähigkeit** werden Invalidenrenten zugesagt. Anknüpfend an die Begriffe des Sozialversicherungsrechts ist derjenige erwerbsunfähig, der wegen Krankheit oder Behinderung auf nicht absehbare Zeit eine Erwerbstätigkeit in gewisser Regelmäßigkeit nicht mehr ausüben oder nicht mehr als nur geringfügiges Arbeitsentgelt durch Erwerbstätigkeit erzielen kann, § 44 Abs. 2 SGB VI. Berufsunfähig ist jemand, dessen Erwerbstätigkeit auf weniger als die Hälfte derjenigen eines körperlich, geistig und seelisch gesunden Versicherten mit ähnlicher Ausbildung und gleichwertigen Kenntnissen und Fähigkeiten gesunken ist, § 43 Abs. 2 SGB VI. Zum Nachweis der Invalidität wird in der Regel die Vorlage des Rentenbescheides eines Sozialversicherungsträgers verlangt.

75 Der Versorgungsfall der Invalidität kann von der Voraussetzung abhängig gemacht werden, daß das Arbeitsverhältnis geendet[2] oder daß der gesetzliche Sozialversicherungsträger die Rentenzahlungen aufgenommen hat[3]. Auf die **Form der Vertragsbeendigung** kommt es nicht an. Einem Arbeitnehmer, dessen Arbeitsverhältnis wegen Arbeitsunfähigkeit beendet wird, steht eine Betriebsrente zu, wenn die Arbeitsunfähigkeit in die Erwerbsunfähigkeit einmündet.

3. Hinterbliebenenversorgung

76 Die Versorgungszusage kann auch Leistungen für die Hinterbliebenen des Arbeitnehmers vorsehen. Dieser Versorgungsfall tritt nur beim Tod des Arbeitnehmers bzw. des Versorgungsberechtigten ein. Der versorgungsberechtigte Personenkreis muß in der Versorgungszusage bestimmt sein. Eine **umfassende Hinterbliebenenversorgung** sieht Leistungen für **Witwen, Witwer und Waisen** vor. Ist der bezugsberechtigte Ehepartner in der Versorgungsregelung konkret benannt, ist auch nur er anspruchsberechtigt. Ist keine Benennung erfolgt, ist derjenige Ehepartner, mit dem der Versorgungsberechtigte zum Zeitpunkt des Todes verheiratet war, anspruchsberechtigt[4].

---

1 Zum unterschiedlichen Rentenzugangsalter für Männer und Frauen vgl. ferner BAG v. 18. 3. 1997, BB 1997, 1417 und v. 3. 6. 1997, BB 1997, 1694.
2 BAG v. 5. 6. 1984, AP Nr. 3 zu § 1 BetrAVG – Invaliditätsrente; LAG Hamm v. 11. 2. 1997, DB 1997, 985.
3 BAG v. 14. 1. 1986, AP Nr. 6 zu § 1 BetrAVG – Invaliditätsrente.
4 BAG v. 4. 8. 1955 und 7. 9. 1956, AP Nrn. 7 und 17 zu § 242 BGB – Ruhegehalt; LAG Hamm v. 29. 7. 1997, DB 1997, 1928.

a) Witwenrente

Die Hauptform der Hinterbliebenenrente besteht in der Witwenrente. Da der Arbeitgeber den Kreis der Versorgungsberechtigten und den Umfang ihrer Versorgung bestimmen kann, ist er berechtigt, den **Leistungsumfang einzugrenzen.** Eine Begrenzung ist in vielen Fällen bereits deshalb gerechtfertigt, weil mit der Rente nicht nur zur Versorgung der Witwe beigetragen, sondern auch die Betreuung des Arbeitnehmers während des Arbeitsverhältnisses honoriert werden soll. Ferner kann auch auf eine ausreichende anderweitige Versorgung der Witwe abgestellt werden. Diese Gesichtspunkte rechtfertigen es, einen Leistungsanspruch auszuschließen, wenn die Ehe erst nach Beendigung des Arbeitsverhältnisses geschlossen wird[1] **(Spätehenklausel)**, die Ehe nur von geringer Dauer war[2] **(Mindestehedauerklausel)**, das Ehepaar beim Tod des Versorgungsberechtigten dauernd getrennt gelebt hat[3] **(Getrenntlebenklausel)**, der Altersunterschied zum Verstorbenen besonders groß ist[4] **(Altersdifferenzklausel)** oder die Witwe wieder heiratet (Wiederverheiratungsklausel). Nach Scheidung der Zweitehe lebt der Versorgungsanspruch nicht wieder auf[5].

77

b) Witwerversorgung

Sagt der Arbeitgeber eine Witwenrente zu, kann der Witwer auch ohne ausdrückliche Regelung in der Versorgungsordnung eine Betriebsrente verlangen. Die Frauen wären diskriminiert, wenn sie ihren Ehepartner nicht in gleicher Weise versorgen könnten wie der Mann. Die Rechtsgrundlage für die Witwerversorgung bilden der arbeitsrechtliche **Gleichbehandlungsgrundsatz,** das Gleichberechtigungsgebot und das **Diskriminierungsverbot** aus Art. 3 Abs. 2 und 3 GG sowie das **Lohngleichheitsgebot** aus Art. 119 EG-Vertrag. Den Anspruch auf Witwerversorgung hat das BAG ab 1972 anerkannt, weil seit diesem Zeitpunkt mit der Unverfallbarkeit der Entgeltcharakter der betrieblichen Altersversorgung stärker betont wurde[6].

78

c) Versorgung des nichtehelichen Partners

Hinterbliebenenleistungen können auch dem **Partner** einer **nichtehelichen Lebensgemeinschaft** zustehen. Das setzt allerdings eine entsprechende Vereinbarung zwischen dem Arbeitgeber und dem begünstigten Arbeitnehmer voraus. Gegen den Willen des Arbeitgebers kann keine dritte Person vom Begünstigten

79

---

1 BAG v. 9. 11. 1987, AP Nr. 179 zu § 242 BGB – Ruhegehalt; BAG v. 28. 3. 1995, DB 1995, 1666.
2 BAG v. 11. 8. 1987, AP Nr. 4 zu 1 BetrAVG – Hinterbliebenenversorgung.
3 BAG v. 6. 9. 1979, AP Nr. 183 zu § 242 BGB – Ruhegehalt.
4 Nach BAG v. 18. 7. 1972, AP Nr. 158 zu § 242 BGB – Ruhegehalt rechtfertigt eine Altersdifferenz von 25 Jahren den Ausschluß von Versorgungsleistungen; dagegen hält das Hessische LAG vom 12. 3. 1997, DB 1997, 2182 Klauseln, die auf eine Altersdifferenz von 15 Jahren abstellen, wegen Verstoßes gegen Art. 3 und 6 GG für verfassungswidrig.
5 BAG v. 16. 4. 1997, BB 1997, 1903.
6 BAG v. 5. 9. 1989, AP Nr. 8 zu § 1 BetrAVG – Hinterbliebenenversorgung.

eingesetzt werden[1]. Die Berechtigung der Lebensgefährtin anstelle der getrennt lebenden Ehefrau muß nicht gegen die guten Sitten verstoßen. Es kommt auf die Begleitumstände des Einzelfalls an[2].

d) Waisenrenten

80 Neben Hinterbliebenenversorgungsleistungen für Ehepartner werden in Versorgungsregelungen häufig **Waisenrenten an Voll- und Halbwaisen** vorgesehen. Dadurch werden eheliche, für ehelich erklärte, an Kindes Statt angenommene und nichteheliche Kinder des Arbeitnehmers versorgt. Ein Ausschluß nichtehelicher Kinder ist gemäß Art. 6 Abs. 5 GG unzulässig. Die Zahlungspflicht für Waisenrenten wird zumeist an die Bezugsberechtigung nach dem BKGG gekoppelt, dh. bis zum 18. Lebensjahr und bei Berufsausbildung bis zum 27. Lebensjahr gewährt. Gelegentlich wird auch nur an ein festes Lebensalter wie an die Vollendung des 25. Lebensjahres oder an den Eintritt in ein regelmäßiges Arbeitsverhältnis angeknüpft. Ein Entfallen der Waisenrente bei Heirat verstößt gegen Art. 6 GG[3].

IV. Versorgungsstrukturen

81 Das Versorgungsniveau in der betrieblichen Altersversorgung weist eine enorme Bandbreite auf. Nach **sozialpolitischen Vorstellungen** ist nach einem erfüllten Erwerbsleben eine Absicherung in Höhe von 85% des letzten Nettoeinkommens eines vergleichbaren Arbeitnehmers erstrebenswert[4]. Angedacht wird auch eine Versorgung von 15% des letzten Einkommens. Letztlich entscheidet das Unternehmen im Rahmen seiner **Gestaltungsfreiheit,** in welcher Höhe es Versorgungsleistungen gewähren will. Es wird dabei seine wirtschaftliche Lage und Finanzkraft, aber auch personalpolitische Gesichtspunkte berücksichtigen. Der Arbeitgeber kann die Versorgungslast dadurch eingrenzen, indem er die Leistung auf einen jährlich zu zahlenden Höchstbetrag limitiert.

82 Die **Versorgungsmodelle,** nach denen Leistungen der betrieblichen Altersversorgung gewährt werden, sind vielgestaltig. Der Arbeitgeber kann auch insoweit darüber frei entscheiden, nach welchem System er Versorgungsleistungen erbringen will. Der durchschnittliche Aufwand für die betriebliche Altersversorgung beläuft sich auf 5% der Bruttolohn- und Gehaltssumme[5].

---

1 ArbG Herford v. 16. 11. 1973, DB 1974, 193; LAG Hamm v. 17. 12. 1991, DB 1992, 535; aA *Rühle,* S. 115.
2 BAG v. 16. 8. 1983, AP Nr. 2 zu § 1 BetrAVG – Hinterbliebenenversorgung.
3 LAG Hamm v. 20. 5. 1980, DB 1980, 1550.
4 *Kemper/Kisters-Kölkes,* S. 69 f.
5 *Heppt,* BetrAV 1994, 184.

1. Statische Versorgungssysteme

Die Gewährung fester Versorgungsbeträge kann in der Weise erfolgen, daß den Arbeitnehmern ein **Festbetrag** als Altersruhegeld zugesagt wird oder sie einen bestimmten Betrag für jedes zurückgelegte Dienstjahr erhalten, wobei die Sockel- und Steigerungsbeträge unterschiedlich hoch sein können. Derartige statische Versorgungsmodelle sind weder leistungs- noch bedarfsorientiert und unterliegen in besonderem Maße der Auszehrung, da die zugesagte Leistung im Anwartschaftszeitraum nicht anzupassen ist. 83

Die früher stark verbreiteten starren Versorgungszusagen werden heute vielfach durch **einkommens- oder tarifbezogene Nominalbetragssysteme** ersetzt. Sie differenzieren zusätzlich nach dem gewährten Arbeitsentgelt dadurch, daß die Versorgungsberechtigten entsprechend ihren Aktivbezügen in verschiedene Versorgungsgruppen aufgeteilt werden, denen alternative Steigerungsbeträge pro Dienstjahr zugeordnet werden. Möglich ist dies durch die Zuordnung von Einkommensspannen auf bestimmte Versorgungsgruppen oder über die Zuordnung von bestimmten tariflichen Lohn- und Gehaltsgruppen zu einer bestimmten Versorgungsgruppe. Diesen Formen verwandt sind die **Eckwertsysteme**, die dadurch gekennzeichnet sind, daß lediglich für eine bestimmte Einkommensgröße ein Steigerungsbetrag pro Dienstjahr definiert wird und die davon abweichenden ruhegehaltsfähigen Einkommen zu dieser Größe ins Verhältnis gesetzt werden. Die Bezugsgröße wird dabei dynamisch gewählt, etwa ein bestimmtes Tarifgehalt oder die jeweilige Bemessungsgrenze in der gesetzlichen Rentenversicherung. 84

2. Halbdynamische Versorgungssysteme

Stärker am Entgeltcharakter orientiert sind **bezügeabhängige Versorgungsmodelle**. Die betriebliche Versorgungsleistung baut sich in diesem System durch einheitliche, gehaltsprozentuale Steigerungsbeträge pro Dienstjahr bis zur Erreichung des Höchstanspruchs nach Ableistung eines vollen Berufslebens auf, etwa durch Gewährung einer betrieblichen Altersrente von 0,4% des letzten Gehalts für jedes Dienstjahr. Bei Arbeitnehmern mit Einkommen oberhalb der Beitragsbemessungsgrenze für die gesetzliche Rentenversicherung entsteht eine Versorgungslücke bei diesem System dadurch, daß diese Einkommensbestandteile nicht in die Rentenberechnung eingehen. Deshalb wird vielfach für Einkommensbestandteile oberhalb der Beitragsbemessungsgrenze ein höherer Prozentsatz gewährt, etwa das zwei- oder dreifache des Prozentsatzes unterhalb der Beitragsbemessungsgrenze. Die Berechtigung solcher Regelungen erscheint zweifelhaft, da von den besserverdienenden Arbeitnehmern erwartet werden kann, daß sie verstärkt Eigenvorsorge betreiben. In Abwandlungen des halbdynamischen Versorgungsmodells werden nur bestimmte Beschäftigungsjahre berücksichtigt oder lediglich ein Grundbetrag und entsprechend niedrigere bezügeabhängige Steigerungsbeträge gewährt. 85

3. Bausteinmodelle

86 Eine Mischung aus einem Festbetragssystem und einer bezügeabhängigen teildynamischen Versorgungszusage stellen **Bausteinmodelle oder Karrieredurchschnittspläne** dar. Gewährt wird danach für jedes Dienstjahr ein Steigerungsbeitrag von beispielsweise 1% des jeweils bezogenen Einkommens. Dieser Betrag wird als Nominalbetrag für jedes Dienstjahr festgeschrieben. Die Endrente ergibt sich aus der aufaddierten Summe der jährlich erdienten Steigerungsbeträge[1].

4. Beitragsabhängige und ergebnisorientierte Versorgungssysteme

87 Im Gegensatz zu Versorgungssystemen, bei denen der festgelegte Leistungsumfang den Versorgungsaufwand bestimmt, haben **beitragsorientierte Systeme** die Vorgabe eines bestimmten Beitragsvolumens zum Inhalt. Der Arbeitgeber verspricht, einen festgelegten laufenden Beitragsaufwand für Versorgungszwecke zu reservieren. Das Beitragsvolumen kann sich zB an einem fixen Betrag oder an einem konstanten Verhältnis zum jeweiligen rentenfähigen Arbeitsverdienst orientieren, wobei die Versorgungsleistung sich aus einer versicherungsmathematisch berechneten Umsetzung des Beitrags in eine Rente ähnlich wie bei einem Tarif eines Lebensversicherers ergibt[2].

88 Ähnlich konzipiert sind **ergebnisorientierte Versorgungssysteme.** Bei ihnen wird neben einer Grundversorgung ein bestimmter Anteil des Jahresüberschusses als Barwert für Versorgungszusagen zur Verfügung gestellt. Die Mitarbeiter erhalten hieraus eine nach versicherungsmathematischen Grundsätzen errechnete Zusage. Aus der Summe aller Einzelbeträge ergibt sich die als Kapital oder Rente fällige Versorgungsleistung[3].

5. Gesamtversorgungssysteme

89 Ausgehend von dem Gedanken der Ergänzungsfunktion der betrieblichen Altersversorgung, ist die **Gesamtversorgung** darauf gerichtet, zusammen mit den Leistungen aus der gesetzlichen Rentenversicherung eine Vollversorgung der Betriebsrentner zu sichern. Gesamtversorgungssysteme, die den Versorgungscharakter der betrieblichen Altersversorgung mehr als die anderen Systeme verwirklichen und den Entgeltcharakter vernachlässigen, bestehen in zwei Formen.

90 Bei **Anrechnungssystemen,** die besonders im öffentlichen Dienst verbreitet sind, wird eine hohe Betriebsrente vom Arbeitgeber versprochen, auf die die gesetzliche Rente und evtl. auch Versorgungsleistungen, zB eine Lebensversicherung, die zur Hälfte mit Beiträgen des Arbeitgebers finanziert worden ist,

---

1 Vgl. dazu *Förster,* Festschrift für Ahrend, S. 188 f.
2 Vgl. *Grabner,* DB 1979, 843; *Rey/Hünlich,* DB 1980, 276; *Bode/Grabner,* DB 1980, 2151.
3 Zu Einzelheiten dieses Versorgungssystems vgl. *Kleine,* BetrAV 1995, 135.

angerechnet wird. Häufiger wird eine Gesamtversorgung in der Weise zugesagt, daß der **Versorgungsgrad**, der sich aus Leistungen der betrieblichen Altersversorgung und der gesetzlichen Rentenversicherung zusammensetzt, einen bestimmten **Höchstwert** nicht überschreiten darf. Der Versorgungsgrad wurde früher zumeist nach Prozentsätzen vom letzten Bruttoeinkommen bemessen. Durch die steigenden Abgabenlasten ist es dadurch zu Überversorgungen gekommen. Sie sind in den letzten Jahren vielfach auf eine **Nettoversorgung** zurückgeführt worden (vgl. dazu Rz. 375).

Mit Ausnahme des öffentlichen Dienstes wird eine **Gesamtversorgung** heute kaum noch zugesagt, da sie für den Arbeitgeber wegen der nicht voraussehbaren Entwicklung in der gesetzlichen Rentenversicherung **nicht kalkulierbar** ist. Die Höhe der betrieblichen Versorgungslasten ist in erheblichem Maße fremdbestimmt und unterliegt nicht der unternehmerischen Entscheidung; der Arbeitgeber wird praktisch zum Ausfallbürgen für die gesetzliche Grundsicherung. Auch in der Arbeitnehmerschaft stoßen Gesamtversorgungssysteme auf Ablehnung: Arbeitnehmer mit einer niedrigen Sozialversicherungsrente erhalten eine höhere Betriebsrente als Arbeitnehmer mit einer höheren Sozialversicherungsrente, selbst wenn letztere einen höherwertigen und besser entlohnten Arbeitsplatz besetzen und eine längere Dienstzeit aufweisen. 91

6. Spannungsklauseln

Eine Versorgungszusage kann auch in der Weise erteilt werden, daß ein **neutrales Einkommen**, zB ein bestimmtes Beamten- oder Tarifgehalt, als **Bezugsgröße** herangezogen wird. Derartige Spannungsklauseln sind als genehmigungsfreie Wertsicherungsklauseln vorteilhaft. Besonders häufig sind sie im Krankenhausbereich anzutreffen. Sie können sich ausschließlich auf den Anwartschaftszeitraum oder auf den Rentenzahlungszeitraum, oder, wie bei der Bezugnahme auf das Beamtenrecht, auch auf beide Zeiträume beziehen. 92

V. Rechtsbegründungsakte

Versorgungsverpflichtungen entstehen nicht von selbst, etwa aus der Fürsorgepflicht des Arbeitgebers, sie bedürfen einer **besonderen Rechtsgrundlage**, eines Rechtsbegründungsaktes. Dabei spielen kollektive Regelungen im Vergleich zu den unmittelbaren arbeitgeberseitigen Zusagen nur eine geringe Rolle. 93

1. Kollektive Begründungsakte

Bei der kollektivrechtlichen Gestaltung tritt, soweit es den Verbreitungsgrad betrifft, die Regelung durch **Tarifvertrag** hinter der Normierung durch **Betriebsvereinbarung** zurück. 94

a) Tarifvertrag

95 Eine Ausnahme macht der **öffentliche Dienst**. Aufgrund **tarifvertraglicher Regelungen** haben die in diesem Bereich Beschäftigten einen Anspruch auf satzungsgemäße Versorgung durch Versorgungsanstalten und Zusatzversorgungskassen.

96 In der **Privatwirtschaft** spielt dagegen die Begründung von Ruhegeldverpflichtungen durch Tarifvertrag nur eine untergeordnete Rolle. Am häufigsten finden sich noch Firmen- und Verbandstarifverträge[1], da sie besonders geeignet sind, auf die spezifischen wirtschaftlichen und personellen Verhältnisse in einem Unternehmen oder in einer Branche einzugehen.

97 Für ihre Wirksamkeit bedürfen die Tarifverträge gemäß § 1 Abs. 2 TVG der Schriftform. Wird der Tarifvertrag für allgemeinverbindlich erklärt, gilt er gemäß § 5 TVG auch für die nichtorganisierten Arbeitnehmer. Ebenso kann er durch freiwillige betriebliche Maßnahmen auf nicht tarifgebundene Arbeitnehmer ausgedehnt werden. Nach Ablauf des Tarifvertrages gelten seine Rechtsnormen gemäß § 4 Abs. 5 TVG weiter, bis sie durch eine andere Abmachung ersetzt werden.

b) Betriebsvereinbarung

98 Ein Versorgungswerk kann auch durch Betriebsvereinbarung begründet werden. Für die Pensions- und Unterstützungskasse ergibt sich diese Rechtsfolge unmittelbar aus § 88 Nr. 2 BetrVG, wonach die Errichtung von Sozialeinrichtungen den Gegenstand **freiwilliger Betriebsvereinbarungen** bilden kann. Für andere Formen der betrieblichen Altersversorgung folgt die Zulässigkeit aus der umfassenden funktionellen Zuständigkeit des Betriebsrats in sozialen Angelegenheiten[2]. Die Ansprüche der Versorgungsberechtigten ergeben sich gemäß § 77 Abs. 4 BetrVG unmittelbar und zwingend aus der Betriebsvereinbarung. Zu ihrer Wirksamkeit bedürfen Betriebsvereinbarungen nach § 77 Abs. 2 Satz 1 BetrVG der Schriftform.

99 In der Praxis haben freiwillige Betriebsvereinbarungen seit der Entscheidung des Großen Senats des BAG vom 16. 9. 1986 an Bedeutung gewonnen. Sie können ein Indiz für die Zulässigkeit der verschlechternden Änderung individualrechtlich begründeter Zusagen sein[3].

c) Regelung mit dem Sprecherausschuß der leitenden Angestellten

100 Durch das Sprecherausschußgesetz besteht für den Arbeitgeber und den Sprecherausschuß der leitenden Angestellten die Möglichkeit, freiwillig Richtlinien

---

1 Verbandstarifverträge bestehen zB in der Bauwirtschaft, im Bäcker- und Lackiererhandwerk, bei Verlagen, in der Land- und Forstwirtschaft sowie im Bereich der Energieversorgung.
2 BAG v. 16. 3. 1956, AP Nr. 1 zu § 57 BetrVG; Fitting/Kaiser/Heither/Engels, § 77 Rz. 28; Dietz/Richardi, § 88 Rz. 5.
3 BAG v. 16. 9. 1986, AP Nr. 17 zu § 77 BetrVG 1972.

über den Inhalt, den Abschluß oder die Beendigung von Arbeitsverhältnissen der leitenden Angestellten gemäß § 28 Abs. 1 SprAuG zu vereinbaren. Als Richtlinie über den Inhalt von Arbeitsverhältnissen der leitenden Angestellten kommen auch **Richtlinien für die betriebliche Altersversorgung** in Betracht[1]. Allerdings gelten sie – anders als Betriebsvereinbarungen – nicht automatisch für die leitenden Angestellten, sondern ihre normative Wirkung muß gesondert gemäß § 28 Abs. 2 SprAuG vereinbart werden, wobei abweichende Regelungen zugunsten einzelner zulässig bleiben[2].

2. Individualrechtliche Zusagen

Zur Gruppe der individualrechtlichen Versorgungszusagen gehören die **einzelvertragliche Vereinbarung**, die **vertragliche Einheitsregelung**, die **Gesamtzusage** und die **betriebliche Übung**. 101

a) Einzelzusage

Die Einzelzusage unterscheidet sich von den anderen individualrechtlichen Versorgungszusagen dadurch, daß sie **keinen kollektiven Bezug** aufweist, sich also nicht an eine Gruppe von Arbeitnehmern richtet. Die Einzelzusage unterliegt den allgemeinen Regeln des Vertragsrechts. Sie kommt durch ein entsprechendes Angebot des Arbeitgebers und die Annahme durch den Arbeitnehmer zustande, die auch stillschweigend erfolgen kann, da betriebliche Versorgungsleistungen ihn in der Regel begünstigen[3]. Mit ihrem Abschluß wird die Einzelzusage Bestandteil des Arbeitsvertrages. Eine abweichende Regelung kann nur durch eine anderweitige Vereinbarung oder eine Kündigung bzw. Änderungskündigung erreicht werden. 102

Wie sonstige arbeitsvertragliche Regelungen ist die Einzelzusage **nicht formbedürftig**. Das steuerrechtlich bei unmittelbaren Versorgungszusagen bestehende Schriftformerfordernis des § 6 Abs. 1 Nr. 3 EStG ist arbeitsrechtlich irrelevant[4]. Aus Beweisgründen empfiehlt es sich aber, die Versorgungszusage schriftlich zu erteilen. Ein Streit darüber, ob eine Versorgung nur in Aussicht gestellt oder fest zugesagt wurde, wird dadurch vermieden. 103

Bei der Formulierung der Zusage ist auf Klarheit, Verständlichkeit und Eindeutigkeit große Sorgfalt zu verwenden; Zweifel gehen zu Lasten des Arbeitgebers[5]. Da der Arbeitgeber die Versorgungsbedingungen in der Regel einseitig festsetzt, unterliegt die Zusage einer **gerichtlichen Billigkeitskontrolle**[6]. Die Auslegung des Versorgungsversprechens erfolgt nach den Bestimmungen der §§ 133, 157, 242 BGB unter Berücksichtigung des Arbeitnehmerschutzprinzips. 104

---

1 *Wlotzke*, DB 1989, 177.
2 *Griebeling*, Rz. 161 f.
3 BAG v. 13. 3. 1975, AP Nr. 167 zu § 242 BGB – Ruhegehalt.
4 BAG v. 5. 2. 1980, AP Nr. 188 zu § 242 BGB – Ruhegehalt.
5 BAG v. 25. 5. 1973, AP Nr. 160 zu § 242 BGB – Ruhegehalt.
6 BAG v. 21. 12. 1970, AP Nr. 1 zu § 305 BGB – Billigkeitskontrolle; vgl. auch *Blomeyer/Otto*, Einl. Rz. 282 ff.

b) Vertragliche Einheitsregelung

105 Bei der vertraglichen Einheitsregelung wendet sich der Arbeitgeber bewußt an jeden einzelnen Arbeitnehmer mit einem Versorgungsdokument, das aber für alle Arbeitnehmer die gleichen Regelungen beinhaltet. Im Gegensatz zur Einzelzusage ist die vertragliche Einheitsregelung mithin durch ihren **kollektiven Bezug** gekennzeichnet. Dieser Umstand ist insbesondere für ihre Änder- und Ablösbarkeit von Gewicht (vgl. Rz. 365 ff.).

c) Gesamtzusage

106 Bei der Gesamtzusage handelt es sich im Grunde um ein Bündel gleichlautender Einzelzusagen. Dieser Zusageform bedient sich der Arbeitgeber aus Gründen der Vereinfachung. Um sich bei der Gewährung einer betrieblichen Altersversorgung nach einheitlichen Grundsätzen nicht an jeden Arbeitnehmer einzeln wenden zu müssen, schafft er für die von ihm bestimmten Versorgungsberechtigten eine **Versorgungs-, Ruhegeld- oder Pensionsordnung,** die er durch Aushang, Aushändigung oder in sonstiger Weise bekannt macht. Wegen ihres kollektiven Charakters ergeben sich bei der Gesamtzusage hinsichtlich ihrer Abänder- und Ablösbarkeit die gleichen Besonderheiten wie bei der vertraglichen Einheitsregelung.

107 Die praktische Bedeutung der Gesamtzusage ist ebenso wie die der vertraglichen Einheitsregelung heute gering, da der Arbeitgeber bei der Ausgestaltung von individualrechtlichen Versorgungszusagen betriebsverfassungsrechtliche Mitbestimmungsrechte zu beachten hat (vgl. Rz. 151) und deshalb von vornherein besser eine Betriebsvereinbarung schließt. Zu Versorgungsregelungen durch eine Gesamtzusage oder eine vertragliche Einheitsregelung kommt es daher fast nur noch in betriebsratslosen Unternehmen.

d) Betriebliche Übung

108 Eine individualrechtliche Versorgungszusage kann auch als betriebliche Übung entstehen. Im Betriebsrentenrecht wird dieser Rechtsbegründungsakt ausdrücklich berücksichtigt, indem in § 1 Abs. 1 Satz 4 BetrAVG eine Versorgungsverpflichtung, die auf betrieblicher Übung beruht, derjenigen aus einer **sonstigen Zusage gleichgestellt** wird.

109 Die Rechtsgrundlage für eine betriebliche Übung bildet ein **Vertrauenstatbestand**[1]. Der Arbeitnehmer muß auf einen konkreten Verpflichtungswillen des Arbeitgebers vertrauen dürfen. Manifestiert wird der Verpflichtungswille durch ein gleichförmiges, wiederholtes Verhalten des Arbeitgebers. Wie häufig der Arbeitgeber sein Verhalten wiederholen muß, läßt sich nicht schematisch festlegen. Maßgebend sind die sich für den Einzelfall ergebenden Umstände, die sich aus der üblich gewordenen Art der Leistung sowie ihrem Umfang herleiten lassen[2].

---

1 BAG v. 16. 9. 1996, AP Nr. 17 zu § 77 BetrVG 1972.
2 Hinsichtlich der Zahlung eines in der Versorgungsordnung nicht vorgesehenen 13. Monatsgehalts vgl. BAG v. 30. 10. 1984, AP Nr. 1 zu § 1 BetrAVG – Betriebliche Übung; zur Anpassung von Betriebsrenten vgl. BAG v. 3. 2. 1987, AP Nr. 20 zu § 16 BetrAVG.

Für die Entstehung der Rechtsbindung kommt es nicht darauf an, ob der Arbeitgeber den Willen hatte, durch gleichgerichtetes Handeln eine betriebliche Übung auszulösen. Entscheidend ist allein, daß er die die Verpflichtung begründenden Umstände kannte oder kennen mußte. Zahlt der Arbeitgeber unter bestimmten Voraussetzungen jedem Arbeitnehmer oder einer bestimmten Gruppe im Versorgungsfall ein Ruhegeld, können die noch aktiven Arbeitnehmer aufgrund dieser **Kollektivübung** darauf vertrauen, daß auch sie unter den gleichen Voraussetzungen Versorgungsleistungen erhalten. Der Arbeitnehmer erwirbt die Versorgungszusage jeweils zu dem Zeitpunkt, an dem er erstmals von dem Bestehen dieser Übung Kenntnis erlangen konnte. Das wird der Beginn des Arbeitsverhältnisses sein, wenn die Übung zu dieser Zeit schon praktiziert wurde[1]. 110

Will der Arbeitgeber die **Fortgeltung der** aus der betrieblichen Übung entstehenden **Verpflichtungen** bei neuen Arbeitsverhältnissen vermeiden, muß er sie bereits beim Vertragsschluß ausdrücklich ausschließen. Dann erwächst beim Arbeitnehmer kein schützenswerter Vertrauenstatbestand, der den Arbeitgeber zur Leistungsgewährung oder Erteilung einer Versorgungszusage verpflichtet. Die bereits entstandene Verpflichtung des Arbeitgebers kann lediglich nach billigem Ermessen widerrufen werden[2]. 111

Eine Verpflichtung aus betrieblicher Übung kann nur entstehen, wenn hinsichtlich der in Frage kommenden Leistungen keine sonstige individual- oder kollektivrechtliche Anspruchsgrundlage besteht[3]. Durch den Abschluß und die Durchführung einer unwirksamen Betriebsvereinbarung wird keine betriebliche Übung begründet, wenn und solange der Arbeitgeber rechtsirrtümlich davon ausgeht, zu der Leistung durch die Betriebsvereinbarung verpflichtet zu sein[4]. 112

3. Gleichbehandlung

Eine Versorgungszusage kann auch aus dem **Grundsatz der Gleichbehandlung** herzuleiten sein. Dieser Rechtsbegründungsakt wird in § 1 Abs. 1 Satz 4 BetrAVG ausdrücklich einer Versorgungsverpflichtung, die auf einer sonstigen Zusage beruht, gleichgestellt. 113

a) Generelle Gesichtspunkte

Der Grundsatz der Gleichbehandlung läßt sich schlicht dahin kennzeichnen, daß Gleiches nicht ungleich und Ungleiches dementsprechend nicht gleich behandelt werden darf. Er verbietet die **sachfremde Schlechterstellung** einzelner Arbeitnehmer gegenüber anderen Arbeitnehmern in vergleichbarer Lage. Eine Gruppenbildung muß **gemessen am Leistungszweck** sachlichen Kriterien entsprechen. Eine Differenzierung ist sachfremd, wenn es für die unterschiedli- 114

---

1 LAG Köln v. 17. 1. 1985, NZA 1985, 398; *Blomeyer/Otto,* Einl. Rz. 185 ff.
2 BAG v. 14. 12. 1956, AP Nr. 18 zu § 242 BGB – Ruhegehalt.
3 BAG v. 27. 6. 1985, AP Nr. 14 zu § 77 BetrVG 1972.
4 BAG v. 13. 8. 1980, AP Nr. 2 zu § 77 BetrVG 1972.

che Behandlung keine billigenswerten Gründe gibt. Anderenfalls ist die Regelung willkürlich und damit unwirksam. Die Vertragsfreiheit ist mithin eingegrenzt, wenn eine Gruppe nach **generalisierenden Merkmalen**, nach einem erkennbar **gleichen Prinzip** oder nach einer **allgemeinen Ordnung** aufgestellt wird. Dabei spielt es keine Rolle, ob die jeweils begünstigten oder benachteiligten Arbeitnehmer eine Mehrheit oder nur eine Minderheit der insgesamt gleichzubehandelnden Arbeitnehmer darstellen[1].

115 Als sachliche Gründe, die eine Differenzierung rechtfertigen, sind von der Rechtsprechung eine **besondere Qualifikation oder Arbeitsleistung, unterschiedliche Anforderungen an den Arbeitsplatz** oder eine **herausragende Berufserfahrung** anerkannt worden[2]. Zulässig sind auch Regelungen, die Versorgungsberechtigte ab einem **Stichtag** von Verbesserungen einer Versorgungsordnung ausnehmen[3]. Es ist danach zB nicht zu beanstanden, wenn nur die Gruppe von Arbeitnehmern eine Invaliden- oder Hinterbliebenenversorgung erhalten, die besonders gefährliche Arbeiten verrichten. Ebenso ist es zulässig, wenn lediglich leitenden Angestellten – zumeist in Form von Einzelzusagen – Versorgungsleistungen gewährt werden, die die übrigen Mitarbeiter, die keine herausragende Position bekleiden, nicht bekommen[4].

116 Der Gleichbehandlungsgrundsatz ist auch in **kollektivrechtlich begründeten Versorgungszusagen** zu beachten[5]. Allerdings können Arbeitnehmer, die nicht von der kollektiven Regelung erfaßt werden, keine Ausdehnung der Leistungen auf sie erzwingen. So kann ein leitender Angestellter iSv. § 5 Abs. 3 BetrVG die Altersleistung aus der Betriebsvereinbarung nicht mit Hilfe des Gleichbehandlungsgrundsatzes fordern. Einer Gleichbehandlung in der betrieblichen Altersversorgung können auch Vorteile in der Vergütung entgegenstehen, die einzelnen tarifvertraglich eingeräumt worden sind. Insoweit gilt das Günstigkeitsprinzip[6].

aa) Unmittelbare Diskriminierung

117 Nach Art. 3 Abs. 3 GG darf niemand **wegen seines Geschlechtes** benachteiligt oder bevorzugt werden. Es gibt keine sachlichen Gründe, die eine unmittelbare Diskriminierung rechtfertigen. Durch eine Versorgungsregelung, die nur eine Witwen-, aber keine **Witwerrente** vorsieht, werden zB Frauen unmittelbar diskriminiert. Verletzt ist das **Lohngleichheitsgebot des Art. 119 EG-Vertrag**, das in den Mitgliedstaaten der Europäischen Gemeinschaft unmittelbar anzuwenden ist. Wird es den Frauen nicht in gleicher Weise wie den Männern ermög-

---

1 BAG v. 25. 1. 1984, AP Nrn. 67 und 68 zu § 242 BGB – Gleichbehandlung.
2 BAG v. 28. 7. 1992, AP Nr. 18 zu § 1 BetrAVG – Gleichbehandlung.
3 BAG v. 6. 6. 1974, 8. 12. 1977 und 11. 9. 1980, AP Nrn. 165, 176, 187 zu § 242 BGB – Ruhegehalt.
4 BAG v. 11. 11. 1986, AP Nr. 4 zu § 1 BetrAVG – Gleichberechtigung.
5 BAG v. 28. 7. 1992, AP Nr. 18 zu § 1 BetrAVG – Gleichbehandlung; BAG v. 7. 3. 1995, AP Nr. 26 zu § 1 BetrAVG – Gleichbehandlung.
6 BAG v. 25. 4. 1995 und v. 17. 10. 1995, AP Nr. 25 zu § 1 BetrAVG – Gleichbehandlung und Nr. 132 zu § 242 BGB – Ruhegehalt.

licht, ihrem Ehepartner eine Versorgung zu verschaffen, erhalten sie bei gleicher oder gleichwertiger Arbeit einen geringeren Lohn. Da spätestens seit 1972 anerkannt ist, daß Leistungen der betrieblichen Altersversorgung Lohncharakter haben, ist den Frauen der Anspruch auf Witwerrente rückwirkend zuerkannt worden[1].

Ein weiteres Beispiel für eine unmittelbare Diskriminierung bilden Versorgungsregelungen, in denen das Lebensalter, ab dem Altersruhegeld in Anspruch genommen werden kann, für Männer und Frauen unterschiedlich festgesetzt ist. Wird das Zugangsalter für Frauen auf die Vollendung des 60. Lebensjahres, für Männer dagegen auf die Vollendung des 63. Lebensjahres fixiert, werden letztere diskriminiert. Wie der EuGH in der Rechtssache „Barber" klargestellt hat, sind derartige Regelungen mit Art. 119 EG-Vertrag nicht vereinbar[2] (zu Einzelheiten vgl. Rz. 204 ff., 257).

bb) Mittelbare Diskriminierung

Eine mittelbare Diskriminierung ist gegeben, wenn durch den Ausschluß eines Teiles der Arbeitnehmer von betrieblichen Versorgungsleistungen wesentlich mehr Frauen als Männer betroffen werden und die nachteiligen Folgen auf deren Geschlecht oder der Geschlechterrolle beruhen. Den **Hauptanwendungsfall** der mittelbaren Diskriminierung bilden bislang die teilzeitbeschäftigten Arbeitnehmer. Der an sich geschlechtsneutral formulierte Ausschluß der **Teilzeitbeschäftigten** von der betrieblichen Altersversorgung führt zu ungleichen Wirkungen bei Männern und Frauen, die sich nicht anders als mit dem Geschlecht erklären lassen. Teilzeitarbeit ist Frauenarbeit. Der Anteil der Frauen an der Gesamtzahl der Teilzeitbeschäftigten liegt über 90%. Dieser hohe Frauenanteil beruht auf den gesellschaftlichen Verhältnissen, vor allem der **Verteilung der Geschlechterrollen**. Sie machen es verheirateten Frauen schwer, eine vollberufliche Erwerbstätigkeit mit ihren familiären Belastungen zu verbinden. Als Ausweg bietet sich die Teilzeitbeschäftigung an, die männliche Arbeitnehmer nur ausnahmsweise ausüben. 118

Der Ausschluß von Leistungen der betrieblichen Altersversorgung ist deshalb unwirksam, wenn der Arbeitgeber nicht nachweist, daß die Maßnahme objektiv gerechtfertigt ist und nichts mit einer Diskriminierung aufgrund des Geschlechts zu tun hat. Art. 3 Abs. 3 GG, der ein über den allgemeinen Gleichheitssatz hinausgehendes Differenzierungsverbot enthält, ist nur dann nicht verletzt, wenn die biologische und funktionale Verschiedenheit das zu ordnende Lebensverhältnis so entscheidend prägt, daß andere Elemente daneben vollkommen zurücktreten. Ebenso ist aus Art. 119 EG-Vertrag herzuleiten, daß eine mittelbare Diskriminierung vorliegt, wenn die unterschiedliche Behandlung der Geschlechter nicht einem **wirklichen Bedürfnis** des Unternehmers dient[3]. Die Differenzierung muß für die Erreichung dieses Zieles geeignet und 119

---

1 BAG v. 5. 9. 1989, AP Nr. 8 zu § 1 BetrAVG – Hinterbliebenenversorgung.
2 EuGH v. 17. 5. 1990, AP Nr. 20 zu Art. 119 EWG-Vertrag.
3 BAG v. 14. 10. 1986, AP Nr. 11 zu Art. 119 EWG-Vertrag.

nach den Grundsätzen der Verhältnismäßigkeit erforderlich sein[1]. Danach können zB nur ganz erhebliche Kostenvorteile eine differenzierende Regelung rechtfertigen.

120 Das für die **Unverfallbarkeit maßgebliche Mindestalter** von 35 Jahren bewirkt keine mittelbare Diskriminierung von Frauen. Es kann nicht schlüssig nachgewiesen werden, daß durch dieses Grenzalter mehr Frauen als Männer einen Verfall ihrer Anwartschaft hinnehmen müssen, nachdem sie in Erfüllung der Unverfallbarkeitszeiten des § 1 Abs. 1 Satz 1 BetrAVG 10 oder 12 Jahre bei einem Arbeitgeber ununterbrochen tätig waren[2].

b) Besondere Fallgestaltungen

121 Die Gleichbehandlungsproblematik hat die Rechtsprechung in zunehmendem Maße beschäftigt. Einigen Fallgestaltungen ist dabei allein schon durch die Vielzahl der Betroffenen besonderes Gewicht beizumessen.

aa) Teilzeitbeschäftigte

122 Für den Bereich Teilzeitarbeit wird das Gleichbehandlungsgebot durch das am 26. 4. 1985 in Kraft getretene **Beschäftigungsförderungsgesetz** konkretisiert. Nach § 2 Abs. 1 BeschFG darf der Arbeitgeber einen teilzeitbeschäftigten Arbeitnehmer nicht wegen der Teilzeitarbeit ohne sachlichen Grund gegenüber vollzeitbeschäftigten Arbeitnehmern unterschiedlich behandeln. Es ist daher unzulässig, Teilzeitkräfte allein wegen ihrer geringeren Arbeitszeit von Leistungen der betrieblichen Altersversorgung auszuschließen.

123 § 2 Abs. 1 BeschFG verlangt keine sachfremde Gleichmacherei, sondern eine relative Gleichstellung nach dem **Grundsatz der Proportionalität.** Danach müssen Leistungen der betrieblichen Altersversorgung, die Vollzeitkräften gewährt werden, den Teilzeitkräften in einem entsprechenden Verhältnis zugute kommen. Aus Gründen der Verwaltbarkeit eines Versorgungswerks verlangt das BAG keine perfekte Proportionalität, sondern erachtet auch gröbere Abstufungen für die von der Teilzeitkraft zu erbringenden Leistungen als ausreichend[3].

124 Die Teilzeitbeschäftigten können verlangen, daß ihnen die abgestuften Leistungen ab demselben **Zeitpunkt wie den Vollzeitbeschäftigten** gewährt werden. Der sich aus dem Rechtsstaatsprinzip des Art. 20 Abs. 3 GG ergebende **Vertrauensschutz** gegenüber rückwirkenden Belastungen führt nicht zum Wegfall oder einer Einschränkung dieser Verpflichtung[4].

---

1 BAG v. 23. 1. 1990, AP Nr. 7 zu § 1 BetrAVG – Gleichberechtigung; kritisch dazu: *Höfer*, ART Rz. 582.20.
2 LAG Hamm v. 19. 12. 1989, DB 1990, 590; *Beyer*, BB 1994, 657 f.
3 BAG v. 5. 10. 1993, AP Nr. 20 zu § 1 BetrAVG – Lebensversicherung.
4 BAG v. 28. 7. 1992, AP Nr. 18 zu § 1 BetrAVG – Gleichbehandlung; die gegen das Urteil eingelegte Verfassungsbeschwerde ist vom BVerfG mit Beschluß v. 7. 2. 1994 – 1 BvR 1749/92, n.v., ohne weitere Begründung nicht zur Entscheidung angenommen worden.

Obwohl der Ausschluß von Teilzeitkräften von Leistungen der betrieblichen Altersversorgung bis zu Beginn der 80er Jahre gängigen Vorstellungen entsprach[1], konnte die Arbeitgeberseite nicht darauf vertrauen, daß Versorgungsregelungen, die willkürlich teilzeitbeschäftigte Arbeitnehmer benachteiligen, wirksam seien. Das BAG ist stets davon ausgegangen, daß **normative Vergütungsregelungen** nicht gegen den Gleichheitssatz des Art. 3 Abs. 1 GG verstoßen dürfen[2]. Der unterschiedliche Umfang der Arbeitsleistung ist allein kein ausreichender Grund, Teilzeitarbeitnehmer von vornherein vollkommen von betrieblichen Versorgungsleistungen auszunehmen, die Vollzeitarbeitnehmern zugestanden werden[3].

Die **rückwirkende Einbeziehung** der Teilzeitbeschäftigten in die betriebliche Altersversorgung ist vielfach mit beträchtlichem Verwaltungsaufwand und hohen zusätzlichen Kosten verbunden. Der Gleichheitssatz des Art. 3 Abs. 1 GG beinhaltet jedoch nicht nur eine Ausprägung des Lohngleichheitsgebots, sondern er gehört zu den **Grundbestandteilen der verfassungsmäßigen Ordnung** und bedeutet in besonderem Maße einen Ausdruck der materiellen Gerechtigkeit. Seiner überragenden Bedeutung entspricht es, daß auch für zurückliegende Zeiträume bestimmte Personengruppen ohne sachlichen Grund nicht schlechter behandelt werden dürfen. Die rückwirkende Anwendung des Gleichheitssatzes auf das betriebliche Versorgungssystem ist der Arbeitgeberseite zuzumuten[4]. 125

Der rückwirkenden Einbeziehung der Teilzeitbeschäftigten steht **Europarecht nicht entgegen.** Art. 119 EG-Vertrag sorgt auf europäischer Ebene für einen sozialen Mindeststandard. Ein weitergehender sozialer Schutz durch nationales Recht wird nicht ausgeschlossen. Art. 119 EG-Vertrag verlangt die Anwendung und Beibehaltung des Grundsatzes gleichen Entgelts für Frauen und Männer, ordnet damit aber nicht zugleich an, daß darüber hinausgehende soziale Schutzregeln außer Kraft zu setzen sind. 126

Die in **Maastricht** beschlossene **Protokollerklärung** zu Art. 119 EG-Vertrag führt zu keinem anderen Ergebnis. Wie sich aus dem Wortlaut und der Entstehungsgeschichte des Protokolls ergibt, sollte nicht auf nationale Rechtsordnungen eingewirkt werden. Art. 119 EG-Vertrag und die ihn ergänzende Protokollerklärung befassen sich lediglich mit einer Benachteiligung wegen des Geschlechts und nicht damit, ob Differenzierungen aus sonstigen Gründen zulässig sind. Unabhängig davon, ob eine mittelbare Diskriminierung der Frauen vorliegt, verstößt es aber gegen nationales Recht, Teilzeitkräfte allein wegen der geringeren Arbeitszeit von Leistungen der betrieblichen Altersversorgung auszuschließen. 127

---

1 Vgl. auch BAG v. 1. 6. 1978, BB 1979, 1403.
2 BAG v. 18. 10. 1961, AP Nr. 69 zu Art. 3 GG; BAG v. 14. 6. 1972, AP Nr. 1 zu § 26 BBesG.
3 BAG v. 6. 4. 1982, AP Nr. 1 zu § 1 BetrAVG – Gleichbehandlung.
4 BAG v. 7. 3. 1995, AP Nr. 26 zu § 1 BetrAVG – Gleichbehandlung.

bb) Teilzeitbeschäftigte im öffentlichen Dienst

128 Eine Besonderheit besteht bei den Teilzeitbeschäftigten des öffentlichen Dienstes darin, daß die ihnen zustehende **Zusatzversorgung durch Tarifvertrag** geregelt ist. Bis zum 1. 4. 1991 waren diejenigen Arbeitnehmer von Leistungen der Zusatzversorgung ausgeschlossen, die weniger als 18 Wochenstunden oder weniger als die Hälfte der tariflichen Wochenarbeitszeit beschäftigt wurden. Die Ungleichbehandlung erfolgte also ausschließlich wegen der Teilzeitarbeit; das ist unzulässig[1].

129 Tarifliche Versorgungsregelungen, die keine Versorgungsverpflichtungen gegenüber Arbeitnehmern, die unterhälftig beschäftigt werden, vorsehen, sind wegen Verstoßes gegen Art. 3 Abs. 1 GG nichtig. Der allgemeine Gleichheitssatz ist Teil der objektiven Wertordnung, die als verfassungsrechtliche Grundentscheidung für alle Bereiche des Rechts Geltung beansprucht. Er ist auch von den Tarifvertragsparteien zu beachten[2]. Art. 9 Abs. 3 steht dem nicht entgegen. Mit der **Tarifautonomie** ist den Tarifvertragsparteien die Macht verliehen, wie ein Gesetzgeber Rechtsnormen zu schaffen. Dementsprechend müssen sie sich auch an die zentrale Gerechtigkeitsnorm des Art. 3 Abs. 1 GG halten[3].

§§ 2, 6 BeschFG schließen die Anwendbarkeit des Art. 3 Abs. 1 GG auf tarifvertragliche Teilzeitregelungen nicht aus. § 6 BeschFG erlaubt es den Tarifvertragsparteien nicht, teilzeitbeschäftigte Arbeitnehmer ohne sachlich vertretbare Gründe gegenüber vollzeitbeschäftigten Arbeitnehmern zu benachteiligen. Sachlich einleuchtende Gründe für eine Gruppenbildung allein nach dem Umfang der Teilzeitarbeit bestehen nicht.

Die unterschiedliche Behandlung der Teilzeitkräfte läßt sich auch nicht mit dem Grundgedanken und der Entstehungsgeschichte der Zusatzversorgung im öffentlichen Dienst rechtfertigen[4]. Gerade im Hinblick auf das Gesamtversorgungssystem des öffentlichen Dienstes besteht ein **Versorgungsbedarf der unterhälftig Beschäftigten;** sie sind nicht anderweitig typischerweise ausreichend versorgt.

130 Der Verstoß gegen Art. 3 Abs. 1 GG führt zur **Unwirksamkeit der Ausschlußregelung.** Im übrigen sind die tarifvertraglichen Versorgungsregelungen wirksam. § 139 BGB steht der Teilnichtigkeit nicht entgegen, da der gültige Teil des Tarifvertrages weiterhin eine sinnvolle und in sich geschlossene Regelung der Zusatzversorgung enthält[5].

---

1 BAG v. 29. 8. 1989, AP Nr. 6 zu § 2 BeschFG; BAG v. 28. 7. 1992, AP Nr. 18 zu § 1 BetrAVG – Gleichbehandlung; BAG v. 13. 12. 1994, AP Nr. 23 zu § 1 BetrAVG – Gleichbehandlung.
2 BAG v. 13. 11. 1988, AP Nr. 4 zu § 1 TVG – Tarifverträge: Textilindustrie.
3 BAG v. 28. 7. 1992 und 7. 3. 1995, AP Nr. 18 zu § 1 BetrAVG – Gleichbehandlung und AP Nr. 26 zu § 1 BetrAVG – Gleichbehandlung.
4 BAG v. 7. 3. 1995, AP Nr. 26 zu § 1 BetrAVG – Gleichbehandlung.
5 BAG v. 18. 8. 1971, AP Nr. 8 zu § 4 TVG – Effektivklausel; BAG v. 7. 3. 1995, AP Nr. 26 zu § 1 BetrAVG – Gleichbehandlung; *Wiedemann/Stumpf,* § 1 Rz. 111; *Schaub,* § 200 II 3.

Dem Gleichheitssatz kann für die **Vergangenheit** nur dadurch entsprochen werden, daß der Arbeitgeber auch den unterhälftig Beschäftigten die vorenthaltene Leistung verschafft. Falls die Satzung der Zusatzversorgungskasse eine nachträgliche Versicherung nicht zuläßt, muß er sich eines anderen Durchführungsweges bedienen, um die Versorgung der Teilzeitkräfte sicherzustellen[1]. Für die Zukunft bleibt es den Tarifvertragsparteien unbenommen, die Versorgungsregelungen zu ändern, um so die durch die Berücksichtigung der Teilzeitbeschäftigten vermehrten Kosten für die betriebliche Altersversorgung wieder auszugleichen.

131

cc) Geringfügig Beschäftigte

Arbeitnehmer, die unterhalb der **Geringfügigkeitsgrenze des § 8 SGB IV** beschäftigt werden, können keine Leistungen der betrieblichen Altersversorgung beanspruchen; die Einschränkung verstößt nicht gegen den Gleichheitssatz des Art. 3 Abs. 1 GG[2]. Auch wenn sozialversicherungsrechtliche Wertungen nicht unbesehen auf das arbeitsrechtliche Versorgungsverhältnis übertragen werden können, dürfen doch beide Versorgungssysteme miteinander verknüpft werden. Insoweit kann sich die vom Sozialgesetzgeber angenommene geringere Schutzbedürftigkeit auch auf die betriebliche Altersversorgung auswirken, zumal bei geringfügig Beschäftigten arbeitsvertragliche Gesichtspunkte hinzukommen. Dieser Personenkreis stellt dem Arbeitgeber typischerweise nur einen kleinen Teil seiner Arbeitskraft zur Verfügung. Die Arbeitsleistung ist sowohl für den Arbeitnehmer als auch für den Arbeitgeber wirtschaftlich von lediglich untergeordneter Bedeutung. Verwaltungsaufwand und Abwicklungskosten stehen zu den zu erwartenden Versorgungsleistungen bei den geringfügig Beschäftigten nicht mehr in einem ausgewogenen Verhältnis. Es ist nicht zu beanstanden, wenn Verwaltungs- und Kostenargumente berücksichtigt werden[3]. Es kommt hinzu, daß der geringfügig Beschäftigte in einem weiteren Arbeitsverhältnis die Möglichkeit hat, eine Anwartschaft auf Versorgungsleistungen zu erwerben[4].

132

Der Ausschluß von Versorgungsleistungen ist dagegen nicht mehr gerechtfertigt, wenn infolge von **Zusammenrechnungen mehrerer geringfügiger Beschäftigungen** der Arbeitnehmer gemäß § 8 Abs. 2 SGB IV der Rentenversicherungspflicht unterliegt. Angesichts der gesetzlichen Grundsicherung besteht kein begründeter Anlaß, den betreffenden Arbeitnehmer von betrieblichen Versorgungsleistungen auszuschließen[5].

---

1 BAG v. 23. 2. 1988, AP Nr. 18 zu § 1 BetrAVG – Zusatzversorgungskassen; BAG v. 11. 2. 1992, AP Nr. 32 zu § 1 BetrAVG – Unterstützungskassen.
2 BAG v. 27. 2. 1996 und 12. 3. 1996, AP Nr. 28 zu § 1 BetrAVG – Gleichbehandlung und Nr. 1 zu § 24 TV ArbBundespost.
3 BAG v. 5. 10. 1993, AP Nr. 20 zu § 1 BetrAVG – Lebensversicherung.
4 LAG Köln v. 29. 6. 1994, ZTR 1995, 29.
5 BAG v. 16. 3. 1993, AP Nr. 6 zu § 1 BetrAVG – Teilzeit; BAG v. 7. 3. 1995, AP Nr. 26 zu § 1 BetrAVG – Gleichbehandlung und v. 16. 1. 1996, AP Nr. 222 zu Art. 3 GG.

dd) Nebenberufliche Tätigkeit

133 Ob eine bei **demselben Arbeitgeber** in Teilzeit verrichtete nebenberufliche Tätigkeit einen Anspruch auf eine anteilige Versorgung auslöst, ist höchstrichterlich noch nicht entschieden[1]. Unter dem Aspekt des Versorgungszwecks läßt sich der **Ausschluß von Versorgungsleistungen** dann rechtfertigen, wenn eine adäquate Versorgung des Arbeitnehmers anderweitig sichergestellt oder die aus der Nebentätigkeit resultierende Versorgung nicht nennenswert ist[2]. An dieser versorgungsrechtlichen Beurteilung ändert sich nichts dadurch, daß im Rahmen der Vergütung der Arbeitsleistung eine hauptberufliche Existenzsicherung des Arbeitnehmers keinen sachlichen Differenzierungsgrund für ein geringeres laufendes Arbeitsentgelt bildet[3].

ee) Zweitarbeitsverhältnis

134 Ein **Versorgungsausschluß** in einem Zweitarbeitsverhältnis ist wegen Verstoßes gegen den arbeitsrechtlichen Gleichbehandlungsgrundsatz **unwirksam**[4]. Es ist sachlich nicht gerechtfertigt, die Gewährung des in Form der Altersversorgung bestehenden zusätzlichen Entgelts allein davon abhängig zu machen, ob der Arbeitnehmer seine Arbeitsleistungen und seine Betriebstreue in einem Erst- oder in einem Zweitarbeitsverhältnis erbringt. Der Lebensstandard wird mit beeinflußt, selbst wenn ein Zweitberuf nur um eines Zweitverdienstes willen ausgeübt wird. Eine Ungleichbehandlung der beiden Arbeitnehmergruppen kann deshalb nicht mit einem typischerweise unterschiedlichen Versorgungsbedarf gerechtfertigt werden[5]. Es bedeutet daher zB einen Verstoß gegen Art. 3 Abs. 1 GG, wenn in öffentlichen Schlachthöfen tätige Tierärzte von Versorgungsleistungen ausgeschlossen werden, falls sie jährlich keine Stundenvergütung für mindestens 1000 Stunden erhalten haben[6].

Unabhängig von diesen grundsätzlichen Erwägungen stehen dem Arbeitgeber jedoch Regelungsmöglichkeiten für eine am **Versorgungsbedarf orientierte Differenzierung** zur Verfügung, indem er nur eine summenmäßig begrenzte Gesamtalterssicherung verspricht. Auf diese Weise kann er es möglicherweise erreichen, daß ein in einem Zweitarbeitsverhältnis tätiger Arbeitnehmer dann keine Versorgungsleistungen erhält, wenn er aus seinem ersten Arbeitsverhältnis eine betriebliche Altersversorgung bezieht[7].

ff) Befristetes Arbeitsverhältnis

135 Eine unterschiedliche Behandlung von befristet und auf unbestimmte Zeit eingestellten Arbeitnehmern ist gemessen am Zweck der betrieblichen Alters-

---
1 Verneinend LAG Hamm v. 14. 2. 1995 – 6 Sa 857/94 nv.
2 *Blomeyer/Otto*, Einl. Rz. 227.
3 BAG v. 1. 11. 1995, AP Nr. 45 zu § 2 BeschFG und BAG v. 9. 10. 1996, DB 1997, 1336.
4 BAG v. 22. 11. 1994, AP Nr. 24 zu § 1 BetrAVG – Gleichbehandlung.
5 BAG v. 28. 7. 1992, AP Nr. 18 zu § 1 BetrAVG – Gleichbehandlung und BAG v. 9. 10. 1996, DB 1997, 1336.
6 BAG v. 13. 5. 1997, DB 1997, 2627 und BAG v. 26. 8. 1997 – 3 AZR 183/96, noch nv.
7 BAG v. 22. 11. 1994, AP Nr. 24 zu § 1 BetrAVG – Gleichbehandlung.

versorgung gerechtfertigt. Mit der Versorgungszusage will der Arbeitgeber die Betriebstreue fördern und belohnen sowie den Arbeitnehmer an den Betrieb binden. Dieses Interesse fehlt bei einer nur **vorübergehenden Beschäftigung**[1]. Außerdem macht es keinen Sinn, eine Altersversorgung zu versprechen, wenn feststeht, daß während des befristeten Arbeitsverhältnisses die Wartezeit nicht erfüllt werden kann und somit von vornherein Leistungen ausgeklammert sind[2].

Die vorgenannten Erwägungen treffen insbesondere auf **Arbeitsverhältnisse mit ABM-Kräften** zu. Nach dem Zweck der Förderung soll der befristete Einsatz zwar zur Begründung von Dauerarbeitsverhältnissen führen. Das ändert nichts daran, daß die ABM-Kraft zunächst nur befristet eingestellt wird. Der Arbeitgeber ist nicht in gleicher Weise gebunden wie bei der Begründung eines von vornherein auf unbestimmte Zeit abgeschlossenen Arbeitsverhältnisses[3]. Ferner ist zu berücksichtigen, daß die Förderung von befristeten Arbeitsverhältnissen durch eine Überbetonung des Gleichbehandlungsgrundsatzes und der damit verbundenen Kosten leiden würde[4]. 136

gg) Saisonarbeitskräfte

Die für befristete Arbeitsverhältnisse erörterten Gesichtspunkte finden auf Saisonarbeitskräfte keine Anwendung. Auch der Arbeitnehmer, der zB nur 8 Monate jährlich in einem Arbeitsverhältnis zu demselben Arbeitgeber steht, ist in den Betrieb eingebunden. Die Betriebstreue, die belohnt werden soll, hängt nicht vom **Umfang der geschuldeten Arbeitszeit** ab. Es ist deshalb nicht gerechtfertigt, Arbeitskräfte, die in der Saison weniger als 1000 Stunden arbeiten, von Versorgungsleistungen auszunehmen[5]. Die geringere Arbeitsleistung, die sich aus dem kürzeren Arbeitseinsatz ergibt, wird durch einen nur anteiligen Versorgungsanspruch ausreichend berücksichtigt. 137

hh) Zeitweilig ruhendes Arbeitsverhältnis

Es verstößt nicht gegen den Gleichbehandlungsgrundsatz, wenn Zeiten eines ruhenden Arbeitsverhältnisses **nicht rentensteigernd berücksichtigt** werden. Diese Beurteilung ist auch dann angebracht, wenn von einer entsprechenden Regelung, zB während des Erziehungsurlaubs, mehr Frauen als Männer betroffen werden. Sie beinhaltet keine unmittelbare Diskriminierung, weil der Ausschluß von der Rentensteigerung dadurch gerechtfertigt ist, daß Entgelt grundsätzlich nur für geleistete Arbeit geschuldet wird. Es wäre widersprüchlich, Nichtarbeitenden eine Vergütung zu gewähren, während Teilzeitbeschäftigte nur eine anteilige Entlohnung beanspruchen können[6]. 138

---

1 BAG v. 13. 12. 1994, AP Nr. 23 zu § 1 BetrAVG – Gleichbehandlung.
2 LAG Hamm v. 22. 2. 1994, DB 1994, 890.
3 BAG v. 13. 12. 1994, AP Nr. 23 zu § 1 BetrAVG – Gleichbehandlung.
4 BAG v. 29. 1. 1991, AP Nr. 23 zu § 18 BetrAVG – Gleichbehandlung; LAG Hamm v. 22. 2. 1994, DB 1994, 890.
5 LAG Hamm v. 9. 1. 1996, DB 1996, 632.
6 BAG v. 15. 2. 1994, AP Nr. 12 zu § 1 BetrAVG – Gleichberechtigung.

ii) Unterscheidung Arbeiter – Angestellte

139 Eine Ungleichbehandlung von Arbeitern und Angestellten, die lediglich auf dem unterschiedlichen **Status** fußt, verstößt gegen den Gleichbehandlungsgrundsatz. Arbeiter und Angestellte werden in allen rechtlich entscheidenden Fragen wie bei den Kündigungsfristen, Gratifikationen, der Entgeltfortzahlung im Krankheitsfall gleich behandelt. Für das Recht der betrieblichen Altersversorgung kann nichts anderes gelten. Es müssen daher **sachliche Gründe hinzutreten**, wenn eine Differenzirung gerechtfertigt sein soll.

140 Es ist zulässig, die Altersversorgung auf Angestellte zu beschränken, die in dem Unternehmen eine **herausragende Position** bekleiden (vgl. Rz. 115). Es bedeutet keine Ungleichbehandlung, wenn dabei bestimmte Angestelltengruppen wegen ihrer vergleichsweise höheren Funktion stärker als Arbeiter begünstigt werden[1].

141 Als sachlicher Grund für eine Differenzierung können auch **unterschiedliche Verdienstmöglichkeiten** in Betracht kommen. Das ist der Fall, wenn nur Arbeitern eine übertarifliche Bezahlung gewährt wird oder Angestellte eine Vergütung für Überstunden im Gegensatz zu Arbeitern lediglich ausnahmsweise erhalten. Bei einer Ausgleichung derartiger Benachteiligungen durch Differenzierungen in der Altersversorgung ist mit Rücksicht auf den Versorgungszweck ein **enger Maßstab** anzulegen. Wenn auch eine schematische Beurteilung nicht angebracht ist[2], wird zu berücksichtigen sein, daß der besseren Verdienstmöglichkeit des Arbeiters zumeist auch eine besondere Arbeitsleistung gegenübersteht[3]. Andererseits ist es zulässig, wenn außergewöhnliche Belastungen, die in der Regelentlohnung keine Berücksichtigung gefunden haben, durch eine zusätzliche Vergütung in Form einer erhöhten Altersversorgung ausgeglichen werden[4].

142 Die **relative Versorgungslücke** ist bei Angestellten typischerweise größer als bei Arbeitern. Ob es gerechtfertigt ist, den Niveauunterschied generell durch ein nach Angestellten und Arbeitern differenzierendes Versorgungswerk auszugleichen, erscheint fraglich[5]. Der **absolute Versorgungsbedarf** wird im Vergleich zum Arbeiter beim Angestellten zumeist geringer sein. Ihm ist es daher eher zuzumuten, die relative Versorgungslücke durch Eigenvorsorge zu verringern.

143 Mit dem Versorgungsversprechen soll vielfach zugleich eine **engere Bindung an den Betrieb** erreicht werden (vgl. Rz. 7). Dieser Aspekt kann zB gleichermaßen für den qualifizierten Facharbeiter wie für den Angestellten in gehobener Position maßgeblich sein. Das Ziel, Arbeitnehmer enger an den Betrieb zu binden, rechtfertigt daher in der Regel keine Differenzierung zwischen der Gruppe der Angestellten und der Arbeiter.

---

1 BAG v. 12. 6. 1990, AP Nr. 25 zu § 1 BetrAVG.
2 BAG v. 30. 4. 1994, DB 1994, 2194.
3 BAG v. 20. 7. 1993, AP Nr. 11 zu § 1 BetrAVG – Gleichbehandlung.
4 *Höfer*, ART Rz. 525.3.
5 Bejahend *Höfer*, ART Rz. 522.

A. V. Rechtsbegründungsakte

Die vorstehenden **Grundsätze** sind allerdings **nicht uneingeschränkt** auf ältere Versorgungswerke anzuwenden. Bis zu Beginn der 80er Jahre war die unterschiedliche Behandlung von Arbeitnehmern allein nach dem Status bei der Gewährung freiwilliger Sozialleistungen nicht beanstandet worden[1]. Erst mit Urteil vom 5. 3. 1980 hat das BAG erkannt[2], daß eine Differenzierung zwischen Arbeitern und Angestellten in der Regel mit dem mit der Sozialleistung verfolgten Zweck nicht zu vereinbaren ist und daher gegen den Gleichbehandlungsgrundsatz verstößt. Das Urteil ist im August/September 1980 bekannt geworden. Bis dahin konnten die versorgungsberechtigten Arbeiter nicht erwarten, mit besser versorgten Angstellten gleichgestellt zu werden, während die Arbeitgeber auf die Rechtmäßigkeit der unterschiedlichen Behandlung vertrauen durften. Die Konsequenz besteht darin, daß sich der Versorgungsanspruch des Arbeiters aus zwei Teilen zusammensetzt: Bis zum Herbst 1980 ist er nach den für ihn maßgebenden Bestimmungen zu berechnen, für die Folgezeit kann er gleiche Leistungen wie die Angestellten verlangen.

144

jj) Unterscheidung Außen- und Innendienstmitarbeiter

Die **Nichtbegünstigung** der Außendienstmitarbeiter hat das BAG[3] für **unzulässig** gehalten, weil der Versorgungszweck und die Bindungswirkung der Altersversorgung für sie ebenso wie für die Innendienstmitarbeiter gelte. Die leistungsbezogene bessere Vergütung der Außendienstmitarbeiter sei die Gegenleistung für die im Arbeitsverhältnis erbrachte Leistung. Die unterschiedliche Barvergütung reicht danach nicht aus, um einen Ausschluß aus der Altersversorgung zu rechtfertigen. Es fragt sich allerdings, ob durch diese Beurteilung nicht die grundsätzliche Freiheit des Arbeitgebers, die mit einer höheren, erfolgsabhängigen Barvergütung verbundenen Leistungsanreize auf bestimmte Gruppen konzentrieren zu dürfen, zu sehr eingeschränkt wird[4].

145

4. Zusagen aufgrund mehrerer Begründungsakte

Mehrere Versorgungszusagen können zusammentreffen. Das geschieht häufig in der Weise, daß eine Grundversorgung für alle Arbeitnehmer eines Betriebes vereinbart wird, die durch Sonderregelungen für einzelne Arbeitnehmer oder Arbeitnehmergruppen aufgestockt wird. Auch können die Versorgungszusagen auf unterschiedlichen Rechtsbegründungsakten beruhen und mittels verschiedener Durchführungswege abgewickelt werden. Ein Zusammentreffen ist auch in der Weise möglich, daß eine Versorgungszusage durch eine nachfolgende abgelöst wird.

146

a) Zusammentreffen, Günstigkeitsprinzip

Beim Zusammentreffen **kollektiv- und individualrechtlicher Versorgungsrechte** bleiben letztere zusätzlich voll erhalten, wenn der Arbeitgeber keine Anrech-

147

---

1 BAG v. 25. 1. 1984, AP Nrn. 66, 67, 68 zu § 242 BGB – Gleichbehandlung.
2 AP Nr. 44 zu § 242 BGB – Gleichbehandlung.
3 BAG v. 20. 7. 1993, AP Nr. 11 zu § 1 BetrAVG – Gleichbehandlung.
4 Kritisch auch *Höfer*, ART Rz. 510.2 und 525.4.

nung erklärt oder eine kollektivrechtliche Anrechnungsermächtigung nicht nutzt. Macht der Arbeitgeber von einer **Anrechungsbefugnis** Gebrauch, darf sie nicht dazu führen, daß die Summe aus individualrechtlicher Rest- und kollektivrechtlicher Grundleistung kleiner als die ungekürzte Individualleistung ausfällt[1]. Nach dem **individuellen Günstigkeitsprinzip** ist insgesamt mindestens der Wert der ungekürzten Individualleistung zu gewähren. Der Arbeitgeber muß sein Anrechnungsbegehren unverzüglich, ausdrücklich und formgerecht erklären[2]. Anderenfalls entsteht beim Arbeitnehmer der Vertrauenstatbestand, die Leistungen ungekürzt nebeneinander zu erhalten. Fehlt eine Anrechnungsermächtigung, stehen dem Arbeitnehmer jedenfalls dann, wenn die Zusage auf einer Betriebsvereinbarung beruht, die kollektiv- und die individualrechtlichen Leistungen ungeschmälert zu. Es ist dem Arbeitgeber zuzumuten, in der Betriebsvereinbarung die Anrechnung dem Grunde nach auszubedingen und sie im Einzelvertrag zu präzisieren. Eine andere Beurteilung kann angebracht sein, wenn ein Tarifvertrag keine Anrechnungsermächtigung enthält[3].

148 Es können auch **mehrere individualrechtliche Versorgungszusagen** untereinander kollidieren. Ist in der hinzutretenden Zusage eine Anrechnung nicht vorgesehen, sind die Leistungen nebeneinander, also additiv, zu gewähren.

149 Regelungen durch **Tarifvertrag und Betriebsvereinbarung** können zusammentreffen, wenn in der tarifvertraglichen Versorgungsvereinbarung eine ergänzende Betriebsvereinbarung gemäß § 77 Abs. 3 Satz 2 BetrVG ausdrücklich oder inzident zugelassen worden ist. Bei einer solchen Konstellation sind jedenfalls die Leistungen des Tarifvertrages zu gewähren, da der Tarifvertrag im Vergleich zur Betriebsvereinbarung ranghöher ist. Sieht die Betriebsvereinbarung eine Anrechnung vor, gilt das Günstigkeitsprinzip entsprechend. Danach bleibt die tarifliche Leistung voll erhalten. Eine Restleistung aus der Betriebsvereinbarung kann hinzutreten.

b) Zeitkollisionsklausel

150 Treffen **mehrere Versorgungszusagen** zusammen, die nicht nebeneinander gelten sollen, ist dies zu vereinbaren. Beruhen die verschiedenen Versorgungszusagen auf gleichen Rechtsbegründungsakten, gilt die Zeitkollisionsklausel[4]. Danach ersetzt die **zeitlich nachfolgende Regelung**, die die jeweiligen Partner miteinander vereinbart haben, die vorangegangene Regelung.

---

1 BAG v. 7. 11. 1989, AP Nr. 46 zu § 77 BetrVG 1972.
2 BAG v. 19. 7. 1983 und v. 11. 2. 1992, AP Nrn. 1 und 33 zu § 1 BetrAVG – Zusatzversorgungskassen.
3 Vgl. im einzelnen dazu *Höfer*, ART Rz. 270.
4 BAG v. 16. 9. 1986, AP Nr. 17 zu § 77 BetrVG 1972; BAG v. 17. 3. 1987, AP Nr. 9 zu § 1 BetrAVG – Ablösung; BAG v. 22. 5. 1990, AP Nr. 3 zu § 1 BetrAVG – Betriebsvereinbarung.

VI. Die Mitbestimmung des Betriebsrats

Die betriebliche Altersversorgung gehört zu den sozialen Angelegenheiten eines Betriebes[1]. Durch das Betriebsverfassungsgesetz sind die Mitbestimmungsrechte des Betriebsrats im Bereich der sozialen Angelegenheiten in den §§ 87, 88, 89 BetrVG geregelt. 151

Das Wesen der betrieblichen Altersversorgung als freiwilliger Sozialleistung setzt der Mitbestimmung Grenzen. Treffen die Betriebspartner durch eine freiwillige Betriebsvereinbarung keine umfassende Abrede, läßt das Betriebsverfassungsgesetz Raum für **mitbestimmungsfreie Grundentscheidungen.** Der Arbeitgeber kann allein darüber befinden, ob und in welchem Umfang er finanzielle Mittel zur Verfügung stellen will, welche Versorgungsform er wählen und welchen Arbeitnehmerkreis er versorgen will (vgl. Rz. 2). Alle übrigen Entscheidungen sind dagegen mitbestimmungspflichtig. Das Mitbestimmungsrecht des Betriebsrats ist daher als **Teilmitbestimmung** zu kennzeichnen. Abgestellt auf die vier Durchführungswege der betrieblichen Altersversorgung erfolgt die Teilmitbestimmung auf unterschiedliche Weise.

1. Mitbestimmung bei unmittelbaren Zusagen

Leistungen der betrieblichen Altersversorgung gehören zum Lohn iSv. § 87 Abs. 1 Nr. 10 BetrVG. Mit ihm soll die vom Arbeitnehmer erbrachte Betriebstreue zusätzlich belohnt werden. Berührt werden also die innerbetriebliche Lohngerechtigkeit und die Durchsichtigkeit der Lohngestaltung. Der Betriebsrat hat unter Beachtung des vom Arbeitgeber vorgegebenen Dotierungsrahmens deshalb bei der **Aufstellung der Leistungsordnung,** dh. darüber mitzubestimmen, unter welchen Voraussetzungen Ansprüche erworben werden und erlöschen sollen[2]; die **Versorgungsstruktur** und das **Versorgungssystem** können von ihm **mitgestaltet** werden. Ebenso besteht ein Mitbestimmungsrecht, wenn nach einer Kürzung der Mittel darüber zu befinden ist, welcher **Leistungsplan** den geänderten Zusagen zugrunde zu legen ist[3]. Schließt der Arbeitgeber Lebensversicherungsverträge zugunsten seiner Arbeitnehmer ab, unterliegen ebenfalls der Leistungsplan und die Regelung über die Heranziehung der Arbeitnehmer zu Beiträgen der Mitbestimmung nach § 87 Abs. 1 Nr. 10 BetrVG. Dagegen gehört die Auswahl des Versicherungsunternehmens nicht zu den mitbestimmungspflichtigen Angelegenheiten. Das gleiche gilt für den Wechsel der Versicherungsgesellschaft, solange der Verteilungsplan und die Beitragsbelastung unberührt bleiben[4]. 152

---

1 BAG v. 16. 9. 1986, AP Nr. 17 zu § 77 BetrVG 1972.
2 BAG v. 18. 3. 1976 und 13. 7. 1978, AP Nrn. 5 und 6 zu § 87 BetrVG 1972 – Altersversorgung; BAG v. 9. 7. 1985, AP Nr. 6 zu § 1 BetrAVG – Ablösung.
3 BAG v. 26. 4. 1988, AP Nr. 3 zu § 1 BetrAVG – Geschäftsgrundlage; BAG v. 10. 3. 1992, AP Nr. 33 zu § 1 BetrAVG – Unterstützungskassen.
4 BAG v. 16. 2. 1993, AP Nr. 19 zu § 87 BetrVG 1972 – Altersversorgung.

153 Das **Mitbestimmungsverfahren** ist dasselbe wie in allen übrigen in § 87 BetrVG genannten Angelegenheiten. Arbeitgeber und Betriebsrat müssen sich über alle mitbestimmungspflichtigen Angelegenheiten einigen. Kommt eine Einigung nicht zustande, entscheidet die Einigungsstelle. Ihr Spruch ersetzt nach § 87 Abs. 2 BetrVG die Einigung zwischen Arbeitgeber und Betriebsrat.

2. Mitbestimmung bei Sozialeinrichtungen

154 Bei Unterstützungs- und Pensionskassen handelt es sich um Sozialeinrichtungen. Nach § 87 Abs. 1 Nr. 8 BetrVG steht dem Betriebsrat ein **Mitbestimmungsrecht** bei der Form, Ausgestaltung und Verwaltung von Sozialeinrichtungen zu. Der Betriebsrat kann danach mitbestimmen bei der **Rechtsformwahl**, der **Leistungsplanaufstellung** und der **Vermögensanlage**. Allerdings kommt ein Mitbestimmungsrecht bezüglich dieser Einrichtungen lediglich in Frage, wenn ihr Wirkungsbereich in dem im Gesetz genannten Umfang beschränkt ist. Sind zB mehrere Unternehmen Träger der Unterstützungskasse, die nicht zu einem Konzern verbunden sind, kommt nur ein Mitbestimmungsrecht nach § 87 Abs. 1 Nr. 10 BetrVG in Betracht. Mitbestimmungspflichtiger Tatbestand ist dann das Abstimmungsverhalten des Arbeitgebers[1].

155 Im übrigen kann das **Mitbestimmungsrecht auf zwei Wegen** verwirklicht werden. Wenn zwischen Arbeitgeber und Betriebsrat nichts anderes vereinbart ist, müssen mitbestimmungspflichtige Fragen zunächst zwischen ihnen ausgehandelt werden. Der Arbeitgeber hat dann dafür zu sorgen, daß die Sozialeinrichtung die durch eine Betriebsvereinbarung oder Regelungsabrede getroffene Vereinbarung übernimmt (**zweistufige Lösung**). Die Betriebsparteien können aber auch vereinbaren, daß der Betriebsrat gleichberechtigte Vertreter in die Organe der Sozialeinrichtung entsendet und mitbestimmungspflichtige Fragen in den Beschlußgremien der Sozialeinrichtung nicht gegen den Widerspruch der Vertreter des Betriebsrats entschieden werden dürfen (**organschaftliche Mitbestimmung**). Vorausgesetzt wird eine paritätische Beteiligung des Betriebsrats. Es reicht nicht aus, wenn in die Beschlußorgane der Sozialeinrichtung Vertreter der Arbeitnehmer gewählt werden[2].

3. Begrenzung auf aktive Arbeitnehmer

156 Beruht die Versorgungsregelung auf einer Betriebsvereinbarung, kann sie, falls die Umstände es erfordern, durch eine neue Betriebsvereinbarung abgelöst werden (vgl. Rz. 386). Inzwischen **ausgeschiedene Mitarbeiter** werden von der Neuregelung allerdings **nicht erfaßt**. Für eine entsprechende Betriebsvereinbarung fehlt den Betriebspartnern die Regelungsmacht[3].

---

1 BAG v. 9. 5. 1989, AP Nr. 18 zu § 87 BetrVG 1972 – Altersversorgung.
2 BAG v. 26. 4. 1988, AP Nr. 3 zu § 1 BetrAVG – Geschäftsgrundlage.
3 St.Rspr. BAG v. 16. 3. 1956, AP Nr. 1 zu § 57 BetrVG; BAG v. 28. 4. 1977 und 25. 10. 1988, AP Nr. 7 zu § 42 BGB – Ruhegehalt – Unterstützungskasse und AP Nr. 1 zu § 1 BetrAVG – Betriebsvereinbarung.

Eine andere Beurteilung greift allerdings dann Platz, wenn in der ursprünglichen Betriebsvereinbarung hinsichtlich der Versorgung auf die jeweils gültige Regelung verwiesen worden ist; sie ist dann auch für die Versorgungsempfänger maßgebend. Verschlechterungen einer Versorgungsordnung aufgrund einer **Jeweiligkeitsklausel** sind aber nicht schrankenlos zulässig. Sie unterliegen einer **Rechtskontrolle auf ihre Billigkeit**[1]. Darüber hinaus findet eine **konkrete Billigkeitskontrolle** statt, die auf die individuellen Belange des Rentners abstellt.

B. Die betriebliche Altersversorgung nach den Bestimmungen des BetrAVG

I. Unverfallbarkeit

Betriebliche Versorgungswerke waren früher oftmals dadurch geprägt, daß Leistungsansprüche entfielen, wenn der Versorgungsberechtigte nicht bis zum Eintritt des Versorgungsfalles oder der Altersgrenze in den Diensten seines Arbeitgebers verblieb[2]. Unter Betonung des Entgeltcharakters der betrieblichen Altersversorgung entschied das **BAG**, daß eine Versorgungsanwartschaft nicht mehr verfallen könne, wenn das Arbeitsverhältnis des Versorgungsberechtigten mehr als 20 Jahre bestanden habe und vom Arbeitgeber einseitig beendet werde[3]. Mit Inkrafttreten des **BetrAVG** vom 19. 12. 1974 wurde die Unverfallbarkeit von betrieblichen Ruhegeldanwartschaften auf eine gesetzliche Grundlage gestellt. Der aus dem Unternehmen ausscheidende Arbeitnehmer behält danach seine Versorgungsanwartschaft, wenn er nach Erfüllung der sog. **Unverfallbarkeitsvoraussetzungen** aus den Diensten seines Arbeitgebers ausscheidet. Bei Eintritt des Versorgungsfalles kann er dann Ruhegeldleistungen abfordern.

1. Gesetzliche Unverfallbarkeitsvoraussetzungen

Der Gesetzgeber hat die Unverfallbarkeit von Versorgungsanwartschaften von der Erfüllung personengebundener und vertragsbezogener Bedingungen abhängig gemacht. Auf die **Person** des Arbeitnehmers zugeschnitten ist das gesetzliche **Mindestalter** von 35 Jahren. Nur wer bei Ausscheiden aus den Diensten seines Arbeitgebers dieses Lebensalter erreicht hat, kann seine Versorgungsanwartschaft behalten.

Zusätzlich muß er **vertragsbezogene Bedingungen** erfüllen[4]. Hier nennt das Gesetz zwei Alternativen:

▶ Die Zusage muß mindestens 10 Jahre bestanden haben oder

---

1 BAG v. 8. 10. 1991, AP Nr. 38 zu § 5 BetrAVG.
2 Vgl. hierzu BAG v. 14. 12. 1956, AP Nr. 3 zu § 611 BGB – Fürsorgepflicht.
3 BAG v. 10. 3. 1972, AP Nr. 156 zu § 242 BGB – Ruhegehalt.
4 Vgl. *Höfer*, § 1 BetrAVG Rz. 1319 ff.

▶ die Zusage muß mindestens 3 Jahre bestanden haben bei Ableistung einer mindestens 12jährigen Betriebszugehörigkeit.

Sind diese Voraussetzungen beim Ausscheiden erfüllt, behält der Arbeitnehmer die Versorgungsanwartschaft. Die Unverfallbarkeit einer Versorgungsanwartschaft hängt damit von der Zusage und der Betriebszugehörigkeitsdauer ab.

a) Zusagedauer

161 Die Versorgungsanwartschaft bleibt bestehen, wenn die Versorgungszusage **10 Jahre** bestanden oder aber 3 Jahre bestanden hat und der Arbeitnehmer eine Betriebszugehörigkeit von 12 Jahren vorweisen kann.

aa) Erteilung der Versorgungszusage

162 Maßgeblich für den Lauf der Unverfallbarkeitsfristen ist der **Zeitpunkt,** in dem die Versorgungszusage erteilt worden ist. Als frühester Termin kommt der Beginn der Betriebszugehörigkeit in Betracht. Dies folgt aus § 1 Abs. 1 Satz 1 BetrAVG, wonach das Versorgungsversprechen „aus Anlaß seines Arbeitsverhältnisses..." gegeben worden sein muß[1]. Für Direktversicherungen und Pensionskassen ist dies sogar ausdrücklich gesetzlich geregelt, weil dort der Versicherungsbeginn schon zu einem früheren Zeitpunkt erfolgt sein könnte.

163 Die Rechtsprechung läßt aber eine **Anrechnung von Vordienstzeiten** zu. Sagt der Arbeitgeber zu, die in einem früheren, beendeten Arbeitsverhältnis abgeleistete Betriebszugehörigkeit anzurechnen, kann der Zusagezeitpunkt vorverlagert werden. Voraussetzung ist jedoch, daß die Vordienstzeit von einer Versorgungsanwartschaft begleitet war[2] und nahtlos an das neue Arbeitsverhältnis heranreicht[3]. Ob der Arbeitgeber die Vordienstzeit nur für die Höhe der Versorgung oder aber auch für die Unverfallbarkeitsfristen anrechnen will, ist durch Auslegung zu ermitteln[4]. Eine Anrechnung kommt aber nur dann in Betracht, wenn aus dem früheren, beendeten Arbeitsverhältnis nicht schon unverfallbare Versorgungsrechte erwachsen sind[5].

164 Die betriebliche Altersversorgung kann durch eine **einzelvertragliche Zusage**, durch eine **Gesamtzusage** oder **Betriebsvereinbarung**, durch eine **Unterstützungskasse**, durch Abschluß einer **Direktversicherung**, durch eine Versorgungszusage aufgrund **betrieblicher Übung** oder **Gleichbehandlungsgrundsatz** oder auf Grundlage eines **Tarifvertrages** durchgeführt werden. Jede dieser Zusagen setzt die Unverfallbarkeitsfrist in Gang.

165 Auch eine sog. **„Blankettzusage"** ist eine rechtsverbindliche Versorgungszusage. Der Arbeitgeber sagt mit ihr nämlich eine betriebliche Altersversorgung zu und will sich nur deren inhaltliche Bestimmung vorbehalten. Er hat sie gem.

---

1 *Blomeyer/Otto*, § 1 BetrAVG Rz. 78; *Höfer*, § 1 BetrAVG Rz. 1334.
2 BAG v. 3. 8. 1978, AP Nr. 1 zu § 7 BetrAVG.
3 BAG v. 11. 1. 1983, DB 1984, 195.
4 BAG v. 29. 6. 1982, AP Nr. 7 zu § 1 BetrAVG.
5 BAG v. 3. 8. 1978, AP Nr. 1 zu § 7 BetrAVG.

§ 315 BGB nach billigem Ermessen festzusetzen; notfalls bestimmt das Gericht die Höhe[1]. Erhält der Arbeitnehmer bei Beginn des Arbeitsverhältnisses die Zusage, nach einer bestimmten Zeit in ein Versorgungswerk aufgenommen zu werden, hat er bereits mit seinem Eintritt in das Arbeitsverhältnis eine Zusage erhalten. Die Unverfallbarkeitsfrist beginnt nicht erst mit Aufnahme in das Versorgungswerk; die Zusage, ein Versorgungsversprechen zu erhalten, ist rechtlich bereits die Versorgungszusage selbst[2]. Etwas anderes gilt, wenn eine Versorgung erst dann zugesagt sein soll, wenn der Arbeitnehmer eine bestimmte, vorab nicht gesicherte Position erlangt hat. Hier beginnt die Zusage erst mit Erreichen der Stellung[3]. Entscheidend ist, ob dem Arbeitgeber noch ein Entscheidungsspielraum verbleibt. Stellt er nur Ruhegeldleistungen in Aussicht und behält er sich vor, darüber zu entscheiden, ob und wann der Arbeitnehmer in das Versorgungswerk aufgenommen wird, ist die Versorgungszusage noch nicht erteilt[4].

Der **Lauf der Unverfallbarkeitsfristen** ist nicht vom Inhalt der Versorgungszusage abhängig. Eine **spätere Verbesserung oder Veränderung** der Zusage gilt nicht als neue Zusage[5]. Wird zB der Arbeitnehmer mit Beginn des Arbeitsverhältnisses in das generelle Versorgungswerk aufgenommen und erhält er später bei Ernennung zum Prokuristen eine großzügig dotierte Einzelzusage, so setzt dies keine erneuten Unverfallbarkeitsfristen in Gang[6]. Das gilt auch, wenn neben die ursprüngliche Versorgungszusage eine weitere tritt, selbst wenn sie über einen anderen Durchführungsweg abgewickelt wird; zB zu einer Unterstützungskassenversorgung tritt eine Direktversicherung[7].

166

bb) Beendigung der Versorgungszusage

Die Versorgungszusage endet mit **Beendigung des Arbeitsverhältnisses,** wenn der Berechtigte vor Eintritt des Versorgungsfalles ausscheidet. Sind bis dahin die Unverfallbarkeitsfristen nicht erfüllt, so erlischt die Versorgungsanwartschaft. Das gilt auch dann, wenn die Fristen nur um wenige Tage unterschritten werden[8]. Wird in kurzem zeitlichen Abstand mit demselben Arbeitgeber ein erneutes Arbeitsverhältnis begründet und wiederum eine Versorgungszusage erteilt, beginnen die Unverfallbarkeitsfristen von vorn[9]. Dies soll nach in der Literatur vertretener Auffassung nicht ausnahmslos gelten. Bestehe zwischen zwei aufeinanderfolgenden Arbeitsverhältnissen ein innerer Zusammenhang oder ein sie übergreifendes rechtliches Band, so müsse trotz einer formalen

167

---
1 BAG v. 23. 11. 1978, DB 1979, 364.
2 BAG v. 15. 12. 1981, DB 1982, 855; BAG v. 19. 4. 1983, DB 1983, 2474.
3 BAG v. 12. 2. 1985, AP Nr. 12 zu § 1 BetrAVG.
4 LAG Hamm v. 29. 1. 1980, EzA § 1 BetrAVG Nr. 6.
5 Vgl. § 1 Abs. 1 Satz 3 BetrAVG.
6 BAG v. 20. 4. 1982, DB 1982, 1879.
7 BAG v. 28. 4. 1981, DB 1982, 856.
8 BAG v. 3. 7. 1990, DB 1990, 2431.
9 BAG v. 26. 9. 1989, DB 1990, 284.

rechtlichen Trennung von einem zusammenhängenden Zeitablauf ausgegangen werden[1].

cc) Wechsel des Arbeitgebers

168 Die Unverfallbarkeitsfristen werden **nicht** dadurch **unterbrochen,** daß ein anderer Arbeitgeber die Versorgungszusage übernimmt. Eine Übernahme der Versorgungszusage kann durch Gesamtrechtsnachfolge, Betriebsübergang oder Schuldübernahme erfolgen. Fälle der Gesamtrechtsnachfolge sind im wesentlichen die Umwandlung und die Erbfolge. Bei einem Betriebsübergang ergibt sich die Übernahme der Versorgungszusage aus § 613a Abs. 1 Satz 1 BGB. Die Übernahme einer Versorgungszusage bedarf gem. § 415 Abs. 1 Satz 2 BGB der Genehmigung des Gläubigers, mithin des Versorgungsberechtigten. Darüber hinaus sind die Voraussetzungen des § 4 BetrAVG zu erfüllen[2]. Der Wechsel des Arbeitgebers läßt die Unverfallbarkeitsfristen unberührt, die Zusagedauer zählt durch.

b) Beginn und Ende der Betriebszugehörigkeit

aa) Allgemeines

169 Die Betriebszugehörigkeit iSd. § 1 Abs. 1 Satz 1 BetrAVG setzt grundsätzlich die **tatsächliche Verbundenheit** eines Arbeitnehmers mit dem Betrieb seines Arbeitgebers voraus. Sie wird durch den **Bestand eines Arbeitsverhältnisses** bzw. eines Dienstverhältnisses gem. § 17 Abs. 1 Satz 1 oder Satz 2 BetrAVG vermittelt. Die Betriebszugehörigkeit beginnt deshalb nicht mit dem Abschluß des Arbeitsvertrages, sondern erst mit dem Zeitpunkt, ab dem der Arbeitnehmer verpflichtet ist, Arbeitsleistungen zu erbringen.

170 Zu einer **Verkürzung oder Unterbrechung** der Betriebszugehörigkeit führen tatsächliche Unterbrechungen der Tätigkeit bei rechtlichem Fortbestand des Arbeitsverhältnisses nicht. So besteht eine Betriebszugehörigkeit bei Feiertagen, Urlaub, Krankheit, Streik, Erziehungsurlaub etc.[3] Entsprechendes gilt für Zeiten, in denen der Arbeitgeber sich im Annahmeverzug befindet. Hingegen soll die Arbeitsverweigerung des Arbeitnehmers den Lauf der Betriebszugehörigkeit hemmen[4]. Die Betriebszugehörigkeit besteht auch dann fort, wenn das Arbeitsverhältnis kraft vertraglicher Vereinbarung ruht[5]. Auch einige Gesetze sehen vor, daß Zeiten, in denen der Arbeitnehmer nicht arbeiten konnte, als Betriebszugehörigkeit zu werten sind. Derartige Verpflichtungen sehen ua. das Arbeitsplatzschutzgesetz, das Soldatenversorgungsgesetz, die Gesetze über den Bergmann-Versorgungsschein in NRW und im Saarland, das Eignungsübungsgesetz, das Mutterschutzgesetz und das Abgeordnetengesetz vor.

---

1 *Höfer,* § 1 BetrAVG Rz. 1516 ff.
2 Nähere Einzelheiten unter Rz. 225 ff.
3 *Höfer,* § 1 BetrAVG Rz. 1465 ff.
4 *Höfer,* § 1 BetrAVG Rz. 1468; aA *Blomeyer/Otto,* § 1 BetrAVG Rz. 130.
5 *Höfer,* § 1 BetrAVG Rz. 1472.

bb) Konzern

Betriebszugehörigkeitszeiten, die – in ununterbrochener Folge – innerhalb eines Konzerns zurückgelegt werden, können als **eine Betriebszugehörigkeit** iSd. § 1 Abs. 1 BetrAVG gewertet werden. Bestehen beispielsweise innerhalb eines Konzerns einheitliche Versorgungsregelungen, die eventuell sogar einen Wechsel zwischen den konzernangehörigen Unternehmen vorsehen, so kann von einer einheitlichen Betriebszugehörigkeit ausgegangen werden[1]. Erfolgt der Wechsel des Arbeitgebers innerhalb eines Konzerns in Form einer „Versetzung", geht das BAG davon aus, daß die Betriebszugehörigkeit innerhalb des Konzernverbundes honoriert werden soll. Das BAG erkennt insoweit einen gemeinsamen wirtschaftlichen Arbeitgeber an. Es sei nicht erforderlich, daß der Versorgungsschuldner zugleich unmittelbarer Vertragspartner und Gläubiger des Anspruchs auf Arbeitsleistung sei. Es genüge deshalb, wenn eine Konzerngesellschaft Arbeitnehmern einer anderen Gesellschaft desselben Konzerns Altersversorgungsleistungen zusage[2]. In diesem Zusammenhang hat das BAG sogar die bei einer ausländischen Konzerntochter verbrachte Betriebszugehörigkeit angerechnet[3].

171

cc) Arbeitgeberwechsel

Ebenso wie bei der Zusagedauer beeinflußt eine **Betriebsübernahme** und ein Arbeitgeberwechsel durch **Gesamtrechtsnachfolge** nicht den Lauf der Betriebszugehörigkeit. Die insoweit übernommenen Versorgungszusagen gelten fort. Die Betriebszugehörigkeit läuft ununterbrochen weiter.

172

Erhält der Arbeitnehmer erst **nach dem Betriebsübergang** eine Versorgungszusage, so muß er für die Bestimmung der Unverfallbarkeit als Beginn der Betriebszugehörigkeit von dem Zeitpunkt des Eintritts bei dem Vorarbeitgeber ausgehen[4]. Der Betriebsübernehmer kann die Dienstzeit bei dem früheren Arbeitgeber ausschließen, soweit sie als Bemessungsgrundlage für die Höhe der Versorgungsleistung maßgeblich ist oder eine leistungsausschließende Wartezeit abgeleistet werden muß[5].

dd) Anrechnung von Vordienstzeiten

Auch im Hinblick auf das zu erfüllende Tatbestandsmerkmal der Betriebszugehörigkeit kann der Folgearbeitgeber Vordienstzeiten anrechnen. Das **BAG** geht davon aus, daß im Zweifel Vordienstzeiten auch im Hinblick auf eine Verkürzung der Unverfallbarkeitsfristen angerechnet werden sollen. Ist dies nicht beabsichtigt, muß die Versorgungszusage dies klar ausdrücken[6]. Im Zweifel gilt

173

---

1 BAG v. 6. 8. 1985, BB 1986, 1506.
2 BAG v. 6. 8. 1985, BB 1986, 1506.
3 BAG v. 6. 8. 1985, BB 1986, 1506.
4 BAG v. 8. 2. 1983, DB 1984, 301; BAG v. 28. 4. 1993, DB 1994, 151.
5 BAG v. 30. 8. 1979, BB 1979, 1719.
6 BAG v. 25. 1. 1979, DB 1979, 1183.

eine Anrechnung von Vordienstzeiten deshalb sowohl für die Höhe der Versorgung als auch für deren Unverfallbarkeit[1].

174 Das BAG läßt die Anrechnung von Vordienstzeiten **nicht schrankenlos** zu. Zwar ist der Arbeitgeber frei, über das gesetzlich geschützte Maß der betrieblichen Altersversorgung hinaus günstigere Versorgungszusagen zu erteilen. Eine gesetzliche Unverfallbarkeit wird damit aber nicht erreicht[2]. So sieht das BAG das gesetzliche Tatbestandsmerkmal einer hinreichenden Betriebszugehörigkeit durch Anrechnung von Vordienstzeiten nur dann für erfüllt an, wenn die Dienstzeiten unmittelbar aneinander heranreichen, jeweils von einer Versorgungszusage begleitet sind und die Versorgungserwartung bei dem Vorarbeitgeber noch nicht unverfallbar war[3]. Durch eine bloße Anrechnung von Vordienstjahren bei einem früheren Arbeitgeber kann deshalb beispielsweise ein gesetzlicher Insolvenzschutz nicht erlangt werden.

2. Wartezeit

175 Versorgungsregelungen können sog. Wartezeiten vorsehen. So sehen viele Versorgungswerke vor, daß Anspruch auf die Versorgungsleistung nur dann besteht, wenn bis zum Eintritt des Versorgungsfalles eine **ununterbrochene Mindestbetriebszugehörigkeit** zurückgelegt worden ist. Der Arbeitgeber ist grundsätzlich frei, über die Länge einer Wartezeit zu bestimmen[4]. Es ist deshalb unbedenklich, eine Wartezeit von 20 oder 25 Jahren festzulegen. Wartezeiten können die Bedeutung einer Aufnahmevoraussetzung erlangen, etwa dann, wenn vom Diensteintritt bis zum Erreichen der festen Altersgrenze die Wartezeit nicht mehr abgeleistet werden kann. Der Arbeitnehmer verfügt dann über keine Versorgungszusage[5]. Besteht nach der Versorgungszusage keine feste Altersgrenze, so kann die Wartezeit ausnahmsweise auch nach Vollendung des 65. Lebensjahres noch erfüllt werden[6]. § 1 Abs. 1 Satz 5 BetrAVG bestimmt, daß eine Unverfallbarkeit auch dann eintreten kann, wenn der Arbeitnehmer bei dem vorzeitigen Ausscheiden aus den Diensten seines Arbeitgebers die nach der Versorgungszusage verlangte Wartezeit noch nicht erfüllt hat. Wartezeiten können deshalb länger sein als die gesetzlichen Unverfallbarkeitsfristen. Eine lange Wartezeit kann den Eintritt der Unverfallbarkeit nicht hinausschieben. Der Arbeitnehmer kann vielmehr **auch nach dem Ausscheiden,** spätestens bis zum Eintritt des Versorgungsfalles, die Wartezeit erfüllen[7]. Umgekehrt führt eine Wartezeit, die kürzer ist als die gesetzliche Unverfallbarkeitsfristen, nicht zu einer vorzeitigen Unverfallbarkeit. Vielmehr bleibt die Versorgungszu-

---

1 BAG v. 16. 3. 1982, DB 1982, 1728; BGH v. 8. 6. 1983, NJW 1984, 234.
2 *Höfer,* § 1 BetrAVG Rz. 1455.
3 Nähere Einzelheiten hierzu Rz. 300 f.
4 BAG v. 9. 3. 1982, DB 1982, 2089.
5 BAG v. 7. 7. 1977, AP Nr. 2 zu § 1 BetrAVG – Wartezeit.
6 BAG v. 3. 5. 1983, DB 1983, 1259.
7 BAG v. 7. 7. 1977, BB 1977, 1251; BAG v. 9. 3. 1982, DB 1982, 2098; BAG v. 14. 1. 1986, DB 1986, 2551.

sage so lange verfallbar, bis die gesetzlichen Voraussetzungen für eine Unverfallbarkeit erfüllt sind[1].

3. Sonderregelung für Vorruhestand

Mit § 1 Abs. 1 Satz 2 BetrAVG hat der Gesetzgeber einen Anreiz zum Abschluß von Vorruhestandsvereinbarungen geboten. Ein Arbeitnehmer, der aufgrund einer Vorruhestandsregelung ausscheidet, kann unter **erleichterten Voraussetzungen** eine unverfallbare Versorgungsanwartschaft erwerben. Voraussetzung hierfür ist eine von einer Versorgungszusage begleitete Beschäftigungszeit beliebiger Dauer und das Ausscheiden aus dem Arbeitsverhältnis aufgrund einer Vorruhestandsregelung. Notwendig ist in diesem Fall also weder eine bestimmte Zusagedauer noch eine Mindestbetriebszugehörigkeit. Allerdings muß für den Arbeitnehmer die Möglichkeit bestanden haben, bei einem Verbleib im Arbeitsverhältnis bis zum Eintritt des Versorgungsfalles überhaupt einen Anspruch auf betriebliches Ruhegeld zu erwerben[2]. Es genügt also, wenn der Arbeitnehmer bis zum Eintritt des Versorgungsfalles eine etwaige Wartezeit und etwaige weitere Leistungsvoraussetzungen erfüllen kann.

176

4. Vertragliche Unverfallbarkeit

Das BetrAVG hindert den Arbeitgeber nicht, über § 1 BetrAVG hinausgehende, **bessere Regelungen** zu treffen. Das BetrVAG trifft insoweit nur Mindestregelungen. Nicht zulässig ist hingegen, durch Vertrag die Unverfallbarkeitsvoraussetzungen zu verschärfen. Der gesetzliche Insolvenzschutz knüpft an eine Unverfallbarkeit nach § 1 BetrAVG an. Sind die gesetzlichen Unverfallbarkeitsvoraussetzungen nicht erfüllt, kommt eine Insolvenzsicherung durch den PSVaG nicht in Betracht[3].

177

5. Änderungen durch das Rentenreformgesetz 1999

Mit dem Rentenreformgesetz 1999 wird § 1 BetrAVG mit Wirkung vom 1. 1. 1999 um zwei Absätze ergänzt. Absatz 5 enthält eine Regelung zur Umwandlung von Entgeltansprüchen. Werden **künftige** Entgeltansprüche in eine wertgleiche Anwartschaft auf Versorgungsleistungen umgewandelt, so beinhaltet dies eine betriebliche Altersversorgung. Das BAG hat bereits entschieden, daß Gehaltsumwandlungsversicherungen betrieblichen Versorgungscharakter haben[4].
Damit unterfällt jedwede Umwandlung eines geldwerten Vorteils in betriebliche Versorgungsleistungen dem Anwendungsbereich des BetrAVG. § 1 Abs. 5 BetrAVG gewinnt besondere Bedeutung im Zusammenhang mit der ebenfalls

178

---
1 BGH v. 25. 1. 1993, BB 1993, 679.
2 BAG v. 28. 3. 1995, AP Nr. 84 zu § 7 BetrAVG.
3 BAG v. 26. 9. 1989, DB 1990, 383.
4 BAG v. 26. 6. 1990, DB 1990, 2475.

per 1. 1. 1999 eingeführten neuen Regelung in § 7 Abs. 3 Satz 3 BetrAVG. Diese Vorschrift beschränkt den Insolvenzschutz bei Entgeltumwandlungszusagen, die ab dem 1. 1. 1999 erteilt werden, auf 3/10 der monatlichen Bezugsgröße nach § 18 SGB IV. Entgeltumwandlungsversorgungen, die vor dem 1. 1. 1999 zugesagt wurden, unterliegen ohne Begrenzung dem allgemeinen gesetzlichen Insolvenzschutz. Das Gesetz hebt den § 1 Abs. 5 BetrAVG auf „künftige" Entgeltansprüche ab. Es erfaßt deshalb nur die Umwandlung bereits vertraglich vereinbarter, aber noch nicht fälliger Entgeltansprüche. Hat der Arbeitgeber eine Entgelterhöhung noch gar nicht zugesagt, sondern entschließt er sich statt dessen zur Erteilung einer Versorgungszusage, ist diese unbegrenzt insolvenzgeschützt.

§ 1 Abs. 6 BetrAVG enthält erstmals eine Regelung zu sog. beitragsorientierten Leistungszusagen. Bei dieser Form des betrieblichen Ruhegeldes sagt der Arbeitgeber zu, einen bestimmten Beitrag für den Arbeitnehmer zu investieren, der dann über eine Umrechnungstabelle in eine konkrete Versorgungsleistung umgerechnet wird. Mit der gesetzlichen Regelung reagiert der Gesetzgeber auf ein Anliegen der Wirtschaft und der Arbeitsgemeinschaft für betriebliche Altersversorgung (aba), insbesondere bei Direktzusagen die Möglichkeit einer Begrenzung der Arbeitgeberverpflichtung auf einen festgelegten Versorgungsaufwand zu erreichen.

II. Berechnung unverfallbarer Versorgungsanwartschaften

179 Wer mit einer unverfallbaren Versorgungsanwartschaft vor Eintritt des Versorgungsfalles (Erreichen der Altersgrenze, Inanspruchnahme des vorgezogenen Altersruhegeldes, Invalidität, Tod bei Hinterbliebenenversorgung) ausscheidet, kann später, nachdem der Versorgungsfall eingetreten ist, Versorgungsleistungen in Höhe einer durch § 2 Abs. 1 BetrAVG gesetzlich garantierten **Mindesthöhe** beanspruchen. § 2 Abs. 1 BetrAVG schreibt dabei nur einen Mindestbestand fest. Der Arbeitgeber ist nicht gehindert, dem Arbeitnehmer darüber hinausgehende Rechte einzuräumen. Dies muß aber in der Versorgungszusage deutlich zum Ausdruck kommen; im Zweifel ist anzunehmen, daß der Arbeitgeber keine über § 2 Abs. 1 BetrAVG hinausgehenden Rechte einräumen will. Für eine günstigere, davon abweichende Zusage ist der Arbeitnehmer darlegungs- und beweispflichtig[1].

1. Zugesagter Leistungsumfang

180 Bei der Bestimmung der Höhe der unverfallbaren Anwartschaft geht der Gesetzgeber von der Prämisse aus, daß der Arbeitnehmer den Teil der ursprünglich zugesagten Altersversorgung erhalten soll, den er während seiner Betriebszugehörigkeit verdient hat. Wem beispielsweise ein Ruhegeld von 100 DM

---

1 BAG v. 12. 3. 1985, AP Nr. 9 zu § 2 BetrAVG.

monatlich zugesagt worden ist und die Hälfte der vorgesehenen Betriebszugehörigkeit abgeleistet hat, erhält auch die Hälfte der Rente. Nach § 2 Abs. 1 BetrAVG ist in zwei Schritten vorzugehen: Zunächst ist die Versorgungsleistung zu ermitteln, die er erhalten hätte, wäre er nicht vorzeitig ausgeschieden, sondern bis zum Eintritt des Versorgungsfalles in den Diensten seines Arbeitgebers verblieben. Der sich aus dieser Betrachtung ergebende **mögliche Versorgungsanspruch** ist zeitlich im Verhältnis der **tatsächlichen** Betriebszugehörigkeit bis zum vorzeitigen Ausscheiden zu der **möglichen** Betriebszugehörigkeit bis zum Erreichen des 65. Lebensjahres oder einer früheren festen Altersgrenze zu quotieren.

Beispiel:

Ein Arbeitnehmer erhält eine Ruhegeldzusage über monatlich 1000 DM. Er tritt mit 35 Jahren ein und scheidet mit 55 Jahren wieder aus. Mit Vollendung des 65. Lebensjahres tritt er in den Ruhestand. Zunächst ist der mögliche Versorgungsanspruch zu ermitteln. Bei Vollendung des 65 Lebensjahres hätte der Arbeitnehmer eine Rente von 1000 DM beanspruchen können. Sodann ist eine zeitanteilige Quotierung vorzunehmen. Vom Eintritt bis zum tatsächlichen Ausscheiden hat er 20 Dienstjahre zurückgelegt. Vom Eintritt bis zur Vollendung des 65. Lebensjahres hätte er 30 Dienstjahre zurücklegen können. Von den möglichen Ruhegeld (1000 DM) stehen im folglich 2/3 (20 tatsächliche Dienstjahre zu 30 möglichen Dienstjahren), also 666,66 DM zu.

Eine zeitanteilige Berechnung ist auch vorzunehmen, wenn der Arbeitnehmer eine **dienstzeitabhängige Versorgungszusage** erhalten hat.

Beispiel:

Dem Arbeitnehmer werden für jedes abgeleistete Dienstjahr 10 DM als Ruhegeld zugesagt. Er tritt wiederum mit 35 Jahren ein, mit Vollendung des 55. Lebensjahres aus und geht nach Vollendung des 65. Lebensjahres in Rente. Wiederum ist der mögliche Versorgungsanspruch zum Eintritt des Versorgungsfalles, hier der Vollendung des 65. Lebensjahres, zu ermitteln. Für 30 Dienstjahre stünden dem Arbeitnehmer jeweils 10 DM, also insgesamt 300 DM zu. Der mögliche Versorgungsanspruch ist wiederum im Verhältnis von 20 tatsächlichen zu 30 möglichen Dienstjahren ratierlich zu rechnen. Der Arbeitnehmer würde also mit einer unverfallbaren Anwartschaft von 200 DM ausscheiden.

Eine ratierliche Kürzung unterbleibt schließlich auch dann nicht, wenn der Arbeitnehmer bis zu seinem Ausscheiden bereits die nach der Versorgungszusage mögliche **Höchstrente** erreicht hat[1].

Beispiel:

Der Arbeitgeber sagt wiederum eine Rente von 10 DM pro Dienstjahr zu, er begrenzt den Anspruch jedoch auf maximal 200 DM. Auch hier ist wieder der mögliche Versorgungsanspruch zu ermitteln. Ohne vorheriges Ausscheiden

---

1 BAG v. 12. 3. 1985, AP Nr. 9 zu § 2 BetrAVG.

würde der Arbeitnehmer für jedes Dienstjahr 10 DM erhalten, also vom Eintritt mit 35 Lebensjahren bis zur Vollendung des 65. Lebensjahres für 30 Dienstjahre je 10 DM. Beträgt die Höchstgrenze jedoch nur 200 DM, weil der Arbeitgeber hier eine Begrenzung vorgenommen hat, so ist für die ratierliche Berechnung von diesem niedrigeren Betrag auszugehen. Er ist im Verhältnis von 20 tatsächlichen zu 30 möglichen Dienstjahren ratierlich zu kürzen. Die unverfallbare Anwartschaft würde 133,33 DM betragen.

a) Möglicher Versorgungsanspruch

183 Als möglicher Versorgungsanspruch ist immer die Leistung zugrundezulegen, die der Arbeitnehmer „ohne das vorherige Ausscheiden" bei Eintritt des Versorgungsfalles hätte verlangen können. Sie wird auch als **„hypothetische Rente"**[1] oder **„als-ob-Leistung"**[2] bezeichnet.

b) Eintritt in den Altersruhestand

184 Wird eine betriebliche Altersrente zugesagt, so ist stets zu prüfen, wann der **Versorgungsfall eingetreten** ist, denn als möglicher Versorgungsanspruch ist nicht die Leistung zugrundezulegen, die nach der Versorgungsordnung maximal möglich gewesen wäre, sondern nur die, die der Arbeitnehmer bis zum Eintritt des Versorgungsfalles hätte erreichen können. Auf die Höhe des möglichen Versorgungsanspruches kann es sich deshalb zum Beispiel auswirken, wenn der Arbeitnehmer schon mit 63 Lebensjahren in Rente geht, obwohl das Ruhegeld nach der Versorgungsordnung mit Vollendung des 65. Lebensjahres vorgesehen ist. Auf den Zeitwertfaktor (Verhältnis tatsächlicher zu möglicher Betriebszugehörigkeit) hat dabei die vorzeitige Inanspruchnahme des Ruhegeldes **keinen** Einfluß.

Beispiel:

Der Arbeitgeber sagt dem Arbeitnehmer ein Ruhegeld von 10 DM monatlich zu, welches nach der Versorgungsregelung mit Vollendung des 65. Lebensjahres in Anspruch genommen werden kann. Der Arbeitnehmer tritt mit 35 Lebensjahren in die Dienste des Arbeitgebers, scheidet mit Vollendung des 55. Lebensjahres wieder aus und tritt mit Vollendung des 63. Lebensjahres in den vorgezogenen Ruhestand. Bis zur Vollendung des 63. Lebensjahres hätte der Arbeitnehmer 28 Steigerungsbeträge à 10 DM erdienen können. Der mögliche Versorgungsanspruch beträgt daher 280 DM. Dieser mögliche Versorgungsanspruch ist wiederum ratierlich zu kürzen im Verhältnis 20 tatsächliche Dienstjahre zu 30 möglichen Dienstjahren bis zur Vollendung des 65. Lebensjahres. Die unverfallbare Versorgungsanwartschaft beträgt 186,66 DM.

185 Die zum Zeitpunkt des Ausscheidens festgestellte Anwartschaftshöhe ist deshalb auch stets nur eine **vorläufige.** Denn in der Regel steht bei Ausscheiden aus dem Arbeitsverhältnis noch nicht fest, wann der Versorgungsfall eintritt. Wird der Versorgungsberechtigte früher Rentner als nach der Versorgungsord-

---

[1] BAG v. 8. 5. 1990, AP Nr. 18 zu § 6 BetrAVG.
[2] *Höfer*, § 2 BetrAVG Rz. 1641.

B. II. Berechnung unverfallbarer Versorgungsanwartschaften   Rz. 187 Teil 2 E

nung vorgesehen, kann dies zu einer Reduzierung der zunächst festgestellten Anwartschaftshöhe führen. Wird dagegen ein Festbetrag zugesagt, etwa ein betriebliches Ruhegeld von monatlich 1000 DM, so ändert die vorzeitige Inanspruchnahme an der Höhe der Anwartschaft zunächst nichts. Sieht die Versorgungsregelung wegen des vorzeitigen Bezugs Kürzungsregelungen vor oder weist ergänzungsbedürftige Lücken auf, kann es zu einer zusätzlichen Minderung der Anwartschaft kommen[1]. Dies gilt auch für eine dienstzeitabhängige Versorgungszusage[2].

c) Invaliditäts- und Hinterbliebenenleistungen

Bei einer Invaliditäts- oder Hinterbliebenenversorgung ist ebenfalls zunächst der **mögliche Versorgungsanspruch** zu ermitteln. Es ist also zu berechnen, welcher Hinterbliebenen- oder Invaliditätsversorgungsanspruch entstanden wäre, wenn das Dienstverhältnis nicht vorzeitig, sondern bis zum Eintritt der Invalidität oder des Todes des Versorgungsberechtigten fortgedauert hätte.   186

Beispiel:
Der Arbeitgeber verspricht dem Arbeitnehmer ein betriebliches Alters- und Invaliditätsruhegeld von 10 DM für jedes abgeleistete Dienstjahr bis zur Vollendung des 65. Lebensjahres. Der Arbeitnehmer tritt mit 35 Jahren ein, scheidet mit 55 Jahren aus und wird mit 58 Jahren invalide. Der mögliche Versorgungsanspruch ergibt sich aus der Anzahl der Steigerungsbeträge bis zum Eintritt der Invalidität (23 Jahre). Er beträgt hier 230 DM und ist im Verhältnis von 20 tatsächlichen zu 30 möglichen Betriebszugehörigkeitsjahren ratierlich zu kürzen. Es ergibt sich eine Anwartschaft auf Zahlung einer Invaliditätsrente von 153,33 DM.

§ 2 Abs. 2 BetrAVG macht von dem Quotierungsprinzip eine **Ausnahme.** Bei Invalidität oder Tod vor Erreichen der Altersgrenze ist die Versorgungsanwartschaft auf den Betrag begrenzt, den der Arbeitnehmer oder seine Hinterbliebenen erhalten hätten, wenn im Zeitpunkt des Ausscheidens der Versorgungsfall eingetreten wäre.   187

Beispiel:
Der Arbeitgeber sagt seinen Mitarbeitern in dienstzeitabhängiger Höhe Invaliditätsrenten zu. Bei mehr als 45 Lebensjahren soll es 50 DM, bei mehr als 50 Lebensjahren 100 DM und ab dem 55. Lebensjahr 200 DM geben. Der Arbeitnehmer tritt ein mit 35 Jahren und scheidet mit Vollendung des 45. Lebensjahres nach Erreichen der gesetzlichen Unverfallbarkeit aus. Mit 56 Lebensjahren wird er invalide. Als mögliche Invaliditätsrente würden ihm 200 DM zustehen. Dieser Anspruch wäre im Verhältnis der tatsächlichen 10 Dienstjahre zu den möglichen 30 Dienstjahren ratierlich zu kürzen. Die Anwartschaft würde 66,66 DM betragen. Wäre allerdings der Versorgungsfall der Invalidität gleichzeitig mit dem Ausscheiden bei Vollendung des 45. Lebensjahres eingetreten,

---
[1] Vgl. dazu unten Rz. 251 ff.
[2] Vgl. dazu unten Rz. 255.

so hätte der Arbeitnehmer eine Invaliditätsrente von nur 50 DM erhalten. Nach § 2 Abs. 1 Satz 2 BetrAVG steht ihm nur dieser niedrigere Betrag zu.

d) Beibehaltung der bei Ausscheiden gültigen Versorgungsregelungen und Bemessungsgrundlagen

188 § 2 Abs. 5 Satz 1 BetrAVG bestimmt, daß bei der Berechnung der Anwartschaftshöhe **Veränderungen** der Versorgungsregelung und der Bemessungsgrundlagen **unberücksichtigt** bleiben, soweit sie nach dem Ausscheiden des Arbeitnehmers eingetreten sind.

Beispiel:

Nach einer Betriebsvereinbarung stehen dem Arbeitnehmer 10 DM für jedes Dienstjahr als Ruhegeld zu. Nach dem Ausscheiden wird eine neue Betriebsvereinbarung abgeschlossen, wonach der Steigerungsbetrag 20 DM beträgt. Die Verbesserung der Versorgungszusage nach Ausscheiden ist nicht zu berücksichtigen. Es gilt unverändert die ursprüngliche Regelung.

189 Unverändert bleiben auch die Bemessungsgrundlagen. Dies gilt sowohl für das eigentliche Ruhegeld als auch für darauf anzurechnende Leistungen. Die Versorgungsanwartschaft wird damit faktisch auf die zum Zeitpunkt des Ausscheidens des Arbeitnehmers geltenden Verhältnisse eingefroren. Der mögliche Versorgungsanspruch ist also so zu berechnen, als würden die zum Zeitpunkt des Ausscheidens gültigen Verhältnisse bis zum Eintritt des Versorgungsfalles unverändert fortbestehen. Bei einer endgehaltsabhängigen Versorgungszusage würde folglich das beim Ausscheiden gezahlte Entgelt maßgeblich sein, auch wenn bis zum Eintritt des Versorgungsfalles noch erhebliche tarifliche Steigerungen zu erwarten wären.

Beispiel:

Der Arbeitgeber sagt dem Arbeitnehmer ein Ruhegeld von 10% des zuletzt gezahlten Gehaltes zu. Mit 35 Jahren tritt der Arbeitnehmer ein und verdient monatlich 1000 DM. Mit 50 Jahren scheidet er aus und verdient 2000 DM. Wäre er bis zum Erreichen der Altersgrenze von 65 Lebensjahren betriebstreu geblieben, hätte sein Gehalt aufgrund tariflicher Steigerungen möglicherweise 3000 DM betragen. Ihm stehen 10% des zuletzt gezahlten Gehaltes zu. Maßgeblich ist nach § 2 Abs. 5 Satz 1 BetrAVG allein das bei Ausscheiden gezahlte Gehalt, hier also 2000 DM. Es ergibt sich somit ein möglicher Versorgungsanspruch von 200 DM. Die späteren Steigerungen des Gehaltes bleiben unberücksichtigt.

190 § 2 Abs. 5 Satz 1 BetrAVG schreibt die Bemessungsgrundlagen aber nicht nur für den sog. Anwartschaftszeitraum, sondern auch für die spätere Rentenzeit fest[1]. Ist eine **Versorgungszusage** beispielsweise **dynamisch** ausgestaltet, indem festgelegt ist, daß die Rente entsprechend einer tariflichen Entwicklung anzuheben ist, so kann der Arbeitnehmer auch nach Eintritt des Versorgungsfalles

---

1 BAG v. 22. 11. 1994, AP Nr. 83 zu § 7 BetrAVG; *Höfer,* § 2 BetrAVG Rz. 1942 ff.

keine Erhöhung des Ruhegeldes bei Eintritt entsprechender tariflicher Steigerungen verlangen.

Beispiel:
Der Arbeitgeber sagt dem Arbeitnehmer ein Ruhegeld von 100 DM zu und verspricht, diesen Betrag entsprechend den tariflichen Steigerungen zu erhöhen. Er tritt mit 35 Jahren ein, scheidet mit 50 Jahren aus und geht mit Vollendung des 65. Lebensjahres in den Ruhestand. Zum Zeitpunkt des Ausscheidens betrug die Altersversorgungsanwartschaft 50 DM (möglicher Versorgungsanspruch 100 DM ratierlich gekürzt im Verhältnis von 15 tatsächlichen zu 30 möglichen Beschäftigungsjahren). Eine Rente von 50 DM erhält er ab Vollendung des 65. Lebensjahres. Wegen § 2 Abs. 5 Satz 1 BetrAVG besteht kein Anspruch darauf, daß dieser Rentenbetrag entsprechend der tariflichen Entwicklung künftig erhöht wird.

Ein mit einer unverfallbaren Versorgungsanwartschaft ausgeschiedener Arbeitnehmer verliert somit eine mit der Versorgungszusage versprochene Dynamik. Er ist dann auf die **Anpassungsprüfungen** nach § 16 BetrAVG angewiesen.

Soweit auf den möglichen Versorgungsanspruch **anderweitige Leistungen anzurechnen** sind, müssen sie auf den Zeitpunkt, zu dem der Versorgungsfall eingetreten ist, hochgerechnet werden. Allerdings sind auch hier die Bemessungsgrundlagen festgeschrieben. Ist beispielsweise eine Rente aus der gesetzlichen Rentenversicherung anzurechnen, so müssen alle Daten, die für die Ermittlung der Rente aus der gesetzlichen Rentenversicherung im Zeitpunkt des Ausscheidens vorliegen, fortgeschrieben werden. Auf dieser Grundlage ist dann eine fiktive Rente aus der gesetzlichen Rentenversicherung zu ermitteln[1].

Beispiel:
Der Arbeitgeber sagt dem Arbeitnehmer ein betriebliches Ruhegeld zum vollendeten 65. Lebensjahr von 2000 DM zu, auf das die gesetzliche Sozialversicherungsrente angerechnet werden soll. Der Arbeitnehmer tritt mit 35 Jahren ein, scheidet mit 50 Lebensjahren aus und geht nach Vollendung des 65. Lebensjahres in Rente. Die Anwartschaft in der gesetzlichen Rentenversicherung beträgt per Vollendung des 50. Lebensjahres 950 DM. Bis zur Vollendung des 65. Lebensjahres kann er sie noch erheblich steigern. Tatsächlich beträgt die Sozialversicherungsrente bei Erreichen des 65. Lebensjahres 1800 DM. Für die Berechnung des betrieblichen Ruhegeldes kommt es weder auf die tatsächliche, mit 65 Lebensjahren gezahlte Rente an, noch auf die bei dem Ausscheiden des Arbeitnehmers erreichte Rentenanwartschaft in der gesetzlichen Rentenversicherung. Zu fragen ist vielmehr, welche gesetzliche Rente der Arbeitnehmer erhalten hätte, wenn die gesetzliche Rentenanwartschaft auf Basis der zum Zeitpunkt des Ausscheidens gültigen Faktoren bis zur Vollendung des 65. Lebensjahres fortentwickelt worden wäre. Dieser Betrag ist häufig sehr viel niedriger, als die letztlich tatsächlich zu beanspruchende Sozialversicherungsrente. Beträgt die so hoch gerechnete Sozialversicherungsrente beispielsweise

---
1 BAG v. 12. 11. 1991, BAGE 69, 19.

1600 DM, so ergäbe sich ein möglicher Versorgungsanspruch von 400 DM (2000 DM abzüglich hochgerechneter Sozialversicherungsrente von 1600 DM). Dieser Betrag wäre dann ratierlich im Verhältnis von 15 tatsächlichen Betriebszugehörigkeitsjahren zu 30 möglichen Beschäftigungsjahren zu kürzen. Die Anwartschaft betrüge demnach 200 DM.

192 Im Einzelfall kann die Ermittlung der anzurechnenden Sozialversicherungsrente schwierig sein. § 2 Abs. 5 Satz 2 BetrAVG läßt deshalb ein **vereinfachtes Vorgehen**, nämlich nach dem sog. **Näherungsverfahren** zu. Es handelt sich dabei um eine Berechnungsweise, die die Finanzverwaltung für die Berechnung von Pensionsrückstellungen zugelassen hat. Allerdings hat der Arbeitnehmer ein Wahlrecht. Er kann auch verlangen, daß eine präzise Berechnung erfolgt. Dazu muß er aber die im Zeitpunkt des Ausscheidens erreichten Entgeltpunkte nachweisen.

2. Zeitanteilige Quotierung

193 Der bis zum Eintritt des Versorgungsfalles erreichbare Anspruch ist in dem Verhältnis zu kürzen, das der **Dauer der Betriebszugehörigkeit** zu der Zeit vom **Beginn der Betriebszugehörigkeit** bis zur **Vollendung des 65. Lebensjahres** entspricht. An die Stelle des 65. Lebensjahres tritt ein früherer Zeitpunkt, wenn dieser in der Versorgungsregelung als **feste** Altersgrenze vorgesehen ist.

a) Tatsächliche Betriebszugehörigkeit

194 Die tatsächliche Betriebszugehörigkeit setzt ein mit dem Beginn des **Arbeitsverhältnisses** und schließt mit dessen Beendigung[1]. Krankheitszeiten, Urlaub, Ausfallzeiten wegen Streiks etc. sind deshalb ebenso einzubeziehen wie Phasen, in denen das Arbeitsverhältnis etwa wegen Inanspruchnahme von Erziehungsurlaub ruht. Es gibt jedoch auch Gesetze, die differenzieren. So enthalten das Soldatenversorgungsgesetz[2], dort § 8 Abs. 3 Satz 2 und das Abgeordnetengesetz[3] Regelungen, wonach die Ausfallzeit für die Berechnung der Anwartschaftshöhe nicht zu berücksichtigen ist.

195 Arbeitgeber können auch für die Höhe der aufrechtzuerhaltenden Anwartschaft Vordienstzeiten anrechnen[4]. Bei der Anrechnung von Vordienstzeiten verpflichtet sich der Arbeitgeber, den Arbeitnehmer so zu stellen, als sei er tatsächlich schon längere Zeit bei ihm beschäftigt. Der **Arbeitgeber** ist dabei **frei,** bei der Anrechnung von Vordienstzeiten zu vereinbaren, daß diese weder für die Unverfallbarkeitsfristen noch für die Höhe einer unverfallbaren Anwartschaft von Bedeutung sein sollen oder sich nur auf die Leistungshöhe auswir-

---

1 *Höfer,* § 1 BetrAVG Rz. 1465.
2 Gesetz über die Versorgung für die ehemaligen Soldaten der Bundeswehr und ihre Hinterbliebenen, BGBl. I 1987, 842.
3 Gesetz zur Neuregelung der Rechtsverhältnisse der Mitglieder des Deutschen Bundestages, BGBl. I 1977, 297, dort § 4 Abs. 2.
4 BAG v. 29. 9. 1987, NZA 1988, 311.

ken[1]. Insolvenzschutz für eine angerechnete Vordienstzeit besteht aber nur dann, wenn die angerechnete Vordienstzeit ihrerseits von einer Versorgungszusage begleitet und bei Begründung des neuen Arbeitsverhältnisses die frühere Anwartschaft auf betriebliche Altersversorgung noch nicht erloschen war[2].

b) Anrechnung von Nachdienstzeiten

Nach Auffassung des **BAG** kann ausnahmsweise auch eine sog. Nachdienstzeit, also ein Zeitraum nach dem tatsächlichen Ausscheiden des Arbeitnehmers, bei der Ermittlung des Unverfallbarkeitsquotienten berücksichtigt werden[3]. Das BAG begründet seine Sichtweise damit, daß es dem Arbeitgeber auch möglich sei, von vornherein eine höhere Versorgungszusage zu gewähren. Wenn er das gleiche Ergebnis dadurch erreiche, daß er eine Zeit nach dem tatsächlichen Ausscheiden zusätzlich anrechne, sei dies nicht zu beanstanden[4].

196

c) Mögliche Betriebszugehörigkeit

§ 2 Abs. 1 BetrAVG beschränkt die mögliche Betriebszugehörigkeit auf die Zeitspanne bis zur **Vollendung des 65. Lebensjahres**. Ein früherer Zeitpunkt ist nur dann maßgebend, wenn es sich um eine **feste** Altersgrenze handelt.

197

aa) Vollendung des 65. Lebensjahres

Kraft Gesetzes gilt als feste Altersgrenze das vollendete 65. Lebensjahr in allen Fällen, in denen die Versorgungsregelung keinen davon abweichenden Zeitpunkt bestimmt. Sähe eine Versorgungsordnung eine noch **spätere Altersgrenze** vor, so würde dennoch auf die Vollendung des 65. Lebensjahres abgestellt werden müssen. Jede zuungunsten der Arbeitnehmer davon abweichende Regelung beinhaltet einen Verstoß gegen § 17 Abs. 3 BetrAVG. Er wäre allenfalls aufgrund eines Tarifvertrages zulässig[5].

198

bb) Frühere feste Altersgrenze

Schwierigkeiten bereitet häufig die Frage, ob eine in einer Versorgungsregelung genannte Altersgrenze als **feste Altersgrenze** zu verstehen ist. Eine Legaldefinition enthält das BetrAVG nicht.

199

(1) Feste Altersgrenze

Nennt die Versorgungsordnung eine vor Vollendung des 65. Lebensjahres liegende feste Altersgrenze, beispielsweise die Vollendung des 63. Lebensjahres, so bedeutet dies, daß der Arbeitnehmer schon zu diesem Zeitpunkt die zugesagte Vollrente beanspruchen kann. Dies hat unmittelbare Auswirkung auf den

200

---

1 BAG v. 16. 3. 1982, DB 1982, 1728.
2 Näheres dazu unter Rz. 300 f.
3 BAG v. 10. 3. 1992, DB 1992, 2251.
4 AA *Höfer*, § 2 BetrAVG Rz. 1657 f.
5 AA *Höfer*, § 2 BetrAVG Rz. 1676 ff.

Zeitwertfaktor. Je niedriger die feste Altersgrenze festgelegt wird, desto günstiger ist der für die ratierliche Berechnung zugrundezulegende Quotient.

Beispiel:

Ein Arbeitgeber erteilt eine Versorgungszusage über 1000 DM. Der Arbeitnehmer tritt mit 35 Jahren ein und scheidet mit 50 Jahren wieder aus. Liegt die Altersgrenze bei vollendeten 65. Lebensjahren, so beträgt der Kürzungsfaktor 0,5. Die zu gewährende Leistung beträgt dann 500 DM. Liegt die Altersgrenze aber schon bei 60 Jahren, so beträgt der Kürzungsfaktor nur 0,6. Der Versorgungsanwärter kann dann 600 DM Rente erwarten.

201   Ob eine feste Altersgrenze vorliegt, hängt **nicht** davon ab, ob sie als solche **bezeichnet** wird. Das BAG weist darauf hin, daß sie kein festes Datum bezeichnet, sondern lediglich als Grundlage für die vom Arbeitnehmer verlangte Betriebsrente den Zeitpunkt, in dem der Arbeitnehmer die Vollrente erdient hat und sie auch in Anspruch nehmen kann. Eine feste Altersgrenze liegt deshalb nach Ansicht des BAG auch dann vor, wenn nach der Versorgungszusage die Betriebsrente ungekürzt „nach Erreichen der gesetzlichen Voraussetzungen für das Altersruhegeld" verlangt werden kann[1].

(2) Flexible Altersgrenze

202   Wenn auch eine feste Altersgrenze nicht notwendigerweise ein bestimmtes zu erreichendes Lebensalter bezeichnet, ist sie von der flexiblen Altersgrenze zu unterscheiden. Eine flexible Altersgrenze nennt nur einen Zeitpunkt, ab dem der Arbeitnehmer unter Erfüllung der besonderen Voraussetzungen des § 6 BetrAVG zu einem früheren Zeitpunkt **vorzeitige Altersleistungen** verlangen kann[2]. Steht ihm zu diesem Zeitpunkt aber noch nicht die nach der Versorgungsordnung vorgesehene Vollrente zu, so handelt es sich nicht um eine **feste** Altersgrenze, die Einfluß auf die Höhe des Unverfallbarkeitsfaktors haben würde.

Beispiel:

Nach der Versorgungsordnung stehen dem Arbeitnehmer Steigerungsbeträge zu. Für jedes Dienstjahr sollen 2% des letzten Gehaltes als Rente bezahlt werden. Das Regelwerk läßt zu, daß der Arbeitnehmer schon vor Vollendung des 65. Lebensjahres in den Ruhestand tritt und betriebliches Ruhegeld erhält, wenn er auch entsprechende Leistungen aus der gesetzlichen Rentenversicherung bezieht. Es handelt sich nicht um eine feste Altersgrenze. Denn nach der Versorgungsordnung waren bis zur Vollendung des 65. Lebensjahres noch weitere Steigerungsbeträge möglich. Bei Ausscheiden mit 63 Lebensjahren war die mögliche Vollrente noch nicht erreicht.

203   Ob eine Versorgungszusage eine frühere feste oder nur eine flexible Altersgrenze benennt, ist durch **Auslegung** zu ermitteln. Findet sich keine Differenzierung zwischen vorgezogenen und regelmäßigen Renten und hat der Zeitpunkt

---

1 BAG v. 25. 10. 1988, EzA § 2 BetrAVG Nr. 10.
2 BAG v. 22. 2. 1983, AP Nr. 15 zu § 7 BetrAVG.

des Ausscheidens auf die Höhe der Leistungen keinen Einfluß, so ist von einer früheren **festen** Altersgrenze auszugehen, wenn die Versorgungsregelung einen Bezug vor Vollendung des 65. Lebensjahres zuläßt[1]. Eine Vorverlegung der festen Altersgrenze auf einen Zeitpunkt vor Vollendung des 60. Lebensjahres ist nicht möglich. Denn bei einem Ausscheiden vor Vollendung des 60. Lebensjahres kann nicht mehr davon ausgegangen werden, daß Leistungen wegen des Eintritts in den Altersruhestand gewährt werden sollen. In Zweifelsfällen ist die Verkehrsanschauung maßgeblich[2]. Zum Teil wird bei Männern sogar auf das 63. Lebensjahr abgestellt[3].

(3) Geschlechtsbezogene unterschiedliche Altersgrenzen

In Anlehnung an Regelungen in der gesetzlichen Rentenversicherung finden sich in vielen Versorgungsordnungen unterschiedliche feste Altersgrenzen für Männer und Frauen. Derartige unterschiedliche feste Altersgrenzen **verstoßen** nach Auffassung des EuGH **gegen das in Art. 119 EG-Vertrag verankerte Gebot der Lohngleichheit** für Männer und Frauen[4]. Eine derartige Differenzierung bei den festen Altersgrenzen führt dazu, daß eine „Anpassung nach oben" erfolgen muß, dh. die benachteiligte Arbeitnehmergruppe kann unter den gleichen Voraussetzungen betriebliches Altersruhegeld verlangen wie die bevorzugte[5]. Mit Urteil vom 14. 12. 1993[6] ergänzte der EuGH seine Rechtsprechung dahingehend, daß unterschiedliche feste Altersgrenzen für Frauen und Männer nicht mehr für den Teil der Versorgungszusage zulässig sind, der nach dem 17. 5. 1990 erdient worden ist, im übrigen aber zu akzeptieren seien. Eine Vereinheitlichung der Leistungsvoraussetzungen für Männer und Frauen ist möglich.

204

Das BAG erkennt an, daß **Änderungen der Rechtslage** einen sachlichen Grund darstellen können, um eine Angleichung der zugesagten Altersleistungen an die neue Rechtslage kostenneutral durchführen zu können[7].

205

Der EuGH hat allerdings darauf hingewiesen, daß das ursprüngliche Versorgungsversprechen für das begünstigte Geschlecht erst für den **ab der Neuregelung erdienten Teil** verschlechtert werden dürfe[8]. Danach könne man dann das Versorgungsniveau auf das des bisher benachteiligten Geschlechts herabsenken. Dem bisher benachteiligten Geschlecht stehe für ab dem 17. 5. 1990 erdiente Versorgungsanwartschaftsteile bis zum späteren Neuregelungsstichtag ein Anspruch auf das bessere Leistungsniveau des begünstigten Geschlechts zu[9]. Hieraus folgt, daß es für den Arbeitgeber bedeutsam sein kann, zu einem

206

---

1 BAG v. 25. 10. 1988, EzA § 2 BetrAVG Nr. 10.
2 *Blomeyer/Otto*, BetrAVG, Einl. Rz. 16; BAG v. 28. 1. 1986, DB 1987, 52.
3 BGH v. 28. 9. 1981, AP Nr. 12 zu § 7 BetrAVG.
4 EuGH v. 17. 5. 1990, AP Nr. 20 zu Art. 119 EWG-Vertrag.
5 BAG v. 7. 11. 1995, DB 1996, 941; EuGH v. 27. 6. 1990, AP Nr. 21 zu Art. 119 EWG-Vertrag.
6 EuGH v. 14. 12. 1993, DB 1994, 228.
7 BAG v. 22. 4. 1986, AP Nr. 8 zu § 1 BetrAVG – Unterstützungskassen.
8 EuGH v. 28. 9. 1994, AP Nr. 58 zu Art. 119 EWG-Vertrag.
9 EuGH v. 28. 9. 1994, AP Nr. 58 zu Art. 119 EWG-Vertrag.

möglichst frühen Zeitpunkt bestehende unterschiedliche Altersgrenzen anzugleichen[1]. Die aufrechtzuerhaltende Versorgungsanwartschaft kann sich deshalb bei einer späteren Angleichung von geschlechtsspezifisch unterschiedlichen Altersgrenzen aus mehreren Teilen errechnen, nämlich einem Teil aus der Zeit vor der sog. Barber-Entscheidung (17. 5. 1990), einem Teil nach der Barber-Entscheidung bis zur Neuregelung und schließlich dem ab der Neuregelung erdienten Anteil.

Beispiel:

Eine Versorgungsordnung sah vor, daß für Frauen eine Altersgrenze von 60 und für Männer eine Altersgrenze von 65 Jahren galt. 1995 werden die Altersgrenzen für beide Geschlechter auf 63 Lebensjahre festgelegt. Für Männer gilt folgender Anwartschaftsverlauf: Für sie gilt bis zum 17. 5. 1990 eine Altersgrenze von 65 Jahren. Ab dem 17. 5. 1990 bis zur Neuregelung gilt eine Altersgrenze von 60 Jahren. Ab der Neuregelung gilt eine Altersgrenze von 63 Jahren. Für Frauen gilt bis zur Neuregelung eine Altersgrenze von 60 Jahren. Ab der Neuregelung gilt auch für sie eine Altersgrenze von 63 Lebensjahren.

Durch das **Rentenreformgesetz 1999** wird per 1. 1. 1999 ein neuer § 30a BetrAVG eingeführt. Im Hinblick auf das Barber-Urteil vom 17. 5. 1990 stimmt es, daß Männer für nach dem Tag der Entscheidung zurückgelegte Beschäftigungszeiten eine vorzeitige Altersrente beanspruchen können, wenn sie die für Frauen geltenden Voraussetzungen für eine vorzeitige gesetzliche Altersrente sowie die Leistungsvoraussetzungen der Versorgungsregelung erfüllen.

3. Besonderheiten bei Direktversicherungen

207 Ist für die betriebliche Altersversorgung eine **Lebensversicherung** auf das Leben des Arbeitnehmers abgeschlossen worden, so gelten einige Besonderheiten:

a) Auffüllpflicht

208 Auch bei einer Direktversicherung ist der Anspruch, den der Arbeitnehmer im Falle seines Ausscheidens als unverfallbare Anwartschaft behält, grundsätzlich durch eine **ratierliche Berechnung** zu ermitteln. Allerdings kann es geschehen, daß das in der Direktversicherung bis zum Ausscheiden angesammelte Kapital hinter der Höhe der ratierlich zu berechnenden Versorgungsanwartschaft zurückbleibt. Das kann beispielsweise dann eintreten, wenn der Versicherungsvertrag erst einige Zeit nach der Zusage abgeschlossen worden ist. Durch zu Anfang eines Versicherungsverhältnisses häufig anfallende Provisionen und Gebühren ist in den ersten Jahren des Versicherungsverhältnisses meist nur eine geringe Kapitalbildung zu verzeichnen. § 2 Abs. 2 Satz 1 BetrAVG will den Begünstigten einer Direktversicherung aber nicht schlechter stellen als den Arbeitnehmer, dem eine unmittelbare Versorgungszusage erteilt worden ist. Der Arbeitgeber ist deshalb verpflichtet, bis zur Höhe des ratierlich zu berechnenden Anspruchs selbst einzustehen und bei Eintritt des Versorgungsfalles die

---

[1] Vgl. hierzu auch *Höfer*, ART Rz. 5671.

Differenz zur bis zum Ausscheiden angesparten Versicherungssumme auszugleichen.

Beispiel:
Für den Arbeitnehmer ist ein Lebensversicherungsvertrag abgeschlossen worden, aus dem er später eine monatliche Rente von 100 DM erhalten soll. Bis zu seinem Ausscheiden hat er die Hälfte der für die Versorgung vorausgesetzten Betriebszugehörigkeit abgeleistet, so daß ein ratierlich zu berechnender Anspruch von 50 DM besteht. Im Lebensversicherungsvertrag ist bis zum Ausscheiden aber nur ein Betrag von 30 DM angesammelt. In Höhe von 20 DM muß der Arbeitgeber nun unmittelbar nach Eintritt des Versorgungsfalles aufkommen.

b) Ersatzverfahren

Der Arbeitgeber kann die persönliche Haftung vermeiden, wenn er das sog. „Ersatzverfahren" nach § 2 Abs. 2 Satz 2 BetrAVG wählt. Der Arbeitgeber kann dem Arbeitnehmer die **Rechte aus dem Versicherungsvertrag übertragen,** so daß an die Stelle des ratierlich zu berechnenden Anspruchs die aufgrund des Versicherungsvertrages zu erbringende Versicherungsleistung tritt. Der Arbeitgeber kann sein Wahlrecht nur innerhalb von drei Monaten seit dem Ausscheiden des Arbeitnehmers ausüben. Er muß dies dem Arbeitnehmer und dem Versicherer gegenüber mitteilen. 209

Das Ersatzverfahren kann aber nur dann gewählt werden, wenn der Arbeitgeber **drei sog. soziale Auflagen** erfüllt[1]: 210

▶ Spätestens drei Monate seit dem Ausscheiden des Arbeitnehmers muß das Bezugsrecht aus dem Versicherungsvertrag **unwiderruflich** sein. Eine Abtretung oder Beleihung oder Verpfändung[2] des Rechts aus dem Versicherungsvertrag durch den Arbeitgeber darf nicht vorhanden sein. Das gleiche gilt für Beitragsrückstände.

▶ Vom Beginn der Versicherung, frühestens jedoch vom Beginn der Betriebszugehörigkeit an dürfen nach dem Versicherungsvertrag die **Überschußanteile** nur zur Verbesserung der Versicherungsleistung verwendet werden.

▶ Dem ausgeschiedenen Arbeitnehmer muß nach dem Versicherungsvertrag das **Recht zur Fortsetzung** der Versicherung mit eigenen Beiträgen eingeräumt sein.

Wählt der Arbeitgeber diese versicherungsförmige Lösung, wird der **Arbeitnehmer Versicherungsnehmer.** Er kann die Versicherung mit eigenen Beiträgen fortsetzen, sie aber auch beitragslos stellen. In keinem Fall kann er jedoch die arbeitgeberseitig finanzierten Versicherungsansprüche sofort verwerten. § 2 Abs. 2 Satz 4 und 5 BetrAVG bestimmen, daß der ausgeschiedene Arbeitnehmer die Ansprüche aus dem Versicherungsvertrag, soweit der Arbeitgeber sie finan- 211

---
1 *Höfer,* § 2 BetrAVG Rz. 1792.
2 *Blomeyer/Otto,* § 1 BetrAVG Rz. 308.

ziert hat, weder beleihen noch abtreten darf. In dieser Höhe darf er den Rückkaufswert im Falle einer Kündigung auch nicht in Anspruch nehmen. Die Versicherung ist in eine **prämienfreie Versicherung** umzuwandeln. Durch diese Verfügungsbeschränkungen wird sichergestellt, daß der ursprüngliche Versorgungszweck auch nach Beendigung des Arbeitsverhältnisses erreicht werden kann[1].

4. Anwartschaftsausweis

212 Der Arbeitgeber oder sonstige Versorgungsträger hat dem ausgeschiedenen Arbeitnehmer **mitzuteilen,** ob die Voraussetzungen einer unverfallbaren Versorgungsanwartschaft erfüllt sind und in welcher Höhe Versorgungsleistungen bei Erreichen der in der Versorgungsregelung vorgesehenen Altersgrenze beansprucht werden können. Die im allgemeinen Sprachgebrauch als Anwartschaftsausweis bezeichnete Auskunft ist nur auf Verlangen zu erteilen. Sie bedarf keiner Form. Der Arbeitnehmer sollte aber auf eine **schriftliche Information** drängen. Der Inhalt der Auskunft kann stets nur vorläufiger Natur sein. Denn nach dem Gesetz ist der Arbeitnehmer darüber zu informieren, in welcher Höhe er Versorgungsleistungen bei Erreichen der in der Versorgungsregelung vorgesehenen Altersgrenze beanspruchen kann. Die bei Eintritt des Versorgungsfalles zu zahlende Betriebsrente kann niedriger sein, nämlich dann, wenn bei dem Versorgungsberechtigten vor Erreichen der Altersgrenze der Versorgungsfall eingetreten ist[2]. Die nach § 2 Abs. 6 BetrAVG zu erteilende Auskunft beinhaltet kein Schuldanerkenntnis[3]. Der Arbeitgeber erkennt damit weder dem Grunde noch der Höhe nach eine bestimmte Versorgungsanwartschaft an. Sie beinhaltet ausschließlich eine Information[4].

III. Abfindung von Versorgungsanwartschaften

213 In § 3 BetrAVG **begrenzt** der Gesetzgeber die Möglichkeit, Versorgungsanwartschaften abzufinden. Die Vorschrift bezweckt zum einen sicherzustellen, daß im späteren Versorgungsfall auch noch ein Anspruch auf betriebliches Ruhegeld besteht und zum anderen, kleinere Versorgungsanwartschaften ohne hinreichenden Versorgungswert zu vermeiden[5].

1. Abfindung von Anwartschaften bei Beendigung des Arbeitsverhältnisses

214 § 3 Abs. 1 BetrAVG schränkt die Abfindung von Versorgungsanwartschaften bei Beendigung des Arbeitsverhältnisses ein. Die Vorschrift befaßt sich nur mit

---

1 BT-Drucks. 7/1281, Teil B, zu § 2 Abs. 2, 26.
2 Vgl. hierzu auch oben Rz. 255.
3 *Höfer*, § 2 BetrAVG Rz. 2056 ff.
4 BAG v. 8. 11. 1983, AP Nr. 3 zu § 2 BetrAVG.
5 BT-Drucks. 7/1281, 27.

B. III. Abfindung von Versorgungsanwartschaften   Rz. 217 Teil 2 E

der **gesetzlich** nach § 1 Abs. 1 Satz 1 BetrAVG **gesicherten Versorgungsanwartschaft**. Geht die Zusage des Arbeitgebers über den gesetzlich garantierten Mindestbestand hinaus, so sind Abfindungen möglich, soweit dabei der gesetzlich garantierte Teil der Versorgungsanwartschaft nicht berührt wird. Nicht betroffen von § 3 BetrAVG sind beispielsweise deshalb auch Versorgungsanwartschaften, welche aufgrund des Unverfallbarkeitsurteils[1] unverfallbar geworden sind[2]. Sagt der Arbeitgeber beispielsweise zu, die Versorgungsanwartschaft solle schon nach fünf Jahren unverfallbar sein, hindert § 3 Abs. 1 BetrAVG eine Abfindung nicht.

a) Abfindung bei Ausscheiden

Das Abfindungsverbot gilt nur bei Abfindungsregelungen, die aus Anlaß der **Beendigung des Arbeitsverhältnisses** getroffen werden. Dem Arbeitnehmer soll anläßlich seines Ausscheidens der erdiente Versorgungsanspruch nicht genommen werden können. Dies gilt allerdings nur für die Fälle, in denen er im Zeitpunkt seines Austritts überhaupt über eine unverfallbare Versorgungsanwartschaft verfügt. Denn sind zu diesem Zeitpunkt die Unverfallbarkeitsfristen nicht erfüllt, verfallen bis dahin erdiente Versorgungsanrechte ohnehin. 215

§ 3 Abs. 1 BetrAVG erfaßt nicht nur die Abfindung von Versorgungsanwartschaften, sondern auch den **entschädigungslosen Verzicht**. Nach Auffassung des BAG bedeutet es einen Widerspruch, wenn das Gesetz zwar eine Abfindung verbiete, den entschädigungslosen Verzicht hingegen zulasse. § 3 Abs. 1 BetrAVG gelte deshalb auch für die Aufhebung einer Versorgungsanwartschaft bei Beendigung des Arbeitsverhältnisses[3]. 216

b) Abfindung bei fortbestehendem Arbeitsverhältnis

§ 3 Abs. 1 BetrAVG trifft keine Regelung über die Abfindung oder die Aufhebung bestehender Versorgungsanwartschaften während des **laufenden Arbeitsverhältnisses**. Die Vertragsparteien sind deshalb nicht gehindert, die einmal begründeten Versorgungsrechte während des laufenden Arbeitsverhältnisses abzufinden, aufzuheben oder abzuändern[4]. Es soll deshalb auch nicht gegen § 3 BetrAVG verstoßen, wenn der Arbeitnehmer im Zusammenhang mit einem geplanten Betriebsinhaberwechsel (§ 613a BGB) auf seine Versorgungsanwartschaft verzichtet oder sich eine Abfindung ausbezahlen läßt[5]. 217

---

1 BAG v. 10. 3. 1972, AP Nr. 156 zu § 242 BGB – Ruhegehalt.
2 BAG v. 30. 7. 1985, AP Nr. 39 zu § 138 BGB.
3 BAG v. 22. 9. 1987, AP Nr. 13 zu § 17 BetrAVG.
4 BAG v. 14. 8. 1990, DB 1991, 501.
5 *Höfer*, § 3 BetrAVG Rz. 2081.1, aA LAG Hamm v. 2. 4. 1991, LAGE § 613a BGB Nr. 22, bestätigt durch BAG v. 12. 5. 1992, BAGE 70, 209, welches allerdings einen Verstoß gegen § 613a BGB annahm.

c) Abfindung laufender Leistungen

218 Ebenfalls **nicht erfaßt** ist eine Abfindung laufender Leistungen. Auch hier sind die Vertragspartner frei, sich über eine Abfindung, einen Verzicht oder eine Änderung bestehender Versorgungsansprüche zu verständigen. Es ist dabei ohne Bedeutung, ob der Leistungsanspruch auf einer Versorgungszusage beruhte, die beim Ausscheiden des Versorgungsberechtigten bereits länger als 10 Jahre bestand.

219 Es ist deshalb auch zulässig, wenn dem Arbeitgeber in der Versorgungsregelung von vornherein die Möglichkeit eröffnet wird, laufende Rentenleistungen durch **Zahlung eines Kapitalbetrages** abzufinden.

2. Abfindungsvoraussetzungen

220 Die Abfindung von Versorgungsanwartschaften bei Beendigung des Arbeitsverhältnisses ist von der Erfüllung zweier Voraussetzungen abhängig. Die Versorgungszusage muß **weniger als zehn Jahre** vor dem Ausscheiden des Arbeitnehmers erteilt worden sein. Darüber hinaus muß die **Zustimmung des Arbeitnehmers** vorliegen. Beide Voraussetzungen müssen unabhängig von der Art des Durchführungsweges vorliegen. Die Einschränkung der Abfindungsmöglichkeiten gilt also sowohl für die Direktzusage, als auch die Direktversicherung und die Versorgung durch eine Unterstützungskasse. Die Ausnahme vom Abfindungsverbot erfaßt damit in erster Linie verfallbare Versorgungsanwartschaften, was nicht weiter problematisch ist, als sie bei einem vorzeitigen Ausscheiden vor Eintritt des Versorgungsfalles ohnehin gegenstandslos werden. Erfaßt werden aber auch unverfallbare Anwartschaften der sog. zweiten Unverfallbarkeitsalternative. Ist der Arbeitnehmer zwölf Jahre beschäftigt, verfügt er schon mindestens seit drei Jahren, aber noch nicht seit zehn Jahren über eine Versorgungszusage, so sind die gesetzlichen Unverfallbarkeitsfristen erfüllt. Eine solche Anwartschaft kann abgefunden werden.

Die Zustimmung des Arbeitnehmers kann **formfrei** erklärt werden. Das Gesetz enthält auch keine zeitliche Einschränkung. Eine Abfindungsregelung kann deshalb im unmittelbaren Zusammenhang mit dem Ausscheiden, aber auch zu einem späteren Zeitpunkt getroffen werden[1]. Umstritten ist, ob der Arbeitnehmer schon vor seinem etwaigen Ausscheiden sich rechtswirksam zu einer Abfindungsregelung bereitfinden kann. Überwiegend wird dies bejaht[2]. Der Arbeitnehmer hat keinen Anspruch darauf, daß eine abfindbare Versorgungsanwartschaft auch abgefunden wird. Arbeitgeber und Arbeitnehmer müssen vielmehr zu einem Konsens finden[3].

221 Das Gesetz erweitert die Abfindungsmöglichkeit bei **Rückerstattung gesetzlicher Rentenversicherungsbeiträge.** Sind dem Arbeitnehmer die Beiträge zur

---

[1] *Höfer*, § 3 BetrAVG Rz. 2102.
[2] *Blomeyer/Otto*, § 3 BetrAVG Rz. 75; *Höfer*, § 3 BetrAVG Rz. 2103; aA *Heubeck/Höhne/Paulsdorff/Weinert/Höhne*, § 3 BetrAVG Rz. 19.
[3] *Höfer*, § 3 BetrAVG Rz. 2106.

gesetzlichen Rentenversicherung erstattet worden, kann unabhängig von der Zusagedauer die Versorgungsanwartschaft mit Zustimmung des Arbeitnehmers abgefunden werden. Diese erweiterte Abfindungsmöglichkeit betrifft im wesentlichen Personen, die ihren Wohnsitz oder gewöhnlichen Aufenthalt im Ausland haben. Die Abfindungsvereinbarung kann wirksam erst nach dem Zeitpunkt der Rückzahlung der Beiträge geschlossen werden. Anderenfalls ist die Vereinbarung schwebend unwirksam[1].

Wird eine an und für sich nach § 3 Abs. 1 BetrAVG nicht abfindbare Versorgungsanwartschaft dennoch abgefunden, so ist dies **nichtig**. Eine Erfüllungswirkung vermag nicht einzutreten[2]. Dabei riskiert der Arbeitgeber, den Abfindungsbetrag nicht zurückfordern zu können. § 817 Satz 2 BGB kann dem Bereicherungsanspruch entgegenstehen[3]. Mit Inkrafttreten der neuen **Insolvenzordnung** am 1. 1. 1999 werden die Abfindungsmöglichkeiten erweitert. Es können dann auch unabhängig von der Zusagedauer geringfügige Versorgungsanwartschaften mit Zustimmung des Arbeitnehmers abgefunden werden. Zulässig ist dies dann, wenn die monatliche Betriebsrente 1% der monatlichen Bezugsgröße gem. § 18 SGB IV nicht überschreitet. Bei einer Kapitalleistung dürfen 12/10 dieser Bezugsgröße nicht überschritten werden. 222

3. Abfindungshöhe

Die Höhe der zu gewährenden Abfindung bemißt sich nach dem **Barwert** der nach § 2 BetrAVG bemessenen **künftigen Versorgungsleistungen** im Zeitpunkt der Beendigung des Arbeitsverhältnisses. Das Gesetz schreibt vor, daß bei der Barwertberechnung der bei der jeweiligen Form der betrieblichen Altersversorgung vorgeschriebene Rechnungszinsfuß und die Rechnungsgrundlagen sowie die anerkannten Regeln der Versicherungsmathematik zu berücksichtigen sind. Der Abfindungsbetrag ist also nach versicherungsmathematischen Grundsätzen zu ermitteln. Bei Direktversicherungen ist das geschäftsplanmäßige Deckungskapital als maßgeblicher Abfindungsbetrag zugrunde zu legen. 223

4. Neuregelung durch das Rentenreformgesetz 1999

Der Gesetzgeber hat mit Wirkung vom 1. 1. 1999 die Möglichkeit der Abfindung unverfallbarer Versorgungsanwartschaften erheblich erweitert. Konnte bislang eine unverfallbare Versorgungsanwartschaft nur abgefunden werden, wenn die Versorgungszusage noch nicht zehn Jahre bestand, entfällt künftig die Grenze des zeitlichen Bestands des Versorgungsversprechens. Statt dessen wird die Zulässigkeit der Abfindung von Versorgungsanwartschaften an die Höhe des Versorgungsrechts geknüpft. Beide Vertragsparteien können künftig die Abfindung verlangen, wenn der Monatsbetrag der Rente ein Prozent oder bei einer einmaligen Kapitalleistung 120% der monatlichen Bezugsgröße nach § 18 224

---

1 *Höfer*, § 3 BetrAVG Rz. 2109.
2 *Blomeyer/Otto*, § 3 BetrAVG Rz. 93.
3 *Höfer*, § 3 BetrAVG Rz. 2125.

SGB IV nicht übersteigt. 1998 waren dies 43,40 DM im Monat bzw. 5208,00 DM bei einer Kapitalleistung. Beide Vertragsparteien haben einen Anspruch auf Abfindung, den die jeweils andere Seite nicht vereiteln kann. Einvernehmlich kann auch dann eine Abfindung vereinbart werden, wenn die Monatsrente 2% oder eine zugesagte Kapitalleistung 240% der monatlichen Bezugsgrößen nicht übersteigt. Die Grenze erhöht sich auf 4% der monatlichen Bezugsgröße bzw. 480% bei Kapitalzusagen, wenn der Abfindungsbetrag vom Arbeitgeber in eine Direktversicherung, Pensionskasse oder in die gesetzliche Rentenversicherung einbezahlt wird. Ein einseitiges Abfindungsrecht gibt es schließlich nach § 3 Abs. 1 Satz 4 BetrAVG für den Teil einer Versorgungsanwartschaft, der während eines Insolvenzverfahrens erdient worden ist, sofern die Betriebstätigkeit vollständig eingestellt und das Unternehmen liquidiert wird.

IV. Übernahme von Versorgungsverpflichtungen

225 Auch Versorgungsverbindlichkeiten können wie jede andere Schuld von Dritten übernommen werden. § 4 BetrAVG ist lex specialis zu § 415 BGB und schränkt die Übernahme von Versorgungsverbindlichkeiten ein. § 4 BetrAVG legt fest, daß **nicht jeder Dritte** eine Versorgungsverbindlichkeit mit schuldbefreiender Wirkung übernehmen kann. In Betracht kommen vielmehr nur Unternehmen, bei denen der ausgeschiedene Arbeitnehmer beschäftigt wird, Pensionskassen, Lebensversicherer und öffentlich-rechtliche Versorgungsträger. Eine vertragliche Schuldübernahme durch andere Versorgungsträger bezeichnet das Gesetz ausdrücklich als unwirksam. Eine Übernahme durch eine Unterstützungskasse ist ebenfalls unzulässig, es sei denn, es waren schon ursprünglich Unterstützungskassenleistungen geschuldet.

226 § 4 BetrAVG bezweckt den **Schutz des Arbeitnehmers.** Es soll sichergestellt werden, daß der Arbeitnehmer nicht durch die Übernahme der Versorgungsleistungen einen zahlungskräftigen Schuldner verliert. Damit wird zugleich auch der PSVaG als Träger der gesetzlichen Insolvenzsicherung geschützt. Denn er ist es, der im Insolvenzfall eintreten muß[1].

227 Obwohl § 4 BetrAVG auf § 2 BetrAVG verweist und damit an und für sich nur für unverfallbare Versorgungsanwartschaften gilt, ist die gesetzliche Bestimmung **analog** auch **auf laufende Versorgungsleistungen** anzuwenden[2]. Würden die Einschränkungen des § 4 BetrAVG nicht auch für laufende Leistungen gelten, so wäre ein Schutz der Haftungsmasse und damit des PSVaG nicht zu erreichen[3]. § 4 BetrAVG schränkt die Übernahme von Versorgungsverbindlichkeiten nur bei **gesetzlich unverfallbaren Anwartschaften** und laufenden Lei-

---

1 BAG v. 17. 3. 1987, AP Nr. 4 zu § 4 BetrAVG.
2 BAG v. 17. 3. 1987, AP Nr. 4 zu § 4 BetrAVG.
3 *Höfer,* § 4 BetrAVG Rz. 2182.

stungen ein. Bei nur vertraglicher Unverfallbarkeit von Versorgungsanwartschaften fehlt ein Schutzbedürfnis. Denn mit dem Ausscheiden des Arbeitnehmers würde die Anwartschaft ohnehin verfallen. Eine Inanspruchnahme des PSVaG droht nicht[1]. Beruht die Unverfallbarkeit der Anwartschaft auf Anwendung der vorgesetzlichen Rechtsprechung[2], ist § 4 BetrAVG allerdings zu beachten. Denn kraft Richterrechts unverfallbare Anwartschaften sind insolvenzgeschützt[3].

Unproblematisch ist die **Erfüllungsübernahme** durch einen Dritten. Sie benachteiligt weder den PSVaG noch den Versorgungsberechtigten. Denn der ursprünglich verpflichtete Versorgungsschuldner wird dadurch nicht frei. Gleiches gilt für einen **Schuldbeitritt**, auch er führt nicht zu einer Verschiebung des Haftungsrisikos. 228

Die Übernahme von Versorgungsverbindlichkeiten bedarf der **Zustimmung** des versorgungsberechtigten Arbeitnehmers. Sie kann sowohl gegenüber dem bisherigen als auch gegenüber dem neuen Schuldner erklärt werden. Wird sie nicht erteilt, können die schuldbefreienden Wirkungen für den bisherigen Versorgungsverpflichteten nicht eintreten. Die Zustimmungserklärung ist an keine Form gebunden. Sie kann deshalb auch **konkludent** erklärt werden. Die bloße Entgegennahme von Versorgungsleistungen eines Dritten beinhaltet aber nicht die Zustimmung zur Haftungsbefreiung. Nach Auffassung des BAG ist die befreiende Schuldübernahme ein ungewöhnliches und bedeutsames Rechtsgeschäft. Eine Entlassung des bisherigen Schuldners könne nur dann angenommen werden, wenn der Gläubiger dies deutlich zum Ausdruck bringe. Im Zweifel werde der Gläubiger nur annehmen, daß er einen Schuldbeitritt genehmigen solle, der ihn begünstige, weil er einen zusätzlichen Schuldner erhalte[4]. § 4 BetrAVG läßt an und für sich die Übernahme von Versorgungsverbindlichkeiten durch andere als die im Gesetz genannten Versorgungsträger nicht zu. Nach dem Gesetzeswortlaut ist es also nicht möglich, daß ein Arbeitgeber, bei dem der Arbeitnehmer überhaupt nicht beschäftigt war, die Versorgungsverbindlichkeit mit schuldbefreiender Wirkung übernimmt. 229

Beispiel:
Die A-GmbH gewährt ihren Arbeitnehmern Leistungen der betrieblichen Altersversorgung. Der versorgungsberechtigte Arbeitnehmer scheidet aus und erhält Versorgungsleistungen. Nach dem Ausscheiden des Arbeitnehmers erfolgt eine Betriebsaufspaltung. Die A-GmbH fungiert künftig nur noch als Besitzgesellschaft. Produktionsgesellschaft wird die neugegründete A-GmbH und Co. KG. Diese soll auch alle Versorgungsansprüche erfüllen. Gem. § 613a Abs. 1 Satz 1 BGB tritt sie auch in die bestehenden Versorgungsanwartschaften ein. § 613a Abs. 1 Satz 1 BGB erfaßt aber nicht die laufenden Versorgungsansprüche bereits vor der Betriebsaufspaltung ausgeschiedener Arbeitnehmer.

---

1 Höfer, § 4 BetrAVG Rz. 2180.
2 BAG v. 10. 3. 1972, AP Nr. 156 zu § 242 BGB – Ruhegehalt.
3 BAG v. 16. 10. 1980, AP Nr. 8 zu § 7 BetrAVG.
4 BAG v. 11. 11. 1986, NZA 1987, 559.

Nach dem Wortlaut des § 4 BetrAVG kann die GmbH und Co. KG die laufenden Verbindlichkeiten aus Zusagen von Arbeitnehmern, die vor der Betriebsaufspaltung ausgeschieden sind, nicht übernehmen.

230 Nach Auffassung des BAG ist der **völlige Ausschluß der Übertragbarkeit** von Versorgungsverbindlichkeiten auf andere als die in § 4 Abs. 1 BetrAVG genannten Rechtsträger mit dem Sinn und Zweck des Gesetzes nicht zu rechtfertigen. Das Ziel, die ursprüngliche Haftungsmasse zu erhalten, begünstige im wesentlichen den PSVaG, der das Insolvenzrisiko trage. Dieser könne aber selbst beurteilen, ob er das Risiko eingehen kann. Eine Übertragung von Versorgungsverbindlichkeiten auf andere als die in § 4 BetrAVG genannten Versorgungsträger ist deshalb zulässig, wenn neben dem Versorgungsberechtigten auch der PSVaG zustimmt[1].

231 Der **PSVaG** erteilt die zur Übernahme von Versorgungsverbindlichkeiten notwendigen Zustimmungen **nicht**[2]. Er hat allerdings auf die Entscheidung des BAG vom 26. 6. 1980 hin durch eine geschäftsplanmäßige Erklärung vom 12. 11. 1981[3] sich verpflichtet, die Insolvenzsicherung bei schuldbefreienden Übertragungen laufender Versorgungsleistungen auf Versorgungsträger, die nicht in § 4 Abs. 1 BetrAVG genannt sind, zu übernehmen, wenn die Übertragungen vor dem 1. 1. 1981 vorgenommen worden sind. Dabei kommt es darauf an, daß bis zu dem genannten Zeitraum alle Wirksamkeitsvoraussetzungen vorliegen, also die Übertragung der Versorgungsverbindlichkeiten vereinbart war, der versorgungsberechtigte Arbeitnehmer davon in Kenntnis gesetzt wurde und der Enthaftung eines bisherigen Schuldners zustimmte. Wurden diese Voraussetzungen ganz oder teilweise erst später erfüllt, verbleibt es bei der fehlenden Zustimmung des PSVaG mit der Folge, daß eine Übertragung der Versorgungsverbindlichkeiten nicht wirksam möglich ist.

232 Die Rechte der an einer Übertragung von Versorgungsverbindlichkeiten Beteiligten richten sich nach den **§§ 414 ff. BGB.** Spezialgesetzliche Regelungen für Versorgungsverbindlichkeiten gibt es nicht. § 4 BetrAVG läßt den Lauf der Unverfallbarkeitsfristen unberührt. Mit der Übernahme der Versorgungsverpflichtung kann eine Beitragspflicht zur Insolvenzsicherung entstehen, nämlich dann, wenn der Übernehmer die Versorgungsverpflichtung selbst übernimmt oder er Träger einer übernehmenden Unterstützungskasse ist[4]. Eine Beitragspflicht kann auch bei dem Versicherungsnehmer entstehen, wenn die Versorgungsverbindlichkeit durch ein Lebensversicherungsunternehmen übernommen wird. Dies kommt aber nur dann in Betracht, wenn dem Arbeitnehmer kein unwiderrufliches Bezugsrecht eingeräumt wird oder er den Anspruch aus der Versicherung abtritt, verpfändet oder beleiht[5].

---

1 BAG v. 26. 6. 1980, AP Nr. 1 zu § 4 BetrAVG.
2 PSVaG-Merkblatt 300/M10/2.91.
3 BB 1982, 120.
4 *Blomeyer/Otto*, § 4 BetrAVG Rz. 132.
5 *Höfer*, § 4 BetrAVG Rz. 2275.

Durch das **Rentenreformgesetz 1999** wird per 1. 1. 1999 die Liquidation von Unternehmen erleichtert, die unmittelbar Versorgungsleistungen zugesagt haben oder ihre Arbeitnehmer über eine Unterstützungskasse begünstigen. Eingefügt wird § 4 Abs. 3 BetrAVG, der es gestattet, daß solche Versorgungsverpflichtungen ohne Zustimmung des Versorgungsberechtigten von einer sog. kongruent rückgedeckten Unterstützungskasse übernommen werden. Die Unterstützungskasse muß die übernommene Verpflichtung in voller Höhe bei einem Lebensversicherer oder einer Pensionskasse rückdecken, dem Arbeitnehmer an dieser Rückdeckungsversicherung ein Pfandrecht bestellen und ferner sicherstellen, daß die Überschußanteile ab Rentenbeginn ausschließlich zur Erhöhung der laufenden Leistungen verwendet werden.

233

V. Auszehrungs- und Anrechnungsverbot

Für die **inhaltliche Ausgestaltung** einer Versorgungszusage gilt grundsätzlich das Prinzip der **Vertragsfreiheit**. Der Arbeitgeber bestimmt weitgehend darüber, ob und ggf. welche Versorgung dem Arbeitnehmer zuteil werden soll. Die Versorgungszusage kann eine Gesamtversorgung vorsehen oder Anrechnungs- und Begrenzungsklauseln enthalten. Das betriebliche Ruhegeld dient dann dazu, einen unter Berücksichtigung sonstiger Versorgungsbezüge in der Versorgungszusage definierten Versorgungsbedarf abzudecken.

234

Beispiel:

Der Arbeitgeber sagt dem Arbeitnehmer eine Gesamtversorgung unter Anrechnung der Sozialversicherungsrente von 4000 DM zu. Beträgt die Sozialversicherungsrente 2000 DM, so muß der Arbeitgeber die Differenz zur zugesagten Gesamtversorgung von 4000 DM, also weitere 2000 DM, als betriebliches Ruhegeld bezahlen. Ebenso ist möglich, daß der Arbeitgeber dem Arbeitnehmer einen bestimmten Prozentsatz seines letzten Netto- oder Bruttoeinkommens zusagt und sich vorbehält, darauf anderweitige Versorgungsleistungen anzurechnen.

Das BetrAVG geht davon aus, daß anderweitige Versorgungsbezüge auf den betrieblichen Ruhegeldanspruch **angerechnet** werden dürfen, soweit dies in der Versorgungszusage vorgesehen ist. § 5 BetrAVG schränkt die Anwendung anderweitiger Versorgungsbezüge jedoch ein:

1. Auszehrungsverbot

§ 5 Abs. 1 BetrAVG beinhaltet das sog. Auszehrungsverbot. Betriebliche Ruhegeldleistungen sollen durch spätere Veränderungen anzurechnender anderer Versorgungsleistungen nicht mehr vermindert werden können. Der bei Eintritt des Versorgungsfalles **bestehende Versorgungsanspruch wird festgeschrieben,** er kann auch dann nicht mehr verringert werden, wenn sich eine anzurechnende Versorgungsleistung später erhöht.

235

Beispiel:

Der Arbeitgeber hat eine Gesamtversorgung von 4000 DM monatlich zugesagt. Die anzurechnende Sozialversicherungsrente beträgt 2000 DM. Nach Eintritt des Versorgungsfalles wird im Rahmen der gewöhnlichen Erhöhungen der Sozialversicherungsrenten die anzurechnende Rente auf 2200 DM angehoben. Der bei Eintritt des Versorgungsfalles feststehende Betriebsrentenanspruch von 2000 DM bleibt unverändert. Die Gesamtversorgung beträgt dann 4200 DM. Die um 200 DM höhere Sozialversicherungsrente darf nicht angerechnet werden.

236 Das Auszehrungsverbot des § 5 Abs. 1 BetrAVG gilt jedoch nur dann, wenn die anzurechnende Leistung an die **wirtschaftliche Entwicklung** angepaßt wird. Darunter fallen ua. die jährlichen Erhöhungen der Leistungen der gesetzlichen Rentenversicherung gem. § 65 in Verbindung mit § 68 SGB VI[1]. Das Auszehrungsverbot greift jedoch nicht, wenn die anzurechnende Leistung aus **anderen Gründen** erhöht wird. Tritt beispielsweise eine höhere Erwerbsunfähigkeits- oder vorgezogene Altersrente an die Stelle einer niedrigeren Berufsunfähigkeitsrente, so kann der höhere Rentenbetrag angerechnet werden. In diesem Fall können sich die vom Arbeitgeber aufzubringenden Leistungen verringern.

237 Das Auszehrungsverbot des § 5 Abs. 1 BetrAVG gilt nur für **laufende Leistungen,** nicht jedoch für Anwartschaften. Durch die Anrechnung anderweitiger Versorgungsleistungen können sich deshalb auch sog. Null-Leistungen ergeben.

Beispiel:

Der Arbeitgeber sagt eine Gesamtversorgung von 2000 DM monatlich zu, auf die die Sozialversicherungsrente angerechnet werden soll. Übersteigt nun die anzurechnende Sozialversicherungsrente den Betrag von 2000 DM, so verbleibt keine Differenz mehr, die der Arbeitgeber mit betrieblichen Leistungen auffüllen müßte.

238 Nach Auffassung des BAG darf der Arbeitgeber aber Versorgungsleistungen nicht von vornherein so konzipieren, daß die Versorgungsanwartschaft bis zum Eintritt des Versorgungsfalles in der Regel durch den steigenden anderweitigen Versorgungsbezug aufgezehrt wird[2].

2. Anrechnung anderweitiger Versorgungsbezüge

239 Eine Anrechnung anderweitiger Versorgungsbezüge ist möglich, wenn sie in der Versorgungsregelung vorgesehen ist. Die Anrechnung bedarf einer **besonderen und eindeutigen Rechtsgrundlage,** anderenfalls ist sie nicht zulässig[3]. § 5 Abs. 2 BetrAVG beschränkt die Anrechenbarkeit anderweitiger Versorgungsbezüge. Versorgungsbezüge, die auf eigenen Beiträgen des Versorgungsempfängers beruhen, dürfen nicht angerechnet werden. Von diesem Grundsatz macht das

---

1 *Höfer,* § 5 BetrAVG Rz. 2410.
2 BAG v. 18. 12. 1975, AP Nr. 170 zu § 242 BGB – Ruhegehalt.
3 BAG v. 5. 9. 1989, AP Nr. 32 zu § 5 BetrAVG.

Gesetz eine Ausnahme. **Renten aus der gesetzlichen Rentenversicherung,** soweit sie auf Pflichtbeiträgen beruhen, dürfen voll angerechnet werden, denn Pflichtbeiträge zur gesetzlichen Rentenversicherung haben Arbeitgeber und Arbeitnehmer regelmäßig zu gleichen Teilen aufzubringen. Gleiches gilt für sonstige Bezüge, die mindestens zur Hälfte auf Beiträgen oder Zuschüssen des Arbeitgebers beruhen.

Beispiel:
Der Arbeitgeber sagt dem Arbeitnehmer ein betriebliches Ruhegeld von 3000 DM monatlich zu. Darauf sollen alle anderen der Altersversorgung dienenden Leistungen angerechnet werden. Der Arbeitnehmer hat Anspruch auf eine Sozialversicherungsrente. Daneben hat er aus Eigenvorsorge eine Lebensversicherung abgeschlossen, aus der er monatlich 200 DM erwartet. Die auf Pflichtbeiträgen beruhende gesetzliche Rentenversicherung darf angerechnet werden, und zwar in voller Höhe, also auch hinsichtlich des vom Arbeitnehmer finanzierten Teils. Die allein aus Arbeitnehmermitteln finanzierte Lebensversicherung darf hingegen nicht berücksichtigt werden.

Eine auf Pflichtbeiträgen beruhende Sozialversicherungsrente kann selbst dann angerechnet werden, wenn der Versorgungsberechtigte die Wartezeit für die Sozialversicherungsrente mit **freiwilligen Beiträgen** erfüllt hat. Allerdings darf dann die Sozialversicherungsrente, soweit sie auf den freiwilligen Beiträgen beruht, nicht angerechnet werden[1]. Auch **ausländische Pflichtversicherungsrenten** sind anrechenbar[2]. Anrechenbar sind ferner Renten aus der **gesetzlichen Unfallversicherung.** Nicht anrechenbar ist dabei jedoch derjenige Teil der Rente, der die Funktion eines Schmerzensgeldes hat. Dazu gehört mindestens die Grundrente nach dem Bundesversorgungsgesetz[3]. Anrechenbar sind schließlich auch anderweitige **Erwerbseinkünfte** und **Karenzentschädigungen** aus nachvertraglichen Wettbewerbsverboten. Auch in diesen Fällen muß aber die anzurechnende Leistung in der Versorgungsregelung eindeutig bezeichnet sein[4]. Für die Anrechnung anderweitiger Leistungen, die keinen Versorgungscharakter haben, gelten im übrigen die allgemeinen Grundsätze. Es ist also das Willkürverbot zu beachten und der Gleichbehandlungsgrundsatz anzuwenden[5]. Nicht unbedenklich ist deshalb die Anrechnung von Privatvermögen oder Versicherungsleistungen. 240

VI. Vorzeitige Altersleistungen

§ 6 BetrAVG ermöglicht dem Versorgungsberechtigten, schon vor Vollendung des 65. Lebensjahres betriebliches Ruhegeld in Anspruch zu nehmen, wenn 241

---

1 BAG v. 19. 2. 1976, EzA § 242 BGB – Ruhegeld Nr. 49.
2 BAG v. 24. 4. 1990, EzA § 5 BetrAVG Nr. 23.
3 BAG v. 2. 2. 1988, EzA § 5 BetrAVG Nr. 17.
4 BAG v. 5. 9. 1989, AP Nr. 32 zu § 5 BetrAVG.
5 *Höfer,* § 6 BetrAVG Rz. 2308.

gleichzeitig die Voraussetzungen für den Bezug einer Rente aus der gesetzlichen Rentenversicherung vor Vollendung des 65. Lebensjahres erfüllt sind.

1. Bezug des betrieblichen Ruhegeldes vor Vollendung des 65. Lebensjahres

242 § 6 BetrAVG bezieht sich nur auf betriebliches Altersruhegeld, nicht auch auf Invaliditäts- und Hinterbliebenenleistungen[1]. Die Möglichkeit, auch betriebliche Ruhegeldleistungen vorzeitig in Anspruch zu nehmen, besteht selbst dann, wenn dies in der Versorgungsregelung **nicht vorgesehen** ist. Allerdings muß der Versorgungsberechtigte die übrigen Anspruchsvoraussetzungen für das betriebliche Ruhegeld erfüllen, insbesondere eine etwaige Wartezeit abgeleistet haben.

a) Inanspruchnahme der gesetzlichen Altersrente

243 Anspruch auf vorzeitige Ruhegeldleistungen hat nur, wer die gesetzliche Altersrente **tatsächlich in Anspruch nimmt.** § 6 Satz 1 BetrAVG verlangt, daß die gesetzlichen Rentenleistungen in voller Höhe in Anspruch genommen werden. Eine Teilrente (§ 42 Abs. 1 SGB VI) genügt deshalb nicht. Der Arbeitnehmer muß dem Arbeitgeber die Inanspruchnahme der gesetzlichen Altersrente nachweisen. Dies geschieht in der Regel durch Vorlage eines positiven Rentenbescheides. Oftmals verzögern sich allerdings die Rentenzahlungen aus beim Versorgungsträger liegenden Gründen, die der Anspruchsberechtigte nicht beeinflussen kann. Der Rentenbescheid des Rentenversicherungsträgers weist dann aber als Zeitpunkt des Eintritts des Versorgungsfalles das Datum aus, zu dem alle für den vorzeitigen Rentenbezug notwendigen Voraussetzungen erfüllt waren. Der Arbeitnehmer hat dann ggf. einen Anspruch auf Rentennachzahlung gegenüber seinem Arbeitgeber.

244 Zu den im Gesetz genannten **gesetzlichen Altersrenten,** die einen vorzeitigen Anspruch auf betriebliches Ruhegeld auslösen können, gehören die Altersrente für langjährig Versicherte, die Altersrente für Schwerbehinderte, Berufs- und Erwerbsunfähige, die Altersrente wegen Arbeitslosigkeit, die Altersrente für Frauen und die Altersrente für langjährig unter Tage beschäftigte Bergleute. § 45 Abs. 1 SGB VI sieht daneben noch eine besondere Rente für Bergleute vor. Sie ist keine Altersrente iSd. § 6 BetrAVG.

245 Leistungen aus einer **befreienden Lebensversicherung** stehen der Inanspruchnahme der gesetzlichen Rente nicht gleich[2]. Anders verhält sich dies bei **berufsständischen Pflichtversorgungswerken,** zu denen aufgrund öffentlich-rechtlicher Bestimmungen Pflichtbeiträge zu entrichten sind. Sie treten an die Stelle der gesetzlichen Rentenversicherung iSd. §§ 36 bis 40 SGB VI. Die Inanspruchnahme vorzeitiger Renten aus diesen Versorgungswerken berechtigt deshalb auch zum Leistungsbezug eines betrieblichen Ruhegeldes[3].

---

[1] *Blomeyer/Otto,* § 6 BetrAVG Rz. 15; *Höfer,* § 6 BetrAVG Rz. 2493.
[2] *Blomeyer/Otto,* § 6 BetrAVG Rz. 27; LAG Rheinland-Pfalz v. 24. 7. 1990, BetrAV 1991, 44.
[3] AA *Höfer,* § 6 BetrAVG Rz. 2538.1.

b) Erfüllung der Wartezeit

Vorzeitige betriebliche Ruhegeldleistungen kann nicht beanspruchen, wer nach der Altersversorgungszusage eine abzuleistende Wartezeit noch nicht erfüllt hat. Der Arbeitgeber kann die Wartezeit frei bestimmen. Sie darf ohne weiteres **länger** bemessen sein als die gesetzlichen Unverfallbarkeitsfristen[1]. Hat der Arbeitnehmer bis zum Bezug der vorgezogenen gesetzlichen Rente die Wartezeit noch nicht erfüllt, so führt dies aber keineswegs zu einem Leistungsausschluß. Vielmehr kann er auch nach seinem Austritt die Wartezeit **noch erfüllen**. Betriebliche Ruhegeldleistungen sind ihm dann ab dem Zeitpunkt zu gewähren, ab dem die Wartezeit erfüllt ist[2]. Nach Auffassung des BAG kommt es nicht darauf an, ob der Arbeitnehmer bei Ausscheiden aus den Diensten des Arbeitgebers und anschließendem Eintritt in den Ruhestand die Unverfallbarkeitsfrist des § 1 BetrAVG bereits erfüllt hatte. Auch wenn er die Wartezeit noch nicht erfüllt hat, ist er nicht als Versorgungsanwärter zu betrachten[3]. Keine Betriebsrentenleistungen kann er allerdings dann beanspruchen, wenn die Wartezeit auch nicht bis zur Vollendung des 65. Lebensjahres oder einer früheren festen Altersgrenze erfüllt werden kann. In diesem Falle wirkt die Wartezeit anwartschaftsausschließend.

246

c) Sonstige Leistungsvoraussetzungen

Sonstige in der Versorgungszusage genannte Leistungsvoraussetzungen müssen ebenfalls erfüllt sein. Dazu zählt regelmäßig, daß der Arbeitnehmer tatsächlich aus den Diensten seines Arbeitgebers **ausgeschieden** ist oder sogar jedwede **Erwerbstätigkeit aufgegeben** hat. Nicht erforderlich ist, daß die Unverfallbarkeitsfristen des § 1 BetrAVG erfüllt werden. Darauf kommt es nicht an, wenn der Arbeitnehmer aus Anlaß des Versorgungsfalles aus den Diensten des Arbeitgebers ausgeschieden ist[4].

247

d) Zahlungsverlangen des Arbeitnehmers

Der **Versorgungsberechtigte** muß von seinem Arbeitgeber Versorgungsleistungen verlangen. Er muß also initiativ werden. Der Arbeitgeber ist nicht von sich aus verpflichtet, vorzeitige Leistungen zu gewähren. Form und Frist des Leistungsverlangen richten sich nach der Versorgungszusage.

248

2. Wegfall der Leistungen

Fallen die Voraussetzungen für den Bezug der gesetzlichen Altersrente weg, endet auch die Verpflichtung zur Zahlung vorzeitiger betrieblicher Ruhegelder. Dies kommt insbesondere dann in Betracht, wenn der Arbeitnehmer durch eine entgeltliche Tätigkeit die gesetzlichen **Hinzuverdienstgrenzen überschreitet**

249

---

1 BAG v. 9. 3. 1982, AP Nr. 13 zu § 1 BetrAVG – Wartezeit.
2 BAG v. 28. 2. 1989, AP Nr. 16 zu § 6 BetrAVG.
3 BAG v. 28. 2. 1989, AP Nr. 16 zu § 6 BetrAVG.
4 BT-Drucks. 7/1281, 30.

(§ 34 Abs. 2 in Verbindung mit Abs. 3 Nr. 1 SGB VI). Der Wegfall der gesetzlichen Altersrente führt nicht zu einem endgültigen Leistungsausschluß in der betrieblichen Altersversorgung. Bezieht der Arbeitnehmer erneut eine Rente aus der gesetzlichen Rentenversicherung, kann er ebenfalls die **Wiederaufnahme** der betrieblichen Ruhegeldzahlungen verlangen. Die betrieblichen Ruhegeldleistungen können auch dann eingestellt werden, wenn die gesetzliche Altersrente auf einen Teilbetrag beschränkt wird. Der Wegfall der gesetzlichen Vollrente verpflichtet den Arbeitgeber nicht zur Leistungseinstellung. § 6 Satz 2 BetrAVG räumt ihm hierzu lediglich die Möglichkeit ein. Dies ist letztlich nur eine rechtliche Selbstverständlichkeit. Denn das BetrAVG hindert den Arbeitgeber nicht, über das gesetzlich festgeschriebene Mindestmaß hinaus günstigere Regelungen zu treffen.

250 Wird nach der Versorgungsregelung ein **Kapitalbetrag** geschuldet, so gewährt der Wegfall der gesetzlichen Altersrente kein teilweises Rückforderungsrecht. Der Arbeitnehmer kann vielmehr die Kapitalleistung vollumfänglich behalten[1]. Der ausgeschiedene Arbeitnehmer hat nach § 6 Satz 3 BetrAVG **Informationsverpflichtungen.** Er muß den Arbeitgeber darüber unaufgefordert unterrichten, wenn die Voraussetzungen für den vorzeitigen Bezug des betrieblichen Altersruhegeldes entfallen sind. Unterbleibt eine Information, kommen Rückzahlungsverpflichtungen und Schadensersatzleistungen in Betracht.

3. Höhe vorzeitiger Leistungen

251 Gesetzlich ist nicht geregelt, in welcher Höhe der Arbeitnehmer vorzeitige Leistungen verlangen kann. Versorgungsregelungen können vorsehen, daß für den vorzeitigen Bezug von der Vollrente **Abschläge** vorzunehmen sind. Derartige Abschläge sind insbesondere deshalb gerechtfertigt, weil durch den vorzeitigen Bezug des Ruhegeldes die Gesamtaufwendungen nicht ausgeweitet werden sollen. Durch den voraussichtlich längeren Bezug des Ruhegeldes sollen keine finanziellen Vorteile erwachsen[2]. Es gilt deshalb, der kürzeren Dienstzeit des Versorgungsberechtigten, der voraussichtlich längeren Bezugsdauer und der Zinslast aus der vorzeitigen Zahlung Rechnung zu tragen[3].

a) Versicherungsmathematische Abschläge

252 Um eine Wertgleichheit zwischen vorzeitigen und Regelaltersleistungen zu erreichen, läßt die Rechtsprechung[4] zu, daß die Versorgungszusage versicherungsmathematische Abschläge vorsieht. Bei Rentenleistungen werden gewöhnlich **Kürzungsfaktoren von 0,4 bis 0,5% für jeden Monat der vorzeitigen Inanspruchnahme** vereinbart. Eine derartige Kürzung gesteht das BAG bei-

---

1 *Höfer,* § 6 BetrAVG Rz. 2581.
2 BAG v. 22. 4. 1986, AP Nr. 8 zu § 1 BetrAVG – Unterstützungskassen.
3 *Höfer,* § 6 BetrAVG Rz. 2617.
4 BAG v. 13. 3. 1990, AP Nr. 17 zu § 6 BetrAVG; BAG v. 12. 3. 1991, AP Nr. 9 zu § 1 BetrAVG – Besitzstand.

spielsweise dem PSVaG bei der Bemessung vorzeitiger Rentenleistungen zu[1]. Es sind auch andere Kürzungsmöglichkeiten denkbar. Dabei muß jedoch der arbeitsrechtliche Gleichbehandlungsgrundsatz berücksichtigt werden. Bezieher vorzeitiger betrieblicher Ruhegelder dürfen nicht sachwidrig bevorzugt oder benachteiligt werden[2].

Beispiel:
Dem Arbeitnehmer sind per Vollendung des 65. Lebensjahres monatliche Ruhegeldleistungen von 1000 DM zugesagt worden. Er nimmt ein gesetzliches Ruhegeld wegen anerkannter Schwerbehinderung ab Vollendung des 60. Lebensjahres in Anspruch. Die Altersversorgungsregelung sieht für jeden vorzeitigen Bezugsmonat einen versicherungsmathematischen Abschlag von 0,5% vor. Der Arbeitnehmer kann ab Vollendung des 60. Lebensjahres auch das betriebliche Ruhegeld verlangen. Der Arbeitgeber darf es jedoch für jeden vorzeitigen Monat um 0,5%, hier also um insgesamt 30% (60 x 0,5%) kürzen. Dem Arbeitnehmer steht deshalb nur eine vorzeitige Ruhegeldleistung in Höhe von monatlich 700 DM zu.

b) Ratierliche Kürzung bei fehlender Regelung

Oftmals fehlen in Versorgungszusagen Regelungen über die Bemessung der vorzeitigen Ruhegeldleistungen. Dies kann darauf beruhen, daß bei Schaffung der Versorgungsregelung noch keine rechtliche Möglichkeit der vorzeitigen Inanspruchnahme bestand oder aber die Inanspruchnahme vorzeitiger Leistungen einfach nicht bedacht wurde. Ist die Versorgungsregelung insoweit lückenhaft, läßt das BAG eine **dienstzeitabhängige Quotierung** der zugesagten Vollrente entsprechend § 2 Abs. 1 BetrAVG zu[3]. Dabei läßt das BAG die längere Rentenbezugsdauer und die Zinsbelastung unberücksichtigt und gesteht dem Arbeitgeber eine Kürzungsmöglichkeit nur für die fehlende Dienstzeit zu.

253

Die Kürzung wegen der vorzeitigen Inanspruchnahme erfolgt daher im Verhältnis der **tatsächlichen Betriebszugehörigkeit** bis zum Eintritt des Versorgungsfalles zur **möglichen Betriebszugehörigkeit** bis zum vollendeten 65. Lebensjahr oder einer früheren festen Altersgrenze.

254

Beispiel:
Dem Arbeitnehmer wird ein betriebliches Ruhegeld von monatlich 1000 DM per Vollendung des 65. Lebensjahres zugesagt. Er tritt mit Vollendung des 40. Lebensjahres ein und nimmt mit Vollendung des 60. Lebensjahres betriebliches Ruhegeld wegen einer anerkannten Schwerbehinderung in Anspruch. Der Arbeitnehmer hat Anspruch auf den Teil der zugesagten Volleistung (= 1000 DM), der dem Verhältnis der tatsächlichen Dienstjahre bis zum Eintritt des Versorgungsfalles (= 20 Dienstjahre) zu den möglichen Dienstjahren bis zur

---

1 BAG v. 20. 4. 1982, AP Nr. 4 zu § 6 BetrAVG; BAG v. 13. 3. 1990, AP Nr. 17 zu § 6 BetrAVG.
2 *Höfer*, § 6 BetrAVG Rz. 2612.
3 BAG v. 20. 4. 1982 und 24. 6. 1986, AP Nr. 4 und 12 zu § 6 BetrAVG.

Vollendung des 65. Lebensjahres (= 25 Jahre) entspricht. Der Arbeitnehmer könnte vorzeitige Leistungen in Höhe von monatlich 800 DM (1000 DM : 25 x 20) beanspruchen.

Eine solche dienstzeitabhängige Quotierung kann natürlich auch Gegenstand der Versorgungszusage sein. Sie gilt im übrigen auch dann, wenn eine anderweitige Regelung wegen Mißachtung der Mitbestimmung des Betriebsrats unwirksam ist[1].

c) Höhe bei Ausscheiden mit unverfallbarer Anwartschaft

255 Vorzeitige betriebliche Ruhegeldleistungen kann der Arbeitnehmer auch dann verlangen, wenn er vor Eintritt des Versorgungsfalles mit einer unverfallbaren Versorgungsanwartschaft ausgeschieden ist. In diesem Fall kann es zu einer **mehrfachen Kürzung** der zugesagten Vollrente kommen: Eine Kürzung kann der Arbeitnehmer dadurch erfahren, daß nach § 2 Abs. 1 BetrAVG für die vorzunehmende ratierliche Anwartschaftsberechnung nur die Leistungen zugrunde zu legen sind, die der Arbeitnehmer bis zum Eintritt des Versorgungsfalles erdienen konnte.

Beispiel:

Dem Arbeitnehmer wird eine dienstzeitabhängige Versorgungszusage erteilt. Für jedes abgeleistete Dienstjahr soll er eine monatliche Rente von 10 DM erhalten. Der Arbeitnehmer tritt mit Vollendung des 40. Lebensjahres ein. Mit Vollendung des 60. Lebensjahres beansprucht er Altersruhegeld wegen anerkannter Schwerbehinderung. Bis zum Eintritt des Versorgungsfalles (Inanspruchnahme des betrieblichen Ruhegeldes wegen anerkannter Schwerbehinderung mit 60 Lebensjahren) hat der Arbeitnehmer lediglich 20 Dienstjahre und damit 20 Steigerungsbeträge à 10 DM erdient. Ausgangspunkt für die ratierliche Berechnung ist deshalb die bis zum Eintritt des Versorgungsfalles erreichbare Betriebsrente von 200 DM (= 20 Steigerungsbeträge à 10 DM). Die ohne Eintritt des Versorgungsfalles noch bis zur Vollendung des 65. Lebensjahres möglichen Steigerungsbeträge bleiben unberücksichtigt.

Eine weitere Kürzung läßt das BAG für die **vorzeitige Inanspruchnahme** des Ruhegeldes zu. Ist die Versorgungsregelung lückenhaft, kann entsprechend § 2 Abs. 1 BetrAVG ratierlich gekürzt werden.

Beispiel:

Der Arbeitnehmer hat im obigen Beispielsfall die Betriebsrente fünf Jahre vor dem eigentlich vorgesehenen Zeitpunkt (Vollendung des 65. Lebensjahres) in Anspruch genommen. Wegen der fehlenden Dienstzeit darf im Verhältnis der Zeit bis zum Eintritt des Versorgungsfalles (20 Jahre) zu der vorgesehenen Betriebsrente bis zur Vollendung des 65. Lebensjahres (= 25 Jahre) gekürzt werden. Die vorgezogenen Altersruhegeldleistungen würden monatlich 160 DM betragen (200 DM : 25 x 20).

---

1 BAG v. 24. 6. 1986, AP Nr. 12 zu § 6 BetrAVG.

B. VI. Vorzeitige Altersleistungen

Ist der Arbeitnehmer mit einer unverfallbaren Anwartschaft **vor Eintritt des Versorgungsfalles** ausgeschieden, erfolgt nun noch eine weitere Kürzung gem. § 2 Abs. 1 BetrAVG. 256

Beispiel:
Im obigen Beispielsfall ist der Arbeitnehmer mit Vollendung des 55. Lebensjahres ausgeschieden. Er hat eine unverfallbare Versorgungsanwartschaft erhalten, die im Verhältnis der tatsächlichen Betriebszugehörigkeit (15 Dienstjahre) zur möglichen Betriebszugehörigkeit bis zur Vollendung des 65. Lebensjahres (= 25 Dienstjahre) ratierlich zu kürzen ist. Es verbleibt eine unverfallbare Versorgungsanwartschaft von 96 DM (= 160 DM : 25 x 15).

Von der ehedem zugesagten Vollrente von 250 DM verbleibt dem Arbeitnehmer also nur ein Betrag von 96 DM, wenn er nach 15 Beschäftigungsjahren mit unverfallbarer Versorgungsanwartschaft ausscheidet und mit Vollendung des 60. Lebensjahres vorzeitige Altersleistungen in Anspruch nimmt. Eine weitere Kürzung kann bei **endgehaltsabhängigen Versorgungszusagen** eintreten. Ist dem Arbeitnehmer ein bestimmter Prozentsatz des letzten Verdienstes als Ruhegeld zugesagt worden, so nimmt er gem. § 2 Abs. 5 BetrAVG an künftigen Steigerungen der Bemessungsgrundlage nach dem Ausscheiden nicht mehr teil.

Beispiel:
Im obigen Beispielsfall wird dem Arbeitnehmer nicht ein fester Steigerungsbetrag zugesagt, sondern ein bestimmter Prozentsatz seines letzten Verdienstes. Wird ihm beispielsweise zugesagt, für jedes Dienstjahr 0,5% seines letzten Verdienstes als monatliches Ruhegeld zu erhalten und bezieht er einen Verdienst von monatlich 2000 DM, so beträgt der Steigerungsbetrag 10 DM. Mit Ausscheiden aus den Diensten des Arbeitgebers wird dieser Betrag gem. § 2 Abs. 5 BetrAVG eingefroren. Bestünde das Arbeitsverhältnis fort, so würde sich der Steigerungsbetrag entsprechend der Entwicklung des monatlichen Verdienstes erhöhen. Betrüge der Verdienst bei Vollendung des 65. Lebensjahres 3000 DM, so würde sich ein Steigerungsbetrag von 15 DM ergeben. Darauf kann der Arbeitnehmer aber keinen Anspruch erheben, weil nach § 2 Abs. 5 BetrAVG die Bemessungsgrundlagen auf den Zeitpunkt des Ausscheidens aus den Diensten des Arbeitgebers festgeschrieben werden.

4. Vorzeitige feste Altersgrenze

Nicht jeder Bezug von betrieblichem Ruhegeld vor Vollendung des 65. Lebensjahres beinhaltet eine vorzeitige Leistung iSd. § 6 BetrAVG. Legt die Versorgungszusage eine frühere, vor Vollendung des 65. Lebensjahres liegende feste Altersgrenze fest, so können ab dem Erreichen dieser Altersgrenze betriebliche **Ruhegelder ungekürzt** in Anspruch genommen werden[1]. Vielfach bestehen in Versorgungswerken auch noch unterschiedliche feste Altersgrenzen für Frauen und Männer. Dies kann dazu führen, daß je nach Geschlecht zu unterschiedli- 257

---
1 Zur festen Altersgrenze vgl. Rz. 200.

chen Zeitpunkten volle, ungekürzte Versorgungsleistungen beansprucht werden können. Solche **geschlechtsspezifische Differenzierungen** verstoßen gegen das Lohngleichheitsgebot aus Art. 119 EG-Vertrag. Eine Korrektur ist hinsichtlich des Teils der Versorgungsanwartschaft vorzunehmen, der nach dem 17. 5. 1990 erdient wurde[1].

5. Änderungen durch das Rentenreformgesetz 1999

258 § 6 BetrAVG wird redaktionell geändert. Der Gesetzeswortlaut weist nun explizit darauf hin, daß der Arbeitnehmer aus der gesetzlichen Rentenversicherung eine Vollrente beanspruchen muß. Daß eine Teilrente nicht genügt, war aber auch schon bislang allgemeine Auffassung (vgl. Rz. 243). Weiter hat der Gesetzgeber einen neuen § 30a BetrAVG eingefügt. Damit reagiert er auf die Rechtsprechung des EuGH zur Gleichbehandlung von Männern und Frauen bei Entgeltleistungen. Darin ist bestimmt, daß Männern für nach dem 17. 5. 1990 (Barber-Urteil) abgeleistete Dienstzeiten eine vorzeitige Altersrente zu gewähren ist, wenn sie die für Frauen geltenden Anspruchsvoraussetzungen für eine vorzeitige gesetzliche Altersrente sowie die Leistungsvoraussetzungen der Versorgungszusage erfüllen.

VII. Insolvenzsicherung

259 Mit Gesetz vom 19. 12. 1974 wurde ein **Insolvenzschutz** für betriebliche Ruhegelder eingeführt. Kann der Arbeitgeber Versorgungsansprüche nicht mehr erfüllen, weil er insolvent geworden ist, so erhält der Versorgungsberechtigte einen gesetzlichen Anspruch gegen den **Pensions-Sicherungs-Verein auf Gegenseitigkeit (PSVaG).** Die Anspruchsvoraussetzungen ergeben sich im wesentlichen aus § 7 BetrAVG. Nach § 7 Abs. 1 BetrAVG tritt der PSVaG zunächst ein für laufende Versorgungsleistungen, die der Arbeitgeber insolvenzbedingt nicht mehr beziehen kann.

Verfügte der Berechtigte zum Zeitpunkt des Insolvenzeintritts oder eines etwaigen vorzeitigen Ausscheidens vor Eintritt des Versorgungsfalles über eine nach § 1 BetrAVG **unverfallbare Versorgungsanwartschaft,** so ist er ebenfalls in einem gewissen Mindestumfang gesichert (§ 7 Abs. 2 BetrAVG).

260 Das **BAG** hat entschieden, daß auch solche Versorgungsanwartschaften unter den gesetzlichen Insolvenzschutz fallen, die nur nach dem sog. **Unverfallbarkeitsurteil** vom 10. 3. 1972 unverfallbar geworden sind[2]. Danach können Versorgungsanwartschaften kraft Richterrechts auch dann unverfallbar sein, wenn der Versorgungsberechtigte **vor Inkrafttreten des BetrAVG** (19. 12. 1974) aus den Diensten seines Arbeitgebers ausgeschieden ist. Unverfallbar sind die Versorgungsansprüche dann, wenn der Arbeitnehmer mehr als 20 Jahre betriebs-

---

1 Nähere Einzelheiten oben unter Rz. 205 f.
2 BAG v. 10. 3. 1972, BAGE 24, 177.

treu war. Das BAG betont damit den Entgeltcharakter der betrieblichen Altersversorgung. Dem Arbeitnehmer dürfe nichts genommen werden, für das er quasi die Hälfte seines Arbeitslebens bereits die Gegenleistung erbracht habe. Auf das sog. „Unverfallbarkeitsurteil" können sich nur Arbeitnehmer berufen, die nach dem 1. 1. 1969 ausgeschieden sind und die bis dahin die erdiente Versorgungsanwartschaft vom Arbeitgeber klar und eindeutig verlangt haben. Für Fälle, in denen das Arbeitsverhältnis vor dem 1. 1. 1969 geendet hat, verbleibt es bei dem Verfall von Versorgungsansprüchen. Versorgungsanwartschaften, die nach Maßgabe der Rechtsprechung des BAG vor Inkrafttreten des BetrAVG unverfallbar geworden sind, genießen den gesetzlichen Insolvenzschutz[1].

Insolvenzgeschützt sind dagegen **vertragliche Abreden** nicht, soweit sie nicht zugleich die vom BAG im Urteil vom 10. 3. 1972 aufgestellten Kriterien oder aber die gesetzlichen Unverfallbarkeitsfristen des § 1 BetrAVG erfüllen; der gesetzliche Insolvenzschutz steht nicht zur Disposition der Arbeitsvertragsparteien. Jede über das Gesetz hinausgehende Regelung mag deshalb zwar zwischen den Arbeitsvertragsparteien Rechtswirkungen entfalten, ist aber gegenüber dem Träger der gesetzlichen Insolvenzsicherung unwirksam[2]. 261

Grundsätzlich kann auch durch eine **Anrechnung** von bei einem früheren Arbeitgeber verbrachten **Vordienstzeiten** eine gesetzliche Unverfallbarkeit und damit ein Insolvenzschutz nicht herbeigeführt werden. War der Arbeitnehmer beispielsweise bei dem insolventen Arbeitgeber nur wenige Jahre beschäftigt und scheidet er vor Erreichen der Unverfallbarkeitsfristen und vor Eintritt eines Versorgungsfalles aus, so kommen Ansprüche gegen die Insolvenzsicherung grundsätzlich nicht in Betracht, selbst wenn der Arbeitnehmer in einem früheren Arbeitsverhältnis auch von einer Versorgungszusage profitieren sollte, dort aber ebenfalls die gesetzlichen Unverfallbarkeitsvoraussetzungen nicht erfüllte. 262

Das BAG läßt allerdings eine **Ausnahme** zu, wenn folgende Kriterien erfüllt sind: Der Arbeitgeber, wegen dessen Insolvenz der Arbeitnehmer Ansprüche gegen die Insolvenzsicherung geltend mache, müsse zunächst die Anrechnung von bei einem früheren Arbeitgeber verbrachten Dienstzeiten zugesagt haben. Die angerechnete Vordienstzeit müsse von einer Versorgungszusage – gleich welchen Inhalts – begleitet gewesen sein. Schließlich müsse sie an das letzte Arbeitsverhältnis, aus dem die Versorgungsleistung beansprucht werde, nahtlos heranreichen[3].

Bei der Anrechnung von Vordienstzeiten mit Wirkung für den Insolvenzschutz weist das BAG ausdrücklich darauf hin, daß durch eine vertragliche Abrede insolvenzgeschützte Rechte nicht begründet oder erweitert werden können. Vielmehr erfüllt nach Auffassung des BAG in bestimmten Fällen auch eine **angerechnete Betriebszugehörigkeit** das gesetzliche Tatbestandsmerkmal der Betriebszugehörigkeit, wie es von § 1 BetrAVG verlangt wird. Das BAG hält 263

---
1 BAG v. 20. 1. 1987, BAGE 54, 96.
2 BAG v. 22. 9. 1987, AP Nr. 5 zu § 1 BetrAVG – Besitzstand.
3 BAG v. 11. 1. 1983, AP Nr. 17 zu § 7 BetrAVG; BAG v. 26. 9. 1989, ZIP 1990, 118, 194.

eine Anrechnung von Vordienstzeiten mit Auswirkung auf den Insolvenzschutz dann für möglich, wenn sich für den Versorgungsberechtigten praktisch nur der Inhalt der Versorgungszusage und der Versorgungsschuldner geändert hat[1]. Es begreift damit die angerechnete Dienstzeit und die Dienstzeit aus dem Arbeitsverhältnis, aus welchem das Versorgungsversprechen herrührt, als eine einheitliche Betriebszugehörigkeit. Daran fehlt es aber, wenn zwischen den Arbeitsverhältnissen bei den verschiedenen Arbeitgebern eine zeitliche – wenn auch nur kurze – Unterbrechung eingetreten ist. Bestand eine Unterbrechung, so erlischt der Besitzstand gegenüber dem früheren Arbeitgeber, soweit dort nicht eigenständige unverfallbare Versorgungsrechte erdient wurden, und kann für den Insolvenzschutz nicht mehr nutzbar gemacht werden.

264 In einer Einzelfallentscheidung hat das BAG auch die **Anrechnung sog. „Nachdienstzeiten"** mit Wirkung für den Insolvenzschutz zugelassen. Der gesetzliche Insolvenzschutz greift danach auch dann ein, wenn der Arbeitgeber eine Nachdienstzeit anerkennt, in der der Arbeitnehmer tatsächlich nicht gearbeitet hat, um beim Arbeitnehmer ohne weitere Versorgungseinbußen den Versorgungsfall der vorgezogenen Altersrente in der gesetzlichen Rentenversicherung herbeizuführen. Der Insolvenzschutz folge hier daraus, daß der Arbeitgeber es in der Hand habe, statt der Anrechnung der Nachdienstzeit die Versorgungszusage schlicht zu verbessern, indem entweder die Bemessungsgrundlage angehoben oder zusätzliche Zahlungen zugesagt würden. Wirke sich die Anrechnung der Nachdienstzeit letztlich nicht anders aus als die Verbesserung des Versorgungsversprechens, so sei sie auch insolvenzgeschützt[2].

265 Träger der Insolvenzsicherung für Ansprüche aus betrieblicher Altersversorgung ist der **Pensions-Sicherungs-Verein auf Gegenseitigkeit (PSVaG)** mit Sitz in Köln. Als Versicherungsverein auf Gegenseitigkeit ist er privatrechtlich organisiert. Leistungsansprüche, die gegen ihn gerichtet sind, sind gesetzlicher Natur. Für Klagen aus dem Leistungsverhältnis sind gem. § 2 Abs. 1 Nr. 5 ArbGG die Gerichte für Arbeitssachen zuständig. Waren die Versorgungsberechtigten nicht Arbeitnehmer, sondern lediglich arbeitnehmerähnliche Personen im Sinne des § 17 Abs. 1 Satz 2 BetrAVG, so ist der Rechtsweg zu den ordentlichen Gerichten eröffnet. Klagen gegen den PSVaG sind vor den für ihn örtlich zuständigen Gerichten zu erheben. Der allgemeine Gerichtsstand des PSVaG ist daher **Köln**, erstinstanzlich sind Klagen also bei dem Arbeitsgericht in Köln oder bei dem Landgericht in Köln anhängig zu machen[3]. Der PSVaG kann also nicht an dem Ort verklagt werden, an dem das der Altersversorgungszusage zugrundeliegende Arbeitsverhältnis zu erfüllen war. Wurde die Klage vor einem anderen Gericht erhoben, ist der Rechtsstreit an das Arbeitsgericht bzw. das Landgericht Köln zu verweisen.

266 Bei dem PSVaG werden betriebliche Altersversorgungsleistungen durch **Zwangsbeiträge** versichert (vgl. dazu unten Rz. 311). Für Ansprüche gegenüber

---

1 BAG v. 8. 5. 1984, AP Nr. 20 zu § 7 BetrAVG.
2 BAG v. 10. 3. 1992, AP Nr. 73 zu § 7 BetrAVG.
3 BAG v. 4. 5. 1992 – 5 AS 2/92, nv.

dem PSVaG kommt es hingegen nur darauf an, ob die gesetzlichen Voraussetzungen für eine Einstandspflicht erfüllt sind. Dies bedeutet, daß der PSVaG auch leisten muß, wenn der Arbeitgeber es pflichtwidrig unterlassen hat, Beiträge an den PSVaG abzuführen[1]. Umgekehrt besteht eine Zahlungsverpflichtung des PSVaG nicht, wenn zwar Beiträge abgeführt, der geltend gemachte Anspruch aber nach Maßgabe der gesetzlichen Bestimmungen nicht sicherungsfähig ist.

1. Sicherungsfälle

In § 7 Abs. 1 BetrAVG sind die Sicherungsfälle, in denen der PSVaG für die eigentlich vom Arbeitgeber zu erbringenden Versorgungsleistungen einstehen muß, enumerativ aufgezählt[2]. Dabei gibt es zwei Gruppen von Sicherungsfällen[3], nämlich zum einen solche, bei denen das **Unternehmen liquidiert** wird. Das geschieht bei dem Konkurs des Arbeitgebers, der Abweisung des Konkursantrages mangels Masse und bei der Beendigung der Betriebstätigkeit bei offensichtlicher Massenlosigkeit. Die andere Gruppe umschreibt Tatbestände, bei denen regelmäßig das **Unternehmen fortgeführt** wird, nämlich den gerichtlichen und außergerichtlichen Vergleich und die sog. wirtschaftliche Notlage.

Voraussetzung für die Einstandspflicht des PSVaG ist stets ein **Sicherungsfall bei dem Arbeitgeber** des Versorgungsberechtigten. Dabei genügt es, wenn der ursprünglich Versorgungsverpflichtete einmal gegenüber dem Versorgungsberechtigten die Arbeitgeberstellung innehat. Hat er zwischenzeitlich jede werbende Tätigkeit eingestellt, so bleibt er dennoch Arbeitgeber im insolvenzschutzrechtlichen Sinne[4]. Der **Arbeitgeberbegriff** des BetrAVG ist nicht mit dem allgemeinen Begriff im Arbeitsrecht identisch. So sind auch die gegenüber arbeitnehmerähnlichen Personen im Sinne des § 17 Abs. 1 Satz 2 BetrAVG verpflichteten Unternehmen Arbeitgeber im Sinne der gesetzlichen Insolvenzsicherung[5]. Das BAG formuliert noch weiter. Danach ist Arbeitgeber im Sinne des § 7 BetrAVG ganz allgemein derjenige, „der selbst oder über Versorgungseinrichtungen Leistungen der betrieblichen Altersversorgung zusagt oder erbringt"[6]. Das BAG billigte einem Arbeitnehmer Insolvenzschutz zu, der von einer deutschen Konzernmutter eine Altersversorgungszusage erhalten hatte, aber bei einer ausländischen selbständigen Tochterunternehmung tätig war. Versorgungsverpflichtungen können von einem anderen Arbeitgeber übernommen werden. So ist eine Übernahme nach § 4 BetrAVG zulässig, soweit ihr der PSVaG zugestimmt hat[7]. Ebenso können gem. § 613a BGB und durch das Umwandlungsgesetz in der seit dem 1. 1. 1995 gültigen Fassung Versorgungsverbindlichkeiten auf einen neuen Arbeitgeber übergehen. Verpflichtet ist dann nur noch der übernehmende Ar-

---

1 Vgl. *Paulsdorff*, § 7 Rz. 14.
2 *Höfer*, § 7 BetrAVG Rz. 2733.
3 *Höfer*, § 7 BetrAVG Rz. 2735.
4 BAG v. 11. 11. 1986, AP Nr. 61 zu § 613a BGB.
5 *Höfer*, § 7 BetrAVG Rz. 2738.
6 BAG v. 6. 8. 1985, AP Nr. 24 zu § 7 BetrAVG.
7 Vgl. dazu oben Rz. 230 f.

beitgeber mit der Konsequenz, daß bei ihm ein Sicherungsfall eingetreten sein muß, soll der PSVaG in Anspruch genommen werden.

a) Eröffnung des Konkursverfahrens

269 Grundtatbestand des § 7 Abs. 1 BetrAVG ist die Eröffnung des Konkursverfahrens über das Vermögen des Arbeitgebers. Voraussetzung hierfür ist die **Konkursfähigkeit.** Daran fehlt es beispielsweise bei einer stillen Gesellschaft oder einer Gesellschaft Bürgerlichen Rechts (§ 705 BGB). Ein Sicherungsfall tritt nur dann ein, wenn über das Vermögen aller BGB-Gesellschafter das Konkursverfahren eröffnet worden ist; solange noch bei einem Gesellschafter Zahlungsfähigkeit besteht, muß dessen wirtschaftliche Leistungsfähigkeit ausgeschöpft werden. Um den Sicherungsfall der Konkurseröffnung herbeizuführen, bedarf es eines **Konkursantrags,** den ggf. auch die Versorgungsberechtigten selbst stellen können. Auch Versorgungsanwärter, die noch tätig sind, können einen Konkursantrag stellen[1]. Die Eröffnung des Konkursverfahrens hängt davon ab, ob ein **Konkursgrund** besteht. Dies wiederum richtet sich nach den konkursrechtlichen Bestimmungen. Entscheidend ist der Zeitpunkt der Konkurseröffnung dafür, ab wann Ansprüche gegenüber dem gesetzlichen Insolvenzsicherer bestehen. Gem. § 108 Abs. 1 KO müssen im Eröffnungsbeschluß nicht nur der Tag der Konkurseröffnung, sondern auch die Stunde und die Minute festgehalten werden. Wird später das Konkursverfahren mangels Masse wieder eingestellt, so berührt dies die Zahlungsverpflichtung des PSVaG nicht. Selbst wenn im Konkursverfahren eine 100%ige Befriedigung aller Gläubiger, auch der Versorgungsberechtigten, erreicht werden kann, ist der PSVaG einstandspflichtig.

b) Abweisung des Konkursantrags

270 Nach § 7 Abs. 1 Satz 3 BetrAVG werden der Konkurseröffnung andere Sicherungsfälle gleichgestellt, darunter nach Ziffer 1 die Abweisung des Antrags auf Konkurseröffnung **mangels Masse.** Nach § 107 KO ist der Konkursantrag abzuweisen, wenn das Konkursgericht in einer Ermessensentscheidung dazu gelangt, daß die Vermögensmasse des Gemeinschuldners nicht einmal zur Deckung der Verfahrenskosten ausreicht. Regelmäßig führt eine solche Insolvenz dazu, daß das Unternehmen nicht mehr fortgeführt werden kann. Bei Kapitalgesellschaften sehen die gesetzlichen Bestimmungen nach rechtskräftiger Abweisung eines Konkursantrags zwingend die Auflösung der Gesellschaft vor. Eine Besonderheit gilt für die eingetragene Genossenschaft, bei der gem. § 100 Abs. 3 Genossenschaftsgesetz die Abweisung des Konkursantrags mangels Masse nicht möglich ist. Hier kann folglich der Sicherungsfall des § 7 Abs. 1 Satz 3 Nr. 1 BetrAVG nicht eintreten.

Die Abweisung des Konkursantrags mangels Masse erfolgt durch **gerichtlichen Beschluß.** Auch hier kann der genaue Zeitpunkt des Sicherungsfalles dem Abweisungsbeschluß entnommen werden; er ist maßgeblich für die Einstandspflicht des PSVaG.

---

[1] *Höfer,* § 7 BetrAVG Rz. 2743.

c) Gerichtliches Vergleichsverfahren

Ein Sicherungsfall nach § 7 Abs. 1 Satz 3 Nr. 2 BetrAVG liegt vor, wenn ein gerichtliches Vergleichsverfahren zur Abwendung des Konkurses eröffnet wird. Möglich sind ein **Stundungs-, Quoten- oder Liquidationsvergleich.** Voraussetzung für die Eröffnung eines Vergleichsverfahrens ist, daß den Gläubigern eine Befriedigung ihrer Forderung in Höhe einer Quote von **wenigstens 35%**, bei Verlängerung der Zahlungsfrist von mindestens 40% geboten wird (§ 7 Abs. 1 und Abs. 2 VerglO). Die Vergleichsgläubiger müssen den Vergleichsvorschlag mehrheitlich annehmen, er muß schließlich gerichtlich bestätigt werden, damit eine Eröffnung des gerichtlichen Vergleichsverfahrens erfolgen kann. Anders als beim Konkursantrag können die Versorgungsberechtigten keinen Vergleichsantrag zur Herbeiführung dieses Sicherungsfalles stellen. Ggf. müssen sie Konkursantrag stellen. 271

Der Sicherungsfall des § 7 Abs. 1 Satz 3 Nr. 2 BetrAVG führt dazu, daß der PSVaG **in Höhe der Ausfallquote** haftet. Im übrigen bleibt der insolvente Arbeitgeber selbst verpflichtet. Bei einem Stundungsvergleich sind nur die Versorgungsansprüche betroffen, die während des Stundungszeitraums fällig werden. Anwartschaften werden nicht berührt[1]. 272

Das **Vergleichsverfahren endet** durch Aufhebung, Versagung der Bestätigung des Vergleichs oder Einstellung. Wird der Vergleich erfüllt und deshalb das Vergleichsverfahren aufgehoben, so ändert dies an der Leistungspflicht des PSVaG nichts. Die Versorgungsberechtigten behalten ihren Anspruch gegenüber dem Insolvenzsicherer; der Arbeitgeber bleibt im Umfang des gerichtlichen Vergleichs endgültig von seiner Leistungspflicht befreit[2]. 273

d) Außergerichtlicher Vergleich

Der PSVaG ist einstandspflichtig auch im Falle eines außergerichtlichen (Stundungs-, Quoten- oder Liquidations-)Vergleichs des Arbeitgebers mit seinen Gläubigern. Voraussetzung ist die **vorangegangene Zahlungseinstellung** und die **Zustimmung des PSVaG.** Der außergerichtliche Vergleich unterscheidet sich dadurch von dem gerichtlichen Vergleichsverfahren, daß der Vergleichsschuldner dem Grundsatz nach mit jedem einzelnen Gläubiger eine Regelung treffen muß. Zu den Gläubigern gehören auch die Versorgungsberechtigten. Es steht ihnen frei, dem Vergleichsvorschlag zuzustimmen. Sie können die Zustimmung auch unter der Bedingung erteilen, daß der PSVaG dem außergerichtlichen Vergleich zustimmt[3]. 274

Ein Sicherungsfall tritt aber nur dann ein, wenn der **PSVaG zustimmt.** Sinn ist es, den PSVaG vor unberechtigten Inanspruchnahmen zu schützen. Wäre die Zustimmung nicht erforderlich, so könnte der Versorgungsberechtigte dem Vergleich zustimmen, ohne wirtschaftliche Nachteile befürchten zu müssen, 275

---

1 Vgl. *Blomeyer/Otto*, § 7 BetrAVG Rz. 101; *Höfer*, § 7 BetrAVG Rz. 2763.
2 *Höfer*, § 7 BetrAVG Rz. 2765.
3 *Blomeyer/Otto*, § 7 BetrAVG Rz. 110.

denn er wäre ja insolvenzgeschützt. Das Zustimmungserfordernis seitens des PSVaG verhindert damit Verträge zu Lasten eines Dritten, nämlich des PSVaG. Sinnvoll ist das Zustimmungserfordernis insbesondere im Hinblick darauf, daß die Last der Insolvenzsicherung von der Solidargemeinschaft der beitragspflichtigen Unternehmen aufgebracht werden muß. Der PSVaG muß seine Entscheidung, einem außergerichtlichen Vergleich zuzustimmen, nach **pflichtgemäßem Ermessen** treffen, er kann eine Zustimmung also nicht willkürlich versagen[1]. Dabei muß er prüfen, ob mittels des außergerichtlichen Vergleichs eine Sanierung des Unternehmens und damit auch eine Sicherstellung der Versorgungsansprüche herbeigeführt werden kann.

276 Allerdings ist es **nicht Zweck** der gesetzlichen Insolvenzsicherung, Sanierungen zu ermöglichen oder Krisenhilfen zu stellen[2]. So hat das BAG ausdrücklich darauf hingewiesen, daß der PSVaG nicht einem außergerichtlichen Vergleich zustimmen müsse, bei dem der Arbeitgeber seine Vermögenswerte einsetze, um seine sonstigen Gläubiger zu befriedigen, während die Versorgungslasten dem PSVaG aufgebürdet werden[3].

277 Der Arbeitgeber hat **keinen Rechtsanspruch** gegenüber dem PSVaG auf Zustimmung zu dem außergerichtlichen Vergleich[4]. Stimmt der PSVaG dem außergerichtlichen Vergleichsvorschlag des Arbeitgebers nicht zu, so kann das Unternehmen versuchen, einen Sicherungsfall nach § 7 Abs. 1 Satz 3 Nr. 5 BetrAVG herbeizuführen. Er kann dann gerichtlich eine „wirtschaftliche Notlage" feststellen lassen und so bei Vorliegen der dafür von der Rechtsprechung herausgearbeiteten Voraussetzungen einen Sicherungsfall auslösen.

Der PSVaG hat in seinen allgemeinen Bedingungen zur Insolvenzsicherung (§ 3 Abs. 3 AIB) festgelegt, daß der **Sicherungsfall** zeitlich an dem Tag eintritt, an dem sich der Arbeitgeber unter Mitteilung seiner Zahlungsunfähigkeit an seine sämtlichen Gläubiger gewendet hat. Der Sicherungsfall tritt damit regelmäßig schon zu einem früheren Zeitpunkt ein als an dem Tag, an dem der außergerichtliche Vergleich durch Annahme der Gläubiger zustande kommt. Der Zeitpunkt des Eintritts des Sicherungsfalles ist damit beeinflußbar. Nach Auffassung des BAG ist dies aber auch sachgerecht, weil sich die frühere Übernahme der Zahlungsverpflichtungen durch den PSVaG für die Versorgungsempfänger regelmäßig günstig auswirkt. Es gesteht insoweit Absprachen über den Zeitpunkt des Eintritts des Sicherungsfalles zu[5].

278 Für **Anwärter** kann sich allerdings ein Nachteil ergeben, wenn ihre Versorgungsanwartschaft erst zu einem späteren Zeitpunkt noch vor dem Zustandekommen des Vergleiches unverfallbar geworden wäre. Da sie aber zu den Gläubigern gehören, können sie das Zustandekommen des außergerichtlichen Vergleiches verhindern, indem sie ihre eigene Zustimmung verweigern[6].

---

1 *Blomeyer/Otto*, § 7 BetrAVG Rz. 107.
2 *Höfer*, § 7 BetrAVG Rz. 2772.
3 BAG v. 11. 9. 1980, AP Nr. 9 zu § 7 BetrAVG.
4 *Blomeyer/Otto*, § 7 BetrAVG Rz. 107.
5 BAG v. 14. 12. 1993, DB 1994, 686.
6 *Höfer*, § 7 BetrAVG Rz. 2776.

e) Vollständige Betriebseinstellung bei offensichtlicher Masselosigkeit

Der Sicherungsfall des § 7 Abs. 1 Satz 3 Nr. 4 BetrAVG beinhaltet einen **Auffangtatbestand** für alle Fälle, in denen der Arbeitgeber infolge Zahlungsunfähigkeit seine Zahlungen einstellt und ein förmliches Insolvenzverfahren nicht betreibt[1]. Der Versorgungsberechtigte soll auch dann geschützt sein, wenn der Arbeitgeber die Zahlungen einstellt und den Betrieb nicht mehr fortführt. Der Versorgungsberechtigte soll von der Formalität entbunden werden, einen Konkursantrag stellen zu müssen, um die Insolvenzsicherung herbeizuführen. Allerdings muß ein Antrag auf Eröffnung des Konkursverfahrens zulässig sein. Notwendig ist deshalb die **Konkursfähigkeit** des Unternehmens wie auch das **Vorhandensein eines Konkursgrundes**[2]. Negativ formuliertes Tatbestandsmerkmal ist, daß **kein Konkursantrag** gestellt worden ist, andernfalls kommen nur die Sicherungsfälle der Konkurseröffnung und der Abweisung des Konkursantrags mangels Masse in Betracht. Positives Tatbestandsmerkmal ist die vollständige **Beendigung der Betriebstätigkeit**. Hierzu muß die gesamte unternehmerische Tätigkeit eingestellt werden. Es genügt danach nicht, wenn nur die werbende Tätigkeit beendet worden ist.

279

Auch eine **noch fortdauernde Liquidation** beinhaltet eine Betriebstätigkeit, die den Eintritt des Sicherungsfalls nach § 7 Abs. 1 Satz 3 Nr. 4 BetrAVG ausschließt[3]. Nach dem Gesetzeswortlauf darf ein Konkursverfahren wegen **offensichtlicher Masselosigkeit** nicht in Betracht kommen. Problematisch ist dies für den Versorgungsempfänger deshalb, weil er mangels Kenntnis die Sachlage regelmäßig nicht beurteilen kann und deshalb Schwierigkeiten haben wird, eine Offensichtlichkeit des Massemangels darzulegen. Das BAG interpretiert den Sicherungsfall des § 7 Abs. 1 Satz 3 Nr. 4 BetrAVG vom Schutzzweck her. Danach sollen die Pensionäre durch eine Insolvenz des Versorgungsschuldners keinen Ausfall erleiden. Umgekehrt soll der PSVaG auch nur dann eintreten müssen, wenn die gesetzlich genannten Voraussetzungen vorliegen. In erster Linie sei deshalb zwischen dem Arbeitgeber und dem PSVaG zu klären, ob eine Kürzung der Leistungen in Betracht komme. Nur so könne umfassend und gleichmäßig mit Beteiligung des eintrittspflichtigen PSVaG die Lage zutreffend bewertet werden[4]. Gelinge die Klärung nicht, so sei von einer offensichtlichen Masselosigkeit dann auszugehen, wenn der Arbeitgeber – bei vollständiger Beendigung der Betriebstätigkeit – den Pensionären die Versorgungsleistungen mit der Begründung versage, er habe kein für die Eröffnung des Konkursverfahrens ausreichendes Vermögen, und der PSVaG vom Arbeitgeber oder den Pensionären unter Hinweis hierauf in Anspruch genommen werde[5]. Der PSVaG müsse dann die Leistungen übernehmen, könne aber die Ansprüche auf sich überleiten und alle Schritte unternehmen, um noch verwertbares Vermögen des Arbeitgebers an sich zu ziehen, notfalls dadurch, daß er ein Konkursverfah-

280

---

1 *Blomeyer/Otto*, § 7 BetrAVG Rz. 112.
2 *Blomeyer/Otto*, § 7 BetrAVG Rz. 119.
3 *Paulsdorff*, § 7 BetrAVG Rz. 135.
4 BAG v. 11. 9. 1980, BAGE 34, 146, 155.
5 BAG v. 11. 9. 1980, BAGE 34, 146, 156.

ren einleite. Gelangt allerdings der PSVaG zu der Feststellung, daß der Arbeitgeber lediglich zahlungsunwillig ist, muß er dies dem Versorgungsberechtigten mitteilen. Dieser kann dann den Arbeitgeber verklagen oder – wenn er von dessen Insolvenz ausgeht – einen Konkursantrag stellen oder aber den PSVaG auf Feststellung verklagen, daß doch ein Sicherungsfall nach § 7 Abs. 1 Satz 3 Nr. 4 BetrAVG vorliegt[1].

281 Für die Feststellung des **Zeitpunkts**, zu dem der Sicherungsfall eingetreten ist, kommt es darauf an, wann das letzte anspruchsbegründende Tatbestandsmerkmal erstmalig vorliegt. Dabei kann die Masselosigkeit auch nach der Beendigung der Betriebstätigkeit erst eintreten[2]. Darauf, wann die Masselosigkeit offensichtlich geworden ist, kommt es nicht an[3].

282 Auf den Eintritt des Sicherungsfalles wirkt sich nicht aus, wenn der Arbeitgeber später seine **Betriebstätigkeit wieder aufnimmt**. Es verbleibt dann bei der Einstandspflicht der PSVaG; dieser kann allenfalls bei dem eigentlichen Versorgungsschuldner Rückgriff nehmen.

f) Wirtschaftliche Notlage

283 § 7 Abs. 1 Satz 3 Nr. 5 BetrAVG bestimmt, daß der PSVaG auch dann eintreten muß, wenn der Arbeitgeber die **Versorgungsleistungen** wegen wirtschaftlicher Notlage **einstellt oder kürzt** und dies durch rechtskräftiges Urteil eines Gerichts für zulässig erklärt worden ist. Der PSVaG kann allerdings auch ohne rechtskräftiges Urteil leisten, wenn er die Kürzung oder Einstellung der Versorgungsleistungen wegen wirtschaftlicher Notlage des Arbeitgebers für zulässig erachtet[4].

284 Eine wirtschaftliche Notlage im Sinne von § 7 Abs. 1 Satz 3 Nr. 5 BetrAVG liegt vor, wenn sich das Unternehmen in einer wirtschaftlichen Lage befindet, in der es seine Gläubiger nicht mehr befriedigen kann, aber noch die **begründete Aussicht zur Rettung oder Sanierung** des Unternehmens besteht und hierfür ua. die Einstellung oder Kürzung von betrieblichen Versorgungsleistungen unerläßlich ist[5]. Dies ist mit betriebswirtschaftlichen Mitteln zu prüfen und nachzuweisen. Regelmäßig ist hierfür von einem unabhängigen Sachverständigen eine Betriebsanalyse zu erstellen, die sowohl das Bestehen der wirtschaftlichen Notlage als auch deren Ursachen darlegt[6]. Der Arbeitgeber muß darüber hinaus einen **Sanierungsplan** vorlegen, aus dem deutlich wird, wie eine dauerhafte Überwindung der Krise erreicht werden kann[7]. Der Sanierungsplan muß Angaben darüber enthalten, durch welche Maßnahmen, wie zB die Beseitigung der Ursachen für die eingetretene Notlage, verbindliche Forderungsverzichte

---

1 *Höfer*, § 7 BetrAVG Rz. 2786.
2 BAG v. 14. 12. 1978, AP Nr. 2 zu § 7 BetrAVG.
3 *Höfer*, § 7 BetrAVG Rz. 2787.
4 BAG v. 20. 1. 1987, AP Nr. 12 zu § 7 BetrAVG – Widerruf; BGH v. 11. 2. 1985, DB 1985, 1951.
5 BAG v. 10. 12. 1971, AP Nr. 154 zu § 242 BGB – Ruhegehalt.
6 BAG v. 26. 4. 1988, AP Nr. 3 zu § 1 BetrAVG – Geschäftsgrundlage.
7 BAG v. 26. 11. 1985, AP Nr. 8 zu § 7 BetrAVG – Widerruf.

anderer Gläubiger, zusätzliche Eigenkapitalzuwendungen oder Opfer der Arbeitnehmer die Krise überwunden werden kann. Nur die vage Hoffnung, Dritte könnten nach einem wirksamen Versorgungswiderruf ebenfalls Forderungsverzichte leisten, genügt nicht. Erscheint eine Rettung des Unternehmens letztlich nicht möglich, ist der Widerruf unzulässig[1]. Der Widerruf darf nicht mehr als in unbedingt notwendiger Weise in die Versorgungsrechte eingreifen. Insbesondere darf der Widerruf wegen wirtschaftlicher Notlage nicht zum Anlaß von Umstrukturierungen eines Versorgungswerkes genommen werden. Der Gesamtumfang der Kürzungen ist nach den Maßstäben der erworbenen Besitzstände und Bedürftigkeit sozial gerecht zu verteilen[2].

Der **PSVaG** ist in jedem Falle vor einem Widerruf von Versorgungsleistungen einzuschalten. Geschieht dies nicht, ist der Widerruf unzulässig. Durch eine nachträgliche Beteiligung des PSVaG kann ein Sicherungsfall nach § 7 Abs. 1 Satz 3 Nr. 5 BetrAVG nicht herbeigeführt werden[3]. Die Arbeitnehmer sind nicht in der Lage, den Sicherungsfall der wirtschaftlichen Notlage herbeizuführen[4]. Schaltet der Arbeitgeber den PSVaG ein und stimmt dieser der Kürzung oder dem Widerruf der Versorgungsleistungen nicht zu, so kommt mangels Anspruchsgrundlage eine Klage auf Zustimmungserteilung gegen den PSVaG nicht in Betracht[5]. Vor einer Einstellung oder Kürzung der Leistungen muß der Arbeitgeber dann den PSVaG ggf. auf Feststellung verklagen, daß, ggf. inwieweit und ab wann die Versorgung gekürzt oder eingestellt werden durfte. Eine rechtskräftige Entscheidung muß der Arbeitgeber nicht abwarten[6]. Nimmt der Arbeitgeber diese Schritte nicht vor und kürzt er dennoch Leistungen, so kann er sich dem Versorgungsberechtigten gegenüber darauf nicht berufen; dieser kann ihn dann auf Leistung verklagen und aus einem Urteil ggf. vollstrecken. Ein Rückgriff auf den PSVaG ist nicht möglich.

285

Hat der Arbeitgeber den **PSVaG verklagt,** so darf er die Leistungen einstellen oder kürzen. Erhebt ein Versorgungsberechtigter daraufhin Klage auf Zahlung der (vollen) Rente, stellt sich die Frage, wie das Arbeitsgericht zu entscheiden hat. Nach der Rechtsprechung des BAG braucht der Arbeitgeber die Betriebsrente nur bis zur Klageerhebung gegen den PSVaG ohne Minderungen zu zahlen. Nach § 7 Abs. 1 Satz 3 Nr. 5 BetrAVG ist der PSVaG erst nach rechtskräftigem Urteil, welches die Zulässigkeit des Widerrufs bestätigt, verpflichtet zu leisten. Wird über die Zulässigkeit ein uU mehrjähriger Prozeß geführt, hat dies zur Konsequenz, daß der Versorgungsberechtigte auf die ihm zustehende Versorgung ganz oder teilweise für einen längeren Zeitpunkt nicht zugreifen kann. Dies widerspricht der Intention des gesetzlichen Insolvenzschutzes bei wirtschaftlichen Notlagen. Der Arbeitnehmer soll die ihm zustehende Leistung erhalten, entweder von dem Arbeitgeber oder aber von der gesetzlichen Insol-

286

---

1 BAG v. 10. 11. 1981, AP Nr. 1 zu § 7 BetrAVG – Widerruf.
2 BAG v. 18. 5. 1977, AP Nr. 175 zu § 242 BGB – Ruhegehalt.
3 BAG v. 24. 1. 1989, AP Nr. 15 zu § 7 BetrAVG – Widerruf.
4 *Höfer,* § 7 BetrAVG Rz. 2792.1.
5 *Höfer,* § 7 BetrAVG Rz. 2793.
6 BAG v. 20. 1. 1987, NZA 1987, 664, 665.

venzsicherung. Interessengerecht erscheint deshalb eine von *Höfer* vorgeschlagene Lösung[1]. Bis zum erstinstanzlichen Urteil brauchen weder der Arbeitgeber noch der PSVaG zu leisten. Bestätigt das Urteil erster Instanz die Zulässigkeit des Widerrufs, muß der PSVaG vorläufig und bedingt zahlen. Wird durch endgültige gerichtliche Entscheidung der Leistungswiderruf für unwirksam erachtet, kann der PSVaG wegen der zwischenzeitlich gezahlten Renten von dem Arbeitgeber Erstattung verlangen.

Das BAG neigt vorsichtig dieser Lösung zu: Der Arbeitgeber, der zumindest den PSVaG verklagt habe, könne sich – vorläufig – auf seinen Widerruf berufen. Der PSVaG könne geltend machen, ein rechtskräftiges Urteil liege nicht vor. Dem Versorgungsberechtigten könne aber nicht zugemutet werden, so lange zu warten, bis der Rechtsstreit zwischen dem Arbeitgeber und dem PSVaG ausgefochten sei. Dieses Problem könne rechtsfortbildend so gelöst werden, daß der PSVaG zunächst zahle, wenn im Instanzenweg durch gerichtliches Urteil der Widerruf für zulässig erklärt werde. Werde das Urteil später wieder aufgehoben, habe der PSVaG einen Erstattungsanspruch gegen den Arbeitgeber[2].

287 Verklagt der Arbeitgeber den PSVaG auf Feststellung der Zulässigkeit des Widerrufs, so sind die Arbeitnehmer nicht gehindert, ihrerseits Klage gegen den Arbeitgeber auf volle Zahlung der Betriebsrente zu erheben. In den **Klageverfahren der Versorgungsberechtigten** muß das Gericht ebenfalls prüfen, ob eine wirtschaftliche Notlage vorliegt. Daraus folgt die Gefahr widersprüchlicher Entscheidungen. Dem kann nur dadurch begegnet werden, daß in den Prozessen der Versorgungsberechtigten gegen den Arbeitgeber das Ruhen des Verfahrens beantragt wird, bis in dem Prozeß des Arbeitgebers gegen den PSVaG entschieden worden ist[3], und durch entsprechende Streitverkündungen.

288 Besonderheiten können gelten, wenn der Arbeitgeber Versorgungsleistungen über eine **Unterstützungskasse** zugesagt hat[4]. Ausgehend von dem Freiwilligkeitsvorbehalt erleichtert die Rechtsprechung den Widerruf von Versorgungsleistungen einer Unterstützungskasse in sog. „Alt-" und „Übergangsfällen". Unter **„Altfällen"** versteht die Rechtsprechung Fallgestaltungen, in denen die rechtlichen Regelungen für die Unterstützungskasse vor Inkrafttreten des BetrAVG geschaffen wurden und die Versorgungsberechtigten auch vor diesem Zeitpunkt aus dem Arbeitsverhältnis ausschieden. Unter **„Übergangsfällen"** versteht es Situationen, bei denen die rechtlichen Grundlagen ebenfalls aus der Zeit vor dem BetrAVG stammen, die Arbeitnehmer aber nach diesem Zeitpunkt ausgeschieden sind. Widerruft der Arbeitgeber hier Leistungen, so sollen dafür bereits triftige Gründe ausreichen, ohne daß die Voraussetzungen einer wirtschaftlichen Notlage vorliegen müssen. Über den Gesetzeswortlaut des § 7 Abs. 1 Satz 3 Nr. 5 BetrAVG besteht in diesen Fällen ebenfalls gesetzlicher Insolvenzschutz[5].

---

1 Vgl. *Höfer*, § 7 BetrAVG Rz. 2799.
2 BAG v. 16. 4. 1997 – 3 AZR 862/95, nv.
3 Vgl. *Höfer*, § 7 BetrAVG Rz. 2803.
4 Vgl. hierzu auch unten Rz. 381 ff.
5 BVerfG v. 19. 10. 1983, BVerfGE 65, 196; BVerfG v. 14. 1. 1987, BVerfGE 74, 129.

g) Änderungen durch Insolvenzrechtsreform und Rentenreformgesetz 1999

Mit Wirksamwerden der Insolvenzrechtsreform am 1. 1. 1999 erhält auch § 7 BetrAVG eine neue Fassung. Eine Unterscheidung zwischen Konkurs- und Vergleichsverfahren wird es nicht mehr geben. Der Gesetzgeber hat zugleich eine **Verringerung der Sicherungsfälle** vorgesehen. Eine Eintrittspflicht des PSVaG besteht dann im Ausgangsfall bei der Eröffnung eines Insolvenzverfahrens. Diesem Sicherungsfall stehen gleich die Abweisung des Antrags auf Eröffnung des Insolvenzverfahrens mangels Masse, der außergerichtliche Vergleich des Arbeitgebers mit seinen Gläubigern zur Abwendung des Insolvenzverfahrens, wenn ihm der PSVaG zustimmt, und die vollständige Beendigung der Betriebstätigkeit, wenn ein Antrag auf Eröffnung des Insolvenzverfahrens nicht gestellt worden ist und ein solches Verfahren mangels Masse offensichtlich nicht in Betracht kommt[1]. Der Sicherungsfall der wirtschaftlichen Notlage fällt dann weg, er wird kompensiert durch den außergerichtlichen Stundungs-, Quoten- oder Liquidationsvergleich.

289

Die Neufassung von § 7 Abs. 5 BetrAVG sieht vor, daß vertragliche Verbesserungen des Versorgungsanspruchs in den letzten zwei Jahren vor dem Sicherungsfall nicht insolvenzgeschützt sind. Abgesenkt wird auch die Höchstgrenze für insolvenzgesicherte Monatsbezüge auf das Dreifache der monatlichen Bezugsgröße gem. § 18 SGB IV. Auf die Verhältnisse von 1998 übertragen, würde dies bedeuten, daß maximal 13 020,00 DM statt 25 200,00 DM monatlich bzw. maximal 1 562 400,00 DM statt 3 024 000,00 DM bei einer Kapitalleistung insolvenzgeschützt wären. Durch das Rentenreformgesetz 1999 wird erstmals eine besondere Höchstgrenze für den Insolvenzschutz von Leistungen, die auf einer Entgeltumwandlung beruhen und denen keine nach Barwert oder Deckungskapital mindestens gleichwertige vom Arbeitgeber finanzierte Leistung gegenübersteht, eingeführt. Sie beträgt 3/10 der monatlichen Bezugsgröße, dh. nur 10% der allgemeinen Höchstgrenze.

2. Eintrittspflicht für laufende Leistungen

In erster Linie ist der PSVaG eintrittspflichtig für laufende Leistungen, die der Arbeitgeber insolvenzbedingt nicht mehr erbringen kann. Der PSVaG wird dabei nicht Rechtsnachfolger des insolventen Arbeitgebers. Vielmehr begründet der Eintritt des Sicherungsfalls ein **gesetzliches Schuldverhältnis**[2]. Der Anspruch gegen den PSVaG ist ein Versicherungsanspruch, allerdings keiner aus einem Versicherungsvertrag[3]. Die Zahlungsverpflichtung des PSVaG besteht deshalb unabhängig davon, ob Versicherungsbeiträge entrichtet wurden, umgekehrt entsteht durch Zahlung von Beiträgen kein Anspruch auf Insolvenzleistungen[4].

290

---

1 Vgl. Art. 91 i. V. m. Art. 110 EGInsO vom 5. 10. 1994, BGBl. I, 1911.
2 BAG v. 30. 8. 1979, DB 1979, 2330.
3 Vgl. *Paulsdorff*, § 7 BetrAVG Rz. 13.
4 Vgl. *Paulsdorff*, § 7 BetrAVG Rz. 14.

291 Maßgeblich für die Aufnahme von Leistungen ist der **Insolvenzstichtag**. In den Sicherungsfällen des § 7 Abs. 1 Satz 1 und 2 sowie Satz 3 Nr. 2 ist dies der Tag, der sich aus dem jeweiligen Gerichtsbeschluß ergibt, etwa dem Konkurseröffnungsbeschluß. Im Fall der Nr. 3 ist es der Tag, an dem der Arbeitgeber sich unter Mitteilung seiner Zahlungsunfähigkeit an seine Gläubiger gewandt hat[1]. Der Zeitpunkt des Eintritts des Sicherungsfalles ist insoweit Absprachen zwischen dem Arbeitgeber und dem PSVaG zugänglich[2]. Bei dem Sicherungsfall der Nr. 4 kommt es darauf an, wann der Arbeitgeber den Pensionären die Versorgungsleistungen mit der Begründung verweigert, er habe kein für die Eröffnung des Konkursverfahrens ausreichendes Vermögen und der PSVaG vom Arbeitgeber oder den Pensionären unter Hinweis hierauf in Anspruch genommen wird[3]. Im Falle der wirtschaftlichen Notlage ist Insolvenzstichtag der Zeitpunkt, der sich aus dem Gerichtsurteil oder der Zustimmung des PSVaG gem. § 7 Abs. 1 Satz 4 BetrAVG ergibt.

292 Der PSVaG haftet mit Eintritt des Sicherungsfalles nicht nur für ab diesem Zeitpunkt fällige Leistungen, sondern auch – allerdings zeitlich beschränkt – für **rückständige Leistungen,** die bereits vor dem Insolvenzstichtag fällig geworden sind. Der PSVaG haftet für rückständige Leistungen der letzten sechs Monate vor dem Insolvenzstichtag. Dabei kommt es darauf an, für welchen Zeitraum die rückständige Betriebsrente geschuldet ist[4].

293 Als Bezieher laufender Leistungen sind auch sog. „technische Rentner" zu bewerten. Darunter versteht man solche Arbeitnehmer, die zwar alle Voraussetzungen für den Leistungsbezug erfüllen, aber noch weiter arbeiten. Sie können bei Eintritt der Insolvenz sofort in den Rentnerstatus überwechseln[5].

294 Eine **Anpassung laufender Leistungen** der Insolvenzsicherung sieht das Gesetz nicht vor. § 16 BetrAVG ist auf den PSVaG nicht anwendbar[6]. Das BAG begründet seine Auffassung damit, daß der gesetzliche Insolvenzschutz den Arbeitnehmer nicht besser stellen wolle als einen Arbeitnehmer eines zwar notleidenden, aber noch nicht insolventen Arbeitgebers. Dieser müsse letztlich auf Anpassungen verzichten, solange es seinem Arbeitgeber schlecht gehe. Ein Anspruch auf Anpassung laufender Leistungen besteht aber dann, wenn er sich aus der Versorgungszusage selbst ergibt[7].

295 Eine Verpflichtung, Renten in einer bestimmten Weise anzuheben, kann sich auch aus einer **betrieblichen Übung** ergeben. Der Inhalt der betrieblichen Übung ist im einzelnen zu ermitteln. Die daraus folgende Bindung geht jedoch im Zweifel nicht weiter als die Anpassungspflicht nach § 16 BetrAVG, die für den PSVaG gerade nicht besteht[8].

---

1 *Paulsdorff*, § 7 BetrAVG Rz. 17.
2 BAG v. 14. 12. 1993, DB 1994, 686.
3 BAG v. 11. 9. 1980, BAGE 34, 146.
4 BAG v. 26. 8. 1986, AP Nr. 20 zu § 59 KO.
5 Vgl. *Paulsdorff*, § 7 BetrAVG Rz. 46.
6 BAG v. 3. 2. 1987, BAGE 54, 168; BAG v. 5. 10. 1993, AP Nr. 28 zu § 16 BetrAVG.
7 BAG v. 22. 11. 1994, AP Nr. 83 zu § 7 BetrAVG.
8 BAG v. 3. 12. 1985, AP Nr. 18 zu § 16 BetrAVG; BAG v. 3. 2. 1987, BAGE 54, 168.

3. Eintrittspflicht für unverfallbare Versorgungsanwartschaften

Insolvenzschutz besteht nach § 7 Abs. 2 BetrAVG auch für Versorgungsanwartschaften. Voraussetzung ist, daß eine nach § 1 unverfallbare Versorgungsanwartschaft besteht.

296

a) Unverfallbare Versorgungsanwartschaft

Für den Insolvenzschutz verlangt § 7 Abs. 2 BetrAVG eine nach § 1 BetrAVG unverfallbare Versorgungsanwartschaft. Die **gesetzlichen Unverfallbarkeitsfristen** müssen folglich erfüllt sein[1]. Anwartschaften, die nur aufgrund vertraglicher Abrede unverfallbar sind, genießen deshalb keinen Insolvenzschutz.

297

Der gesetzliche Insolvenzschutz gilt aber auch für solche Anwartschaften, die **kraft Richterrechts unverfallbar** geworden sind. Vor Inkrafttreten des BetrAVG war nach dem sog. Unverfallbarkeitsurteil des BAG[2] eine Altersversorgungsanwartschaft dann unverfallbar, wenn der Versorgungsberechtigte über eine Versorgungszusage verfügte und mehr als 20 Jahre betriebstreu war. Ist der Arbeitnehmer vor Inkrafttreten des BetrAVG ausgeschieden und erfüllt er die vom BAG entwickelten Unverfallbarkeitsvoraussetzungen, so ist seine Anwartschaft ebenfalls insolvenzgeschützt[3].

298

Die Unverfallbarkeitsvoraussetzungen müssen **spätestens bei Eintritt des Sicherungsfalles** erfüllt sein. Für Vorruheständler gelten hier besondere Vergünstigungen. Sie genießen auch dann Insolvenzschutz, wenn sie nach ihrem Ausscheiden die allgemeinen Unverfallbarkeitsvoraussetzungen des § 1 Abs. 1 Satz 1 BetrAVG bei Eintritt der Insolvenz noch nicht erfüllt haben. Denn nach § 1 Abs. 1 Satz 2 behält ein Arbeitnehmer seine Anwartschaft auch dann, wenn er aufgrund einer Vorruhestandsregelung ausscheidet und ohne das vorherige Ausscheiden die Wartezeit und die sonstigen Voraussetzungen für den Bezug von Leistungen der betrieblichen Altersversorgung hätte erfüllen können. Nach Auffassung des BAG wollte der Gesetzgeber den Vorruhestand bewußt fördern. Dazu gehöre auch eine Verbesserung der Unverfallbarkeitsbedingungen[4].

299

b) Anrechnung von Vordienstzeiten

Nach der Rechtsprechung des BAG kann eine vertragliche Anrechnung von Vordienstzeiten im **Ausnahmefall** auch zum Erwerb einer unverfallbaren und insolvenzgeschützten Versorgungsanwartschaft führen[5]. Es begründet die Anrechenbarkeit von Vordienstzeiten damit, daß in der Betriebsrente die Vergütung für eine langjährige Betriebstreue liege, welche nicht ersatzlos wegfallen dürfe, wenn der Arbeitnehmer bestimmte Fristen im Dienste seines Arbeitgebers zurückgelegt habe[6]. Soweit das BAG die Anrechnung von Vordienstzeiten mit

300

---

1 Vgl. hierzu oben Rz. 158 ff.
2 BAG v. 10. 3. 1972, BAGE 24, 177.
3 BAG v. 16. 10. 1980, BAGE 34, 227; BAG v. 20. 1. 1987, BAGE 54, 96.
4 BAG v. 28. 3. 1995, DB 1995, 1867.
5 BAG v. 3. 8. 1978, BAGE 31, 45.
6 BAG v. 11. 1. 1983, DB 1984, 195.

Wirkung auf den Insolvenzschutz für zulässig erachtet, unterstellt es nicht eine vertragliche Anrechnungsvereinbarung dem Insolvenzschutz. Vielmehr erfüllt in bestimmten Fällen auch eine angerechnete Betriebszugehörigkeit das gesetzliche Tatbestandsmerkmal der Betriebszugehörigkeit, wie es von § 1 BetrAVG verlangt wird[1]. Voraussetzung für eine Berücksichtigung der Betriebszugehörigkeit aus einem beendeten Arbeitsverhältnis ist, daß ein noch nicht erloschener Besitzstand vorhanden ist und der Arbeitgeber in dem neuen Arbeitsverhältnis sich verpflichtet, diesen Besitzstand zu übernehmen. Das BAG begreift die angerechnete Dienstzeit als eine einzige einheitliche Betriebszugehörigkeit. Folgerichtig verlangt es, daß die anzurechnende Betriebszugehörigkeit bis an das Arbeitsverhältnis heranreicht, welches die neue Versorgungsanwartschaft begründet[2].

301 Eine Anrechnung von Vordienstzeiten mit Wirkung für den Insolvenzschutz kommt deshalb dann **nicht in Betracht,** wenn das erste Arbeitsverhältnis gar nicht von einer Versorgungszusage begleitet war, zwischen den Arbeitsverhältnissen eine zeitliche, wenn auch nur geringfügige Unterbrechung liegt oder aber der Arbeitgeber in dem letzten Arbeitsverhältnis sich nicht zur Übernahme des Besitzstandes aus dem Vorarbeitsverhältnis verpflichtet hat[3].

c) Keine Anpassung von Anwartschaften

302 Ebenso wie der PSVaG nicht verpflichtet ist, laufende Leistungen anzupassen, können Versorgungsanwärter keine Erhöhung der Versorgungsanwartschaft verlangen. Die von dem PSVaG bei Eintritt des Versorgungsfalles zu zahlende **Rente bleibt** aber auch dann **statisch,** wenn der Arbeitgeber sich dem Arbeitnehmer gegenüber verpflichtet hatte, die Rente nach bestimmten Maßstäben zu erhöhen. Das BAG leitet dies aus § 7 Abs. 2 Satz 3 BetrAVG her, der auf § 2 Abs. 5 Satz 1 BetrAVG verweise. Danach würden die Bemessungsgrundlagen für die Berechnung einer Anwartschaft auf den Zeitpunkt des Ausscheidens festgeschrieben[4]. Der PSVaG kann deshalb aus einer dem Arbeitnehmer zugesagten Dynamik seiner Versorgungsbezüge nicht mehr in Anspruch genommen werden, wenn der Arbeitnehmer bei Eintritt der Insolvenz noch Versorgungsanwärter war oder schon vor der Insolvenz mit unverfallbarer Versorgungsanwartschaft ausgeschieden ist[5].

d) Berechnung der Leistungen

303 Die Berechnung der Höhe der unverfallbaren Versorgungsanwartschaft richtet sich auch im Insolvenzfall nach § 2 BetrAVG[6]. Auch hier ist eine **ratierliche Berechnung** vorzunehmen. Es ist die Dauer der Betriebszugehörigkeit bis zum Erreichen der in der Versorgungsregelung vorgesehenen Altersgrenze zur tat-

---

1 BAG v. 11. 1. 1983, DB 1984, 195.
2 BAG v. 11. 1. 1983, DB 1984, 195; BAG v. 26. 9. 1989, BAGE 63, 52.
3 BAG v. 13. 3. 1990 – 3 AZR 509/88, nv.
4 Vgl. dazu oben Rz. 179.
5 BAG v. 22. 11. 1994, AP Nr. 83 zu § 7 BetrAVG.
6 Vgl. dazu nähere Einzelheiten unter Rz. 189 ff.

sächlichen Betriebszugehörigkeit ins Verhältnis zu setzen. Die tatsächliche Betriebszugehörigkeit wird dabei allerdings nur bis zum Eintritt des Sicherungsfalles berücksichtigt. § 7 Abs. 2 Satz 3 BetrAVG verweist ferner auf § 2 Abs. 5 BetrAVG. Die Bemessungsgrundlagen werden danach auf die Verhältnisse zum Zeitpunkt des Insolvenzeintritts bzw. eines noch davor liegenden Ausscheidens festgeschrieben. Spätere Erhöhungen dieser Grundlagen bleiben deshalb für den Insolvenzschutz außer Betracht. Auf die Betriebsrente anzurechnende anderweitige Leistungen werden ebenfalls mit den per Insolvenzstichtag gültigen Werten festgeschrieben.

4. Versicherungsmißbrauch

Nach § 7 Abs. 5 BetrAVG **besteht ein Anspruch gegen den PSVaG nicht,** soweit die Annahme gerechtfertigt ist, daß es der alleinige oder überwiegende Zweck der Versorgungszusage oder ihrer Verbesserung ist, den PSVaG in Anspruch zu nehmen. Bei dieser Generalklausel liegt die Darlegungs- und Beweislast bei dem PSVaG. Allerdings verlangt das Gesetz seinem Wortlaut nach nicht den Nachweis einer Mißbrauchsabsicht. Es reicht aus, soweit nach den Umständen des Falles lediglich die Annahme gerechtfertigt ist, daß der Träger der Insolvenzsicherung belastet werden soll. Es kommt also allein auf objektive Kriterien an, die für einen verständigen Beobachter die Mißbrauchsannahme rechtfertigen. § 7 Abs. 5 Satz 2 BetrAVG stellt eine gesetzliche Vermutung auf. Die **Annahme des Mißbrauchs** soll insbesondere dann gerechtfertigt sein, wenn bei Erteilung oder Verbesserung der Versorgungszusage wegen der wirtschaftlichen Lage des Arbeitgebers zu erwarten war, daß die Zusage nicht erfüllt werde. Nach Auffassung des BAG handelt es sich um eine widerlegbare Vermutung. Statt des Mißbrauchszwecks muß der PSVaG nach § 7 Abs. 5 Satz 2 BetrAVG lediglich nachweisen, daß die Erfüllung der Zusage bzw. der Verbesserung in Anbetracht der wirtschaftlichen Lage des Arbeitgebers nicht zu erwarten war. Es wird dann vermutet, daß mit den Vereinbarungen ein mißbräuchlicher Zweck verfolgt wurde. Der Arbeitnehmer hat dann die Möglichkeit, diese Vermutung zu widerlegen[1].

Verbesserungen der Versorgungszusage, die innerhalb des letzten Jahres vor Eintritt des Sicherungsfalles vorgenommen worden sind, werden bei der Bemessung der Leistungen des Trägers der Insolvenzsicherung nach § 7 Abs. 5 Satz 3 BetrAVG nicht berücksichtigt. Hier handelt es sich um eine unwiderlegbare gesetzliche Vermutung[2]. Nach seinem Wortlaut gilt § 7 Abs. 5 Satz 3 BetrAVG nur bei Verbesserungen von Versorgungszusagen, nicht aber für ihre erstmalige Erteilung. Was aber für die Verbesserung einer Versorgungszusage gilt, muß erst recht für ihre erstmalige Erteilung gelten. Es besteht deshalb kein Insolvenzschutz, wenn die Versorgungszusage erst innerhalb eines Jahres vor Eintritt des Sicherungsfalles erteilt wurde[3]. Für den Beginn der Jahresfrist kommt

---
1 BAG v. 29. 11. 1988, BAGE 60, 228.
2 BAG v. 2. 6. 1987, AP Nr. 42 zu § 7 BetrAVG.
3 *Höfer*, § 7 BetrAVG Rz. 2964 f.; aA *Blomeyer/Otto*, § 7 BetrAVG Rz. 310.

es darauf an, an welchem Tag die Verbesserung zugesagt worden ist, nicht wann der damit bezweckte Erfolg eintritt[1]. Per 1. 1. 1999 (Insolvenzrechtsreform) werden vertragliche Verbesserungen der Versorgungsleistungen in den letzten zwei Jahren vor dem Insolvenzstichtag vom Insolvenzschutz ausgenommen.

5. Mitteilungspflichten

306   Der PSVaG ist verpflichtet, den Berechtigten die ihnen zustehenden Ansprüche oder Anwartschaften schriftlich mitzuteilen. Dies geschieht in Form eines **„Leistungsbescheides"**, soweit der PSVaG laufende Leistungen zu übernehmen hat und durch einen sog. **„Anwartschaftsausweis"**, soweit für eine unverfallbare Versorgungsanwartschaft Insolvenzschutz besteht. Weder der Leistungsbescheid noch der Anwartschaftsausweis haben konstitutive Bedeutung. Der PSVaG haftet allein nach Maßgabe von § 7 BetrAVG. Inhaltlich unrichtige Anwartschaftsausweise oder Leistungsbescheide vermögen deshalb in der Regel keinen Zahlungsanspruch zu begründen[2].

307   Die Mitteilung der Anwartschaftshöhe im Anwartschaftsausweis ist schon deshalb **nicht bindend,** weil nur eine vorläufige Feststellung möglich ist. Denn während der Anwartschaftsphase stehen oftmals für die endgültige Leistungsbemessung maßgebliche Faktoren noch nicht fest. So ist schon nicht vorhersehbar, wann der Versorgungsfall eintritt. Der PSVaG kann deshalb immer nur die voraussichtlichen Leistungen bescheinigen, die der Arbeitnehmer bei Erreichen des 65. Lebensjahres oder einer früheren festen Altersgrenze beanspruchen kann.

308   Aus einem Leistungsbescheid kann ausnahmsweise dann ein über die Rechte des § 7 BetrAVG hinausgehender Anspruch hergeleitet werden, wenn der Rentner in seinem **Vertrauen auf die Richtigkeit** des Bescheides Vermögenspositionen getroffen oder zu treffen unterlassen hat, die er nicht mehr oder nur noch unter unzumutbaren Nachteilen rückgängig machen kann. Diese Haftung ist jedoch auf die Höhe dessen begrenzt, was der PSVaG in seinem Leistungsbescheid ursprünglich anerkannt hatte[3].

6. Forderungsübergang

309   Mit **Eintritt des Sicherungsfalles** gehen die Ansprüche der Arbeitnehmer auf Leistungen der betrieblichen Altersversorgung auf den PSVaG über. Für die Sicherungsfälle der Konkurseröffnung, der Abweisung des Konkursantrages mangels Masse und der Eröffnung des gerichtlichen Vergleichsverfahrens tritt der Forderungsübergang sofort ein, bei allen übrigen Sicherungsfällen erst dann, wenn der PSVaG den Berechtigten die ihnen zustehenden Ansprüche oder Anwartschaften mitteilt. Der PSVaG tritt damit im Konkurs an die Stelle des

---

1 BAG v. 2. 6. 1987, AP Nr. 42 zu § 7 BetrAVG.
2 LAG Köln v. 28. 11. 1985, DB 1986, 805; *Blomeyer/Otto*, § 9 BetrAVG Rz. 15; BGH v. 3. 2. 1986, AP Nr. 4 zu § 9 BetrAVG.
3 BGH v. 3. 2. 1986, AP Nr. 4 zu § 9 BetrAVG.

Arbeitgebers. Die Versorgungsberechtigten sind gegenüber dem insolventen Arbeitgeber dann nicht mehr aktivlegitimiert. Ihnen stehen nur noch Ansprüche gegenüber dem PSVaG zu.

Der PSVaG darf allerdings den Forderungsübergang **nicht zum Nachteil der Versorgungsberechtigten** geltend machen. Ihnen verbleibt das Zugriffsrecht auf das Vermögen des Arbeitgebers, wenn der PSVaG die Ansprüche nicht voll befriedigt[1].

310

7. Beitragspflicht

Beiträge zur Insolvenzsicherung werden aufgrund öffentlich-rechtlicher Verpflichtung durch Beiträge aller Arbeitgeber aufgebracht, die Leistungen der betrieblichen Altersversorgung unmittelbar zugesagt haben oder eine betriebliche Altersversorgung über eine Unterstützungskasse oder eine Direktversicherung durchführen. Die Beitragszahlungsverpflichtung ist demnach **öffentlich-rechtlich** ausgestaltet. Der PSVaG kann Beitragsbescheide als Verwaltungsakt erlassen. Für sie gilt das Verwaltungsvollstreckungsrecht. Beitragsbescheide werden im **verwaltungsrechtlichen Verfahren** überprüft. Damit ist nach § 40 Abs. 1 Satz 1 VwGO der Verwaltungsrechtsweg eröffnet für alle Rechtsstreitigkeiten über Grund und Höhe des Beitrages zur Insolvenzsicherung[2]. Gegen einen Beitragsbescheid kommt nur die Anfechtungsklage gem. § 42 Abs. 1 VwGO vor dem Verwaltungsgericht in Betracht. Vor Erhebung der Anfechtungsklage ist nach § 68 Abs. 1 Satz 1 VwGO ein Widerspruchsverfahren durchzuführen. Widerspruch und Klage gegen einen Beitragsbescheid haben keine aufschiebende Wirkung[3].

311

Beiträge werden im sog. **Selbstveranlagungsverfahren** erhoben. Dazu hat der Arbeitgeber dem Arbeitnehmer die für die Bemessung des Beitrages maßgebenden Grundlagen gem. § 11 Abs. 1 BetrAVG von sich aus mitzuteilen. Jährlich hat er bis zum 30. 9. die Beitragsbemessungsgrundlagen nach § 10 Abs. 3 BetrAVG zu übermitteln. Bei unmittelbaren Versorgungszusagen ist Beitragsbemessungsgrundlage der Teilwert der Pensionsverpflichtung[4]. Bei Direktversicherungen mit widerruflichem Bezugsrecht ist Beitragsbemessungsgrundlage das geschäftsplanmäßige Deckungskapital oder, soweit die Berechnung des Deckungskapitals nicht zum Geschäftsplan gehört, die Deckungsrückstellung.

312

Für Versicherungen, bei denen der **Versicherungsfall bereits eingetreten** ist und für Versicherungsanwartschaften, für die ein **unwiderrufliches Bezugsrecht** eingeräumt ist, ist das Deckungskapital oder die Deckungsrückstellung nur insoweit zu berücksichtigen, als die Versicherungen abgetreten, beliehen oder verpfändet sind. Führt der Arbeitgeber die Altersversorgung über eine Unterstüt-

313

---

1 BAG v. 12. 12. 1989, BAGE 63, 393.
2 Vgl. *Paulsdorff*, § 10 BetrAVG Rz. 9.
3 OVG Rheinland-Pfalz v. 15. 7. 1983 – 8 B 21.83, nv.; OVG Lüneburg v. 6. 5. 1988 – 4 OVG B 399/87, nv.
4 § 6a Abs. 3 EStG.

zungskasse durch, ist Beitragsbemessungsgrundlage das Deckungskapital für die laufenden Leistungen zuzüglich des 20fachen der nach § 4d Abs. 1 Nr. 1b Satz 1 EStG errechneten jährlichen Zuwendungen für Leistungsanwärter iSv. § 4d Abs. 1 Nr. 1b Satz 2 EStG.

314 Der PSVaG kann nicht prüfen, ob Versorgungszusagen, für die Beiträge entrichtet werden, auch **insolvenzsicherungsfähig** sind. Ob der PSVaG im Insolvenzfalle eintreten muß, wird deshalb erst zu klären sein, wenn ein Sicherungsfall eingetreten ist. Es erscheint fraglich, ob schon vor Eintritt des Sicherungsfalles durch Feststellungsklage die Insolvenzsicherungsfähigkeit festgestellt werden kann[1]. Einer Feststellungsklage dürfte letztlich das Rechtsschutzbedürfnis fehlen; sie liefe auf das unzulässige Ersuchen auf Erstattung eines gerichtlichen Rechtsgutachtens hinaus. Durch die Entrichtung von Beiträgen können für nicht versicherungsfähige Versorgungen keine Ansprüche gegen den PSVaG ausgelöst werden[2].

8. Träger der gesetzlichen Insolvenzsicherung

315 Träger der gesetzlichen Insolvenzsicherung ist der Pensions-Sicherungs-Verein auf Gegenseitigkeit. Er ist **privat-rechtlich organisiert** und untersteht der Aufsicht des Bundesaufsichtsamtes für das Versicherungswesen. Der Gesetzgeber hat ihn als Selbsthilfeeinrichtung der Wirtschaft geschaffen. Aufgrund der öffentlich-rechtlich ausgestalteten Beitragspflicht ist er ein mit **Aufgaben und Befugnissen der öffentlichen Verwaltung** beliehenes Unternehmen[3]. Der PSVaG bezweckt nicht die Erzielung von Gewinnen. Er darf deshalb Beiträge nur in der Höhe festsetzen, wie sie zur Aufgabenerfüllung notwendig sind. Die Abwicklung der von ihm zu übernehmenden Renten überträgt der PSVaG aufgrund eines Rahmenvertrages einem Konsortium von Lebensversicherungsunternehmen.

316 Von dem Beitrags- und Versicherungsverhältnis, welches kraft Gesetzes besteht, ist die **vereinsrechtliche Mitgliedschaft** zu trennen. Mitglieder können alle Arbeitgeber werden, die Leistungen der betrieblichen Altersversorgung unmittelbar zugesagt haben oder eine betriebliche Altersversorgung über eine Unterstützungskasse oder eine widerrufliche bzw. beliehene Direktversicherung durchführen[4]. Soweit für Klagen der Rechtsweg zu den Arbeitsgerichten eröffnet ist, kann der PSVaG nur an seinem Sitz in Köln verklagt werden. Zuständig ist das Arbeitsgericht. Der PSVaG wird vertreten durch den Vorstand. Seine Adresse lautet Berlin-Kölnische-Allee 2–4, 50969 Köln.

---

1 Ablehnend ArbG Köln v. 24. 6. 1994 – 5 Ca 943/94, nv.
2 Vgl. *Paulsdorff*, § 7 BetrAVG Rz. 14.
3 Vgl. schriftlicher Bericht BT-Drucks. 7/2843, 10.
4 Vgl. *Paulsdorff*, § 14 BetrAVG Rz. 11.

VIII. Anpassung laufender Leistungen

Die Qualität einer Versorgungszusage hängt entscheidend auch davon ab, wie sich die Versorgungsleistungen nach Eintritt des Versorgungsfalles entwickeln. Art und Umfang einer Werterhaltung des zugesagten Ruhegeldes bestimmt der Arbeitgeber grundsätzlich selbst. Eine Verpflichtung zur Wertsicherung besteht nach dem Gesetz nicht. Dennoch finden sich oftmals **Wertsicherungssysteme**. Fehlen sie, sieht § 16 BetrAVG eine Anpassungsprüfung nach billigem Ermessen vor. 317

1. Anpassungssysteme

Während **statische Versorgungssysteme**[1] auf einen Festbetrag lauten, gibt es unterschiedliche Möglichkeiten, dem Bedürfnis des Versorgungsberechtigten nach wertgesicherten Altersversorgungsleistungen Rechnung zu tragen. Verbreitet sind **halb- und volldynamische Versorgungszusagen**[2], **Bausteinmodelle**[3], beitragsabhängige und ergebnisorientierte **Versorgungssysteme**[4], **Gesamtversorgungszusagen**, die sich im wesentlichen im öffentlichen Dienst finden[5] und sog. **Spannungsklauseln**[6]. **Wertsicherungsklauseln** im engeren Sinne liegen dann vor, wenn die Höhe des Ruhegeldes vom Preis oder Wert andersartiger Güter oder Leistungen abhängig sein soll. Am geläufigsten sind solche Formen, bei denen das Altersruhegeld an die Entwicklung des Lebenshaltungskostenindex angebunden sind. Derartige Klauseln sind unwirksam, soweit nicht eine Genehmigung nach § 3 WährG der für die Erteilung von Devisengenehmigungen zuständigen Stelle vorliegt[7]. Zuständig ist die Deutsche Bundesbank. Die Genehmigungsentscheidung wird im Namen der Bundesbank durch die zuständige Landeszentralbank erteilt. 318

Dynamische Versorgungssysteme verschaffen aber nur dem Versorgungsberechtigten Vorteile, der mit Eintritt des Versorgungsfalles aus den Diensten seines Arbeitgebers ausscheidet. Für Anwärter, also solche, die **vor Eintritt des Versorgungsfalles** mit einer unverfallbaren Anwartschaft ihren Arbeitgeber verlassen, gilt § 2 Abs. 5 Satz 1 BetrAVG. Danach werden die Bemessungsgrundlagen auf den Zeitpunkt des Ausscheidens festgeschrieben. Nach Auffassung des BAG gilt dies auch für eine zugesagte Dynamik[8]. Dies bedeutet, daß ein Arbeitgeber von dem mit einer unverfallbaren Versorgungsanwartschaft ausgeschiedenen Arbeitnehmer nach Eintritt des Versorgungsfalles aus dem Versprechen, die laufenden Leistungen in einem bestimmten Maßstab zu erhöhen, nicht mehr in Anspruch genommen werden kann[9]. 319

---

1 Einzelheiten hierzu oben Rz. 83 ff. bei *Schumann*.
2 Vgl. Rz. 85.
3 Vgl. Rz. 86.
4 Vgl. Rz. 87 f.
5 Vgl. Rz. 89 ff.
6 Vgl. Rz. 92.
7 Vgl. hierzu NJW 1978, 2381.
8 BAG v. 22. 11. 1994, AP Nr. 83 zu § 7 BetrAVG.
9 *Höfer*, § 2 BetrAVG Rz. 1942.1.

2. Gesetzliche Anpassungsprüfungspflicht

320 Soweit die Versorgungszusage keine oder nur eine unzureichende Wertsicherung enthält, kann ein **Werterhalt** nur über § 16 BetrAVG erreicht werden. Die gesetzliche Bestimmung verpflichtet den Arbeitgeber, im Abstand von drei Jahren eine Anpassung der laufenden Leistungen der betrieblichen Altersversorgung zu prüfen und hierüber nach billigem Ermessen zu entscheiden. § 16 BetrAVG verschafft damit dem Versorgungsberechtigten keinen festen, von der wirtschaftlichen Lage des Arbeitgebers unabhängigen Anpassungsanspruch. Es ist vielmehr eine Ermessensentscheidung unter Berücksichtigung der Belange des Versorgungsempfängers und der wirtschaftlichen Lage des Arbeitgebers zu treffen.

a) Anpassung laufender Leistungen

321 Die Anpassungsprüfungspflicht bezieht sich ausschließlich auf laufende Leistungen. Damit sind **Versorgungsanwartschaften ausgegrenzt.** Der während des Anwartschaftszeitraums eintretende Wertverlust kann deshalb nicht über § 16 BetrAVG ausgeglichen werden[1]. Sagt der Arbeitgeber beispielsweise eine feste Rente von 100 DM zu und tritt der Arbeitnehmer 40 Jahre später in den Ruhestand, so realisiert sich der vollständige zwischenzeitlich eingetretene Kaufkraftverlust. Erst drei Jahre nach Eintritt des Versorgungsfalles kann der Arbeitnehmer erstmals eine Überprüfung verlangen und auf einen Ausgleich des seit Eintritt des Versorgungsfalles eingetretenen Kaufkraftverlustes hoffen[2]. Die Anpassungsprüfungspflicht erstreckt sich nur auf laufende Leistungen. Es muß sich deshalb um **regelmäßig wiederkehrende Zahlungen** handeln. Einmalige Kapitalauszahlungen gehören nicht dazu[3].

322 Die Anpassungsprüfungspflicht erstreckt sich auf **alle Formen der betrieblichen Altersversorgung.** Anpassungsverpflichtet ist der Arbeitgeber. Bei Unterstützungskassen richtet sich deshalb das Anpassungsbegehren gegen den Arbeitgeber unmittelbar, wenn die Unterstützungskasseneinrichtung selbst keine entsprechenden Mittel besitzt oder eine Anpassung ablehnt. Entsprechendes gilt für Direktversicherungen. Auch hier bleibt anpassungsprüfungsverpflichtet der Arbeitgeber, der ggf. für eine höhere Dotierung des Lebensversicherungsvertrages sorgen kann.

323 Keine Anpassungsprüfungspflicht besteht hingegen im **öffentlichen Dienst.** Nach § 18 Abs. 1 Satz 1 Nr. 1 BetrAVG gilt § 16 BetrAVG für Personen, die in einer Zusatzversorgungseinrichtung des öffentlichen Dienstes pflichtversichert sind, nicht[4]. Arbeitnehmer, die bis zum Eintritt des Versorgungsfalles im öffentlichen Dienst verbleiben, erhalten eine dynamische Gesamtversorgung. Wer hingegen mit einer unverfallbaren Versorgungsanwartschaft ausscheidet, erhält später bei Eintritt in den Ruhestand lediglich eine statische Versiche-

---

1 BAG v. 15. 9. 1977, AP Nr. 5 zu § 16 BetrAVG.
2 BAG v. 15. 9. 1977, AP Nr. 5 zu § 16 BetrAVG.
3 BAG v. 30. 3. 1973, AP Nr. 4 zu § 242 BGB Ruhegehalt – Geldentwertung.
4 BAG v. 5. 2. 1981, BAGE 35, 53.

rungsrente, für die keine Anpassungsprüfungspflicht nach § 16 BetrAVG besteht. Insoweit sind Mitarbeiter des öffentlichen Dienstes gegenüber Arbeitnehmern in der Privatwirtschaft benachteiligt.

b) Prüfungsrhythmus

§ 16 BetrAVG verpflichtet den Arbeitgeber **alle drei Jahre** zu einer Anpassungsprüfung und -entscheidung. Die erste Prüfung muß drei Jahre nach Aufnahme der Leistungen vorgenommen werden. Alle im Betrieb vorzunehmenden Prüfungen können nach hM auf einen Stichtag gebündelt werden[1]. Nicht möglich ist dagegen, alle Prüfungen auf jeweils ein Jahr zu konzentrieren, wenn dadurch für einzelne Versorgungsberechtigte der Drei-Jahres-Rhythmus überschritten wird[2]. Die Pflichtprüfung läßt sich auch nicht vorziehen, denn dadurch würde möglicherweise der Anpassungsbedarf negativ beeinflußt. Der Prüfungszeitraum würde verschoben. Maßgeblich für die Anpassungsprüfung ist jedoch der konkret in dem jeweiligen Prüfungszeitraum entstandene Anpassungsbedarf. 324

Dem Arbeitgeber unbenommen ist natürlich eine **vorzeitige freiwillige Anpassung**. Diese darf er bei späteren Pflichtprüfungen gegenrechnen. 325

c) Belange des Versorgungsempfängers

Die Prüfung und Entscheidung über eine Anhebung der Versorgungsleistungen hat unter Berücksichtigung der Belange des Versorgungsempfängers zu erfolgen. 326

aa) Teuerungsausgleich

Die berechtigten Belange des Versorgungsempfängers beschränken sich in einer **Werterhaltung**. Der Versorgungsempfänger nimmt nicht an einer besonders positiven Entwicklung seines früheren Arbeitgebers teil. Anpassungsziel kann deshalb nur ein Teuerungsausgleich sein. Prüfungsmaßstab hierfür ist der Preisindex für Lebenshaltung[3]. Maßgeblich soll sein der Preisindex für Lebenshaltung eines Vier-Personen-Arbeitnehmerhaushalts mit mittlerem Einkommen[4]. Die allgemeine Lohn- und Gehaltsentwicklung oder die Entwicklung der Renten in der Sozialversicherung spielt demgegenüber keine Rolle[5]. 327

Entschieden hat das BAG auch, daß der Versorgungsberechtigte **keinen Abschlag** für eine „normale Geldentwertung" hinzunehmen hat[6]. Ebenso gibt es keine „Opfergrenze", bei deren Überschreitung der Arbeitgeber einen Ausgleich der Teuerungsrate verweigern kann[7]. 328

---

1 *Höfer*, § 16 BetrAVG Rz. 3416; *Blomeyer/Otto*, § 16 BetrAVG Rz. 74 ff.
2 *Höfer*, § 16 BetrAVG Rz. 3418; *Heubeck/Höhne/Paulsdorff/Raut/Weinert/Höhne*, § 16 BetrAVG Rz. 77.
3 BAG v. 16. 12. 1976, AP Nr. 4 zu § 16 BetrAVG.
4 BAG v. 16. 12. 1976, AP Nr. 4 zu § 16 BetrAVG.
5 BAG v. 16. 12. 1976, AP Nr. 4 zu § 16 BetrAVG; BAG v. 23. 4. 1985, AP Nr. 17 zu § 16 BetrAVG.
6 BAG v. 16. 12. 1976, AP Nr. 4 zu § 16 BetrAVG.
7 BAG v. 16. 12. 1976, AP Nr. 4 zu § 16 BetrAVG.

329 Läßt es die wirtschaftliche Lage des Arbeitgebers zu, hat der Arbeitnehmer Anspruch auf **Ausgleich der Teuerungsrate**. Von Bedeutung dabei ist das Basisjahr des Preisindexes, weil die Preisentwicklung aus verschiedenen Faktoren, dem sog. „Warenkorb", abgeleitet wird. Da sich Lebenshaltungsgewohnheiten ändern, bedarf auch der „Warenkorb" einer gewissen Aktualisierung. Derzeit wird auf das Basisjahr 1991 abgestellt. Die Lebenshaltungskosten werden im Basisjahr gleich 100 gesetzt[1].

bb) Nachholende Anpassung

330 Grundsätzlich beschränkt sich der Anpassungsbedarf auf den **Kaufkraftverlust**, der in dem dreijährigen Prüfungszeitraum eingetreten ist. Hat der Arbeitgeber jedoch anläßlich eines früheren Prüfungstermins eine Anpassung ablehnen können, so verbleibt ein Nachholbedarf. Dieser Nachholbedarf ist bei der nächsten Prüfung auszugleichen, soweit der Arbeitgeber hierzu wirtschaftlich in der Lage ist[2]. Entsprechendes gilt, wenn der Arbeitgeber bei einer früheren Anpassung nur einen teilweisen Teuerungsausgleich vorgenommen hat.

331 Die Pflicht zur nachholenden Anpassung führt allerdings **nicht zu Nachzahlungsansprüchen** für frühere Prüfungszeiträume. Der Anspruch auf eine höhere Betriebsrente entsteht erst mit der nächsten Anpassungsprüfung, die zu dem Ergebnis führt, daß der Arbeitgeber auch zur Nachholung früher ganz oder teilweise unterbliebener Anpassungen in der Lage ist[3].

332 Von einer nachholenden Anpassung zu unterscheiden ist die sog. **nachträgliche Anpassung**. Nach Auffassung des BAG hat die Anpassungsentscheidung des Arbeitgebers streitbeendende Funktion. Der Versorgungsberechtigte kann nur bis zum nächsten Anpassungsstichtag geltend machen, die Entscheidung des Arbeitgebers sei fehlerhaft, und eine nachträgliche Anpassung verlangen. Mit dem nächsten Anpassungsstichtag entsteht ein neuer Anspruch auf Anpassungsprüfung und -entscheidung. Der Anspruch auf Korrektur einer früheren Anpassungsentscheidung erlischt. Trifft der Arbeitgeber keine Entscheidung oder teilt er eine getroffene Entscheidung dem Versorgungsberechtigten nicht mit, so kann der Betriebsrentner bis zu dem auf den nächsten Anpassungsstichtag folgenden Anpassungstermin geltend machen, der Arbeitgeber sei doch zu einer Erhöhung der Versorgungsleistungen verpflichtet gewesen[4].

cc) Reallohnbezogene Obergrenze

333 Versorgungsempfänger können keinen vollen Teuerungsausgleich verlangen, wenn die noch aktiven Arbeitnehmer keinen vollen Teuerungsausgleich erhalten, also einen Realeinkommensverlust hinnehmen müssen. Das BAG betont, daß es nicht der Billigkeit widerspreche, wenn der Arbeitgeber die Rente nur

---

1 Blomeyer/Otto, § 16 BetrAVG Rz. 140.
2 BAG v. 28. 4. 1992, AP Nr. 25 zu § 16 BetrAVG.
3 BAG v. 28. 4. 1992, AP Nr. 24, 25 und 26 zu § 16 BetrAVG; LAG Hamm v. 6. 12. 1994, DB 1995, 330.
4 BAG v. 17. 4. 1996, AP Nr. 35 zu § 16 BetrAVG.

bis zur **durchschnittlichen Steigerungsrate der Reallöhne** der aktiven Arbeitnehmer anpasse[1]. Der Arbeitgeber ist aber nicht verpflichtet, auf die individuelle Belastung des betreffenden Rentners mit überdurchschnittlich hohen Steuern und Krankenversicherungsbeiträgen Rücksicht zu nehmen. Bei der Vergleichsbetrachtung ist vielmehr auf die Nettodurchschnittsverdienste der aktiven Arbeitnehmer oder eines typischen Teils der Belegschaft abzustellen[2].

dd) Keine Anpassung bei Insolvenz

Ist der Arbeitgeber insolvent, kann der Arbeitnehmer keine Anpassung laufender Leistungen verlangen. Der PSVaG als Träger der gesetzlichen Insolvenzsicherung ist zu einem Teuerungsausgleich nicht verpflichtet[3]. 334

d) Wirtschaftliche Lage des Arbeitgebers

Ein Teuerungsausgleich steht dem Versorgungsempfänger nur insoweit zu, als die wirtschaftliche Lage des Arbeitgebers dies erlaubt. 335

aa) Teuerungsausgleich aus Wertzuwachs

Das BAG weist in ständiger Rechtsprechung darauf hin, daß der Arbeitgeber einen Kaufkraftausgleich nach § 16 BetrAVG ganz oder teilweise ablehnen kann, wenn und soweit dadurch das **Unternehmen übermäßig belastet** würde. Übermäßig ist die Belastung dann, wenn es dem Unternehmen prognostizierbar nicht möglich sein wird, den Teuerungsausgleich aus dem Wertzuwachs des Unternehmens und dessen Erträgen in der Zeit nach dem Anpassungsstichtag aufzubringen[4]. Die Rechtsprechung betont, daß die Substanz des Unternehmens erhalten bleiben muß. Die gesunde wirtschaftliche Entwicklung darf nicht verhindert und die Arbeitsplätze dürfen nicht durch eine langfristige Auszehrung in Gefahr gebracht werden[5]. Der Begriff der „wirtschaftlichen Lage" in § 16 BetrAVG darf nicht mit einer „wirtschaftlichen Notlage" nach § 7 Abs. 1 Satz 3 Nr. 5 BetrAVG gleichgesetzt werden[6]. Das BAG betont, daß die Anpassung aus positiven Ergebnissen des Unternehmens finanzierbar sein müßte[7]. Hieraus folgt, daß nicht sämtliche Gewinne durch die Anpassung aufgezehrt werden dürfen; vielmehr muß dem Unternehmen noch eine angemessene Eigenkapitalverzinsung verbleiben. Es seien Faktoren wie ein besonderer, absehbarer Investitionsbedarf, Betriebssteuern oder außerordentliche Erträge zu berücksichtigen. Es kommt auf die Gesamtsituation des Unterneh- 336

---

1 BAG v. 14. 2. 1989, AP Nr. 23 zu § 16 BetrAVG.
2 BAG v. 14. 2. 1989, AP Nr. 23 zu § 16 BetrAVG.
3 Nähere Einzelheiten hierzu Rz. 294 f.
4 BAG v. 14. 12. 1993, AP Nr. 29 zu § 16 BetrAVG.
5 BAG v. 14. 2. 1989, AP Nr. 22 zu § 16 BetrAVG.
6 BAG v. 15. 9. 1977, AP Nr. 5 zu § 16 BetrAVG; BAG v. 23. 4. 1985, AP Nr. 17 zu § 16 BetrAVG.
7 BAG v. 23. 4. 1985, AP Nr. 17 zu § 16 BetrAVG; BAG v. 14. 2. 1989, AP Nr. 22 zu § 16 BetrAVG.

mens an. Eine Anpassung kann nicht schon dann verlangt werden, wenn einzelne Bilanzpositionen eine Anpassung zulassen würden[1].

bb) Konzerndurchgriff

337 Regelmäßig kommt es auf die wirtschaftliche Lage des Arbeitgebers an. Ist dieser wirtschaftlich nicht in der Lage, einen Teuerungsausgleich vorzunehmen, besteht kein Anspruch auf eine höhere Rente. Etwas anderes kann aber dann gelten, wenn der Versorgungsschuldner in einen Konzern eingebunden ist. In diesem Fall läßt es das BAG in Ausnahmefällen zu, daß auch die **wirtschaftliche Lage des herrschenden Unternehmens** berücksichtigt wird (sog. Berechnungsdurchgriff). Für einen Berechnungsdurchgriff müssen zwischen dem Versorgungsschuldner und dem herrschenden Unternehmen verdichtete Konzernverbindungen bestehen. Dies ist etwa dann der Fall, wenn ein Beherrschungs- oder Ergebnisabführungsvertrag besteht. Ausreichend ist aber auch, wenn ein Unternehmen die Geschäfte des eigentlichen Arbeitgebers tatsächlich umfassend und nachhaltig führt. Weiterhin verlangt das BAG, daß die Konzernleitung in einer Weise ausgeübt wird, die auf die Belange des abhängigen Tochterunternehmens keine angemessene Rücksicht nimmt und so letztlich die mangelnde Leistungsfähigkeit des Versorgungsschuldners verursacht[2]. Das kann beispielsweise dann der Fall sein, wenn das beherrschende Unternehmen dem abhängigen verbindliche Preise vorschreibt und so seine Wettbewerbsfähigkeit beschränkt[3]. Darlegungs- und beweispflichtig für die mißbräuchliche Ausübung der Gesellschafterrechte durch das herrschende Unternehmen ist der Pensionär. Dieser muß zumindest Indizien vortragen, mit denen eine mißbräuchliche Ausübung der Leitungsmacht verdeutlicht wird[4]. Dem Versorgungsberechtigten, der regelmäßig keinen Einblick in die gesellschaftlichen und finanziellen Verhältnisse hat, wird eine entsprechende Darlegung sehr schwer fallen.

e) Darlegungs- und Beweislastverteilung

338 Wird die Anpassung von Betriebsrenten nach § 16 BetrAVG mit einer mangelnden wirtschaftlichen Leistungsfähigkeit abgelehnt, so trägt der **Arbeitgeber** dafür die Darlegungs- und Beweislast. Als Vortrag hierzu reicht nicht die Mitteilung von Verlusten, mit denen einzelne Handelsbilanzen oder Betriebsergebnisberechnungen abgeschlossen haben, aus. Rückschlüsse auf die wirtschaftliche Lage des Unternehmens sind in der Regel nur in Verbindung mit den übrigen Bilanzdaten, also ihren Berechnungsgrundlagen, möglich[5]. Der Arbeitnehmer kann sich deshalb zunächst darauf beschränken, zu bestreiten, daß der Arbeitgeber nicht in der Lage ist, aus den Erträgen und einem Wertzuwachs einen Teuerungsausgleich zu finanzieren. Es ist dann Sache des Arbeitgebers,

---

1 BAG v. 14. 2. 1989, AP Nr. 22 zu § 16 BetrAVG; BAG v. 17. 4. 1996, AP Nr. 35 zu § 16 BetrAVG.
2 BAG v. 4. 10. 1994, AP Nr. 32 zu § 16 BetrAVG.
3 BAG v. 28. 4. 1992, AP Nr. 25 zu § 16 BetrAVG.
4 BAG v. 14. 12. 1993, AP Nr. 29 zu § 16 BetrAVG.
5 BAG v. 23. 4. 1985, AP Nr. 16 zu § 16 BetrAVG.

im einzelnen darzulegen, weshalb er zu einer Anpassung nicht in der Lage ist. Dazu muß er sämtliche bestimmende Faktoren vortragen. Geschieht dies, so ist im Sinne einer abgestuften Darlegungslast der Arbeitnehmer gehalten, Einwendungen zu erheben, aus denen sich ergibt, daß ein Teuerungsausgleich doch möglich ist.

Der Arbeitgeber kann sich nicht darauf berufen, im Falle einer vollständigen Darlegung müsse er notwendigerweise **Betriebs- oder Geschäftsgeheimnisse** preisgeben. Das BAG verweist den Arbeitgeber auf vorhandene Schutzmechanismen des Prozeßrechts. In Betracht kommen der zeitweise Ausschluß der Öffentlichkeit (§ 52 ArbGG, § 142 GVG) und strafbewehrte Schweigegebote (§ 174 Abs. 2 GVG)[1].

3. Rentenreformgesetz 1999

Mit dem 1. 1. 1999 wird die Anpassungsprüfungspflicht deutlich entschärft. Es werden drei neue Absätze eingefügt, der bisherige Gesetzestext wird Absatz 1. Absatz 2 legt fest, daß der Anpassungsprüfungspflicht Genüge geleistet ist, wenn eine von zwei Grenzen erreicht ist, nämlich entweder die Anpassung nicht geringer ausfällt als der Anstieg des Preisindexes für die Lebenshaltung von Vier-Personen-Haushalten von Arbeitern und Angestellten mit mittleren Einkommen oder der Anstieg der Nettovergütungen vergleichbarer Arbeitnehmergruppen des Unternehmens im Prüfungszeitraum. Nach dem neuen Absatz 3 entfällt die Anpassungsprüfungspflicht, wenn sich der Arbeitgeber verpflichtet, die laufenden Leistungen um mindestens 1% zu erhöhen. Bei Direktversicherungen oder Pensionskassen müssen alle auf den Rentenbestand entfallenden Überschußanteile zur Erhöhung der laufenden Leistungen verwendet werden, wobei zur Berechnung der garantierten Rentenleistung der vom Versicherungsaufsichtsamt festgelegte Höchstzinssatz zur Berechnung der Deckungsrückstellung nicht überschritten werden darf. Die dem Arbeitgeber eingeräumte Möglichkeit, der Anpassungsprüfungspflicht durch Zusage einer jährlichen 1%igen Rentenerhöhung zu entgehen, gilt allerdings nur für nach dem 31. 12. 1998 erteilte Zusagen.

339

§ 16 Abs. 4 BetrAVG befaßt sich mit Anpassungen in der Vergangenheit, die wegen der wirtschaftlichen Lage des Unternehmens zu Recht (teilweise) unterblieben sind. Sie müssen nicht zu einem späteren Zeitpunkt nachgeholt werden. Rechtmäßig unterblieben ist die Anpassung aber nur dann, wenn der Arbeitgeber dem Leistungsempfänger die wirtschaftliche Lage des Unternehmens schriftlich dargelegt und dieser nicht binnen drei Kalendermonaten schriftlich widersprochen hat. Der Versorgungsberechtigte ist über die Rechtsfolgen eines nicht fristgemäßen Widerspruchs zu belehren. Wie die schriftliche Darlegung der wirtschaftlichen Lage des Unternehmens beschaffen sein muß, ist dem Gesetz nicht zu entnehmen. § 16 Abs. 4 BetrAVG gilt nicht, wenn die Anpassung zu Unrecht unterblieben ist. Der Arbeitgeber muß dann die unterbliebene Anpassung später nachholen. Widerspricht der Arbeitnehmer oder erfolgt keine schriftliche Darlegung der Gründe, muß das Gericht entscheiden,

---

1 BAG v. 23. 4. 1985, AP Nr. 16 zu § 16 BetrAVG.

ob der Arbeitgeber zu einer Anpassung verpflichtet ist. Gelangt das Gericht dazu, daß eine Anpassung nicht vorzunehmen war, ist auch zu späteren Prüfungsstichtagen keine nachholende Anpassung notwendig.

IX. Geltungsbereich des BetrAVG

340 Die Vorschriften des BetrAVG finden nur auf Leistungen der **betrieblichen Altersversorgung** Anwendung. Dabei wird ausschließlich der in § 17 Abs. 1 BetrAVG genannte **Personenkreis** erfaßt. Handelt es sich bei zugesagten Leistungen nicht um solche der betrieblichen Altersversorgung oder gehören die Adressaten einer Zusage nicht zum geschützten Personenkreis, so berührt dies die Wirksamkeit der eingegangenen Verpflichtung grundsätzlich nicht. Der Schutz aus dem BetrAVG kann aber nicht in Anspruch genommen werden.

1. Persönlicher Geltungsbereich

341 Das BetrAVG ist ein Arbeitnehmerschutzgesetz. Nach § 17 Abs. 1 Satz 1 BetrAVG gilt es in erster Linie für **Arbeitnehmer**. Sog. **arbeitnehmerähnliche Personen** werden aber nach § 17 Abs. 1 Satz 2 BetrAVG ebenfalls erfaßt, soweit ihnen Leistungen der betrieblichen Altersversorgung aus Anlaß ihrer Tätigkeit für ein Unternehmen zugesagt worden sind.

a) Arbeitnehmer

342 Unter den gesetzlichen Schutz fallen Arbeiter, Angestellte und die zu ihrer Berufsausbildung Beschäftigten. Es muß ein **privatrechtlicher Arbeitsvertrag** bestehen, Beamte, Richter und Soldaten werden deshalb nicht erfaßt[1]. Arbeitnehmer ist nicht, wer aufgrund eines Werkvertrages für ein Unternehmen tätig wird[2]. Es genügt aber uU ein faktisches Arbeitsverhältnis[3].

343 Das BetrAVG gilt auch dann, wenn der Arbeitnehmer **an dem Unternehmen beteiligt** ist. Es ist dann aber genau zu prüfen, ob die Versorgung aus Anlaß des Arbeitsverhältnisses zugesagt wurde oder seine Wurzel im gesellschaftsrechtlichen Bereich hat. Maßgeblich ist, ob der Arbeitnehmer persönlich abhängig ist. Fehlt es daran, kann sich die betreffende Person auf den Schutz des BetrAVG nicht berufen.

b) Arbeitnehmerähnliche Personen

344 Nach § 17 Abs. 1 Satz 2 BetrAVG gelten die §§ 1–16 BetrAVG entsprechend für Personen, die nicht Arbeitnehmer sind, wenn ihnen Versorgungsleistungen aus Anlaß ihrer Tätigkeit für ein Unternehmen zugesagt worden sind. Der BGH hat das Gesetz einschränkend ausgelegt. Er hat es als Arbeitnehmerschutzgesetz

---

1 *Blomeyer/Otto*, § 17 BetrAVG Rz. 10.
2 *Höfer*, § 17 BetrAVG Rz. 3678.
3 Vgl. *Höfer*, § 17 BetrAVG Rz. 3680.

begriffen und daraus gefolgert, daß dessen Geltung auf die Personen begrenzt werden müsse, deren Lage im Hinblick auf die Ruhegeldzusage mit der eines Arbeitnehmers annähernd vergleichbar ist[1]. Unternehmer werden deshalb vom BetrAVG nicht erfaßt.

Als Anknüpfungspunkt für die **Unterscheidung zwischen Arbeitnehmer- und Unternehmerstellung** hat die Rechtsprechung auf den Einzelkaufmann abgestellt. Dieser müsse sich aus seinem eigenen Unternehmen versorgen und könne daher bereits formalrechtlich nicht als Empfänger einer Versorgungszusage bezeichnet werden. Mit einem Einzelkaufmann gleichzusetzen sei derjenige, welcher für ein Unternehmen tätig sei, das mit Rücksicht auf die vermögens- und einflußmäßige Verbindung mit ihm nach natürlicher Anschauung als sein eigenes zu betrachten sei[2]. 345

aa) Am Unternehmen nicht beteiligte Personen

Echte Fremdgeschäftsführer oder **Vorstände von Aktiengesellschaften,** die nicht an dem Unternehmen, für welches sie tätig sind, beteiligt sind, genießen ohne jeden Zweifel den Schutz des BetrAVG. Gleiches kann auch für **Komplementäre** einer Kommanditgesellschaft oder Kommanditgesellschaft auf Aktien gelten, wenn sie bei wirtschaftlicher Betrachtungsweise nur sog. **angestellte persönlich haftende Gesellschafter** sind. Dies ist etwa dann der Fall, wenn sie lediglich im Außenverhältnis als Gesellschafter auftreten, im Innenverhältnis aber wie Angestellte gegenüber den die Gesellschaft beherrschenden Kommanditisten weisungsgebunden sind. Ein Indiz kann hierfür sein, daß sie durch interne Regelungen von der Haftung freigestellt wurden[3]. Eine solche Abhängigkeit besteht etwa dann, wenn ein Arbeitnehmer im Rahmen seines Arbeitsverhältnisses bei einem verbundenen Unternehmen die Position des persönlich haftenden Gesellschafters einnehmen muß. 346

bb) Am Unternehmen beteiligte Personen

Das BetrAVG erfaßt am Unternehmen beteiligte Personen nur dann, wenn sie allein oder mit anderen gemeinsam nicht letztlich eine Unternehmerstellung innehaben. 347

(1) Organmitglieder juristischer Personen

Bei juristischen Personen ist nach ständiger Rechtsprechung des BGH auf die **Kapitalbeteiligung** oder die **Anzahl der Stimmrechte** abzustellen. Die Kapitalanteile oder Stimmrechte mehrerer geschäftsführender Gesellschafter sind zusammenzuzählen. Eine den Schutz des BetrAVG ausschließende Mitunternehmerstellung liegt dann vor, wenn die leitend tätigen Gesellschafter zusammen über die Mehrheit der Kapitalanteile oder Stimmrechte verfügen[4]. Umgekehrt 348

---
1 BGH v. 28. 4. 1980, DB 1980, 1434.
2 BGH v. 9. 6. 1980, DB 1980, 1588.
3 BGH v. 9. 6. 1980, DB 1980, 1588.
4 BGH v. 9. 6. 1980, DB 1980, 1588; BGH v. 14. 7. 1980, DB 1980, 1993.

wird nicht jeder Minderheitsgesellschafter in leitender Position von der Geltung des BetrAVG ausgenommen. Voraussetzung ist vielmehr, daß die Beteiligung des Versorgungsberechtigten nicht völlig unbedeutend ist. In Anlehnung an das Aktien- und Umwandlungsrecht dürfte eine **Minderheitsbeteiligung von 10%**, ab der bereits gewisse Minderheitsrechte bestehen, nicht mehr als unerheblich bezeichnet werden können[1]. Haben beispielsweise zwei geschäftsführende Gesellschafter jeder für sich nur eine Minderheitsbeteiligung von einmal 15% und einmal 40%, so verfügen sie gemeinsam über die Kapitalmehrheit. Sie sind dann beide als Unternehmer zu qualifizieren.

349 Die **Zusammenrechnung** von Anteilen oder Stimmrechten eines Minderheitsgesellschafters mit denen eines anderen Gesellschafters unterbleibt, wenn der andere schon allein über die Anteils- oder Stimmrechtsmehrheit verfügt[2]. Die §§ 1–16 BetrAVG gelten aber auch dann nicht, wenn die geschäftsleitende Person eine Altersversorgungszusage von einer Gesellschaft erhalten hat, deren Kapital ganz oder teilweise einer weiteren Gesellschaft gehört, an der sie wiederum beteiligt ist. Auch eine solche indirekte Beteiligung schließt die Anwendung des BetrAVG aus.

(2) Gesellschafter von juristischen Personen

350 Gesellschafter von juristischen Personen können zugleich auch in einem Arbeitsverhältnis zu dem Unternehmen stehen. Die Frage, ob sie Unternehmer sind, hängt dann von dem Maß der bestehenden **Leitungsmacht** und der **stimmrechts- oder kapitalmäßigen Beteiligung** ab. Wer aufgrund einer mehrheitlichen Kapital- oder Stimmrechtsbeteiligung ohne Organ zu sein ein Unternehmen letztverantwortlich leitet, ist Unternehmer[3]. Die fehlende formale Stellung als Organmitglied ist nicht entscheidend. Besteht nur eine Minderheitsbeteiligung, so kommt auch hier eine Zusammenrechnung von Anteilen mit anderen geschäftsleitend tätigen Gesellschaftern in Betracht. Verfügt ein Prokurist über etwa 45% der Geschäftsanteile, ein Geschäftsführer hingegen nur über 10%, so sind beide als Unternehmer anzusehen und deshalb vom BetrAVG nicht geschützt.

(3) Persönlich haftende Gesellschafter

351 Persönlich haftende Gesellschafter von Personengesellschaften **fallen** grundsätzlich unabhängig von der Höhe ihrer Beteiligung **aus dem Schutzbereich des BetrAVG heraus**[4]. Hier besteht eine besondere Nähe zum Einzelkaufmann. Die Haftung besteht unabhängig von der Höhe der Kapitaleinlage. Gesellschafter von BGB-Gesellschaften und offenen Handelsgesellschaften sowie Komplementäre von Kommanditgesellschaften und Kommanditgesellschaften auf Aktien fallen deshalb grundsätzlich nicht unter den Anwendungsbereich des BetrAVG[5].

---

1 *Blomeyer/Otto*, § 17 BetrAVG Rz. 117; *Höfer*, § 17 BetrAVG Rz. 3747 ff.; *Everhardt*, BB 1981, 661.
2 BGH v. 25. 9. 1989, DB 1989, 2425.
3 Vgl. OLG Köln v. 21. 2. 1986, DB 1986, 1063.
4 BGH v. 9. 6. 1980, DB 1980, 1588.
5 Ausnahmen: vgl. oben unter Rz. 346.

(4) Kommanditisten

Kommanditisten einer KG sind nach den §§ 164, 170 HGB von der Geschäftsführung ausgeschlossen und zur Vertretung der Gesellschaft nicht ermächtigt. Sind sie für ein Unternehmen tätig, so schließt dies die Anwendung der §§ 1–16 BetrAVG nicht grundsätzlich aus. Es kommt dann auf die **Qualität der Leitungsmacht** an. Werden geschäftsleitende Aufgaben wahrgenommen, etwa kraft einer Prokura, so ist die betreffende Person als Unternehmer zu qualifizieren[1]. Auch hier kommt eine Zusammenrechnung von Beteiligungen geschäftsleitend tätiger Personen in Betracht[2]. 352

(5) GmbH & Co. KG

Besonderheiten gelten bei einer GmbH & Co. KG. Unterhält die Komplementär-GmbH einen von der Förderung der Geschäfte der KG **unterscheidbaren, wirtschaftlich eigenständigen Betrieb,** der die Grundlage dafür bildet, daß für die GmbH wirklich Dienste geleistet werden und dafür eine Altersversorgungszusage erteilt wird, so kommt es im Hinblick auf den Gesellschafter-Geschäftsführer nur auf die Verhältnisse bei der GmbH an. Hat er dort oder gemeinsam mit anderen eine Mehrheitsbeteiligung, so ist er Unternehmer. 353

Unterhält die Komplementär-GmbH hingegen **keinen eigenen Geschäftsbetrieb,** so ist es gleichgültig, ob die Zusage von der GmbH oder der KG erteilt wurde. Bei der Prüfung der Unternehmerstellung müssen die Geschäftsanteile des GmbH-Geschäftsführers bei der GmbH und bei der KG zusammengerechnet werden. Dabei können die GmbH-Anteile des Geschäftsführers nur in Höhe der Quote berücksichtigt werden, mit der die GmbH ihrerseits an der KG beteiligt ist[3]. In der **Literatur** werden differenziertere Betrachtungsweisen verlangt. Zunächst sei die Unternehmerstellung des Geschäftsführers in der GmbH zu prüfen. Fehle sie dort, so sei die mittelbare Beteiligung über die GmbH an der KG unberücksichtigt zu lassen. Bestehe hingegen eine unternehmerische Beteiligung an der GmbH, so sei die Beteiligung der GmbH an der KG dem Geschäftsführer vollständig zuzurechnen. Denn wenn er die GmbH majorisiere, so könne er deren Gesellschafterrechte in der KG vollständig wahrnehmen[4]. Letztere Auffassung ist zutreffend. Der BGH übersieht, daß der an der GmbH mehrheitlich beteiligte Gesellschafter-Geschäftsführer das gesamte Stimmrecht für die GmbH in der KG ausüben kann. 354

Entsprechend ist auch bei anderen Beteiligungsformen zu verfahren, zB bei einer AG & Co. GmbH[5]. 355

---

1 BGH v. 28. 4. 1980, DB 1980, 1434.
2 OLG Köln v. 21. 2. 1986, DB 1986, 1063; aA *Höfer,* § 17 BetrAVG Rz. 3741, 1357; *Blomeyer/Otto,* § 17 BetrAVG Rz. 116 ff.
3 BGH v. 28. 4. 1980, DB 1980, 1434.
4 Vgl. *Höfer,* § 17 BetrAVG Rz. 3764 ff.
5 *Höfer,* § 17 BetrAVG Rz. 3768.

2. Sachlicher Geltungsbereich

356 Das BetrAVG gilt nur dann, wenn Leistungen der **betrieblichen Altersversorgung** zugesagt werden. Dies sind nach der gesetzlichen Formulierung Leistungen der Alters-, Invaliditäts- oder Hinterbliebenenversorgung, die einem Arbeitnehmer oder einer arbeitnehmerähnlichen Person aus Anlaß ihres Arbeits- oder Dienstverhältnisses zugesagt worden sind[1]. Der Begriff der betrieblichen Altersversorgung ist geprägt durch den in Rechtsprechung und Schrifttum gebräuchlichen Bedeutungsinhalt[2]. Zweck der betrieblichen Altersversorgung war die Ergänzung der gesetzlichen und privaten Vorsorge durch Leistungen des Arbeitgebers. Von der Abgeltung unmittelbarer Arbeit unterscheidet sich die betriebliche Altersversorgung dadurch, daß sie als auf den Eintritt eines Versorgungsfalles bezogene zukünftige Sozialleistung ausgestaltet ist[3]. Wesentliches Kriterium ist, daß die Versorgungsleistungen jeweils an ein biologisches Ereignis anknüpfen, etwa Tod, Invalidität oder Erreichen einer festen Altersgrenze. Auf das Motiv für die Zusage kommt es dabei nicht an[4].

357 In der Regel werden Geldleistungen in Form **laufender Renten** oder **Kapitalzahlungen** geschuldet. Auch Nutzungsrechte oder Sachleistungen können den Charakter einer betrieblichen Altersversorgung haben.

358 Zu den Leistungen betrieblicher Altersversorgung gehören **nicht sog. Übergangsgelder.** Sie dienen der Überbrückung der Zeitspanne zwischen dem Ausscheiden aus einem Betrieb und dem Einsetzen von Altersversorgungsleistungen[5]. Das Gesetz selbst nennt keine Altersgrenze, von deren Erreichen an **frühestens** von Altersleistungen gesprochen werden kann. Altersgrenzen von 60 Jahren sind grundsätzlich zulässig[6]. Ob frühere Altersgrenzen für bestimmte Berufsgruppen, etwa Piloten, gelten können, erscheint zweifelhaft[7]. Leistungen, die vor Vollendung des 60. Lebensjahres einsetzen, wird man regelmäßig nicht als solche der betrieblichen Altersversorgung verstehen können.

359 Leistungen, die nicht durch den **Eintritt eines biologischen Ereignisses** ausgelöst werden, unterfallen nicht dem BetrAVG. Dazu gehören Jubiläumszahlungen, Tantiemen, Kündigungsabfindungen, Karenzentschädigungen bei Wettbewerbsverboten etc[8].

360 **Gegen** eine betriebliche Altersversorgung soll ferner sprechen, daß das Unternehmen lediglich den tätigen Gesellschaftern Zusagen gemacht hat[9] oder die den Gesellschafter-Geschäftsführern erteilte Zusage auf Altersversorgung im

---

1 Vgl. zur Abgrenzung von anderen Sozialleistungen der betrieblichen Altersversorgung oben Rz. 10 ff. und 17 ff.
2 BT-Drucks. 7/1281, 22.
3 BAG v. 26. 6. 1990, ZIP 1991, 49.
4 BAG v. 8. 5. 1990, AP Nr. 58 zu § 7 BetrAVG.
5 Vgl. *Paulsdorff*, § 10 BetrAVG Rz. 50.
6 *Höfer*, BetrAVG, ART Rz. 20.
7 So BAG v. 20. 12. 1984, AP Nr. 9 zu § 620 BGB – Bedingung.
8 Vgl. näheres oben Rz. 17 ff.
9 Vgl. Merkblatt PSVaG, 300/M1/2.92.

Verhältnis zu der ihnen gewährten Tätigkeitsvergütung sowie in der rechtlichen und tatsächlichen Ausgestaltung wesentlich von Zusagen abweicht, wie sie Dritten – insbesondere sonstigen Geschäftsführern und leitenden Angestellten – erteilt worden sind[1]. In gleicher Weise ist auch zu prüfen, inwieweit familiäre Beziehungen Anlaß für das Versorgungsversprechen waren; verfügen familienfremde Mitarbeiter in vergleichbarer Position nicht über eine Versorgungszusage, so ist dies ein Indiz dafür, daß es sich nicht um betriebliche Ruhegeldleistungen handelt.

3. Auswirkungen der Nichtanwendbarkeit des BetrAVG

Die Nichtanwendbarkeit des BetrAVG berührt grundsätzlich die **Gültigkeit einer Versorgungszusage** nicht. Ohne entsprechende Regelung kann sich der Versorgungsberechtigte weder auf eine Unverfallbarkeit berufen noch eine Anpassung laufender Leistungen verlangen. Insbesondere kann er den gesetzlichen Insolvenzschutz nach § 7 BetrAVG nicht in Anspruch nehmen, wenn die zugesagten Leistungen insolvenzbedingt nicht mehr zur Verfügung stehen. 361

Gelegentlich kommt es vor, daß Zeiten, die vom BetrAVG erfaßt werden, von solchen abgelöst werden, für die das BetrAVG nicht gilt. Im Hinblick auf den **persönlichen Geltungsbereich** des Gesetzes kann dies geschehen, wenn der Versorgungsberechtigte zeitweilig als Unternehmer, im übrigen aber als Arbeitnehmer oder arbeitnehmerähnliche Person für ein Unternehmen tätig war. Verliert beispielsweise ein Unternehmer seine mehrheitliche Beteiligung an dem Unternehmen, so kann es geschehen, daß er zu einem späteren Zeitpunkt in den Schutzbereich des BetrAVG fällt. Es ist dann festzustellen, inwieweit die Rechte aus einer Versorgungszusage dem Geltungsbereich des BetrAVG unterfallen. Es ist eine **zeitanteilige Aufteilung** vorzunehmen, die sich im wesentlichen an § 2 BetrAVG orientiert[2]. Die zugesagte Leistung ist dann zu quotieren. Dabei ist unerheblich, ob der Wechsel vom Unternehmerstatus zum Nichtunternehmerstatus oder umgekehrt erfolgt[3]. 362

Bei **Versorgungsanwärtern** besteht eine Unverfallbarkeit nach § 1 BetrAVG nur dann, wenn die vom Schutz des BetrAVG erfaßten Dienstzeiten insgesamt die gesetzlichen Unverfallbarkeitsvoraussetzungen erfüllen. Durch einen Statuswechsel tritt keine Unterbrechung der Fristen ein, sondern lediglich eine Hemmung[4]. Einzelne, vom Gesetz erfaßte Zeiten müssen also nicht jede für sich zu einer unverfallbaren Anwartschaft geführt haben, sondern können **zusammengerechnet** werden[5]. Das ist insbesondere dann von Bedeutung, wenn das Unternehmen insolvent geworden ist. Denn der PSVaG ist nur dann zur Zahlung verpflichtet, wenn die Unverfallbarkeit kraft Gesetzes eingetreten ist[6]. 363

---

1 Vgl. Merkblatt PSVaG, 300/M1/2.92.
2 BGH v. 9. 6. 1980, DB 1980, 1588.
3 BGH v. 9. 6. 1980, DB 1980, 1588.
4 BGH v. 4. 5. 1981, AP Nr. 9 zu § 1 BetrAVG – Wartezeit.
5 *Höfer*, § 17 BetrAVG Rz. 3778.
6 Vgl. Rz. 96 ff.

C. Abänderung von Versorgungszusagen

364 Besteht in einem Betrieb ein Versorgungswerk, so stellt sich oftmals die Frage, wie sich der Arbeitgeber von einmal angegangenen Verpflichtungen lösen kann. Die Gründe hierfür können unterschiedlich sein. Bedeutendste Fallgruppe ist der **Widerruf** oder die **Kürzung von Leistungen** der betrieblichen Altersversorgung aus wirtschaftlichen Gründen. Der Arbeitgeber stellt fest, daß er die zugesagten Leistungen nicht mehr problemlos finanzieren kann. Ein Abänderungsbedürfnis kann aber auch bestehen, wenn der Arbeitgeber betriebliche Altersversorgungsleistungen **neu strukturieren** möchte, vielleicht um bestehende Ungerechtigkeiten zu beseitigen oder das Versorgungssystem zu vereinfachen. Schließlich können **Fälle arglistigen Verhaltens** des Arbeitnehmers den Arbeitgeber dazu bewegen, über einen Widerruf der versprochenen Altersversorgung nachzudenken. Zu den unterschiedlichen Veränderungsanlässen hat die Rechtsprechung sich bemüht, Leitlinien zu entwickeln. Ihre Anwendbarkeit hängt aber auch entscheidend davon ab, welcher Art die Versorgungszusage ist und wie der Arbeitgeber sie inhaltlich ausgestaltet hat.

I. Abänderung aus wirtschaftlichen Gründen

365 Wer Versorgungsregelungen verändern will, muß sich zunächst Klarheit darüber verschaffen, welche rechtliche Gestalt die **Anspruchsgrundlage** hat. Es ist von erheblicher Bedeutung, ob Basis für das Versorgungswerk kollektivrechtliche oder aber vertragliche Grundlagen sind. Die Palette der Änderungsmöglichkeiten wird zudem maßgeblich von dem **Durchführungsweg** geprägt. Es kommt also darauf an, ob eine Direktzusage oder Direktversicherung besteht, Ansprüche über eine Pensionskasse begründet werden oder aber Leistungen einer Unterstützungskasse zugesagt worden sind. Die ersten drei Fallgestaltungen unterscheiden sich von der letztgenannten dadurch, daß auf ihre Leistungen ein Rechtsanspruch besteht, während eine Unterstützungskasse von Gesetzes wegen eine Einrichtung ist, auf deren Leistungen ein solcher Anspruch gerade nicht eingeräumt wird.

1. Arbeitsvertragliche Ruhegeldzusagen

366 Vertragliche Ansprüche können auf verschiedene Weise begründet werden. Sowohl die klassische **Einzelzusage** als auch **Gesamtzusagen**, vertragliche **Einheitsregelungen** oder **betriebliche Übungen** begründen arbeitsvertragliche Rechte, die auch nur mit dem für das Vertragsrecht vorgesehenen rechtlichen Instrumentarium abgeändert oder beseitigt werden können.

a) Änderungsvereinbarung

367 Eine Änderungsvereinbarung setzt das **Einverständnis des Arbeitnehmers** voraus. Dabei ist § 17 Abs. 1 BetrAVG zu beachten. Nach dessen Abs. 3 kann von bestimmten gesetzlichen Bestimmungen nur durch Tarifvertrag abgewichen

werden. Im übrigen ist ein **Abweichen zuungunsten des Arbeitnehmers verboten.** So können beispielsweise keine längeren Unverfallbarkeitsfristen vereinbart werden. Zu den Bestimmungen, von denen nicht abgewichen werden darf, gehört auch das Abfindungs- und Verzichtsverbot des § 3 Abs. 1 BetrAVG. Nach dieser Regelung kann eine Versorgungsanwartschaft, die der Arbeitnehmer nach § 1 Abs. 1 bis 3 BetrAVG bei Beendigung des Arbeitsverhältnisses behält, nur dann abgefunden werden, wenn die Anwartschaft auf einer Versorgungszusage beruht, die weniger als zehn Jahre vor dem Ausscheiden erteilt wurde. Das BAG hat entschieden, daß auch ein Verzicht ohne Abfindung unzulässig ist, wenn im übrigen die Voraussetzungen des § 3 Abs. 1 Satz 1 BetrAVG erfüllt sind[1]. Das Abfindungs- und Verzichtsverbot gilt aber nur bei Beendigung des Vertragsverhältnisses, nicht wenn der Verzicht oder die Abfindung während des laufenden Arbeitsverhältnisses vereinbart werden. Gelingt es dem Arbeitgeber, im gesetzlichen Rahmen des § 17 BetrAVG dem Arbeitnehmer eine Verschlechterung seiner arbeitsvertraglichen Position abzuhandeln, so begegnet dies keinen rechtlichen Bedenken.

b) Änderungskündigung

Kann der Arbeitgeber keine Änderungsvereinbarung durchsetzen, so bleibt die Möglichkeit einer Änderungskündigung. Mit ihr wird das bisherige Arbeitsverhältnis beendet, aber zugleich dessen Fortsetzung unter geänderten Arbeitsbedingungen angeboten. Der Arbeitnehmer hat unterschiedliche Möglichkeiten, auf die Änderungskündigung zu reagieren. Er kann das Änderungsangebot vorbehaltlos **annehmen.** Geschieht dies, ändert sich mit Ablauf der Kündigungsfrist der Inhalt des Arbeitsverhältnisses und damit auch der Versorgungszusage. Er kann das Änderungsangebot **ablehnen.** Die Änderungskündigung wandelt sich dann praktisch in eine Beendigungskündigung. Unternimmt der Arbeitnehmer nichts weiter, so endet das Arbeitsverhältnis mit Ablauf der Kündigungsfrist. Erhebt er **Kündigungsschutzklage,** so hängt der Fortbestand der Altersversorgungslasten von dem Ausgang des gerichtlichen Verfahrens ab. Der Arbeitnehmer kann schließlich das Änderungsangebot unter dem **Vorbehalt des § 2 Abs. 1 KSchG** annehmen. Er kann also erklären, daß er das Angebot, das Arbeitsverhältnis unter geänderten Bedingungen fortzusetzen, nur unter dem Vorbehalt annehme, daß die inhaltliche Veränderung der Altersversorgungsbedingungen nicht sozial ungerechtfertigt ist. Gewinnt der Arbeitnehmer den Prozeß, so verbleibt es bei den ursprünglichen Regelungen. Verliert er ihn, so wird das Arbeitsverhältnis mit den geänderten Altersversorgungsbedingungen fortgesetzt. Zu betonen ist hier, daß auch bei einer erfolgreichen Änderungskündigung Versorgungsansprüche keineswegs in jedem Fall vollständig beseitigt werden können. Verbleibt der Arbeitnehmer bis zum Eintritt des Versorgungsfalles in den Diensten des Arbeitgebers oder erreicht er die Unverfallbarkeitsfristen des § 1 BetrAVG, so kann nur unter bestimmten Voraussetzungen in bereits erdiente Versorgungsrechte eingegriffen werden[2].

368

---
1 BAG v. 22. 9. 1987, DB 1988, 656.
2 Vgl. dazu näheres unten Rz. 381 ff.

369 Zu beachten ist, daß eine Änderungskündigung im Anwendungsbereich des Kündigungsschutzgesetzes (§ 23 KSchG) der **sozialen Rechtfertigung** bedarf. Es gelten die Maßstäbe des Kündigungsschutzgesetzes. Der Arbeitgeber wird also betriebsbedingte Gründe nachweisen müssen. Die Rechtsprechung ist hier ausgesprochen zurückhaltend. Eine Änderungskündigung mit dem Ziel, Einsparungen zu ermöglichen, läßt das BAG in der Regel nur dann zu, wenn auf andere Weise eine akute Gefahr für die Arbeitsplätze oder eine Existenzgefährdung des Unternehmens nicht vermieden werden kann[1]. Änderungskündigungen zum Zweck der Reduzierung von Versorgungsverbindlichkeiten spielen deshalb eine untergeordnete Rolle. In der Regel sind sie auch ein ungeeignetes Mittel, wenn es darum geht, ein Versorgungswerk als ganzes an geänderte Verhältnisse anzupassen. Hier hilft dem Arbeitgeber die soziale Rechtfertigung einer einzelnen Kündigung meist nicht weiter[2].

c) Anfechtung, Rücktritt, Unmöglichkeit, Verzug

370 Weitere zivilrechtliche Instrumentarien zur Veränderung von Leistungsverpflichtungen sind die Anfechtung, der Rücktritt und die Gestaltungsmöglichkeiten bei Verzug oder Unmöglichkeit. Auch sie sind allenfalls in **besonders gestalteten Einzelfällen** zur Veränderung von Altersversorgungsverpflichtungen geeignet. Sie spielen deshalb ebenfalls nahezu keine Rolle.

d) Widerruf

371 **Erhebliche Bedeutung** für die Änderung auf vertraglicher Grundlage bestehender Altersversorgungsansprüche ist der Widerruf von Versorgungszusagen. Da das Vertragsrecht von dem Grundsatz „pacta sunt servanda" geprägt wird, kommt ein Widerruf nur dann in Betracht, wenn er vorbehalten war oder aber der Schuldner den Wegfall der Geschäftsgrundlage einwenden kann.

aa) Vorbehaltener Widerruf

372 Dem Arbeitgeber steht es natürlich frei, sich den Widerruf der Versorgungsleistungen vertraglich vorzubehalten. Ein Vorbehalt, die zugesagten Leistungen der betrieblichen Altersversorgung **jederzeit frei zu widerrufen,** ist für den Arbeitgeber jedoch aus steuerrechtlichen Gründen nicht attraktiv. In aller Regel sind Versorgungszusagen nur dann für ein Unternehmen interessant, wenn es auch entsprechende steuermindernde Rückstellungen bilden kann. Steuerlich begünstigte Pensionsrückstellungen nach § 6a EStG kann aber nur der bilden, der sich verbindlich verpflichtet. Versorgungszusagen enthalten deshalb nur die in Abschnitt 41 Abs. 4 EStR aufgeführten sog. steuerunschädlichen Vorbehalte. Diese lassen den **Widerruf nur unter eng begrenzten Voraussetzungen** zu; regelmäßig nur dann, wenn sich die rechtlichen oder wirtschaftlichen Bedingungen für den Arbeitgeber so nachhaltig geändert haben, daß dem Unternehmen die volle oder teilweise Aufrechterhaltung der zugesagten Lei-

---

1 BAG v. 20. 3. 1986, NZA 1986, 824; BAG v. 11. 10. 1989, NZA 1990, 607.
2 Vgl. *Griebling*, NZA 1989, Beil. 3, 26, 29.

stungen nicht mehr zugemutet werden kann[1]. Solche steuerunschädlichen Vorbehalte dienen lediglich als Hinweis auf einen Wegfall der Geschäftsgrundlage. Der Vorbehalt ist insoweit entbehrlich, weil auch ohne ihn im Falle des Wegfalls der Geschäftsgrundlage ein Widerruf der Versorgungsleistungen möglich wäre[2].

bb) Wegfall der Geschäftsgrundlage

Das Argument des Wegfalls der Geschäftsgrundlage läßt das BAG nur in sehr eingeschränktem Maße zu. Positiv entschieden hat es **nur in zwei Fallgruppen**, nämlich im Falle des Widerrufs von Versorgungsleistungen wegen einer wirtschaftlichen Notlage des Arbeitgebers und bei der Beseitigung unerwünschter Überversorgungen. 373

(1) Wirtschaftliche Notlage

Das Gesetz begreift den Sicherungsfall des § 7 Abs. 1 Satz 3 Nr. 5 BetrAVG als gesetzlich normierten Tatbestand des Wegfalls der Geschäftsgrundlage[3]. Als wirtschaftliche Notlage versteht der Senat eine **extreme konkursgleiche Situation des Arbeitgebers**. Es sind also strenge Maßstäbe zu erfüllen. Weil der Widerruf wegen wirtschaftlicher Notlage ein Sicherungsfall für den Pensions-Sicherungs-Verein als Träger der gesetzlichen Insolvenzsicherung für Ansprüche aus betrieblicher Altersversorgung ist, sind auch nicht nur die rechtlichen Interessen des Arbeitgebers und der Arbeitnehmer berührt, sondern auch die des PSVaG. § 7 Abs. 1 Satz 3 Nr. 5 BetrAVG sieht die Einstandspflicht des Insolvenzsicherers deshalb auch nur dann vor, wenn die Kürzung oder Einstellung von Versorgungsleistungen wegen wirtschaftlicher Notlage durch rechtskräftiges Urteil eines Gerichts für zulässig erklärt worden ist[4]. 374

(2) Überversorgung

Ein Widerruf von Versorgungsleistungen ohne ausdrücklichen Vorbehalt läßt das BAG auch zu bei planwidrigen Überversorgungen. Eine Überversorgung liegt dann vor, wenn die Ruhestandsbezüge (gesetzliches Altersruhegeld zzgl. Betriebsrente) **die aktiven Bezüge übersteigen.** Ist die Überversorgung nicht gewollt, so kann der Arbeitgeber eine Reduzierung seiner Versorgungsleistungen vornehmen. Dabei kann nach Auffassung des BAG ausnahmsweise auch in bereits erdiente Besitzstände eingegriffen werden, für die der Betriebsrentner die Gegenleistung in Form der geleisteten Betriebstreue endgültig erbracht hat. Insoweit ergibt sich nach Ansicht des BAG die Notwendigkeit, Verträge an die geänderten Verhältnisse anzupassen, um die Vertragsgerechtigkeit wiederherzustellen[5]. Über diesen Weg wird nur in Ausnahmefällen, nämlich dann, wenn die bisherige Versorgungsregelung bei dem überwiegenden Teil der Berechtig- 375

---

1 *Blomeyer/Otto*, BetrAVG, Einl. Rz. 547.
2 *Griebeling*, NZA 1989, Beil. 3, 30.
3 BAG v. 26. 4. 1988, AP Nr. 3 zu § 1 BetrAVG – Geschäftsgrundlage.
4 Vgl. nähere Einzelheiten Rz. 309 f.
5 BAG v. 9. 7. 1985, AP Nr. 6 zu § 1 BetrAVG – Ablösung.

ten zu einer Überversorgung führt, eine Begrenzung des Gesamtvolumens eines Versorgungswerkes herbeizuführen sein. Wesentliches Kriterium ist dann, ob es sich wirklich um eine planwidrige Überversorgung handelt. War die Gefahr einer solchen Überversorgung dem Arbeitgeber bekannt und handelt er dennoch über Jahre hinweg nicht, so spricht einiges gegen eine Planwidrigkeit und für einen Schutz der betroffenen Arbeitnehmer.

e) Nachfolgende Betriebsvereinbarung

376 Mittels Betriebsvereinbarung kann grundsätzlich nicht in Versorgungsrechte eingegriffen werden, deren rechtliche Grundlage ein arbeitsvertraglicher Anspruch ist. Bis zum Vorlagebeschluß des Fünften Senats vom 8. 12. 1982[1] nahm der Ruhegeldsenat an, wegen ihres kollektiven Bezuges dürfe auch in Gesamtzusagen und betriebliche Einheitsregelungen durch nachfolgende Betriebsvereinbarungen zu Lasten der Arbeitnehmer eingegriffen werden. Diese Möglichkeit hat der Große Senat mit Beschluß vom 16. 9. 1986 eingeschränkt[2].

377 Vertraglich begründete Ansprüche der Arbeitnehmer auf betriebliche Ruhegelder, die auf eine vom Arbeitgeber gesetzte Einheitsregelung oder Gesamtzusage zurückgehen, können durch eine nachfolgende Betriebsvereinbarung in den Grenzen von Recht und Billigkeit beschränkt werden, soweit die neue Regelung insgesamt bei kollektiver Betrachtung **nicht ungünstiger** ist. Es ist ein sog. **kollektiver Günstigkeitsvergleich** anzustellen. Der Arbeitgeber darf sein Versorgungswerk danach umstrukturieren, wenn damit der Dotierungsrahmen insgesamt nicht eingeschränkt wird. Das bedeutet zugleich, daß durch Betriebsvereinbarung eine Reduzierung von auf arbeitsvertraglichen Grundlagen beruhenden Versorgungslasten nicht herbeigeführt werden kann.

378 Soweit lediglich **umstrukturiert** wird, unterliegt die neue Regelung ebenfalls einer gerichtlichen Billigkeitskontrolle[3]. Auch bei Beibehaltung des Dotierungsrahmens kann folglich nicht einschränkungslos in die Rechte einzelner eingegriffen werden.

379 Von dem Grundsatz, daß durch nachfolgende Betriebsvereinbarungen nicht in Versorgungsrechte aus betrieblichen Einheitsregelungen oder Gesamtzusagen eingegriffen werden kann, macht das BAG unter dem Gesichtspunkt des **Vertrauensschutzes** Ausnahmen. Der Dritte Senat vertrat ursprünglich die Auffassung, durch nachfolgende Betriebsvereinbarungen könne auch in Versorgungsansprüche eingegriffen werden, die durch Gesamtzusage oder eine betriebliche Einheitsregelung begründet wurden[4]. Mit Urteil vom 12. 8. 1982 nahm der Sechste Senat des BAG einen davon abweichenden Rechtsstandpunkt ein[5]. Mit Entscheidung vom 20. 11. 1990 hat der Dritte Senat des BAG klargestellt, daß

---

1 BAG v. 8. 12. 1982, BAGE 41, 118.
2 BAG (GS) v. 16. 9. 1986, BAGE 53, 42.
3 BAG (GS) v. 16. 9. 1986, BAGE 53, 42.
4 BAG v. 30. 1. 1970, BAGE 22, 252; BAG v. 17. 1. 1980, BAGE 32, 293; BAG v. 8. 12. 1981, BAGE 36, 327.
5 BAG v. 12. 8. 1982, BAGE 39, 295.

sich Arbeitgeber jedenfalls bis zum Bekanntwerden des Urteils des Sechsten Senats vom 12. 8. 1982 auf die damalige Rechtsprechung des Senats verlassen durften. Soweit Betriebsvereinbarungen, die auf vertraglichen Einheitsregelungen oder Gesamtzusagen beruhende Versorgungswerke zum Nachteil der Arbeitnehmer abgeändert haben, aus der Zeit **vor dem 12. 8. 1982** stammen, werden sie von der Rechtsprechung grundsätzlich als wirksam anerkannt. Spätere Betriebsvereinbarungen sind nur dann nicht unwirksam, wenn sie dem kollektiven Günstigkeitsvergleich standhalten.

Davon unabhängig ist es natürlich zulässig, Versorgungszusagen „**betriebsvereinbarungsoffen**" auszugestalten. Sieht eine individuelle Versorgungszusage, eine Gesamtzusage oder eine betriebliche Einheitsregelung vor, daß Änderungen auch zum Nachteil der Arbeitnehmer durch Betriebsvereinbarungen zulässig sind, so stellt eine entsprechende Betriebsvereinbarung das zulässige Gestaltungsmittel dar. Ggf. muß durch Auslegung ermittelt werden, ob die betreffende Zusage betriebsvereinbarungsoffen ausgestaltet ist oder nicht.

380

2. Versorgung durch Unterstützungskasse

Leistungen der betrieblichen Altersversorgung können auch über den Durchführungsweg einer Unterstützungskasse zugesagt werden. Grundlage hierfür kann eine entsprechende arbeitsvertragliche Regelung, aber auch eine Betriebsvereinbarung sein. Ein Arbeitgeber, der seine Arbeitnehmer mit Hilfe einer Unterstützungskasse versorgen will, kündigt ihnen an, die Unterstützungskasse werde als eine **selbständige Versorgungseinrichtung** betriebliche Versorgungsleistungen erbringen. Grundlage für die Rechtsbeziehungen zwischen dem Versorgungsempfänger und der Unterstützungskasse bildet deshalb das Arbeitsverhältnis als Valutaverhältnis. In der Regel geht eine solche Zusage dahin, die Versorgungseinrichtung werde Leistungen gewähren, soweit deren Satzung und Richtlinien dies vorsehen[1]. Besonderes Kennzeichen einer Unterstützungskasse ist – so § 1 Abs. 4 Satz 1 BetrAVG –, daß es sich um eine rechtsfähige Versorgungseinrichtung handelt, die auf ihre Leistungen keinen Rechtsanspruch gewährt. Das BAG hat aus diesem Vorbehalt der Freiwilligkeit und dem Ausschluß des Rechtsanspruchs hergeleitet, daß der Unterstützungskasse ein Widerrufsrecht zusteht, das allerdings an sachliche Gründe gebunden ist[2].

381

Das BAG betont den Entgelt- und Versorgungscharakter von Betriebsrenten. Daraus folge, daß nach Annahme der Betriebstreue des Arbeitnehmers als Vorleistung der Arbeitgeber die Versorgung nicht mehr ohne weiteres versagen dürfe[3]. Anknüpfend daran, daß auch eine Unterstützungskasse insolvenzgeschützt ist, hat das BAG entschieden, daß ein Widerruf nur auf solche wirtschaftliche Gründe gestützt werden dürfe, die zugleich einen Sicherungsfall im Sinne des § 7 BetrAVG darstellen. Ein sachlicher Grund zum Widerruf von

382

---

1 BAG v. 10. 11. 1977, AP Nr. 8 zu § 242 BGB – Ruhegehalt – Unterstützungskassen.
2 BAG v. 10. 11. 1977, AP Nr. 8 zu § 242 BGB – Ruhegehalt – Unterstützungskassen; BVerfG v. 19. 10. 1983, BVerfGE 65, 196.
3 BAG v. 12. 2. 1971, AP Nr. 3 zu § 242 BGB – Ruhegehalt – Unterstützungskassen.

Unterstützungskassenleistungen sei deshalb ein Wegfall der Geschäftsgrundlage, regelmäßig also das **Vorliegen einer wirtschaftlichen Notlage** im Sinne des § 7 Abs. 1 Satz 3 Nr. 5 BetrAVG. Das BAG sah hier einen Wertungswiderspruch. Denn könne bei der Unterstützungskasse der Arbeitgeber schon aus weniger gewichtigen Gründen als einer wirtschaftlichen Notlage widerrufen, werde der gesetzliche Insolvenzschutz für Unterstützungskassenleistungen praktisch wertlos. Dies hielt das BAG mit dem gesetzlichen Ziel eines lückenlosen Insolvenzschutzes für unvereinbar[1].

383 Das **Bundesverfassungsgericht** hat die Auffassung des BAG für zu weitgehend gehalten. In zwei Entscheidungen aus den Jahren 1983 und 1987 hat es entschieden, daß es darauf ankomme, wann die rechtlichen Grundlagen für die Unterstützungskassenversorgung geschaffen worden seien[2]. Danach ist nun zu differenzieren zwischen sog. „Alt-", „Übergangs-" und „Neu-"Fällen. Sog. **„Neu-Fälle"** sind Unterstützungskassen, deren rechtliche Grundlagen erst nach Inkrafttreten des BetrAVG gelegt wurden. Hier verbleibt es bei der strengen Rechtsprechung des BAG, daß nur unter den Voraussetzungen einer wirtschaftlichen Notlage Versorgungsleistungen widerrufen oder gekürzt werden dürfen[3]. Davon zu unterscheiden sind die sog. **„Alt-Fälle"**. Bei ihnen wurden die rechtlichen Regelungen für die Unterstützungskasse vor Inkrafttreten des BetrAVG geschaffen. Die Altersversorgungsberechtigten schieden auch vor diesem Zeitpunkt aus dem Arbeitsverhältnis aus. Hier genügen „triftige Gründe", um sogar den bereits erdienten Teilbetrag einer Versorgungsanwartschaft kürzen zu können. Schließlich gibt es **„Übergangsfälle"**. Sie dürften die große Masse aller Unterstützungskassenversorgungen bilden[4]. Bei diesen Fallgestaltungen stammen die rechtlichen Grundlagen für die Ansprüche gegen die Unterstützungskasse zwar ebenfalls aus der Zeit vor Inkrafttreten des BetrAVG, die Arbeitnehmer schieden aber nach diesem Zeitpunkt aus. Auch hier ließ das Bundesverfassungsgericht[5] triftige Gründe ausreichen, um Leistungen zu widerrufen oder zu kürzen. Sowohl in den „Alt-" als auch in den „Übergangsfällen" ist nach Auffassung des Bundesverfassungsgerichts[6] ein Insolvenzschutz zu gewähren. Die vom BAG befürchtete Lücke wurde durch Richterrecht somit geschlossen.

384 Ein **„triftiger" Grund** ist nach Ansicht des BAG dann anzuerkennen, wenn eine ungekürzte Versorgungslast langfristig die Substanz des Trägerunternehmens gefährden könnte und mildere Mittel nicht ausreichen. Triftige Gründe sind damit solche, die es dem Arbeitgeber gestatten, im Rahmen der Anpassungsprüfung nach § 16 BetrAVG eine Angleichung der Leistungen an die Steigerung der Lebenshaltungskosten abzulehnen[7]. Das BAG verwendet eine andere Terminologie. Triftige Gründe bezeichnet es als „sachliche Gründe"; soweit es

---

1 BAG v. 5. 6. 1984, BAGE 46, 80.
2 BVerfG v. 19. 10. 1983, BVerfGE 65, 196 und BVerfG v. 14. 1. 1987, BVerfGE 74, 129.
3 BAG v. 23. 4. 1985, BAGE 48, 258.
4 Vgl. *Griebeling*, NZA 1989, Beil. 3, 26, 30.
5 BVerfG v. 14. 1. 1987, BVerfGE 74, 129.
6 BVerfG v. 14. 1. 1987, BVerfGE 74, 129.
7 Vgl. dazu Rz. 393 ff.; BAG v. 5. 6. 1984, BAGE 46, 80.

triftige Gründe nennt, meint es solche, die sogar einen Eingriff in zeitanteilig erdiente Besitzstände gestatten[1].

3. Betriebsvereinbarung

Betriebliche Versorgungswerke basieren meist auf „allgemeinen" Regeln. Sie werden eingeführt durch arbeitsvertragliche Rechtsgeschäfte (betriebliche Einheitsregelungen, betriebliche Übungen oder Gesamtzusagen) oder durch kollektivrechtliche Regelungen, im wesentlichen Betriebsvereinbarungen. Betriebsvereinbarungen schaffen für die Arbeitnehmer **unmittelbar geltendes Recht** (§ 77 Abs. 4 BetrVG). § 77 Abs. 4 Satz 2 BetrVG bestimmt sogar, daß ein Verzicht auf durch Betriebsvereinbarung eingeräumte Rechte nur mit Zustimmung des Betriebsrats zulässig ist. 385

Einigkeit besteht darüber, daß die **Einführung eines betrieblichen Versorgungswerks** keinen mitbestimmungspflichtigen Tatbestand iSd. § 87 Abs. 1 BetrVG bildet. Etwas anderes gilt für dessen inhaltliche Ausgestaltung. Dies hat zur Konsequenz, daß eine Betriebsvereinbarung über die Einführung einer betrieblichen Altersversorgung nicht nachwirkt (§ 77 Abs. 6 BetrVG), wenn sie befristet ist oder gekündigt wird und die Kündigungsfrist abgelaufen ist. Wird eine Betriebsvereinbarung geschlossen, die eine ältere Betriebsvereinbarung ablösen soll, gilt auch nicht das Günstigkeitsprinzip, sondern nur die Zeitkollisionsregel. Die jüngere Betriebsvereinbarung ersetzt das ältere Regelwerk[2]. Das BAG weist in ständiger Rechtsprechung darauf hin, daß eine ablösende Betriebsvereinbarung, die zu einer Kürzung von Versorgungsanwartschaften führt, einer **Billigkeitskontrolle** unterliegt. Durch eine ablösende Betriebsvereinbarung kann deshalb nicht schrankenlos in Versorgungsrechte eingegriffen werden. Auch hier verlangt der Entgeltcharakter der betrieblichen Altersversorgung, daß die Gegenleistung für die vom Arbeitnehmer schon erbrachte Betriebstreue nicht ohne weiteres verweigert werden darf[3]. 386

4. Betriebliche Mitbestimmung

Bei allen **Änderungen betrieblicher Altersversorgungswerke** ist darauf zu achten, daß dem Betriebsrat dabei nach § 87 Abs. 1 Nr. 8 BetrVG ein Mitbestimmungsrecht zusteht[4]. Werden Leistungen eines Versorgungswerkes generell gekürzt, so kann der Arbeitgeber dies nicht einseitig tun. Die Regelung ist mitbestimmungspflichtig und unterliegt nach Auffassung des BAG der gerichtlichen Billigkeitskontrolle[5]. Dabei ist besonders darauf hinzuweisen, daß es auf den Rechtsbegründungsakt nicht ankommt. Beruht das Versorgungswerk nicht auf einer Betriebsvereinbarung, sondern auf einer betrieblichen Übung, Gesamtzusage oder betrieblichen Einheitsregelung, so bestehen hinsichtlich der Ausge- 387

---

1 *Höfer*, ART Rz. 106, 402.
2 BAG v. 17. 3. 1987, BAGE 54, 261.
3 BAG v. 17. 3. 1987, BAGE 54, 261.
4 Vgl. oben Rz. 151 ff.
5 BAG v. 5. 6. 1984, BAGE 46, 80.

staltung der Altersversorgungsansprüche dennoch Mitbestimmungsrechte. Einseitig vom Arbeitgeber durchgeführte Regelungen sind deshalb unwirksam.

5. Maßstab für zulässige Änderungen von Versorgungsanwartschaften

388 Wenn geklärt ist, ob eine Versorgungsregelung überhaupt geändert werden kann und mit welchem rechtlichen Instrumentarium das möglich ist, bedeutet dies nicht, daß jedweder Eingriff zulässig ist. Das BAG betont in ständiger Rechtsprechung, daß zulässige Eingriffe sich am **Grundsatz der Verhältnismäßigkeit** messen lassen müssen[1]. Der Dritte Senat des BAG hat eine Rangfolge unterschiedlich stark geschützter Besitzstände entwickelt. Ausgehend davon, daß eine betriebliche Altersversorgung auch Entgeltcharakter hat, also Gegenleistung für bereits in der Vergangenheit geleistete Dienste des Arbeitnehmers ist, hat es Versorgungsanwartschaften um so schutzwürdiger erachtet, je mehr der Arbeitnehmer dafür bereits vorgeleistet hat[2].

a) Erdienter Teilwert

389 Den erdienten Teilwert einer Versorgungsanwartschaft hält das BAG für **besonders schützenswert.** Der Arbeitnehmer habe hier seine Vorleistung bereits erbracht und müsse deshalb ähnlich wie ein Eigentümer vor einem entschädigungslosen Entzug der Anwartschaft geschützt werden. Ein Eingriff in den erdienten Teil der Versorgungsanwartschaft hält das BAG deshalb in der Regel für **unverhältnismäßig und unbillig;** dennoch vorgenommene Eingriffe sind dem Arbeitnehmer gegenüber unwirksam[3]. Erdient ist der Teil der Versorgungsanwartschaft, den der Arbeitnehmer als Versorgungsanwartschaft behalten würde, schiede er im Zeitpunkt der Abänderung der Versorgungsregelung bei seinem Arbeitgeber aus[4]. Dabei kommt es allerdings hinsichtlich der Frage, welcher Teil der Versorgungsanwartschaft bereits erdient ist, nicht darauf an, ob die Unverfallbarkeitsfristen des § 1 BetrAVG erreicht sind. Auch eine zum Zeitpunkt der Abänderung der Versorgungszusage noch verfallbare Anwartschaft ist in Höhe ihres Teilwertes bereits erdient und gegen Eingriffe des Arbeitgebers in besonderer Weise geschützt. Erreicht der Arbeitnehmer später die Unverfallbarkeit, so behält er diesen erdienten Teil endgültig. Die Verfallbarkeit von Ansprüchen bedeutet nicht, daß der Arbeitgeber unter erleichterten Voraussetzungen Änderungen vornehmen kann[5].

390 Einen Eingriff in den erdienten Besitzstand läßt die Rechtsprechung deshalb nur aus **zwingenden Gründen** zu, und zwar nur dann, wenn der Arbeitgeber sich zu Recht auf einen **Wegfall der Geschäftsgrundlage** berufen kann. Es muß also eine wirtschaftliche Notlage des Unternehmens vorliegen, die ihrerseits den Insolvenzschutz durch den PSVaG nach § 7 Abs. 1 Satz 3 Nr. 5 BetrAVG

---

1 BAG v. 16. 9. 1986, BAGE 53, 42.
2 BAG v. 17. 3. 1987, BAGE 54, 261.
3 BAG v. 16. 9. 1986, BAGE 53, 42.
4 BAG v. 22. 9. 1987, NZA 1988, 732.
5 BAG v. 26. 4. 1988, BAGE 58, 156.

auslöst[1]. Regelmäßig ist der Arbeitnehmer also bei Eingriffen in den erdienten Besitzstand geschützt, weil er für seine Versorgungsansprüche einen neuen Schuldner erhält, nämlich den PSVaG, der anstelle des notleidenden Arbeitgebers den erdienten Teil der Versorgung gewähren muß.

Auf einen Wegfall der Geschäftsgrundlage kann sich allerdings auch berufen, wer eine **nicht planmäßige Überversorgung** abbauen will[2]. Auch bereits erdiente Teile einer Überversorgung können so beseitigt werden.

391

b) Erdiente Dynamik

Für **weniger schutzwürdig** erachtet das BAG die sog. „erdiente Dynamik". Das BAG differenziert zwischen Steigerungen, die sich aus der Dauer der Betriebszugehörigkeit ergeben, sog. dienstzeitabhängigen Steigerungsraten, und solchen, bei denen der Wertzuwachs der Anwartschaft ohne Bindung an die Dienstzeit der Entwicklung eines Berechnungsfaktors folgen soll, der seinerseits variabel ist. Gemeint sind damit Versorgungszusagen, bei denen die Betriebsrente beispielsweise abhängig ist von der Höhe des zuletzt gezahlten Gehalts. Dienstzeitabhängige Steigerungsraten müsse der Arbeitnehmer erst in der Zukunft erdienen; für sie habe er die erforderliche Betriebstreue noch nicht erbracht.

392

Bei **dienstzeitunabhängigen Steigerungen,** nämlich einer sog. „Dynamik", sei dies anders. Ihr Zweck bestehe nicht darin, die fortdauernde Betriebstreue zu vergüten und zum Maßstab der Rentenberechnung zu machen. Es gehe vielmehr darum, den Versorgungsbedarf des Arbeitnehmers flexibel zu erfassen. Der Anwartschaftswert solle sich dem durch die Höhe des Arbeitsentgelts geprägten Lebensstandard bis zum Eintritt des Versorgungsfalles (sog. Halbdynamik) oder sogar im Ruhestand (sog. Volldynamik) anpassen. Soweit für eine solche lohn- oder gehaltsabhängige Dynamik Betriebstreue geleistet worden sei, sei sie im Gegensatz zu den dienstzeitabhängigen Steigerungsraten im Zeitpunkt der Ablösung schon erdient. Das sei für die Dynamik des Teils der Anwartschaft anzunehmen, der sich zur Zeit der Ablösung errechnet. Anteilig habe dafür der Arbeitnehmer nämlich die Gegenleistung erbracht[3].

393

Unterschieden werden muß ggf. zwischen einer schon **erdienten** und einer **noch nicht erdienten** Dynamik. Der bereits zeitanteilig erdiente und nach § 2 Abs. 1 BetrAVG zu berechnende Teil der Anwartschaft nimmt auch weiterhin an der Dynamik der Bemessungsgrundlage teil. Insoweit ist die Dynamik „erdient". Können auch nach Abänderung der Versorgungszusagen durch weitere Betriebstreue noch Zuwächse erreicht werden, so kann für sie die Dynamik entfallen, soweit sachliche Kürzungsgründe vorliegen[4].

394

In eine erdiente Dynamik kann aus sog. **triftigen Gründen** eingegriffen werden. Unter triftigen Gründen versteht das BAG solche, die es dem Arbeitgeber gestat-

395

---

1 Vgl. auch *Griebeling,* NZA 1989, Beil. 3, 26, 32.
2 Vgl. oben die Ausführungen unter Rz. 375.
3 BAG v. 17. 4. 1985, BAGE 49, 57.
4 Vgl. *Höfer,* BetrAVG, ART Rz. 470.

ten, von einer Anpassung nach § 16 BetrAVG abzusehen[1]. Hierzu ist der Arbeitgeber dann berechtigt, wenn er die Erhöhung der Rente nicht mehr aus den Erträgen und Wertzuwächsen des Unternehmens erwirtschaften kann und deshalb die Gefahr besteht, daß die Entwicklung des Unternehmens beeinträchtigt und seine Substanz aufgezehrt wird[2]. Der Arbeitgeber muß ggf. beweisen, daß triftige Gründe für einen Eingriff in die zeitanteilig erdiente Dynamik vorlagen.

c) Nicht erdiente Steigerungsraten

396 Die dritte vom BAG entwickelte Besitzstandsstufe umfaßt den gesamten Inhalt der Versorgungszusage, also die Teile, die nicht unter die erste oder zweite Stufe des Besitzstands fallen. Geschützt sind danach auch künftige Zuwächse, etwa der noch nicht erdiente Teil einer Dynamik oder noch nicht erdiente Steigerungsbeträge[3]. Das BAG läßt in diese Besitzstandsstufe Eingriffe zu, wenn „**sachlich proportionale Gründe**" vorliegen[4]. Sachliche Gründe liegen nicht etwa schon dann vor, wenn der Arbeitgeber einen berechtigten Anlaß zur Reduzierung von Versorgungsverpflichtungen zu haben glaubt. Eingriffsgrund und Eingriffsumfang müssen sich vielmehr entsprechen[5]. Auch hier gilt folglich der Verhältnismäßigkeitsgrundsatz. So hat das BAG einen Eingriff in noch nicht erdiente Steigerungsbeträge akzeptiert, wenn bei einer Neuverteilung gleichbleibender Versorgungsmittel bisher unversorgte Arbeitnehmer in den Kreis der Begünstigten aufgenommen werden sollten[6]. Anerkannt hat das BAG auch veränderte Vorstellungen der Begünstigten über die Leistungsgerechtigkeit[7]. Das Ausmaß des Eingriffs darf dabei aber nicht größer sein als es das angestrebte Ziel erfordert. Der Arbeitgeber muß, beruft er sich auf sachlich proportionale Gründe, die Erwägungen für den Eingriff darlegen und deutlich machen, daß sie **nicht willkürlich** sind; er muß **nachvollziehbar** erkennen lassen, welche Umstände und Erwägungen die Änderung der Versorgungszusage veranlaßt haben[8].

6. Gerichtliche Billigkeitskontrolle

397 In der Regel ist dem Arbeitgeber nicht gedient, wenn er nur mit einzelnen Arbeitnehmern Änderungen der Versorgungszusagen vereinbaren kann. Betriebsvereinbarungsoffene Einheitsregelungen oder Gesamtzusagen und auf Betriebsvereinbarungen basierende Versorgungswerke werden deshalb regelmäßig durch **verschlechternde Betriebsvereinbarungen** abgeändert. Das Bundesarbeitsgericht unterzieht solche Betriebsvereinbarungen einer gerichtlichen Billigkeitskontrolle. Zunächst ist eine **abstrakte Billigkeitskontrolle** vorzuneh-

---

1 BAG v. 17. 4. 1985, BAGE 49, 57; BAG v. 4. 4. 1989, BAGE 61, 273.
2 BAG v. 4. 4. 1989, BAGE 61, 273; BAG v. 27. 11. 1992, AP Nr. 13 zu § 1 BetrAVG – Besitzstand.
3 Vgl. *Heither*, RdA 1993, 72.
4 BAG v. 17. 3. 1987, AP Nr. 9 zu § 1 BetrAVG – Ablösung.
5 Vgl. *Griebeling*, NZA 1989, Beil. 3, 26, 33.
6 BAG v. 8. 12. 1981, AP Nr. 1 zu § 1 BetrAVG – Ablösung.
7 BAG v. 17. 3. 1987, AP Nr. 9 zu § 1 BetrAVG – Ablösung.
8 BAG v. 18. 4. 1989, BAGE 61, 323.

men. Dabei ist zu prüfen, ob die Betriebspartner ersichtlich in erdiente Besitzstände nicht eingreifen wollten und dafür geeignete Regelungen geschaffen haben. Fehlen solche Besitzstandsregelungen, so ist die abändernde Betriebsvereinbarung nicht insgesamt unwirksam. Nur soweit sie in unzulässiger Weise in geschützte Besitzstände eingreift, vermag sie keine Wirkungen zu entfalten[1]. Dieser abstrakten Billigkeitskontrolle ist eine **konkrete Überprüfung** anzuschließen, wenn die neue Regelung zwar insgesamt nicht zu beanstanden ist, jedoch im Einzelfall Wirkungen entfaltet, die nach dem Regelungsplan nicht beabsichtigt sein können und unbillig erscheinen. Eine solche konkrete Billigkeitskontrolle ändert jedoch nichts am Inhalt und der Wirksamkeit der Betriebsvereinbarung. Sie fügt ihr – soweit nicht ohnehin schon vorhanden – nur gleichsam eine Härteklausel hinzu[2]. Zu denken ist hier an Sonderregelungen beispielsweise für rentennahe Jahrgänge, die durch Eigenvorsorgemaßnahmen das reduzierte Niveau der betrieblichen Altersversorgung nicht mehr auffangen können oder sonstige Regelungen für nicht erwünschte Härten im Einzelfall.

Zusammenfassend bleibt damit festzustellen: Je stärker der Besitzstand geschützt ist, um so gewichtiger müssen die Eingriffsgründe sein, um Änderungen zu realisieren. Eingriffe in den erdienten Teilbetrag sind nur bei zwingenden Gründen zulässig. Triftige Gründe sind zur Beseitigung einer erdienten Dynamik erforderlich. Sachliche Gründe genügen für proportionale Eingriffe in Steigerungsraten, die von einer noch künftig abzuleistenden Dienstzeit abhängig sind.

398

7. Maßstab für zulässige Änderungen bei laufenden Leistungen

Der Arbeitgeber kann daran interessiert sein, auch laufende Leistungen im Hinblick auf Höhe und Umfang zu verändern. Das ist nur möglich, wenn die Versorgungsregelung derartige Veränderungen zuläßt. In Betracht kommen Veränderungen des Zusageinhalts beispielsweise dann, wenn der Arbeitgeber betriebliche Ruhegeldleistungen nach einer allgemeinen Versorgungsordnung zugesagt und in der Zusage darauf hingewiesen hat, daß die jeweils aktuelle Leistungsordnung Geltung haben soll. Bei derartigen **Jeweiligkeitsklauseln** muß der Versorgungsberechtigte sich späteren Veränderungen unterwerfen, und zwar nicht nur in der Anwartschaftsphase bis zum Eintritt des Versorgungsfalles, sondern auch nach Aufnahme der Rentenleistungen[3].

399

Das BAG hat entschieden, daß bei Veränderungen während der Leistungsphase die strengen, von ihm aufgestellten Besitzstandsregelungen zur Beschränkung von Versorgungsanwartschaften nicht gelten. Zulässig seien jedenfalls Regelungen, die **nicht zur Schmälerung der Ausgangsleistung führen**, in sich **ausgewogen und sachlich begründet** seien. Es seien deshalb weder zwingende noch triftige Gründe erforderlich, um Veränderungen herbeizuführen. Ausreichend seien vielmehr sachliche Erwägungen des Arbeitgebers[4].

400

---

1 BAG v. 23. 4. 1985, BAGE 48, 258.
2 BAG v. 18. 12. 1981, BAGE 36, 327.
3 BAG v. 27. 8. 1996, DB 1996, 1827.
4 BAG v. 16. 7. 1996, DB 1997, 631; BAG v. 27. 8. 1996, DB 1996, 1827.

401 Die Rechtsprechung des BAG steht hier sicherlich noch am Beginn ihrer Entwicklung; eine Strukturierung der Eingriffsmöglichkeiten steht noch aus.

II. Änderung aus nicht wirtschaftlichen Gründen

402 Nicht immer sind die Überlegungen, ein Versorgungswerk inhaltlich zu verändern, wirtschaftlicher Art. Auch nicht wirtschaftliche Erwägungen können Beweggrund dafür sein, von den bisherigen Versorgungsregelungen abzurücken und sie ggf. durch neue zu ersetzen. Dies gilt beispielsweise für die **Ablösung sog. Gesamtversorgungssysteme.** Bei ihnen hängt die Höhe der betrieblichen Rente nicht nur von dynamischen Bemessungsfaktoren wie dem letzten Gehalt ab, sondern auch von einer anzurechnenden Sozialversicherungsrente, deren Höhe in der Regel nicht von vornherein feststeht. Sie hängt ab von den individuellen Beitrags- und Versicherungszeiten sowie den allgemeinen Bemessungsgrundlagen[1]. Das BAG hält es für zulässig, ein Gesamtversorgungssystem durch eine andere Versorgungsregelung zu ersetzen, bei der die Höhe der betrieblichen Ruhegeldleistungen nicht mehr von der jeweiligen Sozialversicherungsrente der Begünstigten abhängt. Auch bei einer solchen Abkoppelung sind **Besitzstände zu beachten.** In sie kann nur unter den gleichen Voraussetzungen eingegriffen werden, wie sie von der Rechtsprechung für die Abänderung von Versorgungsregelungen aus wirtschaftlichen Gründen entwickelt worden sind[2]. Daraus folgt, daß in den erdienten Teilwert einer Versorgungsanwartschaft grundsätzlich nicht eingegriffen werden kann. Gründe nicht wirtschaftlicher Art, die ausnahmsweise einen Eingriff dennoch zulässig erscheinen lassen, können allenfalls dann vorliegen, wenn eine planwidrige Überversorgung abgebaut werden soll. Bei Gesamtversorgungssystemen besteht aber die Gefahr einer Überversorgung in der Regel nicht. In der zweiten Besitzstandsstufe (Eingriffe in die erdiente Dynamik) kommt es auf triftige Gründe an.

403 Das BAG erkennt auch **triftige Gründe** nicht wirtschaftlicher Art an. Die Rechtsprechung läßt hier Schmälerungen zu, wenn **dringende betriebliche Bedürfnisse für eine Umstrukturierung** bestehen. Solche Bedürfnisse erkennt das BAG dann als triftige Gründe an, wenn ohne Schmälerung des Gesamtaufwandes für die Versorgung Leistungskürzungen durch Verbesserungen des Versorgungsschutzes aufgewogen werden[3]. Eingriffe in die zweite Besitzstandsstufe sind deshalb nur dann zulässig, wenn der Dotierungsrahmen für die Versorgungsleistungen insgesamt nicht geschmälert wird. Entsprechendes gilt auch für die Ablösung eines Gesamtversorgungssystems. Es bedarf triftiger Gründe, wenn in Gesamtversorgungssystemen der Maßstab der von den Leistungen der gesetzlichen Rentenversicherung abhängigen „Versorgungslücke" abgelöst und durch ein dienstzeit- und endgehaltsabhängiges Versorgungssystem ersetzt

---

1 Vgl. *Höfer*, BetrAVG, ART Rz. 481.
2 BAG v. 17. 3. 1987, AP Nr. 9 zu § 1 BetrAVG – Ablösung.
3 BAG v. 11. 9. 1990, BAGE 66, 39.

werden soll[1]. Ausdrücklich weist das BAG darauf hin, daß die durch das 20. und 21. Rentenanpassungsgesetz verursachte Leistungsminderung in der gesetzlichen Rentenversicherung, die in einem Gesamtversorgungssystem dazu führt, daß der Arbeitgeber die entstehende Lücke ausgleichen muß, kein triftiger Grund ist, um in erdiente Besitzstände einzugreifen[2]. Auf der **dritten Besitzstandsstufe** genügen ebenfalls **sachlich proportionale Gründe**. Hier können auch Änderungen in der Gesetzgebung zur Kürzung von noch nicht erdienten Zuwächsen herangezogen werden[3]. Der Eingriff muß dann nur insgesamt ausgewogen und angemessen sein. Sachliche Gründe können beispielsweise Verbesserungen der Versorgungsgerechtigkeit, Verwaltungsvereinfachungen oder eine größere Transparenz bei der Rentenberechnung sein[4].

III. Widerruf wegen Treuebruch

Es ist **allgemein anerkannt**, daß der Arbeitgeber eine Versorgungszusage widerrufen kann, wenn der Pensionsberechtigte Handlungen begeht, die in grober Weise gegen Treu und Glauben verstoßen oder zu einer fristlosen Entlassung berechtigen würden. Dabei wird juristisch ungenau von einem „Widerruf" der Versorgungszusage gesprochen. Es handelt sich insoweit jedoch nicht um eine rechtsgestaltende Handlung des Arbeitgebers, sondern um die Ausübung eines Leistungsverweigerungsrechts[5]. Da betriebliche Altersversorgungsleistungen Entgeltcharakter haben, vermag nicht jedes Fehlverhalten des Arbeitnehmers dazu zu berechtigen, später die Gewährung der Betriebsrente zu verweigern. In der Regel wird es sich um **schwerwiegende Verfehlungen** handeln müssen; der Versorgungswiderruf wegen Treuebruchs ist kein Mittel der Maßregelung[6].

404

Zu unterscheiden ist zunächst zwischen Verfehlungen während des Arbeitsverhältnisses und solchen durch Ausgeschiedene.

1. Verfehlungen während des Arbeitsverhältnisses

Wird der Widerruf auf Verfehlungen während des Arbeitsverhältnisses gestützt, ist zu differenzieren zwischen solchen, die in die Zeit vor Eintritt der Unverfallbarkeit fallen und solchen, bei denen bereits eine unverfallbare Versorgungsanwartschaft besteht.

405

a) Treuebruch vor Unverfallbarkeit

War bei Beginn des Treuebruchs die Versorgungsanwartschaft noch verfallbar, so kann sich der Berechtigte auf die Versorgungszusage nicht berufen, wenn

406

---
1 BAG v. 23. 10. 1990 – 3 AZR 492/89, nv.
2 BAG v. 17. 3. 1987, AP Nr. 9 zu § 1 BetrAVG – Ablösung.
3 Vgl. *Höfer*, BetrAVG, ART Rz. 483.
4 BAG v. 27. 8. 1996, DB 1996, 1827.
5 BAG v. 10. 2. 1968, BAGE 20, 298.
6 *Griebeling*, NZA 1989, Beil. 3, 26, 28.

ihm ein Verhalten zur Last gelegt werden kann, das den Arbeitgeber zum Ausspruch einer **verhaltensbedingten fristlosen Kündigung aus wichtigem Grund** berechtigt hätte[1]. Verschleiert der Arbeitnehmer sein Fehlverhalten, so daß der Arbeitgeber mangels Kenntnis von dem Kündigungsgrund nicht außerordentlich kündigen kann, so kann die Versorgungszusage insgesamt später widerrufen werden. Denn der Arbeitgeber hätte bei rechtzeitiger Kenntnis des wichtigen Grundes den Eintritt der Unverfallbarkeit durch sofortige Beendigung des Arbeitsverhältnisses vereiteln können. Erlangt der Arbeitgeber erst später nach Eintritt der Unverfallbarkeit Kenntnis von dem Kündigungsgrund, so kommt ein vollständiges Leistungsverweigerungsrecht in Betracht[2].

b) Treuebruch nach Unverfallbarkeit

407 Wurde die Treuwidrigkeit erst nach Erfüllung der Unverfallbarkeitsfristen begangen, so kann die Anwartschaft zeitanteilig bis **zum Zeitpunkt der Treuwidrigkeit** aufrechtzuerhalten sein. Bei der Feststellung des aufrechtzuerhaltenden Teils der Anwartschaft bleibt also der Zeitraum, ab dem der Arbeitnehmer sich grob treuwidrig verhalten hat, außer Ansatz[3]. Nur die bis zum Treuebruch geleistete Betriebstreue hat dann Bedeutung für das betriebliche Ruhegeld[4]. Da ein Eingriff in den erdienten Teil einer Versorgungsanwartschaft regelmäßig nur unter ganz besonderen Voraussetzungen zulässig ist, muß auch hier beachtet werden, daß nicht jeder Grund, der zu einer außerordentlichen Kündigung berechtigt, einen Eingriff in erdiente Anwartschaftsteile ermöglicht. Es muß sich vielmehr um **besonders schwerwiegende Treuwidrigkeiten** handeln.

2. Verfehlungen durch Ausgeschiedene

408 Allerdings kann sogar bei zeitweilig einwandfreiem Verhalten des Berechtigten der Versorgungsanspruch trotz Erfüllung der Unverfallbarkeitsfristen insgesamt entfallen, wenn sich letztlich die beanstandungsfreie Betriebszugehörigkeit rückblickend als **wertlos** erweist. Das BAG hebt hervor, daß die Altersversorgung eine Gegenleistung für die erbrachte Betriebstreue ist. Betriebstreue bedeute freiwilliges Festhalten an der vertraglichen Bindung zu einem bestimmten Arbeitgeber. Für diesen stelle die Betriebstreue des Arbeitnehmers regelmäßig einen wirtschaftlichen Wert dar. Verursache der Arbeitnehmer beispielsweise ganz erhebliche Schäden oder sei sein Verhalten besonders schwerwiegend, so könne sich die Betriebstreue insgesamt rückblickend als wertlos herausstellen[5]. Fügt ein bereits ausgeschiedener Arbeitnehmer später seinem Arbeitgeber durch treuwidriges Verhalten so schwere Schäden zu, daß die

---

1 BAG v. 8. 2. 1983, BAGE 41, 338; BAG v. 24. 4. 1990, ZIP 1990, 1615; BAG v. 29. 1. 1991, AP Nr. 13 zu § 1 BetrAVG – Hinterbliebenenversorgung; vgl. auch BGH v. 15. 1. 1992, BGHZ 117, 70.
2 BAG v. 18. 10. 1979, BAGE 32, 139.
3 BAG v. 19. 6. 1980, AP Nr. 2 zu § 1 BetrAVG – Treuebruch.
4 BAG v. 24. 4. 1990, ZIP 1990, 1615.
5 BAG v. 8. 2. 1983, BAGE 41, 338; BAG v. 29. 1. 1991, AP Nr. 13 zu § 1 BetrAVG – Hinterbliebenenversorgung.

zuvor geleistete beanstandungsfreie Betriebstreue sich insgesamt als wertlos erweist, kann sich für den Arbeitgeber ein Leistungsverweigerungsrecht ergeben. Gleiches gilt, wenn ein noch nicht ausgeschiedener Arbeitnehmer sich nach Erreichen der Unverfallbarkeit treuwidrig verhält, danach aber noch beanstandungsfrei weiterarbeitet. So hielt das BAG eine nach den Verfehlungen noch erbrachte ca. sechsjährige beanstandungsfreie Betriebszugehörigkeit für wertlos und sah den Arbeitgeber nicht für verpflichtet an, für diese Dienstzeit eine betriebliche Altersversorgung als Gegenleistung zu gewähren[1].

---

1 BAG v. 29. 1. 1991, AP Nr. 13 zu § 1 BetrAVG – Hinterbliebenenversorgung.

F. Nachvertragliches Wettbewerbsverbot

	Rz.
I. Rechtsgrundlage	1
II. Persönlicher Geltungsbereich	2
III. Gegenstand der Wettbewerbsabrede; Abgrenzungen	7
IV. Rechtsnatur der Wettbewerbsabrede	14
V. Formelle Wirksamkeitsvoraussetzungen	15
VI. Zeitlicher Geltungsbereich der Schutzvorschriften	18
VII. Inhaltliche Anforderungen	
1. Verbotsumfang	
a) Gegenständlicher Verbotsumfang	21
b) Räumlicher Verbotsumfang	23
c) Zeitlicher Verbotsumfang	24
d) Prüfungsmaßstäbe	25
e) Schutz von Drittunternehmen	28
2. Entschädigungszusage	30
3. Bedingte Wettbewerbsverbote	33
VIII. Wegfall des Wettbewerbsverbots	
1. Verzicht des Arbeitgebers	36
2. Außerordentliche Kündigung des Arbeitnehmers	39
3. Außerordentliche Kündigung des Arbeitgebers	41
4. Ordentliche Kündigung des Arbeitgebers	42
5. Beendigung durch Urteil nach § 9 KSchG	43
6. Aufhebungsvertrag	44
7. Ausgleichsklausel	45
8. Rücktritt	46

	Rz.
9. Konkurs und Vergleich des Arbeitgebers	47
10. Auflösende Bedingung	49
11. Unmöglichkeit der Konkurrenztätigkeit	50
12. Nichtantritt des Arbeitsverhältnisses	51
IX. Betriebsübergang	52
X. Pflichten des Arbeitnehmers aus der Wettbewerbsabrede	
1. Wettbewerbsenthaltungspflicht	54
2. Auskunftsverpflichtung	56
XI. Pflichten des Arbeitgebers aus der Wettbewerbsabrede	
1. Karenzentschädigung	
a) Zu berücksichtigendes Einkommen	58
b) Anrechnung anderweitigen oder böswillig unterlassenen Erwerbs	62
c) Berechnung	65
d) Modalitäten der Auszahlung	66
e) Verfall- und Verjährungsfristen	67
f) Ausgleichsklausel	68
g) Pfändungsschutz	69
h) Konkursvorrecht	70
2. Erstattung von Leistungen an die Bundesanstalt für Arbeit	71
XII. Rechtsfolgen bei Vertragsverletzungen	
1. Rechte des ehemaligen Arbeitgebers	72
2. Rechte des ehemaligen Arbeitnehmers	78

Schrifttum:

Bauer/Diller, Wettbewerbsverbote, 1995; Bauer/Diller, Indirekte Wettbewerbsverbote, DB 1995, 426; Bauer/Diller, Karenzentschädigung und bedingte Wettbewerbsverbote bei Organmitgliedern, BB 1995, 1134; Bauer/Diller, Zulässige und unzulässige Bedingungen in Wettbewerbsverboten, DB 1997, 94; Bauer/Diller, Wechselwirkungen zwischen Wettbewerbstätigkeit, Ruhestand u. betrieblicher Altersversorgung, BB 1997, 990; Baumbach/Hopt, HGB, 29. Aufl., 1995; Bengelsdorf, Der Anspruch auf Karenzentschädigung, DB 1985, 1585; Bengelsdorf, Das örtlich zuständige Gericht bei Streitigkeiten aus einem nachvertraglichen Wettbewerbsverbot, DB 1992, 1340; Buchner, Wettbewerbsverbote

II. Persönlicher Geltungsbereich

während und nach Beendigung des Arbeitsverhältnisses, Schriften zur AR-Blattei Neue Folge – Band 2, 1995; *Dombrowski/Zettelmeyer*, Die Wertermittlung der Nutzungsvorteile von Firmenwagen im Rahmen der Karenzentschädigung nach § 74 Abs. 2 HGB, NZA 1995, 155; *Etzel*, in GK-HGB, hrsg. von Ensthaler, §§ 74–75d, 5. Aufl., 1997; *Gaul, B.*, Neues zum nachvertraglichen Wettbewerbsverbot, DB 1995, 874; *Gaul, D.*, Der erfolgreiche Schutz von Betriebs- und Geschäftsgeheimnissen, 1994; *Gaul, D.*, Die Abgrenzung nachvertraglicher Geheimhaltungsverpflichtungen gegenüber vertraglichen Wettbewerbsbeschränkungen, ZIP 1988, 689; *Gaul, D.*, Auswirkungen des rechtsgeschäftlich begründeten Betriebsüberganges auf nachwirkende Wettbewerbsvereinbarungen und Geheimhaltungspflichten, NZA 1989, 697; *Grüll/Janert*, Die Konkurrenzklausel, 5. Aufl., 1993; *Grunsky*, Wettbewerbsverbote für Arbeitnehmer, 2. Aufl., 1987; *Grunsky*, Voraussetzungen einer Entschädigungszusage nach § 74 Abs. 2 HGB, NZA 1988, 713; *Hanau/Preis*, Der Arbeitsvertrag, II W 20, Nachvertragliches Wettbewerbsverbot, Loseblatt; *Henssler*, in Heymann, HGB, Bd. 1, §§ 74 ff. HGB, 2. Aufl. 1995 ff.; *Hoß*, Das nachvertragliche Wettbewerbsverbot während des Kündigungsschutzprozesses u. im Aufhebungsvertrag, DB 1997, 1818; *von Hoyningen-Huene*, in Münchener Kommentar zum HGB, §§ 74–75f, 1996; *Konzen/Weber* in Großkomm. HGB, §§ 74 bis 75f, 4. Aufl., 1995 (16. Lieferung); *Kracht*, Wettbewerbsverbote für Arbeitnehmer im Konzern und bei Kooperationen, BB 1970, 584; *Michalski/Römermann*, Wettbewerbsbeschränkungen zwischen Rechtsanwälten, ZIP 1994, 433; *Nägele*, Die Wettbewerbsabrede beim Betriebsinhaberwechsel, BB 1989, 1480; *Reinfeld*, Das nachvertragliche Wettbewerbsverbot im Arbeits- und Wirtschaftsrecht, 1993; *Wagner*, in Röhricht/Graf von Westphalen (Hrsg.), HGB, §§ 74 ff. HGB, 1998; *Wertheimer*, Abhängigkeit der Karenzentschädigungspflicht vom Abschlußzeitpunkt des nachvertraglichen Wettbewerbsverbots, BB 1996, 1714; *Wertheimer*, Wirksamkeit nachvertraglicher Wettbewerbsverbote bei nicht kündigungsbedingter Beendigung des Arbeitsverhältnisses, NZA 1997, 522.

I. Rechtsgrundlage

Mit dem Ende des Arbeitsverhältnisses endet die Pflicht des Arbeitnehmers zur Wettbewerbsenthaltung. Gegen zukünftigen Wettbewerb durch seinen ehemaligen Arbeitnehmer kann sich der bisherige Arbeitgeber nur durch Vereinbarung eines nachvertraglichen Wettbewerbsverbots sichern. **Rechtsgrundlage** für ein nachvertragliches Wettbewerbsverbot sind die §§ 74 ff. HGB. Es gibt Tarifverträge, die Wettbewerbsvereinbarungen untersagen[1] und Tarifverträge, die bestimmte Anforderungen stellen[2]. 1

II. Persönlicher Geltungsbereich

Das BAG[3] hat den persönlichen Geltungsbereich der §§ 74 ff. HGB auf **sämtliche Arbeitnehmer** ausgedehnt. Die Vorschriften gelten auch für solche Arbeitnehmer, die keine kaufmännischen Angestellten sind; ihnen sind einheitlich 2

---

1 ZB der Tarifvertrag für die Beschäftigten bei öffentlich bestellten Vermessungsingenieuren (dort § 16) v. 23. 4. 1993.
2 ZB § 6 des Manteltarifvertrages für akademisch gebildete Angestellte in der chemischen Industrie v. 1. 9. 1994.
3 BAG v. 13. 9. 1969, AP Nr. 24 zu § 611 BGB – Konkurrenzklausel.

Voraussetzungen und Grenzen der Zulässigkeit von nachvertraglichen Wettbewerbsverboten im Arbeitsrecht zu entnehmen. § 133f GewO hat keine Bedeutung mehr. In den §§ 74 ff. HGB sind Ausgrenzungen enthalten, die rechtsunwirksam sind. § 75b Satz 2 HGB, wonach mit einem sog. Hochbesoldeten ein nachvertragliches Wettbewerbsverbot ohne Karenzentschädigung vereinbart werden kann, ist ebenso unwirksam wie die Regelung in § 75b Satz 1 HGB, wonach eine Karenzentschädigung nicht notwendig ist, wenn der deutsche Arbeitnehmer für eine Tätigkeit im außereuropäischen Ausland angestellt wird[1]. Ob § 75b Satz 1 HGB für im Ausland tätige Ausländer, die dem deutschen Arbeitsstatut unterfallen, noch gilt, ist zweifelhaft. Eine unterschiedliche Behandlung erscheint nicht gerechtfertigt[2]. Entschädigungslose Wettbewerbsverbote haben deshalb keine Bedeutung mehr. Nach § 74a Abs. 2 Satz 1 HGB ist ein nachvertragliches Wettbewerbsverbot mit einem sog. Minderbesoldeten (Jahresverdienstgrenze 1500 DM) nichtig. Ob § 74a Abs. 2 Satz 1 HGB verfassungswidrig oder auf die heutigen Verhältnisse umzurechnen ist, ist strittig[3].

3 Nach § 74a Abs. 2 Satz 2 HGB ist ein Wettbewerbsverbot nichtig, wenn der Arbeitnehmer zur Zeit des Abschlusses **minderjährig** ist. Eine formfreie Genehmigung oder eine formlose Bestätigung nach Eintritt der Volljährigkeit sind nicht möglich; die nach § 74 Abs. 1 HGB vorgeschriebenen Formen sind einzuhalten. Nichtigkeit liegt auch vor, wenn die Wettbewerbsvereinbarung mit Einwilligung oder unter nachträglicher Genehmigung des gesetzlichen Vertreters geschlossen ist[4]. Die Nichtigkeit tritt auch ein, wenn der Minderjährige gemäß § 113 BGB aufgrund der Ermächtigung seiner gesetzlichen Vertreter für alle Angelegenheiten aus dem Arbeitsverhältnis unbeschränkt geschäftsfähig ist. Die Wettbewerbsvereinbarung kann mit dem minderjährigen Arbeitnehmer nicht unter der Bedingung geschlossen werden, daß sie erst mit der Volljährigkeit in Kraft tritt[5].

4 Nichtig sind Wettbewerbsverbote mit **Auszubildenden**, außer wenn mit einem volljährigen Auszubildenden in den letzten 6 Monaten des Ausbildungsverhältnisses eine arbeitsvertragliche Bindung vereinbart wird (§ 5 Abs. 1 BBiG). Entsprechendes gilt für Volontäre und Praktikanten (§ 19 BBiG).

5 Für **freie Mitarbeiter** gelten die §§ 74 ff. HGB jedenfalls nicht unmittelbar[6]. Trotzdem ist auch hier eine Einschränkung der beruflichen Entfaltungsfreiheit in der Regel und insbesondere dann, wenn der freie Mitarbeiter ausschließlich für einen Unternehmer tätig war, nur zulässig, wenn durch die Vereinbarung eines Entgelts den Interessen des ausgeschiedenen Mitarbeiters genügt wird[7]. Die Angemessenheit der zu vereinbarenden Karenzentschädigung ist gegeben,

---

1 BAG v. 5. 12. 1969, 2. 10. 1975 und 16. 10. 1980, AP Nr. 10, 14, 15 zu § 75b HGB.
2 *Heymann/Henssler*, § 75b Rz. 2; *Hanau/Preis*, II W 20 Fn. 135; *Schaub*, § 58 VI 1.
3 Für Verfassungswidrigkeit *Heymann/Henssler*, § 74a Rz. 24 und *Konzen/Weber* in Großkomm. HGB, § 74a Rz. 17; aA *Bauer/Diller*, Wettbewerbsverbote, Rz. 359, 362; vgl. auch *Buchner*, Wettbewerbsverbote, C 220, C 230.
4 BAG v. 20. 4. 1964, AR-Blattei ES 880.3 Nr. 87 (nur Leitsätze).
5 *Buchner*, Wettbewerbsverbote, C 218.
6 MünchKommHGB/*von Hoyningen-Huene*, § 74 Rz. 9; *Bauer/Diller*, Wettbewerbsverbote, Rz. 776; *Grunsky*, Wettbewerbsverbote, S. 55; *Buchner*, Wettbewerbsverbote, C 78.
7 OLG München v. 18. 10. 1996, BB 1997, 224.

II. Persönlicher Geltungsbereich

wenn sie den in Zusammenhang mit § 315 BGB entwickelten Kriterien einer Angemessenheitsprüfung ebenso wie den in §§ 74, 90a HGB zum Ausdruck kommenden Wertvorstellungen des Gesetzgebers Rechnung trägt. Im übrigen wird die zeitliche Grenze des mit einem Arbeitnehmer vereinbarten nachvertraglichen Wettbewerbsverbot hier ebenso gelten wie die inhaltliche Begrenzung nach dem berechtigten geschäftlichen Interesse der anderen Vertragspartei[1]. Auf wirtschaftlich abhängige freie Mitarbeiter sind die §§ 74 ff. HGB wegen des vergleichbaren Schutzbedürfnisses entsprechend anzuwenden[2].

Die Rechtsprechung des BGH zum nachvertraglichen Wettbewerbsverbot bei **Organmitgliedern** ist ambivalent: Soweit die Regelungen der §§ 74 ff. HGB dem Schutzinteresse des Organmitgliedes dienen würden, sind sie nicht anwendbar, weil die gesetzlichen Bestimmungen insoweit ihre Rechtfertigung nur in dem besonderen Abhängigkeitsverhältnis des Arbeitnehmers fänden[3]; liegen sie im Interesse der Gesellschaft, sind sie entsprechend anwendbar[4]. Allerdings bedeutet die Auffassung des BGH nicht, daß Wettbewerbsverbote mit Organmitgliedern schrankenlos zulässig sind. Vielmehr können solche Wettbewerbsverbote gemäß § 138 BGB wegen Sittenwidrigkeit nichtig sein. Dabei behandelt der BGH die Zulässigkeit auf zwei verschiedenen Stufen. Auf der 1. Stufe wird geprüft, ob das Wettbewerbsverbot dem **Schutz eines berechtigten Interesses** der Gesellschaft dient. Ist das nicht der Fall, ist das Wettbewerbsverbot nichtig. Wenn das berechtigte Interesse des Unternehmens bejaht wird, ist auf der 2. Stufe zu prüfen, ob das Verbot nach Ort, Zeit und Gegenstand die Berufsausübung und die wirtschaftliche Betätigung des Organmitgliedes unbillig erschwert. Hinsichtlich dieser **Billigkeit der Berufsausübungserschwerung** kommt es maßgeblich darauf an, ob und in welcher Höhe eine Karenzentschädigung vorgesehen ist[5]. Das Erfordernis einer Karenzentschädigung analog § 74 Abs. 2 HGB lehnt der BGH aber ab[6]. Bei Verzicht der Gesellschaft auf das Wettbewerbsverbot wird im Interesse des Unternehmens § 75a HGB für entsprechend anwendbar erklärt; jedenfalls das müsse zulässig sein, was § 75a HGB für den schutzwürdigeren Handlungsgehilfen festlege[7]. Offen ist, ob das Unternehmen – entgegen der Regelung in § 75a HGB – auch noch nach Beendigung des Dienstverhältnisses auf das Wettbewerbsverbot mit der Folge des Wegfalls der Karenzentschädigung verzichten kann[8]. Eine Anrechnung anderweitigen Erwerbs analog § 74c HGB soll nur möglich sein, wenn sie vereinbart

---
1 *Gaul*, Schutz von Betriebs- und Geschäftsgeheimnissen, S. 208, 212.
2 BAG v. 21. 1. 1997, BB 1997, 1796; GK-HGB/*Etzel*, §§ 74–75b Rz. 2 und vor §§ 59–83 Rz. 16; *Baumbach/Hopt*, § 74 Rz. 3; *Bormann*, EWiR § 74 HGB 2/97 (nur wenn die Kriterien einer wirtschaftlich abhängigen Person iSd. § 12a Abs. 1 Nr. 1 TVG erfüllt sind).
3 BGH v. 26. 3. 1984, BGHZ 91, 1.
4 BGH v. 17. 2. 1992, DB 1992, 936.
5 *Bauer/Diller*, BB 1995, 1134 ff.; *Tillmann*, Der GmbH-Geschäftsführervertrag, 6. Aufl., Rz. 164.
6 BGH v. 26. 3. 1984, BGHZ 91, 1.
7 BGH v. 17. 2. 1992, DB 1992, 936.
8 Bej. OLG Düsseldorf v. 22. 8. 1996, BB 1996, 2377 bei entspr. vertraglicher Regelung; krit. v. *Reinersdorff*, WiB 1997, 86 (Urteilsanm.).

oder gesetzlich bestimmt ist[1]. Es bleibt den Vertragsparteien unbenommen, das nachvertragliche Wettbewerbsverbot den §§ 74 ff. HGB zu unterwerfen, sei es, daß sie die Vorschriften ausdrücklich in bezug nehmen oder aber die Formulierungen erkennen lassen, daß das Verbot dem gesetzlichen Modell nachgebildet werden sollte. – In der **Literatur** ist das Spektrum der Auffassungen weit[2]. – Soweit die §§ 74 ff. HGB bei Organmitgliedern nicht anwendbar sind, richtet sich die Wirksamkeit eines Wettbewerbsverbots nach dem Zeitpunkt seines Abschlusses und nicht danach, welche Position der Verpflichtete im Augenblick seines Ausscheidens hatte. Ein unwirksames Wettbewerbsverbot eines Arbeitnehmers wird also nicht dadurch wirksam, daß dieser nachträglich Geschäftsführer wird[3]. Wird ein Geschäftsführer später normaler Arbeitnehmer der GmbH, bleibt er nach Ausscheiden aus der Geschäftsführerposition zunächst an ein Wettbewerbsverbot gebunden, das den Anforderungen der §§ 74 ff. HGB nicht entspricht. Erst von dem Zeitpunkt an, in dem das „Geschäftsführerwettbewerbsverbot" nicht mehr bindend gewesen wäre, kann er den Schutz der §§ 74 ff. HGB beanspruchen. Dabei ist es unerheblich, ob er inzwischen noch bei der GmbH beschäftigt ist[4].

III. Gegenstand der Wettbewerbsabrede; Abgrenzungen

7 Eine Wettbewerbsabrede liegt bei allen Vereinbarungen vor, die den Arbeitnehmer nach Beendigung des Arbeitsvertrages in der freien Verwertung seiner Arbeitskraft beschränken. Aufgrund der Wettbewerbsabrede schuldet der Arbeitnehmer **Wettbewerbsenthaltung**.

8 Eine vertragliche Regelung, wonach ein **Außendienstmitarbeiter** nach Beendigung des Vertrages die **Namen der Kunden,** die er bei seiner Tätigkeit erfahren hat, in keiner Weise für sich oder einen Dritten verwenden darf (Kundenschutzklausel), ist ein nachvertragliches Wettbewerbsverbot[5]. Die Klausel macht dem

---

1 BGH v. 15. 4. 1991, DB 1991, 1508.
2 Für die Anwendung der §§ 74 ff. HGB bei Fremdgeschäftsführern bzw. teilw. auch bei Gesellschafter-Geschäftsführern mit Minderheitsbeteiligung zB: GK-HGB/*Etzel*, §§ 74–75d Rz. 2; *Konzen/Weber* in Großkomm. HGB, § 74 Rz. 21; *Koppensteiner* in Rohwedder, GmbHG, 3. Aufl., § 35 Rz. 92; *Scholz/Schneider*, GmbHG, 8. Aufl., § 43 Rz. 135b; *Tillmann*, Der GmbH-Geschäftsführervertrag, Rz. 160 ff.; dagegen zB: MünchKommHGB/*von Hoyningen-Huene*, § 74 Rz. 9; *Grunsky*, Wettbewerbsverbote, S. 56; *Buchner*, Wettbewerbsverbote, C 78, C 83; *Zöllner* in Baumbach/Hueck, GmbHG, 16. Aufl., § 35 Rz. 107; *Baumbach/Hopt*, § 74 Rz. 3; *Lutter/Hommelhoff*, GmbHG, 14. Aufl., Anh. § 6 Rz. 25; *Hachenburg/Stein*, GmbHG, 8. Aufl., § 35 Rz. 312 ff.; *Roth/Altmeppen*, GmbHG, 2. Aufl., § 6 Rz. 32; ausführlich zum ganzen *Bauer/Diller*, Wettbewerbsverbote, Rz. 703 ff.
3 OLG Koblenz v. 1. 8. 1985, WM 1985, 1484; *Grunsky*, Wettbewerbsverbote, S. 57; *Konzen/Weber* in Großkomm. HGB, § 74 Rz. 22; *Baumbach/Hopt*, § 74 Rz. 3; *Roth/Altmeppen*, GmbHG, 2. Aufl., § 6 Rz. 32.
4 *Grunsky*, Wettbewerbsverbote, S. 57.
5 BAG v. 19. 2. 1959, AP Nr. 10 zu § 74 HGB; BAG v. 15. 12. 1987, DB 1988, 1020; LAG Hamm v. 16. 4. 1986, DB 1986, 2087; *Gaul*, ZIP 1988, 689.

Arbeitnehmer gerade dort die berufliche Entwicklung unmöglich, wo er bislang seinen Erwerb gefunden hat.

Abzugrenzen von einem karenzentschädigungspflichtigen Wettbewerbsverbot ist die entschädigungsfreie **nachvertragliche Verschwiegenheitsklausel.** Ob den Arbeitnehmer auch ohne eine entsprechende Vertragsklausel allgemein eine das Arbeitsverhältnis überdauernde Schweigepflicht zumindest in bezug auf Geschäfts- und Betriebsgeheimnisse trifft, ist umstritten[1]. Fehlt eine ausdrückliche Geheimhaltungsvereinbarung, kann sich in Ermangelung einer gesetzlichen Regelung eine Schweigepflicht im Einzelfall aus dem Gesichtspunkt der Nachwirkung des Arbeitsvertrages ergeben. Der Annahme einer solchen Nachwirkung hat eine umfassende Abwägung der Interessen beider Beteiligter vorauszugehen. Nach Auffassung des BAG[2] können die Parteien eines Arbeitsvertrages wirksam ohne Zusage einer Karenzentschädigung vereinbaren, daß der Arbeitnehmer bestimmte Betriebsgeheimnisse, die er aufgrund seiner Tätigkeit erfährt, nach Beendigung des Arbeitsverhältnisses nicht nutzen oder weitergeben darf. Eine derartige Geheimhaltungspflicht schließe eine Konkurrenztätigkeit gerade nicht aus, so daß in solchen Fällen eine Umgehung der Vorschriften über das nachvertragliche Wettbewerbsverbot nicht in Betracht komme. Das kann aber anders sein, wenn sich die Klausel nicht lediglich auf ein bestimmtes oder wenige bestimmte Betriebsgeheimnisse bezieht und damit die Geheimhaltungspflicht hinsichtlich der beruflichen Erfahrungen und Kenntnisse derartige Ausmaße hat, daß es sich um ein nachvertragliches Wettbewerbsverbot handelt. Ein solches Wettbewerbsverbot kann auch dort vorliegen, wo der künftige berufliche Erfolg des ausgeschiedenen Arbeitnehmers regelmäßig und geradezu zwingend mit der Preisgabe oder Verwertung eines bestimmten bzw. bestimmter Betriebsgeheimnisse verbunden ist. Je weitergehend Geheimhaltungsabreden das gesamte Tätigkeitsfeld eines Arbeitnehmers erfassen, um so eher ist von einem nachvertraglichen Wettbewerbsverbot auszugehen[3].

Insbesondere im Bereich freier Berufe sind zum Schutz des Mandantenstammes **Mandantenschutzklauseln** in allgemeiner oder beschränkter Form verbreitet. Es handelt sich um Vereinbarungen zwischen den Angehörigen freier Berufe und ihren Angestellten. **Beschränkte Mandantenschutzklauseln,** die dem ausgeschiedenen Arbeitnehmer lediglich untersagen, sich aktiv um die Mandanten seines ehemaligen Arbeitgebers zu bemühen, wenn er sich selbständig macht, sind als Abwerbungsverbote entschädigungslos zulässig[4]. Sie ergeben sich schon aus dem jeweiligen Standesrecht, haben also nur deklaratorischen Charakter[5]. **Allgemeine Mandantenschutzklauseln,** die dem früheren Arbeitnehmer jegliche Betreuung von Mandanten des ehemaligen Arbeitgebers als Ar-

---
1 BAG v. 15. 12. 1987, DB 1988, 1020; BGH v. 19. 11. 1982, DB 1983, 1761; *Hanau/Preis,* II V 30 Rz. 4.
2 BAG v. 16. 3. 1982, BB 1982, 1792; BAG v. 15. 6. 1993, NZA 1994, 502; *Buchner,* Wettbewerbsverbote, C 10, C 16; GK-HGB/*Etzel,* §§ 74–75d Rz. 8.
3 *Hanau/Preis,* II V 10 ff.
4 BAG v. 16. 7. 1971, AP Nr. 25 zu § 611 BGB – Konkurrenzklausel.
5 BAG v. 15. 12. 1987, DB 1988, 1020.

beitnehmer in einem anderen Arbeitsverhältnis oder als Selbständiger verbieten, sind dagegen an den §§ 74 ff. HGB zu messen[1]. Ob allgemeine Mandantenschutzklauseln mit Rechtsanwälten wirksam sind, ist umstritten[2]. Auch eine Vereinbarung, nach der einzelne Mandanten nur mit Zustimmung des Arbeitgebers betreut werden dürfen, fällt unter die §§ 74 ff. HGB[3]. Es ist zweifelhaft, ob Angehörige freier Berufe mit ihren Arbeitnehmern ein allgemeines Wettbewerbsverbot vereinbaren können, das diesen für die Zeit nach Beendigung des Arbeitsverhältnisses die Ausübung ihres Berufes untersagt[4].

11 Bei **indirekten Wettbewerbsverboten** wird dem Arbeitnehmer keine erzwingbare Pflicht zur Wettbewerbsunterlassung auferlegt. Er behält die freie Wahl, ob er Konkurrenz macht oder nicht. An die Aufnahme oder Nichtaufnahme einer Konkurrenztätigkeit sind jedoch finanzielle Folgen geknüpft. Dadurch soll der Arbeitnehmer faktisch dazu angehalten werden, keinen Wettbewerb zu machen[5]. Solche indirekten Wettbewerbsverbote können im Anstellungsvertrag enthalten sein.

Formulierungsbeispiel:

„Der Arbeitnehmer erhält ein zinsloses Darlehen, das 2 Jahre nach dem Ausscheiden zurückzuzahlen ist; die Rückzahlung entfällt, wenn er bis zum Rückzahlungstermin keine Konkurrenztätigkeit aufnimmt."

Sie können auch in Aufhebungsverträgen vereinbart werden.

Formulierungsbeispiel:

„Es besteht Einigkeit darüber, daß der Arbeitnehmer eine Abfindung in Höhe von x DM erhält. Die Abfindung ist zurückzuzahlen, wenn er im folgenden Kalenderjahr in ein Konkurrenzunternehmen eintritt[6]."

12 Solche Vereinbarungen beschränken den Arbeitnehmer in seiner Tätigkeit. Sie können deshalb den §§ 74 ff. HGB unterliegen. Bestimmungen, die dem Arbeitnehmer für den Fall der Wettbewerbsenthaltsamkeit einen Vorteil in Aussicht stellen, der sich erst nach Beendigung des Arbeitsverhältnisses realisieren soll, dürften zulässig sein. Wird dagegen bereits während des Arbeitsverhältnisses ein Vorteil gewährt, der bei anschließender Wettbewerbstätigkeit entfallen soll, ist je nach Bedeutung und Ausgestaltung des Vorteils zu differenzieren. Unzu-

---

[1] BAG v. 16. 7. 1971 u. 27. 9. 1988, AP Nr. 25 u. 35 zu § 611 BGB – Konkurrenzklausel.
[2] LAG Baden-Württemberg v. 14. 3. 1985, BB 1985, 1534; *Michalski/Römermann*, ZIP 1994, 433.
[3] LAG München v. 19. 8. 1986, NZA 1987, 600.
[4] Abl. LAG München v. 19. 8. 1986, NZA 1987, 600; GK-HGB/*Etzel*, §§ 74–75d Rz. 10; MünchKommHGB/*von Hoyningen-Huene*, § 74 Rz. 12.
[5] *Bauer/Diller*, DB 1995, 426, BB 1997, 990, 991; MünchKommHGB/*von Hoyningen-Huene*, § 74 Rz. 25.
[6] Beispiele von *Bauer/Diller*, DB 1995, 426.

lässig sind Rückzahlungsklauseln, nach denen der Arbeitnehmer im Fall der wettbewerbswidrigen Tätigkeit eine bereits bezogene Vergütung zurückzahlen muß[1]. Die Wirksamkeit von Aufhebungsverträgen kann nicht unter die Bedingung gestellt werden, daß der Arbeitnehmer eine gewisse Zeit nach seinem Ausscheiden keine Konkurrenztätigkeit aufnimmt, und der Arbeitgeber darf nicht die Zahlung einer Abfindung in einem Aufhebungsvertrag nur unter der Voraussetzung versprechen, daß der Arbeitnehmer keine Tätigkeit bei einem Wettbewerber aufnimmt[2]. Bei Mandantenübernahmeklauseln kommt es für die Wirksamkeit auf die Höhe des abzuführenden Honoraranteils an.

Eine **Sperrabrede** beinhaltet die gegenseitige Verpflichtung zweier (oder mehrerer) Arbeitgeber, einen Arbeitnehmer, der bei einem von ihnen angestellt war, nicht oder nur unter gewissen Voraussetzungen einzustellen. § 75f HGB versagt solchen Vereinbarungen den Rechtsschutz. Das gilt auch für eine vereinbarte Vertragsstrafe[3]. Das Rücktrittsrecht ist unabdingbar. Für den mittelbar betroffenen Arbeitnehmer besteht aber weder ein Unterlassungsanspruch noch kann er die Ausübung des Rücktrittsrechts verlangen[4]. Die Vorschrift erfaßt auch die Verpflichtung, einen Arbeitnehmer nach seinem Ausscheiden nicht als selbständigen Unternehmer zu beschäftigen[5]. In die Nähe des § 75f HGB kommt eine Vereinbarung zwischen Arbeitgeber und Arbeitnehmer, wonach sich der Arbeitnehmer verpflichtet, nach seinem Ausscheiden aus dem Betrieb des Arbeitgebers eine bestimmte Zeit hindurch andere Arbeitnehmer dieses Unternehmens nicht zu beschäftigen[6]. Sperrabreden, durch die ein mit gewerblicher Arbeitnehmerüberlassung befaßtes Unternehmen die Abwerbung seiner Arbeitnehmer durch Entleiher zu verhindern sucht, sind nach § 9 Nr. 4 AÜG unwirksam.

IV. Rechtsnatur der Wettbewerbsabrede

Das nachvertragliche Wettbewerbsverbot ist ein **gegenseitiger Vertrag**, auf den die §§ 320 ff. BGB zur Anwendung kommen. Leistung des Arbeitnehmers ist die Unterlassung von Wettbewerb, Gegenleistung des Arbeitgebers die Karenzentschädigung. Die Auslegung der Wettbewerbsabrede richtet sich nach den §§ 133, 157 BGB.

---

1 MünchKommHGB/*von Hoyningen-Huene*, § 74 Rz. 25; *Heymann/Henssler*, § 74 Rz. 13.
2 LAG Bremen v. 25. 2. 1994, NZA 1994, 889.
3 BGH v. 26. 9. 1963, AP Nr. 1 zu § 75f HGB.
4 *Heymann/Henssler*, § 75f Rz. 27; MünchKommHGB/*von Hoyningen-Huene*, § 75f Rz. 7.
5 BGH v. 27. 9. 1983, BGHZ 88, 260.
6 *Hanau/Preis*, II W 20 Rz. 91.

V. Formelle Wirksamkeitsvoraussetzungen

15 Das Wettbewerbsverbot bedarf nach § 74 Abs. 1 HGB der **Schriftform** im Sinne des § 126 BGB. Es kann im Arbeitsvertrag enthalten sein; eine gesonderte Urkunde braucht nicht erstellt zu werden. Eine nicht unterzeichnete Wettbewerbsvereinbarung genügt dem Schriftformerfordernis, wenn sie fest mit dem unterschriebenen Arbeitsvertrag verbunden ist und im Arbeitsvertrag auf die Wettbewerbsvereinbarung verwiesen wird[1]. Die Verbindung mittels einer Heftklammer genügt[2]. Weder reicht ein bloßer Briefwechsel noch ein vom Arbeitgeber unterzeichnetes Bestätigungsschreiben. Ist das Wettbewerbsverbot in einem Tarifvertrag, einer Betriebsvereinbarung oder einer Richtlinie nach dem SprAuG geregelt, ist die Schriftform damit gewahrt. Das Schriftformerfordernis schützt beide Vertragsparteien, so daß sich auch grundsätzlich beide Teile auf die Verletzung des Schriftformerfordernisses berufen können.

16 Dem Arbeitnehmer muß eine Urkunde mit der Unterschrift des Arbeitgebers ausgehändigt werden; erst damit wird das Wettbewerbsverbot wirksam. Es bedarf der Originalunterschrift des Arbeitgebers. Die **Aushändigung** einer Vertragsurkunde setzt Übergabe und Überlassung des Schriftstückes auf Dauer an den Arbeitnehmer voraus. Im Falle der Herstellung einer einzigen, von beiden Parteien unterzeichneten Urkunde, muß diese – oder im Falle der notariellen Beurkundung der Vereinbarung eine Ausfertigung – dem Arbeitnehmer ausgehändigt werden. Die Aushändigung der Urkunde muß im unmittelbaren Zusammenhang mit dem Vertragsschluß geschehen. Bei einer späteren Aushändigung kann das Wettbewerbsverbot nur dann noch wirksam werden, wenn der Arbeitnehmer der nachträglichen Aushändigung ausdrücklich oder stillschweigend zustimmt[3]. Bei verspätetem Zugang sollte der Arbeitnehmer, wenn er nicht mehr an das Wettbewerbsverbot gebunden sein will, unverzüglich gegenüber dem Arbeitgeber erklären, daß er die Urkunde nicht annimmt. Das Aushändigungserfordernis schützt den Arbeitnehmer. Deshalb kann sich der Arbeitgeber auf die Verletzung dieser Vorschrift nicht berufen.

17 In die Urkunde müssen **sämtliche den vertraglichen Inhalt des Wettbewerbsverbots betreffende Regelungen** aufgenommen werden[4]. Unter Umständen kann auf die gesetzlichen Bestimmungen verwiesen werden. Ausdrücklich muß sich der Arbeitgeber mindestens zur Zahlung der Hälfte der zuletzt bezogenen vertragsmäßigen Leistungen verpflichten. Enthält die Wettbewerbsvereinbarung keine Entschädigungszusage, ist das Verbot nichtig. Unterschreitet der zugesagte Betrag die Mindestsumme des § 74 Abs. 2 HGB, ist das Verbot unverbindlich mit der Folge, daß der Arbeitnehmer ein Wahlrecht hat: Er kann sich vom Verbot lossagen oder es einhalten.

---

[1] BAG v. 30. 10. 1984, AP Nr. 46 zu § 74 HGB.
[2] GK-HGB/*Etzel*, §§ 74–75d Rz. 21 unter Hinweis auf BAG v. 6. 8. 1985, 3 AZR 117/84 nv.; aA LAG Köln v. 14. 12. 1983, EzA § 74 HGB Nr. 43.
[3] LAG Nürnberg v. 21. 7. 1994, NZA 1995, 532.
[4] Vgl. unten Rz. 21 ff.

VI. Zeitlicher Geltungsbereich der Schutzvorschriften

Es ist grundsätzlich zulässig, wenn die Parteien zunächst einen **Vorvertrag** abschließen, in dem der Arbeitnehmer verpflichtet wird, auf Wunsch des Arbeitgebers zu einem späteren Zeitpunkt ein Wettbewerbsverbot zu vereinbaren[1]. Der Vorvertrag muß schriftlich erfolgen, wobei dem Arbeitnehmer eine unterschriebene Urkunde mit dem Inhalt des Vorvertrages ausgehändigt werden muß. Die Wirksamkeit des Vorvertrages ist nicht davon abhängig, daß die inhaltliche Reichweite des abzuschließenden Wettbewerbsverbots schon feststeht. Problematisch ist ein Vorvertrag jedoch, wenn keine zeitliche Grenze für den Anspruch des Arbeitgebers auf Abschluß des Wettbewerbsverbots festgelegt wird. Es kann sich dann die gleiche Wirkung wie bei einem bedingten Wettbewerbsverbot ergeben. Der Vorvertrag darf nicht eingesetzt werden, um wettbewerbsbeschränkende Wirkungen zu Lasten des Arbeitnehmers zu erzielen, ohne die Karenzentschädigung zu gewährleisten. Der Arbeitgeber kann sein Optionsrecht deshalb nicht mehr ausüben, sobald das Arbeitsverhältnis gekündigt ist. Ist eine derartige Einschränkung nicht vereinbart, ist der Vertrag nach einer Auffassung unverbindlich[2], nach anderer hat der Arbeitgeber das Recht auf den Abschluß des Wettbewerbsverbots so lange, wie noch keine Kündigung ausgesprochen ist[3]. Zweifelhaft ist die Auffassung, die dem Arbeitnehmer bei Fehlen einer ausdrücklichen zeitlichen Begrenzung der Rechte aus dem Vorvertrag das Recht einräumen will, sich bei seinem Ausscheiden für die Wettbewerbsunterlassung zu entscheiden und die Karenzentschädigung zu verlangen, auch wenn der Arbeitgeber den Abschluß des Wettbewerbsverbots nie verlangt hat[4].

Das Inkrafttreten des Wettbewerbsverbots kann von einer **aufschiebenden Bedingung** abhängig gemacht werden. Das Eingreifen des Verbots kann davon abhängen, daß der Arbeitnehmer die Probezeit erfolgreich übersteht[5] oder daß er später bestimmte, mit näherem Einblick in wichtige Unternehmensgeheimnisse verbundene Aufgaben übertragen bekommt[6].

Umstritten ist die Beurteilung **der mit einem Aufhebungsvertrag kombinierten Wettbewerbsabreden**[7]. Nach Auffassung des BAG sind die §§ 74 ff. HGB anwendbar, solange das Wettbewerbsverbot noch im Zusammenhang mit dem Arbeitsverhältnis und seiner Abwicklung vereinbart wird. Die Ansicht, Vereinbarungen im Rahmen eines Aufhebungsvertrages würden vom Schutz der §§ 74 ff. HGB nicht erfaßt, ist abzulehnen[8]. Das gilt auch im Rahmen eines

---

1 *Buchner*, Wettbewerbsverbote, C 211, C 216; *Bauer/Diller*, Wettbewerbsverbote, Rz. 318, 325; *Heymann/Henssler*, § 74 Rz. 7.
2 *Schaub*, § 58 II 8.
3 *Bauer/Diller*, Wettbewerbsverbote, Rz. 323.
4 So aber *Bauer/Diller*, Wettbewerbsverbote, Rz. 324.
5 BAG v. 27. 4. 1982, DB 1982, 2406.
6 *Hanau/Preis*, II W 20 Rz. 102.
7 *Hoß*, DB 1997, 1818, 1819; *Wertheimer*, BB 1996, 1714.
8 BAG v. 3. 5. 1994, DB 1995, 50; *Heymann/Henssler*, § 74 Rz. 6; MünchKommHGB/*von Hoyningen-Huene*, § 74 Rz. 22; GK-HGB/*Etzel*, §§ 74–75d Rz. 6.

Prozeßvergleichs[1]. Entschädigungslos zulässig ist aber eine im Rahmen eines Prozeßvergleichs oder eines Aufhebungsvertrages getroffene Wettbewerbsabrede, wenn das Arbeitsverhältnis rückwirkend beendet wird[2]. Wenn die Wettbewerbsabrede nach erfolgter fristgemäßer **Kündigung**, aber noch vor Beendigung des Arbeitsverhältnisses erfolgt, oder auch gleichzeitig mit einer auf Vertrag oder fristloser Kündigung beruhenden Auflösung des Arbeitsverhältnisses, gelten die §§ 74 ff. HGB[3]. Auf Vereinbarungen, die nach Beendigung des Arbeitsverhältnisses getroffen werden, finden hingegen die Bestimmungen der §§ 74 ff. HGB keine Anwendung; derartige Wettbewerbsabreden sind entschädigungslos zulässig. Prüfungsmaßstab ist lediglich § 138 BGB. Im **Weiterbeschäftigungszeitraum** nach erfolgreichem erstinstanzlichen Kündigungsschutzprozeß sind die §§ 74 ff. HGB anzuwenden, ohne daß es auf den rechtskräftigen Ausgang des Rechtsstreits ankommt[4].

VII. Inhaltliche Anforderungen

1. Verbotsumfang

a) Gegenständlicher Verbotsumfang

21 Die Wettbewerbsabrede muß den **gegenständlichen Verbotstatbestand** in zumindest bestimmbarer Weise umschreiben. Die Wettbewerbsenthaltungspflicht besteht nur innerhalb dieser Festlegung[5].

Beispiel:

Der ehemalige Arbeitgeber bietet Autohändlern die Aufbereitung von Gebrauchtwagen an. Ist dem ehemaligen Arbeitnehmer die Tätigkeit für Konkurrenzunternehmen verboten, so fällt darunter nicht die Tätigkeit für ein Autohaus, auch wenn diese ebenfalls die Aufbereitung von Gebrauchtfahrzeugen zum Inhalt hat. Der ehemalige Arbeitgeber und das Autohaus sind keine Konkurrenzunternehmen.

Bei zu unbestimmter Formulierung soll die Wettbewerbsabrede unwirksam sein[6]; zunächst ist allerdings zu versuchen, die Wettbewerbsabrede nach §§ 133, 157 BGB eng auszulegen[7].

---

1 MünchKommHGB/*von Hoyningen-Huene*, § 74 Rz. 22.
2 BAG v. 11. 3. 1968, BB 1968, 1120; LAG München v. 12. 2. 1986, DB 1986, 2191; MünchKommHGB/*von Hoyningen-Huene*, § 74 Rz. 22; GK-HGB/*Etzel*, §§ 74–75d Rz. 6; *Hoß*, DB 1997, 1818, 1820; aA *Wertheimer*, BB 1996, 1714, 1716.
3 *Buchner*, Wettbewerbsverbote, C 142.
4 *Wertheimer*, BB 1996, 1714, 1716.
5 BAG v. 21. 1. 1997, BB 1997, 1796.
6 LAG Düsseldorf v. 28. 8. 1996, LAGE § 74 HGB Nr. 15.
7 GK-HGB/*Etzel*, §§ 74–75d Rz. 29; *Wagner* in Röhricht/von Westphalen, § 74 Rz. 40, 42.

VII. Inhaltliche Anforderungen

Es wird zwischen unternehmensbezogenen (auch allgemeinen) und tätigkeitsbezogenen (auch partiellen) Wettbewerbsverboten unterschieden[1]. **Unternehmensbezogene Verbote** knüpfen an die Unternehmen an, für die der Arbeitnehmer nach seinem Ausscheiden gesperrt sein soll. Anstelle einer generalklauselartigen Umschreibung sind hier häufig die Fachgebiete, die das Unternehmen zu einem konkurrierenden machen, genannt (Bezugnahme auf eine Branche); teilweise werden bestimmte Unternehmen genau bezeichnet. Unternehmensbezogene Wettbewerbsverbote sind zumindest bei Führungskräften grundsätzlich möglich[2]. Durch ein **tätigkeitsbezogenes Konkurrenzverbot** wird dem Arbeitnehmer die Verpflichtung auferlegt, sich in bestimmten Arbeits- oder Fertigungsbereichen nicht zu betätigen. Sie knüpfen regelmäßig an das bisherige Arbeitsgebiet des Arbeitnehmers an. Bei einem tätigkeitsbezogenen Wettbewerbsverbot ist dem Unterworfenen also nicht die Tätigkeit für ein Konkurrenzunternehmen schlechthin untersagt. Vielmehr darf er dort lediglich nicht in dem Bereich tätig werden, in dem die Konkurrenz besteht, und in dem Bereich, der den konkurrierenden konkret unterstützt[3]. Bei der Abfassung von Wettbewerbsverboten ist die Motivationslage des durch das Verbot zu schützenden Unternehmens präzise abzuklären und entsprechend umzusetzen. Vielfach wird dem Arbeitnehmer ganz allgemein verboten, für Konkurrenzunternehmen oder sonst konkurrierend tätig zu werden. Gegen die Anerkennung derart ausgedehnter und unkonkreter Verbote werden Bedenken angemeldet[4]. Dem Arbeitnehmer kann eine selbständige Tätigkeit ebenso wie eine abhängige gewerbliche Tätigkeit, aber auch beides gleichzeitig, untersagt werden. Das Verbot, einen Arbeitsvertrag mit einem Konkurrenzunternehmen abzuschließen, umfaßt im Zweifel nicht das Verbot freiberuflicher Tätigkeit[5]. Ebenso kann sich der Arbeitnehmer in diesem Fall selbständig machen[6]. Ist dem Arbeitnehmer nur eine gewerbliche Tätigkeit untersagt, kann er gelegentliche einzelne Konkurrenzgeschäfte vorbereiten und auch durchführen[7]. Eine Reduzierung des gegenständlichen Verbotsinhalts kann sich aus § 74a Abs. 1 Satz 2 HGB ergeben. Das nachvertragliche Wettbewerbsverbot darf nicht zu einer unbilligen Erschwerung des Fortkommens des Arbeitnehmers führen. Ist das aber der Fall, ist das Wettbewerbsverbot insoweit unverbindlich. Es handelt sich um einen Fall der geltungserhaltenden Reduktion.

b) Räumlicher Verbotsumfang

Enthält die Wettbewerbsklausel keine Angaben zum räumlichen Verbotsumfang, beansprucht sie eine **örtlich unbegrenzte** Wirkung. Nur ausnahmsweise

---

1 MünchKommHGB/*von Hoyningen-Huene*, § 74 Rz. 24; *Buchner*, Wettbewerbsverbote, C 238.
2 BAG v. 16. 12. 1968 und 30. 1. 1970, AP Nr. 21, 24 zu § 133f GewO; *Bauer/Diller*, Wettbewerbsverbote, Rz. 204; *Buchner*, Wettbewerbsverbote, C 251; *Grunsky*, Wettbewerbsverbote, S. 93.
3 BAG v. 30. 1. 1970, AP Nr. 24 zu § 133f GewO; Hess. LAG v. 10. 2. 1997, LAGE § 74a HGB Nr. 1.
4 *Hanau/Preis*, II W 20 Rz. 17.
5 LAG Hamburg v. 20. 9. 1968, BB 1969, 362.
6 *Hanau/Preis*, II W 20 Rz. 24; *Buchner*, Wettbewerbsverbote, C 243: Ergänzende Vertragsauslegung unter Berücksichtigung aller Umstände im Einzelfall.
7 *Schaub*, § 58 IV 1.

kann sich aus Einzelfallumständen ein anderes Ergebnis ergeben. Zu Konkurrenzklauseln, die sich räumlich auf die EG/EU-Mitgliedstaaten erstrecken, liegt bisher keine Rechtsprechung vor. Ist ein Wettbewerbsverbot für das frühere Gebiet der BRDeutschland (einschl. Berlin-West) vereinbart worden, kann es im Wege der ergänzenden Vertragsauslegung auf das gesamte heutige Gebiet der BRDeutschland erstreckt werden[1]. Auch hinsichtlich des räumlichen Verbotsumfangs gilt der Grundsatz der **geltungserhaltenden Reduktion.** Ist der Verbotsumfang in der Abrede so weit gefaßt, daß er eine unbillige Erschwerung des Fortkommens der Arbeitnehmer enthält, ist das Verbot insoweit unverbindlich und auf einen angemessenen räumlichen Verbotsumfang zu reduzieren (§ 74a Abs. 1 HGB).

c) Zeitlicher Verbotsumfang

24 Der zeitliche Verbotsumfang eines nachvertraglichen Wettbewerbsverbots kann nach § 74a Abs. 1 Satz 3 HGB **nicht auf einen Zeitraum von mehr als 2 Jahren** von der rechtlichen Beendigung des Dienstverhältnisses an erstreckt werden. Fehlt jede zeitliche Begrenzung, hat eine Rückführung auf einen angemessenen Zeitraum stattzufinden[2]. Daß eine mehr als 2jährige Verbotsdauer untersagt ist, bedeutet nicht, daß ein Zeitraum von 2 Jahren in jedem Fall anzuerkennen ist. Die 2-Jahres-Frist ist eine Maximalfrist und es ist nach dem Maßstab des § 74a Abs. 2 Satz 2 HGB zu prüfen, ob sich bereits durch die Ausschöpfung dieser Maximalfrist eine unbillige Fortkommenserschwer ergibt. Das ist bei einer 2jährigen ebenso wie bei einer kürzeren Dauer denkbar, zB wenn der Arbeitnehmer längere Zeit von der Arbeitspflicht freigestellt war. Zu Unrecht akzeptiert die Rechtsprechung häufig ohne nähere Prüfung die 2jährige Verbotsdauer[3]. Allerdings kann sich der Arbeitnehmer auch über 2 Jahre hinaus auf die Vereinbarung einer längeren Verbotsdauer berufen[4]. Das Wahlrecht muß erst nach Ablauf der 2 Jahre ausgeübt werden.

d) Prüfungsmaßstäbe

25 Der Umfang des Wettbewerbsverbots ist unter Berücksichtigung von **zwei Prüfungsmaßstäben** einer Kontrolle zu unterziehen: Unverbindlich ist die Abrede, wenn das Verbot nicht einem **berechtigten geschäftlichen Interesse** des Arbeitgebers dient (§ 74a Abs. 1 Satz 1 HGB). Das berechtigte geschäftliche Interesse muß im Zeitpunkt der Geltendmachung der Rechte aus dem Wettbewerbsverbot noch bestehen[5] und ist sowohl hinsichtlich des sachlichen Inhalts des Wettbewerbsverbots als auch bezüglich dessen räumlicher und zeitlicher Ausdeh-

---

1 LAG Berlin v. 26. 3. 1991, DB 1991, 1287; zweifelnd *Hanau/Preis,* II W 20 Rz. 40.
2 *Hanau/Preis,* II W 20 Rz. 44; aA *Reinfeld,* S. 112; *Bauer/Diller,* Wettbewerbsverbote, Rz. 235.
3 *Reinfeld,* S. 163, 164; *Buchner,* Wettbewerbsverbote, C 266; *Konzen/Weber,* in Großkomm. HGB, § 74a Rz. 16.
4 *Konzen/Weber* in Großkomm. HGB, § 74a Rz. 15; *Bauer/Diller,* Wettbewerbsverbote, Rz. 235; LAG Düsseldorf v. 4. 3. 1997, NZA-RR 1998, 58.
5 *Konzen/Weber* in Großkomm. HGB, § 74a Rz. 5.

VII. Inhaltliche Anforderungen

nung zu prüfen. Das Wettbewerbsverbot darf sich zB nicht auf Handelszweige erstrecken, die überhaupt nicht im Geschäft des Arbeitgebers betrieben werden. Vorausgesetzt ist ein konkreter Bezug zwischen der bisherigen Tätigkeit und dem Gegenstand des Wettbewerbsverbots[1]. Ein berechtigtes Interesse ist nur anzuerkennen, wenn das Wettbewerbsverbot entweder dem Schutz von Betriebsgeheimnissen dient oder den Einbruch in den Kunden- oder Lieferantenkreis verhindern soll, wobei eine Gefährdung genügt[2]; es fehlt, wenn der Arbeitgeber mit dem Wettbewerbsverbot ohne ein solches Interesse nur das Ziel verfolgt, jede Stärkung der Konkurrenz durch den Arbeitsplatzwechsel zu verhindern[3]. § 74a Abs. 1 HGB umfaßt mehr als nur ein Willkürverbot. Im Streitfall ist es Sache des (früheren) Arbeitgebers, das geschäftliche Interesse an der Aufrechterhaltung und Durchsetzung des Wettbewerbsverbots substantiiert darzulegen. Das berechtigte geschäftliche Interesse des Arbeitgebers kann auch nachträglich entfallen; dann ist das Wettbewerbsverbot von diesem Zeitpunkt an unverbindlich.

Darüber hinaus darf das Wettbewerbsverbot im Zeitpunkt der beabsichtigten Aufnahme der Wettbewerbstätigkeit **nicht** zu einer **unbilligen Erschwernis des Fortkommens** des Arbeitnehmers führen (§ 74a Abs. 1 Satz 2 HGB). Maßgebend sind die Umstände des Einzelfalles. Durch Zahlung einer höheren Entschädigung kann der Arbeitgeber seinen Interessen Vorrang verschaffen. Gegenständlicher, räumlicher und zeitlicher Verbotsumfang stehen in Beziehung zueinander und sind gegeneinander abzuwägen. Das entscheidende Kriterium bildet die Billigkeit der Beschränkung. In die Interessenabwägung fließen neben der Höhe der Entschädigung, dem räumlichen, gegenständlichen und zeitlichen Verbotsumfang auch die persönlichen Verhältnisse der am Verbot beteiligten Personen ein[4]. Die Wettbewerbsabrede ist nur insoweit unverbindlich, als sie nicht von einem berechtigten Interesse des Arbeitgebers gedeckt ist, den Arbeitnehmer unbillig beschwert oder die angemessene zeitliche Grenze überschreitet; im übrigen ist sie verbindlich. Das Wettbewerbsverbot wird auf das erlaubte Maß zurückgeführt (geltungserhaltene Reduktion). Nur der Arbeitnehmer kann sich auf die (Teil-)Unverbindlichkeit berufen. Gänzlich frei wird der Arbeitnehmer nur in Ausnahmefällen, zB wenn infolge einer Betriebsstillegung jedes berechtigte geschäftliche Interesse fehlt. 26

Der Arbeitnehmer kann eine Feststellungsklage erheben, um den Umfang der etwaigen Unverbindlichkeit zu klären[5]. Er kann jedoch auch bei von ihm angenommener (Teil-)Unverbindlichkeit ohne weiteres der Abrede zuwiderhandeln. Dieses **Wahlrecht zwischen Erfüllung und Zuwiderhandlung** muß er mit Inkrafttreten des Wettbewerbsverbots treffen[6]. Er geht allerdings bei Zuwi- 27

---

1 GK-HGB/*Etzel*, §§ 74–75d Rz. 48; *Heymann/Henssler*, § 74a Rz. 5.
2 Hess. LAG v. 10. 2. 1997, LAGE § 74a HGB Nr. 1.
3 BAG v. 24. 6. 1966, DB 1966, 1360; BAG v. 16. 12. 1968, DB 1969, 973; BAG v. 1. 8. 1995, DB 1996, 481; *Grunsky*, Wettbewerbsverbote, S. 92, 93; *Bauer/Diller*, Wettbewerbsverbote, Rz. 196; GK-HGB/*Etzel*, §§ 74–75d Rz. 48; *Baumbach/Hopt*, § 74a Rz. 1; *Heymann/Henssler*, § 74a Rz. 4.
4 *Heymann/Henssler*, § 74a Rz. 11.
5 *Heymann/Henssler*, § 74a Rz. 17; MünchKommHGB/*von Hoyningen-Huene*, § 74a Rz. 23.
6 *Heymann/Henssler*, § 74a Rz. 18; MünchKommHGB/*von Hoyningen-Huene*, § 74a Rz. 24.

derhandlung das Risiko ein, daß ein späterer Rechtsstreit zu einem anderen Ergebnis kommt. Es wird die Auffassung vertreten, daß der Arbeitnehmer bei begründeten Zweifeln, ob und in welchem Umfang ein Wettbewerbsverbot eine unbillige Fortkommenserschwerung enthält, zunächst versuchen muß, mit seinem früheren Arbeitgeber zu einem Interessenausgleich (zB durch Erhöhung der Karenzentschädigung) zu kommen, ehe er ihm Konkurrenz macht; andernfalls kann es ihm verwehrt sein, sich später auf die Unverbindlichkeit des Verbots wegen unbilliger Fortkommenserschwerung zu berufen[1].

e) Schutz von Drittunternehmen

28 Will der Arbeitgeber den Konkurrenzschutz auf mit ihm verbundene Unternehmen ausdehnen, bedarf das grundsätzlich einer ausdrücklichen Regelung. Auch ohne besondere Vereinbarung soll ein **konzerndimensionaler Wettbewerbsschutz** allerdings dann gelten, wenn das Arbeitsverhältnis laut arbeitsvertraglicher Regelung „konzernoffen" praktiziert wird, wenn also der mit der Konzernobergesellschaft geschlossene Arbeitsvertrag vorsieht, daß der Arbeitnehmer in einer anderen Konzerngesellschaft eingesetzt werden kann und das auch praktiziert wird oder wenn das Konkurrenzverbot mit einer Gesellschaft geschlossen wird, die nicht selbst unmittelbar am Markt beteiligt ist[2]. Diese Ausdehnung des Verbots-Schutzbereiches auf Drittunternehmen muß für den Arbeitnehmer bei Arbeitsvertragsschluß erkennbar sein[3]. Wird ansonsten der Arbeitsplatz des Arbeitnehmers auf eine Tochtergesellschaft ausgegliedert, wird, wenn nicht § 613a BGB das Konkurrenzverbot überleitet, eine ausdrückliche Vertragsänderung zu fordern sein, um die Konkurrenzklausel auf das Arbeitsgebiet der Tochtergesellschaft auszudehnen.

29 Die ausdrückliche Aufnahme von Drittunternehmen in nachvertragliche Konkurrenzverbote ist jedenfalls insoweit zulässig, als damit der **Schutz verbundener Unternehmen bezweckt** wird. Welche Qualität die Verbindung zwischen Vertragsarbeitgeber und Drittunternehmen haben muß, damit letztere wirksam in den Schutzbereich des Konkurrenzverbots einbezogen sind, ist noch nicht geklärt. Zum Teil wird eine strukturell verfestigte Beziehung verlangt[4], teilweise wird eine losere (Kooperations-) Beziehung mit einem weitgehenden Erfahrungsaustausch für ausreichend gehalten[5]. Maßgeblich ist die notwendige Qualität der Beziehung zwischen Vertragsarbeitgeber und Drittunternehmen im Rahmen der Prüfung nach § 74a Abs. 1 Satz 1 HGB. Das berechtigte Geschäftsinteresse, das ein eigenes des Arbeitgebers sein muß[6], wird nur dann auf dritte Unternehmen auszudehnen sein, wenn deren Interessen mit denen des Arbeitgebers im wesentlichen korrespondieren[7]. Wettbewerbsverbote zugun-

---

1 GK-HGB/*Etzel*, §§ 74–75d Rz. 53.
2 *Hanau/Preis*, II W 20 Rz. 30.
3 *Windbichler*, Arbeitsrecht im Konzern, S. 130.
4 *Windbichler*, Arbeitsrecht im Konzern, S. 131.
5 *Kracht*, BB 1970, 584; vgl. auch *Buchner*, Wettbewerbsverbote, C 242.
6 *Heymann/Henssler*, § 74a Rz. 7; MünchKommHGB/*von Hoyningen-Huene*, § 74a Rz. 8; aA wohl *Buchner*, Wettbewerbsverbote, C 242.
7 *Heymann/Henssler*, § 74a Rz. 7.

VII. Inhaltliche Anforderungen

sten **außenstehender Dritter** sind unzulässig. Im übrigen bleiben wesentlich für die Bestimmung des berechtigten Interesses die tatsächlichen Möglichkeiten des Arbeitnehmers, von den Geschäftspraktiken und Interna der Drittunternehmen Kenntnis zu erlangen.

2. Entschädigungszusage

Zentraler Bestandteil eines durchsetzbaren Wettbewerbsverbots ist die Entschädigungszusage. § 74a Abs. 2 HGB enthält den Grundsatz der bezahlten Karenz, wobei sich der Arbeitgeber ausdrücklich zur Zahlung der **Hälfte der zuletzt bezogenen vertragsmäßigen Leistungen** verpflichten muß. Die Vereinbarung muß so eindeutig formuliert sein, daß aus Sicht des Arbeitnehmers kein vernünftiger Zweifel über den Anspruch auf Karenzentschädigung bestehen kann[1]. Der Arbeitgeber sollte den Text des § 74 Abs. 2 HGB in die Vertragsurkunde übernehmen. Vertragsgemäß zuletzt bezogen ist alles, was im letzten Jahr als Vergütung für geleistete Arbeit an den Arbeitnehmer geflossen ist. Die vertragliche Festlegung der Karenzentschädigung auf die Hälfte der monatlich zuletzt erhaltenen Bezüge verstößt gegen das Gebot der jahresbezogenen Berechnung in § 74 Abs. 2 HGB und führt zu einer unzureichenden Entschädigungszusage, wenn darüber hinaus Leistungen (zB Gratifikationen, Sonderzuwendungen, Tantiemen) bezogen wurden[2]. Fehlt die Entschädigungszusage, ist das nachvertragliche Wettbewerbsverbot nichtig[3]. Unterschreitet die Entschädigungszusage die Mindestsumme des § 74a Abs. 2 HGB, ist das Verbot unverbindlich mit der Folge, daß der Arbeitnehmer ein Wahlrecht hat[4]. Er kann sich von dem Verbot lossagen oder es einhalten. Ob ihm beim Einhalten lediglich die versprochene vertragliche Entschädigung zusteht[5] oder ob er einen Anspruch auf Zahlung der gesetzlich vorgesehenen Mindestentschädigung hat[6], ist derzeit höchstrichterlich offen[7]. Eine für den Verlust des Arbeitsplatzes zugesagte Abfindung ist keine Karenzentschädigung iSv. § 74 Abs. 2 HGB[8]. In der Literatur wird grundsätzlich eine Vereinbarung für zulässig gehalten, die die Abgeltung der Karenzentschädigung durch Betriebsrentenzahlungen in entsprechender Höhe vorsieht[9]. Das BAG ist wohl anderer Ansicht[10].

30

---

1 BAG v. 5. 9. 1995, DB 1996, 784.
2 Hess. LAG v. 10. 2. 1997, LAGE § 74a HGB Nr. 1.
3 BAG v. 12. 2. 1959, AP Nr. 1 zu § 74 HGB.
4 Zur Ausübung des Wahlrechts vgl. Rz. 34.
5 BAG v. 5. 8. 1966, AP Nr. 19 zu § 74 HGB; LAG Baden-Württemberg v. 27. 1. 1997, LAGE § 74 Nr. 16; *Buchner*, Wettbewerbsverbote, C 293; *Grunsky*, Wettbewerbsverbote, S. 103; *Bauer/Diller*, Wettbewerbsverbote, Rz. 78, 80; *Konzen/Weber* in Großkomm. HGB, § 74 Rz. 33; *Heymann/Henssler*, § 74 Rz. 34.
6 *Hanau/Preis*, II W 20, Rz. 56; MünchKommHGB/*von Hoyningen-Huene*, § 74 Rz. 53; ArbG Siegburg v. 18. 12. 1996, 1 Ca 956/96, nv.
7 BAG v. 9. 1. 1990, AP Nr. 59 zu § 74 HGB; vgl. Revisionsverfahren zu LAG Baden-Württemberg v. 27. 1. 1997: BAG – 9 AZR 134/97 (Verhandlungstermin 24. 3. 1998).
8 BAG v. 3. 5. 1994, BB 1994, 2282; LAG Bremen v. 25. 2. 1994, NZA 1994, 889.
9 *Bauer/Diller*, BB 1997, 990, 994.
10 BAG v. 26. 2. 1985, BB 1985, 1467; BAG v. 15. 6. 1993, BB 1994, 1078.

31 Die Entschädigung muß **in der Wettbewerbsabrede** zugesagt werden; eine nachträgliche schriftliche Zusage macht die Abrede nicht verbindlich[1]. Verspricht der Arbeitgeber in der Vertragsklausel ausdrücklich die Zahlung einer Entschädigung, kann er hinsichtlich der Entschädigungshöhe auf den Gesetzesinhalt verweisen. Wird aber lediglich generell auf die Gesetzeslage verwiesen, ohne die Vorschriften über die Entschädigungspflicht hervorzuheben, fehlt es in aller Regel an einer hinreichenden Entschädigungszusage[2]. Wird in der Vertragsformulierung auf die Bestimmungen des HGB über das Wettbewerbsverbot hingewiesen und werden dabei die Vorschriften der §§ 74 und 74c HGB ausdrücklich erwähnt, wird man eine Entschädigungszusage bejahen können[3]. Vereinbarungen über die Höhe der Entschädigung sind der Auslegung zugänglich; das gilt auch, wenn die Parteien zu Unrecht 50% der zuletzt gewährten Monatsbezüge vereinbart haben[4]. Bei der Berücksichtigung mündlicher Erörterungen zur Auslegung als Entschädigungszusage ist mit Blick auf das Formerfordernis des § 74 Abs. 1 HGB größte Zurückhaltung geboten.

32 Ob **salvatorische Klauseln** dem Arbeitgeber helfen, das nachvertragliche Wettbewerbsverbot bei einer unzureichenden Entschädigungszusage aufrechtzuerhalten, ist umstritten. Teilweise wird verlangt, daß die Bezugnahme auf die gesetzlichen Regelungen auch hierfür erfolgt; bestimmt die Vereinbarung lediglich nach einer ausdrücklichen, aber unzureichenden Entschädigungszusage: „Im übrigen gelten die §§ 74 ff. HGB.", genügt das nicht und tritt an die Stelle der unverbindlichen Regelung nicht die gesetzliche Mindestbestimmung[5]. Nach anderer Auffassung wird man mit einer salvatorischen Klausel nicht dem Schriftformerfordernis des § 74 Abs. 1 HGB gerecht[6].

3. Bedingte Wettbewerbsverbote

33 Von bedingten Wettbewerbsverboten wird gesprochen, wenn die Wettbewerbsvereinbarung mit Klauseln versehen ist, wonach die Tätigkeit des Arbeitnehmers von einer Zustimmung bzw. die Geltung des Wettbewerbsverbots von einer Erklärung des Arbeitgebers abhängen soll oder in denen dem Arbeitgeber ein Verzichtsvorbehalt eingeräumt wird[7]. Derartige Vereinbarungen sind für den Arbeitnehmer problematisch, weil für ihn in der Endphase des alten Arbeitsverhältnisses, aber auch nachher während des Laufs der Karenzzeit nicht vorhersehbar ist, wie der Arbeitgeber auf die Aufnahme einer bestimmten Tätigkeit reagieren wird. Bedingte Wettbewerbsverbote bewirken eine **Umgehung des Schutzsystems der §§ 74 ff. HGB,** insbesondere des § 74 Abs. 2 HGB. Ein bedingtes Wettbewerbsverbot liegt vor, wenn

---

1 LAG Baden-Württemberg v. 12. 3. 1969, BB 1969, 404.
2 *Hanau/Preis,* II W 20, Rz. 65.
3 BAG v. 14. 8. 1975, AP Nr. 35 zu § 74 HGB.
4 Hess. LAG v. 10. 2. 1997, LAGE § 74a Nr. 1.
5 LAG Hamm v. 12. 3. 1980, DB 1980, 1125.
6 *Bauer/Diller,* Wettbewerbsverbote, Rz. 293.
7 *Bauer/Diller,* DB 1997, 94.

VII. Inhaltliche Anforderungen

- der Arbeitgber es sich ausdrücklich vorbehält, das Wettbewerbsverbot in Anspruch zu nehmen[1],
- die Vereinbarung eine Verzichtsklausel zugunsten des Arbeitgebers enthält, mit deren Ausübung eine Entschädigungszahlung entfällt[2],
- der Arbeitgeber berechtigt ist, vor oder nach Beendigung des Arbeitsvertrages auf die Wettbewerbsabrede zu verzichten[3],
- es dem Arbeitnehmer während der ersten beiden Jahre nach Beendigung des Arbeitsverhältnisses ohne vorherige Zustimmung des Arbeitgebers nicht gestattet ist, in einem Konkurrenzunternehmen tätig zu sein[4],
- der Arbeitgeber den Arbeitnehmer bei Austritt verpflichten kann, für die Dauer von 2 Jahren nach Beendigung des Arbeitsverhältnisses nicht für ein Konkurrenzunternehmen tätig zu werden[5].

Bedingte Wettbewerbsverbote sind für den Arbeitnehmer unverbindlich und er hat ein **Wahlrecht**; es steht ihm frei, am Verbot festzuhalten und die Entschädigung zu fordern oder sich auf die Unwirksamkeit der Wettbewerbsabrede zu berufen und eine Konkurrenztätigkeit aufzunehmen[6]. Für einen Anspruch auf Karenzentschädigung aus einem für ihn unverbindlichen Wettbewerbsverbot genügt es, wenn der Arbeitnehmer sich zu Beginn der Karenzzeit endgültig für das Wettbewerbsverbot entscheidet und seiner Unterlassungsverpflichtung nachkommt. Einer darüber hinausgehenden Erklärung gegenüber dem Arbeitgeber bedarf es nicht[7]. Der Arbeitgeber hat allerdings in Anwendung des Rechtsgedankens aus § 264 Abs. 2 Satz 1 BGB das Recht, den wahlberechtigten Arbeitnehmer unter Bestimmung einer angemessenen Frist zur Vornahme der Wahl aufzufordern. Mit Ablauf der Frist geht das Wahlrecht auf den Arbeitgeber über[8]. Angemessen dürfte eine Frist von etwa 2 bis 3 Wochen sein. Die Ausübung des Wahlrechts ist bindend. Die Zubilligung des Wahlrechts ist in der Literatur nicht unumstritten[9].

34

Zulässig ist der Vorbehalt des Arbeitgebers, das Wettbewerbsverbot hinsichtlich seines sachlichen und örtlichen Umfangs erst bei Beendigung des Arbeitsverhältnisses zu **konkretisieren**, wenn davon seine Verpflichtung zur Zahlung der Karenzentschädigung zweifelsfrei nicht berührt wird. Es obliegt dem Arbeitgeber, zur Vermeidung von Unklarheiten unmißverständlich zu formulieren, daß Freigabeerklärungen oder Einschränkungen des Wettbewerbsverbots nicht zum Wegfall des Anspruchs auf Karenzentschädigung führen. Zweifel gehen zu sei-

35

---

1 BAG v. 2. 5. 1970, AP Nr. 26 zu § 74 HGB.
2 BAG v. 2. 8. 1971, AP Nr. 27 zu § 74 HGB.
3 BAG v. 19. 1. 1978, AP Nr. 36 zu § 74 HGB.
4 BAG v. 4. 6. 1985, AP Nr. 50 zu § 74 HGB.
5 BAG v. 22. 5. 1990, AP Nr. 60 zu § 74 HGB.
6 BAG v. 16. 12. 1986, AP Nr. 53 zu § 74 HGB.
7 BAG v. 22. 5. 1990, NZA 1991, 263.
8 BAG v. 22. 5. 1990, NZA 1991, 263.
9 *Konzen/Weber* in Großkomm. HGB, § 74 Rz. 38, 39.

nen Lasten und machen das Wettbewerbsverbot unverbindlich[1]. Vereinbaren die Parteien in einer Mandantenschutzklausel, daß der Arbeitnehmer mit Zustimmung seines Arbeitgebers die Betreuung einzelner Mandanten übernehmen darf, liegt darin kein unzulässiges bedingtes Wettbewerbsverbot, wenn trotz Zustimmung im Einzelfall der volle Karenzentschädigungsanspruch unberührt bleibt[2].

VIII. Wegfall des Wettbewerbsverbots

1. Verzicht des Arbeitgebers

36 Bis zur rechtlichen Beendigung des Arbeitsverhältnisses kann der Arbeitgeber durch einseitige schriftliche Erklärung auf das Wettbewerbsverbot mit der Wirkung **verzichten,** daß er mit Ablauf eines Jahres seit Zugang der Erklärung von der Verpflichtung zur Zahlung der Entschädigung frei wird; der Arbeitnehmer wird mit sofortiger Wirkung von seinen Pflichten aus dem Wettbewerbsverbot entbunden (§ 75a HGB). Die Verzichtserklärung muß deutlich und zweifelsfrei sein.

37 **Formulierungsvorschlag:**

> „In Ihrem Arbeitsvertrag vom ... ist in § ... ein nachvertragliches Wettbewerbsverbot vereinbart. Hiermit verzichten wir nach § 75a HGB auf dieses Verbot. Der Verzicht hat die Wirkung, daß wir mit Ablauf eines Jahres seit dem Zugang dieses Verzichts von der Verpflichtung zur Zahlung der Karenzentschädigung frei werden. Sie werden sofort von Ihren Verpflichtungen aus dem nachvertraglichen Wettbewerbsverbot frei."

38 Die Verpflichtung zur Zahlung der Karenzentschädigung beginnt erst mit der Beendigung des Arbeitsverhältnisses. In einer Änderungskündigung mit dem Angebot zum Abschluß eines neuen Arbeitsvertrages ohne Wettbewerbsverbot liegt keine Verzichtserklärung[3]. Die Verzichtserklärung ist auch möglich, wenn es sich um ein unverbindliches Wettbewerbsverbot handelt[4]. Ein teilweiser Verzicht (zB in zeitlicher Hinsicht) fällt nicht unter § 75a HGB[5]. Vorzeitige Anfragen des Arbeitnehmers, ob er eine Verzichtserklärung abgibt, muß der Arbeitgeber nicht beantworten[6]. Vereinbarungen, durch die der Arbeitnehmer verpflichtet werden soll, Auskunft über seine zukünftige Tätigkeit zu geben, sind unwirksam[7]. Ausreichend ist bei einer ordentlichen Kündigung auch ein Verzicht, der nach der Kündigungserklärung, aber vor Ablauf der Kündigungs-

---

1 BAG v. 5. 9. 1995, DB 1996, 784; LAG Düsseldorf v. 10. 2. 1993, NZA 1993, 849; aA LAG Düsseldorf v. 3. 8. 1993, DB 1994, 1041, aufgehoben durch BAG v. 5. 9. 1995, DB 1996, 784; *Altvater,* WiB 1996, 697 (Urteilsanm.).
2 LAG München v. 19. 8. 1986, DB 1987, 1444.
3 BAG v. 10. 9. 1985, AP Nr. 49 zu § 74 HGB.
4 BAG v. 19. 1. 1978, AP Nr. 36 zu § 74 HGB; GK-HGB/*Etzel,* §§ 74–75d Rz. 68.
5 *Konzen/Weber* in Großkomm. HGB, § 75a Rz. 4; GK-HGB/*Etzel,* §§ 74–75d Rz. 70.
6 BAG v. 26 10. 1978, AP Nr. 3 zu § 75a HGB.
7 BAG v. 2. 12. 1968, AP Nr. 3 zu § 74a HGB.

VIII. Wegfall des Wettbewerbsverbots   Rz. 39 **Teil 2 F**

frist abgegeben wird und zwar selbst dann, wenn der Arbeitgeber sich zunächst bei der Kündigung gem. § 75 Abs. 2 HGB bereit erklärt hat, dem Arbeitnehmer den vollen Betrag der zuletzt bezogenen Leistungen zu gewähren[1]. Der Verzicht kann nicht in der Weise erklärt werden, daß das Wettbewerbsverbot erst zu einem späteren Zeitpunkt als dem der Beendigung des Arbeitsverhältnisses wegfällt. § 75a HGB kann nicht zum Nachteil des Arbeitnehmers abgeändert werden. Eine Klausel, nach der zwar der Verzicht nur bis zur Beendigung des Arbeitsverhältnisses erklärt werden darf, aber entgegen § 75a HGB die Entschädigung sofort entfallen soll, führt nicht zu einem unverbindlichen Wettbewerbsverbot, sondern zur Anwendung der gesetzlichen Regelung[2]. Für den Arbeitnehmer vorteilhaftere Vereinbarungen, durch die die Rechte des Arbeitgebers aus § 75a HGB ausgeschlossen oder verkürzt werden, sind zulässig. Im Einzelfall und unter besonderen Umständen kann die Ausübung des Verzichtsrechts gegen Treu und Glauben verstoßen[3]. Verzichtet der Arbeitgeber gemäß § 75a HGB, kann der Arbeitnehmer für das Jahr nach Ausspruch des Verzichts die Karenzentschädigung auch dann verlangen, wenn er für ein Konkurrenzunternehmen tätig wird[4]. Kündigt der Arbeitgeber im Anschluß an einen Verzicht berechtigt außerordentlich, verliert der Arbeitnehmer den Anspruch auf Karenzentschädigung, ohne daß der Arbeitgeber eine weitere Erklärung abzugeben braucht[5]. Ein erst nach Beendigung des Arbeitsverhältnisses ausgesprochener Verzicht ist im Hinblick auf die Karenzentschädigung wirkungslos.

2. Außerordentliche Kündigung des Arbeitnehmers

Endet das Arbeitsverhältnis aufgrund einer vom Arbeitnehmer rechtswirksam ausgesprochenen fristlosen Kündigung wegen **vertragswidrigen Verhaltens des Arbeitgebers,** kann er nach § 75 Abs. 1 HGB binnen eines Monats nach Zugang seiner Kündigung schriftlich erklären, daß er sich an die Vereinbarung nicht gebunden erachtet. In diesem Fall wird der Arbeitnehmer sofort von den Beschränkungen des Wettbewerbsverbots frei, verliert jedoch auch sofort den Anspruch auf die Karenzentschädigung. § 75 Abs. 1 HGB fordert nicht, daß der Arbeitgeber sein vertragswidriges Verhalten verschuldet haben muß[6]. Unerheblich ist, ob der Arbeitnehmer die außerordentliche Kündigung fristlos oder mit Auslauffrist erklärt. Sein Lösungsrecht setzt nicht voraus, daß er überhaupt eine außerordentliche Kündigung erklärt. Auch eine fristgerechte Kündigung oder eine einvernehmliche Beendigung des Arbeitsverhältnisses genügen[7]. Er muß nur zum Ausspruch einer außerordentlichen Kündigung **berechtigt** gewesen

39

---

1 *Konzen/Weber* in Großkomm. HGB, § 75a Rz. 5.
2 *Bauer/Diller,* Wettbewerbsverbote, Rz. 337.
3 *Heymann/Henssler,* § 75a Rz. 6.
4 ArbG Stuttgart v. 30. 11. 1995, NZA-RR 1996, 165.
5 BAG v. 17. 2. 1987, AP Nr. 4 zu § 75a HGB.
6 MünchKommHGB/*von Hoyningen-Huene,* § 75 Rz. 5, 6; aA *Heymann/Henssler,* § 75 Rz. 7.
7 BAG v. 26. 9. 1963, AP Nr. 1 zu § 75 HGB; gegen die hM bei einvernehmlicher Aufhebung des Arbeitsvertrages MünchKommHGB/*von Hoyningen-Huene,* § 75 Rz. 20, 22 und *Wertheimer,* NZA 1997, 522.

sein[1]. Bei anderer Beendigung als durch außerordentliche Kündigung muß der Arbeitnehmer jedoch klar zu erkennen geben, daß die Beendigung des Arbeitsverhältnisses gerade aufgrund des vertragswidrigen Verhaltens des Arbeitgebers erfolgt[2].

40 Auch bei anderen Beendigungstatbeständen ist die **2-Wochen-Frist** des § 626 Abs. 2 BGB zu beachten. Strebt der Arbeitnehmer einen Aufhebungsvertrag an, soll es für die Einhaltung der 2-Wochen-Frist aber genügen, daß er innerhalb der Frist an den Arbeitgeber mit dem Begehren nach Auflösung des Arbeitsverhältnisses herantritt und dabei ausdrücklich auf die Pflichtwidrigkeit hinweist[3]. Die **Monatsfrist** beginnt aber nicht erst mit dem Abschluß des Aufhebungsvertrages, sondern bereits in dem Moment, in dem der Arbeitnehmer sich auf die Vertragsverletzung des Arbeitgebers beruft und den Wunsch nach Auflösung des Arbeitsverhältnisses äußert[4]. Die in § 75 HGB geregelten Folgen richten sich also nach dem Anlaß und nicht nach der Form der Beendigung des Arbeitsverhältnisses. Bei einer fristlosen Kündigung hat die Lösungserklärung Rückwirkung, wenn der Arbeitnehmer zwischenzeitlich eine Wettbewerbstätigkeit aufgenommen hat. Ob ihm zwischen dem Ende des Arbeitsverhältnisses und der Lösungserklärung eine Karenzentschädigung zusteht, wenn er sich in der Zwischenzeit an das Wettbewerbsverbot gehalten hat, ist zweifelhaft[5].

3. Außerordentliche Kündigung des Arbeitgebers

41 Die Folgen einer außerordentlichen Arbeitgeberkündigung für das Wettbewerbsverbot sind in § 75 Abs. 3 HGB geregelt. Danach soll das Wettbewerbsverbot bestehen bleiben, während der Anspruch des Arbeitnehmers auf die Karenzentschädigung entfällt. Das BAG hat § 75 Abs. 3 HGB für verfassungswidrig und nichtig erklärt[6]. Die dadurch entstandene Lücke wird durch eine **Analogie zum Lösungsrecht des Arbeitnehmers nach § 75 Abs. 1 HGB** geschlossen. Der Arbeitgeber kann sich binnen eines Monats nach Zugang seiner aus wichtigem Grund wegen vertragswidrigen Verhaltens – nicht notwendig fristlos – erklärten Kündigung von dem Wettbewerbsverbot lossagen. Das Lösungsrecht besteht auch hier nicht nur, wenn der Arbeitgeber eine außerordentliche Kündigung ausspricht, sondern auch, wenn er stattdessen ordentlich kündigt oder mit dem Arbeitnehmer einen Aufhebungsvertrag schließt. Immer muß der Arbeitgeber aber klar zum Ausdruck bringen, daß er nicht nur keine Karenzentschädigung zahlen, sondern auch den Arbeitnehmer mit sofortiger Wirkung von dessen Pflichten aus dem Wettbewerbsverbot entbinden will[7]. Ein

---

1 BAG v. 26. 9. 1963, AP Nr. 1 zu § 75 HGB.
2 BAG v. 24. 9. 1965, AP Nr. 3 zu § 75 HGB; *Bauer/Diller*, Wettbewerbsverbote, Rz. 425; *Konzen/Weber* in Großkomm. HGB, § 75 Rz. 10; GK-HGB/*Etzel*, §§ 74–75d Rz. 73; *Buchner*, Wettbewerbsverbote, C 415.
3 *Bauer/Diller*, Wettbewerbsverbote, Rz. 428.
4 *Bauer/Diller*, Wettbewerbsverbote, Rz. 429; aA GK-HGB/*Etzel*, §§ 74–75d Rz. 74.
5 Vern. *Heymann/Henssler*, § 75 Rz. 13; *Konzen/Weber* in Großkomm. HGB, § 75 Rz. 14; bej. *Bauer/Diller*, Wettbewerbsverbote, Rz. 433.
6 BAG v. 23. 2. 1977, AP Nr. 6 zu § 75 HGB.
7 BAG v. 13. 4. 1978, AP Nr. 7 zu § 75 HGB.

VIII. Wegfall des Wettbewerbsverbots

Wahlrecht besteht nicht mehr, wenn der Arbeitgeber zuvor wirksam gem. § 75a HGB auf die Einhaltung des Wettbewerbsverbots verzichtet hat. Der Entschädigungsanspruch entfällt in einem solchen Fall nicht erst mit Ablauf der Jahresfrist, sondern sofort mit Wirksamwerden der Beendigung. Der Entschädigungsanspruch entfällt automatisch; es bedarf nicht einer eigenen, über den Verzicht hinausgehenden Lossagungserklärung des Arbeitgebers[1].

4. Ordentliche Kündigung des Arbeitgebers

Die ordentliche Kündigung des Arbeitgebers löst für den Arbeitnehmer das **Recht zur schriftlichen Lossagung** aus, wenn er für die Beendigung des Arbeitsverhältnisses in seiner Person keinen erheblichen Anlaß gegeben hat oder sich der Arbeitgeber bei der Kündigung nicht bereit erklärt, während der Dauer der Wettbewerbsbeschränkung ihm die vollen zuletzt von ihm bezogenen vertragsmäßigen Leistungen zu gewähren (§ 75 Abs. 2 HGB). Der Arbeitnehmer muß die Monatsfrist nach Zugang der Kündigung zur Lossagung von dem Wettbewerbsverbot auch dann (vorsorglich) einhalten, wenn er Kündigungsschutzklage erhebt. Eine von § 75 Abs. 2 HGB abweichende vertragliche Abrede, wonach ein nachvertragliches Wettbewerbsverbot nicht gelten soll, wenn der Arbeitgeber ordentlich kündigt, nimmt dem Arbeitnehmer sein Wahlrecht für den gesetzlich vorgesehenen Fall und ist deswegen nach § 75d HGB für ihn unverbindlich[2]. Ein **erheblicher Anlaß** in der Person des Arbeitnehmers liegt vor, wenn personen- oder verhaltensbedingte Kündigungsgründe im Sinne des § 1 Abs. 2 KSchG gegeben sind. Der Grund muß dem Arbeitnehmer bei der Kündigung zwar nicht ausdrücklich mitgeteilt werden, ihm aber zumindest erkennbar geworden sein. Darlegungs- und beweisbelastet dafür, daß ein erheblicher Anlaß zur Kündigung in der Person des Arbeitnehmers vorlag, ist der Arbeitgeber. Ohne solche Gründe kann der Arbeitgeber den Arbeitnehmer dadurch an der Wettbewerbsvereinbarung festhalten, daß er sich bei der Kündigung bereit erklärt, für den Zeitraum des Verbots die vollen zuletzt bezogenen vertragsmäßigen Leistungen zu gewähren. Die Erklärung muß zumindest zeitgleich mit der Kündigung erfolgen und muß sich auf die gesamte Zeitdauer des Wettbewerbsverbots erstrecken. Sie kann formlos abgegeben werden. Eine später abgegebene Erklärung des Arbeitgebers kann das Lossagungsrecht nicht beseitigen[3]. Ein auf Veranlassung des Arbeitgebers geschlossener Aufhebungsvertrag steht einer ordentlichen Kündigung gleich.

5. Beendigung durch Urteil nach § 9 KSchG

Wird das Arbeitsverhältnis durch Urteil nach § 9 KSchG aufgelöst, ist bei einseitigem Auflösungsantrag von Arbeitgeber oder Arbeitnehmer § 75 HGB analog heranzuziehen. Bei beiderseitigen Auflösungsanträgen gilt § 75 HGB aber nicht entsprechend[4].

---

1 BAG v. 17. 2. 1987, AP Nr. 4 zu § 75a HGB.
2 BAG v. 4. 7. 1995, AP Nr. 9 zu § 75 HGB.
3 GK-HGB/*Etzel*, §§ 74–75d Rz. 78; Heymann/Henssler, § 75 Rz. 17.
4 Ausführlich *Wertheimer*, NZA 1997, 522, 523.

6. Aufhebungsvertrag

44 Das Wettbewerbsverbot kann jederzeit durch **Aufhebungsvertrag** beseitigt werden. Der Aufhebungsvertrag ist genau zu formulieren. Die Regelung, daß der Arbeitgeber auf das Wettbewerbsverbot verzichtet, führt nicht zum Wegfall der Karenzentschädigungspflicht, sondern zu den Rechtsfolgen des § 75a HGB. Ein Aufhebungsvertrag muß klarstellen, daß auch die Pflicht zur Zahlung der Karenzentschädigung ab sofort aufgehoben wird[1]. Es kann nach Ende des Arbeitsverhältnisses auch vereinbart werden, daß die Jahresfrist des § 75a HGB nicht eingehalten werden muß. Der Aufhebungsvertrag kann mündlich geschlossen werden. Dies gilt selbst dann, wenn in dem der Wettbewerbsabrede zugrunde liegenden Arbeitsvertrag bestimmt ist, daß Änderungen der Schriftform bedürfen, die Parteien aber die Maßgeblichkeit der mündlichen Vereinbarung übereinstimmend gewollt haben[2]. Die einvernehmliche Aufhebung des Arbeitsvertrages als solche berührt das Wettbewerbsverbot regelmäßig nicht, jedoch kann sich die Erstreckung der Aufhebungswirkung auf das Wettbewerbsverbot aus einer Vertragsauslegung ergeben[3]. Für die Frage, ob ein Lossagerecht nach § 75 HGB bei Aufhebung des Arbeitsverhältnisses besteht, kommt es auf den tatsächlichen Grund der Vertragsaufhebung an[4].

7. Ausgleichsklausel

45 In einer Ausgleichsklausel, nach der alle gegenseitigen Ansprüche erledigt sein sollen, liegt regelmäßig **keine wirksame Aufhebung von Wettbewerbsverboten**[5]. Ob das bei einer Ausgleichsklausel, nach der alle wechselseitigen Ansprüche der Parteien aus dem Arbeitsverhältnis und dessen Beendigung erledigt sind, anders ist, ist unter Berücksichtigung aller Umstände gemäß §§ 133, 157 BGB festzustellen[6].

8. Rücktritt

46 Das Wettbewerbsverbot erlischt mit dem wirksamen Rücktritt vom Vertrag. Auf das nachvertragliche Wettbewerbsverbot sind die Regeln über **Leistungsstörungen** im gegenseitigen Vertrag anzuwenden. Rücktrittsmöglichkeiten eröffnen die §§ 325 Abs. 1 und 326 BGB[7].

---

1 *Hoß*, DB 1997, 1818, 1820.
2 BAG v. 10. 1. 1989, BB 1989, 1124.
3 LAG Baden-Württemberg v. 22. 9. 1995, NZA-RR 1996, 163; GK-HGB/*Etzel*, §§ 74–75d Rz. 63; MünchKommHGB/*von Hoyningen-Huene*, § 74 Rz. 68; *Buchner*, Wettbewerbsverbote, C 400.
4 Vgl. oben Rz. 39 ff.
5 BAG v. 20. 10. 1981, AP Nr. 39 zu § 74 HGB; *Bauer/Diller*, Wettbewerbsverbote, Rz. 496; *Buchner*, Wettbewerbsverbote, C 402.
6 OLG Köln v. 25. 3. 1997, BB 1997, 1328; *Hoß*, DB 1997, 1818, 1821: nur ganz ausnahmsweise.
7 Vgl. unten Rz. 72 ff., 78.

9. Konkurs und Vergleich des Arbeitgebers

Die Eröffnung des Konkursverfahrens über das Vermögen des Arbeitgebers läßt das nachvertragliche Wettbewerbsverbot grundsätzlich unberührt[1]. Auch nach Konkurseröffnung gelten die Lösungsrechte für beide Parteien nach § 75 HGB. Daneben hat der Konkursverwalter das **Wahlrecht gemäß § 17 KO** (ab 1. 1. 1999: § 103 InsO) und zwar sowohl dann, wenn bei der Konkurseröffnung das Wettbewerbsverbot bereits läuft, als auch, wenn das Arbeitsverhältnis erst durch ihn gekündigt wird. Wählt der Konkursverwalter Erfüllung des Wettbewerbsverbotes, bleibt der Arbeitnehmer an das Wettbewerbsverbot gebunden, kann aber fristlos kündigen, wenn die vorhandene Masse voraussichtlich zur Erfüllung seines Anspruchs auf Karenzentschädigung, der gemäß § 59 Abs. 1 Nr. 2 KO (ab 1. 1. 1999: § 55 Abs. 1 Nr. 2 InsO) zur Masseschuld gehört, nicht ausreicht[2]. Lehnt der Konkursverwalter die Erfüllung ab, wird der Arbeitnehmer von der Unterlassungspflicht frei. Er hat Schadensersatzansprüche wegen Wegfalls der Karenzentschädigung, die er als einfache Konkursforderung gem. § 26 KO (ab 1. 1. 1999: § 103 Abs. 2 InsO) geltend machen kann. Für die Ausübung des Wahlrechts auf § 17 KO läuft keine Frist. Der Arbeitnehmer kann aber gemäß § 17 Abs. 2 KO den Konkursverwalter zur Ausübung seines Wahlrechts **auffordern**. Übt der Konkursverwalter das Wahlrecht nicht aus, kann er gemäß § 17 Abs. 2 KO auf Erfüllung nicht bestehen, so daß das Wettbewerbsverbot für den Arbeitnehmer unverbindlich wird (ab 1. 1. 1999: § 103 Abs. 2 InsO). § 17 KO ist dann nicht anwendbar, wenn der Konkursverwalter selbst das nachvertragliche Wettbewerbsverbot eingegangen ist. 47

Das Wettbewerbsverbot bleibt durch die **Vergleichseröffnung** selbst unberührt. Laufende Karenzentschädigungsansprüche sind nach § 36 Abs. 1 VerglO keine Vergleichsforderungen und damit vom Arbeitgeber voll zu erfüllen. Gleiches gilt für rückständige Ansprüche bis zu einem Jahr vor Vergleichseröffnung. Bei einer Kündigung des Arbeitsverhältnisses (§ 51 VerglO) gilt § 75 HGB. § 50 VerglO gibt dem Arbeitgeber ein dem § 17 KO ähnliches Wahlrecht. 48

10. Auflösende Bedingung

Das Wettbewerbsverbot kann aufgrund einer vereinbarten auflösenden Bedingung enden. Der **Entzug eines bestimmten Aufgabenbereichs** kommt als auflösende Bedingung in Frage[3]. Dann wird der Arbeitnehmer nicht schon mit Aufgabe dieses Arbeitsbereiches wettbewerbsmäßig frei, vielmehr wirkt die Wettbewerbsenthaltungspflicht noch für den im Verbot vorgesehenen Zeitraum ab Aufgabe der bestimmten Tätigkeit. Zulässig ist die Bedingung, daß das Arbeitsverhältnis während der Probezeit oder mit ihrem Ablauf beendet wird[4]. 49

---

1 Ausführlich *Buchner*, Wettbewerbsverbote, C 469, C 476; *Bauer/Diller*, Wettbewerbsverbote, Rz. 691 ff.
2 *Grunsky*, Wettbewerbsverbote, S. 136; MünchKommHGB/*von Hoyningen-Huene*, § 74 Rz. 79.
3 *Buchner*, Wettbewerbsverbote, C 208, C 209.
4 BAG v. 27. 4. 1982, DB 1982, 2406; GK-HGB/*Etzel*, §§ 74–75d Rz. 4.

Es kann vereinbart werden, daß das Konkurrenzverbot bei Eintritt des Arbeitnehmers in den Ruhestand[1] oder bei Erreichen eines bestimmten Lebensalters oder mit dem Erwerb eines Anspruches auf Altersrente aus der gesetzlichen Rentenversicherung oder auf Betriebsrente[2] nicht gilt. Ohne eine solche Bestimmung tritt die Wettbewerbsvereinbarung im Zweifel mit dem Ruhestand des Arbeitnehmers nicht außer Kraft, auch nicht bei Bestehen einer Versorgungszusage bzw. dem Bezug eines betrieblichen Ruhegeldes[3].

11. Unmöglichkeit der Konkurrenztätigkeit

50 Auch wenn dem Arbeitnehmer eine Konkurrenztätigkeit unmöglich ist, bleibt das Wettbewerbsverbot grundsätzlich bestehen und entfällt die Karenzentschädigung nicht[4]. Zu denken ist zB an die Aufgabe des Betriebes durch den Arbeitgeber. In diesem Fall wird allerdings in der Regel kein berechtigtes geschäftliches Interesse des Arbeitgebers an dem nachvertraglichen Wettbewerbsverbot mehr bestehen, so daß das **Wettbewerbsverbot für den Arbeitnehmer unverbindlich** ist. Kommt eine Konkurrenztätigkeit aus in der Person des Arbeitnehmers liegenden Gründen nicht in Betracht (Berufswechsel, Studium[5], Wehrdienst, Arbeitsunfähigkeit), bleibt das nachvertragliche Wettbewerbsverbot und damit die Verpflichtung zur Zahlung der Karenzentschädigung bestehen. Voraussetzung für das Entstehen und den Fortbestand des Anspruchs auf Karenzentschädigung ist lediglich, daß der Arbeitnehmer keine Konkurrenz betreibt. Aus welchem Grund das geschieht, ist gleichgültig[6]. Ein Ausnahmefall ist in § 74c Abs. 1 Satz 3 HGB geregelt; der Anspruch auf Entschädigung entfällt während der Verbüßung einer Freiheitsstrafe.

12. Nichtantritt des Arbeitsverhältnisses

51 Nach der erkennbaren Interessenlage des Arbeitgebers bestimmen sich die Rechtsfolgen, wenn ein Arbeitnehmer das **Arbeitsverhältnis vertragsbrüchig nicht** antritt[7] oder wenn der Arbeitgeber vor Dienstaufnahme unter gleichzeitiger Freistellung kündigt[8]. Im erstgenannten Fall tritt das Wettbewerbsverbot in Kraft, wenn der Arbeitnehmer bereits vor Vertragsbeginn in seine neuen Aufgaben eingewiesen wurde und dabei schützenswerte Informationen erhalten hat.

---

1 BAG v. 30. 10. 1984, AP Nr. 46 zu § 74 HGB; BAG v. 26. 2. 1985, AP Nr. 30 zu § 611 BGB – Konkurrenzklausel; abl. *Bauer/Diller*, Wettbewerbsverbote, Rz. 339.
2 *Bauer/Diller*, BB 1997, 990, 993 fordern zu Recht, daß von vornherein feststehen muß, zu welchem Zeitpunkt das Verbot entfallen wird.
3 BAG v. 26. 2. 1985, AP Nr. 30 zu § 611 BGB – Konkurrenzklausel; GK-HGB/*Etzel*, §§ 74–75d Rz. 64.
4 BAG v. 9. 8. 1974, AP Nr. 5 zu § 74c HGB.
5 LAG Hessen v. 28. 2. 1994, NZA 1995, 632 (unter bestimmten Voraussetzungen); aufgehoben durch BAG v. 13. 2. 1996, DB 1996, 1527.
6 BAG v. 3. 7. 1990, AP Nr. 61 zu § 74 HGB; BAG v. 18. 10. 1976, AP Nr. 1 zu § 74b HGB; BAG v. 8. 2. 1974 und 9. 8. 1974, AP Nr. 4 und 5 zu § 74c HGB.
7 BAG v. 3. 2. 1987, AP Nr. 54 zu § 74 HGB.
8 BAG v. 19. 5. 1983, AP Nr. 25 zu § 123 BGB.

Im zweitgenannten Sachverhalt wird das Wettbewerbsverbot nicht in Kraft treten, da der Arbeitnehmer keine Gelegenheit hatte, betriebliche Abläufe uä. kennenzulernen. So erlangt ein tätigkeitsbezogenes Wettbewerbsverbot regelmäßig keine Geltung, wenn das Arbeitsverhältnis nicht aktualisiert wird[1].

IX. Betriebsübergang

Probleme kann ein nachvertragliches Wettbewerbsverbot im Rahmen eines **Betriebsübergangs nach § 613a BGB** aufwerfen. Dabei ist zu unterscheiden, ob das Arbeitsverhältnis im Zeitpunkt des Betriebsübergangs noch besteht oder ob der Arbeitnehmer schon ausgeschieden ist und nur noch die Wettbewerbsvereinbarung gilt. **Besteht das Arbeitsverhältnis noch,** geht beim Betriebsübergang das Arbeitsverhältnis als ganzes auf den Betriebserwerber über, wenn der Arbeitnehmer nicht widerspricht. Das schließt den Übergang der Rechte und Pflichten aus dem Wettbewerbsverbot ein[2]. In welchem Umfang die Wettbewerbsbeschränkung ihre Wirksamkeit behält, richtet sich nicht mehr nach der Interessenlage, die zum Zeitpunkt des Vertragsschlusses zwischen Arbeitnehmer und Betriebsveräußerer bestand. Entscheidend sind im Rahmen des § 74a HGB die schutzwerten Interessen des Betriebserwerbers. Rechtfertigen diese das nachvertragliche Wettbewerbsverbot nicht, verliert es seine Verbindlichkeit[3]. Will der Betriebserwerber das Wettbewerbsverbot den veränderten räumlichen oder sachlichen Gegebenheiten anpassen, bedarf es hierzu je nach Formulierung des Wettbewerbsverbots einer neuen Vereinbarung mit dem Arbeitnehmer. Verbleibt zB infolge Widerspruchs ein Arbeitnehmer beim Betriebsveräußerer, ist zu prüfen, ob das Wettbewerbsverbot noch berechtigten geschäftlichen Interessen des Arbeitgebers nach § 74a HGB dient[4]. Ist das Arbeitsverhältnis und damit das Wettbewerbsverbot auf den Betriebserwerber übergegangen, hat der Betriebsveräußerer aus dem Wettbewerbsverbot gegenüber dem Arbeitnehmer keine Rechte mehr[5]. Ob sich der Betriebserwerber zur Rechtfertigung seines berechtigten geschäftlichen Interesses im Sinne des § 74a HGB auch auf eine etwaige vertragliche Pflicht dem Betriebsveräußerer gegenüber, dessen wettbewerblichen Belange mitzuvertreten, berufen kann, ist zweifelhaft[6].

52

Für die vom Betriebsübergang nicht mehr betroffenen, **bereits zuvor ausgeschiedenen Arbeitnehmer** tritt eine Überleitung der Rechte und Pflichten aus dem Wettbewerbsverbot nicht ein. Für eine entsprechende Anwendung des

53

---
1 BAG v. 26. 5. 1992, NZA 1992, 976.
2 GK-HGB/*Etzel*, §§ 74–75d Rz. 65; *Heymann/Henssler*, § 74 Rz. 36; *Buchner*, Wettbewerbsverbote, C 445, C 446; *Bauer/Diller*, Wettbewerbsverbote, Rz. 673; aA *Nägele*, BB 1989, 1480, 1481.
3 *Gaul*, NZA 1989, 697, 699; *Grunsky*, Wettbewerbsverbote, S. 140; *Bauer/Diller*, Wettbewerbsverbote, Rz. 676.
4 GK-HGB/*Etzel*, §§ 74–75d Rz. 49.
5 *Grunsky*, Wettbewerbsverbote, S. 141.
6 Bej. *Buchner*, Wettbewerbsverbote, C 451, C 456.

§ 613a BGB ist in diesen Fällen kein Raum[1]. Allerdings kann die Betriebsveräußerung inhaltliche Konsequenzen für den Fortbestand des Wettbewerbsverbots entfalten. Wenn nämlich das durch § 74a HGB geforderte berechtigte geschäftliche Interesse bei dem früheren Arbeitgeber infolge des Betriebsübergangs nicht mehr fortbesteht, wird das nachvertragliche Wettbewerbsverbot mit dem Betriebsübergang gemäß § 74a HGB unverbindlich. Der Arbeitnehmer kann sich aber im voraus mit einem Übergang der Wettbewerbsvereinbarung bei einer Betriebsveräußerung einverstanden erklären[2].

X. Pflichten des Arbeitnehmers aus der Wettbewerbsabrede

1. Wettbewerbsenthaltungspflicht

54 Mit der Beendigung des Arbeitsverhältnisses tritt – wenn kein Grund für einen Wegfall des Wettbewerbsverbots vorliegt – die **Wettbewerbsabrede in Kraft.** Der Arbeitnehmer ist verpflichtet, in dem vertraglich festgelegten, gegebenenfalls nach § 74a HGB modifizierten Umfang Wettbewerb zu unterlassen. Auch ein nur faktisches Arbeitsverhältnis löst im Zweifel das wirksam vereinbarte Wettbewerbsverbot aus[3].

55 Bei einem **unternehmensbezogenen Verbot** liegt ein Verstoß vor, wenn der Arbeitnehmer für ein Unternehmen tätig wird, dessen Herstellungsprogramm oder Dienstleistungsangebot sich nicht nur unerheblich mit dem des ehemaligen Arbeitgebers überschneidet[4]. Keine Bedeutung hat, ob das Unternehmen von Anfang an oder erst später zum Konkurrenten des bisherigen Arbeitgebers wird. Bei einem **tätigkeitsbezogenen Verbot** kann eine ausreichende Gefährdung schon dann gegeben sein, wenn beide Unternehmen sich zwar verschiedener Vertriebswege bedienen, die Endverbraucher der konkurrierenden Produkte aber identisch sind und überdies in Teilbereichen die unterschiedlichen Vertriebswege sich im Wettbewerb nicht mehr auswirken[5].

2. Auskunftsverpflichtung

56 Nach § 74c Abs. 2 HGB schuldet der ausgeschiedene Arbeitnehmer **Auskunft über die Höhe seines anderweitigen Arbeitseinkommens,** wenn ihn der ehemalige Arbeitgeber dazu auffordert. Die Auskunftspflicht erstreckt sich auf die vollständige und wahrheitsgemäße Mitteilung des tatsächlich erzielten Er-

---

1 LAG Hessen v. 3. 5. 1993, NZA 1994, 1033; *Bauer/Diller,* Wettbewerbsverbote, Rz. 684, 687; GK-HGB/*Etzel,* §§ 74–75d Rz. 65; *Gaul,* NZA 1989, 697, 699; aA *Buchner,* Wettbewerbsverbote, C 458, C 468; *Grunsky,* Wettbewerbsverbote, S. 142, 146; *Heymann/Henssler,* § 74 Rz. 37: Abtretung des Unterlassungsanspruches möglich, sofern mit der Abtretung keine Inhaltsänderung verbunden ist.
2 GK-HGB/*Etzel,* §§ 74–75d Rz. 66.
3 *Konzen/Weber* in Großkomm. HGB, § 74 Rz. 19.
4 BAG v. 16. 12. 1968, BB 1969, 675 und v. 21. 1. 1997, BB 1997, 1796.
5 Hess. LAG v. 10. 2. 1997, LAGE § 74a Nr. 1.

werbs, nicht aber auch darauf, was der Arbeitnehmer hätte erwerben können[1]. Jedenfalls mehr als eine monatliche Auskunft kann der Arbeitgeber nicht verlangen. Liegt der anderweitige Erwerb unter der Anrechnungsgrenze, kann sich der Arbeitnehmer auf diese Mitteilung beschränken. Eine bestimmte Form schreibt das Gesetz für die Auskunft nicht vor[2]. Angehörige freier Berufe können sich gegenüber dem Auskunftsanspruch nicht auf die Verschwiegenheitspflichten des Standesrechts berufen[3]. Die Auskunftspflicht bezieht sich nicht auf Firma und Anschrift des (neuen) Arbeitgebers.

Aus der Verpflichtung des Arbeitnehmers zur Auskunftserteilung folgt das Recht des Arbeitgebers, **Nachweise** zu verlangen. Der Umfang der Nachweispflicht bestimmt sich nach § 242 BGB. Ist der Arbeitnehmer in der Karenzzeit abhängig beschäftigt, kommt er der Nachweispflicht am verläßlichsten durch die Vorlage der Vergütungsabrechnungen oder der Eintragungen in der Lohnsteuerkarte nach[4]. Bei einer selbständigen Tätigkeit soll nach hM die Vorlage des jährlichen Steuerbescheides genügen, wohingegen die Vorlage der Bilanz und der Gewinn- und Verlustrechnung nicht verlangt werden kann[5]. Da aber auch Selbständige einen Anspruch auf monatliche Entschädigungszahlungen haben, kann der frühere Arbeitgeber bei einem entsprechenden Begehren zur Berechnung der Abschlagszahlungen vorläufige Auskünfte über die monatlichen Geschäftsergebnisse verlangen[6]. Der Arbeitnehmer ist **vorleistungspflichtig**. Solange er die erforderlichen Auskünfte nicht erteilt hat, ist der Arbeitgeber nach § 320 Abs. 1 BGB berechtigt, die Zahlung der Karenzentschädigung zu verweigern[7]. Eine Verurteilung Zug um Zug scheidet deshalb aus. Dem Arbeitgeber steht darüber hinaus auch die Klage auf Erteilung der Auskunft offen. Die Zwangsvollstreckung aus dem der Klage entsprechenden Urteil erfolgt nach § 888 Abs. 1 ZPO[8]. Die Abgabe einer Versicherung an Eides statt kann der Arbeitgeber nicht verlangen[9]. 57

---

1 LAG Düsseldorf v. 19. 8. 1968, BB 1968, 1427; *Heymann/Henssler*, § 74c Rz. 22; *Konzen/Weber* in Großkomm. HGB, § 74c Rz. 16; MünchKommHGB/*von Hoyningen-Huene*, § 74c Rz. 32.
2 AA *Heymann/Henssler*, § 74c Rz. 23; *Bauer/Diller*, Wettbewerbsverbote, Rz. 572: schriftlich.
3 BAG v. 27. 9. 1988, AP Nr. 35 zu § 611 BGB – Konkurrenzklausel.
4 BAG v. 25. 2. 1975, AP Nr. 6 zu § 74c HGB.
5 BAG v. 25. 2. 1975, AP Nr. 6 zu § 74c HGB; LAG Nürnberg v. 9. 4. 1987, LAGE § 74c HGB Nr. 2; krit. *Bauer/Diller*, Wettbewerbsverbote, Rz. 577, 578.
6 BAG v. 2. 6. 1987, AP Nr. 13 zu § 74c HGB.
7 BAG v. 12. 1. 1978, AP Nr. 8 zu § 74c HGB; MünchKommHGB/*von Hoyningen-Huene*, § 74c Rz. 31: § 273 Abs. 1 BGB.
8 *Konzen/Weber* in Großkomm. HGB, § 74c Rz. 19; GK-HGB/*Etzel*, §§ 74–75d Rz. 102; gegen Klagemöglichkeit: *Grunsky*, Wettbewerbsverbote, S. 88.
9 *Konzen/Weber* in Großkomm. HGB, § 74 Rz. 20; aA *Bauer/Diller*, Wettbewerbsverbote, Rz. 583; GK-HGB/*Etzel*, §§ 74–75d Rz. 102.

XI. Pflichten des Arbeitgebers aus der Wettbewerbsabrede

1. Karenzentschädigung

a) Zu berücksichtigendes Einkommen

58 Aufgrund eines wirksamen oder nur unverbindlichen Wettbewerbsverbots kann der Arbeitnehmer die Karenzentschädigung verlangen, wenn er seine Pflicht zur Wettbewerbsunterlassung erfüllt, die ihm nach § 74c Abs. 2 HGB obliegenden Auskünfte bei Verlangen des Arbeitgebers erteilt und die entsprechenden Nachweise gibt. Zur **Berechnung der Karenzentschädigung** ist von dem vom Arbeitnehmer vor seinem Ausscheiden bezogenen Bruttoverdienst auszugehen. Dazu zählen alle Einkommensbestandteile, die als Vergütung für geleistete oder noch zu leistende Arbeit gezahlt werden, also neben der monatlichen Bruttovergütung sämtliche Leistungszulagen, Provisionen, Gewinnbeteiligungen, Urlaubsgeld, Weihnachtsgeld, ferner Naturalleistungen sowie sonstige einmalige Zuwendungen. Auch freiwillige Sozialleistungen und jederzeit widerrufliche Zahlungen bleiben bei der Berechnung der Karenzentschädigung nicht schon deshalb außer Betracht, weil der Arbeitnehmer sie unter Ausschluß eines Rechtsanspruches erhalten hat[1]. Für die Berechnung der Entschädigung ist nicht entscheidend, mit welchen Zahlungen der Arbeitnehmer in Zukunft hätte rechnen können, sondern welche Zahlungen er für seine Arbeitsleistung zuletzt bezogen hat. Sachbezüge sind mit ihrem entsprechenden Wert umzurechnen.

59 Mit welchem Betrag der Vorteil bei einem **Dienstwagen**, der **auch privat genutzt** werden darf, in Ansatz zu bringen ist, ist umstritten: Tabelle von *Sanden/Danner/Küppersbusch*, Kostentabellen des ADAC oder geldwerter Vorteil nach dem Lohnsteuerrecht. Zutreffend dürfte sein, bei der Berechnung der Karenzentschädigung die Sätze der Kostentabellen des ADAC in Ansatz zu bringen[2]. Kein Abzug ist dafür zu machen, daß das Fahrzeug nicht unbeschränkt zur Privatnutzung während der Dauer des Arbeitsverhältnisses zur Verfügung stand[3]. Mußte der Arbeitnehmer bestimmte Kosten bei der Privatnutzung des Fahrzeuges selber tragen, müssen diese angemessen mindernd berücksichtigt werden.

60 **Wechselnde Bezüge** sind bei der Berechnung der Entschädigung nach dem Durchschnitt der letzten 3 Jahre zu berücksichtigen (§ 74b Abs. 2 Satz 1 HGB). Hat die für die Bezüge bei der Beendigung des Arbeitsverhältnisses maßgebende Vertragsbestimmung noch nicht 3 Jahre bestanden, erfolgt der Ansatz nach dem Durchschnitt des Zeitraums, für den die Bestimmung in Kraft war (§ 74b Abs. 2 Satz 2 HGB). In die Berechnung einzubeziehen ist, was dem Arbeitnehmer für den 3-Jahres-Zeitraum zusteht. Es kommt nicht darauf an, wann der Anspruch fällig geworden ist oder die Leistung tatsächlich gezahlt wurde[4].

---

1 BAG v. 16. 11. 1973, AP Nr. 34 zu § 74 HGB.
2 *Bauer/Diller*, Wettbewerbsverbote, Rz. 252, 253; für die Tabelle von *Sanden/Danner/Küppersbusch*: GK-HGB/*Etzel*, §§ 74–75d Rz. 43a; *Dombrowski/Zettelmeyer*, NZA 1995, 155.
3 BAG v. 23. 6. 1994, DB 1994, 2239.
4 BAG v. 9. 1. 1990, DB 1990, 991.

Keine vertragsmäßigen Leistungen sind die Arbeitgeber-Anteile zur gesetzlichen Kranken- und Rentenversicherung, der Krankenversicherungszuschuß des Arbeitgebers nach § 257 SGB V und die von ihm freiwillig ausgezahlten Beiträge zu einer ersetzenden Lebensversicherung[1]. Eine Vergütung für Arbeitnehmer-Erfindungen und Verbesserungsvorschläge ist ebenfalls nicht in die Bemessung der Karenzentschädigung einzubeziehen[2]. Nach § 74b Abs. 3 HGB bleiben bei der Berechnung der Entschädigung solche Beträge, die nur dem Ersatz der Auslagen des Arbeitnehmers dienen, unberücksichtigt. Bei Aufwandsentschädigungen und Reisespesen ist aber der Teil, der die tatsächlich entstandenen Auslagen übersteigt und deshalb Vergütungscharakter hat, bei der Berechnung zu berücksichtigen. Umgekehrt ist eine Kürzung der Vergütung um den Aufwendungsanteil vorzunehmen, wenn in der einheitlich gezahlten Vergütung ein Aufwendungsersatz enthalten ist[3].

61

b) Anrechnung anderweitigen oder böswillig unterlassenen Erwerbs

Die Anrechnung anderweitigen oder böswillig unterlassenen Erwerbs aus selbständiger oder unselbständiger Tätigkeit des Arbeitnehmers während der Zeit des Wettbewerbsverbots richtet sich nach **§ 74c Abs. 1 HGB.** Sie findet auch dann statt, wenn in der Wettbewerbsvereinbarung nicht ausdrücklich auf die Vorschriften des HGB über Wettbewerbsverbote verwiesen ist[4]. Anzurechnen sind nur die Einnahmen aus einer Tätigkeit, die durch die Beendigung des Arbeitsverhältnisses erst möglich wurde[5]. Für die Höhe der anzurechnenden Vergütung ist nur die Dauer der Arbeitszeit zugrundezulegen, die der Arbeitnehmer seinem ehemaligen Arbeitgeber zur Verfügung zu stellen hatte[6]. Alle Einkommensbestandteile, die in die Berechnung der Höhe der Karenzentschädigung einfließen, bestimmen auch den Umfang der anrechenbaren Leistungen[7]. Ersparte Aufwendungen sind dem anzurechnenden Einkommen hinzuzuzählen; zusätzliche Aufwendungen vom anzurechnenden Arbeitseinkommen abzuziehen[8]. Ruhegeldzahlungen aus betrieblichen Versorgungszusagen sind nicht anzurechnen, weil das Ruhegeld nicht durch anderweitige Verwertung der Arbeitskraft während der Karenzzeit erzielt wird[9]. Das gleiche gilt für Altersrenten aus der gesetzlichen Sozialversicherung. Arbeitslosengeld ist als Lohnersatzleistung wie anderweitiger Erwerb zu berücksichtigen. Es ist somit nur insoweit anzurechnen, als die in § 74c Abs. 1 HGB gezogenen Anrech-

62

---

1 BAG v. 21. 7. 1981, DB 1982, 1227; *Konzen/Weber* in Großkomm. HGB, § 74b Rz. 14; GK-HGB/*Etzel*, §§ 74–75d Rz. 43a.
2 GK-HGB/*Etzel*, §§ 74–75d Rz. 43a.
3 LAG Hamm v. 7. 12. 1983, DB 1984, 623.
4 BAG v. 21. 3. 1974, AP Nr. 3 zu § 74c HGB.
5 LAG Nürnberg v. 9. 4. 1987, LAGE § 74c Nr. 2.
6 LAG Köln v. 2 10. 1986, LAGE § 74c HGB Nr. 1.
7 BAG v. 9. 1. 1990, DB 1990, 941.
8 GK-HGB/*Etzel*, §§ 74–75d Rz. 99.
9 Offen gelassen in BAG v. 26. 2. 1985, AP Nr. 30 zu § 611 BGB – Konkurrenzklausel; wie hier: *Konzen/Weber* in Großkomm. HGB, § 74c Rz. 5; *Heymann/Henssler*, § 74c Rz. 5; *Bauer/Diller*, Wettbewerbsverbote, Rz. 530 und BB 1997, 990, 994.

nungsgrenzen überschritten werden[1]. Eine Hochrechnung des Arbeitslosengeldes zu einem fiktiven Bruttoeinkommen ist nicht zulässig[2]. Nicht anzurechnen ist das Übergangsgeld nach den §§ 22 ff. SGB VI[3] und das Unterhaltsgeld nach § 153 SGB III. Jede Anrechnung kann **ausgeschlossen** werden. Ein konkludenter Ausschluß soll vorliegen, wenn die Parteien der Wettbewerbsvereinbarung verabreden, daß die Entschädigung für die gesamte Dauer des Verbots im voraus zu zahlen ist[4].

63 **Unterläßt** der Arbeitnehmer während der Karenzzeit die Verwertung seiner Arbeitskraft in böswilliger Weise, muß er sich die Einnahmen, die er hätte erzielen können, auf die Karenzentschädigung wie anderweitiges Arbeitseinkommen anrechnen lassen. Er muß den Arbeitgeber **bewußt schädigen wollen** und eine ihm mögliche und nach den gesamten Umständen zumutbare anderweitige Tätigkeit nicht aufgenommen haben. Fahrlässiges Verhalten reicht nicht. Deshalb ist es nicht böswillig, wenn der Arbeitnehmer in der Karenzzeit eine selbständige Existenz aufbaut, obwohl er in dieser Aufbauphase weniger verdient als in einer abhängigen Beschäftigung[5], wenn er ein Weiterbeschäftigungsangebot des Arbeitgebers nach Erreichen der vorgezogenen Altersgrenze ablehnt[6], wenn er nicht sein Interesse am angemessenen beruflichen Fortkommen dem Interesse des Arbeitgebers nachordnet[7], wenn er eine gering bezahlte Ausbildung oder ein Studium beginnt, sofern nur die Entscheidung dafür von vernünftigen Erwägungen getragen wird[8]. Der Arbeitgeber ist dafür darlegungspflichtig, daß sein früherer Arbeitnehmer es unterlassen hat, eine mögliche, nach den gesamten Umständen zumutbare anderweitige Tätigkeit aufzunehmen und den vom Gesetz geforderten Mindestverdienst zu erzielen[9].

64 Anderweitiger Erwerb bzw. böswillig unterlassener Erwerb wird auf die monatliche Karenzentschädigung nicht voll angerechnet, sondern nur, sofern und soweit die Summe aus Karenzentschädigung und Erwerb die in § 74c Abs.1 HGB bezeichneten **Anrechnungsgrenzen überschreitet.** Im Normalfall liegt diese Grenze bei 110% der zuletzt bezogenen vertragsmäßigen Leistungen. Die Anrechnungsgrenze erhöht sich auf 125%, wenn der Arbeitnehmer infolge des Wettbewerbsverbots zu einer Verlegung seines Wohnsitzes gezwungen wurde. Ein Zwang zum **Wohnsitzwechsel** besteht, wenn der Arbeitnehmer wegen des Wettbewerbsverbots nur außerhalb seines bisherigen Wohnorts eine Tätigkeit ausüben kann, die nach Art, Vergütung und beruflichen Chancen seiner bisherigen

---

1 BAG v. 22. 5. 1990, DB 1991, 451; aA BGH v. 15. 4. 1991, DB 1991, 1508 in einer auf Organmitglieder bezogenen Entscheidung.
2 BAG v. 27. 11. 1991, NZA 1992, 800.
3 BAG v. 7. 11. 1989, BB 1990, 854.
4 LAG Hamm v. 19. 2. 1992, BB 1992, 1856.
5 BAG v. 13. 11. 1975 und 2. 6. 1987, AP Nr. 7 und 13 zu § 74c HGB; LAG Nürnberg v. 9. 4. 1987, LAGE § 74c HGB Nr. 2.
6 BAG v. 18. 10. 1976, AP Nr. 1 zu § 74b HGB; BAG v. 3. 7. 1990, AP Nr. 61 zu § 74 HGB.
7 BAG v. 8. 2. 1974, AP Nr. 4 zu § 74c HGB.
8 BAG v. 8. 2. 1974 und 9. 8. 1974, AP Nr. 4 u. 5 zu § 74c HGB; BAG v. 13. 2. 1996, DB 1996, 1527.
9 BAG v. 13. 2. 1996, DB 1996, 1527.

Tätigkeit nahe kommt. Hätte dagegen der Arbeitnehmer am bisherigen Wohnort eine entsprechende Arbeitsstelle bei einem Nicht-Konkurrenzunternehmen finden können, fehlt es an einem erzwungenen Wohnsitzwechsel. Das Wettbewerbsverbot muß für den Wohnsitzwechsel ursächlich sein[1]. Ein Zwang zum Wohnsitzwechsel besteht auch dann, wenn sich der neue Arbeitsplatz des Arbeitnehmers zunächst am gleichen Ort wie die alte Arbeitsstelle befindet und erst eine Versetzung eine Wohnsitzverlegung erfordert. Voraussetzung ist jedoch, daß die Möglichkeit der örtlichen Veränderung bereits bei Abschluß des Arbeitsvertrages durch einen Versetzungsvorbehalt angelegt war. Ein später vollzogener Umzug wirkt dann für die Anrechnungsfreigrenze zurück[2]. Bei der Annahme der Ursächlichkeit eines Wohnsitzwechsels bedarf es keiner Darlegung des Arbeitnehmers, daß er ohne nachvertragliches Wettbewerbsverbot bei den am Ort ansässigen Wettbewerbern eine Anstellung gefunden hätte. Es ist vielmehr ausreichend, wenn er darlegt, daß er mit Rücksicht auf das Wettbewerbsverbot eine seiner früheren Tätigkeit vergleichbare Beschäftigung nur bei einem branchenfremden ortsansässigen Arbeitgeber unter dem Vorbehalt der späteren Versetzung aufnehmen konnte[3].

c) Berechnung

Zur Berechnung der Karenzentschädigung ist aus den zu berücksichtigenden Entgeltbestandteilen der Jahresgesamtverdienst zu errechnen und zur Ermittlung des auszuzahlenden Monatsbezuges – vorbehaltlich einer Anrechnung – im Fall der vereinbarten Mindestentschädigung durch 24 zu teilen. Auf die in der Regel monatlich zu zahlende Karenzentschädigung ist nur **der in dem jeweiligen Monat erzielte anderweitige Erwerb** anzurechnen; der Arbeitnehmer darf grundsätzlich nicht auf einen Ausgleich seines geringeren Verdienstes in einem Monat durch andere Monate mit höherem Verdienst verwiesen werden[4]. § 74b Abs. 2 HGB findet bei der Anrechnung nach § 74c HGB keine Anwendung. Die Zahlung ist grundsätzlich auf den Zeitraum umzulegen, für den sie gezahlt wird[5]. Für die Anrechnung von Einkünften aus selbständiger Tätigkeit ist aber das kalenderjährliche steuerpflichtige Einkommen zu ermitteln. Der frühere Arbeitnehmer kann monatliche Abschlagszahlungen verlangen, muß dann aber vorläufige Auskünfte über das Geschäftsergebnis erteilen. Die endgültige Abrechnung erfolgt am Jahresende[6]. Entsprechendes soll allgemein bei Provisionen gelten[7]. Häufig steht im Zeitpunkt der Fälligkeit der Karenzentschädigung der anrechenbare Erwerb noch nicht fest. Die Entschädigung ist dann zunächst in vollem Umfang zur Zahlung fällig.

65

---

1 BAG v. 17. 12. 1973, 23. 2. 1982 und 10. 9. 1985, AP Nr. 2, 9, 12 zu § 74c HGB; BAG v. 8. 11. 1994, DB 1995, 1569.
2 BAG v. 8. 11. 1994, DB 1995, 1569.
3 BAG v. 8. 11. 1994, DB 1995, 1569.
4 BAG v. 16. 11. 1973, AP Nr. 34 zu § 74 HGB; LAG Köln v. 15. 9. 1994, LAGE § 74c HGB Nr. 5; *Heymann/Henssler*, § 74c Rz. 14; *Bauer/Diller*, Wettbewerbsverbote, Rz. 561.
5 *Grunsky*, Wettbewerbsverbote, S. 85; *Bauer/Diller*, Wettbewerbsverbote, Rz. 563.
6 BAG v. 2. 6. 1987, AP Nr. 13 zu § 74c HGB.
7 *Bauer/Diller*, Wettbewerbsverbote, Rz. 565.

Nach endgültiger Feststellung des anrechenbaren Erwerbs steht dem Arbeitgeber gegebenenfalls ein Bereicherungsanspruch zu.

d) Modalitäten der Auszahlung

66 Nach § 74b Abs. 1 HGB ist die **Karenzentschädigung jeweils am Ende eines Monats zu zahlen**. Fällt der Beginn der Laufzeit des Verbots nicht mit einem Monatsbeginn zusammen, läuft die Monatsfrist vom Verbotsbeginn an[1]. Abweichungen von der gesetzlichen Vorgabe haben sich am Maßstab des § 75d Satz 1 HGB zu orientieren. Durchgreifende Bedenken bestehen gegen Regelungen, nach denen bereits **während des laufenden Arbeitsverhältnisses** besondere Zuwendungen an den Arbeitnehmer erbracht werden, die Entschädigung für eine künftige Wettbewerbsenthaltung sein sollen. Zum einen ist ungewiß, ob der Arbeitnehmer die in § 74 Abs. 2 HGB garantierte Mindestentschädigung erhält, zum anderen verliert der Sicherungsaspekt der Karenzentschädigung bei einer derartigen Bevorschussung entscheidend an Gewicht[2].

e) Verfall- und Verjährungsfristen

67 Der monatliche Entschädigungsanspruch unterliegt der zweijährigen **Verjährungsfrist** des § 196 Abs. 1 Nr. 8 bzw. Nr. 9 BGB[3]. Eine Abkürzung der Verjährungsfrist ist angesichts von § 75d Satz 1 HGB zweifelhaft. Ob der Anspruch einer **Ausschlußfrist** unterliegt, richtet sich nach deren Wortlaut, Sinn und Zweck. Unter „Ansprüche aus dem Arbeitsverhältnis" werden in aller Regel auch die Karenzentschädigungsansprüche fallen[4]. Nicht erfaßt wird der Entschädigungsanspruch aber von einer tariflichen Ausschlußklausel, die als spätesten Fristbeginn zur Geltendmachung ausnahmslos das Ende des Arbeitsverhältnisses festlegt[5]. Anders liegt es, wenn die Ausschlußfrist jeweils mit der Fälligkeit des Anspruches beginnt[6]. Ggf. muß der Arbeitnehmer, der einen Kündigungsschutzrechtsstreit führt, im Wege einer Eventualklage die Karenzentschädigung geltend machen[7]. Eine Ausschlußfrist für die Geltendmachung von Karenzentschädigungsansprüchen kann auch in einem Formulararbeitsvertrag vereinbart werden[8].

---

1 *Konzen/Weber* in Großkomm. HGB, § 74b Rz. 8; *Heymann/Henssler*, § 74b Rz. 8.
2 BAG v. 14. 7. 1981, AP Nr. 38 zu § 74 HGB; *Hanau/Preis*, II W 20 Rz. 72.
3 BAG v. 3. 4. 1984, AP Nr. 44 zu § 74 HGB.
4 BAG v. 17. 6. 1997, DB 1998, 426; GK-HGB/*Etzel*, §§ 74–75d Rz. 106; im einzelnen: *Bengelsdorf*, DB 1985, 1585, 1589 ff.
5 BAG v. 24. 4. 1970, AP Nr. 25 zu § 74 HGB.
6 BAG v. 18. 12. 1984, AP Nr. 87 zu § 4 TVG – Ausschlußfristen; BAG v. 27. 11. 1991, NZA 1992, 800.
7 BAG v. 18. 12. 1984, AP Nr. 87 zu § 4 TVG – Ausschlußfristen.
8 BAG v. 17. 6. 1997, DB 1998, 426.

f) Ausgleichsklausel

Eine vom Arbeitnehmer erteilte Ausgleichsklausel bezieht sich im Zweifel **nicht** auf den Entschädigungsanspruch[1]. Anders kann es sein, wenn in einem Vertrag das gesamte Arbeitsverhältnis abgewickelt wird[2]. 68

g) Pfändungsschutz

Die Karenzentschädigung ist Arbeitseinkommen iS der **Lohnpfändungsvorschriften** (§ 850 Abs. 3 Buchst. a ZPO). Sie ist in dem selben Umfang unpfändbar wie Arbeitseinkommen. Ein üblicher Pfändungs- und Überweisungsbeschluß erstreckt sich auf die Karenzentschädigung. Karenzentschädigungen genießen den Schutz nur, wenn sie **wiederkehrend** gezahlt werden. Einigen sich die Arbeitsvertragsparteien auf eine einmalige Kapitalabfindung, richtet sich der Pfändungsschutz nach § 850i Abs. 1 ZPO. Wird die Entschädigung monatlich gezahlt und erhält der Arbeitnehmer eine Arbeitsvergütung aus einem neuen Arbeitsverhältnis, sind die Bezüge auf Antrag des Arbeitnehmers oder des Gläubigers seitens des Vollstreckungsgerichts zusammenzurechnen (§ 850e Nr. 2 ZPO). Die Pfändung des Arbeitseinkommens bei dem neuen Arbeitgeber erfaßt die Karenzentschädigung nicht. Schließen die Arbeitsvertragsparteien erst nach der Beendigung des Arbeitsverhältnisses eine Wettbewerbsabrede, dürfte der innere Zusammenhang mit dem Arbeitsverhältnis fehlen, und der Gläubiger wird erneut pfänden müssen, um die Kapitalabfindung bzw. die monatlich gezahlten Entschädigungen überwiesen zu erhalten[3]. Soweit die Karenzentschädigung unpfändbar ist, ist sie nach § 400 BGB nicht abtretbar und der ehemalige Arbeitgeber kann gemäß § 394 BGB gegen sie nicht aufrechnen. 69

h) Konkursvorrecht

Noch nicht erfüllte Karenzentschädigungszahlungen aus der Zeit **vor Konkurseröffnung** werden für die Zeit der letzten sechs Monate vor Konkurseröffnung als Masseschulden (§ 59 Abs. 1 Nr. 3 Buchst. b KO) bzw. für das letzte Jahr vor Konkurseröffnung gemäß § 61 Abs. 1 Nr. 1 Buchst. b KO als bevorrechtigte Konkursforderungen begünstigt. Ein Anspruch auf Konkursausfallgeld besteht nicht, weil die Karenzentschädigung keine Masseschuld nach § 59 Abs. 1 Nr. 3 Buchst. a KO ist. 70

2. Erstattung von Leistungen an die Bundesanstalt für Arbeit

Der Arbeitgeber hat der Bundesanstalt für Arbeit nach § 148 SGB III das **Arbeitslosengeld zu erstatten,** das die Bundesanstalt für die Dauer des nachvertraglichen Wettbewerbsverbots an den Arbeitnehmer erbringt. Wegen der Einzelheiten wird auf den Beitrag im 6. Teil B. verwiesen. 71

---

1 *Bauer,* Arbeitsrechtliche Aufhebungsverträge, 5. Aufl., 1997, Rz. 803.
2 *Bauer/Diller,* Wettbewerbsverbote, Rz. 497.
3 *Bengelsdorf,* Pfändung und Abtretung von Lohn, Rz. 306.

XII. Rechtsfolgen bei Vertragsverletzungen

1. Rechte des ehemaligen Arbeitgebers

72 Verletzt der Arbeitnehmer das Wettbewerbsverbot, kann der Arbeitgeber die Erfüllung des Wettbewerbsverbots mit einer **Unterlassungsklage** durchsetzen. Verlangt werden kann nicht jede Unterlassung anderweitiger Arbeitsleistung, sondern allein die Unterlassung der Arbeit beim konkreten Konkurrenten, soweit durch sie gegen das Wettbewerbsverbot verstoßen wird. Eine vorbeugende Unterlassungsklage ist möglich[1]. Läuft die Karenzzeit vor Erlaß eines rechtskräftigen Urteils ab, muß der Arbeitgeber entweder die Hauptsache für erledigt erklären oder zur **Klage auf Feststellung** übergehen, daß der Arbeitnehmer zur Unterlassung verpflichtet war. Das Feststellungsinteresse ist wegen der möglichen Schadensersatzansprüche in der Regel gegeben. Gegenüber der Erledigungserklärung hat die Feststellungsklage für den Arbeitgeber den Vorteil, daß eine rechtskräftige Entscheidung über die Unterlassungspflicht ergeht[2].

73 Der Erfüllungsanspruch aus dem Wettbewerbsverbot kann auch über eine **einstweilige Verfügung** durchgesetzt werden[3]. Dabei ist auf die Vollziehung der einstweiligen Verfügung innerhalb der Frist des § 929 Abs. 2 ZPO zu achten. Wird diese Frist versäumt, verliert die einstweilige Verfügung ihre Wirkung und ist aufzuheben. Gegebenenfalls kommt der Antrag und Erlaß einer Zweitverfügung in Betracht[4]. UU kann durch einstweilige Verfügung auch die Beseitigung einer fortbestehenden Störung verlangt werden.

74 Die **Vollstreckung** des Unterlassungsanspruches erfolgt gem. § 890 ZPO[5]. Der Arbeitgeber hat hinsichtlich der örtlichen **Zuständigkeit** des Arbeitsgerichts nach § 35 ZPO ein Wahlrecht zwischen dem allgemeinen Gerichtsstand des – möglicherweise neuen – Arbeitnehmerwohnsitzes und dem besonderen Gerichtsstand des Erfüllungsortes, also dem Ort der ehemaligen Arbeitsstätte[6].

75 Im übrigen sind die Regeln über **Leistungsstörungen im gegenseitigen Vertrag** anzuwenden. Für den Zeitraum der verbotenen Konkurrenztätigkeit wird dem Arbeitnehmer die Wettbewerbsunterlassung unmöglich. Nach § 325 Abs. 1 Satz 3 iVm. § 323 Abs. 1 BGB wird der Arbeitgeber insoweit von der Karenzentschädigungspflicht befreit. Eine bereits gezahlte Karenzentschädigung kann er zurückfordern[7]. Auf die Intensität des Wettbewerbsverstoßes kommt es dabei nicht an. Der Entschädigungsanspruch lebt wieder auf, wenn der Arbeitnehmer

---

[1] LAG Baden-Württemberg v. 28. 2. 1986, NZA 1986, 641; *Heymann/Henssler*, § 74 Rz. 39.
[2] *Grunsky*, Wettbewerbsverbote, S. 126.
[3] *Heinze*, RdA 1986, 280, 281; *Grunsky*, Wettbewerbsverbote, S. 126.
[4] LAG Hamm v. 5. 1. 1995, DB 1995, 1871.
[5] LAG Düsseldorf v. 21. 3. 1994, LAGE § 890 ZPO Nr. 3 (auch wenn Verbotszeitraum zwischenzeitlich abgelaufen ist).
[6] *Bengelsdorf*, DB 1992, 1340.
[7] BAG v. 5. 8. 1968, AP Nr. 24 zu § 74 HGB.

das nachvertragliche Wettbewerbsverbot wieder einhält[1]. Die Entschädigungspflicht erlischt also nur für den Zeitraum der Zuwiderhandlung. Der Arbeitgeber kann alle Rechte aus § 325 BGB geltend machen. Er kann vom Wettbewerbsverbot unter der Voraussetzung des fehlenden Interesses an einer teilweisen Erfüllung von dem ganzen Vertrag zurücktreten[2]. Ferner ist der Rücktritt nach erfolgloser Fristsetzung gegenüber dem Arbeitnehmer gemäß § 326 Abs. 1 BGB zulässig. Der Rücktritt schließt die Geltendmachung von Schadensersatzansprüchen aus. Statt zurückzutreten kann der Arbeitgeber unter den Voraussetzungen des § 325 Abs. 1 Satz 2 BGB Schadensersatz wegen Nichterfüllung verlangen. Der Schadensersatzanspruch umfaßt auch den ihm entgehenden Gewinn. Ein Anspruch auf Herausgabe des von dem Arbeitnehmer erzielten Gewinns besteht hingegen nicht; es fehlt an einer dem § 61 HGB entsprechenden Vorschrift. § 323 BGB setzt anders als § 325 BGB kein Verschulden des Arbeitnehmers voraus. Einen **Auskunftsanspruch** hat der Arbeitgeber nur, wenn entweder ein Wettbewerbsverstoß bereits gegeben ist oder mindestens der konkrete Verdacht eines Wettbewerbsverstoßes besteht.

Ein Wettbewerbsverbot kann durch eine **Vertragsstrafenregelung** gesichert werden. Macht der Arbeitgeber die Vertragsstrafe geltend, wird dadurch der Erfüllungsanspruch ausgeschlossen (§ 75c Abs. 1 Satz 1 HGB iVm. § 340 Abs. 1 Satz 2 BGB). Der Unterlassungsanspruch wird durch die Geltendmachung einer sich nicht auf die gesamte Karenzzeit beziehenden Vertragsstrafe aber nur für den Zeitraum ausgeschlossen, für den die Strafe verlangt wird[3]. Verwirkt der Arbeitnehmer bei jedem Fall der Zuwiderhandlung die Vertragsstrafe, hat der Arbeitgeber bei jedem neuen Verstoß die Wahl, ob er die Vertragsstrafe oder die Unterlassung von Wettbewerb verlangen will. Ob die Vertragsstrafe für jede einzelne Zuwiderhandlung bzw. für die Zuwiderhandlung in einem bestimmten Zeitraum (zB Monat) vereinbart worden ist oder ob sie sich einheitlich auf die gesamte Karenzzeit bezieht, muß, soweit keine klare Vereinbarung vorliegt, durch Auslegung ermittelt werden. Die verwirkte Vertragsstrafe kann der Arbeitgeber auch als Mindestbetrag eines **Schadensersatzanspruches wegen Nichterfüllung** fordern; dann steht ihm gemäß § 74c Abs. 1 Satz 1 HGB iVm. § 340 Abs. 2 BGB die Geltendmachung eines weiteren Schadensersatzanspruches frei. In diesem Falle verliert er für die Zeit, für die er die Vertragsstrafe als Schadensersatz geltend macht, den Unterlassungsanspruch, für die Zukunft hingegen nicht[4]. 76

Sagt der neue Arbeitgeber dem Arbeitnehmer zu, daß er ihn bei Wettbewerbsverstößen von etwaigen Sanktionen des ehemaligen Arbeitgebers **freistellt**, verstößt eine solche Vereinbarung gegen § 138 BGB[5]. 77

---

1 BAG v. 10. 9. 1985, AP Nr. 49 zu § 74 HGB.
2 BAG v. 10. 9. 1985, AP Nr. 49 zu § 74 HGB.
3 BAG v. 26. 1. 1973, AP Nr. 4 zu § 75 HGB.
4 GK-HGB/*Etzel*, §§ 74–75d Rz. 86.
5 *Hanau/Preis*, II W 20 Rz. 114; GK-HGB/*Etzel*, §§ 74–75d Rz. 91.

2. Rechte des ehemaligen Arbeitnehmers

78 Gerät der Arbeitgeber mit der Zahlung der Karenzentschädigung in Verzug, der ohne Mahnung eintritt (§ 284 Abs. 2 BGB), hat der Arbeitnehmer die Rechte aus den §§ 286, 326 BGB. Er kann also zunächst **Erfüllung** und Ersatz des **Verzugsschadens** verlangen, aber auch nach Fristsetzung mit Ablehnungsandrohung **Schadensersatz wegen Nichterfüllung**. Bei Verzug des Arbeitgebers kann der Arbeitnehmer nach Nachfristsetzung gemäß § 326 BGB von der Wettbewerbsvereinbarung **zurücktreten**. Damit entfallen die gegenseitigen Rechte und Pflichten für die Zukunft. Es wird auch die Auffassung vertreten, daß das Rücktrittsrecht des § 326 BGB durch ein Recht zur außerordentlichen Kündigung nach Abmahnung verdrängt wird, da ein in Vollzug gesetztes Dauerschuldverhältnis vorliegt[1]. Ein anderes Ergebnis ergibt sich dadurch nicht. Ein Verzug des Arbeitgebers mit der Entschädigungszahlung hat aber nicht zur Folge, daß der Arbeitnehmer nunmehr ohne weiteres Konkurrenz betreiben kann[2]. Die Unterlassungspflicht des Arbeitnehmers kann also bei Zahlungsverzug des Arbeitgebers nicht Gegenstand eines Zurückbehaltungsrechts sein, wenn er trotz des Zahlungsverzuges des Arbeitgebers an der Wettbewerbsvereinbarung festhalten will.

---

1 *Konzen/Weber* in Großkomm. HGB, § 74 Rz. 47.
2 BAG v. 5. 10. 1982, DB 1983, 834.

G. Betriebsnachfolge

	Rz.
I. Grundlagen des Betriebsübergangs *(Beseler)*	1
1. Betrieb und Betriebsteil	2
2. Übergang des Betriebes bzw. Betriebsteils	10
a) Betriebsübergang bei Übernahme von Arbeitnehmern?	23
b) Besonderheiten nach dem Gegenstand des übertragenen Betriebs oder Betriebsteils	24
aa) Produktion	25
bb) Handel, Dienstleistung	26
c) Funktionsnachfolge	29
d) Stillegung – Betriebsübergang	34
3. Übergang durch Rechtsgeschäft	42
4. Exkurs: Umwandlungsgesetz und Betriebsübergang	53
5. Konkurseröffnung und Betriebsübergang	56
6. Zeitpunkt des Übergangs	58
7. Widerspruchsrecht des Arbeitnehmers	59
II. Individualrechtliche Folgen des Betriebsübergangs *(Beseler)*	76
1. Das vom Betriebsübergang erfaßte Arbeitsverhältnis	77
2. Zuordnung von Arbeitnehmern	86
3. Der Eintritt in bestehende Arbeitsverhältnisse	89
a) Auswirkungen für den Arbeitnehmer	96
b) Auswirkungen für den Betriebserwerber	98
aa) Haftung des Betriebserwerbers im Konkursfall des Betriebsveräußerers	101
bb) Konkurseröffnung und Versorgungsanwartschaften	103
c) Betriebsübergang und Betriebsübung	106
d) Betriebsübergang und Gleichbehandlung	110
III. Vereinbarungen im Zusammenhang mit dem Betriebsübergang *(Beseler)*	113
IV. Haftung des Betriebsveräußerers *(Beseler)*	119

	Rz.
V. Kündigung im Zusammenhang mit dem Betriebsübergang *(Beseler)*	124
1. Kündigung durch den bisherigen Arbeitgeber	125
2. Kündigung durch den Betriebserwerber	135
3. Kündigung aus anderen Gründen	136
4. Beweislast	141
5. Geltendmachung der Unwirksamkeit	142
VI. Kollektivrechtliche Folgen des Betriebsübergangs *(Bopp)*	
1. Zweck und Allgemeines	150
2. Keine Anwendung des § 613a Abs. 1 Satz 2–4 BGB	155
a) Bereits entstandene Ansprüche aus kollektiven Normen	156
b) Geltung der kollektiven Regelungen bei Betriebsübergang ohne Inhaberwechsel	157
c) Anwendung des Tarifvertrages aufgrund arbeitsvertraglicher Vereinbarungen	158
d) Weiterführung als selbständiger Betrieb	162
3. Auswirkungen eines Betriebsinhaberwechsels auf Betriebsvereinbarungen und Tarifverträge (§ 613a Abs. 1 Satz 2–4 BGB)	
a) Individualrechtliche Weitergeltung	165
b) Einseitig zwingende Weitergeltung	166
c) Kollektivvertragsoffene Weitergeltung	167
d) Statische Weitergeltung	173
e) Ende der Weitergeltung	176
f) Einzelvertragliche Abänderung der zwingend weitergeltenden Regelungen vor Ablauf der Jahresfrist	181
g) Abänderung nach Ablauf der Jahresfrist	184
4. Zusammenschluß des übernommenen Betriebes mit einem anderen Betrieb des Erwerbers	

	Rz.		Rz.
a) Verschmelzung von Betrieben nach einem Betriebsübergang	187	b) Tarifbindung ohne Verbandswechsel	203
b) Eingliederung des übernommenen Betriebes in einen bestehenden Betrieb des Erwerbers	189	c) Fehlende Tarifbindung des Erwerbers	205
5. Schicksal von Gesamtbetriebsvereinbarungen und Konzernbetriebsvereinbarungen nach Betriebsübergang		d) Andere Verbandszugehörigkeit des neuen Inhabers bzw. Wechsel der Tarifzuständigkeit der Gewerkschaft	208
a) Übernommener Betrieb behält Identität	191	e) Besonderheiten bei einem Firmentarifvertrag?	211
b) Zusammenschluß des übernommenen Betriebes mit einem anderen Betrieb des Erwerbers		f) Nachträgliche Tarifänderungen	213
		7. Zusammentreffen unterschiedlicher Betriebsvereinbarungen zur betrieblichen Altersversorgung	214
aa) Verschmelzung von Betrieben nach einem Betriebsübergang	195	8. Betriebsvereinbarungen und Tarifverträge bei der Umstrukturierung in Unternehmen nach dem Umwandlungsgesetz	219
bb) Eingliederung des übernommenen Betriebes in einen bestehenden Betrieb des Erwerbers	197	a) Verschmelzung	224
		aa) Folgen für Betriebsvereinbarungen	225
6. Einzelfragen zum Schicksal des Tarifvertrages bei einem Betriebsübergang		bb) Folgen für Tarifverträge	227
		b) Spaltung von Unternehmen	230
a) Anwendung des Tarifvertrages aufgrund Bezugnahmeklausel im Arbeitsvertrag	199	aa) Folgen für Betriebsvereinbarungen	231
		bb) Folgen für Tarifverträge	235

Schrifttum:

Monographien: *Beseler/Bopp/Düwell ua.*, Betriebsübergang, 1994; *Blanke/Klebe/Kümpel/Wendeling/Schröder/Wolter*, Arbeitnehmerschutz bei Betriebsaufspaltung und Unternehmensteilung, 2. Aufl., 1987; *Boecken*, Unternehmensumwandlungen und Arbeitsrecht, 1996; *Bopp/Gross*, Mitbestimmung des Betriebsrats bei Betriebsänderung und Personalreduzierung, 1994; *Gaul*, Der Betriebsübergang, 2. Aufl., 1993; *Joost*, Betrieb und Unternehmen als Grundbegriffe im Arbeitsrecht, 1988; *Meyer-Landrut*, GmbH-Gesetz einschließlich Rechnungslegung zum Einzel- sowie zum Konzernabschluß, 1987; *Pietzko*, Der Tatbestand des § 613a BGB, 1988; *Rumpff/Böwer*, Mitbestimmung in wirtschaftlichen Angelegenheiten, 3. Aufl., 1990; *Schiefer*, Der Betriebsübergang, in: Arbeits- und Sozialrecht, Einzeldarstellungen für die betriebliche Praxis, Heft XII, 1996; *Seiter*, Betriebsinhaberwechsel, in: Schriften zur Arbeitsrechtsblattei Band 9, 1980; *Seiter*, Wechsel des Betriebsinhabers und Arbeitsverhältnis, in: AR-Blattei „Betriebsinhaberwechsel" I; *Seiter*, Betriebsinhaberwechsel, 1980.

Aufsätze: *Bachner*, Individualarbeits- und kollektivrechtliche Auswirkungen des neuen Umwandlungsgesetzes, NJW 1995, 2881; *Baudenbacher*, Auftragsnachfolge und Betriebsübergang im europäischen Recht, DB 1996, 2177; *Bauer*, Nochmals: Kein Widerspruchsrecht, NZA 1991, 139; *Belling/Collas*, Der Schutz der Arbeitnehmer vor den haftungsrechtlichen Folgen einer Betriebsaufspaltung, NJW 1991, 1919; *Beseler*, Individualarbeitsrechtliche Fragen im Zusammenhang mit einem Betriebsübergang, in: Betriebsänderung und Personalreduzierung, hrsg. von H. D. Rieder, 1993, S. 88; *Birk*, Anm. zu BAG AP Nr. 10 zu § 613a BGB; *Birk*, Anm. zu EzA § 613a BGB Nr. 1; *Boeken*, Der Übergang von

G. Betriebsnachfolge

Arbeitsverhältnissen bei Spaltung nach dem neuen Umwandlungsrecht, ZIP 1994, 1087; *Bork,* Arbeitnehmerschutz bei der Betriebsaufspaltung, BB 1989, 2181; *Däubler,* Das Arbeitsrecht im neuen Umwandlungsgesetz, RdA 1995, 136; *Düwell,* Umwandlung von Unternehmen und arbeitsrechtliche Folgen, NZA 1996, 393; *Falkenberg,* Der rechtsgeschäftliche Betriebsübergang und seine Auswirkungen auf die betriebliche Altersversorgung, BB 1987, 328; *Gäbelein,* Die Unternehmensspaltung, BB 1989, 1420; *Gaul,* Das Schicksal von Tarifverträgen und Betriebsvereinbarungen bei der Umwandlung von Unternehmen, NZA 1995, 717; *Gaul,* Die Beendigung der Betriebsvereinbarung im betriebsratslosen Betrieb, NZA 1986, 628; *Gentges,* Die Zuordnung von Arbeitsverhältnissen beim Betriebsübergang, RdA 1996, 265; *Gerauer,* Betriebsratsamt und Betriebsübergang, BB 1990, 1127; *Griebeling,* Die Änderung und Ablösung betrieblicher Versorgungsordnungen in der Rechtsprechung des BAG, ZIP 1993, 1055; *Henssler,* Aufspaltung, Ausgliederung, Fremdvergabe, NZA 1994, 294; *Jaeger,* Die Betriebsaufspaltung durch Ausgliederung einzelner Betriebsteile als sozialplanpflichtige Betriebsänderung, BB 1988, 1036; *Jung,* Die Weitergeltung kollektivrechtlicher Regelungen bei einem Betriebsinhaberwechsel, RdA 1981, 360; *Junker,* Die auf einer Betriebsvereinbarung beruhende Altersversorgung beim Betriebsübergang, RdA 1993, 203; *Kaiser/Gradel,* Betriebliche Altersversorgung bei Unternehmenskäufen, DB 1996, 1621; *Kemper,* Zusammentreffen unterschiedlicher Versorgungsregelungen anläßlich eines Betriebsübergangs, BB 1990, 785; *Kreitner,* Die Zuordnung von Arbeitsverhältnissen bei Betriebsinhaberwechsel, NZA 1990, 429; *Kreßel,* Arbeitsrechtliche Aspekte des neuen Umwandlungsbereinigungsgesetzes, BB 1995, 925; *Leinemann,* Wirkungen von Tarifverträgen und Betriebsvereinbarungen auf das Arbeitsverhältnis, DB 1990, 732; *Löwisch,* Betriebsratsamt und Sprecherausschußamt bei Betriebsübergang und Unternehmensänderung, BB 1990, 1698; *Löwisch/Neumann,* Betriebserwerber als richtiger Kündigungsschutz-Beklagter bei vor Betriebsübergang ausgesprochener Kündigung, DB 1996, 474; *Loritz,* Aktuelle Rechtsprobleme des Betriebsüberganges nach § 613a BGB, RdA 1987, 65; *Moll,* Kollektivvertragliche Arbeitsbedingungen nach einem Betriebsübergang, RdA 1996, 275; *Müller,* Umwandlung des Unternehmensträgers und Betriebsvereinbarung, RdA 1996, 287; *Neef,* Betriebsübergang und Betriebsänderung, NZA 1994, 97; *Richter,* Probleme beim grenzüberschreitenden Betriebsübergang, AuR 1992, 65; *Riesenhuber,* Tarifbindung und Ausgliederung von Unternehmensteilen, DB 1993, 1001; *Röder/Lingemann,* Schicksal von Vorstand und Geschäftsführer bei Unternehmensumwandlungen und Unternehmensveräußerungen, DB 1993, 1341; *Salje,* Betriebsaufspaltung und Arbeitnehmerschutz, NZA 1988, 449; *Schaub,* Fragen zur Haftung bei Betriebs- und Unternehmensaufspaltung, NZA 1989, 5; *Schaub,* Die Versorgung der Unterstützungskassen bei Betriebsnachfolge, NZA 1987, 1; *Schreiber,* Das Arbeitsverhältnis beim Übergang des Betriebs, RdA 1982, 137; *Schulin,* Anm. zu BAG EzA § 242 BGB Prozeßverwirkung Nr. 1; *Seiter,* Tarifverträge und Betriebsvereinbarungen beim Betriebsinhaberwechsel, DB 1980, 877; *Sowka,* Betriebsverfassungsrechtliche Probleme der Betriebsaufspaltung, DB 1988, 1318; *Sowka,* Gesamtbetriebsvereinbarung und Tarifvertrag bei Aufnahme eines neuen Betriebs in das Unternehmen, DB 1991, 1518; *Wank,* Die Geltung von Kollektivvereinbarungen nach einem Betriebsübergang, NZA 1987, 505; *Weimar/Alfes,* Betriebsübernahmen ohne § 613a BGB, NZA 1993, 155; *Weimar/Alfes,* Arbeitsrechtliche Grundsatzfragen der Betriebsaufspaltung, BB 1993, 787; *Wiese,* Altersversorgung und Gleichbehandlung bei der Verschmelzung und Umwandlung von Gesellschaften, RdA 1979, 432; *Wißmann,* Der Begriff des Betriebsübergangs in der Rechtsprechung des Bundesarbeitsgerichts und Europäischen Gerichtshofs, in Betriebsübergang (§ 613a BGB), hrsg. von H. D. Rieder, 1994, S. 13; *Wlotzke,* Arbeitsrechtliche Aspekte des neuen Umwandlungsrechts, DB 1995, 40; *Wollenschläger/Pollert,* Rechtsfragen des Betriebsübergangs, ZfA 1996, 547; *Zöllner,* Veränderung und Angleichung tarifvertraglich geregelter Arbeitsbedingungen nach Betriebsübergang, DB 1995, 1401.

I. Grundlagen des Betriebsübergangs

1 § 613a BGB enthält eine gesetzliche Regelung des Betriebsübergangs und seiner Auswirkungen auf das Arbeitsverhältnis. Mit der Einfügung dieser Bestimmung 1972 in das BGB sollten mehrere Hauptziele verfolgt werden: Schutz des sozialen Besitzstandes des Arbeitnehmers, Kontinuität des amtierenden Betriebsrats und Haftungsverteilung zwischen dem alten und dem neuen Betriebsinhaber[1]. 1980 wurde § 613a BGB ergänzt. Damit wollte der Gesetzgeber die **Richtlinie 77/187/EWG** des Rates der Europäischen Gemeinschaften vom 14. 2. 1977 in innerstaatliches Recht umsetzen. Denn nach Art. 3 Abs. 1 dieser Richtlinie gehen die „Rechte und Pflichten des Veräußerers aus einem zum Zeitpunkt des Übergangs iSd. Artikel 1 Absatz 1 bestehenden Arbeitsvertrag oder Arbeitsverhältnis ... auf Grund des Übergangs auf den Erwerber über. Die Mitgliedstaaten können vorsehen, daß der Veräußerer auch nach dem Übergang im Sinne des Artikel 1 Absatz 1 neben dem Erwerber für Pflichten aus einem Arbeitsvertrag oder Arbeitsverhältnis einzustehen hat".

1. Betrieb und Betriebsteil

2 Nach der früheren ständigen Rechtsprechung des BAG[2] war für den Betriebsbegriff, abweichend vom betriebsverfassungsrechtlichen Betriebsbegriff, vom **allgemeinen Betriebsbegriff** auszugehen. Danach machen die sächlichen und immateriellen Betriebsmittel einen Betrieb dann aus, wenn der neue Inhaber mit ihnen und den Arbeitnehmern bestimmte arbeitstechnische Zwecke verfolgen kann[3]. **Zum Betrieb gehörten** mithin anders als im Betriebsverfassungsrecht **nicht die Arbeitsverhältnisse,** da diese kraft Gesetzes auf den Betriebserwerber übergehen. Nach dieser Rechtsauffassung war der Übergang der Arbeitsverhältnisse Rechtsfolge, nicht aber Tatbestandsvoraussetzung des Betriebsübergangs[4]. Bestand allerdings im Zeitpunkt des Betriebsübergangs keine Arbeitsverhältnisse, lag ein Betriebsübergang nicht vor[5].

Demgegenüber definiert das BAG seit der Entscheidung vom 22. 5. 1997[6] – ausgehend von der Rechtsprechung des Gerichtshofs der Europäischen Gemeinschaften (EuGH)[7], an die das BAG gebunden ist – den Betrieb als eine **organisierte Gesamtheit von Personen und Sachen zur Ausübung einer wirtschaftlichen Tätigkeit mit eigener Zielsetzung.** Dabei darf die Einheit nicht als bloße Tätigkeit verstanden werden. Ihre Identität ergibt sich ua. aus ihrem Personal, ihren Führungskräften, ihrer Arbeitsorganisation, ihren Betriebsme-

---

1 BAG v. 12. 7. 1990, EzA § 613a BGB Nr. 90.
2 BAG v. 21. 3. 1996, EzA § 613a BGB Nr. 141; *Wollenschläger/Pollert,* ZfA 1996, 551; aA für betriebsverfassungsrechtlichen Betriebsbegriff KR/*Pfeiffer,* § 613a BGB Rz. 16.
3 BAG v. 22. 5. 1985, EzA § 613a BGB Nr. 46.
4 BAG v. 16. 10. 1987, EzA § 613a BGB Nr. 66.
5 BAG v. 12. 2. 1987, EzA § 613a BGB Nr. 64.
6 BAG v. 22. 5. 1997, DB 1997, 1720.
7 Statt aller EuGH v. 11. 3. 1997, DB 1997, 628 ff.

I. Grundlagen des Betriebsübergangs

thoden und den ihr zur Verfügung stehenden Betriebsmitteln. Den für das Vorliegen eines Übergangs maßgeblichen Kriterien kommt notwendigerweise **je nach der ausgeübten Tätigkeit** und selbst nach den Produktions- und Betriebsmethoden, die in dem betreffenden Unternehmen, Betrieb oder Betriebsanteil angewendet werden, **unterschiedliches Gewicht bei**[1]. So kommt zB bei der Übertragung einer öffentlichen Verwaltung der vorhandenen Organisation große Bedeutung zu[2].

Damit hat das BAG seine frühere Auffassung, daß es für den Betriebsübergang im Regelfall nur auf die Übertragung von sächlichen und/oder immateriellen Betriebsmitteln ankommt und der Übergang des Personals nur Rechtsfolge des Betriebsübergangs ist, insoweit modifiziert, als es jetzt entscheidend darauf abstellt, ob **durch den Übergang des Betriebes die Identität der wirtschaftlichen Einheit bewahrt bleibt.**

Der Betrieb ist von dem **Unternehmen** (zB GmbH, AG etc.) zu unterscheiden, mit dem im Gegensatz zum Betrieb ein wirtschaftlicher und nicht ein arbeitstechnischer Zweck verfolgt wird. Diese Unterscheidung spielt im Betriebsverfassungsrecht eine entscheidende Rolle, nicht dagegen bei der Anwendung des § 613a BGB, da diese Vorschrift auch bei der Übertragung von Unternehmen bzw. Unternehmensteilen anzuwenden ist[3].

Für den Betriebsbegriff ist es **unerheblich, welcher arbeitstechnische Zweck** verfolgt wird. Deshalb ist es ohne Belang, welchem Wirtschaftszweig der Betrieb zuzurechnen ist, so daß auch karitativ, erzieherisch, künstlerisch oder religiös ausgerichtete Einrichtungen den Anforderungen der Betriebseigenschaft genügen können[4].

Beispiele für Betriebe:

Ladengeschäft, Apotheke, Krankenhaus, Kindergarten, Theater, Rechtsanwaltskanzlei, Arztpraxis, land- und forstwirtschaftliche Betriebe, Produktionsbetrieb[5], *fremdgenützte Mietshäuser, Tierpark.*

Betriebsteile sind Teileinheiten (Teilorganisationen) des Betriebs. Bei der übertragenen wirtschaftlichen Teileinheit muß es sich um eine organisatorische Untergliederung des Gesamtbetriebs handeln, mit der innerhalb des betrieblichen Gesamtzwecks ein Teilzweck verfolgt wird. Es muß sich um eine **selbständige, abtrennbare Einheit** handeln, die Gegenstand einer Veräußerung sein kann[6]. Dabei steht es der Annahme eines Betriebsteils nicht entgegen, wenn eine derartige abgrenzbare Betriebsabteilung für den Betrieb nur eine völlig untergeordnete Hilfsfunktion erfüllt[7]. Allerdings reicht es nicht aus, wenn

---

1 BAG v. 26. 6. 1997, EzA § 613a BGB Nr. 151.
2 BAG v. 26. 6. 1997, EzA § 613a BGB Nr. 151.
3 *Wollenschläger/Pollert*, ZfA 1996, 553.
4 KR/*Pfeiffer*, § 613a BGB Rz. 17.
5 KR/*Pfeiffer*, § 613a BGB Rz. 19.
6 BAG v. 7. 11. 1975, EzA § 118 BetrVG 1972 Nr. 7.
7 BAG v. 16. 10. 1987, EzA § 613a BGB Nr. 66.

lediglich Einzelgegenstände veräußert werden, ohne daß eine organisatorische Zusammenfassung vorliegt[1].

6 **Beispiel:**

Die C-GmbH übernimmt von der A-GmbH aus einer größeren Gesamtheit von Produktionsmaschinen eine Maschine. Mangels organisatorischer Zusammenfassung dieses Einzelgegenstandes jedenfalls zu einem Betriebsteil liegt ein Betriebs(teil)übergang iS des § 613a BGB nicht vor. Dagegen wäre ein Betriebsteil veräußert worden, wenn der Produktionsteil des Gesamtbetriebes nur mit dieser einen Maschine bestückt wäre und damit ein Teilzweck des Gesamtbetriebes verfolgt wurde und ein solcher Betriebsteil übertragen worden wäre.

7 Es ist für einen Betriebsübergang **nicht** erforderlich, daß der übertragende Bestandteil des Betriebs **selbst am Markt** tätig werden, also fremde Aufträge annehmen kann. So liegt ein Betriebsübergang selbst dann vor, wenn zB die Betriebsabteilung eines Schlachthofs (Rindfleischzerlegung) auf einen neuen Inhaber übertragen wird, der weiterhin nur für den Schlachthof tätig werden und keine Fremdaufträge anderer Firmen erledigen darf[2].

8 Der übertragene Betrieb bzw. Betriebsteil braucht auch **keine bestimmte Mindestgröße** – etwa eine bestimmte Arbeitnehmerzahl – aufzuweisen. Es reicht, wenn mit den übernommenen Betriebsmitteln betriebliche Teilzwecke weiterverfolgt werden können. So ist zB eine fremdgenutzte Wohnanlage mit mehreren Mietwohnungen, die von einem Hausmeister betreut wird, ein Betrieb. Zumindest stellt sie dann, wenn der Eigentümer noch weitere Mietshäuser betreibt, einen Betriebsteil dar.

9 Bei **Produktionsbetrieben** reicht für den Betriebsübergang auch nach Änderung der Rechtsprechung des BAG zum Betriebsbegriff[3] **nicht die bloße Übernahme der Belegschaft** ohne Übergang der wesentlichen sächlichen und immateriellen Betriebsmittel aus, da ohne diese sächlichen und immateriellen Betriebsmittel keine wirtschaftliche Einheit übertragen wird. Anders verhält es sich in **Branchen,** in denen es im wesentlichen auf die **menschliche Arbeitskraft** ankommt. In diesen Fällen kann die Gesamtheit von Arbeitnehmern, die durch ihre gemeinsame Tätigkeit dauerhaft verbunden ist, eine wirtschaftliche Einheit darstellen[4]. Denn **entscheidend** ist die Übertragung einer **wirtschaftlichen Einheit auf den Erwerber.**

2. Übergang des Betriebes bzw. Betriebsteils

10 Ein Betriebsübergang liegt nur vor, wenn ein **funktionsfähiger** Betrieb bzw. Betriebsteil auf einen **anderen Rechtsträger** übergeht. Wird lediglich innerhalb eines Unternehmens ein Betriebsteil mit einem anderen Betrieb verschmolzen,

---

1 KR/*Pfeiffer,* § 613a BGB Rz. 21.
2 BAG v. 9. 2. 1994, EzA 613a BGB Nr. 115.
3 Vgl. Rz. 2.
4 BAG v. 22. 5. 1997, DB 1997, 1720.

I. Grundlagen des Betriebsübergangs

kann zwar eine Betriebsänderung iS des § 111 BetrVG vorliegen; ein Betriebsübergang ist jedoch nicht gegeben. Auch ist ein Betriebsübergang nicht erfolgt, wenn der Gesellschafter einer Kommanditgesellschaft wechselt, selbst wenn der „Ruf der Firma" mit der Person des ausscheidenden Gesellschafters verbunden ist und die Arbeitsverhältnisse auf ihn „zugeschnitten" sind[1]. Ein Betriebsübergang ist ebenfalls nicht gegeben, wenn der Arbeitgeber nur die Rechtsform wechselt (früher GmbH – jetzt AG), weil hier die juristische Person bestehenbleibt und ihre Identität nicht einbüßt (§ 613a Abs. 3 BGB).

Dagegen liegt ein Betriebsübergang vor, wenn im Rahmen einer **Betriebsaufspaltung** das Unternehmen in eine Besitz- und in eine Betriebs- und Produktionsgesellschaft aufgespalten und der Betrieb an die neu gegründete Produktionsgesellschaft verpachtet oder in einem Konzern ein Betrieb auf ein Schwester- oder Tochterunternehmen übertragen wird[2].

Entscheidend für den Betriebsübergang ist, ob der Erwerber nach objektiver Betrachtungsweise die Möglichkeit hat, die betriebliche **Organisations- und Leitungsmacht** über den **funktionsfähigen Betrieb** zu übernehmen[3]. Da der Betrieb bzw. Betriebsteil funktionsfähig sein muß, liegt ein Betriebsübergang nicht vor, wenn nach einer Stillegung die ehemaligen Betriebsmittel veräußert werden[4]. Bei der Übernahme eines Teilbetriebs im Sinne des § 613a Abs. 1 BGB ist es rechtlich nicht erforderlich, daß der verbliebene Betrieb fortgesetzt werden könnte. Der Übergang des Betriebs folgt aus der Wahrung der Identität des Betriebs beim Erwerber und nicht aus dem Untergang der Identität des früheren Gesamtbetriebs, wenn ein Betriebsteil von ihm übergeht[5].

> **Hinweis:**
> In der Praxis spielt es wegen der Rechtsfolgen des § 613a BGB eine ganz erhebliche Rolle, ob ein Unternehmen lediglich von einem anderen Unternehmen eine Maschine oder zB mit der Übernahme auch eines Kundenstammes und/oder einer Arbeitsorganisation gleichzeitig einen funktionsfähigen Betriebsteil erwirbt.

Die Organisations- und Leitungsmacht wird nur dann übertragen, wenn eine **wirtschaftliche Einheit**[6] und damit die zum Betrieb des bisherigen Inhabers gehörenden Wirtschaftsgüter (die **wesentlichen sächlichen und immateriellen Betriebsmittel**), aber auch evtl. die **Betriebsmethoden** und die **Arbeitsorganisation** auf den Erwerber übergehen; doch auch die Übernahme einer **Gesamtheit von Arbeitnehmern** kann in Branchen, in denen es im wesentlichen auf die

---
1 BAG v. 12. 7. 1990, EzA § 613a BGB Nr. 90.
2 KR/*Pfeiffer*, § 613a BGB Rz. 36.
3 BAG v. 16. 10. 1987, EzA § 613a BGB Nr. 66.
4 BAG v. 18. 5. 1995, EzA § 613a BGB Nr. 139.
5 BAG v. 13. 11. 1997, DB 1998, 372.
6 EuGH v. 11. 3. 1997, EzA § 613a BGB Nr. 145; BAG v. 26. 6. 1997, EzA § 613a BGB Nr. 151.

menschliche Arbeitskraft ankommt, für einen Betriebsübergang sprechen. Es muß also auf den Erwerber das **Substrat** des Betriebes bzw. Betriebsteils übergehen – die Identität der fraglichen Einheit muß bewahrt bleiben[1], wobei eine Gesamtbewertung vorzunehmen ist[2]. Die übernommenen Betriebsmittel bzw. die Gesamtbelegschaft müssen es dem Erwerber ermöglichen, den Betrieb oder Betriebsteil im wesentlichen so fortzuführen, wie es der bisherige Inhaber ohne den Betriebsübergang getan hätte. Die **bloße Möglichkeit der Fortführung** reicht aus; ob der Erwerber hiervon Gebrauch macht, ist unerheblich. Unerheblich sind seine Erwerbsmotive[3].

15 Nicht notwendig ist es, daß der Erwerber – soweit für die Übernahme einer wirtschaftlichen Einheit notwendig – alle Betriebsmittel übernimmt, es müssen aber die nach der **Eigenart des Betriebs oder Betriebsteils wesentlichen** sein; die für die Wahrung des Betriebscharakters erforderlichen Betriebsmittel müssen übergehen[4]. Bei der Übernahme der Gesamtbelegschaft muß ein nach Zahl und Sachkunde wesentlicher Teil vom Erwerber übernommen werden, so daß die vom Veräußerer bisher durch die Belegschaft erledigten Aufgaben nunmehr vom Erwerber im wesentlichen erfüllt werden können. Denn das BAG[5] knüpft wie der EuGH an die „Wahrung der Identität der wirtschaftlichen Einheit"[6] als das entscheidende Kriterium für das Vorliegen eines Betriebsübergangs im Sinne der EG-Richtlinie an[7].

Beispiel:

Die A-GmbH unterhält ein Ladenschäft. Die C-GmbH übernimmt die Ladeneinrichtung und richtet damit in einer anderen Stadt ein Ladenlokal ein. Der arbeitstechnische Zweck eines Ladengeschäfts besteht darin, mit Hilfe von Arbeitnehmern Ware vom Großhändler oder Erzeuger anzukaufen und an den Endverbraucher zu verkaufen. Entscheidend für den Betrieb eines Ladengeschäfts sind damit zum einen die Lieferverträge und zum anderen die Rechtsbeziehungen zu der Kundschaft, die jeweils die angebotene Ware kauft. Die wirtschaftliche Einheit eines Einzelhandelsgeschäfts oder Ladengeschäfts ergibt sich aus den Geschäftsräumen, dem Warensortiment, dem Personal und der Betriebsform, da sie darüber entscheiden, ob der Kundenkreis erhalten bleibt. Die Übernahme der Ladeneinrichtung ist von untergeordneter Bedeutung[8]. *Ein Betriebsübergang liegt mithin nicht vor.*

16 Es reicht für den Betriebsübergang aus, daß ein **verselbständigungsfähiger Teilzweck**[9] vom Erwerber weiterverfolgt werden kann.

---

1 *Heinze*, DB 1997, 677.
2 EuGH v. 11. 3. 1997, EzA § 613a BGB Nr. 145.
3 KR/*Pfeiffer*, § 613a BGB Rz. 27.
4 KR/*Pfeiffer*, § 613a BGB Rz. 24.
5 BAG v. 22. 5. 1997, DB 1997, 1720.
6 EuGH v. 19. 5. 1992, NZA 1994, 207.
7 Vgl. hierzu *Wollenschläger/Pollert*, ZfA 1996, 578 mwN.
8 BAG v. 18. 5. 1995, EzA § 613a BGB Nr. 139.
9 KR/*Pfeiffer*, § 613a BGB Rz. 25.

I. Grundlagen des Betriebsübergangs

Beispiel:

Die A-GmbH produziert Fahrräder und verkauft sie. Der Verkaufsbereich (verselbständigungsfähiger Teilzweck) wird an die C-GmbH veräußert. Die C-GmbH tritt in die Arbeitsverhältnisse der im Verkaufsbereich beschäftigten Arbeitnehmer gemäß § 613a BGB ein.

Nicht erforderlich ist der Übergang des Eigentums. Es genügt der Übergang der zur Leitung erforderlichen **Nutzungs-, Verfügungs- und Entscheidungsbefugnisse.** 17

Die zur Wahrung des Betriebscharakters gehörenden **Betriebsmittel** können materieller und immaterieller Art sein. Zu den übernommenen Betriebsmitteln **materieller Art** gehören Grundstücke, Räumlichkeiten, Maschinen, Werkzeuge, Rohstoffe etc., zu den **immateriellen** Lieferverträge, Produktionsverfahren, das Know-how, Kundenbeziehungen, der gute Ruf (Goodwill) des Unternehmens, öffentlich-rechtliche Konzessionen, gewerbliche Schutzrechte und die Einführung des Unternehmens auf dem Markt[1]. 18

In Branchen, in denen es im wesentlichen auf die **menschliche Arbeitskraft** ankommt, kann auch eine **Gesamtheit von Arbeitnehmern,** die durch ihre gemeinsame Tätigkeit dauerhaft verbunden sind, eine **wirtschaftliche Einheit darstellen,** so daß in diesen Fällen der Übernahme des Personals ein gleichwertiger Rang neben den anderen möglichen Kriterien **(Substratgedanke**[2]**)** zur Annahme eines Betriebsübergangs zukommt[3]. So hat das LAG Baden-Württemberg geurteilt[4], daß beim Übergang der „Dienstleistungseinheit" Zustellung einer Tageszeitung auf ein Unternehmen von einem Betriebsübergang auszugehen ist, wenn die Identität der „Einheit" gewahrt bleibt.

Beispiel:

Ein Reinigungsunternehmen, das für einen Dritten in einem Bürogebäude die Reinigungsarbeiten übernommen hat, überträgt diese Reinigungsarbeiten auf ein anderes Unternehmen. Ein Großteil der in dem Bürogebäude eingesetzten Reinigungskräfte wird vom Erwerber unter Beibehaltung der Arbeitsorganisation des bisherigen Betriebes übernommen. Ausgenommen sind die Schwangeren, Schwerbehinderten, älteren Mitarbeiter und Betriebsratsmitglieder. Da die in dem Bürogebäude eingesetzte Teilbelegschaft einschließlich deren Arbeitsorganisation (zB Aufteilung in Gruppen mit Teamleitern, evtl. Schichtdiensteinteilung) eine wirtschaftliche Einheit darstellt, sind auch die Arbeitsverhältnisse der Mitarbeiter, die von der Übernahme ausgenommen wurden, gemäß § 613a BGB auf das neue Unternehmen übergegangen[5].

---

1 BAG v. 9. 2. 1994, EzA § 613a BGB Nr. 115.
2 Vgl. Rz. 14.
3 BAG v. 22. 5. 1997, DB 1997, 1720.
4 LAG Baden-Württemberg v. 21. 10. 1996, LAGE § 613a Nr. 52.
5 BAG v. 11. 12. 1997, DB 1998, 84.

> **Hinweis:**
> Wenn ein Reinigungsauftrag gekündigt wird und der Auftrag an ein anderes Unternehmen fremdvergeben wird, sollte bei der anwaltlichen Beratung des neuen Auftragnehmers genau geprüft werden, ob das in dem Reinigungsobjekt beschäftigte Personal teilweise (Hauptbelegschaft) von dem neuen Reinigungsunternehmen übernommen werden soll, da dann ein Betriebsübergang vorliegen kann und damit auch die Reinigungskräfte von dem neuen Auftragnehmer weiterbeschäftigt werden müssen, die nicht übernommen wurden.

19 Bei der Übertragung von Betriebsmitteln muß es **möglich** sein, mit diesen Betriebsmitteln einen Betrieb bzw. einen Betriebsteil im **wesentlichen unverändert fortzuführen**[1]. So liegt kein Betriebsübergang nach § 613a BGB vor, wenn nach der Übertragung der Betriebsmittel eine vom bisherigen Inhaber **nur geplante**, aber noch nicht verwirklichte Produktion aufgenommen wird. Das gilt auch, wenn die Belegschaft schon für die Produktionsumstellung geschult worden ist. Denn es lag mangels aufgenommener Produktion noch keine wirtschaftliche Einheit vor, die auf den Erwerber übertragen wurde. Demgegenüber hatte das BAG[2] einen Betriebsübergang mit der Begründung abgelehnt, die Belegschaft sei kein übertragbarer Betriebsteil; diese Auffassung wird von der neueren Rechtsprechung nicht mehr geteilt[3].

Auch kann von einem Betriebsübergang nicht gesprochen werden, wenn dem Erwerber, der mit den Anlage- und Umlaufgütern eines Betriebes die Produktion an einem anderen Ort fortsetzen will, dort der wesentliche Teil der **bisherigen Belegschaft,** insbesondere die „Leistungsträger", **nicht zur Verfügung steht** und er mit neuem Personal eine funktionsfähige Betriebsorganisation aufbauen muß. Diese Konstellation ist regelmäßig gegeben, wenn die Betriebsgüter an einen weit entfernten Ort (zB ins Ausland) verbracht werden[4].

20 Ein Betriebsübergang ist auch nicht anzuerkennen, wenn ein **Ladengeschäft** weiterveräußert wird und der Erwerber nicht das gleiche bzw. ein gleichartiges Sortiment führt oder die Betriebsform eine andere ist[5].

Beispiel:

Ein Gaststättenbetrieb mit gutbürgerlicher deutscher Küche, welcher im Rahmen eines Pachtvertrages mit dem Eigentümer des Grundstückes betrieben wurde, wird eingestellt; an seiner Stelle wird, nach einem Umbau von einigen Monaten, aufgrund eines neuen Pachtverhältnisses mit dem Eigentümer des Grundstücks ein arabisches Spezialitätenrestaurant eröffnet. Der Annahme eines Betriebsübergangs steht in einem solchen Fall entgegen, daß sich der

---

1 *Wißmann,* S. 18 mwN.
2 BAG v. 22. 5. 1985, BB 1986, 193 = NZA 1985, 775.
3 S. oben Rz. 2.
4 LAG Düsseldorf v. 16. 2. 1995, LAGE § 613a BGB Nr. 45.
5 BAG v. 30. 10. 1986, EzA § 613a BGB Nr. 58.

I. Grundlagen des Betriebsübergangs

Charakter des betriebenen Gaststättenbetriebes so geändert hat, daß von einer Fortführung des alten Betriebes nicht mehr gesprochen werden kann[1]. *Zudem hängt bei einer Gaststätte die Wahrung der wirtschaftlichen Identität auch von ihrem kundenorientierten Leistungsangebot sowie der Übernahme der Führungskräfte oder des sonstigen Personals, insbesondere der Hauptbelegschaft, ab*[2].

Auch reicht es nach der Rechtsprechung des BAG für einen Betriebsübergang **nicht** aus, daß der Erwerber einzelner Betriebsmittel mit ihnen einen Betrieb oder einen Betriebsteil **erst gründet**[3]. 21

Schließlich ist bei der Prüfung, ob eine wirtschaftliche Einheit übergegangen ist, die Dauer einer evtl. **Unterbrechung** der betrieblichen Tätigkeit zu berücksichtigen. So kann eine wirtschaftlich **erhebliche Zeitspanne der Betriebsruhe** der Annahme eines Betriebsübergangs entgegenstehen. Im Bekleidungseinzelhandel ist jedenfalls eine neun Monate während tatsächliche Einstellung jeder Verkaufstätigkeit eine wirtschaftlich erhebliche Zeitspanne, die der Annahme eines Betriebsübergangs entgegensteht[4]. 22

a) Betriebsübergang bei Übernahme von Arbeitnehmern?

Nach der früheren ständigen Rechtsprechung des BAG[5] gehörten Arbeitnehmer nicht zu den Betriebsmitteln, weil die Übernahme der Belegschaft nach § 613a BGB Rechtsfolge des Betriebsübergangs war. Inzwischen hat das BAG[6] erkannt und sich damit dem EuGH angeschlossen, daß der **Übernahme des Personals ein gleichwertiger Rang neben anderen möglichen Kriterien eines Betriebsübergangs zukommt** und deshalb in Branchen, in denen es im wesentlichen auf die menschliche Arbeitskraft ankommt, eine Gesamtheit von Arbeitnehmern, die durch ihre gemeinsame Tätigkeit verbunden sind, eine wirtschaftliche Einheit darstellen kann[7]. Auch hat das BAG geurteilt, daß von einem Betriebsübergang gesprochen werden kann, wenn ein Arbeitnehmer das Know-how dieses Arbeitgebers verkörpert und auch andere wesentlichen Betriebsmittel übergegangen sind[8]. 23

b) Besonderheiten nach dem Gegenstand des übertragenen Betriebs oder Betriebsteils

Hinsichtlich der Anforderungen an den Betriebsübergang differenziert das BAG zwischen einem Produktionsbetrieb oder -betriebsteilen und einem Handels- oder Dienstleistungsbetrieb. Wird nur ein Betriebsteil übertragen, kommt es 24

---
1 LAG Düsseldorf v. 10. 5. 1995, LAGE § 613a BGB Nr. 41.
2 BAG v. 11. 9. 1997, NZA 1998, 31, mit dem das Urteil des LAG Düsseldorf v. 10. 5. 1995, LAGE § 613a BGB Nr. 41, bestätigt wurde.
3 BAG v. 4. 3. 1993, EzA § 613a BGB Nr. 107.
4 BAG v. 22. 5. 1997, DB 1997, 1720.
5 BAG v. 29. 9. 1988, EzA § 613a BGB Nr. 85.
6 BAG v. 22. 5. 1997, DB 1997, 1729.
7 Dazu oben Rz. 2.
8 BAG v. 9. 2. 1994, EzA § 613a BGB Nr. 123.

auf den Betriebszweck des Betriebsteils an. Allerdings ist die Unterscheidung zwischen Produktions-, Handels- und Mischbetrieb nicht schematisch zu sehen; entscheidend ist immer, welche **Betriebsmittel** und welche sonstigen Personen und Sachen **für die Fortführung des jeweiligen Betriebes** erforderlich sind[1]; es ist zu fragen, ob durch den Betriebsübergang die **Identität der wirtschaftlichen Einheit** bewahrt wird. Es kommt mithin auf die **Eigenart des jeweiligen Betriebs** an, welche Betriebsmittel etc. für seine Fortführung wesentlich sind, so daß selbst alle Dienstleistungsbetriebe nicht schematisch einheitlich behandelt werden dürfen[2]. Eine Gesamtbetrachtung ist vorzunehmen[3].

aa) Produktion

25 Bei einem Produktionsbetrieb und -betriebsteil setzt der Betriebsübergang im Sinne der Übertragung einer wirtschaftlichen Einheit die **Übertragung von Produktionsmitteln** auf den neuen Inhaber voraus. Werden nicht alle Produktionsmittel übertragen, so müssen zumindest so viele übergehen, daß eine **sinnvolle Weiterführung der Produktion erst möglich ist**[4]. Wenn allerdings die Ersetzung von Produktionsmitteln ohnehin im Rahmen der Modernisierung vorgesehen ist, brauchen sächliche Mittel nicht überzugehen. **Denn entscheidend ist, wie der bisherige Inhaber den Betrieb fortgesetzt hätte, wenn er ihn weiter behalten hätte.** Daher erfaßt § 613a BGB den Fall, in dem der bisherige Inhaber ein wesentliches Betriebsmittel – zB eine Produktionsanlage – erneuern will, in der Zwischenzeit jedoch den Betrieb veräußerte und zum Zeitpunkt des Übergangs nicht mehr im Besitz der alten und noch nicht im Besitz der neuen Anlage ist[5]. Selbst wenn Investitionen in Millionenhöhe notwendig sind, scheitert daran nicht der Betriebsübergang[6].

bb) Handel, Dienstleistung

26 Bei Handels- und Dienstleistungsbetrieben spielen **immaterielle Betriebsmittel** häufig eine entscheidende Rolle. So besteht bei diesen Betrieben das Betriebsvermögen hauptsächlich aus Rechtsbeziehungen sowie aus dem Kundenstamm, aus den Kundenlisten, Warenzeichen, dem Know-how, dem Goodwill des Betriebes. Neben diesen immateriellen Betriebsmitteln bilden das durch die gemeinsame Tätigkeit dauerhaft verbundene Personal allein oder/und die immateriellen Betriebsmittel etc. eine wirtschaftliche Einheit. Zu den wesentlichen Betriebsmitteln zählen auch die Geschäftsräume und die Geschäftslage, sofern diese Bestandteile es ermöglichen, den bisherigen Kundenkreis zu halten und auf den neuen Betriebsinhaber überzuleiten. Bei Betrieben, die längerfristige Dienst- oder Werkverträge abschließen, setzt die Überleitung der Beziehungen zu den Kunden in der Regel auch den Eintritt des Erwerbers in die mit dem

---

1 BAG v. 27. 7. 1994, EzA § 613a BGB Nr. 123.
2 BAG v. 27. 7. 1994, EzA § 613a BGB Nr. 123.
3 Vgl. Rz. 14.
4 *Wißmann*, S. 24.
5 BAG v. 3. 7. 1986, EzA § 613a BGB Nr. 53.
6 BAG v. 22. 9. 1994, EzA § 613a BGB Nr. 121.

Kunden bestehenden Verträge voraus. Hiervon kann abgesehen werden, wenn die Verträge ohnehin auslaufen und der bisherige Inhaber die Kunden zur Anwerbung durch den neuen Betriebsinhaber „freigibt"[1]. Unwesentlich für einen Dienstleistungsbetrieb ist die beliebig austauschbare Büroeinrichtung[2].

Beispiele: 27

Bei der Neuvergabe des Auftrages, eine Bundeswehrkaserne zu bewachen, hat das BAG[3] entscheidend auf die Kundenbeziehungen abgestellt. Nachdem der bisherige Bewachungsauftrag durch Zeitablauf geendet hatte, war er neu ausgeschrieben und an ein anderes Unternehmen vergeben worden. Dieses hatte das Wachlokal sowie bestimmte Gerätschaften übernommen. Die Übernahme sächlicher Betriebsmittel hat das BAG in einem derartigen Fall als nicht ausreichend angesehen. Vielmehr sei bei Dienstleistungsbetrieben wie Bewachungsunternehmen, die mit ihren Kunden längerfristige vertragliche Beziehungen eingingen, für einen Betriebsübergang auch die Überleitung der Beziehungen zu den Kunden zu fordern. Daran hat es hier aber gefehlt, weil der Bewachungsauftrag neu vergeben wurde, ohne daß dabei das bisher beauftragte Unternehmen irgendeine Rolle gespielt hatte.

*Kommt es bei einem **Kantinenbetrieb zum Wechsel des Pächters**, wobei der* 28 *neue Pächter alle Räume, Einrichtungen und Geräte übernimmt, liegt hierin ein Betriebsübergang. Dem steht nicht entgegen, wenn der Übernehmer das Kleininventar neu anschaffen muß, denn dieses muß erfahrungsgemäß ohnehin regelmäßig ersetzt werden*[4].

c) Funktionsnachfolge

Das **BAG** hatte in ständiger Rechtsprechung[5] angenommen, daß eine bloße 29 Funktionsnachfolge (zB Auftragsvergabe an Dritte entweder zur weiteren Erfüllung der Aufgabe im Betrieb – Inhouse-Outsourcing – oder zur Erledigung der Aufgabe außerhalb des Betriebs – Outhouse-outsourcing[6]; Neuvergabe eines Auftrages an ein anderes Unternehmen[7]) noch keinen Betriebsübergang darstellt; entscheidend sei, ob der Dritte auch die **für die Fortführung des Betriebes oder Betriebsteils wesentlichen Betriebsmittel** durch Rechtsgeschäft übernimmt.

Beispiel: 30

Die A-GmbH kündigt das Arbeitsverhältnis mit der Reinigungskraft B, um künftig die Reinigungsarbeiten von einem Reinigungsunternehmen durchführen zu lassen. Nach der bisherigen Meinung des BAG liegt mangels Übertragung von sächlichen oder immateriellen Mitteln kein Betriebsübergang vor.

---

1 *Wißmann*, S. 27.
2 BAG v. 9. 2. 1994, EzA § 613a BGB Nr. 115.
3 BAG v. 29. 9. 1988, EzA § 613a BGB Nr. 85.
4 BAG v. 25. 2. 1981, EzA § 613a BGB Nr. 28.
5 BAG v. 4. 3. 1993, EzA § 613a BGB Nr. 107.
6 *Schiefer*, S. 49.
7 BAG v. 18. 10. 1990, EzA § 613a BGB Nr. 91.

31 Demgegenüber hatte der **EuGH**[1] im Fall *Christel Schmidt* geurteilt, daß schon die Übertragung einer betriebsinternen Dienstleistungseinrichtung an ein Fremdunternehmen, zB der Erledigung der im Betrieb anfallenden Reinigungsaufgaben auf ein Reinigungsunternehmen, auch ohne Übertragung sächlicher Betriebsmittel als Übergang eines Betriebsteils im Sinne der Richtlinie 77/187 angesehen werden kann. Nach dieser Rechtsprechung war die Wahrung der „Identität der wirtschaftlichen Einheit" entscheidend, so daß **jede Form der Fremdvergabe in den unmittelbaren Anwendungsbereich des § 613a BGB fiel.**

32 In seiner Entscheidung vom 19. 9. 1995[2] hat der EuGH seine Rechtsauffassung konkretisiert und ausgeführt, ein Betriebsübergang setze den Übergang einer **auf Dauer angelegten wirtschaftlichen Einheit** voraus. Hieran fehle es jedoch, wenn die Tätigkeit auf die Ausführung eines bestimmten Vorhabens beschränkt sei. So liegt nach dieser Rechtsprechung ein Betriebsübergang nicht bei einem Unternehmen vor, das eine seiner Baustellen einem anderen Unternehmen zwecks Fertigstellung überträgt. „Eine solche Übertragung könne nur dann unter die Richtlinie fallen, wenn sie mit der Übertragung einer organisierten Gesamtheit von Faktoren einherginge, die eine **dauerhafte Fortsetzung der Tätigkeiten** oder bestimmter Tätigkeiten des übertragenden Unternehmens erlauben würde."

33 Der EuGH hat 1997[3] diese **Rechtsprechung weiter konkretisiert und** aufgrund der hierzu geäußerten Kritik **modifiziert.** Er hat geurteilt, daß bei der Prüfung, ob eine wirtschaftliche Einheit übergegangen ist, sämtliche den betreffenden Vorgang kennzeichnenden Tatsachen zu berücksichtigen sind. Dazu gehören namentlich die Art des betreffenden Unternehmens oder Betriebes, der etwaige Übergang der materiellen Betriebsmittel wie Gebäude und bewegliche Güter, der Wert der immateriellen Aktiva im Zeitpunkt des Übergangs, die etwaige Übernahme der Hauptbelegschaft durch den neuen Inhaber, der etwaige Übergang der Kundschaft sowie der Grad der Ähnlichkeit zwischen den vor und nach dem Übergang verrichteten Tätigkeiten und die Dauer einer eventuellen Unterbrechung dieser Tätigkeit. Diese Umstände sind jedoch nur Teilaspekte der vorzunehmenden Gesamtbewertung und dürfen nicht isoliert betrachtet werden. **Allein die Übertragung eines Auftrages an einen Dritten** ohne zB Übernahme der Hauptbelegschaft oder eines nach Zahl und Sachkunde wesentlichen Teils des Personals stellt noch keinen Übergang im Sinne der Richtlinie dar.

Aufgrund dieser Entscheidung **reicht in der Regel die bloße Funktionsnachfolge ohne Übernahme materieller und immaterieller Betriebsmittel oder eines erheblichen Teils der Gesamtbelegschaft für einen Betriebsübergang nicht aus**[4]; es muß eine wirtschaftliche Einheit auf den Erwerber übertragen werden. So hat auch zB das LAG Hamm geurteilt[5], daß bei Einstellung der Drogenberatung

---

1 EuGH v. 14. 4. 1994, EzA § 613a BGB Nr. 114; aA LAG Düsseldorf v. 22. 8. 1995, ZIP 1995, 1922 mwN.
2 EuGH v. 19. 9. 1995, NZA 1995, 1031.
3 EuGH v. 11. 3. 1997, EzA § 613a BGB Nr. 145.
4 BAG v. 13. 11. 1997, NZA 1998, 251.
5 LAG Hamm v. 9. 10. 1995, LAGE § 613a BGB Nr. 14.

I. Grundlagen des Betriebsübergangs

durch einen privaten Verein und die Übernahme der Drogenberatung durch den Kreis wegen der ihm gesetzlich auferlegten Pflichtaufgabe kein Betriebsübergang iSd. § 613a BGB darstellt. Folgerichtig hat das gleiche Gericht[1] entschieden, daß die Übertragung von Buchhaltungsaufgaben, die bisher im Betrieb des Arbeitgebers durch einen angestellten Mitarbeiter durchgeführt wurden, an ein Steuerberatungsbüro keinen Betriebsübergang darstellt. Das BAG hat durch Beschluß vom 17. 7. 1997[2] seine Entscheidung, eine Vorabentscheidung des EuGH einzuholen[3], in Hinblick auf den Beschluß des EuGH vom 11. 3. 1997 aufgehoben. Das BAG, das an die Rechtsprechung des EuGH gebunden ist, hat sich in der Entscheidung vom 22. 5. 1997[4] dem Betriebsbegriff dieses Gerichts angeschlossen und mit seinem Urteil vom 13. 11. 1997[5] die Funktionsnachfolge noch nicht als für einen Betriebsübergang ausreichend angesehen.

d) Stillegung – Betriebsübergang

Die Veräußerung des Betriebs ist allein keine Betriebsstillegung, weil die Identität des Betriebs gewahrt bleibt und lediglich ein Betriebsinhaberwechsel stattfindet. Ein Betrieb oder Betriebsteil, der nicht mehr besteht, kann allerdings auf einen anderen Inhaber nicht mehr übergehen. Betriebsstillegung und Betriebsübergang schließen sich gegenseitig aus. Dabei erfordert die **Stillegung die Auflösung der zwischen dem Arbeitgeber und dem Arbeitnehmer bestehenden Betriebs- und Produktions- oder Dienstleistungsgemeinschaft**[6]. Dies liegt dann vor, wenn der Unternehmer die bisherige wirtschaftliche Betätigung **in der ernsten Absicht einstellt,** den bisherigen Betriebszweck dauernd oder für eine ihrer Dauer nach unbestimmte, wirtschaftlich erhebliche Zeitspanne nicht mehr weiterzuverfolgen. So spricht eine Unterbrechung von lediglich 2 Monaten gegen eine ernsthafte Stillegung[7]. Der Arbeitgeber muß endgültig entschlossen sein, den Betrieb stillzulegen. Die bloße Einstellung der Produktion reicht nicht aus, vielmehr muß die Auflösung der dem Betriebszweck dienenden Organisation hinzukommen[8]. Entscheidend ist die tatsächliche Stillegung; es ist allerdings anders als im Kündigungsschutzrecht nicht zu prüfen, ob die Stillegung unvernünftig, unsachlich oder willkürlich ist[9].

34

Die **Stillegung kann auf einen Betriebsteil beschränkt** werden; die dort beschäftigten Arbeitnehmer gehen nicht auf den Erwerber des Restbetriebes über[10]. Wird andererseits aus einem Betrieb eine wirtschaftliche Einheit übernommen und ist es infolge der Übernahme einer solchen Teileinheit nicht möglich, den verbleibenden Betrieb sinnvoll zu führen, hat das nicht die Folge, daß der

35

---

1 LAG Hamm v. 6. 9. 1996, LAGE § 613a BGB Nr. 56.
2 BAG v. 17. 7. 1997, DB 1997, 1875.
3 Vorlagebeschluß v. 21. 3. 1996, EzA § 613a BGB Nr. 141.
4 BAG v. 22. 5. 1997, DB 1997, 1720.
5 BAG v. 13. 11. 1997, NZA 1998, 251.
6 BAG v. 18. 5. 1995, EzA § 613a BGB Nr. 139.
7 BAG v. 27. 9. 1984, EzA § 613a BGB Nr. 40.
8 BAG v. 12. 2. 1987, EzA § 613a BGB Nr. 64; *Wißmann*, S. 30.
9 KR/*Pfeiffer*, § 613a BGB Rz. 30.
10 BAG v. 13. 11. 1986, EzA § 613a BGB Nr. 55.

Erwerber der Teileinheit in die Rechte und Pflichten aus den Arbeitsverhältnissen aller Arbeitnehmer des früheren Betriebes eintritt; er übernimmt nur die **Arbeitsverhältnisse der Arbeitnehmer, die in dieser Teileinheit tätig waren**[1].

36 Die **Betriebsstillegung** schließt einen Betriebsübergang nach § 613a BGB nur aus, wenn sie schon **vor der Veräußerung** erfolgt ist. Es ist unerheblich, daß der Erwerber den Betrieb nur übernimmt, um ihn anschließend stillzulegen und lediglich die noch vorhandenen Roh- und Hilfsstoffe zu verwerten. Entscheidend ist nämlich, **ob der Betrieb zum Zeitpunkt des Übergangs noch funktionsfähig war**[2]. Bei alsbaldiger Wiedereröffnung eines Ladengeschäfts durch einen Erwerber spricht eine tatsächliche Vermutung gegen die ernsthafte Absicht, den Betrieb stillzulegen. Ein vom Veräußerer zuvor durchgeführter Räumungsverkauf spricht nicht für eine den Betriebsübergang ausschließende Betriebsstillegung; werden während des Räumungsverkaufs die Übernahmeverhandlungen fortgeführt, spricht dies gegen die Absicht des Betriebsinhabers, den Betrieb endgültig stillzulegen[3]. Da eine wirtschaftliche Einheit auch bei einer organisierten Gesamtheit von Arbeitnehmern vorliegen kann (zB Reinigungspersonal bei einem Reinigungsunternehmen), besteht durchaus die Möglichkeit, daß ein Betriebsübergang vorliegt, obwohl der bisherige Betriebsinhaber die Arbeitsverhältnisse mit seinen Arbeitnehmern aufgekündigt hat. In einem solchen Fall können die gekündigten Arbeitnehmer gegen den neuen Betriebsinhaber Anspruch auf Einstellung haben. Dieses kann bei der Neuvergabe eines Reinigungsauftrages und der Übernahme der Hauptbelegschaft durch den neuen Auftragnehmer gegeben sein. Kündigt nämlich ein Reinigungsunternehmen allen Arbeitnehmern, weil es keine Beschäftigungsmöglichkeit wegen der Kündigung des Reinigungsauftrages mehr hat, und kommt es nach Zugang der Kündigung zu einem Betriebsübergang im Sinne der Übernahme einer organisierten Gesamtheit von Arbeitnehmern kraft eigenen Willensentschlusses des neuen Auftragnehmers, haben die gekündigten Arbeitnehmer, die in der Einheit beschäftigt waren, einen Anspruch gegen den neuen Auftragnehmer, zu unveränderten Arbeitsbedingungen unter Wahrung ihres Besitzstandes eingestellt zu werden[4].

37 Wird erst **nach Ausspruch der Kündigung** die Veräußerung erwogen und durchgeführt, kann die zunächst ausgesprochene und sozial gerechtfertigte betriebsbedingte Kündigung nicht nachträglich gemäß § 613a Abs. 4 BGB unwirksam werden[5], wenn der Arbeitgeber zum Zeitpunkt der Kündigung ernstlich und endgültig entschlossen war, die Betriebsstillegung vorzunehmen[6].

38 Beruht die Führung eines Betriebes auf einem **Pachtvertrag**, so ist zu berücksichtigen, daß der Pächter nicht berechtigt ist, das Betriebsgrundstück und die Betriebsmittel samt Inventar zu veräußern, also den Betrieb so zu zerschlagen,

---

1 BAG v. 13. 11. 1997 – 8 AZR 375/96, noch nv.
2 BAG v. 29. 11. 1988, EzA § 613a BGB Nr. 81.
3 BAG v. 18. 5. 1995, EzA § 613a BGB Nr. 139.
4 BAG v. 13. 11. 1997, NZA 1998, 251.
5 *Schiefer*, S. 54.
6 BAG v. 19. 6. 1991, EzA § 1 KSchG – Betriebsbedingte Kündigung, Nr. 70.

I. Grundlagen des Betriebsübergangs

wie dies der Eigentümer tun könnte. Aus diesem Grund genügt es für eine **Betriebsstillegung durch den Pächter,** wenn dieser die Stillegungsabsicht unmißverständlich kundgibt, die Betriebstätigkeit vollständig einstellt, allen Arbeitnehmern kündigt, den Pachtvertrag zum nächstmöglichen Termin kündigt und die Betriebsmittel, über die er verfügt, veräußert[1].

Die **Verlegung** eines Betriebes ist für sich **keine Stillegung.** Sie ist aber dann eine Stillegung, wenn der bisherige Betriebszweck zwar weiterverfolgt wird, die räumliche Verlegung aber so erheblich ist, daß die alte Betriebsgemeinschaft tatsächlich aufgelöst und eine im wesentlichen neue aufgebaut wird. Dies ist der Fall, wenn im Zeitpunkt des Übergangs keine Arbeitsverhältnisse mehr oder jedenfalls nicht mehr so viele bestehen, daß die Identität der Betriebsgemeinschaft noch gewahrt ist. 39

Beispiel:

Die A-GmbH, die in Hamburg ansässig ist, überträgt ihren Betrieb an die in München ansässige C-GmbH; gleichzeitig wird der Betrieb nach München verlagert. Die Arbeitnehmer weigern sich, nach München umzuziehen. Ein Betriebsübergang liegt nicht vor, wohl eine evtl. mitbestimmungspflichtige Betriebsänderung iS des § 111 BetrVG.

Bei einem **Handelsvertreter,** der nur ein Unternehmen vertritt und in seinem Bezirk das alleinige Recht hat, für dieses Unternehmen Kunden zu werben, sind in diesen Rechten und in dem geworbenen Kundenkreis die wesentlichen – immateriellen – Betriebsmittel zu sehen. Stellt der Vertreter seine Betriebstätigkeit vollständig ein und kündigt er den Arbeitnehmern sowie den Vertrag über die Nutzung der Betriebsräume und des Betriebsinventars, ist dieses für eine Betriebsstillegung nicht ausreichend. Denn mit der Beendigung des Handelsvertretervertrages ist das **Recht zur Kundenbetreuung** und damit das wesentliche immaterielle Betriebsmittel auf das vertretene Unternehmen **zurückgefallen.** Da außerdem die Nutzungsberechtigung für die sächlichen Betriebsmittel auf dieses Unternehmen übergegangen war, hatte das Unternehmen nach Auffassung des BAG einen funktionsfähigen Betrieb übernommen[2]. In ähnlicher Weise – aber unter Erweiterung des Betriebsbegriffs[3] – hat der EuGH einen Betriebsübergang in dem Fall anerkannt, daß ein Unternehmen, das eine Berechtigung zum Vertrieb von Kraftfahrzeugen für ein bestimmtes Gebiet besitzt, seine Tätigkeit einstellt und die **Vertriebsberechtigung** sodann auf ein anderes Unternehmen **übertragen** wird, das – ohne Übertragung von Aktiva – einen Teil der Belegschaft übernimmt und für das bei der Kundschaft geworben wird[4]. 40

Nicht ausreichend für eine Betriebsstillegung ist die bloße Gewerbeabmeldung, der Abschluß und die Durchführung eines Sozialplans, der Antrag auf Konkurseröffnung und auch nicht die Kündigung des Miet- und Pachtvertrages, weil 41

---

1 BAG v. 26. 2. 1987, EzA § 613a BGB Nr. 57.
2 BAG v. 21. 1. 1988, EzA § 613a BGB Nr. 73.
3 Vgl. Rz. 32.
4 EuGH v. 7. 3. 1996, EzA § 613a BGB Nr. 138.

hier der Betrieb auf den Vermieter bzw. Verpächter übergehen könnte[1]. Es liegt auch keine Stillegung vor, wenn die Arbeitnehmer gekündigt werden und gleichzeitig versprochen wird, daß ein Großteil von ihnen vom neuen Erwerber übernommen werde.

3. Übergang durch Rechtsgeschäft

42 Ein Betriebsübergang fällt nur dann unter § 613a BGB, wenn er sich „durch Rechtsgeschäft" vollzieht, wobei der **Begriff des Rechtsgeschäfts weit auszulegen** ist. Das Rechtsgeschäft muß sich auf den **Übergang der tatsächlichen Nutzungs- und Verfügungsgewalt** über die sächlichen und immateriellen Betriebsmittel[2] bzw. auf den Übergang der Belegschaft iS der Übertragung **des Direktionsrechts** beziehen. Gleichgültig ist die Art des Rechtsgeschäfts. In Betracht kommen Kaufvertrag, Pachtvertrag, Mietvertrag, Nießbrauch, Schenkung, Gesellschaftsvertrag und einvernehmliche Übertragung der Arbeitgeberposition, aber auch eine öffentlich-rechtliche Verwaltungsvereinbarung[3] etc. Dabei muß sich das Rechtsgeschäft nicht auf die Übernahme der bestehenden Arbeitsverhältnisse beziehen, da insoweit ein Übergang kraft Gesetzes eintritt. Gleichgültig ist, ob der Betriebsübergang mit dem Rechtsgeschäft bezweckt war.

43 Selbst wenn der **Übernahmevertrag nichtig** ist, geht der Betrieb über, da entscheidend sind der willentliche Übergang und die tatsächliche Übernahme der Leitungs- und Organisationsmacht[4]. Bestritten ist, ob dies auch bei der Übernahme durch eine nicht oder nicht voll geschäftsfähige Person gilt[5]. Wegen des durch §§ 104 ff. BGB gewährleisteten Schutzes des Geschäftsunfähigen und Minderjährigen ist dieses zu verneinen. Ist lediglich der Veräußerer geschäftsunfähig oder minderjährig, findet § 613a BGB Anwendung.

44 Der Betriebsübergang muß **weder durch ein unmittelbares Rechtsgeschäft** zwischen früherem und neuem Betriebsinhaber **noch durch ein einheitliches**, auf den Erwerb des gesamten Betriebes gerichtetes Rechtsgeschäft vermittelt werden. Der Erwerber kann den Betrieb auch aufgrund einer Vielzahl von Rechtsgeschäften mit verschiedenen Dritten erlangen, sofern die **Rechtsgeschäfte insgesamt auf den Übergang eines funktionsfähigen Betriebes** ausgerichtet sind[6]. Entscheidend ist, ob der **Übergang der Leitungsmacht** über den Betrieb oder Betriebsteil **auf dem Willen der betroffenen Betriebsinhaber** beruht.

45 Dagegen liegt ein Betriebsübergang nicht vor, wenn sich der Übergang der Leitungsmacht unabhängig von dem Willen der betroffenen Betriebsinhaber aufgrund einer Norm oder eines Verwaltungsaktes automatisch vollzieht. Zum

---

[1] KR/*Pfeiffer*, § 613a BGB Rz. 31.
[2] BAG v. 16. 10. 1987, EzA § 613a BGB Nr. 66.
[3] BAG v. 7. 9. 1995, EzA § 613a BGB Nr. 136.
[4] KR/*Pfeiffer*, § 613a BGB Rz. 40; BAG v. 6. 2. 1985, EzA § 613a BGB Nr. 44.
[5] Verneinend: KR/*Pfeiffer*, § 613a BGB Rz. 40; aA BAG v. 6. 2. 1985, EzA § 613a BGB Nr. 44.
[6] BAG v. 18. 5. 1995, EzA § 613a BGB Nr. 139.

I. Grundlagen des Betriebsübergangs   Rz. 49 **Teil 2 G**

Beispiel liegt **kein Betriebsübergang** vor bei der gesetzlichen Überleitung von Arbeitsverhältnissen im Rahmen der deutschen Wiedervereinigung. Auch ist kein Betriebsübergang gegeben, wenn der Betriebsinhaberwechsel auf Grund eines Zuschlags bei einer Zwangsversteigerung erfolgt[1]; zudem ist nicht der Betrieb als solches Gegenstand der Zwangsversteigerung.

Beispiel: 46
Die C-GmbH will einen Produktionsbetrieb übernehmen. Dazu erwirbt sie von dem Zwangsverwalter das Betriebsgrundstück, sie least von verschiedenen Leasinggebern die notwendigen Maschinen und von einer Bank weitere, in deren Sicherungseigentum stehende Produktionsmittel[2]. Ein Betriebsübergang liegt dann vor, wenn der Betrieb als funktionsfähige, organisatorische Einheit von sächlichen und immateriellen Betriebsmitteln zur Erreichung des Betriebszwecks erhalten bleibt und im wesentlichen vom Erwerber fortgeführt werden kann. Da die C-GmbH einen funktionsfähigen Betrieb übernimmt, liegen die Voraussetzungen des § 613a BGB vor. Wäre allerdings der Betrieb vollständig eingestellt worden und hätte dann die C-GmbH die Betriebsmittel erworben und den Betrieb neu eröffnet, wäre § 613a BGB nicht erfüllt.

Nach Auffassung des BAG[3] gilt § 613a BGB nicht in dem Fall, in dem sich der Betriebsübergang kraft Gesamtrechtsnachfolge (zB Erbschaft) vollzieht[4]. 47

Als für den Betriebsübergang maßgebliches Geschäft ist also die **einvernehmliche Übertragung der Leitungsmacht über die erforderlichen sächlichen und immateriellen Betriebsmittel auf den Erwerber** anzusehen[5]. Wenn in der **Übernahme bzw. der Mitübernahme der Belegschaft** die Übertragung einer wirtschaftlichen Einheit und damit ein Betriebsübergang zu erblicken ist, wird als das für den Betriebsübergang wesentliche Rechtsgeschäft (auch) die **Übertragung der Arbeitgeberposition** anzusehen sein. Nicht erforderlich ist, daß das Rechtsgeschäft ausdrücklich auf die Übertragung des Betriebs oder Betriebsteils gerichtet ist. 48

So führt selbst ein **Rückfall eines verpachteten Betriebes auf den Verpächter** zu einem Betriebsübergang[6] und zwar selbst dann, wenn der Verpächter die Leitungsmacht zuvor nicht ausgeübt hat und selbst keine entsprechenden Betriebe führt[7]. Denn entscheidend ist hier, daß der **Verpächter die tatsächliche Organisations- und Leitungsmacht des Betriebes erhalten** hat; unerheblich ist es, daß er nicht die Absicht hatte, den Betrieb selbst zu betreiben und auch von dieser Möglichkeit keinen Gebrauch macht. 49

---

1 KR/*Pfeiffer*, § 613a BGB Rz. 53.
2 Beispiel bei KR/*Pfeiffer*, § 613a BGB Rz. 46.
3 BAG v. 8. 11. 1988, EzA § 613a BGB Nr. 83.
4 Zur Gesamtrechtsnachfolge nach dem UmwG Rz. 53 ff.
5 BAG v. 8. 11. 1988, EzA § 613a BGB Nr. 83.
6 BAG v. 26. 2. 1987, EzA § 613a BGB Nr. 57.
7 BAG v. 27. 4. 1995, EzA § 613a BGB Nr. 126.

Beispiel:

Der Verpächter A hatte seine Gaststätte an den B befristet bis zum 31. 12. verpachtet. Mit der Begründung des Pachtverhältnisses ging der Betrieb „Gaststätte" auf den Pächter, mit Beendigung des Pachtverhältnisses gemäß § 613a BGB auf den Verpächter über. Dagegen liegt kein Betriebsübergang wegen Beendigung der Pacht vor, wenn der Pächter zuvor die Gaststätte stillgelegt hatte.

50 **Hinweis:**
Gerade dieses Beispiel macht deutlich, wie wichtig es sein kann, daß vor der Beendigung eines Miet- oder Pachtvertrages zB über eine Gaststätte oder ein Ladengeschäft der Betrieb tatsächlich stillgelegt wird. Die Arbeitsverhältnisse würden sonst auf den Vermieter/Verpächter übergehen. Aber Achtung: Besteht die wirtschaftliche Einheit in der organisierten Gesamtheit von Arbeitnehmern (zB Reinigungspersonal in einem Reinigungsobjekt), haben die vom früheren Auftragnehmer gekündigten Arbeitnehmer Anspruch auf Einstellung gegen den neuen Auftragnehmer, wenn dieser die Hauptbelegschaft trotz vorheriger Kündigung durch den bisherigen Arbeitgeber übernimmt.

51 Da ein **unmittelbares Rechtsgeschäft** zwischen dem bisherigen und dem neuen Inhaber des Betriebes **nicht erforderlich**[1] ist, liegt ein Betriebsübergang auch in dem Fall vor, daß ein **Pächter** im Anschluß an die beendete Pacht eines früheren Pächters einen Betrieb (Kantine) pachtet und ihn mit **gleichem Betriebszweck fortführt**[2]. Anders hat das BAG erkannt, wenn ein Kantinenpächter durch Neuausschreibung wechselt, weil in diesem Fall anders als im Fall des Pächterwechsels nicht der Kundenstamm, sondern nur die einzige für den Betrieb wesentliche Kundenbeziehung abgeleitet vom bisherigen Betriebsinhaber auf den Erwerber übergeht[3].

52 Ein Betriebsübergang ist auch dann gegeben, wenn zwei Gesellschaften im Rahmen eines Gesellschaftsvertrages eine **Auffanggesellschaft** gründen, die dann mit den eingebrachten Betriebsmitteln den Betrieb bzw. Betriebsteil fortsetzt.

Die **Rechtsfolgen des § 613a BGB** können zwischen den Beteiligten (alter Arbeitgeber, neuer Arbeitgeber und übertretenden Arbeitnehmer) auch dann **vereinbart** werden, wenn die Voraussetzungen des Betriebsübergangs an sich nicht vorliegen[4]. Übernimmt aber der neue Arbeitgeber einen nach Zahl und Sachkunde erheblichen Teil der Belegschaft und damit eine wirtschaftliche Einheit, liegt schon kraft Gesetzes ein Betriebsübergang iS des § 613a BGB vor.

---

1 BAG v. 25. 2. 1981, EzA § 613a BGB Nr. 28.
2 BAG v. 25. 2. 1981, EzA § 613a BGB Nr. 28; vgl. auch EuGH v. 10. 2. 1988, Slg. 1988, 739; EuGH v. 7. 3. 1996, DB 1989, 2176.
3 BAG v. 29. 9. 1988, DB 1989, 2176.
4 LAG Hamm v. 24. 4. 1986, LAGE § 613a BGB Nr. 5.

4. Exkurs: Umwandlungsgesetz und Betriebsübergang

Nach dem Wortlaut des § 613a Abs. 1 Satz 1 BGB muß der Betriebsübergang durch Rechtsgeschäft erfolgen. Auf die Fälle der Gesamtrechtsnachfolge war deshalb bisher § 613a BGB nicht anzuwenden. Durch das Umwandlungsgesetz vom 28. 10. 1994 ist die Anwendbarkeit des § 613a BGB auf die Umwandlung von Unternehmen neu geregelt worden. Während diese Bestimmung auf die formwechselnde Umwandlung von Unternehmen mangels Betriebsübergangs nicht anzuwenden ist, bestimmt § 324 UmwG, daß § 613a Abs. 1 und 4 BGB durch die Wirkung einer Eintragung einer Verschmelzung, Spaltung und Vermögensübertragung unberührt bleibt. Nach hM[1] ist damit gemeint, daß **für diese Umwandlungen § 613a Abs. 1 und 4 BGB anzuwenden ist.** 53

Voraussetzung ist aber der **Übergang eines Betriebs bzw. Betriebsteils;** kommt ein solcher arbeitsrechtlicher Übergang nach § 613a Abs. 1 Satz 1 BGB nicht in Betracht, weil im Rahmen einer Spaltung Arbeitsverhältnisse übertragen werden, ohne daß ein Betrieb oder Betriebsteil übergehen soll oder zB mit dem Übergang eines Betriebs bzw. Betriebsteils zusätzlich solche Arbeitsverhältnisse übertragen werden, die einem zurückbleibenden Betrieb bzw. Betriebsteil zugehören, erfolgt die Übertragung der Arbeitsverhältnisse umwandlungsrechtlich im Wege der (partiellen) Gesamtrechtsnachfolge[2]. 54

Auch ohne § 324 UmwG würde das Arbeitsverhältnis bei einer Verschmelzung und Vermögensvollübertragung übergehen. Der **Übergang des Arbeitsverhältnisses** vollzieht sich bei einem damit einhergehenden Betriebs(teil)übergang nunmehr nicht umwandlungsrechtlich, sondern nach **§ 613a Abs. 1 Satz 1 BGB.** Im praktischen Ergebnis ist individualrechtlich für die Verschmelzung und die Vermögensvollübertragung das Kündigungsverbot des § 613a Abs. 4 BGB von Bedeutung; für die Spaltung und Vermögensteilübertragung ist u. a. das Widerspruchsrecht des Arbeitnehmers wichtig[3]. 55

5. Konkurseröffnung und Betriebsübergang

Der **Konkursverwalter wird nicht Betriebsinhaber,** da er den Betrieb nicht rechtsgeschäftlich übernimmt. Er tritt damit nicht in die Arbeitsverträge der Arbeitnehmer ein. 56

Wird ein „**konkursreifer**" Betrieb vor Konkurseröffnung durch die Gemeinschuldnerin, nach Eröffnung des Konkurses durch den Konkursverwalter oder nachdem die Eröffnung des Konkurses mangels Masse abgelehnt worden ist, **veräußert oder verpachtet,** findet § 613a BGB Anwendung[4]. Der Betriebserwerber tritt in die Arbeitsverhältnisse der im übernommenen Betrieb bzw. Betriebsteil beschäftigten Arbeitnehmer ein. 57

---

1 *Wollenschläger/Pollert,* ZfA 1996, 557 mwN.
2 Vgl. hierzu im einzelnen *Boecker,* S. 52 ff.
3 KR/*Pfeiffer,*§ 613a BGB Rz. 38.
4 BAG v. 20. 11. 1984, EzA § 613a BGB Nr. 41.

6. Zeitpunkt des Übergangs

58 Der Betriebsübergang ist dann vollzogen, wenn der **Betriebserwerber rechtlich nicht mehr gehindert** ist, die betriebliche **Leitungs- und Organisationsgewalt** anstelle des Betriebsveräußerers auszuüben[1]. Entscheidend ist nicht die tatsächliche Betriebsfortführung, sondern der Zeitpunkt, zu dem bei objektiver Betrachtungsweise nach den Parteivereinbarungen die tatsächliche Möglichkeit zur Ausübung der Leitungsmacht besteht[2].

Gehen Betriebsmittel etc. in einzelnen Schritten auf den Erwerber über, so ist der Betriebsübergang jedenfalls in dem Zeitpunkt erfolgt, in dem die **wesentlichen, zur Fortführung des Betriebs erforderlichen Betriebsmittel etc.** und damit die **wirtschaftliche Einheit** übergegangen sind und die Entscheidung über den Betriebsübergang nicht mehr rückgängig gemacht werden kann[3].

7. Widerspruchsrecht des Arbeitnehmers

59 Der Übergang der Arbeitsverhältnisse hängt **nicht vom Willen des Erwerbers oder des bisherigen Inhaber** ab; auch der betroffene Arbeitnehmer muß nicht der Überleitung des Arbeitsverhältnisses auf den Betriebserwerber zustimmen, sondern die Arbeitsverhältnisse gehen kraft Gesetzes mit dem Betriebsübergang von dem Betriebsveräußerer auf den Betriebserwerber über. Andererseits wäre es mit der Würde und dem Persönlichkeitsrecht des Arbeitnehmers im Arbeitsverhältnis unvereinbar, gegen seinen Willen von einem Betriebsinhaber auf einen anderen übergeleitet zu werden. Das Bundesarbeitsgericht hat deshalb in ständiger Rechtsprechung[4] dem vom Betriebsübergang betroffenen Arbeitnehmer ein **nach Kenntnisnahme der geplanten Betriebsüberleitung auszuübendes Widerspruchsrecht** zuerkannt. Das Bundesarbeitsgericht hat seine Auffassung u. a. auch damit begründet, daß der von dem Betriebsübergang betroffene Arbeitnehmer auf den zu seinem Schutz durch § 613a BGB gesetzlich angeordneten Übergang des Arbeitsverhältnisses verzichten kann. Das Arbeitsverhältnis geht danach bei einem Betriebsübergang auf den Erwerber über; diese Rechtsfolge tritt nicht ein, wenn der Arbeitnehmer widerspricht, so daß der **Arbeitnehmer bei dem alten Arbeitgeber beschäftigt** bleibt und dieser evtl. aus betrieblichen Gründen kündigen kann[5].

60 Demgegenüber wurde in der Literatur[6] diese Rechtsprechung u. a. mit der Begründung angegriffen, sie verstoße gegen Art. 3 Abs. 1 der Richtlinie 77/187/EWG des Rates der Europäischen Gemeinschaften vom 14. 2. 1977[7].

---

1 BAG v. 23. 7. 1991, EzA § 613a BGB Nr. 94.
2 BAG v. 16. 2. 1993, EzA § 613a BGB Nr. 106.
3 BAG v. 16. 2. 1996, EzA § 613a BGB Nr. 106.
4 Statt aller BAG v. 20. 4. 1989, EzA § 1 KSchG – Betriebsbedingte Kündigung Nr. 61; aber auch BAG v. 21. 5. 1992, EzA § 613a BGB Nr. 103.
5 BAG v. 20. 4. 1989, EzA § 1 KSchG – Betriebsbedingte Kündigung Nr. 61.
6 ZB *Bauer*, NZA 1991, 139 unter Hinweis auf EuGH v. 5. 5. 1988, EzA § 613a BGB Nr. 89; aber auch *Birk*, Anm. zu BAG AP Nr. 10 zu § 613a BGB.
7 Vgl. Rz. 1.

I. Grundlagen des Betriebsübergangs　　　　　　　　　　Rz. 63 **Teil 2 G**

Der **Europäische Gerichtshof** hat durch Urteil vom 16. 12. 1992[1] klargestellt, daß diese Bestimmung es einem Arbeitnehmer nicht verwehrt, dem Übergang seines Arbeitsverhältnisses auf den Erwerber zu widersprechen, so daß die bisherige Rechtsprechung des Bundesarbeitsgericht nicht gegen Europarecht verstößt[2].

Der Widerspruch ist eine **einseitige empfangsbedürftige Willenserklärung** des Arbeitnehmers gegenüber dem Arbeitgeber, wobei wie bei einer Teilkündigung der Widerspruch nur wegen einzelner Bedingungen des Arbeitsvertrages bzw. des Betriebsübergangs unzulässig ist. Er muß nicht begründet werden. Die Ausübung des Widerspruchsrechts ist ausgeschlossen, wenn der Arbeitnehmer auf sein Widerspruchsrecht verzichtet hat, was einseitig oder durch Vereinbarung mit dem alten wie mit dem neuen Arbeitgeber geschehen kann[3]. 61

Beispiel:

Der Betrieb der A-GmbH, in dem B arbeitete, wird von der C-GmbH übernommen; diese teilt B mit, daß er nunmehr nicht mehr in Hamburg, sondern in Lübeck eingesetzt werde. Da B mit der A-GmbH ein Wettbewerbsverbot für den Raum Hamburg vereinbart hatte, widerspricht er der Betriebsübernahme lediglich in Bezug auf das Wettbewerbsverbot, um dann von der A-GmbH eine Karenzentschädigung kassieren zu können. Dieser Widerspruch ist unzulässig, da er nur einzelne Bedingungen seines Arbeitsvertrages betrifft. B hätte der Betriebsübernahme durch die C-GmbH nur insgesamt widersprechen können.

Der **Arbeitnehmer kann den Widerspruch mit einer Kündigung verbinden** und damit auch das Arbeitsverhältnis mit seinem bisherigen Arbeitgeber unter Einhaltung der ordentlichen Kündigungsfrist – eine fristlose Kündigung wegen des Betriebsübergangs wäre unwirksam[4] – beenden, wobei der alte Arbeitgeber von diesem Arbeitnehmer u. U. mangels Arbeit verlangen kann, seine Arbeitsleistung als Leiharbeit im übergegangenen Betrieb zu erbringen, um die Rechtsfolgen des § 615 Satz 2 BGB zu vermeiden[5]. Allerdings kann der alte Arbeitgeber den Arbeitnehmer nicht selbst entleihen, da dies gegen § 1 AÜG verstoßen würde[6]. 62

Beispiel: 63

B, der von dem geplanten Betriebsübergang von seinem bisherigen Arbeitgeber, der A-GmbH, auf die C-GmbH erfährt, widerspricht dem Übergang seines Arbeitsverhältnisses. Kann die A-GmbH B nicht weiterbeschäftigen, kann sie das Arbeitsverhältnis aus betrieblichen Gründen kündigen. In dem Widerspruch von B liegt weder ein verhaltens- noch ein personenbedingter Grund zur Kündigung; ein Grund für eine fristlose Kündigung ist im Regelfall nicht gegeben. Da die A-GmbH keine Beschäftigungsmöglichkeit hat, kann sie B für

---

1 EuGH v. 16. 12. 1992, EzA § 613a BGB Nr. 105.
2 BAG v. 7. 4. 1993, EzA § 1 KSchG – Soziale Auswahl Nr. 30.
3 KR/*Pfeiffer*, § 613a BGB Rz. 64.
4 *Beseler*, S. 106.
5 So zu Recht *Seiter*, S. 69.
6 So zu Recht *Gaul*, S. 244.

die Dauer der ordentlichen Kündigungsfrist auf die Möglichkeit zur Arbeit bei der C-GmbH verweisen. Kommt B diesem Hinweis nicht nach, kann hierin ein böswilliges Unterlassen anderen Erwerbs iS des § 615 Satz 2 BGB liegen, der die A-GmbH zur Reduzierung des Lohnanspruchs berechtigt. Voraussetzung ist allerdings, daß es dem B auf Grund der Arbeitsbedingungen bei der C-GmbH zumutbar ist, bei diesem Unternehmen zu arbeiten.

64 **Umstritten** ist das Widerspruchsrecht des Arbeitnehmers bei **Umwandlungsvorgängen.** Denn bei einer Aufspaltung, Verschmelzung und Vermögensvollübertragung erlischt der abgebende Rechtsträger. Daraus wird gefolgert[1], daß in diesen Fällen bei Ausübung des Widerspruchsrechts das Arbeitsverhältnis mit Wirksamwerden des Umwandlungsvorganges erlischt. Dagegen bleibt bei einer Abspaltung und Ausgliederung das Arbeitsverhältnis mit dem übertragenden Rechtsträger bestehen[2].

65 | **Hinweis:**
Wegen dieser Konsequenzen eines Widerspruchs gegen einen Betriebsübergang muß bei der anwaltlichen Beratung eines Arbeitnehmers sorgfältig geprüft werden, auf welcher rechtlichen Grundlage der Betriebsübergang erfolgt.

66 **Wem gegenüber der Widerspruch** erklärt werden muß, hängt davon ab, ob der Betriebsübergang erst geplant oder bereits vollzogen ist und ob der betroffene Arbeitnehmer Kenntnis hat.

67 Weiß er, daß der **Betriebsübergang noch bevorsteht,** ist der Widerspruch gegenüber dem **bisherigen Arbeitgeber** zu erklären und zwar in der Regel nur bis zu dem Zeitpunkt, zu dem der Betrieb auf den neuen Inhaber übergeht[3]. Voraussetzung ist jedoch, daß der Arbeitnehmer rechtzeitig den Arbeitnehmer von dem bevorstehenden Betriebsübergang unterrichtet hat. Im Regelfall wird eine Überlegungs- und Erklärungsfrist von drei Wochen angemessen sein[4]. Wurde der Arbeitnehmer verspätet unterrichtet, kann er auch gegenüber dem Betriebserwerber widersprechen.

68 Ist der Betriebsübergang **ohne Kenntnis** des Arbeitnehmers hiervon bereits **vollzogen** und erfährt er erst anschließend hiervon, kann er den Widerspruch – ohne rechtsmißbräuchlich zu handeln – **sowohl gegenüber dem Betriebsveräußerer als auch gegenüber dem neuen Arbeitgeber erklären**[5].

69 Betriebsveräußerer und Betriebserwerber müssen dem Arbeitnehmer **keine Erklärungsfrist** setzen.

---

1 KR/*Pfeiffer*, § 613a BGB Rz. 64; *Boecken*, ZIP 1994, 1092; *Bachner*, NJW 1995, 2881; *Däubler*, RdA 1995, 126; *Wlotzke*, DB 1995, 40; vgl. näher: *Boecken*, S. 62.
2 *Boecken*, S. 64.
3 BAG v. 22. 4. 1993, EzA § 613a BGB Nr. 112.
4 So das BAG bei Widerspruch nach Kenntnis des Betriebsübergangs.
5 BAG v. 22. 4. 1993, EzA § 613a BGB Nr. 11 = BB 1994, 505; auch *Seiter*, S. 69; aA wohl *Gaul*, S. 228.

I. Grundlagen des Betriebsübergangs

Sind die Arbeitnehmer von dem Betriebsübergang informiert, können sie sich mit dem **Widerspruch bis zum tatsächlichen Vollzug des Betriebsübergangs** Zeit lassen. Arbeiten sie allerdings in Kenntnis des Betriebsübergangs auch nach Ablauf der Überlegungsfrist weiter, liegt in dieser Weiterarbeit eine konkludente Zustimmung zum Übergang des Arbeitsverhältnisses, die – wie der Widerspruch zum Betriebsübergang – nur mit Einverständnis von Betriebsveräußerer und Betriebserwerber vom betroffenen Arbeitnehmer rückgängig gemacht werden kann. Da das Widerspruchsrecht als Individualrecht ausgestaltet ist, kann die Zustimmung der Arbeitnehmer zum Betriebsinhaberwechsel weder durch Betriebsvereinbarung[1] noch durch Tarifvertrag[2] ersetzt werden.

70

Ist der Betriebsübergang bereits vollzogen, beginnt die **Erklärungsfrist im Regelfall mit der ausreichenden Unterrichtung des Arbeitnehmers über den Betriebsinhaberwechsel.** In der Regel muß der Widerspruch spätestens innerhalb von drei Wochen erklärt werden.

71

Wollen die beteiligten Arbeitgeber die Ungewißheit darüber vermeiden, ob die Arbeitnehmer von ihrem Widerspruchsrecht Gebrauch machen, brauchen sie nur **rechtzeitig (drei Wochen vorher) alle betroffenen Arbeitnehmer über den geplanten Betriebsübergang zu informieren** und über den neuen Arbeitgeber Angaben zu machen. Denn dadurch wird die Erklärungsfrist in Gang gesetzt[3].

72

> **Hinweis:**
> In der anwaltlichen Beratungspraxis wird darauf zu achten sein, daß die von dem Betriebsübergang betroffenen Arbeitnehmer frühzeitig informiert und ihnen eine Erklärungsfrist gesetzt wird. Außerdem sollte darauf hingewiesen werden, daß bei einem Widerspruch das Arbeitsverhältnis uU betriebsbedingt gekündigt werden müßte. Der ratsuchende Arbeitnehmer sollte über die Konsequenzen seines Widerspruchs (evtl. notwendig werdende Arbeitgeberkündigung) aufgeklärt werden.

73

Ist der **Widerspruch nach Betriebsübergang** gegenüber dem Betriebserwerber bzw. -veräußerer ausgesprochen worden, wird durch die **rückwirkende**[4] Beseitigung des durch § 613a BGB zunächst bestehenden Arbeitsvertrages zwischen dem seiner Vertragsüberleitung widersprechenden Arbeitnehmer und dem Betriebserwerber wieder ein Arbeitsverhältnis mit dem Betriebsveräußerer gemäß § 611 BGB begründet, während in der Zwischenzeit ein faktisches Arbeitsverhältnis mit dem Betriebserwerber bestand[5]. Dem Arbeitnehmer stehen deshalb die Arbeitsentgeltansprüche gegenüber dem Betriebserwerber so zu, als habe der Vertrag wirksam bestanden. Der alte Arbeitgeber haftet jedoch nicht für die vom Betriebserwerber nicht gewährten Entgeltleistungen; der Betriebsveräuße-

74

---

1 BAG v. 2. 10. 1974, EzA § 613a BGB Nr. 1 m. zust. Anm. *Birk*.
2 *Seiter*, S. 73.
3 BAG v. 20. 5. 1988, EzA § 242 BGB – Prozeßverwirkung Nr. 1.
4 *Pietzko*, S. 297.
5 *Gaul*, S. 257; *Beseler*, S. 104.

rer ist bei der Rückabwicklung des Arbeitsverhältnisses des widersprechenden Arbeitnehmers nicht Rechtsnachfolger des Betriebserwerbers. Auch eine Kündigung, die dieser Betriebserwerber gegenüber dem widersprechenden Arbeitnehmer ausgesprochen hat, wird mit Ausübung des Widerspruchsrechts unwirksam[1].

75 Hat der Arbeitnehmer dem Betriebsübergang widersprochen, **ohne daß für den Widerspruch objektiv vertretbare Gründe,** mithin ein sachlicher Grund (Überschuldung des neuen Betriebsinhabers, Kleinbetrieb, geringere wirtschaftliche Leistungskraft, Ruf des neuen Unternehmens, in Aussicht stehende Reorganisationsmaßnahmen, Präferenz für die beim alten Arbeitgeber geltenden Arbeitszeiten etc.) vorlag, kann er sich bei einer dann vom alten Betriebsinhaber aus dringenden betrieblichen Gründen ausgesprochenen Kündigung **nicht auf eine fehlerhafte soziale Auswahl** berufen[2]. Es ist in diesem Fall eine Sozialauswahl nicht mit den im Restbetrieb beschäftigten Mitarbeitern, wohl aber eine Sozialauswahl unter den Arbeitnehmern durchzuführen, die dem Übergang ihrer Arbeitsverhältnisse auf den Betriebserwerber widersprochen haben.

II. Individualrechtliche Folgen des Betriebsübergangs

76 Der Betriebserwerber **tritt nach § 613a Abs. 1 BGB in die im Zeitpunkt des Betriebsübergangs bestehenden Arbeitsverhältnisse ein.** Der Betriebsübergang ist mithin mit dem gesetzlichen Übergang des unveränderten Arbeitsverhältnisses auf den neuen Inhaber verbunden[3]. Da der Betrieb unverändert auf den Betriebserwerber übergeht, stellt der Betriebsübergang als solches keine Betriebsänderung iS des § 111 BetrVG dar.

1. Das vom Betriebsübergang erfaßte Arbeitsverhältnis

77 Vom Betriebsübergang werden nur **Arbeitsverhältnisse** erfaßt und zwar ohne Rücksicht darauf, ob die Arbeitnehmer voll- oder teilzeit-, befristet oder unbefristet im Innen- oder Außendienst beschäftigt sind. Auch bloß faktische Arbeitsverhältnisse (zB Arbeitsverhältnisse mit Minderjährigen ohne Zustimmung der gesetzlichen Vertreter) werden von dem Betriebsübergang erfaßt. Es ist unerheblich, ob die Arbeitnehmer tatsächlich beschäftigt sind oder das Arbeitsverhältnis wegen Erziehungsurlaubs oder aus anderen Gründen ruht. Ist das Arbeitsverhältnis vor Betriebsübergang gekündigt worden und ist diese Kündigung wirksam, tritt der neue Betriebsinhaber in das gekündigte Arbeitsverhältnis ein.

78 Zu den **Arbeitnehmern,** die auf den Betriebserwerber übergehen, zählen auch leitende Angestellte (zB Prokuristen), Auszubildende, Volontäre und Praktikanten.

---

1 *Gaul,* S. 264.
2 BAG v. 7. 4. 1993, EzA § 1 KSchG – Soziale Auswahl Nr. 30.
3 BAG v. 30. 10. 1986, EzA § 613a BGB Nr. 54.

II. Individualrechtliche Folgen Rz. 84 Teil 2 G

Dagegen tritt der neue Betriebsinhaber **nicht** in die Rechtsverhältnisse von **freien Mitarbeitern, Handelsvertretern** und anderen **arbeitnehmerähnlichen Personen** (zB Heimarbeitern[1]) ein. Ist allerdings das als freies Mitarbeiterverhältnis bezeichnete Beschäftigungsverhältnis tatsächlich ein Arbeitsverhältnis, wird es von dem Betriebsübergang erfaßt. Nach in der Literatur nicht unbestrittener Rechtsauffassung[2] geht der Dienstvertrag eines Fremdgeschäftsführers einer GmbH nicht auf den Betriebserwerber über, nimmt doch dieser als Vertretungsorgan der GmbH Arbeitgeberfunktionen wahr.

79

Beispiel:
Die A-GmbH beschäftigt die B als „freie Mitarbeiterin". Übernimmt die C-GmbH den Betrieb der A-GmbH, tritt die neue Arbeitgeberin zwar in die Arbeitsverhältnisse der Arbeitnehmer, nicht aber in das Dienstverhältnis der „freien Mitarbeiterin" ein. Sollte diese trotzdem meinen, die C-GmbH habe sie übernommen, müßte notfalls gerichtlich geklärt werden, ob B entgegen dem Vertragswortlaut tatsächlich Arbeitnehmerin ist, was sie zu beweisen hätte.

80

Der Betriebserwerber tritt nur in **bestehende** Arbeitsverhältnisse ein.

81

Der neue Betriebsinhaber übernimmt deshalb **nicht** die **Ruhestandsverhältnisse**[3] und muß deshalb nicht die Pensionsansprüche der bereits vor Betriebsübergangs ausgeschiedenen Arbeitnehmer übernehmen und weiterhin erfüllen. Zum einen haben diese Betriebsrentner mit dem Betriebsveräußerer kein Arbeitsverhältnis mehr. Zudem dient § 613a BGB nicht dazu, den Rentnern mit der Veräußerung des Betriebes einen neuen Schuldner zu verschaffen. Die Vorschrift verfolgt vielmehr das Ziel, die Arbeitsplätze der aktiven Arbeitnehmer zu erhalten.

82

Hinweis:
In der anwaltlichen Beratungspraxis spielen die Probleme der Übernahme von Versorgungsansprüchen eine erhebliche Rolle. Es sollte genau geprüft werden, welche Mitarbeiter bereits vor Betriebsübergang ausgeschieden sind und für welchen Personenkreis in Zukunft auf den Betriebserwerber Versorgungsverpflichtungen zukommen. Andererseits ist es auch für die betroffenen Arbeitnehmer von ganz erheblicher Bedeutung zu erfahren, wer künftig für diese Versorgungsverbindlichkeiten einzutreten hat.

83

Der Betriebserwerber braucht **nicht die Provisionsansprüche** vor Betriebsübergang **ausgeschiedener Arbeitnehmer** zu erfüllen, selbst wenn diese erst nach Betriebsübergang fällig und abgewickelt werden[4].

84

---

1 BAG v. 3. 7. 1980, EzA § 613a BGB Nr. 29.
2 OLG Celle v. 15. 6. 1977, DB 1977, 1840; *Gaul*, S. 91; KR/*Pfeiffer*, § 613a BGB Rz. 14; a. A. *Meyer-Landrut/Miller*, §§ 35-38 Rz. 173, der eine analoge Anwendung des § 613a BGB bejaht.
3 BAG v. 11. 11. 1986, EzA § 613a BGB Nr. 61.
4 BAG v. 11. 11. 1986, EzA § 613a BGB Nr. 60.

85 Der Betriebserwerber ist **nicht** an **Wettbewerbsabreden** des alten Betriebsinhabers mit bereits vor Betriebsübergang **ausgeschiedenen Arbeitnehmern** gebunden und braucht deshalb nicht die vereinbarte Karenzentschädigung zahlen[1]. Demgegenüber wird in der Literatur[2] wiederholt die Meinung vertreten, § 613a BGB sei in diesem Fall analog anzuwenden, falls der Erwerber an der Aufrechterhaltung des Wettbewerbsverbots ein berechtigtes Interesse hat; andernfalls erlösche das Wettbewerbsverbot.

2. Zuordnung von Arbeitnehmern

86 Besondere **Zuordnungsprobleme** entstehen bei der Übernahme eines Betriebsteils, wenn der Arbeitnehmer entweder infolge seiner Aufgaben oder seiner Stellung **nicht dem einen oder anderen abtrennbaren Betriebsteil zugeordnet werden kann oder mehrere Betriebe oder Betriebsteile organisatorisch verknüpft sind**[3]. Auf den Betrieberwerber gehen bei einem Betriebsteil nämlich nur die Arbeitnehmer über, die diesem Betrieb bzw. Betriebsteil zuzuordnen sind. Ist der Arbeitnehmer für mehrere Betriebe bzw. Betriebsteile oder auch in einem stillgelegten Betriebsteil tätig gewesen, ist entscheidend, für welchen Betrieb bzw. Betriebsteil der Arbeitnehmer vor der Veräußerung **überwiegend gearbeitet** hat[4], wobei als Beurteilungskriterien u. a. folgende Gesichtspunkte in Betracht kommen: Arbeitsart, Arbeitsaufwand, Anbindung an die Betriebsorganisation, Zuordnung von Vorgesetzten sowie die Bedeutung der Tätigkeit für den Gesamtbetrieb[5]. Dabei erübrigt sich eine Zuordnung des Arbeitnehmers, wenn die Beteiligten hinsichtlich der Zuordnung einig sind; denn der **Wille der Beteiligten** muß beachtet werden[6].

87 Fehlt ein entsprechender Wille der Beteiligten, kommt es für die Zuordnung nicht auf die tatsächliche Beschäftigung, sondern auf die **rechtliche Zugehörigkeit** zu diesem Betrieb bzw. Betriebsteil an[7].

88 **Beispiel:**

Die A-GmbH hat zwei Betriebe. B wird gegen seinen Willen vom Betrieb Düsseldorf in den Kölner Betrieb versetzt, ohne daß der Düsseldorfer Betriebsrat zugestimmt hat (§ 99 BetrVG). Wird der Düsseldorfer Betrieb auf die C-GmbH übertragen, geht das Arbeitsverhältnis mit B auf die C-GmbH über, weil die Versetzung unwirksam war.

---

1 *Gaul*, S. 152 f.
2 KR/*Pfeiffer*, § 613a BGB Rz. 13; *Seiter*, S. 80, 81 mwN.
3 Zur Zuordnungsproblematik bei Spaltung und Teilübertragung von Unternehmen nach dem UmwG *Düwell*, NZA 1996, 393; *Boecken*, S. 51.
4 BAG v. 25. 6. 1985, EzA § 613a BGB Nr. 48.
5 *Wollenschläger/Pollert*, ZfA 1996, 553.
6 BAG v. 25. 6. 1985, EzA § 613a BGB Nr. 48.
7 LAG Düsseldorf v. 21. 11. 1995, ARST 1996, 69; Hess. LAG v. 7. 3. 1995, ArbuR 1995, 368; Sächsisches LAG v. 8. 3. 1996, BB 1996, 1334.

3. Der Eintritt in bestehende Arbeitsverhältnisse

Der neue Betriebsinhaber tritt **in vollem Umfang** an die Stelle des bisherigen Arbeitgebers des Arbeitsverhältnisses, wobei das Arbeitsverhältnis so übernommen wird, wie es im Zeitpunkt des Betriebsübergangs tatsächlich und rechtlich bestanden hat. 89

Bei Betriebsübergang noch **vorhandene Mängel** bei Abschluß des Arbeitsvertrages (zB arglistige Täuschung des Arbeitnehmers oder des Arbeitgebers) bestehen wie vor Betriebsübergang fort. Nach KR/*Pfeiffer*[1] kann der neue Betriebsinhaber diese Gestaltungsrechte nur dann gegenüber dem Arbeitnehmer ausüben, wenn durch eben diese Anfechtungsgründe auch die Interessen des neuen Arbeitgebers berührt werden. Deshalb soll der Betriebserwerber sein Gestaltungsrecht in diesen Fällen nur bei Betroffenheit eigener Interessen ausüben können. Dieser Auffassung kann nicht gefolgt werden. Da durch den Betriebsübergang individualrechtlich ein Austausch der Arbeitgeberstellung eingetreten ist, muß der Betriebsnachfolger auch in vollem Umfang die Gestaltungsrechte des bisherigen Inhabers geltend machen können[2]. 90

Der Arbeitnehmer und der neue Betriebsinhaber werden nach § 613a Abs. 1 Satz 1 BGB so behandelt, als habe schon immer zwischen ihnen ein Arbeitsverhältnis bestanden. Es ist deshalb der Betriebserwerber an die **bisherige Betriebszugehörigkeit** des Arbeitnehmers zB für die Berechnung der Kündigungsfristen, für Treueprämien und Ruhegeldanwartschaften gebunden. Für Ausschluß- und Verjährungsfristen wird die bisherige Beschäftigungszeit berücksichtigt. Denn durch den Betriebsübergang wird die Dauer der Betriebszugehörigkeit nicht unterbrochen[3]. Führt allerdings der Betriebserwerber eigene betriebliche Zusatzleistungen ein (zB Versorgungsordnung), muß er die frühere Beschäftigungszeit nicht anrechnen[4]. Insoweit kann der neue Arbeitgeber danach differenzieren, ob die betroffenen Arbeitnehmer ihre Betriebstreue ihm selbst oder noch dem früheren Betriebsinhaber erbracht haben. 91

Abmahnungen, Mahnungen, innerbetriebliche Beurteilungen, Zwischenzeugnisse vor Betriebsübergang **gelten nach Betriebsübergang weiter.** Der übernommene Arbeitnehmer kann deshalb von dem neuen Arbeitgeber verlangen, daß unberechtigte Abmahnungen des Betriebsveräußerers aus der Personalakte entfernt werden. 92

Soweit es auf die **Kenntnis von Kündigungsgründen** (§ 626 Abs. 2 BGB) ankommt, muß sich der Betriebserwerber die Kenntnis des alten Arbeitgebers zurechnen lassen. 93

Spätere Vereinbarungen zwischen Betriebsveräußerer und Arbeitnehmer rückwirkend auf den Zeitpunkt des Betriebsübergangs können allerdings die übernommenen Arbeitsverhältnisse nicht mehr erfassen. 94

---

1 § 613a BGB Rz. 73; aA MünchKomm/*Schaub*, § 613a BGB Rz. 66.
2 So auch *Schiefer*, S. 63.
3 BAG v. 20. 7. 1993, EzA § 613a BGB Nr. 110.
4 BAG v. 30. 8. 1979, EzA § 613a BGB Nr. 23.

95 § 613a BGB ist **nicht anzuwenden auf handelsrechtliche Vollmachten**[1] wie Prokura und Handlungsvollmacht und auch nicht auf Pflichten aus dem Sozialversicherungs- (für rückständige Sozialversicherungsbeiträge) und Steuerverhältnis (für die Lohnsteuer)[2].

a) Auswirkungen für den Arbeitnehmer

96 Widerspricht der Arbeitnehmer dem Betriebsübergang nicht, dann erlischt seine Arbeitspflicht gegenüber dem alten Betriebsinhaber. Er ist jetzt **ausschließlich gegenüber dem Betriebserwerber verpflichtet.** Hierzu gehört nicht nur die Erfüllung der Arbeitspflicht und der arbeitsvertraglichen Nebenpflichten, sondern auch von Schadensersatz- und Rückzahlungsansprüchen des früheren Arbeitgebers. Andererseits kann er gegenüber dem neuen Arbeitgeber alle Ansprüche geltend machen, gleichgültig ob sie vor oder nach dem Betriebsübergang entstanden sind[3].

97 Das während eines bestehenden Arbeitsverhältnisses geltende **Wettbewerbsverbot** gilt jetzt ausschließlich gegenüber dem Betriebserwerber, während – zB bei einem Betriebsteilübergang – der bisherige Arbeitgeber keine Ansprüche gegenüber seinem bisherigen Mitarbeiter hat[4]. Bei Vereinbarung eines **nachvertraglichen Wettbewerbsverbots** ist der Arbeitnehmer bei einem Ausscheiden nach Betriebsübergang ausschließlich gegenüber dem Betriebserwerber verpflichtet.

b) Auswirkungen für den Betriebserwerber

98 Der neue Betriebsinhaber hat gegenüber dem übernommenen Arbeitnehmer die **gleichen Rechte** einschließlich des Weisungsrechts wie der bisherige Inhaber. Damit weicht § 613a BGB zum Schutz des Arbeitnehmers von dem Grundsatz des § 613 BGB ab, wonach der Anspruch auf die Arbeitsleistung im Zweifel nicht übertragbar ist.

99 **Beispiel:**

B ist bei der A-GmbH als Angestellte beschäftigt. Auf Grund besonderer Umstände[5] hat sich das Arbeitsverhältnis auf die Tätigkeit einer Sekretärin konkretisiert. Die den Betrieb übernehmende C-GmbH kann A künftig nur als Sekretärin einsetzen.

100 Der Betriebsübernehmer muß wie der bisherige Inhaber dieselben Löhne und Gehälter einschließlich aller Nebenleistungen zahlen. Auch rückständige Lohnansprüche müssen von ihm erfüllt werden. Er tritt in die **Versorgungsan-**

---

1 *Seiter*, S. 77 mwN.; aA *Gaul*, S. 182.
2 *Palandt*, § 613a BGB Rz. 20.
3 BAG v. 18. 8. 1976, EzA § 613a BGB Nr. 7; zu Einschränkungen im Konkursfall vgl. Rz. 101.
4 *Beseler*, S. 95.
5 Vgl. hierzu *Schaub*, S. 262.

wartschaften der übernommenen und noch nicht ausgeschiedenen Mitarbeiter[1] ein.

aa) Haftung des Betriebserwerbers im Konkursfall des Betriebsveräußerers

Ist der **Betrieb nach Konkurseröffnung** an einen Dritten übertragen worden, ist § 613a BGB einschränkend dahingehend auszulegen (teleologische Reduktion), daß diese Bestimmung für die bei Konkurseröffnung bereits entstandenen Ansprüche nicht anzuwenden ist. Denn für die Abwicklung aller Ansprüche, die zur Zeit der Konkurseröffnung bereits entstanden sind, sieht die Konkursordnung ein Verfahren vor, das von dem Grundsatz der gleichmäßigen Gläubigerbefriedigung beherrscht wird. Würde die bei der Veräußerung eines Betriebes übernommene Belegschaft einen neuen zahlungskräftigen Haftungsschuldner für bereits entstandene Ansprüche erhalten, wäre sie im Vergleich zu anderen Gläubigern und vor allem gegenüber den ausgeschiedenen Arbeitnehmern unangemessen bevorzugt. Dieser Vorteil müßte von den übrigen Gläubigern insoweit finanziert werden, als der Betriebserwerber den Kaufpreis mit Rücksicht auf die übernommene Haftung mindern könnte. Eine so ungleiche Verteilung der Lasten wäre mit dem geltenden Konkursrecht nicht vereinbar[2].

101

Ist der **Betrieb vor Konkurseröffnung** veräußert worden oder ist der Betrieb auf einen neuen Betriebsinhaber übertragen worden, bevor oder nachdem der Konkursantrag **mangels Masse**[3] zurückgewiesen wurde, bleibt es bei der Anwendung des § 613a BGB, wonach der Betriebserwerber für die bis zum Betriebsübergang entstandenen Ansprüche neben dem Betriebsveräußerer haftet.

102

bb) Konkurseröffnung und Versorgungsanwartschaften

Wird im Rahmen eines Konkursverfahrens der Betrieb veräußert, **verdrängt das konkursrechtliche Verteilungsverfahren die Haftung des Betriebserwerbers für die vor Betriebsübergang entstandenen Versorgungsanwartschaften** und zwar ohne Rücksicht darauf, ob sie verfallbar oder unverfallbar sind. Der Betriebserwerber soll bei einem Betriebsübergang im Zuge eines Konkursverfahrens im Versorgungsfall nicht die volle Betriebsrente schulden.

103

Denn war die Versorgungsanwartschaft im Zeitpunkt der Betriebsübernahme **unverfallbar,** haftet der Träger des Insolvenzschutzes – der Pensionssicherungsverein – für den bereits erdienten Teil zeitanteilig (§ 7 Abs. 2 BetrAVG). Nur für den noch zu erdienenden Teil der Anwartschaft tritt ein Schuldnerwechsel ein.

104

Das gleiche gilt, wenn die Versorgungsanwartschaft im Konkursfall noch **verfallbar** und damit nicht insolvenzgeschützt ist. Auch diese Anwartschaft ist hinsichtlich ihres bereits erdienten Wertes dem Konkurs des Veräußerers und nicht der Haftung des Betriebserwerbers zuzuordnen[4].

105

---

1 BAG v. 20. 7. 1982, EzA § 613a BGB Nr. 33; im Konkursfall aber Rz. 104.
2 BAG v. 13. 11. 1986, EzA § 613a BGB Nr. 55.
3 BAG v. 22. 5. 1985, EzA § 613a BGB Nr. 46.
4 BAG v. 29. 10. 1985, EzA § 613a BGB Nr. 52.

c) Betriebsübergang und Betriebsübung

106 Ist vor dem Betriebsinhaberwechsel eine betriebliche Übung entstanden und damit der Arbeitsvertrag der einzelnen Mitarbeiter um die üblich gewordenen Vergünstigungen ergänzt worden[1], **tritt der Betriebserwerber gemäß § 613a BGB in diese betriebliche Übung** ein. Sind zB Regelungen über die Anwendung eines Tarifvertrages, Fahrtkostenerstattung, Telefonkostenübernahme und Spesenersatz kraft betrieblicher Übung beim früheren Betriebsinhaber Inhalt des Arbeitsvertrages geworden, muß der Betriebserwerber diese gegen sich gelten lassen.

107 Da der Betriebserwerber sich nicht nur rechtliche, sondern auch im gewissen Umfang tatsächliche Gegebenheiten, die als Tatbestandsmerkmale für spätere Rechtsfolgen bedeutsam sind, zurechnen lassen muß[2], entsteht im Erwerberbetrieb selbst dann eine betriebliche Übung, wenn der Vorgänger eine Übung in Gang gesetzt hat, die der **Betriebserwerber erst vollendet.**

108 **Beispiel:**

Hat zB der bisherige Betriebsinhaber zweimal hintereinander ohne Vorbehalt eine Gratifikation gezahlt, haben die Arbeitnehmer dann einen Anspruch aus betrieblicher Übung für die Zukunft erworben, wenn der Betriebserwerber ebenfalls ohne Vorbehalt und in Unkenntnis der früheren Zahlungen die gleiche und damit dritte Gratifikation leistet[3]. Der Betriebserwerber kann das Entstehen der betrieblichen Übung verhindern, indem er die Gratifikation „freiwillig und ohne Rechtsanspruch" zahlt.

109 | **Hinweis:**
Da der Betriebserwerber auch an ungeschriebene betriebliche Übungen gebunden ist, die im veräußerten Betrieb entstanden sind oder die der neue Arbeitgeber erst vollendet, ist in den Verhandlungen über die Übernahme eines Betriebes sorgfältig zu prüfen, ob und welche weiteren Rechtsverpflichtungen über den schriftlichen Arbeitsvertrag hinaus der alte Betriebsinhaber eingegangen ist oder in Gang gesetzt hat.

d) Betriebsübergang und Gleichbehandlung

110 Ist zB ein Betriebsteil gemäß § 613a BGB übernommen und in einen Betrieb des Erwerbers eingegliedert worden, muß der Betriebserwerber die **übernommenen** und die bereits vor Betriebsübergang beim neuen Betriebsinhaber **beschäftigten Arbeitnehmer** hinsichtlich der im Zeitpunkt des Betriebsübergangs bestandenen arbeitsvertraglichen Bedingungen **nicht gleichbehandeln.** Weder haben die übernommenen Mitarbeiter Anspruch, die gleichen Leistungen wie die bereits beschäftigten zu erhalten, noch können die bereits beschäftigten Arbeitnehmer

---

1 BAG v. 28. 7. 1988, EzA § 242 BGB – Betriebliche Übung Nr. 23.
2 *Seiter*, S. 76 f.
3 *Seiter*, S. 81 f.; KR/*Pfeiffer*, § 613a BGB Rz. 79; *Beseler*, S. 98.

III. Vereinbarungen beim Betriebsübergang   Rz. 114 **Teil 2 G**

die gleichen Leistungen wie die übernommenen verlangen. Der übernommene Arbeitnehmer hat deshalb auch keinen Anspruch aus einer betrieblichen Übung, die bereits bei Betriebsübergang im Erwerberbetrieb bestand. Denn dem Arbeitgeber ist es nach dem arbeitsrechtlichen Gebot zur Gleichbehandlung nur verwehrt, in seinem Betrieb einzelne oder Gruppen von Arbeitnehmern ohne sachlichen Grund von allgemein begünstigenden Regelungen des Arbeitsverhältnisses auszunehmen und sie schlechterzustellen. Muß der Arbeitgeber einer Gruppe von Arbeitnehmern aus Gründen der Besitzstandswahrung höhere Leistungen gewähren, ist dies ein sachliches Differenzierungsmerkmal[1]. *Seiter*[2] weist zu Recht darauf hin, daß der Grundsatz der Gleichbehandlung nicht als Meistbegünstigungsklausel zu verstehen ist.

Der neue Arbeitgeber ist auch nicht aus dem Gebot zur **Gleichbehandlung** 111 verpflichtet, bei der Gewährung und Berechnung von **Versorgungsleistungen** auf Grund einer eigenen Versorgungszusage diejenigen Beschäftigungszeiten anzurechnen, welche die übernommenen Arbeitnehmer bei dem Veräußerer des Betriebes verbracht haben. Der Betriebserwerber kann in diesem Fall ohne Verstoß gegen den Gleichbehandlungsgrundsatz danach unterscheiden, ob die betroffenen Arbeitnehmer ihre Betriebstreue ihm selbst oder noch dem früheren Betriebsinhaber erbracht haben[3].

Will der neue Arbeitgeber eine **einheitliche Regelung** für alle – übernommenen 112 und bereits im Zeitpunkt des Betriebsübergangs bei ihm beschäftigten – Mitarbeiter erreichen, ist er auf die hierfür vorgesehenen rechtlichen Möglichkeiten wie vertragliche Vereinbarung oder Änderungskündigung angewiesen, wobei allerdings die bloße Berufung des Arbeitgebers auf den Gleichbehandlungsgrundsatz noch kein dringendes betriebliches Erfordernis iS der §§ 2, 1 Abs. 2 KSchG für eine Änderungskündigung darstellt[4].

III. Vereinbarungen im Zusammenhang mit dem Betriebsübergang

Der Übergang des Arbeitsverhältnisses ist nicht Tatbestandsvoraussetzung des 113 § 613a Abs. 1 BGB, sondern die gesetzliche Rechtsfolge des Betriebsübergangs und zwingend. **Betriebsveräußerer und Betriebserwerber können** deshalb **nicht vereinbaren,** daß einzelne, mehrere oder alle Arbeitnehmer vom Übergang der Arbeitsverhältnisse ausgeschlossen werden sollen[5].

Keine Bedenken bestehen dagegen an einem **Aufhebungsvertrag** zwischen **Be-** 114 **triebsveräußerer und Arbeitnehmer,** selbst wenn damit der Übergang des Arbeitsverhältnisses auf den Betriebserwerber verhindert wird. Denn der Arbeitnehmer kann jederzeit freiwillig aus den Diensten des alten Betriebsinhabers

---
1 BAG v. 28. 4. 1982, EzA § 2 KSchG Nr. 4.
2 *Seiter*, S. 83.
3 BAG v. 30. 8. 1979, EzA § 613a BGB Nr. 23.
4 BAG v. 28. 4. 1982, EzA § 2 KSchG Nr. 4.
5 BAG v. 30. 10. 1986, EzA § 613a BGB Nr. 54.

ausscheiden. Werden allerdings Arbeitnehmer mit dem Hinweis auf einen geplanten Betriebsübergang und Arbeitsplatzgarantien des Erwerbers veranlaßt, ihre Arbeitsverhältnisse mit dem Betriebsveräußerer selbst fristlos zu kündigen oder Auflösungsverträgen zuzustimmen, um dann mit dem Betriebserwerber neue Arbeitsverträge abschließen zu können (sog. Lemgoer Modell), so liegt darin eine **Umgehung** des § 613a Abs. 4 Satz 1 BGB[1]. Sowohl die fristlose Kündigung bzw. der Aufhebungsvertrag als auch der Einstellungsvertrag mit dem Betriebserwerber wären unwirksam.

115 In gleicher Weise stellt es eine Umgehung des § 613a Abs. 4 BGB dar, wenn der künftige Betriebserwerber von einem Arbeitnehmer, der in dem zu übernehmenden Betrieb beschäftigt ist, verlangt, daß er zunächst bei seinem bisherigen Arbeitgeber **kündigt oder einen Aufhebungsvertrag abschließt, um dann nach Betriebsübergang wieder eingestellt** zu werden. Dagegen wird § 613a Abs. 4 BGB nicht umgangen, wenn die Arbeitnehmer zunächst einvernehmlich aus den Diensten des bisherigen Arbeitgebers ausscheiden, um in eine Beschäftigungsgesellschaft überzuwechseln, und der Betriebsnachfolger später aus der Beschäftigungsgesellschaft einige Mitarbeiter neu einstellt. Eine Umgehung des § 613a Abs. 4 Satz 1 BGB wird in diesem Fall allerdings dann anzunehmen sein, wenn von vornherein vom alten und neuen Betriebsinhaber beabsichtigt war, daß der alte Betrieb „saniert" übernommen und nur eine begrenzte Zahl von Mitarbeitern aus der Beschäftigungsgesellschaft eingestellt wird[2].

116 Es ist auch die **Befristung eines Arbeitsvertrages** sachlich nicht gerechtfertigt, wenn sie darauf abzielt, den durch § 613a BGB bezweckten Bestandsschutz bei rechtsgeschäftlichem Betriebsübergang zu vereiteln[3].

117 Der **Arbeitnehmer** kann mit dem **neuen Betriebsinhaber** vereinbaren, das Arbeitsverhältnis nicht fortzusetzen[4]. Auch können sie ihren Arbeitsvertrag für die Zukunft neu gestalten. Da jedoch § 613a Abs. 1 BGB zum Schutz des betroffenen Arbeitsnehmers zwingendes Recht enthält und verhindern will, daß die Betriebsveräußerung zum Anlaß eines Sozialabbaus der Belegschaft des Veräußererbetriebes genommen wird, ist es mit dem Schutzzweck des § 613a BGB nicht zu vereinbaren, wenn die Arbeitnehmer mit dem Betriebserwerber einen **Verzicht** auf rückständigen Arbeitslohn und freiwillig begründete betriebliche Sozialleistungen (Verzicht auf betriebliche Altersversorgung) vereinbaren[5]. Ein solcher Verzicht ist nur dann rechtens, wenn hierfür **sachliche Gründe** gegeben sind. So hat das BAG geurteilt[6], daß ein sachlicher Grund dann anzuerkennen ist, wenn der Verzicht für die dauerhafte Erhaltung von Arbeitsplätzen erforderlich ist, was vom Arbeitgeber zu beweisen wäre.

---

1 BAG v. 28. 4. 1987, EzA § 613a BGB Nr. 67.
2 LAG Düsseldorf v. 28. 4. 1997, DB 1997, 1878.
3 BAG v. 15. 2. 1995, EzA § 620 BGB Nr. 130.
4 BAG v. 29. 10. 1975, EzA § 613a BGB Nr. 4.
5 BAG v. 12. 5. 1992, EzA § 613a BGB Nr. 104.
6 BAG v. 17. 1. 1980, EzA § 613a BGB Nr. 24.

Beispiel: 118

Die A-GmbH hat im Zeitpunkt des Betriebsübergangs gegenüber der Arbeitnehmerin B Lohnverpflichtungen in Höhe von 10.000 DM. Ein Verzichtsvertrag der B mit der Betriebsnachfolgerin C-GmbH wäre nur bei einem sachlichen Grund rechtswirksam, etwa weil damit die C-GmbH vor einem Konkurs bewahrt würde. Rechtlich unbedenklich dagegen wäre eine Stundungsabrede.

IV. Haftung des Betriebsveräußerers

Der alte Arbeitgeber haftet für Ansprüche aus dem Arbeitsverhältnis (Lohnforderungen, Versorgungsansprüche, Ansprüche aus einem Sozialplan) gegenüber Arbeitnehmern, die bereits **vor Betriebsübergang** aus seinen Diensten **ausgeschieden** sind, voll. Denn bereits vor dem Betriebsübergang ausgeschiedene Arbeitnehmer fallen nicht unter den Betriebsübergang. 119

Geht dagegen ein bei Betriebsübergang bestehendes Arbeitsverhältnis auf den Betriebserwerber über, haftet der Betriebsveräußerer neben dem neuen Betriebsinhaber **gesamtschuldnerisch** für bei Betriebsübergang **fällige Forderungen** wie zB rückständige Lohnforderungen, § 613a Abs. 2 Satz 1 BGB. Daraus folgt, daß der alte Arbeitgeber selbst dann mit dem neuen Arbeitgeber gesamtschuldnerisch haftet, wenn der neue Betriebsinhaber Urlaub gewährt, den der Betriebsveräußerer nicht mehr oder nur noch als Urlaubsabgeltung gewähren kann[1]. 120

Allerdings haftet der Betriebsveräußerer neben dem neuen Arbeitgeber auch gesamtschuldnerisch für solche Forderungen, die im Zeitpunkt des Betriebsübergangs zwar noch nicht fällig waren, die aber **vor Ablauf eines Jahres nach Betriebsübergang fällig werden,** so daß eine zeitliche Beschränkung der Haftung erreicht wird[2]. Die Fälligkeit richtet sich nach §§ 614, 271 BGB. Diese Haftung ist zusätzlich noch dahin gehend beschränkt, daß sie nur anteilig entsprechend dem im Übergangszeitpunkt abgelaufenen Bemessungszeitraum erfolgt. Der alte Arbeitgeber haftet etwa bei einer Weihnachtsgratifikation anteilig für den Teil des Jahres, der noch seiner Arbeitgeberstellung unterfiel[3]. 121

Im Innenverhältnis zwischen altem und neuem Arbeitgeber erfolgt der **Ausgleich nach § 426 BGB;** häufig wird der Innenausgleich expressis verbis im Übernahmevertrag geregelt. Bestritten ist, ob der Veräußerer für die vor Betriebsübergang fällig werdenden Verbindlichkeiten haftet[4] oder ob es eine entsprechende Auslegungsregel nicht gibt[5]. Allerdings haftet in der Regel im Innenverhältnis der neue Arbeitgeber für Lohnansprüche nach dem Betriebsübergang[6]. 122

---

1 BGH v. 4. 7. 1985, EzA § 613a BGB Nr. 47.
2 KR/*Pfeiffer*, § 613a BGB Rz. 86.
3 KR/*Pfeiffer*, § 613a BGB Rz. 86.
4 So *Schiefer*, S. 94; auch wohl KR/*Pfeiffer*, § 613a Rz. 86.
5 *Palandt*, § 613a BGB Rz. 18; *Schreiber*, RdA 82, 137.
6 KR/*Pfeiffer*, § 613a BGB Rz. 87; zu zusätzlichen Haftungsgründen vgl. KR/*Pfeiffer*, § 613a BGB Rz. 88 mwN.

123 **Hinweis:**
Im Übernahmevertrag sollte ausdrücklich aufgenommen werden, ob der Betriebserwerber und/oder der alte Arbeitgeber für Verbindlichkeiten bis zum Betriebsübergang im Innenverhältnis einzutreten hat.

V. Kündigung im Zusammenhang mit dem Betriebsübergang

124 Nach § 613a Abs. 4 BGB sind die Beendigungs- und die Änderungskündigung des Arbeitsverhältnisses durch den bisherigen Arbeitgeber oder durch den neuen Betriebsinhaber **wegen des Übergangs** eines Betriebes oder Betriebsteils **unwirksam;** das Recht zur Kündigung aus anderen Gründen bleibt unberührt.

1. Kündigung durch den bisherigen Arbeitgeber

125 § 613a Abs. 4 BGB gilt nur dann, wenn der Betriebsübergang jedenfalls **wesentlich mitbestimmend** war für die ordentliche oder fristlose Kündigung. Geschützt sind **alle Arbeitnehmer,** selbst wenn sie wegen nicht erfüllter Wartezeit (§ 1 Abs. 1 KSchG) noch keinen Kündigungsschutz haben.

126 Eine Kündigung wird selbst dann wegen des Betriebsübergangs ausgesprochen und ist unwirksam, weil der Arbeitnehmer für den Betriebserwerber **zu teuer** ist und es bei Übernahme dieses Arbeitnehmers **nicht zum Betriebsübergang** gekommen wäre[1].

127 **Hinweis:**
In der Praxis wird die Übernahme eines Betriebes von einem notleidenden Unternehmen häufig an den Rechtsfolgen des § 613a BGB scheitern. Dabei hilft auch der Hinweis, der Betrieb hätte nicht fortgesetzt werden können, wenn alle – auch die teuren – Mitarbeiter hätten übernommen werden müssen, nicht weiter. Es bedarf deshalb sorgfältiger Abschätzung aller Risiken einer Betriebsübernahme.

128 Unter § 613a BGB fällt auch eine Kündigung, die aus der Sicht des alten Arbeitgebers im Hinblick auf einen geplanten Betriebsübergang ausgesprochen wird, um den **Betriebsübergang vorzubereiten und zu ermöglichen.** Andererseits ist bei Anwendung des § 613a Abs. 4 BGB stets zu prüfen, ob es neben dem Betriebsübergang einen „sachlichen Grund" gibt, der „aus sich heraus" die Kündigung zu rechtfertigen vermag, so daß der Betriebsübergang nur äußerlich Anlaß, nicht aber der tragende Grund für die Kündigung gewesen ist[2]. So liegt eine Kündigung wegen Betriebsübergangs **nicht** vor, wenn sie der Rationalisie-

---

1 BAG v. 26. 5. 1983, EzA § 613a BGB Nr. 34.
2 BAG v. 5. 12. 1985, EzA § 613a BGB Nr. 50.

rung (Verkleinerung) des Betriebes zur Verbesserung der Verkaufschancen dient. Eine **Rationalisierungsmaßnahme** liegt vor, wenn der Betrieb ohne die Rationalisierung stillgelegt werden müßte[1].

Zu den „sachlichen Gründen" gehört auch die ernsthafte und endgültige **Stillegungsabsicht**, wenn die betrieblichen Umstände bereits greifbare Formen angenommen haben. Die greifbaren Formen können je nach den Umständen des Einzelfalles die Gründe für die Stillegungsabsicht oder auch ihre Durchführungsformen betreffen[2]. Ist der Arbeitgeber zum Zeitpunkt des Zugangs der Kündigung endgültig entschlossen, den Betrieb stillzulegen, so ist die Kündigung auch dann nicht gemäß § 613a Abs. 4 BGB unwirksam, wenn es nachträglich doch noch infolge geänderter Umstände zu einem Betriebsübergang kommt. 129

Beispiel: 130
Die A-GmbH kündigte das Arbeitsverhältnis mit B am 15. 3. 1997 zum 30. 6. 1997 mit der erklärten Absicht, den Betrieb zum 30. 6. 1997 stillzulegen; dementsprechend wurden der Mietvertrag über die Produktionsräume gekündigt und Verhandlungen über den Verkauf des Inventars geführt. Ohne daß es vorher geplant war, zeichnete sich am 1. 6. 1997 die Möglichkeit ab, daß der Betrieb von der C-GmbH zum 1. 7. 1997 übernommen wird, was auch geschah. Die Kündigung vom 15. 3. 1997 ist trotz der späteren Betriebsübernahme nicht gemäß § 613a Abs. 4 BGB unwirksam.

Kommt es allerdings noch **vor Ablauf der Kündigungsfrist** zu einem rechtsgeschäftlichen Betriebsübergang, spricht eine tatsächliche Vermutung gegen eine ernsthafte und endgültige Stillegungsabsicht[3]. Auch spricht eine tatsächliche Vermutung gegen die Absicht des Betriebsinhabers, den Betrieb endgültig stillzulegen, wenn der Betrieb alsbald nach der Weiterveräußerung wieder eröffnet wird[4]. 131

Beispiel: 132
Wurde im vorigen Fall der Betrieb bereits zum 1. 6. 1997 übernommen, würde eine tatsächliche Vermutung gegen eine endgültige Stillegungsabsicht sprechen. Die A-GmbH hätte diese Vermutung durch Tatsachen zu entkräften.

> **Hinweis:** 133
> In der anwaltlichen Beratungspraxis sollte wegen dieser Konsequenzen ein besonderes Augenmerk auf den Zeitpunkt der Übernahme des Betriebes und/oder der Aufnahme der Betriebstätigkeit durch den neuen Betriebsinhaber gelegt werden.

---

1 BAG v. 18. 7. 1996, EzA § 613a Nr. 142.
2 BAG v. 19. 6. 1991, EzA § 1 KSchG – Betriebsbedingte Kündigung Nr. 70.
3 BAG v. 5. 12. 1995, EzA § 613a BGB Nr. 50.
4 BAG v. 18. 5. 1995, EzA § 613a BGB Nr. 139.

134 Dem **Konkursverwalter** bietet § 113 InsO eine besondere Berechtigung, zur beschleunigten Abwicklung des Konkursverfahrens unter Verkürzung vertraglich verlängerter Kündigungsfristen die mit den vom Gemeinschuldner beschäftigten Arbeitnehmern bestehenden Verträge zu kündigen. Insoweit begründet das Konkursrecht eine **eigenständige Kündigungsmöglichkeit**. Allerdings hat der Konkursverwalter bei Ausübung seines besonderen Kündigungsrechts auch § 613a Abs. 4 Satz 1 BGB zu beachten[1].

2. Kündigung durch den Betriebserwerber

135 Die Kündigung des Betriebserwerbers ist ebenfalls dann unwirksam, wenn sie **wegen des Betriebsübergangs** erfolgt. Zwar ist es dem neuen Arbeitgeber nicht verwehrt, nach Übernahme des Betriebes aufgrund einer **neuen unternehmerischen Entscheidung** die Stillegung des Betriebes oder eines Betriebsteils oder Rationalisierungsmaßnahmen zu beschließen und sie umzusetzen. Kündigt er dann das Arbeitsverhältnis von einem oder mehreren Mitarbeitern, wäre diese Kündigung jedenfalls nicht wegen des Betriebsübergangs ausgesprochen. Hatte allerdings der Betriebserwerber bereits bei Betriebsübergang die Absicht, die übernommenen Arbeitnehmer aus betriebsbedingten Gründen zu entlassen, wäre diese Kündigung wegen Verstoßes gegen § 613a Abs. 4 BGB unwirksam. Ob von vornherein eine solche Absicht bestand, wird häufig vom darlegungs- und – im Bestreitensfalle – beweispflichtigen Arbeitnehmer schwer nachzuweisen sein. Ein enger zeitlicher Zusammenhang zwischen dem Betriebsübergang und der späteren Kündigung kann aber ein Indiz dafür sein (Beweis des ersten Anscheins), daß die Kündigung wegen des Betriebsübergangs und nicht wegen neuer, nach Betriebsübergang eingetretener Umstände erfolgte[2].

Beispiel:

B ist am 1. 7. 1997 von der C-GmbH im Rahmen eines Betriebsübergangs übernommen worden. Bereits am 15. 8. 1997 kündigt die C-GmbH das Arbeitsverhältnis mit B mit der Begründung, sie habe sich nunmehr entschlossen, den übernommenen Betrieb stillzulegen. Wegen des engen zeitlichen Zusammenhangs zwischen dem Betriebsübergang und der Kündigung spricht die tatsächliche Vermutung dafür, daß die C-GmbH von vornherein die Absicht hatte, den Betrieb von der A-GmbH zu übernehmen und ihn dann möglichst zügig stillzulegen. Die C-GmbH wird deshalb konkret diese tatsächliche Vermutung zu entkräften haben.

3. Kündigung aus anderen Gründen

136 § 613a Abs. 4 BGB läßt jedoch Kündigungen aus anderen Anlässen wie zB aus **personen- und verhaltensbedingten,** aber auch aus **betriebsbedingten** Gründen zu[3]. Allerdings wird hierbei im Einzelfall sorgfältig zu prüfen sein, ob diese

---

1 *Gaul*, S. 346 mwN.
2 *Beseler*, S. 107.
3 Vgl. oben Rz. 128.

anderen Gründe nur vorgeschoben wurden, um einen Betriebsübergang zu verhindern, und es sich damit letztlich um eine Kündigung wegen Betriebsübergangs handelt. Dieses wird dann anzunehmen sein, wenn der alte Arbeitgeber keine nachvollziehbaren personen-, verhaltens- oder betriebsbedingten – und damit sachlichen – Gründe hatte, die die Kündigung hätten rechtfertigen können.

Beispiel: 137
Die A-GmbH stellt die B zum 1. 6. 1997 unbefristet ein. Innerhalb der Wartezeit des § 1 Abs. 1 KSchG kündigt sie das Arbeitsverhältnis mit der B am 15. 8. zum 31. 8. 1997. Am 1. 9. 1997 übernimmt die C-GmbH den Betrieb der A-GmbH. Obwohl die B noch keinen Kündigungsschutz hatte, dürfte die Kündigung wegen des Betriebsübergangs ausgesprochen worden sein und folglich unwirksam sein, wenn der A-GmbH keine sachlichen Gründe (zB Schlechtleistung der B) bei Zugang der Kündigung zur Seite standen.

Kündigt der alte Betriebsinhaber Arbeitnehmern aus **betrieblichen Gründen,** 138
weil wegen einer durchgeführten Umstrukturierung kein Beschäftigungsbedarf mehr besteht, so gehen die Arbeitsverhältnisse dieser Mitarbeiter jedenfalls dann auf den Betriebserwerber über, wenn die Kündigung zB wegen nicht ordnungsgemäßer Anhörung des Betriebsrats gemäß § 102 Abs. 1 BetrVG unwirksam ist und die Aufgaben weiterhin – wenn auch in anderer Weise – erledigt werden[1].

Hinweis: 139
Um die wirtschaftlichen Nachteile für den Betriebserwerber zu mindern, empfiehlt es sich, in dem Übernahmevertrag auch die Risiken anhängiger Kündigungsschutzprozesse gegen den Betriebsveräußerer zu regeln.

Dagegen wird eine Kündigung dann nicht wegen des Betriebsübergangs ausgesprochen, wenn der vom Betriebsübergang betroffene Arbeitnehmer dem Übergang seines Arbeitsverhältnisses **widerspricht** und der alte Arbeitgeber keine Beschäftigungsmöglichkeit mehr für diesen Mitarbeiter hat. 140

4. Beweislast

Macht der **Arbeitnehmer** den Umgehungstatbestand des § 613a Abs. 4 BGB 141
geltend, muß er die Kausalität zwischen Kündigung und Betriebsübergang **vortragen** und evtl. beweisen, daß die Kündigung wegen des Betriebsübergangs erfolgte, wobei er sich bei einem engen zeitlichen Zusammenhang zwischen der Kündigung und dem Betriebsübergang auf den Beweis des ersten Anscheines berufen kann.

---

1 LAG Düsseldorf v. 10. 1. 1997, LAGE § 613a BGB Nr. 57.

5. Geltendmachung der Unwirksamkeit

142 Will der Arbeitnehmer geltend machen, daß die Kündigung wegen Betriebsübergangs erfolgte und damit nach § 613a Abs. 4 BGB unwirksam ist, kann er eine allgemeine **Feststellungsklage nach § 256 ZPO** erheben. Eine bestimmte Klagefrist muß dabei nicht beachtet werden. Allerdings muß der Arbeitnehmer innerhalb einer angemessenen Frist von seinem Klagerecht wegen der Kündigung aus Anlaß eines Betriebsübergangs Gebrauch machen, wenn ihm nicht der Vorwurf der **Verwirkung des Klagerechts** gemacht werden soll. Für diese Prozeßverwirkung gibt es keine starre Höchst- oder Regelfrist; zudem bedarf es besonderer Umstände für die berechtigte Erwartung des neuen Arbeitgebers, er werde nicht mehr gerichtlich in Anspruch genommen. An dieses Vertrauen sind insbesondere dann strenge Anforderungen zu stellen, wenn der Arbeitnehmer eine Kündigung mit der Begründung angreift, sie sei wegen eines Betriebsübergangs ausgesprochen worden[1]. Wenn auch eine Regelfrist im Sinne der Rechtssicherheit wünschenswert wäre – *Gaul*[2] sieht eine Regelfrist von drei Wochen, *Schulin*[3] eine von 6 Monaten als interessengerecht an –, bedarf es nach der Rechtsprechung jedoch **weiterer besonderer Umstände,** damit sich der frühere Arbeitgeber oder der Betriebserwerber darauf verlassen kann, der gekündigte Arbeitnehmer werde nicht mehr Klage erheben. Daß die Unwirksamkeit der Kündigung wegen Betriebsübergangs nicht binnen der Frist des § 4 KSchG geltend gemacht werden muß, gilt nur **außerhalb des Konkursverfahrens.** Nach § 113 Abs. 2 InsO muß im **Konkursverfahren** auch diese Unwirksamkeit binnen einer Frist von **drei Wochen klageweise** reklamiert werden, damit nicht der betroffene Arbeitnehmer den Kündigungsschutz verliert.

143 Wurde die Kündigung nicht allein wegen des Betriebsübergangs, sondern auch zB aus personen- oder verhaltensbedingten Gründen ausgesprochen und fällt der Arbeitnehmer unter den Geltungsbereich des Kündigungsschutzgesetzes, muß er unter **Beachtung der Frist des § 4 KSchG** Kündigungsschutzklage erheben, um nicht Gefahr zu laufen, daß die Kündigung gemäß § 7 KSchG rechtswirksam wird. Im Rahmen dieses Kündigungsschutzverfahrens nach § 4 KSchG ist zugleich die Unwirksamkeit nach § 613a Abs. 4 BGB zu prüfen[4]. Denn der kündigende Betriebsveräußerer ist auch nach dem Zeitpunkt des Betriebsübergangs für das Kündigungsschutzverfahren **passivlegitimiert**[5]. Da der Betriebserwerber eine gewichtiges Interesse am Ausgang dieses Kündigungsschutzprozesses hat, kann er mit Zustimmung des klagenden Arbeitnehmers als Rechtsnachfolger des Betriebsveräußerers das Kündigungsschutzverfahren übernehmen. Stimmt der Arbeitnehmer nicht zu, kann der Betriebserwerber nur als unselbständiger Streitgehilfe (§ 67 ZPO) des Betriebsveräußerers am Prozeß teilnehmen.

---

1 BAG v. 20. 5. 1988, EzA § 242 BGB – Prozeßverwirkung Nr. 1.
2 *Gaul*, S. 347.
3 *Schulin*, Anm. zu BAG v. 20. 5. 1988, EzA § 242 BGB – Prozeßverwirkung Nr. 1.
4 KR/*Pfeiffer*, § 613a BGB Rz. 116.
5 BAG v. 27. 9. 1984, EzA § 613a BGB Nr. 40 = DB 1985, 1399; KR/*Pfeiffer*, § 613a BGB Rz. 117 meint, der Arbeitnehmer könne in diesem Fall Klage gegen den Betriebserwerber erheben.

V. Kündigung beim Betriebsübergang

144 Die Klage ist **gegen den bisherigen Arbeitgeber** zu richten, der die Kündigung ausgesprochen hat, die nach Auffassung des Arbeitnehmers **sozial ungerechtfertigt** iS des Kündigungsschutzgesetzes ist. Nur so können die Folgen des § 7 KSchG vermieden werden. Dieses gilt selbst dann, wenn die Kündigungsschutzklage erst nach Betriebsübergang erhoben wurde[1]. Wurde allerdings die Kündigung **allein wegen Betriebsübergangs nach § 613a Abs. 4 BGB** erklärt, kann der betroffene Arbeitnehmer daneben oder anstelle des alten Arbeitgebers gerichtlich auch gegen den Betriebserwerber vorgehen.

> **Hinweis:**
> Gerade wegen der Folgen eines Fristversäumnisses bei Erhebung einer Kündigungsschutzklausel nach dem KSchG und – außerhalb des KSchG – im Konkursfall, § 113 InsO (zB wegen § 613a BGB), ist auf die Einhaltung der gesetzlichen Klagefristen ein besonderes Augenmerk zu richten.

145 Wird in dem Kündigungsschutzverfahren nach dem KSchG festgestellt, daß die Kündigung nach diesem Gesetz unwirksam ist, bedarf es allerdings keiner weiteren Prüfung mehr, ob die Kündigung auch wegen Verstoßes gegen § 613a Abs. 4 BGB unwirksam ist[2]. Das Arbeitsverhältnis geht **ungekündigt auf den Betriebserwerber** über.

Hat der Arbeitnehmer gegen den Arbeitgeber, der ihm gekündigt hat, eine Kündigungsschutzklage erhoben und wird nach deren Rechtshängigkeit der Betrieb veräußert, kann der Arbeitnehmer einen bisher nicht gestellten **Auflösungsantrag** nach § 9 KSchG mit Erfolg **nur** in einem Prozeß gegen den ihm bekannten **Betriebserwerber** stellen. Der Auflösungsantrag stellt nämlich einen selbständigen Antrag und ein eigenständiges prozessuales Institut des Kündigungsschutzrechts dar. Da eine gerichtliche Auflösung nur in Betracht kommt, wenn das Arbeitsverhältnis zu dem gesetzlich zwingenden Auflösungszeitpunkt noch Bestand hatte, kann ein Auflösungsantrag nicht mehr gestellt werden, wenn bereits vorher der Betrieb auf einen anderen Arbeitgeber übergegangen ist. Denn in einem solchen Fall soll das Arbeitsverhältnis nicht zu dem früheren, sondern zu dem neuen Arbeitgeber aufgelöst werden[3].

146 Hat das Gericht die Kündigung als **sozial gerechtfertigt** anerkannt und die Kündigungsschutzklage abgewiesen und hat der betroffene Arbeitnehmer nicht reklamiert, daß die Kündigung auch nach § 613a Abs. 4 BGB unwirksam ist, geht das Arbeitsverhältnis gekündigt auf den Betriebserwerber über und endet dort mit Ablauf der Kündigungsfrist, ohne daß es einer erneuten Kündigung des Arbeitsverhältnisses durch den Betriebsnachfolger bedarf[4].

147 Die **Rechtskraft** eines Urteils für und gegen den alten Arbeitgeber wirkt nach § 265 Abs. 2 ZPO iV mit § 325 ZPO auch für und gegen den neuen Betriebsin-

---

1 Hierzu kritisch bei Klageerhebung nach Betriebsübergang: *Löwisch/Neumann*, DB 1996, 474.
2 BAG v. 27. 9. 1984, EzA § 613a BGB Nr. 40.
3 BAG v. 20. 3. 1997, EZA § 613a BGB Nr. 148.
4 *Beseler*, S. 108.

haber, falls der Betriebsübergang nach Kündigungszugang eingetreten ist[1]. Voraussetzung ist allerdings, daß tatsächlich ein Betriebs(teil)übergang stattgefunden hat und das Arbeitsverhältnis des Arbeitnehmers von diesem Betriebs(teil)übergang erfaßt wurde. Denn durch den Vorprozeß wird nicht rechtskräftig festgestellt, ob der neue Arbeitgeber tatsächlich Betriebs(teil)übernehmer im Sinne des § 613a BGB ist, so daß in einem späteren Prozeß immer noch von dem neuen Betriebsinhaber eingewandt werden kann, es liege ein Betriebs(teil)übergang nicht vor[2].

148 **Hinweis:**
Bei Streit über das Vorliegen eines Betriebsübergangs und über die Rechtmäßigkeit einer vom bisherigen Arbeitgeber ausgesprochenen Kündigung empfiehlt es sich deshalb, gegen den alten Arbeitgeber Kündigungsschutzklage zu erheben und gleichzeitig gegen den neuen Arbeitgeber auf Feststellung zu klagen, daß mit ihm das beim bisherigen Arbeitgeber begründete Arbeitsverhältnis mit unveränderten Arbeitsbedingungen fortbesteht[3]. In diesem Prozeß wird rechtsverbindlich für den alten und den neuen Betriebsinhaber festgestellt, ob ein Betriebsübergang mit der Folge des § 613a BGB stattgefunden hat.

149 Hatte der alte Arbeitgeber das Arbeitsverhältnis nur **vorsorglich** gekündigt, weil er einerseits keine Beschäftigungsmöglichkeit unternehmensweit mehr hatte und andererseits meinte, es liege möglicherweise bereits bei Ausspruch der Kündigung ein Betriebs(teil)übergang mit der Folge des § 613a BGB vor, und stellt sich im Kündigungsschutzverfahren heraus, daß ein Betriebs(teil)übergang tatsächlich bereits vor Zugang der Kündigung erfolgte, ist die **Kündigungsschutzklage** mangels wirksamer Kündigung des Betriebsveräußerers **unbegründet**[4]. Um eine Kostenentscheidung gegen den Arbeitnehmer zu verhindern, bietet es sich an, daß der Arbeitnehmer im Kündigungsschutzverfahren die Erledigung der Hauptsache erklärt, um dann eine gerichtliche Entscheidung nach § 91a ZPO zu erreichen. Das Gericht wird im Regelfall dem Arbeitgeber die Kosten aufzuerlegen haben, weil er das Kündigungsschutzverfahren veranlaßt hat und dessen Rechtsunsicherheit über den Betriebsübergang nicht zulasten des Arbeitnehmers gehen kann.

Kündigte allerdings der alte Arbeitgeber und wendet der Arbeitnehmer im Kündigungsschutzverfahren nach dem KSchG ein, bereits vor Zugang der Kündigung sei der Betrieb, in dem er gearbeitet habe, auf einen Betriebserwerber übergegangen, so ist die Klage abzuweisen. Denn nach dem eigenen Vorbringen des Arbeitnehmers kann die Kündigung das Arbeitsverhältnis nicht beendet haben, weil es mit dem bisherigen Arbeitgeber nicht mehr bestanden hat.

---
1 BAG v. 4. 3. 1993, EzA § 613a BGB Nr. 107.
2 LAG Düsseldorf v. 10. 1. 1997, LAGE § 613a BGB Nr. 57; KR/*Pfeiffer*, § 613a BGB Rz. 118.
3 BAG v. 4. 3. 1993, EzA § 613a BGB Nr. 107.
4 LAG Köln v. 18. 3. 1994, NZA 1994, 815.

VI. Kollektivrechtliche Folgen des Betriebsübergangs

1. Zweck und Allgemeines

Nach dem Grundgedanken des § 613a Abs. 1 Satz 2–4 BGB sollen **Rechte** und **Pflichten**, die durch Rechtsnormen eines Tarifvertrages oder durch eine Betriebsvereinbarung geregelt sind, durch einen Betriebsübergang nicht untergehen; auf der anderen Seite will der Gesetzgeber die Angleichung der kollektivvertraglichen (Tarifvertrag, Betriebsvereinbarung) Arbeitsbedingungen an die bestehenden Arbeitsbedingungen im Unternehmen des Betriebserwerbers erleichtern.

In § 613a Abs. 1 Satz 2 BGB wird geregelt,, daß Rechte und Pflichten als Inhalt des Arbeitsverhältnisses zwischen dem neuen Inhaber und dem Arbeitnehmer **einzelvertraglich weitergelten,,** wenn diese Rechte und Pflichten durch **Rechtsnormen** eines **Tarifvertrages** oder in einer **Betriebsvereinbarung** geregelt sind.

Übersicht 1: Die Transformationsregelung des § 613a Abs. 1 Satz 2 BGB

1. **Normativ** (§ 4 Abs. 1 TVG) wirkende **Tarifverträge** (wegen beiderseitiger Tarifgebundenheit oder Allgemeinverbindlichkeit) und Konzernbetriebsvereinbarungen, Gesamtbetriebsvereinbarungen und **Betriebsvereinbarungen** (§ 77 Abs. 4 Satz 1 BetrVG) werden zu Bestimmungen des Einzelarbeitsvertrages, gelten damit schuldrechtlich.

   Die ehemals normativ wirkenden kollektiven Regelungen werden **transformiert:**

   ▶ **einseitig zwingend weitergeltend**

   dh. ein Jahr Veränderungssperre: zuungunsten des Arbeitnehmers weder **einvernehmlich** (Änderungsvertrag) noch **einseitig** bei Vorliegen der Voraussetzungen durch **Änderungskündigung** abänderbar;

   ▶ **kollektivvertragsoffen weitergeltend**

   dh. **bei gleichem Regelungssachverhalt** verhindern beim Erwerber **normativ** geltende Tarifverträge, Konzernbetriebsvereinbarungen, Gesamtbetriebsvereinbarungen und Betriebsvereinbarungen (TV, KBV, GBV, BV) die Transformation; auch noch vor Ablauf der Jahresfrist entsprechende abgeschlossene kollektive Regelungen (TV, KBV, GBV, BV) lösen transformierte Rechte und Pflichten **bei gleichem Regelungssachverhalt** ab, ggf. auch zuungunsten des Arbeitnehmers;

   ▶ **statisch weitergeltend**

   dh. Transformation der kollektiven Regelungen (TV, KBV, GBV, BV) in dem Zustand, in dem sich die Regelungen **im Zeitpunkt des Betriebsübergangs** befinden.

2. **Ende der einjährigen Regelungssperre:**
   ▶ **nach Ablauf eines Jahres:**
   gelten transformierte Regelungen als arbeitsvertragliche Regelungen weiter, sind aber jetzt auch zu Ungunsten des Arbeitnehmers **einvernehmlich** oder **einseitig** bei Vorliegen der Voraussetzungen mit **Änderungskündigung** abänderbar;
   ▶ **vor Ablauf eines Jahres:**
   – § 613a Abs. 1 Satz 4 Halbs. 2 BGB;
   – wenn TV oder KBV, GBV oder BV im Zeitpunkt des Betriebsübergangs nur aufgrund Nachwirkung Geltung hatten (§ 4 Abs. 5 TVG; § 77 Abs. 6 BetrVG);
   – bei Kündigung der kollektiven Regelung oder Ablauf der befristeten Regelung.

Übersicht 2: § 613a Abs. 1 Satz 2 BGB

§ 613a Abs. 1 Satz 2 BGB:
„Sind diese Rechte und Pflichten durch Rechtsnormen eines Tarifvertrages oder durch eine Betriebsvereinbarung geregelt, so werden sie Inhalt des Arbeitsverhältnisses zwischen dem neuen Inhaber und dem Arbeitnehmer und dürfen nicht vor Ablauf eines Jahres nach dem Zeitpunkt des Übergangs zum Nachteil des Arbeitnehmers geändert werden."

1. **Tarifvertragliche** Rechte und Pflichten:
   ▶ Rechte und Pflichten aus normativ wirkendem (dh.: beiderseitige Tarifbindung oder Allgemeinverbindlichkeit) Tarifvertrag werden zu einzelvertraglichen Ansprüchen transformiert, gelten damit schuldrechtlich weiter;
   ▶ diese aus dem Tarifvertrag transformierten Rechte und Pflichten können innerhalb eines Zeitraums von einem Jahr ab Betriebsübergang nicht zu Ungunsten des Arbeitnehmers abgeändert werden, auch nicht einvernehmlich durch Änderungsvertrag;
   ▶ nach Ablauf eines Jahres gelten die in den Arbeitsvertrag transformierten ehemaligen Rechte und Pflichten weiter; sie können dann aber einvernehmlich oder bei Vorliegen der Voraussetzungen einseitig durch Änderungskündigung auch zu Ungunsten der Arbeitnehmer abgeändert werden.

2. Rechte und Pflichten aus **Betriebsvereinbarung**:
   ▶ Rechte und Pflichten aus normativ wirkender KBV, GBV oder BV werden zu einzelvertraglichen Ansprüchen transformiert und gelten schuldrechtlich weiter;

VI. Kollektivrechtliche Folgen

- diese aus der Betriebsvereinbarung transformierten Rechte und Pflichten können innerhalb eines Zeitraums von einem Jahr ab Betriebsübergang nicht zu Ungunsten des Arbeitnehmers abgeändert werden, auch nicht einvernehmlich durch Änderungsvertrag;
- nach Ablauf eines Jahres gelten die in den Arbeitsvertrag transformierten ehemaligen Rechte und Pflichten weiter; sie können dann aber einvernehmlich oder bei Vorliegen der Voraussetzungen einseitig durch Änderungskündigung auch zu Ungunsten der Arbeitnehmer abgeändert werden.

Übersicht 3: § 613a Abs. 1 Satz 3 BGB

§ 613a Abs. 1 Satz 3 BGB: 153

„Satz 2 gilt nicht, wenn die Rechte und Pflichten bei dem neuen Inhaber durch Rechtsnormen eines anderen Tarifvertrages oder durch eine andere Betriebsvereinbarung geregelt werden."

- **Gilt** beim neuen Arbeitgeber (Erwerber) ein Tarifvertrag normativ (= beiderseitige Tarifgebundenheit oder Allgemeinverbindlichkeit des Tarifvertrages), verhindert dieser Tarifvertrag bei gleichem Regelungssachverhalt die Transformation nach Satz 2, auch wenn die tarifliche Regelung beim Erwerber ungünstiger ist;
- **gilt** beim neuen Arbeitgeber (Erwerber) eine KBV, GBV oder BV, gilt diese bei gleichem Regelungssachverhalt und verhindert eine Transformation nach Satz 2, auch wenn diese Regelung beim Erwerber ungünstiger ist;
- die aus KBV, GBV oder BV transformierten Rechte und Pflichten **können** durch einen Tarifvertrag, eine KBV, GBV oder BV über den **gleichen Regelungssachverhalt** nach dem Betriebsübergang auch schon vor Ablauf des Jahres **abgelöst werden**, auch wenn diese neue Regelung ungünstiger ist.

Übersicht 4: § 613a Abs. 1 Satz 4 BGB

§ 613a Abs. 1 Satz 4 BGB: 154

„Vor Ablauf der Frist nach Satz 2 können die Rechte und Pflichten geändert werden, wenn der Tarifvertrag oder die Betriebsvereinbarung nicht mehr gilt

oder

bei fehlender beiderseitiger Tarifgebundenheit im Geltungsbereich eines anderen Tarifvertrages dessen Anwendung zwischen dem neuen Inhaber und dem Arbeitnehmer vereinbart wird."

- Wenn der ehemalige TV oder die ehemalige KBV, GBV oder BV, deren Rechte und Pflichten bei Betriebsübergang in den Arbeitsvertrag transformiert wurden, nicht mehr gilt, also gekündigt wurde, oder als befristete Regelung abgelaufen ist, können die weitergeltenden transformierten Regelungen **einvernehmlich** oder bei Vorliegen der Voraussetzungen **einseitig durch Änderungskündigung** auch schon vor Ablauf der Jahresfrist, möglich auch zu Ungunsten des Arbeitnehmers abgeändert werden;
- wenn beim Erwerber keine normative Tarifbindung (also keine beiderseitige Tarifbindung oder Allgemeinverbindlichkeit des Tarifvertrages) vorliegt, können Arbeitgeber und Arbeitnehmer die Geltung des **einschlägigen** Branchentarifvertrages auch schon vor Ablauf des Jahres **vereinbaren**. Dieser würde bei **gleichem Regelungssachverhalt** auch schon vor Ablauf der Jahresfrist günstigere transformierte Rechte ablösen.

2. Keine Anwendung des § 613a Abs. 1 Satz 2–4 BGB

155 Bei einem Betriebsübergang sind Fallgestaltungen denkbar, in denen die Regelungen des § 613a Abs. 1 Satz 2–4 BGB keine Anwendung finden.

a) Bereits entstandene Ansprüche aus kollektiven Normen

156 Sind beim Betriebsveräußerer schon vor dem Betriebsübergang Ansprüche des Arbeitnehmers aus Tarifvertrag oder Betriebsvereinbarung entstanden, so handelt es sich um **individualarbeitsrechtliche** Ansprüche mit der Folge, daß diese wie Ansprüche aus dem Arbeitsvertrag auf den neuen Betriebsinhaber übergehen. § 613a Abs. 1 Satz 1 BGB ist in diesem Fall unmittelbar anzuwenden. Gemäß § 613a Abs. 2 BGB haftet der bisherige Arbeitgeber neben dem neuen Inhaber für diese Verpflichtungen als Gesamtschuldner.

b) Geltung der kollektiven Regelungen bei Betriebsübergang ohne Inhaberwechsel

157 § 613a Abs. 1 Satz 2–4 BGB regelt das Schicksal kollektiver Regelungen (Tarifvertrag, Betriebsvereinbarung) nur beim **Wechsel des Betriebsinhabers.** Von dieser gesetzlichen Bestimmung werden nicht erfaßt sonstige betriebliche Vorgänge, die ebenfalls Auswirkungen auf Tarifvertrag oder Betriebsvereinbarungen haben können. Insbesondere gilt § 613a Abs. 1 Satz 2–4 BGB nicht, wenn zB ein Betriebsteil ausgegliedert und in einen anderen Betrieb **desselben Unternehmens** – also ohne Inhaberwechsel – eingegliedert wird. Das Schicksal der Betriebsvereinbarungen wird in diesen Fällen nicht von § 613a BGB geregelt.

c) Anwendung des Tarifvertrages aufgrund arbeitsvertraglicher Vereinbarungen

158 Die Bestimmungen des § 613a Abs. 1 Satz 2–4 BGB finden keine Anwendung, wenn Arbeitgeber und Arbeitnehmer die Geltung eines Tarifvertrages „kraft

VI. Kollektivrechtliche Folgen

Bezugnahme", also im Arbeitsvertrag vereinbart haben. Wenn also der frühere Arbeitgeber mit einem nicht tarifgebundenen Arbeitnehmer die Geltung des einschlägigen Tarifvertrages einzelvertraglich durch Bezugnahme im Arbeitsvertrag, zB

> „für das Arbeitsverhältnis gelten, soweit in diesem Vertrag nichts anderes vereinbart ist, die Vorschriften der jeweils am Sitz der Firma geltenden Tarifverträge für die Arbeitnehmer der Chemischen Industrie",

vereinbart hat, so gelten nicht die Schutzbestimmungen des § 613a Abs. 1 Satz 2–4 BGB, sondern § 613a Abs. 1 Satz 1 BGB. Das bedeutet, daß in diesem Fall die Bestimmungen des vereinbarten Tarifvertrages mit Betriebsübergang als einzelvertragliche alte und neue Rechte weitergelten.

Beispiele: 159

Der tariflich nicht gebundene Arbeitgeber übernimmt einen Betriebsteil, in dem nur Arbeitnehmer ohne Gewerkschaftszugehörigkeit arbeiten. Die Arbeitnehmer haben aber im Arbeitsvertrag die Geltung des MTV Metallindustrie Südwest vereinbart, der ab 53 Jahren eine tarifliche Alterssicherung vorsieht. Als der Arbeitgeber nach drei Jahren einer 55jährigen Langzeitkranken kündigt, beruft diese sich mit Erfolg auf den arbeitsvertraglichen „tariflichen" Altersschutz (§ 613a Abs. 1 Satz 1 BGB).

Die arbeitsvertraglichen „tariflichen" Rechte sind aber der **sofortigen Veränderung** zugänglich. In diesem Fall können Arbeitgeber und Arbeitnehmer sofort **einverständlich** oder der Arbeitgeber einseitig durch **Änderungskündigung** diese „arbeitsvertraglichen Rechte" auch zum Nachteil des Arbeitnehmers abändern. 160

Beispiel: 161

Sechs Monate nach Übernahme des Betriebes arbeitet der Arbeitgeber neue Arbeitsvertragsformulare ohne Bezugnahme auf den Tarifvertrag aus und bietet den Arbeitnehmern des Betriebes die neuen Arbeitsbedingungen an. Die 53-jährige Arbeitnehmerin unterschreibt den neuen abändernden Vertrag. Damit ist ihr arbeitsvertraglicher „tariflicher" Altersschutz zulässig aufgehoben. Die Kündigung würde vor dem Arbeitsgericht als normale krankheitsbedingte Kündigung ohne Altersschutz behandelt werden.

d) Weiterführung als selbständiger Betrieb

Wenn der Erwerber den übernommenen Betrieb fortführt oder als selbständigen Betrieb in seinem Unternehmen beläßt, ist im Schrifttum umstritten, ob der Betriebserwerber auch als Partei in die im Zeitpunkt des Betriebsübergangs bestehenden **Betriebsvereinbarungen** eintritt, die der bisherige Inhaber des Betriebes mit dem Betriebsrat abgeschlossen hat. Insoweit bestimmt § 613a Abs. 1 Satz 2 BGB, daß Rechte und Pflichten der Arbeitsvertragsparteien, die durch eine Betriebsvereinbarung geregelt sind, Inhalt des Arbeitsverhältnisses zwischen dem neuen Inhaber und dem Arbeitnehmer werden und vor Ablauf eines Jahres grundsätzlich nicht zum Nachteil des Arbeitnehmers abgeändert werden dürfen. 162

163 Nach der Rechtsprechung des BAG[1] ist § 613a Abs. 1 Satz 2–4 BGB nicht zu entnehmen, daß der Betriebserwerber von aus anderen Rechtsgründen bestehenden Bindungen an kollektivrechtliche Normen frei werden soll. Aus Satz 4 ergibt sich vielmehr, daß **grundsätzlich kollektivrechtliche Regelungen** nach der Betriebsübernahme den transformierten individualrechtlichen Regelungen vorgehen sollen. Eine Bindung des Betriebserwerbers an die im Betrieb geltenden Betriebsvereinbarungen wird durch § 613a Abs. 1 Satz 2–4 BGB nicht ausgeschlossen. Der Betriebserwerber tritt in die Rechtsstellung des Betriebsinhabers ein; er ist daher auch an die im Betrieb geltenden Betriebsvereinbarungen jedenfalls solange gebunden, bis diese ihr Ende finden.

164 **Hinweis:**
Damit gelten bei einem Betriebsinhaberwechsel bei **Identität des Betriebes** die im Zeitpunkt des Betriebsübergangs geltenden Betriebsvereinbarungen **kollektivrechtlich** unmittelbar und zwingend (§ 77 Abs. 4 Satz 1 BetrVG) fort, ohne daß die Regelungen der Betriebsvereinbarungen in Individualarbeitsrecht gemäß § 613a Abs. 1 Satz 2 BGB transformiert werden.

3. Auswirkungen eines Betriebsinhaberwechsels auf Betriebsvereinbarungen und Tarifverträge (§ 613a Abs. 1 Satz 2–4 BGB)

a) Individualrechtliche Weitergeltung

165 § 613a Abs. 1 Satz 2 BGB regelt, daß die Bestimmungen des Tarifvertrages und der Betriebsvereinbarungen (Rechtsnormen), die Rechte und Pflichten zwischen bisherigem Arbeitgeber und Arbeitnehmern regeln, ihre unmittelbare und zwingende kollektive Wirkung – geregelt in § 4 Abs. 1 TVG, § 77 Abs. 4 Satz 1 BetrVG – verlieren und wie arbeitsvertraglich vereinbarte Regelungen weitergelten. Damit wird kollektives Recht in Individualarbeitsrecht **transformiert**.

b) Einseitig zwingende Weitergeltung

166 Die in das Individualarbeitsrecht transformierten ehemaligen kollektiven Bestimmungen zur Regelung der Rechte und Pflichten zwischen Arbeitgeber und Arbeitnehmer dürfen vor Ablauf **eines Jahres** nach dem Zeitpunkt des Betriebsübergangs zum Nachteil des Arbeitnehmers nicht geändert werden. Zugunsten des Arbeitnehmers besteht damit eine einseitig zwingende Wirkung. Damit ist gesetzlich **ausgeschlossen,** daß Arbeitgeber und Arbeitnehmer diese transformierten Rechte **einvernehmlich** zu Lasten des Arbeitnehmers **abändern** oder der Arbeitgeber einseitig zur für den Arbeitnehmer nachteiligen Abänderung innerhalb der Jahresfrist eine **Änderungskündigung** ausspricht.

---

[1] BAG v. 5. 2. 1991, BB 1991, 1052 = DB 1991, 1937 = NZA 1991, 639; BAG v. 27. 7. 1994, BB 1995, 570 = DB 1995, 431.

c) Kollektivvertragsoffene Weitergeltung

> **Hinweis:**
> Gehen Arbeitsverhältnisse aufgrund eines Betriebsübergangs auf einen Erwerber über und besteht in dessen Unternehmen eine Betriebsvereinbarung mit gleichem Regelungsgegenstand wie im übernommenen Betrieb, so richten sich die Ansprüche dieser Arbeitnehmer nach der Betriebsvereinbarung im neuen Unternehmen[1].

167

Die in das Individualarbeitsrecht transformierten ehemaligen kollektiven Regelungen sind allerdings nur gegenüber zu Lasten des Arbeitnehmers nachteilig abändernden **individualarbeitsrechtlichen Vereinbarungen** (einvernehmlicher Abänderungsvertrag, Änderungskündigung) einseitig zwingend für ein Jahr geschützt; der Schutz gilt nicht gegenüber Abänderungen durch Tarifvertrag oder Betriebsvereinbarungen, dh. die Rechte des Arbeitnehmers können auch vor Ablauf der Jahresfrist durch Betriebsvereinbarung oder Tarifvertrag, auch zum Nachteil des Arbeitnehmers, abgeändert werden.

168

Nach § 613a Abs. 1 Satz 3 BGB soll nämlich der neue Betriebsinhaber nur verpflichtet sein, die **bei ihm bereits geltenden** Tarifverträge und Betriebsvereinbarungen einzuhalten und nicht daneben auch noch die individualarbeitsrechtlich transformierten ehemaligen Regelungen aus Tarifvertrag und Betriebsvereinbarungen des Betriebsveräußerers.

169

Damit ermöglicht § 613a Abs. 1 Satz 3 BGB, daß nach dem Betriebsübergang ein Tarifvertrag oder eine Betriebsvereinbarung zur Neuregelung der ins Individualarbeitsrecht transformierten ehemals kollektiven Regelungen auch innerhalb der Jahresfrist abgeschlossen werden kann bzw. der Arbeitgeber durch Verbandsbeitritt **bei Tarifgebundenheit des Arbeitnehmers** einen Tarifvertrag zur Geltung bringen kann. Auch wenn im Unternehmen des Betriebserwerbers (dh. beim neuen Inhaber) eine Betriebsvereinbarung oder ein Tarifvertrag **besteht,** der die transformierten Rechte und Pflichten ebenfalls regelt, verdrängen diese kollektiven Regelungen auch dann – auch schon innerhalb der Jahresfrist – die transformierten Rechte und Pflichten aus den ehemaligen kollektiven Regelungen, wenn die neuen Regelungen **ungünstiger** für die Arbeitnehmer sind.

170

Bei einem **Tarifvertrag im Unternehmen des Erwerbers** ist natürlich Voraussetzung, daß der Tarifvertrag durch Tarifgebundenheit des Arbeitgebers und des übernommenen Arbeitnehmers oder kraft Allgemeinverbindlichkeitserklärung gilt.

171

---

1 BAG v. 27. 6. 1985, DB 1986, 596 = NZA 1986, 401; BAG v. 20. 11. 1990, BB 1991, 769 = DB 1991, 1229 = NZA 1991, 426.

172 **Hinweis:**

Zu beachten ist, daß Tarifvertrag oder Betriebsvereinbarung im Unternehmen des Erwerbers nur dann die individualarbeitsrechtlich transformierten ehemaligen kollektiven Regelungen verdrängen, wenn die Regelungen identische Sachverhalte betreffen; stimmt der Regelungsbereich nicht überein, gelten die transformierten Individualregelungen weiter.

d) Statische Weitergeltung

173 Die Regelung des Tarifvertrags und der Betriebsvereinbarungen, die durch Transformation zum Inhalt des Individualarbeitsrechts werden, gehen so in die arbeitsvertraglichen Beziehungen zwischen Arbeitnehmer und Erwerber ein, wie sie im **Zeitpunkt des Betriebsübergangs** bestanden haben[1].

174 Wird ein **Tarifvertrag abgeändert,** so verändert sich die inzwischen arbeitsvertragliche Regelung (der früheren Tariffassung) nicht; § 613a Abs. 1 Satz 2–4 BGB enthält keinen Hinweis darauf, daß sich nach Transformation der ehemals kollektiven Regelung in das Individualarbeitsrecht diese Regelungen automatisch bei Änderungen des Tarifvertrages oder der Betriebsvereinbarungen auch nach Betriebsübergang anpassen. Das gilt auch dann, wenn der später abgeschlossene Tarifvertrag auf einen Zeitpunkt vor dem Betriebsübergang zurückwirkt oder vor dem Betriebsübergang in Kraft tritt[2].

175 Enthält der Tarifvertrag allerdings im Zeitpunkt des Betriebsübergangs – etwa am 1. 2. 1997 – **Regelungen für die Zukunft** – etwa eine Arbeitszeitverkürzung ab 1. 6. 1997 oder eine Erhöhung des Urlaubsgeldes ab 1. 4. 1997 – so gelten diese im Zeitpunkt des Betriebsübergangs **bestehenden** tariflichen Regelungen mit zukünftiger Wirkung ebenfalls schuldrechtlich weiter.

Beispiel:

Der Betriebsübergang findet am 1. 3. 1997 statt. Arbeitnehmer und ehemaliger Arbeitgeber waren tarifgebunden; der Arbeitnehmer erhält den tariflichen Stundenlohn in Höhe von 18,95 DM. Am 16. 4. 1997 vereinbaren die Tarifvertragsparteien eine Lohnerhöhung um 2% und für die Monate Februar und März 1997 eine Pauschalzahlung in Höhe von 80 DM für jeden Arbeitnehmer.

Da diese tarifliche Vereinbarung erst nach dem 1. 3. 1997 abgeschlossen wurde, hat der Arbeitnehmer weder Anspruch auf die Lohnerhöhung noch auf die Pauschalzahlung für März. Lediglich die Pauschalzahlung für Februar (vor Betriebsübergang) steht ihm noch gegen seinen alten Arbeitgeber zu.

---

1 BAG v. 13. 11. 1985, BB 1986, 666 = DB 1986, 698 = NZA 1986, 422 (TV); BAG v. 1. 4. 1987, BB 1987, 1670 = DB 1987, 1643 = NZA 1987, 808 (BV); BAG v. 13. 9. 1994, DB 1995, 1133 = NZA 1995, 740 (TV).

2 LAG Brandenburg v. 10. 3. 1992, DB 1992, 1145; BAG v. 13. 9. 1994, DB 1995, 1133 = NZA 1995, 740.

VI. Kollektivrechtliche Folgen

e) Ende der Weitergeltung

§ 613a Abs. 1 Satz 2 BGB sieht die zugunsten der Arbeitnehmer zwingende Weitergeltung der ehemals kollektiven Regelungen auf einzelvertraglicher Ebene für die **Dauer eines Jahres** nach dem Betriebsübergang vor. 176

> **Hinweis:** 177
> Nach Ablauf des Jahres endet nur die einseitig zwingende Wirkung. **Die Regelungen bleiben weiter** – nur nach Ablauf der Jahresfrist durch einvernehmliche Regelung oder bei Vorliegen der Voraussetzungen durch eine Änderungskündigung zu Ungunsten des Arbeitnehmers veränderbar – **Inhalt des Arbeitsvertrages.**

Selbstverständlich können Betriebserwerber und Arbeitnehmer durch Vereinbarung **günstigerer Arbeitsbedingungen** auch innerhalb der Jahresfrist Änderungen des Arbeitsvertrages vornehmen. 178

Schon **vor Ablauf des Jahres** endet nach § 613a Abs. 1 Satz 4 1. Halbs. BGB die zwingende Wirkung der einzelvertraglich transformierten ehemals kollektiven Regelungen, wenn der Tarifvertrag oder die Betriebsvereinbarung nicht mehr gilt, dh. aufgrund Kündigung **endet** oder die kollektive Regelung ohnehin nur **befristet** war. Das bedeutet konkret: 179

▶ Hatte die kollektive Regelung (Tarifvertrag oder erzwingbare Betriebsvereinbarung) im Zeitpunkt des Betriebsübergangs nur **aufgrund Nachwirkung** (§ 4 Abs. 5 TVG, § 77 Abs. 6 BetrVG) Geltung, kann sie als transformierte arbeitsvertragliche Regelung auch schon innerhalb der Jahresfrist **einvernehmlich** oder bei Vorliegen der Voraussetzungen **einseitig durch Änderungskündigung** auch zu Ungunsten des Arbeitnehmers abgeändert werden.

▶ **Endet der Tarifvertrag** oder die Betriebsvereinbarung, die nach § 613a Abs. 1 Satz 2 BGB im Zeitpunkt des Betriebsübergangs – zB 1. 2. 1997 – individualrechtlich transformiert wurde, durch Kündigung – zB zum 30. 4. 1997 –, so ist der diesbezügliche Inhalt des Arbeitsvertrages ab 1. 5. 1997 einvernehmlich oder bei Vorliegen der Voraussetzungen auch einseitig durch Änderungskündigung abänderbar.

Aus dem Zweck der gesetzlichen Bestimmung, die dem Arbeitnehmer bei einem Betriebsübergang Rechte erhalten, nicht dagegen eine Besserstellung im Verhältnis zum Zustand ohne Betriebsübergang verschaffen will, folgt weiter: 180

▶ Fällt der Arbeitnehmer nach Betriebsübergang aus dem Geltungsbereich der individualrechtlich transformierten Betriebsvereinbarung heraus, weil er **leitender Angestellter** wird, gilt die transformierte leistungsgewährende Betriebsvereinbarung nicht mehr für ihn, da Betriebsvereinbarungen für leitende Angestellte nicht gelten.

▶ Eine kollektive Regelung, die nur **befristet** Ansprüche gewährt – zB Betriebsvereinbarung über ein Jubiläumsgeld anläßlich eines Firmenjubiläums oder die Regelung der Ausgleichstage für eine Arbeitszeitverkürzung 1996 – würde bei einem Betriebsübergang per 30. 11. 1996 auch ab 1. 1. 1997 für den übernommenen Arbeitnehmer keine weiteren Ansprüche mehr begründen.

f) Einzelvertragliche Abänderung der zwingend weitergeltenden Regelungen vor Ablauf der Jahresfrist

181 Die einseitig zugunsten des Arbeitnehmers geltende zwingende Weitergeltung der in individualarbeitsrechtliche Regelungen transformierten ehemals kollektiven Regelungen kann dann auch vor Ablauf der Jahresfrist einzelvertraglich aufgehoben werden, wenn bei fehlender Tarifgebundenheit von Arbeitgeber und Arbeitnehmer im Geltungsbereich eines **anderen Tarifvertrages** dessen Anwendung zwischen dem Erwerber und dem Arbeitnehmer vereinbart wird (§ 613a Abs. 1 Satz 4 2. Halbs. BGB). Das bedeutet, daß auch innerhalb der Jahresfrist die transformierten Regelungen dadurch abgeändert werden können, daß Arbeitgeber und Arbeitnehmer den „einschlägigen" Tarifvertrag ihrer Branche vereinbaren, ohne daß es darauf ankommt, ob der vereinbarte Tarifvertrag in Einzelheiten oder insgesamt für die Arbeitnehmer ungünstiger ist als die bisherige transformierte Regelung.

182 Damit können Arbeitgeber und Arbeitnehmer auch innerhalb der Jahresfrist durch einzelvertragliche Vereinbarung des für ihren Betrieb „einschlägigen Tarifvertrages" sogar günstigere, nach § 613a Abs. 1 Satz 2 BGB an sich weitergeltende Regelungen aufheben.

> **Hinweis:**
> Dies ist möglich, wenn sowohl Arbeitgeber als auch Arbeitnehmer **nicht tarifgebunden** sind; es ist aber auch dann möglich, wenn nur eine der Parteien, also entweder Arbeitgeber oder Arbeitnehmer nicht tarifgebunden sind, also der Tarifvertrag der Branche nicht normativ wirkt.

183 Voraussetzung für die Abänderung der zwingend fortgeltenden Regelungen ist aber, daß der Arbeitnehmer dieser vertraglichen Vereinbarung des Tarifvertrages **zustimmt** oder daß der Arbeitgeber einseitig mit einer **Änderungskündigung** erfolgreich versucht, diese Änderung durchzusetzen.

g) Abänderung nach Ablauf der Jahresfrist

184 Mit Ablauf der Jahresfrist bleiben die ehemals kollektiven Regelungen als transformierte individualarbeitsrechtliche Regelungen weiter bestehen und teilen das Schicksal der übrigen arbeitsvertraglichen Vereinbarungen zwischen Arbeitgeber und Arbeitnehmer. Dies kann für Arbeitnehmer uU günstiger sein. Allerdings kann nach Ablauf der Jahresfrist auch wie bei den übrigen Regelungen des Arbeitsvertrages einvernehmlich oder durch Änderungskündigung zu Lasten des Arbeitnehmers abändernd eingegriffen werden. Der Arbeitnehmer müßte aber entweder zustimmen oder eine Änderungskündigung dürfte nicht sozial ungerechtfertigt sein.

VI. Kollektivrechtliche Folgen

Aus § 613a Abs. 1 Satz 3 BGB dürfte sich ergeben, daß nicht nur schon vor Ablauf der Jahresfrist, sondern auch anschließend zu Lasten der Arbeitnehmer auch mittels **Betriebsvereinbarung und Tarifvertrag** in die transformierten ehemals kollektiven Regelungen abändernd eingegriffen werden kann. Das stellt allerdings eine Ausnahme von der Regel dar, daß durch Betriebsvereinbarung günstigere arbeitsvertragliche Regelungen nicht aufgehoben werden können.

185

> **Hinweis:**
>
> Eine Regelung in einer Betriebsvereinbarung oder Gesamtbetriebsvereinbarung im Zusammenhang mit einem **bevorstehenden Betriebsübergang**
>
> „Alle Ansprüche von Mitarbeitern aus den zum Zeitpunkt des Übergangs der Arbeitsverhältnisse bestehenden (Gesamt-)Betriebsvereinbarungen in ihrer jeweiligen Fassung bleiben auch nach dem Betriebsübergang erhalten.
>
> Die (Gesamt-)Betriebsvereinbarungen sind in der Anlage zu dieser Vereinbarung einzeln aufgeführt."
>
> ist unwirksam, da Betriebsveräußerer und (Gesamt-)Betriebsrat nicht kompetent sind, die Arbeitsbedingungen der Arbeitnehmer des Betriebserwerbers nach dem Betriebsübergang unmittelbar zu regeln.
>
> Rechte aus dieser (Gesamt-)Betriebsvereinbarung, die vor dem Betriebsübergang abgeschlossen wurden, gehen auch nicht nach § 613a Abs. 1 Satz 2 BGB auf den Erwerber über, da nur solche Rechte und Pflichten aus einer Betriebsvereinbarung Inhalt des übergegangenen Arbeitsverhältnisses werden, die gegenüber dem bisherigen Betriebsinhaber bestanden[1].

186

4. Zusammenschluß des übernommenen Betriebes mit einem anderen Betrieb des Erwerbers[2]

a) Verschmelzung von Betrieben nach einem Betriebsübergang

Entsteht durch die Verschmelzung des übernommenen Betriebes mit einem anderen Betrieb des Erwerbers (Unternehmers) ein neuer Betrieb, verliert damit der übernommene Betrieb seine Identität, so gelten die gesetzlichen Bestimmungen des **§ 613a Abs. 1 Satz 2–4 BGB**: Die bisher geltenden Betriebsvereinbarungen werden nach Maßgabe des § 613a Abs. 1 Satz 2 BGB auf die individualarbeitsrechtliche Ebene transformiert, verlieren damit ihre unmittelbare und zwingende Wirkung nach § 77 Abs. 4 Satz 1 BetrVG und werden für die Dauer von einem Jahr gegen Verschlechterungen zu Lasten des Arbeitnehmers

187

---

[1] BAG v. 1. 4. 1987, BB 1987, 1670 = DB 1987, 1643 = NZA 1987, 593.
[2] Rechtlich zu unterscheiden sind davon die Vorgänge auf Unternehmensebene, die ggf. nach Maßgabe des UmwG abgewickelt werden. Der Zusammenschluß von zwei Betrieben ist als Verschmelzung oder als Eingliederung eine Betriebsänderung iSd. § 111 Satz 2 Nr. 3 BetrVG.

abgesichert, sofern sie nicht gemäß § 613a Abs. 1 Satz 3 BGB durch Betriebsvereinbarungen oder Tarifvertrag beim Erwerber abgelöst werden.

188 Die Betriebsvereinbarungen des durch Zusammenschluß untergehenden Betriebes des Erwerbers werden mangels Inhaberwechsels nicht nach § 613a Abs. 1 Satz 2 BGB transformiert. Sie verlieren ihre Wirkung. Da es sich um eine **Betriebsänderung** (§ 111 Satz 2 Nr. 3 und 4 BetrVG) handelt, können die Rechte der Arbeitnehmer im Sozialplan abgesichert werden.

b) Eingliederung des übernommenen Betriebes in einen bestehenden Betrieb des Erwerbers

189 Verliert der übernommene Betrieb seine Identität dadurch, daß er in einen bestehenden Betrieb des Erwerbers (Unternehmers) eingegliedert, dh. aufgenommen wird, so gelten die gesetzlichen Regelungen des § 613a Abs. 1 Satz 2–4 BGB.

190 Häufig werden kollektive Regelungen (Betriebsvereinbarungen) im aufnehmenden Betrieb des Erwerbers bestehen. In diesem Fall greift § 613a Abs. 1 Satz 3 BGB ein: bei **Identität des Regelungsbereichs** der Betriebsvereinbarungen des übernommenen Betriebes und der Kollektivregelungen im aufnehmenden Betrieb wird die Transformation in eine individualarbeitsrechtliche Regelung **verhindert**. Dies gilt auch, soweit die Kollektivregelungen im aufnehmenden Betrieb bei Identität des geregelten Gegenstandes für die Arbeitnehmer des aufgenommenen Betriebes ungünstiger sind. Eine Ablösung der „identischen" transformierten individualarbeitsrechtlichen Regelungen kann auch schon innerhalb der Jahresfrist sowohl durch **bestehende** Betriebsvereinbarungen im Zeitpunkt des Betriebsübergangs als auch durch **neu abgeschlossene** Betriebsvereinbarungen im aufnehmenden Betrieb erfolgen.

5. Schicksal von Gesamtbetriebsvereinbarungen und Konzernbetriebsvereinbarungen nach Betriebsübergang

a) Übernommener Betrieb behält Identität

191 Führt der Erwerber (Unternehmer) den übernommenen Betrieb als selbständigen Betrieb weiter, so daß dieser seine betriebliche Identität behält, verbleibt der Betriebsrat im Amt. Die geltenden **Betriebsvereinbarungen** behalten ihre kollektive Wirkung gemäß § 77 Abs. 4 Satz 1 BetrVG.

192 **Gesamtbetriebsvereinbarungen und Konzernbetriebsvereinbarungen** müßten nach dem Wortlaut des § 613a Abs. 1 Satz 2 BGB an sich in einzelvertragliche Regelungen transformiert werden. Nachdem aber der Betrieb seine Identität behält, gelten nicht nur die Betriebsvereinbarungen kollektivrechtlich fort, sondern in diesem Betrieb auch die im Zeitpunkt des Betriebsübergangs geltenden Gesamtbetriebs- und Konzernbetriebsvereinbarungen des alten Arbeitgebers. Dies ergibt sich daraus, daß auch eine Gesamtbetriebs- und Konzernbetriebsvereinbarung eine kollektive Regelung für den einzelnen Betrieb ist, nur nach den Zuständigkeitsregelungen im BetrVG die identischen Beteiligungs-

VI. Kollektivrechtliche Folgen

rechte des Betriebsrats auf den Gesamtbetriebsrat bzw. Konzernbetriebsrat verlagert wurden[1].

Gesamtbetriebsvereinbarungen im **Unternehmen des Erwerbers** gelten, soweit in diesen keine Begrenzung der Geltung auf im Zeitpunkt des Abschlusses der Gesamtbetriebsvereinbarung zum Unternehmen gehörende Betriebe enthalten ist, auch für einen übernommenen Betrieb. 193

Kollidiert eine weitergehende Betriebsvereinbarung im übernommenen Betrieb mit einer Gesamtbetriebsvereinbarung des übernehmenden Unternehmens, so gilt die Gesamtbetriebsvereinbarung, sofern sie in originärer Zuständigkeit (§ 50 Abs. 1 BetrVG) des Gesamtbetriebsrats abgeschlossen wurde, auch für den nach § 613a BGB übernommenen Betrieb[2]. Dies gilt nicht, wenn die Gesamtbetriebsvereinbarung keine abschließende Regelung oder eine Öffnungsklausel für abzuschließende Betriebsvereinbarungen enthält[3]. Wurde die kollidierende Gesamtbetriebsvereinbarung aufgrund Beauftragung des Gesamtbetriebsrats (§ 50 Abs. 2 BetrVG) abgeschlossen, gelten die allgemeinen Grundsätze des Verhältnisses von Betriebsvereinbarungen zueinander: Die speziellere Betriebsvereinbarung geht der allgemeineren, die jüngere der älteren Betriebsvereinbarung vor. Zum Schutz der Besitzstände sind die Grundsätze der **Verhältnismäßigkeit** und des **Vertrauensschutzes** zu beachten[4]. 194

b) Zusammenschluß des übernommenen Betriebes mit einem anderen Betrieb des Erwerbers[5]

aa) Verschmelzung von Betrieben nach einem Betriebsübergang

Wird der übernommene Betrieb vom Erwerber nach dem Betriebsübergang mit einem zu seinem Unternehmen gehörenden Betrieb verschmolzen, **endet** mit Untergang des übernommenen Betriebes auch die **Betriebsverfassung** dieses Betriebes. Zuvor, mit dem Betriebsübergang, war es zu einer Verdrängung einer ehemaligen Gesamtbetriebsvereinbarung durch die Geltung einer Gesamtbetriebsvereinbarung im Erwerberunternehmen mit **identischem** Regelungsinhalt gekommen (§ 613a Abs. 1 Satz 3 BGB). Die anschließende Verschmelzung ist ein Vorgang ohne Betriebsinhaberwechsel und damit kein Fall des § 613a Abs. 1 Satz 2 BGB. Da auch der zur Verschmelzung vorgesehene Betrieb des erwerbenden Unternehmens außerhalb des § 613a Abs. 1 BGB untergeht, stellt sich für den Zeitraum **bis zur Neuwahl eines Betriebsrats** des durch Verschmelzung neu entstandenen Betriebes die Frage der Fortgeltung der Gesamtbetriebsvereinbarung. Zwar enden im Falle einer Verschmelzung mehrerer Betriebe 195

---

1 Str., aA *Düwell* in: Beseler/Bopp/Düwell ua., S. 208, der bei originärer Zuständigkeit des GBR/KBR (also nicht bei Beauftragung nach § 50 Abs. 2 BetrVG bzw. § 58 Abs. 2 BetrVG) § 613a Abs. 1 Satz 2 BGB (Transformation) anwenden will.
2 Vgl. auch *Fitting/Kaiser/Heither/Engels*, § 50 Rz. 55 mwN.
3 *Fitting/Kaiser/Heither/Engels*, § 77 Rz. 165.
4 Vgl. *Fitting/Kaiser/Heither/Engels*, § 77 Rz. 164 mwN.
5 Der Zusammenschluß der Betriebe stellt eine Betriebsänderung nach § 111 Satz 2 Nr. 3 BetrVG dar.

und damit dem Untergang dieser Betriebe in aller Regel die Betriebsvereinbarungen der verschmolzenen Betriebe[1]; in entsprechender Anwendung des § 77 Abs. 6 BetrVG wirkt die Gesamtbetriebsvereinbarung aber bis zur Neuwahl des Betriebsrats nach[2].

196 Anders dürfte es sein, wenn der **Betriebsübergang zum Zwecke der Verschmelzung** durch den Erwerber erfolgt. In diesem Fall wird der Inhalt einer für den übergehenden Betrieb des Veräußerers geltenden Gesamtbetriebsvereinbarung nach § 613a Abs. 1 Satz 2 BGB zu arbeitsvertraglichen Ansprüchen transformiert.

bb) Eingliederung des übernommenen Betriebes in einen bestehenden Betrieb des Erwerbers

197 Bei einer Verschmelzung des übernommenen Betriebes mit einem anderen Betrieb des Betriebserwerbers in der Weise, daß der übernommene Betrieb in den anderen Betrieb des Erwerbers eingegliedert wird, wirken die bisherigen Gesamtbetriebs- und Konzernbetriebsvereinbarungen individualarbeitsrechtlich in den Einzelarbeitsverträgen weiter. Diese **individualarbeitsrechtliche Geltung** scheidet aus, soweit die gleichen Rechte und Pflichten beim Erwerber durch eine andere Betriebs-, Gesamtbetriebs- bzw. Konzernbetriebsvereinbarung geregelt sind (§ 613a Abs. 1 Satz 3 BetrVG).

198 Wenn allerdings der Erwerber erst zeitlich **nach vollzogenem Erwerb** die Entscheidung trifft, den übernommenen Betrieb als Betriebsteil in einen bereits zum Unternehmen gehörenden Betrieb einzugliedern, war im Zeitpunkt des Betriebsübergangs bereits rechtlich der Übergang eines Betriebes mit (zunächst) Beibehalt der Identität des Betriebes vollzogen. Die **spätere** Eingliederung des übernommenen Betriebes stellt mangels Austausches der Betriebsinhaber keinen Vorgang nach § 613a BGB mehr dar.

6. Einzelfragen zum Schicksal des Tarifvertrages bei einem Betriebsübergang

a) Anwendung des Tarifvertrages aufgrund Bezugnahmeklausel im Arbeitsvertrag

199 Verweisungen in einem Arbeitsvertrag auf den **jeweils geltenden Tarifvertrag** (sogenannte dynamische Blankettverweisung) sind grundsätzlich zulässig und führen dazu, daß für Arbeitsverhältnisse, die nicht unter den Geltungsbereich des Tarifvertrages fallen, weil die Arbeitnehmer nicht Mitglied der Gewerkschaft sind (Außenseiter), der Tarifvertrag in der jeweils gültigen Fassung auch bei einem Betriebsübergang (§ 613a Abs. 1 Satz 1 BGB) gilt.

200 Findet der Betriebsübergang in der Weise statt, daß der übernommene Betrieb mit einem Betrieb des erwerbenden Unternehmers **verschmolzen** wird, wirkt

---

1 Zum Meinungsstand vgl. *Fitting/Kaiser/Heither/Engels*, § 77 Rz. 142.
2 Vgl. auch *Düwell*, in: Düwell/Hanau ua., S. 141.

VI. Kollektivrechtliche Folgen

über den Arbeitsvertrag der Tarifvertrag dynamisch nach § 613a Abs. 1 Satz 1 BGB weiter. Diese individualrechtliche Geltung scheidet dann aus, soweit der Erwerber und Arbeitnehmer tarifgebunden sind; in diesem Fall gilt der Tarifvertrag nach § 613a Abs. 1 Satz 3 BGB und gemäß § 4 Abs. 1 TVG in der jeweils gültigen Fassung im Arbeitsverhältnis.

Entsprechendes gilt, wenn der Betriebsübergang in der Weise vollzogen wird, daß der Erwerber den übernommenen Betrieb in einen Betrieb seines Unternehmens **eingliedert**. 201

Gilt beim Erwerber des Betriebes **ein anderer Tarifvertrag,** ist eine vertragliche Bezugnahmeklausel auf den Tarifvertrag dahin auszulegen, daß die Verweisung auf den jeweils für den Betrieb geltenden Tarifvertrag erfolgt[1]. 202

b) Tarifbindung ohne Verbandswechsel

Bei Erhalt der Betriebsidentität nach dem Betriebsübergang gilt der Tarifvertrag **kollektivrechtlich** weiter, wenn der Betriebserwerber als Mitglied des tarifvertragsschließenden Arbeitgeberverbandes an den gleichen Tarifvertrag gebunden ist wie der Betriebsveräußerer[2]. Dies gilt aber nur, wenn die Rechte und Pflichten durch den Tarifvertrag geregelt sind, was grundsätzlich nur bei **beiderseitiger Tarifgebundenheit** oder **Allgemeinverbindlichkeit** des Tarifvertrages der Fall ist. 203

Soweit der Erwerber demselben Arbeitgeberverband wie der Veräußerer angehört, der Arbeitnehmer aber nicht Mitglied der tarifvertragsschließenden Gewerkschaft ist, der Tarifvertrag nur kraft einzelvertraglicher Vereinbarungen gilt, besteht diese arbeitsvertragliche Tarifgeltung gemäß **§ 613a Abs. 1 Satz 1 BGB** auch nach Betriebsübergang fort. 204

c) Fehlende Tarifbindung des Erwerbers

Schließt ein Arbeitgeberverband einen Tarifvertrag ab, sind hieran nur die **Mitglieder bei Tarifabschluß** tarifgebunden, nicht auch deren Rechtsnachfolger[3]. 205

Ist der Erwerber des Betriebes nicht Mitglied des Arbeitgeberverbandes, gilt der Tarifvertrag, der im übergegangenen Arbeitsverhältnisses kraft Verbandszugehörigkeit des Arbeitnehmers und des Betriebsveräußerers **normativ** gegolten hat, individualarbeitsrechtlich transformiert nach **§ 613a Abs. 1 Satz 2 BGB** mit einjähriger Veränderungssperre fort. Gilt nach dem Betriebsübergang ein anderer Tarifvertrag (zB aufgrund Allgemeinverbindlichkeit) oder eine Betriebsvereinbarung mit dem gleichen Regelungsgegenstand, wird die transformierte Regelung nach § 613a Abs. 1 Satz 3 BGB verdrängt. 206

---

1 Vgl. auch *Düwell*, in: Beseler/Bopp/Düwell ua., S. 213; BAG v. 4. 9. 1996, NJW 1997, 1390.
2 BAG v. 5. 2. 1991, BB 1991, 1052 = DB 1991, 1937 = NZA 1991, 639.
3 BAG v. 10. 11. 1993, DB 1994, 2638.

207 Galt der Tarifvertrag bisher zwischen Veräußerer und Arbeitnehmer nur aufgrund **vertraglicher Vereinbarungen**, gilt der Tarifvertrag gemäß § 613a Abs. 1 Satz 1 BGB wie bisher individualarbeitsrechtlich ohne einjährige Veränderungssperre weiter; in letzterem Fall können Erwerber und Arbeitnehmer auch schon innerhalb des ersten Jahres nach Betriebsübergang einvernehmlich oder bei Vorliegen der Voraussetzungen durch Änderungskündigung die durch Arbeitsvertrag zur Anwendung kommenden tariflichen Bestimmungen (zB Dauer der Arbeitszeit) auch zuungunsten des Arbeitnehmers verändern.

d) Andere Verbandszugehörigkeit des neuen Inhabers bzw. Wechsel der Tarifzuständigkeit der Gewerkschaft

208 Gehört der Erwerber des Betriebes einem anderen als dem bisher zuständigen Arbeitgeberverband an und bleiben die Arbeitnehmer im Zeitpunkt des Betriebsübergangs in der bisher für sie zuständigen Gewerkschaft, liegt eine einseitige Tarifbindung des Betriebserwerbers vor. In diesem Fall gehen die tariflichen Regelungen aus dem Zeitraum vor Betriebsübergang gemäß § 613a Abs. 1 Satz 2 BetrVG in **individualarbeitsrechtliche Regelungen** über. Gemäß § 613a Abs. 1 Satz 4 BGB kann aber auch noch vor Ablauf der Jahresfrist die Anwendung des nunmehr „**einschlägigen**" Tarifvertrages zwischen Arbeitnehmer und Erwerber **vereinbart** werden, auch wenn dieser Tarifvertrag ungünstiger ist. Es bedarf aber dazu des Einverständnisses des Arbeitnehmers.

209 Sind die Arbeitnehmer Mitglieder der Gewerkschaft, die den für den übergegangenen Betrieb „einschlägigen" Tarifvertrag abgeschlossen hat, der Erwerber aber nicht Mitglied des zuständigen Arbeitgeberverbandes, liegt damit **keine beiderseitige Tarifgebundenheit** vor, gilt der Tarifvertrag zunächst nicht. Arbeitgeber und Arbeitnehmer können aber die Geltung dieses Tarifvertrages nach § 613a Abs. 1 Satz 4 BGB auch vor Ablauf der Jahresfrist vereinbaren. In diesem Fall kann auch der Betriebserwerber durch Eintritt in den zuständigen Arbeitgeberverband die kollektive Geltung des Tarifvertrages mit den tarifgebundenen Arbeitnehmern erreichen (§ 613a Abs. 1 Satz 3 BGB).

210 **Beispiel:**

Eine Restaurantabteilung (= gastronomische Betriebsabteilung) wird aus einem Warenhaus ausgegliedert, rechtlich verselbständigt und nach § 613a BGB (Betriebsübergang) auf ein eigenes Unternehmen der Gastronomie (= Gastronomie GmbH) übertragen[1]. *Damit fällt der Restaurantbetrieb nicht mehr in den Geltungsbereich der allgemeinverbindlichen Tarifverträge des Einzelhandels, sondern unter den Geltungsbereich des ungünstigeren Tarifwerks des Gaststättengewerbes. Die Arbeitsverhältnisse waren für alle Arbeitnehmer durch die allgemeinverbindlichen Tarifverträge für den Einzelhandel geregelt. Der Betriebserwerber ist an die Tarifverträge für das Gaststättengewerbe gebunden. Nach dem Betriebsübergang erfolgt eine Tariflohnerhöhung im Einzelhandelstarifvertrag.*

---

1 BAG v. 1. 4. 1987, BB 1987, 1670 = DB 1987, 1643 = NZA 1987, 593.

Lösung:

Mit dem Betriebsübergang gelten die Regelungen der Einzelhandelstarifverträge nach § 613a Abs. 1 Satz 2 BGB individualarbeitsrechtlich transformiert für die Arbeitnehmer mit einjährigem Schutz vor nachteiliger Abänderung fort, allerdings nur mit ihrem im Zeitpunkt des Betriebsübergangs bestehenden Inhalt[1], so daß die nachträgliche Gehaltserhöhung keine Ansprüche für die Arbeitnehmer des übernommenen Betriebes mehr begründet.

Erwerber und Arbeitnehmer können nach § 613a Abs. 1 Satz 4 BGB auch vor Ablauf eines Jahres die Geltung des Tarifvertrages für das Gaststättengewerbe und damit auch ungünstigere Regelungen vereinbaren.

*Da der Erwerber an die Tarifverträge des Gaststättengewerbes einseitig gebunden war, könnte nach § 613a Abs. 1 Satz 3 BGB auch die kollektive Geltung des ungünstigeren Gaststättentarifvertrages eintreten, wenn die Arbeitnehmer Mitglieder der Gewerkschaft (zB DAG) wären, die die Gaststättentarifverträge abgeschlossen hat (**beiderseitige kongruente Tarifbindung** des Erwerbers und der Arbeitnehmer). In diesem Fall findet wegen der fachlichen Bindung beider Vertragspartner an den Gaststättentarifvertrag kein arbeitsrechtlicher Besitzstandsschutz nach § 613a Abs. 1 Satz 3 BGB statt[2].*

*Treten die Arbeitnehmer nach Betriebsübergang der für Gaststätten zuständigen Gewerkschaft bei, entsteht nachträglich **beiderseitige Tarifgebundenheit;** damit werden die Tarifverträge des Gaststättengewerbes kollektivrechtlich anwendbar und zunächst individualarbeitsrechtlich nach § 613a Abs. 1 Satz 2 BGB transformierte ehemalige tarifliche Regelungen des Einzelhandelstarifvertrages abgelöst.*

*Sind im Zeitpunkt des Betriebsübergangs **weder Arbeitgeber noch Arbeitnehmer** Mitglieder des nunmehr zuständigen Verbandes und treten sie erst nach Betriebsübergang dem jeweiligen Verband bei, so gilt aus dem Zweck des § 613a Abs. 1 Satz 3 BGB ab diesem Zeitpunkt der neue Tarifvertrag des Gaststättengewerbes und verdrängt die nach § 613a Abs. 1 Satz 2 BGB individualarbeitsrechtlich fortgeltenden Bestimmungen des alten (auch günstigeren) Einzelhandelstarifvertrages.*

e) Besonderheiten bei einem Firmentarifvertrag?

§ 613a Abs. 1 Satz 2 BGB enthält **keine unterschiedlichen Regelungen** für Verbands- und Firmentarifvertrag.

Die Weitergeltung der Regelungen des Firmentarifvertrages ist abhängig vom **Übergang der Parteistellung** des Tarifvertrages, dh. der Firmenerwerber muß durch Vertragsübernahme oder durch Neuabschluß eines inhaltsgleichen Firmentarifvertrages Partei des Firmentarifvertrages werden.

Solange der Erwerber diese Parteistellung nicht einnimmt, also den **Tarifvertrag nicht übernimmt oder neu abschließt,** werden die Regelungen des Firmen-

---

1 BAG v. 13. 11. 1985, BB 1986, 666 = DB 1986, 698 = NZA 1986, 422.
2 BAG v. 19. 11. 1996, BB 1997, 1589 = DB 1997, 1473.

tarifvertrages gemäß § 613a Abs. 1 Satz 2 BGB für die gewerkschaftsangehörigen Arbeitnehmer individualarbeitsrechtlich transformiert, für die Arbeitnehmer, die nicht Mitglied der firmentarifschließenden Gewerkschaft sind, gelten die Regelungen des Firmentarifvertrages, soweit sie auf ihr Arbeitsverhältnis kraft vertraglicher Vereinbarung Anwendung fanden, auch nach Betriebsübergang gemäß § 613a Abs. 1 Satz 1 BGB weiter[1].

f) Nachträgliche Tarifveränderungen

213 In den Arbeitsvertrag gehen nach § 613a Abs. 1 Satz 2 BGB die Regelungen des Tarifvertrages nur mit ihrem im Zeitpunkt des Betriebsübergangs bestehenden Inhalt ein[2].

7. Zusammentreffen unterschiedlicher Betriebsvereinbarungen zur betrieblichen Altersversorgung

214 Besteht im Betrieb des Erwerbers eine auf einer Betriebsvereinbarung beruhende betriebliche Altersversorgung, die für die übernommenen Arbeitnehmer im Vergleich zu der beim Veräußerer bestehenden Betriebsvereinbarung **ungünstiger** ist, so kann sie nach der gesetzlichen Regelung des § 613a Abs. 1 Satz 3 BGB an sich die günstigere Regelung ablösen.

215 Dabei treten aber verschiedene **Probleme** auf:

- Die Betriebsvereinbarung über die betriebliche Altersversorgung des Erwerbers würde auch **Wirkung für die Vergangenheit** entfalten und damit in bereits erdiente Versorgungsanwartschaften eingreifen;
- eine ungünstigere Betriebsvereinbarung beim Erwerber würde auch **zukünftige Versorgungserwartungen** der übernommenen Arbeitnehmer beeinträchtigen;
- die Rechtsposition eines Arbeitnehmers des veräußerten Betriebes wäre besser, wenn im Betrieb des Erwerbers **keine Altersversorgung** besteht (§ 613a Abs. 1 Satz 1 BGB) als wenn zwar eine Betriebsvereinbarung über eine Altersversorgung existiert, diese aber schlechter ist als die in dem veräußerten Betrieb.

216 Diese Probleme kann man nur lösen, wenn man anstelle des Untergangs der an sich nach § 613a Abs. 1 Satz 3 BGB verdrängten Betriebsvereinbarung die Grundsätze über die **Ablösung einer Betriebsvereinbarung** durch eine neue Betriebsvereinbarung anwendet: Bei der Ablösung einer Betriebsvereinbarung[3] durch eine neue Betriebsvereinbarung müssen die Betriebspartner die Grundsätze des **Vertrauensschutzes** und der **Verhältnismäßigkeit** beachten[4], dh. sie müssen die Änderungsgründe gegen die Bestandsschutzinteressen abwägen. Je

---

1 Zum Meinungsstand vgl.: *Wank*, NZA 1987, 505, 507.
2 BAG v. 13. 11. 1985, BB 1986, 666 = DB 1986, 698 = NZA 1986, 422.
3 Vgl. hierzu: *G. Griebeling*, ZIP 1993, 1055 ff.
4 *Düwell*, in: Beseler, Bopp, Düwell ua., S. 225.

VI. Kollektivrechtliche Folgen

stärker in Besitzstände eingegriffen wird, um so schwerer müssen die Änderungsgründe wiegen. Sind Eingriffe notwendig, so müssen sie in sich ausgewogen und verhältnismäßig sein[1].

Unter Anwendung dieser Rechtsgrundsätze wird die Wirkung der beim Erwerber bestehenden Betriebsvereinbarungen im Verhältnis zu der Betriebsvereinbarung beim Veräußerer eingeschränkt[2].

217

Damit können unerwünschte Eingriffe in bereits „erdiente" Versorgungsanwartschaften ausgeschlossen werden. § 613a Abs. 1 Satz 3 BGB kann aber insoweit uneingeschränkt angewendet werden, als in **noch nicht erdiente Versorgungserwartungen** der übernommenen Arbeitnehmer im Interesse der Vereinheitlichung der Versorgungsregelungen beim Erwerber eingegriffen werden darf.

218

8. Betriebsvereinbarungen und Tarifverträge bei der Umstrukturierung in Unternehmen nach dem Umwandlungsgesetz[3]

Das am 1. 1. 1995 in Kraft getretene Gesetz zur Bereinigung des Umwandlungsrechts (UmwBerG) vom 28. 10. 1994[4] enthält in seinem Art. 1 das neue **Umwandlungsgesetz (UmwG)**. Soweit in diesem Gesetz Regelungen über Umwandlungen unter Beteiligungen von Aktiengesellschaften enthalten sind, dient das Gesetz der Umsetzung folgender Richtlinien der Europäischen Gemeinschaft:

219

- Art. 13 der Zweiten Richtlinie (77/91/EWG) des Rates vom 13. 12. 1976 zur Koordinierung der Schutzbestimmungen, die in den Mitgliedstaaten den Gesellschaften im Sinne des Art. 58 Abs. 2 des Vertrages im Interesse der Gesellschafter sowie Dritter für die Gründung der Aktiengesellschaft sowie für die Erhaltung und Änderung des Kapitals vorgeschrieben sind, um diese Bestimmungen gleichwertig zu gestalten (ABl. EG Nr. L 26 S. 1 vom 31. 1. 1977);
- Dritte Richtlinie (78/855/EWG) des Rates vom 9. 10. 1978 gemäß Art. 54 Abs. 3 Buchst. g des Vertrages betreffend die Verschmelzung von Aktiengesellschaften (ABl. EG Nr. L 295 S. 36 vom 20. 10. 1978);
- Sechste Richtlinie (82/891/EWG) des Rates vom 17. 12. 1982 gemäß Art. 54 Abs. 3 Buchst. g des Vertrages betreffend die Spaltung von Aktiengesellschaften (ABl. EG Nr. L 378 S. 47 vom 31. 12. 1982).

---

1 BAG v. 23. 10. 1990, DB 1991, 491; BAG v. 21. 1. 1992, BB 1992, 860 = DB 1992, 1051 = NZA 1992, 659.
2 *M. Junker*, RdA 1993, 203, 208 ff.
3 Zu den arbeitsrechtlichen Bestimmungen: *Bauer/Lingemann*, NZA 1994, 1057 ff.; *Däubler*, RdA 1995, 136 ff.; *Düwell*, AuR 1994, 357 ff.; *Düwell*, NZA 1996, 393 ff.; *Düwell*, AuA 1992, 196 ff.; *Gaul*, NZA 1995, 717 ff.; *Kreßel*, BB 1995, 925 ff.; *Müller*, RdA 1996, 287 ff.; *Wlotzke*, DB 1995, 40 ff.
4 BGBl. I 1994, 3210 ff.

220 Das Umwandlungsgesetz regelt **vier Umwandlungsarten** zur Umstrukturierung von Rechtsträgern (Unternehmen), § 1 UmwG:

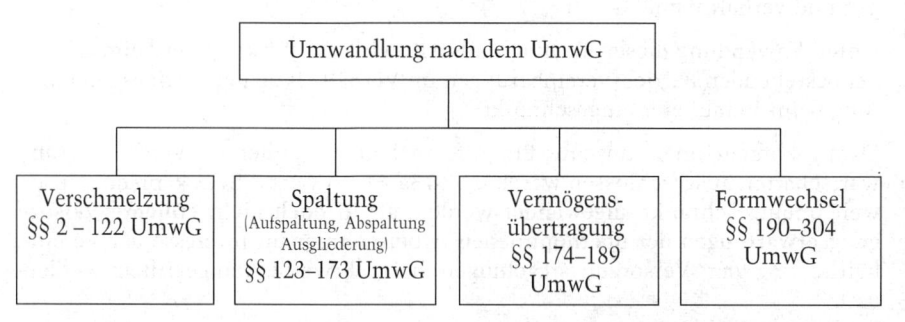

```
                    Umwandlung nach dem UmwG
     ┌──────────────────┬──────────────┬──────────────┐
 Verschmelzung      Spaltung        Vermögens-     Formwechsel
 §§ 2 – 122 UmwG  (Aufspaltung,    übertragung    §§ 190–304
                   Abspaltung,     §§ 174–189       UmwG
                   Ausgliederung)    UmwG
                  §§ 123–173 UmwG
```

221 Bei sämtlichen Umwandlungsvorgängen nach dem **UmwG** vollziehen sich die notwendigen Vermögensübertragungen im Wege der gesetzlichen **Universalsukzession** (Gesamtrechtsnachfolge), dh. der Rechtsnachfolger tritt kraft Gesetzes in alle Rechte und Pflichten des Rechtsvorgängers ein. Demgegenüber vollzieht sich der rechtsgeschäftliche Betriebsübergang nach **§ 613a BGB**, der selbstverständlich nach wie vor außerhalb des UmwG möglich ist, im Wege der **Singularsukzession** (Einzelrechtsnachfolge).

222 Für die Frage nach dem Schicksal der kollektiven Regelungen (Betriebsvereinbarungen, Tarifvertrag) bei einer Gesamtrechtsnachfolge nach dem UmwG ist zu beachten, daß die durch § 613a Abs. 1 Satz 2–4 BGB umgesetzte **Richtlinie 77/187/EWG** vom 14. 2. 1977 über die Wahrung von Ansprüchen der Arbeitnehmer beim Übergang von Unternehmen, Betrieben oder Betriebsteilen nicht zwischen Betriebsübergängen durch Einzelrechtsnachfolge und Umstrukturierungen im Wege der Gesamtrechtsnachfolge unterscheidet[1].

223 Insofern als der Gesetzgeber in § 613a BGB die Umsetzung der genannten Richtlinie betreffend die Gesamtrechtsnachfolge bei Umstrukturierungen von Unternehmen vernachlässigt hat, ist eine **europarechtskonforme Auslegung** des § 613a Abs. 1 Satz 2–4 BGB bezüglich der Weitergeltung kollektiver Regelungen erforderlich. Zutreffend folgt das Bundesarbeitsgericht der Rechtsprechung des Europäischen Gerichtshofs, wonach die Verpflichtung zur richtlinienkonformen Auslegung innerstaatlichen Rechts unabhängig davon besteht, ob der nationale Gesetzgeber zur Umsetzung der Richtlinie tätig geworden ist oder nicht[2].

a) Verschmelzung

224 Bei einer Verschmelzung von Unternehmen
▶ im Wege der **Aufnahme** durch Übertragung des Vermögens eines Rechtsträgers oder mehrerer Rechtsträger (übertragende Rechtsträger) als Ganzes auf

---

1 Vgl. *Düwell*, NZA 1996, 393 ff., 396.
2 BAG v. 2. 4. 1996, BB 1997, 1259.

VI. Kollektivrechtliche Folgen   Rz. 230 **Teil 2 G**

einen anderen bestehenden Rechtsträger (übernehmender Rechtsträger) nach §§ 4–35 UmwG oder

▶ im Wege der **Neugründung** durch Übertragung der Vermögen zweier oder mehrerer Rechtsträger (übertragender Rechtsträger) jeweils als Ganzes auf einen neuen, von ihnen dadurch gegründeten Rechtsträger (§§ 36–38 UmwG)

gegen Gewährung von Anteilen oder Mitgliedschaften des übernehmenden oder neuen Rechtsträgers an die Anteilsinhaber (Gesellschafter, Aktionäre, Genossen oder Mitglieder) der übertragenden Rechtsträger handelt es sich um umstrukturierende Vorgänge auf der **Unternehmensebene**.

aa) Folgen für Betriebsvereinbarungen

Der Vorgang auf Unternehmensebene hat zunächst keine Auswirkungen auf Betriebsvereinbarungen, auch nicht auf Gesamtbetriebsvereinbarungen, solange die **Identität des Betriebes** (Betriebsvereinbarung) oder der Betriebe, für die die Gesamtbetriebsvereinbarung abgeschlossen wurde (Gesamtbetriebsvereinbarung), erhalten bleibt.   225

Im Falle der **Verschmelzung** von Unternehmen **enden** durch den Wegfall der verschmolzenen Unternehmen auch die unternehmenseinheitlichen **Gesamtbetriebsvereinbarungen;** die Rechte und Pflichten aus einer solchen Gesamtbetriebsvereinbarung werden nach § 613a Abs. 1 Satz 2 BGB analog in individualarbeitsrechtliche Ansprüche transformiert.   226

bb) Folgen für Tarifverträge

Bei einem **Firmentarifvertrag** tritt der Gesamtrechtsnachfolger auch in die Position des Vertragspartners der Gewerkschaft ein[1].   227

Bei einem **Verbandstarifvertrag** führt die Gesamtrechtsnachfolge nicht zum Erwerb der Mitgliedschaft im Arbeitgeberverband, wenn das aufnehmende oder neu gegründete Unternehmen nicht Mitglied im Arbeitgeberverband ist[2]. Ausnahmen können dann gelten, wenn in der Satzung des Arbeitgeberverbandes eine besondere Regelung für solche Fälle der Gesamtrechtsnachfolge enthalten ist (§§ 38, 40 BGB)[3].   228

Mit der Rechtsprechung des Bundesarbeitsgerichts[4] ist aber davon auszugehen, daß bei Wegfall der Tarifbindung infolge Gesamtrechtsnachfolge § 4 Abs. 5 TVG bei einem Verbandstarif entsprechend anzuwenden ist.   229

b) Spaltung von Unternehmen

Das UmwG (§ 123) regelt als Arten der Spaltung von Unternehmen die **Aufspaltung**, die **Abspaltung** und die **Ausgliederung** (§§ 123–173 UmwG).   230

---

1 HM, vgl. zB *Düwell,* in: Beseler/Bopp/Düwell ua., S. 224 mwN.
2 BAG v. 4. 12. 1974, BB 1975, 422 = DB 1975, 695.
3 BAG v. 10. 11. 1993 – 4 AZR 375/92, nv., zit. bei *Gaul,* NZA 1995, 717, 719 (Fn. 12).
4 BAG v. 13. 7. 1994, BB 1994, 1498 = DB 1994, 1527 = NZA 1995, 479.

aa) Folgen für Betriebsvereinbarungen

231 Bei der **Abspaltung** oder **Ausgliederung** bleibt die Identität der Betriebe unverändert, so daß die **Betriebsvereinbarungen** weiterhin Bestand haben.

232 Da die Unternehmensidentität bei Abspaltung oder Ausgliederung nicht erhalten bleibt, gibt es zur Lösung der Frage nach dem weiteren Bestand der Rechte und Pflichten aus den **Gesamtbetriebsvereinbarungen** zwei Wege: Sieht man die Gesamtbetriebsvereinbarung als Betriebsvereinbarung an, die unabhängig vom Stand der Unternehmensverfassung kraft Zuständigkeit des Gesamtbetriebsrats lediglich von diesem abgeschlossen wurde, kann man bei Identität des Betriebes die Gesamtvereinbarung als Betriebsvereinbarung weitergelten lassen. Folgt man aber der Auffassung, daß eine Gesamtbetriebsvereinbarung mit Ausscheiden aus der Unternehmensverfassung endet, gelten die Rechte und Pflichten aus der Gesamtbetriebsvereinbarung in europarechtskonformer Auslegung des § 613a Abs. 1 Satz 2 individualarbeitsrechtlich transformiert für die Arbeitnehmer der abgespaltenen oder ausgegliederten Betriebe weiter.

233 Bei einer **Aufspaltung zur Neugründung** (§§ 135–137 UmwG) wird das Vermögen eines Unternehmens im Wege der partiellen Gesamtrechtsnachfolge auf zwei neugegründete Rechtsträger übertragen, wobei der übertragende Rechtsträger kraft Gesetzes untergeht. Bei diesem Vorgang kann zusätzlich ein Betrieb aufgeteilt und organisatorisch verselbständigt bzw. mit einem anderen Betrieb verschmolzen werden. Endet hierbei die Identität der Betriebe, so ist nach § 613a Abs. 1 Satz 2 analog von einer Transformation der Rechte und Pflichten aus der Betriebsvereinbarung in Individualarbeitsrecht auszugehen.

234 Es bleibt der Klärung der Rechtsprechung überlassen, ob die Neuregelung des Übergangsmandats des Betriebsrats in § 321 UmwG auch bei Verlust der Identität des Betriebes ausnahmsweise eine kollektivrechtliche Fortgeltung der Betriebsvereinbarung möglich macht.

bb) Folgen für Tarifverträge

235 Bei einem Firmentarifvertrag wird der Gesamtrechtsnachfolger Vertragspartner der Gewerkschaft, die den Firmentarifvertrag mit dem Rechtsvorgänger abgeschlossen hat.

236 Bei einem Verbandstarifvertrag ist wegen Wegfalls der Tarifbindung infolge Gesamtrechtsnachfolge § 4 Abs. 5 TVG entsprechend anzuwenden.

H. Das Recht am Arbeitsergebnis

	Rz.		Rz.
I. Überblick	1	3. Freie Erfindungen	55
1. Sacheigentum, Besitz	1	a) Originär freie Erfindungen	56
2. Immaterialgüterrechte	5	b) Freigewordene Dienstserfindungen	59
II. Arbeitnehmererfindungen und Verbesserungsvorschläge	12	c) Erfindungen im Hochschulbereich	60
1. Geltungsbereich des ArbNErfG	13	4. Verbesserungsvorschläge	61
2. Diensterfindungen	19		
a) Meldepflicht	20	III. Urheberrecht	65
b) Anmeldung zur Erteilung eines inländischen Schutzrechts	23	1. Nutzungsrechte	66
		a) Arbeitsvertraglich geschuldete Werke	67
c) Unbeschränkte Inanspruchnahme	30	b) Arbeitsvertraglich nicht geschuldete Werke	74
d) Auslandsanmeldung	31		
e) Aufgabe von Schutzrechten	38	2. Persönlichkeitsrechte	75
f) Beschränkte Inanspruchnahme	41		
g) Vergütung	45	IV. Streitigkeiten	77

Schrifttum:

Bartenbach, Grundzüge des Rechts der Arbeitnehmererfindungen, NZA 1990, Beil. 2, 21; *Bartenbach/Volz*, Die nichtausschließlichen Benutzungsrechte des Arbeitgebers nach dem ArbEG und die Veräußerung der Diensterfindung durch den Arbeitnehmer, GRUR 1984, 257; *Bartenbach/Volz*, Arbeitnehmererfindergesetz, 3. Aufl. 1997; *Bartenbach/Volz*, Arbeitnehmererfindungsrecht, 1996; *Bartenbach/Volz*, Arbeitnehmererfindervergütung, 1995; *Birk/Koch*, Urheberrecht I, AR-Blattei; *Delp*, Das Recht des geistigen Schaffens, 1993; *Eichmann/von Falckenstein*, Geschmacksmustergesetz, 2. Aufl. 1997; *Frieling*, Forschungstransfer: Wem gehören universitäre Forschungsergebnisse?, GRUR 1987, 407; *Fromm/Nordemann/Vinck*, Urheberrecht, 8. Aufl. 1994; *von Gamm*, Geschmacksmustergesetz, 2. Aufl. 1989; *Gaul*, Das nichtausschließliche Recht des Arbeitgebers an einer im Ausland freigegebenen Diensterfindung, GRUR 1967, 518; *Gaul*, Der Einfluß des Arbeitsentgelts auf die Erfindervergütung, BB 1984, 2069; *Gaul*, Künstlerische Leistung eines Arbeitnehmers, NJW 1986, 163; *Gaul/Bartenbach*, Arbeitnehmererfindung und Verbesserungsvorschlag, 1970; *Gaul/Burgmer*, Das Erstreckungsgesetz für den gewerblichen Rechtsschutz, GRUR 1992, 283; *Hubmann*, Die Urheberrechtsklauseln in den Manteltarifverträgen für Redakteure an Zeitschriften und an Tageszeitungen, RdA 1987, 89; *Hubmann*, Gewerblicher Rechtsschutz, 5. Aufl. 1988; *Kraft*, Die Freigabe einer Diensterfindung für das Ausland und die Rechte des Arbeitgebers nach § 14 Abs. 3 ArbEG, GRUR 1970, 381; *Leuze*, Erfindungen und technische Verbesserungsvorschläge von Angehörigen des öffentlichen Dienstes, GRUR 1994, 415; *Rehbinder*, Urheberrecht, 9. Aufl. 1996; *Rehbinder*, Das Arbeitsverhältnis im Spannungsfeld des Urheberrechts, RdA 1968, 309; *Reimer/Schade/Schippel*, Das Recht der Arbeitnehmererfindung, 6. Aufl. 1993; *Rohnke*, Neuerer, Arbeitnehmererfinder und Unternehmensgründer in den neuen Bundesländern, BB 1991, Beil. 9, 14; *Sack*, Probleme der Auslandsverwertung inländischer Arbeitnehmererfindungen, RIW 1989, 612; *Sack*, Computerprogramme und Arbeitnehmer-Urheberrecht, BB 1991, 2165; *Sack*, Arbeitnehmer-Urheberrechte an Computerprogrammen nach der Urheberrechtsnovelle, UFITA 121 (1993), 15; *Schricker* (Hrsg.), Urheberrecht, 1987; *Schwab*, Erfindungen von Arbeitnehmern, AR-Blattei, SD 670;

Schwab, Das Urheberrecht des Arbeitnehmers, AR-Blattei, SD 1630; *Seiz,* Zur Neuregelung der Arbeitnehmererfinder-Vergütung bei Vereinbarung oder Festsetzung einer Pauschalvergütung, BB 1985, 808; *Sieber,* Der urheberrechtliche Schutz von Computerprogrammen, BB 1983, 977; *Vinck,* Die Rechtsstellung des Urhebers im Arbeits- und Dienstverhältnis, 1972; *Volmer,* Der Begriff des Arbeitgebers im ArbEG, GRUR 1978, 393; *Volmer/Gaul,* Arbeitnehmererfindergesetz, 2. Aufl. 1983; *Volz,* Das Recht der Arbeitnehmererfindung im öffentlichen Dienst, 1985; *Wandtke,* Zum Vergütungsanspruch des Urhebers im Arbeitsverhältnis, GRUR 1992, 139; *Wenzel,* Urheberrecht für die Praxis, 2. Aufl. 1990; *Zeller,* Erstellung von Computerprogrammen durch den angestellten Urheber, BB 1989, 1545.

I. Überblick

1. Sacheigentum, Besitz

1   Der Arbeitgeber hat das Recht auf das Ergebnis der arbeitsvertraglich geschuldeten Arbeit[1]. Er wird deshalb **originär Eigentümer** der produzierten Sachen. Nur er ist **Hersteller** im Sinne des § 950 BGB[2]. Dies gilt auch für Zeichnungen, Manuskripte etc., in denen sich immaterielle schöpferische Leistungen verkörpern. Selbst wenn der Arbeitnehmer (zunächst) Urheber- oder andere Immaterialgüterrechte an diesen Leistungen erwirbt, bleibt der Arbeitgeber Sacheigentümer. Hierbei ist es ohne Bedeutung, ob der Arbeitnehmer damit einverstanden[3] und ob der Arbeitsvertrag eventuell unwirksam[4] ist.

2   Der Arbeitgeber ist auch unmittelbarer **Besitzer** der hergestellten Sache und der Arbeitsmittel. Der Arbeitnehmer übt die tatsächliche Gewalt über die Sache für ihn aus und muß seinen Weisungen folgen, ist also nur Besitzdiener (§ 855 BGB). Besitzer ist der Arbeitnehmer jedoch dann, wenn er über den Einsatz und den Verbleib eines Arbeitsmittels eigenverantwortlich entscheiden soll oder ihm auch ein Recht auf Eigennutzung zusteht[5].

3   **Beispiele:**

Der Arbeitnehmer, der den Dienstwagen auch privat nutzen darf, ist kein Besitzdiener, sondern Besitzer. Der fachlich weisungsfrei forschende Hochschullehrer ist nicht nur Besitzer, sondern wird durch Verarbeitung nach § 950 Abs. 1 Satz 2 BGB auch Eigentümer der von ihm auf dem Papier der Universität geschriebenen Manuskripte.

4   In Sonderfällen kann der Arbeitnehmer noch nach Vertragsende ein **Recht auf Zugang** zur Sache haben, zB der Urheber nach § 25 UrhG[6]. Solche Zugangsrech-

---

[1] Allgemeine Meinung, vgl. nur MünchArbR/*Sack,* § 98 Rz. 1 mwN in Fn. 1.
[2] BAG v. 24. 11. 1960, AP Nr. 1 zu § 11 LitUrhG.
[3] *Schaub,* § 114 II 2; MünchArbR/*Sack,* § 98 Rz. 4.
[4] *Schaub,* § 114 II 2; MünchArbR/*Sack,* § 98 Rz. 4.
[5] BGH v. 27. 9. 1990, BGHZ 112, 243, 254; LAG Düsseldorf v. 4. 7. 1975, DB 1975, 1849; MünchArbR/*Blomeyer,* § 51 Rz. 30; *Rehbinder,* Urheberrecht, § 44 I 1.
[6] BGH v. 26. 10. 1951, NJW 1952, 661, 662.

I. Überblick

te sind begrenzt durch die berechtigten Interessen des Arbeitgebers und können deshalb in Konkurrenzsituationen eingeschränkt sein[1].

2. Immaterialgüterrechte

Immaterialgüterrechte (**geistiges Eigentum**) entstehen durch besondere schöpferische Leistungen des Arbeitnehmers, zB: 5

▶ **Technische Erfindungen,** die patent- oder gebrauchsmusterfähig sind; 6

▶ Nicht schutzfähige **technische Verbesserungsvorschläge;** 7

▶ **Urheberrechtsfähige** Werke der Literatur, Wissenschaft und Kunst, auch Computerprogramme; 8

▶ Ästhetische Schöpfungen (**das Design**) von Mustern und Modellen für gewerbliche Erzeugnisse, sofern sie neu und eigentümlich sind (§ 1 GeschmMG). Die immateriellen **Persönlichkeitsrechte** stehen dem Arbeitnehmer als Urheber zu. Die **Nutzungsrechte** an schutzfähigen Werken, die in Erfüllung der Arbeitspflicht geschaffen wurden, entstehen nach hM[2] originär in der Person des Arbeitgebers. Besondere Vergütungsansprüche bestehen nicht[3]. Für Streitigkeiten sind die ordentlichen Gerichte zuständig (§ 15 GeschmMG), für Klagen auf Zahlung einer vereinbarten Sondervergütung jedoch die Arbeitsgerichte (Analogie zu § 104 Satz 2 UrhG)[4]. 9

▶ Dreidimensionale Strukturen von mikroelektronischen Halbleitererzeugnissen (**Mikrochips**), deren selbständig verwertbare Teile und die Darstellungen zur Herstellung dieser „Topographien" (§ 1 HalbleiterschutzG). Hier entsteht das Schutzrecht originär beim Arbeitgeber (§ 2 Abs. 2 HalbleiterschutzG)[5]. Eine besondere Vergütungspflicht besteht nicht. 10

Wenn der Arbeitnehmer **außerhalb seiner Arbeitspflichten** ein Design oder eine Topographie entwickelt, erwirbt allein er alle Schutzrechte. Falls jedoch diese Werke betrieblich verwertbar sind, muß er dem Arbeitgeber nichtausschließliche Nutzungsrechte anbieten und hat dann Anspruch auf eine Sondervergütung[6]. 11

---

1 *Sack,* BB 1991, 2171.
2 Vgl. zB RG v. 8. 4. 1924, RGZ 110, 393, 395; *Hubmann,* Gewerblicher Rechtsschutz, § 31 II; *Gaul,* NJW 1986, 163, 166. Die Gegenmeinung verpflichtet den Arbeitnehmer zur Rechtsübertragung, soweit dies dem Zweck des Arbeitsverhältnisses entspricht, vgl. zB *von Gamm,* § 2 Rz. 5, 9, 10.
3 Vgl. *von Gamm,* § 2 Rz. 16; *Eichmann/von Falckenstein,* § 2 Rz. 10.
4 Vgl. *von Gamm,* § 2 Rz. 12; *Eichmann/von Falckenstein,* § 15 Rz. 4.
5 Vgl. *von Gamm,* § 2 Rz. 3.
6 BGH v. 11. 11. 1977, AP Nr. 30 zu § 612 BGB; MünchArbR/*Sack,* § 98 Rz. 21.

II. Arbeitnehmererfindungen und Verbesserungsvorschläge

12 Das ArbNErfG schafft einen Ausgleich zwischen dem Recht des Arbeitgebers auf das Arbeitsergebnis und dem Recht des Arbeitnehmers, eine angemessene Zusatzvergütung dafür zu erhalten, daß seine technische Leistung dem Arbeitgeber **im Wettbewerb ein Monopol** verschafft.

1. Geltungsbereich des ArbNErfG

13 Das ArbNErfG gilt für Arbeitsverhältnisse, die deutschem Recht unterliegen. **Kollisionsrechtliche** Fragen, die bei Auslandsbeziehungen auftreten, sind nach dem von den Parteien wirksam gewählten oder nach Art. 30 Abs. 2 EGBGB geltenden Arbeitsstatut zu entscheiden[1]. In den **neuen Bundesländern** gilt bei vor dem Beitritt fertiggestellten Erfindungen (vgl. Einigungsvertrag Anl. 1 Kap. III Sachgebiet E Abschn. II § 11 und ferner § 49 Erstreckungsgesetz)[2]:

- ▶ **materiell** das DDR-Recht; wenn jedoch bei unbeschränkter Inanspruchnahme einer Diensterfindung ein Vergütungsanspruch nach dem 1. 5. 1992 entstanden ist, gilt für sein Entstehen und seine Fälligkeit das ArbNErfG;
- ▶ **formell** das ArbNErfG für die Verfahren vor der Schiedsstelle und vor Gericht.

14 Das ArbNErfG gilt sachlich für **patent- oder gebrauchsmusterfähige Erfindungen und für technische Verbesserungsvorschläge** (§§ 1–3 ArbNErfG). Patentfähig ist eine Erfindung, die eine neue schöpferische Lehre zum technischen Handeln gibt und gewerblich anwendbar ist (vgl. im einzelnen §§ 1–5 PatG und Art. 52–57 EPÜ). Gebrauchsmusterfähig sind Erfindungen, wenn sie von geringerer Erfindungshöhe sind, aber auf einem „erfinderischen Schritt" beruhen (§ 1 GebrMG). Es ist streitig, ob eine Erfindung iSd. ArbNErfG auch dann vorliegt, wenn die Neuerung nur im Ausland schutzfähig ist[3]. Wer dies verneint, erreicht eine Vergütungspflicht des Arbeitgebers über § 20 Abs. 1 ArbNErfG, wertet die technische Neuerung also als qualifizierten technischen Verbesserungsvorschlag[4].

15 Persönlich gilt das ArbNErfG für **Arbeitnehmer**, Beamte und Soldaten[5]. Auch **Auszubildende** und **leitende Angestellte** werden vom Gesetz erfaßt[6]. **Leiharbeitnehmer** im Sinne des § 1 AÜG gelten als Arbeitnehmer des Entleihers (§ 11 Abs. 7 AÜG). Für Arbeitnehmer im öffentlichen Dienst, Beamte, Soldaten,

---

1 Ausführlich dazu MünchArbR/*Sack*, § 99 Rz. 97–112; Kasseler Handbuch/*Bartenbach/Volz*, 2.7 Rz. 49.
2 Vgl. dazu *Rohnke*, BB 1991, Beil. 9, 14, 15; *Gaul/Burgmer*, GRUR 1992, 283; Kasseler Handbuch/*Bartenbach/Volz*, 2.7 Rz. 46–48.
3 Bejahend MünchArbR/*Sack*, § 99 Rz. 15 mwN in Fn. 34; verneinend *Bartenbach/Volz*, ArbNErfG, § 2 Rz. 25; *Reimer/Schade/Schippel*, § 2 Rz. 8; *Volmer/Gaul*, § 2 Rz. 82 ff.
4 Vgl. zB *Volmer/Gaul*, § 2 Rz. 87, § 20 Rz. 37; *Bartenbach/Volz*, ArbNErfG, § 20 Rz. 14.
5 Ausführlich Kasseler Handbuch/*Bartenbach/Volz*, 2.7 Rz. 34 ff.
6 *Reimer/Schade/Schippel*, § 40 Rz. 2.

II. Arbeitnehmererfindungen und Verbesserungsvorschläge

Hochschullehrer und wissenschaftliche Assistenten bestehen die besonderen Regeln der §§ 40–42 ArbNErfG[1].

Keine Arbeitnehmer sind freie Mitarbeiter[2] und Organe juristischer Personen[3]. Bei ihnen kann jedoch die Anwendung des ArbNErfG vereinbart werden. Dies geschieht häufig in Geschäftsführerverträgen. Es gelten dann allerdings nur die materiellen Bestimmungen des ArbNErfG. Die Verfahrensvorschriften (§§ 28–39 ArbNErfG) und Konkursregelungen (§ 27 ArbNErfG) können für Geschäftsführer nicht vereinbart werden.

Das ArbNErfG gilt nur für Erfindungen und technische Verbesserungsvorschläge, die **vor der rechtlichen Beendigung** des Arbeitsverhältnisses fertiggestellt sind. Die Beweislast hierfür trägt der Arbeitgeber. Unerheblich ist, ob die Erfindung während des Urlaubs[4], der Krankheit, der Freistellung oder nach der Kündigung während vom Arbeitnehmer verlangter Weiterbeschäftigung fertiggestellt wurde[5]. Fertiggestellt ist eine Erfindung, wenn der Durchschnittsfachmann sie ohne Aufwand weiterer erfinderischer Überlegungen ausführen kann[6]. Wenn der Arbeitnehmer die Fertigstellung pflichtwidrig bis nach Vertragsende hinauszögert, hat der Arbeitgeber gegen ihn die Rechte aus dem ArbNErfG wegen positiver Vertragsverletzung[7].

Beispiel:

Der Konstruktionsleiter eines Unternehmens für Palettieranlagen hat den Auftrag, eine Lösung für das Problem des Greifens von Kurzhalsflaschen zu finden. Er tut dies bewußt nicht. Unmittelbar nach seinem Ausscheiden konstruiert er eine entsprechende Vorrichtung und läßt ein entsprechendes Gebrauchsmuster für sich eintragen. Wegen positiver Vertragsverletzung ist seine Erfindung wie eine Diensterfindung zu behandeln. Auf Verlangen des ehemaligen Arbeitgebers ist er zur Übertragung des Schutzrechts verpflichtet und hat dann entsprechende Vergütungsansprüche.

2. Diensterfindungen

Eine Diensterfindung (§ 4 Abs. 2 ArbNErfG) ist eine Erfindung, die entweder aus der dem Arbeitnehmer im Betrieb obliegenden Tätigkeit entstanden ist (**Auftragserfindung**) oder maßgeblich auf den Erfahrungen oder Arbeiten des Betriebes beruht (**Erfahrungserfindung**)[8]. Andere Erfindungen sind frei, selbst

---

1 Vgl. dazu *Volz*, Das Recht der Arbeitnehmererfindung im öffentlichen Dienst, 1985; *Frieling*, GRUR 1987, 407; *Leuze*, GRUR 1994, 415.
2 *Bartenbach/Volz*, ArbNErfG, § 1 Rz. 44 ff.; MünchArbR/*Sack*, § 99 Rz. 6; *Volmer/Gaul*, § 1 Rz. 78; *Schwab*, AR-Blattei, SD 670 Rz. 11.
3 BGH v. 22. 10. 1964, GRUR 1965, 302, 304; *Reimer/Schade/Schippel*, § 1 Rz. 4; *Volmer*, GRUR 1978, 393, 403.
4 BGH v. 18. 5. 1971, AP Nr. 1 zu § 4 ArbNErfG.
5 *Schaub*, § 115 II 3c.
6 BGH v. 10. 11. 1970, AP Nr. 2 zu § 6 ArbNErfG.
7 BGH v. 21. 10. 1980, AP Nr. 3 zu § 4 ArbNErfG.
8 Ausführlich dazu *Reimer/Schade/Schippel*, § 4 Rz. 5 ff.; *Volmer/Gaul*, § 4 Rz. 34 ff.

wenn sie durch die betriebliche Tätigkeit angeregt wurden[1]. Sie müssen nur gemäß §§ 18, 19 ArbNErfG mitgeteilt und angeboten werden.

a) Meldepflicht

20 Der Arbeitnehmer muß die Diensterfindung **unverzüglich schriftlich** dem Arbeitgeber **gesondert** als Erfindung **melden.** Auf die Schriftform kann der Arbeitgeber verzichten[2]. Mehrere Miterfinder können gemeinsam melden. Der Arbeitgeber darf davon ausgehen, daß die in der Meldung genannten Erfindungsanteile der Miterfinder richtig sind[3]. Der Inhalt der Meldung ist in § 5 Abs. 2 ArbNErfG vorgeschrieben[4]. Auch wenn die Meldung den inhaltlichen Vorgaben des § 5 Abs. 2 ArbNErfG nicht entspricht, gilt sie als ordnungsgemäß, wenn der Arbeitgeber nicht binnen 2 Monaten Ergänzungen verlangt (§ 5 Abs. 3 ArbNErfG).

21 Der Arbeitgeber kann eine gemeldete Diensterfindung **beschränkt oder unbeschränkt** in Anspruch nehmen (§ 6 Abs. 1 ArbNErfG). Diese Erklärung muß schriftlich erfolgen, und zwar so bald wie möglich und spätestens bis zum Ablauf von 4 Monaten nach ordnungsgemäßer Meldung (§ 6 Abs. 2 ArbNErfG). Die Frist kann **nach** der Meldung vertraglich verlängert werden (§ 22 Satz 2 ArbNErfG). Erklärt der Arbeitgeber sich nicht rechtzeitig, so wird die Erfindung frei (§ 8 Abs. 1 Nr. 3 ArbNErfG).

22 **Verfügungen,** die der Arbeitnehmer über eine Diensterfindung getroffen hat, bevor sie frei geworden ist, sind gegenüber dem Arbeitgeber **unwirksam,** soweit sie nach Inanspruchnahme dessen Rechte beeinträchtigen (§ 7 Abs. 3 ArbNErfG). Sie werden jedoch mit Fristablauf bzw. Freigabe der Erfindung (§ 8 Abs. 1 Nr. 1 ArbNErfG) wirksam. Solange eine Diensterfindung nicht frei geworden ist, muß der Arbeitnehmer sie **geheimhalten** (§ 24 Abs. 2 ArbNErfG).

b) Anmeldung zur Erteilung eines inländischen Schutzrechts

23 Der Arbeitgeber ist allein berechtigt und verpflichtet, die Erfindung für sich zur Erteilung eines **inländischen Schutzrechts anzumelden** (§ 13 Abs. 1 Satz 3 ArbNErfG). Er muß dies unverzüglich und selbst dann tun, wenn er Zweifel an der Schutzfähigkeit hat[5]. Ihm steht zwar eine angemessene Prüfungs- und Überlegungsfrist zu[6]. Aber er darf mit der Anmeldung nicht warten, bis er sich für oder gegen die Inanspruchnahme entschieden hat. Denn die Anmeldepflicht ist unabhängig von dieser Entscheidung.

24 Der Arbeitgeber haftet dem Arbeitnehmer auf **Schadensersatz** (§§ 823 Abs. 2 BGB, 13 Abs. 1 ArbNErfG), wenn er die Anmeldung schuldhaft verzögert[7].

---

1 BGH v. 20. 2. 1979, GRUR 1979, 540, 542; *Reimer/Schade/Schippel,* § 4 Rz. 7.
2 BGH v. 17. 1. 1995, DB 1995, 1661.
3 BGH v. 17. 5. 1994, AP Nr. 4 zu § 12 ArbNErfG.
4 Vgl. dazu BGH v. 17. 1. 1995, DB 1995, 1661.
5 BGH v. 2. 6. 1987, DB 1988, 700, 701.
6 MünchArbR/*Sack,* § 99 Rz. 24; *Bartenbach/Volz,* ArbNErfG, § 13 Rz. 8; *Reimer/Schade/Schippel,* § 13 Rz. 4.
7 BGH v. 9. 1. 1964, AP Nr. 1 zu § 10 ArbNErfG.

II. Arbeitnehmererfindungen und Verbesserungsvorschläge

Wenn der Arbeitgeber die Erfindung schon unbeschränkt in Anspruch genommen, aber noch nicht angemeldet hat, kann ihm der Arbeitnehmer auch eine Nachfrist für die Anmeldung setzen und danach selbst auf Kosten und im Namen des Arbeitgebers anmelden (§ 13 Abs. 3 ArbNErfG).

Beispiel: 25
Bei rechtzeitiger Anmeldung wäre für die Erfindung ein Schutzrecht erteilt worden. Jetzt hat jedoch ein außenstehender Dritter die gleiche Erfindung angemeldet und für sich ein Schutzrecht erhalten. Der Arbeitgeber, der die Erfindung benutzen wollte, dies jetzt aber nicht kann, haftet dem Arbeitnehmer auf Ersatz der Vergütungsansprüche, die andernfalls entstanden wären.

Der Arbeitgeber muß die Erfindung zur Erfüllung des **erteilbaren Schutzrechts** 26 anmelden (§ 13 Abs. 1 ArbNErfG), also entweder eines Patentes oder eines Gebrauchsmusters. Auch bei einer patentfähigen Erfindung kann es im Einzelfall zweckdienlicher und deshalb berechtigt sein, sie nur zur Eintragung des Gebrauchsmusters anzumelden. Hierüber entscheidet das Patentamt wesentlich schneller, weil weder Neuheit noch erfinderischer Schritt noch gewerbliche Verwertbarkeit geprüft werden (§ 8 Abs. 1 Satz 2 GebrMG).

Beispiel: 27
Artikel der Mode-, Spielzeug- oder Unterhaltungsindustrie haben wegen des schnellen Modewechsels meist nur einen kurzlebigen Markterfolg. Der Arbeitnehmer hat deshalb aus der kurzen Schutzdauer des Gebrauchsmusters keinen Nachteil. Die Erteilung eines Schutzrechts für eine eigentlich patentfähige Erfindung kann hier zudem dadurch beschleunigt werden, daß sie nur als Gebrauchsmuster angemeldet wird[1]. Dann besteht keine Pflicht zur Patentanmeldung (§ 13 Abs. 1 Satz 2 ArbNErfG).

Der Arbeitgeber meldet zwar das Schutzrecht auf **seinen Namen und seine** 28 **Kosten** an, hat jedoch hierbei den Arbeitnehmer als Erfinder zu benennen (§ 37 PatG). Er muß den Arbeitnehmer über die Anmeldung informiert halten, und dieser muß ihn unterstützen (§ 15 ArbNErfG).

Das Recht und die Pflicht zur Anmeldung entfallen, wenn die Erfindung frei 29 wird, weil der Arbeitgeber

▶ sie freigibt oder

▶ sie nicht oder nicht rechtzeitig in Anspruch nimmt oder

▶ sie nur beschränkt in Anspruch nimmt.

Das Anmelderecht und die Rechte aus einer bereits erfolgten Anmeldung gehen dann auf den Arbeitnehmer über (§ 13 Abs. 3 ArbNErfG). Die **Anmeldepflicht entfällt** ferner, wenn

▶ der Arbeitnehmer der Nichtanmeldung zustimmt (§ 13 Abs. 2 Nr. 2 ArbNErfG) oder

---

[1] Reimer/Schade/Schippel, § 13 Rz. 3; Bartenbach/Volz, ArbNErfG, § 13 Rz. 14; Gaul/Bartenbach, Arbeitnehmererfindung und Verbesserungsvorschlag, S. 101.

▶ die Erfindung genehmigungsbedürftig ist und der Arbeitgeber

– entweder ihre Schutzfähigkeit anerkennt

– oder die Schiedsstelle beim Patentamt anruft, um eine Einigung über die Schutzfähigkeit herbeizuführen (§§ 13 Abs. 2 Nr. 3, 17 Abs. 1 und 2 ArbNErfG).

c) Unbeschränkte Inanspruchnahme

30   Durch die einseitige Erklärung der unbeschränkten Inanspruchnahme erwirbt der Arbeitgeber **alle wirtschaftlichen Rechte** an der Erfindung (§ 7 Abs. 1 ArbNErfG). Er kann also die Erfindung selbst nutzen und auch Lizenzen an Dritte vergeben. Der Arbeitnehmer darf das Schutzrecht, das dem Arbeitgeber für die Erfindung erteilt wird, nicht angreifen[1]. Ihm bleiben jedoch die immateriellen Persönlichkeitsrechte (zB § 63 PatG)[2]. Außerdem hat er im Konkurs des Arbeitgebers ein Vorkaufsrecht (§ 27 ArbNErfG). Für Insolvenzverfahren, die nach dem 31. 12. 1998 beantragt werden, ist dieses Vorkaufsrecht durch Art. 56 EGInsO vom 5. 10. 1994 modifiziert.

d) Auslandsanmeldung

31   Nachdem er die Erfindung unbeschränkt in Anspruch genommen hat, **darf** der Arbeitgeber sie auch im **Ausland zur Erteilung von Schutzrechten anmelden** (§ 14 Abs. 1 ArbNErfG)[3]. Hierzu ist er jedoch nicht verpflichtet. Allerdings muß er sie dem Arbeitnehmer unaufgefordert[4] und rechtzeitig (§ 14 Abs. 2 Satz 2 ArbNErfG) für die Auslandsstaaten freigeben, in denen er selbst keine Schutzrechte erwerben will. Hierbei kann er sich für alle oder einzelne Freigabe-Staaten ein nichtausschließliches Benutzungsrecht gegen angemessene Vergütung vorbehalten und verlangen, daß der Arbeitnehmer die Verpflichtungen des Arbeitgebers aus **bereits bestehenden Verträgen** berücksichtigt (§ 14 Abs. 3 ArbNErfG).

32   **Beispiel:**

Der Arbeitgeber hat mit einem ausländischen Unternehmer vereinbart, ihm nichtausschließliche Nutzungsrechte an zukünftigen Erfindungen auf einem bestimmten Gebiet einzuräumen. Dazu ist er nicht in der Lage, wenn er dem Arbeitnehmer die Erfindung für dieses Land freigibt. Der Arbeitnehmer ist dann nach § 14 Abs. 3 ArbNErfG verpflichtet, dem Auslandsunternehmen eine entsprechende Lizenz zu gewähren. Hierfür erwirbt er einen Vergütungsanspruch gegen den Arbeitgeber.

33   Der Arbeitnehmer kann in den Freigabe-Staaten eigene Schutzrechte erwerben. Indessen kann er nicht verhindern, daß der Arbeitgeber dort selbst produziert

---

1 BGH v. 12. 7. 1955, AP Nr. 1 zu § 2 ArbNErfVO.
2 BGH v. 20. 6. 1978, AP Nr. 1 zu § 36 PatG.
3 Ausführlich zur Auslandsverwertung *Sack*, RIW 1989, 612.
4 BGH v. 31. 1. 1978, AP Nr. 1 zu § 11 ArbNErfG.

II. Arbeitnehmererfindungen und Verbesserungsvorschläge

oder dorthin exportiert, soweit der Arbeitgeber sich für diese Staaten ein **nichtausschließliches Benutzungsrecht** vorbehalten hat[1].

Nach der **Rechtsprechung**[2] hat der Arbeitgeber nur ein unmittelbares Benutzungsrecht für sich selbst. Er kann deshalb in den Freigabe-Staaten **keine Unterlizenzen** vergeben. Mit seinem Auslandsschutzrecht kann also der Arbeitnehmer verhindern, daß der ausländische Kunde eine vom Arbeitgeber gelieferte Anlage betreibt, wenn hierbei die für den Auslandsstaat freigegebene und dort als Verfahrenspatent geschützte Erfindung genutzt wird[3]. 34

Beispiel: 35
Der Arbeitnehmer hat ein Verfahren zur Herstellung von Polymeren erfunden. Der Arbeitgeber hat ihm für die Niederlande die Erfindung freigegeben und sich hierbei ein nichtausschließliches Benutzungsrecht vorbehalten. Der Arbeitnehmer hat in den Niederlanden ein Schutzrecht erworben. Der Arbeitgeber exportiert nun eine Anlage zur Herstellung von Polymeren dorthin. Da diese Anlage in der Produktion das geschützte Verfahren verwendet, kann der Arbeitnehmer gegen diese Art der Produktion des Auslandskunden mit seinem niederländischen Schutzrecht vorgehen.

> **Hinweis:** 36
> Bei der Auslands-Freigabe kann und sollte deshalb vereinbart werden, daß der Arbeitgeber in den Staaten, für die er sich ein nichtausschließliches Benutzungsrecht vorbehält, auch Unterlizenzen erteilen darf[4].

Zur Auslands-Freigabe ist der Arbeitgeber nicht verpflichtet, wenn er von der Auslandsanmeldung absieht, weil eine Erfindung **geheimhaltungsbedürftig** ist. Hier behält er unter den Voraussetzungen des § 17 ArbNErfG trotz Nichtanmeldung auch für das Ausland alle Rechte aus der unbeschränkten Inanspruchnahme[5]. Er muß dann allerdings entweder die Schutzfähigkeit anerkennen oder die Schiedsstelle beim Patentamt anrufen, um eine Einigung über die Schutzfähigkeit herbeizuführen. 37

e) Aufgabe von Schutzrechten

Dem Arbeitgeber steht es frei, 38
- die Anmeldung eines Schutzrechts im Inland oder Ausland nicht weiterzuverfolgen oder
- ein bereits erteiltes Schutzrecht nicht aufrechtzuerhalten.

---

1 *Sack,* RIW 1989, 612, 613.
2 BGH v. 23. 4. 1974, AP Nr. 1 zu § 16 ArbNErfG; aA *Kraft,* GRUR 1970, 381, 385; *Sack,* RIW 1989, 612.
3 BGH v. 23. 4. 1974, AP Nr. 1 zu § 16 ArbNErfG.
4 *Reimer/Schade/Schippel,* § 14 Rz. 7; *Gaul,* GRUR 1967, 518, 522, 523; *Volmer/Gaul,* § 14 Rz. 122; *Bartenbach/Volz,* ArbNErfG, § 14 Rz. 71 ff.
5 *Reimer/Schade/Schippel,* § 13 Rz. 4.

39 Diese Absicht muß er dem Arbeitnehmer jedoch vorher **mitteilen.** Der Arbeitnehmer kann dann verlangen, daß der Arbeitgeber ihm das Recht aus der Anmeldung oder das schon erteilte Schutzrecht mit allen erforderlichen Unterlagen überträgt (§ 16 Abs. 1 ArbNErfG). Der Arbeitgeber darf seine Rechtspositionen nur aufgeben, wenn der Arbeitnehmer die **Übertragung** nicht binnen drei Monaten nach der Mitteilung verlangt. Andernfalls wird er dem Arbeitnehmer schadensersatzpflichtig[1].

40 Der Arbeitgeber kann sich bei der Mitteilung das nichtausschließliche Recht vorbehalten, die Erfindung gegen angemessene Vergütung zu benutzen. Im übrigen kann er seine **Rechtspositionen ohne vorherige Mitteilung dann aufgeben,** wenn er zuvor alle Vergütungsansprüche des Arbeitnehmers vollständig erfüllt hat.

f) **Beschränkte Inanspruchnahme**

41 Wenn der Arbeitgeber die beschränkte Inanspruchnahme erklärt, erwirbt er nur ein **nichtausschließliches Recht,** die Erfindung zu benutzen (§ 7 Abs. 2 ArbNErfG). Der Arbeitnehmer kann dann selbst die Erfindung anmelden oder das ursprünglich vom Arbeitgeber betriebene Anmeldeverfahren fortführen. Er kann das Schutzrecht veräußern oder Lizenzen vergeben. Hierdurch wird das Benutzungsrecht des Arbeitgebers nicht eingeschränkt (§§ 15 Abs. 3 PatG, 22 Abs. 3 GebrMG).

42 Indessen darf der Arbeitgeber die Erfindung nur selbst unmittelbar betrieblich nutzen, **nicht** jedoch eine Verfahrenserfindung **durch seine Kunden** nutzen lassen. Dies gilt auch, wenn diese eine vom Arbeitgeber hergestellte Anlage nur dadurch betreiben können, daß sie die Verfahrenserfindung anwenden (vgl. Beispiel Rz. 35)[2]. Hier muß also der Arbeitgeber entweder die Erfindung unbeschränkt in Anspruch nehmen oder mit dem Arbeitnehmer eine besondere Vereinbarung treffen[3]. In Einzelfällen kann dem Arbeitnehmer eine unmittelbare eigene Verwertung als **unerlaubte Konkurrenz** und Verstoß gegen seine Treuepflicht verboten sein[4].

43 Schon die **nichtausschließliche Benutzung** der Erfindung durch den Arbeitgeber wird den Arbeitnehmer bisweilen erheblich bei der **anderweitigen Verwertung behindern,** also diese unbillig erschweren. Dann kann der Arbeitnehmer verlangen, daß der Arbeitgeber binnen 2 Monaten die Erfindung entweder unbeschränkt in Anspruch nimmt oder gänzlich freigibt (§ 7 Abs. 2 Satz 2 ArbNErfG). Entscheidet sich dann der Arbeitgeber nicht fristgerecht, so wird die Erfindung gänzlich frei.

---

1 *Bartenbach/Volz,* ArbNErfG, § 16 Rz. 70, 74.
2 BGH v. 23. 4. 1974, AP Nr. 1 zu § 16 ArbNErfG.
3 *Reimer/Schade/Schippel,* § 7 Rz. 11; *Bartenbach/Volz,* GRUR 1984, 257.
4 *Bartenbach/Volz,* ArbNErfG, § 25 Rz. 40.

Beispiel: 44

Der Arbeitnehmer könnte einem Dritten gegen eine hohe Lizenzgebühr die Erfindung lizenzieren. Der Dritte ist aber nur an einer ausschließlichen Lizenz interessiert. Hier führt die nur beschränkte Inanspruchnahme zu einer unbilligen Erschwerung.

g) Vergütung

Der Arbeitnehmer hat für die Erfindung ein Recht auf angemessene Vergütung (§§ 9, 10 ArbNErfG). 45

Bei **unbeschränkter Inanspruchnahme** ist die Vergütung schon ab dem Zeitpunkt der Inanspruchnahme zu zahlen. Die Zahlungspflicht besteht für die Dauer des Schutzrechts. Erweist sich die Erfindung als nicht schutzfähig, so endet die Zahlungspflicht nur für die Zukunft mit der Rechtskraft der Entscheidung über die mangelnde Schutzfähigkeit[1]. 46

Bei **beschränkter Inanspruchnahme** beginnt die Zahlungspflicht mit der Aufnahme der Benutzung nach Inanspruchnahme. Die Vergütung ist für die Dauer des Schutzrechts zu zahlen oder für die Dauer eines fiktiven Schutzrechts, falls der Arbeitnehmer kein Schutzrecht anmeldet[2]. Erweist sich die Erfindung als nicht schutzfähig, so endet die Zahlungspflicht nur für die Zukunft mit der Rechtskraft der Entscheidung über die mangelnde Schutzfähigkeit (§ 10 Abs. 2 ArbNErfG). 47

Die Art und Höhe der Vergütung soll in angemessener Frist nach Inanspruchnahme **durch Vereinbarung festgestellt** werden, bei mehreren Erfindern für jeden gesondert (§ 12 Abs. 1 und 2 ArbNErfG). Wenn man sich nicht einigt, muß der Arbeitgeber die Vergütung **einseitig** durch begründete schriftliche Erklärung **festsetzen:** bei beschränkter Inanspruchnahme spätestens binnen 3 Monaten nach Aufnahme der Benutzung, bei unbeschränkter Inanspruchnahme grundsätzlich in der gleichen Frist[3], aber spätestens innerhalb von 3 Monaten nach Erteilung des Schutzrechtes (§ 12 Abs. 3 ArbNErfG). Die Festsetzung wird verbindlich, wenn nicht der Arbeitnehmer schriftlich binnen 2 Monaten (§ 12 Abs. 4 und 5 ArbNErfG) widerspricht. 48

Beide Parteien **können Änderungen der Vergütung verlangen,** wenn sich die für die Vergütung maßgeblichen Umstände unvorhergesehen[4] und wesentlich ändern (§ 12 Abs. 6 ArbNErfG)[5]. Vereinbarungen und Festsetzungen sind **unwirksam,** soweit sie in erheblichem Maße **unbillig** sind (§ 23 ArbNErfG). 49

Bei **unbeschränkter Inanspruchnahme** ist die Höhe der Vergütung grundsätzlich nach der **wirtschaftlichen Verwertbarkeit** der Erfindung, den Aufgaben und 50

---

1 BGH v. 28. 6. 1962, AP Nr. 2 zu § 12 ArbNErfG; BGH v. 30. 3. 1971, AP Nr. 2 zu § 9 ArbNErfG.
2 Kasseler Handbuch/*Bartenbach/Volz*, 2.7 Rz. 134.
3 BGH v. 28. 6. 1962, AP Nr. 2 zu § 12 ArbNErfG.
4 BGH v. 17. 4. 1973, GRUR 1973, 649.
5 *Bartenbach/Volz*, ArbNErfG, § 12 Rz. 97 ff.; *Seiz*, BB 1985, 808.

der Stellung des Arbeitnehmers im Betrieb und dem Anteil des Betriebes am Zustandekommen der Erfindung zu bemessen (§ 9 Abs. 2 ArbNErfG); in der Zeit vor Erteilung des Schutzrechtes ist jedoch statt der Verwertbarkeit die **tatsächliche Verwertung** vorläufig maßgeblich[1]. Außerdem ist ein vorläufiger Abschlag für das Risiko zu machen, daß das Schutzrecht eventuell nicht erteilt wird[2]. Nach endgültiger Erteilung des Schutzrechts ist der einbehaltene Risikoabschlag nachzuzahlen; nach endgültiger Versagung des Schutzrechts ist die vorläufige Vergütung nicht zurückzuzahlen.

51 Bei **beschränkter Inanspruchnahme** richtet sich die Höhe der Vergütung nach der **tatsächlichen Verwertung,** ferner nach Aufgaben und betrieblicher Stellung des Arbeitnehmers und dem betrieblichen Anteil am Zustandekommen der Erfindung.

52 In der Praxis wird die Vergütung meist nach den – unverbindlichen[3] – **Vergütungsrichtlinien**[4] berechnet, die gemäß § 11 ArbNErfG erlassen sind. Zuerst ist der Erfindungswert zu ermitteln:

▶ entweder nach der **Lizenzanalogie,** indem der Lizenzsatz festgestellt wird, der an einen unabhängigen Erfinder in vergleichbaren Fällen üblicherweise gezahlt wird;

▶ oder nach dem **erfaßbaren betrieblichen Nutzen,** der dem Betrieb aus der Benutzung der Erfindung entsteht;

▶ oder durch **Schätzung.**

53 Von diesem Erfindungswert wird der Wert des **betrieblich veranlaßten Anteils** an der Erfindung abgezogen. Hierbei wird bewertet, inwieweit die Erfindung auf Eigeninitiative und eigener schöpferischer Leistung des Arbeitnehmers, inwieweit auf betrieblicher Erfahrung und Unterstützung beruht und inwieweit der Arbeitnehmer aufgrund seiner Position ohnehin großen oder nur geringen Einblick in die spezifische technische Entwicklung hatte. Die Multiplikation dieses „Anteilsfaktors"[5] mit dem Erfindungswert ergibt die Vergütung.

54 Der Vergütungsanspruch bleibt auch **nach Beendigung des Arbeitsverhältnisses bestehen** (§ 25 ArbNErfG). Der Arbeitgeber kann gezahlte Vergütungen nicht mit der Begründung zurückverlangen, die Umstände hätten sich wesentlich geändert (§ 12 Abs. 6 Satz 2 ArbNErfG) oder die mangelnde Schutzfähigkeit der Erfindung sei rechtskräftig festgestellt (§ 10 Abs. 2 Satz 2 ArbNErfG).

---

1 BGH v. 30. 3. 1971, AP Nr. 2 zu § 9 ArbNErfG.
2 BGH v. 28. 6. 1962, AP Nr. 2 zu § 12 ArbNErfG.
3 BGH v. 4. 10. 1988, NJW-RR 1989, 185, 186.
4 Richtlinien für die Vergütung von Arbeitnehmererfindungen im privaten Dienst vom 20. 7. 1959 (Beilage BAnz. Nr. 156); ausführlich dazu die Kommentare zum ArbNErfG, *Bartenbach/Volz,* Arbeitnehmererfindervergütung; Kasseler Handbuch/*Bartenbach/ Volz,* 2.7 Rz. 154 ff.
5 Ausführlich dazu *Gaul,* BB 1984, 2069, 2071.

3. Freie Erfindungen

Freie Erfindungen sind: 55
- originär freie Erfindungen, die also nicht auf der betrieblichen Tätigkeit oder den betrieblichen Erfahrungen beruhen (§ 4 Abs. 2 und 3 ArbNErfG),
- nach § 8 ArbNErfG freigewordene Diensterfindungen
- und Erfindungen im Hochschulbereich nach § 42 ArbNErfG.

a) Originär freie Erfindungen

Der Arbeitnehmer muß **unverzüglich schriftlich mitteilen**, daß er eine freie 56 Erfindung gemacht habe. Die Mitteilung muß so abgefaßt sein, daß der Arbeitgeber beurteilen kann, ob die Erfindung frei oder gebunden ist (§ 18 Abs. 1 ArbNErfG)[1]. Der Arbeitgeber kann binnen drei Monaten schriftlich bestreiten, daß die Erfindung frei sei. Andernfalls kann er die Erfindung nicht mehr als Diensterfindung in Anspruch nehmen (§ 18 Abs. 2 ArbNErfG).

Bevor der Arbeitnehmer eine freie Erfindung verwertet, die in den Arbeitsbereich des Betriebes fällt, muß er dem Arbeitgeber eine **nichtausschließliche Lizenz zu angemessenen Bedingungen anbieten**. Dieses Angebot kann der Arbeitgeber nur binnen 3 Monaten annehmen. Die Bedingungen werden, wenn eine Einigung hierüber scheitert, gerichtlich festgesetzt (§ 19 ArbNErfG). 57

Jede Mitteilungspflicht entfällt, wenn die freie Erfindung **offensichtlich nicht im Betrieb verwendbar** ist (§ 18 Abs. 3 ArbNErfG). 58

b) Freigewordene Diensterfindungen

Diensterfindungen werden frei, wenn der Arbeitgeber sie freigibt, nicht, nicht 59 rechtzeitig oder nur beschränkt in Anspruch nimmt (§ 8 Abs. 1 ArbNErfG). Der Arbeitnehmer kann dann über sie frei verfügen (§§ 8 Abs. 2, 25 ArbNErfG).

c) Erfindungen im Hochschulbereich

Die Mitteilungs- und Anbietungspflichten nach §§ 18, 19 ArbNErfG (Rz. 56, 60 57) bestehen nicht (§ 42 Abs. 1 ArbNErfG), dafür aber unter den Voraussetzungen des § 42 Abs. 2 ArbNErfG eine besondere Informationspflicht und das Recht des Dienstherrn, am Ertrag der Erfindung angemessen beteiligt zu werden[2]. Im übrigen ist § 22 ArbNErfG nicht anwendbar. Es sind also freie Vereinbarungen möglich.

4. Verbesserungsvorschläge

Verbesserungsvorschläge sind Vorschläge für technische oder sonstige Neue- 61 rungen, die nicht schutzrechtsfähig sind. Soweit sie aus der geschuldeten Arbeit entstanden sind oder im Zusammenhang mit der betrieblichen Tätigkeit

---
1 BGH v. 25. 2. 1958, AP Nr. 1 zu § 43 ArbNErfG.
2 Ausführlich dazu *Frieling*, GRUR 1987, 407.

stehen, sind sie dem Arbeitgeber mitzuteilen und dürfen von ihm verwertet werden[1]. Eine Sondervergütung muß er nur zahlen, wenn eine besondere schöpferische Leistung des Arbeitnehmers vorliegt und der Vorschlag dem Arbeitgeber einen nicht unerheblichen durch Verwertung realisierten Vorteil bringt[2]. Bei Regelungen über die Grundsätze des betrieblichen Vorschlagswesens steht dem **Betriebsrat ein Mitbestimmungsrecht,** auch Initiativrecht[3], zu (§ 87 Abs. 1 Nr. 12 BetrVG). Dies gilt nicht für die finanzielle Ausstattung des Prämienfonds und die Höhe der einzelnen Prämie[4].

62 **Qualifizierte technische Verbesserungsvorschläge** sind Vorschläge auf dem Gebiet der Technik, die dem Arbeitgeber eine ähnliche Vorzugsstellung gewähren wie ein gewerbliches Schutzrecht (§§ 3, 20 Abs. 1 Satz 1 ArbNErfG). Sie liegen vor, wenn durch sie der **betriebliche** Stand der Technik verbessert und hierdurch dem Arbeitgeber für gewisse Zeit eine faktische Monopolstellung gegenüber der Konkurrenz verschafft wird, er sie also tatsächlich allein verwerten kann[5]. Diese Möglichkeit besteht, wenn die technische Neuerung dem Wettbewerb unbekannt bleibt. Ein Betriebsgeheimnis iSd. § 17 UWG muß sie nicht sein. Umgekehrt liegt ein „qualifizierter" Vorschlag nicht schon dann vor, wenn der Wettbewerb die ihm bekannte Neuerung lediglich nicht nutzt[6].

63 **Beispiel:**

*Der Arbeitnehmer hat durch einen technischen Verbesserungsvorschlag bewirkt, daß ein schweres Gerät zum Räumen von Grundstückstrümmern durch den Einsatz einer – an sich bekannten – Hydraulik leichter zu handhaben ist. Der Arbeitgeber hat dieses Gerät Interessenten vorgeführt. Dadurch ist es der Konkurrenz bekannt geworden. Schutzrechte können mangels technischer Neuheit nicht erwirkt werden. Dennoch wird diese Methode von der Konkurrenz nicht genutzt. Da sie jedoch bekannt geworden ist und genutzt werden könnte, ist eine **faktische Monopolstellung** nicht entstanden. Ein „qualifizierter" technischer Verbesserungsvorschlag liegt nicht vor.*

64 Der Arbeitgeber muß qualifizierte technische Verbesserungsvorschläge **vergüten, sobald er sie verwertet** (§ 20 Abs. 1 Satz 1 ArbNErfG), nicht schon dann, wenn er sie nur erprobt[7]. Die Verwertung steht in seinem Ermessen[8]. Für die Vergütung gelten die §§ 9, 12 ArbNErfG entsprechend (§ 20 Abs. 1 Satz 2 ArbNErfG). Maßstab für die Höhe sind also der Nutzen aus der Verwertung, die Aufgaben und die Stellung des Arbeitnehmers im Betrieb und der Anteil des Betriebs am Zustandekommen des Vorschlages (vgl. Rz. 51–53 und Vergütungs-

---

1 *Bartenbach,* NZA 1990, Beil. 2, 23; *Schaub,* § 115 V 2; MünchArbR/*Sack,* § 99 Rz. 123, 124, 139.
2 BAG v. 30. 4. 1965, AP Nr. 1 zu § 20 ArbNErfG; BAG v. 28. 4. 1981, DB 1981, 1882.
3 BAG v. 28. 4. 1981, DB 1981, 1882, 1885.
4 BAG v. 28. 4. 1981, DB 1981, 1882, 1885; BAG v. 16. 3. 1982, DB 1982, 1468, 1470.
5 BGH v. 26. 11. 1968, AP Nr. 2 zu § 20 ArbNErfG.
6 BGH v. 26. 11. 1968, AP Nr. 2 zu § 20 ArbNErfG.
7 BAG v. 30. 4. 1965, AP Nr. 1 zu § 20 ArbNErfG.
8 BAG v. 30. 4. 1965, AP Nr. 1 zu § 20 ArbNErfG.

richtlinien Nr. 29). Für die Feststellung oder Festsetzung der Vergütung gilt § 12 ArbNErfG (vgl. Rz. 48).

III. Urheberrecht

Urheberrechtsfähig sind Werke der Literatur, Wissenschaft und Kunst, sofern 65 sie persönliche geistige Schöpfungen sind (§§ 1, 2 Abs. 2 UrhG). Dies gilt auch für **Computerprogramme,** ohne daß bei ihnen auf besondere qualitative oder ästhetische Kriterien abzustellen wäre (§ 69a Abs. 3 UrhG). Das Urheberrecht entsteht vollständig immer **originär in der Person des Arbeitnehmer-Urhebers**[1]. Es besteht aus immateriellen Persönlichkeitsrechten und materiellen Nutzungsrechten (§§ 31 ff. UrhG).

1. Nutzungsrechte

Bei diesen Rechten auf materielle Verwertung muß zwischen arbeitsvertraglich 66 geschuldeten und nicht geschuldeten Werken unterschieden werden.

a) Arbeitsvertraglich geschuldete Werke

Der Arbeitnehmer hat ein Werk „in Erfüllung seiner Verpflichtungen aus ei- 67 nem Arbeits- oder (beamtenrechtlichen) Dienstverhältnis geschaffen" (§ 43 UrhG), wenn er es während dessen Dauer vollendet hat[2] und

▶ er gerade zu einem solchen **Zweck** eingestellt wurde,

▶ der **Arbeitsvertrag** derartige Aufgaben vorsieht,

▶ die Herstellung des Werks dem **Berufsbild,** der betrieblichen Funktion oder Stellung des Arbeitnehmers entspricht,

▶ der Arbeitgeber ihn **angewiesen** hat, ein solches Werk zu erstellen,

▶ oder sonstige Umstände vorliegen, aus denen sich eine arbeitsrechtliche **Verpflichtung** ergibt[3].

Maßgeblich ist nicht nur der ursprüngliche Wortlaut des Arbeitsvertrages, son- 68 dern auch die spätere unter Umständen stillschweigende **Entwicklung des Arbeitsverhältnisses.** Wird zum Beispiel ein Arbeitnehmer zunächst eingestellt, um aus vorhandenen Unterlagen ein druckreifes Manuskript fertigzustellen, und entwickelt er dann hieraus einverständlich ein eigenschöpferisches Werk, so ist auch dieses Werk in Erfüllung arbeitsvertraglicher Pflichten geschaffen[4].

---

1 BGH v. 22. 2. 1974, AP Nr. 1 zu § 43 UrhG; BAG v. 13. 9. 1983, AP Nr. 2 zu § 43 UrhG; KG v. 6. 9. 1994, NJW-RR 1996, 1066; *Rehbinder,* Urheberrrecht, § 44 I 2.
2 BGH v. 10. 5. 1984, AP Nr. 3 zu § 43 UrhG.
3 *Rojahn,* in Schricker, § 43 UrhG Rz. 22 ff.; *Wenzel,* Rz. 5.77 ff.; *Vinck,* S. 6 ff.
4 BGH v. 11. 11. 1977, AP Nr. 30 zu § 612 BGB; *Rehbinder,* Urheberrecht, § 44 I 2a; im Einzelfall aA BAG v. 13. 9. 1983, AP Nr. 2 zu § 43 UrhG.

69 Der Arbeitnehmer ist **verpflichtet,** dem Arbeitgeber die **Nutzungsrechte** an solchen aus der Arbeitspflicht entstandenen Werken zu **übertragen**[1]. Grundlage für diese Pflicht sind der Arbeitsvertrag und das Recht des Arbeitgebers am Arbeitsergebnis. Der Umfang der Übertragungspflicht – unbefristete oder für die Dauer des Arbeitsverhältnisses befristete Nutzung, ausschließliches oder einfaches Nutzungsrecht – ergibt sich entweder aus ausdrücklichen vertraglichen Regelungen oder Tarifnormen oder gemäß §§ 43, 31 Abs. 5 UrhG aus dem Inhalt und Wesen des Arbeitsverhältnisses und der Zweckbestimmung des geschaffenen Werks[2] (**Zweckübertragungstheorie**).

70 Für **Computerprogramme**[3] bestimmt § 69b UrhG, daß dem Arbeitgeber alle vermögensrechtlichen Befugnisse zustehen, sofern nichts anderes vereinbart ist. Auch bei anderen Werken wird sich aus der Zielsetzung des Arbeitsverhältnisses und der Zweckbestimmung des jeweiligen Werks meist ergeben, daß dem Arbeitgeber die Nutzungsrechte unbefristet und ausschließlich zu übertragen sind[4].

71 Die **Übertragung der Nutzungsrechte** erfolgt entweder bereits im voraus ausdrücklich oder stillschweigend durch den Arbeitsvertrag[5] oder durch die Ablieferung des fertigen Werks, auch hier meist stillschweigend[6]. Wenn der Arbeitnehmer Nutzungsrechte nur eingeschränkt übertragen will, obwohl er zu einer weitergehenden Übertragung verpflichtet ist, muß er seinen Vorbehalt deutlich erklären[7]. Andernfalls sind die Nutzungsrechte im vollen Umfang der Übertragungspflicht übertragen.

72 Für die **Leistungsschutzrechte** (§§ 74–77 UrhG) **ausübender Künstler** (§ 73 UrhG) in Arbeitsverhältnissen gilt nach § 79 UrhG ebenfalls die Zweckübertragungstheorie[8]. Diese materiellen Nutzungsrechte entstehen zunächst ebenfalls für den Arbeitnehmer (zB Schauspieler, Opernsänger, Chormitglied). Er muß sie auf den Arbeitgeber übertragen, soweit sich dies ausdrücklich aus Arbeits- oder Tarifverträgen oder aus dem Wesen des Arbeitsverhältnisses ergibt. Die Übertragung wird meist stillschweigend durch die künstlerische Darbietung der arbeitsvertraglich geschuldeten Leistung erfolgen. Soweit jedoch zB Theaterschauspieler oder Opernsänger vertraglich nicht verpflichtet sind, dem Arbeitgeber auch die Verwertung der Aufführung über Bild- oder Tonträger, Funk oder Bildschirm zu überlassen, kann der Arbeitgeber dies erst nach ausdrücklicher Einwilligung des Künstlers tun (§§ 74–77, 80 UrhG).

---

1 BGH v. 22. 2. 1974, AP Nr. 1 zu § 43 UrhG; BAG v. 13. 9. 1983, AP Nr. 2 zu § 43 UrhG.
2 BGH v. 21. 4. 1953, BGHZ 9, 263 ff.; BGH v. 22. 2. 1974, AP Nr. 1 zu § 43 UrhG; KG v. 6. 9. 1994, NJW-RR 1996, 1066; *Delp*, IV Rz. 212.
3 Vgl. dazu *Sack*, UFITA 121 (1993), 15.
4 *Wenzel*, Rz. 5.76, 5.79; *Vinck*, S. 15 ff.; MünchArbR/*Sack*, § 100 Rz. 44, 47.
5 BAG v. 12. 3. 1997, NZA 1997, 765; *Hubmann*, RdA 1987, 89; *Birk/Koch*, B II 4b; *Wenzel*, Rz. 5.76 ff.; *Delp*, IV Rz. 133; *Rehbinder*, Urheberrecht, § 44 II 1.
6 BGH v. 22. 2. 1974, AP Nr. 1 zu § 43 UrhG.
7 BAG v. 13. 9. 1983, AP Nr. 2 zu § 43 UrhG.
8 *Birk/Koch*, C IV 1; *Fromm/Nordemann/Vinck*, § 79 Rz. 1, 3; *Rojahn*, in Schricker, § 79 UrhG Rz. 16.

III. Urheberrecht

Soweit der Arbeitnehmer Nutzungsrechte an arbeitsvertraglich geschuldeten Werken übertragen muß, steht ihm hierfür grundsätzlich **keine gesonderte Vergütung** zu[1]. Seine Leistung ist durch den Arbeitslohn auch dann abgegolten, wenn der Arbeitgeber sie noch nach Ende des Arbeitsverhältnisses gewinnbringend verwertet[2]. **Besondere Vergütungsansprüche** können jedoch entstehen, soweit 73

▶ dies vereinbart ist;

▶ der Arbeitnehmer Mehrarbeit geleistet hat, um das Werk zu schaffen; hier kann ihm Mehrarbeitsvergütung zustehen;

▶ der Arbeitnehmer eine Sonderleistung erbracht hat, die qualitativ weit über die Leistungen hinausgeht, für die er vertraglich eingestellt und bezahlt wird[3];

▶ der Arbeitgeber das Werk über die vereinbarten Zwecke hinaus nutzt[4];

▶ oder der Arbeitslohn in einem groben Mißverhältnis zum Ertrag aus dem Werk steht; hier besteht das Recht auf Anpassung des Arbeitsvertrages gemäß § 36 Abs. 1 UrhG[5] (Bestseller); dies gilt nicht bei Leistungsschutzrechten[6].

b) Arbeitsvertraglich nicht geschuldete Werke

Es ist umstritten, ob der Arbeitnehmer dem Arbeitgeber (nichtausschließliche) Nutzungsrechte für ein Werk anbieten muß, das zwar nicht in Erfüllung arbeitsvertraglicher Verpflichtungen geschaffen, aber doch **betrieblich verwertbar** ist[7]. Keine Anbietungspflicht besteht jedenfalls für Werke, die vor Beginn des Arbeitsverhältnisses geschaffen wurden[8]. Verwertet der Arbeitgeber arbeitsvertraglich nicht geschuldete Werke, so muß er eine **gesonderte Vergütung** zahlen, und zwar in entsprechender Anwendung des § 612 Abs. 1 BGB auch dann, wenn der Arbeitnehmer sich bei Übertragung des Nutzungsrechts nicht ausdrücklich eine Vergütung vorbehalten hat[9]. 74

---

1 BAG v. 13. 9. 1983, AP Nr. 2 zu § 43 UrhG; BAG v. 12. 3. 1997, NZA 1997, 765; aA *Schwab*, AR-Blattei, SD 1630, Rz. 86 ff.
2 *Birk/Koch*, B II 8; *Sack*, BB 1991, 2165, 2171; kritisch *Wandtke*, GRUR 1992, 13.
3 BGH v. 11. 11. 1977, AP Nr. 30 zu § 612 BGB.
4 MünchArbG/*Sack*, § 100 Rz. 58.
5 MünchArbG/*Sack*, § 100 Rz. 59; *Birk/Koch*, B II 5c; *Rojahn*, in Schricker, § 43 UrhG Rz. 71; vgl. auch BGH v. 27. 6. 1991, BGHZ 115, 63 und BAG v. 12. 3. 1997, NZA 1997, 765.
6 *Rojahn*, in Schricker, § 79 UrhG Rz. 26; *Sack*, BB 1991, 2165, 2171.
7 Bejahend zB BGH v. 27. 9. 1990, BGHZ 112, 243, 254; *Rojahn*, in Schricker, § 43 UrhG Rz. 100–102; *Rehbinder*, RdA 1968, 309, 312; *Rehbinder*, Urheberrecht, § 44 I 2b; verneinend zB *Fromm/Nordemann/Vinck*, § 43 Rz. 3b.
8 BGH v. 10. 5. 1984, AP Nr. 3 zu § 43 UrhG.
9 BGH v. 10. 5. 1984, AP Nr. 3 zu § 43 UrhG; aA anscheinend BAG v. 13. 9. 1983, AP Nr. 2 zu § 43 UrhG.

2. Persönlichkeitsrechte

75 Urheberpersönlichkeitsrechte sind das Veröffentlichungsrecht, das Recht auf Urheberanerkennung, der Schutz vor Entstellung und Änderung, das Zugangsrecht und die Rückrufsrechte (§§ 12–14, 25, 39, 41, 42 UrhG). Diese Rechte sind nicht übertragbar, können jedoch bei arbeitsvertraglich geschuldeten Werken dem Arbeitgeber **zur Ausübung überlassen** oder anderweitig nach dem Zweck des Arbeitsverhältnisses **eingeschränkt** sein[1].

76 So muß der Arbeitnehmer dem Arbeitgeber die **Veröffentlichung** überlassen, wenn er auch das parallele Nutzungsrecht übertragen muß[2]. Insbesondere bei der gemeinschaftlichen Entwicklung von Computerprogrammen durch zahlreiche Arbeitnehmer wird das Recht auf **Urheberbenennung** stillschweigend abbedungen sein. Angesichts der ständigen Weiterentwicklung von Programmen besteht auch kein **Änderungsschutz** nach § 39 UrhG[3]. Das Zugangsrecht nach § 25 UrhG kann nach Beendigung des Arbeitsverhältnisses zum Schutz vor Konkurrenz völlig ausgeschlossen oder eingeschränkt sein[4]. Das **Rückrufsrecht wegen Nichtausübung** (§ 41 UrhG) besteht ohnehin nur im Rahmen berechtigter Interessen. Diese werden selten bestehen, ist doch der Arbeitnehmer für seine Leistung bereits bezahlt[5]. Gleiches muß für das **Rückrufsrecht wegen gewandelter Überzeugung** (§ 42 UrhG) dann gelten, wenn das Werk ohne Nennung des Urhebers erscheinen soll[6].

IV. Streitigkeiten

77 Für Streitigkeiten nach dem **ArbNErfG** über Erfindungen und ihre Vergütung sind die **Landgerichte** (Patentstreitkammern) zuständig (§§ 39 Abs. 1 ArbNErfG, 143 PatG). Für Streitigkeiten nach dem ArbNErfG über Ansprüche auf Zahlung einer bereits festgestellten oder festgesetzten Vergütung und über Ansprüche im Zusammenhang mit qualifizierten technischen Verbesserungsvorschlägen sind die **Arbeitsgerichte** zuständig (§§ 39 Abs. 2 ArbNErfG, 2 Abs. 1 Nr. 3a und Abs. 2 ArbGG)[7].

78 Eine Klage nach dem ArbNErfG ist erst zulässig, wenn ihr das **Schiedsverfahren vor der Schiedsstelle beim Patentamt** vorausgegangen ist (§ 37 Abs. 1 ArbN-

---

1 Ausführlich *Rehbinder*, Urheberrecht, § 44 III.
2 BGH v. 26. 11. 1954, BGHZ 15, 249, 258.
3 OLG Koblenz v. 13. 8. 1981, BB 1983, 992; aA *Rojahn*, in Schricker, § 43 UrhG Rz. 98; vgl. auch KG v. 6. 9. 1994, NJW-RR 1996, 1066.
4 *Sieber*, BB 1983, 977, 984; *Zeller*, BB 1989, 1545, 1547, 1548.
5 MünchArbR/*Sack*, § 100 Rz. 53; *Rehbinder*, RdA 1968, 309, 314.
6 MünchArbR/*Sack*, § 100 Rz. 54; *Birk/Koch*, B II 3f bb; *Rojahn*, in Schricker, § 43 BGB Rz. 92–94.
7 BAG v. 30. 4. 1965, AP Nr. 1 zu § 20 ArbNErfG.

IV. Streitigkeiten

ErfG). Dies gilt nicht in den Fällen des § 37 Abs. 2 und 4 ArbNErfG, insbesondere bei einer Klage nach Beendigung des Arbeitsverhältnisses. Das Schiedsverfahren ist in §§ 28–36 ArbNErfG geregelt.

Für Streitigkeiten über **Ansprüche aus dem Urhebergesetz** sind die **Zivilgerichte** zuständig (§ 104 Satz 1 UrhG)[1], hiervon abweichend jedoch die **Arbeitsgerichte**, wenn um die Zahlung einer bereits vereinbarten Vergütung an den Arbeitnehmerurheber gestritten wird (§ 104 Satz 2 UrhG). 79

---

1 BAG v. 21. 8. 1996, NZA 1996, 1342; BAG v. 12. 3. 1997, NZA 1997, 765.

I. Arbeitnehmerhaftung

	Rz.
I. Haftung für Sach- und Vermögensschäden beim Arbeitgeber	
1. Anspruchsvoraussetzungen	1
a) Kausalität	2
b) Schadensbegriff	3
c) Ersatzfähige Schäden	11
d) Verschulden	14
2. Haftungsbeschränkung	18
a) Entwicklung der Rechtsprechung ab 1957	19
b) Dreiteilung der Haftung	22
c) Feststellung der Haftungsquote	28
d) Versicherungen	31
e) Abdingbarkeit	35
f) Öffentlicher Dienst	37
3. Mitverschulden	38
4. Beweislast	45
5. Beteiligung Dritter	48
II. Mankohaftung	49
1. Haftung aus Mankovereinbarung	50
2. Haftung ohne Mankovereinbarung	55

	Rz.
III. Haftung für Sach- und Vermögensschäden bei Arbeitskollegen und Dritten	
1. Außenhaftung	64
2. Erstattungs- und Freistellungspflichten des Arbeitgebers	68
3. Gesamtschuldnerschaft	71
4. Pfändung	73
IV. Haftung für Personenschäden	74
1. Voraussetzungen des Haftungsausschlusses	77
a) Arbeitsunfall des Verletzten	78
b) Betriebszugehörigkeit	85
c) Verursachung durch betriebliche Tätigkeit	95
2. Vorsatztaten, Wegeunfälle	101
3. Bindung der Zivilgerichte	106
4. Regreßansprüche der Sozialversicherung	108
5. Verhältnis mehrerer Schädiger	112

Schrifttum:

Ahrens, Arbeitnehmerhaftung bei betrieblich veranlaßter Tätigkeit, DB 1996, 934; *Arens*, Haftung des Arbeitnehmers, BB 1988, 1596; *Bauer/Schmidt*, Ist es wirklich notwendig, das Recht der Haftung des Arbeitnehmers gegenüber dem Arbeitgeber gesetzlich zu regeln?, ZRP 1986, 217; *Baumann*, Die Haftung des Arbeitnehmers gegenüber Dritten, BB 1990, 1833; *Beuthien*, Lohnminderung bei Schlechtarbeit oder Arbeitsunlust?, ZfA 1972, 73; *Bleistein*, Die Mankohaftung des Arbeitnehmers, DB 1971, 2213; *Blomeyer*, Beschränkung der Arbeitnehmerhaftung bei nicht gefahrgeneigter Arbeit, JuS 1993, 903; *Boudon*, Arbeitsunfall und sozialversicherungsrechtliche Haftungsbeschränkung, BB 1993, 2446; *Brackmann* (und Bearbeiter), Handbuch der Sozialversicherung, Band 3, Gesetzliche Unfallversicherung, Loseblatt, 1997; *Brox/Walker*, Die Einschränkung der Arbeitnehmerhaftung gegenüber dem Arbeitgeber, DB 1985, 1469; *Brüggemeier*, Organisationshaftung, AcP 191 (1991), 33; *Burkert/Kirchdörfer*, Der doppelt gestörte Gesamtschuldnerausgleich, JuS 1988, 341; *Dahm*, Das Haftungsprivileg gemäß §§ 636, 637 RVO und seine Ausnahmetatbestände in der neueren Rechtsprechung, ZfS 1994, 267; *Dahm*, Mitwirkendes Verschulden des Verletzten und Mitverantwortung des Unfallversicherungsträgers im Rahmen des Regreßanspruchs gemäß § 640 RVO, ZfS 1995, 134; *Däubler*, Die Haftung des Arbeitnehmers – Grundlagen und Grenzen, NJW 1983, 867; *Dahm*, Die Bindung von Arbeits- und Zivilgerichten an Entscheidungen auf dem Gebiet der gesetzlichen Unfallversicherung, SozVers 1996, 39; *Denck*, Der Schutz des Arbeitnehmers vor der Außenhaftung, 1980; *Denck*, Enthaftung zu Lasten des Arbeitnehmers bei gestörtem Gesamtschuldnerausgleich, NZA 1988, 265; *Denck*, Leasing und Arbeitnehmerhaftung, JZ 1990, 175; *Deutsch*, Das Verschulden als Merkmal der Arbeitnehmer-Haftung, RdA 1996, 1; *Dütz*, Gefahrgeneigte Arbeit, NJW 1986, 1779; *Frölich*, Die

I. Arbeitnehmerhaftung

Erstattung von Detektivkosten im Arbeitsverhältnis, NZA 1996, 464; *Fuchs,* Arbeitgeber- und Arbeitnehmerhaftung für Personenschäden, Festschrift für Wolfgang Gitter, 1995, S. 253; *Gamillscheg/Hanau,* Die Haftung des Arbeitnehmers, 2. Aufl. 1974; *Gitter,* Schadensausgleich im Arbeitsunfallrecht, 1969; *Geigel* (und Bearbeiter), Der Haftpflichtprozeß, 22. Aufl. 1997; *Griese,* Ein Arbeitsvertragsgesetzbuch: Chance und Herausforderung, NZA 1995, 301; *Griese,* Die Gesetzentwürfe der Länder für ein Arbeitsvertragsgesetz, NZA 1996, 803; *Hanau,* Die Versicherung des beruflichen Haftungsrisikos der Arbeitnehmer, BB 1972, 4; *Hanau/Rolfs,* Abschied von der gefahrgeneigten Arbeit, NJW 1994, 1439; *Hansen,* Die Beweislast im Mankoprozeß, AuR 1968, 295; *Hartung,* Anmerkungen zur „Teilnahme am allgemeinen Verkehr" iSd. Gesetzes vom 7. 12. 1943 und des § 636 RVO, VersR 1983, Beil., 105; *Heinze,* Zur Verteilung des Schadensrisikos bei unselbständiger Arbeit, NZA 1986, 545; *Heinze,* Konventionalstrafen und andere Sanktionsmöglichkeiten in der betrieblichen Praxis, NZA 1994, 244; *Hirschberg,* Arbeitnehmerhaftung und Haftpflichtversicherung, VersR 1973, 786; *von Hoyningen-Huene,* Die Haftungseinschränkung des Arbeitnehmers, BB 1989, 1889; *Jung,* Mankohaftung aus dem Arbeitsvertrag, 1985; *Jung,* Arbeitsrechtliche Haftungseinschränkung im Mankohaftungsfall – ein Problem der Beweislastverteilung, BlStSozArbR 1985, 289; Kasseler Kommentar Sozialversicherungsrecht, Loseblatt; *Kater/Leube,* Gesetzliche Unfallversicherung SGB VII, 1997; *Köhl,* Die Einschränkung der Haftung des GmbH-Geschäftsführers nach den Grundsätzen des innerbetrieblichen Schadensausgleichs, DB 1996, 2597; *Koller,* Anmerkung zu BAG GS 27. 9. 1994, SAE 1996, 1 in SAE 1996, 5; *Kothe,* Abschied von der dreigeteilten Fahrlässigkeit im Recht der Arbeitnehmerhaftung, BB 1983, 1603; *Kraft,* Sanktionen im Arbeitsverhältnis, NZA 1989, 777; *Kranig/Aulmann,* Das Wegeunfallrisiko als Teil der gesetzlichen Unfallversicherung, NZS 1995, 203, 255; *Krause,* Die Beschränkung der Außenhaftung des Arbeitnehmers, VersR 1995, 752; *Lauterbach,* Unfallversicherung, Kommentar; *Lepa,* Die Haftungsersetzung gemäß §§ 636, 637 RVO in der Rechtsprechung des Bundesgerichtshofs, VersR 1985, 8; *Lepke,* Detektivkosten als Schadensersatz im Arbeitsrecht, DB 1985, 1231; *Lipperheide,* Arbeitnehmerhaftung zwischen Fortschritt und Rückschritt, BB 1993, 720; *Marschner,* Die Neuregelung der Haftungsfreistellung in der gesetzlichen Unfallversicherung, BB 1996, 2090; *Mayer-Maly,* Plädoyer für einen Abschied von der gefahrgeneigten Arbeit, Festschrift Hilger/Stumpf, 1983, S. 467; *Motzer,* Die positive Vertragsverletzung des Arbeitnehmers, 1982; *Neumann-Duesberg,* Wegeunfall von Arbeitnehmern auf der Fahrt zur Betriebsversammlung, SGb 1993, 544; *Otten,* Rechtsstellung des Arbeitnehmers bei Beschädigung von Dritteigentum, DB 1997, 1618; *Otto,* Ist es erforderlich, die Verteilung des Schadensrisikos bei unselbständiger Arbeit neu zu ordnen?, Gutachten zum 56. Deutschen Juristentag 1986, E 11; *Pauly,* Grundfragen der Mankohaftung, BB 1996, 2038; *Peifer,* Haftung des Arbeitnehmers, AR-Blattei SD 870; *Peifer,* Neueste Entwicklungen zu Fragen der Arbeitnehmerhaftung im Betrieb, ZfA 1996, 69; *Plagemann,* Sozialrechtliche Folgen bei der Regulierung von Personenhaftpflichtschäden, AnwBl. 1995, 174, 287; *Plagemann,* Die Einordnung der gesetzlichen Unfallversicherung in das SGB VII, NJW 1996, 3173; *Plagemann,* Beweislastverteilung in der gesetzlichen Unfallversicherung, VersR 1997, 9; *Reinecke,* Die Mankohaftung des Arbeitnehmers, ZfA 1996, 215; *Richardi,* Abschied von der gefahrgeneigten Arbeit als Voraussetzung für die Beschränkung der Arbeitnehmerhaftung, NZA 1994, 241; *Rolfs,* Der Personenschaden des Arbeitnehmers, AR-Blattei SD 860.2; *Rolfs,* Die Neuregelung der Arbeitgeber- und Arbeitnehmerhaftung bei Arbeitsunfällen durch das SGB VII, NJW 1996, 3177; *Schaub,* Der Entwurf eines Gesetzes zur Arbeitnehmerhaftung, ZRP 1995, 447; *Schulin,* Haftungsbegründende und haftungsausfüllende Kausalität im Unfallversicherungsrecht – eine irreführende Unterscheidung, Festschrift für Wolfgang Gitter, 1995, S. 911; *Schulin* (Hrsg.), Handbuch des Sozialversicherungsrechts, Band 2: Unfallversicherungsrecht, 1996; *Sieg,* Kritische Betrachtungen zur Regreßverdrängung, VersR 1993, 194; *Sieg,* Versicherungsfragen zur Haftung von Arbeitnehmern und Organwaltern gegenüber den Geschäftspartnern ihres Unternehmens, BB 1996, 71; *Slapnicar/Reuter,* Zum Kodifikationsbedarf der Arbeitnehmerhaftung, „Ein weiteres Kapitel in der unendlichen Geschichte", AuR 1992, 33; *Sommer,* Arbeitnehmerhaftung und Kaskoversicherung, NZA 1990, 837; *Stern-Krieger/Arnau,* Neuregelung der gesetzlichen Unfallversicherung im SGB VII unter Berücksichtigung des zivilrechtlichen Haftungsrechts, VersR 1997, 408; *Stoffels,* Mankohaftung, AR-Blattei SD 870.2; *Walker/Lohkemper,* Die Vorgeschlagene EG-Richtlinie über die Haftung bei Dienstleistungen und ihre Bedeutung für Haftungsfragen im Arbeitsrecht, RdA 1994, 105; *Wohlgemuth,* Die Arbeitnehmerhaftung im Wandel, DB 1991, 910; *Wussow* (und Bearbeiter), Unfallhaftpflichtrecht, 14. Aufl. 1996.

I. Haftung für Sach- und Vermögensschäden beim Arbeitgeber

1. Anspruchsvoraussetzungen

1 Der Arbeitnehmer haftet nach den Regeln der positiven Vertragsverletzung oder des Deliktsrechts (§§ 823 ff. BGB) auf Ersatz des entstandenen Schadens, wenn er schuldhaft gegen seine Vertragspflichten verstößt oder ein absolut geschütztes Recht (§ 823 Abs. 1 BGB) des Arbeitgebers oder ein Schutzrecht verletzt.

a) Kausalität

2 Nach der **Äquivalenztheorie,** eingegrenzt durch die **Adäquanztheorie** und die Lehre vom **Schutzweck der Norm,** ist ein Verhalten des Arbeitnehmers im rechtlichen Sinne kausal[1] für die Verletzung eines geschützten Interesses oder Rechtes des Arbeitgebers **(haftungsbegründende Kausalität),** wenn

▶ ohne ein solches Verhalten das Interesse oder Recht unverletzt wäre (Äquivalenz),

▶ und das Verhalten allgemein und nicht nur unter ganz unwahrscheinlichen Umständen zur Verletzung führen konnte (Adäquanz),

▶ und die übertretene Norm (Gesetz, Verhaltenspflicht) auch das konkret verletzte Interesse oder Recht schützen will (Schutzzwecklehre).

Dieselben Regeln[2] gelten für die Frage, ob die Verletzung beim Arbeitgeber einen Schaden verursacht hat **(haftungsausfüllende Kausalität).**

b) Schadensbegriff

3 Schaden ist jede Einbuße an Lebens- oder Vermögensgütern[3]. **Vermögensschäden** sind durch Naturalrestitution, Zahlung des Wiederherstellungsaufwandes oder Geldentschädigung zu ersetzen (§§ 249–252 BGB); bei **Nichtvermögensschäden** kann Geldentschädigung nur in den gesetzlichen bestimmten Fällen gefordert werden (§ 253 BGB), zB Schmerzensgeld nach § 847 BGB.

---

1 Ausführlich zum Kausalzusammenhang BGH v. 22. 4. 1958, BGHZ 27, 139; *Larenz,* Schuldrecht Allgemeiner Teil, 14. Aufl. 1987, § 27 III.
2 *Schaub,* § 52 IV 3; MünchArbR/*Blomeyer,* § 57 Rz. 5.
3 *Larenz,* Schuldrecht Allgemeiner Teil, § 27 IIa.

I. Schäden beim Arbeitgeber

Ein Vermögensschaden ist die **Differenz zwischen zwei Vermögenslagen:** der Lage, die ohne das Haftungsereignis bestünde, und der jetzt bestehenden[1]. Dieses Rechenergebnis wird im Einzelfall korrigiert, die Ersatzpflicht also erweitert oder eingeschränkt, wenn der Schutzzweck der Haftung und die Ausgleichsfunktion des Schadensersatzes dies gebieten (**normativer Schadensbegriff**)[2]. 4

So liegt nach der Rechtsprechung ein Schaden schon darin, daß der Eigentümer eine beschädigte Sache, auf deren ständige Verfügbarkeit man allgemein und typischerweise besonders angewiesen ist (PKW, eigenes Haus), bis zu ihrer Reparatur nicht gebrauchen kann[3]. **Reserveursachen,** die denselben Schaden kurz nach dem Haftungsereignis ebenfalls herbeigeführt hätten, beseitigen nur den Anspruch auf Ersatz des Folgeschadens, nicht den auf Ersatz des Objektschadens[4]. 5

Beispiel: 6

Der Arbeitnehmer beschädigt eine zur Vermietung bestimmte Maschine des Arbeitgebers. Kurz darauf brennt die gesamte Maschinenhalle ab. Die Maschine wird zerstört. Der Arbeitnehmer muß hier die Kosten der (nicht mehr durchführbaren) Maschinenreparatur ersetzen, aber nicht den Mietausfall.

Beruft sich der Arbeitnehmer auf **rechtmäßiges Alternativverhalten,** so kann dies den rechnerischen Ersatzanspruch einschränken. Entscheidend ist, ob die verletzte Pflicht gerade den eingetretenen Schaden verhindern sollte[5]. 7

Beispiel: 8

Der vertragsbrüchige Arbeitnehmer haftet nicht auf Ersatz der Kosten für eine Stellenanzeige, wenn er ohnehin hätte fristgerecht kündigen können[6].

Will der Arbeitnehmer den Ersatzanspruch des Arbeitgebers um Vorteile mindern, die diesem aus dem Schadensfall erwachsen sind (**Vorteilsausgleichung**), so ist wertend zu prüfen, ob die Anrechnung des Vorteils nach seiner Art und dem mit ihm verfolgten Zweck der Billigkeit entspricht[7]. 9

Beispiel: 10

Freiwillige Zuwendungen Dritter an den Geschädigten mindern den Ersatzanspruch nicht[8].

---

1 BGH v. 15. 12. 1982, BGHZ 86, 128, 130; BGH v. 10. 12. 1986, BGHZ 99, 196.
2 BGH v. 9. 7. 1986, BGHZ 98, 212, 217.
3 BGH v. 9. 7. 1986, BGHZ 98, 212.
4 *Larenz,* Schuldrecht Allgemeiner Teil, § 30 I; *Medicus,* Bürgerliches Recht, 17. Aufl. 1996, Rz. 849–851.
5 BAG v. 8. 2. 1957, AP Nr. 1 zu § 1 TVG – Friedenspflicht; *Larenz,* Schuldrecht Allgemeiner Teil, § 30 I; *Medicus,* Bürgerliches Recht, Rz. 852.
6 BAG v. 22. 5. 1980, NJW 1980, 2375; BAG v. 23. 3. 1984, NJW 1984, 2846.
7 BGH v. 15. 11. 1967, BGHZ 49, 56, 62; BGH v. 22. 9. 1970, BGHZ 54, 269, 272; BGH v. 16. 2. 1971, BGHZ 55, 329, 334; BGH v. 15. 12. 1988, NJW 1989, 2117.
8 BGH v. 15. 11. 1967, BGHZ 49, 56, 62; *Medicus,* Bürgerliches Recht, Rz. 858.

c) **Ersatzfähige Schäden**

11 Ersatzfähig[1] sind:

- der **unmittelbare Objektschaden,** der durch Zerstörung oder Beschädigung der Sache entsteht;
- bei zum Verkauf bestimmten Sachen der **entgehende Verkaufsgewinn;**
- bei Produktionsmitteln der Gewinn, der ohne Ausfall der Sache durch die Produktion erzielt worden wäre;
- **mittelbare Schäden,** zB die Kosten für eine neue Schließanlage bei Verlust eines Schlüssels[2] oder Zusatzkosten für Versicherungsprämien, die wegen des Schadensfalls erhöht werden[3];
- anteilige **Vorhaltekosten** für eine Betriebsreserve, wenn durch das Vorhalten und den Einsatz von Ersatzgeräten der Schaden aus drittverursachten Ausfällen gering gehalten werden soll[4];
- notwendige und verhältnismäßige **Kosten der Überwachung** eines schwarzarbeitenden Arbeitnehmers[5];
- Fangprämien für die Aufdeckung von Diebstählen[6], nicht hingegen der allgemeine Verwaltungsaufwand für die Überwachung von Arbeitnehmern[7];
- **Nachbesserungskosten,** Gewährleistungsaufwendungen oder an Kunden zu zahlende Vertragsstrafen, falls solche Belastungen durch schuldhaft schlechte Arbeitsergebnisse oder Bummelei entstehen;
- in solchen Fällen auch die **Kosten der notwendigen Mehrarbeit** anderer Arbeitnehmer[8].

12 Soweit der Arbeitgeber selbst zur Schadensminderung tätig wird, ohne hierzu nach § 254 Abs. 2 BGB verpflichtet zu sein, ist der Schaden zu ersetzen, der ohne diesen **überpflichtgemäßen Einsatz** entstanden wäre[9].

13 Wenn der Arbeitnehmer schuldhaft bummelt oder schuldhaft schlechte Arbeit abliefert, ist eine solche **Minder- oder Schlechtleistung** wirtschaftlich den vol-

---

1 Überblick über die ersatzfähigen Schäden bei *Palandt/Heinrichs*, Vorbemerkung zu § 249 Rz. 19 ff.
2 LAG Frankfurt v. 4. 11. 1987, DB 1988, 2652.
3 BAG v. 23. 6. 1981, AP Nr. 81 zu § 611 BGB – Haftung des Arbeitnehmers.
4 BGH v. 10. 5. 1960, BGHZ 32, 280; BGH v. 10. 1. 1978, BGHZ 70, 199, 201; OLG Bremen v. 24. 12. 1980, VersR 1981, 860; aA *Larenz*, Schuldrecht Allgemeiner Teil, § 29 IIf mwN in Fn. 92.
5 LAG Hamm v. 7. 11. 1995, DB 1996, 278; *Lepke*, DB 1985, 1231; *Frölich*, NZA 1996, 464.
6 BGH v. 6. 11. 1979, BGHZ 75, 230; OLG Hamburg v. 20. 4. 1977, NJW 1977, 1347; LAG Nürnberg v. 24. 8. 1992, NZA 1993, 413.
7 BGH v. 6. 11. 1979, BGHZ 75, 230.
8 BAG v. 24. 4. 1970, AP Nr. 5 zu § 60 HGB; vgl. auch *Kraft*, NZA 1989, 777, 779; *Heinze*, NZA 1994, 244, 247.
9 BGH v. 16. 2. 1971, BGHZ 55, 329; dazu *Lieb*, JR 1971, 371.

len Lohn nicht wert. Nach hM[1] ist der Arbeitgeber jedoch nicht schon deshalb berechtigt, den Lohn zu mindern oder als Schadensersatz teilweise zurückzufordern; Ersatz könne nur für Nachteile gefordert werden, die nicht im Lohnaufwand selbst liegen.

d) Verschulden

Der Arbeitnehmer haftet für Vorsatz und Fahrlässigkeit (§ 276 BGB). **Vorsatz** ist das Wollen oder das Inkaufnehmen des beabsichtigten Erfolges. **Fahrlässigkeit** liegt vor, wenn der Arbeitnehmer die im Verkehr erforderliche Sorgfalt außer acht läßt (§ 276 Abs. 1 Satz 2 BGB), und zwar bewußt, wenn er die Gefahr erkennt, aber hofft, der rechtswidrige Erfolg werde nicht eintreten, oder unbewußt, wenn er die Gefahr hätte erkennen müssen. Nach dem Wortlaut des § 276 Abs. 1 Satz 2 BGB muß die erforderliche Sorgfalt grundsätzlich nach einem **objektiven Maßstab** („im Verkehr erforderlich") ermittelt werden[2]. Dieser Maßstab richtet sich jedoch nach den Anforderungen an die Gruppe, welcher der Arbeitnehmer angehört[3]. Von einem leitenden Angestellten, einem erfahrenen Facharbeiter oder einem Spezialisten wird also eine andere Sorgfalt im Verkehr erwartet als von einem einfachen Arbeiter oder einem Jugendlichen. 14

Der Arbeitnehmer kann gegen die erforderliche Sorgfalt dadurch verstoßen, daß 15
- er eine Tätigkeit falsch ausübt,
- oder sie trotz mangelnder Eignung oder Erfahrung übernimmt[4],
- oder die ihm unterstellten Arbeitnehmer mangelhaft auswählt, anleitet oder beaufsichtigt[5].

Die Rechtsprechung unterscheidet bei der Arbeitnehmerhaftung leichteste, normale oder grobe Fahrlässigkeit[6]. **Leichteste Fahrlässigkeit** ist das typische Abirren, das sich Vergreifen und sich Vertun[7]. **Grobe Fahrlässigkeit** liegt vor, wenn die Sorgfalt besonders schwer verletzt und nicht einmal das beachtet wird, was jedem einleuchtet und auch dem Schädiger in seiner persönlichen Situation einleuchten mußte[8]. Hier fließen also **subjektive Elemente** in die Wertung ein[9]. 16

---

1 BAG v. 6. 6. 1972, AP Nr. 71 zu § 611 BGB – Haftung des Arbeitnehmers; ausführlich *Lieb*, Arbeitsrecht § 2 II 2b; MünchArbR/*Blomeyer*, § 56 Rz. 4 ff.; *Motzer*, Positive Vertragsverletzung, S. 159 ff.
2 BGH v. 13. 12. 1994, DB 1995, 1606; Münchener Kommentar/*Hanau*, § 276 BGB Rz. 78 ff.
3 MünchArbR/*Blomeyer*, § 57 Rz. 10; *Schaub*, § 52 V 2.
4 BAG v. 24. 1. 1974, AP Nr. 74 zu § 611 BGB – Haftung des Arbeitnehmers.
5 BAG v. 11. 11. 1976, AP Nr. 80 zu § 611 BGB – Haftung des Arbeitnehmers.
6 Zum Verschulden und den Verschuldensformen *Deutsch*, RdA 1996, 1.
7 Münchener Kommentar/*Söllner*, § 611 BGB Rz. 427.
8 BAG v. 28. 5. 1960, AP Nr. 19 zu § 611 BGB – Haftung des Arbeitnehmers.
9 BAG v. 18. 1. 1972 und 23. 3. 1973, AP Nr. 69 und 82 zu § 611 BGB – Haftung des Arbeitnehmers.

17 **Beispiele:**

Der langjährig erfahrenen Säuglingsschwester gleitet ein Neugeborenes aus der Hand[1] *(wohl leichteste Fahrlässigkeit). Der Busfahrer wechselt kurz vor der Bergkuppe zum Überholen auf die Gegenspur*[2] *(grobe Fahrlässigkeit).*

2. Haftungsbeschränkung

18 Der Arbeitnehmer haftet nach geltender[3] Rechtsprechung nur begrenzt für Sach- und Vermögensschäden des Arbeitgebers. Seine Haftung ist abhängig vom Grad seines Verschuldens.

a) Entwicklung der Rechtsprechung ab 1957

19 Im Anschluß an eine Grundsatzentscheidung des Großen Senats aus dem Jahre 1957[4] entwickelte das BAG[5] die noch heute geltende **Dreiteilung der Haftung:** keine Haftung bei leichtester Fahrlässigkeit, anteilige Haftung bei normaler Fahrlässigkeit und grundsätzlich volle Haftung bei grober Fahrlässigkeit.

20 Dies galt aber nur für **gefahrgeneigte Arbeit,** also eine Tätigkeit, bei der auch dem sorgfältigen Arbeitnehmer gelegentlich Fehler unterlaufen, die an sich vermeidbar sind, mit denen aber angesichts der menschlichen Unzulänglichkeit als mit einem typischen Abirren der Dienstleistung erfahrungsgemäß zu rechnen ist[6]. Maßgeblich für die Gefahrgeneigtheit ist die konkrete Situation. Der Straßenverkehr ist also nicht allgemein gefahrgeneigt, zB dann nicht, wenn der Fahrer bei schönem Wetter auf einer trockenen, gut asphaltierten und verkehrsarmen Nebenstraße in einer übersichtlichen Kurve schleudert und sich überschlägt[7]. Bei nicht gefahrgeneigter Arbeit sollte es bei der vollen zivilrechtlichen Haftung auch für leichteste Fahrlässigkeit bleiben[8].

21 Im Jahre 1983 beschränkte der 7. Senat des BAG die Haftung bei gefahrgeneigter Arbeit auf Fälle der zumindest grobfahrlässigen Verursachung und verneinte jede Haftung bei nur normaler Fahrlässigkeit[9]. Der 8. Senat kehrte dann 1987

---

1 BAG v. 12. 2. 1985, AP Nr. 86 zu § 611 BGB – Haftung des Arbeitnehmers.
2 BAG v. 28. 5. 1960, AP Nr. 19 zu § 611 BGB – Haftung des Arbeitnehmers.
3 Zu Reformplänen im Rahmen einer gesetzlichen Neuregelung des Arbeitsvertragsrechts vgl. *Bauer/Schmidt,* ZRP 1986, 217; *Slapnicar/Reuter,* AuR 1992, 33; *Schaub,* ZRP 1995, 447; *Griese,* NZA 1995, 300; *Griese,* NZA 1996, 803; *Peifer,* AR-Blattei Rz. 105 ff. Zum Einfluß des Europäischen Rechts vgl. *Walker/Lohkemper,* RdA 1994, 105.
4 BAG v. 25. 9. 1957, AP Nr. 4 zu §§ 898, 899 RVO.
5 BAG v. 19. 3. 1959, 21. 11. 1959 und 29. 6. 1964, AP Nr. 8, 14, 33 zu § 611 BGB – Haftung des Arbeitnehmers.
6 BAG v. 25. 9. 1957, AP Nr. 4 zu §§ 898, 899 RVO; ausführlich *Mayer-Maly,* Festschrift Hilger/Stumpf, S. 467 ff.
7 BAG v. 3. 3. 1960, AP Nr. 22 zu § 611 BGB – Haftung des Arbeitnehmers.
8 BAG v. 19. 3. 1959, AP Nr. 8 zu § 611 BGB – Haftung des Arbeitnehmers.
9 BAG v. 23. 3. 1983 und 21. 10. 1983, AP Nr. 82 und 84 zu § 611 BGB – Haftung des Arbeitnehmers; ebenso *Gamillscheg/Hanau,* S. 122; *Gamillscheg,* AuR 1983, 317; *Hanau/Preis,* JZ 1988, 1072; *von Hoyningen/Huene,* DB 1989, 1889, 1892; *Wohlge-*

I. Schäden beim Arbeitgeber

zur anteiligen Haftung bei normaler Fahrlässigkeit zurück[1]. Aufgrund einer Vorlage des 8. Senates[2] entschied schließlich der Große Senat 1994, daß die Grundsätze über die Beschränkung der Haftung für **alle Tätigkeiten** gelten, die **durch den Betrieb veranlaßt** sind und aufgrund eines Arbeitsverhältnisses geleistet werden, auch wenn sie nicht gefahrgeneigt sind[3]. Betrieblich veranlaßt sind Tätigkeiten, die dem Arbeitnehmer für den Betrieb übertragen sind, und solche, die er im betrieblichen Interesse ausführt, wenn sie nahe mit dem Betrieb und seinem betrieblichen Wirkungskreis zusammenhängen[4].

b) Dreiteilung der Haftung

Demnach wird heute die Haftung für Schäden aus betrieblich veranlaßter Tätigkeit wie folgt verteilt[5]: Der Arbeitnehmer haftet nicht bei leichtester Fahrlässigkeit. Er haftet voll bei Vorsatz und „in aller Regel" voll bei grober Fahrlässigkeit. Bei normaler Fahrlässigkeit ist der Schaden „in aller Regel" unter Berücksichtigung aller Umstände anteilig von ihm und dem Arbeitgeber zu tragen. In Sonderfällen ist es möglich, daß er bei grober Fahrlässigkeit nur anteilig[6] und bei normaler Fahrlässigkeit gar nicht haftet. 22

Beispiel: 23

Ein Busfahrer, der grobfahrlässig bei Rot über die Kreuzung fährt, haftet für den Sachschaden von 110 000 DM eventuell nur anteilig. Denn ihm ist ein teures Arbeitsgerät anvertraut, an dem bei Unfällen typischerweise so hohe Schäden entstehen, daß eine volle Ersatzpflicht für ihn bei seinem Einkommen regelmäßig ruinöse Folgen hätte[7].

Diese Regeln gelten für **alle Arbeitnehmer,** auch leitende Angestellte[8] und auch für Leiharbeitnehmer im Verhältnis zum Entleiher[9]. Für Geschäftsführer gelten die Grundsätze zur Haftungsbeschränkung nicht. 24

---

muth, DB 1991, 910, 911; *Lipperheide*, BB 1993, 720, 724; eine so weitgehende Haftungsbeschränkung ausdrücklich ablehnend zB BGH v. 11. 3. 1996, ZIP 1996, 763.
1 BAG v. 24. 11. 1987, AP Nr. 93 zu § 611 BGB – Haftung des Arbeitnehmers.
2 BAG v. 12. 10. 1989, AP Nr. 98 zu § 611 BGB – Haftung des Arbeitnehmers.
3 BAG v. 27. 9. 1994, AP Nr. 103 zu § 611 BGB – Haftung des Arbeitnehmers.
4 BAG v. 12. 6. 1992, AP Nr. 101 zu § 611 BGB – Haftung des Arbeitnehmers; zur betrieblichen Veranlassung LAG Köln v. 24. 6. 1994, NZA 1994, 1163; *Koller*, SAE 1996, 5, 7.
5 BAG v. 27. 9. 1994, AP Nr. 103 zu § 611 BGB – Haftung des Arbeitnehmers.
6 BAG v. 12. 10. 1989, AP Nr. 97 zu § 611 BGB – Haftung des Arbeitnehmers; BAG v. 23. 1. 1997, NZA 1998, 140; BAG v. 22. 5. 1997, BB 1997, 2380; *Gamillscheg*, AuR 1983, 317, 320; *Brox/Walker*, DB 1985, 1469, 1476; *Hanau/Preis*, JZ 1988, 1074.
7 BAG v. 12. 10. 1989, AP Nr. 97 zu § 611 BGB – Haftung des Arbeitnehmers.
8 BAG v. 11. 11. 1976, AP Nr. 80 zu § 611 BGB – Haftung des Arbeitnehmers; *Brox/Walker*, DB 1985, 1469, 1476; *Otto*, Gutachten E 75; *Peifer*, AR-Blattei Rz. 57–61; *Peifer*, ZfA 1996, 69, 77; zum abhängigen GmbH-Geschäftsführer vgl. *Köhl*, DB 1996, 2597.
9 BAG v. 15. 2. 1974, AP Nr. 7 zu § 637 RVO; *Gamillscheg/Hanau*, S. 23; MünchArbR/*Blomeyer*, § 57 Rz. 67.

25 **Hinweis:**
Der Anwalt eines „abhängigen" Geschäftsführers sollte bei der Vertragsgestaltung darauf hinwirken, daß, soweit nicht § 43 GmbHG entgegensteht, für die Haftung eine entsprechende Anwendung der „von der Rechtsprechung zur Beschränkung der Arbeitnehmerhaftung entwickelten Grundsätze" vereinbart wird.

26 Eine **summenmäßige Beschränkung** der Haftung lehnt das BAG[1] – noch[2] – ab.

27 Das BAG begründet die generelle Haftungsbeschränkung mit einer entsprechenden **Anwendung des § 254 BGB**[3]. Diese sei „bei strukturellen Ungleichgewichtslagen" verfassungsrechtlich (Art. 12 Abs. 1, Art. 2 Abs. 1 GG) geboten[4]. Der Arbeitgeber setze nicht nur das **Betriebsrisiko**[5], indem er uU mit gefährlichen Anlagen oder in risikobehafteten Produktionsprozessen eventuell schadensträchtige Produkte herstellen lasse (gefahrgeneigte Arbeit im engeren Sinne); er habe auch die **Organisation des Betriebes** in der Hand und gliedere in den von ihm gesteuerten Arbeitsprozeß den Arbeitnehmer für diesen unausweichbar ein[6]. Dadurch werde das Haftungsrisiko des Arbeitnehmers geprägt. Folglich müßten dem Arbeitgeber solche Risiken haftungsmildernd über § 254 BGB zugerechnet werden.

c) Feststellung der Haftungsquote

28 Die Rechtsprechung arbeitet **ohne feste Haftungsquoten.** Dies führt zu erheblicher Rechtsunsicherheit. Der Schaden ist nach **Billigkeit und Zumutbarkeit** zu verteilen. Hierbei sind die Gesamtumstände von Schadensanlaß und Schadensfolgen zu berücksichtigen, insbesondere

▶ der Grad des Verschuldens,

▶ die Gefahrgeneigtheit der Arbeit,

▶ die Höhe des Schadens,

▶ ein vom Arbeitgeber einkalkuliertes oder durch Versicherung deckbares Risiko,

▶ die Stellung des Arbeitnehmers im Betrieb,

▶ die Höhe des Entgelts, in dem möglicherweise eine Risikoprämie enthalten ist,

---

1 BAG v. 12. 10. 1989, AP Nr. 97 zu § 611 BGB – Haftung des Arbeitnehmers; BAG v. 23. 1. 1997, NZA 1998, 140; eine summenmäßige Beschränkung befürworten zB *Däubler*, NJW 1986, 867, 871; *Wohlgemuth*, DB 1991, 910, 912; *Lipperheide*, BB 1993, 720, 725.
2 Vgl. *Peifer*, ZfA 1996, 69, 80.
3 Ausführlich zu § 254 BGB *Gamillscheg/Hanau*, S. 38 ff.; kritisch zur Ableitung aus § 254 BGB *Ahrens*, DB 1996, 934 ff.
4 Insoweit aA BGH v. 21. 9. 1993, AP Nr. 102 zu § 611 BGB – Haftung des Arbeitnehmers; *Blomeyer*, JuS 1993, 903, 905; *Merhold*, JZ 1993, 910; *Hanau/Rolfs*, NJW 1994, 1439, 1440; *Richardi*, NZA 1994, 241; *Otto*, AuR 1995, 72.
5 Insoweit aA zB *Staudinger/Richardi*, § 611 BGB Rz. 492 ff.; *Koller*, SAE 1996, 5.
6 Insoweit aA *Koller*, SAE 1996, 5.

I. Schäden beim Arbeitgeber

▶ unter Umständen auch die persönlichen Verhältnisse des Arbeitnehmers, wie die Dauer der Betriebszugehörigkeit, sein Lebensalter, seine Familienverhältnisse und sein bisheriges Verhalten[1].

Hinweis: 29
Weil die Rechtsprechung praktisch alle Umstände für die Schadensteilung berücksichtigt und außerdem der Verschuldensgrad nach dem Lebensalter, der beruflichen Erfahrung und der Position des Arbeitnehmers bemessen wird (vgl. Rz. 14), sollte der Anwalt im Haftungsprozeß vorsorglich zu allen, auch entfernteren, Umständen ausführlich vortragen.

In der Literatur wird die **unsystematische Fülle der Abwägungskriterien** zu 30 Recht kritisiert[2]. Es dürfen nur solche Umstände beim Schadensausgleich berücksichtigt werden, die eine direkte Verbindung zum Haftungsereignis haben. Folglich sollten persönliche Verhältnisse wie Dauer der Betriebszugehörigkeit, Lebensalter, Familienverhältnisse und bisheriges Verhalten nicht generell berücksichtigt werden, sondern allenfalls dann, wenn sie im Ausnahmefall für das Maß der zuzurechnenden Verantwortung von direkter Bedeutung sind.

d) Versicherungen[3]

Der vorsätzlich handelnde und in der Regel auch der grob fahrlässige Arbeit- 31 nehmer haften immer voll, auch soweit der Schaden versichert ist; sie wären ohnehin dem **Regreß der Versicherung** ausgesetzt. Ansonsten muß der Arbeitgeber bestehende Versicherungen vorrangig in Anspruch nehmen. Soweit sie den Schaden nicht decken, haftet der Arbeitnehmer abgestuft nach dem Grad seines Verschuldens. Die zahlende Versicherung kann den Arbeitnehmer nur insoweit in Regreß nehmen, als er dem Arbeitgeber anteilig haftet. Bestimmte **Körperschaften des öffentlichen Rechts** müssen keine Kfz-Haftpflichtversicherungen abschließen; sie haben jedoch ihre Arbeitnehmer so zu behandeln, als bestünde eine solche Versicherung (§ 2 Abs. 2 PflVG).

Selbst bei einem grobfahrlässig verursachten Verkehrsunfall muß der Arbeit- 32 nehmer den Arbeitgeber nicht von **Rückgriffsansprüchen der Haftpflichtversicherung** freistellen, wenn der Arbeitgeber ihn rechtswidrig ohne Fahrerlaubnis oder auf einem nicht versicherten oder nicht verkehrssicheren Fahrzeug eingesetzt hat. Denn die Rückgriffsansprüche gegen den Arbeitgeber beruhen auf dessen Versicherungsverstoß und nicht auf der groben Fahrlässigkeit des Arbeitnehmers[4].

---
1 BAG v. 27. 9. 1994, AP Nr. 103 zu § 611 BGB – Haftung des Arbeitnehmers.
2 *Gamillscheg/Hanau*, S. 77 ff.; *Gamillscheg*, AuR 1988, 354; *von Hoyningen-Huene*, BB 1989, 1889, 1895; *Schlachter*, Anm. zu AP Nr. 103 zu § 611 BGB – Haftung des Arbeitnehmers; MünchArbR/*Blomeyer*, § 57 Rz. 50.
3 Ausführlich *Gamillscheg/Hanau*, S. 99 ff.; *Otto*, Gutachten E 26 ff., 68 ff.
4 BAG v. 23. 6. 1988, AP Nr. 94 zu § 611 BGB – Haftung des Arbeitnehmers mit abl. Anm. von *H. J. Weber*.

33 Wenn der Arbeitgeber gesetzlich nicht vorgeschriebene, aber **übliche und zumutbare Versicherungen** (zB Kfz-Kasko, Betriebshaftpflicht, Betriebsunterbrechung) nicht abschließt, kann ihm dies nach Ansicht des BAG nicht als Mitverschulden iSd. § 254 BGB angelastet werden[1]. Es ist nur bei der verschuldensunabhängigen Zurechnung einer Haftungsquote entsprechend § 254 BGB zu seinen Lasten zu berücksichtigen[2]. Falls also eine Kaskoversicherung zwar fehlt, aber üblich und zumutbar ist, kann die Haftung des Arbeitnehmers bei normaler Fahrlässigkeit auf die Höhe der üblichen Selbstbeteiligung (zB 650 DM) beschränkt sein[3].

34 Eine den Arbeitnehmer vor seiner Haftpflicht schützende **Pflichtversicherung** führt nach der Rechtsprechung dazu, daß – im Rahmen der Deckungssummen – seine Haftungsbeschränkung entfällt[4]. Hingegen kommt eine **freiwillige Haftpflichtversicherung** des Arbeitnehmers dem Arbeitgeber nicht zugute[5]. Der vom Grad des Verschuldens abhängige innerbetriebliche Schadensausgleich wird durch sie also nicht beeinflußt.

e) Abdingbarkeit

35 Die Regeln zur Haftungsbeschränkung sind in den Grenzen der §§ 134, 138 BGB abdingbar, soweit der Arbeitgeber hierfür einen **angemessenen finanziellen Ausgleich,** nicht nur einen höheren Lohn zusagt[6]. Der Arbeitnehmer kann also durch Vereinbarung auch den Teil der Haftungsquote akzeptieren, der ansonsten vom Arbeitgeber verschuldensunabhängig aufgrund seines betrieblichen Risikos zu tragen wäre. Seine Interessen werden hinreichend gewahrt, wenn und soweit ein angemessener finanzieller Ausgleich erfolgt[7].

---

1 BAG v. 22. 3. 1968, NJW 1968, 1846; BAG v. 24. 1. 1987, AP Nr. 92 zu § 611 BGB – Haftung des Arbeitnehmers; BAG v. 1. 12. 1988, AP Nr. 2 zu § 840 BGB; aA LAG Bremen v. 31. 1. 1979, DB 1979, 1235; OLG Stuttgart v. 19. 2. 1979, NJW 1980, 1169; ArbG Münster v. 23. 8. 1973, DB 1973, 2200; ArbG Kassel v. 12. 8. 1981, DB 1982, 442; *Gamillscheg/Hanau,* S. 109 ff.; *Hanau/Preis,* JZ 1988, 1072, 1075; *Gamillscheg,* AuR 1990, 167; *Arens,* BB 1990, 67, 69; *Wohlgemuth,* DB 1991, 910, 912; *Sieg,* BB 1996, 71, 73.
2 BAG v. 24. 11. 1987, AP Nr. 92 zu § 611 BGB – Haftung des Arbeitnehmers; LAG Köln v. 7. 5. 1992, NZA 1992, 1032; aA *Sommer,* NZA 1990, 837, 839.
3 BAG v. 24. 11. 1987, AP Nr. 92 zu § 611 BGB – Haftung des Arbeitnehmers.
4 BAG v. 11. 1. 1966, AP Nr. 36 zu § 611 BGB – Haftung des Arbeitnehmers (zur damaligen Kameradenhaftung); BGH v. 8. 12. 1971, VersR 1972, 166; BGH v. 3. 12. 1991, BB 1992, 457; ausführlich *Hanau,* BB 1972, 4; *Sieg,* VersR 1973, 194; *Hirschberg,* VersR 1973, 786.
5 BAG v. 21. 6. 1963, AP Nr. 29 zu § 611 BGB – Haftung des Arbeitnehmers; BAG v. 25. 9. 1997, DB 1998, 476; LAG Berlin v. 30. 5. 1983, VersR 1983, 937.
6 LAG Frankfurt v. 5. 9. 1969, DB 1970, 888; *Gamillscheg/Hanau,* S. 37; *Peifer,* AR-Blattei Rz. 50; *Schaub,* § 52 VI 7e; MünchArbR/*Blomeyer,* § 57 Rz. 69.
7 AA *Wohlgemuth,* DB 1991, 910, 913.

I. Schäden beim Arbeitgeber

> **Hinweis:**
> Von solchen theoretisch möglichen Vereinbarungen ist **abzuraten**. Bei einem größeren Schadensfall besteht für den Arbeitgeber die Gefahr, daß die Rechtsprechung die vereinbarte Ausgleichszahlung nicht für angemessen hält. Dann bleibt es bei der Haftungsbeschränkung, und der Arbeitgeber hat vergeblich Geld für die fehlgeschlagene Haftungserweiterung investiert.

36

f) Öffentlicher Dienst

Die Haftung des Arbeitnehmers ist nach § 14 BAT iVm. §§ 46 BRRG, 78 BBG auf Vorsatz und grobe Fahrlässigkeit beschränkt.

37

3. Mitverschulden

Der Arbeitgeber beeinträchtigt seinen Ersatzanspruch, wenn er schuldhaft den Schaden mitverursacht, nicht abwendet oder nicht mindert. **§ 254 BGB** ist also auch unmittelbar anzuwenden, nicht nur entsprechend bei der Berücksichtigung des Betriebs- und Organisationsrisikos (Rz. 27).

38

Das **Mitverschulden seiner Erfüllungsgehilfen** belastet den Arbeitgeber nach §§ 254 Abs. 2 Satz 2, 278 BGB. Erfüllungsgehilfe ist jeder, den er hinzuzieht, um sich vor Schaden zu bewahren[1]. § 254 Abs. 2 Satz 2 BGB gilt nicht nur im Rahmen des § 254 Abs. 2 BGB, sondern auch des § 254 Abs. 1 BGB, also auch, wenn der Erfüllungsgehilfe den Schaden mitverursacht[2]. Außerdem ist nach der Rechtsprechung[3] § 831 BGB entsprechend anwendbar. Dem Arbeitgeber ist das Verhalten von Verrichtungsgehilfen zuzurechnen, wenn er sich nicht exkulpieren kann.

39

Mitverschulden liegt vor, wenn der Betrieb oder die Arbeit **mangelhaft organisiert**[4] oder der Arbeitnehmer schlecht angeleitet[5], schlecht überwacht[6], überlastet[7] oder ihm schadhaftes Material zur Verfügung gestellt[8] wird. Mangelnde Kontrollmaßnahmen von Vorgesetzten wirken nach § 254 Abs. 2 Satz 2 BGB zu Lasten des Arbeitgebers.

40

---

1 BGH v. 3. 7. 1951, BGHZ 3, 46; *Schaub*, § 52 VI 6e.
2 HM, vgl. Münchener Kommentar/*Grunsky*, § 254 BGB Rz. 76 mwN; aA *Esser/Schmidt*, Schuldrecht Allgemeiner Teil, § 35 III 1.
3 RG v. 28. 6. 1940, RGZ 164, 264, 269; ausführlich *Larenz*, Schuldrecht Allgemeiner Teil, § 31 I d.
4 BAG v. 27. 2. 1970, 18. 6. 1970 und 16. 2. 1997, AP Nr. 54, 57 und 106 zu § 611 BGB – Haftung des Arbeitnehmers.
5 BAG v. 7. 7. 1970, AP Nr. 59 zu § 611 BGB – Haftung des Arbeitnehmers.
6 BAG v. 16. 2. 1995, AP Nr. 106 zu § 611 BGB – Haftung des Arbeitnehmers.
7 BAG v. 18. 1. 1972, AP Nr. 69 zu § 611 BGB – Haftung des Arbeitnehmers.
8 BAG v. 18. 12. 1970, AP Nr. 63 zu § 611 BGB – Haftung des Arbeitnehmers.

41 **Beispiele:**

Aus der Kasse des Arbeitnehmers fehlt Geld. Sie war jedoch nicht verschließbar. Auch andere Personen hatten Zugang. Es gab sogar einen allgemein zugänglichen zweiten Schlüssel (mangelnde Organisation). Der Arbeitgeber läßt den jungen Auszubildenden, der seinen Führerschein erst wenige Monate hat, ohne sorgfältige Anleitung und Einweisung einen LKW fahren. Der Auszubildende verursacht einen Unfall wegen überhöhter Geschwindigkeit (schlechte Anleitung). Der Arbeitgeber hat zwar eine allgemeine Anweisung erlassen, wonach das fliegende Personal alle notwendigen Dokumente stets mit sich führen muß. Er hat dies jedoch nicht kontrolliert. Die Stewardeß vergißt ihren Paß. Dem Arbeitgeber wird daraufhin von der amerikanischen Einreisebehörde eine Einreisestrafe von 3000 US-$ auferlegt (mangelnde Kontrolle).

42 Hingegen mindert es **nicht** den Ersatzanspruch des Arbeitgebers, wenn der Arbeitnehmer mit Vorgesetzten oder mit Geschäftsführern kollusiv zusammenwirkt[1]. Ebensowenig kann der Arbeitnehmer, der neben einem gleichrangigen Kollegen einen Schaden verursacht, dem Arbeitgeber das Verschulden des Kollegen als Mitverschulden zurechnen.

43 Wenn der Arbeitnehmer mit dem **direkten Vorsatz,** den Arbeitgeber zu schädigen, handelt (Diebstahl, Untreue), ist ihm der Einwand der Mitverursachung nach § 254 Abs. 1 BGB regelmäßig verschlossen[2], nicht hingegen der Einwand der mangelnden Schadensminderung nach § 254 Abs. 2 BGB[3].

44 Bei der **Abwägung der wechselseitigen Schadensbeiträge** ist darauf zu achten, daß dieselben Umstände nicht doppelt zu Lasten des Arbeitgebers gewertet werden. Denn zumindest wenn der Arbeitnehmer ihn mit normaler Fahrlässigkeit schädigt, ist das Organisationsrisiko oder die besondere Gefährlichkeit seiner Produktionsmethoden bereits entsprechend § 254 BGB zu seinen Lasten in die Haftungsquote eingeflossen (Rz. 27) und darf ihm deshalb nicht noch einmal als echtes Mitverschulden zugerechnet werden.

4. Beweislast

45 Nach der bisherigen Rechtsprechung des BAG zur gefahrgeneigten Arbeit muß der Arbeitgeber sämtliche Voraussetzungen seines Anspruchs beweisen, auch das Verschulden und den Verschuldensgrad; eine Umkehr der Beweislast hierfür nach § 282 BGB kommt nicht in Betracht[4]. Denn die Schadensursache beruhe auf der Gefahrgeneigtheit, stamme also aus dem **Gefahrenbereich des**

---

1 BAG v. 19. 4. 1974, AP Nr. 75 zu § 611 BGB – Haftung des Arbeitnehmers.
2 BAG v. 18. 6. 1970, AP Nr. 57 zu § 611 BGB – Haftung des Arbeitnehmers.
3 OLG Hamburg v. 20. 4. 1977, NJW 1977, 1347, 1349; Münchener Kommentar/*Grunsky*, § 254 BGB Rz. 62.
4 BAG v. 2. 4. 1958, AP Nr. 5 zu § 549 ZPO; BAG v. 30. 8. 1966, AP Nr. 5 zu § 282 BGB; BAG v. 13. 3. 1968 und 7. 7. 1970, AP Nr. 42 und 58 zu § 611 BGB – Haftung des Arbeitnehmers; *Kohte*, BB 1983, 1603, 1607. Zum Auskunftsanspruch vgl. LAG Berlin v. 15. 6. 1992, NZA 1993, 27.

I. Schäden beim Arbeitgeber

Arbeitgebers[1]. Allerdings kann bei typischen Geschehensabläufen der Anscheinsbeweis möglich sein[2].

Es ist fraglich, ob diese Regeln unverändert angewendet werden können, nachdem die Rechtsprechung die Haftung des Arbeitnehmers bei jeder betrieblich veranlaßten Tätigkeit beschränkt hat. Zwar verwirklicht sich durch die Schädigung auch ein betriebliches Risiko. Dies mag die Haftungsmilderung rechtfertigen, sollte jedoch auf die Verteilung der Beweislast keinen Einfluß haben. Die Schadensursache stammt – innerhalb des betrieblichen Bereichs – regelmäßig aus dem Arbeits- und Gefahrenbereich des Arbeitnehmers[3]; er ist **beweisnäher**. Folglich sollte er in diesem Fall die Beweislast für seine fehlende Fahrlässigkeit tragen[4]. Es reicht aber jedenfalls aus, wenn er die hinreichende Wahrscheinlichkeit hierfür nachweist[5]. 46

Da das Ausmaß der Haftung auch vom Verschuldensgrad abhängt, wird der Arbeitgeber Vorsatz und grobe Fahrlässigkeit, der Arbeitnehmer fehlende oder nur leichteste Fahrlässigkeit nachweisen müssen. Soweit die Haftungsquote nicht nur nach dem Verschuldensgrad bestimmt wird, sondern auf der Grundlage von Billigkeit und Zumutbarkeit weitere Tatsachen zu berücksichtigen sind (Rz. 28), wird derjenige diese Umstände nachweisen müssen, der sich zum Zwecke der Haftungsmilderung oder -verschärfung auf sie beruft. 47

5. Beteiligung Dritter

Wenn ein außenstehender Dritter schuldhaft den Schaden mitverursacht, haften er und der Arbeitnehmer als **Gesamtschuldner**. Für den Dritten gelten die arbeitsrechtlich begründeten Regeln der Haftungsbeschränkung nicht. Er würde deshalb dem Arbeitgeber auch bei leichtester Fahrlässigkeit voll haften. Er könnte dann vom Arbeitnehmer nach §§ 426, 840 BGB einen internen Ausgleich verlangen. Damit wäre entweder dessen Haftungsbeschränkung zunichte gemacht, oder der Arbeitgeber müßte ihn freistellen (Rz. 68), soweit er diesem nicht haftet. Deshalb wird einerseits der Arbeitnehmer beim Gesamtschuldneranspruch auch dem Dritten seine Haftungsbeschränkung entgegenhalten dürfen. Andererseits muß der Anspruch des Arbeitgebers gegen den Dritten um den Betrag gekürzt werden, den der Dritte infolge der Haftungsbeschränkung nicht vom Arbeitnehmer ersetzt erhält[6]. 48

---

1 BAG v. 30. 8. 1966, AP Nr. 5 zu § 282 BGB; aA *Sieg*, Anm. zu AP Nr. 5 zu § 282 BGB und *Matthes*, AR-Blattei Beweislast I, C III 2.
2 LAG Köln v. 24. 6. 1994, NZA 1994, 1163; *Schaub*, § 52 V 5; MünchArbR/*Blomeyer*, § 57 Rz. 63.
3 Zur Verteilung der Beweislast nach Gefahrenbereichen BAG v. 28. 7. 1972, AP Nr. 7 zu § 282 BGB.
4 *Matthes*, AR-Blattei Beweislast I, C III 2.
5 BAG v. 30. 6. 1960, AP Nr. 20 zu § 611 BGB – Haftung des Arbeitnehmers.
6 *Däubler*, NJW 1986, 867, 873; *Schaub*, § 52 VI 7f; MünchArbR/*Blomeyer*, § 57 Rz. 68; Münchener Kommentar/*Selb*, § 426 BGB Rz. 25.

II. Mankohaftung

49 Mankohaftung ist die Haftung des Arbeitnehmers für Fehlbestände einer von ihm zu verwaltenden Kasse oder ihm anvertrauter Waren oder Geräte[1] (zB Werkzeug des Monteurs im Außendienst). Grundlage der Haftung können eine besondere **Haftungsvereinbarung**, die allgemeinen **Regeln der Arbeitnehmerhaftung** und im besonderen Fall das Verwahrungs- und Auftragsrecht (§§ 688 ff., 662 ff. BGB) sein.

1. Haftung aus Mankovereinbarung

50 Mankovereinbarungen kehren entweder die Beweislast für das Verschulden um oder bestimmen, daß der Arbeitnehmer für ein Manko auch ohne Verschulden haftet. **Sie sind nur in engen Grenzen zulässig** (§§ 138, 242 BGB). Vor allem muß dem Arbeitnehmer ein **angemessenes Mankogeld**[2], das dem durchschnittlich zu erwartenden Manko entspricht[3], als Ausgleich für sein erhöhtes Risiko zugesagt werden. Andernfalls kann die Mankovereinbarung auch wegen Tarifunterschreitung (§ 4 Abs. 3 TVG) unwirksam sein. Vgl. auch den Hinweis zu Rz. 63.

51 Eine **Umkehr der Beweislast** muß sinnvoll und der Eigenart des Betriebs und der Beschäftigung angepaßt sein[4]. Sie darf dem Arbeitnehmer nur den Nachweis fehlenden Verschuldens aufbürden und ihn nicht auch noch mit dem Beweis dafür belasten, daß ein bestimmter Dritter das Manko verursacht habe[5].

52 Eine **Haftung ohne Verschulden** darf nur für Fehlbeträge vereinbart werden, die aus dem ausschließlichen Kontrollbereich des Arbeitnehmers stammen[6]. Die Vereinbarung ist unzulässig, wenn auch andere Mitarbeiter Zugang zu einer Kasse haben und er sie nicht ständig und genügend überwachen kann[7]. Daß er auch ohne Verschulden haften soll, muß sich entweder ausdrücklich aus der Vereinbarung oder eindeutig aus der Höhe des Mankogeldes ergeben[8].

53 Auch wenn wirksam die Beweislast umgekehrt oder eine Haftung ohne Verschulden vereinbart ist, bleibt dem **Arbeitgeber** grundsätzlich (vgl. aber

---

1 *Pauly*, BB 1996, 2038.
2 BAG v. 9. 4. 1957, 27. 2. 1970 und 29. 1. 1985, AP Nr. 4, 54, 87 zu § 611 BGB – Haftung des Arbeitnehmers.
3 *Bleistein*, DB 1971, 2213, 2215; *Staudinger/Richardi*, § 611 Rz. 466; aA *Otto*, Gutachten E 77; *Pauly*, BB 1996, 2039.
4 BAG v. 29. 1. 1985, AP Nr. 87 zu § 611 BGB – Haftung des Arbeitnehmers.
5 BAG v. 22. 11. 1973, AP Nr. 67 zu § 626 BGB.
6 BAG v. 22. 11. 1973, AP Nr. 67 zu § 626 BGB; BAG v. 29. 1. 1985, AP Nr. 87 zu § 611 BGB – Haftung des Arbeitnehmers.
7 BAG v. 22. 11. 1973, AP Nr. 67 zu § 626 BGB; BAG v. 27. 2. 1970, AP Nr. 54 zu § 611 BGB – Haftung des Arbeitnehmers.
8 BAG v. 27. 2. 1970 und 13. 2. 1974, AP Nr. 54 und 77 zu § 611 BGB – Haftung des Arbeitnehmers; MünchArbR/*Blomeyer*, § 57 Rz. 74, 77.

II. Mankohaftung

Rz. 57–59) die **Beweislast** dafür, daß ein Schaden eingetreten ist, welche Höhe er hat, daß der Arbeitnehmer über die Kasse oder die Waren allein verfügen und sie ausreichend kontrollieren konnte und daß er das Manko verursacht hat[1].

Die allgemeinen Regeln zur Haftungsbeschränkung bei betrieblich veranlaßter Tätigkeit (Rz. 22–24) gelten nicht. Sie sind durch die Mankovereinbarung abbedungen. Dies ist zulässig (Rz. 35–36). Dem Anspruch des Arbeitgebers kann jedoch der Einwand des Mitverschuldens nach § 254 BGB (zB mangelnde Kontrolle) entgegengesetzt werden[2]. 54

2. Haftung ohne Mankovereinbarung

Der Arbeitnehmer haftet aus positiver Vertragsverletzung oder unerlaubter Handlung. Den Arbeitgeber trifft die **Beweislast** für konkrete Pflichtverletzungen, die Höhe des Mankos als Schaden und das Verschulden des Arbeitnehmers[3]. 55

Beispiel: 56

Schuldhaft handelt ein Busfahrer, der während der Pause das eingenommene Geld ungesichert im leicht zu öffnenden Bus zurückläßt[4].

Die **Beweislast**[5] wird nach der Rechtsprechung **umgekehrt,** wenn dem Arbeitnehmer Waren oder Gelder zur alleinigen Verwaltung übertragen waren. Hier muß der Arbeitgeber nur beweisen, daß der Arbeitnehmer den ausschließlichen Zugang zu ihnen hatte oder daß durchgreifende Zweifel daran bestehen, daß ein Dritter sich an ihnen zu schaffen gemacht habe[6]. Alsdann trifft den Arbeitnehmer die Beweislast dafür, daß er einen nachgewiesenen Fehlbestand nicht durch eine schuldhafte Pflichtverletzung verursacht hat[7]. 57

Den Fehlbestand muß der Arbeitgeber **tatsächlich nachweisen,** nicht nur buchmäßig. Wenn er sich auf Buchungen beruft, muß er beweisen, daß sie richtig und vollständig sind[8]. Wenn aber die Buchführung Sache des Arbeitnehmers war, kann der Arbeitgeber sich auf sie berufen. Der tatsächliche Fehlbestand ergibt sich dann zunächst aus dem buchmäßigen. Hier muß der Arbeitnehmer 58

---

1 BAG v. 13. 2. 1974, AP Nr. 77 zu § 611 BGB – Haftung des Arbeitnehmers.
2 BAG v. 26. 1. 1971, AP Nr. 64 zu § 611 BGB – Haftung des Arbeitnehmers.
3 BAG v. 6. 6. 1984, NZA 1985, 183; BAG v. 29. 1. 1985, AP Nr. 87 zu § 611 BGB – Haftung des Arbeitnehmers; *Bleistein*, DB 1971, 2213.
4 BAG v. 28. 9. 1989, NZA 1990, 847; LAG Hamm v. 13. 5. 1991, LAGE § 611 BGB – Arbeitnehmerhaftung Nr. 16.
5 Ausführlich *Hansen*, AuR 1968, 295; *Reinecke*, ZfA 1976, 215, 223 ff.; *Jung*, BlStSozArbR 1985, 289; *Jung*, Mankohaftung, S. 73 ff.; *Stoffels*, AR-Blattei Rz. 36 ff.
6 BAG v. 11. 11. 1969 und 3. 8. 1971, AP Nr. 49 und 67 zu § 611 BGB – Haftung des Arbeitnehmers; BAG v. 6. 6. 1984, NZA 1985, 183.
7 BAG v. 11. 11. 1969, AP Nr. 49 zu § 611 BGB – Haftung des Arbeitnehmers.
8 BAG v. 9. 4. 1957 und 13. 2. 1974, AP Nr. 4 und 77 zu § 611 BGB – Haftung des Arbeitnehmers.

den Gegenbeweis führen, daß (und wieviel) weniger eingenommen oder geschäftlich mehr ausgegeben wurde als von ihm verbucht[1].

59 **Wirtschaftlich selbständige Arbeitnehmer** haften nach der Rechtsprechung für Manki aus Auftrags- und Verwahrungsrecht (§§ 667, 688, 280 BGB) wegen Unmöglichkeit der Rückgabe überlassener Gelder und Waren, die ihnen zum Alleinbesitz überlassen waren[2]. Der Arbeitgeber muß lediglich nachweisen, daß er dem Arbeitnehmer einen bestimmten Bestand zum Alleinbesitz überlassen hat. Dem Arbeitnehmer obliegt die Abrechnung und gegebenenfalls nach § 282 BGB der Beweis fehlenden Verschuldens.

60 **Beispiel:**

Wirtschaftlich selbständig sind Arbeitnehmer, die mit der Befugnis zu selbständigen wirtschaftlichen Entscheidungen disponieren dürfen, zB Verkaufsfahrer[3], nicht aber schon Kundendiensttechniker[4].

61 Die Mankohaftung ist **Haftung aus betrieblich veranlaßter Tätigkeit**. Die allgemeinen Regeln zur Haftungsbeschränkung beim innerbetrieblichen Schadensausgleich (Rz. 22–24) müssen auch für sie gelten[5]. Das Ausmaß der Haftung ist damit abhängig vom Grad des Verschuldens und bei normaler Fahrlässigkeit von zahlreichen Gesichtspunkten der Billigkeit und Zumutbarkeit (Rz. 28). Auch soweit der Arbeitnehmer die Beweislast für fehlendes Verschulden trägt, wird einen von normaler Fahrlässigkeit abweichenden Verschuldensgrad derjenige beweisen müssen, der sich darauf zum Zwecke der Haftungsverschärfung oder -milderung beruft (Rz. 47).

62 **Mitverschulden** des Arbeitgebers mindert nach § 254 BGB seinen Anspruch[6], zB bei Organisationsmängeln[7], unzureichender Kontrolle[8] oder Überforderung des Arbeitnehmers. Bei **absichtlicher Schädigung** kann der Arbeitnehmer hingegen nicht nach § 254 Abs. 1 BGB einwenden, der Arbeitgeber habe den Schaden mitverursacht[9].

---

1 BAG v. 3. 8. 1971, AP Nr. 67 zu § 611 BGB – Haftung des Arbeitnehmers.
2 BAG v. 13. 3. 1964 und 29. 1. 1985, AP Nr. 32 und 87 zu § 611 BGB – Haftung des Arbeitnehmers; BAG v. 22. 5. 1997, BB 1997, 2380; aA *Reinecke*, ZfA 1976, 215, 218; *Pauly*, BB 1996, 2041; *Stoffels*, AR-Blattei Rz. 17; MünchArbR/*Blomeyer*, § 57 Rz. 82.
3 BAG v. 26. 1. 1971, AP Nr. 64 zu § 611 BGB – Haftung des Arbeitnehmers.
4 BAG v. 29. 1. 1985, AP Nr. 87 zu § 611 BGB – Haftung des Arbeitnehmers.
5 *Reinecke*, ZfA 1976, 215, 221; *Jung*, BlStSozArbR 1985, 289; *Otto*, Gutachten E 77; *Stoffels*, AR-Blattei Rz. 69 ff.; *Schaub*, § 52 X 4.
6 BAG v. 26. 1. 1971, AP Nr. 64 zu § 611 BGB – Haftung des Arbeitnehmers; ausführlich *Bleistein*, DB 1971, 2213, 2214.
7 BAG v. 27. 2. 1970, AP Nr. 54 zu § 611 BGB – Haftung des Arbeitnehmers.
8 BAG v. 26. 1. 1971, AP Nr. 64 zu § 611 BGB – Haftung des Arbeitnehmers.
9 BAG v. 18. 6. 1970, AP Nr. 57 zu § 611 BGB – Haftung des Arbeitnehmers.

> **Hinweis:**
> Ein Vergleich der allgemeinen Mankohaftung mit der Haftung aus Mankovereinbarung zeigt, **daß Mankovereinbarungen nur selten sinnvoll sind.** Zunächst besteht bei ihnen die Gefahr, daß sie nicht als wirksam anerkannt werden, weil der finanzielle Ausgleich zu gering sei. Außerdem muß der Arbeitgeber trotz Mankovereinbarung den Schadenseintritt, den alleinigen Zugang des Arbeitnehmers zur Kasse und dessen ausreichende Kontrollmöglichkeiten nachweisen. Andererseits ist der Arbeitnehmer, auch wenn eine Mankovereinbarung fehlt, schon dann für sein mangelndes Verschulden beweispflichtig, wenn der Arbeitgeber den Fehlbestand, die alleinige Verwaltung des Geldes durch den Arbeitnehmer und dessen alleinigen Zugang zur Kasse nachgewiesen hat.

63

III. Haftung für Sach- und Vermögensschäden bei Arbeitskollegen und Dritten

1. Außenhaftung

Der Arbeitnehmer haftet für alle Schäden, die er einem Arbeitskollegen oder Dritten zufügt, nach **allgemeinen Grundsätzen,** insbesondere § 823 BGB. Zwischen ihm und dem Geschädigten besteht regelmäßig keine schuldrechtliche (vertragliche) Sonderverbindung, die eine Haftungsbeschränkung rechtfertigen könnte. Die Grundsätze des innerbetrieblichen Schadensausgleichs sind auf die Außenhaftung des Arbeitnehmers weder de lege lata noch durch Rechtsfortbildung übertragbar[1]. Vor allem beruht die Beschränkung der Innenhaftung auf Rechtsgedanken (Betriebs- und Organisationsrisiko, vgl. Rz. 27), die im Außenverhältnis keine tatsächliche Grundlage finden. Demnach haftet der Arbeitnehmer unbeschränkt schon für leichteste Fahrlässigkeit. Dies gilt selbst dann, wenn er **Betriebsmittel** beschädigt, die im Dritteigentum stehen, zB geleaste, gemietete oder unter Eigentumsvorbehalt gelieferte Maschinen[2].

64

Ebensowenig muß ein **Leasinggeber** seine Sachen deshalb **versichern,** weil er weiß, daß sie in der Produktion des Arbeitgebers verwendet werden und damit den üblichen betrieblichen Risiken ausgesetzt sind[3]. Eine solche Pflicht trifft ihn nur, wenn er sie mit dem Arbeitgeber vereinbart hat. Die Vereinbarung

65

---

1 BGH v. 19. 9. 1989, BGHZ 108, 305 und BGH v. 21. 12. 1993, DB 1994, 634, jeweils mit ausführlichen Nachweisen auch zur Gegenmeinung; *Heinze,* NZA 1986, 545; *Krause,* VersR 1995, 752, 756; *Schaub,* § 52 VII 1; *Otten,* DB 1997, 1618; MünchArbR/*Blomeyer,* § 58 Rz. 2.
2 BGH v. 19. 9. 1989, BGHZ 108, 305; aA *Gamillscheg/Hanau,* S. 96, 97; *Denck,* Außenhaftung S. 135 ff.; *Denck,* JZ 1990, 175; *Gamillscheg,* AuR 1970, 167; *Wohlgemuth,* DB 1991, 910; *Otto,* AuR 1995, 72, 76; *Krause,* VersR 1995, 952, 958.
3 BGH v. 19. 9. 1989, BGHZ 108, 305.

kann sich allerdings aus ergänzender Vertragsauslegung ergeben[1]. Falls der Dritte sich so zum Abschluß einer Kaskoversicherung verpflichtet hat, schützt er damit auch den Arbeitnehmer. Er handelt deshalb treuwidrig, wenn er im Schadensfall den Arbeitnehmer in Anspruch nimmt, obwohl dieser die Sache ohne grobe Fahrlässigkeit beschädigt hat[2].

66 Wenn der **Arbeitgeber** dem Dritten nur **beschränkt haftet** (zB nach § 41a ADSp), wird die Auslegung ihres Vertrages regelmäßig ergeben, daß auch Deliktsansprüche gegen den Arbeitnehmer entsprechend eingeschränkt sind[3]. Denn sonst könnte gerade bei leichtester Fahrlässigkeit der Dritte die vereinbarte Haftungsbeschränkung umgehen, indem er den internen Freistellungsanspruch des Arbeitnehmers (Rz. 68) pfändet und so aus gepfändetem Recht vollen Schadensersatz durchsetzt. Aus demselben Grund verjährt auch der Deliktsanspruch des Dritten gegen den Arbeitnehmer in der kürzeren Frist seines eventuellen vertraglichen Ersatzanspruchs gegen den Arbeitgeber (zB § 558 BGB)[4].

67 Der Arbeitnehmer haftet dem Dritten nicht, wenn er ihn fahrlässig **mittelbar** dadurch **schädigt**, daß er zB durch Unachtsamkeit einen Diebstahl beim Arbeitgeber eingelagerter Sachen ermöglicht. Ihn treffen gegenüber dem Dritten keine selbständigen Schutz- und Verkehrspflichten[5].

2. Erstattungs- und Freistellungspflichten des Arbeitgebers

68 Falls der Arbeitnehmer den Drittschaden **bei betrieblich veranlaßter Tätigkeit** verursacht, kann ihm, abhängig vom Grad seines Verschuldens, ein Ersatz- oder Freistellungsanspruch (§§ 670, 257 BGB) gegen den Arbeitgeber zustehen[6]. Das Betriebs- und Organisationsrisiko des Arbeitgebers wirkt sich also auch hier zugunsten des Arbeitnehmers aus. Bei leichtester Fahrlässigkeit steht ihm volle Erstattung oder Freistellung zu, bei normaler Fahrlässigkeit anteilige, bei grober Fahrlässigkeit in aller Regel keine.

69 Die Erstattungsquote des Arbeitgebers erhöht sich bei eigenem **Mitverschulden** (mangelnde Organisation, mangelnde Überwachung, Überforderung des Arbeitnehmers) entsprechend § 254 BGB. Dem Arbeitgeber obliegt es, geleaste oder gemietete Betriebsmittel Dritter wie eigene (Rz. 33) im zumutbaren und üblichen Rahmen zu versichern[7]. Er kann deshalb verpflichtet sein, dem (nicht grobfahrlässigen) Arbeitnehmer alle Beträge zu erstatten bzw. ihn davon freizu-

---

[1] BGH v. 19. 9. 1989, BGHZ 108, 305; *Krause,* VersR 1995, 952, 957.
[2] BGH v. 19. 9. 1989, BGHZ 108, 305.
[3] BGH v. 7. 12. 1961, NJW 1962, 388; BGH v. 21. 1. 1971 und 12. 3. 1985, VersR 1971, 412 und VersR 1985, 595; *Krause,* VersR 1995, 752, 753; *Sieg,* BB 1996, 72.
[4] BGH v. 7. 2. 1968, BGHZ 49, 278.
[5] BGH v. 16. 6. 1987, ZIP 1987, 1260; ausführlich *Brüggemeier,* AcP 191 (1991), 33.
[6] BAG v. 25. 9. 1957, AP Nr. 4 zu §§ 898, 899 RVO; BAG v. 18. 1. 1966, AP Nr. 37 zu § 611 BGB – Haftung des Arbeitnehmers; BAG v. 24. 8. 1983, AP Nr. 5 zu § 249 BGB – Vorteilsausgleichung.
[7] BGH v. 19. 9. 1989, BGHZ 108, 305; LAG Köln v. 7. 5. 1992, DB 1992, 2093.

stellen, die oberhalb des üblichen Selbstbehalts einer Kaskoversicherung liegen[1].

Bei **Insolvenz des Arbeitgebers** bleibt der Arbeitnehmer dem Geschädigten voll verhaftet, hat aber gegen den Arbeitgeber nur eine einfache Konkursforderung auf Freistellung oder Erstattung.

3. Gesamtschuldnerschaft

Auch der Arbeitgeber kann dem Dritten nach § 278 BGB oder § 831 BGB aus der schädigenden Handlung des Arbeitnehmers haften. Beide haften alsdann als Gesamtschuldner iSd. § 840 Abs. 1 BGB, und zwar auch, soweit der Arbeitgeber über § 278 BGB vertraglich und der Arbeitnehmer deliktisch haftet[2].

Der **Gesamtschuldnerausgleich** nach § 426 Abs. 1 BGB erfolgt auch dann, wenn der Arbeitgeber nur aus § 831 BGB haftet. § 840 Abs. 2 BGB (alleinige Haftung des Deliktstäters im Innenverhältnis zum Geschäftsherrn) gilt hier nicht. Denn sonst würden die Grundsätze der Haftungsbeschränkung des Arbeitnehmers gegenüber dem Arbeitgeber zunichte gemacht[3]. Die wechselseitigen Ausgleichsansprüche richten sich in ihrer Höhe nach dem Grad des Verschuldens des Arbeitnehmers und dem Betriebs- und Organisationsrisiko des Arbeitgebers; ggf. werden sie auch durch ein echtes Mitverschulden des Arbeitgebers (§ 254 BGB) beeinflußt (vgl. Rz. 38–44). Sie können als Freistellungsansprüche schon geltend gemacht werden, bevor Ersatz an den geschädigten Dritten geleistet ist[4].

4. Pfändung

Der Geschädigte kann den **internen Freistellungsanspruch** des Arbeitnehmers gegen den Arbeitgeber pfänden und so von diesem Zahlung verlangen[5], selbst wenn er keinen unmittelbaren Anspruch (§§ 278, 831 BGB) gegen ihn hat. Folglich kann er ihn aus dem gepfändeten Freistellungsanspruch voll in Anspruch nehmen, wenn der Arbeitnehmer nur mit leichtester Fahrlässigkeit gehandelt hat und deshalb volle Freistellung verlangen kann. Hingegen hat der **grobfahrlässige** Arbeitnehmer regelmäßig keinen Freistellungsanspruch, so daß der Geschädigte hier nicht aus gepfändetem Recht gegen den Arbeitgeber vorgehen kann. Obendrein wird bei grobem Verschulden des Arbeitnehmers auch ein Direktanspruch des Geschädigten aus § 831 BGB gegen den Arbeitgeber häufig scheitern; dieser wird sich exkulpieren können[6].

---

1 LAG Köln v. 7. 5. 1992, DB 1992, 2093.
2 BGH v. 15. 4. 1969, VersR 1969, 737.
3 *Staudinger/Richardi*, § 611 Rz. 519; MünchArbR/*Blomeyer*, § 58 Rz. 3.
4 BGH v. 21. 2. 1957, BGHZ 23, 362.
5 BAG v. 11. 2. 1969, AP Nr. 45 zu § 611 BGB – Haftung des Arbeitnehmers.
6 *Gamillscheg/Hanau*, S. 91 ff.

IV. Haftung für Personenschäden

74 Wenn der Arbeitnehmer den Arbeitgeber, einen Arbeitskollegen oder einen Dritten verletzt, kann er ihnen grundsätzlich nach Deliktsrecht, Straßenverkehrsrecht und sonstigen zivilrechtlichen Haftungsnormen auf Schadensersatz haften, dem Arbeitgeber auch aus positiver Vertragsverletzung. Falls er die Verletzung bei einer **betrieblich veranlaßten Tätigkeit** verursacht hat, können ihm, abhängig vom Grad seines Verschuldens, Freistellungsansprüche gegen den Arbeitgeber zustehen; diese richten sich nach den allgemeinen Regeln des innerbetrieblichen Schadensausgleichs (Rz. 22–24, 68). Bei **Arbeitsunfällen,** die der Arbeitnehmer durch eine betriebliche Tätigkeit verursacht, ist hingegen seine Haftung von vornherein weitgehend ausgeschlossen.

75 Der **Haftungsausschluß bei Arbeitsunfällen** ist ab dem 1. 1. 1997 durch die §§ 104–113 des neuen SGB VII geregelt, allerdings fast inhaltsgleich mit den (für Arbeitsunfälle bis zum 31. 12. 1996 geltenden) §§ 636–642 RVO[1]. Der Haftungsausschluß soll Streitigkeiten zwischen Betriebsangehörigen verhindern. Außerdem soll der Arbeitgeber nicht mit Freistellungsansprüchen belastet werden, die andernfalls nach den Regeln des innerbetrieblichen Schadensausgleichs (Rz. 22–24, 68) dem Arbeitnehmer zustehen könnten. Der Verletzte wird durch die gesetzliche Unfallversicherung geschützt. Die aber wird vom Arbeitgeber allein finanziert (§ 150 SGB VII)[2].

76 Der Haftungsausschluß erfaßt **alle Ansprüche** des Verletzten, seiner Angehörigen und seiner Hinterbliebenen aus Personenschäden, auch solche auf **Schmerzensgeld**[3]. Ansprüche auf Ersatz von Sachschäden[4], zB für beschädigte Kleidung, bleiben bestehen. Zum Ausgleich der Verletzungen erbringt die Unfallversicherung (Berufsgenossenschaft) die Leistungen nach §§ 26 ff., 56 ff. SGB VII: Heilbehandlung, Rehabilitation, Pflege, Geldleistungen und Renten[5].

1. Voraussetzungen des Haftungsausschlusses

77 Die Haftung des Arbeitnehmers ist nach §§ 105–107 SGB VII ausgeschlossen, wenn er – nicht vorsätzlich und nicht im allgemeinen Verkehr – durch betriebliche Tätigkeit den Versicherungsfall eines Versicherten verursacht.

---

1 Zum Übergangsrecht vgl. §§ 212 ff. SGB VII; zum Einfluß des Europäischen Rechts vgl. *Schulin/Raschke,* S. 1458 ff., 1499, 1500.
2 Zu den Motiven für den Haftungsausschluß vgl. BAG v. 25. 9. 1957, AP Nr. 4 zu §§ 898, 899 RVO; BGH v. 10. 12. 1974, DB 1975, 842; *Gitter,* Schadensausgleich, S. 243 ff.; *Schulin/Gitter/Nunius,* S. 105 ff.; *Lepa,* VersR 1985, 8; *Rolfs,* AR-Blattei Rz. 18–24.
3 BAG v. 14. 3. 1967, 23. 9. 1969 und 8. 12. 1970, AP Nr. 1, 3, 4 zu § 636 RVO; BVerfG v. 7. 11. 1972, AP Nr. 6 zu § 636 RVO; BVerfG v. 8. 2. 1995, NJW 1995, 1607.
4 Zur Abgrenzung von Sach- und Personenschäden vgl. *Wussow/Schloën,* Rz. 2604/1, 2605.
5 Ausführlicher Überblick bei *Plagemann,* AnwBl. 1995, 287 und NJW 1996, 3173.

IV. Personenschäden

b) Arbeitsunfall des Verletzten

Versicherungsfälle sind **Arbeitsunfälle und Berufskrankheiten**[1] (§ 7 Abs. 1 SGB VII). Arbeitsunfälle sind zeitlich begrenzte, von außen auf den Körper einwirkende Ereignisse, die infolge einer versicherten Tätigkeit des betroffenen Arbeitnehmers eintreten und zu einem Gesundheitsschaden, zum Tod oder zum Verlust oder zur Beschädigung eines Hilfsmittels (zB Prothese) führen (§ 8 Abs. 1 und 3 SGB VII). Der Unfall ist durch eine versicherte Tätigkeit verursacht, wenn sie **wesentliche Bedingung** für ihn war, also mit ihm in einem inneren Zusammenhang steht und zu ihm wesentlich beigetragen hat[2].

78

Versichert ist die **Tätigkeit als oder wie ein Beschäftigter** (§ 2 Abs. 1 Nr. 1, Abs. 2 SGB VII). Der Unfall muß folglich aus einer Tätigkeit des Verletzten entstehen, die in oder wie[3] in einem Arbeitsverhältnis ausgeübt wird (§ 7 Abs. 1 SGB IV); hierzu zählen auch Unfälle bei den in § 8 Abs. 2 Nr. 5 SGB VII beschriebenen Nebentätigkeiten.

79

Nach neuem Recht ist auch bei **Unfällen des Arbeitgebers** (Unternehmers, vgl. § 136 Abs. 3 Nr. 1 SGB VII) die Haftung des schädigenden Arbeitnehmers wie bei Arbeitsunfällen ausgeschlossen, wenn die betriebliche Tätigkeit des Arbeitgebers wesentliche Bedingung für den Unfall war. Dies gilt ausdrücklich für den nicht versicherten Arbeitgeber (§ 105 Abs. 2 Satz 1 SGB VII). Es muß erst recht für freiwillig oder kraft Satzung versicherte Arbeitgeber (§§ 3 Abs. 1 Nr. 1, 6 Abs. 1 Nr. 1 SGB VII) gelten. Denn diese sind Versicherte iSd. § 105 Abs. 1 Satz 1 SGB VII[4].

80

Schließlich sind durch § 105 Abs. 1 Satz 2 SGB VII auch Ansprüche der **versicherungsfreien Beamten** (§ 4 Abs. 1 Nr. 1 SGB VII) ausgeschlossen, wenn sie für ein Unternehmen (zB bei der privatisierten Post neben Arbeitnehmern) tätig sind und hierdurch verletzt werden.

81

Beispiele:

82

Versichert ist nicht nur die eigentliche Tätigkeit im Betrieb; vielmehr sind dies auch die Betriebsratsarbeit[5], die Dienstreise[6], die betriebliche Gemeinschafts-

---

1 Zu den hier nicht dargestellten Berufskrankheiten vgl. § 9 SGB VII; *Schulin/Koch*, S. 671 ff. und *Plagemann*, NJW 1996, 3173.
2 BSG v. 30. 4. 1985, BSGE 58, 76; BSG v. 28. 6. 1988, NZA 1988, 894; ausführlich zu Kausalitätsfragen *Gitter*, Schadensausgleich, S. 99 ff.; *Schulin*, S. 555 ff.; *Lauterbach*, § 548 Anm. 2 ff.; zu Beweisproblemen vgl. *Plagemann*, VersR 1997, 9.
3 Zur Tätigkeit „wie" in einem Arbeitsverhältnis vgl. *Schulin/Schlegel*, S. 306 ff.; *Keller*, SozVers 1994, 323.
4 So auch *Rolfs*, NJW 1996, 3179; *Kater/Leube*, § 105 Rz. 24; *Stern-Krieger/Arnau*, VersR 1997, 408, 410; aA zum früheren Recht BGH v. 6. 5. 1980 und 26. 6. 1990, AP Nr. 12 und 20 zu § 637 RVO; kritisch dazu *Fuchs*, in FS Gitter, S. 258.
5 BSG v. 20. 5. 1976, BSGE 42, 36; *Brackmann/Krasney*, § 8 SGB VII Rz. 114; *Lauterbach*, § 548 Anm. 42; Kasseler Kommentar/*Ricke*, § 548 RVO Rz. 39.
6 BGH v. 2. 3. 1971, AP Nr. 6 zu § 637 RVO; BSG v. 30. 5. 1985, AP Nr. 15 zu § 539 RVO.

veranstaltung, wenn sie von der Autorität des Arbeitgebers getragen und geprägt wird[1], in engen Grenzen der vom Betrieb organisierte Sport[2] und die berufliche Bildung im betrieblichen Auftrag[3].

83 Stets ist aber zu prüfen, ob die konkrete Tätigkeit, bei der sich der Unfall ereignet, noch wesentlich mit einer solchen versicherten Tätigkeit zusammenhängt oder der privaten Sphäre angehört[4], die versicherte Tätigkeit also durch eine **eigenwirtschaftliche Tätigkeit**[5] unterbrochen oder beendet war. Unfälle bei solchen eigenwirtschaftlichen Tätigkeiten des Verletzten sind keine Arbeitsunfälle; sie sind nicht versichert und können nicht zum Haftungsausschluß des Schädigers führen.

84 **Beispiele:**

Nach der Rechtsprechung ist die Haftung des Schädigers nicht ausgeschlossen, wenn sich der Unfall beim Mittagessen in der Kantine ereignet, es sei denn, hier verwirklicht sich eine besondere betriebliche Gefahr[6], *oder wenn der Arbeitnehmer auf einem Spaziergang verletzt wird, den er auf seiner Dienstreise unternimmt*[7]. *Bei einer Schlägerei im Betrieb ist zu unterscheiden*[8], *ob der Streit aus der Arbeit entstanden ist (Arbeitsunfall) oder ob es um private Fragen ging (kein Arbeitsunfall), ob der Verletzte den Streit besonders provoziert hat (niemals Arbeitsunfall) oder ob er ohne eigene Beteiligung Opfer wurde (immer Arbeitsunfall).*

b) Betriebszugehörigkeit

85 Nach bisherigem Recht (§ 637 Abs. 1 RVO) konnte die Haftung nur ausgeschlossen sein, wenn der **Schädiger** ein Betriebsangehöriger, also dem Weisungsrecht des Arbeitgebers unterworfen war[9]. Der **Verletzte** mußte nicht in dieser Art eingegliedert sein; es reichte aus, wenn er „versichert" war; das war er schon, wenn er für den Betrieb ohne Eingliederung „wie" ein Arbeitnehmer tätig wurde[10]. Diese unterschiedlichen Anforderungen an die Eingliederung führten nach der Rechtsprechung zu einer Einbahnstraße des Haftungsaus-

---

1 BSG v. 27. 2. 1985, NZA 1985, 575; BGH v. 11. 5. 1993, AP Nr. 23 zu § 637 RVO.
2 BSG v. 19. 3. 1991, NZA 1991, 823.
3 Kasseler Kommentar/*Ricke*, § 548 RVO Rz. 37.
4 BSG v. 30. 5. 1985, AP Nr. 15 zu § 539 RVO.
5 Kasseler Kommentar/*Ricke*, § 548 RVO Rz. 21 ff.
6 BSG v. 22. 6. 1976, VersR 1977, 177; BSG v. 29. 10. 1986, SozR 2200 § 548 Nr. 82; Kasseler Kommentar/*Ricke*, § 548 RVO Rz. 50.
7 BSG v. 30. 5. 1985, AP Nr. 15 zu § 539 RVO.
8 BSG v. 30. 10. 1979, SozR 2200 § 548 Nr. 48; Kasseler Kommentar/*Ricke*, § 548 RVO Rz. 77.
9 BGH v. 7. 1. 1966 und 3. 7. 1979, VersR 1966, 387 und 1979, 934; BGH v. 10. 5. 1983, NJW 1983, 2883; BAG v. 15. 2. 1974 und 23. 2. 1978, AP Nr. 7 und 9 zu § 637 RVO; BAG v. 13. 4. 1983, NJW 1984, 885.
10 BGH v. 10. 5. 1983, NJW 1983, 2883; BAG v. 15. 1. 1985, AP Nr. 16 zu § 637 RVO; ausführlich *Lepa*, VersR 1985, 8, 11; *Wussow/Schloën*, Rz. 2606 ff.

IV. Personenschäden

schlusses: Der schädigende Betriebsangehörige haftete dem nur Versicherten nicht; der nur Versicherte haftete hingegen dem Betriebsangehörigen[1].

Nach der amtlichen Begründung zu § 105 Abs. 1 SGB VII soll dies ab dem 1. 1. 1997 geändert und die Haftung immer dann ausgeschlossen sein, wenn jemand durch betriebliche Tätigkeit den Arbeitsunfall eines Versicherten verschuldet[2]. Eine arbeitsrechtliche Eingliederung des Schädigers ist nicht mehr erforderlich. Für den Haftungsausschluß nach § 105 Abs. 1 Satz 1 SGB VII reicht es aus, daß **beide** für den Betrieb zumindest „wie" Arbeitnehmer tätig sind (§§ 2 Abs. 2 SGB VII, 7 Abs. 1 SGB IV). 86

„Wie" ein Arbeitnehmer ist jemand tätig, wenn er eine **dem Unternehmen dienende Tätigkeit** mit dem mutmaßlichen Willen des Unternehmers ausübt, er hierbei nicht selbst unternehmerisch, sondern abhängig tätig sein wollte und die Tätigkeit typischerweise von Arbeitnehmern ausgeübt wird[3]. Allerdings reicht es nicht aus, wenn sich seine Tätigkeit in einer bloßen Berührung mit den Arbeitsvorgängen des Unfallbetriebes erschöpft[4]. 87

Beispiel: 88
Eine bloße Arbeitsberührung hat der Werkstattkunde, der in der Werkstatt seinen PKW zum Probelauf startet, um dem Mechaniker einen Mangel zu zeigen[5]. Wird er hierbei durch dessen Verschulden verletzt oder verletzt er ihn schuldhaft, so ist in keinem Fall die Haftung nach § 105 Abs. 1 Satz 1 SGB VII ausgeschlossen. Geht indessen der Kunde dem Mechaniker zur Hand, so greift dieser Haftungsausschluß ein.

Im Einzelfall ist im Rahmen des § 105 Abs. 1 Satz 1 SGB VII zu prüfen, ob beide Personen **Aufgaben des Unfallbetriebs** wahrnehmen, ob also ihre Tätigkeit durch die Aufgaben des Unfallbetriebs oder durch eine fremde Aufgabenstellung geprägt ist[6]. Nach bisherigem Recht führte jedoch die Prüfung, ob jemand Aufgaben des Unfall- oder eines Drittbetriebes wahrnahm, zu kaum noch einsehbaren Differenzierungen der Rechtsprechung[7]. 89

Beispiele: 90
Solange der LKW-Fahrer im Unfallbetrieb für die sichere Beladung seines LKW sorgte, nahm er Aufgaben seines Transportbetriebes wahr und war deshalb nicht Versicherter des Unfallbetriebes. Folglich war die Haftung eines Kranführers des Unfallbetriebes nicht ausgeschlossen, wenn er den LKW-Fahrer bei

---

1 BGH v. 6. 12. 1977, NJW 1978, 2553; BAG v. 15. 1. 1985, AP Nr. 16 zu § 637 RVO; *Lepa*, VersR 1985, 8, 12.
2 BT-Drucks. 13/2204, 100 zu § 105 Abs. 1 SGB VII; dazu *Marschner*, BB 1996, 2090, 2091; *Stern-Krieger/Arnau*, VersR 1997, 408, 410.
3 BSG v. 17. 3. 1992, NZA 1992, 862.
4 BAG v. 15. 1. 1985, AP Nr. 16 zu § 637 RVO; *Lepa*, VersR 1985, 8, 11; *Wussow/Schloën*, Rz. 2608.
5 BGH v. 10. 5. 1983, NJW 1983, 2883.
6 BAG v. 28. 2. 1991, AP Nr. 21 zu § 637 RVO.
7 Übersicht bei *Lauterbach*, § 637 Anm. 5; vgl. auch *Fuchs*, FS Gitter, S. 259 ff.

der gemeinsamen Beladung verletzte[1]. *Geschah hingegen die Verletzung zu einem Zeitpunkt, als der LKW-Fahrer die Kranseile vom aufgeladenen Frachtgut löste, so war dieses Lösen eine dem Unfallbetrieb dienende Tätigkeit. Folglich war der LKW-Fahrer hierbei im Unfallbetrieb versichert. Die Haftung des Kranführers war ausgeschlossen*[2].

91 Diese **subtile Differenzierung** wird durch § 106 Abs. 3 SGB VII **entbehrlich**. Es ist nicht mehr erforderlich, daß Schädiger und Verletzter im selben Unternehmen versichert sind und einheitlich Aufgaben für dasselbe Unternehmen wahrnehmen. Es reicht aus, daß beide auf einer „gemeinsamen", also von einem einheitlichen Zweck geprägten Betriebsstätte **vorübergehend** betrieblich tätig sind und hierbei der eine den anderen verletzt[3].

92 **Beispiele:**
Ob also der Unfall beim Laden oder beim Lösen der Kranseile geschieht, ob auf der Baustelle der Maurer seinen Kollegen oder den Klempner eines Drittunternehmers verletzt, bleibt gleich; in allen diesen Fällen ist die Haftung des Schädigers ausgeschlossen.

93 Nach § 105 Abs. 1 Satz 2 und Abs. 2 Satz 1 SGB VII ist es nicht immer erforderlich, daß der Verletzte unfallversichert ist. Vielmehr sind auch **Ansprüche des Arbeitgebers** und des versicherungsfreien Beamten ausgeschlossen, wenn sie betrieblich tätig sind und durch Verschulden eines Arbeitnehmers einen Arbeitsunfall erleiden (Rz. 80, 81).

94 Auch **Ansprüche beliebiger Dritter,** die sich an der Unternehmensstätte nur aufhalten und dort nicht einmal betrieblich tätig sind, können nach § 106 Abs. 4 SGB VII ausgeschlossen sein. Sofern sie kraft Satzung gemäß § 3 Abs. 1 Nr. 2 SGB VII versichert sind[4], haftet der Arbeitnehmer, der sie verletzt, ihnen nicht auf Ersatz des Personenschadens. Ihr Unfall muß für sie also nicht einmal ein „Arbeitsunfall" sein.

c) Verursachung durch betriebliche Tätigkeit

95 Ob ein Arbeitsunfall (Rz. 78–84) vorliegt, wird aus der Sicht des Verletzten beurteilt; ob er durch betriebliche Tätigkeit veursacht ist, hingegen aus der Sicht des Schädigers[5]. Seine Tätigkeit muß in dem Sinne ein **innerbetrieblicher Vorgang** sein, daß sie ihm entweder vom Betrieb oder für diesen übertragen ist oder von ihm im Interesse des Betriebes und im nahen Zusammenhang damit ausgeführt wird[6]. Der Begriff der betrieblichen Tätigkeit ist weit auszulegen[7].

---

1 BAG v. 28. 2. 1991, AP Nr. 21 zu § 637 RVO; OLG Köln v. 27. 6. 1997, VersR 1998, 78.
2 BAG v. 28. 2. 1991, AP Nr. 21 zu § 637 RVO.
3 Vgl. *Kater/Leube,* § 106 Rz. 19; *Stern-Krieger/Arnau,* VersR 1997, 408, 411.
4 Vgl. *Kater/Leube,* § 106 Rz. 21, § 3 Rz. 30–39.
5 BAG v. 6. 11. 1974, AP Nr. 8 zu § 636 RVO; LAG Nürnberg v. 22. 9. 1992, NZA 1994, 1089; *Wussow/Schloën,* Rz. 2658; *Lauterbach,* § 637 Anm. 6.
6 BAG v. 9. 8. 1966, 2. 3. 1971 und 14. 3. 1974, AP Nr. 1, 6 und 8 zu § 637 RVO.
7 BAG v. 2. 3. 1971 und 14. 3. 1974, AP Nr. 6 und 8 zu § 637 RVO.

IV. Personenschäden

Beispiele: 96

Zur betrieblichen Tätigkeit zählt auch die Teilnahme am innerbetrieblichen Werksverkehr[1], ebenso die zweckmäßige und vom Arbeitgeber erwünschte Mitnahme von Arbeitskollegen auf einer Dienstfahrt[2].

Von der betrieblichen ist wiederum die **eigenwirtschaftliche Tätigkeit** (Rz. 83) abzugrenzen. In Grenzfällen, zB bei der Mitnahme eines Arbeitskollegen im PKW zu einer Betriebsversammlung, ist zu prüfen, ob diese Mitnahme Privatsache oder **durch die Organisation des Betriebes geprägt** war[3]. Zwar wird der betriebliche Charakter einer Tätigkeit durch ihre fehlerhafte oder leichtsinnige Ausführung nicht aufgehoben[4]; zur privaten wird sie jedoch dann, wenn nur ein äußerer Zusammenhang mit der Erfüllung betrieblicher Aufgaben besteht und die schädigende Handlung lediglich bei Gelegenheit solcher Aufgaben erfolgt, zB aus Spieltrieb oder Rauflust[5]. 97

Beispiel: 98

Ein Auszubildender einer Kfz-Werkstatt baut einen Motor aus. Dabei schließt er den Benzinhahn nicht. Benzin läuft aus und durchtränkt seine Kleidung. Er will die Feuchtigkeit mit Preßluft beseitigen. Hierdurch bildet sich ein explosives Benzin-Luft-Gemisch als „Benzinglocke" um seinen Körper. Ein anderer 17jähriger Auszubildender tritt „aus Spaß" an ihn heran und zündet sein Feuerzeug an. Der erste Auszubildende erleidet bei der Explosion schwere Verbrennungen[6].

Für den Verletzten mag hier ein versicherter Arbeitsunfall vorliegen; dennoch sind seine Ansprüche gegen den Schädiger nicht vollständig ausgeschlossen, sondern nur um die Leistungen der Sozialversicherung **gemindert** (§§ 105 Abs. 1 Satz 3, 104 Abs. 3 SGB VII). Entgegen § 116 SGB X gehen Ansprüche des Verletzten nicht auf den Träger der Sozialversicherung über (§§ 105 Abs. 1 Satz 3, 104 Abs. 1 Satz 2 SGB VII). 99

Verursacht sind der Unfall- und der aus ihm folgende Körperschaden (nach der sozialversicherungsrechtlichen **Theorie der wesentlichen Bedingung**[7]) durch die betriebliche Tätigkeit dann, wenn die Tätigkeit zum Unfall wesentlich beigetragen und der Unfall am Entstehen des Körperschadens oder der Verschlimmerung eines bereits bestehenden Körperschadens wesentlich mitgewirkt hat. 100

---

1 BAG v. 14. 3. 1974, AP Nr. 8 zu § 637 RVO.
2 BAG v. 2. 3. 1971, AP Nr. 6 zu § 637 RVO.
3 BGH v. 11. 5. 1993, AP Nr. 23 zu § 637 RVO; *Neumann-Duesberg*, SGb 1993, 545.
4 BAG v. 9. 8. 1966, AP Nr. 1 zu § 637 RVO; *Lauterbach*, § 637 Anm. 6.
5 BAG v. 9. 8. 1966, AP Nr. 1 zu § 637 RVO.
6 BAG v. 9. 8. 1966, AP Nr. 1 zu § 637 RVO.
7 BSG v. 10. 6. 1955, 30. 6. 1960 und 19. 9. 1974, BSGE 1, 72 ff., 12, 242 ff. und 38, 127 ff.; BSG v. 5. 8. 1987, NZA 1988, 71 und v. 28. 6. 1988, NZA 1988, 894; *Schulin*, S. 555 ff.; *Schulin*, FS Gitter, S. 911 ff.; *Lauterbach*, § 548 Anm. 5 ff.

2. Vorsatztaten, Wegeunfälle

101 Die Haftung des Arbeitnehmers ist nicht ausgeschlossen, wenn er den Unfall **vorsätzlich** herbeiführt (§ 105 Abs. 1 Satz 1 SGB VII). Bedingter Vorsatz reicht aus[1]. Entgegen dem früheren Recht[2] reicht es aus, wenn sich der Vorsatz auf den Unfall richtet. Der Arbeitnehmer kann also nicht einwenden, den Eintritt eines Schadens und dessen Umfang habe er nicht gewollt[3]. Indessen ist ein Unfall nicht schon immer dann vorsätzlich herbeigeführt, wenn vorsätzlich gegen Unfallverhütungsvorschriften verstoßen wurde[4].

102 Die Haftung ist auch dann nach § 105 Abs. 1 Satz 1 SGB VII nicht ausgeschlossen, wenn es sich für den Verletzten um einen **Wegeunfall**[5] iSd. § 8 Abs. 2 Nr. 1–4 SGB VII handelt, vor allem um einen Unfall auf seinem privaten Weg zu oder von der Arbeit. Der Verletzte befindet sich auf einer öffentlichen Straße und erleidet den Unfall als normaler Verkehrsteilnehmer. Der Aufenthalt auf der Straße und das damit verbundene Risiko sind kein Vollzug betrieblich geprägter Tätigkeiten und beruhen nicht auf betriebsbezogenen Umständen[6]. Der Verletzte ist hier zwar nach §§ 7, 8 Abs. 2 SGB VII unfallversichert. Dennoch stehen ihm gegen den Schädiger Ersatzansprüche zu.

103 Hingegen haftet der betrieblich tätige Schädiger nicht, wenn sich der Unfall für den Verletzten bei einer Fahrt auf dem Werksgelände, einer **Dienstfahrt** oder einer betrieblich organisierten Fahrt vom Betriebssitz zur Arbeitsstätte ereignet hat[7]. In diesem Fall wird also nicht von einer allgemeinen Verkehrsgefahr ausgegangen, sondern davon, daß der Verletzte der Unfallgefahr kraft **betrieblicher Organisation** ausgesetzt war.

104 Wenn der Schädiger wegen Vorsatz oder bei einem Wegeunfall haftet, **mindern** sich die Ansprüche des Verletzten um den Betrag, der durch Leistungen der Sozialversicherungen gedeckt ist (§§ 105 Abs. 1 Satz 3, 104 Abs. 3 SGB VII). Sein Restanspruch geht nicht auf den Träger der Sozialversicherung über (§§ 105 Abs. 1 Satz 3, 104 Abs. 1 Satz 2 SGB VII).

105 Dem Schädiger können **Freistellungs- und Ersatzansprüche** gegen seinen Arbeitgeber zustehen, wenn er betrieblich, zB auf einer Dienstfahrt, einen Wegeunfall des Verletzten ohne grobe Fahrlässigkeit verursacht hat.

3. Bindung der Zivilgerichte

106 Durch § 108 SGB VII (früher § 638 RVO) soll verhindert werden, daß zivil- und sozialrechtliche **Entscheidungen divergieren.** Hierzu käme es, wenn ein Zivil-

---

1 OLG Frankfurt v. 7. 11. 1979, VersR 1980, 682.
2 BGH v. 20. 11. 1979, BGHZ 75, 328; *Dahm*, ZfS 1994, 267.
3 *Rolfs*, NJW 1996, 3178.
4 BAG v. 27. 6. 1975, VersR 1976, 574; *Wussow/Schloën*, Rz. 2687.
5 Ausführlich *Kranig/Aulmann*, NZS 1995, 203.
6 BGH v. 8. 5. 1973, AP Nr. 7 zu § 636 RVO; BGH v. 10. 3. 1983, NJW 1983, 2021; vgl. auch *Marschner*, BB 1996, 2090 ff.; *Rolfs*, NJW 1996, 3177 ff.
7 *Rolfs*, NJW 1996, 3177, 3179.

oder Arbeitsgericht im Schadensersatzprozeß einen Arbeitsunfall verneint und deshalb den Schädiger haften läßt, während die Berufsgenossenschaft oder das Sozialgericht einen Arbeitsunfall bejaht und dem Verletzten deshalb Leistungen nach dem SGB VII (zB Unfallrente) zuspricht. Das Zivil- oder Arbeitsgericht hat den Schadensersatzprozeß **auszusetzen,** bis die entsprechende Entscheidung des Trägers der Unfallversicherung oder des Sozialgerichts unanfechtbar geworden ist (§ 108 Abs. 2 Satz 1 SGB VII). Es ist an deren Entscheidungen gebunden, soweit sie die Fragen betreffen, ob ein Arbeitsunfall vorliegt und welcher Träger der Sozialversicherung welche Leistungen zu erbringen hat (§ 108 Abs. 1 SGB VII). Die Aussetzungspflicht besteht entgegen der bisherigen Rechtslage[1] auch dann, wenn ein Arbeitsunfall offensichtlich oder unstreitig ist. Indessen ist das Streitgericht nicht gebunden, soweit es entscheiden muß, ob der Schädiger zu den privilegierten Personen zählt, ob er den Arbeitsunfall bei betrieblicher Tätigkeit und ob er ihn vorsätzlich verursacht hat[2].

Der möglichen **Verzögerung,** die durch die Aussetzung des Schadensersatzprozesses entsteht, wirkt das Gesetz zweifach entgegen. Zum einen kann das Streitgericht beschließen, daß das ausgesetzte Verfahren fortzusetzen ist, falls nicht binnen bestimmter Frist das sozialrechtliche Verfahren auf Feststellung eines Arbeitsunfalls eingeleitet ist (§ 108 Abs. 2 Satz 2 SGB VII). Zum anderen kann dieses sozialrechtliche Verfahren nicht nur von den Geschädigten, ihren Angehörigen und Hinterbliebenen betrieben werden, sondern auch von dem, der als Schädiger in Anspruch genommen wird, aber bei Feststellung eines Arbeitsunfalls nicht haften würde (§ 109 SGB VII). 107

4. Regreßansprüche der Sozialversicherung

Nach § 110 Abs. 1 SGB VII können die Träger der Sozialversicherung Regreßansprüche gegen den schädigenden Arbeitnehmer wegen ihrer Aufwendungen haben, die ihnen aus dem Versicherungsfall entstehen. Dies gilt nur, wenn der Arbeitnehmer **vorsätzlich oder grob fahrlässig** gehandelt hat, er deshalb dem Verletzten nach allgemeinen zivilrechtlichen Maßstäben haften würde, seine Haftung aber wegen der Privilegierung aus §§ 105–107 SGB VII (betriebliche Tätigkeit) ausgeschlossen oder nach § 104 Abs. 3 SGB VII eingeschränkt ist[3]. Entgegen der bisherigen Rechtslage[4] reicht es aus, wenn sich das grobe Verschulden[5] des Arbeitnehmers nur auf den Arbeitsunfall als solchen bezieht; eine vorsätzliche oder grobfahrlässige Verursachung des Schadens ist für den 108

---

1 Vgl. dazu BAG v. 14. 3. 1967, AP Nr. 1 zu § 636 RVO.
2 Zum Umfang der Bindung BGH v. 5. 1. 1968, VersR 1968, 272; BGH v. 28. 3. 1995, SozVers 1995, 275; BGH v. 4. 4. 1995, BGHZ 129, 195; OLG Düsseldorf v. 21. 12. 1971, VersR 1972, 389; *Boudon*, BB 1993, 2446; *Dahm*, SozVers 1996, 39.
3 BGH v. 18. 11. 1980, AP Nr. 3 zu § 640 RVO.
4 Vgl. dazu BGH v. 20. 11. 1979, NJW 1980, 966; BGH v. 8. 5. 1984, NZA 1984, 205; *Schulin/Plagemann*, S. 1283 Rz. 8.
5 Zur groben Fahrlässigkeit vgl. BGH v. 21. 10. 1980, VersR 1981, 75; BGH v. 8. 5. 1984, NZA 1984, 205; BGH v. 12. 1. 1988, VersR 1988, 474; OLG Frankfurt v. 8. 11. 1994, SozVers 1995, 303.

Regreßanspruch nicht erforderlich (§ 110 Abs. 1 Satz 3 SGB VII)[1]. Soweit auch der Arbeitgeber wegen eigenen groben Verschuldens oder des Verschuldens seiner Organe (§ 111 SGB VIII) regreßbelastet ist, haften er und der Arbeitnehmer als **Gesamtschuldner** mit gegenseitiger Ausgleichspflicht.

109 Der Anspruch auf Ersatz der Aufwendungen ist ein **originärer Anspruch.** Nach bisherigem Recht wurde er deshalb durch ein eventuelles Mitverschulden des Verletzten nicht gemindert[2]. Nunmehr beschränkt jedoch § 110 Abs. 1 Satz 1 SGB VII den Regreß auf die Höhe des Schadensersatzanspruchs, den der Verletzte nach allgemeinem Zivilrecht hätte, falls dieser Anspruch nicht durch §§ 105–107 SGB VII ausgeschlossen wäre. Folglich kann jetzt gegenüber dem Regreß der **Einwand des Mitverschuldens** erhoben werden[3].

110 Wenn der Träger der Sozialversicherung eine laufende Rente zahlt, kann er vom Schädiger deren Kapitalwert fordern (§ 110 Abs. 1 Satz 2 SGB VII). Der Träger der Sozialversicherung kann auf seinen Anspruch ganz oder teilweise **nach billigem Ermessen verzichten** (§ 110 Abs. 2 SGB VII). Hierbei hat er die wirtschaftlichen Verhältnisse des Arbeitnehmers, aber auch seinen Verschuldensgrad und ein Mitverschulden des Verletzten zu berücksichtigen[4].

111 Für die Durchsetzung der Regreßansprüche sind die **Zivilgerichte** zuständig[5]. Auch ein Regreßverfahren ist auszusetzen, bis die bindenden sozialrechtlichen Feststellungen über den Arbeitsunfall getroffen sind (§ 112 SGB VII). Für die **Verjährung** gilt § 113 SGB VII.

5. Verhältnis mehrerer Schädiger

112 Soweit die Haftung des Arbeitnehmers nach den §§ 105–107 SGB VII ausgeschlossen ist, können er und ein am Unfall beteiligter Drittschädiger nicht als Gesamtschuldner haften. Eine Pflicht des Arbeitnehmers zum Gesamtschuldnerausgleich widerspräche ohnehin dem Sinn seiner Haftungsfreistellung. Dies darf jedoch den Dritten nicht benachteiligen. Deshalb haftet er dem Verletzten – und auch dem Träger der Sozialversicherung nach § 116 SGB X – nur **in Höhe der internen Quote,** die er bei einem fiktiven Gesamtschuldnerausgleich, gemessen an der jeweiligen Verantwortung, tragen müßte[6].

113 Bei grobem Verschulden des Arbeitnehmers kann der Träger der Sozialversicherung ihn nach § 110 SGB VII und/oder den Drittschädiger nach § 116 SGB X in Anspruch nehmen[7]. Eine Gesamtschuld entsteht hierdurch nicht. Soweit jedoch

---

[1] *Stern-Krieger/Arnau,* VersR 1997, 408, 412.
[2] BGH v. 15. 5. 1973, VersR 1973, 818; *Dahm,* ZfS 1995, 134.
[3] *Stern-Krieger/Arnau,* VersR 1997, 408, 412; aA *Geigel/Kolb,* S. 1381 Rz. 24.
[4] *Wussow/Schloën,* Rz. 2681 ff.; *Schaub,* § 109 VIIb.
[5] BSG v. 11. 2. 1973, VersR 1974, 801.
[6] BGH v. 12. 6. 1973, BGHZ 61, 51; BGH v. 2. 4. 1974 und 7. 4. 1981, VersR 1974, 888 und 1981, 649; OLG Hamm v. 3. 6. 1996, VersR 1998, 328; Münchener Kommentar/*Selb,* § 426 BGB Rz. 23; *Gamillscheg/Hanau,* S. 197 ff.; *Wussow/Schloën,* Rz. 2663 ff.
[7] BGH v. 19. 10. 1971 und 7. 4. 1981, VersR 1972, 171 und 1981, 649.

der Arbeitnehmer mehr zahlt, als er bei einem **fiktiven Gesamtschuldnerausgleich** intern tragen müßte, ist der Drittschädiger ohne Rechtsgrund bereichert; er schuldet dem Arbeitnehmer entsprechenden Ausgleich nach § 812 BGB[1].

Mitunter hat der Arbeitgeber mit dem beteiligten Drittschädiger, zB in einem Subunternehmervertrag, vereinbart, dieser werde ihn von der **Haftung weitgehend entlasten.** Dies würde auch den mitschädigenden Arbeitnehmer begünstigen (Rz. 66), wäre seine Haftung nicht ohnehin nach § 105 SGB VII ausgeschlossen. Der fiktive Gesamtschuldnerausgleich (Rz. 112) führt dann dazu, daß der Dritte dem Verletzten oder dem Träger der Sozialversicherung nach § 116 SGB X in Höhe der Quote haftet, die sich aus seiner höheren vertraglichen Verantwortung, nicht nur seiner tatsächlichen Verantwortung, ergibt[2].

114

Umgekehrt können Arbeitgeber und Drittschädiger auch vereinbart haben, daß der Arbeitgeber den Drittschädiger intern weitgehend von der Haftung freistellen werde. Diese Vereinbarung kürzt die Ansprüche des Verletzten gegen den Drittschädiger nur insoweit, als die **interne Haftungsverteilung** auch den tatsächlichen Verantwortungsbereichen entspricht. Hatte also der Drittschädiger tatsächlich eine Pflicht zur Schadensverhütung, so kann er sich gegenüber dem Verletzten nicht darauf berufen, der Arbeitgeber sei ihm intern zur Entlastung verpflichtet[3].

115

---

1 BGH v. 7. 4. 1981, VersR 1981, 649.
2 BGH v. 2. 4. 1974 und 14. 6. 1976, VersR 1974, 888 und 1976, 991.
3 BGH v. 17. 2. 1987, NJW 1987, 2669; BGH v. 23. 1. 1990, DB 1990, 1185; OLG Hamm v. 3. 6. 1996, VersR 1998, 328; *Denck*, NZA 1988, 265; *Burkert/Kirchdörfer*, JuS 1988, 341.

Dritter Teil
Änderung und Beendigung des Arbeitsverhältnisses

A. Änderung der Arbeitsbedingungen

	Rz.
I. Überblick	1
II. Einvernehmliche Änderung	4
1. Grundsatz	5
2. Grenzen der einvernehmlichen Änderung der Arbeitsbedingungen	9
a) Tarifbindung	10
b) Günstigkeitsprinzip	12
c) Vertragliche Einheitsregelungen	13
III. Direktionsrecht	14
1. Rechtsgrundlagen	15
2. Ausübung des Direktionsrechts	18
a) Form	19
b) Handelnde Personen	21
c) Mitbestimmungsrechte	23
3. Grenzen des Direktionsrechts	25
a) Vertragliche Vereinbarungen	26
b) Ausübung eines Änderungsvorbehalts	28
c) Abgrenzung zur Änderungskündigung	30
d) Rechtsschutzmöglichkeiten	39
IV. Teilkündigung	42
V. Änderungskündigung	47
1. Begriff und Inhalt	
a) Gegensatz zur Beendigungskündigung	48
b) Kündigung mit Änderungsangebot	49
aa) Zeitliche Abfolge von Kündigung und Änderungsangebot	53
bb) Zusammenhang zwischen Kündigung und Änderungsangebot	57
cc) Arbeitnehmerschutz bei Mängeln der Formulierung	58
c) Arten der Änderungskündigung	59
aa) Ordentliche Änderungskündigung	60
bb) Außerordentliche Änderungskündigung	61
cc) Massenänderungskündigung	62
2. Abgrenzungen der Änderungskündigung	
a) Ausübung des Direktionsrechts	64
b) Änderungs- oder Widerrufsvorbehalt	66
c) Teilkündigung	67
d) Einverständliche Vertragsänderung	68
3. Voraussetzungen der Änderungskündigung	69
a) Grundsätzliche formelle Voraussetzungen	
aa) Anhörung des Betriebsrats, § 102 BetrVG	70
bb) Eindeutigkeit der Kündigungserklärung	76
cc) Form und Frist	77
b) Soziale Rechtfertigung der fristgemäßen Kündigung	79
aa) Grundsatz und Besonderheiten	80
bb) Prüfungsmaßstab	81
cc) Struktur der Kündigungsgründe	86
dd) Sozialauswahl	98
c) Materielle Rechtfertigung der außerordentlichen Änderungskündigung gem. § 626 BGB	99
d) Beteiligung des Betriebsrats gem. § 99 BetrVG	105
aa) Voraussetzungen; Verbindung der beiden Beteiligungen gem. §§ 99, 102 BetrVG	106
bb) Folgen bei Nichtbeteiligung	114
e) Mitbestimmung nach § 87 BetrVG	115
4. Annahme unter Vorbehalt	116
a) Ordentliche Änderungskündigung	117

	Rz.		Rz.
aa) Vorbehaltserklärung, Form und Frist	118	a) Antragsstellung bei erklärtem Vorbehalt	139
bb) Auswirkungen der Vorbehaltserklärung	125	aa) Formulierung des Antrags	140
		bb) Weiterbeschäftigung	141
b) Außerordentliche Änderungskündigung	131	b) Antragstellung bei fehlendem Vorbehalt	144
c) Taktische Fragen	134	c) Auflösungsantrag bei Änderungskündigungsschutzklagen	148
5. Prozessuale Besonderheiten der Änderungskündigungsschutzklage	138	d) Streitwert bei Änderungskündigungsschutzklagen	150

Schrifttum:

Birk, in: AR-Blattei D Direktionsrecht, Loseblatt; *Hromadka*, Möglichkeiten und Grenzen der Änderungskündigung, NZA 1996, 1; *Löwisch*, Anm. zu BAG Urteil vom 20. 3. 1986, EzA § 1 KSchG 1969 Nr. 6; *Löwisch*, Die Änderung von Arbeitsbedingungen auf individualrechtlichem Wege, insbesondere durch Änderungskündigung, NZA 1988, 633; *Preis*, Autonome Unternehmerentscheidung und „dringendes betriebliches Erfordernis", NZA 1995, 241; *Schaub*, Der Kündigungsschutz bei Änderungskündigungen, RdA 1970, 230; *Söllner*, Einseitige Leistungsbestimmung im Arbeitsverhältnis, 1966; *Stahlhakke/Preis*, Kündigung und Kündigungsschutz im Arbeitsverhältnis, 6. Aufl. 1995; *Wlotzke*, Anm. zu BAG Urteil vom 30. 9. 1993, AP Nr. 33 zu § 2 KSchG 1969.

I. Überblick

1 In einer auf Flexibilität angewiesenen Arbeitswelt gewinnt die Anpassung der Arbeitsbedingungen an veränderte soziale und wirtschaftliche Umstände eine **immer größere Bedeutung**. Das existentielle Interesse der Beschäftigten ist grundsätzlich darauf gerichtet, den Arbeitsplatz zu behalten. Die Beschäftigten geraten zunehmend unter Kündigungsdruck. Ihr Interesse an der Erhaltung der Arbeitsplätze wird durch die arbeitsrechtlichen Vorschriften und insbesondere die richterliche Rechtsfortbildung wirksam unterstützt, kann jedoch die Anpassung der Beschäftigtenzahl an die allgemeine konjunkturelle Entwicklung, die Verlagerung ganzer Produktionszweige ins Ausland und die damit verbundene dauerhafte Vernichtung von Arbeitsplätzen nicht verhindern. Dem Verlust des Arbeitsplatzes ist vor diesem Hintergrund grundsätzlich eine Veränderung der Arbeitsbedingungen aus Arbeitnehmersicht vorzuziehen.

Aber auch die Arbeitgeber haben ein wohlverstandenes Interesse daran, nicht in jedem Fall die Beendigung des Arbeitsverhältnisses ins Auge zu fassen, wenn flexiblere Instrumente der Anpassung an die Beschäftigungssituation bestehen. Die Anpassung durch einvernehmliche Regelung sollte in jedem Fall zunächst versucht werden.

2 Wenn dieses weniger einschneidende Mittel nicht in Betracht kommt, ist in vielen Fällen die Beendigung des Arbeitsverhältnisses unvermeidlich. Kündigungsschutzverfahren sind erfahrungsgemäß für Arbeitgeber unkalkulierbar

oder werden so empfunden. Deshalb hat sich das Gestaltungsmittel des **Aufhebungsvertrages,** neuerdings begleitet oder abgelöst durch den **Abwicklungsvertrag** als Mittel der Wahl zur Beendigung von Arbeitsverhältnissen in den Vordergrund geschoben. Die richtige Beendigung des Arbeitsverhältnisses durch Aufhebungs- oder Abwicklungsvertrag und die dabei zu beachtenden Grundsätze und Grenzen sind im folgenden dargestellt. Dabei sind im Hinblick auf die sozialversicherungsrechtliche Behandlung von Abfindungen sowohl die Änderungen des AFG durch das Arbeitsförderungs-Reformgesetz (AFRG) vom 24. 3. 1997[1] und das 1. SGB III-Änderungsgesetz vom 16. 12. 1997[2] berücksichtigt, als auch die durch das AFRG mit Wirkung zum 1. 1. 1998 erfolgte Ablösung des AFG durch das SGB III, das seinerseits bereits vor seinem Inkrafttreten durch das 1. SGB III-Änderungsgesetz geändert wurde. Auf die steuerrechtliche Behandlung von Abfindungen kann nur hingewiesen werden.

Wo die Änderung der Arbeitsbedingungen oder der Abschluß eines Aufhebungsvertrages nicht in Betracht kommt, sondern nur die **Beendigungskündigung,** soll die folgende Darstellung typische Fehler bei der Vorbereitung und formellen Umsetzung der Kündigungserklärungen, aber auch bei der Reaktion auf ausgesprochene Kündigungen vermeiden helfen. 3

Die Möglichkeit, Arbeitsbedingungen an veränderte Umstände anzupassen, geschieht entweder einverständlich zwischen den Arbeitsvertragsparteien oder durch einseitige Anpassung, gestützt auf das Direktionsrecht oder Ausspruch einer Änderungskündigung.

II. Einvernehmliche Änderung

Das Arbeitsverhältnis kommt zustande durch Einigung über die wesentlichen Bedingungen, zu denen das Arbeitsverhältnis geführt werden soll, wie jeder andere Vertrag auch. Allerdings sind schon bei Vertragsschluß der **Privatautonomie** Grenzen gesteckt. Die Arbeitsvertragsparteien können weder von zwingenden gesetzlichen Vorschriften abweichen noch von tarifvertraglichen oder anderen kollektivrechtlichen zwingenden Vereinbarungen zB in Betriebsvereinbarungen. Was für den Abschluß des Vertrages gilt, muß auch bei der Änderung der Vertragsbedingungen berücksichtigt werden. 4

1. Grundsatz

Die Arbeitsvertragsparteien können sich grundsätzlich über die Art der Tätigkeit, die Arbeitszeit, die Vergütung einschließlich etwaiger Nebenleistungen, zB Vermögenswirksame Leistungen, Gratifikationen, Fahrtkosten, betriebliche Altersvorsorgeleistungen, Versicherungsschutz, Dienstwagen oder sonstige geldwerte Vorteile sowie über die Höhe des Urlaubs verständigen. Ferner sind 5

---

1 BGBl. I, 495.
2 BGBl. I, 2970.

Nebenpflichten regelbar wie zB das Verhalten im Krankheitsfall, Wettbewerbsverbote und sonstige vertragliche Bedingungen (vgl. im einzelnen dazu oben im Teil 2 A, vor allem Rz. 187 ff., 712 ff.).

6 Änderungen dieser Vertragsbedingungen sind grundsätzlich auch durch vertragliche Einigung zwischen den Arbeitsvertragsparteien möglich. Dazu bedarf es einer vollständigen Einigung über alle zu regelnden Änderungen, zB Tätigkeit, Vergütung, Arbeitszeiten, insbesondere deren Lage und Dauer, evtl. Teilzeitarbeit und sonstiger vertraglicher Bedingungen. Wenn nach den vertraglichen Vereinbarungen Änderungen der Schriftform bedürfen, ist darüber eine Vertragsurkunde aufzunehmen und von beiden Vertragspartnern zu unterzeichnen.

Auch dort, wo keine Schriftform vertraglich vereinbart oder gesetzlich, tarifvertraglich oder sonstwie vorgeschrieben ist, sind die Bestimmungen des **Nachweisgesetzes**[1] zu beachten. Danach hat der Arbeitgeber spätestens einen Monat nach dem vereinbarten Beginn des Arbeitsverhältnisses die wesentlichen Vertragsbedingungen schriftlich niederzulegen, die Niederschrift zu unterzeichnen und dem Arbeitnehmer auszuhändigen, vgl. § 2 Abs. 1 des Gesetzes über den Nachweis der für ein Arbeitsverhältnis geltenden wesentlichen Bedingungen vom 20. 6. 1995.

7 In § 2 Abs. 1 Satz 2 Nachweisgesetz ist der Katalog des Mindestinhalts der schriftlichen Vertragsurkunde geregelt.

Nach § 3 Nachweisgesetz gilt dasselbe für die Änderung der wesentlichen Vertragsbedingungen, die ebenfalls spätestens einen Monat nach der Änderung schriftlich mitzuteilen sind.

Wie sich aus § 5 Nachweisgesetz ergibt, sind die Vorschriften des Gesetzes unabdingbar.

8 **Hinweis:**

Insbesondere für die Arbeitgeberseite ergeben sich aus der Vernachlässigung dieser Pflichten unter Umständen gravierende Beweisnachteile. Die Frage, ob Art. 2 der „Richtlinien über die Pflicht des Arbeitgebers zur Unterrichtung des Arbeitnehmers über die für seinen Arbeitsvertrag oder sein Arbeitsverhältnis geltenden Bedingungen"[2] im Hinblick auf die in der Präambel der sogenannten Nachweisrichtlinie geäußerten Zielsetzung, „die Arbeitnehmer besser vor etwaiger Unkenntnis ihrer Rechte zu schützen und den Arbeitsmarkt transparenter zu gestalten", eine Verbesserung der Beweislast zugunsten des Arbeitnehmers bezweckt, hat zB das LAG Hamm im Beschluß vom 9. 7. 1996 (4 Sa 828/95) dem Europäischen Gerichtshof neben einer Reihe damit in Zusammenhang stehender Fragen zur Entscheidung vorgelegt, wie inzwischen auch in anderen Verfahren geschehen[3].

---

1 BGBl. I 1995, 946 f.
2 RS 91/533/EWG, Abl. EG Nr. L 288 v. 18. 10. 1991, 32.
3 LAG Hamm v. 9. 7. 1996, NZA 1997, 30.

I. Einvernehmliche Änderung

2. Grenzen der einvernehmlichen Änderung der Arbeitsbedingungen

Aus dem allgemein anerkannten Schutzzweck des Arbeitsrechts zugunsten der Arbeitnehmer folgen zahlreiche Durchbrechungen der Privatautonomie. Das gilt auch für die Möglichkeit, einvernehmliche Änderungen der Arbeitsbedingungen zu vereinbaren. 9

a) Tarifbindung

Aus § 4 Abs. 1 TVG folgt die Tarifbindung an die Rechtsnormen des Tarifvertrags. Diese gelten unmittelbar und zwingend zwischen den beiderseits Tarifgebundenen, wenn also im Regelfall der Arbeitgeber dem Arbeitgeberverband und die Arbeitnehmerinnen und Arbeitnehmer der entsprechenden Gewerkschaft angehören, § 3 Abs. 1 TVG. Abweichende Abmachungen sind zwar gem. § 4 Abs. 3 TVG grundsätzlich zulässig, jedoch nur insoweit, als sie im Tarifvertrag durch sogenannte Öffnungsklauseln gestattet sind oder günstigere Regelungen für die Arbeitnehmerseite vorsehen. 10

Soweit **keine Tarifbindung** zwischen den Vertragsparteien besteht, können gleichwohl Tarifnormen verbindlich vereinbart werden. Die Tarifbindung tritt dann nicht kraft Gesetzes ein, sondern durch die Vereinbarung, die allerdings dann auch wieder geändert werden kann, so daß die Wirkung der Rechtsnormen des Tarifvertrages ebenfalls berührt wird. Einvernehmliche Änderungen des Arbeitsvertrages sind demzufolge möglich, und zwar auch Abweichungen von den zwingenden Tarifnormen, weil sie nämlich nicht unmittelbar zwischen den Arbeitsvertragsparteien gelten. 11

b) Günstigkeitsprinzip

Das Günstigkeitsprinzip ist auch bei sonstigen Änderungen zu beachten, besonders im Hinblick auf **kollektivrechtliche Regelungen in Betriebsvereinbarungen**. Soweit wechselseitige Rechte und Pflichten, insbesondere natürlich Ansprüche der Arbeitnehmerseite, durch Betriebsvereinbarungen geregelt sind, dürfen davon nachteilig abweichende Regelungen nicht getroffen werden. Betriebsvereinbarungen gelten gem. § 77 Abs. 4 BetrVG unmittelbar und zwingend, also ebenso wie Tarifnormen. Der Verzicht auf solche Rechte ist nur mit Zustimmung des Betriebsrates zulässig, die in der Praxis in aller Regel nicht erteilt wird. Auch insoweit finden einvernehmliche Regelungen zur Änderung der Arbeitsbedingungen ihre Grenzen. 12

c) Vertragliche Einheitsregelungen

Soweit Ansprüche und Rechte in vertraglichen Einheitsregelungen enthalten sind, die abändernd allen Arbeitnehmern oder einer Gruppe im Wege der einvernehmlichen Änderung der Arbeitsbedingungen angeboten werden, unterliegen auch solche Regelungen einer Inhaltskontrolle. Zwar gelten gem. § 23 Abs. 1 AGBG die Vorschriften des AGB-Gesetzes bei Verträgen auf dem Gebiet des Arbeitsrechts nicht. Gleichwohl findet eine 13

Billigkeitskontrolle statt, deren Maßstäbe jedoch nicht einheitlich dogmatisch begründet und auch nicht einheitlich angewandt werden[1].

III. Direktionsrecht

14 In der Praxis wird das Direktionsrecht für viele einseitige Änderungsmaßnahmen des Arbeitgebers in Anspruch genommen, häufig auch mißbräuchlich. Grundlagen und Grenzen des Direktionsrechts sind deshalb zu klären.

1. Rechtsgrundlagen

15 Die dogmatische Rechtsgrundlage des Direktionsrechts ist **streitig**[2]. Man streitet sich darüber, ob das Recht, einseitig das Arbeitsverhältnis zu gestalten, aufgrund gesetzlicher, kollektivvertraglicher oder einzelvertraglicher Bestimmung übertragen worden ist[3] oder ob es ein originäres Recht des Arbeitgebers gibt, das aus der Unterwerfung des Arbeitnehmers unter das Gestaltungsrecht des Arbeitgebers folge, dessen Ausübung nur im Hinblick auf die Einhaltung billigen Ermessens iSd. § 315 BGB überprüfbar sei[4].

16 Dieser Streit soll hier nicht weiter vertieft werden. Im Ergebnis herrscht jedenfalls Einigkeit, daß mit dem Arbeitsvertrag nur die Arbeitsverpflichtung des Arbeitnehmers im allgemeinen festgelegt wird, die Einzelheiten, wie die Arbeitsleistung erbracht werden muß, jedoch dem Direktionsrecht des Arbeitgebers unterliegen, der die sogenannte **Leitungs- oder Weisungsbefugnis** hat und festlegen kann, wie die Arbeitsleistung konkret nach Art, Ort und Zeit zu erbringen ist, wenn diese Einzelheiten nicht vertraglich genau festgelegt sind[5].

17 Die **einzelne Maßnahme,** die aufgrund des Direktionsrechts angeordnet wird, ist ihrem Rechtscharakter nach ebenfalls streitig. Es wird vertreten, es handele sich um eine geschäftsähnliche Handlung oder um ein einseitiges Rechtsgeschäft. Die Verbindlichkeit wird aber von niemandem in Frage gestellt, deshalb soll auch dieser Streit, der für die Praxis keine Bedeutung hat, nicht weiter vertieft werden.

2. Ausübung des Direktionsrechts

18 Die **Ausübung des Direktionsrechts** erfolgt entweder durch Einzelweisung an den Arbeitnehmer oder als kollektive Anweisung an eine Gruppe von Beschäftigten oder an alle. Soweit eine kollektive Anordnung getroffen werden soll, sind Mitbestimmungsrechte des Betriebsrates zu beachten.

---

1 Einzelheiten in MünchArbR/*Richardi* § 14 Rz. 54 ff., insbes. Rz. 73 mwN.
2 Einzelheiten in MünchArbR/*Richardi*, § 12 Rz. 47 ff.
3 So wohl *Schaub*, Arbeitsrechtshandbuch, S. 172.
4 *Söllner*, Einseitige Leistungsbestimmung im Arbeitsverhältnis, S. 32 ff.
5 *Schaub*, Arbeitsrechtshandbuch, S. 172.

III. Direktionsrecht

a) Form

Die Form der Ausübung ist **nicht festgelegt**. Sie kann in der Form einer ganz konkreten Arbeitsanweisung, zB in Form eines Arbeitskommandos („Hau Ruck")[1], oder in schriftlicher Form erfolgen. Das richtet sich auch danach, wie konkret die Anweisung ist und ob sie für den Einzelfall oder für alle ähnlichen Fälle gelten soll, zB bei der regelmäßigen Arbeitszeit oder der Versetzung von einem Arbeitsplatz auf den anderen oder den Arbeitsort, zB Zuweisung eines anderen Raumes innerhalb eines Gebäudes oder in einen anderen Gebäudeteil oder Komplex.

19

Die Anweisungen sind in der Regel **formlos möglich,** es sei denn, ausnahmsweise sieht ein Tarifvertrag, eine Betriebsvereinbarung oder der Arbeitsvertrag Schriftform vor. Da durch das Direktionsrecht aber die arbeitsvertraglichen Grundlagen gerade nicht angegriffen werden sollen, ist die in vielen Arbeitsverträgen anzutreffende **Schriftformklausel** nicht einschlägig. Soweit allerdings Mitbestimmungsrechte betroffen sind[2], muß beim Abschluß von Betriebsvereinbarungen die Schriftform gewahrt werden. Das hat aber nichts mit den Formerfordernissen an die Ausübung des Direktionsrechts selbst zu tun.

20

b) Handelnde Personen

Die Ausübung des Direktionsrechts ist nicht dem Arbeitgeber selbst vorbehalten. Vielmehr kann er sie auch auf Vorgesetzte **delegieren.** Das wird in stark gegliederten Unternehmen mit hierarchischer Struktur in aller Regel der Fall sein. Hier sind auch die unmittelbaren Vorgesetzten befugt, selbst auf der untersten Leitungsebene konkrete Arbeitsanweisungen zu erteilen. Solche betreffen dann die Art der Arbeitsleistung, also die Ausführung der Arbeit selbst.

21

Auch ein den Arbeitsvollzug **begleitendes Verhalten,** insbesondere Verhaltensregelungen, die einen ungestörten Arbeitsablauf sichern sollen und das Zusammenleben und Zusammenwirken der Arbeitnehmer im Betrieb festlegen, werden zweckmäßigerweise schriftlich formuliert; notwendig ist dies jedoch nicht. Das gilt auch für die sonstigen organisationsbedingten Änderungen.

22

c) Mitbestimmungsrechte

Mitbestimmungsrechte des Betriebsrats – oder im Bereich der Personalvertretungsgesetze des Personalrats – kommen in Betracht bei **kollektiv-rechtlichen einseitigen Regelungen des Arbeitgebers** im Rahmen des Katalogs des § 87 BetrVG (oder der §§ 75 bis 79 Bundespersonalvertretungsgesetz oder entsprechender Landespersonalvertretungsgesetze).

23

Soweit es um die **Ordnung im Betrieb** und das Verhalten der Arbeitnehmer geht, auf die sich die Weisungen des Arbeitgebers beziehen, ist nach § 87 Abs. 1

24

---

1 MünchArbR/*Richardi*, § 12 Rz. 53.
2 Dazu sogleich, Rz. 23 f.

Nr. 1 BetrVG ein originäres Mitbestimmungsrecht gegeben. Das bezieht sich ebenso auf die anderen Tatbestände, insbesondere der Nr. 2, 3, 5, wohl auch Nr. 7. Auch hier geht es um das konkrete Arbeitsverhalten und um die Ordnung im Betrieb, also die Art und Weise und die Ausgestaltung der Arbeitszeit. Hier findet die Ausübung des Direktionsrechts, auch Weisungsrecht genannt[1], ihre Grenzen.

3. Grenzen des Direktionsrechts

25 Auch **individualarbeitsrechtlich** sind dem Direktionsrecht Grenzen gesetzt, die jedoch im Einzelfall schwer zu bestimmen sein können. Es kommen sowohl Ausweitungen in Betracht, zB durch Änderungsvorbehalte, als auch in Teilbereichen enge Eingrenzungen.

a) Vertragliche Vereinbarungen

26 Der Arbeitgeber darf zwar in Regelungen des Anstellungsvertrages **einen Rahmen** für die Ausübung des Direktionsrechts mit dem Arbeitnehmer **vereinbaren,** zB Entwicklungsklauseln in Chefarztverträgen[2] oder einen Versetzungsvorbehalt auf verschiedene Betriebe innerhalb der Bundesrepublik oder auch im Ausland. Durch solche vertraglich vereinbarten Direktionsrechte des Arbeitgebers darf jedoch nicht in den kündigungsschutzrechtlich geschützten Kernbereich des Arbeitsverhältnisses eingegriffen werden.

27 **Beispiel:**

Der Arbeitgeber, eine kreisfreie Stadt, hatte in § 3 der Verträge folgende Vereinbarung getroffen:

„Arbeitsleistungen sind nur nach Aufforderung durch die Musikschule zu erbringen. Die Zahl der zu erteilenden Unterrichtsstunden wird von Fall zu Fall im Einvernehmen mit dem Leiter festgelegt." Von diesem Vorbehalt wurde auch Gebrauch gemacht in unterschiedlicher Form. Das Bundesarbeitsgericht[3] *hat bestätigt, daß das Direktionsrecht des Arbeitgebers sich niemals auf Umstände beziehen könne, durch die die Höhe der Vergütung bestimmt werde. Die in § 3 der Arbeitsverträge enthaltene Regelung stelle eine objektive Umgehung von zwingenden Vorschriften des Kündigungs- und Kündigungsschutzrechts dar und sei daher gem. § 134 BGB nichtig*[4]*.*

b) Ausübung eines Änderungsvorbehalts

28 Zulässig sind dagegen sogenannte **Änderungsvorbehalte oder Widerrufsvorbehalte,** mit denen der Arbeitgeber von vornherein zum Inhalt des Arbeitsvertrages die Befugnis werden läßt, die Art und Weise der Arbeitsleistung während

---

[1] *Staudinger/Richardi,* § 611 Rz. 245 ff.
[2] BAG v. 28. 5. 1997, NZA 1997, 1160 ff. und Rz. 44.
[3] BAG v. 12. 12. 1984, AP Nr. 6 zu § 2 KSchG 1969.
[4] BAG v. 12. 12. 1984, AP Nr. 6 zu § 2 KSchG 1969 unter II. der Gründe.

des Arbeitsverhältnisses zu ändern. Soweit dabei nicht in den kündigungsschutzrechtlich relevanten Bereich eingegriffen wird, werden solche Klauseln als allgemein **zulässig** angesehen.

Beispiele: 29

Arbeitsvertragliche Vereinbarung, daß ein Organisationsplan in der jeweils gültigen Fassung zum Inhalt des Arbeitsverhältnisses wird[1].

Das Unternehmen behält sich vor, die Arbeitnehmerin in allen ihren Filialen in der Bundesrepublik einzusetzen[2].

Die Lage der Arbeitszeit wird jeweils nach betrieblichen Erfordernissen festgelegt, auch der Einsatz im Schichtbetrieb kommt in Betracht[3].

Solche Klauseln finden sich **häufig** in Arbeitsverhältnissen. Soweit nicht von vornherein der Eingriff in den Kernbereich des Arbeitsverhältnisses wie etwa Umfang der Tätigkeit, Arbeitsvergütung, hierarchische Stellung im Unternehmen, eröffnet wird, sind sie zulässig.

c) Abgrenzung zur Änderungskündigung

Die **Grenzen solcher Änderungsvorbehalte** sind zum einen – wie schon dargestellt – dort erreicht, wo die Vergütung unmittelbar ändernd geregelt werden soll, aber auch dort, wo die Arbeitszeit und die Vergütung eng miteinander verknüpft sind, also eine arbeitszeitabhängige Vergütung gezahlt wird[4]. 30

Häufig werden auch Zulagen, Leistungszuschläge, Gratifkationen und sonstige Sonderleistungen mit dem **Vorbehalt des Widerrufs** vereinbart. Auch dies ist grundsätzlich wirksam, der Arbeitgeber kann jedoch nur nach billigem Ermessen, überprüfbar gem. § 315 BGB, von diesem Widerrufsvorbehalt Gebrauch machen[5].

Ob bei der Ausübung des Widerrufsvorbehalts eine **Frist** zu beachten ist, richtet sich nach den Vereinbarungen. Ist eine Frist nicht angegeben, ist im Zweifel die ordentliche Frist einzuhalten, entsprechend der ordentlichen Kündigungsfrist[6]. Der Bestand des Arbeitsvertrages wird von der Ausübung des Widerrufs jedoch nicht berührt, wenn unter Widerrufsvorbehalt gewährte Leistungen wegfallen sollen. Selbstverständlich können solche Leistungen nicht unter Widerrufsvor- 31

---

1 Vgl. auch LAG Hamm v. 3. 2. 1994 – 17 Sa 1224/93, nv.
2 Vgl. zum Auslandseinsatz eines Arbeitnehmers LAG Hamm v. 22. 3. 1974, DB 1974, 877.
3 Vgl. LAG Berlin v. 29. 4. 1991, LAGE § 611 BGB – Direktionsrecht Nr. 9.
4 Siehe Beispiel Rz. 27; BAG v. 12. 12. 1984, AP Nr. 6 zu § 2 KSchG 1969; vgl. *Hromadka*, NZA 1996, 1, 3 li. Sp.: Beispiele aus der Rechtsprechung des BAG zur weiteren Abgrenzung von zulässiger Ausübung des Direktionsrechts und der Notwendigkeit, eine Änderungskündigung auszusprechen.
5 BAG v. 12. 12. 1984, AP Nr. 6 zu § 2 KSchG 1969; KR/*Rost*, § 2 KSchG Rz. 4; aA *Staudinger/Neumann*, Vorb. 83 zu § 620 BGB.
6 *Staudinger/Neumann*, Vorb. 83 zu § 620 BGB, owN.

behalt gewährt werden, auf die Anspruch nach Betriebsvereinbarungen oder nach Tarifverträgen oder gar nach gesetzlicher Vorschrift besteht.

32 Änderungsvorbehalte, die sich auf die **Übertragung eines anderen Tätigkeitsbereichs** beziehen, sind zusätzlich noch darauf zu überprüfen, ob sich bei langjähriger Tätigkeit auf demselben Arbeitsplatz die Ausübung des Widerrufsvorbehalts nicht deswegen als unzulässig darstellt, weil eine Konkretisierung des Arbeitsverhältnisses auf den über lange Jahre hinweg einverständlich wahrgenommenen Aufgabenbereich eingetreten ist.

33 **Beispiel:**

Vertraglich vereinbart war ein Einsatz im Ein- bis Dreischichtbetrieb. Der Arbeitnehmer war zehn Jahre ausschließlich in der Nachtschicht beschäftigt. Die Umsetzung in die Tagschicht erfolgte wirksam aufgrund des Direktionsrechts[1].

34 **Beispiel:**

Der Kläger war vom 1. 1. 1972 bis zum 30. 9. 1985 als Pressesprecher eines großen, international tätigen Luftfahrtunternehmens tätig. Mit Wirkung vom 1. 9. 1985 entzog ihm die Beklagte die bisherigen Aufgaben und erklärte ihn zum Vorstandsreferenten „schriftliche Dienste". Der Arbeitsvertrag enthielt den Vorbehalt, ihn „mit einer im Interesse des Unternehmens liegenden Tätigkeit zu betrauen". Das LAG hat seine Klage abgewiesen mit dem Hinweis darauf, daß auch nach langjähriger Zuweisung einer bestimmten Tätigkeit die Leistungspflicht des Arbeitnehmers sich nicht auf die ihm bisher übertragenen Aufgaben konkretisiert habe. Die Beklagte habe ihr Direktionsrecht nicht überschritten.

35 Leider wird bei der Erörterung des Problems der **Konkretisierung** auf eine bestimmte Tätigkeit nicht immer differenziert[2] zwischen solchen Verträgen, in denen ein Änderungsvorbehalt vereinbart ist und anderen, in denen eine Tätigkeit zum Inhalt des Vertrages genommen wird, tatsächlich jedoch – entweder von Anfang an oder aber im weiteren Verlauf des Arbeitsverhältnisses – eine andere Tätigkeit ausgeübt wird[3].

36 **Beispiel:**

Eine als kaufmännische Angestellte im Jahre 1976 eingestellte Mitarbeiterin wurde ab 1987 als Assistentin des Vertriebsleiters tätig und darüber hinaus als Leiterin der Schablonendisposition. Am 28. 6. 1990 erhielt sie ein Schreiben des Geschäftsführers der Beklagten, in dem die Auffassung vertreten worden ist, daß sie als kaufmännische Sachbearbeiterin in der Garnveredelung zu unveränderten Gehaltsbedingungen weiterbeschäftigt werden sollte. Die Stellenbeschreibung wies sie als Assistentin des Bereichsleiters Garnausrüstung aus.

---

1 LAG Düsseldorf v. 23. 10. 1991, LAGE § 611 BGB – Direktionsrecht Nr. 10.
2 KR/*Rost*, § 2 KSchG Rz. 40.
3 Vgl. LAG Hamm v. 3. 2. 1994 – 17 Sa 1274/93, nv.

III. Direktionsrecht

Das LAG Hamm[1] hat eine dauerhafte Absenkung des qualitativen Niveaus der Arbeitsleistung (sogenanntes Sozialbild) als nicht mehr vom Direktionsrecht umfaßt angesehen, auch wenn die bisherige Vergütung der Höhe nach erhalten bleibt, und eine Änderungskündigung für erforderlich gehalten.

Ohne Änderungsvorbehalt tritt die Konkretisierung der Arbeitspflicht auf eine andere Position als die im Vertrag vereinbarte relativ schnell, in der Regel schon nach wenigen Jahren ein.

Natürlich kann der Arbeitgeber auch in einem bestehenden Arbeitsverhältnis jederzeit einen **Änderungsvorbehalt mit dem Arbeitnehmer vereinbaren**, wenn er ihm eine andere, in der Regel höherwertige Position überträgt, dies jedoch nicht als dauerhafte Beförderung beabsichtigt, sondern nur als vorübergehende Tätigkeit.

> **Hinweis:**
> Um zu vermeiden, daß daraus ein Anspruch auf die Weiterbeschäftigung auf dem neuen Arbeitsplatz entsteht, muß der Arbeitgeber einen eindeutigen Änderungs- oder Widerrufsvorbehalt vereinbaren.

Ferner ist bei der Geltung des Nachweisgesetzes auch hier die **Schriftform** bei der Änderung der Kernpunkte des Arbeitsverhältnisses einzuhalten.

Nicht vom Direktionsrecht umfaßt sind Änderungen bei der dauerhaften Absenkung des qualitativen Niveaus der Arbeitsleistung und der Übertragung einer Stabsfunktion statt einer zuvor ausgeübten Linienfunktion[2]. Hier wird immer der Begriff des Sozialbildes angeführt, das mit der Tätigkeit verbunden ist. Eine Verschlechterung bedarf immer des Ausspruchs einer Änderungskündigung und ist nie vom Direktionsrecht gedeckt. Ob dabei auch gleichzeitig die Vergütung abgesenkt wird, ist unerheblich. Die Verminderung der Vergütung bedarf ohnehin der Änderungskündigung[3].

Mithin kann das Direktionsrecht nur beschränkt als Rechtsgrundlage für einseitige Änderungen des Arbeitsverhältnisses durch den Arbeitgeber herangezogen werden.

d) Rechtsschutzmöglichkeiten

Der Rechtsschutz des Arbeitnehmers wird durch eine **Feststellungsklage, verbunden mit einer Leistungsklage auf Weiterbeschäftigung** auf dem bisherigen Arbeitsplatz, durchgesetzt. In der Praxis hat sich folgende Antragstellung bewährt:

---

[1] LAG Hamm v. 13. 12. 1990, LAGE § 611 BGB – Direktionsrecht Nr. 7.
[2] So schon die 16. Kammer des LAG Hamm v. 13. 12. 1990, LAGE § 611 BGB – Direktionsrecht Nr. 7, anschließend auch die 17. Kammer LAG Hamm v. 3. 2. 1994 – 17 Sa 1294/93, nv.
[3] Weitere Nachweise bei KR/*Rost*, § 2 KSchG Rz. 45; umfassend auch *Birk*, in AR-Blattei D Direktionsrecht I B III 2.

„... festzustellen, daß der einseitige Entzug der von der Klägerin bei der Beklagten zuletzt bis zum ... ausgeübten Tätigkeit/Tätigkeiten als ... durch die Beklagte gegenüber der Klägerin unwirksam ist" (Feststellungsantrag).

„... die Beklagte zu verurteilen, die Klägerin weiterhin als ... zu den zwischen den Parteien zuletzt bis zum ... gültigen Vertragsbeziehen tatsächlich zu beschäftigen."

40 Ob auch **einstweiliger Rechtsschutz** in Anspruch genommen werden kann, hängt vom Einzelfall ab und von der Frage der Zumutbarkeit, zunächst bis zum Abschluß des Hauptsacheverfahrens auf der neuen Position weiterbeschäftigt zu werden. Die Rechtsprechung der Instanzgerichte ist da uneinheitlich[1].

41 Auch einzelne **Maßnahmen zur Vorwegnahme einer Versetzung oder Umsetzung,** wie zB die Veränderung eines Verwaltungsgliederungsplans, die auf das Direktionsrecht gestützt werden, können gerichtlich angegriffen werden[2]. Ganz allgemein werden solche Entscheidungen nur erwirkt werden können, wenn die Maßnahme offensichtlich rechtswidrig ist. Die in aller Regel schwierige Grenzziehung zwischen zulässiger Ausübung des Direktionsrechts und notwendiger Änderungskündigung bleibt deshalb in der Regel dem Hauptsacheverfahren vorbehalten. Für die Arbeitnehmerseite ist das sehr häufig mit Ansehensverlust verbunden und führt in der Praxis nicht selten zur Beendigung des Arbeitsverhältnisses gegen Zahlung einer Abfindung[3].

Der Streit wird um so heftiger, je schwieriger die Änderungskündigung durchzusetzen ist, entweder wegen des Eingreifens von Sonderkündigungstatbeständen, zB Schwerbehinderter, Betriebsratsmitglieder oder bei älteren Beschäftigten, deren Arbeitsverhältnis aufgrund tariflicher Vorschriften nur noch aus wichtigem Grund kündbar ist.

IV. Teilkündigung

42 Die Teilkündigung ist im Grundsatz **rechtsunwirksam.** Darunter ist zu verstehen, daß eine Partei des Arbeitsvertrages die Kündigung nur in bezug auf

---

1 So hatte im Fall des LAG Hamm v. 13. 12. 1990, LAGE § 611 BGB – Direktionsrecht Nr. 7 sowohl das ArbG wie das LAG Anträge auf einstweiligen Rechtsschutz zurückgewiesen, LAG Hamm v. 14. 9. 1990 – 16 Sa 1111/90, nv.
2 Vgl. ArbG Münster v. 17. 12. 1996 – 3 GA 49/96, nv.: Die langjährige Leiterin der Statistischen Abteilung des beklagten Verbandes, einer Gebietskörperschaft öffentlichen Rechts, sollte versetzt werden. Bevor diese Maßnahme eingeleitet wurde, erschien die Mitarbeiterin nicht mehr im neuen sogenannten Verwaltungsgliederungsplan der Hauptverwaltung. Das Arbeitsgericht hat im einstweiligen Verfügungsverfahren dem Verband aufgegeben, die Klägerin wieder an der alten Stelle in den Verwaltungsgliederungsplan aufzunehmen.
3 So auch im Fall des LAG Hamm v. 13. 12. 1990, LAGE § 611 BGB – Direktionsrecht Nr. 7.

IV. Teilkündigung

einzelne oder mehrere Regelungen im Arbeitsvertrag ausspricht. Will der Arbeitgeber einzelne Bestimmungen des Arbeitsvertrages ändern, so ist er auf die Änderungskündigung zu verweisen. Er darf also nicht nur einzelne Regelungen des Arbeitsvertrages kündigen, sondern muß das gesamte Arbeitsverhältnis kündigen und dem Arbeitnehmer die Fortsetzung des Arbeitsverhältnisses zu geänderten Bedingungen anbieten.

Gerade in letzter Zeit wird häufig diskutiert, insbesondere die Teilkündigung könne eine flexibles Instrument zur Anpassung von Arbeitsbedingungen sein, wenn nur hinreichend sichergestellt sei, daß der Kündigungsschutz nicht umgangen werde. Trotzdem muß der Anwalt derzeit noch dringend davor gewarnt werden, den Ausspruch einer Teilkündigung zu veranlassen. Nach wie vor ist nämlich die Auffassung, wonach Teilkündigungen grundsätzlich ausgeschlossen und deshalb verboten sind, in Rechtsprechung und Literatur fast gänzlich unumstritten. Die weitere diesbezügliche Entwicklung sollte zunächst einmal abgewartet werden, bevor in der anwaltlichen Praxis zum Ausspruch einer Teilkündigung geraten wird.

Im Rahmen eines Arbeitsverhältnisses ist als Hauptargument für das Verbot der Teilkündigung stets ins Feld geführt worden, daß diese einen unzulässigen Eingriff in das Äquivalenz- oder Ordnungsgefüge des Vertrages darstelle. Demgemäß sind Teilkündigungen im Rahmen des Arbeitsverhältnisses allenfalls dann zugelassen worden, wenn sie **vertraglich vorbehalten** wurden, also vertraglich vereinbart worden sind oder aber wenn auf einen entsprechenden diesbezüglichen Willen aufgrund Vertragsauslegung (§ 157 BGB) eindeutig zu schließen war. Unter Berücksichtigung der Rechtsprechung des Bundesarbeitsgerichts[1] muß damit gerechnet werden, daß das vertraglich vereinbarte Recht, einseitig bestimmte Vertragsbedingungen zu ändern, unabhängig von der vertraglich gewählten Bezeichnung regelmäßig als sogenannter **Widerrufsvorbehalt** qualifiziert wird. Ein solcher Widerrufsvorbehalt kommt allenfalls bei zusätzlichen Leistungen, zB Gratifikationen und Zulagen, unter der Voraussetzung in Betracht, daß durch die Ausübung des Widerrufsvorbehalts keine Beeinträchtigung des vertraglichen Aquivalenzverhältnisses, also des Gleichgewichts zwischen Leistung und Gegenleistung, erfolgt. Für die Teilkündigung gilt nichts anderes. Wird der Kernbereich des Arbeitsverhältnisses berührt, bedarf es einer Änderungskündigung. Im übrigen darf der Arbeitgeber weder von dem vorbehaltenen Widerruf noch von der Teilkündigung nach freiem Belieben Gebrauch machen, sondern muß die Grenzen billigen Ermessens einhalten (§ 315 BGB). Das läuft im Ergebnis darauf hinaus, daß sowohl die Ausübung des Widerrufs als auch der Ausspruch einer zulässigen Teilkündigung in der Regel nur aus sachlichen Gründen erfolgen darf.

In der Praxis wird danach für die Ausübung eines Widerrufsvorbehalts, also ohne Ausspruch einer Änderungskündigung, wenig Raum bleiben.

---
1 Vgl. BAG v. 7. 10. 1982, AP Nr. 5 zu § 620 BGB – Teilkündigung = EzA § 315 BGB Nr. 28; vgl. aber auch BAG v. 14. 11. 1990, AP Nr. 25 zu § 611 BGB – Arzt-Krankenhaus-Vertrag.

> **Hinweis:**
> In der Praxis empfiehlt sich deshalb, Zuwendungen oder Vergünstigungen, die losgelöst vom Bestand des Vertrags im übrigen wieder entzogen werden sollen, unter Widerrufsvorbehalt zu stellen, zB Sonderleistungen, Tantiemen, Sondervergütungen für bestimmte Zusatzarbeiten, die der Arbeitgeber später einseitig wieder entziehen möchte.

45 Von einer Teilkündigung wird im übrigen auch im Rahmen eines **zusammengesetzten Rechtsverhältnisses** gesprochen, obwohl die Kündigung eines Rechtsverhältnisses, das mit einem anderen lediglich verbunden ist, streng genommen gar keine Teilkündigung darstellt. In der Praxis kommt es zB immer wieder vor, daß dieselben Parteien sowohl einen Arbeits- als auch einen Mietvertrag abschließen. Im übrigen kommt es im Rahmen bestehender Arbeitsverhältnisse regelmäßig zum Abschluß von Darlehensverträgen.

46 Keine Probleme ergeben sich, wenn die Parteien insoweit **ausdrücklich vereinbart** haben, daß die verschiedenen Rechtsgeschäfte selbständig kündbar sind. Dann haben die Parteien nämlich hinreichend deutlich gemacht, daß die Verbindung zwischen den Verträgen nicht so eng ist, daß der eine nicht ohne den anderen Vertrag denkbar ist.

Demgegenüber ist auch möglich, daß die Parteien ausdrücklich vereinbart haben, daß die verschiedenen Rechtsgeschäfte nicht unabhängig voneinander gekündigt werden dürfen.

Fehlt es an einer konkreten Regelung, muß durch **Auslegung** ermittelt werden, ob die verschiedenen Rechtsgeschäfte eine Einheit bilden und das eine nicht ohne das andere gekündigt werden darf oder ob dieses möglich ist. In Zweifelsfällen muß der Anwalt jedoch davon ausgehen, daß die Kündigung nur des einen Vertrages von mehreren Verträgen nicht rechtswirksam ausgesprochen werden kann[1].

V. Änderungskündigung

47 Wie dargestellt, ist in vielen Fällen die einseitige Änderungsbefugnis der Arbeitsbedingungen nur gegeben, wenn die konkrete Ausführung der vertraglichen Aufgaben näher geregelt werden soll. Ist der Kernbereich des Arbeitsverhältnisses betroffen, müssen die Voraussetzungen einer wirksamen Änderungskündigung vorliegen.

---

1 Vgl. die allerdings etwas zweifelhafte Entscheidung des BAG v. 23. 8. 1989, NZA 1990, 191 und *Stahlhacke/Preis*, Rz. 140 sowie MünchArbR/*Wank*, § 115 Rz. 51.

V. Änderungskündigung

1. Begriff und Inhalt

Die Änderungskündigung ist, was häufig übersehen wird, genauso Kündigung wie die Beendigungskündigung.

a) Gegensatz zur Beendigungskündigung

Sie unterscheidet sich nur dadurch, daß die **Kündigung** verbunden wird mit dem Angebot auf **Fortsetzung des Arbeitsverhältnisses zu geänderten Bedingungen**. Im übrigen müssen jedoch alle Voraussetzungen einer wirksamen Kündigung vorliegen, sie muß also auch formell ordnungsgemäß ausgesprochen werden und allen formellen Voraussetzungen genügen.

b) Kündigung mit Änderungsangebot

Sie muß zunächst die **Kündigungserklärung** enthalten und insoweit wie jede andere Kündigung auch inhaltlich eindeutig formuliert sein. Ist lediglich ein Angebot auf Änderung der Arbeitsbedingungen gemacht, ohne gleichzeitig eine Kündigung auszusprechen, liegt begrifflich eine Änderungskündigung nicht vor.

Beispiel:

Der Arbeitgeber hatte formuliert:

„Wie bereits in mehreren Aushängen mitgeteilt, hat eine Eingruppierungsüberprüfung ergeben, daß etliche Tätigkeiten nicht in die richtige Entgeltgruppe eingruppiert sind. Diese Eingruppierungsfehler werden ab 1. 4. 1997 korrigiert. Leider war auch Ihre Position bisher zu hoch eingruppiert und wird dementsprechend in die neue Gehaltsgruppe . . . eingruppiert. Bis zum 31. 3. 1997 besteht Ihre jetzige Eingruppierung fort und wird danach geändert. Das geschieht unter Einhaltung der gesetzlich vorgeschriebenen Fristen sowie unter Beteiligung des Betriebsrats nach § 99/§ 102 BetrVG.

Innerhalb einer Frist von drei Wochen nach Erhalt dieses Schreibens können Sie zu dieser Maßnahme ihre ausdrückliche oder stillschweigende Zustimmung geben. Falls Sie nicht einverstanden sein sollten, haben Sie die Möglichkeit, die geänderten Vertragsbedingungen unter Vorbehalt einer rechtlichen Prüfung anzunehmen. Lehnen Sie die Änderung hingegen vollständig ab, so ist aufgrund dieses Schreibens das mit Ihnen bestehende Arbeitsverhältnis zum 31. 3. 1997 gekündigt."

Das Arbeitsgericht[1] hat der vorsorglich innerhalb der Dreiwochenfrist erhobenen Kündigungsschutzklage stattgegeben und festgestellt, daß die Änderung der Arbeitsbedingungen im Zusammenhang mit dem Schreiben des Arbeitgebers rechtsunwirksam ist. Es fehle an dem Gebot, bei der Änderungskündigung allen an eine Kündigung formal zu stellenden Anforderungen zu genügen, insbesondere deutlich und unmißverständlich den Willen zur Beendigung des Arbeitsverhältnisses zum Ausdruck zu bringen. Es bleibe offen, was aus Arbeit-

---

[1] Vgl. ArbG Münster v. 5. 3. 1996 – 3 Ca 1797/95, nv.

gebersicht für den vorliegenden relevanten Fall der Annahme des Änderungsangebotes unter Vorbehalt geschehen sollte.

51 Der folgende **Formulierungsvorschlag** soll als Orientierung dienen:

> „Wir kündigen den mit Ihnen bestehenden Arbeitsvertrag fristgerecht zum 31. 12. 1997.
> Gleichzeitig bieten wir Ihnen die Fortsetzung des Arbeitsverhältnisses ab 1. 1. 1998 auf einem anderen Arbeitsplatz als . . . an zu einem Bruttogehalt von monatlich . . . DM. Im übrigen bleibt es bei den bisherigen Bedingungen Ihres Anstellungsvertrages, der unverändert ab 1. 1. 1998 weiterhin gültig bleibt.
> Bitte geben Sie uns zeitnah Nachricht, spätestens bis zum Ablauf von drei Wochen, ob Sie die Kündigung akzeptieren oder wie Sie sonst darauf reagieren wollen. Zu einem Gespräch stehen wir Ihnen jederzeit zur Verfügung."

52 Ist die Kündigungserklärung unverzichtbarer Bestandteil auch der Änderungskündigung, so darf auch das **Angebot auf Fortsetzung des Arbeitsverhältnisses zu geänderten Vertragsbedingungen** nicht fehlen. Neben der Kündigung ist die Unterbreitung eines Änderungsangebotes notwendiger Bestandteil der Änderungskündigung. Sie wird deshalb auch als „zusammengesetztes Rechtsgeschäft"[1] bezeichnet. Es ist deshalb anerkannt, daß beide Bestandteile zu einem einheitlichen Tatbestand gehören[2].

Ob man die Kündigung nun formuliert als Kündigung, die unter der Bedingung ausgesprochen wird, daß der Arbeitnehmer die geänderten Arbeitsbedingungen nicht annimmt oder als unbedingte Kündigung verbunden mit dem Fortsetzungsangebot, bleibt dem Formulierenden vorbehalten (vgl. zur Problematik bedingter Kündigungserklärungen unten Teil 3 C Rz. 138 ff.). Die gebräuchlichere Form ist jedoch die unbedingte Kündigung mit Änderungsangebot.

aa) Zeitliche Abfolge von Kündigung und Änderungsangebot

53 Ob und inwieweit eine zeitliche Abfolge zwischen Kündigung und Änderungsangebot eingehalten werden muß, wird in § 2 KSchG nicht beantwortet. Unverzichtbar ist ein **Zusammenhang** zwischen beiden Erklärungen.

Die Kündigung kann dem Änderungsangebot **zeitlich nachfolgen**. Das bietet sich an, wenn mit der Arbeitnehmerin oder dem Arbeitnehmer Gespräche geführt werden, bei denen er selbst noch eine gewisse Entscheidungsfreiheit hat und zB mehrere Positionen in Betracht kommen, die der Arbeitgeber anbieten will. Diese Verhandlungsgespräche werden zunächst geführt mit dem Ziel einer einvernehmlichen Änderung der Vertragsbedingungen. Erst wenn diese scheitern, ist der Arbeitgeber gezwungen, eine Änderungskündigung auszusprechen. Allerdings setzt sie voraus, daß dem Arbeitnehmer eine zumutbare Wei-

---

1 KR/*Rost*, § 2 KSchG Rz. 12 unter Hinweis auf *Schaub*, RdA 1970, 231.
2 BAG v. 7. 6. 1973, AP Nr. 1 zu § 626 BGB – Änderungskündigung unter 2b der Gründe.

V. Änderungskündigung

terbeschäftigung auf einem freien Arbeitsplatz auch tatsächlich angeboten wird und die Bedingungen dieses Angebotes genau festgelegt werden.

> **Hinweis:** 54
> Arbeitgeber machen nicht selten unpräzise Angebote, indem sie lediglich eine Stelle im Verhandlungswege anbieten, ohne jedoch die Stellenbeschreibung vorzulegen und die Vergütungsbedingungen zu nennen. Zu einer Versetzung gehört zB auch die Beantwortung der Frage, ob die erhöhten Fahrtkosten zum bisherigen Wohnort vom Unternehmen getragen werden. Solche Fragen sind häufig auch Kriterien für die Entscheidung der Beschäftigten.

Will der Arbeitgeber, nachdem er ein verbindliches Angebot gemacht hat, das annahmefähig war, jedoch vom Arbeitnehmer **abgelehnt** worden ist, eine Beendigungskündigung aussprechen, so ist das grundsätzlich möglich. Allerdings muß dem Arbeitnehmer die Absicht, bei Ablehnung des Angebotes die Beendigungskündigung auszusprechen, angekündigt und ihm gleichzeitig eine Überlegungsfrist eingeräumt werden. 55

Nimmt der Arbeitnehmer an, ist eine einvernehmliche Änderung der Arbeitsbedingungen zustande gekommen, wobei die oben (Rz. 4 ff.) erörterten Grundsätze beachtet werden müssen.

Äußert sich der Arbeitnehmer nicht oder lehnt er ab, kann der Arbeitgeber die Beendigungskündigung aussprechen[1]. Das Bundesarbeitsgericht räumt eine **Überlegungsfrist von einer Woche** ein[2].

Der Arbeitnehmer kann aber auch die Änderung der Arbeitsbedingungen unter dem Vorbehalt gem. § 2 KSchG annehmen, daß die Änderung der Arbeitsbedingungen sozial gerechtfertigt sei (zu den Anforderungen an die Vorbehaltserklärung im einzelnen unten Rz. 116 ff.).

Wenn der Arbeitnehmer den Vorbehalt erklärt hat, kann der Arbeitgeber nur die Änderungskündigung aussprechen, nicht die Beendigungskündigung.

Angesichts der Probleme, die ein der Kündigung vorangehendes Angebot zur Änderung der Arbeitsbedingungen bringt[3], sollte in der Praxis von der Möglichkeit Gebrauch gemacht werden, **Änderungsangebot und Kündigung gleichzeitig auszusprechen,** vgl. den Formulierungsvorschlag Rz. 51. Mit dem Zugang dieser geläufigsten Formulierung der Änderungskündigung wird die Frist für die Erklärung des Vorbehalts gleichzeitig mit der Dreiwochenfrist des § 4 KSchG in Lauf gesetzt. Auch aus taktischen Gründen ist deshalb dieser Fallgestaltung in der Regel aus Sicht des Arbeitgebers der Vorzug zu geben (zu weiteren taktischen Überlegungen vgl. unten Rz. 134 ff.). 56

---

1 BAG v. 27. 9. 1984, AP Nr. 8 zu § 2 KSchG 1969.
2 BAG v. 27. 9. 1984, AP Nr. 8 zu § 2 KSchG 1969.
3 So ausführlich auch gleichzeitig zur Kritik an der Entscheidung des BAG: KR/*Rost*, § 2 KSchG Rz. 18b–18h.

bb) Zusammenhang zwischen Kündigung und Änderungsangebot

57 Ob eine Kündigung erst ausgesprochen und darin ein **Änderungsangebot** in Aussicht gestellt werden kann, wird nicht einheitlich beurteilt[1], von der herrschenden Meinung jedoch zu Recht abgelehnt[2]. Zwar müssen nicht unbedingt in der Kündigungserklärung gleichzeitig die konkreten Änderungsbedingungen genannt werden. Sie können auch zeitlich zusammenfallend in verschiedenen Urkunden oder Schreiben zugehen. Auch kann zunächst eine Kündigung ausgesprochen werden, das Änderungsangebot aber erst später zugehen. Gleichzeitig muß dann aber auch die Kündigung noch einmal ausgesprochen werden.

> **Hinweis:**
> In der Praxis empfiehlt sich, Kündigung und Änderungsangebot möglichst konkret in einer einheitlichen schriftlichen Erklärung zuzustellen.

cc) Arbeitnehmerschutz bei Mängeln der Formulierung

58 Geht das **Angebot erst nach Ausspruch der Kündigung** ein, so liegt damit nach herrschender Meinung begrifflich keine Änderungskündigung im eigentlichen Sinne vor. Dennoch gebietet es der Schutz des Arbeitnehmers gleichwohl, ihm die Möglichkeit zu geben, sogar nach Erhebung der Kündigungsschutzklage gegen die Beendigungskündigung innerhalb der Dreiwochenfrist die Änderung der Bedingungen anzunehmen unter dem Vorbehalt, daß sie sozial gerechtfertigt sind. Zu Recht wird betont, daß es sich dabei nicht mehr um eine Änderungskündigung handelt[3], jedoch wird angenommen[4], daß in einem solchen Fall das Änderungsschutzverfahren entsprechend § 2 KSchG durchzuführen ist und der ursprüngliche Klageantrag auf Feststellung, daß die angegriffene Beendigungskündigung das Arbeitsverhältnis nicht beendet habe, unzulässig wird. Die Klage ist dann abzuändern entsprechend dem Kündigungsschutzantrag bei Änderungskündigungen (siehe dazu Rz. 139).

Auf jeden Fall muß aber zuvor die **Kündigung bereits fristgerecht angegriffen** worden sein. Andernfalls kann die Sozialwidrigkeit der Beendigungskündigung ebensowenig geltend gemacht werden wie die Änderung der Bedingungen, auch wenn der Vorbehalt zu späterem Zeitpunkt ausgesprochen worden ist. Die Parteien können über die Einhaltung dieser Frist nicht verfügen.

c) Arten der Änderungskündigung

59 Die Änderungskündigung ist ebenso wie die Beendigungskündigung **als ordentliche und als außerordentliche Kündigung zulässig**[5]. Ebenso wie in § 1 KSchG nur die ordentliche Kündigung angesprochen ist, gilt dasselbe in § 2 KSchG für

---

1 Vgl. den Meinungsstand bei KR/*Rost*, § 2 KSchG Rz. 20 ff.
2 BAG v. 10. 12. 1975, AP Nr. 90 zu §§ 22, 23 BAT; KR/*Rost*, § 2 KSchG Rz. 23 mwN.
3 KR/*Rost*, § 2 KSchG Rz. 26.
4 LAG Hamm v. 13. 10. 1988, LAGE § 2 KSchG Nr. 7.
5 Vgl. BAG v. 7. 3. 1973, BB 1973, 1212 Ls. 1.

V. Änderungskündigung

die Änderungskündigung. Von dieser Vorschrift wird nur die ordentliche Änderungskündigung erfaßt. Da aber die Änderungskündigung immer auch gleichzeitig Kündigung ist, gelten für sie die Vorschriften des § 626 BGB in gleicher Weise wie für die Beendigungskündigung. Die Vorschriften sind auch mit den sogleich zu besprechenden Änderungen und Ergänzungen in gleicher Weise anwendbar.

aa) Ordentliche Änderungskündigung

Für die ordentliche Änderungskündigung gelten **keine Besonderheiten.** Da eine Kündigung ausgesprochen wird, müssen alle Formen und Fristen für diese einseitig gestaltende Willenserklärung vorliegen. Die formellen Voraussetzungen sind dieselben wie bei der Beendigungskündigung auch. In materieller Hinsicht ist der Besonderheit Rechnung zu tragen, daß das Arbeitsverhältnis nicht beendet werden soll. 60

bb) Außerordentliche Änderungskündigung

Auch die außerordentliche Änderungskündigung steht als Möglichkeit einer im Regelfall fristlosen einseitigen Änderung der Arbeitsbedingungen zur Verfügung. Allerdings kann auch hier wie bei der außerordentlichen Kündigung sonst mit sogenannter sozialer Auslauffrist gekündigt werden[1]. Die Besonderheiten der außerordentlichen Änderungskündigung und die Reaktionsmöglichkeiten darauf werden im weiteren erörtert. An dieser Stelle soll auf die grundsätzliche Möglichkeit hingewiesen werden, auch diese Form der Änderungskündigung als Gestaltungsmittel einzusetzen. Sie wird in der Praxis häufig übersehen und relativ wenig genutzt (zu den taktischen Vorzügen der fristlosen Änderungskündigung vgl. unten Rz. 134). 61

cc) Massenänderungskündigung

Beide, die ordentliche wie die außerordentliche Änderungskündigung kommen auch als sogenannte Massenänderungskündigung vor[2]. 62

Das Bundesarbeitsgericht[3] hat in dieser grundlegenden Entscheidung klargestellt, daß die Massenänderungskündigung nichts anderes ist als eine Vielzahl **von Einzeländerungskündigungen,** die denselben Voraussetzungen genügen müssen wie alle anderen Kündigungen auch; insbesondere ist bei Massenänderungskündigungen ebenso wie bei Beendigungskündigungen der Arbeitgeber verpflichtet, die Sozialdaten aller vergleichbaren Arbeitnehmer „penibel" gegeneinander abzuwägen[4].

---

1 Zum Begriff: KR/*Hillebrecht* § 626 BGB Rz. 23 mwN.
2 Vgl. dazu BAG v. 18. 10. 1984, EzA § 1 KSchG – Betriebsbedingte Kündigung Nr. 34 mit Anm. *von Hoyningen-Huene.*
3 BAG v. 18. 10. 1984, EzA § 1 KSchG – Betriebsbedingte Kündigung Nr. 34 mit Anm. *von Hoyningen-Huene.*
4 BAG v. 18. 10 1984, EzA § 1 KSchG – Betriebsbedingte Kündigung Nr. 34 mit Anm. *von Hoyningen-Huene* = NZA 1985, 423 re. Sp. unten.

63 Damit tritt das Bundesarbeitsgericht der vereinzelt geäußerten Auffassung entgegen, die Massenänderungskündigung sei eine von den Kündigungsschutzvorschriften befreite Kampfmaßnahme im Sinne des § 15 KSchG. Deshalb finden auch die für Massenentlassungen zu beachtenden Vorschriften der §§ 17 ff. KSchG entsprechende Anwendung (hM)[1].

Für sogenannte Gruppen- und Massenänderungskündigungen gilt auch der Schutz der Mandatsträger von Betriebsverfassungsorganen, also auch der Sonderkündigungsschutz des § 15 KSchG[2] (vgl. dazu im einzelnen Teil 3 F Rz. 64 ff.).

2. Abgrenzungen der Änderungskündigung

a) Ausübung des Direktionsrechts

64 Bei der Erörterung des Direktionsrechts wurden die Schnittlinien zwischen der noch zulässigen Veränderung der Arbeitsbedingungen durch das Direktionsrecht und der Überschreitung der Grenze zur nur durch Änderungskündigung durchzusetzenden Änderung der Arbeitsbedingungen aufgezeigt. Ergänzend muß darauf hingewiesen werden, daß nach der Rechtsprechung des Bundesarbeitsgerichts der **Grundsatz der Verhältnismäßigkeit und des Übermaßverbots** es gebietet, daß eine Änderungskündigung dort unzulässig und damit unwirksam ist, wo der Arbeitgeber zumutbar durch Ausübung seines Direktionsrechts die von ihm für notwendig erachtete Änderung der Arbeitsbedingungen durchsetzen kann[3].

65 | **Hinweis:**
Um dem Dilemma zu entgehen, das sich für den Arbeitgeber bei der oftmals schwierigen Abgrenzung zwischen noch zulässiger Ausübung des Direktionsrechts und Notwendigkeit der Änderungskündigung ergibt, empfiehlt sich trotz oder gerade wegen dieser Rechtsprechung des Bundesarbeitsgerichts, gleichwohl **vorsorglich** eine Änderungskündigung auszusprechen und gleichzeitig die Änderung per Direktionsrecht anzuordnen.

b) Änderungs- oder Widerrufsvorbehalt

66 Dasselbe gilt dem Grundsatz nach für die Möglichkeit des Arbeitgebers, statt der Änderungskündigung von einem Widerrufsvorbehalt Gebrauch zu machen[4]. In einem solchen Fall ist die Änderungskündigung ebenfalls **unwirksam**. Auch hier kann die Konsequenz aus dieser Rechtsprechung nicht sein, daß zunächst einmal auf die Wirksamkeit des Widerrufsvorbehalts und der Ausübung dieses Widerrufsrechts vertraut wird. Auch hier bietet sich die vorsorgli-

---

1 KR/*Weitkamp*, § 25 KSchG Rz. 32 mwN.
2 Zur Änderungskündigung: BAG v. 9. 4. 1987, NZA 1987, 807.
3 BAG v. 26. 1. 1995, BB 1995, 308.
4 BAG v. 28. 4. 1982, DB 1982, 1776.

V. Änderungskündigung

che Änderungskündigung an für den Fall, daß der Widerrufsvorbehalt unwirksam sein sollte.

> **Hinweis:**
> Dabei handelt es sich nicht um eine bedingte Kündigung, wie häufig, aber falsch argumentiert wird. Hier gelten keine anderen Grundsätze als bei jeder vorsorglichen Kündigung auch.

c) Teilkündigung

Nichts anderes wird anzunehmen sein für eine zulässige Teilkündigung, die zunehmend wieder ins Blickfeld gerät, seit das Bundesarbeitsgericht[1] vorsichtig seine Rechtsprechung zur Teilkündigung ändert (vgl. dazu das Kapitel zur Teilkündigung Rz. 42 ff.). 67

d) Einverständliche Vertragsänderung

Werden erfolgreich Verhandlungen mit der Arbeitnehmerseite geführt mit dem Ziel einer einverständlichen Änderung der Arbeitsbedingungen, stellt sich die Abgrenzungsfrage nicht. Kein verständiger Arbeitgeber wird die Änderungskündigung aussprechen, wenn er sich mit dem Arbeitnehmer geeinigt hat. 68

3. Voraussetzungen der Änderungskündigung

Auch an dieser Stelle muß noch einmal betont werden, daß die Änderungskündigung immer auch eine echte Kündigung darstellt, die je nach Reaktion des Arbeitnehmers (ausführlich Rz. 116 ff.) zur Beendigungskündigung werden kann. Die formellen und materiellen Voraussetzungen müssen deshalb, wie bei jeder anderen Kündigung auch, beachtet werden. 69

a) Grundsätzliche formelle Voraussetzungen

Hinsichtlich der formellen Voraussetzungen gibt es nur wenige Besonderheiten, die aber beachtet werden müssen.

aa) Anhörung des Betriebsrats, § 102 BetrVG

Bei der Anhörung des Betriebsrats, die selbstverständlich auch bei der Änderungskündigung gem. § 102 BetrVG stattfinden muß, ist unbedingt zu beachten, daß neben der üblichen **Mitteilung der Kündigungsgründe** beim Ausspruch einer Beendigungskündigung auch über das **Änderungsangebot** informiert werden muß[2]. Das Änderungsangebot muß in der Form mitgeteilt werden, wie es in der Änderungskündigung dem Arbeitnehmer gegenüber gemacht werden soll. Dazu gehören Einzelheiten der konkreten Änderungsabsicht und, sofern 70

---

1 BAG v. 14. 11. 1990, AP Nr. 25 zu § 611 BGB – Arzt-Krankenhaus-Vertrag.
2 BAG v. 10. 3. 1982, EzA § 2 KSchG Nr. 3.

zB Sonderleistungen reduziert werden sollen, auch die Kündigungsfristen der betroffenen Mitarbeiter, damit der Betriebsrat die Tragweite der geplanten personellen Maßnahmen, bezogen auf das laufende oder nachfolgende Kalenderjahr, ermitteln kann[1].

Das BAG[2] hält die Kenntnis des Angebots gerade auch deswegen für unerläßlich, weil der Betriebsrat in der Lage sein muß, die Widerspruchsgründe gem. § 102 Abs. 3 Nr. 3 bis 5 BetrVG zu formulieren.

71 **Zeitpunkt und Inhalt der Anhörung** sind unabhängig davon, wie der betroffene Arbeitnehmer reagiert, ob er die Änderungskündigung unter Vorbehalt annimmt oder die Änderung ablehnt oder die Frist verstreichen läßt. Da in jedem Fall schon nach dem Gesetzeswortlaut des § 102 Abs. 1 Satz 1 BetrVG die Anhörung **vor** Ausspruch der Kündigung zu erfolgen hat, können Tatsachen, die erst **nach** Ausspruch eine Rolle spielen, für den Inhalt der Anhörung nicht relevant sein[3]. Auch wenn der Arbeitnehmer in den vorhergehenden Verhandlungen bereits endgültig einen Vorschlag zur Änderung der Arbeitsbedingungen abgelehnt hat, kann der Arbeitgeber eine Beendigungskündigung aussprechen[4]. Dann geschieht die Anhörung im Rahmen einer Beendigungskündigung. Zu den Gründen der Beendigungskündigung gehört dann auch die Mitteilung an den Betriebsrat, daß ein Änderungsangebot gemacht, vom Arbeitnehmer jedoch zurückgewiesen worden ist.

72 Da der Arbeitgeber sich aber auch, wenn so ein Angebot bereits abgelehnt wurde, statt zur Beendigungskündigung zum Ausspruch einer Änderungskündigung entschließen kann, uU auch sicherheitshalber entschließen sollte[5], gehört zu den Kündigungsgründen und Hintergründen auch, dem Betriebsrat vom Angebot und der Ablehnung zu berichten und zur Rechtfertigung der beabsichtigten Beendigungskündigung Stellung zu nehmen.

Hat der Arbeitnehmer das Angebot vor Ausspruch der Kündigung bereits unter Vorbehalt angenommen, so ist auch diese Tatsache mitzuteilen und die Rechtfertigung der Änderung der Arbeitsbedingungen darzulegen (vgl. zum Prüfungsmaßstab unten Rz. 81 ff. mwN).

73 **Probleme** im Anhörungsverfahren zur Änderungskündigung treten dann auf, wenn der Arbeitgeber möglicherweise auch wegen der Unentschlossenheit auf Arbeitnehmerseite nicht konsequent auseinander hält, ob nun eine Beendigungskündigung ausgesprochen werden soll oder die zunächst einmal beabsichtigte Änderungskündigung.

74 **Beispiel:**
Der Arbeitgeber beabsichtigte, eine außerordentliche, hilfsweise ordentliche Änderungskündigung auszusprechen und hat dazu den Betriebsrat angehört.

---

1 BAG v. 29. 3. 1990, EzA § 102 BetrVG 1972 Nr. 79 mit Anm. *Marhold*.
2 BAG v. 29. 3. 1990, EzA § 102 BetrVG 1972 Nr. 79 mit Anm. *Marhold*.
3 KR/*Rost*, § 2 KSchG Rz. 114.
4 KR/*Rost*, § 2 KSchG Rz. 18a.
5 KR/*Rost*, § 2 KSchG Rz. 18 und mit zutreffender Empfehlung in Rz. 115a, gleichzeitig unter Hinweis auf Rz. 105a, insofern aber mißverständlich.

V. Änderungskündigung

Zuvor war dem Arbeitnehmer ein Versetzungsangebot gemacht worden, das der Arbeitnehmer ablehnte. Dann wurde ein neues Angebot unterbreitet und gleichzeitig der Betriebsrat angehört zu der beabsichtigten außerordentlichen, hilfsweise ordentlichen Änderungskündigung. Der Betriebsrat widersprach. Der Arbeitnehmer lehnte das Angebot vom 20. 11. mit Schreiben vom 30. 11. ab. Daraufhin kündigte der Arbeitgeber unter dem 7. 12. außerordentlich, hilfsweise ordentlich mit der Begründung, der Arbeitnehmer habe auch das Weiterbeschäftigungsangebot vom 20. 11. abgelehnt. Der Betriebsrat wurde nicht erneut angehört[1].

> **Hinweis:**
> Der Arbeitgeber muß sich eindeutig erklären, welche Art der Kündigung, Änderungskündigung oder Beendigungskündigung, er aussprechen will. Sofern er seine Absicht im Verlaufe des Anhörungsverfahrens oder danach aufgrund der Reaktion der Arbeitnehmerseite ändert, muß er diese Änderung auch bei der Anhörung des Betriebsrats nachvollziehen. Bei unklaren Fällen ist es generell besser, eine überflüssige Anhörung mehr durchzuführen als eine notwendige zu versäumen.

bb) Eindeutigkeit der Kündigungserklärung

Die Kündigungserklärung selbst muß **eindeutig** erkennen lassen, ob ein Änderungsangebot gemacht werden soll ohne einseitig gestaltende Wirkung, ob von einem Widerrufsvorbehalt Gebrauch gemacht wird, ob der Arbeitgeber lediglich meint, aufgrund seines Direktionsrechts zur einseitigen Änderung der Arbeitsbedingungen berechtigt zu sein, ob eine Änderungskündigung oder ob eine Beendigungskündigung ausgesprochen werden soll. Unklarheiten gehen auch hier zu Lasten des formulierenden Arbeitgebers. Der Arbeitnehmer kann die Erklärung so verstehen, wie sie nach Treu und Glauben unter Berücksichtigung der Verkehrssitte verstanden werden muß[2]. Auf jeden Fall müssen mehrdeutige Erklärungen auch gerade bei der Formulierung der Änderungskündi-

---

1 BAG v. 30. 11. 1989, NZA 1990, 529 f.
Das BAG hat der Kündigungsschutzklage stattgegeben mit der Begründung, die außerordentliche wie auch die ordentliche Kündigung sei deswegen unwirksam, weil der Betriebsrat nicht zu der vom Arbeitgeber letztlich ausgesprochenen Beendigungskündigung angehört worden sei. Der Arbeitgeber habe dem Betriebsrat das Änderungsangebot und die Gründe für die beabsichtigte Änderung der Arbeitsbedingungen mitzuteilen und, wenn er sich eine Beendigungskündigung vorbehalten habe und sich dazu eine erneute Anhörung ersparen wolle, zugleich zu verdeutlichen, daß er im Falle der Ablehnung des Änderungsangebotes durch den Arbeitnehmer die Beendigungskündigung beabsichtige. Bleibe offen, ob die Ablehnung des Änderungsangebotes die Beendigungskündigung zur Folge haben solle, fehle es an einer ordnungsgemäßen Anhörung des Betriebsrats zur ausgesprochenen Beendigungskündigung.
2 Ständige Rechtsprechung; BGH, zuletzt v. 12. 3. 1992, NJW 1992, 1446 zur Bürgschaftserklärung; BAG v. 13. 1. 1982, AP Nr. 2 zu § 620 BGB – Kündigungserklärung zur Frage der Abgrenzung zwischen ordentlicher und außerordentlicher Kündigung.

gung vermieden werden (vgl. auch das Beispiel einer mißglückten Formulierung Rz. 50).

cc) Form und Frist

77 Die Änderungskündigung bietet im übrigen keine Besonderheiten. Auch sie muß die **Schriftform** einhalten, wenn das nach gesetzlichen, tariflichen oder sonstigen kollektivrechtlichen Vorschriften oder vertraglicher Vereinbarung erforderlich ist.

78 **Hinweis:**
Auch soweit Schriftform nicht vorgeschrieben ist, empfiehlt sich dringend, gerade bei der Änderungskündigung die Erklärung schriftlich zu formulieren und zuzustellen. Nur so ist gesichert, daß die Kündigung einerseits und die Bedingungen der Fortsetzung des Arbeitsverhältnisses andererseits klar und deutlich für beide Seiten festgeschrieben sind.

Bei der fristgemäßen Kündigung sind die **Fristen** zu beachten wie bei jeder anderen Kündigung auch. Für die Beendigungskündigung gelten keine besonderen Fristen. Das ergibt sich schon aus dem Wortlaut des § 2 Satz 2 KSchG.

b) Soziale Rechtfertigung der fristgemäßen Kündigung

79 Die ordentliche Änderungskündigung muß ebenso **sozial gerechtfertigt** sein wie die ordentliche Beendigungskündigung auch. Die drei in § 1 Abs. 2 Satz 1 KSchG genannten Möglichkeiten, eine Kündigung sozial zu rechtfertigen, sind deshalb auch bei der Änderungskündigung zu prüfen, nämlich, ob in der Person oder in dem Verhalten des Arbeitnehmers oder durch dringende betriebliche Erfordernisse die Kündigung zu rechtfertigen ist. Bei diesen betriebsbedingten Kündigungen ist allerdings zu berücksichtigen, daß nach dem Gesetzeswortlaut die Kündigung sozial ungerechtfertigt ist, wenn sie nicht durch solche betrieblichen Gründe bedingt ist, „die einer Weiterbeschäftigung des Arbeitnehmers in diesem Betrieb entgegenstehen". Der Gesetzeswortlaut läßt dabei die Besonderheiten der Änderungskündigung allerdings nur scheinbar außer Betracht.

aa) Grundsatz und Besonderheiten

80 Um das Wesen der Änderungskündigung zu erfassen, müßte man hinzufügen, daß die dringenden betrieblichen Erfordernisse der Weiterbeschäftigung des Arbeitnehmers „auf dem bisherigen Arbeitsplatz" entgegenstehen oder „zu den bisherigen Arbeitsbedingungen", wenn der Arbeitsplatz als solcher nicht verändert werden soll[1]. **Besonderheiten** der Änderungskündigung ergeben sich dann nur noch aus der Frage, wie sich der von der Kündigung betroffene Arbeitnehmer verhält, ob er den Vorbehalt erklärt oder nicht und damit die beabsichtigte Änderungskündigung zu einer Beendigungskündigung werden läßt (vgl. unten Rz. 116 ff.).

---

[1] MünchArbR/*Berkowsky*, § 142 Rz. 33 und 34.

V. Änderungskündigung

bb) Prüfungsmaßstab

Welcher Prüfungsmaßstab grundsätzlich an eine Änderungskündigung im Hinblick auf die soziale Rechtfertigung gelegt wird, ist inzwischen höchstrichterlich geklärt[1]. Nach Auffassung des BAG liegt der Unterschied der Änderungskündigung zur Beendigungskündigung darin, daß nicht zu prüfen ist, ob die Beendigung des Arbeitsverhältnisses sozial gerechtfertigt ist, sondern die **Änderung der Arbeitsbedingungen**[2] zu prüfen ist. Die betriebsbedingte Änderungskündigung insbesondere ist nur dann sozial gerechtfertigt, wenn der „Arbeitgeber sich bei einem an sich anerkennenswerten Anlaß zur Änderungskündigung darauf beschränkt hat, nur solche Änderungen vorzuschlagen, die der Arbeitnehmer billigerweise hinnehmen muß"[3]. Sinngemäß gilt dies auch für die Änderungen des Arbeitsverhältnisses aus Gründen, die in der Person oder dem Verhalten des Arbeitnehmers liegen. Die Grundsätze bei der Prüfung einer fristgemäßen Beendigungskündigung sind auch auf die Änderungskündigung im übrigen übertragbar, insbesondere muß der Verhältnismäßigkeitsgrundsatz beachtet werden[4]. 81

Besteht die Änderung der Arbeitsbedingungen aus mehreren voneinander trennbaren und getrennten Arbeitsbedingungen, so muß jede einzelne Änderung im Änderungsangebot des Arbeitgebers darauf geprüft werden, ob sie sozial gerechtfertigt ist[5]. Der Arbeitgeber trägt auch hier, wie zu den Kündigungsgründen insgesamt, für jede angestrebte Änderung die Darlegungs- und Beweislast. Ist auch nur eine der Änderungsbedingungen nicht sozial gerechtfertigt, ist damit die Änderungskündigung insgesamt unwirksam, auch wenn die anderen Bedingungen einer Prüfung standhalten[6]. 82

> **Hinweis:** 83
> Viele Arbeitgeber erliegen der Versuchung, aus Anlaß einer an sich sozial gerechtfertigten Änderung der Arbeitsbedingungen aus personenbedingten Gründen (zB Unfähigkeit zur Personalführung[7], vergeblicher Versuch der Weiterbildung) ein komplett neues Vertragsangebot zu unterbreiten, das nicht nur die Herabgruppierung enthält, sondern zB eine Verkürzung des Urlaubsanspruchs. Solche Komplettkorrekturen führen zur Unwirkamkeit der an sich gerechtfertigten Maßnahmen und müssen vermieden werden.

---

1 BAG v. 19. 5. 1993, NZA 1993, 1075 mwN.
2 Vgl. *Hromadka*, NZA 1996, 1 f., 7; MünchArbR/*Berkowsky*, § 149 Rz. 7; KR/*Rost*, § 2 KSchG Rz. 98a.
3 BAG v. 19. 5. 1993, NZA 1993, 1075 mwN unter Hinweis auf die ständige Rechtsprechung des BAG mwN.
4 So KR/*Rost*, § 2 KSchG Rz. 106a.
5 Vgl. Hessisches LAG v. 18. 1. 1996 – 3 Sa 1623/93; LAG Brandenburg v. 24. 10. 1996 – 3 Sa 393/96 (beide bislang nv.); so auch schon KR/*Rost*, § 2 KSchG Rz. 106b mwN.
6 KR/*Rost*, § 2 KSchG Rz. 106b mwN.
7 BAG v. 31. 1. 1996, NZA 1996, 581.

84 **Beispiel:**

Die Verkäuferin eines Filialbetriebes erhielt eine Änderungskündigung, mit der aus betriebsbedingten Gründen ihr Vollzeitarbeitsverhältnis in ein sogenanntes flexibles Teilzeitarbeitsverhältnis umgewandelt werden sollte. Das Arbeitsvolumen sollte voraussichtlich im Jahresdurchschnitt um 20% reduziert werden. Das Änderungsangebot sah nach einer kurzen Ankündigungsfrist eine monatlich variable Arbeitszeit im Umfang von 53 bis zu 169 Stunden vor. Der Arbeitgeber hatte sich vorbehalten, den Arbeitseinsatz im Umfang von 53 bis zu 169 Stunden pro Monat je nach Arbeitsanfall anzuordnen, ohne eine vertragliche Bestimmung der durchschnittlichen monatlichen Arbeitszeit anzugeben. Das LAG Brandenburg[1] hat die Beendigungskündigung als eine objektive Umgehung des Kündigungsschutzrechts betrachtet und sie als gem. § 134 BGB nichtig angesehen. Auf der Basis des vorgetragenen betrieblichen Grundes sei nur eine verbindliche Festlegung der monatlich durchschnittlich zu erbringenden Arbeitsleistung gerechtfertigt, nicht jedoch ein einseitiges Leistungsbestimmungsrecht des Arbeitgebers, wie es die Änderung der Arbeitsbedingungen durch Änderungskündigung vorgesehen habe.

85 Bei der **Ablehnung des Änderungsangebotes** durch den Arbeitnehmer wird die vom Arbeitgeber beabsichtigte Änderungskündigung zur Beendigungskündigung. Inzwischen ist man sich aber auch in diesen Fällen einig, daß dann nicht geprüft werden muß, ob die Beendigung des Arbeitsverhältnisses gerechtfertigt ist, sondern lediglich, ob die Änderung der Arbeitsbedingungen den gesetzlichen Voraussetzungen genügt[2].

> **Hinweis:**
> Auch im Hinblick auf die Konsequenz, daß sich der Prüfungsmaßstab nicht verändert, wenn die Änderung der Arbeitsbedingungen nicht angenommen wird, empfiehlt sich regelmäßig, auch dann eine Änderungskündigung auszusprechen, wenn zuvor schon die Änderung der Arbeitsbedingungen im Zuge der Verhandlungen zwischen den Arbeitsvertragsparteien von der Arbeitnehmerseite abgelehnt wurde.

cc) **Struktur der Kündigungsgründe**

86 Im folgenden soll eine kurze Übersicht über die **Struktur der Kündigungsgründe** entsprechend den drei in Betracht kommenden Bereichen der **personenbedingten**, der **verhaltensbedingten** und der **betriebsbedingten Gründe** gegeben werden.

Zunächst prüft das BAG im ersten Schritt, ob personen-, verhaltens- oder betriebsbedingte Gründe die Änderung der Arbeitsbedingungen rechtfertigen und im nächsten Schritt, ob der Inhalt der beabsichtigten Änderung vom Ar-

---

1 LAG Brandenburg v. 24. 10. 1996 – 3 Sa 393/96, noch nv.
2 BAG v. 19. 5. 1993, NZA 1993, 1075 unter Hinweis auf BAG v. 7. 6. 1973, AP Nr. 1 zu § 626 BGB – Änderungskündigung; so auch KR/*Rost*, § 2 KSchG Rz. 92 mwN.

V. Änderungskündigung

beitnehmer billigerweise hingenommen werden muß[1]. Geprüft wird also das „ob" und das „wie".

Soweit die Änderungskündigung auf **personenbedingte Gründe** gestützt wird, muß eine Änderung im Leistungsvermögen des Arbeitnehmers festgestellt werden, die dazu führt, daß die bisherige Tätigkeit nicht mehr zur vollständigen Erbringung der vertraglich geschuldeten Leistung führt. Ist die Leistung aus in der Person des Arbeitnehmers liegenden Gründen vollständig unmöglich geworden, kommt nur die Beendigungskündigung in Betracht. Verminderungen der Leistungsfähigkeit können unter Umständen mit der Änderungskündigung aufgefangen werden. Das Restleistungsvermögen muß jedoch noch zu einer sinnvollen Beschäftigung auf einem freien Arbeitsplatz führen können[2]. 87

Beispiel: 88
Eine Näherin mit Wollallergie wird aufgrund fachärztlicher Empfehlung nach längerer Krankheitszeit als Küchenhilfe weiterbeschäftigt bei monatlicher Gehaltseinbuße von 60 DM[3].

Auch **verhaltensbedingte Gründe** kommen bei einer Änderungskündigung genauso in Betracht wie bei der Beendigungskündigung. Allerdings ist zu beachten, daß die Weiterführung des Arbeitsverhältnisses für den Arbeitgeber unzumutbar sein muß. Die Frage konkretisiert sich darauf, ob aufgrund des Verhaltens nur die Beschäftigung auf dem bisherigen Arbeitsplatz oder die Beschäftigung generell ausgeschlossen ist. Bei Gründen im Vertrauensbereich stellt sich die Frage, ob das Vertrauen so grundlegend erschüttert ist, daß auch eine Beschäftigung auf einem anderen Arbeitsplatz unzumutbar sein kann. 89

Beispiel: 90
In der Kasse einer Fahrkartenverkäuferin fehlen wiederholt höhere Beträge, ohne daß geklärt werden kann, ob die Kassenausfälle auf grober Nachlässigkeit oder Vorsatz beruhen. Trotz Abmahnungen wurden Anweisungen wiederholt mißachtet. Ihr wird fristgerecht gekündigt. Sie wendet ein, daß sie als Verwaltungsangestellte auf einem freien Arbeitsplatz im sonstigen Innendienst beschäftigt werden könnte. Abgesehen von den Fehlbeständen in der Kasse habe sie ihre Aufgaben immer fehlerfrei wahrgenommen.

Das BAG hat in einem vergleichbaren Fall[4] ausgeführt, auch bei der Prüfung einer Beendigungskündigung aus verhaltensbedingten Gründen sei zu prüfen, ob der Arbeitnehmer nicht an einem anderen Arbeitsplatz in demselben Betrieb oder einem anderen Betrieb des Unternehmens weiterbeschäftigt werden könne. Bei personenbedingten und verhaltensbedingten Kündigungen gebe es viele Fallgestaltungen, in denen bereits eine Versetzung auf einen anderen

---
[1] Vgl. *Hromadka*, NZA 1996, 7 mit Hinweis auf die schon zitierte Rechtsprechung des BAG v. 19. 5. 1993, NZA 1993, 1075.
[2] KR/*Rost*, § 2 KSchG Rz. 100 unter Verweis auf die ständige Rechtsprechung des BAG; MünchArbR/*Berkowsky*, § 142 Rz. 25.
[3] BAG v. 3. 11. 1977, AP Nr. 1 zu § 75 BPersVG.
[4] BAG v. 22. 7. 1982, AP Nr. 5 zu § 1 KSchG 1986 – Verhaltensbedingte Kündigung.

Arbeitsplatz den Interessen des Arbeitgebers genüge, vorausgesetzt, er sei frei. Solange also objektive Anhaltspunkte dafür bestehen, daß das Fehlverhalten auf einem anderen Arbeitsplatz nicht mehr auftritt, kann nur eine Änderungskündigung ausgesprochen werden. Die Mitarbeiterin hat hier offenbar Schwierigkeiten im Umgang mit Geld. Im normalen Verwaltungsinnendienst kommt sie damit nicht in Berührung. Die Beendigungskündigung ist deshalb sozial nicht gerechtfertigt.

Auch in anderen Fällen, zB bei **Streit mit Kollegen,** kommt statt der Beendigungskündigung eine Änderungskündigung in Betracht[1].

91 Im Regelfall wird aber eine Änderungskündigung als Alternative nur dann eine Beendigungskündigung ausschließen, wenn ein **anderer Arbeitsplatz** frei ist.

Davon hat das BAG[2] allerdings im Fall einer **krankheitsbedingten Beendigungskündigung** eine Ausnahme gemacht und dem Arbeitgeber die Obliegenheit auferlegt, einen „leidensgerechten" Arbeitsplatz freizukündigen, wenn dies durch Ausübung des Direktionsrechts möglich ist. Zu weitergehenden Umorganisationen oder zur Durchführung eines Zustimmungsersetzungsverfahrens gem. § 99 Abs. 4 BetrVG ist der Arbeitgeber jedoch nicht verpflichtet.

92 Die soziale Rechtfertigung der Änderungskündigung wird jedoch in den allermeisten Fällen auf **betriebsbedingte Gründe** gestützt, die deshalb eingehender strukturiert nach den Inhalten der Änderung betrachtet werden sollten, nämlich nach Inhalt der Tätigkeit, Arbeitszeit und Entgeltfragen, in der Regel Lohnsenkung[3].

Inhaltliche Änderungen der Arbeitsbedingungen können darauf zurückzuführen sein, daß der Arbeitsplatz ganz wegfällt und statt dessen ein anderer Arbeitsplatz angeboten werden soll oder der Arbeitsplatz zwar erhalten bleibt, jedoch einen anderen Inhalt erhalten soll, insbesondere eine andere Vergütung[4].

93 **Fällt der Arbeitsplatz weg,** müssen die Gründe für die soziale Rechtfertigung wie bei der Beendigungskündigung auch dargelegt werden (vgl. dazu im einzelnen Teil 3 D Rz. 250 ff., 328 ff.). Der Arbeitgeber trifft die unternehmerische Entscheidung, ob die Tätigkeit fortgesetzt wird oder nicht.

Wird der **Inhalt der Tätigkeit** an die Entscheidung angepaßt, die als Unternehmerentscheidung nur eingeschränkt überprüfbar ist (auch dazu unten Teil 3 D Rz. 246 ff.), bleibt aber das Entgelt gleich, sind die Kriterien der Überprüfung andere, als wenn gleichzeitig auch das Entgelt geändert werden soll, weil die Tätigkeit geringerwertig ist oder einen geringeren Umfang haben soll.

Die **Herabsetzung der Arbeitszeit** ist aber ebenso nur durch Änderungskündigung durchsetzbar wie die Heraufsetzung, zB von einer Teilzeit- auf eine Voll-

---

1 Dieses Beispiel führt das BAG v. 22. 7. 1982, AP Nr. 5 zu § 1 KSchG 1969 – Verhaltensbedingte Kündigung an.
2 BAG v. 29. 1. 1997, EzA § 1 KSchG – Krankheit Nr. 42.
3 Vgl. dazu auch *Hromadka,* NZA 1996, 8 ff.
4 Vgl. zu dieser Unterscheidung auch MünchArbR/*Berkowsky,* § 142 Rz. 30.

V. Änderungskündigung

zeitbeschäftigung[1]. Dabei betont das LAG Berlin, daß ein Änderungsangebot zunächst einmal ausgesprochen werden muß, wenn nicht von vornherein feststeht, daß die Teilzeitkraft dieses Änderungsangebot unter dem Druck der bevorstehenden Kündigung nicht angenommen hätte[2].

Streit besteht über die Frage, ob im Wege der Änderungskündigung eine **Entgeltkürzung bei gleichbleibender Tätigkeit und Arbeitszeit** möglich ist. 94

Zum Teil wird vertreten, daß eine Entgeltanpassung durch Änderungskündigung als eigenes Rechtsinstitut anzusehen und möglich sei, wenn sachliche Gründe vorliegen oder eine angemessene Rentabilität des Unternehmens nicht erreicht werde[3]. Zum Teil werden auch triftige Rentabilitätsinteressen als ausreichend angesehen, wenn das Unternehmen mit Verlust arbeitet[4].

Das **BAG** stellt einen strengeren Maßstab auf und läßt eine Änderungskündigung zur Entgeltsenkung nur dann zu, wenn sonst der **Betrieb stillgelegt** oder die **Belegschaft reduziert** werden müßte[5]. Eine Ausnahme hat der zweite Senat des BAG für die Beseitigung einer irrtümlichen Eingruppierung eines einzelnen Arbeitnehmers in eine zu hohe Vergütungsgruppe gemacht und die Änderungskündigung aus dringenden betrieblichen Erfordernissen als gerechtfertigt angesehen[6]. Der Arbeitgeber, der alle Mitarbeiter grundsätzlich nach Tarif bezahle, müsse eine Möglichkeit haben, eine unbewußt und **zu Unrecht erfolgte Höhergruppierung** auf das tarifgerechte Maß zurückzuführen. Anders liege der Fall nur bei einer bewußt vereinbarten übertariflichen Eingruppierung. Als Grund nannte das BAG, daß jeder Arbeitgeber ein legitimes Interesse daran habe, Unruhe und Mißstimmungen bei ungerechtfertigter Höhergruppierung eines einzelnen Arbeitnehmers gar nicht erst aufkommen zu lassen. Er dürfe deshalb eine einheitliche Ausrichtung aller Vergütungen nach dem Tarif anstreben, ohne damit den Grundsatz zu verletzen, daß Tariflöhne Mindestlöhne sind. Ob das nur für den öffentlichen Dienst oder auch für private Arbeitgeber gilt, die zB durch allgemeinverbindlichen Tarifvertrag gebunden sind, bleibt offen. Immerhin konnte sich der öffentliche Arbeitgeber auf die Grundsätze sparsamer Haushaltsführung als dringendes betriebliches Erfordernis berufen. Das dürfte einem privaten Arbeitgeber verwehrt sein.

Die Rechtsprechung des zweiten Senats hat auch in der **Literatur** Zustimmung gefunden, wenn auch mit Modifikationen, die nachvollziehbar dargelegt und begründet sind[7]. Folgt man dieser Auffassung, stellt sich in der Praxis die Frage, wie akut die Gefahr der Betriebsstillegung sein muß, damit eine ordentliche, also fristgerechte Änderungskündigung zur Entgeltreduzierung ausgesprochen

---

1 Vgl. LAG Berlin v. 10. 9. 1996, LAGE § 2 KSchG Nr. 20.
2 LAG Berlin v. 10. 9. 1996, LAGE § 2 KSchG Nr. 20.
3 ZB *Preis*, NZA 1995, 241, 249; *Löwisch*, Anm. EzA § 2 KSchG 1959 Nr. 6; vgl. auch Nachweise bei *Kittner/Trittin*, § 2 KSchG Rz. 18.
4 Vgl. *Stahlhacke/Preis*, Rz. 779 (S. 377/378).
5 BAG v. 26. 1. 1995, NZA 1995, 626 f., grundlegend schon in NZA 1986, 824.
6 BAG v. 15. 3. 1991, AP Nr. 28 zu § 2 KSchG 1969.
7 *Hromadka*, NZA 1996, 9 f.

werden kann. Hier ist, worauf *Hromadka* zu Recht hinweist sind[1], die Grenzlinie zwischen ordentlicher und außerordentlicher Änderungskündigung nur schwer zu ziehen.

95 Unter welchen Voraussetzungen Zulagen, Gratifikationen oder sonstige Sonderleistungen durch Änderungskündigung entzogen werden können, wird insbesondere in der Rechtsprechung der Instanzgerichte[2] uneinheitlich beurteilt. Zum Teil wird der Gleichbehandlungsgrundsatz herangezogen, überwiegend aber als Grundlage für eine soziale Rechtfertigung nicht als ausreichend erachtet[3].

96 Bei der **Verteilung der Arbeitszeit,** die nicht bereits im Wege des Direktionsrechts geändert werden kann (vgl. dazu oben Rz. 25 ff.), sind dringende betriebliche Bedürfnisse und damit die soziale Rechtfertigung für die Änderungskündigung vom Arbeitgeber darzulegen ebenso wie bei allen anderen betriebsbedingten Änderungskündigungen auch. Die Arbeitsgerichte haben hier jedoch nur zu prüfen, ob diese Maßnahme offenbar unvernünftig oder willkürlich ist, dagegen nicht die sachliche Rechtfertigung oder Zweckmäßigkeit. Allerdings prüft das Gericht, ob der Ausspruch der Änderungskündigung notwendig und unvermeidbar ist[4]. Diese Grundsätze dürften auch für andere reine Organisationsänderungen gelten.

97 **Hinweis:**
Prüft man entweder als Arbeitgeber, ob eine Änderungskündigung aus betriebsbedingten Gründen ausgesprochen werden kann oder als Arbeitnehmer, ob die bereits ausgesprochene Änderungskündigung sozial gerechtfertigt sein kann, ist nach der für die Praxis geltenden Rechtsprechung des BAG zunächst zu prüfen, ob überhaupt eine einseitige Änderung der Arbeitsbedingungen vorgenommen werden kann. Wird die Frage bejaht, also die Unzumutbarkeit der Fortsetzung des Arbeitsverhältnisses zu den bisherigen Bedingungen, so ist darüber hinaus zu prüfen, ob der Inhalt der Änderung dem Arbeitnehmer zumutbar ist, also das „Wie" der Veränderung. Dabei sind die gegenseitigen Interessen gegeneinander abzuwägen, insbesondere zu prüfen, ob der Arbeitgeber aus Anlaß der Änderungskündigung nur solche Bedingungen ändern will, die notwendig sind und vom Arbeitnehmer billigerweise hingenommen werden müssen[5].

dd) Sozialauswahl

98 Auch bei der betriebsbedingten Änderungskündigung hat eine **Sozialauswahl** stattzufinden[6]. Da mit der Änderungskündigung aber nicht eine Beendigung

---

[1] *Hromadka*, NZA 1996, 9 f.
[2] Nachweise bei KR/*Rost*, § 2 KSchG Rz. 109 und 110.
[3] Dagegen auch BAG v. 28. 4. 1982, AP Nr. 3 zu § 2 KSchG 1969.
[4] BAG v. 18. 1. 1990, NZA 1990, 734 f.
[5] *Hromadka*, NZA 1996, 7 mwN.
[6] Allgemeine Ansicht, BAG v. 13. 6. 1986, AP Nr. 13 zu § 1 KSchG 1969 – Soziale Auswahl = EzA § 1 KSchG – Soziale Auswahl Nr. 23 mit Anm. von *Reuter*.

des Arbeitsverhältnisses, sondern nur die Änderung der Arbeitsbedingungen oder die Fortsetzung des Arbeitsverhältnisses auf einem anderen Arbeitsplatz durchgesetzt werden soll, muß dem auch die Sozialauswahl folgen und sowohl die Belegschaftsmitglieder, die in der **bisherigen Position** vergleichbar waren, wie die anderen, die auf der **neuen Position** vergleichbar werden, einbeziehen[1].

Nach diesem modifizierten Grundsatz gegenüber der ordentlichen betriebsbedingten Beendigungskündigung muß geprüft werden, welchem der in die Sozialauswahl einzubeziehenden Belegschaftsmitglieder unter den – durch das arbeitsrechtliche Beschäftigungsförderungsgesetz vom 25. 9. 1996 geänderten – sozialen Kriterien des § 1 Abs. 3 KSchG am ehesten zugemutet werden kann, die Änderung der Arbeitsbedingungen hinzunehmen[2]. Dabei wird allgemein als unbefriedigend angesehen, daß in einem derartigen Prüfungsgang solche Arbeitnehmer eher mit einer Änderungskündigung rechnen müssen, denen aufgrund ihrer besseren und umfassenderen Ausbildung, schnelleren Auffassungsgabe und Anpassungsfähigkeit die Umstellung am ehesten gelingt[3].

Die Sozialauswahl ist deshalb nur dann richtig erfolgt, wenn der Arbeitgeber die Frage der Austauschbarkeit auch auf den mit der Änderungskündigung **angebotenen Arbeitsplatz** bezieht und im Rahmen der sozialen Auswahl darüber hinaus prüft, welcher der vergleichbaren Arbeitnehmer durch die angebotenen neuen Arbeitsbedingungen schwerer belastet wird als die anderen. Dieser ist bei im übrigen gleicher Ausgangslage sozial schutzwürdiger.

c) Materielle Rechtfertigung der außerordentlichen Änderungskündigung gem. § 626 BGB

Auch bei der außerordentlichen Änderungskündigung gelten grundsätzlich dieselben Voraussetzungen wie bei der Beendigungskündigung aus wichtigem Grund. Wie der **Prüfungsmaßstab** bei der außerordentlichen Änderungskündigung anzulegen ist, ist ebenso wie bei der ordentlichen Änderungskündigung nicht von der Reaktion des Arbeitnehmers abhängig[4]. 99

Auch bei der Änderungskündigung kommen **alle wichtigen Gründe** in Frage, eine Einschränkung findet nicht statt. Also grundsätzlich auch verhaltensbedingte, personenbedingte, aber auch betriebsbedingte Gründe. 100

Während bei den in der Person oder im Verhalten des Arbeitnehmers liegenden Gründen grundsätzlich keine Besonderheiten festzustellen sind, gelten **betriebliche Gründe** als wichtige Gründe iSd. § 626 Abs. 1 BGB ausnahmsweise als Möglichkeit, das praktische Bedürfnis für eine Änderung der Arbeitsbedingungen umzusetzen in drei Fällen[5]:

---

1 KR/*Rost*, § 2 KSchG Rz. 103 mwN unter Hinweis auf BAG v. 13. 6. 1986, AP Nr. 13 zu § 1 KSchG 1969 – Soziale Auswahl.
2 KR/*Rost*, § 2 KSchG Rz. 103a.
3 BAG v. 13. 6. 1986, AP Nr. 13 zu § KSchG 1969 – Soziale Auswahl.
4 *Stahlhacke/Preis*, Rz. 433; KR/*Hillebrecht*, § 626 BGB Rz. 145.
5 Vgl. *Löwisch*, NZA 1988, 633 ff., 640: „Fallgruppen".

101 Wenn **kurzfristige Änderungen der Arbeitsbedingungen** unumgänglich sind, jedoch lange tarifliche oder gesetzliche Kündigungsfristen eingehalten werden müssen, wird allgemein anerkannt, daß es eine Möglichkeit geben muß, kurzfristig solche Änderungen der Arbeitsbedingungen zu erreichen, um die Existenz des Betriebes nicht zu gefährden. Bedenkt man die Alternative, daß Beendigungskündigungen ausgesprochen werden müßten, leuchtet ein, daß die Änderungskündigung als „milderes Mittel" in besonders gravierenden Fällen auch außerordentlich ausgesprochen werden kann. Hier kommt sie als fristlose Änderungskündigung in Betracht.

102 Den aufgrund langer Betriebszugehörigkeit und höheren Lebensalters nicht mehr ordentlich kündbaren Mitarbeitern kann zur Änderung der Arbeitsbedingungen auch nicht mehr eine Änderungskündigung ausgesprochen werden. Die sogenannte **Unkündbarkeit** soll gerade den Arbeitnehmern einen einmal erreichten Status sichern.

Aber auch hier ist allgemein anerkannt, daß eine als unabweisbar notwendig erkannte Änderung der Arbeitsbedingungen möglich sein muß. Eine außerordentliche Änderungskündigung ist deshalb auch in solchen Fällen möglich, wobei sorgfältig geprüft werden muß, ob eine fristlose außerordentliche Änderungskündigung in Betracht kommt oder die längste gesetzliche oder tarifliche Kündigungsfrist als Auslauffrist beachtet werden muß[1].

103 Das BAG hat darüber hinaus die außerordentliche Änderungskündigung in Form einer Massenänderungskündigung zugelassen gegenüber **Betriebsratsmitgliedern, anderen Amtsträgern und Wahlbewerbern** nach § 15 KSchG[2]. Es hat damit seine frühere Rechtsprechung aufgegeben und hält auch nicht an der Ansicht fest, daß im Rahmen der Prüfung des § 626 BGB auf die fiktive Kündigungsfrist abzustellen sei. Ob das auch für andere, vor ordentlichen Kündigungen, also auch Änderungskündigungen, geschützten Arbeitnehmergruppen gilt, ist damit noch nicht geklärt. Der Hinweis auf die Entscheidung zur Kündigung wegen Betriebsstillegung bei tariflicher oder individualrechtlich ausgeschlossener ordentlicher Kündigung[3] scheint das zu belegen.

104 Die Einhaltung der **Zweiwochenfrist** des § 626 Abs. 2 BGB gilt auch für die außerordentliche Änderungskündigung. Der Beginn der Frist kann im Einzelfall schwer festzustellen sein.

Bei verhaltensbedingten Gründen gelten die allgemeinen Regeln für die Kenntnis des Kündigungsgrundes. In den soeben behandelten Fällen der betriebsbedingten wichtigen Gründe beginnt die Frist, wenn feststeht, daß die Beschäftigung auf dem bisherigen Arbeitsplatz zu den bisherigen Arbeitsbedingungen nicht mehr möglich ist und welche Arbeitnehmer betroffen sind[4].

---

1 KR/*Rost*, § 2 KSchG Rz. 33 mit Verweis auf KR/*Hillebrecht*, § 626 BGB Rz. 23.
2 BAG v. 21. 6. 1995, NZA 1995, 1157 ff.; vgl. auch KR/*Etzel*, § 15 KSchG Rz. 18 und 18a.
3 BAG v. 28. 3. 1985, NZA 1985, 559.
4 Vgl. *Löwisch*, NZA 1988, 641.

d) Beteiligung des Betriebsrats gem. § 99 BetrVG

In der Praxis wird häufig übersehen, daß die Anhörung gem. § 102 BetrVG vor dem Ausspruch von Änderungskündigungen nicht ausreicht, weil auch das **Mitbestimmungsrecht des Betriebsrats** aus § 99 BetrVG bei Änderungskündigungen, die Eingruppierungen, Umgruppierungen oder Versetzungen zur Folge haben, beachtet werden muß[1]. 105

aa) Voraussetzungen; Verbindung der beiden Beteiligungen gem. §§ 99, 102 BetrVG

Da nicht jede Änderungskündigung das Beteiligungsrecht nach § 99 BetrVG auslöst, sondern voraussetzt, daß entweder eine **Umgruppierung** oder eine **Versetzung** stattfindet, ist der Inhalt der Änderungskündigung zunächst zu prüfen und festzustellen, ob die Änderung der Arbeitsbedingungen einen dieser beiden Tatbestände erfüllt oder möglicherweise beide. Eine Vielzahl der Kündigungen wird zugleich eine personelle Einzelmaßnahme iSd. § 99 Abs. 1 Satz 1 BetrVG enthalten. Dann ist der Betriebsrat auch nach dieser Vorschrift zu beteiligen, wobei zweckmäßigerweise die Beteiligung zur gleichen Zeit und mit dem gleichen Inhalt erfolgen sollte. 106

> **Hinweis:** 107
> Die Anhörung sollte in der Regel schriftlich erfolgen, schon aus Beweisgründen. Dieses Vorgehen bewährt sich in der Praxis immer wieder. Legt man das Anhörungsschreiben vor, erübrigt sich eine umständliche, zeitraubende und vor allem auch unsichere Zeugenbefragung, meist des Betriebsratsvorsitzenden.

Die Unterrichtung nach § 99 BetrVG zwingt dazu, die Einzelheiten der Änderungen mitzuteilen. Das bewahrt den Arbeitgeber davor, das Angebot an den Arbeitnehmer nicht konkret genug darzustellen. **Auf jeden Fall** müssen jedoch **beide Mitbestimmungstatbestände angesprochen** werden, ausdrücklich also beide Vorschriften und der Zweck der Anhörung und Unterrichtung genannt werden, auch wenn die Beteiligung selbst in einem einzigen Anschreiben erledigt werden kann! 108

Der Betriebsrat kann auch bei der Verbindung der beiden Beteiligungsformen **unterschiedliche Standpunkte** einnehmen. Hinsichtlich der Voraussetzungen und der Reaktionsmöglichkeiten des Betriebsrats decken sich die Vorschriften der §§ 102 und 99 BetrVG nicht. Kommt es im Rahmen des § 102 BetrVG in den in Abs. 3 Nr. 1 bis 5 BetrVG genannten Gründen in erster Linie auf die individuelle Rechtsposition und den Kündigungsschutz des betroffenen Arbeitnehmers an, sind die abschließend aufgezählten Widerspruchsgründe in § 99 Abs. 2 Nr. 1 bis 6 BetrVG allein an den kollektiven betrieblichen Interessen 109

---

[1] So jedenfalls die hM, insbesondere BAG v. 26. 5. 1993, NZA 1994, 513; KR/*Rost*, § 2 KSchG Rz. 122 ff.

orientiert. Der Betriebsrat kann deshalb durchaus zu unterschiedlichen Entscheidungen kommen, also Widerspruch gegen die Änderungskündigung einlegen, der Entscheidung gem. § 99 BetrVG jedoch zustimmen, wobei diese Variante in der Praxis die weitaus häufiger anzutreffende ist[1].

Der Betriebsrat kann entweder jeweils **getrennt** zustimmen oder ablehnen, seine Stellungnahme aber auch **einheitlich** abgeben. Ebenso wie der Arbeitgeber deutlich machen muß, welche Beteiligungsrechte angesprochen sein sollen, muß der Betriebsrat bei seiner Stellungnahme deutlich machen, zu welchem Mitbestimmungstatbestand er eine Stellungnahme und mit welchem Inhalt abgibt. Natürlich kann er in beiden Verfahren auch die Wochenfrist verstreichen lassen. In beiden Fällen gilt dann die Zustimmung als erteilt.

110 Aus dem **einheitlichen Fristenlauf** ergibt sich auch, daß die Verbindung beider Beteiligungsrechte des Betriebsrats für den Arbeitgeber den Vorteil hat, daß er nach Ablauf der Wochenfrist Klarheit gewinnt, welche Maßnahmen er ergreifen kann und wo es Probleme geben wird.

Auf jeden Fall ist die Wochenfrist abzuwarten, bevor die Änderungskündigung und/oder die Versetzung durchgeführt werden[2].

111 Allein problematisch ist der Fall, daß der Betriebsrat **der Versetzung seine Zustimmung verweigert.** Wenn der Arbeitgeber dennoch die Änderungskündigung ausspricht, ist es zunächst unproblematisch, wenn der Arbeitnehmer das Änderungsangebot entweder ablehnt oder den Vorbehalt nicht fristgerecht erklärt. Dann geht es um die Beendigung des Arbeitsverhältnisses und nicht mehr um die Änderung, also auch nicht um eine Versetzung. Der Arbeitgeber kann also seine Absicht, eine Versetzung vorzunehmen, fallen lassen und dies dem Betriebsrat mitteilen.

112 Erklärt dagegen der Arbeitnehmer wirksam den **Vorbehalt,** tritt der soeben geschilderte Fall ein, daß die Änderungskündigung zwar ausgesprochen ist, aber nicht umgesetzt werden kann. Zum Teil wird dazu vertreten, daß die Zustimmung des Betriebsrats nach § 99 BetrVG selbständige Wirksamkeitsvoraussetzung der Änderungskündigung sei mit der Folge, daß erst nach positivem Ausgang des Beschlußverfahrens im Zustimmungsersetzungsverfahren die Wirksamkeit der Einzelmaßnahme eintreten kann[3]. Die hM, insbesondere das BAG[4], nimmt dagegen den Konflikt zwischen der möglichen Wirksamkeit der Änderungskündigung und der möglichen Folge, daß sie nach endgültiger Verweigerung der Zustimmung nicht durchgeführt werden kann, in Kauf. Die Lösung wird in der entsprechenden Anwendung des § 275 Abs. 2 BGB gesehen, so daß beide Parteien von den unmöglich gewordenen geänderten Verpflichtun-

---

1 Vgl. dazu auch BAG v. 30. 9. 1993, NZA 1994, 615 ff.; ablehnend *Wlotzke* in der Anm. zu BAG v. 30. 9. 1993, AP Nr. 33 § 2 KSchG 1969.
2 So auch KR/*Rost*, § 2 KSchG Rz. 134.
3 Vgl. den Meinungsstand bei KR/*Rost*, § 2 KSchG Rz. 138 und 139.
4 BAG v. 30. 9. 1993, NZA 1994, 615, 618, 619 mit ausführlicher Darstellung des Streitstandes S. 617.

V. Änderungskündigung

gen frei werden und das Arbeitsverhältnis zu den alten Bedingungen weiter besteht[1].

In solchen Fällen ist dem Arbeitnehmer aber häufig nicht gedient, weil ja schon wegen der Bestätigung der Änderungskündigung feststeht, daß die Änderung der Arbeitsbedingungen sozial gerechtfertigt war, dh. die Weiterbeschäftigung auf dem bisherigen Arbeitsplatz nicht in Betracht kam. Wenn nun der angebotene neue Arbeitsplatz aus betriebsverfassungsrechtlichen Gründen nicht besetzt werden darf, ist kein anderer Arbeitsplatz frei mit der Folge, daß die Beendigungskündigung durch den Arbeitgeber möglich ist (der Arbeitnehmer bekommt „Steine statt Brot"). Auch das ist der Grund dafür, daß, wie oben schon erwähnt, der Betriebsrat in der Regel der Versetzung zustimmen wird bis auf wenige Ausnahmefälle, zB betriebsbekannte Unverträglichkeit des Arbeitnehmers.

Für den anderen Fall des § 99 BetrVG, der durch Änderungskündigung gleichzeitig beabsichtigten **Umgruppierung,** führt die Ansicht, daß die Mitbestimmung des Betriebsrats nach § 99 BetrVG nicht Wirksamkeitsvoraussetzung ist, zur Wirksamkeit der Änderungskündigung, mit der eine Herabgruppierung ausgesprochen werden soll. Diese ist nicht von der Zustimmung des Betriebsrats gem. § 99 BetrVG abhängig[2]. 113

bb) Folgen bei Nichtbeteiligung

Wegen der Konkurrenzprobleme zwischen den Mitbestimmungstatbeständen der §§ 99 und 102 BetrVG gibt es Streit über die Frage, welche Folgen die Nichtbeteiligung insbesondere im Rahmen des § 99 BetrVG hat[3]. Für die Praxis gilt die ständige Rechtsprechung des BAG. Beide Mitbestimmungsverfahren sind nebeneinander entsprechend den tatbestandlichen Voraussetzungen durchzuführen, auch, weil die Rechtsfolgen unterschiedlich sind. 114

Während die Änderungskündigung bei **unterlassener oder fehlerhafter Anhörung** gem. § 102 BetrVG unheilbar unwirksam ist (zu Einzelheiten vgl. oben Rz. 70 ff.), läßt die **unterlassene Unterrichtung** nach § 99 Abs. 1 BetrVG die Wirksamkeit der Änderungskündigung unberührt. Allerdings kann die Maßnahme ohne Zustimmung des Betriebsrats nicht ausgeführt, die an sich wirksame Änderungskündigung rein tatsächlich nicht zur Veränderung des Arbeitsinhalts führen. Der Arbeitnehmer muß also auf seinem bisherigen Arbeitsplatz weiterbeschäftigt werden, bis entweder der Betriebsrat seine Zustimmung erteilt hat oder diese durch das Arbeitsgericht im Beschlußverfahren ersetzt worden ist, § 99 Abs. 4 BetrVG. Allerdings kann der Arbeitgeber gem. § 100 BetrVG vorläufige Regelungen treffen, wenn dies aus sachlichen Gründen dringend erforderlich ist. Insoweit gilt hier nichts anderes zum Verfahren nach § 99 BetrVG als sonst auch (vgl. dazu Teil 4 A Rz. 703 ff.).

---
1 BAG v. 30. 9. 1993, NZA 1994, 615, 618, 619; so auch unter Aufgabe der entgegenstehenden Ansicht in der Vorauflage KR/*Rost*, § 2 KSchG Rz. 141.
2 Auch dazu BAG v. 30. 9. 1993, NZA 1994, 615, 619 re. Sp.
3 Vgl. ausführlich dazu KR/*Rost*, § 2 KSchG Rz. 123 bis 130.

e) Mitbestimmung nach § 87 BetrVG

115 Soweit das Mitbestimmungsrecht nach § 99 BetrVG bei der Änderungskündigung nicht in Betracht kommt, weil weder ein Fall der Versetzung noch der Umgruppierung vorliegt, können jedoch andere Mitbestimmungsrechte des Betriebsrats iSd. § 87 BetrVG zu beachten sein. Das gilt zB **bei Gruppen- oder Massenänderungskündigungen** zwecks Einführung von Schichtarbeit[1].

Im **Gegensatz** zur hM im Rahmen des § 99 BetrVG gilt hier die **Theorie der Wirksamkeitsvoraussetzung**[2]. Verletzt der Arbeitgeber das Mitbestimmungsrecht nach § 87 BetrVG, weil er nur die Änderungskündigung ausspricht, nicht jedoch die Mitbestimmung des Betriebsrats beachtet hat, können den Arbeitnehmer belastende Maßnahmen, also zB auch regelmäßig verschlechternde Regelungen, die mit der Änderungskündigung durchgesetzt werden sollen, nicht wirksam umgesetzt werden.

Im Gegensatz zu den Verfahren nach §§ 102 und 99 BetrVG empfiehlt sich in solchen Fällen, rechtzeitig **vor** Ausspruch der Änderungskündigung und Einleitung des Mitbestimmungsverfahrens die Zustimmung des Betriebsrats einzuholen, notfalls im Einigungsstellenverfahren durchzusetzen. Mit *Säcker*[3] ist deshalb dringend die **„präventive Einschaltung des Betriebsrats** in den Willensbildungsprozeß des Arbeitgebers" vorzunehmen. Die Änderungskündigung ist sonst unwirksam, auch die nachträgliche Zustimmung des Betriebsrats kann sie nicht heilen[4].

4. Annahme unter Vorbehalt

116 Der von einer Änderungskündigung betroffene Arbeitnehmer hat es durch das ihm in § 2 Satz 1 KSchG eingeräumte Recht, die geänderten Arbeitsbedingungen unter dem Vorbehalt anzunehmen, daß sie nicht sozial ungerechtfertigt seien, in der Hand, einerseits den Arbeitsplatz zu sichern, wenn auch zu veränderten Arbeitsbedingungen, andererseits aber die Möglichkeit offen zu halten, die Änderung auf die soziale Rechtfertigung durch das Arbeitsgericht prüfen zu lassen. Er kann auf den Vorbehalt auch verzichten. Dann wird aus der vom Arbeitgeber beabsichtigten Änderungskündigung eine Beendigungskündigung mit der Folge, daß bei einem für den Arbeitgeber negativen Ausgang des Kündigungsrechtsstreits der Arbeitsplatz endgültig verloren ist. Die anwaltliche Beratung der Arbeitnehmerseite muß sich deshalb intensiv mit diesen Wahlmöglichkeiten und den Folgen einer innerhalb kurzer Frist zu treffenden Entscheidung auseinandersetzen und eine an den Vorstellungen und Interessen der Mandantinnen/Mandanten orientierte Taktik beachten. Dabei ist zu unterscheiden zwischen den Voraussetzungen und Folgen des Vorbehaltes sowie zwischen der ordentlichen und der außerordentlichen Änderungskündigung.

---

1 Vgl. BAG v. 28. 10. 1986, NZA 1987, 248.
2 BAG (GS) v. 3. 12. 1991, NZA 1992, 749 ff., 759; *Wiese*/GK-BetrVG, § 87 Rz. 900.
3 ZfA 1972, Sonderheft, 56.
4 So ausdrücklich auch KR/*Rost*, § 2 KSchG Rz. 145.

V. Änderungskündigung

a) Ordentliche Änderungskündigung

Die gesetzliche Regelung in § 2 KSchG befaßt sich dem Wortlaut nach nur mit der ordentlichen Änderungskündigung. Insoweit sind die Vorgaben und Auswirkungen der Vorbehaltserklärung problemlos zu fassen.

aa) Vorbehaltserklärung, Form und Frist

Im Gesetz ist **keine besondere Form** vorgeschrieben, der Vorbehalt kann deshalb auch mündlich erklärt werden, sogar durch schlüssiges Verhalten. Zur Sicherheit ist der Arbeitnehmerseite anzuraten, den Vorbehalt **schriftlich** zu erklären.

Die Schriftform ist auch deshalb vorzuziehen, weil die Vorbehaltserklärung dem Arbeitgeber **zugehen** muß. Der **Zugang** kann natürlich auch unter Anwesenden bei mündlicher Vorbehaltserklärung zB durch Zeugen gesichert werden. In der Beratung sollte man aber immer den sichersten Weg vorschlagen und deshalb die Schriftform.

Gibt man die Vorbehaltserklärung als anwaltlicher Vertreter ab, so muß die **Vollmacht** des Mandanten beigefügt sein. Die Vorbehaltserklärung ist nämlich Willenserklärung, wobei streitig ist, ob der Vorbehaltserklärung lediglich prozessuale oder materiell-rechtliche Bedeutung zukommt[1]. Das BAG[2] geht von der Rechtsnatur einer materiell-rechtlichen Erklärung aus mit der Folge, daß, wenn der Vorbehalt nicht rechtzeitig erklärt wird, die Klage nicht als unzulässig, sondern als unbegründet abgewiesen wird, die Wirksamkeit der Änderungskündigung unterstellt[3].

Wird der **Vorbehalt weder mündlich noch schriftlich erklärt**, ist fraglich, ob aus der tatsächlichen Übernahme der neuen Position geschlossen werden kann, daß der Arbeitnehmer die Änderung widerspruchslos annimmt. Die widerspruchslose Weiterarbeit nach Ablauf der Kündigungsfrist, aber vor Ablauf der Dreiwochenfrist spricht jedenfalls mit großer Wahrscheinlichkeit für eine endgültige Annahme des Änderungsangebotes[4]. Gleiches gilt bei widerspruchsloser Weiterarbeit nach einer fristlosen Änderungskündigung (zu den Besonderheiten dort vgl. Rz. 132).

In der Beratung sollten solche unklare Situationen vermieden werden.

Nach einer Entscheidung des BAG[5] kommt eine **Anfechtung** gem. § 119 Abs. 1 BGB wegen Irrtums in Betracht, wenn dem Arbeitnehmer das Bewußtsein fehlt, daß in seinem stillschweigenden Weiterarbeiten eine Einverständniserklärung gesehen werden kann. Die Anfechtung muß dann jedoch unverzüglich iSd

---

1 Vgl. KR/*Rost*, § 2 KSchG Rz. 56 bis 58.
2 BAG v. 27. 9. 1984, NZA 1985, 455.
3 KR/*Rost*, § 2 KSchG Rz. 59; *Stahlhacke/Preis*, Rz. 1238: „Materiell-rechtliche Ausschlußfrist".
4 Vgl. KR/*Rost*, § 2 KSchG Rz. 62 unter Hinweis auf die Entscheidung des BAG v. 18. 4. 1986, NZA 1987, 94.
5 BAG v. 18. 4. 1986, NZA 1987, 94.

§ 121 Abs. 1 BGB erfolgen, nachdem dem Arbeitnehmer, evtl. auch nach anwaltlicher Beratung, klar geworden ist, wie sein Verhalten aufzufassen war und aufgefaßt worden ist[1].

122 Die **Frist,** innerhalb deren der Vorbehalt dem Arbeitgeber gegenüber erklärt, d. h. auch zugegangen sein muß, ergibt sich zunächst aus der Kündigungsfrist. Es gibt durchaus kürzere tarifvertragliche Kündigungsfristen als die Maximalfrist von drei Wochen gem. § 2 Satz 2 KSchG (vgl. zu den Kündigungsfristen Teil 3 C Rz. 145 ff.). In Probearbeitsverhältnissen wird häufig eine 14-Tage-Frist, die kürzest zulässige gesetzliche Frist, vereinbart. In der Beratung muß deshalb zunächst diese Frist gesichert und ggf. auch eingehalten werden.

Auf jeden Fall ist die Dreiwochenfrist zu wahren. Für die Sicherung des Zugangs gelten dieselben Regeln, wie sie für die Zustellung einer Kündigungserklärung durch den Arbeitgeber unbedingt beachtet werden sollten (vgl. Teil 3 C Rz. 91).

123 | **Hinweis:**
Wegen der existentiellen Bedeutung der Einhaltung der Vorbehaltsfrist für die Sicherung des Arbeitsplatzes, insbesondere auch für ältere Arbeitnehmerkreise, ist auf die Abklärung, Sicherung und Einhaltung der Vorbehaltserklärung im Rahmen der Abwehr einer Änderungskündigung größtmögliche Sorgfalt zu legen. Nach Fristablauf erlischt das Recht unwiederbringlich weil es weder analog § 5 KSchG eine nachträgliche Zulassung des Vorbehaltsrechts gibt, noch eine Wiedereinsetzung in den vorigen Stand nach den §§ 230 ff. ZPO vorgesehen ist[2].

124 Häufig wird in der Praxis der Fehler gemacht, den **Vorbehalt in der Klageschrift** zu formulieren in der Hoffnung, daß die Klageschrift innerhalb der Dreiwochenfrist vom Gericht zugestellt wird. Das ist zu risikoreich, weil man in der Regel keinen Einfluß darauf hat, wann die Klage zugestellt wird, auch wenn man sie deutlich vor Ablauf der Dreiwochenfrist einreicht.

bb) Auswirkungen der Vorbehaltserklärung

125 Wird der **Vorbehalt rechtzeitig erklärt,** muß, damit die Vorbehaltswirkung eintreten kann, auch innerhalb der Frist des § 4 KSchG von drei Wochen die **Kündigungsschutzklage** erhoben werden. Unterbleibt das, geht der Vorbehalt ins Leere, die Änderungskündigung wird wirksam.

Wird der **Vorbehalt nicht erklärt,** weil zB die Änderung der Arbeitsbedingungen für den Arbeitnehmer auch auf die Gefahr hin, daß der Arbeitsplatz ganz verloren geht, nicht akzeptabel ist, wird die als Änderungskündigung ausgesprochene Kündigung zur Beendigungskündigung. Die Kündigungsschutzklage

---

[1] Vgl. auch *Löwisch*, NZA 1988, 635 li. Sp.
[2] Vgl. KR/*Rost*, § 2 KSchG Rz. 70 mwN; vgl. auch *Stahlhacke/Preis*, Rz. 1240.

V. Änderungskündigung

ist dann, wie bei jeder anderen Kündigung auch, innerhalb von drei Wochen seit Zugang der Kündigung einzureichen. Wird der Kündigungsschutzklage stattgegeben, besteht das Arbeitsverhältnis zu unveränderten Arbeitsbedingungen fort, im anderen Fall wird es fristgerecht beendet.

Der Arbeitgeber ist **nach Ablauf der Vorbehaltsfrist** nicht mehr an das Änderungsangebot gebunden. Das wird schon aus ganz allgemeinen Grundsätzen des Allgemeinen Teils des BGB, hier des § 147 BGB, geschlossen[1].

Ob eine Ausnahme von der Einhaltung der Dreiwochenfrist für die Vorbehaltserklärung zu machen ist, wenn die **Kündigungsfrist länger als drei Wochen** beträgt, ist zumindest zweifelhaft. Zum Teil wird vertreten[2], daß ausnahmsweise die Frist gewahrt sein soll, wenn die Vorbehaltserklärung noch vor Ablauf der Kündigungsfrist zusammen mit der innerhalb der Dreiwochenfrist eingereichten Klageschrift dem Arbeitgeber zugeht. Diese Ansicht der erweiternden Auslegung des § 2 Satz 2 KSchG[3] ist nicht überzeugend, sie schafft entgegen dem klaren Wortlaut des Gesetzes Unsicherheit, die gerade durch die Einhaltung der Fristen vermieden werden soll. So ist auch die Berufung auf die Entscheidung des LAG Hamm[4] unzutreffend, weil dieser Entscheidung eine Konstellation zugrunde lag, in der der Arbeitnehmer nach Ablauf der Kündigungsfrist zu den geänderten Arbeitsbedingungen weitergearbeitet, jedoch Kündigungsschutzklage erhoben hatte und nur vor diesem Hintergrund die Vorbehaltserklärung als rechtzeitig angesehen wurde.

126

Auch diese Entscheidung ist nicht überzeugend. Sie spricht eine Konstellation an, die im Regelfall anders zu deuten ist. Wer zB eine kurze Kündigungsfrist von 14 Tagen verstreichen läßt und anschließend zu geänderten Arbeitsbedingungen **weiterarbeitet,** erklärt sich durch schlüssiges Verhalten in der Regel damit einverstanden. Er ist dann gehindert, obwohl die Klagefrist des § 4 KSchG noch läuft, Kündigungsschutzklage zu erheben, weil sein Einverständnis mit der Vertragsänderung unterstellt wird[5], es sei denn, der Arbeitnehmer kann diese schlüssige Erklärung wirksam anfechten.

Der Arbeitgeber kann allerdings die nach Fristablauf abgegebene Vorbehaltserklärung aufgreifen und die verspätete Annahmeerklärung des Arbeitnehmers, die nach allgemeinen Grundsätzen als neues Angebot gilt, annehmen[6]. Dann kann die Kündigungsschutzklage des Arbeitnehmers als Änderungskündigungsschutzklage weitergeführt werden (zu den prozessualen Einzelheiten vgl. unten Rz. 138 ff.).

127

---

1 KR/*Rost,* § 2 KSchG Rz. 77a.
2 *Richardi,* ZfA 1971, 99.
3 Vgl. KR/*Rost,* § 2 KSchG Rz. 72 unter unzutreffender Berufung auf *Stahlhacke/Preis,* Rz. 771, die diese Ansicht gerade nicht vertreten und unter Berufung auf LAG Hamm v. 3. 10. 1988, LAGE § 2 KSchG Nr. 7.
4 KR/*Rost,* § 2 KSchG Rz. 72.
5 So richtig *Stahlhacke/Preis,* Rz. 772.
6 Vgl. KR/*Rost,* § 2 KSchG Rz. 76 und 77a.

128 Hat der Arbeitnehmer den Vorbehalt erklärt, ist er daran bis zum rechtskräftigen Abschluß des Kündigungsschutzverfahrens **gebunden**[1]. Damit ist die Situation anders als im Kündigungsschutzverfahren gegen eine Beendigungskündigung, bei der nach der bekannten Entscheidung des Großen Senats[2] zum allgemeinen Weiterbeschäftigungsanspruch auch schon vor Rechtskraft, nämlich nach Abschluß eines erfolgreichen erstinstanzlichen Kündigungsschutzverfahrens die Weiterbeschäftigung bis zum rechtskräftigen Abschluß gesichert ist.

129 Wird der Vorbehalt **vor Klageerhebung** erklärt, weil zB die Kündigungsfrist erheblich kürzer ist als die Dreiwochenfrist, gibt es keine weiteren Probleme bei der Erhebung der Kündigungsschutzklage, die sich gegen die Änderungskündigung richtet.

130 Wird der Vorbehalt erst **nach Klageerhebung** erklärt, stellt sich das Problem, daß in der Erhebung der Kündigungsschutzklage mit dem normalen Feststellungsantrag nur ein Angriff auf die Wirksamkeit der Kündigung als Beendigungskündigung liegt, so daß der Arbeitgeber daraus nur schließen kann, daß der Vorbehalt nicht erklärt werden soll[3]. Das setzt aber voraus, daß die Klage vor Ablauf der Dreiwochenfrist und vor Eingang der Vorbehaltserklärung zugestellt wird. Geht erst der Vorbehalt ein, dann die zwar zuvor eingereichte, jedoch später zugestellte Kündigungsschutzklage, gibt es einen Widerspruch zwischen der Vorbehaltserklärung und dem normalen Kündigungsschutzantrag.

Nach meiner Auffassung gilt der zunächst eingegangene Vorbehalt mit der Folge, daß die Kündigungsschutzklage in bezug auf die Antragstellung umgestellt werden müßte auf den **Feststellungsantrag,** wie er im Änderungskündigungsschutzverfahren zu formulieren ist.

Ist die **Klage** dagegen **zugestellt,** bevor der Vorbehalt erklärt wird, ist damit von der Wahlmöglichkeit Gebrauch gemacht und die Änderung der Arbeitsbedingungen endgültig abgelehnt – und zwar nicht nur schlüssig[4].

Ist schließlich aus der Antragstellung und/oder der Klagebegründung zu entnehmen, daß der Vorbehalt erklärt werden soll, stellt sich das Problem nicht, der Vorbehalt ist dann rechtzeitig erklärt und **ergibt sich aus der Klageschrift.** Geht sie innerhalb der Kündigungsfrist oder der Dreiwochenfrist spätestens zu, ist damit die Vorbehaltsfrist gewahrt.

b) Außerordentliche Änderungskündigung

131 Die soeben dargestellten Grundsätze gelten auch bei der außerordentlichen Änderungskündigung mit Ausnahme der Ausführungen zur Einhaltung der Vorbehaltsfrist. Da es bei der fristlosen Änderungskündigung **keine Kündi-**

---

1 Vgl. KR/*Rost,* § 2 KSchG Rz. 76a und 158a unter Hinweis auf BAG v. 18. 1. 1990, EzA § 1 KSchG – Betriebsbedingte Kündigung Nr. 65 und Rechtsprechung der Instanzgerichte sowie der hM in der Literatur.
2 BAG v. 27. 2. 1988, BAGE 48, 122.
3 Vgl. KR/*Rost,* § 2 KSchG Rz. 75.
4 Insoweit aA KR/*Rost,* § 2 KSchG Rz. 75.

V. Änderungskündigung

gungsfrist gibt, muß die Frage beantwortet werden, in welcher „Frist" der Vorbehalt dann erklärt werden muß.

Obwohl die außerordentliche Änderungskündigung nicht in § 2 KSchG geregelt ist, ist man sich allgemein einig, daß § 2 KSchG mit den Besonderheiten der fristlosen Änderungskündigung anzuwenden ist[1].

Nach dieser für die Praxis maßgeblichen Rechtsprechung muß der Vorbehalt nach Zugang der außerordentlichen, fristlosen Änderungskündigung **unverzüglich** erklärt werden[2].

Diese **Rechtsprechung** hat zunächst den Konflikt deutlich gemacht, in den der Arbeitnehmer gerät, wenn er aufgrund der fristlosen Änderungskündigung von einem auf den anderen Tag entscheiden muß, ob er die ihm zugewiesene neue Aufgabe zu den geänderten Vertragsbedingungen weiterführt oder ob er sich weigert, diese Aufgabe zu übernehmen. In dem widerspruchslosen und ohne Vorbehalt übernommenen neuen Arbeitsplatz zu geänderten Arbeitsbedingungen könnte eine schlüssige Annahme des Angebots gesehen werden und daraus die einverständliche Änderung der Arbeitsbedingungen geschlossen werden[3]. Die Konsequenz, daß dann auch die Änderungskündigungsschutzklage, wenn sie auch fristgerecht erhoben worden ist, als unbegründet abzuweisen wäre, wird jedoch gemildert durch die zitierte Rechtsprechung des BAG, die in der vorbehaltlosen Weiterarbeit solange keine vorbehaltlose Annahme der Änderungskündigung sehen will, wie noch ohne schuldhaftes Zögern der Vorbehalt der Annahme der geänderten Arbeitsbedingungen erklärt werden kann[4].

132

> **Hinweis:**
> Nach Erhalt einer fristlosen Änderungskündigung muß der Arbeitnehmer sofort reagieren und als „Notfall" sofort anwaltlich beraten werden. Will man auf der sicheren Seite bleiben, so ist die geänderte Arbeit nur unter Hinweis darauf, daß man sich noch zur Annahme unter Vorbehalt äußern werde, aufzunehmen. Nach Möglichkeit sollte man zu einer Absprache mit dem Arbeitgeber darüber kommen, welche Frist eingeräumt wird, um den Vorbehalt zu erklären. Da der Arbeitgeber auch eine verfristet abgegebene Vorbehaltserklärung als neues Angebot annehmen kann, muß es auch möglich sein, eine Vereinbarung über die Frist selbst von vornherein zu treffen. Geht die Vorbehaltserklärung innerhalb der Frist ein, ist damit zumindest der Arbeitsplatz erst einmal gesichert, wenn auch zu veränderten Arbeitsbedingungen. Die Änderungskündigungsschutzklage muß innerhalb der Dreiwochenfrist seit Zugang der Kündigung erhoben werden.

133

---

1 Vgl. BAG v. 18. 4. 1986, NZA 1987, 94 und BAG v. 27. 3. 1987, NZA 1988, 737; KR/*Rost*, § 2 KSchG Rz. 32 mwN.
2 BAG v. 27. 3. 1987, NZA 1988, 737.
3 Vgl. BAG v. 18. 4. 1986, NZA 1987, 94; darauf weisen auch *Stahlhacke/Preis*, Rz. 1251 hin.
4 Vgl. KR/*Rost*, § 2 KSchG Rz. 33 mwN, unter Ablehnung der Ansicht von *Bopp*, es sei gerechtfertigt, auf die fiktive Kündigungsfrist abzustellen.

c) Taktische Fragen

134 Wie die Probleme auf Arbeitnehmerseite zeigen, die mit der fristlosen Änderungskündigung ausgelöst werden, erhält mit dieser Kündigungsmöglichkeit die Arbeitgeberseite ein wirksames taktisches Instrument, die Änderung der Arbeitsbedingungen durchzusetzen und evtl. angestrebte Verhandlungslösungen vorzubereiten. Der Arbeitnehmer wird unter immensen **Entscheidungsdruck** gesetzt. Die Bereitschaft, zu einer einverständlichen Lösung zu kommen, wird dadurch möglicherweise gefördert.

An dieser Stelle muß man sich auch klar darüber sein, welchen Ausgangspunkt man bei dem Einsatz des Instruments Änderungskündigung wählen will.

Die Rechtsprechung geht immer davon aus, daß die Änderungskündigung zum Abfedern der sozialen Situation des Arbeitnehmers dienen soll entsprechend dem Prinzip der **Subsidiarität der Beendigungskündigung** gegenüber der Änderungskündigung.

In der Praxis wird dieses Mittel aber auch häufig eingesetzt, dem Arbeitnehmer ein Abwehrangebot zu machen in der Hoffnung, daß er es nicht annimmt oder der Vorbehalt nur als Notlösung erklärt wird, da dahinter doch nicht der ernsthafte Wille steht, das Arbeitsverhältnis zu den geänderten Arbeitsbedingungen auf Dauer fortzuführen. Deshalb besteht auf Arbeitgeberseite die Neigung, die geänderten Arbeitsbedingungen bei einem solchen taktischen Kalkül für den Arbeitnehmer so unattraktiv wie möglich zu machen. Er läuft allerdings Gefahr, daß, wie oben dargestellt (vgl. Rz. 81 ff.), die Verschlechterung der Arbeitsbedingungen über das betrieblich notwendige Maß hinaus dazu führt, daß die Kündigung dann insgesamt unwirksam wird. Auch hier gilt es also auf der sicheren Seite zu bleiben.

135 Das taktische Verhalten des Arbeitnehmers wird zunächst durch die Analyse bestimmt, welchen taktischen **Zweck** die Arbeitgeberseite mit der Änderungskündigung verfolgt. Steht dahinter das ernsthafte Bemühen, den Verlust des Arbeitsplatzes zu vermeiden und den Abstieg abzufedern, sieht das Verhalten anders aus, als wenn es darum geht, das Abwehrangebot des Arbeitgebers zu unterlaufen.

Kommt die Fortsetzung des Arbeitsverhältnisses zu den geänderten Arbeitsbedingungen **unter keinen Umständen** in Betracht, bleibt nichts anderes übrig, als den Vorbehalt nicht zu erklären und die Änderung abzulehnen und rechtzeitig Kündigungsschutzklage zu erheben.

Flexibler kann man reagieren, wenn man das taktische Kalkül des Arbeitgebers unterläuft und auf Arbeitnehmerseite zumindest **nicht erkennen läßt,** wie man letztlich reagieren wird und den Vorbehalt rechtzeitig erklärt. Man läuft dann allerdings Gefahr, auf den geänderten Arbeitsbedingungen festzusitzen und für den Lauf des Kündigungsrechtsstreits (vgl. oben Rz. 128) zu den geänderten Arbeitsbedingungen arbeiten zu müssen. Da dies in den „Abwehrfällen" aber auch nicht dem Interesse des Arbeitgebers entspricht, besteht die große Wahrscheinlichkeit, daß man sich spätestens in zweiter Instanz im Vergleichswege einigt und, wie in solchen Fällen unvermeidbar, gegen Zahlung einer Abfindung das Arbeitsverhältnis auflöst.

V. Änderungskündigung

Wie in allen solchen Fällen gilt es, die **Kosten** genauestens zu ermitteln und das **Verhalten** des jeweils anderen Teils zu **analysieren,** und zwar nicht nur zu Beginn des Mandats, sondern es immer wieder während des Rechtsstreits auch zu prüfen und ggf. zu reagieren. Allerdings wird die spätere Taktik immer von der Vorbehaltserklärung oder der Ablehnung der geänderten Arbeitsbedingungen in der Anfangsphase des Mandatsverhältnisses bestimmt.

Da der Vorbehalt auch schon vor Ausspruch der Änderungskündigung bei der Abgabe des verbindlichen Änderungsangebots des Arbeitgebers ausgesprochen werden kann[1], beginnen die taktischen Überlegungen nicht erst nach Ausspruch der Kündigung, sondern, wenn das Mandatsverhältnis früh begründet wird, bereits im **Vorfeld.** Auch hier gilt es, so früh wie möglich die Ausgangsposition mitzugestalten.

5. Prozessuale Besonderheiten der Änderungskündigungsschutzklage

Die Änderungskündigung muß, ebenso wie jede andere Kündigung auch, innerhalb der Dreiwochenfrist des § 4 KSchG mit der Kündigungsschutzklage angegriffen werden. Deshalb gelten dieselben Grundsätze, es treten dieselben Probleme auf wie bei jeder anderen Kündigungsschutzklage auch (vgl. dazu unten Teil 5 A Rz. 3 ff.). Folgende Besonderheiten sind dabei zu berücksichtigen (vgl. auch Teil 5 A Rz. 110 ff.):

a) Antragsstellung bei erklärtem Vorbehalt

Wird der Vorbehalt rechtzeitig erklärt, so geht es bei dem Rechtsstreit nicht um den Bestand des Arbeitsverhältnisses, sondern um die Wirksamkeit der mit der Änderungskündigung beabsichtigten **Änderung der Arbeitsbedingungen.** Streitgegenstand ist also nicht der Bestand, sondern der Inhalt des fortzusetzenden Arbeitsverhältnisses und daher auch die Unwirksamkeit der Änderung[2]. Streitgegenstand sind damit nicht nur die Sozialwidrigkeit der Änderung der Arbeitsbedingungen, „sondern sämtliche Unwirksamkeitsgründe"[3]. Dem muß die Formulierung des Feststellungsantrages auch Rechnung tragen.

aa) Formulierung des Antrags

Formulierungsvorschlag:

> „... festzustellen, daß die Änderung der Arbeitsbedingungen durch die Kündigung vom ... unwirksam ist"[4].

---

1 KR/*Rost*, § 2 KSchG Rz. 18b.
2 So auch ausdrücklich KR/*Rost*, § 2 KSchG Rz. 155 mwN.
3 So ausdrücklich BAG v. 21. 1. 1993, NZA 1993, 1099 re. Sp. unter Hinweis auf die ganz hM.
4 So ausdrücklich auch *Stahlhacke/Preis*, Rz. 1244; ferner KR/*Rost*, § 2 KSchG Rz. 154.

Dabei besteht Einigkeit, daß die Formulierung in Anlehnung an § 4 Satz 2 KSchG nur einen Teil der Unwirksamkeitsgründe, nämlich die Sozialwidrigkeit erfaßt. Wie in jedem anderen Kündigungsrechtsstreit auch, sind **alle Unwirksamkeitsgründe** geltend zu machen und vom Gericht zu prüfen, also zB die Sittenwidrigkeit, fehlerhafte oder fehlende Anhörung des Betriebsrats gem. § 102 BetrVG.

Auch im Rahmen der Änderungskündigungsschutzklage kann der **allgemeine Feststellungsantrag** gestellt werden, falls anzunehmen ist, daß weitere Änderungstatbestände vom Arbeitgeber geltend gemacht werden (zur Situation im Rahmen der Kündigungsschutzklage gegen eine Beendigungskündigung zum allgemeinen Feststellungsantrag vgl. unten Teil 5 A Rz. 18).

bb) Weiterbeschäftigung

141 Die **Weiterbeschäftigung** während des Kündigungsrechtsstreits **auf dem bisherigen Arbeitsplatz** entsprechend dem Weiterbeschäftigungsanspruch bei der Beendigungskündigung ist bei der Änderungskündigung **nicht möglich,** wenn der Vorbehalt wirksam erklärt wurde. Der Arbeitnehmer ist verpflichtet, zu den geänderten Arbeitsbedingungen während des laufenden Rechtsstreits um die Änderungskündigung, dh. um die wirksame Änderung der Arbeitsbedingungen auf dem neuen Arbeitsplatz oder zu den neuen, geänderten Bedingungen weiterzuarbeiten, und zwar bis zur Rechtskraft der Entscheidung[1]. Auch die Entscheidung des Großen Senats über den Weiterbeschäftiganspruch[2] ändert nach Auffassung des zweiten Senats des BAG daran nichts. Der durch diese Entscheidung anerkannte Weiterbeschäftigungsanspruch regele allein die Folgen einer Beendigungskündigung für die Dauer eines Bestandsstreits. Die dort vorgetragenen Argumente greifen im Fall einer Änderungskündigung nicht, wenn der Arbeitnehmer die geänderten Bedingungen unter Vorbehalt angenommen hat, weil hier bis zum Ablauf der Kündigungsfrist tatsächlich weiterbeschäftigt werde, wenn auch zu anderen Arbeitsbedingungen. Damit sei den Beschäftigungsinteressen des Arbeitnehmers zunächst gedient.

Gleichwohl halte ich es für richtig, den **Weiterbeschäftigungsanspruch** auch im Änderungsschutzverfahren zu stellen, damit ggf. ein vollstreckbarer Titel erwirkt werden kann, aus dem durch Zwangsmittel die Weiterbeschäftigung zu den alten Bedingungen durchgesetzt werden kann, wenn die Unwirksamkeit der Änderungskündigung rechtskräftig festgestellt wird.

142 Ob die Parteien eine **Vereinbarung** treffen können oder sollten, den Arbeitnehmer bis zur rechtskräftigen Entscheidung im Änderungsverfahren zu den ursprünglichen Bedingungen tatsächlich weiterzubeschäftigen, hängt von der jeweiligen Situation im Einzelfall ab und insbesondere davon, ob sich die Arbeitgeberseite darauf einläßt. Das ist eher unwahrscheinlich, denn der Arbeitgeber hat kaum Vorteile aus solch einer Vereinbarung. Verliert er den Rechtsstreit, muß er allenfalls rückständige Vergütung zahlen, hat aber die ganze Zeit die

---

[1] BAG v. 18. 1. 1990, NZA 1990, 734 ff., 736 unter Hinweis auf die nahezu einhellige Meinung in der arbeitsrechtlichen Literatur, re. Sp.
[2] BAG v. 27. 2. 1985, BAGE 48, 122.

V. Änderungskündigung

Arbeitskraft des Arbeitnehmers in Anspruch nehmen können, evtl. sogar noch eine geringere Vergütung gezahlt und damit den Liquiditätsvorteil abgeschöpft. Gewinnt er den Rechtsstreit um die Änderungskündigung, kann er die evtl. zuviel gezahlte Vergütung nicht zurückfordern, wenn die Weiterbeschäftigung auf dem bisherigen Arbeitsplatz vereinbart war und die Arbeitsleistung tatsächlich erbracht worden ist. Rückforderungen sind für die Vergangenheit abgeschnitten[1].

Die Weiterbeschäftigung während des Änderungskündigungsrechtsstreits ist ausgeschlossen, wenn um die **Sozialwidrigkeit** gestritten wird, nicht dagegen, wenn sonstige Unwirksamkeitsgründe vorliegen, zB wenn die Änderung der Arbeitsbedingungen aus betriebsverfassungsrechtlichen Gründen unwirksam ist. Dann kann ein solcher Weiterbeschäftigungsanspruch auch im einstweiligen Verfügungsverfahren duchgesetzt werden, falls unwiederbringliche Nachteile ohne die Erfüllung des Weiterbeschäftigungsanspruchs drohen[2]. 143

b) Antragstellung bei fehlendem Vorbehalt

Wird der Vorbehalt nicht oder nicht rechtzeitig erklärt, hängt die Antragstellung von dem Ziel ab, das mit der Klage verfolgt wird. Steht von vornherein fest, daß die geänderten Arbeitsbedingungen auch nicht unter Vorbehalt angenommen werden sollen, ist diese Situation von dem anderen Fall zu unterscheiden, daß der Vorbehalt vergessen wurde oder verspätet zugegangen ist. 144

Steht fest, daß um die **Beendigung des Arbeitsverhältnisses** gestritten wird, obwohl der Arbeitgeber nur die Änderung der Arbeitsbedingungen mit der Änderungskündigung durchsetzen wollte, ist der normale Kündigungsschutzantrag zu stellen (vgl. dazu oben Rz. 125). 145

Will sich die Arbeitnehmerseite, obwohl der Vorbehalt nicht oder nicht rechtzeitig erklärt worden ist, nur gegen die **Änderung der Arbeitsbedingungen** zur Wehr setzen, wird deshalb der Antrag für die Änderungskündigungsschutzklage gestellt, so kann damit konkludent der Vorbehalt erklärt sein, wenn die Klageschrift innerhalb der Dreiwochenfrist beim Arbeitgeber eingeht. Dann hat die Formulierung Bestand und braucht nicht geändert zu werden.

Ist die Frage im Streit, ob der **Vorbehalt wirksam**, insbesondere fristgerecht erklärt worden ist, so gerät die Arbeitnehmerseite in ein Dilemma, das jedoch lösbar ist.

> **Hinweis:** 146
> Ist die Frage, ob der Vorbehalt wirksam und fristgerecht erklärt worden ist, streitig, empfiehlt sich, den Änderungskündigungsschutzantrag zu stellen und hilfsweise den Antrag für die Kündigungsschutzklage im Normalfall[3].

---

1 Darauf weist auch zu Recht KR/*Rost*, § 2 KSchG Rz. 159, hin.
2 LAG Düsseldorf v. 25. 1. 1993, AuR 1993, 372.
3 So auch KR/*Rost*, § 2 KSchG Rz. 164.

Auf diese Weise kann der Arbeitnehmer auf der sicheren Seite bleiben, um sich sowohl gegen eine Änderungskündigung, falls der Vorbehalt wirksam erklärt worden ist oder wenn sich der Arbeitgeber nachträglich auf die verfristet abgegebene Vorbehaltserklärung einläßt (vgl. dazu oben Rz. 127), aber auch für den Fall abzusichern, daß die Vorbehaltserklärung nicht berücksichtigt wird. Dann kann er sich gegen die zur Beendigungskündigung gewordene Änderungskündigung mit der normalen Kündigungsschutzklage zur Wehr setzen. Dabei besteht Einigkeit, daß analog § 6 KSchG die hilfsweise Kündigungsschutzklage auch noch erhoben werden kann, wenn die Dreiwochenfrist des § 4 KSchG abgelaufen ist[1]. Die Änderungsschutzklage muß jedoch innerhalb der Dreiwochenfrist, also rechtzeitig erhoben sein[2].

147 | **Hinweis:**
Auf Arbeitnehmerseite ist die Stellung der richtigen Anträge besonders wichtig und auch noch nach Erhebung der Kündigungsschutzklage zu überprüfen, je nachdem wie sich ein möglicher Streit um die Vorbehaltserklärung entwickelt oder wie die Arbeitgeberseite auf einen verspätet erklärten Vorbehalt reagiert. Die Antragstellung kann noch bis zum Schluß der mündlichen Verhandlung in erster Instanz umgestellt werden, je nach dem dann aktuellen Klageziel[3].

c) Auflösungsantrag bei Änderungskündigungsschutzklagen

148 Ob es ebenso wie bei der Kündigungsschutzklage im allgemeinen bei der Klage gegen eine Änderungskündigung die Möglichkeit gibt, einen Auflösungsantrag gem. § 9 KSchG zu stellen, wird **nicht einheitlich beurteilt.** Das BAG hat, soweit ersichtlich, diese Frage noch nicht geklärt, sondern ausdrücklich offen gelassen[4]. In der Literatur sind die Meinungen uneinheitlich, die Instanzgerichte und die wohl hM[5] lehnen die Auflösung gem. § 9 Abs. 1 KSchG bei der Klage gegen die Änderungskündigung ab, auch eine entsprechende Anwendung komme nicht in Betracht.

149 Keine Bedenken bestehen dagegen, den Auflösungsantrag zu stellen, wenn der **Vorbehalt nicht erklärt** worden ist[6]. Das muß auch gelten, wenn eine außerordentliche, insbesondere fristlose Änderungskündigung ausgesprochen wurde und der Vorbehalt nicht erklärt ist[7].

---

1 Vgl. BAG v. 23. 3. 1983, AP Nr. 1 zu § 6 KSchG 1969.
2 Vgl. KR/*Rost*, § 2 KSchG Rz. 165; so auch *Richardi*, ZfA 1971, 106.
3 BAG v. 23. 3. 1983, AP Nr. 1 zu § 6 KSchG 1969 unter I. 4. der Urteilsgründe mit ablehnender Anm. von *Bickel*.
4 BAG v. 29. 1. 1981, AP Nr. 6 zu § 9 KSchG 1969.
5 LAG Berlin v. 2. 3. 1984, DB 1984, 2464; LAG Rheinland Pfalz v. 24. 1. 1996, LAGE § 2 KSchG Nr. 2; LAG München v. 29. 10. 1987, DB 1988, 866; vgl. auch KR/*Rost*, § 2 KSchG Rz. 166 mwN.
6 BAG v. 29. 1. 1981, AP Nr. 6 zu § 9 KSchG 1969, LS 2.
7 BAG v. 29. 1. 1981, AP Nr. 6 zu § 9 KSchG 1969.

V. Änderungskündigung

d) Streitwert bei Änderungskündigungsschutzklagen

Von welchem Streitwert für die Änderungsschutzklage auszugehen ist, war lange Zeit unklar und ist auch heute noch zwischen den Instanzgerichten streitig. Zum Teil wird angenommen, entsprechend § 12 Abs. 7 Satz 1 ArbGG sei die **Vergütungsdifferenz** zwischen dem Wert der alten Arbeitsbedingungen und den geänderten Bedingungen begrenzt auf den **Zeitraum von drei Monaten** anzusetzen[1]. Diese Ansicht ist abzulehnen, weil zum einen die Wertfestsetzung Schwierigkeiten machen kann, insbesondere wenn es keine Vergütungsdifferenzen zwischen alter und neuer Position gibt. Zum anderen wird dabei außer acht gelassen, daß das Arbeitsverhältnis ja nicht endet, sondern zunächst einmal zu veränderten Arbeitsbedingungen auf unabsehbare Zeit fortgeführt wird. Deshalb läge schon näher, § 12 Abs. 7 ArbGG anzuwenden und analog den Streitwert über Eingruppierungen gem. dem **dreijährigen Unterschiedsbetrag** zwischen der bisherigen und der neuen Vergütung anzusetzen, jedoch die Obergrenze entsprechend § 12 Abs. 7 Satz 1 ArbGG mit der üblichen dreimonatigen Bruttovergütung anzusetzen[2].

150

Falls eine Vergütungsdifferenz mit der Änderungskündigung nicht verbunden ist, sondern nur das Sozialbild verändert wird bei **gleichbleibender Vergütung**, bereitet die Ermittlung des richtigen Streitwerts nicht unerhebliche Schwierigkeiten[3]. Man sollte auch in solchen Fällen den Vierteljahresbezug analog § 12 Abs. 7 Satz 1 ArbGG ansetzen, da alle anderen Berechnungsmethoden mehr oder weniger willkürlich sind und dogmatisch viele widersprüchliche Ergebnisse begründbar sind. Aus Gründen der Einheitlichkeit und Praktikabilität sollte die Festsetzung unabhängig vom Inhalt der Änderung der Arbeitsbedingungen den Vierteljahresbruttobezug erreichen.

151

---

1 Vgl. die Nachweise bei KR/*Rost*, § 2 KSchG Rz. 174.
2 So BAG v. 23. 3. 1989, AP Nr. 1 zu § 17 GKG 1975; vgl. auch KR/*Rost*, § 2 KSchG Rz. 174a mwN zur Rechtsprechung auch in Rz. 174: zu Recht wird die Rechtseinheit als Grund angeführt, dieser Rechtsprechung zu folgen.
3 Einzelheiten bei KR/*Rost*, § 2 KSchG Rz. 174a, wo unentschieden bleibt, welcher Streitwert in solchen Fällen anzusetzen ist.

B. Der arbeitsrechtliche Aufhebungsvertrag

	Rz.
I. Allgemeines	
1. Rechtsgrundlage und Rechtsnatur arbeitsrechtlicher Aufhebungsverträge (Zulässigkeit)	
a) Begriff des Aufhebungsvertrages	1
b) Vertragsfreiheit (§§ 241, 305 BGB)	2
c) Unwirksamkeit von Aufhebungsverträgen aufgrund gesetzlicher Grenzen	
aa) Verstoß gegen den Gleichbehandlungsgrundsatz	6
bb) Nichtigkeit gem. § 134 BGB	7
cc) Bedingte Aufhebungsverträge	8
dd) Nichtigkeit gem. § 138 BGB	11
ee) Teilnichtigkeit gem. § 139 BGB	13
2. Außergerichtlicher Aufhebungsvertrag und prozessualer Aufhebungsvertrag (Prozeßvergleich)	15
3. Abgrenzung zu anderen Beendigungsgründen und -vereinbarungen	
a) Kündigung	17
b) Erlaß	19
c) Ausgleichsklausel/ Ausgleichsquittung	20
d) Kündigungsvergleich/ Abwicklungsvertrag	22
II. Zustandekommen des Aufhebungsvertrages	
1. Ausdrücklicher Vertragsschluß	24
2. Konkludenter oder stillschweigender Aufhebungsvertrag	25
3. Umdeutung	28
4. Form des Aufhebungsvertrages	29
III. Der Inhalt von Aufhebungsverträgen	30
1. Zeitpunkt der Beendigung	31
2. Abfindungen	32
3. Freistellung von der Arbeit	35

	Rz.
4. Urlaub und Urlaubsabgeltung	36
5. Wettbewerbsverbot	39
6. Zeugniserteilung	42
7. Betriebliche Altersversorgung	45
8. Dienstwagen	46
9. Allgemeine Ausgleichsklausel/ Verzichtserklärungen	47
IV. Hinweispflichten des Arbeitgebers	49
V. Die Beseitigung von Aufhebungsverträgen	
1. Rücktritts- und Widerrufsrechte	52
2. Anfechtung von Aufhebungserklärungen	
a) Anfechtung wegen Irrtums (§ 119 BGB)	57
b) Anfechtung wegen Täuschung oder Drohung (§ 123 BGB)	58
c) Anfechtungsfristen	61
VI. Prozessuales	62
VII. Rechtsfolgen	
1. Arbeitsrechtliche Folgen	66
2. Steuerrechtliche Folgen	67
a) Steuerfreie Abfindungen	67
b) Steuerbegünstigte Entschädigungen	69
3. Sozialversicherungsrechtliche Folgen	
a) Beitragsfreiheit bei Abfindungszahlungen	70
b) Anrechnung der Abfindung auf Arbeitslosengeld	71
c) Ruhen des Arbeitslosengeldbezuges (§ 117 AFG aF)	72
d) Verkürzung des Arbeitslosengeldbezuges (§ 117a AFG aF)	73
e) Sperrzeiten (§§ 119, 119a AFG aF)	74
f) Erstattungspflicht des Arbeitgebers (§ 128 AFG aF)	75
g) Die wichtigsten Neuregelungen	
aa) Pauschale Anrechnung von Entlassungsentschädigungen	81
bb) Sperrzeitenregelung	84

B. Der arbeitsrechtliche Aufhebungsvertrag

	Rz.
cc) Wegfall der Erstattungspflicht des Arbeitgebers	85
VIII. Besondere betriebliche Situationen	
1. Betriebsänderungen	86
2. Massenentlassungen	88
3. Betriebsübergang	89
IX. Das Altersteilzeitgesetz	
1. Grundlagen und Zweck des Altersteilzeitgesetzes	90
2. Anspruch auf Förderleistungen nach dem Altersteilzeitgesetz	91
a) Voraussetzungen für den Anspruch auf Förderleistungen	
aa) Begünstigter Personenkreis	92
bb) Vereinbarung von Altersteilzeitarbeit	93

	Rz.
cc) Zahlung eines Aufstockungsbetrages und von Beiträgen zur gesetzlichen Rentenversicherung aus einem Unterschiedsbetrag	96
dd) Wiederbesetzung des Arbeitsplatzes	100
ee) Freie Entscheidung des Arbeitgebers	104
b) Leistungen an den Arbeitgeber	105
c) Ausschlußgründe	107
3. Schutz der Altersteilzeitarbeitnehmer	
a) Die sozialrechtliche Sicherung	111
b) Die arbeitsrechtliche Sicherung	114
4. Verfahrensfragen	116
5. Steuerrechtliche Aspekte	119

Schrifttum:

Bauer, Arbeitsrechtliche Aufhebungsverträge, 4. Aufl. 1995; *Bauer/Diller,* Zur Inhaltskontrolle von Aufhebungsverträgen, DB 1995, 1810; *Bauer/Haußmann,* Der Rücktritt vom Aufhebungsvertrag, BB 1996, 901; *Bauer/Röder,* Aufhebungsverträge bei Massenentlassungen und bei Betriebsänderungen, NZA 1985, 201; *Becker-Schaffner,* Der Aufhebungsvertrag in der Rechtsprechung, BB 1981, 1340; *Bengelsdorf,* Aufhebungsvertrag und Abfindungsvereinbarungen, 2. Aufl. 1994; *Dieterich,* Grundgesetz und Privatautonomie im Arbeitsrecht, RdA 1995, 129; *Dieterich,* Erwiderung zu Bauer/Diller, DB 1995, 1810, 1813; *von Einem,* Das Gesetz zur Förderung eines gleitenden Übergangs in den Ruhestand, BB 1996, 1883; *Ernst,* Aufhebungsverträge zur Beendigung von Arbeitsverhältnissen, 1993; *Färber,* Rechtsfragen im Zusammenhang mit dem Abschluß eines Aufhebungsvertrages, in: Beseler/Bopp ua., Beendigung des Arbeitsverhältnisses, 1994, S. 227; *Holthöwer/Rolfs,* Die Beendigung des Arbeitsverhältnisses mit älteren Arbeitnehmern, DB 1995, 1074; *Kotthaus,* Der arbeitsrechtliche Aufhebungsvertrag, 1987; *Löwisch,* Mitwirkungsrecht des Sprecherausschusses beim Ausscheiden leitender Angestellter aufgrund von Aufhebungsverträgen, BB 1990, 1412; *Molkenbur,* Beendigung des Arbeitsverhältnisses, in: Beseler, Bopp ua., Beendigung des Arbeitsverhältnisses, 1994, S. 13; *Müller,* Arbeitsrechtliche Aufhebungsverträge, 1991; *Oßwald,* Der (bedingte) Aufhebungsvertrag im Arbeitsrecht und die Privatautonomie im Kündigungsschutzrecht, 1990; *Weber/Ehrich,* Prozessuale Folgen der Unwirksamkeit von Aufhebungsvereinbarungen bei Kündigungsschutzklagen, DB 1995, 2369; *Weber/Ehrich/Hoß,* Handbuch der arbeitsrechtlichen Aufhebungsverträge, 1996.

I. Allgemeines

1. Rechtsgrundlage und Rechtsnatur arbeitsrechtlicher Aufhebungsverträge (Zulässigkeit)

a) Begriff des Aufhebungsvertrages[1]

1 In der arbeitsrechtlichen Praxis kommt dem Abschluß von Aufhebungsverträgen eine sehr große Bedeutung zu. Das gilt sowohl für die Beendigung des Arbeitsverhältnisses im Einzelfall als auch für die Beendigung gerichtlicher Verfahren sowie im Rahmen größerer Personalabbaumaßnahmen. Unter einem Aufhebungsvertrag ist begrifflich zu verstehen die einvernehmliche **rechtsgeschäftliche Vereinbarung** der Parteien, aufgrund privatautonomer Entscheidung das Arbeitsverhältnis zu einem bestimmten Zeitpunkt einvernehmlich zu beenden. Allerdings kann dem Aufhebungsvertrag in der Regel keine Rückwirkung beigelegt werden[2]. Demgemäß können die Parteien das Arbeitsverhältnis, obwohl das Gesetz dieses nicht besonders ausspricht, durch vertragliche Abrede grundsätzlich formlos wieder aufheben.

b) Vertragsfreiheit (§§ 241, 305 BGB)

2 Für den Abschluß des arbeitsrechtlichen Aufhebungsvertrages gilt grundsätzlich das Prinzip der Vertragsfreiheit[3]. Der Arbeitnehmer ist bei dem Beendigungstatbestand des Aufhebungsvertrages nämlich nicht in gleicher Weise schutzbedürftig wie bei der arbeitgeberseitigen Kündigung, weil er durch das **Prinzip der Freiwilligkeit** selbst Einfluß auf die Beendigung nehmen kann. Diese Freiwilligkeit ist jedoch zweifelhaft, wenn sich der Arbeitnehmer beim Abschluß des Aufhebungsvertrages in einer unterlegenen Situation befunden hat, in welcher Druck auf ihn ausgeübt worden ist[4]. Dennoch unterliegt der arbeitsrechtliche Aufhebungsvertrag im Grundsatz **keinen rechtlichen Beschränkungen**. Insbesondere findet der allgemeine und besondere Kündigungsschutz im allgemeinen keine Anwendung. Mit Schwerbehinderten kann somit ebenso wie mit Schwangeren im Grundsatz ohne weiteres ein Aufhebungsvertrag geschlossen werden. Nichts anderes gilt für den Abschluß von arbeitsrechtlichen Aufhebungsverträgen mit Müttern im Erziehungsurlaub und mit denjenigen, die dem Arbeitsplatzschutzgesetz unterfallen. Auch mit Minderjährigen kann ein Aufhebungsvertrag geschlossen werden, sofern der gesetzliche Vertreter den Minderjährigen ermächtigt hat, in Arbeit zu treten. In diesem Falle ist der Minderjährige nämlich gem. § 113 Abs. 1 BGB ua. für solche Rechtsgeschäfte unbeschränkt geschäftsfähig, welche die Aufhebung des Arbeitsverhältnisses der gestatteten Art betreffen. Auch hier gilt aber, daß Rechts-

---

1 Vgl. zu diesem Begriff MünchArbR/*Wank*, § 112 Rz. 1; *Müller*, Arbeitsrechtliche Aufhebungsverträge, S. 35 ff.
2 *Bauer*, Arbeitsrechtliche Aufhebungsverträge, Rz. 7 mwN.
3 Vgl. *Ernst*, Aufhebungsverträge S. 13 ff.; *Bengelsdorf*, Aufhebungsvertrag und Abfindungsvereinbarungen, S. 2 f.
4 MünchArbR/*Wank*, § 112 Rz. 1 mwN.

I. Allgemeines

geschäfte, die zum Nachteil des Minderjährigen wesentlich vom Üblichen abweichen, nicht durch die Ermächtigung gedeckt sind. Unwirksam ist daher ein aus Anlaß der Schwangerschaft geschlossener Aufhebungsvertrag mit einer Minderjährigen[1].

Zum Abschluß eines Aufhebungsvertrages bedarf es nicht der vorherigen Anhörung des Betriebsrats gem. §§ 102, 103 BetrVG 1972 oder des Sprecherausschusses gem. § 31 Abs. 2 Sprecherausschutzgesetz[2].

Umstritten ist, ob **Massenaufhebungsverträge** anzeigepflichtige Entlassungen iSv. §§ 17 ff. KSchG darstellen. Nach herrschender und wohl auch zutreffender Ansicht hat der Arbeitgeber bei dem Abschluß von Massenaufhebungsverträgen die Vorschriften der §§ 17 ff. KSchG über die Massenentlassung nicht einzuhalten[3]. Nach Ansicht von *Wank*[4] verfolgt der Massenentlassungsschutz aber arbeitsmarktpolitische Zwecke. Die Arbeitsverwaltung solle möglichst frühzeitig über Entlassungen größeren Ausmaßes unterrichtet werden. Demgemäß bestehe ein solcher Informationsbedarf auch bei Massenaufhebungsverträgen. In der Praxis sollte dieser Meinungsstreit jedoch nicht überbewertet werden. § 18 KSchG kommt nämlich im Rahmen des Abschlusses von Aufhebungsverträgen selbst dann nicht zur Anwendung, wenn die Anzeige nach § 17 KSchG unterblieben ist. Folglich würde selbst eine als Massenentlassung zu qualifizierende Massenaufhebungsvereinbarung bei unterbliebener Anzeige keine Unwirksamkeit der abgeschlossenen Aufhebungsverträge nach sich ziehen[5].

In jüngster Zeit finden sich in der Literatur verstärkt Auseinandersetzungen zur **richterlichen Inhalts- bzw. Billigkeitskontrolle** von Aufhebungsverträgen. Ausgangspunkt ist die Rechtsprechung des Bundesverfassungsgerichts[6] betreffend das Wettbewerbsverbot mit Handelsvertretern und die Bürgschaften einkommensloser Familienangehöriger. Danach besteht das Grundrecht auf Privatautonomie bzw. auf Schutz vor „diktierten" Verträgen. Im Anschluß an diese Rechtsprechung wird nunmehr kontrovers diskutiert, ob arbeitsrechtliche Aufhebungsverträge einer verstärkten richterlichen Inhaltskontrolle zu unterwerfen sind[7]. Im Zusammenhang mit dieser Diskussion muß differenziert werden:

Die sogenannte Billigkeitskontrolle arbeitsvertraglicher Einheitsregelungen ist seit langem akzeptiert. Erheblich mehr Zurückhaltung ist jedoch bei der Inhaltskontrolle individuell ausgehandelter Verträge geboten. Unter Berücksich-

---

1 *Palandt/Heinrichs*, § 113 Rz. 5 unter Hinweis auf LAG Bremen v. 15. 10. 1971, DB 1971, 2318; vgl. auch *Bauer*, Rz. 9 mwN.
2 Vgl. auch *Löwisch*, BB 1990, 1412.
3 So insbes. BAG v. 6. 12. 1973, AP Nr. 1 zu § 17 KSchG.
4 MünchArbR/*Wank*, § 112 Rz. 16.
5 Vgl. dazu aber auch *Bauer/Röder*, NZA 1985, 201; aA *Kotthaus*, Der arbeitsrechtliche Aufhebungsvertrag, S. 39 f.
6 BVerfG v. 7. 2. 1990, DB 1990, 574; BVerfG v. 19. 10. 1993, DB 1993, 2580.
7 Vgl. dazu *Dieterich*, RdA 1995, 129; *Bauer/Diller*, DB 1995, 1810 ff.; *Dieterich*, DB 1995, 1813 ff.

tigung der Rechtsprechung des Bundesverfassungsgerichts kommt eine Inhalts- bzw. Billigkeitskontrolle beim Abschluß arbeitsrechtlicher Aufhebungsverträge in erster Linie dann in Betracht, wenn beim Abschluß des Vertrages ein sogenanntes **„strukturelles Ungleichgewicht"** vorlag. Als Kriterien für ein solches strukturelles Ungleichgewicht werden genannt[1]:

- das Vorliegen eines nicht verhandelbaren Formularvertrages
- der Vertragsschluß in einer „kontrollbedürftigen Situation"
- die Bagatellisierung der einzugehenden Verpflichtung durch den Vertragspartner
- die Ausnutzung der geschäftlichen Unerfahrenheit
- das Fehlen jeglicher Aufklärung über Vertragsrisiken
- eine besondere Drucksituation.

In zweiter Linie stellt sich das Problem der richterlichen Inhaltskontrolle im Zusammenhang mit dem **Schutz vor Übereilung.** Zutreffend gehen *Bauer/Diller*[2] davon aus, daß das Übereilungsproblem das eigentliche Problem arbeitsrechtlicher Aufhebungsverträge ist. Diese sehen eine Lösung nur in Rücktritts- oder Widerrufsrechten, wobei sie dahingestellt sein lassen, ob solche Rücktritts- oder Widerrufsrechte überhaupt wünschenswert sind.

c) Unwirksamkeit von Aufhebungsverträgen aufgrund gesetzlicher Grenzen

aa) Verstoß gegen den Gleichbehandlungsgrundsatz

6   Zahlt ein Arbeitgeber nach der Schließung eines Betriebes freiwillig an die Mehrzahl seiner ehemaligen Arbeitnehmer im Rahmen von Aufhebungsverträgen **Abfindungen,** so sind die Leistungen nach dem vom Arbeitgeber bestimmten Verteilungsschlüssel am **Gleichbehandlungsgrundsatz** zu messen. Sind die rechtlichen und wirtschaftlichen Folgen der Betriebsschließung für verschiedene Arbeitnehmergruppen gleich oder vergleichbar, so darf der Arbeitgeber nicht willkürlich der einen Gruppe eine Abfindung zahlen, während er die andere Gruppe von der Abfindungszahlung ausnimmt. Ist allerdings der für die Zahlung der Abfindungen zur Verfügung stehende Gesamtbetrag sehr gering und sind die Chancen der ausgeschiedenen Arbeitnehmer auf dem Arbeitsmarkt als ungünstig zu beurteilen, so kann es je nach den Umständen gerechtfertigt sein, die Arbeitnehmer ganz von einer Abfindungszahlung auszunehmen, die das Arbeitsverhältnis vorzeitig durch Aufhebungsvertrag aufgelöst haben, nachdem sie eine neue Beschäftigung gefunden hatten[3]. Mithin findet die Freiheit des Arbeitgebers, an gleiche oder vergleichbare Arbeitnehmergruppen unterschiedliche Abfindungen im Rahmen von Aufhebungsverträgen zu zahlen, ihre Grenze am Gleichbehandlungsgrundsatz (§ 242 BGB).

---

1 Vgl. *Bauer/Diller*, DB 1995, 1810, 1812 mwN.
2 *Bauer/Diller*, DB 1995, 1810, 1813.
3 BAG v. 25. 11. 1993, NZA 1994, 788.

I. Allgemeines

bb) Nichtigkeit gem. § 134 BGB

Es ist denkbar, daß ein Aufhebungsvertrag wegen **Umgehung zwingender gesetzlicher Vorschriften** gem. § 134 BGB rechtsunwirksam ist. Als solche gesetzliche Vorschriften kommen in Betracht die §§ 9, 10 KSchG, 111 ff. BetrVG 1972 und § 613a BGB[1]. Vereinbart der Arbeitgeber allerdings in einem Aufhebungsvertrag mit einem ausländischen Arbeitnehmer, daß dieser für den Fall der endgültigen Rückkehr in seine Heimat nach Beendigung des Arbeitsverhältnisses eine Abfindung erhalten soll, so liegt allein darin noch keine Umgehung der §§ 9, 10 KSchG. Eine solche „Heimkehrklausel" kann jedoch wegen funktionswidriger Umgehung der §§ 111, 112 BetrVG 1972 unwirksam sein, wenn der Aufhebungsvertrag in Ausführung einer Betriebsvereinbarung geschlossen wird, die Personalabbau durch Abschluß von Aufhebungsverträgen zum Ziele hat und der deshalb eine Art Sozialplancharakter zukommt[2].

cc) Bedingte Aufhebungsverträge

Gelegentlich kommt es zum Abschluß von Aufhebungsverträgen, in denen die **Beendigung des Arbeitsverhältnisses** von einem zukünftigen, ungewissen Ereignis **abhängig** gemacht wird. Derartige Bedingungen in Aufhebungsverträgen sind jedenfalls dann unwirksam, wenn sie mit dem Sinn und Zweck von Kündigungsschutzbestimmungen nicht in Einklang zu bringen sind[3]. Dementsprechend ist eine einzelvertragliche Vereinbarung, nach welcher das Arbeitsverhältnis ohne weiteres endet, wenn der Arbeitnehmer nach dem Ende seines Urlaubs die Arbeit an dem vereinbarten Tag nicht wieder aufnimmt, rechtsunwirksam unabhängig davon, welche Umstände die Fristversäumnis veranlaßt haben, weil dadurch der nach dem Kündigungs- und Kündigungsschutzrecht gewährleistete Bestandsschutz des Arbeitsverhältnisses vereitelt werden würde[4]. Im Anschluß an diese Entscheidung hat das Bundesarbeitsgericht am 13. 12. 1984[5] entschieden, daß eine einzelvertragliche Vereinbarung unwirksam ist, nach welcher das Arbeitsverhältnis zum Urlaubsende aufgelöst, dem Arbeitnehmer jedoch gleichzeitig die Wiedereinstellung zu den bisherigen Arbeitsbedingungen unter der Bedingung zugesagt wird, daß er dies spätestens an einem bestimmten, nach dem Urlaubsende liegenden Termin beantragt. Nichts anderes gilt schließlich für einen Vertrag, durch den das Arbeitsverhältnis zum Urlaubsende aufgelöst wird, wenn dem Arbeitnehmer gleichzeitig die Wiedereinstellung bei Wahrung des Besitzstandes zugesagt und hierfür nicht nur die termingerechte Rückkehr aus dem Urlaub, sondern auch die Zustimmung des Betriebsrats und eine günstige Beschäftigungslage als Bedingung vereinbart wird[6].

---

1 Vgl. *Bengelsdorf*, S. 8 ff.; *Ernst*, S. 138 ff.; *Müller*, S. 105.
2 BAG v. 7. 5. 1987, AP Nr. 19 zu § 9 KSchG 1969.
3 *Schaub*, § 122 II 3; MünchArbR/*Wank*, § 112 Rz. 10; vgl. auch *Bengelsdorf*, S. 8 f.; *Ernst*, S. 143 ff.; *Müller*, S. 105 ff.; MünchKomm/*Schwerdtner*, vor § 620 BGB Rz. 12.
4 BAG v. 19. 12. 1974, AP Nr. 3 zu § 620 BGB – Bedingung.
5 BAG v. 13. 12. 1984, AP Nr. 8 zu § 620 BGB – Bedingung.
6 BAG v. 25. 6. 1987, NZA 1988, 391.

9 Weiter ist ein solcher Aufhebungsvertrag unwirksam, nach dem ein **Berufsausbildungsverhältnis** endet, wenn das Berufsschulzeugnis des Auszubildenden in bestimmten Fächern die Note „mangelhaft" enthält[1].

10 Ferner ist ein Aufhebungsvertrag dann rechtsunwirksam, wenn das Arbeitsverhältnis bei erneutem **Alkoholkonsum** des Arbeitnehmers beendet sein soll[2]. Schließlich ist zweifelhaft, ob ein Aufhebungsvertrag rechtswirksam ist, falls die Parteien im Anschluß an eine Kündigungsschutzklage die Beendigung des Arbeitsverhältnisses für den Fall vereinbaren, daß der Arbeitnehmer in einer bestimmten Zeitspanne mehr als 10% der Arbeitstage arbeitsunfähig krank ist[3].

dd) Nichtigkeit gem. § 138 BGB[4]

11 Es ist denkbar, daß der Aufhebungsvertrag nach § 138 BGB wegen **Sittenwidrigkeit** nichtig ist.

Die Sittenwidrigkeit kann sich allerdings nicht allein auf die nach Auffassung des Arbeitnehmers vom Arbeitgeber ausgehende **widerrechtliche Drohung** beziehen. Denn die widerrechtliche Drohung hat durch § 123 BGB eine rechtliche Sonderregelung erfahren. Insofern müssen besondere Umstände hinzukommen, um die Annahme zu rechtfertigen, das Geschäft sei nach seinem Gesamtcharakter gem. § 138 BGB als sittenwidrig und damit als nichtig anzusehen[5].

Es ist jedoch denkbar, daß zum einen ein **Anfechtungsgrund nach § 123 BGB** vorliegt und zum anderen der abgeschlossene Aufhebungsvertrag gleichzeitig aus anderen Gründen sittenwidrig ist.

Eine solche Sittenwidrigkeit ist zB nicht alleine deshalb anzunehmen, weil der Aufhebungsvertrag **rückdatiert** worden ist. Die Auflösung des Arbeitsverhältnisses ist nämlich auch bei falscher Angabe des Zeitpunktes des Vertragsschlusses an sich noch kein unerlaubtes Geschäft.

12 Dagegen kann ein außergerichtlicher vergleichsweiser Aufhebungsvertrag, in dem ein Arbeitnehmer anerkennt, seinen Arbeitgeber durch strafbare Handlungen in Höhe eines bestimmten Betrages geschädigt zu haben und diesen Schaden ersetzen zu müssen, sittenwidrig und deshalb gem. § 138 BGB nichtig sein, wenn ein **auffälliges Mißverhältnis** des beiderseitigen Nachgebens besteht, das auf eine verwerfliche Gesinnung des Arbeitgebers schließen läßt. Bei der danach notwendigen Bewertung des beiderseitigen Nachgebens kommt es darauf an, welcher Höchstschaden bei Abschluß des Vergleiches in Betracht gezogen

---

1 BAG v. 5. 12. 1985, AP Nr. 10 zu § 620 BGB – Bedingung.
2 *Schaub*, § 122 II 3 unter Hinweis auf LAG München v. 29. 10. 1987, DB 1988, 506; MünchArbR/*Wank*, § 112 Rz. 10 unter Hinweis auf LAG München v. 20. 10. 1987, NZA 1988, 586.
3 Vgl. dazu *Schaub*, § 122 II 3 und die dortigen Nachweise unter Fn. 12 sowie MünchArbR/*Wank*, § 112 Rz. 10 sowie die dortige Fn. 29.
4 Vgl. dazu ausführlich *Bengelsdorf*, S. 10; *Ernst*, S. 156 ff.; *Müller*, S. 112 und *Färber*, S. 239.
5 *Färber*, S. 239; BAG v. 10. 3. 1988, AP Nr. 99 zu § 611 BGB – Fürsorgepflicht.

I. Allgemeines

und als Vergleichsrahmen angesehen worden ist. Ob der Höchstschaden und der zugestandene Betrag beweisbar gewesen wären, ist für die Frage der Sittenwidrigkeit des Vergleichs unerheblich[1].

Auch ein außergerichtlicher vergleichsweiser Aufhebungsvertrag, der die **Abfindung** einer Versorgungsanwartschaft durch einen Kapitalbetrag vorsieht, kann gegen die guten Sitten verstoßen und deshalb gemäß § 138 BGB nichtig sein, wenn ein grobes Mißverhältnis des beiderseitigen Nachgebens besteht. Ein Indiz hierfür ist gegeben, wenn die Abfindungssumme nur einen geringfügigen Bruchteil des zeitanteilig erdienten Anwartschaftswertes bildet und für einen so weitgehenden Verzicht kein Grund ersichtlich ist[2].

ee) Teilnichtigkeit gem. § 139 BGB

Ein Sonderproblem ergibt sich, wenn lediglich **einzelne Bestimmungen** des Aufhebungsvertrages **nichtig** sind. Gem. § 139 BGB ist das ganze Rechtsgeschäft nämlich nichtig, wenn ein Teil dieses Rechtsgeschäfts nichtig ist und nicht anzunehmen ist, daß es auch ohne den nichtigen Teil vorgenommen sein würde. Bei der Bestimmung des § 139 BGB handelt es sich jedoch um dispositives Recht. Dieses kann durch Individualvereinbarung, aber auch durch formularmäßige Regelungen abbedungen werden. Klauseln, wonach das Restgeschäft im Falle der Teilnichtigkeit gültig bleibt, sind aber unter Umständen einschränkend auszulegen und daher nicht anwendbar, wenn die sittenwidrigen oder sonst nichtigen Bestimmungen von grundlegender Bedeutung sind[3].

Mit dieser Einschränkung können die Parteien also beispielsweise durchaus vereinbaren, daß der Aufhebungsvertrag im übrigen wirksam ist, wenn lediglich ein Teil dieses Rechtsgeschäfts nichtig ist. Fehlt es jedoch an einer solchen **Parteivereinbarung,** so ist auf den mutmaßlichen **Parteiwillen** abzustellen. Es ist hierbei nach den gleichen Grundsätzen zu verfahren, die für die ergänzende Vertragsauslegung gelten. Maßgebend ist, welche Entscheidung die Parteien bei Kenntnis der Teilnichtigkeit nach Treu und Glauben und unter Berücksichtigung der Verkehrssitte getroffen hätten. Das bedeutet in der Regel, daß das objektiv Vernünftige als Parteiwille anzunehmen ist. Es genügt nicht, daß die Parteien auf jeden Fall, wenn auch vielleicht anders, einen Aufhebungsvertrag abgeschlossen hätten[4].

Ein typischer **Beispielsfall** der Teilnichtigkeit liegt vor, wenn im Rahmen eines Aufhebungsvertrages unter Verstoß gegen § 3 BetrAVG eine unverfallbare Anwartschaft auf betriebliche Altersversorgung finanziell abgegolten worden ist. Hier könnte zB anzunehmen sein, daß der Aufhebungsvertrag im übrigen wirksam ist und an die Stelle der finanziellen Abgeltung der unverfallbaren Anwartschaft auf betriebliche Altersversorgung die gesetzliche Rechtsfolge des BetrAVG tritt. Im übrigen ist es von grundsätzlicher Bedeutung, ob die Parteien von

---

1 BAG v. 11. 9. 1984, AP Nr. 37 zu § 138 BGB.
2 BAG v. 30. 7. 1985, AP Nr. 39 zu § 138 BGB.
3 *Palandt/Heinrichs*, § 139 Rz. 17 mwN.
4 *Palandt/Heinrichs*, § 139 Rz. 14 mwN.

vornherein Kenntnis von der Teilnichtigkeit hatten. In einem solchen Falle gilt, wenn dieses auch im einzelnen streitig ist, daß hinsichtlich dieses Teils kein Rechtsfolgewille und daher kein Rechtsgeschäft vorliegt und das Rechtsgeschäft ohne den als nichtig erkannten Teil gilt, wenn beide Parteien den Aufhebungsvertrag mit diesem eingeschränkten Inhalt gewollt haben.

2. Außergerichtlicher Aufhebungsvertrag und prozessualer Aufhebungsvertrag (Prozeßvergleich)[1]

15 Sowohl beim außergerichtlichen Aufhebungsvertrag als auch beim Prozeßvergleich handelt es sich um **privatrechtliche Verträge**, für die § 779 BGB und alle übrigen Vorschriften des BGB gelten. Daß dem Prozeßvergleich darüber hinaus **Doppelnatur** zukommt, folgt daraus, daß er auch eine Prozeßhandlung enthält, deren Wirksamkeit sich nach den Grundsätzen des Verfahrensrechts bestimmt.

Zur einverständlichen Aufhebung der Arbeitsverhältnisse werden in aller Regel Aufhebungsverträge abgeschlossen, zum Teil auch Abwicklungsverträge[2].

Gerade in letzter Zeit sind durch die Änderung der Rechtsprechung des Bundessozialgerichts[3], aber auch schon grundsätzlich verschiedene Streitfragen aufgetreten, die für die Praxis relevant sind.

16 Besondere prozessuale Folgen ergeben sich, falls sich im Rahmen einer Kündigungsschutzklage die Unwirksamkeit von Aufhebungsvereinbarungen erweist[4]. Im übrigen ist ein **Prozeßvergleich** ein Vergleich mit Doppelwirkung, dem sowohl verfahrensrechtliche als auch materiell-rechtliche Bedeutung zukommt und der zwischen den Parteien oder einer Partei und einem Dritten zur Beilegung von gerichtlichen Streitigkeiten vor einem deutschen Gericht abgeschlossen wird. Das zeigt die Vorschrift des § 794 Abs. 1 Nr. 1 ZPO. Demgegenüber sind **außergerichtliche Vergleiche** auch dann, wenn sie auf Anregung eines Gerichts zustande gekommen sind, nicht als Prozeßvergleiche zu qualifizieren. Aufgrund des Grundsatzes der Privatautonomie gibt es keine besonderen gesetzlichen Voraussetzungen für die Zulässigkeit des Abschlusses von Aufhebungsverträgen, gleich ob diese gerichtlich oder außergerichtlich abgeschlossen werden. Der Inhalt des Aufhebungsvergleichs kann ganz unterschiedlich sein. Darauf wird später noch zurückzukommen sein (Rz. 30 ff.). In erster Linie besteht seine Wirkung in der Beendigung des Arbeitsverhältnisses zu dem vereinbarten Zeitpunkt. Grundsätzlich sind Aufhebungsverträge nicht widerruflich. Es gibt allerdings tarifliche Regelungen, die eine **Widerrufsfrist** von zB drei Tagen vorsehen. Nichts anderes gilt, wenn sich eine oder beide Parteien im Rahmen eines Prozeßvergleichs den Widerruf des Vergleichs vorbehalten haben. Die Versäumnis der Widerrufsfrist ist allerdings nicht heilbar. Insbesondere kann keine Wiedereinsetzung in den vorigen Stand gewährt werden.

---

1 Vgl. dazu ausführlich *Bengelsdorf*, S. 4 f. und S. 16 ff. mwN; *Müller*, S. 49 ff. und S. 141 ff.; *Oßwald*, Der bedingte Aufhebungsvertrag, S. 25.
2 Zu den Unterschieden siehe unten Rz. 22.
3 Vgl. dazu unten Rz. 23 mwN.
4 Vgl. ausführlich *Weber/Ehrich*, DB 1995, 2369; *Bauer/Haußmann*, BB 1996, 901 ff.

3. Abgrenzung zu anderen Beendigungsgründen und -vereinbarungen
a) Kündigung

Vom Aufhebungsvertrag abzugrenzen ist die Kündigung[1]. In der Praxis ist die Kündigung die häufigste Form der Beendigung eines Arbeitsverhältnisses. Die Kündigung ist eine **einseitige empfangsbedürftige Willenserklärung** einer der beiden Vertragsparteien des Arbeitsverhältnisses, durch welche das Arbeitsverhältnis mit Wirkung für die Zukunft aufgelöst werden soll. Es kommt nicht darauf an, ob der Kündigungsempfänger mit der Beendigung des Arbeitsverhältnisses einverstanden ist. Dieser muß die Kündigung somit nicht etwa „akzeptieren" oder „annehmen". Allerdings existieren verschiedene gesetzliche Regelungen, die zur Rechtsunwirksamkeit einer Kündigung führen können. *Wank*[2] führt dazu zutreffend aus:

17

„Auch wenn es ein eigenes Kündigungsschutzgesetz gibt, wäre die Vorstellung, dieses Gesetz enthalte auch nur einigermaßen umfassend das Kündigungsrecht, verfehlt. Das Kündigungsrecht ist vielmehr auf zahlreiche Gesetze aufgesplittet. Die Systemzusammenhänge sind nicht leicht zu durchschauen. Die allgemeinen Vorschriften für allgemeine Kündigungen sind im BGB enthalten. Dazu gehören in erster Linie die allgemeinen Vorschriften über Willenserklärungen, wie Erklärung, Auslegung, Wirksamkeit und Zugang. Im BGB geregelt sind auch die Vorschriften über Kündigungstermine ... Das Problem der Anhörung anderer Stellen ist teils im Kündigungsschutzgesetz (§ 17 KSchG), teils im Betriebsverfassungsgesetz (§§ 102, 113 BetrVG), teils in Spezialgesetzen (Mutterschutzgesetz, Schwerbehindertengesetz usw.) enthalten. Eine Erklärung über die Erklärungsfrist findet sich für die außerordentliche Kündigung im BGB (§ 626 Abs. 2 BGB). Die Klagefrist ist nach einem schwer durchschaubaren System im Kündigungsschutzgesetz geregelt, und zwar sowohl für die Kündigungen nach dem Kündigungsschutzgesetz (§ 13 KSchG) als auch, teilweise, für Kündigungen außerhalb des Kündigungsschutzgesetzes ..."

Bei einer arbeitnehmerseitigen Kündigung wendet sich der Arbeitgeber nur ausgesprochen selten gegen die Rechtswirksamkeit dieser Kündigung. In der Praxis kommt es allenfalls vor, daß der Arbeitgeber die Einhaltung der Kündigungsfrist begehrt oder den Arbeitnehmer wegen Nichteinhaltung der Kündigungsfrist auf Schadensersatz in Anspruch nimmt. Ansonsten wird meistens getreu dem Motto verfahren, daß man Reisende nicht aufhalten soll. Bei einer Kündigung durch den Arbeitgeber dagegen läßt sich die **zeitliche Abfolge** – wie *Wank*[3] zutreffend ausführt – wie folgt aufgliedern:

18

▶ Kenntnis des Kündigungsgrundes
▶ Kündigungsentschluß
▶ Anhörung
▶ Kündigungserklärung – Lauf der Klagefrist
▶ Ablauf der Kündigungsfrist
▶ Ablauf des Kündigungstermins

---

1 Vgl. dazu *Ernst*, S. 45 f.; *Molkenbur*, S. 32 ff.
2 MünchArbR/*Wank*, § 114 Rz. 2.
3 MünchArbR/*Wank*, § 114 Rz. 10.

- Beendigung des Arbeitsverhältnisses
- Güte- und Kammertermin im Rahmen der Klage des Arbeitnehmers und
- ggf. Weiterbeschäftigung
- Urteil erster Instanz, ggf. Weiterbeschäftigung
- Urteil zweiter Instanz, evtl. Weiterbeschäftigung sowie schließlich
- Urteil letzter Instanz.

Zu dieser zeitlichen Abfolge kommt es selbstverständlich nur dann, wenn die Parteien sich nicht zwischenzeitlich außergerichtlich oder im Rahmen des gerichtlichen Verfahrens gütlich geeinigt haben.

b) Erlaß

19 Durch den Erlaßvertrag[1] wollen die Parteien regelmäßig ausdrücken, daß **Ansprüche** aus dem Arbeitsverhältnis nach seiner Beendigung **nicht mehr bestehen.** Klauseln, die ein solches Ziel verfolgen, können verschiedener Rechtsnatur sein und damit unterschiedliche Wirkungen haben. Als Rechtsinstitut kommt insbesondere der Erlaßvertrag in Betracht.

c) Ausgleichsklausel/Ausgleichsquittung[2]

20 Um ein späteres „Nachkarten" auszuschließen, empfiehlt es sich gelegentlich, in den Aufhebungsvertrag eine **allgemeine Erledigungsklausel** (vgl. dazu ausführlich unten Rz. 47) aufzunehmen, die etwa folgenden Wortlaut haben kann:

> „Mit Erfüllung dieses Vergleiches sind sämtliche gegenseitigen Ansprüche der Parteien aus dem Arbeitsverhältnis und seiner Beendigung, gleich aus welchem Rechtsgrund und ob bekannt oder unbekannt, ausgeglichen."

Es wird jedoch dringend davor gewarnt, diese Erledigungsklausel aufzunehmen, wenn der Aufhebungsvertrag **keine vollständige Regelung** bezüglich aller streitigen und unstreitigen Punkte enthält. In der Praxis zeigt es sich immer wieder, daß derartige allgemeine Erledigungsklauseln manchmal voreilig aufgenommen und hierbei bestehende und noch nicht erfüllte Ansprüche übersehen worden sind. Die Erledigungsklausel sollte also erst dann akzeptiert werden, wenn in einem ausführlichen Gespräch mit dem Mandanten die in Betracht kommenden Ansprüche vollständig abgeklärt und sodann im Aufhebungsvertrag untergebracht worden sind.

21 Diese allgemeine Ausgleichsklausel ist allerdings zu unterscheiden von der sogenannten **Ausgleichsquittung.** Von einer sogenannten Ausgleichsquittung wird nämlich in der Praxis üblicherweise nur gesprochen, wenn lediglich der **Arbeitnehmer auf scheinbare Ansprüche verzichtet,** also überhaupt keine Vergleichsgespräche vorangehen. Das ist zB der Fall, wenn der Arbeitnehmer bei

---

[1] Vgl. dazu *Ernst,* S. 47 f.
[2] Vgl. dazu *Müller,* S. 53 ff.; *Ernst,* S. 57 ff.; *Oßwald,* S. 33.

I. Allgemeines

seinem Ausscheiden gleichzeitig mit der Quittung über den Restlohn und den Erhalt der Arbeitspapiere bescheinigt, daß er aus dem Arbeitsverhältnis und dessen Beendigung keine Ansprüche mehr hat, während der Arbeitgeber keine solche Verzichtserklärung abgibt. Allerdings wird in der Praxis nicht immer zwischen Ausgleichsquittung und Ausgleichsklausel unterschieden. Auf die Bezeichnung kommt es nicht an. Entscheidend ist allein, was die Parteien bezwecken. Die Ausgleichsquittung kann als besondere Form der Ausgleichsklausel verstanden werden. Immer wieder kommt es in der gerichtlichen Praxis vor, daß Arbeitgeber Ausgleichsquittungen vorlegen, in denen Arbeitnehmer erklärt haben, keine Rechte aus dem Arbeitsverhältnis und seiner Beendigung mehr zu haben. Hierbei handelt es sich nur um eine allgemeine Erledigungsklausel, die nicht zur Beendigung eines Arbeitsverhältnisses führen kann. Anders kann die Rechtslage dagegen sein, wenn der Arbeitnehmer erklärt, er wolle auf das Recht verzichten, den Fortbestand des Arbeitsverhältnisses geltend zu machen oder er wolle eine mit diesem Ziel schon erhobene Klage nicht mehr durchführen. Ausreichend ist auch die folgende **Formulierung:**

> „Gegen die Kündigung werden von mir keine Einwendungen erhoben."[1]

d) Kündigungsvergleich/Abwicklungsvertrag[2]

Den Parteien des Arbeitsverhältnisses steht es im Rahmen ihrer privatautonomen Entscheidung jederzeit frei, dieses Rechtsverhältnis durch vertragliche Vereinbarung zu jedem beliebigen Zeitpunkt ohne Rücksicht auf etwaige bestehende gesetzliche Vorschriften – insbesondere Kündigungsschutzbestimmungen – zu beenden. Für die Arbeitsrechtspraxis ist der Abschluß von Aufhebungsverträgen von überaus großer Bedeutung. In der arbeitsrechtlichen Praxis kam es hinsichtlich des Abschlusses eines Aufhebungsvertrages nach einer Kündigung zu einer Debatte zum Thema „**Abwicklungsvertrag** versus **Aufhebungsvertrag**". Unabhängig von dieser Diskussion, die teilweise auch als „Spiel mit Worten" bezeichnet worden ist, wird sich auch in Zukunft nichts an der großen Bedeutung des Aufhebungsvertrages und dessen Behandlung in der arbeitsrechtlichen Praxis ändern. Allerdings bieten sich in der Praxis im wesentlichen zwei Möglichkeiten an[3]:

22

▶ Das Arbeitsverhältnis wird **einvernehmlich** von den Parteien beendet, ohne daß zuvor seitens des Arbeitgebers eine Kündigung ausgesprochen worden ist.

▶ Der Arbeitgeber spricht **zunächst eine Kündigung** aus. Dann erklärt der Arbeitnehmer, daß er mit der Beendigung des Arbeitsverhältnisses aufgrund der Kündigung einverstanden ist.

---

1 *Bauer*, Rz. 16.
2 Vgl. dazu *Müller*, S. 55 f.; *Färber*, S. 229; *Molkenbur*, S. 17; *Bengelsdorf*, S. 50 f.
3 Vgl. *Färber*, S. 229.

23 Des weiteren werden sodann in der Regel Vereinbarungen über die vom Arbeitgeber zu leistenden **Zahlungen** getroffen. Die zweite Variante wird in der Literatur als Abwicklungsvertrag bezeichnet. Es ist zweifelhaft, ob der Abwicklungsvertrag sozialversicherungsrechtliche Vorteile hat. Insbesondere wenn es um das Ausscheiden älterer Arbeitnehmer geht oder nach § 128 AFG die Gefahr der Erstattung des Arbeitslosengeldes droht, wird zwar der Abwicklungsvertrag in Form der Hinnahme einer Kündigung ebenso wie im Hinblick auf die Bestimmungen der §§ 117a, 119 AFG empfohlen[1].

Allerdings hat das Bundessozialgericht[2] nunmehr entschieden, daß der Arbeitnehmer sich auch beim Abschluß eines sogenannten Abwicklungsvertrages an der Beendigung des Beschäftigungsverhältnisses beteiligt, weil er sich der Möglichkeit begibt, die Rechtswidrigkeit der ausgesprochenen Kündigung geltend zu machen (vgl. dazu unten im einzelnen unter Rz. 74).

Schließlich ist zu beachten, daß bei Abschluß eines Abwicklungsvertrages wegen der zuvor auszusprechenden Kündigung der **Betriebsrat** nach § 102 Abs. 1 BetrVG zu hören ist. Anderenfalls ist die Kündigung rechtsunwirksam.

II. Zustandekommen des Aufhebungsvertrages

1. Ausdrücklicher Vertragsschluß

24 In der arbeitsrechtlichen Praxis ist es der Regelfall, einen ausdrücklichen Aufhebungsvertrag nach den **Regeln des Bürgerlichen Rechts** zu schließen[3].

Gem. § 145 BGB ist derjenige, der einem anderen die Schließung eines Vertrages anträgt (Angebot), an den Antrag gebunden, es sei denn, daß er die Gebundenheit ausgeschlossen hat. Der Antrag erlischt, wenn er dem Antragenden gegenüber abgelehnt oder wenn er diesem gegenüber nach den §§ 147 bis 149 BGB nicht rechtzeitig angenommen wird (§ 146 BGB). Dabei kann der einem Anwesenden gemachte Antrag nur sofort angenommen werden. Dies gilt auch von einem mittels Fernsprecher von Person zu Person gemachten Antrag (§ 147 Abs. 1 BGB). Der einem Abwesenden gemachte Antrag kann nur bis zu dem Zeitpunkt angenommen werden, in welchem der Antragende den Eingang der Antwort unter regelmäßigen Umständen erwarten darf (§ 147 Abs. 2 BGB). Solange sich die Parteien nicht über alle Punkte eines Vertrages geeinigt haben, über die nach der Erklärung auch nur einer Partei eine Vereinbarung getroffen werden soll, ist im Zweifel der Vertrag nicht geschlossen (§ 154 BGB). Haben sich die Parteien bei einem Vertrag, den sie als geschlossen angesehen haben, über einen Punkt, über den eine Vereinbarung getroffen werden sollte, in Wirklichkeit nicht geeinigt, so gilt das Vereinbarte, sofern anzunehmen ist, daß der Vertrag auch ohne eine Bestimmung über diesen Punkt geschlossen sein würde (§ 155 BGB).

---

1 So *Färber*, S. 229.
2 BSG v. 9. 11. 1995, EzA § 119a AFG Nr. 2.
3 Vgl. dazu ausführlich *Ernst*, S. 63 ff.; *Müller*, S. 83 ff.; *Bengelsdorf*, S. 31 ff.

2. Konkludenter oder stillschweigender Aufhebungsvertrag[1]

Insbesondere dann, wenn kein schriftlicher Aufhebungsvertrag geschlossen wurde, kommt es nicht selten zu gerichtlichen Auseinandersetzungen, bei denen dann im Regelfall im Streit steht, ob überhaupt eine Vereinbarung bzw. mit welchem konkreten rechtsgeschäftlichen Inhalt die Vereinbarung abgeschlossen wurde. Eine Aufhebungsvereinbarung kann nach allgemeinen Grundsätzen (§§ 145 ff. BGB) in sechs unterschiedlichen Fallgestaltungen erfolgen[2]:

Ein **ausdrücklich erklärter Antrag** wird durch

▶ ausdrückliche oder

▶ stillschweigende Willenserklärung/konkludentes Verhalten

▶ oder nach den Voraussetzungen des § 151 BGB angenommen;

ein **stillschweigend erklärter Antrag** wird durch

▶ ausdrückliche Willenserklärung

▶ oder stillschweigende Willenserklärung/konkludentes Verhalten

▶ oder nach Maßgabe des § 151 BGB angenommen.

Um Auseinandersetzungen über die Wirksamkeit von Aufhebungsvereinbarungen und deren Inhalt zu vermeiden, sollten diese tunlichst schriftlich abgeschlossen werden, zumal an das Verhalten, aus dem auf einen das Arbeitsverhältnis beendenden rechtsgeschäftlichen Willen geschlossen werden soll, ein **sehr strenger Maßstab** anzulegen ist. So bedeutet etwa

▶ das Schweigen des Arbeitnehmers auf eine Kündigung,

▶ die Hinnahme der Arbeitspapiere und

▶ das Fernbleiben vom Arbeitsplatz, insbesondere nach Kündigung,

kein Einverständnis des Arbeitnehmers, das Arbeitsverhältnis einvernehmlich zu beenden oder die Kündigung widerspruchslos hinzunehmen. Der gesamte damit einhergehende Problemkreis wird in der Literatur häufig unter den Stichworten des „konkludenten" oder „stillschweigenden" Aufhebungsvertrages diskutiert. *Wank*[3] weist aber zutreffend darauf hin, daß diese Formulierung nicht darüber hinwegtäuschen darf, daß immer **zwei** in ihrem Erklärungswert eindeutige und unmißverständliche **Willenserklärungen** hinsichtlich der Beendigung des Arbeitsverhältnisses vorliegen müssen. Fehlt es hieran oder läßt sich dieses nicht beweisen, so besteht das Arbeitsverhältnis unverändert fort. Nach allgemeinen Darlegungs- und Beweisgrundsätzen muß diejenige Partei, die sich auf die einvernehmliche Beendigung des Arbeitsverhältnisses beruft, den dazu erforderlichen Beweis zur Überzeugung des Gerichts führen. Ist die betreffende Partei – in der Praxis im Regelfall der Arbeitgeber – dazu nicht in der Lage, so unterliegt sie im Prozeß[4].

---

[1] Vgl. dazu *Molkenbur*, S. 18; MünchArbR/*Wank*, § 112 Rz. 6 ff.; *Schaub*, § 122 II 2; *Bengelsdorf*, S. 6 f.; *Müller*, S. 61 ff.; *Ernst*, S. 74 ff.; *Oßwald*, S. 28 ff.
[2] *Frölich*, NZA 1997, 1273 ff.
[3] MünchArbR/*Wank*, § 112 Rz. 6.
[4] *Molkenbur*, S. 18; vgl. auch *Bengelsdorf*, S. 33; *Becker-Schaffner*, BB 1981, 1340.

26 Ebensowenig kommt ein konkludenter oder stillschweigender Aufhebungsvertrag zustande, wenn es in einer **Ausgleichsquittung** heißt: „Ich erkläre hiermit, daß mir aus Anlaß der Beendigung des Arbeitsverhältnisses keine Ansprüche mehr zustehen." Eine solche Erklärung ist nicht geeignet, die vertragliche Verpflichtung des Arbeitnehmers zu begründen, auf die Erhebung der Durchführung der Kündigungsschutzklage zu verzichten. Es kann auch nicht davon ausgegangen werden, daß eine solche Wendung den Abschluß eines Aufhebungsvertrages begründet[1].

27 Bietet eine Partei der anderen Partei die sofortige einverständliche Beendigung des Arbeitsverhältnisses an, kommt es nicht stets zum Abschluß eines Aufhebungsvertrages, wenn der Kündigungsempfänger die Kündigung „akzeptiert", sondern nur dann, wenn das **in dem Bewußtsein** geschieht, eine rechtsgeschäftliche Willenserklärung abgeben zu können und zu wollen. Das setzt voraus, daß der Kündigungsempfänger die Unwirksamkeit der Kündigung erkannt hat, diese als Angebot zur Vertragsaufhebung werten kann und diesem mutmaßlichen Willen des Kündigenden zu entsprechen bereit ist[2].

Schließlich finden sich in der Rechtsprechung noch verschiedene Fälle, bei denen es um den Abschluß eines sogenannten „konkludenten" oder „stillschweigenden" Aufhebungsvertrages geht[3].

3. Umdeutung

28 Grundsätzlich kann **jede Kündigung** in ein Angebot auf Abschluß eines Aufhebungsvertrages umgedeutet werden[4]. Allerdings gilt bei der Umdeutung einer Kündigung in ein Angebot zum Abschluß eines Aufhebungsvertrages die Vermutung, daß der Kündigende das Arbeitsverhältnis beenden will. Dem steht auch nicht entscheidend entgegen, daß die auf Kündigung und Aufhebungsvertrag abzielenden Erklärungen eine unterschiedliche Richtung aufweisen. Durch die Kündigung soll das Arbeitsverhältnis nämlich einseitig gestaltet werden. Das auf einen Aufhebungsvertrag zielende Angebot ist dagegen auf seine Annahme gerichtet. Zwar darf das Ersatzgeschäft keinen wesentlichen anderen Inhalt haben. Jedoch ergibt sich hieraus nur das Verbot der Umdeutung in ein Rechtsgeschäft mit weiterreichenden Folgen. Davon kann im Rahmen des Angebotes auf Abschluß eines Aufhebungsvertrages nicht ausgegangen werden. Allerdings kommt es auch dann nicht ohne weiteres zum Abschluß eines Aufhebungsvertrages. Daß der Empfänger die Kündigung lediglich „akzeptiert", genügt nämlich nicht. Dieses muß vielmehr in dem Bewußtsein geschehen, eine Willenserklärung abgeben zu können und zu wollen. Dazu muß der Empfänger der Kündigung zunächst deren Unwirksamkeit erkannt haben und wei-

---

1 BAG v. 3. 5. 1979, AP Nr. 6 § 4 KSchG 1969.
2 BAG v. 13. 4. 1972, AP Nr. 64 zu § 626 BGB.
3 Vgl. dazu die Hinweise bei MünchArbR/*Wank*, § 112 Rz. 6 ff.; *Schaub*, § 122 II 2 unter Fn. 5 bis 7.
4 Vgl. MünchArbR/*Wank*, § 112 Rz. 8; *Schaub*, § 122 II 4; *Ernst*, S. 93 ff.; *Müller*, S. 68 ff.; *Oßwald*, S. 37 ff.

III. Der Inhalt von Aufhebungsverträgen

terhin muß er die Kündigung als Angebot zur Vertragsaufhebung bewerten können. Schließlich muß er bereit sein, diesem mutmaßlichen Willen des Kündigenden zu entsprechen[1].

Hat sich der Arbeitnehmer für den Fall der Unwirksamkeit der außerordentlichen Kündigung damit einverstanden erklärt, daß das Arbeitsverhältnis mit Ablauf der bei einer **ordentlichen Kündigung** einzuhaltenden Kündigungsfrist endet, bleibt bei der Umdeutung der außerordentlichen in eine ordentliche Kündigung für die Verlängerung der Anrufungsfrist nach § 6 Satz 1 KSchG kein Raum[2].

4. Form des Aufhebungsvertrages

Der Abschluß eines Aufhebungsvertrages ist **grundsätzlich formlos** wirksam. Gesetzliche Formvorschriften existieren dazu nicht. Etwas anderes gilt nur dann, wenn die Vorschriften eines Tarifvertrages, einer Betriebsvereinbarung oder des Einzelvertrages etwas anderes bestimmen. Ebensowenig muß der Aufhebungsvertrag in der Form abgeschlossen werden, die möglicherweise für die Kündigung vorgeschrieben ist[3]. Existieren jedoch **tarifvertragliche Schriftformklauseln**, so sind diese nicht nur wie ein gewillkürtes Formerfordernis nach § 127 BGB, sondern wie ein gesetzliches Schriftformerfordernis nach § 126 BGB zu behandeln. Folglich bedarf es mindestens einer, in der Praxis jedoch meistens zweifach ausgefertigter und von beiden Parteien gemeinsam unterschriebener Urkunden[4]. Abgesehen davon ist es jedoch dringend anzuraten, den Aufhebungsvertrag freiwillig schriftlich abzuschließen, um spätere Beweisprobleme zu vermeiden[5]. Vor dem mündlichen – insbesondere telefonischen – Abschluß von Aufhebungsverträgen kann nur dringend gewarnt werden. An die Deutlichkeit der Erklärung werden nämlich genauso strenge Anforderungen gestellt wie bei der Kündigung[6]. Andererseits sind die Parteien im Rahmen einer individualvertraglichen Schriftformklausel befugt, diese Klausel stillschweigend und formlos wieder aufzuheben und einen mündlichen Aufhebungsvertrag zu schließen[7].

29

III. Der Inhalt von Aufhebungsverträgen

Nach dem Grundsatz der Privatautonomie steht es den Parteien im Prinzip frei, welche Punkte im einzelnen im Aufhebungsvertrag geregelt werden; unabdingbar ist nur als wesentlicher Inhalt des Aufhebungsvertrages die einvernehmliche Abrede, daß das **Arbeitsverhältnis** zu einem bestimmten Zeitpunkt **enden**

30

---

1 BAG v. 13. 4. 1972, AP Nr. 64 zu § 626 BGB.
2 BAG v. 13. 8. 1987, EzA § 140 BGB Nr. 12.
3 *Ernst*, S. 107.
4 *Bauer*, Rz. 19.
5 *Ernst*, S. 107 f.
6 *Bauer*, Rz. 19a.
7 *Bauer*, Rz. 20 mwN.

soll¹. Insbesondere gehört zur Einigung über die einverständliche Beendigung nicht die Klärung sämtlicher Fragen, die mit dem Ausscheiden aus dem Arbeitsverhältnis im Zusammenhang stehen. Sowohl der Abschluß eines einfachen als auch der Abschluß eines ausführlichen Aufhebungsvertrages kann jeweils Vor- und Nachteile mit sich bringen. In manchen Fällen gehen die Parteien des Arbeitsvertrages davon aus, es sei besser, zunächst einmal auf friedlichem Wege auseinanderzugehen, um so eine günstigere Ausgangsposition für die spätere Regelung von noch offenstehenden Fragen zu gewinnen².

Insbesondere folgende Einzelpunkte sollten jedoch im Rahmen des Abschlusses eines Aufhebungsvertrages geklärt werden, um spätere diesbezügliche Streitigkeiten von vornherein zu vermeiden:

1. Zeitpunkt der Beendigung

31 Nach zutreffender und herrschender Auffassung ist eine **rückwirkende Auflösung** eines in Vollzug gesetzten Arbeitsverhältnisses wegen dessen Dauerschuldcharakters **nicht zulässig.** Hat also der Arbeitnehmer seine Tätigkeit bereits aufgenommen und wurde das Arbeitsverhältnis dadurch in Vollzug gesetzt, kann es nicht mehr rückwirkend aufgehoben werden³. Demgemäß ist die Auflösung des vollzogenen Arbeitsverhältnisses **frühestens** ab dem Zeitpunkt der tatsächlichen Beendigung des Arbeitsverhältnisses möglich⁴. Demgegenüber bestehen keine Bedenken gegen eine Vereinbarung, durch die nach dem Ausspruch einer Kündigung, über deren Wirksamkeit die Vertragsparteien streiten, das Arbeitsverhältnis zum Kündigungstermin oder zu einem späteren Zeitpunkt aufzulösen⁵.

In der Praxis hängt der maßgebliche Zeitpunkt der Beendigung des Arbeitsverhältnisses in der Regel von folgenden Umständen ab:⁶

- ▶ Kündigungsfrist
- ▶ späterer Bezug von Arbeitslosengeld, Verhängung von Sperrfristen
- ▶ Wettbewerbsverbot
- ▶ Interesse des Unternehmens an einem geordneten Wechsel und
- ▶ steuerliche und sozialversicherungsrechtliche Gegebenheiten.

2. Abfindungen

32 Der Kern der Verhandlungen über den Abschluß eines Aufhebungsvertrages ist in aller Regel der **Streit um die Abfindung,** da sowohl in gerichtlichen als auch

---

1 MünchArbR/*Wank,* § 112 Rz. 17.
2 LAG Düsseldorf v. 17. 11. 1958, BB 1959, 230.
3 So zutreffend etwa MünchArbR/*Wank,* § 112 Rz. 17; *Schaub,* § 122 I 1; ausführlich *Ernst,* S. 273 ff.; aA *Staudinger/Neumann,* vor § 620 BGB Rz. 12.
4 BAG v. 13. 3. 1961, NJW 1961, 1278.
5 LAG Niedersachsen v. 17. 3. 1976, DB 1976, 1385 f.
6 Vgl. *Färber,* S. 230.

III. Der Inhalt von Aufhebungsverträgen

in außergerichtlichen Aufhebungsverträgen häufig Abfindungen vereinbart werden. Die Grenzen, die das Kündigungsschutzgesetz den Arbeitsgerichten bei der Festsetzung von Abfindungen durch Urteil vorgibt, sind für die Parteien des Aufhebungsvertrages nicht verbindlich, dienen aber vielfach – jedenfalls zunächst – als Maßstab[1]. In der Praxis wird nicht selten mit folgender Formel gearbeitet: 1/2-Bruttomonatsgehalt x Jahre der Betriebszugehörigkeit. Je nach der jeweiligen sozialen Schutzbedürftigkeit und den vielfach nicht gleich verteilten Prozeßrisiken werden sodann Zu- oder Abschläge vereinbart. Je nach den getroffenen Vereinbarungen ist die Abfindung in einer Summe, in Teilbeträgen oder in fortlaufenden Beträgen auszuzahlen. Ferner ist es möglich, die genaue Höhe der Abfindung flexibel auszugestalten. Allerdings kann insbesondere die Zahlung in Teilbeträgen für den Arbeitnehmer steuerliche Nachteile mit sich bringen, so daß es dringend anzuraten ist, dann einen Steuerberater einzuschalten, falls die Abfindung nicht in einer bestimmten Summe zu einem bestimmten Zeitpunkt vollständig ausbezahlt werden soll (vgl. dazu auch unten Rz. 67 ff.).

Stets sollten die Parteien zur Vermeidung etwaiger Streitigkeiten genau festlegen, wann die Abfindung **fällig** wird, da es ansonsten, insbesondere bei längeren Kündigungsfristen und einem frühzeitigen Abschluß eines Aufhebungsvertrages, in der Praxis hierüber immer wieder zu Streitigkeiten kommt.

Der Abfindungsanspruch ist **vererblich**. Stirbt der Arbeitnehmer, der einen Aufhebungsvertrag gegen Abfindung geschlossen hat, vor dem vereinbarten Beendigungszeitpunkt, so geht die Abfindungsforderung auf die Erben über[2]. 33

> **Hinweis:**
> Manche Aufhebungsverträge sehen deshalb zugunsten des Arbeitgebers vor, daß der Abfindungsanspruch entfällt, wenn der Arbeitnehmer vor der Beendigung des Arbeitsverhältnisses stirbt.

In den Grenzen des § 3 Nr. 9 EStG (24.000 DM/30.000 DM/36.000 DM) wird die Abfindung steuerfrei gezahlt. Der darüber hinausgehende Betrag wird gem. §§ 34 Abs. 1, 24 Nr. 1b EStG mit dem halben Steuersatz abgerechnet, wenn ein Arbeitsverhältnis vorliegt, das „auf Veranlassung" des Arbeitgebers aufgelöst worden ist (vgl. dazu im einzelnen unten Rz. 67 ff.). Die Auflösung ist durch den Arbeitgeber veranlaßt, wenn dieser die entscheidenden Ursachen für die Auflösung gesetzt hat. Sowohl bei außergerichtlichen als auch bei gerichtlichen Aufhebungsvereinbarungen spricht allerdings eine Vermutung dafür, daß die Auflösung vom Arbeitgeber veranlaßt worden ist[3]. 34

---

1 *Bauer*, Rz. 749.
2 *Ernst*, S. 317.
3 Vgl. *Bauer*, Rz. 902 und 909 jeweils mwN.

3. Freistellung von der Arbeit

35 Grundsätzlich ist der Arbeitnehmer verpflichtet, seine **Arbeitsleistung bis zur vereinbarten Beendigung des Arbeitsverhältnisses** zu erbringen. Soll dementsprechend verfahren werden, bedarf es keiner besonderen Regelung im Aufhebungsvertrag. Soll der Arbeitnehmer allerdings ab dem Zeitpunkt des Abschlusses des Aufhebungsvertrages bis zur vereinbarten Beendigung des Arbeitsverhältnisses nicht mehr für den Arbeitgeber tätig werden, so sollte dieses ausdrücklich in den Aufhebungsvertrag aufgenommen werden. In der Regel wird in einem solchen Fall vereinbart, daß der Arbeitnehmer bis zur Beendigung des Arbeitsverhältnisses unter Fortzahlung der Bezüge unwiderruflich von der Arbeitsleistung **freigestellt** wird. Es steht den Parteien allerdings frei, zu vereinbaren, daß die Freistellung ohne Fortzahlung der Bezüge erfolgt. Wird die Freistellung des Arbeitnehmers von der Verpflichtung zur Arbeitsleistung einvernehmlich im Aufhebungsvertrag vereinbart, so entfällt ab diesem Zeitpunkt der arbeitgeberseitige Anspruch auf die Arbeitsleistung des Arbeitnehmers. Außerdem empfiehlt sich dringend die Aufnahme einer Regelung für den Fall, daß der Arbeitnehmer bis zur Beendigung des Arbeitsverhältnisses anderweitig gegen Vergütung tätig wird. Nach herrschender Meinung ist der **anderweitige Verdienst** auf die Vergütung gem. § 615 BGB anzurechnen, wenn die Parteien nicht ausdrücklich vereinbaren, daß anderweitiger Verdienst nicht auf die Fortzahlung der Bezüge anzurechnen ist. Schließlich ist es auch denkbar, daß die Parteien im Rahmen des Aufhebungsvertrages keine Regelung über die Freistellung von der Arbeit treffen und der Arbeitgeber den Arbeitnehmer im Anschluß an den Abschluß des Aufhebungsvertrages einseitig von der Arbeit freistellt. Wird der Arbeitnehmer in diesem Falle bis zur Beendigung des Arbeitsverhältnisses anderweitig tätig, so ist der daraus resultierende Verdienst gem. § 615 BGB auf die fortzuzahlenden Bezüge anrechenbar.

4. Urlaub und Urlaubsabgeltung

36 Die vereinbarte Beendigung des Arbeitsverhältnisses berührt nicht den vertraglichen Urlaubsanspruch. Zunächst ist zu prüfen, ob und inwieweit der Arbeitgeber den Urlaubsanspruch bereits durch Gewährung von Urlaubstagen erfüllt hat. Der Anspruch des Arbeitnehmers auf die **restlichen Urlaubstage** entfällt nicht durch das Ausscheiden des Arbeitnehmers aus dem Arbeitsverhältnis. Vielmehr wandelt sich der noch nicht erfüllte Urlaubsanspruch des Arbeitnehmers mit der Beendigung des Arbeitsverhältnisses, ohne daß es dafür weiterer Handlungen des Arbeitgebers oder des Arbeitnehmers bedarf, in einen **Abgeltungsanspruch** um. Der Umfang dieses Abgeltungsanspruchs erfaßt nicht nur den gesetzlichen Mindesturlaub, sondern auch den vertraglichen Urlaub des Arbeitnehmers, soweit dieser bei der Beendigung des Arbeitsverhältnisses noch nicht erfüllt ist[1].

---

1 BAG v. 17. 1. 1995, AP Nr. 66 zu § 7 BUrlG – Abgeltung.

III. Der Inhalt von Aufhebungsverträgen

Auf dieser Grundlage wird in arbeitsrechtlichen Aufhebungsverträgen häufig vereinbart, daß der **noch offenstehende Urlaub** während der Kündigungsfrist vom Arbeitnehmer zu nehmen ist. Der Arbeitnehmer ist jedoch nicht – insbesondere auch nicht im Rahmen der Kündigungsfrist – befugt, seinen Urlaub selbst zu nehmen. Stets bedarf es einer arbeitgeberseitigen Urlaubserteilung. Eine gleichwohl vorgenommene **unrechtmäßige Selbstbeurlaubung** vermag einen wichtigen Grund zur außerordentlichen Kündigung im Sinne von § 626 BGB darzustellen. Da der Urlaubsanspruch jedoch regelmäßig im Rahmen des bestehenden Arbeitsverhältnisses zu erfüllen ist und der Arbeitnehmer deshalb nicht ohne weiteres auf seinen Urlaubsabgeltungsanspruch verwiesen werden darf, kann der Arbeitnehmer seinen noch offenen Urlaubsanspruch während der Kündigungsfrist ggf. mit einer gerichtlichen einstweiligen Verfügung durchsetzen. Derartige Streitigkeiten werden vermieden, wenn im Rahmen des Aufhebungsvertrages vereinbart wird, daß der verbleibende Urlaubsanspruch während der Kündigungsfrist zu erfüllen ist.

> **Hinweis:**
> Wenn in der Praxis, insbesondere im Hinblick auf die Höhe der vereinbarten Abfindung, Einigkeit zwischen den Parteien darüber besteht, daß Urlaubsansprüche nicht mehr existieren (sollen), so wird diesbezüglich regelmäßig ein Tatsachenvergleich des Inhalts geschlossen, daß Einigkeit zwischen den Parteien darüber besteht, daß der gesamte, dem Arbeitnehmer zustehende Urlaub, von diesem bereits tatsächlich genommen worden ist.

Besonderheiten ergeben sich im Rahmen der **Freistellung von der Arbeit** für den Urlaub. Weder die einseitige Freistellung noch die vereinbarte Freistellung des Arbeitnehmers von der Arbeit bedeutet zugleich eine Urlaubserteilung. Soll es nach dem Willen der Vertragsparteien zu einer Freistellung von der Arbeit kommen, so empfiehlt sich dringend, zugleich zu erörtern, ob diese Freistellung ohne oder unter Anrechnung auf etwaige restliche Urlaubsansprüche erfolgen soll. In der Praxis üblich ist insbesondere bei längeren Kündigungsfristen die Freistellung von der Arbeit unter Fortzahlung der Bezüge, jedoch unter Anrechnung auf etwaige Urlaubsansprüche. Wird der Arbeitnehmer ohne eine solche Regelung während der Kündigungsfrist von der Arbeit freigestellt, so muß der Arbeitgeber stets damit rechnen, daß der Arbeitnehmer ihn nach der Beendigung des Arbeitsverhältnisses auf Abgeltung des Urlaubs in Anspruch nimmt.

5. Wettbewerbsverbot

Vor dem Abschluß von Aufhebungsverträgen sollten beide Seiten stets und insbesondere auch zur Vermeidung von späteren Anwaltsregressen prüfen, ob die Parteien des Arbeitsverhältnisses ein **nachvertragliches Wettbewerbsverbot** wirksam **vereinbart** haben. Ist das nicht der Fall, so unterliegt der Arbeitnehmer bis zur rechtswirksamen Beendigung des Arbeitsverhältnisses dem gesetzlichen Wettbewerbsverbot gem. § 60 HGB. Darauf sollte dieser von seinem

Anwalt insbesondere dann hingewiesen werden, wenn es zu einer Freistellung des Arbeitnehmers bis zur späteren Beendigung des Arbeitsverhältnisses kommt. Bis zu diesem Zeitpunkt muß der Arbeitnehmer jedweden Wettbewerb unterlassen. Verstöße dagegen können neben Unterlassungs- und Schadensersatzansprüchen des Arbeitgebers unter Umständen einen wichtigen Grund zur vorzeitigen außerordentlichen Kündigung des Arbeitsverhältnisses im Sinne von § 626 BGB darstellen.

Ist beim Abschluß des Arbeitsvertrages oder später ein Wettbewerbsverbot für die Zeit nach Beendigung des Arbeitsverhältnisses vereinbart worden, sollte vor Abschluß des Aufhebungsvertrages im Rahmen der diesbezüglichen Erörterungen insbesondere auch über das weitere Schicksal des Wettbewerbsverbots gesprochen werden[1].

Ergibt sich bei der Prüfung des vereinbarten Wettbewerbsverbots für beide Parteien übereinstimmend, daß die Vereinbarung des nachvertraglichen Wettbewerbsverbots in rechtlich **unwirksamer** Weise erfolgt ist, so sollten die Parteien zur Vermeidung späterer Rechtsstreitigkeiten in den Aufhebungsvertrag ihre Einigkeit darüber aufnehmen, daß zwischen ihnen kein wirksames nachvertragliches Wettbewerbsverbot vereinbart worden ist.

40 Abgesehen davon ist es denkbar, daß der Arbeitgeber bereits im Laufe des Arbeitsverhältnisses gem. § 75a HGB schriftlich auf das Wettbewerbsverbot mit der Konsequenz **verzichtet** hat, daß er mit Ablauf eines Jahres von der Verpflichtung zur Zahlung der Entschädigung frei wird[2]. Ist dieses Jahr am Ende der Kündigungsfrist noch nicht abgelaufen, bedarf es ebenfalls unbedingt der Erörterung des weiteren Schicksals des Wettbewerbsverbotes. Sind beide Parteien nicht an dessen Fortgeltung interessiert, sollte ebenfalls in den Aufhebungsvertrag aufgenommen werden, daß das nachvertragliche Wettbewerbsverbot ohne Anspruch auf Karenzentschädigung einvernehmlich mit sofortiger Wirkung aufgehoben wird.

Bestehen Zweifel an der Rechtswirksamkeit der getroffenen nachvertraglichen Wettbewerbsverbotsregelung, sind aber beide Parteien nicht an der Beibehaltung des Wettbewerbsverbots interessiert, sollte in den Aufhebungsvertrag aufgenommen werden, daß das zwischen den Parteien vereinbarte nachvertragliche **Wettbewerbsverbot einvernehmlich mit sofortiger Wirkung aufgehoben** wird, ohne daß ein Anspruch auf Karenzentschädigung besteht.

41 Soll dagegen im Rahmen des Aufhebungsvertrages die Fortgeltung des wirksamen nachvertraglichen Wettbewerbsverbots oder dessen erstmalige Begründung gewollt sein, so sollten in die entsprechende Regelung sowohl die – gesetzlich auf zwei Jahre begrenzte – Dauer des nachvertraglichen Wettbewerbsverbotes als auch – zwingend – die gesetzlich vorgeschriebene **Karenzentschädigung** aufgenommen werden. Fehlt es nämlich an der Aufnahme der Karenzentschädigung, so ist das nachvertragliche Wettbewerbsverbot nichtig[3].

---

1 *Bauer*, Rz. 542.
2 Vgl. dazu *Färber*, S. 232.
3 BAG v. 3. 5. 1994, AP Nr. 65 zu § 74 HGB.

III. Der Inhalt von Aufhebungsverträgen

In diesem Zusammenhang ist insbesondere zu beachten, daß die für den Verlust des Arbeitsplatzes zugesagte Abfindung keine Karenzentschädigung im Sinne von § 74 Abs. 2 HGB darstellt[1].

Im Anschluß an das bereits beendete Arbeitsverhältnis darf jedoch ein Wettbewerbsverbot **ohne** Karenzentschädigung vereinbart werden.

6. Zeugniserteilung

Gem. § 630 BGB hat der Arbeitnehmer gegenüber dem Arbeitgeber **Anspruch** auf Erteilung eines Zeugnisses über das Arbeitsverhältnis und dessen Dauer, welches auf Verlangen grundsätzlich als qualifiziertes Zeugnis auszugestalten ist und sich deshalb auf die Leistung und die Führung im Dienste zu erstrecken hat (§ 630 Satz 2 BGB). Weitere Anspruchsgrundlagen finden sich in den §§ 8 BBiG, 73 HGB und 112 GewO. Es empfiehlt sich dringend, den **Zeugnisinhalt** bereits im Rahmen der Aufhebungsverhandlungen zu **konkretisieren.** Vielfach sehen Aufhebungsverträge lediglich vor, daß dem Arbeitnehmer ein qualifiziertes Zeugnis erteilt wird, welches diesen in seinem weiteren beruflichen Fortkommen nicht behindert, ohne daß zu diesem Zeitpunkt bereits der Zeugnistext vorliegt und ohne daß nicht einmal wesentliche Übereinstimmung über die Leistungsbeurteilung besteht. Gerade in solchen Fällen ist eine spätere Auseinandersetzung häufig unvermeidbar. Erfahrungsgemäß ist der Arbeitgeber nämlich beim Abschluß des Aufhebungsvertrages eher bereit, dem Arbeitnehmer bei der Formulierung des Zeugnisses entgegenzukommen. Es empfiehlt sich deshalb für den Arbeitnehmer, ggf. mit einem eigenen Zeugnisvorschlag in die Verhandlungen über den Aufhebungsvertrag zu gehen. Falls man sich auf diesen Zeugnistext einigt, kann dieser entweder direkt in den Aufhebungsvertrag aufgenommen werden oder diesem als Anlage beigefügt werden[2].

Geschieht das nicht, ist ein späterer Zeugnisrechtsstreit vorprogrammiert, in dem dann regelmäßig der durch den Aufhebungsvertrag vermiedene Kündigungsrechtsstreit geführt wird. Es kommt in solchen Fällen zumeist zu einem unerquicklichen Widerstreit zwischen Wahrheit und Wohlwollen des zu erteilenden Zeugnisses[3].

Zu beachten ist ferner, daß das **Datum des Schlußzeugnisses** grundsätzlich nicht auffällig weit vor dem Zeitpunkt der Beendigung des Arbeitsverhältnisses liegen darf. Das ist in der Praxis vor allem von Bedeutung bei Aufhebungsverträgen mit längerer Kündigungsfrist und Freistellung von der Arbeit. In einem solchen Falle kann zum einen ein Zwischenzeugnis und zum anderen ein Schlußzeugnis verlangt werden. In beiden Fällen handelt es sich um eine sogenannte Holschuld[4].

---

1 Vgl. *Färber*, S. 232 mwN.
2 *Bauer*, Rz. 619.
3 *Färber*, S. 233.
4 BAG v. 8. 3. 1995, AP Nr. 21 zu § 630 BGB.

Da der Zeugnisaussteller demjenigen gegenüber unmittelbar **haftet**, dessen Vertrauen das Zeugnis bestimmungsgemäß in Anspruch nimmt, ist Adressat des Zeugnisses nicht nur der Arbeitnehmer, sondern auch der Dritte, welcher einen Einstellungsentschluß ua. wegen des ihm vorgelegten Zeugnisses des früheren Arbeitgebers faßt[1].

44 Demgemäß muß das Zeugnis der **Wahrheit** entsprechen. Die konkret ausgeübte Tätigkeit ist präzise und umfassend zu beschreiben. Weil ein Betriebsratsamt nicht Gegenstand des konkreten Arbeitsvertrages ist, darf der Arbeitgeber dieses nur auf Verlangen des Arbeitnehmers erwähnen. Das gilt allerdings nur im Grundsatz. War nämlich der Arbeitnehmer jahrelang als Betriebsratsmitglied von der Arbeit freigestellt, ist es denkbar, daß die Erwähnung dieser Freistellung unvermeidlich ist, um dem Grundsatz der Wahrheitspflicht zu genügen[2].

7. Betriebliche Altersversorgung

45 Vor dem Abschluß eines Aufhebungsvertrages sollte stets geprüft werden, ob Ansprüche oder Anwartschaften auf betriebliche Altersversorgung bestehen. Zwar besteht vielfach der Wunsch, im Rahmen von Aufhebungsverträgen Anwartschaften und Ansprüche auf betriebliche Altersversorgung ebenfalls abzufinden. § 3 BetrAVG enthält jedoch für **gesetzlich unverfallbare Ansprüche** eine einschränkende Bestimmung: Für gesetzlich unverfallbare Anwartschaften und damit für zehnjährige und ältere unverfallbare Versorgungsanwartschaften besteht ein gesetzliches Abfindungsverbot. Dieses erstreckt sich auch auf aufrechterhaltene unverfallbare Anwartschaften ausgeschiedener Arbeitnehmer[3].

Erst **nach Eintritt des Versorgungsfalles** soll eine Kapitalisierung laufender Versorgungsleistungen möglich sein. Außerdem soll die Einschränkung des § 3 BetrVG nicht gelten für Anwartschaftsabfindungen vor dem Ausscheiden des Arbeitnehmers aus dem Betrieb. Das dürfte allerdings nur gelten, sofern kein erkennbarer Zusammenhang mit dem Ausscheiden des Arbeitnehmers besteht. Im Hinblick hierauf wird allgemein davor gewarnt, mit dem ausscheidenden Arbeitnehmer eine Kapitalabfindung der Versorgungsanwartschaft zu vereinbaren, weil der Arbeitgeber ansonsten Gefahr läuft, bei Eintritt des Versorgungsfalles nochmals zahlen zu müssen[4].

8. Dienstwagen

46 Im Zusammenhang mit von dem Arbeitgeber zur Verfügung gestellten Dienstwagen kommt es immer wieder zu Streitigkeiten, wenn insoweit im Aufhebungsvertrag keine präzise Regelung erfolgt. Es kommt immer wieder vor, daß der Dienstwagen **an den Arbeitnehmer übereignet** wird. Die Höhe des Kaufpreises hängt in der Regel davon ab, wie stark die jeweiligen Rechtspositionen sind.

---

1 *Bauer*, Rz. 617 unter Hinweis auf BGH v. 22. 9. 1970, NJW 1970, 2291.
2 *Bauer*, Rz. 615.
3 *Bauer*, Rz. 719.
4 *Färber*, S. 232.

III. Der Inhalt von Aufhebungsverträgen

Zum Teil kommt es zu unentgeltlichen Übereignungen; manchmal wird ein extrem niedriger Kaufpreis vereinbart. Sämtliche Vorteile muß der Arbeitnehmer allerdings als Geldwert versteuern. Gelegentlich legen die Parteien als **Bewertungsmaßstab** den DAT-Schätzwert zugrunde. Unabhängig von der Höhe des Kaufpreises wird bei der Übereignung des Dienstwagens in der Regel die Gewährleistung ausgeschlossen. Soll es dagegen zur Rückgabe kommen, so empfiehlt es sich, den Ort und den Zeitpunkt der Rückgabe genau festzulegen. Fehlt es hieran, so kommt es in der Praxis immer wieder zu Streitigkeiten, zB hinsichtlich des maßgeblichen Übergabeorts und -termins. Insbesondere bei Außendienstmitarbeitern wird sehr häufig darüber gestritten, ob der Dienstwagen am Firmensitz oder am Wohnsitz des Arbeitnehmers zu übergeben ist. Es wird vertreten, daß im Außendienst mangels anderer Vereinbarung der Wohnsitz des Arbeitnehmers und ansonsten die Betriebsstätte der maßgebliche **Erfüllungsort für die Rückgabe** des Dienstwagens ist[1]. Im übrigen steht dem Arbeitnehmer – soweit nichts anderes vereinbart worden ist (zB Rückgabe bei Freistellung sofort oder jederzeit widerrufliche Überlassung) – der Dienstwagen grundsätzlich bis zur rechtlichen Beendigung des Arbeitsvertrages zu den bisherigen Konditionen zu. Gibt er den Dienstwagen vorzeitig zurück, wird im Rahmen des Aufhebungsvertrages die Frage der Entschädigung für die ggf. entgehende Privatnutzung zu klären sein. Regelungsbedürftig im Aufhebungsvertrag ist schließlich ggf. noch der Fall, daß der Arbeitnehmer seinen **persönlichen Schadensfreiheitsrabatt** auf den Arbeitgeber im Zusammenhang mit dem erstmaligen Erhalt eines Dienstwagens übertragen hat. Häufig geben die Arbeitnehmer nämlich ab diesem Zeitpunkt ihr Privatfahrzeug auf und übertragen ihren persönlichen Schadensfreiheitsrabatt auf den Arbeitgeber. Dann stellt sich die Frage, ob dieser Schadensfreiheitsrabatt bei der Beendigung des Arbeitsverhältnisses ohne weiteres wieder mitgenommen werden darf[2]. Die diesbezüglichen Modalitäten sollten demgemäß im Aufhebungsvertrag klar und eindeutig geregelt werden.

9. Allgemeine Ausgleichsklausel / Verzichtserklärungen

Im Rahmen des Abschlusses eines Aufhebungsvertrages wird häufig die Aufnahme einer allgemeinen Ausgleichsklausel diskutiert. Dieses wird in der Regel vom Arbeitgeber, gelegentlich aber auch vom Arbeitnehmer gewünscht. Üblich ist zB eine Klausel, wonach mit Erfüllung des Aufhebungsvertrages sämtliche gegenseitigen Ansprüche der Parteien aus dem Arbeitsverhältnis und seiner Beendigung, gleich ob bekannter oder unbekannter Natur und gleich aus welchem Rechtsgrunde, erledigt sind. Eine solche Klausel sollte allerdings nur dann akzeptiert werden, wenn **sichergestellt** ist, daß dadurch keine Ansprüche unbeabsichtigt entfallen oder wenn Einigkeit darüber besteht, daß bestimmte Ansprüche nicht mehr geltend gemacht werden sollen. Gelegentlich stellt sich später heraus, daß eine solche Klausel voreilig ohne gründliche Überprüfung

47

---

1 Vgl. dazu *Bauer*, Rz. 634.
2 *Bauer*, Rz. 633.

der Sach- und Rechtslage aufgenommen worden ist. So kommt es immer wieder vor, daß etwa Arbeitgeberdarlehen oder Schadensersatzansprüche in Vergessenheit geraten. Im übrigen erfaßt eine allgemeine Ausgleichsklausel grundsätzlich nicht die Ansprüche auf betriebliche Altersversorgung. Bei diesen Ansprüchen kommt auch **kein Verzicht** durch eine ausdrückliche Erledigungserklärung in Betracht. Nichts anderes gilt bei allgemeinen Ausgleichsklauseln in bezug auf die Arbeitspapiere und den Zeugnisanspruch. Ebensowenig beinhaltet eine allgemeine Ausgleichsklausel in der Regel einen Verzicht auf bestehende Ansprüche auf Vergütungsfortzahlung im Krankheitsfalle, auf die im voraus ohnehin nicht verzichtet werden kann (§ 12 EntgeltfortzG). Dasselbe gilt in bezug auf Ansprüche aus einem Wettbewerbsverbot. Während des ungekündigten Bestehens des Arbeitsverhältnisses kann der Arbeitnehmer nicht für die Zeit nach Beendigung des Arbeitsverhältnisses einseitig auf die Karenzentschädigung verzichten. Ein entschädigungsloses Wettbewerbsverbot ist nichtig[1]. Denkbar ist es – wie dargelegt –, daß der Arbeitnehmer nach der Beendigung des Arbeitsverhältnisses auf seine Karenzentschädigung verzichtet. Eine allgemeine Ausgleichsklausel beinhaltet einen solchen Verzicht jedoch noch nicht. Ebensowenig beinhaltet allein eine allgemeine Ausgleichsklausel die einvernehmliche Aufhebung eines Wettbewerbsverbots. Dazu bedarf es einer ausdrücklichen Regelung.

Eine einmal abgeschlossene Ausgleichsklausel kann nur unter den engen Voraussetzungen der §§ 119, 123 BGB wieder angefochten werden. Bei einer wirksamen Anfechtung ist gemäß der Regelung in § 139 BGB davon auszugehen, daß im Zweifel das gesamte Rechtsgeschäft – und damit der ganze Aufhebungsvertrag – nichtig ist.

48 **Formulierungsvorschlag für einen Abwicklungsvertrag:**

> Parteibezeichnungen
>
> Firma ...
> Frau/Herr ...
>
> Die Firma ... hat am ... fristgerecht die betriebsbedingte Kündigung gegenüber Frau/Herrn ... zum ... ausgesprochen.
>
> Zur Abwicklung des zwischen den Parteien bestehenden Arbeitsverhältnisses werden folgende Regelungen vereinbart:
>
> 1. Die Parteien sind darüber einig, daß das zwischen ihnen bestehende Arbeitsverhältnis durch die fristgerechte, betriebsbedingte Kündigung der Firma vom ... zum ... sein Ende gefunden hat/sein Ende finden wird. Die Vergütungsansprüche einschließlich sämtlicher Sonderleistungen in der jeweils betriebsüblichen Fassung werden zu diesem Zeitpunkt ausgeglichen/die Parteien sind sich einig, daß alle Vergütungsansprüche einschließlich betriebsüblicher Sonderleistungen bereits ausgeglichen sind.

---

[1] *Bauer*, Rz. 803.

2. Die Firma zahlt an Frau/Herrn ... eine Abfindung entsprechend §§ 9, 10 KSchG iVm. § 3 Nr. 9, evtl. §§ 24 Nr. 1b, 34 Nr. 2 EStG in Höhe von ... DM, <u>fällig mit der letzten Gehaltszahlung</u>.

3. Frau/Herr ... wird unter Fortzahlung aller Vergütungsbestandteile bis zum ..., dem vereinbarten Ende des Arbeitsverhältnisses, von jeglicher Verpflichtung zur Arbeitsleistung unwiderruflich freigestellt unter Anrechnung auf noch bestehende Resturlaubsansprüche.

4. Die Parteien sind sich darüber einig, daß der Frau/Herrn ... zustehende Jahresurlaub tatsächlich gewährt worden ist *(sog. Tatsachenvergleich, insbes. wichtig bei tariflichen Urlaubsansprüchen, auf die nicht ohne Zustimmung der Tarifvertragsparteien verzichtet werden kann).*

5. *(evtl.)* Die Parteien sind sich darüber einig, daß aus dem vereinbarten Wettbewerbsverbot keine Rechte gegenseitig mehr hergeleitet werden, insbesondere die Firma auf die Einhaltung des Wettbewerbsverbots verzichtet und Frau/Herr ... bestätigt, daß Ansprüche auf Karenzentschädigung nicht mehr bestehen.

6. Die Firma erteilt Frau/Herrn ... ein qualifiziertes Zeugnis.

7. Die Parteien sind sich darüber einig, daß Ansprüche auf eine betriebliche Altersversorgung gemäß der in der Anlage beigefügten Bescheinigung bestehen/Die Parteien sind sich darüber einig, daß betriebliche Altersversorgungsansprüche nicht bestehen.

8. Die Firma bietet Frau/Herrn ... zum Ende des Arbeitsverhältnisses den Kauf des Dienstwagens mit dem amtl. Kennzeichen ... zu einem von einem Sachverständigen festzustellenden Kaufpreis an/zum Buchwert an (evtl. Lohnsteuer wird von der Firma/Frau/Herrn ... getragen).

Der Frau/Herrn ... auch zur privaten Nutzung überlassene Dienstwagen wird am ... an die Firma zurückgegeben am Wohnsitz von Frau/Herrn ... am Firmensitz – am Sitz der Niederlassung in ...

Frau/Herr ... ist berechtigt, die mit dem Dienstwagen zurückgelegte Versicherungszeit nach Beendigung des Arbeitsverhältnisses (Erwerben eines persönlichen Schadensfreiheitsrabattes) auch weiterhin selbst in Anspruch zu nehmen. Beide Parteien verpflichten sich wechselseitig, die für die Übertragung des persönlichen Schadensfreiheitsrabatts gegenüber der Versicherungsgesellschaft erforderlichen Erklärungen abzugeben.

9. Die Parteien sind sich darüber einig, daß mit Abschluß dieser Vereinbarung alle wechselseitigen Ansprüche aus dem beendeten Arbeitsverhältnis ausgeglichen und abgegolten sind und keine Tatsachen bekannt sind, die weitergehende Ansprüche rechtfertigen können *(Abfindungsklauseln während eines noch bestehenden Arbeitsverhältnisses sind in der Regel zu vermeiden).*

IV. Hinweispflichten des Arbeitgebers

49 Nach herrschender Auffassung trifft den **Arbeitgeber** im Rahmen des Abschlusses eines Aufhebungsvertrages grundsätzlich **keine Verpflichtung,** den daran beteiligten Arbeitnehmer über die sich daraus ergebenden rechtlichen Folgen aufzuklären. Vor Abschluß des Aufhebungsvertrages muß sich nämlich der Arbeitnehmer, dessen Arbeitsverhältnis aufgelöst werden soll, grundsätzlich selbst über die rechtlichen Folgen dieses Schrittes Klarheit verschaffen. Dies gilt auch für den Verlust einer Versorgungsanwartschaft. Nur **ausnahmsweise** ist der Arbeitgeber verpflichtet, den Arbeitnehmer zB über den Verlust einer Versorgungsanwartschaft zu **belehren.** Eine solche Verpflichtung kommt dann in Betracht, wenn der Arbeitnehmer aufgrund besonderer Umstände darauf vertrauen durfte, der Arbeitgeber werde bei der vorzeitigen Beendigung des Arbeitsverhältnisses die Interessen des Arbeitnehmers wahren und ihn redlicherweise vor unbedachten nachteiligen Folgen des vorzeitigen Ausscheidens, insbesondere bei der Versorgung, bewahren[1]. Das kann vor allem auch dann gelten, wenn im Rahmen des Aufhebungsvertrages die maßgebliche Kündigungsfrist nicht eingehalten wird, aus diesem Grunde die Abfindung erhöht wird und das Arbeitsverhältnis unmittelbar vor Eintritt der Unverfallbarkeit endet. Ob und ggf. in welchem Umfang der Arbeitgeber einen Arbeitnehmer darüber unterrichten muß, welche Auswirkungen die einvernehmliche Aufhebung des Arbeitsverhältnisses auf den Anspruch auf Arbeitslosengeld hat, ergibt sich aus einer Abwägung der Interessen der Beteiligten unter Billigkeitsgesichtspunkten, wobei alle Umstände des Einzelfalles zu berücksichtigen sind. Teilt der Arbeitgeber einem Arbeitnehmer, der von sich aus darum bittet, das Arbeitsverhältnis gegen Zahlung einer Abfindung aufzuheben, mit, daß mit einer Sperrzeit zu rechnen sei, über deren Dauer das Arbeitsamt entscheide, so hat der Arbeitgeber seine Unterrichtungspflicht in jedem Falle erfüllt. Ein Arbeitnehmer, der trotz eines solchen Hinweises den Aufhebungsvertrag abschließt, ohne sich beim Arbeitsamt über die Auswirkungen zu erkundigen, die dieser Schritt nach Arbeitslosenversicherungsrecht hat, kann vom Arbeitgeber keinen Schadensersatz dafür verlangen, daß der Anspruch auf Arbeitslosengeld durch die Bedingungen des Aufhebungsvertrages beeinträchtigt wird[2]. Auch im **öffentlichen Dienst** braucht der Arbeitgeber beim Abschluß eines Aufhebungsvertrages grundsätzlich nicht etwaige Versorgungsansprüche des Arbeitnehmers gegen die gesetzliche Rentenversicherung oder die Versorgungsanstalt des Bundes und der Länder (VBL) von sich aus zu überprüfen und den Arbeitnehmer hierüber zu belehren. Das gilt jedenfalls dann, wenn der Arbeitgeber davon ausgehen kann, daß der Arbeitnehmer nicht informationsbedürftig ist und und wenn er selbst – der Arbeitgeber – die Versicherungsabläufe nicht kennen kann[3]. Eine Belehrungspflicht entsteht jedoch auch bei einer Beendigung des Arbeitsverhältnisses auf Veranlassung des Arbeitnehmers dann, wenn dieser

---

[1] BAG v. 3. 7. 1990, NZA 1990, 971.
[2] So BAG v. 10. 3. 1988, AP Nr. 99 zu § 611 BGB – Fürsorgepflicht.
[3] BAG v. 13. 12. 1988, AP Nr. 23 zu § 1 BetrAVG – Zusatzversorgungskassen.

V. Die Beseitigung von Aufhebungsverträgen   Rz. 52 **Teil 3 B**

wegen besonderer Umstände darauf vertrauen durfte, der Arbeitgeber werde sich um die Ansprüche des Arbeitnehmers – insbesondere auf Altersversorgung – kümmern[1].

Erteilt jedoch der Arbeitgeber – insbesondere des öffentlichen Dienstes – vor der einvernehmlichen Beendigung des Arbeitsverhältnisses dem Arbeitnehmer auf dessen Frage hin Auskünfte, zB über die Folgen der Vertragsauflösung für das Arbeitslosenversicherungsrecht oder die spätere Rentenversorgung, so müssen diese **Auskünfte richtig** sein. Beruht das Zustandekommen des Aufhebungsvertrages auf einer falschen Auskunft, so schuldet der Arbeitgeber dem Arbeitnehmer Ersatz für den durch die vorzeitige Beendigung des Arbeitsverhältnisses entstandenen Schaden[2]. Zusammengefaßt kommen Hinweispflichten des Arbeitgebers insbesondere bei einem von diesem veranlaßten Aufhebungsvertrag in Betracht. Das gilt insbesondere dann, wenn der Arbeitgeber mit der Unkenntnis des Arbeitnehmers rechnen mußte und durch die vorzeitige Aufhebung atypische Versorgungsausfälle entstehen und Ansprüche gegenüber der Bundesanstalt für Arbeit ruhen. 50

Es wird diskutiert, ob solche zusätzliche Hinweispflichten des Arbeitgebers entfallen, wenn der Arbeitnehmer **durch einen Rechtsanwalt oder einen Gewerkschaftssekretär vertreten** wird oder der **Aufhebungsvertrag als Prozeßvergleich** vor dem Arbeitsgericht abgeschlossen wird[3]. Wenn dem zu folgen ist, so sind gerade in diesen Fällen Regreßansprüche gegenüber dem jeweiligen Prozeßbevollmächtigten denkbar. Folglich muß dringend davon abgeraten werden, voreilig Aufhebungsverträge abzuschließen, ohne daß zuvor eine gründliche Überprüfung der Ansprüche des Arbeitnehmers insbesondere im Zusammenhang mit dem Bezug von Arbeitslosengeld und Rente erfolgt ist. 51

V. Die Beseitigung von Aufhebungsverträgen

1. Rücktritts- und Widerrufsrechte

Nach dem Bürgerlichen Gesetzbuch kann ein Antrag unter Anwesenden nur sofort angenommen werden. Anderenfalls erlischt der Antrag (§ 146 BGB). Der Empfänger des Angebotes hat somit grundsätzlich keine „Bedenkzeit"[4]. Dementsprechend kennt das Bürgerliche Gesetzbuch den „Widerruf" einer Erklärung grundsätzlich nur bis zu ihrem Zugang, und zwar auch dann nur in dem Falle, daß das Angebot gegenüber einem Abwesenden erklärt worden ist (§ 130 Abs. 1 BGB). Erfolgt die Annahme unter einem Widerrufsvorbehalt, so stellt dieses eine Ablehnung, verbunden mit einem neuen Antrag, dar (§ 150 Abs. 2 BGB). Im übrigen sieht das Bürgerliche Gesetzbuch für einen einmal geschlos- 52

---
1 BAG v. 23. 5. 1989, AP Nr. 28 zu § 1 BetrAVG – Zusatzversorgungskassen.
2 Vgl. dazu auch BAG v. 13. 11. 1984, AP Nr. 5 zu § 1 BetrAVG – Zusatzversorgungskassen.
3 Vgl. *Färber*, S. 234.
4 Vgl. *Ernst*, S. 113.

senen Aufhebungsvertrag **weder ein gesetzliches Rücktritts- noch ein gesetzliches Widerrufsrecht** vor, obwohl Aufhebungsverträge unbestritten häufig unter Zeitdruck abgeschlossen werden. Dieser darf somit nicht dazu führen, daß die sorgfältige Abklärung der Sach- und Rechtslage vor Abschluß des Aufhebungsvertrages vernachlässigt wird. Es muß daher immer wieder vor dem unbedachten Abschluß eines bindenden Aufhebungsvertrages gewarnt werden.

53 Die **Tarifvertragsparteien** sind befugt, den Parteien – insbesondere dem Arbeitnehmer – einen **Widerrufsvorbehalt** im Zusammenhang mit dem Abschluß eines Aufhebungsvertrages einzuräumen, um vor voreiligen Schritten zu schützen. So ist den Arbeitsvertragsparteien gem. § 10 Abs. 10 des Manteltarifvertrages für den Einzelhandel in Nordrhein-Westfalen das Recht eingeräumt worden, einen Auflösungsvertrag innerhalb von drei Tagen zu widerrufen. Die Widerrufsfrist beginnt unabhängig davon zu laufen, ob der Arbeitgeber den Arbeitnehmer auf sein Widerrufsrecht hingewiesen hat oder nicht[1]. Ein Auflösungsvertrag im Sinne dieser Tarifnorm liegt auch dann vor, wenn der Arbeitnehmer formal ohne wichtigen Grund eine Eigenkündigung mit abgekürzter Frist erklärt, der Arbeitgeber damit einverstanden und sein Einverständnis erforderlich ist, um das Arbeitsverhältnis zu dem gewollten Termin zu beenden[2]. Hierbei handelt es sich allerdings um ein verzichtbares Recht[3]. Der danach zulässige Verzicht auf das den Arbeitsvertragsparteien eingeräumte Recht, einen schriftlichen Auflösungsvertrag innerhalb von drei Tagen zu widerrufen, kann in die Vertragsurkunde aufgenommen und muß nicht gesondert von dem übrigen Vertragstext oder in einer besonderen Urkunde erklärt werden[4].

54 Es ist auch denkbar, daß die Betriebspartner im Rahmen entsprechender **Betriebsvereinbarungen** Widerrufsvorbehalte hinsichtlich des Abschlusses von Aufhebungsverträgen vorsehen. Zwar können nach § 77 Abs. 3 BetrVG Arbeitsbedingungen, die durch Tarifvertrag geregelt sind oder üblicherweise geregelt werden, nicht Gegenstand einer Betriebsvereinbarung sein. Die Tarifpartner können jedoch, wenn sie Regelungen zu einem Sachkomplex getroffen haben, mit Tariföffnungsklauseln ergänzende Betriebsvereinbarungen ausdrücklich zulassen. Deshalb besteht für die Betriebspartner bei Vorliegen einer Öffnungsklausel die Möglichkeit, die Tarifregelung selbst aufzugreifen und zum Gegenstand einer Betriebsvereinbarung zu machen, womit auch nicht tarifgebundene Arbeitnehmer erfaßt und geschützt werden[5]. Es ist jedoch zu beachten, daß nicht nur eine ausdrückliche tarifliche Regelung, sondern auch die Tarifüblichkeit einer Angelegenheit Sperrwirkung entfaltet und einer Regelung auf Betriebsebene entgegensteht[6]. Insoweit ist jedoch davon auszugehen, daß die meisten Tarifverträge zum Regelungsgegenstand „Aufhebungsvertrag" schwei-

---
1 LAG Köln v. 11. 4. 1990, BB 1990, 2047.
2 BAG v. 24. 1. 1985, AP Nr. 7 zu § 1 TVG – Tarifverträge: Einzelhandel.
3 BAG v. 24. 1. 1985, AP Nr. 7 zu § 1 TVG – Tarifverträge: Einzelhandel.
4 BAG v. 24. 1. 1985, AP Nr. 8 zu § 1 TVG – Tarifverträge: Einzelhandel.
5 So *Ernst*, S. 116.
6 *Ernst*, S. 116.

V. Die Beseitigung von Aufhebungsverträgen

gen. Erst recht gilt dieses für die Einräumung eines Widerrufsrechts. Dementsprechend kann angenommen werden, daß eine etwaige betriebliche Regelung in der Regel nicht an § 77 Abs. 3 BetrVG scheitert[1].

Schließlich kommt es in der Praxis häufig vor, daß außergerichtliche Aufhebungsverträge und gerichtliche Vergleiche, die einen Aufhebungsvertrag zum Gegenstand haben, zunächst **unter Vorbehalt abgeschlossen** werden. Dieses beruht darauf, daß solche Vereinbarungen – wie dargelegt – häufig unter Zeitdruck abgeschlossen werden und die Sach- und Rechtslage zu diesem Zeitpunkt für die Parteien noch nicht abschließend geklärt ist. Hinzu kommt, daß derartige Vereinbarungen sowohl außergerichtlich als auch insbesondere gerichtlich unter Beteiligung von Rechtsanwälten, Verbandsvertretern und Gewerkschaftssekretären abgeschlossen werden, die den Inhalt der getroffenen Regelung zunächst mit ihrer Mandantschaft besprechen müssen, bevor es zu einem bestandskräftigen Aufhebungsvertrag kommt. Außergerichtlich wird zu diesem Zwecke in der Regel ein Rücktrittsrecht eingeräumt. Im Rahmen von gerichtlichen Verfahren ist der Vorbehalt üblich, den Vergleich binnen einer bestimmten Frist gegenüber dem Gericht zu widerrufen. Regelmäßig betragen die Fristen zwei bis drei Wochen. Der Lauf der Widerrufsfrist hängt nicht davon ab, ob in dem betreffenden gerichtlichen Verfahren das Vergleichsprotokoll den Parteien bzw. deren Prozeßbevollmächtigten bereits vorliegt. Deshalb empfiehlt es sich dringend, daß die Prozeßbevollmächtigten den betreffenden Vergleichstext während der gerichtlichen Verhandlung mitschreiben. Sonst ist der Prozeßbevollmächtigte unter Umständen gezwungen, den Vergleich zu widerrufen, obgleich dieser als in der Sache selbst geboten oder gar als sehr akzeptabel erscheint. Erfahrungsgemäß kommt es nämlich immer wieder vor, daß der jeweilige Prozeßgegner zwar den ursprünglich abgeschlossenen widerruflichen Vergleich akzeptiert hätte, jedoch in der Folgezeit im Prozeß keine Vergleichsbereitschaft mehr zeigt.

Soll ein vertraglich eingeräumtes **Rücktrittsrecht** oder ein im Rahmen eines gerichtlichen Verfahrens eingeräumtes **Widerrufsrecht** ausgeübt werden, so ist stets große Sorgfalt geboten. Das jeweilige Recht muß stets fristgemäß ausgeübt werden. Entscheidend ist, daß die betreffende Erklärung dem vorgesehenen Empfänger auf jeden Fall **fristgerecht zugeht.** Gegen die einmal versäumte Frist gibt es keine Wiedereinsetzung in den vorigen Stand. Die gebotene Erklärung muß somit in jedem Fall form- und fristgerecht abgegeben werden. Ansonsten bleibt es bei der Bestandskraft des Aufhebungsvertrages. Ein Aufhebungsvertrag ist nämlich – wie bereits dargelegt – nicht allein deshalb unwirksam, weil der Arbeitgeber dem Arbeitnehmer weder eine Bedenkzeit noch ein Rücktritts- bzw. Widerrufsrecht eingeräumt und ihm auch das Thema des beabsichtigten Gesprächs vorher nicht mitgeteilt hat[2].

---

1 So *Ernst*, S. 117.
2 BAG v. 30. 9. 1993, AP Nr. 37 zu § 123 BGB.

2. Anfechtung von Aufhebungserklärungen

a) Anfechtung wegen Irrtums (§ 119 BGB)

57 Wer bei der Abgabe einer auf Abschluß eines Aufhebungsvertrages gerichteten Willenserklärung über deren Inhalt im Irrtum war oder eine Erklärung dieses Inhalts überhaupt nicht abgeben wollte, kann die Erklärung anfechten, wenn anzunehmen ist, daß er sie bei Kenntnis der Sachlage und bei verständiger Würdigung des Falles nicht abgegeben haben würde (§ 119 Abs. 1 BGB). Als Irrtum über den Inhalt der Erklärung gilt auch der Irrtum über solche Eigenschaften der Person oder der Sache, die im Verkehr als wesentlich angesehen werden (§ 119 Abs. 2 BGB). Somit kann grundsätzlich die auf Abschluß eines Aufhebungsvertrages gerichtete Willenserklärung ebenso wie jede andere Willenserklärung gem. § 119 BGB angefochten werden[1].

Die Unkenntnis einer Arbeitnehmerin von einer im Zeitpunkt des Ausspruchs einer Eigenkündigung bestehenden Schwangerschaft rechtfertigt in der Regel keine Irrtumsanfechtung[2]. Irrt sich demgemäß eine schwangere Arbeitnehmerin über die mutterschutzrechtlichen Folgen eines Aufhebungsvertrages, so berechtigt dieser bloße Rechtsfolgenirrtum grundsätzlich nicht zu einer Anfechtung gem. § 119 BGB[3].

b) Anfechtung wegen Täuschung oder Drohung (§ 123 BGB)

58 Wer zur Abgabe einer auf den Abschluß eines Aufhebungsvertrages gerichteten Willenserklärung durch arglistige Täuschung oder widerrechtlich durch Drohung bestimmt worden ist, kann die Erklärung anfechten (§ 123 BGB).

Die arglistige Täuschung iSd. § 123 BGB setzt eine **Täuschung** zum Zwecke der Erregung oder Aufrechterhaltung eines Irrtums voraus. Sie erfordert allerdings weder eine Bereicherungsabsicht des Täuschenden noch eine Schädigung des Vermögens des Getäuschten. Die Täuschung kann durch positives Tun oder durch Unterlassen begangen werden. Sie muß widerrechtlich sein und erfordert in subjektiver Hinsicht **Arglist,** also einen Täuschungswillen. Der Handelnde muß somit die Unrichtigkeit seiner Angaben kennen, wobei bedingter Vorsatz genügt. Es reicht aus, wenn der Handelnde, obwohl er mit der möglichen Unrichtigkeit seiner Angaben rechnet, sozusagen ins Blaue hinein unrichtige Behauptungen aufstellt. In der arbeitsrechtlichen Praxis werden Aufhebungsverträge von Arbeitnehmern häufig mit der Begründung angefochten, sie seien im Rahmen der Aufhebungsverhandlungen seitens des Arbeitgebers stark **unter Druck gesetzt** worden, zB durch die Drohung mit fristloser oder fristgerechter Kündigung, Schadensersatzansprüchen und/oder Anzeige bei der Staatsanwaltschaft[4]. Die Drohung iSd. § 123 BGB setzt das Inaussichtstellen eines künftigen Übels voraus. Sie muß den Erklärenden in eine Zwangslage versetzen. Die Anwendung unmittelbarer Gewalt fällt nicht unter § 123 BGB, da hier schon

---

1 Bauer, Rz. 94.
2 BAG v. 6. 2. 1992, AP Nr. 13 zu § 119 BGB.
3 BAG v. 16. 2. 1983, AP Nr. 6 zu § 119 BGB.
4 Bauer, Rz. 96.

V. Die Beseitigung von Aufhebungsverträgen

tatbestandlich keine Willenserklärung vorliegt. Als Übel genügt jeder Nachteil. Es kann sich auf den Bedrohten, aber auch auf eine andere Person beziehen. Gleichgültig ist, ob das Übel materieller oder ideeller Natur ist. Ist der angedrohte Nachteil allerdings geringfügig, so bedarf die Kausalität der Drohung einer eingehenden Prüfung. Grundsätzlich ist „**Zeitdruck**" kein Anfechtungsgrund[1]. Nach Auffassung des LAG Hamburg[2] stellt es allerdings eine unzulässige Rechtsausübung dar, wenn es zu einem Aufhebungsvertrag gekommen ist, nachdem der Arbeitgeber den Arbeitnehmer zu einem Gespräch gebeten hat, ohne ihm vorher das Thema dieses Gespräches mitzuteilen und ohne ihm angemessene Bedenkzeit oder ein Rücktritts- oder Widerrufsrecht einzuräumen. Dem kann so nicht gefolgt werden, weil „Zeitdruck" – wie dargelegt – keinen Anfechtungsgrund darstellt[3]. Eine Anfechtung wegen Zeitdrucks kommt insbesondere dann nicht in Betracht, wenn der Arbeitnehmer nicht um eine Überlegungsfrist bittet[4]. Wird einer schwangeren Arbeitnehmerin der Abschluß eines Aufhebungsvertrages angeboten und eine von ihr erbetene Bedenkzeit abgelehnt, so kann ein gleichwohl abgeschlossener Aufhebungsvertrag nicht allein wegen des Zeitdrucks nach § 123 Abs. 1 BGB angefochten werden[5].

Die Rechtsprechung ist immer wieder mit der Frage beschäftigt worden, ob eine **Drohung mit einer fristlosen Kündigung** als Drohung im Sinne von § 123 Abs. 1 BGB angesehen werden kann. Ausgangspunkt ist zunächst die Entscheidung des Bundesarbeitsgerichts vom 30. 3. 1960[6]. Danach ist die Drohung mit einer fristlosen Entlassung zum Zwecke der Beendigung des Arbeitsverhältnisses jedenfalls nicht widerrechtlich, wenn ein verständiger Arbeitgeber in der gleichen Lage eine fristlose Kündigung ausgesprochen hätte. Anders ist die Rechtslage zu beurteilen, wenn die angedrohte Entlassung von Rechts wegen nicht möglich war. In einem solchen Fall unterliegt ein Aufhebungsvertrag, der unter der Drohung, anderenfalls im Wege der außerordentlichen Kündigung fristlos entlassen zu werden, zustande gekommen ist, nach § 123 BGB der Anfechtung[7]. Somit kommt es darauf an, ob ein verständiger Arbeitgeber eine fristlose Kündigung ernsthaft in Erwägung gezogen hätte. Daß die fristlose Kündigung wirksam gewesen wäre, ist allerdings nicht erforderlich[8]. In dieser Entscheidung ist das Bundesarbeitsgericht somit von der vorgenannten Entscheidung teilweise abgewichen. Sodann hat das Bundesarbeitsgericht[9] entschieden, daß der Arbeitnehmer seine eigene Kündigungserklärung wegen Drohung anfechten kann, wenn er zu deren Abgabe durch die Erklärung des Arbeitgebers, anderenfalls werde er dem Arbeitnehmer aus wichtigem Grunde kündi-

59

---

1 BAG v. 16. 2. 1983, NJW 1983, 2958.
2 LAG Hamburg v. 3. 7. 1991, NZA 1992, 309.
3 Vgl. dazu auch BAG v. 10. 3. 1988, AP Nr. 99 zu § 611 BGB – Fürsorgepflicht.
4 BAG v. 30. 10. 1986, NZA 1987, 91.
5 BAG v. 16. 2. 1983, AP Nr. 6 zu § 119 BGB.
6 BAG v. 30. 3. 1960, AP Nr. 46 zu § 626 BGB.
7 BAG v. 14. 7. 1960, AP Nr. 13 zu § 123 BGB.
8 BAG v. 20. 11. 1969, AP Nr. 16 zu § 123 BGB.
9 BAG v. 16. 11. 1979, AP Nr. 21 zu § 123 BGB.

gen, veranlaßt worden ist. Diese Drohung des Arbeitgebers ist nach der eingangs genannten Entscheidung allerdings nicht widerrechtlich iSd. § 123 Abs. 1 BGB, wenn ein verständiger Arbeitgeber eine außerordentliche Kündigung ernsthaft in Erwägung gezogen hätte. Dagegen kommt es nach der vorgenannten Entscheidung nach wie vor nicht darauf an, ob die Arbeitgeberkündigung, wenn sie ausgesprochen worden wäre, sich im Gerichtsverfahren als rechtsbeständig erwiesen hätte. Ob dabei ein verständiger Arbeitgeber die fristlose Kündigung ernsthaft erwogen hätte, richtet sich nicht nur nach dem tatsächlichen subjektiven Wissensstand des bestimmten Arbeitgebers. Zu berücksichtigen sind auch die – zB erst im Prozeß gewonnenen – Ergebnisse weiterer Ermittlungen, die ein verständiger Arbeitgeber zur Aufklärung des Sachverhaltes angestellt hätte. Maßgeblich ist der objektiv mögliche und damit **hypothetische Wissensstand** des Arbeitgebers. Diese Grundsätze gelten entsprechend für eine auf Abgabe einer auf den Abschluß eines Aufhebungsvertrages gerichteten Willenserklärung entsprechend[1]. Auch nach dieser Entscheidung darf der Anfechtungsprozeß nach § 123 BGB nicht wie ein fiktiver Kündigungsschutzprozeß behandelt werden. Deshalb braucht die Rechtsgewißheit, die sich erst mit dem Abschluß eines Kündigungsschutzprozesses ergibt, zur Zeit der Drohung nicht vorgelegen zu haben. Auch nach dieser Entscheidung sind nicht nur die dem Arbeitgeber im Zeitpunkt der Drohung bekannten, sondern auch die zB erst im Prozeß gewonnenen Ergebnisse weiterer Ermittlung, die ein verständiger Arbeitgeber zur Aufklärung des Sachverhalts angestellt hätte, zu berücksichtigen. Maßgeblich ist also der objektiv mögliche und damit hypothetische Wissensstand des Arbeitsgebers.

60 Eine Anfechtung nach § 123 BGB wegen widerrechtlicher Drohung kommt schließlich auch dann in Betracht, wenn dem Arbeitnehmer vor Abschluß eines außergerichtlichen Aufhebungsvertrages mit einer alternativen **ordentlichen Kündigung** gedroht worden ist[2]. Wird dagegen aufgrund schwerwiegender Bedenken gegen die Amtsführung eines Verwaltungsangestellten diesem zunächst die fristlose Kündigung angekündigt, später aus sozialen Erwägungen und im Hinblick auf die Schwerbehinderteneigenschaft das Angebot der Weiterbeschäftigung auf einem anderen Arbeitsplatz gegen verminderte Vergütung gemacht, so liegt darin keine widerrechtliche Drohung iSv. § 123 Abs. 1 BGB[3].

c) Anfechtungsfristen

61 Die Anfechtung nach § 119 Abs. 1 oder Abs. 2 BGB muß **unverzüglich** erfolgen, dh. ohne schuldhaftes Zögern, nachdem der Anfechtungsberechtigte vom Anfechtungsgrund Kenntnis erlangt hat (§ 121 BGB). *Bauer*[4] meint, als unverzüglich könne maximal eine Frist von zwei Wochen angesehen werden. Die Anfechtung einer nach § 123 BGB anfechtbaren Willenserklärung kann dagegen binnen Jahresfrist erfolgen (§ 124 BGB). Die Frist beginnt zu dem Zeitpunkt, in

---

1 Vgl. dazu BAG v. 30. 10. 1986, NZA 1987, 91.
2 BAG v. 16. 1. 1992, NZA 1992, 1023.
3 BAG v. 5. 4. 1978, AP Nr. 20 zu § 123 BGB.
4 *Bauer*, Rz. 107.

welchem der Anfechtungsberechtigte die Täuschung entdeckt, und bei einer Drohung dann, wenn die Zwangslage aufhört. Darlegungs- und beweispflichtig im Anfechtungsprozeß ist derjenige, der sich auf die Anfechtung der auf den Abschluß eines Aufhebungsvertrages gerichteten Willenserklärung beruft.

VI. Prozessuales

Gemäß § 2 Abs. 1 Nr. 3b ArbGG sind die **Gerichte für Arbeitssachen** ausschließlich zuständig für bürgerliche Rechtsstreitigkeiten zwischen Arbeitnehmern und Arbeitgebern über das Bestehen oder Nichtbestehen eines Arbeitsverhältnisses. Damit fällt unter diese Vorschrift auch der sogenannte Aufhebungsstreit, nämlich der Streit darüber, ob ein Aufhebungsvertrag das Arbeitsverhältnis wirksam aufgelöst hat oder nicht[1]. 62

Demgemäß kann sowohl arbeitnehmerseitig als auch arbeitgeberseitig gem. § 46 Abs. 2 ArbGG iVm. § 256 ZPO vor dem Arbeitsgericht auf die **Feststellung** geklagt werden, daß das Arbeitsverhältnis durch den behaupteten Aufhebungsvertrag aufgelöst bzw. nicht aufgelöst worden ist. Denkbar ist es auch, daß der Arbeitnehmer gegen den Arbeitgeber im Wege der **Leistungsklage** auf Weiterbeschäftigung vorgeht. Innerhalb dieser Leitungsklage ist dann inzident die Beendigung des Arbeitsverhältnisses durch Aufhebungsvertrag als Vorfrage zu prüfen. Weder bei der einen noch bei der anderen Klageart ist die Ausschlußfrist des § 4 KSchG einzuhalten. Jedoch kann das Recht, sich auf den Bestand des Arbeitsverhältnisses zu berufen, verwirken. Hierzu muß neben dem Zeitablauf (Zeitmoment) auch noch ein besonderer Vertrauenstatbestand vorliegen, aus dem sich für die Gegenseite ergibt, daß keine Klage mehr erhoben wird (Umstandsmoment). In diesem Zusammenhang ist es denkbar, die Dreiwochenfrist des § 4 KSchG zur Konkretisierung des Zeitmoments heranzuziehen[2]. Im Hinblick hierauf empfiehlt es sich dringend, die Unwirksamkeit des abgeschlossenen Aufhebungsvertrages möglichst innerhalb von drei Wochen nach dessen Abschluß gerichtlich geltend zu machen. 63

Demjenigen, der sich auf den Abschluß des Aufhebungsvertrages beruft, obliegt nach allgemeinen Grundsätzen die **Darlegungs- und Beweislast** für das Vorliegen sämtlicher Voraussetzungen, die für den Abschluß des Aufhebungsvertrages erforderlich sind[3]. In der Praxis beruft sich in der Regel der Arbeitgeber darauf, daß zwischen den Parteien ein Aufhebungsvertrag zustande gekommen ist. Demgemäß sind in der Regel vom Arbeitgeber die diesbezüglichen Tatsachen darzulegen und zu beweisen. Ist jedoch der Abschluß des Aufhebungsvertrages unstreitig oder dargelegt und bewiesen und wird – zumeist arbeitnehmerseitig – geltend gemacht, der abgeschlossene Aufhebungsvertrag sei zB nichtig oder wirksam angefochten worden, so muß derjenige, der sich hierauf 64

---
1 *Ernst*, S. 247.
2 Vgl. *Ernst*, S. 248 f. mwN.
3 Vgl. *Bauer*, Rz. 123; *Ernst*, S. 250.

beruft, sämtliche Tatsachen und Umstände darlegen und beweisen, aus denen sich die Unwirksamkeit der Aufhebungsvereinbarung ergeben sollen[1]. Dementsprechend ist den Mandanten zu empfehlen, sich von Anfang an bei den Verhandlungen anwaltlich vertreten zu lassen. Ebenfalls Vorsicht ist geboten bei Erklärungen im Anschluß an den Erhalt der Kündigung. Gelegentlich macht derjenige, der die Kündigung ausspricht, geltend, der Kündigungsempfänger habe die Kündigung angenommen und aufgrund dessen sei ein Aufhebungsvertrag zustande gekommen. Zur Vermeidung späterer Streitigkeiten empfiehlt es sich deshalb, beim Erhalt der Kündigung allenfalls Erklärungen zu deren Zugang abzugeben. Üblich sind zB folgende Formulierungen: „Kündigung heute erhalten", „Erhalt am heutigen Tage bestätigt", nicht jedoch etwa der Satz: „Kündigung wird akzeptiert".

65 Stellt sich im **Kündigungsschutzprozeß** heraus, daß der gerichtliche Aufhebungsvertrag keine Wirksamkeit entfaltet oder zu Recht angefochten worden ist, so ist der Kündigungsschutzprozeß nach wie vor rechtshängig und fortzusetzen[2]. Es ist jedoch auch denkbar, daß zunächst eine Kündigung ausgesprochen worden ist, gegen die form- und fristgerecht Kündigungsschutzklage erhoben ist, welche nach Abschluß eines außergerichtlichen Aufhebungsvertrages zurückgenommen wird. Stellt sich dann später die Unwirksamkeit oder die Anfechtbarkeit des Aufhebungsvertrages heraus, ist eine analoge Anwendung des § 5 KSchG denkbar, wenn der Arbeitnehmer zum Zeitpunkt der Klagerücknahme die Unwirksamkeit oder die Anfechtbarkeit weder kannte noch kennen mußte[3]. Diese Rechtslage ist jedoch nicht eindeutig. Außerdem existiert die zeitliche Beschränkung des § 5 Abs. 3 Satz 2 KSchG. Daher sollte der Arbeitnehmer, der sich nach erfolgter Kündigung und hiergegen erhobener Kündigungsschutzklage außergerichtlich mit dem Arbeitgeber auf eine einvernehmliche Beendigung des Arbeitsverhältnisses verständigt, stets darauf achten, daß die Aufhebungsvereinbarung im anhängigen Kündigungsschutzprozeß als Prozeßvergleich protokolliert wird[4].

VII. Rechtsfolgen

1. Arbeitsrechtliche Folgen

66 Der Aufhebungsvertrag führt zur **Beendigung des Arbeitsverhältnisses.** Wann die Beendigungswirkung eintritt, hängt von den Vereinbarungen der Parteien ab. Mit der Beendigung des Arbeitsverhältnisses treten die Parteien in ein Abwicklungsverhältnis ein. Dies umfaßt zum einen Ansprüche auf die bisher fällig gewordenen aber noch nicht bewirkten Leistungen, also zB die Ansprüche auf restliche Vergütung und den restlichen Urlaub sowie auf ordnungsgemäße

---

1 *Ernst*, S. 250 mwN; *Bauer*, Rz. 123 mwN.
2 So zutreffend *Weber/Ehrich*, DB 1995, 2369, 2371.
3 So *Weber/Ehrich*, DB 1995, 2369, 2371.
4 So zutreffend *Weber/Ehrich*, DB 1995, 2369, 2371.

VII. Rechtsfolgen

Ausfüllung der Arbeitspapiere und die Erteilung der Lohnabrechnungen. Weiterhin sind zu nennen die erst nachträglich fällig werdenden Forderungen, zB Anwartschaften und Ansprüche auf betriebliche Altersversorgung[1]. Zwar steht es den Parteien frei, einen Aufhebungsvertrag jederzeit mit sofortiger Wirkung abzuschließen. Kündigt jedoch ein Arbeitgeber aus Anlaß der Arbeitsunfähigkeit eines Arbeitnehmers, so entfallen die Lohnfortzahlungsansprüche im Regelfall nicht schon dadurch, daß die Parteien anschließend das Arbeitsverhältnis zum selben Termin einvernehmlich aufheben. Noch nicht entstandene und fällige Ansprüche auf Lohnfortzahlung im Krankheitsfall kann der Arbeiter seinem Arbeitgeber nicht rechtswirksam erlassen. Deshalb ist eine am letzten Tag des Arbeitsverhältnisses getroffene Vereinbarung, durch die der Arbeiter seinem Arbeitgeber Lohnfortzahlungsansprüche erläßt, unwirksam[2].

Ein solcher Tatbestand liegt jedoch noch nicht vor, wenn der noch nicht arbeitsunfähige Arbeiter auf die durch ein Leiden bedingte Minderung seiner Leistungsfähigkeit hinweist und der Arbeitgeber deshalb die einvernehmliche Beendigung des Arbeitsverhältnisses vorschlägt[3].

Entsprechendes gilt für die Lohn- bzw. Gehaltsfortzahlungsansprüche gem. § 12 Abs. 1 Nr. 2b BBiG.

2. Steuerrechtliche Folgen

a) Steuerfreie Abfindungen

Die für die einkommensteuerrechtliche Behandlung von Abfindungszahlungen einschlägige Rechtsvorschrift ist § 3 Nr. 9 EStG. Nach dieser Vorschrift sind Abfindungen wegen einer **vom Arbeitgeber veranlaßten oder gerichtlich ausgesprochenen Auflösung des Dienstverhältnisses** in Höhe von bis zu 24.000 DM steuerfrei. Hat der Arbeitnehmer jedoch das 50. Lebensjahr vollendet und hat das Arbeitsverhältnis mindestens 15 Jahre bestanden, so erhöht sich dieser Betrag auf 30.000 DM. Hat der Arbeitnehmer das 55. Lebensjahr vollendet und hat das Arbeitsverhältnis mindestens 20 Jahre bestanden, so liegt die steuerfreie Höchstgrenze bei 36.000 DM. Der Abfindungsbegriff des § 3 Nr. 9 EStG verlangt nicht, daß der Arbeitnehmer „entlassen", also gekündigt wird. Voraussetzung ist jedoch, daß die Auflösung des Arbeitsverhältnisses vom Arbeitgeber „veranlaßt" worden ist[4]. Die Auflösung des Arbeitsverhältnisses ist dann im Sinne von § 3 Nr. 9 EStG vom Arbeitgeber „veranlaßt", wenn dieser die entscheidenden Ursachen für die Auflösung gesetzt hat und dem Arbeitnehmer im Hinblick auf dieses Verhalten eine weitere Zusammenarbeit nicht mehr zugemutet werden kann[5]. Abfindungen sind dabei grundsätzlich solche Zuwendungen, die ein Arbeitnehmer anläßlich der Auflösung des Arbeitsverhältnisses,

67

---

1 Vgl. *Ernst*, S. 269 f.
2 BAG v. 28. 11. 1979, DB 1980, 1448; bestätigt durch BAG v. 20. 8. 1980, DB 1981, 221; vgl. auch BAG v. 20. 8. 1980, BB 1982, 1302.
3 BAG v. 28. 7. 1976, BB 1976, 1516.
4 *Bauer*, Rz. 903.
5 BFH v. 17. 5. 1977, BB 1977, 1288.

insbesondere zum Ausgleich von Nachteilen wegen des Verlustes seines Arbeitsplatzes erhält. Demgegenüber stellt es keine Abfindung, sondern eine nicht begünstigte Gehaltszahlung dar, wenn ein Arbeitnehmer den Betrag erhält, der seinem laufenden Gehalt und seinen sonstigen Ansprüchen aus dem Arbeitsverhältnis bis zur Beendigung des Arbeitsverhältnisses entspricht[1]. Abfindungen wegen einer vom Arbeitgeber veranlaßten vorzeitigen Auflösung des Arbeitsverhältnisses sind dagegen nach § 3 Nr. 9 EStG in der Regel auch insoweit steuerfrei, als mit ihnen entgangene Verdienstmöglichkeiten für die Zeit bis zum Ende der Kündigungsfrist abgegolten werden[2].

68 Somit liegt eine vom Arbeitgeber veranlaßte Auflösung des Arbeitsverhältnisses insbesondere vor, wenn der Arbeitgeber nicht wegen eines vertragswidrigen Verhaltens des Arbeitnehmers kündigt und die Parteien sich sodann gerichtlich oder außergerichtlich vergleichen oder das Arbeitsverhältnis aufgrund beiderseitigen Antrags gem. §§ 9, 10 KSchG durch Urteil aufgelöst wird. Auch ohne vorangegangene Kündigung liegt eine vom Arbeitgeber veranlaßte Auflösung des Arbeitsverhältnisses vor, wenn die Parteien einen Aufhebungsvertrag schließen und die Veranlassung hierzu vom Arbeitgeber ausgegangen ist. Schließlich ist auch denkbar, daß eine vom Arbeitgeber veranlaßte Eigenkündigung vorliegt oder das Arbeitsverhältnis auf die Eigenkündigung des Arbeitnehmers anschließend auf Veranlassung des Arbeitgebers vorzeitig beendet wird[3].

b) Steuerbegünstigte Entschädigungen

69 Häufig wird bei der Zahlung von Abfindungen der maßgebliche Höchstbetrag nach § 3 Nr. 9 EStG überschritten. In einem solchen Falle fragt es sich, ob der darüber hinausgehende Betrag eine **Entschädigung** im Sinne des § 24 Nr. 1 EStG darstellt, die dem **ermäßigten Steuersatz** nach § 34 EStG unterfällt. Gem. § 24 EStG gehören zu den Einkünften ua. auch Entschädigungen, welche als Ersatz für entgangene oder entgehende Einnahmen oder für die Aufgabe oder Nichtausübung einer Tätigkeit gewährt werden. Bei Auflösung des Arbeitsverhältnisses greift § 24 Nr. 1b EStG ein, falls der Arbeitgeber dem Arbeitnehmer eine Entschädigung dafür zahlt, daß dieser sich verpflichtet, die bisherige Tätigkeit nicht mehr oder für eine bestimmte Zeit nicht mehr auszuüben[4]. Abfindungen sind als Entschädigungen im Sinne des § 24 Nr. 1b EStG zu qualifizieren. Deshalb stellen sie außerordentliche Einkünfte nach § 34 Abs. 2 EStG dar und werden gem. § 34 Abs. 1 Satz 1 EStG lediglich einem ermäßigten Steuersatz unterworfen. Dieser beträgt die Hälfte des durchschnittlichen Steuersatzes, der sich ergeben würde, wenn die tarifliche Einkommensteuer nach dem gesamten zu versteuernden Einkommen zuzüglich der dem Progressionsvorbehalt unterliegenden Einkünfte zu bemessen wäre[5]. Die Qualifizierung der Entschädigungszahlung als außerordentliche Einkünfte im Sinne von § 34 Abs. 2

---

1 BFH v. 17. 5. 1977, BB 1977, 1288.
2 BFH v. 13. 10. 1978, BB 1979, 304.
3 *Bauer*, Rz. 904.
4 *Färber*, S. 240 f.
5 *Färber*, S. 241.

VII. Rechtsfolgen

EStG setzt allerdings voraus, daß es sich um eine sogenannte Zusammenballung von Einnahmen handelt, welche sich bei normalem Lauf der Dinge auf mehrere Jahre verteilt hätten. Es ist deshalb dringend davon abzuraten, bei Abfindungen, die den steuerlichen Höchstbetrag nach § 3 Nr. 9 EStG übersteigen, Ratenzahlungen zu vereinbaren, weil dann der Charakter einer Entschädigung als Zusammenballung von Einnahmen und damit die Steuerbegünstigung verloren gehen kann. Denkbar ist es allenfalls, daß der steuerfreie Betrag in einem Kalenderjahr und der übersteigende steuerbegünstigte Entschädigungsbetrag im nächsten Kalenderjahr gezahlt wird[1]. Aber auch dabei ist Vorsicht geboten. Die letzte Entscheidung sollte der Steuerberater treffen.

3. Sozialversicherungsrechtliche Folgen

a) Beitragsfreiheit bei Abfindungszahlungen

Eine Abfindung, die **wegen Beendigung einer versicherungspflichtigen Beschäftigung** als Entschädigung für die Zeit danach gezahlt wird, ist kein beitragspflichtiges Arbeitsentgelt. Dagegen gehören Einnahmen, die sich zeitlich der versicherungspflichtigen Beschäftigung zuordnen lassen, zum beitragspflichtigen Arbeitsentgelt[2].

Somit ist eine Abfindung, die lediglich als Entschädigung für den Verlust des Arbeitsplatzes und des sozialen Besitzstandes gezahlt wird, nicht beitragspflichtig, soweit sie kein **verdecktes Arbeitsentgelt** darstellt. Das ist nur dann der Fall, wenn die Abfindung auf die Zeit der Beschäftigung rückzubeziehen ist. Ein solcher typischer Fall liegt vor, wenn vereinbart wird, daß die aus dem Beschäftigungsverhältnis noch ausstehende Vergütung als Abfindung gezahlt wird.

b) Anrechnung der Abfindung auf Arbeitslosengeld

Das Arbeitsförderungsgesetz (AFG) enthielt bis zum 31. 3. 1997 keine konkrete Regelung zur Anrechnung von Abfindungen auf das Arbeitslosengeld. Im Ergebnis wurde eine Anrechnung jedoch gleichwohl nach Maßgabe der Vorschriften über das Ruhen und die Kürzung des Arbeitslosengeldes (§§ 117, 117a AFG aF) und die Sperrzeitenregelungen (§§ 119, 119a AFG aF) in begrenztem Umfang erreicht. Durch das Arbeitsförderungsreformgesetz (AFRG) vom 24. 3. 1997[3] wurden die §§ 117, 117a AFG durch eine neue **Pauschalanrechnung der Abfindung** mit Wirkung zum 1. 4. 1997 ersetzt (§ 115a AFG/§ 140 SGB III idF des AFRG). Auf diese Gesetzänderungen wurde mit einer weit verbreiteten Kritik[4] reagiert. Die Vorschriften wurden dann abermals geändert, und zwar § 115a AFG rückwirkend zum 1. 4. 1997 und § 140 Abs. 2 SGB III noch vor seinem Inkrafttreten durch das erste SGB III-Änderungsgesetz vom 16. 12. 1997[5] in eine für die betroffenen Arbeitnehmer „entschärfte" Fassung.

---

1 *Färber*, S. 241.
2 BSG v. 11. 5. 1990, NZA 1990, 751.
3 BGBl. I, 594.
4 Vgl. etwa *Bader*, AUR 1997, 381; *Rolfs*, DB 1996, 2126; *Hümmerich*, NZA 1997, 409.
5 BGBl. I, 2970.

Das AFG ist aber in seiner bis zum 31. 7. 1997 geltenden Fassung auch weiterhin anwendbar unter Beachtung der sehr komplizierten **Übergangsvorschriften**[1]. Die folgende Übersicht zeigt, welches Recht für welche Zeiträume und Tatbestände gilt:

- Für Sachverhalte, die in den **Zeitraum vom 1. 4. 1997 bis 31. 12. 1997** fallen und nicht aufgrund der Überleitungsvorschrift des § 242x Abs. 3 AFG nach Maßgabe der §§ 117, 117a AFG aF zu beurteilen sind, gilt § 115a AFG in der Fassung des ersten SGB III-ÄnderungsG vom 16. 12. 1997.

- **Seit dem 1. 1. 1998** ist die Anrechnung von Abfindungen nach § 140 Abs. 3 SGB III in der Fassung des ersten SGB III-Änderungsgesetzes vom 16. 12. 1997 zu beurteilen, sofern nicht ein Sachverhalt nach § 242x Abs. 3 AFG gegeben ist.

- Die hier insbesondere bedeutsamen §§ 117, 117a AFG aF sowie die in § 128 AFG aF vorgesehene Erstattungspflicht des Arbeitgebers sind nach §§ 242x Abs. 3, 6 AFG, 427 Abs. 6 SGB III weiterhin anzuwenden auf den in § 242x Abs. 3 Nr. 2 und 3 AFG genannten, absolut geschützten Personenkreis. Anwendbar bleiben diese Bestimmungen ferner für jene Arbeitnehmer, die innerhalb der Rahmenfrist (§ 104 Abs. 2 und 3 AFG aF) mindestens 360 Kalendertage vor dem 1. 4. 1997 in einem beitragspflichtigen Beschäftigungsverhältnis gestanden haben. Insoweit ist zu beachten, daß dieser Tatbestand ab dem **7. 4. 1999** keinen Anwendungsbereich mehr hat, da nach diesem Zeitpunkt die tatbestandlichen Voraussetzungen nicht mehr erfüllt sein können. *Rolf*[2] spricht hier mE irreführend davon, die Übergangsfrist würde zu diesem Zeitpunkt auslaufen.

Aufgrund des nicht zu unterschätzenden, weiterhin verbliebenen Anwendungsbereichs des AFG in seiner bis zum 31. 3. 1997 geltenden Fassung soll zunächst dieses Regelungssystem dargestellt werden (Rz. 72–82). Sodann erfolgt eine Darstellung der wichtigsten Punkte der Neuregelung (Rz. 81 ff.).

c) Ruhen des Arbeitslosengeldbezuges (§ 117 AFG aF)

72 § 117 Abs. 2 AFG aF regelt den Tatbestand des **Ruhens des Anspruchs** auf Arbeitslosengeld. Nach dieser Vorschrift ruht der Anspruch auf Arbeitslosengeld, wenn der Arbeitnehmer – zB durch Aufhebungsvertrag – vorzeitig aus dem Arbeitsverhältnis ausgeschieden ist und wegen dieser Beendigung des Arbeitsverhältnisses eine **Abfindung oder Entschädigung erhalten oder zu beanspruchen hat**. Das Ruhen des Anspruchs auf Arbeitslosengeld bedeutet, daß hierauf vorübergehend kein Anspruch besteht. Außerdem existiert kein Krankenversicherungsschutz. Beiträge in die Sozialversicherung werden seitens der Bundesanstalt für Arbeit während des Ruhens des Anspruchs ebenfalls nicht gezahlt (§ 157 AFG aF). Durch das Ruhen wird der Beginn der Arbeitslosengeldzahlung für eine bestimmte Zeit hinausgeschoben. Allerdings hat das Ruhen des Anspruchs auf Arbeitslosengeld nach § 117 AFG aF keine Verkürzung des

---

1 Vgl. § 242x Abs. 3 und 6 AFG; § 427 SGB III.
2 NZA 1997, 793, 794.

VII. Rechtsfolgen

Bezugszeitraums zur Folge. Der Arbeitslose wird wegen der Abfindung für den Ruhenszeitraum als nicht arbeitslos behandelt. § 117 Abs. 2 AFG aF will nämlich den Doppelbezug von Arbeitsentgelt und Arbeitslosengeld verhindern sowie Manipulationen zur Umgehung dieses Zwecks erschweren[1]. In Hinblick hierauf vermutet der Gesetzgeber, daß bei vorzeitiger Beendigung des Arbeitsverhältnisses – insbesondere durch Aufhebungsvertrag oder gerichtlichen Vergleich – die vereinbarte Abfindung in gewissem Umfang eine Lohnausfallvergütung enthält.

§ 117 Abs. 2 AFG aF unterscheidet nicht danach, aus welchem Grund das Arbeitsverhältnis aufgelöst wurde, wer gekündigt oder wer sonst die Initiative zur Auflösung des Arbeitsverhältnisses ergriffen hat[2]. Nach alledem muß jeder Arbeitnehmer, der einen Aufhebungsvertrag gegen Zahlung einer Abfindung ohne die Einhaltung der ordentlichen oder fiktiven Kündigungsfrist abschließt, damit rechnen, daß er für einen gewissen Zeitraum die Abfindung für seinen Lebensunterhalt zu verbrauchen hat, weil er für einen bestimmten Zeitraum **kein Arbeitslosengeld** erhält[3]. Hinsichtlich dieser fiktiven und ordentlichen Kündigungsfristen ist § 117 Abs. 2 Satz 3 nebst Nr. 1 und 2 AFG aF einschlägig, während § 117 Abs. 3 AFG aF das Ende des Ruhenszeitraums regelt. Schließt ein Arbeitgeber mit einem unkündbaren Arbeitnehmer einen Aufhebungsvertrag, der im Hinblick auf die Regelung des § 117 Abs. 2 Satz 3 AFG aF rückdatiert wird, so ist dieser Vertrag sittenwidrig[4].

d) Verkürzung des Arbeitslosengeldbezuges (§ 117a AFG aF)

Scheidet der Arbeitnehmer **ohne wichtigen Grund und gegen Zahlung einer Abfindung** aus dem Arbeitsverhältnis aus und wird gegen ihn deshalb eine Sperrzeit nach § 119 AFG aF (siehe sogleich Rz. 74) verhängt, so wird ein Teil der Abfindung auch bei Einhaltung der ordentlichen Kündigungsfrist auf das Arbeitslosengeld „angerechnet"[5]. Lediglich Abfindungen, die drei Monatsverdienste – gemessen an den letzten drei Monaten – nicht übersteigen, bleiben aufgrund der Freibetragsregelung unangetastet[6]. Von dem verbleibenden Betrag führen 20% zum Ruhen des Anspruchs auf Arbeitslosengeld, und zwar für die Zeit, die der Arbeitnehmer bei Fortbestand des Arbeitsverhältnisses gebraucht hätte, um „20%" zu verdienen[7]. Dabei mindert sich der Anspruch auf Arbeitslosengeld für denjenigen Zeitraum, in dem der Arbeitslose nach § 117a AFG aF wegen der gezahlten Abfindung kein Arbeitslosengeld erhält. Die Ruhenszeit wird also nicht hinten angehängt, sondern der Gesamtbezugszeitraum von Arbeitslosengeld verkürzt sich[8]. Daher sollte beim Abschluß eines Aufhebungsvertrages unbedingt darauf geachtet werden, daß das Arbeitsverhältnis

---

1 BSG v. 29. 8. 1991, NZA 1992, 387.
2 *Färber*, S. 243.
3 *Färber*, S. 243.
4 ArbG Mannheim v. 20. 7. 1990, EzA § 611 BGB – Aufhebungsvertrag Nr. 8.
5 *Bauer*, Rz. 1031.
6 *Färber*, S. 244.
7 *Bauer*, Rz. 1031.
8 *Färber*, S. 244.

nicht vor Ablauf der fiktiven oder ordentlichen Kündigungsfrist sein Ende findet und deutlich gemacht wird, daß die Beendigung des Arbeitsverhältnisses nicht vom Arbeitnehmer veranlaßt worden ist. Dadurch wird eine Sperrzeit nach § 119 AFG aF (siehe Rz. 74) vermieden und es tritt keine Verkürzung der Anspruchsdauer des Arbeitslosengeldbezuges gem. § 117a AFG aF ein.

e) Sperrzeiten (§§ 119, 119a AFG aF)

74 Besondere Vorsicht ist beim Abschluß von Aufhebungsverträgen geboten, wenn der Arbeitslose das **Arbeitsverhältnis** zuvor **gelöst** oder durch ein vertragswidriges Verhalten **für eine Kündigung des Arbeitgebers Veranlassung gegeben** hat. In solchen Fällen geht das Gesetz zunächst einmal davon aus, daß der Arbeitnehmer die Arbeitslosigkeit vorsätzlich oder grob fahrlässig herbeigeführt hat. Fehlt es für dieses Verhalten an einem wichtigen Grund, so tritt eine Sperrzeit von bis zu zwölf Wochen ein. Zu beachten ist, daß auch durch eine Vereinbarung über die noch auszusprechende Arbeitgeberkündigung und ihre Folgen nach der Rechtsprechung des Bundessozialgerichts eine Lösung des Arbeitsverhältnisses durch den Arbeitnehmer vorliegt, weil es gerade Sinn einer solchen Vereinbarung ist, das Ende des Beschäftigungsverhältnisses herbeizuführen. Nichts anderes gilt, wenn nach einer Arbeitgeberkündigung „Abwicklungsverträge" über Abfindungen, Entschädigungen oder ähnliche Leistungen anläßlich des Ausscheidens getroffen werden. Auch durch solche Verträge beteiligt sich ein Arbeitnehmer an der Beendigung des Arbeitsverhältnisses, weil er sich der Möglichkeit begibt, die Rechtswidrigkeit der ausgesprochenen Kündigung geltend zu machen. Dagegen begründen die bloße Hinnahme einer Arbeitgeberkündigung und das Unterlassen einer Kündigungsschutzklage nicht den Eintritt einer Sperrzeit. Es stellt sich allerdings die Frage, ob an dieser Rechtsprechung festzuhalten ist oder ob eine Sperrzeit jedenfalls dann eintritt, wenn der Arbeitnehmer eine offensichtlich rechtswidrige Kündigung im Hinblick auf eine zugesagte finanzielle Vegünstigung hinnimmt. Eine solche Rechtsfortbildung im Sinne eines offeneren Lösungsbegriffes ist naheliegend[1]. Keine Sperrzeit soll es also auslösen, wenn der Aufhebungsvertrag zur Vermeidung einer berechtigten betriebs- oder personenbedingten Kündigung des Arbeitgebers abgeschlossen wird. Stehen noch andere **Kündigungsgründe** im Raum, so sollte unbedingt klargestellt werden, daß diese arbeitgeberseitig nicht aufrechterhalten bleiben. Gleichwohl muß allerdings insbesondere dann mit einer Sperrzeitverhängung gerechnet werden, wenn sich ergibt, daß mit dem Abschluß des Aufhebungsvertrages lediglich eine Vermeidung der Sperrzeitverhängung erreicht werden soll. In zweifelhaften Fällen zieht die Bundesanstalt für Arbeit regelmäßig die arbeitsgerichtliche Akte bei. Wird sodann eine Sperrzeit verhängt und klagt der Arbeitslose hiergegen vor dem Sozialgericht, so wird dort nicht selten der arbeitsgerichtliche Kündigungsschutzprozeß inzident „nachgeholt". Ferner ist besondere Vorsicht geboten beim Abschluß von Aufhebungsverträgen mit Arbeitnehmern, die **schwerbehindert** sind. Der Schwerbehinderte hat seinen erhöhten Kündigungsschutz nämlich auch im Interesse

---

1 BSG v. 9. 11. 1995, EzA § 119a AFG Nr. 2.

VII. Rechtsfolgen

der Versichertengemeinschaft zu nutzen, weil diese wegen seiner erschwerten Vermittlung im Falle der Arbeitslosigkeit ein erhöhtes Risiko trägt. Ein wichtiger Grund für den Schwerbehinderten liegt jedoch vor, wenn dem Betrieb die Weiterbeschäftigung nur noch in einer Weise möglich ist, die den Schwerbehinderten physisch oder psychisch unzumutbar belastet. Dasselbe gilt, wenn der Arbeitsplatz des Schwerbehinderten aus betriebsbedingten Gründen entfällt, ohne daß eine Umsetzungsmöglichkeit auf einen anderen Arbeitsplatz besteht[1].

f) Erstattungspflicht des Arbeitgebers (§ 128 AFG aF)

Der Beendigung des Arbeitsverhältnisses mit älteren Arbeitnehmern durch Aufhebungsvertrag kommt in der Praxis eine erhebliche Bedeutung zu, zumal daran oft beide Seiten interessiert sind. 75

Schließt ein älterer Arbeitnehmer mit seinem Arbeitgeber einen Aufhebungsvertrag ab, so setzt er sich der Gefahr einer Sperrzeit nach §§ 119, 119a AFG aF bzw. eines Ruhenstatbestandes nach §§ 117 Abs. 2 und 3, 117a Abs. 1 AFG aF aus. Einen **wichtigen Grund** zur Auflösung des Arbeitsverhältnisses hat ein älterer Arbeitnehmer jedoch dann, wenn er anläßlich eines drastischen Personalabbaus eines Arbeitgebers gegen Abfindung sein Arbeitsverhältnis löst und dadurch einen anderen Arbeitnehmer des Betriebs vor der Entlassung bewahrt. Die freiwillige Arbeitsaufgabe, zu der sich der ältere Arbeitnehmer trotz der drohenden Arbeitslosigkeit entscheidet, nutzt in derartigen Fällen nämlich auch dem Arbeitgeber, den übrigen Arbeitnehmern des Betriebs und dient dem sozialen Frieden, ohne die Versichertengemeinschaft über Gebühr in Anspruch zu nehmen. Da jedoch ältere Arbeitnehmer schwerer zu vermitteln sind und auch sonst ein besonderes Risiko für die Versichertengemeinschaft darstellen, kann ein solches Verhalten nur in einer besonders krisenhaften Situation eines Betriebs die Sperrzeit entfallen lassen, wenn etwa ein drastischer Abbau der Belegschaft eines größeren Betriebes erforderlich ist und die deshalb drohende Arbeitslosigkeit durch den örtlichen Arbeitsmarkt kurzfristig nicht aufgefangen werden kann.

Arbeitslosenversicherungsrechtlich unschädlich ist auch zB die nicht vorsätzliche und nicht grob fahrlässig herbeigeführte krankheitsbedingte Dauer der Arbeitsunfähigkeit als Grund für die Aufhebung des Arbeitsverhältnisses, nicht jedoch die einvernehmliche Beendigung des Arbeitsverhältnisses durch einen Prozeßvergleich[2]. Die Gefahr der Verhängung einer Sperrzeit alleine könnte einen Arbeitnehmer vielleicht noch bei Zahlung einer auch insoweit angemessenen Abfindung in Kauf nehmen, wenn er nicht zusätzlich dem Risiko des § 117a AFG aF ausgesetzt wäre. 76

Neben diesen Gefahren eines Aufhebungsvertrages für den älteren Arbeitnehmer **läuft der Arbeitgeber seinerseits Gefahr,** daß er bei Lösung eines Arbeitsverhältnisses mit einem älteren Arbeitnehmer, den er zuvor mindestens 77

---

1 *Färber*, S. 242.
2 So zutreffend *Holthöwer/Rolfs*, DB 1995, 1074.

720 Kalendertage beitragspflichtig beschäftigt hat, gegenüber der Bundesanstalt für Arbeit für zwei Jahre lang für die **Erstattung** dessen **Arbeitslosengeldes** und der darauf entfallenden Beiträge zur gesetzlichen Kranken- und Rentenversicherung gem. § 128 Abs. 4 AFG aF aufzukommen hat. Diesem Risiko kann der Arbeitgeber häufig nicht ohne weiteres durch den Abschluß eines Aufhebungsvertrages bzw. Prozeßvergleichs entgehen. Eine auf diese Weise vollzogene Frühverrentung kommt einem Vertrag zu Lasten der Bundesanstalt für Arbeit gleich, dem das Gesetz mit der Erstattungspflicht entgegenwirken und zugleich zu einer Stabilisierung der Beschäftigungsverhältnisse älterer Arbeitnehmer beitragen will[1].

Diese **Erstattungspflicht** tritt zunächst **nicht** ein, wenn das Arbeitsverhältnis des älteren Arbeitnehmers vor Vollendung dessen 56. Lebensjahres beendet wurde. Bei dieser Fallgestaltung kommt es auf die Form der Beendigung des Arbeitsverhältnisses nicht an. Außerdem entfällt die Erstattungspflicht, wenn der Arbeitnehmer Anspruch auf soziale Sicherung aus einem anderen Sozialleistungssystem (Krankengeld, Erwerb- und Berufsunfähigkeitsrente, Altersrente usw.) hat. Gem. § 128 Abs. 1 Satz 2 Nr. 3 AFG aF entfällt eine Erstattungspflicht, falls der Arbeitnehmer das Arbeitsverhältnis selbst gekündigt hat, ohne daß der Arbeitgeber sein Interesse hieran durch eine Abfindung, Entschädigung oder ähnliche Leistung zum Ausdruck gebracht hat.

Weiterhin entfällt die Erstattungspflicht, wenn der Arbeitgeber das Arbeitsverhältnis aus einem der Gründe des § 128 Abs. 1 AFG aF beendet hat. Die Erstattungspflicht greift nämlich nur ein, wenn den Arbeitgeber eine besondere Verantwortung für den Eintritt der Arbeitslosigkeit und damit für die Gewährung der zu erstattenden Leistungen trifft. Daran fehlt es, wenn die **Fortsetzung des Arbeitsverhältnisses** dem Arbeitgeber **unzumutbar** war. Damit führt jede im Sinne von § 1 KSchG sozial gerechtfertigte Kündigung zur Befreiung des Arbeitgebers von der Erstattungspflicht. Kann sich nämlich der Arbeitgeber in arbeitsrechtlich zulässiger Weise von seinem Arbeitnehmer durch Kündigung trennen, so ist dieses vom Sozialrecht zu akzeptieren[2].

78 In der Praxis stellt sich die Frage, ob dann, wenn im Zeitpunkt der Beendigung des Arbeitsverhältnisses die Voraussetzungen einer sozial gerechtfertigten Kündigung vorgelegen haben, auch die **Form der Kündigung** gewählt werden muß oder ob es ausreicht, daß ein sozial gerechtfertigter Aufhebungsvertrag geschlossen wird. Insoweit steht zunächst einmal fest, daß die Beendigung des Arbeitsverhältnisses durch Aufhebungsvertrag nach dem eindeutigen Gesetzeswortlaut nicht gleichgestellt ist. Andererseits bestehen erhebliche Bedenken, die „besondere Verantwortung" des Arbeitgebers an der Arbeitslosigkeit an einem so formalen Argument wie der Modalität der Beendigung festzumachen, wenn die materiellen Voraussetzungen einer sozial gerechtfertigten Kündigung vorgelegen haben, zumal gerade ältere, langjährig Beschäftigte eine Kündigung – anders als einen Aufhebungsvertrag – als sozialen Makel empfinden[3].

---

1 So zutreffend *Holthöwer/Rolfs*, DB 1995, 1074, 1075.
2 *Holthöwer/Rolfs*, DB 1995, 1074, 1076.
3 *Holthöwer/Rolfs*, DB 1995, 1074, 1076.

VII. Rechtsfolgen Rz. 81 **Teil 3 B**

Zu bedenken ist jedoch folgendes: Die Arbeitsämter sind nach dem ausdrückli- 79
chen Wortlaut des § 128 Abs. 1 Satz 2 Nr. 4 AFG aF nur an eine „rechtskräftige
Entscheidung des Arbeitsgerichts über die soziale Rechtfertigung der Kündigung" gebunden. In diesem Zusammenhang steht die Bundesanstalt für Arbeit
in ihrer überarbeiteten Dienstanweisung[1] auf dem Standpunkt, daß diese Bindungswirkung bei **Prozeß- und Versäumnisurteilen** zugunsten des Arbeitgebers
nicht eintritt, während Versäumnisurteile zugunsten des Arbeitnehmers streitigen Urteilen gleichstehen sollen. Im Hinblick auf diese insbesondere sozialrechtlichen Folgen von Aufhebungsverträgen ist – wie dargelegt – der sogenannte „Abwicklungsvertrag" auch hier Gegenstand der juristischen Diskussion geworden. Der Arbeitgeber spricht eine fristgemäße Kündigung aus und
die Parteien vereinbaren im Rahmen des Abwicklungsvertrages nur die Einzelheiten der Beendigung. Insbesondere wird die Empfehlung gegeben, den Arbeitnehmer zu verpflichten, hiergegen eine Kündigungsschutzklage zu erheben.
Seinen Prozeß hat er jedoch so zu führen, daß im Ergebnis die Voraussetzung
des § 128 Abs. 1 Satz 2 Nr. 4 AFG aF, nämlich eine rechtskräftige klageabwei-
sende Entscheidung des Arbeitsgerichts, herbeigeführt wird. Die Bundesanstalt
für Arbeit hält solche Abwicklungsverträge derzeit nur dann für rückerstat-
tungsunschädlich, soweit dem Arbeitnehmer darin keine Abfindung zugesagt
wird[2].

Falls der Arbeitgeber somit **auf Wunsch des Arbeitnehmers** einen Aufhebungs- 80
vertrag abschließt, muß der Arbeitgeber damit rechnen, einem Erstattungsanspruch der Bundesanstalt für Arbeit ausgesetzt zu sein, und zwar unabhängig
davon, ob der Arbeitnehmer eine Abfindungszahlung erhält. Aus anwaltlicher
Sicht sollte dem Arbeitgeber in einem solchen Fall empfohlen werden, keinen
Aufhebungsvertrag abzuschließen und den Arbeitnehmer eine Eigenkündigung
aussprechen zu lassen, falls dieser dazu bereit ist. Beendet der Arbeitgeber das
Arbeitsverhältnis durch sozial gerechtfertigte Kündigung, so entfällt eine Erstattungspflicht jedenfalls dann, wenn eine Entscheidung des Arbeitsgerichts
vorliegt, wonach streitig durch Sachurteil über die soziale Rechtfertigung der
ordentlichen Kündigung entschieden worden ist. Demgegenüber setzt sich der
Arbeitgeber beim Abschluß eines sozial gerechtfertigten Aufhebungsvertrages
immerhin des Risikos einer Erstattungspflicht gem. § 128 AFG aF aus. Darauf
sollte in der anwaltlichen Beratungspraxis stets hingewiesen werden.

g) Die wichtigsten Neuregelungen[3]

aa) Pauschale Anrechnung von Entlassungsentschädigungen

§ 140 Abs. 1 Satz 1 SGB III und der inhaltsgleiche § 115a Abs. 1 Satz 1 AFG, 81
jeweils idF des 1. SGB III-ÄnderungsG v. 16. 12. 1997, stellen zunächst – abweichend von ihrer jeweiligen Fassung durch das AFRG – klar, daß die Entlas-

---
[1] Nr. 3.34 Abs. 4 der Dienstanweisung, abgedruckt in NZA 1994, 733; vgl. auch *Holthö-
wer/Rolfs*, DB 1995, 1074, 1077.
[2] *Bauer*, Rz. 855 ff.
[3] Vgl. zur gesamten Problematik der Neuordnung der Abfindungsanrechnung *Welslau*,
Betrieb und Wirtschaft 1998, Heft 3.

sungsentschädigung auf das Arbeitslosengeld **„nach Abzug der Steuern"** angerechnet wird, also eine Bruttobetrachtung, von der die bislang ganz herrschende Meinung ausging, ausscheidet.

82 Die Entlassungsentschädigung wird auf die Hälfte des Arbeitslosengeldes angerechnet, soweit sie einen bestimmten **Freibetrag** überschreitet. Dabei gilt grundsätzlich für alle Arbeitnehmer ein Grundfreibetrag von 25%, der sich jeweils um 5% pro fünf Jahre Beschäftigungsdauer erhöht. Maßgebend ist ausschließlich das Beschäftigungsverhältnis, für dessen Beendigung die Entlassungsentschädigung bezahlt wird[1]. Außerdem sind bestimmte altersabhängige Mindestfreibeträge vorgesehen:

Für Arbeitnehmer, die das 50., nicht aber das 55. Lebensjahr vollendet haben, gilt ein Mindestfreibetrag von 40%, für Arbeitnehmer ab Vollendung des 55. Lebensjahres ein solcher von 45%. Bereits die Bezeichnung als Mindestfreibetrag macht deutlich, daß es sich hier **nicht** um einen aufgestockten Grundfreibetrag handeln soll, der etwa um den jeweiligen Prozentsatz für die Beschäftigungsdauer zu erhöhen wäre.

Beispiel:

Für einen 56jährigen Arbeitnehmer, der nach 20 Jahren aus dem Betrieb scheidet, gelten nicht etwa: 45% + 20% für die Dauer der Beschäftigung. Vielmehr gilt: 25% + 20% = 45%. Da der Mindestfreibetrag von 45% erreicht ist, verbleibt es bei diesem Prozentsatz als Freibetrag.

Damit ergibt sich in Abhängigkeit von Lebensalter und Dauer des Beschäftigungsverhältnisses nach den Neuregelungen folgende Staffelung der Freibeträge:

Lebensalter bei Ausscheiden:	Dauer des Beschäftigungsverhältnisses (in Jahren)							
	weniger als 5	5–9	10–14	15–19	20–24	25–29	30–34	35–39	40–44
unter 50	25%	30%	35%	40%	45%	50%	55%		
ab vollendetem 50. Lebensjahr	40%	40%	40%	40%	45%	50%	55%	60%	
ab vollendetem 55. Lebensjahr	45%	45%	45%	45%	45%	50%	55%	60%	65%

Für **alle** Arbeitnehmer gilt schließlich ein **absoluter Mindestfreibetrag von 10.000 DM**[2].

83 **Wichtig** ist auch, daß Abfindungen, die der Arbeitgeber für einen Arbeitslosen, dessen Arbeitsverhältnis frühestens mit Vollendung des 55. Lebensjahres beendet wird, unmittelbar für dessen **Rentenversicherung** aufwendet, nicht angerechnet werden[3]. Gleiches gilt für Leistungen an eine berufsständische Versor-

---

1 *Bauer/Röder*, BB 1997, 2588, 2589.
2 Beispiele zu den Verbesserungen der §§ 115a, 140 Abs. 2 SGB III idF des AFRG durch die neue Fassung des ersten SGB III Änderungsgesetzes bei *Röder/Bauer*, BB 1997, 2588, 2589.
3 Vgl. § 140 Abs. 1 Satz 2 SGB III, § 115a Abs. 1 Satz 2 AFG.

gungseinrichtung[1]. Schließlich erfolgt eine Anrechnung der Entlastungsentschädigung auf das Arbeitslosengeld dann nicht, wenn der Arbeitnehmer im Anschluß an die Beschäftigung zunächst bei einem **anderen Arbeitgeber** mindestens 360 Kalendertage beitragspflichtig beschäftigt gewesen ist und erst danach arbeitslos wird[2], wobei Konzernunternehmen im Sinne des § 18 AktG als ein Arbeitgeber gelten.

bb) Sperrzeitenregelung

Die Sperrzeitenregelung der §§ 119, 119a AFG ist im wesentlichen in § 144 SGB III erhalten geblieben. Die Dauer der Sperrfrist beträgt für den Regelfall 12 Wochen, das Erlöschen des Arbeitslosengeldanspruchs nach mehrmaliger Sperrzeitverhängung ist in § 147 Abs. 1 Nr. 2 SGB III geregelt.

84

cc) Wegfall der Erstattungspflicht des Arbeitgebers

Die in der Vergangenheit ausgesprochen unklare und auch nach der Nachbesserung des Gesetzgebers aufgrund der Entscheidung des Bundesverfassungsgerichts[3] immer noch als verfassungswidrig angesehene Regelung des § 128 AFG[4] entfällt (Art. 11 Nr. 27 AFRG), gilt aber gemäß § 242x Abs. 6 AFG weiter für die Fälle, auf die nach § 242x Abs. 3 die §§ 117 Abs. 2 bis 3a und 117a in der bis zum 31. 3. 1997 geltenden Fassung weiter anzuwenden sind.

85

Lediglich im Falle einer vereinbarten Konkurrenzklausel (§ 128b AFG aF/§ 149 SGB III) oder eines nachvertraglichen Wettbewerbsverbots (§ 128a AFG aF/ § 148 SGB III) ist der Arbeitgeber weiterhin zur Erstattung verpflichtet.

> **Hinweis:**
> Für die anwaltliche Beratung der Arbeitnehmer, aber auch der Arbeitgeber haben sich gravierende Änderungen ergeben, die in der Regel die Abfindungsverhandlungen erheblich erschweren und entweder unmöglich machen oder aber zu erheblichen finanziellen Mehrbelastungen auf der Arbeitgeberseite führen werden.

VIII. Besondere betriebliche Situationen

1. Betriebsänderungen

Wird eine Betriebsänderung zum **Anlaß** des Abschlusses **eines** individuellen **Aufhebungsvertrages** genommen, so sind verschiedene Besonderheiten zu beachten. Gem. § 111 BetrVG hat der Unternehmer in Betrieben mit in der Regel

86

---

1 Vgl. § 140 Abs. 1 Satz 3 SGB III, § 115a Abs. 1 Satz 3 AFG.
2 Vgl. § 140 Abs. 3 SGB III.
3 BVerfG v. 23. 1. 1990, BVerfGE 81, 156.
4 *Stolz*, NZS 1993, 62; *Ratayczak*, AUR 1993, 12 ff., 16.

mehr als 20 wahlberechtigten Arbeitnehmern den Betriebsrat über geplante Betriebsänderungen, die wesentliche Nachteile für die Belegschaft oder erhebliche Teile von ihr zur Folge haben könnten, rechtzeitig und umfassend zu unterrichten und die geplanten Betriebsänderungen mit dem Betriebsrat zu beraten. Dieses **Mitwirkungsrecht** des **Betriebsrats** besteht allerdings nach § 111 Satz 2 Nr. 1 BetrVG nur bei der Stillegung von Betrieben oder wesentlichen Betriebsteilen. Als wesentlich ist ein Betriebsteil dann anzusehen, wenn in ihm ein erheblicher Teil der Belegschaft beschäftigt ist. Maßstab dafür sind die Zahlen- und Prozentangaben des § 17 Abs. 1 KSchG mit der Maßgabe, daß wenigstens 5% der Gesamtbelegschaft betroffen sein müssen[1]. Wird im Rahmen einer Betriebseinschränkung der Betriebszweck weiterverfolgt, kann auch ein bloßer Personalabbau eine Betriebseinschränkung sein. Steht fest, daß eine Betriebsänderung im Sinne von § 111 BetrVG vorliegt, muß der Unternehmer mit dem Betriebsrat über einen Interessenausgleich verhandeln und notfalls die Einigungsstelle anrufen, um Nachteilsausgleichsansprüche nach § 113 BetrVG zu vermeiden. Vom Interessenausgleich ist der Sozialplan zu unterscheiden. Für den Regelfall bestimmt § 112 BetrVG, daß immer dann, wenn eine Betriebsänderung im Sinne des § 111 BetrVG vorliegt, auch ein Anspruch des Betriebsrats auf Abschluß eines Sozialplans besteht, wenn § 112a BetrVG dem nicht entgegensteht[2]. Als Entlassung gilt auch das vom Arbeitgeber aus Gründen der Betriebsänderung veranlaßte Ausscheiden von Arbeitnehmern aufgrund von Aufhebungsverträgen (§ 112a Abs. 1 Satz 2 BetrVG). Entscheidend ist also, ob der Aufhebungsvertrag auf Veranlassung des Arbeitgebers zustande gekommen ist. Beruht der Aufhebungsvertrag auf verhaltens- oder personenbedingten Gründen, so ist er bei der Feststellung der Betriebsänderung nicht mitzuzählen. Kommt der Aufhebungsvertrag jedoch zustande, weil der Arbeitgeber ansonsten aus betriebsbedingten Gründen gekündigt hätte, so ist dieses einvernehmliche Ausscheiden als Entlassung im Sinne von §§ 111, 112a Abs. 1 Satz 2 BetrVG anzusehen. Das gilt insbesondere dann, wenn dem ein einheitlicher unternehmerischer Plan zugrunde liegt. Fraglich ist, ob es den Tatbestand einer Betriebsänderung erfüllt, wenn ein Personalabbau ausschließlich durch einzelne Aufhebungsverträge ohne den Hinweis erfolgt, notfalls betriebsbedingte Kündigungen auszusprechen.

87 Häufig wird im individuellen Aufhebungsvertrag insbesondere hinsichtlich der Abfindung auf einen **Sozialplan** Bezug genommen. Bei dessen Aufstellung haben die Betriebspartner einen weiteren Regelungsspielraum. Scheidet jedoch ein Arbeitnehmer aufgrund eines Aufhebungsvertrages auf Veranlassung des Arbeitgebers aus dem Betrieb aus, so ist dies im Hinblick auf die Ansprüche aus dem Sozialplan wie eine Arbeitgeberkündigung zu behandeln[3]. Außerdem darf in einem Sozialplan nicht ohne sachlichen Grund zwischen Arbeitnehmern differenziert werden. Anderenfalls liegt ein Verstoß gegen den Gleichbehandlungsgrundsatz vor. Auch dann, wenn kein Sozialplan abgeschlossen wird,

---

[1] Vgl. *Bauer*, Rz. 859.
[2] Vgl. *Bauer*, Rz. 864.
[3] BAG v. 28. 4. 1993, BB 1993, 1807.

sondern der Arbeitgeber nach der Schließung seines Betriebes freiwillig an die Mehrzahl seiner ehemaligen Arbeitnehmer Abfindungen zahlt, so sind die Leistungen nach dem vom Arbeitgeber bestimmten Verteilungsschlüssel am Gleichbehandlungsgrundsatz zu messen[1].

2. Massenentlassungen

Der Arbeitgeber ist gem. § 17 Abs. 1 Nr. 1–3 KSchG verpflichtet, dem Arbeitsamt **Anzeige** zu erstatten, bevor er erstens in Betrieben mit in der Regel mehr als 20 und weniger als 60 Arbeitnehmern mehr als fünf Arbeitnehmer, zweitens in Betrieben mit in der Regel mindestens 60 und weniger als 500 Arbeitnehmern 10% der im Betrieb regelmäßig beschäftigten Arbeitnehmer oder mehr als 25 Arbeitnehmer, drittens in Betrieben mit in der Regel mindestens 500 Arbeitnehmern mindestens 30 Arbeitnehmer innerhalb von 30 Kalendertagen entläßt. In diesem Zusammenhang ist zu prüfen, ob Aufhebungsverträge als Entlassungen im Sinne von § 17 KSchG zu qualifizieren sind. Das dürfte nicht der Fall sein, wenn die Aufhebungsvereinbarung auf den Wunsch des Arbeitnehmers zurückgeht und dieser vom Arbeitgeber keine finanziellen Versprechungen oder Anreize – insbesondere auch keine Abfindung – erhält. Anders kann die Rechtslage zu beurteilen sein, wenn die Aufhebungsverträge auf Veranlassung des Arbeitgebers zustande kommen. Das gilt insbesondere dann, wenn die vom Arbeitgeber geäußerte Kündigungsabsicht zum Abschluß des Aufhebungsvertrages führt[2].

88

3. Betriebsübergang

Im Rahmen eines Betriebsübergangs ist die zwingende Vorschrift des **§ 613a BGB** zu beachten. Gleichwohl steht es dem bisherigen Arbeitgeber und dem Arbeitnehmer grundsätzlich frei, vor dem Betriebsübergang einen Aufhebungsvertrag zu schließen. Erfolgt dies jedoch arbeitgeberseitig unter dem Vorwand, den Betrieb alsbald stillegen zu wollen oder zu müssen, war jedoch von vornherein eine Veräußerung beabsichtigt und stellt der betroffene Arbeitnehmer dieses nachträglich fest, so kann der Arbeitnehmer den Aufhebungsvertrag uU wegen **arglistiger Täuschung** nach § 123 BGB anfechten. Werden Arbeitnehmer mit dem Hinweis auf eine geplante Betriebsänderung und Arbeitsplatzgarantie des Erwerbers veranlaßt, ihre Arbeitsverhältnisse mit dem Betriebsveräußerer selbst fristlos zu kündigen oder Auflösungsverträgen zuzustimmen, um dann mit dem Betriebserwerber neue Arbeitsverträge abschließen zu können, so liegt darin eine Umgehung des § 613a Abs. 4 Satz 1 BGB. Soweit unverfallbare Versorgungsanwartschaften betroffen sind, wird darüber hinaus § 4 Abs. 1 Satz 2 BetrAVG umgangen. Die fristlosen Kündigungen und Auflösungsverträge sind deshalb unwirksam[3].

89

---

1 BAG v. 25. 11. 1993, NZA 1994, 788.
2 Vgl. zu alledem ausführlich *Bauer*, Rz. 881 ff.
3 BAG v. 28. 4. 1987, NZA 1988, 198.

IX. Das Altersteilzeitgesetz

1. Grundlagen und Zweck des Altersteilzeitgesetzes

90 Mit Wirkung vom 1. 8. 1996 hat das Altersteilzeitgesetz 1996 (AltTZG 1996), das in Art. 1 des Gesetzes zur Förderung eines gleitenden Übergangs in den Ruhestand vom 23. 7. 1996[1] enthalten war, das Altersteilzeitgesetz vom 20. 12. 1988 abgelöst, welches keine durchgreifende arbeitsmarktentlastende Wirkung gezeigt hat.

§ 1 AltTZG 1996 bezeichnet das **gesetzgeberische Ziel** damit, daß älteren Arbeitnehmern ein gleitender Übergang vom Erwerbsleben in die Altersrente ermöglicht werden soll. Die Bundesanstalt für Arbeit fördert durch Leistungen nach dem AltTZG 1996 die Teilzeitarbeit älterer Arbeitnehmer, die ihre Arbeitszeit ab Vollendung des 55. Lebensjahres spätestens ab 31. 7. 2001 vermindern und damit die Einstellung eines sonst arbeitslosen Arbeitnehmers ermöglichen. In erster Linie dient das AltTZG 1996 jedoch dazu, die ausgiebige Frühverrentungspraxis der Vorjahre einzudämmen, die insbesondere zu Lasten der gesetzlichen Rentenversicherung und der Bundesanstalt für Arbeit ging. Ferner soll dem hohen Arbeitslosenstand entgegengewirkt werden[2].

Das AltTZG 1996 regelt die Ansprüche des Arbeitgebers gegen die Bundesanstalt für Arbeit, wenn ältere Arbeitnehmer ihre Arbeitszeit verkürzen und damit die Einstellung eines sonst arbeitslosen Arbeitnehmers ermöglichen.

2. Anspruch auf Förderleistungen nach dem Altersteilzeitgesetz

91 § 2 Abs. 1 Nr. 2 AltTZG 1996 idF des Arbeitsförderungs-Reformgesetzes (AFRG) vom 24. 3. 1997 (BGBl. I, 594) definiert Altersteilzeitarbeit als die **Verminderung der Arbeitszeit** auf die Hälfte der tariflichen regelmäßigen wöchentlichen Arbeitszeit aufgrund einer mit dem Arbeitgeber nach dem 14. 2. 1996 getroffenen Vereinbarung, wobei der Arbeitnehmer mehr als geringfügig im Sinne von § 8 SGB IV (mehr als 15 Stunden) beschäftigt sein muß[3].

a) Voraussetzungen für den Anspruch auf Förderleistungen

aa) Begünstigter Personenkreis

92 Die Leistungen der Bundesanstalt für Arbeit werden für solche Arbeitnehmer gewährt, die das **55. Lebensjahr vollendet** haben und innerhalb der letzten fünf Jahre vor Beginn der oben definierten Altersteilzeitarbeit mindestens 1080 Kalendertage arbeitslosenversicherungspflichtig beschäftigt gewesen sind und deren vereinbarte Arbeitszeit der tariflichen regelmäßigen wöchentlichen Arbeitszeit entsprach, es sich also um eine **Vollzeitbeschäftigung** handelte. Ge-

---

1 BGBl. I 1996, 1078.
2 Kasseler Handbuch/*Schlegel*, 2.8, Rz. 6 f.
3 Demgegenüber sah die alte Fassung des § 2 Abs. 1 Nr. 2 AltTZG 1996 eine Mindestwochenarbeitszeit von 18 Stunden vor.

ringfügige Unterschreitungen der tariflichen regelmäßigen wöchentlichen Arbeitszeit sind unschädlich[1].

bb) Vereinbarung von Altersteilzeitarbeit

Der Anspruch auf die staatliche Förderung nach dem AltTZG 1996 idF des AFRG[2] setzt die **Verminderung der Arbeitszeit** nach Maßgabe des § 2 Abs. 1 Nr. 2 AltTZG 1996 **durch Vereinbarung** voraus. Die Arbeitszeit ist auf die Hälfte der tariflichen regelmäßigen wöchentlichen Arbeitszeit zu vermindern, darf aber die Geringfügigkeitsgrenze des § 8 SGB IV nicht erreichen. Durch die die Geringfügigkeitsgrenze überschreitende Arbeitszeit wird gewährleistet, daß der Altersteilzeitarbeitnehmer auch im Rahmen seiner Altersteilzeitarbeit weiterhin in der gesetzlichen Sozialversicherung versicherungspflichtig ist (vgl. §§ 24, 25, 27 Abs. 2 SGB III). Damit besteht einerseits die Verpflichtung zur Beitragszahlung zur gesetzlichen Sozialversicherung und sichert andererseits den Anspruch des Arbeitnehmers auf Zahlung von Arbeitslosengeld oder Arbeitslosenhilfe im Falle der Arbeitslosigkeit. 93

Das AltTZG 1996 räumt für unterschiedliche wöchentliche Arbeitszeiten und die unterschiedliche Verteilung der wöchentlichen Arbeitszeit durch § 2 Abs. 2 AltTZG 1996 einen weiten Spielraum ein. Danach kommt es auf den Jahresdurchschnitt, im Falle der Regelung in einem Tarifvertrag oder in einer Regelung der Kirchen und der öffentlich-rechtlichen Religionsgemeinschaften sogar auf einen Fünfjahresdurchschnitt an, wenn das Entgelt für die Altersteilzeitarbeit fortlaufend gezahlt wird. 94

Die **Vereinbarung** über die Altersteilzeitarbeit muß **nach dem 14. 2. 1996** getroffen worden sein. Vereinbarungen, die vor diesem Zeitpunkt geschlossen worden sind, werden daher vom AltTZG 1996 nicht erfaßt. 95

cc) Zahlung eines Aufstockungsbetrages und von Beiträgen zur gesetzlichen Rentenversicherung auf einen Unterschiedsbetrag

Weitere Voraussetzung für die Erbringung der Förderleistungen der Bundesanstalt für Arbeit ist, daß der Arbeitgeber einen **Aufstockungsbetrag** auf das Arbeitsentgelt für die Altersteilzeit sowie **Beiträge zur gesetzlichen Rentenversicherung auf einen Unterschiedsbetrag** zahlt. Gemäß § 3 Abs. 1 AltTZG 1996 muß der Arbeitgeber aufgrund eines Tarifvertrages, einer Regelung der Kirchen und der öffentlich-rechtlichen Religionsgesellschaften, einer Betriebsvereinbarung oder einer Vereinbarung mit dem Arbeitnehmer 96

1. das Arbeitsentgelt für die Altersteilzeit um mindestens 20% dieses Arbeitsentgelts, jedoch auf mindestens 70% des um die gesetzlichen Abzüge, die bei Arbeitnehmern gewöhnlich anfallen, verminderten Vollzeitarbeitsentgelts iSd. § 6 AltTZG 1996 (Mindestnettobetrag) aufgestockt haben und

---

1 *Von Einem*, BB 1996, 1883, 1884.
2 Zum Anwendungsbereich des AltTZG 1996 in seiner ursprünglichen Fassung ist die Übergangsregelung in § 15a AltTZG 1996 zu beachten.

2. für den Arbeitnehmer Beiträge zur gesetzlichen Rentenversicherung mindestens in Höhe des Beitrags entrichtet haben, der auf den Unterschiedsbetrag zwischen 90% des Vollzeitarbeitsentgelts und dem Arbeitsentgelt für die Altersteilzeit entfällt, höchstens bis zur Beitragsbemessungsgrenze.

97 Nr. 1 regelt somit die Zahlung von Aufstockungsbeträgen, die der Arbeitgeber als Erhöhung des Teilzeitarbeitsentgelts an den altersteilzeitarbeitenden Arbeitnehmer zu leisten hat. Der in Nr. 1 bezeichnete **Mindestnettobetrag**, der für die Berechnung des Aufstockungsbetrages maßgeblich ist, wird aufgrund der Verordnungsermächtigung des § 15 AltTZG 1996 jeweils für ein Kalenderjahr durch Rechtsverordnung des Bundesministeriums für Arbeit und Sozialordnung bestimmt[1].

98 Die in Nr. 2 enthaltene Regelung zur erhöhten Zahlung von Beiträgen zur gesetzlichen Rentenversicherung soll die Attraktivität der Altersteilzeit steigern, indem die späteren Rentenansprüche nicht allzu sehr gemindert werden durch das infolge der Teilzeitarbeit reduzierte Arbeitsentgelt. Dadurch, daß der Arbeitgeber Beiträge zur gesetzlichen Rentenversicherung mindestens in Höhe des Beitrags zu entrichten hat, der auf den Unterschiedsbetrag zwischen 90% des Vollzeitarbeitsentgelts und dem Arbeitsentgelt für die Altersteilzeitarbeit entfällt, hat der Arbeitgeber also für den Altersteilzeitarbeitnehmer insgesamt folgende Beiträge zur gesetzlichen Rentenversicherung abzuführen: Der Arbeitgeber entrichtet – wie üblich – zunächst **die Hälfte** der Beiträge zur gesetzlichen Rentenversicherung von dem Teilzeit-Bruttoarbeitsentgelt. Er entrichtet darüber hinaus den **vollen Rentenversicherungsbeitrag**, der für ein Arbeitsentgelt in Höhe von 90% des (hypothetischen) Vollzeit-Bruttoarbeitsentgelts abzüglich des tatsächlichen Altersteilzeitarbeitsentgelts zu zahlen wäre; Obergrenze für die Beitragszahlung ist selbstverständlich die Beitragsbemessungsgrenze (§ 168 Abs. 1 Nr. 6 SGB VI).

99 Das **Vollzeitarbeitsentgelt** definiert § 6 AltTZG 1996 als das Arbeitsentgelt, das der altersteilzeitarbeitende Arbeitnehmer für eine Arbeitsleistung bei tariflicher regelmäßiger wöchentlicher Arbeitszeit zu beanspruchen hätte, soweit er im jeweiligen Monat die Beitragsbemessungsgrenze des SGB III nicht überschreitet. § 134 Abs. 2 Nr. 1 SGB III gilt entsprechend.

dd) Wiederbesetzung des Arbeitsplatzes

100 Die Bundesanstalt für Arbeit gewährt die Förderungsleistungen gemäß § 3 Abs. 1 Nr. 2 AltTZG 1996 nur dann, wenn der Arbeitgeber **aus Anlaß** des Übergangs des Arbeitnehmers in die Altersteilzeitarbeit einen beim Arbeitsamt arbeitslos gemeldeten Arbeitnehmer oder einen Arbeitnehmer nach Abschluß der Ausbildung auf dem freigemachten oder auf einem in diesem Zusammenhang durch Umsetzung freigewordenen Arbeitsplatz beitragspflichtig im Sinne des SGB III beschäftigt.

---

[1] Vgl. Mindestnettobetrags-Verordnung 1998 v. 22. 12. 1997, BGBl. I 1997, 3333.

Dem Arbeitgeber ist für die Wiederbesetzung eine Suchfrist zuzubilligen. Der erforderliche **zeitliche Zusammenhang** dürfte gegeben sein, wenn die Wiederbesetzung innerhalb von **drei Monaten** seit Eintritt in die Altersteilzeitarbeit erfolgt (arg. ex § 5 Abs. 2 Satz 2 AltTZG 1996). 101

Der Arbeitgeber hat bei der Wiederbesetzung umfangreiche **Gestaltungsmöglichkeiten**. Der zur Wiederbesetzung eingestellte Arbeitnehmer kann ebenfalls eine Teilzeittätigkeit ausüben oder mehrere Altersteilzeitarbeitnehmer können sich Arbeitsplätze teilen und der freigewordene Arbeitsplatz kann mit einem vollzeitarbeitenden Arbeitnehmer wiederbesetzt werden[1]. 102

Der wiederbesetzte Arbeitsplatz muß auch nicht mit dem freigewordenen Arbeitsplatz identisch sein, denn es genügt, wenn er durch betriebliche Umsetzungen im Zusammenhang mit der Altersteilzeitarbeit freigeworden ist[2].

Auch eine **Nachbesetzung** des Arbeitsplatzes ist ohne Verlust des Anspruchs auf die Förderleistungen möglich, falls der Arbeitgeber den zur Zeit der Anspruchsentstehung zur Wiederbesetzung eingesetzten Arbeitnehmer später nicht mehr auf dem Arbeitsplatz beschäftigt. Der Anspruch auf die Förderleistungen bleibt auch ohne Nachbesetzung bestehen, wenn der Arbeitgeber insgesamt für drei Jahre die Leistungen erhalten hat (§ 5 Abs. 2 Satz 2 AltTZG 1996). 103

ee) Freie Entscheidung des Arbeitgebers

Schließlich erbringt die Bundesanstalt für Arbeit Förderleistungen nach dem AltTZG 1996 nur dann, wenn gemäß § 3 Abs. 1 Nr. 3 AltTZG 1996 die freie Entscheidung des Arbeitgebers sichergestellt ist bei einer über 5% der Arbeitnehmer des Betriebs hinausgehenden Inanspruchnahme von Altersteilzeitarbeit oder wenn eine Ausgleichskasse der Arbeitgeber oder eine gemeinsame Einrichtung der Tarifvertragsparteien besteht. Damit soll eine wirtschaftliche Überforderung kleinerer Betriebe oder solcher Betriebe mit überdurchschnittlich vielen älteren Arbeitnehmern vermieden werden[3]. 104

b) Leistungen an den Arbeitgeber

Bei Vorliegen der Anspruchsvoraussetzungen **erstattet** die Bundesanstalt für Arbeit dem Arbeitgeber gemäß § 4 Abs. 1 AltTZG 1996 für längstens fünf Jahre den Aufstockungsbetrag und die gezahlten Rentenversicherungsbeiträge, die auf die Entgeltdifferenz zwischen 90% des Vollzeitarbeitsentgelts und des Teilzeitarbeitsentgelts entfallen. 105

Ist der Arbeitnehmer **von der Versicherungspflicht** in der gesetzlichen Rentenversicherung **befreit** und scheidet deswegen eine Beitragszahlung aus, so erstattet die Bundesanstalt für Arbeit auch vergleichbare Aufwendungen des Arbeitgebers in Höhe der Beiträge, die zur gesetzlichen Rentenversicherung zu zahlen

---

1 *Von Einem*, BB 1996, 1883, 1885.
2 *Von Einem*, BB 1996, 1883, 1885.
3 *Von Einem*, BB 1996, 1883, 1885.

gewesen wären, wenn der Arbeitnehmer nicht von der Versicherungspflicht befreit gewesen wäre.

106 Die Förderleistungen werden seit Beginn der Altersteilzeitarbeit gezahlt, wenn die **Wiederbesetzung des Arbeitsplatzes fristgerecht**, also innerhalb von drei Monaten seit Beginn der Altersteilzeitarbeit, erfolgt, dh. die Leistungen werden auch für die Dauer der Nichtbesetzung gewährt. Erfolgt die Wiederbesetzung erst nach Ablauf von drei Monaten, so erbringt die Bundesanstalt für Arbeit ihre Leistungen erst mit dem Zeitpunkt der Wiederbesetzung des Arbeitsplatzes[1].

c) Ausschlußgründe

107 Förderleistungen nach dem AltTZG 1996 werden nicht erbracht, wenn der Anspruch gemäß § 5 AltTZG 1996 erloschen ist oder ruht.

108 Der **Anspruch** auf die Förderleistungen **erlischt** gemäß § 5 Abs. 1 Nr. 1 AltTZG 1996 mit Ablauf des Kalendermonats, in dem der Arbeitnehmer die Altersteilzeit beendet oder das 65. Lebensjahr vollendet. Der Anspruch erlischt auch, wenn der Arbeitnehmer nach näherer Maßgabe des § 5 Abs. 1 Nr. 2 und 3 AltTZG 1996 eine Altersrente oder vergleichbare Leistungen bezieht.

109 Der Arbeitgeber hat nach § 5 Abs. 2 Satz 1 AltTZG 1996 auch dann **keinen Anspruch** auf Förderleistungen, solange er auf dem freigemachten oder freigewordenen Arbeitsplatz keinen Arbeitnehmer mehr beschäftigt, der bei Beginn der Beschäftigung entweder arbeitslos gemeldeter Arbeitnehmer war oder nach Abschluß der Ausbildung auf gerade diesem Arbeitsplatz beschäftigt worden ist. Der Arbeitgeber behält den Anspruch unverändert, wenn er den vakanten Arbeitsplatz nachbesetzt oder wenn er insgesamt für drei Jahre die Leistungen erhalten hat.

110 Der **Anspruch** auf Förderleistungen **ruht** gemäß § 5 Abs. 3 AltTZG 1996 für die Dauer der Überschreitung, wenn der Arbeitnehmer neben seiner Altersteilzeitarbeit Beschäftigungen oder selbständige Tätigkeiten ausübt, die die Geringfügigkeitsgrenze des § 8 SGB IV überschreiten oder er aufgrund solcher Beschäftigungen eine Lohnersatzleistung erhält. Das Ruhen des Anspruchs tritt nicht ein, soweit der altersteilzeitarbeitende Arbeitnehmer die zur Überschreitung führenden Beschäftigungen oder selbständigen Tätigkeiten bereits innerhalb der letzten fünf Jahre vor Beginn der Altersteilzeitarbeit ständig ausgeübt hat. Ein zunächst nur ruhender Anspruch **erlischt** schließlich, wenn das Ruhen mindestens 150 Kalendertage gedauert hat. Dabei werden mehrere Ruhenszeiträume zusammengerechnet.

3. Schutz der Altersteilzeitarbeitnehmer

a) Die sozialrechtliche Sicherung

111 Ein besonderes Schutzbedürfnis des Altersteilzeitarbeitnehmers besteht in seiner sozialen Absicherung infolge des verminderten Arbeitsentgelts. Aus diesem

---

1 *Von Einem*, BB 1996, 1883, 1885.

Grund ordnet § 10 Abs. 1 Satz 1 AltTZG 1996 an, daß im Falle der Arbeitslosigkeit des altersteilzeitarbeitenden Arbeitnehmers **Arbeitslosengeld, Arbeitslosenhilfe und Unterhaltsgeld** nach dem Arbeitsentgelt bemessen werden, das zugrundezulegen gewesen wäre, wenn der Arbeitnehmer seine Arbeitszeit nicht im Rahmen der Altersteilzeit vermindert hätte. Eine Neuberechnung erfolgt, sobald der Arbeitnehmer eine Altersrente in Anspruch nehmen kann (§ 10 Abs. 1 Satz 2 AltTZG 1996).

Liegt der Bemessung von **Krankengeld, Versorgungskrankengeld, Verletzten-** 112 **geld oder Übergangsgeld**, das der Altersteilzeitarbeitnehmer bezieht, ausschließlich die Altersteilzeit zugrunde, so erbringt gemäß § 10 Abs. 2 AltTZG 1996 die Bundesanstalt für Arbeit die Leistung des Aufstockungsbetrages und der Beiträge zur gesetzlichen Rentenversicherung auf den Unterschiedsbetrag nach § 3 Abs. 1 Nr. 1 AltTZG anstelle des Arbeitgebers. Allerdings gilt auch hier der längstmögliche Förderzeitraum von fünf Jahren ebenso, wie die Erlöschensgründe des § 5 Abs. 1 AltTZG 1996 entsprechend gelten.

Für den Fall, daß der Altersteilzeitarbeitnehmer **Kurzarbeitergeld oder Winter-** 113 **ausfallgeld** bezieht, gilt gemäß § 10 Abs. 4 AltTZG 1996 für die Berechnung der Beträge nach § 3 Abs. 1 Nr. 1 AltTZG 1996 das vereinbarte Entgelt als Arbeitsentgelt. Der Arbeitgeber zahlt insofern die Aufstockungsbeträge in der Höhe, als ob das volle Teilzeit-Arbeitsentgelt gezahlt worden wäre. Folgerichtig erbringt die Bundesanstalt für Arbeit ihre Erstattungsleistung auch in dieser Höhe.

b) Die arbeitsrechtliche Sicherung

In arbeitsrechtlicher Hinsicht ist der Altersteilzeitarbeitnehmer ausdrücklich 114 nach Maßgabe des § 8 AltTZG 1996 geschützt. Nach § 8 Abs. 1 Satz 1 AltTZG 1996 stellt die Möglichkeit des Arbeitnehmers zur Inanspruchnahme von Altersteilzeitarbeit **keinen Kündigungsgrund** im Sinne des § 1 Abs. 2 Satz 1 KSchG dar. Ferner ist es gemäß § 8 Abs. 1 Satz 2 AltTZG 1996 unzulässig, die Möglichkeit der Inanspruchnahme von Altersteilzeitarbeit zum Nachteil des Arbeitnehmers bei der sozialen Auswahl nach § 1 Abs. 3 Satz 1 KSchG zu berücksichtigen.

§ 8 Abs. 2 AltTZG 1996 sieht ausdrücklich vor, daß die **Verpflichtung des** 115 **Arbeitgebers gegenüber dem Arbeitnehmer** auf Zahlung der Aufstockungsbeträge gemäß § 3 Abs. 1 Nr. 1 AltTZG 1996 auch dann besteht, wenn der Arbeitgeber seinerseits keinen Erstattungsanspruch gegen die Bundesanstalt für Arbeit hat, weil er den Arbeitsplatz nicht wiederbesetzt hat, den erforderlichen Antrag nicht oder nicht richtig gestellt hat oder seinen Mitwirkungspflichten nicht nachgekommen ist.

4. Verfahrensfragen

Die Förderleistungen werden gemäß § 12 Abs. 1 AltTZG 1996 nur auf schriftli- 116 chen **Antrag des Arbeitgebers** an das Arbeitsamt erbracht.

Der Arbeitnehmer ist gemäß § 11 Abs. 1 AltTZG 1996 verpflichtet, Änderun- 117 gen der ihn betreffenden Verhältnisse, die für die Förderleistungen erheblich sind, unverzüglich **mitzuteilen.** Die Auskunfts- und Mitteilungspflichten für den Arbeitgeber ergeben sich aus §§ 60 ff. SGB I.

118 Hat der Arbeitnehmer **unrechtmäßige Zahlungen** dadurch bewirkt, daß er vorsätzlich oder grob fahrlässig unrichtige oder unvollständige Angaben gemacht hat oder ist er seiner Mitteilungspflicht gemäß § 11 Abs. 1 AltTZG 1996 nicht nachgekommen, so hat er der Bundesanstalt für Arbeit die dem Arbeitgeber zu Unrecht gezahlten Leistungen zu **erstatten.** Eine Erstattung durch den Arbeitgeber kommt insoweit nicht in Betracht (§ 11 Abs. 2 AltTZG 1996).

5. Steuerrechtliche Aspekte

119 Das Arbeitsentgelt für die Altersteilzeitarbeit unterliegt dem üblichen Lohnsteuerabzug. Die vom Arbeitgeber nach § 3 Abs. 1 Nr. 1 AltTZG 1996 gezahlten **Aufstockungsbeträge** sind gemäß § 3 Nr. 28 EStG steuerfrei. Die Steuerfreiheit der Aufstockungsbeträge bleibt sogar dann bestehen, wenn der Arbeitgeber höhere Mehrleistungen als nach § 3 Abs. 1 Nr. 1 AltTZG 1996 gefordert erbringt, denn § 3 Nr. 28 EStG sieht insoweit eine Einschränkung nicht vor. Das gleiche gilt, wenn der Arbeitgeber mangels Wiederbesetzung des Arbeitsplatzes keine Erstattung erhält, weil die Vereitelung des Gesetzeszwecks nicht das steuerliche Privileg des § 3 Nr. 28 EStG beseitigt[1].

---

1 Kasseler Handbuch/*Schlegel*, 2.8, Rz. 66.

C. Ordentliche arbeitgeberseitige Kündigung

	Rz.
I. Kündigungserklärung	
1. Allgemeines	1
2. Abgrenzung zu anderen Maßnahmen und Beendigungsgründen	7
a) Abmahnung	8
b) Anfechtung	9
c) Aufhebungsvertrag	10
d) Betriebsbuße	11
e) Direktionsrecht	12
f) Freistellung/Suspendierung	13
g) Kündigungsbestätigung	14
h) Nichtfortsetzungserklärung	15
i) Nichtigkeit	17
j) Rücktritt	18
k) Wegfall der Geschäftsgrundlage	19
3. Inhalt der Kündigungserklärung	
a) Allgemeines	20
b) Angabe des Kündigungsgrundes	22
c) Nachschieben von Kündigungsgründen	25
4. Zeit und Ort der Kündigung, Kündigung zur Unzeit und vor Dienstantritt	
a) Zeit und Ort der Kündigung	28
b) Kündigung zur Unzeit	29
c) Kündigung vor Dienstantritt	30
5. Form der Kündigungserklärung	
a) Gesetzliche Formvorschriften	38
b) Formvorschriften in Tarifverträgen und Betriebsvereinbarungen	39
c) Einzelvertragliche Formvorschriften	41
d) Wirksamkeitsvoraussetzung oder Beweiszweck	45
e) Formfreiheit und schriftliche Kündigung	49
6. Vertretung und Kündigungserklärung	
a) Gesetzliche Vertretung	51
b) Kündigung mit Vollmacht und Zurückweisung gem. § 174 BGB	57
c) Empfangsvertreter	69
d) Ausspruch und Entgegennahme von Kündigungen durch den Rechtsanwalt im Laufe oder anläßlich eines Prozesses	72
7. Zugang der Kündigungserklärung	79
a) Kündigung unter Anwesenden	89
b) Kündigungserklärung gegenüber Abwesenden	92
8. Umdeutung der Kündigungserklärung	107
a) Umdeutung der ordentlichen in eine außerordentliche Kündigung	110
b) Umdeutung der außerordentlichen in eine ordentliche Kündigung	111
c) Umdeutung der Kündigungs- in eine Anfechtungserklärung	117
d) Umdeutung der Kündigungs- in eine Suspendierungserklärung	119
e) Umdeutung der Kündigung in ein Angebot auf Abschluß eines Aufhebungsvertrages	120
f) Umdeutung einer Kündigung in eine Nichtfortsetzungserklärung nach § 12 KSchG	121
g) Einführung der Umdeutung in den Kündigungsschutzprozeß	122
9. Anfechtung und Rücknahme der Kündigungserklärung	
a) Anfechtung der Kündigungserklärung	127
b) Rücknahme der Kündigungserklärung	128
II. Kündigungsarten	
1. Beendigungs- und Änderungskündigung	
a) Beendigungskündigung	133
b) Änderungskündigung	135
2. Vorsorgliche Kündigung	136
3. Bedingte Kündigung	138
4. Teilkündigung	142
5. Druck- und Verdachtskündigung	143
III. Kündigungsfristen und -termine	
1. Allgemeines	144
2. Sonderregelungen	150
3. Berechnung der Kündigungsfrist	151
4. Mindestkündigungsfristen	
a) Zwingende Kündigungsfristen und Ausnahmen	156

	Rz.		Rz.
b) Altverträge	158	cc) Bezugnahme auf Tarifverträge	177
5. Vertragliche Verlängerung und Verkürzung der Kündigungsfristen		6. Tarifvertragliche Bestimmungen	178
a) Verlängerung der Kündigungsfristen	160	a) Möglicher und notwendiger Inhalt der Bezugnahme	179
b) Verkürzung der Kündigungsfristen	167	b) Ersetzung der fehlenden Tarifunterworfenheit	180
aa) Vereinbarte Probezeit	168	c) Form der Vereinbarung	181
bb) Vorübergehende Einstellung zur Aushilfe und Kleinunternehmen	173	d) Günstigkeitsvergleich	182
		e) Bedeutung des Vorrangprinzips	183

Schrifttum:

Diller, Neues zum richtigen Klageantrag im Kündigungsschutzverfahren, NJW 1996, 2141; *Kramer*, Kündigungsvereinbarungen im Arbeitsvertrag, 1994; *Stahlhacke/Preis*, Kündigung und Kündigungsschutz im Arbeitsverhältnis, 6. Aufl., 1995.

I. Kündigungserklärung

1. Allgemeines

1 Die Kündigung, ein im Grundsatz beiden Vertragsparteien zustehendes Gestaltungsrecht, führt – wenn sie wirksam ist – zur **Beendigung des Arbeitsverhältnisses.** Über das Vorliegen und die Rechtswirksamkeit der Kündigungserklärung wird in der Praxis nicht selten gestritten. Der Anwalt ist daher zur Vermeidung von Rechtsnachteilen gehalten, sein besonderes Augenmerk auf die Kündigungserklärung zu richten. Dies gilt unabhängig davon, ob er als Beistand des Erklärenden für eine wirksame Kündigungserklärung Sorge zu tragen hat oder ob er die Kündigungserklärung für seinen Mandanten als deren Empfänger auf Mängel zu untersuchen und ggf. – zB im Rahmen von § 174 BGB – sofort zu reagieren hat.

2 Die Kündigung, eine **einseitige empfangsbedürftige Willenserklärung,** muß aus der Sicht des Empfängers hinreichend deutlich den Willen des Erklärenden erkennen lassen, die Beendigung des Arbeitsverhältnisses entweder sofort oder nach Ablauf der Kündigungsfrist herbeizuführen. Eine solche Erklärung bedarf häufig der Auslegung. Dies gilt selbst dann, wenn das Wort „Kündigung" ausdrücklich gebraucht wird, was allerdings nicht unbedingt notwendig ist, weil eine Kündigung auch durch konkludente Willenserklärung ausgesprochen werden kann[1]. Besonders im Hinblick hierauf ist der Anwalt gefordert, zB bei Streitigkeiten oder Auseinandersetzungen zwischen den Parteien des Arbeits-

---

[1] Vgl. dazu die nachfolgenden Ausführungen zum Inhalt der Kündigungserklärung, Rz. 20 ff.

I. Kündigungserklärung

vertrages auf die hierbei konkret erfolgten Äußerungen und sonstigen Verhaltensweisen sowie die Begleitumstände besonders zu achten.

Beendigungserklärungen beider Seiten sind im Grundsatz **restriktiv auszulegen.** 3
Sowohl wegen der gestaltenden Wirkung der Kündigung als auch wegen der einschneidenden Folgen der Beendigung des Arbeitsverhältnisses ist das Vorliegen einer Kündigung nur dann zu bejahen, wenn der Wille dazu zweifelsfrei aus der (ausdrücklichen oder konkludenten) Erklärung hervorgeht[1]. Im übrigen handelt es sich bei der Kündigung um ein normales einseitiges Rechtsgeschäft im Sinne des BGB. Deshalb finden die Vorschriften des Allgemeinen Teils des BGB auf die Kündigungserklärung ohne weiteres Anwendung, zB hinsichtlich Geschäftsfähigkeit, Nichtigkeit und Anfechtbarkeit sowie die sonstigen Regelungen und Grundsätze über Willenserklärungen.

Inhaber des Kündigungsrechts sind nur die Parteien des Arbeitsvertrages. Alleine ihnen steht die Befugnis zur Kündigung zu, weil es sich hierbei um ein lediglich unselbständiges, wenn auch nicht höchstpersönliches Gestaltungsrecht handelt. Daher können Kündigungen auf beiden Seiten des Arbeitsvertrages nur durch die Parteien selbst oder deren gesetzliche bzw. rechtsgeschäftliche Vertreter ausgesprochen werden. Mit dem Übergang des Arbeitsverhältnisses – etwa nach § 613a BGB – geht auch das Kündigungsrecht über. In der Praxis kommt auch der Fall vor, daß dieses Kündigungsrecht zwar erst nach der Absendung der Kündigungserklärung, jedoch vor deren Zugang beim Kündigungsempfänger etwa auf einen neuen Arbeitgeber übergeht. In einem solchen Falle dürfte keine wirksame Kündigung erklärt worden sein, weil die Kündigungsbefugnis noch zum Zeitpunkt des Zugangs der Kündigung bestehen muß[2]. 4

Es kommt weiterhin in Konzernen oder Unternehmensgruppen gelegentlich 5
vor, daß – wenn auch nur formal – **nicht der Arbeitgeber,** sondern eine andere juristische Person kündigt, die nicht Arbeitgeberin ist und deshalb auch nicht kündigungsberechtigt. In einem solchen Falle ist es durchaus denkbar, daß die Kündigung aus diesem Grunde rechtsunwirksam ist, wenn sich nicht durch die Auslegung der Kündigung für deren Empfänger hinreichend deutlich ergibt, daß es sich um eine Kündigung des – ggf. vertretenen – richtigen Arbeitgebers handelt.

> **Hinweis:**
> Bestehen Zweifel an der Arbeitgeberfunktion und an der Kündigungsberechtigung, bestehen keine Bedenken, die Klage zunächst gegen sämtliche in Betracht kommenden juristischen Personen zu richten.

Auch kommt in der Praxis immer wieder der Fall vor, daß eine **Gesellschaft für** 6
eine andere Gesellschaft – zB eine Betriebsgesellschaft für die Konzernmutter als Arbeitgeberin – kündigt. Auf den ersten Blick kann sich aus einem solchen

---
1 MünchArbR/*Wank*, § 115 Rz. 3.
2 Vgl. LAG Berlin v. 6. 8. 1991, LAGE § 130 BGB Nr. 15.

Kündigungsschreiben ergeben, daß die Betriebsgesellschaft im eigenen Namen kündigt. Bei näherer Betrachtung des Kündigungsschreibens kann sich dann zB aus dessen Briefkopf – manchmal auch kleingedruckt – ergeben, daß die Handlungen namens und in Vollmacht der Konzernmutter erfolgen. Der Anwalt muß in einem solchen Falle genau prüfen, gegen welche Person die Kündigungsschutzklage zu richten ist. Es kommt immer wieder vor, daß in solchen vermeintlichen Zweifelsfällen die Klage nicht gegen die vertretene Person, sondern lediglich gegen die Vertreterin gerichtet wird. Im anschließenden Prozeß ergeben sich dann vermeidbare Auseinandersetzungen darüber, ob ein Parteiwechsel zu erfolgen hat oder die bloße Berichtigung der Parteibezeichnung genügt. Nur in letzterem Fall dürfte die Klagefrist gewahrt sein.

2. Abgrenzung zu anderen Maßnahmen und Beendigungsgründen

7   Die – wie jede Willenserklärung auslegungsfähige – Kündigungserklärung ist bei der Prüfung ihrer Rechtswirksamkeit von anderen rechtsgeschäftlichen Erklärungen abzugrenzen, bei denen es sich lediglich um vermeintlich ähnliche Maßnahmen handelt oder die einen Bezug zur Beendigung des Arbeitsverhältnisses haben. Zu nennen sind insbesondere:

a) Abmahnung

8   Die Abmahnung stellt nur die **Androhung einer Kündigung** für den Fall eines sich wiederholenden Fehlverhaltens dar und soll dem Vertragspartner lediglich verdeutlichen, daß ein vertragswidriges Verhalten in Zukunft nicht mehr hingenommen wird. Die Abmahnung stellt in der Praxis regelmäßig eine notwendige Vorstufe zu einer verhaltensbedingten Kündigung dar.

b) Anfechtung

9   In besonderen Fällen wird der Arbeitsvertrag in der Praxis wegen **Inhalts- oder Erklärungsirrtums** gem. § 119 BGB oder wegen **arglistiger Täuschung** gem. § 123 BGB angefochten. Im Falle der Anfechtung ist, wenn der Anwalt den Empfänger der Anfechtungserklärung vertritt, zur Vermeidung von Rechtsnachteilen stets sorgfältig zu prüfen und der Wirksamkeit dieser Anfechtungserklärung durch unverzügliche Klageerhebung mit dem Feststellungsantrag zu begegnen, daß das Arbeitsverhältnis über den Zeitpunkt des Zugangs der Anfechtungserklärung hinaus fortbesteht. Es kommt auch immer wieder vor, daß sowohl die Kündigung des Arbeitsverhältnisses als auch die Anfechtung des Arbeitsvertrages (ggf. im Haupt- und Hilfsverhältnis zueinander) erfolgen. Dann müssen beide Erklärungen mit entsprechenden Klageanträgen angegriffen werden.

c) Aufhebungsvertrag

10 Von der einseitigen Beendigung des Arbeitsverhältnisses durch die Kündigung ist zu unterscheiden die **einvernehmliche Aufhebung** des Arbeitsverhältnisses unter Beteiligung beider Arbeitsvertragsparteien. Handelt es sich unzweifelhaft

um einen Aufhebungsvertrag, so ist sofort zu prüfen, ob dieser noch widerrufen werden kann. So räumt beispielsweise § 9 Abs. 9 des Manteltarifvertrages für den Einzelhandel in Nordrhein-Westfalen den Arbeitsvertragsparteien das verzichtbare Recht ein, einen Auflösungsvertrag innerhalb von drei Werktagen zu widerrufen. Besteht ein solches Widerrufsrecht nicht oder nicht mehr, kann die Rechtswirksamkeit des Aufhebungsvertrages – abgesehen von Mängeln im Zusammenhang mit der Geschäftsfähigkeit – im Regelfall nur noch durch eine begründete Anfechtungserklärung erfolgreich angegriffen werden. Weiterhin ergeben sich gelegentlich Abgrenzungsprobleme zwischen dem Vorliegen einer Kündigung oder eines Auflösungsvertrages. Erklärt beispielsweise der Arbeitnehmer ohne wichtigen Grund eine Eigenkündigung mit abgekürzter Frist und erklärt sich der Arbeitgeber hiermit einverstanden, so können diese Erklärungen der Parteien des Arbeitsvertrages als einvernehmliche Beendigung des Arbeitsverhältnisses zu dem gewollten Termin zu qualifizieren sein[1].

d) Betriebsbuße

Die Betriebsbuße ahndet **Verstöße gegen die betriebliche Ordnung** mit der Mahnung, der Verwarnung oder dem Verweis, einer Geldstrafe oder der Entlassung als Betriebsstrafe[2]. Als Form der Betriebsbuße ist eine Kündigung unzulässig. Die Beendigung des Arbeitsverhältnisses im Rahmen einer sonst zulässigen kollektiven Bußordnung ist nicht möglich, da dies dem zwingenden Kündigungs- und Kündigungsschutzrecht widerspricht. Will der Arbeitgeber das Arbeitsverhältnis kündigen, weil der Arbeitnehmer gegen die betriebliche Ordnung verstoßen hat, so kann dieses je nach Lage des Falles sozial gerechtfertigt sein oder auf einem wichtigen Grund gem. § 626 Abs. 1 BGB beruhen. Der Arbeitnehmer hat nach allgemeinen Grundsätzen die Möglichkeit, die Wirksamkeit der aus einem dieser Gründe ausgesprochenen Kündigung gerichtlich überprüfen zu lassen[3].

11

e) Direktionsrecht

Während die Kündigung auf die Beendigung des Arbeitsverhältnisses abzielt, **konkretisiert** der Arbeitgeber durch die Ausübung seines Direktionsrechtes das weiterhin bestehende **Arbeitsverhältnis** lediglich in bezug auf die vertragliche Leistungspflicht des Arbeitnehmers bezüglich Ort, Zeit und Art.

12

f) Freistellung/Suspendierung

Von der Kündigung des Arbeitsverhältnisses ist die bloße Freistellung bzw. Suspendierung von der Arbeitspflicht zu unterscheiden. Erklärt der Arbeitgeber lediglich die Freistellung bzw. Suspendierung des Arbeitnehmers von der Arbeit, so **besteht das Arbeitsverhältnis fort.** Insbesondere im Rahmen von Streitigkeiten bzw. Auseinandersetzungen zwischen den Arbeitsvertragsparteien

13

---

1 BAG v. 24. 1. 1985, AP Nr. 7 zu § 1 TVG – Tarifverträge: Einzelhandel.
2 *Stahlhacke/Preis*, Rz. 13.
3 *Stahlhacke/Preis*, Rz. 13 mwN.

hat der Anwalt auch unter Berücksichtigung der Begleitumstände sorgfältig zu prüfen, ob der Arbeitgeber etwa eine mündliche Kündigung ausgesprochen oder ob er den Arbeitnehmer (zunächst) lediglich von der Arbeit freigestellt bzw. suspendiert hat, zB im Zusammenhang mit der beabsichtigten Klärung eines bestimmten Vorfalls. Ergeben sich Zweifel für den Anwalt des betroffenen Arbeitnehmers, sollte rechtzeitig Kündigungsschutzklage erhoben werden.

g) Kündigungsbestätigung

14 In der Praxis kommt es manchmal vor, daß eine **Kündigung mündlich** ausgesprochen und schriftlich lediglich bestätigt wird. Auch umgekehrt ist es denkbar, daß eine Kündigung mündlich nur angedroht wird, die dann anschließend schriftlich erfolgt. Die Gesamtbetrachtung solcher Sachverhalte kann ergeben, daß jeweils bloß eine Kündigung ausgesprochen worden ist, also entweder die mündliche Erklärung lediglich die Androhung der schriftlichen Kündigung oder die schriftliche Erklärung nur die Bestätigung der mündlichen Kündigung darstellt[1]. Stellt man als Anwalt fest, daß nur eine (schriftliche oder mündliche) Kündigung ausgesprochen worden ist und diese daneben (mündlich oder schriftlich) lediglich bestätigt worden ist, so hat sich die Kündigungsschutzklage **gegen die Kündigung** und nicht gegen die Kündigungsbestätigung zu richten. Diese Bestätigung hat nämlich den ausschließlichen Sinn, den konkreten rechtsgeschäftlichen Inhalt einer bereits erfolgten Kündigungserklärung ua. aus Beweiszwecken schriftlich festzuhalten. Nicht selten werden zugleich auch die wesentlichen Kündigungsgründe mitgeteilt. Einer bloßen Bestätigung kommt damit nur Dokumentationsfunktion zu. Sie ist keine eigenständige Kündigung.

Kann man jedoch nicht zweifelsfrei feststellen, ob es sich lediglich um eine Kündigungsbestätigung oder den Ausspruch einer weiteren Kündigung handelt, ist sicherheitshalber auch die (vermeintliche) Kündigungsbestätigung durch rechtzeitige Erhebung der Kündigungsschutzklage anzugreifen.

h) Nichtfortsetzungserklärung

15 Gem. § 12 KSchG hat der Arbeitnehmer das Recht, **nach einem obsiegenden Kündigungsschutzprozeß** binnen einer Woche nach Rechtskraft des Urteils durch Erklärung gegenüber dem Arbeitgeber die Fortsetzung des Arbeitsverhältnisses zu verweigern, wenn er inzwischen ein neues Arbeitsverhältnis eingegangen ist. Macht er hiervon wirksam Gebrauch, so erlischt das Arbeitsverhältnis mit dem Zugang der Nichtfortsetzungserklärung beim Arbeitgeber. Demgegenüber besteht das Arbeitsverhältnis bei einer ordentlichen Kündigung über deren Zugangszeitpunkt hinaus bis zum Ablauf der Kündigungsfrist fort.

Als Nichtfortsetzungserklärung iSd. § 12 KSchG 1969 ist dabei auch eine Kündigungserklärung des bisherigen Arbeitsverhältnisses durch den Arbeitnehmer anzusehen, die innerhalb der Wochenfrist des § 12 Satz 1 KSchG abgegeben wird[2].

---

1 Vgl. BAG v. 14. 9. 1994, AP Nr. 32 zu § 4 KSchG 1969.
2 LAG Düsseldorf v. 13. 6. 1979, EzA § 12 KSchG nF Nr. 2.

I. Kündigungserklärung

Im übrigen kommt es in der arbeitsrechtlichen Praxis gelegentlich zu folgender Konstellation: Der Arbeitgeber spricht gegenüber einer Arbeitnehmerin eine Kündigung zu einem bestimmten Termin aus oder erklärt, daß er das Arbeitsverhältnis zu einem bestimmten Termin beenden will. Die Arbeitnehmerin wendet sich sodann gegen diese Erklärung mit dem Einwand, sie sei bereits **schwanger** gewesen, als ihr diese Erklärung zugegangen sei. Steht dies unzweifelhaft fest, wendet der Arbeitgeber gelegentlich ein, seine Erklärung sei überhaupt nicht als Kündigungserklärung zu qualifizieren. Zwischen den Parteien sei ein befristetes Arbeitsverhältnis vereinbart worden. Mit seiner Erklärung habe er der Arbeitnehmerin lediglich mitteilen wollen, daß für ihn eine Fortsetzung des Arbeitsverhältnisses über das Ende der Befristung hinaus nicht in Betracht komme. Auf ein solches Vorbringen des Arbeitgebers im Prozeß muß der Anwalt der Arbeitnehmerin mit dem zusätzlichen Antrag reagieren, daß das Arbeitsverhältnis über den Zeitpunkt hinaus fortbesteht, zu dem es nach der Behauptung des Arbeitgebers aufgrund Befristung beendet worden ist. Der zuvor gestellte Klageantrag, der sich gegen die jetzt angeblich nur vermeintliche Kündigungserklärung des Arbeitgebers gerichtet hat, sollte so lange weiterverfolgt werden, bis im Gerichtsverfahren verbindlich festgestellt worden ist, daß arbeitgeberseitig keine Kündigung ausgesprochen worden ist. Hierüber können die Parteien sich zB durch Teilvergleich verständigen und den Streit darauf beschränken, ob das zwischen der Schwangeren und dem Arbeitgeber bestehende Arbeitsverhältnis aufgrund Befristung beendet worden ist.

i) Nichtigkeit

Erweist sich der Arbeitsvertrag als nichtig, zB mangels Geschäftsfähigkeit eines Vertragspartners oder aufgrund wirksamer Anfechtung des Arbeitsvertrages oder gem. § 138 BGB, so geht eine daneben auf die Beendigung dieses Arbeitsverhältnisses gerichtete Kündigungserklärung regelmäßig ins Leere.

j) Rücktritt

Ein Rücktritt kommt **weder vor noch nach Dienstantritt** in Betracht. Er ist aufgrund der Möglichkeit zum Ausspruch einer (außerordentlichen oder ordentlichen) Kündigung des Arbeitsverhältnisses und aufgrund des allgemeinen Kündigungsschutzes ausgeschlossen, und zwar selbst dann, wenn dem Arbeitnehmer die Erfüllung der vertraglichen Arbeitsleistung auf Dauer unmöglich geworden ist. Auch in der Zeit vor dem erstmaligen Arbeitsantritt ist bereits eine Kündigung möglich. Die Erklärung des Rücktritts kann aber unter Umständen in eine Kündigung umgedeutet werden[1].

k) Wegfall der Geschäftsgrundlage

Unter außergewöhnlichen Umständen kann ein Arbeitsverhältnis ausnahmsweise sein Ende finden, ohne daß eine besondere rechtsfeststellende oder rechtsgestaltende Erklärung abgegeben wird. Dies ist der Fall, wenn der ganze

---

1 *Stahlhacke/Preis*, Rz. 55 f.

Vertrag gegenstandslos geworden ist, weil der Zweck des Arbeitsverhältnisses durch äußere Ereignisse endgültig oder doch für unabsehbare Zeit, für Arbeitgeber und Arbeitnehmer erkennbar, unerreichbar geworden ist. Der Arbeitnehmer kann sich dann gemäß § 242 BGB wegen Wegfalls der Geschäftsgrundlage auf das Fehlen einer Kündigungserklärung oder eines anderen Beendigungstatbestandes nicht berufen[1]. Einen Wegfall der Geschäftsgrundlage hat das Bundesarbeitsgericht angenommen in dem Fall eines Betriebsmonteurs, der aus der DDR in die Bundesrepublik abgeschoben worden war und nach der Wiedervereinigung vergeblich seine Weiterbeschäftigung in dem früheren Unternehmen verlangte[2].

3. Inhalt der Kündigungserklärung

a) Allgemeines

20 Für den Empfänger der Kündigungserklärung muß ohne jeden Zweifel feststehen, daß ihm gegenüber eine Kündigung ausgesprochen wird. Der Kündigende braucht zu einer wirksamen Kündigung nicht die Worte „kündigen" oder „Kündigung" zu verwenden. Es genügt jedes Verhalten, durch das er dem anderen Teil **eindeutig** seinen Willen kundgibt, das **Arbeitsverhältnis lösen** zu wollen. Entscheidend für die Auslegung einer Willenserklärung als Kündigung ist der objektive Empfängerhorizont unter Berücksichtigung von Treu und Glauben mit Rücksicht auf die Verkehrssitte. Eine Kündigungserklärung, die jemandem zugeht, kann diesem nur mit dem Inhalt als zugegangen zugerechnet werden, wie er sie vernünftigerweise verstehen konnte[3]. Es kommt also nicht darauf an, wie der Empfänger der Erklärung diese subjektiv verstehen will, sondern darauf, wie ein objektiver Erklärungsempfänger die Erklärung bei verständiger Würdigung verstehen durfte. Es genügt damit für eine wirksame Kündigung jedes Verhalten, mit dem die eine Partei der anderen eindeutig ihren Willen kundgibt, das Arbeitsverhältnis lösen zu wollen. Dementsprechend ist die Kündigung im Arbeitsverhältnis aus Gründen der Rechtsklarheit grundsätzlich bedingungsfeindlich, mit Ausnahme der sogenannten „Potestativbedingungen", wenn der Eintritt der Bedingungen vom Willen des Kündigungsempfängers abhängt[4]. Ein auf die Beendigung des Arbeitsverhältnisses gerichteter Wille kann unter Umständen auch aus einer zunächst nur deklaratorischen Äußerung entnommen werden[5]. Insbesondere bei der Erklärung einer außerordentlichen Kündigung aus wichtigem Grunde muß für den Erklärungsempfänger zweifelsfrei der Wille des Erklärenden erkennbar sein, daß dieser von der sich aus § 626 Abs. 1 BGB ergebenden besonderen Kündigungsbefugnis Gebrauch macht. Dieser Wille kann sich zum einen aus der ausdrücklichen Bezeichnung

---

1 BAG v. 12. 3. 1963, BB 1963, 938; BAG v. 21. 5. 1963, BB 1963, 1018; BAG v. 24. 8. 1995, BB 1995, 2584.
2 BAG v. 24. 8. 1995, BB 1995, 2584.
3 BAG v. 11. 6. 1959, BB 1959, 814.
4 BAG v. 28. 4. 1994, DB 1994, 1730; BAG v. 27. 6. 1968, DB 1968, 1588; BAG v. 10. 11. 1994, BB 1995, 364.
5 BAG v. 19. 1. 1956, BB 1956, 210.

I. Kündigungserklärung

der Erklärung (zB als fristlose Kündigung) oder aus sonstigen Umständen der Erklärung selbst, insbesondere einer beigefügten Begründung, ergeben[1]. Gelegentlich stellt sich auch die Frage, ob überhaupt eine Kündigungserklärung vorliegt. Die Frage nach dem Vorliegen einer entsprechenden Willenserklärung ist ebenfalls durch Auslegung zu ermitteln. Hier gilt nichts anderes als die Frage, ob eine Willenserklärung als Kündigungserklärung auszulegen ist.

In der Praxis bereitet es immer wieder Schwierigkeiten zu entscheiden, ob bestimmte Verhaltensweisen und damit einhergehende Erklärungen unter Berücksichtigung der Begleitumstände **als Kündigungserklärung zu qualifizieren** sind oder nicht. Eine Kündigungserklärung liegt recht eindeutig vor, wenn zB der Arbeitgeber dem Arbeitnehmer gegenüber erklärt, daß sich dieser seine Papiere fertigmachen lassen soll oder wenn der Arbeitnehmer gegenüber dem Arbeitgeber ausdrücklich seine Arbeitspapiere verlangt. Demgegenüber kann zB in den folgenden Fällen **nicht** davon ausgegangen werden, daß eine Kündigungserklärung vorliegt:

▶ Teilt der Arbeitgeber schriftlich mit, daß das **Personal wegen schlechter Auftragslage vorübergehend reduziert** werden müsse, weshalb einzelne Belegschaftsmitglieder nunmehr rückständigen Urlaub nehmen oder ihren Wehrdienst anträten, und schließt er daran die Bitte an, sich nach der Wiedergenesung für einige Zeit arbeitslos zu melden, so kann darin mangels hinreichender Abgrenzung von der bloßen Suspendierung keine Kündigung gesehen werden, wenn dem Arbeitnehmer überdies in Aussicht gestellt wird, im Falle der Geschäftsbelebung umgehend benachrichtigt zu werden[2].

▶ Die Mitteilung durch den Arbeitgeber, der Arbeitnehmer habe die **Arbeit** zu einem bestimmten Zeitpunkt **eingestellt** und deswegen betrachte er das Arbeitsverhältnis zu diesem Zeitpunkt als beendet, beinhaltet keine Kündigung durch den Arbeitgeber[3].

▶ **Unmutsäußerungen** des Arbeitnehmers oder ein spontanes Imponiergehabe können nicht als ernstgemeinte rechtsgeschäftliche Willenserklärung verstanden werden. Die Erklärung, „wenn sich das hier nicht ändere, dann sei für ihn der 31. der Letzte", ist weder eine Eigenkündigung des Arbeitnehmers noch ein Angebot zum Abschluß eines Aufhebungsvertrages[4].

▶ Das **Verlassen des Arbeitsplatzes** kann in der Regel nicht als Eigenkündigung durch den Arbeitnehmer ausgelegt werden, insbesondere dann nicht, wenn es den Abschluß einer Auseinandersetzung zwischen den Arbeitsvertragsparteien bildet – auch dann nicht, wenn der Arbeitgeber im vorhinein erklärt hat, solches Verhalten werde als fristlose Kündigung aufgefaßt[5].

▶ An die Eindeutigkeit einer Kündigungserklärung oder eines Angebotes auf Aufhebung des Arbeitsvertrages sind **strenge Anforderungen** zu stellen. Dies

---
1 BAG v. 13. 1. 1982, BB 1983, 964.
2 LAG Hamm v. 7. 7. 1994, BB 1994, 1714.
3 LAG Nürnberg v. 8. 2. 1994, BB 1994, 1290.
4 LAG Düsseldorf v. 25. 9. 1990, BB 1991, 625.
5 LAG Köln v. 3. 2. 1995, BB 1996, 168.

gilt in besonderer Weise für die Erklärung einer schwangeren Arbeitnehmerin, die Mutterschutz genießt. Streiten sich Arbeitgeber und Arbeitnehmerin über auszuführende Arbeiten und beendet die Arbeitnehmerin den Streit, indem sie mit der Bemerkung, das mache sie nicht weiter, den Arbeitsplatz verläßt, liegt darin alleine noch keine zweifelsfreie Kündigungserklärung[1].

b) Angabe des Kündigungsgrundes

22 Grundsätzlich besteht **keine Verpflichtung, die Kündigung zu begründen.** Deshalb müssen die Kündigungsgründe im Regelfall nicht zugleich im Rahmen der Kündigungserklärung mitgeteilt werden. Demzufolge ist die streitgegenständliche Kündigungserklärung nicht bereits deswegen rechtsunwirksam, weil sie ohne Angabe des Kündigungsgrundes erfolgt ist. Hiervon zu unterscheiden ist die Frage, ob tatsächlich ein Kündigungsgrund vorliegt, der – sofern das Kündigungsschutzgesetz Anwendung findet – für die soziale Rechtfertigung der Kündigung erforderlich ist. Mit der Frage der Angabe des Kündigungsgrundes darf auch nicht verwechselt werden die Frage, ob die Kündigung unwirksam ist, weil der Arbeitgeber im Rahmen der Anhörung des Betriebsrats vor Abgabe der Kündigungserklärung gemäß § 102 BetrVG die ihm bekannten Kündigungsgründe dem Betriebsrat nicht mitgeteilt hat[2].

23 Der Grundsatz, daß eine Kündigung auch dann wirksam ist, wenn der Arbeitgeber sie ohne Angabe von Kündigungsgründen ausspricht, hat jedoch **Ausnahmen.** Zu nennen ist etwa § 15 Abs. 3 BBiG für die außerordentliche Kündigung eines Berufsausbildungsverhältnisses. Nach dieser Vorschrift muß die Kündigung schriftlich und unter Angabe der Kündigungsgründe erfolgen. Ist etwa in einem Tarifvertrag bestimmt, daß die Kündigung „schriftlich mit Begründung zu erfolgen hat", so ist eine ohne Begründung ausgesprochene Kündigung nach § 125 Satz 1 BGB nichtig. Ist diese schriftliche Begründung für die Kündigung zwingend vorgeschrieben, beim Kündigungsausspruch jedoch unterlassen worden, so kann die Begründung auch noch nachträglich vorgenommen werden, ggf. auch durch Zustellung eines Schriftsatzes im Kündigungsrechtsstreit. Die Kündigungserklärung wird in diesem Falle jedoch erst mit dem Zugang einer formgerechten Begründung wirksam, so daß die Kündigungsfrist erst von diesem Zeitpunkt ab läuft[3]. In einem solchen Fall empfiehlt es sich, vorsorglich auch die mit dem Zugang der formgerechten Begründung wirksam gewordene Kündigungserklärung ausdrücklich anzugreifen, um Rechtsnachteile zu vermeiden.

24 Schließlich ist der Arbeitgeber bei der **fristlosen Kündigung** nach § 626 Abs. 2 Satz 3 BGB verpflichtet, dem Arbeitnehmer auf Verlangen die Kündigungsgründe unverzüglich schriftlich mitzuteilen. Gem. § 1 Abs. 3 Satz 1 2. Halbsatz KSchG muß der Arbeitgeber dem Arbeitnehmer auf Verlangen die Gründe mitteilen, die bei der betriebsbedingten Kündigung zu der sozialen Auswahl

---

1 LAG Frankfurt/Main v. 9. 1. 1990, BB 1990, 856.
2 Vgl. dazu BAG v. 1. 4. 1981, AP Nr. 23 zu § 102 BetrVG 1972.
3 LAG Bremen v. 2. 9. 1953, BB 1954, 162.

geführt haben. Das Begehren ist gerichtet auf die schriftliche Mitteilung der Kündigungsgründe. Die schuldhafte Verletzung der Mitteilungspflicht seitens des Arbeitgebers führt jedoch nicht bereits aus diesem Grunde zur Rechtsunwirksamkeit der Kündigung oder dazu, daß diese rückgängig zu machen ist. Die schuldhafte Verletzung der Mitteilungspflicht begründet vielmehr einen Schadensersatzanspruch, der zum Inhalt hat, den Gekündigten so zu stellen, als ob er die Kündigungsgründe rechtzeitig erfahren hätte. Der Schaden kann in den Kosten liegen, die ein unnötiger Kündigungsschutzprozeß verursacht hat[1].

c) Nachschieben von Kündigungsgründen

Es ist denkbar, daß der Arbeitgeber, nachdem er den Zugang der Kündigungserklärung bei dem Arbeitnehmer bewirkt hat, seinen Sachvortrag hinsichtlich der bereits mitgeteilten **Kündigungsgründe erweitert** oder nunmehr einen ganz **anderen Kündigungsgrund** nennt oder sich zusätzlich zu den bereits mitgeteilten nunmehr auf **weitere Kündigungsgründe stützt** (sogenanntes Nachschieben von Kündigungsgründen). Für das Nachschieben von Kündigungsgründen kommen nur solche Kündigungsgründe in Betracht, die zum Zeitpunkt des Ausspruchs der Kündigung bereits vorgelegen haben. Die Beurteilung, ob das Nachschieben von Kündigungsgründen zulässig ist, hängt entscheidend davon ab, ob eine Anhörung des Betriebsrats gemäß § 102 Abs. 1 BetrVG erforderlich ist oder nicht. Insoweit ist das Nachschieben von Kündigungsgründen unter dem materiellrechtlichen Aspekt einerseits und dem betriebsverfassungsrechtlichen Aspekt andererseits zu betrachten. 25

In **materiellrechtlicher Hinsicht** können Kündigungsgründe, die im Zeitpunkt der Kündigung bestanden haben, im Kündigungsschutzprozeß **uneingeschränkt nachgeschoben** werden[2]. Unter dem materiellrechtlichen Aspekt ist es daher unschädlich, wenn der Arbeitgeber dem Arbeitnehmer zunächst im Kündigungsschreiben zu wenige oder die falschen Kündigungsgründe nennt. Entscheidend ist dann allein die objektive Rechtslage. Wenn die Kündigungsgründe tatsächlich bestehen, so ist die Kündigung wirksam. Liegen die Kündigungsgründe nicht vor, ist die Kündigung rechtsunwirksam. Diese Wirksamkeit bzw. Unwirksamkeit hängt nicht davon ab, welche Gründe der Arbeitgeber dem Arbeitnehmer beim Ausspruch der Kündigung oder zu einem späteren Zeitpunkt zunächst mitgeteilt hat[3]. Allerdings ist die Möglichkeit des Nachschiebens von Kündigungsgründen nach der Rechtsprechung des Bundesarbeitsgerichts dann fraglich, wenn der Kündigende die Kündigungsgründe im Prozeß völlig auswechselt[4]. Diese Auffassung des BAG ist jedoch in der Literatur auf Kritik gestoßen: Entscheidend sei allein die Existenz der Kündigungsgründe im Zeitpunkt der Abgabe der Kündigungserklärung; auf dieser Grundlage sei zu prüfen, ob der Sachverhalt die Kündigung nach der jeweils in Betracht kom- 26

---

1 *Stahlhacke/Preis*, Rz. 73 f.; MünchArbR/*Wank*, § 115 Rz. 22 mwN.
2 BAG v. 11. 4. 1985, AP Nr. 39 zu § 102 BetrVG 1972.
3 MünchArbR/*Wank*, § 115 Rz. 225.
4 BAG v. 18. 1. 1980, EzA § 626 BGB nF Nr. 71.

menden Norm zu tragen in der Lage sei. Daß die Kündigung von einem ganz anderen Grund ausgelöst worden sei, müsse ohne Bedeutung bleiben[1].

27 In **betriebsverfassungsrechtlicher Hinsicht,** wenn also die **Anhörung des Betriebsrats** gemäß § 102 Abs. 1 BetrVG erforderlich ist, lehnt das Bundesarbeitsgericht das Nachschieben von Kündigungsgründen grundsätzlich ab. Der Arbeitgeber, der die ihm vor Ausspruch der Kündigung bekannten Kündigungsgründe dem Betriebsrat im Rahmen der Anhörung vor Abgabe der Kündigungserklärung nicht mitgeteilt hat, kann diese Gründe im Kündigungsschutzprozeß selbst dann **nicht nachschieben,** wenn der Betriebsrat der Kündigung aufgrund der ihm mitgeteilten Gründe zugestimmt hat. Der Arbeitgeber kann den Betriebsrat wegen der nachzuschiebenden Gründe auch nicht nachträglich wirksam beteiligen. Hat der Arbeitgeber also ihm bei Ausspruch der Kündigung bekannte Kündigungsgründe dem Betriebsrat vor Ausspruch der Kündigung nicht mitgeteilt, macht dies in der Regel eine neue Kündigung erforderlich[2]. Das Nachschieben von Kündigungsgründen, die zwar zur Zeit des Ausspruchs der Kündigung vorlagen, dem Arbeitgeber aber nicht bekannt waren, hält das Bundesarbeitsgericht in neuerer Rechtsprechung für zulässig, wenn der Betriebsrat nachträglich auch zu den nachzuschiebenden Gründen angehört worden ist[3].

4. Zeit und Ort der Kündigung, Kündigung zur Unzeit und vor Dienstantritt

a) Zeit und Ort der Kündigung

28 Gesetzliche Vorschriften über Zeit und Ort der Kündigung existieren nicht. Deshalb kann die Kündigung, soweit im Tarifvertrag, einer (wirksamen) Betriebsvereinbarung oder im Arbeitsvertrag nichts anderes vereinbart worden ist, **zu jeder Zeit und an jedem Ort** ausgesprochen werden. Die Kündigung darf also nicht nur während der Arbeitszeit oder lediglich am Arbeitsplatz ausgesprochen werden. Sie muß deshalb nicht unbedingt an einem Werktag, sondern kann auch zB an einem Sonntag oder gesetzlichen Feiertag erfolgen. Demgemäß muß auch keine besondere Bereitschaft des Empfängers der Kündigung zu deren Entgegennahme bestehen. Dies gilt jedenfalls in aller Regel. Ausnahmsweise kann der Empfänger der Kündigung diese nach Treu und Glauben oder nach der Verkehrssitte zurückweisen. Treffen sich die Arbeitsvertragsparteien zB auf einem Jahrmarkt oder einer Karnevalsveranstaltung und wird bei dieser Gelegenheit von einer Vertragspartei eine Kündigung ausgesprochen, so kann die jeweils andere Vertragspartei diese Kündigungserklärung zurückweisen. Die Kündigung muß in diesem Falle wiederholt werden. Fehlt es jedoch an der Zurückweisung, so ist die Kündigung nicht aus diesem Grunde unwirksam[4].

---

1 So *Stahlhacke/Preis*, Rz. 78.
2 MünchArbR/*Wank*, § 115 Rz. 24.
3 BAG v. 11. 4. 1985, AP Nr. 39 zu § 102 BetrVG 1972.
4 Vgl. *Stahlhacke/Preis*, Rz. 97.

I. Kündigungserklärung

b) Kündigung zur Unzeit

Allein durch ihren Zugang am 24. Dezember („Heiligabend") wird eine Kündigung nicht ungehörig. Ob eine wegen ihrer Begleitumstände – insbesondere ihres Zugangszeitpunkts – ungehörige Kündigung aus diesem Grunde rechtsunwirksam ist, ist gleichwohl denkbar, steht aber nicht fest[1]. Eine Kündigung, die einem Arbeitnehmer nach einem schweren Arbeitsunfall am gleichen Tage im Krankenhaus unmittelbar vor einer auf dem Unfall beruhenden Operation ausgehändigt wird, ist auch dann als „Kündigung zur Unzeit" gem. § 242 BGB nichtig, wenn Motiv für die Kündigung nicht der Unfall, sondern betriebsbedingte Gründe waren, zu denen zuvor der Betriebsrat angehört wurde. Dies gilt auch dann, wenn der zur Kündigung Berechtigte sich eines Erklärungsboten bedient, bei dessen Beauftragung er den Unfall noch nicht kannte. Der Empfänger einer solchen Kündigung muß diese nicht unverzüglich zurückweisen. Ihm ist eine **angemessene Erklärungsfrist** zuzubilligen, deren Länge vom Einzelfall abhängt. Bei einem längeren Krankenhausaufenthalt des Kündigungsempfängers mit vorhergehender Operation ist eine Zurückweisung, die dem Kündigenden 14 Tage nach dem Ausspruch der Kündigung zugeht, nicht verspätet[2].

29

c) Kündigung vor Dienstantritt

Liegt der Vertragsabschluß vor dem Dienstantritt, können sich zwei Fragen stellen, mit denen der Anwalt in der arbeitsrechtlichen Praxis gelegentlich konfrontiert wird. Zum einen fragt es sich, ob das Arbeitsverhältnis überhaupt vor dem vereinbarten Dienstantritt gekündigt werden kann. Zum anderen ist gelegentlich die Frage zu beantworten, ob im Falle der Zulässigkeit der Kündigung vor Dienstantritt die Kündigungsfrist ab dem Zugang der Kündigung oder erst ab dem Zeitpunkt des Dienstantritts zu laufen beginnt.

30

Der Ausschluß des Rechts zur ordentlichen Kündigung eines Arbeitsvertrages vor Dienstantritt setzt eine **eindeutige Vereinbarung der Parteien** voraus. Wenn die Parteien keine ausdrückliche Regelung getroffen haben, ist bei der Auslegung des Vertrages nicht von einer allgemeinen Erfahrungsregel auszugehen, daß die Parteien sich einig gewesen seien, der Vertrag dürfe erst nach Dienstantritt gekündigt werden. Demgemäß kann die Kündigung eines Arbeitsverhältnisses in Ermangelung entgegenstehender vertraglicher Vereinbarungen auch schon vor dem Zeitpunkt erfolgen, in dem die Arbeit aufgenommen werden sollte. Dabei ist es gleichgültig, ob es sich um eine ordentliche (Frist-)Kündigung oder um eine außerordentliche Kündigung handelt[3].

31

Die Parteien können auch vereinbaren, daß im Falle der Kündigung vor Dienstantritt die Frist einer ordentlichen Kündigung schon vor der auf den späteren Zeitpunkt gewollten Aktualisierung des Arbeitsverhältnisses mit der Wirkung

32

---

1 Vgl. BAG v. 19. 11. 1984, AP Nr. 4 zu § 620 BGB-Kündigungserklärung.
2 LAG Bremen v. 29. 10. 1985, BB 1986, 393.
3 Vgl. BAG v. 2. 11. 1978, BB 1979, 1038; BAG v. 22. 8. 1964, BB 1964, 1341.

ihres sofortigen Laufs beginnen soll[1]. Haben die Parteien jedoch keine Vereinbarung über den **Beginn des Laufs der Kündigungsfrist** im Falle einer Kündigung vor Dienstantritt getroffen, ist es nach wie vor auch unter Berücksichtigung der Rechtsprechung des Bundesarbeitsgerichts zweifelhaft, von welchem Zeitpunkt ab die Kündigungsfrist bei einer an sich zulässigen Kündigung vor Dienstantritt zu laufen beginnt, nämlich ab dem Zugang der Kündigungserklärung oder ab dem Zeitpunkt des vereinbarten Dienstantritts. Beginnt die Kündigungsfrist bei einer solchen Kündigung erst in dem Zeitpunkt, zu dem die „Aktualisierung des Arbeitsverhältnisses" vereinbart ist, dann ist jedenfalls auf den Zeitpunkt des vertraglich vereinbarten Beginns des Arbeitsverhältnisses und nicht darauf abzustellen, wann die Arbeit tatsächlich aufgenommen worden ist. Die Frist ist in diesem Fall nach § 187 Abs. 2 iVm. § 188 Abs. 2 BGB zu berechnen, dh. der erste vorgesehene Arbeitstag ist bei der Berechnung der Kündigungsfrist mitzurechnen[2].

33 Im übrigen hat sich das **Bundesarbeitsgericht** zunächst auf den Standpunkt gestellt, daß beim Fehlen einer eindeutigen Vereinbarung über den Beginn des Kündigungsfristlaufs bei einer Kündigung vor Vertragsbeginn die Kündigungsfrist erst in dem Zeitpunkt zu laufen beginnt, in dem die Arbeit vertragsgemäß aufgenommen werden sollte[3]. Später hat sich der zweite Senat des Bundesarbeitsgerichts im Rahmen einer Anfrage des vierten Senats auf den Standpunkt gestellt, daß für den Beginn des Ablaufs der Kündigungsfrist bei einer Kündigung vor Dienstantritt die jeweilige beiderseitige Interessenlage dafür maßgebend sei, wann die Kündigungsfrist zu laufen beginne, wenn es an einer eindeutigen Vertragsvereinbarung der Parteien fehle. Der zweite Senat hat im Rahmen dieser Anfrage nicht die vom vierten Senat erwogene Auffassung geteilt, die Kündigungsfrist beginne im Zweifel bereits mit dem Zugang der Kündigung zu laufen[4]. Später hat sich der zweite Senat des Bundesarbeitsgerichts[5] auf den Standpunkt gestellt, daß eine Vertragslücke vorliege, die im Wege der ergänzenden Vertragsauslegung zu schließen sei, wenn die Parteien für den Fall einer vor Vertragsbeginn ausgesprochenen ordentlichen Kündigung keine Vereinbarung über den Beginn der Kündigungsfrist getroffen haben. Für die Ermittlung des mutmaßlichen Parteiwillens und die hierfür maßgebende Würdigung der beiderseitigen Interessen sei grundsätzlich auf die konkreten Umstände des Falles abzustellen. Typische Vertragsgestaltungen könnten jedoch für oder gegen die Annahme sprechen, die Parteien hätten eine auf die Dauer der vereinbarten Kündigungsfrist beschränkte Realisierung des Vertrages gewollt. Dies gelte insbesondere für die Länge der Kündigungsfrist und den Zweck der vorgesehenen Beschäftigung (zB Probezeit). Werde von den Parteien die kürzeste zulässige Kündigungsfrist vereinbart, so spreche dies gegen die mutmaßliche Vereinbarung einer Realisierung des Arbeitsverhältnisses für diesen Zeitraum.

---

1 BAG v. 22. 8. 1964, BB 1964, 1341.
2 BAG v. 2. 11. 1978, BB 1979, 1038.
3 BAG v. 22. 8. 1964, BB 1964, 1341.
4 Vgl. BAG v. 6. 3. 1974, BB 1974, 739.
5 Vgl. BAG v. 9. 5. 1985, BB 1986, 1919.

I. Kündigungserklärung

Auch unter Berücksichtigung dieser Rechtsprechung ist das Argument nicht von der Hand zu weisen, daß bei einer vorzeitig erklärten Kündigung der **Vertragszweck von vornherein nicht mehr erreicht werden kann** und deshalb vieles dafür spricht, daß die Parteien in einem solchen Falle an einer kurzfristigen Vertragserfüllung kein Interesse mehr haben. Daher sollte in der Anwaltspraxis beim Fehlen einer diesbezüglichen Vereinbarung im Grundsatz davon ausgegangen werden, daß bei einer Kündigung vor Dienstantritt die Kündigungsfrist bereits mit dem Zugang der Kündigungserklärung zu laufen beginnt. Dies muß jedenfalls dann gelten, wenn die Parteien die kürzeste zulässige Kündigungsfrist vereinbart haben. Haben die Parteien jedoch längere Kündigungsfristen vereinbart, spricht einiges dafür, daß bei einer Kündigung vor Dienstantritt der Lauf der Kündigungsfrist mit dem Zeitpunkt des vertraglich vereinbarten Beginns des Arbeitsverhältnisses beginnt.

34

Haben die Parteien lediglich eine **Probezeit von sechs Wochen** vereinbart, während der das Arbeitsverhältnis mit einer Monatsfrist zum Monatsende gekündigt werden kann, so folgt daraus weder der Ausschluß einer Kündigung vor Arbeitsantritt noch, daß bei einer vor Arbeitsantritt erfolgten Kündigung nicht die verkürzte Kündigungsfrist von einem Monat, sondern die – nach früherer Rechtslage – gesetzliche Kündigungsfrist von sechs Wochen zum Quartal gelten soll[1].

35

Ein **Berufsausbildungsvertrag** kann entsprechend § 15 Abs. 1 BBiG bereits vor Beginn der Berufsausbildung von beiden Vertragsparteien ordentlich entfristet gekündigt werden, wenn die Parteien keine abweichende Regelung vereinbart haben und sich der Ausschluß der Kündigung vor Beginn der Ausbildung für den Ausbilder auch nicht aus den konkreten Umständen (zB der Abrede oder dem ersichtlichen gemeinsamen Interesse, die Ausbildung jedenfalls für einen bestimmten Teil der Probezeit tatsächlich durchzuführen) ergibt[2].

36

Folgende **Besonderheiten** sind insbesondere auch bei einer Kündigung vor Arbeitsantritt vom Anwalt zu beachten:

37

▶ Das Kündigungsverbot des **§ 9 Mutterschutzgesetz** gilt auch dann, wenn der Arbeitgeber das Arbeitsverhältnis einer Schwangeren vor dessen Beginn fristgemäß kündigt[3].

▶ Der Arbeitgeber hat den **Betriebsrat** nach § 102 Abs. 1 BetrVG vor jeder Kündigung anzuhören, dh auch vor einer Kündigung, die der Arbeitgeber vor Vertragsbeginn ausspricht[4].

---

1 LAG Baden-Württemberg v. 8. 12. 1976, DB 1977, 918.
2 BAG v. 17. 9. 1987, BB 1988, 1462.
3 LAG Düsseldorf v. 30. 9. 1992, NZA 1993, 1041.
4 Vgl. LAG Frankfurt/Main v. 18. 4. 1979 – 10/7 Sa 788/78, nv. und LAG Frankfurt/Main v. 31. 5. 1985, DB 1985, 2689.

5. Form der Kündigungserklärung

a) Gesetzliche Formvorschriften

38 Im Grundsatz existieren für Kündigungen **keine gesetzlichen Formvorschriften**. Nur ganz ausnahmsweise schreibt das Gesetz – wie in § 15 Abs. 3 BBiG und § 62 Seemannsgesetz – vor, daß die Kündigung schriftlich und in bestimmten Fällen unter Angabe der Kündigungsgründe erfolgen muß.

b) Formvorschriften in Tarifverträgen und Betriebsvereinbarungen

39 In verschiedenen Tarifverträgen, gelegentlich auch in (zulässigen) Betriebsvereinbarungen, finden sich Schriftformerfordernisse, die sich zum einen auf die Kündigungserklärung selbst und zum anderen unter Umständen auch auf die Angabe der Kündigungsgründe erstrecken. Kündigungen, die nach einem Tarifvertrag der Schriftform unter Angabe der Gründe bedürfen, sind gem. § 125 Satz 1 BGB **nichtig**, wenn es an der schriftlichen Mitteilung der Gründe fehlt. In welchem Umfang die Kündigungsgründe schriftlich mitgeteilt werden müssen, hängt vom Einzelfall ab. Der gekündigte Arbeitnehmer muß jedenfalls genügend klar erkennen können, was ihm im einzelnen vorgeworfen wird[1].

40 Fehlt es an einer klaren Tarifregelung, kann sich die Frage stellen, ob das Formerfordernis nur für die **ordentliche** oder auch die **außerordentliche Kündigung** gelten soll. Die Beantwortung der Frage hängt von der diesbezüglichen Auslegung des Tarifvertrages ab. Im Zweifel ist davon auszugehen, daß das Schriftformgebot beide Kündigungsarten erfaßt[2]. Die Formvorschrift des § 7 Abs. 2 AVR Caritasverband ist jedoch keine Rechtsnorm iSd. § 2 EGBGB und hat deshalb nicht die gleiche Rechtswirkung wie eine durch Tarifvertrag bestimmte Formvorschrift[3].

c) Einzelvertragliche Formvorschriften

41 Schließlich kann auch im Einzelvertrag für die Kündigung die **Schriftform** vorgesehen werden, zB durch die Formulierung „sämtliche (beiderseitige) Kündigungen bedürfen der Schriftform". Dagegen ist der Formulierung im Arbeitsvertrag „Änderungen und Ergänzungen dieses Vertrages bedürfen der Schriftform" kein Schriftformerfordernis für eine Kündigung zu entnehmen, weil eine Kündigung weder eine Vertragsergänzung noch eine Vertragsänderung darstellt und eine ergänzende Vertragsauslegung nur bei einer auslegungsbedürftigen Vertragslücke in Frage kommt, ohne daß diese zu einer Erweiterung des Vertragsgegenstandes führen darf[4].

42 Ist im Arbeitsvertrag vereinbart, daß die Kündigung **durch eingeschriebenen Brief** zu erfolgen hat, so hat dies einen doppelten Inhalt, nämlich die Vereinbarung der Schriftform für die Kündigungserklärung und zusätzlich die Vereinba-

---

1 BAG v. 25. 8. 1977, BB 1978, 405.
2 *Stahlhacke/Preis*, Rz. 58 mwN.
3 BAG v. 28. 10. 1987, EzA, § 125 BGB Nr. 10.
4 LAG Sachsen-Anhalt v. 4. 8. 1994, BB 1995, 1746.

rung der besonderen Übersendungsart durch eingeschriebenen Brief. Bei einer solchen Klausel hat in der Regel, dh. wenn nicht die besonderen Umstände des Falles zu einer anderen Auslegung führen, die Schriftform konstitutive Bedeutung (§ 125 Satz 2 BGB), während die Versendung als Einschreibebrief nur den Zugang der Kündigungserklärung sichern soll. Demnach ist bei einer solchen Klausel im Zweifel nur die schriftlich erklärte Kündigung gültig, dagegen kann ihr Zugang auch in anderer Weise als durch Einschreibebrief erfolgen[1].

Arbeitsvertraglich vereinbarte Schriftformerfordernisse für den Ausspruch von Kündigungen können durch **einvernehmliche Erklärungen der Parteien** wieder aufgehoben werden, und zwar grundsätzlich mündlich wie schriftlich. Es wird die Auffassung vertreten, daß eine solche Aufhebung der vereinbarten Schriftform nach Treu und Glauben anzunehmen sei, wenn die Kündigung mündlich unter Anwesenden erfolge[2]. Dem ist das Bundesarbeitsgericht jedoch betreffend den mündlichen Ausspruch einer Kündigung durch den Konkursverwalter entgegengetreten. § 22 Abs. 1 KO befreie den Konkursverwalter nicht von der Pflicht, für die Kündigung von Arbeitsverhältnissen eine vereinbarte Schriftform zu beachten[3]. 43

Zunehmend häufiger finden sich in Arbeitsverträgen auch bezüglich der Aufhebung des Schriftformerfordernisses **Regelungen,** etwa wie folgt: „Sämtliche beiderseitigen Kündigungen bedürfen stets der Schriftform, der konstitutive Bedeutung zukommt. Auch die Aufhebung dieses Schriftformerfordernisses bedarf stets der Schriftform, der auch insoweit konstitutive Bedeutung zukommt." 44

Die **Darlegungs- und Beweislast** für eine Aufhebung des Schriftformerfordernisses trifft stets denjenigen, der sich hierauf zu seinen Gunsten beruft.

d) Wirksamkeitsvoraussetzung oder Beweiszweck

Schreibt das Gesetz oder der Tarifvertrag die Schriftform für die Kündigung vor, so ist das Kündigungsschreiben grundsätzlich **vom Aussteller eigenhändig zu unterschreiben** (§ 126 BGB) und muß in dieser Form auch dem Kündigungsempfänger zugehen. Unzureichend ist daher die Unterzeichnung mit einer Paraphe oder eine Übermittlung durch Fernschreiben, Telegramm, Radiogramm oder Telefax[4]. Bei vereinbarter Schriftform, die auch dann gegeben ist, wenn ein Tarifvertrag lediglich von den Arbeitsvertragsparteien in Bezug genommen worden ist, reicht gem. § 127 Satz 2 BGB, soweit nicht ein anderer Wille anzunehmen ist, die telegraphische Übermittlung und auch die Übermittlung der Kündigungserklärung per Telefax aus[5]. 45

---

1 BAG v. 20. 9. 1979, BB 1980, 369.
2 MünchArbR/*Wank*, § 115, Rz. 10.
3 BAG v. 19. 10. 1977, BB 1978, 308.
4 BAG v. 28. 9. 1983, AP Nr. 1 zu § 62 Seemannsgesetz (für Radiogramm); BGH v. 28. 1. 1993, EzA § 126 BGB Nr. 1 (für Telefax); vgl. im übrigen *Stahlhacke/Preis*, Rz. 60.
5 *Stahlhacke/Preis*, Rz. 60.

46 Die vorstehenden Ausführungen zur Wahrung und Verletzung des Schriftformerfordernisses gelten jedoch ausschließlich dann, wenn die Formwahrung als Wirksamkeitsvoraussetzung zu qualifizieren ist, es sich also um ein **konstitutives Schriftformerfordernis** handelt. Bei Formulierungen wie

▶ „die Kündigung ist schriftlich auszusprechen",

▶ „alle Kündigungen des Arbeitsverhältnisses müssen schriftlich erfolgen",

▶ „sämtliche Kündigungen bedürfen der Schriftform",

ist jedoch grundsätzlich davon auszugehen, daß es sich um eine Formvorschrift im Sinne einer Wirksamkeitsvoraussetzung handelt. Deshalb kann nicht etwa einfach vorgetragen werden, der Vereinbarung der Schriftform der Kündigung komme im Zweifel nur eine Beweisfunktion zu und für den Umstand, daß die Schriftform Wirksamkeitvoraussetzung habe sein sollen, müßten einige Umstände sprechen. Im Gegenteil: Entsprechend der subsidiär eingreifenden Regelung in § 125 Satz 2 BGB ist vielmehr für die im Arbeitsvertrag vereinbarte Schriftform im Zweifel anzunehmen, daß die Kündigung ohne Einhaltung der Form nichtig ist. Wollen die Parteien nämlich alleine eine Beweissicherungsfunktion, bedarf es hierfür einer besonderen Abrede. So hat das Bundesarbeitsgericht hinsichtlich der Vereinbarung, daß die Kündigung durch eingeschriebenen Brief zu erfolgen hat, wie eben dargelegt (Rz. 42), dem Schriftformerfordernis für die Kündigungserklärung unter Bezugnahme auf die Regelung in § 125 Satz 2 BGB Wirksamkeitsvoraussetzung zugesprochen und lediglich hinsichtlich des Zugangs die Auffassung vertreten, daß dieser auch in anderer Weise als durch Einschreibebrief erfolgen kann.

47 Für die Praxis ist somit ausdrücklich davor zu warnen, mit der Nichteinhaltung einer Formvorschrift, die im Zweifel nach § 125 BGB die **Nichtigkeit der Kündigung** zur Folge hat, leichtfertig umzugehen. Dies gilt insbesondere deshalb, weil auch aufgrund einer widerspruchslosen Entgegennahme einer formwidrig erklärten Kündigung durch deren Empfänger auch nach Ablauf einer Warte- und Überlegungsfrist grundsätzlich nicht von deren Rechtswirksamkeit ausgegangen werden kann[1]. Vom Kündigungsempfänger kann nämlich nicht erwartet werden, daß er sich jederzeit der im Arbeitsvertrag vereinbarten Formvorschriften bewußt ist und nach dem Zugang einer formwidrigen Kündigungserklärung den jeweils Erklärenden sofort auf Formmängel hinweist.

48 Stellt der Rechtsanwalt als Vertreter des Empfängers einer formwidrigen Kündigung diesen Mangel fest, sollte er diese vermeintlich formwidrige Kündigung gleichwohl in jedem Falle zunächst als formwirksame Kündigung betrachten und insbesondere **rechtzeitig Kündigungsschutzklage erheben.** Im Rahmen der Kündigungsschutzklage kann dann die Formwidrigkeit ausdrücklich gesondert gerügt werden. Der Anwalt muß gerade dann aber besonders damit rechnen, daß eine erneute – formgerechte – Kündigung erklärt wird. Dies ist mit dem Mandanten zu besprechen, dem gesagt werden muß, daß mit einer erneuten

---

[1] Vgl. dazu BAG v. 19. 5. 1988, AP Nr. 75 zu § 613a BGB unter B) I der Gründe und BAG v. 20. 9. 1979, EzA § 125 BGB Nr. 5.

I. Kündigungserklärung

Kündigung zu rechnen ist und Vorsorge dafür getroffen werden sollte, daß diese ebenfalls rechtzeitig mit der Kündigungsschutzklage angegriffen wird. Rügt ein Anwalt für seinen Mandanten ausdrücklich, daß die Kündigung nicht formgerecht erfolgt sei, und bringt er dieses in den Kündigungsschutzprozeß ein, sollte er die ihn dann erreichenden Schriftsätze der Gegenseite besonders sorgfältig lesen in bezug auf den Ausspruch einer sogenannten **Schriftsatzkündigung**. Diese ist zwar zu Recht weder bei den Gerichten noch bei den Anwälten sonderlich beliebt, wird aber gleichwohl besonders dann häufig ausgesprochen, wenn die Form der vorangegangenen streitgegenständlichen Kündigung zwischen den Parteien im Streit steht. Im übrigen wird ausdrücklich davor gewarnt, den Absender einer formwidrigen Kündigungserklärung anwaltlich dahingehend zu beraten, er könne sich auf die Rechtswirksamkeit dieser Kündigung einigermaßen verlassen, da dem Schriftformerfordernis wohl nur Beweissicherungsfunktion zukomme. Im Gegenteil: Ist die Geltung von Formvorschriften zweifelhaft, sollte der Anwalt dem Absender der Kündigung unbedingt anraten, unverzüglich eine **erneute formgerechte Kündigung** auszusprechen.

e) Formfreiheit und schriftliche Kündigung

Es kommt durchaus immer wieder vor, daß eine Kündigung schriftlich ausgesprochen wird, obwohl keine Formvorschrift zu beachten ist, jedoch **vom Absender nicht unterzeichnet** wurde. Auch in diesem Falle ist die Kündigung unwirksam, es sei denn, daß die Umstände für den Kündigungsempfänger deutlich erkennbar werden lassen, daß die ihm zugeleitete schriftliche Kündigung von einer bestimmten kündigungsberechtigten Person herrührt und ihm zugehen soll, wovon etwa auszugehen ist, wenn der Absender der Kündigung diese dem Empfänger persönlich übergibt. In Kleinbetrieben kommt es gelegentlich vor, daß dem Arbeitnehmer in die für ihn bestimmte Lohntüte einfach ein handschriftlicher Zettel gelegt wird, wonach gekündigt wird. Das kann als ordnungsgemäße Kündigungserklärung genügen. Auch ein eigenhändig unterzeichnetes Begleitschreiben des Absenders, in welchem auf eine anliegende Kündigung Bezug genommen wird, die nicht unterschrieben ist, kann bei verständiger Würdigung darauf schließen lassen, daß die Kündigung vom Kündigungsberechtigten stammt und dem Empfänger zugehen soll.

49

Häufig bitten Arbeitgebermandanten ihren Anwalt, namens und in Vollmacht des Unternehmens die Kündigung auf dem normalen **anwaltlichen Briefbogen** auszusprechen. In solchen Fällen ist unbedingt darauf zu achten, daß die **Originalvollmacht** beigefügt wird und das Kündigungsschreiben dann vom bevollmächtigten Anwalt auch unterschrieben ist, selbst wenn die Rechtsprechung auf das Erfordernis der Unterschrift aufgrund der beigefügten Kündigungsvollmacht unter Umständen nicht entscheidend abstellt und gelegentlich sogar einen Faksimile-Stempel hat ausreichen lassen, um zu erkennen, daß die Kündigung von einem Kündigungsberechtigten ausgesprochen worden ist[1].

50

---

1 BAG v. 22. 11. 1956, AP Nr. 8 zu § 4 KSchG sowie LAG Hamm v. 17. 5. 1968, BB 1969, 229.

6. Vertretung und Kündigungserklärung

a) Gesetzliche Vertretung

51 Entsprechend dem Grundsatz, daß die Kündigung vom einen Vertragspartner abgegeben und dem anderen gegenüber erklärt werden muß, ist sie bei **juristischen Personen** – ebenso bei der OHG und KG – durch das vertretungsberechtigte Organ abzugeben. Für die nach außen eintretende Wirksamkeit einer von einer juristischen Person erklärten Kündigung kommt es nur darauf an, ob die Kündigungserklärung dem Gesetz und der Satzung entspricht, nicht aber auch darauf, ob die vorangegangene innere Willensbildung der juristischen Person frei von rechtlichen Mängeln ist. Beim mehrköpfigen Vorstand einer juristischen Person unterliegt es keinen rechtlichen Bedenken, daß ein Vorstandsmitglied oder mehrere Vorstandsmitglieder vom Gesamtvorstand ermächtigt werden, die Vorstandsgeschäfte zu führen und die juristische Person zu vertreten[1]. Zwei Geschäftsführer, die nur zusammen zur Vertretung einer GmbH berechtigt sind, können ihre Gesamtvertretung in der Weise ausüben, daß ein Gesamtvertreter den anderen intern formlos zur Abgabe einer Willenserklärung ermächtigt und der zweite Gesamtvertreter allein die Willenserklärung abgibt. Diese Ermächtigung ist allerdings eine Erweiterung der gesetzlichen Vertretungsmacht, auf die die Vorschriften über die rechtsgeschäftliche Stellvertretung entsprechend anzuwenden sind. Das gilt auch für die §§ 174, 180 BGB[2].

52 Ist der **Gesellschafter einer GmbH** zugleich deren Arbeitnehmer, so kann in seinem Arbeitsvertrag mit der GmbH wirksam vereinbart werden, daß zu seiner Kündigung die vorherige Zustimmung der Gesellschafterversammlung erforderlich ist. Eine solche Regelung stellt keine unzulässige Beschränkung der Vertretungsbefugnis des GmbH-Geschäftsführers dar[3]. Ist bei einer aus einem persönlich haftenden Gesellschafter und einer Kommanditistin bestehenden Kommanditgesellschaft im Gesellschaftsvertrag bestimmt, daß es zu Geschäften, die über den gewöhnlichen Betrieb hinausgehen, der Zustimmung der Kommanditisten bedarf, dann gilt das nicht nur für die Grundhandelsgeschäfte des § 1 Abs. 2 HGB, sondern unter anderem auch für Arbeitsverträge. Die fristlose Kündigung des einzigen Prokuristen der Gesellschaft, der der Ehemann der Kommanditistin ist, ist ein solch ungewöhnliches Geschäft. Kündigt der persönlich haftende Gesellschafter dem Prokuristen ohne Zustimmung der Kommanditistin fristlos, dann ist diese Kündigung nicht nur gegenüber der Kommanditistin, sondern auch gegenüber dem Prokuristen rechtsunwirksam. Darin liegt keine unzulässige Einschränkung des Rechts der Kommanditgesellschaft auf fristlose Kündigung von Arbeitsverträgen aus wichtigem Grund[4].

53 Wird die Kündigung durch einen **besonderen Vereinsvertreter** im Sinne von § 30 BGB erklärt, dem satzungsmäßig Kündigungsbefugnis erteilt ist, bedarf es für die Wirksamkeit der Kündigung nicht der Vorlage einer Vollmachtsurkunde

---

1 BAG v. 3. 11. 1955, BB 1956, 43, 79.
2 BAG v. 18. 12. 1980, BB 1981, 791.
3 BAG v. 28. 4. 1994, DB 1994, 1730.
4 BAG v. 20. 10. 1960, BB 1961, 95.

I. Kündigungserklärung

nach § 174 Satz 1 BGB, weil es sich nicht um einen Fall der rechtsgeschäftlichen, sondern um einen Fall der gesetzlichen Vertretung handelt[1].

Ein **Minderjähriger** kann im Falle der §§ 112, 113 BGB selbst kündigen und bedarf ansonsten der Einwilligung des gesetzlichen Vertreters nach § 107 BGB. Andernfalls ist die Kündigung gem. § 111 BGB unwirksam[2]. Ist ein Auszubildender minderjährig, dann kann der Ausbilder eine außerordentliche Kündigung grundsätzlich nur gegenüber dem gesetzlichen Vertreter des Minderjährigen wirksam erklären. Diesem sind auch die Tatsachen mitzuteilen, die die Kündigung begründen sollen. Es reicht nicht aus, wenn dem Minderjährigen selbst die Kündigungsgründe bekannt gegeben werden[3]. 54

Eine **Partei kraft Amtes** (zB Konkursverwalter oder Testamentsvollstrecker) erklärt die Kündigung anstelle des Gemeinschuldners bzw. Verstorbenen. 55

Im **öffentlichen Dienst** bestehen vielfach besondere Vorschriften über die Vertretungsmacht, vor allem nach den Gemeindeordnungen; Kompetenzzuweisungen an den Rat bedeuten eine Beschränkung der Vertretungsmacht des Gemeindedirektors[4]. 56

b) Kündigung mit Vollmacht und Zurückweisung gem. § 174 BGB

Die Kündigung kann auch durch einen **Bevollmächtigten** erklärt werden. In der Praxis geschieht dies in der Regel ausschließlich auf Arbeitgeberseite. Die Vollmacht ist grundsätzlich nicht formbedürftig (vgl. aber die nachfolgenden Ausführungen zu § 174 BGB). Sie kann gem. § 167 BGB durch Erklärung gegenüber dem Kündigungsempfänger sowie auch gegenüber dem Vertreter abgegeben werden und ist häufig auch in einer umfassenden Vollmacht (etwa Prokura oder Generalvollmacht) enthalten. Weiterhin enthält auch die Handlungsvollmacht für ihren Bereich die Vollmacht zur Kündigung (vgl. § 54 Abs. 1 HGB). 57

Der **Personalabteilungsleiter** bekleidet eine Stelle, mit der das Kündigungsrecht regelmäßig verbunden ist. Bei ihm ist anzunehmen, daß der Arbeitgeber seine Belegschaft im Sinne von § 174 Satz 2 BGB davon in Kenntnis gesetzt hat, daß der Personalabteilungsleiter zur Abgabe von Kündigungserklärungen bevollmächtigt ist. Das gilt auch, wenn der Arbeitgeber selbst den Arbeitnehmer eingestellt hat, während die Kündigung vom Leiter der Personalabteilung ausgesprochen wird. Es gibt nämlich keinen Erfahrungssatz, daß die Befugnis der Einstellung und die Befugnis zur Entlassung zusammenfallen[5]. Die Mitteilung im Sinne von § 174 Satz 2 BGB kann beispielsweise auch anläßlich der Amtseinführung des zu Bevollmächtigenden, an welcher die Belegschaft teilnimmt, erfolgen. Eine solche allgemeine Kundgabe müssen sich im allgemeinen auch 58

---

1 BAG v. 18. 1. 1990, BB 1990, 1130.
2 Vgl. MünchArbR/*Wank*, § 115 Rz. 15.
3 BAG v. 25. 11. 1976, BB 1977, 547.
4 Vgl. MünchArbR/*Wank*, § 115 Rz. 15; BAG v. 14. 11. 1984, AP Nr. 89 zu § 626 BGB; BAG v. 15. 3. 1990, AP Nr. 1 zu § 101 Gemeindeordnung NW.
5 BAG v. 30. 5. 1972, DB 1972, 1680.

diejenigen Arbeitnehmer zurechnen lassen, die auf der Versammlung zB wegen Krankheit nicht anwesend waren[1].

59 Soll die Kündigung durch den **Rechtsanwalt** erfolgen, so empfiehlt es sich aus anwaltlicher Sicht immer, eine **Spezialvollmacht** ausschließlich zu diesem Zweck einzuholen und der Kündigungserklärung beizufügen. Bei einer dem Rechtsanwalt erteilten allgemeinen außergerichtlichen Vollmacht hängt es nämlich von den jeweiligen Umständen des Einzelfalles ab, zu welchen konkreten Rechtsgeschäften er jeweils berechtigt sein soll. Im Interesse der Rechtssicherheit und Rechtsklarheit muß die Vollmachtsurkunde für den Erklärungsgegner eindeutig den Umfang der rechtsgeschäftlichen Vertretungsmacht erkennen lassen, dh. die Vollmachtsurkunde muß nach ihrem Inhalt zur Vornahme des betreffenden Rechtsgeschäftes geeignet sein[2].

60 Eine **Prozeßvollmacht gem. § 81 ZPO** ermächtigt auch zu materiell-rechtlichen Willenserklärungen, wenn sie im Prozeß abzugeben waren, wie etwa auch eine Kündigung. Auch wenn Kündigungen außerhalb des Prozesses abgegeben werden, können sie Prozeßhandlungen sein, sofern die Erklärung im Dienste der Rechtsverfolgung oder Rechtsverteidigung des jeweiligen Rechtsstreites steht. Die Prozeßpartei kann den Umfang der ihrem Prozeßbevollmächtigten erteilten Vollmacht über den gesetzlichen Rahmen hinaus erweitern. Ob das im Einzelfall geschehen ist, muß durch Auslegung nach § 133 BGB ermittelt werden. Waren etwa zwei auf denselben Grund gestützte Kündigungen mit Formfehlern behaftet und deshalb unwirksam, so kann die im Rechtsstreit um die Wirksamkeit der zweiten Kündigung dem Prozeßbevollmächtigten des Arbeitgebers erteilte Prozeßvollmacht auch eine dritte Kündigung decken, die der Prozeßbevollmächtigte während des Rechtsstreites um die zweite Kündigung erklärt, wenn die dritte Kündigung wiederum auf denselben Kündigungsgrund gestützt wird[3].

61 Die Kündigung durch einen **Vertreter ohne Vertretungsmacht** ist nichtig (§ 180 Satz 1 BGB)[4]. Hat jedoch der Kündigende die Vertretungsmacht behauptet und der Kündigungsempfänger sie nicht beanstandet, ist die nachträgliche Genehmigung wie bei Verträgen zulässig (§ 180 Satz 2 BGB). Die Kündigung wird in diesem Falle endgültig unwirksam, wenn die Genehmigung verweigert wird. Der Vertretene kann die Genehmigung nach § 177 Abs. 2 BGB innerhalb von zwei Wochen seit Aufforderung durch den Kündigungsempfänger erklären[5].

Während in der Praxis also der **Prokurist** und der **Leiter der Personalabteilung** regelmäßig als bevollmächtigte Vertreter des Arbeitgebers beim Ausspruch der Kündigung anzusehen sind, ist dieses weder beim **Rechtsanwalt** noch beim **Sachbearbeiter einer Personalabteilung** regelmäßig der Fall.

---

1 LAG Köln v. 7. 7. 1993, NZA 1994, 419.
2 BAG v. 31. 8. 1979, BB 1980, 108.
3 BAG v. 10. 8. 1977, BB 1978, 207.
4 Die ohne hinreichende Vertretungsmacht erklärte außerordentliche Kündigung kann vom Vertretenden mit rückwirkender Kraft nach § 184 BGB nur innerhalb der zweiwöchigen Ausschlußfrist des § 626 Abs. 2 Satz 1 BGB genehmigt werden (BAG v. 26. 3. 1986, BB 1986, 2340).
5 *Stahlhacke/Preis*, Rz. 84.

I. Kündigungserklärung

Unabhängig davon, ob Vertretungsmacht besteht oder nicht, ist die Kündigung nichtig, wenn der Gekündigte die Kündigung **unverzüglich (§ 121 BGB) wegen fehlenden Nachweises der Vollmacht zurückweist (§ 174 BGB)**. Dienstsiegel stehen Vollmachtsurkunden gleich. Unterbleibt die Dokumentation der Vertretungsmacht durch Beifügen des Dienstsiegels, so kann der Arbeitnehmer die außerordentliche Kündigung in entsprechender Anwendung des § 174 Satz 1 BGB unverzüglich aus diesem Grunde zurückweisen[1]. Das gilt zB dann, wenn eine Gemeindeordnung vorschreibt, daß eine schriftliche außerordentliche Kündigung gegenüber einem Angestellten nur rechtsverbindlich ist, wenn das Kündigungsschreiben vom Gemeindedirektor und dem Ratsvorsitzenden handschriftlich unterzeichnet und mit dem Dienstsiegel versehen ist. Eine solche Regelung ist keine gesetzliche Formvorschrift, sondern eine Vertretungsregelung[2]. § 174 Satz 1 BGB erfordert die Vorlage der Vollmachtsurkunde im **Original**. Eine Fotokopie oder eine Faxfotokopie oder eine beglaubigte Abschrift reichen nicht aus[3].

62

Der Grundsatz, daß es bei der Kündigung durch den **Leiter einer Personalabteilung** nicht der Vorlage einer Vollmachtsurkunde bedarf, gilt auch dann, wenn die Vollmacht des Abteilungsleiters im Innenverhältnis, zB aufgrund einer internen Geschäftsordnung eingeschränkt ist[4]. Dies ist jedoch nicht auf einen Sachbearbeiter der Personalabteilung übertragbar, und zwar selbst dann nicht, wenn dieser den Arbeitsvertrag unterzeichnet hat[5]. Mithin kann die lediglich vom Sachbearbeiter der Personalabteilung unterzeichnete Kündigungserklärung gem. § 174 BGB zurückgewiesen werden, wenn ihr keine Originalvollmacht beigefügt war. Etwas anderes gilt nur dann, wenn es für den Arbeitnehmer zweifelsfrei feststeht, daß der Personalsachbearbeiter zur selbständigen Abgabe von Kündigungserklärungen bevollmächtigt ist[6].

63

Nach alledem ist die **Kündigung unwirksam**, wenn

64

▶ der Bevollmächtigte eine Vollmachtsurkunde – im Original! – nicht gleichzeitig vorlegt oder zwar eine Vollmachtsurkunde vorlegt, diese aber lediglich zur vertretungsweisen Vornahme von anderen Rechtsgeschäften berechtigt und

▶ der andere das Rechtsgeschäft aus diesem Grunde unverzüglich – Zurückweisung muß nicht sofort erfolgen; dem Erklärungsempfänger ist vielmehr eine gewisse Zeit zur Überlegung und zur Einholung eines Rats durch einen Rechtskundigen einzuräumen – zurückweist (§ 174 Satz 1 BGB) und

▶ der Vollmachtgeber den anderen von der Bevollmächtigung nicht in Kenntnis gesetzt hatte (§ 174 Satz 2 BGB).

---

1 BAG v. 29. 6. 1988, BB 1988, 1675, NZA 1989, 143.
2 BAG v. 29. 6. 1988, BB 1988, 1675, NZA 1989, 143.
3 LAG Düsseldorf v. 12. 12. 1994, NZA 1995, 968; LAG Düsseldorf v. 22. 2. 1995, DB 1995, 1036.
4 BAG v. 29. 10. 1992, NZA 1993, 307.
5 BAG v. 29. 6. 1989, NZA 1990, 63.
6 BAG v. 30. 5. 1978, BB 1979, 166; vgl. auch BAG v. 30. 5. 1972, DB 1972, 1680; BAG v. 29. 6. 1989, NZA 1990, 63.

65 Die **Zurückweisung der Kündigung** wegen fehlender Vollmachtsurkunde muß zwar **nicht ausdrücklich** erfolgen, aber es muß doch aus der Begründung oder aus sonstigen Umständen für den Kündigenden eindeutig erkennbar sein, daß die Zurückweisung gerade aus diesem Grunde erfolgt. Eine vieldeutige Begriffsbezeichnung reicht als Zurückweisung nach § 174 BGB nicht aus[1]. Haben zwei gesamtvertretungsberechtigte Geschäftsführer ihre Gesamtvertretung in der Weise ausgeübt, daß ein Gesamtvertreter den anderen intern formlos zur Abgabe einer Willenserklärung ermächtigt und der zweite Gesamtvertreter allein die Willenserklärung abgibt und dementsprechend eine Kündigung erklärt wird, so kann diese unverzüglich mit der Begründung zurückgewiesen werden, daß keine Ermächtigungsurkunde vorgelegt worden sei. Auch eine solche Zurückweisung braucht nicht ausdrücklich zu erfolgen. Sie muß sich aber aus der Begründung oder aus anderen Umständen eindeutig und für den Kündigenden zweifelsfrei erkennbar ergeben[2].

66 **Unverzüglich** heißt nicht sofort, sondern gemäß der Legaldefinition des § 121 Abs. 1 Satz 1 BGB „ohne schuldhaftes Zögern". Dem Erklärungsempfänger steht eine gewisse Zeit zur Überlegung, insbesondere zur Einholung eines Rats durch einen Rechtsanwalt zur Verfügung, ob er das einseitige Geschäft wegen der fehlenden Urkundenvorlage zurückweisen soll oder nicht. Die genaue Zeitspanne richtet sich nach den konkreten Umständen des Einzelfalles. Unverzüglich liegt regelmäßig nicht mehr vor, wenn eine Frist von zehn Tagen überschritten worden ist. Anerkannt ist eine Zurückweisungsfrist von **drei bis fünf Tagen,** dh. spätestens fünf Tage nach dem Zugang der Kündigung muß die Zurückweisungserklärung dem Kündigenden zugegangen sein[3].

67 | **Hinweis:**
Der Vertretene muß eine neue Kündigung aussprechen, wenn sein Bevollmächtigter bei der ersten Kündigung das Bestehen der Vollmacht nicht nachgewiesen und der andere deshalb die Kündigung unverzüglich zurückgewiesen hat[4].

68 Die **Zurückweisungserklärung,** die regelmäßig durch den vom Kündigungsempfänger bevollmächtigten Rechtsanwalt erfolgt, kann ihrerseits gem. § 174 BGB mangels Beifügung einer entsprechenden **Originalvollmacht** zurückgewiesen werden. Der Anwalt muß also seiner Zurückweisungserklärung unbedingt eine Orginalvollmacht beifügen.

---

1 BAG v. 18. 12. 1980, BB 1981, 791.
2 BAG v. 18. 12. 1980, BB 1981, 791.
3 Vgl. zu den konkreten Zurückweisungszeiträumen BAG v. 30. 5. 1978, BB 1979, 166 und BAG v. 30. 5. 1978 und v. 31. 8. 1979, EzA § 174 BGB Nrn. 2 und 3 sowie LAG Nürnberg v. 10. 8. 1992, LAGE § 174 BGB Nr. 5 und Hessisches LAG v. 27. 11. 1991 – 2 Sa 884/91, nv.
4 BAG v. 29. 6. 1989, NZA 1990, 63.

I. Kündigungserklärung

c) Empfangsvertreter

Zur **Passivvertretung** ist auch bei Gesamtvertretung **jedes Organmitglied allein** berufen[1]. Die Kündigung gegenüber einem Minderjährigen wird jedoch erst wirksam, wenn sie dem gesetzlichen Vertreter zugeht[2]. Gleiches gilt für die Kündigung gegenüber einem **Geschäftsunfähigen**; ein rückwirkendes Wirksamwerden ist nach § 131 Abs. 1 BGB nicht möglich[3]. Auch im Falle der **Partei kraft Amtes** muß die Kündigung dieser gegenüber erfolgen[4]. In der Praxis kommt es sehr häufig vor, daß der Arbeitnehmer gegenüber dem Personalbüro des Arbeitgebers eine Kündigung ausspricht oder die Kündigung gegenüber dem bevollmächtigten Vertreter erfolgt.

69

Trotz Bevollmächtigung kann auch immer **gegenüber dem Vertragsgegner selbst** gekündigt werden, ohne daß dieser befugt ist, den Kündigenden an seinen Bevollmächtigten zu verweisen[5]. Die Kündigung gegenüber einem Nichtberechtigten ist unwirksam. Sie kann auch nicht genehmigt werden. Folglich ist stets eine Neuvornahme erforderlich. Wirksamkeit kann die Kündigung nur dadurch erlangen, daß sie vom Nichtberechtigten an den Berechtigten weitergeleitet wird und auf diese Weise diesem zugeht. In diesem Falle jedoch ist der konkrete Zugangszeitpunkt regelmäßig zweifelhaft. Auch ergeben sich Schwierigkeiten in bezug auf den Nachweis der Weiterleitung.

70

Eine **Prozeßvollmacht** kann den Prozeßbevollmächtigten auch **zur Entgegennahme von Willenserklärungen**, die sich auf den Streitgegenstand beziehen und damit auch zum Empfang von Kündigungen ermächtigen[6]. Aufgrund einer solchen Prozeßvollmacht ist es also denkbar, daß eine erneute Kündigung dem Kündigungsempfänger bereits in dem Augenblick zugeht, in dem der Prozeßbevollmächtigte sie – ggf. förmlich – zugestellt erhält. Daher muß der Anwalt sämtliche Schriftstücke, die er von der Gegenseite im Zusammenhang mit einer arbeitsrechtlichen Auseinandersetzung erhält, stets sofort vollständig durchlesen, um insbesondere zu klären, ob sich darin – zB im Rahmen eines ganz normalen Schriftsatzes – eine erneute Kündigung befindet, die er dann im Hinblick auf den Beginn der Klagefrist nach § 4 KSchG mit dem Zugang der Erklärung an ihn unverzüglich angreifen muß. Hieraus folgt, daß den Parteien und auch den beteiligten Anwälten das genaue Lesen der Schriftsätze nicht erspart werden kann, weil sich Kündigungserklärungen immer wieder in Schriftsätzen „verstecken" oder darin „versteckt werden".

71

---

1 BAG v. 25. 11. 1976, AP Nr. 4 zu § 15 BBiG.
2 MünchArbR/*Wank*, § 115 Rz. 16.
3 ArbG Mannheim v. 1. 10. 1991, NZA 1992, 511.
4 MünchArbR/*Wank*, § 115 Rz. 16.
5 *Stahlhacke/Preis*, Rz. 85.
6 Vgl. BAG v. 21. 1. 1988, NZA 1988, 651.

d) Ausspruch und Entgegennahme von Kündigungen durch den Rechtsanwalt im Laufe oder anläßlich eines Prozesses

72 Der **Anwalt** kann zunächst ohne einen laufenden Prozeß mit dem Ausspruch oder der Entgegennahme einer Kündigung beauftragt werden. Kündigt er namens und in Vollmacht seiner Partei, muß er zur Vermeidung von Rechtsnachteilen eine diesbezügliche Originalurkunde beifügen. Teilt er der Gegenseite mit, daß er zum Empfang einer Kündigung bevollmächtigt ist, so kann die Gegenpartei die Kündigung an den Rechtsanwalt als Vertreter seines Mandanten richten. Es steht der Gegenpartei aber gleichwohl frei, die Kündigung nicht an den Rechtsanwalt als Vertreter seiner Partei, sondern an diese selbst zu richten. Darauf sollte der Anwalt seinen Mandanten unbedingt hinweisen und diesen insbesondere darüber belehren, daß er sich sofort nach dem Erhalt der Kündigung oder von Erklärungen, die einer Kündigung ähnlich erscheinen, an seinen Anwalt wendet.

73 **Läuft** bereits **ein Prozeß,** muß der Anwalt des Kündigenden pflichtgemäß prüfen, ob die bereits gerichtlich angegriffene Kündigung formal in Ordnung ist. Ist das nicht der Fall oder ergeben sich irgendwelche Zweifel an der formellen Wirksamkeit der ausgesprochenen Kündigung, so sollte der Anwalt des Kündigenden zur Vermeidung von Rechtsnachteilen den erneuten Ausspruch einer Kündigung in Erwägung ziehen. Eine solche erneute Kündigung kann der Kündigende selbst aussprechen. Sein Anwalt sollte allerdings Hinweise – insbesondere in formeller Hinsicht – geben, damit eine erneute Unwirksamkeit aus formellen Gründen tunlichst vermieden wird und seine Hinweise insbesondere auch darauf erstrecken, daß die erneute Kündigung dem Kündigungsempfänger ordnungsgemäß zugeht (zum Zugang siehe unten Rz. 79 ff.). Kündigt die Partei erneut, so geschieht dieses in der Regel unmittelbar gegenüber dem Kündigungsempfänger und nicht gegenüber dessen Anwalt, soweit nicht ausdrücklich ersichtlich ist, daß dieser für die erneute Kündigung empfangsbevollmächtigt ist.

74 Es ist aber auch denkbar, daß der Mandant seinen Anwalt beauftragt, die **erneute Kündigung** für ihn auszusprechen. Dann sollte sich der Anwalt in jedem Falle eine gesonderte ausdrückliche **Originalkündigungsvollmacht** erteilen lassen, die dem erneuten Kündigungsschreiben beizufügen ist. Wenn der Anwalt für seinen Mandanten diese erneute Kündigung ausspricht, steht er vor der Frage, ob diese an die gegnerische Partei oder deren Anwalt zu richten ist. Sofern irgendwelche Zweifel hinsichtlich der Empfangsvollmacht bestehen, sollte die erneute Kündigung direkt an die gegnerische Partei gerichtet werden. Zwar bevollmächtigt eine Prozeßvollmacht, aufgrund derer eine Kündigung mit der allgemeinen Feststellungsklage nach § 256 ZPO angegriffen wird, den Prozeßbevollmächtigten zur Entgegennahme aller Erklärungen, die den mit dem Feststellungsanspruch verbundenen weiteren Streitgegenstand betreffen, ohne daß es dann darauf ankommen soll, ob und wann die erneute Kündigung auch dem Arbeitnehmer selbst zugeht[1]. Allerdings ist es in der Praxis so, daß

---

1 Vgl. BAG v. 21. 1. 1988, NZA 1988, 651.

I. Kündigungserklärung

der gegnerische Anwalt seine Prozeßvollmacht in der Regel nicht an den Anwalt des Kündigenden übersendet, so daß dieser keine genaue Kenntnis über den konkreten Inhalt der erteilten Prozeßvollmacht hat. Häufig ist es vielmehr so, daß der Anwalt des Kündigungsempfängers dem Arbeitsgericht zunächst eine Vertretungsanzeige übersendet. Dort wird entweder auf die anliegende Prozeßvollmacht Bezug genommen oder diese wird – ohne Beifügung – anwaltlich versichert. Im letzteren Falle befindet sich die Prozeßvollmacht also unter Umständen nur in der Handakte des betreffenden Rechtsanwalts. Im ersteren Falle befindet sich die Prozeßvollmacht in den Gerichtsakten. In beiden Fällen kennt demnach der Anwalt des Kündigenden den konkreten rechtsgeschäftlichen Inhalt der Prozeßvollmacht nicht. Wenn also die erneute Kündigungserklärung an den gegnerischen Anwalt als Vertreter der gegnerischen Partei gerichtet ist, ist damit immer ein bestimmtes Risiko verbunden, wenn – wie dargelegt – die Empfangsbevollmächtigung nicht klar und eindeutig ist.

Dieses Risiko geht grundsätzlich auch derjenige Anwalt (gelegentlich allerdings bewußt) ein, der eine in einem Schriftsatz „versteckte" Kündigung ausspricht. Eine solche **Schriftsatzkündigung** wird zunächst gegenüber dem Gericht abgegeben. Ist der Erklärungsempfänger nicht durch einen Bevollmächtigten vertreten, so wird der Erklärende stets auch den Willen haben, die im Schriftsatz enthaltene Erklärung dem Prozeßgegner gegenüber abzugeben. Geht der Schriftsatz dann zu, so tritt der Zugang der zweiten Kündigung mit all seinen Wirkungen ein. Dabei sollte sich der Anwalt allerdings nicht darauf verlassen, daß das Gericht jeden Schriftsatz, in dem eine Kündigung „versteckt ist", dem Prozeßgegner bzw. dessen Rechtsanwalt auch förmlich zustellt. Der Anwalt kann nicht davon ausgehen, daß das Gericht – insbesondere wenn der Schriftsatz keine förmlichen Anträge enthält – diesen vor dessen Weiterleitung an die gegnerische Partei bzw. deren Anwalt auf „versteckte" Kündigungen durchsieht und im Hinblick hierauf ggf. eine förmliche Zustellung veranlaßt.

Im übrigen ist auch noch folgende Variante denkbar: 75

In einem Prozeß sind beide Parteien anwaltlich vertreten, der **Anwalt des Kündigungsempfängers hat keine Vollmacht,** die erneute Schriftsatzkündigung entgegenzunehmen. Der Anwalt des Kündigungsempfängers erhält im Regelfall eine beglaubigte und eine normale Abschrift des Schriftsatzes entweder über das Gericht oder im Rahmen der Zustellung von Anwalt zu Anwalt zugeleitet. Fehlt es an einer Empfangsvollmacht für die zusätzliche Kündigung, so geht die Schriftsatzkündigung mit dem Zugang des Schriftsatzes beim Prozeßbevollmächtigten des Kündigungsempfängers noch nicht zu. Das ist vielmehr erst dann der Fall, wenn der Anwalt des Kündigungsempfängers diesen Schriftsatz an seinen Mandanten weiterleitet. Zur Vermeidung von Rechtsnachteilen muß der Anwalt des Kündigungsempfängers also alle Schriftsätze, die er in der Sache seines Mandanten erhält, im Anschluß daran unverzüglich vollständig durchlesen, und zwar insbesondere unter dem Aspekt des Ausspruchs einer erneuten Kündigung. Ist er empfangsbevollmächtigt, so wird der Lauf der Klagefrist des § 4 KSchG für diese erneute Kündigung mit diesem Zeitpunkt in Gang gesetzt. Ist er nicht empfangsbevollmächtigt, so wird der Lauf der vorgenannten Klagefrist jedoch unter Umständen dadurch in Lauf gesetzt, daß der Mandant Post von seinem eigenen Anwalt erhält, mit der dann eine Kündigung der Gegenseite einhergeht.

76 Die Anwälte auf beiden Seiten des Prozesses müssen stets beachten, ob es sich um eine **allgemeine Feststellungsklage** gem. § 256 ZPO hinsichtlich des Fortbestands des Arbeitsverhältnisses oder um eine **Kündigungsschutzklage** mit einem Antrag nach § 4 KSchG handelt. Im ersteren Falle geht es allgemein um den Fortbestand des Arbeitsverhältnisses. Im zweiten Falle geht es im Rahmen eines punktuellen Streitgegenstandes ausschließlich um die Beantwortung der Frage, ob das Arbeitsverhältnis durch die angegriffene Kündigung beendet worden ist oder beendet werden wird. Reicht der Anwalt des Kündigungsempfängers im Rahmen der Kündigungsschutzklage nach § 4 KSchG eine Prozeßvollmacht zu den Akten, so ist er für den Empfang weiterer Kündigungen nicht empfangsbevollmächtigt. Reicht der Anwalt des Kündigungsempfängers anläßlich oder im Anschluß an die Erhebung der allgemeinen Feststellungsklage eine Prozeßvollmacht zu den Gerichtsakten, so ist er – jedenfalls nach der vorgenannten Entscheidung des Bundesarbeitsgerichts[1] – empfangsbevollmächtigt im Zusammenhang mit dem Ausspruch weiterer Kündigungen. Drohen solche weiteren Kündigungen, wird der Anwalt des Kündigungsempfängers allerdings pflichtgemäß zu prüfen haben, ob er sich darauf beschränkt, die bereits ausgesprochene Kündigung mit dem Antrag nach § 4 KSchG anzugreifen oder ob er daneben gem. § 256 ZPO einen gesonderten Antrag hinsichtlich der ungekündigten Fortsetzung des Arbeitsverhältnisses stellen sollte. Ungeachtet der Diskussion um die Zulässigkeit eines solchen zusätzlichen allgemeinen Feststellungsantrages wahrt dieser die Klagefrist auch für spätere Kündigungen jedenfalls dann, wenn der Arbeitnehmer die Sozialwidrigkeit der Kündigungen noch bis zum Schluß der mündlichen Verhandlung erster Instanz geltend macht[2].

77 Deshalb ist vorgeschlagen worden, die punktuelle Kündigungsschutzklage und den allgemeinen Feststellungsantrag zur Klarstellung auf **zwei Klageanträge** zu verteilen, etwa wie folgt:

> „(1) festzustellen, daß das Arbeitsverhältnis zwischen den Parteien durch die Kündigung mit Schreiben vom ... – zugegangen am ... – nicht zum ... aufgelöst wird;
>
> (2) weiterhin festzustellen, daß das Arbeitsverhältnis auch nicht durch andere Beendigungstatbestände endet, sondern zu unveränderten Bedingungen über den ... hinaus fortbesteht."

78 Zur **Begründung des zweiten Antrags** kann noch ausgeführt werden, daß dieser eine selbständige allgemeine Feststellungsklage gem. § 256 ZPO beinhaltet und dem Kläger zwar derzeit keine anderen möglichen Beendigungstatbestände außer der mit dem Klageantrag zu 1) angegriffenen Kündigung bekannt seien,

---

1 BAG v. 21. 1. 1988, NZA 1988, 651.
2 Vgl. BAG v. 7. 12. 1995, NJW 1996, 2179.

I. Kündigungserklärung

jedoch die Gefahr bestehe, daß die Gegenseite im Verlaufe des Verfahrens weitere Kündigungen ausspreche. Es werde deshalb mit dem Klageantrag zu 2) die Feststellung begehrt, daß das Arbeitsverhältnis auch durch solche weiteren Kündigungen nicht beendet wird[1]. Spricht der Kündigende dann – jedenfalls vor dem Schluß der mündlichen Verhandlungen erster Instanz – erneute Kündigungen aus, kann zum einen die punktuelle Kündigungsschutzklage um die erneute Kündigung erweitert werden oder dem Gericht unverzüglich mitgeteilt werden, daß der allgemeine Feststellungsantrag nunmehr insbesondere im Zusammenhang mit der erneuten Kündigung als Beendigungstatbestand stehe. Steht in der letzten mündlichen Verhandlung, zB aufgrund der Erklärung der Gegenseite, daß über die streitgegenständliche Kündigung hinaus keine weitere Kündigung ausgesprochen worden sei, fest, daß der allgemeine Feststellungsantrag entbehrlich ist, so kann dieser ggf. zurückgenommen werden.

7. Zugang der Kündigungserklärung

Da es sich bei der Kündigung um eine (einseitige empfangsbedürftige) Willenserklärung handelt, wird diese erst dann wirksam, wenn sie dem Empfänger zugeht. Unter Abwesenden ist für den Zugang der Kündigung **§ 130 BGB maßgeblich.** Eine gesetzliche Regelung für das Wirksamwerden der Kündigungserklärung unter Anwesenden fehlt zwar; eine solche Kündigung wird jedoch wirksam, wenn sie in den **Machtbereich des Erklärungsempfängers** gekommen ist. Wird die Kündigungserklärung gegenüber einer geschäftsunfähigen oder in der Geschäftsfähigkeit beschränkten Person abgegeben, so setzt ihre Wirksamkeit voraus, daß sie dem gesetzlichen Vertreter zugeht (vgl. § 131 BGB). 79

In der Praxis ist der Zugang der Kündigungserklärung in einer Vielzahl von Fällen von ganz entscheidender Bedeutung. Insbesondere ist auf folgendes **hinzuweisen:** 80

▶ Der allgemeine Kündigungsschutz ist an eine **Wartezeit** geknüpft. Das Arbeitsverhältnis muß in demselben Betrieb oder Unternehmen länger als sechs Monate bestanden haben (§ 1 KSchG). Das KSchG kommt also nicht zur Anwendung, wenn das Arbeitsverhältnis im Zeitpunkt des Zugangs der Kündigungserklärung ohne Unterbrechung noch nicht länger als sechs Monate bestanden hat. Grundsätzlich hat der Arbeitgeber dabei auch das Recht, den sechsmonatigen Zeitraum der Kündigungsfreiheit voll auszuschöpfen[2]. 81

▶ Will ein Arbeitnehmer geltend machen, daß die Kündigung **sozial ungerechtfertigt** ist, so muß er innerhalb von drei Wochen **nach Zugang** der Kündigung Klage beim Arbeitsgericht auf Feststellung erheben, daß das Arbeitsverhältnis durch die Kündigung nicht aufgelöst ist. Beruft sich der Arbeitnehmer etwa im Verfahren auf nachträgliche Zulassung einer Kündigungsschutzklage (§ 5 KSchG) darauf, daß er vom Zugang der Kündigung keine Kenntnis 82

---

1 So etwa *Diller*, NJW 1996, 2141, 2142 f.
2 Vgl. aber *Stahlhacke/Preis*, Rz. 610a.

gehabt habe, bedarf es der Darlegung und Glaubhaftmachung besonderer Umstände[1].

83 ▶ **Maßgebliche Beurteilungsgrundlage** für die Rechtmäßigkeit einer Kündigung sind die objektiven Verhältnisse im **Zeitpunkt des Zugangs** der Kündigungserklärung[2].

84 ▶ Die Ausschlußfrist des § 626 Abs. 2 BGB, innerhalb der eine außerordentliche Kündigung „erfolgen" muß, ist nur dann gewahrt, wenn die **Kündigungserklärung innerhalb der Frist** dem Kündigungsgegner **zugegangen** ist. Es genügt nicht, daß die Kündigungserklärung den Machtbereich des Erklärenden innerhalb der Frist verlassen hat[3].

85 ▶ **Unkündbarkeitsregelungen** – zB § 53 Abs. 3 BAT – greifen in der Regel nur ein, wenn deren Voraussetzungen bereits beim Zugang der Kündigungserklärung vorliegen. Es genügt nicht, daß diese Voraussetzungen erst in dem Zeitpunkt gegeben sind, zu dem die Kündigung das Arbeitsverhältnis beenden soll[4].

86 ▶ Der **Schwerbehinderte** genießt erst dann besonderen Kündigungsschutz, wenn das Arbeitsverhältnis im Zeitpunkt des Zugangs der Kündigungserklärung ohne Unterbrechung länger als sechs Monate bestanden hat (§ 20 Abs. 1 SchwbG). Erteilt die Hauptfürsorgestelle die Zustimmung zur ordentlichen Kündigung, kann der Arbeitgeber diese nur innerhalb eines Monats nach Zustellung erklären (§ 18 Abs. 3 SchwbG). Entscheidend für diese Kündigungserklärung ist deren Zugang. Die Zustimmung der Hauptfürsorgestelle zur außerordentlichen Kündigung kann nur innerhalb von zwei Wochen beantragt werden; maßgebend ist der **Eingang** des Antrags bei der Hauptfürsorgestelle. Die Frist beginnt mit dem Zeitpunkt, in dem der Arbeitgeber von den für die Kündigung maßgebenden Tatsachen Kenntnis erlangt (§ 21 Abs. 2 SchwbG). Erteilt die Hauptfürsorgestelle die Zustimmung zur außerordentlichen Kündigung, so kann diese auch nach Ablauf der Frist des § 626 Abs. 2 Satz 1 BGB erfolgen, wenn sie unverzüglich nach Erteilung der Zustimmung erklärt wird (§ 21 Abs. 5 SchwbG). Die außerordentliche Kündigung ist jedoch nur dann in diesem Sinne unverzüglich „erklärt", wenn sie innerhalb dieses Zeitraums dem Schwerbehinderten nach den allgemeinen Regeln zugegangen ist; die Absendung der Kündigungserklärung innerhalb dieses Zeitraums genügt nicht[5].

---

1 LAG Berlin v. 4. 1. 1982, EzA § 5 KSchG Nr. 13, wonach solche besonderen Umstände etwa vorliegen, wenn ein Familienmitglied die Kündigungserklärung in der Absicht bewußt zurückhält, um den erkrankten Empfänger vor einer die Krankheit verschlimmernden Aufregung einige Zeit zu bewahren.
2 BAG v. 15. 8. 1984, BB 1985, 800, wonach die objektiven Kriterien, nach denen der Arbeitgeber seine Zukunftsprognose zur weiteren Dauer der Arbeitsunfähigkeit des Arbeitnehmers anzustellen hat, beim Zugang der Kündigungserklärung vorliegen müssen.
3 BAG v. 9. 3. 1978, BB 1978, 1064.
4 BAG v. 16. 10. 1987, BB 1988, 1393.
5 BAG v. 3. 7. 1980, BB 1982, 1115.

I. Kündigungserklärung

▶ Eine **zum Monatsende mit Monatsfrist ausgesprochene Kündigung** muß spätestens bis zum Ablauf des letzten Tages des vorangegangenen Monats (24.00 Uhr) zugegangen sein. Eine wenn auch nur kurz nach Mitternacht im neuen Monat zugegangene Kündigung wirkt dann erst zum Schluß des darauf folgenden Monats. Das gilt auch dann, wenn ein Arbeitnehmer in der Spätschicht arbeitet, die erst nach Mitternacht endet[1]. 87

▶ Für den **Zugang der Kündigungserklärung** kommt es darauf an, ob dem Kündigungsempfänger die **alsbaldige Kenntnisnahme möglich** und nach der Verkehrsanschauung zu erwarten ist. Dafür ist derjenige darlegungs- und beweispflichtig, der sich auf den Zugang der Kündigung an einem bestimmten Tag beruft[2]. Bestreitet somit ein Arbeitnehmer mit Nichtwissen, daß die Kündigung ihm vor einem bestimmten Datum zugegangen ist, hat der Arbeitgeber die volle Darlegungs- und Beweislast auch für den Zeitpunkt des Zugangs der Kündigungserklärung. Dieses Bestreiten des Arbeitnehmers ist mit § 138 Abs. 1 ZPO vereinbar und als „Erklärung mit Nichtwissen" im Sinne des § 138 Abs. 4 ZPO anzusehen, wenn der Arbeitnehmer gleichzeitig erklärt, er könne sich nicht daran erinnern, wann das Schreiben zugegangen sei. Es gibt nämlich keinen Beweis des ersten Anscheins, daß eine vom Arbeitgeber als gewöhnlicher Brief abgesandte Kündigung im Stadtgebiet einer Großstadt den Empfänger binnen drei Tagen erreicht[3]. 88

a) Kündigung unter Anwesenden

Falls gegenüber einem Anwesenden gekündigt wird, so geht diese Kündigung dem Empfänger **regelmäßig sofort** zu und wird damit wirksam. Für telefonische Erklärungen gelten keine Besonderheiten. Auch die **fernmündliche Kündigungserklärung** stellt eine Erklärung unter Anwesenden dar. Das läßt sich unter anderem aus § 147 Abs. 1 Satz 2 BGB herleiten. Stets ist jedoch notwendig, daß die abgegebene Erklärung auch vom Empfänger verstanden wird. Die mit Mißverständnissen einhergehenden Risiken trägt derjenige, der die Kündigung erklärt. Das gilt zB dann, wenn sich später herausstellt, daß der Empfänger einer mündlichen Kündigungserklärung taub ist oder die Sprache nicht versteht[4]. Wird einem Anwesenden eine **Kündigungserklärung übergeben,** so wird diese mit dem Zeitpunkt der Übergabe grundsätzlich wirksam, weil es im Regelfall ohne Bedeutung ist, ob und wann der Empfänger das Kündigungsschreiben liest. Wird jedoch einem ausländischen Gastarbeiter, der die deutsche Sprache kaum verstehen, in keinem Falle aber lesen kann, ein ausführliches Kündigungsschreiben übergeben, so ist der Zugang der Kündigungserklärung erst nach Ablauf einer angemessenen Zeitspanne vollzogen, die nach Treu und Glauben zur Erlangung einer Übersetzung erforderlich ist[5]. 89

---

1 BAG v. 15. 7. 1969, AP Nr. 6 zu § 130 BGB.
2 BAG v. 8. 12. 1983, NZA 1984, 31.
3 LAG Bremen v. 5. 9. 1986, BB 1986, 1992.
4 Vgl. dazu *Stahlhacke/Preis*, Rz. 99.
5 LAG Hamm v. 4. 1. 1979 – 8 TA 105/78, nv.

90 | **Hinweis:**
Mündliche Kündigungserklärungen sind in der arbeitsgerichtlichen Praxis häufig streitanfällig. Wenn der Empfänger substantiiert bestreitet, daß ihm gegenüber eine mündliche Kündigungserklärung abgegeben worden sei, so muß der Erklärende substantiiert und unter Beweisantritt darlegen, wann genau und mit welchem konkreten Wortlaut die mündliche Kündigung erklärt worden sein soll.

91 Wird die schriftliche Kündigungserklärung gegenüber einem Anwesenden ausgehändigt, so sollte dafür Sorge getragen werden, daß dieser den **Empfang** auf einer Fotokopie des Kündigungsschreibens **schriftlich bestätigt.** Lehnt der Kündigungsempfänger eine solche Bestätigung ab, sollte die Übergabe der Kündigungserklärung ggf. unter Zeugen wiederholt werden. Derartige Schwierigkeiten lassen sich unproblematisch dadurch vermeiden, daß die schriftliche Kündigungserklärung durch einen Boten übergeben wird, der das Original der von ihm übergebenen Kündigungserklärung zuvor mit einer hiervon gefertigten Kopie verglichen bzw. diese selbst erstellt hat und auf der Fotokopie vermerkt, wann genau (Datum und Uhrzeit) er das Original hiervon wem und an welchem Ort übergeben hat. Neben der förmlichen Zustellung ist nämlich die Übergabe per Boten nach wie vor die sicherste Zugangsform. Derjenige, der als Bote des Kündigenden (Erklärungsbote) die Kündigung dem Empfänger übergibt, kommt als Zeuge in Betracht.

b) Kündigungserklärung gegenüber Abwesenden

92 Da die Kündigungserklärung gegenüber Abwesenden gem. § 130 BGB wirksam wird, wenn sie dem Kündigungsempfänger zugeht, muß die Kündigungserklärung in verkehrsüblicher Weise in die **tatsächliche Verfügungsgewalt** des Empfängers oder eines anderen, der ihn in der Entgegennahme von Briefen vertreten konnte (zB Ehegatte oder Vermieter), gelangen, um ihm dadurch die Möglichkeit der Kenntnisnahme zu verschaffen. Die Kündigung muß also derart in den Machtbereich des Empfängers gelangt sein, daß bei Annahme gewöhnlicher Verhältnisse damit zu rechnen war, daß er von ihr Kenntnis nehmen konnte. Demgegenüber kommt es nicht darauf an, wann der Empfänger vom Kündigungsschreiben tatsächlich Kenntnis genommen hat oder daraus aus besonderen Gründen zunächst gehindert war[1].

Folglich müssen für den Zugang einer Kündigungserklärung **zwei Voraussetzungen** erfüllt sein:

▶ Die Erklärung muß in verkehrsüblicher Weise in die **tatsächliche Verfügungsgewalt** des Empfängers oder eines empfangsberechtigten Dritten gelangen und

▶ der Empfänger muß unter gewöhnlichen Umständen **Kenntnis nehmen können.**

---

1 BAG v. 16. 1. 1976, EzA § 130 BGB Nr. 5.

I. Kündigungserklärung

Den **Absender** trifft daher das **Risiko,** wenn eine schriftliche Kündigungserklärung wegen ungenügender Frankierung oder wegen falscher Anschrift oder wegen Nachportos den Empfänger nicht erreicht. Es spricht auch keine Vermutung dafür, daß ein nachweislich abgesandter normaler Brief den Empfänger während der üblichen Postlaufzeit erreicht. Demgegenüber genügt es für den Zugang eines Kündigungsschreibens, daß der Bote den Brief mangels Verfügbarkeit eines Hausbriefkastens nach vergeblichem Klingeln auffällig zwischen Glasscheibe und Metallgitter der von der Straße nicht einsehbaren Haustür des Einfamilienhauses des Empfängers steckt, das zur Straßenseite hinter einem umfriedeten Vorgarten mit verschlossenem – wenn auch nicht abgeschlossenem – Gartentörchen liegt[1].

93

Auf der Basis dieser Grundsätze wird eine **angemessene Verteilung des Übermittlungsrisikos** erreicht. Der Erklärende trägt das Übermittlungsrisiko so lange, bis er das nach den Umständen Erforderliche getan hat, um dem Empfänger die hinreichend sichere Möglichkeit der Kenntnisnahme zu verschaffen[2]. Da es aber ausreicht, daß der Empfänger unter gewöhnlichen Umständen von der Kündigung Kenntnis erlangen konnte, was etwa der Fall ist, wenn sie in seinen Briefkasten gelangt ist, kommt es nicht darauf an, ob der Empfänger den Briefkasten auch tatsächlich leert oder ob er auf dem Grundstück anwesend ist. Wird ein Kündigungsschreiben allerdings erst nach dem Zeitpunkt der allgemeinen täglichen Postzustellung in den Briefkasten geworfen, so geht die Kündigung dem Empfänger erst am nächsten Tage zu[3].

94

Es genügt der **Zugang an eine Person, die nach der Verkehrsauffassung zur Entgegennahme der Kündigung berechtigt ist,** wie zB Familienangehörige, der Lebensgefährte[4], der Vermieter[5] oder eine Hausangestellte[6]. Lehnt ein als Empfangsbote anzusehender Familienangehöriger des abwesenden Arbeitnehmers jedoch die Annahme eines Kündigungsschreibens des Arbeitgebers ab, so muß der Arbeitnehmer die Kündigung nur dann als zugegangen gegen sich gelten lassen, wenn er auf die Annahmeverweigerung, etwa durch vorherige Absprache mit dem Angehörigen, Einfluß genommen hat[7]. Ebenso geht etwa dem angestellten Leiter eines Hotels, dem die Organisation des Hotelbetriebs obliegt und der dem gesamten Hotelpersonal gegenüber weisungsbefugt ist, eine schriftliche Willenserklärung zu, sobald sie dem Buchhalter des Hotels in dem Hotelbetrieb übergeben wird. Dabei spielt es keine Rolle, ob dem Buchhalter eine Empfangsvollmacht erteilt worden ist oder nicht. Das gilt selbst dann, wenn sich der Hotelleiter vorübergehend nicht im Hotel aufhält, weil er sich für einige Tage in stationäre Krankenhausbehandlung begeben hat. Gibt der Hotelbuchhalter das ihm ausgehändigte Schriftstück später wieder an die Post

95

---
1 LAG Hamm v. 25. 2. 1993, NZA 1994, 32.
2 BAG v. 13. 10. 1976, EzA § 130 BGB Nr. 7.
3 BAG v. 8. 12. 1983, BB 1984, 855.
4 LAG Bremen v. 17. 12. 1988, DB 1988, 814.
5 BAG v. 16. 1. 1976, BB 1976, 696.
6 BAG v. 13. 10. 1976, AP Nr. 8 zu § 130 BGB.
7 BAG v. 11. 11. 1992, BB 1993, 1290.

zurück, ohne dem Hotelleiter vom Inhalt Kenntnis zu geben, so ist dies für die Frage des Zugangs ohne Bedeutung[1].

96 Begründet der Arbeitnehmer einen **Zweitwohnsitz**, von dem aus er seine Arbeitsstelle aufsucht, so geht eine Kündigung des Arbeitgebers wirksam an diesem Zweitwohnsitz zu. Das gilt auch dann, wenn der Arbeitnehmer krankheitsbedingt zum Zeitpunkt des Eingangs des Kündigungsschreibens nicht am Zweitwohnsitz anwesend ist. In diesem Falle ist die Zimmervermieterin ermächtigt, das Kündigungsschreiben in Empfang zu nehmen. Gleichgültig ist, wann der Arbeitnehmer die Kündigung tatsächlich zur Kenntnis nehmen konnte[2].

97 Ein Arbeitnehmer, der seine Wohnung wechselt, kann die **Anschriftenänderung** dem Arbeitgeber in der Weise mitteilen, daß er während seiner Erkrankung eine ärztliche Arbeitsunfähigkeitsbescheinigung einreicht, in der die neue Anschrift eingetragen ist. Es bedarf dann nicht noch seines ausdrücklichen Hinweises auf den Wohnungswechsel. Schickt der Arbeitgeber in einem solchen Falle sein Kündigungsschreiben an die frühere Anschrift des Arbeitnehmers und verzögert sich deshalb der Zugang der Kündigung, dann handelt der Arbeitnehmer nicht treuwidrig, wenn er sich auf den späteren Zugang beruft[3].

98 Zieht der Arbeitnehmer um und entfernt er am **Briefkasten** seiner bisherigen Wohnung nicht sein Namensschild, gehört der Briefkasten noch zum Machtbereich des Arbeitnehmers jedenfalls dann, wenn der Arbeitnehmer keinen Postnachsendeauftrag gestellt hat. In einem solchen Falle hat der Arbeitnehmer nämlich den Zustellungsversuch des Postbediensteten veranlaßt und muß sich so behandeln lassen, als sei der Zugang ordnungsgemäß erfolgt[4].

99 Beim Zugang durch Einschreibebrief ist seit dem 1. 9. 1997 zu unterscheiden zwischen dem sogenannten Übergabe-Einschreiben und dem Einwurf-Einschreiben. Das Übergabe-Einschreiben entspricht der bisher üblichen Form des Einschreibebriefs. Die hierzu ergangene Rechtsprechung, insbesondere des BAG, ist also auf das Übergabe-Einschreiben ohne weiteres übertragbar. Danach ist das **Übergabe-Einschreiben** nicht schon dann zugegangen, wenn der Postbote bei der Zustellung niemanden antrifft, aber gemäß den postalischen Bestimmungen einen Benachrichtigungszettel hinterläßt. Der Übergabe-Einschreibebrief ist vielmehr erst dann zugegangen, wenn er dem Empfänger oder seinem Bevollmächtigten **ausgehändigt** wird. Der Adressat, der rechtsmißbräuchlich das Abholen eines solchen zunächst unzustellbaren Übergabe-Einschreibebriefs von der Postanstalt unterläßt oder rechtsmißbräuchlich seine Auslieferung verhindert, muß sich allerdings so behandeln lassen, als wenn ihm die Sendung zugegangen wäre[5]. Auch ist ein Übergabe-Einschreibebrief

---

1 BAG v. 13. 10. 1976, AP Nr. 8 zu § 130 BGB.
2 ArbG Stade v. 6. 8. 1990, BB 1991, 625; vgl. auch BAG v. 16. 1. 1976, BB 1976, 696 und BAG v. 16. 3. 1988, BB 1989, 150.
3 BAG v. 18. 2. 1977, DB 1977, 1194.
4 Vgl. ArbG Gelsenkirchen v. 31. 8. 1994, BB 1995, 362.
5 BAG v. 15. 11. 1962, BB 1963, 142.

I. Kündigungserklärung

dem Empfänger schon dann zugegangen, wenn seinem Vermieter kein Benachrichtigungszettel, sondern der Brief selbst ausgehändigt wird[1]. Steht aber der Zugang des Benachrichtigungsscheines einer Übergabe-Einschreibesendung an den Arbeitnehmer fest, so reicht es nicht mehr aus, wenn dieser pauschal bestreitet, von dem Benachrichtigungsschein tatsächlich Kenntnis erlangt zu haben. Er muß vielmehr konkrete Umstände vortragen, aus denen sich ergibt, daß er von dem Benachrichtigungsschein ohne sein Verschulden keine Kenntnis erlangt hat[2]. Kommt hinzu, daß ein Arbeitnehmer vom Inhalt einer ihm zugesandten Übergabe-Einschreibesendung (Kündigung) aufgrund weiterer Vorkehrungen des Arbeitgebers tatsächlich Kenntnis erlangt hat, so ist seine Berufung darauf, der Inhalt der Übergabe-Einschreibesendung sei ihm nicht zugegangen, jedenfalls dann treuwidrig, wenn er den Zugang dieser per Übergabe-Einschreiben versandten Kündigungserklärung durch Nichtabholen der Sendung während der postalischen Aufbewahrungsfrist selbst vereitelt hatte. Das gilt erst recht, wenn die Zusendung einer schriftlichen Kündigung mündlich und schriftlich angekündigt war[3].

Das **Einwurf-Einschreiben** ist demgegenüber hinsichtlich des Zugangs der Willenserklärung zu behandeln wie ein gewöhnlicher Brief. Es gelangt mit Einwurf in den Hausbriefkasten unabhängig davon in den Machtbereich des Empfängers, ob dieser anwesend ist oder nicht[4]. Es geht daher dem Empfänger zu, sofern und sobald mit der Leerung des Hausbriefkastens zu rechnen ist[5]. Da der Einwurf der Sendung in den Hausbriefkasten oder das Postfach des Empfängers durch einen Mitarbeiter der Deutschen Post AG dokumentiert wird, bietet das Einwurf-Einschreiben für den „Sachverhalt Einwurf" eine relativ hohe Beweissicherheit[6].

> **Hinweis:**
> Auch wenn der **Bote** im Zeitalter der Elektronik außer Mode gekommen ist, so ist gleichwohl die sicherste Form des Zugangs, im Vergleich zum Brief oder Einschreiben, der Boten- oder Kurierauftrag, der mit der schriftlichen Bestätigung beendet werden muß, das Kündigungsschreiben durch einen Boten (Zeuge!) in den Briefkasten eingeworfen zu haben. Daneben kommt als weiterer sicherer Weg die Beauftragung eines **Gerichtsvollziehers** mit der förmlichen Zustellung der Kündigungserklärung in Betracht. Die Übermittlung mittels einfachem Brief, per Übergabe- oder Einwurf-Einschreiben und auch per Einschreiben mit Rückschein bieten dagegen keinen sicheren Nachweis für den ordnungsgemäßen Zugang der Kündigungserklärung. Das gilt insbesondere dann, wenn es darum geht, den Zugang vor einem bestimmten Zeitpunkt (zB Ablauf der Frist des § 626 Abs. 2 BGB) zu bewirken.

100

---

1 BAG v. 16. 1. 1976, DB 1976, 1018.
2 BAG v. 3. 4. 1986, NZA 1986, 640.
3 LAG Frankfurt/Main v. 31. 7. 1986, NZA 1987, 62.
4 *Dübbers*, NJW 1997, 2503, 2504.
5 BAG v. 8. 12. 1983, NJW 1984, 1652; *Dübbers*, NJW 1997, 2503, 2504.
6 *Dübbers*, NJW 1997, 2503, 2504.

> Der Brief und auch das Einschreiben, gleich welcher Form, können im Zweifel nicht zum Beweise dessen angeführt werden, welchen konkreten Inhalt das Schriftstück hatte, das auf diesem Wege dem Empfänger übersandt worden ist. Dieser kann beispielsweise einwenden, ihn habe zwar ein Brief, ein Einschreiben oder ein Einschreiben mit Rückschein erreicht, darin sei jedoch überhaupt kein Schriftstück enthalten gewesen. Ein solcher Einwand kann nur durch Zeugnis eines Boten ausgeschlossen werden, dem auch der Inhalt des Briefes bekannt ist.

101 Schließlich kann eine Kündigungserklärung dem Empfänger auch per **Telefax** zugeleitet werden[1]. Dies hat den Vorteil, daß im Sendebericht die Übertragung protokolliert wird. Allerdings zeigt der Sendebericht nur die Herstellung der Verbindung zwischen Sende- und Empfangsgerät an. Dennoch können Störungen im Leitungsnetz eine Übertragung beeinträchtigen. Der „OK"-Vermerk im Sendebericht ist daher nur Indiz für den Zugang, solange die technische Möglichkeit besteht, daß die Datenübertragung trotz dieses Vermerks infolge von Leitungsstörungen mißglückt ist[2]. Eine Kündigung ist zB auch dann wirksam ausgesprochen, wenn sie durch Telekopierer an eine ausländische Niederlassung des Arbeitgebers überspielt und von dieser dem Empfänger überbracht wird[3].

102 Sodann fragt sich, ob die Kündigung dem Empfänger auch dann zugeht, wenn dieser **längere Zeit wegen Urlaub, Krankheit, Kur oder aus anderen Gründen (zB Inhaftierung) abwesend** ist. In solchen Fällen ändert sich – jedenfalls nach der neueren Rechtsprechung des Bundesarbeitsgerichts – grundsätzlich nichts am Zugang der Kündigung, die an die normale Anschrift des Arbeitnehmers gerichtet ist. Insbesondere geht ein an die Heimatanschrift des Arbeitnehmers gerichtetes Kündigungsschreiben diesem grundsätzlich auch dann zu, wenn dem Arbeitgeber bekannt ist, daß der Arbeitnehmer während seines Urlaubs verreist ist. Zur Erreichung einer sachgerechten, den Interessen beider Beteiligten gerecht werdenden Verteilung des Transportrisikos des Erklärenden und des Kenntnisnahmerisikos des Empfängers, wie sie der Empfangstheorie und der traditionellen Zugangsdefinition zugrunde liegt, ist vielmehr davon auszugehen, daß grundsätzlich auch bei Kenntnis des Arbeitgebers von der urlaubsbedingten Ortsabwesenheit des Arbeitnehmers diesem ein an die Heimatanschrift gerichtetes Kündigungsschreiben wirksam zugehen kann. Das gilt in aller Regel selbst dann, wenn der Arbeitnehmer seine Urlaubsanschrift dem Arbeitgeber mitgeteilt hat. Lediglich bei besonderen Umständen des Einzelfalles kann sich aus § 242 BGB eine abweichende Würdigung ergeben[4]. Somit kann die Urlaubsabwesenheit den Zugang nicht hindern oder bis zur Rückkehr aus dem Urlaub hinauszögern[5]. Daher kann auch während einer dem Arbeitge-

---

1 Zur Einhaltung eines Schriftformerfordernisses durch Telefax vgl. oben Rz. 45.
2 BGH v. 7. 12. 1994, EzA § 130 BGB Nr. 26.
3 LAG Bremen v. 17. 2. 1988 – 3 TA 79/87, nv.
4 BAG v. 16. 3. 1988, NZA 1988, 875.
5 Vgl. LAG Hamm v. 30. 7. 1981, EzA § 130 BGB Nr. 11.

I. Kündigungserklärung

ber bekannten Urlaubsabwesenheit dem Arbeitnehmer durch eingeschriebenen Brief, den ein Ersatzempfänger entgegennimmt, wirksam gekündigt werden[1].

Wenn auch keine Verpflichtung des Arbeitnehmers besteht, dem Arbeitgeber seine **Urlaubsanschrift** bekanntzugeben, so geschieht dies in der Praxis gleichwohl häufig. Dann ist es denkbar, daß der Arbeitgeber dem Arbeitnehmer eine Kündigung unter dessen Urlaubsanschrift übersendet. Eine solche Übersendung ist insbesondere – zB im Ausland – mit ganz erheblichen Zugangsrisiken verbunden. Hält sich zB ein ausländischer Gastarbeiter während seines Urlaubs im Hause seiner Mutter auf, so geht ihm eine ohne sein Wissen dorthin nachgesandte Kündigung grundsätzlich erst dann zu, wenn ihm das Kündigungsschreiben durch seine Mutter ausgehändigt wird[2]. Hat die Arbeitnehmerin ihre Heimatadresse im Ausland als Urlaubsanschrift angegeben, so muß sie sich den Zeitpunkt der Entgegennahme eines Kündigungsschreibens durch die dort lebende Schwiegermutter nicht als Zugangsdatum zurechnen lassen, wenn sie den Heimatort nach einem kurzen Besuch bereits wieder verlassen hat, um den Rest des Urlaubs mit ihrer Familie in anderen Landesteilen zu verbringen, und das von der Schwiegermutter weitergeleitete Kündigungsschreiben aus diesen Gründen erst fünf Tage später erhält[3].

Im Zusammenhang mit der Verhinderung bzw. Vereitelung des Zugangs der Kündungserklärung ist zu differenzieren zwischen **berechtigter** oder **unberechtigter Annahmeverweigerung.**

Fehlt es an der **ordnungsgemäßen Frankierung oder Adressierung,** so darf der Kündigungsempfänger die Annahme der Erklärung grundsätzlich verweigern. Die ordnungsgemäße Frankierung und Adressierung sind Sache des Erklärenden. Diesbezügliche Fehler gehen zu seinen Lasten.

Wird die **Annahme** dagegen **zu Unrecht verweigert,** so geht die Erklärung dem Empfänger im Zeitpunkt des ersten ordnungsgemäßen Angebotes zur Aushändigung zu. Im Grundsatz besteht zwar keine Obliegenheit des Kündigungsempfängers, durch geeignete Vorkehrungen sicherzustellen, daß die von ihm erwartete Kündigungserklärung ihn auch erreicht. Scheitert der Zugang jedoch an einem Verhalten des Empfängers, so muß dieser sich unter Umständen nach Treu und Glauben so behandeln lassen, wie wenn die Erklärung ihm rechtzeitig zugegangen wäre. So ist es trotz einer Annahmeverweigerung durch den Empfangsboten unter bestimmten Voraussetzungen denkbar, daß der Empfänger den Zugang gegen sich gelten lassen muß. Das gilt etwa dann, wenn er auf die Annahmeverweigerung durch vorherige Absprache mit dem Empfangsboten Einfluß genommen hat[4].

Ebensowenig kann sich der Empfänger einer Kündigung darauf berufen, die Kündigung sei ihm nicht zugegangen, wenn er bewußt den Papierspeicher seines dienstlichen Empfangsgerätes nicht nachfüllt und deshalb der Ausdruck

---
1 LAG Berlin v. 16. 11. 1987, BB 1988, 484.
2 Hessisches LAG v. 22. 1. 1981 – 9 TA 215/80 – nv.
3 LAG Hamm v. 25. 2. 1988, DB 1988, 1123.
4 BAG v. 11. 11. 1992, BB 1993, 1290.

der Kündigungserklärung unterbleibt[1]. Folgendes **Beispiel** mag für die **Zugangsvereitelung** herangezogen werden:

105 Der Arbeitgeber kündigt unmittelbar nach Erteilung der Zustimmung der Hauptfürsorgestelle dem schwerbehinderten Arbeitnehmer fristlos durch Einschreiben, das nach erfolglosem Zustellungsversuch bei der Post niedergelegt wird, nach Ablauf der 7tägigen Lagerfrist an den Arbeitgeber zurückgesandt und erst dann dem Arbeitnehmer zugestellt wird. Hier kann es dem Arbeitnehmer nach Treu und Glauben verwehrt sein, sich darauf zu berufen, die Kündigung sei nicht unverzüglich erklärt worden, wenn ihm der Benachrichtigungsschein über die Niederlegung des Einschreibebriefes bei der Post durch Einwurf in den Hausbriefkasten zugegangen ist. Das ist der Fall, wenn der Arbeitnehmer weiß, daß bei der Hauptfürsorgestelle ein Zustimmungsverfahren anhängig ist, und den Benachrichtigungszettel tatsächlich erhält oder die Unkenntnis von dessen Zugang zu vertreten hat. Hierbei ist insbesondere zu berücksichtigen, daß der Arbeitnehmer in dem Zeitraum, in welchem er mit einer Kündigung rechnen muß, seine Post sorgfältig durchzusehen hat[2].

106 Die **Darlegungs- und Beweislast** für den Zugang der Kündigungserklärung trifft den Kündigenden. Soweit es insoweit auf die Rechtzeitigkeit ankommt, muß er auch den genauen Zugangszeitpunkt vortragen und unter Beweis stellen. Den Kündigenden trifft somit auch die Darlegungs- und Beweislast für alle Tatsachen, die den Einwand begründen, der Empfänger berufe sich treuwidrig auf den verspäteten Zugang der Kündigung[3]. Unterhält der Arbeitnehmer dagegen unter seiner früheren Anschrift weiterhin seinen Hausbriefkasten und entfernt er von diesem Briefkasten nicht seinen Namen, gilt dieser auch als sein Empfangsbereich. Der Einwurf der Post in diesen Briefkasten ist damit in seinen Empfangsbereich gelangt und dem Empfänger zugegangen, selbst wenn dieser dort nicht mehr gewohnt hat. Wendet der Empfänger ein, er habe den Wohnungswechsel und die Anschriftenänderung dem Arbeitgeber rechtzeitig vor Ausspruch der Kündigung mitgeteilt, hat er die für ihn günstige Tatsache zu beweisen. Er trägt insoweit die Darlegungs- und Beweislast.

8. Umdeutung der Kündigungserklärung

107 Wenn sich herausstellt, daß die ausgesprochene Kündigung unwirksam ist, kann sie vielfach dennoch im Wege der Umdeutung aufrecht erhalten werden. Grundlage für die Umdeutung ist ein im Gesetz (§ 140 BGB) zum Ausdruck kommender allgemeiner Rechtsgedanke: Wenn ein nichtiges Rechtsgeschäft den Erfordernissen eines anderen entspricht, so gilt das letztere, wenn anzunehmen ist, daß dessen Geltung bei Kenntnis der Nichtigkeit gewollt wäre. Objektive Voraussetzung ist stets, daß das nichtige Rechtsgeschäft den **Erfordernissen des Ersatzgeschäfts** formal und inhaltlich voll entspricht. Dazu muß der von den Parteien mit dem nichtigen Geschäft erstrebte Erfolg mit dem Ersatz-

---

1 LAG Hamm v. 12. 10. 1992, ZIP 1993, 1109.
2 BAG v. 3. 4. 1986, NZA 1986, 640.
3 BAG v. 3. 4. 1986, NZA 1986, 640.

geschäft im wesentlichen erreicht werden können. Auch darf das Ersatzgeschäft in seinen Rechtswirkungen nicht weiter reichen als das unwirksame Rechtsgeschäft. Die rechtliche Tragweite muß also mindestens gleichartig sein. In subjektiver Hinsicht hätte das Ersatzgeschäft als rechtliches Mittel gewollt sein müssen, um die beabsichtigten Ziele ganz oder teilweise zu verwirklichen, wenn die Nichtigkeit bekannt gewesen wäre.

Der Umdeutung einer Kündigungserklärung geht deren **Auslegung** voraus. Es ist zunächst zu klären, ob eine außerordentliche oder eine ordentliche Kündigung ausgesprochen werden sollte. Falls unklar bleibt, ob die mit einer Auslauffrist ausgesprochene Kündigung als außerordentliche oder ordentliche Kündigung gewollt ist, kann der Gekündigte in der Regel davon ausgehen, daß ihm ordentlich gekündigt worden ist, selbst wenn ein wichtiger Grund zur außerordentlichen Kündigung bestanden hat[1]. 108

Steht der Inhalt der Erklärung fest, so ist zu prüfen, ob diese **Kündigung unwirksam** ist. Zwar ist in § 140 BGB nur von Nichtigkeit die Rede, es ist aber jede Form der Unwirksamkeit oder des Fehlens einer Tatbestandsvoraussetzung gemeint. Die Umdeutung setzt voraus, daß in der nichtigen oder unwirksamen Kündigung ein anderes Rechtsgeschäft enthalten ist, das seinerseits wirksam wäre. Dieses Rechtsgeschäft muß auch dem hypothetischen Willen des Erklärenden entsprechen. Es kommt auf den dem Empfänger erkennbaren, vom Kündigenden gewollten Erfolg an[2]. 109

Nicht möglich ist die Umdeutung einer **Änderungskündigung**. Eine ordentliche Kündigung kann auch nicht gem. § 140 BGB in eine fristgemäße Abberufung im Sinne von § 62 DDR-AGB umgedeutet werden. In der Praxis werden im übrigen je nach Lage des Falles folgende Umdeutungen diskutiert:

a) Umdeutung der ordentlichen in eine außerordentliche Kündigung

Der Anwendungsbereich der Problematik einer solchen Umdeutung beschränkt sich auf diejenigen Fälle, in denen die ausgesprochene ordentliche Kündigung durch Gesetz, Tarifvertrag, Betriebsvereinbarung oder Arbeitsvertrag ausgeschlossen ist, zB bei den sogenannten altersgesicherten Arbeitnehmern, jedoch gleichzeitig ein wichtiger Grund im Sinne von § 626 BGB vorliegt. Wird in solchen Fällen gleichwohl nur eine ordentliche Kündigung ausgesprochen, kann diese nicht in eine **außerordentliche Kündigung als Ersatzgeschäft** umgedeutet werden. Dieses Ersatzgeschäft ginge nämlich in seinen Rechtswirkungen weiter als das nichtige Geschäft. Die fristlose Kündigung würde bereits mit ihrem Zugang vor Ablauf der Kündigungsfrist zu einer Beendigung des Arbeitsverhältnisses führen. Auch die sogenannte **außerordentliche Kündigung mit Auslauffrist** (außerordentliche befristete Kündigung) kommt wegen ihrer weitergehenden Wirkungen als Ersatzgeschäft nicht in Betracht. Bei ihr wäre der Arbeitnehmer hinsichtlich der sozialen Rechtfertigung über § 13 Abs. 1 KSchG an die dreiwöchige Klagefrist des § 4 KSchG gebunden, 110

---

1 BAG v. 9. 12. 1954, NJW 1955, 807.
2 MünchArbR/*Wank*, § 115 Rz. 27.

während er die Nichtigkeit der gegen zwingendes Recht verstoßenden ordentlichen Kündigung ohne diese Fristbindung geltend machen könnte. Regelt demgemäß zB ein Tarifvertrag, daß Beschäftigte nach einer bestimmten Dauer des Arbeitsverhältnisses „nur bei Vorliegen eines wichtigen Grundes" kündbar seien, so kann **nur durch außerordentliche Kündigung** gekündigt werden. In einem solchen Falle muß der Kündigende erkennbar zum Ausdruck bringen, daß er eine außerordentliche Kündigung erklären will. Unerheblich ist, ob bei einer als ordentlich ausgesprochenen Kündigung ein wichtiger Grund vorgelegen hat. Ebenso kann eine tarifvertraglich unzulässige ordentliche Kündigung nicht in eine außerordentliche Kündigung umgedeutet werden[1].

b) Umdeutung der außerordentlichen in eine ordentliche Kündigung

111 Die Umdeutung einer außerordentlichen in eine ordentliche Kündigung zum nächst zulässigen Termin ist nur dann zulässig, wenn aus der Kündigungserklärung oder sonstigen Umständen dem Gekündigten bereits im Zeitpunkt des Zugangs der Kündigungserklärung eindeutig erkennbar ist, daß der Kündigende das Arbeitsverhältnis **in jedem Falle**, dh. auch bei Nichtdurchgreifen der außerordentlichen Kündigung, beenden will[2]. Es kommt also entscheidend darauf an, daß der Kündigende gegenüber dem Kündigungsempfänger im Rahmen des Kündigungsschreibens seinen **unbedingten Beendigungswillen** erkennbar zum Ausdruck bringt. Dementsprechend darf das Arbeitsgericht im Kündigungsschutzprozeß eine außerordentliche Kündigung nicht von Amts wegen in eine ordentliche Kündigung umdeuten. Vielmehr muß sich aus dem Vortrag des Arbeitgebers ergeben, daß er für den Fall der Unwirksamkeit der außerordentlichen Kündigung eine ordentliche Kündigung habe aussprechen wollen.

112 Da der Arbeitnehmer die Sozialwidrigkeit der ordentlichen Kündigung nach § 6 KSchG nur bis zum Schluß der mündlichen Verhandlung erster Instanz geltend machen kann, kann sich der Arbeitgeber seinerseits auf die **Umdeutung erstmals in der Berufungsinstanz** nicht mehr berufen[3]. Scheitert aber die Umdeutung der fristlosen Kündigung in eine ordentliche Kündigung aus formellen Gründen und hat sich das Gericht deshalb mit den sachlichen Kündigungsgründen nicht befaßt, so ist der Arbeitgeber mit diesen Gründen für die soziale Rechtfertigung einer später ausgesprochenen, den formellen Anforderungen entsprechenden Kündigung nicht ausgeschlossen[4]. Hat sich der Arbeitnehmer demgegenüber für den Fall der Unwirksamkeit der außerordentlichen Kündigung damit einverstanden erklärt, daß das Arbeitsverhältnis mit Ablauf der bei einer ordentlichen Kündigung einzuhaltenden Kündigungsfrist endet, bleibt bei der Umdeutung der außerordentlichen in eine ordentliche Kündigung für die Verlängerung der Anrufungsfrist nach § 6 Satz 1 KSchG kein Raum[5].

---

1 LAG Köln v. 29. 4. 1994, DB 1994, 2632.
2 BAG v. 25. 7. 1968, BB 1968, 1201.
3 LAG Rheinland Pfalz v. 13. 12. 1984, NZA 1985, 290.
4 BAG v. 25. 11. 1982, DB 1984, 883.
5 BAG v. 13. 8. 1987, AP Nr. 3 zu § 6 KSchG 1969.

I. Kündigungserklärung

Klagt ein Arbeitnehmer auf Feststellung der Unwirksamkeit einer fristlosen Kündigung und auf Gehaltszahlung, und stellt das Arbeitsgericht zunächst durch **Teilurteil** die Unwirksamkeit dieser Kündigung fest, will alsdann der Arbeitgeber geltend machen, seine unwirksame fristlose Kündigung sei in eine ordentliche Kündigung umzudeuten und als solche wirksam, so muß er die zu diesem Vorbringen erforderlichen Tatsachen in dem sich auf die Kündigung beziehenden Verfahrensabschnitt (Berufungsverfahren gegen das Teilurteil) vortragen; anderenfalls ist er mit diesem Vorbringen ausgeschlossen[1]. 113

Hat die Hauptfürsorgestelle lediglich die Zustimmung zur außerordentlichen **Kündigung eines Schwerbehinderten** erteilt, dann kann die daraufhin ausgesprochene außerordentliche Kündigung nicht in eine ordentliche Kündigung umgedeutet werden[2]. 114

Falls der Arbeitgeber die erforderliche **Anhörung des Betriebsrats** gem. § 102 Abs. 1 BetrVG ausschließlich zu einer beabsichtigten **außerordentlichen Kündigung** durchgeführt hat, kommt eine Umdeutung in eine ordentliche Kündigung grundsätzlich nicht in Betracht, weil die Anhörung zu einer außerordentlichen Kündigung die Anhörung zu einer ordentlichen Kündigung nicht ersetzt[3]. Eine Ausnahme ist nur dann zu machen, wenn der Betriebsrat der beabsichtigten außerordentlichen Kündigung ausdrücklich und vorbehaltlos zugestimmt hat und auch aus sonstigen Umständen nicht zu ersehen ist, daß der Betriebsrat für den Fall der Unwirksamkeit der außerordentlichen Kündigung der dann verbleibenden ordentlichen Kündigung entgegengetreten wäre und die ordentliche Kündigung auf denselben Sachverhalt gestützt wird, den der Betriebsrat bereits im Rahmen der Anhörung zur außerordentlichen Kündigung beurteilt hat[4]. In der Zustimmung zur beabsichtigten außerordentlichen Kündigung liegt nämlich im Regelfall zugleich auch die Zustimmung zu der in ihren Rechtswirkungen schwächeren fristgerechten Kündigung. Will der Arbeitgeber also sicherstellen, daß im Falle der Unwirksamkeit einer von ihm beabsichtigten fristlosen Kündigung die Umdeutung in eine fristgerechte oder vorsorgliche ordentliche Kündigung nicht an der fehlenden Anhörung des Betriebsrats scheitert, so sollte er den Betriebsrat deutlich darauf hinweisen, daß die geplante außerordentliche Kündigung hilfsweise als ordentliche Kündigung gelten soll. 115

Im umgekehrten Fall, wenn der Arbeitgeber den **Betriebsrat also nur zu einer beabsichtigten ordentlichen Kündigung angehört** und sodann eine außerordentliche Kündigung ausgesprochen hat, ist die außerordentliche Kündigung unwirksam, weil sich die Anhörung zu einer ordentlichen Kündigung nicht auf eine außerordentliche Kündigung erstreckt. Die unwirksame außerordentliche Kündigung kann dennoch nicht in eine wirksame ordentliche Kündigung um- 116

---

1 BAG v. 14. 8. 1974, AP Nr. 3 zu § 13 KSchG 1969.
2 LAG Berlin v. 9. 7. 1984, NZA 1985, 95.
3 BAG v. 16. 3. 1978, AP Nr. 15 zu § 102 BetrVG 1972.
4 BAG v. 16. 3. 1978, AP Nr. 15 zu § 102 BetrVG 1972.

gedeutet werden, weil der Arbeitgeber eine ordentliche Kündigung, zu der er das Anhörungsverfahren durchgeführt hat, nie ausgesprochen hat[1].

c) Umdeutung der Kündigungs- in eine Anfechtungserklärung

117 Sämtliche Kündigungen unter Verstoß gegen § 9 Mutterschutzgesetz, § 18 Bundeserziehungsgeldgesetz, § 15 Schwerbehindertengesetz, § 103 BetrVG ohne die dazu erforderlichen Zulässigkeitserklärungen bzw. Zustimmungen sind unzulässig. Es handelt sich in all diesen Fällen um gesetzliche Kündigungsverbote mit Erlaubnisvorbehalten im Sinne von § 134 BGB. In diesen Fällen einer **nichtigen Kündigungserklärung** kommt allenfalls eine **Umdeutung in eine nicht ausdrücklich erklärte Anfechtung des Arbeitsvertrages wegen Irrtums oder arglistiger Täuschung** gem. den §§ 119, 123 BGB in Betracht, sofern der Beendigungswille unzweideutig zum Ausdruck gebracht wurde und die diesbezüglichen Anfechtungsgründe dargelegt wurden. Wurde also eine außerordentliche Kündigung ausgesprochen, so ist es grundsätzlich denkbar, eine solche unzulässige außerordentliche Kündigung in die Anfechtung des Arbeitsvertrages umzudeuten.

Für eine solche Umdeutung der Kündigung in eine Anfechtung ist allerdings erst dann Raum, wenn feststeht, daß dem **wirklich gewollten Rechtsgeschäft** rechtliche Hindernisse entgegenstehen. Sonst gilt der auslegungsmäßig zu ermittelnde wirkliche und nicht der im Wege der Umdeutung zu erforschende mutmaßliche Wille[2].

118 Erfolgte aber lediglich eine **ordentliche Kündigung,** scheitert die Umdeutung bereits daran, daß die nichtige Kündigung durch die Anfechtung als Rechtsgeschäft mit weitergehenden Folgen ersetzt würde. Das Arbeitsverhältnis würde nämlich ohne Einhaltung einer Kündigungsfrist mit dem Zugang der Anfechtungserklärung enden. Demgegenüber kann eine unwirksame fristlose Kündigung grundsätzlich in eine Anfechtungserklärung umgedeutet werden. Das Ersatzgeschäft – die Anfechtung – geht in den Rechtswirkungen nicht weiter als das nichtige Rechtsgeschäft, weil die in § 142 Abs. 1 BGB angeordnete Rückwirkung auf den in Vollzug gesetzten Arbeitsvertrag keine Anwendung findet. Beide Rechtsgeschäfte führen, wenn sie wirksam sind, zur sofortigen Beendigung des Arbeitsverhältnisses. Deshalb ist auch grundsätzlich von einem entsprechenden hypothetischen Willen auszugehen.

d) Umdeutung der Kündigungs- in eine Suspendierungserklärung

119 Die Umdeutung der Kündigung in eine Suspendierung – Befreiung von der Arbeitspflicht – scheitert regelmäßig daran, daß die Suspendierung unter Fortzahlung der Vergütung in ihren Rechtsfolgen für den Arbeitgeber **weiter geht** als die Kündigungserklärung. Mit letzterer soll nur ohne Fortzahlung der Vergütung eine Beendigung des Arbeitsverhältnisses ohne dessen Fortbestand erreicht werden.

---

[1] BAG v. 16. 3. 1978, AP Nr. 10 zu § 102 BetrVG 1972.
[2] BAG v. 6. 10. 1962, BB 1962, 1435.

I. Kündigungserklärung   Rz. 121 **Teil 3 C**

Die einseitige Suspendierung ohne Fortzahlung der Vergütung ist in der Regel **unzulässig**. Sie enthält eine nur mit Zustimmung des Arbeitnehmers zulässige Vertragsänderung. Die unwirksame Kündigungserklärung kann regelmäßig auch nicht in ein **Angebot auf Abschluß eines Suspendierungsvertrages** unter Wegfall der Vergütung umgedeutet werden. Die Kündigung ist eine einseitige Willenserklärung. Sie soll ohne Zustimmung des Arbeitnehmers eine Rechtsfolge herbeiführen. Das Angebot zielt dagegen auf seine Annahme ab. Dieses muß für den Empfänger erkennbar sein. Hieran wird es regelmäßig fehlen. Der Kündigungsempfänger wird ohne besondere Anhaltspunkte kaum davon ausgehen, daß der rechtsgeschäftliche Wille des Kündigenden auch auf eine einvernehmliche inhaltliche Änderung des bestehenden Vertrages abzielt.

e) Umdeutung einer Kündigung in ein Angebot auf Abschluß eines Aufhebungsvertrages

Eine unwirksame außerordentliche Kündigung kann nicht nur in eine ordentliche Kündigung, sondern auch in ein Vertragsangebot zur sofortigen einverständlichen Beendigung des Arbeitsverhältnisses umgedeutet werden, wenn es dem **mutmaßlichen Willen des Kündigenden** entspricht, auch beim Fehlen eines wichtigen Grundes gleichwohl unter allen Umständen das Arbeitsverhältnis sofort zu beenden. Aufgrund eines derartigen Angebotes des Kündigenden kommt es nicht stets zum Abschluß eines Aufhebungsvertrages, wenn der Kündigungsempfänger die Kündigung „akzeptiert", sondern nur dann, wenn das in dem Bewußtsein geschieht, eine rechtsgeschäftliche Willenserklärung abgeben zu wollen. Das setzt voraus, daß der Kündigungsempfänger die **Unwirksamkeit der Kündigung erkannt** hat, diese als Angebot zur Vertragsaufhebung werten kann und diesem mutmaßlichen Willen des Kündigenden zu entsprechen bereit ist[1]. Die am fehlenden wichtigen Grund – § 626 Abs. 1 BGB – gescheiterte außerordentliche Kündigung des Arbeitgebers kann also in ein Angebot zum Abschluß eines Aufhebungsvertrages umgedeutet werden, wenn der Arbeitnehmer die Nichtigkeit der Kündigung erkannt und damit für ihn Anlaß zur Annahme eines solchen Angebotes bestanden hat. Dies ist nicht der Fall, wenn der Arbeitgeber bis zum Schluß der mündlichen Verhandlung an der vermeintlichen Wirksamkeit der außerordentlichen Eigenkündigung des Arbeitnehmers festhält. Überdies kann nur die rechtzeitige Annahme zum Abschluß eines Aufhebungsvertrages führen. Unter „Anwesenden" muß sich deshalb der Arbeitgeber zur fristlosen Eigenkündigung des Arbeitgebers sofort erklären[2].

120

f) Umdeutung einer Kündigung in eine Nichtfortsetzungserklärung nach § 12 KSchG

Die Umdeutung einer unwirksamen Kündigung des Arbeitnehmers in eine Nichtfortsetzungserklärung gem. § 12 KSchG **kommt nicht in Betracht**. Auf-

121

---
1 BAG v. 13. 4. 1972, BB 1972, 1095.
2 Vgl. LAG Düsseldorf v. 24. 11. 1995, BB 1996, 1119; LAG Berlin v. 22. 3. 1989, BB 1989, 1121.

grund der vorgenannten Bestimmung hat der Arbeitnehmer das Recht, nach einem Obsiegen im Kündigungsschutzprozeß binnen einer Woche nach Rechtskraft des Urteils durch Erklärung gegenüber dem Arbeitgeber die Fortsetzung des Arbeitsverhältnisses zu verweigern, wenn er inzwischen ein neues Arbeitsverhältnis eingegangen ist. Macht der Arbeitnehmer hiervon wirksam Gebrauch, so erlischt das Arbeitsverhältnis mit dem Zugang dieser Erklärung beim Arbeitgeber. Demgegenüber besteht das Arbeitsverhältnis bei einer ordentlichen Kündigung über deren Zugangszeitpunkt hinaus bis zum Ablauf der Kündigungsfrist fort.

g) Einführung der Umdeutung in den Kündigungsschutzprozeß

122 Hinsichtlich der Einführung der Umdeutung einer Kündigung in den Kündigungsschutzprozeß gelten folgende **Besonderheiten:**

Spricht der Arbeitgeber eine außerordentliche Kündigung gegenüber dem Arbeitnehmer aus, so wird dieser im Regelfall seinen Klageantrag zunächst nur gegen die ausgesprochene außerordentliche Kündigung richten. Wird dann im Laufe des erstinstanzlichen Verfahrens deutlich, daß die außerordentliche Kündigung unter Umständen in eine ordentliche umzudeuten ist, so kann der Arbeitnehmer sich auch außerhalb der Dreiwochenfrist des § 4 KSchG bis zum Schluß der mündlichen Verhandlung erster Instanz darauf berufen, daß die dahin **umgedeutete ordentliche Kündigung sozial ungerechtfertigt** ist. Das folgt aus § 6 KSchG. Ist die Unwirksamkeit der außerordentlichen Kündigung rechtskräftig festgestellt, so kann der Arbeitgeber sich in einem späteren Verfahren nicht darauf berufen, daß die außerordentliche Kündigung im Wege der Umdeutung als wirksame ordentliche Kündigung aufrecht zu erhalten sei. Etwas anderes gilt – wie oben bereits dargelegt – nur dann, wenn der Arbeitnehmer nur die außerordentliche Kündigung angegriffen hat, und damit zu erkennen gegeben hat, mit der ordentlichen Kündigung einverstanden zu sein. Dann kann er nach Treu und Glauben gehindert sein, im ersten oder einem weiteren Prozeß die Rechtsunwirksamkeit der ordentlichen Kündigung noch geltend zu machen.

123 Wird jedoch die Feststellung begehrt, daß die außerordentliche Kündigung unwirksam ist und das Arbeitsverhältnis fortbesteht oder nicht aufgelöst ist, so soll über die Wirksamkeit der Kündigung unter allen rechtlichen Gesichtspunkten entschieden werden. Auch wenn es an einem solchen Antrag fehlt, kann sich aus dem Zusammenhang ergeben, daß die **Kündigung insgesamt angegriffen** und auch einer ordentlichen Kündigung entgegengetreten wird. Das ist zB der Fall, wenn Zahlungsansprüche über den Zeitpunkt der fristgemäßen Beendigung hinaus geltend gemacht werden. Erstreckt sich der Streitgegenstand dennoch auf die Wirksamkeit der außerordentlichen Kündigung, hindert der Grundsatz der materiellen Rechtskraft grundsätzlich nicht eine erneute gerichtliche Überprüfung der außerordentlichen Kündigung unter dem Aspekt der Umdeutung in eine ordentliche Kündigung.

124 Dies gilt nicht, wenn es der Arbeitgeber im ersten Prozeß unterläßt, die Tatsachen vorzutragen, aus denen sich für den Arbeitnehmer erkennbar der hypothetische Wille zur Umdeutung ergibt.

Werden die Umdeutungsvoraussetzungen dagegen einschließlich der entsprechenden Anträge vollständig vorgetragen und beschränkt sich das Arbeitsgericht dennoch auf die Überprüfung der Rechtswirksamkeit der außerordentlichen Kündigung, so liegt materiell ein **Teilurteil** vor. Hinsichtlich der ordentlichen Kündigung bleibt der Rechtsstreit in erster Instanz zunächst anhängig. Das Teilurteil kann auf Antrag binnen zwei Wochen ergänzt werden (§ 321 ZPO iVm. § 46 Abs. 2 ArbGG). Wird der Antrag aber nicht rechtzeitig gestellt, so endet die Rechtshängigkeit in erster Instanz.

Beispiel: 125

Das Arbeitsgericht hat der Kündigungsschutzklage des Arbeitnehmers gegen eine außerordentliche Kündigung des Arbeitgebers stattgegeben, der Arbeitgeber macht in zweiter Instanz erstmals geltend, die außerordentliche Kündigung sei in eine ordentliche umzudeuten.

Obwohl es sich an sich um neues Vorbringen nach § 67 ArbGG iVm. § 528 Abs. 2 ZPO handelt, wird dieses Vorbringen praktisch nicht wie neues Vorbringen behandelt, da die materiellen Umdeutungsvoraussetzungen bereits im Zeitpunkt des Ausspruchs der außerordentlichen Kündigung vorgelegen haben und es an sich keines Sachvortrags bedurft hätte, allerdings schon des Hinweises, daß der Arbeitgeber die unwirksame außerordentliche Kündigung im Wege der Umdeutung als ordentliche behandelt wissen wollte.

Beschränkt der Arbeitnehmer sein Klagebegehren hinsichtlich der außerordentlichen Kündigung in erster Instanz auf die Einhaltung der Kündigungsfrist, so gelten keine Besonderheiten. Gem. § 6 KSchG kann das Fehlen der sozialen Rechtfertigung der ordentlichen Kündigung **bis zum Schluß der mündlichen Verhandlung erster Instanz** geltend gemacht werden. Das entspricht der herrschenden weiten Auslegung des § 6 KSchG. Diese Vorschrift findet aber keine Anwendung, wenn der Arbeitnehmer sich mit der ordentlichen Kündigung einverstanden erklärt hat[1]. 126

9. Anfechtung und Rücknahme der Kündigungserklärung

a) Anfechtung der Kündigungserklärung

Der Arbeitnehmer kann seine eigene Kündigungserklärung gem. § 123 Abs. 1 BGB wegen Drohung anfechten, wenn er zu deren Abgabe durch die Erklärung des Arbeitgebers veranlaßt worden ist, anderenfalls werde er dem Arbeitnehmer aus wichtigem Grunde kündigen. Diese **Drohung des Arbeitgebers** aber ist dann nicht widerrechtlich, wenn ein verständiger Arbeitgeber eine außerordentliche Kündigung ernsthaft in Erwägung gezogen hätte; dagegen kommt es nicht darauf an, ob die Arbeitgeberkündigung, wenn sie ausgesprochen worden wäre, sich im Gerichtsverfahren als rechtsbeständig erwiesen hätte. Ob ein verständiger Arbeitgeber die außerordentliche Kündigung ernsthaft erwogen hätte, richtet sich nicht nur nach dem tatsächlichen subjektiven Wissensstand 127

---

1 BAG v. 13. 8. 1987, AP Nr. 3 zu § 6 KSchG 1969.

des bestimmten Arbeitgebers. Zu berücksichtigen sind auch die – zB erst im Prozeß gewonnenen – Ergebnisse weiterer Ermittlungen, die ein verständiger Arbeitgeber zur Aufklärung des Sachverhalts angestellt hätte. Maßgeblich ist der objektiv mögliche und damit hypothetische Wissensstand des Arbeitgebers[1].

b) Rücknahme der Kündigungserklärung

128 Eine Kündigung wird als einseitige, empfangsbedürftige Willenserklärung mit Zugang an den Kündigungsempfänger wirksam, es sei denn, diesem geht vorher oder gleichzeitig ein **Widerruf** zu (§ 130 Abs. 1 Satz 2 BGB). Daher kann der Kündigende die Kündigung nach deren Zugang beim Erklärungsempfänger nicht mehr einseitig zurücknehmen. Das Wirksamwerden iSd. Vorschrift des § 130 Abs. 1 Satz 1 BGB, die zum Allgemeinen Teil des BGB gehört, betrifft aber nur die Wirksamkeit der Kündigung in ihrer Eigenschaft als Willenserklärung. Davon zu unterscheiden sind die materiellrechtlichen Wirksamkeitsvoraussetzungen, zB das Vorliegen eines wichtigen Grundes gem. § 626 Abs. 1 BGB oder die soziale Rechtfertigung der Kündigung gem. § 1 KSchG, also die Frage, ob die mit der Willenserklärung gewollte Rechtsfolge tatsächlich eintritt. Die Rücknahme einer unwirksamen Kündigung, deren Rechtsunwirksamkeit trotz Anwendbarkeit des KSchG nicht gerichtlich geltend gemacht werden muß, weil sie aus anderen Gründen als denen fehlender sozialer Rechtfertigung oder Fehlens eines wichtigen Grundes iSv. § 626 BGB unwirksam ist (§§ 7, 13 Abs. 1 KSchG), durch den Kündigenden ist weder möglich noch nötig. Im Falle der Rechtsunwirksamkeit aus anderen Gründen kommt einer Rücknahme keine Bedeutung zu, weil die Kündigungsfolgen ohnehin von vornherein nicht eintreten.

129 Erklärt der Arbeitgeber die **Kündigungsrücknahme,** so liegt darin das Vertragsangebot an den Arbeitnehmer, das Arbeitsverhältnis durch die Kündigung als nicht beendet anzusehen. Nimmt der Arbeitnehmer dieses Angebot an, kommt ein Vertrag über die Aufhebung der Kündigung zustande, dessen Rechtsfolge die unveränderte Fortsetzung des Arbeitsverhältnisses ist[2]. In der bloßen Erhebung der Kündigungsschutzklage liegt allerdings noch keine konkludente Zustimmung des Arbeitnehmers zur Rücknahme der Kündigung des Arbeitgebers. Das in der Rücknahmeerklärung des Arbeitgebers liegende Angebot auf Fortsetzung des alten Arbeitsverhältnisses kann der Arbeitnehmer zB auch annehmen durch die Ankündigung, den Rechtsstreit nach Rücknahme der Kündigungserklärung durch den Arbeitgeber in der Hauptsache für erledigt zu erklären verbunden mit dem Antrag, dem Arbeitgeber die Kosten des Verfahrens aufzuerlegen[3]. Nachdem feststeht, daß der Arbeitnehmer das Rücknahmeangebot des Arbeitgebers wirksam angenommen hat, kann der Arbeitnehmer den Rechtsstreit für erledigt erklären oder die Kündigungsschutzklage auch zurücknehmen. Häufig kommen auch diesbezügliche Vergleiche mit folgendem Inhalt vor:

---

1 BAG v. 16. 11. 1979, BB 1980, 1213.
2 Vgl. BAG v. 19. 8. 1982, BB 1983, 704; BAG v. 24. 1. 1985, NZA 1986, 28.
3 BAG v. 17. 4. 1986, NZA 1987, 17.

I. Kündigungserklärung

> „Der Arbeitgeber nimmt die streitgegenständliche Kündigung vom . . . im Einverständnis des Arbeitnehmers zurück. Die Parteien sind sich darüber einig, daß das bislang bestehende Arbeitsverhältnis unverändert fortbesteht. Der vorliegende Rechtsstreit hat damit seine Erledigung gefunden."

Es ist ferner denkbar, daß der Arbeitgeber nicht nur die Kündigung zurücknimmt, sondern auch den **Feststellungsantrag** auf Unwirksamkeit der Kündigung **ausdrücklich und förmlich anerkennt**. Dann kann der Kläger den Antrag auf Erlaß eines Anerkenntnisurteils stellen. Stellt der Kläger keinerlei Anträge, muß er mit einem klageabweisenden Versäumnisurteil rechnen. 130

Schließlich ist es in der Praxis durchaus üblich, daß ein Arbeitnehmer im Anschluß an die Rücknahme der Kündigung durch den Arbeitgeber einen **Auflösungsantrag** gem. §§ 9, 10 KSchG stellt. In der Stellung des Auflösungsantrags gem. § 9 KSchG durch den Arbeitnehmer nach der erklärten „Kündigungsrücknahme" durch den Arbeitgeber liegt in der Regel die Ablehnung des Arbeitgeberangebotes, die Wirkungen der Kündigung einverständlich rückgängig zu machen und das Arbeitsverhältnis fortzusetzen[1]. Die Rücknahme der Kündigung durch den Arbeitgeber nimmt dem Arbeitnehmer nicht das Recht, nach § 9 KSchG die Auflösung des Arbeitsverhältnisses zu verlangen, zumal durch die Rücknahme der Kündigung durch den Arbeitgeber nicht das Rechtsschutzbedürfnis für die anhängige Kündigungsschutzklage entfällt[2]. 131

Allerdings ist im **Prozeß** dann unbedingt folgendes zu beachten: Der Arbeitnehmer darf sich nicht nur auf den Antrag beschränken, mit dem die Zahlung einer Abfindung begehrt wird. Er muß weiterhin die Rechtsunwirksamkeit der Kündigung geltend machen. Läßt er nämlich den ursprünglichen Kündigungsschutzantrag erkennbar fallen und beschränkt er sich auf ein Abfindungsbegehren, so kann er dadurch einerseits zum Ausdruck bringen, daß er die Rücknahme der Kündigung akzeptiert, womit er andererseits die Rechtsgrundlage für das Auflösungsbegehren entfallen läßt. Existiert nämlich keine streitgegenständliche Kündigung mehr, was der Fall ist, wenn diese einvernehmlich aufgehoben ist, so bleibt kein Raum für einen Auflösungsantrag gem. §§ 9, 10 KSchG.

Hinweis: 132
Wird eine Kündigung ausgesprochen, so muß der Anwalt des Kündigungsempfängers stets prüfen, ob er diese Kündigung rechtzeitig innerhalb der Dreiwochenfrist mit einer **Kündigungsschutzklage** angreifen muß oder nicht. Das gilt insbesondere auch im Hinblick auf die Regelung des § 7 KSchG. Im Zweifelsfall darf sich der Anwalt nicht darauf verlassen, daß es sich um eine nichtige Kündigung handelt, deren Rechtsunwirksamkeit nicht rechtzeitig gerichtlich geltend gemacht werden muß. Auch durch die

---
1 BAG v. 19. 8. 1982, BB 1983, 704.
2 BAG v. 29. 1. 1981, DB 1981, 2438; BAG v. 19. 8. 1982, BB 1983, 704.

> Ankündigung des Kündigenden, er werde die Kündigung zurücknehmen, sollte sich der Kündigungsempfänger nicht von der fristgerechten Erhebung der Kündigungsschutzklage abhalten lassen. Die Erhebung der fristgerechten Kündigungsschutzklage ist also in aller Regel nur dann **entbehrlich,** wenn zum einen bereits die Rücknahmeerklärung vorliegt und zum anderen unzweifelhaft feststeht, daß diese ordnungsgemäß angenommen worden ist. Erst dann ist nämlich ein Vertrag über die Aufhebung der Kündigung zustande gekommen. Nichts anderes gilt, wenn der Kündigungsschutzprozeß bereits läuft und sodann die Kündigung zurückgenommen wird. Üblich ist in derartigen Fällen – wie dargelegt – eine vergleichsweise Regelung oder übereinstimmende Erledigungserklärungen, nachdem die Rücknahme der Kündigung und deren Annahme durch den Kündigungsempfänger jeweils protokolliert oder schriftsätzlich erklärt worden sind. Schließlich geht mit der Rücknahme einer Kündigung nicht selten einher der Ausspruch einer erneuten Kündigung, die dann wiederum fristgerecht angegriffen oder klageerweiternd in den bereits laufenden Kündigungsschutzprozeß eingeführt werden muß, bevor dieser hinsichtlich der einvernehmlich zurückgenommenen Kündigung seine Erledigung gefunden hat.

II. Kündigungsarten

Bei den Kündigungen ist nach verschiedenen Kündigungsarten zu unterscheiden.

1. Beendigungs- und Änderungskündigung

a) Beendigungskündigung

133 Bei den Beendigungskündigungen ist zunächst zu differenzieren zwischen **ordentlichen und außerordentlichen Kündigungen.** Diese unterscheiden sich im Regelfall sowohl hinsichtlich der Kündigungsfrist als auch hinsichtlich des Kündigungsgrundes. Während die ordentliche Kündigung an die dafür maßgebliche **Kündigungsfrist** gekoppelt ist, erfolgt die außerordentliche Kündigung in der Regel aus einem wichtigen Grund und ohne Einhaltung einer Kündigungsfrist. Folglich ist eine außerordentliche Kündigung in der Regel mit einer fristlosen Kündigung gleichzusetzen. Es gibt allerdings auch ordentliche Kündigungen, bei denen keine Kündigungsfrist eingehalten werden muß. So kann etwa das Berufsausbildungsverhältnis während der Probezeit jederzeit ohne Einhaltung einer Kündigungsfrist gekündigt werden (§ 15 Abs. 1 BBiG). Außerdem ist es denkbar, daß im Rahmen des Arbeitsverhältnisses eine ordentliche Kündigung – zB aufgrund entsprechender tarifvertraglicher Regelungen – ausgeschlossen ist. Will der Arbeitgeber das Arbeitsverhältnis gleichwohl, zB wegen Betriebsstillegung, kündigen, ist er zum Ausspruch einer außerordentlichen Kündigung gezwungen, muß eine derartige Kündigung aber mit einer Auslauf-

II. Kündigungsarten

frist verbinden, die sich an derjenigen Kündigungsfrist zu orientieren hat, welche gelten würde, falls die ordentliche Kündigung nicht ausgeschlossen wäre (sogenannte außerordentliche Kündigung mit Auslauffrist).

Im übrigen unterscheiden sich die ordentliche und die außerordentliche fristlose Kündigung hinsichtlich des **Kündigungsgrundes**. So ist etwa bei der ordentlichen Kündigung eines Arbeitsverhältnisses außerhalb des Kündigungsschutzgesetzes kein Kündigungsgrund notwendig. Unterfällt das Arbeitsverhältnis jedoch dem Kündigungsschutzgesetz, muß die Kündigung gem. § 1 Abs. 2 KSchG sozial gerechtfertigt sein. Wird das Arbeitsverhältnis dagegen außerordentlich fristlos gekündigt, so bedarf es zur Rechtfertigung dieser Kündigung eines wichtigen Grundes (vgl. § 626 Abs. 1 BGB und § 15 Abs. 2 BBiG). 134

b) Änderungskündigung

Änderungskündigungen setzen sich aus zwei Teilen zusammen, nämlich zum einen aus einer ganz normalen **Beendigungskündigung** und zum anderen aus dem **Angebot auf die Fortsetzung des Arbeitsverhältnisses zu geänderten Arbeitsbedingungen** (vgl. § 2 KSchG). Die im Rahmen einer solchen Änderungskündigung ausgesprochene Beendigungskündigung wird dabei in der Regel als ordentliche Kündigung ausgesprochen. Es ist aber auch eine außerordentliche/fristlose Kündigung denkbar, sofern ein wichtiger Grund vorhanden ist. – Zu den Einzelheiten vgl. oben Teil 3 A Rz. 47 ff. 135

2. Vorsorgliche Kündigung

In der arbeitsrechtlichen Praxis kommt es regelmäßig zu vorsorglichen Kündigungen, und zwar insbesondere dann, wenn etwa im Rahmen eines laufenden Prozesses nicht ausgeschlossen werden kann, daß die **bereits ausgesprochene Kündigung** an **formellen Mängeln** leidet und die ausgesprochene Kündigung bereits aus diesem Grunde rechtsunwirksam ist, zB wegen nicht ordnungsgemäßer Betriebsratsanhörung oder wegen Ausspruchs der Kündigung durch eine Person, deren ordnungsgemäße Bevollmächtigung zweifelhaft ist. Auch ist es denkbar, daß lediglich eine außerordentliche/fristlose Kündigung und nicht hilfsweise eine ordentliche Kündigung ausgesprochen wurde und/oder es an einer Anhörung des Betriebsrats zur hilfsweise beabsichtigten ordentlichen Kündigung fehlt. Vertritt der Anwalt den Kündigenden in derartigen Zweifelsfällen, ist es aufgrund anwaltlicher Vorsorge unbedingt geboten, vorsorglich erneut unter Beachtung sämtlicher formellen Aspekte eine Kündigung zu veranlassen. Das wird in der anwaltlichen Beratungspraxis nicht selten übersehen. So ist es beispielsweise denkbar, daß im Anwendungsbereich des Kündigungsschutzgesetzes betriebsbedingt gekündigt wird und die vom Anwalt des Arbeitgebers vorgetragenen Kündigungsgründe nach Auffassung des Gerichts nicht zu einer sozialen Rechtfertigung der streitgegenständlichen Kündigung führen. Ein solcher Prozeß kann, insbesondere wenn er durch mehrere Instanzen geführt wird, Jahre in Anspruch nehmen. In der Praxis kommt es gerade in solchen Fällen häufig vor, daß erst nach dem Ausspruch der ersten Kündigung andere 136

Kündigungsgründe entstehen, zB wegen betrieblicher Umorganisation. Auch gibt es immer wieder Fälle, in denen der Betrieb so weit reduziert worden ist, daß das Kündigungsschutzgesetz keine Anwendung mehr findet. Dann bedarf die erneute Kündigung keines Kündigungsgrundes mehr.

137 In all diesen Fällen, in denen eine Partei des Arbeitsvertrages – in der Regel der Arbeitgeber – davon ausgeht, daß ihre zunächst ausgesprochene Kündigung bereits rechtswirksam ist und in denen unter Aufrechterhaltung dieses Rechtsstandpunktes erneut (vorsorglich) gekündigt wird, handelt es sich bei der bzw. den nachfolgenden Kündigungen jeweils um **unbedenklich zulässige unbedingte Kündigungen,** die auch jeweils rechtzeitig durch Klage angegriffen werden müssen. Zusammenfassend läßt sich hinsichtlich der vorsorglichen Kündigung für die tägliche Anwaltspraxis feststellen, daß diese keinerlei rechtlichen Bedenken begegnet und vielfach unbedingt aus Gründen anwaltlicher Vorsorge geboten ist.

3. Bedingte Kündigung

138 Die Kündigungserklärung ist, weil es sich bei ihr um ein einseitiges gestaltendes Rechtsgeschäft handelt, im **Grundsatz bedingungsfeindlich.** Es ist daher unbedingt davor zu warnen, Kündigungen zu veranlassen, die unter einer Bedingung ausgesprochen werden. Beispielsweise sind demgemäß Kündigungen rechtsunwirksam, die etwa unter der Bedingung ausgesprochen werden, daß

▶ die künftige Leistung des Arbeitnehmers nicht zur Zufriedenheit des Arbeitgebers ausfällt[1] oder

▶ künftig nicht in hinreichendem Umfang beim Arbeitgeber bestimmte Aufträge eingehen.

139 In den vorgenannten Fällen steht nicht zweifelsfrei fest, ob und ggf. wann die Voraussetzungen für die Wirksamkeit dieser bedingten Kündigung vorliegen, obwohl es Sache des Kündigenden ist, die Voraussetzungen für die eindeutige Wirksamkeit der von ihm ausgesprochenen Kündigung klarzustellen.

140 In der letztgenannten Entscheidung hat das Bundesarbeitsgericht eine „bedingte" Kündigung lediglich für den Fall als wirksam angesehen, daß der **Eintritt der Bedingung alleine vom Willen des Kündigungsempfängers abhängt,** dieser sich also unmittelbar nach dem Zugang der Kündigung sofort entschließen kann, ob er die Bedingung erfüllen will oder nicht. In einem derartigen Fall entsteht für den Gekündigten keine Ungewißheit. Das Bundesarbeitsgericht hatte im Rahmen der vorgenannten Entscheidung über eine fristlose Kündigung unter der Bedingung zu entscheiden, daß der Arbeitnehmer nicht am folgenden Tag zur Arbeit erscheint. Hier konnte der Arbeitnehmer alleine aufgrund seines eigenen Verhaltens eigenständig die Ungewißheit über die Beendigung des Arbeitsverhältnisses beseitigen. Eine solche Kündigung wird als Kündigung unter einer „Potestativbedingung" bezeichnet. Auch die Ände-

---

1 BAG v. 27. 6. 1968, AP Nr. 1 zu § 626 BGB – Bedingung.

rungskündigung kann im Rahmen einer bestimmten Konstellation als Kündigung unter einer Potestativbedingung verstanden werden. Bei der Änderungskündigung handelt es sich – wie dargelegt – zum einen um eine Beendigungskündigung, die mit dem Angebot auf Fortsetzung des Arbeitsverhältnisses zu geänderten Bedingungen verknüpft wird. Ist davon auszugehen, daß der Kündigungsempfänger das mit der Beendigungskündigung einhergehende Angebot auf Fortsetzung des Arbeitsverhältnisses zu geänderten Bedingungen endgültig abgelehnt hat, zB weil er es nicht rechtzeitig angenommen hat, so geht es nur noch um die Rechtswirksamkeit der Beendigungskündigung. Im Hinblick darauf wird die Änderungskündigung auch als echte Kündigung unter der aufschiebenden Bedingung bezeichnet, daß der Gekündigte die mit der Kündigung zugleich angebotene Änderung des Vertrages ablehnt[1].

Selbst dann, wenn der Arbeitgeber eine **Kündigung unter einer Potestativbedingung** ausspricht, muß er bereits beim Ausspruch dieser Kündigung zB das Anhörungsverfahren nach § 102 BetrVG abgeschlossen und eine evtl. erforderliche Zustimmung der Behörde, zB bei Schwangeren und Schwerbehinderten, eingeholt haben. Die Kündigungsfrist beginnt jedoch bei einer Kündigung unter einer Potestativbedingung nach richtiger Auffassung noch nicht mit dem Zugang der Kündigungserklärung, sondern erst mit dem Ablauf einer für den Arbeitnehmer vorgesehenen Entscheidungsfrist[2].   141

4. Teilkündigung

Unter einer Teilkündigung ist eine Kündigung zu verstehen, die eine Partei des Arbeitsvertrages nur in bezug auf einzelne oder mehrere Regelungen im Arbeitsvertrag ausspricht. Die Teilkündigung ist **grundsätzlich rechtsunwirksam**. Zu den Einzelheiten vgl. oben Teil A Rz. 42 ff.   142

5. Druck- und Verdachtskündigung

Druck- und Verdachtskündigungen sind ganz normale Kündigungen aus bestimmten und unter bestimmten Voraussetzungen anerkannten Kündigungsgründen[3].   143

III. Kündigungsfristen und -termine

1. Allgemeines

In Arbeitsrechtsangelegenheiten ist der Anwalt im Zusammenhang mit fast jeder Kündigung mit der Prüfung der maßgeblichen Kündigungsfrist und der einzuhaltenden Kündigungstermine befaßt.   144

---

1 Vgl. *Stahlhacke/Preis*, Rz. 134 mwN; siehe auch oben Teil 3 A Rz. 52.
2 MünchArbR/*Wank*, § 115 Rz. 45; aA *Stahlhacke/Preis*, Rz. 136.
3 *Stahlhacke/Preis*, Rz. 541, 578 ff. mwN.

145 Die jeweils maßgebliche Kündigungsfrist muß beim Ausspruch einer ordentlichen Kündigung grundsätzlich **von beiden Parteien des Arbeitsvertrages eingehalten** werden. Kündigt eine Partei ohne Einhaltung der auf das Arbeitsverhältnis anzuwendenden Kündigungsfrist, bedarf ein vorzeitiges Ausscheiden der Zustimmung der jeweils anderen Partei des Arbeitsvertrages. Nur wenn diese Zustimmung vorliegt, ist die Vertragsbeendigung zu dem von beiden Parteien gewollten Termin unbeschadet der Bezeichnung des Rechtsgeschäfts als Kündigung nach der wahren Rechtslage durch Vertrag herbeigeführt worden[1]. Dementsprechend kann die Einhaltung der zwischen Arbeitgeber und Arbeitnehmer vereinbarten vertraglichen Regelungen durch den Arbeitnehmer im Arbeitsvertrag durch Vertragsstrafe gesichert werden. Das gilt auch dann, wenn eine vereinbarte Kündigungsfrist länger als die gesetzliche Kündigungsfrist ist[2].

146 Nachdem das Bundesverfassungsgericht bereits im Jahre 1990 die unterschiedlichen Kündigungsfristen für Arbeiter und Angestellte für verfassungswidrig erklärt hatte, ist § 622 BGB aufgrund des Kündigungsfristengesetzes vom 7. 10. 1993 geändert worden. Nunmehr kann das Arbeitsverhältnis eines Arbeiters oder eines Angestellten (Arbeitnehmers) gem. § 622 Abs. 1 BGB grundsätzlich mit einer Frist von **vier Wochen** zum 15. oder zum Ende eines Kalendermonats gekündigt werden (sogenannte **Grundkündigungsfrist**). Hiervon zu unterscheiden sind die sogenannten verlängerten Kündigungsfristen gem. § 622 Abs. 2 Satz 2 BGB. Diese **verlängerten Kündigungsfristen** gelten grundsätzlich nur für eine Kündigung durch den **Arbeitgeber**. Außerdem werden im Rahmen der verlängerten Kündigungsfristen bei der Berechnung der Beschäftigungsdauer Zeiten, die vor der Vollendung des 25. Lebensjahres des Arbeitnehmers liegen, nicht berücksichtigt (§ 622 Abs. 2 BGB). Nach dieser Vorschrift gelten folgende verlängerte Kündigungsfristen – jeweils zum Ende eines Kalendermonats –, wenn das Arbeitsverhältnis in dem Betrieb oder Unternehmen seit

- ▶ 2 Jahren bestanden hat, ein Monat
- ▶ 5 Jahren bestanden hat, zwei Monate
- ▶ 8 Jahren bestanden hat, drei Monate
- ▶ 10 Jahren bestanden hat, vier Monate
- ▶ 12 Jahren bestanden hat, fünf Monate
- ▶ 15 Jahren bestanden hat, sechs Monate
- ▶ 20 Jahren bestanden hat, sieben Monate.

147 § 622 BGB gilt dabei für **alle ordentlichen Beendigungs- und Änderungskündigungen** und damit nicht für fristlose Kündigungen gem. § 626 BGB. Grundsätzlich gilt § 622 BGB, sofern keine tarifvertraglichen Bestimmungen maßgeblich sind, für alle Unternehmen und insbesondere auch für Kleinunternehmen, wie § 622 Abs. 5 Nr. 2 BGB zeigt, wonach in diesen Kleinunternehmen nur aufgrund einzelvertraglicher Vereinbarungen kürzere Kündigungsfristen vereinbart werden können (siehe dazu unten Rz. 167 ff.).

---

1 BAG v. 24. 1. 1985, DB 1985, 1484.
2 BAG v. 27. 5. 1992, AuR 1992, 318.

III. Kündigungsfristen und -termine   Rz. 150 Teil 3 C

Von § 622 BGB werden grundsätzlich **alle Arbeitnehmer** sowohl hinsichtlich der Grundkündigungsfrist als auch bezüglich der verlängerten Kündigungsfristen erfaßt. Diese Vorschrift gilt also sowohl für Voll- als auch für Teilzeitbeschäftigte sowie insbesondere auch für sogenannte geringfügig Beschäftigte. Für   148

▶ Hausangestellte/Hausgehilfen

▶ arbeitnehmerähnliche Personen und Organmitglieder

gelten jedoch Besonderheiten. **Hausangestellte/Hausgehilfen** haben bei Arbeitgeberkündigungen keinen Anspruch auf die Einhaltung der verlängerten Kündigungsfristen des § 622 Abs. 2 BGB. Diese Vorschrift setzt voraus, daß das Arbeitsverhältnis in einem Betrieb oder Unternehmen bestanden hat, was bei Hausangestellten/Hausgehilfen nicht der Fall ist[1]. Folglich bleibt es bei diesen unabhängig von der Beschäftigungsdauer bei der Grundkündigungsfrist des § 622 Abs. 1 BGB.

Bei **arbeitnehmerähnlichen Personen** sind die Kündigungsfristen des § 621 Nr. 3 BGB maßgeblich, wenn sie aufgrund eines Dienstvertrages beschäftigt werden. Für Geschäftsführer einer GmbH, die am Kapital der Gesellschaft nicht beteiligt sind, ist davon auszugehen, daß § 622 BGB (sowohl Abs. 1 als auch Abs. 2) entsprechende Anwendung findet[2].   149

2. Sonderregelungen

Folgende Sonderregelungen sind zu beachten: 150

▶ Bei **Berufsausbildungsverhältnissen** ist § 15 BBiG einschlägig.

▶ Hinsichtlich der **Schwerbehinderten** gilt – soweit diese nicht nach Gesetz oder Tarifvertrag bessergestellt sind – § 16 Schwerbehindertengesetz, wenn deren Arbeitsverhältnis im Zeitpunkt des Zugangs der Kündigungserklärung ohne Unterbrechung länger als sechs Monate besteht (§ 20 Abs. 1 Nr. 1 SchwbG).

▶ Für Arbeitnehmer, die nach dem **Bundeserziehungsgeldgesetz** (BErzGG) berechtigt sind, ist dessen § 19 einschlägig.

▶ Für **Heimarbeiter** ist § 29 HAG und für Heuerverhältnisse § 63 Seemannsgesetz einschlägig.

▶ Auch im Rahmen von **Leiharbeitsverhältnissen** gilt grundsätzlich § 622 Abs. 1 BGB (vgl. § 11 AÜG). Eine einzelvertragliche Abkürzung der Kündigungsfristen entsprechend § 622 Abs. 5 Satz 1 Nr. 1 BGB ist im Leiharbeitsverhältnis jedoch nicht möglich (vgl. § 11 Abs. 4 Satz 1 AÜG).

▶ Bei **Insolvenz des Arbeitgebers** ist bis zum vollständigen Inkrafttreten der Insolvenzordnung vom 5. 10. 1994[3] mit Wirkung zum 1. 1. 1999 wie folgt zu differenzieren:

---

1 KR/*Hillebrecht/Spilger*, § 622 BGB Rz. 65.
2 BGH v. 29. 1. 1981, AP Nr. 14 zu § 622 BGB.
3 BGBl. 1994 I, 2866.

Im Geltungsbereich der **Konkursordnung** ist § 113 InsO aufgrund Art. 6 des Arbeitsrechtlichen Beschäftigungsförderungsgesetzes[1] bereits seit dem 1. 10. 1996 anzuwenden. Zwar wurde § 22 KO nicht ausdrücklich aufgehoben, jedoch ergibt sich dessen Unanwendbarkeit bereits aus dem Grundsatz „lex posterior derogat legi priori"[2]. Nach § 113 Abs. 1 InsO gilt eine Kündigungsfrist von drei Monaten zum Monatsende, sofern nicht eine kürzere Frist maßgeblich ist. Von Bedeutung ist weiterhin, daß Arbeitnehmer, die Unwirksamkeit der Kündigung durch den Insolvenz-/Konkursverwalter auch dann innerhalb der Drei-Wochen-Frist des Kündigungsschutzgesetzes geltend machen müssen, wenn sie sich auf andere als die in § 1 Abs. 2 und 3 des KSchG bezeichneten Gründe berufen.

Im Geltungsbereich der **Vergleichs- und Gesamtvollstreckungsordnung** findet sich eine solche Übergangsregelung nicht. Hier bleibt es also bis zum Inkrafttreten der Insolvenzordnung am 1. 1. 1999 noch bei den Sonderregelungen gemäß § 51 Abs. 2 VerglO und § 9 Abs. 2 GesamtvollstreckungsO. Danach sind für die jeweiligen Kündigungsfristen die gesetzlichen Bestimmungen maßgeblich. Gesetzliche Kündigungsfristen in diesem Sinne sind auch die in einem Tarifvertrag geregelten Kündigungsfristen[3].

3. Berechnung der Kündigungsfrist

151 Maßgeblich sind die **§§ 186 ff. BGB.** Der Tag, an dem die Kündigung zugeht, wird nicht mitgerechnet. Die Frist läuft erst ab dem Folgetag (§ 187 Abs. 1 BGB). § 193 BGB findet auf Kündigungsfristen keine Anwendung. Deshalb ist es unerheblich, ob der letzte Tag, an dem noch gekündigt werden kann, auf einen Sonnabend, Sonntag oder Feiertag fällt. Dementsprechend kommt es auch nicht darauf an, ob der Tag, an dem der Arbeitsvertrag lt. Kündigung sein Ende finden soll, ein solcher Sonnabend, Sonntag oder Feiertag ist[4].

152 Während uU bei Kleinunternehmen im Rahmen der Geltung von § 622 Abs. 5 Satz 1 Nr. 2 BGB nur eine vierwöchige Kündigungsfrist ohne bestimmten **Endtermin** maßgeblich ist, muß im Anwendungsbereich von § 622 Abs. 1 BGB (Grundkündigungsfrist) zum einen eine vierwöchige Frist eingehalten werden und zum anderen darf nur zum 15. des Monats oder zum Monatsende gekündigt werden.

153 Vier Wochen sind 28 Tage. Das bedeutet, daß die **vierwöchige Kündigungsfrist** unterschiedlich ist, je nachdem ob es sich um Monate mit 30 Tagen oder um Monate mit 31 Tagen handelt. Abgesehen davon gelten für den kürzeren Monat Februar ohnehin Besonderheiten. Wird in Monaten mit 30 Tagen zum 15. des Folgemonats gekündigt, so muß die Kündigung bis zum 17. des Vormonats erfolgen. Wird die Kündigung in solchen Monaten mit 30 Tagen zum Monatsende ausgesprochen, so muß sie bis zum 2. dieses Monats zugehen. In Monaten

---

1 BGBl. 1996 I, 1476.
2 So zutreffend *Eisenbeis*, in: Kasseler Handbuch zum Arbeitsrecht I, 1.9, Rz. 5.
3 Vgl. BAG v. 7. 6. 1984, AP Nr. 1 zu § 9 GesO.
4 Vgl. BAG v. 5. 3. 1970, AP Nr. 1 und Nr. 2 zu § 193 BGB.

III. Kündigungsfristen und -termine

mit 31 Tagen und einer Kündigung zum 15. des Monats muß die Kündigung spätestens am 18. des Vormonats und bei Kündigungen zum Monatsende in Monaten mit 31 Tagen spätestens am 3. des Monats zugehen.

Fehlt es am rechtzeitigen Zugang oder wird die Kündigung auf der Basis einer zu kurzen Frist erklärt, so gilt die Kündigung im Zweifel als **zum nächsten zulässigen Kündigungstermin** erklärt[1]. 154

> **Hinweis:** 155
> Für die Praxis wird dringend davon abgeraten, gerade dann, wenn der rechtzeitige Zugang nicht ohne weiteres gewährleistet ist, mit dem Anspruch der Kündigung **bis zum letzten Tag** vor Beginn der Frist zum danach möglichen Kündigungstermin zu warten. So droht zB die Gefahr, daß das KSchG Anwendung findet, wenn der Zeitraum von sechs Monaten überschritten wird (vgl. § 1 Abs. 1 KSchG).

Dieser Gefahr kann auch nicht durch eine Regelung, wonach der Tag der Absendung des Kündigungsschreibens als Tag der Erklärung gelten soll, entgegengetreten werden, weil eine solche Vereinbarung unzulässig ist[2].

4. Mindestkündigungsfristen

a) Zwingende Kündigungsfristen und Ausnahmen

Die gesetzliche Grundkündigungsfrist des § 622 Abs. 1 BGB ist als eine grundsätzlich nicht abdingbare Mindestkündigungsfrist zu qualifizieren[3]. Es gelten nur folgende **Ausnahmen:** 156

- Im Rahmen einer **Probezeitvereinbarung** gilt § 622 Abs. 3 BGB (siehe unten Rz. 168 ff.);
- im **Geltungsbereich eines Tarifvertrages** kommt die einzelvertragliche Bezugnahme auf diesen in Betracht (§ 622 Abs. 4 Satz 2 BGB – siehe unten Rz. 177 ff.);
- für **vorübergehende Aushilfstätigkeiten** greift § 622 Abs. 5 Satz 1 Nr. 1 BGB ein (siehe unten Rz. 173 ff.);
- für **Kleinunternehmen** gilt § 622 Abs. 5 Satz 1 Nr. 2 BGB.

Auch die verlängerten Kündigungsfristen des § 622 Abs. 2 Satz 1 BGB sind für den Arbeitgeber grundsätzlich **zwingend**.

Ebensowenig ist es zulässig, wenn für die arbeitgeberseitige Kündigung einzelvertraglich zusätzliche, über das Gesetz hinausgehende Kündigungstermine vereinbart werden[4].

---

1 Vgl. BAG v. 18. 4. 1985, EzA § 622 BGB nF Nr. 21.
2 BAG v. 13. 10. 1976, EzA § 130 BGB Nr. 6.
3 KR/*Hillebrecht*, § 622 BGB Rz. 141.
4 *Kramer*, S. 109.

157 Für den Regelfall bietet sich deshalb folgende **Vertragsformulierung** an:

> „Das Arbeitsverhältnis kann von beiden Parteien mit einer Frist von vier Wochen zur Monatsmitte oder zum Monatsende gekündigt werden. Besteht das Arbeitsverhältnis im Betrieb oder Unternehmen zwei Jahre oder länger, gilt für die arbeitgeberseitige Kündigung § 622 Abs. 2 BGB."

b) Altverträge

158 In zahlreichen Altverträgen, gemeint sind Arbeitsverträge, die vor dem Inkrafttreten des Kündigungsfristengesetzes abgeschlossen sind, finden sich vielfach **Verweisungen auf die früher geltenden Kündigungsfristen,** wonach etwa

- insoweit die gesetzlichen Vorschriften maßgeblich sind oder
- das Arbeitsverhältnis mit einer (gesetzlichen) Kündigungsfrist von sechs Wochen beendet wird.

Hier stellt sich die Frage, ob diese Klauseln eine deklaratorische oder eine konstitutive Verweisung darstellen. Soweit auf die gesetzlichen Vorschriften Bezug genommen wird, dürfte davon auszugehen sein, daß in der Regel das Gesetz in seiner jeweils gültigen Fassung gemeint ist.

Wird nur eine Kündigungsfrist von **sechs Wochen zum Quartalsende** vereinbart, ohne daß das Wort „Gesetz" vorkommt, verbleibt es bei der Gültigkeit der sechswöchigen Kündigungsfrist zum Quartalsende. Heißt es nicht nur Kündigungsfrist, sondern gesetzliche Kündigungsfrist, so wird einerseits Bezug genommen auf das Gesetz und andererseits eine konkrete Festlegung der Frist vereinbart. Auch hier überwiegt das Vereinbarungselement. Es bleibt daher auch in diesem Falle trotz der gesetzlichen Neuregelung bei der sechswöchigen Kündigungsfrist zum Quartalsende[1].

159 **Hinweis:**

Soll vom Anwalt im Rahmen einer arbeitsvertraglichen Regelung lediglich eine allgemeine Mindestkündigungsfristenregelung entworfen werden, so bietet sich alternativ zu dem oben (Rz. 157) gemachten Vorschlag folgende Formulierung an:

„Das Arbeitsverhältnis kann beiderseits ordentlich unter Einhaltung der gesetzlichen Bestimmungen in ihrer jeweils gültigen Fassung gekündigt werden."

---

1 *Kramer,* S. 119 ff.

5. Vertragliche Verlängerung und Verkürzung der Kündigungsfristen

a) Verlängerung der Kündigungsfristen

Die einzelvertragliche Vereinbarung **längerer** als der in den Abs. 1 bis 3 des § 622 BGB genannten **Kündigungsfristen** ist grundsätzlich zulässig. Ebenso können weniger Kündigungstermine vereinbart werden. Das läßt sich ohne weiteres aus § 622 Abs. 5 Satz 2 BGB herleiten. Für die Kündigung des Arbeitsverhältnisses durch den Arbeitnehmer darf allerdings keine längere Frist vereinbart werden als für die Kündigung durch den Arbeitgeber (§ 622 Abs. 6 BGB).

Für die Kündigung des Arbeitsverhältnisses **durch den Arbeitgeber** kann eine beliebig lange Kündigungsfrist vereinbart werden. Dies folgt aus der Zulässigkeit der Vereinbarung eines Kündigungsausschlusses, wobei die Möglichkeit einer außerordentlichen Kündigung bestehen bleibt[1].

Jedoch ist es auch denkbar, daß der Arbeitgeber berechtigterweise daran interessiert ist, im Falle der arbeitnehmerseitigen Kündigung eines besonders qualifizierten oder unentbehrlichen Mitarbeiters genügend Zeit zu haben, um die Nachfolge dieses Arbeitnehmers zu regeln. Im Hinblick auf die Bestimmung des § 624 BGB darf der Arbeitnehmer jedoch nicht länger als **maximal 5^1/$_2$ Jahre** an den Arbeitsvertrag gebunden werden. Insoweit ist jedoch zu beachten, daß ein evtl. vereinbarter Kündigungstermin in die Bindungsdauer mit einzubeziehen und damit bei der Berechnung zu berücksichtigen ist. Das hat zur Folge, daß zB eine fünfjährige Kündigungsfrist mit einem Kündigungstermin zum Jahresende unwirksam ist, weil während jeweils der ersten Jahreshälfte die zulässige Gesamtbindungsdauer von **5^1/$_2$ Jahren** überschritten wird[2].

Im übrigen hängt es bei einer einzelvertraglichen – und vom Arbeitnehmer nach dem Vertrag einzuhaltenden – Kündigungsfrist, die zwar unter Beachtung von § 624 BGB vereinbart wurde, aber wesentlich länger als die gesetzliche Kündigungsfrist ist, von der Abwägung aller Umstände des Einzelfalles ab, ob eine solche Klausel das **Grundrecht des Arbeitnehmers auf freie Wahl des Arbeitsplatzes (Art. 12 GG)** verletzt oder eine **sittenwidrige Beschränkung seiner beruflichen oder wirtschaftlichen Bewegungsfreiheit** (§ 138 BGB) darstellt[3]. Im Hinblick auf die notwendige Betrachtung sämtlicher Umstände des **Einzelfalles** ist es nicht möglich, eine bestimmte vom Arbeitnehmer einzuhaltende Kündigungsfrist festzulegen, die von der Rechtsprechung in jedem Fall entweder als zulässig oder unzulässig angesehen wird. Zunächst einmal ist der betreffende Arbeitsplatz zu berücksichtigen. Je komplexer und verantwortungsvoller er ist, desto eher dürfen längere Kündigungsfristen vereinbart werden. Unter Berücksichtigung der einschlägigen Rechtsprechung des BAG[4] dürfte für die Praxis jedenfalls davon auszugehen sein, daß von der Rechtsprechung auch vom Arbeitnehmer einzuhaltende Kündigungsfristen von **weit über einem Jahr**

---
1 *Kramer*, S. 112 ff.
2 *Kramer*, S. 112 ff.
3 Vgl. *Stahlhacke/Preis*, Rz. 370.
4 BAG v. 19. 12. 1991, EzA § 624 BGB Nr. 1.

anerkannt werden. Bei dem vorgenannten Fall, den das Bundesarbeitsgericht zu entscheiden hatte, handelte es sich um einen Arbeitsvertrag für die Dauer von fünf Jahren, der sich danach jeweils um weitere fünf Jahre verlängerte, falls er nicht von einer Seite, unter Einhaltung einer Kündigungsfrist von einem Jahr gekündigt wurde. Das BAG hat in der vorgenannten Entscheidung die von den Parteien gewählte einjährige Kündigungsfrist zum Ablauf des Fünfjahresvertrages ausdrücklich als nicht unangemessen qualifiziert.

164 Stellt sich heraus, daß für die Kündigung des Arbeitsverhältnisses **durch den Arbeitnehmer** eine überlange und deshalb unwirksame Kündigungsfrist vereinbart worden ist, so stellt sich die Frage, ob diese unwirksame Klausel vollständig unwirksam ist oder ob sie geltungserhaltend mit noch zulässigem Inhalt aufrechtzuerhalten ist. Im ersteren Falle entsteht eine Vertragslücke, die durch die gesetzlichen Kündigungsfristen zu schließen ist. Im zweiten Falle ist eine geltungserhaltende Reduzierung der betreffenden Klausel auf die gerade noch zulässige Fristlänge denkbar[1].

165 Nach alledem ist nichts dagegen einzuwenden, wenn der **Arbeitgeber längere Kündigungsfristen und -termine** einhalten muß als der Arbeitnehmer. Es ist jedoch auch der umgekehrte Fall denkbar, daß die Parteien für die Kündigung seitens des **Arbeitnehmers längere Kündigungsfristen und -termine** vorsehen als für eine arbeitgeberseitige Kündigung. Eine solche Regelung ist unzweifelhaft wegen Verstoßes gegen § 622 Abs. 6 BGB unwirksam. An die Stelle dieser unwirksamen Regelung tritt jedoch regelmäßig nicht die gesetzliche Frist. Vielmehr muß im Zweifel davon ausgegangen werden, daß die längere – an sich nur für die Kündigung durch den Arbeitnehmer gedachte – Kündigungsfrist dann auch **für alle beiderseitigen ordentlichen Kündigungen** maßgeblich ist. Dies wird aus § 89 Abs. 2 HGB hergeleitet, wonach bei Vereinbarung einer kürzeren Frist für den Unternehmer die für den Handelsvertreter vereinbarte Frist gilt[2]. Entsprechendes gilt, wenn lediglich weniger Kündigungstermine zu Lasten des Arbeitnehmers vereinbart werden[3]. Maßgeblich ist diejenige Kündigungsregelung, die weniger Kündigungstermine vorsieht.

166 Zusammenfassend läßt sich feststellen, daß den Parteien hinsichtlich der einzelvertraglichen Vereinbarung von Kündigungsfristen grundsätzlich ein **breiter Vertragsgestaltungsspielraum** zusteht. Für die Kündigung des Arbeitsverhältnisses durch den Arbeitgeber kann sogar eine beliebig lange Kündigungsfrist vereinbart werden. Wird für die Kündigung des Arbeitsverhältnisses durch den Arbeitnehmer eine überlange Kündigungsfrist vereinbart, so kann dies unter Umständen zu einer geltungserhaltenden Reduktion, aber auch dazu führen, daß die diesbezügliche Klausel vollständig unwirksam ist und durch die gesetzliche Kündigungsfrist ersetzt wird. Grundsätzlich erscheint es jedoch unbedenklich, wenn ein Arbeitnehmer weit über ein Jahr vertraglich gebunden wird. Es hat wenig Sinn, die Bindung des Arbeitnehmers dadurch herbeizuführen, daß diesbe-

---

1 Vgl. *Kramer*, S. 113, 119 und *Stahlhacke/Preis*, Rz. 370 f.
2 KR/*Hillebrecht/Spilger*, § 622 BGB Rz. 202.
3 KR/*Hillebrecht/Spilger*, § 622 BGB Rz. 205.

III. Kündigungsfristen und -termine

zügliche Kautionsklauseln oder Abfindungsregelungen vereinbart werden oder etwa lediglich die Kündigung des Arbeitnehmers vor Dienstantritt ausgeschlossen wird. Derartige Klauseln sind geeignet, auf den Kündigungsentschluß des Arbeitnehmers Einfluß zu nehmen und sind deshalb als unzulässig zu qualifizieren[1].

b) Verkürzung der Kündigungsfristen

Die gesetzlichen Mindestkündigungsfristen können nur in ganz besonderen, gesetzlich genau geregelten Fällen durch entsprechende einzelvertragliche Vereinbarung verkürzt werden:

167

aa) Vereinbarte Probezeit

Während einer vereinbarten Probezeit, längstens für die Dauer von sechs Monaten, kann das Arbeitsverhältnis mit einer **Frist von zwei Wochen** gekündigt werden (§ 622 Abs. 3 BGB). Dabei kann sowohl ein befristetes Probearbeitsverhältnis als auch ein unbefristetes Arbeitsverhältnis mit vorgeschalteter Probezeit vereinbart werden.

168

Formulierungsbeispiel für ein **befristetes Probearbeitsverhältnis**:

169

> „Das Arbeitsverhältnis wird zunächst für die Dauer einer Probezeit von (maximal sechs) Monaten befristet abgeschlossen und endet nach dieser Zeit automatisch, ohne daß es einer Kündigung bedarf, wenn es nicht schriftlich in ein unbefristetes Arbeitsverhältnis umgewandelt wird."

Beispiel für die Formulierung eines **unbefristeten Arbeitsverhältnisses mit vorgeschalteter Probezeit**:

170

> „Das Arbeitsverhältnis wird auf unbestimmte Dauer abgeschlossen. Die ersten (maximal sechs) Monate gelten als Probezeit."

Hinsichtlich der **Kündigung** kann sowohl beim befristeten Probearbeitsverhältnis als auch beim unbefristeten Arbeitsverhältnis mit vorgeschalteter Probezeit folgende Kündigungsregelung verabredet werden:

171

> „Während der Probezeit kann das Arbeitsverhältnis beiderseitig unter Einhaltung der in der Probezeit maßgeblichen gesetzlichen Kündigungsfrist gekündigt werden. Das Arbeitsverhältnis kann nach Ablauf der Probezeit beiderseits nach den gesetzlichen Kündigungsvorschriften beendet werden. Das Recht zur außerordentlichen Kündigung aus wichtigem Grund gem. § 626 BGB bleibt unberührt."

---

1 Vgl. BAG v. 11. 3. 1971, AP Nr. 9 zu § 622 BGB; BAG v. 6. 9. 1989, EzA § 622 BGB nF Nr. 26 und LAG Hamm v. 15. 3. 1989, LAGE § 622 BGB Nr. 14.

172 Steht fest, daß ein Probearbeitsverhältnis vereinbart worden ist, fehlt es jedoch an einer ausdrücklichen Vereinbarung der für die Probezeit maßgeblichen gesetzlichen Kündigungsfrist, so ist davon auszugehen, daß in der Vereinbarung eines Probearbeitsverhältnisses in der Regel auch die **stillschweigende Vereinbarung der gesetzlich zulässigen Mindestkündigungsfrist** liegt[1].

bb) Vorübergehende Einstellung zur Aushilfe und Kleinunternehmen

173 Außerdem kann die gesetzliche Mindestkündigungsfrist des § 622 Abs. 1 BGB einzelvertraglich gem. Abs. 5 verkürzt werden, wenn

- ein Arbeitnehmer zur **vorübergehenden Aushilfe** eingestellt ist; dies gilt nicht, wenn das Arbeitsverhältnis über die Zeit von drei Monaten hinaus fortgesetzt wird;

- der Arbeitgeber in der Regel **nicht mehr als 20 Arbeitnehmer** ausschließlich der zu ihrer Berufsausbildung Beschäftigten beschäftigt und die Kündigungsfrist vier Wochen nicht unterschreitet. Bei der Feststellung der Zahl der beschäftigten Arbeitnehmer sind teilzeitbeschäftigte Arbeitnehmer mit einer regelmäßigen wöchentlichen Arbeitszeit von nicht mehr als zehn Stunden mit 0,25, von nicht mehr als 20 Stunden mit 0,5 und von nicht mehr als 30 Stunden mit 0,75 zu berücksichtigen.

174 Das Aushilfsarbeitsverhältnis kann dabei wie das Probearbeitsverhältnis als befristetes Arbeitsverhältnis oder als unbefristetes Aushilfsarbeitsverhältnis mit abgekürzter Kündigungsfrist vereinbart werden. Unabhängig davon muß stets vereinbart werden, daß ein nur vorübergehendes Beschäftigungsverhältnis zur Aushilfe begründet werden soll, zB durch die Aufnahme von sogenannten **Aushilfsklauseln** in dem Vertrag[2]. Abgesehen davon muß auch der Tatbestand eines nur vorübergehenden Personalbedarfs objektiv vorliegen[3]. § 622 Abs. 5 Satz 1 Nr. 1 BGB eröffnet innerhalb der ersten drei Monate die Möglichkeit zu einer unbeschränkten Verkürzung der Grundkündigungsfrist des § 622 Abs. 1 BGB. Es kann sogar eine fristlose ordentliche Kündigung vereinbart werden, ohne daß die Voraussetzungen des § 626 BGB vorzuliegen brauchen[4].

175 Da umstritten ist, ob die Kündigungsfrist im Rahmen eines Aushilfsarbeitsverhältnisses auch abgekürzt sein soll, wenn dieses nicht ausdrücklich vereinbart worden ist, empfiehlt es sich dringend, im Rahmen der Vereinbarung eines Aushilfsarbeitsverhältnisses auch die während dieser Zeit maßgebliche **Kündigungsfrist** zu vereinbaren, zB eine Kündigungsfrist von drei Tagen.

176 Bei Kleinunternehmen beträgt die abgekürzte **Mindestkündigungsfrist mindestens vier Wochen.** Diese muß in jedem Falle eingehalten werden. Es entfallen nur die bestimmten Kündigungstermine der Grundkündigungsfrist nach § 622 Abs. 1 BGB, nämlich zum 15. oder zum Ende des Kalendermonats. § 622 Abs. 5

---

1 BAG v. 22. 7. 1971, BB 1971, 1282.
2 LAG Frankfurt v. 25. 10. 1988, DB 1989, 734.
3 KR/*Hillebrecht/Spilger*, § 622 BGB Rz. 160.
4 BAG v. 22. 5. 1986, AP Nr. 23 zu § 622 BGB.

III. Kündigungsfristen und -termine

Satz 1 Nr. 2 BGB berechtigt nicht dazu, von den verlängerten Kündigungsfristen nach § 622 Abs. 2 BGB abzuweichen[1].

cc) Bezugnahme auf Tarifverträge

Durch einzelvertragliche Bezugnahme auf Tarifverträge kommt ebenfalls eine Verkürzung von Kündigungsfristen in Betracht.

6. Tarifvertragliche Bestimmungen

Gem. § 622 Abs. 4 BGB können von den Absätzen 1 bis 3 **abweichende Regelungen** durch Tarifvertrag vereinbart werden. Im Geltungsbereich eines solchen Tarifvertrages gelten die abweichenden tarifvertraglichen Bestimmungen zwischen nicht tarifgebundenen Arbeitgebern und Arbeitnehmern, wenn ihre Anwendung zwischen ihnen vereinbart ist. Im einzelnen:

a) Möglicher und notwendiger Inhalt der Bezugnahme

Zunächst ist ausdrücklich darauf hinzuweisen, daß die **gesetzlichen Mindestkündigungsfristen** des § 622 Abs. 1 und 2 BGB weder durch Einzelarbeitsvertrag noch durch Betriebsvereinbarung, sondern allein durch Tarifvertrag abgekürzt werden können. Durch Tarifvertrag können geregelt werden

- die Kündigungsfristen,
- die Kündigungstermine und
- die Voraussetzungen der Entstehung eines Anspruchs auf verlängerte Kündigungsfristen.

b) Ersetzen der fehlenden Tarifunterworfenheit

Bei tarifgebundenen Arbeitsvertragsparteien ist nur zu prüfen, ob sie **vom Geltungsbereich eines bestimmten Tarifvertrages erfaßt** werden. Im Geltungsbereich eines solchen Tarifvertrages sind auch die nicht tarifgebundenen Arbeitsvertragsparteien befugt, die Anwendung des diesbezüglichen Tarifvertrages einzelvertraglich zu vereinbaren. Das ergibt sich aus § 622 Abs. 4 Satz 2 BGB.

c) Form der Vereinbarung

Diese Bezugnahme kann sich dabei auf den gesamten Tarifvertrag erstrecken. Sie kann aber beispielsweise auch auf die Bestimmungen über die Kündigung beschränkt werden. Die Bezugnahmevereinbarung sollte ausdrücklich erfolgen. Sie kann aber auch stillschweigend oder durch betriebliche Übung geschehen[2].

---

1 KR/*Hillebrecht/Spilger*, § 622 BGB Rz. 170.
2 KR/*Hillebrecht/Spilger*, § 622 BGB Rz. 189.

d) Günstigkeitsvergleich

182 In der Praxis ist es denkbar, daß die einzelvertraglichen und die tariflichen Regelungen über die Kündigungsfrist miteinander **kollidieren**. Sind die Arbeitsvertragsparteien nicht tarifgebunden und ist der Tarifvertrag nicht allgemeinverbindlich, so ist die einzelvertragliche Regelung maßgeblich. Sind beide Parteien tarifgebunden und haben sie gleichwohl eine einzelvertragliche Kündigungsfristenregelung getroffen, stellt sich die Frage, von welcher Kündigungsfrist auszugehen ist. Abzustellen ist auf § 4 Abs. 3 TVG. Danach sind vom Tarifvertrag abweichende Vereinbarungen nur zulässig, soweit sie durch den Tarifvertrag gestattet sind oder eine Änderung der Regelung **zugunsten** des Arbeitnehmers enthalten. Notfalls ist ein sogenannter Günstigkeitsvergleich zwischen der tariflichen Regelung einerseits und der einzelvertraglichen Bestimmung andererseits durchzuführen. Es hat ein sogenannter Sachgruppenvergleich im Hinblick auf die Gesamtbindungsdauer stattzufinden, und zwar bezogen auf den Zeitpunkt des Vertragsabschlusses. Bei alledem ist die Frage, ob für den Arbeitnehmer eine längere oder kürzere Bindungsdauer günstiger ist, dahingehend zu beantworten, daß es auf das Bestandsschutz- bzw. Mobilitätsinteresse des betreffenden Arbeitnehmers ankommt. In der Regel überwiegt allerdings das Bestandsschutzinteresse das Mobilitätsinteresse[1].

e) Bedeutung des Vorrangprinzips

183 Trotz der gesetzlichen Neuregelung durch das Kündigungsfristengesetz differenzieren verschiedene Tarifverträge – ggf. unter bestimmten Voraussetzungen – nach wie vor zwischen **Arbeitern und Angestellten.** Insoweit existiert zu verschiedenen Tarifverträgen Rechtsprechung. Es muß stets unterschieden werden zwischen

▶ einer konstitutiven Tarifregelung und

▶ einer lediglich deklaratorischen Tarifregelung.

184 Für einen **rein deklaratorischen Charakter der Übernahme** spricht, wenn einschlägige gesetzliche Vorschriften wörtlich oder inhaltlich unverändert übernommen werden. In einem derartigen Fall ist bei Fehlern gegenteiliger Anhaltspunkte davon auszugehen, daß es den Tarifvertragsparteien bei der Übernahme des Gesetzestextes darum gegangen ist, im Tarifvertrag eine unvollständige Darstellung der Rechtslage zu vermeiden. Sie haben dann die unveränderte gesetzliche Regelung im Interesse der Klarheit und Übersichtlichkeit deklaratorisch in den Tarifvertrag aufgenommen, um die Tarifgebundenen möglichst umfassend über die zu beachtenden Rechtsvorschriften zu unterrichten[2]. Von einer nur deklaratorischen Tarifregelung ist insbesondere auch dann auszugehen, wenn der Tarifvertrag nur auf den jeweiligen Gesetzeswortlaut des § 622 BGB verweist. Vereinbaren die Tarifpartner lediglich eine eigenständige tarifliche Grundkündigungsfrist und verweisen sie hinsichtlich der verlängerten

---

1 Vgl. *Stahlhacke/Preis*, Rz. 385.
2 KR/*Hillebrecht/Spilger*, § 622 BGB Rz. 210a.

III. Kündigungsfristen und -termine

Kündigungsfrist auf das Gesetz, so spricht dies im Zweifel dafür, daß die Tarifpartner auch die Entscheidung darüber, ab welcher Beschäftigungszeit verlängerte Kündigungsfristen eingreifen sollen, dem Gesetzgeber überlassen wollten.

Demgegenüber handelt es sich um **konstitutive tarifliche Kündigungsfristen**, wenn die Tarifvertragsparteien eine im Gesetz nicht oder anders enthaltene Regelung treffen oder eine gesetzliche Regelung übernehmen, die sonst nicht für die betroffenen Arbeitnehmer gelten würden. Das ist durch Auslegung zu ermitteln. Es ist also stets zu prüfen, ob die Tarifvertragsparteien eine selbständige, dh. in ihrer normativen Wirkung von der außertariflichen Norm unabhängige eigenständige Regelung treffen wollten[1]. Dieser Wille muß im Tarifvertrag einen hinreichend erkennbaren Ausdruck gefunden haben[2].

185

Für die Praxis bedeutet dieses: Handelt es sich um eine lediglich deklaratorische Tarifregelung, so ist die **jeweilige gesetzliche Regelung** maßgeblich. Ergibt die Auslegung, daß der betreffende Tarifvertrag eine konstitutive Kündigungsvereinbarung enthält, so bedarf die Differenzierung zwischen Arbeitern und Angestellten einer **sachlichen Rechtfertigung.** Diese ist beispielsweise dann anzunehmen, wenn es sich bei den betreffenden Unternehmen um solche handelt, bei denen im Produktionsbereich vorwiegend Arbeiter beschäftigt werden und die Auftragslage unmittelbaren Einfluß auf den Produktionssektor hat, so daß kurzfristiger Handlungsbedarf besteht[3]. Derartige Differenzierungen können trotz der großzügigen Rechtsprechung des BAG gegen Art. 3 Abs. 1 GG verstoßen[4]. Ist das der Fall, ist die entstehende Tariflücke mit § 622 BGB zu schließen.

186

---

1 KR/*Hillebrecht/Spilger*, § 622 BGB Rz. 210.
2 Vgl. BAG v. 5. 10. 1995, BB 1996, 220; BAG v. 21. 7. 1993, BB 1994, 75; BAG v. 10. 5. 1994, BB 1994, 1644.
3 Vgl. *Stahlhacke/Preis*, Rz. 391.
4 Vgl. dazu BAG v. 16. 9. 1993, AP Nr. 42 zu § 622 BGB und BAG v. 21. 3. 1991, EzA § 622 BGB nF Nr. 31.

D. Kündigungsschutz nach dem KSchG

I. Überblick
1. Einführung 1
2. Gesetzesänderung 3
3. Betrieblicher Geltungsbereich
   a) § 23 Abs. 1 KSchG 4
   b) Kleinbetriebsklausel 5
   c) Zehn oder weniger Arbeitnehmer 6
   d) Übergangsregelung 11
   e) Beurteilungszeitpunkt 23
   f) Betriebsbegriff 25
4. Geschützter Personenkreis
   a) Arbeitnehmerbegriff 30
   b) Leitender Angestellter 32
   c) Geschäftsführer 34
   d) Gesellschafter 42
   e) Freier Mitarbeiter 43
   f) Franchisenehmer 46
5. Wartezeit 47
6. Altersgrenzen 54
7. Andere Unwirksamkeitsgründe . 55

II. Personenbedingte Kündigung
1. Begriff 61
2. Einzelsachverhalte
   a) Alter 64
   b) Arbeits- und Berufserlaubnis . 65
   c) Fahrerlaubnis/Fluglizenz ... 67
   d) Betriebsgeheimnisse/Sicherheitsbedenken 68
   e) Eheschließung 70
   f) Ehrenämter 72
   g) Eignung/Leistungsmängel ... 73
   h) Geschlechtsumwandlung ... 74
   i) Zerrüttung der Ehe 75
   j) Krankheit
      aa) Grundlagen
          (1) Einleitung 76
          (2) Fallgruppen 77
          (3) Beurteilungszeitpunkt ... 79
          (4) Objektive Umstände .. 81
          (5) Negative Prognose ... 85
          (6) Erhebliche Beeinträchtigung der betrieblichen Interessen 89
          (7) Ultima-ratio 94
          (8) Leidensgerechter Arbeitsplatz 95
          (9) Interessenabwägung .. 97
      bb) Langandauernde Krankheit 101
      cc) Häufige Kurzerkrankungen 109
      dd) Krankheitsbedingte Leistungs- oder Eignungsminderung 114
      ee) Außerordentliche krankheitsbedingte Kündigung . 116
      ff) Sonderfälle
          (1) Alkoholismus/Drogenkonsum 118
          (2) AIDS 121
   k) Untersuchungs- und Strafhaft . 122
   l) Wehrdienst 124
3. Prüfungsschema 127

III. Verhaltensbedingte Kündigung
1. Begriff 128
2. Verschulden 133
3. Interessenabwägung 135
4. Darlegungs- und Beweislast ... 140
5. Abmahnung
   a) Begriff 141
   b) Inhalt und Form 142
      aa) Hinweisfunktion 143
      bb) Warnfunktion 146
      cc) Form 147
      dd) Frist 150
   c) Erforderlichkeit einer Abmahnung 154
      aa) Leistungsbereich 155
      bb) Vertrauensbereich 156
      cc) Ausnahmen von Abmahnungserfordernis 158
   d) Auswirkung für den Arbeitgeber 159
   e) Abmahnungsberechtigter ... 162
   f) Beteiligung des Betriebsrates . 164
   g) Zugang der Abmahnung 166
   h) Wirkungsdauer der Abmahnung 168
   i) Rechtsschutz des Arbeitnehmers
      aa) Entfernung aus der Personalakte 170
      bb) Gegendarstellung 176
      cc) Beschwerderecht 177
   j) Fehlerhaftigkeit 178
   k) Ermahnung 179
6. Anhörung des Arbeitnehmers .. 180

D. Kündigungsschutz nach dem KSchG Teil 3 D

	Rz.
7. Pflichtwidrigkeiten im Leistungsbereich	
a) Schlecht- oder Minderleistung	182
b) Mangelnde Eignung	183
c) Arbeitsverweigerung	184
8. Verletzung betrieblicher Verhaltenspflichten	190
a) Arbeitsunfähigkeit	191
b) Alkohol	193
c) Anzeige gegen den Arbeitgeber	194
d) Arbeitspapiere	197
e) Beleidigung des Arbeitgebers und/oder der Arbeitskollegen	198
f) Strafbares Verhalten im Betrieb	199
g) Urlaubsüberschreitung	200
9. Verletzung außerbetrieblicher Verhaltenspflichten	
a) Allgemein	202
b) Typische außerbetriebliche Verhaltenspflichten	
aa) Lebenswandel	203
bb) Lohnpfändungen	205
cc) Politische Betätigung	206
dd) Außerbetriebliche Straftaten	208
ee) Wettbewerbsverbot	211
10. Sonderformen	
a) Verdachtskündigung	
aa) Wesen	215
bb) Voraussetzungen	
(1) Objektiver Anfangsverdacht	219
(2) Dringender Verdacht	220
(3) Erhebliches Fehlverhalten	221
(4) Aufklärung/Anhörung	223
cc) Neue Erkenntnisse	
(1) Während des Kündigungsschutzprozesses	226
(2) Nach Abschluß des Kündigungsschutzverfahrens	229
b) Druckkündigung	
aa) Wesen	234
bb) Voraussetzungen	235
(1) Vorliegen von Kündigungsgründen (personen- oder verhaltensbedingte Gründe)	236
(2) Keine Kündigungsgründe (betriebsbedingte Gründe)	237

	Rz.
cc) Ordentliche oder außerordentliche Kündigung	241
11. Prüfungsschema	242
IV. Betriebsbedingte Kündigung	
1. Allgemeines	243
2. Unternehmerentscheidung	245
3. Betriebliche Gründe	
a) Allgemein	250
b) Einzelfälle	
aa) Auftragsmangel	252
bb) Umsatzrückgang	254
cc) Gewinnrückgang/Fehlende Rentabilität	256
dd) Absatzschwierigkeiten	258
ee) Kurzarbeit	259
ff) Betriebs- oder Teilbetriebsstillegung	260
gg) Konkurs	263
hh) Vergabe von Arbeiten	264
ii) Rationalisierung	267
jj) Verlagerung des Arbeitsplatzes	270
kk) Umorganisation	271
ll) Witterungsgründe	272
mm) Drittmittelfinanzierung	274
4. Dringlichkeit	275
5. Interessenabwägung	281
6. Sozialauswahl	
a) Gesetzliche Regelung	284
b) Die Sozialkriterien	
aa) Allgemein	288
bb) Gewichtung der Sozialdaten	289
cc) Richtlinie nach § 95 BetrVG/Interessenausgleich	293
dd) Überprüfung durch die Gerichte	296
c) Vergleichbarkeit	
aa) Betriebs- oder unternehmensbezogen	302
bb) Individuelle Vergleichbarkeit	
(1) Vertikale Vergleichbarkeit	305
(2) Gegenseitige Austauschbarkeit	306
cc) Ausnahmen	309
d) Betriebliche Belange	
aa) Alte Rechtslage	313
bb) Die gesetzliche Neuregelung	316

Nägele 1017

	Rz.
7. Darlegungs- und Beweislast	324
a) Kündigungsgrund	325
b) Anderweitiger freier Arbeitsplatz	327
c) Sozialauswahl	328
8. Prüfungsschema	331
V. Wiedereinstellungsanspruch	
1. Allgemeines	332
2. Verhältnis zur Kündigungsschutzklage	335
3. Zeitpunkt	
a) Nach Beendigung des Arbeitsverhältnisses	336
b) Nach Kündigung	338

	Rz.
VI. Ordentliche Kündigung nach dem Einigungsvertrag	
1. Allgemeines	339
2. Verhältnis zum KSchG und anderen Gesetzen	340
3. Kündigungsgründe	342
a) Mangelnde fachliche Qualifikation	343
b) Mangelnde persönliche Eignung	344
c) Mangelnder Bedarf	346
d) Auflösung der bisherigen Beschäftigungsstelle	348
e) Keine Verwendungsmöglichkeit wegen Änderung der Beschäftigungsstelle	349

Schrifttum:

Kommentare/Monographien: *Ascheid,* Kündigungsschutzrecht, 1993; *Hueck,* Kündigungsschutzrecht, 10. Aufl. 1980; *Knorr/Bichlmeier/Kremhelmer,* Handbuch des Kündigungsrechts, 4. Aufl. 1996; *Linck,* Die soziale Auswahl bei betriebsbedingter Kündigung, 1990; *Mäschle/Rosenfelder,* Lexikon der Kündigungsgründe, 2. Aufl. 1996; *Schüren,* Arbeitnehmerüberlassungsgesetz, 1994.

Allgemeine Aufsätze: *Bader,* Neuregelung im Bereich des Kündigungsgesetzes durch das arbeitsrechtliche Beschäftigungsförderungsgesetz, NZA 1996, 1125; *Berkowsky,* Die soziale Auswahl nach dem Einigungsvertrag, AuA 1995, 333; *Buck,* Zur Verfassungsmäßigkeit des § 23 Abs. 1 Satz 2 KSchG, DB 1988, 2204; *von Einem,* „Abhängige Selbständigkeit", BB 1994, 60; *Hönsch,* Kleinbetriebsklausel und Gleichheitssatz, DB 1988, 1650; *von Hoyningen-Huene/Linck,* Neuregelungen des Kündigungsschutzes und befristeter Arbeitsverhältnisse, DB 1997, 41; *Kraushaar,* Zur Verfassungsmäßigkeit der Kleinbetriebsklausel des § 23 Abs. 1 Satz 2 KSchG, DB 1988, 2202; *Preis,* Das arbeitsrechtliche Beschäftigungsförderungsgesetz 1996, NJW 1996, 3369; *Richter/Mitsch,* Neuer Schwellenwert im Kündigungsschutzgesetz, DB 1997, 526; *Sick,* Der gemeinsame Betrieb mehrerer Unternehmer, BB 1992, 1129; *Tschöpe,* Die Bestimmung der „in der Regel" beschäftigten Arbeitnehmer, BB 1983, 1486; *Wlotzke,* Einschränkungen des Kündigungsschutzes durch Anhebung der Schwellenzahl und Veränderungen bei der Sozialauswahl, BB 1997, 414.

Aufsätze zur personenbedingten Kündigung: *Joost,* Anmerkung zum Urteil des Bundesarbeitsgerichts v. 15. 2. 1984, EzA § 1 KSchG Krankheit Nr. 15; *Pflüger,* Die Kündigung wegen betrieblich verursachter Erkrankung, DB 1995, 1761; *Rüthers,* Wie kirchentreu müssen kirchliche Arbeitnehmer sein?, NJW 1986, 356; *Schiefer,* Wichtige Entscheidungen zur Beendigung des Arbeitsverhältnisses, NZA 1994, 534; *Schwerdtner,* Unzumutbar hohe Lohnfortzahlungskosten und krankheitsbedingte Kündigung, DB 1990, 375; *Tschöpe,* Die krankheitsbedingte Kündigung in der Rechtsprechung des Bundesarbeitsgerichts, DB 1987, 1042; *Weber/Hoß,* Die krankheitsbedingte Kündigung im Spiegel der aktuellen Rechtsprechung des Bundesarbeitsgerichts, DB 1993, 2429.

Aufsätze zur verhaltensbedingten Kündigung: *Adam,* Die Abmahnungsberechtigung, DB 1996, 476; *Blaese,* Die arbeitsrechtliche Druckkündigung, DB 1988, 178; *Bram/Rühl,* Praktische Probleme des Wiedereinstellungsanspruchs nach wirksamer Kündigung, NZA 1990, 753; *Brill,* Verwirkung und Wirkungslosigkeit von Abmahnungen, NZA 1985, 109; *Busch,* Die Verdachtskündigung im Arbeitsrecht, MDR 1995, 217; *Conce,* Zur Tilgung

D. Kündigungsschutz nach dem KSchG — Teil 3 D

und Wirkungsdauer von berechtigten Abmahnungen, DB 1987, 889; *Conce*, nochmals: Die Wirkungsdauer einer Abmahnung, DB 1987, 2358; *Dörner*, Abschied von der Verdachtskündigung, NZA 1993, 873; *Dörner*, Die Verdachtskündigung im Spiegel der Methoden zur Auslegung von Gesetzen, NZA 1992, 865; *Falkenberg*, Die Abmahnung, NZA 1988, 489; *Gerhardt*, Abmahnungserfordernis bei Vertrauensstörungen, BB 1996, 794; *Hunold*, Ist eigenmächtiges Fernbleiben vom Arbeitsplatz kein (außerordentlicher) Kündigungsgrund mehr?, DB 1994, 2497; *Hunold*, Individual- und betriebsverfassungsrechtliche Probleme der Abmahnung, BB 1986, 2050; *Kammerer*, Abmahnung und Persönlichkeitsschutz im Arbeitsverhältnis, BB 1980, 1587; *Lepke*, Pflichtverletzungen des Arbeitnehmers bei Krankheit als Kündigungsgrund, NZA 1995, 1084; *Lücke*, Unter Verdacht: Die Verdachtskündigung, BB 1997, 1842; *Moritz*, Voraussetzungen und Grenzen der Verpflichtung zur Umsetzung auf einen anderen Arbeitsplatz bei verhaltensbedingten Kündigungen, DB 1985, 229; *Moritz*, Grenzen der Verdachtskündigung, NJW 1978, 402; *Pauly*, Der Anspruch auf Entfernung einer Abmahnung aus der Personalakte, MDR 1996, 121; *Pauly*, Hauptprobleme der arbeitsrechtlichen Abmahnung, NZA 1995, 449; *Schaub*, Die arbeitsrechtliche Abmahnung, NJW 1990, 872; *Schütte*, Die Verdachtskündigung, NZA 1991, Beil. 2, 17; *Tschöpe*, Formelle und prozessuale Probleme der Abmahnung, NZA 1990, Beil. 2, 10; *Tschöpe*, Außerordentliche Kündigung bei Diebstahl geringwertiger Sachen, NZA 1985, 588; *Walker*, Fehlentwicklungen bei der Abmahnung im Arbeitsrecht, NZA 1995, 601.

Aufsätze zur betriebsbedingten Kündigung: *Bader*, Neuregelungen im Bereich des Kündigungsschutzes durch das arbeitsrechtliche Beschäftigungsförderungsgesetz, NZA 1996, 1125; *Bauer*, Outsourcing out?, BB 1994, 1433; *Bauer/Lingemann*, Personalabbau und Altersstruktur, NZA 1993, 623; *Berkowsky*, Die „Betriebsbezogenheit" der Sozialauswahl – Gesetzesbefehl oder Notbremse?, NZA 1996, 290; *Buchner*, Berücksichtigung leistungsbezogener oder verhaltensbedingter Gesichtspunkte bei der sozialen Auswahl im Rahmen betriebsbedingter Kündigung, DB 1983, 388; *Buchner*, Die Rechtslage zur betriebsbedingten Kündigung, DB 1991, 92; *Buchner*, Lösung der Kontroverse um den Betriebsübergang/Eine konsensfähige Entscheidung des EuGH, NZA 1997, 408; *Buchner*, Die Rechtslage zur betriebsbedingten Kündigung, DB 1984, 504; *Färber*, Die horizontale und vertikale Vergleichbarkeit von Arbeitnehmern im Rahmen der Sozialauswahl, NZA 1985, 175; *Gaul*, Wechselbeziehungen zwischen Direktionsrecht und Sozialauswahl, NZA 1992, 673; *Hanau*, Die Wiederbelebung des § 128 AFG, DB 1992, 2632; *von Hoyningen-Huene*, Betriebsbedingte Kündigung in der Wirtschaftskrise, NZA 1994, 1009; *von Hoyningen-Huene*, Die Sozialauswahl nach § 1 III KSchG bei sogenannten Doppelverdienern, NZA 1986, 449; *Kottke*, Teilwertabschreibungen wegen Unrentabilität nur bei Stillegungsmaßnahmen, BB 1996, 1265; *Meisel*, Die soziale Auswahl bei betriebsbedingten Kündigungen, DB 1991, 92; *Möhn*, Gibt es ein entscheidendes Kriterium bei der Sozialauswahl?, BB 1995, 563; *Preis*, Autonome Unternehmerentscheidung und „dringendes betriebliches Erfordernis", NZA 1995, 241; *Preis*, Neuere Tendenzen im arbeitsrechtlichen Kündigungsschutz, DB 1988, 1387; *Preis*, Das arbeitsrechtliche Beschäftigungsförderungsgesetz 1996, NJW 1996, 3369; *Röder/Baeck*, EuGH: Funktionsnachfolge als Betriebsübergang, NZA 1994, 542; *Rüthers*, Reform der Reform des Kündigungsschutzes?, NJW 1998, 283; *Schaub*, Die betriebsbedingte Kündigung in der Rechtsprechung des Bundesarbeitsgerichts, NZA 1987, 217; *Schaub*, Die besondere Verantwortung von Arbeitgeber und Arbeitnehmer für den Arbeitsmarkt – Wege aus der Krise oder rechtlicher Sprengstoff, NZA 1997, 810; *Weng*, Die soziale Auswahl bei der betriebsbedingten Kündigung, DB 1978, 884; *Wlotzke*, Einschränkungen des Kündigungsschutzes durch Anhebung der Schwellenzahl und Veränderungen bei der Sozialauswahl, BB 1997, 414; *Zwanziger*, Betriebsbedingte Kündigungen im Lichte der Rechtsprechung, NJW 1995, 916.

Aufsätze zum Wiedereinstellungsanspruch: *Bram/Rühl*, Praktische Probleme des Wiedereinstellungsanspruches nach wirksamer Kündigung, NZA 1990, 753; *Langer*, Anspruch auf Wiedereinstellung, NZA 1991, Beil. 3, 23; *Zwanziger*, Neue Tatsachen nach Zugang einer Kündigung, BB 1997, 42.

I. Überblick

1. Einführung

1 § 1 KSchG gewährt dem Arbeitnehmer unter bestimmten Voraussetzungen einen Schutz vor sozial ungerechtfertigten ordentlichen Kündigungen des Arbeitgebers. Der allgemeine Kündigungsschutz ist **zwingendes Recht** mit der Folge, daß vorherige abweichende Vereinbarungen zum Nachteil des Arbeitnehmers unwirksam sind. Unzulässig sind daher der völlige Ausschluß des allgemeinen Kündigungsschutzes sowie jegliche Beschränkungen wie beispielsweise die Vereinbarung einer längeren Wartezeit oder die Festlegung eines Mindest- oder Höchstalters. Dies gilt für kollektivrechtliche Regelungen in Tarifverträgen und Betriebsvereinbarungen und für einzelvertragliche Vereinbarungen[1].

Nach Ausspruch der Kündigung kann der Arbeitnehmer darauf **verzichten**, die Unwirksamkeit der Kündigung nach § 1 KSchG geltend zu machen. Es handelt sich dabei um einen materiell-rechtlichen Klageverzicht[2].

2 Aufgrund des einseitigen Schutzcharakters des § 1 KSchG sind für den Arbeitnehmer **günstigere Regelungen** zulässig. So können die Arbeitsvertragsparteien auf die Wartefrist nach § 1 Abs. 1 KSchG verzichten, mit der Folge, daß der Arbeitnehmer schon mit Beginn des Arbeitsverhältnisses Kündigungsschutz in Anspruch nehmen kann[3]. Eine solche Vereinbarung kann auch konkludent herbeigeführt werden, beispielsweise dann, wenn ein Arbeitnehmer, bevor er seine bisherige Stelle aufgrund eines Angebots des neuen Arbeitgebers aufgibt, diesem gegenüber erklärt, er lege nur Wert auf eine Dauerstellung[4].

Die Vertragsparteien können auch vereinbaren, daß das Kündigungsschutzgesetz auf den **Kleinbetrieb** nach § 23 Abs. 1 KSchG des Arbeitgebers Anwendung findet[5].

Zulässig sind auch Vereinbarungen, die über das Kündigungsschutzgesetz hinaus gehen, beispielsweise Alterssicherungsklauseln in Tarifverträgen, nach denen ab einer bestimmten Betriebszugehörigkeit und Erreichen eines bestimmten Lebensalters das Arbeitsverhältnis nur noch aus wichtigem Grund gekündigt werden kann.

2. Gesetzesänderung

3 Mit Gesetz v. 25. 9. 1996[6] wurde das Kündigungsschutzgesetz mit Wirkung zum 1. 10. 1996 in **§ 1 Abs. 3 und § 23 geändert**. § 1 KSchG wurde um die Absätze 4 und 5 ergänzt. Die Änderungen und Ergänzungen in § 1 KSchG

---

1 BAG v. 19. 12. 1974, BAGE, 26, 417; KR/*Etzel*, § 1 KSchG Rz. 24; *Hueck*, § 1 Rz. 161.
2 BAG v. 12. 1. 1961, BAGE 10, 288; BAG v. 6. 6. 1958, AP Nr. 18 zu Art. 44 – Truppenvertrag.
3 BAG v. 18. 2. 1967, BAGE 19, 263; BAG v. 8. 6. 1972, BB 1972, 1370.
4 BAG v. 18. 2. 1967, BAGE 19, 263.
5 BAG v. 8. 6. 1972, BB 1972, 1370; KR/*Etzel*, § 1 KSchG Rz. 27.
6 BGBl. I 1996, 1476.

betreffen die betriebsbedingte Kündigung. Die Änderung des § 23 Abs. 1 KSchG hat den betrieblichen Geltungsbereich des Kündigungsschutzgesetzes neu festgelegt. Der Gesetzentwurf wurde damit begründet, daß die bis dahin bestehenden Regelungen im KSchG der Schaffung neuer Arbeitsplätze entgegenstehen. Zum einen würden neue Arbeitsplätze vor allem in kleinen und mittleren Unternehmen, insbesondere im Handwerks- und Dienstleistungsbereich zu erwarten sein. Diese Betriebe würden aber Neueinstellungen wegen des komplizierten Kündigungsrechts und der Gefahr langwieriger Kündigungsschutzverfahren bzw. der Belastung mit hohen Abfindungen vermeiden. Kleine Betriebe würden hierdurch mehr belastet werden als große Betriebe, weshalb es gerechtfertigt sei, Kleinbetriebe aus dem KSchG herauszunehmen. Andererseits wurde erkannt, daß die Sozialauswahl zu einem unberechenbaren Faktor in der betriebsbedingten Kündigung geworden ist, weshalb Veranlassung bestand, die Sozialdaten auf die Grunddaten Betriebszugehörigkeit, Lebensalter und Unterhaltpflichten des Arbeitnehmers zu begrenzen.

Zudem sei den betrieblichen Interessen im Rahmen der Sozialauswahl eine größere Bedeutung beizumessen[1].

3. Betrieblicher Geltungsbereich

a) § 23 Abs. 1 KSchG

Nach § 23 KSchG gelten die Vorschriften des ersten und zweiten Abschnitts für Betriebe und Verwaltungen des privaten und öffentlichen Rechts, vorbehaltlich der Vorschriften des § 24 KSchG für die Seeschiffahrts-, Binnenschiffahrts- und Luftverkehrsbetriebe. Die Vorschriften des ersten Abschnitts gelten nicht für Betriebe und Verwaltungen, in denen in der Regel zehn oder weniger Arbeitnehmer ausschließlich der zu ihrer Berufsausbildung Beschäftigten beschäftigt werden. Hieraus ergibt sich, daß der erste Abschnitt des KSchG nur dann zur Anwendung kommt, wenn **mehr als zehn Arbeitnehmer** in dem Betrieb beschäftigt sind. Bei der Feststellung der Zahl der beschäftigten Arbeitnehmer sind teilzeitbeschäftigte Arbeitnehmer mit einer regelmäßigen wöchentlichen Arbeitszeit von nicht mehr als zehn Stunden mit 0,25, von nicht mehr als 20 Stunden mit 0,5 und von nicht mehr als 30 Stunden mit 0,75 zu berücksichtigen. Die alte, nur noch im Rahmen der Übergangsregelung zu beachtende Vorschrift hatte vorgesehen, daß nur die Arbeitnehmer zu berücksichtigen sind, deren regelmäßige Arbeitszeit wöchentlich zehn oder monatlich 45 Stunden übersteigt.

b) Kleinbetriebsklausel

Die Herausnahme von Kleinbetrieben hatte zu einer verfassungsrechtlichen Diskussion (bezogen auf die alte Rechtslage) geführt[2]. Das Arbeitsgericht Reut-

---

1 Begründung zum Gesetzentwurf BT-Drucks. 13/4612 v. 10. 5. 1996.
2 *Hönsch*, DB 1988, 1650; *Kraushaar*, DB 1988, 2204.

lingen hat dem **Bundesverfassungsgericht** die Frage vorgelegt, ob § 23 Abs. 1 Satz 2 KSchG verfassungsgemäß ist[1]. Über diese Vorlage hat das Bundesverfassungsgericht bislang noch nicht entschieden.

Das **Bundesarbeitsgericht** hingegen hat die Verfassungsgemäßheit dieser Regelung ausdrücklich anerkannt[2]. § 23 Abs. 1 Satz 2 KSchG ist auch keine unzulässige Beihilfe im Sinne des Art. 92 Abs. 1 EWG-Vertrag. Auch ist der Grundsatz der Gleichbehandlung männlicher und weiblicher Arbeitnehmer im Sinne des Art. 2 Abs. 2 und 5 Abs. 1 der Richtlinie 76/207/EWG des Rates v. 2. 3. 1976 nicht verletzt[3].

c) Zehn oder weniger Arbeitnehmer

6   Voraussetzung für den Kündigungsschutz ist eine gewisse **Mindestgröße** des Betriebs. Im Streitfall muß der Arbeitnehmer darlegen und beweisen, daß die Mindestgröße des Betriebs gegeben ist, so daß er Kündigungsschutz für sich in Anspruch nehmen kann[4].

7   Die Neuregelung des § 23 Abs. 1 Satz 3 KSchG hat zur Folge, daß zunächst die **regelmäßige wöchentliche Arbeitszeit** zu ermitteln ist und dann die teilzeitbeschäftigten Arbeitnehmer mit den jeweiligen Faktoren erfaßt werden müssen. Im Gesetzentwurf[5] wird darauf hingewiesen, daß die Neuregelung nicht auf die für den einzelnen Betrieb jeweils geltende Vollarbeitszeit abstellt, sondern im Interesse einer praktikablen Handhabung der Prozentsätze die Berücksichtigung der Teilzeitbeschäftigung pauschal vorschreibt. Dieser Vorgabe entspricht die gesetzliche Neuregelung nicht, da nicht der prozentuale Anteil des teilzeitbeschäftigten Arbeitnehmers an der regelmäßigen wöchentlichen Arbeitszeit maßgeblich ist, sondern die tatsächliche Arbeitszeit.

Beispiel:

In einem Betrieb sind ein Vollzeitarbeitnehmer und 35 teilzeitbeschäftigte Arbeitnehmer mit nicht mehr als zehn Stunden pro Woche tätig. Keiner der Arbeitnehmer genießt Kündigungsschutz, da sich nach § 23 Abs. 1 Satz 3 KSchG 9,75 Arbeitnehmer errechnen. Die nur anteilige Berücksichtigung Teilzeitbeschäftigter bezieht sich allein auf die Feststellung der Schwellenzahl „zehn"; ein nach Erreichen der Schwellenzahl „zehn" weiterer Teilzeitarbeitnehmer ist somit – unabhängig von seinem Arbeitsvolumen – als elfter Arbeitnehmer zu zählen. Dies bedeutet, daß zum Beispiel in einem Betrieb, in dem seither eine Gesamtpunktzahl von 9,75 erreicht wurde, ein neu eintretender Teilzeitarbeitnehmer mit einer Teilzeit von 0,5 dazu führt, daß die Schwellen-

---

1 ArbG Reutlingen v. 11. 12. 1986, NZA 1987, 522.
2 BAG v. 19. 4. 1990, BB 1990, 2193.
3 EuGH, Vorabentscheidung v. 30. 11. 1993, BB 1994, 145, aufgrund des Vorlagenbeschlusses des ArbG Reutlingen v. 3. 5. 1991, EuZW 1991, 608.
4 BAG v. 9. 2. 1995, NJW 1996, 1299; BAG v. 21. 3. 1959, BAGE 7, 304; LAG Berlin v. 26. 6. 1989, NZA 1989, 849; *Schaub*, § 128 I 3b.
5 BT-Drucks. 13/4612 v. 10. 5. 1996.

I. Überblick

zahl „zehn" überschritten wird und das Kündigungsschutzgesetz in diesem Betrieb zur Anwendung kommt[1].

Schwierigkeiten werden dann entstehen, wenn die **regelmäßige wöchentliche Arbeitszeit** in einem Betrieb **30 Stunden nicht übersteigt**. Es stellt sich dann die Frage, ob alle in dem Betrieb beschäftigten Arbeitnehmer teilzeitbeschäftigt im Sinne von § 23 Abs. 1 Satz 3 KSchG sind und deshalb nur mit dem Faktor 0,75 berücksichtigt werden können.

Nicht hinzuzurechnen sind **Leiharbeitnehmer,** sofern sie dem Inhaber des Kleinbetriebes im Rahmen eines wirksamen Arbeitnehmerüberlassungsvertrages zur Verfügung gestellt worden sind. Anders stellt es sich aber dar, wenn ein Fall unerlaubter gewerbsmäßiger Arbeitnehmerüberlassung vorliegt, da dann ein Arbeitsverhältnis zum Entleiher gemäß Art. 1 § 10 Abs. 1 AÜG fingiert wird[2]. 8

Unberücksichtigt bleiben auch **Heimarbeiter** und **Hausgewerbetreibende, arbeitnehmerähnliche Personen** wie Handelsvertreter und freie Mitarbeiter, Organvertreter und Arbeitnehmer, die zur Erfüllung werkvertraglicher Verpflichtungen ihre Arbeitsleistung in einem Kleinbetrieb verrichten, sogenannte Montagearbeiter[3]. **Familienangehörige** sind dagegen hinzuzurechnen, sofern ein Arbeitsverhältnis mit dem Inhaber des Betriebs besteht[4]. 9

Außer für den Fall der Inanspruchnahme von Erziehungsurlaub ist umstritten, ob **ruhende Arbeitsverhältnisse** bei der Ermittlung der Zahl der Arbeitnehmer hinzuzurechnen sind. § 21 Abs. 7 BErzGG bestimmt, daß Arbeitnehmer, die sich im Erziehungsurlaub befinden oder zur Betreuung eines Kindes freigestellt sind, nicht mitzuzählen sind, solange für sie ein Vertreter eingestellt ist. Ruht das Arbeitsverhältnis aus anderen Gründen, wird in Literatur und Rechtsprechung keine einheitliche Ansicht vertreten. 10

Nach *Becker*[5] sollen ruhende Arbeitsverhältnisse dann nicht mitgerechnet werden, wenn der Ruhenszeitraum **sechs Monate** übersteigt und der Arbeitgeber eine **Ersatzkraft** eingestellt hat. Die Arbeitsgerichte Stuttgart[6] und Wetzlar[7] vertreten die gleiche Ansicht, aber ohne zeitliche Begrenzung. *Schaub*[8] vertritt die Ansicht, unter Hinweis auf die ausdrückliche Regelung im BErzGG, daß ruhende Arbeitsverhältnisse nur dann nicht mitzuzählen sind, wenn eine Ersatzkraft eingestellt wurde.

Aus dem Umstand, daß das Bundesarbeitsgericht zwischenzeitlich auf die den Betrieb im allgemeinen kennzeichnende regelmäßige Beschäftigtenzahl ab-

---

[1] *Wlotzke,* BB 1997, 414; *Bader,* NZA 1996, 1125; *von Hoyningen-Huene/Linck,* DB 1997, 41; *Preis,* NJW 1996, 3369.
[2] KR/*Weigand,* § 23 KSchG Rz. 37; *Schüren,* AÜG § 10 Rz. 69 ff.
[3] KR/*Weigand,* § 23 KSchG Rz. 37.
[4] BAG v. 9. 2. 1995, NJW 1996, 1299; LAG Mannheim v. 28. 9. 1955, BB 1956, 306.
[5] KR/*Becker,* 3. Aufl., § 23 KSchG Rz. 24a.
[6] ArbG Stuttgart v. 13. 10. 1983, BB 1984, 1097.
[7] ArbG Wetzlar v. 14. 1. 1985, AuR 1986, 122.
[8] § 128 I 3b.

stellt[1], sind konsequenterweise ruhende Arbeitsverhältnisse bei der Zahl der in der Regel Beschäftigten **mitzuzählen,** sofern nicht die Ausnahmebestimmung des § 21 Abs. 7 BErzGG eingreift[2].

d) Übergangsregelung

11 Die Neuregelung in § 23 Abs. 1 Satz 2 und 3 KSchG berührt nicht die Rechtsstellung der Arbeitnehmer, die am 30.9.1996 gegenüber ihrem Arbeitgeber Rechte aus der bis dahin gültigen Fassung herleiten konnten. Diese Übergangsregelung ist **befristet** bis zum 30. 9. 1999.

Hat ein Arbeitnehmer am 30. 9. 1996 die sechsmonatige **Wartefrist erfüllt** und ist er in einem bis dahin vom KSchG erfaßten Betrieb beschäftigt, genießt er Kündigungsschutz, auch wenn der Betrieb nach der Neuregelung des § 23 Abs. 1 Satz 2 und 3 nicht vom KSchG erfaßt ist.

Der Arbeitnehmer verliert aber beispielsweise innerhalb dieses Übergangszeitraums seinen Kündigungsschutz nach der alten Regelung, wenn im Betrieb regelmäßig weniger als sechs Arbeitnehmer zukünftig weiter beschäftigt werden. Werden innerhalb des Übergangszeitraumes später wieder regelmäßig sechs Arbeitnehmer beschäftigt, lebt der alte Kündigungsschutz nicht mehr auf.

Nachfolgend einige Praxisbeispiele zur Übergangsregelung[3]:

▶ **1. Fallgruppe: Kleinstbetriebe, kurzzeitig Beschäftigte sowie Großbetriebe**

12 **Beispiel 1:**

Ein Arbeitnehmer ist in einem Betrieb beschäftigt, der vor dem 30. 9. 1996 fünf Arbeitnehmer (und damit weniger als sechs) beschäftigte; das KSchG ist nicht anwendbar.

13 **Beispiel 2:**

Ebensowenig werden kurzzeitbeschäftigte Arbeitnehmer bis zu sechsmonatiger oder kürzerer Betriebszugehörigkeit von dieser Übergangsregelung erfaßt.

14 **Beispiel 3:**

In einem Betrieb mit mehr als zehn, zB 11, 50 oder auch 200 Arbeitnehmern kann der Arbeitnehmer, der länger als sechs Monate beschäftigt ist, sowohl nach der alten Regelung wie auch nach der Neuregelung Kündigungsschutz in Anspruch nehmen.

▶ **2. Fallgruppe: Klein- und Mittelbetriebe mit sechs bis zehn Arbeitnehmern**

15 **Beispiel 1:**

In Betrieben, in denen zwischen sechs und zehn Arbeitnehmern beschäftigt werden, genießen die Arbeitnehmer Bestandsschutz, die am 30. 9. 1996 schon länger als sechs Monate Betriebszugehörigkeit aufweisen.

---

1 BAG v. 31. 1. 1991, BB 1991, 1047.
2 KR/*Weigand*, § 23 KSchG Rz. 45.
3 Entnommen bei *Richter/Mitsch*, DB 1997, 526.

I. Überblick

Beispiel 2: 16

Arbeitnehmer in Betrieben zwischen sechs und zehn Arbeitnehmern, die am 30. 9. 1996 erst sechs Monate oder kürzer beschäftigt waren, können aus der Übergangsregelung keinen Kündigungsschutz in Anspruch nehmen, da nach der alten Fassung des Kündigungsschutzgesetzes kein Bestandsschutz bestanden hat.

▶ **3. Fallgruppe: Nachträgliche Veränderung der Mitarbeiterzahl**

Beispiel 1: 17

Wird in einem Betrieb die Zahl der Arbeitnehmer von sechs auf regelmäßig weniger als sechs Arbeitnehmer verringert, entfällt ein nach der Übergangsregelung zunächst bestehender Bestandsschutz, da auch unter Berücksichtigung der alten Fassung des Kündigungsschutzgesetzes der Bestandsschutz weggefallen wäre.

Beispiel 2: 18

Gleich zu behandeln ist der Fall, daß in einem Betrieb mit zur Zeit mehr als zehn Arbeitnehmern, eine Verringerung der regelmäßig beschäftigten Arbeitnehmer auf weniger als sechs Arbeitnehmer erfolgt. In diesem Fall kann weder nach der Neuregelung noch nach der früheren Regelung des Kündigungsschutzgesetzes Bestandsschutz in Anspruch genommen werden.

Beispiel 3: 19

Sind seither in einem Betrieb mehr als fünf Arbeitnehmer beschäftigt und wird der Betrieb auf mehr als zehn Arbeitnehmer erweitert, genießen alle Arbeitnehmer, die länger als sechs Monate beschäftigt sind, Kündigungsschutz.

Beispiel 4: 20

Gleiches gilt, wenn in einem Betrieb seither fünf oder weniger Arbeitnehmer beschäftigt waren und durch eine Betriebsvergrößerung künftig mehr als zehn Arbeitnehmer beschäftigt werden. Sobald mehr als zehn Arbeitnehmer beschäftigt werden, genießen alle Arbeitnehmer, die länger als sechs Monate beschäftigt sind, Kündigungsschutz.

Beispiel 5: 21

Sind seither in einem Betrieb weniger als sechs Arbeitnehmer beschäftigt und wird dieser Betrieb auf weniger als 11 Arbeitnehmer erweitert, genießt keiner der Arbeitnehmer Kündigungsschutz.

Die **alte Überleitungsvorschrift** des § 23 Abs. 1 Satz 4 KSchG ist nur noch im Rahmen der neuen Überleitungsvorschrift bis 30. 9. 1996 zu berücksichtigen. Danach berührte Satz 3 nicht die Rechtsstellung der Arbeitnehmer, die am 1. 5. 1985 gegenüber ihrem Arbeitgeber Rechte aus Satz 2 in Verbindung mit dem ersten Abschnitt des KSchG herleiten konnten. Diese Besitzstandsklausel bezog sich nur auf den persönlichen Geltungsbereich des allgemeinen Kündigungsschutzes, mit der Folge, daß nur Arbeitnehmer hiervon erfaßt waren, die 22 bereits am 1. 5. 1985 in einem nach Maßgabe des ersten Abschnittes des KSchG geschützten Arbeitsverhältnis standen[1]. Arbeitnehmer, die also vor dem 1. 5. 1985 die sechsmonatige Wartefrist noch nicht erfüllt hatten, wurden durch die Übergangsregelung nicht geschützt.

§ 23 Abs. 1 Satz 4 KSchG enthielt keine allgemeine Bestandsschutzklausel über die Regelung des § 23 Abs. 1 Satz 3 KSchG hinaus[2].

e) Beurteilungszeitpunkt

23 § 23 Abs. 1 Satz 2 KSchG stellt auf „die in der Regel" beschäftigte Zahl von Arbeitnehmer ab. Gleichlautende Formulierungen finden sich in § 17 Abs. 1 Nr. 1–3 KSchG, §§ 9 Abs. 1, 38 Abs. 1, 62 Abs. 1 und 112 a Abs. 1 Nr. 1–4 BetrVG. Der Begriff **„in der Regel ... Beschäftigte"** unterliegt einer einheitlichen Auslegung, mit dem Inhalt, daß es auf die konkrete Belegschaftsstärke zum Zeitpunkt der jeweiligen Maßnahme ankommt[3]. Bei der Bestimmung der Zahl der Beschäftigten nach § 23 Abs. 1 Satz 2 KSchG kommt es daher auf die Zahl der Mitarbeiter zum Zeitpunkt der Kündigung an[4]. Entspricht die Zahl der Beschäftigten zum **Zeitpunkt der Kündigung** nicht der Zahl der regelmäßig im Betrieb beschäftigten Mitarbeiter, kommt es nicht auf die zufällige tatsächliche Beschäftigtenzahl zum Zeitpunkt des Kündigungszugangs an, sondern auf die den Betrieb allgemein kennzeichnende regelmäßige Beschäftigungszahl. Diese ergibt sich aus einer vergangensheits- und zukunftsbezogenen Betrachtung[5].

24 **Beispiel:**

Werden aus Anlaß eines vermehrten Arbeitsanfalles wie Inventur, Ausverkauf oder Weihnachtsgeschäft vorübergehend **Aushilfen** *eingestellt, sind diese nicht mitzuzählen, da es sich hier nicht um regelmäßig beschäftigte Arbeitnehmer handelt.*

Etwas anderes gilt dann, wenn im Betrieb **regelmäßig** *eine bestimmte Anzahl von Aushilfskräften mindestens sechs Monate im Jahr beschäftigt werden und mit einer derartigen Beschäftigung in Zukunft gerechnet werden kann*[6].

f) Betriebsbegriff

25 Das Kündigungsschutzgesetz enthält keine eigene Definition des „Betriebs". Es ist deshalb auf die vom Bundesarbeitsgericht entwickelten Grundsätze zum Betriebsverfassungsrecht zurückzugreifen[7]. Danach ist unter einem Betrieb die **organisatorische Einheit** zu verstehen, innerhalb deren der Arbeitgeber allein oder mit seinen Arbeitnehmern mit Hilfe von sächlichen und immateriellen

---

1 BAG v. 18. 1. 1990, BB 1990, 2192.
2 BAG v. 26. 9. 1990, NZA 1991, 309.
3 *Tschöpe*, BB 1983, 1416.
4 BAG v. 16. 6. 1976, BB 1977, 296.
5 BAG v. 31. 1. 1991, BB 1991, 1047; *Schaub*, § 128 I 3b; KR/*Weigand*, § 23 KSchG Rz. 44; aA LAG Hamm v. 30. 11. 1981, EzA § 17 KSchG Nr. 2.
6 BAG v. 12. 10. 1976, BAGE 28, 203.
7 BAG v. 9. 9. 1982, BAGE 40, 145; BAG v. 18. 1. 1990, BB 1990, 2192.

Mitteln bestimmte arbeitstechnische Zwecke fortgesetzt verfolgt, die sich nicht in der Befriedigung des Eigenbedarfs erschöpfen[1].

Zwei **räumlich** weit **voneinander entfernte Betriebe** sind nicht zwingend als getrennte Betriebe iSd. § 1 Abs. 1 und 23 Abs. 1 KSchG anzusehen, da dort in Abweichung zu § 4 BetrVG nicht zwischen Betrieb und räumlich entferntem Betriebsteil differenziert wird[2]. 26

Nicht notwendig ist, daß die Leitung des Betriebs berechtigt ist, selbständig **Entlassungen** vorzunehmen[3]. Der Europäische Gerichtshof hat hierzu ausgeführt: 27

„Das Arbeitsverhältnis ist inhaltlich gekennzeichnet durch die Verbindung zwischen dem Arbeitnehmer und dem Unternehmensteil, dem er zur Erfüllung seiner Aufgabe angehört. Der Begriff Betrieb in Art. 1 Ia) der Richtlinie 75/129/EWG des Rates v. 17. 2. 1975 ist deshalb dahin auszulegen, daß er nach Maßgabe der Umstände die Einheit bezeichnet, der die von der Entlassung betroffenen Arbeitnehmer zur Erfüllung ihrer Aufgaben angehören. Ob die fragliche Einheit eine Leitung hat, die selbständig Massenentlassungen vornehmen kann, ist für die Definition des Begriffes ‚Betrieb' nicht entscheidend."

Ein **einheitlicher Betrieb** kann auch von **mehreren rechtlich selbständigen Unternehmen** gebildet werden. Voraussetzung hierfür ist ein einheitlicher Leitungsapparat, der die Gesamtheit der für die Erreichung des arbeitstechnischen Zwecks notwendigen Mittel lenkt. Ein solcher Leitungsapparat kann aufgrund einer ausdrücklichen rechtlichen Vereinbarung zwischen den Unternehmen über die einheitliche Leitung des gemeinsamen Betriebs konstituiert werden. Eine solche Vereinbarung kann sich aber auch konkludent aus den näheren Umständen des Falles ergeben. 28

Eine solche **konkludente Vereinbarung** ist dann anzunehmen, wenn der Kern der Arbeitgeberfunktionen im sozialen und personellen Bereich von derselben institutionellen Leitung wahrgenommen wird[4]. Eine institutionalisierte und einheitliche Betriebsführung ergibt sich nicht schon aus einer gemeinsamen räumlichen Unterbringung[5].

Es ist die Aufgabe des Arbeitnehmers, die Voraussetzungen für die Annahme eines gemeinsamen Betriebs **darzulegen** und ggf. zu **beweisen**[6]. 29

4. Geschützter Personenkreis

a) Arbeitnehmerbegriff

Das KSchG findet nur auf Arbeitnehmer Anwendung. Arbeitnehmer ist, **wer aufgrund eines privatrechtlichen Vertrages unselbständige Arbeiten leistet.** Bei 30

---

1 BAG v. 9. 9. 1982, BAGE 40, 145; BAG v. 3. 12. 1954, BAGE 1, 175.
2 BAG v. 21. 6. 1995, 2 AZR 693/94, nv.
3 EuGH v. 7. 12. 1995, NZA 1996, 471.
4 BAG v. 24. 1. 1996, NZA 1996, 1110; BAG v. 18. 1. 1990, BB 1990, 2192; BAG v. 23. 11. 1988, DB 1989, 1194; BAG v. 29. 1. 1987, DB 1987, 1539; *Sick,* BB 1992, 1129.
5 BAG v. 24. 1. 1996, NZA 1996, 1110.
6 *Schaub,* § 128 I 1a.

der Abgrenzung zu Dienst- oder Werkverträgen stellt das Bundesarbeitsgericht in erster Linie auf den **Grad der persönlichen Abhängigkeit** des Dienstleistenden ab[1].

31 Als **Indizien** für den Grad persönlicher Abhängigkeit gelten der Umfang der Weisungsgebundenheit des Dienstleistenden, die Einbindung des Dienstleistenden in die betriebliche Organisation, der Umfang, innerhalb dessen der Dienstleistende über seine Arbeitszeit frei disponieren kann, und in welchem Maß der Dienstleistende vom Dienstberechtigten wirtschaftlich abhängig ist[2]. Abgrenzungsprobleme können im Verhältnis zu nachstehenden Personengruppen entstehen:

b) Leitender Angestellter

32 Nach § 14 Abs. 2 KSchG sind leitende Angestellte mit den sich aus dieser Bestimmung ergebenden Besonderheiten in den allgemeinen Kündigungsschutz einbezogen. § 14 Abs. 2 KSchG verwendet den Begriff des leitenden Angestellten, ohne im einzelnen seinen Inhalt festzulegen. Im Unterschied zu § 5 Abs. 3 BetrVG bedient sich der Gesetzgeber in § 14 Abs. 2 KSchG der typologischen Methode, indem er als Beispiel den **Geschäftsführer** und den **Betriebsleiter** nennt und sodann den Bezug zu diesen rechtstatsächlichen Prototypen des leitenden Angestellten durch das Merkmal der **Ähnlichkeit** herstellt. Es sind also nur diejenigen Personen, die eine ähnlich leitende Funktion haben, wie ein Geschäftsführer oder Betriebsleiter, leitende Angestellte im Sinne dieser Bestimmung[3]. Sofern Arbeitnehmer nach anderen Gesetzen (§ 5 Abs. 3 BetrVG, § 18 Abs. 1 Nr. 1 ArbZG, § 22 Abs. 2 Nr. 2 ArbGG, § 2 Abs. 2 Nr. 2 der 2. DEVO zum ArbNErfG)leitende Angestellte sind, gilt der allgemeine Kündigungsschutz uneingeschränkt, es sei denn, die auch nach anderen Gesetzen definierten leitenden Angestellte sind auch leitende Angestellte im Sinne von § 14 Abs. 2 KSchG. Voraussetzung für einen leitenden Angestellten nach § 14 Abs. 2 KSchG ist, daß dieser **alternativ** entweder zur **selbständigen Einstellung** oder zur **selbständigen Entlassung** von Arbeitnehmern berechtigt ist, wobei es genügt, wenn der leitende Angestellte in zumindest einer Betriebsabteilung zur selbständigen Einstellung oder Entlassung von Arbeitnehmern berechtigt ist oder sich die Einstellungs- oder Entlassungsbefugnis nur auf Arbeiter oder Angestellte oder eine bestimmte Gruppe von Arbeitnehmern bezieht[4]. Das Recht zur selbständigen Einstellung oder Entlassung von Arbeitnehmern muß sich auf eine bedeutende Anzahl von Arbeitnehmern im Betrieb beziehen[5].

33 Daneben muß der leitende Angestellte eine dem Geschäftsführer oder Betriebsleiter **vergleichbare Funktion** ausüben. Das heißt, er muß unternehmensbezogene Aufgaben wahrnehmen, einen eigenen erheblichen Entscheidungsspiel-

---

1 BAG v. 10. 5. 1990, AP Nr. 51 zu § 611 – Abhängigkeit; BAG v. 21. 2. 1990, BB 1990, 1064 mit Anmerkung *Skaupy*; BAG v. 28. 6. 1973, BB 1973; BAG v. 8. 6. 1967, BAGE 19, 324.
2 Vgl. KR/*Etzel*, § 1 KSchG Rz. 35 ff.
3 KR/*Rost*, § 14 KSchG Rz. 24.
4 BAG v. 28. 9. 1961, NJW 1962, 73; KR/*Rost*, § 14 KSchG Rz. 29.
5 BAG v. 11. 3. 1982, BB 1982, 1729; BAG v. 28. 9. 1961, NJW 1962, 73.

raum besitzen und sich in einem funktional bedingten Interessengegensatz zu den übrigen Arbeitnehmern befinden[1].

c) Geschäftsführer

Das Kündigungsschutzgesetz findet keine Anwendung auf die **Mitglieder des Organs einer juristischen Person**, die zur gesetzlichen Vertretung der juristischen Person berufen sind sowie auf die durch Gesetz, Satzung oder Gesellschaftsvertrag zur Vertretung einer Personengesellschaft berufenen Personen (§ 14 Abs. 1 Nr. 1 und 2 KSchG). Die **fehlende Eintragung im Handelsregister** steht der Annahme eines Organverhältnisses nicht entgegen, da der Eintragung keine konstitutive Wirkung zukommt[2].

34

Ein nicht beteiligter Geschäftsführer gilt dann als Arbeitnehmer, wenn zwischen der Gesellschaft und ihm zwei **Rechtsverhältnisse** bestehen, von denen eines ein dienstlich abgrenzbares Arbeitsverhältnis ist. Es muß eine klar unterscheidbare und trennbare **Doppelstellung als Arbeitnehmer und Organvertreter** vorliegen[3].

35

Ein nicht beteiligter Geschäftsführer ist dann Arbeitnehmer, wenn er im Rahmen einer **GmbH & Co. KG** Geschäftsführer der Komplementärgesellschaft ist, aber daneben ein Anstellungsverhältnis mit der Kommanditgesellschaft besteht[4].

36

Von zwei Rechtsverhältnissen ist auch dann auszugehen, wenn der **Prokurist einer Kommanditgesellschaft** später Geschäftsführerder persönlich haftenden Komplementärgesellschaft wird. Durch diese Bestellung zum Geschäftsführer erlischt nicht das Arbeitsverhältnis zur Kommanditgesellschaft[5].

37

Soll der Arbeitnehmer zwecks späterer Anstellung als GmbH-Geschäftsführer zunächst in einem Arbeitsverhältnis **erprobt** werden, so ist im Zweifel anzunehmen, daß mit Abschluß des Geschäftsführeranstellungsvertrages das ursprüngliche Arbeitsverhältnis beendet sein soll. Das **Bundesarbeitsgericht** hat hierzu mit Urteil v. 7. 10. 1993[6] wörtlich folgendes ausgeführt:

38

„Es braucht vorliegend nicht vertieft zu werden, ob nicht in Abweichung von der früheren Senatsrechtsprechung (ua. BAGE 49, 81 = NZA 1986, 792 = AP Nr. 3 zu § 5 ArbGG 1979 m. krit. Anm. von *Martens*) generell eine Vermutung dafür spricht, daß Parteien, die einen neuen (Dienst-)Vertrag schließen, damit im Zweifel den alten (Arbeits-)Vertrag aufheben wollen. Es mag, wie der Senat früher (BAGE 49, 81 = NZA 1986, 792 = AP Nr. 3 zu § 5 ArbGG 1979) ausgeführt hat, Fälle geben, in denen nach den Vorstellungen der Parteien ein bisheriges Arbeitsverhältnis trotz Abschluß eines (freien) Dienstverhältnisses ruhend fortbestehen soll. Fehlt es jedoch an einer solchen Vereinbarung, dann dürfte

---

1 LAG Berlin v. 18. 8. 1986, DB 1987, 179.
2 LAG Baden-Württemberg v. 14. 9. 1994 – 3 Ta 6/94, nv.; *Scholz/U. H. Schneider*, § 39 GmbHG Rz. 23.
3 BAG v. 17. 1. 1985, NZA 1986, 68.
4 BAG v. 13. 7. 1995, AP Nr. 23 zu § 5 ArbGG; BAG v. 15. 4. 1982, BAGE 39, 16; BAG v. 17. 8. 1972, BAGE 24, 383.
5 BAG v. 17. 1. 1985, NZA 1986, 68.
6 NZA 1994, 212.

aber im Normalfall von einer automatischen Vertragsumwandlung auszugehen sein (so *Martens*, Anm. AP Nr. 3 zu § 5 ArbGG 1979)."

39 Mit diesem Urteil hat sich das Bundesarbeitsgericht von seiner **früheren Rechtsprechung** zum ruhenden Arbeitsverhältnis distanziert. Danach sollte ein (ruhendes) Arbeitsverhältnis auch dann vorliegen, wenn der nicht beteiligte Geschäftsführer vor seiner Bestellung zum Organvertreter in einem Arbeitsverhältnis zu der juristischen Person stand und sich durch die Bestellung zum Geschäftsführer die Vertragsbedingungen nicht oder nicht wesentlich geändert haben[1].

Die **Abkehr von der Rechtsprechung zum ruhenden Arbeitsverhältnis** ergibt sich noch deutlicher aus einem Beschluß des Bundesarbeitsgerichts v. 10. 12. 1996[2]. Dort war ein zunächst als Angestellter tätiger Arbeitnehmer zum Vorstand und daher zum Organvertreter bestellt worden. In diesem Zusammenhang wurde ein neuer Dienstvertrag abgeschlossen. Das Bundesarbeitsgericht hat ausgeführt, daß immer dann, wenn nur ein einheitlicher Vertrag abgeschlossen wird, im Zweifel nur ein einheitliches Rechtsverhältnis anzunehmen ist. Zwar sei eine Doppelstellung als Arbeitnehmer und freier Dienstnehmer ein und derselben juristischen Person nicht von vornherein denknotwendig ausgeschlossen. Hiervon würde man aber nur dann ausgehen können, wenn dies ausdrücklich vertraglich geregelt ist.

40 Ungeachtet der Wende in der Rechtsprechung des Bundesarbeitsgerichts kommen die Grundsätze über das ruhende Arbeitsverhältnis dann nicht zum Tragen, wenn das der Bestellung zum Organvertreter vorgeschaltete Arbeitsverhältnis nicht über die **Wartefristen** des § 1 KSchG hinaus fortbestanden hat[3].

41 Der Geschäftsführer einer **Vor-GmbH** ist kein Arbeitnehmer. Die Vor-GmbH ist eine Personenvereinigung eigener Art, auf die die Bestimmungen des Gesellschaftsvertrages und die für die GmbH geltenden Normen anzuwenden sind. Allein die Bestellung zum Geschäftsführer nach § 6 GmbHG rechtfertigt die Anwendung des § 5 Abs. 1 Satz 3 ArbGG[4].

d) Gesellschafter

42 Auch Gesellschafter einer GmbH können Arbeitnehmer ihrer eigenen Gesellschaft sein. Die Abgrenzung, ob ein Arbeits- oder Dienstvertrag vorliegt, richtet sich danach, ob die geleistete Arbeit in **persönlicher Abhängigkeit** erbracht wird. Dies muß nach der tatsächlichen Ausgestaltung des Rechtsverhältnisses beurteilt werden. Nicht maßgebend ist bloße Bezeichnung. Maßgeblich ist, ob der mitarbeitende Gesellschafter weisungsgebunden ist. Dies ist dann nicht der Fall, wenn er über eine Sperrminorität verfügt[5].

---

1 BAG v. 9. 5. 1985, BAGE 49, 81.
2 NZA 1997, 674.
3 LAG Düsseldorf v. 4. 11. 1993, MDR 1994, 386.
4 BAG v. 13. 5. 1996, NZA 1996, 952.
5 BAG v. 28. 11. 1990, NZA 1991, 392.

e) Freier Mitarbeiter

Freie Mitarbeiter sind **keine Arbeitnehmer.** Ein freies Mitarbeiterverhältnis unterscheidet sich von einem Arbeitsverhältnis durch den Grad der persönlichen Abhängigkeit, in der sich der zur Dienstleistung Verpflichtete jeweils befindet. Arbeitnehmer ist danach derjenige Mitarbeiter, der seine Dienstleistung im Rahmen einer von Dritten bestimmten Arbeitsorganisation erbringt.

Insoweit enthält **§ 84 Abs. 1 Satz 2 HGB** ein typisches Abgrenzungsmerkmal. Nach dieser Bestimmung ist selbständig, wer im wesentlichen frei seine Tätigkeit gestalten und seine Arbeitszeit bestimmen kann. Unselbständig und deshalb persönlich abhängig ist also der Mitarbeiter, dem dies nicht möglich ist. Die Eingliederung in die fremde Arbeitsorganisation zeigt sich insbesondere darin, daß ein Arbeitnehmer hinsichtlich Zeit, Dauer und Ausführung der versprochenen Dienste einem umfassenden Weisungsrecht des Arbeitgebers unterliegt[1]. Unbeachtlich ist, wie die Parteien das Vertragsverhältnis bezeichnet haben. Der Status des Beschäftigten richtet sich nicht nach den Wünschen und Vorstellungen der Vertragspartner, sondern danach, wie die Vertragsbeziehungen nach ihrem Geschäftsinhalt objektiv einzuordnen sind. Durch Parteivereinbarung kann die Bewertung einer Rechtsbeziehung als Arbeitsverhältnis nicht abbedungen und der Geltungsbereich des Arbeitnehmerschutzrechtes nicht eingeschränkt werden. Der wirkliche Geschäftsinhalt ist den ausdrücklich getroffenen Vereinbarungen und der praktischen Durchführung des Vertrages zu entnehmen[2].

Keine Arbeitnehmer sind die „**abhängig Selbständigen**" (auch als „neue Selbständige" oder „Scheinselbständige" bezeichnet). Gemeint sind damit Erwerbstätige, die rechtlich als Selbständige behandelt werden, aber de facto wie abhängig Beschäftigte arbeiten.

Charakteristische Kennzeichen dieser Erwerbstätigen sind: Sie erbringen die Arbeitsleistung persönlich, beschäftigen also ihrerseits keine oder wenige Arbeitnehmer, verfügen über kein nennenswertes Eigenkapital und arbeiten überwiegend oder ausschließlich für nur einen Arbeitgeber, von dem sie wirtschaftlich abhängig sind. Die wirtschaftliche Abhängigkeit zeigt sich besonders bei einer vertraglichen Ausschließlichkeitsbindung[3].

Die rechtliche Qualifizierung als Selbständige ergibt sich damit aus der fehlenden oder gelockerten Eingliederung in die Betriebsorganisation des Arbeitgebers und aus der im Vergleich zu einem typischen Arbeitnehmer verringerten Weisungsgebundenheit.

f) Franchisenehmer

Der Franchisevertrag schließt die für die Annahme eines Arbeitsverhältnisses **persönliche Abhängigkeit** nicht aus. Auch beim Franchisenehmer richtet sich

---
1 BAG v. 13. 1. 1983, BAGE 41, 247; BAG v. 9. 6. 1993, NZA 1994, 169.
2 BAG v. 9. 6. 1993, NZA 1994, 169.
3 *Von Einem*, BB 1994, 60.

die Frage, ob jemand Selbständiger oder Arbeitnehmer ist, alleine danach, ob er weisungsgebunden und abhängig ist oder ob er seine Chancen auf dem Markt selbständig und im wesentlichen weisungsfrei suchen kann[1].

Das Bundesarbeitsgericht hat dies zu einem Vertragsverhältnis entschieden, wonach der Vertriebspartner (Franchisenehmer) im Franchisesystem im eigenen Namen und für eigene Rechnung unter Nutzung der Marke des Franchisegebers Tiefkühlkost an Haushalte und Endverbraucher zu vertreiben hatte. Der Franchisenehmer war jedenfalls **arbeitnehmerähnliche Person** iS von § 5 Abs. 1 Satz 2 ArbGG. Das Bundesarbeitsgericht führte aber aus, daß viel dafür spreche, daß der Franchisenehmer Arbeitnehmer war.

5. Wartezeit

47 Kündigungsschutz besteht erst nach einer **sechsmonatigen ununterbrochenen Betriebs- oder Unternehmenszugehörigkeit.** Dieser Sechs-Monats-Zeitraum beginnt mit dem Tag des vereinbarten Dienstantritts, unabhängig davon, ob das Arbeitsverhältnis tatsächlich sofort vollzogen wird. Etwas anderes gilt dann, wenn der Arbeitnehmer aus Gründen, die von ihm zu vertreten sind, nicht zum vereinbarten Termin die Arbeit aufnimmt[2].

48 Das **Ende** der sechsmonatigen Wartezeit richtet sich nach § 188 Abs. 2 BGB. Da nach § 187 Satz 2 BGB der erste Tag der Frist mitzählt, endet die sechsmonatige Wartezeit mit dem Ablauf desjenigen Tages des letzten Monats, welcher dem Tag vorhergeht, der durch seine Benennung oder seiner Zahl dem Anfangstage der Frist entspricht.

49 Auf die Wartezeit wird eine im Rahmen eines **Ausbildungsverhältnisses** zurückgelegte Beschäftigungszeit angerechnet[3]. Auf die Wartezeit ist die Tätigkeit eines Angestellten im Rahmen einer **Arbeitsbeschaffungsmaßnahme** nach §§ 91 ff. AFG anzurechnen[4]. Die Ableistung der sechsmonatigen Wartezeit setzt einen ununterbrochenen rechtlichen Bestand des Arbeitsverhältnisses voraus.

50 Eine Ausnahme besteht bei rechtlicher Beendigung des Arbeitsverhältnisses und zeitlich naheliegendem Neuabschluß dann, wenn ein **enger sachlicher Zusammenhang** zwischen den Arbeitsverhältnissen besteht. In diesem Fall findet eine Anrechnung der ersten Betriebszugehörigkeit statt.

Für die Frage des engen sachlichen Zusammenhangs kommt es auf **Anlaß und Dauer der Unterbrechung** sowie auf die Art der Weiterbeschäftigung an[5]. Ein enger sachlicher Zusammenhang ist dann zu verneinen, wenn die Zeit der

---

1 BAG v. 16. 7. 1997, EzA § 5 ArbGG 1979 Nr. 24; aA OLG Schleswig v. 27. 8. 1986, NJW-RR 1987, 220.
2 KR/*Etzel*, § 1 KSchG Rz. 107.
3 BAG v. 23. 9. 1976, BAGE 28, 176; BAG v. 26. 8. 1976, DB 1977, 544 – unter III 3 der Gründe; KR/*Etzel*, § 1 KSchG Rz. 114.
4 BAG v. 12. 2. 1981, AP Nr. 1 zu § 5 BAT.
5 BAG v. 6. 12. 1976, BAGE 28, 252; BAG v. 10. 5. 1989, NZA 1990, 221.

I. Überblick

Unterbrechung verhältnismäßig lang ist. Einen engen sachlichen Zusammenhang hatte das Bundesarbeitsgericht in einem Fall bejaht, in welchem der Arbeitnehmer vom Arbeitgeber wegen Arbeitsmangel entlassen war und vier Tage nach Beendigung des vorherigen Arbeitsverhältnisses ein neues Arbeitsverhältnis begründet worden ist[1]. Dagegen war eine Unterbrechung von 2 3/4 Monaten im Falle eines mehrfach befristet angestellten Lehrers als so erheblich angesehen worden, daß alleine die zeitliche Unterbrechung einen engen sachlichen Zusammenhang zu dem vorherigen befristeten Arbeitsverhältnis ausschloß[2].

Keinen Einfluß hat die Regelung in Art. 1 § 1 Abs. 1 Satz 2 BeschFG, nach der ein enger sachlicher Zusammenhang zu einem vorherigen befristeten oder unbefristeten Arbeitsvertrag mit demselben Arbeitgeber insbesondere dann anzunehmen ist, wenn zwischen den Arbeitsverträgen ein Zeitraum von weniger als vier Monaten liegt. Diese Bestimmung befaßt sich ausschließlich mit der Frage, wann eine Neueinstellung im Sinne des § 1 BeschFG vorliegt. Sie hat keinen Einfluß auf die Berechnung der Wartezeit nach § 1 Abs. 1 KSchG[3]. 51

Das Bundesarbeitsgericht hat in seinem Urteil v. 6. 12. 1976[4] ausdrücklich offen gelassen, ob im Falle einer rechtlichen Beendigung des seitherigen Arbeitsverhältnisses auch die **Zeit der Unterbrechung** auf die Wartezeit anzurechnen ist. 52

Diese Frage ist zu verneinen, und zwar unabhängig davon, ob der Arbeitnehmer während der Dauer der Beschäftigung eine andersartige Tätigkeit ausgeübt hat, denn in dieser Zeit erwirbt der Arbeitnehmer weder Betriebszugehörigkeit noch dient sie seiner Erprobung[5].

Der Arbeitnehmer trägt die **Darlegungs- und Beweispflicht** dafür, daß die Wartefrist erfüllt ist. Weist er einen zeitgerechten Beginn des Arbeitsverhältnisses nach, obliegt es dem Arbeitgeber etwaige relevante Unterbrechungen des Arbeitsverhältnisses darzulegen[6]. 53

6. Altersgrenzen

Das Kündigungsschutzgesetz kennt weder ein **Mindest- noch ein Höchstalter.** Das Mindestalter von 18 Jahren ist durch das Gesetz zur Änderung des Kündigungsschutzgesetzes v. 8. 7. 1976[7] gestrichen worden. 54

---

1 BAG v. 6. 12. 1976, BAGE 28, 252.
2 BAG v. 11. 11. 1982, NJW 1983, 1443.
3 BAG v. 10. 5. 1989, NZA 1990, 221.
4 BAGE 28, 252.
5 MünchArbR/*Berkowsky*, Band 2, § 128 Rz. 39; differenzierter: KR/*Becker*, 3. Aufl. § 1 KSchG Rz. 58.
6 BAG v. 16. 3. 1989, NZA 1989, 884; MünchArbR/*Berkowsky*, Band 2, § 128 Rz. 41; *Ascheid*, Rz. 179.
7 BGBl. I 1976, 1769.

7. Andere Unwirksamkeitsgründe

55 § 13 Abs. 3 KSchG bestimmt, daß die Vorschriften des ersten Abschnittes des KSchG auf eine Kündigung, die bereits aus anderen als den in § 1 Abs. 2 und 3 KSchG bezeichneten Gründen rechtsunwirksam ist, keine Anwendung finden. Die Rechtsunwirksamkeit einer außerordentlichen Kündigung kann jedoch nur nach Maßgabe der § 4 Satz 1 und der §§ 5 bis 7 KSchG geltend gemacht werden (§ 13 Abs.1 KSchG).

56 Verstößt eine Kündigung gegen die **guten Sitten,** so kann der Arbeitnehmer die Nichtigkeit unabhängig von den Vorschriften des KSchG geltend machen. Erhebt er die Klage aber innerhalb von drei Wochen nach Zugang, finden die Vorschriften der §§ 9 bis 12 KSchG entsprechende Anwendung (§ 13 Abs. 2 KSchG).

Folgende **andere Unwirksamkeitsgründe** kommen in Betracht:

57 ▸ **Sittenwidrige Kündigung**

Eine Kündigung ist sittenwidrig, wenn sie auf einem **ausgesprochen verwerflichen Motiv** beruht, insbesondere aus Rachsucht und zur Vergeltung erklärt wird und damit dem Anstandsgefühl aller billig und gerecht Denkenden kraß widerspricht[1].

Kündigt der Arbeitgeber einem mit dem **HIV-Virus** infizierten Arbeitnehmer, der noch nicht den allgemeinen Kündigungsschutz nach § 1 Abs. 1 KSchG genießt, fristgerecht, so ist die Kündigung jedenfalls nicht sittenwidrig nach § 138 Abs. 1 BGB, wenn der Arbeitnehmer nach Kenntnis von der Infektion einen Selbsttötungsversuch unternommen hat und danach längere Zeit arbeitsunfähig krank war, und der Umstand der längeren Arbeitsunfähigkeit für den Kündigungsentschluß jedenfalls mitbestimmend war[2].

58 ▸ **Treuwidrige Kündigung**

Jede Kündigung, die gegen die guten Sitten verstößt, widerspricht dem Grundsatz von Treu und Glauben, aber nicht jeder Verstoß gegen Treu und Glauben ist auch ein Verstoß gegen die guten Sitten. Ein Verstoß gegen Treu und Glauben ist deshalb nicht nur etwas anderes, sondern auch etwas Minderes als ein Verstoß gegen die guten Sitten. Es ist deshalb zu differenzieren zwischen einer sittenwidrigen Kündigung nach § 138 BGB und einer solchen gegen Treu und Glauben nach § 242 BGB[3].

Nach ständiger Rechtsprechung des Bundesarbeitsgerichtes bildet auch der Grundsatz von Treu und Glauben nach § 242 BGB eine allen Rechten, Rechtslagen und Rechtsnormen **immanente Inhaltsbegrenzung,** weshalb eine gegen § 242 BGB verstoßende Rechtsausübung oder Ausnutzung einer Rechtslage wegen der Rechtsüberschreitung als unzulässig angesehen wird[4].

---

1 BAG v. 28. 12. 1956, BAGE 3, 197.
2 BAG v. 16. 2. 1989, BAGE 61, 151.
3 BAG v. 14. 5. 1964, BAGE 16, 21.
4 BAG v. 23. 6. 1994, AP Nr. 9 zu § 242 BGB – Kündigung; BAG v. 16. 2. 1989, BAGE 61, 151; BAG v. 2. 11. 1983, BAGE 44, 201.

Eine treuwidrige Kündigung kann vorliegen, wenn einem Arbeitnehmer vor Erfüllung der Wartefrist des § 1 Abs. 1 KSchG wegen Homosexualität gekündigt wird[1].

Eine treuwidrige Kündigung kann auch dann vorliegen, wenn sie **zur Unzeit zugeht,** zB dann, wenn einem Arbeitnehmer die Kündigung nach einem schweren Arbeitsunfall am gleichen Tag im Krankenhaus unmittelbar vor einer auf dem Unfall beruhenden Operation ausgehändigt wird[2]. Eine Kündigung kann auch dann treuwidrig sein, wenn hierdurch der Arbeitnehmer einem Verdacht ausgesetzt wird, ohne die Möglichkeit einer Verteidigung zu haben[3].

▶ Kündigung anläßlich eines **Betriebsüberganges**   59

Die Vorschrift des § 613a Abs. 4 Satz 1 BGB, wonach eine Kündigung wegen des Übergangs eines Betriebs oder eines Betriebsteiles unwirksam ist, ist ein eigenständiges gesetzliches Kündigungsverbot und deshalb unabhängig von § 1 KSchG[4].

Beispiele **weiterer Unwirksamkeitsgründe** außerhalb des Kündigungsschutzgesetzes: 60

▶ Die fehlende Zustimmung nach § 15 SchwbG;

▶ Der Verstoß gegen das Kündigungsverbot nach § 9 MuSchG;

▶ Der Verstoß gegen das Kündigungsverbot der §§ 58 Abs. 2 und 58d BImSchG;

▶ Fehlerhafte Anhörung des Betriebsrates nach § 102 BetrVG;

▶ Unwirksame Kündigung nach § 174 BGB.

II. Personenbedingte Kündigung

1. Begriff

Bei der personenbedingten Kündigung konkretisiert sich der die Kündigung rechtfertigende Sachverhalt in der Person des Arbeitnehmers. Im Gegensatz zu der verhaltensbedingten Kündigung ist der Arbeitnehmer aber nicht verantwortlich, dennoch kann die Grenzziehung zur verhaltensbedingten Kündigung im Einzelfall schwierig sein. *Ascheid*[5] differenziert nach drei Kategorien, und zwar 1. das nicht vorwerfbare Nichtwollen der Leistungserbringung, 2. das Nichtkönnen der Leistungserbringung infolge zurechenbarer Willensentscheidung und 3. das Nichtkönnen der Leistungserbringung infolge nicht freier Willensbestimmung. Zu den personenbedingten Gründen gehören alle persönlichen Eigenschaften und Verhältnisse des Arbeitnehmers. Insbesondere können mangelnde Kenntnisse und unzureichende Fähigkeiten, schlechter Gesundheitszustand   61

---

1 BAG v. 23. 6. 1994, AP Nr. 9 zu § 242 BGB – Kündigung.
2 LAG Bremen v. 29. 10. 1985, BB 1986, 393.
3 BAG v. 30. 11. 1960, NJW 1961, 1085.
4 BAG v. 31. 1. 1985, BAGE 48, 40.
5 *Ascheid,* Rz. 351.

und die Interessen des Betriebs erheblich beeinträchtigende oder gefährdende Beziehungen des Arbeitnehmers eine personenbedingte Kündigung rechtfertigen[1]. Bei der personenbedingten Kündigung sind die Belange des Arbeitnehmers und die Interessen des Arbeitgebers an der Beendigung des Arbeitsverhältnisses besonders sorgfältig gegeneinander abzuwägen. Die Kündigung ist dann gerechtfertigt, wenn Umstände vorliegen, die bei verständiger Würdigung in Abwägung der Interessen des Arbeitnehmers und des Arbeitgebers sowie des Betriebs die Kündigung als billigenswert und angemessen erscheinen lassen. Es ist nicht erforderlich, daß die Kündigung durch einen Grund verursacht sein muß, der dem Arbeitgeber die Fortsetzung des Arbeitsverhältnisses über das Ende der Kündigungsfrist hinaus nicht mehr zumutbar erscheinen läßt[2].

62 Auch für die personenbedingte Kündigung gilt das **Ultima-ratio-Prinzip,** das heißt der Arbeitgeber muß vor Ausspruch einer Kündigung die Versetzungsmöglichkeiten, zumutbare Umschulungs- und Fortbildungsmaßnahmen prüfen oder dem leistungsgeminderten Arbeitnehmer einen seinen Kräften entsprechenden freien Arbeitsplatz anbieten. Voraussetzung hierfür ist aber, daß überhaupt ein freier Arbeitsplatz vorhanden ist[3].

63 Eine Sozialauswahl findet schon nach dem Wortlaut des § 1 Abs. 3 KSchG im Bereich der personenbedingten Kündigung nicht statt[4]. Sie wäre auch sinnwidrig, denn mittels einer Sozialauswahl würde das unternehmerische Ziel der Beseitigung der Störung nicht zu erreichen sein[5].

2. Einzelsachverhalte

a) Alter

64 Das Lebensalter allein ist **kein Kündigungsgrund,** und zwar auch dann nicht, wenn der Arbeitnehmer mit Überschreitung des 65. Lebensjahres Rente in Anspruch nehmen kann[6]. Auch die Möglichkeit eines Arbeitnehmers zur Inanspruchnahme von Altersteilzeitarbeit aufgrund des Gesetzes zur Förderung eines gleitenden Übergangs in den Ruhestand kann eine Kündigung nicht nach § 1 Abs. 1 dieses Gesetzes rechtfertigen.

b) Arbeits- und Berufserlaubnis

65 Ist einem ausländischen Arbeitnehmer die nach § 19 Abs. 1 AFG erforderliche Arbeitserlaubnis **nicht erteilt** worden, führt dies nicht zur Nichtigkeit des Arbeitsvertrages[7]. Das Arbeitsverhältnis kann daher nur durch Kündigung beendet werden.

---

1 *Knorr/Bichlmeier/Kremhelmer,* Kap. 10 Rz. 226.
2 BAG v. 7. 10. 1954, BAGE 1, 99; BAG v. 10. 12. 1956, AP Nr. 21 zu § 1 KSchG 1951.
3 BAG v. 22. 7. 1982, NJW 1983, 700; *Schaub,* § 129 I 2.
4 LAG Baden-Württemberg v. 30. 9. 1982, DB 1993, 125.
5 *Ascheid,* Rz. 350.
6 BAG v. 28. 9. 1961, AP Nr. 1 zu § 1 KSchG – Personenbedingte Kündigung.
7 BAG v. 13. 1. 1977, BAGE 29, 1.

II. Personenbedingte Kündigung

Ist die Arbeitserlaubnis **rechtskräftig versagt** worden, ist der Arbeitnehmer zur Leistung der vertraglich geschuldeten Dienste dauerhaft außerstande. Der Arbeitgeber unterliegt einem Beschäftigungsverbot. In diesem Fall ist eine personenbedingte ordentliche Kündigung jedenfalls gerechtfertigt[1]. Ist hingegen über die von dem ausländischen Arbeitnehmer beantragte Arbeitserlaubnis noch nicht rechtskräftig entschieden, ist darauf abzustellen, ob für den Arbeitgeber bei objektiver Beurteilung im Zeitpunkt des Zugangs der Kündigung mit der Erteilung der Erlaubnis in absehbarer Zeit nicht zu rechnen war und der Arbeitsplatz für den Arbeitnehmer ohne erhebliche betriebliche Beeinträchtigungen nicht offen gehalten werden konnte[2]. Die gleichen Grundsätze gelten dann, wenn für die Ausübung des Berufes eine Erlaubnis erforderlich ist, beispielsweise bei Ärzten[3], Rechtsanwälten und Lehrern[4]. 66

c) Fahrerlaubnis/Fluglizenz

Der Verlust der Fahrerlaubnis kann bei einem Kraftfahrer eine **personenbedingte Kündigung** rechtfertigen[5]. Gleiches gilt für einen Piloten bei Verlust der Fluglizenz[6]. 67

d) Betriebsgeheimnisse/Sicherheitsbedenken

Liegen dem Arbeitgeber **konkrete Anhaltspunkte** dafür vor, daß der Arbeitnehmer Betriebs- oder Geschäftsgeheimnisse verraten könnte, rechtfertigt dies eine personenbedingte Kündigung, insbesondere dann, wenn ein Arbeitnehmer in Vertrauensstellung mit den Inhabern oder Mitarbeitern eines Konkurrenzunternehmens verwandtschaftlich oder freundschaftlich eng verbunden ist[7]. Zu einem Geheimnisbruch selbst muß es noch nicht gekommen sein. Liegt ein **Geheimnisbruch** vor, rechtfertigt dies in aller Regel eine verhaltensbedingte Kündigung, häufig sogar eine außerordentliche Kündigung. 68

In Betrieben mit erhöhten Sicherheitsrisiken, wie beispielsweise Rüstungsbetrieben oder Energieversorgungsunternehmen, können auch Sicherheitsbedenken einen Kündigungsgrund darstellen. Es genügt aber nicht alleine die Ansicht des Arbeitgebers, es bestünden Sicherheitsbedenken gegen einen Arbeitnehmer, vielmehr müssen **greifbare Tatsachen** vorliegen, die erkennen lassen, der Arbeitnehmer werde berechtigte Sicherheitsinteressen des Unternehmens beeinträchtigen[8]. 69

---

1 BAG v. 21. 9. 1994, NZA 1995, 228; BAG v. 7. 2. 1990, NZA 1991, 341; BAG v. 13. 1. 1977, BAGE 29, 1.
2 BAG v. 7. 2. 1990, NZA 1991, 341.
3 BAG v. 6. 3. 1974, AP Nr. 29 zu § 615 BGB m. Anm. *Küchenhoff*.
4 BAG v. 31. 1. 1996, NZA 1996, 819; BAG v. 11. 7. 1980, AP Nr. 18 zu § 611 BGB – Lehrer, Dozenten m. Anm. *von Hoyningen-Huene*.
5 BAG v. 25. 4. 1996, NZA 1996, 1201; BAG v. 30. 5. 1978, BAGE 30, 309.
6 BAG v. 31. 1. 1996, NZA 1996, 819.
7 BAG v. 31. 1. 1996, EzA Nr. 13 zu § 1 KSchG – Personenbedingte Kündigung; LAG Stuttgart v. 19. 12. 1952, BB 1953, 236; LAG Hamburg v. 27. 3. 1969, BB 1970, 1096.
8 BAG v. 26. 10. 1978, NJW 1979, 2063.

e) Eheschließung

70 Die Eheschließung selbst stellt grundsätzlich weder einen personen- noch einen verhaltensbedingten Kündigungsgrund dar. Aus diesem Grund sind auch sogenannte Zölibatsklauseln nichtig[1]. Verstößt jedoch die Eheschließung gegen fundamentale Grundsätze der **kirchlichen Glaubens- und Sittenlehre** oder gegen Bestimmungen des kirchlichen Rechts, kann eine personenbedingte Kündigung gerechtfertigt sein, zB dann, wenn eine bei einem katholischen Missionsgymansium beschäftigte katholische Lehrerin einen geschiedenen Mann heiratet[2]. Eine Kündigung ist aber bei kirchlichen Mitarbeitern nur dann zu rechtfertigen, wenn der Mitarbeiter eine Aufgabe wahrzunehmen hat, die in einer spezifischen Nähe zu der betreffenden kirchlichen Institution steht[3]. Für kirchliche Arbeitnehmer stellen sich weitere Konfliktfälle bei Entzug der kirchlichen Lehrerlaubnis[4], bei Kirchenaustritten[5], bei ärztlicher Tätigkeit und Schwangerschaftsabbruch und bei Nichtbeachtung ethischer Normen[6].

71 Alleine die Tatsache, daß ein Ehegatte gleichfalls erwerbstätig ist, stellt keinen personenbedingten Kündigungsgrund dar, wenngleich die **Erwerbstätigkeit des Ehegatten** im Rahmen der sozialen Auswahl nach § 1 Abs. 3 KSchG Berücksichtigung finden kann[7].

f) Ehrenämter

72 Nach Art. 48 Abs. 2 GG und § 2 Abs. 3 AbgG ist eine Kündigung oder Entlassung wegen der Annahme oder Ausübung des **Mandats** unzulässig. Gleiches gilt für die Landtagsabgeordneten[8]. Unabhängig hiervon rechtfertigt die Ausübung eines öffentlichen Amtes grundsätzlich keine ordentliche Kündigung. Dies gilt auch für das Fernbleiben eines politischen Mandatsträgers von der Arbeit wegen der Teilnahme an Sitzungen politischer Gremien[9].

g) Eignung/Leistungsmängel

73 Fehlende körperliche, geistige, fachliche oder charakterliche Eignung und deutliche Leistungsmängel können einen **personenbedingten Kündigungsgrund** darstellen. Literatur und Rechtsprechung gehen davon aus, daß auch bei einer personenbedingten Kündigung wegen mangelnder fachlicher Qualifikation und persönlicher Ungeeignetheit regelmäßig der Kündigung eine **Abmahnung** vor-

---

1 BAG v. 10. 5. 1957, BAGE 4, 274.
2 BAG v. 31. 10. 1984, BAGE 47, 144.
3 KR/*Etzel*, § 1 KSchG Rz. 293; *Rüthers*, NJW 1986, 356.
4 BAG v. 25. 5. 1988, AP Nr. 36 zu Art. 140 GG.
5 BAG v. 12. 12. 1984, BAGE 47, 292.
6 *Ascheid*, Rz. 357 und 358.
7 KR/*Etzel*, § 1 KSchG Rz. 294; *Schaub*, § 129 II 3; aA LAG Hamm v. 7. 7. 1981, BB 1981, 1770.
8 Im einzelnen hierzu: KR/*Weigand*, ParlKSch Rz. 43 ff.
9 LAG Düsseldorf v. 7. 1. 1966, BB 1966, 288; KR/*Etzel*, § 1 KSchG Rz. 296; *Knorr/Bichlmeier/Kremhelmer*, Kap. 10 Rz. 43.

II. Personenbedingte Kündigung

auszugehen hat[1]. Hieraus ergibt sich, daß eine Grenzziehung zwischen einer personen- und verhaltensbedingten Kündigung wegen Eignungs- und Leistungsdefiziten nur schwer möglich ist. Die Abmahnung dient dazu, dem Arbeitnehmer in hinreichend deutlich erkennbarer Weise mitzuteilen, daß Leistungsmängel beanstandet werden, verbunden mit dem Hinweis, daß im Wiederholungsfall der Inhalt oder der Bestand des Arbeitsverhältnisses gefährdet ist[2]. Die Abmahnung soll dem Arbeitnehmer ein vertrags- oder pflichtwidriges Verhalten verdeutlichen und ihm Gelegenheit geben, sich vertragsgerecht und pflichtgemäß zu verhalten.

Die personenbedingte Kündigung beruht aber auf einer nicht ausreichenden Leistungserbringung infolge **nicht freier Willensbestimmung**[3]. Der Arbeitnehmer ist nicht in der Lage, die unzureichende Leistungserbringung willentlich zu steuern, weshalb die Abmahnung auch kein geeignetes und erforderliches Instrumentarium ist, sofern Eignungs- und Leistungsmängel vorliegen, die grundsätzlich eine personenbedingte Kündigung rechtfertigen.

Beruht der Leistungsmangel hingegen auf einer Willensentscheidung des Arbeitnehmers oder ist der Leistungs- oder Eignungsmangel **willensbeeinflußt** durch den Arbeitnehmer, rechtfertigt dies keine personen-, sondern eine **verhaltensbedingte Kündigung** mit der Folge, daß ggf. der Kündigung eine Abmahnung vorauszugehen hat.

h) Geschlechtsumwandlung

Einer personenbedingten Kündigung wegen der Geschlechtsumwandlung eines Arbeitnehmers steht Art. 5 Abs. 1 der Richtlinie 76/207/EWG des Rates vom 9. 2. 1996 zur Verwirklichung des Grundsatzes der Gleichbehandlung von Männern und Frauen hinsichtlich des Zugangs zur Beschäftigung, zur Berufsbildung und zum beruflichen Aufstieg sowie in bezug auf die Arbeitsbestimmungen entgegen[4].

74

i) Zerrüttung der Ehe

Die Kündigung durch einen Arbeitgeberehegatten nach Scheitern der Ehe ist nur dann sozial gerechtfertigt, wenn sich die ehelichen Auseinandersetzungen so auf das Arbeitsverhältnis auswirken, daß der Arbeitgeber nachvollziehbare Gründe zu der Annahme hat, der Arbeitnehmer werde seine arbeitsvertraglichen Pflichten nicht mit der geschuldeten Sorgfalt und Loyalität ausfüllen bzw. die Fortsetzung der ehelichen Streitigkeiten werde sich auf das Arbeitsverhältnis negativ auswirken und damit zu einer **Störung des Betriebsfriedens** führen[5].

75

---

1 KR/*Etzel*, § 1 KSchG Rz. 299; *Schaub*, § 129 II 5; *Knorr/Bichlmeier/Kremhelmer*, Kap. 10 Rz. 45; BAG v. 29. 7. 1976, BB 1976, 1560; BAG v. 18. 1. 1980, AP Nr. 3 zu § 1 KSchG 1969 – Verhaltensbedingte Kündigung.
2 BAG v. 18. 1. 1980, AP Nr. 3 zu § 1 KSchG 1969 – Verhaltensbedingte Kündigung.
3 *Ascheid*, Rz. 361.
4 EuGH v. 30. 4. 1996, EzA Schnelldienst 1996, Heft 10, 7.
5 BAG v. 9. 2. 1995, NJW 1996, 1299.

j) **Krankheit**

aa) **Grundlagen**

(1) **Einleitung**

76 Die Kündigung wegen Krankheit stellt den **wichtigsten Beispielsfall** einer personenbedingten Kündigung dar und nimmt in der Rechtsprechung und Literatur den breitesten Raum innerhalb der personenbedingten Kündigung ein.

Krankheit im medizinischen Sinne ist als regelwidriger körperlicher oder geistiger Zustand zu verstehen, der die Notwendigkeit der Heilbehandlung zur Folge hat[1]. **Der arbeitsrechtliche Krankheitsbegriff** knüpft zwar an den medizinischen Begriff der Krankheit an, muß mit diesem aber nicht identisch sein. Eine medizinisch vom Arzt festgestellte Krankheit wird arbeitsrechtlich erst dann bedeutsam, wenn die Erkrankung den Arbeitnehmer hindert, die von ihm vertraglich geschuldete Arbeitsleistung zu erbringen. Dies bedeutet, daß Krankheitsbefunde, durch die der Arbeitnehmer nicht gehindert wird, seine Verpflichtung aus dem Arbeitsvertrag zu erfüllen, arbeitsrechtlich nicht relevant sind[2].

(2) **Fallgruppen**

77 Die krankheitsbedingte Kündigung unterteilt sich in drei Fallgruppen, und zwar die Kündigung wegen einer langanhaltenden Krankheit, die Kündigung wegen **häufiger Kurzerkrankungen** sowie die Kündigung wegen **krankheitsbedingter Minderung der Leistungsfähigkeit** bzw. **dauernder Leistungsunfähigkeit**[3].

78 Allen drei Fallgruppen ist gemeinsam, daß die Überprüfung in **drei Stufen** zu erfolgen hat[4]:

▶ Im Zeitpunkt des Zugangs der Kündigung müssen Tatsachen vorliegen, die die Besorgnis auch eines künftig schlechten Gesundheitszustands des Arbeitnehmers rechtfertigen (**negative Prognose**).

▶ Der in die Zukunft prognostizierte Gesundheitszustand des Arbeitnehmers muß zu einer **erheblichen Beeinträchtigung der betrieblichen Interessen führen.**

▶ Die **Interessenabwägung** muß ergeben, daß die Beeinträchtigungen dem Arbeitgeber unter Berücksichtigung der Besonderheiten des Einzelfalles nicht mehr zumutbar sind.

(3) **Beurteilungszeitpunkt**

79 Maßgebliche Beurteilungsgrundlage für die Rechtmäßigkeit einer krankheitsbedingten Kündigung sind stets die objektiven Verhältnisse **im Zeitpunkt des**

---

1 BAG v. 5. 4. 1976, AP Nr. 40 zu § 1 LohnFG.
2 BAG v. 25. 6. 1981, BB 1982, 805.
3 KR/*Etzel*, § 1 KSchG Rz. 315.
4 BAG v. 7. 11. 1985, NZA 1986, 359; BAG v. 6. 9. 1989, NZA 1990, 307; KR/*Etzel*, § 1 KSchG Rz. 314; *Knorr/Bichlmeier/Kremhelmer*, Kap. 10 Rz. 53.

II. Personenbedingte Kündigung

Zugangs der **Kündigungserklärung**[1]. Die vom Bundesarbeitsgericht in seinem Urteil v. 10. 11. 1983[2] vertretene Ansicht, wonach die spätere tatsächliche Entwicklung einer Krankheit bis zum Ende der letzten mündlichen Verhandlung in der Tatsacheninstanz zur Bestätigung oder auch zur Korrektur von „mehr oder weniger unsicheren Prognosen" herangezogen werden könne, ist auf Widerspruch gestoßen[3] und „entbehrlich", nachdem durch den Wiedereinstellungsanspruch nach Wegfall des Kündigungsgrundes während der Kündigungsfrist ein ausreichendes Korrektiv dafür geschaffen wurde, daß die Wirksamkeit der Kündigung auf den Zeitpunkt ihres Ausspruches hin zu prüfen ist[4]. Zeigt sich während der Kündigungsfrist, daß die negative Prognose des Arbeitgebers zum Zeitpunkt der Kündigung gerechtfertigt war, sich aber nicht aufrecht halten läßt, kann der Arbeitnehmer die Weiterbeschäftigung beanspruchen.

Ein **unvorhergesehener Heilungsverlauf**, der zum Zeitpunkt der Kündigung nicht vorhersehbar war, muß unberücksichtigt bleiben[5]. Solche neuen Tatsachen liegen zum Beispiel dann vor, wenn der Arbeitnehmer zunächst eine bestimmte Behandlung, etwa eine Operation, ablehnt, sich ihr aber nach Kündigungszugang unterzieht, oder auch bei bloßer Änderung der Lebensführung nach Zugang der Kündigung.

(4) Objektive Umstände

Bei einer krankheitsbedingten Kündigung sind die objektiven Umstände entscheidend. Ob sie dem Arbeitgeber bekannt waren oder nicht, ist ohne Bedeutung. Hieraus ergibt sich, daß der Arbeitgeber **keine Erkundigungspflicht** hat[6]. Dennoch liegt es im Interesse des Arbeitgebers, sich über den Gesundheitszustand des Arbeitnehmers zu erkundigen, um auf sicherer Grundlage eine Zukunftsprognose erstellen zu können. Erkundigt sich der Arbeitgeber beim erkrankten Arbeitnehmer über Grund und voraussichtliche Dauer der Arbeitsunfähigkeit, ist der Arbeitnehmer im Kündigungsschutzprozeß an seine Antworten gebunden[7].

Das Bundesarbeitsgericht hat mit Urteil v. 19. 3. 1986[8] zu § 1 Abs. 1 Satz 1 LohnFG entschieden, daß der Arbeitgeber eine Erkundigungspflicht hat, wenn objektive Anhaltspunkte dafür vorliegen, daß der Arbeitnehmer infolge derselben Krankheit wiederholt arbeitsunfähig ist. Der Arbeitgeber ist gehalten,

---

1 BAG v. 12. 3. 1968, BAGE 20, 345; BAG v. 22. 2. 1980, BAGE 33, 1; BAG v. 15. 8. 1984, NJW 1985, 2783.
2 NJW 1984, 1417.
3 BAG v. 15. 8. 1984, NJW 1985, 2783; KR/*Etzel*, § 1 KSchG Rz. 316, 356; *Knorr/Bichlmeier/Kremhelmer*, Kap. 10 Rz. 66.
4 BAG v. 27. 2. 1997, NZA 1997, 757.
5 BAG v. 15. 8. 1984, NJW 1995, 2783; BAG v. 6. 9. 1989, NZA 1990, 307; BAG v. 5. 7. 1990, NZA 1991, 185.
6 BAG v. 15. 8. 1984, NJW 1985, 2783; aA BAG v. 12. 3. 1968, BAGE 20, 345.
7 BAG v. 12. 3. 1968, BAGE 20, 345.
8 BAGE 51, 308.

durch Rückfrage bei dem Arzt oder der Krankenkasse zu klären, ob eine **Fortsetzungserkrankung** besteht. Der Arbeitnehmer ist verpflichtet, an der Aufklärung mitzuwirken. Er muß den Arzt oder die Krankenkasse von der Schweigepflicht entbinden, damit diese die erforderliche Auskunft erteilen können.

Solange der Arbeitnehmer die **Mitwirkung** ablehnt, kann der Arbeitgeber die Fortzahlung des Arbeitsentgelts verweigern.

83 Diese zur Fortsetzungserkrankung gefundenen Grundsätze können, bezogen auf die Mitwirkungspflicht des Arbeitnehmers, auf die krankheitsbedingte Kündigung übertragen werden, mit der Folge, daß der Arbeitnehmer die Ärzte **von der Schweigepflicht entbinden** muß, damit der Arbeitgeber sich die erforderlichen Informationen beschaffen kann, um zu entscheiden, ob die Voraussetzungen einer krankheitsbedingten Kündigung vorliegen oder nicht[1].

Weitere Auskünfte, wie zB über den **Krankheitsbefund**, kommen nicht in Betracht, weil ein rechtliches Interesse des Arbeitgebers hieran nicht anzuerkennen und die Privatsphäre des Arbeitnehmers geschützt ist[2].

84 Die Erklärung über die Entbindung von der ärztlichen Schweigepflicht ist – auch im Prozeß – an **keine bestimmte Form** gebunden. Sie kann gegenüber dem Zeugen, der Gegenpartei oder dem Gericht erklärt werden. Da es sich bei den Daten, die der Schweigepflicht unterliegen, um geheimzuhaltende Angelegenheiten höchstpersönlicher Art handelt, muß nur sichergestellt sein, daß die Befreiungserklärung von dem Rechtsträger selbst ausgeht. Sie kann deshalb grundsätzlich auch durch einen Prozeßbevollmächtigten erfolgen und sogar schon in der Benennung einer der in § 383 Nr. 6 ZPO bezeichneten Person als Zeuge zu sehen sein[3].

Die Befreiungserklärung wird sich nur auf die Frage erstrecken dürfen, ob und ggf. in welchem Umfang mit weiterer Arbeitsunfähigkeit zu rechnen ist.

(5) Negative Prognose

85 Der Arbeitgeber ist verpflichtet, eine Gesundheitsprognose zu erstellen, da die Kündigung nicht mit einer früheren oder im Zeitpunkt des Kündigungsausspruchs bestehenden Erkrankung gerechtfertigt werden kann, sondern mit Störungen des Arbeitsverhältnisses aufgrund künftiger Arbeitsunfähigkeit. Die bisherigen Erkrankungen liefern lediglich die tatsächlichen Anhaltspunkte für die Gesundheitsprognose. Die **Indizwirkung der bisherigen Erkrankungen** richtet sich regelmäßig nach den Umständen des Einzelfalles. Es kommt darauf an, an welchen Krankheiten der Arbeitnehmer leidet, wie weit sie fortgeschritten sind, welche Behandlungen durchgeführt wurden, durchgeführt werden sollen oder schon eingeleitet sind und inwieweit der Arbeitnehmer durch sein eigenes Verhalten bereit ist, zur Genesung beizutragen[4].

---

1 *Knorr/Bichlmeier/Kremhelmer*, Kap. 10 Rz. 68.
2 BAG v. 19. 3. 1986, BAGE 51, 308.
3 BAG v. 12. 1. 1995 – 2 AzR 366/94, nv.; *MünchKommZPO/Damrau*, § 385 Rz. 10.
4 *Knorr/Bichlmeier/Kremhelmer*, Kap. 10 Rz. 54.

II. Personenbedingte Kündigung

Die Gesundheitsprognose muß für jede der oben dargestellten Arten der krankheitsbedingten Kündigung vorgenommen werden[1]. Bei einer Kündigung wegen **langanhaltender Arbeitsunfähigkeit** müssen objektive Umstände vorliegen, die darauf schließen lassen, daß mit einer Arbeitsfähigkeit in absehbarer Zeit nicht zu rechnen ist. Es muß also bei Zugang der Kündigung die Arbeitsunfähigkeit fortdauern und der Zeitpunkt der Wiederherstellung objektiv nicht absehbar sein[2]. 86

Bei einer Kündigung wegen **häufiger Kurzerkrankungen** müssen objektive Tatsachen vorliegen, die die Besorgnis weiterer Erkrankungen im bisherigen Umfang rechtfertigen. Häufige Kurzerkrankungen in der Vergangenheit können für ein entsprechendes Erscheinungsbild in der Zukunft sprechen. Der Arbeitgeber darf sich dann zunächst darauf beschränken, die die Indizwirkung entfaltenden Fehlzeiten in der Vergangenheit darzulegen[3]. 87

Die auf Betriebsunfällen beruhenden krankheitsbedingten Fehlzeiten haben bei der negativen Prognose außer acht zu bleiben, ebenso wie auf einmaligen Ursachen beruhende Fehltage[4].

Bei der Kündigung wegen **krankheitsbedingter Leistungsunmöglichkeit** muß zum Zeitpunkt des Zugangs der Kündigung aufgrund objektiver Kriterien davon ausgegangen werden können, daß der Arbeitnehmer krankheitsbedingt dauerhaft unfähig ist, die vertraglich geschuldete Arbeitsleistung zu erbringen[5]. 88

(6) Erhebliche Beeinträchtigung der betrieblichen Interessen

Krankheitsbedingte Ausfallzeiten können betriebliche Interessen in zweifacher Hinsicht beeinträchtigen, und zwar kann es einerseits zu **Störungen im Betriebsablauf** kommen, andererseits zu **erheblichen wirtschaftlichen Belastungen.** Sowohl Betriebsablaufstörungen als auch erhebliche krankheitsbedingte Zusatzkosten können jeweils für sich allein zu einer erheblichen Beeinträchtigung des Arbeitgebers führen und eine krankheitsbedingte Kündigung rechtfertigen[6]. Die erheblichen betrieblichen Beeinträchtigungen müssen nicht zu einer unzumutbaren Belastung des Betriebs führen, vielmehr ist erst im Rahmen der Interessenabwägung die Unzumutbarkeit der Weiterbeschäftigung zu prüfen[7]. 89

Hält der Arbeitgeber eine **Personalreserve** vor, kommt es erst dann zu Betriebsablaufstörungen, wenn die vorhandene Personalreserve nicht ausreicht. Es ist in diesem Fall zu prüfen, ob dem Arbeitgeber weitere **Überbrückungsmaßnahmen** zumutbar sind[8]. Das Vorhalten einer Personalreserve ist bei der Beurtei- 90

---

1 BAG v. 11. 8. 1994, NZA 1995, 1051.
2 BAG v. 25. 11. 1982, BAGE 40, 361.
3 BAG v. 5. 7. 1990, NZA 1991, 185; BAG v. 6. 9. 1989, NZA 1990, 307; BAG v. 7. 11. 1985, NZA 1986, 359.
4 BAG v. 14. 1. 1993, NZA 1994, 309; BAG v. 6. 9. 1989, NZA 1990, 307.
5 BAG v. 28. 2. 1990, NZA 1990, 727; BAG v. 30. 1. 1986, NZA 1987, 555.
6 BAG v. 11. 8. 1994, NZA 1995, 1051.
7 BAG v. 7. 11. 1985, NZA 1986, 359.
8 BAG v. 16. 2. 1989, DB 1989, 2075.

lung der Zumutbarkeit der Belastung des Arbeitgebers mit erheblichen Lohnfortzahlungskosten zu dessen Gunsten zu berücksichtigen[1].

91 Von der Schaffung einer Personalreserve ist die **Beschäftigung einer Aushilfskraft** für den erkrankten Arbeitnehmer zu unterscheiden. Bei häufigen Kurzerkrankungen ist die Möglichkeit der Einstellung von Aushilfskräften eingeschränkt[2].

92 Zur Vermeidung von Betriebsablaufstörungen muß der Arbeitgeber auch prüfen, ob die Möglichkeit besteht, den kranken Arbeitnehmer an einem anderen Arbeitsplatz weiter zu beschäftigen. Eine solche **anderweitige Weiterbeschäftigung** ist aber nur sinnvoll, wenn dadurch die krankheitsbedingten Nachteile für den Betrieb verringert werden können. Voraussetzung für eine Umsetzung ist, daß der Arbeitgeber über einen freien Arbeitsplatz verfügt[3]. Der Arbeitgeber kann auch nicht auf eine Umschulungsmaßnahme des Arbeitnehmers verwiesen werden, wenn nicht mit Sicherheit die Weiterbeschäftigung des Arbeitnehmers nach der Maßnahme vorhersehbar ist[4].

93 Die erhebliche Beeinträchtigung der betrieblichen Interessen kann auch durch **wirtschaftliche Belastungen** begründet sein. Hierzu gehören insbesondere erhebliche Lohnfortzahlungskosten, Kosten für Überstundenzuschläge an andere Mitarbeiter, Kosten für einzustellende Ersatzkräfte, Produktionsausfallkosten[5].

Lohnfortzahlungskosten sind dann erheblich und geeignet, einen Kündigungsgrund zu rechtfertigen, wenn sie für mehr als sechs Wochen pro Jahr bezahlt werden müssen, wobei nur auf die Kosten des betroffenen Arbeitsverhältnisses abzustellen ist[6]. Die Lohnfortzahlungen stellen für sich alleine eine erhebliche Beeinträchtigung der betrieblichen Interessen dar, und zwar auch dann, wenn der Arbeitgeber keine Betriebsablaufstörungen darlegt[7]. Dies gilt auch dann, wenn der Arbeitgeber keine Personalreserve vorhält[8].

An dieser Betrachtung kann die Änderung des § 4 Abs. 1 EFZG zum 1. 10. 1996 nichts ändern, wonach vorbehaltlich vorrangiger tariflicher oder individueller Regelungen nur noch 80% des regelmäßigen Arbeitsentgelts während der Arbeitsunfähigkeit zu zahlen sind.

(7) Ultima-ratio

94 Die krankheitsbedingte Kündigung unterliegt auch dem Grundsatz der **Verhältnismäßigkeit,** kommt also erst als letztes Mittel (ultima-ratio) in Betracht. Der

---

1 BAG v. 16. 2. 1989, DB 1989, 2075.
2 BAG v. 16. 2. 1989, DB 1989, 2075; BAG v. 23. 6. 1983, BAGE 43, 129.
3 BAG v. 7. 2. 1991, NZA 1991, 806; BAG v. 5. 7. 1990, NZA 1991, 185; BAG v. 9. 4. 1987, NZA 1987, 811 unter B IV 3; BAG v. 10. 3. 1977, BAGE 29, 49; *Knorr/Bichlmeier/Kremhelmer,* Kap. 10 Rz. 59.
4 BAG v. 7. 2. 1991, NZA 1991, 806.
5 BAG v. 13. 12. 1990 – 2 AZR 342/90 nv.
6 BAG v. 5. 7. 1990, NZA 1991, 185.
7 BAG v. 29. 7. 1993, NZA 1994, 67.
8 BAG v. 29. 7. 1993, NZA 1994, 67.

Arbeitgeber muß daher alle ihm zumutbaren Möglichkeiten zur Vermeidung der Kündigung ausschöpfen.

Hierzu zählen insbesondere **Überbrückungsmaßnahmen,** wie Einstellung von Aushilfskräften, Anordnung von Überstunden oder Mehrarbeit, personelle Umstellungen und organisatorische Änderungen[1]. Ob und ggf. in welchem Umfang solche Überbrückungsmaßnahmen dem Arbeitgeber zugemutet werden können, muß einer einzelfallbezogenen Betrachtung vorbehalten bleiben. In diesem Zusammenhang ist es auch von Bedeutung, ob der Arbeitgeber eine Personalreserve zur Überbrückung von urlaubs- und krankheitsbedingten Fehlzeiten vorhält.

(8) Leidensgerechter Arbeitsplatz

Ist ein Arbeitnehmer auf Dauer krankheitsbedingt nicht mehr in der Lage, die geschuldete Arbeit auf seinem bisherigen Arbeitsplatz zu leisten, so ist er zur Vermeidung einer Kündigung auf einen leidensgerechten Arbeitsplatz im Betrieb oder Unternehmen weiter zu beschäftigen, falls ein solch gleichwertiger oder jedenfalls zumutbarer Arbeitsplatz frei und der Arbeitnehmer für die dort zu leistende Arbeit geeignet ist. Ggf. hat der Arbeitgeber einen solchen Arbeitsplatz durch **Ausübung seines Direktionsrechts** freizumachen und sich auch um die eventuell erforderliche Zustimmung des Betriebsrates zu bemühen[2]. Dies führt nun nicht dazu, daß der Arbeitgeber beispielsweise verpflichtet ist, einem anderen Arbeitnehmer zu kündigen, um so seinem Arbeitnehmer einen leidensgerechten Arbeitsplatz zur Verfügung stellen zu können. Scheidet das Freikündigen eines anderweitig besetzten leidensgerechten Arbeitsplatzes aus, verbleibt dennoch die Pflicht des Arbeitgebers, durch Umorganisation hinsichtlich des Personaleinsatzes einen leidensgerechten Arbeitsplatz bereitzustellen, und zwar insbesondere dann, wenn dies durch Wahrnehmung des Direktionsrechts möglich ist. Das Bundesarbeitsgericht begründet dies damit, daß die Ausübung des Direktionsrechts noch vertragsgerecht sei.

95

Soweit die Ausübung des Direktionsrechts zu einer Versetzung im Sinne von § 99 Abs. 1 BetrVG führt, muß der Arbeitgeber sich um die **Zustimmung des Betriebsrates** bemühen. Dies geht aber nicht soweit, daß ein Zustimmungsersetzungsvefahren nach § 99 Abs. 4 BetrVG durchgeführt werden müßte.

96

(9) Interessenabwägung

Das Bundesarbeitsgericht verlangt in der dritten Prüfungsstufe eine Interessenabwägung. Dies hat in der Literatur zu erheblicher **Kritik** geführt[3]. *Joost*[4] hat darauf hingewiesen, daß das Bundesarbeitsgericht mit der Interessenabwägung eine Kündigungsvoraussetzung eingeführt habe, für die es keine Rechtsgrundla-

97

---

1 BAG v. 22. 2. 1980, BAGE 33, 1.
2 BAG v. 29. 1. 1997, NZA 1997, 709.
3 *Joost,* Anmerkung zum Urteil des BAG v. 15. 2. 1984, EzA Nr. 15 zu § 1 Abs. 2 KSchG – Krankheit; *Tschöpe,* DB 1987, 1042; *Schwerdtner,* DB 1990, 375.
4 *Joost,* Anmerkung zum Urteil des BAG v. 15. 2. 1984, EzA Nr. 15 zu § 1 Abs. 2 KSchG – Krankheit.

ge gebe. Trotz dieser Kritik hält das Bundesarbeitsgericht in ständiger Rechtsprechung an dem Erfordernis fest, in dritter Stufe eine Interessenabwägung vorzunehmen[1].

98 Unsicherheiten bestehen nur insoweit, welche Kriterien in die Interessenabwägung einzubeziehen sind. Grundsätzlich stehen sich das **Bestandsschutzinteresse des Arbeitnehmers** und das **Interesse des Arbeitgebers an der Auflösung des Arbeitsverhältnisses** gegenüber[2]. Zur Konkretisierung werden folgende Gesichtspunkt in die Interessenabwägung einbezogen: Alter des Arbeitnehmers, Dauer der Betriebszugehörigkeit, Zahl der Unterhaltspflichtigen, Ursache der Erkrankung (zB Betriebsunfall, Wegeunfall, Berufskrankheit, Unfall im privaten Bereich – etwa bei einer Nebenerwerbstätigkeit), Stellung im Betrieb (zB Schlüsselposition oder leicht ersetzbarer Tätigkeitsbereich), Situation auf dem Arbeitsmarkt, Auswirkungen des krankheitsbedingten Arbeitsausfalles auf den Betrieb (zB Störungen des Produktionsablaufes, Nichtvorhandensein von Aushilfskräften) und die wirtschaftliche Lage des Unternehmens[3]. Das Bundesarbeitsgericht nennt im Urteil v. 5. 7. 1990[4] als weitere Kriterien den Umstand, daß die Erkrankung des Arbeitnehmers auf betriebliche Ursachen zurückzuführen ist und zugunsten des Arbeitgebers, daß dieser eine Personalreserve vorhält.

99 *Pflüger*[5] vertritt zu der **betrieblich veranlaßten Erkrankung** die Ansicht, daß die Kündigung schon wegen Verstoßes gegen Art. 1 Abs. 1 Satz 1 und Art. 2 Abs. 1 GG rechtswidrig sei und begründet dies damit, daß das Selbstwertgefühl des Arbeitnehmers sowie die Achtung und Wertschätzung, die er gesellschaftlich erfährt, entscheidend bestimmt werden durch seine arbeitsvertragliche Tätigkeit. Das Arbeitsverhältnis stelle insofern die wesentliche Grundlage dafür dar, daß die geistigen und persönlichen Fähigkeiten des Arbeitnehmers zur Entfaltung gelangen. Ein Arbeitnehmer erfahre diese soziale Anerkennung nicht wegen der formalen Tatsache, daß er im Arbeitsvertragsverhältnis stehe, sondern weil er durch die Arbeitstätigkeit als nützliches Mitglied der menschlichen Gemeinschaft erscheine. Es stünde hierzu im krassen Widerspruch, wenn derjenige, der infolge der Arbeitsleistung seine Gesundheit einbüße, hierfür mit der Kündigung bestraft werde. Der Arbeitnehmer werde ansonsten zum bloßen Ausbeutungsobjekt des Arbeitgebers degradiert.

100 Besondere Bedeutung kommt der **Dauer der Betriebszugehörigkeit** zu. Dazu das Bundesarbeitsgericht:

„Einem Arbeitnehmer, der 20 Jahre zur Zufriedenheit gearbeitet hat und dann häufig erkrankt, schuldet der Arbeitgeber mehr Rücksicht als einem Arbeitnehmer, der seit dem ersten Jahr der Betriebszugehörigkeit erhebliche und steigende krankheitsbedingte Ausfälle gehabt hat[6]".

---

1 BAG v. 9. 4. 1987, NZA 1987, 811; BAG v. 5. 7. 1990, NZA 1991, 185; BAG v. 11. 8. 1994, NZA 1995, 1051.
2 *Schwerdtner*, DB 1990, 375.
3 BAG v. 22. 2. 1980, BAGE 33, 1; BAG v. 16. 2. 1989, DB 1989, 2075; *Weber/Hoß*, DB 1993, 2429.
4 NZA 1991, 185.
5 DB 1995, 1761.
6 BAG v. 6. 9. 1989, AP Nr. 23 zu § 1 KSchG – Krankheit.

bb) Langandauernde Krankheit

Voraussetzung für eine Kündigung aus Anlaß einer **langanhaltenden Krankheit** ist, daß bei Zugang der Kündigung die Arbeitsunfähigkeit noch andauert, der Zeitpunkt der Wiederherstellung objektiv nicht absehbar ist und gerade diese Ungewißheit unzumutbare betriebliche Auswirkungen zur Folge hat[1]. 101

Die **Dauer der Arbeitsunfähigkeit** kann nicht generalisierend und schematisierend festgestellt werden, vielmehr ist sie aufgrund der jeweiligen Umstände des Einzelfalles festzulegen. 102

Hierbei ist zu berücksichtigen, daß die Kündigung wegen langanhaltender Krankheit nur die ultima-ratio sein darf, also überprüft werden muß, ob die Kündigung nicht durch mögliche und zumutbare Überbrückungsmaßnahmen hätte verhindert werden können.

Das Bundesarbeitsgericht[2] hat es ausdrücklich abgelehnt, **feste Regelfristen** unter dem Gesichtspunkt der Rechtssicherheit anzuerkennen (Beispiel: Die Kündigung wegen langanhaltender Krankheit soll sozial gerechtfertigt sein, wenn zum Zeitpunkt der Kündigung die Wiederherstellung der Arbeitsfähigkeit in den nächsten sechs Wochen nicht vorausgesagt werden kann oder wenn die Genesung nicht innerhalb der Kündigungsfrist vorausgesehen werden kann oder wenn die Dauer der Arbeitsunfähigkeit über der des Durchschnitts im Betrieb liegt). Das Bundesarbeitsgericht hat anerkannt, daß diese Vorschläge der Literatur einfacher handzuhaben seien und die Rechtsprechung berechenbarer machen würden. Sie seien aber ebenso willkürlich und nicht geeignet, dem Einzelfall gerecht zu werden. Sie seien auch ungeeignet, nur als Faustregel zu dienen. Welcher Arbeitsunfähigkeitszeitraum zum Zeitpunkt der Kündigung mindestens verstrichen sein muß, läßt sich allgemein nicht beantworten. Ein Zeitraum von sechs Wochen wird als nicht ausreichend angesehen[3], auch nicht eine Krankheit von zwei Monaten bei einem fünfjährigen Arbeitsverhältnis[4]. Anders aber bei einer viermonatigen Erkrankung[5].

Da bei der krankheitsbedingten Kündigung der Kündigungsgrund in erster Linie nicht die vergangenen Fehlzeiten bis zum Zeitpunkt der Kündigung sind, sondern die Erwartung, daß **zukünftig** mit weiteren erheblichen Fehlzeiten zu rechnen ist, insbesondere die Wiederherstellung der Arbeitsfähigkeit völlig ungewiß ist, wird es für die Frage der sozialen Rechtfertigung einer Kündigung wegen langanhaltender Krankheit nicht auf die Frage ankommen, wie lange der Arbeitnehmer zum Zeitpunkt des Ausspruches der Kündigung schon arbeitsunfähig erkrankt war, sondern mit welchen Fehlzeiten zukünftig zu rechnen ist. 103

Ist der Arbeitnehmer in einer Weise erkrankt, die von vornherein die Erkenntnis zuläßt, daß mit einer Wiederherstellung der Arbeitsfähigkeit in den nächsten **zwei Jahren** nicht zu rechnen ist, besteht keine Veranlassung, das Kündi-

---

1 BAG v. 5. 8. 1976, BAGE 33, 1; BAG v. 25. 11. 1982, BAGE 40, 361.
2 BAGE 40, 361.
3 KR/*Etzel*, § 1 KSchG Rz. 354; *Hueck*, § 1 KSchG Rz. 83b; *Schaub*, § 129 II 6c.
4 LAG Köln v. 25. 8. 1995, NZA-RR 1996, 247.
5 LAG Köln v. 19. 12. 1995, NZA-RR 1996, 250.

gungsrecht erst nach Ablauf mehrerer Monate Arbeitsunfähigkeit zuzulassen, sofern die weiteren Voraussetzungen einer krankheitsbedingten Kündigung (Betriebsablaufstörungen und Interessenabwägung) die Kündigung rechtfertigen.

104 Maßgebend ist die Dauer der zurückliegenden Arbeitsunfähigkeit aber im Rahmen der **Darlegungs- und Beweislast** bei langanhaltender Krankheit. Der Arbeitgeber hat die Tatsachen darzulegen und zu beweisen, die die Kündigung bedingen, während den Arbeitnehmer die Beweislast dafür trifft, daß die Voraussetzungen für die Anwendung des Kündigungsschutzgesetzes vorliegen.

105 Der **Arbeitgeber** darf, da er nicht von vornherein mit einem Bestreiten seines Vortrages rechnen muß, sich zunächst mit einem pauschalen Vortrag begnügen. Dementsprechend braucht der Arbeitgeber bei einer Kündigung aus Anlaß einer langanhaltenden Krankheit zunächst nur die Tatsachen darzulegen, aus denen sich ergeben soll, daß der Arbeitnehmer noch auf nicht absehbare Zeit arbeitsunfähig krank ist und unzumutbare betriebliche Störungen eintreten. Der Dauer der bisherigen Arbeitsunfähigkeit kommt eine gewisse Indizwirkung für die Frage zu, ob mit krankheitsbedingten Ausfallzeiten auch zukünftig zu rechnen ist[1].

106 Konnte der Arbeitgeber unter Hinweis auf zurückliegende Fehlzeiten ein Indiz für die Fortdauer der Arbeitsunfähigkeit herbeiführen, ist es die Aufgabe des **Arbeitnehmers** darzulegen, weshalb mit einer baldigen Genesung zu rechnen ist. An die Darlegungslast des Arbeitnehmers darf kein strenger Maßstab angelegt werden, weil der Arbeitnehmer nicht immer weiß, an welcher Krankheit er leidet und wann mit der Wiederherstellung seiner Arbeitsfähigkeit aufgrund der vom Arzt angewandten Therapie zu rechnen ist[2].

107 Auch eine schon lange bestehende Arbeitsunfähigkeit eröffnet noch keinen **Anscheinsbeweis** zugunsten des Arbeitgebers, da es keinen Erfahrungssatz gibt, wonach aus der Dauer der zurückliegenden Arbeitsunfähigkeit auf eine weitere Arbeitsunfähigkeit in der Zukunft geschlossen werden kann. Dies ist von Fall zu Fall unterschiedlich, je nach Art der Krankheit, Konstitution des Patienten, Therapiemöglichkeiten und Entwicklungsstand der Medizin, mit der Konsequenz, daß der Vollbeweis für die zukünftige Arbeitsunfähigkeit zu erbringen und in der Regel durch ein medizinisches Gutachten zu führen ist[3].

108 Steht fest, daß der Arbeitnehmer in Zukunft die geschuldete Arbeitsleistung überhaupt nicht mehr erbringen kann, ist schon aus diesem Grund das Arbeitsverhältnis auf Dauer ganz erheblich gestört. Die **betriebliche Beeinträchtigung** besteht darin, daß der Arbeitgeber auf unabsehbare Zeit gehindert ist, sein Direktionsrecht auszuüben[4]. Dem auf gesundheitlichen Gründen beruhenden dauernden Unvermögen des Arbeitnehmers, die geschuldete Arbeitsleistung zu

---
1 BAG v. 25. 11. 1982, BAGE 40, 361.
2 BAG v. 25. 11. 1982, BAGE 40, 361; *Knorr/Bichlmeier/Kremhelmer*, Kap. 10 Rz. 72.
3 BAG v. 25. 11. 1982, BAGE 40, 361.
4 BAG v. 21. 5. 1992, NZA 1993, 497.

II. Personenbedingte Kündigung

erbringen, ist die Ungewißheit, wann der Arbeitnehmer wieder hierzu in der Lage sein wird, gleichzustellen, wenn im Zeitpunkt der Kündigung die Wiederherstellung der Arbeitsfähigkeit noch völlig ungewiß ist[1]. Die **Ungewißheit der dauernden Arbeitsunfähigkeit** wird der feststehenden dauernden Arbeitsunfähigkeit gleichgestellt, mit der Folge, daß eine Kündigung wegen langanhaltender Krankheit dann gerechtfertigt ist, wenn im Zeitpunkt der Kündigung völlig ungewiß ist, ob mit einer Wiederherstellung der Arbeitsfähigkeit des Arbeitnehmers zu rechnen ist.

cc) Häufige Kurzerkrankungen

Die vom Bundesarbeitsgericht für die Kündigung bei langanhaltender Arbeitsunfähigkeit aufgestellten Grundsätze[2] gelten auch für Kündigungen bei **häufigen Kurzerkrankungen**[3]. 109

Danach kommt es bei häufigen Kurzerkrankungen darauf an, ob zum Zeitpunkt der Kündigung objektive Tatsachen vorliegen, die die **Besorgnis weiterer Erkrankungen** rechtfertigen. Die Kündigung setzt also voraus, daß in der Vergangenheit erhebliche, über dem Durchschnitt liegende krankheitsbedingte Fehlzeiten vorlagen[4]. Über welchen Zeitraum die überdurchschnittlichen krankheitsbedingten Fehlzeiten in der Vergangenheit zu ermitteln sind, steht nicht fest.

Schaub[5] geht davon aus, daß sich die Betrachtung regelmäßig auf einen Dreijahreszeitraum zu erstrecken hat.

Krankheiten mit **einmaligen Ursachen** ohne jede Wiederholungsgefahr sind bei der Zukunftsbetrachtung außer acht zu lassen, beispielsweise Arbeitsunfähigkeit wegen der Behandlung von Unfallfolgen oder einmalige Operationen. Auch sind Arbeitsunfähigkeiten wegen zwischenzeitlich ausgeheilter Krankheiten nicht in die Prognose einzubeziehen. 110

Welche Krankheitszeiten eine Kündigung rechtfertigen, kann bei der Kündigung wegen häufiger Kurzerkrankungen ebensowenig wie bei der Kündigung wegen langanhaltender Krankheit allgemein und schematisch beantwortet werden. Eine bestimmte **Fehlzeitenquote,** bei deren Erreichen die Zumutbarkeitsschwelle stets überschritten wäre, gibt es nicht. Verschafft man sich einen Überblick über die Rechtsprechung des Bundesarbeitsgerichts, so ergibt sich, daß eine jährliche Fehlquote von 15% bis 20% der jährlichen Arbeitstage kündigungsrelevant sein soll[6]. 111

---

1 BAG v. 21. 5. 1992, NZA 1993, 497.
2 BAG v. 25. 11. 1982, BAGE 40, 361.
3 BAG v. 23. 6. 1983, BAGE 43, 129.
4 BAG v. 6. 9. 1989, NZA 1990, 307; BAG v. 16. 2. 1989, DB 1989, 2075.
5 § 129 II 6d.
6 *Weber/Hoß*, DB 1993, 2429; BAG v. 29. 7. 1993, NZA 1994, 67; BAG v. 18. 2. 1993, NZA 1994, 74; BAG v. 9. 9. 1992, NZA 1993, 598; BAG v. 5. 7. 1990, NZA 1991, 185; BAG v. 6. 9. 1989, NZA 1990, 307; BAG v. 6. 9. 1989, NZA 1990, 305; BAG v. 26. 6. 1986, NZA 1988, 161; BAG v. 15. 2. 1984, NJW 1985, 2655; BAG v. 10. 11. 1983, NJW 1984, 1417; BAG v. 2. 11. 1983, NJW 1984, 1837; BAG v. 10. 3. 1977, NJW 1977, 2132; BAG v. 19. 8. 1976, NJW 1977, 351.

112 Häufige Kurzerkrankungen sprechen im Rahmen der anzustellenden Gesundheitsprognose für einen entsprechenden Krankheitsverlauf auch in der Zukunft. Der **Arbeitgeber** muß daher zunächst nur die entsprechenden Fehlzeiten in der Vergangenheit darlegen. Es ist dann Aufgabe des **Arbeitnehmers** darzutun, weshalb die Besorgnis weiterer Erkrankung unberechtigt sein soll[1].

113 Auch bei der Kündigung wegen häufiger Kurzerkrankungen muß der Arbeitgeber die erhebliche Beeinträchtigung betrieblicher Interessen darstellen. Alleine die entstandenen und künftig zu erwartenden **Lohnfortzahlungskosten**, die jeweils für einen Zeitraum von mehr als sechs Wochen pro Kalenderjahr aufzuwenden sind, stellen schon für sich eine erhebliche Beeinträchtigung der betrieblichen Interessen bei der Beurteilung der sozialen Rechtfertigung der Kündigung dar.

Dies gilt auch dann, wenn der Arbeitgeber Betriebsablaufstörungen nicht darlegen kann und eine Personalreserve nicht vorhält[2]. Ist der Arbeitgeber tarifvertraglich verpflichtet, dem Arbeitnehmer über den gesetzlichen Sechswochenzeitraum hinaus für einen weiteren Zeitraum Zuschuß zum Krankengeld zu zahlen, so ergibt sich daraus allein noch nicht, daß auch bei krankheitsbedingten Ausfallzeiten von mehr als sechs Wochen jährlich eine ordentliche Kündigung nicht sozial gerechtfertigt ist[3].

dd) Krankheitsbedingte Leistungs- oder Eignungsminderung

114 Bei diesem Unterfall der krankheitsbedingten Kündigung ist zu differenzieren zwischen der auf Krankheit beruhenden **dauernden Unfähigkeit, die geschuldete Arbeitsleistung zu erbringen,** und der **krankheitsbedingten Leistungsminderung.**

Die krankheitsbedingte dauernde Unfähigkeit, die vertraglich geschuldete Leistung zu erbringen, rechtfertigt eine krankheitsbedingte Kündigung, da die Aufrechterhaltung des Arbeitsverhältnisses unzumutbar wird.

Die **Unzumutbarkeit** ergibt sich daraus, daß der Arbeitnehmer in Zukunft die geschuldete Arbeitsleistung überhaupt nicht mehr erbringen kann[4]. Die auch bei diesem Kündigungssachverhalt erforderliche unzumutbare betriebliche Beeinträchtigung ergibt sich schon daraus, daß der Arbeitnehmer die Arbeitsleistung zukünftig nicht mehr erbringen kann und deshalb das dem Arbeitsverhältnis innewohnende Austauschverhältnis auf Dauer erheblich gestört ist[5]. Betriebliche Beeinträchtigungen liegen in einem solchen Fall nur dann nicht vor, wenn die Arbeitsleistung des Arbeitnehmers überhaupt keinen Wert hätte. Ein solch ungewöhnlicher **Ausnahmetatbestand** muß aber vom Arbeitnehmer vorgetragen werden; er setzt voraus, daß der Arbeitgeber überflüssige Arbeitnehmer beschäftigt[6].

---

1 BAG v. 6. 9. 1989, NZA 1990, 307.
2 BAG v. 29. 7. 1993, NZA 1994, 67; BAG v. 5. 7. 1990, NZA 1991, 185.
3 BAG v. 6. 9. 1989, NZA 1990, 434.
4 BAG v. 30. 1. 1986, NZA 1987, 550; BAG v. 28. 2. 1990, NZA 1990, 727.
5 BAG v. 30. 1. 1986, NZA 1987, 555; BAG v. 28. 2. 1990, NZA 1990, 727.
6 BAG v. 28. 2. 1990, NZA 1990, 727.

II. Personenbedingte Kündigung

Die Kündigung wegen krankheitsbedingter Leistungsminderung folgt den vom **Bundesarbeitsgericht** entwickelten Grundsätzen zur Kündigung wegen häufiger Kurzerkrankungen[1]. Das Bundesarbeitsgericht hat in dieser Entscheidung folgende Feststellungen getroffen: 115

▶ Für die auf der ersten Prüfungsstufe anzustellende **negative Gesundheitsprognose** hat es das Gericht ausreichen lassen, daß die Klägerin über einen längeren Zeitraum zunächst eine Arbeitsleistung von 50% bis 60% und schließlich eine Durchschnittsleistung von knapp 66% der Normalleistung erbracht hat und eine Beseitigung dieses Leistungsungleichgewichts nach eigenem Vortrag in Zukunft auch nicht mehr zu erwarten war.

▶ Auch eine für längere Zeit erbrachte Arbeitsleistung von **2/3 der Normalleistung** stellt eine erhebliche Beeinträchtigung des Leistungsgleichgewichts und damit der wirtschaftlichen Interessen des Arbeitgebers dar. Die Kriterien der in der zweiten Stufe vorzunehmenden Erheblichkeitsprüfung sind damit erfüllt.

▶ Für die im Rahmen der dritten Stufe vorzunehmende **Interessenabwägung** kommt es nach Ansicht des Bundesarbeitsgerichts auf die Abwägung wesentlicher Umstände, insbesondere auch auf die Berücksichtigung der Ursache der Erkrankung, den Verlauf des Arbeitsverhältnisses, die Dauer der Betriebszugehörigkeit und das Lebensalter des Gekündigten an[2].

ee) Außerordentliche krankheitsbedingte Kündigung

Ist die ordentliche Kündigung ausgeschlossen (zB aufgrund eines Tarifvertrages oder einer Individualvereinbarung), kann im Ausnahmefall auch eine krankheitsbedingte außerordentliche Kündigung in Betracht kommen. Krankheit ist nicht grundsätzlich als wichtiger Grund im Sinne des § 626 BGB ungeeignet[3]. Eine außerordentliche Kündigung kommt bei unkündbaren Arbeitnehmern dann in Betracht, wenn die weitere betriebliche Beeinträchtigung für die Dauer der tatsächlichen künftigen Vertragsbindung für den Arbeitgeber unzumutbar ist. Ein **wichtiger Grund** für eine außerordentliche Kündigung eines unkündbaren Arbeitnehmers liegt noch nicht dann vor, wenn die Umstände eine krankheitsbedingte ordentliche Kündigung rechtfertigen. Die dauernde Unfähigkeit, den vertraglichen Dienst zu erbringen, ist ein Dauertatbestand, weshalb es für die Einhaltung der Zwei-Wochen-Frist des § 626 Abs. 2 BGB ausreicht, daß dieser Dauertatbestand in den letzten zwei Wochen vor Ausspruch der Kündigung angehalten hat[4]. 116

Beruht die Kündigung auf einer **Minderung der Leistungsfähigkeit,** bestehen nach Ansicht des Bundesarbeitsgerichts[5] Zweifel, ob überhaupt Fälle denkbar sind, in denen die Unfähigkeit des Arbeitnehmers, einen Teil der geschuldeten 117

---

1 BAG v. 26. 9. 1991, DB 1992, 2196.
2 Vgl. *Schiefer,* NZA 1994, 534.
3 BAG v. 9. 9. 1992, NZA 1993, 598; BAG v. 12. 7. 1995, BB 1995, 2063.
4 BAG v. 21. 3. 1996, DB 1996, 1574.
5 BAG v. 12. 7. 1995, BB 1995, 2063.

Arbeitsleistung zu erbringen, eine außerordentliche krankheitsbedingte Kündigung rechtfertigen können, da der Arbeitgeber bei altersgesicherten Arbeitnehmern regelmäßig einem krankheitsbedingten Leistungsabfall des Arbeitnehmers durch andere Maßnahmen (Umsetzung, Umgestaltung des Arbeitsplatzes, andere Aufgabenerteilung) zu begegnen hat. Schon nach dem Ultima-ratio-Prinzip seien deshalb in derartigen Fällen außerordentliche krankheitsbedingte Kündigungen in der Regel unzulässig. Bei einer Kündigung wegen langandauernder Krankheit oder wegen häufiger Kurzerkrankungen kommt vom Grundsatz her eine außerordentliche krankheitsbedingte Kündigung in Betracht[1].

ff) Sonderfälle

(1) Alkoholismus/Drogenkonsum

118 Bei der Kündigung wegen Alkohol- oder Drogenkonsums ist zu differenzieren zwischen der **Alkohol- bzw. Drogensucht** im Sinne einer behandlungsbedürftigen Krankheit und des pflichtwidrigen **Alkohol- oder Drogenkonsums** im Betrieb. Im letzteren Fall kann eine verhaltensbedingte Kündigung gerechtfertigt sein, sofern der Alkohol- oder Drogenkonsum im Betrieb nicht auf einer Sucht beruht oder der Arbeitnehmer die Alkohol- bzw. Drogenabhängigkeit schuldhaft herbeigeführt hat[2]. In allen sonstigen Fällen der Alkohol- und Drogensucht handelt es sich medizinisch um behandlungsbedürftige Krankheiten, weshalb die Grundsätze für krankheitsbedingte Kündigungen heranzuziehen sind.

119 Das Bundesarbeitsgericht hat mit Urteil vom 1. 6. 1983[3] ausgeführt, daß Alkoholabhängigkeit eine **Krankheit im medizinischen Sinne** sei. Sie liege vor, wenn der gewohnheitsmäßige, übermäßige Alkoholgenuß trotz besserer Einsicht nicht aufgegeben oder reduziert werden könne. Wesentliches Merkmal dieser Erkrankung sei die physische oder psychische Abhängigkeit vom Alkohol. Sie äußert sich vor allem im Verlust der Selbstkontrolle. Der Alkoholiker könne, wenn er zu trinken beginne, den Alkoholkonsum nicht mehr kontrollieren und mit dem Trinken nicht mehr aufhören. Dazu komme die Unfähigkeit zur Abstinenz; der Alkoholiker könne auf Alkohol nicht mehr verzichten. Entsprechend den Grundsätzen der krankheitsbedingten Kündigung ist deshalb eine Kündigung wegen Alkoholismus oder Drogensucht in **drei Stufen** zu überprüfen:

▶ Die Prognose hinsichtlich der Entwicklung der Alkoholabhängigkeit oder Drogensucht muß negativ ausfallen.

▶ Die entstandenen und zu erwartenden Fehlzeiten, Minder- oder Schlechtleistungen müssen zu einer Beeinträchtigung der betrieblichen Interessen führen.

---

1 BAG v. 9. 9. 1992, NZA 1993, 598.
2 BAG v. 9. 4. 1987, DB 1987, 2157.
3 BAGE 43, 54.

II. Personenbedingte Kündigung

▶ Bei der Interessenabwägung kommt es darauf an, ob die erhebliche Beeinträchtigung der betrieblichen Interessen zu einer unzumutbaren Belastung führt[1].

Die Alkoholsucht weist gegenüber anderen Krankheiten die Besonderheit auf, daß der Erkrankte im stärkeren Maße als sonst seine Krankheit nicht wahrhaben will und deshalb in vielen Fällen nichts zur Heilung unternimmt. Vom Arbeitgeber ist daher zu erwarten, daß er das in seiner Macht Stehende unternimmt, um den Arbeitnehmer zu einer Entziehungskur oder sonstigen Rehabilitationsmaßnahme zu veranlassen.

Mehr als die **Bereitstellung einer sozialtherapeutischen Einrichtung** kann aber von einem Arbeitgeber nicht verlangt werden[2]. Ist der suchtkranke Arbeitnehmer zu einer Entziehungsmaßnahme nicht bereit, so wirkt sich dies bei der Zukunftsprognose zu seinem Nachteil aus, weil dann erfahrungsgemäß davon ausgegangen werden kann, daß er von der Suchtkrankheit in absehbarer Zeit nicht geheilt wird.

Erklärt sich der Arbeitnehmer dagegen bis zum Zugang der Kündigung bereit, an einer Entziehungsmaßnahme teilzunehmen, ist es meist geboten, den Erfolg dieser Maßnahme abzuwarten[3].

(2) AIDS

Aus dem Urteil des Bundesarbeitsgerichts v. 16. 2. 1989[4] ergibt sich, daß die Kündigung alleine deshalb, weil der Arbeitnehmer mit dem HIV-Virus **infiziert** ist, nicht gerechtfertigt ist.

Es müssen **weitere Umstände** hinzutreten, die die Kündigung sozial rechtfertigen lassen. Dies kommt ggf. dann in Betracht, wenn der Arbeitnehmer eine der Voraussetzungen für eine krankheitsbedingte Kündigung erfüllt oder die Voraussetzungen der Druckkündigung (dazu unten Rz. 234 ff.) vorliegen[5].

k) Untersuchungs- und Strafhaft

Verbüßt der Arbeitnehmer eine Strafhaft oder befindet sich der Arbeitnehmer in Untersuchungshaft, kann dies eine personenbedingte Kündigung rechtfertigen. Die fortdauernde Inhaftierung stellt wegen der damit verbundenen **Arbeitsverhinderung** einen Kündigungsgrund dar.

Wegen der eigenen Verantwortlichkeit des Arbeitnehmers für die Arbeitsverhinderung sind dem Arbeitgeber zur Überbrückung des Ausfalles geringere Anstrengungen und Belastungen zuzumuten als bei einer krankheitsbedingten

---

1 BAG v. 9. 4. 1987, NZA 1987, 811; Knorr/Bichlmeier/Kremhelmer, Kap. 10 Rz. 30.
2 BAG v. 9. 4. 1987, NZA 1987, 811.
3 Knorr/Bichlmeier/Kremhelmer, Kap.10 Rz. 31; LAG Frankfurt v. 26. 6. 1986, NZA 1987, 24.
4 NZA 1989, 962.
5 Vgl. die seitherige Rechtsprechung: BAG v. 16. 2. 1989, NZA 1989, 962; LAG Düsseldorf v. 10. 5. 1988, NZA 1988, 658; ArbG Berlin v. 16. 6. 1987, NZA 1987, 637.

Arbeitsverhinderung[1]. Wesentlich für die Frage, ob eine Inhaftierung einen Kündigungsgrund darstellen kann, ist die **Dauer der Inhaftierung**.

Mit Urteil v. 14. 3. 1968[2] hat das Bundesarbeitsgericht die Verbüßung einer **Reststrafe von über fünf Monaten** als eine längere Freiheitsstrafe angesehen, mit der Folge, daß der Arbeitgeber zur außerordentlichen Kündigung berechtigt war. Ist die vom Arbeitgeber einzuhaltende Kündigungsfrist länger als die voraussichtliche Dauer der zu verbüßenden Freiheitsstrafe, kann dies dem Recht zur Kündigung entgegenstehen[3].

Das Arbeitsgericht Elmshorn[4] hielt es für eine außerordentliche Kündigung für ausreichend, daß der Arbeitnehmer wegen des dringenden Verdachts der Teilnahme an einer Vergewaltigung in **Untersuchungshaft** genommen wurde und ein baldiges Ende der Untersuchungshaft nicht abzusehen war.

l) Wehrdienst

124 Ein Arbeitnehmer, auf den wegen seiner fremdstaatlichen Staatsangehörigkeit das ArbPlSchG nicht anzuwenden ist, kann sich hinsichtlich seiner Arbeitspflicht **nicht** auf ein **Leistungsverweigerungsrecht** berufen, wenn er in seinem Heimatstaat einen längeren Wehrdienst abzuleisten hat.

In diesem Fall kann eine ordentliche personenbedingte Kündigung gerechtfertigt sein, wenn der wehrdienstbedingte Ausfall zu einer erheblichen **Beeinträchtigung der betrieblichen Interessen** führt und nicht durch zumutbare personelle oder organisatorische Maßnahmen zu überbrücken ist.

Zu den zumutbaren **Überbrückungsmaßnahmen** kann auch eine Stellenausschreibung für eine Aushilfskraft über den Bereich des Beschäftigungsbetriebes hinaus gehören, und zwar dann, wenn der Arbeitgeber im Unternehmensbereich an anderer Stelle einen Personalabbau betreibt oder plant[5].

125 Ein ausländischer Wehrdienst von **zwölf Monaten** ist ein längerer Wehrdienst, der zur personenbedingten Kündigung berechtigt[6]. Ein Wehrdienst von **zwei Monaten** rechtfertigt in aller Regel weder eine ordentliche noch eine außerordentliche Kündigung[7].

126 Diese Grundsätze gelten nicht für **Arbeitnehmer der EU-Mitgliedsstaaten**, da insoweit das ArbPlSchG Art. 7 Abs. 1 der Verordnung 1612/68 des Rates über die Freizügigkeit der Arbeitnehmer innerhalb der Gemeinschaft v. 15. 10. 1968 widerspricht. Aus diesem Grund hat der EuGH[8] entschieden, daß ein Italiener, der in Deutschland arbeitet und in Italien zum Wehrdienst einberufen wird, die

---

1 BAG v. 22. 9. 1994, NZA 1995, 119; BAG v. 15. 11. 1984, NZA 1985, 661.
2 AP Nr. 2 zu § 72 HGB.
3 BAG v. 15. 11. 1984, NZA 1985, 661.
4 ArbG Elmshorn v. 9. 8. 1984, NZA 1985, 26.
5 BAG v. 20. 5. 1988, NZA 1989, 464.
6 BAG v. 20. 5. 1988, NZA 1989, 464.
7 BAG v. 22. 12. 1982, AP Nr. 23 zu § 123 BGB; BAG v. 7. 9. 1983, NJW 1984, 575.
8 Rs. 15/69 – Ugliola, Slg. 1969, 3633.

gleichen Ansprüche aus dem deutschen ArbPlSchG wie ein Deutscher, der den deutschen Pflichtwehrdienst ableistet, in Anspruch nehmen kann.

3. Prüfungsschema

Am Beispiel der krankheitsbedingten Kündigung: 127

1. Anknüpfungspunkt
- Ist der Arbeitnehmer arbeitsunfähig?
- Auf welche Fallgruppe der krankheitsbedingten Kündigung ist abzustellen (Rz. 77)?
- Auf welche Fehlzeiten in der Vergangenheit kann zurückgegriffen werden?
- Besteht ein Zusammenhang zwischen diesen Fehlzeiten oder beruhen diese auf Unfällen, möglicherweise auch auf Berufsunfällen?
- Liegen Erkenntnisse über Art und Umfang der krankheitsbedingten Arbeitsunfähigkeit vor (Rz. 81 ff.)?

2. Voraussetzungen
- Kann mit weiteren krankheitsbedingten Fehlzeiten gerechnet werden (Rz. 85)?
- Liegen Störungen im Betriebsablauf vor oder können erhebliche wirtschaftliche Belastungen des Arbeitgebers dargestellt werden (Rz. 89 ff.)?
- Gibt es andere zumutbare Möglichkeiten, die Kündigung zu vermeiden (Rz. 94)?
- Sind die Interessen des Arbeitnehmers und des Arbeitgebers sachgerecht gegeneinander abgewogen worden (Rz. 97 ff.)?

III. Verhaltensbedingte Kündigung

1. Begriff

§ 1 Abs. 2 Satz 1 KSchG bestimmt lediglich, daß eine Kündigung auch sozial ungerechtfertigt ist, wenn sie nicht durch Gründe in dem Verhalten des Arbeitnehmers bedingt ist. Das Gesetz gibt keinen Hinweis, was unter kündigungsrelevantem Verhalten zu verstehen ist. In der Rechtsprechung und im Schrifttum wird der Versuch unternommen, über die Formulierung eines allgemeinen Prüfungsmaßstabs und die **Bildung von Fallgruppen** dieses Problem zu lösen, wenngleich die Erkenntnis gewonnen wurde, daß schon die Bildung von Fallgruppen nicht dazu führen kann, einen hinreichend anerkannten Kündigungsgrund zu manifestieren. Gerade die Billigung eines bestimmten Verhaltens des Arbeitnehmers als gesetzmäßigen Kündigungsgrund berücksichtigt nicht den 128

Wandel der Werte, den veränderten Zeitgeist. Die von Rechtsprechung und Literatur erarbeiteten Kataloge[1] können nur als erster Anhaltspunkt bei der Klärung der Frage, ob ein bestimmtes Verhalten des Arbeitnehmers eine verhaltensbedingte Kündigung rechtfertigt, herangezogen werden. Entscheidend ist eine **individuelle Betrachtung des Fehlverhaltens** des Arbeitnehmers unter Berücksichtigung der Interessen des Arbeitgebers sowie des Arbeitnehmers und unter Einbeziehung der vom jeweiligen Zeitgeist geprägten Ethik.

129 Der vom Bundesarbeitsgericht entwickelte allgemeine Prüfungsmaßstab hat zum Inhalt, daß solche im Verhalten des Arbeitnehmers liegenden Umstände eine Kündigung rechtfertigen, die bei verständiger Würdigung die Kündigung als **billigenswert und angemessen** erscheinen lassen[2]. Die verständige Würdigung hat dabei in Abwägung der Interessen der Vertragsparteien und des Betriebs zu erfolgen.

130 Als verhaltensbedingter Kündigungsgrund kommt daher nur ein solcher Umstand in Betracht, der einen **ruhig und verständig urteilenden Arbeitgeber** zur Kündigung bestimmen kann[3]. An die ordentliche verhaltensbedingte Kündigung sind erheblich geringere Anforderungen zu stellen als an eine außerordentliche Kündigung. Die Fortsetzung des Arbeitsverhältnisses muß dem Arbeitgeber nicht unzumutbar sein.

Der unbestimmte Rechtsbegriff des verhaltensbedingten Grundes wird durch das Bundesarbeitsgericht durch einen weiteren unbestimmten Rechtsbegriff, nämlich den des ruhig und verständig urteilenden Arbeitgebers, ausgefüllt. Dies wird zu Recht kritisiert[4], weil es diesen idealtypischen Arbeitgeber nicht gibt und die vom Bundesarbeitsgericht verwendete Formel lediglich die Projektion des richterlichen Verständnisses auf den konkreten Fall darstellt. *Berkowsky*[5] versucht, den Rückgriff auf diese Kunstformel dadurch zu umgehen, daß für die Bestimmung des Kündigungsgrundes nicht vordergründig das Verhalten des Arbeitnehmers betrachtet werden soll, sondern der Frage nachzugehen sei, ob das Verhalten eines Arbeitnehmers **betriebsbezogene Interessen des Arbeitgebers so beeinträchtige,** daß die Möglichkeit der Weiterbeschäftigung entfalle, weil es dem **Arbeitgeber nicht zugemutet** werden könne, das Risiko einer Wiederholung einzugehen oder dem Arbeitnehmer auch zukünftig das für den Bestand des Arbeitsverhältnisses erforderliche Vertrauen entgegenzubringen. *Berkowskys* Versuch endet ebenfalls in einem unbestimmten Rechtsbegriff, nämlich dem der unzumutbaren Weiterbeschäftigung und ist daher für die Beurteilung der Frage, ob ein bestimmtes Fehlverhalten eines Arbeitnehmers kündigungsrelevant ist oder nicht, so wenig hilfreich wie der des „verständig urteilenden Arbeitgebers".

---

1 Beispiel: KR/*Etzel*, § 1 KSchG Rz. 401 ff.
2 BAG v. 2. 11. 1961, AP Nr. 3 zu § 1 KSchG 1951 – Verhaltensbedingte Kündigung; BAG v. 13. 3. 1987, NZA 1987, 518.
3 KR/*Etzel*, § 1 KSchG Rz. 386.
4 MünchArbR/*Berkowsky*, Band 2, § 133 Rz. 4.
5 MünchArbR/*Berkowsky*, Band 2, § 133 Rz. 4.

III. Verhaltensbedingte Kündigung

Da weder ein allgemeiner Prüfungsmaßstab noch der Rückgriff auf einen Katalog kündigungsrelevanten Verhaltens dem Arbeitgeber eine sichere Gewähr dafür geben kann, festzustellen, ob ein Verhalten des Arbeitnehmers kündigungsrelevant ist oder nicht, verbleibt, da die Ausfüllung unbestimmter Rechtsbegriffe den Arbeitsgerichten vorbehalten ist, grundsätzlich ein **Beurteilungsrisiko**. Der Arbeitgeber wird deshalb zunächst anhand des von Rechtsprechung und Schrifttum erarbeiteten Kataloges kündigungsrelevanten Verhaltens prüfen, ob das von ihm festgestellte Verhalten des Arbeitnehmers typischerweise geeignet ist, eine verhaltensbedingte Kündigung zu rechtfertigen, um dann zu prüfen, ob schützenswerte betriebliche Interessen durch dieses Fehlverhalten konkret beeinträchtigt worden sind und diese Beeinträchtigung nicht oder nicht länger hingenommen werden kann.

Es bietet sich an, zu differenzieren zwischen

▸ Pflichtwidrigkeiten im Leistungsbereich,

▸ Verletzung betrieblicher Verhaltenspflichten,

▸ Verletzung außerbetrieblicher Verhaltenspflichten.

Außerhalb dieser drei Kategorien sind als eigene typisierte Kündigungsgründe die Verdachtskündigung (Rz. 215 ff.) und die Druckkündigung (Rz. 234 ff.) anerkannt.

2. Verschulden

In der Literatur ist umstritten, ob der Arbeitnehmer einen verhaltensbedingten Kündigungsgrund **schuldhaft** verursacht haben muß[1].

Vom Grundsatz her wird man davon auszugehen haben, daß eine verhaltensbedingte Kündigung ein schuldhaftes Verhalten des Arbeitnehmers voraussetzt[2], wobei es nicht erforderlich ist, daß der Arbeitnehmer **vorsätzlich** gegen die ihm obliegenden Vertragspflichten verstößt, vielmehr genügt eine **fahrlässige** Pflichtwidrigkeit.

Trotz dieses Grundsatzes kann auch ein **schuldloses** Verhalten des Arbeitnehmers eine verhaltensbedingte Kündigung rechtfertigen, wenn die Folgen für den Arbeitgeber erheblich waren oder wenn aufgrund objektiver Umstände mit wiederholten Pflichtwidrigkeiten des Arbeitnehmers zu rechnen ist[3]. Relevant werden diese Ausnahmen vom Grundsatz immer dann, wenn die Kündigung nicht auf einem Pflichtenverstoß des Arbeitnehmers beruht, sondern darauf, daß der Arbeitnehmer objektiv eine die Kündigung rechtfertigende Lage schafft, beispielsweise durch außerdienstliches Verhalten oder bei Sachverhalten, die eine Druck- oder Verdachtskündigung rechtfertigen können.

---

1 Ja: KR/*Etzel*, § 1 KSchG Rz. 388; nein: *Schaub*, § 130 I 2; MünchArbR/*Berkowsky*, § 133 Rz. 8; *Knorr/Bichlmeier/Kremhelmer*, Kap. 10 Rz. 97.
2 BAG v. 16. 3. 1961, AP Nr. 2 zu § 1 KSchG 1951 – Verhaltensbedingte Kündigung.
3 BAG v. 4. 11. 1957, AP Nr. 39 zu § 1 KSchG 1951; BAG v. 27. 7. 1961, AP Nr. 24 zu § 611 – Ärzte, Gehaltsansprüche.

3. Interessenabwägung

135 Bei der verhaltensbedingten Kündigung bedarf es einer umfassenden **Interessenabwägung**. Einerseits ist das Interesse des Arbeitnehmers an der Erhaltung des Arbeitsplatzes und andererseits das Interesse des Arbeitgebers an der Beendigung des Arbeitsverhältnisses zu ermitteln und gegeneinander abzuwägen. Sofern der Arbeitgeber eine juristische Person ist, ist nicht auf das persönliche Interesse einzelner Gesellschafter abzustellen, sondern auf **objektive Arbeitgeberinteressen**[1].

Regelmäßig ist von einem gesteigerten Interesse des Arbeitnehmers an der Fortsetzung des Arbeitsverhältnisses auszugehen, sofern dieser nicht ausnahmsweise seine Kündigungsschutzklage mit einem Auflösungsantrag nach § 9 KSchG verbindet. Dagegen wird auf Arbeitgeberseite ein gesteigertes Interesse an der Beendigung des Arbeitsverhältnisses anzunehmen sein, wenn der Arbeitgeber dem Idealbild des Bundesarbeitsgerichts entspricht und den Kündigungsgrund als ruhiger und verständig urteilender Arbeitgeber bewertet und dann zu der Maßnahme der Kündigung gegriffen hat. Dieser Interessengegensatz ist an sich keiner Wertung zugänglich; vielmehr dient die Interessenabwägung im Rahmen der verhaltensbedingten Kündigung dazu, den dem Arbeitnehmer vorgeworfenen Sachverhalt einerseits und die betrieblichen Interessen andererseits anstelle der Arbeitsvertragsparteien zu bewerten. Hierfür dienen unter anderem folgende Kriterien:

136 ▶ **auf Arbeitgeberseite:**

Art und Umfang betrieblicher Nachteile und Störungen, Auswirkungen auf die Arbeits- und Betriebsdisziplin, Schädigung des Ansehens des Arbeitgebers, Gefährdung der Arbeitskollegen und Dritter, Ausmaß einer Wiederholungsgefahr, Eintritt eines Vermögensschadens sowie Schutz der übrigen Belegschaft[2].

137 ▶ **auf Arbeitnehmerseite:**

Ursache des Fehlverhaltens, Art, Schwere und Häufigkeit der Pflichtverstöße, Mitverschulden des Arbeitgebers, bisheriges Verhalten des Arbeitnehmers, Dauer der Betriebszugehörigkeit, Lebensalter des Arbeitnehmers, Folgen der Kündigung für den Arbeitnehmer insbesondere unter Berücksichtigung der Unterhaltspflichten[3].

138 Die **Widerspruchstatbestände** des § 1 Abs. 2 Satz 2 Nr. 1a und Nr. 2a KSchG sind auf die verhaltensbedingte Kündigung nicht anzuwenden[4]. Die anderen Widerspruchstatbestände haben aber in die Interessenabwägung einzufließen. Dies kann dazu führen, daß der Arbeitgeber verpflichtet ist, dem Arbeitnehmer eine **anderweitige Beschäftigung** an einem anderen Arbeitsplatz in demselben

---

1 BAG v. 2. 11. 1961, AP Nr. 3 zu § 1 KSchG 1951 – Verhaltensbedingte Kündigung.
2 *Knorr/Bichlmeier/Kremhelmer*, Kap. 10 Rz. 95; KR/*Etzel*, § 1 KSchG Rz. 397.
3 BAG v. 22. 3. 1989, DB 1989, 1679; *Knorr/Bichlmeier/Kremhelmer*, Kap. 10 Rz. 95; KR/*Etzel*, § 1 KSchG Rz. 397.
4 KR/*Becker*, § 1 KSchG Rz. 238.

Betrieb oder in einem anderen Betrieb des Unternehmens zu übertragen, wenn objektive Anhaltspunkte dafür bestehen, daß der Arbeitnehmer bei einem Einsatz auf einem anderen Arbeitsplatz das beanstandete Verhalten nicht fortsetzen wird, so z.b. bei einem Streit mit einem bestimmten Arbeitskollegen[1]. Steht dagegen die Pflichtwidrigkeit in keinem Zusammenhang mit der dem Arbeitnehmer übertragenen Aufgabe, wird die Übertragung einer anderen Aufgabe regelmäßig nicht zum Wegfall der Pflichtwidrigkeit in Zukunft führen (**Beispiele:** Eigenmächtiger Antritt von Urlaub oder Verletzung der Pflicht zur Vorlage einer Arbeitsunfähigkeitsbescheinigung oder häufiges Zuspätkommen). Die Art der Pflichtverletzung bestimmt, ob dem Arbeitgeber eine Weiterbeschäftigung auf einem anderen freien Arbeitsplatz im Betrieb oder in einem anderen Betrieb des Unternehmens möglich und zumutbar ist[2]. Die Möglichkeit, den Arbeitnehmer auf einem anderen freien Arbeitsplatz im Betrieb oder in einem anderen Betrieb des Unternehmens zu beschäftigen, steht der Wirksamkeit der Kündigung entgegen, wenn im Rahmen dieser Weiterbeschäftigung eine Wiederholung des Pflichtenverstoßes nicht angenommen werden muß.

Ggf. ist auch eine Weiterbeschäftigung zu **geänderten Arbeitsbedingungen** zu veranlassen. Dies folgt einerseits aus dem Grundsatz des Vorrangs der Änderungskündigung vor der Beendigungskündigung und andererseits aus dem Grundsatz der Verhältnismäßigkeit[3]. 139

4. Darlegungs- und Beweislast

§ 1 Abs. 2 Satz 4 KSchG bestimmt, daß der **Arbeitgeber** die Tatsachen zu beweisen hat, die die Kündigung bedingen. Der Arbeitgeber muß die Pflichtwidrigkeiten, die die ordentliche Kündigung stützen sollen, substantiiert darstellen. Nur schlagwortartige Angaben genügen nicht. Er muß vortragen, daß entweder eine ausreichende Abmahnung vorliegt oder die Gründe darlegen, die eine Abmahnung entbehrlich machen. Die Darlegungslast bezieht sich auch auf ein erforderliches Verschulden des Arbeitnehmers. Dies gilt auch für solche Umstände, die die Rechtfertigungsgründe für das Verhalten des Arbeitnehmers ausschließen[4]. Sofern die Weiterbeschäftigung auf einem freien Arbeitsplatz der verhaltensbedingten Kündigung entgegensteht, muß der Arbeitgeber darlegen, daß ein freier Arbeitsplatz nicht vorhanden ist, auf dem der Arbeitnehmer weiterbeschäftigt werden könnte[5]. 140

---

1 BAG v. 27. 9. 1984, BAGE 47, 26; BAG v. 22. 7. 1982, BB 1983, 834; *Moritz,* DB 1985, 229.
2 BAG v. 22. 7. 1982, BB 1983, 834; *Moritz,* DB 1985, 229.
3 BAG v. 27. 9. 1984, BAGE 47, 26.
4 BAG v. 25. 4. 1996, NZA 1996, 1201; BAG v. 12. 8. 1976, BB 1976, 1517; KR/*Etzel,* § 1 KSchG Rz. 389; *Knorr/Bichlmeier/Kremhelmer,* Kap. 10 Rz. 103.
5 BAG v. 22. 7. 1982, BB 1983, 834.

5. Abmahnung

a) Begriff

141 Eine Abmahnung liegt dann vor, wenn der Arbeitgeber in einer für den Arbeitnehmer hinreichend deutlich erkennbaren Art und Weise Vertragsverstöße und Pflichtwidrigkeiten beanstandet und damit den Hinweis verbindet, daß im Wiederholungsfalle der Inhalt oder der Bestand des Arbeitsverhältnisses gefährdet ist[1].

Das Bundesarbeitsgericht leitet zunächst das Erfordernis der Abmahnung aus dem in § 326 Abs. 1 BGB enthaltenen allgemeinen Rechtsgedanken ab, daß der Gläubiger vor einer so einschneidenden Maßnahme und Rechtsfolge wie der einseitigen Aufhebung des Vertrages dem Schuldner noch einmal die Folgen seines säumigen Verhaltens vor Augen führen soll[2]. Die Literatur stellt dagegen auf den **Verhältnismäßigkeitsgrundsatz** ab, da die Kündigung grundsätzlich nur als ultima ratio, also als letzte aller Reaktionsmöglichkeiten, in Betracht komme[3].

Die neue Rechtsprechung des Bundesarbeitsgerichts[4] stellt ebenfalls auf den Verhältnismäßigkeitsgrundsatz ab, wenn darauf verwiesen wird, daß eine Kündigung ohne vorausgegangen Abmahnung nicht dem **Ultima-ratio-Prinzip** entspreche. Sieht man das Erfordernis der Abmahnung im Ultima-ratio-Prinzip, bedarf es keines Rückgriffs auf die starre Regelung des § 326 Abs. 1 BGB. Unter Hinweis auf diese Norm würde die Abmahnungsobliegenheit unabhängig davon bestehen, ob der Arbeitgeber oder der Arbeitnehmer kündigt, ob es sich um eine ordentliche oder außerordentliche Kündigung handelt und ob der Arbeitnehmer Kündigungsschutz genießt oder nicht[5].

b) Inhalt und Form

142 Der **notwendige Inhalt** einer Abmahnung ergibt sich aus ihren Funktionen.

Die wichtigsten Funktionen einer Abmahnung sind die **Hinweisfunktion und die Warnfunktion.** Dem Arbeitnehmer soll deutlich gemacht werden, daß der Arbeitgeber nicht bereit ist, ein bestimmtes Verhalten hinzunehmen und für den Wiederholungsfall Rechtskonsequenzen androht.

aa) Hinweisfunktion

143 Die Hinweisfunktion macht es erforderlich, daß das Fehlverhalten des Arbeitnehmers klar, **deutlich und ausreichend konkretisiert** dargestellt sein muß. Bloße Hinweise wie „aufgrund der Ihnen bekannten Vorkommnisse" oder „aus gegebenem Anlaß" genügen der Hinweisfunktion nicht[6].

---

1 BAG v. 18. 1. 1980, AP Nr. 3 zu § 1 KSchG 1969 – Verhaltensbedingte Kündigung.
2 BAG v. 19. 6. 1967, BAGE 19, 351; BAG v. 9. 8. 1984, NZA 1985, 124.
3 *Walker*, NZA 1995, 601; *Pauly*, NZA 1995, 449; *Tschöpe*, NZA 1990, Beil. 2, 10; KR/*Etzel*, § 1 KSchG Rz. 234; unklar: *Schaub*, § 61 IV 1a; MünchArbR/*Berkowsky*, Band 2, § 133 Rz. 12.
4 BAG v. 17. 2. 1994, DB 1994, 1477.
5 *Walker*, NZA 1995, 601.
6 *Tschöpe*, NZA 1990, Beil. 2, 10; *Hunold*, BB 1986, 2050.

III. Verhaltensbedingte Kündigung

Die Abmahnung dient der Vorbereitung einer verhaltensbedingten Kündigung und ist, von wenigen Ausnahmen abgesehen, **Voraussetzung für eine verhaltensbedingte Kündigung.** Soll der Arbeitnehmer lediglich auf die ordnungsgemäße Vertragserfüllung hingewiesen werden, ohne daß der Arbeitgeber eine spätere verhaltensbedingte Kündigung beabsichtigt, bedarf es keiner Abmahnung. Es genügen dann eine Ermahnung, eine Verwarnung oder ein Verweis, ggf. die Verhängung einer Betriebsbuße.

144

Soll der Arbeitnehmer durch die Abmahnung zu **vertragsgerechtem Verhalten** veranlaßt werden, ist es erforderlich, daß dem Arbeitnehmer zunächst das vertragsgemäße Verhalten dargestellt wird und anschließend der Arbeitnehmer mit dem vorgeworfenen vertragswidrigen Verhalten konfrontiert wird.

145

Beispiel:

Ein Arbeitnehmer, der zu spät zur Arbeit gekommen ist, ist zunächst darauf hinzuweisen, wann Arbeitsbeginn im Betrieb des Arbeitgebers ist. Danach ist dem Arbeitnehmer in der Abmahnung mitzuteilen, daß er an einem bestimmten Tag erst um soundsoviel Uhr zur Arbeit erschienen ist.

bb) Warnfunktion

Der Warnfunktion wird genüge getan, wenn für den Arbeitnehmer unmißverständlich zum Ausdruck kommt, daß der Bestand des **Arbeitsverhältnisses im Wiederholungsfall gefährdet** ist.

146

Es wird nicht verlangt, daß expressis verbis die fristgerechte oder fristlose Kündigung angedroht wird, vielmehr genügt es, wenn sich aus dem **Zusammenhang** ergibt, daß im Wiederholungsfall der Bestand des Arbeitsverhältnisses gefährdet ist[1]. Damit sich der Arbeitgeber nicht dem Risiko aussetzt, daß sich aus der von ihm gewählten Formulierung nicht hinreichend die Gefährdung des Bestandes des Arbeitsverhältnisses ergibt, sollte regelmäßig in der Abmahnung auf die drohende Kündigung des Arbeitsverhältnisses verwiesen werden. Hinweise wie personelle Konsequenzen oder geeignete arbeitsrechtliche Schritte werden von den Gerichten nicht immer als ausreichend anerkannt[2]. Anderer Ansicht ist das Bundesarbeitsgericht[3], das die Androhung arbeitsrechtlicher Konsequenzen als ausreichend ansieht.

cc) Form

Die Abmahnung ist an **keine bestimmte Form** gebunden, insbesondere bedarf es nicht der Schriftform.

147

In einem nachfolgenden Kündigungsschutzprozeß ist der **Arbeitgeber darlegungs- und beweispflichtig** für das Vorliegen einer ordnungsgemäßen Abmah-

148

---

1 BAG v. 17. 2. 1994, DB 1994, 1477; BAG v. 15. 7. 1992, NZA 1993, 220; BAG v. 18. 1. 1980, BB 1980, 1269.
2 ArbG Stuttgart v. 30. 11. 1994 – 22 Ca 6126/94, nv.; ArbG Bielefeld v. 12. 1. 1989 – 3 Ca 2343/88, nv.
3 BAG v. 18. 5. 1994, NZA 1995, 65.

nung sowie für die Richtigkeit der abgemahnten Pflichtwidrigkeit[1]. Die Abmahnung hat nicht die Aufgabe, dem Arbeitgeber den Beweis für die vom Arbeitnehmer angeblich begangene Verfehlung in einem späteren Kündigungsschutzprozeß zu erleichtern. Ihre Funktion liegt vielmehr darin, den Arbeitnehmer auf die Gefahr der Änderung oder Beendigung seines Arbeitsverhältnisses hinzuweisen. Schon aus Zweckmäßigkeitsgründen ist daher der Schriftform der Vorzug zu gewähren.

149 Ist eine Abmahnung **mündlich** erteilt worden, bietet es sich an, eine schriftliche Bestätigung der Abmahnung mit dem wesentlichen Inhalt der mündlich erteilten Abmahnung nachzufertigen und dem Arbeitnehmer zu übergeben[2].

dd) Frist

150 Eine **Regelausschlußfrist,** innerhalb derer die Abmahnung auszusprechen ist, besteht nicht. Das LAG Baden-Württemberg[3] hatte die Auffassung vertreten, daß eine Abmahnung grundsätzlich binnen einer Frist von zwei Wochen seit Kenntnis des Abmahnungsberechtigten von den hierfür maßgeblichen Tatsachen zu erfolgen habe. Begründet wurde dies mit einer Analogie zu § 626 Abs. 2 BGB.

Das **Bundesarbeitsgericht**[4] ist dieser Ansicht nicht gefolgt und hat festgestellt, daß es für die Ausübung des in der Abmahnung liegenden vertraglichen Rügerechts weder eine zweiwöchige noch eine sonstige Regelausschlußfrist gäbe. Die **Literatur** hat sich dieser Betrachtung im wesentlichen angeschlossen[5].

151 Unabhängig hiervon kann das Recht zur Abmahnung verwirkt sein. Die **Verwirkung** setzt voraus, daß neben dem in seiner Länge umstrittenen Zeitmoment noch ein **Umstandsmoment** hinzutreten muß, das regelmäßig eine individuelle Betrachtung erforderlich macht[6].

152 Sehen **tarifliche Ausschlußfristen** vor, daß Ansprüche aus dem Arbeitsverhältnis innerhalb einer bestimmten Frist geltend zu machen sind, muß der Arbeitgeber diese tariflichen Ausschlußfristen nicht beachten, wenn er den Arbeitnehmer abmahnen und die Abmahnung zur Personalakte nehmen will. Dies rechtfertigt sich daraus, daß das Recht des Arbeitgebers, den Arbeitnehmer abzumahnen, kein Anspruch ist, vielmehr übt der Arbeitgeber mit der Abmahnung ein vertragliches Rügerecht aus[7].

---

1 LAG Frankfurt v. 23. 12. 1986, BB 1987, 1463.
2 *Tschöpe,* NZA 1990, Beil. 2, 10.
3 LAG Baden-Württemberg v. 30. 11. 1983 – 3 Sa 64/83, nv.
4 BAG v. 15. 1. 1986, BAGE 50, 362; BAG v. 14. 12. 1994, NZA 1995, 676.
5 *Schaub,* § 61 V 3b; MünchArbR/*Berkowsky,* § 133 Rz. 34; KR/*Becker,* 3. Aufl., § 1 KSchG Rz. 234; aA *Tschöpe,* NZA 1990, Beil. 2, 10; *Brill,* NZA 1985, 109.
6 *Tschöpe,* NZA 1990, Beil. 2, 10; *Schaub,* § 61 V 3b; MünchArbR/*Berkowsky,* § 133 Rz. 36; LAG Köln v. 28. 3. 1988, LAGE § 611 BGB – Abmahnung Nr. 10.
7 BAG v. 15. 1. 1986, BAGE 50, 362; BAG v. 14. 12. 1994, NZA 1995, 676.

III. Verhaltensbedingte Kündigung

Die ursprünglich vom Bundesarbeitsgericht im Hinblick auf § 70 BAT mit Urteil v. 12. 1. 1988[1] vertretene Auffassung, daß ein Anspruch auf Rücknahme einer Abmahnung einen Anspruch aus dem Arbeitsverhältnis darstelle, wurde ausdrücklich mit Urteil v. 14. 12. 1994 aufgegeben[2].

153

c) Erforderlichkeit einer Abmahnung

Die Rechtsprechung differenziert zwischen Störungen im Vertrauens- und Leistungsbereich. Bei **Störungen im Leistungsbereich** ist regelmäßig vor einer Kündigung eine erfolglose Abmahnung mit ausreichender Warnfunktion erforderlich[3].

154

Anders ist es bei einer **Störung im Vertrauensbereich**. Dort bedarf es grundsätzlich keiner vorausgegangenen erfolglosen Abmahnung. Eine Ausnahme soll nach der Rechtsprechung nur dann gelten, wenn der Arbeitnehmer bei Fehlentwicklungen mit vertretbaren Gründen annehmen konnte, sein Verhalten sei nicht vertragswidrig oder werde vom Arbeitgeber zumindest nicht als ein erhebliches, den Bestand des Arbeitsverhältnisses gefährdendes Fehlverhalten angesehen[4].

Die Abgrenzung von Leistungs- und Vertrauensbereich wird in der **Literatur** kritisiert[5], mit der Begründung, daß auch Störungen im Leistungsbereich das Vertrauen des Arbeitgebers beeinträchtigen können. *Berkowsky* meint, daß nur Art und Schwere der Vertragsverletzung dafür maßgeblich sein soll, ob eine Abmahnung erforderlich ist oder nicht. Die überwiegende Literatur ist jedoch der differenzierten Betrachtung des Bundesarbeitsgerichts gefolgt[6].

Zu Recht hatte das Bundesarbeitsgericht bei der Frage, ob eine Abmahnung erforderlich ist, danach differenziert, ob eine Störung im Vertrauens- oder Leistungsbereich vorliegt. Ein wesentliches Argument hierfür ist, daß der Arbeitnehmer **von sich aus** einer drohenden Kündigung entgehen kann, wenn er dafür sorgt, daß ein von einer Abmahnung erfaßtes Defizit im Leistungsbereich nicht mehr auftritt. Ein gestörtes Vertrauen hingegen kann der Arbeitnehmer auf eigene Veranlassung hin nicht mehr wiederherstellen. Hierzu bedarf es der Mitwirkung des Arbeitgebers. Zwischenzeitlich geht das Bundesarbeitsgericht von einer generellen Pflicht abzumahnen aus und differenziert nicht mehr nach Leistungs- und Vertrauensbereich, sondern danach, ob die Pflichtwidrigkeit des Arbeitnehmers dem steuerbaren Verhalten zuzurechnen ist[7].

---

1 NZA 1988, 474.
2 NZA 1995, 676.
3 BAG v. 9. 8. 1984, NZA 1985, 124; BAG v. 10. 11. 1988, NZA 1989, 633.
4 BAG v. 30. 6. 1983, NJW 1984, 1917; LAG Baden-Württemberg v. 5. 9. 1995 – 7 Sa 25/95, nv.
5 MünchArbR/*Berkowsky*, 2. Band, § 133 Rz. 20; *Falkenberg*, NZA 1988, 489; *Pauly*, NZA 1995, 601; *Gerhard*, BB 1996, 794.
6 *Schaub*, § 61 VI 2; KR/*Etzel*, § 1 KSchG, Rz. 390; *Knorr/Bichlmeier/Kremhelmer*, Kap. 10, Rz. 100; *Tschöpe*, NZA 1990, Beil. 2, 10.
7 BAG v. 4. 6. 1997, BB 1997, 1312 – Pressemitteilung.

aa) Leistungsbereich

155 Vom Leistungsbereich werden Leistungs- oder Verhaltensmängel des Arbeitnehmers erfaßt. Typische **Beispiele** hierfür sind:

- Verstoß gegen betriebliches Rauch- oder Alkoholverbot[1]
- Unentschuldigtes Fehlen im Anschluß an einen Urlaub[2]
- Wiederholt unpünktliches Erscheinen am Arbeitsplatz[3]
- Die Weigerung des Arbeitnehmers, vertretungsweise eine ihm übertragene Aufgabe zu übernehmen[4]
- Mangelhafte Erledigung der übertragenen Aufgabe[5]
- Vorwurf mangelnder Führungseigenschaft[6]
- Verstoß gegen die Pflicht eines nicht freigestellten Betriebsratsmitgliedes, sich vor Beginn seiner unter § 37 Abs. 2 BetrVG fallenden Betriebsratstätigkeit beim Arbeitgeber abzumelden[7].

bb) Vertrauensbereich

156 Das **Landesarbeitsgericht Köln** hat mit Urteil v. 10. 6. 1994[8] den Vertrauensbereich wie folgt definiert:

„Der Vertrauensbereich, bei dessen Störung unter Umständen eine Abmahnung vor einer verhaltensbedingten Kündigung entbehrlich sein kann, betrifft nicht das ‚Vertrauen' des Arbeitgebers in die Leistungsfähigkeit des Arbeitnehmers oder in dessen Vermögen oder Willen zur korrekten Arbeitsausführung, sondern den Glauben an die Gutwilligkeit, Loyalität und Redlichkeit des Arbeitnehmers – den Gedanken daran, daß sich der Arbeitnehmer nicht unlauter gegen die Interessen des Arbeitgebers stellt, daß er sich nicht falsch, unaufrichtig oder hinterhältig gegen seinen Vertragspartner stellen wird; in erster Linie ist damit die charakterliche Seite des Arbeitnehmers und nicht seine Qualifikation angesprochen."

157 Dem Vertrauensbereich sind **unerlaubte Handlungen** zum Nachteil des Arbeitgebers und anderer Arbeitnehmer zuzurechnen, wie zum Beispiel Diebstahl, Unterschlagung, Untreue, Betrug, Tätlichkeiten oder grobe Beleidigungen von Vorgesetzten und Arbeitskollegen sowie Mißbrauch von Kontrolleinrichtungen und Spesenbetrügereien[9]. Dem Vertrauensbereich ist auch **wettbewerbswidriges Verhalten nach § 60 HGB** zuzuordnen. Rechtsprechung und Literatur vertreten die Ansicht, daß bei einem Fehlverhalten im Vertrauensbereich dann eine Abmahnung erforderlich sein soll, wenn der Arbeitnehmer mit vertretbaren Gründen annehmen durfte, sein Verhalten sei nicht vertragswidrig oder

---

1 BAG v. 22. 7. 1982, BB 1983, 834.
2 BAG v. 9. 8. 1984, NZA 1985, 124.
3 BAG v. 17. 3. 1988, NZA 1989, 261.
4 BAG v. 21. 11. 1985, NZA 1986, 713.
5 BAG v. 18. 11. 1986, AP Nr. 17 zu § 1 KSchG 1969 – Verhaltensbedingte Kündigung.
6 BAG v. 29. 7. 1976, BB 1976, 1560.
7 BAG v. 15. 7. 1992, NZA 1993, 220.
8 BB 1995, 522.
9 *Schaub*, § 61 VI 2d.

III. Verhaltensbedingte Kündigung   Rz. 158 **Teil 3 D**

werde vom Arbeitnehmer zumindest nicht als ein erhebliches, den Bestand des Arbeitsverhältnisses gefährdendes Fehlverhalten angesehen[1].

So wurde beispielsweise in folgenden Fällen eine **Abmahnung** trotz einer Pflichtverletzung im Vertrauensbereich für **erforderlich** gehalten:

▶ Homosexuelle Praxis eines im Dienst des Diakonischen Werkes einer evangelischen Landeskirche stehenden, im Bereich der Konfliktberatung eingesetzten Arbeitnehmers[2].

▶ Fehlendes Unrechtsbewußtsein einer Arbeitnehmerin, die ein Stück Bienenstichkuchen aus dem Warenbestand nahm und hinter der Bedienungstheke verzehrte[3].

cc) Ausnahmen vom Abmahnungserfordernis

Von einer Abmahnung kann auch bei einer Störung im Leistungsbereich dann abgesehen werden, wenn der Arbeitnehmer nicht in der Lage oder willens ist, sich vertragsgerecht zu verhalten. 158

Davon ist dann auszugehen, wenn der Arbeitnehmer seine **Vertragsverletzung hartnäckig und uneinsichtig fortsetzt,** obwohl er die Vertragswidrigkeit seines Verhaltens kennt. Der Arbeitgeber muß davon ausgehen können, daß auch bei Ausspruch einer Abmahnung mit weiteren erheblichen Pflichtverletzungen zu rechnen ist[4].

Gleiches gilt, wenn der Arbeitnehmer durch sein Verhalten die **betriebliche Ordnung** und den betrieblichen Frieden erheblich beeinträchtigt[5]. Dies soll an folgenden Beispielen verdeutlicht werden:

▶ Ein Arbeitnehmer weigerte sich hartnäckig, eine ihm übertragene Arbeit zu erledigen mit der Begründung, daß die ihm übertragene Aufgabe gesundheitsschädlich sei, obwohl ein Sachverständigengutachten mit gegenteiligem Inhalt vorlag[6].

▶ Kontinuierlicher Genuß von Alkohol mit betrieblichen Auswirkungen trotz entsprechenden Verbotes[7].

▶ Unprovozierte Beleidigungen durch den Arbeitnehmer und Tätlichkeiten gegenüber anderen Arbeitnehmern[8].

▶ Verstöße eines Arbeitnehmers gegen die sexuelle Selbstbestimmung, indem er sich gegenüber weiblichen Angestellten und Auszubildenden teils durch

---

1 BAG v. 30. 6. 1983, NJW 1984, 1917; *Schaub*, § 61 VI 2d; KR/*Etzel*, § 1 KSchG Rz. 390.
2 BAG v. 30. 6. 1983, NJW 1984, 1917.
3 BAG v. 17. 5. 1984, AP Nr. 14 zu § 626 BGB – Verdacht strafbarer Handlung.
4 BAG v. 12. 7. 1984, DB 1985, 340; BAG v. 18. 5. 1994, NZA 1995, 65; LAG Baden-Württemberg v. 5. 9. 1995 – 7 Sa 25/95, nv.
5 BAG v. 12. 7. 1984, DB 1985, 340; BAG v. 9. 1. 1986, NZA 1986, 467.
6 BAG v. 18. 5. 1994, NZA 1995, 65.
7 BAG v. 26. 1. 1995, NZA 1995, 517.
8 BAG v. 12. 7. 1984, DB 1985, 340.

Äußerungen, teils durch Handgreiflichkeiten in sittlich anstößiger Weise benommen hat[1].

▶ Kontinuierlicher Verstoß eines Kassierers gegen die Dienstanweisung, das eingenommene Geld an demselben oder spätestens am Folgetag auf das Bankkonto des Arbeitgebers einzuzahlen[2].

d) Auswirkung für den Arbeitgeber

159 Der Arbeitgeber will mit der Abmahnung die Voraussetzung für eine eventuelle spätere Kündigung schaffen und hält den Arbeitnehmer daher durch die Abmahnung für die Zukunft zu vertragsgerechtem Verhalten an und stellt für den Fall weiterer Vertragsverletzungen Konsequenzen in Aussicht. Das den Gegenstand einer Abmahnung bildende vertragswidrige Verhalten des Arbeitnehmers ist durch die Abmahnung kündigungsrechtlich verbraucht. Der Arbeitgeber kann daher nicht aufgrund des Verhaltens, das Gegenstand der Abmahnung ist, eine Kündigung aussprechen und rechtfertigen. Die Abmahnung enthält den **konkludenten Verzicht des Arbeitgebers auf das Recht zur Kündigung wegen desselben Sachverhalts**[3], nicht dagegen die Ermahnung[4].

160 Das Bundesarbeitsgericht begründet dies damit, daß die Kündigung des Arbeitsverhältnisses eine **negative Prognose** voraussetze. Eine solche negative Prognose könne der Arbeitgeber nur mit dem Vortrag begründen, in Zukunft sei mit weiteren Störungen zu rechnen. Regelmäßig lägen diesen Voraussetzungen nur dann vor, wenn der Arbeitnehmer nach einer vorangegangenen Abmahnung sein beanstandetes Verhalten weiter fortsetze. Andererseits zeige ein Arbeitgeber, der abmahne, daß ihm eine **abschließende negative Prognose noch nicht möglich** sei. Habe er das aber selbst durch eine Abmahnung zu erkennen gegeben, dann könne er eine spätere negative Prognose nur durch neue Tatsachen belegen, und zwar auch durch solche, die bei der Abmahnung zwar schon vorgelegen haben, ihm aber noch nicht bekannt gewesen sind.

Die Abmahnung führt demgemäß nur hinsichtlich der zum Zeitpunkt ihrer Erteilung **vorliegenden und bekannten Gründe** zum Verzicht auf das Kündigungsrecht.

161 Dagegen ist der Arbeitgeber nicht gehindert, einen Sachverhalt, der zunächst zur **Begründung einer Kündigung** herangezogen wurde, zum **Gegenstand einer Abmahnung** zu machen, sofern sich die Kündigung als sozialwidrig herausstellt oder der Arbeitgeber auf sein Recht zur Kündigung verzichtet[5]. Zu dieser Maßnahme wird der Arbeitgeber regelmäßig dann greifen, wenn das Arbeitsgericht feststellt, daß der vorgeworfene Sachverhalt für eine Kündigung nicht ausreicht.

---

1 BAG v. 9. 1. 1986, NZA 1986, 467.
2 LAG Baden-Württemberg v. 5. 9. 1995 – 7 Sa 25/96, nv.
3 BAG v. 10. 11. 1988, NZA 1989, 633; Schaub, § 61 V 4.
4 BAG v. 9. 3. 1995, NZA 1996, 875.
5 BAG v. 7. 9. 1988, NZA 1989, 272.

e) Abmahnungsberechtigter

Abmahnungsberechtigt ist jeder Mitarbeiter, der aufgrund seiner Aufgabenstellung dazu befugt ist, verbindliche Anweisungen bezüglich des Ortes, der Zeit sowie der Art und Weise der vertraglich geschuldeten Arbeitsleistung zu erteilen[1].

162

Hinweis:
Der Umstand, daß nicht nur kündigungsberechtigte Personen, sondern alle weisungsbefugten Mitarbeiter zur Abmahnung berechtigt sind, birgt die Gefahr, daß ein an sich eine Kündigung rechtfertigender Sachverhalt nur zum Gegenstand einer Abmahnung gemacht wird, mit der Folge, daß das Recht zur Kündigung wegen desselben Sachverhaltes verwirkt ist. Wird also die Abmahnungsbefugnis im Betrieb hierarchisch weit nach unten delegiert, ohne daß dem die Kündigungsbefugnis folgt, beschränkt sich der Arbeitgeber selbst in der Prüfung, ob ein bestimmter Sachverhalt nicht doch zur Kündigung (und nicht nur zur Abmahnung) berechtigt hätte[2].

163

f) Beteiligung des Betriebsrates

Dem Betriebsrat steht im Zusammenhang mit dem Ausspruch einer Abmahnung **kein Anhörungs-, Mitwirkungs- oder Mitbestimmungsrecht** zu[3]. Dies wird damit begründet, daß die Abmahnung Ausfluß des einzelvertraglichen Rügerechts und kein Sanktionsmittel der kollektiven Ordnung im Sinne von § 87 Abs. 1 Nr. 1 BetrVG ist[4]. Etwas anderes kann dann gelten, wenn die Abmahnung der Sache nach eine **Betriebsbuße** darstellt[5].

164

Unberührt hiervon bleibt das **Anhörungsverfahren** gemäß § 102 BetrVG, im Rahmen dessen dem Betriebsrat auch eine Abmahnung und eine eventuelle Stellungnahme des Arbeitnehmers mitgeteilt werden muß[6].

165

g) Zugang der Abmahnung

Eine Abmahnung erfüllt nur dann ihren Zweck, wenn sie dem Arbeitnehmer zugeht und der Arbeitnehmer vom Inhalt der Abmahnung Kenntnis nehmen kann. Nur so kann er sein Verhalten dem durch die Abmahnung beanstandeten Sachverhalt anpassen und so der drohenden Kündigung entgehen. Streitig ist,

166

---

1 BAG v. 10. 11. 1988, NZA 1989, 633; LAG Düsseldorf v. 8. 1. 1980, BB 1980, 526; LAG Hamm v. 13. 4. 1983, DB 1983, 1930; KR/*Hillebrecht*, § 626 BGB Rz. 96c; *Schaub*, § 61 V 1; *Kammerer*, BB 1980, 1587; aA *Adam*, DB 1996, 476 mit dem Argument, daß die Abmahnung einen Kündigungsverzicht beinhalte und ein Verzicht nur von dem erklärt werden könne, dem das Recht auch zustehe.
2 *Tschöpe*, NZA 1990, Beil. 2, 10.
3 BAG v. 17. 10. 1989, NZA 1990, 193.
4 MünchArbR/*Berkowsky*, § 133 Rz. 29.
5 BAG v. 17. 10. 1989, NZA 1990, 193.
6 BAG v. 31. 8. 1989, NZA 1990, 658.

ob die **allgemeinen Grundsätze** über den Zugang von Willenserklärungen gelten sollen[1], oder ob Voraussetzung für die Abmahnung ist, daß der Arbeitnehmer hiervon **tatsächlich Kenntnis** erhalten hat[2].

Das Urteil des Bundesarbeitsgerichts v. 9. 8. 1984[3] trägt zur Klärung nicht bei. Zunächst stellt das Bundesarbeitsgericht klar, daß **§ 130 BGB** auch auf eine schriftliche Abmahnung anzuwenden sei, führt aber weiter aus, daß über den Zugang hinaus grundsätzlich auch die **Kenntnis des Empfängers** vom Inhalt der Abmahnungserklärung erforderlich sei. Die Arbeitnehmerin im dortigen Fall war griechischer Nationalität, Analphabetin und der deutschen Sprache nicht hinreichend mächtig.

Das Bundesarbeitsgericht war der Ansicht, daß alleine dadurch, daß die Arbeitnehmerin das die Abmahnung enthaltende Schreiben entgegengenommen habe, noch nicht von einer wirksamen Abmahnung ausgegangen werden könne, vielmehr müsse sie vom Inhalt des Schreibens **Kenntnis** nehmen können.

Dennoch konnte sich die Arbeitnehmerin auf die Unwirksamkeit der Abmahnung nicht berufen, da sie es nicht bei der Entgegennahme des Schreibens hätte bewenden lassen dürfen, sondern aufgrund ihrer fehlenden Sprach- und Lesekenntnisse für eine **Übersetzung** des Schreibens hätte Sorge tragen müssen.

167 Dieses Urteil fördert die Rechtsunsicherheit, da dem Arbeitgeber weitergehende und seinem eigenen Einflußbereich entzogene Pflichten auferlegt werden als beim **Zugang einer Kündigung.** Kündigt der Arbeitgeber schriftlich, richtet sich der wirksame Zugang nach § 130 Abs. 1 BGB.

Wird einem ausländischen Arbeitnehmer, der nicht lesen kann, ein in deutscher Sprache gehaltenes Kündigungsschreiben übergeben, so ist der Zugang mit der **Übergabe des Kündigungsschreibens** bewirkt[4]. Das Bundesarbeitsgericht läßt es im Rahmen einer schriftlichen Kündigung genügen, daß das Schriftstück dem Arbeitnehmer ausgehändigt worden ist. Es kommt nicht darauf an, ob der Arbeitnehmer das ihm übergebene Schreiben tatsächlich liest und zur Kenntnis nimmt[5]. Diese Überlegungen gelten auch für die Abmahnung, da es dem Machtbereich des Arbeitgebers entzogen ist, den Arbeitnehmer zu veranlassen, von dem übergebenen Schriftstück tatsächlich Kenntnis zu nehmen. Der Arbeitnehmer ist verpflichtet, sich selbst über den Inhalt eines vom Arbeitgeber erhaltenen Schriftstückes Gewißheit zu verschaffen.

Dies gilt auch für **ausländische Arbeitnehmer,** da es keine Verpflichtung des Arbeitgebers gibt, Schriftstücke übersetzen zu lassen, die ausländische Arbeitnehmer betreffen[6].

---

1 *Tschöpe,* NZA 1990, Beil. 2, 10; *Pauly,* NZA 1995, 449.
2 MünchArbR/*Berkowsky,* § 133 Rz. 31.
3 NZA 1985, 124.
4 KR/*Friedrich,* § 4 KSchG Rz. 101; aA LAG Hamm v. 4. 1. 1979, NJW 1979, 2488, das den Zugang erst nach Ablauf einer angemessenen Zeitspanne, die nach Treu und Glauben zur Erlangung einer Übersetzung erforderlich ist, vollzogen sieht.
5 BAG v. 16. 2. 1983, AP Nr. 22 zu § 123 BGB.
6 LAG Frankfurt/Main v. 7. 6. 1974, BB 1975, 788.

III. Verhaltensbedingte Kündigung

h) Wirkungsdauer der Abmahnung

Das **Bundesarbeitsgericht** hat sich mit dieser Frage in zwei nennenswerten Urteilen auseinandergesetzt. Mit Urteil v. 18. 11. 1986[1] hat es die Rechtsansicht des LAG Hamm[2] verworfen, wonach eine Abmahnung in der Regel nach Ablauf von zwei Jahren wirkungslos werde mit der Folge, daß sich der Arbeitgeber zur Rechtfertigung einer Kündigung hierauf nicht mehr berufen könne und der Arbeitnehmer einen Anspruch auf Entfernung aus der Personalakte habe. Das Bundesarbeitsgericht hat jetzt festgestellt, daß eine Abmahnung gegenüber dem Arbeitnehmer zwar durch **Zeitablauf** wirkungslos werden kann. Dies lasse sich jedoch **nicht** anhand einer bestimmten **Regelfrist**, sondern nur aufgrund aller Umstände des Einzelfalls, insbesondere der Art der Verfehlung des Arbeitnehmers und des Verhaltens des Arbeitgebers im Anschluß an die Abmahnung beurteilen. Die Hinweis- und Warnfunktion der Abmahnung gehe unabhängig davon, wie lange sie zurückliege, nicht verloren. 168

Dieser Rechtsprechung des 7. Senats hat sich der 2. Senat mit Urteil v. 21. 5. 1987[3] angeschlossen. Nach dieser Rechtsprechung kann die Wirkungslosigkeit einer Abmahnung nicht alleine durch Zeitablauf eintreten; insbesondere verbietet es sich, die Wirkungslosigkeit anhand fester Regelfristen anzunehmen[4]. Vielmehr müssen **weitere Umstände** hinzutreten, die es rechtfertigen lassen, dem Arbeitgeber den Rückgriff auf die Abmahnung zu verwehren. Das LAG Frankfurt/Main[5] vertritt hierzu die Auffassung, daß ein Arbeitnehmer dann einen Anspruch auf Entfernung einer anfänglich berechtigt erteilten Abmahnung aus der Personalakte habe, wenn eine **Wiederholung** des berechtigt abgemahnten Verhaltens **nicht mehr zu besorgen** sei, läßt aber offen, wann ein solcher Fall eintreten kann. 169

Die Diskussion um die Wirkungslosigkeit einer Abmahnung wegen Zeitablaufes stellt nichts anderes dar als die Klärung der Frage, wann eine Verwirkung des kündigungsvorbereitenden Rechts eingetreten ist.

i) Rechtsschutz des Arbeitnehmers

aa) Entfernung aus der Personalakte

Der Arbeitnehmer kann die Entfernung einer rechtswidrigen Abmahnung aus seiner Personalakte verlangen. Dieser Anspruch wird allgemein anerkannt, wenngleich auf der Basis unterschiedlicher Anspruchsgrundlagen. Einerseits wird auf die **entsprechende Anwendung der §§ 12, 862 und 1004 BGB** verwiesen[6]. 170

---

1 NZA 1987, 418.
2 LAG Hamm v. 14. 5. 1986, NZA 1987, 26.
3 DB 1987, 2367.
4 AA *Conce*, DB 1987, 889; *Conce*, DB 1987, 2358.
5 LAG Frankfurt/Main v. 23. 10. 1987, BB 1988, 1255.
6 *Schaub*, § 61 VII 3b; MünchArbR/*Berkowsky*, Band 2, § 133 Rz. 44; *Buck*, AuR 1987, 217; *Kammerer*, BB 1980, 1587.

Das Bundesarbeitsgericht hatte zunächst an die **verletzte Fürsorgepflicht** des Arbeitgebers angeknüpft[1], verweist aber auch auf das verfassungsrechtlich geschützte **Persönlichkeitsrecht**[2].

Mit *Tschöpe*[3] scheint es richtig zu sein, die Anspruchsgrundlage für die Entfernung einer durch fehlerhafte Tatsachenbehauptungen oder Werturteile begründeten Abmahnung in der Verletzung einer arbeitsvertraglichen Nebenpflicht zu sehen; nämlich der Pflicht des Arbeitgebers, nur berechtigte Interessen dem Arbeitnehmer gegenüber wahrzunehmen. Dies mag verstanden werden als ein Ausfluß der dem Arbeitgeber obliegenden allgemeinen Fürsorgepflicht, weshalb nach den Grundsätzen der **positiven Forderungsverletzung** der Arbeitgeber zum **Schadensersatz** verpflichtet ist. Der Schadensersatzanspruch ist auf Naturalrestitution gerichtet, es ist also der Zustand herzustellen, der vor der verletzenden Handlung bestanden hat. Hieraus ergibt sich, daß die Klage auf Entfernung der Abmahnung aus der Personalakte zu richten ist[4].

171 Diese Betrachtung hat folgerichtig zur Konsequenz, daß nur schriftliche Abmahnungen einer Beseitigung zugänglich sind. Entgegen dem Bundesarbeitsgericht[5] will *Tschöpe*[6] für den Fall einer **mündlich** erteilten Abmahnung die Möglichkeit der **Feststellungsklage** eröffnen, mit dem Ziel der Feststellung der Unwirksamkeit der Abmahnung.

172 Der Arbeitnehmer kann die Beseitigung der Abmahnung verlangen, wenn die Abmahnung formell nicht ordnungsgemäß zustande gekommen ist[7], sie unrichtige Tatsachenbehauptungen enthält[8], der Grundsatz der Verhältnismäßigkeit verletzt ist[9] oder kein schutzwürdiges Interesse des Arbeitgebers am Verbleib der Abmahnung in der Personalakte besteht[10].

173 Noch nicht ausreichend geklärt ist die Frage, ob der Arbeitnehmer gegen eine vermeintlich ungerechtfertigte Abmahnung klageweise vorzugehen hat oder berechtigt ist, die der Abmahnung zugrunde liegenden Tatsachen in einem späteren Kündigungsschutzprozeß zu bestreiten.

In Literatur und Rechtsprechung wird die Ansicht vertreten, daß der Arbeitnehmer sein Recht, die der Abmahnung zugrunde liegenden Tatsachen zu bestreiten, verwirken könne, wenn er nicht zeitnah **Klage gegen die Abmah-**

---

1 BAG v. 17. 1. 1956, AP Nr. 1 zu § 611 BGB – Fürsorgepflicht; BAG v. 25. 4. 1972, BAGE 24, 247.
2 BAG v. 13. 4. 1988, DB 1988, 1702; BAG v. 27. 11. 1985, NZA 1986, 227.
3 NZA 1990, Beil. 2, 10.
4 BAG v. 30. 5. 1996, NZA 1997, 145; so auch MünchArbR/*Berkowsky*, Band 2, § 133 Rz. 144; *Pauly*, MDR 1996, 121.
5 BAG v. 22. 2. 1978, DB 1978, 1548; BAG v. 13. 4. 1988, NZA 1988, 654; *Pauly*, MDR 1996, 121.
6 NZA 1990, Beil. 2, 10.
7 BAG v. 16. 11. 1989, NZA 1990, 477; BAG v. 30. 5. 1996, NZA 1997, 145.
8 BAG v. 27. 11. 1985, NZA 1986, 227; BAG v. 30. 5. 1996, NZA 1997, 145
9 BAG v. 31. 8. 1994, NZA 1995, 225.
10 BAG v. 30. 5. 1996, NZA 1997, 145; BAG v. 14. 12. 1994, NZA 1995, 676; BAG v. 30. 5. 1996, NZA 1997, 145.

III. Verhaltensbedingte Kündigung

nung erhebe[1]. Das Bundesarbeitsgericht[2] vertritt eine gegenteilige Ansicht und stellt dar, daß ein Rückgriff auf das Rechtsinstitut der Verwirkung überflüssig sei, da bei arglistigem Verhalten des Prozeßgegners die §§ 427, 444 ZPO der beweisbelasteten Partei die Möglichkeit erleichterter Beweisführung böten und im übrigen bei Unzumutbarkeit der Beweisführung zugunsten der beweisbelasteten Partei die Regeln des Anscheinsbeweises bzw. der Geständnisfiktion des § 138 Abs. 3 ZPO zur Anwendung kämen.

Dem steht die **Verwirkung** sowohl materieller als auch prozessualer Rechte entgegen[3]. In Form der verspäteten, illoyalen Geltendmachung eines Rechts ist die Verwirkung ein Unterfall der unzulässigen Rechtsausübung, also eine Ausprägung des Grundsatzes von Treu und Glauben.

Das Recht zur Klageerhebung, zur Einlegung eines Rechtsmittels oder zur Stellung eines Antrags unterliegt der Verwirkung[4]. Was für wesentliche prozessuale Rechte gilt, muß auch für einzelne prozessuale Befugnisse gelten mit der Konsequenz, daß auch das Recht zum substantiierten Bestreiten sowie das Anbieten von Beweismitteln der Verwirkung unterliegen kann[5].

Der von einer Abmahnung betroffene Arbeitnehmer muß daher auf eine Abmahnung **zeitnah reagieren,** will er sich nicht der Gefahr der unzulässigen Rechtsausübung aussetzen.

So wenig wie der Arbeitgeber eine Abmahnung innerhalb **tariflicher Ausschlußfristen** aussprechen muß, ist der Arbeitnehmer verpflichtet, die Entfernung der Abmahnung innerhalb tariflicher Ausschlußfristen geltend zu machen[6]. An der ursprünglich vom Bundesarbeitsgericht mit Urteil v. 12. 1. 1988[7] vertretenen Auffassung, wonach ein Anspruch auf Rücknahme einer Abmahnung ein Anspruch aus dem Arbeitsverhältnis im Sinne von § 70 BAT sei, wird nicht festgehalten[8]. 174

Endet das Arbeitsverhältnis, erlischt der Anspruch auf Entfernung einer Abmahnung aus der Personalakte, da eine nachhaltige Gefährdung der Rechtsstellung des Arbeitnehmers durch eine unberechtigte Abmahnung nicht droht. Eine Ausnahme soll nur dann gelten, wenn objektive Anhaltspunkte dafür vorliegen, daß die Abmahnung dem Arbeitnehmer auch noch nach Beendigung des Arbeitsverhältnisses schaden kann, so zum Beispiel, wenn eine Wiederein- 175

---

1 LAG Frankfurt v. 22. 12. 1983, DB 1984, 1355; LAG Hamm v. 1. 2. 1983, EzA § 611 BGB – Fürsorgepflicht Nr. 33; ArbG Berlin v. 8. 10. 1989, DB 1985, 1140; *Hunold,* BB 1986, 2050.
2 BAG v. 13. 3. 1987, NZA 1987, 518.
3 BVerfG v. 26. 1. 1972, NJW 1972, 675; OLG München v. 12. 4. 1983, OLGZ 1983, 369.
4 OLG München v. 12. 4. 1983, OLGZ 1983, 369; *Tschöpe,* NZA 1990, Beil. 2, 10.
5 *Tschöpe,* NZA 1990, Beil. 2, 10.
6 BAG v. 15. 7. 1987, NZA 1988, 53; BAG v. 18. 11. 1986, NZA 1987, 418; BAG v. 13. 4. 1988, NZA 1988, 654; *Schaub,* § 61 VIII 4a; MünchArbR/*Berkowsky,* 2. Band, § 133 Rz. 147.
7 NZA 1988, 474.
8 BAG v. 14. 12. 1994, NZA 1995, 676.

stellung des Arbeitnehmers in Betracht kommt, die Abmahnung Einfluß auf die Erteilung eines Zeugnisses haben kann oder der Arbeitgeber Dritten Auskünfte auch über Abmahnungen erteilt[1]. Hat das Arbeitsverhältnis geendet, ist der Arbeitnehmer darlegungs- und beweispflichtig dafür, daß diese objektiven Anhaltspunkte vorliegen, die fehlerhafte Abmahnung dem Arbeitnehmer also auch noch nach Beendigung des Arbeitsverhältnisses schaden kann[2].

bb) Gegendarstellung

176 Neben der Möglichkeit, Klage auf Entfernung der Abmahnung aus der Personalakte zu erheben, hat der Arbeitnehmer das Recht auf Gegendarstellung. Nach § 83 Abs. 2 BetrVG kann der Arbeitnehmer einer zu seiner Personalakte genommenen Abmahnung eine **Stellungnahme beifügen.** Dieses Recht können auch die Arbeitnehmer für sich in Anspruch nehmen, die nicht vom Geltungsbereich des BetrVG erfaßt sind[3].

Die Gegendarstellung genügt, um dem drohenden **Einwand der unzulässigen Rechtsausübung** zu entgehen[4]. Damit ist auch einem wesentlichen Argument des Bundesarbeitsgerichts[5] Rechnung getragen, da das Bundesarbeitsgericht gerade wegen der Vermeidung unnötiger Prozesse dem Arbeitnehmer das Recht nicht abschneiden wollte, im Kündigungsschutzverfahren Einwendungen gegen eine Abmahnung erheben zu können.

cc) Beschwerderecht

177 Dem Arbeitnehmer steht auch nach § 84 Abs. 1 BetrVG das Recht zu, sich bei seinem **Vorgesetzten** gegen die Erteilung der Abmahnung zu beschweren. Die Beschwerde kann auch gegenüber dem **Betriebsrat** erhoben werden. Sofern der Betriebsrat die Abmahnung für fehlerhaft oder für unwirksam hält, hat er bei dem Arbeitgeber auf Abhilfe hinzuwirken. Hilft der Arbeitgeber nicht ab, kann die Einigungsstelle nicht angerufen werden[6].

j) Fehlerhaftigkeit

178 Werden in einer Abmahnung **mehrere Pflichtverletzungen** gerügt und ist eine dieser Pflichtverletzungen vom Arbeitgeber nicht beweisbar oder stellt aus sonstigen Gründen keine Pflichtverletzung dar, ist die Abmahnung insgesamt aus der Personalakte zu entfernen.

Der Arbeitgeber ist aber berechtigt, die in einem Abmahnungsprozeß als gerechtfertigt angesehenen Rügepunkte unter Fortlassung der unberechtigten neu

---

1 BAG v. 14. 9. 1994, NZA 1995, 20.
2 BAG v. 14. 9. 1994, NZA 1995, 20.
3 MünchArbR/*Berkowsky*, § 133 Rz. 41.
4 *Tschöpe*, NZA 1990, Beil. 2, 10.
5 BAG v. 13. 3. 1987, NZA 1987, 518.
6 LAG Rheinland-Pfalz v. 17. 11. 1985, NZA 1985, 190; LAG Berlin v. 18. 2. 1980, AP Nr. 1 zu § 98 ArbGG 1979; aA LAG Köln v. 16. 11. 1984, NZA 1985, 191.

zusammenzufassen und in die Personalakte aufzunehmen[1]. Dem steht auch keine Ausschlußfrist zur Ausübung des Abmahnungsrechts entgegen, weil die im Prozeß als berechtigt anerkannten Rügepunkte zunächst rechtzeitig vom Arbeitgeber geltend gemacht worden sind[2].

k) Ermahnung

Von der Abmahnung ist die Ermahnung zu unterscheiden. Die Ermahnung ist eine **einfache Vertragsrüge**. Da die Ermahnung keinen kündigungsvorbereitenden Charakter hat, entbehrt sie einer Warnfunktion. In der Literatur wird teilweise die Ansicht vertreten, daß auch eine Ermahnung einer gerichtlichen Überprüfung zugänglich ist und auf Beseitigung aus der Personalakte geklagt werden kann[3]. Dabei wird auf das Urteil des Bundesarbeitsgerichts v. 27. 11. 1985[4] Bezug genommen. Dort wird dargestellt, daß der Arbeitnehmer die Rücknahme einer mißbilligenden Äußerung des Arbeitgebers verlangen kann, wenn diese nach Form oder Inhalt geeignet ist, ihn in seiner Rechtsstellung zu beeinträchtigen. Hierzu gehören Rügen und Verwarnungen, die zu den Personalakten genommen werden. 179

Aus dem Kontext des Urteils des Bundesarbeitsgerichtes wird deutlich, daß das Bundesarbeitsgericht sich ausschließlich mit der Frage auseinandergesetzt hatte, wann ein Arbeitnehmer die Entfernung einer **Abmahnung** aus der Personalakte beanspruchen kann. Die Urteilsgründe geben keinen Anlaß anzunehmen, daß das Bundesarbeitsgericht in dieser Entscheidung auch einen Anspruch auf Entfernung einer Ermahnung aus der Personalakte zuerkennen wollte. Mit dem Arbeitsgericht Freiburg[5] ist ein Rechtsschutzbedürfnis für die Rücknahme einer auch sachlich unzutreffenden schriftlichen Rüge oder Verwarnung nur dann gegeben, wenn es sich hierbei um eine Abmahnung im kündigungsrechtlichen Sinne handelt.

6. Anhörung des Arbeitnehmers

Aus der Tatsache, daß der Arbeitgeber auch für die Umstände, die die Rechtfertigungsgründe für das Verhalten des Arbeitnehmers ausschließen, in vollem Umfang darlegungs- und beweisbelastet ist, ergibt sich für den Arbeitgeber bei einer verhaltensbedingten Kündigung die Notwendigkeit der **Anhörung des Arbeitnehmers** vor Ausspruch der Kündigung. Für die Verdachtskündigung ist dies allgemein anerkannt[6]. Im Zusammenhang mit einer außerordentlichen Kündigung hält das Bundesarbeitsgericht den Arbeitgeber regelmäßig für verpflichtet, den Sachverhalt vor Ausspruch der Kündigung umfassend aufzuklä- 180

---

1 BAG v. 13. 3. 1991, DB 1991, 1527.
2 *Tschöpe*, NZA 1990, Beil. 2, 10.
3 *Schaub*, § 61 I 5d; KR/*Hillebrecht*, § 626 BGB Rz. 98.
4 DB 1986, 489.
5 ArbG Freiburg v. 27. 1. 1987, DB 1987, 748.
6 BAG v. 11. 4. 1985, NZA 1986, 674; BAG v. 14. 9. 1994, NZA 1995, 269; BAG v. 13. 9. 1995, BB 1995, 2655.

ren. Hierzu gehören auch die für den Arbeitnehmer und gegen eine außerordentliche Kündigung sprechenden Gesichtspunkte. Wörtlich:

„Bei der Arbeitgeberkündigung gehören deswegen zum Kündigungssachverhalt auch die für den Arbeitnehmer und gegen eine außerordentliche Kündigung sprechenden Gesichtspunkte, die regelmäßig ohne eine Anhörung des Arbeitnehmers nicht hinreichend und vollständig erfaßt werden können[1]".

181 Der Arbeitgeber wird nur dann auf die vorherige Anhörung des Arbeitnehmers **verzichten** können, wenn er auf andere Weise sich umfassend ein Bild über den Kündigungssachverhalt einschließlich möglicher Rechtfertigungsgründe des Arbeitnehmers hat verschaffen können.

7. Pflichtwidrigkeiten im Leistungsbereich

a) Schlecht- oder Minderleistung

182 Eine verhaltensbedingte Kündigung kann durch die Schlecht- oder Minderleistung eines Arbeitnehmers gerechtfertigt sein, wenn die Leistung des Arbeitnehmers **außerhalb hinzunehmender Toleranzgrenzen** liegt.

Die Ermittlung dieser Toleranzgrenzen ist problematisch, denn der Arbeitgeber muß feststellen, welche Leistung allgemein von einem **vergleichbaren Arbeitnehmer** erwartet werden kann, und daß der gekündigte Arbeitnehmer **erheblich unter der als Normalwert anzusehenden Leistung** bleibt[2]. Der Arbeitgeber kann nicht darauf verweisen, daß der betroffene Arbeitnehmer leistungsschwächer ist als die vergleichbaren Arbeitnehmer, da der von der Kündigung betroffene Arbeitnehmer möglicherweise nur deshalb leistungsschwächer erscheint, da er mit einer objektiv hochgradig leistungsstarken Gruppe von Arbeitnehmern verglichen wird. Einer von mehreren Arbeitnehmern muß immer der Leistungsschwächste sein.

Dies genügt aber nicht für eine verhaltensbedingte Kündigung wegen Schlecht- oder Minderleistung. Vielmehr muß der Arbeitnehmer weit hinter dem **Normalwert des durchschnittlichen Arbeitnehmers** zurückbleiben.

b) Mangelnde Eignung

183 Eine verhaltensbedingte Kündigung wegen Schlecht- oder Minderleistung scheidet dann aus, wenn die Leistungsmängel auf einer **mangelnden körperlichen oder geistigen Eignung** für die übertragenen Aufgaben beruhen[3]. Möglicherweise rechtfertigt die mangelnde Eignung aber eine personenbedingte Kündigung. Der Arbeitgeber muß daher zunächst ermitteln, ob das Leistungsdefizit des Arbeitnehmers auf mangelnder Eignung oder auf mangelndem Leistungs-

---

1 BAG v. 10. 6. 1988, NZA 1989, 105.
2 BAG v. 16. 3. 1961, AP Nr. 2 zu § 1 KSchG 1951 – Verhaltensbedingte Kündigung; BAG v. 22. 7. 1982, NJW 1983, 700; BAG v. 15. 8. 1984, AP Nr. 8 zu § 1 KSchG 1969; LAG Baden-Württemberg v. 27. 6. 1963, DB 1963, 1436; LAG Bremen v. 13. 10. 1965, DB 1966, 80; LAG Hamm v. 13. 4. 1983, DB 1983, 1930.
3 KR/*Etzel*, § 1 KSchG Rz. 431.

willen beruht. Lediglich das auf mangelndem Leistungswillen beruhende Leistungsdefizit kann eine verhaltensbedingte Kündigung rechtfertigen.

c) Arbeitsverweigerung

Die Arbeitsverweigerung kommt als **verhaltensbedingter Kündigungsgrund** in Betracht, und zwar in Fällen der sogenannten beharrlichen Arbeitsverweigerung in Form der außerordentlichen Kündigung[1]. Fehlt es an der für die beharrliche Arbeitsverweigerung typischen Nachhaltigkeit, kommt eine **ordentliche Kündigung** in Betracht[2]. 184

Eine Arbeitsverweigerung liegt dann vor, wenn der Arbeitnehmer die **vertraglich geschuldete Arbeitsleistung** verweigert. Lehnt der Arbeitnehmer hingegen Arbeiten, zu denen er aufgrund seines Arbeitsvertrages nicht verpflichtet werden kann, ab, liegt keine kündigungsrelevante Arbeitsverweigerung vor. 185

Die **Art der vom Arbeitnehmer zu leistenden Arbeit** ergibt sich in erster Linie aus dem Inhalt des Arbeitsvertrages. Ist der Tätigkeitsbereich des Arbeitnehmers im Arbeitsvertrag sowohl seiner Art wie auch der Arbeitsstelle nach genau bestimmt, ist der Arbeitnehmer lediglich verpflichtet, die so festgelegte Tätigkeit zu leisten.

Jede Zuweisung einer **anderen Tätigkeit** und eines **anderen Arbeitsplatzes** stellt eine einseitige Änderung des Arbeitsvertrages dar, die grundsätzlich nicht einseitig vom Arbeitgeber herbeigeführt werden kann[3]. Ist die geschuldete Arbeitsleistung im Arbeitsvertrag nicht konkret ausgestaltet, kann der Arbeitgeber die Leistungspflicht des Arbeitnehmers nach Zeit, Ort und Art der Leistung näher bestimmen[4]. Namentlich im öffentlichen Dienst kann der Arbeitgeber dem Arbeitnehmer jede Tätigkeit übertragen, die den Merkmalen seiner Vergütungsgruppe und seinen Kräften und Fähigkeiten entspricht, sofern ihm die Tätigkeit auch im übrigen billigerweise zugemutet werden kann[5]. Der Arbeitgeber kann dem Arbeitnehmer nicht jede Tätigkeit übertragen, sondern nur in den Grenzen des § 315 BGB, also nur soweit die Zuweisung der Tätigkeit billigem Ermessen entspricht[6]. 186

Dieses **Direktionsrecht** kann, auch stillschweigend, eingeschränkt worden sein, wenn sich die Arbeitspflicht des Arbeitnehmers auf eine bestimmte Tätigkeit konkretisiert hat[7]. Die Konkretisierung selbst ergibt sich noch nicht daraus, daß der Arbeitnehmer über einen längeren Zeitraum eine bestimmte Tätigkeit zu verrichten hatte, vielmehr müssen weitere Umstände hinzutreten,

---

1 LAG Berlin v. 20. 8. 1977, DB 1977, 2384; LAG Düsseldorf v. 23. 5. 1967, BB 1967, 922; LAG Düsseldorf v. 18. 11. 1966, DB 1967, 1000.
2 KR/*Etzel*, § 1 KSchG Rz. 417.
3 BAG v. 10. 11. 1955, BAGE 2, 221.
4 BAG v. 27. 3. 1980, BAGE 33, 71.
5 BAG v. 12. 5. 1973, BB 1973, 1356.
6 BAG v. 23. 10. 1985, AP Nr. 10 zu § 24 BAT; BAG v. 20. 12. 1984, NZA 1986, 21.
7 BAG v. 12. 4. 1973, BB 1973, 1356; BAG v. 27. 3. 1980, BAGE 33, 71.

aus denen sich ergibt, daß der Arbeitnehmer nur noch die ihm übertragene Arbeit vertraglich schuldet[1].

Gerade wegen des dem Arbeitgeber zustehenden Beurteilungsspielraumes ist es für den Arbeitnehmer häufig schwierig zu entscheiden, wann eine bestimmte Arbeitsanweisung von der vertraglich geschuldeten Arbeitspflicht gedeckt ist. Die Abmahnung entwickelt hier ihren wesentlichen Sinn, nämlich dem Arbeitnehmer zu verdeutlichen, welche Arbeitsleistung geschuldet ist.

187 Eine Arbeitsverweigerung berechtigt dann nicht zur Kündigung, wenn dem Arbeitnehmer ein **Leistungsverweigerungs- bzw. Zurückbehaltungsrecht** zusteht. Ein Zurückbehaltungsrecht kommt namentlich dann in Betracht, wenn dem Arbeitnehmer fällige Ansprüche aus dem Arbeitsverhältnis vorenthalten werden.

Er darf dann seine Arbeitsleistung solange verweigern, bis der Arbeitgeber die geschuldete Leistung erbracht hat. Bedeutsam wird dies in den Fällen fälliger **Vergütungsansprüche** des Arbeitnehmers[2]. Ein Leistungsverweigerungsrecht ist auch dann gegeben, wenn der Arbeitgeber ihm obliegende **Arbeitsschutzvorschriften** nicht erfüllt. Der Anspruch ergibt sich (nur) aus § 273 Abs. 1 BGB iVm. § 618 Abs. 1 BGB. § 21 Abs. 6 der Gefahrstoffverordnung begründet hingegen kein Leistungsverweigerungsrecht[3].

Bietet der Arbeitnehmer dem Arbeitgeber seine Arbeitsleistung unter der Voraussetzung an, daß der Arbeitgeber seinen **Arbeitsschutzpflichten** genügt, gerät der Arbeitgeber bei Nichterfüllung dieser Pflichten in Annahmeverzug, mit der Folge, daß er auch ohne Arbeitsleistung die Arbeitsvergütung fortzahlen muß und wegen der Arbeitsverweigerung keine Kündigung aussprechen kann[4]. Ein Leistungsverweigerungsrecht steht einem Arbeitnehmer beispielsweise auch dann zu, wenn er zur Ableistung eines **Wehrdienstes im Ausland** einberufen wird, und zwar jedenfalls dann, wenn es sich hierbei um einen verkürzten Wehrdienst von zwei Monaten handelt[5]. Die Einberufung zu einem 12monatigen ausländischen Wehrdienst begründet dagegen kein Leistungsverweigerungsrecht mehr[6].

188 Ein Leistungsverweigerungsrecht kommt auch dann in Betracht, wenn der Arbeitnehmer durch die ihm zugewiesene Tätigkeit in einen vom Arbeitgeber vermeidbaren **Gewissenskonflikt** kommt. Schon mit Urteil v. 29. 1. 1960[7] hat das Bundesarbeitsgericht entschieden, daß kein Bürger der Bundesrepublik nach seinem Arbeitsvertrag verpflichtet werden könne, für eine Zeitschrift, die den freiheitlich demokratischen Rechtsstaat angreife oder das blutbefleckte Gewalt- und Unrechtsregime des Nationalsozialismus verherrliche oder verharmlose, auch nur im geringsten tätig zu werden. Diese Rechtsprechung

---

1 BAG v. 27. 4. 1960, AP Nr. 10 zu § 615 BGB; BAG v. 22. 5. 1985, NZA 1986, 169.
2 BAG v. 14. 2. 1978, BAGE 30, 50; BAG v. 25. 10. 1984, NZA 1985, 355.
3 BAG v. 8. 5. 1996, EzA § 273 BGB Nr. 5 – unter ausdrücklicher Aufgabe der früheren Ansicht im Urteil v. 2. 2. 1994, EzA § 618 BGB Nr. 10.
4 *Schaub*, § 152 I 2b.
5 BAG v. 22. 12. 1982, BAGE 41, 229.
6 BAG v. 20. 5. 1988, BB 1988, 1119.
7 BAGE 9, 1.

wurde mit Urteil v. 20. 12. 1984[1] bestätigt und insoweit konkretisiert, als das Direktionsrecht des Arbeitgebers inhaltlich durch das Grundrecht der Gewissensfreiheit bestimmt wird.

Für die insoweit erforderliche Interessenabwägung ist es von Bedeutung, ob der Arbeitnehmer schon **bei Vertragsschluß** damit rechnen mußte, daß ihm Tätigkeiten zugewiesen werden können, die mit seinem Gewissen nicht in Einklang zu bringen sind (zB: Einem angestellten Drucker wird aufgegeben, kriegsverherrlichende Literatur zu drucken, einem angestellten Arzt wird aufgegeben, einen Schwangerschaftsabbruch vorzunehmen).

Dem Arbeitnehmer steht auch dann ein Leistungsverweigerungsrecht zu, wenn der Arbeitgeber **unzulässige Mehrarbeit** anordnet[2].

8. Verletzung betrieblicher Verhaltenspflichten

Das Arbeitsverhältnis ist durch die Hauptleistungspflicht des Arbeitnehmers geprägt, wird aber von zahlreichen **Nebenpflichten** begleitet. Die Verletzung von Nebenpflichten kann in gleicher Weise wie die Verletzung der Hauptleistungspflicht zu einer verhaltensbedingten Kündigung führen. Durch die Nebenpflichten soll sichergestellt werden, daß die Sicherheit im Betrieb, die reibungslose Organisation des Betriebs und die Zusammenarbeit der Arbeitnehmer gewährleistet ist. Folgende Nebenpflichten sind für ein Arbeitsverhältnis typisch:

a) Arbeitsunfähigkeit

Nach § 5 EFZG ist der Arbeitnehmer verpflichtet, dem Arbeitgeber die **Arbeitsunfähigkeit** und deren voraussichtliche Dauer unverzüglich **mitzuteilen**. Die Benachrichtigung hat unverzüglich zu erfolgen. Eine nur briefliche Benachrichtigung wird dem nicht gerecht[3].

Dauert die Arbeitsunfähigkeit länger als drei Tage, hat der Arbeitnehmer eine **ärztliche Bescheinigung** spätestens am darauffolgenden Arbeitstag vorzulegen. Der Arbeitgeber ist berechtigt, die Vorlage der ärztlichen Bescheinigung früher zu verlangen. § 5 EFZG enthält zwei unabhängig voneinander zu beachtende Pflichten, und zwar einerseits die Mitteilungspflicht und andererseits die Verpflichtung zur Vorlage einer Arbeitsunfähigkeitsbescheinigung. Ein Verstoß gegen diese Pflichten rechtfertigt nach vorausgegangener Abmahnung eine **ordentliche Kündigung**[4].

Der Arbeitnehmer muß sich während der Arbeitsunfähigkeit so verhalten, daß er baldmöglichst wieder gesund wird und hat alles zu unterlassen, was seine Genesung verzögern könnte[5]. Übt der Arbeitnehmer während einer Arbeitsun-

---

1 NZA 1986, 21.
2 Im einzelnen: MünchArbR/*Berkowsky*, Band 2, § 133 Rz. 88.
3 BAG v. 31. 8. 1989, NZA 1990, 433; *Lepke*, NZA 1995, 1084.
4 BAG v. 31. 8. 1989, NZA 1990, 433.
5 BAG v. 13. 11. 1979, BB 1980, 836; LAG Baden-Württemberg v. 9. 10. 1968, BB 1969, 1224.

fähigkeit eine Nebentätigkeit bei einem anderen Arbeitgeber aus, ist der Beweiswert des ärztlichen Attestes erschüttert, mit der Folge, daß der Arbeitnehmer konkret darzulegen hat, weshalb er krankheitsbedingt gefehlt hat und trotzdem der Nebenbeschäftigung nachgehen konnte[1]. Eine nur **vorgetäuschte Arbeitsunfähigkeit** kann sogar eine außerordentliche Kündigung ohne vorherige Abmahnung rechtfertigen[2].

Stützt der Arbeitgeber die Kündigung auf den Verdacht einer nur vorgetäuschten Arbeitsunfähigkeit, sind die Voraussetzungen der **Verdachtskündigung** zu beachten, insbesondere die Anhörung des Arbeitnehmers vor Ausspruch der Kündigung[3]; zur Verdachtskündigung siehe Rz. 215 ff.

b) Alkohol

193 Beim Genuß von Alkohol ist zu differenzieren, ob der Arbeitnehmer hierdurch gegen die Ordnung im Betrieb verstößt oder aber ob der Alkoholkonsum auf einem krankhaften Alkoholabusus beruht.

Soll die Kündigung mit einer **Alkoholerkrankung** begründet werden, sind die Grundsätze der Kündigung wegen Krankheit zu berücksichtigen; dazu oben Rz. 119 f.

Ein **Verstoß gegen ein betriebliches Alkoholverbot** kann eine Kündigung rechtfertigen. Ein Alkoholverbot kann entweder über das Direktionsrecht des Arbeitgebers oder im Rahmen einer Betriebsvereinbarung nach § 87 Abs. 1 Nr. 1 BetrVG ausgesprochen werden[4].

c) Anzeige gegen den Arbeitgeber

194 Erstattet der Arbeitnehmer wider besseren Wissens Strafanzeige gegen den Arbeitgeber bei Strafverfolgungsbehörden oder der Gewerbeaufsicht, rechtfertigt dies regelmäßig eine Kündigung ohne vorausgehende Abmahnung, da hierdurch das **Vertrauensverhältnis irreparabel gestört** wird[5]. Gleichfalls kann eine Kündigung gerechtfertigt sein, wenn die vom Arbeitnehmer mitgeteilten Umstände wahr sind[6].

195 Trägt der Arbeitnehmer die Verantwortung für die Sicherheit gefährlicher Anlagen, ist er berechtigt, die **Sicherheitsbedenken** bei allen zuständigen Stellen in der gehörigen Form zu erheben[7].

196 Vor einer Anzeige muß der Arbeitnehmer grundsätzlich den **Arbeitgeber** auf einen regelwidrigen Zustand hinweisen[8]. Ist der Arbeitnehmer von dem gesetz-

---

1 BAG v. 26. 8. 1993, NZA 1994, 63.
2 BAG v. 26. 8. 1993, NZA 1994, 63.
3 BAG v. 11. 4. 1985, BAGE 49, 39; BAG v. 26. 8. 1993, NZA 1994, 63.
4 LAG Hamm v. 11. 11. 1996, LAGE § 1 KSchG – Verhaltensbedingte Kündigung Nr. 56.
5 MünchArbR/*Berkowsky*, Band 2, § 133 Rz. 126.
6 BAG v. 5. 2. 1959, NJW 1961, 44; LAG Baden-Württemberg v. 20. 10. 1976, EzA Nr. 8 zu § 1 KSchG – Verhaltensbedingte Kündigung.
7 BAG v. 14. 12. 1972, AP Nr. 8 zu § 1 KSchG – Verhaltensbedingte Kündigung.
8 BAG v. 5. 2. 1959, NJW 1961, 44; LAG Berlin v. 25. 11. 1960, DB 1961, 576; LAG Baden-Württemberg v. 29. 6. 1964, DB 1964, 551.

widrigen Zustand allein betroffen, steht ihm ein Leistungsverweigerungsrecht dann zu, wenn er den gesetzwidrigen bzw. gefährlichen Zustand zuvor dem Arbeitgeber gegenüber gerügt hat[1].

d) Arbeitspapiere

Der Arbeitnehmer ist verpflichtet, die Arbeitspapiere spätestens **am Tag der Arbeitsaufnahme** dem Arbeitgeber auszuhändigen. Kommt der Arbeitnehmer dieser Verpflichtung nicht oder nicht vollständig nach, kann dies eine ordentliche, unter Umständen sogar außerordentliche, Kündigung rechtfertigen[2]. 197

e) Beleidigung des Arbeitgebers und/oder der Arbeitskollegen

Beleidigungen von Arbeitskollegen können dann eine Kündigung rechtfertigen, wenn hierdurch der **Betriebsfrieden unzumutbar belastet** wird oder die Beleidigung sich auf die Arbeitsleistung auswirkt[3]. Die Beleidigung des Arbeitgebers rechtfertigt dann eine Kündigung, wenn hierdurch eine von gegenseitiger Achtung getragene **Zusammenarbeit nicht mehr möglich** ist. 198

Bei **groben Beleidigungen** kommt sogar eine außerordentliche Kündigung in Betracht[4].

f) Strafbares Verhalten im Betrieb

Strafbares Verhalten eines Arbeitnehmers gegenüber geschützten Rechtsgütern des Arbeitgebers oder Arbeitskollegen rechtfertigt regelmäßig eine verhaltensbedingte, in schweren Fällen auch eine außerordentliche Kündigung[5]. Dies gilt auch bei Diebstahl geringwertiger Sachen[6]. 199

g) Urlaubsüberschreitung

Die **eigenmächtige Urlaubsverlängerung** kann eine verhaltensbedingte Kündigung rechtfertigen[7]. 200

Gleiches gilt für die **Selbstbeurlaubung**. Aufgrund des umfassenden Systems gerichtlichen Schutzes steht dem Arbeitnehmer nicht das Recht zu, sich selbst 201

---

1 Schaub, § 130 II 5; MünchArbR/Berkowsky, Band 2, § 133 Rz. 130.
2 LAG Düsseldorf v. 23. 2. 1961, BB 1961, 677; Schaub, § 130 II 6.
3 BAG v. 26. 5. 1977, BAGE 29, 195; BAG v. 13. 10. 1977, BB 1978, 660; LAG Düsseldorf v. 19. 12. 1995, NZA-RR 1996, 166.
4 BAG v. 26. 5. 1977, BAGE 29, 195; BAG v. 15. 12. 1977, BB 1978, 812; LAG Frankfurt v. 13. 2. 1984; NZA 1984, 200; LAG Berlin v. 16. 3. 1981, BB 1981, 627; LAG Düsseldorf v. 9. 12. 1971, DB 1972, 51; LAG Baden-Württemberg v. 30. 4. 1963, DB 1963, 1000.
5 BAG v. 13. 12. 1984, NZA 1985, 288.
6 BAG v. 17. 5. 1984, NZA 1985, 91; LAG Düsseldorf v. 6. 11. 1973, DB 1974, 928; Tschöpe, NZA 1985, 588.
7 LAG Schleswig-Holstein v. 9. 2. 1988, BB 1988, 1531; LAG Düsseldorf v. 26. 3. 1985, NZA 1985, 779; Schaub, § 130 II 40; aA LAG Hamm v. 30. 5. 1990, BB 1990, 1910; LAG Düsseldorf v. 17. 3. 1959, BB 1959, 813.

zu beurlauben. Tritt der Arbeitnehmer eigenmächtig einen vom Arbeitgeber nicht genehmigten Urlaub an, verletzt er seine arbeitsvertraglichen Pflichten. Dieses Verhalten ist sogar geeignet, eine außerordentliche Kündigung zu rechtfertigen[1].

9. Verletzung außerbetrieblicher Verhaltenspflichten

a) Allgemein

202 **Außerdienstliches Verhalten** kann dann eine ordentliche Kündigung sozial rechtfertigen, wenn sich dies erheblich störend auf das Arbeitsverhältnis oder den Betriebsablauf auswirken kann[2].

Dabei genügt es nicht, wenn durch das Verhalten eine abstrakte Gefährdung der betrieblichen Belange zu befürchten ist, vielmehr müssen die betrieblichen Interessen **konkret** durch das außerdienstliche Verhalten des Arbeitnehmers gefährdet sein[3].

b) Typische außerbetriebliche Verhaltenspflichten

aa) Lebenswandel

203 Auch wenn das Bundesarbeitsgericht noch im Jahre 1958[4] davon ausging, daß verschwenderischer Lebenswandel und hohe Verschuldung jedenfalls bei einem gehobenen Angestellten des öffentlichen Dienstes eine Kündigung rechtfertige, wird heute überwiegend die Ansicht vertreten, daß **Umstände,** die alleine der **privaten Lebensführung** des Arbeitnehmers zuzurechnen sind, keinen Kündigungsgrund abgeben können. Hierzu gehören auch Schulden des Arbeitnehmers. **Schulden des Arbeitnehmers** können nur dann eine Kündigung rechtfertigen, wenn der konkret begründete Verdacht besteht, daß der Arbeitnehmer aufgrund übergroßen Schuldendrucks Vermögenswerte des Arbeitgebers gefährden könnte[5].

204 Auch das **Intimleben** ist ausschließlich der privaten Lebensführung des Arbeitnehmers zuzurechnen und kann deshalb – sofern keine konkrete betriebliche Beeinträchtigung zu befürchten ist – keine Kündigung rechtfertigen. Der Arbeitgeber ist nicht der Sittenwächter der bei ihm beschäftigten Arbeitnehmer[6]. Insoweit falsch ist das Urteil des Bundesarbeitsgerichts vom 30. 6. 1983[7], das davon ausgeht, daß eine im außerdienstlichen Bereich ausgeübte homosexuelle Praxis eines im Dienst des Diakonischen Werks einer evangelischen Landeskir-

---

1 BAG v. 20. 1. 1994, NZA 1994, 548; *Hunold,* DB 1994, 2497.
2 MünchArbR/*Berkowsky,* Band 2, § 133 Rz. 168; KR/*Etzel,* § 1 KSchG Rz. 433.
3 BAG v. 20. 9. 1987, NJW 1988, 2261.
4 BAG v. 23. 9. 1958, BAGE 6, 257.
5 MünchArbR/*Berkowsky,* Band 2, § 133 Rz. 176; *Schaub,* § 130 II 28; LAG Düsseldorf v. 3. 1. 1956, BB 1956, 434; LAG Baden-Württemberg v. 27. 9. 1957, BB 1957, 1276.
6 *Schaub,* § 130 II 16.
7 NJW 1984, 1917.

III. Verhaltensbedingte Kündigung　　　　　　　　　　　Rz. 207 Teil **3 D**

che stehenden Arbeitnehmers geeignet sein kann, einen Kündigungsgrund abzugeben. Ein Recht zur Kündigung wird aber dann bejaht, wenn ein intimes Verhältnis **im Betrieb** die betriebliche Zusammenarbeit oder das Arbeitsverhältnis beeinträchtigt[1]. Dies ist insbesondere dann anzunehmen, wenn ein Dienstvorgesetzter ein intimes Verhältnis mit einer Jugendlichen oder Auszubildenden unterhält und trotz erfolgter Abmahnung hieran festhält[2].

bb) Lohnpfändungen

Mehrere **Lohnpfändungen** oder **Abtretungen** rechtfertigen für sich allein noch keine ordentliche Kündigung. Etwas anderes gilt aber dann, wenn im Einzelfall zahlreiche Lohnpfändungen oder Abtretungen einen derartigen Arbeitsaufwand des Arbeitgebers verursachen, daß dies – nach objektiver Beurteilung – zu wesentlichen **Störungen im Arbeitsablauf**, etwa in der Lohnbuchhaltung oder in der Rechtsabteilung oder in der betrieblichen Organisation führt[3]. 　　205

Liegen diese Voraussetzungen vor, bedarf eine Kündigung keiner vorausgehenden Abmahnung[4]. Nach Ansicht des LAG Berlin[5] ist eine Kündigung dann gerechtfertigt, wenn der Arbeitnehmer noch nicht längere Zeit beschäftigt wird und innerhalb eines Jahres mehr als zehn Pfändungen vorliegen.

cc) Politische Betätigung

Die **politische Einstellung** eines Arbeitnehmers oder dessen bloße Mitgliedschaft in einer politischen Partei rechtfertigt keine Kündigung[6]. 　　206

Eine politische Betätigung kann allerdings dann kündigungsrelevant werden, wenn das Arbeitsverhältnis im Leistungsbereich oder im Betriebsablauf konkret beeinträchtigt wird[7]. Das Tragen einer auffälligen **Plakette im Betrieb** während der Arbeitszeit, durch die eine (partei)politische Meinung bewußt und herausfordernd zum Ausdruck gebracht wird, kann ähnlich wie eine ständige verbale Agitation eine provozierende parteipolitische Betätigung darstellen, die einen wichtigen Grund zur außerordentlichen Kündigung abgeben kann, wenn durch das Verhalten des Arbeitnehmers der Betriebsfrieden oder der Betriebsablauf konkret gestört oder die Erfüllung der Arbeitspflicht beeinträchtigt wird[8]. 　　207

---

1 LAG Düsseldorf v. 20. 7. 1966, DB 1966, 1571; MünchArbR/*Berkowsky*, Band 2, § 133 Rz. 170.
2 ArbG Essen v. 23. 7. 1969, DB 1969, 1270.
3 BAG v. 4. 11. 1981, NJW 1982, 1062.
4 BAG v. 4. 11. 1981, NJW 1982, 1062; aA MünchArbR/*Berkowsky*, Band 2, § 133 Rz. 175; LAG Hamm v. 21. 9. 1977, DB 1977, 2237.
5 LAG Berlin v. 10. 9. 1975, NJW 1976, 263.
6 KR/*Etzel*, § 1 KSchG Rz. 440; MünchArbR/*Berkowsky*, Band 2; § 133 Rz. 179; *Schaub*, § 130 II 26.
7 BAG v. 15. 7. 1971, BAGE 23, 371; BAG v. 6. 6. 1984, NJW 1985, 507.
8 BAG v. 9. 12. 1982, NJW 1984, 1142 – „Anti-Strauß-Plakete".

dd) Außerbetriebliche Straftaten

208 Strafbare Handlungen des Arbeitnehmers, die im außerdienstlichen Bereich verübt worden sind, rechtfertigen nur dann eine Kündigung, wenn hierdurch das **Arbeitsverhältnis konkret beeinträchtigt** wird. Dies ist dann der Fall, wenn Störungen im Betriebsablauf eintreten, beispielsweise wegen der Verhaftung des Arbeitnehmers oder infolge des Entzugs der Fahrerlaubnis bei einem Berufskraftfahrer. Bei der Kündigung eines Arbeitnehmers wegen **Inhaftierung** hängt es von deren Dauer sowie Art und Ausmaß der betrieblichen Auswirkungen ab, ob die haftbedingte Nichterfüllung der Arbeitspflicht eine ordentliche Kündigung rechtfertigt[1].

209 Bei **Lehrern und Erziehern** kann eine Verurteilung wegen vorsätzlicher Körperverletzung zu Lasten eines Kindes einen Kündigungsgrund darstellen, da hierdurch ernsthafte Zweifel an der Zuverlässigkeit oder Eignung des Arbeitnehmers für die von ihm zu verrichtende Tätigkeit begründet werden[2].

210 Begeht ein Angestellter in der **Finanzverwaltung** fortgesetzt vorsätzliche Steuerverkürzung erheblichen Ausmaßes, berührt ein solches außerdienstliches Verhalten unmittelbar sein Arbeitsverhältnis, weil hierdurch die Finanzverwaltung in der Öffentlichkeit unglaubhaft erscheint und ihr Ansehen gefährdet wird. Deshalb ist in einem solchen Fall eine außerordentliche Kündigung gerechtfertigt[3].

ee) Wettbewerbsverbot

211 Der Verstoß gegen **das Wettbewerbsverbot des § 60 Abs.1 HGB** rechtfertigt in aller Regel eine fristlose Kündigung aus wichtigem Grund gemäß § 626 Abs. 1 BGB[4]. Da die verbotene Konkurrenztätigkeit elementar in das Vertrauensverhältnis zwischen Arbeitgeber und Arbeitnehmer eingreift, bedarf die fristlose Kündigung zu ihrer Wirksamkeit keiner vorausgegangenen Abmahnung[5].

212 Eine **Ausnahme** von dieser Regel wird man nur dann annehmen dürfen, wenn der Arbeitnehmer annehmen konnte, sein Verhalten sei nicht vertragswidrig[6].

213 Ein Arbeitnehmer ist auch **während eines laufenden Kündigungsschutzverfahrens** verpflichtet, das gesetzliche Wettbewerbsverbot des § 60 HGB und ein nachvertragliches Wettbewerbsverbot zu beachten[7].

---

1 BAG v. 22. 9. 1994, BB 1995, 1141; BAG v. 15. 11. 1984, NZA 1985, 661 – verbunden mit der Klarstellung, daß die Kündigung wegen Verbüßung einer Freiheitsstrafe keine verhaltens-, sondern eine personenbedingte Kündigung darstelle; BAG v. 28. 8. 1958, AP Nr. 1 zu § 1 KSchG 1951 – Verhaltensbedingte Kündigung.
2 LAG Berlin v. 15. 12. 1989, BB 1990, 286.
3 LAG Düsseldorf v. 20. 5. 1980 in *Mäschle/Rosenfelder*, S. 142.
4 BAG v. 24. 4. 1970, AP Nr. 21 zu § 249 BGB; BAG v. 26. 8. 1976, AP Nr. 68 zu § 626 BGB; BGH v. 25. 4. 1991, NZA 1992, 212.
5 AA MünchArbR/*Berkowsky*, Band 1, § 50 Rz. 53.
6 BAG v. 17. 5. 1984, DB 1984, 2702.
7 BAG v. 25. 4. 1991, NZA 1992, 212.

Nebentätigkeiten, die vom Wettbewerbsverbot des § 60 HGB nicht erfaßt sind, können nur dann eine Kündigung nach vorausgegangener Abmahnung rechtfertigen, wenn die Nebentätigkeit zulässigerweise vom Arbeitgeber untersagt wurde oder die Nebentätigkeit sich konkret störend auf das Arbeitsverhältnis auswirkt[1].

214

10. Sonderformen

a) Verdachtskündigung[2]

aa) Wesen

Eine Verdachtskündigung liegt dann vor, wenn die Kündigung des Arbeitgebers damit begründet wird, daß der **Verdacht eines gerade nicht erwiesenen Verhaltens** das für die Fortsetzung des Arbeitsverhältnisses **erforderliche Vertrauen zerstört** habe. Mit Ausnahme weniger Stimmen[3] sind die Literatur und die Rechtsprechung einig, daß eine Verdachtskündigung sozial gerechtfertigt ist, wenn ein durch Tatsachen belegter und begründeter Verdacht eines das Arbeitsverhältnis schwer belastenden Fehlverhaltens des Arbeitnehmers vorliegt und der Arbeitgeber die zumutbaren Maßnahmen ergriffen hat, um den Sachverhalt aufzuklären[4].

215

Die Verdachtskündigung ist **kein Unterfall der Tatkündigung**[5], sondern von dieser zu unterscheiden. Der Arbeitgeber kann sich also im Kündigungsschutzprozeß nicht auf die Verdachtskündigung zurückziehen, wenn er die Voraussetzungen für die Tatkündigung nicht vollständig hat beweisen können[6], es sei denn, es liegen die besonderen Voraussetzungen der Verdachtskündigung vor.

216

Vielmehr muß der Arbeitgeber von vornherein, sowohl bei der Beachtung der formalen Voraussetzungen als auch bei der Anhörung des Betriebsrats, differenzieren zwischen der Verdachts- und der Tatkündigung. Er ist nicht gehindert, beide Kündigungsvarianten **parallel** zu betreiben und sich mit beiden Kündigungsvarianten im Kündigungsschutzprozeß zu verteidigen[7].

Die Verdachtskündigung kommt nicht nur beim Verdacht einer Straftat, sondern auch beim **Verdacht einer schweren Pflichtverletzung** in Betracht[8].

217

---

1 KR/*Etzel*, § 1 KSchG Rz. 466.
2 Vgl. zur Verdachtskündigung auch die Ausführungen Teil 3 E Rz. 31 ff.
3 *Schütte*, NZA 1991, Beil. 2, 17; *Moritz*, NJW 1978, 402.
4 *Schaub*, § 130 II Nr. 41; KR/*Etzel*, § 1 KSchG Rz. 478; *Knorr/Bichlmeier/Kremhelmer*, Kap. 4 Rz. 33; *Busch*, MDR 1995, 217; *Lücke*, BB 1997, 1842; BAG v. 12. 5. 1955, BB 1955, 543; BAG v. 23. 2. 1961, NJW 1961, 1133; BAG v. 11. 4. 1985, NZA 1986, 674; BAG v. 30. 4. 1987, NZA 1987, 699; BAG v. 14. 9. 1994, NZA 1995, 269; BAG v. 13. 9. 1995, BB 1995, 2655.
5 Zur Abgrenzung: BAG v. 21. 11. 1996, EzA § 626 BGB nF Nr. 162.
6 BAG v. 3. 4. 1986, NZA 1986, 677; BAG v. 14. 9. 1994, NZA 1995, 269; BAG v. 2. 7. 1972, AP Nr. 3 zu § 626 BGB – Nachschieben von Kündigungsgründen.
7 *Busch*, MDR 1995, 217.
8 KR/*Etzel*, § 1 KSchG Rz. 481; *Busch*, MDR 1995, 217.

Als **schwere Pflichtverletzungen** kommen in Betracht[1]:
- unsittliche Annäherung an Patienten;
- Verdacht der Manipulation der Stempeluhr;
- Privateinkäufe eines Buchhalters über die Firma;
- Vortäuschen einer Krankheit;
- unredlicher Erwerb einer Arbeitsunfähigkeitsbescheinigung.

218 Die Verdachtskündigung ist als **ordentliche** und, wenn die besonderen Voraussetzungen des § 626 BGB vorliegen, auch als **außerordentliche Kündigung** möglich. Art. 6 Abs. 2 der Europäischen Menschenrechtskonvention steht der Zulässigkeit einer Verdachtskündigung nicht im Wege[2].

Die Mehrzahl der veröffentlichten Urteile befaßt sich mit Fragen der Verdachtskündigung in der Form der fristlosen Kündigung. Daß die Verdachtskündigung aber auch als ordentliche Kündigung denkbar und zulässig ist, hat das Bundesarbeitsgericht damit begründet, daß der Arbeitgeber für sein Entgegenkommen, daß er fristgemäß kündige, nicht bestraft werden dürfe, weshalb die Verdachtskündigung nicht nur in der Form der außerordentlichen fristlosen Kündigung zugelassen werden dürfe, sondern auch in der Form der fristgemäßen ordentlichen Kündigung[3].

bb) Voraussetzungen

(1) Objektiver Anfangsverdacht

219 Der Verdacht des Arbeitgebers muß sich objektiv auf bestimmte Tatsachen beziehen. Die subjektive Ansicht des kündigenden Arbeitgebers ist unbeachtlich. Es kommt nur ein solcher Verdacht als Kündigungsgrund in Betracht, der objektiv geeignet ist, einen verständigen und gerecht abwägenden Arbeitgeber zum Ausspruch der Kündigung zu veranlassen[4].

(2) Dringender Verdacht

220 Die Indizien, auf die der Verdacht gestützt wird, müssen mit **großer Wahrscheinlichkeit** darauf hinweisen, daß der Arbeitnehmer die vorgeworfene Pflichtwidrigkeit bzw. die Straftat begangen hat.

(3) Erhebliches Fehlverhalten

221 Der Verdacht muß sich auf ein **schweres, für das Arbeitsverhältnis erhebliches Fehlverhalten** richten. Bei dem Verdacht einer strafbaren Handlung muß die strafbare Handlung an sich geeignet sein, eine Kündigung zu rechtfertigen[5].

---

1 Siehe Rechtsprechungshinweise bei *Busch*, MDR 1995, 217.
2 LAG Berlin v. 29. 1. 1996, NZA 1997, 319.
3 BAG v. 4. 11. 1957, BB 1958, 83.
4 BAG v. 23. 2. 1961, NJW 1961, 1133.
5 BAG v. 23. 2. 1961, NJW 1961, 1133.

III. Verhaltensbedingte Kündigung

Der dringende Verdacht der Begehung einer schwerwiegenden Pflichtwidrigkeit darf sich nicht nur auf den objektiven Tatbestand der Pflichtwidrigkeit beziehen, sondern es müssen auch dringende Verdachtsmomente bezüglich des **Verschuldens**[1] vorliegen. Ferner muß der Arbeitgeber klären, ob ein plausibles **Motiv** für die vorgeworfene Pflichtwidrigkeit vorliegt[2].

(4) Aufklärung/Anhörung

Der Arbeitgeber muß alles in seiner Macht Stehende tun, um den Sachverhalt aufzuklären, der dem Verdacht einer Straftat oder einer Pflichtwidrigkeit zugrunde liegt. Hierzu gehört auch die **Anhörung des Arbeitnehmers.** Die Anhörung des betroffenen Arbeitnehmers ist **Wirksamkeitsvoraussetzung** der Verdachtskündigung[3].

Der Arbeitnehmer muß Gelegenheit erhalten, zu dem Verdacht **qualifiziert Stellung zu nehmen.** Es reicht nicht aus, daß der Arbeitnehmer mit einer unsubstantiierten Bewertung des Arbeitgebers konfrontiert wird. Die Anhörung muß sich vielmehr auf einen Sachverhalt beziehen, der jedenfalls soweit **konkretisiert** ist, daß sich der Arbeitnehmer substantiiert einlassen kann; weiterhin darf der Arbeitgeber grundsätzlich keine Erkenntnisse vorenthalten, die er im Anhörungszeitraum bereits gewonnen hat, weil anderenfalls die Verteidigungsmöglichkeiten des Arbeitnehmers unzulässig beschnitten würden.

Bestreitet der Arbeitnehmer, obgleich die bislang bekannten und ihm vorgehaltenen Tatsachen eine konkrete Einlassung ermöglichen würden, lediglich **pauschal,** so läßt dies regelmäßig den Schluß zu, daß der Arbeitnehmer an einer Mitwirkung bei der Aufklärung des Verdachts nicht interessiert ist. Das Unterlassen des Arbeitgebers, den Arbeitnehmer zu den anschließend weiter ermittelten Tatsachen erneut anzuhören, kann dann in der Regel nicht als schuldhaftes Verletzen einer Obliegenheit angesehen werden, die die formelle Unwirksamkeit der Verdachtskündigung zur Folge hätte[4].

Läßt sich demgegenüber der Arbeitnehmer zu den vorgehaltenen Verdachtsmomenten **konkret** ein, so daß der Verdacht zerstreut wird, bzw. aus der Sicht des Arbeitgebers für eine Kündigung nicht mehr ausreicht, und führen erst die daraufhin durchgeführten weiteren Ermittlungen aus der Sicht des Arbeitgebers zu einer Widerlegung des Entlastungsvorbringens des Arbeitnehmers, so ist dieser vor Ausspruch der Verdachtskündigung erneut anzuhören[5].

Ist der Arbeitnehmer beispielsweise aufgrund einer Erkrankung nicht in der Lage, sich zu den Vorwürfen des Arbeitgebers zu äußern, muß der Arbeitgeber

---

1 *Schütte,* NZA 1991, Beil. 2, 17.
2 BAG v. 4. 6. 1964, BAGE 16, 72.
3 BAG v. 11. 4. 1985, NZA 1986, 674; BAG v. 14. 9. 1994, NZA 1995, 269; BAG v. 13. 9. 1995, BB 1995, 2655; aA *Dörner,* NZA 1993, 873.
4 BAG v. 13. 9. 1995, BB 1995, 2655; BAG v. 30. 4. 1987, NZA 1987, 699.
5 BAG v. 13. 9. 1995, BB 1995, 2655.

mit dem Ausspruch der Kündigung solange zuwarten, bis eine **Stellungnahme des Arbeitnehmers** möglich ist[1].

225 Der Arbeitnehmer ist verpflichtet, an der Aufklärung des Verdachts und somit an seiner Entlastung mitzuwirken. Der **Verstoß gegen die Mitwirkungspflicht** kann zu einer Verstärkung der Verdachtsmomente führen, weil hierdurch das Vertrauensverhältnis weiter erschüttert wird mit der Folge, daß der Vertrauensverlust zur eigenständigen Kündigung berechtigt[2].

cc) Neue Erkenntnisse

(1) Während des Kündigungsschutzprozesses

226 Bei der Verdachtskündigung kommt es nicht entscheidend auf die zum Zeitpunkt der Kündigung bekannten objektiven Tatsachen und subjektiven Vorstellungen des Arbeitgebers an. Vielmehr sind im Laufe des Kündigungsrechtsstreits gewonnene **neue Erkenntnisse** zu berücksichtigen.

Der Arbeitgeber ist daher berechtigt, durch **Nachschieben von Tatsachen** den zunächst unzureichenden Verdacht zu erhärten, so wie auch der Arbeitnehmer berechtigt ist, einen zunächst berechtigt erscheinenden Verdacht durch Tatsachenvortrag zu entkräften[3]. Der Arbeitgeber kann die Kündigungsgründe nur dann nachschieben, wenn er zuvor den Betriebsrat hierzu erneut angehört hat[4]. Diese Verpflichtung zur **nachträglichen Anhörung des Betriebsrates** besteht auch dann, wenn der Arbeitgeber zunächst die Kündigung wegen einer für nachgewiesen erachteten Straftat ausgesprochen hat und später trotz unverändert gebliebenen Sachverhalts sich zur Begründung auf den Verdacht dieser Straftat beruft[5].

227 In gleicher Weise geht das **Bundesarbeitsgericht** davon aus, daß der Arbeitnehmer entlastende Tatsachen im Kündigungsschutzprozeß **nachschieben darf,** so daß es nicht auf den Kenntnisstand zum Zeitpunkt der Kündigung ankommt. Begründet wird dies damit, daß im Falle des sich später als unbegründet herausgestellten Verdachtes „die Unschuld bereits im Zeitpunkt der Kündigung gegeben und der Verdacht deshalb von Anfang an unbegründet war"[6].

In der **Literatur** wird darin eine Durchbrechung des Grundsatzes gesehen, wonach es grundsätzlich bei der Beurteilung der Wirksamkeit einer Kündigung auf den **Zeitpunkt des Zugangs der Kündigung** ankomme. Deshalb könne es nicht zulässig sein, daß im Laufe des Kündigungsrechtsstreits bekanntgewordene Umstände zur Unwirksamkeit der Kündigung führen[7].

---

1 *Busch,* MDR 1995, 217; *Schaub,* § 125 IV Nr. 4.
2 BAG v. 5. 5. 1994 – 2 AZR 799/93, nv.; *Busch,* MDR 1995, 217; BAG v. 14. 9. 1994, NZA 1995, 269.
3 BAG v. 14. 9. 1994, NZA 1995, 269.
4 BAG v. 11. 4. 1985, NZA 1986, 674.
5 BAG v. 2. 7. 1992, AP Nr. 3 zu § 626 BGB – Nachschieben von Kündigungsgründen.
6 BAG v. 4. 6. 1964, BAGE 16, 72; LAG Schleswig-Holstein v. 3. 11. 1988, NZA 1989, 798.
7 *Moritz,* NJW 1978, 40; *Busch,* MDR 1995, 217; *Schütte,* NZA 1991, Beil. 2, 17; *Grunsky,* ZfA 1977, 167.

III. Verhaltensbedingte Kündigung   Rz. 229 Teil 3 D

Entgegen dieser Meinung in der Literatur hat das Bundesarbeitsgericht an seiner Ansicht festgehalten[1] und darauf hingewiesen, daß die Zulassung nachträglichen Be- und Entlastungsvorbringens keine Besonderheit der Verdachtskündigung sei. So werde die Wirksamkeit einer krankheitsbedingten Kündigung von einer negativen Prognose abhängig gemacht und es sei anerkannt, daß ein Arbeitnehmer im Prozeß nicht gehindert sei, Tatsachen vorzutragen, die die negative Prognose unberechtigt erscheinen lassen. Abschließend bemüht das Bundesarbeitsgericht auch noch das Grundrecht des Arbeitnehmers auf die Beibehaltung des gewählten Arbeitsplatzes nach Art. 12 Abs. 1 GG.

Die Ansicht des Bundesarbeitsgerichts überzeugt nicht, da der hinter einer Verdachtskündigung stehende, die Kündigung rechtfertigende Grund das **verlorene Vertrauen in die Redlichkeit des Arbeitnehmers** ist und es deshalb bei der weiteren Beurteilung der Wirksamkeit einer Verdachtskündigung nicht auf die Frage ankommen kann, ob sich später der Verdacht als gerechtfertigt erweist oder nicht. 228

Bei der Verdachtskündigung kann der Entlastungsbeweis des Arbeitnehmers nur hinsichtlich der zum Kündigungszeitpunkt vorliegenden Verdachtsmomente erhoben werden. Sich aus dem weiteren Geschehensablauf ergebendes Entlastungsvorbringen ist nicht zu berücksichtigen[2].

Nach der Ansicht des Bundesarbeitsgerichts im Urteil v. 5. 5. 1994[3], dann kann schon das Verhalten des Arbeitnehmers im Rahmen der Aufklärung des gegen ihn gerichteten Verdachtes die Kündigung rechtfertigen und zwar dann, wenn der Arbeitnehmer seine Mitwirkung an der Aufklärung vermissen läßt. Folgt man dieser Ansicht des Bundesarbeitsgerichts, dann kann es nicht darauf ankommen, ob sich später im Kündigungsschutzprozeß herausstellt, ob der ursprünglich gegenüber dem Arbeitnehmer begründete Verdacht einer Straftat oder einer Pflichtwidrigkeit begründet war oder nicht.

Entgegen der Ansicht des Bundesarbeitsgerichts sollten deshalb nicht nur die Tatsachen unberücksichtigt bleiben, die erst nach der Kündigung entstanden sind[4], sondern auch diejenigen, die **nach Zugang der Kündigung bekannt** werden.

(2) Nach Abschluß des Kündigungsschutzverfahrens

Wird im Kündigungsschutzverfahren festgestellt, daß die **Verdachtskündigung unwirksam** ist, weil entweder der Arbeitgeber formale Wirksamkeitsvoraussetzungen (Bsp.: Anhörung des Arbeitnehmers, ordnungsgemäße Anhörung des Betriebsrats) nicht erfüllt hat oder das Arbeitsgericht zum Ergebnis gekommen ist, daß ein dringender Verdacht nicht vorliegt, und wird dem Arbeitnehmer in einem anschließenden Strafverfahren rechtskräftig eine Schuld nachgewiesen, kann der Arbeitgeber erneut kündigen. In diesem Fall nicht wegen des Ver- 229

---

1 BAG v. 14. 9. 1994, NZA 1995, 269.
2 BAG v. 27. 2. 1997, NZA 1997, 757; LAG Frankfurt v. 1. 9. 1993, BB 1994, 1150; *Busch*, MDR 1995, 217.
3 BAG v. 5. 5. 1994 – 2 AZR 799/93, nv.
4 BAG v. 14. 9. 1994, NZA 1995, 269.

dachts einer Straftat, sondern wegen der Tat selbst. Dies beruht auf der punktuellen Streitgegenstandstheorie[1].

230 Wird die **Verdachtskündigung** rechtskräftig durch das Arbeitsgericht als **wirksam** erachtet und gelingt es dem Arbeitnehmer beispielsweise in einem nachfolgenden Strafprozeß, seine Unschuld nachzuweisen, soll nach der Rechtsprechung des Bundesarbeitsgerichts dem Arbeitnehmer ein **Wiedereinstellungsanspruch** zustehen. Das Bundesarbeitsgericht begründet dies mit der nachwirkenden Fürsorgepflicht des Arbeitgebers[2]. Diese Rechtsprechung ist auf keine nennenswerte Kritik gestoßen, sondern dieser Wiedereinstellungsanspruch wird als Korrelat für die Fälle gesehen, in denen sich nach Beendigung des Kündigungsschutzprozesses die Unschuld des Arbeitnehmers herausstellt bzw. der Verdacht entkräftet wird[3].

231 Das Bundesarbeitsgericht gewährt nicht in jedem Fall einen Wiedereinstellungsanspruch, sondern will im Einzelfall eine **Interessenabwägung** unter Berücksichtigung der Grundsätze von Treu und Glauben und der Treue- und Fürsorgepflicht vornehmen.

Auf der Seite des **Arbeitnehmers** seien das Rehabilitationsinteresse, die Dauer des früheren Arbeitsverhältnisses, die persönliche und soziale Lage, die wirtschaftlichen Verhältnisse sowie anderweitige Verdienstmöglichkeiten zu berücksichtigen. Beim **Arbeitgeber** sei das Interesse an der Aufrechterhaltung eventuell zwischenzeitlich eingegangener anderer Verpflichtungen zu beachten.

Nimmt es das Bundesarbeitsgericht ernst mit der Beurteilung der Interessen des Arbeitgebers, entfällt der Wiedereinstellungsanspruch des Arbeitnehmers regelmäßig dann, wenn der **Arbeitsplatz zwischenzeitlich anderweitig besetzt** ist und eine Versetzung des Arbeitnehmers auf einen neuen Arbeitsplatz nicht in Betracht kommt. Mit dem Wegfall der Beschäftigungsmöglichkeit entfällt auch der Wiedereinstellungsanspruch[4].

232 **Fehlerhaft** ist die Annahme von Rechtsprechung und Literatur, wonach die fortbestehende Beschäftigungsmöglichkeit nur im Rahmen der umfassenden Interessenabwägung zu berücksichtigen ist. Bei entsprechender Interessenlage kann dies unter Umständen dazu führen, daß dem Arbeitnehmer ein Weiterbeschäftigungsanspruch zuerkannt wird, obgleich der Arbeitgeber objektiv dem Arbeitnehmer keinen Arbeitsplatz mehr zur Verfügung stellen kann. Der Arbeitgeber hat aber, nachdem eine Kündigung rechtskräftig und wirksam festgestellt wurde, keine nachwirkende Verpflichtung, den Arbeitsplatz für den durch die Kündigung ausgeschiedenen Arbeitnehmer freizuhalten. Dies hat zur Konsequenz, daß unabdingbare **Voraussetzung** für den Wiedereinstellungsanspruch die fort- oder wiederbestehende Beschäftigungsmöglichkeit ist[5].

---

1 BAG v. 12. 12. 1984, BB 1985, 1734; *Schütte*, NZA 1991, Beil. 2, 17.
2 BAG v. 4. 6. 1964, BAGE 16, 72; BAG v. 14. 12. 1956, BAGE 3, 332.
3 *Schütte*, NZA 1991, Beil. 2, 17; *Busch*, MDR 1995, 217; *Bram/Rühl*, NZA 1990, 753.
4 *Bram/Rühl*, NZA 1990, 753; *Schütte*, NZA 1991, Beil. 2, 17; *Busch*, MDR 1995, 217.
5 *Bram/Rühl*, NZA 1990, 753.

III. Verhaltensbedingte Kündigung

Unabhängig hiervon basiert diese Rechtsprechung in gleicher Weise auf einer Fehleinschätzung wie die oben dargestellte Rechtsprechung zur Zulässigkeit des Nachschiebens von nach der Kündigung bekanntgewordenen Tatsachen. Ergänzend steht dieser Auffassung die Rechtsprechung des Bundesarbeitsgerichts entgegen, daß immer dann, wenn der Arbeitnehmer trotz rechtskräftiger Verurteilung im Strafverfahren weiterhin die Tatbegehung bestreitet, das Arbeitsgericht ohne Bindung an das strafrechtliche Urteil die erforderlichen Feststellungen selbst zu treffen hat[1]. Wenn eine strafgerichtliche Verurteilung des Arbeitnehmers das Arbeitsgericht bei der Prüfung der Wirksamkeit einer Tatkündigung nicht bindet, sondern das Arbeitsgericht verpflichtet ist, eigene Feststellungen zu treffen, kann ein Freispruch in einem Strafverfahren nicht dazu führen, daß eine zunächst als wirksam erachtete Verdachtskündigung sich im nachhinein als unwirksam erweist[2].

b) Druckkündigung

aa) Wesen

Von einer Druckkündigung wird dann gesprochen, wenn der Arbeitgeber unter Androhung von Nachteilen **durch Dritte** gezwungen wird, die Entlassung eines bestimmten Arbeitnehmers vorzunehmen. Zum Kreis der Dritten zählen die Belegschaft, der Betriebsrat, eine im Betrieb vertretene Gewerkschaft, Kunden des Arbeitgebers oder sonstige Personen, die auf den Arbeitgeber Druck ausüben können, zB der Entleiher im Leiharbeitsverhältnis[3].

bb) Voraussetzungen

Der Dritte muß einen **maßgeblichen Druck** auf den Arbeitgeber ausüben können und für den Fall, daß der Arbeitgeber dem Entlassungsbegehren des Dritten nicht nachkommt, dem Arbeitgeber einen **Nachteil androhen.**

Als **Nachteil** kann unter anderem in Betracht kommen:
- **bei Kunden:** Die Nichterteilung eines Auftrages oder der Verlust einer Kundenbeziehung;
- **bei Mitarbeitern:** Die Kündigung anderer Mitarbeiter, die für den Fortbestand des Betriebs notwendig sind oder die Kündigung einer Mehrzahl von Mitarbeitern;
- **beim Betriebsrat:** Die Verweigerung der vertrauensvollen Zusammenarbeit oder die Verweigerung der Zustimmung zu einer notwendigen betrieblichen Maßnahme.

Die Druckkündigung gibt es in **zwei Formen:**

---

1 BAG v. 26. 3. 1992, NZA 1992, 1121.
2 *Busch,* MDR 1995, 217.
3 KR/*Etzel,* § 1 KSchG Rz. 453; *Schaub,* § 130 II 13; BAG v. 19. 6. 1986, NZA 1987, 21; LAG Baden-Württemberg v. 26. 2. 1975, BB 1975, 517; LAG Hamm v. 29. 3. 1960, BB 1960, 826.

(1) Vorliegen von Kündigungsgründen (personen- oder verhaltensbedingte Gründe)

236 Bestehen objektiv personen- oder verhaltensbedingte Gründe, die eine Kündigung rechtfertigen können, so kann auf Verlangen Dritter der Arbeitgeber eine Kündigung aussprechen, wenn die sonstigen Voraussetzungen der Druckkündigung vorliegen.

Allein die Tatsache, daß nicht der Arbeitgeber, sondern **Dritte** sich auf das Vorliegen von personen- oder verhaltsbedingten Gründen berufen, führt nicht dazu, daß die Druckkündigung sozial ungerechtfertigt ist.

Der Arbeitgeber darf sich aber im Rahmen einer Druckkündigung nicht auf die Beurteilung der Kündigungsgründe durch Dritte verlassen, sondern muß **eigenverantwortlich prüfen,** ob Kündigungsgründe bestehen[1].

(2) Keine Kündigungsgründe (betriebsbedingte Gründe)

237 Der Arbeitgeber kann auch dann von einem Dritten zur Kündigung eines Arbeitnehmers durch Druck veranlaßt werden, wenn objektiv keine Kündigungsgründe in der Person oder im Verhalten des betroffenen Arbeitnehmers vorliegen. Der Arbeitgeber darf in einem solchen Fall nicht ohne weiteres die Kündigung gegenüber seinem Arbeitnehmer aussprechen, sondern muß sich zunächst **schützend vor seinen Arbeitnehmer stellen** und versuchen, durch umfassende Aufklärung des Sachverhalts oder organisatorische Maßnahmen dem Kündigungsverlangen entgegen zu wirken[2].

238 An die Zulässigkeit einer objektiv nicht gerechtfertigten Druckkündigung hat das Bundesarbeitsgericht in ständiger Rechtsprechung **strenge Anforderungen** gestellt. Beispielsweise beim Verlangen der Belegschaft bzw. eines Teils der Belegschaft auf Entlassung eines Arbeitnehmers darf der Arbeitgeber diesem nicht ohne weiteres nachgeben, nur um Unannehmlichkeiten aus dem Weg zu gehen. Der Arbeitgeber hat sich in diesem Fall aufgrund seiner arbeitsvertraglichen Fürsorgepflicht schützend vor den betroffenen Arbeitnehmer zu stellen und alles Zumutbare zu versuchen, um die Belegschaft von ihrer Drohung abzubringen.

Nur wenn daraufhin ein Verhalten in Aussicht gestellt wird – zB Streik oder Massenkündigung – und dadurch **schwere wirtschaftliche Schäden** für den Arbeitgeber drohen, kann die Kündigung sozial gerechtfertigt sein.

239 Dabei ist jedoch Voraussetzung, daß die Kündigung das **einzige praktisch in Betracht kommende Mittel** ist, um Schäden abzuwenden[3]. Diese Grundsätze sind auch dann anzuwenden, wenn Kunden des Arbeitgebers die Entlassung des Arbeitnehmers unter Androhung des Abbruchs von Geschäftsbeziehungen verlangen[4].

---

1 BAG v. 18. 9. 1975, BAGE 27, 263; BAG v. 21. 2. 1957, BB 1957, 330.
2 BAG v. 11. 2. 1960, BAGE 9, 53; BAG v. 19. 6. 1986, NZA 1987, 21.
3 BAG v. 19. 6. 1986, NZA 1987, 21.
4 BAG v. 19. 6. 1986, NZA 1987, 21; LAG Düsseldorf v. 7. 3. 1957, DB 1957, 460; LAG Berlin v. 18. 8. 1980, DB 1980, 2195.

III. Verhaltensbedingte Kündigung

Eine Druckkündigung ist trotz drohender schwerwiegender Nachteile dann nicht gerechtfertigt, wenn der Arbeitgeber den Druck mit **milderen Mitteln** beseitigen kann oder den Druck selbst herbeigeführt hat[1].
Als **milderes Mittel** kommt beispielsweise die Änderungskündigung oder die Versetzung in Betracht. Ggf. ist der Arbeitnehmer verpflichtet, in seine Versetzung einzuwilligen[2].

Nach teilweise vertretener Auffassung sollen diese Grundsätze auch dann gelten, wenn ein **HIV-Infizierter** im Betrieb arbeitet und seine Entlassung von der Belegschaft, von Teilen der Belegschaft oder von Kunden des Arbeitgebers gefordert wird[3].

Gerade dieses Beispiel zeigt, daß das Instrumentarium der Druckkündigung **mit Vorsicht anzuwenden** ist, da ansonsten die Gefahr besteht, daß eine Gruppe gleichgesinnter Arbeitnehmer ihre persönlichen, politischen oder weltanschaulichen Interessen zu Lasten anders orientierter Arbeitnehmer im Betrieb durchsetzen kann.

cc) Ordentliche oder außerordentliche Kündigung

In Literatur und Rechtsprechung[4] wird überwiegend die Ansicht vertreten, daß eine Druckkündigung sowohl in Form der **außerordentlichen fristlosen Kündigung** als auch in der Form der **ordentlichen fristgerechten Kündigung** in Betracht kommt. Hiervon abweichend vertritt *Blaese*[5] die Ansicht, daß die Kündigung nur in der Form der außerordentlichen fristlosen Kündigung in Erscheinung treten könne und meint ergänzend, daß zum Ausgleich für die dem Arbeitnehmer widerfahrende Ungerechtigkeit eine Abfindung in entsprechender Anwendung der §§ 9, 10 KSchG zu bezahlen sei. *Berkowsky*[6] vertritt darüber hinaus die Ansicht, daß eine Drucksituation weder einen wichtigen Grund im Sinne von § 626 BGB noch einen Kündigungsgrund im Sinne von § 1 Abs. 2 KSchG darstellen könne, mit der Folge, daß eine ausschließlich auf den Druck Dritter gestützte Kündigung unwirksam sei.

11. Prüfungsschema

1. Anknüpfungspunkt
▶ Welche Art von Pflichtwidrigkeit liegt vor?
▶ Handelt es sich um Pflichtwidrigkeiten im Leistungsbereich oder um die Verletzung betrieblicher/außerbetrieblicher Verhaltenspflichten (Rz. 132)?

---

1 BAG v. 26. 1. 1962, BAGE 12, 229.
2 BAG v. 11. 2. 1960, BAGE 9, 53; *Schaub*, § 130 II 13.
3 *Knorr/Bichlmeier/Kremhelmer*, Kap. 4 Rz. 32; aA ArbG Berlin v. 16. 6. 1987, NZA 1987, 637.
4 Zuletzt BAG v. 31. 1. 1996, DB 1996, 990.
5 DB 1988, 178.
6 MünchArbR/*Berkowsky*, Band 2, § 140 Rz. 20.

> Ist diese Pflichtwidrigkeit generell geeignet, eine verhaltensbedingte Kündigung zu rechtfertigen?

2. Voraussetzungen

> Ist die Pflichtwidrigkeit schuldhaft verursacht (Rz. 133)?
> Liegt eine vorausgegangene Abmahnung vor oder bedarf es im konkreten Fall keiner vorausgehenden Abmahnung (Rz. 141 ff.)?
> Erfüllt die vorausgegangene Abmahnung die Formerfordernisse (Rz. 142 ff.)?
> Wurde der Arbeitnehmer angehört (Rz. 180)?
> Wurden die Interessen des Arbeitnehmers und des Arbeitgebers sachgerecht gegeneinander abgewogen (Rz. 135 ff.)?

IV. Betriebsbedingte Kündigung

1. Allgemeines

243 § 1 Abs. 2 KSchG bestimmt, daß eine Kündigung sozial ungerechtfertigt ist, wenn sie nicht durch dringende betriebliche Erfordernisse, die einer Weiterbeschäftigung des Arbeitnehmers in diesem Betrieb entgegenstehen, bedingt ist. Im Unterschied zu der personen- oder verhaltensbedingten Kündigung konkretisiert sich der Kündigungsgrund nicht in der Person des Arbeitnehmers, sondern der Arbeitgeber kann aufgrund inner- oder außerbetrieblicher Ursachen einen **Arbeitsplatz zukünftig nicht mehr zur Verfügung stellen.** Die betriebsbedingte Kündigung ist zukunftsorientiert, so daß zu prüfen ist, ob und in welchem Umfang zukünftig Arbeitskräfte weiterbeschäftigt werden können[1].

244 Die betrieblichen Erfordernisse, die einer Weiterbeschäftigung entgegenstehen, können sich aus **innerbetrieblichen Umständen** ergeben oder durch **außerbetriebliche Gründe** verursacht sein[2].

Diese betrieblichen Erfordernisse müssen „**dringend**" sein und eine Kündigung im Interesse des Betriebes notwendig machen. Diese weitere Voraussetzung ist nicht erfüllt, wenn es dem Arbeitgeber möglich ist, der betrieblichen Lage durch andere Maßnahmen auf technischem, organisatorischem oder wirtschaftlichem Gebiet zu entsprechen als durch eine Kündigung. Die Kündigung muß wegen der betrieblichen Lage unvermeidbar sein[3]. Ist die Kündigung unvermeidbar, muß eine **Sozialauswahl** nach § 1 Abs. 3 KSchG erfolgen.

Für eine wirksame betriebsbedingte Kündigung muß also ein betriebliches Erfordernis vorliegen, das so dringend ist, daß es einer Weiterbeschäftigung

---

1 *Von Hoyningen-Huene*, NZA 1984, 1009.
2 BAG v. 7. 12. 1978, BAGE 31, 157; BAG v. 20. 2. 1986, NZA 1986, 823.
3 BAG v. 7. 12. 1978, BAGE 31,157; BAG v. 20. 2. 1986, NZA 1986, 823.

entgegensteht und deshalb die Kündigung bedingt, und der Arbeitgeber muß den gekündigten Arbeitnehmer zutreffend nach sozialen Gesichtspunkten ausgewählt haben.

2. Unternehmerentscheidung

Jeder betriebsbedingten Kündigung hat eine Unternehmerentscheidung vorauszugehen[1]. 245

Der Kündigungsentschluß selbst ist keine Unternehmerentscheidung. Vielmehr ist die Unternehmerentscheidung der betriebsbedingten Kündigung vorgelagert[2]. Das Bundesarbeitsgericht hat die Unternehmerentscheidung als „**Bestimmung der der Geschäftsführung zugrundeliegenden Unternehmenspolitik**" bezeichnet[3]. Zu den Unternehmerentscheidungen gehören die Fragen, ob, wieviel und wo der Unternehmer produzieren will, ob das Angebot ausgeweitet oder eingeschränkt werden soll, welche Werbe-, Finanzierungs-, Einkaufs- und Absatzpolitik betrieben wird, welche Fabrikations- und Arbeitsmethoden angewandt werden. Hierzu gehören auch organisatorische Veränderungen wie die Einführung von „lean management" mit Gruppenarbeit, Betriebseinschränkungen, Betriebsstillegungen oder die Schließung von Betriebsabteilungen, das Auslagern von betrieblichen Tätigkeiten auf Fremdfirmen („Outsourcing"), die Einführung von Wechselschicht oder die Kürzung der Haushaltsmittel im öffentlichen Dienst. Auch die Frage, ob anfallende Arbeit auf Vollzeit- oder Teilzeitarbeitsplätzen erledigt werden soll, ist eine unternehmerische Entscheidung[4].

Die Unternehmerentscheidung selbst kann von den Gerichten nicht daraufhin 246 überprüft werden, ob sie sinnvoll oder zweckmäßig ist. Es ist dem Arbeitgeber überlassen zu entscheiden, wie er seinen Betrieb organisiert, die vorhandene Arbeit unter den Arbeitnehmern verteilt und auf welche Produktions- und Arbeitsmethoden er zurückgreift. Diese unternehmerische Entscheidungsfreiheit unterliegt nur einer **Willkürkontrolle** dahin, ob die unternehmerische Entscheidung offenbar unsachlich, unvernünftig oder willkürlich ist[5].

Die fehlende Überprüfbarkeit von Unternehmerentscheidungen beruht darauf, daß die Gerichte überfordert wären, wenn sie dem Arbeitgeber eine bessere betriebliche Organisation vorschreiben wollten, denn der Arbeitgeber trägt das wirtschaftliche Risiko für die zweckmäßige Einrichtung und Gestaltung seines

---

1 *Schaub*, § 131 2a; *Preis*, NZA 1995, 241; *von Hoyningen-Huene*, NZA 1994, 1009.
2 BAG v. 20. 2. 1986, NZA 1986, 823; BAG v. 20. 3. 1986, NZA 1986, 824; BAG v. 10. 11. 1994, NZA 1995, 566; *von Hoyningen-Huene*, NZA 1994, 1009.
3 BAG v. 20. 2. 1986, NZA 1986, 823.
4 BAG v. 10. 11. 1994, NZA 1995, 566; BAG v. 19. 5. 1993, NZA 1993, 1075; BAG v. 11. 10. 1989, NZA 1990, 607; BAG (GS) v. 28. 11. 1956, BAGE 3, 245; *Preis*, NZA 1995, 241; *von Hoyningen-Huene*, NZA 1994, 1009.
5 BAG (GS) v. 28. 11. 1956, BAGE 3, 245; BAG v. 7. 12. 1978, BAGE 31, 157; BAG v. 27. 2. 1987, NZA 1987, 700; BAG v. 29. 3. 1990, BAGE 65, 61; BAG v. 19. 5. 1993, NZA 1993, 1075; BAG v. 10. 11. 1994, NZA 1995, 566; BAG v. 9. 5. 1996, EzA Schnelldienst 1996, Heft 11, 5.

Betriebs[1]. Umstände, die eine willkürliche Unternehmerentscheidung rechtfertigen können, hat der Arbeitnehmer darzulegen und zu beweisen[2]. Die Mißbrauchskontrolle darf jedoch nicht dazu führen, mit anderer Begründung die in Wahrheit den Gerichten verwehrte Überprüfung der Notwendigkeit und Zweckmäßigkeit der organisatorischen Maßnahme doch vorzunehmen. Es reicht deswegen nicht aus, daß eine Maßnahme offenbar unzweckmäßig ist. Der Anwendungsbereich der **Ausnahme** beschränkt sich im wesentlichen auf die Fälle, in denen die Kündigung nicht durch die Betriebsänderung, sondern die Betriebsänderung durch den Wunsch des Arbeitgebers bedingt ist, sich von einem mißliebigen Arbeitnehmer zu trennen[3].

247 Die Unternehmerentscheidung ist aber in vollem Umfang darauf zu überprüfen, **ob die Maßnahme die Kündigung bedingt**[4]. Anschaulich hat dies das Bundesarbeitsgericht in seinem Urteil v. 18. 1. 1990[5] dargestellt. Im dortigen Verfahren akzeptierte das Bundesarbeitsgericht die freie Unternehmerentscheidung, wonach vom Einschicht- in den Wechselschichtbetrieb umgestellt wurde, prüfte aber, ob dieses unternehmerische Konzept konsequent umgesetzt wurde und ob einer Arbeitnehmerin betriebsbedingt gekündigt werden konnte, die sich aus persönlichen Gründen weigerte, in Wechselschicht zu arbeiten. Das Bundesarbeitsgericht führte dabei aus, daß hierin keine verdeckte Überprüfung der freien unternehmerischen Organisationsentscheidung zu sehen sei, sondern lediglich dem Erfordernis der Dringlichkeit entsprochen werde. Trotz der Bindung an die Entscheidung der Unternehmensleitung sei vom Gericht zu kontrollieren, ob nur der Entschluß zur Kündigung in den Rahmen der umgestalteten Betriebsorganisation passe oder ob diese auch ohne Kündigung verwirklicht werden könne. Es sei deshalb nicht ausreichend, daß die dem unternehmerischen Grundkonzept entsprechende Maßnahme an sich geeignet sei, den erstrebten Zweck zu erreichen, es müsse vielmehr unter mehreren geeigneten Mitteln dasjenige ausgewählt werden, das den Betroffenen am wenigsten belaste.

248 Bei der Unternehmerentscheidung ist danach zu differenzieren, ob inner- oder außerbetriebliche Gründe die Kündigung rechtfertigen sollen. Bei einer **Kündigung aus innerbetrieblichen Gründen** muß der Arbeitgeber darlegen, welche organisatorischen oder technischen Maßnahmen er angeordnet hat und wie sich dies auf den Arbeitsplatz des gekündigten Arbeitnehmers auswirkt. Da die Gerichte nicht zu prüfen haben, ob der für den Arbeitgeber maßgebende Anlaß die von ihm getroffene organisatorische Maßnahme auch erforderlich gemacht hat und ob die Unternehmerentscheidung geeignet ist, den mit ihr verfolgten

---

1 BAG v. 24. 10. 1979, BAGE 32, 150.
2 BAG v. 24. 10. 1979, BAGE 32, 150; BAG v. 24. 3. 1983, BAGE 42, 151; BAG v. 27. 2. 1987, NZA 1987, 700.
3 BAG v. 24. 10. 1979, BAGE 32, 150.
4 BAG v. 7. 12. 1978, BAGE 31, 157; BAG v. 27. 2. 1987, NZA 1987, 700; BAG v. 18. 1. 1990, NZA 1990, 734.
5 NZA 1990, 734.

Bei **außerbetrieblichen Gründen,** zB wegen Auftragsmangel oder Umsatzrück- 249
gang, muß der Arbeitgeber sowohl die Entwicklung der Umsatzzahlen oder der
Auftragsbestände als auch deren unmittelbare Auswirkung auf den Arbeitsplatz im einzelnen darlegen[2]. Beruft sich der Arbeitgeber auf außerbetriebliche
Gründe, bindet er sich selbst, so daß das Gericht nachprüfen kann, ob zum
Zeitpunkt des Kündigungsausspruches feststand, daß zum Zeitpunkt des Kündigungstermins eine Beschäftigungsmöglichkeit für den gekündigten Arbeitnehmer aufgrund der außerbetrieblichen Gründe nicht mehr gegeben ist[3].

Das Bundesarbeitsgericht nimmt in einem solchen Fall an, daß der Arbeitgeber
keine gestaltende Unternehmerentscheidung getroffen hat, sondern lediglich
die Anzahl der benötigten Arbeitnehmer unmittelbar der Arbeitsmenge anpassen will. Bei dieser Betrachtung übersieht das Bundesarbeitsgericht, daß die
gestaltende Unternehmerentscheidung darin zu sehen ist, daß der Arbeitgeber
eine Entscheidung über die Frage trifft, ob er den Personalbedarf der vorhandenen Arbeitsmenge anpaßt oder nicht[4]. Es handelt sich in solchen Fällen um
eine stillschweigende oder verdeckte Unternehmerentscheidung, die sich oft
nur aus der Angabe des Kündigungsgrundes erschließen läßt[5].

3. Betriebliche Gründe

a) Allgemein

Bei betrieblichen Gründen wird differenziert zwischen innerbetrieblichen und 250
außerbetrieblichen Ursachen. **Außerbetriebliche Gründe** können eine betriebsbedingte Kündigung rechtfertigen, wenn der Arbeitsanfall so zurückgeht, daß
das Bedürfnis zur Weiterbeschäftigung für einen oder mehrere Arbeitnehmer
entfällt. Bei einem so begründeten dringenden betrieblichen Erfordernis muß
der Arbeitgeber sowohl die Entwicklung der Umsatzzahlen oder der Auftragsbestände als auch deren unmittelbare Auswirkung auf den Arbeitsplatz im
einzelnen darlegen. Von diesen außerbetrieblichen Gründen sind andere betriebliche Umstände, wie beispielsweise Gewinnverfall oder Unrentabilität des
Betriebs zu unterscheiden, die **nicht ohne weiteres dringende betriebliche Erfordernisse begründen,** weil sie sich nicht unmittelbar durch eine Verringerung
der anfallenden Aufgaben auf die einzelnen Arbeitsplätze auswirken. Sie können vielmehr nur dann eine Kündigung rechtfertigen, wenn der Arbeitgeber die
Ertragslage zum Anlaß nimmt, zur Kostenersparnis oder Verbesserung des
Betriebsergebnisses durch technische oder organisatorische innerbetriebliche

---

1 BAG v. 24. 10. 1979, BAGE 32, 150.
2 BAG v. 24. 10. 1979, BAGE 32, 150.
3 BAG v. 15. 6. 1989, NZA 1990, 65.
4 *Ascheid*, Rz. 237; *von Hoyningen-Huene,* NZA 1994, 1009; BAG v. 20. 3. 1986, NZA 1986, 824.
5 *Von Hoyningen-Huene,* NZA 1994, 1009; MünchArbR/*Berkowsky,* Band 2, § 134 Rz. 13.

Maßnahmen die Zahl der Arbeitsplätze zu verringern. Es handelt sich dann aber um einen **innerbetrieblichen Kündigungsgrund**.

Diese Differenzierung zwischen inner- und außerbetrieblichen Gründen wird in der Literatur[1] kritisiert mit der Begründung, daß eine Differenzierung sich aus dem Gesetz nicht ergibt und eine Differenzierung auch nicht sachgerecht sei, weil die innerbetrieblich autonom gestaltende Unternehmerentscheidung regelmäßig auch das Ergebnis außerbetrieblicher Einflüsse sei.

251 Unabhängig davon, ob sich der Arbeitgeber auf außerbetriebliche oder innerbetriebliche Umstände beruft, darf er sich nicht auf schlagwortartige Umschreibungen beschränken.

Er muß seine tatsächlichen Angaben vielmehr so **im einzelnen darlegen**, daß sie vom Arbeitnehmer mit Gegentatsachen bestritten und vom Gericht überprüft werden können. Der Arbeitgeber hat auch darzulegen, wie sich die von ihm behaupteten Umstände unmittelbar oder mittelbar auf den Arbeitsplatz des gekündigten Arbeitnehmers auswirken. Der Vortrag des Arbeitgebers muß erkennen lassen, ob durch eine innerbetriebliche Maßnahme oder durch einen außerbetrieblichen Anlaß das Bedürfnis an der Tätigkeit des gekündigten Arbeitnehmers wegfällt[2].

b) Einzelfälle

aa) Auftragsmangel

252 Bei einem Auftragsmangel entsteht ein **Mißverhältnis zwischen der im Betrieb vorgehaltenen Arbeits- und Produktionskapazität und der Arbeitsmenge**, mit der Folge fehlender Auslastung einzelner Arbeitnehmer. Es obliegt der freien Unternehmerentscheidung, wie auf einen solchen Auftragsmangel reagiert wird. Als Möglichkeiten kommen Kurzarbeit, Vorratswirtschaft oder Personalabbau in Betracht[3]. Der Arbeitgeber hat konkret darzulegen, daß aufgrund der rückläufigen Auftragssituation das Beschäftigungsbedürfnis entfällt. Welcher Arbeitnehmer von der Kündigung betroffen ist, ist eine Frage der sozialen Auswahl gemäß § 1 Abs. 3 KSchG[4]. Der Arbeitsmangel muß bei Ausspruch der Kündigung greifbare Formen angenommen haben und der Arbeitgeber muß bei einer vernünftigen Betrachtung davon ausgehen können, daß die Arbeitskraft des Arbeitnehmers nach Ablauf der Kündigungsfrist nicht mehr benötigt wird[5].

253 Bedingen Auftrags- und Arbeitsmangel, daß die Arbeitskraft eines Arbeitnehmers betriebswirtschaftlich nicht mehr gebraucht wird, so sind die Einzelheiten zu der Frage, wie im Detail die Kausalkette verläuft, ohne Belang[6].

---

1 *Preis*, NZA 1995, 241; *von Hoyningen-Huene*, NZA 1994, 1009.
2 BAG v. 7. 12. 1978, BAGE 31, 157; BAG v. 20. 2. 1986, NZA 1986, 823.
3 *Schaub*, NZA 1987, 217; BAG v. 30. 5. 1985, NZA 1986, 155.
4 BAG v. 30. 5. 1985, NZA 1986, 155.
5 BAG v. 27. 2. 1958, BAGE 6, 1; BAG v. 27. 2. 1987, NZA 1987, 700.
6 LAG Köln v. 12. 5. 1995, NZA-RR 1996, 48.

IV. Betriebsbedingte Kündigung

Verhält sich der Umfang der **Tätigkeit einer Gruppe von Arbeitnehmern proportional zum Absatz** der gefertigten Erzeugnisse, genügt der Arbeitgeber seiner Darlegungslast, wenn er die Richtigkeit des Berechnungsmodus so darlegt, daß aus der Verringerung der Arbeitsmenge auf die Veränderung der Beschäftigungsmöglichkeit geschlossen werden kann[1].

bb) Umsatzrückgang

Der Umsatzrückgang kann sich in gleichem Maße wie ein Auftragsmangel unmittelbar auf den Personalbedarf auswirken, wenn sich der **Arbeitsanfall unmittelbar nach dem Absatz oder dem Auftragseingang** richtet. In diesem Fall genügt der Arbeitgeber seiner Darlegungslast, wenn er die Richtigkeit des Berechnungsmodus so darlegt, daß aus der Verringerung des Umsatzes auf die Veränderung der Beschäftigungsmöglichkeit geschlossen werden kann[2]. 254

Der Umsatzrückgang kann auch dann ein betriebliches Erfordernis darstellen, wenn die **betriebliche Organisation dem verminderten Umsatz angepaßt** wird. In diesem Fall muß der Arbeitgeber den Plan und die Durchführung mit den Auswirkungen auf die Arbeitsplätze darlegen[3]. 255

cc) Gewinnrückgang/Fehlende Rentabilität

Gewinnverfall und Unrentabilität können für sich gesehen keine betriebsbedingte Kündigung rechtfertigen, weil sich hieraus **keine unmittelbare Wirkung** auf die Arbeitsmenge und die Arbeitsplätze ergibt[4]. Sie können aber dann eine betriebsbedingte Kündigung rechtfertigen, wenn der Arbeitgeber **konkrete Maßnahmen** im betrieblichen Bereich beschließt, die zum Wegfall des Arbeitsplatzes führen[5]. 256

Dagegen kann die Unrentabilität des Betriebs ohne weitere Rationalisierungsmaßnahmen ein Grund für eine betriebsbedingte (Änderungs-)Kündigung sein, wenn durch die Senkung der Personalkosten die **Stillegung des Betriebs oder die weitere Reduzierung der Belegschaft verhindert** werden kann und soll[6]. Die fehlende Rentabilität einer unselbständigen Betriebsabteilung begründet aber noch kein dringendes betriebliches Erfordernis für eine Kündigung; vielmehr ist auf die wirtschaftlichen Verhältnisse des Betriebs selbst abzustellen[7]. Unrentabilität liegt nicht erst dann vor, wenn das Unternehmen oder der Betrieb über längere Zeit mit Verlust arbeitet, sondern schon dann, wenn ein Unternehmen 257

---

1 BAG v. 15. 6. 1989, NZA 1990, 65.
2 BAG v. 15. 6. 1989, NZA 1990, 65; BAG v. 24. 10. 1979, BAGE 32, 150; BAG v. 7. 12. 1978, BAGE 31, 157.
3 BAG v. 7. 12. 1978, BAGE 31, 157; *Schaub*, § 131 II 10.
4 BAG v. 20. 3. 1986, NZA 1986, 824; BAG v. 7. 12. 1978, BAGE 31, 157; LAG Baden-Württemberg v. 24. 4. 1995, EzA Nr. 18 zu § 2 KSchG.
5 BAG v. 20. 3. 1986, NZA 1986, 824; *Schaub*, § 131 II 8; *Knorr/Bichlmeier/Kremhelmer*, Kap. 10 Rz. 153.
6 BAG v. 20. 3. 1986, NZA 1986, 824; BAG v. 11. 10. 1989, NZA 1990, 607.
7 BAG v. 11. 10. 1989, NZA 1990, 607.

neben den Betriebsausgaben einen angemessenen Unternehmergewinn und eine angemessene Verzinsung des Eigenkapitals nicht mehr erwirtschaftet[1].

dd) Absatzschwierigkeiten

258 Absatzschwierigkeiten können eine betriebsbedingte Kündigung rechtfertigen, wenn sich der **Arbeitsanfall unmittelbar nach dem Absatz richtet**, beispielsweise bei Verpackungsarbeiten, soweit die Ware erst bei Auslieferung verpackt wird[2]. Etwas anderes gilt, wenn im Produktionsbetrieb die Herstellung unverändert fortgeführt wird und sich lediglich der Lagerbestand vergrößert. Wird aufgrund von Absatzschwierigkeiten die Produktion eingeschränkt, liegt dies im unternehmerischen Ermessen. Eine solche Produktionseinschränkung kann dann zum Wegfall von Arbeitsplätzen führen und eine betriebsbedingte Kündigung rechtfertigen[3].

ee) Kurzarbeit

259 Kurzarbeit steht einer betriebsbedingten Kündigung nicht entgegen[4]. In der Kurzarbeitsperiode ist eine Kündigung aber nur dann gerechtfertigt, wenn über die Gründe, die zur Einführung von Kurzarbeit geführt haben, weitergehende inner- oder außerbetriebliche Gründe vorliegen, die ergeben, daß nicht nur vorübergehend, sondern **auf unbestimmte Dauer** das Bedürfnis der Weiterbeschäftigung der gekündigten Arbeitnehmer entfallen ist[5].

ff) Betriebs- oder Teilbetriebsstillegung

260 Die Betriebs- und die Teilbetriebsstillegung können eine Kündigung sozial rechtfertigen[6]. Unter Betriebsstillegung ist die **Auflösung der zwischen Arbeitgeber und Arbeitnehmer bestehenden Betriebs- und Produktionsgemeinschaft** zu verstehen, die ihre Veranlassung und zugleich ihren unmittelbaren Ausdruck darin findet, daß der Unternehmer die bisherige wirtschaftliche Betätigung in der ernstlichen Absicht einstellt, die Weiterverfolgung des bisherigen Betriebszwecks dauernd oder für eine ihrer Dauer nach unbestimmte, wirtschaftlich nicht unerhebliche Zeitspanne aufzuheben[7]. Der Arbeitgeber muß mit der Kündigung nicht bis zur Durchführung der Stillegung warten. Vielmehr kommt eine Kündigung schon bei **beabsichtigter Stillegung** in Betracht. Voraussetzung ist, daß die Betriebsstillegung greifbare Formen angenommen hat und eine vernünftige und betriebswirtschaftliche Betrachtung die Prognose

---

1 *Kottke*, BB 1996, 1265.
2 *Knorr/Bichlmeier/Kremhelmer*, Kap. 10 Rz. 147.
3 *Schaub*, § 131 II 1; *Knorr/Bichlmeier/Kremhelmer*, Kap. 10 Rz. 147.
4 BAG v. 17. 10. 1980, DB 1981, 747; KR/*Etzel*, § 1 KSchG Rz. 527.
5 LAG Düsseldorf v. 3. 6. 1982, DB 1982, 1935; KR/*Becker*, § 1 KSchG Rz. 319; *Knorr/Bichlmeier/Kremhelmer*, Kap. 10 Rz. 146.
6 BAG v. 27. 9. 1984, NZA 1985, 493; BAG v. 16. 9. 1982 AP Nr. 4 zu § 22 KO; BAG v. 27. 2. 1987, NZA 1987, 700; BAG v. 13. 9. 1995, NZA 1996, 307; BAG v. 5. 10. 1995, BB 1996, 281.
7 BAG v. 27. 9. 1984, NZA 1985, 493; BAG v. 27. 2. 1987, NZA 1987, 700.

ergibt, daß bis zum Auslaufen der einzuhaltenden Kündigungsfrist die Maßnahme durchgeführt ist und der Arbeitnehmer somit entbehrt werden kann[1]. Daran fehlt es, wenn zum Kündigungszeitpunkt noch über eine Weiterveräußerung der Gesellschaftsanteile verhandelt wird[2].

Entscheidend ist zunächst die auf einem ernstlichen Willensentschluß des Arbeitgebers beruhende Aufgabe des Betriebszwecks, die nach außen in der Auflösung der Betriebsorganisation zum Ausdruck kommt[3]. Die Stillegung muß für eine **unbestimmte, nicht unerhebliche Zeitspanne** erfolgen, weil anderenfalls nur eine unerhebliche Betriebspause oder Betriebsunterbrechung vorliegt. Bei **alsbaldiger Wiedereröffnung** des Betriebs spricht eine tatsächliche Vermutung gegen eine ernsthafte Stillegungsabsicht[4].

Wie lange der Betrieb geschlossen sein muß, läßt sich nicht allgemein beantworten, sondern hängt unter anderem von der Art des Betriebs, dem Grund der zeitweiligen Schließung und der Kündigungsfrist ab[5]. Die Wirksamkeit einer Kündigung wird nicht dadurch beeinträchtigt, daß sich der Unternehmer nach Ausspruch der Kündigung entscheidet, die Betriebsstillegung nicht vorzunehmen, wenn sich die Verhältnisse, die zum Stillegungsentschluß geführt haben, wider Erwarten anders entwickeln, als bei nüchterner und vernünftiger Betrachtung vorhersehbar[6]. Aber es kann sich dann ein Wiedereinstellungsanspruch des Arbeitnehmers ergeben[7].

261

Der Betriebsstillegungsbeschluß selbst ist eine auf ihre sachliche Rechtfertigung und ihre Zweckmäßigkeit hin nicht zu überprüfende Entscheidung. **Vom Gericht nachprüfbar** ist aber die Frage, ob durch die innerbetriebliche Umsetzung dieser Entscheidung das Bedürfnis für die Weiterbeschäftigung eines oder mehrerer Arbeitnehmer entfallen ist[8].

262

gg) Konkurs

Die Eröffnung des Konkursverfahrens führt **nicht** zu einer automatischen Beendigung der Arbeitsverhältnisse. Genauso wenig rechtfertigt alleine die Tatsache des Konkurses die betriebsbedingte Kündigung. Auch für das Arbeitsverhältnis im Konkurs gilt das KSchG (§ 113 Abs. 2 InsO). Gleiches hatte das Bundesarbeitsgericht[9] schon zu § 22 KO entschieden. Entschließt sich der Konkursverwalter zur Betriebsstillegung und soll diese etappenweise erfolgen, muß der Konkursverwalter bei den jeweils zu kündigenden Arbeitnehmern die Grundsätze über die soziale Auswahl beachten. Dies gilt

263

---

1 BAG v. 27. 2. 1997, NZA 1997, 757.
2 BAG v. 10. 10. 1996, NZA 1997, 251.
3 BAG v. 27. 9. 1984, NZA 1985, 493.
4 BAG v. 27. 9. 1984, NZA 1985, 493.
5 *Knorr/Bichlmeier/Kremhelmer*, Kap. 10 Rz. 150; KR/*Etzel*, § 15 KSchG Rz. 91; LAG Berlin v. 17. 11. 1986, DB 1987, 1360 – Zehnmonatige Betriebsschließung.
6 BAG v. 27. 2. 1987, NZA 1987, 700.
7 BAG v. 27. 2. 1997, NZA 1997, 757.
8 BAG v. 5. 10. 1995, DB 1996, 281; BAG v. 27. 2. 1987, NZA 1987, 700.
9 BAG v. 16. 9. 1982, AP Nr. 4 zu § 22 KO.

auch dann, wenn nur noch einige Mitarbeiter mit Abwicklungsarbeiten beschäftigt werden sollen[1].

Die Darlegungslast wird durch § 125 InsO verlagert. Kommt ein Interessenausgleich zustande, in dem die Arbeitnehmer, denen gekündigt werden soll, namentlich bezeichnet sind, gilt die Vermutung, daß der Weiterbeschäftigung dringende betriebliche Erfordernisse entgegenstehen.

hh) Vergabe von Arbeiten

264 Die Fremdvergabe (Outsourcing) kann dann eine betriebsbedingte Kündigung rechtfertigen, wenn die Fremdvergabe **keinen Betriebsübergang** darstellt. Nach der Rechtsprechung des Bundesarbeitsgerichts[2] kam eine Funktionsnachfolge dann einem Betriebsübergang gleich, wenn mit der Fremdvergabe zugleich der Übergang einer abgeschlossenen Einheit von Betriebsmitteln verbunden war. Der EuGH hat im Gegensatz hierzu mit Urteil v. 14. 4. 1994[3] festgestellt, daß die bloße Funktionsnachfolge ausreichen kann, um einen Betriebsübergang nach Art. 1 I der Richtlinie 77/187/EWG des Rates v. 14. 2. 1977 herbeizuführen. Im dortigen Verfahren wurde festgestellt, daß die Übertragung von Reinigungsarbeiten, die seither von einer Mitarbeiterin des Betriebs erledigt wurden, auf ein fremdes Reinigungsunternehmen einen Betriebsübergang darstellt.

265 Diese Rechtsprechung ist auf umfangreiche **Kritik** gestoßen[4]. Die Reaktion der Instanzgerichte war uneinheitlich[5].

Das Bundesarbeitsgericht hat mit Beschluß v. 21. 3. 1996[6] den EuGH um Vorabentscheidung ersucht, ob ein Betriebsübergang vorliegt, wenn ein Arbeitgeber bestimmte Tätigkeiten, die nur in seinem Betrieb ausgeführt werden können, nicht selbst erledigt, sondern aufgrund eines Dienstvertrages oder eines Werkvertrages von einem Dritten erledigen läßt, der auch die dazu benötigten Arbeitnehmer einstellt und deren Arbeitgeber ist. Das Bundesarbeitsgericht wollte weiter geklärt wissen, ob es darauf ankommen kann, ob komplett eingerichtete Einheiten oder untergeordnete Betriebsmittel zur Verfügung gestellt bzw. übernommen werden. Der EuGH hat an der *Christel Schmidt*-Entscheidung v. 14. 4. 1994 festgehalten und im Urteil v. 7. 3. 1996[7] ausdrücklich darauf hingewiesen, daß die **Übertragung von Aktiva** für die Frage, ob ein Betriebsübergang vorliegt, **nicht ausschlaggebend** ist.

266 Eine gewisse Klärung brachte das Urteil des Europäischen Gerichtshofs v. 11. 3. 1997[8]. Im dortigen Fall war die Klägerin als Putzfrau bei der Beklagten,

---

1 BAG v. 16. 9. 1982, AP Nr. 4 zu § 22 KO; KR/*Etzel*, § 1 KSchG Rz. 541.
2 BAG v. 9. 4. 1994, ZIP 1994, 1041.
3 NZA 1994, 545.
4 Stellvertretend: *Röder/Baeck*, NZA 1994, 542; *Bauer*, BB 1994, 1433.
5 Stellvertretend: ArbG Hamburg v. 4. 7. 1994, BB 1994, 1501; LAG Düsseldorf v. 22. 8. 1995, BB 1996, 431; LAG Hamm v. 9. 10. 1995, BB 1996, 331; ArbG Nürnberg v. 18. 12. 1995, BB 1996, 1068.
6 BB 1996, 799.
7 EuZW 1996, 212 m. Anm. *Waas*.
8 EuZW 1997, 244.

einem Reinigungsunternehmen beschäftigt. Die Beklagte war unter anderem mit der Reinigung eines Gymnasiums beauftragt. Die Klägerin wurde von der Beklagten im Rahmen dieses Reinigungsauftrages eingesetzt. Nachdem das Gymnasium den Vertrag mit der Beklagten gekündigt und den Auftrag anderweitig vergeben hatte, entließ die Beklagte mehrere Arbeitnehmer, darunter auch die Klägerin. Auf diesen Sachverhalt bezogen hat der Europäische Gerichtshof die Anwendung der Richtlinie 77/187/EWG verneint, mit der Begründung, daß eine wirtschaftliche Einheit nicht die bloße Tätigkeit sein kann. Die **Identität einer wirtschaftlichen Einheit** ergibt sich aus anderen Merkmalen wie dem Personal, den Führungskräften, der Arbeitsorganisation, den Betriebsmethoden und ggf. den zur Verfügung stehenden Betriebsmitteln. Der bloße Verlust eines Auftrags an einen Mitbewerber stellt für sich genommen keinen Übergang im Sinne der Richtlinie dar. Das zuvor beauftragte Dienstleistungsunternehmen verliert zwar einen Kunden, besteht aber in vollem Umfang weiter, ohne daß einer seiner Betriebe oder Betriebsteile auf den neuen Auftragnehmer übertragen wird. Nach diesem Urteil steht fest, daß die bloße **Aufgabenzuweisung an ein neues Unternehmen** nicht dazu führt, daß ein Betriebsübergang im Sinne der Richtlinie 77/187/EWG vorliegt. Es muß zusätzlich hinzutreten, daß

▶ der Übernehmer der Aufgabe entweder relevante materielle oder immaterielle **Betriebsmittel** von dem Vorgänger übertragen bekommt, oder

▶ der Übernehmer der Aufgabe einen nach Zahl und Sachkunde **wesentlichen Teil des** vom Vorgänger zur Durchführung des Vertrags eingesetzten **Personals übernimmt**[1].

ii) Rationalisierung

Unter einer Rationalisierungsmaßnahme sind **innerbetriebliche Veränderungen im technischen oder organisatorischen Bereich** zu verstehen, mit dem Ziel, die betriebliche Ertragslage zu verbessern[2]. Hierzu gehört beispielsweise die Änderung der Fertigungstechnik (Wechsel von manueller zu automatischer Fertigung, Einführung von EDV-gestützter Fertigungstechnik), die Einführung arbeitssparender Maschinen oder auch die Übernahme der Aufgaben eines Arbeitnehmers durch den Arbeitgeber selbst[3].

267

Die Rationalisierungsmaßnahme kann vom Arbeitsgericht nicht auf ihre Notwendigkeit oder Zweckmäßigkeit hin überprüft werden, sondern sie unterliegt nur einer **Mißbrauchskontrolle**[4].

268

Über § 1 KSchG hinaus können **Rationalisierungsschutzabkommen** dem Arbeitnehmer besondere Rechte einräumen, mit der Folge, daß sich der Arbeitnehmer sowohl auf den gesetzlichen Kündigungsschutz des § 1 KSchG als auch auf die Rechte aus dem Rationalisierungsschutzabkommen berufen kann[5].

269

---

1 *Buchner*, NZA 1997, 408.
2 KR/*Etzel*, § 1 KSchG Rz. 551.
3 BAG v. 24. 10. 1979, BAGE 32, 150; *Schaub*, § 131 III 5; KR/*Etzel*, § 1 KSchG Rz. 551.
4 BAG v. 24. 10. 1979, BAGE 32, 150; BAG v. 7. 12. 1978, BAGE 31, 157.
5 BAG v. 20. 2. 1986, AP Nr.1 zu § 4 TVG – Rationalisierungsschutz.

jj) Verlagerung des Arbeitsplatzes

270 Besteht die unternehmerische Entscheidung im wesentlichen darin, eine Abteilung des Betriebs zu schließen und die dort bisher erledigten Arbeiten nach einer Umorganisation des Arbeitsablaufs einer anderen Abteilung oder einem anderen Betrieb des Unternehmens zuzuordnen, rechtfertigt dies noch keine betriebsbedingte Kündigung der in der zu schließenden Abteilung beschäftigten Arbeitnehmer. Dies ergibt sich daraus, daß die **Arbeitskapazitäten nicht entfallen.** Der seitherige Arbeitsbedarf besteht fort, wenngleich der Arbeitsbedarf in eine andere Abteilung oder einen anderen Betrieb verlagert ist. Dies gilt auch dann, wenn der Arbeitgeber bei im wesentlichen gleichbleibender Tätigkeit den Arbeitsplatz so umgestaltet, daß es sich nunmehr um eine Beförderungsstelle handelt[1]. Hierdurch ist aber kein allgemeiner Anspruch auf Beförderung begründet[2].

kk) Umorganisation

271 In dem sogenannten Weight-Watchers-Urteil des Bundesarbeitsgerichts v. 9. 5. 1996[3] stellte das Bundesarbeitsgericht fest, daß es bei einer innerbetrieblichen Umstrukturierungsmaßnahme (nämlich der Einführung eines neuen Vertriebssystems) im Hinblick auf betriebsbedingte Kündigungen **dem Arbeitgeber überlassen** bleiben muß, wie er sein Unternehmensziel möglichst zweckmäßig und kostengünstig am Markt verfolgt.

Dazu gehört auch die **Umgestaltung der zugrunde liegenden Vertragsform** für die Vertriebsmitarbeiter. Im dortigen Fall wurde der Vertrieb von angestellten Arbeitnehmern auf freie Unternehmer übertragen. Etwas anderes gilt dann, wenn die Unternehmerentscheidung eine Austauschkündigung zum Inhalt hat. Eine Austauschkündigung liegt dann vor, wenn der im Betrieb beschäftigte Arbeitnehmer durch einen ausgeliehenen Arbeitnehmer ersetzt werden soll. Eine solche Unternehmerentscheidung führt nicht zum Wegfall der Beschäftigungsmöglichkeit im Betrieb, sondern dient nur dem Austausch der Person und kann deshalb eine betriebsbedingte Kündigung nicht rechtfertigen[4].

ll) Witterungsgründe

272 Längerfristige witterungsbedingte Arbeitseinstellungen können Grundlage für eine betriebsbedingte Kündigung sein[5]. Die Möglichkeit saison- bzw. witterungsbedingter Kündigungen wird **vom Gesetzgeber grundsätzlich anerkannt** (§§ 22 KSchG, 20 Abs. 2 SchwbG). Sie sind in bestimmten Branchen (zB Baugewerbe, Gartenbau usw.) üblich und Gegenstand tariflicher Regelungen geworden.

273 Das Bundesarbeitsgericht hat offen gelassen, ob bei einer grundsätzlich zulässigen witterungsbedingten Kündigung ein **Wiedereinstellungsanspruch** besteht, wenn die Witterungsverhältnisse die Fortsetzung der Arbeit zulassen. Ergän-

---

1 BAG v. 10. 11. 1994, NZA 1995, 566; BAG v. 5. 10. 1995, NZA 1996, 524.
2 BAG v. 29. 3. 1990, NZA 1991, 181; BAG v. 10. 11. 1994, NZA 1995, 566.
3 NZA 1996, 1145.
4 BAG v. 26. 9. 1996, NZA 1997, 202.
5 BAG v. 7. 3. 1996, BB 1996, 1557.

IV. Betriebsbedingte Kündigung   Rz. 276 Teil 3 D

zend hat das Bundesarbeitsgericht aber darauf hingewiesen, daß der Arbeitgeber einen witterungsabhängigen Auftragsrückgang nicht dazu nutzen darf, unter dem Etikett einer witterungsbedingten Kündigung im Ergebnis die gesamte Belegschaft auszutauschen[1].

mm) Drittmittelfinanzierung

Ist ein Arbeitsplatz durch Drittmittel finanziert, liegt ein dringendes betriebliches Erfordernis, das einer Weiterbeschäftigung des Arbeitnehmers im Betrieb des Drittmittelempfängers entgegensteht, schon dann vor, wenn der Drittmittelgeber entschieden hat, die **Fördermittel zu streichen bzw. zu kürzen.** Führt der Drittmittelempfänger (Arbeitgeber) die bisher geförderte Maßnahme nicht – etwa aus eigenen Mitteln – fort, so liegt für die dort beschäftigten Arbeitnehmer ein Grund für eine betriebsbedingte Kündigung vor[2].   274

4. Dringlichkeit

§ 1 Abs. 2 Satz 1 KSchG verlangt ein **dringendes betriebliches Erfordernis.** Durch dieses Tatbestandsmerkmal wird der Grundsatz der Verhältnismäßigkeit oder das sogenannte Ultima-ratio-Prinzip konkretisiert. Hieraus ergibt sich, daß die Kündigung nur dann gerechtfertigt ist, wenn sie **unvermeidbar** ist[3]. Offen ist gegenwärtig der Einfluß von § 2 Abs. 1 Nr. 2 SGB III, den *Schaub*[4] als Gesetzessensation und *Rüthers*[5] als kündigungsrechtlichen Irrweg bezeichnet.   275

Die Möglichkeit, den Arbeitnehmer auf einen anderen freien, gleichwertigen Arbeitsplatz im Betrieb **zu versetzen,** steht der Kündigung entgegen[6]. Weiß ein Arbeitnehmer, daß ihm betriebsbedingt gekündigt werden muß und lehnt er gleichwohl eine Austauschbeschäftigung ab, kann er sich nach der Kündigung nicht auf die Möglichkeit der anderen Beschäftigung berufen[7].   276

Als **frei** sind solche **Arbeitsplätze** anzusehen, die zum Zeitpunkt des Zugangs der Kündigung unbesetzt sind. Sofern der Arbeitgeber bei Ausspruch der Kündigung mit hinreichender Sicherheit vorhersehen kann, daß ein Arbeitsplatz bis zum Ablauf der Kündigungsfrist zur Verfügung stehen wird, ist auch ein derartiger Arbeitsplatz als frei anzusehen[8].

Schließlich ist von einem freien Arbeitsplatz auch dann auszugehen, wenn in absehbarer Zeit nach Beendigung des Arbeitsverhältnisses ein Arbeitsplatz frei wird, sofern die **Überbrückung** dieses Zeitraums dem Arbeitgeber **zumutbar** ist[9]. Welche Zeitdauer dabei zumutbar ist, hat das Bundesarbeitsge-

---

1 BAG v. 7. 3. 1996, BB 1996, 1557.
2 BAG v. 7. 11. 1996, NZA 1997, 253.
3 BAG v. 25. 6. 1964, BAGE 16, 134; BAG v. 20. 2. 1986, NZA 1986, 823; BAG v. 18. 1. 1990, NZA 1990, 734; BAG v. 19. 5. 1993, NZA 1993, 1077.
4 NZA 1997, 810.
5 NJW 1998, 283.
6 BAG v. 29. 3. 1990, NZA 1991, 181.
7 LAG Köln v. 8. 2. 1995, NZA-RR 1996, 89.
8 BAG v. 29. 3. 1990, NZA 1991, 181.
9 BAG v. 15. 12. 1994, DB 1995, 979; BAG v. 7. 3. 1996, BB 1996, 1557.

richt[1] zunächst offen gelassen und im Urteil v. 15. 12. 1994[2] festgestellt, daß jedenfalls der Zeitraum zumutbar ist, den ein anderer Stellenbewerber zur Einarbeitung benötigen würde, wobei je nach den Umständen eine Probezeitvereinbarung als Anhaltspunkt für die Bemessung einer Einarbeitungszeit herangezogen werden könnte[3].

277 Kann der Arbeitnehmer auf keinem gleichwertigen anderen Arbeitsplatz eingesetzt werden, so muß ihm der Arbeitgeber von sich aus einen geeigneten **Arbeitsplatz mit schlechteren Arbeitsbedingungen** anbieten[4], wobei ein fehlendes Angebot des Arbeitgebers die Beendigungskündigung aber nicht ohne weiteres unwirksam macht. Vielmehr ist darauf abzustellen, ob der Arbeitnehmer ein Änderungsangebot zumindest unter Vorbehalt angenommen hätte[5]. Die Möglichkeit der Versetzung eines von einer Kündigung betroffenen Arbeitnehmers ist **unternehmensweit** zu prüfen, obgleich das Kündigungsschutzgesetz grundsätzlich betriebsbezogen ist[6]. Das Bundesarbeitsgericht hat seine frühere Ansicht[7] ausrücklich unter Hinweis auf die Neufassung des § 1 Abs. 2 Satz 2 und 3 des KSchG aufgegeben. Ein Konzernbezug kommt demgegenüber nur in Ausnahmefällen in Betracht.

Dies kann etwa dann der Fall sein, wenn ein Konzernunternehmen sich ausdrücklich zur Übernahme des betroffenen Arbeitnehmers bereit erklärt hat oder aber der Arbeitnehmer bereits nach seinem Arbeitsvertrag von vornherein für den Unternehmens- und Konzernbereich eingestellt worden ist und sich arbeitsvertraglich mit einer Versetzung **innerhalb der Konzerngruppe** einverstanden erklärt hat. Gleiches gilt dann, wenn der Arbeitgeber dem Arbeitnehmer eine Übernahme durch einen anderen Konzernbetrieb in Aussicht stellt[8].

Ein kündigungsrechtlich relevanter Konzernbezug liegt nicht schon dann vor, wenn der betroffene Arbeitnehmer, ohne daß eine konzernbezogene Versetzungsklausel arbeitsvertraglich vereinbart ist, bestimmten fachlichen Weisungen eines anderen Konzernunternehmens unterstellt wird[9]. Behauptet der Arbeitnehmer eine Weiterbeschäftigungsmöglichkeit im Betrieb oder im Unternehmen des Arbeitgebers oder innerhalb des Konzerns und bestreitet der Arbeitgeber diese Weiterbeschäftigungsmöglichkeit, muß der Arbeitnehmer konkret aufzeigen, wie er sich eine anderweitige Beschäftigung vorstellt. Erst danach muß der Arbeitgeber eingehend erläutern, aus welchen Gründen

---

1 BAG v. 7. 2. 1991, DB 1991, 1730
2 DB 1995, 979.
3 Bestätigt durch Urteil v. 7. 3. 1996, BB 1996, 1557.
4 BAG v. 30. 5. 1978, NJW 1979, 332.
5 BAG v. 27. 9. 1984, NZA 1985, 455.
6 BAG v. 5. 8. 1976, BB 1976, 1516; BAG v. 17. 5. 1984, BAGE 46, 191.
7 BAG v. 25. 9. 1956, BAGE 3, 155; BAG v. 12. 3. 1968, BAGE 20, 345.
8 BAG v. 14. 10. 1982, BAGE 41, 72; BAG v. 22. 5. 1986, NZA 1987, 125; BAG v. 20. 1. 1994, NZA 1994, 653.
9 BAG v. 27. 11. 1991, DB 1992, 1247.

IV. Betriebsbedingte Kündigung   Rz. 281 **Teil 3 D**

eine Umsetzung auf einen entsprechenden freien Arbeitsplatz nicht möglich ist[1].

Der Arbeitgeber ist **nicht** verpflichtet, einen **neuen Arbeitsplatz** zu schaffen, um die Kündigung zu vermeiden[2], sowenig wie der Arbeitgeber dem zu kündigenden Arbeitnehmer eine Beförderungsstelle anzubieten hat[3]. Schließlich gebietet auch die Beachtung des Verhältnismäßigkeitsgrundsatzes nicht, daß anstelle einer geringeren Zahl von Beendigungskündigungen eine größere Zahl von Änderungskündigungen bzw. anstelle einer größeren Zahl von Änderungskündigungen eine geringere Zahl von Beendigungskündigungen auszusprechen ist. 278

Das Kündigungsschutzgesetz stellt für die Beurteilung der Kündigung auf die **zweiseitige Rechtsbeziehung** ab. Nur die spezifischen, aus Sinn und Zweck des Vertrages und des Gesetzes herleitbaren Interessen der Vertragsparteien spielen für die Frage der Rechtfertigung der Kündigung eine Rolle. 279

Aus dieser strikt **arbeitsvertragsbezogenen Konzeption** des Kündigungsschutzes ergibt sich, daß sich der Katalog milderer Maßnahmen regelmäßig auf die Rechtsbeziehung der streitenden Vertragsparteien beschränken muß[4].

Der Arbeitgeber ist nicht verpflichtet, anstelle einer betriebsbedingten Kündigung **Kurzarbeit** einzuführen[5]. 280

Hat der Arbeitgeber bereits Kurzarbeit eingeführt, ist eine betriebsbedingte Kündigung nur dann sozial gerechtfertigt, wenn außer den Gründen, die zur Einführung von Kurzarbeit geführt haben, weitere inner- oder außerbetriebliche Gründe vorliegen, die ergeben, daß nicht nur vorübergehend, sondern auf unbestimmte Dauer hinsichtlich des gekündigten Arbeitnehmers das Bedürfnis für eine Weiterbeschäftigung entfallen ist[6].

5. Interessenabwägung

So wie bei der personen- und verhaltensbedingten Kündigung bedarf es auch bei der betriebsbedingten Kündigung einer einzelfallbezogenen **Interessenabwägung**[7]. 281

Nach der **älteren Rechtsprechung des Bundesarbeitsgerichts** war eine betriebsbedingte Kündigung nur dann sozial gerechtfertigt, wenn die betrieblichen

---
1 BAG v. 24. 3. 1983, BAGE 42, 151; BAG v. 18. 1. 1990, BAGE 64, 34; BAG v. 20. 1. 1994, NZA 1994, 653.
2 BAG v. 3. 2. 1977, NJW 1977, 1846.
3 BAG v. 29. 3. 1990, NZA 1991, 181.
4 BAG v. 15. 9. 1993, NZA 1993, 1075.
5 BAG v. 25. 6. 1964, AP Nr. 14 zu § 1 KSchG – Betriebsbedingte Kündigung; BAG v. 4. 3. 1986, EzA Nr. 17 zu § 87 BetrVG 1972 – Arbeitszeit; BAG v. 11. 9. 1986, EzA Nr. 54 zu § 1 KSchG – Betriebsbedingte Kündigung; LAG Düsseldorf v. 21. 6. 1983, DB 1984, 565; LAG Schleswig-Holstein v. 7. 11. 1983, DB 1984, 1482; LAG Hamm v. 8. 3. 1983, BB 1983, 1349; aA KR/*Etzel*, § 1 KSchG Rz. 498.
6 BAG v. 17. 10. 1980, BB 1981, 555; *Knorr/Bichlmeier/Kremhelmer*, Kap. 10 Rz. 165.
7 BAG v. 24. 10. 1979, BAGE 32, 150; BAG v. 30. 4. 1987, NZA 1987, 776; KR/*Etzel*, § 1 KSchG Rz. 514; *Knorr/Bichlmeier/Kremhelmer*, Kap. 10 Rz. 177.

Gründe bei verständiger Würdigung in Abwägung der Interessen der Vertragsparteien und des Betriebs die Kündigung als billigenswert und angemessen erscheinen ließen.

Abzuwägen war danach das **Bestandsschutzinteresse des Arbeitnehmers gegen die betrieblichen Bedürfnisse.** Nach dieser älteren Rechtsprechung war die Interessenabwägung dann fehlerhaft, wenn die mit einer betriebsbedingten Kündigung zu erwartenden betrieblichen Vorteile zu den sozialen Nachteilen, die sich für den betroffenen Arbeitnehmer ergaben, in keinem vernünftigen Verhältnis standen[1].

282 Seit dem **Urteil v. 24. 10. 1979**[2] gilt folgendes:

Ist eine Kündigung aufgrund einer bindenden Unternehmerentscheidung an sich betriebsbedingt, kann die Abwägung der beiderseitigen Interessen nur noch in seltenen Ausnahmen zugunsten des Arbeitnehmers ausfallen[3]. Diese geänderte Rechtsprechung hat zur Folge, daß die einzelfallbezogene Interessenabwägung bei einer an sich betriebsbedingten Kündigung nur noch in **sozialen Härtefällen** zur Sozialwidrigkeit der ordentlichen Kündigung führen kann[4]. In der Literatur wird zutreffend darauf hingewiesen, daß bei einer konsequenten Anwendung der neuen Rechtsprechung des Bundesarbeitsgerichts für eine Interessenabwägung dann kein Raum mehr ist, wenn feststeht, daß dringende betriebliche Erfordernisse vorliegen, eine zumutbare Weiterbeschäftigungsmöglichkeit ausscheidet und die Sozialauswahl fehlerfrei ist[5].

283 Das Arbeitsgericht Passau[6] hat fehlerhaft angenommen, daß ein Ausnahmefall vorliegen würde, der eine Interessenabwägung zulasse, wenn der Arbeitnehmer etwa 25 Jahre beschäftigt sei, die Kündigung zwischen dem 55. und 60. Lebensjahr ausgesprochen werde und die Beschäftigungschancen des Arbeitnehmers auf dem Arbeitsmarkt als sehr gering einzuschätzen seien. Mit dieser Ansicht wären alle Kündigungen langfristig beschäftigter älterer Arbeitnehmer unwirksam sein, da regelmäßig bei einem älteren Arbeitnehmer davon auszugehen ist, daß die Beschäftigungschancen auf dem Arbeitsmarkt als sehr gering einzuschätzen sind.

6. Sozialauswahl

a) Gesetzliche Regelung

284 Mit Gesetz v. 25. 9. 1996[7] wurde § 1 Abs. 3 KSchG geändert. Außerdem wurden zwei neue Absätze angefügt.

---

1 BAG v. 4. 2. 1960, BAGE 9, 36; BAG v. 3. 5. 1978, BAGE 30, 272.
2 BAGE 32, 150.
3 BAG v. 16. 1. 1987 – 7 AzR 495/85, nv.; BAG v. 30. 4. 1987, NZA 1987, 776.
4 BAG v. 24. 10. 1979, BAGE 32, 150.
5 KR/*Etzel*, § 1 KSchG Rz. 516; *Bitter/Kiel*, RdA 1994, 346; *Preis*, DB 1988, 1387.
6 ArbG Passau v. 17. 8. 1994, BB 1994, 2207.
7 BGBl. I 1996, 1476.

IV. Betriebsbedingte Kündigung

Bezogen auf die Sozialauswahl enthält die Gesetzesänderung **drei wesentliche Gesichtspunkte:**

▶ Die bisherige Formulierung „soziale Gesichtspunkte" wurde ersetzt durch die drei Sozialkriterien „**Dauer der Betriebszugehörigkeit**", „**Lebensalter**" und „**Unterhaltspflichten** des Arbeitnehmers".

Es bleibt die Frage, ob mit dieser Gesetzesänderung die große Unsicherheit, welche Sozialkriterien in die Sozialauswahl einzubeziehen sind, überwunden ist. In Rechtsprechung und Literatur wurden zur **alten Rechtslage** beispielhaft noch folgende weitere Sozialkriterien als relevant angesehen: Familienstand (Doppelverdienerehen), existenzsichernde Vermögensverhältnisse, Gesundheitszustand des Arbeitnehmers, etwaige Schwerbehinderteneigenschaft des Arbeitnehmers, etwaige Erkrankungen oder Pflegebedürftigkeit von nahen Familienangehörigen, Arbeitsmarktchancen des Arbeitnehmers, Vollendung des 65. Lebensjahres, Einberufung des Arbeitnehmers zum Wehr- oder Ersatzdienst, das betriebsverfassungsrechtliche Behinderungsverbot des § 78 BetrVG[1].

▶ Die alte gesetzliche Regelung ließ offen, welche Kriterien neben betriebstechnischen oder wirtschaftlichen Bedürfnissen geeignet waren, einen Arbeitnehmer in die Sozialauswahl nicht einbeziehen zu müssen. Die Neuregelung hat klargestellt, daß einerseits die **Kenntnisse, Fähigkeiten und Leistungen** eines einzelnen Arbeitnehmers, andererseits eine **ausgewogene Personalstruktur im Betrieb** geeignet sind, einzelne Arbeitnehmer aus der Sozialauswahl herauszunehmen.

Damit ist insbesondere der Streit, ob die Erhaltung einer ausgewogenen Altersstruktur ein berechtigtes betriebliches Bedürfnis darstellt, beseitigt[2]. Nach der alten Regelung mußten die berechtigten betrieblichen Bedürfnisse die Weiterbeschäftigung der aus der Sozialauswahl herauszunehmenden Arbeitnehmer bedingen. Nach der Neuregelung muß die Weiterbeschäftigung „nur" im berechtigten betrieblichen Interesse liegen.

▶ In den Fällen der neuen Absätze vier und fünf kann die Sozialauswahl nur noch auf **grobe Fehlerhaftigkeit** hin überprüft werden. Hieraus lassen sich zwei Konsequenzen ableiten: Einerseits, daß die Überprüfung der Sozialauswahl außerhalb der Voraussetzungen der neu geschaffenen Absätze vier und fünf nicht nur auf grobe Fehlerhaftigkeit beschränkt ist und andererseits, daß in den Fällen der Absätze vier und fünf den Betriebspartnern ein Ermessensspielraum zusteht.

---

1 KR/*Etzel*, § 1 KSchG Rz. 581; MünchArbR/*Berkowsky*, Band 2, § 135 Rz. 55 bis 80; Möhn, BB 1995, 563; von Hoyningen-Huene, NZA 1986, 449; Weng, DB 1978, 884; Buchner, DB 1983, 388.
2 KR/*Etzel*, § 1 KSchG Rz. 598a; MünchArbR/*Berkowsky*, Band 2, § 135 Rz. 52; *Bauer/Lingemann*, NZA 1993, 623.

b) Die Sozialkriterien

aa) Allgemein

288 Es entsprach der Rechtsprechung des Bundesarbeitsgerichts zur alten Rechtslage, daß die in der Neuregelung des Gesetzes enthaltenen Sozialdaten Betriebszugehörigkeit, Lebensalter und Unterhaltsverpflichtungen die maßgeblichen Grunddaten bei der Sozialauswahl sind, wenngleich im Rahmen einer abschließenden Beurteilung die **individuellen Besonderheiten** des Einzelfalles zu berücksichtigen waren[1]. Mit der Neuregelung ist der bisherigen Forderung des Bundesarbeitsgerichts nach Berücksichtigung individueller Einzelbelange die Grundlage entzogen. Die Streitfrage, ob betriebliche Belange bei der Sozialauswahl Berücksichtigung finden können, ist damit hinfällig[2].

Die Sozialauswahl darf sich nur noch auf die Grunddaten **Betriebszugehörigkeit, Lebensalter und Unterhaltspflichten des Arbeitnehmers** beziehen[3]. Die Einbeziehung weiterer Sozialdaten hat die fehlerhafte Sozialauswahl zur Konsequenz.

bb) Gewichtung der Sozialdaten

289 Einen **Bewertungsmaßstab,** dem sich entnehmen ließe, wie die einzelnen Sozialdaten im Rahmen der Sozialauswahl zueinander ins Verhältnis zu setzen sind, enthält § 1 Abs. 3 KSchG nicht. Teilweise wird die Ansicht vertreten, daß aus der Tatsache, daß in § 10 Abs. 2 KSchG die Dauer der Betriebszugehörigkeit und das Lebensalter als maßgebliche Kriterien zur Bemessung der Höhe der Abfindung genannt sind, zu schließen sei, der Gesetzgeber habe diesen beiden Kriterien Prioritäten eingeräumt, wobei die Betriebszugehörigkeit noch vor dem Lebensalter zu berücksichtigen sei[4].

Nach anderer Ansicht gibt es keine Vermutung, wonach insbesondere die Dauer der **Betriebszugehörigkeit** maßgebliches Sozialkriterium sein soll[5], da die Dauer der Betriebszugehörigkeit den sozialen Status des Arbeitnehmers nicht entscheidend beeinflusse.

290 In dem Urteil v. 26. 6. 1964[6] vertrat das Bundesarbeitsgericht die Ansicht, daß das **Lebensalter** das vorrangig zu berücksichtigende Sozialkriterium sei. Dem ist das Bundesarbeitsgericht mit Urteil v. 24. 3. 1983[7] entgegengetreten mit der Begründung, daß die damalige Entscheidung, wonach das Lebensalter für die soziale Schutzbedürftigkeit entscheidend gewesen sei, nur vor dem Hinter-

---

1 BAG v. 11. 3. 1976, BAGE 28, 40; BAG v. 20. 10. 1983, BAGE 43, 357; BAG v. 15. 6. 1989, BAGE 62, 116.
2 Vgl. zum Meinungsstand KR/*Etzel,* § 1 KSchG Rz. 591.
3 *Von Hoyningen-Huene,* DB 1997, 41; *Bader,* NZA 1996, 1125; aA *Preis,* NJW 1996, 3369; offen gelassen: *Wlotzke,* BB 1997, 414.
4 BAG v. 16. 5. 1991 – 2 AzR 93/91, nv.; *Knorr/Bichlmeier/Kremhelmer,* Kap. 10 Rz. 200; KR/*Etzel,* § 1 KSchG Rz. 579; *Schaub,* NZA 1987, 217.
5 BAG v. 26. 6. 1964, BAGE 16, 149; BAG v. 11. 3. 1976, BAGE 28, 40.
6 BAGE 16, 149.
7 BAGE 42, 151.

IV. Betriebsbedingte Kündigung

grund der damals bestehenden Hochkonjunktur verstanden werden konnte, in der es regelmäßig nur die alten, im Arbeitsprozeß verbrauchten Arbeitnehmer schwer hatten, einen Arbeitsplatz zu finden. Von der heutigen Massenarbeitslosigkeit seien dagegen auch sehr viele jüngere Arbeitnehmer betroffen, weshalb das Auswahlkriterium des Lebensalters an Bedeutung verloren habe. In diesem Urteil hat das Bundesarbeitsgericht erkannt, daß das Gewicht der verschiedenen Sozialdaten nicht unveränderlich feststeht, sondern unter anderem von der industriellen, arbeitsmarktpolitischen, wirtschaftlichen und sozialpolitischen Entwicklung abhängig ist. Auf diese Verhältnisse habe die Rechtsprechung Rücksicht zu nehmen[1]. Unter Umständen könnten Unterhaltspflichten eine längere Beschäftigungsdauer und ein höheres Alter ausgleichen[2]. Im dortigen Verfahren war der gekündigte Arbeitnehmer 23 Jahre älter und 5 Jahre länger beschäftigt, aber ohne Unterhaltspflichten im Verhältnis zu einem zwei Personen gegenüber unterhaltspflichtigen vergleichbaren Arbeitnehmer.

Da der Gesetzgeber in Kenntnis der uneinheitlichen obergerichtlichen Rechtsprechung und der unterschiedlichen Ansicht in der Literatur davon abgesehen hat, im Rahmen der Neufassung des § 1 Abs. 3 KSchG die Wertigkeit der Sozialfaktoren festzulegen, wird man grundsätzlich davon auszugehen haben, daß diese drei Grunddaten **gleichwertig nebeneinander** stehen[3]. Etwas anderes ergibt sich auch nicht aus der Begründung zum Gesetzesentwurf[4]. 291

Die Probleme bei der Sozialauswahl sind durch die gesetzliche Neuregelung nicht gelöst. Unproblematisch sind die Fälle, in denen nicht alle drei Sozialkriterien in die Sozialauswahl einbezogen werden. Da das Gericht eine ausreichende Berücksichtigung aller drei Sozialdaten voraussetzt, ist die Sozialauswahl immer dann fehlerhaft, wenn **nicht alle drei Sozialkriterien berücksichtigt** werden. Es verbleiben aber die Unsicherheiten bei der Bewertung der drei Sozialkriterien zueinander. Aus der Formulierung „nicht ausreichend berücksichtigt" ist zu schließen, daß der Gesetzgeber dem Arbeitgeber einen Beurteilungsrahmen zubilligt. Hierbei handelt es sich nicht nur um einen gewissen Bewertungsspielraum, sondern um ein echtes Ermessen[5]. 292

cc) Richtlinie nach § 95 BetrVG/Interessenausgleich

Nach § 95 Abs. 1 BetrVG ist es zulässig, daß die Betriebsparteien eine Betriebsvereinbarung herbeiführen mit **Richtlinien über die personelle Auswahl bei Kündigungen**. Schon vor dem neu eingeführten § 1 Abs. 4 KSchG hat das Bundesarbeitsgericht in ständiger Rechtsprechung festgestellt, daß grundsätzlich die Kriterien der Sozialauswahl nach § 1 Abs. 3 KSchG in einer Richtlinie nach § 95 Abs. 1 BetrVG festgelegt werden können[6]. 293

---

1 BAG v. 24. 3. 1983, BAGE 42, 151; vgl. auch BAG v. 8. 8. 1985, NZA 1986, 679.
2 BAG v. 7. 12. 1995, NZA 1996, 473.
3 *Möhn*, BB 1995, 563.
4 BT-Drucks. 13/4612 v. 11. 5. 1996.
5 Siehe hierzu Rz. 296.
6 BAG v. 11. 3. 1976, BAGE 28, 40; BAG v. 7. 12. 1995, NZA 1996, 473; BAG v. 20. 10. 1983, BAGE 43, 357; BAG v. 15. 6. 1989, BAGE 62, 116; BAG v. 18. 1. 1990, BAGE 64, 34.

Insoweit kommt § 1 Abs. 4 KSchG nur klarstellende Funktion zu. Ob § 95 Abs. 1 BetrVG auch Auswahlrichtlinien in bezug auf die personen- und verhaltensbedingte Kündigung zuläßt, wurde durch die Neufassung des § 1 KSchG nicht geklärt[1]. Zwar ist es den Gerichten verwehrt, ein **Punktesystem** zur Bewertung der Sozialdaten aufzustellen[2], jedoch nicht den Betriebsparteien. Die früher vom Bundesarbeitsgericht erhobene Forderung, wonach bei der Bewertung der Sozialkriterien Betriebzugehörigkeit, Lebensalter und Unterhaltsverpflichtungen durch ein Punktesystem noch Raum bleiben müsse für eine abschließende Berücksichtigung der individuellen Besonderheiten des Einzelfalles, kann durch die Änderung des § 1 Abs. 3 KSchG nicht mehr aufrecht erhalten werden, da die individuellen Besonderheiten des Einzelfalles keine Berücksichtigung mehr finden neben den genannten drei Sozialkriterien. Erfolgt die Sozialauswahl auf der Basis einer Auswahlrichtlinie nach § 95 Abs. 1 BetrVG müssen die drei Sozialkriterien in einem sachgerechten Verhältnis zueinander bewertet werden[3].

294 Die für die Auswahlrichtlinien nach § 95 Abs. 1 BetrVG maßgeblichen Grundsätze gelten uneingeschränkt für den **Interessenausgleich** nach § 111 BetrVG[4].

295 Die Auswahlrichtlinien dürfen nicht dazu führen, daß die Voraussetzungen des Kündigungsschutzes **enger** gezogen werden, da § 1 KSchG zwingendes Recht enthält, von dem zum Nachteil des Arbeitnehmers nicht abgewichen werden darf[5].

dd) Überprüfung durch die Gerichte

296 Aus der Formulierung, daß die Kündigung auch bei Vorliegen dringender betrieblicher Erfordernisse sozial ungerechtfertigt sein kann, wenn der Arbeitgeber bei der Auswahl des Arbeitnehmers die Sozialkriterien nicht oder nicht ausreichend berücksichtigt hat, wurde teilweise die Ansicht gefolgt, daß dem Arbeitgeber insoweit ein **Ermessensspielraum** eingeräumt sei, den auch die Arbeitsgerichte zu respektieren hätten[6]. Demgegenüber wird gegenwärtig von der herrschenden Meinung die Ansicht vertreten, daß sich aus § 1 Abs. 3 KSchG kein Ansatz für eine Ermessensentscheidung des Arbeitgebers herleiten lasse, vielmehr würde dem Arbeitgeber nur ein gewisser Bewertungsspielraum zustehen[7]. Begründet wird diese Ansicht damit, daß das Gesetz weder einen Katalog der zwingend zu beachtenden sozialen Daten enthalte noch verbindliche Maßstäbe für deren Gewichtung festlege und im übrigen im Gesetz die

---

1 Vgl. zum Meinungsstand: GK-BetrVG/*Kraft*, § 95 Rz. 35.
2 BAG v. 24. 3. 1983, BAGE 42, 151; BAG v. 20. 10. 1983, BAGE 43, 357.
3 BAG v. 24. 3. 1983, BAGE 42, 151; BAG v. 20. 10. 1983, BAGE 43, 357; BAG v. 15. 6. 1989, BAGE 62, 116; BAG v. 18. 1. 1990, BAGE 64, 34.
4 BAG v. 20. 10. 1983, BAGE 43, 357; BAG v. 18. 10. 1984, BAGE 47, 80; BAG v. 18. 1. 1990, BAGE 64, 34.
5 BAG v. 11. 3. 1976, BAGE 28, 40; BAG v. 18. 1. 1990, BAGE 64, 34.
6 *Buchner*, DB 1984, 504; *Meisel*, DB 1991, 92.
7 BAG v. 18. 10. 1984, NZA 1985, 423; MünchArbR/*Berkowsky*, Band 2, § 135 Rz. 108; KR/*Etzel*, § 1 KSchG Rz. 578.

IV. Betriebsbedingte Kündigung

Formulierung enthalten sei, daß die sozialen Gesichtspunkte „ausreichend" Berücksichtigung finden müssen.

Aufgrund der **Neuregelung des § 1 KSchG** mit Gesetz v. 25. 9. 1996[1] ist diese Argumentation nicht mehr aufrechtzuerhalten. Einerseits enthält § 1 Abs. 3 aufgrund dieser Neuregelung nun den seither vermißten Katalog der zu berücksichtigenden Sozialdaten, andererseits ist in den neu geschaffenen Absätzen 4 und 5 die Überprüfung durch die Gerichte auf grobe Fehlerhaftigkeit beschränkt, wenn die Sozialauswahl im Rahmen einer Auswahlrichtlinie nach § 95 BetrVG oder eines Interessenausgleiches nach § 111 BetrVG zu beurteilen ist.

Die Beschränkung der gerichtlichen Überprüfung auf **grobe Fehlerhaftigkeit** zeigt, daß der Gesetzgeber den Betriebspartnern einen Ermessensspielraum bei der Gewichtung der Sozialkriterien gewähren wollte.

Das Gesetz differenziert bei der Sozialauswahl nicht danach, ob der Arbeitgeber selbst die Sozialkriterien bewertet oder ob diese durch die Betriebspartner festgelegt werden, mit der Folge, daß das **Ermessen** in beiden Alternativen in gleichem Umfang besteht. Dabei kommt es nicht darauf an, ob der Beurteilungsrahmen als „Ermessen", „gewisser Bewertungsspielraum" oder „Erkenntnis-feld" des Arbeitgebers bezeichnet wird[2].

Maßgeblich ist nur die Frage, in welchem Umfang die **Gerichte** zur Überprüfung der Sozialauswahlentscheidung des Arbeitgebers befugt sind.

Es besteht Einigkeit, daß die Kündigung nicht schon dann unwirksam ist, wenn der Arbeitgeber soziale Gesichtspunkte nicht berücksichtigt hat, da die **fehlende Sozialauswahl keine Sanktion** nach sich zieht; vielmehr ist zu prüfen, ob die Sozialauswahl auch im Ergebnis falsch ist[3].

Die Sozialauswahl ist durch die Gerichte **in vollem Umfang** zu überprüfen, wenngleich dies nicht „von Amts wegen" zu geschehen hat, sondern nur im Rahmen dessen erfolgen kann, was von den Parteien vorgetragen ist[4].

Da das Kündigungsschutzgesetz keinen eindeutigen Maßstab für die soziale Auswahl enthält und dem Arbeitgeber einen Wertungsspielraum einräumt, kann sich das Arbeitsgericht nicht über eine vertretbare Entscheidung des Arbeitgebers hinwegsetzen und diese durch eine eigene ersetzen. Ausreichend sind soziale Gesichtspunkte jedenfalls dann berücksichtigt, wenn der gekündigte Arbeitnehmer **sozial nur geringfügig schlechter** gestellt ist als ein anderer vergleichbarer Arbeitnehmer.

Die Auswahl ist nicht zu beanstanden, wenn der Arbeitgeber die Wertungen des Kündigungsschutzgesetzes beachtet, alle maßgeblichen Gesichtspunkte berücksichtigt und die sozialen Verhältnisse der zur Auswahl stehenden Arbeit-

---

[1] BGBl. I 1996, 1476.
[2] Siehe hierzu MünchArbR/*Berkowsky*, Band 2, § 135 Rz. 107–118.
[3] MünchArbR/*Berkowsky*, Band 2, § 135 Rz. 112.
[4] BAG v. 24. 3. 1983, BAGE 42, 151; BAG v. 18. 10. 1984, NZA 1985, 423; *Zwanziger*, NJW 1995, 916.

nehmer einleuchtend gewichtet[1]. Eine Unsicherheit verbleibt, da das Bundesarbeitsgericht ausdrücklich darauf hinweist, daß es im Streitfall Sache der Gerichte sei, zu entscheiden, welches Gewicht den für die Auswahl des einen oder anderen Arbeitnehmers sprechenden Umständen zukommt[2].

300 Aufgrund der neu eingeführten Absätze 4 und 5 ist die Möglichkeit der Gerichte, die Sozialauswahl im Rahmen einer Richtlinie nach § 95 Abs. 1 BetrVG oder eines Interessenausgleiches nach § 111 BetrVG zu überprüfen, erheblich eingeschränkt. Das Gericht kann die soziale Auswahl nur noch auf **grobe Fehlerhaftigkeit** hin überprüfen. Eine grobe Fehlerhaftigkeit wird nur dann vorliegen, wenn in die Sozialauswahl eines der drei Sozialkriterien des § 1 Abs. 3 KSchG überhaupt nicht eingeflossen ist, eine völlig sachfremde Wertung vorgenommen wurde oder in die Sozialauswahl weitere, von § 1 Abs. 3 KSchG nicht erfaßte Sozialkriterien eingeflossen sind.

301 Erweist sich die Sozialauswahl als fehlerhaft, ist die **Kündigung unwirksam.** Sind zur gleichen Zeit mehrere Arbeitnehmer gekündigt worden und ist auch nur ein vergleichbarer sozial schwächerer Arbeitnehmer von der betriebsbedingten Kündigung ausgenommen worden, können sich beliebig viele sozial stärkere Arbeitnehmer auf die fehlerhafte soziale Auswahl berufen[3].

Im Urteil v. 18. 10. 1984[4] hat das Bundesarbeitsgericht dargestellt, daß es nicht verkenne, daß auf diese Weise bei unabdingbaren **Massenentlassungen** hunderte von Kündigungen scheitern könnten, wenn der Arbeitgeber einige wenige sozial erheblich weniger schutzbedürftige Arbeitnehmer übersehen und deshalb von der Kündigung ausgenommen habe.

Das Bundesarbeitsgericht hat darauf hingewiesen, daß in einem solchen Fall dem Arbeitgeber die Möglichkeit einzuräumen sei, den Fehler bei der sozialen Auswahl **nachträglich zu korrigieren,** indem er den weniger hart betroffenen Arbeitnehmern kündige und einer entsprechenden Anzahl von Arbeitnehmern die Fortsetzung des Arbeitsverhältnisses anbiete.

c) Vergleichbarkeit

aa) Betriebs- oder unternehmensbezogen

302 Es entspricht allgemeiner Ansicht, daß die **Sozialauswahl weder konzern-, noch unternehmens-, sondern betriebsbezogen** durchzuführen ist[5]. Dies bedeutet, daß eine Sozialauswahl zwischen den vergleichbaren Arbeitnehmern des Betriebs vorzunehmen ist, in dem das betriebliche Erfordernis „Wegfall des Ar-

---

1 BAG v. 26. 6. 1964, BAGE 16, 149; *Knorr/Bichlmeier/Kremhelmer,* Kap. 10 Rz. 197.
2 BAG v. 26. 6. 1964, BAGE 16, 149.
3 BAG v. 18. 10. 1984, NZA 1985, 423; BAG v. 25. 11. 1981, BAGE 37, 128; *Hueck,* § 1 Rz. 127a.
4 NZA 1985, 423.
5 BAG v. 15. 12. 1994, NZA 1995, 413; BAG v. 26. 2. 1987, NZA 1987, 775; BAG v. 22. 5. 1986, NZA 1987, 125; KR/*Etzel,* § 1 KSchG Rz. 563; *Gaul,* NZA 1992, 673; *Schaub,* NZA 1987, 217.

IV. Betriebsbedingte Kündigung

beitsplatzes" eingetreten ist. *Berkowsky*[1] bezeichnet die Betriebsbezogenheit der Sozialauswahl als „Dogma kraft Überlieferung", da die betriebsbezogene Betrachtungsweise sich entgegen dem Bundesarbeitsgericht nicht aus Wortlaut und Gesamtzusammenhang des KSchG ergäbe. Vielmehr sei § 1 KSchG unternehmensweit ausgerichtet. Im übrigen würde hierdurch die Leistungspflicht des Arbeitnehmers je nach Ausgestaltung des Arbeitsvertrages nicht berücksichtigt werden. Die Leistungspflicht könne sich im Extremfall auf einen einzigen Arbeitsplatz in einem bestimmten Betrieb beziehen, im anderen Falle aber auf eine gegen unendlich tendierende Zahl von Arbeitsplätzen in einer jedenfalls theoretisch ebenfalls gegen unendlich tendierenden Zahl von Betrieben.

Solange bisher noch niemand auf die Idee gekommen sei, solche betriebs- und unternehmensweiten Einsatzvereinbarungen für unzulässig zu erklären, erschüttere diese betriebsübergreifende Leistungspflicht das Dogma von der Betriebsbezogenheit der Sozialauswahl. Das Bundesarbeitsgericht hat sich schon wiederholt mit **Ausnahmetatbeständen** befaßt und mit Urteil v. 13. 9. 1995[2] festgestellt, daß bei Vorliegen eines gemeinsamen Betriebs zweier Unternehmen die Sozialauswahl unternehmensübergreifend zu erfolgen hat. In den beiden Urteilen v. 10. 11. 1994[3] und 15. 12. 1994[4] hat sich das Bundesarbeitsgericht mit der Frage auseinandergesetzt, ob eine betriebsübergreifende Sozialauswahl vorzunehmen sei, wenn wegen Wegfalls von Beschäftigungsmöglichkeiten mehreren Arbeitnehmern gekündigt werden müsse, dem Arbeitgeber aber in einem anderen Betrieb des Unternehmens ein anderer Arbeitsplatz zur Verfügung stehe, dieser mit einem der gekündigten Arbeitnehmer besetzt werden müsse. Der 2. Senat hat diese Frage im Urteil v. 10. 11. 1994 offen gelassen. Der 5. Senat hat hingegen in dem Urteil v. 15. 12. 1994 ausgeführt, daß eine betriebsübergreifende Sozialauswahl aus der unmittelbaren Anwendung des § 1 Abs. 3 KSchG nicht begründet werden könne, aber es käme möglicherweise eine entsprechende Anwendung des § 1 Abs. 3 KSchG für solche Fälle in Betracht. Jedenfalls habe aber der Arbeitgeber über **§ 315 BGB** die sozialen Belange der betroffenen Arbeitnehmer betriebsübergreifend zu berücksichtigen:

„Auch wenn man nur diesen eingeschränkten Maßstab anwendet, ist die Kündigung rechtsunwirksam. Die Entscheidung des Landesarbeitsgerichts ist rechtlich nicht zu beanstanden (§ 315 Abs. 3 Satz 2 BGB). Zutreffend hat das Landesarbeitsgericht die Klägerin für schutzwürdiger erachtet, als den Arbeitnehmer des Bataillon.

Nach den für den Senat bindenden (§ 561 ZPO) Feststellungen des Landesarbeitsgerichts ergibt ein Vergleich der Sozialdaten, daß die Klägerin nach dem bei den Streitkräften anwendbaren Punktesystem sozial ganz erheblich schwächer ist, als der Arbeitnehmer, dem die freie Stelle zugewiesen worden ist."

Nach diesen Grundsätzen ist der **unternehmensweiten Sozialauswahl** zwar nicht auf der Basis des § 1 Abs. 3 KSchG, aber jedenfalls über § 315 BGB die Tür geöffnet. Offensichtlich legt das Bundesarbeitsgericht in dieser Entscheidung

---

1 NZA 1996, 290.
2 NZA 1996, 307.
3 NZA 1995, 566.
4 NZA 1995, 413.

über § 315 BGB die gleichen Auswahlkriterien zugrunde, wie sie von § 1 Abs. 3 KSchG vorgegeben werden.

Es ist zu beachten, daß das Bundesarbeitsgericht im Rahmen der Sozialauswahl einen nach § 4 BetrVG als räumlich weit entfernt zu bewertenden Nebenbetrieb nicht als selbständigen Betrieb nach §§ 1 Abs. 1 und 23 Abs. 1 KSchG anerkennt, mit der Begründung, daß die §§ 1 Abs. 1 und 23 Abs. 1 KSchG die Differenzierung, wie sie in § 4 BetrVG enthalten ist, nicht kennen[1].

304 Die Auswahlentscheidung auf einen **kleineren räumlichen Bereich** zu begrenzen als den ganzen Betrieb, beispielsweise auf Abteilungen des Betriebs, ist unzulässig, und zwar auch bei Großbetrieben und im Rahmen von Massenentlassungen[2].

bb) Individuelle Vergleichbarkeit

(1) Vertikale Vergleichbarkeit

305 Im Rahmen der Sozialauswahl sind Arbeitnehmer, die auf **unterschiedlichen betriebshierarchischen Ebenen** stehen, grundsätzlich nicht vergleichbar, weil es an einer gegenseitigen Austauschbarkeit fehlt.

Ursprünglich hatte das Bundesarbeitsgericht die Auffassung vertreten, daß Arbeitnehmer auf unterschiedlichen betriebshierarchischen Ebenen im Rahmen der Sozialauswahl vergleichbar seien, wenn sich der von der Kündigung betroffene Arbeitnehmer bereit erklärt, zu verschlechterten Arbeitsbedingungen weiter zu arbeiten[3]. Von dieser Auffassung hat sich das Bundesarbeitsgericht zwischenzeitlich distanziert und die **vertikale Vergleichbarkeit** im Rahmen der Sozialauswahl sowohl im Hinblick auf qualifizierte Positionen als auch im Rahmen der in der Betriebshierarchie niedriger angesiedelten Arbeitsplätze abgelehnt mit der Begründung, daß eine solche Erweiterung des auswahlrelevanten Personenkreises auf nicht unmittelbar vom dringenden betrieblichen Erfordernis betroffene Arbeitnehmer zu einer gesetzeswidrigen Umfunktionierung der Sozialauswahl führen würde[4].

(2) Gegenseitige Austauschbarkeit

306 Die Vergleichbarkeit richtet sich in erster Linie nach **arbeitsplatzbezogenen Merkmalen,** dh. es ist zu fragen, ob der Arbeitnehmer, dessen Arbeitsplatz wegfallen soll, die Aufgaben eines anderen Arbeitsplatzes wahrnehmen könnte. Dies ist auch dann anzunehmen, wenn der Arbeitnehmer aufgrund seiner Fähigkeit und Ausbildung eine andersartige, aber gleichwertige Tätigkeit ausführen könnte[5]. Maßgebliches Kriterium ist die berufliche Qualifikation und

---

1 BAG v. 21. 6. 1995 – 2 AZR 693/94, nv.
2 BAG v. 15. 6. 1989, BAGE 62, 116; BAG v. 25. 4. 1985, DB 1985, 1029.
3 BAG v. 19. 4. 1979, EzA § 1 KSchG Nr. 11 – Betriebsbedingte Kündigung.
4 BAG v. 7. 2. 1985, NZA 1986, 260; BAG v. 29. 3. 1990, NZA 1991, 181; BAG v. 4. 2. 1993 – 2 AZR 463/92, nv.; KR/*Etzel*, § 1 KSchG Rz. 573.
5 BAG v. 5. 10. 1995, NZA 1996, 524; BAG v. 5. 5. 1994, NZA 1994, 1023; BAG v. 29. 3. 1990, NZA 1991, 181; BAG v. 7. 2. 1985, NZA 1986, 260; KR/*Etzel*, § 1 KSchG Rz. 566; *Knorr/Bichlmeier/Kremhelmer*, Kap. 10 Rz. 186.

die bisherige Tätigkeit des Arbeitnehmers im Betrieb. Der tariflichen Eingruppierung und der Höhe der Vergütung kann bei der Frage, ob Arbeitnehmer austauschbar sind, indizielle Bedeutung zukommen[1].

Welcher **Einarbeitungszeitraum** dem Arbeitgeber zugemutet werden kann, hängt von den Umständen des Einzelfalles ab. Von dem Arbeitnehmer kann nicht erwartet werden, daß er sofort die Aufgaben des anderen Arbeitsplatzes in vollem Umfang erfüllen kann. Vielmehr muß dem Arbeitnehmer eine kurze betriebsübliche Einarbeitungszeit gewährt werden[2]. 307

Der maßgebliche Einarbeitungszeitraum, der dem Arbeitnehmer im Rahmen der Vergleichbarkeitsprüfung zuzubilligen ist, dürfte die im Betrieb oder im Rahmen eines Tarifvertrags für die Branche **übliche Probezeit** sein, da die Probezeit dazu dient, festzustellen, ob ein Arbeitnehmer tatsächlich geeignet ist, die an ihn gestellten Anforderungen zu erfüllen[3]. An die individuelle Kündigungsfrist des Arbeitnehmers darf im Rahmen der Vergleichbarkeitsprüfung nicht angeknüpft werden, da ansonsten Arbeitnehmer mit einer längeren Kündigungsfrist (wegen eventuell längerer Betriebszugehörigkeit) einen Vorteil gegenüber anderen Arbeitnehmern hätten, die mit einer kürzeren Frist gekündigt werden können. Da längere Kündigungsfristen in der Regel durch die Dauer der Betriebszugehörigkeit bestimmt werden, würde dem Kriterium der Betriebszugehörigkeit ein höherer Stellenwert beigemessen und damit eine vom Gesetz nicht gedeckte Vorauswahl der zu vergleichenden Arbeitnehmer herbeiführen.

Der Arbeitgeber ist nicht verpflichtet, einen Arbeitnehmer **umzuschulen,** damit dieser aufgrund der zusätzlichen Qualifikation mit einem Arbeitnehmer verglichen werden kann, der sozial besser gestellt ist[4]. 308

cc) Ausnahmen

Nach allgemeiner Meinung scheiden aus dem auswahlrelevanten Personenkreis trotz einer arbeitsplatzbezogenen Austauschbarkeit solche Arbeitnehmer aus, bei denen eine **ordentliche arbeitgeberseitige Kündigung aufgrund Gesetzes ausgeschlossen ist,** zB bei betriebsverfassungsrechtlichen Funktionsträgern (§ 15 KSchG) sowie bei Wehr- und Zivildienstleistenden (§§ 2, 10 ArbPlSchG, § 22 Eignungsübungsgesetz, § 78 Abs. 1 Nr. 1 Zivildienstgesetz)[5]. 309

Gleiches gilt bei **befristet beschäftigten Arbeitnehmern,** deren Arbeitsverhältnis nur nach § 626 Abs. 1 BGB kündbar ist[6]. 310

---

1 BAG v. 5. 10. 1995, NZA 1996, 524; BAG v. 25. 4. 1985, NZA 1986, 64; KR/*Becker,* § 1 KSchG Rz. 568.
2 BAG v. 25. 4. 1985, NZA 1986, 64; KR/*Etzel,* § 1 KSchG Rz. 571; MünchArbR/*Berkowsky,* § 135 Rz. 23; *Färber,* NZA 1985, 175.
3 *Färber,* NZA 1985, 175.
4 KR/*Etzel,* § 1 KSchG Rz. 571; *Färber,* NZA 1985, 175.
5 KR/*Etzel,* § 1 KSchG Rz. 574; *Knorr/Bichlmeier/Kremhelmer,* Kap. 10 Rz. 185; MünchArbR/*Berkowsky,* § 135 Rz. 194; BAG v. 8. 8. 1985, NZA 1986, 679.
6 KR/*Etzel,* § 1 KSchG Rz. 574; MünchArbR/*Berkowsky,* § 135 Rz. 98.

311 Aus der Vergleichbarkeit sind auch Arbeitnehmerinnen auszuklammern, die unter den **mutterschutzrechtlichen Kündigungsschutz** nach § 9 Mutterschutzgesetz fallen bzw. Arbeitnehmer, die den besonderen Kündigungsschutz nach § 18 Bundeserziehungsgeldgesetz genießen sowie **Schwerbehinderte,** auf die der besondere Kündigungsschutz der §§ 15 ff. SchwbG anzuwenden ist[1]. Die konsequente Fortführung dieser Ansicht führt dazu, daß die Arbeitnehmer, die durch einzelvertraglich vereinbarte ordentliche Unkündbarkeit oder durch tariflichen Kündigungsschutz geschützt sind, nicht in die Vergleichbarkeit einzubeziehen sind[2]. Die Herausnahme vom Arbeitnehmern, bei denen einzelvertraglich eine ordentliche Unkündbarkeit vereinbart ist, birgt die **Gefahr des Gestaltungsmißbrauchs,** der ggf. dann vorliegen kann, wenn die Vereinbarung mit diesem Arbeitnehmer in zeitlichem Zusammenhang mit erwogenen betriebsbedingten Kündigungen steht[3].

312 In die Sozialauswahl sind auch die Arbeitnehmer nicht mit einzubeziehen, die **wegen fehlender Wartefrist keinen Kündigungsschutz** für sich in Anspruch nehmen können. Diese Arbeitnehmer genießen keinen Kündigungsschutz und können deshalb auch nicht innerhalb der sozialen Auswahl einem Arbeitnehmer mit Kündigungsschutz vorgezogen werden, es sei denn, es liegen die Voraussetzungen des § 1 Abs. 3 Satz 2 KSchG vor[4].

d) Betriebliche Belange

Wie oben[5] dargestellt, wurde § 1 Abs. 3 Satz 2 KSchG geändert.

aa) Alte Rechtslage

313 Der Arbeitgeber durfte **bestimmte Arbeitnehmer von der sozialen Auswahl ausnehmen,** wenn betriebstechnische, wirtschaftliche oder sonstige betriebliche Bedürfnisse die Weiterbeschäftigung bedingten. Entgegen der älteren Rechtsprechung des Bundesarbeitsgerichts[6] erforderte die Bestimmung des § 1 Abs. 3 Satz 2 KSchG nicht das Vorliegen einer sogenannten Zwangslage im Sinne einer unbedingten Notwendigkeit, sondern es genügte, wenn die Beschäftigung sozial schwächerer Arbeitnehmer zur Aufrechterhaltung eines ordnungsgemäßen Betriebsablaufes oder zur Erhaltung der Leistungsfähigkeit des Betriebs notwendig war[7].

---

1 KR/*Etzel,* § 1 KSchG Rz. 574; MünchArbR/*Berkowsky,* § 135 Rz. 96.
2 KR/*Etzel,* § 1 KSchG Rz. 574a; *Ascheid,* Rz. 324; *Färber,* NZA 1985, 175; aA MünchArbR/*Berkowsky,* § 135 Rz. 99 ff.
3 *Ascheid,* Rz. 324.
4 BAG v. 25. 4. 1985, NZA 1986, 64 unter ausdrücklicher Aufgabe der entgegenstehenden Ansicht im Urteil v. 20. 1. 1961, BAGE 10, 323; KR/*Etzel,* § 1 KSchG Rz. 576; *Knorr/Bichlmeier/Kremhelmer,* Kap. 10 Rz. 185.
5 Siehe Rz. 284.
6 BAG v. 20. 1. 1961, NJW 1961, 940; BAG v. 27. 2. 1958, BAGE 6, 1.
7 BAG v. 18. 10. 1984, BB 1985, 803; BAG v. 25. 4. 1985, NZA 1986, 64; BAG v. 24. 3. 1983, NJW 1984, 78.

IV. Betriebsbedingte Kündigung   Rz. 318 Teil 3 D

Als **betriebstechnische Bedürfnisse** waren solche Umstände anzusehen, die aus 314
Gründen der Aufrechterhaltung der technischen Arbeitsabläufe die Weiterbeschäftigung eines oder mehrerer bestimmter Arbeitnehmer notwendig machten.
Ein solches Bedürfnis konnte sich beispielsweise dann ergeben, wenn eine
erhöhte fachliche Qualifikation für etwaige Spezialarbeiten erforderlich war[1].
Wirtschaftliche Bedürfnisse wurden durch solche Umstände begründet, die es
notwendig machten, im Interesse einer erfolgreichen Verbesserung der Ertragslage des Betriebs bestimmte, in der Regel leistungsstärkere, besser qualifizierte
oder vielfältig einsetzbare Arbeitnehmer weiter zu beschäftigen[2].

Als sonstige berechtigte betriebliche Bedürfnisse kamen solche Umstände in 315
Betracht, die sich auf die **Aufrechterhaltung eines geordneten Betriebsablaufs**
bezogen. In Betracht kommen dabei ein möglicherweise vom Arbeitnehmer
geäußerter Abkehrwille, das Interesse an der Beibehaltung einer ausgewogenen
Altersstruktur, die Ertragslage des Betriebs, künftige Wahrnehmung von Führungsaufgaben, persönliche Verbindungen zu Kunden und Lieferanten, besondere Qualifikationen oder der Umgang mit Mitarbeitern[3].

bb) Die gesetzliche Neuregelung

Durch den neuen § 1 Abs. 3 Satz 2 KSchG erfolgt eine Klarstellung in mehrfa- 316
cher Hinsicht. Zunächst werden die Gründe dargestellt, die für den Arbeitgeber
maßgeblich sein können, einzelne Arbeitnehmer von einer sozialen Auswahl
auszunehmen. Das Gesetz nennt zunächst die **Gründe in der Person der Arbeitnehmer,** nämlich **Kenntnisse, Fähigkeiten** und **Leistungen.** Der Arbeitgeber
kann auch zur Sicherung einer **ausgewogenen Personalstruktur** des **Betriebs**
einzelne Arbeitnehmer von der Sozialauswahl ausnehmen. Jedenfalls müssen
die Gründe in einem **berechtigten betrieblichen Interesse** liegen.

Soweit das Gesetz auf Kenntnisse, Fähigkeiten und Leistungen der Arbeitneh- 317
mer abstellt, müssen die von der Sozialauswahl ausgenommenen Arbeitnehmer über spezielle Kenntnisse, Fähigkeiten oder Leistungen im Verhältnis zu
den an sich vergleichbaren Arbeitnehmern verfügen. **Sonderqualifikationen** im
Sinne dieser Regelung sind beispielsweise: Besondere Kenntnisse über Produk-
tions- und Arbeitsmethoden, spezielle Maschinenkenntnisse, Sprachkenntnisse, Fahrerlaubnisse und Lizenzen bzw. Berechtigungen zum Bedienen von Geräten, Maschinen etc., EDV-Kenntnisse, Warenkunde, Kundenkontakte, Füh-
rungsqualitäten.

Diese Sonderqualifikationen des Arbeitnehmers müssen im **betrieblichen In-** 318
teresse sein. Es genügt also nicht, wenn bei einer vergleichbaren Zahl von
Arbeitnehmern ein Arbeitnehmer über besondere Qualifikationen verfügt (zB
besondere Sprachkenntnisse) und für diese Sonderqualifikation kein betriebliches Bedürfnis besteht.

---

1 KR/*Etzel*, § 1 KSchG Rz. 596.
2 KR/*Etzel*, § 1 KSchG Rz. 597.
3 MünchArbR/*Berkowsky*, § 135 Rz. 52; KR/*Etzel*, § 1 KSchG Rz. 598.

319 Die Sonderqualifikationen müssen **objektiv bestehen,** so daß es nicht auf die Selbsteinschätzung des Arbeitnehmers oder die Beurteilung durch den Arbeitgeber ankommen kann. Ansonsten könnte der Arbeitgeber jederzeit darlegen, daß er einen von mehreren vergleichbaren Arbeitnehmern leistungsfähiger oder qualifizierter erachte und deshalb diesen Arbeitnehmer in die Sozialauswahl nicht einbeziehe. Die Sonderqualifikation muß auch ein nennenswertes Gewicht im Verhältnis zu den sonstigen Qualifikationsmerkmalen des Arbeitnehmers einnehmen.

320 Daneben kann der Arbeitgeber einzelne Arbeitnehmer von der Sozialauswahl ausnehmen, wenn dies der Sicherung einer **ausgewogenen Personalstruktur** des Betriebs dient. Vor dieser Gesetzesänderung war es in der Literatur umstritten, ob die Erhaltung einer ausgewogenen Altersstruktur als berechtigtes betriebliches Bedürfnis anzuerkennen ist[1].

321 Die Erhaltung einer **ausgewogenen Altersstruktur** der Belegschaft kann beispielsweise folgendermaßen erreicht werden: Der Arbeitgeber bildet Altersgruppen innerhalb der zur Sozialauswahl stehenden Arbeitnehmer, etwa eine Gruppe der bis 30jährigen, der 31–40jährigen, der 41–50jährigen, der 51–60jährigen und der älter als 60jährigen Arbeitnehmer. Entsprechend der Altersstruktur der auswahlrelevanten Personenkreise kann der einzelne Arbeitgeber nunmehr anteilsmäßig gleich viele Arbeitnehmer entlassen, und die Sozialauswahl muß nur innerhalb der Gruppen vorgenommen werden[2]. Offen ist, ob unter „Sicherung einer ausgewogenen Personalstruktur des Betriebs" nur die **Erhaltung einer ausgewogenen Altersstruktur** oder aber auch **die Herstellung einer gesunden Altersstruktur** zu verstehen ist.

322 Im Bezug auf die alte Rechtslage wurde dies von *Etzel*[3] abgelehnt mit der Begründung, daß der Arbeitgeber auf diese Weise eine möglicherweise verfehlte Einstellungspolitik nicht korrigieren können soll. *Etzel* übersieht dabei, daß Altersstrukturprobleme auch daher rühren können, daß der Altersaufbau bestimmter Belegschaften aufgrund großer Einstellungswellen in den 60er Jahren durch eine starke Überalterung gekennzeichnet ist. Wenn die Beibehaltung einer ausgewogenen Altersstruktur von § 1 Abs. 3 Satz 2 KSchG erfaßt ist, setzt dies notwendigerweise auch die Möglichkeit der **Herstellung einer gesunden Altersstruktur** voraus[4]. Dies ergibt sich schon daraus, daß das Bundesarbeitsgericht das Interesse des Betriebs an einem zweckmäßigen Altersaufbau im Einzelfall als einen betriebsbedingten Kündigungsgrund akzeptiert[5]. Ein vernünftiger Altersaufbau liegt nicht nur im Interesse des Unternehmens, sondern auch im Interesse der Belegschaft des Betriebs, da hierdurch Aufstiegs- und Veränderungsmöglichkeiten innerhalb bestimmter Zeiträume eröffnet werden[6].

---

1 Vgl.: *Hueck,* § 1 Rz. 476; *Bauer/Lingemann,* NZA 1993, 623; *Hanau,* DB 1992, 2632.
2 KR/*Etzel,* § 1 KSchG Rz. 598a.
3 KR/*Etzel,* § 1 KSchG Rz. 598a.
4 *Stindt,* DB 1993, 1361.
5 BAG v. 28. 9. 1961, NJW 1962, 73; BAG v. 25. 3. 1971, BAGE 23, 257; BAG v. 10. 3. 1992, NZA 1992, 992.
6 BAG v. 20. 11. 1987, NZA 1988, 617.

Aus der Tatsache, daß die Herausnahme einzelner Arbeitnehmer im **berechtig-** 323
ten betrieblichen Interesse liegen muß, ergibt sich, daß der Gesetzgeber geringere Anforderungen stellen wollte als noch nach der alten Rechtslage. Es ist nun nicht mehr zu fordern, daß die Beschäftigung sozial stärkerer Arbeitnehmer zur Aufrechterhaltung eines ordnungsgemäßen Betriebsablaufs oder zur Erhaltung der Leistungsfähigkeit des Betriebs notwendig ist, sondern es genügt, wenn die Beschäftigung solcher Arbeitnehmer aufgrund nachvollziehbarer und objektivierbarer betrieblicher Interessen erfolgt.

Mit dieser Neuregelung hat der Gesetzgeber die Voraussetzung dafür geschaffen, daß der Arbeitgeber im Rahmen der Sozialauswahl die berechtigten betrieblichen Interessen an der Weiterbeschäftigung einzelner Arbeitnehmer in die betriebsbedingte Kündigung einbeziehen kann.

7. Darlegungs- und Beweislast

§ 1 KSchG enthält zwei Hinweise zur Darlegungs- und Beweislast. Nach § 1 324
Abs. 2 Satz 4 KSchG hat der **Arbeitgeber** die Tatsachen zu beweisen, die die Kündigung bedingen, und nach § 1 Abs. 3 Satz 3 KSchG hat der **Arbeitnehmer** die Tatsachen zu beweisen, die die Kündigung als sozial ungerechtfertigt erscheinen lassen. Hieraus ergeben sich folgende Konsequenzen:

a) Kündigungsgrund

Der Arbeitgeber ist für das **Vorliegen der betriebsbedingten Kündigungsgründe** 325
in vollem Umfang darlegungs- und beweispflichtig. Von den Arbeitsgerichten sind sowohl die vom Arbeitgeber behaupteten innerbetrieblichen bzw. außerbetrieblichen Gründe, die für die Kündigung maßgeblich waren, wie auch die Tatsache, daß diese Gründe sich im betrieblichen Bereich dahin auswirken, daß für die Weiterbeschäftigung des gekündigten Arbeitnehmers kein Bedürfnis besteht, in vollem Umfang nachzuprüfen.

Dies bedeutet nicht, daß der Arbeitgeber gezwungen ist, im einzelnen darzulegen, daß aufgrund der inner- bzw. außerbetrieblichen Umstände der konkrete Arbeitsplatz des betroffenen Arbeitnehmers weggefallen bzw. das Beschäftigungsbedürfnis gerade dort entfallen ist, wo der gekündigte Arbeitnehmer zuletzt eingesetzt worden ist. Es reicht aus, wenn der Arbeitgeber darlegt und beweist, daß durch den betriebsbedingten Grund ein **Überhang an Arbeitskräften** entstanden ist, durch den unmittelbar oder mittelbar das Bedürfnis zur Weiterbeschäftigung eines oder mehrerer Arbeitnehmer entfallen ist[1].

Wendet ein Arbeitnehmer gegen eine unter Verweis auf eine **Stillegung des** 326
Betriebs ausgesprochene betriebsbedingte Kündigung ein, es handele sich nicht um eine Betriebsstillegung, sondern um eine Betriebsveräußerung, ist es die Aufgabe des Arbeitgebers darzulegen, daß er ernsthaft zur Betriebsstillegung und nicht zur Betriebsübergabe entschlossen war. Es reicht nicht aus,

---

1 BAG v. 30. 5. 1985, NZA 1986, 155; BAG v. 7. 12. 1978, BAGE 31, 157.

wenn er sich darauf beschränkt, die Behauptung des Arbeitnehmers zu bestreiten[1].

b) Anderweitiger freier Arbeitsplatz

327 Für die Frage, ob der Arbeitnehmer auf einem anderen Arbeitsplatz eingesetzt werden kann, gelten die Grundsätze über die **abgestufte Darlegungs- und Beweislast**. Bestreitet bei der betriebsbedingten Kündigung der Arbeitnehmer nur den Wegfall seines Arbeitsplatzes, genügt der allgemeine Vortrag des Arbeitgebers, wegen der notwendigen Betriebsänderung sei eine Weiterbeschäftigung des Arbeitnehmers nicht möglich. Er muß nicht unter Darlegung genauer Einzelheiten behaupten, eine andere Beschäftigungsmöglichkeit sei nicht vorhanden.

Es obliegt dann vielmehr dem **Arbeitnehmer** darzulegen, wie er sich eine anderweitige Beschäftigung vorstellt, wenn sein bisheriger Arbeitsplatz tatsächlich weggefallen ist. Erst danach muß der Arbeitgeber eingehend erläutern, aus welchen Gründen eine **Umsetzung** auf einen entsprechenden freien Arbeitsplatz nicht möglich gewesen ist[2]. Dies gilt für die Umsetzung innerhalb eines Betriebs ebenso wie für die von einem Arbeitnehmer angesprochene mögliche Weiterbeschäftigung in einem anderen Betrieb desselben Unternehmens[3].

c) Sozialauswahl

328 Nach § 1 Abs. 3 Satz 3 KSchG hat der Arbeitnehmer die Tatsachen zu beweisen, die die Kündigung als sozial ungerechtfertigt erscheinen lassen. Um ihm diesen Beweis zu ermöglichen, normiert § 1 Abs. 3 Satz 1 2. Halbsatz KSchG die Verpflichtung des Arbeitgebers, die Gründe anzugeben, die zu der getroffenen sozialen Auswahl geführt haben. Die **Auskunftserteilung** hat den Zweck, es dem Arbeitnehmer zu ermöglichen, die Erfolgsaussichten seines Kündigungsschutzprozesses abzuschätzen. Vom Arbeitgeber kann nicht verlangt werden, daß er eine vollständige Auflistung der Sozialdaten aller objektiv vergleichbaren Arbeitnehmer seines Betriebs vorlegt. Das Gesetz spricht lediglich von der Angabe der Gründe, die zur Sozialauswahl geführt haben. Der Arbeitgeber hat also insbesondere Angaben darüber zu machen, welche Arbeitnehmer seiner Meinung nach zum auswahlrelevanten Personenkreis gehören, und zwar unter Angabe der Auswahlkriterien, zu denen das Lebensalter, die Dauer der Betriebszugehörigkeit und die Unterhaltsverpflichtungen zählen. Er muß zudem angeben, nach welchen Bewertungsmaßstäben er die soziale Auswahl vorgenommen hat[4].

---

1 BAG v. 31. 1. 1991 – 2 AZR 346/90, nv.
2 BAG v. 24. 3. 1983, BAGE 42, 151; BAG v. 3. 2. 1977, NJW 1977, 1846; BAG v. 5. 8. 1976, NJW 1977, 125.
3 BAG v. 24. 3. 1983, BAGE 42, 151.
4 BAG v. 6. 7. 1978, BAGE 30, 370; BAG v. 24. 3. 1983, BAGE 42, 151.

IV. Betriebsbedingte Kündigung

Diese Auskunftspflicht führt auch bei der Sozialauswahl zu einer abgestuften Verteilung der Darlegungs- und Beweislast. Bei Unkenntnis der für die Sozialauswahl maßgeblichen Tatsachen genügt der Arbeitnehmer zunächst seiner Darlegungslast, wenn er pauschal die soziale Auswahl beanstandet und den Arbeitgeber auffordert, die Gründe mitzuteilen, die ihn zur Auswahl veranlaßt haben. Im Rahmen der materiellrechtlichen Auskunftspflicht geht dann die Darlegungslast auf den Arbeitgeber über. Der Arbeitgeber hat sodann die Gründe darzulegen, die ihn zu der von ihm getroffenen Auswahl veranlaßt haben. 329

Wenn der Arbeitgeber seine **Auswahlüberlegungen nicht oder nicht vollständig mitteilt,** bleibt der Arbeitnehmer von seiner Darlegungs- und Beweislast insoweit befreit, als er wegen der unzureichenden Auskunft des Arbeitgebers die bei der sozialen Auswahl unterlaufenen Fehler nicht genauer schildern kann[1].

Legt der Arbeitgeber hingegen die Auswahlkriterien vollständig dar, geht die volle Darlegungs- und Beweislast wieder auf den Arbeitnehmer über, der dann vorzutragen hat, welche vom Arbeitgeber in die Auswahl einbezogenen Arbeitnehmer weniger schutzbedürftig sein sollen oder welche weiteren vom Arbeitgeber nicht benannten Arbeitnehmer bei der Auswahl zusätzlich zu berücksichtigen sind[2].

Ergibt sich schon aus den Angaben des Arbeitgebers, daß das **Auswahlverfahren objektiv nicht den gesetzlichen Anforderungen entsprochen** hat, weil beispielsweise eines der Sozialkriterien in das Auswahlverfahren nicht mit einbezogen wurde, spricht eine vom Arbeitgeber auszuräumende tatsächliche Vermutung dafür, daß auch die Auswahlentscheidung objektiv fehlerhaft und damit die Kündigung sozialwidrig ist[3]. Eine Amtsermittlung durch das Gericht scheidet jedenfalls aus[4]. 330

Etzel[5] tritt dieser Auffassung mit der Begründung entgegen, daß das Gericht nicht an die Aufzeigung eines oder mehrerer Arbeitnehmer mit einer geringeren sozialen Schutzbedürftigkeit durch den gekündigten Arbeitnehmer gebunden sei, da dies **keinen rechtserheblichen Tatsachenvortrag** darstelle, sondern lediglich eine für das Gericht unverbindliche Meinung einer Prozeßpartei. Dem Gericht obliege die Anwendung des materiellen Kündigungsschutzrechtes auf den Einzelfall; es habe deshalb zu prüfen, ob der Arbeitgeber den relevanten Personenkreis ausgewählt habe und die sozialen Gesichtspunkt ausreichend berücksichtigt habe. Das Gericht sei an den Vortrag der Prozeßparteien insoweit nicht gebunden.

---

1 BAG v. 8. 8. 1985, NZA 1986, 679.
2 BAG v. 24. 3. 1983, BAGE 42, 151; BAG v. 21. 7. 1988, NZA 1989, 264.
3 BAG v. 15. 6. 1989, NZA 1990, 226; KR/*Etzel*, § 1 KSchG Rz. 608.
4 BAG v. 18. 10. 1984, NZA 1985, 423.
5 KR/*Etzel*, § 1 KSchG Rz. 609.

8. Prüfungsschema

331

1. Anknüpfungspunkt

- ▶ Sind innerbetriebliche Umstände oder außerbetriebliche Gründe ursächlich für den Wegfall des Arbeitsplatzes?
- ▶ Entfällt der Arbeitsplatz auch zukünftig?

2. Voraussetzungen

- ▶ Welche konkrete Unternehmerentscheidung hat der Arbeitgeber getroffen und wie wirkt sich die Unternehmerentscheidung auf den konkreten Arbeitsplatz aus (Rz. 245 ff.)?
- ▶ Ist die Kündigung unvermeidbar oder kann der Arbeitnehmer auf einem anderen freien Arbeitsplatz weiter beschäftigt werden (Rz. 275 ff.)?
- ▶ Ist eine Sozialauswahl durchzuführen und wenn ja, welche Arbeitnehmer sind in die Sozialauswahl einzubeziehen (Rz. 284 ff.)?
- ▶ Sind die Sozialkriterien Dauer der Betriebszugehörigkeit, Lebensalter und Unterhaltspflichten des Arbeitnehmer sachgerecht abgewogen worden (Rz. 289 ff.)?
- ▶ Sind einzelne Arbeitnehmer nicht in die Sozialauswahl einzubeziehen wegen entgegenstehender betrieblicher Interessen (Rz. 316)?
- ▶ Ist die eingeschränkte Interessenabwägung erfolgt (Rz. 281)?

V. Wiedereinstellungsanspruch

1. Allgemeines

332 Der Wiedereinstellungsanspruch wird **für alle drei Formen der Kündigung** (personenbedingte, verhaltensbedingte und betriebsbedingte) in der Literatur erörtert und war schon Gegenstand diverser gerichtlicher Verfahren[1]. Das Problem soll an folgenden Fallbeispielen verdeutlicht werden:

Beispiel 1: Personenbedingte Kündigung:

Einem Arbeitnehmer wird krankheitsbedingt gekündigt. Zum Zeitpunkt der Kündigung war die negative Prognose gerechtfertigt. Nach der Kündigung wird eine neue Behandlungsmethode bekannt, aufgrund derer die Genesung des Arbeitnehmers erreicht werden kann.

---

[1] BAG v. 27. 2. 1997, NZA 1997, 757; BAG v. 19. 5. 1988, NZA 1989, 461; BAG v. 15. 8. 1984, NJW 1985, 2783; BAG v. 22. 2. 1980, BAGE 33, 1; s.a.: *Bram/Rühl*, NZA 1990, 753; *Zwanziger*, BB 1997, 42.

V. Wiedereinstellungsanspruch

Beispiel 2: Verhaltensbedingte Kündigung:
Ein Arbeitnehmer wird wegen einer Straftat oder wegen des Verdachts einer Straftat gekündigt. Im nachfolgenden Strafverfahren stellt sich heraus, daß der Arbeitnehmer die Straftat nicht begangen hat oder die Verdachtsmomente auf einem fehlerhaften Sachverhalt beruht haben.

Beispiel 3: Betriebsbedingte Kündigung:
Ein Arbeitgeber faßt den Entschluß, seinen Betrieb einzustellen und kündigt sämtlichen dort beschäftigten Arbeitnehmern. Später gelingt es dem Arbeitgeber, seinen Betrieb zu veräußern. Der Betriebserwerber entschließt sich zur Fortführung des Betriebs.

Der allgemeine Wiedereinstellungsanspruch wird aus einer **nachwirkenden Fürsorgepflicht des Arbeitgebers** gefolgert[1]. Teilweise wird danach differenziert, ob der Wegfall des Kündigungsgrundes erst nach Beendigung des Arbeitsverhältnisses entstanden bzw. bekannt geworden ist oder noch während der laufenden Kündigungsfrist[2]. 333

Ein Wiedereinstellungsanspruch kann nur dann in Betracht kommen, wenn eine **wirksame Kündigung** vorausgegangen war. Deshalb liegt kein Wiedereinstellungsanspruch vor, wenn im laufenden Kündigungsschutzverfahren Gründe bekannt werden, die dem Kündigungsentschluß entgegenstehen. Hier stellt sich regelmäßig die Frage, ob dieser neue Lebenssachverhalt herangezogen werden darf oder ob bei der Beurteilung auf den Zeitpunkt der Kündigung abzustellen ist. 334

Es ist gefestigte Rechtsprechung, daß bei der Rechtmäßigkeit einer Kündigung auf die objektiven Verhältnisse im **Zeitpunkt des Zugangs** der Kündigungserklärung abzustellen ist. Dies gilt für die personenbedingte Kündigung[3] im gleichen Maße wie für die betriebsbedingte Kündigung[4].

Dieser Grundsatz wurde vom Bundesarbeitsgericht bei der Verdachtskündigung durchbrochen[5]. Zur Problematik siehe oben Rz. 230. Damit war der Wiedereinstellungsanspruch dem Grunde nach noch nicht anerkannt, vielmehr ist der Prüfungsmaßstab für die Sozialwidrigkeit der Kündigung verlagert vom Zeitpunkt des Zugangs der Kündigung auf den **Zeitpunkt der letzten mündlichen Verhandlung.**

---

1 *Schaub*, § 108 V 2; *Langer*, NZA 1991, Beil. 3, 23; *Bram/Rühl*, NZA 1990, 753.
2 BAG v. 27. 2. 1997, NZA 1997, 757; BAG v. 6. 8. 1997, BB 1997, 1745; LAG Köln v. 28. 6. 1996, LAGE § 611 BGB – Einstellungsanspruch Nr. 5.
3 BAG v. 12. 3. 1968, BAGE 20, 345; BAG v. 22. 2. 1980, BAGE 33, 1; BAG v. 15. 8. 1984, NJW 1985, 2783.
4 BAG v. 27. 2. 1997, NZA 1997, 757; BAG v. 10. 10. 1996, NZA 1997, 92; BAG v. 19. 5. 1988, NZA 1989, 461.
5 BAG v. 4. 6. 1964, BAGE 16, 72; BAG v. 14. 9. 1994, NZA 1995, 269.

2. Verhältnis zur Kündigungsschutzklage

335 Vorbehaltlich der für die Verdachtskündigung vom Bundesarbeitsgericht angenommenen Ausnahmesituation können **neue Erkenntnisse** die Wirksamkeit einer Kündigung nicht in Frage stellen[1].

Diese Betrachtung ergibt sich schon daraus, daß der Arbeitnehmer, der rechtzeitig innerhalb der Drei-Wochen-Frist des § 4 KSchG Klage erhoben hat, nicht besser gestellt sein darf als der Arbeitnehmer, der die Kündigung durch Fristablauf (§ 7 KSchG) wirksam werden läßt. In beiden Fällen muß – soweit man einen Wiedereinstellungsanspruch anerkennen möchte – der Arbeitnehmer **Beschäftigungsklage** erheben.

Der Arbeitnehmer, der keine Kündigungsschutzklage erhoben hat, hat dies im Rahmen eines **eigenständigen Klageverfahrens** zu tun. Der Arbeitnehmer, der Kündigungsschutzklage erhoben hat, kann diesen Antrag **im laufenden Kündigungsschutzverfahren** stellen. Auf die Wirksamkeit der Kündigung haben Gründe, die einen Wiedereinstellungsanspruch rechtfertigen können, keinen Einfluß. Nach der punktuellen Streitgegenstandstheorie[2] ist der Gegenstand der Kündigungsschutzklage nur die Wirksamkeit der Kündigung. Beim Wiedereinstellungsanspruch geht es demgegenüber um die Herstellung eines neuen Arbeitsverhältnisses[3].

3. Zeitpunkt

a) Nach Beendigung des Arbeitsverhältnisses

336 Grundsätzlich kann aus einer nachwirkenden Fürsorgepflicht (nach Beendigung des Arbeitsverhältnisses) **kein Wiedereinstellungsanspruch** abgeleitet werden[4]. Es ist anerkannt, daß nach Erlöschen der Hauptleistungspflichten aus einem Arbeitsverhältnis gewisse Nebenpflichten weiter bestehen können. Solche Nebenpflichten sind jedoch lediglich Restbestände eines Schuldverhältnisses, die eine ordnungsgemäße Abwicklung der vertraglichen Beziehungen absichern sollen. Sie setzen also gerade die **Beendigung** des Schuldverhältnisses voraus und können deshalb nicht zur Begründung von Hauptpflichten führen und die Pflicht des Arbeitgebers zum Abschluß eines neuen Arbeitsvertrages begründen[5].

337 Ein Wiedereinstellungsanspruch bei Änderung des die Kündigung rechtfertigenden Sachverhaltes kommt allenfalls dann in Betracht, wenn der Arbeitgeber einen **besonderen Vertrauenstatbestand** gesetzt hat, also aufgrund seines eigenen Verhaltens beim Arbeitnehmer die berechtigte Hoffnung geweckt hat, er werde ihn bei Änderung der Verhältnisse, auch nach Ablauf der Kündigungs-

---

1 BAG v. 19. 5. 1988, NZA 1989, 461; BAG v. 5. 7. 1990, NZA 1991, 185; BAG v. 6. 9. 1989, NZA 1990, 307; LAG Baden-Württemberg v. 18. 3. 1986, DB 1987, 543.
2 BAG v. 13. 11. 1958, BAGE 7, 36; BAG v. 27. 2. 1997, NZA 1997, 757.
3 *Bram/Rühl*, NZA 1990, 753.
4 LAG Köln v. 28. 6. 1996, LAGE § 611 BGB – Einstellungsanspruch Nr. 5; *Langer*, NZA 1991, Beil. 3, 23; *Zwanziger*, BB 1997, 42.
5 LAG Köln v. 28. 6. 1996, LAGE § 611 BGB – Einstellungsanspruch Nr. 5.

frist, wieder einstellen. Ein solcher Fall kann beispielsweise dann vorliegen, wenn der Arbeitgeber mitteilt, er werde bei verbesserter Auftragslage den Arbeitnehmer weiter beschäftigen oder wenn die Weiterbeschäftigung in Aussicht gestellt wird, wenn der Arbeitnehmer innerhalb eines vorgegebenen Zeitraumes wieder arbeitsfähig wird.

Auf jeden Fall setzt der Wiedereinstellungsanspruch voraus, daß der Kündigungsgrund nachträglich weggefallen ist. Weitere notwendige Voraussetzung ist, daß der Arbeitgeber eine **Beschäftigungsmöglichkeit** für den Arbeitnehmer hat[1]. Eine **zeitliche Grenze**, innerhalb der der Wiedereinstellungsanspruch geltend gemacht werden muß, wird allgemein nicht angenommen[2].

b) Nach Kündigung

Etwas anderes gilt dann, wenn zwischen Zugang der Kündigung und der Beendigung des Arbeitsverhältnisses der **Kündigungsgrund entfällt.** Der Arbeitgeber darf sich dann nicht auf die Wirksamkeit der Kündigung zum Kündigungszeitpunkt berufen; das Bundesarbeitsgericht beurteilt dies als Rechtsmißbrauch[3]. Der Arbeitgeber muß den veränderten Umständen Rechnung tragen und dem Arbeitnehmer die Fortsetzung des Arbeitsverhältnisses anbieten bzw. das Angebot des Arbeitnehmers auf Weiterbeschäftigung annehmen, das jeder Kündigungsschutzklage immanent ist. Dies gilt aber nur für die Zeit bis zur Beendigung des Arbeitsverhältnisses, also während der laufenden Kündigungsfrist[4]. 338

VI. Ordentliche Kündigung nach dem Einigungsvertrag

1. Allgemeines

Der Einigungsvertrag sah zwei Sonderformen der Beendigung von Arbeitsverhältnissen im öffentlichen Dienst der ehemaligen DDR vor, und zwar die **Abwicklung von Einrichtungen oder Teileinrichtungen** mit der Konsequenz, daß die Arbeitsverhältnisse der dort beschäftigten Arbeitnehmer automatisch endeten (Anl. I Kap. XIX Sachgeb. A Abschn. III Nr. 1 Abs. 2 und 3 Einigungsvertrag) und die **ordentliche Kündigung** aus im einzelnen aufgeführten Kündigungsgründen (Anl. I Kap. XIX Sachgeb. A Abschn. III Nr. 1 Abs. 4 Einigungsvertrag). Beide Beendigungsformen waren befristet. Die Abwicklung mußte bis spätestens 2. 1. 1991 eingetreten sein. Die Vorschriften über die ordentliche Kündigung galten zunächst bis 2. 10. 1992, wurden aber bis 31. 12. 1993 verlängert. Ein Verstoß gegen das Grundgesetz war hierdurch nicht begründet[5]. 339

---

1 *Bram/Rühl,* NZA 1990, 753.
2 *Zwanziger,* BB 1997, 42; *Bram/Rühl,* NZA 1990, 753.
3 BAG v. 27. 2. 1997, NZA 1997, 757; BAG v. 20. 8. 1997, NZA 1997, 1340.
4 BAG v. 6. 8. 1997, BB 1997, 1745.
5 BVerfG v. 8. 7. 1997, NJW 1997, 2310.

Die Vorschriften des Abs. 4 galten nur für Kündigungen in der **öffentlichen Verwaltung der neuen Bundesländer** und für Arbeitsverhältnisse, die zum Zeitpunkt des Wirksamwerdens des Beitritts mit einem öffentlichen Arbeitgeber der ehemaligen DDR bestanden haben.

Der Arbeitgeber, der eine Kündigung nach Abs. 4 aussprechen will, muß dies zumindest konkludent zum Ausdruck bringen[1].

2. Verhältnis zum KSchG und anderen Gesetzen

340 Schon mit Urteil v. 24. 9. 1992[2] hat das Bundesarbeitsgericht festgestellt, daß Abs. 4 in seinem Regelungsbereich **§ 1 KSchG ersetzt**. Sofern die Voraussetzungen nach Abs. 4 vorliegen, kann eine Kündigung wirksam ausgesprochen werden, ohne daß zusätzlich der Tatbestand des § 1 KSchG beachtet werden muß. Ungeachtet dessen findet das **KSchG ansonsten Anwendung** auf die Kündigung nach Abs. 4[3].

Deshalb kann ein Arbeitnehmer auch bei einer Kündigung nach Abs. 4 einen **Auflösungsantrag** gemäß §§ 9, 10 KSchG stellen[4]. Auch der Arbeitgeber kann einen Auflösungsantrag stellen, wenn die Voraussetzungen einer Kündigung nach Abs. 4 nicht vorliegen und die Kündigung nicht aus anderen Gründen sozial gerechtfertigt ist, da dann von einer Sozialwidrigkeit im Sinne von § 1 KSchG auszugehen ist[5].

341 Ebenso finden auf Kündigungen nach Abs. 4 die **besonderen Kündigungsschutzbestimmungen** für bestimmte Arbeitnehmergruppen Anwendung, so zB die §§ 15, 21 SchwbG[6] und der besondere Kündigungsschutz für Schwangere und Mütter nach § 9 MuSchG[7].

3. Kündigungsgründe

342 Abs. 4 enthält **fünf Sonderkündigungstatbestände**, und zwar:

▶ Mangelnde fachliche Qualifikation des Arbeitnehmers

▶ Mangelnde persönliche Eignung des Arbeitnehmers

▶ Mangelnder Bedarf

▶ Auflösung der bisherigen Beschäftigungsstelle

▶ Keine Verwendungsmöglichkeit wegen Änderung der Beschäftigungsstelle.

---

1 BAG v. 25. 3. 1993, NZA 1994, 883; KR/*Etzel*, § 1 KSchG Rz. 643.
2 NZA, 1993, 362.
3 BAG v. 24. 9. 1992, NZA 1993, 362.
4 BAG v. 24. 9. 1992, NZA 1993, 362; BAG v. 18. 3. 1993, NZA 1993, 601.
5 BAG v. 16. 11. 1995, DB 1996, 838.
6 BAG v. 16. 3. 1994, NZA 1994, 879; BAG v. 28. 4. 1994, BB 1994, 1426.
7 KR/*Etzel*, § 1 KSchG Rz. 642.

VI. Kündigung nach dem Einigungsvertrag

Die Voraussetzungen für einen dieser Sonderkündigungstatbestände hat der **Arbeitgeber darzulegen** und zu beweisen[1].

a) Mangelnde fachliche Qualifikation

Dieser Kündigungsgrund liegt nur dann vor, wenn dem Arbeitnehmer für die ihm nach dem Arbeitsvertrag übertragene Aufgabe die fachliche Qualifikation fehlt. Hierher gehören auch vorgeschriebene Prüfungen und Abschlüsse. Abs. 4 wird ergänzt durch Art. 37 Einigungsvertrag. Danach gelten in der DDR erworbene oder staatlich anerkannte schulische, berufliche und akademisch Abschlüsse oder Befähigungsnachweise in den neuen Bundesländern weiter. Es kommt nicht entscheidend auf die formale Vor- und Ausbildung des betreffenden Arbeitnehmers an, sondern darauf, ob der Arbeitnehmer über entsprechende **arbeitsplatzbezogene Kenntnisse** und Fähigkeiten verfügt[2].

343

b) Mangelnde persönliche Eignung

Das Merkmal der persönlichen Eignung bezieht sich auf die **künftige Tätigkeit** des Arbeitnehmers. Es ist aufgrund einer Prognose festzustellen, die eine konkrete und einzelfallbezogene Würdigung der gesamten Persönlichkeit voraussetzt[3]. Eine mangelnde persönliche Eignung ist indiziert, wenn sich der Arbeitnehmer in der Vergangenheit in besonderer Weise mit dem SED-Staat identifiziert hat. Hiervon ist auszugehen, wenn der Arbeitnehmer nicht nur kurzfristig Funktionen wahrgenommen hat, aufgrund derer er in hervorgehobener Position oder überwiegend an der ideologischen Umsetzung der Ziele der SED mitzuwirken hatte[4].

344

Liegt die Tätigkeit für das Ministerium für Staatssicherheit lange Zeit zurück und hat der Arbeitnehmer sich durch sein Verhalten vor und nach der Wende von den grundgesetzfeindlichen Zielen des SED-Staates distanziert, kann eine **gebotene Einzelfallprüfung** ergeben, daß der Arbeitnehmer für eine weitere Tätigkeit im öffentlichen Dienst ausreichend geeignet und seine Weiterbeschäftigung zumutbar ist[5].

Das BVerfG hat feststellt, daß der Sonderkündigungstatbestand **mit dem Grundgesetz vereinbar** ist[6].

345

---

1 BAG v. 13. 10. 1994, NZA 1995, 577; BAG v. 4. 11. 1993, NZA 1995, 1195; BAG v. 4. 11. 1993, NZA 1994, 753.
2 BAG v. 4. 11. 1993, NZA 1995, 1195; BVerfG v. 8. 7. 1997, NJW 1997, 2310.
3 BVerfG v. 21. 2. 1995, NZA 1995, 619.
4 BAG v. 4. 11. 1993, NZA 1994, 753; BAG v. 28. 4. 1994, NZA 1995, 785; BAG v. 13. 10. 1994, NZA 1995, 577.
5 BAG v. 19. 3. 1995, NZA 1996, 202.
6 BVerfG v. 21. 2. 1995, NZA 1995, 619.

c) Mangelnder Bedarf

346 Ein mangelnder Bedarf liegt dann vor, wenn die dem Arbeitnehmer nach seinem Arbeitsvertrag obliegenden Aufgaben seine Beschäftigung nicht mehr erfordern und ein anderer freier Arbeitsplatz, auf dem er mit vergleichbaren Aufgaben weiter beschäftigt werden könnte, im Bereich seiner Dienststelle oder einer anderen Dienststelle desselben Verwaltungszweiges nicht vorhanden ist. Dies liegt insbesondere dann vor, wenn aufgrund einer Organisationsentscheidung des öffentlichen Arbeitgebers in einem bestimmten Bereich weniger Arbeitsplätze als bisher bestehen bleiben sollen und dort **mehr Arbeitnehmer beschäftigt sind, als künftig Arbeitsplätze vorhanden sind.** In einem solchem Fall kann der Arbeitgeber so vielen Arbeitnehmern kündigen, bis die von ihm festgesetzte Bedarfszahl erreicht ist[1].

347 Da auf die Sonderkündigungstatbestände des Abs. 4 § 1 KSchG nicht anzuwenden ist, bedarf es für die Kündigung wegen mangelnden Bedarfes **keiner Sozialauswahl** nach § 1 Abs. 3 KSchG, da die Bestimmung des Abs. 4 den Begriff des dringenden betrieblichen Erfordernisses nicht konkretisiert, sondern eine eigenständige und abschließende Regelung zur Rechtfertigung der Kündigung darstellt[2]. Dies entnebt den Arbeitgeber aber nicht davon, Auswahlerwägungen am Leitbild des § 1 Abs. 3 KSchG vorzunehmen. Diese Verpflichtung ergibt sich nach Ansicht des Bundesarbeitsgerichts schon aus § 242 BGB[3]. Dennoch unterliegt die Auswahlentscheidung nicht dem freien, der gerichtlichen Überprüfung entzogenen Ermessen des Arbeitgebers. Der Maßstab von Treu und Glauben bleibt bestehen, weshalb der Arbeitgeber im Rahmen des Abs. 4 nicht willkürlich handeln oder besonders schützwürdige Arbeitnehmer vorrangig entlassen darf. Der Arbeitnehmer muß vielmehr eine nach vernünftigen sachlichen Gesichtspunkten zu treffende und billiges Ermessen berücksichtigende Auswahlentscheidung treffen. Hierzu gehört deshalb auch die Auswahl nach sozialen Gesichtspunkten[4]. Das Bundesarbeitsgericht weist ausdrücklich darauf hin, daß damit **keine analoge Anwendung des § 1 Abs. 3 KSchG** hergestellt sei[5]. Als zu berücksichtigende soziale Gesichtspunkte kommen wie bei § 1 Abs. 3 KSchG zunächst das Lebensalter und die Unterhaltspflichten des Arbeitnehmers in Betracht. Die Betriebszugehörigkeit habe als Kriterium deutlich zurückzutreten, da in der DDR eine freie Wahl des Arbeitsplatzes praktisch nicht bestanden hat. Dem Gesichtspunkt der Betriebszugehörigkeit ist daher durch die Berücksichtigung des Lebensalters regelmäßig ausreichend Rechnung getragen, mit der Konsequenz, daß in die Auswahlentscheidung nach § 315 Abs. 1 BGB jedenfalls das Lebensalter und die Unterhaltspflichten des Arbeitnehmers einzufließen haben.

---

1 BAG v. 19. 1. 1995, NZA 1996, 585; KR/*Etzel*, § 1 KSchG Rz. 670.
2 BAG v. 5. 10. 1995, NZA 1996, 585.
3 BAG v. 5. 10. 1995, NZA 1996, 644.
4 BAG v. 19. 1. 1995, NZA 1996, 585; BAG v. 5. 10. 1995, DB 1996, 383.
5 BAG v. 19. 1. 1995, NZA 1996, 585.

VI. Kündigung nach dem Einigungsvertrag

d) Auflösung der bisherigen Beschäftigungsstelle

Eine Beschäftigungsstelle wird im Sinne des Abs. 4 ersatzlos aufgelöst, wenn der Träger öffentlicher Verwaltung die bisherige organisatorische Verwaltungseinheit mit materiellen, immateriellen und personellen Mitteln aufgibt und deren **Verwaltungstätigkeit dauerhaft einstellt**[1]. Hiervon ist auch dann auszugehen, wenn in der bisherigen Einrichtung neue Aufgaben erfüllt werden. Insoweit handelt es sich um die Neuerrichtung einer Beschäftigungsstelle[2].

348

e) Keine Verwendungsmöglichkeit wegen Änderung der Beschäftigungsstelle

Dieser Sonderkündigungstatbestand liegt dann vor, wenn bei einer Verschmelzung, Eingliederung oder wesentlichen Änderung des Aufbaus der Beschäftigungsstelle die bisherige oder eine anderweitige Verwendung nicht mehr möglich ist. Der Arbeitgeber hat, wie bei dem Sonderkündigungstatbestand des mangelnden Bedarfs, ebenfalls eine **Auswahlentscheidung** nach § 315 BGB vorzunehmen[3].

349

---

1 BAG v. 26. 5. 1994, NZA 1994, 1029.
2 KR/*Etzel*, § 1 KSchG Rz. 673.
3 AA KR/*Etzel*, § 1 KSchG Rz. 677.

E. Außerordentliche Kündigung

	Rz.
I. Grundlagen	1
II. Arten der außerordentlichen Kündigung	
1. Außerordentliche Kündigung mit Auslauffrist	3
2. Außerordentliche Kündigung bei ordentlich unkündbaren Arbeitnehmern	4
III. Abgrenzung der außerordentlichen Kündigung von anderen Beendigungstatbeständen	
1. Anfechtung	5
2. Rücktritt	7
3. Wegfall der Geschäftsgrundlage	8
4. Aufhebungsvertrag	9
5. Suspendierung	10
6. Nichtfortsetzungserklärung gem. § 12 KSchG	11
IV. Allgemeine Grundsätze zur außerordentlichen Kündigung	
1. Anhörung des Arbeitnehmers	12
2. Beurteilungszeitpunkt	13
3. Nachschieben von Kündigungsgründen	14
4. Verzicht auf die außerordentliche Kündigung	16
5. Nachträglicher Wegfall des Kündigungsgrundes	17
V. Außerordentliche Kündigung des Arbeitgebers/Merkmale des wichtigen Grundes	
1. Grundsätze	18
2. Kündigungsgründe an sich	22
3. Konkrete Beeinträchtigung des Arbeitsverhältnisses	23
4. Interessenabwägung	24
5. Prognoseprinzip	25
6. Verhältnismäßigkeit (Ultima-ratio-Prinzip)	27
7. Verschulden	28
8. Verhältnis zur ordentlichen Kündigung	29
VI. Besondere Arten der außerordentlichen Kündigung	
1. Verdachtskündigung	31
a) Begriff	32
b) Voraussetzungen	34
c) Beteiligung des Betriebsrats	41
d) Übersicht	42
2. Druckkündigung	
a) Begriff	43
b) Voraussetzung	44
3. Außerordentliche Änderungskündigung	
a) Voraussetzungen	48
b) Vorbehalt gem. § 2 KSchG	55
4. Außerordentliche Kündigung von ordentlich unkündbaren Arbeitnehmern	57
a) Besonderheiten bei der Betriebsstillegung	58
b) Krankheitsbedingte außerordentliche Kündigung	60
c) Tariflicher Ausschluß der ordentlichen Kündigung	61
d) Nach § 15 KSchG geschützte Arbeitnehmer	63
VII. Kündigung des Arbeitnehmers	
1. Grundsätze	65
2. Einzelfälle	67
VIII. Ausschlußfrist	
1. Allgemeines	71
2. Beginn der Ausschlußfrist	
a) Grundsätze	74
b) Dauergründe	75
c) Fortwirkende Tatbestände	76
d) Kündigungsberechtigter	77
3. Hemmung der Ausschlußfrist	80
4. Besonderheiten bei der Verdachtskündigung sowie der Kündigung wegen einer Straftat	82
5. Besonderheiten bei der Kündigung von Betriebs- und Personalräten	84
IX. Mitteilung der Kündigungsgründe	92
X. Umdeutung einer unwirksamen außerordentlichen Kündigung	93

	Rz.		Rz.
XI. Minderung der Vergütung und Schadenersatz nach § 628 BGB		a) Kündigung im Sinne des § 628 Abs. 2 BGB	100
1. Minderung der Vergütung nach § 628 Abs. 1 Satz 2 BGB	94	b) Vertragswidriges Verhalten des Gekündigten	102
2. Schadenersatz nach § 628 Abs. 2 BGB	99	c) Schaden	103

I. Grundlagen

Nach § 626 Abs. 1 BGB kann das Arbeitsverhältnis von jedem Vertragsteil aus wichtigem Grund ohne Einhaltung einer Kündigungsfrist gekündigt werden, wenn Tatsachen vorliegen, wonach dem Kündigenden die **Fortsetzung des Arbeitsverhältnisses** bis zum Ablauf der ordentlichen Kündigungsfrist oder bis zur vereinbarten Beendigung des Arbeitsverhältnisses **unzumutbar** ist. Nach dem Gesetzestext sind dabei alle Umstände des Einzelfalles zu berücksichtigen und die Interessen beider Vertragsparteien abzuwägen. 1

Das Recht zur außerordentlichen Kündigung kann weder durch einzelvertragliche noch durch kollektive Regelungen beseitigt, eingeschränkt oder auch erweitert werden: **§ 626 BGB** ist für beide Parteien **zwingendes Recht**[1]. 2

II. Arten der außerordentlichen Kündigung

1. Außerordentliche Kündigung mit Auslauffrist

Die außerordentliche Kündigung erfolgt üblicherweise ohne Einhaltung einer Frist („fristlos"). Möglich ist auch eine außerordentliche Kündigung mit Auslauffrist, wodurch der Kündigungstermin hinausgeschoben wird (außerordentliche befristete Kündigung). Das Einhalten einer Auslauffrist ist grundsätzlich **freiwillig**, und die **Gründe** hierfür sind **unerheblich**. Seitens des Kündigenden ist es dabei wichtig klarzustellen, daß es sich um eine außerordentliche Kündigung handelt, so daß der Gekündigte dies erkennen kann[2]. Unterbleibt die Klarstellung, kann der Gekündigte darauf vertrauen, daß nur eine ordentliche Kündigung gewollt war[3]. Der Gekündigte ist nicht verpflichtet, die Auslauffrist zu akzeptieren[4]. Die Unzumutbarkeit der Weiterbeschäftigung (vgl. Rz. 24) wird zu verneinen sein, wenn die außerordentliche Kündigung unter Einhaltung einer Auslauffrist erfolgt, die der ordentlichen Kündigungsfrist entspricht, 3

---

1 MünchKomm/*Schwerdtner*, § 626 BGB Rz. 54; RGRK/*Corts*, § 626 BGB Rz. 78; Staudinger/*Preis*, § 626 BGB Rz. 38.
2 RGRK/*Corts*, § 626 BGB Rz. 26; Staudinger/*Preis*, § 626 BGB Rz. 252; MünchKomm/*Schwerdtner*, § 626 BGB Rz. 18.
3 MünchKomm/*Schwerdtner*, § 626 BGB Rz. 18.
4 Staudinger/*Preis*, § 626 BGB Rz. 252 mwN; RGRK/*Corts*, § 626 BGB Rz. 27.

und der Gekündigte tatsächlich weiterbeschäftigt wird, es sei denn, es erfolgt gleichzeitig eine Suspendierung von der Arbeitspflicht[1].

2. Außerordentliche Kündigung bei ordentlich unkündbaren Arbeitnehmern

4 Ferner gibt es die außerordentliche Kündigung **unter Einhaltung der gesetzlichen oder tariflichen Kündigungsfrist (soziale Auslauffrist)**. Diese wird in solchen Fällen gefordert, in denen die ordentliche Kündigung gesetzlich, einzel- oder tarifvertraglich ausgeschlossen ist, jedoch keine Beschäftigungsmöglichkeit mehr besteht[2]. So soll der ordentlich nicht kündbare Arbeitnehmer nicht schlechter stehen, als er ohne den besonderen Kündigungsschutz stünde (nähere Einzelheiten dazu unter Rz. 59). Trotz Einhaltung der ordentlichen Kündigungsfrist handelt es sich auch in diesen Fällen um eine außerordentliche Kündigung, so daß die Zweiwochenfrist gemäß § 626 Abs. 2 BGB gilt und der Betriebsrat entsprechend anzuhören ist.

III. Abgrenzung der außerordentlichen Kündigung von anderen Beendigungstatbeständen

1. Anfechtung

5 Die Anfechtung nach den §§ 119, 123 BGB und die außerordentliche Kündigung sind **wahlweise und nebeneinander zulässig**[3]. Ob in dem Fall auch für die Anfechtung die Zweiwochenfrist des § 626 Abs. 2 BGB gilt, ist streitig[4]. Die Anfechtung wirkt bei einem bereits in Vollzug gesetzten Arbeitsverhältnis entgegen § 142 Abs. 1 BGB wie die außerordentliche Kündigung nur in die Zukunft.

6 Eine außerordentliche Kündigung kann **nicht** nach § 140 BGB in eine Anfechtung **umgedeutet** werden[5]. Wird allerdings in einer außerordentlichen Kündigung auf mögliche Anfechtungsgründe hingewiesen, kann diese nach § 133 BGB auch als Anfechtung ausgelegt werden[6].

2. Rücktritt

7 Gegenüber dem Rücktritt nach §§ 325, 326 BGB stellt die außerordentliche Kündigung mit Rücksicht auf das Arbeitsverhältnis als Dauerschuldverhältnis

---

1 *Staudinger/Preis*, § 626 BGB Rz. 252; MünchKomm/*Schwerdtner*, § 626 BGB Rz. 17.
2 BAG v. 28. 3. 1985, AP Nr. 86 zu § 626 BGB.
3 BAG v. 28. 3. 1974, AP Nr. 3 zu § 119 BGB; aA MünchKomm/*Schwerdtner*, § 626 BGB Rz. 50.
4 Ja für die Anfechtung nach § 119 BGB: BAG v. 14. 12. 1979, EzA § 119 BGB Nr. 11; Nein für die Anfechtung nach § 123 BGB: BAG v. 19. 5. 1983, AP Nr. 25 zu § 123 BGB.
5 BAG v. 14. 10. 1975, AP Nr. 4 zu § 9 MuSchG 1968.
6 BAG v. 6. 10. 1962, AP Nr. 24 zu § 9 MuSchG.

III. Abgrenzung   Rz. 11 **Teil 3 E**

eine **abschließende Spezialregelung** dar. Dies gilt auch für eine Beendigung vor der Arbeitsaufnahme[1].

3. Wegfall der Geschäftsgrundlage

Der Wegfall der Geschäftsgrundlage kommt grundsätzlich als Beendigungsgrund für ein Arbeitsverhältnis **nicht in Betracht**[2]. Ausnahmen gelten nur für Extremsituationen wie Kriegswirren oder Naturkatastrophen. Zusätzlich ist Voraussetzung, daß eine außerordentliche Kündigung nicht möglich war[3]. 8

4. Aufhebungsvertrag

Ein Aufhebungsvertrag, durch den das Arbeitsverhältnis mit sofortiger Wirkung beendet wird, ist **zulässig**. Hierin liegt insbesondere auch keine Umgehung zwingenden Kündigungsschutzes (vgl. jedoch Teil 3 B Rz. 5 ff.). 9

5. Suspendierung

Mit der Suspendierung werden einzelne oder alle Rechte aus dem Arbeitsverhältnis zum **Ruhen** gebracht. Sie kommt am häufigsten vor in Form der Entbindung des Arbeitnehmers von der Verpflichtung zur Arbeitsleistung. Gegenüber der Kündigung ist sie das mildere Mittel. An ihre Zulässigkeit sind dennoch hohe rechtliche Anforderungen zu stellen (nähere Einzelheiten vgl. Teil 2 A Rz. 700 ff.). Im Zusammenhang mit einer fristlosen Kündigung wird der häufigste Anwendungsfall die Verdachtskündigung (dazu Rz. 31 ff.) sein, wenn der Arbeitnehmer bis zur Klärung, ob der Verdacht einer strafbaren Handlung begründet ist, freigestellt wird. In allen anderen Fällen dürfte die Suspendierung im Zusammenhang mit einer außerordentlichen Kündigung wegen der Zweiwochenfrist des § 626 Abs. 2 BGB kaum praktische Relevanz haben. 10

6. Nichtfortsetzungserklärung gem. § 12 KSchG

Die Nichtfortsetzungserklärung nach § 12 KSchG verschafft dem Arbeitnehmer **nach gewonnenem Kündigungsschutzprozeß** die Möglichkeit, das Arbeitsverhältnis zum bisherigen Arbeitgeber binnen einer Woche nach Rechtskraft des Urteils zu beenden. Hierbei handelt es sich um den Fall eines gesetzlichen außerordentlichen Kündigungsrechts für den Arbeitnehmer. § 626 BGB bleibt unberührt[4]. 11

---

1 *Staudinger/Preis*, § 626 BGB Rz. 13; MünchKomm/*Schwerdtner*, § 626 BGB Rz. 223.
2 BAG v. 6. 3. 1986, AP Nr. 19 zu § 15 KSchG 1969.
3 BAG v. 3. 10. 1961, AP Nr. 3 zu § 242 BGB – Geschäftsgrundlage; BAG v. 12. 3. 1964, AP Nr. 5 zu § 242 BGB – Geschäftsgrundlage.
4 *Staudinger/Preis*, § 626 BGB Rz. 17.

IV. Allgemeine Grundsätze zur außerordentlichen Kündigung

1. Anhörung des Arbeitnehmers

12 Die Anhörung des Arbeitnehmers vor Ausspruch einer außerordentlichen Kündigung ist grundsätzlich nicht erforderlich und erst recht **keine Wirksamkeitsvoraussetzung**[1]. **Anders** ist dies bei der **Verdachtskündigung**, die ohne vorherige Anhörung des Arbeitnehmers schon aus formellen Gründen unwirksam ist (vgl. Rz. 35 f.). Die Anhörung empfiehlt sich jedoch in allen Fällen der außerordentlichen Kündigung, um dem Arbeitgeber vor deren Ausspruch eine umfassende Beurteilung aller für und gegen die Kündigung sprechenden Umstände zu ermöglichen[2].

2. Beurteilungszeitpunkt

13 Als Zeitpunkt der Beurteilung der Kündigung ist – wie bei der ordentlichen Kündigung – der **Ausspruch der Kündigung** maßgeblich. Entstehen zwischen Abgabe und Zugang der Kündigung neue Kündigungsgründe, kommt es auf den Zeitpunkt des Zugangs beim Empfänger an[3].

3. Nachschieben von Kündigungsgründen

14 Ein Nachschieben von Kündigungsgründen kommt hinsichtlich solcher Umstände in Betracht, die zum Zeitpunkt des Ausspruchs der Kündigung bereits objektiv gegeben waren, und zwar unabhängig davon, ob der Kündigende sie kannte oder nicht[4]; zu den Besonderheiten bei der Verdachtskündigung vgl. Rz. 38 f. Maßgeblich ist also allein das **objektive Bestehen eines Kündigungsgrundes**. Der nachgeschobene Kündigungsgrund muß nicht innerhalb der Zweiwochenfrist des § 626 Abs. 2 BGB ab Bekanntwerden vorgebracht werden, denn die Zweiwochenfrist gilt nur hinsichtlich der Ausübung des Kündigungsrechts[5]; Voraussetzung ist, daß der Kündigende von dem nachgeschobenen Grund nicht länger als zwei Wochen vor Ausspruch der Kündigung Kenntnis hatte[6]. Die Ausschlußfrist des § 626 Abs. 2 Satz 1 BGB findet dagegen beim Nachschieben von nachträglich bekanntgewordenen Kündigungsgründen, die vor Ausspruch der Kündigung entstanden sind, keine Anwendung[7]. Nach Ausspruch der Kündigung entstandene Gründe können nicht nachgeschoben, sondern nur zur Begründung einer erneuten Kündigung herangezogen werden.

---

1 MünchKomm/*Schwerdtner*, § 626 BGB Rz. 41; *Staudinger/Preis*, § 626 BGB Rz. 255.
2 *Staudinger/Preis*, § 626 BGB Rz. 255; KR/*Hillebrecht*, § 626 BGB Rz. 80.
3 RGRK/*Corts*, § 626 BGB Rz. 34; MünchKomm/*Schwerdtner*, § 626 BGB Rz. 228.
4 RGRK/*Corts*, § 626 BGB Rz. 230; MünchKomm/*Schwerdtner*, § 626 BGB Rz. 228; *Staudinger/Preis*, § 626 BGB Rz. 66.
5 BAG v. 4. 6. 1997, NZA 1997, 1158; MünchKomm/*Schwerdtner*, § 626 BGB Rz. 228; *Staudinger/Preis*, § 626 BGB Rz. 69.
6 MünchKomm/*Schwerdtner*, § 626 BGB Rz. 228 mwN; KR/*Hillebrecht*, § 626 BGB Rz. 128.
7 BAG v. 4. 6. 1997, NZA 1997, 1158 mwN.

Besteht ein **Betriebsrat,** ist dieser hinsichtlich der nachzuschiebenden Gründe vorher gemäß § 102 BetrVG zu hören[1]; insoweit tritt allerdings eine Beschränkung auf die bei Ausspruch der Kündigung unbekannten Gründe ein, da die bekannten Gründe mangels Anhörung keine Berücksichtigung mehr finden können[2]. Diese Beschränkung soll nicht gelten, wenn die nachgeschobenen Tatsachen lediglich der Erläuterung und Konkretisierung dem Betriebsrat mitgeteilter Gründe dienen[3]. 15

4. Verzicht auf die außerordentliche Kündigung

Auf die Ausübung des Rechts zur außerordentlichen Kündigung kann nach Entstehen des Kündigungsgrundes verzichtet werden. Spricht der Arbeitgeber vor Ablauf der Zweiwochenfrist eine **ordentliche Kündigung** aus, verzichtet er damit schlüssig auf die Ausübung seines außerordentlichen Kündigungsrechts[4]. Teilweise wird dies auch als Verwirkung oder Verbrauch des Kündigungsrechts aufgrund widersprüchlichen Verhaltens angesehen[5]. Ein Verzicht liegt ebenso vor, wenn derselbe Verstoß, auf den die außerordentliche Kündigung gestützt wird, zuvor Gegenstand einer **Abmahnung** war; dieser Verzicht gilt zugleich für alle weiteren Verstöße, die dem Arbeitgeber zum Zeitpunkt der Abmahnung bekannt waren, auch wenn sie nicht Gegenstand der Abmahnung waren[6]. 16

5. Nachträglicher Wegfall des Kündigungsgrundes

Entfällt der Kündigungsgrund nachträglich, macht dies die Kündigung nicht rechtsunwirksam. Dem Arbeitnehmer steht sodann ein **Anspruch auf Wiedereinstellung** zu. Dieser ist im Bereich der außerordentlichen Kündigung nur für die Verdachtskündigung allgemein anerkannt[7] (nähere Einzelheiten vgl. Rz. 40). 17

V. Außerordentliche Kündigung des Arbeitgebers/Merkmale des wichtigen Grundes

1. Grundsätze

Nach § 626 Abs. 1 BGB bedarf die außerordentliche Kündigung eines wichtigen Grundes. Hierbei handelt es sich um einen unbestimmten Rechtsbegriff[8], der 18

---

1 BAG v. 4. 6. 1997, NZA 1997, 1158.
2 RGRK/*Corts,* § 626 BGB Rz. 231; für einen gänzlichen Ausschluß des Nachschiebens von Kündigungsgründen bei Bestehen eines Betriebsrats: MünchKomm/*Schwerdtner,* vor § 620 BGB Rz. 413.
3 BAG v. 11. 4. 1985, AP Nr. 39 zu § 102 BetrVG 1972.
4 *Staudinger/Preis,* § 626 BGB Rz. 70; aA MünchKomm/*Schwerdtner,* § 626 BGB Rz. 59 f.
5 RGRK/*Corts,* § 626 BGB Rz. 235.
6 RGRK/*Corts,* § 626 BGB Rz. 235.
7 *Staudinger/Preis,* § 626 BGB Rz. 72.
8 BAG v. 21. 6. 1995, AP Nr. 36 zu § 15 KSchG.

im Gesetz nur generalklauselartig umschrieben ist[1]. Das Gesetz selbst stellt zum einen ab auf das objektive Vorliegen kündigungsrelevanter Tatsachen. Zum anderen sind die Umstände des Einzelfalles zu berücksichtigen sowie die beiderseitigen Interessen abzuwägen, was die Vorhersehbarkeit gerichtlicher Entscheidungen entsprechend erschwert.

19 Das **BAG** prüft das Vorliegen des wichtigen Kündigungsgrundes **abgestuft in zwei** systematisch zu trennenden **Abschnitten**[2]:

▶ **Stufe 1**: Ist ein bestimmter Kündigungssachverhalt unabhängig von den Besonderheiten des Einzelfalles als solcher „an sich" geeignet, einen wichtigen Grund zur fristlosen Kündigung abzugeben (vgl. Rz. 22)[3]?

▶ **Stufe 2**: Ist dies zu bejahen, sind alle vernünftigerweise in Betracht kommenden konkreten Umstände des Einzelfalles, die für oder gegen die außerordentliche Kündigung sprechen, und die beiderseitigen Interessen daraufhin zu bedenken und abzuwägen, ob diese die Fortsetzung des Arbeitsverhältnisses bis zum Ablauf der ordentlichen Kündigungsfrist unzumutbar machen (vgl. Rz. 24)[4].

20 Dabei wird seitens des BAG auf folgende **weitere Grundsätze** abgestellt:

▶ Das Fehlverhalten des Arbeitnehmers muß zu einer **konkreten Beeinträchtigung des Arbeitsverhältnisses** geführt bzw. sich konkret auf das Arbeitsverhältnis ausgewirkt haben. Fehlt es hieran, ist das Verhalten des Arbeitnehmers schon nicht geeignet, einen wichtigen Kündigungsgrund abzugeben (vgl. Rz. 23)[5].

▶ Es kommt auf den Grad der Wahrscheinlichkeit künftiger Störungen des Arbeitsverhältnisses und deren Schwere an. Hierzu bedarf es einer **objektiven Prognose** im Hinblick auf **künftige Belastungen**[6], wobei bisherige Störungen hierfür ein Indiz darstellen[7]. Die negative Prognose ist Voraussetzung für die Auflösung des Arbeitsverhältnisses[8] (vgl. Rz. 25).

▶ Der **Grundsatz der Verhältnismäßigkeit** muß gewahrt sein – ultima-ratio-Prinzip (vgl. Rz. 27)[9].

21 Das zweistufige Prüfungsverfahren des BAG wird in der **Literatur** mangels Verzahnung mit der ordentlichen Kündigung kritisiert, weshalb das zwischen beiden Kündigungsarten bestehende Stufenverhältnis nicht ausreichend berücksichtigt werde[10] (vgl. auch Rz. 29 f.). Im Ergebnis ist dieser Streit ohne Relevanz.

---

1 *Staudinger/Preis*, § 626 BGB Rz. 50; *RGRK/Corts*, § 626 BGB Rz. 30.
2 BAG v. 17. 5. 1984, AP Nr. 14 zu § 626 BGB – Verdacht strafbarer Handlung.
3 BAG v. 2. 3. 1989, AP Nr. 101 zu § 626 BGB mwN.
4 BAG v. 2. 3. 1989, AP Nr. 101 zu § 626 BGB mwN.
5 BAG v. 20. 9. 1984 und 17. 3. 1988, AP Nr. 80, 99 zu § 626 BGB.
6 BAG v. 9. 3. 1995, AP Nr. 123 zu § 626 BGB.
7 BAG v. 9. 1. 1986, AP Nr. 20 zu § 626 BGB – Ausschlußfrist.
8 BAG v. 4. 10. 1990, AP Nr. 12 zu § 626 BGB – Druckkündigung.
9 BAG v. 17. 2. 1994, AP Nr. 116 zu § 626 BGB.
10 *Preis*, Prinzipien des Kündigungsrechts, S. 480 ff.; MünchArbR/*Wank*, § 117 Rz. 37 ff.; *Bezani*, Anm. zu BAG AP Nr. 7 zu § 626 BGB – Krankheit.

2. Kündigungsgründe an sich

Wie vorstehend ausgeführt, prüft das BAG zunächst, ob ein bestimmter Vorgang ohne die besonderen Umstände des Einzelfalls **an sich geeignet ist, einen wichtigen Kündigungsgrund zu bilden**[1]. Dies soll die rechtliche Möglichkeit eröffnen, für die Frage, ob ein bestimmter Grund eine außerordentliche Kündigung zu rechtfertigen vermag, allgemeine Grundsätze aufstellen zu können[2]. Dafür, welche typischen Sachverhalte an sich geeignet sind, einen wichtigen Grund zur außerordentlichen Kündigung zu bilden, sollen in aufgehobenen Vorschriften genannte Beispiele für wichtige Gründe (§§ 123, 124 GewO aF oder § 72 HGB aF) Hinweise geben können[3]. Das BAG weist ausdrücklich darauf hin, daß diese damit nicht zu absoluten Kündigungsgründen erhoben werden, es vielmehr zusätzlich stets der fallbezogenen Abwägung aller Umstände des Einzelfalls bedarf[4].

22

3. Konkrete Beeinträchtigung des Arbeitsverhältnisses

Nach der Rechtsprechung des BAG[5] ist ein Umstand nur dann geeignet, eine außerordentliche Kündigung zu rechtfertigen, wenn er sich konkret nachteilig auf das Arbeitsverhältnis auswirkt. Dies wird vor allem gesondert zu prüfen sein, wenn es um **außerdienstliches Verhalten** (zB regelmäßiger Besuch einer Spielbank, Diebstahl in der Freizeit) oder um Meinungsäußerungen bzw. politische Betätigungen geht. Fehlt es an der konkreten Beeinträchtigung, ist der Kündigungsgrund schon „an sich" ungeeignet[6] und die Interessenabwägung nicht mehr erforderlich[7]. Die Fortsetzung des Arbeitsverhältnisses muß durch objektive Umstände wie das Verhalten im Leistungsbereich, im Bereich der betrieblichen Verbundenheit aller Mitarbeiter (Betriebsordnung, Betriebsfrieden), im persönlichen Vertrauensbereich oder im Unternehmensbereich (Betriebsgefährdung) beeinträchtigt sein[8].

23

4. Interessenabwägung

Ist ein Kündigungsgrund „an sich" geeignet, bedarf es – auf der zweiten Stufe – der weiteren Prüfung, ob die Fortsetzung des Arbeitsverhältnisses unter Berücksichtigung der konkreten Umstände des Einzelfalles und der Abwägung der Interessen beider Vertragsteile bis zum Ablauf der Kündigungsfrist zumutbar ist oder nicht[9]. Bei der **Zumutbarkeitsprüfung** ist auf die (fiktive) Kündigungs-

24

---

1 BAG v. 2. 3. 1989, AP Nr. 101 zu § 626 BGB mwN.
2 BAG v. 17. 5. 1984, AP Nr. 14 zu § 626 BGB – Verdacht strafbarer Handlung.
3 BAG v. 15. 11. 1984 und 17. 3. 1988, AP Nr. 87, 99 zu § 626 BGB; ablehnend: Staudinger/Preis, § 626 BGB Rz. 53.
4 BAG v. 15. 11. 1984, AP Nr. 87 zu § 626 BGB.
5 BAG v. 9. 12. 1982, 20. 9. 1984 und 15. 11. 1984, AP Nr. 73, 80, 87 zu § 626 BGB.
6 BAG v. 17. 3. 1988, AP Nr. 99 zu § 626 BGB.
7 BAG v. 17. 3. 1988, AP Nr. 99 zu § 626 BGB.
8 BAG v. 17. 3. 1988, AP Nr. 99 zu § 626 BGB.
9 BAG v. 13. 12. 1984, AP Nr. 81 zu § 626 BGB.

frist abzustellen, die ohne den besonderen Kündigungsschutz bei einer ordentlichen Kündigung gelten würde[1] (nähere Einzelheiten unter Rz. 57 f.). Kommen **mehrere, verschiedenartige Gründe** in Betracht, ist zunächst eine Prüfung jedes einzelnen Kündigungsgrundes vorzunehmen. Ist danach ein wichtiger Grund nicht gegeben, ist zu prüfen, ob nicht die Kündigungsgründe in ihrer Gesamtheit das Arbeitsverhältnis unzumutbar belasten[2]. Als weitere **Umstände** sind bei **der Interessenabwägung** zu berücksichtigen die Dauer der Betriebszugehörigkeit[3], die persönlichen Verhältnisse des Gekündigten, soweit diese einen konkreten Bezug zum Kündigungsgrund haben[4], der Grad des Schuldvorwurfs[5], Art und Auswirkungen der Störung des zu Kündigenden[6], das bisherige Verhalten des Arbeitnehmers[7], die Wiederholungsgefahr[8].

5. Prognoseprinzip

25 Die Kündigung hat keinen Straf- oder Sanktionscharakter[9] oder soll die Vergangenheit bereinigen, sondern ist ein Instrument zur Regulierung der Zukunft, also zur **Verhinderung künftiger Störungen**[10]. Der Kündigungsgrund ist seiner Natur nach zukunftsbezogen[11]. Dies ergibt sich bereits aus § 626 BGB selbst, wonach die Fortsetzung des Arbeitsverhältnisses für den Kündigenden unzumutbar sein muß[12]. Außerdem kann die Kündigung nur für die Zukunft („ex nunc") und nicht in die Vergangenheit wirken. Es kommt also auf die **Auswirkungen des Kündigungsgrundes für die Zukunft** an. Die Kündigung ist nur dann gerechtfertigt, wenn die Prognose einen hohen Grad der Wahrscheinlichkeit künftiger Störungen des Arbeitsverhältnisses ergibt **(negative Prognose)**[13]. Dabei wirken sich die vergangenen Ereignisse entweder als negatives Indiz für die Zukunft aus, indem sie auf eine Wiederholungsgefahr schließen lassen, oder haben eine Dauerwirkung in die Zukunft[14]. Dagegen sind zurückliegende Ereignisse, die das Arbeitsverhältnis nicht mehr belasten, unerheblich, auch wenn

---

[1] BAG v. 18. 2. 1993, AP Nr. 35 zu § 15 KSchG.
[2] BAG v. 17. 3. 1988, AP Nr. 99 zu § 626 BGB; KR/*Hillebrecht*, § 626 BGB Rz. 185.
[3] BAG v. 13. 12. 1984 und 2. 3. 1989, AP Nr. 81, 101 zu § 626 BGB; BAG v. 31. 3. 1993, AP Nr. 32 zu § 626 BGB – Ausschlußfrist.
[4] BAG v. 2. 3. 1989, AP Nr. 101 zu § 626 BGB.
[5] BAG v. 25. 4. 1991, AP Nr. 104 zu § 626 BGB.
[6] BAG v. 17. 3. 1988, AP Nr. 99 zu § 626 BGB.
[7] BAG v. 31. 3. 1993, AP Nr. 32 zu § 626 BGB – Ausschlußfrist.
[8] BAG v. 26. 3. 1992, AP Nr. 23 zu § 626 BGB – Verdacht strafbarer Handlung.
[9] *Staudinger/Preis*, § 626 BGB Rz. 92.
[10] *Herschel*, Anm. zu BAG AP Nr. 78 zu § 626 BGB.
[11] BAG v. 9. 1. 1986, AP Nr. 20 zu § 626 BGB – Ausschlußfrist.
[12] *Herschel*, Anm. zu BAG AP Nr. 78 zu § 626 BGB; *Staudinger/Preis*, § 626 BGB Rz. 89.
[13] BAG v. 9. 3. 1995, AP Nr. 123 zu § 626 BGB; BAG v. 9. 1. 1986, AP Nr. 20 zu § 626 BGB – Ausschlußfrist; *Herschel*, Anm. zu BAG AP Nr. 78 zu § 626 BGB; *Staudinger/Preis*, § 626 BGB Rz. 89.
[14] *Staudinger/Preis*, § 626 BGB Rz. 92; *Herschel*, Anm. zu BAG AP Nr. 78 zu § 626 BGB.

VI. Kündigung des Arbeitgebers

sie zunächst schwerwiegend waren[1]. Die negative Prognose ist also Voraussetzung für die Auflösung des Arbeitsverhältnisses durch eine Kündigung[2].

Bezogen auf die negative Prognose kommt auch der **Abmahnung** maßgebliche Bedeutung zu: Die negative Prognose kann der Arbeitgeber nur damit begründen, in Zukunft sei mit weiteren Störungen zu rechnen. Regelmäßig liegen diese Voraussetzungen nur dann vor, wenn der Arbeitnehmer nach einer vorangegangenen Abmahnung ein beanstandetes Verhalten weiter fortsetzt[3]. 26

6. Verhältnismäßigkeit (Ultima-ratio-Prinzip)

Nach dem Grundsatz der Verhältnismäßigkeit, unter dem jede Kündigung steht, kommt eine außerordentliche Kündigung, und zwar gleichgültig, auf welche Gründe sie gestützt wird, erst in Betracht, wenn **kein milderes Mittel** zur Verfügung steht, sie also die **unausweichlich letzte Maßnahme** (ultima ratio) ist. Eine spontane Kündigung ohne vorherige Abmahnung stellt sich daher in aller Regel als unverhältnismäßig und nicht dem Ultima-ratio-Prinzip entsprechend dar[4]. Dies gilt gleichermaßen, wenn die Möglichkeit einer zumutbaren anderweitigen Beschäftigung auf einem freien Arbeitsplatz, unter Umständen auch zu ungünstigeren Bedingungen, besteht, wobei der Arbeitgeber bei Vorliegen einer solchen Möglichkeit die Weiterbeschäftigung von sich aus anbieten muß[5]. 27

7. Verschulden

Die außerordentliche Kündigung erfordert **kein Verschulden.** Anders ist dies bei einer außerordentlichen Kündigung aus einem **verhaltensbedingten** Grund. Diese erfordert in der Regel, daß der Gekündigte die Pflichtverletzung auch rechtswidrig und schuldhaft begangen hat, was zu verneinen ist, wenn der Arbeitnehmer sich in einem unverschuldeten Rechtsirrtum befunden hat[6]. Im übrigen spielt der Grad des Schuldvorwurfs eine Rolle bei der Interessenabwägung (vgl. Rz. 24) und der Prognose für die Zukunft des Arbeitsverhältnisses[7] (vgl. Rz. 25). 28

8. Verhältnis zur ordentlichen Kündigung

Während das BAG in seiner Rechtsprechung zur außerordentlichen Kündigung im wesentlichen eigene Prüfungsmaßstäbe entwickelt hat (vgl. Rz. 19), sieht 29

---

1 BAG v. 9. 1. 1986, AP Nr. 20 zu § 626 BGB – Ausschlußfrist.
2 BAG v. 4. 10. 1990, AP Nr. 12 zu § 626 BGB – Druckkündigung.
3 BAG v. 4. 10. 1990, AP Nr. 12 zu § 626 BGB – Druckkündigung; *Preis,* NZA 1997, 1073, 1077.
4 BAG v. 12. 2. 1994, AP Nr. 116 zu § 626 BGB; BAG v. 13. 9. 1995, AP Nr. 25 zu § 626 BGB – Verdacht strafbarer Handlung.
5 BAG v. 4. 10. 1990, AP Nr. 12 zu § 626 BGB – Druckkündigung; BAG v. 30. 4. 1987, AP Nr. 19 zu § 626 BGB – Verdacht strafbarer Handlung.
6 BAG v. 17. 5. 1984, AP Nr. 14 zu § 626 BGB – Verdacht strafbarer Handlung.
7 *Staudinger/Preis,* § 626 BGB Rz. 64.

Preis zwischen außerordentlicher und ordentlicher Kündigung ein **Stufenverhältnis:** Ist ein bestimmter Sachverhalt schon nicht geeignet, eine ordentliche Kündigung zu begründen, kommt eine außerordentliche Kündigung erst recht nicht in Betracht. Umgekehrt ist jeder außerordentliche gleichzeitig als ordentlicher Kündigungsgrund geeignet[1]. *Preis* zieht hieraus die Konsequenz, daß die zu § 1 KSchG entwickelten Grundsätze ebenso für § 626 BGB gelten und insbesondere die Dreiteilung der Kündigungsgründe in verhaltens-, personen- und betriebsbedingte auch bei der Prüfung des wichtigen Grundes beizubehalten ist[2]. Eine außerordentliche Kündigung kommt danach erst in Betracht, wenn der Kündigungssachverhalt ein solches Gewicht aufweist, daß ausnahmsweise auch die außerordentliche Kündigung gerechtfertigt ist[3]. Entsprechend lehnt *Preis*, wie bereits oben ausgeführt, die Fragestellung des BAG, ob ein bestimmter Sachverhalt „an sich" geeignet ist, einen wichtigen Kündigungsgrund darzustellen, ab.

30 Festzuhalten ist, daß auch das BAG im Rahmen der Prüfung des wichtigen Grundes sich an die **Dreiteilung der Kündigungsgründe** zumindest anlehnt: So stellt das BAG zur betriebs- sowie personenbedingten Kündigung fest, daß diese nur ganz ausnahmsweise geeignet sind, eine außerordentliche Kündigung zu rechtfertigen[4] (vgl. Rz. 58, 60). Ebenso wendet es bei der krankheitsbedingten außerordentlichen Kündigung dieselben Grundsätze an wie bei der ordentlichen[5]. In aller Regel erfolgt die außerordentliche Kündigung ohnehin aus verhaltensbedingten Gründen.

VI. Besondere Arten der außerordentlichen Kündigung

1. Verdachtskündigung

31 In der Rechtsprechung des BAG ist seit langem anerkannt, daß nicht nur eine erwiesene Verletzungshandlung, sondern auch bereits der **Verdacht, eine Vertragsverletzung oder strafbare Handlung begangen zu haben,** einen wichtigen Grund für eine außerordentliche Kündigung des verdächtigen Arbeitnehmers darstellen kann[6]. Trotz dagegen in der Literatur geäußerter Bedenken[7] hat das BAG hieran auch in jüngeren Entscheidungen mit der Begründung festgehalten, das Arbeitsverhältnis setze ein gewisses gegenseitiges Vertrauen voraus, dessen

---

1 *Staudinger/Preis,* § 626 BGB Rz. 6; *Preis,* Prinzipien, S. 482.
2 *Staudinger/Preis,* § 626 BGB Rz. 7, 55 f.; ebenso: MünchArbR/*Wank,* § 117 Rz. 16, 38 ff.; *Bezani,* Anm. zu BAG AP Nr. 7 zu § 626 BGB – Krankheit.
3 *Staudinger/Preis,* § 626 BGB Rz. 56.
4 BAG v. 28. 3. 1985, AP Nr. 86 zu § 626 BGB (zur außerordentlichen betriebsbedingten Kündigung); BAG v. 9. 9. 1992 und 12. 7. 1995, AP Nr. 3, 7 zu § 626 BGB – Krankheit; BAG v. 18. 2. 1993, AP Nr. 35 zu § 15 KSchG (zur außerordentlichen Kündigung wegen Krankheit).
5 BAG v. 9. 9. 1992, AP Nr. 3 zu § 626 BGB – Krankheit.
6 BAG v. 26. 3. 1992 und 14. 9. 1994, AP Nr. 23, 24 zu § 626 BGB – Verdacht strafbarer Handlung.
7 *Schütte,* NZA 1991 Beil. 2, 17; *Dörner,* NZA 1992, 865; *Dörner,* NZA 1993, 873.

Verlust daher einen wichtigen Grund im Sinne von § 626 BGB darstellen könne[1]. Wegen des damit verbundenen Risikos, daß ein Unschuldiger gekündigt werde, stellt das BAG an die Rechtmäßigkeit der Verdachtskündigung hohe Anforderungen[2]. Vgl. zur Verdachtskündigung auch Teil 3 D Rz. 215 ff.

a) Begriff

Die Verdachtskündigung ist bereits begrifflich stark eingegrenzt. Sie ist nur gegeben, „wenn und soweit der Arbeitgeber seine Kündigung damit begründet, gerade der Verdacht eines (nicht erwiesenen) strafbaren bzw. vertragswidrigen Verhaltens habe das für die Fortsetzung des Arbeitsverhältnisses erforderliche Vertrauen zerstört"[3]. Eine Verdachtskündigung liegt daher **nicht** vor, wenn der Arbeitgeber das strafbare oder vertragswidrige Verhalten als sicher hinstellt und mit dieser Begründung die Kündigung erklärt, obwohl er nur einen Verdacht hat[4]. Gleiches gilt, wenn sich die Tatbegehung im Prozeß nicht nachweisen läßt. Der bloße Verdacht einer strafbaren Handlung ist gegenüber dem Vorwurf, die Tat begangen zu haben, ein eigenständiger Kündigungsgrund, der in dem Tatvorwurf nicht enthalten ist[5].

Hieraus folgt, daß ein Gericht die Kündigung nur dann unter dem Gesichtspunkt der Verdachtskündigung beurteilen darf, wenn die **Kündigung gerade auf den Verdacht gestützt** wird. Dies kann allerdings auch **hilfsweise** und – **durch Nachschieben** – sowohl nach Ausspruch der Kündigung wie auch noch im Prozeß (in den Tatsacheninstanzen) geschehen[6]. Der Verdacht kann als Kündigungsgrund nicht nachgeschoben werden, wenn dieser dem Betriebsrat nicht bereits im Rahmen des Anhörungsverfahrens mitgeteilt wurde[7]. Die Kündigung kann ferner, und zwar **gleichzeitig,** sowohl **auf die Begehung wie auf den Verdacht einer Straftat** gestützt werden[8]. Wurde die Verdachtskündigung rechtskräftig für unwirksam erklärt, kann der Arbeitgeber noch wegen der Tatbegehung kündigen, wenn sich aufgrund weiterer Umstände, zB durch Strafurteil, herausstellt, daß der Arbeitnehmer die Straftat tatsächlich begangen hat[9] (zur Problematik der Zweiwochenfrist in diesen Fällen vgl. Rz. 83).

---

1 BAG v. 20. 8. 1997, BB 1997, 2484; BAG v. 14. 9. 1994 und 13. 9. 1995, AP Nr. 24 und 25 zu § 626 BGB – Verdacht strafbarer Handlung.
2 BAG v. 13. 9. 1995, AP Nr. 25 zu § 626 BGB – Verdacht strafbarer Handlung.
3 BAG v. 26. 3. 1992, 14. 9. 1994 und 13. 9. 1995, AP Nr. 23, 24, 25 zu § 626 BGB – Verdacht strafbarer Handlung, jeweils mwN.
4 BAG v. 3. 4. 1986, AP Nr. 18 zu § 626 BGB – Verdacht strafbarer Handlung.
5 BAG v. 26. 3. 1992, 14. 9. 1994 und 13. 9. 1995, AP Nr. 23, 24, 25 zu § 626 BGB – Verdacht strafbarer Handlung.
6 BAG v. 26. 3. 1992, AP Nr. 23 zu § 626 BGB – Verdacht strafbarer Handlung.
7 BAG v. 3. 4. 1986, AP Nr. 18 zu § 626 BGB – Verdacht strafbarer Handlung.
8 BAG v. 30. 4. 1987, AP Nr. 19 zu § 626 BGB – Verdacht strafbarer Handlung.
9 BAG v. 26. 3. 1992, AP Nr. 23 zu § 626 BGB – Verdacht strafbarer Handlung; BAG v. 29. 7. 1993, AP Nr. 31 zu § 626 BGB – Ausschlußfrist.

b) Voraussetzungen

34 § 626 Abs. 1 BGB läßt im Fall des Verdachts einer Straftat eine außerordentliche Kündigung zu, wenn **objektive Tatsachen** vorliegen, die **starke Verdachtsmomente begründen** und daher geeignet sind, das zur Fortsetzung des Arbeitsverhältnisses notwendige Vertrauen des Arbeitgebers in die Rechtschaffenheit des Arbeitnehmers zu erschüttern, zu zerstören oder auf andere Weise eine **unerträgliche Belastung des Arbeitsverhältnisses** darzustellen[1]. Dabei ist auch der Verdacht als solcher hinsichtlich seiner Dringlichkeit und seiner Auswirkung auf das Arbeitsverhältnis mit in die Betrachtung einzubeziehen[2]. Der Verdacht muß eine Verletzungshandlung des Arbeitnehmers betreffen, die als solche – im Fall ihres Begehens – als wichtiger Grund für eine außerordentliche Kündigung geeignet ist[3]. Daß die zuständige Staatsanwaltschaft ein gegen den Arbeitnehmer eingeleitetes **Ermittlungsverfahren nach § 170 Abs. 2 Satz 1 StPO** eingestellt hat, steht der Wirksamkeit einer Verdachtskündigung nicht entgegen. Diese hängt nicht ab von der strafrechtlichen Würdigung, sondern ausschließlich von der Beeinträchtigung des für das Arbeitsverhältnis erforderlichen Vertrauens durch den Verdacht. Die Einstellungsverfügung der Staatsanwaltschaft hindert den Arbeitgeber daher nicht, im Arbeitsgerichtsverfahren den Beweis für einen entsprechenden Tatverdacht oder auch eine vollendete Straftat zu führen[4].

35 Der Arbeitgeber muß **alle zumutbaren Anstrengungen zur Aufklärung des Sachverhalts** unternommen, insbesondere dem Arbeitnehmer Gelegenheit zur Stellungnahme gegeben haben[5]. Die **vorherige Anhörung des Arbeitnehmers** ist **formelle Wirksamkeitsvoraussetzung** der Verdachtskündigung[6]. Der Arbeitnehmer soll hierdurch die Möglichkeit erhalten, die Verdachtsgründe bzw. Verdachtsmomente zu beseitigen bzw. zu entkräften und gegebenenfalls Entlastungstatsachen geltend zu machen[7].

36 **Verletzt** der **Arbeitgeber** die aus der Aufklärungspflicht resultierende **Anhörungspflicht schuldhaft,** kann er sich im Prozeß nicht auf den Verdacht einer strafbaren Handlung bzw. eines pflichtwidrigen Verhaltens des Arbeitnehmers berufen, d.h. die hierauf gestützte **Kündigung** ist **unwirksam**[8]. Unerheblich ist, daß die Anhörung des Arbeitnehmers objektiv zu keinem anderen Ergebnis geführt hätte oder die Möglichkeit ausgeschlossen ist, daß sie für den Arbeitge-

---

1 BAG v. 20. 8. 1997, BB 1997, 2484; BAG v. 3. 4. 1986, 30. 4. 1987, 26. 3. 1992 und 14. 9. 1994, AP Nr. 18, 19, 23, 24 zu § 626 BGB – Verdacht strafbarer Handlung.
2 BAG v. 3. 4. 1986, AP Nr. 18 zu § 626 BGB – Verdacht strafbarer Handlung.
3 *Staudinger/Preis*, § 626 BGB Rz. 226; BAG v. 23. 2. 1961, AP Nr. 9 zu § 626 BGB – Verdacht strafbarer Handlung.
4 BAG v. 20. 8. 1997, BB 1997, 2484.
5 BAG v. 3. 4. 1986, 30. 4. 1987, 26. 3. 1992 und 14. 9. 1994, AP Nr. 18, 19, 23, 24 zu § 626 BGB – Verdacht strafbarer Handlung.
6 BAG v. 30. 4. 1987 und 13. 9. 1995, AP Nr. 19, 25 zu § 626 BGB – Verdacht strafbarer Handlung mwN.
7 BAG v. 13. 9. 1995, AP Nr. 25 zu § 626 BGB – Verdacht strafbarer Handlung.
8 BAG v. 30. 4. 1987, AP Nr. 19 zu § 626 BGB – Verdacht strafbarer Handlung.

VI. Besondere Arten

ber neue, den Arbeitnehmer entlastende Momente ergeben hätte[1]. Dem Arbeitgeber kann **keine schuldhafte Verletzung** der Anhörungspflicht vorgeworfen werden, wenn der **Arbeitnehmer** von vornherein **nicht bereit** ist, **sich** zu den gegen ihn erhobenen Vorwürfen substantiiert **zu äußern**, indem er die Vorwürfe pauschal bestreitet. Die Ablehnung des Arbeitnehmers, an der Aufklärung mitzuwirken, kann sich auch indiziell aus dessen späterem Verhalten – nach Ausspruch der Kündigung oder im Prozeß – ergeben[2]. Fordert der Arbeitgeber den Arbeitnehmer allerdings zu einem Gespräch auf, ohne den Grund hierfür mitzuteilen und erscheint der Arbeitnehmer daraufhin nicht, hat der Arbeitgeber der Anhörungspflicht nicht genügt[3].

Daß die Anhörung des Arbeitnehmers erst nach Abschluß der sonstigen Aufklärungsbemühungen erfolgt, ist nicht erforderlich. Auch muß die Anhörung des Arbeitnehmers nicht den Anforderungen einer Anhörung des Betriebsrats gemäß § 102 BetrVG entsprechen. Der **Sachverhalt muß** allerdings soweit **konkretisiert sein,** daß sich der Arbeitnehmer substantiiert einlassen kann. Auch darf der Arbeitgeber keine Erkenntnisse vorenthalten, die er im Anhörungszeitpunkt bereits gewonnen hat, weil andernfalls die Verteidigungsmöglichkeiten des Arbeitnehmers unzulässig beschnitten würden[4]. Läßt sich der Arbeitnehmer zu den vorgehaltenen Verdachtsmomenten konkret ein, so daß der Verdacht zunächst zerstreut wird und führen die weiteren Ermittlungen zu einer **Widerlegung des Entlastungsvorbringens,** ist der Arbeitnehmer vor Ausspruch der Verdachtskündigung erneut anzuhören[5]. Eine **erneute vorherige Anhörung** des Arbeitnehmers sollte auch erfolgen, wenn **im Prozeß Gründe nachgeschoben** werden, auch wenn das BAG dies bislang offen gelassen hat[6]. Das BAG läßt auch offen, welche Rechtsfolge eintritt, wenn der Arbeitgeber dem Arbeitnehmer im Rahmen der Anhörung Erkenntnisse vorenthält. Denkbar ist, daß der Arbeitgeber sodann mit diesem Vorbringen im Prozeß ausgeschlossen ist. 37

Maßgeblich für die rechtliche Beurteilung der Verdachtskündigung sind, wie auch bei anderen Kündigungen (vgl. Rz. 13), die **Umstände im Zeitpunkt der Kündigung.** Zur Be- oder Entlastung nach Ausspruch der Kündigung gewonnene Erkenntnisse oder vorgetragene Tatsachen sind nach der Rechtsprechung des BAG zu berücksichtigen, soweit sie im Zeitpunkt der Kündigung bereits vorlagen. Maßgeblich ist insoweit der Erkenntnisstand zum Schluß der mündlichen Verhandlung in der Tatsacheninstanz. Ob die nachgeschobenen Tatsachen bei Ausspruch der Kündigung bekannt waren oder nicht, ist unerheblich. Unberücksichtigt bleiben sollen dagegen solche Umstände, die erst nach der Kündigung 38

---

1 BAG v. 30. 4. 1987 und 13. 9. 1995, AP Nr. 19, 25 zu § 626 BGB – Verdacht strafbarer Handlung.
2 BAG v. 30. 4. 1987, AP Nr. 19 zu § 626 BGB – Verdacht strafbarer Handlung.
3 BAG v. 11. 4. 1985, AP Nr. 39 zu § 102 BetrVG 1972.
4 BAG v. 13. 9. 1995, AP Nr. 25 zu § 626 BGB – Verdacht strafbarer Handlung.
5 BAG v. 13. 9. 1995, AP Nr. 25 zu § 626 BGB – Verdacht strafbarer Handlung.
6 BAG v. 13. 9. 1995, AP Nr. 25 zu § 626 BGB – Verdacht strafbarer Handlung; für eine erneute Anhörung: *Höland,* Anm. zu BAG AP Nr. 25 zu § 626 BGB – Verdacht strafbarer Handlung.

entstanden sind[1]. Nach aA[2] ist bei einer Verdachtskündigung nur der **Wissenstand des Arbeitgebers zum Zeitpunkt der Kündigung** zu berücksichtigen, während danach bekannt gewordene Umstände, die der Be- oder auch Entlastung dienen, keine Berücksichtigung finden, unabhängig davon, ob sie bei der Kündigung bereits vorgelegen haben. So sei bei der Verdachtskündigung nicht ein objektiv feststellbarer Sachverhalt, sondern ein – subjektiv – beim Arbeitgeber entstandener Vertrauensverlust, wie er sich beim Arbeitgeber aufgrund dessen Ermittlungen zum Zeitpunkt der Kündigung gebildet habe, Grund für die Kündigung. Für die Beurteilung der Rechtmäßigkeit der Kündigung kann daher nur der Erkenntnisstand bei Ausspruch der Kündigung maßgeblich sein, wogegen nachträglich bekanntgewordene Umstände unberücksichtigt zu bleiben haben. Andernfalls wird der Kündigungsgrund im Nachhinein ausgetauscht[3].

39 Praktisch relevant werden diese Unterschiede, wenn sich **im Verlauf des Prozesses neue Erkenntnisse** ergeben, die geeignet sind, den **Verdacht** zu **be- oder entkräften** bzw. sogar die **Unschuld des Arbeitnehmers** zu belegen. Nach der Auffassung des BAG wirkt sich dies unmittelbar auf die Wirksamkeit der auf den Verdacht gestützten Kündigung aus. Nach der anderen Auffassung[4] hat der Arbeitnehmer lediglich einen – in die Zukunft gerichteten – Anspruch auf Wiedereinstellung, sofern sich seine Unschuld erweist. Nach *Hillebrecht*[5] ist ein auf Wiedereinstellung gerichteter Antrag bereits in dem ursprünglichen Antrag, daß das Arbeitsverhältnis durch die Kündigung nicht aufgelöst wurde, enthalten. Nach *Preis*[6] muß der Arbeitnehmer einen ausdrücklichen Antrag auf Fortsetzung des Arbeitsverhältnisses stellen. Ergeben sich **zusätzliche Belastungsumstände,** kann der Arbeitgeber diese nicht nachschieben, sondern ist gehalten, eine neue Kündigung auszusprechen.

40 Einhelligkeit besteht darüber, daß der Arbeitnehmer einen **Anspruch auf Wiedereinstellung** hat, wenn sich nach Abschluß des – zuungunsten des Arbeitnehmers entschiedenen – Kündigungsschutzprozesses dessen **Unschuld erweist**[7] oder zumindest nachträglich Umstände bekannt werden, die den bestehenden Verdacht beseitigen. Dieser wird gestützt auf die nachwirkende Fürsorgepflicht des Arbeitgebers und ist nach der Rechtsprechung in jedem einzelnen Fall unter Beachtung der Grundsätze von Treu und Glauben, der Treue- und Fürsorgepflicht nach der jeweils gegebenen besonderen Sachlage zu entscheiden[8].

---

1 BAG v. 14. 9. 1994, AP Nr. 24 zu § 626 BGB – Verdacht strafbarer Handlung.
2 KR/*Hillebrecht*, § 626 BGB Rz. 180; *Belling/Künster*, Anm. zu BAG AP Nr. 24 zu § 626 BGB – Verdacht strafbarer Handlung.
3 *Belling/Künster*, Anm. zu BAG AP Nr. 24 zu § 626 BGB – Verdacht strafbarer Handlung.
4 KR/*Hillebrecht*, § 626 BGB Rz. 182; *Belling/Künster*, Anm. zu BAG AP Nr. 24 zu § 626 BGB – Verdacht strafbarer Handlung.
5 KR/*Hillebrecht*, § 626 BGB Rz. 182.
6 *Staudinger/Preis*, § 626 BGB Rz. 229.
7 BAG v. 20. 8. 1997, BB 1997, 2484; BAG v. 14. 12. 1956, AP Nr. 3 zu § 611 BGB – Fürsorgepflicht = BAGE 3, 332; BAG v. 4. 6. 1964, AP Nr. 13 zu § 626 BGB – Verdacht strafbarer Handlung = BAGE 16, 72.
8 BAG v. 14. 12. 1956, BAGE 3, 332, 339.

Dabei seien alle in Betracht kommenden Umstände zu berücksichtigen und eine beiderseitige Interessenabwägung erforderlich. Zugunsten des Arbeitgebers könne sprechen, wenn dieser den Arbeitsplatz zwischenzeitlich wieder besetzen mußte; allerdings sei es zumutbar, den Arbeitnehmer auf einem anderen geeigneten Arbeitsplatz des Betriebes zu verwenden. Nimmt man den Wiedereinstellungsanspruch nach erwiesener Unschuld des Arbeitnehmers jedoch ernst, darf insbesondere der Gesichtspunkt, ob der Arbeitsplatz wieder besetzt ist, keine Rolle spielen. Die bloße Einstellung des staatsanwaltschaftlichen Ermittlungsverfahrens nach § 170 Abs. 2 Satz 1 StPO begründet noch keinen Wiedereinstellungsanspruch[1].

c) Beteiligung des Betriebsrats

Will der Arbeitgeber eine Kündigung (auch) auf den Verdacht strafbarer oder vertragswidriger Handlungen stützen, hat er dies dem Betriebsrat **im Rahmen der Anhörung nach § 102 BetrVG** mitzuteilen. Die Mitteilung der Absicht, dem Arbeitnehmer wegen einer für nachgewiesen erachteten Straftat zu kündigen, genügt nicht. Auch kann der nachgeschobene Kündigungsgrund der Verdachtskündigung bei fehlender Anhörung des Betriebsrats im Kündigungsschutzprozeß nicht verwertet werden[2]. Ebenso ist der Betriebsrat über das Ergebnis der Anhörung des Arbeitnehmers zu unterrichten. Schiebt der Arbeitgeber bei einer von vornherein auf Verdachtsmomente gestützten Kündigung im Prozeß Belastungsvorbringen nach, ist der Betriebsrat zuvor erneut gemäß § 102 BetrVG zu hören. Dies kommt allerdings nur in Betracht, soweit die Tatsachen bei Ausspruch der Kündigung noch nicht bekannt waren[3], andernfalls können sie mangels ordnungsgemäßer Anhörung des Betriebsrats ohnehin keine Berücksichtigung finden.

41

d) Übersicht

Bei der Verdachtskündigung ist, zusammengefaßt, folgendes zu beachten:

42

1. Die Kündigung ist auf den Verdacht eines strafbaren bzw. vertragswidrigen Verhaltens zu stützen, und zwar **ausdrücklich.** Dies kann auch gleichzeitig mit einer eventuellen Tatkündigung oder hilfsweise geschehen. Der Betriebsrat ist ausdrücklich darüber zu unterrichten, daß es sich um eine Verdachtskündigung handeln soll.

2. Der Kündigungsgrund der Verdachtskündigung kann im Prozeß **nachgeschoben** werden. Dies ist ausgeschlossen, wenn ein Betriebsrat besteht und dieser zum Kündigungsgrund der Verdachtskündigung nicht angehört wurde.

---

[1] BAG v. 20. 8. 1997, BB 1997, 2484.
[2] BAG v. 3. 4. 1986, AP Nr. 18 zu § 626 BGB – Verdacht strafbarer Handlung.
[3] RGRK/*Corts*, § 626 BGB Rz. 231; gegen das Nachschieben von Gründen, wenn ein Betriebsrat besteht: MünchKomm/*Schwerdtner*, vor § 620 BGB Rz. 413.

3. Es müssen **objektive Tatsachen** vorliegen, die starke Verdachtsmomente begründen. Diese Verdachtsmomente müssen geeignet sein, das zur Fortsetzung des Arbeitsverhältnisses notwendige Vertrauen des Arbeitgebers zu zerstören.
4. Der Arbeitgeber muß **alle zumutbaren Anstrengungen zur Aufklärung** des Sachverhalts unternommen haben.
5. Der Arbeitgeber hat den Arbeitnehmer vor Ausspruch der Kündigung **anzuhören** und dazu den Sachverhalt soweit zu konkretisieren, daß sich der Arbeitnehmer substantiiert einlassen kann. Die Anhörungspflicht entfällt, wenn der Arbeitnehmer nicht bereit ist, sich zu äußern. Bei schuldhafter Verletzung der Anhörungspflicht ist die Kündigung aus formellen Gründen unwirksam.
6. Der Arbeitnehmer ist **erneut anzuhören,** wenn weitere Ermittlungen des Arbeitgebers zu einer Widerlegung des Vorbringens des Arbeitnehmers führen.
7. Im Prozeß kann **Be- oder Entlastungsvorbringen nachgeschoben** werden, soweit dieses bei Ausspruch der Kündigung objektiv gegeben war. Hierzu hat eine erneute vorherige Anhörung des Arbeitnehmers zu erfolgen. Besteht ein Betriebsrat, ist dieser ebenfalls zuvor erneut anzuhören. War das Be- oder Entlastungsvorbringen bei Ausspruch der Kündigung dem Arbeitgeber bekannt und wurde der Betriebsrat hierzu nicht angehört, ist der Arbeitgeber damit im Prozeß ausgeschlossen.
8. Erweist sich, daß der Verdacht unbegründet war, ist vorsorglich die **Wiedereinstellung** zu fordern und erforderlichenfalls gerichtlich geltend zu machen.

2. Druckkündigung

a) Begriff

43 Eine Druckkündigung liegt vor, wenn **Dritte** unter Androhung von Nachteilen für den Arbeitgeber von diesem die Entlassung eines bestimmten Arbeitnehmers verlangen[1].

b) Voraussetzungen

44 Bei der Druckkündigung kommen alternativ **zwei Fallgestaltungen** in Betracht[2]: Das Verlangen des Dritten ist gegenüber dem Arbeitgeber durch ein Verhalten des Arbeitnehmers oder einen in der Person des Arbeitnehmers liegenden Grund objektiv gerechtfertigt. Oder: Es fehlt an einer objektiven Rechtfertigung der Drohung.

---

1 BAG v. 4. 10. 1990 und 31. 1. 1996, AP Nr. 12, 13 zu § 626 BGB – Druckkündigung.
2 BAG v. 4. 10. 1990 und 31. 1. 1996, AP Nr. 12, 13 zu § 626 BGB – Druckkündigung.

Ist das **Verlangen des Dritten objektiv gerechtfertigt,** liegt es im Ermessen des Arbeitgebers, ob er eine personen- oder verhaltensbedingte Kündigung ausspricht[1]. Autoritärer Führungsstil und mangelnde Fähigkeit zur Menschenführung können bei einem sog. unkündbaren Arbeitnehmer eine außerordentliche personenbedingte (Änderungs-)Druckkündigung rechtfertigen[2]. 45

Fehlt es an der objektiven Rechtfertigung der Drohung, kommt eine Kündigung aus betriebsbedingten Gründen in Betracht[3]. An die Zulässigkeit einer betriebsbedingten Druckkündigung sind **strenge Anforderungen** zu stellen. Allein das Verlangen Dritter, der gesamten oder auch eines Teils der Belegschaft, einem bestimmten Arbeitnehmer zu kündigen, ist nicht ohne weiteres geeignet, eine Kündigung zu rechtfertigen[4]. Der Arbeitgeber hat sich aufgrund seiner arbeitsvertraglichen Fürsorgepflicht zunächst **schützend vor den betroffenen Arbeitnehmer zu stellen** und alles Zumutbare zu versuchen, um die Belegschaft von ihrer Drohung abzubringen. Unterläßt er dies, ist die Kündigung von vornherein rechtsunwirksam. Erst wenn daraufhin trotzdem ein Verhalten wie Streik oder Massenkündigung in Aussicht gestellt oder ernsthaft die Zusammenarbeit mit dem betroffenen Arbeitnehmer verweigert wird und dadurch schwere wirtschaftliche Schäden für den Arbeitgeber drohen, kann die Kündigung gerechtfertigt sein. Die Kündigung muß schließlich das einzige in Betracht kommende Mittel sein, um die Schäden abzuwenden. Zu berücksichtigen ist auch, inwieweit der Arbeitgeber die Drucksituation selbst in vorwerfbarer Weise herbeigeführt hat[5]. Die vorherige **Anhörung des Arbeitnehmers** ist keine Wirksamkeitsvoraussetzung für eine Druckkündigung[6]. 46

Umstritten ist, ob der Arbeitgeber in Fällen der betriebsbedingten Druckkündigung verpflichtet sein kann, **dem Arbeitnehmer** den durch die Kündigung entstandenen **Schaden zu ersetzen.** Dies wird, als Aufopferungsanspruch, also ohne Verletzungshandlung, analog § 904 BGB von einem Teil der Literatur bejaht[7]. *Schwerdtner*[8] wendet die §§ 9, 10 KSchG analog an. Das BAG hat dies bislang offen gelassen[9]. Dem gekündigten Arbeitnehmer kann nach den §§ 823, 826 BGB auch ein Schadenersatzanspruch gegen den Dritten zustehen, wenn die Kündigung aufgrund des unabwendbaren Druckes 47

---

1 BAG v. 4. 10. 1990 und 31. 1. 1996, AP Nr. 12, 13 zu § 626 BGB – Druckkündigung.
2 BAG v. 31. 1. 1996, AP Nr. 13 zu § 626 BGB – Druckkündigung.
3 BAG v. 31. 1. 1996, AP Nr. 13 zu § 626 BGB – Druckkündigung; ablehnend zu dieser Alternative der Druckkündigung: *Staudinger/Preis,* § 626 BGB Rz. 235.
4 BAG v. 31. 1. 1996, AP Nr. 13 zu § 626 BGB – Druckkündigung.
5 BAG v. 4. 10. 1990 und 31. 1. 1996, AP Nr. 12, 13 zu § 626 BGB – Druckkündigung mwN.
6 BAG v. 4. 10. 1990 und 31. 1. 1996, AP Nr. 12, 13 zu § 626 BGB – Druckkündigung.
7 KR/*Hillebrecht,* § 626 BGB Rz. 152 mwN; verneinend: *Dietz/Richardi,* BetrVG, § 104 Rz. 17; *Fitting/Kaiser/Heither/Engels,* § 104 BetrVG Rz. 9.
8 MünchKomm/*Schwerdtner,* § 626 BGB Rz. 156.
9 BAG v. 4. 10. 1990, AP Nr. 12 zu § 626 BGB – Druckkündigung.

dieses Dritten erfolgte und die Kündigung sonst nicht gerechtfertigt gewesen wäre[1]. – Siehe zur Druckkündigung auch Teil 3 D Rz. 234 ff.

3. Außerordentliche Änderungskündigung

a) Voraussetzungen

48 Eine Änderungskündigung ist auch als außerordentliche Kündigung möglich. Dies gilt nach einhelliger Auffassung zunächst in allen Fällen, in denen auch eine außerordentliche Beendigungskündigung zulässig wäre[2], da die Änderungs- gegenüber der Beendigungskündigung das mildere Mittel ist. Nach hM kommt die außerordentliche Änderungskündigung auch darüber hinaus in Betracht[3]. Dies bedeutet konkret, daß an die Änderungskündigung **geringere Anforderungen** zu stellen sind als an eine Beendigungskündigung. Außerdem ist das Änderungsangebot in die Prüfung mit einzubeziehen.

49 Der wichtige Grund für eine außerordentliche Änderungskündigung ist nicht unabhängig vom Änderungsangebot, aber zunächst unabhängig von den Auswirkungen der Änderungen für den Arbeitnehmer zu prüfen[4]. Voraussetzung ist, daß für den Kündigenden die **Fortsetzung des Arbeitsverhältnisses unter den bisherigen Bedingungen unzumutbar** geworden ist, dh. die alsbaldige Änderung muß unabweisbar notwendig sein[5]. Dabei ist nicht auf die vorzeitige Beendigung des Arbeitsverhältnisses, sondern auf dessen (vorzeitige) Inhaltsänderung abzustellen[6]. Darüber hinaus müssen die **neuen Bedingungen dem Gekündigten zumutbar** sein. Beide Voraussetzungen müssen **kumulativ** vorliegen[7]. Ob der Arbeitnehmer das Angebot unter Vorbehalt angenommen oder abgelehnt hat, verändert die an die Wirksamkeit einer außerordentliche Änderungskündigung zu richtenden Maßstäbe nicht[8].

50 Die außerordentliche Änderungskündigung kommt im wesentlichen gegenüber den sog. **unkündbaren Arbeitnehmern** (vgl. Rz. 57) in Betracht und kann aus **betriebsbedingten Gründen** – dem Hauptanwendungsbereich der außerordentlichen Änderungskündigung[9] – gerechtfertigt sein, wenn der Arbeitgeber dadurch die Arbeitsbedingungen einer Gruppe von Arbeitnehmern an-

---

1 KR/*Hillebrecht*, § 626 BGB Rz. 152.
2 KR/*Hillebrecht*, § 626 BGB Rz. 145.
3 KR/*Hillebrecht*, § 626 BGB Rz. 145; BAG v. 21. 6. 1995, AP Nr. 36 zu § 15 KSchG 1969; aA MünchKomm/*Schwerdtner*, vor § 620 BGB Rz. 660.
4 BAG v. 21. 6. 1995, AP Nr. 36 zu § 15 KSchG 1969.
5 BAG v. 31. 1. 1996, AP Nr. 13 zu § 626 BGB – Druckkündigung; BAG v. 21. 6. 1995, AP Nr. 36 zu § 15 KSchG 1969; KR/*Wolf*, Grunds. Rz. 140.
6 BAG v. 31. 1. 1996, AP Nr. 13 zu § 626 BGB – Druckkündigung mwN; BAG v. 21. 6. 1995, AP Nr. 36 zu § 15 KSchG 1969.
7 BAG v. 31. 1. 1996, AP Nr. 13 zu § 626 BGB – Druckkündigung; BAG v. 21. 6. 1995, AP Nr. 36 zu § 15 KSchG 1969.
8 KR/*Hillebrecht*, § 626 BGB Rz. 145.
9 *Zirnbauer*, NZA 1995, 1073, 1074.

VI. Besondere Arten

passen will, zu der auch der ordentlich nicht kündbare Arbeitnehmer gehört[1].

Bei der Prüfung des wichtigen Grundes kommt es im Rahmen der **Interessenabwägung** entscheidend darauf an, ob die Fortsetzung des Arbeitsverhältnisses unter Berücksichtigung aller Umstände bis zum Ablauf der ordentlichen Kündigungsfrist zumutbar ist. Diese Überlegung scheidet bei ordentlich nicht kündbaren Arbeitnehmern aus. Das BAG hat hieraus, jedenfalls für den nach § 15 KSchG geschützten Personenkreis, bislang die Konsequenz gezogen, daß auf die **(fiktive) Kündigungsfrist** abzustellen sei, die ohne den besonderen Kündigungsschutz bei einer ordentlichen Kündigung gelten würde[2]. Diese Rechtsprechung hat das BAG aufgegeben[3]. Da es nicht um die Beendigung des Arbeitsverhältnisses, sondern um dessen inhaltliche Umgestaltung gehe, relativiere sich die Zumutbarkeitsprüfung. Auch passe § 626 Abs. 1 BGB, der von der Beendigung des Arbeitsverhältnisses ausgehe, auf die Änderungskündigung eines ordentlich nicht kündbaren Arbeitnehmers nicht. Bei der **Zumutbarkeitsprüfung** ist also im Rahmen der **außerordentlichen Änderungskündigung** eines **ordentlich unkündbaren Arbeitnehmers** künftig **auf die Einbeziehung der fiktiven Kündigungsfrist zu verzichten**. Ob dies auch für die außerordentliche Beendigungskündigung gegenüber den sog. unkündbaren Arbeitnehmern gilt (vgl. auch Rz. 63), hat das BAG ausdrücklich offen gelassen[4]. 51

Geht es allerdings um die **außerordentliche Änderungskündigung eines Arbeitnehmers**, der **ordentlich kündbar** ist, verbleibt es bei der **Zumutbarkeitsprüfung** unter Einbeziehung der **ordentlichen Kündigungsfrist**[5]. 52

Bei Ausspruch einer außerordentlichen Änderungskündigung gegenüber einem ordentlich nicht kündbaren Arbeitnehmer ist – wie bei der Beendigungskündigung (vgl. Rz. 59) – eine **Frist einzuhalten, die der ordentlichen Kündigungsfrist entspricht**. 53

Die **Zweiwochenfrist** gemäß § 626 Abs. 2 BGB gilt auch für die außerordentliche Änderungskündigung[6]. Die Frist beginnt im Fall einer betriebsbedingten Kündigung erst mit dem Wegfall der Beschäftigungsmöglichkeit zu laufen[7]. Der Beginn der Ausschlußfrist ist also bis zu dem Tag, an dem der Arbeitnehmer nicht mehr beschäftigt werden kann, gehemmt. 54

b) Vorbehalt gem. § 2 KSchG

§ 2 KSchG ist auf die außerordentliche Änderungskündigung **entsprechend anwendbar**. Folglich muß der Arbeitnehmer **unverzüglich**, also ohne schuldhaf- 55

---

1 BAG v. 6. 3. 1986 und 21. 6. 1995, AP Nr. 19, 36 zu § 15 KSchG 1969.
2 Vgl. zuletzt BAG v. 18. 2. 1993, AP Nr. 35 zu § 15 KSchG 1969.
3 BAG v. 21. 6. 1995, AP Nr. 36 zu § 15 KSchG 1969 = EzA § 15 KSchG nF Nr. 43 mit zustimmender Anm. von *Bernstein* und *Oetker*.
4 Bejahend: *Bernstein* und *Oetker*, Anm. zu BAG EzA § 15 KSchG nF Nr. 43.
5 *Oetker*, Anm. zu BAG EzA § 15 KSchG nF Nr. 43.
6 BAG v. 21. 6. 1995, AP Nr. 36 zu § 15 KSchG 1969.
7 BAG v. 21. 6. 1995, AP Nr. 36 zu § 15 KSchG 1969.

tes Zögern, erklären, ob er das Änderungsangebots ablehnt oder es mit oder ohne den Vorbehalt des § 2 KSchG annimmt[1]. Dies muß nicht sofort geschehen, an den Begriff der Unverzüglichkeit sind keine zu hohen Anforderungen zu stellen[2]. Der Arbeitgeber ist auch nicht berechtigt, dem Arbeitnehmer eine Frist zu setzen, innerhalb derer sich der Arbeitnehmer abschließend auf das Änderungsangebot erklären muß, wenn diese Frist diesen zeitlichen Spielraum („unverzüglich") verkürzt[3].

56 In der **widerspruchs- und vorbehaltlosen Weiterarbeit zu geänderten Arbeitsbedingungen** kann eine Annahme des Änderungsangebots gesehen werden, wenn sich die neuen Arbeitsbedingungen alsbald auf das Arbeitsverhältnis auswirken[4]. Allein die sofortige widerspruchslose Weiterarbeit des Arbeitnehmers auf dem neuen Arbeitsplatz ist in der Regel so lange nicht als vorbehaltslose Annahme und damit als Verzicht auf die Geltendmachung der Unwirksamkeit der Änderungskündigung zu verstehen, wie der Arbeitnehmer noch rechtzeitig, also ohne schuldhaftes Zögern, den Vorbehalt entsprechend § 2 KSchG erklären kann[5].

4. Außerordentliche Kündigung von ordentlich unkündbaren Arbeitnehmern

57 Ist eine ordentliche Kündigung des Arbeitsverhältnisses gesetzlich, einzel- oder tarifvertraglich ausgeschlossen, ist eine Beendigung des Arbeitsverhältnisses nur noch aus wichtigem Grund möglich. Da es bei der Prüfung des wichtigen Grundes entscheidend darauf ankommt, ob die Fortsetzung des Arbeitsverhältnisses unter Berücksichtigung aller Umstände bis zum Ablauf der Kündigungsfrist bzw. bis zum sonst maßgeblichen Ende des Arbeitsverhältnisses unzumutbar ist, ergeben sich für die **Prüfung der Rechtmäßigkeit der außerordentlichen Kündigung eine Reihe von Besonderheiten**[6]. So sind Verhältnisse denkbar, die zwar für kurze Zeit erträglich sind, auf längere Zeit aber unzumutbar werden. Die ordentliche Beendigung kann daher um so eher unzumutbar werden, je länger die Vertragsbindung dauert. Hieraus ergibt sich für ordentlich unkündbare Arbeitsverhältnisse die widersprüchliche Situation, daß an das Vorliegen eines wichtigen Grundes unter Umständen weniger strenge Anforderungen zu stellen sind[7].

a) Besonderheiten bei der Betriebsstillegung

58 Da der Arbeitgeber das Wirtschaftsrisiko zu tragen hat, kommt eine Betriebsstillegung regelmäßig als Grund für eine außerordentliche Kündigung nicht in

---

1 BAG v. 19. 6. 1986 und 27. 3. 1987, AP Nr. 16, 20 zu § 2 KSchG 1969.
2 BAG v. 22. 5. 1985, AP Nr. 10 zu § 2 KSchG 1969.
3 BAG v. 27. 3. 1987, AP Nr. 20 zu § 2 KSchG 1969.
4 BAG v. 19. 6. 1986, AP Nr. 16 zu § 2 KSchG 1969.
5 BAG v. 27. 3. 1987, AP Nr. 20 zu § 2 KSchG 1969.
6 BAG v. 9. 9. 1992, AP Nr. 3 zu § 626 BGB – Krankheit; *Staudinger/Preis*, § 626 BGB Rz. 60.
7 *Herschel*, Anm. zu BAG AP Nr. 86 zu § 626 BGB; *Staudinger/Preis*, § 626 BGB Rz. 60.

VI. Besondere Arten

Betracht. Das gilt aber nicht, wenn die ordentlichen Kündigung ausgeschlossen ist[1]. In diesen Fällen kann **ganz ausnahmsweise** auch eine Betriebsstillegung geeignet sein, eine außerordentliche Kündigung zu rechtfertigen. Voraussetzung ist, daß der **Arbeitgeber** die **Dienste nicht mehr in Anspruch zu nehmen in der Lage** und auch eine **Versetzung** in einen anderen Betrieb des Unternehmens **nicht möglich ist**[2].

Allerdings ist die Kündigung in diesen Fällen nur unter **Einhaltung der ordentlichen** – gesetzlichen oder tarifvertraglichen – **Kündigungsfrist** möglich. Dies ändert an dem Charakter der Kündigung als außerordentlicher nichts. So sei es dem Arbeitgeber zuzumuten, das Arbeitsverhältnis bis zum Ablauf der ordentlichen Kündigungsfrist fortzusetzen. Hintergrund ist, daß den geschützten Arbeitnehmern aus der Alterssicherung kein Nachteil gegenüber den anderen Arbeitnehmern entstehen darf[3], der aber eintreten würde, wenn die geschützten Arbeitnehmer ohne Einhaltung einer Frist gekündigt werden könnten. 59

b) Krankheitsbedingte außerordentliche Kündigung

Bei einem Ausschluß der ordentlichen Kündigung kann auch eine krankheitsbedingte außerordentliche Kündigung in Betracht kommen[4]. Krankheit ist nicht grundsätzlich als wichtiger Grund ungeeignet. Die krankheitsbedingte außerordentliche Kündigung ist jedoch eng zu begrenzen auf Ausnahmefälle[5]. Ein krankheitsbedingter außerordentlicher Kündigungsgrund wird von der Rechtsprechung angenommen bei **dauernder Unfähigkeit, die vertraglich geschuldete Arbeitsleistung zu erbringen.** Die **krankheitsbedingte Minderung der Leistungsfähigkeit,** also die Unfähigkeit des Arbeitnehmers, einen Teil der geschuldeten Leistung zu erbringen, kann dagegen **keinen wichtigen Grund** für eine außerordentliche Kündigung darzustellen. Gerade im Fall einer tariflichen Unkündbarkeit sei es dem Arbeitgeber regelmäßig zumutbar, einen krankheitsbedingten Leistungsabfall des Arbeitnehmers durch andere Maßnahmen auszugleichen[6]. Im übrigen sind zur rechtlichen Beurteilung die **Grundsätze der krankheitsbedingten ordentlichen Kündigung** zugrundezulegen, die auch bei einer außerordentlichen Kündigung gelten. Zusätzlich muß eine dem Maßstab des § 626 Abs. 1 BGB entsprechende **Interessenabwägung** durchgeführt werden, wonach die Fortsetzung des Arbeitsverhältnisses unter Berücksichtigung aller Umstände bis zum Ablauf der Kündigungsfrist bzw. bis zum sonst maßgeblichen Ende des Arbeitsverhältnisses unzumutbar sein muß[7]. 60

---

1 *Herschel*, Anm. zu BAG AP Nr. 86 zu § 626 BGB.
2 BAG v. 28. 3. 1985, AP Nr. 86 zu § 626 BGB.
3 BAG v. 28. 3. 1985, AP Nr. 86 zu § 626 BGB.
4 KR/*Hillebrecht*, 626 Rz. 105; MünchKomm/*Schwerdtner*, 2. Aufl., § 626 Rz. 91; *Stahlhacke/Preis*, 5. Aufl., Rz. 551 ff.; BAG v. 12. 7. 1995, AP Nr. 7 zu § 626 BGB – Krankheit.
5 BAG v. 12. 7. 1995, AP Nr. 7 zu § 626 BGB – Krankheit; BAG v. 18. 2. 1993, AP Nr. 35 zu § 15 KSchG 1969.
6 BAG v. 12. 7. 1995, AP Nr. 7 zu § 626 BGB – Krankheit.
7 BAG v. 9. 9. 1992 und 12. 7. 1995, AP Nr. 3, 7 zu § 626 BGB – Krankheit.

c) Tariflicher Ausschluß der ordentlichen Kündigung

61 Nach der Rechtsprechung des BAG ist der tarifliche Ausschluß der ordentlichen Kündigung im Rahmen der einzelfallbezogenen Interessenabwägung entweder zugunsten oder zuungunsten des Arbeitnehmers zu berücksichtigen. Bei **einmaligen Vorfällen ohne Wiederholungsgefahr** wirke sich die längere Vertragsbindung zugunsten des Arbeitnehmers aus[1]. Allerdings dürfte in derartigen Fällen eine außerordentliche Kündigung in aller Regel ohnehin ausgeschlossen sein[2]. Bei **Dauertatbeständen** oder **Vorfällen mit Wiederholungsgefahr** kann die Fortsetzung des Arbeitsverhältnisses wegen des Ausschlusses der ordentlichen Kündigung für den Arbeitgeber dagegen eher unzumutbar sein als bei einem ordentlich kündbaren Arbeitnehmer[3]. Sodann wirkt sich die längere Vertragsbindung zuungunsten des Arbeitnehmers aus[4].

62 Bei tariflich unkündbaren Arbeitnehmern ist im Rahmen der **Interessenabwägung** nicht auf die fiktive Frist für die ordentliche Kündigung, sondern auf die **tatsächliche künftige Vertragsbindung** abzustellen[5]. Sieht ein Tarifvertrag eine Befristung auf das 65. Lebensjahr vor, ist bei der Zumutbarkeitsprüfung auf diesen Zeitraum abzustellen. Andernfalls, nämlich bei Zugrundelegung einer fiktiven Kündigungsfrist, wird die Interessenabwägung auf einen Zeitraum erstreckt, der wegen des Ausschlusses der ordentlichen Kündigung nicht relevant ist[6].

d) Nach § 15 KSchG geschützte Arbeitnehmer

63 Bei einer außerordentlichen Kündigung gegenüber einem nach § 15 KSchG geschützten Arbeitnehmer wurde für die **Zumutbarkeitsprüfung** nach der Rechtsprechung des BAG bislang auf die **(fiktive) Kündigungsfrist** abgestellt, die ohne den besonderen Kündigungsschutz bei einer ordentlichen Kündigung gilt[7]. Der besondere Kündigungsschutz dürfe in diesen Fällen nicht zu einer Erleichterung der außerordentlichen Kündigung führen, die dadurch eintreten könnte, daß bei der Zumutbarkeitsfrage nicht auf die ordentliche Kündigungsfrist, sondern auf die voraussichtliche Dauer des besonderen Kündigungsschutzes abgestellt würde[8]. Allerdings **verzichtet** das BAG in seiner neueren Rechtsprechung[9] für den Fall der **außerordentlichen Änderungskündigung** bei der Zumutbarkeitsprüfung auf die **Einbeziehung der fiktiven Kündigungsfrist** (vgl.

---

1 BAG v. 14. 11. 1984, AP Nr. 83 zu § 626 BGB.
2 *Staudinger/Preis*, § 626 BGB Rz. 62.
3 BAG v. 14. 11. 1984, AP Nr. 83 zu § 626 BGB.
4 BAG v. 9. 9. 1992, AP Nr. 3 zu § 626 BGB – Krankheit.
5 BAG v. 14. 11. 1984, AP Nr. 83 zu § 626 BGB; BAG v. 9. 9. 1992, AP Nr. 3 zu § 626 BGB – Krankheit.
6 BAG v. 14. 11. 1984, AP Nr. 83 zu § 626 BGB; KR/*Hillebrecht*, § 626 BGB Rz. 207; BAG v. 9. 9. 1992, AP Nr. 3 zu § 626 BGB – Krankheit.
7 BAG v. 18. 2. 1993, AP Nr. 35 zu § 15 KSchG 1969; BAG v. 14. 11. 1984 und 17. 3. 1988, AP Nr. 83, 99 zu § 626 BGB.
8 BAG v. 14. 11. 1984, AP Nr. 83 zu § 626 BGB.
9 BAG v. 21. 6. 1995, AP Nr. 36 zu § 15 KSchG 1969 = EzA § 15 KSchG nF Nr. 43 mit zustimmender Anm. von *Bernstein* und *Oetker*.

Rz. 51). Ob dies auch für den Fall der außerordentlichen Beendigungskündigung eines nach § 15 KSchG geschützten Arbeitnehmers gilt, hat das BAG ausdrücklich offen gelassen. Nach diesseitiger Auffassung ist dies zu verneinen, da die Argumente des BAG im wesentlichen auf die Besonderheiten der Änderungskündigung abheben, also nicht ohne weiteres auf die Beendigungskündigung übertragbar sind[1].

Zu beachten ist, daß die außerordentliche Kündigung in diesen Fällen auch weiterhin nur unter **Einhaltung der ordentlichen Kündigungsfrist** auszusprechen ist (vgl. Rz. 59). 64

VII. Kündigung des Arbeitnehmers

1. Grundsätze

Für die außerordentliche Kündigung des Arbeitnehmers gelten grundsätzlich dieselben Maßstäbe wie für die arbeitgeberseitige Kündigung[2]. So bedarf es im Rahmen der Prüfung des wichtigen Grundes auch einer **Interessenabwägung,** und die **Zweiwochenfrist** des § 626 Abs. 2 BGB ist einzuhalten[3]. Bei Störungen im Leistungsbereich ist die **vorherige Abmahnung** erforderlich[4]. Diese entfällt, wenn von vornherein feststeht, daß sie erfolglos sein wird[5] oder bei Störungen im Vertrauensbereich[6]. Der Arbeitnehmer trägt die **Darlegungs- und Beweislast** für die Gründe[7]. 65

Der Arbeitgeber kann die Unwirksamkeit der Kündigung durch **Feststellungsklage** nach § 256 ZPO geltend machen. Das Feststellungsinteresse ist gegeben, wenn der Arbeitgeber durch die fristlose Kündigung in seinem Ansehen oder den mit der Kündigung verbundenen Folgen betroffen ist[8]. Dies dürfte in aller Regel zu bejahen sein. Der Arbeitgeber braucht die dreiwöchige Klagefrist gemäß § 4 KSchG nicht einzuhalten[9]. 66

2. Einzelfälle

Ob und inwieweit **Vergütungsrückstände** die außerordentliche Kündigung rechtfertigen, wird uneinheitlich beantwortet. Nach einer Auffassung[10] ist die- 67

---

1 AA *Bernstein* und *Oetker,* Anm. zu BAG EzA § 15 KSchG nF Nr. 43.
2 *Staudinger/Preis,* § 626 BGB Rz. 237; LAG Berlin v. 22. 3. 1989, NZA 1989, 968; für geringere Maßstäbe: MünchKomm/*Schwerdtner,* § 626 BGB Rz. 137.
3 KR/*Hillebrecht,* § 626 BGB Rz. 341b.
4 BAG v. 9. 9. 1992 – 2 AZR 142/92, nv.; BAG v. 19. 6. 1967, EzA § 124 GewO Nr. 1.
5 BAG v. 19. 6. 1967, EzA § 124 GewO Nr. 1.
6 MünchKomm/*Schwerdtner,* § 626 BGB Rz. 137.
7 *Staudinger/Preis,* § 626 BGB Rz. 237; BAG v. 25. 7. 1963, AP Nr. 1 zu § 448 ZPO.
8 BAG v. 20. 3. 1986, AP Nr. 9 zu § 256 ZPO 1977; BAG v. 9. 9. 1992 – 2 AZR 142/92, nv.
9 BAG v. 9. 9. 1992 – 2 AZR 142/92, nv.
10 LAG Köln v. 23. 9. 1993, LAGE § 626 BGB Nr. 73; KR/*Hillebrecht,* § 626 BGB Rz. 343.

se nur bei einem Rückstand für erhebliche Zeit oder einen erheblichen Betrag gerechtfertigt. Nach anderer Auffassung[1] sollen auch geringe Rückstände ausreichen. In jedem Fall ist zuvor eine Abmahnung erforderlich[2]. Das Kündigungsrecht entfällt, sobald der Arbeitgeber die rückständige Vergütung nachgezahlt hat[3].

68 Der **Widerruf** einer erteilten **Prokura** oder die Verweigerung einer vertraglich zugesagten Prokura rechtfertigen allein noch keine außerordentliche Kündigung. Vielmehr kommt es entscheidend darauf an, ob die Vorenthaltung der Prokura nach den gesamten Umständen eine unzumutbare Diskriminierung darstellt[4].

69 Ebensowenig wie dem Konkursverwalter bzw. dem Arbeitgeber steht dem Arbeitnehmer allein aufgrund **Konkurses des Arbeitgebers** ein außerordentliches Kündigungsrecht zu[5]. Etwas anderes gilt, wenn konkret zu befürchten ist, daß die Konkursmasse nicht ausreicht, um die Ansprüche auf Arbeitsentgelt abzudecken[6].

70 Ein vom Arbeitnehmer beabsichtigter **Arbeitsplatzwechsel** berechtigt nicht zu einer außerordentlichen Kündigung, auch wenn die in Aussicht stehende Position wesentlich günstigere Bedingungen bietet[7].

VIII. Ausschlußfrist

1. Allgemeines

71 Die außerordentliche Kündigung kann nur innerhalb von **zwei Wochen** erfolgen, § 626 Abs. 2 Satz 1 BGB. Die Frist beginnt mit dem Zeitpunkt zu laufen, in dem der Kündigungsberechtigte von den für die Kündigung maßgebenden Tatsachen Kenntnis erlangt, § 626 Abs. 2 Satz 2 BGB. Die Vorschrift enthält eine **materiell-rechtliche Ausschlußfrist** für die Kündigungserklärung und regelt sachlich den Tatbestand einer Verwirkung des wichtigen Grundes wegen des reinen Zeitablaufs. Nach ihrem Ablauf greift die unwiderlegliche gesetzliche Vermutung ein, daß auch ein möglicherweise erheblicher wichtiger Grund nicht mehr geeignet ist, die Fortsetzung des Arbeitsverhältnisses unzumutbar zu machen[8]. Die Ausschlußfrist schafft also innerhalb begrenzter Zeit für den

---

1 MünchKomm/*Schwerdtner*, § 626 BGB Rz. 143.
2 *Staudinger/Preis*, § 626 BGB Rz. 245.
3 KR/*Hillebrecht*, § 626 BGB Rz. 343.
4 RGRK/*Corts*, § 626 BGB Rz. 196; BAG v. 17. 9. 1970, AP Nr. 5 zu § 628 BGB; BAG v. 11. 2. 1981, AP Nr. 8 zu § 4 KSchG 1969.
5 *Hess/Kropshofer*, § 22 KO Rz. 856; *Kilger/Karsten Schmidt*, § 22 KO Rz. 9; LAG Baden-Württemberg v. 23. 12. 1976, BB 1977, 296.
6 *Hess/Kropshofer*, § 22 KO Rz. 857.
7 *Staudinger/Preis*, § 626 BGB Rz. 239.
8 BAG v. 9. 1. 1986, AP Nr. 20 zu § 626 BGB – Ausschlußfrist; KR/*Hillebrecht*, § 626 BGB Rz. 219; MünchKomm/*Schwerdtner*, § 626 BGB Rz. 131; *Staudinger/Neumann*, § 626 BGB Rz. 70.

VIII. Ausschlußfrist   Rz. 74 **Teil 3 E**

betroffenen Arbeitnehmer Klarheit darüber, ob ein Sachverhalt zum Anlaß für eine außerordentliche Kündigung genommen wird[1] und soll den Arbeitnehmer davor bewahren, daß sich der Kündigungsberechtigte einen Kündigungsgrund aufspart, um den Arbeitnehmer unter einen gewissen Druck zu setzen[2].

Der Zweiwochenfrist unterliegt **jede außerordentliche Kündigung** nach § 626 Abs. 1 BGB. Sie gilt also auch für außerordentliche Kündigungen gegenüber Arbeitnehmern, bei denen die ordentliche Kündigung kraft Gesetz, Tarifvertrag oder Einzelarbeitsvertrag ausgeschlossen ist[3] sowie für die außerordentliche Änderungskündigung[4]. Die Ausschlußfrist findet ferner Anwendung auf außerordentliche Kündigungen des Arbeitnehmers[5] und bei suspendierter Arbeitspflicht (Erziehungsurlaub)[6]. Ein **nachgeschobener Kündigungsgrund** muß nicht innerhalb der Zweiwochenfrist vorgebracht werden[7]; der Kündigende darf jedoch von dem nachgeschobenen Grund nicht länger als zwei Wochen vor Ausspruch der Kündigung Kenntnis gehabt haben[8] (vgl. auch Rz. 14). 72

Der **Kündigende** hat **darzulegen und zu beweisen,** daß er von den für die Kündigung maßgebenden Tatsachen innerhalb der Zweiwochenfrist des § 626 Abs. 2 BGB erfahren hat. Er braucht aber hierzu erst Stellung zu nehmen, wenn die Wahrung der Ausschlußfrist zweifelhaft erscheint oder der Gekündigte geltend macht, die Kündigungsgründe seien verfristet[9]. 73

2. Beginn der Ausschlußfrist

a) Grundsätze

Gemäß § 626 Abs. 2 Satz 2 BGB beginnt die zweiwöchige Ausschlußfrist, innerhalb derer die außerordentliche Kündigung erfolgen muß, mit der Kenntnis des Arbeitgebers von den für die Kündigung maßgebenden Tatsachen. Für den Fristbeginn kommt es auf die **sichere und möglichst vollständige positive Kenntnis des Kündigungssachverhalts** an; selbst **grob fahrlässige Unkenntnis genügt nicht**[10]. Es ist auf die Kenntnis der Tatsachen abzustellen, die dem 74

---

1 BAG v. 25. 2. 1983, 10. 6. 1988 und 29. 7. 1993, AP Nr. 14, 27, 31 zu § 626 BGB – Ausschlußfrist.
2 BAG v. 4. 6. 1997, NZA 1997, 1158; BAG v. 25. 2. 1983, AP Nr. 14 zu § 626 BGB – Ausschlußfrist.
3 *Staudinger/Preis,* § 626 BGB Rz. 272 mwN; BAG v. 16. 10. 1986, AP Nr. 95 zu § 626 BGB; BAG v. 9. 1. 1986, AP Nr. 20 zu § 626 BGB – Ausschlußfrist.
4 BAG v. 21. 6. 1995, AP Nr. 36 zu § 15 KSchG 1969.
5 HM: KR/*Hillebrecht,* § 626 BGB Rz. 217; aA *Gamillscheg,* Festschrift BAG, S. 125.
6 BAG v. 22. 6. 1989, AP Nr. 11 zu § 628 BGB.
7 BAG v. 4. 6. 1997, NZA 1997, 1158; MünchKomm/*Schwerdtner,* § 626 BGB Rz. 228; *Staudinger/Preis,* § 626 BGB Rz. 69.
8 MünchKomm/*Schwerdtner,* § 626 BGB Rz. 228 mwN; KR/*Hillebrecht,* § 626 BGB Rz. 128.
9 BAG v. 17. 8. 1972, AP Nr. 4 zu § 626 BGB – Ausschlußfrist; BAG v. 28. 3. 1985, AP Nr. 86 zu § 626 BGB; BAG v. 31. 3. 1993, AP Nr. 32 zu § 626 BGB – Ausschlußfrist; KR/*Hillebrecht,* § 626 BGB Rz. 282.
10 BAG v. 28. 4. 1994, AP Nr. 117 zu § 626 BGB; BAG v. 12. 12. 1984, 31. 3. 1993, 10. 6. 1988 und 29. 7. 1993, AP Nr. 19, 32, 27, 31 zu § 626 BGB – Ausschlußfrist.

Kündigenden die Entscheidung darüber ermöglichen, ob ihm die Fortsetzung des Arbeitsverhältnisses zumutbar ist oder nicht. Es genügt somit nicht die Kenntnis des konkreten, die Kündigung auslösenden Anlasses, dh des „Vorfalls", der einen wichtigen Grund darstellen könnte, sondern aller für und gegen die außerordentliche Kündigung sprechenden Umstände, die im Rahmen der Zumutbarkeitsprüfung in die Gesamtwürdigung einzubeziehen sind[1]. Solange der Kündigungsberechtigte die Aufklärung des Sachverhalts durchführt, kann die Ausschlußfrist nicht beginnen[2]. Die erforderlichen Ermittlungen sind allerdings mit gebotener Eile durchzuführen[3]. Zur Aufklärung des Sachverhalts gehört auch die Anhörung des Arbeitnehmers[4]; hierbei ist die Regelfrist von einer Woche zu beachten[5] (vgl. Rz. 81).

b) Dauergründe

75 Handelt es sich um einen echten Dauergrund oder Dauertatbestand, beginnt die Ausschlußfrist mit der **Beendigung dieses Zustandes**[6]. Bei **nicht abgeschlossenen Dauerzuständen** ist die Zweiwochenfrist gewahrt, wenn der Dauerzustand **in den letzten zwei Wochen** vor Ausspruch der Kündigung **angehalten hat**[7]. Bei einem echten Dauergrund treten fortlaufend neue Tatsachen ein, die für die Kündigung maßgebend sind[8].

Beispiel:

Der Arbeitnehmer bleibt unberechtigt und unentschuldigt längere Zeit der Arbeit fern; mit jedem Tag des Fernbleibens entsteht eine neue, für die Kündigung maßgebliche Tatsache, und dieser Tatbestand dauert bis zur Wiederaufnahme der Arbeit an[9]. *Ein Dauertatbestand ist ferner die dauernde krankheitsbedingte Leistungsunfähigkeit*[10] *und der eigenmächtige Urlaubsantritt*[11]. *Der Verdacht strafbarer Handlungen oder die begangene Straftat stellen keinen Dauergrund dar*[12].

---

1 BAG v. 29. 7. 1993 und 31. 3. 1993, AP Nr. 31, 32 zu § 626 BGB – Ausschlußfrist.
2 BAG v. 29. 7. 1993, AP Nr. 31 zu § 626 BGB – Ausschlußfrist.
3 KR/*Hillebrecht*, § 626 BGB Rz. 232; BAG v. 31. 3. 1993, AP Nr. 32 zu § 626 BGB – Ausschlußfrist.
4 BAG v. 14. 11. 1984, AP Nr. 89 zu § 626 BGB; BAG v. 10. 6. 1988, AP Nr. 27 zu § 626 BGB – Ausschlußfrist; KR/*Hillebrecht*, § 626 BGB Rz. 231.
5 BAG v. 10. 6. 1988 und 31. 3. 1993, AP Nr. 27, 32 zu § 626 BGB – Ausschlußfrist.
6 BAG v. 25. 2. 1983, AP Nr. 14 zu § 626 BGB – Ausschlußfrist.
7 BAG v. 21. 3. 1996, DB 1996, 1574.
8 BAG v. 25. 2. 1983, AP Nr. 14 zu § 626 BGB – Ausschlußfrist.
9 BAG v. 28. 4. 1994, AP Nr. 117 zu § 626 BGB; BAG v. 25. 2. 1983, AP Nr. 14 zu § 626 BGB – Ausschlußfrist; KR/*Hillebrecht*, § 626 BGB Rz. 227; MünchKomm/*Schwerdtner*, § 626 BGB Rz. 146, 148; aA ArbG Münster v. 2. 9. 1982, BB 1982, 1987; *Gerauer*, BB 1980, 1332.
10 BAG v. 21. 3. 1996, DB 1996, 1574.
11 BAG v. 25. 2. 1983, AP Nr. 14 zu § 626 BGB – Ausschlußfrist.
12 BAG v. 29. 7. 1993, AP Nr. 31 zu § 626 BGB – Ausschlußfrist.

VIII. Ausschlußfrist   Rz. 79 **Teil 3 E**

c) Fortwirkende Tatbestände

Von den Dauertatbeständen zu unterscheiden sind die Tatbestände, die zwar bereits abgeschlossen sind, jedoch im Hinblick auf den **Vertrauensverlust** beim Arbeitgeber fortwirken. Hierzu gehören zB mehrere Vertragspflichtverletzungen wie wiederholte Unpünktlichkeiten. Sind solche Vorfälle verfristet, können sie noch **unterstützend verwertet** werden, wenn sie mit neueren, innerhalb der Ausschlußfrist bekannt gewordenen Vorgängen in einem so engen sachlichen und inneren Zusammenhang stehen, daß die neuen Vorgänge ein weiteres und letztes Glied in der Kette der Ereignisse bilden, die zum Anlaß der Kündigung genommen werden[1].   76

d) Kündigungsberechtigter

Nach § 626 Abs. 2 Satz 2 BGB ist maßgeblich die Kenntnis des Kündigungsberechtigten. Kündigungsberechtigt ist der **Arbeitgeber bzw. dessen gesetzlicher Vertreter**. Sind die Mitglieder des Vorstands eines eingetragenen Vereins nach der Satzung nur insgesamt zur Kündigung der Arbeitnehmer eines Vereins berechtigt, beginnt die Ausschlußfrist entsprechend der Regelung des § 28 Abs. 2 BGB mit dem Zeitpunkt, in dem ein Vorstandsmitglied von den für die Kündigung maßgebenden Tatsachen Kenntnis erlangt[2].   77

Ausnahmsweise kann für den Fristbeginn auch die **Kenntnis eines Dritten** genügen. Diese muß sich der Kündigungsberechtigte nach Treu und Glauben zurechnen lassen, wenn die Stellung dieses Dritten im Betrieb (zB Erster Bürgermeister einer Gemeinde; Werkleiter mit selbständiger Stellung wie ein gesetzlicher Vertreter) nach den Umständen des Einzelfalls erwarten läßt, er werde den Kündigungsberechtigten von dem Kündigungssachverhalt unterrichten. Hinzu kommen muß, daß die verspätet erlangte Kenntnis des Kündigungsberechtigten darauf beruht, daß die Organisation des Betriebes zu einer Verzögerung des Fristbeginns führt, obwohl eine andere Organisation sachgemäß und zumutbar wäre[3]. Beide Voraussetzungen, **selbständige Stellung des Dritten** im Betrieb und **Verzögerung der Kenntniserlangung des Kündigungsberechtigten durch eine schuldhaft fehlerhafte Organisation** des Betriebs, müssen **kumulativ** vorliegen[4]. Allein die Tatsache, daß ein nicht Kündigungsberechtigter eine gewisse arbeitgeberähnliche Funktion im Betrieb hat, reicht nicht aus, daß dem Arbeitgeber dessen Kenntnis nach Treu und Glauben zugerechnet wird[5].   78

Eine **ohne hinreichende Vertretungsmacht** erklärte außerordentliche Kündigung kann vom Vertretenen mit rückwirkender Kraft nach § 184 BGB nur innerhalb der zweiwöchigen Ausschlußfrist genehmigt werden[6].   79

---
1 BAG v. 2. 7. 1987 und 17. 3. 1988, AP Nr. 96, 99 zu § 626 BGB.
2 BAG v. 20. 9. 1984, AP Nr. 1 zu § 28 BGB.
3 BAG v. 12. 7. 1987, AP Nr. 96 zu § 626 BGB; BAG v. 18. 5. 1994, AP Nr. 33 zu § 626 BGB – Ausschlußfrist.
4 BAG v. 18. 5. 1994, AP Nr. 33 zu § 626 BGB – Ausschlußfrist.
5 BAG v. 18. 5. 1994, AP Nr. 33 zu § 626 BGB – Ausschlußfrist.
6 BAG v. 26. 3. 1986, AP Nr. 2 zu § 180 BGB; BAG v. 4. 2. 1987, AP Nr. 24 zu § 626 BGB – Ausschlußfrist.

3. Hemmung der Ausschlußfrist

80 Der Beginn der zweiwöchigen Ausschlußfrist des § 626 Abs. 2 BGB ist gehemmt, wenn der **Kündigungsberechtigte** aus verständigen Gründen mit der gebotenen Eile, also **zügig, Ermittlungen durchführt,** die ihm nach pflichtgemäßem Ermessen eine umfassende und zuverlässige Kenntnis des Kündigungssachverhalts verschaffen sollen[1]. Hält der Arbeitgeber einen bestimmten Kenntnisstand für ausreichend, muß er binnen zwei Wochen kündigen, nachdem er diesen Kenntnisstand erlangt hat[2]. Beginn und Hemmung der Ausschlußfrist aufgrund weiterer Ermittlungen werden also durch die Gründe bestimmt, auf die der Arbeitgeber die Kündigung im Prozeß stützt.

81 Dem **Kündigungsgegner** kann Gelegenheit zur Stellungnahme gegeben werden. Eine solche **Anhörung** hat innerhalb einer kurz bemessenen Frist zu erfolgen, die regelmäßig nicht länger als **eine Woche** sein darf. Es handelt sich um eine **Regelfrist,** die nur bei Vorliegen bestimmter Umstände (sachlich erhebliche bzw. verständige Gründe) überschritten werden darf[3]. Die Regelfrist wird ausdrücklich nur auf die Anhörung des Kündigungsgegners bezogen[4]. **Für die übrigen Ermittlungen** gilt **keine Regelfrist.** Bei diesen ist fallbezogen zu beurteilen, ob sie mit der gebotenen Eile betrieben wurden[5].

4. Besonderheiten bei der Verdachtskündigung sowie der Kündigung wegen einer Straftat

82 Wird die fristlose Kündigung wegen **Verdachts einer strafbaren Handlung** ausgesprochen, gilt hinsichtlich der **Zweiwochenfrist** folgendes: Hat der Arbeitgeber nur einen nicht beweisbaren Verdacht, fehlt ihm die Kenntnis der für die Kündigung maßgebenden Tatsachen, was bedeutet, daß die Zweiwochenfrist noch nicht zu laufen begonnen hat. Der Arbeitgeber kann mit der gebotenen Eile weitere Ermittlungen anstellen. Sobald dem Kündigungsberechtigten durch seine Ermittlungen die den Verdacht begründenden Umstände bekannt sind, die ihm die nötige Interessenabwägung und die Entscheidung darüber ermöglichen, ob ihm die Fortsetzung des Arbeitsverhältnisses zumutbar ist oder nicht, beginnt die Ausschlußfrist des § 626 Abs. 2 BGB[6]. Dies gilt gleichermaßen, wenn der Arbeitgeber einen bestimmten Kenntnisstand für ausreichend hält. In dem Fall muß er binnen zwei Wochen kündigen, nachdem er diesen Kenntnisstand erlangt hat[7]. Entschließt sich der Arbeitgeber zunächst,

---

1 BAG v. 10. 6. 1988 und 31. 3. 1993, AP Nr. 27, 32 zu § 626 BGB – Ausschlußfrist; BAG v. 14. 11. 1984 und 28. 4. 1994, AP Nr. 89, 117 zu § 626 BGB.
2 BAG v. 28. 4. 1994, AP Nr. 117 zu § 626 BGB.
3 BAG v. 10. 6. 1988 und 31. 3. 1993, AP Nr. 27, 32 zu § 626 BGB – Ausschlußfrist.
4 BAG v. 10. 6. 1988, AP Nr. 27 zu § 626 BGB – Ausschlußfrist.
5 BAG v. 10. 6. 1988 und 31. 3. 1993, AP Nr. 27, 32 zu § 626 BGB – Ausschlußfrist.
6 BAG v. 29. 7. 1993, AP Nr. 31 zu § 626 BGB – Ausschlußfrist; KR/*Hillebrecht,* § 626 BGB Rz. 223.
7 BAG v. 29. 7. 1993, AP Nr. 31 zu § 626 BGB – Ausschlußfrist; BAG v. 28. 4. 1994, AP Nr. 117 zu § 626 BGB.

VIII. Ausschlußfrist   Rz. 86 **Teil 3 E**

den Ausgang des Ermittlungs- bzw. Strafverfahrens abzuwarten, nimmt dann jedoch zu einem willkürlich gewählten Zeitpunkt Monate später eigene Ermittlungen auf, ohne daß sich neue Tatsachen ergeben haben, ist die Zweiwochenfrist nicht gewahrt, auch wenn er zwei Wochen nach Abschluß dieser Ermittlungen die Verdachtskündigung vornimmt[1].

Für eine **auf die Tatbegehung** selbst **gestützte außerordentliche Kündigung** beginnt die zweiwöchige Ausschlußfrist des § 626 Abs. 2 BGB nicht vor dem **Abschluß des Strafverfahrens** gegen den Arbeitnehmer, wenn der Arbeitgeber vorher lediglich Verdachtsumstände kannte, die aber noch keine jeden vernünftigen Zweifel ausschließende sichere Kenntnis der Tatbegehung selbst begründeten. Der Arbeitgeber darf grundsätzlich den Ausgang der staatsanwaltlichen Ermittlungen bzw. des Strafverfahrens abwarten[2]. 83

> **Hinweis:**
> Hat der Arbeitgeber die Zweiwochenfrist bei der Verdachtskündigung versäumt, hindert ihn dies nicht, später – nach Abschluß des Strafverfahrens – eine außerordentliche Kündigung wegen der Tatbegehung auszusprechen[3].

5. Besonderheiten bei der Kündigung von Betriebs- und Personalräten

Auch im Regelungsbereich des § 103 BetrVG findet die **Ausschlußfrist** des § 626 Abs. 2 BGB grundsätzlich Anwendung. Die **Frist beginnt** wie in den sonstigen Fällen (vgl. Rz. 74) **mit der Kenntnis des Arbeitgebers** von den für die Kündigung maßgebenden Tatsachen[4]. Dies sieht zwar § 103 BetrVG nicht vor; man kann jedoch dem Gesetzgeber, der durch § 103 BetrVG einen besonderen kollektiven Schutz einräumen wollte, nicht unterstellen, daß damit zugleich die dem individualrechtlichen Schutz dienende Vorschrift des § 626 Abs. 2 BGB beseitigt werden sollte[5]. 84

Der Arbeitgeber muß **innerhalb der Zweiwochenfrist** zum einen das **Zustimmungsverfahren** beim Betriebsrat **einleiten**[6]. Dabei hat der Betriebsrat in entsprechender Anwendung des § 102 Abs. 2 Satz 3 BetrVG lediglich eine Überlegungsfrist von drei Tagen[7]. 85

Verweigert der Betriebsrat die Zustimmung oder gilt diese wegen Ablaufs der dreitägigen Erklärungsfrist als verweigert, hat der Arbeitgeber ebenfalls noch **innerhalb der Zweiwochenfrist** den **Ersetzungsantrag beim Arbeitsgericht** zu stellen[8]; die Frist beginnt also nicht erneut zu laufen. Da das Ersetzungsverfah- 86

---

1 BAG v. 29. 7. 1993, AP Nr. 31 zu § 626 BGB – Ausschlußfrist.
2 BAG v. 29. 7. 1993, AP Nr. 31 zu § 626 BGB – Ausschlußfrist.
3 BAG v. 12. 12. 1984, AP Nr. 19 zu § 626 BGB – Ausschlußfrist.
4 BAG v. 9. 1. 1986, AP Nr. 20 zu § 626 BGB – Ausschlußfrist.
5 BAG v. 22. 8. 1974, AP Nr. 1 zu § 103 BetrVG 1972.
6 BAG v. 9. 1. 1986, AP Nr. 20 zu § 626 BGB – Ausschlußfrist.
7 BAG v. 18. 8. 1977, AP Nr. 10 zu § 103 BetrVG 1972.
8 BAG v. 9. 1. 1986, AP Nr. 20 zu § 626 BGB – Ausschlußfrist.

ren bis zum Ablauf der Zweiwochenfrist regelmäßig nicht abgeschlossen ist und folglich die Kündigung nicht innerhalb der Ausschlußfrist ausgesprochen werden kann, tritt im Regelungsbereich des § 103 BetrVG der Ersetzungsantrag an das Arbeitsgericht an die Stelle der Kündigung[1].

87 Die außerordentliche Kündigung ist **unverzüglich nach rechtskräftiger Entscheidung über die Ersetzung der Zustimmung** auszusprechen[2]. Dies leitet sich ab aus § 18 Abs. 6 SchwbG, den das BAG wegen der vergleichbaren Sach- und Interessenlage entsprechend anwendet. Die Zweiwochenfrist beginnt also nicht erneut zu laufen. Maßgeblich ist der Zeitpunkt, zu dem die Entscheidung über die Ersetzung der Zustimmung rechtskräftig wird. Dieser kann auch schon vor Eintritt der formellen Rechtskraft wegen **offensichtlicher Unstatthaftigkeit eines weiteren Rechtsmittels** erreicht sein[3].

88 Erteilt der Betriebsrat die zunächst verweigerte **Zustimmung** im Rahmen des fristgemäß eingeleiteten Ersetzungsverfahren noch **nachträglich,** muß der Arbeitgeber die Kündigung unverzüglich aussprechen, nachdem er von der nachträglichen Zustimmung Kenntnis erlangt hat[4].

89 Bei einer vom Betriebsrat erteilten Zustimmung ist die Kündigung noch innerhalb der Zweiwochenfrist auszusprechen.

90 Die vorstehenden Grundsätze gelten ebenso für die **außerordentliche Kündigung eines Mitglieds des Personalrats**[5], dh. es ist zunächst das personalvertretungsrechtliche Mitbestimmungsverfahren durchzuführen und nach dessen Abschluß unverzüglich, in entsprechender Anwendung des § 18 Abs. 6 SchwbG, die außerordentliche Kündigung auszusprechen.

91 Verweigert der Betriebsrat bei einem **Schwerbehinderten,** der **zugleich Mitglied des Betriebsrats** ist, die Zustimmung zu einer außerordentlichen Kündigung, ist das Beschlußverfahren auf Ersetzung der Zustimmung in entsprechender Anwendung von § 18 Abs. 6 SchwbG unverzüglich nach Erteilung der Zustimmung durch die Hauptfürsorgestelle oder nach Eintritt der Zustimmungsfiktion des § 18 Abs. 3 SchwbG einzuleiten[6].

IX. Mitteilung der Kündigungsgründe

92 Nach § 626 Abs. 2 Satz 3 BGB ist der **Kündigungsgrund auf Verlangen unverzüglich schriftlich mitzuteilen**. Ein Verstoß berührt die Wirksamkeit der Kündigung nicht[7]. Werden die Kündigungsgründe nicht, nicht vollständig oder

---

1 *Schmidt,* Anm. zu BAG AP Nr. 16 zu § 626 BGB – Ausschlußfrist.
2 BAG v. 21. 10. 1983, AP Nr. 16 zu § 626 BGB – Ausschlußfrist.
3 BAG v. 25. 1. 1979, AP Nr. 12 zu § 103 BetrVG 1972.
4 BAG v. 17. 9. 1981, AP Nr. 14 zu § 103 BetrVG 1972.
5 BAG v. 21. 10. 1983, AP Nr. 16 zu § 626 BGB – Ausschlußfrist.
6 BAG v. 22. 1. 1987, AP Nr. 24 zu § 103 BetrVG 1972.
7 MünchKomm/*Schwerdtner,* § 626 BGB Rz. 235; *Staudinger/Preis,* § 626 BGB Rz. 257; RGRK/*Corts,* § 626 BGB Rz. 229.

wahrheitswidrig angegeben, hat der Kündigende dem Gekündigten den Vertrauensschaden zu ersetzen[1]. Dieser dürfte sich im wesentlichen auf die Prozeßkosten beschränken. Voraussetzung ist, daß der Gekündigte bei ordnungsgemäßer Mitteilung der Kündigungsgründe nicht geklagt hätte oder nach Mitteilung der Gründe die Klage zurücknimmt[2]. **Zu beachten:** Bei einer außerordentlichen Kündigung eines **Berufsausbildungsverhältnisses** nach der Probezeit (§ 15 Abs. 3 BBiG) ist bei fehlender Begründung die Kündigung bereits aus formellen Gründen unwirksam.

X. Umdeutung einer unwirksamen außerordentlichen Kündigung

Die Umdeutung einer unwirksamen außerordentlichen in eine ordentliche Kündigung kommt unter den Voraussetzungen des § 140 BGB in Betracht. Dies setzt voraus, daß sich der **Arbeitgeber** ausdrücklich **auf die Umdeutung beruft,** die Umdeutung in eine ordentliche Kündigung nach den gegebenen Umständen **dem mutmaßlichen Willen** des Arbeitgebers **entspricht** und dieser Wille **dem Arbeitnehmer erkennbar** geworden ist[3]. Dies trifft insbesondere zu, wenn der Kündigende das Arbeitsverhältnis in jedem Fall beenden wollte[4], was bei der außerordentlichen Kündigung in aller Regel zu bejahen ist[5]. Die Umdeutung erfolgt **im Prozeß nicht von Amts wegen,** sondern nur, wenn sich der Arbeitgeber hierauf beruft[6]; sie kann auch noch in der Berufungsinstanz erfolgen[7]. Die Umdeutung scheidet aus, wenn der **Betriebsrat** nur zur außerordentlichen Kündigung angehört wurde, da die Anhörung zur außerordentlichen Kündigung die zur ordentlichen nicht ersetzt[8]. Eine Ausnahme gilt für den Fall, daß der Betriebsrat der außerordentlichen Kündigung ausdrücklich und vorbehaltlos zugestimmt hat und einer ordentlichen Kündigung erkennbar nicht entgegengetreten wäre[9].

93

XI. Minderung der Vergütung und Schadenersatz nach § 628 BGB

1. Minderung der Vergütung nach § 628 Abs. 1 Satz 2 BGB

Nach § 628 Abs. 1 Satz 2 BGB kann eine Minderung der Vergütung erfolgen, wenn der Arbeitnehmer eine außerordentliche Kündigung vornimmt, ohne

94

---

1 BAG v. 17. 8. 1972, AP Nr. 65 zu § 626 BGB; *Staudinger/Preis,* § 626 BGB Rz. 258.
2 *Staudinger/Preis,* § 626 BGB Rz. 258; MünchKomm/*Schwerdtner,* § 626 BGB Rz. 241.
3 BAG v. 20. 9. 1984, AP Nr. 80 zu § 626 BGB; KR/*Friedrich,* § 13 KSchG Rz. 76; BAG v. 31. 3. 1993, AP Nr. 32 zu § 626 BGB – Ausschlußfrist.
4 BAG v. 31. 3. 1993, AP Nr. 32 zu § 626 BGB – Ausschlußfrist.
5 MünchKomm/*Schwerdtner,* vor § 620 BGB Rz. 129.
6 MünchKomm/*Schwerdtner,* vor § 620 BGB Rz. 127 mwN.
7 MünchKomm/*Schwerdtner,* vor § 620 BGB Rz. 131.
8 MünchKomm/*Schwerdtner,* vor § 620 BGB Rz. 135.
9 BAG v. 6. 7. 1978, EzA § 102 BetrVG 1972 Nr. 37; aA MünchKomm/*Schwerdtner,* vor § 620 BGB Rz. 136.

hierzu durch vertragswidriges Verhalten des Arbeitgebers veranlaßt zu sein oder – dies ist die zweite Alternative des § 628 Abs. 1 Satz 2 BGB – der Arbeitgeber wegen vertragswidrigen Verhaltens des Arbeitnehmers außerordentlich kündigt. In beiden Fällen hat der Arbeitnehmer keinen Anspruch auf Vergütung, wenn und soweit seine bisherigen Leistungen infolge der Kündigung kein Interesse für den Arbeitgeber haben.

95 Der **Arbeitnehmer** darf zu der außerordentlichen Kündigung **nicht durch vertragswidriges Verhalten des Arbeitgebers veranlaßt** worden sein (1. Alt. des § 628 Abs. 1 Satz 2 BGB). Hierzu gehören solche Fälle, in denen der Arbeitnehmer das Arbeitsverhältnis ohne Einhaltung der ordentlichen Kündigungsfrist beendet, weil er beispielsweise einen neuen Arbeitsplatz gefunden hat. Die Beendigung des Arbeitsverhältnisses kann aber auch durch persönliche Umstände des Arbeitnehmers wie schwere Erkrankungen, Unglücksfälle und dergleichen veranlaßt sein. Ein vertragswidriges Verhalten des Arbeitgebers setzt voraus, daß der Arbeitgeber dieses auch zu vertreten hat[1].

96 Ob § 628 Abs. 1 Satz 2 1. Alt. BGB eine **gemäß § 626 Abs. 1 BGB wirksame** außerordentliche Kündigung des Arbeitnehmers voraussetzt, ist höchstrichterlich bislang ungeklärt[2]. Dies wird von der hM in der Literatur mit der Begründung verneint, der Arbeitnehmer, der wirksam, also beispielsweise aus wichtigen persönlichen Gründen kündige, könne nicht schlechter gestellt sein als derjenige, dessen Kündigungsgründe nicht als solche gemäß § 626 Abs. 1 BGB anzuerkennen sind[3].

97 Die Rechtsfolgen des § 628 Abs. 1 Satz 2 BGB treten nach dessen 2. Alternative ferner ein, wenn der **Arbeitgeber dem Arbeitnehmer wegen vertragswidrigen Verhaltens außerordentlich kündigt.** Das vertragswidrige Verhalten des Arbeitnehmers muß **schuldhaft** sein[4].

98 Sind die vorstehenden Voraussetzungen zu bejahen, **entfällt** nach beiden Alternativen für den Arbeitnehmer die **Vergütung** insoweit, als die **bisherigen Leistungen** des Arbeitnehmers für den Arbeitgeber **infolge der Kündigung kein Interesse** mehr haben. Das Interesse des Arbeitgebers an der bereits erbrachten Arbeitsleistung des Arbeitnehmers muß gerade infolge der tatsächlichen Beendigung der Tätigkeit des Arbeitnehmers entfallen sein[5]. Ferner ist Voraussetzung, daß der Arbeitnehmer im fraglichen Zeitraum, für den der Vergütungsanspruch ganz oder teilweise entfallen soll, Leistungen zu erbringen hatte, die für den Fall der Fortsetzung seiner Tätigkeit für den Dienstberechtigten von Interesse gewesen wären[6]. **Beispiel:** Probe eines Musiker oder Schauspielers. Im

---

1 *Staudinger/Preis*, § 628 BGB Rz. 24.
2 Ausdrücklich offengelassen in: BAG v. 21. 10. 1983, AP Nr. 2 zu § 628 BGB – Teilvergütung.
3 *Staudinger/Preis*, § 628 BGB Rz. 22.
4 *Staudinger/Preis*, § 628 BGB Rz. 25.
5 BAG v. 21. 10. 1983, AP Nr. 2 zu § 628 BGB – Teilvergütung.
6 BAG v. 21. 10. 1983, AP Nr. 2 zu § 628 BGB – Teilvergütung.

XI. Minderung der Vergütung und Schadenersatz

Normalfall dürfte die vom Arbeitnehmer erbrachte Leistung für den Arbeitgeber auch von Interesse gewesen sein.

2. Schadenersatz nach § 628 Abs. 2 BGB

Nach § 628 Abs. 2 BGB kann der Kündigende Ersatz des ihm durch die Beendigung des Arbeitsverhältnisses entstehenden Schadens verlangen, wenn die Kündigung durch ein **vertragswidriges Verhalten des Gekündigten** veranlaßt wurde.

a) Kündigung im Sinne des § 628 Abs. 2 BGB

Es muß sich um eine **außerordentliche Kündigung nach § 626 BGB** handeln. Dabei kommt es nicht auf die Form der Beendigung des Arbeitsverhältnisses, sondern auf den Anlaß an. Deshalb ist § 628 Abs. 2 BGB auch anwendbar, wenn das Arbeitsverhältnis auf andere Weise als durch fristlose Kündigung beendet worden ist, sofern der andere Vertragsteil durch vertragswidriges schuldhaftes Verhalten Anlaß für die Beendigung gegeben hat. Fehlt ein zur fristlosen Kündigung berechtigender Grund, scheidet ein Schadenersatzanspruch wegen der durch die Auflösung entstehenden Nachteile aus[1].

Ebenso muß die **Zweiwochenfrist** des § 626 Abs. 2 BGB eingehalten sein[2]. Dies gilt auch, wenn das Arbeitsverhältnis nicht durch eine außerordentliche Kündigung beendet wurde. Wird die gesetzliche Ausschlußfrist versäumt, endet das Recht zur außerordentlichen Kündigung; die Versäumung der Zweiwochenfrist schließt den wichtigen Grund selbst aus[3]. Kann ein pflichtwidriges Verhalten nicht mehr zum Anlaß einer vorzeitigen Beendigung des Arbeitsverhältnisses genommen werden kann, entfällt damit auch der Schadenersatzanspruch nach § 628 Abs. 2 BGB wegen dieses Verhaltens. § 628 Abs. 2 BGB ist kein Auffangtatbestand für eine mißlungene außerordentliche Kündigung[4].

b) Vertragswidriges Verhalten des Gekündigten

Der Gekündigte muß durch vertragswidriges Verhalten Anlaß für die Beendigung gegeben haben, und dieses Verhalten muß **schuldhaft** gewesen sein. Das Auflösungsverschulden muß den Merkmalen des wichtigen Grundes im Sinne von § 626 Abs. 1 BGB entsprechen[5]. Zwischen der schuldhaften Vertragsverletzung und der Auflösung des Arbeitsverhältnisses muß **Kausalität** bestehen.

c) Schaden

Der eingetretene Schaden muß auf die Beendigung des Arbeitsverhältnisses zurückzuführen sein[6]. Der Anspruch ist auf das **Erfüllungsinteresse** gerichtet,

---

1 BAG v. 22. 6. 1989, AP Nr. 11 zu § 628 BGB.
2 BAG v. 22. 6. 1989, AP Nr. 11 zu § 628 BGB.
3 BAG v. 22. 6. 1989, AP Nr. 11 zu § 628 BGB.
4 BAG v. 22. 6. 1989, AP Nr. 11 zu § 628 BGB.
5 BAG v. 22. 6. 1989, AP Nr. 11 zu § 628 BGB mwN.
6 *Staudinger/Preis*, § 628 BGB Rz. 43.

der Anspruchsinhaber ist also so zu stellen, wie er bei Fortbestand des Arbeitsverhältnisses gestanden hätte. Der Schaden ist nach der **Differenzmethode** zu berechnen. Dem durch die Kündigung eingetretenen Zustand ist also der Zustand gegenüberzustellen, der ohne die Kündigung bestanden hätte[1].

104 Der **Schaden des Arbeitnehmers** liegt im wesentlichen in der **Vergütung,** die **durch** die **Kündigung entfallen** ist. Dieser ist jedoch kein echter Vergütungsanspruch, sondern entspricht diesem lediglich. Dessen **Verjährung** richtet sich nach § 196 Abs. 1 Nr. 8 und 9 BGB. Wegen seiner Lohnersatzfunktion unterliegt er ferner dem **Pfändungsschutz.**

105 Rechtlich umstritten ist dessen Behandlung im **Konkurs des Arbeitgebers.** Nach der Rechtsprechung des BAG[2] handelt es sich hierbei um einfache Konkursforderungen (§ 61 Abs. 1 Nr. 6 KO). Zwar müßten grundsätzlich Schadenersatzansprüche, soweit sie Lohnersatzcharakter hätten, auch konkursrechtlich Lohnansprüchen gleichgestellt werden, § 628 Abs. 2 BGB knüpfe aber gerade nicht an ein bestehendes, sondern an ein beendetes Arbeitsverhältnis an. Dem tritt der überwiegende Teil der Literatur[3] mit der Begründung entgegen, es bedürfe eines besonderen Schutzes der Lohn- und der Lohnersatzleistungen, da der Arbeitnehmer mit seinen Leistungen regelmäßig in Vorlage trete. Dies gelte auch im Konkurs, so daß der Schadenersatzanspruch nach § 628 Abs. 2 BGB zu behandeln sei wie der ursprüngliche Lohnanspruch. Dem dürfte zu folgen sein.

106 Der **Schaden des Arbeitgebers** liegt in den **Kosten,** die bei einem vertragstreuen Verhalten des Arbeitnehmers unterblieben wären.

Beispiele:

Mehrkosten einer teureren Ersatzkraft; Überstundenvergütung; Verzugsschaden oder Vertragsstrafen, die dem Arbeitgeber durch verspätete Lieferung der Ware entstanden sind[4]*; dem Arbeitgeber entgangener Gewinn*[5]*.*

---

1 *Staudinger/Preis,* § 628 BGB Rz. 45.
2 BAG v. 13. 8. 1980, AP Nr. 11 zu § 59 KO.
3 *Staudinger/Preis,* § 628 BGB Rz. 59; *Uhlenbruck,* Anm. zu AP Nr. 11 zu § 59 KO; *Gagel,* ZIP 1981, 122, 124; MünchKomm/*Schwerdtner,* § 628 BGB Rz. 31; KR/*Weigand,* § 22 KO Rz. 37; aA die konkursrechtliche Literatur: *Hess/Kropshofer,* § 22 KO Rz. 861; *Jaeger/Henckel,* § 22 KO Rz. 42; *Kilger/Karsten Schmidt,* § 22 KO Rz. 9; *Kuhn/Uhlenbruck,* § 22 KO Rz. 22c.
4 *Staudinger/Preis,* § 628 BGB Rz. 49.
5 *Staudinger/Preis,* § 628 BGB Rz. 51.

F. Sonderkündigungsschutz

	Rz.
I. Sonderkündigungsschutz nach MuSchG	
1. Kündigungsverbot § 9 MuSchG .	1
a) Geltungsbereich	2
b) Schwangerschaft	3
c) Entbindung	4
d) Feststellung des Schwangerschaftsbeginns	5
e) Mitteilung an den Arbeitgeber	6
2. Zulässige Kündigung in besonderen Fällen	9
a) Besonderer Fall	10
b) Zulassung durch die Verwaltungsbehörde	12
c) Formerfordernis der Kündigung	16
3. Eigenkündigung der Arbeitnehmerin	
a) Besonderes Kündigungsrecht .	17
b) Eigenkündigung in Unkenntnis der Schwangerschaft . . .	19
4. Aufhebungsvertrag	21
5. Befristung	22
6. Annahmeverzug	23
II. Erziehungsurlaub	
1. Kündigungsverbot	24
a) Geltungsbereich	25
b) Maßgeblicher Zeitraum	26
2. Zulässige Kündigung in besonderen Fällen	27
a) Besonderer Fall	28
b) Verwaltungsvorschriften . . .	29
c) Zuständige Behörde	31
3. Eigenkündigung des Erziehungsurlaubers	32
III. Schwerbehindertenschutz	33
1. Geltungsbereich des Schwerbehindertengesetzes	34
2. Kenntnis des Arbeitgebers	42
3. Entscheidung der Hauptfürsorgestelle bei ordentlicher Kündigung	47
4. Ausspruch der ordentlichen Kündigung	50
5. Entscheidung der Hauptfürsorgestelle bei außerordentlicher Kündigung	54

	Rz.
a) Antragsfrist	55
b) Entscheidungskriterien	57
c) Die Zustimmungsfiktion . . .	58
6. Ausspruch der Kündigung	59
7. Betriebsratsanhörung	61
8. Erweiterter Bestandsschutz . . .	63
IV. Sonderkündigungsschutz für betriebliche Funktionsträger . .	64
1. Geltungsbereich	65
2. Umfang des Kündigungsschutzes	67
3. Inhalt des Kündigungsschutzes .	68
a) Beginn des Kündigungsschutzes	69
aa) Wahlvorstandsmitglieder .	70
bb) Wahlbewerber	71
cc) Betriebsratsmitglieder . .	72
dd) Ersatzmitglieder	74
b) Ende des Kündigungsschutzes für Amtsträger	75
c) Nachwirkender Kündigungsschutz	78
4. Zulässigkeit der außerordentlichen Kündigung	82
a) Wichtiger Grund	83
b) Interessenabwägung	85
c) Ausschlußfrist des § 626 Abs. 2 BGB	87
5. Zustimmung des Betriebsrats . .	88
6. Zustimmungsersetzung durch das Arbeitsgericht	91
7. Sonderfall: Kündigung bei Betriebsstillegung	95
a) Ordentliche Kündigung gem. § 15 Abs. 4 und 5 KSchG . . .	96
b) Übernahme eines Amtsträgers bei Stillegung einer Betriebsabteilung	101
V. Sonderkündigungsschutz für Betriebsbeauftragte	102
1. Sonderkündigungsschutz von Immissionsschutzbeauftragten .	103
2. Sonderkündigungsschutz für Störfallbeauftragte	107
3. Sonderkündigungsschutz für Gewässerschutzbeauftragte . . .	108
4. Sonderkündigungsschutz für Abfallbeauftragte	110

	Rz.		Rz.
VI. Arbeitsplatzschutz für Wehr- und Zivildienstleistende	111	2. Zivildienst	118
1. Kündigungsschutz für Wehrdienstleistende		**VII. Berufsausbildungsverhältnis**	119
a) Geltungsbereich des ArbPlSchG	112	1. Kündigung während der Probezeit	120
b) Ordentliche Kündigung	114	2. Kündigung nach Ablauf der Probezeit	121
c) Außerordentliche Kündigung	115	3. Schriftform	123
d) Klagefrist	117	4. Schlichtungsausschuß	124

Schrifttum:

Zum Bereich Mutterschutz: *Eisel,* Mutterschutzgesetz, Erläuterungen und Materialien, überarbeitet von Hans Peter Adomaitis, Stand 1993; *Meisel/Sowka,* Mutterschutz und Erziehungsurlaub, 4. Aufl. 1995; *Winterfeld,* Mutterschutzgesetz und Erziehungsurlaub 1986; *Woelk,* Mutterschutz, 1990.

Zum Bereich Schwerbehindertenschutz: *Cramer,* Schwerbehindertengesetz, 4. Aufl. 1992; *Dörner,* Schwerbehindertengesetz, Loseblatt; *Großmann/Schimanski/Dopatka/Pikullik/Poppe-Bahr,* Gemeinschaftskommentar zum Schwerbehindertengesetz, 1992; *Neumann/Pahlen,* Schwerbehindertengesetz, 8. Aufl. 1992.

I. Sonderkündigungsschutz nach MuSchG

1. Kündigungsverbot § 9 MuSchG

1 Das Mutterschutzgesetz in der Fassung vom 18. 4. 1968 ist durch Art. 1 des Gesetzes zur Änderung des Mutterschaftsrechts vom 20. 12. 1996 erheblich geändert worden. Es ist am 1. 1. 1997 in Kraft getreten[1]. Der wesentliche Grund zur Gesetzesnovellierung bestand in der Notwendigkeit, die EG-Mutterschutz-Richtlinie 92/85 vom 19. 10. 1992 umzusetzen. Das Kündigungsverbot, welches nach wie vor in § 9 Abs. 1 MuSchG niedergelegt ist, gilt jedoch im wesentlichen unverändert fort. Es verbietet die Kündigung des Arbeitsverhältnisses einer Frau **während der Schwangerschaft und bis zum Ablauf von vier Monaten nach der Entbindung.** Neu ist die Gleichstellung von Hausangestellten im Kündigungsschutz. Für sie gilt nun wie für alle anderen Arbeitnehmerinnen der allgemeine kündigungsrechtliche Mutterschutz. Der in der bisherigen Gesetzesfassung für im Familienhaushalt Beschäftigte vorgesehene Ausnahmetatbestand wurde beseitigt[2]. Das Kündigungsverbot nach § 9 Abs. 1 MuSchG besteht **neben** dem des § 18 Bundeserziehungsgeldgesetz, so daß der Arbeitgeber bei Vorliegen von Mutterschaft und Erziehungsurlaub für eine Kündigung der Zustimmung der Arbeitsschutzbehörde nach beiden Vorschrif-

---

1 Vgl. Art. 6 des Änderungsgesetzes vom 20. 12. 1996, BGBl. I, 2110; vgl. auch BT-Drucks. 13/2763, 13 zu Art. 7.
2 *Zmarzlik,* DB 1997, 474.

ten bedarf¹. § 1 MuSchG bestimmt, daß das Gesetz nur für Frauen gilt, die in einem Arbeitsverhältnis stehen. Dennoch greift das Kündigungsverbot des § 9 Abs. 1 MuSchG auch dann ein, wenn der Arbeitgeber das Arbeitsverhältnis einer Schwangeren fristgemäß kündigt, bevor die Tätigkeit aufgenommen worden ist. § 9 MuSchG greift mit dem Abschluß des Arbeitsvertrages ein, gleichgültig zu welchem Zeitpunkt die Arbeit tatsächlich aufgenommen werden soll².

a) Geltungsbereich

§ 9 MuSchG stellt **alle Arbeitnehmerinnen und Heimarbeiterinnen** einschließlich der zu ihrer Ausbildung beschäftigten Frauen unter besonderen Kündigungsschutz, soweit ein rechtswirksamer Arbeitsvertrag abgeschlossen worden ist³. Unabhängig von der Zeitdauer ihres Bestehens werden alle Arbeitsverhältnisse erfaßt. Unerheblich ist, ob die betroffene Frau vollzeit- oder teilzeitbeschäftigt wird oder als Aushilfe eingestellt worden ist. In Heimarbeit beschäftigte Frauen und die diesen gleichgestellten dürfen gem. § 9 Abs. 4 MuSchG während der Schwangerschaft und bis zum Ablauf von vier Monaten nach der Entbindung nicht gegen ihren Willen bei der Ausgabe von Heimarbeit ausgeschlossen werden.

2

b) Schwangerschaft

Der besondere Kündigungsschutz des § 9 Abs. 1 MuSchG beginnt mit der Schwangerschaft. Ob eine solche vorliegt, ist allein nach medizinischen Grundsätzen festzustellen. Eine Schwangerschaft (Gravidität) **beginnt** daher **im Augenblick der Befruchtung der Eizelle und endet mit dem Abschluß der Entbindung.** Eine krankhafte Scheinschwangerschaft, die uU zu einer Arbeitsunfähigkeit der Arbeitnehmerin führen kann, löst nicht den besonderen Kündigungsschutz des § 9 Abs. 1 MuSchG aus. Ob eine krankhaft verlaufende Schwangerschaft (zB Bauchhöhlenschwangerschaft) den besonderen Kündigungsschutz des § 9 Abs. 1 MuSchG auslöst, ist höchstrichterlich bislang nicht entschieden, wird aber in der Literatur zutreffend bejaht⁴.

3

c) Entbindung

Der Kündigungsschutz dauert nur dann über die Zeit der Schwangerschaft für weitere vier Monate an, wenn die Schwangerschaft zu einer Entbindung führt. Entbindung im Sinne des Gesetzes ist **jede Lebendgeburt** (auch Frühgeburt), dh. wenn das Kind lebend geboren wurde oder nach der Scheidung vom Mutterleib entweder das Herz des Kindes geschlagen oder die Nabelschnur pulsiert oder die natürliche Lungenatmung eingesetzt hat. Eine Totgeburt erfüllt nur dann den Begriff der Entbindung, wenn das Gewicht der Leibesfrucht mindestens

4

---

1 BAG v. 31. 3. 1993, EzA § 9 MuSchG nF Nr. 32.
2 LAG Düsseldorf v. 30. 9. 1992, NZA 1993, 1041.
3 Vgl. für Auszubildende LAG Berlin v. 1. 7. 1985, LAGE § 9 MuSchG Nr. 6; BAG v. 10. 12. 1987, NZA 1988, 428.
4 Offengelassen: BAG v. 3. 3. 1966, AuR 1966, 153; bejahend: *Meisel/Sowka*, § 3 MuSchG Rz. 4b; KR/*Becker*, § 9 MuSchG Rz. 29 mwN.

1000 g beträgt. Eine Entbindung im Sinne des § 9 MuSchG liegt deshalb dann nicht vor, wenn die Schwangerschaft zu einer Fehlgeburt führt, wenn also das Gewicht der Leibesfrucht bei der Geburt weniger als 1000 g beträgt und keine der oben genannten Lebenszeichen festgestellt werden können[1]. Der mutterschutzrechtliche Kündigungsschutz endet dann mit der Fehlgeburt. Stirbt dagegen das Kind nach der Geburt, so bleibt der besondere Kündigungsschutz des § 9 Abs. 1 MuSchG für die Zeit von vier Monaten nach der Geburt erhalten[2].

d) Feststellung des Schwangerschaftsbeginns

5 Für den Beginn der Schwangerschaft ist der vom Arzt oder einer Hebamme festgelegte **Termin der Niederkunft** maßgebend. Nach § 5 Abs. 1 MuSchG sollen werdende Mütter dem Arbeitgeber ihre Schwangerschaft und den mutmaßlichen Tag der Entbindung mitteilen, sobald ihnen ihr Zustand bekannt ist. Auf Verlangen des Arbeitgebers sollen sie das Zeugnis eines Arztes oder einer Hebamme vorlegen. Von dem sich aus dem Zeugnis ergebenden Tag ist für den Beginn der Schwangerschaft um **280 Tage zurückzurechnen,** wobei der Tag der angegebenen Entbindung nicht mitzuzählen ist[3]. Gegen die Rückrechnung um 280 Tage ist eingewandt worden, daß die durchschnittliche Schwangerschaft lediglich 266 Tage andauert. Aus Rechtssicherheitsgründen ist jedoch unabhängig von der tatsächlichen Dauer der Schwangerschaft der Beginn des Kündigungsschutzes durch Rückrechnung um 280 Tage von dem vom Arzt bzw. der Hebamme angegebenen voraussichtlichen Entbindungsdatum zu ermitteln. Dabei kann allerdings das Datum der voraussichtlichen Entbindung durch während der Schwangerschaft vorgelegte aktuellere Zeugnisse korrigiert werden. Der Tag der tatsächlichen Entbindung ist aber in keinem Fall maßgebend[4]. Das LAG Niedersachsen hingegen ist der Auffassung, es verstoße gegen verfassungsrechtliche Grundsätze, den Sonderkündigungsschutz auch dann zuzubilligen, wenn feststeht, daß keine Schwangerschaft besteht[5]. Für den Ablauf des besonderen Kündigungsschutzes richtet sich die Berechnung der Dauer des 4-Monats-Zeitraums nach §§ 187 Abs. 1, 188 Abs. 2, Abs. 3, 191 BGB. Die Vorschrift des § 193 BGB findet keine Anwendung.

e) Mitteilung an den Arbeitgeber

6 Der besondere Kündigungsschutz für werdende Mütter greift nur ein, wenn der Arbeitgeber entweder **bei Ausspruch der Kündigung von der Schwangerschaft oder Entbindung wußte** oder die Schwangere ihn **innerhalb von zwei Wochen nach Zugang der Kündigung** von der Schwangerschaft oder einer im maßgeblichen Zeitpunkt liegenden Entbindung **Mitteilung macht**. Nachdem das Bundesverfassungsgericht entschieden hatte[6], daß die Überschreitung der

---

1 BAG v. 12. 7. 1990, NZA 1991, 63.
2 KR/*Becker*, § 9 MuSchG Rz. 32.
3 BAG v. 12. 12. 1985, DB 1986, 1579.
4 BAG v. 12. 12. 1985, DB 1986, 1579.
5 LAG Niedersachsen v. 12. 5. 1997, NZA-RR 1997, 460.
6 BVerfG v. 13. 11. 1979, AP Nr. 7 zu § 9 MuSchG 1968.

I. Sonderkündigungsschutz nach MuSchG

2-Wochen-Frist unschädlich ist, wenn die Arbeitnehmerin den Arbeitgeber unverschuldet nicht innerhalb von zwei Wochen nach Zugang der Kündigung unterrichtet, dies aber unverzüglich nachholt, ist § 9 Abs. 1 Satz 1 MuSchG entsprechend geändert worden. Die Mitteilung der Schwangerschaft kann nach dem Gesetzeswortlaut außerhalb der 2-Wochen-Frist nachgeholt werden, wenn das Überschreiten der Frist auf einem Umstand beruht, der von der Frau nicht zu vertreten ist, und die Mitteilung unverzüglich nachgeholt wird.

Schuldhaft ist die **Versäumung der 2-Wochen-Frist** dann, wenn sie auf einem gröblichen Verstoß gegen das von einem verständigen Menschen im eigenen Interesse billigerweise zu erwartende Verhalten zurückzuführen ist[1]. Kennt die Arbeitnehmerin die Schwangerschaft oder hat sie zumindest Anhaltspunkte dafür, ist das Verstreichenlassen der 2-Wochen-Frist schuldhaft. Das Untätigsein beim Vorliegen einer bloßen Schwangerschaftsvermutung führt hingegen nicht zum Verlust des Kündigungsschutzes[2]. Schuldhaft soll die Arbeitnehmerin auch dann nicht handeln, wenn sie alsbald nach Kenntnis von der Schwangerschaft einen Rechtsanwalt mit der Erhebung einer Kündigungsschutzklage beauftragt und die Schwangerschaft nur in der Klageschrift mitgeteilt wird. Ein etwaiges Verschulden des Prozeßbevollmächtigten wird ihr nicht zugerechnet[3]. Hat die Arbeitnehmerin vor Zugang der Kündigung ihrem Dienstvorgesetzten die Schwangerschaft mitgeteilt, so kann sie ohne Sorgfaltspflichtverletzung davon ausgehen, daß diese Mitteilung an den Arbeitgeber gelangt. Wenn sie nach Zugang der Kündigung nicht noch einmal auf ihre Schwangerschaft verweist, ist ihr kein Verschulden anzulasten[4]. Das Zuwarten trotz Kenntnis der Schwangerschaft soll auch dann nicht schuldhaft sein, wenn die Frau zunächst von ihrem Arzt die Schwangerschaftsbestätigung erhalten will, aus der sie den Beginn der Schwangerschaft entnehmen kann[5].

Die nachträgliche Mitteilung der Schwangerschaft nach § 9 Abs. 1 Satz 1 MuSchG muß das Bestehen einer Schwangerschaft im **Zeitpunkt des Zugangs der Kündigung** oder die Vermutung einer solchen Schwangerschaft beinhalten. Die bloße Mitteilung ohne Rücksicht darauf, ob der Arbeitgeber aus ihr auch das Bestehen dieses Zustands im Zeitpunkt des Kündigungszuganges entnehmen kann, genügt nicht. Teilt die Arbeitnehmerin ausdrücklich nur das Bestehen einer Schwangerschaft mit, so ist anhand der Begleitumstände des Falles zu ermitteln, ob dies so zu verstehen ist, daß eine Schwangerschaft schon bei Zugang der Kündigung bestanden haben soll[6]. Bestreitet der Arbeitgeber, innerhalb der gesetzlichen Fristen Kenntnis von der Schwangerschaft erhalten zu haben, so trägt die Arbeitnehmerin für die rechtzeitige Mitteilung die Darlegungs- und Beweislast[7].

---

1 BAG v. 6. 10. 1983, DB 1984, 1044.
2 BAG v. 20. 5. 1988, DB 1988, 2107.
3 BAG v. 27. 10. 1983, DB 1984, 1203.
4 LAG München v. 23. 8. 1990, LAGE § 9 MuSchG Nr. 13.
5 LAG Nürnberg v. 17. 3. 1993, BB 1993, 1009.
6 BAG v. 15. 11. 1990, EzA § 9 MuSchG nF Nr. 28.
7 LAG Berlin v. 5. 7. 1993, LAGE § 9 MuSchG Nr. 19.

2. Zulässige Kündigung in besonderen Fällen

9 Der Kündigungsschutz nach § 9 Abs. 1 MuSchG ist absolut. Auch Gründe, die sonst zur fristlosen Kündigung berechtigen, werden vom Kündigungsverbot erfaßt. Der Arbeitgeber kann nur in besonderen Fällen nach § 9 Abs. 3 MuSchG die **Zustimmung der für den Arbeitsschutz zuständigen obersten Landesbehörde** oder der von ihr bestimmten Stelle zur Kündigung beantragen. Die Kündigung ist nur zulässig, wenn die Zustimmung vor Ausspruch der Kündigung eingeholt worden ist.

a) Besonderer Fall

10 Das Gesetz definiert nicht, was unter einem „besonderen Fall" im Sinne des § 9 Abs. 3 MuSchG zu verstehen ist. Es handelt sich um einen unbestimmten Rechtsbegriff, der der vollen verwaltungsgerichtlichen Überprüfung unterliegt[1]. Ein „besonderer Fall" im Sinne des § 9 Abs. 3 MuSchG ist nicht gleichbedeutend mit einem „wichtigen Grund" im Sinne des § 626 Abs. 1 BGB. Die Zulassung einer Kündigung kommt nur dann in Betracht, wenn **außergewöhnliche Umstände** es rechtfertigen, die vom Gesetz in besonderer Weise geschützten Interessen der Frau hinter die des Arbeitgebers zurücktreten zu lassen, zB bei Diebstählen, Unterschlagungen, tätlichen Bedrohungen des Arbeitgebers oder Stillegung des Betriebes. So überwiegen die Interessen der Arbeitnehmerin an der Weiterbeschäftigung auch dann, wenn ein katholischer Arbeitgeber (Domkapitel) wegen der Heirat mit einem geschiedenen Mann kündigen will[2]. Die Kündigungsmöglichkeit in besonderen Fällen bedeutet nicht, daß stets ein wichtiger Grund vorliegen müßte. Es kommen sowohl außerordentliche wie aber auch ordentliche Kündigungen (zB bei Betriebsstillegung) in Betracht.

11 Die seit dem 1. 1. 1997 gültige Gesetzesfassung verlangt, daß der besondere Fall **nicht mit dem Zustand der Frau während der Schwangerschaft oder ihrer Lage nach der Entbindung im Zusammenhang** stehen darf. Mit dieser Regelung wird das Ermessen der Verwaltungsbehörde, einer beabsichtigten Kündigung zuzustimmen, eingeschränkt. Besteht ein Zusammenhang mit dem Zustand der Frau während der Schwangerschaft oder ihrer Lage nach der Entbindung, darf die Verwaltungsbehörde nicht zustimmen. Im Umkehrschluß kann daraus aber nicht geschlossen werden, daß dann, wenn ein solcher Zusammenhang fehlt, die Zustimmung zu erteilen ist. Vielmehr verbleibt es auch dann dabei, daß es außergewöhnlicher Umstände bedarf, die die besonders geschützten Interessen der Frau hinter die ihres Arbeitgebers zurücktreten lassen.

b) Zulassung durch die Verwaltungsbehörde

12 Der Antrag nach § 9 Abs. 3 Satz 1 MuSchG ist nicht fristgebunden. Bei einer außerordentlichen Kündigung ist er aber innerhalb der 2-Wochen-Frist des

---

1 BVerwG v. 18. 8. 1977, AP Nr. 5 zu § 9 MuSchG 1968.
2 OLG Düsseldorf v. 17. 10. 1991, DB 1992, 1193.

I. Sonderkündigungsschutz nach MuSchG

§ 626 Abs. 2 BGB zu stellen. Nach Zustimmung der Verwaltungsbehörde muß dann die außerordentliche Kündigung unverzüglich erklärt werden[1].

Die Zulassung einer Kündigung im besonderen Fall nach § 9 Abs. 2 MuSchG kann die für den Arbeitsschutz zuständige oberste Landesbehörde erklären. Die **Zuständigkeit der Behörden** sind in den Bundesländern wie folgt geregelt: 13

Baden-Württemberg: Gewerbeaufsichtsamt
Bayern: Gewerbeaufsichtsamt
Berlin: Landesamt für Arbeitsschutz und technische Sicherheit
Brandenburg: Amt für Arbeitsschutz
Bremen: Gewerbeaufsichtsamt
Hamburg: Amt für Arbeitsschutz
Hessen: Regierungspräsident
Mecklenburg-Vorpommern: Gewerbeaufsichtsamt
Niedersachsen: Gewerbeaufsichtsamt
Nordrhein-Westfalen: Regierungspräsident
Rheinland-Pfalz: Landesamt für Gewerbeaufsicht
Saarland: Ministerium für Arbeit
Sachsen: Gewerbeaufsichtsamt
Sachsen-Anhalt: Gewerbeaufsichtsamt
Schleswig-Holstein: Gewerbeaufsichtsamt
Thüringen: Amt für Arbeitsschutz

Die Behörde entscheidet durch **Verwaltungsakt**. Nach Erteilung der Zustimmung kann gekündigt werden. Die Bestandskraft des Verwaltungsaktes muß nicht abgewartet werden. Allerdings ist die Kündigung bis zur Bestandskraft nur schwebend wirksam[2]. Gegen die Entscheidung der Verwaltungsbehörde ist nach Durchführung eines verwaltungsrechtlichen Vorverfahrens der Rechtsweg zu den Verwaltungsgerichten eröffnet. Wegen der üblicherweise langen Prozeßdauer vor den Verwaltungsgerichten dürfte ein Klageverfahren nicht geeignet sein, um die von der Verwaltungsbehörde versagte Zustimmung zur Kündigung doch noch zu erlangen. 14

§ 9 Abs. 3 Satz 2 MuSchG aF ermächtigte den Bundesminister für Jugend, Familie, Frauen und Gesundheit, mit Zustimmung des Bundesrates allgemeine **Verwaltungsvorschriften** zur Durchführung des § 9 Abs. 3 MuSchG zu erlassen. Im Gegensatz zu § 18 BErzGG wurde von dieser Möglichkeit kein Gebrauch gemacht. Die neue gesetzliche Regelung sieht keine Ermächtigung für den Erlaß von Verwaltungsvorschriften mehr vor[3]. 15

c) Formerfordernis der Kündigung

§ 9 Abs. 3 Satz 2 MuSchG stellt nunmehr ein Formerfordernis für die auszusprechende Kündigung auf. Sie bedarf der **Schriftform** und muß den **zulässigen** 16

---

1 LAG Hamm v. 3. 10. 1986, BB 1986, 2419.
2 LAG Rheinland-Pfalz v. 14. 2. 1996, LAGE § 9 MuSchG Nr. 21.
3 Vgl. BT-Drucks. 13/2763, 10 zu Nr. 5; BT-Drucks. 13/6110, 12 zu Nr. 5.

Kündigungsgrund angeben. Daraus folgt, daß eine mündliche Kündigung gegenüber einer Schwangeren unwirksam ist. Ob dies auch dann gilt, wenn in der schriftlichen Kündigung die Begründung fehlt, erscheint indes fraglich. Sanktionen für eine unbegründete Kündigung nennt das Gesetz selbst nicht.

3. Eigenkündigung der Arbeitnehmerin

a) Besonderes Kündigungsrecht

17 § 10 MuSchG erlaubt es einer Frau, während der Schwangerschaft und während der Schutzfrist nach der Entbindung, also bis zum Ablauf von acht Wochen nach der Niederkunft, das Arbeitsverhältnis ohne Einhaltung einer Frist zum Ende der Schutzfrist nach der Entbindung zu kündigen. Die Frau hat insoweit ein **Sonderkündigungsrecht**, welches unabhängig davon gilt, ob sie tatsächlich eine Berufstätigkeit nach der Entbindung einstweilen nicht entfalten will oder aber eine anderweitige, ihr lukrativ erscheinende Beschäftigung gefunden hat.

18 Wird das Arbeitsverhältnis aufgrund einer solchen Eigenkündigung aufgelöst und wird die Frau innerhalb eines Jahres nach der Entbindung bei ihrem bisherigen Arbeitgeber **wieder eingestellt**, so legt § 10 Abs. 2 MuSchG fest, daß sie, soweit Rechte aus dem Arbeitsverhältnis von der Dauer der Betriebs- oder Berufszugehörigkeit oder von der Dauer der Beschäftigung oder Dienstzeit abhängen, so zu stellen ist, als sei das Arbeitsverhältnis nicht unterbrochen gewesen. Diese **gesetzliche Fiktion** greift gem. § 10 Abs. 2 Satz 2 MuSchG aber dann nicht ein, wenn die Frau in der Zwischenzeit nach der Auflösung des Arbeitsverhältnisses bis zu ihrer Wiedereinstellung bei einem anderen Arbeitgeber beschäftigt war.

b) Eigenkündigung in Unkenntnis der Schwangerschaft

19 Spricht die Arbeitnehmerin in Unkenntnis ihrer Schwangerschaft eine Eigenkündigung aus, so kann sie später aus diesem Grund ihre Erklärung regelmäßig **nicht wegen Irrtums anfechten**[1]. An die Eindeutigkeit einer Kündigungserklärung werden strenge Anforderungen gestellt. Dies soll in besonderer Weise für Erklärungen einer schwangeren Arbeitnehmerin, die Mutterschutz genießt, gelten[2]. So soll aus unbedachten Äußerungen einer Arbeitnehmerin in einem Streit mit ihrem Arbeitgeber nicht ohne weiteres auf eine Eigenkündigung geschlossen werden können.

20 Erklärt eine Schwangere die Kündigung ihres Arbeitsverhältnisses, ist der Arbeitgeber gem. §§ 9 Abs. 2, 5 Abs. 1 Satz 2 MuSchG verpflichtet, die Aufsichtsbehörde unverzüglich zu unterrichten. Die Verletzung dieser **Anzeigepflicht** hat keine Auswirkungen auf die Wirksamkeit einer erklärten Eigenkündigung der Arbeitnehmerin. Ebensowenig ist der Arbeitgeber wegen Verletzung eines Schutzgesetzes (§ 823 Abs. 2 BGB iVm. § 9 Abs. 2 MuSchG) verpflichtet, die

---

1 BAG v. 6. 2. 1992, EzA § 119 BGB Nr. 16.
2 LAG Frankfurt v. 19. 7. 1989, LAGE § 9 MuSchG Nr. 10.

I. Sonderkündigungsschutz nach MuSchG   Rz. 23 **Teil 3 F**

Arbeitnehmerin über den durch ihre Kündigung bestimmten Termin hinaus weiterzubeschäftigen.

4. Aufhebungsvertrag

Aufhebungsverträge fallen **nicht** unter den Schutz des § 9 Abs. 1 MuSchG. Der Aufhebungsvertrag mit einer schwangeren Arbeitnehmerin ist deshalb nicht wegen unzulässigen Verzichts auf den Mutterschutz nichtig. Die Vorschrift soll die werdende Mutter allein gegen unberechtigte Kündigungen durch den Arbeitgeber schützen[1]. Allein der Umstand, daß einer schwangeren Arbeitnehmerin ein Aufhebungsvertrag angeboten und die von ihr erbetene Einräumung einer Bedenkzeit abgelehnt wird, begründet kein Anfechtungsrecht nach § 123 Abs. 1 BGB wegen widerrechtlicher Drohung[2].   21

5. Befristung

Auch das wirksam befristete Arbeitsverhältnis mit einer Schwangeren **endet mit Ablauf der Zeit, für die es eingegangen ist.** In einigen Tarifverträgen ist vorgesehen, daß ein befristetes Arbeitsverhältnis fortdauert, wenn eine Nichtverlängerungsanzeige unterbleibt (so zB Tarifvertrag Tanz). Zeigt ein Arbeitgeber einer schwangeren Arbeitnehmerin an, daß ihr Arbeitsverhältnis nicht verlängert werden soll, so liegt darin keine nach § 9 MuSchG unwirksame Kündigung[3]. Aus Art. 6 Abs. 4 GG ist nicht herzuleiten, daß die Möglichkeit einer Schwangerschaft die Befristung eines Arbeitsverhältnisses mit einer Frau in gebährfähigem Alter ausschließt[4]. Unter besonderen Umständen ist ein Arbeitgeber aber dann ausnahmsweise verpflichtet, aus Gründen des Vertrauensschutzes ein wirksam befristetes Probearbeitsverhältnis als unbefristetes Arbeitsverhältnis fortzusetzen. Ein solcher nach § 242 BGB zu beachtender **Vertrauensschutz** kann sich etwa darauf gründen, daß der zunächst abgeschlossene Vertrag von seiner Ausgestaltung her bei Bewährung auf ein unbefristetes Arbeitsverhältnis zugeschnitten war und die Arbeitnehmerin anhand ihres ausgestellten Zeugnisses mangelfreie Leistungen in der Probezeit nachweisen kann. Wird ihr die Nichtverlängerung des Arbeitsvertrages dann im unmittelbar zeitlichen Zusammenhang mit der Anzeige über den Eintritt einer Schwangerschaft erklärt, kann der Arbeitgeber zur unbefristeten Fortsetzung des Arbeitsverhältnisses verpflichtet sein[5].   22

6. Annahmeverzug

Da die Kündigung in vielen Fällen praktisch ausgeschlossen ist, hat die Rechtsprechung nach **Korrekturmöglichkeiten** gesucht. So soll der Arbeitgeber dann   23

---

1 BAG v. 10. 5. 1984 – 2 AZR 112/83, nv.; BAG v. 16. 2. 1983, AP Nr. 22 zu § 123 BGB.
2 BAG v. 16. 2. 1983, AP Nr. 22 zu § 123 BGB.
3 BAG v. 23. 1. 1991, EzA § 9 MuSchG nF Nr. 29.
4 BVerfG v. 24. 9. 1990, AP Nr. 136a zu § 620 BGB – Befristeter Arbeitsvertrag.
5 LAG Hamm v. 6. 6. 1991, LAGE § 620 BGB Nr. 25.

nicht in Annahmeverzug geraten, wenn die Schwangere ihre Arbeitskraft in einer Weise anbietet, die Leib, Leben, Freiheit, Gesundheit oder andere Persönlichkeitsrechte oder das Eigentum des Arbeitgebers, seiner Angehörigen oder anderer Betriebsangehöriger nachteilig gefährdet. Maßgebend soll das Gesamtverhalten der Arbeitnehmerin sein[1]. Die Rechtsprechung handhabt dieses Korrektiv jedoch ausgesprochen restriktiv. Nur in ganz außergewöhnlichen Fällen kann sich der Arbeitgeber deshalb trotz Fortbestand des Arbeitsverhältnisses von der Verpflichtung zur Fortzahlung der Vergütung befreien[2].

II. Erziehungsurlaub

1. Kündigungsverbot

24 Nach § 18 Abs. 1 BErzGG ist das Arbeitsverhältnis während des Erziehungsurlaubes nicht kündbar. Das Kündigungsverbot besteht **neben den Vorschriften des § 9 Abs. 1 MuSchG**, so daß ein Arbeitgeber bei Bestehen von gleichzeitigem Sonderkündigungsschutz nach dem Mutterschutzgesetz und dem Erziehungsgeldgesetz vor Ausspruch einer Kündigung die Zustimmung der Arbeitsbehörde nach beiden Vorschriften einzuholen hat[3].

a) Geltungsbereich

25 Vom besonderen Kündigungsschutz werden **alle Arbeitnehmer** wie auch Auszubildende (§ 20 Abs. 1 BErzGG) und die in Heimarbeit Beschäftigten sowie die ihnen gleichgestellten, soweit sie am Stück mitarbeiten (§ 20 Abs. 2 BErzGG), erfaßt. Das gilt auch dann, wenn während des Erziehungsurlaubes beim alten Arbeitgeber Teilzeit geleistet wird oder wenn der Arbeitnehmer von vornherein nur Teilzeitarbeit leistet, da er keinen Erziehungsurlaub in Anspruch nimmt, er jedoch Anspruch auf Erziehungsgeld hat und nur wegen des zu hohen Einkommens nicht geltend machen kann.

b) Maßgeblicher Zeitraum

26 Das Kündigungsverbot gilt ab dem Zeitpunkt, von dem an **Erziehungsurlaub verlangt** worden ist. Der Kündigungsschutz beginnt aber **höchstens sechs Wochen vor Beginn des Erziehungsurlaubes** und dauert bis zu dessen Beendigung an. Erfolgt das Verlangen früher als sechs Wochen vor Beginn des Erziehungsurlaubes, so setzt der Kündigungsschutz nach § 18 Abs. 1 Satz 1 BErzGG nicht bereits mit dem Verlangen ein, sondern erst ab dem Beginn der 6-Wochen-Frist vor Beginn des Erziehungsurlaubes. Anknüpfungspunkt für die Fristberechnung ist also in jedem Fall der Beginn des Erziehungsurlaubes, der sich grundsätzlich nach § 16 Abs. 1 Satz 1 BErzGG richtet[4].

---

1 BAG v. 26. 4. 1956, DB 1956, 798; BAG v. 29. 10. 1987, BB 1988, 914.
2 BAG v. 30. 4. 1987, RzK I. 13a Nr. 20.
3 BAG v. 31. 3. 1993, NZA 1993, 646.
4 BAG v. 17. 2. 1994, EzA § 611 BGB – Abmahnung Nr. 30.

2. Zulässige Kündigung in besonderen Fällen

In besonderen Fällen kann nach § 18 Abs. 1 Satz 2 BErzGG gekündigt werden, wenn die für den Arbeitsschutz zuständige **Landesbehörde** oder eine von ihr bestimmte Stelle die Kündigung zuvor für zulässig erklärt hat.

27

a) Besonderer Fall

Das Gesetz regelt selbst nicht, was unter einem „besonderen Fall" im Sinne des § 18 Abs. 1 Satz 2 BErzGG zu verstehen ist. Wie beim § 9 Abs. 3 MuSchG handelt es sich um einen unbestimmten Rechtsbegriff. Wegen der näheren Einzelheiten wird auf die Ausführungen zum Mutterschutz verwiesen[1].

28

b) Verwaltungsvorschriften

§ 18 Abs. 1 Satz 3 BErzGG ermächtigt den Bundesminister für Familie und Senioren, mit Zustimmung des Bundesrates allgemeine Verwaltungsvorschriften zur Durchführung des § 18 Abs. 1 Satz 2 BErzGG zu erlassen. Von dieser Ermächtigung ist im Gegensatz zur Regelung in § 9 Abs. 3 MuSchG aF durch Erlaß der **allgemeinen Verwaltungsvorschriften zum Kündigungsschutz bei Erziehungsurlaub vom 2. 1. 1986**[2] Gebrauch gemacht worden. § 2 dieser allgemeinen Verwaltungsvorschriften lautet:

29

> „(1) Bei der Prüfung nach Maßgabe des § 1 hat die Behörde davon auszugehen, daß ein besonderer Fall iSd. § 18 Abs. 1 Satz 2 des Gesetzes insbesondere dann gegeben ist, wenn
>
> 1. der Betrieb, in dem der Arbeitnehmer beschäftigt ist, stillgelegt wird und der Arbeitnehmer nicht in einem anderen Betrieb des Unternehmens weiterbeschäftigt werden kann;
>
> 2. die Betriebsabteilung, in der der Arbeitnehmer beschäftigt ist, stillgelegt wird und der Arbeitnehmer nicht in einer anderen Betriebsabteilung des Betriebes oder in einem anderen Betrieb des Unternehmens weiterbeschäftigt werden kann;
>
> 3. der Betrieb oder die Betriebsabteilung, in denen der Arbeitnehmer beschäftigt ist, verlagert wird und der Arbeitnehmer an dem neuen Sitz des Betriebes oder der Betriebsabteilung oder auch in einer anderen Betriebsabteilung oder in einem anderen Betrieb des Unternehmens nicht weiterbeschäftigt werden kann;
>
> 4. der Arbeitnehmer in den Fällen der Nr. 1–3 eine ihm vom Arbeitgeber angebotene, zumutbare Weiterbeschäftigung auf einem anderen Arbeitsplatz ablehnt;

---

1 Siehe oben Rz. 10.
2 Bundesanzeiger 1986, 4 f.

> 5. durch die Aufrechterhaltung des Arbeitsverhältnisses nach Beendigung des Erziehungsurlaubes die Existenz des Betriebes oder die wirtschaftliche Existenz des Arbeitgebers gefährdet wird;
>
> 6. besonders schwere Verstöße des Arbeitnehmers gegen arbeitsvertragliche Pflichten oder vorsätzliche strafbare Handlungen des Arbeitnehmers dem Arbeitgeber die Aufrechterhaltung des Arbeitsverhältnisses unzumutbar machen.
>
> (2) Ein besonderer Fall im Sinne des § 18 Abs. 1 Satz 2 des Gesetzes kann auch dann gegeben sein, wenn die wirtschaftliche Existenz des Arbeitgebers durch die Aufrechterhaltung des Arbeitsverhältnisses nach Beendigung des Erziehungsurlaubes unbillig erschwert wird, so daß er in die Nähe der Existenzgefährdung kommt. Eine solche unbillige Erschwerung kann auch dann angenommen werden, wenn der Arbeitgeber in die Nähe der Existenzgefährdung kommt, weil
>
> 1. der Arbeitnehmer in einem Betrieb mit in der Regel fünf oder weniger Arbeitnehmern ausschließlich der zu ihrer Berufsausbildung Beschäftigten beschäftigt ist und der Arbeitgeber zur Fortführung des Betriebes dringend auf eine entsprechend qualifizierte Ersatzkraft angewiesen ist, die er nur einstellen kann, wenn er mit ihr einen unbefristeten Arbeitsvertrag abschließt; bei der Feststellung der Zahl der beschäftigten Arbeitnehmer sind nur Arbeitnehmer zu berücksichtigen, deren regelmäßige Arbeitszeit wöchentlich 10 oder monatlich 45 Stunden übersteigt oder
>
> 2. der Arbeitgeber wegen der Aufrechterhaltung des Arbeitsverhältnisses nach Beendigung des Erziehungsurlaubes keine entsprechend qualifizierte Ersatzkraft für einen nur befristeten Arbeitsvertrag findet und deshalb mehrere Arbeitsplätze wegfallen müssen."

30 Nach § 3 der allgemeinen Verwaltungsvorschriften muß die zuständige Behörde dann, wenn sie zu dem Ergebnis kommt, daß ein besonderer Fall im Sinne des § 18 Abs. 1 Satz 2 BErzGG vorliegt, im Rahmen ihres pflichtgemäßen Ermessens entscheiden, ob das Interesse des Arbeitgebers an einer Kündigung während des Erziehungsurlaubes so erheblich überwiegt, daß ausnahmsweise die vom Arbeitgeber beabsichtigte Kündigung für zulässig zu erklären ist. Daraus folgt, daß nicht schon dann, wenn ein besonderer Fall im Sinne der Verwaltungsvorschriften vorliegt, stets eine Kündigung für zulässig erklärt wird; es ist vielmehr im Rahmen der Verwaltungsentscheidung eine **Interessenabwägung** vorzunehmen. Die Verwaltungsbehörde entscheidet durch Verwaltungsakt. Nach Durchführung eines verwaltungsrechtlichen Vorverfahrens ist der Rechtsweg zu den Verwaltungsgerichten eröffnet.

c) Zuständige Behörde

31 Durch landesrechtliche Bestimmungen ist geregelt, welche Behörde für die Zuständigkeitserklärung nach § 18 Abs. 1 Satz 3 BErzGG zuständig ist. In den einzelnen Bundesländern sind folgende Behörden zuständig:

III. Schwerbehindertenschutz   Rz. 34 **Teil 3 F**

Baden-Württemberg: Gewerbeaufsichtsamt
Bayern: Gewerbeaufsichtsamt
Berlin: Landesamt für Arbeitsschutz und technische Sicherheit
Brandenburg: Amt für Arbeitsschutz
Bremen: Gewerbeaufsichtsamt
Hamburg: Amt für Arbeitsschutz
Hessen: Regierungspräsident
Mecklenburg-Vorpommern: Gewerbeaufsichtsamt
Niedersachsen: Gewerbeaufsichtsamt
Nordrhein-Westfalen: Regierungspräsident
Rheinland-Pfalz: Landesamt für Gewerbeaufsicht
Saarland: Ministerium für Arbeit
Sachsen: Gewerbeaufsichtsamt
Sachsen-Anhalt: Gewerbeaufsichtsamt
Schleswig-Holstein: Gewerbeaufsichtsamt
Thüringen: Amt für Arbeitsschutz

3. Eigenkündigung des Erziehungsurlaubers

Nach § 19 Bundeserziehungsgeldgesetz kann der Arbeitnehmer das Arbeitsverhältnis **zum Ende des Erziehungsurlaubs** unter Einhaltung einer Kündigungsfrist von drei Monaten zum Ende des Erziehungsurlaubs kündigen. Obwohl im Gesetz nicht ausdrücklich geregelt, ist davon auszugehen, daß mit dieser Vorschrift kein Kündigungsverbot für die Fälle eingeführt werden sollte, in denen die gesetzlichen oder vertraglich vereinbarten Kündigungsfristen kürzer als die Sonderkündigungsfristen sind, so daß der Arbeitnehmer unabhängig von § 19 BErzGG von dem für ihn uU geltenden kurzfristigen Kündigungsrecht Gebrauch machen kann[1]. 32

III. Schwerbehindertenschutz

Der besondere Kündigungsschutz für Schwerbehinderte ist im Schwerbehindertengesetz geregelt. Sowohl die ordentliche wie auch die außerordentliche Kündigung eines Schwerbehinderten bedürfen der vorherigen **Zustimmung der Hauptfürsorgestelle**. 33

1. Geltungsbereich des Schwerbehindertengesetzes

Der besondere Kündigungsschutz des Schwerbehindertengesetzes ist bezogen auf die Bundesrepublik Deutschland. Er erfaßt **keine reinen Auslandsarbeitsverhältnisse**. Daher bedarf die Kündigung eines Arbeitsverhältnisses mit einem Schwerbehinderten, das nach Vertrag und Abwicklung auf den Einsatz des Arbeitnehmers bei ausländischen Baustellen beschränkt ist und keinerlei Aus- 34

---

1 *Schaub*, Arbeitsrechtshandbuch, § 102 VI 1.

Schipp

strahlung auf den inländischen Betrieb des Arbeitgebers hat, keiner Zustimmung der Hauptfürsorgestelle, wenn die Arbeitsvertragsparteien die Anwendung deutschen Rechts vereinbart haben und die Kündigung im Bundesgebiet ausgesprochen wird[1]. Der besondere Kündigungsschutz für Schwerbehinderte gilt auch für Kündigungen, die nach Anl. 1 Kap. XIX Sachgeb. A Abschn. 3 Nr. 1 Abs. 5 Nr. 2 des Einigungsvertrages ausgesprochen werden können[2]. Sinn und Zweck der Kündigungsregelungen im Einigungsvertrag ist es, die Trennung von politisch vorbelasteten Arbeitnehmern zu erleichtern, Personal einzusparen und den raschen Aufbau einer leistungsfähigen Verwaltung zu gewährleisten. Diesen gesetzlichen Zielvorstellungen steht der besondere Kündigungsschutz für Schwerbehinderte nicht entgegen[3].

35 Schwerbehindert im Sinne des Schwerbehindertengesetzes ist ein Arbeitnehmer mit einem **Grad der Behinderung von wenigstens 50**. Die Anerkennung als Schwerbehinderter ist bei dem zuständigen Versorgungsamt zu beantragen. Der Antrag kann formlos gestellt werden. Gegen den ablehnenden Bescheid ist der Widerspruch zulässig. Nach erfolglosem Widerspruch ist der Rechtsweg zu den Sozialgerichten eröffnet.

36 Unter den Sonderkündigungsschutz fallen auch sog. **Gleichgestellte**. Die Gleichstellung erfolgt durch Antrag bei dem zuständigen Arbeitsamt, wobei ein **Grad der Behinderung von mindestens 30** erforderlich ist. Gegen die ablehnende Entscheidung des Arbeitsamtes ist ebenfalls der Widerspruch zulässig. Danach kann Klage vor dem Sozialgericht erhoben werden. Im Gleichstellungsverfahren ist der Arbeitgeber zu hören.

37 Auch **Auszubildende** werden vom Geltungsbereich des Schwerbehindertengesetzes erfaßt, wenn sie schwerbehindert im Sinne des Gesetzes bzw. gem. § 2 SchwbG einem Schwerbehinderten gleichgestellt sind[4].

38 Der Sonderkündigungsschutz für Schwerbehinderte greift nur dann ein, wenn das Arbeitsverhältnis des Schwerbehinderten im Zeitpunkt des Zugangs der Kündigungserklärung ohne Unterbrechung **länger als sechs Monate** bestanden hat (§ 20 Abs. 1 Nr. 1 SchwbG). Für die Beurteilung, ob diese Wartezeit erfüllt ist, sind die zum Kündigungsschutzgesetz entwickelten Rechtsgrundsätze heranzuziehen.

39 § 20 SchwbG nimmt folgende Personen aus dem Kündigungsschutzgesetz aus:
  ▶ Personen, deren Beschäftigung nicht in erster Linie dem Erwerb dient, sondern aus **religiösen oder karitativen Beweggründen** erfolgt sowie bei **Beschäftigung zur Heilung** etc.; Teilnehmer an Maßnahmen zur **Arbeitsbeschaffung** und Strukturanpassung nach dem SGB III; Personen, die nach ständiger Übung in ihre Stellen gewählt werden. Damit sind vom Sonderkündigungs-

---

1 BAG v. 30. 4. 1987, NZA 1988, 135.
2 BAG v. 16. 3. 1994, DB 1994, 2402.
3 BAG v. 16. 3. 1994, DB 1994, 2402.
4 BAG v. 10. 12. 1987, EzA § 18 SchwbG Nr. 8.

schutz ausgenommen beispielsweise Rotkreuzschwestern und Arbeitnehmer, die in Arbeitsförderungsmaßnahmen beschäftigt werden.

▶ Personen, deren Arbeitsverhältnis durch Kündigung beendet wird, sofern sie das **58. Lebensjahr vollendet** und **Anspruch auf eine Abfindung, Entschädigung oder ähnliche Leistungen** aufgrund eines Sozialplans etc. haben. Das gilt aber nur, wenn der Arbeitgeber den Arbeitnehmern die Kündigungsabsicht rechtzeitig mitteilt und sie der beabsichtigten Kündigung bis zu deren Ausspruch nicht widersprochen haben. Gegen den Willen der Arbeitnehmer kann der Sonderkündigungsschutz nicht ausgeschaltet werden; widerspricht der Arbeitnehmer der Kündigung vor deren Ausspruch, so ist die Zustimmung der Hauptfürsorgestelle einzuholen.

▶ Bei **Entlassungen aus Witterungsgründen**, wenn die Wiedereinstellung sichergestellt ist. Unter diesen Ausnahmetatbetand können insbesondere Saisonarbeitskräfte und Arbeitnehmer im Baugewerbe fallen, die häufig in den Wintermonaten entlassen werden.

Der Ablauf einer wirksam vereinbarten **Befristung** des Arbeitsverhältnisses wird durch den Sonderkündigungsschutz des Schwerbehindertengesetzes nicht berührt. 40

Auch ein Schwerbehinderter, der in einem nach § 19 Abs. 2 Halbs. 1 Alt. 1 BSHG begründeten Arbeitsverhältnis steht, genießt den besonderen Kündigungsschutz nach den §§ 15, 21 Abs. 1 SchwbG. Nach Auffassung des BAG ist die Ausnahmevorschrift des § 20 Abs. 2 Nr. 2 SchwbG in Verbindung mit § 7 Abs. 2 Nr. 3 oder 4 SchwbG auf diese Fälle weder unmittelbar noch entsprechend anwendbar[1]. 41

2. Kenntnis des Arbeitgebers

Für den Sonderkündigungsschutz des Schwerbehindertengesetzes kommt es allein darauf an, ob objektiv eine Schwerbehinderung oder Gleichstellung vorliegt. Sowohl die Kenntnis des Arbeitgebers als auch die des Schwerbehinderten von einer tatsächlich bestehenden Schwerbehinderung ist daher grundsätzlich unerheblich. Allerdings versagt die **Rechtsprechung** den Sonderkündigungsschutz dann, wenn sich der Schwerbehinderte nicht um seine Behinderung und deren Anerkennung kümmert. Aus diesem Grund wird der besondere Kündigungsschutz versagt, wenn die Schwerbehinderteneigenschaft weder im Zeitpunkt des Zugangs der Kündigung festgestellt, noch eine Gleichstellung erfolgt ist und auch noch keine **Anträge auf Zuerkennung der Schwerbehinderteneigenschaft oder Gleichstellung** gestellt worden sind[2]. Gegen die Rechtsprechung des Zweiten Senats des BAG führt dessen nunmehriger Vorsitzender an, daß sie im Hinblick auf Schwerbehinderte mit § 15 SchwbG nicht in Einklang zu bringen sei. § 15 SchwbG knüpfe allein an die objektiven Verhältnisse an; es komme deshalb nicht darauf an, ob im Zeitpunkt des Zugangs der Kündigung 42

---

1 BAG v. 4. 2. 1993, EzA § 20 SchwbG 1986 Nr. 1.
2 BAG v. 23. 2. 1978, AP Nr. 3 zu § 12 SchwbG; BAG v. 5. 7. 1990, NZA 1991, 667.

wenigstens ein Anerkennungsantrag gestellt sei. Auf einen Gleichstellungsantrag könne sich der Schwerbehinderte allerdings nicht berufen. Denn § 2 Abs. 1 Satz 2 SchwbG lasse die Gleichstellung erst mit dem Tag des Eingangs des Antrags wirksam werden. Der schwerbehinderte Arbeitnehmer sei in Anlehnung an § 9 MuSchG verpflichtet, den Arbeitgeber, der die Schwerbehinderteneigenschaft nicht kenne, innerhalb von zwei Wochen nach Zugang der Kündigung darüber zu unterrichten. Geschehe dies nicht, verliere der Arbeitnehmer den Schutz des § 15 SchwbG. Eine offenkundige Schwerbehinderteneigenschaft brauche der Arbeitnehmer nicht mitzuteilen, da davon auszugehen sei, daß die Offenkundigkeit der Behinderung auch dem Arbeitgeber nicht verborgen bleiben könne. Nach Ablauf der 2-Wochen-Frist könne sich der Arbeitnehmer dann noch auf eine Schwerbehinderteneigenschaft berufen, wenn ihm die Umstände, die seine Schwerbehinderteneigenschaft begründen, im Zeitpunkt des Zugangs der Kündigung unverschuldet unbekannt gewesen seien, etwa bei einer unerkannten Krankheit. In diesem Falle müsse er aber unverzüglich seine Schwerbehinderteneigenschaft geltend machen, wenn er von den maßgebenden Umständen erfahre. Teile der Arbeitnehmer dem Arbeitgeber die Schwerbehinderteneigenschaft fristgerecht mit, könne dieser bei der Hauptfürsorgestelle die Zustimmung zur Kündigung beantragen und damit das Zustimmungsverfahren nach § 15 SchwbG einleiten. Die Hauptfürsorgestelle habe dann zu ermitteln, ob der Arbeitnehmer schwerbehindert sei. Stelle sich heraus, daß die Schwerbehinderteneigenschaft nicht offenkundig oder amtlich festgestellt sei und der Arbeitnehmer auch noch keinen Antrag beim Versorgungsamt auf Feststellung seiner Schwerbehinderteneigenschaft gestellt habe, müsse die Hauptfürsorgestelle den Arbeitnehmer auffordern, unverzüglich einen entsprechenden Antrag zu stellen. Der Arbeitnehmer sei gehalten, bei rechtzeitiger Aufforderung der Hauptfürsorgestelle innerhalb der Monatsfrist des § 18 Abs. 1 SchwbG, die der Hauptfürsorgestelle für ihre Entscheidung zur Verfügung stehe, nachzukommen. Anderenfalls mache er es der Hauptfürsorgestelle unmöglich, eine Entscheidung über die beantragte Zustimmung zur Kündigung zu treffen oder wenigstens im Hinblick auf ein eingeleitetes Feststellungsverfahren gem. § 4 SchwbG das Zustimmungsverfahren bis zum Abschluß des Feststellungsverfahrens auszusetzen. Damit verwirke der Arbeitnehmer dann den Kündigungsschutz des § 15 SchwbG. Die Hauptfürsorgestelle könne in solchen Fällen dem Arbeitgeber ein Negativattest erteilen[1]. Folgt der Zweite Senat der Auffassung seines Vorsitzenden, wird der Arbeitgeber in vielen Fällen erst nach vielen Monaten kündigen können. Denn oftmals zieht sich schon das Anerkennungsverfahren, bis zu dessen Abschluß ggf. das Zustimmungsverfahren vor der Hauptfürsorgestelle ausgesetzt werden soll, über Zeiträume von einem oder 1,5 Jahren hinweg. Gerade bei außerordentlichen Kündigungen führt dies zu untragbaren Ergebnissen. Der bisherigen Rechtsprechung des BAG ist deshalb zuzustimmen.

43 Ist im Zeitpunkt des Zugangs der Kündigung die **Schwerbehinderteneigenschaft weder festgestellt noch ein entsprechender Antrag gestellt**, bedarf die

---

1 KR/*Etzel*, §§ 15–20 SchwbG, Rz. 23 ff.

III. Schwerbehindertenschutz

Kündigung nicht der Zustimmung der Hauptfürsorgestelle. Die Schwerbehinderteneigenschaft ist aber im normalen Kündigungsschutzprozeß bei Prüfung der Sozialwidrigkeit zu berücksichtigen[1]. Das BAG hat bisher dahinstehen lassen, ob bei **offenkundiger Schwerbehinderteneigenschaft** eine Kündigung auch nur dann mit Zustimmung der Hauptfürsorgestelle zulässig ist, wenn die Schwerbehinderteneigenschaft nicht festgestellt oder auch vor Zugang der Kündigung kein entsprechender Antrag gestellt worden ist[2]. Allgemein wird ein Zustimmungserfordernis auch bei einer offenkundigen Schwerbehinderung angenommen. Offenkundig müsse dann aber nicht nur die Schwerbehinderung, sondern auch der Grad der Behinderung von mindestens 50 sein[3].

Hatte der Arbeitnehmer vor Zugang der Kündigung lediglich den **Antrag auf Feststellung der Schwerbehinderteneigenschaft** gestellt, muß er dies nach Zugang der Kündigung innerhalb einer angemessenen Frist **dem Arbeitgeber mitteilen**. Diese Frist beträgt im Regelfall einen Monat. Der Arbeitnehmer kann diese Frist voll ausschöpfen[4]. Das BAG sieht es nicht als rechtsmißbräuchlich an, wenn der Arbeitnehmer erst kurze Zeit vor Zugang der Kündigung den Antrag auf Feststellung der Schwerbehinderteneigenschaft stellt[5]. Erfährt der Arbeitnehmer etwa von dem Betriebsrat, der ihn nach erfolgter Anhörung gem. § 102 Abs. 1 BetrVG zur Entlassungsabsicht befragt, von der bevorstehenden Kündigung, so kann er noch durch entsprechende Anträge bei dem Versorgungsamt bzw. dem Arbeitsamt sich den Kündigungsschutz für Schwerbehinderte verschaffen.

44

Ein Arbeitnehmer kann aber dann den Sonderkündigungsschutz nach § 15 SchwbG nicht in Anspruch nehmen, wenn er zwar innerhalb der Regelfrist von einem Monat nach Zugang der Kündigung den Arbeitgeber von der Stellung eines Antrages auf Anerkennung als Schwerbehinderter unterrichtet, das Versorgungsamt aber nach Ablauf der Regelfrist zunächst durch bestandskräftigen Bescheid nur einen Grad der Behinderung von 40 und erst längere Zeit danach auf einen neuen Antrag hin anerkennt, daß zum Zeitpunkt des Zugangs der Kündigung bereits ein Grad der Behinderung von 50 bestand[6]. Ein erst **nach Zugang der Kündigung gestellter Anerkennungsantrag** vermag deshalb in keinem Fall zum Sonderkündigungsschutz zu verhelfen.

45

Auch bei **beantragter Gleichstellung vor Zugang der Kündigung** ist der Arbeitnehmer verpflichtet, den Arbeitgeber innerhalb der Regelfrist von einem Monat über diesen Antrag zu unterrichten, da die Gleichstellung ebenfalls auf den Zeitpunkt der Antragstellung zurückfällt. Diese Unterrichtungsverpflichtung des Schwerbehinderten gilt auch dann, wenn bereits ein Bescheid über die Schwerbehinderteneigenschaft vorliegt, der Arbeitgeber hiervon aber keine

46

---

1 BAG v. 23. 2. 1978, AP Nr. 3 zu § 12 SchwbG; BAG v. 5. 7. 1990, NZA 1991, 667.
2 BAG v. 5. 7. 1990, NZA 1991, 667.
3 KR/*Etzel*, §§ 15–20 SchwbG, Rz. 21; *Großmann*, NZA 1992, 242.
4 BAG v. 31. 8. 1989, DB 1990, 890; BAG v. 16. 1. 1985, DB 1985, 2106.
5 BAG v. 31. 8. 1989, EzA § 15 SchwbG 1986 Nr. 1.
6 BAG v. 16. 8. 1991, EzA § 15 SchwbG 1986 Nr. 5.

Kenntnis hat[1]. Adressat einer danach erforderlichen Mitteilung von der festgestellten oder beantragten Schwerbehinderteneigenschaft oder Gleichstellung kann auch ein Vertreter des Arbeitgebers sein, der kündigungsberechtigt ist oder eine ähnlich selbständige Stellung bekleidet, nicht aber ein untergeordneter Vorgesetzter mit rein arbeitstechnischen Befugnissen[2].

3. Entscheidung der Hauptfürsorgestelle bei ordentlicher Kündigung

47 Nach § 18 Abs. 1 SchwbG soll die Hauptfürsorgestelle die Entscheidung über die Zustimmung zur beantragten Kündigung innerhalb eines Monats nach Eingang des Antrags treffen. Maßgebend für ihre Entscheidung ist der historische **Sachverhalt, der der Kündigung zugrunde liegt**, um deren Zustimmung es geht. Die Hauptfürsorgestelle hat bei ihrer Entscheidung allein zu prüfen, ob der Sachverhalt, der für die Kündigung in Anspruch genommen wird, auch die Kündigung eines Schwerbehinderten rechtfertigt. Die Behörde kann daher Kündigungsgründe, die der Arbeitgeber nicht geltend gemacht hat oder die mit dem geltend gemachten nicht in Beziehung stehen, nicht zur Entscheidungsfindung heranziehen. Auch in einem Verwaltungsgerichtsverfahren, in dem die Entscheidung der Hauptfürsorgestelle angefochten wird, ist allein darauf abzustellen, ob die im Zeitpunkt der Kündigungserklärung existierenden Kündigungsgründe die Zustimmung unter der besonderen Berücksichtigung der Schwerbehinderteneigenschaft zu tragen vermochten[3]. Die Hauptfürsorgestelle hat nach § 17 Abs. 2 SchwbG die Stellungnahme des zuständigen Arbeitsamtes, des Betriebsrates und der Schwerbehindertenvertretung einzuholen sowie den Schwerbehinderten selbst zu hören. Dem schwerbehinderten Arbeitnehmer obliegt die sozialrechtliche Mitwirkungspflicht, der Zustimmungsbehörde rechtzeitig die in seiner Sphäre liegenden, aus seiner Sicht relevanten Umstände, wenn sie nicht offen zutage treten, anzuzeigen. Kommt er seiner Mitwirkungspflicht nicht nach, kann er im verwaltungsgerichtlichen Verfahren etwa mit gesundheitlichen Einwänden gegen die Eignung einer Ersatztätigkeit regelmäßig nicht mehr durchdringen[4].

48 Die Hauptfürsorgestelle entscheidet nach freiem pflichtgemäßen **Ermessen**, das jedoch nach § 19 SchwbG wie folgt begrenzt ist:

▶ Die Hauptfürsorgestelle muß die Zustimmung erteilen bei **Betriebsstillegungen** und einer eingehaltenen Kündigungsfrist von mindestens drei Monaten. Hier besteht quasi Anspruch auf die Erteilung einer Zustimmung.

▶ Die Hauptfürsorgestelle soll die Zustimmung erteilen bei **Betriebseinschränkungen**, wenn die Gesamtzahl der verbleibenden Schwerbehinderten der Beschäftigungspflicht des Arbeitgebers gem. § 6 SchwbG noch entspricht.

---

1 BAG v. 5. 7. 1990, NZA 1991, 667.
2 BAG v. 5. 7. 1990, NZA 1991, 667.
3 BVerwG v. 7. 3. 1991, BB 1991, 1121.
4 OVG Nordrhein-Westfalen v. 23. 1. 1992, NZA 1992, 844.

III. Schwerbehindertenschutz

▶ Die Einschränkung des Ermessens gilt nicht, wenn eine **Weiterbeschäftigung** auf einem anderen Arbeitsplatz desselben Betriebes oder eines anderen Betriebes desselben Arbeitgebers mit Einverständnis des Schwerbehinderten möglich und für den Arbeitgeber zumutbar ist.

▶ Die Hauptfürsorgestelle soll die Zustimmung aber dennoch erteilen, wenn dem Schwerbehinderten ein **angemessener und zumutbarer anderer Arbeitsplatz gesichert** ist. Damit kommt auch ein Beschäftigungsangebot eines anderen Arbeitgebers in Betracht. Dabei berücksichtigt das Gesetz allerdings nicht, daß der Schwerbehinderte bei dem neuen Arbeitgeber zunächst die Wartezeit von sechs Monaten zurücklegen muß, um erneut in den Genuß des Schwerbehindertensonderkündigungsschutzes zu gelangen.

Die Hauptfürsorgestelle ist berechtigt, auch bei noch ungewisser, weil zwar **beantragter, aber noch nicht festgestellter Schwerbehinderteneigenschaft** des Arbeitnehmers über die Anträge des Arbeitgebers auf Zustimmung zur Kündigung zu entscheiden. Derartige Entscheidungen der Hauptfürsorgestelle sind als vorsorgliche Verwaltungsakte zu qualifizieren, denen der Vorbehalt immanent ist, daß das Verfahren vor dem Versorgungsamt zu einer Feststellung der Schwerbehinderteneigenschaft des Arbeitnehmers führt bzw. eine Gleichstellung durch das Arbeitsamt erfolgt[1]. Gegen die Entscheidung der Hauptfürsorgestelle ist der Widerspruch zulässig. Danach ist der Rechtsweg zu den Verwaltungsgerichten eröffnet. Rechtsbehelfe gegen Entscheidungen der Hauptfürsorgestelle haben keine aufschiebende Wirkung. Der Arbeitgeber kann also nach erteilter Zustimmung kündigen und muß nicht deren Rechtskraft abwarten[2].

4. Ausspruch der ordentlichen Kündigung

Nach erteilter Zustimmung muß der Arbeitgeber **innerhalb eines Monats** nach Zustellung des Bescheides die Kündigung aussprechen (§ 18 Abs. 3 SchwbG). Geschieht dies nicht, so bedarf es einer erneuten Zustimmung der Hauptfürsorgestelle, um zu einem späteren Zeitpunkt kündigen zu können.

Die ordentliche Kündigung kann aber erst dann wirksam erklärt werden, wenn der Zustimmungsbescheid der Hauptfürsorgestelle dem Arbeitgeber **förmlich zugestellt** worden ist. Diese Auslegung des § 18 Abs. 3 SchwbG steht nach Auffassung des BAG nicht in Widerspruch zur Rechtsprechung im Falle der außerordentlichen Kündigung eines Schwerbehinderten. Die Besonderheit, daß im letzteren Fall die Kündigung erklärt werden kann, wenn die Hauptfürsorgestelle innerhalb der 2-Wochen-Frist ihre Entscheidung mündlich oder fernmündlich bekanntgegeben hat, sei durch die Besonderheiten der Regelungen des § 21 SchwbG bestimmt[3].

Problematisch kann sein, ob ein Arbeitgeber bereits dann kündigen kann, wenn die Hauptfürsorgestelle der Kündigung mit der „**Bedingung**" zugestimmt hat,

---
1 BVerwG v. 15. 12. 1988, NZA 1989, 554.
2 KR/*Etzel*, §§ 15–20 SchwbG, Rz. 105 mwN.
3 BAG v. 16. 10. 1991, EzA § 18 SchwbG 1986 Nr. 2.

daß zwischen dem Tag der Kündigung und dem Tag, bis zu dem Gehalt und Lohn bezahlt wird, mindestens drei Monate liegen. In solchen Fällen ist durch Auslegung zu ermitteln, ob es sich um eine Bedingung oder um eine Auflage im Sinne des § 32 SGB X handelt. Ergibt die Auslegung, daß die Zustimmung der Hauptfürsorgestelle nicht unter der aufschiebenden Bedingung der Fortzahlung der Vergütung erteilt worden ist, kann der Arbeitgeber wirksam kündigen, solange die Zustimmung nicht nach § 47 SGB X widerrufen ist[1].

53 Nach § 16 SchwbG muß die **Kündigungsfrist mindestens vier Wochen** betragen.

5. Entscheidung der Hauptfürsorgestelle bei außerordentlicher Kündigung

54 Auch bei außerordentlichen Kündigungen aus wichtigem Grund (§ 626 BGB) bedarf es der vorherigen **Zustimmung** der Hauptfürsorgestelle.

a) Antragsfrist

55 Die Zustimmung zur außerordentlichen Kündigung kann nur innerhalb von **zwei Wochen** beantragt werden. Die Frist beginnt – wie bei § 626 BGB – mit dem Zeitpunkt, in dem der Arbeitgeber von den für die Kündigung maßgebenden Tatsachen Kenntnis erlangt. Ist der Arbeitnehmer nicht als Schwerbehinderter anerkannt, so gilt dasselbe wie bei der ordentlichen Kündigung[2]. Hat er noch keinen Antrag gestellt, bedarf es der Zustimmung der Hauptfürsorgestelle nicht. Hat er ihn gestellt, muß er innerhalb eines Monats den Arbeitgeber unterrichten. Auch hier kann der Arbeitnehmer die Frist voll ausschöpfen[3].

56 Erst wenn der Arbeitgeber **Kenntnis** von der – zumindest behaupteten – Schwerbehinderteneigenschaft des Arbeitnehmers hat, beginnt die 2-Wochen-Frist des § 21 Abs. 2 SchwbG. Der Schwerbehinderte kann also den Ausspruch einer außerordentlichen Kündigung nicht dadurch vereiteln, indem er dem Arbeitgeber die bis dahin unbekannte Schwerbehinderteneigenschaft erst nach Ablauf der Frist des § 626 Abs. 2 BGB, aber innerhalb der einmonatigen Regelfrist mitteilt[4].

b) Entscheidungskriterien

57 Die Hauptfürsorgestelle hat die Entscheidung nach pflichtgemäßem Ermessen zu treffen. Auch bei der außerordentlichen Kündigung ist dieses Ermessen unter bestimmten Voraussetzungen eingeschränkt. Die Hauptfürsorgestelle soll die Zustimmung erteilen, wenn die Kündigung aus einem Grund erfolgt, der **nicht in Zusammenhang mit der Behinderung** steht[5]. Nur bei Vorliegen von

---

1 BAG v. 12. 7. 1990, DB 1991, 1731.
2 Vgl. oben Rz. 42 ff.
3 BAG v. 14. 5. 1982, DB 1982, 1778.
4 BAG v. 14. 5. 1982, DB 1982, 1778.
5 BVerwG v. 10. 9. 1992, NZA 1994, 420.

III. Schwerbehindertenschutz　　　　　　　　　　　　Rz. 59 **Teil 3 F**

Umständen, die den Fall als atypisch erscheinen lassen, darf die Hauptfürsorgestelle nach pflichtgemäßem Ermessen entscheiden. Ob ein **atypischer Fall vorliegt**, der eine Ermessensentscheidung ermöglicht und gebietet, ist als Rechtsvoraussetzung im Rechtsstreit von den Gerichten zu überprüfen und zu entscheiden. Ein atypischer Fall liegt vor, wenn die außerordentliche Kündigung den Schwerbehinderten in einer die Schutzzwecke des Schwerbehindertengesetzes berührenden Weise besonders hart trifft. Die Hauptfürsorgestelle hat dabei nicht über das Vorliegen eines wichtigen Grundes im Sinne des § 626 Abs. 1 BGB zu urteilen[1]. Das Bundesverwaltungsgericht hat bislang offengelassen, ob etwas anderes dann gilt, wenn die vom Arbeitgeber geltend gemachten Gründe eine außerordentliche Kündigung aus arbeitsrechtlichen Gründen offensichtlich nicht zu rechtfertigen vermögen[2].

c) Die Zustimmungsfiktion

Die Zustimmung durch die Hauptfürsorgestelle gilt als erteilt, wenn sie nicht **innerhalb von zwei Wochen** eine anderweitige Entscheidung trifft (§ 21 Abs. 3 SchwbG). Eine Entscheidung gilt dann als getroffen, wenn der (ablehnende) Bescheid innerhalb der 2-Wochen-Frist den Machtbereich der Hauptfürsorgestelle verlassen hat[3]. Das BAG begründet dies zum einen damit, daß im Gesetzgebungsverfahren auf Antrag des Bundesrates die ursprünglich vorgesehene Wochenfrist auf zehn Tage (jetzt zwei Wochen) verlängert wurde, weil es nicht möglich sei, innerhalb einer Woche das Anhörungsverfahren durchzuführen. Darüber hinaus stützt sich das BAG darauf, daß zwischen dem Treffen einer Entscheidung (interner Vorgang) und dem Zustellen derselben (externer Vorgang) unterschieden werden müsse. Entscheidend ist damit die Absendung bzw. mündliche Mitteilung der Ablehnung. Die Zustimmungsfiktion des § 21 Abs. 3 Satz 2 SchwbG greift daher nicht ein, wenn die ablehnende Erklärung innerhalb der Frist zur Post gegeben worden ist[4]. Obwohl es sich bei der Fiktion der Zustimmung nach § 21 Abs. 3 Satz 2 SchwbG nicht um einen Verwaltungsakt handelt, sind Widerspruch und Anfechtungsklage zulässig[5].

58

6. Ausspruch der Kündigung

Wegen des durchzuführenden Anhörungsverfahrens vor der Hauptfürsorgestelle wird die Frist des § 626 Abs. 2 BGB häufig überschritten sein. Deshalb sieht § 21 Abs. 5 SchwbG vor, daß die außerordentliche Kündigung auch **nach Ablauf der Frist des § 626 Abs. 2 BGB** erklärt werden kann, wenn dies **unverzüglich nach Erteilung der Zustimmung** erfolgt. Stimmt die Hauptfürsorgestelle der außerordentlichen Kündigung eines Schwerbehinderten zu, so kann der Arbeitgeber die Kündigung zumindest dann nach § 21 Abs. 5 SchwbG erklären,

59

---
1 BVerwG v. 2. 7. 1992, NZA 1993, 123.
2 OVG Hamburg v. 14. 11. 1986, NZA 1987, 566; OVG Münster v. 5. 9. 1989, BB 1990, 1909.
3 BAG v. 9. 2. 1994, BB 1994, 1074; BAG v. 16. 3. 1983, DB 1984, 1045.
4 OVG Münster v. 5. 9. 1989, BB 1990, 1909.
5 BVerwG v. 10. 9. 1992, NZA 1993, 76.

wenn die Hauptfürsorgestelle ihm ihre Entscheidung innerhalb der 2-Wochen-Frist des § 21 Abs. 3 SchwbG mündlich oder fernmündlich bekanntgegeben hat[1]. Ist die 2-Wochen-Frist des § 626 Abs. 2 BGB zu diesem Zeitpunkt bereits abgelaufen, so muß der Arbeitgeber kündigen, damit die Kündigung noch im Sinne des § 21 Abs. 5 SchwbG unverzüglich erfolgen kann.

60 Fraglich ist, wann die Kündigung auszusprechen ist, wenn die Fiktion des § 21 Abs. 3 Satz 2 SchwbG eingreift. Die Fiktion tritt ein, wenn der **ablehnende Bescheid nicht innerhalb der 2-Wochen-Frist zur Post gegeben** worden ist. Damit steht kalendermäßig fest, zu welchem Zeitpunkt die Kündigung eintritt. Der Arbeitgeber kann die Zustellung einer Entscheidung nicht abwarten; denn bei Eintritt der Fiktion ist gerade nicht mit einer Entscheidung der Hauptfürsorgestelle zu rechnen. Man wird dem Arbeitgeber deshalb keine längere Frist zugestehen können, um die Zustellung eines Bescheides der Hauptfürsorgestelle abzuwarten, aus dem sich ergibt, daß noch innerhalb der Frist eine Entscheidung getroffen worden ist. Dem Arbeitgeber wird man deshalb anraten müssen, sich nach Ablauf der 2-Wochen-Frist des § 21 Abs. 3 Satz 1 SchwbG bei der Hauptfürsorgestelle zu erkundigen. Ergibt die Auskunft, daß die Zustimmung erteilt worden ist oder aber ein ablehnender Bescheid erst nach Ablauf der 2-Wochen-Frist zur Post gegeben worden ist, muß unverzüglich gekündigt werden. Gibt die Hauptfürsorgestelle nach Ablauf der 2-Wochen-Frist, aber vor Ausspruch der Kündigung dem Arbeitgeber eine ablehnende Entscheidung bekannt, so verbleibt es bei der Fiktion des § 21 Abs. 3 Satz 2 SchwbG. Die Kündigung kann ausgesprochen werden[2].

7. Betriebsratsanhörung

61 Das Anhörungsverfahren nach § 102 Abs. 1 BetrVG kann der Arbeitgeber vor Einleitung des Zustimmungsverfahrens der Hauptfürsorgestelle **parallel zu diesem Verfahren oder nach dessen Beendigung** einleiten[3]. Nach Auffassung des LAG Berlin[4] muß ein Arbeitgeber, dem bei Ausspruch der Kündigung nicht bekannt war, daß der Arbeitnehmer einen Antrag auf Anerkennung als Schwerbehinderter gestellt hatte, das Verfahren zur Anhörung des Betriebsrates nach § 102 Abs. 1 BetrVG nicht wiederholen. Ebenso ist bei unverändertem Sachverhalt eine erneute Personalratsanhörung dann nicht erforderlich, wenn der Arbeitgeber vor Einschaltung der Hauptfürsorgestelle den Personalrat zur fristlosen Kündigung des schwerbehinderten Arbeitnehmers bereits angehört hat und die Zustimmung der Hauptfürsorgestelle erst nach jahrelangem verwaltungsgerichtlichen Verfahren erteilt wird[5].

---

1 BAG v. 15. 11. 1990, EzA § 21 SchwbG 1986 Nr. 3.
2 KR/*Etzel*, § 21 SchwbG Rz. 18.
3 BAG v. 3. 7. 1980, AP Nr. 2 zu § 18 SchwbG; BAG v. 1. 4. 1981, EzA § 102 BetrVG 1972 Nr. 45; für das Personalvertretungsrecht: BAG v. 5. 9. 1979, AP Nr. 6 zu § 12 SchwbG.
4 LAG Berlin v. 24. 6. 1991, BB 1991, 2160.
5 BAG v. 18. 5. 1994, NZA 1995, 65.

IV. Betriebliche Funktionsträger

Wartet der Arbeitgeber die Entscheidung der Hauptfürsorgestelle ab, muß er bei einer **außerordentlichen Kündigung** sofort nach Bekanntgabe der Zustimmungsentscheidung oder Ablauf der 2-Wochen-Frist das Anhörungsverfahren einleiten und sofort nach Eingang der Stellungnahme des Betriebsrats oder nach Ablauf der 3-Tages-Frist die Kündigung erklären[1]. Das BAG begründet dies damit, daß bei einem schwerbehinderten Betriebsratsmitglied sonst das Zustimmungsersetzungsverfahren gem. § 103 BetrVG bereits eingeleitet werden müßte, bevor die Hauptfürsorgestelle entschieden hätte und sich möglicherweise bei negativer Entscheidung der Hauptfürsorgestelle alsbald wieder erledigen würde. In diesem Sinne hat das BAG auch entschieden, daß das Zustimmungsersetzungsverfahren bei einem schwerbehinderten Betriebsratsmitglied entsprechend § 21 Abs. 5 SchwbG unverzüglich nach Erteilung der Zustimmung der Hauptfürsorgestelle oder Eintritt der Zustimmungsfiktion eingeleitet werden muß[2].

62

8. Erweiterter Bestandsschutz

§ 22 SchwbG sieht einen erweiterten Bestandsschutz vor. Arbeitsrechtlich ist es zulässig, die Beendigung eines Arbeitsverhältnisses für den Fall der Berufsunfähigkeit oder der Erwerbsunfähigkeit zu vereinbaren. Entsprechende Regelungen finden sich auch in Tarifverträgen, so zB im BAT. § 22 SchwbG bestimmt, daß bei einer **Berufs- oder Erwerbsunfähigkeit auf Zeit** die Beendigung des Arbeitsverhältnisses eines Schwerbehinderten der Zustimmung der Hauptfürsorgestelle bedarf. Dies gilt auch für Gleichgestellte nach § 2 Abs. 2 SchwbG[3]. Aufgrund der parallelen Zielsetzung des § 22 SchwbG gelten die von der Rechtsprechung geforderten Voraussetzungen für den Erhalt des Sonderkündigungsschutzes auch für den Erhalt des erweiterten Beendigungsschutzes. Das bedeutet: War dem Arbeitgeber weder die Schwerbehinderteneigenschaft noch eine darauf gerichtete Antragsstellung bekannt, muß ihn der Schwerbehinderte regelmäßig innerhalb eines Monats unterrichten. Anderenfalls kann er sich auf die fehlende Zustimmung der Hauptfürsorgestelle nicht berufen[4]. Bei einem vereinbarten Ende des Arbeitsverhältnisses wegen Erwerbsunfähigkeit auf Dauer ist keine Zustimmung der Hauptfürsorgestelle erforderlich. Gleiches gilt bei einer wirksamen Befristung.

63

IV. Sonderkündigungsschutz für betriebliche Funktionsträger

Betriebliche Funktionsträger genießen den Sonderkündigungsschutz der §§ 15 KSchG, 103 BetrVG. Danach ist ihre Kündigung grundsätzlich unzulässig, wenn nicht Tatsachen vorliegen, die den Arbeitgeber zu einer **Kündigung aus**

64

---

1 BAG v. 3. 7. 1980, EzA § 18 SchwbG Nr. 3.
2 BAG v. 22. 1. 1987, AP Nr. 25 zu § 15 KSchG 1969.
3 BAG v. 28. 6. 1995, NZA 1996, 374.
4 BAG v. 28. 6. 1995, NZA 1996, 374.

wichtigem Grund ohne Einhaltung einer Kündigungsfrist berechtigen und der **Betriebsrat** nach § 103 BetrVG der Kündigung **zustimmt** oder die Zustimmung durch eine arbeitsgerichtliche Entscheidung ersetzt worden ist. Außerhalb der genannten Bestimmungen soll eine Kündigung auch dann unwirksam sein, wenn der Arbeitgeber sie ausspricht, um die aktive oder passive Beteiligung des betroffenen Arbeitnehmers bei der Betriebsratswahl oder die Durchführung der Wahl zu behindern. Die Kündigung verstoße dann gegen das gesetzliche Verbot des § 20 Abs. 1 BetrVG und sei gem. § 134 BGB nichtig[1].

1. Geltungsbereich

65 Nach § 15 KSchG sind Mitglieder eines **Betriebsrats**, einer **Jugend- und Auszubildendenvertretung**, einer **Bordvertretung** und eines **Seebetriebsrats** in besonderer Weise gegen Kündigungen geschützt. Gleiches gilt für Mitglieder einer **Personalvertretung** sowie für Mitglieder eines **Wahlvorstandes und Wahlbewerber**. Mitglieder der **Schwerbehindertenvertretung** unterfallen gem. § 26 SchwbG dem besonderen Kündigungsschutz des § 15 SchwbG. Gleiches gilt für die in Heimarbeit beschäftigten Mitglieder des Betriebsrats gem. § 29a HAG.

66 Der besondere Kündigungsschutz umfaßt nicht bloß **Ersatzmitglieder** des Betriebsrats, solange diese nicht für ein ausgeschiedenes Betriebsratsmitglied nachgerückt oder Stellvertreter eines zeitweilig verhinderten Betriebsratsmitglieds geworden sind. Von § 15 KSchG werden ebenfalls nicht erfaßt die Mitglieder eines Sprecherausschusses für leitende Angestellte, Wahlbewerber für den Wahlvorstand, Mitglieder einer betriebsverfassungsrechtlichen Einigungsstelle, des Wirtschaftsausschusses, einer betrieblichen Beschwerdestelle oder einer tariflichen Schlichtungsstelle. Dies gilt selbstverständlich nicht, soweit es sich hierbei um Personen handelt, die gleichzeitig in den Betriebsrat gewählt sind.

2. Umfang des Kündigungsschutzes

67 Der besondere Kündigungsschutz des § 15 KSchG erfaßt nur **Kündigungen des Arbeitgebers.** Endet das Arbeitsverhältnis eines durch diese Vorschrift besonders geschützten Arbeitnehmers durch Ablauf einer wirksam vereinbarten Befristung, so ändert daran § 15 KSchG nichts. Gleiches gilt bei wirksamer Anfechtung eines entsprechend geschützten Arbeitsverhältnisses. Von § 15 KSchG werden alle Kündigungen des Arbeitgebers erfaßt, seien es außerordentliche, ordentliche, Änderungskündigungen oder Massenentlassungen. Nicht erfaßt werden Versetzungen. Bei letzteren allerdings ist ua. die Vorschrift des § 37 Abs. 5 BetrVG zu beachten, wonach Mitglieder des Betriebsrats, soweit nicht zwingende betriebliche Notwendigkeiten entgegenstehen, nur mit Tätigkeiten beschäftigt werden dürfen, die den Tätigkeiten vergleichbarer Arbeitnehmer mit betriebsüblicher beruflicher Entwicklung gleichwertig sind. § 103 BetrVG soll aber dann entsprechend angewendet werden, wenn ein Betriebs-

---

1 LAG Rheinland-Pfalz v. 5. 12. 1991, AiB 1992, 531.

IV. Betriebliche Funktionsträger   Rz. 71 **Teil 3 F**

ratsmitglied in einen anderen Betrieb versetzt werden soll, weil mit der Versetzung das Amt des Betriebsrats endet[1].

3. Inhalt des Kündigungsschutzes

§ 15 KSchG differenziert zwischen einem besonderen **Kündigungsschutz für**   68
Amtsträger und einem **nachwirkenden Kündigungsschutz**. Der Kündigungsschutz für Amtsträger ist grundsätzlich an die Dauer des Amtes geknüpft; der nachwirkende Kündigungsschutz ist je nach ausgeübtem Amt zwischen einem halben Jahr und einem Jahr begrenzt. Der Kündigungsschutz unterscheidet sich darin, daß für Amtsträger das Verfahren nach § 103 BetrVG durchzuführen ist, im nachwirkenden Kündigungsschutz jedoch eine Anhörung nach § 102 BetrVG genügt.

a) Beginn des Kündigungsschutzes

Der besondere Kündigungsschutz nach § 15 Abs. 1 KSchG beginnt mit der   69
Übernahme des geschützten Amtes.

aa) Wahlvorstandsmitglieder

Mitglieder des Wahlvorstandes sind nach § 15 Abs. 3 KSchG im Rahmen der   70
Betriebs- und Personalverfassung ab dem **Zeitpunkt ihrer Bestellung** gegen Kündigungen des Arbeitgebers geschützt. Es ist unerheblich, ob sie durch den Betriebsrat oder das Arbeitsgericht bestellt oder in einer Betriebsversammlung gewählt wurden[2]. Ob ein Wahlvorstandsmitglied wirksam bestellt worden ist, richtet sich nach den Vorschriften des BetrVG. Sind Wahlvorstandsmitglieder in einer nichtigen Wahl gewählt worden, genießen sie nicht den besonderen Kündigungsschutz des § 15 Abs. 3 KSchG[3]. Ist ein Wahlvorstand bestellt worden, so ist eine dem Wahlvorstandsmitglied nach der Bestellung zugegangene Kündigung auch dann nach § 15 Abs. 2 KSchG unwirksam, wenn das Kündigungsschreiben schon vor der Bestellung des Wahlvorstandes abgesandt wurde. Auch für den besonderen Kündigungsschutz des § 15 KSchG kommt es allein auf den Zeitpunkt des Zugangs der Kündigung an[4].

bb) Wahlbewerber

Wahlbewerber sind nach § 15 Abs. 3 KSchG vom Zeitpunkt der **Aufstellung**   71
des Wahlvorschlages an geschützt. Voraussetzung ist aber, daß das Wahlverfahren bereits durch die Bestellung eines Wahlvorstands eröffnet ist[5]. Darüber

---

1 LAG Hamm v. 1. 4. 1977, EzA § 103 BetrVG 1972 Nr. 19; LAG Frankfurt v. 8. 5. 1995, BB 1995, 2064; dazu neigend BAG v. 21. 9. 1989, AP Nr. 72 zu § 99 BetrVG 1972; aA *Richardi*, § 24 BetrVG Rz. 27; *Fitting/Kaiser/Heither/Engels*, § 24 BetrVG Rz. 27.
2 BAG v. 7. 5. 1986, AP Nr. 18 zu § 15 KSchG 1969; BAG v. 24. 3. 1988, RzK II. 1. e) Nr. 3.
3 BAG v. 7. 5. 1986, NZA 1986, 753.
4 LAG Hamm v. 29. 11. 1973, DB 1974, 389.
5 BAG v. 5. 12. 1980, DB 1981, 1142.

hinaus muß der Wahlbewerber auf einem Wahlvorschlag mit der genügenden Anzahl von Stützunterschriften benannt sein; die Einreichung des Wahlvorschlages beim Wahlvorstand ist nicht zwingend erforderlich[1]. Auch dann, wenn die Vorschlagsliste, auf der der Wahlbewerber benannt ist, durch spätere Streichung von Stützunterschriften gem. § 8 Abs. 2 Nr. 3 Wahlordnung BetrVG 1972 ungültig wird, bleibt dem Wahlbewerber der Kündigungsschutz erhalten[2]. Da gem. § 24 Abs. 6 Satz 2 SchwbG die Vorschriften über den Wahlschutz für Betriebs- und Personalräte auch für die Mitglieder der Schwerbehindertenvertretung anzuwenden sind, unterfällt auch der Wahlbewerber für das Amt des Schwerbehindertenvertrauensmannes dem besonderen Kündigungsschutz nach § 15 Abs. 3 Satz 2 KSchG[3].

cc) Betriebsratsmitglieder

72 Für Betriebsratsmitglieder und für die Mitglieder aller anderen von § 15 Abs. 1 und 2 KSchG erfaßten Arbeitnehmervertretungen beginnt der besondere Kündigungsschutz mit dem **Beginn der Amtszeit**. Der danach maßgebliche Zeitpunkt richtet sich nach den Vorschriften des Betriebsverfassungs- bzw. Personalvertretungsrechts. Eine bereits von Anfang an bestehende Nichtwählbarkeit des in den Betriebsrat gewählten Betriebsratsmitglieds führt nach § 24 Abs. 1 Nr. 6 BetrVG nur dann zum Verlust der Mitgliedschaft, wenn die Nichtwählbarkeit durch gerichtliche Entscheidung festgestellt ist. Nach Auffassung des BAG stellt diese Entscheidung nicht nur die nach dem materiellen Recht bereits eingetretene Rechtslage fest, sondern wirkt rechtsgestaltend[4]. Daraus folgt, daß der Sonderkündigungsschutz des § 15 Abs. 1 KSchG unabhängig davon, daß der betroffene Arbeitnehmer nicht in den Betriebsrat hätte gewählt werden dürfen, erst mit Rechtskraft einer entsprechenden arbeitsgerichtlichen Entscheidung entfällt. Ob der Kündigungsschutz bei Einlegung einer Nichtzulassungsbeschwerde, die ebenfalls aufschiebende Wirkung hat, auch dann erst durch die Entscheidung des Bundesarbeitsgerichts entfällt, wenn die Beschwerde offensichtlich unzulässig ist, ist bislang unentschieden.

73 Etwaige **Mängel der Betriebsratswahl** beeinträchtigen den Sonderkündigungsschutz nicht, solange die Wahl nicht wirksam angefochten worden ist. Der Sonderkündigungsschutz entfällt allerdings dann, wenn die Mängel der Wahl so schwerwiegend sind, daß von deren **Nichtigkeit** auszugehen ist. In diesem Fall ist der Gewählte niemals Betriebsratsmitglied geworden und kann daher auch nicht den besonderen Schutz als Betriebsratsmitglied in Anspruch nehmen. Allenfalls kann er den Kündigungsschutz für Wahlbewerber geltend machen[5].

---

1 BAG v. 4. 3. 1976, AP Nr. 1 zu § 15 KSchG 1969.
2 BAG v. 5. 12. 1980, DB 1981, 1142.
3 LAG Hamm v. 11. 1. 1984, ARST 1985, 61.
4 BAG v. 29. 9. 1983, EzA § 15 KSchG nF Nr. 32.
5 BAG v. 27. 4. 1976, AP Nr. 4 zu § 19 BetrVG 1972.

dd) Ersatzmitglieder

Ersatzmitglieder für den Betriebsrat oder den Personalrat und die anderen von § 15 KSchG erfaßten Arbeitnehmervertretungen genießen abgesehen vom besonderen Schutz als Wahlbewerber nur dann den besonderen Kündigungsschutz nach § 15 Abs. 1, 2 KSchG, wenn sie anstelle eines ausgeschiedenen Mitglieds in die Arbeitnehmervertretung **nachrücken oder ein zeitweilig verhindertes ordentliches Mitglied vertreten**. Rückt das Ersatzmitglied anstelle eines ausgeschiedenen Mitglieds nach, wird es dadurch ordentliches Mitglied und rückt in die bisherige Stellung des ausgeschiedenen Mitglieds ein. Ab diesem Zeitpunkt unterfällt das ehemalige Ersatzmitglied dem vollen Kündigungsschutz eines Betriebs- oder Personalratsmitgliedes. Rückt das Ersatzmitglied nur vorübergehend für die Vertretung eines zeitweilig verhinderten Mitglieds nach, so steht ihm der besondere Kündigungsschutz nach § 15 Abs. 1, 2 KSchG für die Dauer der Vertretung zu. Der Kündigungsschutz beginnt mit dem Eintritt des Vertretungsfalles, ohne daß es eines besonderen, konstitutiven Aktes, wie etwa eines förmlichen Betriebs- oder Personalratsbeschlusses bedarf. Es ist ebenfalls unerheblich, welche Betriebsratstätigkeit das Ersatzmitglied ausübt[1]. Der besondere Kündigungsschutz für ein Ersatzmitglied greift bereits dann ein, wenn der Betroffene zur Vertretung eines verhinderten ordentlichen Mitglieds der Arbeitnehmervertretung aufgefordert ist, an der Sitzung des Gremiums aber deshalb nicht teilnimmt, weil sein Vorgesetzter ihm diese wegen „Unabkömmlichkeit" untersagt hat[2]. Der besondere Kündigungsschutz nach § 15 KSchG soll aber nur dann dem Ersatzmitglied zugute kommen, wenn die Betriebsratssitzung, an der es teilnehmen soll, ordnungsgemäß einberufen worden ist[3].

74

b) Ende des Kündigungsschutzes für Amtsträger

Mit dem Ende des besonderen Kündigungsschutzes nach § 15 Abs. 1, Abs. 2 KSchG bedarf es der Zustimmung des Betriebsrats oder Personalrats nach § 103 BetrVG oder §§ 47 Abs. 1, 108 Abs. 1 BPerVG (oder entsprechender landesrechtlicher Bestimmungen) zur außerordentlichen Kündigung nicht mehr. Insoweit bleibt es bei der allgemeinen Anhörungspflicht nach §§ 102 Abs. 1 BetrVG, 79 Abs. 3 BPerVG. Der besondere Kündigungsschutz des § 15 KSchG, der die ordentliche Kündigung ausschließt, gilt aber bis zum Ablauf des sog. **Nachwirkungszeitraums** weiter, so daß weiterhin ein zwar abgeschwächter, aber über § 1 KSchG hinausgehender Kündigungsschutz besteht.

75

Bei **Wahlvorstandsmitgliedern** endet der besondere Schutz des § 15 Abs. 3 Satz 1 KSchG mit **Bekanntgabe des Wahlergebnisses**. Von da ab besteht nur noch der sog. nachwirkende Kündigungsschutz. Die Kündigung bedarf nicht mehr der Zustimmung des Betriebs- oder Personalrats. Der besondere Schutz

76

---

1 LAG Niedersachsen v. 14. 5. 1987, AiB 1987, 286; BAG v. 17. 1. 1979, AP Nr. 5 zu § 15 KSchG 1969.
2 LAG Brandenburg v. 25. 10. 1993, LAGE § 15 KSchG Nr. 8.
3 LAG Hamm v. 21. 8. 1986, LAGE § 15 KSchG Nr. 5.

der Wahlbewerber endet ebenfalls mit der Bekanntgabe des Wahlergebnisses. Bei **Betriebsratsmitgliedern** sowie den gleichzustellenden Mitgliedern der anderen Arbeitnehmervertretungen endet der besondere Schutz des § 15 Abs. 1 Satz 1, Abs. 2 Satz 1 KSchG mit der **Beendigung der Amtszeit**. Die Amtszeit des Betriebsrats endet gem. § 21 Satz 1 BetrVG nach vier Jahren, spätestens aber am 31. 5. des Jahres, in dem nach § 13 Abs. 1 BetrVG die regelmäßigen Betriebsratswahlen stattfinden. Wird ein Betriebsrat außerhalb des regelmäßigen Wahlzeitraums gewählt, endet seine Amtszeit mit der Bekanntgabe des Wahlergebnisses des neu gewählten Betriebsrats[1]. Vor Ablauf der Amtszeit erlischt die Mitgliedschaft im Betriebsrat bei Vorliegen der Voraussetzungen des § 24 Abs. 1 Nr. 2–6 BetrVG. Beschließt der Betriebsrat allerdings mit der Mehrheit seiner Mitglieder seinen vorzeitigen Rücktritt und führt dann nach § 22 BetrVG die Geschäfte weiter, bis der neue Betriebsrat gewählt ist, so genießen die Betriebsratsmitglieder auch nach dem Rücktritt des Betriebsrats bis zur Neuwahl den besonderen Kündigungsschutz des § 15 Abs. 1 Satz 1 KSchG. Auch die endgültige Versetzung eines Betriebsratsmitglieds in einen anderen Betrieb beendet seine Mitgliedschaft im Betriebsrat. Deshalb erwägt das BAG, in diesem Fall § 103 BetrVG analog anzuwenden[2]. Der besondere Kündigungsschutz des § 15 Abs. 1 Satz 1 KSchG, den ein endgültig für ein ausgeschiedenes Betriebsratsmitglied nachrückendes **Ersatzmitglied** erlangt hat, endet wie bei anderen Betriebsratsmitgliedern mit der jeweiligen Amtszeit. Soweit das Ersatzmitglied lediglich vorübergehend stellvertretend für ein zeitweilig verhindertes Betriebsratsmitglied in den Betriebsrat nachgerückt ist, endet der Kündigungsschutz des § 15 Abs. 1 Satz 1 KSchG mit dem Ende der Vertretung. Im Anschluß daran genießt das Ersatzmitglied nachwirkenden Kündigungsschutz.

77 **Betriebsratsfähig** sind nach § 1 BetrVG nur Betriebe mit in der Regel mindestens fünf ständigen wahlberechtigten Arbeitnehmern. Sinkt die Belegschaftsstärke unter diese Zahl herab, so endet das Betriebsratsamt. Der Betriebsobmann hat dann allerdings den nachwirkenden Kündigungsschutz[3]. Soweit das Ersatzmitglied lediglich vorübergehend stellvertretend für ein zeitweilig verhindertes Betriebsratsmitglied in den Betriebsrat nachrückt, endet der Kündigungsschutz des § 15 Abs. 1 Satz 1 KSchG mit dem Ende des jeweiligen Vertretungsfalles. Im Anschluß daran genießt das Ersatzmitglied jeweils nachwirkenden Kündigungsschutz.

c) Nachwirkender Kündigungsschutz

78 Im sog. Nachwirkungszeitraum besteht für die von § 15 KSchG erfaßten Funktionsträger ein **abgeschwächter besonderer Kündigungsschutz**. Für ihre Kündigung ist zwar nicht mehr die Zustimmung des Betriebs- oder Personalrats erforderlich. Die ordentliche Kündigung ist aber weiterhin grundsätzlich ausgeschlossen. Das Arbeitsverhältnis dieser Funktionsträger kann nur gekündigt

---

1 BAG v. 28. 9. 1983, NZA 1984, 52.
2 Vgl. oben Rz. 67; BAG v. 21. 9. 1989, NZA 1990, 314.
3 ArbG Berlin v. 29. 9. 1980, AuR 1981, 320.

werden, wenn Tatsachen vorliegen, die den Arbeitgeber zur Kündigung aus wichtigem Grund ohne Einhaltung einer Kündigungsfrist berechtigen.

Wahlvorstandsmitglieder genießen nach Bekanntgabe des Wahlergebnisses gem. § 15 Abs. 3 Satz 2 1. Halbs. KSchG für eine Dauer von **sechs Monaten** den sog. nachwirkenden Kündigungsschutz. Dies gilt dann nicht, wenn der Wahlvorstand durch einen anderen Wahlvorstand ersetzt worden ist. In diesem Zusammenhang ist zu beachten, daß auch Mitglieder des Wahlvorstandes, die vor Durchführung der Betriebsratswahl ihr Amt niederlegen, vom Zeitpunkt der Amtsniederlegung an den sechsmonatigen nachwirkenden Kündigungsschutz des § 15 Abs. 3 Satz 2 KSchG erwerben[1]. 79

Wahlbewerber, die nicht in den Betriebsrat gewählt worden sind, genießen nach § 15 Abs. 3 Satz 2 KSchG ebenfalls während eines Zeitraums von **sechs Monaten** nach Bekanntgabe des Wahlergebnisses noch den besonderen Kündigungsschutz. **Betriebsratsmitglieder** wie die ihnen gleichgestellten Mitglieder der anderen Arbeitnehmervertretungen können gem. § 15 Abs. 1 Satz 2, Abs. 2 Satz 2 KSchG für die Dauer von **einem Jahr** nur durch außerordentliche Kündigung entlassen werden. Nur für die Mitglieder einer **Bordvertretung** ist der nachwirkende Kündigungsschutz auf einen Zeitraum von **sechs Monaten** nach Beendigung der Amtszeit beschränkt. Hat das Betriebsratsmitglied sein Amt niedergelegt, genießt es dennoch den nachwirkenden Kündigungsschutz[2]. 80

Der nachwirkende Kündigungsschutz ist gem. § 15 Abs. 1 Satz 2, Abs. 2 Satz 2 KSchG in den Fällen **ausgeschlossen**, in denen die Beendigung der Mitgliedschaft des Amtsträgers auf einer gerichtlichen Entscheidung beruht. Gemeint sind damit die Fälle, in denen das Arbeitsgericht die Nichtigkeit der Wahl festgestellt hat oder aber eine Betriebs- oder Personalratswahl wirksam angefochten worden ist. 81

4. Zulässigkeit der außerordentlichen Kündigung

Während der Zeitdauer des besonderen Kündigungsschutzes nach § 15 KSchG ist das Kündigungsrecht des Arbeitgebers dahin eingeschränkt, daß **nur eine außerordentliche Kündigung** in Betracht kommt. Dies gilt sowohl hinsichtlich einer Beendigungs- als auch einer Änderungskündigung. Abgesehen von den darüber hinaus jeweils erforderlichen kollektiv-rechtlichen Voraussetzungen ist eine Kündigung gem. § 626 BGB dann zulässig, wenn Tatsachen vorliegen, aufgrund derer dem Kündigenden unter Berücksichtigung aller Umstände des Einzelfalles und unter Abwägung der Interessen beider Vertragsteile die Fortsetzung des Dienstverhältnisses nicht zugemutet werden kann. 82

a) Wichtiger Grund

Für die Beurteilung, ob ein Sachverhalt als wichtiger Grund im Sinne des § 626 Abs. 1 BGB zu qualifizieren ist, kann auf die allgemeinen Rechtsgrundsätze 83

---
1 BAG v. 9. 10. 1986, NZA 1987, 279.
2 BAG v. 5. 7. 1979, DB 1979, 2327.

verwiesen werden. Wegen § 78 Satz 2 BetrVG darf bei Amtsträgern ihre Funktion nicht bei der Gewichtung etwaiger Pflichtverstöße zu einer Besserstellung oder Benachteiligung gegenüber anderen Arbeitnehmern führen[1]. Problematisch kann die Prüfung des wichtigen Grundes insbesondere dann sein, wenn ein **Fehlverhalten sowohl als Amts- als auch als Vertragspflichtverletzung** angesehen werden kann. Allein die Tatsache, daß ein Amtsträger seine Amtspflichten verletzt, rechtfertigt keine außerordentliche Kündigung, da insoweit nur das Ausschlußverfahren nach § 23 Abs. 1 BetrVG in Betracht kommt[2]. Liegt ein Sachverhalt vor, der sowohl als wichtiger Grund im Sinne des § 626 BGB als auch als grobe Pflichtverletzung im Sinne des § 23 Abs. 1 BetrVG zu beurteilen ist, kann der Arbeitgeber hilfsweise zum Zustimmungsersetzungsverfahren den Ausschluß aus dem Betriebsrat gem. § 23 Abs. 1 BetrVG beantragen[3].

84 Bei der Prüfung, ob der jeweilige Sachverhalt als wichtiger Grund zur Kündigung eines Amtsträgers geeignet ist, ist ein besonders **strenger Maßstab** anzulegen. Denn eine Verletzung der arbeitsvertraglichen Pflichten, die im Rahmen einer Amtstätigkeit begangen wird, kann aus einer Konfliktsituation entstanden sein, der ein Arbeitnehmer, der nicht Betriebsratsmitglied ist, nicht ausgesetzt wäre. Das BAG legt deshalb einen strengen Prüfungsmaßstab zugrunde[4]. Auch aus krankheitsbedingten Gründen kann uU außerordentlich gekündigt werden. Das BAG weist aber darauf hin, daß eine außerordentliche Kündigung wegen häufiger krankheitsbedingter Fehlzeiten in aller Regel ausgeschlossen ist[5]. Eine außerordentliche krankheitsbedingte Kündigung dürfte deshalb wohl nur dann in Betracht kommen, wenn die Wiedergenesung des Arbeitnehmers nicht absehbar ist.

b) Interessenabwägung

85 Im Rahmen der nach § 626 Abs. 1 BGB vorzunehmenden Interessenabwägung ist bei der Kündigung eines Amtsträgers neben den auch bei anderen Arbeitnehmern zu berücksichtigenden Umständen auch das **kollektive Interesse der Belegschaft** an der Erhaltung ihrer gewählten Vertretung in besonderer Weise zu berücksichtigen[6].

86 Bei der Kündigung aus wichtigem Grund bedarf es grundsätzlich der Prüfung, ob dem Kündigenden die Fortsetzung des Arbeitsverhältnisses noch bis zum Ablauf der Kündigungsfrist zuzumuten ist. Um diesem generellen Abwägungsgebot auch bei einer außerordentlichen Kündigung von Betriebsratsmitgliedern Rechnung zu tragen, hat das BAG bei der Beurteilung der Zumutbarkeit die

---

1 BAG v. 22. 2. 1979, DB 1979, 1659.
2 BAG v. 16. 10. 1986, AP Nr. 95 zu § 626 BGB.
3 BAG v. 21. 2. 1978, BB 1978, 1116.
4 BAG v. 16. 10. 1986, AP Nr. 95 zu § 626 BGB; BAG v. 25. 5. 1982 – 7 AZR 155/80, nv.; BAG v. 22. 8. 1974, AP Nr. 1 zu § 103 BetrVG 1972.
5 BAG v. 18. 2. 1993, NZA 1994, 74.
6 BAG v. 23. 8. 1984, BAGE 46, 258.

IV. Betriebliche Funktionsträger

Kündigungsfrist zugrunde gelegt, die ohne den besonderen Kündigungsschutz gegenüber dem betroffenen Arbeitnehmer gelten würde. Danach ist zu prüfen, ob dem Arbeitgeber die **Fortsetzung des Arbeitsverhältnisses bis zum Ablauf dieser fiktiven Frist zumutbar** ist[1]. Für den Fall der außerordentlichen betriebsbedingten Änderungskündigung hat das BAG diese Rechtsauffassung ausdrücklich aufgegeben. Danach kommt es für die Interessenabwägung auf den Zeitpunkt an, zu dem nach Ablauf des Sonderkündigungsschutzes erstmals ordentlich gekündigt werden kann[2]. Das BAG hat ausdrücklich offengelassen, ob es für den Fall einer Beendigungskündigung an seiner bisherigen Rechtsprechung festhält.

c) Ausschlußfrist des § 626 Abs. 2 BGB

Auch im Rahmen des besonderen Kündigungsschutzes nach § 15 KSchG muß der Arbeitgeber die Ausschlußfrist des § 626 Abs. 2 BGB berücksichtigen. Wie bei allen anderen Arbeitnehmern beginnt auch bei den durch § 15 KSchG geschützten Amtsträgern die **2-Wochen-Frist** mit dem Zeitpunkt, in dem der Arbeitgeber Kenntnis von den Tatsachen erlangt, die eine außerordentliche Kündigung aus wichtigem Grund rechtfertigen können[3]. Innerhalb der Ausschlußfrist des § 626 Abs. 2 BGB muß der Arbeitgeber die Zustimmung des Betriebsrats zur beabsichtigten außerordentlichen Kündigung gem. § 103 Abs. 1 BetrVG beantragen. Durch diesen Zustimmungsantrag wird die Frist des § 626 Abs. 2 BGB weder unterbrochen noch gehemmt. Der Arbeitgeber muß daher, wenn er sein Kündigungsrecht nicht verlieren will, innerhalb dieser Frist bei ausdrücklicher oder wegen Ablaufs der vom Betriebsrat für seine Entscheidung über den Zustimmungsantrag entsprechend § 102 Abs. 2 Satz 3 BetrVG einzuhaltenden Frist zu unterstellenden Verweigerung der Zustimmung das Verfahren auf Ersetzung der Zustimmung beim Arbeitsgericht einleiten[4].

5. Zustimmung des Betriebsrats

Während der Dauer des besonderen Kündigungsschutzes für Amtsträger nach § 15 Abs. 1 Satz 1, Abs. 2 Satz 1, Abs. 3 Satz 1 KSchG ist eine außerordentliche Kündigung der geschützten Amtsträger nur mit Zustimmung des Betriebs- oder Personalrats oder nach gerichtlicher Ersetzung dieser Zustimmung zulässig. Für das Zustimmungsverfahren beim Betriebsrat gelten die Grundsätze des § 102 BetrVG entsprechend. Der Zeitpunkt der Unterrichtung des Betriebsrats wird durch die 2-Wochen-Frist des § 626 Abs. 2 BGB mitbestimmt. Nach herrschender Auffassung hat der Betriebsrat auch im Rahmen des § 103 Abs. 1 BetrVG eine **Äußerungsfrist von höchstens drei Tagen**, wobei allerdings das ungenutzte Verstreichenlassen dieser Frist im Gegensatz zum Anhörungsver-

---

1 BAG v. 6. 3. 1986, EzA § 15 KSchG nF Nr. 34.
2 BAG v. 21. 6. 1995, NZA 1995, 1157.
3 BAG v. 22. 8. 1974, BB 1974, 1578; BAG v. 20. 11. 1987, RzK II. 1. d) Nr. 4.
4 BAG v. 10. 12. 1992, EzA § 103 BetrVG 1972 Nr. 33; BAG v. 7. 5. 1986, NZA 1986, 719.

fahren nach § 102 Abs. 2 Satz 2 BetrVG keine Zustimmung, sondern die Zustimmungsverweigerung beinhaltet. Da der Arbeitgeber bei Verweigerung der Zustimmung des Betriebsrats noch innerhalb der 2-Wochen-Frist des § 626 Abs. 2 BGB die Ersetzung der Zustimmung beim Arbeitsgericht beantragen muß, verkürzt sich die Ausschlußfrist durch die dreitägige Äußerungsfrist des Betriebsrats dahin, daß **spätestens am zehnten Tag nach Kenntniserlangung** der für die Kündigung maßgebenden Tatsachen das Zustimmungsverfahren beim Betriebsrat eingeleitet werden muß[1].

89 Das von der Kündigung selbst **betroffene Betriebsratsmitglied** ist im Rahmen des Zustimmungsverfahrens nach § 103 Abs. 1 BetrVG nicht nur von der Abstimmung im Betriebsrat, sondern auch von der dieser Abstimmung vorausgehenden Beratung **ausgeschlossen**. Es handelt sich um einen Fall der rechtlichen Verhinderung im Sinne des § 25 Abs. 1 BetrVG[2]. Will der Arbeitgeber allen Mitgliedern des Betriebsrats aus dem gleichen Anlaß kündigen, so ist jedes einzelne Betriebsratsmitglied hinsichtlich der ihm selbst drohenden Kündigung verhindert, kann aber am Zustimmungsverfahren betreffend die Kündigungen der anderen Betriebsratsmitglieder teilnehmen[3].

90 Wegen eventueller **Mängel des Zustimmungsverfahrens** beim Betriebsrat soll die Rechtsprechung des BAG, die zum Anhörungsverfahren nach § 102 BetrVG entwickelt worden ist[4], nicht auf das Zustimmungsverfahren des § 103 BetrVG übertragbar sein, weil die erforderliche Zustimmung zur Kündigung an sich einen wirksamen Beschluß voraussetzt. Allerdings gesteht das Bundesarbeitsgericht auch im Rahmen des § 103 BetrVG dem Arbeitgeber einen gewissen Vertrauensschutz zu. So soll er auf die Wirksamkeit eines Zustimmungsbeschlusses dann vertrauen dürfen, wenn ihm der Betriebsratsvorsitzende oder sein Vertreter mitteilt, der Betriebsrat habe die beantragte Zustimmung erteilt. Auf dieses Vertrauen kann er sich dann nicht berufen, wenn ihm Tatsachen bekannt sind oder hätten bekannt sein müssen, aus denen die Unwirksamkeit des Beschlusses folgt. Der Arbeitgeber ist aber nicht verpflichtet, sich insoweit zu erkundigen[5].

6. Zustimmungsersetzung durch das Arbeitsgericht

91 Verweigert der Betriebsrat die erforderliche Zustimmung, kann das Arbeitsgericht sie gem. § 103 Abs. 2 BetrVG auf Antrag des Arbeitgebers ersetzen, wenn die außerordentliche Kündigung unter Berücksichtigung aller Umstände gerechtfertigt ist. Der **Zustimmungsersetzungsantrag** muß innerhalb der Ausschlußfrist des § 626 Abs. 2 BGB beim Arbeitsgericht eingehen[6]. Die Einleitung

---

1 BAG v. 18. 8. 1977, AP Nr. 10 zu § 103 BetrVG 1972.
2 BAG v. 23. 8. 1984, DB 1985, 554; BAG v. 26. 8. 1981, EzA § 103 BetrVG 1972 Nr. 27.
3 BAG v. 25. 3. 1976, AP Nr. 6 zu § 103 BetrVG 1972.
4 Sog. Sphärentheorie; vgl. auch Teil 3 J Rz. 130 ff.
5 BAG v. 23. 8. 1984, DB 1985, 554.
6 BAG v. 7. 5. 1986, NZA 1986, 719; BAG v. 18. 8. 1977, AP Nr. 10 zu § 103 BetrVG 1972.

des Zustimmungsersetzungsverfahrens kann erst dann erfolgen, wenn entweder die **3-Tages-Frist verstrichen** ist oder aber der Betriebsrat erklärt hat, er werde der beabsichtigten Kündigung **nicht zustimmen**. Es ist nicht zulässig, vorsorglich ein Zustimmungsersetzungsverfahren einzuleiten, etwa weil wegen der Ausschlußfrist des § 626 Abs. 2 BGB die Stellungnahme des Betriebsrats oder das Verstreichen seiner Stellungnahmefrist nicht abgewartet werden kann.

Besteht kein Betriebsrat, etwa bei beabsichtigter Kündigung eines Wahlvorstandsmitglieds bei erstmaliger Wahl eines Betriebsrats, muß der Arbeitgeber in entsprechender Anwendung des § 103 Abs. 2 BetrVG die fehlende Zustimmung zur Kündigung durch das Arbeitsgericht ersetzen lassen[1]. 92

Im Rahmen des Zustimmungsersetzungsverfahrens muß das Arbeitsgericht darüber entscheiden, ob ein wichtiger Grund für eine außerordentliche Kündigung vorliegt. Das Arbeitsgericht entscheidet im Beschlußverfahren und ist daher gem. § 83 ArbGG verpflichtet, die für den wichtigen Kündigungsgrund maßgebenden Tatsachen **von Amts wegen** zu ermitteln. Der Arbeitgeber kann neue Umstände zur Rechtfertigung der Kündigung vorbringen (Nachschieben von Kündigungsgründen), soweit der Betriebsrat zuvor mit diesen befaßt gewesen ist. Die Tatsache, daß der Betriebsratsvorsitzende im Rahmen des arbeitsgerichtlichen Zustimmungsersetzungsverfahrens von diesen neuen Tatsachen Kenntnis erhält, ersetzt die Beschlußfassung des Gremiums nicht[2]. Der im Beschlußverfahren geltende Amtsermittlungsgrundsatz führt nicht dazu, daß das Gericht einen bestimmten Sachverhalt, der im Verfahren bekannt wird, zur Rechtfertigung der beabsichtigten Kündigung heranziehen darf, obwohl der antragstellende Arbeitgeber sich darauf nicht stützt[3]. 93

Wird die Zustimmung des Betriebsrats durch das Gericht ersetzt, muß der Arbeitgeber die **Kündigung unverzüglich aussprechen**. Die Zustimmung des Betriebsrats ist nur dann durch gerichtliche Entscheidung ersetzt, wenn die Ersetzungsentscheidung des Gerichts Rechtskraft erlangt. Dem Arbeitnehmer soll aber die Möglichkeit verwehrt sein, durch eine aussichtslose Nichtzulassungsbeschwerde gegen eine für ihn ungünstige Entscheidung des Landesarbeitsgerichts den Anspruch der Kündigung durch den Arbeitgeber hinauszuzögern[4]. 94

7. Sonderfall: Kündigung bei Betriebsstillegung

Nach § 15 Abs. 4 KSchG ist die Kündigung der durch § 15 Abs. 1 bis 3 KSchG besonders geschützten Personen im Fall einer Betriebsstillegung **frühestens zum Zeitpunkt der Stillegung** zulässig, wenn ihre Kündigung zu einem frühe- 95

---

1 BAG v. 16. 12. 1982, EzA § 103 BetrVG 1972 Nr. 29.
2 BAG v. 22. 8. 1974, AP Nr. 1 zu § 103 BetrVG 1972; BAG v. 27. 1. 1977, AP Nr. 7 zu § 103 BetrVG 1972.
3 BAG v. 27. 1. 1977, AP Nr. 7 zu § 103 BetrVG 1972.
4 BAG v. 25. 10. 1989, RzK II. 3. Nr. 17.

ren Zeitpunkt nicht durch zwingende betriebliche Erfordernisse bedingt ist. Wird eine der besonders geschützten Personen in einer Betriebsabteilung beschäftigt, die stillgelegt wird, so ist sie gem. § 15 Abs. 5 KSchG in eine andere Betriebsabteilung zu übernehmen. Ist dies aus betrieblichen Gründen nicht möglich, so ist ausnahmsweise eine ordentliche Kündigung zulässig.

a) Ordentliche Kündigung gem. § 15 Abs. 4 und 5 KSchG

96 Unter Betriebsstillegung versteht die Rechtsprechung die Aufgabe des Betriebszwecks und die Auflösung der diesem Zweck dienenden Organisation. Dazu ist die **Auflösung der zwischen dem Arbeitgeber und den Arbeitnehmern bestehenden Betriebs- und Produktionsgemeinschaft** erforderlich. Sie muß veranlaßt sein und zugleich ihren sichtbaren Ausdruck darin finden, daß der Unternehmer die bisherige wirtschaftliche Betätigung in der ernstlichen Absicht einstellt, die betrieblichen Aktivitäten endgültig oder für eine ihrer Dauer nach unbestimmte, wirtschaftlich nicht unerhebliche Zeitspanne aufzugeben[1]. Im Hinblick darauf, daß bei betriebsbedingten Kündigungen in der Regel Kündigungsfristen einzuhalten sind, ist nicht erforderlich, daß die Betriebsstillegung bei Zugang der Kündigung bereits erfolgt ist. Es genügt, wenn sie greifbare Formen angenommen hat, die die Prognose rechtfertigen, daß bis zum Auslaufen der Kündigungsfrist die Betriebsstillegung vollzogen ist[2]. So legt § 15 Abs. 4 KSchG fest, daß die Kündigung der besonders geschützten Amtsträger frühestens zum Zeitpunkt der Stillegung zulässig ist. Eine Ausnahme kommt nur dann in Betracht, wenn eine frühere Beendigung des Arbeitsverhältnisses durch zwingende betriebliche Erfordernisse bedingt ist.

97 Eine **Betriebsveräußerung** ist keine Betriebsstillegung im Sinne des § 15 Abs. 4 KSchG, wenn der bisherige Betrieb vom Erwerber unter Beibehaltung seiner Identität weitergeführt wird. In diesem Falle bleibt die Rechtsstellung des für den Betrieb gewählten Betriebsrats solange unberührt, als die Identität des Betriebes unter dem neuen Betriebsinhaber fortbesteht[3].

98 Im Falle einer Betriebsstillegung bedarf die Kündigung eines der geschützten Amtsträger nicht der Zustimmung des Betriebsrats nach § 103 BetrVG. Diese Vorschrift findet auf eine Kündigung nach § 15 Abs. 4 KSchG, bei der es sich insoweit um eine ordentliche Kündigung handelt, keine Anwendung[4]. Erforderlich ist statt dessen eine **Anhörung nach § 102 BetrVG**. Im Rahmen des Anhörungsverfahrens muß dem Betriebsrat nicht nur die Unternehmerentscheidung über die geplante Stillegung, sondern auch der beabsichtigte Stillegungstermin mitgeteilt werden[5].

---

1 BAG v. 19. 6. 1991, AP Nr. 53 zu § 1 KSchG 1969 – Betriebsbedingte Kündigung.
2 BAG v. 19. 5. 1988, AP Nr. 75 zu § 613a BGB; BAG v. 19. 6. 1991, AP Nr. 53 zu § 1 KSchG 1969 – Betriebsbedingte Kündigung.
3 BAG v. 28. 9. 1988, NZA 1989, 188.
4 BAG v. 14. 10. 1982, AP Nr. 1 zu § 1 KSchG 1969 – Konzern; BAG v. 29. 3. 1977, AP Nr. 11 zu § 102 BetrVG 1972.
5 LAG Köln v. 13. 1. 1993, ZIP 1993, 1107.

Auch bei Kündigungen nach § 15 Abs. 4 KSchG sind die für den Arbeitnehmer geltenden **Kündigungsfristen** einzuhalten. Ist aus anderen Gründen (zB aufgrund tarifvertraglicher Unkündbarkeitsbestimmungen) die ordentliche Kündigung ausgeschlossen, so kann auch bei einer beabsichtigten Betriebsstillegung dem betrieblichen Amtsträger nur außerordentlich gekündigt werden. In diesem Falle ist natürlich die Zustimmung nach § 103 BetrVG erforderlich. 99

§ 15 Abs. 4 KSchG besagt nicht, ob eine Kündigung auch dann zulässig ist, wenn eine **Weiterbeschäftigungsmöglichkeit in einem anderen Betrieb desselben Unternehmens** gegeben ist. § 15 Abs. 5 KSchG verlangt bei der Stillegung einer Betriebsabteilung lediglich die Übernahme in eine andere Betriebsabteilung, nicht aber in einen anderen Betrieb des Unternehmens. Nach § 1 Abs. 1 KSchG ist der Arbeitgeber aber verpflichtet, vor Ausspruch einer Kündigung zu prüfen, ob eine Weiterbeschäftigungsmöglichkeit in einem anderen Betrieb besteht. § 15 Abs. 4 und 5 KSchG bezweckt nicht, betriebliche Funktionsträger gegenüber den übrigen Arbeitnehmern zu benachteiligen. Über den Wortlaut des § 15 Abs. 4 KSchG hinaus ist eine Kündigung deshalb nur dann gerechtfertigt, wenn auch keine Weiterbeschäftigungsmöglichkeit in einem anderen Betrieb des Unternehmens besteht[1]. Wenngleich im Rahmen des § 15 Abs. 5 KSchG der Arbeitgeber verpflichtet ist, notfalls für betriebliche Amtsträger besetzte Arbeitsplätze freizukündigen, besteht eine solche Verpflichtung hinsichtlich etwaiger Weiterbeschäftigungsmöglichkeiten in anderen Betrieben nicht. Es gilt lediglich eine Benachteiligung von Amtsträgern zu verhindern, nicht aber deren Bevorzugung gegenüber den übrigen Arbeitnehmern bei Betriebsstillegungen zu bewirken. In dem anderen Betrieb des Arbeitgebers müssen deshalb freie Arbeitsplätze vorhanden sein; dafür ist der Amtsträger darlegungs- und beweispflichtig[2]. 100

b) Übernahme eines Amtsträgers bei Stillegung einer Betriebsabteilung

Während bei Stillegung des gesamten Betriebes die ordentliche Kündigung des Amtsträgers zulässig ist, legt § 15 Abs. 5 KSchG fest, daß bei Stillegung einer Betriebsabteilung die **Amtsträger in andere Betriebsabteilungen zu übernehmen** sind. Die ordentliche Kündigung ist nur dann in entsprechender Anwendung des § 15 Abs. 4 KSchG zulässig, wenn eine Übernahme in eine andere Betriebsabteilung nicht möglich ist. Diese Weiterbeschäftigungsmöglichkeit muß der Arbeitgeber substantiiert darlegen und im einzelnen vortragen, welche Arbeiten in den übrigen Betriebsabteilungen noch anfallen und daß es auch bei Kündigungen anderer, nicht durch § 15 KSchG geschützter Arbeitnehmer und Umverteilung der vorhandenen Arbeit unter den verbleibenden Arbeitnehmern nicht möglich gewesen wäre, den gekündigten Amtsträger in wirtschaftlich vertretbarer Weise einzusetzen oder ihm, falls hierzu eine Änderung der Arbeitsbedingungen erforderlich gewesen wäre, ein dahingehendes Angebot zu unterbreiten[3]. Demgegenüber muß das gekündigte Betriebsratsmitglied, soweit 101

---
1 BAG v. 13. 8. 1992, EzA § 15 KSchG nF Nr. 39.
2 LAG Nürnberg v. 13. 5. 1996 – 7 Sa 889/95, nv.
3 BAG v. 25. 11. 1981, BAGE 37, 128.

es die fehlende Weiterbeschäftigungsmöglichkeit bestreitet, im einzelnen darlegen, wie es sich im Hinblick auf seine Qualifikation eine Weiterbeschäftigung vorstellt[1]. Ist eine Übernahme des betroffenen Amtsträgers nicht möglich, ist eine Kündigung gem. § 15 Abs. 5, Abs. 4 KSchG ohne Zustimmung des Betriebsrats zulässig. § 103 BetrVG findet keine Anwendung, statt dessen ist eine Anhörung nach § 102 BetrVG durchzuführen[2].

V. Sonderkündigungsschutz für Betriebsbeauftragte

102 Im Zuge der Verbesserung des Umweltschutzes hat der Gesetzgeber neben dem schon älteren Sonderkündigungsschutz für Immissionsschutzbeauftragte weitere Kündigungsschutzvorschriften für Störfallbeauftragte, Abfallbeauftragte und Gewässerschutzbeauftragte geschaffen. Auch ihnen kann nur unter erschwerten Voraussetzungen gekündigt werden.

1. Sonderkündigungsschutz von Immissionsschutzbeauftragten

103 Nach § 53 BImSchG muß ein Betreiber einer genehmigungsbedürftigen Anlage einen oder mehrere Beauftragte für Immissionsschutz (Immissionsschutzbeauftragte) bestellen, sofern dies im Hinblick auf die Art oder die Größe der Anlage wegen der von der Anlage ausgehenden Immissionen, der technischen Probleme der Immissionsbegrenzung oder der Eignung der Erzeugnisse, bei bestimmungsgemäßer Verwendung schädliche Umwelteinwirkungen durch Luftverunreinigungen, Geräusche oder Erschütterungen hervorzurufen, erforderlich ist. Einzelheiten regelt die **Verordnung über Immissionsschutzbeauftragte** (5. BImSchV) vom 14. 2. 1975 (zuletzt geändert durch VO vom 19. 5. 1988, BGBl. I, 608).

104 Gem. § 55 BImSchG muß der Betreiber den Immissionsschutzbeauftragten **schriftlich bestellen** und die ihm obliegenden Aufgaben genau bezeichnen. Die Bestellung des Bundesimmissionsschutzbeauftragten und die **Bezeichnung seiner Aufgaben** sowie Veränderungen in seinem Aufgabenbereich und seiner Abberufung muß der Betreiber der zuständigen Behörde unverzüglich anzeigen. Dem Immissionsschutzbeauftragten muß eine Abschrift dieser Anzeige ausgehändigt werden. Vor der Bestellung wie auch vor Veränderungen im Aufgabenbereich des Immissionsschutzbeauftragten oder vor dessen Abberufung muß der Betreiber den Betriebs- oder Personalrat unterrichten (§ 55 Abs. 1a BImSchG). Echte Mitbestimmungsrechte stehen dem Betriebsrat insoweit aber nicht zu.

105 Immissionsschutzbeauftragte dürfen wegen der Erfüllung der ihnen übertragenen Aufgaben nicht benachteiligt werden (§ 58 Abs. 2 BImSchG). Darüber hinaus gilt für sie ein besonderer Kündigungsschutz, es sei denn, es liegen Tatsa-

---

1 LAG Berlin v. 27. 6. 1986, LAGE § 15 KSchG Nr. 4.
2 BAG v. 31. 8. 1978, AP Nr. 1 zu § 102 BetrVG 1972; BAG v. 3. 4. 1987, NZA 1988, 37.

chen vor, die den Betreiber zur **Kündigung aus wichtigem Grund ohne Einhaltung einer Kündigungsfrist** berechtigen. Nach der Abberufung als Immissionsschutzbeauftragter ist die Kündigung innerhalb eines Jahres, vom Zeitpunkt der Beendigung der Bestellung an gerechnet, ebenfalls unzulässig, soweit kein Grund zur außerordentlichen Kündigung vorliegt.

Der vom Arbeitgeber zum Immissionsschutzbeauftragten bestellte Arbeitnehmer kann sein Amt jederzeit durch einseitige Erklärung ohne Zustimmung des Arbeitgebers und ohne Rücksicht darauf **niederlegen**, ob er nach dem zugrundeliegenden Arbeitsvertrag zur Fortführung des Amtes verpflichtet ist. Eine solche Amtsniederlegung löst den nachwirkenden einjährigen Sonderkündigungsschutz des § 58 Abs. 2 Satz 2 BImSchG nicht aus, wenn die Amtsniederlegung nicht durch ein Verhalten des Arbeitgebers, etwa Kritik an der Amtsführung oder Behinderung in der Wahrnehmung der Amtspflichten, veranlaßt worden ist, sondern allein vom Arbeitnehmer ausging[1]. 106

2. Sonderkündigungsschutz für Störfallbeauftragte

§ 58a BImSchG bestimmt, daß Betreiber genehmigungsbedürftiger Anlagen einen oder mehrere Störfallbeauftragte bestellen müssen, sofern dies im Hinblick auf die Art und Größe der Anlage wegen der bei einer Störung des bestimmungsgemäßen Betriebs auftretenden Gefahren für die Allgemeinheit und die Nachbarschaft erforderlich ist. Nähere Einzelheiten hierzu sind durch Rechtsverordnung geregelt. Der Störfallbeauftragte berät den Anlagenbetreiber in Fragen der Sicherheit. Dabei hat er auf die Verbesserung der Sicherheit der Anlage hinzuwirken, über Störungen zu berichten und über die Einhaltung der gesetzlichen Vorschriften zu wachen. Nach § 58b BImSchG gilt für Störfallbeauftragte § 58 BImSchG entsprechend. Für sie gilt deshalb das allgemeine Benachteiligungsverbot ebenso wie der besondere Kündigungsschutz[2]. Der Arbeitgeber darf ihnen nur aus wichtigem Grund kündigen. Es gilt ein nachwirkender Kündigungsschutz. Innerhalb eines Jahres, vom Zeitpunkt der Beendigung der Bestellung an gerechnet, ist die ordentliche Kündigung ausgeschlossen. 107

3. Sonderkündigungsschutz für Gewässerschutzbeauftragte

Das Wasserhaushaltsgesetz gestattet Unternehmen, Gewässer in bestimmter Art und Weise zu benutzen. Dazu gehört auch die Berechtigung, Abwässer in Gewässer einleiten zu dürfen. **Benutzer von Gewässern, die an einem Tag mehr als 750 m^3 Abwasser einleiten dürfen**, müssen einen oder mehrere Betriebsbeauftragte für Gewässerschutz (Gewässerschutzbeauftragte) bestellen. Die zuständige Behörde kann aber auch anordnen, daß bei einer geringeren Einleitungsmenge ein Gewässerschutzbeauftragter zu bestellen ist. 108

---

1 BAG v. 22. 7. 1992, NZA 1993, 557.
2 Wegen der näheren Einzelheiten vgl. Rz. 105.

109 Der Gewässerschutzbeauftragte berät den Benutzer und die Betriebsangehörigen in Angelegenheiten, die für den **Gewässerschutz** bedeutsam sein können. Er hat für die Einhaltung von Vorschriften, Bedingungen und Auflagen, die im Interesse des Gewässerschutzes bedeutsam sind, zu wachen. Ihm obliegt es, auf die Anwendung geeigneter Abwasserbehandlungsverfahren hinzuwirken. § 21f WHG formuliert ein allgemeines Benachteiligungsverbot und einen besonderen Kündigungsschutz. Ist der Gewässerschutzbeauftragte Arbeitnehmer des zur Bestellung verpflichteten Benutzers, so ist die Kündigung des Arbeitsverhältnisses nur aus wichtigem Grund zulässig. Die ordentliche Kündigung ist ausgeschlossen. Auch der Gewässerschutzbeauftragte genießt einen nachwirkenden Kündigungsschutz. Nach Abberufung als Gewässerschutzbeauftragter ist die ordentliche Kündigung innerhalb eines Jahres, vom Zeitpunkt der Beendigung der Bestellung an gerechnet, unzulässig.

4. Sonderkündigungsschutz für Abfallbeauftragte

110 Das Gesetz zur Förderung der Kreislaufwirtschaft und Sicherung der umweltverträglichen Beseitigung von Abfällen (Kreislaufwirtschafts- und Abfallgesetz – KrW-/AbfG)[1] vom 27. 9. 1994 verpflichtet Unternehmen unter näher genannten Voraussetzungen zur Bestellung eines Betriebsbeauftragten für Abfall. Der Abfallbeauftragte berät den Betreiber und die Betriebsangehörigen in Angelegenheiten, die für die Kreislaufwirtschaft und die Abfallbeseitigung bedeutsam sein können. Er ist insbesondere für die **Überwachung der Einhaltung des KrW-/AbfG** und der aufgrund dieses Gesetzes erlassenen Rechtsverordnungen verantwortlich. Der Gesetzgeber geht davon aus, daß diese Aufgabe zu Konflikten mit dem Arbeitgeber führen kann. Der Abfallbeauftragte wird deshalb hinsichtlich seiner kündigungsrechtlichen Stellung dem Immissionsschutzbeauftragten gleichgestellt. § 57 Abs. 3 KrW-/AbfG bestimmt, daß auf das Verhältnis zwischen dem Arbeitgeber und dem Abfallbeauftragten die §§ 55–58 des BImSchG entsprechende Anwendung finden. Dies bedeutet, daß auch dem Abfallbeauftragten nur aus wichtigem Grund gekündigt werden kann. Nach seiner Abberufung genießt er einen einjährigen nachwirkenden Kündigungsschutz. Währenddessen ist ebenfalls die ordentliche Kündigung unzulässig[2].

VI. Arbeitsplatzschutz für Wehr- und Zivildienstleistende

111 Wehr- und Zivildienstleistende genießen einen besonderen Kündigungsschutz. Für Wehrdienstleistende ist dieser im Gesetz über den Schutz des Arbeitsplatzes bei Einberufung zum Wehrdienst (Arbeitsplatzschutzgesetz), für Zivildienstleistende im Zivildienstgesetz geregelt.

---

1 BGBl. I, 2705.
2 Nähere Einzelheiten vgl. Rz. 105 f.

VI. Wehr- und Zivildienstleistende

1. Kündigungsschutz für Wehrdienstleistende

a) Geltungsbereich des ArbPlSchG

Das ArbPlSchG gilt für **alle Arbeitnehmer** im Hoheitsgebiet der Bundesrepublik Deutschland. Nach § 15 ArbPlSchG sind Arbeitnehmer im Sinne des Gesetzes Arbeiter und Angestellte sowie die zu ihrer Berufsausbildung Beschäftigten. Für die in Heimarbeit Beschäftigten, die ihren Lebensunterhalt überwiegend aus der Heimarbeit beziehen, gelten die §§ 1–4 und 6 Abs. 2 ArbPlSchG sinngemäß (§ 7 ArbPlSchG). Für Handelsvertreter sind in § 8 ArbPlSchG Sonderregelungen vorgesehen.

112

Das ArbPlSchG enthält Schutzbestimmungen ausschließlich zugunsten der Arbeitnehmer, deren Einberufung durch Maßnahmen veranlaßt worden ist, die auf der **deutschen Wehrgesetzgebung** beruhen. Ausländische Arbeitnehmer können hinsichtlich der Schutzvorschriften dieses Gesetzes nur insoweit gleichgestellt werden, als es sich um Angehörige eines Mitgliedsstaates der Europäischen Gemeinschaft handelt, die im Geltungsbereich des Arbeitsplatzschutzgesetzes beschäftigt werden[1]. Arbeitnehmer, die beispielsweise den verkürzten Wehrdienst in der Türkei ableisten, können sich auf das Arbeitsplatzschutzgesetz nicht berufen. Auf Arbeitgeberseite werden alle Betriebe und Unternehmen der privaten Wirtschaft und des öffentlichen Dienstes erfaßt. Dies gilt grundsätzlich auch für Kleinbetriebe. Für letztere ist aber der Kündigungsschutz in besonderer Weise ausgestaltet.

113

b) Ordentliche Kündigung

Nach § 2 Abs. 1 ArbPlSchG darf der Arbeitgeber das Arbeitsverhältnis von der Zustellung des Einberufungsbescheides an bis zur Beendigung des Grundwehrdienstes sowie während einer Wehrübung nicht kündigen. Eine gleichwohl ausgesprochene Kündigung ist wegen Verstoßes gegen ein gesetzliches Verbot gem. § 134 BGB nichtig. Vor und nach dem Wehrdienst oder einer Wehrübung kann der Arbeitgeber das Arbeitsverhältnis **nicht aus Anlaß des Wehrdienstes kündigen** (§ 2 Abs. 2 Satz 1 ArbPlSchG). Eine derartige Kündigung ist ebenfalls wegen Verstoßes gegen ein gesetzliches Verbot nach § 134 BGB nichtig. Die Beweislast dafür, daß der Wehrdienst nicht Anlaß für die Kündigung war, trifft nach § 2 Abs. 1 Satz 3 ArbPlSchG den Arbeitgeber. Für Arbeitnehmer, die dem Kündigungsschutzgesetz unterfallen, wird der Kündigungsschutz im Rahmen einer betriebsbedingten Kündigung verstärkt. Nach § 2 Abs. 2 Satz 2 ArbPlSchG darf der Arbeitgeber im Rahmen einer betriebsbedingten Kündigung bei der Auswahl der zu entlassenden Arbeitnehmer den Wehrdienst eines Arbeitnehmers nicht zu dessen Ungunsten berücksichtigen. Auch insoweit trifft den Arbeitgeber die Beweislast, daß er den Wehrdienst nicht zuungunsten des Arbeitnehmers bei der Auswahl berücksichtigt hat (§ 2 Abs. 2 Satz 3 ArbPlSchG).

114

---

[1] Ständige Rechtsprechung, BAG v. 22. 12. 1982, BAGE 41, 229; BAG v. 20. 5. 1988, NZA 1989, 464.

c) Außerordentliche Kündigung

115 Das Recht des Arbeitgebers zur außerordentlichen Kündigung aus wichtigem Grund **bleibt unberührt** (§ 2 Abs. 3 Satz 1 ArbPlSchG). Die Einberufung des Arbeitnehmers zum Wehrdienst beinhaltet keinen wichtigen Grund zur Kündigung.

116 Insoweit wird aber für **Kleinbetriebe** mit in der Regel fünf oder weniger Arbeitnehmern ausschießlich der Auszubildenden eine Ausnahme gemacht. Teilzeitbeschäftigte werden nach Umfang ihrer wöchentlichen Tätigkeit mit 0,25 (bis 10 Std.), 0,5 (bis 20 Std.), 0,75 (bis 30 Std.) und 1,0 (bei mehr als 30 Std.) mitgezählt. Wird in einem solchen Betrieb ein unverheirateter Arbeitnehmer zum Grundwehrdienst für eine Zeit von mehr als sechs Monaten herangezogen und ist dem Arbeitgeber infolge der Einstellung einer Ersatzkraft die Weiterbeschäftigung des Arbeitnehmers nach dessen Entlassung aus dem Wehrdienst nicht zumutbar, kann außerordentlich gekündigt werden. Eine solche Kündigung muß vom Arbeitgeber aber unter Einhaltung einer Frist von zwei Monaten für den Zeitpunkt der Entlassung aus dem Wehrdienst ausgesprochen werden (§ 2 Abs. 3 Satz 3 ArbPlSchG). Versäumt der Arbeitgeber diese Frist, verliert er sein Kündigungsrecht. Die Weiterbeschäftigung des aus dem Wehrdienst oder der Wehrübung entlassenen Arbeitnehmers ist dem Arbeitgeber dann unzumutbar, wenn er das Beschäftigungsverhältnis mit der Ersatzkraft nicht mehr lösen kann. Allerdings soll vom Arbeitgeber zu erwarten sein, daß er von vornherein ein befristetes Arbeitsverhältnis mit der Ersatzkraft eingeht, so daß der Arbeitsplatz für den Wehrpflichtigen nach der Entlassung aus dem Wehrdienst oder der Wehrübung wieder rechtzeitig frei wird[1].

d) Klagefrist

117 § 2 Abs. 4 ArbPlSchG sieht eine Sonderregelung für die Klagefrist im Rahmen des Kündigungsschutzgesetzes vor. Geht einem Arbeitnehmer nach der Zustellung des Einberufungsbescheides oder während des Wehrdienstes eine Kündigung zu, so beginnt für ihn die Frist des § 4 Satz 1 KSchG erst **zwei Wochen nach Ende des Wehrdienstes**.

2. Zivildienst

118 Für Zivildienstleistende gilt nach § 78 Abs. 1 Nr. 1 ZDG der Kündigungsschutz des Arbeitsplatzschutzgesetzes entsprechend.

VII. Berufsausbildungsverhältnis

119 Der Kündigungsschutz für Auszubildende ist in **§ 13 BBiG** geregelt. Dieses Gesetz gilt für die Berufsbildung (Berufsausbildung, berufliche Fortbildung und

---

1 LAG Schleswig-Holstein v. 31. 10. 1985, RzK IV. 2. Nr. 1.

berufliche Umschulung), soweit sie nicht in berufsbildenden Schulen durchgeführt wird, die den Schulgesetzen der Länder unterstehen. Ausgeschlossen ist ebenfalls die Berufsbildung in einem öffentlich-rechtlichen Dienstverhältnis bzw. auf Kauffahrteischiffen, soweit es sich nicht um Schiffe der kleinen Hochseefischerei oder der Küstenfischerei handelt.

1. Kündigung während der Probezeit

Nach § 13 BBiG beginnt das Berufsausbildungsverhältnis mit der Probezeit, die mindestens einen Monat betragen muß und höchstens drei Monate betragen darf. Während dieser Probezeit kann das Berufsausbildungsverhältnis von beiden Seiten **jederzeit ohne Einhalten einer Kündigungsfrist** gekündigt werden (§ 15 Abs. 1 BBiG). Das Berufsausbildungsverhältnis kann während der Probezeit aber auch unter Zubilligung einer **Auslauffrist** nach § 15 Abs. 1 BBiG wirksam ordentlich gekündigt werden. Diese Auslauffrist muß aber so bemessen sein, daß sie nicht zu einer unangemessen langen Fortsetzung des Berufsausbildungsvertrages führt, der nach dem endgültigen Entschluß des Kündigenden nicht bis zur Beendigung der Ausbildung durchgeführt werden soll[1]. Wenn die Parteien des Berufsausbildungsvertrages keine abweichende Regelung vereinbart haben und sich ein Ausschluß der Kündigung vor Beginn der Ausbildung auch nicht aus den konkreten Umständen (zB der Abrede oder dem ersichtlichen gemeinsamen Interesse, die Ausbildung jedenfalls für einen bestimmten Teil der Probezeit tatsächlich durchzuführen) ergibt, kann der Berufsausbildungsvertrag entsprechend § 15 Abs. 1 BBiG bereits vor Beginn der Berufsausbildung von beiden Vertragsparteien ordentlich entfristet gekündigt werden[2].

120

2. Kündigung nach Ablauf der Probezeit

Nach Ablauf der Probezeit kann das Berufsausbildungsverhältnis gem. § 15 Abs. 2 BBiG vom Ausbildenden **nur noch aus wichtigem Grund ohne Einhaltung einer Kündigungsfrist** gekündigt werden. Die ordentliche Kündigung ist für ihn ausgeschlossen. Der Auszubildende kann demgegenüber mit einer **Kündigungsfrist von vier Wochen** das Ausbildungsverhältnis lösen, wenn er die Berufsausbildung aufgeben oder sich für eine andere Berufstätigkeit ausbilden lassen will. Die Voraussetzungen des wichtigen Grundes im Sinne des § 15 Abs. 2 Nr. 1 BBiG entsprechen denen des § 626 Abs. 1 BGB. Dem Kündigenden muß daher die Fortsetzung der Ausbildung bis zum Ablauf der Ausbildungszeit unzumutbar sein. Aus dem Vertragszweck, das Ausbildungsziel zu erreichen, sollen sich für den Ausbildenden Kündigungseinschränkungen ergeben. Wichtige Gründe sollen in der Regel nur solche sein, die bei objektiver Vorschau ergeben, daß das Ausbildungsziel erheblich gefährdet oder nicht mehr zu erreichen ist. Bei der Interessenabwägung soll das Verhältnis der zurückgelegten zu

121

---

1 BAG v. 10. 11. 1988, AP Nr. 8 zu § 15 BBiG.
2 BAG v. 17. 9. 1987, AP Nr. 7 zu § 15 BBiG.

der noch verbleibenden Dauer der Ausbildungszeit von wesentlicher Bedeutung sein. Je näher das Ausbildungsziel ist, desto schärfere Anforderungen sollen an den wichtigen Grund gestellt werden müssen. Kurz vor dem Prüfungstermin komme deshalb eine außerordentliche Kündigung durch den Ausbildenden nur noch in Ausnahmefällen in Betracht[1]. Zweifelhaft erscheint allerdings, ob derart strenge Anforderungen auch dann zu stellen sind, wenn es sich um den Vertrauensbereich berührende Vertragsverletzungen handelt, wie etwa Eigentumsdelikte oder tätliche Auseinandersetzungen mit anderen Auszubildenden.

122 Nach § 15 Abs. 4 BBiG ist eine Kündigung aus wichtigem Grund im Sinne des § 15 Abs. 2 Nr. 1 BBiG **unwirksam**, wenn die ihr zugrunde liegenden Tatsachen dem zur Kündigung Berechtigten länger als zwei Wochen bekannt sind. Ist ein vorgesehenes Güteverfahren vor einer außergerichtlichen Stelle eingeleitet, so wird der Lauf dieser Frist bis zu dessen Beendigung gehemmt.

3. Schriftform

123 Die Kündigung eines Berufsausbildungsverhältnisses muß grundsätzlich schriftlich und in den Fällen des § 15 Abs. 2 BBiG (außerordentliche Kündigung und Kündigung des Auszubildenden wegen Aufgabe der Berufsausbildung) unter **Angabe der Kündigungsgründe** erfolgen. § 15 Abs. 3 BBiG enthält insoweit eine qualifizierte Formvorschrift. Wenn der Kündigende im Kündigungsschreiben nur auf die dem Gekündigten bereits vorher mündlich mitgeteilten Kündigungsgründe Bezug nimmt, ohne sie selbst zu beschreiben, ist die Kündigung wegen Verstoßes gegen § 15 Abs. 3 BBiG in Verbindung mit § 134 BGB nichtig[2]. Die Kündigungsgründe sind nur dann in einer § 15 Abs. 3 BBiG genügenden Weise angegeben, wenn der kündigende Ausbildende den maßgebenden Sachverhalt unter Angabe der Tatsachen, aus denen er seinen Kündigungsentschluß herleitet, so umschreibt, daß der gekündigte Auszubildende erkennen kann, um welchen konkreten Vorfall es sich handeln soll. Der Begründungszwang soll zwar nicht so weit reichen wie die Darlegungspflicht im gerichtlichen Verfahren. Die pauschale Angabe eines Grundes (zB Diebstahl) oder die Bezugnahme auf bestimmte Vorfälle genügt nicht[3]. Das qualifizierte Formerfordernis soll sich insbesondere dann auswirken, wenn **Kündigungsgründe nachgeschoben** werden. Kündigungsgründe, die im Zeitpunkt des Kündigungszugangs schon entstanden, dem Arbeitgeber aber noch nicht bekannt waren, können unter bestimmten Umständen nachgeschoben werden (vgl. dazu Teil 3 C Rz. 25 ff.). Im Hinblick auf § 15 Abs. 3 BBiG soll das Nachschieben von Kündigungsgründen bei Berufsausbildungsverhältnissen unzulässig sein[4]. Das Ergebnis erscheint nicht sachgerecht. So läßt die Rechtsprechung ein Nachschieben von Kündigungsgründen auch zu, wenn ein Betriebsrat anzuhören ist. Er muß

---

1 LAG Köln v. 25. 6. 1987, LAGE § 15 BBiG Nr. 4.
2 LAG Köln v. 26. 1. 1982, LAGE § 15 BBiG Nr. 1.
3 LAG Baden-Württemberg v. 11. 7. 1989, LAGE § 15 BBiG Nr. 6.
4 LAG Köln v. 21. 8. 1987, EzA § 15 BBiG Nr. 11; LAG Baden-Württemberg v. 5. 1. 1990, LAGE § 15 BBiG Nr. 7.

VII. Berufsausbildungsverhältnis　　　　　　　　　　　　　　Rz. 125　Teil 3 F

dann nachträglich über die Kündigungsgründe informiert werden[1]. Für die Kündigung von Berufsausbildungsverhältnissen wird man deshalb genügen lassen müssen, wenn der Kündigende die nachgeschobenen Kündigungsgründe alsbald schriftlich mitteilt.

4. Schlichtungsausschuß

Nach § 111 Abs. 2 ArbGG können zur Beilegung von Streitigkeiten zwischen Ausbildenden und Auszubildenden aus einem bestehenden Berufsausbildungsverhältnis im Bereich des Handwerks die Handwerksinnungen und im übrigen die zuständigen Stellen im Sinne des Berufsbildungsgesetzes Schlichtungsausschüsse bilden. Ihnen müssen Arbeitgeber und Arbeitnehmer in gleicher Zahl angehören. Einer eventuellen Klage vor dem Arbeitsgericht muß in allen Fällen die **Verhandlung vor einem (bestehenden) Schlichtungsausschuß** vorangegangen sein[2]. Der Ausschuß muß die Parteien mündlich hören. Wird ein von ihm gefällter Spruch nicht innerhalb einer Woche von beiden Seiten anerkannt, kann binnen zwei Wochen nach Ergehen des Spruches Klage beim zuständigen Arbeitsgericht erhoben werden. Soweit ein solcher Ausschuß gebildet ist, findet ein Güteverfahren vor dem Arbeitsgericht nicht statt. 124

Das Kündigungsschutzgesetz regelt nicht ausdrücklich, ob Auszubildende als Arbeitnehmer und Berufsausbildungsverhältnisse als Arbeitsverhältnisse anzusehen sind. Das BAG hat entschieden, daß die **Vorschriften des Kündigungsschutzgesetzes auch auf Berufsausbildungsverhältnisse anwendbar** sind, soweit nicht besondere Vorschriften eingreifen. So findet § 4 KSchG (dreiwöchige Klagefrist) auch auf Berufsausbildungsverhältnisse Anwendung, soweit nicht gem. § 111 Abs. 2 Satz 5 ArbGG eine Verhandlung vor einem zur Beilegung von Streitigkeiten aus einem Berufsausbildungsverhältnis gebildeten Ausschuß stattfinden muß[3]. Solange das Verfahren vor einem bestehenden Schlichtungsausschuß nicht durchgeführt worden ist, bleibt eine vor dem Arbeitsgericht erhobene Klage unzulässig. Ist der Ausschuß nicht wirksam bestellt worden, ist innerhalb von drei Wochen nach Zugang der Kündigung Klage zu erheben. Erfährt der Auszubildende erst später wegen verzögerlicher oder fehlerhafter Sachbehandlung der zunächst angerufenen Stelle davon, daß ein Schlichtungsausschuß nicht vorhanden war, kommt in der Regel eine nachträgliche Klagezulassung nach § 5 KSchG in Betracht[4]. Im Zweifel ist anzuraten, vorsorglich dennoch eine Klage vor dem Arbeitsgericht zu erheben und sie ggf. später wieder zurückzunehmen. 125

---

1 BAG v. 11. 4. 1985, AP Nr. 39 zu § 102 BetrVG 1972.
2 § 111 Abs. 2 Satz 5 ArbGG.
3 BAG v. 13. 4. 1989, AP Nr. 21 zu § 4 KSchG 1969; BAG v. 5. 7. 1990, AP Nr. 23 zu § 4 KSchG 1969.
4 BAG v. 5. 7. 1990, AP Nr. 23 zu § 4 KSchG 1969.

G. Kündigungen von A–Z

	Rz.
Abkehrwille	1
Abwerbung	2
Alkoholmißbrauch	3
Alkohol- und Drogensucht	7
Alter	8
Anzeige gegen Arbeitgeber	9
Arbeitserlaubnis	10
Arbeitskampf	11
Arbeitsschutz	12
Arbeitsversäumnis	13
Arbeitsverweigerung	14
Außerdienstliches Verhalten	18
Austauschkündigung	19
Beleidigung	
→ Meinungsäußerung	
Betriebsfrieden/betriebliche Ordnung	20
Betriebsstillegung	21
Betriebsveräußerung	22
Diebstahl	23
Drogensucht	
→ Alkohol- und Drogensucht	
Druckkündigung	25
Ehe/Zerrüttung	26
Ehrenämter	27
Eignungs-/Leistungsmangel	28
Fahrerlaubnis/Entzug	29
Fehltage	
→ Arbeitsversäumnis	
Freiheitsstrafe/Haft	30
Insolvenz	31
Kirche	32
Konkurrenztätigkeit	
→ Wettbewerbsverbot	
Konkurs	
→ Insolvenz	
Kontrolleinrichtungen	
→ Stempeluhren	
Krankheit	33
Kritik des Arbeitnehmers am Arbeitgeber	
→ Meinungsäußerung	
Leistungsminderung sowie -unfähigkeit	
→ Eignungs-/Leistungsmangel; Krankheit; Schlecht- und Minderleistung	

	Rz.
Lohnpfändungen	42
Meinungsäußerung	43
Minderleistung	
→ Schlecht- und Minderleistung	
Nachweis- und Mitteilungspflichten	44
Nebentätigkeit	45
Ordnungsverstöße	
→ Betriebsfrieden/betriebliche Ordnung	
Politische Betätigung	46
Rauchverbot	47
Schlecht- und Minderleistung	48
Schmiergelder	49
Sexuelle Belästigung	50
Sicherheitsbereich	51
Spesenbetrug	52
Stempeluhren	53
Strafbare Handlung	54
Strafhaft	
→ Freiheitsstrafe/Haft	
Streik	
→ Arbeitskampf	
Tätlichkeiten	55
Trunkenheit am Steuer	
→ Alkoholmißbrauch; Fahrerlaubnis/Entzug	
Trunksucht	
→ Alkohol- und Drogensucht	
Überschuldung	
→ Lohnpfändungen	
Unentschuldigtes Fehlen	
→ Arbeitsversäumnis	
Unpünktlichkeit	
→ Zuspätkommen	
Untersuchungshaft	
→ Freiheitsstrafe/Haft	
Urlaub	56
Verdachtskündigung	57
Verschwiegenheitspflicht	58
Wettbewerbsverbot	59
Witterungsbedingte Kündigung	60
Zuspätkommen	61

Abkehrwille

Allein der erkennbar gewordene Wille des Arbeitnehmers, den Arbeitsplatz zu wechseln, rechtfertigt **weder eine außerordentliche noch eine ordentliche Kündigung**[1]. Erfüllt der Arbeitnehmer seine arbeitsvertraglichen Pflichten ordnungsgemäß und wirkt sich der Abkehrwille auch nicht in sonstiger Weise konkret nachteilig auf das Arbeitsverhältnis aus, so ist eine Kündigung ausgeschlossen[2]. Dies gilt auch, wenn der Arbeitnehmer Kenntnis über Betriebs- und Geschäftsgeheimnisse hat und zu einem Konkurrenten wechseln will[3]. Es kann jedoch eine ordentliche Kündigung sozial gerechtfertigt sein, wenn sich eine neue Kraft gefunden hat und der Arbeitnehmer auf einer Position beschäftigt wird, für die sonst nur schwierig Ersatz zu finden ist[4]. Eine außerordentliche Kündigung kommt von vornherein nicht in Betracht[5].

Abwerbung

Eine unzulässige Abwerbung ist gegeben, wenn ein Arbeitnehmer auf Arbeitskollegen **ernsthaft und beharrlich einwirkt** mit dem **Ziel**, diese zur **Aufgabe des Arbeitsverhältnisses** zu bewegen, um ein **neues zu begründen**[6]. Daß diese mit unlauteren Mitteln erfolgt oder sittenwidrig ist, ist nicht erforderlich. Die Abwerbung kann nur in **schwerwiegenden Fällen** die **außerordentliche Kündigung** rechtfertigen[7]. Ein solcher Fall ist gegeben, wenn der Abwerbende eine Vergütung für die Abwerbung empfängt, den Abzuwerbenden zum Vertragsbruch zu verleiten versucht oder dieser für ein Konkurrenzunternehmen arbeiten soll[8]. Weist ein Arbeitnehmer Arbeitskollegen lediglich darauf hin, daß er sich selbständig machen will, ist dies noch keine Abwerbung[9].

Alkoholmißbrauch

→ sa. Alkohol- und Drogensucht, Rz. 7; Fahrerlaubnis/Entzug, Rz. 29

Liegt alkoholbedingtes Fehlverhalten im Betrieb vor, ist zunächst zu prüfen, ob dieses auf **krankhaftem Alkoholismus oder Alkoholabhängigkeit** beruht. Davon ist auszugehen, wenn infolge psychischer und physischer Abhängigkeit gewohnheits- und übermäßiger Alkoholgenuß trotz besserer Einsicht nicht aufgegeben oder reduziert werden kann. Ist dies zu bejahen, ist eine verhaltensbedingte Kündigung mangels Schuldvorwurf sozialwidrig[10], und es kommt nur eine personenbedingte Kündigung in Betracht (s. Rz. 7).

---

1 KR/*Etzel*, § 1 KSchG Rz. 402.
2 *Staudinger/Preis*, § 626 BGB Rz. 126.
3 RGRK/*Corts*, § 626 BGB Rz. 86; KR/*Hillebrecht*, § 626 BGB Rz. 299.
4 LAG Frankfurt v. 11. 4. 1985, NZA 1986, 31.
5 *Staudinger/Preis*, § 626 BGB Rz. 126; KR/*Hillebrecht*, § 626 BGB Rz. 299.
6 KR/*Hillebrecht*, § 626 BGB Rz. 300; *Staudinger/Preis*, § 626 BGB Rz. 127.
7 LAG Rheinland-Pfalz v. 7. 2. 1992, LAGE § 626 BGB Nr. 64.
8 KR/*Hillebrecht*, § 626 BGB Rz. 300; *Staudinger/Preis*, § 626 BGB Rz. 128.
9 MünchKomm/*Schwerdtner*, § 626 BGB Rz. 72.
10 BAG v. 26. 1. 1995, AP Nr. 34 zu § 1 KSchG 1969 – Verhaltensbedingte Kündigung = EzA § 1 KSchG – Verhaltensbedingte Kündigung Nr. 46.

4 Beruht die Pflichtverletzung wegen Alkoholisierung im Betrieb **nicht** auf **Alkoholabhängigkeit,** kommt – in aller Regel nach erfolgloser Abmahnung – eine **verhaltensbedingte Kündigung** in Betracht[1]. Sodann gilt folgendes:

5 Verstößt ein Arbeitnehmer gegen ein **absolutes Alkoholverbot,** ist dies nach vorheriger Abmahnung im allgemeinen ein Umstand, der den Arbeitgeber zur ordentlichen Kündigung berechtigt[2].

6 Besteht ein **eingeschränktes Alkoholverbot** oder ist **keine Regelung** getroffen, ist es dem Arbeitnehmer dennoch verboten, sich durch Alkoholverzehr in einen Zustand zu versetzen, in dem er sich oder andere gefährdet oder seine Pflichten aus dem Arbeitsverhältnis nicht erfüllen kann. Ob der Arbeitnehmer bereits alkoholisiert zur Arbeit erscheint oder den Alkohol erst im Betrieb trinkt, ist unerheblich[3]. Starre Promillegrenzen wie im Strafrecht gelten nicht. Die Frage der arbeitsrechtlichen Pflichtverletzung richtet sich im Einzelfall an der auszuübenden Tätigkeit sowie regionalen und branchenspezifischen Gesichtspunkten aus. Während bei einem operierenden Unfallchirurgen oder einem Piloten schon eine geringe Alkoholisierung als arbeitsvertragliche Pflichtverletzung anzusehen ist, wird dies bei einem Bauarbeiter nicht so schnell anzunehmen sein, zumindest solange keine Unfallgefahren drohen. Zum **Nachweis der Alkoholisierung** reicht es aus, wenn der Arbeitgeber darlegt, aufgrund welcher Indizien (Alkoholfahne, lallende Sprache, schwankender Gang, aggressives Verhalten) er subjektiv den Eindruck einer Alkoholisierung gewonnen hat und den entsprechenden Beweis durch Zeugenaussage führt. Ein **Alkoholtest** (Untersuchung des Blutalkoholwertes oder Atemalkoholanalyse durch Alkomat) kommt wegen des verfassungsmäßig garantierten Grundrechts auf körperliche Integrität nur in Betracht, wenn der Arbeitnehmer sich damit einverstanden erklärt. Sind im Betrieb entsprechende Möglichkeiten vorhanden und ist die Alkoholisierung nicht offensichtlich (z.B. bei erkennbarer Volltrunkenheit), ist dem Arbeitnehmer Gelegenheit zu geben, durch objektive Tests (Alkomat oder Blutprobe) den Verdacht einer Alkoholisierung auszuräumen. In der Verweigerung der Überprüfung eines mittels Alkomat durchgeführten Tests durch eine Blutprobe kann ein Indiz für einen erheblichen Alkoholkonsum gesehen werden[4]. Eine hochgradige Alkoholisierung im Privatbereich läßt nicht ohne weiteres Rückschlüsse auf die Zuverlässigkeit eines Berufsfahrzeugführers (hier: U-Bahn-Zugführer) zu[5].

---

1 BAG v. 26. 1. 1995, AP Nr. 34 zu § 1 KSchG 1969 – Verhaltensbedingte Kündigung; Künzl, BB 1993, 1581.
2 BAG v. 22. 7. 1982, EzA § 1 KSchG – Verhaltensbedingte Kündigung Nr. 10; LAG Hamm v. 15. 12. 1989, LAGE § 1 KSchG – Verhaltensbedingte Kündigung Nr. 26.
3 BAG v. 26. 1. 1995, AP Nr. 34 zu § 1 KSchG 1969 – Verhaltensbedingte Kündigung = EzA § 1 KSchG – Verhaltensbedingte Kündigung Nr. 46.
4 BAG v. 26. 1. 1995, AP Nr. 34 zu § 1 KSchG 1969 – Verhaltensbedingte Kündigung = EzA § 1 KSchG – Verhaltensbedingte Kündigung Nr. 46.
5 BAG v. 4. 6. 1997, NZA 1997, 1281.

Alkohol- und Drogensucht

Von **krankhaftem Alkoholismus oder Alkoholabhängigkeit** ist auszugehen, wenn infolge **psychischer und physischer Abhängigkeit** gewohnheits- und übermäßiger Alkoholgenuß trotz besserer Einsicht nicht aufgegeben oder reduziert werden kann. Beruht ein Alkoholmißbrauch im Betrieb auf krankhaftem Alkoholismus, ist eine verhaltensbedingte Kündigung mangels Schuldvorwurf sozialwidrig. Alkoholabhängigkeit wird von der Rechtsprechung als Krankheit im medizinischen Sinne behandelt, es sind also die Maßstäbe der **personenbedingten Kündigung** wegen Krankheit zugrundezulegen[1] (näheres unter → **Krankheit**, Rz. 33 ff.). Nach dem Grundsatz der Verhältnismäßigkeit ist der Arbeitgeber verpflichtet, dem Arbeitnehmer zunächst die Durchführung einer **Entziehungskur** zu ermöglichen[2]. Weigert sich der Arbeitnehmer, rechtfertigt dies eine negative Gesundheitsprognose. Eine nach Ausspruch der Kündigung durchgeführte Entziehungskur kann nicht zur Korrektur der Prognose herangezogen werden[3]. Eine außerordentliche Kündigung wegen Alkoholkrankheit kommt nur bei einem tariflich unkündbaren Arbeitnehmer in Betracht[4]. – Dieselben Grundsätze finden auch bei **Drogensucht** Anwendung[5]. 7

Alter

Das Lebensalter allein kann **keinen Kündigungsgrund** darstellen. Etwas anderes gilt, wenn sich dieses leistungsmindernd auswirkt (→ **Eignungsmangel**, Rz. 28). Gemäß § 41 Abs. 4 SGB VI rechtfertigt auch ein Anspruch auf Altersrente die Kündigung nicht. 8

Anzeige gegen Arbeitgeber

Zu unterscheiden ist zunächst, ob die Beanstandungen des Arbeitnehmers berechtigt sind oder nicht. Erfolgt die **Anzeige wider besseres Wissen**, rechtfertigt dies eine ordentliche, uU (bei völlig haltlosen Vorwürfen aus verwerflicher Motivation) auch eine außerordentliche Kündigung[6]. Eine vorherige Abmahnung ist in dem Fall nicht erforderlich. Auch bei einer Anzeige des Arbeitnehmers als Reaktion auf ein **gesetzwidriges Verhalten des Arbeitgebers** muß der Arbeitnehmer den Arbeitgeber zuvor über seine Beanstandungen informieren und binnen angemessener Frist Gelegenheit zur Abhilfe geben[7]. Leitet der Arbeitnehmer gegen den Arbeitgeber wegen eines Verdachts ein behördliches Verfahren ein, ohne den Arbeitgeber vorher zu informieren und ihm von dem Verdacht Kenntnis zu geben, rechtfertigt dies die ordentliche Kündigung[8]. Will 9

---

1 BAG v. 26. 1. 1995, AP Nr. 34 zu § 1 KSchG 1969 – Verhaltensbedingte Kündigung.
2 KR/*Etzel*, § 1 KSchG Rz. 281 mwN.
3 BAG v. 9. 4. 1987, EzA § 1 KSchG – Krankheit Nr. 18.
4 LAG Köln v. 4. 5. 1995, DB 1995, 276.
5 KR/*Etzel*, § 1 KSchG Rz. 283.
6 RGRK/*Corts*, § 626 BGB Rz. 92.
7 KR/*Etzel*, § 1 KSchG Rz. 411; *Preis*, DB 1990, 630, 633.
8 ArbG Berlin v. 29. 5. 1990, EzA § 1 KSchG – Verhaltensbedingte Kündigung Nr. 31.

ein als Kraftfahrer beschäftigter Arbeitnehmer den Arbeitgeber anzeigen, muß er vorher vergeblich versucht haben, den Arbeitgeber zur Herstellung der Verkehrstüchtigkeit des Fahrzeugs zu veranlassen; andernfalls rechtfertigt dies die ordentliche Kündigung[1]. Dagegen ist es zu weitgehend, in die Abwägung mit einzubeziehen, ob sich der Arbeitnehmer selbst hätte helfen können oder darauf angewiesen war, behördliche Hilfe in Anspruch zu nehmen[2]. Eine Strafanzeige des Betriebsrats gegen den Arbeitgeber ist auch dann kein Grund für eine außerordentliche Kündigung, wenn keiner der Tatbestände nach § 119 Abs. 2 BetrVG gegeben ist, der Betriebsrat jedoch davon ausgehen durfte[3].

Arbeitserlaubnis

10 Wurde dem Arbeitnehmer die erforderliche Arbeitserlaubnis rechtskräftig versagt, kommt in aller Regel eine **ordentliche Kündigung aus personenbedingten Gründen** in Betracht, denn der Arbeitnehmer ist zur Leistung der vertraglich geschuldeten Dienste dauerhaft außerstande. Ist hierüber noch nicht rechtskräftig entschieden, ist darauf abzustellen, ob für den Arbeitgeber bei objektiver Beurteilung im Zeitpunkt der Kündigung mit der Erteilung der Erlaubnis in absehbarer Zeit zu rechnen war und der Arbeitsplatz für den Arbeitnehmer ohne erhebliche betriebliche Beeinträchtigung nicht offengehalten werden konnte[4]. Da eine Vergütungspflicht aufgrund des Beschäftigungsverbots (§ 19 Abs. 1 Satz 5 AFG) nicht besteht, wird eine **außerordentliche Kündigung nur ausnahmsweise** in Betracht kommen, wenn der Arbeitgeber den Arbeitsplatz sofort wieder besetzen muß[5].

Arbeitskampf

11 Die Teilnahme an einem **rechtswidrigen Streik** ist Arbeitsvertragsbruch und kann daher nach wiederholter Aufforderung zur Arbeitsleistung eine außerordentliche Kündigung rechtfertigen. Dabei sind einerseits der Grad der Beteiligung des Arbeitnehmers, die Erkennbarkeit der Rechtswidrigkeit der Maßnahme, andererseits ein etwaiges rechtswidriges Verhalten des Arbeitgebers zu berücksichtigen[6]. Ist der rechtswidrige Streik **von der Gewerkschaft geführt** und daher die Rechtswidrigkeit des Streiks für den Arbeitnehmer nicht ohne weiteres erkennbar, scheidet eine Kündigung im allgemeinen aus[7]. Die Teilnahme an einem **rechtmäßigen Streik** rechtfertigt keine Kündigung[8].

---

1 LAG Düsseldorf v. 21. 5. 1996, BB 1996, 2411.
2 So aber: LAG Baden-Württemberg v. 20. 10. 1996, EzA § 1 KSchG – Verhaltensbedingte Kündigung Nr. 8 mit ablehnender Anm. von *Weiss*.
3 KR/*Hillebrecht*, § 626 BGB Rz. 302; MünchKomm/*Schwerdtner*, § 626 BGB Rz. 70, allerdings ohne die Einschränkung.
4 BAG v. 7. 2. 1990, EzA § 1 KSchG – Personenbedingte Kündigung Nr. 8.
5 BAG v. 13. 1. 1977, EzA § 19 AFG Nr. 2 = AP Nr. 2 zu § 19 AFG.
6 BAG v. 29. 11. 1983, AP Nr. 78 zu § 626 BGB.
7 MünchKomm/*Schwerdtner*, § 626 BGB Rz. 90; KR/*Etzel*, § 1 KSchG Rz. 413.
8 KR/*Etzel*, § 1 KSchG Rz. 413.

Arbeitsschutz

Der schuldhafte Verstoß gegen arbeitsschutzrechtliche Bestimmungen kann nach vorheriger Abmahnung die außerordentliche Kündigung rechtfertigen. Entscheidend ist die objektive Gefahr, die durch den Verstoß hervorgerufen wurde[1]. 12

Arbeitsversäumnis

→ sa. Arbeitsverweigerung, Rz. 14; Zuspätkommen, Rz. 61

Wiederholtes unberechtigtes und unentschuldigtes Fehlen oder verspäteter Arbeitsantritt eines Arbeitnehmers (in gut eineinhalb Jahren viermal einen ganzen Tag und trotz dreier Abmahnungen im letzten Monat vor der Kündigung zweimal) stellt einen Verstoß gegen die arbeitsvertragliche Pflicht zur Erbringung der geschuldeten Arbeitsleistung dar und ist daher nach Abmahnung an sich geeignet, eine ordentliche verhaltensbedingte Kündigung zu rechtfertigen[2]. Dies wirkt sich unmittelbar als Störung im Leistungsbereich aus. Ob diese sich auch noch konkret nachteilig auf den Betriebsablauf oder den Betriebsfrieden ausgewirkt hat, ist nicht für die Eignung als Kündigungsgrund, sondern nur (zusätzlich) für die Interessenabwägung erheblich[3]. Ebenso ist **unbefugtes vorzeitiges Verlassen des Arbeitsplatzes** nach vorheriger Abmahnung an sich geeignet, einen wichtigen Grund zur außerordentlichen Kündigung des Arbeitgebers abzugeben[4]. Nimmt der Arbeitgeber eine Arbeitsversäumnis zum Anlaß einer Kündigung, braucht er nicht von vornherein alle denkbaren Rechtfertigungsgründe zu widerlegen. Der Arbeitnehmer ist vielmehr gehalten, den Vorwurf, unberechtigt gefehlt zu haben, unter genauer Angabe der Gründe, die ihn an der Arbeitsleistung gehindert haben, zu bestreiten. Macht er geltend, er sei krank gewesen, ist dazu kein ärztliches Attest erforderlich. Der Arbeitnehmer muß aber, wenn er kein ärztliches Attest vorlegen kann, substantiiert darlegen, warum er krank war und weshalb er deswegen nicht zur Arbeit erscheinen konnte[5]. 13

Arbeitsverweigerung

→ sa. Arbeitsversäumnis, Rz. 13

Die Kündigung wegen Arbeitsverweigerung setzt voraus, daß der Arbeitnehmer nicht nur **objektiv,** sondern auch **rechtswidrig und schuldhaft** gegen die Ar- 14

---

1 LAG Köln v. 17. 3. 1993, LAGE § 626 BGB Nr. 71.
2 BAG v. 17. 1. 1991, AP Nr. 25 zu § 1 KSchG 1969 – Verhaltensbedingte Kündigung = EzA § 1 KSchG Verhaltensbedingte Kündigung Nr. 37.
3 BAG v. 17. 1. 1991, AP Nr. 25 zu § 1 KSchG 1969 – Verhaltensbedingte Kündigung = EzA § 1 KSchG Verhaltensbedingte Kündigung Nr. 37; BAG v. 23. 9. 1992, EzA § 1 KSchG – Verhaltensbedingte Kündigung Nr. 44.
4 BAG v. 24. 11. 1983, AP Nr. 76 zu § 626 BGB.
5 BAG v. 23. 9. 1992, EzA § 1 KSchG – Verhaltensbedingte Kündigung Nr. 44.

beitspflicht verstoßen hat[1]. Dies ist zu verneinen, wenn der Arbeitnehmer **berechtigt ist, Arbeiten abzulehnen**, weil

- er hierzu **nach** seinem **Vertrag nicht verpflichtet** ist oder

- der Arbeitgeber ihm diese unter **Überschreitung des Direktionsrechts** nach Art, Zeit und Ort zuweist oder

- der Arbeitgeber bei der Ausübung seines Direktionsrechts die **Grundsätze billigen Ermessens nicht gewahrt** hat[2] oder

- der Arbeitnehmer eine Tätigkeit ausüben soll, die **gegen das Gesetz** bzw. die **guten Sitten** verstößt[3] oder

- der Arbeitnehmer in einen **Gewissenskonflikt** versetzt wird, der unter Abwägung der beiderseitigen Interessen vermeidbar gewesen wäre[4] (Druck eines kriegsverherrlichenden Werbebriefes durch einen Kriegsdienstverweigerer; Schwangerschaftsabbruch durch einen Arzt; Entwicklung einer chemischen Substanz für militärische Zwecke); der Gewissenskonflikt darf nicht schon bei Abschluß des Arbeitsvertrages vorhersehbar gewesen sein; besteht allerdings keine anderweitige Beschäftigungsmöglichkeit, kann dies uU eine personenbedingte Kündigung wegen Nichteignung rechtfertigen[5]; oder

- dem Arbeitnehmer ein **Zurückbehaltungsrecht** an seiner Arbeitsleistung (§ 273 BGB) zusteht.

15 Ein Zurückbehaltungsrecht kommt gemäß §§ 273 Abs. 1, 618 Abs. 1 BGB in Betracht, wenn sich der **Arbeitsplatz** in einem **ordnungswidrigen Zustand** befindet, weil er beispielsweise mit Chemikalien oder sonstigen Gefahrstoffen über das in der Umwelt sonst übliche Maß hinaus schadstoffbelastet ist[6], oder bestimmte baurechtliche Grenzwerte für Schadstoffe überschritten werden und in dem Bereich üblicherweise ohne Schutzkleidung gearbeitet wird[7]. Ein Zurückbehaltungsrecht nach § 21 Abs. 6 Satz 2 GefStoffV besteht nicht schon dann, wenn der Arbeitnehmer in gefahrstoffbelasteten Räumen arbeitet; erfaßt sind hiervon vielmehr nur Personen, die selbst mit Gefahrstoffen umgehen[8]. Ein Zurückbehaltungsrecht steht dem Arbeitnehmer ferner zu, wenn der **Arbeitgeber fällige Ansprüche nicht erfüllt**. Der Arbeitnehmer muß dieses Zurückbehaltungsrecht gemäß § 242 BGB unter Beachtung des Grundsatzes von Treu und Glauben ausüben; er darf also die Arbeit nicht verweigern, wenn ein Lohnrückstand verhältnismäßig geringfügig ist, nur eine kurzfristige Verzöge-

---

1 BAG v. 25. 10. 1984, AP Nr. 3 zu § 273 BGB; BAG v. 25. 10. 1989, EzA § 1 KSchG – Verhaltensbedingte Kündigung Nr. 30.
2 BAG v. 25. 10. 1989, EzA § 1 KSchG – Verhaltensbedingte Kündigung Nr. 30.
3 BAG v. 20. 12. 1984, AP Nr. 27 zu § 611 BGB – Direktionsrecht mit zust. Anm. von *Brox*.
4 BAG v. 20. 12. 1984, AP Nr. 27 zu § 611 BGB – Direktionsrecht; BAG v. 24. 5. 1989, AP Nr. 1 zu § 611 BGB – Gewissensfreiheit.
5 BAG v. 24. 5. 1989, AP Nr. 1 zu § 611 BGB – Gewissensfreiheit.
6 BAG v. 8. 5. 1996, NZA 1997, 86.
7 BAG v. 19. 2. 1997, AP Nr. 24 zu § 618 BGB.
8 BAG v. 8. 5. 1996, NZA 1997, 86 entgegen BAG v. 2. 2. 1994, AP Nr. 4 zu § 273 BGB = NZA 1994, 610.

rung der Lohnzahlung zu erwarten ist, dem Arbeitgeber ein unverhältnismäßig hoher Schaden entstehen kann, oder der Lohnanspruch auf andere Weise gesichert ist. Als eine solche Sicherung gelten nicht zu erwartende Ansprüche auf Konkursausfallgeld, wenn das Konkursverfahren noch nicht eröffnet ist[1]. – Eigenmächtiges Fernbleiben vom Arbeitsplatz wegen **Kinderbetreuung**[2] ist nach vorheriger Abmahnung an sich geeignet, eine verhaltensbedingte Kündigung zu rechtfertigen. Aufgrund der Personensorge für das Kind kann zwar ein **Leistungsverweigerungsrecht wegen unverschuldeter Pflichtenkollision** bestehen und damit die Rechtswidrigkeit der Arbeitspflichtverletzung ausschließen; oder hierin kann eine nicht zu vertretende Unmöglichkeit der Arbeitsleistung liegen, die zu einer Schuldbefreiung führt. Die Arbeitnehmerin darf die Pflichtenkollision bzw. die Unmöglichkeit jedoch nicht verschuldet haben. Hieran fehlt es, wenn die Arbeitnehmerin nicht ihrerseits alles mögliche getan hat, um den Konfliktfall abzuwenden. Hinsichtlich der Rechtfertigungs- bzw. Entschuldigungsgründe trägt der Arbeitnehmer die Darlegungslast[3]. – Bei **Erkrankung eines Kindes** soll der Arbeitnehmer gemäß § 45 Abs. 3 Satz 1 SGB V nicht nur einen Anspruch auf Freistellung haben, sondern der Arbeit auch eigenmächtig fernbleiben dürfen, wenn ihm dieses rechtswidrig verweigert wird. Eine daraufhin ausgesprochene Kündigung ist gemäß § 612a BGB nichtig[4].

Eine Arbeitsverweigerung ist zu verneinen, wenn dem Arbeitnehmer die **Erfüllung der Arbeitspflicht unzumutbar** ist; dies gilt beispielsweise für die **direkte Streikarbeit**, das heißt, wenn die von den Streikenden zu erbringenden Arbeiten nicht zum vertraglichen Tätigkeitsbereich gehören[5]. Ein nicht streikender Arbeitnehmer darf allerdings die Verrichtung seiner vertraglich vereinbarten Tätigkeiten nicht ablehnen[6]. 16

Beharrliche Verstöße gegen arbeitsvertragliche Pflichten rechtfertigen in aller Regel eine außerordentliche Kündigung[7]. Beharrlich ist die Arbeitsverweigerung, wenn sie trotz Abmahnung **wiederholt begangen** wird und sich daraus der Wille des Arbeitnehmers ergibt, den arbeitsvertraglichen Pflichten in Zukunft **bewußt und nachhaltig** nicht nachkommen zu wollen[8]. Es genügt nicht, daß der Arbeitnehmer eine Weisung unbeachtet läßt, vielmehr muß eine **intensive Weigerung** vorliegen. In einmaligen Fällen der Nichtbefolgung einer Anweisung ist das Moment der Beharrlichkeit durch eine vorhergehende, erfolglose Abmahnung zu verdeutlichen[9]. 17

---

1 BAG v. 25. 10. 1984, AP Nr. 3 zu § 273 BGB.
2 BAG v. 21. 5. 1992, AP Nr. 29 zu § 1 KSchG 1969 – Verhaltensbedingte Kündigung = EzA § 1 KSchG Verhaltensbedingte Kündigung Nr. 43.
3 BAG v. 21. 5. 1992, AP Nr. 29 zu § 1 KSchG 1969 – Verhaltensbedingte Kündigung = EzA § 1 KSchG Verhaltensbedingte Kündigung Nr. 43.
4 LAG Köln v. 13. 10. 1993, NZA 1995, 128 (LS).
5 *Staudinger/Preis*, § 626 BGB Rz. 148; BAG v. 28. 10. 1971, EzA § 626 BGB nF Nr. 9.
6 *Staudinger/Preis*, § 626 BGB Rz. 148.
7 BAG v. 21. 11. 1996, NZA 1997, 487 = DB 1997, 832.
8 BAG v. 21. 11. 1996, NZA 1997, 487; BAG v. 17. 3. 1988, AP Nr. 99 zu § 626 BGB.
9 BAG v. 21. 11. 1996, NZA 1997, 487.

Außerdienstliches Verhalten

→ sa. Diebstahl, Rz. 23 f.; Ehrenämter, Rz. 27; Kirche, Rz. 32; Lohnpfändungen, Rz. 42; Politische Betätigung, Rz. 46

18 Ein der Privatsphäre des Arbeitnehmers zuzuordnendes außerdienstliches Verhalten, das nur reflexartig Auswirkungen auf das Arbeitsverhältnis hat, **berechtigt** in aller Regel **nicht** zu einer **Kündigung**. Etwas anderes kann für Arbeitnehmer in kirchlichen Diensten gelten (→ **Kirche,** Rz. 32). Die Verpflichtungen des Arbeitnehmers gegenüber seinem Arbeitgeber enden grundsätzlich dort, wo der private Bereich beginnt. Dessen Gestaltung wird durch den Arbeitsvertrag nur insoweit eingeschränkt, als sich das private Verhalten auf den betrieblichen Bereich auswirkt und dort zu Störungen führt oder solche Auswirkungen befürchten läßt[1] (übermäßige Verschuldung eines Kassierers, Trunkenheitsfahrten eines Berufskraftfahrers). Es muß sich ferner um nachhaltige, schwerwiegende Beeinträchtigungen des Arbeitsverhältnisses handeln[2]. Dies gilt erst recht, wenn die Umstände dem Intimbereich des Arbeitnehmers zuzuordnen sind. So hat der Arbeitnehmer die Freiheit, das private Geschlechtsleben nach eigener Entscheidung zu gestalten (Kündigung wegen Homosexualität)[3]. Dies gilt auch bei Aufnahme sexueller Beziehungen durch einen Arbeitnehmer mit einer verheirateten Frau desselben Betriebes[4].

Austauschkündigung

19 Diese ist gegeben, wenn der Arbeitgeber einen Arbeitnehmer nur deswegen kündigt, um an dessen Stelle einen anderen Beschäftigten einsetzen zu können. Beispiele: Freikündigen eines leistungsgerechten Arbeitsplatzes für einen behinderten Arbeitnehmer; Kündigung eines Lehrers in Nebentätigkeit, um einen arbeitslosen Lehrer einzustellen[5]; Kündigung eines Schiffsoffiziers, um dessen Arbeitsplatz nach ausländischem Recht besetzen zu lassen[6]. Die Austauschkündigung ist grundsätzlich **sozial ungerechtfertigt**[7].

Beleidigung

→ Meinungsäußerung, Rz. 43

Betriebsfrieden, betriebliche Ordnung

→ sa. Meinungsäußerung, Rz. 43; Politische Betätigung, Rz. 46

---

1 BAG v. 23. 6. 1994, EzA § 242 BGB Nr. 39 mit abl. Anm. von *von Hoyningen-Huene.*
2 LAG Rheinland-Pfalz v. 18. 2. 1978, EzA § 1 KSchG – Verhaltensbedingte Kündigung Nr. 5.
3 BAG v. 23. 6. 1994, EzA § 242 BGB Nr. 39 mit abl. Anm. von *von Hoyningen-Huene.*
4 KR/*Hillebrecht,* § 626 BGB Rz. 309; MünchKomm/*Schwerdtner,* § 626 BGB Rz. 125.
5 BAG v. 13. 3. 1987, EzA § 1 KSchG – Betriebsbedingte Kündigung Nr. 44.
6 BAG v. 26. 9. 1996, NZA 1997, 202 = BB 1997, 260 = DB 1997, 178.
7 BAG v. 26. 9. 1996, NZA 1997, 202 = BB 1997, 260 = DB 1997, 178; BAG v. 13. 3. 1987, EzA § 1 KSchG – Betriebsbedingte Kündigung Nr. 44.

Nach der Definition des BAG ist der Betriebsfrieden abhängig und wird bestimmt von der Summe aller derjenigen Faktoren, die das Zusammenleben und Zusammenwirken der in einem Betrieb tätigen Betriebsangehörigen ermöglichen, erleichtern oder auch nur erträglich machen. Der Betriebsfrieden als ein die Gemeinschaft aller Betriebsangehörigen umschließender Zustand ist daher immer dann gestört, wenn das störende Ereignis einen **kollektiven Bezug** aufweist[1]. Wird eine Kündigung auf die Störung des Betriebsfriedens gestützt, reicht dessen abstrakte Gefährdung nicht, vielmehr muß dieser **tatsächlich gestört** sein; es genügt, daß es erfahrungsgemäß zu eine Störung kommen wird[2]. Eine Störung des Betriebsfriedens kommt insbesondere im Rahmen politischer Betätigung (s. Rz. 46) oder Meinungsäußerungen (s. Rz. 43) im Betrieb während der Arbeitszeit in Betracht. Verstöße gegen die betriebliche Ordnung sind zB die Verletzung des Rauch- oder Alkoholverbots (s. Rz. 5 und 47).

20

Betriebsstillegung

Unter Betriebsstillegung ist die Auflösung der zwischen Arbeitgeber und Arbeitnehmer bestehenden Betriebs- und Produktionsgemeinschaft zu verstehen, die ihre Veranlassung und zugleich ihren unmittelbaren Ausdruck darin findet, daß der Arbeitgeber die bisherige wirtschaftliche Betätigung in der ernstlichen Absicht einstellt, den bisherigen Betriebszweck dauernd oder für eine ihrer Dauer nach unbestimmte, wirtschaftlich nicht unerhebliche Zeitspanne nicht weiter zu verfolgen. Der Arbeitgeber muß endgültig entschlossen sein, den Betrieb stillzulegen[3]. Der Arbeitgeber ist nicht gehalten, eine Kündigung erst nach Durchführung der Stillegung auszusprechen. Es kommt auch eine **Kündigung wegen beabsichtigter Stillegung** in Betracht, wenn sich die betrieblichen Gründe konkret und greifbar abzeichnen. Sie liegen dann vor, wenn im Zeitpunkt des Ausspruchs der Kündigung aufgrund einer vernünftigen, betriebswirtschaftlichen Betrachtung davon auszugehen ist, zum Zeitpunkt des Kündigungstermins sei mit einiger Sicherheit der Eintritt eines die Entlassung erforderlich machenden betrieblichen Grundes gegeben[4]. Der Arbeitnehmer hat einen Anspruch auf Fortsetzung des Arbeitsverhältnisses (**Wiedereinstellung**), wenn der **betriebsbedingte Kündigungsgrund während der Kündigungsfrist wegfällt** (zB wegen Betriebsübernahme). Voraussetzung ist, daß der Arbeitgeber mit Rücksicht auf die Wirksamkeit der Kündigung noch keine Dispositionen getroffen hat und ihm die unveränderte Fortsetzung des Arbeitsverhältnisses zumutbar ist. Letzteres ist während des Laufs der Kündigungsfrist regelmäßig zu bejahen. Der Anspruch richtet sich auf Wiederbegründung der vertraglichen Pflichten aus dem Arbeitsverhältnis. In dem Klageantrag auf Wiedereinstellung oder auch Weiterbeschäftigung liegt das Angebot des Arbeitnehmers auf Abschluß eines Vertrages über die Fortsetzung des Arbeitsverhältnisses nach Ab-

21

---

1 BAG v. 9. 12. 1982, AP Nr. 73 zu § 626 BGB.
2 BAG v. 26. 5. 1977, EzA § 611 BGB – Beschäftigungspflicht Nr. 2.
3 BAG v. 10. 10. 1996, NZA 1997, 251 mwN.
4 BAG v. 10. 10. 1996, NZA 1997, 251.

lauf der Kündigungsfrist[1]. – Wird im Rahmen einer Betriebsstillegung allen Arbeitnehmern gekündigt, kommt eine Auswahl der Arbeitnehmer unter sozialen Gesichtspunkten nicht mehr in Betracht[2]. Bei einer etappenweisen Betriebsstillegung ist dagegen weiterhin eine Sozialauswahl notwendig[3]. Die Betriebsstillegung rechtfertigt in aller Regel nur eine **ordentliche Kündigung,** da der Arbeitgeber nicht das Wirtschaftsrisiko auf den Arbeitnehmer abwälzen darf[4]. Ganz **ausnahmsweise** kann auch eine Betriebsstillegung geeignet sein, eine **außerordentliche Kündigung** zu rechtfertigen, nämlich wenn die ordentliche Kündigung ausgeschlossen und eine Versetzung in einen anderen Betrieb des Unternehmens nicht möglich ist[5]. Allerdings ist die außerordentliche Kündigung in diesen Fällen nur unter Einhaltung der ordentlichen (tariflichen oder gesetzlichen) Kündigungsfrist möglich. Grund ist, daß dem geschützten Arbeitnehmer aus der Unkündbarkeit kein Nachteil gegenüber den anderen Arbeitnehmern entstehen darf[6], der bei einer außerordentlichen Kündigung ohne Einhaltung einer Frist eintreten würde.

Betriebsveräußerung

22 Kündigungen durch den bisherigen Arbeitgeber oder durch den neuen Betriebsinhaber wegen einer Betriebsveräußerung sind gemäß § 613a Abs. 4 Satz 1 BGB **generell rechtsunwirksam.** Die Bestimmung enthält ein eigenständiges Kündigungsverbot und stellt nicht nur die Sozialwidrigkeit der Kündigung klar[7]. Das Recht zur **Kündigung aus anderen Gründen** (aus dringenden betrieblichen Erfordernissen wegen Arbeitsmangels oder aufgrund eines Sanierungskonzepts des Veräußerers oder Erwerbers) bleibt nach § 613a Abs. 4 Satz 2 BGB unberührt. Die Wirksamkeit der Kündigung bemißt sich sodann nach den allgemeinen Kündigungsschutzbestimmungen. Eine Kündigung erfolgt wegen des Betriebsübergangs, wenn dieser der tragende Grund, nicht nur der äußere Anlaß für die Kündigung ist. Das Kündigungsverbot ist nicht einschlägig, wenn es neben dem Betriebsübergang einen sachlichen Grund gibt, der aus sich heraus die Kündigung gemäß § 1 KSchG zu rechtfertigen vermag[8]. Besonders problematisch ist die **Abgrenzung** der **Kündigung wegen einer Betriebsveräußerung** von der Kündigung wegen einer bislang nur **geplanten Betriebsstillegung** (zur Definition der Betriebsstillegung s. Rz. 21). Für eine Kündigung wegen einer demnächst erfolgenden Betriebsstillegung genügt es, wenn sich diese zum Kündigungszeitpunkt konkret und greifbar abzeichnet. Dies ist zu bejahen, wenn aufgrund einer vernünftigen betriebswirtschaftlichen Betrachtung davon auszugehen ist, daß mit einiger Sicherheit der Eintritt eines die Entlassung erforderlich ma-

---

1 BAG v. 27. 2. 1997, AP Nr. 1 zu § 1 KSchG 1969 – Wiedereinstellung.
2 BAG v. 10. 10. 1996, NZA 1997, 92.
3 BAG v. 7. 6. 1984, AP Nr. 5 zu § 22 KO.
4 BAG v. 28. 3. 1985, AP Nr. 86 zu § 626 BGB.
5 BAG v. 28. 3. 1985, AP Nr. 86 zu § 626 BGB.
6 BAG v. 28. 3. 1985, AP Nr. 86 zu § 626 BGB.
7 BAG v. 18. 7. 1996, NZA 1997, 148.
8 BAG v. 18. 7. 1996, NZA 1997, 148.

chenden dringenden betrieblichen Grundes gegeben ist. Das Merkmal „dringend" kann sich sowohl aus der Motivation wie auch der Durchführung des Stillegungsbeschlusses ergeben[1]. Wird eine Betriebsveräußerung erst nach Ausspruch einer Kündigung durchgeführt, liegt eine Kündigung wegen Betriebsübergangs nicht vor. Kommt es trotz zunächst endgültig geplanter Betriebsstillegung nach Ausspruch der Kündigung gleichwohl zu einer Betriebsveräußerung, kann die Unwirksamkeit der Kündigung auch nicht aus dem Gesichtspunkt der Umgehung des § 613a BGB hergeleitet werden[2]. Gegen eine ernsthafte Stillegungsabsicht spricht allerdings eine tatsächliche Vermutung, wenn der Betrieb oder Betriebsteil alsbald wiedereröffnet wird[3]. Auch kann ein Anspruch auf Fortsetzung des Arbeitsverhältnisses (**Wiedereinstellung**) bestehen, wenn die Betriebsübernahme noch während der Kündigungsfrist erfolgt und der Arbeitgeber mit Rücksicht auf die Wirksamkeit der Kündigung noch keine Dispositionen getroffen hat, die ihm die unveränderte Fortsetzung des Arbeitsverhältnisses unzumutbar machen[4] (Näheres unter Betriebsstillegung, Rz. 21). Eine im Zusammenhang mit einer Betriebsveräußerung stehende nur **vorübergehende Betriebsunterbrechung** ist keine Betriebsstillegung.

Diebstahl

Handelt es sich um einen **Diebstahl außerhalb des Beschäftigungsbetriebes und der Arbeitszeit,** kann dieser eine Kündigung grundsätzlich nur dann rechtfertigen, wenn sich daraus gleichwohl Beeinträchtigungen oder Auswirkungen auf das Arbeitsverhältnis ergeben[5]. Diese sind zB gegeben, wenn der Diebstahl in einem anderen, räumlich entfernten Betrieb des Arbeitgebers begangen wurde[6]. 23

Die rechtswidrige und schuldhafte **Entwendung einer im Eigentum des Arbeitgebers stehenden Sache** durch den Arbeitnehmer ist an sich geeignet, einen wichtigen Grund zur außerordentlichen Kündigung abzugeben. Dies gilt auch, wenn die entwendete Sache von geringem Wert ist (Diebstahl von Kraftstoff zum Nachteil des Arbeitgebers[7]; Diebstahl eines Stücks Bienenstich durch eine Bäckereiverkäuferin[8]). Der Umfang des dem Arbeitgeber zugefügten Schadens ist nach der Stellung des Arbeitnehmers, der Art der entwendeten Ware und den besonderen Verhältnisses des Betriebes zu beurteilen; der objektive Wert des entwendeten Gegenstandes ist dagegen von untergeordneter Bedeutung[9]. So ist die Entwendung einer Zigarette aus einer Besucherschatulle anders zu beur- 24

---

1 BAG v. 19. 6. 1991, AP Nr. 53 zu § 1 KSchG 1969 – Betriebsbedingte Kündigung.
2 BAG v. 19. 6. 1991, AP Nr. 53 zu § 1 KSchG 1969 – Betriebsbedingte Kündigung.
3 BAG v. 27. 9. 1984, EzA § 613a BGB Nr. 40.
4 BAG v. 27. 2. 1997, AP Nr. 1 zu § 1 KSchG 1969 – Wiedereinstellung.
5 BAG v. 20. 9. 1984, AP Nr. 80 zu § 626 BGB = EzA § 1 KSchG – Verhaltensbedingte Kündigung Nr. 14.
6 BAG v. 3. 4. 1986, AP Nr. 18 zu § 626 BGB – Verdacht strafbarer Handlung.
7 BAG v. 13. 12. 1984, AP Nr. 81 zu § 626 BGB.
8 BAG v. 17. 5. 1984, AP Nr. 14 zu § 626 BGB – Verdacht strafbarer Handlung.
9 BAG v. 13. 12. 1984, AP Nr. 81 zu § 626 BGB; BAG v. 17. 5. 1984, AP Nr. 14 zu § 626 BGB – Verdacht strafbarer Handlung.

teilen als die Entwendung einer gleichwertigen Ware durch einen Arbeitnehmer, dem sie gerade auch zur Obhut anvertraut ist[1].

Drogensucht

→ Alkohol- und Drogensucht, Rz. 7

Druckkündigung

25 Diese liegt vor, wenn **Dritte** (Belegschaft oder Teile derselben, Betriebsrat, Gewerkschaft, Kunden des Arbeitgebers) unter **Androhung von Nachteilen** vom Arbeitgeber die **Entlassung** eines bestimmten Arbeitnehmers **verlangen**[2]. Dabei sind **zwei Fallgruppen** zu unterscheiden: Ist das Verlangen des Dritten durch einen in der Person oder dem Verhalten des Arbeitnehmers liegenden Grund objektiv gerechtfertigt, steht es im Ermessen des Arbeitgebers, ob er eine personen- oder verhaltensbedingte Kündigung ausspricht[3]. Fehlt es an der objektiven Rechtfertigung, kommt eine betriebsbedingte Kündigung in Betracht, an deren Zulässigkeit strenge Anforderungen zu stellen sind. So muß der Arbeitgeber zunächst alles Zumutbare versuchen, um den Dritten von der Drohung abzubringen. Unterläßt er dies, ist die Kündigung von vornherein unwirksam. Erst wenn daraufhin trotzdem ein Verhalten in Aussicht gestellt wird, wodurch schwere wirtschaftliche Schäden für den Arbeitgeber drohen (Die Belegschaft verweigert ernsthaft die Zusammenarbeit mit dem betroffenen Arbeitnehmer; der Kunde droht mit dem Entzug des Auftrags), kann die Kündigung berechtigt sein[4]. Nähere Einzelheiten s. Teil 3 D Rz. 234 ff. und Teil 3 E Rz. 43 ff.

Ehe, Zerrüttung

26 Die Kündigung durch einen Arbeitgeber-Ehegatten nach **Scheitern der Ehe** ist nur sozial gerechtfertigt, wenn sich die ehelichen Auseinandersetzungen so auf das Arbeitsverhältnis auswirken, daß der Arbeitgeber nachvollziehbare Gründe zu der Annahme hat, der Arbeitnehmer werde seine arbeitsvertraglichen Pflichten nicht mit der geschuldeten Sorgfalt erfüllen bzw. die Fortsetzung der ehelichen Streitigkeiten werde sich auf das Arbeitsverhältnis negativ auswirken und damit zu einer **Störung des Betriebsfriedens** führen[5]. Auch **ehewidriges Verhalten** und ehewidrige Beziehungen im betrieblichen Bereich berechtigen den Arbeitgeber nur dann zur ordentlichen Kündigung, wenn hierdurch die Arbeitsleistung oder die betriebliche Zusammenarbeit beeinträchtigt werden[6].

---

1 BAG v. 17. 5. 1984, AP Nr. 14 zu § 626 BGB – Verdacht strafbarer Handlung.
2 BAG v. 4. 10. 1990 und 31. 1. 1996, AP Nr. 12, 13 zu § 626 BGB – Druckkündigung.
3 BAG v. 4. 10. 1990 und 31. 1. 1996, AP Nr. 12, 13 zu § 626 BGB – Druckkündigung.
4 BAG v. 4. 10. 1990 und 31. 1. 1996, AP Nr. 12, 13 zu § 626 BGB – Druckkündigung.
5 BAG v. 9. 2. 1995, NZA 1996, 249.
6 ArbG Siegburg v. 8. 7. 1986, EzA § 1 KSchG – Verhaltensbedingte Kündigung Nr. 17.

Ehrenämter

Deren Ausübung ist kündigungsrechtlich relevant, wenn der Arbeitnehmer deswegen seine **Arbeitspflicht versäumt;** dies kann auch durch die Übernahme einer **Überzahl von Ehrenämtern** geschehen[1]. Bei der kündigungsrechtlichen Beurteilung ist auch zu unterscheiden zwischen privaten und öffentlichen Ehrenämtern. **Private Ehrenämter** hat der Arbeitnehmer grundsätzlich in seiner **Freizeit** auszuüben[2]. Die Ausübung **öffentlicher Ehrenämter** – als Mitglied eines Gemeinderats oder eines Kreistages oder als Landtags- oder Bundestagsabgeordneter – unterliegt dagegen **Sonderregelungen,** wonach der Arbeitnehmer ein Recht auf die erforderliche, aber üblicherweise unbezahlte Zeit zur Ausübung seines Amtes hat[3]. Darüber hinaus besteht nach Art. 48 Abs. 2 GG, den Länderverfassungen und den Gemeinde- und Kreisordnungen Sonderkündigungsschutz[4].

Eignungs-/Leistungsmangel

→ sa. Arbeitserlaubnis, Rz. 10; Fahrerlaubnis/Entzug, Rz. 29; Krankheit, Rz. 33 ff.; Politische Betätigung, Rz. 46; Schlecht- oder Minderleistung, Rz. 48

Der Eignungs- oder auch Leistungsmangel, das ist die dauernde oder auch zeitlich begrenzte Unfähigkeit oder Unmöglichkeit zur Erbringung der vertraglich geschuldeten Leistung, kann beruhen auf Krankheit, Alter, mangelnder fachlicher Qualifikation, politischer Betätigung sowie dem Verlust bestimmter Beschäftigungsvoraussetzungen (Führerschein, Fluglizenz, Arbeitserlaubnis). In dem Fall kann der Arbeitgeber aus **personenbedingten Gründen** zur **ordentlichen Kündigung** berechtigt sein[5]. Wirkt sich der Mangel im Leistungsbereich aus, bedarf es der vorherigen Abmahnung; bei unbehebbaren Mängeln ist die Abmahnung entbehrlich[6]. Vor Ausspruch einer personenbedingten Kündigung hat der Arbeitgeber den Arbeitnehmer **auf einem anderen Arbeitsplatz** im Betrieb oder Unternehmen **weiterzubeschäftigen,** falls ein gleichwertiger oder jedenfalls zumutbarer Arbeitsplatz frei und der Arbeitnehmer für die dort zu leistende Arbeit geeignet ist[7]. Gegebenenfalls hat der Arbeitgeber einen solchen Arbeitsplatz durch Ausübung seines Direktionsrechts frei zu machen. Ebenso muß sich der Arbeitgeber um die eventuell erforderliche Zustimmung des Betriebsrats bemühen. Der Arbeitgeber ist jedoch weder zur Durchführung eines Zustimmungsersetzungsverfahrens noch zu einer weitergehenden Umorganisation verpflichtet, ebenso scheidet das Freikündigen eines anderweitig besetzten leidensgerechten Arbeitsplatzes aus[8]. Ein **altersbedingter Eignungs-**

---

1 MünchKomm/*Schwerdtner,* § 626 BGB Rz. 123.
2 *Staudinger/Preis,* § 626 BGB Rz. 162.
3 *Staudinger/Preis,* § 626 BGB Rz. 160.
4 *Staudinger/Preis,* § 626 BGB Rz. 160.
5 BAG v. 28. 2. 1990, AP Nr. 25 zu § 1 KSchG 1969 – Krankheit.
6 KR/*Etzel,* § 1 KSchG Rz. 299.
7 BAG v. 29. 1. 1997, BB 1997, 894 = DB 1997, 1039.
8 BAG v. 29. 1. 1997, BB 1997, 894 = DB 1997, 1039.

mangel kann die Kündigung rechtfertigen, wenn der Arbeitnehmer nicht mehr in der Lage ist, seine Arbeitsleistung in quantitativer, zeitlicher und qualitativer Hinsicht zu erfüllen. Der Arbeitgeber muß jedoch den normalen altersbedingten Abfall der Leistungsfähigkeit hinnehmen[1]. **Fachliche Mängel** können eine ordentliche Kündigung aus personenbedingten Gründen rechtfertigen, wenn der Arbeitnehmer nicht in der Lage ist, die notwendigen Fachkenntnisse zu erwerben[2]. Beruht eine mangelhafte Leistung nicht auf unzureichender persönlicher oder fachlicher Eignung, kommt eine ordentliche verhaltensbedingte Kündigung in Betracht (→ **Schlecht- oder Minderleistung**, Rz. 48).

Fahrerlaubnis, Entzug

29 Die Entziehung der Fahrerlaubnis eines als **Kraftfahrer** beschäftigten Arbeitnehmers bzw. der Fluglizenz bei einem Piloten kann für den Arbeitgeber ein wichtiger Grund zur **außerordentlichen Kündigung** sein. Dem Arbeitnehmer ist durch den Verlust der Fahrerlaubnis bzw. der Fluglizenz das Erbringen der geschuldeten Arbeitsleistung rechtlich unmöglich geworden, denn er kann und darf seine Arbeitspflicht aufgrund des daraus resultierenden Beschäftigungsverbots vorübergehend nicht mehr erfüllen[3]. Das gilt auch dann, wenn die Entziehung des Führerscheins wegen Trunkenheit im Verkehr bei einer Privatfahrt erfolgt[4]. Allein der **Verlust der Fahrerlaubnis** reicht jedoch nicht: Vielmehr ist zu berücksichtigen,

▶ inwieweit zum Zeitpunkt des Zugangs der Kündigung mit der **Erteilung einer neuen Erlaubnis in absehbarer Zeit** zu rechnen ist und/oder

▶ ob nicht das Arbeitsverhältnis zu **geänderten Bedingungen** fortgesetzt werden kann[5] und

▶ ob und inwieweit in der Zwischenzeit **Überbrückungsmaßnahmen** in Betracht kommen[6].

War die Umsetzung des Arbeitnehmers auf einen anderen freien Arbeitsplatz möglich, kommt es nicht darauf an, ob sich der Arbeitnehmer dazu bereit erklärt hat; es genügt, wenn sich aus sonstigen Umständen entnehmen läßt, daß der Arbeitnehmer hierzu bereit ist[7]. Wird einem **Außendienstmitarbeiter,** der zur Erfüllung seiner vertraglich geschuldeten Tätigkeit auf die Benutzung eines Firmenfahrzeugs unabdingbar angewiesen ist, für eine erhebliche Zeit (hier: 9 Monate) die Fahrerlaubnis entzogen, so ist der Arbeitgeber grundsätzlich zur außerordentlichen Kündigung berechtigt[8]. Dies gilt nicht, wenn der

---

1 KR/*Etzel*, § 1 KSchG Rz. 372.
2 KR/*Etzel*, § 1 KSchG Rz. 373.
3 BAG v. 31. 1. 1996, NZA 1996, 819; DB 1997, 179.
4 BAG v. 30. 5. 1978, EzA § 626 nF Nr. 66.
5 BAG v. 25. 4. 1996, DB 1997, 179.
6 BAG v. 31. 1. 1996, NZA 1996, 819.
7 BAG v. 30. 5. 1978, EzA § 626 nF Nr. 66.
8 LAG Schleswig-Holstein v. 16. 6. 1986, NZA 1987, 669.

Außendienstmitarbeiter nicht zwingend auf den Führerschein angewiesen ist[1]. Zugunsten des betreffenden Arbeitnehmers ist auch jeweils zu berücksichtigen, daß ein Vergütungsanspruch regelmäßig mangels Annahmeverzug des Arbeitgebers nicht besteht[2]. Wird einem **U-Bahn-Zugführer** aufgrund hochgradiger Alkoholisierung bei einer Privatfahrt der **Pkw-Führerschein entzogen** und bleibt der Arbeitnehmer weiterhin als Zugführer einsetzbar, vermag allein die **Alkoholisierung im Privatbereich** nicht ohne weiteres eine außerordentliche oder auch ordentliche Kündigung zu rechtfertigen[3].

Fehltage

→ Arbeitsversäumnis, Rz. 13

Freiheitsstrafe/Haft

Die Unmöglichkeit der Arbeitsleistung für nicht unerhebliche Zeit infolge der Verbüßung einer Strafhaft ist an sich geeignet, eine **außerordentliche Kündigung** des Arbeitsverhältnisses zu begründen, wenn sich die Arbeitsverhinderung nach Art und Ausmaß konkret nachteilig auf das Arbeitsverhältnis auswirkt, weil sie zu Störungen des Betriebsablaufs führt und für den Arbeitgeber zumutbare Überbrückungsmöglichkeiten nicht bestehen. Dem Arbeitgeber sind allerdings zur Überbrückung geringere Anstrengungen und Belastungen zuzumuten als bei einer krankheitsbedingten Kündigung[4]. Die Verbüßung einer Haftstrafe ist nicht als ein vom Arbeitnehmer schuldhaft herbeigeführter Fall der Arbeitsverhinderung, sondern als **personenbedingter Grund** für eine außerordentliche Kündigung einzuordnen[5]. Dies gilt nicht, wenn die der Strafhaft zugrunde liegende Tat einen solchen Bezug zum Arbeitsverhältnis hat, daß sie selbst als – verhaltensbedingter – Kündigungsgrund in Betracht kommt[6]. 30

Insolvenz

Weder die **Gefahr des Konkurses** noch die **Konkurseröffnung** selbst berechtigen den Arbeitgeber bzw. den Konkursverwalter zu einer außerordentlichen oder ordentlichen Kündigung. Auch der Konkursverwalter hat weiterhin das Kündigungsschutzgesetz und die sonstigen einschlägigen kündigungsschutzrechtlichen Bestimmungen zu beachten, so daß Kündigungen nur bei Vorliegen entsprechender Gründe (zB Betriebseinschränkung, Betriebsstillegung) in Betracht kommen. Erleichterungen gelten nur hinsichtlich der vom **Konkursverwalter** einzuhaltenden **Kündigungsfristen,** die nach § 113 InsO drei Monate betragen, 31

---

1 *Staudinger/Preis*, § 626 BGB Rz. 164.
2 *Staudinger/Preis*, § 626 BGB Rz. 164.
3 BAG v. 4. 6. 1997, NZA 1997, 1281.
4 BAG v. 9. 3. 1995, AP Nr. 123 zu § 626 BGB; BAG v. 15. 11. 1984, AP Nr. 87 zu § 626 BGB.
5 BAG v. 15. 11. 1984, AP Nr. 87 zu § 626 BGB.
6 BAG v. 9. 3. 1995, AP Nr. 123 zu § 626 BGB.

wenn nicht eine kürzere Frist maßgeblich ist. Diese verkürzte Kündigungsfrist gilt sowohl bei längeren Kündigungsfristen wie bei Befristungen oder Unkündbarkeitsregelungen, unabhängig davon, ob diese auf Gesetz, Tarifvertrag oder Einzelarbeitsvertrag beruhen[1]. Die verkürzte Frist findet ebenso bei **Änderungskündigungen** Anwendung[2]. Allerdings kann der Arbeitnehmer wegen der vorzeitigen Beendigung des Arbeitsverhältnisses **Schadenersatz** verlangen, § 113 Abs. 1 Satz 3 InsO; der Schadensersatzanspruch stellt jedoch lediglich eine Konkursforderung dar. Zu beachten ist, daß für die Klage gegen eine Kündigung des Konkursverwalters die Drei-Wochen-Frist des § 4 KSchG für den Arbeitnehmer auch gilt, wenn die Unwirksamkeit der Kündigung auf andere als die in § 1 Abs. 2 und 3 KSchG bezeichneten Gründe gestützt werden soll (§ 113 Abs. 2 Satz 1 InsO).

Kirche

32 Ein Arbeitnehmer, dessen Tätigkeit eine solche Nähe zu spezifisch kirchlichen Aufgaben hat, daß die Glaubwürdigkeit der Kirche berührt wird, wenn er sich in seiner **privaten Lebensführung** nicht an die **tragenden Grundsätze der kirchlichen Glaubens- und Sittenlehre** hält, hat sich mit den Lehren der Kirche zu identifizieren[3]. Dabei obliegt es allein der Kirche aufgrund ihres kirchlichen Selbstbestimmungsrechts gemäß Art. 140 GG iVm. Art. 137 Abs. 3 WRV festzulegen, was im einzelnen Inhalt der Glaubenslehre und der Loyalitätspflichten des kirchlichen Arbeitnehmers ist[4]. Liegt danach eine Pflichtverletzung vor, ist die weitere Frage, ob sie im Einzelfall eine Kündigung rechtfertigt, nach den §§ 1 KSchG, 626 BGB zu beantworten[5]. Diese Prüfungskompetenz der staatlichen Gerichte ist durch das Selbstbestimmungsrecht der Kirchen nicht ausgeschlossen[6]. – Ein in einem katholischen Krankenhaus beschäftigter Arzt ist verpflichtet, sich **öffentlicher Stellungnahmen** für den **legalen Schwangerschaftsabbruch** zu enthalten. Ein Verstoß gegen diese Loyalitätspflicht kann einen Grund zur sozialen Rechtfertigung einer ordentlichen Kündigung abgeben[7]. Es kann einen wichtigen Grund zur fristlosen Kündigung eines Chefarztes in einem katholischen Krankenhaus darstellen, wenn dieser mit seinen Behandlungsmethoden (**homologe Insemination**) gegen tragende Grundsätze des geltenden Kirchenrechts verstößt[8]. Die **standesamtliche Heirat** einer im Kirchendienst stehenden katholischen Lehrerin **mit einem geschiedenen Mann** kann die außerordentliche Kündigung rechtfertigen[9]. Der **Austritt aus der katholischen Kirche** kann bei einem in einem katholischen Krankenhaus beschäf-

---

1 *Schrader*, NZA 1997, 70.
2 *Schrader*, NZA 1997, 70.
3 BAG v. 21. 10. 1982, AP Nr. 14 zu Art. 140 GG.
4 BAG v. 7. 10. 1993, AP Nr. 114 zu § 626 BGB.
5 BVerfG v. 4. 6. 1985, AP Nr. 24 zu Art. 140 GG.
6 BAG v. 21. 10. 1982, AP Nr. 14 zu Art. 140 GG.
7 BAG v. 21. 10. 1982, AP Nr. 14 zu Art. 140 GG.
8 BAG v. 7. 10. 1993, AP Nr. 114 zu § 626 BGB.
9 BAG v. 18. 11. 1986, AP Nr. 35 zu Art. 140 GG.

Konkurrenztätigkeit
→ Wettbewerbsverbot, Rz. 59

Konkurs
→ Insolvenz, Rz. 31

Kontrolleinrichtungen
→ Stempeluhren, Rz. 53

Krankheit[2]
→ sa. Nebentätigkeit, Rz. 45

a) Kündigung wegen Krankheit

Die Überprüfung einer **Kündigung wegen Krankheit** erfolgt nach der Rechtsprechung des BAG in **drei Stufen;** dies gilt sowohl für häufige Kurzerkrankungen, für langanhaltende Erkrankungen, für die dauerhafte Arbeitsunfähigkeit[3] wie für die krankheitsbedingte Leistungsminderung[4]. 33

▶ **Stufe 1:** Es ist eine **negative Prognose hinsichtlich des voraussichtlichen Gesundheitszustandes** erforderlich. Es müssen objektive Tatsachen vorliegen, die aufgrund der bisherigen und prognostizierten Fehlzeiten die ernsthafte Besorgnis weiterer Erkrankungen begründen. Sodann hat der Arbeitnehmer darzulegen, weshalb mit einer baldigen und endgültigen Genesung zu rechnen ist, und er hat erforderlichenfalls die behandelnden Ärzte von der Schweigepflicht zu entbinden. Kann das Arbeitsgericht die Wiederholungsgefahr nicht selbst beurteilen, ist diese mit Hilfe eines Sachverständigen oder des sachverständigen Zeugnisses des behandelnden Arztes zu klären[5]. Maßgebender Zeitpunkt für die Prognose ist der Zugang der Kündigung[6]. Auf eine nachträgliche Veränderung kommt es nicht an. Bis zum Schluß der letzten mündlichen Verhandlung in der Tatsacheninstanz eingetretene Entwicklungen können berücksichtigt werden (Ex-post-Betrachtung), es sei denn, sie beruhen auf einem neuen, nach Ausspruch der Kündigung eingetretenen Kausalverlauf (spätere Operation, Änderung der Lebensführung, Entwicklung neuer Heilmethoden)[7].

---

1 BAG v. 12. 12. 1984, AP Nr. 21 zu Art. 140 GG.
2 Vgl. zur Kündigung wegen Krankheit auch die Erläuterungen Teil 3 D Rz. 76 ff.
3 BAG v. 11. 8. 1994, AP Nr. 31 zu § 1 KSchG 1969 – Krankheit.
4 BAG v. 26. 9. 1991, AP Nr. 28 zu § 1 KSchG 1969 – Krankheit; BAG v. 5. 8. 1976, AP Nr. 1 zu § 1 KSchG 1969 – Krankheit.
5 BAG v. 29. 7. 1993, AP Nr. 27 zu § 1 KSchG 1969 – Krankheit.
6 BAG v. 5. 7. 1990, AP Nr. 26 zu § 1 KSchG 1969 – Krankheit.
7 BAG v. 5. 7. 1990, AP Nr. 26 zu § 1 KSchG 1969 – Krankheit.

▶ **Stufe 2:** Die bisherigen und die nach der Prognose zu erwartenden Auswirkungen des Gesundheitszustandes müssen zu einer **erheblichen Beeinträchtigung der betrieblichen Interessen** führen; diese können durch Störungen im Betriebsablauf oder wirtschaftliche Belastungen hervorgerufen werden. Es darf keine Möglichkeit bestehen, den Arbeitnehmer auf einen anderen freien Arbeitsplatz umzusetzen, auf dem keine betrieblichen Beeinträchtigungen mehr zu erwarten sind[1]; ein solcher Arbeitsplatz ist gegebenenfalls durch Wahrnehmung des Direktionsrechts freizumachen, soweit hierdurch nicht in die Rechtsposition des bisherigen Arbeitsplatzinhabers eingegriffen werden muß[2].

▶ **Stufe 3:** Bei der **Interessenabwägung** ist zu prüfen, ob die erheblichen betrieblichen Beeinträchtigungen zu einer billigerweise nicht mehr hinzunehmenden Belastung des Arbeitgebers führen[3]. Dabei ist zu berücksichtigen, ob die Erkrankung auf betrieblichen Ursachen beruht, ob bzw. wie lange das Arbeitsverhältnis ungestört verlaufen ist, ferner das Alter des Arbeitnehmers[4]. Behauptet der Arbeitnehmer, daß die Erkrankung auf betrieblichen Ursachen beruht, hat der Arbeitgeber darzulegen und zu beweisen, daß dies nicht der Fall ist (sachverständiges Zeugnis des behandelnden Arztes; Sachverständigengutachten)[5]. Zugunsten des Arbeitgebers ist zu berücksichtigen, wenn er eine Personalreserve vorhält oder Betriebsablaufstörungen eintreten[6].

aa) Häufige Kurzerkrankungen/hohe Lohnfortzahlungskosten

34 Bei der Prognose (Stufe 1) kann eine entsprechende Entwicklung in der Vergangenheit für künftige Erkrankungen sprechen; dies gilt nicht, wenn die Krankheiten ausgeheilt sind[7]. Für eine erhebliche Beeinträchtigung betrieblicher Interessen (Stufe 2) genügt ein **unausgewogenes Verhältnis zwischen der Arbeits- und Lohnfortzahlungspflicht,** um unter dem Gesichtspunkt der wirtschaftlichen Belastung mit Lohnfortzahlungskosten eine Kündigung sozial zu rechtfertigen. Davon ist auszugehen, wenn die künftig zu erwartenden Lohnfortzahlungskosten außergewöhnlich hoch sind, indem sie **jährlich mehr als sechs Wochen** betragen[8]. Ob der Arbeitgeber zusätzlich eine Personalreserve vorhält oder Betriebsablaufstörungen eintreten, ist in dem Zusammenhang unerheblich; beides kann lediglich im Rahmen der Interessenabwägung (Stufe 3) zugunsten des Arbeitgebers Berücksichtigung finden[9].

---

1 BAG v. 5. 7. 1990, AP Nr. 26 zu § 1 KSchG 1969 – Krankheit.
2 BAG v. 29. 1. 1997, BB 1997, 894 = DB 1997, 1039.
3 BAG v. 11. 8. 1994, AP Nr. 31 zu § 1 KSchG 1969 – Krankheit.
4 BAG v. 26. 9. 1991, AP Nr. 28 zu § 1 KSchG 1969 – Krankheit; BAG v. 5. 8. 1976, AP Nr. 1 zu § 1 KSchG 1969 – Krankheit.
5 BAG v. 5. 7. 1990, AP Nr. 26 zu § 1 KSchG 1969 – Krankheit.
6 BAG v. 5. 7. 1990, AP Nr. 26 zu § 1 KSchG 1969 – Krankheit.
7 BAG v. 29. 7. 1993, AP Nr. 27 zu § 1 KSchG 1969 – Krankheit.
8 BAG v. 29. 7. 1993, AP Nr. 27 zu § 1 KSchG 1969 – Krankheit.
9 BAG v. 29. 7. 1993, AP Nr. 27 zu § 1 KSchG 1969 – Krankheit.

bb) Langanhaltende Erkrankung

Eine langanhaltende Krankheit vermag eine Kündigung ohne Rücksicht auf zusätzliche wirtschaftliche Belastungen des Arbeitgebers sozial zu rechtfertigen, wenn im Zeitpunkt der Kündigung die **Wiederherstellung der Arbeitsfähigkeit völlig ungewiß** ist und die Krankheit bereits längere Zeit (Beispiel: einundhalb Jahre) angedauert hat. Die Ungewißheit steht der (feststehenden) dauernden Arbeitsunfähigkeit gleich. Auf damit verbundene wirtschaftliche Belastungen für den Arbeitgeber kommt es sodann nicht an[1].

35

cc) Dauerhafte Arbeitsunfähigkeit

Steht fest, daß der Arbeitnehmer in Zukunft die geschuldete Arbeitsleistung überhaupt nicht mehr erbringen kann, ist schon aus diesem Grund das Arbeitsverhältnis ganz erheblich gestört. Die **betriebliche Beeinträchtigung** (Stufe 2) besteht darin, daß der Arbeitgeber damit rechnen muß, der Arbeitnehmer sei auf Dauer außerstande, die vertraglich geschuldete Arbeitsleistung zu erbringen. Auf damit verbundene wirtschaftliche Belastungen für den Arbeitgeber kommt es nicht an[2].

36

b) Krankheitsbedingte Leistungsminderung

Die krankheitsbedingte Leistungsminderung des Arbeitnehmers ist geeignet, einen in der Person des Arbeitnehmers liegenden Kündigungsgrund abzugeben. Auch hier hat die Prüfung in drei Stufen zu erfolgen[3]. Die Beeinträchtigung der betrieblichen Interessen (Stufe 2) muß erheblich sein, so daß **nicht jede geringfügige Minderleistung** genügt; ausreichend ist eine Minderleistung von Zweidrittel der Normalleistung. Ferner ist zu prüfen, ob der Arbeitnehmer auf einem anderen freien Arbeitsplatz eingesetzt werden kann, auf dem keine betrieblichen Beeinträchtigungen mehr zu erwarten sind[4].

37

c) Vortäuschen einer Krankheit

Es kann einen Grund zur **fristlosen Kündigung** darstellen, wenn der Arbeitnehmer unter Vorlage eines Attestes der Arbeit fernbleibt und sich Lohnfortzahlung gewähren läßt, obwohl es sich in Wahrheit nur um eine vorgetäuschte Krankheit handelt. Ebenso kann schon der dringende Verdacht, der Arbeitnehmer habe sich eine Arbeitsunfähigkeitsbescheinigung mit unlauteren Mitteln erschlichen, einen wichtigen Grund darstellen[5] (→ **Verdachtskündigung**, Rz. 57). Erklärt der Arbeitnehmer, er werde krank, wenn der Arbeitgeber ihm den Urlaub nicht verlängere, obwohl er im Zeitpunkt dieser Ankündigung

38

---

1 BAG v. 21. 5. 1992, AP Nr. 30 zu § 1 KSchG 1969 – Krankheit.
2 BAG v. 21. 5. 1992, AP Nr. 30 zu § 1 KSchG 1969 – Krankheit.
3 BAG v. 26. 9. 1991, AP Nr. 28 zu § 1 KSchG 1969 – Krankheit; BAG v. 5. 8. 1976, AP Nr. 1 zu § 1 KSchG 1969 – Krankheit.
4 BAG v. 26. 9. 1991, AP Nr. 28 zu § 1 KSchG 1969 – Krankheit; BAG v. 5. 8. 1976, AP Nr. 1 zu § 1 KSchG 1969 – Krankheit.
5 BAG v. 26. 8. 1993, AP Nr. 112 zu § 626 BGB.

nicht krank war und sich aufgrund bestimmter Beschwerden auch noch nicht krank fühlen konnte, ist ein solches Verhalten, unabhängig davon, ob der Arbeitnehmer später tatsächlich erkrankt, an sich geeignet, einen wichtigen Grund zur außerordentlichen Kündigung abzugeben[1].

d) Mißachtung der Verpflichtung zu einem genesungsfördernden Verhalten

39 Ein arbeitsunfähig krankgeschriebener Arbeitnehmer ist verpflichtet, sich so zu verhalten, daß er möglichst bald wieder gesund wird und hat alles zu unterlassen, was seine Genesung verzögern könnte. Die Verletzung dieser aus der **Treuepflicht** herzuleitenden Pflicht ist unter Umständen geeignet, eine Kündigung zu rechtfertigen, wobei in schwerwiegenden Fällen auch eine fristlose Kündigung in Betracht kommt[2].

e) Außerordentliche Kündigung wegen Krankheit

40 Krankheit ist grundsätzlich als wichtiger Grund für eine außerordentliche Kündigung **ungeeignet**[3]. Bei einem Ausschluß der ordentlichen Kündigung aufgrund tarifvertraglicher Vorschriften kann im Ausnahmefall auch eine krankheitsbedingte außerordentliche Kündigung in Betracht kommen, wenn die weitere betriebliche Beeinträchtigung für die Dauer der tatsächlichen künftigen Vertragsbindung für den Arbeitgeber unzumutbar ist. Es sind die allgemeinen Grundsätze der krankheitsbedingten ordentlichen Kündigung unter Berücksichtigung des besonderen Maßstabs des § 626 BGB zugrundezulegen. Ein krankheitsbedingter wichtiger Kündigungsgrund ist gegeben bei **dauernder Unfähigkeit**, die vertragliche geschuldete Arbeitsleistung zu erbringen. Die **krankheitsbedingte Leistungsminderung** ist in der Regel **nicht geeignet**, einen wichtigen Grund für eine außerordentliche Kündigung darzustellen. So ist es dem Arbeitgeber regelmäßig zumutbar, einen krankheitsbedingten Leistungsabfall des Arbeitnehmers durch andere Maßnahme auszugleichen[4]. Das Arbeitsverhältnis eines Betriebsratsmitglieds kann in aller Regel nicht wegen häufiger krankheitsbedingter Fehlzeiten außerordentlich gekündigt werden[5].

f) Verletzung von Nachweis- und Mitteilungspflichten

41 Zur Verletzung der Pflicht zur **Vorlage der Arbeitsunfähigkeitsbescheinigung** sowie der Verpflichtung, die **Arbeitsunfähigkeit unverzüglich anzuzeigen**, § 5 Abs. 1 EFZG (→ **Nachweis- und Mitteilungspflichten**, Rz. 44).

Kritik des Arbeitnehmers am Arbeitgeber
→ Meinungsäußerung, Rz. 43

---

1 BAG v. 5. 11. 1992, AP Nr. 4 zu § 626 BGB – Krankheit.
2 BAG v. 26. 8. 1997, AP Nr. 112 zu § 626 BGB.
3 BAG v. 9. 9. 1992 und 12. 7. 1995, AP Nr. 3 und 7 zu § 626 BGB – Krankheit.
4 BAG v. 9. 9. 1992 und 12. 7. 1995, AP Nr. 3 und 7 zu § 626 BGB – Krankheit.
5 BAG v. 18. 2. 1993, AP Nr. 35 zu § 15 KSchG 1969.

Leistungsminderung sowie -unfähigkeit

→ Eignungs-/Leistungsmangel, Rz. 28; Krankheit, Rz. 33 ff.; Schlecht- und Minderleistung, Rz. 48

Lohnpfändungen

Allein die Überschuldung des Arbeitnehmers stellt keinen zur Kündigung geeigneten Grund dar[1]. Auch einzelvertragliche Vereinbarungen, wonach die schuldhaft herbeigeführte Verschuldung den Arbeitgeber zu einer außerordentlichen Kündigung berechtigt, sind nicht bindend[2]. Da der Kündigung wegen häufiger Lohnpfändungen ein außerdienstliches Verhalten des Arbeitnehmers zugrunde liegt, kommt diese nur in Betracht, wenn das Arbeitsverhältnis konkret berührt wird[3]. Überschuldung kann die Eignung für die vertraglich geschuldete Tätigkeit entfallen lassen und damit eine **personenbedingte Kündigung** rechtfertigen, wenn der Arbeitnehmer eine Vertrauensstellung hat, die Möglichkeit des direkten oder indirekten Zugriffs auf das Vermögen des Arbeitgebers hat, die Verschuldung nicht durch eine Notlage verursacht ist, sie in relativ kurzer Zeit zu häufigen Lohnpfändungen führte und sich aus Art und Höhe der Schulden ergibt, daß der Arbeitnehmer voraussichtlich noch längere Zeit in ungeordneten wirtschaftlichen Verhältnisses leben wird[4]. Es müssen greifbare Tatsachen dafür vorliegen, daß der Arbeitnehmer berechtigte Sicherheitsinteressen des Unternehmens beeinträchtigen wird[5]. Im Rahmen einer **verhaltensbedingten Kündigung** kann das Vorliegen mehrerer Lohnpfändungen oder -abtretungen eine ordentliche Kündigung allenfalls dann rechtfertigen, wenn zahlreiche Lohnpfändungen einen derartigen Arbeitsaufwand des Arbeitgebers verursachen, daß dies zu wesentlichen Störungen im Arbeitsablauf (Lohnbuchhaltung oder Rechtsabteilung) oder in der betrieblichen Organisation führt[6]. Hierfür sind folgende Faktoren maßgeblich: Anzahl der Pfändungen, unterschiedliche Rangfolge der Forderungen, Zusammentreffen von Pfändungen und Abtretungen, Höhe der einzelnen Verbindlichkeiten, zeitliche Abfolge der Pfändungen, Drittschuldnerprozesse[7]. Bei Kündigungen wegen zahlreicher Lohnpfändungen bedarf es keiner vorherigen Abmahnung[8], da das außerdienstliche Verhalten des Arbeitnehmers keiner Abmahnung zugänglich ist. Hinzukommt, daß der Arbeitnehmer rechtlich nicht in der Lage ist, seinen Gläubi-

42

---

1 BAG v. 4. 11. 1981, EzA § 1 KSchG – Verhaltensbedingte Kündigung Nr. 9.
2 BAG v. 15. 10. 1992, EzA § 1 KSchG – Verhaltensbedingte Kündigung Nr. 45.
3 BAG v. 4. 11. 1981, EzA § 1 KSchG – Verhaltensbedingte Kündigung Nr. 9.
4 BAG v. 15. 10. 1992, EzA § 1 KSchG – Verhaltensbedingte Kündigung Nr. 45.
5 BAG v. 15. 10. 1992, EzA § 1 KSchG – Verhaltensbedingte Kündigung Nr. 45; LAG Rheinland-Pfalz v. 18. 12. 1978, EzA § 1 KSchG – Verhaltensbedingte Kündigung Nr. 5.
6 BAG v. 4. 11. 1981, EzA § 1 KSchG – Verhaltensbedingte Kündigung Nr. 9; kritisch dazu: *Preis*, DB 1990, 630, 632.
7 BAG v. 4. 11. 1981, EzA § 1 KSchG – Verhaltensbedingte Kündigung Nr. 9.
8 BAG v. 4. 11. 1981, EzA § 1 KSchG – Verhaltensbedingte Kündigung Nr. 9; aA *Preis*, DB 1990, 630, 632.

gern verbindliche Weisungen zu erteilen. Im Rahmen der Interessenabwägung sind auf Arbeitgeberseite Art und Ausmaß des Arbeitsaufwandes sowie Größe und Struktur des Betriebes zu berücksichtigen. Auf Arbeitnehmerseite sind einzubeziehen Anzahl der Lohnpfändungen im Verhältnis zur Dauer der Betriebszugehörigkeit, Lebensalter, Unterhaltspflichten, Wiedereinstellungschancen, finanzielle Notlage[1]. Eine **verhaltensbedingte Kündigung wegen** des Vorwurfs der **Verletzung arbeitsvertraglicher Nebenpflichten** scheidet von vornherein aus. In der Gestaltung der eigenen Vermögenssphäre ist der Arbeitnehmer frei[2]. Nach einer Entscheidung des LAG Hamm[3] soll es für eine Kündigung ausreichend sein, wenn innerhalb relativ kurzer Zeit zwei Lohnpfändungen zugestellt werden, dem Arbeitgeber hieraus eine erhebliche Belastung erwächst und der Arbeitnehmer, ohne schuldlos in Not geraten zu sein, einer entsprechenden Abmahnung zuwider gehandelt hat. – Die fristgemäße Kündigung eines erst kurzfristig beschäftigten Arbeitnehmers soll zulässig sein, wenn innerhalb Jahresfrist mehr als 10 Lohnpfändungen vorliegen und keine Notsituation besteht[4].

Meinungsäußerung

→ sa. Politische Betätigung, Rz. 46

43   Das **Grundrecht der Meinungsfreiheit** (Art. 5 Abs. 1 GG) prägt auch die Beziehungen der Arbeitsvertragsparteien. Doch findet es seine **Schranken** sowohl **im Recht der persönlichen Ehre** (Art. 5 Abs. 2 GG) als auch in den **Grundregeln über das Arbeitsverhältnis**[5], insbesondere in der **Pflicht zu loyalem Verhalten**. Diese Einschränkung gilt nicht nur im Verhältnis zum Arbeitgeber, sondern auch zu den anderen Mitarbeitern und den Mitgliedern des Betriebsrats[6]. Dazu gehört vor allem, daß der Arbeitnehmer öffentlich, insbesondere in der Betriebsöffentlichkeit, keine **beleidigenden** oder **bewußt wahrheitswidrigen Äußerungen** aufstellen darf[7]. Geht es um das **Aufstellen wahrer Behauptungen und kritischer Werturteile**, gewährleistet Art. 5 Abs. 1 GG weitgehend die sachliche Auseinandersetzung. Führt dies auch zu einer Störung des Betriebsfriedens oder sind Meinungsäußerungen betroffen, die bestimmte Tatsachen entsprechend werten, kann sich die Frage der Berechtigung einer Kündigung erst aus einer Abwägung ergeben[8]. Es gehört zu den arbeitsvertraglichen Pflichten, eine **provozierende parteipolitische Betätigung im Betrieb** (Herausgabe eines Flugblattes zur Betriebsratswahl mit Angriffen gegen tragende Prinzipien der Betriebsverfassung und einem Aufruf für eine revolutionäre Gewerkschaftsopposition sowie die Abschaffung der Lohnsklaverei) um der Erhaltung des

---

1 BAG v. 4. 11. 1981, EzA § 1 KSchG – Verhaltensbedingte Kündigung Nr. 9.
2 BAG v. 4. 11. 1981, EzA § 1 KSchG – Verhaltensbedingte Kündigung Nr. 9.
3 LAG Hamm v. 21. 9. 1977, DB 1977, 2237; *Brill*, DB 1976, 1816.
4 LAG Berlin v. 10. 9. 1975, DB 1975, 2327 = BB 1976, 38.
5 AA ArbG Hamburg v. 11. 9. 1995, BB 1997, 206.
6 BAG v. 26. 5. 1977, EzA § 611 BGB – Beschäftigungspflicht Nr. 2.
7 BAG v. 26. 5. 1977, EzA § 611 BGB – Beschäftigungspflicht Nr. 2.
8 Anm. *Dütz* zu BAG v. 26. 5. 1977, EzA § 611 BGB – Beschäftigungspflicht Nr. 2.

Betriebsfriedens willen zu unterlassen¹. Soweit mit der Meinungsäußerung eine **grobe Beleidigung** des Arbeitgebers oder auch anderer Betriebsangehöriger verbunden ist, ist dies ein wichtiger Grund für eine **außerordentliche Kündigung**; grob ist eine besonders schwere kränkende Beleidigung, also ein bewußter Angriff auf die Achtung des anderen aus gehässigen Motiven. Die Kränkung kann sich sowohl aus Inhalt wie Form der herabsetzenden Äußerung ergeben². Die strafrechtliche Bewertung ist unerheblich, maßgeblich ist allein, ob danach die Fortsetzung des Arbeitsverhältnisses noch zumutbar ist. – **Antisemitische Äußerungen über einen Geschäftsführer** des Arbeitgebers („Judenschwein, das vergessen wurde zu vergasen") stellen eine ernstliche Störung des Betriebsfriedens dar, verletzen die persönliche Ehre und berechtigen daher auch ohne vorherige Abmahnung zur außerordentlichen Kündigung. Ob diese Äußerungen in Gegenwart desjenigen getan werden, der durch solche Äußerungen angegriffen wird, ist unerheblich³. Ebenso können **ausländerfeindliche Äußerungen** die außerordentliche Kündigung rechtfertigen⁴. Gleiches gilt im Fall der **Verbreitung ausländerfeindlicher Schriften** während der Arbeit (Weitergabe von Texten mit Hetze gegen Ausländer, Aussiedler und Asylbewerber im Rahmen der Tätigkeit eines Außendienstmitarbeiters)⁵. – **Werkszeitungen** genießen den Schutz der Pressefreiheit gemäß Art. 5 Abs. 1 Satz 2 GG (Zulässigkeit des Abdrucks anonymer Zuschriften aus dem Kreis der Arbeitnehmer)⁶.

Minderleistung

→ Schlecht- und Minderleistung, Rz. 48

Nachweis- und Mitteilungspflichten

Sowohl bei der Pflicht zur **Vorlage der Arbeitsunfähigkeitsbescheinigung** (Nachweispflicht gemäß § 5 Abs. 1 Satz 2 EFZG) sowie bei der Verpflichtung zur unverzüglichen **Anzeige der Arbeitsunfähigkeit** und deren voraussichtlicher Dauer (Mitteilungspflicht nach § 5 Abs. 1 Satz 1 EFZG) handelt es sich um arbeitsvertragliche Nebenpflichten, deren Verletzung in aller Regel keinen **außerordentlichen Kündigungsgrund** darstellt, es sei denn, aus der beharrlichen Nichtbeachtung dieser Pflichten ergibt sich die fehlende Bereitschaft des Arbeitnehmers zur ordnungsgemäßen Vertragserfüllung überhaupt⁷. – Die schuldhafte, vergeblich abgemahnte Verletzung der Pflicht zur unverzüglichen **Anzeige der Arbeitsunfähigkeit** kann eine **ordentliche Kündigung** sozial rechtfertigen, auch wenn es dadurch nicht zu einer Störung der Arbeitsorganisation oder des Betriebsfriedens gekommen ist. Kommt der Arbeitnehmer seiner Arbeitspflicht nicht nach, stellt dies unmittelbar eine Störung im Leistungsbereich

44

---

1 BAG v. 15. 12. 1977, EzA § 626 BGB nF Nr. 61.
2 RGRK/*Corts*, § 626 BGB Rz. 117.
3 ArbG Bremen v. 29. 6. 1994, BB 1994, 1568.
4 LAG Hamm v. 11. 11. 1994, BB 1995, 678.
5 ArbG Hannover v. 22. 4. 1993, BB 1993, 1218.
6 BVerfG v. 8. 10. 1996, BB 1997, 205.
7 BAG v. 15. 1. 1986, AP Nr. 93 zu § 626 BGB.

dar, auch wenn mit der Nichtanzeige nur eine Nebenpflicht verletzt wird. Ob auch Betriebsablaufstörungen verursacht worden sind, ist allerdings für die Interessenabwägung erheblich[1]. Der Arbeitnehmer muß im Rahmen der Anzeigepflicht sicherstellen, daß der Arbeitgeber am ersten Tag der Erkrankung unterrichtet wird. Dabei hat der Arbeitnehmer die voraussichtliche Dauer mitzuteilen und nach seinem subjektiven Kenntnisstand zu schätzen[2]. Die Anzeigepflicht betrifft nicht nur die Ersterkrankung, sondern auch die Fortdauer der Erkrankung[3]. – Die schuldhafte **Verletzung der Nachweispflicht,** also der Pflicht zur Vorlage einer Arbeitsunfähigkeitsbescheinigung nach § 5 Abs. 1 Satz 2 bis 4 EFZG, rechtfertigt im Wiederholungsfall nach vorheriger Abmahnung ebenfalls die ordentliche Kündigung[4]. Dabei ist allerdings zu berücksichtigen, daß dem Arbeitgeber bei Verletzung der Nachweispflicht (im Gegensatz zur Verletzung der Anzeigepflicht) als Sanktion bereits ein Leistungsverweigerungsrecht zusteht, § 7 Abs. 1 Nr. 1 EFZG. – Türkische Arbeitnehmer sind vor **Ableistung** des **Kurzwehrdienstes** in der Türkei verpflichtet, den Arbeitgeber unverzüglich über den Zeitpunkt der Einberufung zu unterrichten und auf Verlangen nachzuweisen. Verletzt der Arbeitnehmer diese Pflicht schuldhaft, und gerät der Arbeitgeber hierdurch in eine durch zumutbare Überbrückungsmaßnahmen nicht behebbare Zwangslage, kann dies, je nach den Umständen des Einzelfalls, eine ordentliche oder auch außerordentliche Kündigung rechtfertigen[5].

Nebentätigkeit

45   Unter Nebentätigkeit ist jede selbständige oder unselbständige Erwerbstätigkeit zur Erzielung von Einkünften zu verstehen; das reine Freizeitverhalten ist also nicht hierzu zu rechnen, wobei sich die Haupt- von der Nebentätigkeit dadurch unterscheidet, daß letztere zeitlich zurücksteht[6]. Dem Arbeitnehmer ist nicht von vornherein jede **Nebentätigkeit** verboten, und zwar auch dann nicht, wenn ein solches **Verbot** zum Inhalt des Arbeitsvertrages geworden ist. Derartige Klauseln sind mit Rücksicht auf Art. 12 Abs. 1 Satz 1 GG verfassungskonform einschränkend auszulegen[7]. Die Freiheit der Berufswahl schließt es ein, mehreren Erwerbstätigkeiten nachzugehen[8]. Ein Arbeitnehmer darf demnach keine Nebentätigkeit verrichten, die den Interessen seines Arbeitgebers aus Gründen des Wettbewerbs zuwider läuft und keine Nebentätigkeit in

---

1 BAG v. 16. 8. 1991, EzA § 1 KSchG – Verhaltensbedingte Kündigung Nr. 41 in ausdrücklicher Abweichung von seiner früheren Rechtsprechung (BAG v. 7. 12. 1988, EzA § 1 KSchG – Verhaltensbedingte Kündigung Nr. 26) mit kritischer Anm. v. *Rüthers/Müller.*
2 BAG v. 31. 8. 1989, EzA § 1 KSchG – Verhaltensbedingte Kündigung Nr. 27 = AP Nr. 23 zu § 1 KSchG 1969 – Verhaltensbedingte Kündigung.
3 BAG v. 16. 8. 1991, EzA § 1 KSchG – Verhaltensbedingte Kündigung Nr. 41.
4 *Schaub,* Arbeitsrechts-Handbuch, § 130 II 7.
5 BAG v. 7. 9. 1983, AP Nr. 7 zu § 1 KSchG 1969 – Verhaltensbedingte Kündigung.
6 *Berning,* Anm. zu BAG AP Nr. 112 zu § 626 BGB.
7 BAG v. 13. 11. 1979, EzA § 1 KSchG – Verhaltensbedingte Kündigung Nr. 6.
8 *Berning,* Anm. zu BAG AP Nr. 112 zu § 626 BGB mwN.

einem Ausmaß übernehmen, daß er seine Leistungspflichten aus dem Arbeitsverhältnis nicht mehr ordnungsgemäß erfüllen kann. Diese Pflicht besteht nicht nur bei einer entsprechenden Klausel im Arbeitsvertrag, sondern schon aus der allgemeinen arbeitsvertraglichen Verpflichtung, die Dienste aus dem Arbeitsverhältnis ordnungsgemäß zu erfüllen[1]. – **Nebenbeschäftigungen während der Arbeitsunfähigkeit** können eine Kündigung nur dann rechtfertigen, wenn sie aus Gründen des Wettbewerbs den Interessen des Arbeitgebers zuwider laufen oder den Heilungsprozeß verzögern. Ein arbeitsunfähiger Arbeitnehmer ist verpflichtet, sich so zu verhalten, daß er möglichst bald wieder gesund wird und alles zu unterlassen, was seine Genesung verzögern könnte[2]. Die Gefahr einer Verzögerung genügt[3]. Arbeitet ein Arbeitnehmer während einer ärztlich bescheinigten Arbeitsunfähigkeit in Nachtschicht bei einem anderen Arbeitgeber, kann auch ohne vorherige Abmahnung eine außerordentliche Kündigung gerechtfertigt sein. In derartigen Fällen ist der Beweiswert des ärztlichen Attestes erschüttert bzw. entkräftet, und der Arbeitnehmer hat konkret darzulegen, weshalb er krankheitsbedingt gefehlt hat und trotzdem der Nebenbeschäftigung nachgehen konnte[4].

Ordnungsverstöße

→ Betriebsfrieden/betriebliche Ordnung, Rz. 20

Politische Betätigung

→ sa. Meinungsäußerung, Rz. 43

Bei **außerdienstlicher** politischer Betätigung eines im öffentlichen Dienst tätigen Arbeitnehmers kommt einer **ordentliche personenbedingte Kündigung** unter dem Gesichtspunkt der **mangelnden Eignung** in Betracht, wenn begründete Zweifel an der Verfassungstreue des Arbeitnehmers bestehen. Diese können sich ergeben aus Mitgliedschaft und aktivem Eintreten des Arbeitnehmers für eine verfassungsfeindliche Organisation (im konkreten Fall: Kandidatur für die DKP bei einer Kommunalwahl)[5]. Dies genügt zur Begründung der sozialen Rechtfertigung einer Kündigung jedoch nicht, zusätzlich muß die außerdienstliche politische Betätigung in die Dienststelle hineinwirken und entweder die allgemeine Aufgabenstellung des öffentlichen Arbeitgebers oder das konkrete Aufgabengebiet des Arbeitnehmers berühren. Dabei ist wiederum maßgeblich, welche staatliche Aufgabenstellung der öffentliche Arbeitgeber wahrzunehmen hat und welches Aufgabengebiet von dem Arbeitnehmer zu bearbeiten ist. Einen Hauptvermittler in der Bundesanstalt für Arbeit trifft keine gesteigerte politische Treuepflicht[6]. – Eine **verhaltensbedingte Kündigung wegen politi-** 46

---
1 BAG v. 13. 11. 1979, EzA § 1 KSchG – Verhaltensbedingte Kündigung Nr. 6.
2 BAG v. 13. 11. 1979, EzA § 1 KSchG – Verhaltensbedingte Kündigung Nr. 6.
3 *Berning*, Anm. zu BAG AP Nr. 112 zu § 626 BGB.
4 BAG v. 26. 8. 1993, AP Nr. 112 zu § 626 BGB.
5 BAG v. 6. 6. 1984, EzA § 1 KSchG – Verhaltensbedingte Kündigung Nr. 12.
6 BAG v. 6. 6. 1984, EzA § 1 KSchG – Verhaltensbedingte Kündigung Nr. 12.

scher Aktivitäten in der Freizeit kommt nur in Betracht, wenn das Arbeitsverhältnis im Bereich der betrieblichen Verbundenheit konkret beeinträchtigt ist. Eine solche Auswirkung liegt nur vor, wenn Arbeitsablauf oder Betriebsfrieden konkret gestört sind; eine abstrakte oder auch konkrete Gefährdung genügt dagegen nicht. Die nur subjektive Besorgnis, ein angestellter Lehrer könne die Schüler indoktrinieren, ist noch keine konkrete nachteilige Auswirkung von politischen Aktivitäten[1]. – Zur Kündigung wegen **politischer Aktivitäten während der Dienstzeit** und **im Betrieb des Arbeitgebers** → Meinungsäußerung, Rz. 43.

Rauchverbot

47 Verstöße gegen ein Rauchverbot können – wie bei allen Verstößen gegen vertraglichen Nebenpflichten – eine ordentliche Kündigung nur rechtfertigen, wenn hierdurch eine **konkrete Störung im Betriebsablauf oder im Betriebsfrieden** eingetreten ist. In jedem Fall bedarf es der vorherigen Abmahnung.

Schlecht- und Minderleistung

→ sa. Alkohol- und Drogensucht, Rz. 7; Eignungs-/Leistungsmangel, Rz. 28

48 Die Schlecht- oder Minderleistung ist ein Verstoß gegen die Arbeitspflicht (quantitative oder qualitative Minderleistung). Beruht diese auf **mangelnder Eignung** zur Erbringung der Arbeitsleistung wegen körperlicher oder geistiger Mängel bzw. mangelnder fachlicher Qualifikation, kommt eine **personenbedingte Kündigung** in Betracht (→ **Eignungsmangel**, Rz. 28). Bei einer **Minderleistung** des Arbeitnehmers, die nicht auf mangelnder persönlicher oder fachlicher Eignung beruht oder mit besonderen Schwierigkeiten der zu erbringenden Arbeiten entschuldigt werden kann, kommt nach vorheriger Abmahnung eine **ordentliche verhaltensbedingte Kündigung** in Betracht. Für die Bewertung der Leistung ist abzustellen auf die üblichen und typischen Anforderungen bestimmter Berufsbilder. Daneben sind Unternehmenszweck und Aufgabenbereich des Arbeitnehmers zu berücksichtigen[2]. Eine ordentliche Kündigung wegen Schlecht- oder Minderleistung wird in aller Regel jedoch nur dann in Betracht kommen, wenn die Arbeitsleistung des Arbeitnehmers unterhalb der sonst im unteren Bereich des Durchschnitts angesiedelten Kollegen liegt. – Im **künstlerischen Bereich** steht dem Arbeitgeber im Rahmen des Art. 5 Abs. 3 GG die freie Bestimmung der von ihm erstrebten künstlerischen Inhalte zu. Bei Beanstandungen muß der Arbeitgeber auf der Grundlage seiner künstlerischen Auffassung nachvollziehbar darlegen, weshalb der Arbeitnehmer diesen Anforderungen nicht genügt[3].

---

[1] BAG v. 6. 6. 1984, EzA § 1 KSchG – Verhaltensbedingte Kündigung Nr. 12; BAG v. 28. 9. 1989, EzA § 1 KSchG – Verhaltensbedingte Kündigung Nr. 28.
[2] *Wolf*, Anm. zu BAG AP Nr. 8 zu § 1 KSchG 1969.
[3] *Wolf*, Anm. zu BAG AP Nr. 8 zu § 1 KSchG 1969.

Schmiergelder

Wer als Arbeitnehmer bei der Ausführung vertraglicher Aufgaben sich Vorteile versprechen läßt oder entgegennimmt, die dazu bestimmt oder geeignet sind, ihn in seinem geschäftlichen Verhalten zugunsten Dritter und zum Nachteil seines Arbeitgebers zu beeinflussen, und damit gegen das sog. Schmiergeldverbot verstößt, handelt den Interessen seines Arbeitgebers zuwider und gibt diesem damit regelmäßig einen Grund zur **außerordentlichen Kündigung**. Ob der Arbeitgeber dabei geschädigt wird, ist unerheblich. Es reicht aus, daß der gewährte Vorteil allgemein die Gefahr begründet, der Annehmende werde nicht allein die Interessen des Geschäftsherrn wahrnehmen. Durch ein solches Verhalten zerstört der Arbeitnehmer das Vertrauen in seine Zuverlässigkeit und Redlichkeit[1].

49

Sexuelle Belästigung

Sexuelle Belästigung am Arbeitsplatz ist nach § 2 Abs. 2 des Gesetzes zum Schutz der Beschäftigten vor sexueller Belästigung am Arbeitsplatz (Beschäftigtenschutzgesetz, BSchG) „jedes vorsätzliche, sexuell bestimmte Verhalten, das die Würde von Beschäftigten verletzt". Dazu gehören strafrechtlich relevante sexuelle Handlungen und Verhaltensweisen sowie sonstige sexuelle Handlungen, sexuell bestimmte körperliche Berührungen und Bemerkungen sexuellen Inhalts, die von den Betroffenen erkennbar abgelehnt werden. Je nach Einzelfall kommen als Sanktion Abmahnung, Umsetzung, Versetzung, ordentliche oder außerordentliche Kündigung in Betracht. Der Arbeitgeber hat die Maßnahme zu ergreifen, die der Schwere und dem Umfang der sexuellen Belästigung entspricht, sie muß also verhältnismäßig sein. Zu berücksichtigen ist dabei zum einen die Intensität der sexuell bestimmten körperlichen Berührung, zum anderen die Dauer der Handlung. Eine außerordentliche Kündigung ist nur angemessen, wenn der Umfang und die Intensität der sexuellen Belästigungen sowie die Abwägung der beiderseitigen Interessen diese Maßnahme rechtfertigen[2]. – Bei der **sexuellen Belästigung von Arbeitnehmerinnen durch einen Vorgesetzten** kommt grundsätzlich dessen außerordentliche Kündigung in Betracht. Dabei kommt es nicht allein auf die Beurteilung des Verhaltens durch die Betroffenen, sondern darauf an, ob das Vertrauensverhältnis, das zwischen einem als Ausbilder eingesetzten Arbeitnehmer und dem Arbeitgeber hinsichtlich der moralischen Integrität des Ausbilders bestehen muß, durch ein solches Verhalten erschüttert wird. Einer vorherigen Abmahnung bedarf es nicht. Für den Arbeitgeber ist die Fortsetzung des Arbeitsverhältnisses regelmäßig dann unzumutbar, wenn durch das Verhalten des Vorgesetzten eine weitere Verschlechterung des Betriebsklimas zu befürchten ist[3].

50

---

1 BAG v. 15. 11. 1995, NZA 1996, 419 = DB 1996, 836.
2 LAG Hamm v. 22. 10. 1996, DB 1997, 482.
3 BAG v. 9. 1. 1996, AP Nr. 20 zu § 626 BGB – Ausschlußfrist.

Sicherheitsbereich

51 Sicherheitsbedenken gegen einen Arbeitnehmer können grundsätzlich eine **ordentliche Kündigung aus personenbedingten oder aus dringenden betrieblichen Gründen** rechtfertigen. Auch wenn ein Unternehmen (Versorgungswerk einer großen Stadt) gegen Terroranschläge besonders anfällig ist, stellt die Ansicht des Arbeitgebers, es bestünden gegen einen seiner Arbeitnehmer Sicherheitsbedenken (die Lebensgefährtin hat engen Kontakt zu Mitgliedern einer terroristischen Vereinigung), für sich allein noch keinen Kündigungsgrund dar. Der Arbeitgeber muß greifbare Tatsachen vortragen, dieser Arbeitnehmer werde berechtigte Sicherheitsinteressen des Unternehmens beeinträchtigen[1]. Entscheidend sind die betrieblichen Auswirkungen, wozu die Auswirkung auf die Belegschaft sowie das betriebliche Sicherheitsbedürfnis zählen[2].

Spesenbetrug

52 Dieser rechtfertigt in aller Regel eine **außerordentliche Kündigung.** Dies gilt insbesondere für einen **Arbeitnehmer in einer Vertrauensposition,** auch wenn es sich um einen geringen Betrag und nur einen einmaligen Vorfall handelte[3]. Einer vorherigen Abmahnung bedarf es nicht. Die Interessenabwägung kann allerdings ergeben, daß auch eine ordentliche Kündigung unwirksam ist (56 Jahre alter Arbeitnehmer, gegenüber zwei Personen unterhaltspflichtig, seit 17 Jahren beanstandungsfrei beschäftigt), wenn der Arbeitnehmer den einmaligen Verstoß zugegeben und wiedergutgemacht hat und aus seinem gesamten Verhalten hervorgeht, daß eine weitere Verfehlung nicht wieder vorkommen wird[4]. Abzugrenzen ist der Spesenbetrug von der **formalen Unkorrektheit, die auf bloßer Unachtsamkeit beruht** hat[5]. Ebensowenig ist dem Arbeitnehmer das Versehen seiner Sekretärin zuzurechnen, auch wenn er die Spesenabrechnung selbst unterzeichnet hat[6].

Stempeluhren

53 Das **Stempeln** der Stechkarte **durch einen Dritten** berechtigt den Arbeitgeber in aller Regel, diesem Arbeitnehmer gegenüber jedenfalls eine fristgerechte Kündigung auszusprechen[7]. Gleiches gilt für den **Arbeitnehmer,** der die **Stechuhr für einen Dritten** betätigt. So muß der Arbeitnehmer die betrieblichen Kontrolleinrichtungen grundsätzlich persönlich bedienen[8]. – Betätigt ein Arbeitnehmer die Stempeluhr und verläßt anschließend den Betrieb zur Erledigung

---

1 BAG v. 26. 10. 1978, AP Nr. 1 zu § 1 KSchG 1969 – Sicherheitsbedenken.
2 *Herschel,* Anm. zu BAG AP Nr. 1 zu § 1 KSchG 1969 – Sicherheitsbedenken.
3 LAG Frankfurt v. 5. 7. 1988, LAGE § 1 KSchG – Verhaltensbedingte Kündigung Nr. 20.
4 LAG Frankfurt v. 5. 7. 1988, LAGE § 1 KSchG – Verhaltensbedingte Kündigung Nr. 20.
5 RGRK/*Corts,* § 626 BGB Rz. 149 mwN.
6 RGRK/*Corts,* § 626 BGB Rz. 149 mwN.
7 LAG Berlin v. 6. 6. 1988, LAGE § 1 KSchG – Verhaltensbedingte Kündigung Nr. 18.
8 *Staudinger/Preis,* § 626 BGB Rz. 169.

privater Zwecke, ist ein solches Verhalten grundsätzlich geeignet, eine außerordentliche Kündigung zu rechtfertigen[1].

Strafbare Handlung

→ sa. Diebstahl, Rz. 23 f.; Spesenbetrug, Rz. 52; Tätlichkeiten, Rz. 55

Hat der Arbeitnehmer eine Straftat begangen, ist zunächst zu differenzieren, ob diese sich im dienstlichen oder im außerdienstlichen Bereich ereignet hat. **Straftaten gegen den Arbeitgeber, Kollegen oder Kunden** (Vermögensdelikte, Körperverletzung, Beleidigung) während der Dienstzeit sind in aller Regel schwere Vertragspflichtverletzungen und rechtfertigen ohne vorherige Abmahnung die außerordentliche Kündigung[2] (→ sa. **Diebstahl, Rz. 23 f.** sowie **Tätlichkeiten, Rz. 55**). Bestreitet der Arbeitnehmer trotz **rechtskräftiger Verurteilung** die Tatbegehung, hat das Arbeitsgericht die erforderlichen Feststellungen selbst zu treffen, denn es ist an die tatsächlichen Feststellungen des strafgerichtlichen Urteils nicht gebunden, § 14 Abs. 2 Nr. 1 EGZPO, sondern muß sich eine eigene Überzeugung bilden. Die Verwertung der Ergebnisse des Strafverfahrens im Wege des Urkundenbeweises ist zulässig (zB Protokolle über Zeugeneinvernahmen). Die Parteien haben das Recht, unmittelbare Zeugen- und Sachverständigenbeweise anzutreten[3]. – Auch **Straftaten im außerdienstlichen Bereich** sind an sich geeignet, einen wichtigen Grund abzugeben, wenn durch sie das Arbeitsverhältnis konkret beeinträchtigt wird. Dabei kommt es nicht allein auf die strafrichterliche Wertung an, sondern darauf, ob dem Arbeitgeber nach dem gesamten Sachverhalt die Fortsetzung des Arbeitsverhältnisses noch zumutbar ist[4]. Es handelt sich um einen personenbedingten Kündigungsgrund, soweit es nicht zugleich um eine Verletzung von arbeitsvertraglichen Pflichten geht. Ist die vorgeworfene Tat „bei Gelegenheit" der dienstlichen Tätigkeit ausgeübt worden (Sittlichkeitsdelikt eines Bauleiters an einer Person, zu der dienstlicher Kontakt bestand), ist die Verletzung einer vertraglichen Nebenpflicht und damit ein dienstlicher Bezug nicht auszuschließen[5].

54

Strafhaft

→ Freiheitsstrafe/Haft, Rz. 30

Streik

→ Arbeitskampf, Rz. 11

---

1 BAG v. 27. 1. 1977, EzA § 103 BetrVG 72 Nr. 16.
2 BAG v. 30. 9. 1993, EzA § 626 BGB nF Nr. 152.
3 BAG v. 26. 3. 1992, AP Nr. 23 zu § 626 BGB – Verdacht strafbarer Handlung.
4 BAG v. 5. 11. 1992, AP Nr. 4 zu § 626 BGB – Krankheit.
5 BAG v. 26. 3. 1992, AP Nr. 23 zu § 626 BGB – Verdacht strafbarer Handlung.

Tätlichkeiten

55 Der **tätliche Angriff auf einen Arbeitskollegen** ist eine schwerwiegende Verletzung der arbeitsvertraglichen Nebenpflichten des Arbeitnehmers und rechtfertigt daher die **außerordentliche Kündigung**[1]. Der Arbeitgeber ist nicht nur allen Arbeitnehmern gegenüber verpflichtet dafür Sorge zu tragen, daß sie keinen Tätlichkeiten ausgesetzt sind, sondern hat auch ein eigenes Interesse daran, daß die betriebliche Zusammenarbeit nicht durch tätliche Auseinandersetzungen beeinträchtigt wird und nicht durch Verletzungen Arbeitskräfte ausfallen[2]. Bei Tätlichkeiten unter Arbeitskollegen bedarf es vor Ausspruch einer Kündigung grundsätzlich keiner Abmahnung. – Der tätliche Angriff mit einem Schlachtermesser auf einen Vorgesetzten rechtfertigt die außerordentliche Kündigung. Hierin liegt eine erhebliche Störung des Betriebsfriedens, die es dem Arbeitgeber unzumutbar macht, das Arbeitsverhältnis fortzusetzen[3]. – Ereignen sich die Tätlichkeiten zwar unter Kollegen, jedoch **außerhalb des Dienstes**, ist deswegen in aller Regel eine Kündigung nicht gerechtfertigt.

Trunkenheit am Steuer

→ Alkoholmißbrauch, Rz. 3 ff.; Fahrerlaubnis/Entzug, Rz. 29

Trunksucht

→ Alkohol- und Drogensucht, Rz. 7

Überschuldung

→ Lohnpfändungen, Rz. 42

Unentschuldigtes Fehlen

→ Arbeitsversäumnis, Rz. 13

Unpünktlichkeit

→ Zuspätkommen, Rz. 61

Untersuchungshaft

→ Freiheitsstrafe/Haft, Rz. 30

---

1 BAG v. 30. 9. 1993, EzA § 626 BGB nF Nr. 152.
2 BAG v. 31. 3. 1993, AP Nr. 32 zu § 626 BGB – Ausschlußfrist.
3 LAG Hamm v. 29. 9. 1995, BB 1996, 331.

Urlaub

Tritt der Arbeitnehmer eigenmächtig einen **nicht genehmigten Urlaub** an, verletzt er seine arbeitsvertraglichen Pflichten, und ein solches Verhalten ist an sich geeignet, eine außerordentliche Kündigung zu rechtfertigen. Ein Recht des Arbeitnehmers, sich selbst zu beurlauben, wird von der Rechtsprechung abgelehnt. Wurde **kein Urlaub erteilt**, verletzt der Arbeitnehmer bei eigenmächtigem Urlaubsantritt seine Arbeitspflicht; wurde der **Urlaub** ausdrücklich **abgelehnt**, ist regelmäßig sogar eine beharrliche Arbeitsverweigerung gegeben. Es ist allerdings bei der Interessenabwägung zugunsten des Arbeitnehmers zu berücksichtigen, wenn der Arbeitgeber zu Unrecht einen Urlaubsantrag des Arbeitnehmers abgelehnt und von vornherein den Betriebsablauf nicht so organisiert hat, daß die Urlaubsansprüche des Arbeitnehmers nach den gesetzlichen Vorschriften erfüllt werden konnten[1]. – Bei **Urlaubsüberschreitung** kommt eine außerordentliche Kündigung in Betracht, wenn die Zeit erheblich ist und der Arbeitnehmer schuldhaft gehandelt hat[2]. Erklärt der Arbeitnehmer, er werde krank, wenn der Arbeitgeber ihm den Urlaub nicht verlängere, obwohl er im Zeitpunkt dieser Ankündigung nicht krank war und sich aufgrund bestimmter Beschwerden auch noch nicht krank fühlen konnte, ist ein solches Verhalten, unabhängig davon, ob der Arbeitnehmer später tatsächlich erkrankt, an sich geeignet, einen wichtigen Grund zur außerordentlichen Kündigung abzugeben[3]. – **Eigenmächtiger Antritt von Erziehungsurlaub:** Sind die Voraussetzungen für den Erziehungsurlaub erfüllt und hat der Arbeitnehmer eine § 16 Abs. 1 Satz 1 BErzGG genügende Erklärung, die sich auf Beginn und Dauer des Erziehungsurlaubs erstreckt, spätestens vier Wochen vorher abgegeben, kann der Arbeitnehmer zum vorgesehenen Beginn des Erziehungsurlaubs und für die begehrte Dauer der Arbeit fernbleiben; einer Einverständniserklärung des Arbeitgebers bedarf es sodann nicht. Ist das Erziehungsurlaubsverlangen nicht ordnungsgemäß (die Erklärung wurde nicht rechtzeitig geltend gemacht, und Beginn und Dauer gehen weder daraus noch aus den sonstigen Umständen hervor), darf der Arbeitnehmer ihn auch nicht antreten[4].

56

Verdachtskündigung

Nicht nur eine erwiesene Straftat oder Verletzungshandlung, sondern auch bereits der Verdacht, eine solche begangen zu haben, kann einen wichtigen Grund für eine außerordentliche Kündigung darstellen[5]. Eine Verdachtskündigung ist nur gegeben, wenn der Arbeitgeber diese gerade und ausdrücklich auf den **Verdacht eines strafbaren bzw. vertragswidrigen Verhaltens** stützt[6]. Dies

57

---

1 BAG v. 20. 1. 1994, AP Nr. 114 zu § 626 BGB.
2 *Staudinger/Preis*, § 626 BGB Rz. 202.
3 BAG v. 5. 11. 1992, AP Nr. 4 zu § 626 BGB – Krankheit.
4 BAG v. 17. 2. 1994, AP Nr. 116 zu § 626 BGB.
5 BAG v. 26. 3. 1992 und 14. 9. 1994, AP Nr. 23, 24 zu § 626 BGB – Verdacht strafbarer Handlung.
6 BAG v. 26. 3. 1992 und 14. 9. 1994, AP Nr. 23, 24 zu § 626 BGB – Verdacht strafbarer Handlung.

kann auch hilfsweise, also gleichzeitig mit der Tatkündigung, oder durch Nachschieben im Prozeß geschehen[1]; letzteres ist ausgeschlossen, wenn ein Betriebsrat besteht und dieser zur Verdachtskündigung nicht angehört wurde[2]. Für die Begründetheit der Verdachtskündigung müssen objektive Tatsachen vorliegen, die starke Verdachtsmomente begründen, wodurch das zur Fortsetzung des Arbeitsverhältnisses notwendige Vertrauen des Arbeitgebers zerstört wird[3]. Vor Ausspruch der Kündigung hat der Arbeitgeber den Arbeitnehmer zu den Verdachtsgründen anzuhören; bei schuldhafter Verletzung dieser Pflicht ist die Kündigung bereits aus formellen Gründen rechtsunwirksam[4]. Im Prozeß kann Be- oder Entlastungsvorbringen nachgeschoben werden, soweit dieses bei Ausspruch der Kündigung objektiv gegeben war[5]. Stellt sich der Verdacht im Nachhinein als falsch heraus, hat der Arbeitnehmer einen Wiedereinstellungsanspruch[6]. Nähere Einzelheiten zur Verdachtskündigung s. Teil 3 D Rz. 215 ff. und Teil 3 E Rz. 31 ff.

Verschwiegenheitspflicht

58 Eine außerordentliche Kündigung ist nur bei **schweren Verstößen** gegen die Verschwiegenheitspflicht gerechtfertigt; diese müssen außerdem **schuldhaft** sein. Der **Umfang der Verschwiegenheitspflicht** richtet sich nach arbeitsvertraglichen sowie gesetzlichen Bestimmungen. In jedem Fall darf der Arbeitnehmer keine Betriebs- oder Geschäftsgeheimnisse verraten oder vertrauliche Angaben nach außen tragen, wobei sich die Vertraulichkeit aus einer entsprechenden Bezeichnung oder aus der Natur der Sache ergeben kann. – Ein Arbeitnehmer, der als Sachbearbeiter mit der Führung von Lohn- und Gehaltslisten, mit Ausnahme der leitenden Angestellten, betraut ist, begeht keinen die außerordentliche Kündigung rechtfertigenden Vertrauensbruch, wenn er sich gelegentlich der Ausübung seiner Tätigkeit Kenntnisse über die Gehälter der leitenden Angestellten verschafft und betriebsintern weitergibt[7].

Wettbewerbsverbot

59 Dem Arbeitnehmer ist **während des rechtlichen Bestandes seines Arbeitsverhältnisses jede Konkurrenztätigkeit** zum Nachteil des Arbeitgebers **untersagt**, auch wenn dies nicht ausdrücklich vertraglich vorgesehen ist; dies ergibt sich für Handlungsgehilfen unmittelbar aus § 60 HBG und für alle übrigen Arbeitnehmer aus dem Rechtsgedanken dieser Vorschrift. Erlaubt ist dagegen die

---

1 BAG v. 26. 3. 1992, AP Nr. 23 zu § 626 BGB – Verdacht strafbarer Handlung.
2 BAG v. 3. 4. 1986, AP Nr. 18 zu § 626 BGB – Verdacht strafbarer Handlung.
3 BAG v. 3. 4. 1986, 30. 4. 1987, 26. 3. 1992 und 14. 9. 1994, AP Nr. 18, 19, 23, 24 zu § 626 BGB – Verdacht strafbarer Handlung.
4 BAG v. 30. 4. 1987 und 13. 9. 1995, AP Nr. 19, 25 zu § 626 BGB – Verdacht strafbarer Handlung.
5 BAG v. 14. 9. 1994, AP Nr. 24 zu § 626 BGB – Verdacht strafbarer Handlung.
6 BAG v. 4. 6. 1964, AP Nr. 13 zu § 626 BGB – Verdacht strafbarer Handlung.
7 LAG Hamm v. 22. 7. 1981, ZIP 1981, 1259.

Ausübung einer Nebentätigkeit, mit der der Arbeitnehmer nicht in Wettbewerb zu seinem Arbeitgeber tritt (→ näheres s. unter **Nebentätigkeit,** Rz. 45). Die Verletzung eines Wettbewerbsverbotes kann an sich einen wichtigen Grund für die **außerordentliche Kündigung** darstellen, wobei es regelmäßig keiner vorherigen Abmahnung bedarf[1]. Gleiches gilt für **Wettbewerbshandlungen,** die der Arbeitnehmer **im Anschluß an eine unwirksame außerordentliche Kündigung** des Arbeitgebers begeht und dem Arbeitnehmer unter Berücksichtigung der besonderen Umstände des konkreten Falles ein Verschulden anzulasten ist. Ein Arbeitnehmer wird vom vertraglichen Wettbewerbsverbot nicht schon dann befreit, wenn der Arbeitgeber eine außerordentliche Kündigung ausspricht, die der Arbeitnehmer für unwirksam hält und deswegen gerichtlich angreift[2]. Da der Arbeitnehmer dem vertraglichen Wettbewerbsverbot solange unterliegt, wie das Arbeitsverhältnis besteht, entfällt das Wettbewerbsverbot auch nicht mit der **Freistellung des Arbeitnehmers**[3]. – **Vorbereitungshandlungen** eines Arbeitnehmers, der sich im selben Handelszweig selbständig machen will, sind unschädlich (Abschluß von Franchise-Vorverträgen, Ausstattung von Räumen). Verboten ist die Aufnahme werbender Tätigkeit, also das Vorbereiten von Konkurrenzgeschäften[4].

Witterungsbedingte Kündigung

Längere witterungsbedingte Arbeitseinstellungen können Grund für eine betriebsbedingte Kündigung sein. Voraussetzung ist jedoch, daß im Zeitpunkt der Kündigung nicht absehbar ist, wann der betreffende Arbeitsplatz nach Ablauf der Kündigungsfrist erneut zur Verfügung stehen wird, und die Überbrückung dieses Zeitraums für den Arbeitgeber nicht zumutbar ist. Die Länge des Zeitraums, die dem Arbeitgeber zur Überbrückung zugemutet werden kann, richtet sich nach den jeweiligen betrieblichen Verhältnissen und den Besonderheiten des einzelnen Arbeitsverhältnisses[5].

Zuspätkommen

→ sa. Arbeitsversäumnis, Rz. 13; Arbeitsverweigerung, Rz. 14 ff.

Erscheint ein Arbeitnehmer ohne rechtfertigenden Grund überhaupt nicht oder verspätet zur Arbeit, dann erbringt er die von ihm geschuldete Arbeitsleistung teilweise nicht oder – sofern nachholbar – nicht zur rechten Zeit. Dies ist ein Verstoß gegen die arbeitsvertragliche Verpflichtung, die Arbeit mit Beginn der betrieblichen Arbeitszeit aufzunehmen und sie im Rahmen der betrieblichen Arbeitszeit zu erbringen oder während dieses Zeitraums zur Zuweisung von oder zur Aufnahme der Arbeit zur Verfügung zu stehen. Erscheint ein Arbeitnehmer häufig zu spät zur Arbeit und verletzt daher damit seine Verpflichtun-

---

1 BAG v. 25. 4. 1991, AP Nr. 104 zu § 626 BGB.
2 BAG v. 25. 4. 1991, AP Nr. 104 zu § 626 BGB.
3 BAG v. 30. 5. 1978, EzA § 60 HGB Nr. 11.
4 BAG v. 12. 5. 1972, EzA § 60 HGB Nr. 6; BAG v. 30. 5. 1978, EzA § 60 HGB Nr. 11.
5 BAG v. 7. 3. 1996, DB 1996, 1523.

gen aus dem Arbeitsverhältnis, kann der Arbeitgeber das Arbeitsverhältnis in der Regel nur durch **ordentliche Kündigung** lösen[1]. Eine **außerordentliche Kündigung** kommt ausnahmsweise in Betracht, wenn die Unpünktlichkeit des Arbeitnehmers den Grad und die Auswirkung einer beharrlichen Arbeitsverweigerung (s. Rz. 14 ff.) erreicht hat. Im Rahmen der Interessenabwägung ist zu berücksichtigen, ob es neben der Störung im Leistungsbereich auch noch zu nachteiligen Auswirkungen im Bereich der betrieblichen Verbundenheit (Betriebsordnung, Betriebsfrieden) gekommen ist[2].

---

1 BAG v. 17. 3. 1988, AP Nr. 99 zu § 626 BGB.
2 BAG v. 17. 3. 1988, AP Nr. 99 zu § 626 BGB.

H. Befristete Arbeitsverhältnisse

                                              Rz.

I. Allgemeines
1. Rechtliche Situation 1
2. Betroffene Arbeitnehmer 6
3. Vertragliche Regelungen 8
4. Beurteilungszeitpunkt 13

II. Befristungen ohne das Erfordernis eines sachlichen Grundes
1. Befristung nach dem Beschäftigungsförderungsgesetz
   a) Voraussetzungen 14
   b) Tarifliche Grenzen 25
2. Befristung bei Fehlen eines kündigungsrechtlichen Bestandsschutzes
   a) Persönliche Gründe 26
   b) Betriebliche Gründe 34

III. Arbeitsgerichtliche Befristungskontrolle
1. Zeitbefristung, Zweckbefristung und auflösende Bedingung ... 35
2. Gründe für die Befristung als solche – Einzelfälle 40
   a) Persönliche Gründe 41
   b) Leistungsbedingte Gründe .. 46
   c) Betriebliche Gründe 49
   d) Befristung im öffentlichen Dienst 58

                                              Rz.

3. Sachlicher Grund für die Dauer der Befristung 66
4. Mehrfache Befristung 67
5. Befristung einzelner Arbeitsvertragsbedingungen 70

IV. Rechtsfolgen bei wirksamer und unwirksamer Befristung
1. Wirksame Befristung 72
2. Unwirksame Befristung 77

V. Kündigungsmöglichkeit während des befristeten Arbeitsverhältnisses 79

VI. Beteiligung des Betriebsrats .. 86

VII. Prozessuale Geltendmachung . 89

VIII. Sonderfälle
1. Vertretung für die Dauer der Beschäftigungsverbote nach dem Mutterschutzgesetz oder für die Dauer des Erziehungsurlaubs 95
2. Wissenschaftliche Mitarbeiter gem. Hochschulrahmengesetz (HRG) 102
3. Ärzte in der Weiterbildung ... 112
4. Altersgrenzen 114

Schrifttum:

Boecken, Das SGB VI ÄndG und die Wirksamkeit von „alten" Altersgrenzenvereinbarungen, NZA 1995, 145; *Böhm/Spiertz/Sponer/Steinherr*, Bundesangestelltentarif BAT, Loseblatt; *Hromadka*, Pensionsalter und Pensionierungsmöglichkeiten, DB 1995, Beil. 11; *Koch*, Die Rechtsprechung des BAG zur Zulässigkeit befristeter Arbeitsverhältnisse, NZA 1992, 154; *Köster/Schiefer/Überacker*, Arbeits- und sozialversicherungsrechtliche Fragen des Bundeserziehungsgeldgesetzes 1992, DB 1992, Beil. 10, 9; *Kramer*, Die arbeitsvertragliche Abdingbarkeit des § 625 BGB, NZA 1993, 1115; *Lakies*, Drittfinanzierte Arbeitsverhältnisse in der Privatwirtschaft und deren Beendigung, NZA 1995, 296; *Lehmann*, Zur altersbedingten Beendigung von Arbeitsverhältnissen – zugleich eine Rückbesinnung auf das Individualvertragsrecht, NJW 1994, 3054; *Leuchten*, Widerrufsvorbehalt und Befristung von Arbeitsvertragsbedingungen, insbesondere Provisionsordnungen, NZA 1994, 721; *Löwisch*, Das Arbeitsrechtliche Beschäftigungsförderungsgesetz, NZA 1996, 1009; *Oetker*, Die „Neueinstellung" als Grund für den Abschluß befristeter Arbeitsverträge (Art. 1 § 1 Abs. 1 BeschFG 1985), DB 1989, 576; *Rolfs*, Erweiterte Zulässigkeit befristeter Arbeitsverträge durch das arbeitsrechtliche Beschäftigungsförderungsgesetz, NZA 1996, 1134; *Sandmann/Marschall*, Arbeitnehmerüberlassungsgesetz – AÜG; *Schwedes*, Das Arbeitsrechtliche Beschäftigungsförderungsgesetz, BB 1996, Beil. 17, 2.

I. Allgemeines

1. Rechtliche Situation

1   Nach § 620 Abs. 1 BGB endet ein Dienstverhältnis mit Ablauf der Zeit, für die es eingegangen worden ist. Das Dienstvertragsrecht des BGB unterstellt also als Regelfall, daß ein Arbeitsverhältnis auf **bestimmte Zeit** abgeschlossen wird.

Infolge der Begründung eines Kündigungsschutzes und der Ausbildung des Bestandsschutzes von Arbeitsverhältnissen ergab sich ein Widerspruch zu der auf dem Prinzip der Vertragsfreiheit beruhenden generellen Zulässigkeit befristeter Arbeitsverträge[1]. Das Kündigungsschutzgesetz und die besonderen Kündigungsschutz vermittelnden Regelungen, wie zB das Mutterschutzgesetz und das Schwerbehindertengesetz, bilden nach der Rechtsprechung eine institutionelle Schranke für den Abschluß befristeter Arbeitsverträge. Seit dem grundlegenden Beschluß des Großen Senats des Bundesarbeitsgerichts vom 12. 10. 1960[2] hält deshalb das Bundesarbeitsgericht befristete Arbeitsverträge für unzulässig, wenn eine **Umgehung zwingender Bestimmungen des Kündigungsrechts** objektiv vorliegt. Das ist dann anzunehmen, wenn dem Arbeitnehmer der durch die Kündigungsschutzbestimmungen gewährleistete Bestandsschutz ohne sachlichen Grund entzogen wird. Befristete Arbeitsverträge dürfen daher nur dann abgeschlossen werden, wenn bei Vertragsschluß sachliche Gründe für die Befristung vorliegen. Die sachlich gerechtfertigten Gründe für die Befristung müssen der Art sein, daß die Grundprinzipien des Kündigungsschutzes nicht beeinträchtigt werden.

2   Grundsätzlich können auch durch **Tarifverträge** Beendigungsnormen getroffen werden. Sie müssen sich ebenfalls an das gesetzliche Kündigungsschutzrecht halten, bedürfen also eines sachlichen Grundes[3]. Das Bundesarbeitsgericht unterstellt aber, daß Tarifvertragsparteien den sachlichen Grund zutreffend überprüft haben[4].

3   An die **sachliche Rechtfertigung** werden je nach der Art des Befristungsgrundes und der Auswirkung der Befristung unterschiedliche Anforderungen gestellt[5].

4   Die rechtswirksame Befristung eines Arbeitsverhältnisses setzt nicht voraus, daß der Befristungsgrund dem Arbeitnehmer bei Vertragsabschluß **mitgeteilt** wird. Etwas anderes gilt bei Zweckbefristungen. Hier muß dem Arbeitnehmer der Zeitpunkt der Zweckerfüllung voraussehbar sein und in überschaubarer Zeit liegen[6].

---

1 Lt. Diskussionsentwurf eines Arbeitsvertragsgesetzes des Arbeitskreises Deutsche Rechtseinheit im Arbeitsrecht soll zukünftig folgende allgemeine Regelung gelten: „Der Arbeitsvertrag ist auf unbestimmte Zeit geschlossen, soweit nichts anderes vereinbart ist." (vgl. Verh. des 59. DJT, Bd. I. Gutachten, 1992, D 27).
2 BAG v. 12. 10. 1960, AP Nr. 16 zu § 620 BGB – Befristeter Arbeitsvertrag.
3 BAG v. 11. 10. 1995, DB 1996, 891.
4 BAG v. 4. 12. 1969, AP Nr. 32 zu § 620 BGB – Befristeter Arbeitsvertrag; BAG v. 30. 9. 1971, AP Nr. 36 zu § 620 BGB – Befristeter Arbeitsvertrag; BAG v. 12. 2. 1992, AP Nr. 5 zu § 620 BGB – Altersgrenze.
5 BAG v. 3. 12. 1982, AP Nr. 72 zu § 620 BGB – Befristeter Arbeitsvertrag.
6 BAG v. 26. 3. 1986, AP Nr. 103 zu § 620 BGB – Befristeter Arbeitsvertrag.

I. Allgemeines   Rz. 8 **Teil 3 H**

Ist die Befristung sachlich gerechtfertigt, so darf sie die **angemessene Dauer** nicht 5
überschreiten[1]. Die Rechtsprechung des Bundesarbeitsgerichts entwickelt sich aber
dahingehend, daß die gewählte Dauer der Befristung nicht für sich ebenfalls sachlich
gerechtfertigt sein muß. Relevant wird danach die vereinbarte Befristungsdauer nur
im Rahmen der Prüfung des sachlichen Befristungsgrundes. Dies gilt jedenfalls für
den Fall, daß die Dauer der Befristung des Arbeitsvertrages hinter dem voraussichtlichen Bestand des Sachgrundes der Befristung zurückbleibt[2].

2. Betroffene Arbeitnehmer

Bei jedem Arbeitnehmer, **für den das Kündigungsschutzgesetz gilt,** bedarf der 6
Abschluß eines befristeten Arbeitsvertrages eines sachlichen Grundes. Die Befristungskontrolle gilt für Teilzeit- ebenso wie für Vollzeitarbeitsverhältnisse.

Der Befristungskontrolle unterliegen grundsätzlich auch die befristeten Anstellungsverträge mit leitenden Angestellten[3]; siehe dazu auch Rz. 30.

Zwischen **Leiharbeitnehmern** und Verleihern sind gem. § 9 Nr. 2 AÜG wieder- 7
holte Befristungen von Arbeitsverhältnissen unwirksam und können gem. § 3
Abs. 1 Nr. 3 AÜG zur Erlaubnisversagung führen, es sei denn, daß sich für die
Befristung entweder aus der Person des Leiharbeitnehmers ein Grund ergibt
oder die Befristung für einen Arbeitsvertrag vorgesehen ist, der unmittelbar an
einen mit demselben Verleiher geschlossenen Arbeitsvertrag anschließt. Sowohl für die erste – gem. § 9 Nr. 2 AÜG erlaubte – Befristung wie auch für die
sich unmittelbar an einen mit demselben Verleiher geschlossenen Arbeitsvertrag anschließende Befristung gelten die allgemeinen arbeitsrechtlichen Befristungsregelungen mit der Einschränkung, daß eine auf sachliche Gründe gestützte wiederholte Befristung sich nur aus der Person des Leiharbeitnehmers
ergeben darf (zB der ausdrückliche – zweckmäßigerweise auch zu begründende – Wunsch des Leiharbeitnehmers, nur im Rahmen eines zeitlich befristeten
Leiharbeitsverhältnisses arbeiten zu wollen – siehe dazu auch Rz. 41 ff. –). Infolgedessen können Befristungen mit Leiharbeitnehmern ohne Vorliegen eines
sachlichen Grundes nur mit der in § 1 Abs. 1 BeschFG vorgesehenen Höchstdauer von zwei Jahren abgeschlossen und innerhalb dieses Zeitrahmens nur
dreimal verlängert werden (siehe dazu auch Rz. 14 ff.)[4].

3. Vertragliche Regelungen

Für eine wirksame Befristung des Arbeitsverhältnisses ist es erforderlich, daß 8
der **Befristungsgrund** Inhalt der Vereinbarung ist. Er muß aber grundsätzlich
nicht vertraglich vereinbart und nur im Falle einer Zweckbefristung bei Vertragsabschluß mitgeteilt werden[5].

---
1 *Schaub*, § 39 I 2d; MünchArbR/*Wank*, § 113 Rz. 9, 118.
2 BAG v. 3. 12. 1986, 26. 8. 1988 und 28. 9. 1988, AP Nr. 110, 124, 125 zu § 620 BGB –
  Befristeter Arbeitsvertrag; *Koch*, NZA 1992, 154, 156.
3 BAG v. 26. 4. 1979, AP Nr. 47 zu § 620 BGB – Befristeter Arbeitsvertrag.
4 *Sandmann/Marschall*, AÜG Art. 1 § 3 Anm. 28a.
5 BAG v. 24. 4. 1996, DB 1997, 1137.

9 Teilweise sehen Tarifverträge eine **ausdrückliche schriftliche Angabe des Grundes** vor. Beispielhaft seien hier die Sonderregelungen für Zeitangestellte, Angestellte für Aufgaben von begrenzter Dauer und für Aushilfsangestellte zum BAT (SR 2 y BAT) genannt. Danach ist zwar nicht der konkrete sachliche Befristungsgrund im Arbeitsvertrag anzugeben, aber die Vereinbarung der einschlägigen tariflichen Befristungsform, also die Vereinbarung, ob der Angestellte als Zeitangestellter, als Angestellter für Aufgaben von begrenzter Dauer oder als Aushilfsangestellter eingestellt worden ist[1]. Liegen mehrere sachliche Gründe vor, so müssen alle benannt sein, wenn sie bei der gerichtlichen Befristungskontrolle Berücksichtigung finden sollen[2]. Mißverständliche oder nach dem tariflichen Sprachgebrauch unzutreffende Bezeichnungen des Befristungsgrundes nach Nr. 2 Abs. 1 SR 2 y BAT sind unschädlich, wenn sich ein übereinstimmender Wille der Vertragsparteien über den tatsächlichen Befristungsgrund feststellen läßt[3].

10 Wenn befristete Arbeitsverträge mit **wissenschaftlichem Personal an Hochschul- und Forschungseinrichtungen** auf die Befristungsgründe gem. § 57b Abs. 2–4 HRG gestützt werden, so muß der Grund für die Befristung nach einem der vorgenannten Absätze gemäß § 57b Abs. 5 HRG im Arbeitsvertrag angegeben werden. Es ist jedoch nicht erforderlich, daß die einschlägige gesetzliche Bestimmung des § 57b Abs. 2–4 HRG genannt wird; es genügt, wenn im Arbeitsvertrag erkennbar wird, auf welche Gründe die Befristung gestützt wird und welchem Tatbestand des § 57b Abs. 2–4 HRG die Gründe zuzuordnen sind[4]; s. im einzelnen nachstehend Rz. 102 ff.

11 Die Befristung kann auch in einem außergerichtlichen oder gerichtlichem **Vergleich** vereinbart werden[5]. Da sich die Vertragsparteien auch von vornherein auf eine Aufhebung des Arbeitsverhältnisses zu einem bestimmten Zeitpunkt verständigen könnten, bedarf die Befristung in einem gerichtlichen oder außergerichtlichen Vergleich, mit welchem der Streit um die Wirksamkeit einer Kündigung beendet werden soll, auch keines sachlichen Grundes für die Befristung[6].

12 Ansonsten ist zur wirksamen **nachträglichen Befristung** eines unbefristeten und unter Kündigungsschutz stehenden Arbeitsverhältnisses ein sachlicher Grund nötig[7]. Die nachträgliche Befristung eines zunächst auf unbestimmte Zeit eingegangenen Arbeitsverhältnisses kann auch im Wege der Änderungskündigung erfolgen. Die Änderung der Arbeitsbedingungen ist aber unter anderem dann unwirksam, wenn die Befristung nicht aus sachlichem Grund gerechtfertigt ist[8].

---

1 BAG v. 20. 2. 1991, AP Nr. 137 zu § 620 BGB – Befristeter Arbeitsvertrag.
2 BAG v. 20. 2. 1991, AP Nr. 137 zu § 620 BGB – Befristeter Arbeitsvertrag.
3 BAG v. 25. 11. 1992, AP Nr. 150 zu § 620 BGB – Befristeter Arbeitsvertrag.
4 BAG v. 19. 8. 1992, AP Nr. 2 zu § 57b HRG.
5 BAG v. 22. 2. 1984, NZA 1984, 34.
6 BAG v. 22. 2. 1984, NZA 1984, 34; BAG v. 13. 11. 1996, NZA 1997, 390.
7 BAG v. 24. 1. 1996, DB 1996, 1779; entgegen der Vorinstanz: LAG Berlin v. 12. 5. 1995, DB 1996, 231, das jedoch bei seinem Standpunkt bleibt: LAG Berlin v. 14. 2. 1997, NZA-RR 1998, 4.
8 BAG v. 25. 4. 1996, DB 1996, 1780.

4. Beurteilungszeitpunkt

Die Rechtswirksamkeit einer Befristung richtet sich nach den **bei Vertragsabschluß** vorliegenden Umständen. Später eintretende Ereignisse sind ohne Einfluß auf die Wirksamkeit der Befristung[1]. Etwas anders kann jedoch dann gelten, wenn bestimmte Umstände, von denen die Übernahme in ein unbefristetes Arbeitsverhältnis abhängig gemacht wurden, inzwischen eingetreten sind, der Arbeitgeber sich gleichwohl auf die Befristungsabrede beruft, obwohl der oder die Arbeitnehmer/in inzwischen, zB infolge Schwangerschaft, einen erhöhten Kündigungsschutz genießt. Es kann sich deshalb als rechtsmißbräuchlich darstellen, sich gegenüber einer inzwischen schwangeren Arbeitnehmerin auf die Befristung zu berufen, wenn man dieser Arbeitnehmerin zuvor schon bestätigt hat, daß sie sich bewährt habe und ihr einen Dauerarbeitsplatz in Aussicht gestellt hat[2].

13

II. Befristung ohne das Erfordernis eines sachlichen Grundes

1. Befristung nach dem Beschäftigungsförderungsgesetz[3]

a) Voraussetzungen

Aus arbeitsmarktpolitischen Gründen ist durch das **Beschäftigungsförderungsgesetz** (BeschFG) vom 26. 4. 1985 die Möglichkeit eingeräumt worden, befristete Arbeitsverträge abzuschließen, ohne daß die Befristung oder deren Dauer sachlich begründet sein muß[4]. Dies gilt für eine Befristungsdauer bis zu 2 Jahren. Bis zu dieser Gesamtdauer ist eine dreimalige Verlängerung eines befristeten Arbeitsvertrages möglich. Ohne daß ein die Befristung rechtfertigender Grund vorzuliegen braucht, kann also zB viermal hintereinander ein Arbeitsvertrag mit jeweils einer Dauer von 6 Monaten abgeschlossen werden. Die Verlängerung muß im unmittelbaren Anschluß erfolgen; es darf zu keiner – auch zu keiner nur kurzfristigen – Unterbrechung kommen, will man nicht die Unwirksamkeit der Befristung nach § 1 Abs. 3 BeschFG und damit ein Dauerarbeitsverhältnis riskieren[5]. Die wesentlichen arbeitsvertraglichen Bedingungen sind im Falle einer Verlängerung beizubehalten. Dies folgt aus dem Begriff der Verlängerung und der Unzulässigkeit eines befristeten Arbeitsverhältnisses gem. § 1 Abs. 1 und 2 BeschFG im direkten Anschluß an ein nach § 1 Abs.1 BeschFG befristetes Arbeitsverhältnis (§ 1 Abs. 3 BeschFG).

14

Wenn der Arbeitnehmer bei Beginn des befristeten Arbeitsverhältnisses das **60. Lebensjahr vollendet** hat, ist gemäß § 1 Abs. 2 BeschFG 1996 die Befristung

15

---
1 BAG v. 17. 2. 1983, AP Nr. 14 zu § 15 KSchG 1969.
2 S.a. BAG v. 26. 4. 1995, NZA 1996, 87.
3 Siehe dazu auch oben Teil 1 B Rz. 45 ff.
4 Jedoch nicht im Bereich der gewerbsmäßigen Arbeitnehmerüberlassung, LAG Hamm v. 8. 8. 1991, LAGE § 9 AÜG Nr. 4.
5 *Rolfs*, NZA 1996, 1134, 1137.

eines Arbeitsverhältnisses ohne die zeitliche Grenze von 2 Jahren und ohne die Beschränkung auf drei Verlängerungen zulässig. In diesem Fall können sowohl einmalige länger dauernde als auch aneinander anschließende mehrfache Befristungen ohne sachlichen Grund vereinbart werden.

16 Diese durch das Beschäftigungsförderungsgesetz eingeräumten Erleichterungen (§ 1 Abs. 1 bis 4 BeschFG 1996) gelten gemäß § 1 Abs. 6 BeschFG 1996 bis zum 31. 12. 2000.

17 **Vertragsbeispiel:**

> „Es wird nachfolgender befristeter Arbeitsvertrag nach dem Beschäftigungsförderungsgesetz abgeschlossen:
>
> Der Arbeitnehmer wird für die Zeit vom . . . bis . . . als . . . nach § 1 Abs. 1 BeschFG eingestellt. Das Arbeitsverhältnis endet mit Ablauf des . . ., ohne daß es einer vorherigen Kündigung bedarf.
>
> Die ersten . . . Monate des Arbeitsverhältnisses gelten als Probezeit.
>
> Der Arbeitsvertrag kann unabhängig von der Befristung während der Dauer des Arbeitsverhältnisses von beiden Seiten mit der gesetzlichen Kündigungsfrist gekündigt werden."

Verlängerungsklausel:

> „Das mit dem Arbeitnehmer seit dem . . . gem. § 1 BeschFG bestehende befristete Arbeitsverhältnis wird nach § 1 Abs. 1 BeschFG über das zunächst vorgesehene Vertragsende am . . . hinaus bis . . . verlängert."

18 Es darf **kein enger sachlicher Zusammenhang** mit einem vorhergehenden unbefristeten Arbeitsverhältnis oder zu einem vorhergehenden befristeten Arbeitsvertrag nach § 1 Abs.1 BeschFG mit demselben Arbeitgeber bestehen, wenn von der nach dem Beschäftigungsförderungsgesetz bestehenden Möglichkeit der befristeten Einstellung ohne sachlichen Grund wirksam Gebrauch gemacht werden soll (§ 1 Abs. 3 Satz 2 BeschFG). Im Gegensatz zu der vor dem 1. 10. 1996 bestehenden Rechtslage ist es zulässig, an ein aus sachlichem Grund befristet abgeschlossenes Arbeitsverhältnis ein befristetes Arbeitsverhältnis auf der Grundlage des § 1 Abs. 1 BeschFG, also ohne daß es nunmehr eines sachlichen Grundes bedarf, anzuschließen. An ein wegen Nichtüberschreitung der Wartezeit des § 1 Abs. 1 KSchG ohne sachlichen Grund auf sechs Monate befristetes Arbeitsverhältnis kann infolgedessen kein befristeter Arbeitsvertrag nach dem Beschäftigungsförderungsgesetz angeschlossen werden, wenn damit die Gesamtdauer von zwei Jahren (§ 1 Abs. 1 BeschFG) überschritten wird[1].

Auszubildende können unmittelbar nach Beendigung der Ausbildung als Arbeitnehmer in ein befristetes Arbeitsverhältnis nach § 1 BeschFG übernommen

---

1 *Schwedes*, BB 1996, Beil. 17, 2 ff., 5; *Löwisch*, NZA 1996, 1009 ff., 1012.

II. Befristung ohne Erfordernis eines sachlichen Grundes   Rz. 21 Teil 3 H

werden, ohne daß weitere – früher zu beachtende – Voraussetzungen vorliegen müssen (siehe dazu auch Rz. 22).

Von einem **engen sachlichen Zusammenhang** geht § 1 Abs. 3 Satz 2 BeschFG insbesondere dann aus, wenn nach einem vorhergehenden unbefristeten Arbeitsverhältnis oder einem vorhergehenden befristeten Arbeitsvertrag nach § 1 Abs. 1 BeschFG mit demselben Arbeitgeber ein Zeitraum von weniger als 4 Monaten liegt. Dieser Zeitraum bemißt sich nach der tatsächlichen Unterbrechung. Er muß also zwischen der rechtlichen Beendigung des früheren und dem vereinbarten Beginn des neuen Arbeitsverhältnisses liegen. Ein enger sachlicher Zusammenhang kann aber auch nach einer Zeitspanne von mehr als 4 Monaten gegeben sein, wenn die Wiederaufnahme der Tätigkeit nach Ablauf von 4 Monaten schon bei Ablauf des ersten befristeten Vertrages beabsichtigt war und der Arbeitnehmer im darauffolgenden Arbeitsverhältnis mit gleichen oä. Arbeiten betraut wird wie im ersten Arbeitsverhältnis[1]. Dagegen kann aufgrund besonderer Umstände schon eine Unterbrechung von 2 2/3 Monaten ausreichen, um einen engen sachlichen Zusammenhang verneinen zu können[2].

Bei der Beurteilung, ob es sich um einen Arbeitsvertrag mit demselben Arbeitgeber handelt, kommt es auf den **rechtlichen Arbeitgeberbegriff** an. Geht ein Arbeitsverhältnis gem. § 613a BGB auf einen neuen Betriebsinhaber über und soll es nach seiner Beendigung durch den neuen Arbeitgeber nach dem Beschäftigungsförderungsgesetz befristet fortgesetzt werden, so liegt kein Arbeitgeberwechsel iS des § 1 Abs. 3 Satz 1 BeschFG vor, da durch den Betriebsinhaberwechsel das Arbeitsverhältnis gem. § 613a BGB bereits auf den neuen Arbeitgeber übergegangen war.

Der Arbeitsplatz muß **nicht mit einem Arbeitslosen** besetzt werden. Auch setzt die Befristung ohne sachlichen Grund nach dem Beschäftigungsförderungsgesetz nicht voraus, daß ein neuer Arbeitsplatz hierfür geschaffen worden ist.   19

Die Wirksamkeit der Befristung nach dem Beschäftigungsförderungsgesetz ist nicht davon abhängig, daß der Arbeitgeber bei Vertragsabschluß ausdrücklich darauf **hinweist**, daß eine Befristung nach dem Beschäftigungsförderungsgesetz erfolgt[3]. Die Angabe der Dauer oder des Beendigungstermins setzt schon die Befristung an sich voraus und ist überdies nach § 2 Abs. 2 Nr. 3 NachwG erforderlich.   20

Sofern die Möglichkeit der **ordentlichen Kündigung** während der Befristung vorbehalten worden ist, wird der Kündigungsschutz des Arbeitnehmers während eines laufenden Befristungszeitraums nicht geschmälert[4]. Es gelten dann die allgemeinen kündigungsrechtlichen Regelungen. Davon bleibt aber die Beendigung aufgrund des vereinbarten Fristablaufs unberührt. – Wegen des   21

---

1 LAG Köln v. 9. 11. 1988, DB 1989, 533; LAG Hamm v. 15. 12. 1988, DB 1989, 534; *Oetker*, DB 1989, 576.
2 BAG v. 11. 11. 1982, AP Nr. 71 zu § 620 BGB – Befristeter Arbeitsvertrag.
3 BAG v. 8. 12. 1988, NZA 1989, 459.
4 *Rolfs*, NZA 1996, 1134, 1137.

22 Entgegen der bis zum 30. 9. 1996 geltenden Regelung (§ 1 Abs. 1 Satz 1 Nr. 2 BeschFG aF) ist im unmittelbaren **Anschluß an die Ausbildung** ohne sachlichen Grund die befristete Einstellung gemäß § 1 Abs. 1 BeschFG möglich, ohne daß der Nachweis erbracht werden muß, daß kein unbefristeter Arbeitsplatz zur Verfügung steht.

Um die Auswirkungen des § 17 BBiG (Arbeitsverhältnis auf unbestimmte Zeit infolge der Weiterbeschäftigung) zu vermeiden, muß die befristete Einstellung im Anschluß an die Berufsausbildung unmittelbar danach erfolgen, darf also **keine Unterbrechung** aufweisen. Wenn dies in der Praxis sichergestellt werden soll, bedarf es einer arbeitsvertraglichen Regelung schon **vor Abschluß der Ausbildung**. Gemäß § 5 Abs. 1 Satz 2 BBiG können in den letzten sechs Monaten des Berufsausbildungsverhältnisses zwischen Auszubildenden und Ausbilder (Arbeitgeber) für die Zeit nach Beendigung des Berufsausbildungsverhältnisses sowohl unbefristete Arbeitsverhältnisse als auch befristete Arbeitsverhältnisse einschließlich solcher nach § 1 Abs. 1 BeschFG abgeschlossen werden.

23 Wenn es einem Arbeitgeber nicht möglich ist, ein **Mitglied der Jugend- und Auszubildendenvertretung** nach Beendigung der Berufsausbildung in ein unbefristetes Arbeitsverhältnis zu übernehmen, sondern er ihm nur ein befristetes Arbeitsverhältnis gem. § 1 Abs. 1 BeschFG anbieten kann, so muß er dies gem. § 78a Abs. 1 BetrVG dem Auszubildenden 3 Monate vor Beendigung des Ausbildungsverhältnisses schriftlich mitteilen. Macht der Auszubildende den Anspruch auf Weiterbeschäftigung in einem unbefristeten Arbeitsverhältnis geltend, so muß der Arbeitgeber auch in diesem Fall gem. § 78a Abs. 4 BetrVG durch Antragstellung beim Arbeitsgericht die Beendigung des Arbeitsverhältnisses herbeiführen.

24 Zur **Klage** gegen die Unwirksamkeit einer Befristungsabrede wird auf die nachstehenden Ausführungen in Rz. 89 ff. verwiesen. Obwohl nicht nur auf Befristungen aufgrund des Beschäftigungsförderungsgesetzes anwendbar, hat das Arbeitsrechtliche Beschäftigungsförderungsgesetz hierzu eine Regelung in § 1 Abs. 5 BeschFG getroffen.

b) Tarifliche Grenzen

25 Soweit **Tarifverträge** für jede Befristung einen sachlichen Grund erfordern oder Befristungen ausschließen, steht dies dem mit dem Beschäftigungsförderungsgesetz verfolgten Zweck entgegen. Dennoch kann aufgrund des Günstigkeitsprinzips von der Regelung des § 1 BeschFG durch Tarifvertrag abgewichen werden. Für den Arbeitnehmer günstigere vorgesetzliche oder nachgesetzliche tarifvertragliche Befristungsregelungen sind auch im Anwendungsbereich des § 1 BeschFG somit weiterhin gültiges Tarifrecht[1].

---

1 BAG v. 25. 9. 1987, 15. 3. 1989 und 28. 2. 1990, AP Nr. 1, 7, 14 zu § 1 BeschFG.

Die für die Befristung maßgebliche Regelung Nr. 2 **SR 2 y im BAT** wurde aber inzwischen geändert. Durch den 72. Tarifvertrag zur Änderung des BAT vom 15. 12. 1995 wurde die Protokollnotiz Nr. 6 zur Nr. 1 SR 2 y mit Wirkung vom 1. 2. 1996 angefügt. Durch diese Änderung haben die Tarifvertragsparteien die Möglichkeit geschaffen, befristete Arbeitsverträge abweichend von den Maßgaben der Protokollnotiz Nr. 1 zur Nr. 1 SR 2 y auch nach § 1 BeschFG zu begründen. Befristete Arbeitsverhältnisse gemäß § 1 Abs. 1 BeschFG können daher jetzt auf der Grundlage bzw. im Geltungsbereich des BAT abgeschlossen werden.

2. Befristung bei Fehlen eines kündigungsrechtlichen Bestandsschutzes

a) Persönliche Gründe

Da nach der Entscheidung des Großen Senats des BAG vom 12. 10. 1960[1] befristete Arbeitsverträge nur dann rechtsmißbräuchlich sind, wenn damit das **Kündigungsschutzrecht** umgangen wird, können befristete Arbeitsverträge mit Arbeitnehmern abgeschlossen werden, die keinem Kündigungsschutz unterliegen. Das bedeutet, daß die Befristung von Arbeitsverhältnissen bis zu insgesamt 6 Monaten zulässig ist, ohne daß es eines sachlichen Grundes bedarf[2].

Dies gilt auch, wenn mit einem Arbeitnehmer **mehrere befristete Arbeitsverträge,** die jeweils eine Dauer von 6 Monaten nicht überschreiten, nacheinander abgeschlossen werden. Von dieser Möglichkeit kann aber nur in den durch § 1 Abs. 1 BeschFG gesteckten Grenzen Gebrauch gemacht werden. Ansonsten ist Voraussetzung, daß der letzte Vertrag selbständig abgeschlossen und auf eine neue rechtliche Grundlage gestellt wird; mit ihm darf nicht lediglich der Endzeitpunkt des vorangegangenen Vertrages durch eine neue Befristungsabrede hinausgeschoben werden, ohne daß sich am Sachgrund gegenüber dem früheren Vertrag etwas ändert[3].

Die Vereinbarung der Befristung des Arbeitsverhältnisses auf die Dauer von 6 Monaten kann als **Benachteiligung wegen des Geschlechts** nach § 611a BGB unwirksam sein, wenn zu vermuten ist, daß damit die Unzulässigkeit der Frage nach der Schwangerschaft kompensiert wird[4]. Auch kann es sich als rechtsmißbräuchlich darstellen, wenn sich der Arbeitgeber auf die Befristung beruft, nachdem ihm die Schwangerschaft bekannt geworden ist, sofern er während des bisherigen Arbeitsverhältnisses den Eindruck erweckt hat, einer Fortsetzung des Arbeitsverhältnisses über den zunächst vorgesehenen Beendigungstermin stehe nichts mehr entgegen[5].

---

1 BAG v. 12. 10. 1960, AP Nr. 16 zu § 620 BGB – Befristeter Arbeitsvertrag.
2 *Schaub,* § 39 I 3a.
3 BAG v. 21. 1. 1987, AP Nr. 4 zu § 620 BGB – Hochschule = NZA 1988, 280.
4 LAG Köln v. 26. 5. 1994, LAGE § 620 Nr. 37.
5 BAG v. 16. 3. 1989, AP Nr. 8 zu § 1 BeschFG; LAG Hamm v. 6. 6. 1991, LAGE § 620 BGB Nr. 25; zur diskriminierenden Kündigung während der 6monatigen Probezeit s. BAG v. 23. 6. 1994, NZA 1994, 1080.

28 Wird die 6-Monats-Frist **falsch berechnet** und deshalb um einen Tag überschritten, so ist eine Befristung ohne einen sachlichen Grund unwirksam; es besteht ein dem Kündigungsschutzgesetz unterliegendes unbefristetes Arbeitsverhältnis[1].

29 Da gem. § 14 Abs. 1 KSchG das Kündigungsschutzgesetz auf **Organe und gesetzliche Vertreter** keine Anwendung findet, steht für diese Mitarbeiter außer Frage, daß mit ihnen befristete Anstellungsverträge abgeschlossen werden können.

30 Für **leitende Angestellte** iS des § 5 Abs. 3 BetrVG iVm. § 14 Abs. 2 KSchG findet grundsätzlich das Kündigungsschutzgesetz Anwendung, so daß mit ihnen Anstellungsverhältnisse auch nur dann wirksam befristet werden könen, wenn hierfür ein sachlicher Grund vorliegt[2]. Eine Ausnahme gilt dann, wenn es sich um leitende Angestellte gem. § 14 Abs. 2 KSchG handelt, die die Befugnis haben, Arbeitnehmer einzustellen oder zu entlassen. Hier sind wegen der eingeräumten Möglichkeit eines Auflösungsantrages ohne die Notwendigkeit einer Begründung gem. § 9 Abs. 1 Satz 2 KSchG befristete Anstellungsverträge zulässig, wenn zugleich eine finanzielle Entschädigung für die Beendigung des Arbeitsverhältnisses vereinbart wird (zB ein Übergangsgeld oder eine beim Ablauf der Befristung fällig werdende Abfindung)[3].

31 Wenn **Sonderkündigungsvorschriften** vom 1. Tag des Arbeitsverhältnisses an eine ordentliche Kündigungen völlig ausschließen oder zustimmungsbedürftig sind, wie bei einer Schwangeren gem. § 9 MuSchG, so bedarf die befristete Einstellung, sofern es sich nicht um eine Befristung nach dem Beschäftigungsförderungsgesetz handelt, auch in den ersten 6 Monaten des Arbeitsverhältnisses einer sachlichen Begründung[4]. Bei einer befristet eingestellten Schwangeren gilt die Notwendigkeit einer sachlichen Begründung auch für den Fall, daß dem Arbeitgeber entsprechend § 9 Abs. 1 Satz 1 MuSchG erst innerhalb von 2 Wochen nach Einstellung die Schwangerschaft mitgeteilt wird[5].

32 Da das Kündigungsverbot des § 2 Abs. 1 ArbPlSchG bei **Einberufung zum Wehrdienst** ebenfalls keine Wartezeit in dem bisherigen Arbeitsverhältnis voraussetzt, würde es sich als Umgehung dieses Sonderkündigungsschutzrechtes eines Wehrpflichtigen handeln, wenn mit einem Arbeitnehmer, dessen Einberufung in nächster Zeit bevorsteht, das Arbeitsverhältnis bis zum Einberufungstermin befristet wird. Anders verhält es sich, wenn der Arbeitnehmer Berufssoldat werden oder sich während des Wehrdienstes umschulen lassen will. In diesem Fall wäre aber der begründete Wunsch des Arbeitnehmers die sachliche Rechtfertigung für die Befristung[6]. Das befristete Arbeitsverhältnis eines Arbeitnehmers, der während der Befristungsdauer zum Grundwehrdienst

---

1 LAG Bremen v. 17. 3. 1995, BB 1995, 1144.
2 BAG v. 26. 4. 1979, AP Nr. 47 zu § 620 BGB – Befristeter Arbeitsvertrag.
3 BAG v. 26. 4. 1979, AP Nr. 47 zu § 620 BGB – Befristeter Arbeitsvertrag.
4 BAG v. 6. 11. 1996, DB 1997, 1927.
5 *Schaub*, § 39 I 3b.
6 KR/*Lipke*, § 620 BGB Rz. 113.

einberufen wird, wird ohnehin gem. § 1 Abs. 4 ArbPlSchG nicht verlängert. Bei Schwerbehinderten tritt der Sonderkündigungsschutz (§ 15 SchwbG) gem. § 20 Abs. 1 Nr. 1 SchwbG nach einer Wartezeit von 6 Monaten ein, so daß mit Schwerbehinderten innerhalb dieser 6 Monatsfrist bzw. bis zu einer Beschäftigungsdauer von 6 Monaten ohne Bestehen eines sachlichen Grundes ein befristeter Arbeitsvertrag abgeschlossen werden kann.

Im Gegensatz zu der bis zum 31. 3. 1997 geltenden gesetzlichen Regelung läßt § 9 Nr. 2 AÜG jetzt auch die Befristung eines Arbeitsverhältnisses zwischen einem **Leiharbeitnehmer** und einem Verleiher ohne sachlichen Grund bis zu 6 Monaten zu. 33

b) Betriebliche Gründe

Da die den Kündigungsschutz bei ordentlichen Kündigungen betreffenden Regelungen des 1. Abschnitts des Kündigungsschutzgesetzes gem. § 23 Abs. 1 Satz 2 KSchG nicht für sog. **Kleinbetriebe** gelten, können in derartigen Betrieben befristete Arbeitsverhältnisse abgeschlossen werden, ohne daß es eines sachlichen Grundes bedarf[1]. Etwas anderes gilt dann, wenn der betroffene Arbeitnehmer einem Sonderkündigungsschutz unterliegt, also zB Schwangere von vornherein oder Schwerbehinderte, sofern die Wartefrist des § 20 Abs. 1 Nr. 1 SchwbG überschritten wird[2]. 34

III. Arbeitsgerichtliche Befristungskontrolle

1. Zeitbefristung, Zweckbefristung und auflösende Bedingung

Die Befristung eines Arbeitsverhältnisses kann von einem bestimmten Termin oder einer bestimmten Dauer (**zeitliche Befristung**), von der Beschaffenheit oder dem Zweck der Arbeitsleistung (**Zweckbefristung**) oder auch von einer **auflösenden Bedingungen** abhängig gemacht werden, sofern jeweils für diese Art der Befristung auch ein sachlicher Grund vorliegt. 35

Die Befristung kann für eine **bestimmte zeitliche Dauer** oder bis zu einem **bestimmten Zeitpunkt** erfolgen. Die zeitliche Bestimmung muß nur eindeutig sein. Die Dauer der Befristung muß also kalendermäßig bestimmt oder in der Weise bestimmbar sein, daß sich bei Abschluß des Arbeitsvertrages der Zeitpunkt der Beendigung des Arbeitsverhältnisses allein nach dem Kalender errechnen läßt (so ausdrücklich § 21 Abs. 3 BErzGG sowie das tarifliche Erfordernis in Nr. 2 zu SR 2 y BAT). Als zeitlich bestimmbar wird man auch noch zB die Einstellung für eine bestimmte Saison oder für den Sommerschlußverkauf ansehen können, da die dafür maßgeblichen Zeiträume im allgemeinen festste- 36

---

1 Die Darlegungs- und Beweislast für das Vorliegen eines Kleinbetriebes obliegt dem Arbeitgeber, LAG Berlin v. 22. 8. 1996, BB 1997, 1000.
2 AA MünchArbR/*Wank*, § 113 Rz. 42.

hen[1]. Ist die zeitliche Dauer nicht ausreichend bestimmt oder bestimmbar, so gilt das Arbeitsverhältnis als auf unbestimmte Zeit abgeschlossen.

Die Dauer der Befristung selbst hat keine eigenständige Bedeutung mehr[2]. Durch Tarifvertrag kann die Dauer der Befristung zeitlich begrenzt sein (so zB auf 5 Jahre gem. SR 2 y zum BAT).

37 Von einer **Zweckbefristung** wird gesprochen, wenn sich die Dauer des befristeten Arbeitsverhältnisses aus dem Zweck der Arbeitsleistung oder den für sie maßgeblichen Umstand eindeutig entnehmen läßt. Die Zweckbefristung ist daher nur zulässig, wenn der Zeitpunkt der Zweckerfüllung für den Arbeitnehmer voraussehbar ist und in überschaubarer Zeit liegt. Die Zweckerreichung muß also objektiv bestimmbar sein[3]. Ist die Zweckerreichung nur von dem Arbeitgeber erkennbar, so muß er den Arbeitnehmer darauf rechtzeitig hinweisen. Dieser Hinweis ist nicht durch Kündigungsfristen oder Sonderkündigungsschutz beschränkt[4]. Nach einem derartigen Hinweis endet das Arbeitsverhältnis mit der nach der Mindestkündigungsfrist zu berechnenden sog. Auslauffrist[5] (siehe dazu auch die Regelung in Nr. 7 Abs. 4 zu SR 2 y zum BAT).

38 Wird ein Arbeitsverhältnis unter einer **auflösenden Bedingung** abgeschlossen, so endet es gem. § 158 Abs. 2 BGB bei Eintritt des vertraglich vorgesehenen Ereignisses. Die Wirksamkeit einer auflösenden Bedingung hängt davon ab, daß sich eine derartige auflösende Bedingung nicht als Umgehung des Kündigungsschutzrechts darstellt. Aus diesem Grunde bedarf es eines besonderen sachlichen Grundes, wenn das befristete Arbeitsverhältnis durch eine auflösende Bedingung enden soll[6]. Als zulässig hat die Rechtsprechung eine auflösende Bedingung im Zusammenhang mit Einstellungshindernissen angesehen. So wird die Vereinbarung, daß die Einstellung eines Arbeitnehmers unter dem Vorbehalt seiner gesundheitlichen Eignung erfolgt, für zulässig erachtet[7]. Dasselbe gilt für die Beendigung des Arbeitsverhältnisses bei festgestellter Fluguntauglichkeit nach § 20 Abs. 1a MTV Nr. 3b für das Bordpersonal der Deutschen Lufthansa AG, sofern keine zumutbare Beschäftigungsmöglichkeit auf einem freien Arbeitsplatz besteht[8] oder eine „Abstiegsklausel" in einem Vertrag mit einem Eishockeyspieler[9].

---

1 *Schaub*, § 39 IV 1.
2 Siehe dazu unten Rz. 66.
3 BAG v. 26. 3. 1986, AP Nr. 103 zu § 620 BGB – Befristeter Arbeitsvertrag.
4 *Schaub*, § 39 IV 2.
5 BAG v. 12. 6. 1987, AP Nr. 113 zu § 620 BGB – Befristeter Arbeitsvertrag; Hessisches LAG v. 8. 12. 1994, LAGE § 620 BGB – Bedingung Nr. 4; ArbG Aachen v. 10. 9. 1996, DB 1997, 1338: Im tarifgebundenen Arbeitsverhältnis sind die nach Maßgabe der Beschäftigungszeit gestaffelten Kündigungsfristen einzuhalten.
6 BAG v. 4. 12. 1991, AP Nr. 17 zu § 620 BGB – Bedingung; zu der Kasuistik zulässiger Gründe für die Vereinbarung auflösender Bedingungen siehe auch die Übersicht bei *Moll*, Anm. zu BAG v. 27. 10. 1988, EzA § 620 BGB – Bedingung Nr. 9.
7 LAG Berlin v. 16. 7. 1990, LAGE § 620 BGB – Bedingung Nr. 2; Hessisches LAG v. 8. 12. 1994, LAGE § 620 BGB – Bedingung Nr. 4.
8 BAG v. 11. 10. 1995, BB 1996, 1441.
9 LAG Düsseldorf v. 26. 5. 1995, LAGE § 620 BGB – Bedingung Nr. 5.

III. Arbeitsgerichtliche Befristungskontrolle　　　　　　Rz. 41 **Teil 3 H**

Vertragsbeispiel: 39

> „Der Arbeitnehmer wird als Vertreter des erkrankten Arbeitnehmers . . . befristet eingestellt. Das Arbeitsverhältnis endet 4 Wochen, nachdem der erkrankte Mitarbeiter die Arbeit wieder aufgenommen hat, spätestens am . . . Während der vereinbarten Befristung kann das Arbeitsverhältnis beiderseits mit den gesetzlichen Kündigungsfristen gekündigt werden."

2. Gründe für die Befristung als solche – Einzelfälle

Der dem Arbeitnehmer durch die Kündigungsschutzbestimmungen gewährleistete Bestandsschutz darf durch die Befristung nicht ohne **sachlichen Grund** entzogen werden. Der befristete Arbeitsvertrag muß seine sachliche Rechtfertigung so in sich tragen, daß er die Kündigungsschutzvorschriften nicht beeinträchtigt. Das für die Befristung maßgebliche Merkmal des sachlichen Grundes ist somit an den eine fristgemäße Kündigung gem. § 1 Abs. 2 KSchG rechtfertigenden Gründen zu messen. Der Bestandsschutz kann andererseits beim befristeten Arbeitsverhältnis nicht weitergehen als nach dem Kündigungsschutzgesetz für das unbefristete Arbeitsverhältnis[1]. 40

Die Konkretisierung des unbestimmten Rechtsbegriffs des sachlichen Grundes mit Hilfe der Kündigungsgründe des § 1 Abs. 2 KSchG führt jedoch ebenso wenig wie allein die dringenden betrieblichen Gründe bei einer Rationalisierungsmaßnahme (wegen der dort gem. § 1 Abs. 3 KSchG zu berücksichtigenden sozialen Auswahl einerseits, betriebstechnischer, wirtschaftlicher oder sonstiger berechtigter betrieblicher Bedürfnisse andererseits) zu einer abschließenden Wertung. Die Rechtsprechung des Bundesarbeitsgerichts zeichnet sich daher dadurch aus, daß sich allenfalls eine **„Typologie sachlicher Gründe"** entwickelt hat, ohne daß diese weitere Rechtfertigungsgründe ausschließt[2]. – Vgl. zum sachlichen Grund auch oben Teil 1B Rz. 21 ff.

a) Persönliche Gründe

Der **Wunsch des Arbeitnehmers,** einen befristeten Arbeitsvertrag abzuschließen, kann die Befristung sachlich rechtfertigen. Da im Zeitpunkt des Vertragsabschlusses beiderseits Einigkeit über die Befristung unterstellt werden kann, reicht allerdings das bloße Einverständnis des Arbeitnehmers zu einer Befristung nicht aus, um von einem die sachliche Befristung tatsächlich rechtfertigenden Wunsch sprechen zu können. Auch die ausdrückliche Fixierung im Arbeitsvertrag, daß die Befristung auf Wunsch des Arbeitnehmers erfolgt, genügt für sich genommen nicht. Es müssen vielmehr objektive Anhaltspunkte dafür vorliegen, daß der Arbeitnehmer gerade an einer befristeten Beschäfti- 41

---

1 MünchArbR/*Wank*, § 113 Rz. 53.
2 BAG v. 13. 4. 1983, AP Nr. 76 zu § 620 BGB – Befristeter Arbeitsvertrag; einschränkend BAG v. 15. 3. 1995, NZA 1995, 1038, 1039; *Koch,* NZA 1992, 154, 156.

gung Interesse hat[1]. Dies kann zB der Fall sein, wenn der Arbeitnehmer zu einem bestimmten Zeitpunkt ein Studium beginnen oder einen Auslandsaufenthalt antreten will.

42 Auch ist eine Befristung üblich, um dem Arbeitnehmer aus sozialen Gründen eine **Übergangsregelung** zu schaffen, zB um sich einen anderen Arbeitsplatz suchen zu können[2].

43 Eine Befristung des Arbeitsverhältnisses bis zum Bezug einer **Rente nach Altersteilzeitarbeit** gem. § 38 SGB VI läßt § 8 Abs. 3 Altersteilzeitgesetz zu. Danach können Arbeitnehmer und Arbeitgeber in der Vereinbarung über die Altersteilzeitarbeit die Beendigung des Arbeitsverhältnisses ohne Kündigung zu einem Zeitpunkt vorsehen, in dem der Arbeitnehmer Anspruch auf eine Rente nach Altersteilzeitarbeit hat.

44 Der Gesichtspunkt einer bloßen **Nebenbeschäftigung** bringt keine geringere Schutzbedürftigkeit mit sich. Bei der Befristung von Arbeitsverträgen mit Studenten liegt daher ein sachlicher Grund nicht schon darin, daß diese neben ihrer Tätigkeit einem Studium nachgehen und mit der Nebentätigkeit nicht ihren vollen Lebensunterhalt verdienen[3].

45 Eine Befristungvereinbarung, die in einem gerichtlichen oder außergerichtlichen **Vergleich** getroffen wird, ist sachlich gerechtfertigt, wenn sie zu dem Zweck erfolgt, einen Streit der Arbeitsvertragsparteien über die Beendigung des Arbeitsverhältnisses oder den Beendigungszeitpunkt beizulegen[4].

b) Leistungsbedingte Gründe

46 Ob jemand fachlich oder von den Leistungen her geeignet ist, eine bestimmte Arbeit zu übernehmen, kann häufig erst durch **Erprobung** in der vorgesehenen Tätigkeit festgestellt werden. Deshalb besteht allgemein ein sachlicher Grund für den Abschluß eines befristeten Probearbeitsverhältnisses (zu unterscheiden von einer lediglich „vorgeschalteten" Probezeit in einem von vornherein auf unbestimmte Dauer abgeschlossenen Arbeitsvertrag)[5]. Ausführlich zum Probearbeitsverhältnis oben Teil 1 B Rz. 58 ff.

Ein sachlicher Befristungsgrund liegt demnach vor, wenn ein Bundesland in **sozialen Härtefällen** mit Lehrern, deren Examensnote für eine Übernahme in den Schuldienst des Landes nicht ausreicht, einen befristeten Arbeitsvertrag für die Dauer eines Jahres abschließt und diesen Lehrern zusagt, sie nach Vertragsablauf in das Beamtenverhältnis zu übernehmen, wenn sie sich als für den Schuldienst geeignet erwiesen haben[6].

---

1 BAG v. 26. 4. 1985, AP Nr. 91 zu § 620 BGB – Befristeter Arbeitsvertrag; BAG v. 12. 12. 1985, AP Nr. 96 zu § 620 BGB – Befristeter Arbeitsvertrag.
2 BAG v. 3. 10. 1984, BB 1985, 2045; BAG v. 12. 12. 1985, AP Nr. 96 zu § 620 BGB – Befristeter Arbeitsvertrag.
3 BAG v. 10. 8. 1994, NZA 1995, 30.
4 BAG v. 18. 12. 1979, AP Nr. 51 zu § 620 BGB – Befristeter Arbeitsvertrag; BAG v. 13. 11. 1996, NZA 1997, 390.
5 BAG v. 30. 9. 1981, AP Nr. 61 zu § 620 BGB – Befristeter Arbeitsvertrag.
6 BAG v. 31. 8. 1994, NZA 1995, 1212.

III. Arbeitsgerichtliche Befristungskontrolle   Rz. 49 **Teil 3 H**

Kann der Arbeitnehmer bestimmte **Einstellungsvoraussetzungen** noch nicht nachweisen, zB ein erforderliches Gesundheitsattest, so ist eine deshalb erfolgte Befristung oder die Vereinbarung einer auflösenden Bedingung sachlich gerechtfertigt[1]. 47

Vertragsbeispiele: 48
▶ **Vorgeschaltete Probezeit**

> „Die ersten 3 Monate gelten als Probezeit."

> **Hinweis:**
> Die Vereinbarung einer Kündigungsfrist während der Probezeit ist wegen der Regelung des § 622 Abs. 3 BGB überflüssig, sofern vertraglich nicht für die Probezeit abweichende Kündigungsfristen vereinbart werden sollen.

▶ **Probezeit auf der Grundlage eines befristeten Arbeitsverhältnisses**

> „Der Vertrag wird für die Dauer von 6 Monaten zur Probe abgeschlossen. Er endet mit Ablauf dieser Probezeit, sofern er nicht zuvor durch schriftliche Vereinbarung verlängert wird.
> Sofern das Arbeitsverhältnis über das Ende der Probezeit hinaus fortgesetzt wird, gilt der Inhalt dieses Vertrages, sofern nichts Abweichendes vereinbart ist.
> Während der vereinbarten Probezeit kann das Arbeitsverhältnis mit einer Frist von 2 Wochen gekündigt werden."

▶ **Auflösende Bedingung**

> „Der Vertrag wird vorbehaltlich der noch festzustellenden gesundheitlichen Eignung des Arbeitnehmers abgeschlossen. Er endet daher, ohne daß es einer Kündigung bedarf, wenn aufgrund der gesundheitlichen Begutachtung feststeht, daß der Arbeitnehmer für die vertraglich vorgesehene Tätigkeit nicht geeignet ist."

c) Betriebliche Gründe

Ein sachlicher Grund für die Befristung aus betriebsbedingten Gründen kann sich aus einem **Vertretungsbedarf** wegen Personalausfalls[2], für bestimmte **zusätzliche Arbeitsaufgaben** oder periodisch wiederkehrenden **Arbeitsanfall** ergeben[3]. Voraussetzung ist aber, daß der Arbeitnehmer von vornherein zu dem 49

---
1 Hessisches LAG v. 8. 12. 1994, LAGE § 620 BGB – Bedingung Nr. 4.
2 BAG v. 24. 9. 1997, DB 1998, 679.
3 BAG v. 8. 5. 1985, AP Nr. 97 zu § 620 BGB – Befristeter Arbeitsvertrag.

Zweck eingestellt ist, einen vorübergehenden Bedarf an Arbeitskräften abzudecken, der nicht durch den normalen Betriebsablauf, sondern durch den Ausfall von Arbeitskräften[1] oder einen zeitlich begrenzten zusätzlichen Arbeitsanfall begründet wird. Es muß daher entweder zeitlich bestimmbar oder zumindest absehbar sein, daß die Arbeit demnächst wieder mit der normalen Belegschaftstärke bewältigt werden kann. Mit zunehmender Dauer der Beschäftigung sind an die Prognose des Vertretungsbedarfs höhere Anforderungen zu stellen; eine Befristung aus Vertretungsgründen kann uU nur sachlich gerechtfertigt sein, wenn bei Abschluß des befristeten Vertrages hinreichend sichere konkrete Anhaltspunkte für den endgültigen Wegfall des Vertretungsbedarfs vorliegen[2]. Auf den zu erwartenden Zeitpunkt der Rückkehr des vertretenen Arbeitnehmers kommt es jedoch nicht an[3]. – **Scheidet** der vertretene Arbeitnehmer vor Wiederaufnahme seiner Tätigkeit aus dem Arbeitsverhältnis **aus**, kann auch im Wege einer ergänzenden Vertragsauslegung der Befristungsregelung nicht entnommen werden, daß das Vertretungsarbeitsverhältnis dann endet[4]. Durch das endgültige Ausscheiden des vertretenen Mitarbeiters aus dem Arbeitsverhältnis entfällt schließlich nicht der Bedarf an der Arbeitsleistung der Ersatzkraft.

50 Die **projektbezogene Befristung** setzt voraus, daß konkrete Anhaltspunkte dafür vorliegen, daß die Aufgabe tatsächlich nur von begrenzter Dauer ist. Ein sachlicher Grund liegt deshalb nicht vor, wenn Lehrer für bestimmte Volkshochschulkurse eingestellt werden, deren Fortführung möglich ist, wenn eine entsprechende Nachfrage besteht und die erforderlichen Haushaltsmittel bewilligt werden[5]. Dies gilt auch bei sogenannten Drittmittelfinanzierungen im Hochschulbereich. Die allgemeine Unsicherheit über das Weiterlaufen von Drittmitteln reicht als Befristungsgrund nicht aus[6].

51 Ein sachlicher Grund für die Befristung eines Arbeitsvertrages liegt vor, wenn ein Arbeitnehmer vorübergehend bis zu dem Zeitpunkt beschäftigt werden soll, in dem ein Auszubildender des Arbeitgebers seine **Berufsausbildung beendet** und der Arbeitgeber dessen Übernahme in ein Arbeitsverhältnis beabsichtigt[7]. Dieser Befristungsgrund setzt nicht voraus, daß der Arbeitgeber dem Auszubildenden die Übernahme in ein Arbeitsverhältnis bereits zugesagt hat. Es genügt vielmehr, daß der Arbeitgeber im Zeitpunkt des Vertragsabschlusses mit dem befristet eingestellten Arbeitnehmer nach seiner Personalplanung die Übernahme des Auszubildenden für den Fall eines normalen Geschehensablaufs beab-

---

1 BAG v. 24. 9. 1997, DB 1998, 679.
2 BAG v. 11. 12. 1991, NZA 1992, 883, 886; BAG v. 12. 9. 1996, NZA 1997, 312; Sächsisches LAG v. 3. 10. 1995 – 4 Sa 664/95, nv.
3 BAG v. 22. 11. 1995, BB 1996, 1615.
4 BAG v. 26. 6. 1996, DB 1996, 2289.
5 BAG v. 8. 4. 1992, AP Nr. 146 zu § 620 BGB – Befristeter Arbeitsvertrag.
6 BAG v. 25. 1. 1980, AP Nr. 52 zu § 620 BGB – Befristeter Arbeitsvertrag; BAG v. 21. 1. 1987, AP Nr. 4 zu § 620 BGB – Hochschule; BAG v. 28. 2. 1992 – 7 AZR 464/91, nv.
7 BAG v. 21. 4. 1993, AP Nr. 148 zu § 620 BGB – Befristeter Arbeitsvertrag; LAG Köln v. 26. 1. 1996, BB 1996, 1618.

III. Arbeitsgerichtliche Befristungskontrolle

sichtigt und daß keine greifbaren Umstände entgegenstehen, die gegen die Übernahme des Auszubildenden sprechen. Demgemäß kann die Befristung auch deswegen gerechtfertigt sein, wenn sich der Arbeitgeber bereits im Zeitpunkt des Abschlusses des befristeten Arbeitsvertrags gegenüber einem auf unbestimmte Zeit **einzustellenden Arbeitnehmer vertraglich gebunden** hat[1].

Arbeitsverträge können auch deshalb wirksam befristet werden, wenn infolge von Rationalisierungsmaßnahme Arbeitnehmer nur noch für eine Übergangszeit bis zur vollständigen **Verwirklichung des Vorhabens** benötigt werden. Auf einen vorübergehenden Arbeitskräftebedarf kann die Befristung aber nur dann gestützt werden, wenn im Zeitpunkt des Vertragsabschlusses aufgrund greifbarer Tatsachen mit einiger Sicherheit zu erwarten ist, daß der Arbeitnehmer in absehbarer Zeit nicht mehr benötigt wird[2]. 52

Die Befristung eines **ABM-Vertrages** ist sachlich begründet, wenn der Arbeitgeber im Vertrauen auf eine zeitlich begrenzte Förderungszusage und Zuweisung im Rahmen einer Arbeitsbeschaffungsmaßnahme nach §§ 260 ff. SGB III den Arbeitnehmer einstellt und er ohne diese Zusage einen leistungsfähigeren oder keinen Arbeitnehmer eingestellt hätte[3]. Die Dauer der Befristung muß aber mit der Dauer der Zuweisung übereinstimmen. Der Umstand, daß im Zuweisungsbescheid die Förderung im Rahmen einer Arbeitsbeschaffungsmaßnahme von einer späteren Übernahme des zugewiesenen Arbeitnehmers in ein unbefristetes Arbeitsverhältnis abhängig gemacht wird, begründet für den betroffenen Arbeitnehmer keine Rechte. Er kann daraus keinen Anspruch auf Abschluß eines unbefristeten Arbeitsvertrages herleiten[4]. 53

Vertragsbeispiel: 54

> „Der Arbeitnehmer wird für die Zeit vom . . . bis . . . als . . . im Rahmen einer Arbeitsbeschaffungsmaßnahme nach den §§ 260 ff. SGB III in der jeweils geltenden Fassung eingestellt.
> Die ersten . . . Monate der Laufzeit dieses Vertrages gelten als Probezeit.
> Das Arbeitsverhältnis endet mit Ablauf der Frist, für die es eingegangen worden ist, ohne daß es einer vorherigen Kündigung bedarf. Unabhängig von der Befristung kann das Arbeitsverhältnis beiderseits mit den gesetzlichen Kündigungsfristen gekündigt werden.
> Die außerordentliche Kündigung aus wichtigem Grund bleibt unberührt."

Der **Eingliederungsvertrag** nach § 231 SGB III kann auf die Dauer von mindestens zwei Wochen, längstens sechs Monate befristet werden (§ 232 Abs. 1 SGB III). 55

---
1 BAG v. 6. 11. 1996, DB 1997, 1927.
2 BAG v. 10. 6. 1992, EzA § 620 BGB Nr. 116.
3 BAG v. 15. 2. 1995, DB 1995, 1916; BAG v. 26. 4. 1995, DB 1995, 2374.
4 BAG v. 26. 4. 1995, DB 1995, 2374.

56 Die den Rundfunk- und Fernsehanstalten zustehende **Rundfunkfreiheit** kann im Rahmen der Einführung und Erprobung neuer Programme die Befristung des Arbeitsvertrages mit einem programmgestaltend tätigen Arbeitnehmer rechtfertigen, ohne daß weitere Gründe für die Befristung erforderlich sind[1]. Ein wichtiges Argument für diese Auffassung ist die zur Erfüllung des Programmauftrags notwendige Freiheit und Flexibilität der Rundfunkanstalten.

57 **Vertragsbeispiel:**

Befristeter Arbeitsvertrag unter Angabe eines sachlichen Grundes:

> „Der Arbeitnehmer wird vom ... bis ... als ... eingestellt. Das Arbeitsverhältnis endet nach Ablauf der Frist, ohne daß es einer Kündigung bedarf.
>
> Der Arbeitsvertrag wird befristet abgeschlossen, weil ....
>
> Während der Dauer der Befristung oder der Zweckbestimmung kann das Arbeitsverhältnis mit den gesetzlichen Kündigungsfristen gekündigt werden."
>
> oder
>
> „Der Arbeitnehmer wird vom ... bis ... als ... eingestellt. Das Arbeitsverhältnis endet nach Ablauf der Frist, ohne daß es einer Kündigung bedarf.
>
> Die ersten 3 Monate gelten als Probezeit.
>
> Während der Dauer des Arbeitsverhältnisses kann es von beiden Seiten mit der gesetzlichen Kündigungsfrist gekündigt werden."

d) Befristung im öffentlichen Dienst

58 Auch für den öffentlichen Dienst gilt der Grundsatz, daß durch die Befristungsabrede nicht der Zweck des Kündigungsschutzes vereitelt werden darf. Die **Abhängigkeit von Zuschüssen und Haushaltsmitteln** stellt häufig einen Anlaß dafür dar, mit einem Arbeitnehmer einen befristeten Arbeitsvertrag abzuschließen. Die Unsicherheit der finanziellen Entwicklung gibt aber keinen sachlichen Grund für die Befristung ab. Dasselbe gilt hinsichtlich der Unsicherheit über die weitere Gewährung von Drittmitteln[2].

59 **Haushaltsrechtliche Erwägungen** sind für sich genommen kein sachlicher Grund für die Befristung des Arbeitsvertrages[3]. Dies gilt auch dann, wenn der Haushaltsplan die jeweiligen Mittel nur vorübergehend ausweist, eine allgemeine Mittelkürzung zu erwarten ist oder allgemeine Einsparungen haushaltsrechtlich angeordnet werden[4].

---

1 BAG v. 11. 12. 1991, AP Nr. 144 zu § 620 BGB – Befristeter Arbeitsvertrag; BAG v. 24. 4. 1996, NZA 1997, 196.
2 BAG v. 11. 12. 1991, AP Nr. 145 zu § 620 BGB – Befristeter Arbeitsvertrag.
3 BAG v. 29. 8. 1979 und 14. 1. 1982, AP Nr. 50, 64 zu § 620 BGB – Befristeter Arbeitsvertrag.
4 BAG v. 27. 1. 1988, AP Nr. 116 zu § 620 BGB – Befristeter Arbeitsvertrag.

III. Arbeitsgerichtliche Befristungskontrolle

Nur wenn ein **konkreter Bezug** gegeben ist, besteht ein sachlicher Grund für die Befristung eines Arbeitsverhältnisses, so daß die Bewilligung einer Haushaltsstelle nur für eine bestimmte Zeit ein sachlicher Befristungsgrund sein kann[1], wenn dadurch erst die Beschäftigung des befristet eingestellten Arbeitnehmers ermöglicht wird. Zur Wirksamkeit einer solchen Befristung ist es nicht erforderlich, daß der befristet eingestellte Arbeitnehmer einer bestimmten Planstelle, aus deren Mittel er vergütet werden soll, zugeordnet wird, und daß die Dauer der Befristung mit der Dauer der dem Inhaber dieser Planstelle jeweils bewilligten Beschäftigung übereinstimmt. Ausreichend ist, daß beim Abschluß des befristeten Arbeitsvertrages sichergestellt ist, daß die Vergütung des betreffenden Arbeitnehmers während der vereinbarten Vertragsdauer ausschließlich aus den durch vorübergehende Beschäftigungen insgesamt anfallenden freien Planstellen erfolgt[2]. Werden bestimmte Maßnahmen, Forschungsaufgaben, aber auch Stellen aus Mitteln Dritter finanziert, so ist also bei einem Bezug auf die Besetzung der Stelle die **Drittmittelbewilligung** ein zulässiger Befristungsgrund. Es müssen jedoch konkrete Anhaltspunkte dafür vorhanden sein, daß die Planstelle zum vorgesehenen Zeitpunkt tatsächlich wegfallen wird[3]. Der Haushaltsgesetzgeber muß sich selbst mit den Verhältnissen dieser Stelle befaßt und aus sachlichen Gründen festgestellt haben, daß sie in Wegfall geraten soll[4].

Bei einer **Aushilfskraft** bzw. **Vertretung** brauchen keine Beziehungen zu den zuvor vom Vertretenen wahrgenommenen Aufgaben zu bestehen. Es reicht zur wirksamen Befristung aus, daß durch den zeitlichen Ausfall eines Mitarbeiters ein als vorübergehend anzusehender Bedarf an der zusätzlichen Beschäftigung des Arbeitnehmers entsteht, und dieser Arbeitnehmer gerade wegen dieses Bedarfs eingestellt wird. Ein konkreter sachlicher Zusammenhang zwischen den Arbeitsaufgaben des Vertretenen und des Vertreters ist somit nicht nötig, es reicht eine allgemeine ursächliche Verknüpfung von Vertretungsbedarf und befristeter Einstellung aus[5]. Daß stets ein bestimmter, meßbarer Vertretungsbedarf zB im gesamten Schuldienst eines Landes besteht, der nicht oder nicht vollständig durch eine Personalreserve abgedeckt wird, steht einer wirksamen Befristung einer zur Vertretung einer bestimmten Kollegin angestellten Lehrerin nicht entgegen[6]. Auch die Vorhersehbarkeit weiterer Vertretungsbedarfs schließt eine wirksame Befristung nicht aus[7].

Ist bereits bei Vertragsabschluß absehbar, daß der Vertreter an einem anderen Arbeitsplatz derselben oder einer anderen Dienststelle desselben Verwaltungs-

---

1 BAG v. 16. 1. 1987 und 26. 8. 1988, AP Nr. 111, 124 zu § 620 BGB – Befristeter Arbeitsvertrag.
2 BAG v. 28. 9. 1988, AP Nr. 125 zu § 620 BGB – Befristeter Arbeitsvertrag.
3 BAG v. 16. 1. 1987, AP Nr. 111 zu § 620 BGB – Befristeter Arbeitsvertrag.
4 BAG v. 16. 1. 1987, AP Nr. 111 zu § 620 BGB – Befristeter Arbeitsvertrag.
5 BAG v. 3. 12. 1986, AP Nr. 110 zu § 620 BGB – Befristeter Arbeitsvertrag; KR/*Lipke*, § 620 BGB Rz. 183a.
6 BAG v. 3. 12. 1986, AP Nr. 110 zu § 620 BGB – Befristeter Arbeitsvertrag; KR/*Lipke*, § 620 BGB Rz. 183a.
7 BAG v. 3. 10. 1984, AP Nr. 87 zu § 620 BGB – Befristeter Arbeitsvertrag.

zweiges am selben Dienstort **weiterbeschäftigt** werden könnte, und war die Einstellung eines Vertreters insoweit auch bereits geplant, liegt kein sachlicher Grund für die befristete Einstellung zur Vertretung vor[1].

62 Für den öffentlichen Dienst sind die **Sonderregelungen** für Zeitangestellte, Angestellte für Aufgaben von begrenzter Dauer und für Aushilfsangestellte (SR 2 y BAT), wie sie auch für vergleichbare Tarifverträge für Angestellte des öffentlichen Dienstes oder öffentlicher Einrichtungen gelten, bedeutsam. Danach sind befristete Arbeitsverträge zulässig, wenn die Angestellten für Aufgaben von begrenzter Dauer oder zur Vertretung oder zur zeitweiligen Aushilfe eingestellt werden. – Mit Wirkung ab 1. 2. 1996 können aber auch im Bereich des BAT nach Maßgabe des § 1 BeschFG ohne Vorliegen eines sachlichen Grundes befristete Arbeitsverhältnisse abgeschlossen werden.

Voraussetzung für eine Aufgabe von begrenzter Dauer ist, daß im Zeitpunkt der Befristung aufgrund konkreter Tatsachen mit einiger Sicherheit der **Wegfall des Mehrbedarfs** nach Auslaufen des befristeten Arbeitsvertrages zu erwarten ist[2]. Die Befristung zum Zwecke der Vertretung ist als ein Unterfall der Aushilfe anzusehen. Beide sind wiederum konkrete Ausprägungen der Aufgaben von begrenzter Dauer, so daß sich die drei Merkmale der Nr. 2 der SR 2 y BAT sachlich ergänzen[3]. Ein Aushilfsarbeitsverhältnis iSv. Nr. 2 der SR 2 y BAT setzt voraus, daß der Arbeitnehmer von vornherein zu dem Zweck eingestellt wird, einen vorübergehenden Bedarf an Arbeitskräften abzudecken, der nicht durch den normalen Betriebsablauf, sondern durch den Ausfall von Arbeitskräften oder einen zeitlich begrenzten zusätzlichen Arbeitsanfall begründet wird[4].

Gem. Protokollnotiz Nr. 2 zu Nr. 1 SR 2 y BAT darf ein Zeitvertrag **nicht** für die Dauer von **mehr als fünf Jahren** abgeschlossen werden. Diese Befristung gilt auch bei einer zeitlich befristeten Einstellung zur Vertretung oder Aushilfe[5]. Für Aufgaben von begrenzter Dauer bestimmt die Protokollnotiz zu Nr. 3, daß ein solcher Arbeitsvertrag nicht abgeschlossen werden darf, wenn bereits bei Abschluß des Arbeitsvertrages zu erwarten ist, daß die vorgesehenen Aufgaben nicht innerhalb von fünf Jahren erledigt werden können.

Allerdings wird nur der Abschluß eines Zeitarbeitsvertrages für von vornherein mehr als fünf Jahre Dauer verboten, nicht aber die **Aneinanderreihung mehrerer Verträge,** die insgesamt die Dauer von fünf Jahren überschreiten[6]. Das gilt aber nicht für zweckbefristete Arbeitsverträge, zB zur Urlaubsvertretung[7].

Nach Nr. 2 Abs. 1 SR 2 y BAT ist **im Arbeitsvertrag anzugeben,** ob der Angestellte als Zeitangestellter, als Angestellter für Aufgaben von begrenzter Dauer oder als Aushilfsangestellter eingestellt wird, nicht aber der konkrete Befri-

---

1 KR/*Lipke*, § 620 BGB Rz. 184.
2 BAG v. 14. 1. 1982, AP Nr. 64 zu § 620 BGB – Befristeter Arbeitsvertrag.
3 KR/*Lipke*, § 620 BGB Rz. 186.
4 BAG v. 25. 11. 1992, EzA § 620 BGB Nr. 117; KR/*Lipke*, § 620 BGB Rz. 186b.
5 KR/*Lipke*, § 620 BGB Rz. 186c.
6 BAG v. 22. 3. 1985, AP Nr. 89, 90 zu § 620 BGB – Befristeter Arbeitsvertrag; *Schaub,* § 39 II 8a.
7 BAG v. 26. 3. 1986, NZA 1987, 238, 240.

III. Arbeitsgerichtliche Befristungskontrolle

stungsgrund[1]. Auf einen anderen Befristungsgrund als den im Arbeitsvertrag angegebenen kann sich der Arbeitgeber später nicht berufen. Derartige andere Sachgründe sind durch die getroffene Vereinbarung ausgeschlossen und dürfen nicht nachgeschoben werden[2].

Eine gesetzliche Befristung sahen die sog. **Warteschleifenregelungen** der Art. 13, 20 und 38 Einigungsvertrag für Mitarbeiter im öffentlichen Dienst der ehemaligen DDR vor[3]. 63

Nach § 24 BAT erhält ein Angestellter (im öffentlichen Dienst), dem **vorübergehend eine andere Tätigkeit** übertragen wird, die den Tätigkeitsmerkmalen einer höheren als seiner Vergütungsgruppe entspricht, eine persönliche Zulage, wenn er die höherwertige Tätigkeit mindestens einen Monat ausgeübt hat. 64

Das **Bundesarbeitsgericht** hat in ständiger Rechtsprechung festgestellt, daß es für die vorübergehende Übertragung einer höherwertigen Tätigkeit nach § 24 Abs. 1 BAT eines sachlichen Grundes bedarf[4]. Gegenüber den Befristungsfällen sind jedoch die Anforderungen bei einer vorübergehenden Beauftragung geringer[5]. Die Grenze einer nur vorübergehenden Übertragung statt eines Anspruchs auf Höhergruppierung liegt in dem aus § 242 BGB abgeleiteten Verbot des Rechtsmißbrauchs.

In folgenden **Fallgruppen** ist die vorübergehende Übertragung einer höherwertigen Tätigkeit ohne Anspruch auf Höhergruppierung anerkannt: 65

▶ Die **fehlende Stelle im Haushalt** wird grundsätzlich als sachlicher Grund iS des § 24 BAT anerkannt[6], da dies der Grundsatz der effektiven Verwaltungsführung gebiete. Die Grenze zum Rechtsmißbrauch wird in dem Zeitpunkt überschritten, in dem erkennbar nicht mehr mit einer Stellenbewilligung gerechnet werden kann. Wenn in einem derartigen Fall dem Angestellten gleichwohl die höherwertige Tätigkeit übertragen wird, wandelt sich die „vorübergehende" Tätigkeitsübertragung mit Zahlung einer persönlichen Zulage in einen Anspruch auf Höhergruppierung um[7].

▶ Auch die **Erprobung des Angestellten** stellt einen sachlichen Grund dar. Allerdings wird es sich in aller Regel um relativ kurzfristige Übertragungen handeln. Erprobungszeiten von mehr als 6 Monaten bedürfen auf jeden Fall einer besonderen Begründung[8]. Insoweit besteht kein Unterschied zur Situation bei der Befristung von Arbeitsverhältnissen aus dem gleichen Grund.

▶ **Überbrückung bei geplanten Umstrukturierungen:** Nach der Entscheidung des BAG vom 10. 2. 1988[9] stellt die **beabsichtigte Umstrukturierung** einen

---

1 BAG v. 24. 4. 1996, DB 1997, 1137.
2 BAG v. 11. 12. 1991, AP Nr. 145 zu § 620 BGB Nr. 111 – Befristeter Arbeitsvertrag.
3 Siehe hierzu ua. im einzelnen KR/*Lipke*, § 620 BGB Rz. 186d–186j.
4 BAG v. 2. 5. 1979, AP Nr. 4 zu § 24 BAT; LAG Hessen v. 6. 10. 1995, NZA-RR 1996, 357.
5 BAG v. 13. 6. 1986, AP Nr. 19 zu § 2 KSchG 1969.
6 BAG v. 2. 5. 1979, AP Nr. 4 zu § 24 BAT.
7 BAG v. 2. 5. 1979, AP Nr. 4 zu § 24 BAT.
8 BAG v. 15. 2. 1984, AP Nr. 8 zu § 24 BAT.
9 BAG v. 10. 2. 1988, AP Nr. 15 zu § 24 BAT.

hinreichenden Grund iS des § 24 BAT dar. Voraussetzung ist jedoch, daß konkrete Planungen für die Realisierung der Umstrukturierungsmaßnahmen vorliegen.

▶ **Zeitlich befristeter Einsatz auf einer freien Stelle:** Das BAG vertritt die Auffassung, daß die Suche nach einem qualifizierten Angestellten den zeitlich befristeten Einsatz rechtfertigt[1]. Konkrete Planungen für die Stellenbesetzung sind nicht erforderlich. Insoweit besteht ein Unterschied zur Befristung von Arbeitsverhältnissen.

▶ **Aushilfe, Vertretung:** Auch die Aushilfe bei erhöhtem Arbeitsanfall stellt einen hinreichenden Grund dar[2].

3. Sachlicher Grund für die Dauer der Befristung

66 Die **Dauer der Befristung** bedarf keiner eigenständigen sachlichen Rechtfertigung. Die gewählte Vertragsdauer muß nicht stets mit der Dauer des Sachgrundes für die Befristung voll übereinstimmen. Die Befristungsdauer muß sich aber am Befristungsgrund orientieren und mit ihm derart in Einklang stehen, daß sie nicht gegen das Vorliegen eines sachlichen Grundes spricht[3]. Mit zunehmender Dauer der Beschäftigung bei demselben Arbeitgeber steigen aber die Anforderungen an den Sachgrund der Befristung[4].

4. Mehrfache Befristung

67 Bei mehreren hintereinandergereihten befristeten Arbeitsverhältnissen ist im Rahmen der arbeitsgerichtlichen Befristungskontrolle grundsätzlich nur die **Befristung des letzten Arbeitsvertrages** auf ihre sachliche Rechtfertigung zu prüfen[5]. In dem Abschluß eines befristeten Arbeitsvertrages liegt zugleich konkludent die vertragliche Aufhebung eines früheren – etwaigen – unbefristeten Arbeitsvertrages[6]. Etwas anderes gilt nur dann, wenn der Arbeitnehmer in den neuen Vertrag den **Vorbehalt** aufgenommen hat, daß der neue befristete Arbeitsvertrag nur gelten soll, wenn die Parteien nicht schon aufgrund des vorangegangenen Vertrages in einem unbefristeten Arbeitsverhältnis stehen[7].

---

1 BAG v. 19. 6. 1985, AP Nr. 9 zu § 24 BAT.
2 BAG v. 12. 9. 1996, DB 1997, 232; *Böhm/Spiertz/Sponert/Steinherr,* BAT, Teil I., Bd. 2, § 24 Rz. 33.
3 BAG v. 15. 3. 1989, AP Nr. 126 zu § 620 BGB – Befristeter Arbeitsvertrag; BAG v. 31. 8. 1994, AP Nr. 163 zu § 620 BGB – Befristeter Arbeitsvertrag; *Koch,* NZA 1992, 154, 156.
4 BAG v. 11. 12. 1991, NZA 1992, 883, 886; Sächsisches LAG v. 3. 10. 1995 – 4 Sa 664/95, nv.
5 BAG v. 8. 5. 1985, AP Nr. 97 zu § 620 BGB – Befristeter Arbeitsvertrag; BAG v. 21. 1. 1987, AP Nr. 4 zu § 620 BGB – Hochschule = NZA 1988, 280; BAG v. 11. 12. 1991, NZA 1992, 883, 885; BAG v. 10. 8. 1994, NZA 1995, 30.
6 *Koch,* NZA 1992, 154, 155.
7 BAG v. 12. 6. 1987, AP Nr. 114 zu § 620 BGB – Befristeter Arbeitsvertrag; BAG v. 30. 10. 1987, AP Nr. 8 zu § 119 BGB.

III. Arbeitsgerichtliche Befristungskontrolle Rz. 70 **Teil 3 H**

Mit zunehmender Dauer der Beschäftigung bei demselben Arbeitgeber steigen 68
aber die **Anforderungen an den Sachgrund** der Befristung[1]. Ist aus Vertretungsgründen bereits mehrfach das Arbeitsverhältnis befristet abgeschlossen worden, kann aufgrund der langjährigen Beschäftigung der Abschluß eines weiteren befristeten Arbeitsvertrages nur noch gerechtfertigt sein, wenn hinreichend sichere Anhaltspunkte für den endgültigen Wegfall des Vertretungsbedarfs vorliegen[2]. – Vgl. zu sog. Kettenarbeitsverträgen auch die Ausführungen bei *Leuchten*, oben Teil 1 B Rz. 11 ff.

Mehrfache Befristungen von Zeitarbeitsverträgen, sofern der einzelne nicht die 69
Dauer von 5 Jahren überschreitet, sind auch im **öffentlichen Dienst** nach den Sonderregelungen 2 y BAT zulässig.

5. Befristung einzelner Arbeitsvertragsbedingungen

Einzelne Arbeitsvertragsbedingungen können auch befristet werden. Wie die 70
Befristung des Arbeitsvertrages als solche unterliegt auch die Befristung einzelner Arbeitsbedingungen der **Befristungskontrolle**. Das Kündigungsschutzgesetz gewährt nicht nur einen Bestandsschutz, sondern gem. § 2 KSchG auch einen Inhaltsschutz.

Demgemäß bedarf die Befristung einzelner Arbeitsbedingungen (zB eines Akkords, einer Prämie, einer Leistungszulage oder einer Provision) im Rahmen eines unbefristeten Arbeitsvertrages eines sachlichen Grundes, wenn bei unbefristeter Änderung die neuen Arbeitsbedingungen dem Änderungsschutz des Kündigungsschutzgesetzes (§ 2 KSchG iVm. § 1 Abs. 2, 3 KSchG) unterliegen würde[3]. Einzelvertragliche Vereinbarungen, die darauf abzielen, den gesetzlichen Inhaltsschutz des Arbeitsverhältnisses (§ 2 KSchG) objektiv zu umgehen, sind daher unwirksam[4].

Da aber der Bestand des Arbeitsverhältnisses nicht in Frage steht, werden von der Rechtsprechung an den sachlichen Grund **geringere Anforderungen** gestellt[5]. Von einer objektiven Umgehung des gesetzlichen Änderungskündigungsschutzes ist dann auszugehen, wenn derartig wesentliche Elemente des Arbeitsvertrages der Befristung unterliegen, deren Änderung das Gleichgewicht zwischen Leistung und Gegenleistung grundlegend beeinflußt[6]. Bei der befristeten Gewährung eines zusätzlichen Vergütungsbestandteils ist die Grenze dort zu ziehen, wo ohne dieses zusätzliche Arbeitsentgelt eine übliche Vergütung iSv. § 612 BGB vereinbart bleibt, oder dieses Entgelt gegenüber der Gesamtvergütung nur unwesentlich ist. Zu dem vom kündigungsrechtlichen Änderungsschutz nach § 2 KSchG erfaßten Kernbereich des Arbeitsverhältnisses werden

---

1 BAG v. 11. 12. 1991, NZA 1992, 883, 886; Sächsisches LAG v. 3. 10. 1995 – 4 Sa 664/95, nv.
2 BAG v. 11. 12. 1991, NZA 1992, 883, 886; Sächsisches LAG v. 3. 10. 1995 – 4 Sa 664/95, nv.
3 BAG v. 13. 6. 1986, AP Nr. 19 zu § 2 KSchG 1969.
4 BAG v. 12. 12. 1984, AP Nr. 6 zu § 2 KSchG 1969; BAG v. 21. 4. 1993, NZA 1994, 476.
5 *Leuchten*, NZA 1994, 721, 726.
6 BAG v. 21. 4. 1993, NZA 1994, 476, 477.

daher zB nicht Provisionen gezählt, die nur zusätzlich zur tariflich festgelegten Vergütung befristet eingeräumt werden, und die nur ca. 15% der Gesamtvergütung ausmachen. Für derartige nicht das Gleichgewicht zwischen Leistung und Gegenleistung beeinflussende Arbeitsbedingungen ist mithin kein sachlicher Grund erforderlich.

Im übrigen können einzelne Vertragsbedingungen wirksam befristet werden, wenn dafür eine **sachliche Rechtfertigung** vorliegt. So kann eine höherwertige Tätigkeit nur vorübergehend einem Arbeitnehmer übertragen werden, wenn dies zur Vertretung eines anderen Mitarbeiters erforderlich ist.

71 Ebenso wie bei der Befristung des Arbeitsverhältnisses als Ganzes muß die gewählte **Dauer** der Befristung mit dem Sachgrund selbst im Einklang stehen[1].

IV. Rechtsfolgen bei wirksamer und unwirksamer Befristung

1. Wirksame Befristung

72 Ein wirksam befristetes Arbeitsverhältnis **endet mit Ablauf der Zeit,** für die es eingegangen ist, ohne daß es einer Kündigung bedarf. Bei der zulässigen Zweckbefristung endet das Arbeitverhältnis **mit Zweckerreichung.** Sofern diese dem Arbeitnehmer nicht erkennbar war, endet das Arbeitsverhältnis erst mit Ablauf einer der Mindestkündigungsfrist entsprechenden Auslauffrist[2].

73 Ein Arbeitsverhältnis **unbestimmter Dauer** wird gem. § 625 BGB dann begründet, wenn der Arbeitnehmer das Arbeitsverhältnis mit Wissen des Arbeitgebers nach Ablauf der vereinbarten Frist fortsetzt, ohne daß der Arbeitgeber unverzüglich widerspricht. Eine unbefristete Verlängerung des Arbeitsverhältnisses tritt aber auf diese Weise nur dann ein, wenn ein zur Einstellung befugter Mitarbeiter des Arbeitgebers von der Weiterarbeit des Arbeitnehmers Kenntnis hatte[3].

> **Hinweis:**
> Um eine Fortsetzung und damit die Begründung eines unbefristeten Arbeitsverhältnisses gem. § 625 BGB zu vermeiden, sollte der Arbeitgeber in jedem Fall dem Arbeitnehmer rechtzeitig vor dem Befristungsende mitteilen, daß es bei dem Ablauf des Arbeitsverhältnisses verbleibt. Die Nichtverlängerungsmitteilung stellt sich nicht als Kündigung dar. Unterbleibt eine tariflich vorgesehene Nichtverlängerungsmitteilung, so führt dies zur Vertragsverlängerung[4].

---

1 *Leuchten,* NZA 1994, 721, 726.
2 BAG v. 26. 3. 1986, AP Nr. 103 zu § 620 BGB – Befristeter Arbeitsvertrag.
3 BAG v. 2. 12. 1984, AP Nr. 85 zu § 620 BGB – Befristeter Arbeitsvertrag; zudem ist die Zustimmung des Betriebsrats nach § 99 BetrVG erforderlich, LAG Hamburg v. 23. 1. 1997, NZA-RR 1997, 292.
4 BAG v. 29. 5. 1991, AP Nr. 43 zu § 611 BGB – Bühnenengagementvertrag.

Wird bereits während des Laufes des Arbeitsverhältnisses ein **Prozeß** über die angeblich rechtswidrige Befristung geführt und das Arbeitsverhältnis über das Fristende hinaus fortgesetzt, so ist in dem vom Arbeitgeber im Entfristungsprozeß gestellten Klageabweisungsantrag der Widerspruch gegen die Fortsetzung eines Arbeitsverhältnisses iS des § 625 BGB zu sehen[1]. 74

Die sich aus § 625 BGB ergebende Wirkung kann **vertraglich ausgeschlossen** werden[2]. 75

Auch wenn die Befristung sachlich gerechtfertigt ist, kann in Ausnahmefällen die Verpflichtung bestehen, das Arbeitsverhältnis **fortzusetzen**. Dies gilt zB bei befristeten Probearbeitsverhältnissen dann, wenn der Arbeitgeber bereits deutlich gemacht hat, daß sich der Arbeitnehmer bewährt hat[3]. Anders kann es sich verhalten, wenn sich der Arbeitnehmer zwar von seiner sachlichen Eignung und den Leistungen bewährt hat, jedoch in erheblichem Umfang arbeitsunfähig ist[4]. 76

2. Unwirksame Befristung

Ist die Befristungsabrede unwirksam, so ist nicht der gesamte Arbeitsvertrag nichtig. **Unwirksam** ist nur die Befristungsabrede. Der Arbeitsvertrag gilt also mit seinem übrigen Inhalt auf als unbestimmte Zeit abgeschlossen. 77

Nach der Rechtsprechung ist davon auszugehen, daß die Vertragsparteien die **Mindestdauer** auch ohne die gleichzeitig vereinbarte, aber unwirksame Befristung gewollt haben, so daß eine ordentliche Kündigung vor Ablauf der vorgesehenen Zeit sowohl durch Arbeitgeber als auch durch den Arbeitnehmer grundsätzlich ausgeschlossen ist[5]. Folgt man dagegen der Auffassung, daß durch die Entfristung nur der Arbeitnehmerschutz verwirklicht werden soll, so soll entsprechend der Rechtsfigur der subjektiven Teilnichtigkeit nur der Arbeitgeber an die Befristungsabrede als Mindestdauer gebunden sein, nicht aber der Arbeitnehmer[6]. 78

V. Kündigungsmöglichkeit während des befristeten Arbeitsverhältnisses

Wird ein befristetes Arbeitsverhältnis abgeschlossen, so soll es idR erst mit dem Ende der Befristungsdauer, dem vereinbarten Zeitpunkt oder der Zweckerreichung enden. Während des Laufes der Befristung ist deshalb das Recht zur 79

---

1 LAG Köln v. 10. 3. 1995 – 13 Sa 842/94, nv.
2 *Kramer*, NZA 1993, 1115.
3 BAG v. 16. 3. 1989, AP Nr. 8 zu § 1 BeschFG; BAG v. 26. 4. 1995, NZA 1996, 87; LAG Hamm v. 6. 6. 1991, LAGE § 620 BGB Nr. 25.
4 LAG Hamm v. 13. 3. 1992, LAGE § 620 BGB Nr. 29; LAG Köln v. 17. 2. 1993, LAGE § 620 BGB Nr. 31.
5 BAG v. 19. 6. 1980, AP Nr. 55 zu § 620 BGB – Befristeter Arbeitsvertrag.
6 MünchArbR/*Wank*, § 113 Rz. 133.

ordentlichen Kündigung als ausgeschlossen zu betrachten[1]. Eine ordentliche Kündigung des befristeten Arbeitsverhältnisses ist daher nur möglich, wenn dies ausdrücklich oder konkludent vereinbart wird[2]. So können die Parteien vereinbaren, daß das Arbeitsverhältnis nur bis zu einem bestimmten Zeitpunkt andauern soll, daß aber eine vorzeitige ordentliche Kündigung möglich ist (sog. Höchstbefristung).

80 **Vertragsbeispiel:**

> „Das Arbeitsverhältnis wird befristet bis zum . . ., weil . . ..
>
> Das Arbeitsverhältnis endet am . . ., ohne daß es einer Kündigung bedarf.
>
> Die ersten drei Monate gelten als Probezeit. Während der Dauer des Arbeitsverhältnisses kann es beiderseits mit einer Frist von . . ./nach Maßgabe der gesetzlichen Kündigungsfristen sowie bei Vorliegen eines wichtigen Grundes fristlos gekündigt werden."

81 Im Falle einer Kündigung genießt der Arbeitnehmer **Kündigungsschutz** im Rahmen der gesetzlichen Bestimmungen. Dieser Kündigungsschutz betrifft aber nicht die ursprünglich vereinbarte Beendigung des Arbeitsverhältnisses durch Zeitablauf oder Zweckerreichung, sondern nur eine etwaige vor diesem vereinbarten Beendigungszeitpunkt ausgesprochene Kündigung.

Wie vorstehend in Rz. 77 f. ausgeführt wurde, ist eine ordentliche Kündigung des befristeten Arbeitsvertrages, sofern eine Kündigung nicht vorbehalten wurde, auch dann bis zum Ablauf der vorgesehenen Zeit ausgeschlossen, wenn die Befristung von dem kündigenden Teil als unwirksam betrachtet wird[3].

Die Kündigung darf sich jedoch nicht auf die Gründe stützen, die die Befristung rechtfertigen[4].

82 Das **Hochschulrahmengesetz** sieht in § 57d bei Wegfall der Drittmittel eine Kündigung vor, auch wenn es an einer vertraglichen Kündigungsregelung fehlt.

83 In verschiedenen **Tarifverträgen** sind von vornherein ordentliche Kündigungen auch während des befristeten Arbeitsverhältnisses vorgesehen, so zB in Nr. 7 Abs. 3 SR 2 y BAT.

84 Sofern ein **wichtiger Grund** iS des § 626 Abs. 1 BGB vorliegt, kann aber auch vor Ablauf der vorgesehenen Zeit bzw. der Zweckerreichung ein befristetes Arbeitsverhältnis außerordentlich gekündigt werden[5]. Für diesen Fall bedarf es keines ausdrücklichen Kündigungsvorbehalts.

85 Ohnehin nur noch wegen der kurzen Kündigungsfrist des § 622 Abs. 3 BGB von zwei Wochen ist eine sog. **vorgeschaltete Probezeit** von bis zu 6 Monaten

---

1 *Schaub*, § 39 V; MünchArbR/*Wank*, § 113 Rz. 130.
2 BAG v. 19. 6. 1980, AP Nr. 55 zu § 620 BGB – Befristeter Arbeitsvertrag.
3 BAG v. 19. 6. 1980, AP Nr. 55 zu § 620 BGB – Befristeter Arbeitsvertrag.
4 MünchArbR/*Wank*, § 113 Rz. 130.
5 BAG v. 19. 6. 1980, AP Nr. 55 zu § 620 BGB – Befristeter Arbeitsvertrag.

bedeutsam, da gem. § 1 Abs. 1 KSchG die Klage gegen eine sozial ungerechtfertigte Kündigung einen 6-monatigen Bestand des Arbeitsverhältnisses voraussetzt. Im Gegensatz zu einem auf eine bestimmte Dauer abgeschlossenen Probearbeitsverhältnis handelt es sich bei der Vereinbarung, daß zB die ersten 3 oder 6 Monate als Probezeit gelten, um ein unbefristetes Probearbeitsverhältnis; die Probezeit ist lediglich vorgeschaltet, nicht Beendigungsgrund.

> **Hinweis:**
> Zu beachten ist, daß ein Probearbeitsverhältnis noch am letzten Tag der Probezeit mit der vereinbarten oder der nach § 623 Abs. 3 BGB vorgesehenen Kündigungsfrist gekündigt werden kann[1]. Anders verhält es sich, wenn die Vereinbarung dahingehend lautet, daß „innerhalb" der Probezeit das Arbeitsverhältnis mit der vereinbarten oder der gesetzlichen (§ 622 Abs. 3 BGB) Frist gekündigt werden kann. In diesem Fall muß die Kündigungsfrist spätestens zum vereinbarten Probezeitende ablaufen.

VI. Beteiligung des Betriebsrates

Wie bei jeder Einstellung hat der Betriebsrat bei der Einstellung eines Arbeitnehmers aufgrund befristeten Arbeitsvertrages ein **Mitbestimmungsrecht** gem. § 99 BetrVG.

86

Der Betriebsrat kann seine Zustimmung bei Vorliegen eines der in § 99 Abs. 2 BetrVG genannten Gründe verweigern. Dabei kann er sich nur darauf stützen, daß die geplante Einstellung ganz unterbleiben muß[2]. Der Betriebsrat kann also **nicht die Unwirksamkeit einer Befristung** geltend machen. Das Mitbestimmungsrecht gem. § 99 BetrVG gibt dem Betriebsrat bei Einstellungen kein Instrument einer umfassenden Vertragsinhaltskontrolle[3].

Nichts anderes gilt selbst dann, wenn die tarifliche Regelung befristete Arbeitsverträge nur bei Vorliegen eines sachlichen oder in der Person des Arbeitnehmers liegenden Grundes zuläßt. IdR handelt es sich dabei nicht um eine Norm, deren Verletzung ein Zustimmungsverweigerungsrecht nach § 99 Abs. 2 Nr. 1 BetrVG begründen kann[4].

Ein **besonderes Mitbestimmungsrecht** auch bei der Befristung von Arbeitsverhältnissen kann sich aus dem Personalvertretungsrecht ergeben (so zB § 72 Abs. 1 Nr. 1 Personalvertretungsgesetz Nordrhein-Westfalen).

87

Die **Beendigung des Arbeitsvertrages** aufgrund der vereinbarten Befristung oder Zweckerreichung gibt keinen Anlaß zur vorherigen Anhörung des Betriebsrats

88

---

1 BAG v. 21. 4. 1966, AP Nr. 1 zu § 53 BAT.
2 BAG v. 28. 6. 1994, NZA 1995, 387.
3 BAG v. 28. 6. 1994, NZA 1995, 387.
4 BAG v. 28. 6. 1994, NZA 1995, 387.

gem. § 102 BetrVG, da das Vertragsverhältnis nicht aufgrund einer Kündigung beendet wird[1].

VII. Prozessuale Geltendmachung

89 Will ein Arbeitnehmer **gerichtlich die Unwirksamkeit einer Befristung geltend machen**, so kann dies schon nach Abschluß des Arbeitsvertrages geschehen und nicht erst nach der vertraglich vorgesehenen Beendigung. Allerdings muß der Arbeitnehmer in diesem Fall nach Auffassung der Rechtsprechung die Umstände darlegen, aus denen sich ein alsbaldiges Feststellungsinteresse ergibt[2].

90 Hinsichtlich der **Klagefrist** und ihres Beginns hat das Arbeitsrechtliche Beschäftigungsförderungsgesetz mit seinem Inkrafttreten am 1. 10. 1996 die bisherige Rechtsunsicherheit beseitigt. Will der Arbeitnehmer zum Zeitpunkt der vertraglich vorgesehenen Beendigung die Unwirksamkeit der Befristungsabrede geltend machen, so muß er innerhalb von drei Wochen (also mit der Klagefrist des § 4 Satz 1 KSchG) nach dem vereinbarten Ende des befristeten Arbeitsvertrages Klage beim Arbeitsgericht auf Feststellung erheben, daß das Arbeitsverhältnis aufgrund der Befristung nicht beendet ist (§ 1 Abs. 5 BeschFG). Die Klagefrist des § 1 Abs. 5 BeschFG gilt nicht nur für die Fälle der Befristung gemäß § 1 BeschFG, sondern auch für die sonstigen befristeten Arbeitsverträge[3]. Die §§ 5 bis 7 KSchG gelten im übrigen entsprechend. Eine innerhalb von drei Wochen nach Auslaufen des befristeten Arbeitsvertrages erhobene Lohnklage wahrt also auch in diesem Fall die Klagefrist (§ 6 KSchG).

Die Übergabe einer sog. **Nichtverlängerungsanzeige** löst nicht die Klagefrist des § 1 Abs. 5 BeschFG aus. Diese Mitteilung, daß das Arbeitsverhältnis nicht verlängert wird, stellt aus der Sicht des Arbeitgebers ohehin keine Kündigung dar, sondern hat nur klarstellende Bedeutung[4].

91 Hinsichtlich der **Darlegungs- und Beweislast** ist zu unterscheiden, ob überhaupt der Abschluß eines befristeten Arbeitsvertrages streitig ist, seine Dauer oder die Unwirksamkeit der Befristung.

Da sich im Regelfall der **Arbeitgeber** auf die Befristung beruft, ist er darlegungs- und beweispflichtig dafür, daß es zum Abschluß eines befristeten Arbeitsvertrages gekommen ist.

Bezüglich der **Dauer** des befristeten Arbeitsverhältnisses trägt nach den allgemeinen Grundsätzen derjenige die Darlegungs- und Beweislast, der sich auf die vorzeitige Beendigung des Arbeitsverhältnisses beruft[5].

---

[1] *Fitting/Kaiser/Heither/Engels*, § 102 BetrVG Rz. 10.
[2] BAG v. 12. 10. 1979, AP Nr. 48 zu § 620 BGB – Befristeter Arbeitsvertrag.
[3] Begründung des Gesetzentwurfs zu Art. 4 § 1 Abs. 5, BT-Drucks. 13/4612, 17.
[4] BAG v. 26. 4. 1979 und 7. 3. 1980, AP Nr. 47, 54 zu § 620 BGB – Befristeter Arbeitsvertrag.
[5] BAG v. 12. 10. 1994, AP Nr. 165 zu § 620 BGB – Befristeter Arbeitsvertrag.

Die Darlegungs- und Beweislast für das **Fehlen eines sachlichen Grundes** trifft nach der Rechtsprechung den Arbeitnehmer[1]. Dem Arbeitnehmer kommt jedoch nach Lage des jeweiligen Falles der Beweis des ersten Anscheins zugute[2]. Wegen der regelmäßig zugrundegelegten Dauer der Erprobung von 6 Monaten ist der Arbeitgeber für das Erfordernis einer längeren Erprobung darlegungs- und beweispflichtig[3]. Auch obliegt dem Arbeitgeber die Beweisführung bezüglich der Wartezeit bei einem unstreitig begründeten, dann tatsächlich unterbrochenen Arbeitsverhältnis hinsichtlich der Tatsachen dafür, daß es auch rechtlich unterbrochen war[4]. Ebenso trägt der Arbeitgeber für die gem. § 1 BeschFG erforderliche Neueinstellung die Darlegungs- und Beweislast[5].

Der Arbeitnehmer kann auf **Weiterbeschäftigung** ab dem Beendigungstermin klagen. In diesem Fall ist die Unwirksamkeit der Befristung oder auflösenden Bedingung als Vorfrage im Weiterbeschäftigungsprozeß zu prüfen[6]. 92

Die Klage kann auch auf die **Feststellung** gerichtet sein, daß das Arbeitsverhältnis über den Zeitpunkt der vereinbarten Befristung hinaus unbefristet fortbesteht. 93

Bei unwirksamer Befristung hat der Arbeitnehmer in gleichem Maße wie bei einer gerichtlich für unwirksam erklärten Kündigung nach den Grundsätzen des Beschlusses des Großen Senats vom 27. 2. 1985[7] einen Anspruch auf **vorläufige Weiterbeschäftigung**[8]. 94

VIII. Sonderfälle

1. Vertretung für die Dauer der Beschäftigungsverbote nach dem Mutterschutzgesetz oder für die Dauer des Erziehungsurlaubs

Durch § 21 BErzGG wird die befristete Einstellung von Ersatzkräften für **im Mutterschutz oder Erziehungsurlaub** befindliche Arbeitnehmer/innen ermöglicht. In die Befristungsdauer sind gem. § 21 Abs. 2 BErzGG die notwendigen Einarbeitungszeiten einbezogen. Während der Befristung besteht ein Sonderkündigungsrecht (§ 21 Abs. 4 BErzGG). Das Kündigungsschutzgesetzes ist in diesen Fällen ausgeschlossen (§ 21 Abs. 5 BErzGG). 95

---

1 So schon der Beschluß des Großen Senats v. 12. 10. 1960, AP Nr. 16 zu § 620 BGB – Befristeter Arbeitsvertrag; BAG v. 6. 5. 1982 und 13. 5. 1982, AP Nr. 67, 68 zu § 620 BGB – Befristeter Arbeitsvertrag.
2 BAG v. 13. 5. 1982, AP Nr. 67, 68 zu § 620 BGB – Befristeter Arbeitsvertrag.
3 BAG v. 15. 3. 1978, AP Nr. 45 zu § 620 BGB – Befristeter Arbeitsvertrag.
4 BAG v. 16. 3. 1989, NZA 1989, 884.
5 BAG v. 6. 12. 1989, NZA 1990, 741, 743.
6 BAG v. 13. 6. 1985, AP Nr. 19 zu § 611 BGB – Beschäftigungspflicht.
7 BAG v. 27. 2. 1985, AP Nr. 14 zu § 611 BGB – Beschäftigungspflicht.
8 BAG v. 13. 6. 1985, AP Nr. 19 zu § 611 BGB – Beschäftigungspflicht; BAG v. 28. 9. 1988, AP Nr. 125 zu § 620 BGB – Befristeter Arbeitsvertrag.

Nach § 21 Abs. 1 BErzGG liegt ein **sachlicher Grund** für die Befristung eines Arbeitsverhältnisses vor, wenn ein Arbeitgeber einen Arbeitnehmer zur Vertretung eines Arbeitnehmers für die Dauer der Beschäftigungsverbote nach dem Mutterschutzgesetz und/oder für die Dauer des Erziehungsurlaubs oder einer auf Tarifvertrag, Betriebsvereinbarung oder Indivudalvertrag beruhenden Arbeitsfreistellung zur Betreuung eines Kindes einstellt. Nach § 21 Abs. 2 BErzGG muß die **Dauer** der Befristung des Arbeitsvertrages kalendermäßig bestimmt oder bestimmbar sein.

96 Nachdem durch Urteil des Bundesarbeitsgerichts vom 9. 11. 1994[1] die **Zweckbefristung** eines Arbeitsvertrages in den Vertretungsfällen des § 21 Abs. 1 BErzGG ausgeschlossen war, wird durch die ab 1. 10. 1996 geltende Ergänzung in § 21 Abs. 3 BErzGG erreicht, daß die Arbeitsverträge der Arbeitnehmer, die in den in § 21 Abs. 1 BErzGG genannten Fällen befristet eingestellt werden, auch zweckbefristet werden können. Dies erleichtert die Einstellung von Ersatzkräften. Da während des Beschäftigungsverbotes nach dem Mutterschutzgesetz in der Regel das Ende des von der Arbeitnehmerin schon beabsichtigten anschließenden Erziehungsurlaubs noch nicht „kalendermäßig bestimmbar" ist, kann nur mit Hilfe einer Zweckbefristung von vornherein für beide zu überbrückenden Vertretungszeiträume eine Ersatzkraft eingestellt werden.

97 Die Befristungen nach § 21 BErzGG können für die gesamte Zeit oder auch für Teile vorgenommen werden. Es ist daher zulässig, mehrere Arbeitnehmer **nacheinander** als Ersatzkräfte einzustellen oder mit derselben Vertretungskraft mehrere befristete Arbeitsverträge abzuschließen[2].

98 Obwohl seit dem 1. 1. 1992 in § 21 Abs. 1 BErzGG nicht mehr ausdrücklich aufgenommen ist, daß die Befristung für die Dauer eines Erziehungsurlaubs nur für einen solchen gilt, der für den vertretenen Arbeitnehmer **zu Recht verlangt** wurde, ist die Befristung nur zulässig, wenn im Zeitpunkt des Vertragsabschlusses bereits Erziehungsurlaub verlangt war, und zwar nur für diese Dauer[3].

99 Gem. § 21 Abs. 4 BErzGG kann das befristete Arbeitsverhältnis ordentlich mit einer Frist von 3 Wochen **gekündigt** werden, auch wenn nicht ausdrücklich ein ordentliches Kündigungsrecht während der Befristung vereinbart worden ist. Eine solche ordentliche Kündigung kommt nach § 21 Abs. 4 BErzGG in Betracht, wenn der Erziehungsurlaub ohne Zustimmung des Arbeitgebers nach § 16 Abs. 3 und Abs. 4 BErzGG vorzeitig beendet werden kann, und der Arbeitnehmer dem Arbeitgeber die vorzeitige Beendigung seines Erziehungsurlaubs mitgeteilt hat. Die Kündigung kann dann zu dem Zeitpunkt ausgesprochen werden, zu dem der Erziehungsurlaub endet.

---

1 BAG v. 9. 11. 1994, NZA 1995, 575.
2 *Köster/Schiefer/Überacker*, DB 1992, Beil. Nr. 10, 1, 9; der vorhersehbare weitere Bedarf an Vertretungskräften schließt eine Befristung wegen Erziehungsurlaubs nicht aus, LAG Köln v. 13. 9. 1995, NZA-RR 1996, 125.
3 BAG v. 9. 11. 1994, NZA 1995, 575.

VIII. Sonderfälle   Rz. 103 **Teil 3 H**

Das **Kündigungsschutzgesetz** ist auf die durch die vorzeitige Beendigung des 100
Erziehungsurlaubs bedingte Kündigung gem. § 21 Abs. 5 BErzGG nicht anwendbar. Ausnahmen können sich allerdings durch Sonderkündigungsschutz (Schwerbehindertenrecht, Mutterschutzgesetz) ergeben.

Vertragsbeispiel: 101

> „Der/die Arbeitnehmer/in wird als Vertreter für Frau . . . während der Dauer ihrer Mutterschutzfrist in der Zeit vom . . . bis . . . und des evtl. sich anschließenden Erziehungsurlaubs, längstens jedoch bis . . . eingestellt. Das endgültige Ende wird dem/der Arbeitnehmer/in schriftlich mitgeteilt, wenn feststeht, ob und wie lange die vertretene Arbeitnehmerin Erziehungsurlaub nimmt."

2. Wissenschaftliche Mitarbeiter gem. Hochschulrahmengesetz (HRG)

Das **Hochschulrahmengesetz (HRG)** ist durch das Gesetz über befristete Arbeitsverträge mit wissenschaftlichem Personal an Hochschulen und Forschungseinrichtungen vom 14. 6. 1985 (mit Änderung vom 15. 12. 1990 – BGBl. I, 2806) ergänzt worden. Als Regelinstrument zur Absicherung der Funktions- und Erneuerungsfähigkeit der Forschung ging es darum, die von der Rechtsprechung entwickelten Einschränkungen der Befristungsmöglichkeiten im Hochschulbereich aufzuheben[1]. 102

Die §§ 57a ff. HRG weichen insofern von der bisherigen Rechtsprechung zur Befristungskontrolle ab, als sich die **Dauer des Arbeitsverhältnisses** gem. § 57c Abs. 1 HRG für die gesetzlich geregelten Fälle befristeter Arbeitsverträge ausschließlich nach der vertraglichen Vereinbarung richtet, die Dauer der Befristung also nicht von einem sachlichen Grund getragen sein muß. Außerdem ermöglicht § 57d HRG im Falle der **Drittmittelforschung** die ordentliche Kündigung, wenn feststeht, daß die Drittmittel wegfallen werden, soweit dies dem Mitarbeiter unverzüglich mitgeteilt wird und die Kündigung unter Einhaltung der Kündigungsfrist zum Zeitpunkt des Wegfalls der Drittmittel erfolgt. Abweichend vom allgemeinen Befristungsrecht ist gem. § 57b Abs. 5 HRG der **Grund** für die Befristung nach Abs. 2–4 des § 57b HRG im Arbeitsvertrag anzugeben (entsprechend allerdings tarifliche Regelungen, wie zB Nr. 2 Abs. 1 SR 2 y BAT). Ist der Grund nicht angegeben, kann die Rechtfertigung der Befristung nicht auf die Abs. 2–4 des § 57b HRG gestützt werden[2]. Jedoch sind genaue inhaltliche Angaben zum Befristungsgrund nicht erforderlich[3].

Nach seinem **Geltungsbereich** bezieht sich das Hochschulrahmengesetz auf 103
staatliche Hochschulen, staatlich anerkannte Hochschulen, die Hochschulen der Länder einschließlich der drittmittelfinanzierten Arbeitsverträge zwischen

---
1 BAG v. 15. 3. 1995, NZA 1995, 1169, 1171.
2 BAG v. 31. 1. 1990, AP Nr. 1 zu § 57b HRG; BAG v. 14. 12. 1994, NZA 1995, 680, 682.
3 BAG v. 31. 1. 1990 und 19. 8. 1992, AP Nr. 1, 2 zu § 57b HRG.

Mitgliedern der Hochschule mit Mitarbeitern sowie Forschungseinrichtungen. Die Regelung gilt für wissenschaftliche und künstlerische Mitarbeiter iS des § 53 HRG, für das Personal mit ärztlichen Aufgaben gem. § 54 HRG, Lehrkräfte für besondere Aufgaben gem. § 56 HRG sowie wissenschaftliche Hilfskräfte gem. § 57a HRG. Nicht anzuwenden ist es auf technisches oder Verwaltungspersonal.

104 **Verfassungsrechtliche Bedenken,** wonach dem Bundesgesetzgeber nach Art. 75 Nr. 1a GG im Hochschulrecht lediglich eine Rahmengesetzgebungsbefugnis eingeräumt ist, ihm also keine Gesetzgebungskompetenz für den Erlaß von Vorschriften über Befristung von Arbeitsverhältnissen im Hochschulbereich zusteht, hat das Bundesarbeitsgericht durch Urteil v. 30. 3. 1994 mit dem Hinweis zurückgewiesen, die Gesetzgebungsbefugnis des Bundes zum Erlaß der Vorschrift der §§ 57a ff. HRG folge aus Art. 74 Nr. 12 GG[1].

Das das HRG ergänzende Gesetz über befristete Arbeitsverträge mit wissenschaftlichem Personal an Hochschulen und Forschungseinrichtungen ist mit **Art. 9 Abs. 3 GG** vereinbar, auch soweit es die Befristung von Arbeitsverhältnissen tarifgebundener Arbeitnehmer regelt und die Nrn. 1 und 2 SR 2 y BAT sowie die dazu gehörende Protokollnotiz für die in § 57a HRG genannten Arbeitnehmer außer Kraft setzt[2].

105 Mit dem in § 57a HRG angeführten **wissenschaftlichen Personal** können befristete Arbeitsverträge abgeschlossen werden, wenn die Befristung durch einen sachlichen Grund gerechtfertigt ist.

Auch ohne einen sachlichen Grund können weiterhin mit wissenschaftlichem Personal befristete Arbeitsverträge abgeschlossen werden, wenn es nach den allgemeinen arbeitsrechtlichen Vorschriften und Grundsätzen keines sachlichen Grundes bedarf (§ 57b Abs. 1 letzter Halbs. HRG).

Die die Befristung eines Arbeitsvertrages mit wissenschaftlichem Personal rechtfertigenden sachlichen **Gründe** sind in § 57b Abs. 2 HRG aufgezählt. § 57b Abs. 2 HRG enthält aber keinen abschließenden Katalog möglicher Befristungsgründe für die Arbeitsverhältnisse von wissenschaftlichem Personal[3]. So liegt ein sachlicher Grund für die Befristung vor, wenn der Mitarbeiter aus Haushaltsmitteln vergütet wird und die Haushaltsmittel für eine befristete Beschäftigung bestimmt sind[4].

106 Bezüglich der **Finanzierung durch Drittmittel** enthält § 57b Abs. 2 Nr. 4 HRG die Besonderheit, daß die Befristung nicht davon abhängig ist, ob ein Wegfall dieser Mittel droht. Drittmittel iS von § 57b Abs. 2 Nr. 4 HRG sind Mittel, die der Hochschule von ihrem Unterhaltsträger außerhalb laufender Haushaltsmittel aus Sondermitteln für bestimmte Forschungsvorhaben zur Verfügung gestellt werden[5]. Der wissenschaftliche Mitarbeiter wird bereits dann im Sinne

---

1 BAG v. 30. 3. 1994, NZA 1995, 70.
2 BVerfG v. 24. 4. 1996, BB 1996, 1835.
3 BAG v. 6. 11. 1996, BB 1997, 686.
4 BAG v. 24. 1. 1996, NZA 1996, 1036.
5 BAG v. 31. 1. 1990, AP Nr. 1 zu § 57b HRG.

VIII. Sonderfälle

des § 57b Abs. 2 Nr. 4 HRG überwiegend aus Drittmitteln vergütet, wenn bei Vertragsabschluß mit hinreichender Sicherheit davon ausgegangen werden kann, daß seine Vergütung nur für den geringeren Teil der Vertragsdauer aus laufenden Haushaltsmitteln bestritten werden muß[1]. Dagegen sind ABM-Verträge keine Drittmittelverträge iS des § 57b Abs. 2 Nr. 4 HRG[2]. Derartig finanzierte Verträge sind daher nicht auf die Höchstdauer der Befristung nach § 57c Abs. 2 Satz 1 und 2 HRG anzurechnen[3].

Der in § 57b Abs. 3 HRG genannte sachliche Grund, der die Befristung eines Arbeitsvertrages mit einer **fremdsprachlichen Lehrkraft (Lektor)** für besondere Aufgaben rechtfertigt, ist nach der Entscheidung des Bundesarbeitsgerichts v. 15. 3. 1995 nicht mit Art. 48 Abs. 2 EG-Vertrag vereinbar[4]. Die Befristung des Arbeitsvertrages ist unter dem Gesichtspunkt eines kulturellen Austauschs nur dann wirksam, wenn die Lektorenstelle für einen tatsächlich praktizierten Austausch von Hochschulabsolventen vorgesehen und hierfür auch gesondert ausgewiesen ist[5]. 107

Bezüglich der **Dauer der Befristung** von Arbeitsverträgen mit wissenschaftlichem Personal legt § 57c Abs. 2–4 HRG zeitliche Höchstgrenzen fest. Zwar bestimmt sich die Dauer der Befristung des Arbeitsvertrages gem. § 57c Abs. 1 HRG ausschließlich nach der vertraglichen Vereinbarung, also nicht nach dem sachlichen Grund. Auch können mehrere befristete Arbeitsverträge abgeschlossen werden. Voraussetzung ist allerdings, daß insgesamt die zeitlichen Höchstgrenzen gem. § 57c Abs. 2–4 HRG nicht überschritten werden. Im Rahmen der Höchstgrenzen des § 57c Abs. 2 HRG ist jede Vereinbarung über eine kalendermäßig bestimmte oder bestimmbare Dauer zulässig[6]. 108

Da § 57c Abs. 2 Satz 2 HRG die 5jährige Befristungshöchstgrenze nur auf befristete Arbeitsverträge bei **derselben Hochschule** beschränkt, kann ein Arbeitnehmer grundsätzlich bei demselben Arbeitgeber an verschiedenen Hochschulen jeweils bis zur Höchstgrenze von 5 Jahren arbeiten, ohne daß die Beschäftigungsdauer des zurückgelegten Arbeitsverhältnisses bei einer anderen Hochschule anzurechnen ist[7].

Zeiten einer Beschäftigung als **wissenschaftliche Hilfskraft** sind nicht auf die fünfjährige Befristungshöchstgrenze anzurechnen[8]. Auch sind Zeiten eines nach § 57b Abs. 2 Nr. 1–4 HRG befristeten Arbeitsvertrages nicht auf die fünfjährige Höchstgrenze des § 57c Abs. 2 Satz 1 und 2 HRG anzurechnen, soweit der Vertrag Gelegenheit zur Vorbereitung der Promotion gibt (§ 57c Abs. 3

---

1 BAG v. 22. 11. 1995, BB 1996, 1772.
2 BAG v. 13. 4. 1994, NZA 1995, 67.
3 BAG v. 13. 4. 1994, NZA 1995, 67.
4 BAG v. 15. 3. 1995, NZA 1995, 1169, 1171, im Anschluß an EuGH v. 20. 10. 1993, NJW 1994, 1718 (Maria Chiara Spotti); bestätigend BAG v. 12. 2. 1997, NZA 1997, 998.
5 BAG v. 20. 9. 1995, DB 1996, 1420.
6 BAG v. 19. 8. 1992, AP Nr. 2 zu § 57b HRG; BAG v. 13. 4. 1993, NZA 1995, 67, 68.
7 BAG v. 15. 3. 1995, NZA 1995, 1169, 1171.
8 BAG v. 20. 9. 1995, DB 1996, 1420.

HRG). Der Arbeitsvertrag selbst und nicht die Beschäftigungszeit muß aber Gelegenheit zur Promotion gewähren[1]. Mit Urteil vom 14. 12. 1994 hat das Bundesarbeitsgericht nur noch sog. Altverträge, dh. **vor dem 26. 6. 1985 abgeschlossene Arbeitsverträge**, nicht auf die Befristungshöchstgrenze angerechnet[2]. In die Befristungshöchstdauer nach § 57c Abs. 2 HRG sind mithin auch nach dem 25. 6. 1985 abgeschlossene Arbeitsverträge einzubeziehen, deren Befristung zwar nicht ausdrücklich auf einen der Befristungsgründe des § 57b Abs. 2 und 3 HRG gestützt worden war, aber hierauf hätte gestützt werden können[3].

Im übrigen enthält § 57c Abs. 6 HRG eine **abschließende Regelung** derjenigen Zeiten, die auf die Dauer eines nach § 57b Abs. 2 bis 4 HRG befristeten Arbeitsverhältnisses eines wissenschaftlichen Mitarbeiters nicht angerechnet werden[4].

109 Die wirksame Befristung gem. §§ 57a ff. HRG setzt voraus, daß gem. § 57b Abs. 5 HRG der **Grund für die Befristung** im Arbeitsvertrag angegeben wird. § 57b Abs. 5 HRG erfordert jedoch nicht, daß die einschlägige gesetzliche Bestimmung im Arbeitsvertrag ausdrücklich zu nennen ist. Es genügt, daß dem Arbeitsvertrag zu entnehmen ist, auf welche Gründe die Befristung gestützt wird und welchem Tatbestand des § 57b Abs. 2 bis 4 HRG die Gründe zuzuordnen sind[5]. Das Zitiergebot des § 57b Abs. 5 HRG bezieht sich aber nur auf die Befristungsgründe nach § 57b Abs. 2 bis 4 HRG[6].

110 Eine **Kündigung** des befristeten Arbeitsvertrages ist gem. § 57d HRG dann möglich, wenn feststeht, daß Drittmittel wegfallen werden.

111 Gem. § 57a Satz 2 HRG sind die arbeitsrechtlichen Vorschriften und Grundsätze über **befristete Arbeitsverträge** nur insoweit noch anzuwenden, als sie den Vorschriften des Gesetzes über befristete Arbeitsverträge mit wissenschaftlichem Pesonal an Hochschulen und Forschungseinrichtungen nicht widersprechen. Dieser Eingriff auch in die Zuständigkeit der Tarifvertragsparteien ist nach Ansicht des Bundesarbeitsgerichts kein Verstoß gegen Art. 9 Abs. 3 GG. Die §§ 57a ff. HRG greifen nicht in den Kernbereich der durch Art. 9 Abs. 3 GG geschützten Koalitionsfreiheit ein[7].

3. Ärzte in der Weiterbildung

112 Das Gesetz über befristete Arbeitsverträge mit Ärzten in der Weiterbildung (ÄArbVtrG) vom 15. 5. 1986 (BGBl. I, 742) mit Änderung vom 15. 12. 1990

---

1 BAG v. 20. 9. 1995, NZA 1996, 1034; BAG v. 15. 1. 1997, DB 1997, 2225.
2 BAG v. 14. 12. 1994, NZA 1995, 680, 681.
3 BAG v. 14. 12. 1994, NZA 1995, 680, 681; aA noch BAG v. 13. 4. 1994, NZA 1995, 67, 69.
4 BAG v. 14. 2. 1996, NZA 1996, 1095.
5 BAG v. 19. 8. 1992, AP Nr. 2 zu § 57b HRG.
6 BAG v. 24. 4. 1996, DB 1997, 1137.
7 BAG v. 30. 3. 1994, NZA 1995, 70, 71.

VIII. Sonderfälle

(BGBl. I, 2806) und Änderung vom 16. 12. 1997 (BGBl. I, 2994) gibt eine **gesetzliche Grundlage für befristete Arbeitsverträge** mit Ärzten. Gem. § 1 Abs. 1 dieses Gesetzes liegt ein die Befristung eines Arbeitsvertrages mit einem Arzt rechtfertigender sachlicher Grund vor, wenn die Beschäftigung des Arztes seiner Weiterbildung zum Facharzt oder dem Erwerb einer Anerkennung für einen Schwerpunkt oder dem Erwerb einer Zusatzbezeichnung, eines Fachkundenachweises oder einer Bescheinigung über eine fakultative Weiterbildung dient. Eine Befristung nach § 1 Abs. 1 ÄArbVtrG setzt nicht voraus, daß der Arzt ausschließlich zu seiner Weiterbildung beschäftigt wird. Es genügt, daß die Beschäftigung diesen Zweck fördert[1].

Nach § 1 Abs. 3 Gesetz über befristete Arbeitsverträge mit Ärzten in der Weiterbildung sind **Höchstdauern** bei der Befristung einzuhalten. Im Rahmen dieser Höchstdauer kann aber die Dauer der Befristung des Arbeitsvertrages vertraglich vereinbart werden. Sie muß jedoch kalendermäßig bestimmt oder bestimmbar sein. Die Dauer der Befristung darf aber nicht den Zeitraum unterschreiten, für den der weiterbildende Arzt die Weiterbildungsbefugnis besitzt, es sei denn, der für die Befristung maßgebliche Weiterbildungsgrund ist vorher erreicht (§ 1 Abs. 3 Satz 5 und 6 ÄArbVtrG).

§ 1 Abs. 5 des Gesetzes über befristete Arbeitsverträge mit Ärzten in der Weiterbildung schließt entgegenstehende Bestimmungen und damit auch etwaige entgegenstehende tarifvertragliche Regelungen aus. 113

4. Altersgrenzen

Bei Erreichen einer bestimmten Altersgrenze sehen Einzelverträge, Betriebsvereinbarungen und Tarifverträge vielfach eine **Beendigung des Arbeitsverhältnisses** vor. In den meisten Fällen endet das Arbeitsverhältnis mit oder nach Vollendung des 65. Lebensjahres, also mit Erreichen der Regelaltersgrenze in der gesetzlichen Rentenversicherung (§ 35 SGB VI). In verschiedenen Berufsgruppen sehen Kollektivverträge auch eine frühere Beendigung vor (so zB für Piloten mit Vollendung des 55. Lebensjahres, spätestens 4 Jahre darauf, § 47 Abs. 1 MTV-LTU). 114

Vertragsbeispiel: 115

> „Das Arbeitsverhältnis endet mit Ablauf des Monats, in welchem der Arbeitnehmer das 65. Lebensjahr vollendet."

Umstritten ist, welchen **rechtlichen Charakter** ein an ein bestimmtes Alter geknüpfter Beendigungstermin hat. Während das Bundesarbeitsgericht früher auf dem Standpunkt stand, daß Regelungen über die Beendigung des Arbeitsverhältnisses bei Erreichen einer bestimmten Altersgrenze einen vorweggenommenen Aufhebungsvertrag zum Gegenstand haben[2], sieht das Bundesar- 116

---
1 BAG v. 24. 4. 1996, DB 1996, 2338.
2 BAG v. 25. 3. 1971, DB 1971, 1113.

beitsgericht nunmehr in einer derartigen Abrede die Vereinbarung einer auflösenden Bedingung[1]. Überzeugender dürfte es jedoch sein, in der Altersgrenze eine Befristungsregelung zu sehen, da ein bestimmter Zeitpunkt die Beendigung des Arbeitsverhältnisses vorsieht und nicht ein unsicheres Ereignis iS einer auflösenden Bedingung[2].

117 Legt man die von der Rechtsprechung entwickelten Grundsätze zur **Befristungskontrolle** zugrunde, so erscheint zweifelhaft, ob nicht die Vereinbarung einer Altersgrenze eine unzulässige Umgehung des Kündigungsschutzgesetzes ist. Die Erreichung eines bestimmten Lebensalters ist kein in der Person des Arbeitnehmers liegender Grund zur ordentlichen Kündigung gem. § 1 Abs. 2 KSchG. Als einen Sachgrund für die Beendigung des Arbeitsverhältnisses sieht die Rechtsprechung aber die finanzielle Absicherung des Arbeitnehmers durch den Bezug der gesetzlichen Altersrente nach Vollendung des 65. Lebensjahres[3] an. Dieser Auffassung entspricht die Regelung in § 41 Abs. 4 Satz 3 SGB VI.

Demgemäß kann in **Vereinbarungen über Altersteilzeitarbeit** nach § 8 Abs. 3 Altersteilzeitgesetz die Beendigung des Arbeitsverhältnisses ohne Kündigung zu einem Zeitpunkt vorgesehen werden, in dem der Arbeitnehmer Anspruch auf eine Rente nach Altersteilzeitarbeit gemäß § 38 SGB VI hat.

118 Während durch das Rentenreformgesetz 1992 § 41 Abs. 4 Satz 3 SGB VI ab 1. 1. 1992 an den Bezug einer Altersrente anknüpfende[4] Altersgrenzen nur dann als wirksam anerkannt wurden, wenn sie innerhalb der letzten 3 Jahre vor dem vorgesehenen Endtermin getroffen oder bestätigt worden sind, sind infolge der erneuten Änderung des § 41 Abs. 4 Satz 3 SGB VI ab 1. 8. 1994 Vereinbarungen von Altersgrenzen in **Tarifverträgen, Betriebsvereinbarungen** und **Einzelarbeitsverträgen** wieder zulässig, soweit sie auf die Vollendung des 65. Lebensjahres abstellen. Ein vertraglich vorgesehener früherer Beendigungszeitpunkt gilt nur, wenn die abweichende Regelung innerhalb der letzten 3 Jahre vor dem vereinbarten Termin abgeschlossen oder bestätigt wurde.

119 Ernstzunehmen ist die Frage, ob vor dem 1. 1. 1992 vereinbarte Altersgrenzen auch nach dem 1. 8. 1994 **unwirksam bleiben,** sofern sie nicht neu vereinbart bzw. vertraglich bestätigt werden. Schließlich sind durch die vom 1. 1. 1992 bis 31. 7. 1994 geltende Regelung des § 41 Abs. 4 Satz 3 SGB VI alle anderen vertraglichen Altersgrenzen, soweit sie nicht innerhalb der letzten 3 Jahre vor Vollendung des 65. Lebensjahres abgeschlossen oder vom Arbeitnehmer bestätigt worden sind, für unwirksam erklärt worden. Eine nichtige individuelle oder kollektive Vereinbarung erlangt nicht eo ipso mit dem Inkrafttreten der ab 1. 8. 1994 geltenden Regelung des § 41 Abs. 4 Satz 3 SGB VI Wirksamkeit[5].

---

1 BAG v. 20. 12. 1984, AP Nr. 9 zu § 620 BGB – Bedingung; s.a. für den Fall der Flleiguntauglichkeit BAG v. 11. 10. 1995, DB 1996, 891; so auch KR/*Lipke*, § 620 Rz. 29.
2 *Hromadka*, DB 1985, Beil. Nr. 11, 1, 2; MünchArbR/*Wank*, § 113 Rz. 150.
3 BAG v. 20. 11. 1980, AP Nr. 2 zu § 620 BGB – Altersgrenze, betreffend eine Betriebsvereinbarung.
4 BAG v. 24. 4. 1995, AP Nr. 6 zu § 41 SGB VI; BAG v. 14. 10. 1997, BB 1998, 321.
5 LAG Berlin v. 11. 4. 1996, NZA 1997, 318; *Boecken*, NZA 1995, 145; KR/*Lipke*, § 620 BGB Rz. 29c; s. auch BVerfG v. 18. 3. 1995, BB 1995, 1295; s. demgegenüber BAG

VIII. Sonderfälle

Bei Berufsgruppen, bei denen die Tätigkeit nicht nur eine unverminderte körperliche und geistige **Leistungsfähigkeit** erfordert, sondern darüber hinaus mit besonderer Schwierigkeit und Verantwortung verbunden ist, sind Höchstaltersgrenzen anerkannt, die bereits vor Vollendung des 65. Lebensjahres liegen. Da das besondere Interesse an der Gewährleistung der Sicherheit des Flugverkehrs ein sachlicher Grund ist, ist die tarifvertraglich vorgesehene Höchstbegrenzung des Arbeitsverhältnisses von Cockpit-Personal auf 60 Jahre rechtswirksam[1]. Aus gleichen oä. sachlichen Erwägungen heraus sind deshalb auch für andere Berufsgruppen vertragliche Vereinbarungen von Altersgrenzen möglich, die eine Beendigung des Arbeitsverhältnisses bereits vor Vollendung des 65. Lebensjahres vorsehen. Sofern besondere Interessen an einer früheren Beendigung des Arbeitsverhältnisses bestehen, verletzen dahingehende Vereinbarungen weder das Grundrecht auf Berufsfreiheit (Art. 12 Abs. 1 GG) noch den Gleichheitssatz (Art. 3 Abs. 1 GG). Auch steht solchen Vereinbarungen nicht die Empfehlung des Rates der Europäischen Gemeinschaft 82/857/EWG entgegen[2].

120

Zur wirksamen Festlegung einer Altersgrenze in **Betriebsvereinbarungen und Tarifverträgen** reicht es aus, wenn sie vom Bezug der sozialversicherungsrechtlichen Altersrente abhängig gemacht wird, sofern diese eine ausreichende Altersversorgung gewährleistet[3]. Die Wirksamkeit wird mit der Kompensation des Arbeitsplatzverlustes durch Altersversorgung gerechtfertigt[4].

121

Sofern Betriebsvereinbarungen oder Tarifverträge **unterschiedliche Altersgrenzen** vorsehen, gilt das Günstigkeitsprinzip. Als günstig wird bei der Vereinbarung von Altersgrenzen die Regelung angesehen, die dem Arbeitnehmer das Wahlrecht einräumt, ob er arbeiten oder Altersrente beziehen will. Daher ist eine nachfolgende Betriebsvereinbarung ungünstiger, wenn sie ein derartiges Wahlrecht beseitigt und eine feste, frühere Altersgrenze vorsieht[5]. Dies gilt auch gegenüber Einzelverträgen[6]. Enthalten diese keine Altersgrenze, so kommt auch kein Vergleich zustande, vielmehr gilt dann die Altersgrenze gem. der Betriebsvereinbarung oder dem Tarifvertrag.

122

Verschiedene Tarifverträge, so zB § 59 BAT, sehen eine Beendigung des Arbeitsverhältnisses auch schon mit der **Berufs- und Erwerbsunfähigkeit** vor. Während ein an den Bezug einer Erwerbsunfähigkeitsrente anknüpfender Beendigungstatbestand als wirksam betrachtet wird[7], kann der Bezug einer Berufs-

123

---

v. 11. 6. 1997, BB 1997, 2274, wo von einer wirksamen Altersgrenzenvereinbarung ausgegangen wird, wenn der Arbeitnehmer erst nach Inkrafttreten der Gesetzesneuregelung das 65. Lebensjahr vollendet hat.
1 BAG v. 12. 2. 1992, AP Nr. 5 zu § 620 BGB – Altersgrenze; LAG Düsseldorf v. 10. 5. 1995, NZA-RR 1996, 15.
2 BAG v. 12. 2. 1992, AP Nr. 5 zu § 620 BGB – Altersgrenze.
3 BAG v. 20. 11. 1987, AP Nr. 2 zu § 620 BGB – Altersgrenze; BAG v. 10. 3. 1992, AP Nr. 96 zu § 99 BetrVG; BAG v. 12. 2. 1992, AP Nr. 5 zu § 620 BGB – Altersgrenzen.
4 BAG v. 1. 12. 1993, AP Nr. 4 zu § 41 SGB VI.
5 BAG v. 7. 11. 1989, AP Nr. 46 zu § 77 BetrVG.
6 *Lehmann*, NJW 1994, 3054.
7 BAG v. 24. 6. 1987, AP Nr. 5 zu § 59 BAT.

unfähigkeitsrente nur dann zur tariflich vorgesehenen Beendigung (so zB § 59 Abs. 1 BAT) führen, wenn keine zumutbare Weiterbeschäftigungsmöglichkeit auf einem freien Arbeitsplatz besteht[1].

124 Soweit Tarifverträge oder Betriebsvereinbarungen für Männer und Frauen **unterschiedliche Altersgrenzen** vorsehen (zB für Männer das 65. Lebensjahr und für Frauen das 60. Lebensjahr), verstoßen diese Regelungen wegen ihres Diskriminierungscharakters gegen Art. 119 EG-Vertrag und Art. 3 Abs. 2 GG[2].

---

1 BAG v. 28. 6. 1995, AP Nr. 6 zu § 59 BAT; BAG v. 11. 10. 1995, DB 1996, 891.
2 EuGH v. 17. 5. 1990 (Barber), NZA 1990, 775; EuGH v. 14. 12. 1993 (Moroni), NZA 1994, 165.

I. Arbeitszeugnis

	Rz.
I. Rechtsgrundlagen und Bedeutung des Arbeitszeugnisses	
1. Rechtsgrundlagen	1
2. Bedeutung für Arbeitnehmer und Arbeitgeber	4
3. Wahrheitspflicht und Wohlwollen	7
II. Anspruchsberechtigte und -verpflichtete Personen	
1. Berechtigte Personen	9
2. Verpflichtete Personen	18
III. Zeugnisarten	22
1. Einfaches Zeugnis	23
2. Qualifiziertes Zeugnis	25
3. Zwischenzeugnis	27
IV. Form	32
V. Inhalt	
1. Einfaches Zeugnis	37
2. Qualifiziertes Zeugnis	40
a) Leistung	41
b) Führung	43
3. Zeugnissprache	46
VI. Aushändigung, Zurückbehaltungsrecht, Ersatzausstellung	48
VII. Gerichtliche Durchsetzung des Zeugnisanspruchs	
1. Klage auf Ausstellung	51
2. Klage auf Berichtigung	53
3. Darlegungs- und Beweislast	57
4. Einstweilige Verfügung	59
5. Streitwert	60
6. Zwangsvollstreckung	61
VIII. Widerruf des Zeugnisses	63
IX. Erlöschen des Zeugnisanspruchs	
1. Verjährung, Verwirkung	66
2. Verzicht, Ausgleichsquittung	69
3. Ausschlußklauseln	71
X. Haftung des Ausstellers	
1. Gegenüber dem Arbeitnehmer	75
2. Gegenüber dem neuen Arbeitgeber	77

Schrifttum:

Becker-Schaffner, Die Rechtsprechung zum Zeugnisrecht, BB 1989, 2105; *Berscheid*, Zeugnis, in Handwörterbuch des Arbeitsrechts, Loseblatt; *Böhme*, Zeugnis für den Arbeitnehmer, AuA 1992, 93; *Brill*, Rund um das Arbeitszeugnis, AuA 1994, 230; *Göldner*, Die Problematik der Zeugniserteilung im Arbeitsrecht, ZfA 1991, 255; *Liedke*, Der Anspruch auf ein qualifiziertes Arbeitszeugnis, NZA 1988, 270; *Schleßmann*, Das Arbeitszeugnis, 14. Aufl. 1994; *Schleßmann*, Das Arbeitszeugnis, BB 1988, 1320; *Schmid*, Zur Interpretation von Zeugnisinhalten, DB 1988, 2253; *Schulz*, Alles über Arbeitszeugnisse, 5. Aufl. 1997; *Weuster*, Zeugnisgestaltung und Zeugnissprache zwischen Informationsfunktion und Werbefunktion, BB 1992, 58.

I. Rechtsgrundlagen und Bedeutung des Arbeitszeugnisses

1. Rechtsgrundlagen

Bei der Beendigung des Arbeitsverhältnisses kann der Arbeitnehmer von seinem Arbeitgeber die Erteilung eines Zeugnisses verlangen. 1
Bedeutendste Rechtsgrundlage des Anspruchs auf ein Arbeitszeugnis ist **§ 630 BGB**. Danach kann der Arbeitnehmer bei der Beendigung eines dauernden Dienstverhältnisses vom Arbeitgeber ein schriftliches Zeugnis über das Dienst-

verhältnis und dessen Dauer (**einfaches Zeugnis**) fordern. Auf Verlangen ist das Zeugnis auch auf die Beurteilung der Leistungen und die Führung im Dienst auszudehnen (**qualifiziertes Zeugnis**), vgl. § 630 Satz 2 BGB.

2 Entsprechende Regelungen enthalten

- § 113 GewO für gewerbliche Arbeitnehmer[1]
- § 73 HGB für kaufmännische Angestellte
- § 8 BBiG für alle kaufmännischen, gewerblichen und handwerklichen Auszubildenden.

Weitere gesetzliche Bestimmungen befinden sich zB in § 32 SoldG, § 46 ZDG, § 18 EhfG, aber auch in zahlreichen **Tarifvertragsnormen** wie beispielsweise § 61 BAT, § 64 MTB II, § 64 MTL II, § 57 BMT-G, die den Gesetzesvorschriften nachgebildet sind.

3 Häufig enthalten auch (Muster-)**Arbeitsverträge** die arbeitgeberseitige Verpflichtung zur Zeugniserteilung. Doch selbst wenn keine der genannten Rechtsgrundlagen eingreifen sollte, besteht der Anspruch des Arbeitnehmers auf Erteilung eines Arbeitszeugnisses bereits aufgrund der **allgemeinen Fürsorgepflicht des Arbeitgebers**[2], die durch die gesetzlichen, tarifvertraglichen und individualvertraglichen Bestimmungen lediglich konkretisiert wird. Im Ergebnis ist daher von einem einheitlichen Zeugnisanspruch aller Arbeitnehmer auszugehen[3].

2. Bedeutung für Arbeitnehmer und Arbeitgeber

4 Neben dem Bewerbungsanschreiben und dem Lebenslauf stellt das Zeugnis die wichtigste **Bewerbungsunterlage** dar. Es ermöglicht dem Arbeitnehmer den Nachweis über seinen beruflichen Werdegang, gibt Auskunft über die in dem bescheinigten Zeitraum erbrachten Tätigkeiten und darüber hinaus häufig auch über Führung und Leistung während der Dienstzeit. So dient das Zeugnis der Werbung des Arbeitnehmers auf dem Arbeitsmarkt und ist folglich als **wichtiges Dokument für sein berufliches Weiterkommen** zu begreifen. Nicht selten entscheiden in der Praxis die Arbeitszeugnisse des Bewerbers darüber, ob der Kandidat überhaupt zu einem Vorstellungsgespräch gebeten wird. Im Verhältnis zu Mitbewerbern unterdurchschnittliche Zeugnisse lassen in aller Regel bereits die Teilnahmemöglichkeit an einer Vorauswahl scheitern.

5 Daraus folgt für den das Zeugnis ausstellenden Arbeitgeber eine **soziale Mitverantwortung**[4], der über das beendete Arbeitsverhältnis hinausgehende Bedeutung zukommt. Da das Zeugnis für die berufliche Entwicklung des Arbeitnehmers einen bedeutsamen Faktor darstellt, trifft den Aussteller eine besondere Sorgfaltspflicht bei der Dokumentation von Tätigkeit und persönlicher Beurtei-

---

1 Die Vorschrift gilt ebenso für Bergleute und Besatzungsmitglieder der Binnen- und Seeschiffahrt (vgl. weitergehend *Schleßmann*, S. 21, Fn. 2).
2 Vgl. *Schaub*, § 108 V 9.
3 *Staudinger/Neumann*, § 630 Rz. 2; MüKo/*Schwerdtner*, § 630 Rz. 2; *Schulz*, S. 7.
4 BGH v. 15. 5. 1979, NJW 1979, 1882.

I. Rechtsgrundlagen und Bedeutung des Arbeitszeugnisses

lung. Nicht zuletzt muß sich der Zeugnisaussteller klar darüber sein, daß er sich bei vorsätzlicher unrichtiger Zeugniserteilung Dritten gegenüber schadensersatzpflichtig macht (vgl. weiter unten Rz. 77 f.).

Von der Qualität des Arbeitszeugnisses, insbesondere jedoch von seinem Informationsgehalt hängt ab, welche Bedeutung der neue Arbeitgeber dem Zeugnis zumißt. Um die Einstellung des Zeugnisinhabers ernsthaft zu erwägen, muß der neue Arbeitgeber sich auf diese Informationsquelle verlassen können. Dies erfordert, daß das **Zeugnis wahr ist,** dh. alle wesentlichen Tatsachen und Bewertungen enthält, die für die Gesamtbeurteilung des Arbeitnehmers von Relevanz sind und an denen ein zukünftiger Arbeitgeber ein berechtigtes Interesse hat[1].

3. Wahrheitspflicht und Wohlwollen

Bei der Erstellung des Zeugnisses hat sich der Aussteller um **größtmögliche Objektivität** zu bemühen. Das formulierte Zeugnis muß der **Wahrheit** entsprechen, denn nur so ist einem etwaigen Arbeitgeber eine konkrete Vorstellung über die Persönlichkeit des Arbeitnehmers und seine betriebliche Einsatzmöglichkeit vermittelbar[2]. Es darf deshalb nur Tatsachen, nicht dagegen Behauptungen, Annahmen oder Verdachtsmomente enthalten[3].

Neben dem Wahrheitsgebot gilt im Zeugnisrecht das **Prinzip des Wohlwollens.** Dies verlangt vom Aussteller, bei der Zeugnisformulierung den wohlwollenden Maßstab eines verständigen Arbeitgebers zugrunde zu legen, um dem Arbeitnehmer das berufliche Fortkommen nicht unnötig zu erschweren[4]. Eine wohlwollende Abfassung des Zeugnisses bedeutet indes nicht, daß negative Aussagen zu unterbleiben haben. **Ungünstige Tatsachen** sind aufzunehmen, wenn und soweit sie für die Gesamtbeurteilung des Arbeitnehmers charakteristisch sind[5]. Allerdings verlangt der Wahrheitsgrundsatz nicht, Ungünstiges schonungslos zu beurteilen. In einem solchen Fall läuft der Aussteller ebenso Gefahr, sich gegenüber dem Arbeitnehmer schadensersatzpflichtig zu machen, wie im umgekehrten Fall eine Schadensersatzpflicht gegenüber dem neuen Arbeitgeber eintreten kann, wenn schwerwiegende Tatsachen unrichtig dargestellt oder verschwiegen werden. Insgesamt endet die wohlwollende Rücksichtnahme auf den Arbeitnehmer dort, wo sich das Interesse des künftigen Arbeitgebers an der Zuverlässigkeit des Bewerbers ohne weiteres aufdrängt[6]. Dem Gebot der Wahrheit ist daher der Vorrang eingeräumt[7]. In der Praxis werden

---

1 BAG v. 5. 8. 1976, AP Nr. 10 zu § 630 BGB.
2 BAG v. 9. 9. 1992, NZA 1993, 698.
3 LAG Hamm v. 13. 2. 1992, LAGE § 630 BGB Nr. 16.
4 BGH v. 26. 11. 1963, AP Nr. 10 zu § 826 BGB; BAG v. 25. 10. 1967, AP Nr. 6 zu § 73 HGB; BAG v. 3. 3. 1993, NZA 1993, 697; *Schaub,* § 146 III 5.
5 ArbG Düsseldorf v. 1. 10. 1987, DB 1988, 508.
6 BGH v. 22. 9. 1970, DB 1970, 2224; MüKo/*Schwerdtner,* § 630 Rz. 13.
7 BAG v. 23. 6. 1960, AP Nr. 1 zu 73 HGB; BAG v. 5. 8. 1976, AP Nr. 10 zu § 630 BGB; *Schleßmann,* S. 18; *Schulz,* S. 82; MüKo/*Schwerdtner,* § 630 Rz. 13.

sich häufig Formulierungen finden lassen, die sowohl dem Wahrheitsgrundsatz wie auch dem Maßstab einer wohlwollenden Beurteilung gerecht werden, wenngleich dies zur Wanderung auf schmalem Grad werden kann.

II. Anspruchsberechtigte und -verpflichtete Personen

1. Berechtigte Personen

9 Einen Rechtsanspruch auf Erteilung eines schriftlichen Zeugnisses bei der Beendigung des Arbeitsverhältnisses haben nach § 630 BGB, § 113 GewO, § 73 HGB **alle Arbeitnehmer.** Der Arbeitgeber ist jedoch nicht verpflichtet, von sich aus ein Zeugnis auszustellen. Vielmehr muß der Arbeitnehmer das Zeugnis ausdrücklich verlangen. Etwas anderes gilt bei Auszubildenden: Hier besteht auch ohne Verlangen des Auszubildenden eine Pflicht des Ausbildenden zur Zeugnisausstellung, § 8 BBiG.

10 Auch **Praktikanten, Volontäre und Werkstudenten** haben Zeugnisansprüche. Während für das Praktikantenzeugnis und das Zeugnis des Volontärs über § 19 BBiG die gesetzliche Bestimmung des § 8 BBiG analog gilt, stehen Werkstudenten regelmäßig in einem etwa auf die Semesterferien befristeten Arbeitsverhältnis; ihr Zeugnisanspruch richtet sich grundsätzlich nach § 630 BGB.

11 Keine Besonderheiten gelten für **Teilzeitbeschäftigte, leitende Angestellte und Heimarbeiter,** die wie alle anderen Arbeitnehmer Anspruch auf Zeugniserteilung haben.

12 Auch Arbeitnehmer in einem **Probe- oder Aushilfsarbeitsverhältnis** können selbst nach einer nur kurzen Beschäftigungszeit vom Arbeitgeber ein (zumindest einfaches[1]) Zeugnis fordern.

13 **Leiharbeitnehmer** haben einen Zeugnisanspruch gegen den Verleiher. Allein im Falle der Nichtigkeit des Vertrages zwischen Entleiher und Verleiher (Art. 1 § 9 Nr. 1 AÜG) mit der Folge des Zustandekommens eines Arbeitsvertrags zwischen Entleiher und Leiharbeitnehmer (Art. 1 § 10 Abs. 1 AÜG) richtet sich der Zeugnisanspruch gegen den Entleiher.

14 **Organmitglieder** können einen Anspruch auf Zeugniserteilung haben. Ein solcher setzt jedoch voraus, daß der gesetzliche Vertreter einer juristischen Person, zB der GmbH-Geschäftsführer, keine oder nur unwesentliche Gesellschaftsanteile besitzt und folglich in wirtschaftlicher Abhängigkeit tätig ist[2].

15 **Keinen Anspruch** auf Zeugniserteilung hat dagegen der **selbständige Handelsvertreter** iSd. §§ 84 ff. HGB, da er Kaufmann und kein Arbeitnehmer ist.

---

[1] Zu weitgehend LAG Düsseldorf v. 14. 5. 1963, BB 1963, 1216 für ein qualifiziertes Zeugnis bei einem auf Dauer angelegten, aber bereits nach 2 Tagen beendeten Arbeitsverhältnis.
[2] Vgl. KG v. 6. 11. 1978, BB 1979, 988.

II. Anspruchsberechtigte und -verpflichtete Personen

Hiervon sind abzugrenzen die sog. **arbeitnehmerähnliche Personen** des § 5 Abs. 1 ArbGG, die sich von den übrigen Arbeitnehmern dadurch unterscheiden, daß sie nicht in den Betrieb des Auftraggebers eingegliedert sind und ihre Tätigkeit weisungsfrei erbringen. Wegen ihrer wirtschaftlichen Abhängigkeit werden sie wie Arbeitnehmer behandelt und haben daher den Zeugnisanspruch. Gleiches gilt bei Vorliegen wirtschaftlicher Abhängigkeit für den („kleinen") Handelsvertreter des § 84 Abs. 2 HGB, den sog. Einfirmenvertreter nach § 92a HGB, § 5 Abs. 3 ArbGG und den Franchisenehmer.

Freie Mitarbeiter haben mangels persönlicher Abhängigkeit und Weisungsgebundenheit keinen Anspruch auf ein Arbeitszeugnis.

2. Verpflichtete Personen

Zur Ausstellung des Zeugnisses ist grundsätzlich **der Arbeitgeber selbst** verpflichtet. Dieser bzw. bei juristischen Personen der gesetzliche Vertreter ist der Dienstberechtigte iSd. § 630 BGB. Der Arbeitgeber kann sich jedoch zur Erfüllung seiner Zeugnispflicht **Dritter** bedienen. Diese Personen müssen erkennbar ranghöher sein als der das Zeugnis beanspruchende Arbeitnehmer[1]. Der als Erfüllungsgehilfe iSd. § 278 BGB für den Arbeitgeber tätige Vertreter (zB Personalabteilungsleiter, Fachabteilungsleiter, Betriebsleiter) muß in jedem Fall in dem Betrieb angestellt sein. Unzulässig ist die Ausstellung durch einen mit der Interessenwahrnehmung beauftragten Rechtsanwalt[2].

Mit der Erteilung sog. **Referenzschreiben,** die Vorgesetzte des Arbeitnehmers in eigenem Namen verfassen, erfüllt der Arbeitgeber den Zeugnisanspruch nicht.

Besonderheiten gelten im Falle eines **Konkurses des Arbeitgebers.** Es bleibt bei der Verpflichtung des Arbeitgebers zur Zeugniserteilung, wenn der Arbeitnehmer vor Konkurseröffnung aus dem Arbeitsverhältnis ausgeschieden ist und auf Zeugniserteilung geklagt hat. Führt der Konkursverwalter den Betrieb fort und scheidet der Arbeitnehmer erst anschließend aus dem Arbeitsverhältnis aus, besteht der Zeugnisanspruch gegen den Konkursverwalter auch für die Zeiten vor der Eröffnung des Konkurses. Die für die Beurteilung des Arbeitnehmers erforderlichen Kenntnisse muß sich der Konkursverwalter aus der Personalakte, durch Befragen der Vorgesetzten oder von dem Gemeinschuldner beschaffen[3].

Bei einem **Betriebsübergang** nach § 613a BGB tritt der Erwerber in die Rechte und Pflichten des Arbeitsverhältnisses ein, so wie es im Zeitpunkt des Übergangs besteht. Der Zeugnisanspruch des übernommenen Arbeitnehmers richtet sich gegen den neuen Inhaber. Der Arbeitnehmer darf den Betriebsinhaber-

---

1 LAG Hamm v. 2. 11. 1966, DB 1966, 1815; LAG Hamm v. 21. 12. 1993, BB 1995, 154; LAG Düsseldorf v. 5. 3. 1969, DB 1969, 534; LAG Köln v. 14. 7. 1994, NZA 1995, 685; zweifelnd MüKo/*Schwerdtner*, § 630 Rz. 19.
2 LAG Hamm v. 2. 11. 1966, DB 1966, 1815.
3 BAG v. 30. 1. 1991, AP Nr. 18 zu § 630 BGB.

wechsel jedoch zum Anlaß nehmen, von dem bisherigen Arbeitgeber ein Zwischenzeugnis zu verlangen. Gegen diesen besteht der Anspruch auf Zeugniserteilung auch, wenn der Arbeitnehmer im Zusammenhang mit dem Betriebsübergang durch Eigenkündigung oder Aufhebungsvertrag ausscheidet.

III. Zeugnisarten

22 Das Gesetz unterscheidet in § 630 BGB (und ebenso in § 113 GewO, § 73 HGB und § 8 BBiG) zwischen dem **einfachen** und dem **qualifizierten Zeugnis**. Das qualifizierte Zeugnis ist sowohl als **Schluß- oder Endzeugnis** wie auch als **Zwischenzeugnis** möglich. Inwieweit darüber hinaus ein **vorläufiges Zeugnis** verlangt bzw. ausgestellt werden kann, ist abschließend nicht geklärt.

1. Einfaches Zeugnis

23 Nach § 630 Satz 1 BGB und den genannten gesetzlichen Parallelvorschriften erstreckt sich das einfache Zeugnis nur auf die **Art und Dauer des Beschäftigungsverhältnisses.** Denn es soll dem Arbeitnehmer lediglich ermöglichen, im Fall des Arbeitsplatzwechsels seine Beschäftigung lückenlos nachweisen zu können. Deswegen enthält das einfache Zeugnis keine weitergehenden Aussagen über die Leistung und Führung im Arbeitsverhältnis. Konkret enthält es die Angaben zur Person des Arbeitnehmers, nämlich Name, Vorname, akademische Grade[1] und Berufsbezeichnung. Anschrift und Geburtsdatum brauchen hingegen nicht aufgenommen zu werden.

24 Die **Art der Beschäftigung** ist so genau und vollständig anzugeben, daß der neue Arbeitgeber ersehen kann, mit welchen Arbeiten der Arbeitnehmer betraut war[2] (s. unten Rz. 37 f.). Hinsichtlich der **Dauer** ist zu bescheinigen, wie lange das Arbeitsverhältnis **rechtlich bestanden** hat. Nicht zu erwähnen sind tatsächliche Unterbrechungen wie Krankheit, Urlaub, Freistellungen etc., es sei denn, ihnen kommt für die Einschätzung der Gesamtbeurteilung des Arbeitnehmers eine Bedeutung zu (zB länger andauernde Befreiungen von der Arbeitspflicht aufgrund von Krankheit, Heilverfahren, Wehr-/Zivildienst).

Ein **Ruhen des Arbeitsverhältnisses** darf daher in das Zeugnis aufgenommen werden, wenn es Zeiten umfaßt, die mehr als die Hälfte der Gesamtbeschäftigung ausmachen[3]. Die Gründe für Zeiten einer Arbeitsunterbrechung sind im Zeugnis nicht zu vermerken; etwas anderes gilt nur bei Vorliegen eines ausdrücklichen Wunsches des Arbeitnehmers.

---

1 *Staudinger/Neumann*, § 630 Rz. 15; aA MüKo/*Schwerdtner*, § 630 Rz. 7.
2 BAG v. 12. 8. 1976, EzA § 630 BGB Nr. 7.
3 *Schleßmann*, S. 58.

2. Qualifiziertes Zeugnis

Über die Angaben zu Art und Dauer der Beschäftigung hinausgehend enthält das qualifizierte Zeugnis Angaben über **Leistung und Führung im Arbeitsverhältnis**. Die Ausdehnung des einfachen auf ein qualifiziertes Zeugnis erfolgt nur auf ausdrückliches **Verlangen des Arbeitnehmers**, dem insoweit ein Wahlrecht zusteht. Wünscht der Arbeitnehmer lediglich die Erteilung eines einfachen Zeugnisses, kann er ein gleichwohl über Leistung und Führung ausgestelltes Zeugnis zurückweisen[1]. Andererseits soll es dem Arbeitnehmer, dem auf sein Verlangen ein qualifiziertes Zeugnis erteilt wurde, verwehrt sein, nachträglich ein einfaches Zeugnis zu verlangen, da mittlerweile Erfüllung vorliegt[2] (vgl. aber unten Rz. 66). 25

Das qualifizierte Zeugnis darf sich nicht beschränken auf die Beurteilung allein der Leistung oder der Führung des Arbeitnehmers, denn sein Sinn und Zweck besteht gerade in einer **umfassenden Würdigung der Persönlichkeit des Arbeitnehmers**[3]. Eine solche Trennung ist auch nicht auf Wunsch des Arbeitnehmers zulässig, da es nicht ausreichend ist, wenn sich aus einer positiven Leistungsbeurteilung lediglich gewisse positive Rückschlüsse auf das Führungsverhalten des Arbeitnehmers ziehen lassen[4]. Ebensowenig ist es zulässig, das Zeugnis nur auf einen bestimmten Zeitausschnitt des Beschäftigungsverhältnisses zu beschränken. Der Grundsatz der Einheitlichkeit des Zeugnisses und das Wahrheitsprinzip erfordern vielmehr, es auf die gesamte Dauer des Arbeitsverhältnisses zu erstrecken[5]. 26

3. Zwischenzeugnis

In der Form des Zwischenzeugnisses hat der Arbeitgeber das qualifizierte Zeugnis nur bei **Vorliegen besonderer Voraussetzungen** zu erteilen. Es ist kennzeichnend für das Zwischenzeugnis, daß eine Beendigung des Arbeitsverhältnisses durch Kündigung, Aufhebung oder Zeitablauf nicht unmittelbar bevorsteht. Der Anspruch auf seine Ausstellung folgt mangels gesetzlicher Regelung aus der Fürsorgepflicht des Arbeitgebers und wird andererseits begrenzt durch die Treuepflicht des Arbeitnehmers[6]. **Besondere Gründe,** die die Erstellung eines Zwischenzeugnisses rechtfertigen können und die der Arbeitnehmer mit dem Zeugnisverlangen darzulegen hat, sind 27

▶ Versetzung oder Bewerbung innerhalb des Betriebes, Unternehmens oder Konzerns

▶ Vorgesetztenwechsel

▶ bevorstehender Betriebsübergang

---

1 MüKo/*Schwerdtner*, § 630 Rz. 7.
2 Str., so aber *Schaub*, § 146 III 2a.
3 Vgl. ArbG Düsseldorf v. 1. 10. 1987, DB 1988, 508.
4 LAG Frankfurt v. 23. 1. 1968, AP Nr. 5 zu § 630 BGB; LAG Düsseldorf v. 30. 5. 1990, LAGE § 630 BGB Nr. 10.
5 LAG Frankfurt v. 14. 9. 1984, NZA 1985, 27.
6 *Berscheid*, HwB-AR „Zeugnis", Rz. 21.

- sonstige Änderungen der Unternehmensstruktur (Fusion, Auf-, Abspaltung) mit konkreten Auswirkungen auf das Arbeitsverhältnis
- Besuch von Fach- oder Hochschule bzw. anderen Weiterbildungseinrichtungen
- Übernahme eines politischen Mandats
- Einberufung zum Wehr- oder Zivildienst
- Beantragung von Erziehungsurlaub
- Unterbrechung des Arbeitsverhältnisses für mehr als 1 Jahr.

28 Grundsätzlich verlangt die Rechtsprechung[1] das **Vorliegen eines triftigen Grundes,** der bei verständiger Betrachtungsweise den Wunsch des Arbeitnehmers nach Ausstellung eines Zwischenzeugnisses als berechtigt erscheinen läßt. Dient dem Arbeitnehmer das Zwischenzeugnis allgemein der Förderung des mit ihm angestrebten Erfolgs, wird man den Anspruch bis zur Grenze des Mißbrauchs bejahen müssen[2]. Keinen triftigen Grund iSv. § 61 Abs. 2 BAT stellt das Verlangen des Angestellten nach einem Zwischenzeugnis dar, das dieser als Beweismittel in einem Höhergruppierungsrechtsstreit verwenden will. Ebensowenig begründet der Wunsch des Arbeitnehmers nach einer Beurteilung zwecks Feststellung des eigenen „Marktwertes" den Anspruch auf ein Zwischenzeugnis. Hier ist der Arbeitnehmer auf die Beurteilung nach § 82 Abs. 2 BetrVG zu verweisen; die Vorschrift gewährt allerdings keinen Anspruch auf Aushändigung einer schriftlichen Leistungsbeurteilung.

29 Mit der **tatsächlichen,** nicht der rechtlichen **Beendigung des Arbeitsverhältnisses** entsteht der Anspruch des Arbeitnehmers auf das Schluß- oder Endzeugnis. Hatte der Arbeitnehmer bereits zu einem früheren Zeitpunkt ein Zwischenzeugnis erhalten, kann er gleichwohl nicht verlangen, daß der Arbeitgeber im Endzeugnis die Formulierungen des Zwischenzeugnisses exakt übernimmt[3]. Dessen Inhalt kommt jedoch für das endgültige Zeugnis starke Indizwirkung zu; Abweichungen aus triftigen Gründen hat der Arbeitgeber zu beweisen.

30 Nach Kündigungsausspruch soll der Arbeitnehmer, der während der (längeren) Kündigungsfrist weiterbeschäftigt wird, ein sog. **vorläufiges Zeugnis** verlangen können[4]. Da sich die Verhältnisse selbst bis zum Ablauf der Kündigungsfrist noch ändern können, besteht für das Endzeugnis kein Anspruch auf wortgenaue Übernahme der Formulierungen des vorläufigen Zeugnisses. Auf den vorläufigen Charakter der Beurteilung sollte im Zeugnis hingewiesen werden. Streitig ist, ob der Arbeitnehmer bei Erteilung des Endzeugnisses das vorläufige Zeugnis herauszugeben hat[5].

---

1 BAG v. 21. 1. 1993, DB 1993, 2134.
2 So auch *Schulz*, S. 28.
3 LAG Düsseldorf v. 2. 7. 1976, DB 1976, 2310.
4 Vgl. MüKo/*Schwerdtner*, § 630 Rz. 22; ähnlich *Berscheid*, HwB-AR „Zeugnis", Rz. 25.
5 Dafür *Berscheid*, HwB-AR „Zeugnis", Rz. 23; differenzierend *Schulz*, S. 25, der eine doppelte Erfüllung nicht annimmt, da vorläufiges und Endzeugnis als rechtliche *alia* zu begreifen seien, aber auf die genau gegenteilige Pflicht des Angestellten im öffentlichen Dienst in § 61 Abs. 1 BAT hinweist.

Kein Zeugnis ist die **Arbeitsbescheinigung** nach § 133 AFG. Die Norm verpflichtet den Arbeitgeber lediglich, gegenüber der Arbeitsverwaltung Art der Tätigkeit, Beginn, Unterbrechungen, Ende und Grund für die Beendigung des Arbeitsverhältnisses sowie das erzielte Arbeitsentgelt einschließlich Abfindungs- und Entschädigungsleistungen anzugeben. Die unter Verwendung eines von der Bundesanstalt für Arbeit vorgesehenen Formblatts auszufüllende Bescheinigung dient als Entscheidungs- und Bemessungsgrundlage für die Bewilligung von Arbeitslosengeld.

31

IV. Form

Das Arbeitszeugnis, sei es als einfaches, sei es als qualifiziertes, muß **schriftlich** erteilt werden. Es ist regelmäßig maschinenschriftlich zu erstellen, keinesfalls jedoch in handschriftlicher Abfassung mit Bleistift wegen leicht möglicher Änderungen durch Radierung. Der Arbeitgeber hat für das Zeugnis haltbares Papier von guter Qualität zu verwenden[1]. Nachträgliche Verbesserungen sind nicht zulässig, vielmehr ist das Zeugnis in einem solchen Fall neu zu erstellen. Schreibfehler können den Anspruch auf Neuerteilung begründen, wenn negative Folgen für den Arbeitnehmer möglich erscheinen[2].

32

Da das Zeugnis dem beruflichen Fortkommen des Arbeitnehmers dient, muß seine **äußere Form** entsprechend sein. Der Arbeitnehmer hat daher Anspruch auf ein sauberes, ungeknicktes und ungefaltetes[3], regelmäßig auf DIN A 4-**Geschäftspapier des Arbeitgebers** abgefaßtes Zeugnis ohne Streichungen, Ausbesserungen, Flecken, Geheimzeichen oder ähnliche Merkmale. Unterstreichungen oder Hervorhebungen durch Anführungszeichen haben ebenso zu unterbleiben wie die Verwendung von Frage- oder Ausrufezeichen. Technisch einwandfreie Kopien von Zeugnisurkunden, die mit Originalunterschrift des Arbeitgebers versehen sind, genügen[4]. Der Arbeitnehmer kann verlangen, daß der Arbeitgeber aktuelles Geschäftspapier verwendet[5], aus dem die korrekte Firmenanschrift des Arbeitgebers und bei juristischen Personen die Vertretungsverhältnisse hervorgehen[6]. Bei einem neutralen weißen Bogen muß das Zeugnis neben der Unterschrift des Arbeitgebers den Firmenstempel enthalten.

33

In der sog. **Eingangsformel** ist der Arbeitnehmer mit Vor- und Familienname, ggf. einschließlich Geburtsname, sowie bei Einverständnis Geburtsdatum und Anschrift zu bezeichnen. Mitaufzunehmen sind die Berufsbezeichnung und erworbene akademische Grade bzw. öffentlich-rechtliche Titel. Bei einem von einer Fachhochschule verliehenen Titel „Dipl.-Ingenieur" ist die Hinzufügung

34

---
1 BAG v. 3. 3. 1993, NZA 1993, 697.
2 ArbG Düsseldorf v. 19. 12. 1984, NZA 1985, 812.
3 LAG Hamburg v. 7. 9. 1993, NZA 1994, 890.
4 LAG Bremen v. 23. 6. 1989, NZA 1989, 848.
5 Vgl. BAG v. 3. 3. 1993, EzA § 630 BGB Nr. 17.
6 Vgl. LAG Köln v. 26. 2. 1992, NZA 1992, 841.

der Abkürzung „FH" unzulässig¹. Nicht in das Zeugnis aufzunehmen sind hingegen innerbetriebliche Titel, die als reine Funktionsbezeichnungen nicht der Personenbeschreibung dienen². Männliche Arbeitnehmer sind im Zeugnis mit „Herr", weibliche Arbeitnehmer nach ihrer Wahl mit „Frau" oder „Fräulein" (nicht: „Frl.") anzureden.

35 Das auch für ausländische Arbeitnehmer in **deutscher** Textsprache abzufassende Zeugnis, das selbstverständlich in der **Überschrift** als solches zu bezeichnen ist, hat als wesentlichen Bestandteil das **Ausstellungsdatum** zu enthalten³.

Als Datum ist grundsätzlich der **Tag der Ausstellung** aufzunehmen, auch wenn dieser nicht der tatsächliche oder rechtliche Beendigungszeitpunkt des Arbeitsverhältnisses ist. Eine Vordatierung des Ausstellungsdatums auf das rechtliche Ende der Beschäftigung ist ebenso unzulässig wie eine Rückdatierung. Auch wenn der Arbeitnehmer erst einige Zeit nach seinem Ausscheiden den Zeugnisanspruch geltend macht, ist das Zeugnis mit dem tatsächlichen, späteren Ausstellungsdatum zu versehen⁴. Etwas anderes gilt allein im Falle einer Zeugnisberichtigung. Hier ist das geänderte Zeugnis auf das ursprüngliche Ausstellungsdatum zurückzudatieren. Dabei kommt es nicht darauf an, ob der Arbeitgeber die Berichtigung von sich aus oder aufgrund gerichtlicher Entscheidung bzw. Prozeßvergleichs vornimmt⁵.

36 Das Arbeitszeugnis ist am Ende **handschriftlich zu unterschreiben**. Der Arbeitnehmer hat jedoch regelmäßig keinen Anspruch auf persönliche Unterzeichnung durch den Arbeitgeber. Prokuristen und Generalbevollmächtigte sind ohne weiteres zeichnungsberechtigt, Handlungsbevollmächtigte bei Vorliegen einer entsprechenden Ermächtigung. Die Vertretungsbefugnis ist kenntlich zu machen (zB ppa oder iV). In jedem Fall muß der Unterzeichner des Zeugnisses ranghöher sein als der Arbeitnehmer.

V. Inhalt

1. Einfaches Zeugnis

37 Das Zeugnis, das lediglich über Art und Dauer der Beschäftigung des Arbeitnehmers Auskunft gibt, wird als einfaches Zeugnis bezeichnet. Der Begriff verkennt, daß insbesondere die Darstellung der Art des Arbeitsverhältnisses inhaltlich umfassender sein kann als die zusätzlichen Angaben über Führung und Leistung im qualifizierten Zeugnis. Zudem kann eine **ausführliche Beschreibung der Art der Beschäftigung** im Einzelfall für den betroffenen Arbeit-

---

1 BAG v. 8. 2. 1984, NZA 1984, 225.
2 LAG Hamm v. 2. 5. 1991 – 4 Sa 183/91, nv.
3 LAG Bremen v. 23. 6. 1989, NZA 1989, 848.
4 LAG Bremen v. 23. 6. 1989, NZA 1989, 848; ArbG Karlsruhe v. 22. 5. 1985, NZA 1986, 169.
5 BAG v. 9. 9. 1992, NZA 1993, 698.

nehmer wichtiger sein als die immer auch von subjektiven Bewertungen mitgeprägte Beurteilung von Leistung und Führung.

Das einfache Zeugnis muß eine **präzise Darstellung der von dem Arbeitnehmer erledigten Tätigkeiten** enthalten, so daß sich jeder Leser ein genaues Bild über Art und Umfang der Beschäftigung machen kann. Sonderaufgaben und Spezialtätigkeiten, mit denen der Arbeitnehmer betraut war, sind zu erwähnen. 38

Bei der **Berufsbezeichnung** genügt eine allgemein gehaltene Berufsangabe dann nicht, wenn eine speziellere Bezeichnung den konkreten Arbeitseinsatz zu beschreiben vermag (anstatt technischer Angestellter, Buchhalter, Facharbeiter ist etwa so zu spezifizieren: Leiter der Elektronikabteilung, Debitorenbuchhalter, Kfz-Schlosser). Leitungsbefugnisse, besondere Verantwortungen und selbständig ausgeübte Tätigkeiten sind in jedem Fall anzugeben, da es sich dabei insgesamt um Beschreibungen der zu verrichtenden Aufgaben handelt. Allgemein gilt, daß die Zeugnisdarstellung zur Art der Beschäftigung um so erschöpfender ausfallen muß, je bedeutender die Leitungsbefugnisse und Verantwortungsbereiche waren. Ist der Arbeitnehmer während seiner Beschäftigungszeit zu verschiedenen, wechselnden Tätigkeiten herangezogen worden, sind diese – zumindest was die Haupttätigkeiten betrifft – in zeitlicher Reihenfolge aufzulisten. Berufliche Fortbildungsveranstaltungen, an denen der Arbeitnehmer teilgenommen hat, sind mit Art, Dauer und Abschluß in das Zeugnis aufzunehmen. Der Träger der Bildungsmaßnahme darf nur auf Wunsch des Arbeitnehmers erwähnt werden.

Die **Gründe und Umstände der Beendigung des Arbeitsverhältnisses** sind regelmäßig im Zeugnis **nicht** zu nennen[1]. Wünscht hingegen der Arbeitnehmer die Angabe des Beendigungsgrundes, zB durch Prozeßvergleich nach außerordentlicher Kündigung oder Auflösung durch Urteil nach arbeitnehmerseitigem Auflösungsantrag, ist der Arbeitgeber hierzu verpflichtet, indem er etwa Formulierungen wie „Auflösung in beiderseitigem Einvernehmen" oder „beendet auf Wunsch des Arbeitnehmers" wählt. 39

Die Formulierung des einfachen Zeugnisses ist hinsichtlich Wortwahl und Satzstellung Sache des **Arbeitgebers;** allerdings besteht anders als beim qualifizierten Zeugnis kein bedeutender Beurteilungsspielraum.

2. Qualifiziertes Zeugnis

Auf (ausdrückliches) Verlangen des Arbeitnehmers hat der Arbeitgeber das einfache Zeugnis auf die Leistungen und die Führung im Dienst auszudehnen. Das qualifizierte Zeugnis ist also ein um die **Beurteilung von Leistung und Führung des Arbeitnehmers** ergänztes Zeugnis. Es soll einem zukünftigen neuen Arbeitgeber ein möglichst genaues Bild über die charakterlichen Eigenschaften und die Verwendungsmöglichkeiten des Arbeitnehmers vermitteln und 40

---

1 LAG Hamm v. 24. 9. 1985, NZA 1986, 99; LAG Düsseldorf v. 22. 1. 1988, NZA 1988, 399; LAG Köln v. 29. 11. 1990, LAGE § 630 BGB Nr. 11; LAG Chemnitz v. 30. 1. 1996, NZA-RR 1997, 47.

somit eine nachprüfbare Gesamtbewertung von Charakter und Leistung enthalten[1]. Bei langjährigen Arbeitsverhältnissen besteht Anspruch auf Darstellung und Beurteilung des gesamten Vertragszeitraums. Es ist aus der Fürsorgepflicht abzuleitende Aufgabe des Arbeitgebers, zum Zwecke einer vollständigen Zeugniserteilung im Rahmen des Möglichen Nachforschungen etwa bei ausgeschiedenen Vorgesetzten zu halten.

a) Leistung

41 Der Begriff der vom Arbeitgeber zu beurteilenden Leistung umfaßt **sämtliche Faktoren,** die geeignet sind, die berufliche Verwendbarkeit eines Arbeitnehmers zu umschreiben. Hierzu gehören etwa Fachkenntnisse, Fertigkeiten, Arbeitsbereitschaft, Arbeitstempo, Ökonomie, Qualität der Arbeit, erzielte Erfolge, berufliches Engagement, Fortbildungsbereitschaft, aber auch Vielseitigkeit und Auffassungsgabe, Verhandlungsgeschick und Ausdrucksvermögen. Spezialkenntnisse und besondere Fertigkeiten haben in die Bewertung der Leistung miteinzufließen.

42 Der Arbeitgeber hat bei der Leistungsbeschreibung einen **umfassenden Beurteilungsspielraum,** der ungleich größer ist als bei der Tätigkeitsbeschreibung[2]. Gleichwohl hat er sich bei der Leistungsbewertung um größtmögliche Objektivität zu bemühen, um eine zutreffende Gesamtwürdigung der Leistung des Arbeitnehmers zu erreichen. Das abgegebene Werturteil ist in jedem Fall gerichtlich daraufhin überprüfbar, ob ihm sachfremde oder überzogene Maßstäbe zugrunde gelegt wurden[3].

b) Führung

43 Wenn das Gesetz (vgl. § 630 Satz 2 BGB) für das qualifizierte Zeugnis voraussetzt, daß dieses sich auf die Führung im Dienst zu erstrecken habe, so ist mit dieser Formulierung das **Sozialverhalten des Arbeitnehmers** in seinem Verhältnis zu Vorgesetzten, Kollegen, Mitarbeitern, Kunden und Geschäftspartnern gemeint. Unter die persönliche Führung fällt grundsätzlich nur das dienstliche Verhalten. Private Verhaltensweisen sind im Arbeitszeugnis nicht zu erwähnen, es sei denn, diese wirken sich dienstlich aus (zB Alkohol-/Drogenmißbrauch, Verschwendungssucht bei einem Kassierer)[4].

44 Da das Zeugnis eine Gesamtbeurteilung des Arbeitnehmers bezweckt, haben **einmalige Vorfälle oder Umstände,** die für die Person des Arbeitnehmers nicht charakteristisch sind, regelmäßig unerwähnt zu bleiben. Das gilt gleichermaßen für positive wie negative Dinge. Allein nicht unbedeutende dienstliche Verfehlungen in Form von **strafbaren Handlungen** (Unterschlagungen, Diebstähle, Sexualdelikte) dürfen genannt werden[5]. Der lediglich bestehende Ver-

---

1 MüKo/*Schwerdtner*, § 630 Rz. 9.
2 Vgl. BAG v. 29. 7. 1971 und 12. 8. 1976, AP Nr. 6, 11 zu § 630 BGB.
3 LAG Hamm v. 16. 3. 1989, BB 1989, 1486.
4 Vgl. BAG v. 29. 1. 1986, DB 1986, 1340 = NZA 1987, 384.
5 Vgl. BAG v. 5. 8. 1976, AP Nr. 10 zu § 630 BGB.

dacht einer strafbaren Handlung darf in aller Regel nicht aufgenommen werden. Ehrlichkeit ist im Zeugnis nur zu attestieren, wenn dies nach der Verkehrssitte erwartet werden kann und ein Fehlen den Verdacht der Unehrlichkeit aufkommen läßt (zB bei Verkäufern, Kassierern, Hausangestellten, Bankmitarbeitern).

Bestandteile des einfachen und des qualifizierten Arbeitszeugnisses: 45

- üblicher (weißer) Firmenbogen
- ansonsten maschinenschriftlicher bzw. PC-erstellter Briefkopf (mit Angaben zum Arbeitgeber)
- Überschrift: Zeugnis/Arbeitszeugnis/Zwischenzeugnis/vorläufiges Zeugnis/Ausbildungszeugnis
- Eingangsformel (Angaben zur Person des Arbeitnehmers: Name, Vorname, ggf. Geburtsname und Titel, Dauer des Beschäftigungsverhältnisses, Berufsbezeichnung)
- Art der Beschäftigung (Tätigkeitsbeschreibung, Fortbildungsmaßnahmen)
- Leistungsbeurteilung*
- Beurteilung des Sozialverhaltens (Führung im Dienst)*
- Beendigung des Arbeitsverhältnisses (Modalitäten nur auf Wunsch des Arbeitnehmers)
- Schlußformel (Dank, Bedauern über Ausscheiden, Zukunftswünsche)
- Ort, Ausstellungsdatum, Unterschrift (ggf. mit Vertretungsbefugnis).

* ist beim einfachen Zeugnis wegzulassen

---

3. Zeugnissprache

Der Doppelcharakter des Arbeitszeugnisses, einerseits wahr sein zu müssen, andererseits von verständigem Wohlwollen für den Arbeitnehmer getragen zu sein, um diesem das berufliche Fortkommen nicht unnötig zu erschweren, führt in der betrieblichen Praxis zum Gebrauch von bestimmten, oft **schablonenhaften Redewendungen** und inhaltsarmen **Standardsätzen**. Diese erfordern von Arbeitnehmer und Arbeitgeber nicht selten die Fähigkeit, „zwischen den Zeilen" lesen bzw. ein Weglassen bestimmter Angaben als „beredtes Schweigen" erkennen und interpretieren zu können. Eine kaum noch überschaubare Flut von Publikationen zum Arbeitszeugnis bemüht sich indes, das interessierte Publikum zu einer annähernden Beherrschung der Zeugnisprache zu führen.   46

Nachstehend sollen **Beispiele** für eine zum Teil durch (BAG-)Rechtsprechung[1] abgesicherte Formulierungspraxis aufgelistet werden: 47

---

[1] BAG v. 12. 8. 1976, 24. 3. 1977 und 23. 9. 1992, EzA § 630 BGB Nr. 7, 9, 16; LAG Düsseldorf v. 26. 2. 1985, DB 1985, 2692; LAG Hamm v. 19. 10. 1990 und 13. 2. 1992, LAGE § 630 BGB Nr. 12, 16.

> Er/Sie hat die ihm/ihr übertragenen Aufgaben
>
> ▶ stets zu unserer vollsten* Zufriedenheit erledigt = sehr gute Leistungen
>
> ▶ stets zu unserer vollen Zufriedenheit erledigt = gute Leistungen
>
> ▶ zu unserer vollen Zufriedenheit erledigt = eine befriedigende Durchschnittsleistung
>
> ▶ zu unserer Zufriedenheit erledigt = eine unterdurchschnittliche, aber ausreichende Leistung
>
> ▶ im großen und ganzen/insgesamt zu unserer Zufriedenheit erledigt = mangelhafte Leistungen
>
> ▶ hat sich bemüht, die übertragenen Arbeiten zu unserer Zufriedenheit zu erledigen,
>
> oder:
>
> ▶ führte die übertragenen Aufgaben mit großem Fleiß und Interesse durch = unzureichende, ungenügende Leistungen.
>
> * Trotz jahrzehntelanger gegenteiliger Praxis sollte versucht werden, die grammatikalisch nicht vorgesehene Steigerungsform des Adjektivs „voll" im Zeugnis zu vermeiden.

VI. Aushändigung, Zurückbehaltungsrecht, Ersatzausstellung

48 Grundsätzlich sind Arbeitspapiere, und zu ihnen rechnet auch das Zeugnis, vom Arbeitnehmer beim Arbeitgeber **abzuholen;** die Zeugnisschuld ist eine Holschuld iSd. § 269 Abs. 2 BGB[1]. Nach Aufforderung hat der Arbeitgeber das Zeugnis in seinen Geschäftsräumen zur Abholung durch den Arbeitnehmer bereit zu halten. Nur dann, wenn die Abholung der Arbeitspapiere für den Arbeitnehmer mit unverhältnismäßig hohen Kosten oder besonderen Mühen verbunden ist, hat der Arbeitgeber dem Arbeitnehmer das Zeugnis **zuzusenden,** etwa wenn der Arbeitnehmer seinen Wohnsitz zwischenzeitlich an einen weit entfernten Ort verlegt hat[2]. Aus der Holschuld wird dann eine Schickschuld. Eine Verpflichtung des Arbeitgebers, dem Arbeitnehmer das Zeugnis auf seine Kosten und Gefahr zu übersenden, besteht nach § 286 BGB auch, wenn er trotz rechtzeitigen Verlangens des Arbeitnehmers bis zur Beendigung des Arbeitsverhältnisses aus Gründen, die in seiner Sphäre liegen, das Zeugnis nicht zur Abholung bereit hält.

49 Ein **Zurückbehaltungsrecht** des Arbeitgebers am Arbeitszeugnis etwa wegen der Einrede des nichterfüllten Vertrags oder fälliger Gegenansprüche besteht

---

1 BAG v. 8. 3. 1995, NZA 1995, 671; LAG Frankfurt v. 1. 3. 1984, DB 1984, 2200; ArbG Wetzlar v. 21. 7. 1971, BB 1972, 222; *Schaub,* § 146 I 8; *Schleßmann,* S. 37.
2 LAG Frankfurt v. 1. 3. 1984, DB 1984, 2200; ArbG Wetzlar v. 21. 7. 1971, BB 1972, 222.

unter keinem denkbaren Gesichtspunkt. Ein solches widerspräche bereits der arbeitgeberseitigen Fürsorgepflicht[1]. Auch während eines Rechtsstreits über die Rechtswirksamkeit einer Kündigung bzw. das Fortbestehen des Arbeitsverhältnisses darf der Arbeitgeber das Zeugnis nicht zurückhalten. Eine verspätete Zeugniserteilung vermag Schadenersatzansprüche des Arbeitnehmers auszulösen (§§ 276, 286 BGB).

Bei **Beschädigung oder Verlust des Originalzeugnisses** hat der Arbeitnehmer Anspruch auf Ausstellung eines erneuten Zeugnisses. Für den Anspruch auf **Ersatzausstellung** – Erteilung lediglich einer Kopie mit Beglaubigungsvermerk ist unzureichend – kommt es nicht darauf an, ob ein Vertretenmüssen des Arbeitnehmers vorliegt. Entscheidend ist allein, ob dem Arbeitgeber die nochmalige Erteilung zumutbar ist. So hat der Arbeitgeber aufgrund seiner nachvertraglichen Fürsorgepflicht eine Neuausstellung vorzunehmen, wenn das Originalzeugnis mit dem Eingangsstempel einer Gewerkschaft oder eines Rechtsanwaltes versehen ist[2].

VII. Gerichtliche Durchsetzung des Zeugnisanspruchs

1. Klage auf Ausstellung

Der Anspruch auf Erteilung eines Arbeitszeugnisses ist im Klagewege grundsätzlich vor dem **Arbeitsgericht** geltend zu machen; es handelt sich um eine bürgerliche Rechtsstreitigkeit über Arbeitspapiere iSd. § 2 Abs. 1 Nr. 3e ArbGG. Verweigert der Arbeitgeber die Ausstellung eines Zeugnisses überhaupt, kann der Arbeitnehmer wahlweise auf ein einfaches oder ein qualifiziertes Zeugnis klagen.

Die Klageanträge lauten:

> „Der/Die Beklagte wird verurteilt, dem Kläger/der Klägerin ein einfaches Zeugnis/ein Zeugnis, das sich auf Art und Dauer des Arbeitsverhältnisses erstreckt, zu erteilen."

oder

> „Der/Die Beklagte wird verurteilt, dem Kläger/der Klägerin ein (Zwischen-) Zeugnis zu erteilen, das sich auch auf Leistung und Führung im Arbeitsverhältnis erstreckt."

Geht der Rechtsstreit lediglich um das Bestehen der Zeugnisverpflichtung, werden inhaltliche Fragen vom Arbeitsgericht nicht überprüft.

---

1 MüKo/*Schwerdtner*, § 630 Rz. 25.
2 LAG Hamm v. 15. 7. 1986, LAGE § 630 BGB Nr. 5.

2. Klage auf Berichtigung

53 Entspricht das vom Arbeitgeber ausgestellte Zeugnis nicht den Grundsätzen von Wahrheit und Wohlwollen, ist der Streit über Inhalt und Richtigkeit durch eine Berichtigungsklage vor dem zuständigen Arbeitsgericht zu führen. Das Berichtigungsverlangen setzt einen **genau spezifizierten Klageantrag** voraus. In ihm ist exakt zu bezeichnen, was ergänzt, gestrichen oder sonstwie korrigiert werden soll. Dies verlangt vom Arbeitnehmer, die gewünschten Berichtigungen wörtlich im Antrag auszuformulieren. Für den Fall, daß der Arbeitnehmer den gesamten Zeugnistext ablehnt, ist der volle Wortlaut des begehrten Zeugnisses zu beantragen[1].

54 Der Klageantrag lautet dann etwa:

> „Der/Die Beklagte wird verurteilt, dem Kläger/der Klägerin Zug um Zug gegen Rückgabe des unter dem ... erteilten (Zwischen-)Zeugnisses unter demselben Datum ein neues (Zwischen-)Zeugnis des nachstehenden Inhalts zu erteilen:
>
> ... (vollständiger Wortlaut des gewünschten Arbeitszeugnisses) ..."

55 Da das Arbeitszeugnis eine Einheit bildet und bei einer Änderung die Gefahr von Sinnentstellungen besteht, ist das **Arbeitsgericht** befugt, das Zeugnis insgesamt zu überprüfen und im Urteilstenor neu zu formulieren bzw. dem Arbeitgeber einen bestimmten Inhalt vorzuschreiben[2].

56 Der Arbeitnehmer hat den Berichtigungsanspruch in **angemessener zeitlicher Nähe zur Zeugniserteilung** geltend zu machen, wenn nicht das Vorliegen besonderer Gründe ein nachträgliches Begehren berechtigt erscheinen läßt[3].

3. Darlegungs- und Beweislast

57 Im Zeugnisprozeß trägt der **Arbeitgeber** die Darlegungs- und Beweislast für die Richtigkeit der der Zeugniserteilung zugrunde liegenden Tatsachen und Bewertungen[4]. Auch beim Berichtigungsverlangen geht es um den ursprünglichen Anspruch auf Erfüllung[5], so daß der Arbeitgeber als Schuldner nach den allgemeinen zivilprozessualen Beweisregeln darlegungs- und beweispflichtig ist.

---

1 LAG Düsseldorf v. 21. 8. 1973, DB 1973, 1853; vgl. auch LAG Hamm v. 13. 2. 1992, LAGE § 630 BGB Nr. 16.
2 Vgl. BAG v. 23. 6. 1960, AP Nr. 1 zu § 73 HGB; BAG v. 24. 3. 1977, AP Nr. 12 zu § 630 BGB.
3 Vgl. *Schaub*, § 146 IV 1a; vgl. auch *Berscheid*, HwB-AR „Zeugnis", Rz. 102.
4 BAG v. 23. 6. 1960, AP Nr. 1 zu § 73 HGB; BAG v. 24. 3. 1977, AP Nr. 12 zu § 630 BGB; LAG Saarland v. 28. 2. 1990, LAGE § 630 BGB Nr. 9; LAG Hamm v. 13. 2. 1992, LAGE § 630 Nr. 16.
5 BAG v. 23. 6. 1960, AP Nr. 1 zu § 73 HGB; BAG v. 24. 3. 1977, AP Nr. 12 zu § 630 BGB.

VII. Gerichtliche Durchsetzung des Zeugnisanspruchs　　　　Rz. 60　**Teil 3 I**

Begehrt der mit einer normaldurchschnittlichen Bewertung seiner Leistung 58
nicht einverstandene Arbeitnehmer eine **verbesserte Beurteilung**, ist er darlegungspflichtig hinsichtlich der Tatsachen, die eine gute Benotung rechtfertigen. Gelingt es dem Arbeitgeber, die vorgetragenen Tatsachen zu erschüttern, liegt die Beweislast wiederum beim Arbeitnehmer[1]. Will hingegen der Arbeitgeber lediglich eine unterdurchschnittliche Leistung bescheinigen, trifft ihn die volle Darlegungs- und Beweislast.

4. Einstweilige Verfügung

Grundsätzlich kann der Anspruch auf Zeugniserteilung bzw. -berichtigung 59
vom Arbeitnehmer bei Vorliegen der Voraussetzungen von § 62 Abs. 2 ArbGG, § 940 ZPO auch mittels einstweiliger Verfügung durchgesetzt werden. Hierzu bedarf es der Darlegung und Glaubhaftmachung von Verfügungsanspruch und Verfügungsgrund. Dies erfordert, daß der Arbeitnehmer sich beim Arbeitgeber **vergeblich um Erteilung bzw. Korrektur des zur Herausgabe fälligen Zeugnisses bemüht** hat und daß er das Zeugnis bzw. dessen Änderung zur Eingehung eines neuen Arbeitsverhältnisses und zur Verhinderung ansonsten **drohender Nachteile** benötigt. Da der Erlaß einer einstweiligen Verfügung das Ergebnis der Hauptsache praktisch vorwegnimmt, wird das Arbeitsgericht regelmäßig einen strengen Prüfungsmaßstab anlegen. Einstweilige Verfügungen werden daher nur im Ausnahmefall erfolgreich sein können.

5. Streitwert

Der Anspruch auf Erteilung oder Berichtigung eines Arbeitszeugnisses ist ver- 60
mögensrechtlicher Natur[2]. Bei der Ermittlung des Streitwertes hat das Gericht das wirtschaftliche Interesse des Arbeitnehmers zugrunde zu legen. Einheitlich wird für die Klage auf Erteilung eines qualifizierten Zeugnisses **eine Bruttomonatsvergütung** als Streitwert angesetzt[3]. Geht der Streit um eine Zeugnisberichtigung oder die Erteilung eines Zwischenzeugnisses, schwankt die Rechtsprechung zwischen **einem halben**[4] und einem Bruttomonatsverdienst[5]. Der Klage auf Erteilung eines einfachen Zeugnisses wird unter Berücksichtigung dieser Rechtsprechung **ein halbes Bruttogehalt** als Streitwert zugrunde zu legen sein.

1　LAG Frankfurt v. 6. 9. 1991, LAGE § 630 BGB Nr. 14; LAG Hamm v. 13. 2. 1992, LAGE § 630 BGB Nr. 16; vgl. auch LAG Köln v. 26. 4. 1996 – 11 (13) Sa 1231/95, nv.
2　LAG Düsseldorf v. 26. 8. 1982, EzA § 12 ArbGG 1979 Streitwert Nr. 18.
3　BAG v. 20. 1. 1967, AP Nr. 16 zu § 12 ArbGG 1953; LAG Düsseldorf v. 26. 8. 1982, EzA § 12 ArbGG 1979 Streitwert Nr. 18; LAG Düsseldorf v. 5. 11. 1987, LAGE § 3 ZPO Nr. 6; LAG Köln v. 26. 8. 1991, AnwBl. 1992, 496.
4　LAG Hamm v. 23. 2. 1989, BB 1989, 634.
5　LAG Düsseldorf v. 5. 11. 1987, LAGE § 3 ZPO Nr. 6; LAG Hamburg v. 30. 5. 1984, AnwBl. 1985, 98.

6. Zwangsvollstreckung

61 Das Zeugnis ist grundsätzlich vom Arbeitgeber unmittelbar auszustellen. Es handelt sich daher bei der Erteilung oder Berichtigung eines Zeugnisses vollstreckungsrechtlich um eine **nicht vertretbare Handlung** iSd. § 888 ZPO[1]: Die Zwangsvollstreckung eines arbeitsgerichtlichen Urteils oder Vergleichs erfolgt durch Androhung von Zwangsgeld (bis zur Höhe von 50 000 DM) oder Zwangshaft (bis zu sechs Monaten).

62 Im Zwangsvollstreckungsverfahren wird **nicht die inhaltliche Richtigkeit** des Zeugnisses überprüft, noch ist sie erzwingbar; den Berichtigungsanspruch hat der Arbeitnehmer im Erkenntnisverfahren geltend zu machen. Entspricht das erteilte Zeugnis allerdings schon der Form nach nicht annähernd den Anforderungen eines einfachen oder qualifizierten Zeugnisses, kann seine Ergänzung bzw. Änderung im Vollstreckungsverfahren betrieben werden[2].

VIII. Widerruf des Zeugnisses

63 Ist ein Zeugnis unrichtig, weil sich der Arbeitgeber bei der Ausstellung **geirrt** hat, kann er seine mit dem Zeugnis abgegebene Erklärung widerrufen und Herausgabe des Zeugnisses Zug um Zug gegen Erteilung eines neuen, richtigen Zeugnisses verlangen. Eine Anfechtung nach §§ 119 ff. BGB kommt nicht in Betracht, denn das Zeugnis ist keine Willens-, sondern eine Wissenserklärung.

64 Nicht jeder Fehler des Zeugnisses berechtigt zum Widerruf. Nur wenn sich nachträglich **schwerwiegende, grobe Unrichtigkeiten** herausstellen, die für den nachfolgenden Arbeitgeber von ausschlaggebender Bedeutung für den Einstellungsentschluß sein können, ist der Aussteller zum Widerruf berechtigt[3]. Das ist zB dann der Fall, wenn einem Kassierer bei seinem Ausscheiden im Zeugnis Ehrlichkeit bescheinigt wird und sich nachträglich während seiner Tätigkeit begangene Unterschlagungen herausstellen[4].

65 Kein Widerrufsrecht ist dem Arbeitgeber zuzugestehen, der ein Zeugnis **bewußt falsch ausgestellt** hat, es sei denn, der Gebrauch eines derart unrichtigen Zeugnisses verstößt gegen die guten Sitten[5]. Ein Widerrufsrecht entfällt ebenso, wenn der Arbeitgeber durch Vergleich oder Urteil zu einer bestimmten Formulierung verpflichtet ist.

---

1 *Schaub*, § 146 VI 1; MüKo/*Schwerdtner*, § 630 Rz. 35.
2 Vgl. LAG Hamburg v. 5. 3. 1969, DB 1969, 887; LAG Frankfurt v. 14. 8. 1980, DB 1981, 648; LAG Hessen v. 16. 6. 1989, NZA 1990, 192.
3 *Berscheid*, HwB-AR „Zeugnis", Rz. 113.
4 Vgl. ArbG Passau v. 15. 10. 1990, BB 1991, 350.
5 *Schaub*, § 146 V 1 unter Hinweis auf LAG Frankfurt v. 25. 10. 1950, DB 1951, 308.

IX. Erlöschen des Zeugnisanspruchs

1. Verjährung, Verwirkung

Durch Erfüllung gem. § 362 BGB erlischt wie jeder privatrechtliche Anspruch auch der Zeugnisanspruch. **Erfüllungswirkung** tritt ein, wenn der Arbeitgeber dem Arbeitnehmer ein nach Form und Inhalt den gesetzlichen Bestimmungen entsprechendes Zeugnis erteilt hat. Der Anspruch des Arbeitnehmers erstreckt sich auf die Erteilung eines einzigen Zeugnisses. Hat er sich bei der Ausübung seines Wahlrechts (§ 315 BGB analog) zunächst für ein einfaches Zeugnis entschieden, ist der Anspruch erfüllt. Fordert der Arbeitnehmer zu einem späteren Zeitpunkt ein qualifiziertes Zeugnis, hat der Arbeitgeber diesem Verlangen aufgrund **nachwirkender Fürsorgepflicht** nachzukommen[1]. Für den umgekehrten Fall, daß der Arbeitnehmer nach Ausstellung eines gewünschten qualifizierten Zeugnisses ein einfaches Zeugnis begehrt, soll der Arbeitgeber diesem Verlangen nicht nachkommen müssen, weil das qualifizierte Zeugnis das einfache Zeugnis mitumfaßt[2]. Diese Lösung erscheint indes nicht sachgerecht. Richtigerweise greift auch hier das Prinzip der nachvertraglichen Fürsorgepflicht, das den Arbeitgeber zur Erteilung eines nunmehr einfachen Zeugnisses verpflichtet. Der Arbeitnehmer hat jedoch das qualifizierte Zeugnis, soweit dieses sich noch in seinem Besitz befindet, zurückzugeben[3].

66

Der **unabdingbare** Anspruch auf Ausstellung eines Arbeitszeugnisses besteht auch für die Zeit nach Beendigung des Arbeitsverhältnisses und **verjährt** grundsätzlich nach § 195 BGB erst in 30 Jahren.

67

Bedeutsamer als die Verjährung ist in der Praxis das Erlöschen des Zeugnisanspruchs durch **Verwirkung**. Weit vor Ablauf der Verjährungsfrist verwirkt der Anspruch auf Zeugniserteilung, wenn der Arbeitnehmer das Zeugnis nicht innerhalb angemessener Zeit verlangt hat (Zeitmoment) und beim Arbeitgeber aufgrund dessen der Eindruck erweckt worden ist, der Arbeitnehmer beanspruche kein Zeugnis mehr (Umstandsmoment). Zusätzlich verlangt die Verwirkung, daß dem Arbeitgeber eine Erfüllung des Zeugnisanspruchs unter Berücksichtigung aller Umstände nicht mehr zumutbar ist[4].

68

2. Verzicht, Ausgleichsquittung

Aufgrund des zwingenden Charakters des Zeugnisanspruchs kann dieser nicht im voraus für die Zukunft ausgeschlossen werden; **vor Fälligkeit** ist ein Verzicht **unzulässig**.

69

---

1 MüKo/*Schwerdtner*, § 630 Rz. 29.
2 *Schaub*, § 146 III 2a.
3 *Schleßmann*, S. 48.
4 BAG v. 17. 2. 1988, NZA 1988, 427: Verwirkung angenommen nach 10 Monaten; vgl. auch BAG v. 17. 10. 1972, BB 1973, 195: Verwirkung nach 5 Monaten; LAG Hamm v. 16. 3. 1989, BB 1989, 1486: keine Verwirkung durch bloßen Zeitablauf von weniger als 3 Monaten.

70 **Nach Fälligkeit** kann ein wirksamer Verzicht nur angenommen werden, wenn die Vertragsparteien mit hinreichender Deutlichkeit in einer **Ausgleichsquittung** den Verzicht auf das Zeugnis vereinbaren. Das Erlöschen des Anspruchs muß sich aus dem Wortlaut oder den Begleitumständen unzweideutig ergeben. Nicht ausreichend ist die Verwendung einer Ausgleichsklausel, nach der sämtliche gegenseitigen Ansprüche erledigt sein sollen[1].

3. Ausschlußklauseln

71 Tarifverträge enthalten regelmäßig Ausschlußfristen für die Geltendmachung von Ansprüchen. Solange tarifliche Ausschlußklauseln nicht auf die Geltendmachung bestimmter Ansprüche beschränkt sind, wird von ihnen **auch der Zeugnisanspruch** erfaßt. Dies gilt namentlich für eine Tarifvertragsklausel „alle Ansprüche aus dem Arbeitsvertrag bzw. dem Arbeitsverhältnis", es sei denn, im Tarifvertrag selbst ist eine Ausnahmeregelung getroffen[2].

72 Durch die Erhebung der **Kündigungsschutzklage** allein wird die Ausschlußfrist nicht gewahrt, denn die Klage bestreitet gerade die Beendigung des Arbeitsverhältnisses, welche der Zeugnisanspruch voraussetzt[3].

73 Auch im **Einzelarbeitsvertrag** dürfen Ausschlußklauseln verwendet werden, solange die einzuhaltenden Fristen die Grenze der Sittenwidrigkeit des § 138 Abs. 1 BGB nicht überschreiten[4] bzw. den üblichen tariflichen Klauseln entsprechen[5].

74 **Beginn der Ausschlußfrist** ist beim endgültigen Zeugnis der Tag der tatsächlichen Beendigung des Arbeitsverhältnisses, beim Berichtigungsanspruch der Zeitpunkt des Zeugniserhalts[6].

X. Haftung des Ausstellers

1. Gegenüber dem Arbeitnehmer

75 Stellt der Arbeitgeber dem Arbeitnehmer das Zeugnis schuldhaft verspätet, unrichtig oder überhaupt nicht aus, macht er sich schadensersatzpflichtig unter dem Gesichtspunkt der **positiven Forderungsverletzung** nach §§ 276, 278 BGB bzw. des **Schuldnerverzugs** nach § 286 BGB. Der Arbeitgeber hat den Schaden auszugleichen, den der Arbeitnehmer infolge des verspäteten, falschen oder fehlenden Zeugnisses erleidet. Hierbei hat der Arbeitnehmer die Ursächlichkeit der Pflichtverletzung für den eingetretenen Schaden darzulegen und zu

---

1 BAG v. 16. 9. 1974, AP Nr. 9 zu § 630 BGB.
2 BAG v. 23. 2. 1983, BB 1983, 1859.
3 Vgl. BAG v. 18. 12. 1984, AP Nr. 87 zu § 4 TVG – Ausschlußfristen.
4 BAG v. 24. 3. 1988, NZA 1989, 101.
5 LAG Nürnberg v. 18. 1. 1994, LAGE § 630 BGB Nr. 20.
6 BAG v. 23. 2. 1983, DB 1983, 2043; LAG Chemnitz v. 30. 1. 1996, NZA-RR 1997, 47.

X. Haftung des Ausstellers

beweisen[1]. Die Beweiserleichterungen des § 252 Satz 2 BGB iVm. § 287 Abs. 1 ZPO verlangen vom Arbeitnehmer lediglich einen Tatsachenvortrag, der einen Schadenseintritt wahrscheinlich macht. Regelmäßig besteht der zu ersetzende Schaden darin, daß der Arbeitnehmer einen Verdienstausfall wegen einer entgangenen bzw. schlechter vergüteten Arbeitsstelle erleidet.

Nicht ausreichend sind allerdings Redewendungen wie „ohne Zeugnis konnte ich keine Stelle erhalten". Auch gibt es keinen Erfahrungssatz für einen Bewerbungsmißerfolg, der auf ein fehlendes Zeugnis zurückzuführen ist. Daher wird der Arbeitnehmer vortragen und nachweisen müssen, welcher Arbeitgeber ihn aufgrund eines fehlenden oder unrichtigen Zeugnisses nicht oder zu schlechteren Entgeltbedingungen eingestellt hat[2]. Über § 278 BGB haftet der Arbeitgeber unbeschränkt auch für seinen Erfüllungsgehilfen, wenn dieser das Zeugnis erstellt hat. 76

2. Gegenüber dem neuen Arbeitgeber

Dritten, insbesondere dem neuen Arbeitgeber gegenüber haftet die zeugniserteilende Person nach § 826 BGB, wenn sie **vorsätzlich sittenwidrig ein unrichtiges Zeugnis ausstellt** und der neue Arbeitgeber hierdurch geschädigt wird. Es reicht bedingter Vorsatz, dh. der Aussteller muß eine mögliche Schädigung Dritter billigend in Kauf genommen haben. Werden im Zeugnis wesentliche Umstände verschwiegen, zB während des Arbeitsverhältnisses begangene strafbare Handlungen, kann eine sittenwidrige Schädigung in Frage kommen, wenn gleichwohl ein zu günstiges Zeugnis erteilt wird. Grundsätzlich ist es unerheblich, ob das Zeugnis aufgrund positiver Aussagen oder Unterlassungen unrichtig ist. Wird eine grobe Unrichtigkeit des Zeugnisses erst nachträglich bekannt, ist der ausstellende Arbeitgeber aufgrund allgemeiner Rechtspflicht gehalten, den neuen Arbeitgeber entsprechend zu informieren[3]. 77

Der Arbeitgeber kann sich von seiner **deliktischen Haftung nach § 831 BGB** exkulpieren, wenn er nachweist, daß er seinen das Zeugnis ausstellenden Angestellten sorgfältig ausgewählt und überwacht hat. Diese **Entlastungsmöglichkeit** bedeutet im Einzelfall, daß sich der frühere Arbeitgeber selbst bei arglistigem Verhalten seines mit der Zeugniserstellung beauftragten Mitarbeiters jeglicher Haftung entziehen kann. Dieser Mißlichkeit will sich der BGH dadurch entziehen, daß er eine Haftung des früheren Arbeitgebers gegenüber dem neuen Arbeitgeber auf der Grundlage einer vertragsähnlichen Beziehung annimmt. Mit der Erteilung des Zeugnisses gebe der Arbeitgeber gegenüber dem Folgearbeitgeber eine rechtsgeschäftliche Erklärung ab. Sei diese unrichtig, hafte er nach **§ 278 BGB** auch für das Verschulden seines Erfüllungsgehilfen[4]. 78

---

1 BAG v. 24. 3. 1977, EzA § 630 BGB Nr. 9.
2 Vgl. BAG v. 12. 8. 1976, EzA § 630 BGB Nr. 7.
3 BGH v. 15. 5. 1979, NJW 1979, 1882.
4 BGH v. 15. 5. 1979, NJW 1979, 1882.

J. Betriebsratsanhörung

	Rz.
I. Vorbemerkung	1
II. Anwendungsvoraussetzungen	
1. Geltungsbereich	2
2. Beendigungsarten	
a) Kündigung durch den Arbeitgeber	10
b) Andere Beendigungsgründe des Arbeitsverhältnisses	16
3. Persönlicher Anwendungsbereich	19
III. Einleitung des Verfahrens	
1. Erklärungsempfänger	24
2. Zeitpunkt der Einleitung des Verfahrens	25
3. Form der Unterrichtung	28
4. Inhalt und Umfang der Unterrichtung	
a) Allgemeine Grundsätze	29
b) Betriebsbedingte Kündigung	42
c) Personenbedingte Kündigung	52
d) Verhaltensbedingte Kündigung	57
e) Außerordentliche Kündigung	62
f) Kumulativ außerordentliche und ordentliche Kündigung	66
g) Änderungskündigung	67
h) Massenkündigung	72
i) Verdachtskündigung	75
5. Formulierungsbeispiele für die Anhörung vor Kündigung	77
IV. Abschluß des Verfahrens	
1. Beschluß des Betriebsrates	78
2. Reaktionsmöglichkeiten des Betriebsrates	83
a) Stellungnahme bei der ordentlichen Kündigung	
aa) Äußerung von Bedenken	91
bb) Widerspruch und Widerspruchsgrunde	94
(1) Fehlerhafte Sozialauswahl	103
(2) Richtlinienverstoß	108
(3) Möglichkeit der Weiterbeschäftigung auf einem anderen Arbeitsplatz	111
(4) Umschulung, Fortbildung	115
(5) Geänderte Vertragsbedingungen	116
b) Stellungnahme bei der außerordentlichen Kündigung	120
c) Formulierungsbeispiele für die Stellungnahme des Betriebsrats	123
3. Kündigungsausspruch	124
V. Mängel des Anhörungsverfahrens und deren Rechtsfolgen	
1. Allgemeine Grundsätze	127
2. Mängel außerhalb der Sphäre des Arbeitgebers	131
3. Bewußte Fehlinformation	133
4. Nachschieben von Kündigungsgründen	135
VI. Vorläufige Weiterbeschäftigung	
1. Allgemeine Grundsätze	138
2. Voraussetzungen des Weiterbeschäftigungsanspruchs	141
3. Beendigung der Weiterbeschäftigungpflicht	148
VII. Erweiterung der Mitbestimmungsrechte	149
VIII. Weitere Mitwirkungserfordernisse	154
IX. Zustimmungserfordernis nach § 103	
1. Allgemeine Grundsätze	164
2. Geschützter Personenkreis	166
3. Dauer des Kündigungsschutzes	170
4. Kündigung und andere Beendigung des Arbeitsverhältnisses	175
5. Zustimmung durch den Betriebsrat	183
6. Ersetzung der Zustimmung durch das Arbeitsgericht	190
7. Kündigungsschutzverfahren	199
X. Checkliste für die Anhörung des Betriebsrates nach § 102 BetrVG	202

I. Vorbemerkung

Schrifttum:

Adomeit, Einstellungen und Entlassungen nach dem neuen Betriebsverfassungsgesetz, DB 1971, 2360; *Belling,* Die Beteiligung des Betriebsrates bei der Kündigung von Amtsträgern wegen der Stillegung des Betriebs oder einer Betriebsabteilung, NZA 1985, 481; *Berkowsky,* Die Unterrichtung des Betriebsrates bei Kündigungen durch den Arbeitgeber, NZA 1996, 1065; *Dietz,* Die Weiterbeschäftigungs-Entscheidung des großen Senats des Bundesarbeitsgerichts und ihre Folgen für die Praxis, NZA 1986, 209; *Dörner,* Abschied von der Verdachtskündigung?, NZA 1993, 873; *Düwell,* § 102 IV BetrVG – eine noch zu entdeckende Formvorschrift, NZA 1988, 866; *Eylert/Fenski,* Untersuchungsgrundsatz und Mitwirkungspflichten im Zustimmungsersetzungsverfahren nach § 103 Abs. 2 BetrVG, BB 1990, 2401; *Griese,* Neuere Tendenzen bei der Anhörung des Betriebsrates vor der Kündigung, BB 1990, 1899; *Gumpert,* Kündigung und Mitbestimmung, BB 1972, 47; *Hanau,* Unklarheiten in dem Regierungsentwurf des Betriebsverfassungsgesetzes, BB 1971, 485; *Heinze,* Personalplanung, Einstellung und Kündigung. Die Mitbestimmung des Betriebsrates bei personellen Maßnahmen, 1982; *Hofmann,* Zur betriebsbedingten Kündigung, ZfA 1984, 295; *Hohmeister,* Die Beteiligung des Betriebsrates bei unter Vorbehalt angenommener Änderungskündigung, BB 1994, 1777; *Hohmeister,* Die ordnungsgemäße Anhörung des Betriebsrates gemäß § 102 BetrVG als Wirksamkeitsvoraussetzung für eine Kündigung, NZA 1991, 209; *von Hoyningen-Huene,* Betriebsbedingte Kündigung in der Wirtschaftskrise, NZA 1994, 1009; *Hümmerich/Mauer,* Neue BAG-Rechtsprechung zur Anhörung des Betriebsrats bei Kündigungen, DB 1997, 165; *Hunoldt,* Die Reaktion des Betriebsrates auf die Mitteilung des Arbeitgebers über Einstellung bzw. Kündigung, DB 1976, 1865; *Klebe/Schumann,* Das Recht auf Beschäftigung im Kündigungsschutzprozeß, 1982; *Klebe/Schumann,* Unwirksamkeit der Kündigung von Organen der Betriebsverfassung bei fehlerhafter Zustimmung des Betriebsrates, DB 1978, 1591; *Künzel,* Der Beschäftigungsanspruch des Arbeitnehmers, ArbuR 1993, 389; *Lepke,* Zum Inhalt der sogenannten Weiterbeschäftigungspflicht nach § 102 V 1 BetrVG 72, DB 1975, 498; *Lepke,* Zustimmung des Betriebsrates zu außerordentlichen Kündigungen des Arbeitgebers in besonderen Fällen, BB 1973, 894; *Löwisch,* Die Änderung von Arbeitsbedingungen auf individualrechtlichem Wege, insbesondere durch Änderungskündigung, NZA 1988, 633; *Molkenbur/Krasshöfer-Pidde,* Zur Umdeutung im Arbeitsrecht, RdA 1989, 337; *Pahle,* Zum Weiterbeschäftigungsanspruch gekündigter Arbeitnehmer, ArbuR 1986, 233; *Pallasch,* Nach einmal: Das Weiterbeschäftigungsverhältnis und seine Rückabwicklung, BB 1993, 2225; *Preis,* Autonome Unternehmerentscheidung und „dringendes betriebliches Erfordernis", NZA 1995, 241; *Rummel,* Die Anhörung des Betriebsrats vor krankheitsbedingten Kündigungen, NZA 1984, 77; *Schaub,* Vorläufiger Rechtsschutz bei der Kündigung von Arbeitsverhältnissen, NJW 1981, 1807; *Stahlhacke,* Grundfragen der betriebsbedingten Kündigung, DB 1994, 1361; *Wank,* Rechtsfortbildung im Kündigungsschutzrecht, RdA 1987, 129; *Weisemann,* Neue Aspekte bei der außerordentlichen Kündigung von Betriebsratsmitgliedern, DB 1974, 2476; *Wilhelm,* Die Zusammenhänge zwischen Sonderkündigungsschutz und dem Kündigungsschutzgesetz, NZA 1988, 18.

I. Vorbemerkung

Für die Kündigung als den schwerwiegendsten Fall einer personellen Einzelmaßnahme durch den Arbeitgeber ordnet § 102 BetrVG die **Pflicht zur Anhörung des Betriebsrates** an. Die ordnungsgemäße Erfüllung dieser Pflicht ist für jeden Arbeitgeber von entscheidender Bedeutung. Eine Kündigung ohne ordnungsgemäße Anhörung ist stets unwirksam.

§ 102 BetrVG dient dem Zweck, daß sich der Arbeitgeber vor jedem Ausspruch einer Kündigung mit möglichen Einwänden des Betriebsrates auseinandersetzt. Dadurch wird dem Betriebsrat in gewissem Umfang eine **Einflußmöglichkeit** auf personelle Entscheidungen des Arbeitgebers gewährt. Mittelbar verbessert sich somit auch der Schutz des betroffenen Arbeitnehmers. Der Individualschutz wird für den Fall einer beabsichtigten außerordentlichen Kündigung von Funktionsträgern der Betriebsverfassung durch das Zustimmungserfordernis nach § 103 BetrVG noch erweitert.

II. Anwendungsvoraussetzungen

1. Geltungsbereich

2   § 102 BetrVG gilt für jeden Betrieb, der unter das Betriebsverfassungsgesetz fällt (vgl. § 130 BetrVG). Das BetrVG erfaßt nach dem **Territorialitätsprinzip** alle selbständigen Betriebe, die im Geltungsbereich des Grundgesetzes der Bundesrepublik Deutschland liegen, unabhängig von der Nationalität der Arbeitnehmer[1]. Keine Anwendung findet das BetrVG auf Arbeitnehmer in deutschen Unternehmen im Ausland[2]. § 102 BetrVG findet hingegen Anwendung auf einen deutschen Arbeitnehmer, welcher zur Arbeitsleistung vorübergehend ins Ausland entsandt wurde[3].

3   § 102 BetrVG findet auch in **Tendenzunternehmen** Anwendung, wenn einem Tendenzträger aus tendenzbezogenen Gründen gekündigt werden soll[4]. Da es dem Betriebsrat verwehrt ist, gegen die tendenzbezogenen Gründe Einwendungen zu erheben, kann es zwischen ihm und dem Arbeitgeber zu einer Auseinandersetzung über die Kündigung allerdings nur kommen, wenn sich der Betriebsrat rechtswidrig verhält[5].

4   In allen Fällen erforderlich ist das Bestehen eines **funktionsfähigen Betriebsrates** im Zeitpunkt des Ausspruchs der Kündigung[6]. Vor der Konstituierung des Betriebsrates besteht auch im Fall eines erstmalig gewählten Betriebsrates keine Anhörungspflicht nach § 102 BetrVG[7]. Bei einer beabsichtigten Kündigung muß der Arbeitgeber nach erfolgter Betriebsratswahl **nicht dessen Konsti-**

---

1 Vgl. BAG v. 21. 10. 1980, EzA § 102 BetrVG 1972 Nr. 43; *Fitting/Kaiser/Heither/Engels*, § 102 BetrVG Rz. 4; *Stahlhacke/Preis*, Rz. 218.
2 Vgl. *Fitting/Kaiser/Heither/Engels*, § 102 BetrVG Rz. 4; LAG Frankfurt v. 16. 2. 1985, LAGE § 102 BetrVG 1972 Nr. 20.
3 Vgl. BAG v. 21. 10. 1980, EzA § 102 BetrVG 1972 Nr. 43; LAG Düsseldorf DB 1979, 2233; aA für den Fall einer Versetzung in einen ausländischen Betrieb des Unternehmens: ArbG Köln v. 29. 1. 1980, DB 1980, 885.
4 Vgl. BAG v. 7. 11. 1975, EzA § 118 BetrVG 1972 Nr. 9.
5 Vgl. BVerfG v. 6. 11. 1979, EzA § 118 BetrVG 1972 Nr. 23.
6 Vgl. *Stahlhacke/Preis*, Rz. 226; *Kittner*, in Däubler/Kittner/Klebe, § 102 BetrVG Rz. 30; *Fitting/Kaiser/Heither/Engels*, § 102 BetrVG.
7 Vgl. BAG v. 23. 8. 1984, EzA § 102 BetrVG 1972 Nr. 59; *Stahlhacke/Preis*, Rz. 226; aA GK/*Wiese*, § 26 Rz. 64; kritisch auch *Kittner*, in Däubler/Kittner/Klebe, § 102 BetrVG Rz. 30.

II. Voraussetzungen

tuierung abwarten und erst danach das Anhörungsverfahren einleiten[1]. Dies folgt ua. daraus, daß die Konstituierung in der Sphäre des Betriebsrates liegt, der es somit in der Hand hat, rechtzeitig für einen handlungsfähigen Betriebsrat Sorge zu tragen[2]. Von anderer Seite wird indessen gefordert, daß der Arbeitgeber die neu gewählten Betriebsratsmitglieder über seine Kündigungsabsicht informiert. Es liege dann an den Betriebsratsmitgliedern, für eine Konstituierung im Rahmen der Widerspruchsfrist zu sorgen. Den Ablauf dieser Frist müsse der Arbeitgeber abwarten[3].

Ebenso wie bei dem Nichtbestehen eines Betriebsrates können die Mitwirkungs- und Mitbestimmungsrechte dann nicht ausgeübt werden, wenn die **Betriebsratswahl nichtig** war. Auf die Nichtigkeit der Wahl kann sich jedermann berufen[4]. Der Ausnahmefall der Nichtigkeit ist gegeben, wenn gegen allgemeine Grundsätze einer ordnungsgemäßen Wahl in solchem Maße verstoßen wird, daß auch der Anschein einer Wahl nicht mehr vorliegt[5]. 5

Die Anwendbarkeit von § 102 BetrVG wird hingegen nicht dadurch ausgeschlossen, daß die **Zahl der Mitglieder des Betriebsrates** unter die gesetzliche Zahl fällt und Ersatzmitglieder nicht oder nicht mehr vorhanden bzw. nicht bereit sind, das Amt zu übernehmen, solange der verbleibende **Rumpfbetriebsrat** die Geschäfte weiterführt. Dies gilt auch dann, wenn nur ein einziges Betriebsratsmitglied vorhanden ist[6]. 6

Unabhängig von der Frage, ob der Betriebsrat während eines **Betriebsurlaubs** funktionsfähig ist und deshalb vor einer in dieser Zeit ausgesprochenen Kündigung nicht angehört zu werden braucht[7], muß im Hinblick auf die Ausschlußfrist des § 626 Abs. 2 BGB eine Handlungsmöglichkeit für den Arbeitgeber bestehen. Daher wird man jedenfalls die Möglichkeit einer außerordentlichen Kündigung durch den Arbeitgeber auch ohne Anhörung des Betriebsrates in diesem Fall bejahen müssen[8]. 7

Eine Anhörungspflicht des Arbeitgebers nach § 102 BetrVG entfällt im Rahmen eines **Arbeitskampfes**, soweit die Kündigung aus arbeitskampfbedingten Gründen erfolgt[9]. Im übrigen ist für die während eines Arbeitskampfes aus anderen 8

---

1 Vgl. *Stahlhacke/Preis*, Rz. 228; BAG v. 23. 8. 1984, NZA 85, 566 mit kritischer Anm. *Wiese*.
2 Vgl. *Stahlhacke/Preis*, Rz. 228.
3 Vgl. *Kittner*, in Däubler/Kittner/Klebe, § 102 BetrVG Rz. 30.
4 Vgl. BAG v. 4. 8. 1975, EzA § 102 BetrVG 1972 Nr. 14; BAG v. 13. 11. 1975, EzA § 102 BetrVG 1972 Nr. 20; LAG Köln v. 28. 11. 1989, LAGE § 102 BetrVG 1972 Nr. 26.
5 Vgl. *Stahlhacke/Preis*, Rz. 229.
6 Vgl. *Kittner*, in Däubler/Kittner/Klebe, § 102 BetrVG Rz. 31; *Stahlhacke/Preis*, Rz. 230.
7 So GK-BetrVG/*Kraft*, § 102 BetrVG Anm. 3; kritisch hierzu *Stahlhacke/Preis*, Rz. 231.
8 Vgl. *Stahlhacke/Preis*, Rz. 231; KR/*Etzel*, § 102 BetrVG Rz. 24d; andere Ansicht *Fitting/Kaiser/Heither/Engels*, § 102 BetrVG Rz. 4a.
9 Vgl. BAG v. 15. 3. 1977, EzA Art. 9 GG – Arbeitskampf Nr. 22; *Stahlhacke/Preis*, Rz. 232; *Fitting/Kaiser/Heither/Engels*, § 102 BetrVG Rz. 10a; aA *Kittner*, in Däubler/Kittner/Klebe, § 102 BetrVG Rz. 41 mwN.

Gründen erfolgte Kündigung eine Mitwirkungspflicht im Sinne von § 102 BetrVG anerkannt[1].

9 Auch in **Eilfällen** ist eine abweichende Sonderregelung nach dem BetrVG nicht vorgesehen. Eine Abkürzung der gesetzlichen Fristen scheidet mangels entsprechender Regelung im Gesetz aus[2]. Dem Arbeitgeber verbleibt nur die Möglichkeit der sofortigen Freistellung des Arbeitnehmers ohne Beteiligung des Betriebsrates. Die vertraglichen Bezüge des Arbeitnehmers hat der Arbeitgeber jedoch während der Freistellung fortzuzahlen[3].

2. Beendigungsarten

a) Kündigung durch Arbeitgeber

10 Das Anhörungsrecht des Betriebsrates besteht nur im Falle einer **Kündigung durch den Arbeitgeber.** Dem Anwendungsbereich des § 102 BetrVG unterfallen dabei sowohl jede ordentliche als auch jede außerordentliche Kündigung. Die **Stellungnahmefrist** für den Betriebsrat, innerhalb derer er seine gegen die Kündigung bestehenden Bedenken erheben kann, beträgt im ersten Fall eine Woche, im zweiten Fall drei Tage. Lediglich bei der ordentlichen Kündigung ist die Möglichkeit eines die vorläufige Weiterbeschäftigung auslösenden Widerspruchs gegeben.

11 Eine Anhörung hat auch vor jeder **Änderungskündigung** stattzufinden[4]. Neben § 102 BetrVG hat der Arbeitgeber in diesem Fall auch das Mitbestimmungsrecht des Betriebsrates nach § 99 BetrVG zu beachten, soweit eine **Umgruppierung** oder **Versetzung** notwendig ist, um die beabsichtigte Änderung der Arbeitsbedingungen herbeizuführen[5]. Da sich die Beteiligungsverfahren nach § 102 BetrVG bzw. § 99 BetrVG weder in ihren Voraussetzungen noch ihren Ausgestaltungen und Folgen decken[6], muß der Arbeitgeber den unterschiedlichen Erfordernissen Rechnung tragen. Er kann dabei aber beide Verfahren miteinander verbinden[7]. Betreibt der Arbeitgeber die **Verfahren nach § 102 BetrVG und § 99 BetrVG parallel,** so ist eine Änderungskündigung indessen

---

1 Vgl. BAG v. 6. 3. 1979, EzA § 102 BetrVG 1972 Nr. 40; BAG v. 14. 2. 1979, EzA § 102 BetrVG 1972 Nr. 33; *Stahlhacke/Preis,* Rz. 232; *Kittner,* in Däubler/Kittner/Klebe, § 102 BetrVG Rz. 41.
2 Vgl. BAG v. 13. 11. 1975, EzA § 102 BetrVG 1972 Nr. 20; *Stahlhacke/Preis,* Rz. 235; aA *Galperin/Löwisch,* § 102 BetrVG 1972 Rz. 37 sowie *Stege-Weinspach,* § 102 BetrVG 1972 Rz. 34.
3 Vgl. hierzu *Stahlhacke/Preis,* Rz. 21 ff.
4 Vgl. BAG v. 10. 3. 1982, EzA § 2 KSchG Nr. 3; BAG v. 29. 3. 1990, EzA § 102 BetrVG 1972 Nr. 79; *Fitting/Kaiser/Heither/Engels,* § 102 BetrVG, Rz. 6, 7, allerdings mit einer Einschränkung für den Fall, daß der Arbeitnehmer das Arbeitsverhältnis auf jeden Fall fortsetzen wolle; vgl. auch unten Rz. 67 ff.
5 Vgl. BAG v. 30. 9. 1993, EzA § 99 BetrVG 1972 Nr. 118.
6 Vgl. BAG v. 3. 11. 1977, AP Nr. 1 zu § 75 BundespersonalvertretungsG; BAG v. 28. 1. 1986, AP Nr. 32 zu § 99 BetrVG 1972.
7 Vgl. *Fitting/Kaiser/Heither/Engels,* § 102 BetrVG Rz. 6; *Löwisch,* NZA 1988, 639.

II. Voraussetzungen

nicht allein deswegen unwirksam, weil bislang die Zustimmung des Betriebsrates zu einer Versetzung nach § 99 BetrVG nicht erteilt wurde. Allerdings ist der Arbeitgeber daran gehindert, die durch die (zwar wirksame) Kündigung geänderten Vertragsbedingungen durchzusetzen, solange das Verfahren nach § 99 BetrVG noch läuft. Der Arbeitnehmer ist bis zum Abschluß des Verfahrens zu den bisherigen Bedingungen weiterzubeschäftigen[1].

Unabhängig von der Diskussion um die (Un-)Zulässigkeit von **Teilkündigungen**[2] ist mit der hM ein Anhörungsrecht des Betriebsrates zu verneinen, da in diesem Fall der Bestand des Arbeitsverhältnisses nicht in Frage gestellt ist und die Stellung des Arbeitnehmers in der Belegschaft unberührt bleibt[3]. Eine Teilkündigung erfaßt immer nur einzelne Nebenabreden auf Grundlage einer **ausdrücklichen vertraglichen Vereinbarung**. Dabei handelt es sich wesensmäßig nicht um eine Beendigung des Arbeitsverhältnisses, sondern um einen bloßen **Widerrufsvorbehalt**[4]. 12

Bei einer **vorsorglichen Kündigung** ist § 102 BetrVG zu beachten. Eine solche liegt vor, wenn der Arbeitgeber die Kündigung unter dem Vorbehalt ausspricht, daß eine bereits ausgesprochene Kündigung unwirksam ist oder er sich die Rücknahme der Kündigung beim Eintritt bestimmter Umstände vorbehält. Häufigster Fall in der Praxis ist der der kumulativ außerordentlichen und ordentlichen Kündigung[5]. 13

Problematisch ist die Frage, unter welchen Voraussetzungen bei einer **wiederholten Kündigung,** zu der der Betriebsrat bereits einmal ordnungsgemäß angehört worden ist, eine erneute Anhörung unterbleiben kann. Da § 102 Abs. 1 Satz 1 BetrVG die Pflicht zur Anhörung des Betriebsrates vor **jeder** Kündigung konstatiert, kann es sich dabei nur um eng begrenzte Ausnahmefälle handeln. Für den Fall **der Unwirksamkeit der ersten Kündigung mangels Zugang beim Kündigungsgegner** hat das BAG ausnahmsweise eine nochmalige Anhörung des Betriebsrates für entbehrlich erachtet, wenn die wiederholte Kündigung in einem engen zeitlichen Zusammenhang und auf den selben Sachverhalt gestützt ausgesprochen wurde. Die Berufung auf das Fehlen einer erneuten Anhörung sei in diesem Falle **rechtsmißbräuchlich,** da der Betriebsrat unter diesen Umständen auch der erneuten Kündigung zugestimmt hätte[6]. Allerdings ist eine erneute Betriebsratsanhörung bei wiederholter Kündigung durch den Ar- 14

---

1 Vgl. BAG v. 30. 9. 1993, EzA § 99 BetrVG 1972 Nr. 118.
2 BAG v. 7. 10. 1982, AP Nr. 5 zu § 620 BGB – Teilkündigung; BAG v. 7. 10. 1982, AP Nr. zu § 611 BGB.
3 Vgl. *Fitting/Kaiser/Heither/Engels*, § 102 BetrVG Rz. 3; *Stahlhacke/Preis*, Rz. 38; *Kittner*, in Däubler/Kittner/Klebe, § 102 BetrVG Rz. 14; aA *Jobs/Bader*, AR-Blattei, KSchG, I unter d, II 1a.
4 Vgl. KR/*Etzel*, § 102 BetrVG Rz. 37; LAG Schleswig-Holstein v. 27. 1. 1983, BB 1984, 725.
5 Vgl. zum Inhalt und Umfang der notwendigen Unterrichtung in diesem Fall unten Rz. 66.
6 Vgl. BAG v. 18. 9. 1975 und 16. 3. 1978, AP Nr. 6, 15 zu § 102 BetrVG 1972; zuletzt BAG v. 11. 10. 1989, AP Nr. 55 zu § 102 BetrVG 1972.

beitgeber bei vorangegangener Kündigung durch einen Bevollmächtigten erforderlich, da hierbei durch den Arbeitgeber ein neuer Kündigungsvorgang eingeleitet wird[1].

15 Einer Anhörung des Betriebsrates bedarf auch die **Kündigung durch den Konkursverwalter** nach Eröffnung des Konkursverfahrens[2].

b) Andere Beendigungsgründe des Arbeitsverhältnisses

16 § 102 BetrVG ist nicht einschlägig, wenn das Arbeitsverhältnis aus anderen Gründen als durch arbeitgeberseitige Kündigung beendet wird. Der Wortlaut der Vorschrift ist eindeutig. Weder im Fall der Beendigung des Arbeitsverhältnisses durch **Aufhebungsvertrag** noch wenn sich der Arbeitgeber auf die **Nichtigkeit** des Arbeitsverhältnisses beruft, ist eine Anhörung des Betriebsrates gemäß § 102 BetrVG erforderlich[3]. Auch im Fall der **gerichtlichen Auflösung** des Arbeitsverhältnisses auf Antrag des Arbeitgebers entfällt die Anhörungspflicht[4]. Das gleiche gilt für die Frage nach der Anwendbarkeit von § 102 BetrVG im Falle der Auflösung des Arbeitsverhältnisses durch **Anfechtung**[5]. Auch im Falle der **Suspendierung** des Arbeitnehmers von der Arbeit ist § 102 BetrVG weder direkt noch analog anzuwenden.

17 Eine Anhörung des Betriebsrates ist auch dann nicht erforderlich, wenn das Arbeitsverhältnis durch **Zeitablauf, Befristung** oder durch eine wirksam vereinbarte **auflösende Bedingung** endet. Zeigt der Arbeitgeber dem Arbeitnehmer im Falle der wirksamen Befristung die Nichtverlängerung des Arbeitsverhältnisses an, ist § 102 BetrVG ebenfalls nicht einschlägig[6]. Ist die Befristung unwirksam, so kann im Einzelfall anderes gelten. Gegebenenfalls kann in der Nichtverlängerungsanzeige des Arbeitgebers eine hilfsweise erklärte Kündigung liegen, vor deren Ausspruch der Betriebsrat nach § 102 BetrVG anzuhören wäre[7]. Im Regelfall wird jedoch der Arbeitgeber mit der Nichtverlängerungsanzeige lediglich seine **Rechtsauffassung** bezüglich der Beendigung des Arbeitsverhältnisses durch wirksame Befristung zum Ausdruck bringen. Etwas anderes kann aber gelten, wenn bereits vor der Nichtverlängerungsanzeige seitens des Arbeitge-

---

1 Vgl. BAG v. 31. 1. 1996, NZA 1996, 649; zur bloßen Bestätigung einer bereits erfolgten Kündigung vgl. BAG v. 16. 9. 1993, NZA 1994, 311.
2 Vgl. BAG v. 16. 9. 1993, AP Nr. 62 zu § 102 BetrVG 1972; *Kittner*, in Däubler/Kittner/Klebe, § 102 BetrVG Rz. 17; *Fitting/Kaiser/Heither/Engels*, § 102 BetrVG Rz. 10a.
3 Vgl. *Kittner*, in Däubler/Kittner/Klebe, § 102 BetrVG Rz. 19 ff.; *Stahlhacke/Preis*, Rz. 241; *Fitting/Kaiser/Heither/Engels*, § 102 BetrVG Rz. 10.
4 Vgl. *Stahlhacke/Preis*, Rz. 241; *Kittner*, in Däubler/Kittner/Klebe, § 102 BetrVG Rz. 24.
5 Vgl. *Fitting/Kaiser/Heither/Engels*, § 102 BetrVG, Rz. 10; *Stahlhacke/Preis*, Rz. 241; KR/*Etzel*, § 102 BetrVG Rz. 42; aA *Kittner*, in Däubler/Kittner/Klebe, § 102 Rz. 21 mwN; vgl. zur Frage der Behandlung der Anfechtung *Herschel*, ArbuR 1980, 255.
6 Vgl. KR/*Wolf*, Grundsätze, Rz. 248.
7 Vgl. BAG v. 28. 10. 1986, EzA § 118 BetrVG 1972 Nr. 38; *Kittner*, in Däubler/Kittner/Klebe, § 102 BetrVG Rz. 23; *Stahlhacke/Preis*, Rz. 242; *Fitting/Kaiser/Heither/Engels*, § 102 BetrVG Rz. 11.

II. Voraussetzungen

bers zwischen diesem und dem Arbeitnehmer **Streit über die Wirksamkeit der Befristung** bestand[1].

Die Sachlage im Falle einer wirksam vereinbarten **auflösenden Bedingung** verhält sich entsprechend den vorstehend dargestellten Grundsätzen zur wirksamen Befristung[2].

18

3. Persönlicher Anwendungsbereich

In personeller Hinsicht erfaßt § 102 BetrVG alle Arbeitnehmer iS des BetrVG (§ 5 Abs. 1 BetrVG), mithin Arbeiter, Angestellte und zu ihrer Berufsausbildung Beschäftigte. Die Anwendbarkeit des KSchG spielt dabei keine Rolle. Die Anhörungspflicht besteht **unabhängig von der Art des Arbeitsverhältnisses.** Deshalb ist unschädlich, ob ein Probe- oder Aushilfsarbeitsverhältnis vorliegt, oder eine Teilzeitbeschäftigung gegeben ist. Die Anzahl der Arbeitnehmer im Betrieb hat keinen Einfluß auf die bestehende Anhörungspflicht nach § 102 BetrVG. Auch wenn die beabsichtigte Kündigung in den ersten sechs Monaten des Arbeitsverhältnisses (**Probezeit**) ausgesprochen werden soll und das KSchG somit noch keine Anwendung findet, ist der Betriebsrat anzuhören. Insoweit gelten die gleichen Anforderungen wie bei einer Kündigung, gegen die der Arbeitnehmer gemäß § 1 KSchG geschützt ist[3].

19

Über die in § 5 Abs. 2 BetrVG geregelten Ausnahmen hinaus gilt die Anhörungspflicht insbesondere nicht für **leitende Angestellte** (§ 5 Abs. 3 BetrVG). Im Falle der Kündigung eines leitenden Angestellten hat der Arbeitgeber gemäß § 105 BetrVG dem Betriebsrat die Kündigung lediglich mitzuteilen[4]. Soweit in dem betreffenden Betrieb ein **Sprecherausschuß** der leitenden Angestellten gemäß SprecherausschußG gebildet wurde, besteht im Falle der Kündigung eines leitenden Angestellten indessen eine Anhörungspflicht des Sprecherausschusses gemäß § 31 Abs. 2 SprecherausschußG.

20

Ob jemand leitender Angestellter im Sinne von § 5 Abs. 3 Satz 1 BetrVG ist, richtet sich nach zwingendem Recht. **Die Qualifizierung als leitender Angestellter** ist damit keiner individualvertraglichen Vereinbarung zugänglich[5]. Sofern also das Arbeitsgericht in einem Kündigungsschutzprozeß die Qualität des Arbeitnehmers als leitender Angestellter verneint, ist die Kündigung wegen Verletzung des § 102 Abs. 1 BetrVG in Verbindung mit § 134 BGB nichtig, wenn die Anhörung des Betriebsrates nach § 102 BetrVG nicht stattgefunden

21

---

1 Vgl. BAG v. 26. 4. 1979, EzA § 620 BGB Nr. 39; BAG v. 28. 10. 1986, EzA § 118 BetrVG 1972 Nr. 38; vgl. ergänzend KR/*Hillebrecht*, § 620 BGB Rz. 210 ff.
2 Vgl. *Fitting/Kaiser/Heither/Engels*, § 102 BetrVG Rz. 11, KR/*Etzel*, § 102 BetrVG Rz. 39; *Stahlhacke/Preis*, Rz. 242; *Kittner*, in Däubler/Kittner/Klebe, § 102 BetrVG Rz. 23.
3 Vgl. BAG v. 13. 7. 1978, EzA § 102 BetrVG 1972 Nr. 35; BAG v. 6. 3. 1979, EzA § 102 BetrVG 1972 Nr. 39.
4 Vgl. BAG v. 19. 9. 1975, AP Nr. 1 zu § 105 BetrVG 1972.
5 Vgl. BAG v. 19. 9. 1975, AP Nr. 1 zu § 105 BetrVG 1972; LAG Hamm v. 9. 9. 1974, DB 1974, 2063.

hat. Diese Rechtsfolge tritt selbst dann ein, wenn die Arbeitsvertragsparteien bislang übereinstimmend davon ausgegangen waren, daß es sich bei dem Arbeitnehmer um einen leitenden Angestellten handelt. Aus diesem Grund ist es dem Arbeitgeber zu raten, in **Zweifelsfällen** eine vorsorgliche Betriebsratsanhörung nach § 102 BetrVG durchzuführen. Selbst wenn die Parteien eines Arbeitsverhältnisses davon ausgehen, daß ein Arbeitnehmer leitender Angestellter sei, so ist dieser gleichwohl nicht gehindert, im Kündigungsschutzprozeß geltend zu machen, er falle nicht unter den Personenkreis des § 5 Abs. 3 BetrVG.

22 Bei der Kündigung von **Leiharbeitnehmern** ist zu beachten, daß diese Arbeitnehmer während der Zeit ihrer Arbeitsleistung bei einem Entleiher Angehörige des entsendenden Betriebs (§ 14 AÜG) bleiben. Damit besteht eine Anhörungspflicht nur für den Fall der Kündigung des Arbeitsverhältnisses durch den Verleiher. Ausnahmsweise bedarf die Beendigung des Arbeitsverhältnisses zum Entleiher dann einer Betriebsratsanhörung gemäß § 102 BetrVG, wenn ein Arbeitnehmerüberlassungsvertrag nach § 9 AÜG unwirksam ist und mithin nach § 10 AÜG ein Arbeitsverhältnis zwischen Entleiher und Arbeitnehmer als zustande gekommen gilt. Will der Entleiher in diesem Fall das Arbeitsverhältnis einseitig beenden, so hat er nach allgemeinen Grundsätzen den Betriebsrat nach § 102 BetrVG anzuhören[1].

23 Auch für in **Heimarbeit** Beschäftigte gilt gemäß § 6 Abs. 1 Satz 2 BetrVG die Anhörungspflicht des Betriebsrates nach § 102 BetrVG, wenn diese Arbeitnehmer in der Hauptsache für den Betrieb arbeiten. Maßgeblich ist in diesem Zusammenhang deshalb der Schwerpunkt der Tätigkeit des in Heimarbeit Beschäftigten. Dessen Tätigkeit für den fraglichen Betrieb muß im Verhältnis zu einer sonstigen Tätigkeit in einem anderen Betrieb überwiegen[2].

III. Einleitung des Verfahrens

1. Erklärungsempfänger

24 Die Anhörung des Betriebsrates durch den Arbeitgeber erfolgt durch **empfangsbedürftige Willenserklärung**, welche gemäß § 26 Abs. 3 Satz 2 BetrVG grundsätzlich gegenüber dem Betriebsratsvorsitzenden abzugeben ist. Im Falle **ausdrücklicher Ermächtigung eines anderen Betriebsratsmitglied** zur Entgegennahme von Erklärungen des Arbeitgebers kann der Arbeitgeber auch diesem gegenüber die Anhörungserklärung abgeben[3]. Nur im Falle seiner rechtlichen (Selbstbetroffenheit) oder tatsächlichen Verhinderung ist der stellvertretende Betriebsratsvorsitzende zur Entgegennahme der Anhörungserklärung befugt. Ein Fall der rechtlichen Verhinderung liegt dabei vor, wenn der Betriebsratsvorsitzende selbst von der Personalmaßnahme betroffen ist. Tatsächliche Verhinderung liegt etwa dann vor, wenn der Vorsitzende wegen Urlaubs oder Krankheit

---

1 Vgl. *Stahlhacke/Preis*, Rz. 225; *Kittner*, in Däubler/Kittner/Klebe, § 102 BetrVG Rz. 8.
2 Vgl. BAG v. 27. 9. 1974, AP Nr. 1 zu § 6 BetrVG 1972.
3 Vgl. BAG v. 28. 2. 1972, RzK III. 1a Nr. 44.

III. Einleitung des Verfahrens

abwesend ist. Dazu wird vertreten, daß eine nur kurzfristige Abwesenheit von wenigen Stunden hingegen nur dann eine tatsächliche Verhinderung darstellt, wenn eine Angelegenheit der Mitwirkung des Betriebsrates bedarf, welche keinen Aufschub erlaubt[1]. Dem ist nicht zu folgen. Wenn bei der beabsichtigten Übergabe einer Erklärung der Betriebsratsvorsitzende oder dessen Stellvertreter nicht anwesend sind, so ist nicht einzusehen, warum nicht der Zugang entweder durch Mitteilung bzw. Übergabe an ein anderes Mitglied des Betriebsrates bewirkt werden kann; in jedem Fall stellt es nach den allgemeinen Grundsätzen einen Zugang dar, wenn eine schriftliche Mitteilung in den Machtbereich (Betriebsratsbüro) des Betriebsrates gelangt.

2. Zeitpunkt der Einleitung des Verfahrens

Die Anhörung des Betriebsrates muß in jedem Fall vor Ausspruch der Kündigung erfolgen. Die Kündigung ist ausgesprochen, wenn sich der **Kündigungswille** des Arbeitgebers verwirklicht hat[2]. Im Fall der **schriftlichen Kündigung** ist dies der Fall, wenn die Kündigung den Machtbereich des Arbeitgebers verlassen hat[3]. Auf den Zeitpunkt des **Zugangs** der Kündigungserklärung beim Arbeitnehmer kann es in diesem Zusammenhang nicht ankommen, andernfalls könnte der Zweck des Anhörungsverfahrens – Einflußnahmemöglichkeit auf den Kündigungsentschluß des Arbeitgebers – nicht erreicht werden[4]. Wann der Arbeitgeber intern seinen Kündigungswillen gebildet hat, spielt dabei keine Rolle. Bei einer **mündlichen Kündigung** ist maßgeblicher Zeitpunkt deren Ausspruch[5], unabhängig davon, ob sie vom Empfänger vernommen wird[6]. Der Kündigungswille des Arbeitgebers hat sich bereits mit Ausspruch der Kündigung verwirklicht. 25

Die Anhörung des Betriebsrates muß in jedem Fall zu einer **konkret beabsichtigten Kündigung** erfolgen[7]. Eine vorsorgliche Anhörung ohne konkrete Kündigungsabsicht ist unzulässig. Grundsätzlich hat die Unterrichtung **während der Arbeitszeit und in den Betriebsräumen** zu erfolgen. Wenn jedoch eine empfangsberechtigte Person (vgl. oben Rz. 24) eine anderweitig erfolgte Mitteilung nicht zurückweist, wird die Äußerungsfrist gleichwohl in Lauf gesetzt[8]. 26

Die nach erfolgter Anhörung ausgesprochene Kündigung muß im **zeitlichen Zusammenhang** mit der Anhörung erfolgen. Schwierigkeiten können sich bei 27

---

1 Vgl. *Kittner*, in Däubler/Kittner/Klebe, § 102 BetrVG Rz. 47 mwN.
2 Vgl. BAG v. 11. 7. 1991, EzA § 102 BetrVG 1972 Nr. 81.
3 Vgl. BAG v. 11. 7. 1991, EzA § 102 BetrVG 1972 Nr. 81; *Stahlhacke/Preis*, Rz. 250; Fitting/Kaiser/Heither/Engels, § 102 BetrVG Rz. 13; *Kittner*, in Däubler/Kittner/Klebe, § 102 BetrVG Rz. 106.
4 Vgl. BAG v. 13. 11. 1975, EzA § 102 BetrVG 1972 Nr. 20; KR/*Etzel*, § 102 BetrVG, Rz. 118; *Stahlhacke/Preis*, Rz. 250.
5 Vgl. *Kittner*, in Däubler/Kittner/Klebe, Rz. 106.
6 So aber *Stahlhacke/Preis*, Rz. 250.
7 Vgl. BAG v. 28. 11. 1990, NZA 1991, 392.
8 Vgl. BAG v. 27. 8. 1992, AP Nr. 25 zu § 102 BetrVG 1972.

der Frage ergeben, ob eine Kündigung noch in zeitlichem Zusammenhang mit der Anhörung erfolgt ist. Diesbezüglich gelten keine starren zeitlichen Grenzen, vielmehr ist entscheidend, ob sich der dem Betriebsrat unterbreitete Kündigungssachverhalt nicht oder nicht wesentlich geändert hat, mithin noch von einer Anhörung zu einer **bestimmten Kündigung** gesprochen werden kann[1].

3. Form der Unterrichtung

28 In Ermangelung einer Formvorschrift kann die erforderliche Unterrichtung des Betriebsrates Mitteilung sowohl **schriftlich als auch mündlich** erfolgen. Obwohl mit einer mündlichen Anhörung den Voraussetzungen des § 102 BetrVG genügt werden kann[2], sollte die Schriftform jedenfalls zusätzlich gewahrt werden, um die ordnungsgemäße Anhörung nebst eingehaltenen Fristen im Streitfall einfacher darlegen und beweisen zu können.

4. Inhalt und Umfang der Unterrichtung

a) Allgemeine Grundsätze

29 Zu den notwendigen Angaben bei der Anhörung gehören die **Personaldaten** des zu kündigenden Arbeitnehmers jedenfalls in dem Umfang, wie sie für den Betriebsrat zur Identifizierung des Arbeitnehmers erforderlich sind.

30 Die Angabe über die **Anschrift** des Arbeitnehmers gehört grundsätzlich nicht zu den zwingend notwendigen Angaben. Sie kann deshalb im Fall ihrer Unrichtigkeit nicht zur Unwirksamkeit der Anhörung insgesamt führen[3]. Im Fall einer bewußten Falschangabe der Adresse des Arbeitnehmers könnte allerdings etwas anderes gelten[4]. Zwingend notwendig ist die Angabe der Adresse nur, falls der Betriebsrat den betreffenden Arbeitnehmer ansonsten nicht eindeutig identifizieren kann.

31 Aus der Mitteilung an den Betriebsrat muß sich für diesen die **offenbar erkennbare Absicht** des Arbeitgebers ergeben, einen bestimmten Arbeitnehmer zu kündigen. Die alleinige **Schilderung eines Fehlverhaltens** des Arbeitnehmers ohne Hinweis auf eine konkrete Kündigungsabsicht ist jedenfalls dann unzureichend, wenn nicht dem Betriebsrat die Kündigungsabsicht des Arbeitgebers ohnehin bekannt ist[5].

---

1 Vgl. BAG v. 26. 5. 1977, EzA § 102 BetrVG 1972 Nr. 30.
2 Vgl. BAG v. 6. 2. 1997, EzA § 102 BetrVG 1972 Nr. 96.
3 Vgl. LAG Hamm v. 17. 2. 1992, LAGE § 1 KSchG – Personenbedingte Kündigung Nr. 10; *Stahlhacke/Preis*, Rz. 261.
4 Vgl. LAG Hamm v. 17. 2. 1992, LAGE § 1 KSchG – Personenbedingte Kündigung Nr. 10.
5 Vgl. *Stahlhacke/Preis*, Rz. 260; *Kittner*, in Däubler/Kittner/Klebe, § 102 BetrVG Rz. 54.

III. Einleitung des Verfahrens

> **Hinweis:**
> Da Unklarheiten darüber bestehen können, ob es sich bei der Kündigungsmitteilung um eine Unterrichtung nach § 92 BetrVG oder eine solche nach § 102 BetrVG handelt, sollte aus der Mitteilung eindeutig hervorgehen, daß es sich um eine beabsichtigte, noch bevorstehende Kündigung handelt[1]. Im Streitfall gehen Unklarheiten in diesem Zusammenhang zu Lasten des Arbeitgebers[2].

32

Im Fall einer ordentlichen Kündigung hat die Mitteilung an den Betriebsrat grundsätzlich auch die für den betroffenen Arbeitnehmer geltende **Kündigungsfrist** zu enthalten[3]. Unverzichtbar ist dies jedenfalls dann, wenn sich aus der Angabe der Kündigungsfristen erst die Tragweite der geplanten personellen Maßnahme ergibt[4]. Die Mitteilung der Kündigungsfrist kann ausnahmsweise unterbleiben, sofern die Frist dem Betriebsrat bekannt ist[5]. Da der Betriebsrat nicht gehalten ist, sich die entsprechenden Daten selbst zu besorgen, und die Beweislast für die Kenntnis des Betriebsrates von den Kündigungsfristen beim Arbeitgeber liegt, sollte der Arbeitgeber auf die Angabe der Kündigungsfristen nicht verzichten. Der Arbeitgeber hat deshalb vorab stets die jeweils einschlägige Kündigungsfrist zu prüfen. Diese kann sich aus Gesetz, Tarifvertrag oder Arbeitsvertrag ergeben.

33

Grundsätzlich soll auch der **Zeitpunkt des Kündigungsausspruchs** angegeben werden[6]. Regelmäßig ausreichend ist jedoch, wenn die Mitteilung die Absicht des Arbeitgebers enthält, alsbald nach Abschluß des Anhörungsverfahrens die Kündigung auszusprechen[7]. Genauere Angaben über den Zeitpunkt des Kündigungsausspruchs sind im Einzelfall für den Arbeitgeber praktisch auch nicht möglich, da schon der Zugang der auszusprechenden Kündigung beim Arbeitnehmer vom Arbeitgeber grundsätzlich nicht exakt vorausbestimmt werden kann.

34

In keinem Fall ist im Zeitpunkt der Anhörung für den Arbeitgeber der Kündigungstermin bestimmbar, soweit die **Mitwirkung anderer Stellen**, etwa die nach § 15 SchwbG erforderliche Zustimmung der Hauptfürsorgestelle bei der Kündigung eines Schwerbehinderten, für eine ordnungsgemäße Kündigung notwendig ist[8]. Unter Hinweis auf das anstehende Genehmigungsverfahren kann der Arbeitgeber deshalb bereits vor Abschluß des anderweitigen Beteiligungs-

35

---

1 Vgl. BAG v. 18. 9. 1975, AP Nr. 6 zu § 102 BetrVG 1972.
2 Vgl. *Fitting/Kaiser/Heither/Engels*, § 102 BetrVG Rz. 15.
3 Vgl. BAG v. 29. 3. 1990, EzA § 102 BetrVG 1972 Nr. 79; BAG v. 16. 9. 1993, EzA § 102 BetrVG 1972 Nr. 84.
4 Vgl. BAG v. 29. 3. 1990, EzA § 102 BetrVG 1972 Nr. 79.
5 Vgl. BAG v. 29. 1. 1986, EzA § 102 BetrVG 1972 Nr. 64; LAG Hamm v. 15. 7. 1993, ZTR 1994, 85.
6 Vgl. BAG v. 28. 2. 1974, EzA § 102 BetrVG 1972 Nr. 8.
7 Vgl. BAG v. 29. 1. 1986, EzA § 102 BetrVG 1972 Nr. 64.
8 Vgl. § 9 Abs. 3 MuSchG; § 12 SchwerbehindertenG.

verfahrens den Betriebsrat gemäß § 102 BetrVG anhören[1]. Durch die entsprechende Mitteilung soll allein gewährleistet werden, daß bei dem Betriebsrat kein vernünftiger Zweifel bestehen kann, zu welchem Zeitpunkt die Kündigung ausgesprochen werden soll[2]. Für den Arbeitgeber kann es in vielen Fällen praktikabler sein, die Aufklärung nach Abschluß des Zustimmungsverfahrens vorzunehmen, nicht zuletzt deshalb, um die darin gewonnenen Erkenntnisse über Kündigungsgründe zu berücksichtigen.

36 Die Mitteilung des Arbeitgebers hat Angaben über **die Art der beabsichtigten Kündigung,** dh. ob es sich um eine ordentliche oder außerordentliche Kündigung handelt, zu enthalten[3].

37 Gemäß § 102 Abs. 1 Satz 2 BetrVG hat der Arbeitgeber dem Betriebsrat die Gründe für die Kündigung mitzuteilen. Unter „Gründen für die Kündigung" sind die für den Ausspruch der Kündigung durch den Arbeitgeber relevanten subjektiven Gründe gemeint (**Grundsatz der subjektiven Determinierung**[4]). Der Arbeitgeber muß somit nicht sämtliche objektiv bestehenden Kündigungsgründe mitteilen, sondern allein solche, welche aus seiner subjektiven Sicht die Kündigung rechtfertigen und für seinen Kündigungsentschluß maßgebend sind[5]. Dieser subjektive Maßstab des Anhörungsumfangs beruht **auf Sinn und Zweck des § 102 BetrVG,** wonach dem Betriebsrat die Möglichkeit eingeräumt werden soll, fundiert auf die konkreten Kündigungsbeweggründe des Arbeitgebers Einfluß nehmen zu können[6]. Soweit neben den aus der Sicht des Arbeitgebers relevanten Kündigungsgründen **weitere objektive Kündigungsgründe** bestehen, ist diesbezüglich eine Einwirkungsmöglichkeit des Betriebsrates weder möglich noch erforderlich, da diese für die Willensbildung des Arbeitgebers nicht entscheidend waren. Eine ordnungsgemäße Anhörung liegt danach auch dann vor, wenn die Mitteilung nicht alle objektiv kündigungsrechtlich erheblichen Tatsachen enthält. Deren Fehlen kann aber ggf. weitreichende **Konsequenzen in einem nachfolgenden Kündigungsschutzprozeß** haben. Auf dem Betriebsrat nicht mitgeteilte Kündigungsgründe kann sich der Arbeitgeber im späteren Kündigungsschutzprozeß grundsätzlich nicht mehr berufen[7], was bedeutet, daß der Arbeitgeber den Kündigungsschutzprozeß nur gewinnen kann,

---

1 Vgl. BAG v. 18. 5. 1994, NZA 1995, 65; BAG v. 1. 4. 1981, EZA § 102 BetrVG 1972 Nr. 45; BAG v. 5. 9. 1979, EzA § 12 SchwerbehindertenG Nr. 8.
2 Vgl. LAG Berlin v. 6. 2. 1984, BB 1984, 1428; KR/*Etzel,* § 102 BetrVG Rz. 59.
3 Vgl. BAG v. 29. 8. 1991, AP Nr. 58 zu § 102 BetrVG 1972.
4 Vgl. grundlegend: BAG v. 13. 7. 1978, AP Nr. 18 zu § 102 BetrVG 1972.
5 Vgl. BAG v. 11. 7. 1991, AP Nr. 57 zu § 102 BetrVG 1972; BAG v. 22. 9. 1994, AP Nr. 68 zu § 102 BetrVG 1972; *Kittner,* in Däubler/Kittner/Klebe, § 102 BetrVG Rz. 74; *Stahlhacke/Preis,* Rz. 270; *Fitting/Kaiser/Heither/Engels,* § 102 BetrVG Rz. 18 mwN; zur jüngsten Diskussion über den Ansatz und den Umfang des Grundsatzes der subjektiven Determination vgl. BAG v. 11. 7. 1991, AP Nr. 57 zu § 102 BetrVG 1972; BAG v. 22. 9. 1994, AP Nr. 68 zu § 102 BetrVG 1972 sowie *Berkowsky,* NZA 1996, 1065, 1068 ff. mwN.
6 Vgl. *Berkowsky,* NZA 1996, 1065, 1068.
7 Vgl. BAG v. 1. 4. 1981, AP Nr. 23 zu § 102 BetrVG; BAG v. 11. 7. 1991, NZA 1992, 38.

III. Einleitung des Verfahrens

wenn allein die Kündigungsgründe, die er dem Betriebsrat mitgeteilt hat, die Wirksamkeit der Kündigung begründen. Für ein ordnungsgemäßes Anhörungsverfahren im Rahmen von § 102 BetrVG ist es also unerheblich, ob die mitgeteilten Kündigungsgründe materiell-rechtlich die beabsichtigte Kündigung stützen. Diese Frage zu beantworten, bleibt allein einem etwaigen Kündigungsschutzprozeß vorbehalten[1].

Die Mitteilung muß **konkrete Tatsachen** beinhalten, welche Grundlage des Kündigungsentschlusses des Arbeitgebers waren. Lediglich schlagwort- oder stichwortartige Bezeichnungen des Kündigungsgrundes reichen nicht aus[2]. Die Angaben des Arbeitgebers müssen so genau sein, daß es dem Betriebsrat möglich ist, **ohne zusätzliche eigene Nachforschungen** die Stichhaltigkeit der Kündigungsgründe zu überprüfen und sich über seine Stellungnahme schlüssig zu werden[3]. Nicht erforderlich ist dabei im allgemeinen die Vorlage von **Beweismaterial** oder die Benennung von **Zeugen**[4]. Die Vorlage von Beweismitteln wird sich gleichwohl im Regelfall empfehlen.

38

Da im Rahmen des innerhalb der ersten sechs Monate bestehenden grundsätzlich freien Kündigungsrechts des Arbeitgebers besondere Gründe nicht bestehen brauchen, reicht in diesem Fall die Mitteilung eines **Werturteils** aus[5]. Dies hängt davon ab, worauf der Arbeitgeber die Kündigung letztlich stützt. Stützt er seinen Kündigungsentschluß auf konkrete Tatsachen, muß er diese dem Betriebsrat mitteilen; anderenfalls ist die Anhörung unwirksam. Stützt er seinen Entschluß aber von vornherein nur auf sein subjektives Empfinden, braucht er auch nur dieses dem Betriebsrat mitzuteilen[6].

39

Da der Inhalt der Mitteilung den Betriebsrat in die Lage versetzen soll, die Stichhaltigkeit der Kündigungsgründe zu prüfen und sich über seine eigene Stellungnahme schlüssig zu werden, ist der Arbeitgeber gehalten, **auch wesentliche, gegen die Kündigung sprechende Tatsachen** mitzuteilen[7].

40

Entbehrlich ist die Mitteilung solcher Tatsachen, die bei Einleitung des Anhörungsverfahrens den zur Entgegennahme von **Mitteilungen berechtigten Betriebsratsmitgliedern bereits bekannt** sind. Ein Irrtum über den erforderlichen

41

---

1 Vgl. BAG v. 24. 3. 1977, EzA § 102 BetrVG 1972 Nr. 28; KR/*Etzel*, § 102 BetrVG, Rz. 68; *Stahlhacke/Preis*, Rz. 273.
2 Vgl. BAG v. 11. 6. 1991, EzA § 102 BetrVG 1992, Nr. 81.
3 Vgl. BAG in ständiger Rechtsprechung, zuletzt BAG v. 22. 9. 1994, EzA § 102 BetrVG 1972 Nr. 86.
4 Vgl. BAG v. 26. 1 1995, EzA § 102 BetrVG 1972 Nr. 87; BAG v. 6. 2. 1997, EzA § 102 BetrVG 1972 Nr. 96.
5 BAG v. 8. 9. 1988, EzA § 102 BetrVG 1972 Nr. 73; BAG v. 18. 5. 1994, EzA § 102 BetrVG 1972 Nr. 85; einschränkend LAG Berlin v. 19. 8. 1988, LAGE § 102 BetrVG 1972 Nr. 23, welches die Mitteilung von Werturteilen an den Betriebsrat nicht für ausreichend hält.
6 BAG v. 18. 4. 1994, DB 1994, 1984; vgl. auch *Hümmerich/Mauer*, DB 1997, 165, 168.
7 Vgl. BAG v. 31. 8. 1989, EzA § 102 BetrVG 1972 Nr. 75; KR/*Etzel*, § 102 BetrVG Rz. 62; *Kittner*, in Däubler/Kittner/Klebe, § 102 BetrVG Rz. 80.

Kenntnisstand des Betriebsrates und die diesbezügliche Darlegungs- und Beweislast fällt allerdings dem Arbeitgeber zur Last[1].

b) Betriebsbedingte Kündigung

42 Bei einer beabsichtigten betriebsbedingten Kündigung muß der Arbeitgeber dem Betriebsrat alle Tatsachen mitteilen, die für die Wirksamkeit der betriebsbedingten Kündigung von Bedeutung sind[2]. Dazu gehört ein dreiaktiger Tatbestand:

- Wegfall des konkreten Arbeitsplatzes,
- Fehlen einer anderweitigen Beschäftigungsmöglichkeit,
- Sozialauswahl zu einer materiell-rechtlich ordnungsgemäßen, sozial gerechtfertigten Kündigung[3].

43 Neben den vom Arbeitgeber für die Sozialauswahl als relevant angesehenen Auswahlkriterien hat er auch die Tatsachen mitzuteilen, aus denen er die **Betriebsbedingtheit der Kündigung ableitet.** Teilt er dem Betriebsrat alle die Gründe mit, aus denen nach seiner Ansicht die Betriebsbedingtheit der beabsichtigten Kündigung folgt, so ist das Anhörungsverfahren insoweit jedenfalls ordnungsgemäß. Allerdings wird man dem Arbeitgeber im Hinblick auf einen späteren Kündigungsprozeß raten müssen, sorgfältig **sämtliche tatbestandlichen Voraussetzungen einer betriebsbedingten Kündigung** mitzuteilen, welche zur materiell-rechtlichen Wirksamkeit einer betriebsbedingten Kündigung erforderlich sind. Ansonsten läuft er trotz ordnungsgemäßem Anhörungsverfahren nach § 102 BetrVG Gefahr, sich auf die Umstände im Kündigungsschutzprozeß nicht mehr berufen zu können, die er dem Betriebsrat zuvor nicht mitgeteilt hat.

44 Bei der **Darstellung der außer- oder innerbetrieblichen Ursachen** für den Eintritt des Beschäftigungsmangels darf sich der Arbeitgeber nicht mit pauschalen Hinweisen auf eine Rationalisierung oder einen Auftragsmangel begnügen. Vielmehr muß sich aus der Darstellung die Auswirkung der entsprechenden Ursachen auf den betroffenen Arbeitsplatz **konkret** ergeben. Entsprechendes gilt bezüglich der getroffenen Unternehmerentscheidung und deren Kausalität für den Wegfall des betroffenen Arbeitsplatzes. Auch hier darf sich der Arbeit-

---

1 Vgl. BAG v. 27. 6. 1985, EzA § 102 BetrVG 1972 Nr. 60; *Fitting/Kaiser/Heither/Engels*, § 102 BetrVG Rz. 16; *Kittner*, in Däubler/Kittner/Klebe, § 102 BetrVG Rz. 84, 143; aA: *Pomeister*, NZA 1991, 209, der unter Hinweis auf den formellen Charakter des Anhörungsverfahrens in jedem Fall eine vollständige Unterrichtung des Betriebsrates verlangt.
2 Vgl. unter Aufgabe der früheren Rechtsprechung BAG v. 29. 3. 1984, EzA Nr. 55 zu § 102 BetrVG 1972 m. Anm. *Moll*; bestätigt von BAG v. 16. 1. 1987, EzA § 1 KSchG – Betriebsbedingte Kündigung Nr. 48 und BAG v. 2. 3. 1989, EzA § 626 BGB Nr. 118; *Stahlhacke/Preis*, Rz. 275; *Kittner*, in Däubler/Kittner/Klebe, § 102 BetrVG Rz. 93; *Fitting/Kaiser/Heither/Engels*, § 102 BetrVG Rz. 17.
3 Vgl. *Moll*, Anmerkung zu EzA § 102 BetrVG 1972 Nr. 55; *Hueck/von Hoyningen-Huene*, § 1 Rz. 365; *Hofmann*, ZfA 1984, 305; *Kittner*, in Däubler/Kittner/Klebe, § 102 BetrVG Rz. 92.

III. Einleitung des Verfahrens

geber nicht auf einen pauschalen Hinweis beschränken, sondern muß die entsprechenden Tatsachen inhaltlich darstellen[1].
Auch über den Umstand einer fehlenden anderweitigen Beschäftigungsmöglichkeit muß der Arbeitgeber den Betriebsrat zwingend informieren.

Der Arbeitgeber hat von vornherein auch die Auswahlgründe mitzuteilen, die ihn gerade zu der Kündigung des betreffenden Arbeitnehmers veranlaßt haben. Nach dem Grundsatz der subjektiven Determinierung im Anhörungsverfahren braucht der Arbeitgeber an sich nur seine **persönlichen Auswahlgründe** mitzuteilen[2]. Auswahlgesichtspunkte, welche bei der Abwägung des Arbeitgebers von diesem nicht angestellt wurden, muß er nicht mitteilen. Das Anhörungsverfahren ist gleichwohl ordnungsgemäß iSv. § 102 BetrVG[3].

Das Fehlen entsprechender Informationen wird jedoch **im Kündigungsschutzprozeß** für den Arbeitgeber zu **negativen Konsequenzen** führen, da es ihm dort verwehrt ist, sich auf die Auswahlgründe zu berufen, welche er dem Betriebsrat zuvor nicht mitgeteilt hat[4].

Zu den unverzichtbaren Angaben zählen in der Regel die **Sozialdaten** des zu kündigenden Arbeitnehmers und der mit ihm **vergleichbaren Arbeitnehmer.** Dabei sind zwingend anzugeben die Dauer der Betriebszugehörigkeit, das Alter und etwaige Unterhaltspflichten des Arbeitnehmers[5]. Die Unverzichtbarkeit der Angabe dieser Sozialdaten für die Wirksamkeit einer betriebsbedingten Kündigung folgt nunmehr aus **§ 1 Abs. 3 Satz 1 KSchG nF.** Demgegenüber entsprach § 1 Abs. 3 Satz 1 KSchG aF nach seinem Wortlaut hinsichtlich der sozialen Auswahl dem des § 102 Abs. 3 Nr. 1 BetrVG, wonach sämtliche sozialen Gesichtspunkte, welche in § 1 Abs. 3 Satz 1 KSchG aF relevant waren, wie etwa Dauer der Betriebszugehörigkeit, Lebensalter, Unterhaltspflichten, Gesundheitszustand, Arbeitsmarktchancen und besondere Schutzrechte[6], vom Arbeitgeber je nach Einzelfall bei der Sozialauswahl berücksichtigt werden mußten und damit dann unverzichtbare Angaben bei der Betriebsratsanhörung nach § 102 BetrVG waren. Durch Art. 1 des Arbeitsrechtlichen Gesetzes zur Förderung von Wachstum und Beschäftigung vom 25. 9. 1996, BGBl. I 1996, 1476 wurde **§ 1 Abs. 3 Satz 1 KSchG** mit Wirkung zum 1. 10. 1996 aber dahingehend geändert, daß der Begriff „soziale Gesichtspunkte" durch die Formulierung „die

---
1 Vgl. *Kittner*, in Däubler/Kittner/Klebe, § 102 BetrVG Rz. 91 mwN.
2 Vgl. BAG v. 16. 1. 1987, EzA § 1 KSchG – Betriebsbedingte Kündigung Nr. 48; BAG v. 21. 7. 1988, DB 89, 485; *Stahlhacke/Preis*, Rz. 275; *Fitting/Kaiser/Heither/Engels*, § 102 BetrVG Rz. 18.
3 AA: *Hanau*, Anm. EzA § 102 BetrVG 1972 Nr. 37, der im Fall fehlender, dem Arbeitgeber aber möglicher objektiver Informationen das Anhörungsverfahren als fehlerhaft ansieht.
4 Vgl. *Moll*, Anm. EzA § 102 BetrVG 1972 Nr. 55; KR/*Etzel*, § 102 BetrVG Rz. 62c; *Stahlhacke/Preis*, Rz. 275; LAG Sachsen-Anhalt v. 18. 2. 1995, LAGE § 102 BetrVG 1972 Nr. 46.
5 Vgl. BAG v. 18. 10. 1984, EzA § 1 KSchG – Betriebsbedingte Kündigung, Nr. 34.
6 Vgl. *Fitting/Kaiser/Heither/Engels*, § 102 BetrVG Rz. 40; *Kittner*, in Däubler/Kittner/Klebe, § 102 BetrVG Rz. 187; *Kittner/Trittin*, § 1 KSchG Rz. 394 ff.

Dauer der Betriebszugehörigkeit, das Lebensalter und die Unterhaltspflichten des Arbeitnehmers" ersetzt wurde. Da somit die Sozialauswahl auf die drei vorgenannten Kriterien zu beschränken ist, wird die Mitteilungspflicht des Arbeitgebers nach § 102 BetrVG auch nur diese Sozialdaten umfassen. Da eine ordnungsgemäße Sozialauswahl nach § 1 Abs. 3 Satz 1 KSchG nF bereits bei Beachtung dieser Sozialdaten vorliegt, ist dem Betriebsrat bei deren Kenntnis eine Überprüfung der Sozialauswahl für eine abschließende Stellungnahme möglich.

48 Darüber hinaus muß der Arbeitgeber Umstände, welche einen **besonderen Kündigungsschutz** begründen können, und zwar sowohl bezüglich des betroffenen wie auch anderer Arbeitnehmer mit vergleichbarer Tätigkeit, angeben, sofern der Arbeitgeber letztere in seine Erwägungen einbezogen hat[1].

49 Die Pflicht des Arbeitgebers zur Mitteilung der Sozialdaten des betreffenden Arbeitnehmers umfaßt aber grundsätzlich nur solche Daten, die dem Arbeitgeber **aktuell bekannt** sind, wobei er sich jedenfalls grundsätzlich auf die Angaben des Arbeitnehmers verlassen darf. Werden dem Arbeitgeber auswahlrelevante Sozialdaten auch vom Arbeitnehmer nicht oder falsch mitgeteilt, so kann dies im nachhinein nicht zu Lasten des Arbeitgebers gehen[2].

50 Auch wenn der Arbeitgeber aufgrund der subjektiven Determinierung des Anhörungsverfahrens nach § 102 BetrVG nur seine konkreten Auswahlgründe mitteilen muß, so hat er doch eine **eigene soziale Auswahl** zu treffen und kann diese nicht dem Betriebsrat überlassen. Trifft er keine eigene Sozialauswahl, so liegt eine ordnungsgemäße Anhörung nicht vor[3].

51 Soweit der Arbeitgeber eine eigene Sozialauswahl getroffen hat und die diesbezüglichen Gründe genannt hat, ist der Betriebsrat gleichwohl gemäß § 80 Abs. 2 BetrVG berechtigt, **weitergehende Informationen** zu erfragen, welche zwar für die konkret seitens des Arbeitgebers vorgenommene Auswahl unerheblich waren, deren Kenntnis der Betriebsrat aber für eine sachgemäße Stellungnahme für erforderlich hält.

---

[1] Vgl. BAG v. 9. 11. 1977, AP Nr. 31 zu § 102 BetrVG 1972; BAG v. 11. 4. 1985, AP Nr. 62 zu § 102 BetrVG 1972; *Fitting/Kaiser/Heither/Engels*, § 102 BetrVG Rz. 17; *Kittner*, in Däubler/Kittner/Klebe, § 102 BetrVG Rz. 94.

[2] Vgl. *Stahlhacke/Preis*, Rz. 275 Fn. 661; ArbG Stuttgart v. 31. 10. 1991, AIB 1992, 360 zur eingeschränkten Aussage von Eintragungen in der Steuerkarte; vgl. aber LAG Baden-Württemberg v. 9. 11. 1990, LAGE § 102 BetrVG 1972 Nr. 25, welches im Rahmen des § 102 BetrVG eine Verpflichtung des Arbeitgebers bezüglich der Kinderzahl des Arbeitnehmers über die Angaben in der Steuerkarte hinaus weitere Nachforschungen anzustellen, verneint.

[3] Vgl. LAG Berlin v. 14. 9. 1981, EzA § 102 BetrVG, Nr. 46; *Fitting/Kaiser/Heither/Engels*, § 102 BetrVG, Rz. 17; *Kittner*, in Däubler/Kittner/Klebe, § 102 BetrVG Rz. 93; zur Sozialauswahl bei der Umstrukturierung von Arbeitsabläufen vgl. BAG v. 10. 11. 1994, WiB 1995 m. Anm. *Seitz*.

III. Einleitung des Verfahrens

c) Personenbedingte Kündigung

Auch bei der personenbedingten Kündigung gilt der Grundsatz **der subjektiven Determinierung**. Der Arbeitgeber hat diejenigen Umstände dem Betriebsrat mitzuteilen, auf die er seine Kündigungsentscheidung gestützt hat. Das Fehlen der Entscheidung tatsächlich zugrundeliegender Umstände führt **zur Fehlerhaftigkeit der Anhörung**. Ist die Anhörung hingegen allein **objektiv unvollständig**, so ist zwar das **Anhörungsverfahren ordnungsgemäß**, der Arbeitgeber kann sich jedoch im Kündigungsschutzprozeß nur auf die Tatsachen berufen, über die er den Betriebsrat informiert hat[1]. Daher ist auch im Fall der personenbedingten Kündigung dem Arbeitgeber zu raten, den Betriebsrat über alle Aspekte zu informieren, welche **materiell-rechtlich Wirksamkeitsvoraussetzung für eine personenbedingte Kündigung** sind. 52

Bei dem in der Praxis wichtigsten Fall der personenbedingten Kündigung, der **krankheitsbedingten Kündigung**, muß der Arbeitgeber im Anhörungsverfahren nach § 102 BetrVG dem Betriebsrat nicht nur die **bisherigen Fehlzeiten** mitteilen, sondern auch die als Folge der Fehlzeiten entstandenen und noch zu erwartenden **Betriebsbeeinträchtigungen und wirtschaftlichen Belastungen für das Unternehmen**[2]. Allein der Hinweis auf wiederholte Fehlzeiten wegen Arbeitsunfähigkeit oder die Angabe der Gesamtzahl addierter Fehlzeiten reicht nicht aus[3]. Allerdings genügt der Arbeitgeber seiner Mitteilungspflicht, wenn er dem Betriebsrat **EDV-Ausdrucke** übergibt, aus denen sich die konkreten Ausfallzeiten des zu kündigenden Arbeitnehmers entnehmen lassen, da sich der Betriebsrat hier ein Bild von den insgesamt aufgetretenen Arbeitsunfähigkeitszeiten des Arbeitnehmers machen kann. Einer besonderen **Auswertung der EDV-Drucke** seitens des Arbeitgebers bedarf es nicht[4]. 53

Der Arbeitgeber muß seine Kenntnisse über die **zukünftige Gesundheitsentwicklung** mitteilen. Ob dazu notwendigerweise Angaben über die **Art der Krankheit** erforderlich sind, ist zweifelhaft[5]. Grundsätzlich werden Angaben über die Art der Krankheit für eine erforderliche Zukunftsprognose entbehrlich sein, sofern die Fehlzeiten in der Vergangenheit bereits eine Indizwirkung für die Zukunft entfalten[6]. Die Angabe ist auch dann entbehrlich, wenn der Arbeitgeber ein von dem Arbeitnehmer vorgelegtes ärztliches Attest dem Betriebsrat übergibt, aus welchem sich bereits die eingeschränkte Arbeitsfähigkeit des 54

---

1 Vgl. BAG v. 9. 4. 1987, EzA § 1 KSchG – Krankheit Nr. 18; BAG v. 24. 11. 1983, EzA § 102 BetrVG 1972 Nr. 54; *Kittner*, in Däubler/Kittner/Klebe, § 102 BetrVG Rz. 85; *Stahlhacke/Preis*, Rz. 277.
2 Vgl. BAG v. 24. 11. 1983, AP Nr. 30 zu § 102 BetrVG 1972.
3 Vgl. BAG v. 18. 9. 1986, 2 AZR 638/85, nv.
4 Vgl. LAG Hamm v. 25. 11. 1987, NZA 1988, 483.
5 So aber *Kittner*, in Däubler/Kittner/Klebe, § 102 BetrVG Rz. 86 mwN; bejahend für den Fall häufiger Kurzerkrankungen BAG v. 24. 11. 1983, BB 1984, 1045.
6 Vgl. KR/*Etzel*, § 102 BetrVG Rz. 63 unter Hinweis auf BAG v. 12. 4. 1984, 2 AZR 76/83 und 439/83, nv.; *Rummel*, NZA 1984, 77.

Arbeitnehmers ergibt[1], ferner dann, wenn der Arbeitnehmer keine Auskunft über die Art der Erkrankung gibt bzw. seinen Arzt nicht von der Schweigepflicht entbindet.

55 Des weiteren hat der Arbeitgeber die durch die krankheitsbedingten Fehlzeiten entstandenen **Störungen im Betriebsablauf** oder die dadurch hervorgerufenen erheblichen wirtschaftlichen Belastungen des Unternehmens mit konkreten Tatsachen zu belegen. Nach LAG Hamm kann sich der Arbeitgeber bei der Darlegung der unzumutbaren Beeinträchtigung betrieblicher Interessen darauf beschränken, dem Betriebsrat die durch krankheitsbedingte Ausfallzeiten des Arbeitnehmers **konkret entstandenen Lohnfortzahlungskosten** mitzuteilen, sofern dem Betriebsrat die Lohngruppe des Arbeitnehmers bekannt ist[2].

56 Häufig wird in der Praxis übersehen, daß der Arbeitgeber schon bei der Anhörung eine **sorgfältige Trennung zwischen personenbedingten und verhaltensbedingten Gründen** vornehmen sollte. Eine Vermengung von entschuldigt krankheitsbedingten und unzutreffend als unentschuldigt angesehenen Fehlzeiten kann zur Fehlerhaftigkeit des Anhörungsverfahrens führen[3].

d) Verhaltensbedingte Kündigung

57 Beabsichtigt der Arbeitgeber eine verhaltensbedingte Kündigung, so muß er neben den aus seiner Sicht die Kündigung begründenden Umständen auch solche darlegen, welche im Rahmen der vorzunehmenden **Interessenabwägung** von Bedeutung sind, sofern sie tatsächlich von ihm bedacht wurden[4]. In diesem Zusammenhang kann es auch erforderlich sein, dem Betriebsrat **gegen die Kündigung sprechende Umstände** mitzuteilen[5].

58 Da zur umfassenden Beurteilung des Sachverhalts im Rahmen einer verhaltensbedingten Kündigung die Kenntnis einer vorangegangen **Abmahnung** unverzichtbar ist, bedarf eine ordnungsgemäße Anhörung des Betriebsrates nach § 102 BetrVG auch ihrer Mitteilung[6]. Ist auf die Abmahnung eine **Gegendarstellung** seitens des Arbeitnehmers erfolgt, so gehört auch die diesbezügliche Information des Betriebsrates zu den unverzichtbaren Erfordernissen einer ordnungsgemäßen Anhörung[7].

59 Um in einem nachfolgenden Kündigungsschutzprozeß nicht Gefahr zu laufen, sich auf bestimmte, zur Begründung einer verhaltensbedingten Kündigung erforderlichen Umstände nicht berufen zu können, sollte der Arbeitgeber die

---

1 Vgl. LAG Hamm v. 25. 11. 1987, NZA 1988, 483.
2 Vgl. LAG Hamm v. 25. 11. 1987, NZA 1988, 483.
3 Vgl. BAG v. 23. 9. 1992, EzA § 1 KSchG – Krankheit Nr. 37.
4 Vgl. BAG v. 2. 3. 1989, EzA § 626 BGB nF, Nr. 118; *Stahlhacke/Preis*, Rz. 278; *Kittner*, in Däubler/Kittner/Klebe, § 102 BetrVG Rz. 87.
5 Vgl. BAG v. 2. 11. 1983, EzA § 102 BetrVG 1972 Nr. 53.
6 Vgl. *Stahlhacke/Preis*, Rz. 278; *Kittner*, in Däubler/Kittner/Klebe, § 102 BetrVG Rz. 88; KR/*Etzel*, § 102 BetrVG Rz. 64.
7 Vgl. BAG v. 31. 8. 1989, EzA § 102 BetrVG 1972 Nr. 75; *Stahlhacke/Preis*, Rz. 278; *Kittner*, in Däubler/Kittner/Klebe, § 102 BetrVG Rz. 88.

III. Einleitung des Verfahrens

Anhörung des Betriebsrates auf sämtliche **Tatbestandsvoraussetzungen einer verhaltensbedingten Kündigung** erstrecken:
- Verletzung einer arbeitsvertraglichen Haupt- oder Nebenpflicht;
- tatsächlicher Eintritt einer Störung mit nachteiligen Auswirkungen im Bereich des Arbeitgebers und des Arbeitsverhältnisses[1];
- die aufgrund einer Negativprognose festgestellte Wiederholungsgefahr;
- Abwägung der widerstreitenden Interessen des Arbeitgebers und Arbeitnehmers;
- Ultima-ratio-Prinzip (zB Abmahnung).

Der Arbeitgeber muß bei der Anhörung deutlich machen, daß er aus **verhaltensbedingten Gründen kündigen will**. Dies ist deshalb erforderlich, weil es dem Arbeitgeber verwehrt ist, zunächst unter Mitteilung bestimmter Leistungsmängel des Arbeitnehmers bezüglich einer beabsichtigten betriebsbedingten Kündigung eine Anhörung durchzuführen, und später in einem Kündigungsschutzprozeß den der Anhörung zugrundeliegenden Sachverhalt als Grundlage einer verhaltensbedingten Kündigung heranzuziehen[2]. 60

Die Notwendigkeit für den Arbeitgeber, bei der Anhörung nach § 102 BetrVG deutlich zu machen, welche Art der Kündigung beabsichtigt ist, besteht auch im umgekehrten Fall. Auch der **Wechsel von einer verhaltens- zu einer personenbedingten Kündigung** ist im späteren Kündigungsprozeß nicht möglich[3]. 61

e) Außerordentliche Kündigung

Ebenso wie bei der ordentlichen Kündigung besteht auch bei der außerordentlichen Kündigung uneingeschränkt die Pflicht des Arbeitgebers, den Betriebsrat nach § 102 BetrVG anzuhören[4]. Auch wenn nach dem **Grundsatz der subjektiven Determinierung** die Mitteilung der vom Arbeitgeber für erforderlich gehaltenen Umstände zur Begründung der außerordentlichen Kündigung für eine ordnungsgemäße Anhörung nach § 102 BetrVG ausreicht, sollte der Arbeitgeber im Hinblick auf einen späteren Kündigungsschutzprozeß sämtliche für die materiell-rechtliche Wirksamkeit einer außerordentlichen Kündigung erforderlichen Umstände mitteilen. 62

Hierzu gehören im einzelnen folgende Informationen: 63
- die den wichtigen Grund zur Kündigung tragenden Tatsachen;

---

1 Vgl. BAG v. 27. 2. 1997, EzA § 1 KSchG – Verhaltensbedingte Kündigung Nr. 51.
2 Vgl. BAG v. 18. 8. 1982, EzA § 102 BetrVG 1972 Nr. 47; *Stahlhacke/Preis*, Rz. 278; *Kittner*, in Däubler/Kittner/Klebe, § 102 BetrVG Rz. 89 zu der hiervon zu trennenden Problematik des Nachschiebens von Kündigungsgründen vgl. unten Rz. 135 ff.
3 Vgl. *Stahlhacke/Preis*, Rz. 278; *Kittner*, in Däubler/Kittner/Klebe, § 102 BetrVG Rz. 89; LAG Hamburg v. 22. 2. 1991, LAGE § 102 BetrVG Nr. 28 mit kritischer Anm. *Rüthers/Franke*.
4 Vgl. *Stahlhacke/Preis*, Rz. 234; *Fitting/Kaiser/Heither/Engels*, § 102 BetrVG Rz. 3; *Kittner*, in Däubler/Kittner/Klebe, § 102 BetrVG Rz. 11, 99.

- die Umstände, aus denen sich die Unzumutbarkeit der Fortsetzung des Arbeitsverhältnisses ergibt;
- den Inhalt der die widerstreitenden Interessen des Arbeitgebers und Arbeitnehmers berücksichtigenden Abwägungen;
- ggf. erfolgte Abmahnungen und Gegendarstellungen;
- im Hinblick auf § 626 Abs. 2 BGB den Zeitpunkt, an dem der Arbeitgeber Kenntnis von den die Kündigung begründenden Umstände erlangt hat.

64 Soweit die Möglichkeit einer ordentlichen Kündigung durch **tarifvertragliche Regelung** für den Arbeitgeber ausgeschlossen ist, kann bei einer **Betriebsstillegung** eine außerordentliche Kündigung ausnahmsweise zulässig sein, wenn der Arbeitgeber die außerordentliche Kündigung mit einer sozialen Auslauffrist verbindet, die sich auf die gesetzlichen bzw. tariflichen Kündigungsfristen erstreckt[1]. Ggf. muß der Arbeitgeber dem Betriebsrat aber ausdrücklich mitteilen, daß es sich in diesem Zusammenhang um eine außerordentliche Kündigung handelt. Er kann sich insbesondere nicht darauf beschränken, nur den beabsichtigten Kündigungszeitpunkt anzugeben.

65 Beabsichtigt der Arbeitgeber die **Kündigung eines unter § 15 KSchG fallenden Arbeitnehmers,** hat die Anhörung gemäß § 102 BetrVG nur stattzufinden, wenn die außerordentliche Kündigung auch ohne vorherige Zustimmung des Betriebsrates gemäß § 103 BetrVG zulässig ist. Ist dies nicht der Fall, richtet sich das Anhörungsverfahren nach § 103 BetrVG[2].

f) Kumulativ außerordentliche und ordentliche Kündigung

66 Für den Arbeitgeber kann es in vielen Fällen zweckmäßig sein, neben einer außerordentlichen Kündigung **hilfsweise eine ordentliche Kündigung** zu erklären.

Auch kann möglicherweise eine außerordentliche Kündigung in eine ordentliche Kündigung **umgedeutet** werden[3]. Bei der Anhörung nach § 102 BetrVG muß der Arbeitgeber in diesen Fällen jedoch beachten, daß die ordentliche Kündigung grundsätzlich nicht wirksam wird, wenn er den Betriebsrat nicht zuvor darauf hingewiesen hat, daß die außerordentliche Kündigung jedenfalls **vorsorglich bzw. hilfsweise als ordentliche** gelten solle[4]. Der Hinweis des Arbeitgebers ist allerdings nicht zwingend erforderlich, wenn der Betriebsrat ausdrücklich und vorbehaltlos der außerordentlichen Kündigung **zugestimmt** hat und aus den Umständen erkennbar ist, daß er einer ordentlichen Kündigung

---

1 Vgl. BAG v. 28. 3. 1985, AP Nr. 86 zu § 626 BGB; BAG v. 29. 8. 1981, EzA § 102 BetrVG 1972 Nr. 82.
2 Vgl. unten Rz. 164 ff.; ferner *Kittner/Trittin*, § 15 KSchG, Rz. 3 ff.; *Kittner*, in Däubler/Kittner/Klebe, § 102 BetrVG Rz. 101.
3 Vgl. *Kittner*, in Däubler/Kittner/Klebe, § 102 BetrVG Rz. 102; *Stahlhacke/Preis*, Rz. 315 und allgemein zur Umdeutung Rz. 332 ff.
4 Vgl. BAG v. 16. 3. 1979, EzA § 102 BetrVG 1972 Nr. 32; BAG v. 1. 7. 1976, BB 1976, 1416; *Molkenbuhr/Kasthöfer/Pidde*, RdA 1989, 337, 343; *Stahlhacke/Preis*, Rz. 315.

keinesfalls entgegengetreten wäre[1]. Hat der Arbeitgeber den entsprechenden Hinweis auf die hilfsweise Geltung der Kündigung als ordentliche erteilt, so muß er für die ordentliche Kündigung die **Wochenfrist des § 102 Abs. 2 Satz 1 BetrVG** beachten. Ansonsten kann er sich später nicht mit Erfolg darauf berufen, die außerordentliche Kündigung habe hilfsweise als ordentliche zu gelten, da letztere wegen fehlerhaften Anhörungsverfahrens unwirksam wäre. Das Abwarten der Wochenfrist ist aber entbehrlich, wenn der Betriebsrat bereits innerhalb der für die außerordentliche Kündigung geltenden Dreitagesfrist unter Einschluß auch der ordentlichen Kündigung abschließend Stellung genommen hat[2]. Nimmt der Betriebsrat nicht innerhalb von drei Tagen zu beiden Kündigungen Stellung, so kann der Arbeitgeber auch zunächst die außerordentliche Kündigung und nach Ablauf der Wochenfrist die hilfsweise ordentliche Kündigung erklären.

g) Änderungskündigung

Im Falle einer Änderungskündigung kann der Arbeitnehmer zwischen der Beendigung oder der Fortsetzung des Arbeitsvertrages unter geänderten Arbeitsbedingungen wählen. Unabhängig von der Wahl des Arbeitnehmers beinhaltet eine Änderungskündigung stets eine Beendigungskündigung[3]. Der Arbeitgeber muß somit, wie bei jeder Kündigung, ein **Anhörungsverfahren nach § 102 BetrVG** vor Ausspruch der Kündigung durchführen. 67

Da der Arbeitgeber mit der Änderungskündigung dem Arbeitnehmer ein Änderungsangebot unterbreitet, ist der Betriebsrat auch über die mit der Änderungskündigung verbundene Versetzung bzw. Umgruppierung gemäß **§ 99 Abs. 1 BetrVG** zu unterrichten[4]. Der Arbeitgeber muß somit ein Anhörungsverfahren einleiten, welches sowohl den Erfordernissen des § 102 BetrVG als auch denen des § 99 BetrVG Rechnung trägt[5]. Die Informationspflicht des Arbeitgebers erstreckt sich mithin auch auf den **Inhalt des Änderungsangebotes**[6]. Die Kenntnis des Angebots ist für den Betriebsrat auch unabhängig von § 99 Abs. 1 BetrVG unverzichtbar, da er nur so die Möglichkeit hat, die Tragweite der Kündigung, insbesondere ob eine Widerspruchsmöglichkeit nach § 102 Abs. 3 Nr. 3–5 BetrVG besteht, zu beurteilen[7]. 68

Die für eine Änderungskündigung **maßgebenden Gründe** sind dem Betriebsrat mitzuteilen. Dazu gehören sowohl die beabsichtigten Änderungen der Arbeits- 69

---

1 Vgl. BAG v. 16. 3. 1979, EzA § 102 BetrVG 1972 Nr. 32; *Stahlhacke/Preis*, Rz. 315; *Kittner*, in Däubler/Kittner/Klebe, § 102 BetrVG Rz. 102.
2 Vgl. BAG v. 16. 3. 1978, AP Nr. 15 zu § 102 BetrVG 1972; *Stahlhacke/Preis*, Rz. 315.
3 Vgl. BAG v. 10. 3. 1982, AP Nr. 2 zu § 2 KSchG 1969; *Stahlhacke/Preis*, Rz. 769; *Hohmeister*, BB 1994, 1777; *Fitting/Kaiser/Heither/Engels*, § 102 BetrVG Rz. 6.
4 Vgl. BAG v. 27. 9. 1984, AP Nr. 8 zu § 2 KSchG 1969.
5 Vgl. *Fitting/Kaiser/Heither/Engels*, § 102 BetrVG Rz. 6 mwN.
6 Vgl. BAG v. 3. 3. 1989, EzA § 102 BetrVG 1972 Nr. 77.
7 Vgl. BAG v. 10. 3. 1982, EzA § 2 KSchG Nr. 3; BAG v. 11. 10. 1989, EzA § 1 KSchG – Betriebsbedingte Kündigung Nr. 64; *Stahlhacke/Preis*, Rz. 280; *Kittner*, in Däubler/Kittner/Klebe, § 102 BetrVG Rz. 96.

bedingungen wie auch die Umstände, welche deren Zumutbarkeit im Vergleich zu den alten Arbeitsbedingungen begründen[1]. Ferner hat der Arbeitgeber den beabsichtigten **Kündigungstermin** mitzuteilen[2].

70 Über die **Ertragslage** des gesamten Betriebes ist der Betriebsrat zu informieren, wenn die Änderungskündigung wegen dringender **Sanierungsbedürftigkeit** ausgesprochen werden soll[3].

71 Da es auch bei einer betriebsbedingten Änderungskündigung auf die **soziale Auswahl** ankommt[4], sind dem Betriebsrat, wie bei der betriebsbedingten Beendigungskündigung, die Gründe für die Sozialauswahl mitzuteilen[5].

h) Massenkündigung

72 § 102 BetrVG gilt auch bei Massenkündigungen. Die Mitteilung der Kündigungsgründe seitens des Arbeitgebers hat **in gleichem Umfang** zu erfolgen wie bei jeder betriebsbedingten Einzelkündigung[6]. Es liegt auf der Hand, daß es für den Arbeitgeber mit erheblichen Schwierigkeiten verbunden ist, in jedem einzelnen Kündigungsfall die kündigungsrelevanten Informationen einschließlich der Sozialauswahl rechtzeitig dem Betriebsrat mitzuteilen.

73 Auch dem Betriebsrat kann es Schwierigkeiten bereiten, in diesem Fall eine sachgerechte Beratung jedes einzelnen von einer Kündigung betroffenen Arbeitnehmers vorzunehmen[7]. Diese praktischen Schwierigkeiten folgen insbesondere daraus, daß **eine automatische Verlängerung der Anhörungsfrist** im Falle von Massenentlassungen nicht eintritt[8]. Ebenso wenig wie der Betriebsrat durch eine einseitige Maßnahme die Frist verlängern kann, steht ihm ein **Anspruch auf eine vertragliche Verlängerung der Frist** zu.

Arbeitgeber und Betriebsrat können allerdings durch eine **Vereinbarung** die Anhörungsfrist grundsätzlich verlängern[9].

---

1 Vgl. BAG v. 3. 3. 1989, EzA § 102 BetrVG 1972 Nr. 77.
2 Vgl. BAG v. 23. 3. 1990, EzA § 102 BetrVG 1972 Nr. 79.
3 Vgl. BAG v. 11. 10. 1989, AP Nr. 47 zu § 1 KSchG 1969 – Betriebsbedingte Kündigung.
4 Vgl. BAG v. 13. 6. 1986, EzA § 1 KSchG – Soziale Auswahl Nr. 23.
5 Vgl. LAG Baden-Württemberg v. 2. 4. 1982, NZA 1985, 126; *Stahlhacke/Preis*, Rz. 280; *Kittner*, in Däubler/Kittner/Klebe, § 102 BetrVG Rz. 97, zur Problematik und Umfang eines etwaigen Anspruchs auf vorläufige Weiterbeschäftigung vgl. *Fitting/Kaiser/Heither/Engels*, § 102 BetrVG, Rz. 8 sowie unten Rz. 138 ff.
6 Vgl. BAG v. 16. 9. 1992, AP Nr. 62 zu § 102 BetrVG Rz.72; *Fitting/Kaiser/Heither/Engels*, § 102 BetrVG Rz. 17; *Kittner*, in Däubler/Kittner/Klebe, § 102 BetrVG Rz. 98; zum Umfang der Begründungspflicht bei Massenentlassungen vgl. ferner BAG v. 14. 2. 1979, EzA § 102 BetrVG 1972 Nr. 33; BAG v. 27. 6. 1985, EzA § 102 BetrVG 1972 Nr. 60.
7 Vgl. *Kittner*, in Däubler/Kittner/Klebe, § 102 BetrVG Rz. 98.
8 Vgl. BAG v. 14. 8. 1986, EzA § 102 BetrVG 1972 Nr. 69; KR/*Etzel*, § 102 BetrVG Rz. 87; *Stahlhacke/Preis*, Rz. 301; aA *Bösche*, Rz. 32, 76; *Klebe/Schumann*, S. 52, Rz. 4.
9 Vgl. BAG v. 14. 8. 1986, EzA § 102 BetrVG 1972 Nr. 69.

III. Einleitung des Verfahrens   Rz. 76 **Teil 3 J**

Im Einzelfall kann die Berufung des Arbeitgebers auf den Ablauf der Anhö- 74
rungsfrist nach einem entsprechenden Fristverlängerungsersuchen seitens des
Betriebsrates **rechtsmißbräuchlich** sein. Dafür ist aber nicht die Zahl der geplanten Entlassungen maßgeblich, sondern das Verhalten der Betriebspartner
bis zur formellen Einleitung des Anhörungsverfahrens[1]. Nach dem BAG kann
dann im Einzelfall eine rechtsmißbräuchliche Ablehnung der Fristverlängerung
vorliegen, wenn der Betriebsrat von einer Vielzahl beabsichtigter Kündigungen
überrascht wird und um eine Verlängerung der Frist nachsucht[2].

i) Verdachtskündigung

Will der Arbeitgeber eine Verdachtskündigung aussprechen, muß er im Rah- 75
men des Anhörungsverfahrens nach § 102 BetrVG sowohl die ihm bekannten
Verdachtsmomente wie auch seine vergeblichen **Bemühungen zur Aufklärung
des Sachverhalts** als auch die Umstände mitteilen, aus denen sich die **Unzumutbarkeit der Weiterbeschäftigung** aufgrund des Verdachts ergibt[3]. Dabei hat
die Mitteilung auch den Inhalt und die Ergebnisse der Anhörung des Arbeitnehmers zu enthalten[4].

Nach erfolgter Anhörung des Betriebsrates zu einer **beabsichtigten Kündigung** 76
wegen erwiesener Straftat kann sich der Arbeitgeber nach der Rechtsprechung
des BAG im Kündigungsschutzprozeß nicht auf den bloßen Verdacht dieser
Straftat stützen, sofern er nicht zuvor auch diesbezüglich eine **vorsorgliche
Anhörung** des Betriebsrates nach § 102 BetrVG durchgeführt hat[5]. Im umgekehrten Fall, wenn sich eine Verdachtskündigung im nachfolgenden Kündigungsschutzprozeß als bewiesen erweist, ist eine erneute Anhörung des Betriebsrates aber entbehrlich[6].

---

1 Vgl. BAG v. 14. 8. 1986, EzA § 102 BetrVG 1972 Nr. 69; *Stahlhacke/Preis*, Rz. 301; *Kittner*, in Däubler/Kittner/Klebe, § 102 BetrVG Rz. 175.
2 Vgl. BAG v. 14. 8. 1986, EzA § 102 BetrVG 1972 Nr. 69; vgl. zum Mißbrauchstatbestand auch LAG Hamburg v. 31. 5. 1985, DB 1985, 2105 sowie LAG Hamburg v. 15. 3. 1985, LAGE § 102 BetrVG 1972 Nr. 15; zur Frage der Anwendung von § 103 bei Massenentlassungen vgl. oben Rz. 72.
3 Vgl. KR/*Etzel*, § 102 BetrVG Rz. 64a; *Kittner*, in Däubler/Kittner/Klebe, § 102 BetrVG Rz. 103.
4 Vgl. *Griese*, BB 1990, 1901; *Kittner*, in Däubler/Kittner/Klebe, § 102 BetrVG Rz. 103.
5 Vgl. BAG v. 2. 11. 1971, EzA § 626 BGB nF Nr. 118; BAG v. 3. 4. 1986, EzA § 102 BetrVG 1972 Nr. 63; LAG Düsseldorf v. 25. 2. 1986, LAGE § 102 BetrVG 1972 Nr. 18; *Griese*, BB 1990, 1901; aA *Dörner*, AIB 1993, 165; vgl. auch *Rüters*, Anm. zu EzA § 102 BetrVG 1972 Nr. 63, der darauf hinweist, daß die Zulässigkeit des Nachschiebens des Verdachts durchaus gegeben sein kann; vgl. zur Abgrenzung zwischen Tat und Verdachtskündigung noch BAG v. 26. 3. 1992, AP Nr. 23 zu § 626 BGB – Verdacht strafbarer Handlung sowie BAG v. 14. 9. 1994, AP Nr. 24 zu § 626 BGB – Verdacht strafbarer Handlung; *Bengelsdorf*, AuA 1995, 196; *Dörner*, NZA 1993, 873; *Dörner*, NZA 1992, 865.
6 Vgl. *Griese*, BB 1990, 1901; *Kittner*, in Däubler/Kittner/Klebe, § 102 BetrVG Rz. 103.

5. Formulierungsbeispiele für die Anhörung vor Kündigung

77 | An den Betriebsrat
Der Betriebsratsvorsitzende
...

Anhörung zur beabsichtigten Kündigung gem. § 102 BetrVG

Sehr geehrte Damen und Herren,

wir beabsichtigen, das Arbeitsverhältnis von

Name:
Geburtsdatum:
Familienstand:
Zahl der unterhaltspflichtigen Kinder (lt. Steuerkarte):
Wohnort:
Betriebszugehörigkeit:
Abteilung:
Position:

fristgemäß zum nächstmöglichen Termin zu kündigen. Die Kündigungsfrist beträgt gem. § 622 BGB/Arbeitsvertrag/Tarifvertrag ... zum ...

– oder –

fristlos und hilfsweise fristgerecht zum nächstmöglichen Zeitpunkt zu kündigen. Die Kündigungsfrist beträgt gem. § 622 BGB/Arbeitsvertrag/Tarifvertrag ... zum ...

– oder –

für den Fall der Nichtannahme der Vertragsänderung fristgerecht zum nächstmöglichen Zeitpunkt zu kündigen. Die Kündigungsfrist beträgt gem. § 622 BGB/Arbeitsvertrag/Tarifvertrag ... zum ...

Kündigungsbegründung:

(Kündigungssachverhalt)

...

Der Betriebsrat wird gebeten, der Kündigung zuzustimmen. Für den Fall, daß der Betriebsrat nicht zustimmt, wird er gebeten, binnen einer Woche schriftlich seine Bedenken gegen die Kündigung mitzuteilen.

– oder –

Der Betriebsrat wird gebeten, der Kündigung zuzustimmen. Für den Fall, daß der Betriebsrat der fristlosen Kündigung nicht zustimmt, wird er gebeten, binnen drei Tagen schriftlich seine Bedenken gegen die Kündigung mitzuteilen.

Ort, Datum   (Unterschrift Arbeitgeber)

IV. Abschluß des Verfahrens

> **Empfangsbestätigung:**
> Wir bestätigen, die Unterrichtung über die beabsichtigte Kündigung des Arbeitnehmers ... am ... erhalten zu haben.
>
> Ort, Datum   (Unterschrift Betriebsrat)

IV. Abschluß des Verfahrens

1. Beschluß des Betriebsrates

Hat der Arbeitgeber dem Betriebsrat die ordnungsgemäße Mitteilung über die beabsichtigte Kündigung gemacht, muß sich nunmehr der Betriebsrat mit der Mitteilung befassen und innerhalb der ihm gemäß § 102 Abs. 2 BetrVG zustehenden **Äußerungsfristen** über seine Reaktion entscheiden. Unabhängig von dem Inhalt seiner Äußerung hat er seine Entscheidung gemäß § 33 BetrVG stets im **Beschlußwege** zu treffen[1]. 78

Der Beschluß muß vom Betriebsrat **in einer Sitzung, zu welcher unter Angabe des entsprechenden Tagesordnungspunktes ordnungsgemäß geladen worden sein muß,** getroffen werden[2]. Auf dieses Verfahren kann der Betriebsrat nicht dadurch verzichten, daß er den Vorsitzenden oder ein anderes Betriebsratsmitglied zur alleinigen Entscheidung ermächtigt[3]. Auch im sogenannten **Umlaufverfahren** kann der Beschluß nach § 33 BetrVG nicht wirksam gefaßt werden; ein auf diese Art und Weise zustande gekommener Beschluß ist unwirksam[4]. Die **Beschlußfassung durch den Betriebsausschuß** ist nur dann zulässig, wenn diesem oder einem **besonderen Personalausschuß** die Erledigung dieser Aufgabe gemäß §§ 27 Abs. 3, 28 Abs. 3 BetrVG übertragen worden ist[5]. 79

Vor der Beschlußfassung „soll" der Betriebsrat gemäß § 102 Abs. 2 Satz 4 BetrVG **den betroffenen Arbeitnehmer hören,** soweit dies erforderlich erscheint. **Unterläßt der Betriebsrat die Anhörung** des Arbeitnehmers, so ergeben sich daraus jedoch keinerlei Konsequenzen für die Ordnungsgemäßheit des Anhörungsverfahrens[6]. 80

Die **Teilnahme des Arbeitgebers an der Sitzung des Betriebsrates,** in welcher dieser über seine Stellungnahme zu der beabsichtigten Kündigung beschließt, 81

---
1 Vgl. BAG v. 28. 2. 1976, EzA § 102 BetrVG 1972 Nr. 9.
2 Vgl. BAG v. 2. 4. 1976, EzA § 102 BetrVG 1972 Nr. 21.
3 Vgl. *Stahlhacke/Preis*, Rz. 286; *Kittner*, in Däubler/Kittner/Klebe, § 102 BetrVG Rz. 144; LAG Hamm v. 21. 9. 1982, ZIP 1983, 110.
4 Vgl. *Fitting/Kaiser/Heither/Engels*, § 102 BetrVG Rz. 20; KR/*Etzel*, § 102 BetrVG Rz. 96; *Stahlhacke/Preis*, Rz. 288; *Kittner*, in Däubler/Kittner/Klebe, § 102 BetrVG Rz. 144.
5 Vgl. BAG v. 4. 8. 1975, AP Nr. 4 zu § 102 BetrVG 1972; BAG v. 12. 7. 1984, AP Nr. 32 zu § 102 BetrVG 1972; *Fitting/Kaiser/Heither/Engels*, § 102 BetrVG Rz. 20.
6 Vgl. BAG v. 2. 4. 1976, EzA § 102 BetrVG 1972 Nr. 21; *Stahlhacke/Preis*, Rz. 289; *Kittner*, in Däubler/Kittner/Klebe, § 102 BetrVG Rz. 147.

hat keinen Einfluß auf die Ordnungsgemäßheit des Anhörungsverfahrens, soweit sich der Arbeitgeber einer unzulässigen Beeinflussung der Beschlußfassung enthält[1]. Die bloße Teilnahme des Arbeitgebers kann daher nicht schaden.

82 Im Falle einer **Aussetzung des Betriebsratsbeschlusses gemäß § 35 BetrVG** um eine Woche verlängert sich dadurch die Frist zur Stellungnahme des Betriebsrates nicht. Mangels anderweitiger gesetzlicher Regelung hat damit der Aussetzungsbeschluß allein zur Folge, daß der Betriebsrat innerhalb dieser Frist an einer Beschlußfassung gehindert ist, die nach Fristablauf bestehende Kündigungsmöglichkeit des Arbeitgebers wird jedoch nicht eingeschränkt[2].

Dem Betriebsrat ist es unbenommen, **eine Verlängerung der Stellungnahmefrist durch Vereinbarung** mit dem Arbeitgeber herbeizuführen[3].

2. Reaktionsmöglichkeiten des Betriebsrates

83 Ob und in welcher Art der Betriebsrat auf die Mitteilung des Arbeitgebers reagiert, liegt in seinem Verantwortungsbereich. Ein Anspruch des Arbeitnehmers auf eine bestimmte Reaktion besteht nicht[4]. Neben der Möglichkeit, bestehende **Bedenken** gegen die beabsichtigte Kündigung zu erklären bzw. einen **Widerspruch** hiergegen einzulegen[5], hat der Betriebsrat ferner die Möglichkeit, **weitere Informationen und ergänzende Unterlagen** zu der beabsichtigten Kündigung vom Arbeitgeber zu verlangen. Darüber hinaus kann er entweder ausdrücklich der Kündigung **zustimmen** oder zur beabsichtigten Kündigung **keine Stellungnahme** abgeben.

84 Erbittet der Betriebsrat vom Arbeitgeber ergänzende Informationen, so führt dies zu **keiner automatischen Verlängerung der Äußerungsfrist**[6]. Der Betriebsrat hat jedoch die Möglichkeit, beim Arbeitgeber um **eine Verlängerung der Äußerungsfrist** nachzusuchen. Gewährt der Arbeitgeber diese Verlängerung nicht, so muß der Betriebsrat seine abschließende Stellungnahme innerhalb der Äußerungsfrist abgeben, sofern nicht der Arbeitgeber ausnahmsweise zur Fristverlängerung verpflichtet ist[7].

---

1 Vgl. BAG v. 24. 3. 1977, EzA § 102 BetrVG 1972 Nr. 28; *Stahlhacke/Preis*, Rz. 289; *Kittner*, in Däubler/Kittner/Klebe, § 102 BetrVG Rz. 145.
2 Vgl. *Stahlhacke/Preis*, Rz. 288; KR/*Etzel*, § 102 BetrVG Rz. 98; kritisch hierzu *Kittner*, in Däubler/Kittner/Klebe, § 102 BetrVG Rz. 148, der diese Gesetzeslage als Widerspruch zum Grundsatz der „Beteiligungsfreundlichen Interpretationen des BetrVG" bezeichnet.
3 Vgl. BAG v. 14. 8. 1986, EzA § 102 BetrVG 1972 Nr. 69 zur Verlängerung der Stellungnahmefrist bei Massenkündigungen; s. hierzu oben Rz. 72.
4 Vgl. KR/*Etzel*, § 102 BetrVG Rz. 121; *Fitting/Kaiser/Heither/Engels*, § 102 BetrVG Rz. 38; *Kittner*, in Däubler/Kittner/Klebe, § 102 BetrVG Rz. 150.
5 Vgl. hierzu unten Rz. 91, 94 ff.
6 Vgl. LAG Frankfurt v. 21. 3. 1973, DB 1973, 1806; *Fitting/Kaiser/Heither/Engels*, § 102 BetrVG Rz. 32; *Kittner*, in Däubler/Kittner/Klebe, § 102 BetrVG Rz. 157, 174.
7 Vgl. zu diesem Ausnahmefall BAG v. 14. 8. 1986, EzA § 102 BetrVG 1972 Nr. 69; *Kittner*, in Däubler/Kittner/Klebe, § 102 BetrVG Rz. 175; KR/*Etzel*, § 102 BetrVG Rz. 89b.

IV. Abschluß des Verfahrens

Lehnt der Arbeitgeber eine Fristverlängerung ab, so muß er die vom Betriebsrat erbetenen Informationen rechtzeitig innerhalb der Anhörungsfrist erteilen. Wenn der Arbeitgeber für die Stellungnahme durch den Betriebsrat **maßgebliche Informationen** nachreicht, läuft die Wochenfrist erneut ab diesem Zeitpunkt an, da die Frist erst dann zu laufen beginnt, wenn die Information ordnungsgemäß und vollständig erfolgt ist[1]. Die Frage, ob es sich bei den vom Betriebsrat angeforderten Informationen um **maßgebliche** handelt, ist für den Arbeitgeber im Einzelfall schwer zu entscheiden. In dieser Situation ist dem Arbeitgeber zu raten, auf der Basis der ursprünglich erteilten Informationen nach Ablauf der Wochenfrist die Kündigung auszusprechen. Ferner sollte der Arbeitgeber dem Informationsverlangen des Betriebsrates nachkommen und nach Ablauf einer weiteren Wochenfrist, ab Erteilung der Informationen gerechnet, erneut hilfsweise kündigen.

85

Stimmt der Betriebsrat einer beabsichtigten Kündigung ausdrücklich zu[2], so ist dies bei hinreichender Bestimmtheit als **abschließende Stellungnahme** zu werten, welche dem Arbeitgeber die Möglichkeit zur Kündigung vor Ablauf der Äußerungsfrist des § 102 Abs. 2 BetrVG erlaubt. Allerdings liegt eine **unwirksame Kündigung trotz nachträglicher ausdrücklicher Zustimmung** des Betriebsrates in jedem Fall vor, wenn der Arbeitgeber zuvor seine Anhörungspflicht verletzt hat[3]. Ist die ausdrückliche Zustimmung des Betriebsrates dem Arbeitgeber zugegangen, so ist ein **einseitiger Widerruf durch den Betriebsrat** nicht möglich[4].

86

Es steht dem Betriebsrat im übrigen offen, auf die Mitteilung der beabsichtigten Kündigung **keine Stellungnahme** abzugeben. In diesem Fall ist das Anhörungsverfahren bei der ordentlichen Kündigung mit Ablauf der Wochenfrist des § 102 Abs. 2 BetrVG abgeschlossen. Danach gilt die Zustimmung des Betriebsrates nach § 102 Abs. 2 Satz 2 BetrVG als erteilt. Bei der außerordentlichen Kündigung gilt dies im Ergebnis entsprechend[5]. Eine gesetzliche Regelung findet sich hierzu allerdings nicht.

87

Das Unterlassen einer Stellungnahme kann der Betriebsrat auch mit **der ausdrücklichen Erklärung** verbinden, **sich nicht äußern zu wollen**[6]. In der Wirkung unterscheidet sich dieses Vorgehen des Betriebsrates vom bloßen Schweigen dadurch, daß dem Arbeitgeber die Möglichkeit der Kündigung vor Ablauf der Frist des § 102 Abs. 2 BetrVG eröffnet wird, sofern die Erklärung den Charakter einer **abschließenden Stellungnahme** hat[7]. Teilt der Betriebsrat lediglich mit, er

88

---

1 Vgl. *Kittner*, in Däubler/Kittner/Klebe, § 102 BetrVG Rz. 172.
2 Vgl. zu Einzelfragen der ausdrücklichen Zustimmung GK/*Kraft*, § 102 BetrVG Rz. 37.
3 Vgl. BAG v. 28. 2. 1974, EzA § 102 BetrVG 1972 Nr. 8.
4 Vgl. GK/*Kraft*, Rz. 71; KR/*Etzel*, § 102 BetrVG Rz. 126; Fitting/Kaiser/Heither/Engels, § 102 BetrVG Rz. 24; aA *Gaul*, RdA 1979, 269 f., der einen Widerruf bis zum Zeitpunkt des Kündigungsausspruchs durch den Arbeitgeber für möglich hält.
5 Vgl. KR/*Etzel*, § 102 BetrVG Rz. 130; *Kittner*, in Däubler/Kittner/Klebe, § 102 BetrVG Rz. 164.
6 Vgl. BAG v. 12. 3. 1987, EzA § 102 BetrVG 1972 Nr. 71.
7 Vgl. BAG v. 12. 3. 1987, AP Nr. 47 zu § 102 BetrVG 1972.

beabsichtige, keine Stellungnahme abzugeben, oder er wolle die Frist verstreichen lassen, so kann dies nicht ohne weiteres als eine abschließende Äußerung des Betriebsrates angesehen werden[1].

89 Im Unterschied zur ordentlichen Kündigung besteht für den Betriebsrat bei der **fristlosen Kündigung** nach erfolgter Mitteilung lediglich die Möglichkeit, innerhalb von drei Tagen **Bedenken** gegen die außerordentliche Kündigung anzumelden. Die Möglichkeit eines Widerspruchs, welcher ggf. einen vorläufigen Weiterbeschäftigungsanspruch des Arbeitnehmers auslöst, hat der Betriebsrat hingegen nicht[2].

90 Wegen der **materiell-rechtlichen Ausschlußfrist des § 626 Abs. 2 BGB** hat der Arbeitgeber darauf zu achten, daß er das Anhörungsverfahren so zeitig durchführt, daß die dreitägige Anhörung noch innerhalb der Zweiwochenfrist durchgeführt werden kann. Durch die Dreitagefrist verlängert sich die Ausschlußfrist des § 626 Abs. 2 BGB nicht.

a) Stellungnahme bei der ordentlichen Kündigung

aa) Äußerung von Bedenken

91 Bei der ordentlichen Kündigung kann der Betriebsrat bestehende Bedenken innerhalb einer **Frist von einer Woche schriftlich** (§ 102 Abs. 2 Satz 1 BetrVG) erheben. Nach Ablauf dieser Frist gilt die Zustimmung des Betriebsrates als erteilt und der Arbeitgeber hat die Möglichkeit zu kündigen.

92 Der Betriebsrat kann **Bedenken jedweder Art** geltend machen, eine inhaltliche Beschränkung diesbezüglich besteht nicht. Die Möglichkeit, Bedenken geltend zu machen, ist somit der generelle Auffangtatbestand für alle ablehnenden Stellungnahmen des Betriebsrates[3]. Erhebt der Betriebsrat Bedenken, so hat dies **keine unmittelbaren Auswirkungen auf einen etwaigen Kündigungsschutzprozeß**.

93 Hat der Betriebsrat **zunächst lediglich Bedenken geäußert** und will er **später gleichwohl Widerspruch** gegen die beabsichtigte Kündigung einlegen, so ist ihm diese Möglichkeit jedenfalls nach Ablauf der Frist des § 102 Abs. 2 BetrVG verwehrt. Ist die Wochenfrist noch nicht abgelaufen und hat der Arbeitgeber trotz vorliegender abschließender Stellungnahme seitens des Betriebsrates noch nicht gekündigt, so kann der Betriebsrat noch widersprechen.

bb) Widerspruch und Widerspruchsgründe

94 Unter der Voraussetzung, daß einer der Tatbestände des § 102 Abs. 3 Nrn. 1–5 BetrVG vorliegt, kann der Betriebsrat der beabsichtigten ordentlichen Kündi-

---

1 Vgl. BAG v. 12. 3. 1987, AP Nr. 47 zu § 102 BetrVG 1972; LAG Frankfurt v. 21. 11. 1986, LAGE § 102 BetrVG 1972 Nr. 21; *Oetker*, BB 1984, 1433.
2 Vgl. zur Stellungnahme des Betriebsrates im Falle der außerordentlichen Kündigung unten Rz. 120 ff.
3 Vgl. *Heinze*, Rz. 530.

IV. Abschluß des Verfahrens

gung widersprechen. Die diesbezügliche Entscheidung liegt in seinem **pflichtgemäßen Ermessen.**

Der Widerspruch durch den Betriebsrat muß **schriftlich** erfolgen[1]. Obwohl dies in § 102 Abs. 3 BetrVG nicht ausdrücklich angeordnet ist, folgt dies mittelbar aus § 102 Abs. 2 und 4 BetrVG sowie aus § 1 Abs. 2 Nr. 1 KSchG, welche die Schriftform des Widerspruchs voraussetzen. **Ein nur mündlicher Widerspruch ist unwirksam**[2]. 95

Der Betriebsrat hat für einen ordnungsgemäßen Widerspruch die Wochenfrist zu wahren. Die **Fristberechnung** richtet sich nach §§ 187, 193 BGB. Wann die Frist am letzten Tag abläuft, richtet sich nach den Verhältnissen im konkreten Betrieb. Grundsätzlich ist **Fristende** der normale Dienstschluß der Personalverwaltung, soweit nicht der Arbeitgeber Vorkehrungen getroffen hat, um entsprechende Erklärungen noch bis 24.00 Uhr entgegennehmen zu können, zB durch einen **Nachtbriefkasten,** wozu er jedoch nicht verpflichtet ist[3]. 96

Im Gegensatz zu einer **Verlängerung der Anhörungsfrist** durch Vereinbarung zwischen Arbeitgeber und Betriebsrat[4] ist eine **Fristverkürzung** durch Vereinbarung nicht möglich[5]. 97

Ein **Nachschieben neuer Widerspruchsgründe** durch den Betriebsrat ist nach Fristablauf nicht mehr möglich[6]. 98

Ein ordnungsgemäßer Widerspruch erfordert eine **Widerspruchsbegründung.** Zur Begründung eines Widerspruchs kann sich der Betriebsrat allein auf die in § 102 Abs. 3 BetrVG **abschließend aufgezählten Fälle** beziehen. Auf andere Gründe kann sich der Betriebsrat nicht stützen[7]. Soweit sich der Betriebsrat auf einen der in § 102 Abs. 3 BetrVG genannten Gründe stützt, reicht allerdings die **formelhafte Wiederholung des Gesetzestextes** nicht aus, vielmehr muß der Widerspruch durch die Angabe **konkreter Tatsachen** begründet werden[8]. Die Begründung ist bereits dann ausreichend, wenn die vom Betriebsrat angeführten Tatsachen es als **möglich erscheinen lassen,** daß einer der Widerspruchs- 99

---

1 Vgl. *Fitting/Kaiser/Heither/Engels*, § 102 BetrVG Rz. 38; *Kittner*, in Däubler/Kittner/Klebe, § 102 BetrVG Rz. 176; *Stahlhacke/Preis*, Rz. 303.
2 Vgl. *Kittner*, in Däubler/Kittner/Klebe, § 102 BetrVG Rz. 176.
3 Vgl. LAG Hamm v. 11. 2. 1992, LAGE § 102 BetrVG 1972 Nr. 33.
4 Vgl. BAG v. 14. 8. 1986, EzA § 102 BetrVG 1972 Nr. 69.
5 Vgl. KR/*Etzel*, § 102 BetrVG Rz. 89; *Stahlhacke/Preis*, Rz. 300; *Kittner*, in Däubler/Kittner/Klebe, § 102 BetrVG Rz. 173; *Galperin/Löwisch*, § 102 BetrVG Rz. 52, die jedoch eine Verkürzung der Frist durch Tarifvertrag bei Vorliegen sachlich vernünftiger Gründe zulassen.
6 Vgl. *Stahlhacke/Preis*, Rz. 304; *Kittner*, in Däubler/Kittner/Klebe, § 102 BetrVG Rz. 178; KR/*Etzel*, § 102 BetrVG Rz. 142a.
7 Vgl. *Fitting/Kaiser/Heither/Engels*, § 102 BetrVG Rz. 38; *Kittner*, in Däubler/Kittner/Klebe, § 102 BetrVG Rz. 180; *Stahlhacke/Preis*, Rz. 303; KR/*Etzel*, § 102 BetrVG Rz. 143; LAG Düsseldorf v. 5. 1. 1976, DB 1976, 1065; LAG Hamburg v. 29. 10. 1975, BB 1976, 184; kritisch *Heinze*, Rz. 538 ff.; kritisch auch *Brox*, FS BAG, S. 37, der die Geltendmachung aller Gründes des § 1 Abs. 2 Satz 1 KSchG für zulässig hält.
8 Vgl. vorhergehende Fußnote.

gründe des Abs. 3 vorliegt. Schlüssig brauchen die Gründe nicht zu sein[1]. Dies ergibt sich im Umkehrschluß aus § 102 Abs. 5 Nr. 3 BetrVG sowie daraus, daß bei einer Widerspruchsfrist von lediglich einer Woche keine erhöhten Anforderungen gestellt werden können.

100 Die Widerspruchsmöglichkeit des Betriebsrates ist nicht auf eine betriebsbedingte Kündigung begrenzt, sondern bei **jeder Art von ordentlicher Kündigung** möglich[2].

Praktische Probleme für den Betriebsrat, die Voraussetzungen seines Widerspruchsrechts bei personen- oder verhaltensbedingten Kündigungen darstellen zu können, bestehen in der Regel deshalb, weil die Gründe des § 102 Abs. 3 BetrVG faktisch vor allem bei betriebsbedingten Kündigungen vorliegen werden[3].

101 Wenn der Arbeitnehmer gegen die trotz Widerspruch ausgesprochene Kündigung **Klage auf Feststellung erhebt,** daß das Arbeitsverhältnis durch die Kündigung nicht beendet worden ist, so hat ein ordnungsgemäß erhobener Widerspruch des Betriebsrates zur Folge, daß auf Verlangen des Arbeitnehmers ein Anspruch auf **vorläufige Weiterbeschäftigung** nach § 102 Abs. 5 Satz 1 BetrVG entsteht[4].

102 Der Arbeitnehmer kann sich bei der **Geltendmachung der Sozialwidrigkeit** der Kündigung (§ 1 Abs. 2 KSchG) auf im Rahmen von § 102 Abs. 3 BetrVG als Widerrufsgründe genannte Gesichtspunkte berufen, auch wenn ein Widerruf des Betriebsrates nicht erfolgt ist oder kein Betriebsrat besteht[5].

(1) Fehlerhafte Sozialauswahl

103 Gemäß § 102 Abs. 3 Nr. 1 BetrVG kann der Betriebsrat seinen Widerspruch darauf stützen, daß der Arbeitgeber bei der Kündigung zu berücksichtigende **soziale Gesichtspunkte** nicht oder nicht hinreichend berücksichtigt hat. Diese Möglichkeit besteht allein bei der betriebsbedingten Kündigung, da die fehlerhafte soziale Auswahl **bei personen- oder verhaltensbedingten Kündigungen kein Rechtmäßigkeitskriterium** ist[6]. Widerspricht der Betriebsrat bei einer sol-

---

1 Vgl. *Stahlhacke/Preis,* Rz. 305; *Kittner,* in Däubler/Kittner/Klebe, § 102 BetrVG Rz. 181; *Fitting/Kaiser/Heither/Engels,* § 102 BetrVG Rz. 38; KR/*Etzel,* § 102 BetrVG Rz. 144; LAG Hamburg v. 29. 10. 1975, BB 1976, 184; LAG München v. 2. 3. 1994, BB 1994, 1287.
2 Vgl. BAG v. 22. 6. 1982, EzA § 1 KSchG – Verhaltensbedingte Kündigung Nr. 10; *Fitting/Kaiser/Heither/Engels,* Rz. 42; KR/*Etzel,* § 102 BetrVG Rz. 146; *Stahlhakke/Preis,* Rz. 306; *Kittner,* in Däubler/Kittner/Klebe, § 102 BetrVG Rz. 182.
3 Vgl. zu den Anforderungen an einen ordnungsgemäßen Inhalt der Widerspruchsbegründung in diesen Fällen *Stahlhacke/Preis,* Rz. 754 ff.; KR/*Etzel,* § 102 BetrVG Rz. 146; *Klebe,* BB 1980, 843.
4 Vgl. unten Rz. 138 ff.
5 Vgl. BAG v. 13. 9. 1973, AP Nr. 2 § 1 KSchG 1969; *Kittner,* in Däubler/Kittner/Klebe, § 102 BetrVG Rz. 185; *Fitting/Kaiser/Heither/Engels,* § 102 BetrVG Rz. 40 mwN; GK/*Kraft,* § 102 BetrVG Rz. 111; aA *Blohmeyer,* Gedächtnisschrift Dietz, S. 152 f.
6 Vgl. *Kittner,* in Däubler/Kittner/Klebe, § 102 BetrVG Rz. 186; *Kittner/Trittin,* § 1 KSchG Rz. 355.

IV. Abschluß des Verfahrens

chen Kündigung gestützt auf den Tatbestand des § 102 Abs. 3 Nr. 1 BetrVG, so liegt **kein ordnungsgemäßer Widerspruch** vor[1].

Ob der Betriebsrat auch dann gemäß § 102 Abs. 3 Nr. 1 BetrVG widersprechen kann, wenn der Arbeitgeber **eine sowohl betriebsbedingte wie auch personen- oder verhaltensbedingte Kündigung** aussprechen will, ist umstritten. Nach zutreffender Ansicht ist dies abzulehnen[2].

Zur **ordnungsgemäßen Begründung** des Widerspruchs ist erforderlich, aber auch ausreichend, daß der Betriebsrat auf die seiner Ansicht nach in die Sozialauswahl einzubeziehenden Arbeitnehmer hinweist und ferner die seiner Ansicht nach unzureichend berücksichtigten sozialen Gesichtspunkte benennt. Dabei liegt eine **ordnungsgemäße Begründung** bereits dann vor, wenn der Betriebsrat die fehlerhafte Sozialauswahl in der Weise gerügt hat, daß die Berechtigung der Rüge aufgrund der von ihm genannten konkreten Tatsachen **möglich erscheint.** Wenngleich er die gegen die Kündigung des vorgesehenen Arbeitnehmers sprechenden Gesichtspunkte mitzuteilen hat, muß er jedoch nicht andere Arbeitnehmer konkret bezeichnen, welchen statt dessen gekündigt werden müßte[3]. 104

Nach **§ 1 Abs. 3 Satz 1 KSchG aF** entsprach der Wortlaut dieser Vorschrift hinsichtlich der sozialen Auswahl dem des § 102 Abs. 3 Nr. 1 BetrVG. Daher konnte ein Widerspruch gemäß § 102 Abs. 3 Nr. 1 BetrVG auf sämtliche soziale Gesichtspunkte gestützt werden, welche nach § 1 Abs. 3 Satz 1 KSchG aF zu berücksichtigen waren, wie etwa Dauer der Betriebszugehörigkeit, Lebensalter, Unterhaltspflichten, Gesundheitszustand, Arbeitsmarktchancen und besondere Schutzrechte[4]. Durch **Art. 1 des Arbeitsrechtlichen Gesetzes zur Förderung von Wachstum und Beschäftigung** vom 25. 9. 1996, BGBl. I 1996, 1476 wurde § 1 Abs. 3 Satz 1 KSchG dahin gehend geändert, daß der Begriff „soziale Gesichtspunkte" durch die Formulierung „die Dauer der Betriebszugehörigkeit, das Lebensalter und die Unterhaltspflichten des Arbeitnehmers" ersetzt wurde. Unter dem Gesichtspunkt, daß ein Widerspruchsrecht des Betriebsrates nur insoweit bestehen kann, als er sich auf eine fehlerhafte Kündigung bezieht, wird der Widerspruch nach § 102 Abs. 3 Nr. 1 BetrVG nunmehr ausschließlich mit den Sozialdaten Dauer der Betriebszugehörigkeit, Lebensalter sowie Unterhaltspflichten des Arbeitnehmers begründet werden können. 105

---

1 Vgl. KR/*Etzel*, § 102 BetrVG Rz. 150a.
2 Vgl. KR/*Etzel*, § 102 BetrVG Rz. 155; aA *Klebe/Schumann*, S. 139; *Kittner*, in Däubler/Kittner/Klebe, § 102 BetrVG Rz. 186 unter Hinweise darauf, daß es ansonsten im Belieben des Arbeitgebers stünde, den Tatbestand des Abs. 3 Nr. 1 dadurch leerlaufen zu lassen, daß er neben der betrieblichen Kündigungsbegründung stets zusätzlich verhaltens- oder personenbedingte Gründe behauptet.
3 Vgl. *Fitting/Kaiser/Heither/Engels*, § 102 BetrVG Rz. 43a; *Kittner*, in Däubler/Kittner/Klebe, § 102 BetrVG Rz. 188; GK/*Kraft*, § 102 BetrVG Rz. 85; KR/*Etzel*, § 102 BetrVG Rz. 151; LAG Niedersachsen v. 22. 8. 1975, DB 1975, 1898; aA *Hess/Schlochauer/Glaubitz*, § 102 BetrVG Rz. 109; LAG Düsseldorf v. 5. 1. 1976, DB 1976, 1065.
4 Vgl. *Fitting/Kaiser/Heither/Engels*, § 102 BetrVG Rz. 40; *Kittner*, in Däubler/Kittner/Klebe, § 102 BetrVG Rz. 187; *Kittner/Trittin*, § 1 KSchG Rz. 394 ff.

106 In die soziale Auswahl werden **alle vergleichbaren Arbeitnehmer eines Betriebes** einbezogen, jedoch nicht diejenigen in **mehreren Betrieben** eines Unternehmens oder innerhalb eines **Konzerns**[1], sofern nicht die Einbeziehung einzelner **Arbeitnehmer nach § 1 Abs. 3 Satz 2 KSchG nF** ausgeschlossen ist, was dann der Fall ist, wenn deren Weiterbeschäftigung, insbesondere wegen ihrer Kenntnisse, Fähigkeiten und Leistungen oder zur Sicherung einer ausgewogenen Personalstruktur des Betriebes im berechtigten betrieblichen Interesse liegt.

107 Besteht ein **Gemeinschaftsbetrieb** mehrerer Unternehmen, ist eine sich auf den Gemeinschaftsbetrieb erstreckende unternehmensübergreifende Auswahl vorzunehmen.

(2) Richtlinienverstoß

108 Auf den Widerspruchsgrund des § 102 Abs. 3 Nr. 2 BetrVG kann sich der Betriebsrat sowohl bei personen-, verhaltens- als auch betriebsbedingten Kündigungen stützen.

109 Erforderlich für eine **ordnungsgemäße Begründung** ist einerseits die Benennung der Auswahlrichtlinie. Andererseits sind auch die Tatsachen, aus welchen sich der Verstoß gegen die Auswahlrichtlinie nach Ansicht des Betriebsrates ergibt, darzulegen[2].

110 **Im Unterschied zur früheren Rechtslage,** nach der jeder Verstoß gegen eine Richtlinie iS des § 95 Abs. 1 BetrVG einen Widerspruchsgrund für den Betriebsrat darstellte, ist dies nach Inkrafttreten des Arbeitsrechtlichen Beschäftigungsförderungsgesetzes zum 1.10.1996 nur noch bei grober Fehlerhaftigkeit iS von **§ 1 Abs. 4 KSchG nF** der Fall.

(3) Möglichkeit der Weiterbeschäftigung auf einem anderen Arbeitsplatz

111 Ein Widerspruchsrecht des Betriebsrates nach § 102 Abs. 3 Nr. 3 BetrVG ist gegeben, sofern der Arbeitnehmer zwar nicht auf seinem bisherigen Arbeitsplatz[3], aber doch auf einem anderen freien[4] Arbeitsplatz des Betriebes **weiterbeschäftigt werden könnte.** Auch in absehbarer Zeit nach Ablauf der Kündigungsfrist frei werdende Arbeitsplätze sind dabei zu berücksichtigen[5].

112 Eine **Weiterbeschäftigung in einem anderen Betrieb des Unternehmens** ist ebenfalls in Betracht zu ziehen[6]. Auf andere Arbeitsplätze im **Konzern** bezieht

---

[1] Vgl. BAG v. 26. 2. 1987, EzA § 1 KSchG – Soziale Auswahl Nr. 24.
[2] Vgl. KR/*Etzel,* § 102 BetrVG Rz. 156; *Heinze,* S. 226; *Kittner,* in Däubler/Kittner/Klebe, § 102 BetrVG Rz. 190.
[3] Vgl. BAG v. 12. 9. 1985, EzA § 102 BetrVG 1972 Nr. 61; *Dietz/Richardi,* § 102 BetrVG Rz. 177; aA *Fitting/Kaiser/Heither/Engels,* Rz. 47; KR/*Etzel,* § 102 BetrVG 1972 Rz. 164.
[4] Vgl. *Kittner,* in Däubler/Kittner/Klebe, § 102 BetrVG Rz. 8 mwN.
[5] Vgl. BAG v. 15. 12. 1994, AP Nr. 67 zu § 1 KSchG 1969 – Betriebsbedingte Kündigung.
[6] Vgl. BAG v. 17. 5. 1984, AP Nr. 21 zu § 1 KSchG 1969 – Betriebsbedingte Kündigung; *Fitting/Kaiser/Heither/Engels,* § 102 BetrVG Rz. 45a; *Kittner,* in Däubler/Kittner/Klebe, § 102 BetrVG Rz. 3.

IV. Abschluß des Verfahrens   Rz. 115 Teil 3 J

sich der Widerspruchsgrund des § 102 Abs. 3 Nr. 3 BetrVG grundsätzlich nicht[1]. Die Weiterbeschäftigung in einem anderen Betrieb des Konzerns ist ausnahmsweise dann zu berücksichtigen, wenn ein **konzernweiter Einsatz** des Arbeitnehmers arbeitsvertraglich vorgesehen ist, eine entsprechende Selbstbindung des Arbeitgebers besteht oder dieser **einen bestimmenden Einfluß auf unternehmensübergreifende Versetzungen** innerhalb des Konzerns hat[2].

Unterschiedlich beurteilt wird der **Umfang**, in dem der Betriebsrat den anderen Arbeitsplatz in seinem Widerspruch zu bezeichnen hat. Teilweise wird für ausreichend erachtet, daß der Betriebsrat seine Vorstellungen über die weitere Beschäftigungsmöglichkeit darlegt[3]. Teilweise wird gefordert, der Widerspruch müßte die **konkrete Angabe eines freien Arbeitsplatzes** enthalten, auf welchem die Weiterbeschäftigung unter Berücksichtigung der Auffassung des BAG möglich sei[4], bzw. der Arbeitsplatz müsse in bestimmbarer Weise angegeben bzw. der Bereich bezeichnet werden, in dem der Arbeitnehmer anderweitig beschäftigt werden könne[5]. Letzterer Ansicht ist zuzustimmen. Sie berücksichtigt die Rechtsprechung des BAG, nach der der Widerspruchsbegründung des Betriebsrates ein Mindestmaß an konkreter Argumentation abzuverlangen ist. Dabei muß sich aus den konkret angegebenen Tatsachen das Vorhandensein eines Arbeitsplatzes ableiten lassen[6].   113

Ob eine Weiterbeschäftigung des Arbeitnehmers auf dem anderen **Arbeitsplatz für den Arbeitgeber zumutbar** ist, hat auf die Ordnungsgemäßheit des Widerspruchs ebenso wenig Einfluß wie die **Zumutbarkeit für den Arbeitnehmer**. Zur Geltendmachung des Widerspruchsgrundes nach § 102 Abs. 3 Nr. 3 BetrVG ist das Einverständnis des Arbeitnehmers nicht erforderlich[7].   114

(4) Umschulung, Fortbildung

Als im Verhältnis zu § 102 Abs. 3 Nr. 3 BetrVG **subsidiärer Widerspruchsgrund** gibt § 102 Abs. 3 Nr. 4 BetrVG dem Betriebsrat die Möglichkeit, einer Kündigung zu widersprechen, weil die Weiterbeschäftigung des Arbeitnehmers nach   115

---

1 Vgl. BAG v. 27. 11. 1991, DB 1992, 1247; BAG v. 14. 10. 1982, AP Nr. 1 zu § 1 KSchG – Konzern mit Anm. *Wiedemann; Kittner*, in Däubler/Kittner/Klebe, § 102 BetrVG Rz. 5; *Fitting/Kaiser/Heither/Engels*, § 102 BetrVG Rz. 45b.
2 Vgl. BAG v. 14. 10. 1982, 22. 5. 1986 und 27. 11. 1991, AP Nrn. 1, 4, 6 zu § 1 KSchG 1969 – Konzern; *Kittner*, in Däubler/Kittner/Klebe, § 102 BetrVG Rz. 195; *Fitting/Kaiser/Heither/Engels*, § 102 BetrVG Rz. 45b; *Stahlhacke*, DB 1994, 1361, 1367; zum Kündigungsschutz im Konzern: *Helle*, Konzernbedingte Kündigungsschranken bei Abhängigkeit und Beherrschung durch Kapitalgesellschaften, 1989, S. 88 ff.; zum Weiterbeschäftigungsanspruch im multinationalen Konzern *Eser*, BB 1994, 91.
3 Vgl. *Kittner*, in Däubler/Kittner/Klebe, § 102 BetrVG Rz. 201; LAG Hamm v. 9. 12. 1976, LAGE § 102 BetrVG 1972 – Beschäftigungspflicht Nr. 8.
4 Vgl. LAG Düsseldorf v. 26. 6. 1980, DB 1980, 2043.
5 Vgl. KR/*Etzel*, § 102 BetrVG Rz. 163; GK/*Kraft*, § 102 BetrVG Rz. 89; LAG Hamm v. 9. 12. 1976, LAGE § 102 BetrVG 1972 – Beschäftigungspflicht Nr. 8.
6 Vgl. BAG v. 7. 2. 1991, AP Nr. 1 zu § 102 BetrVG 1972 – Weiterbeschäftigung.
7 Vgl. *Dietz/Richardi*, § 102 BetrVG Rz. 147; KR/*Etzel*, § 102 BetrVG Rz. 167; a.A. *Hess/Schlochauer/Glaubitz*, § 102 BetrVG Rz. 121.

zumutbaren **Umschulungs- oder Fortbildungsmaßnahmen** möglich ist[1]. Eine Widerspruchsmöglichkeit des Betriebsrates nach § 102 Abs. 3 Nr. 4 BetrVG besteht aber nicht, wenn aus besonderen betrieblichen Gründen oder aus Gründen in der Person des Arbeitnehmers die Umschulung nicht zumutbar ist, weil sie in angemessener Zeit keinen Erfolg verspricht, der Arbeitnehmer nicht zustimmt oder ein freier Arbeitsplatz im Zeitpunkt der Beendigung der Umschulung voraussichtlich nicht vorhanden sein wird[2].

(5) Geänderte Vertragsbedingungen

116 Der Widerspruchsgrund des § 102 Abs. 3 Nr. 5 BetrVG gilt als **Auffangtatbestand,** welcher über die Nrn. 1–4 hinausgehende zusätzliche Möglichkeiten schaffen soll, **den Erhalt des Arbeitsverhältnisses** zu bewirken[3].

117 Allerdings ist § 102 Abs. 3 Nr. 5 BetrVG nur in dem Fall einschlägig, daß eine Weiterbeschäftigung zu **ungünstigeren Arbeitsbedingungen** möglich ist[4].

118 **Voraussetzung für die Widerspruchsmöglichkeit** des Betriebsrates nach § 102 Abs. 3 Nr. 5 BetrVG ist, daß der Arbeitnehmer sein **Einverständnis** mit den geänderten Vertragsbedingungen erklärt hat. Aus dem Wortlaut der Vorschrift und der Überlegung, daß ein sinnvoller Widerspruch nur dann möglich ist, wenn das Einverständnis des Arbeitnehmers vorliegt, folgt, daß das Einverständnis bereits bei Einlegung des Widerspruchs durch den Betriebsrat vorliegen muß[5].

---

1 Vgl. *Fitting/Kaiser/Heither/Engels,* § 102 BetrVG Rz. 48; *Kittner,* in Däubler/Kittner/Klebe, § 102 BetrVG Rz. 207.
2 Vgl. *Fitting/Kaiser/Heither/Engels,* § 102 BetrVG Rz. 48; GK/*Kraft,* § 102 BetrVG Rz. 92; BAG v. 8. 6. 1972, AP Nr. 1 zu § 1 KSchG 1969 – Umschulung; *Kittner,* in Däubler/Kittner/Klebe, § 102 BetrVG Rz. 215 und ergänzend zu Abs. 3 Nr. 4 Rz. 207 ff. sowie *Fitting/Kaiser/Heither/Engels,* § 102 BetrVG Rz. 48 ff.
3 Vgl. weitergehend *Kittner,* in Däubler/Kittner/Klebe, § 102 BetrVG Rz. 215, welcher jede denkbare Möglichkeit zum Erhalt des Arbeitsverhältnisses als von Abs. 3 Nr. 5 erfaßt ansieht.
4 Vgl. BAG v. 29. 3. 1990, EzA § 1 KSchG 1969 – Soziale Auswahl Nr. 29; *Fitting/Kaiser/Heither/Engels,* § 102 BetrVG Rz. 49; aA *Kittner,* in Däubler/Kittner/Klebe, § 102 BetrVG Rz. 218: Aus dem Umstand, daß ein Arbeitnehmer während des Bestehens des Arbeitsverhältnisses keinen Anspruch auf Beförderung habe, könne nicht geschlossen werden, daß eine solche nicht zur Vermeidung einer Kündigung in Frage komme. Im übrigen sei das Einverständnis des Arbeitnehmers auch bei einem Wechsel „nach oben" erforderlich, sofern die entsprechenden Arbeitsinhalte nicht Bestandteil seines Arbeitsvertrages seien.
5 Vgl. *Fitting/Kaiser/Heither/Engels,* Rz. 49; GK/*Kraft,* § 102 BetrVG Rz. 95; KR/*Etzel,* § 102 BetrVG Rz. 172b; *Dietz/Richardi,* § 102 BetrVG Rz. 144; *Galperin/Löwisch,* § 102 BetrVG Rz. 76; aA *Klebe/Schumann,* S. 164; einschränkend *Kittner,* in Däubler/Kittner/Klebe, § 102 BetrVG Rz. 220, der mangels ausdrücklicher gesetzlicher Regelung das zeitgleich mit seinem Verlangen nachWeiterbeschäftigung durch den Arbeitgeber gegebene Einverständnis zu einer Vertragsänderung dann ausreichen lassen will, wenn der Betriebsrat bei der Einlegung des Widerspruchs den betroffenen Arbeitnehmer gar nicht erreicht, bzw. dieser nicht in der Lage ist, eine rechtserhebliche Erklärung abzugeben.

IV. Abschluß des Verfahrens

Die **Grenze der Einwilligungsmöglichkeit** des Arbeitnehmers in Vertragsänderungen „nach unten" liegt dort, wo diese aufgrund Gesetz, Tarifvertrag oder Betriebsvereinbarung unabdingbar sind[1].

Verweist der Widerspruch des Betriebsrates allein auf die Möglichkeit der Vornahme **kollektiver Maßnahmen** wie etwa die Einführung von **Kurzarbeit**, so ist der Widerspruch unwirksam. Auf derartige Möglichkeiten bezieht sich § 102 Abs. 3 Nr. 5 BetrVG nicht, sondern vielmehr **allein auf individuelle Maßnahmen**[2]. 119

b) Stellungnahme bei der außerordentlichen Kündigung

Der Betriebsrat hat Bedenken gegen die außerordentliche Kündigung mit Angabe von Gründen dem Arbeitgeber unverzüglich, spätestens jedoch innerhalb von 3 Tagen, schriftlich mitzuteilen. Im Falle einer beabsichtigten außerordentlichen Kündigung steht dem Betriebsrat **keine Widerspruchsmöglichkeit** zu. Allein für den Fall einer zusammen mit einer außerordentlichen Kündigung beabsichtigten **hilfsweisen ordentlichen Kündigung**[3] kann der Betriebsrat hinsichtlich der hilfsweise erklärten Kündigung unter den entsprechenden Voraussetzungen Widerspruch erheben. 120

Der Arbeitgeber muß, wenn er nicht vorher eine Stellungnahme des Betriebsrates erhält, den Ablauf der Dreitagefrist abwarten, bevor er die Kündigung ausspricht[4]. Der Arbeitgeber ist allerdings nicht gehindert, den Arbeitnehmer im Einzelfall auch schon vor Ausspruch der Kündigung von der Arbeit zu suspendieren. Ob er in diesem Falle in Annahmeverzug gerät oder nicht, hängt davon ab, ob die Weiterbeschäftigung bis zum Ausspruch der Kündigung schlechterdings unzumutbar ist[5]. 121

Den Ablauf der Dreitagesfrist nach § 102 Abs. 2 Satz 3 BetrVG muß der Arbeitgeber vor Ausspruch einer außerordentlichen Kündigung nicht abwarten, wenn bereits zuvor eine abschließende Stellungnahme des Betriebsrates vorliegt. 122

---

1 Vgl. KR/*Etzel*, § 102 BetrVG Rz. 172a; *Dietz/Richardi*, § 102 BetrVG Rz. 145; *Kittner*, in Däubler/Kittner/Klebe, § 102 BetrVG Rz. 217.
2 Vgl. *Fitting/Kaiser/Heither/Engels*, § 102 BetrVG Rz. 50a; *Hess/Schlochauer/Glaubitz*, § 102 BetrVG Rz. 134; LAG Düsseldorf v. 27. 6. 1974, DB 1974, 2113; LAG Hamm v. 8. 3. 1983, BB 1983, 1349; *Vollmer*, DB 1982, 33; *Wanck*, RdA 1987, 141; aA ArbG Mannheim v. 9. 12. 1982, BB 1983, 1031; *Kittner*, in Däubler/Kittner/Klebe, § 102 BetrVG Rz. 2; vgl. auch BAG v. 13. 6. 1985 und 15. 6. 1989, AP Nrn. 10, 45 zu § 1 KSchG 1969 – Betriebsbedingte Kündigung.
3 Vgl. oben Rz. 66.
4 Vgl. BAG v. 18. 9. 1975, EzA § 102 BetrVG 1972 Nr. 17 unter I 2 B der Gründe; *Dietz/Richardi*, § 102 BetrVG Rz. 50; *Stahlhacke/Preis*, Rz. 310.
5 Vgl. BAG v. 26. 4. 1956, AP Nr. 5 zu § 9 MuSchG; BAG v. 11. 11. 1976, AP Nr. 8 zu § 103 BetrVG 1972; BAG v. 29. 10. 1987, AP Nr. 42 zu § 615 BGB; LAG Köln v. 27. 11. 1995, 9 Sa 85/95 nv. (Verdacht des sexuellen Mißbrauchs von Kleinkindern in einer Kindertagesstätte durch einen Erzieher).

c) **Formulierungsbeispiele für die Stellungnahme des Betriebsrats**

123

An die Geschäftsleitung
...

Stellungnahme des Betriebsrats zur beabsichtigten Kündigung des Arbeitnehmers ...

Sehr geehrte Damen und Herren,

bezugnehmend auf die vorbezeichnete Anhörung am ... teilen wir Ihnen folgendes mit:

Der Betriebsrat stimmt der beabsichtigten Kündigung zu.

– oder –

Der Betriebsrat stimmt der fristgerechten, nicht aber der fristlosen Kündigung zu.

– oder –

Der Betriebsrat stimmt der Umgruppierung/Versetzung zu.

– oder –

Der Betriebsrat hat gegen die fristgerechte/fristlose Kündigung folgende Bedenken:

(Darstellung der Bedenken gegen die Kündigung)

– und/oder –

Der Betriebsrat widerspricht der Kündigung:

(Der Widerspruch kann nur auf die in § 102 Abs. 3 BetrVG enumerativ aufgezählten Gründe gestützt werden. Diese müssen im einzelnen dargelegt werden. Unzureichend ist die Wiedergabe des Gesetzeswortlauts.)

– oder –

Der Betriebsrat hat gegen die Umgruppierung/Versetzung folgende Bedenken: ...

– und/oder –

Der Betriebsrat widerspricht der Versetzung/Umgruppierung.

Der Betriebsrat:

Ort, Datum

(Name/Vorname)
Betriebsratsvorsitzender

3. Kündigungsausspruch

Ist das Anhörungsverfahren abgeschlossen, kann der Arbeitgeber die beabsichtigte Kündigung aussprechen. **Eine vorher ausgesprochene Kündigung ist gemäß § 102 Abs. 1 Satz 3 BetrVG unwirksam**[1]. 124

Der **Abschluß des Anhörungsverfahrens** liegt dann vor, wenn entweder die Fristen des § 102 Abs. 2 BetrVG ohne Reaktion des Betriebsrates abgelaufen sind oder dieser eine erkennbar abschließende Stellungnahme abgegeben hat[2], welche auch darin liegen kann, daß der Betriebsrat lediglich erklärt, er wolle sich zu Kündigungen nicht äußern[3]. 125

Unabhängig davon, ob die geltend gemachten Gründe zutreffend sind, hat der Arbeitgeber im Falle eines vom Betriebsrat erklärten Widerspruches dem Arbeitnehmer zusammen mit der Kündigung eine **Abschrift der Stellungnahme** des Betriebsrates zuzuleiten (§ 102 Abs. 4 BetrVG). Die Kündigung ist aber nicht allein deshalb unwirksam, weil der Arbeitgeber die Übermittlung der Stellungnahme unterläßt. Dies kann allenfalls zu Schadensersatzansprüchen des Arbeitnehmers führen[4]. 126

V. Mängel des Anhörungsverfahrens und deren Rechtsfolgen

1. Allgemeine Grundsätze

Die Unwirksamkeit einer Kündigung kann über den Fall hinaus, daß der Arbeitgeber den Betriebsrat überhaupt nicht angehört hat, auch aus Mängeln des durchgeführten Anhörungsverfahrens folgen. Nach dem Grundsatz der **subjektiven Determinierung** führen objektiv unrichtige Angaben des Arbeitgebers nicht ohne weiteres zur Unwirksamkeit des Anhörungsverfahrens und damit zur Unwirksamkeit der nachfolgenden Kündigung. Läßt sich die ausgesprochene Kündigung im nachfolgenden Kündigungsschutzprozeß jedoch nicht aufgrund der vom Arbeitgeber mitgeteilten Umstände materiell rechtfertigen, so führt dies deshalb zur Unwirksamkeit der Kündigung, weil der Arbeitgeber sich auf die anderen, zutreffenden Gründe – die dem Betriebsrat nicht mitgeteilt worden sind – zur Rechtfertigung der Kündigung nicht berufen kann[5]. 127

---

1 Vgl. *Preis*, NZA 1995, 241; *von Hoyningen-Huene*, NZA 1994, 1009; *Kittner*, in Däubler/Kittner/Klebe, § 102 BetrVG Rz. 222.
2 Vgl. *Stahlhacke/Preis*, Rz. 312.
3 Vgl. BAG v. 12. 3. 1987, EzA § 102 BetrVG 1972 Nr. 71.
4 Vgl. *Fitting/Kaiser/Heither/Engels*, § 102 BetrVG Rz. 53; *Stahlhacke/Preis*, Rz. 313; KR/*Etzel*, § 102 BetrVG Rz. 180; *Hess/Schlochauer/Glaubitz*, § 102 BetrVG Rz. 140; aA *Duvell*, NZA 1988, 866, wonach Abs. 4 eine formelle Kündigungsvoraussetzung regele; kritisch auch *Kittner*, in Däubler/Kittner/Klebe, § 102 BetrVG Rz. 224; *Dietz/Richardi*, § 102 BetrVG Rz. 164; *Galperin/Löwisch*, § 102 BetrVG Rz. 84; *Heinze*, Rz. 580; *Fitting/Kaiser/Heither/Engels*, § 102 BetrVG Rz. 350.
5 Vgl. BAG v. 11. 6. 1991, EzA § 102 BetrVG 1972 Nr. 81; KR/*Etzel*, § 102 BetrVG Rz. 190b.

128 Ein Mangel des Anhörungsverfahrens besteht, wenn die Mitteilung des Arbeitgebers lediglich **pauschale Informationen** enthält, welche zur Bewertung der Kündigungsabsicht ungeeignet sind[1].

129 Unterläßt der Arbeitgeber vor einer beabsichtigen Kündigung die Anhörung des Betriebsrates, weil jener seinen diesbezüglichen **Verzicht** erklärt hat, so ist die ausgesprochene Kündigung unwirksam, da ein Verzicht auf das Anhörungsrecht nicht möglich ist[2].

130 Leidet das Anhörungsverfahren an Fehlern des Arbeitgebers, so werden diese auch durch eine **Stellungnahme des Betriebsrates nicht geheilt**[3]. Die Unwirksamkeit einer Kündigung wegen fehlerhaftem Anhörungsverfahren wird auch nicht durch eine **Zustimmung** des Betriebsrates geheilt[4].

2. Mängel außerhalb der Sphäre des Arbeitgebers

131 Leidet das Anhörungsverfahren an **Mängeln aus der Sphäre des Betriebsrates**, wird dadurch das Anhörungsverfahren nicht fehlerhaft[5]. Nach der Rechtsprechung des BAG haben Mängel in der Willensbildung des Betriebsrates selbst dann **keine Auswirkung auf die Wirksamkeit der Anhörung**, wenn der Arbeitgeber von deren Vorliegen **positive Kenntnis** hat oder entsprechendes **vermutet**, und zwar selbst dann nicht, wenn der Arbeitgeber noch innerhalb der Wochenfrist kündigt[6]. In der Literatur wird angenommen, daß ein in die Sphäre des Betriebsrates fallender Fehler beachtlich ist, wenn der Arbeitgeber seine **Kündigung vor Ablaufen der Anhörungsfristen** ausspricht, da in diesem Fall **noch keine abschließende Stellungnahme** des Betriebsrates vorliege[7].

132 Das BAG hat in diesem Zusammenhang eine Anhörung **ausnahmsweise dann als unwirksam** erachtet, wenn ein einzelnes Betriebsratsmitglied während der Anhörungsfrist nach der Mitteilung durch den Arbeitgeber sofort eine Stellungnahme zu der beabsichtigten Kündigung abgibt und der Arbeitgeber weiß oder nach den Umständen annehmen muß, daß der Betriebsrat sich noch nicht mit

---

1 Vgl. BAG v. 27. 6. 1985, EzA § 102 BetrVG 1972 Nr. 60.
2 Vgl. GK/*Kraft*, § 102 BetrVG Rz. 57; *Fitting/Kaiser/Heither/Engels*, § 102 BetrVG Rz. 25; *Kittner*, in Däubler/Kittner/Klebe, § 102 BetrVG Rz. 49.
3 Vgl. BAG v. 16. 3. 1978, AP Nr. 15 zu § 102 BetrVG 1972.
4 Vgl. BAG v. 28. 2. 1974, AP Nr. 2 zu § 102 BetrVG 1972; BAG v. 24. 3. 1977, AP Nr. 6 zu § 102 BetrVG 1972; GK/*Kraft*, § 102 BetrVG Rz. 37; *Dietz/Richardi*, § 102 BetrVG Rz. 100, 103; *Galperin/Löwisch*, § 102 BetrVG Rz. 49; *Fitting/Kaiser/Heither/Engels*, § 102 BetrVG Rz. 27.
5 Vgl. BAG v. 4. 8. 1978, AP Nr. 4 zu § 102 BetrVG 1972; BAG v. 24. 3. 1977, AP Nr. 12 zu § 102 BetrVG 1972; *Fitting/Kaiser/Heither/Engels*, § 102 BetrVG Rz. 22; KR/*Etzel*, § 102 BetrVG Rz. 115; *Kittner*, in Däubler/Kittner/Klebe, § 102 BetrVG Rz. 229; *Stahlhacke/Preis*, Rz. 291; LAG Hamm v. 30. 6. 1994, LAGE § 102 BetrVG 1972 Nr. 43; BAG v. 20 12. 1989 – 2 AZR 4/89, nv.
6 Vgl. BAG v. 4. 8. 1978, AP Nr. 4 zu § 102 BetrVG 1972; zustimmend *Hunoldt*, DB 1976, 1865; *Heinze*, Rz. 496 f.; *Galperin/Löwisch*, § 102 BetrVG Rz. 41.
7 Vgl. *Kittner*, in Däubler/Kittner/Klebe, § 102 BetrVG Rz. 229; *Fitting/Kaiser/Heither/Engels*, § 102 BetrVG Rz. 22.

V. Mängel des Anhörungsverfahrens

der Angelegenheit befaßt hat¹. Dies gilt selbst dann, wenn der Betriebsratsvorsitzende die Stellungnahme abgibt.

3. Bewußte Fehlinformation

Der Arbeitgeber genügt seiner Mitteilungspflicht, wenn er dem Betriebsrat alle die Umstände mitteilt, die aus seiner Sicht für den Kündigungsentschluß maßgeblich waren. Hat der Arbeitgeber **objektiv kündigungsrechtlich erhebliche Tatsachen** nicht mitgeteilt, führt dies nicht zur Fehlerhaftigkeit der Betriebsratsanhörung, sondern dazu, daß der Arbeitgeber diese Umstände im Kündigungsschutzprozeß grundsätzlich nicht zur Begründung der Kündigung heranziehen kann². Zur Unwirksamkeit des Anhörungsverfahrens kann die unvollständige oder unrichtige Mitteilung von Kündigungsgründen seitens des Arbeitgebers aber führen, wenn der Arbeitgeber eine **bewußt unrichtige oder unvollständige Sachdarstellung gegeben hat**³. Teilt der Arbeitgeber dem Betriebsrat bewußt wahrheitswidrig unrichtige Kündigungsgründe mit, so setzt er den Betriebsrat durch diese Irreführung außerstande, sich ein zutreffendes Bild von den Gründen für die Kündigung zu machen und entsprechend zu handeln. Eine entsprechende **Kündigung gemäß § 102 Abs. 1 Satz 3 BetrVG ist ggf. unwirksam**⁴. Eine Irreführung des Betriebsrates kann **auch im Verschweigen wesentlicher Umstände** liegen. Hat der Arbeitgeber wesentliche Umstände nicht mitgeteilt, so trägt er die Beweislast für die nicht bewußte Irreführung des Betriebsrates⁵.

133

Eine unwirksame Anhörung aufgrund bewußt fehlerhafter Mitteilung kann ua. vorliegen,

134

- wenn der Arbeitgeber durch **unzutreffende Darstellung von Kalendertagen als Arbeitstagen** eine irrige Vorstellung beim Betriebsrat über den Umfang von Fehlzeiten erweckt⁶,
- wenn der Arbeitgeber bei einer beabsichtigten Kündigung wegen längerer Fehlzeiten aufgrund einer **Untersuchungshaft** die Tatsache nicht mitteilt, daß die Untersuchungshaft bald aufgehoben wird⁷,
- wenn der Arbeitgeber bei einer beabsichtigten **Kündigung wegen Minderleistung** dem Betriebsrat verschweigt, daß der Arbeitnehmer unter Vorlage eines die Minderleistung als krankheitsbedingt darstellenden ärztlichen At-

---

1 Vgl. BAG v. 28. 2. 1974, EzA § 102 BetrVG 1972 Nr. 8.
2 Vgl. BAG v. 8. 9. 1988, NZA 1989, 852; sowie oben Rz. 37 und Rz. 127.
3 Vgl. BAG v. 11. 6. 1991, EzA § 102 BetrVG 1972 Nr. 81; BAG v. 22. 9. 1994, AP Nr. 68 zu § 102 BetrVG 1972; ArbG Stuttgart v. 31. 10. 1991, AIB 92, 360; LAG Schleswig-Holstein v. 12. 10. 1987, BB 1987, 2300; *Bitter*, NZA Beil. 3/91, 20; KR/*Etzel*, § 102 BetrVG Rz. 62a; *Kittner*, in Däubler/Kittner/Klebe, § 102 BetrVG Rz. 79.
4 Vgl. BAG v. 22. 9. 1992, EzA Nr. 37 zu § 1 KSchG – Krankheit; BAG v. 31. 5. 1990 – 2 AZR 78/89, nv.
5 Vgl. BAG v. 26. 1. 1995, DB 1995, 1134, wo klargestellt wird, daß im Kündigungsschutzprozeß der Kläger aber zunächst eine Abweichung rügen muß.
6 Vgl. BAG v. 31. 5. 1990 – 2 AZR 78/89, nv.
7 Vgl. LAG Hamm v. 30. 8. 1984, ARST 86, 30.

testes diese auf die konkreten Arbeitsbedingungen zurückführt und um einen anderen Arbeitsplatz gebeten hat[1],

▶ wenn der Arbeitgeber **personen- und verhaltensbedingte Gründe bewußt** unter den Oberbegriff „zu hohe Fehlzeiten" **vermengt**[2].

4. Nachschieben von Kündigungsgründen

135 Das Nachschieben von Kündigungsgründen, welche der Arbeitgeber dem Betriebsrat nicht nach § 102 BetrVG mitgeteilt hat, ist im Kündigungsprozeß **grundsätzlich nicht möglich.** Soweit ein Betriebsrat besteht, kann der Arbeitgeber somit von der ansonsten für ihn bestehenden Möglichkeit, vor der Kündigung entstandene Gründe nachträglich vorzubringen[3], keinen Gebrauch machen. Die Anhörungspflicht des § 102 Abs. 1 BetrVG führt dazu, daß im nachfolgenden Kündigungsschutzprozeß ein **Verwertungsverbot** bezüglich aller Kündigungsgründe besteht, die der Arbeitgeber dem Betriebsrat nicht mitgeteilt hat[4].

136 Der Arbeitgeber kann selbst dann, wenn er dazu später den Betriebsrat zusätzlich anhört, keine Kündigungsgründe im Kündigungsschutzprozeß nachschieben, von denen er bei der ersten Anhörung Kenntnis gehabt hat[5].

Lagen die nicht mitgeteilten Kündigungsgründe bei Ausspruch der Kündigung zwar vor, hat der Arbeitgeber von ihnen jedoch erst **nachträglich Kenntnis** erlangt, so kann er die Gründe im Kündigungsschutzprozeß nachschieben, wenn er zuvor den Betriebsrat diesbezüglich ordnungsgemäß angehört hat[6]. Der Arbeitgeber trägt die **Darlegungs- und Beweislast** dafür, daß ihm die nachzuschiebenden Gründe bei Ausspruch der Kündigung nicht bekannt waren[7].

> **Hinweis:**
> Aufgrund dieser Beweislage ist dem Arbeitgeber zu empfehlen, im Falle eines nachträglichen Bekanntwerdens von Kündigungsgründen den Betriebsrat auch im Hinblick auf eine vorsorgliche weitere Kündigung anzuhören.

137 Vom Nachschieben von Kündigungsgründen zu unterscheiden ist **die bloße Substantiierung** bereits genannter Kündigungsgründe. Stellen die weiteren Tatsachen nur eine **Ergänzung oder Konkretisierung** des mitgeteilten Sachverhalts dar und geben sie nicht dem bisherigen Vortrag bzw. Sachverhalt erst das

---

1 Vgl. LAG Hamm v. 5. 12. 1990, LAGE § 102 BetrVG Nr. 27.
2 Vgl. BAG v. 23. 9. 1992 – 2 AZR 63/92, nv.
3 Vgl. BAG v. 20. 5. 1972, EzA § 626 BGB Nr. 72.
4 Vgl. BAG v. 8. 9. 1988, EzA § 102 BetrVG 1972 Nr. 73; BAG v. 11. 10. 1989, EzA § 1 KSchG – Betriebsbedingte Kündigung Nr. 64, KR/*Etzel*, § 102 BetrVG Rz. 190b; *Stahlhacke/Preis*, Rz. 268; *Kittner*, in Däubler/Kittner/Klebe, § 102 BetrVG Rz. 109.
5 Vgl. BAG v. 11. 4. 1985, AP Nr. 39 zu § 102 BetrVG 1972; *Stahlhacke/Preis*, Rz. 285.
6 Vgl. BAG v. 11. 4. 1985, AP Nr. 39 zu § 102 BetrVG 1972; *Stahlhacke/Preis*, Rz. 285.
7 Vgl. BAG v. 11. 4. 1985, NZA 1986, 674.

Gewicht eines kündigungsrechtlich erheblichen Grundes, so ist die Ergänzung zulässig[1]. Dem Arbeitgeber wird jedoch zu raten sein, auch die seiner Ansicht nach lediglich ergänzenden Tatsachen dem Betriebsrat mitzuteilen, da hier ein **enger Überprüfungsmaßstab** gilt[2].

VI. Vorläufige Weiterbeschäftigung

1. Allgemeine Grundsätze

Hat der Betriebsrat einer ordentlichen Kündigung nach Maßgabe von § 102 Abs. 3 BetrVG ordnungsgemäß widersprochen, besteht gemäß § 102 Abs. 5 BetrVG ein Recht des betroffenen Arbeitnehmers, nach Erhebung der Kündigungsschutzklage seine Weiterbeschäftigung auch nach Ablauf der Kündigungsfrist bis zum rechtskräftigen Abschluß des Kündigungsschutzprozesses zu verlangen. Der Beschäftigungsanspruch besteht **unabhängig von der Unwirksamkeit der Kündigung**. **Obsiegt** der Arbeitnehmer im Kündigungsschutzprozeß, besteht das bisherige Arbeitsverhältnis nahtlos fort. **Verliert** der Arbeitnehmer den Prozeß, so bestand vom Ablauf der Kündigungsfrist an ein **besonderes gesetzliches Beschäftigungsverhältnis,** welches durch die Rechtskraft des Urteils auflösend bedingt ist[3]. 138

Ein Weiterbeschäftigungsanspruch des Arbeitnehmers nach § 102 Abs. 5 BetrVG besteht aber dann nicht, wenn eine außerordentliche Kündigung zugleich mit der ordentlichen Kündigung ausgesprochen wird[4]. 139

Ein **allgemeiner Weiterbeschäftigungsanspruch** kann allerdings auch gegeben sein, wenn die Voraussetzungen des § 102 Abs. 5 BetrVG nicht vorliegen. Nach dem grundlegenden Beschluß des Großen Senats des BAG ist dies dann der Fall, wenn die Kündigung offensichtlich unwirksam ist oder der Arbeitnehmer in der 1. Instanz vor dem Arbeitsgericht ein obsiegendes Urteil erstritten hat[5]. **Offensichtlich unwirksam** ist die Kündigung dann, wenn sich dies geradezu aufdrängen muß, mit anderen Worten: die Unwirksamkeit der Kündigung ohne 140

---

1 Vgl. BAG v. 11. 4. 1985, NZA 1986, 674; BAG v. 18. 12. 1990, EzA § 102 BetrVG 1972 Nr. 44; *Stahlhacke/Preis*, Rz. 282; *Kittner*, in Däubler/Kittner/Klebe, § 102 BetrVG Rz. 110.
2 Vgl. *Moll*, Anm. zu EzA § 102 BetrVG 1972 Nr. 55.
3 Vgl. BAG v. 13. 11. 1975, AP Nr. 7 zu § 102 BetrVG 1972 – Weiterbeschäftigung; *Galperin/Löwisch*, § 102 BetrVG Rz. 97; *Hess/Schlochauer/Glaubitz*, § 102 BetrVG Rz. 161; *Lepke*, DB 1975, 499; *Fitting/Kaiser/Heither/Engels*, § 102 BetrVG Rz. 56; anders KR/*Etzel*, § 102 BetrVG Rz. 215: Fortbestehen des bisherigen Arbeitsverhältnisses; vgl. ferner zum Weiterbeschäftigungsanspruch *Pallasch*, BB 1993, 2225; *Künzl*, ArbuR 1993, 389.
4 Vgl. *Galperin/Löwisch*, § 102 BetrVG Rz. 106; KR/*Etzel*, § 102 BetrVG Rz. 8; aA *Kittner*, in Däubler/Kittner/Klebe, § 102 BetrVG Rz. 249; *Fitting/Kaiser/Heither/Engels*, § 102 BetrVG Rz. 57 mwN.
5 Vgl. BAG (GS) v. 27. 2. 1985, EzA § 611 BGB – Beschäftigungspflicht Nr. 9.

jeden vernünftigen Zweifel in rechtlicher und tatsächlicher Hinsicht offen zu Tage tritt[1].

2. Voraussetzungen des Weiterbeschäftigungsanspruchs

141 Der Anspruch auf vorläufige Weiterbeschäftigung gemäß § 102 Abs. 5 BetrVG ist gegeben, wenn

▶ ein auf die Gründe des Abs. 3 form- und fristgerecht erklärter **Widerspruch des Betriebsrats** gegen die Kündigung vorliegt

▶ und der Arbeitnehmer binnen drei Wochen nach der Kündigung gemäß § 4 KSchG **Klage** mit dem Antrag erhoben hat festzustellen, daß das Arbeitsverhältnis durch die Kündigung nicht aufgelöst worden ist

▶ und der Arbeitnehmer neben der Erhebung der Kündigungsschutzklage ausdrücklich seine **vorläufige Weiterbeschäftigung verlangt**.

142 Fällt der Arbeitnehmer **nicht in den Anwendungsbereich des KSchG**, kommt ein Weiterbeschäftigungsanspruch aus § 102 Abs. 5 BetrVG nicht in Betracht[2].

143 Durch eine Vereinbarung zwischen Arbeitgeber und Arbeitnehmer kann der Weiterbeschäftigungsanspruch im voraus nicht **abbedungen** werden. Er kann auch nicht durch Betriebsvereinbarung ausgeschlossen werden[3].

144 Ob bei einer **verspätet eingereichten Kündigungsschutzklage** der Weiterbeschäftigungsanspruch bereits bis zur Entscheidung des Arbeitsgerichts über den Antrag auf nachträgliche Zulassung der Klage nach § 5 KSchG besteht oder erst vom Zeitpunkt der Zulassung der verspäteten Klage an, wird unterschiedlich beurteilt[4].

145 Der Weiterbeschäftigungsanspruch führt dazu, daß der Arbeitnehmer zu **unveränderten Arbeitsbedingungen** weiter zu beschäftigen ist. Dazu gehört sowohl die **tatsächliche Weiterbeschäftigung** des Arbeitnehmers im Betrieb wie bisher[5] als auch die **Fortzahlung des bisherigen Arbeitsentgelts**. Fortzuzahlen sind dabei insbesondere die Beiträge zur Sozialversicherung sowie zu den Unterstüt-

---

1 Vgl. BAG (GS) v. 27. 2. 1985, EzA § 611 BGB – Beschäftigungspflicht Nr. 9 zum allgemeinen Weiterbeschäftigungsanspruch: *Stahlhacke/Preis*, Rz. 1295 ff.; *Fitting/Kaiser/Heither/Engels*, § 102 BetrVG Rz. 60; *Hueck/v. Hoyningen-Huene*, § 4 KSchG Rz. 94 ff.; *Dütz*, NZA 1986, 209; *Pohle*, ArbuR 1986, 233; *Kittner*, in Däubler/Kittner/Klebe, § 102 BetrVG Rz. 242 mwN.
2 Vgl. KR/*Etzel*, § 102 BetrVG Rz. 11; *Kittner*, in Däubler/Kittner/Klebe, § 102 BetrVG Rz. 255; *Fitting/Kaiser/Heither/Engels*, § 102 BetrVG Rz. 59.
3 Vgl. KR/*Etzel*, § 102 BetrVG Rz. 4a; *Kittner*, in Däubler/Kittner/Klebe, § 102 BetrVG Rz. 245; LAG Düsseldorf v. 30. 8. 1977, DB 1977, 2383.
4 Im letzteren Sinne *Dietz/Richardi*, § 102 BetrVG Rz. 4; KR/*Etzel*, § 102 BetrVG Rz. 207; GK/*Kraft*, § 102 BetrVG Rz. 124; *Schaub*, NJW 1981, 1807; *Heinze*, Rz. 594; im ersteren Sinne *Weiss/Weyand*, § 102 BetrVG Rz. 42; *Fitting/Kaiser/Heither/Engels*, § 102 BetrVG Rz. 61; *Kittner*, in Däubler/Kittner/Klebe, § 102 BetrVG Rz. 258, der die Schlüssigkeit des Zulassungsantrags nach § 5 KSchG für entscheidend hält.
5 Vgl. BAG v. 26. 5. 1977, AP Nr. 5 zu § 611 BGB – Beschäftigungspflicht.

VI. Vorläufige Weiterbeschäftigung

zungskassen und zwischenzeitlich gewährte allgemeine Lohnerhöhungen. Nicht unter die Fortzahlungspflicht fallen jedoch erst entstehende Leistungen, die an eine ununterbrochene Betriebszugehörigkeit anknüpfen, wie Gratifikationen, Jubiläumsgelder, Ruhegeld.

Unterliegt der Arbeitnehmer im Kündigungsschutzprozeß, so erfolgt **keine Anrechnung** der Zeit der vorläufigen Weiterbeschäftigung **auf die Dauer der Betriebszugehörigkeit,** was erhebliche Bedeutung für die Frage der Unkündbarkeit gewinnen kann[1]. 146

Kommt der Arbeitgeber seiner Verpflichtung zur vorläufigen Weiterbeschäftigung des Arbeitnehmers nicht nach, so steht dem Arbeitnehmer zur **Durchsetzung seines Anspruchs** sowohl die Möglichkeit einer Klage als auch einer einstweiligen Verfügung offen[2]. Bei der einstweiligen Verfügung genügt als **Verfügungsgrund,** wenn der Arbeitnehmer eine vorgesehene Neubesetzung seines Arbeitsplatzes durch einen anderen Arbeitnehmer glaubhaft macht[3]. Ein **Verfügungsanspruch** ist gegeben, wenn die Voraussetzungen des Weiterbeschäftigungsanspruchs vorliegen. 147

3. Beendigung der Weiterbeschäftigungspflicht

Der Anspruch auf vorläufige Weiterbeschäftigung entfällt, wenn der Arbeitnehmer die Kündigungsschutzklage **zurücknimmt** oder nunmehr **seinerseits kündigt.** Der Anspruch entfällt auch dann, wenn die **Kündigungsfrist einer weiteren ordentlichen Kündigung,** der der Betriebsrat nicht widersprochen hat, abläuft bzw. der Arbeitnehmer dagegen keine Kündigungsschutzklage erhebt[4]. Der Weiterbeschäftigungsanspruch endet desweiteren auch in dem Zeitpunkt, wenn die Kündigungsschutzklage des Arbeitnehmers **rechtskräftig abgewiesen** worden ist. Gemäß § 102 Abs. 5 Satz 2 BetrVG besteht ein Weiterbeschäftigungsanspruch des Arbeitnehmers dann nicht, wenn er aufgrund einer einstweiligen Verfügung des Arbeitgebers **von der Weiterbeschäftigungspflicht entbunden** wurde. 148

---

1 Vgl. *Fitting/Kaiser/Heither/Engels,* § 102 BetrVG Rz. 65, 66; GK/*Kraft,* § 102 BetrVG Rz. 100; aA *Kittner,* in Däubler/Kittner/Klebe, § 102 BetrVG Rz. 272 mwN; vertiefend zu den geltenden Arbeitsbedingungen vgl. *Kittner,* in Däubler/Kittner/Klebe, § 102 BetrVG Rz. 271; *Fitting/Kaiser/Heither/Engels,* § 102 BetrVG Rz. 65.
2 Vgl. LAG Nürnberg v. 27. 10. 1992, BB 1993, 444; LAG Düsseldorf v. 25. 1. 1993, DB 1993, 1680; *Kittner,* in Däubler/Kittner/Klebe, § 102 BetrVG Rz. 266; GK/*Kraft,* § 102 BetrVG Rz. 133; KR/*Etzel,* § 102 BetrVG Rz. 222; *Brox,* FS BAG, S. 52; *Dietz/Richardi,* § 102 BetrVG Rz. 242; Fitting/Kaiser/Heither/Engels, § 102 BetrVG Rz. 67; ausführlich zur einstweiligen Verfügung LAG München v. 10. 2. 1994, NZA 1994, 997; LAG Frankfurt v. 27. 11. 1992, BB 1993, 1740; zu den Anforderungen an die Bestimmtheit des Weiterbeschäftigungsurteils als Vollstreckungstitel LAG Berlin v. 8. 1. 1993, BB 1993, 732.
3 Vgl. LAG Köln v. 2. 8. 1984, NZA 1984, 300.
4 Vgl. *Dietz/Richardi,* § 102 BetrVG Rz. 221; *Kittner,* in Däubler/Kittner/Klebe, § 102 BetrVG Rz. 303, 306.

VII. Erweiterung der Mitbestimmungsrechte

149 Gemäß § 102 Abs. 6 BetrVG können Arbeitgeber und Betriebsrat vereinbaren, daß für eine wirksame Kündigung neben der Anhörung des Betriebsrates auch dessen Zustimmung erforderlich ist. Eine derartige Vereinbarung bedarf einer **formellen Betriebsvereinbarung,** somit auch der Unterschrift sowohl des Arbeitgebers als auch des Betriebsrates[1]. Eine entsprechende Regelung kann auch durch **Tarifvertrag** getroffen werden[2]. Die Vereinbarung eines Zustimmungserfordernisses nach § 102 Abs. 6 BetrVG ist sowohl für die ordentliche wie auch für die außerordentliche Kündigung möglich[3].

150 Im Fall einer **außerordentlichen Kündigung** gilt die materielle Ausschlußfrist des § 626 Abs. 2 Satz 1 BGB mit folgender Maßgabe: Innerhalb der Zweiwochenfrist muß der Arbeitgeber nicht nur um die Zustimmung des Betriebsrates nachsuchen, sondern auch die Ersetzung der Zustimmung beim Arbeitsgericht bzw. bei der Einigungsstelle beantragen, falls der Betriebsrat die Zustimmung nicht erteilt[4]. Verweigert der Betriebsrat die Zustimmung, so muß der Arbeitgeber die Kündigung nach Ersetzen der Zustimmung durch die Einigungsstelle bzw. nach Rechtskraft einer die Zustimmung ersetzenden gerichtlichen Entscheidung unverzüglich erklären[5]. Zu beachten ist jedoch, daß die Erweiterung der Mitbestimmungsrechte des Betriebsrates zur Folge hat, daß ein **Widerspruchsrecht** des Betriebsrates nach § 102 Abs. 3 BetrVG und eine **Weiterbeschäftigungspflicht** nach Abs. 5 **entfällt,** da die nach Abs. 6 getroffene Regelung an deren Stelle tritt[6].

151 Eine Vereinbarung gemäß § 102 Abs. 6 BetrVG ist bezüglich der **Kündigung von Betriebsratsmitgliedern** im Hinblick auf die zwingenden Sondervorschriften der §§ 15 Abs. 1 KSchG und 103 BetrVG nicht möglich[7].

---

1 Vgl. BAG v. 14. 2. 1978, EzA § 102 BetrVG 1972 Nr. 33; *Fitting/Kaiser/Heither/Engels,* § 102 BetrVG Rz. 69; *Dietz/Richardi,* § 102 BetrVG Rz. 287; *Kittner,* in Däubler/Kittner/Klebe, § 102 BetrVG Rz. 314.
2 Vgl. BAG v. 13. 11. 1987, AP Nr. 47 zu § 99 BetrVG 1972; BAG v. 10. 2. 1988, AP Nr. 53 zu § 99 BetrVG 1972; *Fitting/Kaiser/Heither/Engels,* § 102 BetrVG Rz. 75; KR/*Etzel,* § 102 BetrVG Rz. 244; GK/*Kraft,* § 102 BetrVG Rz. 150; *Kittner,* in Däubler/Kittner/Klebe, § 102 BetrVG Rz. 315; aA *Dietz/Richardi,* § 102 BetrVG Rz. 289 f.; *Hess/Schlochauer/Glaubitz,* § 102 BetrVG Rz. 188.
3 Vgl. *Stahlhacke/Preis,* Rz. 318; *Galperin/Löwisch,* § 102 BetrVG Rz. 136; GK/*Kraft,* § 102 BetrVG Rz. 145 ff.; *Kittner,* in Däubler/Kittner/Klebe, § 102 BetrVG Rz. 312.
4 Vgl. KR/*Etzel,* § 102 BetrVG Rz. 263.
5 Vgl. *Stahlhacke/Preis,* Rz. 319; ebenso im vergleichbaren Fall des § 103 BAG v. 20. 3. 1975, AP Nr. 3 zu § 103 BetrVG 1972; BAG v. 25. 1. 1979, AP Nr. 12 zu § 103 BetrVG 1972; *Kittner,* in Däubler/Kittner/Klebe, § 103 Rz. 51; KR/*Etzel,* § 102 Rz. 263; GK/*Kraft,* § 103 Rz. 48; aA *Fitting/Kaiser/Heither/Engels,* § 102 BetrVG Rz. 69, wonach die Zweiwochenfrist in diesen Fällen erst ab dann läuft, wenn der Arbeitgeber kündigen kann.
6 Vgl. *Fitting/Kaiser/Heither/Engels,* § 102 BetrVG Rz. 70; KR/*Etzel,* § 102 BetrVG Rz. 248, 251; *Galperin/Löwisch,* § 102 BetrVG Rz. 133; *Dietz/Richardi,* § 102 BetrVG Rz. 309 f.; *Hess/Schlochauer/Glaubitz,* § 102 BetrVG Rz. 196; aA *Kittner,* in Däubler/Kittner/Klebe, § 102 BetrVG Rz. 313.
7 Vgl. *Fitting/Kaiser/Heither/Engels,* § 102 BetrVG Rz. 69; *Hess/Schlochauer/Glaubitz,* § 102 BetrVG Rz. 193; *Kittner,* in Däubler/Kittner/Klebe, § 102 BetrVG Rz. 312.

VIII. Weitere Mitwirkungserfordernisse   Rz. 155 **Teil 3 J**

Verweigert der Betriebsrat die Zustimmung, so ist die **Entscheidung der Eini-** 152
gungsstelle bzw. des Arbeitsgerichts herbeizuführen[1]. Eine Kündigung ohne die erforderliche Zustimmung des Betriebsrates bzw. deren Ersetzung durch die Einigungsstelle bzw. das Arbeitsgericht ist unwirksam; wird die Zustimmung des Betriebsrates ersetzt, so ist die Kündigung durch den Arbeitgeber nunmehr möglich[2]. Im Verfahren vor der Einigungsstelle ist der betroffene Arbeitnehmer ebensowenig hinzuzuziehen, wie er gegen die Erteilung der Zustimmung durch den Betriebsrat gerichtlich vorgehen kann[3].

Gemäß § 2a ArbGG unterliegt die Entscheidung der Einigungsstelle der **Über-** 153
prüfung durch das Arbeitsgericht, soweit Rechtsverstöße in Frage stehen[4]. Im Beschlußverfahren zur Überprüfung der Entscheidung der Einigungsstelle ist der betroffene Arbeitnehmer Beteiligter iSv. § 83 ArbGG[5].

VIII. Weitere Mitwirkungserfordernisse

§ 102 Abs. 7 BetrVG stellt klar, daß die Beteiligungsrechte des Betriebsrates 154
nach dem KSchG sowie nach § 8 Abs. 1 AFG durch das Anhörungsverfahren nach § 102 BetrVG unberührt bleiben.

Mitwirkungsrechte des Betriebsrats nach dem KSchG sind sowohl in § 3 wie 155
auch in § 17 Abs. 1 KSchG geregelt. Im Falle einer beabsichtigten Einzelkündigung besteht gemäß **§ 3 KSchG** für den betroffenen Arbeitnehmer die Möglichkeit, binnen einer Woche nach der Kündigung Einspruch beim Betriebsrat einzulegen, welcher sodann zu versuchen hat, eine Verständigung mit dem Arbeitgeber herbeizuführen, soweit er den Einspruch für begründet erachtet. Gemäß § 3 Satz 2 KSchG hat der Betriebsrat seine Stellungnahme zu dem Einspruch auf Verlangen des Arbeitnehmers oder Arbeitgebers diesen schriftlich mitzuteilen. Liegt die schriftliche Stellungnahme des Betriebsrates vor, so soll der Arbeitnehmer sie seiner gegen die Kündigung erhobenen Klage beifü-

---

1 Vgl. *Hanau,* BB 1971, 490; *Adomeit,* DB 1971, 2363; *Gumpert,* BB 1972, 48; aA GK/*Kraft,* § 102 BetrVG Rz. 153; KR/*Etzel,* § 102 BetrVG Rz. 256; *Dietz/Richardi,* § 102 BetrVG Rz. 298.
2 Vgl. *Fitting/Kaiser/Heither/Engels,* § 102 BetrVG Rz. 71.
3 Vgl. *Fitting/Kaiser/Heither/Engels,* § 102 BetrVG Rz. 73; *Galperin/Löwisch,* § 102 BetrVG Rz. 134; *Hess/Schlochauer/Glaubitz,* § 102 BetrVG Rz. 197; *Kittner,* in Däubler/Kittner/Klebe, § 102 BetrVG Rz. 316; zur Klagemöglichkeit des betroffenen Arbeitnehmers gegen die Kündigung, sowie zur diesbezüglichen Auswirkung des vorhergehenden Beschlußverfahrens vgl. BAG v. 24. 4. 1975, AP Nr. 3 zu § 103 BetrVG 1972; *Fitting/Kaiser/Heither/Engels,* § 102 BetrVG Rz. 73 mwN.
4 Vgl. BAG v. 11. 7. 1958, AP Nr. 27 zu § 626 BGB; *Fitting/Kaiser/Heither/Engels,* § 102 BetrVG Rz. 72; *Dietz/Richardi,* § 102 BetrVG Rz. 305.
5 Vgl. *Dietz/Richardi,* § 102 BetrVG Rz. 306; *Kittner,* in Däubler/Kittner/Klebe, § 102 BetrVG Rz. 316; *Galperin/Löwisch,* § 102 BetrVG Rz. 134; KR/*Etzel,* § 102 BetrVG Rz. 261; *Fitting/Kaiser/Heither/Engels,* § 102 BetrVG Rz. 73; aA GK/*Kraft,* § 102 BetrVG Rz. 153.

gen[1]. Die Anrufung des Betriebsrates ist **nicht obligatorisch** und auch keine Prozeßvoraussetzung für den Kündigungsschutzprozeß[2].

156 Eine Verpflichtung zur Beteiligung des Betriebsrates besteht gemäß **§ 17 Abs. 2 KSchG** bei **Massenentlassungen** unter den Voraussetzungen von § 17 Abs. 1 KSchG. Vor der gemäß § 17 Abs. 1 KSchG erforderlichen Anzeige an das Arbeitsamt muß der Arbeitgeber zunächst den Betriebsrat gemäß § 17 Abs. 2 KSchG rechtzeitig über die Gründe für die Entlassung, die Zahl der zu entlassenden Arbeitnehmer, die Zahl der in der Regel beschäftigten Arbeitnehmer und den Zeitraum, in dem die Entlassungen vorgenommen werden sollen, **schriftlich** unterrichten sowie weitere zweckdienliche Auskünfte erteilen.

157 Über die bloße Mitteilungspflicht hinaus haben Arbeitgeber und Betriebsrat insbesondere die Möglichkeit, sich zu beraten, um Entlassungen zu vermeiden oder einzuschränken und ihre Folgen zu mindern[3]. Eine **Verbindung** der Unterrichtung nach § 17 Abs. 2 KSchG mit der Betriebsratsanhörung nach § 102 Abs. 1 BetrVG ist möglich[4].

158 Die **Anzeige an das Arbeitsamt** ist schriftlich unter Beifügung der Stellungnahme des Betriebsrates zu erstatten[5]. Erfolgt die Zuleitung der Stellungnahme an das Arbeitsamt nicht, so liegt **keine wirksame Anzeige** vor, es sei denn, die Mitteilung der Stellungnahme ist gemäß § 17 Abs. 3 Satz 3 KSchG ausnahmsweise unter den dort genannten Voraussetzungen entbehrlich. Auf eine unwirksame Anzeige an das Arbeitsamt kann sich jeder von einer Kündigung betroffene Arbeitnehmer erfolgreich berufen, selbst wenn eine nach § 102 BetrVG ordnungsgemäße Anhörung vorliegt[6].

159 Der durch Art. 5 EG-Anpassungsgesetz vom 20. 7. 1995[7] eingefügte § 17 Abs. 3a KSchG bestimmt, daß die Mitteilungs- und Anzeigepflichten den Arbeitgeber auch dann treffen, wenn die Entscheidung über die Massenentlassung nicht von dem Arbeitgeber selbst, sondern von einem diesen **beherrschenden Unternehmen** getroffen worden ist.

160 Ergänzend zu § 17 KSchG ist ein Beteiligungsrecht des Betriebsrates in § 8 AFG angeordnet. Führen **erkennbare Veränderungen des Betriebes** innerhalb der nächsten zwölf Monate voraussichtlich dazu, daß unter § 17 Abs. 1 KSchG fallende Maßnahmen erfolgen werden, so hat der Arbeitgeber den Betriebsrat zu einer entsprechenden Stellungnahme aufzufordern und unter Beifügung dieser Stellungnahme dem Präsidenten des Landesarbeitsamtes unverzüglich schriftlich Mitteilung zu machen.

---

1 Vgl. § 4 Satz 3 KSchG.
2 Für Näheres zu § 3 KSchG vgl. *Heinze,* Rz. 510 ff.
3 Vgl. § 17 Abs. 2 Satz KSchG.
4 Vgl. BAG v. 14. 8. 1986, AP Nr. 43 zu § 102 BetrVG 1972; *Kittner,* in Däubler/Kittner/Klebe, § 102 BetrVG Rz. 318; *Fitting/Kaiser/Heither/Engels,* § 102 BetrVG Rz. 77.
5 Vgl. § 17 Abs. 3 Satz 2 KSchG.
6 Vgl. BAG v. 6. 12. 1973, AP Nr. 1 zu § 17 KSchG 1969; BAG v. 9. 9. 1982, AP Nr. 5 zu § 17 KSchG 1969; *Fitting/Kaiser/Heither/Engels,* § 102 BetrVG Rz. 77.
7 Vgl. BGBl. I 1995, 946, 948.

Im übrigen sind folgende Mitwirkungsrechte des Betriebsrates zu beachten: 161

▶ Ist die **Abberufung eines Betriebsarztes** beabsichtigt, so bedarf dies gemäß § 9 Abs. 3 ArbeitssicherheitsG der Zustimmung des Betriebsrates[1].

▶ Für die Beteiligung des Betriebsrates bei Entlassung von **Beamten auf Probe oder auf Widerruf**, bei **vorzeitiger Versetzung in den Ruhestand** oder vor fristloser Entlassung und außerordentlicher Kündigung in **Postunternehmen** vgl. § 28 PostpersonalratsG iVm. § 78 Abs. 1 Nr. 4, 5 und § 79 Abs. 3 BPersVG[2]. 162

▶ Die Beteiligung des **Sprecherausschusses der leitenden Angestellten** vor einer beabsichtigten Kündigung ist in § 25 Abs. 1 SprecherausschußG geregelt[3]. 163

IX. Zustimmungserfordernis nach § 103

1. Allgemeine Grundsätze

Ergänzend zu der Regelung des § 78 BetrVG erweitert § 103 BetrVG ebenso wie §§ 15 und 16 KSchG den Kündigungsschutz für den dort genannten Personenkreis. 164

Ziel dieser Regelung ist es, die Wahl der Betriebsverfassungsorgane und die Kontinuität ihrer Arbeit zu sichern. Der Arbeitgeber soll daran gehindert werden, bei einer groben Amtspflichtverletzung durch eine unter § 103 BetrVG fallende Person die außerordentliche Kündigung des Arbeitsverhältnisses auszusprechen, anstatt die hierfür vorgesehene Maßnahme des Ausschlußverfahrens gemäß § 23 BetrVG zu ergreifen. Um nicht eine möglicherweise unbequeme Amtsführung eines betroffenen Arbeitnehmers unter dem angeblichen Grund arbeitsvertraglicher Verfehlung zum Gegenstand einer außerordentlichen Kündigung machen zu können, bedarf die fristlose Kündigung in einem solchen Fall der **vorherigen Zustimmung des Betriebsrates** gemäß § 103 Abs. 1 BetrVG. Hinsichtlich des erforderlichen Anhörungsverfahrens und den Anforderungen an die Mitteilungspflichten des Arbeitgebers gelten in diesem Zusammenhang die gleichen Grundsätze wie im Rahmen von § 102 BetrVG[4].

Erteilt der Betriebsrat die erforderliche Zustimmung nicht, kann der Arbeitgeber unter den Voraussetzungen des § 102 Abs. 2 BetrVG die **Ersetzung der Zustimmung** durch das Arbeitsgericht beantragen. Der besondere Kündigungsschutz der Amtsträger soll nicht so weit gehen, daß dem Arbeitgeber die Kündigung auch bei groben Arbeitsvertragsverletzungen durch **grundlose Verweigerung** der Zustimmung seitens des Betriebsrates unmöglich gemacht wird[5]. 165

---

1 Vgl. zur Unwirksamkeit einer Kündigung bei fehlender und nicht ersetzter Zustimmung des Betriebsrates, wenn diese auf Gründe gestützt wird, die sachlich mit der Tätigkeit als Betriebsarzt im untrennbaren Zusammenhang stehen, BAG v. 24. 3. 1980, EzA § 9 ArbeitssicherheitsG Nr. 1.
2 Vgl. im einzelnen *Fitting/Kaiser/Heither/Engels*, § 102 BetrVG Rz. 81.
3 Vgl. im einzelnen *Stahlhacke/Preis*, Rz. 321 ff. mwN.
4 Vgl. BAG v. 18. 9. 1977, EzA § 103 BetrVG 1972 Nr. 20; *Kittner*, in Däubler/Kittner/Klebe, § 103 BetrVG Rz. 29.
5 Vgl. zusammenfassend *Lepke*, BB 1973, 894; *Weisemann*, DB 1974, 2476.

2. Geschützter Personenkreis

166 Vom besonderen Schutz des § 103 BetrVG erfaßt sind die Mitglieder des Betriebsrates, der Jugend- und Auszubildendenvertretung, der Bordvertretung und des Seebetriebsrates, des Wahlvorstands sowie die Wahlbewerber. Darüber hinaus fallen auch die Mitglieder einer nach § 3 Abs. 1 Nr. 2 BetrVG durch Tarifvertrag bestimmten anderen Arbeitnehmervertretung unter den besonderen Kündigungsschutz, da sie die Stelle von Betriebsratsmitgliedern einnehmen[1].

167 § 103 BetrVG findet ebenfalls Anwendung auf die Mitglieder der **Schwerbehinderten- und Gesamtschwerbehindertenvertretung** (§ 26 Abs. 3 SchwbG) sowie die Wahlbewerber für diese Ämter (§ 24 Abs. 6 Satz 2 SchwbG). Auch die in **Heimarbeit** beschäftigten Arbeitnehmer gehören zum geschützten Personenkreis, wenn sie eine in § 29a HAG geregelte betriebsverfassungsrechtliche Funktion ausüben. **Ersatzmitglieder des Betriebsrates** oder anderer in § 103 BetrVG genannter betriebsverfassungsrechtlicher Organe gehören nur dann zu dem von § 103 BetrVG geschützten Personenkreis, wenn sie aufgrund eines ausgeschiedenen oder vorübergehend verhinderten Mitglieds in das entsprechende Organ nachrücken.

168 Der besondere Kündigungsschutz entfällt bei allen in **nichtiger Wahl** bestimmten Organmitgliedern[2].

169 Von § 103 BetrVG **nicht erfaßt** sind nicht amtierende Ersatzmitglieder des Betriebsrates, Vertretungen nach § 3 Abs. 1 Nr. 1 BetrVG, Mitglieder der Einigungsstelle, Mitglieder einer tariflichen Schlichtungsstelle gemäß § 76 Abs. 8 BetrVG, einer betrieblichen Beschwerdestelle nach § 86 BetrVG sowie des Wirtschaftsausschusses[3]. Der vorgenannte Personenkreis unterliegt jedoch dem **Schutz des § 78 BetrVG**. Für den Fall einer Kündigung wegen betriebsverfassungsrechtlicher Betätigung besteht danach ein sogenannter **relativer Kündigungsschutz**[4]. Auch Wahlwerber vor Aufstellung des Wahlvorschlags und Mitglieder des Wahlvorstandes vor ihrer Bestellung gehören nicht zu dem von § 103 BetrVG erfaßten Personenkreis, sondern genießen lediglich den sogenannten relativen Kündigungsschutz über § 78 BetrVG[5].

---

1 Vgl. *Dietz/Richardi*, § 103 BetrVG Rz. 4; *Fitting/Kaiser/Heither/Engels*, § 103 Rz. 3; *Kittner*, in Däubler/Kittner/Klebe, § 103 BetrVG Rz. 29.
2 Vgl. BAG v. 7. 5. 1986, AP Nr. 18 zu § 15 KSchG 1969.
3 Vgl. *Fitting/Kaiser/Heither/Engels*, § 103 BetrVG Rz. 6; *Kittner*, in Däubler/Kittner/Klebe, § 103 BetrVG Rz. 12.
4 Vgl. BAG v. 22. 2. 1979, DB 1979, 1659; *Fitting/Kaiser/Heither/Engels*, § 103 BetrVG Rz. 6; *Kittner*, in Däubler/Kittner/Klebe, § 103 BetrVG Rz. 12; GK/*Kraft*, § 103 BetrVG Rz. 9; für Arbeitnehmervertreter im Aufsichtsrat vgl. *Fitting/Kaiser/Heither/Engels*, § 76 BetrVG 52 Rz. 132; *Fitting/Wlotzke/Wißmann*, § 26 Rz. 16 ff. zum MitbestimmungsG.
5 Vgl. BAG v. 8. 6. 1972, AP Nr. 1 zu § 1 KSchG 1969 – Verhaltensbedingte Kündigung.

3. Dauer des Kündigungsschutzes

Der Schutz des § 103 BetrVG gilt für die **Mitglieder des Betriebsrates, der Jugendauszubildendenvertretung, der Bordvertretung und des Seebetriebsrats** für die Dauer der gesamten Amtszeit des einzelnen Organmitglieds, unabhängig davon, ob das Amt erst zu einem späteren Zeitpunkt angetreten wird[1]. 170

Für **Ersatzmitglieder** beginnt der Schutz des § 103 BetrVG an dem Tag, da das ordentliche Mitglied erstmals verhindert ist, wobei im Fall einer Betriebsratssitzung schon die diesbezügliche Ladung maßgeblich ist[2]. Der Schutz für das Ersatzmitglied besteht unabhängig davon, ob konkrete Geschäfte des Betriebsrats wahrgenommen werden oder ob die Krankmeldung des ordentlichen Betriebsratsmitglieds bzw. dessen Fernbleiben vom Dienst berechtigt war oder nicht[3]. Tritt bei dem Ersatzmitglied ebenfalls ein Verhinderungsfall ein, gilt § 103 BetrVG auch während der eigenen Verhinderung, sofern der Zeitraum der Verhinderung im Vergleich zur voraussichtlichen Dauer des Vertretungsfalles als unerheblich anzusehen ist[4]. Der Kündigungsschutz des verhinderten Betriebsratsmitglieds wird durch dessen Vertretung nicht berührt[5]. 171

Für **Mitglieder des Wahlvorstandes** gilt der Schutz des § 103 BetrVG ab deren Bestellung (§§ 16, 17 BetrVG) und erlischt mit Bekanntgabe des endgültigen Wahlergebnisses (§ 18 Abs. 3 BetrVG, § 19 WO) oder deren gerichtlicher Abberufung (§ 18 Abs. 1 Satz 2 BetrVG)[6]. 172

Der Schutz für **Wahlbewerber** der in § 103 BetrVG genannten Organe gilt, sobald diese aufgestellt sind und ein Wahlvorstand bestellt ist[7]. 173

Soweit ein **Betriebsrat noch nicht besteht,** unterfallen Mitglieder des Wahlvorstands und Wahlbewerber dennoch dem Kündigungsschutz nach § 103 BetrVG. In diesem Fall kann der Arbeitgeber die erforderliche Zustimmung zur Kündigung allein durch entsprechenden Antrag beim Arbeitsgericht erreichen[8]. Eben- 174

---

1 Vgl. *Fitting/Kaiser/Heither/Engels*, § 103 BetrVG Rz. 7; *Kittner*, in Däubler/Kittner/Klebe, § 103 BetrVG Rz. 5.
2 Vgl. BAG v. 17. 1. 1979, AP Nr. 5 zu § 15 KSchG 1969; *Fitting/Kaiser/Heither/Engels*, § 103 BetrVG Rz. 7; *Kittner*, in Däubler/Kittner/Klebe, § 103 BetrVG Rz. 20.
3 Vgl. BAG v. 5. 9. 1986, AP Nr. 26 zu § 15 KSchG 1969.
4 Vgl. *Kittner*, in Däubler/Kittner/Klebe, § 103 BetrVG Rz. 21.
5 Vgl. *Kittner*, in Däubler/Kittner/Klebe, § 103 BetrVG. Rz. 21; *Fitting/Kaiser/Heither/Engels*, § 103 BetrVG Rz. 7.
6 Vgl. *Kittner*, in Däubler/Kittner/Klebe, § 102 BetrVG Rz. 18; *Fitting/Kaiser/Heither/Engels*, § 103 BetrVG Rz. 8.
7 Vgl. BAG v. 11. 12. 1975, AP Nr. 1 zu § 626 BGB – Arbeitnehmervertretung im Aufsichtsrat; BAG v. 11. 12. 1975, AP Nr. 1 zu § 15 KSchG 1969 – Wahlbewerber; BAG v. 5. 12. 1980, AP Nr. 9 zu § 15 KSchG 1969 – Wahlbewerber; *Kittner*, in Däubler/Kittner/Klebe, § 102 BetrVG Rz. 18; KR/*Etzel*, § 103 BetrVG Rz. 23 ff.; *Schaub*, § 143 III 1; *Hess/Schlochauer/Glaubitz*, § 103 BetrVG Rz. 14; zu Beginn des Schutzes erst mit Einreichung des Wahlvorschlags mit ausreichender Zahl von Unterschriften: *Dietz/Richardi*, § 103 BetrVG Rz. 15; *Galperin/Löwisch*, § 103 BetrVG Rz. 9; GK/*Kraft*, § 103 BetrVG Rz. 14.
8 Vgl. BAG v. 12. 8. 1976, AP Nr. 2 zu § 15 KSchG 1969; BAG v. 30. 5. 1978, AP Nr. 4 zu § 15 KSchG 1969; *Fitting/Kaiser/Heither/Engels*, § 103 BetrVG Rz. 9 mwN.

so muß der Arbeitgeber verfahren, wenn er dem **einzig amtierenden Betriebsratsmitglied** kündigen will, und ein Ersatzmitglied nicht vorhanden ist[1].

4. Kündigung und andere Beendigung des Arbeitsverhältnisses

175 Kündigungsschutz nach § 103 BetrVG besteht in dem Fall, in dem das Arbeitsverhältnis durch Kündigung beendet werden soll. Mithin fallen insbesondere die Änderungskündigung[2] und die Massenänderungskündigung in den Anwendungsbereich der Vorschrift[3].

176 Die außerordentliche Kündigung eines in den Anwendungsbereich von § 103 BetrVG fallenden Arbeitnehmers ist nur bei kumulativem Vorliegen der Voraussetzungen des § 626 BGB sowie einer diesbezüglichen vorherigen Zustimmung des Betriebsrates oder eines diese ersetzenden Beschlusses des Arbeitsgerichtes zulässig. Unabhängig von einem Verschulden des Arbeitgebers ist eine vorher ausgesprochene Kündigung **nichtig**[4]. Eine nachträglich erteilte Zustimmung zur Kündigung kann daher die Unwirksamkeit der vorher ausgesprochenen Kündigung **nicht heilen**[5].

177 Ein wichtiger Grund iSv. § 626 Abs. 1 BGB ist gegeben, wenn die Verletzung arbeitsvertraglicher Pflichten des betroffenen Arbeitnehmers vorliegt. Liegt eine **Amtspflichtverletzung** eines Betriebsratsmitglieds oder eines Mitgliedes der Bordvertretung oder des Seebetriebsrates[6] oder eines Mitglieds der Jugendauszubildendenvertretung[7] vor, kann dies eine außerordentliche Kündigung

---

1 Vgl. BAG v. 16. 12. 1982, AP Nr. 13 zu § 15 KSchG 1969; für die Kündigung eines Betriebsratsmitglieds wegen Teilnahme an einem rechtswidrigen Arbeitskampf vgl. BAG v. 14. 2. 1978, AP Nr. 57 zu Art. 9 GG – Arbeitskampf; GK/*Kraft*, § 103 BetrVG Rz. 29.
2 Vgl. *Fitting/Kaiser/Heither/Engels*, § 103 BetrVG Rz. 10; zur vergleichbaren Frage im Rahmen von § 102 BetrVG vgl. oben Rz. 67 ff.
3 Vgl. BAG v. 24. 4. 1969, AP Nr. 18 zu § 13 KSchG 1969; BAG v. 29. 1. 1981, AP Nr. 10 zu § 15 KSchG 1969; BAG v. 6. 3. 1986, AP Nr. 19 zu § 15 KSchG 1969; BAG v. 9. 4. 1987, AP Nr. 28 zu § 15 KSchG 1969; *Kittner*, in Däubler/Kittner/Klebe, § 103 BetrVG Rz. 4; GK/*Kraft*, § 103 BetrVG Rz. 23; *Hueck/von Hoyningen-Huene*, § 15 KSchG Rz. 59 ff.; KR/*Etzel*, § 103 BetrVG Rz. 59; aA *Dietz/Richardi*, § 78 Rz. 26 ff.; *Galperin/Löwisch*, § 103 BetrVG Rz. 49; *Hess/Schlochauer/Glaubitz*, § 103 BetrVG Rz. 20; *Fitting/Kaiser/Heither/Engels*, § 103 BetrVG Rz. 10, mit der Erwägung, andernfalls liefe das auf die verbotene Begünstigung und Verletzung des Gleichbehandlungsgrundsatzes des § 75 hinaus, in diesem Fall gelte § 102 BetrVG.
4 Vgl. BAG v. 22. 8. 1974, AP Nr. 1 zu § 103 BetrVG 1972; BAG v. 20. 3. 1975, AP Nr. 2 zu § 103 BetrVG 1972; BAG v. 25. 3. 1976, AP Nr. 6 zu § 103 BetrVG 1972; *Kittner*, in Däubler/Kittner/Klebe, § 103 BetrVG Rz. 28; *Fitting/Kaiser/Heither/Engels*, § 103 BetrVG Rz. 17; KR/*Etzel*, § 103 BetrVG Rz. 107a.
5 Vgl. BAG v. 12. 1. 1977, AP Nr. 11 zu § 103 BetrVG 1972; *Fitting/Kaiser/Heither/Engels*, § 103 BetrVG Rz. 17; *Kittner*, in Däubler/Kittner/Klebe, § 103 BetrVG Rz. 28 mwN; aA *Dietz/Richardi*, § 103 BetrVG Rz. 39 ff.
6 Vgl. § 115 Abs. 3, § 116 Abs. 2.
7 Vgl. § 65 Abs. 1.

IX. Zustimmungserfordernis nach § 103

nicht begründen[1], sondern allenfalls dessen **Ausschluß aus dem entsprechenden Organ nach § 23 Abs. 1 BetrVG** rechtfertigen.

Etwas anderes kann gelten, wenn die Amtspflichtverletzung **gleichzeitig** eine unmittelbare und erhebliche Beeinträchtigung des konkreten Arbeitsverhältnisses darstellt[2], wobei für die Kündigung ein besonders **strenger Maßstab** gilt, sofern das arbeitsvertragswidrige Verhalten des Arbeitnehmers mit seiner Amtstätigkeit zusammenhängt[3]. Der betroffene Arbeitnehmer kann sich in diesem Fall damit entlasten, daß er seinen Amtspflichten gemäß in gutem Glauben gehandelt hat[4]. 178

Einem Betriebsratsmitglied kann in der Regel nicht wegen **häufiger krankheitsbedingter Fehlzeiten** außerordentlich gekündigt werden[5]. 179

Eine **Auflösung des Arbeitsverhältnisses** auf Antrag des Arbeitgebers gegen Zahlung einer Abfindung kommt nicht in Betracht, da die §§ 9, 10 KSchG im Rahmen des Zustimmungsverfahrens nach § 103 BetrVG nicht anzuwenden sind[6]. 180

§ 103 BetrVG findet dagegen **keine Anwendung**, sofern der Arbeitnehmer kündigt, das Arbeitsverhältnis im gegenseitigen Einvernehmen aufgelöst wird oder durch Zeitablauf, Zweckerreichung oder Anfechtung endet[7]. Auch die Möglichkeit des Arbeitgebers, kraft seines Direktionsrechts einzelne Arbeitsbedingungen einseitig zu ändern, unterliegt nicht dem besonderen Kündigungsschutz des § 103 BetrVG. Zu beachten ist, daß die erneute befristete Beschäftigung eines mittlerweile in den Betriebsrat gewählten Arbeitnehmers nur unter besonders strengen Anforderungen möglich ist[8]. 181

§ 103 BetrVG findet auch dann keine Anwendung, wenn das Arbeitsverhältnis gemäß § 9 Nr. 1 AÜG aufgrund unerlaubter Arbeitnehmerüberlassung endet[9]. 182

5. Zustimmung durch den Betriebsrat

Will der Arbeitgeber die nach § 103 BetrVG erforderliche Zustimmung des betroffenen Mitbestimmungsorgans zur beabsichtigten außerordentlichen Kündigung erreichen, so muß er zunächst dem Mitbestimmungsorgan eine **ord- 183

---

1 Vgl. BAG v. 8. 8. 1968, AP Nr. 57 zu § 626 BGB.
2 Vgl. BAG v. 22. 8. 1974, AP Nr. 1 zu § 103 BetrVG 1972; BAG v. 16. 10. 1986, AP Nr. 95 zu § 626 BGB; *Fitting/Kaiser/Heither/Engels*, § 103 BetrVG Rz. 18a; *Kittner*, in Däubler/Kittner/Klebe, § 103 BetrVG Rz. 27.
3 Vgl. BAG v. 16. 10. 1986, AP Nr. 95 zu § 626 BGB.
4 Vgl. *Fitting/Kaiser/Heither/Engels*, § 103 BetrVG Rz. 18a; *Kittner*, in Däubler/Kittner/Klebe, § 103 BetrVG, Rz. 27; *Säcker*, DB 1967, 2072.
5 Vgl. BAG v. 18. 2. 1993, AP Nr. 35 zu § 15 KSchG 1969.
6 Vgl. BAG v. 5. 10. 1979, AP Nr. 4 zu § 9 KSchG 1969.
7 Vgl. *Kittner*, in Däubler/Kittner/Klebe, § 103 BetrVG, Rz. 9; *Fitting/Kaiser/Heither/ Engels*, § 103 BetrVG Rz. 11.
8 Vgl. BAG v. 17. 2. 1983, AP Nr. 14 zu § 15 KSchG 1969; *Kittner*, in Däubler/Kittner/Klebe, § 103 BetrVG Rz. 9; *Fitting/Kaiser/Heither/Engels*, § 103 BetrVG Rz. 11.
9 Vgl. *Kittner*, in Däubler/Kittner/Klebe, § 103 BetrVG Rz. 9.

nungsgemäße Mitteilung machen[1]. Nach dem Grundsatz der **subjektiven Determinierung** hat der Arbeitgeber dem Betriebsrat sämtliche Umstände mitzuteilen, welche Grundlage der von ihm beabsichtigten Kündigung sind.

184 Da die **Ausschlußfrist des § 626 Abs. 2 BGB** auch im Rahmen des § 103 BetrVG gilt, muß der Arbeitgeber innerhalb dieser Zweiwochenfrist die Zustimmung des Betriebsrates beantragen. Dies sollte der Arbeitgeber so zeitig tun, daß er im Fall der **Zustimmungsverweigerung** noch innerhalb der Zweiwochenfrist die Ersetzung der Zustimmung beim Arbeitsgericht beantragen kann, da ein späterer Ersetzungsantrag unbegründet ist[2]. Versäumt der Arbeitgeber diese Frist, ist eine gleichwohl ausgesprochene Kündigung wegen Verstreichens der Zweiwochenfrist unwirksam. Ein vor der Entscheidung des Betriebsrats gestellter **vorsorglicher Antrag** an das Arbeitsgericht gemäß § 103 Abs. 2 BetrVG ist unzulässig, woran sich auch bei nachträglich erfolgter Zustimmungsverweigerung durch den Betriebsrat nichts ändert[3].

185 Ob der Arbeitgeber die erforderliche Unterrichtung **schriftlich oder mündlich** vornimmt, bleibt ihm überlassen. Zu beachten ist in diesem Zusammenhang jedoch, daß der Arbeitgeber im Hinblick auf die ordnungsgemäße Unterrichtung des Betriebsrates im Streitfalle darlegungs- und beweispflichtig ist.

186 Eine **gesetzliche Frist,** innerhalb deren sich der Betriebsrat zu der beabsichtigten Kündigung äußern muß, besteht nicht. Allerdings gilt die Zustimmung des Betriebsrats als verweigert, wenn die Äußerung nicht **binnen drei Tagen** erfolgt[4]. Im Rahmen von § 103 BetrVG gilt wegen der besonderen Schutzbedürftigkeit des dort genannten Personenkreises die Nichtäußerung des Betriebsrates als Verweigerung der Zustimmung.

187 Eine gesetzliche Regelung, unter welchen **Voraussetzungen** der Betriebsrat die Zustimmung zu erteilen hat bzw. verweigern darf, besteht nicht. Im Hinblick darauf, daß die Regelung des § 103 BetrVG jedoch nicht dazu führen soll, dem Betriebsrat die Möglichkeit einer **willkürlichen Blockierung** jeder vom Arbeitgeber beabsichtigten außerordentlichen Kündigung des betroffenen Personenkreises zu geben, muß der Betriebsrat die entsprechende Entscheidung nach **pflichtgemäßem Ermessen** vornehmen[5]. Mithin wird der Betriebsrat die Zu-

---

1 Vgl. BAG v. 18. 8. 1977, EzA § 103 BetrVG 1972 Nr. 20; *Kittner*, in Däubler/Kittner/Klebe, § 103 BetrVG Rz. 29.
2 Vgl. BAG v. 18. 8. 1977, AP Nr. 10 zu § 103 BetrVG 1972; BAG v. 7. 5. 1986, AP Nr. 18 zu § 103 BetrVG 1972; BAG v. 22. 1. 1987, AP Nr. 24 zu § 103 BetrVG 1972; *Fitting/Kaiser/Heither/Engels*, § 103 BetrVG Rz. 27; *Kittner*, in Däubler/Kittner/Klebe, § 103 BetrVG Rz. 40.
3 Vgl. BAG v. 7. 5. 1986, AP Nr. 18 zu § 103 BetrVG 1972.
4 Vgl. BAG v. 18. 8. 1977, AP Nr. 10 zu § 103 BetrVG 1972; *Dietz/Richardi*, § 103 BetrVG Rz. 31; *Galperin/Löwisch*, § 103 BetrVG Rz. 19; *Hess/Schlochauer/Glaubitz*, § 103 BetrVG Rz. 38; KR/*Etzel*, § 103 BetrVG Rz. 78, 94; *Kittner*, in Däubler/Kittner/Klebe, § 103 BetrVG Rz. 31; *Fitting/Kaiser/Heither/Engels*, § 103 BetrVG Rz. 21 mwN.
5 Vgl. *Kittner*, in Däubler/Kittner/Klebe, § 103 BetrVG Rz. Nr. 32 mwN.

IX. Zustimmungserfordernis nach § 103

stimmung bei groben Verstößen eines Vertretungsmitglieds gegen dessen arbeitsvertragliche Pflichten nicht verweigern dürfen[1].

Die **Entscheidung über den Zustimmungsantrag** des Arbeitgebers obliegt dem einzelnen Betriebsrat (nicht dem Gesamtbetriebsrat) und muß gemäß § 33 BetrVG durch Beschluß erfolgen. An die Stelle eines von der beabsichtigten Kündigung betroffenen Betriebsratsmitgliedes, welches weder an der entsprechenden Beratung noch an der Beschlußfassung teilnehmen darf, tritt ein Ersatzmitglied[2]. Nimmt das betroffene Betriebsratsmitglied an der Beratung teil, ist der gefaßte Betriebsratsbeschluß nichtig[3]. Ein unwirksamer Betriebsratsbeschluß im Verfahren nach § 103 BetrVG hat die Unwirksamkeit der Zustimmung zur Folge. Aufgrund der unterschiedlichen Voraussetzungen und Wirkungen bestehen zwischen den Verfahren nach § 102 BetrVG und § 103 BetrVG erhebliche Divergenzen[4], so daß die im Rahmen von § 102 BetrVG geltende sogenannte **Sphärentheorie** bei Fehlern im Zustimmungsverfahren nach § 103 BetrVG **nicht zur Anwendung kommt**. Der Arbeitgeber darf allerdings grundsätzlich auf die Wirksamkeit eines Zustimmungsbeschlusses vertrauen, wenn ihm der Betriebsratsvorsitzende oder sein Vertreter mitteilt, der Betriebsrat habe die Zustimmung erteilt. Etwas anderes gilt nur dann, wenn der Arbeitgeber die Tatsachen kennt oder kennen muß, aus denen sich die Unwirksamkeit des Beschlusses ergibt[5].

188

Hat der Betriebsrat einen entsprechenden Beschluß gefaßt, so bleibt es ihm überlassen, ob er den Arbeitgeber vom Inhalt **schriftlich oder mündlich** in Kenntnis setzt. Hat der Betriebsrat einmal seine Zustimmung erteilt, ist deren Rücknahme nicht mehr möglich[6]. Zulässig und wirksam ist die **nachträgliche Zustimmung** des Betriebsrats zur beabsichtigten Kündigung, wodurch ein zwischenzeitlich gemäß § 103 Abs. 2 BetrVG eingeleitetes Beschlußverfahren gegenstandslos wird[7].

189

---

1 Vgl. *Fitting/Kaiser/Heither/Engels*, § 103 BetrVG Rz. 19.
2 Vgl. BAG v. 26. 8. 1981, AP Nr. 13 zu § 103 BetrVG 1972; BAG v. 23. 8. 1984, AP Nr. 17 zu § 103 BetrVG 1972.
3 Vgl. BAG v. 23. 8. 1984, AP Nr. 17 zu § 103 BetrVG 1972.
4 Vgl. BAG v. 26. 8. 1981, AP Nr. 13 zu § 103 BetrVG 1972; BAG v. 23. 8. 1984, AP Nr. 17 zu § 103 BetrVG 1972; *Kittner*, in Däubler/Kittner/Klebe, § 103 BetrVG Rz. 34.
5 Vgl. BAG v. 23. 8. 1984, AP Nr. 17 zu § 103 BetrVG 1972; KR/*Etzel*, § 103 BetrVG Rz. 107; *Kittner*, in Däubler/Kittner/Klebe, § 103 BetrVG Rz. 34; *Fitting/Kaiser/ Heither/Engels*, § 103 BetrVG Rz. 25; vertiefend *Klebe/Schumann*, DB 1978, 1591; aA *Dietz/Richardi*, § 103 BetrVG Rz. 51; *Galperin/Löwisch*, § 103 BetrVG Rz. 15.
6 Vgl. *Dietz/Richardi*, § 103 BetrVG Rz. 38; *Kittner*, in Däubler/Kittner/Klebe, § 103 BetrVG Rz. 36; *Fitting/Kaiser/Heither/Engels*, § 103 BetrVG Rz. 24; KR/*Etzel*, § 103 BetrVG Rz. 86.
7 Vgl. BAG v. 10. 12. 1992, AP Nr. 4 zu § 87 ArbGG 1979; BAG v. 23. 6. 1993, AP Nr. 2 zu § 83a ArbGG 1979; *Fitting/Kaiser/Heither/Engels*, § 103 BetrVG Rz. 23 mwN.

6. Ersetzung der Zustimmung durch das Arbeitsgericht

190 Stimmt der Betriebsrat der beabsichtigten außerordentlichen Kündigung ausdrücklich nicht zu oder gibt er binnen drei Tagen gar keine Erklärung ab, bleibt dem Arbeitgeber die Möglichkeit, die Zustimmung des Betriebsrats gemäß § 103 Abs. 2 BetrVG durch das Arbeitsgericht im Wege des Beschlußverfahrens ersetzen zu lassen.

191 In entsprechender Anwendung von § 626 Abs. 2 BGB muß der Arbeitgeber den **Antrag beim Arbeitsgericht** innerhalb der Zweiwochenfrist stellen, anderenfalls ist dieser von vornherein **unbegründet**[1]. Der Antrag ist auch unbegründet, sofern das Arbeitsverhältnis vor der Entscheidung durch das Arbeitsgericht beendet wird[2]. Bereits **unzulässig** ist der Antrag, wenn er vorsorglich vor der Zustimmungsverweigerung durch den Betriebsrat gestellt wurde. Dies gilt auch in dem Fall, in dem die Verweigerung der Zustimmung durch den Betriebsrat noch nachträglich erklärt wird[3].

192 Der Arbeitgeber kann das Ersetzungsverfahren nach § 103 Abs. 2 BetrVG hilfsweise mit einem **Ausschließungsantrag nach § 23 Abs. 1 BetrVG** verbinden. Der umgekehrte Weg steht ihm jedoch nicht offen, da er dadurch zu erkennen geben würde, daß er die Fortsetzung des Arbeitsverhältnisses nicht für unzumutbar hält[4].

193 Die **Rechtsstellung des Arbeitnehmers in dem Beschlußverfahren** ist die eines Beteiligten (§ 103 Abs. 2 Satz 2 BetrVG, § 83 ArbGG). Ihm steht daher je nach den Umständen im Einzelfall die Beschwerdemöglichkeit nach § 87 Abs. 1 ArbGG offen[5]. Außerdem hat er die Möglichkeit, Rechtsbeschwerde nach §§ 92, 92a ArbGG einzulegen. Sofern der Betriebsrat die gerichtliche Entscheidung akzeptiert, hat dies auf die Beschwerdemöglichkeiten des Arbeitnehmers keinen Einfluß[6].

194 Da die Zustimmung des Betriebsrates nach § 103 BetrVG Voraussetzung einer wirksamen Kündigung ist, ist das **Nachschieben von Kündigungsgründen** ohne erneute Beteiligung des Betriebsrates im arbeitsgerichtlichen Beschlußverfahren nicht möglich[7]. Ersucht der Arbeitgeber den Betriebsrat aufgrund **neuer Kündigungsgründe** erfolglos um dessen Zustimmung, so können diese noch im

---

1 Vgl. BAG v. 18. 8. 1977, 7. 5. 1986 und 22. 1. 1987, AP Nrn. 10, 18, 24 zu § 103 BetrVG 1972; *Kittner*, in Däubler/Kittner/Klebe, § 103 BetrVG Rz. 40; *Fitting/Kaiser/Heither/Engels*, § 103 BetrVG Rz. 27 mwN.
2 Vgl. BAG v. 10. 2. 1977, AP Nr. 9 zu § 103 BetrVG 1972.
3 Vgl. BAG v. 7. 5. 1986, AP Nr. 18 zu § 103 BetrVG 1972.
4 Vgl. BAG v. 21. 2. 1978, AP Nr. 1 zu § 74 BetrVG 1972; *Kittner*, in Däubler/Kittner/Klebe, § 103 BetrVG Rz. 45; GK/*Wiese*, § 23 Rz. 63; *Galperin/Löwisch*, § 103 BetrVG Rz. 33a; *Fitting/Kaiser/Heither/Engels*, § 103 BetrVG Rz. 28; aA *Hess/Schlochauer/Glaubitz*, § 103 BetrVG Rz. 50.
5 Vgl. BAG v. 10. 12. 1992, AP Nr. 4 zu § 87 ArbGG 1979; BAG v. 23. 6. 1993, AP Nr. 2 zu § 83a ArbGG 1979; LAG Köln v. 13. 12. 1984, AP Nr. 22 zu § 103 BetrVG 1972.
6 Vgl. BAG v. 10. 12. 1992, AP Nr. 4 zu § 87 ArbGG 1979.
7 Vgl. *Fitting/Kaiser/Heither/Engels*, § 103 BetrVG Rz. 27a; *Kittner*, in Däubler/Kittner/Klebe, § 103 BetrVG Rz. 41.

IX. Zustimmungserfordernis nach § 103

Beschlußverfahren innerhalb der Zweiwochenfrist des § 626 Abs. 2 BGB vorgebracht werden[1].

Stimmt der Betriebsrat im gerichtlichen Zustimmungsersetzungsverfahren der außerordentlichen Kündigung zu, so **erledigt** sich das gerichtliche Verfahren und der Arbeitgeber hat die Kündigung unverzüglich auszusprechen[2]. 195

Während des Zustimmungsersetzungsverfahrens ist das betroffene Betriebsratsmitglied an der **Amtsausübung nicht gehindert,** insbesondere darf es zu diesem Zweck den Betrieb betreten[3]. Auch ein vom Arbeitgeber ausgesprochenes **Hausverbot** ändert an dieser Rechtslage nichts, da es eine gesetzwidrige Behinderung der Amtstätigkeit des betroffenen Betriebsratsmitglieds darstellen würde. Aus diesem Grund ist eine **einstweilige Verfügung** mit dem Ziel, dem Arbeitnehmer die Ausübung seines Amtes zu untersagen, unzulässig[4]. Auch eine **einstweilige Verfügung** auf vorläufige Ersetzung der Zustimmung ist unzulässig, da dies eine unzulässige Vorwegnahme der Hauptsache bedeuten würde[5]. Das betroffene Betriebsratsmitglied ist jedoch während eines nachfolgenden Kündigungsrechtsstreits dann an der Ausübung seiner Betriebsratstätigkeit iSv. § 25 Abs. 1 Satz 2 BetrVG verhindert, wenn der Betriebsrat seine Zustimmung erteilt oder das Arbeitsgericht sie rechtskräftig ersetzt hat[6]. 196

Die **Folge einer rechtskräftigen Ablehnung** des Antrags des Arbeitgebers im Zustimmungsersetzungsverfahren ist, daß der Arbeitgeber dem betroffenen Arbeitnehmer nicht wirksam kündigen kann. Eine gleichwohl ausgesprochene Kündigung ist unwirksam. Hat das Arbeitsgericht dagegen die **Zustimmung** des Betriebsrats zur beabsichtigten Kündigung **ersetzt,** kann der Arbeitgeber nunmehr kündigen. Der Arbeitgeber muß nach Rechtskraft der Entscheidung unverzüglich kündigen[7]. 197

---

1 Vgl. LAG Düsseldorf v. 29. 3. 1993, BB 1994, 793; GK/*Kraft,* § 103 BetrVG Rz. 49; *Fitting/Kaiser/Heither/Engels,* § 103 BetrVG Rz. 27a; *Kittner,* in Däubler/Kittner/Klebe, § 103 BetrVG Rz. 41.
2 Vgl. BAG v. 17. 9. 1981, AP Nr. 14 zu § 103 BetrVG 1972.
3 Vgl. LAG Hamm v. 24. 10. 1974, DB 1975, 111; LAG Düsseldorf v. 22. 2. 1977, DB 1977, 1053; *Fitting/Kaiser/Heither/Engels,* § 103 BetrVG Rz. 28; *Kittner,* in Däubler/Kittner/Klebe, § 103 BetrVG Rz. 47; einschränkend GK/*Kraft,* § 103 BetrVG Rz. 62.
4 Vgl. *Lepke,* BB 1973, 899; *Fitting/Kaiser/Heither/Engels,* § 103 BetrVG Rz. 28; *Kittner,* in Däubler/Kittner/Klebe, § 103 BetrVG Rz. 47.
5 Vgl. *Kittner,* in Däubler/Kittner/Klebe, § 103 BetrVG Rz. 47; *Fitting/Kaiser/Heither/Engels,* § 103 BetrVG Rz. 28 mwN.
6 Vgl. LAG Düsseldorf v. 27. 2. 1975, DB 1975, 700; LAG Schleswig-Holstein v. 2. 9. 1976, BB 1976, 1319; *Fitting/Kaiser/Heither/Engels,* § 103 BetrVG Rz. 28a; *Kittner,* in Däubler/Kittner/Klebe, § 103 BetrVG Rz. 48.
7 Vgl. BAG v. 24. 4. 1975, 18. 8. 1977 und 25. 1. 1979, AP Nrn. 3, 10, 12 zu § 103 BetrVG 1972; *Kittner,* in Däubler/Kittner/Klebe, § 103 BetrVG Rz. 51; KR/*Etzel,* Rz. 136; *Dietz/Richardi,* § 103 BetrVG Rz. 49; *Schaub,* § 143 IV 3; aA *Fitting/Kaiser/Heither/Engels,* § 103 BetrVG Rz. 29 mwN, wonach der Arbeitgeber nach formeller Rechtskraft der Entscheidung nunmehr binnen der Zweiwochenfrist des § 626 Abs. 2 Satz 1 BGB kündigen könne.

198 **Endet die Amtszeit** des betroffenen Betriebsratsmitglieds während des Zustimmungsverfahrens nach § 103 Abs. 2 BetrVG, so gilt die bisherige Erklärung des Betriebsrates im Fall der **Wiederwahl** des Organmitglieds weiter. Für den neu gewählten Betriebsrat besteht in diesem Fall jedoch die Möglichkeit, nach erneuter Beschlußfassung der beabsichtigten außerordentlichen Kündigung noch zuzustimmen. Wird das Betriebsratsmitglied **nicht wiedergewählt**, so wird das durch den Arbeitgeber eingeleitete Verfahren nach § 103 BetrVG gegenstandslos und ist einzustellen[1]. In diesem Fall besteht für das ausgeschiedene Betriebsratsmitglied aber der **nachwirkende Kündigungsschutz** nach § 15 Abs. 1 Satz 2, Abs. 3 Satz 2 KSchG[2].

7. Kündigungsschutzverfahren

199 Hat das Arbeitsgericht die erforderliche Zustimmung ersetzt und der Arbeitgeber daraufhin die außerordentliche Kündigung ausgesprochen, so kann der Betroffene dagegen **Kündigungsschutzklage** erheben. Er muß dabei jedoch die **Dreiwochenfrist** des § 4 KSchG beachten[3]. Die Notwendigkeit der Klageerhebung innerhalb der Dreiwochenfrist besteht auch dann, wenn das Arbeitsgericht im Beschlußverfahren die fehlende Zustimmung des Betriebsrats zur außerordentlichen Kündigung ersetzt hat[4].

200 Die **Erfolgsaussichten einer Kündigungsschutzklage** des Arbeitnehmers sind allerdings als gering zu beurteilen, sofern er die Klage lediglich auf die Begründung stützt, ein Grund für die außerordentliche Kündigung habe nicht vorgelegen. Falls nämlich im Kündigungsschutzprozeß derselbe Sachverhalt vorgetragen wird, hat die Entscheidung des Arbeitsgerichts im Beschlußverfahren **präjudizielle Wirkung** für das Urteilsverfahren, da dieselben Prüfungsmaßstäbe anzulegen sind[5]. Eine abweichende Sachentscheidung kommt in Betracht, wenn der Arbeitnehmer nicht als Beteiligter im Beschlußverfahren hinzugezogen worden ist[6].

---

1 Vgl. BAG v. 30. 5. 1978, AP Nr. 4 zu § 15 KSchG 1969; *Fitting/Kaiser/Heither/Engels*, § 103 BetrVG Rz. 32 mwN; aA *Kittner*, in Däubler/Kittner/Klebe, § 103 BetrVG Rz. 55.
2 Vgl. zum nachwirkenden Kündigungsschutz *Fitting/Kaiser/Heither/Engels*, § 103 BetrVG Rz. 33 ff.
3 Vgl. BAG v. 31. 3. 1993, AP Nr. 11 zu § 13 KSchG; *Kittner*, in Däubler/Kittner/Klebe, § 103 BetrVG Rz. 57; *Dietz/Richardi*, § 103 Anh. Rz. 17; *Hueck/von Hoyningen-Huene*, § 15 Rz. 138; *Hess/Schlochauer/Glaubitz*, § 103 BetrVG Rz. 23; *Wilhelm*, NZA 1988, Beil. 3, 18, 28; aA *Fitting/Kaiser/Heither/Engels*, § 103 BetrVG Rz. 42.
4 Erhebt ein nach § 15 KSchG geschütztes Mitglied des Betriebsrates Klage gegen eine ordentliche Kündigung, bedarf es der Einhaltung der Dreiwochenfrist (§ 4 KSchG) hingegen nicht, da ein Nichtigkeitsgrund nach § 13 Abs. 3 KSchG vorliegt, welchen der Arbeitnehmer in jeder Weise geltend machen kann, mithin entweder inzident im Wege der Leistungsklage zB auf Lohnzahlung oder im Wege einer Feststellungsklage, vgl. BAG v. 31. 1. 1985, AP Nr. 5 zu § 13 KSchG 1969; *Fitting/Kaiser/Heither/Engels*, § 103 BetrVG Rz. 42; *Kittner*, in Däubler/Kittner/Klebe, § 103 BetrVG Rz. 56.
5 Vgl. BAG v. 10. 12. 1992, AP Nr. 4 zu § 87 ArbGG 1979; BAG v. 23. 6. 1993, AP Nr. 2 zu § 83a ArbGG 1979.
6 Vgl. KR/*Etzel*, § 103 BetrVG Rz. 140.

X. Checkliste

Mangels Anwendbarkeit von §§ 9, 10 KSchG im Rahmen von § 103 BetrVG kommt eine **gerichtliche Auflösung des Arbeitsverhältnisses** unter gleichzeitiger Zahlung einer **Abfindung** seitens des Arbeitgebers nicht in Betracht. 201

X. Checkliste für die Anhörung des Betriebsrates nach § 102 BetrVG

1. **Allgemeine Angaben,** die bei jeder Anhörung des Betriebsrats nach § 102 BetrVG zu beachten sind: 202

> ▶ die **Personaldaten** (soweit zur Identifizierung des Arbeitnehmers für den Betriebsrat erforderlich)
> ▶ die konkrete und ausdrückliche **Kündigungsabsicht**
> ▶ der **geplante Zeitpunkt** des Kündigungsausspruchs
> ▶ die **Art der Kündigung** (ordentlich/außerordentlich)
> ▶ ggf. die geltende **Kündigungsfrist**
> ▶ alle aus Arbeitgebersicht maßgeblichen **Gründe** der Kündigung
> ▶ die zugrundeliegenden konkreten **Tatsachen** (nur notwendig nach Ablauf der ersten 6 Monate des Beschäftigungsverhältnisses, ansonsten ist ein Werturteil ausreichend)
> ▶ **Gründe,** die **gegen** die Kündigung sprechen könnten.

2. **Besondere Angaben** bei den einzelnen Kündigungsarten:

a) Im Falle einer **betriebsbedingten Kündigung** sind zusätzlich folgende Umstände mitzuteilen: 203

> ▶ **Wegfall** des konreten **Arbeitsplatzes** (konkrete Darstellung der Ursachen, entsprechende Unternehmerentscheidung und deren Kausalität für den Wegfall des Arbeitsplatzes)
> ▶ **Fehlen anderweitiger Beschäftigungsmöglichkeit**
> ▶ die einzelnen **Daten** der getroffenen **Sozialauswahl**, einschließlich der Daten vergleichbarer Arbeitnehmer:
>   ▶ Betriebszugehörigkeit
>   ▶ Alter
>   ▶ Unterhaltspflichten
>   ▶ besonderer Kündigungsschutz.

b) Im Falle einer **personenbedingten Kündigung** sind alle Gründe, auf die der Arbeitgeber seine Kündigungsentscheidung stützt, mitzuteilen; beim Hauptfall der **krankheitsbedingten Kündigung** handelt es sich dabei um folgende Umstände: 204

> ▶ bisherige **Fehlzeiten**
>
> ▶ die konkreten resultierenden und noch zu erwartenden **Belastungen** für das Unternehmen
>
> ▶ Prognose und Unterlagen über die **zukünftige** Gesundheitsentwicklung.

205 c) Im Falle einer **verhaltensbedingten Kündigung** sind zusätzlich alle Umstände mitzuteilen, die aus der Sicht des Arbeitgebers für die Kündigung sprechen, als auch diejenigen, die möglicherweise dagegen sprechen (Interessenabwägung):

> ▶ **Verletzung** einer arbeitsvertraglichen **Haupt- oder Nebenpflicht**
>
> ▶ tatsächliche **Störungen** hierdurch
>
> ▶ Prognose hinsichtlich der **Wiederholungsgefahr**
>
> ▶ **Interessenabwägung**
>
> ▶ **Abmahnungen** und etwaige Gegendarstellungen.

206 d) Im Falle einer **außerordentlichen Kündigung** sind des weiteren folgende Umstände darzulegen:

> ▶ die den wichtigen Grund der Kündigung **tragenden Tatsachen**
>
> ▶ die Umstände, aus denen sich die **Unzumutbarkeit** der Fortsetzung des Arbeitsverhältnisses ergibt
>
> ▶ der Inhalt der **Interessenabwägung**
>
> ▶ **Abmahnungen** und Gegendarstellungen
>
> ▶ der **Zeitpunkt**, an dem der Arbeitgeber **Kenntnis** von den die Kündigung begründenden Umständen erlangt hat.

207 e) **Kumulativ ordentliche und außerordentliche Kündigung:**

> ▶ Ausdrücklicher **Hinweis**, daß die außerordentliche Kündigung **vorsorglich** bzw. hilfsweise als ordentliche gelten soll.

208 f) Im Falle einer **Änderungskündigung** sind zusätzlich mitzuteilen:

> ▶ zunächst die je nach **Kündigungsart** erforderlichen Angaben
>
> ▶ Inhalt des **Änderungsangebotes** (vorgesehene Versetzung/Umgruppierung/Änderung der Arbeitsbedingungen).

g) Im Falle einer **Massenkündigung** ist folgendes zu beachten: 209

> ▶ Es sind die Angaben im gleichen Umfang erforderlich, wie sie bei jeder **betriebsbedingten** Einzelkündigung zu machen sind.

h) Im Falle einer **Verdachtskündigung** sind zusätzlich folgende Umstände mitzuteilen: 210

> ▶ bekannte **Verdachtsmomente**
> ▶ konkrete **Bemühungen** zur Aufklärung
> ▶ Umstände der **Unzumutbarkeit** der Weiterbeschäftigung.

Vierter Teil
Kollektives Arbeitsrecht

A. Betriebsverfassungsrecht

	Rz.
I. Grundlagen *(Hennige)*	
1. Sachlicher Geltungsbereich	
a) Der Betrieb	1
aa) Definition des Betriebes	2
bb) Begriff des Unternehmens	5
cc) Der Konzern	8
dd) Ein Betrieb/mehrere Betriebe	13
ee) Nebenbetriebe	21
ff) Betriebsteile	24
b) Öffentlicher Dienst	28
c) Seeschiffahrt	31
d) Luftfahrt	32
e) Tendenzbetriebe/Religionsgemeinschaften	33
2. Räumlicher Geltungsbereich	34
a) Sitz des Betriebs	35
b) Ausstrahlung	38
c) Einstrahlung	40
d) Europäischer Betriebsrat	41
3. Persönlicher Geltungsbereich	
a) Arbeitgeber	47
b) Arbeitnehmer	50
aa) Arbeiter und Angestellte	53
bb) Auszubildende	54
c) Leitende Angestellte	56
d) „Nicht-Arbeitnehmer"	57
aa) Mitglieder des gesetzlichen Vertretungsorgans juristischer Personen (§ 5 Abs. 2 Nr. 1 BetrVG)	58
bb) Vertretungs- und geschäftsführungsberechtigte Mitglieder von Personengesamtheiten (§ 5 Abs. 2 Nr. 2 BetrVG)	59
cc) Beschäftigung aus vorwiegend karitativen oder religiösen Beweggründen (§ 5 Abs. 2 Nr. 3 BetrVG)	60

	Rz.
dd) Beschäftigung zur Heilung, Wiedereingewöhnung, Besserung oder Erziehung (§ 5 Abs. 2 Nr. 4 BetrVG)	61
ee) Enge Verwandte des Arbeitgebers (§ 5 Abs. 2 Nr. 5 BetrVG)	62
II. Beteiligte und Organe der Betriebsverfassung *(Hennige)*	63
1. Die Verbände	63
a) Arbeitgebervereinigungen	64
b) Gewerkschaften	
aa) Gewerkschaftsbegriff	66
bb) Vertretensein im Betrieb	67
cc) Zugangsrecht	68
dd) Information und Werbung im Betrieb	73
ee) Allgemeine betriebsverfassungsrechtliche Mitwirkungsrechte	75
2. Betriebsrat	
a) Betriebsratswahl	77
aa) Wahlberechtigung	78
bb) Wählbarkeit	82
cc) Wahlzeitraum und Amtszeit	85
dd) Durchführung der Wahl	
(1) Wahlvorstand	87
(2) Wahlverfahren	92
(3) Wahlarten	97
(4) Kosten der Wahl	99
b) Rechtsschutz bei Betriebsratswahlen	
aa) Rechtsschutz im Vorfeld der Betriebsratswahl	101
bb) Rechtsschutz während der Wahl	104
cc) Die nichtige Betriebsratswahl	107
dd) Anfechtung der Betriebsratswahl	110

	Rz.
c) Organisation und Willensbildung im Betriebsrat	
aa) Konstituierung und Organisation	116
bb) Willensbildung im Betriebsrat	123
d) Geschäftsführung des Betriebsrats	
aa) Geschäftsordnung	131
bb) Sprechstunden	132
e) Freistellung und Entgeltschutz	133
aa) Freistellung gem. § 38 BetrVG	134
bb) Freistellung nach § 37 Abs. 2 BetrVG	144
(1) Erforderlichkeit der Betriebsratstätigkeit	145
(2) Ab- und Rückmeldung	149
(3) Vergütung	152
(4) Betriebsratstätigkeit außerhalb der Arbeitszeit	156
f) Teilnahme an Schulungs- und Bildungsveranstaltungen	161
aa) Schulung nach § 37 Abs. 6 BetrVG	
(1) Erforderliche Kenntnisse	162
(2) Festlegung der Teilnehmer	167
(3) Duchführung der Arbeitsbefreiung	169
bb) Schulungsveranstaltung nach § 37 Abs. 7 BetrVG	172
(1) Geeignete Schulungsveranstaltung	173
(2) Anerkennung der Veranstaltung	176
(3) Anspruchsberechtigte Teilnehmer	178
(4) Festlegung der Teilnehmer	179
cc) Entgeltfortzahlung und Kosten der Schulung	
(1) Entgeltfortzahlung	181
(2) Kosten für die Teilnahme an Schulungs- und Bildungsveranstaltungen	183
g) Kosten des Betriebsrats	191
aa) Kosten für Dolmetscher	193

	Rz.
bb) Geschäftsführungskosten	194
cc) Sachverständigenkosten	195
dd) Kosten der anwaltlichen Beratung	196
ee) Kosten der anwaltlichen Vertretung vor der Einigungsstelle	197
ff) Prozeßführungskosten	198
h) Sachaufwand des Betriebsrats	202
aa) Betriebsratsbüro	203
bb) Sachmittel	204
cc) Büropersonal	208
dd) Streitigkeiten	210
i) Kosten einzelner Betriebsratsmitglieder	212
aa) Fahrtkosten/Reisekosten	213
bb) Schäden	216
cc) Schulungskosten	217
dd) Prozeßführungskosten	218
j) Auflösung des Betriebsrates	222
aa) Verfahren	223
bb) Grobe Pflichtverletzung	226
3. Der Gesamtbetriebsrat	229
a) Bildung und Zusammensetzung	230
b) Geschäftsführung des Gesamtbetriebsrats	235
c) Willensbildung im Gesamtbetriebsrat	236
d) Zuständigkeit/Kompetenz des Gesamtbetriebsrats	239
4. Der Konzernbetriebsrat	245
a) Bildung und Auflösung des Konzernbetriebsrats	246
b) Zuständigkeit/Kompetenz des Konzernbetriebsrats	251
c) Willensbildung und Geschäftsführung	255
5. (Gesamt-)Jugend- und Auszubildendenvertretung	257
a) Wahl	258
b) Amtszeit und Geschäftsführung	264
c) Allgemeine Aufgaben und Befugnisse	269
d) Rechtsstellung des einzelnen Mitglieds der Jugend- und Auszubildendenvertretung	279
e) Gesamt-, Jugend- und Auszubildendenvertretung	288
6. Informationsforen	
a) Die Betriebsversammlung	289

A. Betriebsverfassungsrecht

Rz.
- aa) Regelmäßige Betriebsversammlungen 293
- bb) Weitere Betriebsversammlungen 294
- cc) Außerordentliche Betriebsversammlungen . 297
- dd) Betriebsversammlung auf Antrag der Gewerkschaft 298
- b) Rechte und Pflichten des Arbeitgebers 299
- c) Zeitpunkt und Einberufung . 304
- d) Durchführung/zulässige Themen 310
- e) Kosten und Verdienstausfall . 317
- f) Teilnahmerecht der Gewerkschaftsvertreter 323
- g) Abteilungsversammlung ... 324
- h) Betriebsräteversammlung .. 327

III. **Grundprinzipien der betriebsverfassungsrechtlichen Zusammenarbeit** *(Hennige)*
1. Das Gebot der vertrauensvollen Zusammenarbeit (§ 2 Abs. 1 BetrVG, § 74 Abs. 1 BetrVG) .. 328
2. Das Arbeitskampfverbot (§ 74 Abs. 2 Satz 1 BetrVG) 336
3. Friedenspflicht (§ 74 Abs. 2 Satz 2 BetrVG) 340
4. Verbot der parteipolitischen Betätigung (§ 74 Abs. 2 Satz 3 BetrVG) 343
   - a) Begriff der parteipolitischen Betätigung 344
   - b) Beeinträchtigung des Arbeitsablaufes oder Betriebsfriedens 349
   - c) Räumlicher Geltungsbereich des Verbots, Verbotsadressat und Folgen eines Verstoßes . 350
5. Grundsätze für die Behandlung von Betriebsangehörigen (§ 75 BetrVG) 353
   - a) Grundsätze von Recht und Billigkeit 355
   - b) Der betriebsverfassungsrechtliche Gleichbehandlungsgrundsatz 359
   - c) Absolute Differenzierungsverbote 362
   - d) Schutz älterer Arbeitnehmer 364
   - e) Freie Entfaltung der Persönlichkeit 367

Rz.
- f) Folgen eines Verstoßes gegen § 75 BetrVG 371

IV. **Allgemeine Mitbestimmungsrechte/-pflichten** *(Hennige)*
1. Mitwirkungs- und Beschwerderecht des Arbeitnehmers
   - a) Unterrichtungs- und Erörterungspflicht des Arbeitgebers (§ 81 BetrVG) 374
     - aa) Inhalt der Unterrichtungs- und Erörterungspflicht .. 375
     - bb) Rechtsfolgen bei Verstoß gegen die Unterrichtungs- und Erörterungspflicht 376
     - cc) Abgrenzung zwischen der Unterrichtungspflicht nach § 81 BetrVG und Maßnahmen der Berufsbildung nach § 89 BetrVG 379
   - b) Anhörungs- und Erörterungsrecht des Arbeitnehmers (§ 82 BetrVG) 381
   - c) Einsicht in Personalakten (§ 83 BetrVG) 389
     - aa) Begriff der Personalakte . 390
     - bb) Führung der Personalakte 392
     - cc) Einsichtsrecht des Arbeitnehmers 394
     - dd) Erklärungen des Arbeitnehmers zur Personalakte 399
   - d) Beschwerde (§§ 84, 85 BetrVG)
     - aa) Beschwerde beim Arbeitgeber 401
     - bb) Beschwerde beim Betriebsrat 407
     - cc) Kollektive Regelung des Beschwerdeverfahrens .. 414
2. Allgemeine Aufgaben des Betriebsrates (§ 80 Abs. 1 BetrVG) 415
   - a) Überwachungsrechte 416
     - aa) Gesetze und Vorschriften 417
     - bb) Tarifverträge 420
     - cc) Grenzen des Überwachungsrechts 423
   - b) Antragsrecht 424
   - c) Durchsetzung der Gleichberechtigung 425
   - d) Entgegennahme von Anregungen 426

1365

e) Eingliederung schutzbedürftiger Personen und Förderung der Beschäftigung älterer Arbeitnehmer 427
f) Zusammenarbeit mit der Jugend- und Auszubildendenvertretung 428
g) Eingliederung ausländischer Arbeitnehmer 429
3. Auskunfts-/Unterrichtungsanspruch (§ 80 Abs. 2 BetrVG)
a) Auskunfts- und Unterrichtungsanspruch 430
b) Vorlage von Unterlagen . . . 438
c) Einblick in Bruttolohn- und -gehaltslisten 441
4. Hinzuziehung von Sachverständigen (§ 80 Abs. 3 BetrVG) . . . 445
5. Geheimhaltungspflichten (§ 79 BetrVG) 453
6. Gestaltung von Arbeitsplatz und -umgebung
a) Unterrichtungs- und Beratungsrecht (§ 90 BetrVG) . . 460
aa) Baumaßnahmen 462
bb) Technische Anlagen . . . 463
cc) Arbeitsverfahren und Arbeitsabläufe 465
dd) Arbeitsplätze 466
b) Zeitpunkt und Inhalt 467
c) Folgen der nicht rechtzeitigen Unterrichtung 471
d) Mitbestimmung bei besonderer Belastung (§ 91 BetrVG) . 473

V. Mitbestimmung in sozialen Angelegenheiten *(Hennige)*
1. Voraussetzungen 480
a) Persönlicher Geltungsbereich 482
b) Kollektivmaßnahme 483
c) Gesetzes-/Tarifvorrang
aa) § 87 Abs. 1 Satz 1 BetrVG 485
(1) Gesetzliche Regelung 486
(2) Tarifvorbehalt 487
bb) § 77 Abs. 3 BetrVG . . . 490
2. Ausübung des Mitbestimmungsrechts
a) Erzwingbare und freiwillige Mitbestimmung 496
b) Initiativrecht 499
c) Betriebsvereinbarung und Regelungsabrede 500

aa) Betriebsvereinbarung
(1) Gesetzliche Grundlage 501
(2) Tarifvorbehalt des § 77 Abs. 3 BetrVG . . 504
(3) Rechtliche Wirkung . 507
(4) Durchführung der Betriebsvereinbarung . 509
(5) Beendigung 510
bb) Regelungsabrede 517
cc) Streitigkeiten 523
d) Einzelarbeitsvertrag 525
3. Auswirkungen der Nichtbeachtung des Mitbestimmungsrechtes
a) Auswirkungen gegenüber einzelnen Arbeitnehmern . . 528
b) Auswirkungen im Verhältnis zwischen Arbeitgeber und Betriebsrat 531
4. Durchsetzung der Mitbestimmungsrechte
a) Unterlassungsanspruch nach § 23 Abs. 3 BetrVG 533
b) Allgemeiner Unterlassungsanspruch 537
c) Einstweiliger Rechtsschutz . 541
5. Die Mitbestimmungstatbestände des § 87 Abs. 1 BetrVG
a) Ordnung des Betriebes (§ 87 Abs. 1 Nr. 1 BetrVG) 542
b) Beginn und Ende der Arbeitszeit (§ 87 Abs. 1 Nr. 2 BetrVG) 550
aa) Beginn und Ende der täglichen Arbeitszeit 551
bb) Pausen 554
cc) Verteilung der Arbeitszeit auf die einzelnen Wochentage 555
c) Vorübergehende Verkürzung oder Verlängerung der betriebsüblichen Arbeitszeit (§ 87 Abs. 1 Nr. 3 BetrVG) . . 557
aa) Überstunden 563
bb) Kurzarbeit 570
cc) Kurzarbeit und Überstunden im Arbeitskampf . . 576
d) Zeit, Ort und Art der Auszahlung des Arbeitsentgelts (§ 87 Abs. 1 Nr. 4 BetrVG) . . 577
e) Aufstellung allgemeiner Urlaubsgrundsätze und des Urlaubsplanes (§ 87 Abs. 1 Nr. 5 BetrVG) 582

A. Betriebsverfassungsrecht Teil 4 A

	Rz.		Rz.
f) Einführung und Anwendung technischer Einrichtungen zur Verhaltens- und Leistungsüberwachung (§ 87 Abs. 1 Nr. 6 BetrVG)	588	b) § 97 BetrVG	684
		c) § 98 BetrVG	689
		aa) Mitbestimmungsrechte nach § 98 Abs. 1 BetrVG	690
aa) Technische Einrichtungen	590	bb) Widerspruchs- und Abberufungsrecht nach § 98 Abs. 2 BetrVG	694
bb) Überwachung	593		
cc) Erhebung und Speicherung von Arbeitnehmerdaten	598	cc) Teilnehmerauswahl nach § 98 Abs. 3 BetrVG	698
g) Regelungen über die Verhütung von Arbeitsunfällen und Berufskrankheiten sowie über Gesundheitsschutz (§ 87 Abs. 1 Nr. 7 BetrVG)	599	dd) Sonstige Bildungsmaßnahmen nach § 98 Abs. 6 BetrVG	701
		3. Mitbestimmungsrecht des Betriebsrats bei personellen Einzelmaßnahmen	703
h) Sozialeinrichtungen (§ 87 Abs. 1 Nr. 8 BetrVG)	604	a) Personelle Einzelmaßnahmen iSd. § 99 BetrVG	
i) Werkswohnungen (§ 87 Abs. 1 Nr. 9 BetrVG)	612	aa) Einstellung	708
j) Betriebliche Lohngestaltung (§ 87 Abs. 1 Nr. 10 BetrVG)	616	bb) Versetzung	717
		cc) Ein-/Umgruppierung	
aa) Betriebliche Lohngestaltung	621	(1) Eingruppierung	724
bb) Entlohnungsgrundsätze	631	(2) Umgruppierung	728
cc) Entlohnungsmethoden	633	b) Unterrichtungspflicht des Arbeitgebers	732
k) Akkord-, Prämiensätze und leistungsbezogene Entgelte (§ 87 Abs. 1 Nr. 11 BetrVG)	634	aa) Zeitpunkt	733
		bb) Form, Inhalt und Umfang	735
l) Betriebliches Vorschlagswesen (§ 87 Abs. 1 Nr. 12 BetrVG)	636	c) Zustimmungsfiktion	743
		d) Erteilung der Zustimmung	745
6. Streitigkeiten über Mitbestimmungsrechte nach § 87 Abs. 1 BetrVG	639	e) Widerspruch des Betriebsrats	
		aa) Form und Frist	746
VI. Mitbestimmung in personellen Angelegenheiten *(Hennige)*		bb) Inhalt des Widerspruchs	751
		f) Widerspruchsgründe iSd. § 99 Abs. 2 BetrVG	753
1. Allgemeine personelle Angelegenheiten		aa) Verstoß gegen Gesetz, Verordnung, Unfallverhütungsvorschrift, tarifliche Regelung, Betriebsvereinbarung, gerichtliche Entscheidung oder behördliche Anordnung (§ 99 Abs. 2 Nr. 1 BetrVG)	
a) Personalplanung (§ 92 BetrVG)	640		
b) Ausschreibung von Arbeitsplätzen (§ 93 BetrVG)	649		
c) Personalfragebogen, Formularverträge und Beurteilungsgrundsätze (§ 94 BetrVG)			
aa) Personalfragebogen	657	(1) Verstoß gegen Gesetz und Verordnung	754
bb) Formularverträge und allgemeine Beurteilungsgrundsätze	664	(2) Unfallverhütungsvorschrift	760
		(3) Verstoß gegen tarifliche Regelung	761
d) Auswahlrichtlinien (§ 95 BetrVG)	669	(4) Betriebsvereinbarung	767
2. Mitbestimmung im Bereich der Berufsbildung	677	(5) Gerichtliche Entscheidung	768
a) § 96 BetrVG	678	(6) Behördliche Anordnungen	769

1367

	Rz.
bb) Verstoß gegen eine Auswahlrichtlinie (§ 99 Abs. 2 Nr. 2 BetrVG)	770
cc) Besorgnis der Benachteiligung anderer Arbeitnehmer (§ 99 Abs. 2 Nr. 3 BetrVG)	773
dd) Besorgnis der Benachteiligung des betroffenen Arbeitnehmers (§ 99 Abs. 2 Nr. 4 BetrVG)	777
ee) Unterbliebene innerbetriebliche Stellenausschreibung (§ 99 Abs. 2 Nr. 5 BetrVG)	779
ff) Besorgnis der Störung des Betriebsfriedens (§ 99 Abs. 2 Nr. 6 BetrVG)	783
g) Rechtsfolge des wirksamen Widerspruchs	786
h) Zustimmungsersetzungsverfahren (§ 99 Abs. 4 BetrVG)	789
4. Vorläufige personelle Maßnahme (§ 100 BetrVG)	
a) Verfahrensablauf	792
b) Vorliegen von sachlichen Gründen	794
c) Dringende Erforderlichkeit	796
d) Durchführung der vorläufigen personellen Maßnahme	797
e) Verfahren vor dem Arbeitsgericht	801
5. Aufhebung personeller Maßnahmen wegen Nichtbeachtung des Mitbestimmungsrechtes (§ 101 BetrVG)	804
6. Checkliste und Formulierungsvorschläge	
a) Checkliste zur Beteiligung des Betriebsrats bei Neueinstellungen gem. §§ 99, 100 BetrVG	812
b) Beteiligung nach § 99 BetrVG bei Eingruppierung	813
c) Beteiligung nach § 99 BetrVG bei Versetzung	814
d) Beteiligung nach § 99 BetrVG bei Einstellung	815
e) Beteiligung nach § 99 BetrVG bei Einstellung und vorläufiger Durchführung der Einstellung nach § 100 BetrVG	816

	Rz.
VII. Mitbestimmung bei Betriebsänderungen *(Tschöpe)*	
1. Grundsätzliches	817
2. Begriffsbestimmungen	
a) Wesentlicher Nachteil	823
b) Erheblicher Teil der Belegschaft	825
c) Betriebsänderung	830
aa) Allgemeines	831
bb) Stillegung, Einschränkung des Betriebes oder eines wesentlichen Betriebsteils	833
cc) Personalreduzierung	841
dd) Verlegung des Betriebes oder eines wesentlichen Betriebsteils	845
ee) Zusammenschluß/Spaltung von Betrieben	847
ff) Grundlegende Änderungen der Betriebsorganisation usw.	850
gg) Neue Arbeitsmethoden und Fertigungsverfahren	855
d) Betriebsänderung und Betriebsübergang	856
e) Verfahrensrechtliche Fragen	858
3. Interessenausgleich	
a) Begriff	861
b) Verfahren	864
aa) Direkte Verhandlungen der Betriebspartner	865
bb) Anrufung der Einigungsstelle	868
c) § 1 Abs. 5 KSchG	872
d) Interessenausgleich und Insolvenz	874
aa) Beschleunigung der Betriebsänderung	875
bb) Kündigungserleichterungen	878
(1) Einvernehmen mit dem Betriebsrat	879
(2) Kein Einvernehmen mit dem Betriebsrat	880
cc) Stellung des Betriebserwerbers	882
4. Sozialplan	
a) Begriff	884
b) Verfahren	885
aa) Vereinbarter Sozialplan	887

A. Betriebsverfassungsrecht

Teil 4 A

	Rz.
bb) Von der Einigungsstelle beschlossener Sozialplan	889
c) Inhalt des Sozialplans	
aa) Abfindungshöhe	894
bb) Sozialplanberechtigte	900
(1) Anspruchsausschluß bei Eigenkündigung	903
(2) Anspruchsausschluß aufgrund eines Aufhebungsvertrages	905
(3) Anspruchsausschluß bei zumutbarem Beschäftigungsangebot	907
(4) Anspruchsausschluß bei fristloser Kündigung	911
cc) Fälligkeitsklausel	912
d) Ausnahme der Erzwingbarkeit	
aa) Personalreduzierung	914
bb) Unternehmensneugründung	918
e) Sozialplan im Konkurs	920
aa) Regelung in den alten Bundesländern	921
bb) Regelung in den neuen Bundesländern	926
cc) Neuregelung nach § 123 InsO ab 1999	928
f) Abänderung von Sozialplänen	930
g) Wegfall der Geschäftsgrundlage	932
h) Gerichtliche Überprüfung von Sozialplänen	
aa) Klage eines einzelnen Arbeitnehmers	935
bb) Anfechtung durch Arbeitgeber oder Betriebsrat	936
5. Nachteilsausgleich	942
a) Abweichen von einem Interessenausgleich	943
b) Betriebsänderung ohne Interessenausgleich	946
c) Ausgleichspflichtige Beeinträchtigungen	
aa) Kündigungen	949
bb) Sonstige wirtschaftliche Nachteile	952
d) Abfindungshöhe	954
e) Nachteilsausgleich und Insolvenz	958
f) Abfindungsklage	960
6. Checkliste	963

	Rz.
VIII. **Die Einigungsstelle** *(Hennige)*	964
1. Die Einigungsstelle als Konfliktlösungsinstrument der Betriebsverfassung	964
2. Bildung der Einigungsstelle	
a) Errichtung	965
b) Zusammensetzung der Einigungsstelle	969
aa) Person des Vorsitzenden	970
bb) Zahl der Beisitzer	972
3. Zuständigkeit der Einigungsstelle	
a) Grundsatz	975
b) Regelungstatbestände der erzwingbaren Einigungsstelle	977
c) „Gemischte" Regelungstatbestände	979
d) Rahmenregelung	982
4. Das Verfahren vor der Einigungsstelle	
a) Grundsatz	985
b) Einleitung des Verfahrens	986
c) Verfahrensablauf	
aa) Überblick	988
bb) Rechtliches Gehör	991
cc) Beschlußfassung	992
5. Gerichtliche Überprüfung des Einigungsstellenspruchs	
a) Zuständigkeit	998
b) Rechtskontrolle	999
c) Ermessenskontrolle	1003
6. Kosten der Einigungsstelle	
a) Gesetzliche Kostenregelung	1008
b) Höhe der Vergütung	1013
c) Verfahrensfragen	1018
d) Vertretung des Betriebsrats durch einen Rechtsanwalt	1020
IX. **Tendenzbetriebe und andere Sonderformen des Betriebes** *(Kappelhoff)*	
1. Grundsätze	1021
2. Tendenzunternehmen und -betriebe	1025
3. Geistig-ideelle Bestimmungen (Nr. 1)	
a) Politische Bestimmung	1031
b) Koalitionspolitische Bestimmung	1032
c) Konfessionelle Bestimmung	1033

	Rz.		Rz.
d) Karitative Bestimmung	1034	2. Geltungsbereich des Sprecher-	
e) Erzieherische Bestimmung	1039	ausschußgesetzes	1087
f) Wissenschaftliche Bestim-		3. Grundsätze der Zusammen-	
mung	1042	arbeit	1091
g) Künstlerische Bestimmung	1045	4. Behinderungs-, Benachteili-	
4. Berichterstattung und Mei-		gungs- und Begünstigungsver-	
nungsäußerung (Nr. 2)	1048	bot sowie betriebliche Frie-	
5. Tendenzträger	1051	denspflicht	1093
6. Einschränkungen der Beteili-		5. Wahl des Sprecherausschus-	
gungsrechte des Betriebsrats		ses	
a) Der absolute Ausschluß		a) Voraussetzungen für die	
der §§ 106 bis 110 BetrVG	1054	Wahl eines Sprecheraus-	
b) Die eingeschränkte		schusses	1096
Anwendbarkeit der §§ 111		b) Durchführung der Wahl	1099
bis 113 BetrVG	1055	c) Ende der Mitgliedschaft	
c) Der relative Ausschluß		und Auflösung des Spre-	
von Beteiligungsrechten		cherausschusses	1105
aa) Grundsätze	1058	6. Stellung des Sprecheraus-	
bb) Soziale Angelegenheiten		schusses und seiner Mitglie-	
(§§ 87 bis 89 BetrVG)	1059	der	1107
cc) Personelle Angelegen-		7. Mitwirkungsrechte des Spre-	
heiten	1063	cherausschusses	1112
dd) Sonstige Fälle	1069	a) Allgemeine Aufgaben des	
7. Erweiterung der Mitbestim-		Sprecherausschusses	1113
mungsrechte trotz Tendenz-		b) Die eigentlichen Mitwir-	
schutzes durch tarifliche		kungsrechte im einzelnen	1120
Regelungen	1070	aa) Arbeitsbedingungen	
8. Religionsgemeinschaften	1071	und Beurteilungsgrund-	
9. Luftfahrt	1077	sätze	1121
10. Seeschiffahrt		bb) Personelle Maßnahmen	1127
a) Grundlagen	1078	cc) Wirtschaftliche Ange-	
b) Besatzungsmitglieder	1079	legenheiten	1136
c) Bordvertretung	1081	c) Folgen der Verletzung der	
d) Seebetriebsrat	1083	Unterrichtungs- und Mit-	
X. Sprecherausschuß *(Hennige)*		teilungspflichten nach	
1. Stellung des leitenden Ange-		§§ 30–32 SprAuG	1143
stellten	1086	8. Gesamt- und Konzernspre-	
		cherausschuß	1144

Schrifttum

Kommentare, Monographien:

Bauer, Sprecherausschußgesetz für leitende Angestellte, 1989; *Bischoff*, Die Einigungsstelle im Betriebsverfassungsrecht, Zuständigkeit – Verfahren – Kosten – Haftung, 1975; *Borgwardt/Fischer/Janert*, Sprecherausschußgesetz für leitende Angestellte, 2. Aufl., 1990; *Fiebig*, Der Ermessensspielraum der Einigungsstelle, 1992; *Frey*, Der Tendenzschutz im Betriebsverfassungsgesetz 1972, 1974; *Friedemann*, Das Verfahren der Einigungsstelle für Interessenausgleich und Sozialplan, 1997; *Grunsky*, Arbeitsgerichtsgesetz, 7. Aufl., 1995; *Hennige*, Das Verfahrensrecht der Einigungsstelle, 1996; *von Hoyningen-Huene*, Betriebsverfassungsrecht, 3. Aufl., 1993; *Janzen*, Die Einigungsstelle nach dem Betriebsverfassungsgesetz, Arbeitsheft Nr. 929 der IG Metall, 1991; *Löwisch*, Kommentar zum Sprecherausschußgesetz, 2. Aufl., 1994; *Marhold*, Übersicht über den Ten-

A. Betriebsverfassungsrecht   Teil 4 A

denzbetrieb, AR-Blattei SD, 1570; *Pünnel/Isenhardt*, Die Einigungsstelle des Betriebsverfassungsgesetzes 1972, 4. Aufl., 1997; *Richardi*, Arbeitsrecht in der Kirche, 2. Aufl., 1992; *Röder/Baeck*, Interessenausgleich und Sozialplan, 2. Aufl., 1996; *Rumpff/Boewer*, Mitbestimmung in wirtschaftlichen Angelegenheiten, 3. Aufl., 1990; *Smid*, Gesamtvollstreckungsordnung, 3. Aufl., 1997; *Willemsen/Tiesler*, Interessenausgleich und Sozialplan in der Insolvenz, 1995.

Aufsätze:

Bauer/Lingemann, Stillegung von Tendenzbetrieben am Beispiel von Pressebetrieben, NZA 1995, 813; *Bauer/Röder*, Problemlose Einigungsstellenkosten?, DB 1989, 224; *Bekker-Schaffner*, Kosten und Sachaufwand des Betriebsrats, BB 1994, 928; *Berger-Dehlhey*, Mitbestimmung der Betriebsvertretung bei Arbeitszeitregelungen gegenüber Redakteuren?, NZA 1992, 441; *Bischof*, Die Arten der Betriebsversammlung und ihre zeitliche Lage, BB 1993, 1937; *Bischof*, Mitbestimmung bei Einführung und Abbau von Kurzarbeit, NZA 1995, 1021; *Boemke*, Das arbeitsgerichtliche Zustimmungsersetzungsverfahren nach § 99 Abs. 4 BetrVG, ZfA 1992, 473; *Busemann*, Der Betriebsrat als „Eingruppierungskläger" im Beschlußverfahren?, NZA 1996, 681; *Derleder*, Die Wiederkehr des Unterlassungsanspruchs, ArbuR 1995, 13; *Derleder*, Die politische Meinungsäußerung des Betriebsrats, ArbuR 1988, 17; *Ehmann/Schmidt*, Betriebsvereinbarung und Tarifverträge, NZA 1995, 193; *Endlich*, Betriebliche Mitbestimmung und Tendenzschutz bei der Zulagengewährung, NZA 1990, 13; *Engels/Müller*, Regierungsentwurf eines Gesetzes über Europäische Betriebsräte, DB 1996, 881; *Farthmann*, Die Mitbestimmung des Betriebsrats bei der Regelung der Arbeitszeit, RdA 1974, 65; *Gaul*, Die Einrichtung europäischer Betriebsräte, NJW 1995, 228; *Griese*, Die Mitbestimmung bei Versetzungen, BB 1995, 458; *Grunewald*, Mobbing – Arbeitsrechtliche Aspekte eines neuen Phänomens, NZA 1993, 1071; *Gutzeit*, Die Mitbestimmung des Betriebsrats bei Fragen der Arbeitszeit, BB 1996, 196; *Hanau*, Probleme der Mitbestimmung des Betriebsrats mit dem Sozialplan, ZfA 1974, 89; *Hanau*, Rechtswirkungen der Betriebsvereinbarung, RdA 1989, 207; *Heinze*, Regelungsabrede, Betriebsvereinbarung und Spruch der Einigungsstelle, NZA 1994, 580; *Herbst*, Betriebsänderungen rechtlich erleichtert? – Neue Herausforderungen für Betriebsräte, AiB 1997, 3; *von Hoyningen-Huene*, Die wirtschaftliche Vertretbarkeit von Sozialplänen, RdA 1986, 102; *von Hoyningen-Huene*, Belästigungen und Beleidigungen von Arbeitnehmern durch Vorgesetzte, BB 1991, 2215; *von Hoyningen-Huene*, Freiwilligkeitsvorbehalt und Nachwirkungsklausel in Betriebsvereinbarungen über Sozialleistungen, BB 1997, 1998; *von Hoyningen-Huene*, Grundlagen und Auswirkungen einer Versetzung, NZA 1993, 145; *Hromadka*, Rechtsfragen zum Eurobetriebsrat, DB 1995, 1125; *Ihlefeldt*, Verfassungsrechtliche Probleme des § 118 BetrVG, RdA 1977, 223; *Kamphausen*, Pauschalierung oder Stundensatz-Vergütung für außerbetriebliche Beisitzer in Einigungsstellen, NZA 1992, 55; *Kissel*, Arbeitsrecht und Meinungsfreiheit, NZA 1988, 145; *Klebe*, Elektronische Kommunikation des Betriebsrats, DB 1993, 1418; *Klinkhammer/Welslau*, Auf der Zielgeraden: Der Europäische Betriebsrat, ArbuR 1994, 326; *Konzen*, Rechtsfragen bei der Sicherung der betrieblichen Mitbestimmung, NZA 1995, 865; *Konzen*, Anm. zu BAG v. 14. 2. 1984, AP Nr. 21 zu § 112 BetrVG 1972, ebenda; *Korinth*, Arbeitsrechtliche Reaktionsmöglichkeiten auf ausländerfeindliches Verhalten, ArbuR 1993, 105; *Kraft*, Mitbestimmungsrechte des Betriebsrates bei betrieblichen Berufsbildungs- und sonstigen Bildungsmaßnahmen nach § 98 BetrVG, NZA 1990, 457; *Kramer*, Zur Rechtsstellung von Sprecherausschußmitgliedern, DB 1993, 1138; *Kramer*, Probleme der Mitwirkungsrechte des Sprecherausschusses, NZA 1993, 1024; *Kramer*, Rechtsfragen der Bildung und Zusammensetzung eines Sprecherausschusses, BB 1993, 2153; *Kuhn/Wedde*, Ausfallrichtlinien und Stellenausschreibungen, AiB 1992, 546; *Kunz*, Das Gesetz über Europäische Betriebsräte, AiB 1997, 267; *Leege*, Anwesenheit des Arbeitgebers bei der Einsichtnahme des Betriebsrats in Lohn- und Gehaltslisten, BB 1996, 479; *Löwisch*, Verfahrensbeschleunigung und -vereinfachung in der Betriebsverfassung, RdA 1996, 352; *Lunk/Nebendahl*, Die Vergütung der außerbetrieblichen Einigungsstellenbeisitzer, NZA 1990, 921; *Matthes,* Die Rechtsprechung des Bundesarbeitsgerichts zur Mitbestimmung des Betriebsrates in Entgeltfragen, NZA 1987, 289; *Matusche,* Die Freistellung von Betriebsratsmitgliedern gem. § 38 BetrVG, AiB 1994, 486; *Mauer,* Vergütungsberechnung für teilzeitbeschäftigte Betriebsratsmitglieder bei Teilnahme an Schulungsveranstaltungen nach dem Lohnausfallprinzip, NZA 1993, 56; *Mayer,* Richtlinie Europäische Betriebsräte, Harmonisierungsprobleme bei der Umsetzung, BB 1995, 1794; *Meusel,* Mitbestimmung bei der Eingruppierung von Tendenzträgern?, NZA 1987, 658; *Mozet,* Vereinbarungen über europäische Betriebsräte, DB 1997, 477; *Müller,* Überlegungen zur Tendenzträgerfrage, Festschrift für Hilger/Stumpf, 1983, S. 477; *Oetker,* Das Arbeitsentgelt der leitenden Angestellten zwischen Individualautonomie und kollektiver Interessenvertretung, BB 1990, 2181; *Oetker,* Europäischer Betriebsrat und Pressefreiheit, DB 1996, Beil. 10; *Olderog,* Die Träger der beruflichen Bildung als Tendenzbetriebe, NZA 1989, 412; *Otto,* Mitbestimmung des Betriebsrats bei der Regelung von Dauer und Lage der Arbeitszeit, NZA 1992, 97; *Plander,* Die Lage der Arbeitszeit von Zeitungsredakteuren als Mitbestimmungsproblem, AuR 1990, 33; *Plander,* Kapazitätsorientierte variable Arbeitszeit als Gegenstand von Tarifverträgen und Betriebsvereinbarungen, ArbuR 1987, 281; *Prütting,* Unterlassungsanspruch und einstweilige Verfügung in der Betriebsverfassung, RdA 1995, 257; *Pünnel,* Praktische Probleme des Einigungsstellenverfahrens nach dem BetrVG 1972, ArbuR 1973, 257; *Raab,* Mitbestimmung des Betriebsrats bei der Einführung und Ausgestaltung von Krankengesprächen, NZA 1993, 193; *Reiserer,* Der Umfang der Unterrichtung des Betriebsrats bei Einstellungen, BB 1992, 2499; *Richardi,* Die Kehrtwende des BAG zum betriebsverfassungsrechtlichen Unterlassungsanspruch des Betriebsrats, NZA 1995, 8; *Röder/Baeck,* Die Ergänzung des § 113 Abs. 3 BetrVG – eine überzeugende Regelung?, BB 1996, Beil. 17, 23; *Schaub,* Die Mitbestimmung beim Arbeitsentgelt, AuA 1995, 1; *Schlachter,* Die Rechtsstellung des widersprechenden Arbeitnehmers bei Betriebsübergang, NZA 1995, 705; *Schlicht,* Wiedereinsetzung nach Versäumnis der Drei-Tage-Frist im betriebsverfassungsrechtlichen Zustimmungsverfahren, BB 1980, 632; *Schönfeld/Gennen,* Mitbestimmung bei Assessment-Centern – Beteiligungsrechte des Betriebsrates und des Sprecherausschusses, NZA 1989, 543; *Schrader,* Übergangsregelung zum Konkursrecht, NZA 1997, 70; *Sowka,* Schulungsveranstaltungen für Betriebsräte gem. § 37 BetrVG, BB 1996, 1165; *Stengel,* Kann der Arbeitnehmer den Inhalt seiner Personalakte bestimmen?, BB 1976, 1083; *Struck,* Entwicklung und Kritik des Arbeitsrechts im kirchlichen Bereich, NZA 1991, 249; *Teubner,* Interessenausgleich und Sozialplan, BB 1974, 982; *Warrikoff,* Die Stellung der Arbeitnehmer nach der neuen Insolvenzordnung, BB 1994, 2338; *Weber,* Umfang und Grenzen des Tendenzschutzes im Betriebsverfassungsrecht, NZA 1989, Beil. 2; *Wedde,* Betriebsratsschulung und Kostentragungspflicht gem. § 40 Abs. 2 BetrVG bei gewerkschaftlichen Arbeitern, BB 1994, 730; *Weiss/Weyand,* Zur Mitbestimmung des Betriebsrats bei der Arbeitszeit von Redakteuren, ArbuR 1990, 33; *Willemsen/Hohenstadt,* Chancen und Risiken von Vereinbarungen gem. Art. 13 der „Euro-Betriebsrat"-Richtlinie, NZA 1995, 399; *Wuttke,* Europäische Betriebsräte – zeitliche Zwänge und Chancen, DB 1995, 774; *Ziegler,* Die betriebliche Mitbestimmung und das Atomrecht, NZA 1987, 224; *Zwanziger,* Insolvenzordnung und materielle Voraussetzungen betriebsbedingter Kündigungen, BB 1997, 626.

I. Grundlagen

1. Sachlicher Geltungsbereich

a) Der Betrieb

Nach § 1 BetrVG werden „in Betrieben" mit idR fünf ständig wahlberechtigten Arbeitnehmern, von denen drei wählbar sind, Betriebsräte gewählt. Das Gesetz knüpft also an den Begriff des Betriebes an. Gleichwohl fehlt eine gesetzliche Definition dieses Begriffes. Deshalb ist auf den **allgemeinen arbeitsrechtlichen Betriebsbegriff** zurückzugreifen. Dabei ist zu differenzieren zwischen dem Betrieb und dem Unternehmen bzw. dem Konzern.

aa) Definition des Betriebes

Nach ständiger Rechtsprechung des Bundesarbeitsgerichts ist unter einem Betrieb die **organisatorische und räumliche Einheit** zu verstehen, innerhalb derer der Unternehmer allein oder mit seinen **Mitarbeitern** mit Hilfe von **sächlichen und immateriellen Mitteln** bestimmte arbeitstechnische Zwecke fortgesetzt verfolgt, die sich nicht in der Befriedigung von Eigenbedarf erschöpfen[1].

Dabei ist gleichgültig, welcher konkrete **arbeitstechnische Zweck** verfolgt wird. Ein solcher Zweck kann sowohl in der Produktion bestimmter Artikel als auch im Angebot von Dienstleistungen der unterschiedlichsten Art oder in der Verwaltung wirtschaftlicher Einheiten liegen. In einem Betrieb können auch mehrere arbeitstechnische Zwecke verfolgt werden.

Beispiele für Betriebe iSd. BetrVG:

Produktionsbetriebe, Dienstleistungsbetriebe, Verwaltungen, Büros, Ladengeschäfte, Bühnen, Apotheken, fremdgenutzte Wohnanlagen mit mehreren Mietwohnungen und Hausmeistern, Kanzleien, Krankenhäuser ua.

bb) Begriff des Unternehmens

Vom Betrieb ist das Unternehmen zu unterscheiden. Ein Unternehmen ist eine **juristische Einheit**, die eine selbständige Organisation aufweist und in der ein bestimmter wirtschaftlicher Zweck (Unternehmenszweck) verfolgt wird. Das Unternehmen ist gegenüber dem Betrieb die größere Einheit, so daß ein Unternehmen auch mehrere Betriebe unterhalten kann.

Andererseits muß nicht jeder Unternehmer zwangsläufig einen Betrieb haben:

Beispiel:

selbständige Handelsvertreter.

---

[1] BAG v. 23. 9. 1982, AP Nr. 3 zu § 4 BetrVG 1972; BAG v. 26. 4. 1989, AP Nr. 115 zu § 1 TVG – Tarifverträge Bau; BAG v. 25. 5. 1991, AP Nr. 5 zu § 4 BetrVG 1972; BAG v. 30. 6. 1993, BetrR 1994, 99.

6 Der Unternehmensbegriff des BetrVG knüpft an die in den handelsrechtlichen Gesetzen für das Unternehmen **vorgeschriebenen Rechts- und Organisationsformen** an, die durchweg zwingend sind.

7 Nach ständiger Rechtsprechung des Bundesarbeitsgerichtes setzt das „Unternehmen" iSd. BetrVG einen **einheitlichen Rechtsträger** voraus. Mehrere rechtlich selbständige Unternehmen können nicht ihrerseits zusammen ein Unternehmen bilden, sondern allenfalls einen Konzern[1]. Durch die wirtschaftliche Verflechtung mit einem oder mehreren anderen Unternehmen verliert ein Unternehmen ebensowenig seine rechtliche Selbständigkeit wie bei bestehender Personengleichheit in der Geschäftsführung. Der Unternehmer/das Unternehmen ist idR auch Arbeitgeber der im Unternehmen beschäftigten Arbeitnehmer; dies ist jedoch nicht zwingend. Eine Reihe von Beteiligungsrechten des Betriebsrates richtet sich daher gegen den Unternehmer/das Unternehmen und nicht gegen den Arbeitgeber. Dies betrifft insbesondere die Beteiligungsrechte in wirtschaftlichen Angelegenheiten (§§ 53 Abs. 2, 106 ff., 111 ff. BetrVG).

cc) Der Konzern

8 Ein Konzern iSd. BetrVG liegt vor, wenn **ein herrschendes und ein oder mehrere abhängige Unternehmen** unter der **einheitlichen Leitung** des herrschenden Unternehmens zusammengefaßt sind (§ 18 Abs. 1 AktG). Abhängige Unternehmen sind dabei rechtlich selbständige Unternehmen, auf die ein anderes Unternehmen (herrschendes Unternehmen) unmittelbar oder mittelbar einen beherrschenden Einfluß ausüben kann (§ 17 Abs. 1 AktG).

9 Ein Unternehmen kann auch von mehreren anderen Unternehmen abhängig sein (sog. **Gemeinschaftsunternehmen**). Dies setzt nach Auffassung des Bundesarbeitsgerichts voraus, daß die anderen Unternehmen die Möglichkeit einer gemeinsamen Herrschaftsausübung vereinbart haben. Das von mehreren Unternehmen beherrschte Gemeinschaftsunternehmen bildet dann jeweils mit dem herrschenden Unternehmen einen Konzern, wobei bei mehrfacher Abhängigkeit die widerlegbare Vermutung des § 18 Abs. 1 Satz 3 AktG jedenfalls für den Regelungsbereich der §§ 54 ff. BetrVG gelten soll[2]. Für den Konzernbegriff des BetrVG ist es gleichgültig, ob es sich um einen Vertragskonzern oder um einen **faktischen Konzern** handelt. Erfaßt wird auch der vertikal gestufte Konzern („**Konzern im Konzern**")[3]. Es muß sich aber stets um einen sogenannten Unterordnungskonzern iSd. § 18 Abs. 1 AktG handeln[4].

---

[1] BAG v. 11. 12. 1987, AP Nr. 7 zu § 47 BetrVG 1972; BAG v. 23. 8. 1989, AP Nr. 7 zu § 106 BetrVG 1972; BAG v. 29. 11. 1989, NZA 1990, 615; BAG v. 1. 8. 1990, AP Nr. 8 zu § 106 BetrVG 1972; BAG v. 29. 11. 1989, NZA 1990, 615; BAG v. 23. 8. 1989, AP Nr. 7 zu § 106 BetrVG 1972; BAG v. 11. 12. 1987, AP Nr. 7 zu § 47 BetrVG 1972; BAG v. 25. 11. 1987, BAGE 56, 357; BAG v. 13. 6. 1985, AP Nr. 10 zu § 1 KSchG 1969; BAG v. 23. 9. 1980, AP Nr. 4 zu § 47 BetrVG 1972; BAG v. 5. 12. 1975, BAGE 27, 359; *Schaub*, AR-Handbuch, § 212 I. 3., S. 1745.

[2] BAG v. 30. 10. 1986, AP Nr. 1 zu § 55 BetrVG 1972.

[3] BAG v. 21. 10. 1980, AP Nr. 1 zu § 54 BetrVG 1972.

[4] BAG v. 22. 11. 1995, AP Nr. 7 zu § 54 BetrVG 1972; BAG v. 29. 11. 1989, NZA 1990, 615; *Schneider*, in Däubler/Kittner/Klebe, BetrVG, Einleitung Rz. 109.

I. Grundlagen

Nach neuerer Rechtsprechung des Bundesgerichtshofes für Zivilsachen kann auch eine einzelne **natürliche Person** „herrschendes Unternehmen" iSd. Haftungsgrundsätze im qualifizierten faktischen Konzern sein.

10

Beispiel:

11

So haftet der eine GmbH beherrschende Gesellschafter nach den für den qualifizierten faktischen Konzern entwickelten Haftungsgrundsätzen, wenn er sich auch außerhalb der Gesellschaft unternehmerisch betätigt, entsprechend den §§ 302, 303 AktG, wenn er die Konzernleitungsmacht in einer Weise ausübt, die keine angemessene Rücksicht auf die eigenen Belange der abhängigen Gesellschaft nimmt, ohne daß sich der ihr insgesamt zugefügte Nachteil durch Einzelausgleichsmaßnahmen kompensieren ließe[1].

Die Qualifizierung einer **natürlichen Person als Unternehmen** im konzernrechtlichen Sinne ist nicht davon abhängig, daß sie als beherrschender Gesellschafter anderweitige wirtschaftliche Interessen in einem eigenen einzelkaufmännischen Unternehmen verfolgt. Nach Auffassung des BGH sind die Gefahren, die aus der unternehmerischen Betätigung außerhalb der abhängigen Gesellschaft für deren Gläubiger und etwaige Minderheitsgesellschafter entstehen, nicht geringer, wenn diese Betätigung ausschließlich auf der Grundlage einer maßgeblichen Beteiligung an anderen Gesellschaften ausgeübt wird. Dies gilt jedenfalls dann, wenn die unternehmerische Betätigung in der Ausübung von Leitungsmacht – auch in jenen anderen Gesellschaften besteht. Aus diesem Grund kann eine natürliche Person auch dann herrschendes Unternehmen iSd. Haftungsgrundsätze im qualifizierten faktischen Konzern sein, wenn sich die anderweitige unternehmerische Betätigung in der bloßen Einflußnahme auf andere Gesellschaften erschöpft, an denen sie maßgeblich beteiligt ist[2]. Dieser Rechtsprechung hat sich der Neunte Senat des Bundesarbeitsgerichts angeschlossen und den eine GmbH beherrschenden Unternehmensgesellschafter, der in anderen Gesellschaften nur als Mehrheitsgesellschafter vertreten war, als Unternehmer im konzernrechtlichen Sinne betrachtet[3]. Auch der Siebte Senat bestätigte jüngst, daß eine natürliche Person Konzernspitze eines Unterordnungskonzerns sein kann, wenn sie sich auch in anderen Gesellschaften unternehmerisch betätigt[4].

12

dd) Ein Betrieb/mehrere Betriebe

Bei der Frage, ob ein **einheitlicher Betrieb** oder **mehrere einzelne Betriebe** vorliegen, ist in erster Linie auf die Leitungsstruktur abzustellen.

13

Beispiel:

14

Die Hauptverwaltung eines Unternehmens kann in straffer Aufgabentrennung ausschließlich dem Zweck des Gesamtunternehmens dienen (planerische, un-

---

1 BGH v. 29. 3.1993, ZIP 1993, 589; BGH v. 13. 12. 1993, NJW 1994, 446.
2 BGH v. 13. 12. 1993, AP Nr. 5 zu § 303 AktG.
3 BAG v. 8. 3. 1994, AP Nr. 6 zu § 303 AktG.
4 BAG v. 22. 11. 1995, EzA Nr. 5 zu § 54 BetrVG 1972.

ternehmensbezogene Entscheidungen), während die Entscheidungen in personellen und sozialen Angelegenheiten der Leitung der Produktionsstätten überlassen ist, so daß zwei getrennte Betriebe iSd. § 1 BetrVG vorliegen[1].

15 Da im Rahmen eines Betriebes gleichzeitig verschiedene arbeitstechnische Zwecke verfolgt werden können, kommt es für die Feststellung, ob einer oder mehrere Betriebe vorliegen, weniger auf die Einheitlichkeit der arbeitstechnischen Zweckbestimmung, als auf die **Einheit der Organisation** an. Daher liegt regelmäßig dann ein einheitlicher Betrieb vor, wenn die in einer Betriebsstätte vorhandenen materiellen und immateriellen Betriebsmittel für den oder die verfolgten arbeitstechnischen Zwecke zusammengefaßt, geordnet und gezielt eingesetzt werden und der Einsatz der menschlichen Arbeitskraft von einem **einheitlichen Leitungsapparat** gesteuert wird[2]. Auf die Größe des Betriebes kommt es nicht an.

16 Mehrere rechtlich selbständige Unternehmen können einen **gemeinsamen Betrieb** bilden. Voraussetzung hierfür ist ein einheitlicher Leitungsapparat, der die Gesamtheit der für die Erreichung des arbeitstechnischen Zwecks eingesetzten personellen, technischen und immateriellen Mittel lenkt. Dabei müssen nicht notwendig auf seiten der Unternehmen identische Zwecke verfolgt werden. Die **einheitliche Leitung** muß auf einer Vereinbarung der beteiligten Unternehmen beruhen. Nach ständiger Rechtsprechung des Bundesarbeitsgerichts muß eine solche Vereinbarung über die gemeinsame Führung eines einheitlichen Betriebes nicht ausdrücklich geschlossen sein, ihr Vorliegen kann aus den tatsächlichen Umständen hergeleitet werden. Zeigt die Prüfung der Umstände des Einzelfalles, daß der Kern der Arbeitgeberfunktion im sozialen und personellen Bereich von derselben institutionellen Leitung ausgeübt wird, so führt dies regelmäßig zu dem Schluß, daß eine **konkludente Führungsvereinbarung** vorliegt.

17 **Beispiele** für tatsächliche Umstände, die Führungsvereinbarung indizieren können:

die gemeinsame Nutzung der technischen und immateriellen Betriebsmittel; die gemeinsame räumliche Unterbringung; die personelle, technische und organisatorische Verknüpfung der Arbeitsabläufe[3].

18 Es reicht nicht aus, wenn die Unternehmen nur faktisch oder auf der Grundlage von Organ- oder Beherrschungsverträgen unternehmerisch zusammenarbeiten[4].

---

1 BAG v. 23. 9. 1982, DB 1983, 1498.
2 BAG v. 23. 3. 1984, BAGE 45, 259; BAG v. 25. 9. 1986, BAGE 53, 119; BAG v. 14. 9. 1988, BAGE 59, 319.
3 BAG v. 1. 3. 1994 – 10 AZR 207/93, nv.; BAG v. 18. 1. 1989, DB 1989, 1406; BAG v. 14. 9. 1988, DB 1989, 127; BAG v. 29. 1. 1987, AP Nr. 6 zu § 1 BetrVG 1972; BAG v. 7. 8. 1986, BB 1987, 193; BAG v. 13. 6. 1985, AP Nr. 9 zu § 1 KSchG 1969; BAG v. 23. 3. 1984, AP Nr. 4 zu § 23 KSchG 1969.
4 BAG v. 15. 1. 1992 – 7 ABR 36/91, nv.; BAG v. 18. 1. 1990, NZA 1990, 977; BAG v. 23. 11. 1988, AP Nr. 77 zu § 613a BGB.

I. Grundlagen

> **Hinweis:**
> Eine **Personalunion der Geschäftsführer** läßt nicht ohne weiteres auf einen einheitlichen Leitungsapparat schließen, da eine solche Personalunion bei den Geschäftsführern mehrere eigenständige Organisationseinheiten nicht ausschließt[1].

19

Eine im Beschlußverfahren nach § 18 Abs. 2 BetrVG ergangene **rechtskräftige Entscheidung**, mit der festgestellt wird, daß zwei Unternehmen keinen gemeinsamen Betrieb bilden, wirkt auch im Verhältnis zwischen den Unternehmen und ihren Arbeitnehmern. Dementsprechend kann ein in einem dieser Unternehmen beschäftigter Arbeitnehmer nicht mehr geltend machen, beide Unternehmen bildeten doch einen gemeinsamen Betrieb[2].

20

ee) Nebenbetriebe

In einem Nebenbetrieb iSd. § 4 Satz 1 BetrVG ist ebenso wie in jedem anderen selbständigen Betrieb ein Betriebsrat zu wählen. Ein solcher Nebenbetrieb liegt dann vor, wenn unter eigener Leitung auch ein eigener Betriebszweck verfolgt wird, der Betrieb jedoch in seiner Aufgabenstellung **auf Hilfeleistung für den Hauptbetrieb ausgerichtet** ist bzw. einen dem Hauptbetrieb dienenden und zugeordneten Zweck verfolgt, mit dem der Betriebszweck des Hauptbetriebes unterstützt wird[3]. Erfüllt der Nebenbetrieb nicht die Voraussetzungen nach § 1 BetrVG, werden dort also nicht mindestens fünf wahlberechtigte Arbeitnehmer ständig beschäftigt, von denen drei wählbar sind, so wird der Nebenbetrieb gem. § 4 Satz 2 BetrVG dem Hauptbetrieb zugeordnet.

21

Beispiele für einen Nebenbetrieb:
Karosseriefabrik eines Automobilherstellers, Ziegelei einer Steinkohlenzeche, Vorproduktherstellung für Endmontagebetriebe, Reparaturwerkstatt eines Industriebetriebs, Hopfenplantage einer Bierbrauerei.

22

Bei **Filialen** eines Unternehmens kann es sich je nach ihrer Organisation um selbständige Betriebe, eigenständige Nebenbetriebe oder um Betriebsteile handeln.

23

ff) Betriebsteile

Die organisatorische Einheit Betrieb kann, besonders bei größeren Betrieben, in mehrere Untereinheiten, in sogenannte **Betriebsteile**, aufgeteilt sein. Grundsätzlich bilden solche Betriebsteile zusammen einen einheitlichen Betrieb. Je nachdem, wie der Betrieb strukturiert ist, können Betriebsteile aber auch organisatorisch so getrennt sein, daß jeweils selbständige Betriebe vorliegen. Nach

24

---

1 BAG v. 15. 1. 1992 – 7 ABR 36/91, nv.; vgl. auch BAG v. 7. 8. 1986, NZA 1987, 131.
2 BAG v. 9. 4. 1991, EzA Nr. 7 zu § 18 BetrVG 1972.
3 BAG v. 17. 2. 1983, AP Nr. 4 zu § 4 BetrVG.

§ 4 Satz 1 BetrVG sind Betriebsteile dann als selbständige Betriebe anzusehen, wenn sie

▶ mindestens fünf ständig wahlberechtigte Arbeitnehmer haben, von denen drei wählbar sind (§ 1 BetrVG)

und

▶ räumlich weit vom Hauptbetrieb entfernt

oder

▶ durch Aufgabenbereich und Organisation selbständig sind.

25 **Organisatorisch voneinander abgegrenzte Betriebsteile,** die vom Hauptbetrieb weit entfernt jeweils die Voraussetzung des § 1 BetrVG erfüllen, sind auch dann nach § 4 Satz 1 BetrVG als jeweils für sich selbständige Betriebe und nicht als einheitlicher Betrieb zu qualifizieren, wenn sie nahe beieinander liegen. Bei der Prüfung, ob insoweit ein einheitlicher Betrieb vorliegt, gelten die bereits oben dargestellten Grundsätze. Dementsprechend bilden organisatorisch abgegrenzte, vom Hauptbetrieb weit entfernte Teile eines Betriebes bei räumlicher Nähe zueinander zwar dann einen einheitlichen Betrieb, wenn der eine Betriebsteil dem anderen, räumlich nahegelegenen Betriebsteil organisatorisch untergeordnet ist und von dessen Leitung gleichermaßen mitgeleitet wird. Die bloße **räumliche Nähe** untereinander reicht aber nicht für die Annahme, die vom Hauptbetrieb weit entfernten Organisationseinheiten bildeten einen einheitlichen Betrieb, wenn für jede dieser Einheiten eine eigene Leitung eingerichtet ist[1]. Voraussetzung dafür, daß eine Betriebsstätte überhaupt ein „Betriebsteil" iSd. § 4 Satz 1 BetrVG sein kann, ist das Bestehen einer eigenen Leitung, die Weisungsrechte des Arbeitgebers ausübt[2].

26 Bei der Beurteilung, ob ein Betriebsteil räumlich **„weit" entfernt** ist, muß nicht nur die objektive Entfernung berücksichtigt, sondern anhand der Umstände insgesamt ermittelt werden, ob die Arbeitnehmer durch einen gut erreichbaren und mit den persönlichen Verhältnissen vertrauten Betriebsrat betreut werden können[3]. In diesem Zusammenhang müssen auch die konkreten Verkehrsverhältnisse (zB regelmäßige Staus, Anbindung an öffentliche Verkehrsmittel etc.) berücksichtigt werden[4]. Dies führt dazu, daß gemessen an den objektiven Entfernungen durchaus unterschiedlich beurteilt werden kann, ob ein Betriebsteil räumlich „weit" entfernt ist.

---

1 BAG v. 29. 5. 1991, EzA Nr. 6 zu § 4 BetrVG 1972.
2 BAG v. 28. 6. 1995 – 7 ABR 59/94, nv.; BAG v. 29. 5. 1991, EzA Nr. 6 zu § 4 BetrVG 1972.
3 So schon zum BetrVG 1952: BAG v. 23. 9. 1960, AP Nr. 4 zu § 3 BetrVG; BAG v. 24. 9. 1968, AP Nr. 9 zu § 3 BetrVG; zum BetrVG 1972: BAG v. 24. 2. 1976, AP Nr. 2 zu § 4 BetrVG 1972; BAG v. 28. 4. 1964, AP Nr. 4 zu § 4 BetrVG; LAG Frankfurt v. 10. 2. 1981 – 4 Ta BV 48/80, nv.; LAG Baden-Württemberg v. 23. 2. 1994 – 2 Sa 108/93, nv.
4 LAG Köln v. 28. 6. 1989, BB 1989, 1692.

I. Grundlagen

Beispiele: 27

Ein Betriebsteil ist als „weit" entfernt angesehen worden, wenn die Entfernung vom Hauptbetrieb 60 km und die Fahrtzeit mit dem Pkw eine Stunde beträgt[1]. Andererseits hat das Bundesarbeitsgericht in einem anderen Fall eine Entfernung von 70 km als nicht „weit" entfernt angesehen[2].

b) Öffentlicher Dienst

Gemäß § 130 BetrVG findet das Betriebsverfassungsgesetz keine Anwendung auf Verwaltungen und Betriebe des Bundes, der Länder, der Gemeinden und sonstiger Körperschaften, Anstalten und Stiftungen des **öffentlichen Rechts**. Diese Vorschrift dient dazu, den Geltungsbereich des Betriebsverfassungsgesetzes gegenüber dem der Personalvertretungsgesetze des Bundes und der Länder abzugrenzen[3]. Maßgebend für die Abgrenzung der Geltungsbereiche ist dabei allein die formelle Rechtsform des Betriebes oder der Verwaltung[4]. 28

Beispiel: 29

Das städtische Gaswerk wird in Form einer privat-rechtlichen GmbH betrieben. Alle Geschäftsanteile werden von der Stadt gehalten. Diese sog. Eigengesellschaft unterliegt dem BetrVG. Wird das Gaswerk allerdings unmittelbar von der Stadt als sog. Eigenbetrieb betrieben, gilt das PersVG.

Auch wenn Ordensgemeinschaften der Katholischen Kirche den Status einer Körperschaft des öffentlichen Rechts verliehen bekommen und behalten haben, so findet für ihre nichtverselbständigten Einrichtungen wirtschaftlicher Art das Betriebsverfassungsgesetz gem. § 130 BetrVG keine Anwendung. Wie das Bundesarbeitsgericht zutreffend feststellt, hat das Betriebsverfassungsgesetz **keinen Auffangcharakter**. Es kann also nicht stets dann zur Anwendung kommen, wenn kirchliche Körperschaften des öffentlichen Rechts nicht unter den Geltungsbereich eines Landespersonalvertretungsgesetzes fallen[5]. 30

c) Seeschiffahrt

Auf **Schiffahrtsunternehmen** und ihre Betriebe ist gem. § 114 Abs. 1 BetrVG das Betriebsverfassungsgesetz anzuwenden, soweit sich aus den Vorschriften des ersten Abschnitts des fünften Teils nichts anderes ergibt. Dabei gilt die Gesamtheit der Schiffe eines Schiffahrtsunternehmens als **„Seebetrieb"** iSd. Gesetzes (§ 114 Abs. 3 BetrVG). Einzelheiten der hier maßgeblichen Sonderregelungen werden unten in Rz. 1078 ff. näher dargestellt. 31

---

1 LAG München v. 21. 10. 1987, BB 1988, 1182; ArbG Aachen v. 14. 3. 1994, AuA 1994, 253 (rkr.).
2 BAG v. 24. 9. 1968, AP Nr. 9 zu § 3 BetrVG; eine detaillierte Aufstellung findet sich bei *Trümner*, in Däubler/Kittner/Klebe, § 4 BetrVG Rz. 36 f.
3 BAG v. 7. 11. 1975, AP Nr. 1 zu § 130 BetrVG; BAG v. 30. 7. 1987, BAGE 56, 1.
4 BAG v. 18. 4. 1967, BAGE 19, 307; BAG v. 7. 11. 1975, BAGE 27, 316; BAG v. 30. 7. 1987, AP Nr. 3 zu § 130 BetrVG 1972; BVerwG v. 9. 12. 1980, PersV 1981, 506.
5 BAG v. 30. 7. 1987, BAGE 56, 1.

d) Luftfahrt

32 Nach § 117 Abs. 1 BetrVG gilt das Betriebsverfassungsgesetz bei **Luftfahrtunternehmen** nur für die Landbetriebe, nicht für den Flugbetrieb. Ist ein Arbeitnehmer im Flugbetrieb beschäftigt und verrichtet er daneben auch an den Boden gebundene Verwaltungs-, Leitungs- oder Organisationsaufgaben, so ist er allerdings vom Geltungsbereich des Betriebsverfassungsgesetzes nicht ausgenommen, wenn diese Tätigkeiten seiner arbeitsvertraglich geschuldeten Gesamttätigkeit das Gepräge geben[1]. Durch Tarifvertrag kann gem. § 117 Abs. 2 BetrVG für im Flugbetrieb beschäftigte Arbeitnehmer von Luftfahrtunternehmen eine Vertretung errichtet werden. Die Einzelheiten der für die Luftfahrt geltenden Sonderregelungen sind unten in Abschnitt IX. Rz. 1077 gesondert dargestellt.

e) Tendenzbetriebe/Religionsgemeinschaften

33 Auf Religionsgemeinschaften sowie ihre karitativen und erzieherischen Einrichtungen findet das Betriebsverfassungsgesetz unbeschadet der Rechtsform dieser Einrichtungen gem. § 118 Abs. 2 BetrVG keine Anwendung. Für sogenannte **Tendenzbetriebe** findet das Betriebsverfassungsgesetz keine Anwendung, soweit die Eigenart des Unternehmens oder des Betriebes dem entgegensteht (§ 118 Abs. 1 Satz 1 BetrVG). Die §§ 106 bis 110 sind nicht, die §§ 111 bis 113 BetrVG nur insoweit anzuwenden, als sie den Ausgleich oder die Milderung wirtschaftlicher Nachteile für die Arbeitnehmer infolge von Betriebsänderungen regeln (§ 118 Abs. 1 Satz 2 BetrVG). Die Einzelheiten sind unten in Rz. 1021 ff. gesondert dargestellt.

2. Räumlicher Geltungsbereich

34 Eine ausdrückliche Regelung über seinen räumlichen Geltungsbereich enthält das Betriebsverfassungsgesetz nicht. Allerdings war der mittlerweile gegenstandslos gewordenen Berlin-Klausel (§ 131 BetrVG) zu entnehmen, daß das BetrVG für **alle Betriebe innerhalb der Bundesrepublik Deutschland und dem Land Berlin** gelten soll. Mit dem Staatsvertrag über die Schaffung einer Währungs-, Wirtschafts- und Sozialunion vom 18. 5. 1990[2] wurde das BetrVG per 1. 7. 1990 auf das Gebiet der ehemaligen DDR übertragen. Mit Inkrafttreten des Einigungsvertrages vom 31. 8. 1990[3] gilt das Betriebsverfassungsgesetz seit dem 3. 10. 1990 auch in den **neuen Bundesländern** als Bundesrecht. Gleichwohl ist die genauere Definition des räumlichen Geltungsbereichs nicht unproblematisch.

a) Sitz des Betriebes

35 Nach herrschender Auffassung in Rechtsprechung und Literatur gilt das Betriebsverfassungsgesetz (soweit nicht anderweitige Sonderregelungen eingrei-

---

[1] BAG v. 14. 10. 1986, AP Nr. 5 zu § 117 BetrVG 1972.
[2] BGBl. II, 537.
[3] BGBl. II, 889.

I. Grundlagen

fen), für **inländische Betriebe** unabhängig davon, ob das Unternehmen bzw. Unternehmensanteile von Inländern oder Ausländern gehalten wird bzw. gehalten werden[1]. Das Betriebsverfassungsgesetz ist zwingendes Recht iSd. Art. 34 EGBGB. Hinsichtlich der Anwendbarkeit des Betriebsverfassungsgesetzes innerhalb seines Geltungsbereiches besteht keine Rechtswahlfreiheit. Es gilt daher für inländische Betriebe auch dann, wenn mit den Beschäftigten ein ausländisches Vertragsstatut vereinbart ist[2].

Umgekehrt gilt das Betriebsverfassungsgesetz für **ausländische,** im Ausland gelegene **Betriebe** auch dann nicht, wenn diese zu einem deutschen Unternehmen gehören und für die dort beschäftigten Arbeitnehmer für deren Arbeitsverhältnisse das deutsche Arbeitsrecht gilt[3]. 36

Zur Begründung für diese Festlegung des räumlichen Geltungsbereiches verweist die herrschende Meinung sowie das Bundesarbeitsgericht auf das **Territorialitätsprinzip**[4]. Wie *von Hoyningen-Huene* zu Recht moniert, ist dem Territorialitätsprinzip als kollisionsrechtlicher Norm aus dem Bereich des öffentlichen Rechts letztlich nur zu entnehmen, daß die Anwendung einer Vorschrift auf das Territorium des normsetzenden Staates beschränkt ist. Das Territorialitätsprinzip begründet damit nicht die Definition des Geltungsbereiches, sondern stellt bereits das Ergebnis dar[5]. Das Betriebsverfassungsgesetz knüpft gerade nicht an ein bestimmtes Personalstatut oder an ein Arbeitsstatut an, vielmehr wird in § 1 BetrVG der „Betrieb" zum Bezugspunkt des Betriebsverfassungsgesetzes gemacht. Damit wird nicht auf einen rechtsgeschäftlichen Tatbestand, sondern auf einen tatsächlichen Zustand abgestellt, so daß die Anwendbarkeit des jeweiligen Rechts sich nach dem **Realstatut,** der lex rei sitae bestimmt[6]. Für einen Betrieb ist also das Recht des Staates maßgeblich, in dem der Betrieb seinen Sitz hat. Der Anwendungsbereich des BetrVG ist damit auf die Bundesrepublik Deutschland begrenzt. 37

---

1 BAG v. 1. 10. 1974, AP Nr. 1 zu § 106 BetrVG 1972; BAG v. 27. 5. 1982, AP Nr. 3 zu § 42 BetrVG 1972; BAG v. 10. 9. 1985, AP Nr. 3 zu § 117 BetrVG 1972; BAG v. 30. 4. 1987, AP Nr. 15 zu § 12 SchwbG; *Schaub,* AR-Handbuch, § 212 V., S. 1752; MünchArbR/*von Hoyningen-Huene,* § 290 Rz. 26 mwN; *Trümner,* in Däubler/Kittner/Klebe, § 1 BetrVG Rz. 23 mwN.
2 Vgl. BAG v. 9. 11. 1977, AP Nr. 13 zu Internationales Privatrecht – Arbeitsrecht; *Schaub,* AR-Handbuch, § 212 V., S. 1753; MünchArbR/*von Hoyningen-Huene,* § 291 Rz. 49; *Trümner,* in Däubler/Kittner/Klebe, § 1 BetrVG Rz. 24.
3 BAG v. 10. 9. 1985, AP Nr. 3 zu § 117 BetrVG 1972; BAG v. 25. 4. 1978, BAGE 30, 266; BAG v. 9. 11. 1977, AP Nr. 13 zu Internationales Privatrecht – Arbeitsrecht; *Schaub,* AR-Handbuch, § 212 V., S. 1753; MünchArbR/*von Hoyningen-Huene,* § 290 Rz. 33.
4 BAG v. 10. 9. 1995, AP Nr. 3 zu § 117 BetrVG 1972; BAG v. 30. 4. 1987, BAGE 55, 236; BAG v. 7. 12. 1989, DB 1990, 52; BAG v. 16. 1. 1990, ZTR 1990, 299; BAG v. 30. 1. 1990, DB 1990, 1090; *Trümner,* in Däubler/Kittner/Klebe, § 1 BetrVG Rz. 24.
5 So zutreffend MünchArbR/*von Hoyningen-Huene,* § 290 Rz. 27.
6 MünchArbR/*von Hoyningen-Huene,* § 290 Rz. 29 mwN.

b) Ausstrahlung

38 Wie bereits dargelegt, gilt das Betriebsverfassungsgesetz nicht für im Ausland gelegene Betriebe, auch wenn es sich hier um Betriebe deutscher Unternehmer/Unternehmen handelt. Gleichwohl hat das Bundesarbeitsgericht Beteiligungsrechte des Betriebsrats in personellen Angelegenheiten der **vorübergehend im Ausland tätigen Arbeitnehmer,** soweit sie noch zum inländischen Betrieb gehören, unter Hinweis darauf, daß es sich hier um eine „Ausstrahlung" der deutschen Betriebsverfassung handele, bejaht[1]. Eine gesetzliche Definition des Begriffs Ausstrahlung findet sich in § 4 Abs. 1 SGB IV. Der hier niedergelegte Rechtsgedanke ist auch auf das Betriebsverfassungsgesetz übertragbar. Das Betriebsverfassungsgesetz erfaßt alle zum Betrieb gehörenden Arbeitnehmer, unabhängig davon, ob sie ständig in diesem Betrieb tatsächlich vor Ort eingesetzt sind. Daher können auch im Ausland tätige Arbeitnehmer in den Geltungsbereich des Betriebsverfassungsgesetzes fallen, wenn sie trotz des Einsatzes im Ausland weiterhin einem inländischen Betrieb zuzuordnen sind. Wie das Bundesarbeitsgericht zutreffend feststellt, geht es dabei um die Frage des persönlichen Geltungsbereichs für die betroffenen Arbeitnehmer, wobei die Feststellung, ob trotz eines Einsatzes im Ausland der für die Anwendung des Betriebsverfassungsgesetzes maßgebliche **Inlandsbezug** eines solchen Arbeitsverhältnisses erhalten geblieben ist, von den jeweiligen Umständen des Einzelfalles abhängig ist. Hier sind insbesondere die Dauer des Auslandseinsatzes, die tatsächliche Eingliederung in den Auslandsbetrieb, das Bestehen sowie die Voraussetzungen eines Rückrufrechtes und der sonstige Inhalt der Weisungsbefugnisse des Arbeitgebers von Bedeutung[2]. Auch wenn die Festschreibung zeitlicher Grenzen zu Recht abgelehnt wird[3], ist in Anwendung des Rechtsgedankens des § 1 Abs. 2 AÜG bei einer vorübergehenden Abordnung in einen Auslandsbetrieb von mehr als zwölf Monaten zunächst zu vermuten, daß der Arbeitnehmer dem Auslandsbetrieb zuzuordnen ist[4]. Wird ein Arbeitnehmer auf Dauer im Ausland tätig, ist zunächst grundsätzlich davon auszugehen, daß er dem Geltungsbereich des Betriebsverfassungsgesetzes entzogen ist. Auf Ortskräfte, dh. Arbeitnehmer, die nicht von einem Betrieb im Inland entsandt, sondern im Ausland eingestellt werden, findet das Betriebsverfassungsgesetz keine Anwendung[5].

39 Soweit eine „Ausstrahlung" im vorstehenden Sinne bejaht wird, kommt auch eine **Tätigkeit des Betriebsrates,** die im Rahmen des vorgegebenen Kompetenzrahmens auf den räumlichen Geltungsbereich des BetrVG beschränkt ist, uU auch im Ausland in Betracht. Allerdings können für vorübergehend ins Ausland

---

1 BAG v. 27. 5. 1982, AP Nr. 3 zu § 42 BetrVG 1972; BAG v. 10. 9. 1985, AP Nr. 3 zu § 117 BetrVG 1972; BAG v. 7. 12. 1989, AP Nr. 27 zu Internationales Privatrecht – Arbeitsrecht; BAG v. 16. 1. 1990, ZTR 1990, 299; BAG v. 30. 1. 1990, DB 1990, 1090.
2 Vgl. für eine langjährig im Ausland eingesetzte Reiseleiterin eines deutschen Reiseunternehmens BAG v. 7. 12. 1989, AP Nr. 27 zu Internationales Privatrecht – Arbeitsrecht.
3 Vgl. die Nachweise bei MünchArbR/*von Hoyningen-Huene*, § 290 Rz. 37 Fn. 63.
4 MünchArbR/*von Hoyningen-Huene*, § 290 Rz. 37.
5 LAG Düsseldorf v. 2. 2. 1982, DB 1982, 962.

I. Grundlagen

entsandte Arbeitnehmer **Betriebsversammlungen,** Teil- und Abteilungsversammlungen nicht im Ausland abgehalten werden[1].

c) Einstrahlung

Die Frage, ob ein Arbeitnehmer eines Auslandsbetriebes, der nur **vorübergehend in einem Betrieb im Hoheitsgebiet der Bundesrepublik Deutschland beschäftigt** wird, vom Geltungsbereich des Betriebsverfassungsgesetzes erfaßt wird (Einstrahlung), ist ebenfalls keine Frage der Definition des räumlichen Geltungsbereiches. Da der im Inland gelegene Betrieb vom Geltungsbereich des Betriebsverfassungsgesetzes erfaßt wird, kann allenfalls fraglich sein, ob der betroffene Arbeitnehmer auch dem persönlichen Geltungsbereich unterfällt.

d) Europäischer Betriebsrat

Nachdem auf EG-Ebene bereits in Zusammenhang mit der Europäischen Aktiengesellschaft auch über einen Europäischen Betriebsrat diskutiert worden war, legte die Kommission nach Scheitern der Vredeling-Richtlinie schließlich Ende 1990 den Entwurf einer Richtlinie „über die Einsetzung europäischer Betriebsräte zur Information und Konsultation der Arbeitnehmer in gemeinschaftsweit operierenden Unternehmen und Unternehmensgruppen" vor, der im Herbst 1991 noch einmal geringfügig modifiziert wurde. Nach Anhörung der europäischen Sozialpartner und Einschaltung des Wirtschafts- und Sozialausschusses sowie des Europäischen Parlamentes beschloß der Rat am 18. 7. 1994 einen sogenannten gemeinsamen Standpunkt, der sich weitestgehend mit der letztlich verbindlich gewordenen Fassung deckte. Am 22. 9. 1994 verabschiedete der Europarat dann bei Stimmenthaltung Portugals die **Richtlinie 94/95/EG** über die Einsetzung eines europäischen Betriebsrats (EBR) oder die Schaffung eines Verfahrens zur Unterrichtung und Anhörung der Arbeitnehmer in gemeinschaftsweit operierenden Unternehmen und Unternehmensgruppen[2].

Mit der Richtlinie, die bis zum 22. 9. 1996 in nationales Recht umzusetzen war, wird im Ergebnis (nur) ein **Informationsanspruch der Arbeitnehmer** in gemeinschaftsweit operierenden Unternehmen in Hinblick auf bestimmte Fragen der Geschäfts- und Personalpolitik festgeschrieben, wobei die im jeweiligen nationalen Rahmen bestehenden Systeme der Interessenvertretung zunächst unberührt bleiben. In Unternehmen und Konzernen, in denen im Zeitpunkt der Umsetzung der Richtlinie in nationales Recht bereits eine für alle Arbeitnehmer geltende Vereinbarung besteht, in der eine länderübergreifende Unterrichtung und Anhörung der Arbeitnehmer vorgesehen ist, findet die Richtlinie keine Anwendung. In den übrigen Fällen ist zunächst ein **Verhandlungsprozeß** vorgesehen, in dem über die Einrichtung eines europäischen Betriebsrates bzw. über ein Unterrichtungs- und Anhörungsverfahren verhandelt werden soll. Nur

---

1 BAG v. 27. 5. 1982, BAGE 39, 108; aA: Vorinstanz LAG Hamm v. 12. 3. 1980, DB 1980, 1030; *Trümner,* in Däubler/Kittner/Klebe, § 1 BetrVG Rz. 26 mwN.
2 ABl.EG Nr. L 254 v. 30. 9. 1996, 64.

wenn diese Verhandlungen erfolglos bleiben, greift nach Art. 7 Abs. 1 der Richtlinie das insoweit **subsidiäre Modell,** das die Schaffung eines europäischen Betriebsrates auf der Ebene der zentralen Leitung vorsieht. Wichtigste Regelungsgegenstände der Umsetzung der Richtlinie durch den nationalen Gesetzgeber sind vor allem die Bestimmung und die Zusammensetzung des Verhandlungsgremiums sowie die Ausgestaltung des für den Fall des Scheiterns der Verhandlung eingreifenden subsidiären Modells[1].

43 Der Gesetzgeber reagierte ungewöhnlich schnell. Am 27. 3. 1996 stimmt das Kabinett dem Entwurf eines Gesetzes über europäische Betriebsräte (**Europäische Betriebsräte-Gesetz EBRG**) zu[2]. Der als Artikelgesetz konzipierte Gesetzesentwurf orientierte sich an der Regelungssystematik der Richtlinie, die inhaltlich in enger Anlehnung an ihre Vorgaben umgesetzt wird. Der erste Teil regelt die Zielsetzung, den Anwendungsbereich des Gesetzes sowie Begriffsbestimmungen. Im zweiten Teil wird die Bildung des besonderen Verhandlungsgremiums der Arbeitnehmervertreter geregelt, dessen Aufgabe darin besteht, mit der zentralen Leitung eine Vereinbarung über grenzübergreifende Unterrichtung und Anhörung auszuhandeln. Im dritten Teil wird vor allem der Grundsatz der Gestaltungsfreiheit für Vereinbarungen über grenzübergreifende Unterrichtung und Anhörung festgelegt. Zentrale Leitung und besonderes Verhandlungsgremium haben weitgehende Gestaltungsfreiheit in bezug auf Struktur und Inhalt einer entsprechenden Vereinbarung. Erst im vierten Teil finden sich dann die Vorschriften zum Europäischen Betriebsrat kraft Gesetzes, der zu errichten ist, wenn binnen sechs Monaten nach Antragstellung Verhandlungen nicht aufgenommen sind, die Verhandlungen drei Jahre nach Antragstellung ergebnislos bleiben oder das vorzeitige Scheitern erklärt wird. Der zu errichtende **europäische Betriebsrat** kann höchstens 30 Mitglieder umfassen, wobei auch leitende Angestellte iSd. § 5 Abs. 3 BetrVG als Arbeitnehmervertreter bestellt werden können. Die Zusammensetzung sowie Geschäftsführung, Kostenregelung und die grenzübergreifenden Zuständigkeiten und Mitwirkungsrechte werden in enger Anlehnung an die Richtlinienvorgaben normiert. So hat der europäische Betriebsrat das Recht, regelmäßig einmal im Kalenderjahr von der zentralen Leitung über die Entwicklung der Geschäftslage und die Perspektiven des gemeinschaftsweit tätigen Unternehmens oder der Unternehmensgruppe unter Vorlage der erforderlichen Unterlagen unterrichtet und angehört zu werden. Ein entsprechendes Unterrichtungs- und auf Verlangen ein Anhörungsrecht besteht darüber hinaus dann, wenn außergewöhnliche Umstände mit erheblichen Auswirkungen auf die Arbeitnehmer wie Verlegung oder Stillegung von Unternehmen, Betrieben oder wesentlichen Betriebsteilen oder Massenentlassungen eintreten. Der fünfte Teil regelt den Grundsatz der vertrauensvollen Zusammenarbeit und enthält Vorschriften über die Wahrung von Be-

---

1 Vgl. zu den Einzelheiten der Richtlinie *Hromadka,* DB 1995, 1125 ff.; *Mayer,* BB 1995, 1794 ff.; *Wuttke,* DB 1995, 774 ff.; *Däubler/Klebe,* AiB 1995, 558 ff.; *Willemsen/Hohenstatt,* NZA 1995, 402; *Gaul,* NJW 1995, 231 ff.; *Klinkhammer/Welslau,* AuR 1994, 328; *Mozet,* DB 1997, 477 ff.; *Kunz,* AiB 1997, 267 f.
2 BR-Drucks. 251/96; vgl. auch zum Gesetzentwurf *Engels/Müller,* DB 1996, 981.

I. Grundlagen

triebs- und Geschäftsgeheimnissen sowie den (Kündigungs-)Schutz inländischer Arbeitnehmer. Mit dem sechsten Teil werden entsprechend Art. 13 der Richtlinie bereits bestehende Vereinbarungen über grenzübergreifende Unterrichtung und Anhörung auch nach Inkrafttreten des Europäischen Betriebsrätegesetzes aufrechterhalten, wenn sie alle in den Mitgliedstaaten beschäftigten Arbeitnehmer erfassen und eine Vertretung der Arbeitnehmer aus den Mitgliedsstaaten vorsehen, in denen das Unternehmen oder die Unternehmensgruppe einen Betrieb hat. Der siebte Teil enthält besondere Straf- und Bußgeldvorschriften. Mit Art. 2 des Gesetzentwurfs werden die erforderlichen Änderungen und Ergänzungen des Arbeitsgerichtsgesetzes normiert, durch die der arbeitsgerichtliche Rechtsweg eröffnet und ausgestaltet wird.

Am 1. 11. 1996 trat das **Gesetz über Europäische Betriebsräte** (Europäische Betriebsräte-Gesetz **EBRG**) vom 28. 10. 1996[1] in Kraft. Neben redaktionellen Anpassungen des Gesetzestextes wurden im Vergleich zum Regierungsentwurf folgende **Änderungen** aufgenommen: 44

Nach § 9 Abs. 2 Satz 1 EBRG ist der Antrag der Arbeitnehmer oder ihrer Vertreter auf Bildung des besonderen Verhandlungsgremiums erst in dem Zeitpunkt wirksam zugestellt, in dem er der zentralen Leitung zugeht. Nach den §§ 11 Abs. 5 und 23 Abs. 5 EBRG sollen sowohl im besonderen Verhandlungsgremium als auch im europäischen Betriebsrat Frauen und Männer entsprechend ihrem zahlenmäßigen Verhältnis in diesem Gremium vertreten sein. Beauftragte von Gewerkschaften können vom besonderen Verhandlungsgremium und vom europäischen Betriebsrat als Sachverständige hinzugezogen werden (§ 13 Abs. 4 Satz 2, § 29 Satz 2 EBRG). Wird der europäische Betriebsrat aufgrund einer Vereinbarung errichtet, bestellen ausschließlich die nach dem Betriebsverfassungsgesetz bestehenden Arbeitnehmervertretungsgremien die inländischen Mitglieder. Das Recht des zuständigen Sprecherausschußorgans zur Entsendung eines leitenden Angestellten kann nicht abbedungen werden (§ 18 Abs. 2 EBRG). Darüber hinaus haben die Sprecherausschußgremien der leitenden Angestellten das Recht, einen leitenden Angestellten zu bestimmen, der mit Rederecht an den Sitzungen zu Unterrichtungen und Anhörungen des europäischen Betriebsrats teilnehmen kann, wenn mindestens fünf inländische Arbeitnehmervertreter entsandt werden (§ 23 Abs. 6 Satz 1 EBRG). Vor der turnusmäßigen jährlichen Unterrichtungs- und Anhörungssitzung mit der zentralen Leitung sind dem europäischen Betriebsrat die dazu erforderlichen Unterlagen so rechtzeitig vorzulegen, daß er sich angemessen auf die Sitzung vorbereiten kann (§ 32 Abs. 1 EBRG). 45

Für sog. **freiwillige Vereinbarungen,** die vor dem 22. 9. 1996 geschlossen worden sind, ist in § 41 Abs. 1 Satz 2 EBRG nun geregelt, daß es für den grenzübergreifenden Charakter einer solchen Vereinbarung ausreicht, wenn den Arbeitnehmern aus denjenigen Mitgliedstaaten, in denen das Unternehmen oder die Unternehmensgruppe eine Niederlassung hat, im Rahmen der vereinbarten 46

---

1 BGBl. I, 1548; vgl. zu den Einzelheiten des Gesetzes: *Kunz,* AiB 1997, 267, 269 ff.

Unterrichtung und Anhörung eine angemessene Beteiligung ermöglicht wird. Zwischenzeitlich soll es rund 400 solcher fortgeltenden Vereinbarungen geben, davon etwa 70 in deutschen Unternehmen[1].

3. Persönlicher Geltungsbereich

a) Arbeitgeber

47 Der **Begriff des Arbeitgebers** wird im BetrVG mehrfach angesprochen, jedoch nicht selbständig definiert. Das BetrVG setzt auch den Begriff des Arbeitgebers als bekannt voraus. Nach den allgemeinen arbeitsrechtlichen Grundsätzen ist Arbeitgeber im vertragsrechtlichen Sinne jeder, der einen oder mehrere andere Personen als Arbeitnehmer beschäftigt. In dieser Funktion als Vertragspartner der Arbeitnehmer wird der Arbeitgeber im Rahmen des BetrVG zwar auch gelegentlich angesprochen (§ 37 Abs. 2, § 37 Abs. 4, § 44, §§ 81 f. BetrVG), in erster Linie aber sieht das BetrVG den Arbeitgeber als Inhaber des Betriebes, dh. der betrieblichen Organisationsgewalt[2]. Daneben verwendet das BetrVG den **Begriff des Unternehmers** (zB §§ 111 ff.). Auch mit dieser Bezeichnung wird der Arbeitgeber als Betriebsinhaber und damit als Partner/Gegenspieler der übrigen betriebsverfassungsrechtlichen Institutionen erfaßt. Der „Arbeitgeber" iSd. BetrVG ist mit dem „Unternehmer" personengleich. Beide Male wird diejenige Rechtsperson bezeichnet, die Inhaber des Betriebes ist[3].

48 Arbeitgeber iSd. betriebsverfassungsrechtlichen Vorschriften kann sowohl eine **natürliche** als auch eine **juristische Person** oder ein teilrechtsfähiger bzw. nicht rechtsfähiger **Personenverband** (OHG, KG bzw. BGB-Gesellschaft) sein.

49 Das BetrVG enthält keine eindeutige und abschließende Regelung, ob und durch wen sich der Arbeitgeber bei der Wahrnehmung betriebsverfassungsrechtlicher Aufgaben gegenüber dem Betriebsrat vertreten lassen darf. Das BAG weist zu Recht darauf hin, daß die Regelungen des Personalvertretungsrechts (etwa § 7 BPersVG) auf das Betriebsverfassungsrecht wegen der in der Behördenorganisation bestehenden Besonderheiten nicht übertragbar sind. Aus der Tatsache, daß in § 43 Abs. 2 Satz 3 und § 108 Abs. 2 Satz 1 BetrVG vorgesehen ist, daß für den Arbeitgeber auch sein **Vertreter** handeln kann, folgt nicht, daß der Arbeitgeber im übrigen seine betriebsverfassungsrechtlichen Aufgaben nur selbst oder durch seine gesetzlichen Vertreter wahrnehmen darf[4]. Soweit aus Sinn und Zweck der in den genannten Vorschriften geregelten Verpflichtung eine besondere Qualifikation des Vertreters zu fordern ist, kann dies nicht

---

1 Vgl. *Mozet*, DB 1997, 477 f.
2 BAG v. 15. 2. 1991, AP Nr. 89 zu § 613a BGB; BAG v. 15. 1. 1991, AP Nr. 21 zu § 113 BetrVG 1972; *Richardi*, § 1 BetrVG Rz. 26; *Schneider*, in Däubler/Kittner/Klebe, BetrVG, Einleitung Rz. 135 f.; GK-BetrVG/*Kraft*, § 1 Rz. 35; MünchArbR/*von Hoyningen-Huene*, § 291 Rz. 10.
3 BAG v. 15. 1. 1991, AP Nr. 21 zu § 113 BetrVG 1972; *Schneider*, in Däubler/Kittner/Klebe, BetrVG, Einleitung Rz. 136; MünchArbR/*von Hoyningen-Huene*, § 291 Rz. 10.
4 BAG v. 11. 12. 1991, AP Nr. 2 zu § 90 BetrVG 1972.

I. Grundlagen

allgemein auf alle Pflichten des Arbeitgebers gegenüber dem Betriebsrat übertragen werden. Grundsätzlich kann der Arbeitgeber sich gegenüber dem Betriebsrat durch eine an der Betriebsleitung verantwortlich beteiligte Person, die er mit seiner Vertretung beauftragt hat, vertreten lassen, wobei in der Literatur streitig ist, ob der Arbeitgeber sich im Rahmen der §§ 164 ff. BGB durch jede andere Person vertreten lassen kann oder ob eine Vertretung durch betriebsfremde Personen ausgeschlossen bzw. der Kreis der Vertreter auf Personen mit der erforderlichen Fachkompetenz und Organisationsgewalt beschränkt ist[1]. Das BAG lehnt zu Recht eine generelle Einschränkung der Vertretungsbefugnis des Arbeitgebers ab und fordert eine an Sinn und Zweck des jeweiligen Beteiligungsrechtes orientierte Auslegung im Einzelfall[2].

b) Arbeitnehmer

Der Begriff des Arbeitnehmers ist in § 5 Abs. 1 BetrVG für das gesamte Betriebsverfassungsgesetz definiert. Danach sind Arbeitnehmer iSd. Gesetzes **Arbeiter und Angestellte einschl. der zu ihrer Berufsausbildung Beschäftigten.** Mit § 6 BetrVG wird klargestellt, daß auch die in Heimarbeit beschäftigten Arbeiter und Angestellten Arbeitnehmer iSd. Gesetzes sind, wenn sie in der Hauptsache für den Betrieb arbeiten. 50

Der Begriff des Arbeitnehmers als solchem wird im BetrVG nicht näher definiert. Insoweit ist der allgemeine Begriff des Arbeitnehmers zugrunde zu legen. Arbeitnehmer ist danach jeder, der aufgrund eines **privatrechtlichen Vertrages** oder eines ihm gleichgestellten Rechtsverhältnisses **persönlich zur Leistung von Diensten für einen anderen in dessen Betrieb und nach dessen Weisung verpflichtet** ist. Es kommt nicht darauf an, ob der Arbeitsvertrag rechtswirksam ist. Auch wer aufgrund eines angefochtenen oder nichtigen Arbeitsvertrages tatsächlich beschäftigt wird, ist Arbeitnehmer iSd. BetrVG[3]. Es ist ebenfalls unerheblich, ob es sich bei dem Arbeitsverhältnis um eine Voll- oder Teilzeitbeschäftigung oder um eine haupt- oder nebenberufliche Tätigkeit handelt. Auch Personen, deren Arbeitsverhältnis ruht, gehören zu den Arbeitnehmern iSd. Gesetzes[4]. 51

Der Sonderfall des **Leiharbeitsverhältnisses** hat zumindest teilweise in § 14 AÜG eine gesetzliche Regelung erfahren. Danach bleiben Leiharbeitnehmer auch während der Zeit ihrer Arbeitsleistung bei einem Entleiher Angehörige 52

---

1 Vgl. GK-BetrVG/*Kraft*, § 1 Rz. 37; *Richardi*, § 1 BetrVG Rz. 28; *Fitting/Kaiser/Heither/Engels*, § 1 BetrVG Rz. 87; *Galperin/Löwisch*, § 1 BetrVG Rz. 17; *Schneider*, in Däubler/Kittner/Klebe, BetrVG, Einleitung Rz. 138; MünchArbR/*von Hoyningen-Huene*, § 291 Rz. 12.
2 BAG v. 11. 12. 1991, AP Nr. 2 zu § 90 BetrVG 1972.
3 Herrschende Meinung vgl.: *Schaub*, AR-Handbuch, § 212, II. 2, S. 1746; GK-BetrVG/*Kraft*, § 5 Rz. 12; *Trümner*, in Däubler/Kittner/Klebe, § 5 Rz. 9; *Richardi*, § 5 BetrVG Rz. 42.
4 Vgl. BAG v. 29. 3. 1994, AP Nr. 2 zu § 19 BetrVG 1972 (Wahlrecht entfällt nicht, weil Arbeitsverhältnis wegen Ableistung von Wehrdienst ruht); GK-BetrVG/*Kraft*, § 5 Rz. 39 mwN.

des entsendenden Betriebs des Verleihers. Sie sind bei der Wahl der betriebsverfassungsrechtlichen Arbeitnehmervertretungen im Entleiherbetrieb weder wahlberechtigt noch wählbar, dürfen aber die Sprechstunden dieser Arbeitnehmervertretungen aufsuchen und an den Betriebs- und Jugendversammlungen im Entleiherbetrieb teilnehmen. Die §§ 81, 82 Abs. 1 und §§ 84 bis 86 BetrVG gelten im Entleiherbetrieb auch in Bezug auf die dort tätigen Leiharbeitnehmer. Vor der Übernahme eines Leiharbeitnehmers zur Arbeitsleistung ist der Betriebsrat des Entleiherbetriebes nach § 99 BetrVG zu beteiligen. Das BAG geht unter Verweis auf die Gesetzesmaterialien davon aus, daß § 14 AÜG die betriebsverfassungsrechtliche Zuordnung der Leiharbeitnehmer nur partiell regelt, so daß jeweils im Einzelfall zu prüfen sei, ob und welche Beteiligungsrechte des Betriebsrates des Entleiherbetriebes sich nach Maßgabe des jeweiligen Normzweckes auch auf die Leiharbeitnehmer erstreckt[1]. Nach Auffassung des Siebten Senates soll die Vorschrift des § 14 Abs. 1 AÜG entsprechend für die gesetzlich nicht geregelten Erscheinungsformen der nicht gewerbsmäßigen Arbeitnehmerüberlassung Anwendung finden[2]. Die Behandlung der unerlaubten gewerbsmäßigen Arbeitnehmerüberlassung sowie der nicht gewerbsmäßigen Arbeitnehmerüberlassung/echten Leiharbeit ist in der Literatur umstritten[3].

aa) Arbeiter und Angestellte

53   Der Betriebsrat vertritt im Rahmen der Betriebsverfassung sowohl die **Arbeiter** als auch die **Angestellten.** Insoweit gibt es in Bezug auf die Mitwirkungs- und Mitbestimmungsrechte keine Unterschiede zwischen beiden Arbeitnehmergruppen. Allerdings nimmt das Gesetz Rücksicht auf gleichwohl uU bestehende Interessenunterschiede, weshalb in § 10 BetrVG die Vertetung der Minderheitsgruppen im Betriebsrat normiert wird. Für die Frage der Abgrenzung von Arbeitern und Angestellten verweist § 6 BetrVG auf die sozialversicherungsrechtlichen Vorschriften. Auch dort findet sich kein positiv normierter Begriff des Arbeiters. Arbeiter ist, wer nicht Angestellter ist. Die tatsächliche bestehende Versicherungspflicht ist weder für die Zuordnung der Arbeiter noch der Angestellten ausschlaggebend. Gleiches gilt für die in Heimarbeit Beschäftigten, soweit sie in der Hauptsache für den Betrieb arbeiten. Auch diese werden nach Maßgabe der sozialverischerungsrechtlichen Definition den Arbeitern oder Angestellten, unabhängig von einer tatsächlich bestehenden Versicherungspflicht zugeordnet.

bb) Auszubildende

54   Der in § 5 Abs. 1 und § 6 BetrVG verwendete **Begriff der Berufsausbildung** deckt sich nicht mit dem des Berufsbildungsgesetzes, sondern ist weiter gefaßt.

---

1 BAG v. 15. 12. 1992, AP Nr. 7 zu § 14 AÜG (Mitbestimmungsrecht des Betriebsrats des Entleiherbetriebes nach § 87 Abs. 1 Nr. 2 BetrVG auch für Leiharbeitnehmer).
2 BAG v. 18. 1. 1989, AP Nr. 2 zu § 14 AÜG; BAG v. 18. 1. 1989, AP Nr. 1 zu § 9 BetrVG 1972.
3 Zu den Einzelheiten siehe *Trümner,* in Däubler/Kittner/Klebe, § 5 BetrVG Rz. 77 ff.; *Richardi,* § 5 BetrVG Rz. 75 ff.; GK-BetrVG/*Kraft,* § 5 Rz. 15 ff., jeweils mwN.

I. Grundlagen

Mit diesem Begriff wird nicht nur die in § 1 Abs. 2 BBiG aufgeführte breit angelegte berufliche Grundbildung erfaßt, sondern grundsätzlich alle Maßnahmen, die im Rahmen eines auf die Ausbildung gerichteten privatrechtlichen Vertrages innerhalb eines Betriebs berufliche Kenntnisse und Fertigkeiten vermitteln[1].

Nach neuerer Rechtsprechung sind die zu ihrer Berufsausbildung Beschäftigten aber nur dann Arbeitnehmer iSd. § 5 Abs. 1 BetrVG, wenn sich ihre Berufsausbildung im Rahmen des arbeitstechnischen Zwecks eines Produktions- oder Dienstleistungsbetriebes vollzieht und sie deshalb in vergleichbarer Weise wie die sonstigen Arbeitnehmer in den Betrieb eingegliedert sind (betriebliche Berufsbildung iSd. § 1 Abs. 5 BBiG). Findet die praktische Berufsausbildung dagegen in einem reinen **Ausbildungsbetrieb** statt, so gehören diese Auszubildenden nicht zur Belegschaft des Ausbildungsbetriebes[2]. Aus diesem Grund sind auch **berufliche Rehabilitanden** iSd. § 56 AFG keine Arbeitnehmer iSd. § 5 Abs. 1 BetrVG eines Berufsbildungswerks nach § 23a A-Reha[3]. Allerdings gehören auch solche Personen zu den Arbeitnehmern iSd. § 5 Abs. 1 BetrVG, die eingestellt werden, um berufliche Kenntnisse, Fertigkeiten oder Erfahrungen zu erwerben, ohne daß es sich dabei um eine Berufsausbildung iSd. § 1 Abs. 2 BBiG handelt. Dies gilt auch dann, wenn mit ihnen kein Arbeitsverhältnis, sondern lediglich ein besonderes Ausbildungsverhältnis eingegangen wird, auf das § 19 BBiG anzuwenden ist. Zu diesen „anderen Vertragsverhältnissen" iSd. § 19 BBiG zählen insbesondere das **Praktikantenverhältnis**, das **Volontärverhältnis** und das **Anlernverhältnis**. Auch dieser Personenkreis zählt ebenso wie **Umschüler** und **Teilnehmer an berufsvorbereitenden Maßnahmen** für jugendliche Arbeitslose unter den oben dargestellten Voraussetzungen zu den Arbeitnehmern iSd. § 5 Abs. 1 BetrVG.

c) Leitende Angestellte

Das BetrVG findet, soweit nicht ausdrücklich etwas anderes geregelt ist, auf leitende Angestellte **keine Anwendung.** Diese sind weder wahlberechtigt noch können sie zu Mitgliedern des Betriebsrats gewählt werden. In § 5 Abs. 3, 4 BetrVG findet sich die zuletzt durch Gesetz vom 20. 12. 1988[4] neugefaßte Regelung, mit der der Begriff des leitenden Angestellten näher beschrieben wird. Die Einzelheiten zum Begriff des leitenden Angestellten sind im ersten Teil dieses Handbuchs in Abschnitt A. Rz. 80 ff. dargestellt.

---

1 So schon BAG v. 10. 2. 1981, AP Nr. 25 zu § 5 BetrVG 1972; zuletzt auch BAG v. 21. 7. 1993, NZA 1994, 713; BAG v. 26. 1. 1994, NZA 1995, 120.
2 Unter ausdrücklicher Aufgabe der bisherigen gegenteiligen Rechtsprechung: BAG v. 21. 7. 1993, NZA 1994, 713; BAG v. 26. 1. 1994, NZA 1995, 120; BAG v. 20. 3. 1996, BB 1996, 2100.
3 Unter ausdrücklicher Aufgabe des entgegenstehenden Senatsbeschlusses vom 13. 5. 1992, NZA 1993, 762 nun: BAG v. 26. 1. 1994, NZA 1995, 120.
4 BGBl. I, 2312.

d) „Nicht-Arbeitnehmer"

57 In § 5 Abs. 2 BetrVG werden einzelne Personengruppen aus dem Arbeitnehmerbegriff iSd. BetrVG ausgeklammert. Zum Teil handelt es sich hier um Personen, die auch nach allgemeinen Grundsätzen keine Arbeitnehmer sind, ein anderer Teil wird ausdrücklich ausgenommen, obwohl er nach allgemeinen Grundsätzen gleichwohl in einem Arbeitsverhältnis zum Betriebsinhaber stehen kann.

aa) Mitglieder des gesetzlichen Vertretungsorgans juristischer Personen (§ 5 Abs. 2 Nr. 1 BetrVG)

58 Die Mitglieder des Organs, das kraft Gesetzes in Verbindung mit der Satzung zur regelmäßigen Vertretung der jeweiligen juristischen Person befugt ist, sind aus dem Kreis der Arbeitnehmer iSd. Betriebsverfassung ausgenommen. Dies gilt auch dann, wenn in Ausnahmefällen ein Mitglied eines Vertretungsorgans neben der **Organstellung** auch den allgemeinen arbeitsrechtlichen Arbeitnehmerstatus beanspruchen könnte[1]. Als gesetzliche Vertreter einer juristischen Person sind auch **Konkursverwalter, Liquidatoren** und **Treuhänder** anzusehen.

bb) Vertretungs- und geschäftsführungsberechtigte Mitglieder von Personengesamtheiten (§ 5 Abs. 2 Nr. 2 BetrVG)

59 Mit dieser Ausnahmeregelung werden solche **Gesellschafter** vom Arbeitnehmerbegriff des BetrVG ausgenommen, die durch Gesetz, Satzung oder Gesellschaftsvertrag zur Vertretung des Unternehmens und zur Geschäftsführung berufen sind. Die verbleibenden Gesellschafter oder Mitglieder können, wenn nicht andere Ausschlußtatbestände eingreifen, zu den Arbeitnehmern zählen.

cc) Beschäftigung aus vorwiegend karitativen oder religiösen Beweggründen (§ 5 Abs. 2 Nr. 3 BetrVG)

60 Unter diesen Ausnahmetatbestand fallen alle **Angehörigen religiöser Orden** und anderer **religiöser Gemeinschaften,** soweit bei der Tätigkeit dieser Personen Erwerbsabsichten keine Rolle spielen. Es kommt nicht darauf an, ob diese Personen in einer kirchlichen Einrichtung oder aufgrund eines Gesellschaftsvertrages in einem anderen Betrieb tätig werden. Die Zuordnung von **Rote-Kreuz-Schwestern** ist in der Literatur streitig[2]. Sowohl das BAG[3] als auch der BFH[4], das BSG[5] und das BVerwG[6] spricht den Rote-Kreuz-Schwestern die Arbeitnehmereigenschaft jedenfalls dann ab, wenn die Schwestern in einem vom

---

1 So zu Recht unter Hinweis auf die nicht durchführbare Statusdifferenzierung für ein und dieselbe Person: *Trümner,* in Däubler/Kittner/Klebe, § 5 Rz. 119.
2 Vgl. Nachweise bei *Trümner,* in Däubler/Kittner/Klebe, § 5 BetrVG Rz. 145; GK-BetrVG/*Kraft,* § 5 Rz. 45.
3 BAG v. 20. 2. 1986, AP Nr. 2 zu § 5 BetrVG 1972 – Rotes Kreuz; BAG v. 6. 7. 1995 – 5 AZB 9/93, nv.
4 BFH v. 25. 11. 1993, DB 1994, 1402.
5 BSG v. 28. 8. 1968, AP Nr. 7 zu § 611 BGB – Rotes Kreuz.
6 BVerwG v. 29. 4. 1966, AP Nr. 1 zu § 3 PersVG Bad.-Württ.

I. Grundlagen

Roten Kreuz selbst betriebenen Krankenhaus oder aufgrund eines Gestellungsvertrages zwischen dem Deutschen Roten Kreuz und einem Dritten in dessen Krankenhaus tätig werden.

dd) Beschäftigung zur Heilung, Wiedereingewöhnung, Besserung oder Erziehung (§ 5 Abs. 2 Nr. 4 BetrVG)

Mit dieser Ausnahmeregelung wird die Beschäftigung von **Kranken, Süchtigen, Behinderten** sowie **Jugendlichen,** die unter besondere Obhut des Jugendamtes stehen sowie **Sicherungsverwahrten** und **Strafgefangenen** erfaßt, soweit ihre Beschäftigung nicht in erster Linie auf Erwerbsgründen, sondern überwiegend auf medizinischen oder erzieherischen Gründen beruht. Eine generelle Abgrenzung ist hier nicht möglich. Es muß jeweils im Einzelfall geprüft werden, wie das einzelne Beschäftigungsverhältnis ausgestaltet ist. Dies gilt insbesondere für die Beschäftigungsverhältnisse von Behinderten. Diese können sowohl als Nicht-Arbeitnehmer iSd. § 5 Abs. 2 Nr. 4 BetrVG in einer Behindertenwerkstatt nach § 54 SchwbG als auch im Rahmen eines „normalen" Arbeitsverhältnisses beschäftigt sein[1]. Eine die Arbeitnehmereigenschaft nach § 5 Abs. 2 Nr. 4 BetrVG ausschließende Beschäftigung zur Wiedereingewöhnung liegt nach Auffassung des Siebten Senats dann vor, wenn die Beschäftigung vorwiegend als Mittel zur Behebung eines gestörten Verhältnisses der beschäftigten Person zu geregelter Erwerbsarbeit eingesetzt wird, nicht aber, wenn die Beschäftigung vorwiegend der Vermittlung beruflicher Kenntnisse und Fertigkeiten dient[2].

ee) Enge Verwandte des Arbeitgebers (§ 5 Abs. 2 Nr. 5 BetrVG)

Mit dieser Ausnahmeregelung werden **Ehepartner, Eltern** und **Kinder** einschl. der nichtehelichen wie der Adoptivkinder, **Schwiegereltern** und **Schwiegerkinder** des Arbeitgebers aus dem Kreis der Arbeitnehmer iSd. BetrVG ausgenommen. Dies gilt auch dann, wenn die genannten Verwandten in einem echten Arbeitsverhältnis zum Arbeitgeber stehen[3]. Die sonstigen Verwandten des Arbeitgebers werden auch dann, wenn sie mit diesem in häuslicher Gemeinschaft leben, nicht aus dem Arbeitnehmerkreis iSd. BetrVG ausgeschlossen. Ist der Arbeitgeber eine **juristische Person,** findet § 5 Abs. 2 Nr. 5 BetrVG keine Anwendung. Insbesondere kommt eine Übertragung auf Familienangehörige eines Mitglieds des zur gesetzlichen Vertretung berufenen Organs der juristischen Person nicht in Betracht[4].

---

1 Vgl. LAG Berlin v. 12. 3. 1990, NZA 1990, 788; ArbG Berlin v. 25. 11. 1977, AP Nr. 9 zu § 118 BetrVG 1972.
2 BAG v. 25. 10. 1989, AP Nr. 40 zu § 5 BetrVG 1972 (Teilnehmerinnen des Modellprogramms „Neuer Start durch soziales Engagement" des Landes Berlin sind Arbeitnehmerinnen).
3 *Richardi*, § 5 BetrVG Rz. 114; GK-BetrVG/*Kraft*, § 5 Rz. 47; *Fitting/Kaiser/Heither/Engels*, § 5 BetrVG Rz. 112; *Trümner*, in Däubler/Kittner/Klebe/Schneider, § 5 BetrVG Rz. 165.
4 So zu Recht GK-BetrVG/*Kraft*, § 5 Rz. 48; *Trümner*, in Däubler/Kittner/Klebe, § 5 BetrVG Rz. 167, jeweils mwN.

II. Beteiligte und Organe der Betriebsverfassung

1. Die Verbände

63 § 2 Abs. 1 BetrVG verpflichtet Arbeitgeber und Betriebsrat zur vertrauensvollen Zusammenarbeit mit den im Betrieb vertretenen **Gewerkschaften** und **Arbeitgebervereinigungen** zum Wohle der Arbeitnehmer und des Betriebes. Die hier vom Gesetzgeber geforderte Zusammenarbeit setzt voraus, daß Betriebsrat und Gewerkschaft (unabhängig von dem in der Praxis hohen Organisationsgrad der Betriebsräte) rechtlich selbständig und die Betriebsräte als Organ der Betriebsverfassung von den Gewerkschaften unabhängig sind. Das Betriebsverfassungsgesetz geht von einer grundsätzlichen **Aufgabentrennung** aus und trägt damit den bereits im Ansatz unterschiedlichen Aufgabenstellungen von Betriebsrat und Gewerkschaft ebenso wie ihrer unterschiedlichen demokratischen Legitimationsbasis Rechnung. Dieses **Trennungsprinzip** wird in §§ 2 Abs. 3, 74 Abs. 3 BetrVG und dem Grundsatz der gewerkschaftlichen Neutralität, wie er in § 75 Abs. 1 Satz 1 BetrVG verankert ist, für alle Bereiche der Betriebsverfassung festgeschrieben.

a) Arbeitgebervereinigungen

64 Der Begriff der Arbeitgebervereinigung ist im BetrVG nicht näher definiert. Er ist grundsätzlich der gleiche wie im allgemeinen Tarifvertragsrecht (vgl. § 2 Abs. 1 TVG). Zu der in Art. 9 Abs. 3 GG festgelegten verfassungsrechtlichen Koalitionsfreiheit gehört auch das Recht der Koalitionen, über Rechtsform und Organisationsstruktur autonom zu entscheiden. Die Arbeitgeberverbände wählen regelmäßig die Form des **rechtsfähigen Vereins,** wobei die Rechtsfähigkeit aus der Eintragung als Idealverein nach § 21 BGB resultiert. Eine Arbeitgebervereinigung iSd. Betriebsverfassungsrechts wie des Tarifvertragsrechts ist ein Zusammenschluß von Arbeitgebern auf freiwilliger Grundlage, der ebenso **gegnerunabhängig** wie von Staat, Parteien und Kirche unabhängig sein muß. Nach herrschender Meinung muß die Regelung von Arbeitsbedingungen durch Abschluß von Tarifverträgen satzungsgemäße Aufgabe sein, so daß rein wirtschaftspolitische Vereine, Industrieverbände und Berufsverbände nicht vom Begriff der Arbeitgebervereinigung iSd. Betriebsverfassungsrechts erfaßt werden[1]. Da § 2 Abs. 1 TVG bereits dem einzelnen Arbeitgeber ohne Berücksichtigung seiner Durchsetzungskraft („Soziale Mächtigkeit") Tariffähigkeit verleiht, kann die **Tariffähigkeit** eines Arbeitgeberverbandes nach Auffassung des BAG nicht von dem besonderen Erfordernis der Mächtigkeit abhängen[2].

65 Die Befugnisse der Arbeitgeberverbände bleiben hinter denen der Gewerkschaften dort, wo es speziell um Arbeitnehmerinteressen geht, also insbesondere in weiten Teilen der Betriebsverfassung, zurück. Ein **Teilnahmerecht** der Beauf-

---

[1] Richardi, § 2 BetrVG Rz. 29 ff.; Fitting/Kaiser/Heither/Engels, § 2 BetrVG Rz. 24; GK-BetrVG/Kraft, § 2 Rz. 29, jeweils mwN.
[2] BAG v. 20. 11. 1990, AP Nr. 40 zu § 2 TVG; vgl. auch BVerfG v. 20. 10. 1981, BVerfGE 58, 233.

II. Beteiligte und Organe

tragten der Arbeitgebervereinigung an Betriebs- und Abteilungsversammlungen ist in § 46 BetrVG geregelt. Soweit der Arbeitgeber selbst ein selbständiges Teilnahmerecht hat oder aufgrund einer gesonderten Einladung an einer Betriebs- und Abteilungsversammlung teilnimmt, kann er zu seiner Unterstützung einen Beauftragten der Arbeitgebervereinigung hinzuziehen. Nach herrschender Auffassung ist der Beauftragte nicht berechtigt, den Arbeitgeber zu vertreten, da das Gesetz ausdrücklich nur die Hinzuziehung erlaubt. Der Beauftragte hat ebenfalls kein eigenständiges Teilnahmerecht und keine beratende Stimme[1]. Nimmt der Arbeitgeber an einer Betriebsversammlung in seinem Betrieb teil, dann kann er vom Leiter der Betriebsversammlung verlangen, daß dem von ihm hinzugezogenen Beauftragten einer Arbeitgebervereinigung zu bestimmten Einzelthemen an seiner Stelle und für ihn das Wort erteilt wird[2].

b) Gewerkschaften

aa) Gewerkschaftsbegriff

Auch der Begriff der Gewerkschaft ist im BetrVG nicht definiert, sondern wird wie der der Arbeitgebervereinigung vorausgesetzt. Gewerkschaften iSd. Betriebsverfassungsrechts sind daher nur die Arbeitnehmervereinigungen, die auch **tariffähig** sind. Das Bundesarbeitsgericht verlangt hierfür in ständiger Rechtsprechung, daß die Vereinigung die Wahrnehmung der Interessen ihrer Mitglieder zur satzungsgemäßen Aufgabe gemacht hat, frei gebildet, **gegnerfrei und gegnerunabhängig** im Rahmen einer kooperativen Verfassung unabhängig vom Wechsel ihrer Mitglieder ist. Darüber hinaus verlangt das BAG, daß die Arbeitnehmervereinigung ihre Aufgabe als Tarifpartner erfüllen kann, weshalb sie über eine entsprechende Durchsetzungskraft und Leistungsfähigkeit verfügen muß (sogenannte **soziale Mächtigkeit**)[3]. Ist die Tariffähigkeit einer Arbeitnehmervereinigung einmal rechtskräftig mit der Begründung verneint worden, die Vereinigung sei weder gegnerfrei noch ausreichend mächtig, so steht die Rechtskraft dieser Entscheidung einer erneuten Entscheidung über die Tariffähigkeit der Arbeitnehmervereinigung solange entgegen, als sich nicht der Sachverhalt sowohl hinsichtlich der Gegnerfreiheit als auch der Mächtigkeit der Vereinigung wesentlich geändert hat[4].

bb) Vertretensein im Betrieb

Das Kooperationsgebot des § 2 Abs. 1 BetrVG gilt nur für die im Betrieb vertretenen Gewerkschaften. Eine Gewerkschaft ist dann **im Betrieb vertreten,** wenn ihr mindestens ein Arbeitnehmer des Betriebs angehört, der nicht zu den

---

[1] *Fitting/Kaiser/Heither/Engels*, § 46 BetrVG Rz. 17 f.; GK-BetrVG/*Fabricius*, § 46 Rz. 24 f.; *Richardi*, § 46 BetrVG Rz. 16 f.
[2] BAG v. 19. 5. 1978, AP Nr. 3 zu § 43 BetrVG 1972.
[3] BAG v. 16. 1. 1990, EzA Nr. 19 zu § 1 TVG (Tariffähigkeit der Christlichen Gewerkschaft Holz und Bau verneint); BAG v. 14. 2. 1989, NZA 1989, 601; BAG v. 12. 1. 1988, EzA Nr. 73 zu Art. 9 GG – Arbeitskampf; BAG v. 25. 11. 1986, BAGE 53, 347.
[4] BAG v. 1. 2. 1983, DB 1983, 1660.

leitenden Angestellten zählt[1]. Nach Auffassung des BAG kann die Gewerkschaft im Streitfall den erforderlichen **Nachweis** des Vertretenseins im Betrieb auch durch **mittelbare Beweismittel** führen. So soll es zulässig sein, den Nachweis durch eine **notarielle Erklärung** zu führen, ohne daß der Name des im Betrieb des Arbeitgebers beschäftigten Mitglieds genannt wird, wenn mit der notariellen Erklärung eine sogenannte **Tatsachenbescheinigung** abgegeben wird, wonach eine Person, deren Personalien in einem besonderen Umschlag hinterlegt sind, einem bestimmten Betrieb und einer bestimmten Gewerkschaft angehört[2].

cc) Zugangsrecht

68 Aus § 2 Abs. 2 BetrVG folgt ein **betriebsverfassungsrechtliches Zugangsrecht** der Gewerkschaften zum Betrieb. Dieses Zugangsrecht ist als Unterstützungsrecht zur Wahrnehmung der im BetrVG genannten Aufgaben und Befugnisse der im Betrieb vertretenen Gewerkschaften ausgestaltet, ein eigenständiges Zutrittsrecht läßt sich hieraus nicht ableiten[3]. Soweit also den Gewerkschaften im Rahmen des BetrVG Mitwirkungsrechte eingeräumt sind, besteht ergänzend ein Zutrittsrecht zum Betrieb, wenn dies zur Erfüllung der Aufgaben erforderlich ist.

69 **Beispiele** für Zutrittsrecht:

In Betracht kommt hier der Zutritt im Zusammenhang mit dem Antragsrecht der Gewerkschaft im Rahmen der Betriebsratswahl, bei Teilnahme an Betriebsratssitzungen sowie Sitzungen des Wirtschaftsausschusses, bei Teilnahme an Betriebs-/Abteilungsversammlungen sowie in all den Fällen, in denen der Betriebsrat die Unterstützung der Gewerkschaft im Rahmen der Wahrnehmung seiner betriebsverfassungsrechtlichen Aufgaben wünscht. So ist dem Beauftragten einer im Betrieb vertretenen Gewerkschaft Zutritt zum Betrieb zu gewähren, wenn er auf Ersuchen des Betriebsrates an einer Besichtigung des Arbeitsplatzes eines Angestellten durch den Betriebsrat zur Überprüfung der Eingruppierung teilnehmen soll[4].

70 **Hinweis:**
Nach Auffassung des Siebten Senats des BAG kann der Betriebsrat in seiner Geschäftsordnung regeln, daß den im Betriebsrat vertretenen Gewerkschaften ein generelles Teilnahmerecht an den Betriebsratssitzungen zusteht[5] mit der Folge eines entsprechenden Zutrittsrechts.

---

1 BAG v. 25. 3. 1992, AP Nr. 5 zu § 2 BetrVG 1972; *Richardi*, § 2 BetrVG Rz. 25.
2 BAG v. 25. 3. 1992, AP Nr. 5 zu § 2 BetrVG 1972, bestätigt durch BVerfG v. 21. 3. 1994, NJW 1994, 2347.
3 BAG v. 26. 6. 1973, BAGE 25, 242; MünchArbR/*von Hoyningen-Huene*, § 294 Rz. 14; *Richardi*, § 2 BetrVG Rz. 98 f.; weitergehend wohl: *Berg*, in Däubler/Kittner/Klebe, § 2 BetrVG Rz. 28.
4 BAG v. 17. 1. 1989, EzA Nr. 12 zu § 2 BetrVG 1972.
5 BAG v. 28. 2. 1990, BAGE 64, 229.

II. Beteiligte und Organe

Das Zugangsrecht besteht grundsätzlich **während der Arbeitszeit,** wobei die Gewerkschaft den Arbeitgeber rechtzeitig vor dem beabsichtigten Besuch zu unterrichten hat unter Mitteilung des Besuchszweckes, damit der Arbeitgeber überprüfen kann, ob ein Zugangsrecht besteht[1]. Das Zugangsrecht der Gewerkschaft besteht für den gesamten Betrieb, ist also nicht auf bestimmte Räumlichkeiten beschränkt. Der Arbeitgeber kann gem. § 2 Abs. 2 BetrVG den Zugang eines Gewerkschaftsbeauftragten zum Betrieb oder zu bestimmten Räumlichkeiten nur dann verweigern, wenn dem unumgängliche Notwendigkeiten des Betriebsablaufs, zwingende Sicherheitsvorschriften oder der Schutz von Betriebsgeheimnissen entgegenstehen. Auch die **Auswahl des zu entsendenden Beauftragten** liegt allein bei der Gewerkschaft. In Fällen des Rechtsmißbrauchs allerdings kann der Arbeitgeber den Zutritt eines bestimmten Gewerkschaftsvertreters verweigern[2].

71

Exkurs:

Ob neben dem betriebsverfassungsrechtlichen Zugangsrecht nach § 2 Abs. 2 BetrVG auch ein **koalitionsrechtliches Zutrittsrecht** aus Art. 9 Abs. 3 GG abgeleitet werden kann, ist streitig[3]. Für kirchliche Einrichtungen jedenfalls hat das BVerfG 1981 entschieden, daß kein für alle geltendes Gesetz iSd. Art. 137 Abs. 3 Weimarer Reichsverfassung existiere, das betriebsfremden Gewerkschaftsangehörigen ein Zutrittsrecht zu kirchlichen Einrichtungen einräumt. Insbesondere gewährleiste Art. 9 Abs. 3 GG kein allgemeines Zutrittsrecht für betriebsfremde Gewerkschaftsbeauftragte mit dem Ziel der Werbung, Informierung und Betreuung organisierter Belegschaftsmitglieder[4]. Im Anschluß an diese Entscheidung hat das BAG festgestellt, daß sich ein Zutrittsrecht für betriebsfremde Gewerkschaftsbeauftragte auch nicht aus dem Übereinkommen Nr. 135 der Internationalen Arbeitsorganisation v. 23. 6. 1991 ableiten lasse[5].

72

dd) Information und Werbung im Betrieb

Nach ständiger Rechtsprechung des BVerfG und des BAG schützt Art. 9 Abs. 3 GG die Koalitionsfreiheit und gewährleistet damit den Koalitionen ein Recht auf **koalitionsmäßige Betätigung.** Das Grundrecht schützt die Freiheit des einzelnen, eine derartige Koalition zu gründen, ihr beizutreten oder fernzubleiben. Darüber hinaus schützt es die Koalition in ihrem Bestand und ihrer organisatorischen Ausgestaltung sowie solche Betätigungen, die darauf ausgerichtet sind, die Arbeits- und Wirtschaftsbedingungen zu wahren und zu fördern. Zu der der Koalition verfassungsrechtlich gewährleisteten Betätigung gehört in diesem Zusammenhang auch die **Werbung neuer Mitglieder,** die ohne entsprechende Information und Selbstdarstellung seitens der Gewerkschaft nur schwer verwirklicht werden kann. Insoweit sind auch die Mitglieder geschützt, die aktiv

73

---

1 GK-BetrVG/*Kraft,* § 2 Rz. 64; *Fitting/Kaiser/Heither/Engels,* § 2 BetrVG Rz. 46; *Richardi,* § 2 BetrVG Rz. 122; MünchArbR/*von Hoyningen-Huene,* § 294 Rz. 16.
2 MünchArbR/*von Hoyningen-Huene,* § 294 Rz. 18; *Fitting/Kaiser/Heither/Engels,* § 2 BetrVG Rz. 50.
3 Vgl. zu den Einzelheiten: MünchArbR/*von Hoyningen-Huene,* § 294 Rz. 19 ff.; *Berg,* in Däubler/Kittner/Klebe, § 3 BetrVG Rz. 45 ff. mwN.
4 BVerfG vom 17. 2.1981, BVerfGE 57, 220.
5 BAG v. 19. 1. 1982, AP Nr. 10 zu Art. 140 GG.

an der koalitionsmäßigen Gewerkschaftswerbung teilnehmen[1]. Das BAG hatte die sogenannte Kernbereichsformel des Bundesverfassungsgerichts dahin verstanden, daß die koalitionsmäßige Betätigung im Rahmen des Art. 9 Abs. 3 GG nur in einem Kernbereich geschützt sei, dh. nur insoweit, als diese Betätigung für die Erhaltung und Sicherung der Existenz der Koalition als unerläßlich betrachtet werden muß. Ausgehend hiervon bestätigte es die Befugnis des Arbeitgebers, seinen Arbeitnehmern zu untersagen, **gewerkschaftliche Werbe- und Informationsschriften** über ein hausinternes Postverteilungssystem, das für dienstliche Zwecke eingerichtet wurde, an andere Mitarbeiter zu verteilen[2]. Im Jahr 1991 bestätigte das BAG die Rechtswirksamkeit einer einem Betriebsratsvorsitzenden erteilten Abmahnung wegen Gewerkschaftswerbung während der Arbeitszeit[3]. Dieses Urteil verletzt nach Auffassung des BVerfG den betroffenen Arbeitnehmer in seiner Koalitionsfreiheit aus Art. 9 Abs. 3 GG. Der Erste Senat des BVerfG hat nunmehr klargestellt, daß seine Kernbereichsformel mißverstanden werde, wenn man daraus ableite, daß gewerkschaftliche Betätigungen nur insoweit verfassungskräftig verbürgt seien, als diese für die Erhaltung und die Sicherung der Koalition als unerläßlich betrachtet werden. Ausgangspunkt der Kernbereichsformel sei vielmehr die Überzeugung, daß das Grundgesetz die Betätigungsfreiheit der Koalitionen nicht schrankenlos gewährleiste, sondern eine Ausgestaltung durch den Gesetzgeber zulasse. Diese Formel umschreibe die Grenze, die dabei zu beachten sei. Dies bedeute aber nicht, daß die gewerkschaftliche Mitgliederwerbung nur in dem Maße grundsätzlich geschützt sei, indem sie für die Erhaltung und die Sicherung des Bestandes unerläßlich sei. Vielmehr erstrecke sich der Grundrechtsschutz auf alle Verhaltensweisen die koalitionsspezifisch sind[4].

74 Solange die Informations- und Werbungsmaßnahmen nicht zu einer **Störung des Betriebsfriedens oder des Betriebsablaufes** führen und nicht auf Eigentum, Betriebsmittel wie organisatorische oder personelle Mittel des Arbeitgebers zugreifen, sind sowohl die **Plakatwerbung** als auch das Verteilen einer **Gewerkschaftszeitung,** das Verteilen von **Flugblättern** und sonstigem Informationsmaterial zulässig[5].

ee) Allgemeine betriebsverfassungsrechtliche Mitwirkungsrechte

75 Außer den allgemeinen Koalitionsaufgaben sowie der durch das Kooperationsgebot des § 2 Abs. 1 BetrVG gewährleisteten Zusammenarbeit sind den Gewerkschaften im Rahmen des BetrVG spezielle Mitwirkungsrechte eingeräumt. Dies reicht über die **Antragsrechte** im Zusammenhang mit Betriebsratswahlen und das **Kontrollrecht** der Gewerkschaft im Rahmen des § 23 BetrVG sowohl gegen-

---

[1] BAG v. 23. 9. 1986, BAGE 53, 89; BVerfG v. 26. 5. 1970, BVerfGE 28, 295; MünchArbR/*von Hoyningen-Huene*, § 254 Rz. 25 f. mwN.
[2] BAG v. 23. 9. 1986, NZA 1987, 164; noch weiter gehend: BAG v. 26. 1. 1982, BAGE 41, 1.
[3] BAG v. 13. 11. 1991, AP Nr. 7 zu § 611 BGB – Abmahnung.
[4] BVerfG v. 14. 11. 1995, EzA Nr. 60 zu Art. 9 GG.
[5] MünchArbR/*von Hoyningen-Huene*, § 294 Rz. 26 f. mwN.

II. Beteiligte und Organe

über dem Betriebsrat als auch gegenüber dem Arbeitgeber bis hin zu **Teilnahmerechten** an Sitzungen des Betriebsrates (§ 31 BetrVG) sowie an Sitzungen des Wirtschaftsausschusses[1]. Ein besonderes **Vermittlungsrecht** ist in § 35 BetrVG für den Fall interner Unstimmigkeiten bei Aussetzung von Beschlüssen des Betriebsrates geregelt. § 119 Abs. 2 BetrVG gesteht den Gewerkschaften ein **Strafantragsrecht** zu wegen Straftaten gegen Betriebsverfassungsorgane.

Eine allgemeine Befugnis zur **Rechtskontrolle** kommt den Gewerkschaften nicht zu. Das bedeutet insbesondere, daß sie nicht generell Betriebsvereinbarungen oder Einigungsstellenbeschlüsse auf ihre rechtliche Zulässigkeit überprüfen lassen können mit der Begründung, die entsprechende Regelung verstoße gegen den Tarifvertrag[2]. Wenn eine Betriebsvereinbarung allerdings nach § 77 Abs. 3 BetrVG nicht hätte abgeschlossen werden dürfen, kann der Gewerkschaft, wenn hierin ein grober Verstoß gegen die betriebsverfassungsrechtliche Ordnung zu sehen ist, ein Anspruch gem. § 23 BetrVG gegen die Betriebsparteien zustehen[3]. Das BVerfG hat in diesem Zusammenhang bestätigt, daß auch Art. 9 Abs. 3 GG nicht gebiete, eine bestimmte Verfahrensart zum Schutz gegen eine (von den Gewerkschaften geltend gemachte) Aushöhlung durch nicht tarifkonforme Betriebsvereinbarungen zu gewährleisten[4].

2. Betriebsrat

a) Betriebsratswahl

Nach § 1 BetrVG können Betriebsräte in allen Betrieben gewählt werden, in denen mindestens **fünf Arbeitnehmer** beschäftigt werden, von denen **drei wählbar** sind. Eine Verpflichtung zur **Wahl des Betriebsrates** besteht nicht. Es hängt ausschließlich von den Arbeitnehmern des jeweiligen Betriebes ab, ob ein Betriebsrat installiert wird oder nicht.

aa) Wahlberechtigung

Wahlberechtigt (§ 7 BetrVG) sind alle Arbeitnehmer des Betriebes, die am Wahltag **18 Jahre alt** sind, ohne Rücksicht auf die Dauer der Betriebszugehörigkeit. Zum Kreis der wahlberechtigten Arbeitnehmer gehören auch **ausländische Arbeitnehmer, Teilzeitbeschäftigte** und **Heimarbeiter,** die in der Hauptsache für den Betrieb arbeiten (§ 6 Abs. 1 Satz 2 BetrVG) sowie **Auszubildende** (§ 5 Abs. 1 BetrVG, vgl. insoweit die Ausführungen oben Rz. 54 f.).

Sogenannte **Helfer im freiwilligen sozialen Jahr** sind weder Arbeitnehmer noch zu ihrer Berufsausbildung Beschäftigte iSd. § 5 Abs. 1 BetrVG und deshalb nicht wahlberechtigt[5]. **Zusteller** einer Tageszeitung sind hingegen idR wahlbe-

---

1 BAG v. 25. 6. 1987, AP Nr. 6 zu § 108 BetrVG 1972.
2 BAG v. 23. 2. 1988, AP Nr. 9 zu § 81 ArbGG 1979; BAG v. 18. 8. 1987, AP Nr. 6 zu § 81 ArbGG 1979.
3 BAG v. 20. 8. 1991, NZA 1992, 317.
4 BVerfG vom 29. 6. 1993, EzA Nr. 41a zu § 77 BetrVG 1972.
5 BAG v. 12. 2. 1992, AP Nr. 52 zu § 5 BetrVG 1972.

rechtigte Arbeitnehmer. Ihr Wahlrecht ist nicht durch die Teilzeittätigkeit außerhalb der Räume des Betriebes eingeschränkt[1]. **Echte Leiharbeiter** iSd. AÜG sind bei der Betriebsratswahl im Entleiherbetrieb gem. Art. 1 § 14 Abs. 2 Satz 1 AÜG nicht wahlberechtigt.

80 Ein Arbeitnehmer, der sich **nach Ablauf der Kündigungsfrist** seiner ordentlichen Kündigung als Kandidat zur Betriebsratswahl aufstellen läßt und der während seines laufenden Kündigungsschutzverfahrens an der Betriebsratswahl teilnimmt, ist nicht wahlberechtigt. Anders ist es im Fall der Weiterbeschäftigung des Arbeitnehmers nach § 102 Abs. 5 BetrVG aufgrund Widerspruchs des Betriebsrates oder aufgrund des vom Großen Senat des BAG entwickelten allgemeinen Anspruchs auf Weiterbeschäftigung[2].

81 Das LAG Berlin hat in einer jüngeren Entscheidung auf die Anfechtungsklage eines Arbeitgebers entschieden, daß ein Arbeitnehmer bei **fristgerechter Kündigung** nach Ablauf der Kündigungsfrist auch dann sein aktives Wahlrecht zum Betriebsrat verliere, wenn er die Kündigung gerichtlich angegriffen und seine Klage später Erfolg habe. Etwas anderes gelte nur dann, wenn er bis zur rechtskräftigen Entscheidung über die Kündigungsschutzklage tatsächlich weiterbeschäftigt worden sei[3].

bb) Wählbarkeit

82 Wählbar (§ 8 BetrVG) sind alle wahlberechtigten Arbeitnehmer, die **dem Betrieb sechs Monate angehören** oder in dieser Zeit einem Betrieb des Unternehmens oder Konzerns angehört haben. Wählbar ist ein wahlberechtigter Arbeitnehmer dann, wenn er am Wahltag mindestens **18 Jahre alt** ist. Erstreckt sich die Stimmabgabe über mehrere Tage, so muß der Wahlbewerber spätestens am letzten Tag der Stimmabgabe das 18. Lebensjahr vollenden. Ebenso muß der Arbeitnehmer am Wahltag – wenn an mehreren Tagen gewählt wird, am letzten Wahltag – die **sechsmonatige Betriebszugehörigkeit** erreicht haben. Eine Unterbrechung des rechtlichen Bestandes des Arbeitsverhältnisses führt nach herrschender Meinung dazu, daß die Sechs-Monats-Frist erneut zu laufen beginnt[4].

83 **Echte Leiharbeitnehmer** sind bei der Betriebsratswahl im Entleiherbetrieb gem. § 14 Abs. 2 Satz 1 AÜG nicht wählbar. Ein **gekündigter Arbeitnehmer** bleibt wählbar, wenn seiner vor der Wahl erhobenen Kündigungsschutzklage nach Durchführung der Betriebsratswahl stattgegeben wird[5]. Auch wenn er selbst

---

1 BAG v. 29. 1. 1992, AP Nr. 1 zu § 7 BetrVG 1972.
2 *Fitting/Kaiser/Heither/Engels*, § 7 BetrVG Rz. 15; *Schneider*, in Däubler/Kittner/Klebe, § 7 BetrVG Rz. 13; wohl nur für die Weiterbeschäftigung im Rahmen des § 102 Abs. 5 BetrVG: *Richardi*, § 7 BetrVG Rz. 35; nur für den Fall der tatsächlichen Weiterbeschäftigung: GK-BetrVG/*Kreutz*, § 7 Rz. 31; *Schlochauer*, in Hess/Schlochauer/Glaubitz, § 7 BetrVG Rz. 30.
3 LAG Berlin v. 2. 5. 1994, DB 1994, 2556.
4 *Fitting/Kaiser/Heither/Engels*, § 8 BetrVG Rz. 15; *Schneider*, in Däubler/Kittner/Klebe, § 8 BetrVG Rz. 15; *Richardi*, § 8 BetrVG Rz. 23; aA: GK-BetrVG/*Kreutz*, § 8 Rz. 35, wonach in allen Fällen der Unterbrechung eine bloße Hemmung des Laufs der Sechs-Monats-Frist anzunehmen sein soll.
5 BAG v. 14. 5. 1997, BB 1997, 2116.

II. Beteiligte und Organe

nicht aktiv wahlberechtigt ist, ist er nach ganz herrschender Auffassung gleichwohl wählbar[1]. Dadurch wird ausgeschlossen, daß der Arbeitgeber durch Kündigung einen unliebsamen Arbeitnehmer an der Kandidatur hindert. Außerdem kann im Gegensatz zur Wahlberechtigung, die am Wahltag zweifelsfrei feststehen muß, die Wirksamkeit der Wahl eines Betriebsratsmitgliedes zunächst in der Schwebe bleiben.

> **Hinweis:** 84
> Die herrschende Meinung beurteilt die Wählbarkeit entgegen des ausdrücklichen Wortlauts (Wahlberechtigte) in § 8 BetrVG.

cc) Wahlzeitraum und Amtszeit

Die Wahl findet **alle vier Jahre in der Zeit vom 1. 3. bis 31. 5.**, beginnend mit dem Jahr 1990, statt (§ 13 Abs. 1 BetrVG). Die Betriebsratswahlen sind zeitgleich mit den regelmäßigen Wahlen nach § 5 Abs. 2 des Sprecherausschußgesetzes einzuleiten. Außerhalb dieser Wahlzeit kann nur in besonderen Fällen, die im einzelnen in § 13 Abs. 2 BetrVG geregelt sind, gewählt werden. In diesen Fällen kann die Amtszeit nach § 13 Abs. 3 BetrVG verlängert oder verkürzt werden. 85

Die **Amtszeit** (§ 21 BetrVG) beträgt **vier Jahre**. Sie beginnt mit Bekanntgabe der Wahlergebnisse oder, wenn zu diesem Zeitpunkt noch ein Betriebsrat besteht, mit Ablauf von dessen Amtszeit. Sie endet spätestens am 31. 5. des Jahres der regelmäßigen Betriebsratswahlen. Ausnahmen sind in § 21 Satz 4 und 5 BetrVG geregelt. Während der Wahl führt der Betriebsrat die Geschäfte weiter (§§ 22, 13 BetrVG), nicht aber in den Fällen des § 13 Abs. 2 Nr. 4 bis 6 BetrVG. 86

dd) Durchführung der Wahl

(1) Wahlvorstand

Die Vorbereitung und Durchführung der Wahl obliegt dem Wahlvorstand. Dieser besteht aus **mindestens drei wahlberechtigten Arbeitnehmern**. Die Zahl der Mitglieder des Wahlvorstandes kann erhöht werden, wenn dies zur ordnungsgemäßen Durchführung der Wahl erforderlich ist, die Mitgliederzahl muß aber stets ungerade sein. Angestellte und gewerbliche Arbeitnehmer sind entsprechend ihrer Gruppenstärke vertreten. 87

In Betrieben mit Betriebsrat bestellt der Betriebsrat spätestens 10 Wochen vor Ablauf seiner Amtszeit den Wahlvorstand (§ 16 Abs. 1 BetrVG) oder die **Bestellung** erfolgt durch das Arbeitsgericht (§ 16 Abs. 2 BetrVG). Jede im Betrieb vertretene Gewerkschaft kann zusätzlich einen dem Betrieb angehörigen Beauftragten als nicht stimmberechtigtes Mitglied in den Wahlvorstand entsenden, sofern ihr ein stimmberechtigtes Wahlvorstandsmitglied angehört (§ 16 Abs. 1 Satz 6 BetrVG). 88

---

1 So schon LAG Hamm v. 25. 8. 1961, DB 1961, 1327; *Fitting/Kaiser/Heither/Engels*, § 8 BetrVG Rz. 8; *Schneider*, in Däubler/Kittner/Klebe, § 8 BetrVG Rz. 25; *Richardi*, § 8 BetrVG Rz. 12; aA: GK-BetrVG/*Kreutz*, § 8 Rz. 18.

89 In Betrieben ohne Betriebsrat wählt die **Betriebsversammlung** (§ 17 BetrVG) den Wahlvorstand. Wenn trotz Einladung keine Betriebsversammlung stattfindet oder wenn die Betriebsversammlung keinen Wahlvorstand wählt, bestellt das Arbeitsgericht auf Antrag von mindestens drei wahlberechtigten Arbeitnehmern oder einer im Betrieb vertretenen Gewerkschaft gem. § 17 Abs. 3 BetrVG einen Wahlvorstand für die Wahl des Betriebsrats.

90 Eine solche **gerichtliche Bestellung** für die erstmalige Wahl eines Betriebsrates setzt aber voraus, daß zuvor eine ordnungsgemäße Einladung zu einer Betriebsversammlung nach § 17 Abs. 2 BetrVG erfolgt ist. Von dieser Voraussetzung kann auch dann nicht abgesehen werden, wenn der Arbeitgeber sich weigert, eine ihm obliegende zur Bewirkung der Einladung notwendige Mitwirkungshandlung vorzunehmen. Nach zutreffender Auffassung des BAG ist die gerichtliche Bestellung des Wahlvorstands ein Notbehelf, auf den nur zurückgegriffen werden soll, wenn die Initiatoren einer Betriebsratswahl allen Arbeitnehmern wenigstens die Chance eingeräumt haben, einen demokratisch-legitimierten Wahlvorstand zu wählen. Aus diesem Grund müssen die Initiatoren einer Betriebsratswahl notfalls gem. § 17 Abs. 2 BetrVG die Hilfe der Arbeitsgerichte in Anspruch nehmen, wenn ein Arbeitgeber den ihn im Zusammenhang mit der Vorbereitung einer ordnungsgemäßen Einladung zur Betriebsversammlung treffenden Pflichten nicht nachkommt. Ob die Bestellung eines Wahlvorstands zum Zwecke der erstmaligen Wahl eines Betriebsrats durch das Arbeitsgericht auch ohne (ordnungsgemäße) Einladung durch die Initiatoren möglich ist, wenn der Arbeitgeber einem zuvor gegen ihn erwirkten rechtskräftigen gerichtlichen Titel auch im Wege der Zwangsvollstreckung nicht Folge leistet, ist vom BAG zunächst offengelassen worden[1].

91 Für die Bestellung des Wahlvorstandes selbst sind in § 17 BetrVG keine Vorgaben enthalten. Die wesentlichen **Grundzüge des Wahlrechts** aber müssen eingehalten werden. So ist zumindest eine formlose Abstimmung notwendig, wenn mehr Kandidaten vorgeschlagen werden, als zur Besetzung des Wahlvorstands erforderlich sind. Eine ohne Abstimmung vorgenommene Bestellung des Wahlvorstandes ist nichtig[2]. Die Beteiligung der Gruppe der Arbeiter und der Gruppe der Angestellten gem. § 16 Abs. 1 Satz 5 BetrVG ist nicht nur bei der Bestellung des Wahlvorstandes, sondern auch während der Durchführung des Wahlverfahrens zu gewährleisten. Diese Regelung stellte eine wesentliche Vorschrift über das Wahlverfahren iSd. § 19 Abs. 1 BetrVG dar. Ein Verstoß läßt nicht ohne weiteres den Schluß zu, daß hierdurch das Wahlergebnis nicht geändert oder beeinflußt werden konnte[3].

(2) Wahlverfahren

92 Das Wahlverfahren selbst wird in den **§§ 14 bis 20 BetrVG** und in der Ersten Verordnung zur Durchführung des Betriebsverfassungsgesetzes (**Wahlordnung**

---

1 BAG v. 26. 2. 1992, DB 1992, 2147.
2 ArbG Bielefeld v. 20. 5. 1987, NZA 1987, 680.
3 BAG v. 14. 9. 1988, DB 1989, 50.

II. Beteiligte und Organe

1972) vom 16. 1. 1972 geregelt. Der Wahlvorstand hat nach seiner Bestellung unverzüglich, dh. ohne schuldhaftes Zögern (§ 121 BGB), die Betriebsratswahl einzuleiten, sie durchzuführen und das Wahlergebnis festzustellen (§ 18 Abs. 1 Satz 1 BetrVG). Spätestens sechs Wochen vor dem ersten Tag der Stimmabgabe muß das **Wahlausschreiben,** unterzeichnet vom Vorsitzenden und mindestens einem weiteren stimmberechtigten Mitglied des Wahlvorstandes erlassen sein. Mit Erlaß des Wahlausschreibens ist die Betriebsratswahl eingeleitet (§ 3 WO). Gleichzeitig mit dem Erlaß des Wahlausschreibens muß der Wahlvorstand die **Wählerliste** bis zum Abschluß der Stimmabgabe an geeigneter Stelle im Betrieb zur Einsichtnahme auslegen. Der auszulegende Abdruck der Wählerliste soll die Geburtsdaten der Wahlberechtigten nicht enthalten. Während zwei Wochen nach Erlaß des Wahlausschreibens kann beim Wahlvorstand gegen unrichtige Eintragungen in der Wählerliste Einspruch eingelegt werden. Auch nach Ablauf der **Einspruchsfrist** aber muß der Wahlvorstand die Wählerliste nochmals auf ihre Vollständigkeit hin überprüfen. Treten neue Arbeitnehmer in den Betrieb ein oder scheiden Arbeitnehmer aus dem Betrieb aus, muß die Wählerliste auch noch nach Ablauf der Einspruchsfrist bis zum Tag vor Beginn der Stimmabgabe berichtigt werden. Im übrigen kann die Wählerliste nach Ablauf der Einspruchsfrist nur noch bei Schreibfehlern, offenbaren Unrichtigkeiten oder in Erledigung rechtzeitig eingelegter Einsprüche bis zum Tag vor dem Beginn der Stimmabgabe berichtigt oder ergänzt werden. Ebenfalls zeitgleich mit dem Erlaß des Wahlausschreibens muß auch ein Abdruck der Wahlordnung an geeigneter Stelle im Betrieb bis zum Abschluß der Stimmabgabe zur Einsichtnahme auslegen.

Die Wahl ist **geheim** und **unmittelbar** (§ 14 Abs. 1 BetrVG, § 12 WO). Sie findet nach dem **Gruppenwahlprinzip** statt, dh. Arbeiter und Angestellte wählen ihre Vertreter in getrennten Wahlgängen (§ 14 Abs. 2 BetrVG). Eine **gemeinsame Wahl** von Arbeitern und Angestellten gibt es nur, wenn sich die wahlberechtigten Angehörigen beider Gruppen in ihrem Betrieb zu einer Gemeinschaftswahl entschließen (§ 14 Abs. 2 2. Halbs. BetrVG). 93

Zur Wahl des Betriebsrats können die wahlberechtigten Arbeitnehmer und die im Betrieb vertretenen Gewerkschaften **Wahlvorschläge** unterbreiten (§ 14 Abs. 5 BetrVG). Jeder Wahlvorschlag der Arbeitnehmer muß von $^1/_{20}$ der wahlberechtigten Gruppenangehörigen unterzeichnet sein. Bei bis zu 20 Arbeitnehmern genügt die Unterzeichnung durch zwei Wahlberechtigte, bei bis zu 20 wahlberechtigten Gruppenangehörigen genügt die Unterschrift von zwei wahlberechtigten Gruppenangehörigen. Der Wahlvorstand muß prüfen, ob die eingereichten Vorschlagslisten die erforderliche Zahl der Unterschriften aufweisen. Da jeder Wahlberechtigte nur einen Wahlvorschlag unterstützen kann, muß der Wahlvorstand insbesondere prüfen, ob ein Wahlberechtigter mehrere Vorschlagslisten unterzeichnet hat. Bei Feststellung einer **Mehrfachzeichnung** muß der Wahlvorstand den Wahlberechtigten auffordern, binnen einer angemessenen Frist, spätestens aber vor Ablauf von drei Arbeitstagen zu erklären, welche Unterschrift er aufrechterhalten will. Gibt der Wahlberechtigte innerhalb der gesetzten Frist hierzu keine Erklärung ab, wird sein Name nur auf der zuerst 94 eingereichten Vorschlagsliste gezählt und auf den übrigen Listen gestrichen. Sind mehrere Listen gleichzeitig eingereicht worden, ist durch Los zu entscheiden. Der Wahlvorstand muß die eingereichten Vorschlagslisten, wenn sie nicht mit einem Kennwort versehen sind, mit Familienname und Vorname der beiden in der Liste an erster Stelle benannten Bewerber bezeichnen. Er hat die Vorschlagsliste dann unverzüglich, möglichst binnen einer Frist von zwei Arbeitstagen nach ihrem Eingang auf ihre Ungültigkeit oder Beanstandung zu prüfen und die Listenvertreter unverzüglich schriftlich unter Angabe der Gründe über eine eventuelle Ungültigkeit oder über festgestellte Beanstandungen zu unterrichten.

95 **Übersicht:**

Nach § 8 Abs. 1 Wahlordnung sind **Vorschlagslisten ungültig,**

▶ die nicht fristgerecht eingereicht worden sind,

▶ auf denen die Bewerber nicht in erkennbarer Reihenfolge aufgeführt sind,

▶ die bei der Einreichung nicht die erforderliche Zahl von Unterschriften aufweisen. Die Rücknahme von Unterschriften auf einer eingereichten Vorschlagsliste dagegen beeinträchtigt deren Gültigkeit nicht.

96 Die nachfolgend aufgeführten Mängel führen zur **Ungültigkeit** der Vorschlagsliste, wenn sie trotz Beanstandung durch den Wahlvorstand **nicht binnen einer Frist von drei Arbeitstagen beseitigt** werden:

▶ wenn die Bewerber auf der Vorschlagsliste nicht in erkennbarer Reihenfolge unter fortlaufender Nummer und unter Angabe von Familienname, Vorname, Geburtsdatum, Art der Beschäftigung im Betrieb und Arbeitnehmergruppe aufgeführt sind;

▶ wenn die schriftliche Zustimmung der Bewerber zur Aufnahme in die Vorschlagsliste nicht vorliegt;

▶ wenn die Vorschlagsliste infolge von Streichungen gem. § 6 Abs. 6 WO (Doppelzeichnung) nicht mehr die erforderliche Zahl von Unterschriften aufweist.

(3) Wahlarten

97 Kandidieren sämtliche Kandidaten auf einer einzigen gemeinsamen Vorschlagsliste, findet eine Wahl nach den Grundsätzen der **Mehrheitswahl** (Persönlichkeitswahl) statt (§ 14 Abs. 3 BetrVG). Hier kann der Wähler auf seinem Stimmzettel bei der Wahl so viele Kandidaten ankreuzen, wie Betriebsratsmitglieder zu wählen sind. Es werden in diesem Fall also keine Listen, sondern Bewerber gewählt, die auf der Vorschlagsliste namentlich aufgeführt sind. Die von dem einzelnen Kandidaten errungene Gesamtstimmenzahl entscheidet alsdann über seinen Betriebsratssitz.

98 Werden dagegen konkurrierende Listen aufgestellt und zugelassen, so findet eine **Verhältniswahl** (Listenwahl) statt. In diesem Fall hat der Wähler nur eine Stimme, die er der von ihm bevorzugten Liste – nicht den einzelnen Kandidaten – gibt

(§ 11 Abs. 1 WO). Die Aufteilung einzelner Mandatssitze im Betriebsrat erfolgt sodann nach dem bekannten d'Hondtschen Verfahren (§§ 15, 16 WO).

(4) Kosten der Wahl

Gemäß § 20 Abs. 3 BetrVG trägt der Arbeitgeber die **Kosten der Betriebsratswahl**, soweit diese zur ordnungsgemäßen Durchführung der Wahl erforderlich sind. Der Wahlvorstand hat ebenso wie der Betriebsrat bei den Tatbeständen der §§ 40, 37 Abs. 2, Abs. 6 BetrVG einen Beurteilungsspielraum zur Ausfüllung des unbestimmten Rechtsbegriffs der **Erforderlichkeit**[1]. 99

Zu den vom Arbeitgeber nach § 20 Abs. 3 Satz 1 BetrVG zu tragenden Kosten der Betriebsratswahl gehören auch die erforderlichen Kosten eines arbeitsgerichtlichen **Beschlußverfahrens** zwischen Arbeitgeber und Wahlvorstand über das Vorliegen eines einheitlichen Betriebes[2]. Für erforderliche Wahlvorstandstätigkeit, die aus betrieblichen Gründen außerhalb der Arbeitszeit zu leisten war, haben Wahlvorstandsmitglieder Anspruch auf **Freizeitausgleich** in entsprechender Anwendung des § 37 Abs. 3 BetrVG[3]. Für die Zeit der Tätigkeit im Wahlvorstand und der Ausübung des Wahlrechtes muß der Arbeitgeber den Arbeitnehmern das Arbeitsentgelt fortzahlen. 100

b) Rechtsschutz bei Betriebsratswahlen

aa) Rechtsschutz im Vorfeld der Betriebsratswahl

Die **Bestellung** des **Wahlvorstandes durch** das **Arbeitsgericht** erfolgt, wenn acht Wochen vor Ablauf der Amtszeit des Betriebsrats kein Wahlvorstand besteht. Antragsberechtigt sind drei wahlberechtigte Arbeitnehmer oder eine im Betrieb vertretene Gewerkschaft (§ 16 Abs. 2 BetrVG). Der Wahlvorstand wird auch dann durch das Arbeitsgericht bestellt, wenn trotz Einladung keine Betriebsversammlung stattfindet oder dort kein Wahlvorstand gewählt wird. Antragsberechtigt sind gem. § 17 Abs. 3 BetrVG drei wahlberechtigte Arbeitnehmer oder eine im Betrieb vertretene Gewerkschaft. Leitet der Wahlvorstand die Wahl nicht unverzüglich ein, führt sie nicht durch oder stellt das Wahlergebnis nicht fest, dann ersetzt das Arbeitsgericht den Wahlvorstand (Antragsberechtigung gem. § 18 Abs. 1 BetrVG). 101

Wenn zweifelhaft ist, ob ein **Nebenbetrieb** oder ein **Betriebsteil** selbständig oder dem Hauptbetrieb zuzuordnen ist, kann das Arbeitsgericht zur Entscheidung angerufen werden. Antragsberechtigt sind der Arbeitgeber, jeder beteiligte Betriebsrat, jeder beteiligte Wahlvorstand oder eine im Betrieb vertretene Gewerkschaft (§ 18 Abs. 2 BetrVG). Nach § 18 Abs. 2 BetrVG analog kann der Arbeitgeber feststellen lassen, ob durch die räumliche Zusammenlegung zweier selbständiger Betriebe ein **einheitlicher Betrieb** iSd. BetrVG entstanden ist. In 102

---

1 BAG v. 3. 12. 1987, NZA 1988, 440.
2 BAG v. 8. 4. 1992, AP Nr. 15 zu § 20 BetrVG 1972.
3 BAG v. 26. 4. 1995, AP Nr. 17 zu § 20 BetrVG 1972.

einem solchen Verfahren sind die im Betrieb vertretenen Gewerkschaften nicht beteiligungsbefugt[1].

103 Nach § 18a BetrVG haben sich die Wahlvorstände bei **gleichzeitiger Wahl von Sprecherausschuß und Betriebsrat** unverzüglich nach Aufstellung der Wählerlisten, spätestens aber zwei Wochen vor Einleitung der Wahlen gegenseitig darüber zu unterrichten, welche Angestellten sie den leitenden Angestellten zugeordnet haben. Kommt eine Einigung beider Wahlvorstände nicht zustande, hat ein Vermittler spätestens eine Woche vor Einleitung der Wahlen erneut eine Verständigung über die Zuordnung zu versuchen. Bleibt der Verständigungsversuch erfolglos, entscheidet der Vermittler nach Beratung mit dem Arbeitgeber. Auf die Person des Vermittlers müssen sich die Wahlvorstände einigen, wobei nur ein Beschäftigter des Betriebes oder eines anderen Betriebes des Unternehmens oder Konzerns oder der Arbeitgeber bestellt werden kann. Bei Nichteinigung entscheidet das Los (§ 18a Abs. 3 BetrVG).

bb) Rechtsschutz während der Wahl

104 Außergerichtlich kann gegen die **Wählerliste** gem. § 4 WO vor Ablauf von zwei Wochen seit Erlaß des Wahlausschreibens **Einspruch** erhoben werden. Einspruchsberechtigt sind **nur** Arbeitnehmer und derjenige, der sich zu Recht oder zu Unrecht für einen leitenden Angestellten iSd. § 5 Abs. 3 BetrVG hält.

105 Sämtliche Streitigkeiten aus Wahlvorschriften können unabhängig von der Wahlanfechtung schon während des Wahlverfahrens gerichtlich ausgetragen werden. Bereits vor Abschluß der Betriebsratswahl können also **Entscheidungen** und **Maßnahmen des Wahlvorstands** selbständig angefochten werden. Antragsberechtigt ist jeder, der durch die Einzelmaßnahme des Wahlvorstands in seinem aktiven oder passiven Wahlrecht betroffen wird[2]. Das Arbeitsgericht entscheidet im Beschlußverfahren (§§ 2a, 80 ff. ArbGG).

106 Rechtsschutz kann auch durch den Erlaß einer **einstweiligen Verfügung** gewährt werden (§ 85 Abs. 2 ArbGG). Durch einstweilige Verfügung darf aber „im allgemeinen" die Durchführung der Wahl nicht bis zur endgültigen Klärung der Streitfrage untersagt werden. Eine solche Entscheidung liefe auf eine vorläufige Suspendierung des BetrVG im betroffenen Unternehmen hinaus und kann daher nur in entsprechend schwerwiegenden Fällen getroffen werden. Das **Verbot der Durchführung einer Betriebsratswahl** im Wege der einstweiligen Verfügung setzt daher voraus, daß nach den glaubhaft gemachten oder sonst feststellbaren Umständen die betreffende Wahl mit Sicherheit nichtig wäre[3]. Abweichend hiervon wird von einzelnen Instanzgerichten eine Grundlage für eine derartige einstweilige Verfügung auch dann bejaht, wenn die Weiterführung der

---

1 BAG v. 25. 9. 1986, BB 1987, 1668.
2 BAG v. 15. 12. 1972, AP Nr. 1 zu § 14 BetrVG 1972.
3 LAG Baden-Württemberg v. 13. 4. 1994, DB 1994, 1091; LAG Frankfurt v. 16. 7. 1992, NZA 1993, 1008; LAG Frankfurt v. 5. 6. 1992, NZA 1993, 192; LAG Köln v. 27. 12. 1989, DB 1990, 539; LAG München v. 3. 8. 1988, BB 1989, 147; ArbG Elmshorn v. 25. 3. 1994, AiB 1994, 635.

II. Beteiligte und Organe

Wahl mit Sicherheit eine erfolgreiche Anfechtung zur Folge hätte[1]. Umstritten ist auch die Frage, inwieweit im Wege der einstweiligen Verfügung in das Wahlverfahren berichtigend eingegriffen und dem Wahlvorstand bestimmte einzelne Maßnahmen aufgegeben oder untersagt werden können, um ggf. Wahlfehler während des laufenden Wahlverfahrens zu korrigieren. Nach Auffassung des Landesarbeitsgerichts Bremen sollen **gerichtliche Eingriffe in laufende Betriebsratswahlen** als das „mildere Mittel" gegenüber dem Aufschub der Wahl oder deren Nichtigkeit grundsätzlich zulässig sein. Dem Wahlvorstand selbst sei allerdings nur in Ausnahmefällen eine eigene Kompetenz zuzugestehen, eine eingeleitete Wahl abzubrechen und eine „Neuwahl" einzuleiten. Dabei dürfe das Wahlverfahren nur wegen irreparabler Rechtsfehler abgebrochen werden. Hier müsse nach Rechtmäßigkeitskriterien vorgegangen werden, die auch ein Arbeitsgericht zugrunde lege. Bricht ein Wahlvorstand die Wahl ab, obwohl der festgestellte Rechtsmangel bei Weiterführung der Wahl nicht mit Sicherheit zu einer erfolgreichen Anfechtung oder zur Nichtigkeit der Wahl geführt hätte, soll ein solches Handeln als Wahlbehinderung iSd. § 20 Abs. 1 BetrVG zu qualifizieren sein[2]. Sowohl nach Auffassung des LAG München als auch des LAG Frankfurt aM kann dem Wahlvorstand nicht im Wege einer einstweiligen Verfügung aufgegeben werden, das Wahlausschreiben hinsichtlich der Zahl der zu wählenden Betriebsratsmitglieder zu berichtigen bzw. ein neues, geändertes Wahlausschreiben zu erlassen[3].

cc) Die nichtige Betriebsratswahl

Eine Betriebsratswahl ist nur in eng begrenzten Ausnahmefällen nichtig. Dann aber tritt die **Nichtigkeit** ohne weiteres **von Anfang an** von Gesetzes wegen ein und ist jederzeit zu beachten. Einer gerichtlichen Entscheidung über die Nichtigkeit einer Wahl kommt die feststellende Wirkung zu, daß die Wahl von Anfang an nichtig war[4]. Die Nichtigkeit einer Betriebsratswahl ist nur dann anzunehmen, wenn gegen die allgemeinen Grundsätze einer ordnungsgemäßen Wahl in so hohem Maße verstoßen worden ist, daß auch der Anschein einer dem Gesetz entsprechenden Wahl nicht mehr gewahrt ist[5]. Bei einer Mehrzahl von Verstößen gegen das Wahlverfahren kann eine Gesamtwürdigung der Umstände zur Nichtigkeit führen[6].

107

Beispiele für nichtige Betriebsratswahlen:

108

▶ Wenn bei einer Betriebsratswahl nach Abschluß der Stimmabgabe die Wahlurnen nicht versiegelt werden, kann das zur Nichtigkeit der Wahl führen[7].

---

1 LAG Düsseldorf v. 1. 7. 1991, DB 1992, 115; ArbG Aachen v. 14. 3. 1994, AuR 1994, 253 (rkr.); LAG Hamm v. 9. 9. 1994, BB 1995, 260; LAG Frankfurt v. 29. 4. 1997, BB 1997, 2200.
2 LAG Bremen v. 27. 2. 1990, DB 1990, 1571.
3 LAG München v. 14. 4. 1987, LAGE Nr. 2 zu § 18 BetrVG 1972; LAG Frankfurt v. 21. 3. 1990, DB 1991, 239 f.
4 BAG v. 29. 5. 1991, AP Nr. 2 zu § 9 BetrVG 1972.
5 BAG v. 28. 11. 1977, NJW 1978, 1992.
6 BAG v. 27. 4. 1976, AP Nr. 4 zu § 19 BetrVG 1972.
7 LAG Köln v. 16. 9. 1987, EzA Nr. 26 zu § 19 BetrVG 1972.

▶ Eine Betriebsratswahl ist nichtig, wenn der Betrieb nicht dem BetrVG unterliegt[1].

▶ Nichtigkeit der Wahl bei nicht ordnungsgemäßer Bestellung des Wahlvorstandes und Verstoß gegen nahezu sämtliche Wahlvorschriften[2].

▶ Wahl eines Betriebsrates durch Nichtarbeitnehmer (Mitglieder der LPG)[3].

▶ Wird für mehrere Filialen außerhalb der normalen Wahlzeiträume ein gemeinsamer Betriebsrat gewählt, so ist diese Wahl nichtig, wenn in einzelnen Filialen bereits ein Betriebsrat besteht, dessen Wahl nicht angefochten ist und dessen Aufgaben der gemeinsame Betriebsrat mitübernehmen soll[4].

109 **Hinweis:**
Die **Geltendmachung der Nichtigkeit** der Betriebsratswahl ist weder form- noch fristgebunden. Sie kann zu jeder Zeit von jedermann, der an der Feststellung der Nichtigkeit ein Interesse hat (auch inzidenter im Rahmen anderer Verfahren) geltend gemacht werden[5].

dd) Anfechtung der Betriebsratswahl

110 Nach § 19 BetrVG kann die Betriebsratswahl angefochten werden, wenn gegen wesentliche Vorschriften über das Wahlrecht, die Wählbarkeit oder das Wahlverfahren verstoßen wurde und nicht ausgeschlossen werden kann, daß das Wahlergebnis durch diesen Verstoß geändert oder beeinflußt worden ist. Die Nichtbeachtung wesentlicher Wahlvorschriften rechtfertigt eine **Anfechtung** dann aber nicht (mehr), wenn der Verstoß im Laufe des Wahlverfahrens rechtzeitig berichtigt worden ist[6].

111 Die Anfechtung kann von mindestens drei wahlberechtigten Arbeitnehmern, einer im Betrieb vertretenen Gewerkschaft oder dem Arbeitgeber betrieben werden (§ 19 Abs. 2 BetrVG). Ein nur von wahlberechtigten Arbeitnehmern eingeleitetes **Wahlanfechtungsverfahren** wird erst dann unzulässig, wenn während des Beschlußverfahrens **alle** anfechtenden Arbeitnehmer aus dem Unternehmen ausscheiden[7]. Arbeitnehmer, die die Wahl angefochten haben, bleiben aber auch dann anfechtungsberechtigt, wenn ihr Arbeitsverhältnis gekündigt wird[8].

112 Im Gegensatz zur Nichtigkeit der Wahl muß die Wahlanfechtung gem. § 19 Abs. 2 Satz 2 BetrVG innerhalb einer **Ausschlußfrist** von **zwei Wochen** vom Tage

---

1 BAG v. 9. 2. 1982, BB 1982, 924.
2 LAG Hamm v. 3. 10. 1974, BB 1974, 1486.
3 BAG v. 16. 2. 1995, AP Nr. 1 zu Einigungsvertrag Anl. II Kap. VI.
4 ArbG Regensburg vom 20. 9. 1989, BB 1990, 852.
5 BAG v. 27. 4. 1976, AP Nr. 4 zu § 19 BetrVG 1972.
6 *Fitting/Kaiser/Heither/Engels*, § 19 BetrVG Rz. 13, 15; GK-BetrVG/*Kreutz*, § 19 Rz. 33 f.; *Richardi*, § 19 BetrVG Rz. 27.
7 BAG v. 15. 2. 1989, NZA 1990, 115.
8 BAG v. 4. 12. 1986, NZA 1987, 166.

II. Beteiligte und Organe

der Bekanntgabe des Wahlergebnisses an geltend gemacht werden. Die bloße Einreichung einer Anfechtungsschrift ohne Begründung wahrt die Ausschlußfrist nicht. Allerdings soll nach Auffassung des LAG Hamm die Frist gewahrt sein, wenn mit der Einreichung eines Wahlanfechtungsantrages auch die Anfechtungsgründe, nicht aber der richtige Anfechtungsgegner innerhalb der Zwei-Wochen-Frist mitgeteilt werden. Der richtige Anfechtungsgegner soll dann noch zweitinstanzlich mit der Wirkung am Verfahren beteiligt werden können, daß der Beteiligtenmangel geheilt wird[1]. Nach Ablauf der Anfechtungsfrist kann weder eine im Betrieb vertretene Gewerkschaft noch ein anderer Anfechtungsberechtigter dem Verfahren als Antragsteller beitreten und nach Ausscheiden eines der ursprünglich drei antragstellenden Arbeitnehmer das Beschlußverfahren fortsetzen[2]. **Anfechtungsgegner** ist bei Anfechtung der Gesamtwahl der Betriebsrat.

Beispiele für Anfechtbarkeit wegen Verstoß gegen Wahlvorschriften: 113

▶ Wahl einer größeren als nach § 9 BetrVG vorgesehenen Anzahl von Betriebsratsmitgliedern[3].

▶ Verkennung des Betriebsbegriffs (Wachobjekte als Betriebsteil)[4].

▶ Unrichtige Berechnung der Frist zur Einreichung der Vorschlagslisten und Unterlassung einer Nachfristsetzung zur erneuten Einreichung der Vorschlagslisten durch den Wahlvorstand[5].

▶ Wahl eines Betriebsrates mit zu hoher Mitgliedszahl wegen Zugrundelegung einer zu hohen Zahl von Arbeitnehmern einer Gruppe im Rahmen der Gruppenwahl[6].

▶ Unzulässige Wahlbeeinflussung[7].

▶ Nicht ordnungsgemäße Unterrichtung ausländischer Arbeitnehmer[8].

▶ Zulassung von nicht wahlberechtigten Arbeitnehmern als Wahlkandidaten[9].

▶ Unterschiedliche Gestaltung der Stimmzettel[10].

▶ Nichtzulassung von wahlberechtigten Arbeitnehmern des Betriebes[11].

▶ Ausschluß einer Vorschlagsliste von der Wahl, weil der Wahlvorstand die Wählbarkeit eines gekündigten Arbeitnehmers, der die Vorschlagsliste anführt, fälschlich verneint[12].

---
1 LAG Hamm v. 27. 3. 1991, BB 1991, 1340 (Rechtsbeschwerde eingelegt beim BAG; 7 ABR 48/91).
2 BAG v. 12. 2. 1985, EzA Nr. 21 zu § 19 BetrVG 1972; BAG v. 10. 6. 1983, AP Nr. 10 zu § 19 BetrVG 1972.
3 LAG Schleswig-Holstein v. 27. 10. 1994, BB 1995, 620.
4 BAG v. 30. 6. 1993, DB 1994, 99.
5 BAG v. 9. 12. 1992, NZA 1993, 765.
6 BAG v. 29. 5. 1991, NZA 1992, 36.
7 BAG v. 4. 12. 1986, DB 1987, 232.
8 LAG Hamm v. 27. 1. 1982, DB 1982, 2252.
9 BAG v. 28. 11. 1977, BB 1978, 255.
10 BAG v. 14. 1. 1969, DB 1969, 664.
11 BAG v. 28. 4. 1964, DB 1964, 1122.
12 BAG v. 14. 5. 1997, BB 1997, 2116.

114 Wenn ein Anfechtungsberechtigter die Anfechtung einer Betriebsratswahl darauf stützt, daß unter **Verkennung des Betriebsbegriffs** in einem einheitlichen Betrieb mehrere Betriebsräte für jeweils einzelne Betriebsteile gewählt worden sind, so muß er die Wahl aller Betriebsräte anfechten. Die Anfechtung der Wahl nur eines dieser Betriebsräte ist unzulässig[1]. Nach § 18a Abs. 5 BetrVG ist die Anfechtung der Betriebsratswahl oder die Anfechtung der Wahl nach dem Sprecherausschußgesetz ausgeschlossen, soweit sie darauf gestützt wird, die Zuordnung der einzelnen Angestellten zu der Gruppe der leitenden bzw. zur Gruppe der nicht leitenden sei fehlerhaft erfolgt. Das gilt wiederum dann nicht, wenn die Zuordnung „offensichtlich fehlerhaft" ist.

115 **Hinweis:**
Bis zur rechtskräftigen Entscheidung, die die Unwirksamkeit der Wahl feststellt (im **Anfechtungsverfahren** wird **rechtsgestaltend ex nunc** entschieden), bleibt der Betriebsrat im Amt. Er kann zunächst alle Aufgaben weiter rechtswirksam wahrnehmen.

c) Organisation und Willensbildung im Betriebsrat

aa) Konstituierung und Organisation

116 Wird ein mehrköpfiger Betriebsrat gewählt, so muß in der ersten Sitzung nach der **Wahl** ein **Vorsitzender** und dessen **Stellvertreter** gewählt werden, der den Betriebsrat im Rahmen der gefaßten Beschlüsse vertritt und zur Entgegennahme von Erklärungen gem. § 26 BetrVG berechtigt ist.

117 Hat ein Betriebsrat neun oder mehr Mitglieder, so bildet er gem. § 27 Abs. 1 BetrVG einen **Betriebsausschuß,** bestehend aus dem Vorsitzenden des Betriebsrates, dessen Stellvertreter und einer bestimmten Zahl weiterer Ausschußmitglieder, die das Gesetz je nach Betriebsratsgröße vorsieht. Dieser Betriebsausschuß führt gem. § 27 Abs. 3 BetrVG die laufenden Geschäfte des Betriebsrates. Der Betriebsrat kann dem Ausschuß mit der Mehrheit der Stimmen seiner Mitglieder Aufgaben zur selbständigen Erledigung übertragen.

118 **Hinweis:**
Der Abschluß von Betriebsvereinbarungen kann nicht übertragen werden.

119 Die Übertragung bedarf der **Schriftform.** Betriebsräte mit weniger als neun Mitgliedern können die laufenden Geschäfte auf den Vorsitzenden des Betriebsrats oder andere Betriebsratsmitglieder übertragen (§ 27 Abs. 4 BetrVG).

120 Wenn ein Betriebsausschuß gebildet ist, so kann der Betriebsrat gem. § 28 BetrVG **weitere Ausschüsse** bilden und auch ihnen bestimmte Aufgaben übertragen. Diese Entscheidung des Betriebsrats, welche Aufgaben er an weitere

---
[1] BAG v. 7. 12. 1988, NZA 1989, 731.

II. Beteiligte und Organe

oder gemeinsame Ausschüsse überträgt, unterliegt keiner Zweckmäßigkeits-, sondern nur einer Rechtskontrolle. Neben den ausdrücklich normierten Einschränkungen der Aufgabenübertragung muß der Betriebsrat nur die allgemeine Schranke des Rechtsmißbrauchs beachten. Er darf sich nicht aller wesentlichen Befugnisse entäußern, indem er seine Aufgaben weitgehend auf Ausschüsse überträgt, sondern muß als Gesamtorgan in einem Kernbereich der gesetzlichen Befugnisse zuständig bleiben. Dabei ist nicht auf einen einzelnen Mitbestimmungstatbestand, sondern auf den gesamten Aufgabenbereich des Betriebsrats abzustellen[1].

Nach § 28 Abs. 3 BetrVG kann auch ein **gemeinsamer Ausschuß** von **Betriebsrat und Arbeitgeber** gebildet werden, dem Aufgaben zur selbständigen Entscheidung übertragen werden. Die Bildung und Zusammensetzung dieses Ausschusses ist nicht davon abhängig, ob weitere Ausschüsse iSd. § 28 Abs. 1 BetrVG gebildet und wie sie besetzt sind[2].

Gesetzesverstöße bei der Wahl des Betriebsratsvorsitzenden und seines Stellvertreters, der Mitglieder der Betriebsratsausschüsse sowie der von ihrer beruflichen Tätigkeit freizustellenden Betriebsratsmitglieder müssen grundsätzlich in einem **Wahlanfechtungsverfahren** in entsprechender Anwendung des § 19 BetrVG binnen einer **Frist von zwei Wochen** seit Bekanntgabe der Wahl gerichtlich geltend gemacht werden[3]. Wenn eine betriebsratsinterne Wahl wegen eines Verstoßes gegen Gruppenschutzbestimmungen angefochten ist, so sind alle Mitglieder der betroffenen Betriebsratsgruppe am Verfahren beteiligt[4].

bb) Willensbildung im Betriebsrat

Der Betriebsrat faßt seine Beschlüsse im Rahmen von **Betriebsratssitzungen,** die vom Vorsitzenden (§ 29 Abs. 2 BetrVG) einberufen und geleitet werden und gem. § 30 BetrVG während der Arbeitszeit stattfinden. Dabei muß der Betriebsrat bei der Wahl des Zeitpunktes auf die betrieblichen Notwendigkeiten Rücksicht nehmen und den Arbeitgeber vom Zeitpunkt der Sitzung vorher verständigen. Gemäß § 29 Abs. 2 BetrVG muß der Vorsitzende die Mitglieder des Betriebsrates zu den Sitzungen **rechtzeitig** unter **Mitteilung der Tagesordnung** einladen. Er ist verpflichtet, eine Sitzung einzuberufen und den Gegenstand, dessen Beratung beantragt ist, auf die Tagesordnung zu setzen, wenn dies $1/4$ der Mitglieder des Betriebsrats oder der Arbeitgeber beantragt (§ 29 Abs. 3 BetrVG).

Die Vorschrift des § 29 Abs. 2 Satz 3 BetrVG gehört zu den wesentlichen und unverzichtbaren **Verfahrensvorschriften.** Ist eine Einladung zu einer Betriebsratssitzung ohne Mitteilung der Tagesordnung erfolgt, kann dieser Mangel nur durch einstimmigen Beschluß der vollzählig versammelten Betriebsratsmitglie-

---
1 BAG v. 20. 10. 1993, NZA 1994, 567 in Fortführung von BAG v. 1. 6. 1976, AP Nr. 1 zu § 28 BetrVG 1972.
2 BAG v. 20. 10. 1993, NZA 1994, 567.
3 BAG v. 15. 1. 1992, AiB 1993, 234.
4 BAG v. 15. 1. 1992, AiB 1993, 234.

der geheilt werden[1]. Es ist zu beachten, daß das BetrVG für die Einladung keine gesonderte Form vorschreibt, so daß auch mündlich eingeladen werden kann[2]. Unter dem Tagesordnungspunkt „Verschiedenes" kann der Betriebsrat nur dann wirksam Beschlüsse fassen, wenn er vollzählig versammelt ist und kein Betriebsratsmitglied der Beschlußfassung widerspricht[3].

125 Der **Arbeitgeber** hat ein **Teilnahmerecht** an denjenigen Betriebsratssitzungen, die auf sein Verlangen hin anberaumt worden sind, darüber hinaus nimmt er an den Sitzungen teil, zu denen er ausdrücklich eingeladen worden ist. Gemäß § 29 Abs. 4 Satz 2 BetrVG kann er in diesen Fällen einen Vertreter seines Arbeitgeberverbandes hinzuziehen.

126 Gemäß § 32 BetrVG, § 25 Abs. 4 Satz 1 SchwbG ist der **Vertrauensmann der Schwerbehinderten** berechtigt, an Sitzungen des Betriebsrats und dessen Ausschüssen beratend teilzunehmen. Dieses Recht umfaßt auch die beratende Teilnahme an Sitzungen gemeinsamer Ausschüsse des Betriebsrats und des Arbeitgebers iSd. § 28 Abs. 3 BetrVG[4].

127 Auch ein Vertreter der **Jugendvertretung** ist an den Betriebsratssitzungen teilnahmeberechtigt. In Angelegenheiten, von denen die jugendlichen Arbeitnehmer besonders betroffen sind, hat die gesamte Jugendvertretung ein Teilnahme- und Stimmrecht.

128 Auf Antrag von ¼ der Mitglieder oder der Mehrheit einer Gruppe des Betriebsrats kann auch ein Beauftragter einer im Betriebsrat vertretenen **Gewerkschaft** an den Sitzungen beratend teilnehmen (§ 31 BetrVG). In der Geschäftsordnung des Betriebsrats kann festgelegt werden, daß den im Betriebsrat vertretenen Gewerkschaften ein generelles Teilnahmerecht an den Betriebsratssitzungen eingeräumt wird[5].

129 Die **Beschlüsse des Betriebsrats** werden grundsätzlich mit der **Mehrheit der Stimmen der anwesenden Mitglieder** gefaßt. Bei Stimmengleichheit ist ein Antrag abgelehnt (§ 33 Abs. 1 BetrVG). Der Betriebsrat ist nur **beschlußfähig**, wenn mindestens die Hälfte der Betriebsratsmitglieder an der Beschlußfassung teilnimmt (§ 33 Abs. 2 BetrVG). Das selbst betroffene Betriebsratsmitglied ist im Rahmen des Zustimmungsverfahrens nach § 103 Abs. 1 BetrVG nicht nur von der Abstimmung im Betriebsrat, sondern bereits von der der Abstimmung vorausgehenden Beratung ausgeschlossen[6]. Ist ein Betriebsratsmitglied selbst betroffen und aus diesem Grund von der Beschlußfassung ausgeschlossen, ist gem. § 25 Abs. 1 Satz 2 BetrVG ein Ersatzmitglied zu laden[7]. Wenn ein Betriebsrat für die Dauer der Äußerungsfrist des § 102 Abs. 2 BetrVG beschlußun-

---

1 LAG Hamburg v. 12. 3. 1993, AiB 1993, 653; BAG v. 28. 4. 1988, NZA 1989, 223; ArbG Marburg v. 13. 11. 1992, ARST 1993, 155.
2 BAG v. 8. 2. 1977, AP Nr. 10 zu § 80 BetrVG 1972.
3 BAG v. 28. 10. 1992, EzA Nr. 2 zu § 29 BetrVG 1972.
4 BAG v. 21. 4. 1993, NZA 1994, 43.
5 BAG v. 28. 2. 1990, NZA 1990, 660.
6 BAG v. 26. 8. 1981, AiB 1982, 32.
7 BAG v. 23. 8. 1984, EzA Nr. 30 zu § 102 BetrVG 1972.

II. Beteiligte und Organe

fähig ist, weil in dieser Zeit mehr als die Hälfte der Betriebsratsmitglieder an der Amtsausübung verhindert ist und nicht durch Ersatzmitglieder vertreten werden kann, nimmt der „Rest"-Betriebsrat die Mitbestimmungsrechte des § 102 Abs. 2 BetrVG in entsprechender Anwendung des § 22 BetrVG wahr[1].

Ein Beschluß im **Umlaufverfahren** ist **unzulässig**. Eine solche Vorgehensweise widerspricht der Vorschrift des § 33 Abs. 1 BetrVG, wonach eine mündliche Beratung und Beschlußfassung der anwesenden Betriebsratsmitglieder verlangt wird[2]. 130

d) Geschäftsführung des Betriebsrats

aa) Geschäftsordnung

Der Betriebsrat kann sich gem. § 36 BetrVG mit der Mehrheit der Stimmen seiner Mitglieder eine Geschäftsordnung geben, in der **sonstige Bestimmungen über die Geschäftsführung** geregelt werden. In einer solchen Geschäftsordnung kann der Betriebsrat ein generelles Teilnahmerecht für die im Betriebsrat vertretenen Gewerkschaften festlegen[3]. Nach Auffassung des ArbG München gehört die Geschäftsordnung als Ordnungsstatut nicht zu den „Unterlagen" iSd. § 34 Abs. 3 BetrVG, bezüglich derer die Betriebsratsmitglieder nur ein Einsichtsrecht haben. Aus diesem Grund könne das einzelne Betriebsratsmitglied verlangen, eine Kopie der Geschäftsordnung ausgehändigt zu erhalten[4]. Ob eine verabschiedete Geschäftsordnung nur für die Dauer der Amtszeit des die Geschäftsordnung erlassenden Betriebsrates gilt oder bis zu ihrer Abänderung nachwirkt, ist streitig[5]. 131

bb) Sprechstunden

Nach § 39 Abs. 1 BetrVG kann der Betriebsrat **während der Arbeitszeit** Sprechstunden einrichten. Zeit und Ort sind mit dem Arbeitgeber zu vereinbaren. Kommt eine Einigung nicht zustande, entscheidet die Einigungsstelle. Versäumt ein Arbeitnehmer durch den Besuch der Sprechstunden oder durch sonstige Inanspruchnahme des Betriebsrats einen Teil seiner Arbeitszeit, so darf der Arbeitgeber sein Arbeitsentgelt nicht mindern (§ 39 Abs. 3 BetrVG). Wenn der Betriebsrat außerhalb der Sprechzeiten in Anspruch genommen wird, ist er nicht verpflichtet, den Arbeitnehmer auf die Sprechstunden zu verweisen[6]. Werden Betriebsratssprechstunden eingerichtet, so hat dies zur Folge, daß zur Abhaltung der Sprechstunde im erforderlichen Umfang ein Betriebsratsmitglied gem. § 37 Abs. 2 BetrVG von seiner beruflichen Tätigkeit ohne Minde- 132

---

1 BAG v. 18. 8. 1982, BAGE 40, 42.
2 ArbG Heilbronn v. 13. 6. 1989, AiB 1989, 351; *Fitting/Kaiser/Heither/Engels*, § 33 BetrVG Rz. 21; *Blanke*, in Däubler/Kittner/Klebe, § 33 BetrVG Rz. 10; *Glaubitz*, in Hess/Schlochauer/Glaubitz, § 33 BetrVG Rz. 4.
3 BAG v. 28. 2. 1990, NZA 1990, 660.
4 ArbG München v. 12. 4. 1989, AuR 1990, 132.
5 Vgl. die Nachweise bei *Fitting/Kaiser/Heither/Engels*, § 36 BetrVG Rz. 11.
6 BAG v. 23. 6. 1983, DB 1983, 2419.

rung des Arbeitsentgeltes zu befreien ist. Die Einrichtung einer Sprechstunde begründet aber nicht bereits für sich einen Anspruch auf pauschale Freistellung eines Betriebsratsmitgliedes gem. § 37 Abs. 2 BetrVG in Betrieben mit weniger als 300 Arbeitnehmern. Auch in diesem Fall ist eine Arbeitsbefreiung im Einzelfall möglich[1]. Erforderlich iSd. § 39 Abs. 3 BetrVG ist das Aufsuchen des Betriebsrats während der Arbeitszeit nur, wenn individuelle Probleme einzelner Arbeitnehmer mit dem Betriebsrat zu klären sind. Fragen und Informationen von kollektiver Bedeutung sind mit den dafür zur Verfügung stehenden Hilfsmitteln (Schwarzes Brett, schriftliche Information, ordentliche/außerordentliche Betriebsversammlung) zu klären[2].

e) Freistellung und Entgeltschutz

133 Trotz des Betriebsratsamtes bleibt das Betriebsratsmitglied Arbeitnehmer des Betriebes. Die Rechte und Pflichten aus dem Arbeitsverhältnis bleiben damit grundsätzlich erhalten. Andererseits muß den Mitgliedern des Betriebsrats, die nach § 37 Abs. 1 BetrVG ihr Amt als **Ehrenamt** ausführen, die Ausübung ihrer Betriebsratstätigkeit ungestört und ohne Behinderung möglich sein. Sie dürfen wegen dieser Tätigkeit weder benachteiligt noch begünstigt werden (§ 78 BetrVG). Dieses **Benachteiligungsverbot** wird durch die §§ 37, 38 BetrVG konkretisiert. Danach werden die Betriebsratsmitglieder von ihrer beruflichen Tätigkeit ohne Minderung des Arbeitsentgeltes freigestellt, wenn und soweit dies nach Umfang und Art des Betriebes zur ordnungsgemäßen Durchführung ihrer Aufgaben erforderlich ist.

aa) Freistellung gem. § 38 BetrVG

134 Für **größere Betriebe** sieht § 38 BetrVG vor, daß ein oder mehrere Betriebsratsmitglieder generell von ihrer beruflichen Tätigkeit freizustellen sind[3]. Die Anzahl der freizustellenden Betriebsratsmitglieder hängt dabei von der Anzahl der im Betrieb regelmäßig beschäftigten Arbeitnehmer ab (§ 38 Abs. 1 BetrVG). Maßgebender Zeitpunkt für die Feststellung, wieviel Arbeitnehmer in der Regel im Betrieb beschäftigt sind, ist der Zeitpunkt der Wahl der Freizustellenden, nicht der des Wahlausschreibens für die Betriebsratswahl[4]. Bei Ermittlung der Arbeitnehmerzahl sind Arbeitnehmer iSd. § 5 Abs. 1 BetrVG und § 6 BetrVG zu berücksichtigen. Teilzeitkräfte zählen unabhängig von ihrer individuellen Arbeitszeit mit, wobei so viele Teilzeitkräfte mitzuzählen sind, wie der Betrieb während mindestens sechs Monaten im Jahr beschäftigt[5]. Gleiches gilt für Aushilfskräfte[6]. Die Betriebspartner können durch Betriebsvereinbarung auch eine von der gesetzlichen Mindeststaffel abweichende geringere Anzahl freizu-

---

1 BAG v. 13. 11. 1991, AP Nr. 80 zu § 37 BetrVG 1972.
2 LAG Niedersachsen vom 1. 7. 1986, NZA 1987, 33; offengelassen von LAG Düsseldorf v. 26. 1. 1983 – 6 Sa 1567/82, nv.
3 Vertiefend: *Matusche*, AiB 1994, 486 ff.
4 BAG v. 26. 7. 1989, AP Nr. 10 zu § 38 BetrVG 1972.
5 ArbG München vom 19. 3. 1987, AiB 1989, 80.
6 Vgl. BAG v. 12. 10. 1976, BAGE 28, 203; LAG Hamm v. 11. 5. 1979, LAGE Nr. 1 zu § 6 BetrVG 1972.

II. Beteiligte und Organe

stellender Betriebsratsmitglieder vereinbaren, wenn dadurch kein Mitglied einer Minderheitsliste freigestellt wird[1].

Die freizustellenden Betriebsratsmitglieder werden nach Beratung mit dem Arbeitgeber vom Betriebsrat aus seiner Mitte in geheimer Wahl und nach den Grundsätzen der Verhältniswahl gewählt (§ 38 Abs. 2 Satz 1 BetrVG). Die vor der **Wahl der freizustellenden Betriebsratsmitglieder** vorgeschriebene Beratung mit dem Arbeitgeber muß mit dem gesamten Betriebsrat erfolgen. Eine Beratung nur einzelner Betriebsratsmitglieder mit dem Arbeitgeber reicht nicht aus. Allerdings hat das BAG bisher nicht entschieden, welcher Einfluß einer unterbliebenen vorherigen Beratung mit dem Arbeitgeber auf die Wirksamkeit der Freistellungswahl zukommt[2]. Nach Auffassung des LAG Berlin soll der Freistellungsbeschluß bei unterbliebener Beratung in analoger Anwendung des § 19 BetrVG anfechtbar sein[3]. 135

Endet die Freistellung eines einzelnen Betriebsratsmitgliedes infolge ordnungsgemäßer **Abberufung** oder aus sonstigen Gründen, so bedarf es auch dann nicht der Neuwahl sämtlicher freizustellender Betriebsratsmitglieder, wenn die ursprüngliche Freistellungswahl nach den Grundsätzen der Verhältniswahl stattgefunden hat. Die erforderliche **Freistellungsnachwahl** eines einzelnen Betriebsratsmitgliedes erfolgt auch in diesem Fall mit einfacher Stimmenmehrheit[4]. Auch dann, wenn die Liste, der das ausgeschiedene Mitglied angehört hat, noch nicht erschöpft ist, entscheidet der Betriebsrat über die Neubesetzung mit einfacher Stimmenmehrheit. Ein Nachrücken in die Freistellung analog § 25 Abs. 1 Satz 1 und Abs. 2 Satz 1 BetrVG findet nicht statt[5]. Auch Gesetzesverstöße bei der Wahl der von ihrer beruflichen Tätigkeit freizustellenden Betriebsratsmitglieder müssen in einem Wahlanfechtungsverfahren in entsprechender Anwendung des § 19 BetrVG binnen einer Frist von zwei Wochen seit Bekanntgabe der Wahl gerichtlich geltend gemacht werden[6]. 136

Der Betriebsrat hat dem Arbeitgeber die Namen der Freizustellenden bekanntzugeben. Ist der Arbeitgeber der Auffassung, daß die Freistellung der ihm genannten Arbeitnehmer sachlich nicht vertretbar ist, so kann er innerhalb einer Frist von zwei Wochen nach der Bekanntgabe die **Einigungsstelle** anrufen, die sodann verbindlich entscheidet, ob das gewählte Betriebsratsmitglied freizustellen ist (§ 38 Abs. 2 Satz 4 und 5 BetrVG). 137

Die Freistellung von Betriebsratsmitgliedern nach § 38 BetrVG schließt die **Befreiung anderer Betriebsratsmitglieder** nach § 37 Abs. 2 BetrVG nicht aus. Die gesetzliche Staffel des § 38 Abs. 1 BetrVG enthält insoweit Mindestzahlen. Eine über die Staffel hinausgehende Freistellung von Betriebsratsmitgliedern kann bei nachgewiesener Mehrbelastung des Betriebsrates durch – vom Regel- 138

---

1 BAG v. 11. 6. 1997, BB 1997, 2280.
2 BAG v. 29. 4. 1992, NZA 1993, 329.
3 LAG Berlin v. 19. 6. 1995, LAGE Nr. 14 zu § 19 BetrVG 1972.
4 BAG v. 28. 10. 1992, NZA 1993, 910.
5 LAG Berlin v. 12. 5. 1995, BB 1996, 538.
6 BAG v. 15. 1. 1992, NZA 1992, 1091.

fall abweichende – Besonderheiten der betrieblichen Organisation in Betracht kommen[1]. Ist ein nach § 38 BetrVG freigestelltes Betriebsratsmitglied urlaubs-, krankheits- oder schulungsbedingt verhindert, kommt eine Ersatzfreistellung eines anderen Betriebsratsmitgliedes nur bei konkreter Darlegung der Erforderlichkeit nach § 37 Abs. 2 BetrVG in Betracht[2].

139 Aufgrund des § 38 Abs. 1 BetrVG ist das Betriebsratsmitglied nur von seiner beruflichen Tätigkeit, dh. der Pflicht zur vertraglichen Arbeitsleistung, grundsätzlich aber nicht von seiner Verpflichtung freigestellt, während der vertraglichen Arbeitszeit **im Betrieb anwesend** zu sein und sich dort für anfallende Betriebsratstätigkeiten bereit zu halten. Freigestellte Betriebsratsmitglieder haben daher die **betriebsübliche Arbeitszeit** einzuhalten[3]. Soweit ein gem. § 38 Abs. 1 BetrVG freigestelltes Betriebsratsmitglied innerhalb des Betriebes Betriebsratsarbeit verrichtet, ist davon auszugehen, daß diese erforderlich ist.

140 Anders verhält es sich jedoch bei **Tätigkeiten außerhalb des Betriebes.** Für derartige Tätigkeiten gelten hinsichtlich ihrer Erforderlichkeit dieselben Maßstäbe wie für nicht generell freigestellte Betriebsratsmitglieder. Die Teilnahme als **Zuhörer an einer Gerichtsverhandlung** ist daher auch für ein nach § 38 Abs. 1 BetrVG freigestelltes Betriebsratsmitglied nur im Ausnahmefall als erforderlich anzusehen[4].

141 Das freigestellte Betriebsratsmitglied hat Anspruch auf das **Arbeitsentgelt,** das es erhalten würde, wenn es nicht freigestellt wäre. Maßstab für die Feststellung der Entgelthöhe ist das **Arbeitsentgelt vergleichbarer Arbeitnehmer mit betriebsüblicher Entwicklung.**

142 Nach § 37 Abs. 4 BetrVG darf das **Arbeitsentgelt** von Betriebsratsmitgliedern einschließlich eines **Zeitraumes** von einem Jahr **nach Beendigung der Amtszeit** nicht geringer bemessen werden, als das Arbeitsentgelt vergleichbarer Arbeitnehmer mit betriebsüblicher beruflicher Entwicklung. Dies gilt auch für allgemeine Zuwendungen des Arbeitgebers. Gewährt ein Arbeitgeber eine freiwillige jederzeit widerrufliche Zulage zum Arbeitslohn, so hat auch das freigestellte Betriebsratsmitglied Anspruch auf Zahlung dieser Zulage, wenn es bei Übernahme des Betriebsratsamts eine den Arbeitnehmern, die diese Zulage erhalten, vergleichbare Tätigkeit ausgeübt hat[5]. Freigestellte Betriebsratsmitglieder dürfen von **inner- und außerbetrieblichen Maßnahmen der Berufsbildung** nicht ausgeschlossen werden. Innerhalb eines Jahres nach Beendigung der Freistellung eines Betriebsratsmitglieds ist diesem im Rahmen der Möglichkeiten des Betriebs Gelegenheit zu geben, eine wegen der Freistellung unterbliebene betriebsübliche berufliche Entwicklung nachzuholen[6].

---

1 ArbG Frankfurt am Main v. 4. 1. 1990, AiB 1990, 256; LAG Düsseldorf v. 29. 6. 1988, AiB 1989, 80 (mehrere Zweigniederlassungen zu betreuen).
2 BAG v. 9. 7. 1997, BB 1997, 2280.
3 BAG v. 31. 5. 1989, NZA 1990, 313; LAG Düsseldorf v. 26. 5. 1993, NZA 1994, 27.
4 BAG v. 31. 5. 1989, NZA 1990, 313.
5 BAG v. 21. 4. 1983, AP Nr. 43 zu § 37 BetrVG 1972.
6 Vgl. BAG v. 15. 1. 1992, AP Nr. 84 zu § 37 BetrVG 1972.

II. Beteiligte und Organe

Der **Gesamtbetriebsrat** hat kein Recht auf **Freistellung** eines oder mehrerer seiner Mitglieder gem. § 38 Abs. 1 BetrVG. Er kann aber gem. § 51 Abs. 1 Satz 1 BetrVG in Verbindung mit § 37 Abs. 2 BetrVG einen Anspruch auf Freistellung eines oder mehrerer seiner Mitglieder geltend machen, wenn und soweit die Freistellung zur ordnungsgemäßen Durchführung seiner Aufgaben erforderlich ist. Insoweit gelten die Grundsätze für die Freistellung eines Betriebsratsmitglieds gem. § 37 Abs. 2 BetrVG entsprechend. Nach Auffassung des LAG München kann eine entsprechende Anwendung des § 38 Abs. 2 BetrVG auf den Gesamtbetriebsrat allenfalls dann in Frage kommen, wenn nur über die Person des Freizustellenden Streit entsteht[1].

143

bb) Freistellung nach § 37 Abs. 2 BetrVG

Nach § 37 Abs. 2 BetrVG sind die nicht freigestellten Mitglieder eines Betriebsrats von ihrer beruflichen Tätigkeit ohne Minderung ihres Arbeitsentgelts zu befreien, wenn und soweit es nach Umfang und Art des Betriebes zur ordnungsgemäßen Durchführung ihrer Aufgaben erforderlich ist. Die Arbeitsbefreiung iSd. § 37 Abs. 2 BetrVG setzt **keine Zustimmung des Arbeitgebers** voraus.

144

(1) Erforderlichkeit der Betriebsratstätigkeit

Die Arbeitsbefreiung muß der Durchführung der dem Betriebsrat obliegenden Aufgaben dienen und **zur ordnungsgemäßen Durchführung** dieser Aufgaben **erforderlich** sein. Dem Betriebsrat zugewiesene Aufgaben in diesem Sinne sind nur die ihm durch Gesetz zugewiesenen Aufgaben oder solche Aufgaben, die dem Betriebsrat im Rahmen von Vereinbarungen mit dem Arbeitgeber zugewiesen sind[2]. Dafür ist nicht nur das BetrVG, sondern sind auch andere Gesetze sowie Tarifverträge und Betriebsvereinbarungen maßgeblich[3].

145

Die Freistellungspflicht des Arbeitgebers nach § 37 Abs. 2 BetrVG erschöpft sich nicht darin, den Betriebsratsmitgliedern die zur ordnungsgemäßen Durchführung ihrer Aufgaben erforderliche freie Zeit zu gewähren. Bereits bei der **Zuteilung des Arbeitspensums** muß der Arbeitgeber auf die Inanspruchnahme des Betriebsratsmitglieds durch die Betriebsratstätigkeit während der Arbeitszeit angemessen Rücksicht nehmen[4].

146

Die Erforderlichkeit der Arbeitsbefreiung richtet sich stets nach den Verhältnissen des einzelnen Betriebes. Keine Richtwerte ergeben sich durch Extrapolation der in § 38 Abs. 1 BetrVG enthaltenen Staffel. Auch der **Zeitaufwand anderer Betriebsräte** ist ein unzulässiger Maßstab[5]. Für die Beurteilung, ob die

147

---

1 LAG München v. 19. 7. 1990, NZA 1991, 905.
2 BAG v. 1. 3. 1963, DB 1963, 869; *Fitting/Kaiser/Heither/Engels*, § 37 BetrVG Rz. 21 ff.; *Blanke*, in Däubler/Kittner/Klebe, § 37 BetrVG Rz. 16 ff.; *Stege/Weinspach*, § 37 BetrVG Rz. 5; GK-BetrVG/*Wiese*, § 37 Rz. 23.
3 Vgl. ausführliche Nachweise bei *Blanke*, in Däubler/Kittner/Klebe, § 37 BetrVG Rz. 80 ff. sowie GK-BetrVG/*Wiese*, § 37 Rz. 23.
4 BAG v. 27. 6. 1990, NZA 1991, 430.
5 BAG v. 21. 11. 1978, DB 1979, 899.

Arbeitsbefreiung nach Umfang und Art des Betriebes zur ordnungsgemäßen Durchführung erforderlich ist, räumt das BAG dem Betriebsratsmitglied ebenso wie dem Betriebsrat einen revisionsrechtlich nur eingeschränkt nachprüfbaren Beurteilungsspielraum ein[1].

148 Ein **Beschluß des Betriebsrates** allein begründet weder die Erforderlichkeit einer Arbeitsbefreiung noch bewirkt ein solcher Beschluß, daß der betroffene Arbeitnehmer von einer selbständigen Überprüfung der Rechtslage hinsichtlich des Bestehens einer Betriebsratsaufgabe und deren Erforderlichkeit entlastet wird[2]. Vielmehr ist jeweils im Einzelfall zu prüfen, ob das Betriebsratsmitglied bei eigener gewissenhafter Überprüfung und bei ruhiger und vernünftiger Würdigung aller Umstände die Versäumung von Arbeitszeit für die Verrichtung einer Betriebsratstätigkeit an sich und im erforderlichen Umfang für erforderlich halten durfte. Um die freie Betätigung eines Betriebsratsmitgliedes in seinem Amt zu gewährleisten, soll dabei nicht jede **Verkennung der objektiven Rechtslage,** insbesondere bei schwierigen und ungeklärten Rechtsfragen nachteilige Auswirkungen für das betreffende Betriebsratsmitglied haben. Die Grenze ist ebenso wie bei der Beurteilung der Erforderlichkeit einer Betriebsratsaufgabe dort zu ziehen, wo aus **Sicht eines sorgfältig prüfenden objektiven Dritten** erkennbar ist, daß es sich nicht (mehr) um die Wahrnehmung von Amtsobliegenheiten handelt[3].

(2) Ab- und Rückmeldung

149 Das Betriebsratsmitglied muß sich, wenn es den Arbeitsplatz zur Durchführung seiner Betriebsratstätigkeit verläßt, bei seinem Vorgesetzen **abmelden,** wobei es dem Betriebsratsmitglied überlassen ist, in welcher Form die Abmeldung geschieht. Eine persönliche Meldung kann der Arbeitgeber nicht verlangen[4]. Das Betriebsratsmitglied muß den **Ort und die voraussichtliche Dauer der beabsichtigten Betriebsratstätigkeit** mitteilen. Nach neuerer Rechtsprechung des Bundesarbeitsgerichts können **Angaben zur Art der Betriebsratstätigkeit nicht** verlangt werden[5]. Die Pflicht, sich beim Arbeitgeber abzumelden, wenn während der Arbeitszeit die geschuldete Arbeitsleistung nicht erbracht wird, trifft alle Arbeitnehmer als **arbeitsvertragliche Nebenpflicht.** Die Erfüllung dieser Pflicht dient vor allem dazu, den Arbeitgeber in die Lage zu versetzen, den Ausfall des Arbeitnehmers anderweitig zu überbrücken oder die Arbeit entsprechend anders zu organisieren. Allein die Tatsache, daß ein Betriebsratsmitglied zum Zweck der Ausübung von Betriebsratstätigkeiten gem. § 37 Abs. 2 BetrVG von der

---

1 BAG v. 10. 11. 1993, AP Nr. 4 zu § 78 BetrVG 1972; BAG v. 31. 8. 1994, NZA 1995, 225.
2 BAG v. 6. 8. 1981, AP Nr. 39 zu § 37 BetrVG 1972; BAG v. 23. 10. 1991, AP Nr. 5 zu § 43 BetrVG 1972; BAG v. 31. 8. 1994, NZA 1995, 225.
3 BAG v. 10. 11. 1993, AP Nr. 4 zu § 78 BetrVG 1972; BAG v. 31. 8. 1994, NZA 1995, 225; GK-BetrVG/*Wiese,* § 37 Rz. 30; *Blanke,* in Däubler/Kittner/Klebe, § 37 BetrVG Rz. 31; *Fitting/Kaiser/Heither/Engels,* § 37 BetrVG Rz. 34.
4 BAG v. 13. 5. 1997, BB 1997, 1691.
5 BAG v. 15. 3. 1995, NZA 1995, 961 unter ausdrücklicher Aufgabe seiner früheren Rechtsprechung (BAG v. 14. 2. 1990, BB 1990, 1625).

II. Beteiligte und Organe

Pflicht zur Arbeitsleistung befreit ist, macht diese vertragliche Nebenpflicht nicht zu einer betriebsverfassungsrechtlich rein kollektiven Pflicht. Meldet sich daher ein nicht freigestelltes Betriebsratsmitglied vor Beginn seiner unter § 37 Abs. 2 BetrVG fallenden Betriebsratstätigkeit nicht beim Arbeitgeber ab, verletzt es damit eine ihm obliegende arbeitsvertragliche Nebenpflicht.

> **Hinweis:**
> Die Verletzung dieser Pflicht kann Gegenstand und Inhalt einer entsprechenden **Abmahnung** durch den Arbeitgeber sein[1].

150

Nach Beendigung der Betriebsratstätigkeit muß sich das Betriebsratsmitglied, das nach § 37 Abs. 2 BetrVG freigestellt worden ist, **zurückmelden**[2]. Das Betriebsratsmitglied ist nicht verpflichtet, schriftliche Aufzeichnungen über den Zeitaufwand der jeweiligen Betriebsratstätigkeit anzufertigen[3]. Betriebsübliche Bestimmungen der Zeiterfassung (Stempeluhr) sind aber auch bei betriebsratsbedingten Unterbrechungen einzuhalten[4].

151

(3) Vergütung

Bei der **Entgeltfortzahlung** für die Zeit der Freistellung bei erforderlicher Betriebsratstätigkeit gilt das **Lohnausfallprinzip**. Der Arbeitgeber ist verpflichtet, den Arbeitnehmer hinsichtlich seines Arbeitsentgelts so zu stellen, als sei er nicht für Betriebsratstätigkeiten freigestellt (gewesen). Im Rahmen des Lohnausfallprinzips sind neben der Grundvergütung alle **Zulagen** und **Zuschläge** zu zahlen, die das Betriebsratsmitglied erhalten hätte.

152

Beispiele:

Zuschläge für Mehr-, Über-, Nacht-, Sonn- und Feiertagsarbeit, Erschwernis- und Sozialzulagen sowie die in den Tarifverträgen der Druckindustrie enthaltenen Antrittsprämien.

Nur Beträge, die nicht für die Arbeit selbst gezahlt werden, sondern dem **Ersatz tatsächlicher Mehraufwendungen** dienen, die dem Arbeitnehmer bei der Erbringung seiner Arbeitsleistung entstehen, zählen nicht zu dem fortzuzahlenden Arbeitsentgelt[5]. Bei **Akkord-** und **Prämienarbeit** ist der durchschnittliche bisherige eigene Durchschnittslohn fortzuzahlen oder, wenn dieser nicht mehr feststellbar ist, der Durchschnitt der an vergleichbare Arbeitnehmer gezahlten Akkord- bzw. Prämienlöhne.

153

---

1 BAG v. 15. 7. 1992, NZA 1993, 220.
2 BAG v. 15. 7. 1992, NZA 1993, 220; LAG Düsseldorf v. 9. 8. 1985, DB 1985, 2463.
3 BAG v. 14. 2. 1990, BB 1990, 1625.
4 LAG Berlin v. 9. 1. 1984, DB 1984, 2098.
5 BAG v. 16. 8. 1995, AP Nr. 115 zu § 37 BetrVG 1972; BAG v. 13. 7. 1994, EzA Nr. 119 zu § 37 BetrVG 1972; BAG v. 17. 2. 1993, DB 1994, 1427; *Fitting/Kaiser/Heither/Engels,* § 37 BetrVG Rz. 49 ff.; *Blanke,* in Däubler/Kittner/Klebe, § 37 BetrVG Rz. 48; GK-BetrVG/*Wiese,* § 37 Rz. 60.

154 **Hinweis:**
Der Entgeltanspruch des Betriebsratsmitglieds entfällt allerdings dann, wenn während der Betriebsratstätigkeit die Arbeit aus andern Gründen ausfällt, etwa durch **Kurzarbeit.**

155 Für die Prüfung des Entgeltfortzahlungsanspruches kann der Arbeitgeber auch Angaben zur Art der durchgeführten Betriebsratstätigkeit fordern, wenn anhand der betrieblichen Situation und des geltend gemachten Zeitaufwandes erhebliche **Zweifel an der Erforderlichkeit** der Betriebsratstätigkeit bestehen. Es gibt **keine gesetzliche Vermutung** dafür, daß ein Betriebsratsmitglied, das sich bei seinem Arbeitgeber für die Erledigung von Betriebsaufgaben abmeldet, stets erforderliche Betriebsratstätigkeit verrichtet. Für die gesetzlichen Voraussetzungen des Entgeltfortzahlungsanspruches nach § 37 Abs. 2 BetrVG in Verbindung mit § 611 BGB ist das Betriebsratsmitglied darlegungspflichtig. Insoweit besteht eine **abgestufte Darlegungslast**[1].

(4) Betriebsratstätigkeit außerhalb der Arbeitszeit

156 Der Gesetzgeber geht davon aus, daß die Betriebsratsmitglieder ihre Betriebsratsaufgaben grundsätzlich während der Arbeitszeit durchführen. Da dies aber nicht in allen Fällen möglich ist, sieht § 37 Abs. 3 BetrVG zum Ausgleich für Betriebsratstätigkeit, die aus betriebsbedingten Gründen außerhalb der Arbeitszeit durchzuführen ist, einen Anspruch auf entsprechende Arbeitsbefreiung unter Fortzahlung des Entgelts vor. Ein entsprechender Ausgleich setzt voraus, daß es sich bei der außerhalb der Arbeitszeit durchgeführten Tätigkeit um Betriebsratstätigkeit handelt, die **zur ordnungsgemäßen Durchführung der Aufgaben des Betriebsrats erforderlich** ist und zudem **aus betriebsbedingten Gründen außerhalb der Arbeitszeit** stattfinden muß.

157 Nach ständiger Rechtsprechung des BAG liegen derartige betriebsbedingte Gründe nur vor, wenn bestimmte Gegebenheiten und Sachzwänge innerhalb der Betriebssphäre dazu führen, daß die Betriebsratstätigkeit nicht während der Arbeitszeit durchgeführt werden kann[2]. Die Duchführung von Betriebsratstätigkeit außerhalb der Arbeitszeit beruht nur dann auf **betriebsbedingten Gründen** iSd. § 37 Abs. 3 Satz 1 BetrVG, wenn der Arbeitgeber Einfluß darauf genommen hatte, daß sie nicht während der Arbeitszeit verrichtet wurde. Die Entscheidung darüber, ob betriebsbedingte Gründe so gewichtig sind, daß sie eine Betriebsratstätigkeit außerhalb der individuellen Arbeitszeit geboten erscheinen lassen, obliegt nicht dem Betriebsrat, sondern ggf. im Einvernehmen mit dem Betriebsrat dem Arbeitgeber[3]. Um dem Arbeitgeber diese Entscheidung zu ermöglichen, muß das Betriebsratsmitglied die außerhalb der Arbeitszeit geplante **Betriebsratstätigkeit rechtzeitig anzeigen.** Nur dann ist der Ar-

---
1 BAG v. 15. 3. 1995, NZA 1995, 961.
2 BAG v. 11. 7. 1978, AP Nr. 57 zu § 37 BetrVG 1972; BAG v. 15. 2. 1989, AP Nr. 70 zu § 37 BetrVG 1972; BAG v. 26. 1. 1994, BB 1994, 1215.
3 BAG v. 26. 1. 1994, AP Nr. 93 zu § 37 BetrVG 1972.

II. Beteiligte und Organe

beitgeber in der Lage, die Entscheidung darüber zu treffen, ob betriebsbedingte Gründe vorliegen oder entsprechend der Grundwertung des Gesetzes Arbeitsbefreiung für die Betriebsratstätigkeit während der Arbeitszeit gewährt werden soll[1]. Das Tatbestandsmerkmal der betriebsbedingten Gründe ist nicht nur dann erfüllt, wenn der Arbeitgeber sie nach rechtzeitiger Meldung des Arbeitnehmers bejaht, sondern auch dann, wenn eine Verlegung der Tätigkeit in die Arbeitszeit objektiv nicht möglich ist oder der Arbeitgeber eine Befreiung von der Arbeitspflicht eindeutig und endgültig auch für künftige Fälle verweigert hat[2].

Die **Teilnahme an Schulungs- und Bildungsveranstaltungen,** die **in der Freizeit,** also außerhalb der persönlichen Arbeitszeit besucht werden, ist keine Betriebsratstätigkeit iSd. § 37 Abs. 3 BetrVG. Dies folgt nach Auffassung des BAG zum einen daraus, daß § 37 Abs. 6 BetrVG nur auf § 37 Abs. 2 BetrVG verweist, nicht aber auf § 37 Abs. 3 BetrVG. Zum anderen führen Betriebsratsmitglieder nach § 37 Abs. 1 BetrVG ihr Amt unentgeltlich als Ehrenamt; dies beinhaltet auch den ersatzlosen Einsatz von Freizeit, soweit nicht ein gesetzlicher Anspruch vorgesehen ist[3].

158

Nachdem das LAG Berlin zunächst § 37 Abs. 3 BetrVG für **Teilzeitbeschäftigte,** die an ganztägigen Schulungen teilnehmen, entsprechend anwendete, um eine nach Auffassung des Gerichts insoweit bestehende Regelungslücke zur Vermeidung einer generellen Benachteiligung teilzeitbeschäftiger Betriebsratsmitglieder zu schließen[4], setzte es wenig später das Klageverfahren einer teilzeitbeschäftigten Betriebsratsvorsitzenden auf Bezahlung der außerhalb ihrer Arbeitszeit erbrachten Schulungsteilnahme aus und rief den EuGH gem. Art. 177 EWG-Vertrag zur Vorabentscheidung an[5]. Der EuGH entschied dahin, daß Art. 119 EWG-Vertrag und die Richtlinie 75/117/EWG des Rates v. 10. 2. 1975 einer nationalen Regelung entgegenstehen, die für eine erheblich größere Zahl von Frauen als für Männer gilt und die Vergütung, die teilzeitbeschäftigte Betriebsratsmitglieder von ihrem Arbeitgeber in Form von bezahlter Arbeitsfreistellung oder von Bezahlung von Überstunden bei Teilnahme von Schulungsveranstaltungen zu erhalten haben, auf ihre individuelle Arbeitszeit beschränkt, auch wenn eine solche Schulung über die individuelle Arbeitszeit von Teilzeitbeschäftigten hinausgeht. Es bleibe dem Mitgliedsstaat unbenommen, nachzuweisen, daß diese Regelung durch objektive Faktoren gerechtfertigt sei, die nichts mit einer Diskriminierung aufgrund des Geschlechtes zu tun habe[6]. Auf diese Entscheidung reagierte das BAG mit einem Vorlagebeschluß. Der Siebente Senat fragte unter Hinweis darauf, daß an der bisherigen ständigen Rechtsprechung festgehalten werden solle, an, ob das Verbot der mittelbaren Geschlechtsdiskriminierung den nationalen Gesetzgeber hindere, das Be-

159

---
1 BAG v. 31. 10. 1985, DB 1986, 1026; BAG v. 3. 12. 1987, NZA 1988, 437.
2 BAG v. 3. 12. 1987, NZA 1988, 437.
3 BAG v. 27. 6. 1990, NZA 1991, 200.
4 LAG Berlin v. 30. 1. 1990, NZA 1990, 578.
5 LAG Berlin v. 24. 10. 1990, NZA 1991, 281.
6 EuGH v. 4. 6. 1992, DB 1992, 1481; vgl. hierzu auch *Mauer,* NZA 1993, 56 ff.

triebsratsamt als unentgeltlich zu führendes Ehrenamt auszugestalten und die Betriebsratsmitglieder vor Einkommenseinbußen zu schützen, die sie sonst durch betriebsratsbedingte Versäumung von Arbeitszeit erleiden würden[1]. Daraufhin hat der EuGH noch einmal bestätigt, daß eine nationale Regelung, die, ohne zur Erreichung eines legitimen sozialpolitischen Ziels geeignet und erforderlich zu sein, dazu führt, daß der Ausgleich, den **teilzeitbeschäftigte Betriebsratsmitglieder** von ihrem Arbeitgeber bei Teilnahme an Schulungsveranstaltungen zu erhalten haben, die während der betrieblichen Vollarbeitszeit veranstaltet werden, deren Dauer aber über die individuelle Arbeitszeit der Teilzeitbeschäftigten hinaus geht, deren individuelle Arbeitszeit beschränkt ist, während vollzeitbeschäftigte Betriebsratsmitglieder bei Teilnahme an denselben Schulungsveranstaltungen einen Ausgleich nach Maßgabe ihrer Arbeitszeit erhalten, gegen das in Art. 119 EWG-Vertrag und in der Richtlinie 75/117/EWG des Rates v. 10. 2. 1975 enthaltene **Verbot der mittelbaren Diskriminierung beim Arbeitsentgelt** verstößt, sofern der Gruppe der Teilzeitbeschäftigten erheblich mehr Frauen als Männer angehören[2]. Der Siebte Senat des BAG hat daraufhin entschieden, daß der Ausschluß von Freizeitausgleich für die Teilnahme an einer Betriebsratsschulung iSd. § 37 Abs. 6 BetrVG außerhalb der persönlichen Arbeitszeit zwar die teilzeitbeschäftigten weiblichen Mitglieder eines Betriebsrates benachteilige, diese Ungleichbehandlung aber durch objektive Gründe gerechtfertigt sei[3].

160 Grundsätzlich hat das Betriebsratsmitglied nach § 37 Abs. 3 BetrVG Anspruch auf Arbeitsbefreiung unter Vergütungsfortzahlung. Nur wenn die **Arbeitsbefreiung innerhalb eines Monats** aus betrieblichen Gründen nicht möglich ist, besteht ein **Abgeltungsanspruch,** der dann wie Mehrarbeit zu berechnen ist. Ob für den Ausgleichsanspruch eine **Geltendmachung** durch das Betriebsratsmitglied erforderlich ist, ist in der Literatur streitig[4].

f) Teilnahme an Schulungs- und Bildungsveranstaltungen

161 Nach § 37 Abs. 6 BetrVG besteht ein **kollektiver Anspruch des Betriebsrats auf bezahlte Freistellung** eines Betriebsratsmitglieds für Schulungs- und Bildungsveranstaltungen, die für die Arbeit des Betriebsrats erforderliche Kenntnisse vermitteln. Darüber hinaus gewährt § 37 Abs. 7 BetrVG dem einzelnen Betriebsratsmitglied einen zusätzlichen, **individuellen Anspruch auf bezahlte Freistellung** für Schulungs- und Bildungsveranstaltungen, die geeignete Kenntnisse vermitteln und von der obersten Arbeitsbehörde als geeignet anerkannt sind.

---

1 BAG v. 20. 10. 1993, NZA 1994, 278.
2 EuGH v. 6. 2. 1996, BB 1996, 429.
3 BAG v. 5. 3. 1997, BB 1997, 2218.
4 Dafür *Galperin/Löwisch,* § 37 BetrVG Rz. 46; *Glaubitz,* in Hess/Schlochauer/Glaubitz, § 37 BetrVG Rz. 69; ArbG Gießen v. 26. 2. 1986, NZA 1986, 614; aA *Fitting/Kaiser/Heither/Engels,* § 37 BetrVG Rz. 77; *Richardi,* § 37 BetrVG Rz. 57; *Blanke,* in Däubler/Kittner/Klebe, § 37 BetrVG Rz. 65; GK-BetrVG/*Wiese,* § 37 Rz. 73.

aa) Schulung nach § 37 Abs. 6 BetrVG

(1) Erforderliche Kenntnisse

Eine Schulungs- und Bildungsveranstaltung im Sinn von § 37 Abs. 6 BetrVG muß erforderliche Kenntnisse vermitteln. Eine Anerkennung iSd. § 37 Abs. 7 BetrVG ist nicht erforderlich. Veranstaltungen, die zwar der Bildung, nicht aber der Schulung dienen, begründen keinen Freistellungsanspruch. Die vermittelten **Kenntnisse** müssen **nach Art und Umfang für den Betriebsrat erforderlich** sein. Nach ständiger Rechtsprechung des BAG ist die Vermittlung von Kenntnissen dann erforderlich in diesem Sinne, wenn sie nach Art und Umfang in der konkreten Situation des Betriebes vom Betriebsrat benötigt werden. Dieser muß in die Lage versetzt werden, seine derzeitigen oder demnächst anfallenden Arbeiten sachgerecht wahrnehmen zu können[1]. 162

Soweit es sich nicht um die **Vermittlung von sog. Grundkenntnissen** handelt, muß ein aktueller oder absehbar betrieblicher oder betriebsbezogener Anlaß für die Annahme bestehen, daß die auf der Schulungsveranstaltung zu erwerbenden Kenntnisse derzeit oder in naher Zukunft von dem zu schulenden Betriebsratsmitglied benötigt werden, damit der Betriebsrat seine Beteiligungsrechte sach- und fachgerecht ausüben kann[2]. 163

Regelmäßig erforderlich ist eine einführende **Unterrichtung über das Betriebsverfassungsgesetz** oder über die **Grundzüge des Arbeitsrechts** für neugewählte Betriebsratsmitglieder[3]. Findet eine Schulung in Grundkenntnissen des BetrVG aber erst kurz vor dem Ende der Amtszeit statt, so muß dargelegt werden, warum das Betriebsratsmitglied auch unter Berücksichtigung der durch seine bisherige praktische Betriebsarbeit erworbenen Kenntnisse eine Schulung in Hinblick auf die für den Rest seiner Amtszeit noch anstehenden Aufgaben benötigt[4]. **Lehrgänge über Arbeitsschutz und Unfallverhütung** sind grundsätzlich ohne weitere Darlegung als erforderlich anzusehen[5]. Die Teilnahme an einer Schulungsveranstaltung „**Schriftliche Kommunikation im Betrieb**" ist nur dann erforderlich, wenn dargelegt wird, warum der Betriebsrat seine gesetzlichen Aufgaben ohne eine solche Schulung gerade des entsandten Betriebsratsmitglieds nicht sachgerecht wahrnehmen kann[6]. 164

Ohne aktuellen oder absehbar betriebsbezogenen Anlaß ist die Teilnahme eines Betriebsratsmitglieds an einer **Schulungsveranstaltung über den Einsatz eines PC** für die Erledigung von Betriebsratsaufgaben nicht erforderlich[7]. In 165

---

1 BAG v. 20. 10. 1993, EzA Nr. 125 zu § 37 BetrVG 1972; BAG v. 15. 2. 1995, BB 1995, 1906; BAG v. 19. 7. 1995, DB 1995, 2378.
2 BAG v. 16. 3. 1988, AP Nr. 63 zu § 37 BetrVG 1972; BAG v. 29. 4. 1992, EzA Nr. 111 zu § 37 BetrVG 1972; BAG v. 19. 7. 1995, DB 1995, 2378.
3 BAG v. 21. 11. 1978, DB 1979, 507; BAG v. 16. 10. 1986, DB 1987, 891; BAG v. 7. 6. 1989, NZA 1990, 149; BAG v. 19. 7. 1995, DB 1995, 2378.
4 BAG v. 7. 6. 1989, NZA 1990, 149.
5 BAG v. 15. 5. 1986, NZA 1987, 63.
6 BAG v. 15. 2. 1995, BB 1995, 1906.
7 BAG v. 19. 7. 1995, DB 1995, 2378.

diesem Zusammenhang weist das BAG zutreffend darauf hin, daß die mit dem Einsatz elektronischer Datenverarbeitung in den Betrieben verbundenen Aufgabenstellungen von Fall zu Fall unterschiedlich und in hohem Maße von den konkreten betrieblichen und betriebsratsbezogenen Verhältnissen abhängig sind. Die mit ihnen verbundenen Anforderungen an eine sachgerechte Arbeitsweise des Betriebsrats entziehen sich einer typisierenden Betrachtungsweise. Zudem unterliegen die im Rahmen der elektronischen Datenverarbeitung zum Einsatz gelangende Hardware und Software, die auf individuelle Bedürfnisse des jeweiligen Anwenders und des angestrebten Einsatzzweckes ausgerichtet sind, einem ständigen Wandel. Trotz zum Teil standardisierter Programme sind die Einsatz- und Verwendungsmöglichkeiten individuell. Ein nur auf Vorrat erworbenes Wissen ohne die Möglichkeit einer praktischen Umsetzung verliert in kürzester Zeit an Wert, weshalb die Erforderlichkeit einer EDV-Schulungsveranstaltung nicht losgelöst von einer Einzelfallprüfung beurteilt werden kann.

166 Gleiches gilt für den Besuch einer **Schulungsveranstaltung „Rechtsprechung – aktuell".** Insoweit ist weder ein stets aktueller betrieblicher Fragenbereich anzunehmen, noch liegt darin ein der Vermittlung von Grundwissen vergleichbarer Sachverhalt[1]. Auch für die Teilnahme an einer **Schulungsveranstaltung „Management-Techniken für Betriebs- und Personalräte"** muß ein konkreter betrieblicher Bezug dargelegt werden[2]. Nach einer zum Teil in der Instanzrechtsprechung vertretenen Auffassung sollen Kenntnisse über **ökologische Zusammenhänge** wie auch Kenntnisse über **gesundheitsgefährdende Umweltbelastungen** im Betrieb zu den für die Betriebsratsarbeit grundsätzlich erforderlichen Kenntnissen gehören[3]. Nach Auffassung des LAG Frankfurt am Main soll auch die Teilnahme an einem **AIDS-Seminar** des DGB erforderliche Kenntnisse iSd. § 37 Abs. 6 BetrVG vermitteln[4]. In einem Betrieb, in dem Frauen und Männer beschäftigt sind, soll die Schulung von Betriebsratsmitgliedern zum Thema **„Sexuelle Belästigung am Arbeitsplatz"** nach Auffassung einiger Instanzgerichte für die Betriebsratsarbeit erforderlich iSd. § 37 Abs. 6 BetrVG sein[5]. Das BAG hat ferner entschieden, daß eine Schulungsveranstaltung **„Mobbing"** erforderlich sein kann, wenn der Betriebsrat eine betriebliche Konfliktlage darlegen kann, aus der sich für ihn ein Handlungsbedarf ergibt und zu deren Bewältigung er das vermittelte Wissen benötigt[6]. Die Teilnahme eines Betriebsratsmitglieds an einer Schulungsveranstaltung **„Sprechwirksamkeit – Ich als Interessenvertreter in Rede und Gespräch",** das im wesentlichen der Verbesserung von Sprech- und Argumentationstechniken dient, ist nicht erforder-

---

1 LAG Frankfurt v. 27. 1. 1994, NZA 1994, 1134.
2 BAG v. 14. 9. 1994, NZA 1995, 381.
3 ArbG Wiesbaden v. 2. 10. 1991, AiB 1991, 540; ArbG Hannover v. 6. 12. 1991, AiB 1992, 154.
4 LAG Frankfurt v. 7. 3. 1991, LAGE Nr. 37 zu § 37 BetrVG.
5 ArbG Wesel v. 31. 3. 1993, DB 1993, 1096; ArbG Berlin v. 15. 10. 1992, 50 BVG 81/92, nv.
6 BAG v. 15. 1. 1997, BB 1997, 1480.

lich[1]. Plant der Arbeitgeber die Einführung des Qualitätsmanagementsystems nach **DIN/ISO 9000–9004,** um die gleichbleibende Qualität seiner Produkte sicherzustellen, so ist eine Schulungsveranstaltung, die in dieses System einführt, erforderlich, wenn das Managementsystem aller Voraussicht nach zu mitbestimmungspflichtigen Maßnahmen führen wird[2].

(2) Festlegung der Teilnehmer

Der Anspruch auf Arbeitsbefreiung besteht nur dann, wenn gerade die **Teilnahme der vom Betriebsrat bestimmten Person notwendig** ist. Unabdingbar für einen entsprechenden Freistellungsanspruch ist ein entsprechender ordnungsgemäßer Beschluß des Betriebsrates. 167

Ersatzmitglieder, die nicht in den Betriebsrat nachgerückt sind, können nicht zu einer Veranstaltung entsandt werden. Eine Ausnahme besteht nur bei häufig herangezogenen Ersatzmitgliedern, wenn der Erwerb der bei der Schulung vermittelten Kenntnisse unter Berücksichtigung der Ersatzmitgliedschaft für die Gewährleistung der Arbeitsfähigkeit des Betriebsrats erforderlich ist[3]. **Mitglieder des Wirtschaftsausschusses,** die nicht zugleich Mitglieder des Betriebsrats sind, haben keinen Anspruch auf Freistellung für Schulungsveranstaltungen. § 37 Abs. 6 BetrVG gilt nur für Betriebsratsmitglieder[4]. Das Recht, über die Teilnahme eines **Jugendvertreters** an einer Schulungs- und Bildungsveranstaltung nach § 37 Abs. 6 BetrVG zu beschließen, steht ausschließlich dem Betriebsrat zu und bedarf einer entsprechenden Beschlußfassung[5]. 168

(3) Durchführung der Arbeitsbefreiung

Der **Betriebsrat muß** dem Arbeitgeber gem. § 37 Abs. 6 Satz 3 BetrVG die **zeitliche Lage** sowie den oder die **Teilnehmer** an einer Veranstaltung **rechtzeitig bekanntgeben.** Rechtzeitig ist eine Unterrichtung, die dem Arbeitgeber die Prüfung ermöglicht, ob die Voraussetzungen für die Gewährung einer bezahlten Freistellung vorliegen, und die es ihm, falls er die betriebliche Notwendigkeiten für nicht ausreichend berücksichtigt hält, ferner gestattet, die Einigungsstelle anzurufen. Wird der Arbeitgeber nicht rechtzeitig unterrichtet, entfällt der Anspruch des Betriebsratsmitglieds auf Fortzahlung des Lohns und Erstattung der Kosten[6]. Der Betriebsrat ist nach herrschender Auffassung verpflichtet, dem Arbeitgeber die näheren Einzelheiten der Schulung wie **Ort, Zeit, Dauer, Veranstalter und Themenplan der Veranstaltung** mitzuteilen. 169

---

1 BAG v. 20. 10. 1993, NZA 1994, 190.
2 LAG Rheinland-Pfalz v. 29. 11. 1996, NZA-RR 1997, 215 ff.
3 BAG v. 15. 5. 1986, DB 1986, 2189; BAG v. 14. 12. 1994, NZA 1995, 593.
4 BAG v. 28. 4. 1988, NZA 1989, 221.
5 BAG v. 10. 5. 1974, DB 1974, 1773; BAG v. 6. 5. 1975, DB 1975, 1706.
6 BAG v. 18. 3. 1977, DB 1977, 1148; aA LAG Baden-Württemberg v. 17. 12. 1987, AiB 1988, 282.

170 **Hinweis:**
Die unterlassene oder nicht rechtzeitige Unterrichtung kann im Wiederholungsfall eine grobe Amtspflichtverletzung iSd. § 23 BetrVG sein[1].

171 Weigert sich der Arbeitgeber, eine Befreiung zu erteilen, kann sowohl der Betriebsrat als auch das ausgewählte Betriebsratsmitglied ein **Beschlußverfahren** beim Arbeitsgericht einleiten und ggf. je nach Dringlichkeit eine **einstweilige Verfügung** beantragen.

bb) Schulungsveranstaltung nach § 37 Abs. 7 BetrVG

172 Unbeschadet der Vorschrift des § 37 Abs. 6 BtrVG hat jedes Mitglied des Betriebsrats während seiner regelmäßigen Amtszeit Anspruch auf bezahlte Freistellung für insgesamt drei Wochen zur Teilnahme an Schulungs- und Bildungsveranstaltungen, die von der zuständigen Obersten Arbeitsbehörde des Landes nach Beratung mit den Spitzenorganisationen der Gewerkschaft und der Arbeitgeberverbände **als geeignet anerkannt** sind. Dieser Anspruch erhöht sich für Arbeitnehmer, die erstmals das Amt eines Betriebsratsmitglieds übernommen haben, auf vier Wochen (§ 37 Abs. 7 Satz 1 und 2 BetrVG). Es handelt sich hierbei im Gegensatz zum Freistellungsanspruch nach § 37 Abs. 6 BetrVG um einen **individuellen Anspruch des einzelnen Betriebsratsmitglieds**.

(1) Geeignete Schulungsveranstaltung

173 Eine Schulungs- und Bildungsveranstaltung ist nur dann iSd. § 37 Abs. 7 BetrVG geeignet, wenn **die vermittelten Kenntnisse** nicht nur im Zusammenhang mit der **Betriebsratstätigkeit** stehen, sondern ihr überdies **dienlich und förderlich** sind. Die Veranstaltung muß nach Zielsetzung und Inhalt darauf angelegt sein, für eine sach- und fachgerechte Erfüllung der im geltenden Recht vorgesehenen Betriebsratsaufgaben zu sorgen, so daß für sie nennenswerte Vorteile zu erwarten sind. Der für die Betriebsratstätigkeit zu erwartende Nutzen darf kein bloßer Nebeneffekt von untergeordneter Bedeutung sein[2].

174 **Beispiele** für Eignung iSd § 37 Abs. 7 BetrVG:
Schulungs- und Bildungsveranstaltungen, die Kenntnisse des allgemeinen Arbeitsrechts[3] wie auch Kenntnisse zum Sozialrecht, zur Wirtschafts- und Sozialpolitik, zum Mitbestimmungs- und Gesellschaftsrecht sowie Kenntnisse über wirtschaftliche und betriebswirtschaftliche Fragen, über Fragen der Arbeitsbewertung und Arbeitswissenschaft sowie zur Versammlungspraxis und Versammlungsleitung sowie Diskussions- und Verhandlungstechnik vermitteln[4].

---

1 *Blanke*, in Däubler/Kittner/Klebe, § 37 BetrVG Rz. 130 mwN.
2 BAG v. 11. 8. 1993, AP Nr. 92 zu § 37 BetrVG 1972.
3 BAG v. 9. 9. 1992, DB 1993, 592; BAG v. 30. 8. 1989, NZA 1990, 483; BAG v. 25. 4. 1978, AP Nr. 33 zu § 37 BetrVG 1972.
4 *Galperin/Löwisch*, § 37 BetrVG Rz. 103; *Fitting/Kaiser/Heither/Engels*, § 37 BetrVG Rz. 155; *Blanke*, in Däubler/Kittner/Klebe, § 37 BetrVG Rz. 145 jeweils mwN.

II. Beteiligte und Organe   Rz. 177 Teil 4 A

Die Themen einer solchen Veranstaltung müssen aber einen hinreichenden   175
Bezug zu den gesetzlichen Aufgaben des Betriebsrats aufweisen[1]. § 37 Abs.
7 BetrVG dient nicht dazu, Rückstände im Allgemeinwissen bei Betriebsratsmitgliedern abzubauen, allgemeine staatsbürgerliche Fortbildung zu vermitteln oder allgemein eine „intellektuelle Parität" oder Chancengleichheit mit dem Arbeitgeber herzustellen. Aus diesem Grund sind Veranstaltungen **nicht** geeignet, die ausschließlich der **Allgemeinbildung** dienen. Hier fehlt es am unmittelbaren Bezug zur Betriebsratstätigkeit. Das gleiche gilt für **allgemein-politische, gewerkschafts-politische** oder auch **kirchliche Themen**[2].

(2) Anerkennung der Veranstaltung

Die Schulungsveranstaltung muß von der Obersten Arbeitsbehörde des Landes,   176
also vom Arbeitsminister oder dem Senator für Arbeit, als geeignet anerkannt worden sein. Bei dieser Anerkennung handelt es sich um einen **Verwaltungsakt**. Vor dessen Erlaß sind die Spitzenorganisationen der Arbeitgeberverbände und der Gewerkschaft zu hören. Obwohl es sich bei dem Anerkennungsbescheid um einen Verwaltungsakt der Obersten Arbeitsbehörde des Landes handelt, ist für die Anfechtung dieses Verwaltungsaktes nach ständiger Rechtsprechung des BAG der Rechtsweg zu den Arbeitsgerichten eröffnet[3]. Die im Verwaltungsverfahren nach § 37 Abs. 7 BetrVG zu beteiligenden Verbände sind zur **Anfechtung** eines ihrer Auffassung nach unrichtigen Anerkennungsbescheides legitimiert[4]. Ob auch der Arbeitgeber berechtigt ist, die Anerkennung einer Schulungs- und Bildungsveranstaltung gerichtlich anzufechten, ist in der Literatur umstritten[5]. Das BAG hatte zunächst ein Anfechtungsrecht bejaht[6], später dann aber mit der Begründung verneint, daß insoweit eine unmittelbare Betroffenheit fehle, da die Anerkennung gegenüber dem einzelnen Arbeitgeber nicht als Verwaltungsakt, sondern lediglich als Tatbestandsmerkmal der auf § 37 Abs. 7 BetrVG beruhenden Entgeltfortzahlungsverpflichtung wirke[7].

Bei der **Überprüfung der Anerkennung** ist zu beachten, daß der in § 37 Abs. 7   177
BetrVG verwandte Begriff „geeignet" als unbestimmter Rechtsbegriff im Rechtsbeschwerdeverfahren durch das Bundesarbeitsgericht nur einer eingeschränkten Nachprüfung unterliegt[8]. Für die Geeignetheit iSd. § 37 Abs. 7 BetrVG kommt es nicht auf die Eignung des Veranstaltungsträgers, sondern auf die jeweiligen Themen und die Ausgestaltung der Veranstaltung an. Wenn sich

---
1 LAG München v. 20. 7. 1994 – 7 Ta BV 36/93, nv.; BAG v. 11. 10. 1995, AP Nr. 115 zu § 37 BetrVG 1972.
2 BAG v. 18. 12. 1973, EzA Nr. 20 zu § 37 BetrVG 1972; BAG v. 11. 8. 1993, AP Nr. 92 zu § 37 BetrVG 1972; BAG v. 11. 10. 1995, AP Nr. 115 zu § 37 BetrVG 1972.
3 BAG v. 18. 12. 1973, BAGE 25, 452, 460 ff.; BAG v. 6. 4. 1976, BAGE 28, 95, 97; BAG v. 11. 8. 1993, BAGE 74, 72; ebenso BVerwG v. 3. 12. 1976, BB 1977, 899.
4 BAG v. 5. 11. 1974, BAGE 28, 95, 98; BAG v. 11. 8. 1993, BAGE 74, 72, 85.
5 Vgl. die Nachweise bei *Fitting/Kaiser/Heither/Engels*, § 37 BetrVG Rz. 214.
6 BAG v. 5. 11. 1974, EzA Nr. 35 zu § 37 BetrVG 1972.
7 BAG v. 25. 6. 1981, EzA Nr. 71 zu § 37 BetrVG 1972.
8 BAG v. 11. 8. 1993, BAGE 74, 72; BAG v. 11. 10. 1995, AP Nr. 115 zu § 37 BetrVG 1972.

eine Schulungs- und Bildungsveranstaltung auch nur teilweise mit Themen befaßt, die iSd. § 37 Abs. 7 BetrVG nicht geeignet sind, muß entweder die Anerkennung verweigert oder durch entsprechende Nebenbestimmungen sichergestellt werden, daß die Veranstaltung in vollem Umfang geeignet ist[1].

(3) Anspruchsberechtigte Teilnehmer

178 **Jedes Betriebsratsmitglied** hat Anspruch auf bezahlte Freistellung für die Dauer von drei Wochen, dh. 21 Tage einschl. der Sonn- und Feiertage oder aber 18 Werktage, wenn man die Sonn- und Feiertage unberücksichtigt läßt. Es handelt sich hierbei um einen individuellen Anspruch des einzelnen Betriebsratsmitgliedes. Anspruchsberechtigt sind nur Mitglieder des Betriebsrats sowie gem. § 65 Abs. 1 BetrVG Mitglieder der Jugend- und Auszubildendenvertretung. **Ersatzmitglieder** des Betriebsrats, die noch nicht gem. § 25 Abs. 1 Satz 1 BetrVG endgültig in den Betriebsrat nachgerückt sind, haben keinen Anspruch nach § 37 Abs. 7 BetrVG. Dies gilt auch dann, wenn sie nach § 25 Abs. 1 Satz 2 BetrVG in großem Umfang zur Stellvertretung ordentlicher Betriebsratsmitglieder herangezogen werden und es deshalb zur Gewährleistung der Arbeitsfähigkeit des Betriebsrats erforderlich ist, daß auch sie über die notwendigen Grundkenntnisse verfügen. In einem solchen Fall können sie vom Betriebsrat gem. § 37 Abs. 6 BetrVG zur Teilnahme an erforderliche Schulungs- und Bildungsverantaltungen entsandt werden; ein eigener Anspruch nach § 37 Abs. 7 BetrVG besteht nicht[2]. Scheidet ein Betriebsratsmitglied während der Amtszeit aus, ohne zuvor seinen Anspruch aus § 37 Abs. 7 BetrVG verbraucht zu haben, so kann es diesen Anspruch nicht mehr geltend machen. In gleicher Weise verfällt der Anspruch mit Ablauf der Amtszeit, eine Übertragung auf die neue Amtszeit ist nach dem Gesetz nicht vorgesehen[3].

(4) Festlegung der Teilnehmer

179 Da es sich beim Anspruch nach § 37 Abs. 7 BetrVG um einen individuellen Anspruch des einzelnen Betriebsratsmitgliedes handelt, kann und muß der Betriebsrat hier lediglich über den Zeitpunkt der Teilnahme an einer als geeignet anerkannten Schulung entscheiden. Auch insoweit ist ein **ordnungsgemäßer Beschluß** erforderlich, ohne diesen ist das Betriebsratsmitglied nicht berechtigt, die Veranstaltung zu besuchen[4]. Soll ein Betriebsratsmitglied unmittelbar vor dem Ende seiner Amtszeit an einer gem. § 37 Abs. 7 BetrVG als geeignet anerkannten Schulungsveranstaltung teilnehmen, so muß wie bei § 37 Abs. 6 BetrVG im einzelnen dargelegt werden, aufgrund welcher besonderen Umstände gerade diese Festlegung des Zeitpunktes der Schulungsteilnahme

---

1 BAG v. 11. 8. 1993, BAGE 74, 72 unter ausdrücklicher Aufgabe von BAG v. 18. 12. 1973, BAGE 25, 452.
2 BAG v. 14. 12. 1994, NZA 1995, 593.
3 Streitg: vgl. *Fitting/Kaiser/Heither/Engels*, § 37 BetrVG Rz. 179; aA für den Fall, daß eine Übertragung aus dringenden betrieblichen oder persönlichen Gründen erforderlich sein soll: *Blanke*, in Däubler/Kittner/Klebe, § 37 BetrVG Rz. 155.
4 BAG v. 10. 5. 1974, AP Nr. 3 zu § 65 BetrVG 1972.

II. Beteiligte und Organe

durch den Betriebsrat noch pflichtgemäßem Ermessen entspricht und ob das Betriebsratsmitglied die vermittelten Kenntnisse noch während seiner Amtszeit einbringen kann[1].

Wie bei der Teilnahme an Veranstaltungen nach § 37 Abs. 6 BetrVG ist auch für die Teilnahme an als geeignet anerkannten Schulungsveranstaltungen iSd. § 37 Abs. 7 BetrVG der **Arbeitgeber rechtzeitig** von der beabsichtigten Teilnahme und der zeitlichen Lage der Schulungs- und Bildungsveranstaltung **zu unterrichten.** Der Betriebsrat ist verpflichtet, dem Arbeitgeber die näheren Einzelheiten der Schulung wie **Ort, Zeit, Dauer, Themenplan der Veranstaltung und Genehmigung durch die zuständige Behörde** mitzuteilen. Die Mitteilung ist nur dann rechtzeitig, wenn der Arbeitgeber noch vor der Veranstaltung prüfen kann, ob er die Einigungsstelle anrufen will[2]. Unterläßt der Arbeitgeber die Anrufung der Einigungsstelle, so verbleibt es bei der Entscheidung des Betriebsrates über die zeitliche Lage der Teilnahme[3]. 180

cc) Entgeltfortzahlung und Kosten der Schulung

(1) Entgeltfortzahlung

Für die Teilnahme an **erforderlichen Schulungs- und Bildungsveranstaltungen nach § 37 Abs. 6 BetrVG** sowie an **als geeignet anerkannten Schulungs- und Bildungsveranstaltungen iSd. § 37 Abs. 7 BetrVG** ist das Betriebsratsmitglied unter Fortzahlung der Vergütung freizustellen. Auch hier gilt das Lohnausfallprinzip. Der Arbeitgeber muß das Betriebsratsmitglied also so stellen, als sei er nicht für die Teilnahme an der Schulungs- und Bildungsveranstaltung freigestellt, sondern hätte im Betrieb gearbeitet. Hier gelten die gleichen Maßstäbe wie im Rahmen des § 37 Abs. 2 BetrVG, so daß auf die dortigen Ausführungen verwiesen werden darf. 181

Ein besonderes Problem ergibt sich hier im Zusammenhang mit **teilzeitbeschäftigten Betriebsratsmitgliedern.** Diese müssen bei Teilnahme an üblicherweise ganztägigen Schulungsveranstaltungen gegenüber vollzeitbeschäftigten Betriebsratsmitgliedern generell ein besonderes Freizeitopfer erbringen. Der Ausschluß von Freizeitausgleich für die Teilnahme an einer Betriebsratsschulung iSd. § 37 Abs. 6 BetrVG außerhalb der persönlichen Arbeitszeit benachteiligt zwar die teilzeitbeschäftigten weiblichen Mitglieder eines Betriebsrates, diese Ungleichbehandlung ist aber nach Auffassung des BAG durch objektive Gründe gerechtfertigt[4]. 182

---

1 BAG v. 9. 9. 1992, DB 1993, 592; BAG v. 7. 6. 1989, NZA 1990, 149; BAG v. 28. 8. 1996, BB 1996, 2569.
2 BAG v. 18. 3. 1977, AP Nr. 27 zu § 37 BetrVG 1972; LAG Niedersachsen v. 14. 8. 1987, AiB 1988, 284.
3 BAG v. 18. 3. 1977, AP Nr. 27 zu § 37 BetrVG 1972; LAG Niedersachsen v. 14. 8. 1987, AiB 1988, 284.
4 BAG v. 5. 3. 1997, BB 1997, 2218 = unter ausführlicher Auseinandersetzung mit der Rechtsprechung des EuGH.

(2) Kosten für die Teilnahme an Schulungs- und Bildungsveranstaltungen

183 Für die Teilnahme an **Schulungs- und Bildungsveranstaltungen nach § 37 Abs. 7 BetrVG** muß der Arbeitgeber Entgeltfortzahlung leisten, irgendwelche weiteren, mit der Teilnahme an der Veranstaltung zusammenhängenden Kosten, muß der Arbeitgeber nicht tragen[1].

184 Für die Teilnahme an einer erforderlichen **Veranstaltung nach § 37 Abs. 6 BetrVG** hingegen besteht auf Arbeitgeberseite auch über den Entgeltfortzahlungsanspruch hinaus eine **Kostentragungspflicht**[2]. Vermittelt eine als geeignet anerkannte Schulungs- und Bildungsveranstaltung zugleich für die Betriebsratsarbeit erforderliche Kenntnisse iSd. § 37 Abs. 6 BetrVG und nimmt das Betriebsratsmitglied im Rahmen des Freistellungsanspruchs nach § 37 Abs. 6 BetrVG an dieser Veranstaltung teil, so besteht auch für diese Teilnahme die Verpflichtung des Arbeitgebers, die Kosten zu tragen[3].

185 Als **Anspruchsgrundlage für eine Kostenerstattung** nach Maßgabe der obigen Grundsätze kommt nach ständiger Rechtsprechung des Bundesarbeitsgerichts nur § 40 iVm. § 37 Abs. 6, § 65 Abs. 1 BetrVG in Betracht. Dabei ist die Kostenerstattungspflicht des Arbeitgebers durch die **Grundsätze der Erforderlichkeit und Verhältnismäßigkeit** sowie durch den koalitionsrechtlichen Grundsatz, daß kein Verband zur Finanzierung des gegnerischen Verbandes verpflichtet sein kann, eingeschränkt[4]. Dies bedeutet, daß die Gewerkschaften aus den Schulungsveranstaltungen zumindest keinen Gewinn erzielen dürfen. Der Arbeitgeber muß nur die tatsächlichen Kosten tragen, die der Gewerkschaft durch die konkrete Schulung entstanden sind. Diese Einschränkung gilt auch dann, wenn eine Gewerkschaft einer GmbH, deren Anteile sie zu 100% hält, die Durchführung der Schulungsveranstaltung überträgt und sich einen bestimmenden Einfluß auf die Ausgestaltung der Schulung vorbehält. In gleicher Weise unterliegt ein gemeinnütziger Verein den koalitionsrechtlichen Beschränkungen, wenn die Gewerkschaft den Vereinsvorstand stellt und über ihn Inhalt, Durchführung und Finanzierung solcher Schulungen maßgebend bestimmt[5].

186 Bei der Erstattung von Lehrgangskosten unterscheidet die Rechtsprechung zwischen den sogenannten **Vorhalte- oder Generalunkosten** und den eigentlichen **Lehrgangskosten,** also den Kosten, die durch die konkrete Schulungsveranstaltung selbst entstanden sind. Die Vorhalte- oder sächlichen Generalunkosten braucht der Arbeitgeber nicht zu erstatten.

---

1 BAG v. 6. 11. 1973, BB 1974, 462.
2 Ständige Rechtsprechung seit BAG v. 31. 10. 1972, DB 1973, 528.
3 BAG v. 26. 8. 1975, DB 1975, 2450.
4 BAG v. 30. 3. 1994, NZA 1995, 382; BAG v. 15. 1. 1992, NZA 1993, 189; vgl. hierzu auch *Wedde,* DB 1994, 730 ff.
5 BAG v. 30. 3. 1994, NZA 1995, 382; BAG v. 15. 1. 1992, DB 1992, 2504; BAG v. 28. 6. 1995, AP Nr. 48 zu § 40 BetrVG 1972 (Gewerkschaftsnaher Gemeinnütziger Verein); BAG v. 28. 6. 1995, NZA 1995, 1220 (Gewerkschaftsnaher Gemeinnütziger Verein).

II. Beteiligte und Organe Rz. 190 Teil 4 A

Beispiele für Vorhalte- oder Generalunkosten: 187
Kosten für Fremd- und/oder Eigenkapitalverzinsung, Miete, Grundstücksabgaben, Mietnebenkosten für Heizung, Beleuchtung und Reinigung sowie für die Abnutzung oder Bereitstellung anderer, allgemein vorgehaltener beweglicher Einrichtungsgegenstände (Mobiliar, Lehr- und Lernmittel etc.)[1].

Soweit aus Anlaß der konkreten Schulung dem Veranstalter **zusätzlich personelle und sächliche Kosten** entstanden sind, die auf die Teilnehmer umgelegt werden, sind diese erstattungsfähig, wenn sie **von den Generalunkosten klar abgrenzbar** sind. Den Gewerkschaften wie auch den von ihnen eingeschalteten gewerkschaftseigenen Unternehmen ist es möglich und zumutbar, die tatsächlich entstandenen, erstattungsfähigen, lehrgangsbezogenen Kosten der Schulung näher anzugeben, wobei eine vollständige Offenlegung aller Kalkulationsunterlagen nicht verlangt wird[2]. 188

Soweit der Betriebsrat oder die Schulungsteilnehmer die erstattungsfähigen Kosten nicht **ausreichend nachweisen,** kann der Arbeitgeber die Leistung verweigern. Betriebsratsmitglieder, die zu einer Schulung entsandt sind, müssen wie ein Beauftragter im Rahmen des Möglichen und Zumutbaren **Belege** über die zu ersetzenden Aufwendungen vorlegen, damit der Arbeitgeber in der Lage ist, die von ihm zu tragenden Kosten festzustellen und etwaige nicht erstattungsfähige Kosten auszuscheiden. Dabei muß sich aus den Belegen ergeben, welche unter die Kostentragungspflicht des Arbeitgebers fallenden Leistungen der Schulungsveranstalter erbracht hat und welche Preise die Schulungsteilnehmer für die einzelnen Leistungen zu zahlen haben. Dabei hängt der erforderliche Inhalt der Belege von den Anspruchsvoraussetzungen ab, die nachgewiesen werden sollen[3]. 189

Für **Fahrt-, Verpflegungs-** und etwaige **Übernachtungskosten** gilt der Grundsatz der Verhältnismäßigkeit. Das an der Schulungsveranstaltung teilnehmende Betriebsratsmitglied muß die Kostenbelastung so gering wie möglich halten. In diesem Zusammenhang ist zu berücksichtigen, daß die **Kosten der persönlichen Lebensführung,** wie zB für Getränke, nicht zu erstatten sind und die **Ersparnis eigener Aufwendungen** abgezogen werden kann. Der Arbeitgeber kann entsprechend den Lohnsteuerrichtlinien einen Teil der tatsächlichen Verpflegungsaufwendungen als Haushaltsersparnis anrechnen, es sei denn, der Arbeitnehmer begnügt sich mit einer ihm zustehenden Kostenpauschale, die bereits die Haushaltsersparnis berücksichtigt[4]. Soweit in einem Betrieb **Reisekostenregelungen** erlassen worden sind, gelten diese grundsätzlich auch für Reisen von Betriebsratsmitgliedern im Rahmen der Teilnahme an Schulungsveranstaltungen[5]. 190

---

1 BAG v. 3. 4. 1979, AP Nr. 17 zu § 40 BetrVG.
2 BAG v. 30. 3. 1994, NZA 1995, 382.
3 BAG v. 30. 3. 1994, NZA 1995, 382; BAG v. 28. 6. 1995, NZA 1995, 1216; BAG v. 28. 6. 1995, NZA 1995, 1220.
4 BAG v. 30. 3. 1994, BB 1994, 2347; BAG v. 28. 6. 1995, NZA 1995, 1220.
5 BAG v. 23. 6. 1975, AP Nr. 10 zu § 70 BetrVG 1972; BAG v. 28. 10. 1992 – 7 ABR 10/92, nv.

g) Kosten des Betriebsrats

191 Grundsätzlich ist der Arbeitgeber verpflichtet, gem. § 40 Abs. 1 BetrVG die **durch die Tätigkeit des Betriebsrats** im Rahmen des Gesetzes **entstehenden Kosten** zu tragen[1]. Ein Anspruch auf Kostenerstattung besteht nur dann, wenn die Kosten im Interesse des Betriebes und seiner Belegschaft unter Berücksichtigung auch der Belange des Arbeitgebers erforderlich waren oder doch jedenfalls vom Betriebsrat oder seinen Mitgliedern unter Anlegung dieses Maßstabes bei gewissenhafter Abwägung aller Umstände für erforderlich gehalten werden durften[2] und die ausgelösten Kosten dem Grundsatz der Verhältnismäßigkeit entsprechen.

192 **Erforderliche Kosten** sind nur die im Rahmen des laufenden Geschäftsbetriebes entstehenden Barauslagen des Betriebsrats, soweit sie zur Erfüllung der Betriebsratsaufgaben erforderlich waren. Sachleistungen muß der Arbeitgeber nach § 40 Abs. 2 BetrVG zur Verfügung stellen, der Betriebsrat darf diese nicht selbst beschaffen und die Kosten dafür nach § 40 Abs. 1 BetrVG ersetzt verlangen.

aa) Kosten für Dolmetscher

193 Die Vergütung für einen Dolmetscher, der den Tätigkeitsbericht des Betriebsrats in Betriebsversammlungen nach § 43 BetrVG mündlich übersetzt, kann erstattungsfähig sein, sofern ein **erheblicher Teil der Belegschaft aus Ausländern** besteht[3].

bb) Geschäftsführungskosten

194 Die allgemeinen Geschäftsführungskosten wie **Porto, Telefonkosten** und in entsprechendem Umfang Reisekosten, muß der Arbeitgeber erstatten.

cc) Sachverständigenkosten

195 Sachverständigenkosten sind nur dann erforderlich iSd. § 40 Abs. 1 BetrVG und vom Arbeitgeber zu tragen, wenn die Hinzuziehung des Sachverständigen den Erfordernissen des § 80 Abs. 3 Satz 1 BetrVG entspricht, insbesondere eine **vorherige** nähere **Vereinbarung zwischen Arbeitgeber und Betriebsrat** über die Beauftragung des Sachverständigen getroffen oder ersetzt worden ist[4]. Nach Auffassung des LAG Frankfurt[5] muß der Arbeitgeber die Kosten für einen vom Betriebsrat ohne vorherige Zustimmung hinzugezogenen Sachverständigen auch dann tragen, wenn das verweigerte Einverständnis nachträglich gerichtlich ersetzt wird. Der Ersetzung der Zustimmung soll nach dieser Entscheidung Rückwirkung zukommen, weil ansonsten der böswillige Arbeitgeber die Mög-

---

1 Übersicht hierzu bei *Becker-Schaffner*, BB 1997, 928 ff.
2 So schon BAG v. 24. 6. 1960, EzA Nr. 3 zu § 39 BetrVG 1952.
3 LAG Düsseldorf v. 30. 1. 1981, DB 1981, 1093.
4 BAG v. 26. 2. 1992, DB 1992, 2245; BAG v. 19. 4. 1989, DB 1989, 1774.
5 LAG Frankfurt v. 11. 11. 1986, BB 1987, 614.

II. Beteiligte und Organe

lichkeit habe, durch Verweigerung der erforderlichen Beiziehung des Sachverständigen den Betriebsrat in seiner Handlungs- und Funktionsfähigkeit zu beeinträchtigen.

dd) Kosten der anwaltlichen Beratung

Problematisch ist die Abgrenzung, wenn der Betriebsrat einen Rechtsanwalt zur Beratung heranzieht. Nach einer älteren Entscheidung des BAG ist der Rechtsanwalt, der den Betriebsrat über eine vom Arbeitgeber vorgeschlagene Betriebsvereinbarung beraten soll, Sachverständiger iSd. § 80 Abs. 3 BetrVG[1]. Demgegenüber vertrat das LAG Frankfurt aM zunächst die Auffassung, daß der Betriebsrat ohne vorherige Vereinbarung mit dem Arbeitgeber einen fach- oder sachkundigen Berater für die Erteilung interessengebundenen Rats nach § 40 Abs. 1 BetrVG, also auf Kosten des Arbeitgebers hinzuziehen könne, wenn ihm zur Umsetzung der ihm obliegenden betriebsverfassungsrechtlichen Aufgaben die entsprechende Sachkunde fehle und er insoweit fachkundige Beratung benötige[2]. Den **Unterschied zwischen einem Sachverständigen und einem Berater** sah das LAG Frankfurt in seiner Entscheidung aus dem Jahr 1990 darin, daß ersterer seine Tätigkeit interessenunabhängig und neutral ausübe, während der Berater durch seinen fachlichen Rat gerade zur bestmöglichen Wahrung der Arbeitnehmerinteressen beizutragen habe. Das BAG hat auf die Rechtsbeschwerde der Arbeitgeberin die Anträge des Betriebsrates wegen fehlender Erforderlichkeit zurückgewiesen, zur Definition des Sachverständigen aber nicht weiter Stellung genommen[3]. In einer weiteren Entscheidung hat sich das LAG Frankfurt aM erneut mit der Abgrenzung zwischen Sachverständigem und Berater auseinandergesetzt und folgt nunmehr der Rechtsprechung des BAG, wonach ein Rechtsanwalt als Sachverständiger im Rahmen des § 80 Abs. 3 Satz 1 BetrVG hinzuziehen sei[4]. Das LAG Hamm bejaht in Abweichung von der Rechtsprechung des BAG eine Erstattungspflicht auch für die vorbereitende Beratung durch einen Rechtsanwalt gem. § 40 Abs. 1 BetrVG[5].

196

ee) Kosten der anwaltlichen Vertretung vor der Einigungsstelle

Der Betriebsrat ist auch berechtigt, einen Rechtsanwalt seines Vertrauens mit der Wahrnehmung seiner Interessen vor der Einigungsstelle zu beauftragen, wenn der Regelungsgegenstand der Einigungsstelle **schwierige Rechtsfragen** aufwirft, die zwischen den Betriebsparteien **umstritten** sind und **kein Betriebsratsmitglied** über den zur sachgerechten Interessenwahrnehmung **notwendigen juristischen Sachverstand** verfügt. Der Betriebsrat kann dabei dem Rechtsanwalt für die Wahrnehmung seiner Interessen vor der Einigungsstelle ein Hono-

197

---

1 BAG v. 25. 4.1978, BB 1979, 45.
2 LAG Frankfurt aM v. 25. 10. 1990 – 12 TaBVGa 196/90, nv.; LAG Frankfurt aM v. 31. 5. 1990, DB 1990, 2125.
3 BAG v. 26. 2. 1992, NZA 1993, 86.
4 LAG Frankfurt aM v. 17. 6. 1993, NZA 1994, 379 mit deutlicher Kritik an der Rechtsprechung des Siebten Senats.
5 LAG Hamm v. 20. 8. 1986, BB 1987, 196.

rar in Höhe der Vergütung eines betriebsfremden Beisitzers zusagen[1]. Die Kosten der Einigungsstelle sind seit dem 1. 1. 1989 in § 76a BetrVG neu geregelt. Auf die dortigen Ausführungen darf verwiesen werden.

ff) Prozeßführungskosten

198 Diese Kosten muß der Arbeitgeber tragen, soweit sie erforderlich sind. Eine Erstattungspflicht besteht auch hier nur, wenn die **Kosten erforderlich und verhältnismäßig** sind. Dabei ist die Erforderlichkeit der Kostenverursachung nicht rückblickend nach einem rein objektiven Maßstab, sondern vom Zeitpunkt der Entscheidung des Betriebsrats aus zu beurteilen. Grundsätzlich ist die Erforderlichkeit zu bejahen, wenn der Betriebsrat wie ein vernünftiger Dritter bei gewissenhafter Überlegung und verständiger, ruhiger Abwägung aller Umstände im Zeitpunkt seiner Beschlußfassung zu dem Ereignis gelangen durfte, der noch zu verursachende Kostenaufwand sei für die Betriebsratstätigkeit notwendig. Das vom Betriebsrat beabsichtigte Beschlußverfahren muß erforderlich und geeignet sein, das von ihm geltend gemachte und ihm ernsthaft bestrittene Recht unmittelbar durchzusetzen, ohne daß die Meinungsverschiedenheit betriebsverfassungsrechtlichen Inhalts auf andere Weise mit dem Arbeitgeber geklärt werden kann.

199 Die Grenzen der Erstattungsfähigkeit sind überschritten, wenn das Verfahren **ohne hinreichenden Anlaß** eingeleitet, ohne Aussicht auf Erfolg **mutwillig durchgeführt** oder der Grundsatz der **Verhältnismäßigkeit mißachtet** wird. Für diese Abwägung steht dem Betriebsrat ein gewisser Beurteilungsspielraum zu. (Es ist auf das Urteil eines vernünftigen Dritten im Zeitpunkt der Beschlußfassung des Auftrags an den Rechtsanwalt abzustellen.) Der Betriebsrat muß dabei wie jeder andere, der auf Kosten eines Dritten handeln darf, Maßstäbe einhalten, die er ggf. anwenden würde, wenn er selbst – oder seine beschließenden Mitglieder – die Kosten tragen müßten[2].

200 **Beispiel:**
Eine Pflicht zur Erstattung besteht immer dann, wenn die Heranziehung eines Rechtsanwalts zwingend vorgeschrieben ist (Rechtsbeschwerdeverfahren, § 94 ArbGG), dagegen nie, wenn ein aussichtsloser Rechtsstreit geführt wird.

201 Der Betriebsrat ist nicht gezwungen, auf die **Vertretung durch die Gewerkschaft** hinzuwirken, auch wenn die gewerkschaftliche Vertretung verfahrensrechtlich zulässig wäre[3].

h) Sachaufwand des Betriebsrats

202 Nach § 40 Abs. 2 BetrVG sind dem Betriebsrat durch den Arbeitgeber Räume, Sachmittel und Büropersonal im erforderlichen Umfang zur Verfügung zu stel-

---

1 BAG v. 21. 6. 1989, NZA 1990, 107.
2 BAG v. 16. 10. 1986, NZA 1987, 753; BAG v. 11. 12. 1990 – 7 ABR 30/90, nv.; BAG v. 28. 8. 1991, DB 1992, 380.
3 BAG v. 4. 12. 1979, DB 1980, 2091.

II. Beteiligte und Organe   Rz. 205 **Teil 4 A**

len. Der Betriebsrat hat einen **Überlassungsanspruch**, den er geltend machen muß. Er ist nicht berechtigt, sich Sachmittel oder Büropersonal selbst zu beschaffen. Bei eigenmächtiger Beschaffung ist der Arbeitgeber nicht verpflichtet, anschließend die Kosten zu übernehmen[1].

aa) Betriebsratsbüro

In größeren Betrieben muß der Arbeitgeber dem Betriebsrat einen oder mehrere **Räume** zur Verfügung stellen. In kleineren Betrieben kann es genügen dem Betriebsrat einen Raum zeitweilig zu überlassen. In diesem Fall muß der Betriebsrat über einen **verschließbaren Schrank** verfügen. Die Reichweite des dem Betriebsrat zustehenden Hausrechts beurteilt sich ebenfalls nach § 40 Abs. 2 BetrVG. Da der Arbeitgeber nur verpflichtet ist, dem Betriebsrat Räume „im erforderlichen Umfang" zur Verfügung zu stellen, steht dem Betriebsrat gegenüber dem Arbeitgeber das **Hausrecht** an diesen Räumen auch nur in einem entsprechenden Umfang zu. Er ist daher nicht berechtigt, dritten Personen Zugang zu den ihm überlassenen Räumen zu gewähren, wenn und soweit der Zutritt oder Aufenthalt dieser Personen im Betriebsratsbüro zur Erfüllung seiner Aufgaben nach dem BetrVG nicht erforderlich ist[2].

203

bb) Sachmittel

Als Sachmittel, die für die laufende Geschäftsführung des Betriebsrats erforderlich und damit vom Arbeitgeber als üblicher Bedarf zu stellen sind, sind in Literatur und Rechtsprechung mittlerweile jedenfalls ein **verschließbarer Schrank/Aktenschrank, Schreibmaterialien, Schreibmaschine,** in größeren Betrieben ein **Diktiergerät, Porto** und **Stempel, Fernsprecher** sowie die **Mitbenutzung von Vervielfältigungsgeräten** des Arbeitgebers anerkannt[3]. Der Betriebsrat hat keinen Anspruch auf einen Telefonanschluß mit **Amtsleitung**, wenn er die erforderlichen Gespräche über die betriebliche Telefonanlage ohne Empfänger- und Inhaltskontrolle führen kann[4]. In Kleinbetrieben ist die Mitbenutzung der betrieblichen Fernsprechanlage zur ordnungsgemäßen Ausübung der anfallenden Betriebsratstätigkeit in der Regel ausreichend und zumutbar[5]. Die Aufzeichnung der Ferngespräche des Betriebsrates nach Datum, Anmelder, Ort und Zielnummer sowie nach Gebühreneinheiten stellt keine Behinderung dar[6].

204

Allein daraus, daß der Arbeitgeber seine Arbeitnehmer durch ein elektronisches Kommunikationssystem mit **Mailbox** unter Benutzung eines sonst ge-

205

---

1 BAG v. 21. 4. 1983, DB 1983, 997.
2 BAG v. 18. 9. 1991, DB 1992, 434 (kein Recht des Betriebsrats zum uneingeschränkten Empfang von Journalisten im Betriebsratsbüro).
3 Vgl. nur LAG Niedersachsen v. 13. 12. 1988, NZA 1989, 442; *Fitting/Kaiser/Heither/Engels*, § 40 BetrVG Rz. 88 ff. mwN.
4 LAG Frankfurt v. 18. 3. 1986, NZA 1986, 650.
5 LAG Rheinland-Pfalz v. 9. 12. 1991, NZA 1993, 426.
6 BAG v. 18. 1. 1989 – 7 ABR 38/87, nv.; BAG v. 1. 8. 1990, DB 1991, 47.

sperrten Schlüssels „an alle" informiert, folgt nicht, daß es iSd. § 40 Abs. 2 BetrVG erforderlich wäre, dem Betriebsrat dasselbe Informationssystem mit demselben Schlüssel uneingeschränkt zur Verfügung zu stellen[1]. Ein **Personalcomputer** ist nur dann erforderlich iSv. § 40 Abs. 2 BetrVG, wenn der Betriebsrat darlegen kann, daß er ohne diese Hilfe seine Aufgaben unter Berücksichtigung der konkreten Betriebsverhältnisse nicht bewältigen kann[2].

206 Zu den erforderlichen Sachmitteln gehört auch ein **„Schwarzes Brett"**[3]. Die Herausgabe eines regelmäßig erscheinenden **Informationsblattes** hingegen ist nach herrschender Auffassung nicht vom Arbeitgeber als Sachmittel iSd. § 40 Abs. 2 BetrVG zu finanzieren. Besonders problematisch ist die Frage, inwieweit der Arbeitgeber **Fachliteratur** bereitstellen muß. Zu der vom Arbeitgeber zur Verfügung zu stellenden Fachliteratur gehören Textausgaben des BetrVG und anderer Arbeitnehmerschutzgesetze, ferner die im Betrieb anzuwendenden Tarifverträge sowie Kommentare, Fachzeitschriften und Entscheidungssammlungen. Bei Kommentaren und Textausgaben ist jeweils die **neueste Auflage** zur Verfügung zu stellen und bei einem Wechsel der Auflage neu zu beschaffen. Dabei steht dem **Betriebsrat** ein **Wahlrecht** zu, ob er an dem bisherigen Kommentar festhält oder ihm ein anderer für seine Bedürfnisse geeigneter erscheint[4]. Auch in bezug auf die ihm vom Arbeitgeber zur Verfügung zu stellenden arbeitsrechtlichen Gesetzestexte steht dem Betriebsrat ein Wahlrecht zu. Bei Ausübung dieses Wahlrechts muß der Betriebsrat sich nicht ausschließlich vom Interesse des Arbeitgebers an einer möglichst geringen Kostenbelastung leiten lassen, so daß nach Auffassung des BAG die Anschaffung des „Kittner" (Stückpreis 38,00 DM, statt 9,80 DM für die Textausgabe des Beck-Verlages) nicht zu beanstanden ist[5].

207 Der Betriebsrat kann den Bezug einer **Fachzeitschrift** (zB Arbeitsrecht im Betrieb) verlangen[6]. Die gegen diese Entscheidung des BAG eingelegte Verfassungsbeschwerde wurde vom BVerfG nicht zur Entscheidung angenommen[7]. Wenn dem Betriebsrat allerdings bereits eine arbeitsrechtliche Fachzeitschrift zur Verfügung steht, die sich regelmäßig mit arbeits- und gesundheitswisssenschaftlichen Themenstellungen befaßt, so muß für die geforderte Anschaffung einer weiteren Fachzeitschrift dargelegt werden, welche betrieblichen oder betriebsratsbezogenen Gründe dies erfordern[8]. Nach Auffassung des LAG Frankfurt kann der Betriebsrat vom Arbeitgeber den Bezug der „Arbeit und

---

1 BAG v. 17. 2. 1993, NZA 1993, 854; weitergehend LAG Köln v. 10. 1. 1992, NZA 1992, 519; vgl. hierzu auch *Klebe*, DB 1993, 1418 ff.
2 LAG Hamm v. 5. 1. 1994, DB 1994, 688; LAG Niedersachsen v. 13. 12. 1988, NZA 1989, 442; LAG Düsseldorf v. 15. 3. 1995, NJW-CoR 1996, 124; aA LAG Düsseldorf v. 6. 1. 1995, LAGE Nr. 45 zu § 40 BetrVG; ArbG Lörrach v. 21. 9. 1994, AiB 1994, 758.
3 BAG v. 21. 11. 1978, DB 1979, 751.
4 BAG v. 21. 4. 1983, DB 1983, 997; BAG v. 26. 10. 1994, NZA 1995, 386.
5 BAG v. 24. 1. 1996, EzA Nr. 77 zu § 40 BetrVG 1972.
6 BAG v. 26. 10. 1994, NZA 1995, 386.
7 BVerfG v. 10. 12. 1985, NZA 1986, 161.
8 BAG v. 25. 1. 1995, NZA 1995, 591.

II. Beteiligte und Organe

Ökologie"-Briefe verlangen[1]. Ein Anspruch auf den Bezug einer Tageszeitung (zB Handelsblatt) besteht nicht[2].

cc) Büropersonal

Soweit erforderlich, muß der Arbeitgeber dem Betriebsrat auch Büropersonal zur Verfügung stellen, also etwa eine **Schreibkraft/eine Hilfskraft** für Vervielfältigungsarbeiten und Botengänge. Das gilt auch dann, wenn einzelne Betriebsratsmitglieder selbst die für Schreibarbeiten erforderlichen Fähigkeiten und Kenntnisse haben[3]. Der zeitliche Umfang, in dem der Arbeitgeber eine Schreibkraft zur Verfügung stellen muß, hängt von der Größe des Betriebes ab. Nach Auffassung des LAG Baden-Württemberg soll der Arbeitgeber bei einem 15-köpfigen Betriebsrat mit drei freigestellten Betriebsratsmitgliedern verpflichtet sein, eine vollzeitbeschäftigte Schreibkraft zur Verfügung zu stellen[4]. Auch für den Wirtschaftsausschuß kann ein Anspruch bestehen, vom Arbeitgeber das erforderliche Büropersonal zur Verfügung gestellt zu erhalten[5]. 208

> **Hinweis:**
> Der Arbeitgeber kann vom Betriebsrat nicht verlangen, einen bestimmten Arbeitnehmer als Bürokraft zu beschäftigen[6].

209

dd) Streitigkeiten

Streitigkeiten über die Kosten der Geschäftsführung des Betriebsrats oder über die Bereitstellung von Räumen, sachlichen Mitteln oder Büropersonal sind nach § 2a ArbGG im **arbeitsgerichtlichen Beschlußverfahren** zu entscheiden. Das gleiche gilt für die Erstattung der Aufwendungen einzelner Betriebsratsmitglieder[7]. Der Betriebsrat ist in diesen Verfahren notwendiger Beteiligter[8]. Ansprüche auf Arbeitsentgelt wegen der Teilnahme an Schulungs- und Bildungsveranstaltungen dagegen sind im **Urteilsverfahren** geltend zu machen. 210

Wenn Streitigkeiten über die Kostentragung zu einer wesentlichen Erschwerung der Betriebsratstätigkeit führen, kann uU auch im **einstweiligen Verfügungsverfahren** entschieden werden (§ 85 Abs. 2 ArbGG). Der Betriebsrat kann allerdings nicht mit einer einstweiligen Verfügung sein Teilnahmerecht absichern, wenn der Arbeitgeber die Erforderlichkeit der Teilnahme eines Betriebsratsmitglieds an einer Schulung bestreitet. Da das Begehren in diesem Fall auf 211

---

1 LAG Frankfurt am Main v. 21. 3. 1991, NZA 1991, 859.
2 BAG v. 29. 11. 1989, NZA 1990, 448.
3 ArbG Solingen v. 8. 4. 1974, DB 1974, 782; ArbG Frankfurt v. 7. 8. 1990 – 4 BV 9/90, nv.; *Fitting/Kaiser/Heither/Engels*, § 40 BetrVG Rz. 106; *Blanke*, in Däubler/Kittner/Klebe, § 40 BetrVG Rz. 91.
4 LAG Baden-Württemberg v. 25. 11. 1987, AiB 1988, 185.
5 BAG v. 17. 10. 1990, NZA 1991, 432.
6 BAG v. 5. 3. 1997 – 7 ABR 3/96, nv.
7 Ständige Rechtsprechung BAG v. 6. 11. 1973, DB 1974, 633.
8 BAG v. 13. 7. 1977, DB 1978, 168.

eine Feststellung und nicht auf eine Regelung gerichtet ist, fehlt es am Verfügungsgrund[1].

i) Kosten einzelner Betriebsratsmitglieder

212 Der Arbeitgeber ist verpflichtet, die persönlichen Aufwendungen einzelner Betriebsratsmitglieder zu tragen, soweit diese Aufwendungen im Rahmen und in Erfüllung ihrer Amtstätigkeit **erforderlich** geworden sind[2].

aa) Fahrtkosten/Reisekosten

213 Der Arbeitgeber ist in der Regel verpflichtet, die **Beförderungskosten öffentlicher Verkehrsmittel** zu erstatten sowie **allgemeine Reisekosten** (Verpflegung, Unterkunft, Telefongespräche) zu tragen[3]. Nach Auffassung des ArbG München soll der Arbeitgeber verpflichtet sein, die Reisekosten eines Gesamtbetriebsratsmitglieds ins Ausland zu erstatten. Im konkreten Fall wollte der Arbeitgeber ein grenzüberschreitendes Informationssystem einführen, um den Einsatz von Kundendiensttechnikern zu verbessern. Das ArbG vertrat die Auffassung, der deutsche Gesamtbetriebsratsvorsitzende sei aufgrund dieses Sachverhalts berechtigt, sich mit dem österreichischen Zentralbetriebsrat zu einer Unterredung in Wien zu treffen. Der Arbeitgeber wurde zur Erstattung der Reisekosten verurteilt[4]. Auch Reisekosten eines Betriebsratsmitgliedes eines Unternehmens zur EG-Kommission nach Brüssel sollen erstattungsfähig sein, wenn das Unternehmen mit einem anderen ausländischen Unternehmen einen Zusammenschluß plant[5]. Es bleibt abzuwarten, in welchem Umfang hier Kosten auf die Arbeitgeber zukommen aus künftigen Auslandsreisen von Betriebsratsmitgliedern im Zusammenhang mit dem europäischen Betriebsrat.

214 Die Kosten für eine **Reise eines örtlichen Betriebsrats zur Beratung mit dem Gesamtbetriebsrat** trotz der alleinigen Zuständigkeit des Gesamtbetriebsrats in der maßgeblichen Frage sollen erstattungsfähig sein, weil der örtliche Betriebsrat berechtigt sei, seine abweichenden Vorstellungen durch Einflußnahme auf die Willensbildung im Gesamtbetriebsrat durchzusetzen und hierdurch seine eigene Zuständigkeit zu wahren[6]. Der Aufwand eines freigestellten Betriebsratsmitgliedes für seine regelmäßigen **Fahrten von seiner Wohnung in den Betrieb** ist vom Arbeitgeber nicht zu erstatten. Dies gilt auch dann, wenn das Betriebsratsmitglied ohne seine Freistellung auf auswärtigen Baustellen zu arbeiten gehabt hätte und ihm hierfür der Fahrtkostenaufwand erstattet worden wäre[7].

215 Wenn in einem Betrieb **Reisekostenregelungen** erlassen worden sind, gelten diese grundsätzlich auch für Reisen von Betriebsratsmitgliedern im Rahmen

---

1 LAG Düsseldorf v. 6. 9. 1995, LAGE Nr. 44 zu § 37 BetrVG 1972.
2 Ständige Rechtsprechung BAG v. 3. 4. 1979, DB 1979, 2091.
3 *Fitting/Kaiser/Heither/Engels*, § 40 BetrVG Rz. 38; *Blanke*, in Däubler/Kittner/Klebe, § 40 BetrVG Rz. 36; GK-BetrVG/*Wiese*, § 40 Rz. 28.
4 ArbG München v. 29. 8. 1991, AiB 1991, 429.
5 LAG Niedersachsen v. 10. 6. 1992, BB 1993, 291.
6 BAG v. 10. 8. 1994, NZA 1995, 796.
7 BAG v. 28. 8. 1991, NZA 1992, 72.

ihrer Betriebsratstätigkeit sowie für den Besuch von Schulungsveranstaltungen nach § 37 Abs. 6 BetrVG[1]. Bei einer von mehreren Betriebsratsmitgliedern durchzuführenden Reise, für die ein Betriebsratsmitglied seinen Pkw benutzt, ist es für andere Betriebsratsmitglieder grundsätzlich zumutbar, diese **Mitfahrmöglichkeit** in Anspruch zu nehmen. Etwas anderes gilt nur dann, wenn nach den besonderen Umständen des Einzelfalles die Nutzung der Mitfahrmöglichkeit nicht zumutbar erscheint, wenn etwa die begründete Besorgnis besteht, daß der Mitfahrende sich dadurch in eine besondere Gefahr begibt[2].

bb) Schäden

Der Arbeitgeber muß auch Aufwendungen ersetzen, die dem Betriebsratsmitglied in Form der **Aufopferung von Vermögenswerten** entstehen. Damit werden insbesondere Kosten für die Schadensbehebung erfaßt, wenn das Betriebsratsmitglied bei Ausübung seiner Tätigkeit sein Eigentum beschädigt. Wenn ein Betriebsratsmitglied im Rahmen der Erledigung seiner Betriebsratsaufgaben den eigenen Pkw benutzt und hierbei einen **Verkehrsunfall** erleidet, so ist der Schaden zu ersetzen, wenn der Arbeitgeber die Benutzung des Fahrzeugs ausdrücklich gewünscht hat oder die Benutzung des Fahrzeugs zur rechtzeitigen und ordnungsgemäßen Erledigung der Betriebsratsaufgaben erforderlich war[3]. Allein die Erleichterung der Erfüllung der Betriebsratsaufgaben durch die Kraftfahrzeugbenutzung reicht nicht aus, um einen Aufwendungsersatzanspruch zu begründen.

216

cc) Schulungskosten

Für die Teilnahme an Schulungs- und Bildungsveranstaltungen iSd. **§ 37 Abs. 6 BetrVG** muß der Arbeitgeber die dem Betriebsratsmitglied entstehenden Aufwendungen ersetzen[4]. Keine Erstattungspflicht besteht im Hinblick auf die Kosten der Teilnahme an Schulungs- und Bildungsveranstaltungen nach **§ 37 Abs. 7 BetrVG**, die für den Betriebsrat nicht erforderlich, wohl aber für seine Arbeit geeignet sind[5]. Wegen der Einzelheiten darf auf die Ausführungen oben Rz. 183 ff. verwiesen werden.

217

dd) Prozeßführungskosten

Nach § 40 Abs. 1 BetrVG muß der Arbeitgeber die durch die Tätigkeit des Betriebsrats entstehenden Kosten tragen. Hierzu zählen die notwendigen Aufwendungen eines einzelnen Betriebsratsmitgliedes, die es im Rahmen seiner

218

---

1 BAG v. 23. 6. 1975, AP Nr. 10 zu § 40 BetrVG 1972; BAG v. 28. 10. 1992 – 7 ABR 10/92, nv.
2 BAG v. 28. 10. 1992 – 7 ABR 10/92, nv.; ebenso vorgehend LAG Hamm v. 13. 11. 1991, BB 1992, 781.
3 BAG v. 3. 3. 1983, DB 1983, 1366; vgl. auch LAG Niedersachsen v. 21. 4. 1980, EzA Nr. 48 zu § 40 BetrVG 1972.
4 Ständige Rechtsprechung, vgl. BAG v. 31. 10. 1972, DB 1973, 528; vgl. auch *Sowka*, BB 1996, 1165.
5 BAG v. 6. 11. 1973, AP Nr. 6 zu § 37 BetrVG 1972.

Betriebsratstätigkeit, also zur ordnungsgemäßen Erfüllung der ihm durch das Betriebsverfassungsgesetz übertragenen Aufgaben macht. Zu diesen Aufwendungen können auch die **Kosten eines Rechtsstreits** des Betriebsratsmitglieds mit seinem Arbeitgeber oder mit dem Betriebsrat gehören, wenn es sich um die Kosten eines Rechtsstreits handelt, den das Betriebsratsmitglied in seiner Eigenschaft als Organmitglied der Betriebsverfassung führt. Die durch die Einleitung eines Beschlußverfahrens oder durch die Beteiligung daran entstehenden Rechtsanwaltskosten sind dann nach § 40 Abs. 1 BetrVG erstattungsfähig, wenn das Betriebsratsmitglied gerade in Hinblick auf seine Mitgliedschaft im Betriebsrat sowie zur ordnungsgemäßen Erfüllung seiner Aufgaben im Betrieb tätig geworden ist[1].

219 **Beispiele:**

Kosten eines Ausschlußverfahrens gem. § 23 Abs. 1 BetrVG[2], Kosten eines Rechtsstreits über die Wirksamkeit eines Rücktrittsbeschlusses des Betriebsrats[3], Kosten aus Streitigkeiten betreffend die Anfechtung der Wahl eines Betriebsratsmitgliedes, über die Feststellung des nachträglichen Verlustes seiner Wählbarkeit sowie über die Rechtmäßigkeit von Betriebsratsbeschlüssen oder internen Wahlen des Betriebsrats, über die Teilnahme an Schulungsveranstaltungen oder über das Einblicksrecht eines Mitgliedes in die Betriebsratsunterlagen[4].

220 Bezüglich der **Erforderlichkeit** derartiger Kosten gelten die gleichen Maßstäbe wie bei Prozeßführungskosten des Betriebsrats. Wegen der Einzelheiten darf auf die Ausführungen oben Rz. 198 ff. verwiesen werden.

221 Die **Kosten**, die einem Betriebsratsmitglied dadurch entstehen, daß es in **Verfahren nach § 103 Abs. 2 BetrVG** zur Ersetzung der Zustimmung des Betriebsrates zu seiner außerordentlichen Kündigung beteiligt wird, sind grundsätzlich nicht erstattungsfähig. In diesem Verfahren nimmt das betroffene Betriebsratsmitglied keine kollektiv-rechtlichen Interessen, sondern lediglich seine persönlichen individual-rechtlichen Interessen aus dem Arbeitsverhältnis wahr[5]. Wird der Zustimmungsersetzungsantrag des Arbeitgebers allerdings vom Beschwerdegericht rechtskräftig abgewiesen, so hat das beteiligte Betriebsratsmitglied Anspruch auf Erstattung der im Beschwerdeverfahren entstandenen Kosten gem. § 78 Satz 2 BetrVG, da es bei Obsiegen in einem entsprechenden Kündigungsschutzprozeß einen Erstattungsanspruch gem. § 91 ZPO hätte[6].

---

1 Ständige Rechtsprechung vgl. BAG v. 3. 4. 1979, AP Nr. 16 zu § 40 BetrVG 1972; BAG v. 31. 1. 1990, NZA 1991, 152.
2 BAG v. 19. 4. 1989, EzA Nr. 62 zu § 40 BetrVG 1972.
3 BAG v. 3. 4. 1979, AP Nr. 1 zu § 13 BetrVG 1972.
4 *Fitting/Kaier/Heither/Engels*, § 40 BetrVG Rz. 49.
5 BAG v. 3. 4. 1979, AP Nr. 16 zu § 40 BetrVG 1972; BAG v. 31. 1. 1990, NZA 1991, 152; *Fitting/Kaiser/Heither/Engels*, § 40 BetrVG Rz. 51; GK-BetrVG/*Wiese*, § 40 Rz. 33; *Richardi*, § 40 BetrVG Rz. 16, 19, 21; aA *Blanke*, in Däubler/Kittner/Klebe, § 40 BetrVG Rz. 50.
6 BAG v. 31. 1. 1990, NZA 1991, 152.

j) Auflösung des Betriebsrats

Die Auflösung des Betriebsrats ist in § 23 BetrVG abschließend geregelt. Danach kann der Betriebsrat wegen **grober Verletzung seiner gesetzlichen Pflichten** durch das Arbeitsgericht aufgelöst werden. Mit dem rechtskräftigen Beschluß des Arbeitsgerichts hört der Betriebsrat auf zu bestehen, seine Amtszeit ist beendet. Für den damit betriebsratslosen Betrieb ist ein neuer Betriebsrat zu wählen. Gem. § 23 Abs. 2 BetrVG erfolgt die Bestellung des Wahlvorstandes für die Neuwahl durch das Arbeitsgericht (unverzüglich).

aa) Verfahren

Antragsberechtigt sind gem. § 23 Abs. 1 BetrVG mindestens $1/4$ der wahlberechtigten Arbeitnehmer, der Arbeitgeber oder eine im Betrieb vertretene Gewerkschaft. Das Quorumerfordernis (mindestens $1/4$ der wahlberechtigten Arbeitnehmer) ist eine Sachentscheidungsvoraussetzung, die in jeder Lage des Verfahrens erfüllt sein muß und deren Vorliegen vom Gericht von Amts wegen zu beachten ist. Es ist Sache der antragstellenden Arbeitnehmer vorzutragen, daß diese Voraussetzung im Zeitpunkt der letzten mündlichen Verhandlung vor dem Beschwerdegericht (noch) erfüllt ist[1]. Nach Auffassung des LAG Köln soll das berechtigte Interesse für den Antrag auf Auflösung des Betriebsrates entfallen, wenn sich die Besetzung des Betriebsrates aus anderen Gründen vollständig ändert[2].

Wird der Betriebsrat durch Beschluß eines LAG aufgelöst, ohne daß das LAG die Rechtsbeschwerde zuläßt, so tritt die **Auflösungswirkung** nicht bereits mit der Verkündung des Beschlusses, sondern erst nach Ablauf der Frist für die Einlegung der Divergenzbeschwerde, ggf. mit deren Rücknahme ein.

> **Hinweis:**
> Bis zu diesem Zeitpunkt der Rechtskraft des gerichtlichen Auflösungsbeschlusses genießen die Mitglieder des Betriebsrates Kündigungsschutz nach § 15 Abs. 1 KSchG[3].

bb) Grobe Pflichtverletzung

Die Auslösung des Betriebsrates nach § 23 Abs. 1 BetrVG setzt voraus, daß dem Betriebsrat eine grobe Verletzung seiner gesetzlichen Pflichten vorgeworfen werden kann. Angesichts der gravierenden Auswirkungen der Auflösung des Betriebsrates kann eine solche grobe Verletzung der gesetzlichen Pflichten nur dann angenommen werden, wenn unter Berücksichtigung aller Umstände des Einzelfalles die **weitere Amtsausübung des Betriebsrates untragbar** erscheint[4].

---

1 LAG Frankfurt v. 9. 7. 1992, NZA 1993, 378.
2 LAG Köln v. 19. 12. 1990, LAGE Nr. 28 zu § 23 BetrVG 1972.
3 LAG Hamm v. 9. 11. 1977, DB 1978, 216.
4 BAG v. 22. 6. 1993, NZA 1994, 184.

Die Pflichtverletzung muß objektiv erheblich und offensichtlich schwerwiegend sein[1]. Bei dem Begriff der groben Pflichtverletzung handelt es sich um einen unbestimmten Rechtsbegriff, der den Tatsacheninstanzen einen Beurteilungsspielraum läßt. Das BAG kann nur nachprüfen, ob das LAG den Begriff selbst verkannt hat, ob die Subsumtion des Sachverhalts unter die Rechtsnorm Denkgesetze oder allgemeine Erfahrungssätze verletzt und ob die Beurteilung wegen des Übersehens wesentlicher Umstände offensichtlich fehlerhaft ist[2].

227 Nach herrschender Auffassung setzt die grobe Verletzung gesetzlicher Pflichten **kein Verschulden** voraus[3]. Nach § 23 Abs. 1 BetrVG ist allein entscheidend, ob der Betriebsrat als Gremium objektiv seine Pflichten grob verletzt hat, das Gremium als solches kann nicht schuldhaft handeln.

228 **Beispiele** für grobe Pflichtverletzungen:

▶ *Verletzung des Gebots der vertrauensvollen Zusammenarbeit (§ 2 Abs. 1 BetrVG)*[4];

▶ *Aufruf zu einem wilden Streik;*

▶ *wiederholte Nichtdurchführung der gesetzlich vorgeschriebenen Betriebsversammlungen*[5];

▶ *Verletzung der Verschwiegenheitspflicht.*

Da die möglichen Amtspflichtverletzungen sich auf den gesamten Pflichtenkreis des Betriebsrates beziehen, ist eine erschöpfende Aufzählung nicht möglich[6].

3. Der Gesamtbetriebsrat

229 Die Errichtung eines Gesamtbetriebsrates ist zwingend vorgeschrieben, wenn ein Unternehmen **mehrere Betriebe** iSd. § 1 BetrVG umfaßt und **mehrere Betriebsräte** hat (§ 47 Abs. 1 BetrVG). Rechtsfolgen für den Fall der Nichterrichtung sind allerdings im Gesetz nicht vorgesehen.

a) Bildung und Zusammensetzung

230 Der Gesamtbetriebsrat setzt sich regelmäßig aus **Betriebsratsmitgliedern** zusammen, die die **Einzelbetriebsräte des Unternehmens entsenden.** Ein Unter-

---

1 BAG v. 21. 2. 1978, AP Nr. 1 zu § 74 BetrVG 1972; BAG v. 22. 6. 1993, NZA 1994, 184; GK-BetrVG/*Wiese*, § 23 Rz. 29, 87; *Richardi*, § 23 BetrVG Rz. 27; *Trittin*, in Däubler/Kittner/Klebe, § 23 BetrVG Rz. 10.
2 BAG v. 21. 2. 1978, AP Nr. 1 zu § 74 BetrVG 1972; BAG v. 22. 6. 1993, NZA 1994, 184.
3 BAG v. 22. 6. 1993, NZA 1994, 184; BAG v. 27. 11. 1990, AP Nr. 41 zu § 87 BetrVG 1972 – Arbeitszeit; *Fitting/Kaiser/Heither/Engels*, § 23 BetrVG Rz. 40; GK-BetrVG/*Wiese*, § 23 Rz. 88.
4 ArbG Krefeld v. 6. 2. 1995, NZA 1995, 803.
5 LAG Frankfurt v. 12. 8. 1993, ArbuR 1994, 107.
6 Vgl. weitere Auflistungen bei *Trittin*, in Däubler/Kittner/Klebe, § 23 BetrVG Rz. 19; GK-BetrVG/*Wiese*, § 23 Rz. 89; *Fitting/Kaiser/Heither/Engels*, § 23 BetrVG Rz. 37.

II. Beteiligte und Organe

nehmen iSd. § 47 Abs. 1 BetrVG setzt einen einheitlichen Rechtsträger voraus. Demgemäß können Betriebsräte aus Betrieben, die verschiedenen Rechtsträgern (Unternehmen) angehören, keinen gemeinsamen einheitlichen Gesamtbetriebsrat bilden. Daran ändert sich nichts, wenn die verschiedenen Unternehmen wirtschaftlich und organisatorisch miteinander verbunden sind[1]. Jeder Betriebsrat entsendet grundsätzlich **zwei Mitglieder**, wenn ihm Vertreter beider Arbeitnehmergruppen angehören. Nur **ein Mitglied** wird entsandt, wenn der Einzelbetriebsrat allein aus Vertretern einer Gruppe besteht (§ 47 Abs. 2 BetrVG). Werden zwei Mitglieder entsandt, so dürfen sie nicht derselben Gruppe angehören. Die Entsendung erfolgt durch Betriebsratsbeschluß mit einfacher Mehrheit.

> **Ausnahme:**
> Jede Gruppe bestimmt den Vertreter, wenn der Betriebsrat selbst in Gruppenwahl gewählt wurde und jeder Gruppe mehr als $1/10$ der Mitglieder, mindestens aber drei Mitglieder des Betriebsrats angehören oder der Betriebsrat in Gemeinschaftswahl (§ 14 Abs. 2 2. Halbs. BetrVG) gewählt wurde und jeder Gruppe mehr als $1/3$ der Mitglieder des Betriebsrats angehören.

231

Die **Mitgliederzahl** des Gesamtbetriebsrats bestimmt sich grundsätzlich nach der Anzahl der im Unternehmen gewählten Betriebsräte und deren Zusammensetzung. Durch Tarifvertrag oder Betriebsvereinbarung kann die Mitgliederzahl des Gesamtbetriebsrats abweichend geregelt werden (§ 47 Abs. 4 BetrVG).

232

§ 47 Abs. 5 BetrVG regelt im Interesse der Arbeitsfähigkeit und der besonderen Funktion des Gesamtbetriebsrats, daß dieser **nicht mehr als 40 Mitglieder** haben soll. Wenn diese Zahl überschritten wird und keine tarifliche Regelung iSd. § 47 Abs. 4 BetrVG besteht, ist zwischen Gesamtbetriebsrat und Arbeitgeber eine **Betriebsvereinbarung** über die Mitgliederzahl des Gesamtbetriebsrats abzuschließen, in der festgelegt wird, daß Betriebsräte mehrerer Betriebe eines Unternehmens, die regional oder durch gleichartige Interessen miteinander verbunden sind, gemeinsam Mitglieder in den Gesamtbetriebsrat entsenden.

233

Die Mitgliedschaft im Gesamtbetriebsrat besteht im allgemeinen für die **Dauer der Amtszeit** des entsendenden Betriebsrats. Allerdings ist jederzeit die **Abberufung** und der **Ersatz** durch andere Mitglieder möglich, ohne daß es hierzu eines besonderen Anlasses bedarf. Voraussetzung ist ein entsprechender wirksamer Betriebsratsbeschluß.

234

b) Geschäftsführung des Gesamtbetriebsrats

Für die Geschäftsführung des Gesamtbetriebsrats gelten die Vorschriften über die Geschäftsführung des Betriebsrats entsprechend mit der Maßgabe, daß der Gesamtbetriebsausschuß aus dem **Vorsitzenden** des Gesamtbetriebsrats, dessen **Stellvertreter** und **weiteren Ausschußmitgliedern** besteht (§ 51 Abs. 1 BetrVG).

235

---

[1] BAG v. 11. 12. 1987, DB 1988, 759; BAG v. 29. 11. 1989, NZA 1990, 615.

c) Willensbildung im Gesamtbetriebsrat

236 Jedes Mitglied des Gesamtbetriebsrats hat so viele **Stimmen**, wie in dem Betrieb, in dem es gewählt wurde, wahlberechtigte Angehörige seiner Gruppe in die Wählerliste eingetragen sind. Entsendet der Betriebsrat nur ein Mitglied in den Gesamtbetriebsrat, so hat es so viele Stimmen, wie in dem Betrieb wahlberechtigte Arbeitnehmer in der Wählerliste eingetragen sind (§ 47 Abs. 7 BetrVG). Ist ein Mitglied des Gesamtbetriebsrats für mehrere Betriebe entsandt worden, so hat es so viele Stimmen, wie in den Betrieben, für die es entsandt ist, wahlberechtigte Angehörige seiner Gruppe in den Wählerlisten eingetragen sind (§ 47 Abs. 8 BetrVG).

237 Mindestens einmal in jedem Kalenderjahr muß der Gesamtbetriebsrat die Vorsitzenden und die stellvertretenden Vorsitzenden der Betriebsräte sowie die weiteren Mitglieder der Betriebsausschüsse zu einer Versammlung einberufen (§ 53 Abs. 1 BetrVG). In dieser **Betriebsräteversammlung** muß der Gesamtbetriebsrat einen Tätigkeitsbericht und der Unternehmer einen Bericht über das Personal- und Sozialwesen und über die wirtschaftliche Lage und Entwicklung des Unternehmens erstatten, soweit dadurch nicht Betriebs- und Geschäftsgeheimnisse gefährdet werden (§ 53 Abs. 2 BetrVG).

238 Die **Beschlüsse des Gesamtbetriebsrats** werden, soweit nichts anderes bestimmt ist, mit Mehrheit der Stimmen der anwesenden Mitglieder gefaßt. Bei Stimmengleichheit ist der Antrag abgelehnt. Der Gesamtbetriebsrat ist nur beschlußfähig, wenn mindestens die Hälfte seiner Mitglieder an der Beschlußfassung teilnimmt und die Teilnehmenden mindestens die Hälfte aller Stimmen vertreten (§ 51 Abs. 4 BetrVG). Im übrigen gelten die Vorschriften über die Einberufung und Durchführung von Betriebsratssitzungen entsprechend.

d) Zuständigkeit/Kompetenz des Gesamtbetriebsrats

239 Der Gesamtbetriebsrat ist zuständig für die Behandlung von Angelegenheiten, die das gesamte Unternehmen oder mehrere Betriebe betreffen und nicht durch die einzelnen Betriebsräte innerhalb ihrer Betriebe geregelt werden können (§ 50 Abs. 1 Satz 1 BetrVG). Für die nach dieser Vorschrift anzunehmende **Zuständigkeit des Gesamtbetriebsrates** müssen beide Voraussetzungen, dh. sowohl der **überbetriebliche Bezug** als auch die **fehlende betriebliche Regelungsmöglichkeit** kumulativ vorliegen. Der Begriff des „Nicht-regeln-könnens" setzt dabei nach Auffassung des BAG nicht eine objektive Unmöglichkeit der Regelung durch den Einzelbetriebsrat voraus. Vielmehr soll es ausreichen (allerdings auch zu verlangen sein), daß ein zwingendes Erfordernis für eine unternehmenseinheitliche oder zumindest betriebsübergreifende Regelung besteht, wobei auf die Verhältnisse des einzelnen konkreten Unternehmens und der konkreten Betriebe abzustellen ist. Reine Zweckmäßigkeitsgründe oder das Koordinierungsinteresse des Arbeitgebers allein reichen hierfür nicht aus[1].

---

[1] BAG v. 26. 1. 1993, DB 1993, 1475 mwN.

II. Beteiligte und Organe

Der Gesamtbetriebsrat ist nach unstreitiger Auffassung den einzelnen Betriebsräten nicht übergeordnet (§ 50 Abs. 1 Satz 2 BetrVG). Gleichwohl ist die **Kompetenzabgrenzung** zwischen dem Gesamtbetriebsrat und den Einzelbetriebsräten nach wie vor streitig. In der Instanzrechtsprechung und der Literatur wird darüber diskutiert, ob die Einzelbetriebsräte eine **Primärzuständigkeit** in Anspruch nehmen können oder ob im Rahmen des § 50 BetrVG der **Grundsatz der Zuständigkeitstrennung** maßgebend ist. Das BAG hat sich – soweit ersichtlich – hierzu noch nicht abschließend geäußert. Nach einer älteren Entscheidung des BAG sollen sich originäre Mitbestimmungsrechte des Gesamtbetriebsrats und entsprechende Mitbestimmungsrechte der Einzelbetriebsräte gegenseitig ausschließen[1]. Relevant wird die Frage vor allem dann, wenn eine bestimmte Sachfrage der Kompetenz des Gesamtbetriebsrates zugeordnet ist, dieser aber die Ausübung seiner Mitbestimmungsrechte unterläßt. Nach Auffassung des LAG Düsseldorf soll ein solcher Verzicht nicht dazu führen, daß die Einzelbetriebsräte in der anstehenden Frage ein Mitbestimmungsrecht geltend machen können[2]. Demgegenüber vertritt das LAG Nürnberg die Auffassung, daß die Befugnis des Einzelbetriebsrats zu Verhandlungen so lange aufrechterhalten bleibt, wie der Gesamtbetriebsrat von seiner Zuständigkeit keinen Gebrauch mache[3]. 240

Für betriebsratsfähige Betriebe, in denen ein Betriebsrat nicht gewählt worden ist, entfällt die Zuständigkeit des Gesamtbetriebsrats, da solche **Betriebe außerhalb der Betriebesverfassung** stehen[4]. In der Literatur wird diese Frage streitig beurteilt[5]. 241

Die **Zuständigkeit** des Gesamtbetriebsrats **kraft Auftrags** (§ 50 Abs. 2 BetrVG) wird begründet, wenn ein Einzelbetriebsrat mit der Mehrheit der Stimmen seiner Mitglieder den Gesamtbetriebsrat beauftragt, eine Angelegenheit für ihn zu behandeln. Der Betriebsrat kann sich dabei die Entscheidungsbefugnis vorbehalten. Darüber hinaus ist der Gesamtbetriebsrat zuständig für die Bestimmung der Mitglieder des Wirtschaftsausschusses (§ 107 Abs. 2 Satz 2 BetrVG). 242

Beispiele für den Zuständigkeitsbereich des Gesamtbetriebsrats: 243

▸ *Errichtung und Verwaltung von unternehmensübergreifenden Sozialeinrichtungen;*

▸ *Gewährung von systemerfolgsabhängiger Vergütung für sämtliche Vertriebsbeauftragte eines Unternehmens;*

---

[1] BAG v. 6. 4. 1976, AP Nr. 2 zu § 50 BetrVG 1972; vgl. auch BAG v. 3. 5. 1984, AP Nr. 5 zu § 95 BetrVG 1972.
[2] LAG Düsseldorf v. 4. 3. 1992, NZA 1992, 613; ebenso GK-BetrVG/*Kreutz*, § 50 Rz. 16 ff., 64 ff. mwN.
[3] LAG Nürnberg v. 29. 9. 1989, NZA 1990, 503; LAG Nürnberg v. 21. 9. 1992, NZA 1993, 281; ebenso *Fitting/Kaiser/Heither/Engels*, § 50 BetrVG Rz. 14; *Trittin*, in Däubler/Kittner/Klebe, § 50 BetrVG Rz. 13.
[4] So zutreffend: BAG v. 16. 8. 1983, DB 1983, 1875.
[5] Vgl. GK-BetrVG/*Kreutz*, § 50 Rz. 41 f.; *Fitting/Kaiser/Heither/Engels*, § 50 BetrVG Rz. 12, jeweils mwN.

- *Gewährung freiwilliger Provisionen an alle/bestimmte Mitarbeitergruppen in einem Unternehmen mit mehreren Betrieben*[1];
- *Gewährung freiwilliger Leistungen an alle Arbeitnehmer des Unternehmens*[2];
- *Gewährung unternehmensübergreifender Gratifikationen, unternehmenseinheitlicher Altersversorgung;*
- *Überwachungsrecht für betriebsübergreifendes, vernetztes Personalinformationssystem*[3];
- *unternehmenseinheitliche Einführung eines EDV-Systems (Hardware und Software nach unternehmenseinheitlichen Standards)*[4];
- *unternehmenseinheitliches Vergütungssystem für außertarifliche Angestellte*[5].

244 Wird ein Arbeitnehmer **auf Dauer in einen anderen Betrieb des Arbeitgebers versetzt**, bedarf es neben der Zustimmung des Betriebsrats des aufnehmenden Betriebes nach neuerer Rechtsprechung des BAG auch der Zustimmung des Betriebsrats des abgebenden Betriebes, wenn der Arbeitnehmer mit der Versetzung nicht einverstanden ist. Für die Wahrnehmung dieser Mitbestimmungsrechte ist aber nicht der Gesamtbetriebsrat zuständig. Dies gilt auch dann, wenn der Arbeitgeber eine Reihe von Versetzungen in seiner sog. Personalrunde zusammenfaßt und deshalb mehrere Betriebsräte betroffen sind[6].

4. Der Konzernbetriebsrat

245 Für einen Konzern (§ 18 Abs. 1 AktG) kann durch Beschlüsse der einzelnen Gesamtbetriebsräte ein Konzernbetriebsrat errichtet werden. Im Gegensatz zur Errichtung eines Gesamtbetriebsrats ist die Bildung eines Konzernbetriebsrat also nicht zwingend vorgeschrieben.

a) Bildung und Auflösung des Konzernbetriebsrats

246 Die **Errichtung** des Konzernbetriebsrats erfordert die Zustimmung der Gesamtbetriebsräte der Konzernunternehmen, in denen insgesamt **mindestens 75% der Arbeitnehmer** der Konzernunternehmen beschäftigt sind (§ 54 Abs. 1 BetrVG). Dabei ist auf die Zahl der Arbeitnehmer aller Konzernunternehmen abzustellen, gleichgültig, inwieweit dort (Gesamt-)Betriebsräte bestehen oder nicht[7].

---

1 LAG Düsseldorf v. 5. 9. 1991, DB 1992, 637.
2 BAG v. 11. 2. 1992, NZA 1992, 743.
3 LAG Frankfurt v. 18. 3. 1993, BB 1994, 66.
4 LAG Düsseldorf v. 21. 8. 1987, NZA 1988, 211.
5 LAG Düsseldorf v. 4. 3. 1992, NZA 1992, 613.
6 BAG v. 26. 1. 1993, DB 1993, 1475.
7 BAG v. 11. 8. 1993, DB 1994, 480; LAG Köln v. 26. 8. 1992, LAGE Nr. 1 zu § 54 BetrVG 1972.

II. Beteiligte und Organe

Es müssen **mindestens zwei Gesamtbetriebsräte** im Konzern bestehen. Hat eines der Konzernunternehmen nur einen betriebsratsfähigen Betrieb, so daß kein Gesamtbetriebsrat gebildet werden kann, so tritt an dessen Stelle der Betriebsrat dieses Unternehmens (§ 54 Abs. 2 BetrVG). Das bedeutet, daß auch nur zwei Betriebsräte die Bildung eines Konzernbetriebsrats beschließen können, wenn zwei Konzernunternehmen jeweils nur einen Betrieb haben und in ihnen 75% der Arbeitnehmer des Konzerns beschäftigt sind. 247

Soll ein Konzernbetriebsrat errichtet werden, so hat der Gesamtbetriebsrat des herrschenden Unternehmens oder, soweit hier kein Gesamtbetriebsrat besteht, der Gesamtbetriebsrat des nach der Zahl der wahlberechtigten Arbeitnehmer größten Konzernunternehmens zu der **Wahl des Vorsitzenden** und des stellvertretenden Vorsitzenden des Konzernbetriebsrats einzuladen. Der Vorsitzende des einladenden Gesamtbetriebsrats leitet die Sitzung, bis der Konzernbetriebsrat aus seiner Mitte einen Wahlleiter bestellt hat (§ 59 Abs. 2 BetrVG). 248

Betriebsrat oder Gesamtbetriebsrat des/der beherrschten Gemeinschaftsunternehmens/s haben ein **Entsendungsrecht** zum Konzernbetriebsrat gem. § 55 Abs. 1 BetrVG[1]. Es werden wiederum je nach Zusammensetzung des entsendenden Betriebsrats/Gesamtbetriebsrats ein oder zwei seiner Mitglieder in den Konzernbetriebsrat entsandt (§ 55 Abs. 1 BetrVG). Die Entsendung in den Konzernbetriebsrat entspricht somit der Entsendung von Betriebsratsmitgliedern in den Gesamtbetriebsrat. Durch Tarifvertrag oder Betriebsvereinbarung kann auch für den Konzernbetriebsrat die **Mitgliederzahl** abweichend geregelt werden (§ 55 Abs. 4 BetrVG). 249

Der Konzernbetriebsrat kann aufgelöst werden, wenn die Konzernbindungen entfallen oder ein qualifizierter Mehrheitsbeschluß der Gesamtbetriebsräte der Konzernunternehmen die **Auflösung** bestimmt. Eine Selbstauflösung des Konzernbetriebsrats oder ein kollektiver Rücktritt der Mitglieder des Konzernbetriebsrats ist nicht möglich. 250

b) Zuständigkeit/Kompetenz des Konzernbetriebsrats

Der Konzernbetriebsrat ist zuständig für die Behandlung von **Angelegenheiten, die den Konzern oder mehrere Konzernunternehmen betreffen** und **nicht durch die einzelnen Gesamtbetriebsräte** innerhalb ihrer Unternehmen **geregelt werden können** (§ 58 Abs. 1 Satz 1 BetrVG). Er ist den einzelnen Gesamtbetriebsräten nicht übergeordnet (§ 58 Abs. 1 Satz 2 BetrVG). Der Gesamtbetriebsrat kann aber den Konzernbetriebsrat mit der Behandlung bestimmter Angelegenheiten beauftragen (§ 58 Abs. 2 BetrVG). 251

Beispiele für die Zuständigkeit des Konzernbetriebsrats: 252

▶ Errichtung und Verwaltung von Sozialeinrichtungen, deren Wirkungsbereich sich auf den Konzern erstreckt[2];

---

[1] BAG v. 30. 10. 1986, DB 1987, 1691.
[2] BAG v. 21. 6. 1979, AP Nr. 1 zu § 87 BetrVG 1972 – Sozialeinrichtung; vgl. auch BAG v. 14. 12. 1993 – 3 AZR 618/93, nv.

- *in Ausnahmefällen: Fragen der allgemeinen Personalpolitik sowie wirtschaftliche Entscheidungen bei Betriebsänderungen;*
- *aufgrund ausdrücklicher Zuweisung (§§ 2, 4 der 3. WO MitbestG) Mitwirkung bei der Bestellung des Hauptwahlvorstandes für die Wahl der Aufsichtsratsmitglieder der Arbeitnehmer des herrschenden Unternehmens eines Konzerns nach dem MitbestG;*
- *Entgegennahme eines Antrages auf Abberufung eines Aufsichtsratsmitglieds der Arbeitnehmer (§ 108 der 3. WO MitbestG);*
- *Anfechtung der Wahl von Aufsichtsratsmitgliedern der Arbeitnehmer (§ 22 Abs. 2 MitbestG).*

253 Der Konzernbetriebsrat ist berechtigt, im Rahmen seiner Zuständigkeit mit dem herrschenden Unternehmen eine Betriebsvereinbarung abzuschließen (**Konzernbetriebsvereinbarung**). Diese gilt trotz der rechtlichen Selbständigkeit der einzelnen Konzernunternehmen auch für diese und ihre Arbeitnehmer.

254 Der Konzernbetriebsrat kann **keinen Wirtschaftsausschuß** auf Konzernebene einrichten. Die Regelung des § 106 BetrVG ist ausdrücklich auf die Unternehmensebene bezogen. Insoweit liegt keine planwidrige Lücke des Gesetzgebers vor[1].

c) Willensbildung und Geschäftsführung

255 Jedes Mitglied des Konzernbetriebsrats hat so viele **Stimmen**, wie die Mitglieder seiner Gruppe im Gesamtbetriebsrat insgesamt Stimmen haben. Entsendet ein Gesamtbetriebsrat nur ein Mitglied in den Konzernbetriebsrat, so hat dieses Mitglied so viele Stimmen, wie die Mitglieder des Gesamtbetriebsrats, von dem es entsandt wurde, insgesamt im Gesamtbetriebsrat Stimmen haben (§ 55 Abs. 3 BetrVG).

256 Im übrigen gelten die Bestimmungen über die Willensbildung des Betriebsrats entsprechend. Ebenso sind für die Geschäftsführung des Konzernbetriebsrats nach § 59 Abs. 1 BetrVG die Vorschriften über die Geschäftsführung des Betriebsrats entsprechend anzuwenden.

5. (Gesamt-)Jugend- und Auszubildendenvertretung

257 Die §§ 60–71 BetrVG treffen Regelungen über die betriebliche **Jugend- und Auszubildendenvertretung**. Die §§ 72, 73 BetrVG ergänzen diese Vorschriften um Regelungen zur Gesamt-Jugend- und Auszubildendenvertretung. Eine Jugend- und Auszubildendenvertretung ist in allen Betrieben, in denen ein Betriebsrat besteht und in denen in der Regel mindestens fünf Arbeitnehmer beschäftigt werden, die das 18. Lebensjahr noch nicht vollendet haben oder die zu ihrer Berufsausbildung beschäftigt sind und das 25. Lebensjahr noch nicht vollendet haben, zu wählen (vgl. §§ 5, 60 Abs. 1, 63 Abs. 2 BetrVG).

---

[1] BAG v. 23. 8. 1989, NZA 1990, 863.

II. Beteiligte und Organe

a) Wahl

Nach § 64 Abs. 1 Satz 1 BetrVG finden die regelmäßigen Wahlen der Jugend- und Auszubildendenvertretung alle zwei Jahre in der Zeit vom 1. 10. bis 30. 11. statt. **Wahlberechtigt** sind nach § 61 Abs. 1 BetrVG alle in § 60 Abs. 1 BetrVG genannten Arbeitnehmer des Betriebs, also alle jugendlichen Arbeitnehmer unter 18 Jahren, sowie die zu ihrer Berufsbildung Beschäftigten des Betriebs, die das 25. Lebensjahr noch nicht vollendet haben. **Wählbar** sind alle Arbeitnehmer des Betriebs, die das 25. Lebensjahr noch nicht vollendet haben (§ 61 Abs. 2 1. Halbs. BetrVG). Nach § 61 Abs. 2 2. Halbs. BetrVG können Mitglieder des Betriebsrats nicht zu Jugend- und Auszubildendenvertretern gewählt werden. Die Wahlfähigkeit hängt nicht von einer bestimmten Dauer der Betriebszugehörigkeit oder der deutschen Staatsangehörigkeit ab[1]. Nicht wählbar ist im übrigen, wer infolge strafgerichtlicher Verurteilung die Fähigkeit, Rechte aus öffentlichen Wahlen zu erlangen, nicht besitzt (§ 61 Abs. 2 2. Halbs., § 8 Abs. 1 Satz 3 BetrVG). 258

Werden in einem **Konzern** die Ausbildungsverträge zentral von einem Unternehmen abgeschlossen, die Ausbildung aber in verschiedenen Bereichen nach Weisung des Ausbildungszentrums durchgeführt, so sind die in § 60 Abs. 1 BetrVG genannten Arbeitnehmer nur zur Jugend- oder Auszubildendenvertretung des Ausbildungszentrums wahlberechtigt[2]. 259

Die Jugendauszubildendenvertretung wird in **geheimer, unmittelbarer und gemeinsamer Wahl** gewählt (§ 63 Abs. 1 BetrVG). Spätestens acht Wochen vor Ablauf der Amtszeit bestellt der Betriebsrat nach § 63 Abs. 2 Satz 1 BetrVG den **Wahlvorstand** und seinen Vorsitzenden. Bestellt der Betriebsrat den Wahlvorstand nicht oder nicht spätestens sechs Wochen vor Ablauf der Amtszeit der Jugend- und Auszubildendenvertretung oder kommt der Wahlvorstand seiner Verpflichtung nicht nach, die Wahl unverzüglich einzuleiten, sie durchzuführen und das Wahlergebnis festzustellen (§ 18 Abs. 1 Satz 1 BetrVG), so bestellt das Arbeitsgericht auf Antrag, den auch jugendliche Arbeitnehmer stellen können, den Wahlvorstand (§ 63 Abs. 3, § 18 Abs. 1 Satz 2, § 16 Abs. 2 Satz 1, 2 BetrVG). 260

Übersicht: 261
Zusammensetzung der Jugend- und Auszubildendenvertretung

Arbeitnehmer iSd. § 60 Abs. 1 BetrVG	Jugend- und Auszubildendenvertreter
5 bis 20	1
21 bis 50	3
51 bis 200	5
201 bis 300	7
301 bis 600	9
601 bis 1000	11
mehr als 1000	13

---

1 *Schaub*, AR-Handbuch, § 227 I. 1., S. 1852.
2 BAG v. 13. 3. 1991, NZA 1992, 223.

262 Ändert sich nach Erlaß des Wahlausschreibens die Zahl der in § 60 Abs. 1 BetrVG genannten Arbeitnehmer, so nehmen die neu eingetretenen an der Wahl teil, die ausgeschiedenen nicht mehr; die Zahl der zu Wählenden bleibt unverändert[1].

263 Die Wahl zur Jugend- und Auszubildendenvertretung kann nach § 63 Abs. 2 Satz 2, § 19 BetrVG angefochten werden. An der **Wahlanfechtung** ist der Betriebsrat beteiligt[2].

b) Amtszeit und Geschäftsführung

264 Die Amtszeit der Jugend- und Auszubildendenvertretung regelt § 64 Abs. 2 BetrVG. Danach beträgt die regelmäßige Amtszeit **zwei Jahre** (§ 64 Abs. 2 Satz 1 BetrVG). Die Amtszeit beginnt nach § 64 Abs. 2 Satz 2 BetrVG mit der Bekanntgabe des Wahlergebnisses oder, wenn zu diesem Zeitpunkt noch eine Jugend- und Auszubildendenvertretung besteht, mit Ablauf von deren Amtszeit. Die Amtszeit endet spätestens am 30. 11. des Jahres, in dem nach § 64 Abs. 1 Satz 1 BetrVG die regelmäßigen Wahlen stattfinden (in der Zeit vom 1. 10. bis 30. 11.). Die Amtszeit ist gegenüber der des Betriebsrats verkürzt, weil die in § 60 Abs. 1 BetrVG genannten Arbeitnehmer schnell der Jugend- und Auszubildendenvertretung entwachsen[3].

265 Das Amt eines Jugend- und Auszubildendenvertreters, der zugleich **Ersatzmitglied des Betriebsrats** ist, endet, wenn er zu einer Betriebsratssitzung für ein zeitweilig verhindertes Mitglied des Betriebsrats hinzugezogen wird[4].

266 Die **Geschäftsführung** der Jugend- und Auszubildendenvertretung ist nach § 65 Abs. 1 BetrVG weitgehend in Anlehnung an die des Betriebsrats geregelt. Auch die Jugend- und Auszubildendenvertretung wählt aus ihrer Mitte einen Vorsitzenden und dessen Stellvertreter (§ 65 Abs. 1, § 26 Abs. 1 Satz 1 BetrVG). Der Vorsitzende der Jugend- und Auszubildendenvertretung oder im Fall seiner Verhinderung sein Stellvertreter vertritt die Jugend- und Auszubildendenvertretung im Rahmen der von ihr gefaßten Beschlüsse (§ 65 Abs. 1, § 26 Abs. 3 Satz 1 BetrVG).

267 Nach § 65 Abs. 2 Satz 1 BetrVG kann die Jugend- und Auszubildendenvertretung nach Verständigung des Betriebsrats **Sitzungen** abhalten. Die Einberufung der Sitzungen erfolgt nach Maßgabe des § 29 BetrVG (vgl. § 65 Abs. 2 Satz 1 BetrVG). An den Sitzungen der Jugend- und Auszubildendenvertretung kann ein Betriebsratsvorsitzender oder ein beauftragtes Betriebsratsmitglied teilnehmen (§ 65 Abs. 2 Satz 2 BetrVG).

268 Die Jugend- und Auszubildendenvertretung hat keine Mitwirkungs- und Mitbestimmungsrechte gegenüber dem Arbeitgeber und kann allein keine gegenüber

---

1 *Schaub*, AR-Handbuch, § 227 I 2., S. 1852 f.
2 BAG v. 20. 2. 1986, AP Nr. 1 zu § 63 BetrVG 1972.
3 *Schaub*, AR-Handbuch, § 227 I. 4., S. 1853.
4 BAG v. 21. 8. 1979, NJW 1980, 1541.

dem Arbeitgeber wirksamen Beschlüsse fassen[1]. Ein minderjähriger Jugend- und Auszubildendenvertreter ist im arbeitsgerichtlichen Beschlußverfahren insoweit verfahrensfähig, wie er eigene Rechte oder Rechte der Jugend- und Auszubildendenvertretung wahrnimmt; in diesem Umfang ist er prozeßfähig[2].

c) Allgemeine Aufgaben und Befugnisse

Die Aufgaben und Befugnisse der Jugend- und Auszubildendenvertretung sind **in Anlehnung an die Aufgaben des Betriebsrats** (§ 80 BetrVG) in § 70 BetrVG geregelt. § 60 Abs. 2 BetrVG bestimmt im übrigen, daß die Jugend- und Auszubildendenvertretung nach Maßgabe der §§ 61 ff. BetrVG die besonderen Belange der in § 60 Abs. 1 BetrVG genannten Arbeitnehmer wahrnimmt. 269

Nach § 70 Abs. 1 Nr. 1 BetrVG hat die Jugend- und Auszubildendenvertretung Maßnahmen, die den in § 60 Abs. 1 BetrVG genannten Arbeitnehmern dienen, insbesondere in Fragen der Berufsbildung, beim Betriebsrat zu beantragen. Die Vorschrift gewährt der Jugend- und Auszubildendenvertretung ein **allgemeines Initiativrecht**[3]. Die Jugend- und Auszubildendenvertretung kann nach dem Wortlaut des § 70 Abs. 1 Nr. 1 BetrVG ihr Initiativrecht nur gegenüber dem Betriebsrat, nicht gegenüber dem Arbeitgeber geltend machen. 270

Beispiele für Angelegenheiten iSd. § 70 Abs. 1 Nr. 1 BetrVG: 271

Fragen der Arbeitszeit, besondere Sozialleistungen oder Sozialeinrichtungen, etwa die Einrichtung von Aufenthaltsräumen für jugendliche oder auszubildende Arbeitnehmer, die Bildung einer betrieblichen Sportabteilung oder Musikgruppe, die Einrichtung einer Jugendbibliothek, eines Ferienhauses, Urlaubsregelungen, Ausbildungsmaßnahmen usw.[4]

Nach § 70 Abs. 1 Nr. 2 BetrVG hat die Jugend- und Auszubildendenvertretung darüber zu wachen, daß die zugunsten der in § 60 Abs. 1 BetrVG genannten Arbeitnehmer geltenden Gesetze, Verordnungen, Unfallverhütungsvorschriften, Tarifverträge und Betriebsvereinbarungen durchgeführt werden. Die Vorschrift entspricht § 80 Abs. 1 Nr. 1 BetrVG und normiert nicht nur ein **Überwachungsrecht** der Jugend- und Auszubildendenvertretung, sondern zugleich auch eine **Überwachungspflicht**[5]. Das Überwachungsrecht macht die Jugend- und Auszubildendenvertretung aber nicht zu einem Kontrollorgan mit der Befugnis zu Nachforschungen und Inspektionsgängen im Betrieb ohne konkreten Anlaß[6]. Für die Durchführung von Kontrollmaßnahmen bedarf es der Zustimmung des Betriebsrats. 272

---

1 BAG v. 20. 11. 1973, NJW 1974, 879 f.
2 ArbG Bielefeld v. 16. 5. 1973, DB 1973, 1754; zustimmend *Schaub*, AR-Handbuch, § 227 II., S. 1854.
3 Vgl. *Fitting/Kaiser/Heither/Engels*, § 70 BetrVG Rz. 5.
4 Eingehend *Fitting/Kaiser/Heither/Engels*, § 70 BetrVG Rz. 6; *Schaub*, AR-Handbuch, § 227 III. 1.b, S. 1854.
5 *Fitting/Kaiser/Heither/Engels*, § 70 BetrVG Rz. 11; *Trittin*, in Däubler/Kittner/Klebe, § 70 BetrVG Rz. 15; GK-BetrVG/*Kraft*, § 70 Rz. 19.
6 Vgl. nur *Schlochauer*, in Hess/Schlochauer/Glaubitz, § 70 BetrVG Rz. 9a; *Schaub*, AR-Handbuch, § 227 III. 1.b, S. 1854.

273 Nach § 70 Abs. 1 Nr. 3 BetrVG hat die Jugend- und Auszubildendenvertretung Anregungen von in § 60 Abs. 1 BetrVG genannten Arbeitnehmern, insbesondere in Fragen der Berufsbildung, entgegenzunehmen und, falls sie berechtigt erscheinen, beim Betriebsrat auf eine Erledigung hinzuwirken. Die Jugend- und Auszubildendenvertretung hat die betroffenen Arbeitnehmer über den Stand und das Ergebnis der Verhandlungen zu informieren. Dieses **Anregungsrecht** entspricht § 80 Abs. 1 Nr. 3 BetrVG.

274 Zur Durchführung ihrer Aufgaben ist die Jugend- und Auszubildendenvertretung durch den Betriebsrat nach § 70 Abs. 2 Satz 1 BetrVG rechtzeitig und umfassend zu unterrichten. Sie kann ferner verlangen, daß ihr der Betriebsrat die zur Durchführung ihrer Aufgaben erforderlichen Unterlagen zur Verfügung stellt (§ 70 Abs. 2 Satz 2 BetrVG). Das **Unterrichtungsrecht** der Jugend- und Auszubildendenvertretung entspricht dem des Betriebsrats nach § 80 Abs. 2 BetrVG. Ein Einblicksrecht der Jugend- und Auszubildendenvertretung in die Vorlage der Lohn- und Gehaltslisten sieht das Gesetz nicht vor. Denkbar ist aber, daß die Jugend- und Auszubildendenvertretung beim Betriebsrat anregt, Einsicht in die Bruttolohn- und -gehaltslisten der jugendlichen und auszubildenden Arbeitnehmer zu nehmen und ihr das Ergebnis dieser Einsichtnahme mitzuteilen[1].

275 Darüber hinaus stehen der Jugend- und Auszubildendenvertretung noch weitergehende Rechte und Befugnisse zu. Sieht die Mehrheit der Jugend- und Auszubildendenvertretung einen Beschluß des Betriebsrats als eine **erhebliche Beeinträchtigung wichtiger Interessen** der in § 60 Abs. 1 BetrVG genannten Arbeitnehmer an, so ist auf ihren Antrag der Beschluß auf die Dauer von einer Woche auszusetzen, damit in dieser Frist eine Verständigung, ggf. mit Hilfe der im Betrieb vertretenen Gewerkschaften, versucht werden kann (§ 66 Abs. 1 BetrVG). Bestätigt der Betriebsrat den ersten Beschluß, so kann der Antrag auf Aussetzung nicht wiederholt werden (§ 66 Abs. 2 BetrVG).

276 Die Jugend- und Auszubildendenvertretung kann nach § 67 Abs. 1 Satz 1 BetrVG zu allen Betriebsratssitzungen einen **Vertreter entsenden**. Werden Angelegenheiten behandelt, die besonders die in § 60 Abs. 1 BetrVG genannten Arbeitnehmer betreffen, so hat zu diesen Tagesordnungspunkten die gesamte Jugend- und Auszubildendenvertretung ein **Teilnahmerecht** (§ 67 Abs. 1 Satz 2 BetrVG). Über ihr Teilnahmerecht hinaus haben die Jugend- und Auszubildendenvertreter nach § 67 Abs. 2 BetrVG **Stimmrecht,** soweit die zu fassenden Beschlüsse des Betriebsrats überwiegend die in § 60 Abs. 1 BetrVG genannten Arbeitnehmer betreffen. Nach § 67 Abs. 3 BetrVG ist die Jugend- und Auszubildendenvertretung berechtigt, beim Betriebsrat zu beantragen, daß Angelegenheiten, die besonders die in § 60 Abs. 1 BetrVG genannten Arbeitnehmer betreffen und über die sie beraten hat, auf die nächste Tagesordnung zu setzen. Der Betriebsrat soll darüber hinaus Angelegenheiten, die die Jugendlichen oder zu ihrer Berufsausbildung beschäftigten Arbeitnehmer betreffen, der Jugend-

---

[1] *Fitting/Kaiser/Heither/Engels*, § 70 BetrVG Rz. 23; *Trittin*, in Däubler/Kittner/Klebe, § 70 BetrVG Rz. 35.

und Auszubildendenvertretung zur Beratung zuleiten (§ 67 Abs. 3 Satz 2 BetrVG).

Nach § 68 BetrVG ist vom Betriebsrat die Jugend- und Auszubildendenvertretung zu **Besprechungen zwischen Arbeitgeber und Betriebsrat** beizuziehen, soweit Angelegenheiten behandelt werden, die besonders Jugendliche und zu ihrer Berufsausbildung beschäftigte Arbeitnehmer (§ 60 Abs. 1 BetrVG) betreffen. 277

In Betrieben, die in der Regel mehr als 50 der in § 60 Abs. 1 BetrVG genannten Arbeitnehmer beschäftigen, kann die Jugend- und Auszubildendenvertretung nach § 69 Satz 1 BetrVG **Sprechstunden** während der Arbeitszeit einrichten. Zeit und Ort sind durch Betriebsrat und Arbeitgeber zu vereinbaren (§ 69 Satz 2 BetrVG). § 69 Satz 4 BetrVG räumt dem Betriebsratsvorsitzenden oder einem beauftragten Betriebsratsmitglied das Recht ein, an den Sprechstunden beratend teilzunehmen. 278

d) Rechtsstellung des einzelnen Mitglieds der Jugend- und Auszubildendenvertretung

Die Jugend- und Auszubildendenvertreter, der Wahlvorstand und die Wahlbewerber genießen ebenso wie Betriebsratsmitglieder einen **besonderen Kündigungsschutz** (§ 15 Abs. 1 Satz 1 KSchG). Dies gilt nach Ansicht des BAG auch für zeitweilig in die Jugend- und Auszubildendenvertretung nachgerückte Ersatzmitglieder oder vorzeitig ausgeschiedene Mitglieder der Jugend- und Auszubildendenvertretung[1]. 279

Die Mitglieder der Jugend- und Auszubildendenvertretung dürfen in der Ausübung ihrer Tätigkeit nicht gestört oder behindert werden **(§ 78 Satz 1 BetrVG)**. Sie dürfen wegen ihrer Tätigkeit nicht benachteiligt oder begünstigt werden, was auch für ihre berufliche Entwicklung gilt **(§ 78 Satz 2 BetrVG)**. 280

§ 78a BetrVG normiert weitere Besonderheiten: Beabsichtigt der Arbeitgeber, einen Auszubildenden, der Mitglied der Jugend- und Auszubildendenvertretung ist, nach Beendigung des Berufsausbildungsverhältnisses nicht in ein Arbeitsverhältnis auf unbestimmte Zeit zu übernehmen, so muß er dies drei Monate vor Beendigung des Berufsausbildungsverhältnisses dem Auszubildenden schriftlich mitteilen (§ 78a Abs. 1 BetrVG). Verlangt ein Mitglied der Jugend- und Auszubildendenvertretung innerhalb der letzten drei Monate vor **Beendigung des Berufsausbildungsverhältnisses** schriftlich vom Arbeitgeber die **Weiterbeschäftigung**, so gilt zwischen Auszubildendem und Arbeitgeber im Anschluß an das Berufsausbildungsverhältnis ein Arbeitsverhältnis auf unbestimmte Zeit als begründet (§ 78a Abs. 2 Satz 1 BetrVG). § 78a Abs. 1 und 2 BetrVG gelten auch, wenn das Berufsausbildungsverhältnis vor Ablauf eines Jahres nach Beendigung der Amtszeit der Jugend- und Auszubildendenvertretung endet (§ 78a Abs. 3 BetrVG). Der Arbeitgeber kann gem. § 78a Abs. 4 BetrVG spätetens bis zum Ablauf von zwei Wochen nach Beendigung des 281

---

[1] BAG v. 21. 8. 1979, BB 1980, 314; BAG v. 15. 1. 1980, AP Nr. 8 zu § 78a BetrVG 1972.

Berufsausbildungsverhältnisses beim Arbeitsgericht beantragen, festzustellen, daß ein Arbeitsverhältnis nach § 78a Abs. 2 oder 3 BetrVG nicht begründet wird oder das bereits nach § 78a Abs. 2 und 3 BetrVG begründete Arbeitsverhältnis aufzulösen ist, wenn Tatsachen vorliegen, aufgrund deren dem Arbeitgeber unter Berücksichtigung aller Umstände die Weiterbeschäftigung nicht zugemutet werden kann. In diesem Verfahren ist das betroffene Mitglied der Jugend- und Auszubildendenvertretung Beteiligter (§ 78a Abs. 4 Satz 2 BetrVG).

282 Nach neuerer Rechtsprechung des BAG hindert auch ein vor dem Ende des Berufsausbildungsverhältnisses mit dem Wortlaut des § 78a Abs. 4 Satz 1 Nr. 1 BetrVG gestellter Antrag des Arbeitgebers nicht das Entstehen eines Arbeitsverhältnisses, sondern führt ebenso wie ein erst nach Beendigung des Berufsausbildungsverhältnisses mit dem Wortlaut des § 78a Abs. 4 Satz 1 Nr. 2 BetrVG gestellter Antrag nur zur **Auflösung des Arbeitsverhältnisses mit Rechtskraft eines stattgebenden Beschlusses.** Ist über einen vor dem Ende des Berufsausbildungsverhältnisses gestellten Antrag nach § 78a Abs. 4 Satz 1 Nr. 1 BetrVG im Zeitpunkt des Endes des Berufsausbildungsverhältnisses noch nicht rechtskräftig entschieden, so wandelt sich dieser Antrag mit diesem Zeitpunkt automatisch in einen Auflösungsantrag nach § 78a Abs. 4 Satz 1 Nr. 2 BetrVG, ohne daß es einer Antragsänderung bedarf[1].

283 **Hinweis:**
Anträge nach § 78a Abs. 4 Satz 1 Nr. 1 und 2 BetrVG sind nach Ansicht des BAG im **Beschlußverfahren** geltend zu machen[2].

284 Der Antrag nach § 78a Abs. 4 Satz 1 BetrVG ist **begründet**, wenn Tatsachen vorliegen, aufgrund derer dem Arbeitgeber unter Berücksichtigung aller Umstände eine Weiterbeschäftigung nicht zugemutet werden kann. Hierbei ist umstritten, ob die Unzumutbarkeit nur mit in der Person des Arbeitnehmers liegenden Gründen begründet werden kann oder auch mit dringenden betrieblichen Gründen[3]. Die besseren Argumente sprechen dafür, **sowohl personen- als auch betriebsbedingte Gründe** in den Anwendungsbereich des § 78a Abs. 4 BetrVG einzubeziehen[4]. Das BAG weist hierbei zutreffend darauf hin, daß § 78a

---

1 BAG v. 29. 11. 1989, AP Nr. 20 zu § 78a BetrVG 1972; BAG v. 24. 7. 1991, AP Nr. 23 zu § 78a BetrVG 1972; BAG v. 11. 1. 1995, AP Nr. 24 zu § 78a BetrVG 1972.
2 BAG v. 5. 4. 1984, NZA 1984, 333; BAG v. 13. 11. 1987, NZA 1989, 439; BAG v. 11. 1. 1995, NZA 1995, 647; aA BAG v. 3. 2. 1976, BAGE 28, 8, das die Ansicht vertrat, über den Antrag sei im Urteilsverfahren zu entscheiden.
3 Eine Unzumutbarkeit auch aus dringenden betrieblichen Gründen bejaht etwa: BAG v. 16. 1. 1979, AP Nr. 5 zu § 78a BetrVG 1972; LAG Schleswig-Holstein v. 26. 11. 1976, DB 1977, 777; LAG Baden-Württemberg v. 23. 9. 1976, DB 1977, 778; LAG Hamm v. 13. 5. 1977, DB 1978, 260; demgegenüber die Unzumutbarkeit auf personenbedingte Gründe beschränkend: LAG Niedersachsen v. 8. 4. 1975, DB 1975, 1224; LAG Düsseldorf v. 12. 6. 1975, DB 1975, 1995.
4 Ebenso zB *Fitting/Kaiser/Heither/Engels,* § 78a BetrVG Rz. 40; *Kittner,* in Däubler/Kittner/Klebe, § 78a BetrVG Rz. 36.

II. Beteiligte und Organe

BetrVG nicht dazu verpflichten soll, ohne jede Rücksicht auf Planungen und Bedarfslage neue Arbeitsplätze zu schaffen[1].

Die **Ausschlußfrist** des § 626 Abs. 2 BGB und des § 15 Abs. 4 BBiG ist nach ebenfalls zutreffender Ansicht des BAG auf das Verfahren nach § 78a Abs. 4 Satz 1 Nr. 2 BetrVG nicht entsprechend anwendbar[2]. 285

Bis zu einer **rechtskräftigen Entscheidung** des Arbeitsgerichts über die Beendigung oder Auflösung des Arbeitsverhältnisses bleibt das Mitglied der Jugend- und Auszubildendenvertretung im Betrieb[3]. Entgegen der früheren Rechtsprechung des BAG hindert auch ein vor dem Ende des Berufsausbildungsverhältnisses mit dem Wortlaut des § 78a Abs. 4 Satz 1 Nr. 1 BetrVG gestellter Antrag des Arbeitgebers nicht das Entstehen eines Arbeitsverhältnisses, sondern führt ebenso wie ein erst nach Beendigung des Berufsausbildungsverhältnisses mit dem Wortlaut des § 78a Abs. 4 Satz 1 Nr. 2 BetrVG gestellter Antrag nur zur Auflösung des Arbeitsverhältnisses mit Rechtskraft eines stattgebenden Beschlusses. Auch wenn der Tenor des stattgebenden Beschlusses den Wortlaut der Nr. 1 des § 78a Abs. 4 Satz 1 BetrVG hat, handelt es sich um einen rechtsgestaltenden Auflösungsbeschluß, der nur für die Zukunft wirkt[4]. Nach bisher herrschender Meinung sind Streitigkeiten über das Vorliegen der Voraussetzungen einer Weiterbeschäftigung nach § 78a Abs. 2, 3 BetrVG im arbeitsgerichtlichen Urteilsverfahren zu entscheiden[5]. In Anlehnung an die abweichende Auffassung von *Kraft/Raab*[6] neigt der Siebte Senat nunmehr dazu, eine Entscheidung über einen Feststellungsantrag des Arbeitgebers, wonach ein Arbeitsverhältnis wegen Fehlens der Voraussetzungen der Absätze 2 und 3 des § 78a BetrVG nicht begründet worden ist, im Beschlußverfahren nach § 78a Abs. 4 BetrVG zuzulassen, so daß im Rahmen eines einheitlichen Verfahrens auch die umstrittene Frage einer Weiterbeschäftigung geklärt werden kann[7]. 286

Nicht vorgesehen ist für Mitglieder der Jugend- und Auszubildendenvertretung die **Freistellung von der Arbeit**. Sie haben aber Anspruch auf Teilnahme an Schulungs- und Bildungsveranstaltungen (§ 65 Abs. 1, § 37 Abs. 6, 7 BetrVG). An die Erforderlichkeit einer Schulungsveranstaltung stellt die Rechtsprechung jedoch strenge Maßstäbe[8]. 287

---

1 BAG v 16. 1. 1979, AP Nr. 5 zu § 78a BetrVG.
2 BAG v. 15. 12. 1983, NZA 1984, 44.
3 BAG v. 15. 1. 1980, AP Nr. 9 zu § 78a BetrVG 1972; vgl. auch für einen Jugendvertreter im öffentlichen Dienst BAG v. 14. 5. 1987, BB 1987, 2091 f.; grundlegend BAG (GS) v. 27. 2. 1985, BAGE 48, 122.
4 BAG v. 11. 1. 1995, NZA 1995, 647; BAG v. 29. 11. 1989, AP Nr. 20 zu § 78a BetrVG 1972; BAG v. 24. 7. 1991, AP Nr. 23 zu § 78a BetrVG 1972.
5 BAG v. 22. 9. 1983, AP Nr. 11 zu § 78a BetrVG 1972; BAG v. 13. 11. 1987, AP Nr. 18 zu § 78a BetrVG 1972; BAG v. 29. 11. 1989, AP Nr. 20 zu § 78a BetrVG 1972; *Kittner*, in Däubler/Kittner/Klebe, § 78a BetrVG Rz. 42; GK-BetrVG/*Kreutz*, § 78a Rz. 64; Fitting/Kaiser/Heither/Engels, § 78a BetrVG Rz. 49.
6 Anmerkungen zu BAG v. 29. 11. 1989, EzA Nr. 20 zu § 78a BetrVG 1972.
7 BAG v. 11. 1. 1995, NZA 1995, 647.
8 Vgl. nur BAG v. 10. 5. 1974, AP Nr. 4 zu § 65 BetrVG 1972; BAG v. 6. 5. 1975, AP Nr. 5 zu § 65 BetrVG 1972.

e) Gesamt-, Jugend- und Auszubildendenvertretung

288 Gesamt-Jugend- und Auszubildendenvertretungen sind **zwingend** für die Unternehmen vorgeschrieben, in denen **mehrere Jugend- und Auszubildendenvertretungen** bestehen (§ 72 Abs. 1 BetrVG). In die Gesamt-Jugend- und Auszubildendenvertretung entsendet nach § 72 Abs. 2 BetrVG jede Jugend- und Auszubildendenvertretung ein Mitglied. Die Gesamt-Jugend- und Auszubildendenvertretung ist zuständig für Angelegenheiten, die das Gesamtunternehmen oder mehrere Betriebe betreffen und nicht durch die einzelnen Jugend- und Auszubildendenvertretungen geregelt werden können, sowie für die ihnen durch die Jugend- und Auszubildendenvertretung übertragenen Aufgaben (§§ 50, 73 BetrVG). Die Jugend- und Auszubildendenvertretung ist der Gesamt-Jugend- und Auszubildendenvertretung nicht untergeordnet[1].

6. Informationsforen

a) Die Betriebsversammlung

289 Die Betriebsversammlung besteht nach § 42 Abs. 1 Satz 1 BetrVG aus den Arbeitnehmern des Betriebs und wird von dem Vorsitzenden des Betriebsrats geleitet. Die Betriebsversammlung ist **nicht öffentlich** (§ 42 Abs. 1 Satz 2 BetrVG). Kann wegen der Eigenart des Betriebs eine Versammlung aller Arbeitnehmer zum gleichen Zeitpunkt nicht stattfinden, so sind **Teilversammlungen** durchzuführen (§ 42 Abs. 1 Satz 3 BetrVG). Die Durchführung von Teilversammlungen steht nicht im Ermessen des Betriebsrats, sondern muß durch die Eigenart des Betriebes (große Arbeitnehmerzahl, Schichtarbeit, unzureichende Räumlichkeiten) bedingt sein.

290 Von der Betriebsversammlung sind die vom Arbeitgeber im Rahmen seines Direktionsrechts einberufenen Arbeitnehmerversammlungen (**Mitarbeiterversammlungen**) zu unterscheiden, für die das BetrVG nicht gilt. Der Arbeitgeber ist berechtigt, bei diesen Arbeitnehmerversammlungen über betriebliche Belange zu informieren, auch wenn Fragen berührt werden, für die der Betriebsrat zuständig ist[2]. Die Mitarbeiterversammlung darf aber nicht als „Gegenveranstaltung" gegenüber den Betriebsversammlungen mißbraucht werden.

291 Die Betriebsversammlung wird auch als das schwächste Organ der Betriebsverfassung bezeichnet, weil sie **keine Vertretungsmacht** oder sonstige Funktionen nach außen hat[3]. **Teilnahmeberechtigt**, nicht aber verpflichtet, sind die Arbeitnehmer des Betriebs, der nicht selbständigen Nebenbetriebe und Betriebsteile sowie der nach § 3 Abs. 1 Nr. 3 BetrVG zugeordneten Nebenbetriebe und Betriebsteile[4].

---

1 *Schaub*, AR-Handbuch, § 228, S. 1860.
2 BAG v. 27. 6. 1989, NZA 1990, 113; ArbG Duisburg v. 15. 12. 1993, ArbuR 1994, 276.
3 *Schaub*, AR-Handbuch, § 223 I. 1.a, S. 1835.
4 *Schaub*, AR-Handbuch, § 223 I. 1.b, S. 1836.

Nach herrschender Meinung steht dem Vorsitzenden der Betriebsversammlung 292
während der Betriebsversammlung das **Hausrecht** im Versammlungsraum und
auf den Zugangswegen zu[1]. Das Hausrecht geht aber dann wieder auf den
Arbeitgeber über, wenn die Betriebsversammlung unzulässige Themen behandelt, Unbefugte teilnehmen oder das Eigentum beschädigt wird[2].

aa) Regelmäßige Betriebsversammlungen

Die regelmäßige Betriebsversammlung findet **einmal im Kalendervierteljahr** 293
statt (§ 43 Abs. 1 Satz 1 BetrVG). Die Einberufung erfolgt durch den Betriebsrat.
Mit der Einladung ist die Tagesordnung bekanntzugeben. In der regelmäßigen
Betriebsversammlung hat der Betriebsrat einen Tätigkeitsbericht zu erstatten
(§ 43 Abs. 1 Satz 1 BetrVG)[3].

bb) Weitere Betriebsversammlungen

Nach § 43 Abs. 1 Satz 4 BetrVG ist eine weitere Betriebsversammlung in jedem 294
Kalenderhalbjahr möglich. Eine weitere Betriebsversammlung darf nur anberaumt werden, wenn sie **aus besonderen Gründen zweckmäßig** erscheint.

Beispiele:

geplante Teil- oder Gesamtbetriebsstillegungen, wesentliche Produktionsveränderungen oder ein Wechsel des Betriebsinhabers[4].

Zum Teil wird die Ansicht vertreten, eine weitere Betriebsversammlung könne 295
auch zur **Vorstellung von Kandidaten** für die Betriebsratswahl abgehalten werden[5]. Eine zusätzliche Betriebsversammlung zur **tariflichen Situation** kann im
Wege der einstweiligen Verfügung untersagt werden, wenn die Friedenspflicht
des § 74 Abs. 2 BetrVG verletzt wird[6].

Voraussetzung für die Anberaumung einer weiteren Betriebsversammlung iSd. 296
§ 43 Abs. 1 Satz 4 BetrVG ist, daß besondere Gründe dies „zweckmäßig" erscheinen lassen. Damit wird dem Betriebsrat bei dieser Entscheidung ein **weiter Ermessensspielraum** eingeräumt[7]. Nach Auffassung des BAG liegen besondere Gründe dann vor, wenn die Angelegenheit, die mit der Belegschaft erörtert

---

1 BAG v. 18. 3. 1964, AP Nr. 1 zu § 45 BetrVG 1952; BAG v. 13. 9. 1977, AP Nr. 1 zu § 42 BetrVG 1972.
2 *Fitting/Kaiser/Heither/Engels*, § 42 BetrVG Rz. 36; *Richardi*, § 42 BetrVG Rz. 24; *Glaubitz*, in Hess/Schlochauer/Glaubitz, § 42 BetrVG Rz. 34; *Berg*, in Däubler/Kittner/Klebe, § 42 BetrVG Rz. 9; abweichend etwa *Schaub*, AR-Handbuch, § 223 I. 1.c, S. 1836 und GK-BetrVG/*Fabricius*, § 42 Rz. 55, die dem Arbeitgeber nur die Befugnisse einräumen, im Rahmen der Notwehr oder Selbsthilfe einzuschreiten.
3 Zur Vertiefung: *Bischof*, BB 1993, 1937 ff.
4 *Fitting/Kaiser/Heither/Engels*, § 43 BetrVG Rz. 35.
5 So LAG Berlin v. 12. 12. 1978, DB 1979, 1850; ebenso ArbG Heilbronn v. 6. 3. 1990, AiB 1990, 197.
6 ArbG Neumünster v. 25. 1. 1994, BB 1994, 717, wo der Bezirksleiter der IG Metall ua. zu der Frage, ob die Arbeitgeber zu Streikmaßnahmen zwingen, berichten sollte.
7 BAG v. 23. 10. 1991, NZA 1992, 557, 558.

werden soll, so bedeutend und dringend ist, daß ein sorgfältig amtierender Betriebsrat unter Berücksichtigung der konkreten Situation im Betrieb die Einberufung einer weiteren Betriebsversammlung für sinnvoll und angemessen halten darf[1]. Erforderlich ist eine Eilbedürftigkeit, die keinen Aufschub bis zur nächsten regelmäßigen Versammlung duldet.

cc) Außerordentliche Betriebsversammlungen

297 Voraussetzung für eine außerordentliche Betriebsversammlung ist entweder die **vom Betriebsrat festgestellte Notwendigkeit** oder der **Wunsch des Arbeitgebers** oder von **mindestens einem Viertel der wahlberechtigten Arbeitnehmer** (§ 43 Abs. 3 BetrVG). Vom Zeitpunkt der Versammlungen, die auf Wunsch des Arbeitgebers stattfinden, ist dieser rechtzeitig zu verständigen (§ 43 Abs. 3 Satz 2 BetrVG). Die Festsetzung des Versammlungstermins nach § 43 Abs. 3 Satz 1 BetrVG obliegt ebenfalls dem Betriebsrat. Dieser hat zu prüfen, ob die Betriebsversammlung zur Erörterung und Behandlung des beantragten Gegenstandes zuständig ist, nicht aber, ob die Durchführung der Betriebsversammlung von seinem Standpunkt aus auch zweckmäßig ist[2]. Ist die Zulässigkeit zu verneinen, so ist die Einberufung abzulehnen. Wird eine außerordentliche Betriebsversammlung wegen eines unzulässigen Tagesordnungspunktes einberufen, so kann der Arbeitgeber diese durch eine einstweilige Verfügung des Arbeitsgerichts untersagen lassen[3].

dd) Betriebsversammlung auf Antrag der Gewerkschaft

298 Eine im Betrieb vertretene Gewerkschaft kann nach § 43 Abs. 4 BetrVG die Einberufung einer Betriebsversammlung verlangen. Voraussetzung ist, daß **keine Betriebs- oder Abteilungsversammlung im vorhergegangenen Kalenderhalbjahr** stattgefunden hat. Es genügt also nicht, daß sechs Monate vor Antragstellung keine Betriebs- oder Abteilungsversammlung durchgeführt worden ist. Das Antragsrecht der Gewerkschaft ist ausgeschlossen, wenn in diesem Zeitraum eine außerordentliche Betriebsversammlung stattgefunden hat[4]. Der Betriebsrat muß vor Ablauf von zwei Wochen nach Eingang des entsprechenden Antrags der Gewerkschaft die verlangte Betriebsversammlung einberufen.

b) Rechte und Pflichten des Arbeitgebers

299 Nach § 43 Abs. 2 Satz 1 BetrVG muß der Arbeitgeber zu den regelmäßigen und weiteren Betriebsversammlungen unter Mitteilung der Tagesordnung eingeladen werden. **Einladungspflicht** besteht auch für Betriebsversammlungen, die auf Antrag einer Gewerkschaft durchgeführt werden. Zu den übrigen Betriebs-

---

1 BAG v. 23. 10. 1991, NZA 1992, 557.
2 *Fitting/Kaiser/Heither/Engels*, § 43 BetrVG Rz. 42; *Bischof*, BB 1993, 1937, 1944.
3 *Fitting/Kaiser/Heither/Engels*, § 43 BetrVG Rz. 42.
4 So die herrschende Meinung, vgl. nur *Fitting/Kaiser/Heither/Engels*, § 43 BetrVG Rz. 54; *Richardi*, § 43 BetrVG Rz. 56; *Glaubitz*, in Hess/Schlochauer/Glaubitz, § 43 BetrVG Rz. 35; aA GK-BetrVG/*Fabricius*, § 43 Rz. 25.

II. Beteiligte und Organe

versammlungen kann der Betriebsrat den Arbeitgeber einladen, wenn ihm dies zweckmäßig erscheint.

Soweit der Arbeitgeber kraft Gesetzes einzuladen ist, hat er auch das **Recht, in den Versammlungen zu sprechen** (§ 43 Abs. 2 Satz 2 BetrVG). Allerdings muß er abwarten, bis ihm der Vorsitzende als Versammlungsleiter die Befugnis hierzu erteilt. 300

Der Arbeitgeber kann sich in den Betriebsversammlungen vertreten lassen[1]. Möglich ist die **Vertretung** durch einen oder mehrere Mitarbeiter. Betriebsfremde Personen kommen allerdings nicht in Betracht. Der Arbeitgeber kann aber gem. § 46 Abs. 1 Satz 2 BetrVG einen Beauftragten seines Arbeitgeberverbandes hinzuziehen. 301

Nach § 43 Abs. 2 Satz 3 BetrVG ist der Arbeitgeber berechtigt und verpflichtet, einmal in jedem Kalenderjahr **über das Personal- und Sozialwesen sowie über die wirtschaftliche Lage und Entwicklung des Betriebes zu berichten,** soweit dadurch Betriebs- oder Geschäftsgeheimnisse nicht gefährdet werden. 302

Auch in **Tendenzunternehmen/-betrieben** muß der Arbeitgeber dieser Verpflichtung nachkommen. Das BAG hat in einer älteren Entscheidung, die ein Theater betraf, ausgeführt, daß die Berichtspflicht nach § 43 Abs. 2 Satz 3 BetrVG „niemals" entfalle[2]. Allerdings muß der Arbeitgeber nicht über konkrete tendenzbezogene Entscheidungen berichten[3]. Nach anderer Auffassung muß der Arbeitgeber eines Tendenzunternehmens/-betriebes im Rahmen des Berichts nach § 43 Abs. 2 BetrVG nicht über die wirtschaftliche Lage und die Entwicklung des Betriebes im einzelnen berichten, sondern lediglich einen allgemeinen Überblick über die wirtschaftliche Lage geben[4]. 303

c) Zeitpunkt und Einberufung

Gemäß § 44 Abs. 1 Satz 1 BetrVG finden die in den §§ 17 und 43 Abs. 1 BetrVG bezeichneten und die auf Wunsch des Arbeitgebers einberufenen Versammlungen **während der Arbeitszeit** statt, soweit nicht die Eigenart des Betriebs eine andere Regelung zwingend erfordert. Danach finden während der Arbeitszeit die vierteljährlich regelmäßig abzuhaltenden Betriebs- und Abteilungsversammlungen, weitere Betriebsversammlungen nach § 43 Abs. 1 Satz 4 BetrVG, Betriebsversammlungen zur Bestellung des Wahlvorstands und auf Antrag des Arbeitgebers einberufene außerordentliche Betriebsversammlungen statt[5]. 304

Außerordentliche Betriebsversammlungen, die der Betriebsrat auf Antrag der Arbeitnehmer oder aus eigener Entschließung einberuft, finden gem. § 44 305

---

1 LAG Düsseldorf v. 11. 2. 1982, DB 1982, 1066.
2 BAG v. 8. 3. 1977, AP Nr. 1 zu § 43 BetrVG 1972.
3 Vgl. auch *Fitting/Kaiser/Heither/Engels*, § 118 BetrVG Rz. 32; GK-BetrVG/*Fabricius*, § 118 Rz. 600; *Blanke*, in Däubler/Kittner/Klebe, § 118 BetrVG Rz. 157.
4 *Hess*, in Hess/Schlochauer/Glaubitz, § 118 BetrVG Rz. 53; *Galperin/Löwisch*, § 118 BetrVG Rz. 59; *Richardi*, § 118 BetrVG Rz. 113.
5 *Schaub*, AR-Handbuch, § 223 I. 5.a, S. 1838.

Abs. 2 Satz 1 BetrVG **außerhalb der Arbeitszeit statt**. Hiervon kann im Einvernehmen mit dem Arbeitgeber abgewichen werden (§ 44 Abs. 2 BetrVG).

306 Bei der **Bestimmung des Zeitpunktes** sind sowohl die Interessen des Arbeitgebers als auch diejenigen der Arbeitnehmer zu berücksichtigen. Die Betriebsversammlung ist so zu terminieren, daß möglichst viele Arbeitnehmer teilnehmen können bei gleichzeitig möglichst geringer Störung des Betriebsablaufes. Neben der Wahlbetriebsversammlung nach § 17 BetrVG haben die in § 43 Abs. 1 BetrVG genannten und die auf Wunsch des Arbeitgebers einberufenen Versammlungen während der Arbeitszeit stattzufinden, wenn nicht die **Eigenart des Betriebs** eine andere Regelung zwingend erfordert.

Beispiel:

Der Betriebsrat eines Warenhauses ist verpflichtet, eine Betriebsversammlung nicht in verkaufsstarke Zeiten zu legen[1].

307 Im Hinblick auf den Grundsatz der vertrauensvollen Zusammenarbeit ist die Einberufung einer Betriebsversammlung am **Vormittag** unzulässig, wenn im Betrieb der Arbeitgeberin Lieferungen ausschließlich vormittags bearbeitet werden, der Großteil der wesentlichen Kundenkontakte in dieser Zeit stattfinden und die längste ununterbrochene und effektivste maschinelle Fertigungsphase des Betriebs in diesem Zeitraum liegt[2].

308 Eine regelmäßige, zusätzliche oder außerordentliche Betriebsversammlung, sei es eine in Form von Teil- oder Abteilungsversammlungen durchgeführte, kann nur stattfinden, wenn der Betriebsrat sie einberuft. Über die **Einberufung** und **Tagesordnung** beschließt der Betriebsrat als Gremium[3]. Der Betriebsratsvorsitzende führt den Einberufungsbeschluß lediglich aus. Andere Stellen sind nicht berechtigt, eine Betriebsversammlung einzuberufen.

309 Eine bestimmte **Frist** zwischen Einberufungsbeschluß und Versammlung ist nicht vorgeschrieben. Auch über die **Form** der Einberufung zu den Versammlungen enthält das Gesetz keine besonderen Regelungen. Auf welche Weise die Teilnehmer eingeladen werden, richtet sich nach den betrieblichen Gegebenheiten und dem Erfordernis der ausreichenden Information aller Teilnahmeberechtigten[4].

Beispiele:

Anschläge am „Schwarzen Brett", Rundschreiben, Handzettel, Werkszeitungen etc.

---

1 LAG Düsseldorf v. 10. 12. 1984, NZA 1985, 368.
2 Vgl. auch LAG Köln v. 19. 4. 1988, DB 1988, 1400: keine Pflicht zur Schließung wegen Betriebsversammlung.
3 *Fitting/Kaiser/Heither/Engels*, § 42 BetrVG Rz. 28; MünchArbR/*Joost*, § 304 Rz. 14.
4 *Berg*, in Däubler/Kittner/Klebe, § 42 BetrVG Rz. 8.

II. Beteiligte und Organe

d) Durchführung/zulässige Themen

Gem. § 42 Abs. 1 Satz 2 BetrVG sind Betriebsversammlungen **nicht öffentlich**. Die Leitung der Betriebsversammlung obliegt gem. § 42 Abs. 1 Satz 1 BetrVG dem Vorsitzenden des Betriebsrats oder seinem Stellvertreter. Die Betriebsversammlung kann dem Betriebsrat Anträge unterbreiten und zu seinen Beschlüssen Stellung nehmen (§ 45 Satz 2 BetrVG). 310

Gegenstand der Erörterung können alle Angelegenheiten einschließlich solcher tarifpolitischer, sozialpolitischer und wirtschaftlicher Art sowie Fragen der Frauenförderung und der Vereinbarkeit von Familie und Beruf sein, die den Betrieb oder seine Arbeitnehmer unmittelbar betreffen (§ 45 Satz 1 1. Halbs. BetrVG). Eine parteipolitische Betätigung auf Betriebsversammlungen ist unzulässig (§ 45 Satz 1 2. Halbs., § 74 Abs. 2 Satz 3 BetrVG)[1]. 311

Zum Begriff der **Tarifpolitik** zählen alle Bestrebungen der Sozialpartner nach Abschluß oder Änderung von Tarifverträgen. 312

Beispiele für Angelegenheiten tarifpolitischer Art:

Entgelt, Ausschlußfristen, Sozial- und Ausbildungseinrichtungen der Tarifpartner, Eingruppierungen[2] und (Stand der) Tarifverhandlungen[3].

Der Begriff der **sozialpolitischen Angelegenheiten** ist weit zu verstehen. Er umfaßt alle gesetzlichen Maßnahmen oder sonstigen Regelungen, die den Schutz oder eine Veränderung der Rechtstellung der Arbeitnehmer bezwecken oder damit im Zusammenhang stehen[4]. Gleichwohl muß die Erörterung sozialpolitischer Angelegenheiten einen **konkreten Bezugspunkt zum Betrieb oder seinen Arbeitnehmer** haben[5]. 313

Beispiele für sozialpolitische Angelegenheiten: 314

Fragen der Sozialversicherung, der Arbeitsmarktpolitik, des Arbeits- und Unfallschutzes, der beruflichen Bildung, der Vermögensbildung, der flexiblen Altersgrenze, der sozialen und gesellschaftlichen Eingliederung ausländischer, älterer oder arbeitsloser Arbeitnehmer, der Gleichstellung von Mann und Frau im Arbeitsleben, der Arbeitsmedizin[6].

Wirtschaftliche Angelegenheiten sind solche, die vom Wirtschaftlichkeitsprinzip bestimmt sind. 315

Beispiele für wirtschaftliche Angelegenheiten:

Fragen der internationalen Währungspolitik, der Rohstoff- und Energiepolitik, strukturpolitische Maßnahmen, etwa Subventionen für spezielle Wirtschafts-

---
1 Vgl. auch BAG v. 13. 9. 1977, BAGE 29, 281.
2 GK-BetrVG/*Fabricius*, § 45 Rz. 18.
3 LAG Baden-Württemberg v. 25. 9. 1991, AiB 1992, 96.
4 *Fitting/Kaiser/Heither/Engels*, § 45 BetrVG Rz. 10.
5 *Fitting/Kaiser/Heither/Engels*, § 45 BetrVG Rz. 11.
6 Eingehend *Fitting/Kaiser/Heither/Engels*, § 45 BetrVG Rz. 10; vgl. auch GK-BetrVG/*Fabricius*, § 45 Rz. 19.

bereiche, Auswirkungen der Steuergesetzgebung auf den Betrieb, ein bevorstehender Betriebsinhaberwechsel sowie Fragen einer etwaigen Unternehmenskonzentration oder multinationaler Zusammenschlüsse, von denen der Betrieb betroffen ist, uam.[1].

316 Wie der Formulierung des § 45 Satz 1 BetrVG („einschließlich"] zu entnehmen ist, ist die dortige **Aufzählung nicht abschließend.** Auch andere Angelegenheiten können auf der Betriebsversammlung diskutiert und behandelt werden, soweit sie den Betrieb oder seine Arbeitnehmer unmittelbar betreffen[2]. Daher dürfen grundsätzlich auch gewerkschaftliche Angelegenheiten behandelt werden[3]. Dies darf aber nicht soweit gehen, daß Gewerkschaftswerbung betrieben wird[4]. Darüber hinaus kann die gesetzlich vorgesehene Zusammenarbeit zwischen Betriebsrat und den im Betrieb vertretenen Gewerkschaften erörtert werden[5]. Die Vereinbarung von Arbeitsbedingungen ist hingegen nicht Aufgabe der Betriebsversammlung[6]. Die Betriebsversammlung kann auch nicht gegenüber dem Arbeitgeber den Verzicht auf Lohnansprüche erklären, denn die Betriebsversammlung hat keine Vertretungsmacht[7].

e) Kosten und Verdienstausfall

317 Die **Kosten** der Betriebsversammlung trägt der Arbeitgeber. Dies folgt aus § 40 Abs. 1 BetrVG. Die **Zeit der Teilnahme** an den Betriebsversammlungen einschl. der zusätzlichen **Wegezeiten** ist den Arbeitnehmern wie Arbeitszeit **zu vergüten** (§ 44 Abs. 1 Satz 2 BetrVG). Dies gilt auch dann, wenn die Versammlungen wegen der Eigenart des Betriebs außerhalb der Arbeitszeit stattfinden; **Fahrtkosten**, die den Arbeitnehmern durch die Teilnahme an diesen Versammlungen entstehen, sind vom Arbeitgeber zu erstatten (§ 44 Abs. 1 Satz 3 BetrVG). Ein Anspruch auf Vergütung für Wegezeiten besteht nur hinsichtlich der zusätzlichen Wegezeiten, die zur Teilnahme an der Betriebsversammlung erforderlich sind. Zugrunde zu legen ist die Zeit, die der Arbeitnehmer auch sonst für den Weg von und zu der Arbeit benötigt. Auch hinsichtlich der Fahrtkosten sind nur die Kosten zugrunde zu legen, die dem Arbeitnehmer zusätzlich entstanden

---

1 Fitting/Kaiser/Heither/Engels, § 45 BetrVG Rz. 14.
2 Vgl. nur *Berg*, in Däubler/Kittner/Klebe, § 45 BetrVG, Rz. 2; GK-BetrVG/*Fabricius*, § 45 Rz. 24; Fitting/Kaiser/Heither/Engels, § 45 BetrVG Rz. 15; *Schaub*, AR-Handbuch, § 223 II. 2, S. 1839.
3 Vgl. LAG Hamm v. 3. 12. 1986, BB 1987, 685, das die Zulässigkeit eines Berichtes über Vertrauensleutearbeit in einer Betriebsversammlung bejaht; LAG Düsseldorf v. 10. 3. 1981, DB 1981, 1729, das zugleich auch ausführt, ein unwesentliches Überschreiten des gesetzlich zulässigen Themenkreises (15 Minuten) sei unwesentlich; ebenso Fitting/Kaiser/Heither/Engels, § 45 BetrVG Rz. 17; *Berg*, in Däubler/Kittner/Klebe, § 45 BetrVG Rz. 8; aA etwa *Glaubitz*, in Hess/Schlochauer/Glaubitz, § 45 BetrVG Rz. 6.
4 LAG Hamm v. 3. 12. 1986, BB 1987, 685.
5 Fitting/Kaiser/Heither/Engels, § 45 BetrVG Rz. 17.
6 Fitting/Kaiser/Heither/Engels, § 45 BetrVG Rz. 18.
7 GK-BetrVG/*Fabricius*, § 45 Rz. 76 mwN.

sind¹. Allgemein wird aber davon ausgegangen, daß eine Pauschalierung, etwa bei Benutzung des eigenen Pkws oder Motorrads, zulässig ist².

Das BAG sieht in § 44 Abs. 1 Satz 2 BetrVG einen **eigenen Vergütungsanspruch** (kein Lohnausfallprinzip)³. Dies hat zur Folge, daß dem Arbeitnehmer unabhängig von einem eventuellen Verdienstausfall ein Vergütungsanspruch zusteht. 318

Beispiele: 319
Anspruch auf Vergütung besteht auch dann, wenn die Betriebsversammlung während des Arbeitskampfes stattfindet⁴, der Arbeitnehmer während des Erholungsurlaubs an der Versammlung teilnimmt⁵, er ohne die Teilnahme Kurzarbeitergeld bezogen hätte⁶ oder sich in Erziehungsurlaub befindet⁷.

Die Teilnahme an innerhalb oder außerhalb der Arbeitszeit stattfindenden Betriebsversammlungen begründet **keine Ansprüche auf Sonntags-, Über- oder Mehrarbeitszuschläge**⁸. Dies ist konsequent, da es nicht darauf ankommt, ob und in welchem Umfang der Arbeitnehmer in der Zeit, in der er an einer Betriebsversammlung teilnimmt, einen Lohnanspruch erworben hätte (kein Lohnausfallprinzip)⁹. 320

Läßt der Betriebsrat eine Betriebsversammlung in grober Verletzung der Vorschrift des § 44 Abs. 1 Satz 1 BetrVG außerhalb der Arbeitszeit stattfinden, obwohl die Eigenart des Betriebes dies nicht erfordert, so entfällt grundsätzlich ein Anspruch der Arbeitnehmer gegenüber dem Arbeitgeber auf Vergütung der Teilnahmezeit und zusätzlichen Wegezeiten sowie auf Erstattung von Fahrtkosten für die **gesetzeswidrige Versammlung**¹⁰. Liegen die Voraussetzungen einer weiteren Betriebsversammlung nicht vor, so kommt eine Schadensersatzpflicht oder Vertrauenshaftung des Arbeitgebers wegen der Entgeltansprüche nicht in Betracht, wenn er die Belegschaft darauf hinweist, daß die Voraussetzungen für eine weitere Betriebsversammlung nach § 43 Abs. 1 Satz 4 BetrVG nicht erfüllt sind¹¹. 321

---

1 Vgl. *Fitting/Kaiser/Heither/Engels*, § 44 BetrVG Rz. 41.
2 Vgl. nur GK-BetrVG/*Fabricius*, § 44 Rz. 78; *Richardi*, § 44 BetrVG Rz. 42; *Fitting/Kaiser/Heither/Engels*, § 44 BetrVG Rz. 41; *Galperin/Löwisch*, § 44 BetrVG Rz. 37.
3 BAG v. 5. 5. 1987, NZA 1987, 853.
4 BAG v. 5. 5. 1987, NZA 1987, 853.
5 BAG v. 5. 5. 1987, NZA 1987, 712.
6 BAG v. 5. 5. 1987, NZA 1987, 714.
7 BAG v. 31. 5. 1989, NZA 1990, 449.
8 Vgl. BAG v. 18. 9. 1973, AP Nr. 1 zu § 44 BetrVG 1972; BAG v. 1. 10. 1974, AP Nr. 2 zu § 44 BetrVG 1972.
9 Vgl. nur BAG v. 5. 5. 1987, NZA 1987, 853.
10 LAG Hamm v. 5. 11. 1986, LAGE Nr. 4 zu § 44 BetrVG 1972; BAG v. 27. 11. 1987, NZA 1988, 661.
11 BAG v. 23. 10. 1991, NZA 1992, 557.

322

> **Hinweis:**
> Streitigkeiten über Ansprüche auf Entgeltfortzahlung nach § 44 BetrVG sind im Urteilsverfahren vor den Arbeitsgerichten zu verfolgen[1].

f) Teilnahmerecht der Gewerkschaftsvertreter

323 An Betriebs- oder Abteilungsversammlungen können Beauftragte der im Betrieb vertretenen Gewerkschaften nach § 46 Abs. 1 Satz 1 BetrVG **beratend teilnehmen**. Auch den Gewerkschaften ist der Zeitpunkt und die Tagesordnung der Betriebs- oder Abteilungsversammlung rechtzeitig schriftlich mitzuteilen (§ 46 Abs. 2 BetrVG).

g) Abteilungsversammlung

324 Arbeitnehmer organisatorisch oder räumlich abgegrenzter Betriebsteile sind vom Betriebsrat zu Abteilungsversammlungen zusammenzufassen, wenn dies für die Erörterung der besonderen Belange der Arbeitnehmer **erforderlich** ist (§ 42 Abs. 2 Satz 1 BetrVG). Die Abteilungsversammlung wird von einem Mitglied des Betriebsrats geleitet, das möglichst einem beteiligten Betriebsteil als Arbeitnehmer angehört (§ 42 Abs. 2 Satz 2 BetrVG). Die Abteilungsversammlung ist nicht öffentlich (§ 42 Abs. 2 Satz 3 iVm. Abs. 1 Satz 2 BetrVG).

325 Wenn die Voraussetzungen für Abteilungsversammlungen vorliegen, hat der Betriebsrat in jedem Kalenderjahr **zwei der regelmäßigen Betriebsversammlungen als Abteilungsversammlungen** durchzuführen (§ 43 Abs. 1 Satz 2 BetrVG). Die Abteilungversammlungen sollen gem. § 43 Abs. 1 Satz 3 BetrVG möglichst gleichzeitig stattfinden.

326 Der **Arbeitgeber** ist auch zu Abteilungsversammlungen unter Mitteilung der Tagesordnung **einzuladen** (§ 43 Abs. 2 Satz 1 BetrVG). Die Vorschriften zu Betriebsversammlungen hinsichtlich des Rederechts und der Berichtspflicht gelten entsprechend. Ebenso gelten die Grundsätze zum Zeitpunkt der Betriebsversammlung, zu deren Ablauf sowie zu der Frage des Kosten- und Entgeltersatzes für Abteilungsversammlungen entsprechend (§§ 43–46 BetrVG).

h) Betriebsräteversammlung

327 Mindestens **einmal in jedem Kalenderjahr** hat der Gesamtbetriebsrat die Vorsitzenden und die stellvertretenden Vorsitzenden der Betriebsräte sowie weitere Mitglieder der Betriebsausschüsse zu einer Versammlung einzuberufen (§ 53 Abs. 1 BetrVG). In dieser **Betriebsräteversammlung** hat der Gesamtbetriebsrat einen Tätigkeitsbericht und der Unternehmer einen Bericht über das Personal- und Sozialwesen und über die wirtschaftliche Lage und Entwicklung des Unternehmens, soweit dadurch nicht Betriebs- und Geschäftsgeheimnisse gefährdet werden, zu erstatten (§ 53 Abs. 2 BetrVG).

---

[1] BAG v. 1. 10. 1974, AP Nr. 2 zu § 44 BetrVG 1972.

III. Grundprinzipien der betriebsverfassungsrechtlichen Zusammenarbeit

1. Das Gebot der vertrauensvollen Zusammenarbeit (§ 2 Abs. 1 BetrVG, § 74 Abs. 1 BetrVG)

§ 2 Abs. 1 BetrVG enthält die **allgemeinen, tragenden Grundsätze** der Zusammenarbeit zwischen Arbeitgeber und Betriebsrat[1]. Als einen dieser allgemeinen, tragenden Grundsätze nennt § 2 Abs. 1 BetrVG das Gebot der vertrauensvollen Zusammenarbeit. Rechtstechnisch wird das Gebot der vertrauensvollen Zusammenarbeit in Rechtsprechung und Literatur als Generalklausel angesehen[2]. 328

Das Gebot der vertrauensvollen Zusammenarbeit konkretisiert § 74 Abs. 1 BetrVG[3]. Nach § 74 Abs. 1 Satz 1 BetrVG sollen Arbeitgeber und Betriebsrat regelmäßige **monatliche Besprechungen** durchführen[4] und über streitige Fragen mit dem ernsten Willen zur Einigung verhandeln (§ 74 Abs. 1 Satz 2 BetrVG). 329

Eine weitere Konkretisierung des Gebots der vertrauensvollen Zusammenarbeit findet sich in § 80 Abs. 2 BetrVG[5]. Nach § 80 Abs. 2 BetrVG ist der Arbeitgeber verpflichtet, den Betriebsrat rechtzeitig und umfassend über alle betrieblichen Vorgänge **zu unterrichten**. 330

Seinem Wortlaut nach richtet sich § 2 Abs. 1 BetrVG zwar nur an Arbeitgeber und Betriebsrat; nach Sinn und Zweck normiert die Vorschrift aber **allgemeine Prinzipien**, auch für den Betriebsrat als Gremium, die einzelnen Betriebsratsmitglieder, den Gesamtbetriebsrat, die Jugend- und Auszubildendenvertretung und deren Amtsträger[6]. Ziel der vertrauensvollen Zusammenarbeit zwischen den Betriebspartnern ist das Wohl der Arbeitnehmer und des Betriebs[7]. 331

Neben den aufgeführten Konkretisierungen des Gebotes der vertrauensvollen Zusammenarbeit wird auch die Möglichkeit in Betracht gezogen, aus dem Gebot der vertrauensvollen Zusammenarbeit unmittelbar Rechte und Pflichten für die Betriebspartner zu begründen, insbesondere **Verhaltenspflichten**[8]. Dies 332

---

1 *Fitting/Kaiser/Heither/Engels*, § 2 BetrVG Rz. 1.
2 BAG v. 5. 2. 1971, AP Nr. 6 zu § 61 BetrVG 1952; *Fitting/Kaiser/Heither/Engels*, § 2 BetrVG Rz. 10; *Berg*, in: Däubler/Kittner/Klebe, § 2 BetrVG Rz. 4; MünchArbR/*von Hoyningen-Huene*, § 293 Rz. 4.
3 MünchArbR/*von Hoyningen-Huene*, § 293 Rz. 13.
4 Die formalen Anforderungen an die monatlichen Besprechungen sind nicht hoch, ausreichend sind bereits zwanglose Treffen, vgl. *Schaub*, AR-Handbuch, § 215 II. 3, S. 1768.
5 MünchArbR/*von Hoyningen-Huene*, § 293 Rz. 15.
6 Eingehend MünchArbR/*von Hoyningen-Huene*, § 293 Rz. 11 mwN.
7 MünchArbR/*von Hoyningen-Huene*, § 293 Rz. 9; *Fitting/Kaiser/Heither/Engels*, § 2 BetrVG Rz. 34.
8 Vgl. GK-BetrVG/*Kraft*, § 2 Rz. 12; MünchArbR/*von Hoyningen-Huene*, § 293 Rz. 17 mwN.

darf aber nicht dahin verstanden werden, über die im Gesetz bestimmten Fälle hinaus auf der Grundlage der Generalklausel des § 2 Abs. 1 BetrVG neue Mitbestimmungsrechte zu begründen[1]. Ebensowenig ist unter Berufung auf die Generalklausel des § 2 Abs. 1 BetrVG eine Einschränkung der Mitbestimmungsrechte denkbar[2].

333 Schwere Verstöße gegen das Gebot der vertrauensvollen Zusammenarbeit stellen zugleich einen **groben Verstoß** iSd. § 23 Abs. 3 Satz 1 BetrVG dar[3].

334 **Beispiele** für Verstöße des Arbeitgebers:

betriebsöffentliche Äußerungen über den Wert und die Kosten der Betriebsratsarbeit, wenn dies in einer Art geschieht, die den Betriebsrat in seiner Amtsführung beeinträchtigt[4], *die betriebsöffentliche Bekanntmachung von krankheitsbedingten oder tätigkeitsbedingten „Fehlzeiten" des Betriebsrats*[5] *oder das Öffnen der an den Betriebsrat gerichteten Post durch den Arbeitgeber*[6].

335 **Beispiele** für Verstöße seitens des Betriebsrats:

Ansetzung einer außerordentlichen Betriebsversammlung ohne Berücksichtigung der betrieblichen Interessen[7], *Erteilung einer atypischen Honorarzusage an einen Rechtsanwalt ohne rechtzeitige Information des Arbeitgebers*[8] *etc.*

2. Das Arbeitskampfverbot (§ 74 Abs. 2 Satz 1 BetrVG)

336 Nach § 74 Abs. 2 Satz 1 1. Halbs. BetrVG sind **Maßnahmen des Arbeitskampfes** zwischen Arbeitgeber und Betriebsrat unzulässig. Durch diese Vorschrift soll vermieden werden, daß Meinungsverschiedenheiten zwischen dem Arbeitgeber und dem Betriebsrat im Wege des Arbeitskampfes ausgetragen werden. Etwaige Meinungsverschiedenheiten der Betriebspartner sind vor der Einigungsstelle oder dem Arbeitsgericht zu klären[9]. Arbeitskämpfe tariflicher Parteien bleiben nach § 74 Abs. 2 Satz 1, 2. Halbs. BetrVG von dem Arbeitskampfverbot unberührt. Umgekehrt berührt die Durchführung eines Arbeitskampfes zwischen tariffähigen Parteien nicht das Arbeitskampfverbot zwischen Arbeitgeber und Betriebsrat[10].

---

1 GK-BetrVG/*Kraft*, § 2 Rz. 12; MünchArbR/*von Hoyningen-Huene*, § 293 Rz. 17; *Richardi*, § 2 BetrVG Rz. 21; *Fitting/Kaiser/Heither/Engels*, § 2 BetrVG Rz. 10.
2 Zutreffend *Fitting/Kaiser/Heither/Engels*, § 2 BetrVG Rz. 10.
3 LAG Düsseldorf v. 26. 11. 1993, LAGE Nr. 34 zu § 23 BetrVG 1972.
4 LAG Düsseldorf v. 26. 11. 1993, LAGE Nr. 34 zu § 23 BetrVG 1972; LAG Baden-Württemberg v. 6. 8. 1994 – 2 TaBV 4/93, nv.; BAG v. 19. 7. 1995, DB 1996, 431.
5 LAG Niedersachsen v. 9. 3. 1990, ArbuR 1991, 153.
6 ArbG Wesel v. 23. 1. 1992, AiB 1993, 43; ArbG Stuttgart v. 22. 12. 1987, AiB 1988, 109.
7 ArbG Krefeld v. 6. 2. 1995, NZA 1995, 803.
8 LAG Frankfurt am Main v. 26. 11. 1987, ArbuR 1988, 221.
9 BAG v. 17. 12. 1976, AP Nr. 52 zu Art. 9 GG – Arbeitskampf.
10 GK-BetrVG/*Kreutz*, § 74 Rz. 53.

III. Grundprinzipien der Zusammenarbeit   Rz. 339 **Teil 4 A**

Einzelne Betriebsratsmitglieder können sich nur in ihrer Eigenschaft als Arbeitnehmer und Gewerkschaftsmitglieder an einem rechtmäßigen Arbeitskampf beteiligen; dies ergibt sich bereits aus § 74 Abs. 3 BetrVG, wonach Arbeitnehmer durch die Übernahme von Aufgaben nach dem BetrVG nicht in der Betätigung für ihre Gewerkschaft beschränkt werden[1]. Abgrenzungsprobleme können sich im Hinblick auf die Frage ergeben, wann ein **Betriebsratsmitglied** in seiner Eigenschaft als Arbeitnehmer am **Arbeitskampf** teilnimmt und wann dies in seiner Eigenschaft als Betriebsratsmitglied geschieht. Zu bedenken ist hierbei, daß das Gewicht der Beteiligungsrechte des Betriebsrats und seiner allgemeinen Aufgaben es notwendig machen, daß der Betriebsrat alles vermeidet, was geeignet ist, seine Stellung als Repräsentant der Gesamtheit der Arbeitnehmer und als neutraler Sachwalter ihrer Interessen zweifelhaft erscheinen zu lassen[2]. Wesentlich ist daher, daß das Betriebsratsmitglied, das sich in seiner Eigenschaft als Arbeitnehmer am Arbeitskampf beteiligt, jeden ausdrücklichen Hinweis auf seine Amtsstellung unterläßt und diese auch nicht besonders hervorhebt[3].

337

Inhaltlich umfaßt das Verbot des Arbeitskampfes alle wirtschaftlichen Kampfmaßnahmen, also den **Streik**, den **Sitzstreik**, die **Arbeitsverlangsamung**, die **Betriebsbesetzung**, die **Aussperrung** und den **Boykott**[4]. Das Arbeitskampfverbot des § 74 Abs. 2 Satz 1 1. Halbs. BetrVG beinhaltet auch die Pflicht, daß der Betriebsrat sich in Arbeitskämpfen der Tarifvertragsparteien neutral verhält; Unterstützungsmaßnahmen durch den Betriebsrat, etwa in Form eines Streikaufrufs an die Belegschaft, sind verboten[5]. Das BAG geht in diesem Zusammenhang von einer **uneingeschränkten Neutralitätspflicht** aus[6].

338

> **Hinweis:**
> Die Verletzung des Arbeitskampfverbotes begründet einen selbständigen **Unterlassungsanspruch**[7]. Bei grober Pflichtverletzung durch den Betriebsrat ist auf Antrag auch dessen Auflösung nach § 23 Abs. 1 BetrVG möglich; liegt nur der Verstoß eines einzelnen Mitglieds des Betriebsrats vor, so kann dieses ausgeschlossen werden[8].

339

---

1 GK-BetrVG/*Kreutz*, § 74 Rz. 58; vgl. auch LAG Düsseldorf v. 5. 7. 1994, BB 1994, 1940.
2 BVerfG v. 26. 5. 1970, NJW 1970, 1635, 1636.
3 GK-BetrVG/*Kreutz*, § 74 Rz. 59.
4 *Fitting/Kaiser/Heither/Engels*, § 74 BetrVG Rz. 12; *Schaub*, AR-Handbuch, § 215 III. 4., S. 1768.
5 GK-BetrVG/*Kreutz*, § 74 Rz. 61.
6 BAG v. 22. 12. 1980, AP Nr. 71 zu Art. 9 GG – Arbeitskampf.
7 BAG v. 22. 7. 1980, BAGE 35, 75; BAG v. 22. 2. 1983, BAGE 42, 11, 25.
8 MünchArbR/*von Hoyningen-Huene*, § 293 Rz. 39.

3. Friedenspflicht (§ 74 Abs. 2 Satz 2 BetrVG)

340 Nach § 74 Abs. 2 Satz 2 BetrVG haben Arbeitgeber und Betriebsrat Betätigungen zu unterlassen, durch die der Arbeitsablauf oder der Frieden des Betriebs beeinträchtigt werden. Die Friedenspflicht ist eine weitere Konkretisierung des Gebotes der vertrauensvollen Zusammenarbeit[1]. Die Friedenspflicht ist zwar eng verknüpft mit dem Arbeitskampfverbot, geht aber insoweit über dieses Verbot hinaus, als nach der Friedenspflicht **alle Betätigungen von Arbeitgeber und Betriebsrat, durch die der geordnete Arbeitsablauf oder der Friede des Betriebes beeinträchtigt werden könnten,** verboten sind[2]. Geschützt werden soll der konkrete Arbeitsablauf und Betriebsfrieden[3]. Die Friedenspflicht trifft gleichermaßen Arbeitgeber, Betriebsrat, wie auch die einzelnen Betriebsratsmitglieder[4].

341 Beispiele für die Verletzung der Friedenspflicht:
Veröffentlichung der Korrespondenz zwischen Arbeitgeber und Betriebsrat in einer Mitbestimmungsangelegenheit durch den Betriebsrat[5], das eigenmächtige Entfernen ordnungsgemäßer Aushänge des Betriebsrates durch den Arbeitgeber[6] oder die Werbung durch Personalratsmitglieder für den Beitritt in eine Gewerkschaft[7].

342 | **Hinweis:**
| Bei Verstößen des Betriebsrats gegen die Friedenspflicht gewährt § 74 Abs. 2 Satz 2 BetrVG einen eigenständigen **Unterlassungsanspruch**[8]. Darüber hinaus können bei groben Verstößen Maßnahmen nach § 23 Abs. 1 und 3 BetrVG eingeleitet werden.

4. Verbot der parteipolitischen Betätigung (§ 74 Abs. 2 Satz 3 BetrVG)

343 Gemäß § 74 Abs. 2 Satz 3 BetrVG müssen Arbeitgeber und Betriebsrat jede parteipolitische Betätigung im Betrieb unterlassen. Ausgenommen sind Angelegenheiten tarifpolitischer, sozialpolitischer und wirtschaftlicher Art, die den Betrieb oder seine Arbeitnehmer betreffen.

---

1 *Schaub*, AR-Handbuch, § 215 II. 4., S. 1768.
2 *Fitting/Kaiser/Heither/Engels*, § 74 BetrVG Rz. 24; *Berg*, in Däubler/Kittner/Klebe, § 74 BetrVG Rz. 22.
3 GK-BetrVG/*Kreutz*, § 74 Rz. 116; vgl. zum Begriff des Betriebsfriedens auch: BAG v. 9. 12. 1982, ArbuR 1984, 122 ff.
4 GK-BetrVG/*Kreutz*, § 74 Rz. 117.
5 LAG Düsseldorf v. 25. 5. 1976, BB 1977, 294.
6 GK-BetrVG/*Kreutz*, § 74 Rz. 121.
7 BVerwG v. 22. 8. 1991, NJW 1992, 385.
8 BAG v. 22. 7. 1980, BAGE 34, 75; BAG v. 22. 2. 1983, BAGE 42, 11, 25.

III. Grundprinzipien der Zusammenarbeit	Rz. 347 **Teil 4 A**

a) Begriff der parteipolitischen Betätigung

Der Begriff „parteipolitisch" umfaßt jede **Betätigung für oder gegen eine politische Partei** im Sinne des Art. 21 GG und des § 2 Abs. 1 ParteiG[1]. 344

Umstritten ist, ob darüber hinaus auch Betätigungen für sonstige politische Gruppierungen oder Richtungen vom Verbot der parteipolitischen Betätigung erfaßt werden. Nach herrschender Meinung[2] soll dies so sein. Verboten ist danach nicht nur eine parteipolitische, sondern jegliche **allgemeine politische Betätigung.** Dies entspricht zwar nicht dem Wortlaut des § 74 Abs. 2 Satz 3 BetrVG, jedoch dem Sinn und Zweck der Norm, die bewirken soll, Meinungsstreitigkeiten einzelner Gruppen im Interesse der notwendigen Zusammenarbeit aus dem Betrieb herauszuhalten[3]. Zu Recht weist das BAG in diesem Zusammenhang darauf hin, daß erfahrungsgemäß eine Politisierung im Betrieb leicht zu Spaltungen und Gegensätzen innerhalb der Arbeitnehmerschaft führen kann, worunter das Betriebsklima und der Arbeitsablauf leiden[4]. 345

Nach der Gegenauffassung[5] ist das Verbot der parteipolitischen Betätigung restriktiv zu handhaben. Danach ist unter einer verbotenen parteipolitischen Betätigung nur eine solche zu verstehen, die bewußt für oder gegen eine Partei im Sinne des § 2 Abs. 2 ParteiG erfolgt. Nach dieser Ansicht, die sich streng am Wortlaut des § 74 Abs. 2 Satz 3 BetrVG orientiert, ist die Vorschrift des § 74 Abs. 2 Satz 2 BetrVG wegen ihres das **Grundrecht der Meinungsfreiheit** einschränkenden Charakters restriktiv auszulegen[6]. 346

Folgt man der herrschenden Meinung, dann ist das Eintreten für oder gegen eine bestimmte politische Richtung verboten, auch wenn es keinen konkreten parteipolitischen Bezug hat. Damit unterfallen auch Maßnahmen für oder gegen **Bürgerinitiativen, Friedensbewegungen, Anti-Atom-Bewegungen** (oder andere Verteidigungs- oder Abrüstungsbewegungen) und anderes mehr dem Begriff der „parteipolitischen" Betätigung[7]. Das Verbot erfaßt die Propaganda in jedweder Form. 347

---

1 GK-BetrVG/*Kreutz*, § 74 Rz. 96; *Fitting/Kaiser/Heither/Engels*, § 74 BetrVG, Rz. 41; *Berg*, in Däubler/Kittner/Klebe, § 74 BetrVG Rz. 34.
2 BAG v. 12. 6. 1986, NZA 1987, 153; BAG v. 21. 2. 1978, BB 1978, 1116; BAG v. 13. 9. 1977, BAGE 29, 281; BAG v. 4. 5. 1955, BAGE 1, 359, 363 f.; MünchArbR/*von Hoyningen-Huene*, § 293 Rz. 54; *Richardi*, § 74 BetrVG Rz. 61; *Kissel*, NZA 1988, 145, 147 f.
3 BAG v. 12. 6. 1986, NZA 1987, 153.
4 BAG v. 12. 6. 1986, NZA 1987, 153.
5 Vgl. etwa *Berg*, in Däubler/Kittner/Klebe, § 74 BetrVG Rz. 34; *Fitting/Kaiser/Heither/Engels*, § 74 BetrVG Rz. 45; *Schaub*, AR-Handbuch, § 215 III. 1., S. 1769; *Derleder*, ArbuR 1988, 17, 21 ff.
6 Vgl. nur *Fitting/Kaiser/Heither/Engels*, § 74 BetrVG Rz. 45.
7 Vgl. auch die weiteren Nachweise bei GK-BetrVG/*Kreutz*, § 74 Rz. 97; ferner MünchArbR/*von Hoyningen-Huene*, § 293 Rz. 55; vgl. auch *Berg*, in Däubler/Kittner/Klebe, § 74 BetrVG Rz. 32; *Hess*, in Hess/Schlochauer/Glaubitz, § 74 BetrVG Rz. 33.

348 **Beispiele:**

Verteilen von Informationsmaterial, Anbringen und Aushängen von Plakaten, das Tragen von Ansteckplaketten oder von Abziehbildern, Veranlassung oder Organisation von Resolutionen, Abstimmungen, Umfragen oder sonstigen Aktionen[1].

b) Beeinträchtigung des Arbeitsablaufes oder Betriebsfriedens

349 Ein pflichtwidriger Verstoß gegen das Verbot der parteipolitischen Betätigung setzt eine **konkrete Beeinträchtigung oder Störung von Arbeitsablauf oder Betriebsfrieden** voraus[2]. Nach herrschender Meinung reicht bereits eine konkrete Gefährdung des Betriebsfriedens aus[3].

c) Räumlicher Geltungsbereich des Verbots, Verbotsadressat und Folgen eines Verstoßes

350 Nach § 74 Abs. 2 Satz 3 BetrVG ist jede parteipolitische Betätigung **im Betrieb** zu unterlassen. Das BAG rechnet zu einer Betätigung im Betrieb auch eine Betätigung in **unmittelbarer Betriebsnähe**[4]. Danach reicht etwa das Verteilen von Flugblättern parteipolitischen Inhalts vor dem Fabriktor mit der Zielrichtung, in den Betrieb hineinzuwirken[5].

351 Nach dem Wortlaut des § 74 Abs. 2 Satz 3 BetrVG („sie") richtet sich das Verbot der parteipolitischen Betätigung nur an Arbeitgeber und Betriebsrat. Es gilt aber nach ganz herrschender Meinung auch für jedes einzelne Betriebsratsmitglied[6]. Zu weit geht es allerdings, auch die Gewerkschaften als **Verbotsadressaten** anzusehen[7].

---

1 GK-BetrVG/*Kreutz*, § 74 Rz. 99; MünchArbR/*von Hoyningen-Huene*, § 293 Rz. 58, 59 mit zahlreichen Beispielen.
2 BAG v. 12. 6. 1986, NZA 1987, 153, 154.
3 Vgl. etwa *Fitting/Kaiser/Heither/Engels*, § 74 BetrVG Rz. 36; GK-BetrVG/*Kreutz*, § 74 Rz. 94; offengelassen von BAG v. 9. 12. 1982, AP Nr. 23 zu § 626 BGB, das jedoch betont, daß eine abstrakte Gefährdung nicht ausreicht.
4 BAG v. 21. 2. 1978, AP Nr. 1 zu § 74 BetrVG 1972.
5 BAG v. 21. 2. 1978, AP Nr. 1 zu § 74 BetrVG 1972; vgl. auch LAG Niedersachsen v. 3. 3. 1970, BB 1970, 1480.
6 Vgl. nur BVerfG v. 28. 4. 1976, AP Nr. 2 zu § 74 BetrVG 1972; BAG v. 12. 6. 1986, NZA 1987, 153, 154; BAG v. 21. 2. 1978, AP Nr. 1 zu § 74 BetrVG 1972 (3. Ls.); BAG v. 5. 12. 1975, AP Nr. 1 zu § 87 BetrVG 1972 – Betriebsbuße; vgl. auch *Fitting/Kaiser/Heither/Engels*, § 74 BetrVG Rz. 34 sowie GK-BetrVG/*Kreutz*, § 74 Rz. 89 mwN.
7 Zutreffend zB *Fitting/Kaiser/Heither/Engels*, § 74 BetrVG Rz. 39; MünchArbR/*von Hoyningen-Huene*, § 293 Rz. 51; aA *Hess*, in Hess/Schlochauer/Glaubitz, § 74 BetrVG Rz. 34, der das Verbot auch auf alle Arbeitnehmer des Betriebes erstrecken will; dagegen wiederum BVerfG v. 28. 4. 1976, AP Nr. 2 zu § 74 BetrVG 1972; BAG v. 13. 6. 1986, NZA 1987, 153, 154; das aber zugleich hervorhebt, daß die politische oder parteipolitische Betätigung des Arbeitnehmers auch Einschränkungen unterliegt und bei konkreten Störungen oder Beeinträchtigungen eine Pflichtverletzung darstellt.

III. Grundprinzipien der Zusammenarbeit   Rz. 356 Teil 4 A

> **Hinweis:**   352
> Bei Verstößen gegen das Verbot der parteipolitischen Betätigung gewährt
> § 74 Abs. 2 Satz 3 BetrVG einen eigenständigen **Unterlassungsanspruch**[1].
> Darüber hinaus stellen Verstöße gegen das Verbot der parteipolitischen
> Betätigung Verstöße gegen die gesetzlichen Pflichten iSd. § 23 Abs. 1 und 3
> BetrVG dar[2].

5. Grundsätze für die Behandlung der Betriebsangehörigen (§ 75 BetrVG)

Nach § 75 Abs. 1 Satz 1 BetrVG sind Arbeitgeber und Betriebsrat verpflichtet,   353
darüber zu wachen, daß alle im Betrieb tätigen Personen nach den **Grundsätzen
von Recht und Billigkeit** behandelt werden, insbesondere, daß jede unterschiedliche Behandlung von Personen wegen ihrer Abstammung, Religion, Nationalität, Herkunft, politischer oder gewerkschaftlicher Betätigung oder Einstellung
oder wegen ihres Geschlechtes unterbleibt. § 75 Abs. 1 Satz 2 BetrVG gibt den
Betriebspartnern auf, darauf zu achten, daß Arbeitnehmer nicht wegen Überschreitung bestimmter Altersstufen benachteiligt werden. § 75 Abs. 2 BetrVG
verpflichtet schließlich Arbeitgeber und Betriebsrat, die **freie Entfaltung der
Persönlichkeit** der im Betrieb beschäftigten Arbeitnehmer zu schützen und zu
fördern.

Diese Grundsätze für die Behandlung von Betriebsangehörigen konkretisieren   354
inhaltlich das „Wohl der Arbeitnehmer und des Betriebes", dessen Ziel das
Gebot der vertrauensvollen Zusammenarbeit ist[3]. Die Vorschrift legt **Pflichten
für Arbeitgeber und Betriebsrat** fest; sie hat insofern unmittelbare materielle
Bedeutung[4]. Über den Wortlaut des § 75 BetrVG hinaus treffen die dort aufgeführten Pflichten auch die **einzelnen Betriebsratsmitglieder**[5].

a) Grundsätze von Recht und Billigkeit

§ 75 Abs. 1 Satz 1 BetrVG verpflichtet Arbeitgeber und Betriebsrat, darüber zu   355
wachen, daß alle im Betrieb tätigen Personen nach den Grundsätzen von Recht
und Billigkeit behandelt werden (sog. **Überwachungspflicht** bzw. **Überwachungsrecht**).

Die Behandlung der Arbeitnehmer nach den Grundsätzen des Rechts erfordert,   356
daß das geltende Recht, namentlich das Arbeitsrecht, im Betrieb beachtet wird,
insbesondere, daß alle **Rechtsansprüche der Arbeitnehmer** anerkannt und er-

---
1 BAG v. 12. 6. 1986, AP Nr. 5 zu § 74 BetrVG 1972.
2 *Hess*, in Hess/Schlochauer/Glaubitz, § 74 BetrVG Rz. 37.
3 MünchArbR/*von Hoyningen-Huene*, § 293 Rz. 65.
4 Vgl. *Fitting/Kaiser/Heither/Engels*, § 75 BetrVG Rz. 2.
5 GK-BetrVG/*Kreutz*, § 75 Rz. 9; MünchArbR/*von Hoyningen-Huene*, § 293 Rz. 67; *Fitting/Kaiser/Heither/Engels*, § 75 BetrVG Rz. 6.

füllt werden[1]. Die Bindung an das Recht umfaßt nicht nur das positive, durch Gesetz oder Verordnung gestaltete Recht, sondern auch arbeitsrechtliches Gewohnheitsrecht und Richterrecht[2].

357 Die Behandlung nach den Grundsätzen der Billigkeit dient der Verwirklichung der **Einzelfallgerechtigkeit**[3].

358 Betriebsvereinbarungen und Sozialpläne unterliegen einer **allgemeinen Billigkeitskontrolle**[4]. Dem liegt das Verständnis zugrunde, die Verpflichtung zur Überwachung von „Recht und Billigkeit" nach § 75 Abs. 1 Satz 1 BetrVG umfasse auch die Ermächtigung zu einer gerichtlichen Billigkeitskontrolle[5]. Das Schrifttum steht dieser Rechtsprechung kritisch gegenüber[6].

b) Der betriebsverfassungsrechtliche Gleichbehandlungsgrundsatz

359 § 75 Abs. 1 Satz 2 BetrVG stellt nach Auffassung des BAG eine spezielle Ausprägung des allgemeinen betriebsverfassungsrechtlichen Gleichbehandlungsgrundsatzes dar[7]. Der Gleichbehandlungsgrundsatz verpflichtet Arbeitgeber und Betriebsrat gleichermaßen, nicht einzelne Arbeitnehmer willkürlich von allgemeinen, begünstigenden Regelungen auszunehmen[8]. Der Gleichbehandlungsgrundsatz verlangt keine schematische Gleichbehandlung, sondern **verbietet eine unsachliche Differenzierung**[9]. Das Gleichbehandlungsgebot darf indessen nicht dahin gehend mißverstanden werden, daß es grundsätzlich die Bevorzugung einzelner Arbeitnehmer verbietet[10]. Anders ausgedrückt ist eine unterschiedliche Behandlung dann nicht zu beanstanden, wenn sie nicht willkürlich ist[11]. Nach Ansicht des BAG ist eine Differenzierung dann sachfremd, wenn es für sie keine sachlichen und billigenswerten Gründe gibt und die unterschiedliche Behandlung sich deshalb als sachwidrig und willkürlich erweist[12].

360 Es verstößt gegen den allgemeinen Gleichheitssatz des Art. 3 Abs. 1 GG, wenn die Betriebspartner durch **Betriebsvereinbarung** festlegen, daß gewerblichen

---

1 *Richardi*, § 75 BetrVG Rz. 11; GK-BetrVG/*Kreutz*, § 75 Rz. 24.
2 GK-BetrVG/*Kreutz*, § 75 Rz. 24; *Fitting/Kaiser/Heither/Engels*, § 75 Rz. 19.
3 MünchArbR/*von Hoyningen-Huene*, § 293 Rz. 72; *Fitting/Kaiser/Heither/Engels*, § 75 BetrVG Rz. 20.
4 BAG v. 11. 6. 1975, BAGE 27, 187, 193 f.; vgl. auch BAG v. 30. 1. 1970, BAGE 22, 252, 266 ff.; BAG v. 14. 2. 1984, AP Nr. 21 zu § 112 BetrVG 1972; BAG v. 26. 7. 1988, NZA 1989, 25.
5 BAG v. 14. 2. 1984, AP Nr. 21 zu § 112 BetrVG 1972.
6 Vgl. nur MünchArbR/*von Hoyningen/Huene*, § 293 Rz. 73; *Konzen*, Anmerkung zu BAG v. 14. 2. 1984, AP Nr. 21 zu § 112 BetrVG 1972.
7 BAG v. 23. 8. 1988, NZA 1989, 28.
8 MünchArbR/*von Hoyningen-Huene*, § 293 Rz. 76.
9 GK-BetrVG/*Kreutz*, § 75 Rz. 33.
10 MünchArbR/*von Hoyningen-Huene*, § 293 Rz. 77.
11 Vgl. *Stege/Weinspach*, § 75 BetrVG Rz. 7a.
12 BAG v. 9. 11. 1994, AP Nr. 85 zu § 112 BetrVG 1972; BAG v. 19. 7. 1995, BB 1995, 2534.

Arbeitnehmern wegen erheblich höherer krankheitsbedingter Fehlzeiten ein gekürzter 13. Monatslohn gezahlt wird, die Angestellten dagegen einzelvertraglich ein ungekürztes 13. Monatsgehalt erhalten, wenn die Gründe für die Schlechterstellung der gewerblichen Arbeitnehmer (höhere Krankheitsfehlzeiten) auch der Sphäre des Arbeitgebers zuzuordnen sein können[1]. Wenn ein Arbeitgeber wegen der Verlegung seines Betriebes Abfindungen auf vertraglicher Grundlage an ausscheidende Arbeitnehmer zahlt, so verstößt er nicht gegen den Gleichbehandlungsgrundsatz, wenn er Arbeitnehmer von Zahlungen ausschließt, die bereits geraume Zeit vor dem Umzugstermin aufgrund von Eigenkündigungen ausscheiden[2]. Der Ausschluß von Arbeitnehmern von Leistungen eines Sozialplans, die das Arbeitsverhältnis selbst gekündigt haben, nachdem ihnen der Arbeitgeber mitgeteilt hatte, für sie bestehe aufgrund der Betriebsänderung keine Beschäftigungsmöglichkeit mehr, kann gegen § 75 BetrVG verstoßen und damit rechtsunwirksam sein[3]. Eine Sozialplanregelung, nach der die Erstattungsansprüche der Bundesanstalt für Arbeit gegen den Arbeitgeber nach § 128 AFG aF allein auf die Abfindungen der Arbeitnehmer angerechnet werden, für die der Arbeitgeber das Arbeitslosengeld zu erstatten hat, verstößt gegen den allgemeinen betriebsverfassungsrechtlichen Gleichbehandlungsgrundsatz des § 75 Abs. 1 BetrVG[4].

Nach dem Wortlaut des § 75 BetrVG ist das Gleichbehandlungsgebot **betriebsbezogen**. Daher können sich alle Arbeitnehmer eines Betriebes auf diesen Grundsatz berufen. Unerheblich ist, ob es sich um Voll- oder Teilzeitbeschäftigte handelt; es kommt auch nicht darauf an, ob es sich um befristete Beschäftigte oder um Leiharbeiter handelt[5]. Geschützt werden auch Arbeitnehmer, die zwar nicht Arbeitnehmer des Betriebes sind, aber tatsächlich im Betrieb tätig sind (etwa Monteure oder Bauarbeiter, die aus anderen Betrieben entsandt werden)[6]. 361

c) Absolute Differenzierungsverbote

Nach § 75 Abs. 1 Satz 1 1. Halbs. BetrVG ist jede unterschiedliche Behandlung von Personen wegen ihrer Abstammung, Religion, Nationalität, Herkunft, politischen bzw. gewerkschaftlichen Betätigung oder Einstellung sowie wegen ihres Geschlechts untersagt. Im Hinblick auf diese absolute Differenzierungsverbote wird auch von einem **Diskriminierungsverbot** gesprochen[7]. Die Aufzählungen in § 75 Abs. 1 Satz 1 2. Halbs. BetrVG sind nicht abschließend, was die Verwendung des Wortes „insbesondere" verdeutlicht. Daher ist über den Wortlaut der Norm jede sachlich nicht gerechtfertigte willkürliche Ungleichbehandlung der Arbeitnehmer verboten[8]. 362

---

1 BVerfG v. 1. 9. 1997, BB 1997, 2330 unter Aufhebung des Urteils des BAG v. 19. 4. 1995, DB 1995, 1966, 1967.
2 BAG v. 8. 3. 1995, NZA 1995, 675.
3 BAG v. 15. 1. 1991, NZA 1991, 692.
4 BAG v. 26. 6. 1990, NZA 1991, 111.
5 Vgl. nur *Fitting/Kaiser/Heither/Engels*, § 75 BetrVG Rz. 8.
6 Vgl. etwa *Berg*, in Däubler/Kittner/Klebe, § 75 BetrVG Rz. 5.
7 *Fitting/Kaiser/Heither/Engels*, § 75 BetrVG Rz. 21.
8 *Berg*, in Däubler/Kittner/Klebe, § 75 BetrVG Rz. 11.

363 **Beispiele** für Verstöße gegen die absoluten Differenzierungsverbote des § 75 Abs. 1 Satz 1 2. Halbs. BetrVG:

Betriebsvereinbarungen, die zwischen organisierten und nicht organisierten Arbeitnehmern differenzieren[1]; Sozialplanregelungen, die Arbeitnehmern eine höhere Abfindung zuerkennen, allein weil sie Gewerkschaftsmitglieder sind[2]; die Beschränkung einer Aussperrung auf gewerkschaftlich organisierte Arbeitnehmer[3]; die Unterscheidung zwischen weiblichen und männlichen Arbeitnehmern bei der freiwilligen Gewährung von Hausarbeitstagen[4]; die Gewährung einer Arbeitsmarktzulage gegenüber männlichen Arbeitnehmern, weil diese nicht bereit sind, zum gleichen Lohn wie die am gleichen Arbeitsplatz unter gleichen Bedingungen tätigen Frauen zu arbeiten[5].

d) Schutz älterer Arbeitnehmer

364 Nach § 75 Abs. 1 Satz 2 BetrVG sind die Betriebspartner zum besonderen Schutz älterer Arbeitnehmer verpflichtet. Das Gesetz stellt durch diese Regelung klar, daß das Erreichen eines bestimmten Alters kein sachlicher Grund ist, den betroffenen Arbeitnehmer schlechter zu behandeln als den jüngeren Arbeitnehmer. Allerdings ist nicht jede Differenzierung zum Nachteil älterer Arbeitnehmer unzulässig[6].

365 Nach Ansicht des BAG verstößt es daher nicht gegen § 75 Abs. 1 Satz 2 BetrVG, wenn nach dem Inhalt eines Sozialplans jüngere Arbeitnehmer im Einzelfall eine höhere Abfindung erhalten als ältere[7]. Auch eine Regelung des Inhalts, wonach zunächst die Arbeitnehmer, die das freiwillig wollen, und dann die ältesten Arbeitnehmer des Betriebs verkürzt arbeiten sollen, ist nicht zu beanstanden[8]. Nicht gerechtfertigt ist indessen eine **Sozialplanregelung**, nach der die Erstattungsansprüche der Bundesanstalt für Arbeit gegen den Arbeitgeber nach § 128 AFG aF allein auf die Abfindungen der Arbeitnehmer eingerechnet werden, für die der Arbeitgeber das Arbeitslosengeld zu erstatten hat[9]. Eine solche Regelung wälzt nämlich das Erstattungsrisiko allein auf die betroffene Gruppe der Arbeitnehmer mit einem Lebensalter von mehr als 56 Jahren ab.

366 Problematisch war bislang, ob ein Arbeitsverhältnis auf das 65. Lebensjahr befristet werden kann. Nach der Neufassung des § 41 Abs. 4 Satz 3 SGB VI sind **Altersgrenzen in Betriebsvereinbarungen**, die auf das Erreichen des 65. Lebensjahres und den Anspruch auf das gesetzliche Altersruhegeld abstellen, jeden-

---

1 MünchArbR/*von Hoyningen-Huene*, § 293 Rz. 78.
2 BAG v. 12. 2. 1985, NZA 1985, 717.
3 BAG v. 10. 6. 1980, BAGE 33, 195.
4 BAG v. 26. 1. 1982, NJW 1982, 2573.
5 BAG v. 25. 8. 1982, BB 1982, 1921.
6 MünchArbR/*von Hoyningen-Huene*, § 293 Rz. 79; GK-BetrVG/*Kreutz*, § 75 Rz. 59.
7 BAG v. 14. 2. 1984, AP Nr. 21 zu § 112 BetrVG 1972.
8 BAG v. 18. 8. 1987, NZA 1987, 779.
9 BAG v. 26. 6. 1990, NZA 1991, 111.

falls dann zulässig, wenn eine derartige Regelung durch ein betriebliches Bedürfnis nach einer ausgewogenen Altersstruktur oder zB Gefahren, Gesundheits- oder Leistungsgesichtspunkte sachlich begründet ist[1]. Allerdings verstößt eine Betriebsvereinbarung, die bereits auf die Erreichung des 63. Lebensjahres abstellt, gegen § 75 Abs. 1 Satz 2 BetrVG, weil dem Arbeitnehmer dann nur ein Anspruch auf das vorgezogene Altersruhegeld zusteht[2]. Ob der einzelne Arbeitnehmer von dieser Möglichkeit Gebrauch macht, muß ihm überlassen bleiben.

e) Freie Entfaltung der Persönlichkeit

Nach § 75 Abs. 2 BetrVG müssen der Arbeitgeber und Betriebsrat die freie Entfaltung der Persönlichkeit der Arbeitnehmer **schützen und fördern**. Durch diese Vorschrift wird das bereits nach Art. 2 Abs. 2 GG normierte Recht auf die freie Entfaltung der Persönlichkeit in die betriebliche Sphäre übertragen. 367

Die Vorschrift begründet sowohl eine Verpflichtung für Arbeitgeber und Betriebsrat, das Persönlichkeitsrecht der Arbeitnehmer bei Einzelmaßnahmen und gemeinsamen Maßnahmen zu beachten[3], als auch eine **Handlungspflicht** der Betriebspartner, das Persönlichkeitsrecht zu fördern. 368

Beispiele für Verletzungen des Persönlichkeitsrechts: 369

Überwachungsmaßnahmen, etwa in Form von versteckten Videokameras, Abhörgeräten oder Tonaufnahmen[4]; aber auch in Form des Abhörens von Telefongesprächen, gleichgültig, ob sie einen privaten oder dienstlichen Inhalt haben[5]; Einholung graphologischer Gutachten; Durchführung psychologischer Tests oder Eignungsuntersuchungen gegen den Willen des Arbeitnehmers[6]; die Durchführung bestimmter Kontrollmaßnahmen[7]; die Offenlegung des Inhalts von Personalakten ohne Einwilligung des Arbeitnehmers[8]; die Bekanntmachung von Abmahnungen am Schwarzen Brett[9] ua.

---

1 GK-BetrVG/*Kreutz*, § 75 Rz. 63; *Berg*, in Däubler/Kittner/Klebe, § 75 BetrVG Rz. 33; vgl. auch BAG v. 1. 12. 1993, NJW 1994, 1490.
2 Zutreffend *Berg*, in Däubler/Kittner/Klebe, § 75 BetrVG Rz. 33.
3 Vgl. MünchArbR/*von Hoyningen-Huene*, § 293 Rz. 82.
4 *Berg*, in Däubler/Kittner/Klebe, § 74 Rz. 37; BAG v. 15. 5. 1991, NZA 1992, 43, 44; BAG v. 7. 10. 1987, NZA 1988, 92.
5 BVerfG v. 19. 12. 1991, NZA 1992, 307. Derartige Maßnahmen können aber zulässig sein, wenn der Arbeitgeber die Maßnahmen durchführt, um den konkreten Verdacht strafbarer Handlungen zu belegen.
6 Zutreffend MünchArbR/*von Hoyningen-Huene*, § 293 Rz. 84; *Berg*, in Däubler/Kittner/Klebe, § 75 BetrVG Rz. 37; abweichend BAG v. 16. 9. 1982, DB 1983, 2780, für den Fall, daß ein Stellenbewerber einen handgeschriebenen Lebenslauf einreicht und zugleich in einem Begleitschreiben auf die Vorzüge der angewandten Graphologie hinweist.
7 *Berg*, in Däubler/Kittner/Klebe, § 75 BetrVG Rz. 37; GK-BetrVG/*Kreutz*, § 75 Rz. 77, der als Beispiel die Kontrolle über sog. Einwegscheiben nennt.
8 BAG v. 18. 12. 1984, AP Nr. 8 zu § 611 BGB – Persönlichkeitsrecht.
9 ArbG Regensburg v. 28. 7. 1989, AiB 1989, 354.

370 Kein Verstoß gegen das allgemeine Persönlichkeitsrecht wird in einen **Verbot des Radiohörens** während der Arbeitszeit[1], der Einführung einer **einheitlichen Arbeitskleidung** durch Betriebsvereinbarung[2], der **Telefondatenerfassung** unter Beachtung der Mitbestimmungsrechte des Betriebsrats[3] oder in dem (mitbestimmungspflichtigen) Verbot, den Betrieb während der gesetzlich vorgeschriebenen halbstündigen Mittagspause zu verlassen[4], gesehen. Nicht unproblematisch ist, ob Nichtraucher unter Berufung auf ihr Persönlichkeitsrecht ein **allgemeines Rauchverbot** in ihrem Arbeitsbereich erwirken können. Richtigerweise wird man hierbei jeweils im Einzelfall zu prüfen haben, ob den Nichtrauchern ein Passivrauchen am Arbeitsplatz unzumutbar ist. Ist dies der Fall, etwa weil Raucher und Nichtraucher nicht in getrennten Arbeitsräumen arbeiten, wird man ein Rauchverbot, das allerdings der Mitbestimmungspflicht nach § 87 BetrVG unterliegt, nicht als Verstoß gegen das Persönlichkeitsrecht der betroffenen Raucher ansehen können[5].

f) Folgen eines Verstoßes gegen § 75 BetrVG

371 Bei groben Verstößen gegen die in § 75 BetrVG normierten Pflichten kommen **Sanktionen nach § 23 Abs. 1 und 3 BetrVG** in Betracht[6]. Verstößt der Arbeitgeber gegen seine Pflichten aus § 75 BetrVG, können vom Betriebsrat im arbeitsgerichtlichen Beschlußverfahren (§§ 2a Abs. 1 Nr. 1, Abs. 2, 80 ff. ArbGG) **Feststellungs- oder Unterlassungsansprüche**, auch im Wege einer **einstweiligen Verfügung**, geltend gemacht werden[7]. Bei erheblichen Verstößen des Betriebsrats kann auf Antrag der Betriebsrat aufgelöst oder ein einzelnes Betriebsratsmitglied ausgeschlossen werden (§ 23 Abs. 1 BetrVG).

372 Da § 75 BetrVG nur kollektivrechtlich wirkt, lassen sich bei einer Verletzung unmittelbar keine individualrechtlichen Rechtsfolgen herleiten[8]. Allerdings wird zT die Ansicht vertreten, daß § 75 BetrVG ein Schutzgesetz iSv. § 823 Abs. 2 BGB ist, mit der Folge, daß sich bei einer schuldhaften Verletzung auch

---

1 MünchArbR/*von Hoyningen-Huene*, § 293 Rz. 84.
2 BAG v. 1. 12. 1992, BB 1993, 939, 940.
3 BAG v. 27. 5. 1986, NZA 1986, 643.
4 BAG v. 21. 8. 1990, NZA 1991, 154; mit der Einschränkung, ein solches Verbot verstoße jedenfalls dann nicht gegen § 75 Abs. 2 BetrVG, wenn der Arbeitnehmer gleichzeitig berechtigt sei, den Betrieb außerhalb dieser Mittagspause während einer weiteren Stunde zu verlassen, wenn Gründe der Zeiterfassung eine unterschiedliche Gestaltung der beiden Arbeitsunterbrechungen sinnvoll erscheinen lassen.
5 Vgl. *Berg*, in Däubler/Kittner/Klebe, § 75 BetrVG Rz. 40; GK-BetrVG/*Kreutz*, § 75 Rz. 81; MünchArbR/*von Hoyningen-Huene*, § 293 Rz. 84; vgl. auch LAG München v. 2. 3. 1990, BB 1990, 1910.
6 GK-BetrVG/*Kreutz*, § 75 Rz. 89.
7 LAG Köln v. 19. 12. 1988, AiB 1989, 163 f.; LAG Bremen v. 19. 11. 1981, AiB 1986, 191; vgl. zur einstweiligen Verfügung ArbG Regensburg v. 28. 7. 1989, AiB 1989, 354 f.; ebenso *Berg*, in Däubler/Kittner/Klebe, § 75 BetrVG Rz. 42; Fitting/Kaiser/Heither/Engels, § 75 BetrVG Rz. 81.
8 GK-BetrVG/*Kreutz*, § 75 Rz. 90; MünchArbR/*von Hoyningen-Huene*, § 293 Rz. 87.

deliktische **Schadensersatzansprüche** des einzelnen Arbeitnehmers ergeben können[1].

§ 75 BetrVG wird im übrigen unstreitig als ein **Verbotsgesetz** iSv. § 134 BGB angesehen, was zur Folge hat, daß Betriebsvereinbarungen, die gegen § 75 BetrVG verstoßen, nichtig sind[2]. 373

IV. Allgemeine Mitbestimmungsrechte/-pflichten

1. Mitwirkungs- und Beschwerderecht des Arbeitnehmers

a) Unterrichtungs- und Erörterungspflicht des Arbeitgebers (§ 81 BetrVG)

Nach § 81 Abs. 1 Satz 1 BetrVG muß der Arbeitgeber den Arbeitnehmer über dessen Aufgabe und Verantwortung sowie über die Art seiner Tätigkeit und ihre Einordnung in den Arbeitsablauf des Betriebs unterrichten. Gemäß § 81 Abs. 1 Satz 2 BetrVG ist der Arbeitnehmer vor Beginn der Beschäftigung über die Unfall- und Gesundheitsgefahren, denen er bei der Beschäftigung ausgesetzt ist, sowie über die Maßnahmen und Einrichtungen zur Abwendung dieser Gefahren zu belehren. Über Veränderungen an seinem Arbeitsplatz ist der Arbeitnehmer nach § 81 Abs. 2 Satz 1 BetrVG **rechtzeitig** zu unterrichten. Die **Unterrichtung** nach § 81 Abs. 1 und 2 BetrVG hat so rechtzeitig zu geschehen, daß sich der Arbeitnehmer mit den neuen Gegebenheiten vor dem tatsächlichen Beginn der Arbeit vertraut machen kann[3]. Hierbei ist nicht die Unterrichtung durch den Arbeitgeber persönlich erforderlich, es genügt die Einweisung durch einen sachkundigen Vorgesetzten[4]. Eine besondere Form der Unterrichtung ist nicht vorgeschrieben[5]. Die Unterrichtung nach § 81 BetrVG eines ausländischen Arbeitnehmers muß in seiner Landessprache erfolgen, wenn nicht garantiert ist, daß er sie auf deutsch zweifelsfrei verstehen kann[6]. Es muß nicht notwendig jeder Arbeitnehmer einzeln unterrichtet werden, es reicht auch eine kollektive Form, zB die Abhaltung eines Kurses[7]. 374

---

1 BAG v. 5. 4. 1984, AP Nr. 2 zu § 17 BBiG; ebenso *Fitting/Kaiser/Heither/Engels*, § 75 BetrVG Rz. 80; *Berg*, in Däubler/Kittner/Klebe, § 75 BetrVG Rz. 44; anderer Auffassung GK-BetrVG/*Kreutz*, § 75 Rz. 91; MünchArbR/*von Hoyningen-Huene*, § 293 Rz. 87.
2 Vgl. nur *Fitting/Kaiser/Heither/Engels*, § 75 BetrVG Rz. 80; GK-BetrVG/*Kreutz*, § 75 Rz. 92; MünchArbR/*von Hoyningen-Huene*, § 293 Rz. 86; *Berg*, in Däubler/Kittner/Klebe, § 75 BetrVG Rz. 92; problematisch ist hierbei allerdings, ob unter dem Aspekt einer nichtigen Betriebsvereinbarung auch dem einzelnen Arbeitnehmer ein Leistungsverweigerungsrecht zusteht; dafür: *Fitting/Kaiser/Heither/Engels*, § 75 BetrVG Rz. 80; *Berg*, in Däubler/Kittner/Klebe, § 75 BetrVG Rz. 42; dagegen: GK-BetrVG/*Kreutz*, § 75 Rz. 90.
3 *Fitting/Kaiser/Heither/Engels*, § 81 BetrVG Rz. 6.
4 *Fitting/Kaiser/Heither/Engels*, § 81 BetrVG Rz. 6.
5 MünchArbR/*von Hoyningen-Huene*, § 295 Rz. 12.
6 LAG Baden-Württemberg v. 1. 12. 1989, AiB 1990, 313; vgl. auch LAG Hamm v. 5. 1. 1979, EzA Nr. 9 zu § 130 BGB.
7 BAG v. 23. 4. 1991, NZA 1991, 817, 819.

aa) Inhalt der Unterrichtungs- und Erörterungspflicht

375 Nach § 81 Abs. 3 Satz 1 BetrVG muß der Arbeitgeber den Arbeitnehmer über die aufgrund einer Planung von technischen Anlagen, von Arbeitsverfahren und Arbeitsabläufen oder der an Arbeitsplätzen vorgesehenen **Maßnahmen und ihre Auswirkungen auf seinen Arbeitsplatz, die Arbeitsumgebung sowie auf Inhalt und Art seiner Tätigkeit** unterrichten. Sobald feststeht, daß sich die Tätigkeit des Arbeitnehmers ändern wird und seine beruflichen Kenntnisse und Fähigkeiten zur Erfüllung seiner Aufgaben nicht mehr ausreichen, entsteht eine Verpflichtung des Arbeitgebers nach § 83 Abs. 3 Satz 2 BetrVG, dies mit dem Arbeitnehmer zu erörtern. Zu dieser Erörterung kann der Arbeitnehmer ein Mitglied des Betriebsrats hinzuziehen (§ 81 Abs. 3 Satz 3 BetrVG). Auch die Pflicht nach § 81 Abs. 3 BetrVG ist keine höchstpersönliche Pflicht des Arbeitgebers.

bb) Rechtsfolgen bei Verstoß gegen die Unterrichtungs- und Erörterungspflicht

376 Kommt der Arbeitgeber seinen Verpflichtungen nach § 81 BetrVG nicht nach, so hat der Arbeitnehmer zunächst ein **Leistungsverweigerungsrecht** gem. § 273 BGB[1]. Demnach kann er bis zur ordnungsgemäßen Einweisung bei Beibehaltung seines Entgeltanspruchs (§§ 298, 615 BGB) seine Arbeitsleistung verweigern. Überwiegend wird über das Leistungsverweigerungsrecht hinaus noch ein einklagbarer **Erfüllungsanspruch** angenommen[2]. Das Gericht entscheidet im Urteilsverfahren, wobei auch eine einstweilige Vergügung zulässig sein soll[3]. Denkbar ist auch ein **Schadensersatzanspruch** aus positiver Vertragsverletzung und aus § 823 Abs. 2 BGB sowie bei durch unterlassener Belehrung eingetretener Verletzung von Körper, Gesundheit oder Eigentum auch aus § 823 Abs. 1 BGB[4].

377 **Hinweis:**
Bei Prüfung eines etwaigen Schadensersatzanspruches ist stets zu beachten, ob dieser nicht nach den §§ 104 ff. SGB VII ausgeschlossen ist.

378 Bei groben Verstößen des Arbeitgebers kann der Betriebsrat auch ein **Beschlußverfahren** nach § 23 Abs. 3 BetrVG einleiten[5].

---

[1] *Buschmann*, in Däubler/Kittner/Klebe, § 81 BetrVG Rz. 15; *Fitting/Kaiser/Heither/Engels*, § 81 BetrVG Rz. 17; MünchArbR/*von Hoyningen-Huene*, § 295 Rz. 13; GK-BetrVG/*Wiese*, § 82 Rz. 23.

[2] GK-BetrVG/*Wiese*, § 82 Rz. 23; *Fitting/Kaiser/Heither/Engels*, § 81 BetrVG Rz. 17; *Buschmann*, in Däubler/Kittner/Klebe, § 81 BetrVG Rz. 15; *Richardi*, § 81 BetrVG Rz. 22; aA MünchArbR/*von Hoyningen-Huene*, § 295 Rz. 13.

[3] ZB *Fitting/Kaiser/Heither/Engels*, § 81 BetrVG Rz. 17; *Buschmann*, in Däubler/Kittner/Klebe, § 81 BetrVG Rz. 15.

[4] Vgl. GK-BetrVG/*Wiese*, vor § 81 Rz. 33 und 36; *Schaub*, AR-Handbuch, § 234 II. 3., S. 1903.

[5] *Buschmann*, in Däubler/Kittner/Klebe, § 81 BetrVG Rz. 16.

IV. Allgemeine Mitbestimmungsrechte/-pflichten Rz. 382 Teil 4 A

cc) Abgrenzung zwischen der Unterrichtungspflicht nach § 81 BetrVG und Maßnahmen der Berufsbildung nach § 89 BetrVG

Als problematisch kann sich die Abgrenzung zwischen einer mitbestimmungspflichtigen Maßnahme der „Berufsbildung" nach § 89 Abs. 1 BetrVG und der mitbestimmungsfreien Unterrichtungspflicht nach § 81 Abs. 1 BetrVG erweisen. Das BAG legt hier ein weites Verständnis des Begriffs der **betrieblichen Berufsbildung** zugrunde, da nur dies dem Schutzzweck der Regelung des § 89 Abs. 1 BetrVG gerecht werde[1]. Demgegenüber erschöpft sich die **Unterrichtungspflicht des Arbeitgebers** nach § 81 BetrVG in der Einweisung an einem konkreten Arbeitsplatz; dies setzt aber voraus, daß der Arbeitnehmer die für die Ausübung seiner Tätigkeit an diesem Arbeitsplatz erforderlichen beruflichen Kenntnisse und Erfahrungen schon besitzt[2].

379

Beispiel für mitbestimmungsfreie Unterrichtung nach § 81 BetrVG:
Anleitung zur Bedienung von Arbeitsgeräten/Maschinen und Unterweisungen, die sich auf die Arbeitsaufgabe oder das Unternehmen beziehen[3].

380

b) Anhörungs- und Erörterungsrecht des Arbeitnehmers (§ 82 BetrVG)

Nach § 82 Abs. 1 Satz 1 BetrVG hat der Arbeitnehmer das Recht, in betrieblichen Angelegenheiten, die seine Person betreffen, von den nach Maßgabe des organisatorischen Aufbaus des Betriebs hierfür zuständigen Personen gehört zu werden. Darüber hinaus ist der Arbeitnehmer nach § 82 Abs. 1 Satz 2 BetrVG berechtigt, zu Maßnahmen des Arbeitgebers, die ihn betreffen, Stellung zu nehmen sowie Vorschläge für die Gestaltung des Arbeitsplatzes und des Arbeitsablaufes zu machen. Dieses **Anhörungs- und Erörterungsrecht** des Arbeitnehmers ergänzt § 81 BetrVG[4].

381

Sachlich zuständig für das Anhörungsrecht ist der unmittelbare Vorgesetzte (Meister, Abteilungsleiter etc.). Zu den **betrieblichen Angelegenheiten**, die den Arbeitnehmer betreffen, gehören insbesondere Fragen, die mit seiner Arbeitsleistung zusammenhängen, sowie Fragen der betrieblichen Organisation und des Arbeitsablaufs, die Auswirkungen auf den Arbeitsbereich und die auszuübende Tätigkeit haben[5]. Die „betrieblichen Angelegenheiten" sind sehr weit zu verstehen; in Betracht kommen alle Angelegenheiten, die mit der Stellung des Arbeitnehmers im Betrieb und seiner Funktion zusammenhängen[6]. Die Beschränkung auf betriebliche Angelegenheiten verdeutlicht, daß **private Angelegenheiten** des Arbeitnehmers, die keinen Bezug zum dienstlichen Bereich haben, von § 81 Abs. 1 BetrVG nicht erfaßt werden.

382

---

1 BAG v. 23. 4. 1991, NZA 1991, 817, 818.
2 BAG v. 23. 4. 1991, NZA 1991, 817, 819.
3 BAG v. 23. 4. 1991, NZA 1991, 817, 819.
4 *Buschmann*, in Däubler/Kittner/Klebe, § 82 BetrVG Rz. 1.
5 *Fitting/Kaiser/Heither/Engels*, § 82 BetrVG Rz. 4.
6 GK-BetrVG/*Wiese*, § 82 Rz. 6.

383 Über das Anhörungsrecht nach § 82 Abs. 1 BetrVG hinaus kann der Arbeitnehmer nach § 82 Abs. 2 Satz 1 BetrVG verlangen, daß ihm die **Berechnung und Zusammensetzung seines Arbeitsentgelts** erläutert und daß mit ihm die **Beurteilung seiner Leistungen** sowie die Möglichkeit seiner beruflichen Entwicklung im Betrieb erörtert werden. Er kann hierzu ein Mitglied des Betriebsrats hinzuziehen, das über den Inhalt der Verhandlungen Stillschweigen zu bewahren hat (vgl. § 82 Abs. 2 Satz 2 BetrVG).

384 **Hinweis:**
Unter dem Begriff des Arbeitsentgelts ist die Gesamtheit der dem Arbeitnehmer zustehenden Bezüge zu verstehen, also der Lohn, das Gehalt, die Sachleistungen, Zulagen, Auslösungen, Prämien, Provisionen, Tantiemen, Gratifikationen, Gewinne und Ergebnisbeteiligungen sowie vermögenswirksame Leistungen[1].

385 Die Vorschrift gewinnt angesichts der zunehmenden **Verwendung von Datenverarbeitungsanlagen** für die Berechnung von Löhnen und Gehältern an Bedeutung[2]. Wichtig ist die Aufklärung über die Bedeutung verschlüsselter Angaben auf Lohn- und Gehaltsstreifen oder -zetteln bei Verwendung von Datenverarbeitungsanlagen. Die Arbeitnehmer müssen die Möglichkeit haben, diese zu entschlüsseln und zu verstehen.

386 Ggf. müssen dem Arbeitnehmer auch die **Rechtsgrundlagen** mitgeteilt werden, nach denen sein Arbeitsentgelt **berechnet** wird (Gesetz, Tarifvertrag, Betriebsvereinbarung, Arbeitsvertrag, Freiwilligkeit)[3].

387 Die Befugnis des Arbeitnehmers, nach § 82 Abs. 2 Satz 2 BetrVG ein **Betriebsratsmitglied** zu einem Gespräch nach § 82 Abs. 2 Satz 1 BetrVG hinzuzuziehen, begründet keinen Anspruch des hinzugezogenen Betriebsratsmitglieds gegenüber dem Arbeitgeber[4]. Ungeachtet dessen und ungeachtet des Individualrechts des einzelnen Arbeitnehmers kann der Betriebsrat nach Maßgabe des § 80 Abs. 2 BetrVG in die Listen der Bruttolöhne und -gehälter Einblick nehmen. § 82 Abs. 2 Satz 1 BetrVG steht dem nicht entgegen[5].

388 **Hinweis:**
Ansprüche nach § 82 BetrVG sind im **Urteilsverfahren** einklagbar[6]. Dies gilt auch für den Anspruch des Arbeitnehmers gegen den Arbeitgeber auf Beteiligung eines Betriebsratsmitglieds in den Fällen des § 82 Abs. 2 BetrVG[7].

---

1 GK-BetrVG/*Wiese*, § 82 Rz. 12.
2 *Fitting/Kaiser/Heither/Engels*, § 82 BetrVG Rz. 8.
3 GK-BetrVG/*Wiese*, § 82 Rz. 13.
4 BAG v. 23. 2. 1984, BB 1984, 1874.
5 BAG v. 18. 9. 1973, AP Nr. 3 zu § 80 BetrVG 1972.
6 *Fitting/Kaiser/Heither/Engels*, § 82 BetrVG Rz. 13.
7 BAG v. 24. 4. 1979, DB 1979, 1755.

IV. Allgemeine Mitbestimmungsrechte/-pflichten   Rz. 392 **Teil 4 A**

> Weigert sich ein Betriebsratsmitglied, dem Wunsch des Arbeitnehmers nachzukommen, so kann es sich hierbei uU um eine grobe Pflichtverletzung iSd. § 23 Abs. 1 BetrVG handeln; gerichtlich durchsetzbar ist der Anspruch des Arbeitnehmers gegen das Betriebsratsmitglied aber nicht[1].

c) Einsicht in Personalakten (§ 83 BetrVG)

Nach § 83 Abs. 1 Satz 1 BetrVG hat der Arbeitnehmer das Recht, in die über ihn geführten Personalakten Einsicht zu nehmen. Er kann hierzu gem. § 83 Abs. 1 Satz 2 BetrVG ein Mitglied des Betriebsrats hinzuziehen, das über den Inhalt der Personalakte Stillschweigen zu bewahren hat.   389

aa) Begriff der Personalakte

Der Begriff der Personalakte ist für den Bereich des Arbeitsrechts gesetzlich nicht definiert. Nach ständiger Rechtsprechung des BAG handelt es sich bei Personalakten um eine Sammlung von Urkunden und Vorgängen, die die persönlichen und dienstlichen Verhältnisse des Arbeitnehmers betreffen und in einem inneren Zusammenhang mit dem Dienstverhältnis stehen (sog. materieller Begriff der Personalakte)[2]. Personalakte ist demzufolge **jede Sammlung von Unterlagen über einen bestimmten Arbeitnehmer** des Betriebs, ohne daß es dabei auf den Aufbewahrungsort oder die Art der Sammlung ankommt[3]. Zu den Personalakten zählen neben dem Arbeitsvertrag alle für den Betrieb wissenswerten Angaben zur Person des Arbeitnehmers.   390

Beispiele: 391

Personenstand, Berufsbildung, berufliche Entwicklung, Fähigkeiten, Leistung, Anerkennung, Beurteilung aller Art, graphologische Gutachten, Testergebnisse, Abmahnungen, Betriebsbußen, Krankheiten, Urlaub, Pfändungen und Abtretungen[4].

bb) Führung der Personalakte

Über Art und Weise der Anlegung von Personalakten sagt § 83 BetrVG nichts. Hierüber entscheidet allein der Arbeitgeber[5]. Aus § 83 BetrVG folgt keine Verpflichtung des Arbeitgebers, Personalakten anzulegen[6], auch wenn die Führung von Personalakten zweckmäßig und weithin üblich ist. Da im Arbeits-   392

---

1 *Fitting/Kaiser/Heither/Engels*, § 83 BetrVG Rz. 14.
2 BAG v. 7. 5. 1980, ArbuR 1981, 124, 125.
3 *Buschmann*, in Däubler/Kittner/Klebe, § 83 BetrVG Rz. 2; *Fitting/Kaiser/Heither/Engels*, § 83 BetrVG Rz. 3; MünchArbR/*von Hoyningen-Huene*, § 295 Rz. 38.
4 MünchArbR/*von Hoyningen/Huene*, § 295 Rz. 38.
5 GK-BetrVG/*Wiese*, § 83 Rz. 17.
6 BAG v. 7. 5. 1980, ArbuR 1981, 124, 126, demgegenüber sieht der sog. formelle Begriff alle die Unterlagen als Personalakten an, die als solche bezeichnet und geführt werden; GK-BetrVG/*Wiese*, § 83 Rz. 16; MünchArbG/*von Hoyningen-Huene*, § 295 Rz. 39; *Hess*, in Hess/Schlochauer/Glaubitz, § 83 BetrVG Rz. 12.

recht **keine Pflicht zur Führung von Personalakten** besteht, wird allgemein davon ausgegangen, daß, anders als im öffentlichen Dienst, der Grundsatz der Vollständigkeit der Personalakten nicht gilt[1]. Grundsätzlich steht es daher dem Arbeitgeber frei, welche Unterlagen in die Personalakte aufgenommen werden. Es muß allerdings ein Zusammenhang mit dem Arbeitsverhältnis bestehen. Verneint wurde dies beispielsweise im Hinblick auf die Aufnahme eines Strafurteils, das gegen einen Arbeitnehmer im Öffentlichen Dienst wegen einer außerdienstlichen Verfehlung ergangen war[2]. Allerdings ist es nicht grundsätzlich unzulässig, Unterlagen in die Personalakten aufzunehmen, die für die Beurteilung des Arbeitnehmers nachteilig sein können. Dies ist zulässig, wenn eine entsprechende Ergänzung der Personalakte durch berechtigte Belange des Arbeitnehmers geboten ist[3].

393 Der Arbeitgeber muß die **Personalakten** so **aufbewahren**, daß sie vor dem Zugriff und der Einsichtnahme Dritter geschützt sind. Verletzt er diese Verpflichtung, so liegt regelmäßig ein Eingriff in das allgemeine Persönlichkeitsrecht vor[4]. Dies gilt ausnahmsweise dann nicht, wenn die **Einsichtnahme Dritter** keine Nachteile verursacht hat und aus der Sicht des Arbeitgebers auch den Interessen des Arbeitnehmers dienen sollte[5].

cc) Einsichtsrecht des Arbeitnehmers

394 Der Arbeitnehmer kann jederzeit, dh. grundsätzlich ohne besonderen Anlaß und während der Arbeitszeit unter Wahrung der betrieblichen Interessen das Recht auf **Einsicht in die Personalakte** ausüben[6]. Die Rücksichtnahme auf die betrieblichen Verhältnisse gebietet, daß der Arbeitnehmer das Recht auf Einsicht nicht zur Unzeit oder in unangemessen kurzen Zeitabständen ausübt[7].

395 Das Einsichtsrecht des Arbeitnehmers besteht hinsichtlich aller Aufzeichnungen, die in der Personalakte und in sonstigen Neben- oder Beiakten über ihn geführt werden[8]. Das Einsichtsrecht bezieht sich demnach auch auf **Aufzeichnungen**, die **außerhalb** der eigentlichen **Personalakte** geführt und aufbewahrt werden[9]. Handelt es sich nicht um zugängliche Angaben, zB solche auf elektro-

---

1 GK-BetrVG/*Wiese*, § 83 Rz. 17; *Richardi*, § 83 BetrVG Rz. 13; *Stengel*, BB 1976, 1083, 1084; vgl. aber auch für den Öffentlichen Dienst BAG v. 7. 5. 1980, ArbuR 1981, 124, 126.
2 BAG v. 9. 2. 1977, AP Nr. 83 zu § 611 BGB – Fürsorgepflicht.
3 LAG Niedersachsen v. 10. 7. 1980, AP Nr. 85 zu § 611 BGB – Fürsorgepflicht; vgl. auch zur unzulässigen Aufnahme von Teilen einer staatsanwaltschaftlichen Ermittlungsakte (Aktaufnahme) in eine Personalakte: LAG Hamm v. 14. 1. 1970, DB 1970, 887.
4 BAG v. 18. 12. 1984, NZA 1985, 811.
5 BAG v. 18. 12. 1984, NZA 1985, 811, für die Überlassung der Personalakte an einen Dritten, bei dem sich der Arbeitnehmer bewerben will.
6 GK-BetrVG/*Wiese*, § 83 Rz. 33; MünchArbR/*von Hoyningen-Huene*, § 295 Rz. 41; *Schaub*, AR-Handbuch, § 148 II. 1., S. 1288.
7 Zutreffend GK-BetrVG/*Wiese*, § 83 Rz. 33.
8 *Buschmann*, in Däubler/Kittner/Klebe, § 83 BetrVG Rz. 6.
9 Vgl. *Buschmann*, in Däubler/Kittner/Klebe, § 83 BetrVG Rz. 6; *Richardi*, § 83 BetrVG Rz. 15.

nischen Datenträgern, so sind diese lesbar zu machen und ggf. auch zu erläutern[1]. Das Recht zur Einsichtnahme umfaßt auch die Befugnis, sich **Abschriften** von der Personalakte zu machen oder, sofern im Betrieb die Möglichkeit besteht, **Fotokopien** auf eigene Kosten zu fertigen[2]. Das Einsichtsrecht ist grundsätzlich höchstpersönlicher Art. Allerdings ist die Bevollmächtigung eines Dritten dann zulässig, wenn der Arbeitnehmer über längere Zeit an einer persönlichen Einsichtnahme verhindert ist[3].

Die Einsichtnahme in die Personalakten durch den Arbeitnehmer ist grundsätzlich **kostenlos**[4]. 396

Zieht der Arbeitnehmer nach § 83 Abs. 1 Satz 2 BetrVG ein Mitglied des Betriebsrats zur Einsichtnahme hinzu, so hat dieses das Recht, Einsicht in demselben Umfang zu nehmen, wie der betreffende Arbeitnehmer[5]. Über den Inhalt der Personalakte hat das **Betriebsratsmitglied** Stillschweigen zu bewahren, soweit es vom Arbeitnehmer im Einzelfall nicht von dieser Verpflichtung entbunden wird (§ 83 Abs. 1 Satz 3 BetrVG). 397

Das Recht auf Einsichtnahme in die Personalakte besteht vom Beginn bis zur Beendigung des Arbeitsverhältnisses[6]. Die Rechtsprechung geht allerdings davon aus, daß sich aus der **nachwirkenden Fürsorgepflicht** auch ein Recht des Arbeitnehmers auf Einsicht in seine Personalakten nach Beendigung des Arbeitsverhältnisses ergeben kann[7]. 398

dd) Erklärungen des Arbeitnehmers zur Personalakte

Nach § 83 Abs. 2 BetrVG sind Erklärungen des Arbeitnehmers zum Inhalt der Personalakte dieser auf Verlangen **beizufügen**. Damit wird dem Umstand Rechnung getragen, daß auch der Arbeitnehmer ein Interesse an der Dokumentation bestimmter Vorgänge hat[8]. § 83 Abs. 2 BetrVG enthält aber nur ein **Gegenerklärungsrecht**, durch das unrichtige oder abwertende Angaben über die Person des Arbeitnehmers nicht neutralisiert werden[9]. 399

---

1 MünchArbR/*von Hoyningen-Huene*, § 295 Rz. 41; GK-BetrVG/*Wiese*, § 83 Rz. 34.
2 LAG Niedersachsen v. 31. 3. 1981, DB 1981, 1623, jedoch ohne Stellungnahme zur Kostenfrage; GK-BetrVG/*Wiese*, § 83 Rz. 35, 36; *Fitting/Kaiser/Heither/Engels*, § 83 BetrVG Rz. 11.
3 MünchArbR/*von Hoyningen-Huene*, § 295 Rz. 42; GK-BetrVG/*Wiese*, § 83 Rz. 37; ArbG München v. 7. 3. 1979, DB 1979, 2284; für die grundsätzliche Möglichkeit einer Bevollmächtigung ohne Einschränkung auf Ausnahmefälle: *Fitting/Kaiser/Heither/Engels*, § 83 BetrVG Rz. 12; *Buschmann*, in Däubler/Kittner/Klebe, § 83 BetrVG Rz. 7.
4 *Fitting/Kaiser/Heither/Engels*, § 83 BetrVG Rz. 12.
5 *Buschmann*, in Däubler/Kittner/Klebe, § 83 BetrVG Rz. 10.
6 *Schaub*, AR-Handbuch, § 148 II. 5., S. 1289.
7 BAG v. 11. 5. 1994, ArbuR 1994, 381; vgl. auch für den öffentlichen Dienst: BAG v. 8. 4. 1992, RDV 1993, 171; LAG München v. 18. 11. 1990, ZTR 1991, 333.
8 MünchArbR/*von Hoyningen-Huene*, § 295 Rz. 44.
9 BAG v. 27. 11. 1985, NZA 1986, 227, 228.

400 **Hinweis:**
Nach ständiger Rechtsprechung des BAG kann der Arbeitnehmer analog § 1004 BGB die **Entfernung und Beseitigung von unrichtigen und beeinträchtigenden Äußerungen in einer Abmahnung** aus seiner Personalakte verlangen[1]. Das Recht auf Entfernung unrichtiger Abmahnungen aus der Personalakte ist im Klagewege (Urteilsverfahren) durchsetzbar. Streitigkeiten zwischen Arbeitgeber und Arbeitnehmer über die Ausübung des Einsichtsrechts, über deren Inhalt und über eine Stellungnahme zur Personalakte sind ebenfalls im Urteilsverfahren vor den Arbeitsgerichten auszutragen[2].

d) Beschwerde (§§ 84, 85 BetrVG)

aa) Beschwerde beim Arbeitgeber

401 Nach § 84 Abs. 1 Satz 1 BetrVG hat jeder Arbeitnehmer das Recht, sich bei den zuständigen Stellen des Betriebs zu beschweren, wenn er sich vom Arbeitgeber oder von Arbeitnehmern des Betriebs benachteiligt oder ungerecht behandelt oder in sonstiger Weise beeinträchtigt fühlt. **Gegenstand der Beschwerde** nach § 84 Abs. 1 Satz 1 BetrVG ist die Behauptung des Arbeitnehmers, in seiner individuellen Position vom Arbeitgeber oder einem sonstigen Betriebsangehörigen beeinträchtigt worden zu sein. Demnach gibt es **keine Popularbeschwerde**, dh. Beschwerden wegen allgemeiner Mißstände im Betrieb oder gemeinsamer Belange bestimmter Gruppen[3]. Bei der Benachteiligung anderer Arbeitnehmer steht dem nicht betroffenen Arbeitnehmer kein Beschwerderecht nach § 84 BetrVG zu. Gegenstand einer Beschwerde kann auch nicht die Amtstätigkeit des Betriebsrats oder eines der Betriebsratsmitglieder sein[4]. Möglich ist allerdings eine Beschwerde über das Verhalten einzelner Betriebsratsmitglieder, sofern dieses auch unabhängig von der Amtstätigkeit den Arbeitnehmer beeinträchtigt[5].

402 **Beispiele** der Beschwerdegegenstände:
Arbeits- und Gesundheitsschutz (Lärm, Vibration, Geruch, Raumklima)[6]; *betrieblicher Umweltschutz sowie die Arbeitsorganisation (Leistungsverdichtung, etwa durch schnellen Maschinenlauf, Vergrößerung des Arbeitspensums,*

---

1 BAG v. 5. 8. 1992, DB 1993, 1677; BAG v. 27. 11. 1985, NZA 1986, 227, 228; BAG v. 8. 2. 1984, NZA 1984, 225; BAG v. 14. 6. 1983, BAGE 50, 202; BAG v. 21. 2. 1979, NJW 1979, 2532.
2 *Fitting/Kaiser/Heither/Engels*, § 83 BetrVG Rz. 40; *Buschmann*, in Däubler/Kittner/Klebe, § 83 BetrVG Rz. 23.
3 LAG Schleswig-Holstein v. 21. 12. 1989, NZA 1990, 703 f.; *Buschmann*, in Däubler/Kittner/Klebe, § 84 BetrVG Rz. 7; *Fitting/Kaiser/Heither/Engels*, § 84 BetrVG Rz. 4; MünchArbR/*von Hoyningen-Huene*, § 295 Rz. 17.
4 MünchArbR/*von Hoyningen-Huene*, § 295 Rz. 18; *Richardi*, § 84 BetrVG Rz. 11.
5 MünchArbR/*von Hoyningen-Huene*, § 295 Rz. 18.
6 Vgl. auch zum Nichtraucherschutz und der Geltendmachung nach § 84 BetrVG: LAG München v. 27. 11. 1990, BB 1991, 624.

IV. Allgemeine Mitbestimmungsrechte/-pflichten

Einführung von Gruppenarbeit)[1]; *Belästigungen auch und gerade sexueller Art*[2]; *Beleidigungen; schikanierendes und herablassendes Behandeln anderer Arbeitskollegen; ausländerfeindliche Äußerungen und Mobbing*[3].

Die Beschwerde ist bei der zuständigen Stelle des Betriebs einzulegen, die der Arbeitgeber hierfür bestimmt[4]. **Beschwerdeadressat** wird allerdings regelmäßig der unmittelbare Vorgesetzte sein. Die Beschwerde ist an **keine** besondere **Form oder Frist** gebunden, sie kann auch mündlich erfolgen. Zur Unterstützung und zur Vermittlung kann der betroffene Arbeitgeber ein Mitglied des Betriebsrats hinzuziehen (§ 84 Abs. 1 Satz 2 BetrVG). Anders als in § 83 Abs. 1 Satz 3 BetrVG besteht hier allerdings keine besondere Schweigepflicht des Betriebsratsmitglieds. Nach herrschender Meinung steht dem Arbeitnehmer auch kein Recht auf eine anonyme Behandlung seiner Beschwerde zu[5]. Aus dem allgemeinen Persönlichkeitsrecht des Arbeitnehmers wird aber die Pflicht zur vertraulichen Behandlung der Beschwerde hergeleitet[6]. 403

Nach § 84 Abs. 2 BetrVG hat der Arbeitgeber über die Behandlung der Beschwerde zu bescheiden und, soweit er die Beschwerde für berechtigt erachtet, ihr abzuhelfen. Eine besondere Form für den **Beschwerdebescheid** ist gesetzlich nicht vorgesehen. Ebenso wie die Beschwerde mündlich eingelegt werden kann, kann auch der Beschwerdebescheid mündlich ergehen. Bei einer schriftlich eingehenden Beschwerde empfiehlt sich regelmäßig ein schriftlicher Bescheid des Arbeitgebers[7]. Bei einer ablehnenden Entscheidung muß der Arbeitgeber seine Entscheidung begründen[8]. Nimmt die Erledigung der Beschwerde längere Zeit in Anspruch, soll dem Arbeitnehmer ein mündlicher oder schriftlicher **Zwischenbescheid** erteilt werden[9]. 404

Gemäß § 84 Abs. 3 BetrVG dürfen dem Arbeitnehmer wegen der Erhebung der Beschwerde keine Nachteile entstehen **(Benachteiligungsverbot)**. Hier gilt dasselbe wie für die Verfolgung von Rechtsansprüchen durch Klage. Kommt es gleichwohl zu einer Benachteiligung als Folge einer Beschwerde, so sind die wegen einer Beschwerde zugefügten Nachteile unwirksam, eine etwaige Kündi- 405

---

1 Vgl. *Fitting/Kaiser/Heither/Engels*, § 84 BetrVG Rz. 6.
2 Das am 1. 9. 1994 in Kraft getretene Gesetz zum Schutz der Beschäftigten vor sexueller Belästigung am Arbeitsplatz enthält ein spezielles Beschwerderecht, das die §§ 84 f. allerdings unberührt läßt.
3 Vgl. GK-BetrVG/*Wiese*, § 84 Rz. 7; vgl. auch konkret zum Beschwerderecht wegen „Mobbing" *Grunewald*, NZA 1993, 1071, 1072; vgl. ferner *von Hoyningen-Huene*, BB 1991, 2215, 2217 f. zum Beschwerderecht bei Belästigung und Beleidigung von Arbeitnehmern durch Vorgesetzte.
4 *Richardi*, § 84 BetrVG Rz. 13.
5 GK-BetrVG/*Wiese*, § 84 Rz. 20; *Fitting/Kaiser/Heither/Engels*, § 84 BetrVG Rz. 14; MünchArbR/*von Hoyningen-Huene*, § 295 Rz. 20.
6 MünchArbR/*von Hoyningen-Huene*, § 295 Rz. 20.
7 Zutreffend MünchArbR/*von Hoyningen-Huene*, § 295 Rz. 21.
8 *Fitting/Kaiser/Heither/Engels*, § 84 BetrVG Rz. 16; *Buschmann*, in Däubler/Kittner/Klebe, § 84 BetrVG Rz. 16; MünchArbR/*von Hoyningen-Huene*, § 295 Rz. 21; *Richardi*, § 84 BetrVG Rz. 22.
9 GK-BetrVG/*Wiese*, § 84 Rz. 24.

gung ist nichtig[1]. Etwas anderes gilt dann, wenn gerade der Inhalt oder die Begleitumstände einer Beschwerde eine Kündigung rechtfertigen können (zB haltlose schwere Anschuldigungen gegen den Arbeitgeber bzw. Arbeitskollegen, grundlose Beschwerden, die den Arbeitnehmer als Querulanten ausweisen etc.)[2]. Da § 84 Abs. 3 BetrVG als Schutzgesetz iSd. § 823 Abs. 2 BGB angesehen wird, kommt ein **Schadensersatzanspruch** in Betracht[3].

406 **Hinweis:**
Bei Streitigkeiten zwischen Arbeitgeber und Arbeitnehmer hinsichtlich der Einlegung der Beschwerde, des Anspruchs auf Entgegennahme und Behandlung der Beschwerde, auf einen Bescheid oder Abhilfe und über die Abwehr von Nachteilen wegen Erhebung der Beschwerde entscheiden die Arbeitsgerichte im **Urteilsverfahren**[4]. Das Urteilsverfahren ist auch bei Rechtsstreitigkeiten zwischen Arbeitnehmer und Arbeitgeber über die Hinzuziehung eines Betriebsratsmitglieds statthaft[5]. Rechtsmittel gegen einen ablehnenden Bescheid sind gesetzlich nicht vorgesehen. Allerdings ist der Arbeitnehmer nicht gehindert, in derselben Sache eine übergeordnete betriebliche Stelle anzurufen, um sein Anliegen erneut vorzutragen[6].

bb) Beschwerde beim Betriebsrat

407 Nach § 85 Abs. 1 BetrVG hat der Betriebsrat Beschwerden von Arbeitnehmern entgegenzunehmen und, falls er sie für berechtigt erachtet, beim Arbeitgeber auf Abhilfe hinzuwirken. Bestehen zwischen Betriebsrat und Arbeitgeber **Meinungsverschiedenheiten über die Berechtigung der Beschwerde**, so kann der Betriebsrat nach § 85 Abs. 2 Satz 1 BetrVG die **Einigungsstelle** anrufen. Nach § 85 Abs. 2 Satz 2 BetrVG ersetzt der Spruch der Einigungsstelle die Einigung zwischen Arbeitgeber und Betriebsrat, wenn nicht Gegenstand der Beschwerde ein Rechtsanspruch ist (§ 85 Abs. 2 Satz 3 BetrVG). Gemäß § 85 Abs. 3 Satz 1 BetrVG hat der Arbeitgeber den Betriebsrat über die Behandlung der Beschwerde zu unterrichten.

408 Die Vorschrift des § 85 BetrVG ergänzt die Regelung des § 84 BetrVG insoweit, als auch der Betriebsrat Beschwerden von Arbeitnehmern entgegenzunehmen hat. Der mögliche Beschwerdegegenstand ist bei § 85 Abs. 1 BetrVG der gleiche wie bei § 84 BetrVG[7]. Eine **Popularbeschwerde** ist daher auch nach § 85 Abs. 1 BetrVG ausgeschlossen[8]. Der Arbeitnehmer kann aber dem Betriebsrat im Hin-

---

1 BAG v. 11. 3. 1982, 2 AZR 798/79, nv.; vgl. ferner *Fitting/Kaiser/Heither/Engels*, § 84 BetrVG Rz. 21.
2 GK-BetrVG/*Wiese*, § 84 Rz. 30.
3 *Fitting/Kaiser/Heither/Engels*, § 84 BetrVG Rz. 21.
4 GK-BetrVG/*Wiese*, § 84 Rz. 32.
5 Vgl. zu § 82 BetrVG: BAG v. 24. 4. 1979, AP Nr. 1 zu § 82, BetrVG, 1972.
6 GK-BetrVG/*Wiese*, § 84 Rz. 26.
7 LAG Düsseldorf v. 21. 12. 1993, NZA 1994, 767.
8 MünchArbR/*von Hoyningen-Huene*, § 295 Rz. 26.

IV. Allgemeine Mitbestimmungsrechte/-pflichten

blick auf allgemeine Mißstände und Benachteiligung anderer Arbeitnehmer Anregungen geben, damit dieser nach § 80 Abs. 1 Nr. 3 BetrVG eingreift.

Die Beschwerde beim Betriebsrat ist ebenfalls an **keine** besondere **Form oder Frist** gebunden. Der Betriebsrat muß nach § 85 Abs. 1 Satz 1 1. Halbs. BetrVG die Beschwerde entgegennehmen, sie auf ihre sachliche Berechtigung hin prüfen und über die aufgeworfene Frage nach pflichtgemäßem Ermessen durch Beschluß entscheiden[1]. Hält er die Beschwerde für unberechtigt, so soll er nach Teilen der Literatur verpflichtet sein, den Beschwerdeführer darüber zu belehren[2]. Für diesen Fall bleibt es dem Arbeitnehmer unbenommen, nach § 84 BetrVG die Beschwerde erneut, nunmehr beim Arbeitgeber, einzulegen. 409

Hält der Betriebsrat die Beschwerde für berechtigt, so ist er nach § 85 Abs. 1 BetrVG verpflichtet, beim Arbeitgeber auf Abhilfe hinzuwirken. Sorgt der Arbeitgeber seinerseits daraufhin für Abhilfe, so ist das Verfahren nach § 85 BetrVG abgeschlossen. Das gilt auch, wenn die Berechtigung der Beschwerde vom Arbeitgeber und Betriebsrat übereinstimmend verneint wird[3]. 410

Kommt es allerdings zwischen Betriebsrat und Arbeitgeber in der Regelung von Streitigkeiten nicht zu einer Einigung, so kann der Betriebsrat nach § 85 Abs. 2 Satz 1 BetrVG die **Einigungsstelle** anrufen. Die Anrufung der Einigungsstelle ist gem. § 85 Abs. 2 Satz 3 BetrVG auf **Regelungsstreitigkeiten** beschränkt. Bei **Rechtsansprüchen** kommt eine Zuständigkeit der Einigungsstelle nur im Rahmen eines freiwilligen Einigungsstellenverfahrens nach § 76 Abs. 6 BetrVG in Betracht[4]. Liegt eine Regelungsstreitigkeit vor, so ersetzt nach § 85 Abs. 2 Satz 2 BetrVG der Spruch der Einigungsstelle die Einigung zwischen Arbeitgeber und Betriebsrat. Die Kompetenz der Einigungsstelle reicht aber immer nur so weit, wie die des Betriebsrates[5]. 411

Zulässig ist beispielsweise das Einigungsstellenverfahren bei ständigen Eingriffen von Vorgesetzten und Kollegen in den Aufgabenbereich des Arbeitnehmers, mangelnden oder unzureichenden Informationen und Zielsetzungen, unsachgemäßer Kritik oder Kontrolle, ständigem Einsatz als „Springer" unter Verschonung anderer Arbeitnehmer[6]. Eine **Regelungsstreitigkeit** liegt auch vor, wenn ein Arbeitnehmer geltend macht, der allgemeine in einer Betriebsvereinbarung festgelegte Beginn der täglichen Arbeitszeit sei für ihn wegen seiner Zugverbindung außergewöhnlich ungünstig[7]. Um einen **Rechtsanspruch** handelt es sich dagegen, wenn der Arbeitnehmer mit seiner Beschwerde die Entfernung einer Abmahnung aus der Personalakte begehrt[8] oder wenn ein Arbeitnehmer unter 412

---

1 MünchArbR/*von Hoyningen-Huene*, § 295 Rz. 28.
2 *Richardi*, § 85 BetrVG Rz. 9; GK-BetrVG/*Wiese*, § 85 Rz. 6.
3 MünchArbR/*von Hoyningen-Huene*, § 295 Rz. 30.
4 BAG v. 28. 6. 1984, BAGE 46, 228, 234.
5 Vgl. auch LAG Hamm v. 16. 4. 1986, BB 1986, 1359, 1360.
6 Vgl. *Fitting/Kaiser/Heither/Engels*, § 85 BetrVG Rz. 4.
7 MünchArbR/*von Hoyningen-Huene*, § 295 Rz. 32.
8 LAG Hamm v. 16. 4. 1986, BB 1986, 1359; LAG Rheinland-Pfalz v. 17. 1. 1985, NZA 1985, 190; aA LAG Köln v. 16. 11. 1984, NZA 1985, 191; LAG Hamburg v. 10. 7. 1985, BB 1985, 1729.

Berufung auf den Tarifvertrag bezahlten Sonderurlaub beantragt, um sein Kind in eine Spezialklinik zu begleiten[1]. Ein Rechtsanspruch liegt auch vor, wenn mit der Beschwerde die Verletzung einer arbeitgeberseitigen Nebenpflicht, wie der Fürsorge- oder Gleichbehandlungspflicht, gerügt wird[2].

413
> **Hinweis:**
> Bei Streit über die Zuständigkeit der Einigungsstelle entscheiden die Arbeitsgerichte im Beschlußverfahren. Ist eine Einigung erzielt worden, sei es zwischen Arbeitgeber und Arbeitnehmer oder durch den Spruch der Einigungsstelle, so ist der Anspruch des Arbeitnehmers auf Abhilfe im Urteilsverfahren einklagbar[3]. Der einzelne Arbeitnehmer hat allerdings keinen gerichtlich durchsetzbaren Anspruch darauf, daß der Betriebsrat sich mit seiner Beschwerde befaßt; hier gilt nichts anderes als bei § 84 BetrVG[4].

cc) Kollektive Regelung des Beschwerdeverfahrens

414 Nach **§ 86 Satz 1 BetrVG** können durch Tarifvertrag oder Betriebsvereinbarung die **Einzelheiten des Beschwerdeverfahrens** geregelt werden. Gemäß Satz 2 kann hierbei bestimmt werden, daß in den Fällen des § 85 Abs. 2 BetrVG an die Stelle der Einigungsstelle eine betriebliche Beschwerdestelle tritt. Die Regelung des § 86 BetrVG hat bisher kaum praktische Bedeutung erlangt[5].

2. Allgemeine Aufgaben des Betriebsrates (§ 80 Abs. 1 BetrVG)

415 § 80 Abs. 1 BetrVG normiert katalogartig die allgemeinen Aufgaben des Betriebsrats. Diese allgemeinen Aufgaben des Betriebsrats beziehen sich auf **sämtliche Tätigkeitsbereiche**, dh. den sozialen, den personellen und den wirtschaftlichen Bereich[6]. Die allgemeinen Aufgaben des § 80 Abs. 1 BetrVG bestehen unabhängig von den konkreten Mitwirkungs- und Mitbestimmungsrechten, die dem Betriebsrat in sozialen, personellen und wirtschaftlichen Angelegenheiten eingeräumt sind[7]. Die in § 80 Abs. 1 BetrVG aufgeführten Aufgaben berechtigen den Betriebsrat aber nicht zu einseitigen Eingriffen in die Betriebsführung. Auch im Hinblick auf § 80 Abs. 1 BetrVG bleibt es daher bei dem Grundsatz des § 77 Abs. 1 Satz 2 BetrVG, wonach der Betriebsrat gehalten ist, nicht durch einseitige Handlungen in die Leitung des Betriebes einzugreifen[8]. Basis für die

---
1 BAG v. 28. 6. 1984, BAGE 46, 228, 232.
2 LAG Düsseldorf v. 21. 12. 1993, NZA 1994, 767, 768; LAG Frankfurt v. 8. 12. 1992, LAGE Nr. 25 zu § 98 ArbGG; LAG Frankfurt v. 15. 9. 1992, LAGE Nr. 26 zu § 98 ArbGG.
3 GK-BetrVG/*Wiese*, § 86 Rz. 28.
4 Vgl. nur in *Fitting/Kaiser/Heither/Engels*, § 85 BetrVG Rz. 9; aA GK-BetrVG/*Wiese*, § 86 Rz. 29.
5 MünchArbR/*von Hoyningen-Huene*, § 295 Rz. 36.
6 *Fitting/Kaiser/Heither/Engels*, § 80 BetrVG Rz. 1.
7 GK-BetrVG/*Kraft*, § 80 Rz. 6; *Hess*, in Hess/Schlochauer/Glaubitz, § 80 BetrVG Rz. 4.
8 *Hess*, in Hess/Schlochauer/Glaubitz, § 80 BetrVG Rz. 6.

IV. Allgemeine Mitbestimmungsrechte/-pflichten   Rz. 417 **Teil 4 A**

Durchführung der Aufgaben nach § 80 Abs. 1 BetrVG ist das Gebot der vertrauensvollen Zusammenarbeit nach § 2 Abs. 1 BetrVG. Das heißt, der Arbeitgeber ist entsprechend § 2 Abs. 1 BetrVG verpflichtet, sich ernsthaft mit dem Problem, das der Betriebsrat im Rahmen von § 80 Abs. 1 BetrVG an ihn heranträgt, auseinanderzusetzen[1].

a) Überwachungsrechte

Nach **§ 80 Abs. 1 Nr. 1 BetrVG** hat der Betriebsrat darüber zu wachen, daß die zugunsten der Arbeitnehmer geltenden Gesetze, Verordnungen, Unfallverhütungsvorschriften, Tarifverträge und Betriebsvereinbarungen durchgeführt werden. Dieses Überwachungsrecht bezieht sich nicht nur auf die eigentlichen Arbeitnehmerschutzvorschriften, sondern auf alle Normen, die die Arbeitnehmer in irgendeiner Form begünstigen[2]. Voraussetzung ist allerdings, daß die Normen das Rechtsverhältnis zwischen Arbeitgeber und Arbeitnehmer unmittelbar gestalten oder auf dieses einwirken[3].   416

aa) Gesetze und Vorschriften

Unter den Begriff der Gesetze und Vorschriften, die sich zugunsten der Arbeitnehmer des Betriebes auswirken können, fallen zunächst die Grundrechte, soweit sie im Arbeitsrecht Geltung erlangen[4]. Im übrigen unterfallen der Überwachungspflicht des § 80 Abs. 1 Nr. 1 ua. folgende Vorschriften[5]:   417

▶ Bundesurlaubsgesetz
▶ Entgeltfortzahlungsgesetz
▶ Kündigungsschutzgesetz
▶ Beschäftigungsförderungsgesetz
▶ Arbeitszeitgesetz
▶ Jugendarbeitsschutzgesetz
▶ arbeitsrechtliche Vorschriften des BGB, HGB
▶ Gewerbeordnung
▶ Schwerbehindertengesetz
▶ Mutterschutzgesetz, Bundeserziehungsgeldgesetz
▶ arbeitsschutzrechtliche Vorschriften des Betriebsverfassungsgesetzes (zB §§ 75, 95)
▶ Heimarbeitsgesetz
▶ arbeitnehmerschützende Bestimmungen des Bundesdatenschutzgesetzes

---
1 *Hess*, in Hess/Schlochauer/Glaubitz, § 80 BetrVG Rz. 6.
2 *Fitting/Kaiser/Heither/Engels*, § 80 BetrVG Rz. 3; *Schaub*, AR-Handbuch, § 233 I. 2.a., S. 1895.
3 *Schaub*, AR-Handbuch, § 233 I. 2.a., S. 1895.
4 *Buschmann*, in Däubler/Kittner/Klebe, § 80 BetrVG Rz. 4.
5 Vgl. die eingehenden Übersichten bei *Buschmann*, in Däubler/Kittner/Klebe, § 80 BetrVG Rz. 4, 5; *Fitting/Kaiser/Heither/Engels*, § 80 BetrVG Rz. 3–6.

▶ arbeitnehmerschützende Umweltschutzvorschriften (zB Immissionsschutzgesetz, Chemikaliengesetz, Atomgesetz, Strahlenschutzverordnung, Störfallverordnung ua.)

418 Neben den aufgeführten Bestimmungen hat der Betriebsrat auch darüber zu wachen, daß die **sozialversicherungsrechtlichen Grundsätze** sowie die **arbeitsrechtlichen Grundsätze** (beispielsweise der Gleichbehandlungsgrundsatz, der Grundsatz von Recht und Billigkeit sowie eine etwaige betriebliche Übung) eingehalten werden[1].

419 Nach Ansicht des BAG trifft zwar den Arbeitgeber aus dem Arbeitsverhältnis die Nebenpflicht, die Steuern der Arbeitnehmer richtig zu berechnen und abzurechnen[2], gleichwohl gehört es nicht zu den Aufgaben des Betriebsrats, darüber zu wachen, daß der Arbeitgeber bei der Berechnung des Lohns die **Vorschriften des Lohnsteuerrechts** und die hierzu ergangenen Richtlinien beachtet[3].

bb) Tarifverträge

420 Die Überwachung der Durchführung der Tarifverträge bezieht sich auf die jeweils für den Betrieb geltenden bestehenden Tarifverträge. Hierbei erstreckt sich die Überwachungspflicht nicht nur auf **Inhaltsnormen** iSd. § 4 Abs. 1 Satz 1 TVG, sondern auch auf **betriebliche und betriebsverfassungsrechtliche Normen** iSd. § 4 Abs. 1 Satz 1 TVG[4]. Das gilt auch für obligatorische Bestimmungen eines Tarifvertrages, die sich zugunsten der Arbeitnehmer auswirken[5]. Voraussetzung für die Überwachung der Einhaltung von Tarifverträgen ist, daß der Arbeitgeber tarifgebunden ist. Bei Inhaltsnormen muß auch der Arbeitnehmer tarifgebunden sein oder aber der Tarifvertrag muß zumindest einzelvertraglich vereinbart worden sein[6].

421 Schließlich obliegt nach § 80 Abs. 1 Nr. 1 BetrVG dem Betriebsrat auch die Überwachung über die Einhaltung von **Betriebsvereinbarungen**. Die Durchführung der Betriebsvereinbarung bleibt aber nach § 77 Abs. 1 Satz 1 BetrVG Aufgabe des Arbeitgebers. Die Überwachungspflicht nach § 80 Abs. 1 Nr. 1 BetrVG fällt auch dann in die Zuständigkeit des Einzelbetriebsrats, wenn es um die Einhaltung einer Gesamtbetriebsvereinbarung geht[7].

---

1 GK-BetrVG/*Kraft*, § 80 Rz. 17.
2 BAG v. 17. 3. 1960, AP Nr. 8 zu § 670.
3 BAG v. 11. 12. 1973, AP Nr. 5 zu § 80 BetrVG 1972, das zugleich auch ausführt, daß es nicht Aufgabe des Betriebsrats ist, einzelne Arbeitnehmer in steuerrechtlichen Fragen zu beraten oder ihnen dieserhalb beizustehen; aA die überwiegende Lit., vgl. nur *Buschmann*, in Däubler/Kittner/Klebe, § 80 BetrVG Rz. 4; GK-BetrVG/*Kraft*, § 80 Rz. 16.
4 *Buschmann*, in Däubler/Kittner/Klebe, § 80 BetrVG Rz. 6.
5 BAG v. 11. 7. 1972, AP Nr. 1 zu § 80 BetrVG, 1972.
6 BAG v. 18. 9. 1973, AP Nr. 3 zu § 80 BetrVG, 1972; *Fitting/Kaiser/Heither/Engels*, § 80 BetrVG Rz. 7.
7 BAG v. 20. 12. 1988, NZA 1989, 393, 396.

IV. Allgemeine Mitbestimmungsrechte/-pflichten

Entsprechendes gilt für die sich aus betrieblichen Einheitsregelungen ergebenden **allgemeinen Arbeitsbedingungen**; dies folgt aus dem Gleichbehandlungsgrundsatz nach § 75 BetrVG[1]. Allerdings bezieht sich das Überwachungsrecht des Betriebsrats nicht auf den Inhalt und die Ausgestaltung einzelner, individueller Arbeitsverträge[2]. Individuell ausgehandelte Verträge muß der Arbeitnehmer selbst überwachen.

cc) Grenzen des Überwachungsrechts

Das Überwachungsrecht macht den Betriebsrat nicht zu einem dem Arbeitgeber übergeordneten Kontrollorgan[3]. Die Befugnisse des Betriebsrats finden insbesondere ihre Schranken in § 77 Abs. 1 Satz 2 BetrVG, also in dem **Verbot, in die Leitung des Betriebs einzugreifen**, und in dem **Gebot der vertrauensvollen Zusammenarbeit** nach § 2 Abs. 1 BetrVG[4]. Der Betriebsrat darf aber zur Ausübung seines Überwachungsrechts nach § 80 Abs. 1 Nr. 1 BetrVG Kontrollgänge im Betrieb durchführen[5].

b) Antragsrecht

Nach § 80 Abs. 1 Nr. 2 BetrVG hat der Betriebsrat Maßnahmen, die dem Betrieb und der Belegschaft dienen, beim Arbeitgeber zu beantragen. Die Vorschrift begründet ein eigenes **Initiativrecht** des Betriebsrats in allen sozialen, personellen und wirtschaftlichen Angelegenheiten[6]. Die Vorschrift berechtigt den Betriebsrat, aufgrund der ihm bekannten Verhältnisse im Betrieb auch solche Maßnahmen anzuregen, bezüglich derer er keine weitergestalteten Beteiligungsrechte hat[7]. Er kann die Anregung aber weder durchsetzen, noch beinhaltet die Einräumung des Antragsrechts nach § 80 Abs. 1 Nr. 2 BetrVG (was grundsätzlich für die Rechte nach § 80 Abs. 1 BetrVG gilt) die Einräumung eines zusätzlichen Mitbestimmungsrechts[8].

c) Durchsetzung der Gleichberechtigung

Gemäß § 80 Abs. 1 Nr. 2a BetrVG muß der Betriebsrat die Durchsetzung der tatsächlichen Gleichberechtigung von Frauen und Männern, insbesondere bei der Einstellung, Beschäftigung, Aus-, Fort- und Weiterbildung und dem beruflichen Aufstieg fördern. Die Verpflichtung zur Durchsetzung der tatsächlichen

---

1 *Buschmann*, in Däubler/Kittner/Klebe, § 80 BetrVG Rz. 7; *Fitting/Kaiser/Heither/Engels*, § 80 BetrVG Rz. 8; GK-BetrVG/*Kraft*, § 80 Rz. 17.
2 GK-BetrVG/*Kraft*, § 80 Rz. 17.
3 BAG v. 11. 7. 1972, AP Nr. 1 zu § 80 BetrVG 1972; vgl. bereits BAG v. 12. 7. 1957, BAGE 4, 217, 220.
4 Zutreffend *Fitting/Kaiser/Heither/Engels*, § 80 BetrVG Rz. 8a.
5 *Schaub*, AR-Handbuch, § 233 I. 2.a., S. 1896; vgl. auch BAG v. 17. 1. 1989, AP Nr. 1 zu § 2 LPVG NW, im Hinblick auf die Besichtigung eines Arbeitsplatzes zur Überprüfung der Eingruppierung.
6 *Schaub*, AR-Handbuch, § 233 I. 3., S. 1897.
7 BAG v. 27. 6. 1989, NZA 1989, 929, 931.
8 BAG v. 25. 5. 1982, BAGE 39, 86, 97; BAG v. 16. 7. 1985, AP Nr. 17 zu § 87 BetrVG 1972 – Lohngestaltung; BAG v. 10. 6. 1986, AP Nr. 26 zu § 80 BetrVG 1972.

Gleichberechtigung ist durch **Art. 6 des zweiten Gleichberechtigungsgesetzes** vom 24. 4. 1994 neu aufgenommen worden. Damit sollen die vielfachen Benachteiligungen der Frauen im Berufsleben abgebaut werden[1].

d) Entgegennahme von Anregungen

426 Nach § 80 Abs. 1 Nr. 3 hat der Betriebsrat **Anregungen von Arbeitnehmern und der Jugend- und Auszubildendenvertretung** entgegenzunehmen und, falls sie berechtigt erscheinen, durch Verhandlungen mit dem Arbeitgeber auf eine Erledigung hinzuwirken; er muß die betreffenden Arbeitnehmer über den Stand und das Ergebnis der Verhandlungen unterrichten. Diese Vorschrift ergänzt der Sache nach die Regelung in Nr. 2. Nach der Rechtsprechung des BAG kann die Jugend- und Auszubildendenvertretung nicht selbständig an den Arbeitgeber herantreten; sie muß ihre Anregungen und Vorschläge über den Betriebsrat an den Arbeitgeber herantragen[2].

e) Eingliederung schutzbedürftiger Personen und Förderung der Beschäftigung älterer Arbeitnehmer

427 Nach § 80 Abs. 1 Nr. 4 BetrVG soll der Betriebsrat die Eingliederung Schwerbehinderter und sonstiger besonders schutzbedürftiger Personen fördern. Einher geht damit die Aufgabe des Betriebsrats nach § 80 Abs. 1 Nr. 6 BetrVG, die Beschäftigung älterer Arbeitnehmer im Betrieb zu fördern. Die Förderung der Beschäftigung älterer Arbeitnehmer ergänzt die Vorschriften des § 75 Abs. 1 Satz 2 BetrVG (Benachteiligungsverbot wegen Überschreitung bestimmter Altersstufen) und des § 96 Abs. 2 BetrVG (Berücksichtigung älterer Arbeitnehmer bei Maßnahmen der Berufsbildung). Nr. 6 verlangt, daß der Betriebsrat die Beschäftigung älterer Arbeitnehmer grundsätzlich fördert, also nicht nur die **berufliche Weiterentwicklung** und Anpassung an veränderte Gegebenheiten, sondern auch die **Neueinstellung** älterer Arbeitnehmer auf für sie geeignete Arbeitsplätze und deren Erhaltung[3].

f) Zusammenarbeit mit der Jugend- und Auszubildendenvertretung

428 Nach § 80 Abs. 1 Nr. 5 BetrVG hat der Betriebsrat die Wahl einer **Jugend- und Auszubildendenvertretung** vorzubereiten und durchzuführen, um mit dieser zur Förderung der Belange der in § 60 Abs. 1 BetrVG genannten Arbeitnehmer eng zusammenzuarbeiten; er kann von der Jugend- und Auszubildendenvertretung Vorschläge und Stellungnahmen anfordern.

g) Eingliederung ausländischer Arbeitnehmer

429 Gemäß § 80 Abs. 1 Nr. 7 BetrVG hat der Betriebsrat die Eingliederung ausländischer Arbeitnehmer im Betrieb und das Verständnis zwischen ihnen und den

---

1 *Fitting/Kaiser/Heither/Engels*, § 80 BetrVG Rz. 15a.
2 Vgl. BAG v. 20. 11. 1973, AP Nr. 1 zu § 65 BetrVG 1972; BAG v. 21. 1. 1982, AP Nr. 1 zu § 70 BetrVG 1972.
3 Vgl. *Buschmann*, in Däubler/Kittner/Klebe, § 80 BetrVG Rz. 29.

deutschen Arbeitnehmern zu fördern. Unter Eingliederung ist hierbei nicht die Einstellung als solche, sondern die **Integrierung in den Betrieb nach erfolgter Einstellung** zu verstehen[1]. Der Betriebsrat soll das Verständnis zwischen ihnen und den deutschen Arbeitnehmern fördern, insbesondere hat er darüber zu wachen, daß auch sie entsprechend den gesetzlichen Vorschriften behandelt werden[2]. Angesichts der zunehmenden Probleme und aufkommenden Vorurteile stellt sich auch dem Betriebsrat die Aufgabe, sich schützend vor Ausländer zu stellen, die zu Opfern betrieblicher Erscheinungsformen von Ausländerfeindlichkeit werden[3].

3. Auskunfts-/Unterrichtungsanspruch (§ 80 Abs. 2 BetrVG)

a) Auskunfts- und Unterrichtungsanspruch

§ 80 Abs. 2 Satz 1 BetrVG stellt eine **Generalklausel des Informationsrechts** dar. Danach ist der Arbeitgeber verpflichtet, den Betriebsrat im Hinblick auf die Durchführung seiner Aufgaben nach dem BetrVG rechtzeitig und umfassendzu unterrichten. Nach allgemeiner Auffassung soll der Tendenzschutz in der Regel nicht zu einer Einschränkung der Rechte des Betriebsrats aus § 80 BetrVG führen[4]. Der Auskunftsanspruch erstreckt sich nicht nur auf die in § 80 Abs. 1 BetrVG genannten Aufgaben. Er erwächst bereits dann, wenn der Betriebsrat die Auskunft benötigt, um prüfen zu können, ob ihm überhaupt ein Mitbestimmungsrecht zusteht und ob er davon Gebrauch machen will, es sei denn, ein Mitbestimmungsrecht kommt offensichtlich nicht in Betracht[5]. Dabei ist zwischen Aufgaben, die der Betriebsrat aus eigener Initiative angehen kann und solchen, die sich für ihn erst stellen, wenn der Arbeitgeber tätig wird, zu unterscheiden. Bei letzteren kann der Betriebsrat Auskünfte und Unterlagen, die zur Erfüllung seiner Aufgaben erforderlich sind, erst dann verlangen, wenn der Arbeitgeber tatsächlich tätig wird. Revisionsberichte, die Maßnahmen des Arbeitgebers lediglich anregen, also ein Beteiligungsrecht erst dann auslösen, wenn sie der Arbeitgeber plant oder ergreift, sind daher dem Betriebsrat nicht zur Verfügung zu stellen[6]. 430

Handelt es sich um Aufgaben, die der Betriebsrat aus eigener **Initiative** angehen kann, kann ein Betriebsrat von sich aus an den Arbeitgeber herantreten und die Gegenstände der Unterrichtung bestimmen. Er kann sich hierbei auch selbst Informationen beschaffen, etwa durch Betriebsbegehungen oder Besuche der Arbeitnehmer am Arbeitsplatz[7]. 431

---

1 *Fitting/Kaiser/Heither/Engels*, § 80 BetrVG Rz. 24.
2 *Schaub*, AR-Handbuch, § 233 I. 7., S. 1897.
3 Vgl. hierzu auch *Korinth*, ArbuR 1993, 105 ff.
4 *Fitting/Kaiser/Heither/Engels*, § 118 BetrVG Rz. 32; einschränkend von Fall zu Fall: *Hess*, in Hess/Schlochauer/Glaubitz, § 118 BetrVG Rz. 62.
5 BAG v. 17. 3. 1987, NZA 1987, 747; BAG v. 26. 1. 1988, NZA 1988, 620; BAG v. 30. 1. 1989, NZA 1989, 932; BAG v. 9. 7. 1991, DB 1992, 327.
6 BAG v. 27. 6. 1989, NZA 1989, 929.
7 BAG v. 13. 6. 1989, NZA 1989, 934, 935; BAG v. 17. 1. 1989, AP Nr. 1 zu § 2 LPVG NW.

432 Die Unterrichtung des Betriebsrats muß so **rechtzeitig** erfolgen, daß der Betriebsrat noch seine Überlegungen anstellen und seine Meinung gegenüber dem Arbeitgeber äußern kann[1]. Nach verbreiteter Meinung wird wegen des Zeitpunktes der Unterrichtung auf die 6-Stufen-Methode der Systemgestaltung (REFA-Standardprogramm Arbeitsgestaltung) verwiesen[2].

433 Die Auskunft muß **umfassend** sein, dh., alle Aufgaben enthalten, die der Betriebsrat benötigt, um seine Entscheidung ordnungsgemäß treffen zu können[3]. Der Arbeitgeber muß und kann allerdings nur die Informationen weitergeben, die er selbst besitzt. Er ist nicht verpflichtet, sich weitergehende Informationen zu beschaffen, auch wenn der Betriebsrat sie für erforderlich hält[4].

434 Der Arbeitgeber muß den Betriebsrat umfassend über alle Formen der **Verarbeitung personenbezogener Daten** der Arbeitnehmer unterrichten. Diese Pflicht wird auch nicht durch das BDSG eingeschränkt. Es kommt auch nicht darauf an, ob die Datenverarbeitung gegen das BDSG verstößt oder Mitbestimmungsrechte des Betriebsrats auslöst, denn der Betriebsrat muß die Möglichkeit haben, sich ein eigenes Urteil zu bilden[5].

435 Die Auskunftspflicht des Arbeitgebers erstreckt sich grundsätzlich auch auf **Betriebsgeheimnisse**, wenn dies für die Aufgabenerfüllung notwendig ist[6]. Über **wirtschaftliche Angelegenheiten** ist der Betriebsrat nach § 80 Abs. 2 Satz 1 BetrVG nur dann zu unterrichten, wenn dies zur Durchführung konkreter Aufgaben erforderlich ist[7]. Der Betriebsrat kann nicht jede Auskunft verlangen, nur weil die dadurch vermittelten Kenntnisse ihn sachkundiger machen. Dies gilt auch dann, wenn in einem Unternehmen ein Wirtschaftsausschuß nach § 106 Abs. 1 BetrVG nicht zu bilden ist, weil die hierfür erforderliche Zahl beschäftigter Arbeitnehmer nicht erreicht wird. Dem Betriebsrat stehen Unterrichtungsansprüche nach § 106 Abs. 2 BetrVG nicht unmittelbar zu[8].

436 Beschäftigt der Arbeitgeber **Fremdfirmen**, so kann der Betriebsrat verlangen, daß ihm die Verträge mit den Fremdfirmen, die Grundlage dieser Beschäftigung sind, vorgelegt werden, um feststellen zu können, ob nicht eine verdeckte Arbeitnehmerüberlassung vorliegt. Der Betriebsrat kann auch verlangen, daß ihm die Listen zur Verfügung gestellt werden, aus denen sich die Einsatztage und Einsatzzeiten der einzelnen Arbeitnehmer der Fremdfirmen ergeben[9].

---

1 BAG v. 27. 6. 1989, NZA 1989, 929, 930.
2 Vgl. *Fitting/Kaiser/Heither/Engels*, § 80 BetrVG Rz. 28; *Schaub*, AR-Handbuch, § 233 II. 1., S. 1898; bei dieser Methode wird zwischen den Stufen 1. Zielsetzung, 2. Aufgabe abgrenzen, 3. ideale Lösungssuche, 4. Datensammlung, 5. optimale Lösung auswählen und 6. Lösung einführen und Zielerfüllung kontrollieren, differenziert; die Unterrichtung soll während der 5. Stufe erfolgen.
3 GK-BetrVG/*Kraft*, § 80 Rz. 66.
4 GK-BetrVG/*Kraft*, § 80 Rz. 67.
5 BAG v. 17. 3. 1987, NZA 1987, 747.
6 BAG v. 5. 2. 1991, NZA 1991, 644, 646.
7 BAG v. 5. 2. 1991, NZA 1991, 644, 645.
8 BAG v. 5. 2. 1991, NZA 1991, 644, 647; BAG v. 5. 2. 1991, NZA 1991, 639, 640.
9 BAG v. 31. 1. 1989, NZA 1989, 932; BAG v. 9. 7. 1991, AP Nr. 94 zu § 99 BetrVG 1972.

IV. Allgemeine Mitbestimmungsrechte/-pflichten

Da § 118 Abs. 1 Satz 2 BetrVG ausdrücklich die Anwendung der §§ 106–110 BetrVG ausschließt, kann der Betriebsrat in **Tendenzunternehmen** diesen Schutz nicht unter Rückgriff auf § 80 Abs. 2 BetrVG unterlaufen.

b) Vorlage von Unterlagen

Neben der Unterrichtungspflicht sind dem Betriebsrat die erforderlichen Unterlagen zur Verfügung zu stellen, dh. auch ggf. auszuhändigen (§ 80 Abs. 2 Satz 2 1. Halbs. BetrVG). Darüber hinaus hat der Betriebsrat einen Anspruch auf Einblick in die vollständigen Listen über die Bruttolöhne und -gehälter (§ 80 Abs. 2 Satz 2 2. Halbs. BetrVG).

Die **Unterlagen** selbst sind dem Betriebsrat im Original, in Durchschrift oder Fotokopie **zu überlassen**[1]. Zu überlassen sind aber nur Unterlagen, die bereits vorhanden sind. Der Betriebsrat kann nicht verlangen, daß der Arbeitgeber zunächst Anlagen installiert, beispielsweise Lärmmeßgeräte, die die geforderten Unterlagen erstellen sollen[2]. Der Arbeitgeber ist aber zur Herstellung von Unterlagen verpflichtet, wenn die erforderlichen Daten zwar nicht in schriftlicher Form vorliegen, aber beispielsweise in einem Datenspeicher vorhanden sind und mit einem vorhandenen Programm jederzeit abgerufen werden können[3].

Die **Zeitdauer**, während der der Arbeitgeber dem Betriebsrat die entsprechenden Unterlagen zur Verfügung zu stellen hat, richtet sich nach der Art der Unterlagen, ihre Bedeutung für den Betrieb und den Gesamtumständen des Einzelfalles. Sind Unterlagen für den Betrieb unentbehrlich oder sehr umfangreich, so muß sich der Betriebsrat im Einzelfall mit der Einsichtnahme begnügen; er kann sich dann aber Aufzeichnungen und auch Fotokopien anfertigen[4]. Im Regelfall sind Unterlagen dem Betriebsrat eine angemessene Zeit zu überlassen.

c) Einblick in Bruttolohn- und -gehaltslisten

§ 80 Abs. 2 Satz 2 2. Halbs. BetrVG räumt dem Betriebsrat für die Durchführung seiner Aufgaben das **Recht der Einsicht** in die Listen über Bruttolöhne und -gehälter ein. Aufgrund der sprachlichen Fassung des § 80 Abs. 2 Satz 2 2. Halbs. BetrVG, wonach der Betriebsrat berechtigt ist, „Einblick" zu nehmen, wird dieses Recht **restriktiver** verstanden. Der Arbeitgeber ist nicht verpflichtet, dem Betriebsrat die Gehaltslisten – im Original oder als Fotokopie – zur Verfügung zu stellen[5]. Der Betriebsrat kann lediglich Einblick nehmen.

Die Beschränkung auf die **Bruttolisten** soll gewährleisten, daß die besonderen persönlichen Verhältnisse der Arbeitnehmer, beispielsweise die Besteuerung

---

1 *Fitting/Kaiser/Heither/Engels*, § 80 BetrVG Rz. 35; GK-BetrVG/*Kraft*, § 80 Rz. 83.
2 BAG v. 7. 8. 1986, NZA 1987, 134.
3 GK-BetrVG/*Kraft*, § 80 Rz. 79; vgl. auch BAG v. 17. 3. 1983, AP Nr. 18 zu § 80 BetrVG 1972 für den Ausdruck von Gehaltslisten.
4 GK-BetrVG/*Kraft*, § 80 Rz. 83.
5 BAG v. 3. 12. 1981, BAGE 37, 195, 197; BAG v. 15. 6. 1976, BB 1976, 1223; aA *Buschmann*, in Däubler/Kittner/Klebe, § 80 BetrVG Rz. 62.

oder Lohnpfändungen, der Einsicht Dritter verschlossen sind[1]. Falls erforderlich, sind die Angaben zu entschlüsseln, wenn die Lohn- und Gehaltslisten unter Benutzung von Datenverarbeitungsanlagen erstellt worden sind. Unter Listen iSd. § 80 Abs. 2 Satz 2 2. Halbs. BetrVG ist auch die Speicherung in Datenanlagen zu verstehen[2]. Da der Begriff der Liste unabhängig von der Datenführung zu verstehen ist, ist nicht erforderlich, daß die Listen tatsächlich schon ausgedruckt sind; es reicht, wenn hierfür die Möglichkeit besteht[3]. Das Einblicksrecht besteht hinsichtlich aller Lohnbestandteile, nach Ansicht des BAG unabhängig von ihrem individuellen oder kollektiven Charakter[4].

443 Ausgenommen von dem Einsichtsrecht sind die Gehälter der **leitenden Angestellten** iSv. § 5 Abs. 3 und 4 BetrVG[5]. Nach Auffassung des BAG kann der Betriebsrat auch in **Tendenzbetrieben** das Recht auf Einblick in die vollständige Liste aller Bruttolöhne und -gehälter geltend machen[6].

444 Durch das Einsichtsrecht in die Lohn- und Gehaltslisten soll der Betriebsrat die Möglichkeit erhalten, zu prüfen, ob die Tarifverträge und die Grundsätze des § 75 Abs. 1 BetrVG eingehalten werden. In größeren Betrieben steht dieses Recht wegen der Vertraulichkeit der Information aber nicht dem gesamten Betriebsrat, sondern nur dem **Betriebsratsausschuß** (§ 27 BetrVG) oder einem nach § 28 BetrVG besonders gebildeten Ausschuß des Betriebsrats zu. Aus dem Wortlaut des § 80 Abs. 2 Satz 2 2. Halbs. BetrVG den Schluß zu ziehen, das Einblicksrecht sei auf Betriebe mit mehr als 300 Arbeitnehmer beschränkt, ist nach Auffassung des BAG unvereinbar mit dem Gesamtsinn der Regelung. In kleineren Betrieben steht vielmehr das Einblicksrecht den Personen zu, die in § 27 Abs. 4 BetrVG erwähnt sind; das ist der **Vorsitzende des Betriebsrats** oder ein anderes Mitglied des Betriebsrats, dem die laufenden Geschäfte übertragen wurden[7]. Eine Überwachung des Betriebsrats durch den Arbeitgeber während der Einsicht ist unzulässig[8].

4. Hinzuziehung von Sachverständigen (§ 80 Abs. 3 BetrVG)

445 Wichtig ist die Vorschrift des § 80 Abs. 3 BetrVG, wonach der Betriebsrat **nach näherer Vereinbarung** mit dem Arbeitgeber **Sachverständige hinzuziehen** kann, soweit dies zur ordnungsgemäßen Erfüllung seiner Aufgaben erforderlich ist. Nach dem Wortlaut der Vorschrift bedarf es einer vorherigen Vereinbarung und

---

1 *Fitting/Kaiser/Heither/Engels*, § 80 BetrVG Rz. 41.
2 BAG v. 17. 3. 1983, BB 1983, 1282.
3 BAG v. 17. 3. 1983, BB 1983, 1282, 1283.
4 BAG v. 10. 2. 1987, AP Nr. 27 zu § 80 BetrVG 1972; BAG v. 12. 2. 1980, AP Nr. 12 zu § 80 BetrVG 1972; BAG v. 30. 6. 1981, BAGE 35, 342; aA GK-BetrVG/*Kraft*, § 80 Rz. 87.
5 Vgl. nur GK-BetrVG/*Kraft*, § 80 Rz. 86.
6 BAG v. 22. 5. 1979, AP Nr. 12 zu § 118 BetrVG 1972; BAG v. 30. 6. 1981, BAGE 35, 342; BAG v 25. 8. 1981 – 1 ABR 24/80, nv.
7 BAG v. 10. 2. 1987, NZA 1987, 385.
8 BAG v. 16. 8. 1995, NZA 1996, 330; LAG Köln v. 12. 5. 1992, LAGE Nr. 8 zu § 80 BetrVG 1972; eingehend *Leege*, BB 1996, 479 ff.

IV. Allgemeine Mitbestimmungsrechte/-pflichten   Rz. 448 Teil **4 A**

der Erforderlichkeit der Hinzuziehung. In der erforderlichen Vereinbarung sind das Thema, zu dessen Klärung der Sachverständige hinzugezogen werden soll, die voraussichtlichen Kosten seiner Hinzuziehung und insbesondere die Person des Sachverständigen festzulegen[1]. Kommt eine Vereinbarung nicht zustande, so kann bei Erforderlichkeit das Arbeitsgericht im Beschlußverfahren die Zustimmung des Arbeitgebers ersetzen[2]. Antragsberechtigt ist insoweit der Betriebsrat bzw. der Gesamtbetriebsrat[3]. Der Antrag auf Gutachterbestellung im Wege der einstweiligen Verfügung wird in der Regel keinen Erfolg haben, weil damit der Entscheidung im Hauptverfahren vorgegriffen und bereits eine endgültige Regelung geschaffen würde[4].

Wird eine Vereinbarung getroffen oder durch arbeitsgerichtlichen Beschluß ersetzt, so ist der Arbeitgeber für die Hinzuziehung des Sachverständigen kostenpflichtig; ohne eine solche Vereinbarung (oder Ersetzung) sind die **Kosten für den Sachverständigen** nicht vom Arbeitgeber zu tragen[5]. Nach Ansicht des LAG Frankfurt ist der Arbeitgeber auch dann kostenerstattungspflichtig, wenn der Sachverständige zunächst hinzugezogen, jedoch erst später die Zustimmung ersetzt worden ist[6]. 446

Die **Hinzuziehung** eines Sachverständigen ist erst dann **erforderlich,** wenn der Betriebsrat sich das notwendige Wissen nur durch einen Sachverständigen zur Erfüllung seiner Aufgaben verschaffen kann. Das BAG geht davon aus, daß der Betriebsrat vor der Hinzuziehung eines außerbetrieblichen Sachverständigen zunächst die betriebsinternen Informationsquellen ausschöpfen muß[7]. 447

Beispiel: 448

Wird im Betrieb eine elektronische Datenverarbeitung eingeführt und fehlt dem Betriebsrat hierfür die erforderliche Sachkunde, so muß er ggf. eine Schulungsveranstaltung besuchen, bevor er einen Sachverständigen hinzuzieht[8]. *Insbesondere darf der Betriebsrat die vom Arbeitgeber angebotene Möglichkeit der Unterrichtung durch Fachkräfte des Betriebes/Unternehmens oder durch Vertreter des Herstellers der EDV oder des Verkäufers nicht mit der pauschalen Begründung ablehnen, diese Person besäße nicht sein Vertrauen, weil sie im Dienste des Arbeitgebers stünde und deshalb nicht als neutral oder objektiv angesehen werden könnte*[9].

---

1 BAG v. 19. 4. 1989, NZA 1989, 936.
2 BAG v. 25. 4. 1978, AP Nr. 11 zu § 80 BetrVG 1972; BAG v. 18. 7. 1978, AP Nr. 1 zu § 108 BetrVG 1972.
3 BAG v. 18. 7. 1978, AP Nr. 1 zu § 108 BetrVG 1972; BAG v. 19. 4. 1989, NZA 1989, 936.
4 LAG Köln v. 5. 3. 1986 – 5 Ta BV 4/86, nv.; aA LAG Hamm v. 15. 3. 1994, LAGE Nr. 12 zu § 80 BetrVG 1972.
5 BAG v. 19. 4. 1989, NZA 1989, 936.
6 BAG v. 25. 4. 1978, AP Nr. 11 zu § 80 BetrVG 1972; ebenso LAG Frankfurt v. 11. 11. 1986, BB 1987, 614, das im Gegensatz zum BAG davon ausgeht, daß die gerichtliche Ersetzung der Zustimmung Rückwirkung hat.
7 BAG v. 4. 6. 1987, NZA 1988, 208.
8 BAG v. 26. 2. 1992, NZA 1993, 86.
9 BAG v. 26. 2. 1992, NZA 1993, 86, 88 f.

449 Kommt es gleichwohl zu einer Hinzuziehung einer sachkundigen Person, so kann eine Kostentragungspflicht des Arbeitgebers für die Hinzuziehung auch nicht auf § 40 Abs. 1 BetrVG gestützt werden[1]. Der Betriebsrat kann auch nicht verlangen, daß ihm die Neubewertung des Anlagevermögens und die Aufnahme eines neuen Gesellschafters durch den Arbeitgeber im Hinblick auf mögliche Auswirkungen auf die Produktions- und Personalplanung durch einen Sachverständigen erläutert wird[2].

450 Die Frage, ob es erforderlich ist, einen Sachverständigen zum besseren Verständnis der Information zu bestellen, läßt sich erst dann beantworten, wenn der Arbeitgeber dem Betriebsrat **abschließend unterrichtet** hat[3].

451 Rechtsgrundlage für die Heranziehung sachkundiger Personen durch den Betriebsrat ist in den Fällen, in denen es nicht um die rechtliche Vertretung des Betriebsrats im Verfahren vor der Einigungsstelle bzw. vor den Arbeitsgerichten geht, allein § 80 Abs. 3 Satz 1 BetrVG[4]. Dies bedeutet insbesondere, daß auch die Tätigkeit eines Sachverständigen im Sinne einer **sachkundigen Interessenvertretung** nicht auf § 40 Abs. 1 BetrVG gestützt werden kann; § 80 Abs. 3 Satz 1 BetrVG ist gegenüber § 40 Abs. 1 BetrVG eine inhaltliche Konkretisierung und Spezialisierung[5]. Entspricht also die Hinzuziehung einer sachkundigen Person nicht den Erfordernissen des § 80 Abs. 3 Satz 1 BetrVG, so kann die Kostentragungspflicht des Arbeitgebers auch nicht auf § 40 Abs. 1 BetrVG gestützt werden[6].

452 Gemäß § 80 Abs. 3 Satz 2 BetrVG unterliegt der hinzugezogene Sachverständige derselben **Verschwiegenheitspflicht** wie der Betriebsrat. In einem Beschlußverfahren zwischen Arbeitgeber und Betriebsrat ist er allerdings nicht Beteiligter[7]. Nimmt der Sachverständige an Betriebsratssitzungen oder Betriebsversammlungen teil, so stellt dies keinen Verstoß gegen den Grundsatz der Nichtöffentlichkeit dar[8]. Verliert der Sachverständige das Vertrauen des Betriebsrats, kann er durch einen anderen ersetzt werden[9].

5. Geheimhaltungspflichten (§ 79 BetrVG)

453 Nach § 79 Abs. 1 Satz 1 BetrVG sind die Mitglieder und Ersatzmitglieder des Betriebsrats verpflichtet, **Betriebs- oder Geschäftsgeheimnisse,** die ihnen wegen ihrer Zugehörigkeit zum Betriebsrat bekannt geworden und vom Arbeitgeber ausdrücklich als **geheimhaltungsbedürftig bezeichnet** worden sind, nicht zu

---

1 BAG v. 26. 2. 1992, NZA 1993, 86, 88.
2 BAG v. 25. 7. 1989, NZA 1990, 33.
3 BAG v. 17. 3. 1987, NZA 1987, 747; BAG v. 4. 6. 1987, NZA 1988, 208.
4 BAG v. 26. 2. 1992, NZA 1993, 86.
5 BAG v. 26. 2. 1992, NZA 1993, 86, 87 f.
6 BAG v. 26. 2. 1992, NZA 1993, 86, 88.
7 *Schaub,* AR-Handbuch, § 233 III2. S. 1901.
8 BAG v. 13. 9. 1977, BAGE 29, 281; ArbG Frankfurt v. 16. 9. 1988, AiB 1989, 14, 15.
9 LAG Baden-Württemberg v. 22. 11. 1985, AiB 1986, 261.

IV. Allgemeine Mitbestimmungsrechte/-pflichten

offenbaren und nicht zu verwerten. § 79 Abs. 1 Satz 2 BetrVG stellt klar, daß die Geheimhaltungspflicht auch nach dem Ausscheiden aus dem Betriebsrat gilt.

Die Geheimhaltungspflicht nach § 79 BetrVG umfaßt **Betriebs- und Geschäftsgeheimnisse**. Betriebs- oder Geschäftsgeheimnisse sind Tatsachen, Erkenntnisse oder Unterlagen, die im Zusammenhang mit dem technischen Betrieb oder der wirtschaftlichen Betätigung des Unternehmens stehen, nur einem eng begrenzten Personenkreis bekannt, also nicht offenkundig sind, nach dem bekundeten Willen des Arbeitgebers (Unternehmers) geheim gehalten werden sollen und deren Geheimhaltung, insbesondere vor Konkurrenten, für den Betrieb oder das Unternehmen wichtig ist (materielles Geheimnis)[1]. Außer dem Vorliegen eines materiellen Geheimnisses erfordert die Geheimhaltungspflicht nach § 79 BetrVG auch, daß der Arbeitgeber oder sein Repräsentant durch **ausdrückliche Erklärung** darauf hingewiesen hat, daß eine bestimmte Angelegenheit als Geschäfts- oder Betriebsgeheimnis zu betrachten und darüber Stillschweigen zu bewahren ist (**formelles Geheimnis**)[2]. Die Erklärung des Arbeitgebers bedarf keiner besonderen Form[3]. 454

Beispiele für Betriebs- und Geschäftsgeheimnisse: 455

Patente, Lizenzen, Arbeitnehmererfindungen, Fertigungsmethoden, Materialzusammensetzungen, Kundenlisten[4] *sowie Lohn- und Gehaltsdaten, da sie Teil der betriebswirtschaftlichen Kalkulation über Umsätze und Gewinnmöglichkeiten sind*[5].

Verpflichteter Personenkreis sind nach § 79 Abs. 1 Satz 1 BetrVG sämtliche Mitglieder des Betriebsrats sowie die Ersatzmitglieder. Die Schweigepflicht gilt ferner für die Mitglieder und Ersatzmitglieder des Gesamtbetriebsrats, des Konzernbetriebsrats, der Jugend- und Auszubildendenvertretung, der Gesamt-Jugend- und Auszubildendenvertretung, des Wirtschaftsausschusses, der Bordvertretung, des Seebetriebsrats, der gem. § 3 Abs. 1 Nr. 1 und 2 BetrVG gebildeten Vertretungen der Arbeitnehmer, der Einigungsstelle, der tariflichen Schlichtungsstelle und einer betrieblichen Beschwerdestelle sowie für die Vertreter von Gewerkschaften oder von Arbeitgebervereinigungen (§ 79 Abs. 2 BetrVG). 456

Die Geheimhaltungspflicht gilt nach § 79 Abs. 1 Satz 3 und 4 BetrVG nicht gegenüber anderen Mitgliedern des Betriebsrats; sie gilt ferner nicht gegenüber dem Gesamtbetriebsrat, dem Konzernbetriebsrat, der Bordvertretung, dem Seebetriebsrat und den Arbeitnehmervertretern im Aufsichtsrat sowie anderen 457

---

1 BAG v. 16. 3. 1982, BAGE 41, 21, 29; BAG v. 26. 2. 1987, BAGE 55, 96, 101 mwN; vgl. auch LAG Hamburg v. 24. 5. 1988, DB 1989, 1295; LAG Köln v. 18. 12. 1987, LAGE Nr. 1 zu § 611 – Betriebsgeheimnis.
2 *Fitting/Kaiser/Heither/Engels*, § 79 BetrVG Rz. 5; GK-BetrVG/*Wiese*, § 79 Rz. 11.
3 GK-BetrVG/*Wiese*, § 79 Rz. 12.
4 Vgl. *Schaub*, AR-Handbuch, § 222 VIII.1., S. 1826.
5 BAG v. 26. 2. 1987, BAGE 55, 96.

Betriebsverfassungsorganen im Verfahren vor der Einigungsstelle, der tariflichen Schlichtungsstelle oder einer betrieblichen Beschwerdestelle.

458 **Hinweis:**

Der Arbeitgeber kann vom Betriebsrat und von den einzelnen Betriebsratsmitgliedern die Unterlassung der Offenbarung und Verwertung von Betriebs- oder Geschäftsgeheimnissen im **Beschlußverfahren** verlangen[1]. Bei groben Verletzungen der Schweigepflicht kann der Arbeitgeber die Amtsenthebung von Betriebsratsmitgliedern nach § 23 Abs. 1 BetrVG beantragen[2]. Problematisch ist, ob bei unmittelbaren und groben Verstößen auch die Auflösung des Betriebsrats verlangt werden kann. Überwiegend wird davon ausgegangen, daß eine gerichtliche Auflösung des Betriebsrats dann in Betracht kommt, wenn der Betriebsrat in seiner Gesamtheit gegen die Geheimhaltungspflicht grob verstößt[3]. Liegt in der Verletzung der Schweigepflicht zugleich eine Verletzung der Arbeitsvertragspflicht, so kommt auch eine **außerordentliche Kündigung** des einzelnen Betriebsratsmitglieds in Betracht[4]. Eine Verletzung der Geheimhaltungspflicht kann auch **Schadensersatzansprüche** zugunsten des Arbeitgebers auslösen, da die Vorschrift des § 79 BetrVG ein Schutzgesetz iSd. § 823 Abs. 2 BGB ist[5].

459 Die vorsätzliche Verletzung der betriebsverfassungsrechtlichen Schweigepflicht ist nach § 120 Abs. 1 BetrVG **strafbewehrt**. Nach § 120 Abs. 5 Satz 1 BetrVG handelt es sich um ein Antragsdelikt, so daß die Taten nur auf Antrag des Verletzten verfolgt werden. Möglich ist darüber hinaus eine Bestrafung nach den §§ 17, 18, 20 UWG. Allerdings kann die Verschwiegenheitspflicht gegenüber höherrangigen Pflichten zurücktreten[6]. Ein Betriebsratsmitglied kann sich im Strafprozeß nicht unter Hinweis auf seine Geheimhaltungspflicht auf ein **Zeugnisverweigerungsrecht** nach § 53 Abs. 1 StPO berufen[7]. Im Zivilprozeß ist die Berufung auf ein Zeugnisverweigerungsrecht nach § 383 Abs. 1 Nr. 6 ZPO möglich[8].

---

1 BAG v. 26. 2. 1987, BAGE 55, 96 ff.
2 *Fitting/Kaiser/Heither/Engels*, § 79 BetrVG Rz. 39; *Buschmann*, in Däubler/Kittner/Klebe, § 79 BetrVG Rz. 34.
3 *Hess*, in Hess/Schlochauer/Glaubitz, § 79 BetrVG Rz. 15; *Fitting/Kaiser/Heither/Engels*, § 79 BetrVG Rz. 38; GK-BetrVG/*Wiese*, § 79 Rz. 36; vgl. auch BAG v. 26. 2. 1987, BAGE 55, 96, 100; BAG v. 14. 5. 1987, DB 1988, 2569, 2570.
4 *Buschmann*, in Däubler/Kittner/Klebe, § 79 BetrVG Rz. 35; *Hess*, in Hess/Schlochauer/Glaubitz, § 79 BetrVG Rz. 16; *Schaub*, AR-Handbuch, § 221 VIII.1., S. 1827; einschränkend GK-BetrVG/*Wiese*, Rz. 40.
5 Vgl. statt vieler GK-BetrVG/*Wiese*, § 79 Rz. 37.
6 *Schaub*, AR-Handbuch, § 221 VIII.1., S. 1827.
7 BVerfG v. 19. 1. 1979, NJW 1979, 1286; LG Darmstadt v. 3. 10. 1978, DB 1979, 111.
8 Antwort der Bundesregierung auf eine kleine Anfrage, vgl. DB 1979, 1278.

IV. Allgemeine Mitbestimmungsrechte/-pflichten Rz. 463 Teil 4 A

6. Gestaltung von Arbeitsplatz und -umgebung

a) Unterrichtungs- und Beratungsrecht (§ 90 BetrVG)

Die Beteiligung des Betriebsrats nach § 90 Abs. 1 BetrVG erfolgt durch **rechtzeitige Unterrichtung** über die Planung von Neu-, Um- und Erweiterungsbauten von Fabrikations-, Verwaltungs- und sonstigen betrieblichen Räumen (Abs. 1 Nr. 1), von technischen Anlagen (Abs. 1 Nr. 2), von Arbeitsverfahren und Arbeitsabläufen (Abs. 1 Nr. 3) oder der Arbeitsplätze (Abs. 1 Nr. 4). 460

§ 90 BetrVG regelt die Beteiligung des Betriebsrats bei der Planung künftiger Änderungen, gewährt ihm also ein Recht auf Unterrichtung und **Beratung im Planungsstadium**[1]. 461

aa) Baumaßnahmen

Nach § 90 Abs. 1 Nr. 1 BetrVG ist der Betriebsrat über die Planung aller Baumaßnahmen an den in dieser Vorschrift aufgeführten Räumen zu unterrichten. Der Begriff der Umbauten ist hierbei weit zu ziehen[2]. Reparaturarbeiten oder Renovierungsmaßnahmen fallen gleichwohl nicht unter § 90 Abs. 1 Nr. 1 BetrVG, auch wenn sie mit geringfügigen baulichen Änderungen verbunden sind[3]. Nicht beteiligungspflichtig sind auch reine Abbrucharbeiten[4]. Dem Umfang nach erstreckt sich § 90 Abs. 1 Nr. 1 BetrVG auf **alle umbauten Räume, die den betrieblichen Zwecken dienen** und in denen sich, wenn auch nur vorübergehend, Arbeitnehmer aufhalten[5]. Daher unterfallen der Vorschrift nicht nur die eigentlichen Produktions-, Verkaufs-, Lager- und Büroräume, sondern auch sonstige betriebliche Räume, insbesondere Sozialräume, wie Aufenthaltsräume, Kantinen, Dusch- und Baderäume bzw. Waschkauen, Toiletten uam.[6]. Nicht in den Anwendungsbereich des § 90 Abs. 1 Nr. 1 BetrVG fallen Park- oder Sportplätze und Grünanlagen[7]. 462

bb) Technische Anlagen

Zu den technischen Anlagen iSd. § 90 Abs. 1 Nr. 2 BetrVG gehören **sämtliche technische Einrichtungen im Fabrikations- und Verwaltungsbereich;** dies sind namentlich Montagebänder, Maschinen, Produktionsanlagen, Kräne, Transportmittel, Silos, Tankanlagen uam.[8]. Technische Anlagen im Sinne der Vorschrift sind auch Computeranlagen und Computersysteme sowie Bildschirm- 463

---

1 Vgl. GK-BetrVG/*Wiese*, § 90 Rz. 1.
2 MünchArbR/*Matthes*, § 337 Rz. 5.
3 Vgl. *Schaub*, AR-Handbuch, § 237 II.1.a, S. 1942; MünchArbR/*Matthes*, § 337 Rz. 5.
4 Fitting/Kaiser/Heither/Engels, § 90 BetrVG Rz. 11.
5 MünchArbR/*Matthes*, § 337 Rz. 4.
6 GK-BetrVG/*Wiese*, § 90 Rz. 8; *Schaub*, AR-Handbuch, § 237 II.1. a, S. 1942.
7 MünchArbR/*Matthes*, § 337 Rz. 4.
8 Vgl. die umfangreiche Auflistung bei MünchArbR/*Matthes*, § 337 Rz. 6; vgl. ferner GK-BetrVG/*Wiese*, § 90 Rz. 12 f.

und Datensichtgeräte[1]. Auch die beabsichtigte Umstellung der Lohn- und Gehaltsabrechnung von Offline- auf Online-Betrieb stellt die Planung einer technischen Anlage iSv. § 90 Abs. 1 Nr. 2 BetrVG dar[2].

464 Bloßes Handwerkszeug und Büromöbel sind keine technischen Anlagen[3]. Auch die reine Reparatur der Ersatzbeschaffung von technischen Anlagen fällt nicht in den Anwendungsbereich der Vorschrift, soweit es hierdurch nicht zu andersartigen Auswirkungen auf die Arbeitsbedingungen kommt[4].

cc) Arbeitsverfahren und Arbeitsabläufe

465 Die Planung des Arbeitsablaufes betrifft die **Gestaltung des Arbeitsprozesses nach Ort, Zeit und Art.** Die Planung des Arbeitsverfahrens betrifft die **Fabrikationsmethoden,** also die Frage, mit welchen Maschinen, Stoffen und Materialien die Arbeit zu bewältigen ist. Der Begriff des Arbeitsverfahrens ist weitgehend identisch mit dem der Fabrikationsmethoden in § 106 Abs. 3 Nr. 5 BetrVG[5]. Angesichts neuer Erscheinungsformen, wie etwa Job-sharing, Bedarfsarbeit (KAPOVAZ), Just-in-time, flexibles Arbeitszeitsystem, Telearbeit, Lean-Production usw. hat die Unterrichtungspflicht nach § 90 Abs. 1 Nr. 3 BetrVG im Hinblick auf den Aspekt Arbeitsablauf in jüngerer Zeit zunehmend an Bedeutung gewonnen[6].

dd) Arbeitsplätze

466 Die Planung der Arbeitsplätze betrifft die **Ausgestaltung der einzelnen Arbeitsplätze,** also die räumliche Unterbringung, die Ausstattung mit Geräten und Einrichtungsgegenständen, die Beleuchtung, Belüftung, Beheizung uam.[7]. Der Begriff des Arbeitsplatzes ist sowohl räumlich als auch funktional zu verstehen[8].

---

1 *Fitting/Kaiser/Heither/Engels,* § 90 BetrVG Rz. 12; MünchArbR/*Matthes,* § 337 Rz. 6; *Klebe,* in Däubler/Kittner/Klebe, § 90 BetrVG Rz. 9; vgl. im übrigen zur Einführung einer neuen EDV-Anlage OLG Stuttgart v. 22. 11. 1984, ArbuR 1985, 283 sowie zur Installation von Bildschirmarbeitsplätzen BAG v. 6. 12. 1983, BB 1984, 850 ff.
2 LAG Hamburg v. 20. 6. 1985, BB 1985, 2111; die gegen dieses Urteil ergangene Rechtsbeschwerdeentscheidung des BAG v. 17. 3. 1987, BB 1987, 1806, stützt den Anspruch des Betriebsrats allerdings auf § 80 Abs. 2 Satz 1 BetrVG.
3 Zutreffend GK-BetrVG/*Wiese,* § 90 BetrVG Rz. 12 MünchArbR/*Matthes,* § 337 Rz. 6; *Richardi,* § 90 BetrVG Rz. 11; aA *Schlochauer,* in Hess/Schochauer/Glaubitz, § 90 BetrVG Rz. 6.
4 GK-BetrVG/*Wiese,* § 90 Rz. 14.
5 *Schaub,* AR-Handbuch, § 237 II.1.c, S. 1942; *Fitting/Kaiser/Heither/Engels,* § 90 BetrVG Rz. 13.
6 Vgl. hierzu auch GK-BetrVG/*Wiese,* § 90 Rz. 16.
7 MünchArbR/*Matthes,* § 337 Rz. 10.
8 LAG Frankfurt v. 11. 9. 1991, LAGE Nr. 32 zu § 90 BetrVG 1972; eingehend GK-BetrVG/*Wiese,* § 90 Rz. 19.

b) Zeitpunkt und Inhalt

Der Betriebsrat ist über die Planung der Maßnahmen zu unterrichten. Im Rahmen der **Unterrichtung** sind dem Betriebsrat auch die entsprechenden schriftlichen Unterlagen und Zeichnungen vorzulegen, soweit dies zur Darlegung der Planungen notwendig ist; die Unterlagen sind allerdings erst dann vorzulegen, wenn der Arbeitgeber eine Maßnahme ergreift oder plant, die Beteiligungsrechte des Betriebsrats auslöst[1]. 467

Nach § 90 Abs. 2 Satz 1 BetrVG hat der Arbeitgeber mit dem Betriebsrat die vorgesehenen Maßnahmen und ihre Auswirkungen auf die Arbeitnehmer, insbesondere auf die Art ihrer Arbeit sowie die sich daraus ergebenden Anforderungen an die Arbeitnehmer so rechtzeitig zu **beraten**, daß Vorschläge und Bedenken des Betriebsrates bei der Planung berücksichtigt werden können. Dabei sollen auch die gesicherten arbeitswissenschaftlichen Erkenntnisse über die menschengerechte Gestaltung der Arbeit berücksichtigt werden (§ 90 Abs. 2 Satz 2 BetrVG). Durch die Berücksichtigung gesicherter arbeitswissenschaftlicher Erkenntnisse über die menschengerechte Gestaltung der Arbeit soll erreicht werden, daß die Arbeit den Bedürfnissen und Möglichkeiten des arbeitenden Menschen entsprechend gestaltet wird[2]. Gemeint sind arbeitswissenschaftliche Erkenntnisse über die zweckmäßige Gestaltung von Arbeitsplatz, Arbeitsablauf, die Arbeitsmedizin, Arbeitsphysiologie und -psychologie sowie Arbeitssoziologie und Arbeitspädagogik[3]. 468

Wegen des Zwecks dieses Beteiligungsrechts kann sich der Arbeitgeber gegenüber dem Betriebsrat nur durch eine Person vertreten lassen, die im Hinblick auf die geplante Maßnahme über die notwendige Fachkompetenz verfügt, da nur so gewährleistet ist, daß das mit der Unterrichtung und Beratung verfolgte Ziel erreicht wird[4]. Es ist nicht erforderlich, daß der **Vertreter des Arbeitgebers** neben der erforderlichen Fachkompetenz stets auch die organisatorische Kompetenz hat, die vom Betriebsrat vorgetragenen Erwägungen unmittelbar in den Entscheidungsprozeß einzubringen und umzusetzen[5]. 469

> **Hinweis:** 470
> Nach herrschender Meinung gilt das in § 90 BetrVG geregelte Unterrichtungs- und Beratungsrecht des Betriebsrats auch in Tendenzunternehmen/-betrieben uneingeschränkt[6].

---

1 BAG v. 27. 6. 1989, NZA 1989, 929.
2 GK-BetrVG/*Wiese*, § 90 Rz. 34.
3 Vgl. die zahlreichen Nachweise bei GK-BetrVG/*Wiese*, § 90 Rz. 35.
4 BAG v.11. 12. 1991, BB 1992, 1351, 1352.
5 BAG v.11. 12. 1991, BB 1992, 1351, 1352.
6 Fitting/Kaiser/Heither/Engels, § 118 BetrVG Rz. 33; GK-BetrVG/*Fabricius*, § 118 Rz. 615; *Blanke*, in Kittner/Däubler/Klebe, § 118 BetrVG Rz. 84, unter Hinweise auf LAG Hamburg v. 2. 12. 1976 – 1 Ta BV 5/75, n.v.

c) Folgen der nicht rechtzeitigen Unterrichtung

471 Eine nicht rechtzeitige Unterrichtung des Betriebsrats durch den Arbeitgeber führt nicht zur Unwirksamkeit der Maßnahmen, was gleichermaßen für eine unwahre oder unvollständige Auskunftserteilungen gilt. Allerdings handelt es sich hierbei um eine Ordnungswidrigkeit nach § 121 BetrVG, die mit einer Geldbuße bis zu 20 000 DM geahndet werden kann. Kommt es zum Streit darüber, ob eine mitwirkungspflichtige Maßnahme vorliegt, so entscheidet das Arbeitsgericht im **Beschlußverfahren.** Der Betriebsrat kann seinen Anspruch auf Unterrichtung und Beratung auch durch eine einstweilige Verfügung geltend machen[1]. Zum Teil wird die Auffassung vertreten, der Betriebsrat könne darüber hinaus das Beratungsrecht sichern, indem er die vom Arbeitgeber beabsichtigten Maßnahmen durch eine **einstweilige Verfügung** stoppen läßt[2]. Dies wird zu Recht abgelehnt, da durch eine solche einstweilige Verfügung dem Betriebsrat im vorläufigen Rechtsschutzverfahren mehr Rechte eingeräumt werden, als ihm in der Hauptsache (Unterrichtung und Beratung) zustehen[3].

472 Nach Auffassung des Arbeitsgerichts Frankfurt soll die mehrfache nicht rechtzeitige Unterrichtung über beabsichtigte Umbaumaßnahmen nach § 90 BetrVG einen groben Verstoß des Arbeitgebers gegen seine Verpflichtung aus dem BetrVG darstellen, der einen Unterlassungsanspruch des Betriebsrats gegen den Arbeitgeber des Inhalts begründet, künftig Planungen nicht ohne Beratung mit dem Betriebsrat vorzunehmen[4]. Bei wiederholten und groben Verletzungen steht es dem Betriebsrat auch frei, Maßnahmen nach § 23 Abs. 3 BetrVG einzuleiten[5].

d) Mitbestimmung bei besonderer Belastung (§ 91 BetrVG)

473 Werden die Arbeitnehmer durch Änderung der Arbeitsplätze, des Arbeitsablaufs oder der Arbeitsumgebung, die den gesicherten arbeitswissenschaftlichen Erkenntnissen über die menschengerechte Gestaltung der Arbeit offensichtlich widersprechen, in besonderer Weise belastet, kann der Betriebsrat nach § 91 Satz 1 BetrVG angemessene Maßnahmen zur Abwendung, Milderung oder zum Ausgleich der Belastung verlangen. § 91 BetrVG ergänzt das Unterrichtungs- und Beratungsrecht des Betriebsrats nach § 90 BetrVG durch ein **erzwingbares** korrigierendes **Mitbestimmungsrecht**[6] und begründet somit ein **Initiativrecht**[7].

---

1 *Schaub*, AR-Handbuch, § 237 II.5, S. 1944; *Fitting/Kaiser/Heither/Engels*, § 90 BetrVG Rz. 19.
2 LAG Frankfurt v. 21. 9. 1982, DB 1983, 613; vgl. auch LAG Frankfurt v. 30. 8. 1984, BB 1985, 659; vgl. ferner LAG Hamburg v. 8. 6. 1983, DB 1983, 2369, zur Zulässigkeit einer einstweiligen Verfügung auf Unterlassung von Kündigungen zur Sicherung der Beteiligungsrechte des Betriebsrates betreffend Herbeiführung eines Interessenausgleichs; *Klebe*, in Däubler/Kittner/Klebe, § 90 BetrVG Rz. 37.
3 *Fitting/Kaiser/Heither/Engels*, § 90 BetrVG Rz. 19; GK-BetrVG/*Wiese*, § 90 Rz. 37.
4 ArbG Frankfurt v. 11. 11. 1993, ArbuR 1994, 201, n.rkr.
5 Vgl. LAG Frankfurt v. 3. 11. 1992, BB 1993, 1948.
6 BAG v. 6. 12. 1983, BB 1984, 850, 851.
7 *Fitting/Kaiser/Heither/Engels*, § 91 BetrVG Rz. 1.

IV. Allgemeine Mitbestimmungsrechte/-pflichten

Unter **besonderen Belastungen** iSd. § 91 Satz 1 BetrVG sind erhebliche typisiert-negative Belastungen zu verstehen, die das Maß zumutbarer Belastungen und Beanspruchungen des arbeitenden Menschen übersteigen.

Beispiele:
Lärm, Vibrationen, Nässe, Gase, Dämpfe, Hitze, Kälte, Lichtmangel, Blendung uam.[1]

474

Entscheidend ist hierbei ein **objektiver,** nicht ein subjektiver **Maßstab**[2]. Nach dem Wortlaut des § 91 Satz 1 BetrVG, der auf „besondere Belastungen" des Arbeitnehmers anstellt, reichen nur vorübergehende Belastungen nicht aus[3]. Ein offensichtlicher Widerspruch zur menschengerechten Gestaltung der Arbeit liegt vor, wenn für den Fachmann, der mit dem konkreten Lebenssachverhalt und der arbeitswissenschaftlichen Fragestellung vertraut ist, der Widerspruch ohne weiteres erkennbar ist[4].

475

Durch das Mitbestimmungsrecht nach § 91 BetrVG kann nur die Korrektur von Zuständen an ganz **konkreten Arbeitsplätzen** erreicht werden, nicht aber generell eine menschengerechte Gestaltung der Arbeitsplätze und Arbeitsabläufe[5]. Das Mitbestimmungsrecht des Betriebsrats nach § 91 BetrVG greift auch nur dann, wenn die dort genannte besondere Belastung der Arbeitnehmer auf einer **Änderung** beruht, es erstreckt sich indessen nicht auf die Fälle, in denen schon bestehende Verhältnisse den gesicherten arbeitswissenschaftlichen Erkenntnissen über die menschengerechte Gestaltung der Arbeit offensichtlich widersprechen[6].

476

Liegen die Voraussetzungen des § 91 Satz 1 BetrVG vor, so kann der Betriebsrat angemessene **Maßnahmen zur Abwendung, Milderung oder zum Ausgleich** der konkret bestehenden Belastungen verlangen. Es muß sich hierbei um Maßnahmen handeln, die einerseits geeignet sind, eine Änderung zu bewirken, andererseits aber auch für den Arbeitgeber wirtschaftlich vertretbar sind[7]. Die Maßnahmen müssen arbeitsschutzrechtlich zulässig sein.

477

Hinsichtlich der korrigierenden Maßnahmen sieht das Gesetz eine Rangfolge vor (Abwendung, Milderung oder Ausgleich der Belastung). In erster Linie soll erreicht werden, daß die besondere Belastung beseitigt wird. Ist dies nicht möglich, soll sie **zumindest** abgemildert werden. Erst wenn sich dies als unmöglich erweist, soll ein Ausgleich für die besondere Belastung gewährt werden[8]. **Maßnahmen zur Milderung** sind beispielsweise die Bereitstellung von

478

---

[1] Fitting/Kaiser/Heither/Engels, § 91 BetrVG Rz. 3.
[2] GK-BetrVG/Wiese, § 91 Rz. 15.
[3] Fitting/Kaiser/Heither/Engels, § 91 BetrVG Rz. 3; Richardi, § 91 BetrVG Rz. 11; Schlochauer, in Hess/Schlochauer/Glaubitz, § 91 BetrVG Rz. 8, aA GK-BetrVG/Wiese, § 91 Rz. 11 a; Klebe, in Däubler/Kittner/Klebe, § 91 BetrVG Rz. 17.
[4] Klebe, in Däubler/Kittner/Klebe, § 91 BetrVG Rz. 14.
[5] BAG v. 6. 12. 1983, BB 1984, 850, 851.
[6] BAG v. 28. 7. 1981, BB 1982, 493.
[7] GK-BetrVG/Wiese, § 91 Rz. 24; Richardi, § 91 BetrVG Rz. 15.
[8] MünchArbR/Matthes, § 337 Rz. 41.

Hilfs- und Schutzmitteln, die Bereitstellung besonderer Arbeitskleidung, die Verringerung der Arbeitsgeschwindigkeit, Arbeitsunterbrechungen usw.[1]. Als **Maßnahmen zum Ausgleich** von nicht abwendbaren Belastungen kommen zusätzliche Leistungen in Form etwa von Getränken, Verpflegung, Reinigungsmitteln uam. in Betracht[2]. Umstritten ist hierbei, ob § 91 Satz 1 BetrVG auch einen Ausgleich in Form der Gewährung von Zulagen umfaßt[3]. Richtigerweise wird man auch dann finanzielle Zuwendungen als Ausgleich in Betracht zu ziehen haben, wenn andere Ausgleichsmaßnahmen nicht möglich oder wirtschaftlich nicht vertretbar sind[4].

479 Können sich Arbeitgeber und Betriebsrat nicht über angemessene Maßnahmen zur Abwendung, Milderung oder zum Ausgleich der Belastung einigen, so entscheidet auf Antrag des Arbeitgebers oder des Betriebsrats nach § 91 Satz 2 BetrVG die **Einigungsstelle**. Gemäß § 91 Satz 3 BetrVG ersetzt der Spruch der Einigungsstelle die Einigung zwischen Arbeitgeber und Betriebsrat. Werden durch den Spruch der Einigungsstelle Ansprüche der einzelnen Arbeitnehmer begründet, so haben diese einen im Urteilsverfahren einklagbaren Anspruch auf Gewährung und Durchführung der Maßnahme; bei Gefahr einer erheblichen Gesundheitsgefährdung besteht ein Zurückbehaltungsrecht des Arbeitnehmers[5]. Ungeachtet des „korrigierenden" Mitbestimmungsrechts des Betriebsrats nach § 91 BetrVG ist der Arbeitgeber seinen Arbeitnehmern auch aus seiner Fürsorgepflicht verpflichtet, die Arbeit menschengerecht zu gestalten[6].

V. Mitbestimmung in sozialen Angelegenheiten

1. Voraussetzungen

480 Nach § 87 Abs. 1 BetrVG hat der Betriebsrat in den dort genannten sozialen Angelegenheiten mitzubestimmen. Allgemein wird davon ausgegangen, daß der Katalog des § 87 Abs. 1 BetrVG **erweiterungsfähig** ist. Dies soll sowohl im Hinblick auf die Erweiterung durch Tarifvertrag als auch durch die Betriebsvereinbarung gelten[7].

---

1 MünchArbR/*Matthes*, § 337 Rz. 43.
2 GK-BetrVG/*Wiese*, § 91, Rz. 29.
3 Dafür zB *Fitting/Kaiser/Heither/Engels*, § 91 BetrVG Rz. 14; MünchArbR/*Matthes*, § 337 Rz. 44; dagegen etwa *Schlochauer*, in Hess/Schlochauer/Glaubitz, § 91 BetrVG Rz. 12; *Klebe*, in Däubler/Kittner/Klebe, § 91 BetrVG Rz. 21.
4 Zutreffend GK-BetrVG/*Wiese*, § 91 Rz. 29; vgl. auch MünchArbR/*Matthes*, § 337 Rz. 44: Der Anspruch auf eine menschengerechte Gestaltung der Arbeit soll grundsätzlich nicht abgekauft werden können.
5 *Fitting/Kaiser/Heither/Engels*, § 91 BetrVG Rz. 16; GK-BetrVG/*Wiese*, § 91 Rz. 32; vgl. auch BAG v. 2. 2. 1994, BB 1994, 1011, zum Zurückbehaltungsrecht des Arbeitnehmers bei Arbeit an einem asbestbelasteten Arbeitsplatz.
6 MünchArbR/*Matthes*, § 337 Rz. 46.
7 Vgl. nur GK-BetrVG/*Wiese*, § 87 Rz. 10 und 11; BAG v. 18. 8. 1987, BAGE 56, 18; BAG v. 10. 2. 1988, BAGE 57, 317; BAG v. 9. 5. 1995, DB 1995, 2610.

V. Mitbestimmung in sozialen Angelegenheiten

§ 87 BetrVG beinhaltet das sogenannte **positive Konsensprinzip**. Das bedeutet, daß hier das Mitbestimmungsrecht des Betriebsrats in seiner stärksten Form vorliegt. Gegen den Willen des Betriebsrats kann der Arbeitgeber keine Entscheidung allein fällen. Bei Streitigkeiten der Betriebsparteien ist die Einigungsstelle zur Entscheidung anzurufen (§ 87 Abs. 2 BetrVG). Deren Entscheidung ersetzt die Einigung der Betriebspartner (§ 87 Abs. 2 Satz 2 BetrVG). Man spricht in diesem Zusammenhang auch von der **erzwingbaren Mitbestimmung**. Das positive Konsensprinzip bedeutet insbesondere, daß der Arbeitgeber in einer nach § 87 Abs. 1 BetrVG mitbestimmungspflichtigen Angelegenheit vor Durchführung einer geplanten Maßnahme an den Betriebsrat herantreten und dessen Zustimmung einholen muß. Geschieht dies nicht und gibt der Betriebsrat von sich aus keine Stellungnahme zu der vom Arbeitgeber geplanten Maßnahme ab, so kann das Verhalten des Betriebsrats, also sein Schweigen, nicht als Zustimmung zu der beabsichtigten Maßnahme des Arbeitgebers gewertet werden[1]. Anderenfalls würde nach Auffassung des BAG das Mitbestimmungsrecht des Betriebsrates im Ergebnis in ein reines Vetorecht verkehrt[2].

481

a) Persönlicher Geltungsbereich

Das Mitbestimmungsrecht des Betriebsrats erstreckt sich auf alle **Arbeitnehmer** des Betriebes, mit Ausnahme der **leitenden Angestellten**, die nicht vom Betriebsrat vertreten werden. Das Mitbestimmungsrecht kann sich auch auf **Leiharbeitnehmer** erstrecken. Dies ist dann der Fall, wenn aufgrund des Normzwecks einerseits und des Direktionsrechts des Arbeitgebers des Entleiherbetriebs andererseits eine betriebsverfassungsrechtliche Zuordnung der Leiharbeitnehmer auch zum Entleiherbetrieb erforderlich ist, weil sonst die Schutzfunktion des Betriebsverfassungsrechts außer Kraft gesetzt würde[3].

482

b) Kollektivmaßnahme

§ 87 Abs. 1 BetrVG unterwirft nur ausnahmsweise, nämlich in Nr. 5 und Nr. 9, auch Individualtatbestände dem Mitbestimmungsrecht. Umstritten ist daher, ob das Mitbestimmungsrecht im übrigen nur kollektive Angelegenheiten betrifft oder nicht. Nach dem Bericht des BT-Ausschusses für Arbeit und Sozialordnung für das BetrVG 1972 hat man an der früher vorherrschenden Meinung festgehalten, wonach sich „die Mitbestimmung des Betriebsrats grundsätzlich nur auf generelle Tatbestände und nicht auf die Regelung von Einzelfällen beziehe"[4]. Gleichwohl ist bislang nicht abschließend geklärt, ob grundsätzlich von einer Beschränkung des Mitbestimmungsrechts auf **kollektive Tatbestände** auszugehen ist und nach welchen Kriterien Kollektiv- und Individualtatbestände voneinander abzugrenzen sind. Richtigerweise sind nur kollektive Tatbe-

483

---

1 BAG v. 10. 11. 1992, BAGE 71, 327, gegen LAG Düsseldorf v. 26. 2. 1992, LAGE Nr. 1 zu § 87 BetrVG 1972; das LAG Düsseldorf hält allerdings an dieser Auffassung fest, vgl. das Urteil v. 13. 10. 1994, BB 1995, 465.
2 BAG v. 10. 11. 1992, BAGE 71, 327, 335.
3 BAG v. 15. 12. 1992, BAGE 72, 107, 114.
4 Vgl. BT-Drucks. VI/2729, 4.

stände mitbestimmungspflichtig, soweit nicht im Wege der Auslegung dem Katalog des § 87 Abs. 1 BetrVG eine Mitbestimmung in Einzelfällen zu entnehmen ist[1]. Die Rechtsprechung stellt zwar auch regelmäßig auf den **kollektiven Bezug** einer Angelegenheit ab[2]. Zum Teil formuliert das BAG die Abgrenzung zwischen Kollektiv- und Individualmaßnahmen aber wenig präzise, wenn beispielsweise darauf abgestellt wird, ob auch kollektive Interessen der Arbeitnehmer eines Betriebs berührt werden[3]. Vereinbarungen, die den individuellen Besonderheiten einzelner Arbeitsverhältnisse Rechnung tragen und deren Auswirkungen sich auf das Arbeitsverhältnis des betroffenen Arbeitnehmers beschränken, sind aber in jedem Fall mitbestimmungsfrei[4].

484
> **Hinweis:**
> Auf die Anzahl der betroffenen Arbeitnehmer kommt es nicht an; ein Mitbestimmungsrecht besteht auch, wenn der Arbeitgeber nur für einen Arbeitnehmer Überstunden anordnen will, weil damit eine Regelungsfrage tangiert wird, die kollektive Interessen der Arbeitnehmer betrifft[5].

c) Gesetzes-/Tarifvorrang

aa) § 87 Abs. 1 Satz 1 BetrVG

485 Das Mitbestimmungsrecht steht gemäß § 87 Abs. 1 Satz 1 1. Halbs. BetrVG unter dem Vorbehalt einer höheren Rechtsnorm. Der Betriebsrat hat also in den in § 87 Abs. 1 BetrVG katalogartig aufgeführten Angelegenheiten nur ein Mitbestimmungsrecht, soweit eine gesetzliche oder tarifliche Regelung nicht besteht.

(1) Gesetzliche Regelung

486 Als Gesetz in diesem Sinne ist nicht nur jedes **formelle Gesetz** anzusehen, sondern jede **materielle Rechtsnorm,** also beispielsweise auch Satzungsrecht öffentlicher Körperschaften und Anstalten[6]. Dem Gesetzesrecht stehen ferner gleich **Verwaltungsakte** und **bindende behördliche Anordnungen,** aufgrund de-

---

1 GK-BetrVG/*Wiese,* § 87, Rz. 20; MünchArbR/*Matthes,* § 324, Rz. 24; *Schaub,* AR-Handbuch, § 235 I.3., S. 1908; *Fitting/Kaiser/Heither/Engels,* § 87 BetrVG Rz. 11; *Stege/Weinspach,* § 87 BetrVG Rz. 16; gegen eine Beschränkung auf kollektive Angelegenheiten: *Richardi,* § 87 BetrVG Rz. 17; *Klebe,* in Däubler/Kittner/Klebe, § 87 BetrVG Rz. 16.
2 ZB BAG v. 21. 12. 1982, BB 1983, 503; BAG v. 27. 11. 1990, BB 1991, 548; BAG v. 3. 12. 1991, BAGE 69, 134, 161; BAG v. 27. 6. 1995, BuW 1996, 338.
3 BAG v. 18. 4. 1985, NZA 1985, 783, 785.
4 BAG v. 21. 12. 1982, BB 1983, 503; BAG v. 10. 6. 1986, NZA 1986, 840, 841; BAG v. 27. 11. 1990, NZA 1991, 382, 383; BAG v. 3. 12. 1991, BAGE 69, 134, 163; BAG v. 22. 9. 1992, NZA 1993, 569.
5 BAG v. 10. 6. 1986, BAGE 52, 160.
6 Vgl. BAG v. 25. 5. 1982, DB 1982, 2712.

V. Mitbestimmung in sozialen Angelegenheiten

rer der Arbeitgeber verpflichtet ist, eine bestimmte Maßnahme vorzunehmen[1]. Umstritten ist, ob auch das sogenannte **gesetzesvertretende Richterrecht** einer zwingenden gesetzlichen Regelung iSd. § 87 BetrVG gleichzusetzen ist[2]. Richtigerweise wird man auch das gesetzesvertretende Richterrecht einer gesetzlichen Regelung iSd. § 87 Abs. 1 BetrVG gleichzustellen haben. Es wäre nämlich mit der Rechtsordnung nicht vereinbar, wenn Arbeitgeber und Betriebsrat Grundsatzentscheidungen der höchsten Gerichte ignorieren könnten[3].

(2) Tarifvorbehalt

Das Mitbestimmungsrecht besteht gleichermaßen nicht, wenn ein **Tarifvertrag** die mitbestimmungspflichtige Angelegenheit **zwingend** und **abschließend** regelt und dadurch das einseitige Bestimmungsrecht des Arbeitgebers beseitigt ist[4]. Eine zwingende und abschließende Regelung fehlt bei einer vom Arbeitgeber gezahlten **freiwilligen Zulage** zum Tariflohn, da der Tarifvertrag nur die Mindestentlohnung, also nicht die mitbestimmungspflichtige Angelegenheit abschließend regelt[5]. 487

Voraussetzung ist, daß der Tarifvertrag noch in Kraft ist. Ein lediglich **nachwirkender Tarifvertrag** schließt Mitbestimmungsrechte des Betriebsrats nach § 87 Abs. 1 BetrVG nicht aus[6]. Besteht eine tarifliche Regelung nicht mehr, so lebt das erzwingbare Mitbestimmungsrecht des Betriebsrats wieder auf[7]. 488

Der Tarifvertrag muß darüber hinaus für den betreffenden Betrieb gelten. Es genügt, wenn der **Arbeitgeber tarifgebunden** ist. Daß auch die Arbeitnehmer des Betriebes tarifgebunden sind, ist nicht erforderlich, da die Arbeitnehmer den Schutz der tariflichen Regelung jederzeit durch Beitritt zur vertragsschließenden Gewerkschaft erlangen können[8]. 489

bb) § 77 Abs. 3 BetrVG

Soweit ein Tarifvertrag eine Angelegenheit iSd. § 87 BetrVG regelt, bedarf es keines weiteren Schutzes durch eine erzwingbare Mitbestimmung. Dies 490

---

1 BAG v. 26. 5. 1988, DB 1988, 2055; BAG v. 9. 7. 1991, NZA 1992, 126 zur Auflagenerteilung der Genehmigungsbehörde gegenüber dem Betreiber einer kerntechnischen Anlage.
2 Dafür GK-BetrVG/*Wiese*, § 87, Rz. 53; *Richardi*, § 87 BetrVG Rz. 145; MünchArbR/*Matthes*, § 324 Rz. 13; *Glaubitz*, in Hess/Schlochauer/Glaubitz, § 87 BetrVG Rz. 47; *Ziegler*, NZA 1987, 224, 226; dagegen *Fitting/Kaiser/Heither/Engels*, § 87 BetrVG Rz. 25; *Klebe*, in Däubler/Kittner/Klebe, § 87 BetrVG Rz. 26.
3 Zutreffend *Glaubitz*, in Hess/Schlochauer/Glaubitz, § 87 BetrVG Rz. 47.
4 BAG v. 14. 12. 1993, NZA 1994, 809; BAG (GS) v. 3. 12. 1991, BAGE 69, 134; BAG v. 18. 4. 1989, DB 1989, 1676.
5 BAG v. 17. 12. 1985, BB 1986, 734; BAG (GS) v. 3. 12. 1991, BAGE 69, 134, 170.
6 BAG v. 14. 2. 1989, AP Nr. 8 zu § 97 BetrVG 1972; BAG v. 24. 2. 1987, BAGE 54, 191; BAG v. 13. 7. 1977, BB 1977, 1702.
7 *Schaub*, AR-Handbuch, § 235 V.2.a, S. 1938.
8 BAG v. 24. 2. 1987, BAGE 54, 191, 207 f.; BAG v. 30. 1. 1990, BAGE 64, 94, 98; BAG v. 10. 8. 1993, AP Nr. 12 zu § 87 BetrVG 1972 – Auszahlung.

schließt es aber nicht aus, durch **freiwillige Vereinbarungen** (§ 88 BetrVG) auf betrieblicher Ebene weitere Regelungen zu treffen[1]. Insoweit ist jedoch § 77 Abs. 3 BetrVG zu beachten. Danach ist eine Betriebsvereinbarung ausgeschlossen, soweit Arbeitsbedingungen und Arbeitsentgelte durch Tarifvertrag geregelt sind oder üblicherweise geregelt werden.

491 Die den Tarifpartnern gem. § 77 Abs. 3 BetrVG eingeräumte Vorrangkompetenz vor den Betriebspartnern dient der Absicherung der in Art. 9 Abs. 3 GG verfassungsrechtlich gewährleisteten **Tarifautonomie**. Da das Gesetz eine bestehende tarifliche Regelung oder Tarifüblichkeit verlangt, soll die ausgeübte, aktualisierte Tarifautonomie gesichert werden. Wenn die Tarifpartner bestimmte Fragen nicht regeln oder ausdrücklich auf eine Regelung verzichten, wird die Tarifautonomie durch betriebliche Vereinbarungen nicht tangiert. Sowohl der Verzicht als auch das „Nichtregeln" der Tarifpartner stellt keine Regelung von Arbeitsbedingungen iSd. § 77 Abs. 3 BetrVG dar und vermag somit die Sperrwirkung nicht auszulösen[2].

492 § 77 Abs. 3 BetrVG gilt nur für die Arbeitsbedingungen, die **tariflich geregelt** sind oder üblicherweise geregelt werden. Anders ausgedrückt löst nur eine tarifliche Regelung eine Sperrwirkung aus, nicht dagegen eine gesetzliche[3]. Die Sperrwirkung setzt nach überwiegender Meinung nicht voraus, daß der Arbeitgeber tarifgebunden ist[4].

493 Umstritten ist nach wie vor die Frage, ob das Mitbestimmungsrecht nach § 87 Abs. 1 Nr. 10 BetrVG außer durch den Gesetzes- und Tarifvorrang des § 87 Abs. 1 Eingangssatz BetrVG auch bei Vorliegen der Voraussetzungen des § 77 Abs. 3 BetrVG ausgeschlossen wird (**Zwei-Schranken-Theorie**)[5]. Der Große Senat des BAG hat sich den Vertretern der sogenannten **Vorrang-Theorie** angeschlossen[6]. Danach steht der Tarifvorbehalt des § 77 Abs. 3 BetrVG einem Mitbestimmungsrecht nach § 87 Abs. 1 BetrVG nicht entgegen[7], da § 87 BetrVG die speziellere Vorschrift gegenüber § 77 Abs. 3 BetrVG ist[8].

494 Bereits in früheren Entscheidungen hat sich das **BAG** zugunsten der Vorrangtheorie entschieden, hauptsächlich mit dem Argument, es könne nicht richtig sein, den Schutz der Arbeitnehmer durch die Mitbestimmungsrechte des § 87

---

1 *Fitting/Kaiser/Heither/Engels*, § 87 BetrVG Rz. 32.
2 BAG v. 22. 1. 1980, BAGE 32, 350; BAG v. 1. 12. 1992, NZA 1993, 613.
3 *Fitting/Kaiser/Heither/Engels*, § 77 BetrVG Rz. 66.
4 *Fitting/Kaiser/Heither/Engels*, § 77 BetrVG Rz. 68; *Richardi*, § 77 BetrVG Rz. 243; *Hess*, in Hess/Schlochauer/Glaubitz, § 77 BetrVG Rz. 141; aA zB GK-BetrVG/*Kreutz*, § 77 Rz. 83; *Ehmann/Schmidt*, NZA 1995, 193, 196.
5 Vgl. nur GK-BetrVG/*Wiese*, § 87, Rz. 47; *Glaubitz*, in Hess/Schlochauer/Glaubitz, § 87 BetrVG Rz. 63; *Stege/Weinspach*, § 87 BetrVG Rz. 35.
6 BAG (GS) v. 3. 12. 1991, BAGE 69, 134 ff.; BAG (GS) v. 3. 12. 1991, ArbuR 1993, 28 ff.
7 BAG (GS) v. 3. 12. 1991, BAGE 69, 134 (1. Ls.); BAG (GS) v. 3. 12. 1991, ArbuR 1993, 28 (1. Ls.).
8 Vgl. nur BAG v. 22. 6. 1993, NZA 1994, 184, 195; LAG Stuttgart v. 10. 11. 1987, NZA 1988, 325, 327; MünchArbR/*Matthes*, § 318 Rz. 68 f.; *Ehmann/Schmidt*, NZA 1995, 193, 197.

V. Mitbestimmung in sozialen Angelegenheiten

Abs. 1 BetrVG schon dann auszuschließen, wenn die Frage nur üblicherweise durch Tarifvertrag geregelt würde, eine die Arbeitnehmer schützende tarifliche Regelung tatsächlich für den Betrieb und seine Arbeitnehmer aber nicht gelte[1]. Daher können Angelegenheiten iSd. § 87 Abs. 1 BetrVG, auch wenn sie üblicherweise durch Tarifvertrag iSv. § 77 Abs. 3 BetrVG geregelt werden, Gegenstand einer Betriebsvereinbarung sein[2].

Die Regelungssperre des § 77 Abs. 3 BetrVG bezieht sich auf **Arbeitsentgelte und sonstige Arbeitsbedingungen.** Arbeitsentgelt ist hierbei jede in Geld zahlbare Vergütung oder Sachleistung des Arbeitgebers, beispielsweise Lohn, Prämie, Gratifikation, Gewinnbeteiligung, Deputate[3]. Mit dem Begriff der sonstigen Arbeitsbedingungen werden sowohl formelle als auch materielle Arbeitsbedingungen erfaßt[4]. 495

2. Ausübung des Mitbestimmungsrechts

a) Erzwingbare und freiwillige Mitbestimmung

§ 87 BetrVG zählt abschließend die Angelegenheiten auf, in denen der Betriebsrat ein **erzwingbares Mitbestimmungsrecht** hat. Nach § 88 BetrVG können in allen anderen sozialen Angelegenheiten freiwillig, also in beiderseitigem Einvernehmen zwischen den Betriebspartnern, Betriebsvereinbarungen geschlossen werden können. Gem. § 88 BetrVG können durch Betriebsvereinbarung insbesondere zusätzliche Maßnahmen zur Verhütung von Arbeitsunfällen und Gesundheitsschädigungen, die Einrichtung von Sozialeinrichtungen, deren Wirkungsbereich auf den Betrieb, das Unternehmen oder den Konzern beschränkt ist, sowie Maßnahmen zur Förderung der Vermögensbildung geregelt werden. Die Vorschrift gibt nur Beispiele für mögliche **freiwillige Betriebsvereinbarungen,** ist daher nicht abschließend zu verstehen, was die Formulierung „insbesondere" belegt[5]. 496

Eine andere Frage ist indessen, ob die **Freiwilligkeit einer Leistung** das Mitbestimmungsrecht des Betriebsrats nach § 87 BetrVG ausschließt. Richtigerweise wird man hier davon auszugehen haben, daß mitbestimmungsfrei nur die Frage ist, ob und inwieweit der Arbeitgeber zusätzliche Leistungen erbringen will[6]. Mitbestimmungsfrei ist die (freiwillige) Entscheidung des Arbeitgebers, in welchem Umfang er finanzielle Mittel für eine freiwillige Leistung zur Verfügung stellen will (sog. **Dotierungsrahmen**)[7]. Im übrigen schließt die Freiwilligkeit 497

---

1 So bereits BAG v. 24. 2. 1987, NZA 1987, 639, bestätigt durch BAG (GS) v. 3. 12. 1991, NZA 1992, 749.
2 BAG v. 24. 2. 1987, NZA 1987, 639.
3 *Fitting/Kaiser/Heither/Engels,* § 77 BetrVG Rz. 62.
4 BAG v. 9. 4. 1991, NZA 1991, 734; BAG v. 1. 12. 1992, NZA 1993, 613; *Fitting/Kaiser/Heither/Engels,* § 77 BetrVG Rz. 43.
5 Vgl. nur BAG v. 7. 11. 1989, AP Nr. 46 zu § 77 BetrVG 1972.
6 Vgl. *Schaub,* AR-Handbuch, § 235 II.10.c, S. 1930.
7 Vgl. MünchArbR/*Matthes,* § 333 Rz. 26; *Fitting/Kaiser/Heither/Engels,* § 87 BetrVG Rz. 307.

einer Leistung das Mitbestimmungsrecht des Betriebsrats nicht aus. Das Mitbestimmungsrecht des Betriebsrats entfällt zB nicht deswegen, weil der Arbeitgeber mit Mitteln der Lohngestaltung bestimmte Zwecke – zB eine bestimmte Absatzpolitik oder eine Steuerung des Verkaufs – erreichen will[1]. Mitbestimmungspflichtig ist die gerechte Ausgestaltung und Verteilung der zusätzlichen Leistungen.

498 Mitbestimmungsfrei ist auch die Entscheidung des Arbeitgebers, eine **freiwillige Leistung einzustellen** oder zu kürzen. Bei der **Kürzung der Leistung** ist auch die Entscheidung mitbestimmungsfrei, in welchem Umfang gekürzt werden soll[2]. Die Verteilung des gekürzten Leistungsvolumens unterliegt dagegen wieder der Mitbestimmung des Betriebsrats[3].

b) Initiativrecht

499 Das Mitbestimmungsrecht des Betriebsrats nach § 87 BetrVG beinhaltet grundsätzlich auch ein Initiativrecht[4]. Der Betriebsrat kann also eine Maßnahme oder Regelung einer Angelegenheit auch von sich aus anstreben und, sofern der Arbeitgeber widerspricht, die **Einigungsstelle** zur verbindlichen Entscheidung anrufen. Allerdings sind insoweit Einschränkungen denkbar. So wird der Betriebsrat in den Fällen des § 87 Abs. 1 Nr. 5, 6, 8 und 9 BetrVG kaum von sich aus an den Arbeitgeber herantreten[5]. Das BAG verneint auch ein Initiativrecht im Hinblick auf die Einführung von Kontrolleinrichtungen nach § 87 Abs. 1 Nr. 6 BetrVG[6]. Oft wird in den Fällen des § 87 Abs. 1 Nr. 10, 11 BetrVG eine Schranke des Mitbestimmungsrechts darin gesehen, daß der Betriebsrat keine Lohnpolitik im Betrieb betreiben darf[7]. Nach Ansicht des BAG wird das grundsätzlich zu bejahende Initiativrecht des Betriebsrats durch den Inhalt des jeweiligen Mitbestimmungsrechts und dessen Sinn und Zweck begrenzt[8].

c) Betriebsvereinbarung und Regelungsabrede

500 Instrumente für die Ausübung des Mitbestimmungsrechts sind in erster Linie die Betriebsvereinbarung und die Regelungsabrede (formlose Betriebsabsprache).

---

1 BAG v. 13. 3. 1984, NZA 1984, 296, 298.
2 BAG v. 10. 2. 1988, BAGE 57, 309.
3 BAG v. 13. 1. 1987, NZA 1987, 386, zur Kürzung freiwilliger übertariflicher Zuschläge
4 BAG v. 4. 3. 1986, BAGE 51, 187, 194; BAG v. 13. 2. 1990, NZA 1990, 575; BAG v. 28. 7. 1992, NZA 1993, 272, 274; BAG v. 22. 9. 1992, BAGE 71, 180, 194; BAG v. 10. 8. 1994, NZA 1995, 796, 797; vgl. auch *Klebe*, in Däubler/Kittner/Klebe, § 87 BetrVG Rz. 261; *Glaubitz*, in Hess/Schlochauer/Glaubitz, § 87 BetrVG Rz. 42.
5 Zutreffend *Schaub*, AR-Handbuch, § 235 III.1., S. 1935.
6 BAG v. 28. 11. 1989, NZA 1990, 406.
7 *Schaub*, AR-Handbuch, § 235 III.1., S. 1935.
8 BAG v. 28.11. 1989, NZA 1990, 406, 407; BAG v. 4. 3. 1986, BAGE 51, 187, 196; vgl. auch MünchArbR/*Matthes*, NZA 1987, 289, 291 mwN.

V. Mitbestimmung in sozialen Angelegenheiten

aa) Betriebsvereinbarung

(1) Gesetzliche Grundlage

Die Betriebsvereinbarung ist in § 77 BetrVG gesetzlich geregelt. Sie ist ein Vertrag zwischen Arbeitgeber und Betriebsrat, der eine für den Betrieb verbindliche Regelung einer Angelegenheit enthält[1]. Gemäß § 77 Abs. 2 Satz 1 BetrVG werden Betriebsvereinbarungen von Betriebsrat und Arbeitgeber gemeinsam geschlossen. Sie sind darüber hinaus schriftlich niederzulegen (**Schriftform** ist **konstitutiv**) und gem. § 77 Abs. 2 Satz 2 BetrVG von beiden Seiten zu unterzeichnen. Der Arbeitgeber hat die Betriebsvereinbarung an geeigneter Stelle im Betrieb auszulegen (§ 77 Abs. 2 Satz 3 BetrVG).

501

Voraussetzung für den Abschluß einer Betriebsvereinbarung ist, daß der Betriebsrat einen wirksamen Beschluß zum Abschluß der Betriebsvereinbarung nach Maßgabe des § 33 BetrVG gefaßt hat. Bei Maßnahmen, die der Mitbestimmung des Betriebsrats unterliegen, hat der **Beschluß des Betriebsrats** nach § 33 BetrVG konstitutive Wirkung[2]. Unterliegt eine Maßnahme nur der Mitwirkung des Betriebsrats, so hat ein nichtiger Betriebsratsbeschluß keine Auswirkungen auf die Rechtsgültigkeit der Maßnahme des Arbeitgebers, da dieser nicht der Zustimmung des Betriebsrats bedarf[3].

502

Eine Betriebsvereinbarung kann nur über Angelegenheiten abgeschlossen werden, die in die **gesetzliche Zuständigkeit des Betriebsrats** fallen[4]. Da der Betriebsrat im Bereich der sozialen Angelegenheiten ein umfangreiches Mitbestimmungsrecht hat, können grundsätzlich auch alle sozialen Angelegenheiten durch Betriebsvereinbarung geregelt werden[5].

503

(2) Tarifvorbehalt des § 77 Abs. 3 BetrVG

Nach § 77 Abs. 3 BetrVG können Arbeitsentgelte und sonstige Arbeitsbedingungen, die durch Tarifvertrag geregelt sind und üblicherweise geregelt werden, nicht Gegenstand einer Betriebsvereinbarung sein. Denn der in dieser Vorschrift vereinbarte Tarifvorbehalt gilt sowohl für „materielle" als auch für „formelle" Arbeitsbedingungen[6]. Die **Sperrwirkung** des § 77 Abs. 3 Satz 1 BetrVG gilt gem. § 77 Abs. 3 Satz 2 BetrVG nicht, wenn ein Tarifvertrag den Abschluß ergänzender Betriebsvereinbarungen ausdrücklich zuläßt. Diese Vorschrift dient dem Schutz der Normsetzungskompetenz der Tarifvertragsparteien[7]. Nach Ansicht des BAG stellt der ausdrückliche **Verzicht** auf eine Regelung

504

---

1 *Fitting/Kaiser/Heither/Engels,* § 77 BetrVG Rz. 13.
2 *Fitting/Kaiser/Heither/Engels,* § 33 BetrVG Rz. 57.
3 *Fitting/Kaiser/Heither/Engels,* § 33 BetrVG Rz. 56.
4 *Fitting/Kaiser/Heither/Engels,* § 77 BetrVG Rz. 42.
5 BAG v. 18. 8. 1987, BAGE 56, 18, 25 f.; BAG v. 1. 12. 1992, NZA 1993, 613, 614.
6 BAG v. 9. 4. 1991, BB 1991, 2012, 2013.
7 Vgl. BAG v. 27. 1. 1987, BAGE 51, 141, 164; vgl. auch BAG (GS) v. 3. 12. 1991, BAGE 69, 134, 146: Sicherung der Tarifautonomie.

bestimmter Arbeitsbedingungen **keine Regelung** dieser Arbeitsbedingungen dar und kann deshalb auch keine Sperrwirkung auslösen[1].

505 Die Sperre des § 77 Abs. 1 Satz 3 BetrVG gilt absolut. Sie verbietet daher auch **Betriebsvereinbarungen,** die für die Arbeitnehmer **günstiger** sind als die entsprechende tarifliche Regelung[2]. Erst recht sind **ungünstigere Betriebsvereinbarungen** unzulässig, und zwar unabhängig davon, ob sie für tarifgebundene Arbeitnehmer oder nur für Außenseiter gelten sollen[3]. Die Sperrwirkung des § 77 Abs. 3 Satz 1 BetrVG greift also ein, wenn der nach Geltungsbereich und Tarifbindung des Arbeitgebers einschlägige Tarifvertrag bestimmte Arbeitsbedingungen tatsächlich regelt[4], oder, wenn gegenwärtig kein Tarifvertrag besteht, die Angelegenheit aber üblicherweise im fachlichen und räumlichen Geltungsbereich, dem der Betrieb zuzurechnen ist, tariflich geregelt wird. Die Tatsache, daß in anderen Wirtschaftszweigen eine Regelung tarifüblich ist, schließt eine Betriebsvereinbarung über diese Angelegenheit aber nicht aus[5].

506 § 77 Abs. 3 BetrVG gilt nach der ausdrücklichen Regelung des § 112 Abs. 1 Satz 4 BetrVG nicht für **Sozialpläne sowie nach der Rechtsprechung des BAG auch nicht für mitbestimmungspflichtige Angelegenheiten iSd. § 87 Abs. 1 BetrVG**[6].

(3) Rechtliche Wirkung

507 Nach § 77 Abs. 4 Satz 1 BetrVG gelten Betriebsvereinbarungen **unmittelbar und zwingend.** Von der Betriebsvereinbarung werden grundsätzlich alle im Betrieb beschäftigten Arbeitnehmer erfaßt, sofern die Betriebsvereinbarung nicht nur auf bestimmte Arbeitnehmergruppen beschränkt ist.

508 Werden Arbeitnehmern durch die Betriebsvereinbarung Rechte eingeräumt, so ist ein **Verzicht** auf diese Rechte nur mit Zustimmung des Betriebsrats zulässig (§ 77 Abs. 4 Satz 2 BetrVG). Nach § 77 Abs. 4 Satz 3 BetrVG ist auch die Verwirkung von Rechten des Arbeitnehmers aus einer Betriebsvereinbarung ausgeschlossen. Das **Verwirkungsverbot** erfaßt im Gegensatz zu § 4 Abs. 4 Satz 2 TVG nur Rechte des Arbeitnehmers, nicht des Arbeitgebers[7]. **Ausschlußfristen** für die Geltendmachung der Rechte aus der Betriebsvereinbarung sind zulässig, soweit sie in einem Tarifvertrag oder einer Betriebsvereinbarung vereinbart werden (§ 77 Abs. 4 Satz 4 BetrVG). Dasselbe gilt für die **Abkürzung der Verjährungsfristen.**

---

1 BAG v. 1. 12. 1992, NZA 1993, 613, 614.
2 *Berg,* in Däubler/Kittner/Klebe, § 77 BetrVG Rz. 11; *Fitting/Kaiser/Heither/Engels,* § 77 BetrVG Rz. 86; GK-BetrVG/*Kreutz,* § 77 Rz. 109; aA *Ehmann/Schmidt,* NZA 1995, 193 (198 ff.).
3 GK-BetrVG/*Kreutz,* § 77 Rz. 109; *Fitting/Kaiser/Heither/Engels,* § 77 BetrVG Rz. 86.
4 GK-BetrVG/*Kreutz,* § 77 Rz. 88.
5 BAG v. 27. 1. 1987, BAGE 54, 147, 165.
6 BAG v. 20. 11. 1990, NZA 1991, 426, 427; BAG v. 24. 2. 1987, BAGE 54, 191.
7 Vgl. nur *Fitting/Kaiser/Heither/Engels,* § 77 BetrVG Rz. 122.

V. Mitbestimmung in sozialen Angelegenheiten

(4) Durchführung der Betriebsvereinbarung

Der Betriebsrat hat gegenüber dem Arbeitgeber einen **Anspruch auf Durchführung** der abgeschlossenen Betriebsvereinbarung. Dies ergibt sich schon aus dem Wortlaut des § 77 Abs. 1 Satz 1 BetrVG („führt der Arbeitgeber durch")[1]. Aus dem Anspruch des Betriebsrats auf Durchführung einer Betriebsvereinbarung folgt indessen nicht die Befugnis, vom Arbeitgeber aus eigenem Recht die Erfüllung von Ansprüchen der Arbeitnehmer aus dieser Betriebsvereinbarung zu verlangen[2]. Hat sich der Arbeitgeber in einer Betriebsvereinbarung dem Betriebsrat gegenüber zu einer bestimmten Art und Weise der Durchführung einer getroffenen Regelung verpflichtet, beispielsweise der Kontrolle der Einhaltung eines Alkoholverbots, darf er bei Durchführung dieser Betriebsvereinbarung nicht einseitig von der mit dem Betriebsrat vereinbarten Art und Weise der Durchführung abweichen[3]. Auch wenn der Betriebsrat es über einen längeren Zeitraum hingenommen hat, daß der Arbeitgeber gegen eine Betriebsvereinbarung verstößt, so kann er gleichwohl die Unterlassung des betriebsvereinbarungswidrigen Verhaltens des Arbeitgebers gerichtlich geltend machen[4].

509

(5) Beendigung

Betriebsvereinbarungen enden mit Ablauf der Zeit, für die sie eingegangen sind, durch Zweckerreichung, Aufhebungsvertrag oder durch Wegfall der Geschäftsgrundlage. Sie können, soweit nichts anderes vereinbart ist, gem. § 77 Abs. 5 BetrVG mit einer **Frist von drei Monaten** gekündigt werden.

510

Im Gegensatz zur einzelvertraglichen Regelung können Rechte von Arbeitnehmern, die nur auf einer Betriebsvereinbarung beruhen, grundsätzlich durch eine nachfolgende Betriebsvereinbarung abgelöst werden, auch wenn die neue Regelung für die Arbeitnehmer ungünstiger ist. Hier gilt das sogenannte **Ordnungsprinzip**, dh. das spätere Recht geht dem früheren Recht entsprechend dem Grundsatz „lex posterior derogat legi priori" (sogenannte Zeitkollisionsregel) vor[5].

511

Besonderheiten sind zu beachten, wenn einem Arbeitnehmer aufgrund einer Betriebsvereinbarung bereits Ansprüche bzw. schützenswerte Besitzstände entstanden sind und die Betriebsvereinbarung nunmehr gekündigt wird. Diese Situation ergibt sich insbesondere dann, wenn Arbeitnehmern durch **Betriebsvereinbarung** eine **Altersversorgung** zugesprochen wurde und diese Betriebsvereinbarung dann gekündigt wird. Die Kündigung der Betriebsvereinbarung bewirkt, daß die nach der Wirksamkeit der Kündigung in das Unternehmen eintretenden Arbeitnehmer keine Altersversorgung aus der Betriebsvereinba-

512

---

1 BAG v. 23. 6. 1992, DB 1992, 2450; BAG v. 17. 10. 1989, BB 1990, 489; BAG v. 10. 11. 1987, NZA 1988, 255; BAG v. 24. 2. 1987, BAGE 54, 191.
2 BAG v. 17. 10. 1989, BB 1990, 489.
3 BAG v. 10. 11. 1987, NZA 1988, 255.
4 LAG Frankfurt v. 12. 7. 1988, AiB 1988, 288.
5 Vgl. nur BAG v. 10. 8. 1994, NZA 1995, 314; BAG v. 22. 5. 1990, BB 1990, 2047, 2048 mwN; BAG (GS) v. 16. 9. 1989, BAGE 53, 42.

rung erhalten[1]. In die Versorgungsrechte von ausgeschiedenen Arbeitnehmern (Rentner und mit unverfallbarer Anwartschaft ausgeschiedene Anwärter) kann aber durch Kündigung einer Betriebsvereinbarung nicht uneingeschränkt eingegriffen werden[2]. Vielmehr werden die aufgrund einer gekündigten Betriebsvereinbarung erworbenen Besitzstände nach den Grundsätzen der Verhältnismäßigkeit und des Vertrauensschutzes geschützt; je stärker in die Besitzstände eingegriffen wird, desto gewichtiger müssen die Änderungsgründe sein[3]. Gleiches gilt für Ansprüche von Arbeitnehmern, die auf der Grundlage eines Sozialplans bereits entstanden sind[4].

513 § 77 Abs. 6 BetrVG sieht eine **Nachwirkung** auch für Regelungen einer Betriebsvereinbarung vor, die durch den Spruch der Einigungsstelle erzwungen werden können. In diesem Fall gelten die Regelungen nach Ablauf weiter, bis sie durch eine andere Abmachung ersetzt werden. Dies gilt auch bei Vorliegen einer wirksamen außerordentlichen Kündigung[5]. Nachwirkung bedeutet, daß die Normen der Betriebsvereinbarung unmittelbar, aber nicht mehr zwingend weitergelten. Die Vorschrift des § 77 Abs. 6 BetrVG selbst ist nicht zwingend. Die Betriebspartner können die Nachwirkung sowohl im vorraus als auch nachträglich ausschließen[6].

514 § 77 Abs. 6 BetrVG gilt nicht für freiwillige Betriebsvereinbarungen[7]. Kündigt der Arbeitgeber mit einer Betriebsvereinbarung **freiwillige Leistungen,** etwa ein zusätzliches Weihnachtsgeld, so wirken ihre Regelungen nach Ablauf der Kündigungsfrist nicht weiter, wenn der Arbeitgeber mit der Kündigung beabsichtigt, die freiwillige Leistung vollständig entfallen zu lassen[8].

515 Wird eine Betriebsvereinbarung durch einen **Aufhebungsvertrag** beendet, so ist es eine Frage der Auslegung dieses Vertrages, ob damit auch die Nachwirkung der Betriebsvereinbarung von vornherein ausgeschlossen sein soll[9].

516 Regelungen einer **teilmitbestimmten Betriebsvereinbarung** über freiwillige Leistungen gelten nach Ablauf der Kündigungsfrist nicht weiter, wenn der Arbeitgeber mit der Kündigung beabsichtigt, die freiwillige Leistung vollständig entfallen zu lassen. Die teilmitbestimmte Betriebsvereinbarung über freiwillige Leistungen wirkt aber dann gem. § 77 Abs. 6 BetrVG nach, wenn der Arbeitge-

---

1 BAG v. 18. 4. 1989, NZA 1990, 67 f.
2 BAG v. 25. 10. 1988, NZA 1989, 522.
3 Ständige Rechtsprechung BAG v. 18. 4. 1989, NZA 1990, 67; BAG v. 23. 10. 1990, AP Nr. 13 zu § 1 BetrAVG – Ablösung; BAG v. 10. 8. 1994, NZA 1995, 314.
4 BAG v. 10. 8. 1994, NZA 1995, 314.
5 BAG v. 10. 8. 1994, DB 1995, 480, 481.
6 BAG v. 17. 1. 1995 – 1 AZR 784/94, nv.; BAG v. 9. 2. 1984, BAGE 45, 132.
7 Vgl. nur *Berg*, in Däubler/Kittner/Klebe, § 77 BetrVG Rz. 59.
8 BAG v. 17. 1. 1995, BB 1995, 1643; BAG v. 26. 10. 1993, BB 1994, 1072; BAG v. 21. 8. 1990, NZA 1991, 190; BAG v. 9. 2. 1989, BB 1989, 2012; BAG v. 26. 6. 1985, AP Nr. 1 zu § 1 TVG – Teilnichtigkeit; kritisch hierzu: *von Hoyningen-Huene*, BB 1997, 1998, 2000.
9 *Fitting/Kaiser/Heither/Engels*, § 77 BetrVG Rz. 155.

V. Mitbestimmung in sozialen Angelegenheiten

ber lediglich beabsichtigt, das zur Verfügung gestellte Volumen zu reduzieren und den Verteilungsschlüssel zu ändern[1].

bb) Regelungsabrede

Bei der Regelungsabrede handelt es sich um eine formlos vereinbarte Regelung zwischen Arbeitgeber und Betriebsrat, die dieser gegenüber den Arbeitnehmern mit **individualrechtlichen Mitteln** umsetzen und durchführen muß. Die Regelungsabrede entfaltet keine normative Wirkung auf die Einzelarbeitsverhältnisse[2]. 517

Der Regelungsabrede muß ebenfalls ein **wirksamer Beschluß** des Betriebsrats zugrunde liegen. Eine stillschweigende Zustimmung des Betriebsrats ist nach inzwischen überwiegender Meinung nicht möglich[3]. Eine Regelungsabrede kann eine Betriebsvereinbarung nicht ablösen[4]. 518

Die Regelungsabrede bindet die Betriebspartner nur schuldrechtlich, und zwar in der Weise, wie dies vereinbart worden ist. Die Regelungsabrede ist grundsätzlich an **keine bestimmte Form** gebunden; eine Ausnahme stellt der Interessenausgleich dar, der nach § 112 Abs. 2 BetrVG der Schriftform bedarf. 519

> **Hinweis:** 520
> Aus Beweisgründen dürfte die Schriftform zumeist zweckmäßig sein[5].

Der **Anwendungsbereich** der Regelungsabrede ist mannigfach. Sie wird als geeignetes Instrument angesehen, umstrittene Rechtsfragen zwischen den Betriebspartnern zu klären[6]. Darüber hinaus erfüllt die Regelungsabrede eine wichtige Funktion im Rahmen der Mitwirkungs- und Mitbestimmungsbefugnisse des Betriebsrats. 521

Beispiele:
bei personellen Einzelmaßnahmen, der Freistellung von Betriebsratsmitgliedern oder der Teilnahme an Schulungsveranstaltungen[7].

Die Regelungsabrede endet ebenso wie die Betriebsvereinbarung mit **Ablauf der Zeit,** für die sie eingegangen ist, durch **Zweckerreichung,** durch **Aufhebungs-** 522

---

1 BAG v. 26. 10. 1993, BB 1994, 1972; aA *von Hoyningen-Huene,* BB 1997, 1998, 2000.
2 *Fitting/Kaiser/Heither/Engels,* § 77 BetrVG Rz. 183; BAG v. 24. 1. 1987, BAGE 54, 191; BAG v. 14. 2. 1991, AP Nr. 4 zu § 615 BGB – Kurzarbeit; BAG v. 17. 1. 1995 – 1 AZR 283/94, n.v.
3 Vgl. nur *Fitting/Kaiser/Heither/Engels,* § 77 BetrVG Rz. 184.
4 BAG v. 20. 11. 1990, NZA 1991, 426, BAG v. 27. 6. 1985, NZA 1986, 401.
5 Zutreffend *Fitting/Kaiser/Heither/Engels,* § 77 BetrVG Rz. 184; *Hanau,* RdA 1989, 207, 209, hält die Schriftform insoweit für erforderlich, soweit sich Arbeitgeber und Betriebsrat zu einem bestimmten Verhalten gegenüber den Arbeitnehmern verpflichten.
6 Vgl. *Berg,* in Däubler/Kittner/Klebe, § 77 BetrVG Rz. 80.
7 *Berg,* in Däubler/Kittner/Klebe, § 77 BetrVG Rz. 81.

vertrag oder auch durch **Wegfall der Geschäftsgrundlage**[1]. Eine Regelungsabrede, mit der eine mitbestimmungspflichtige Angelegenheit geregelt wird, ist darüber hinaus **analog § 77 Abs. 5 BetrVG** mit einer Frist von drei Monaten **ordentlich kündbar**, wenn keine andere Kündigungsfrist vereinbart worden ist[2]. Ist Gegenstand der Regelungsabrede eine mitbestimmungspflichtige Angelegenheit, so wirkt nach Ansicht des BAG eine gekündigte Regelungsabrede in entsprechender Anwendung des § 77 Abs. 6 BetrVG zwischen Arbeitgeber und Betriebsrat solange nach, bis sie durch eine andere Abmachung ersetzt wird[3].

cc) Streitigkeiten

523 Kommt es zu Meinungsverschiedenheiten darüber, ob der Arbeitgeber eine mit dem Betriebsrat getroffene Vereinbarung in Form einer Betriebsvereinbarung oder Regelungsabrede richtig durchführt, sind diese im **Beschlußverfahren** zu klären. Der Betriebsrat kann vom Arbeitgeber insbesondere die Durchführung bzw. Einhaltung einer Betriebsvereinbarung und die Unterlassung entgegenstehender Handlungen verlangen[4]. Nach Ansicht des BAG besteht dieser Anspruch unabhängig von der Streitfrage eines allgemeinen Unterlassungsanspruchs des Betriebsrats[5].

524 Bei **groben Verstößen** gegen Vereinbarungen kommen Maßnahmen nach § 23 Abs. 1 oder Abs. 3 BetrVG in Betracht.

d) Einzelarbeitsvertrag

525 Aufgrund der unmittelbaren und zwingenden Wirkung gehen Regelungen der Betriebsvereinbarung den arbeitsvertraglichen Absprachen grundsätzlich vor[6]. Allerdings gilt im Verhältnis zwischen Betriebsvereinbarungen und Einzelarbeitsverträgen das sog. **Günstigkeitsprinzip** für die Arbeitnehmer. Günstigere einzelvertragliche Absprachen sind daher stets zulässig[7]. Umgekehrt verdrängen günstigere Regelungen einer Betriebsvereinbarung einzelvertragliche Abreden. Dies gilt aber nur für die Dauer ihrer Geltung, die einzelvertraglichen Abreden werden nicht abgelöst, sondern nur überlagert[8]. Nur wenn die vertragliche Absprache zwischen Arbeitgeber und Arbeitnehmer „betriebsvereinbarungsoffen" gestaltet ist, wird die vertragliche Absprache durch eine Betriebs-

---

1 *Berg*, in Däubler/Kittner/Klebe, § 77 BetrVG Rz. 82.
2 BAG v. 10. 3. 1992, NZA 1992, 952, vgl. auch BAG v. 20. 11. 1990, BB 1991, 835, 836; BAG v. 23. 6. 1992, NZA 1992, 1098; ebenso *Fitting/Kaiser/Heither/Engels*, § 77 BetrVG Rz. 191; *Heinze*, NZA 1994, 580, 584.
3 BAG v. 23. 6. 1992, NZA 1992, 1098; ebenso *Fitting/Kaiser/Heither/Engels*, § 77 BetrVG Rz. 192; *Berg*, in Däubler/Kittner/Klebe, § 77 BetrVG Rz. 82; aA etwa GK-BetrVG/*Kreutz*, § 77 Rz. 19; *Heinze*, NZA 1994, 580, 584.
4 *Fitting/Kaiser/Heither/Engels*, § 77 BetrVG Rz. 193.
5 BAG v. 13. 10. 1987, NZA 1988, 253, 254; BAG v. 10. 11. 1987, NZA 1988, 255 f.; LAG Frankfurt v. 12. 7. 1988, LAGE Nr. 10 zu § 87 BetrVG 1972 – Arbeitszeit.
6 *Fitting/Kaiser/Heither/Engels*, § 77 BetrVG Rz. 166.
7 Vgl. nur BAG v. 7. 11. 1989, BB 1990, 1840, 1841; BAG v. 21. 9. 1989, NZA 1990, 351, 354; BAG v. 21. 1. 1997, NZA 1997, 1009, 1011.
8 BAG v. 21. 9. 1989, BAGE 62, 360.

vereinbarung abgelöst[1]. Das gilt insbesondere auch, wenn in einer vertraglichen Absprache ausdrücklich auf die jeweils geltende Betriebsvereinbarung Bezug genommen wird[2].

Soweit vertraglich begründete Ansprüche der Arbeitnehmer nur auf einer vom Arbeitgeber gesetzten Einheitsregelung oder auf einer Gesamtzusage beruhen, kann durch eine nachfolgende Betriebsvereinbarung dann beschränkend eingegriffen werden, wenn die Neuregelung insgesamt bei kollektiver Betrachtung nicht ungünstiger ist (sogenannter **kollektiver Günstigkeitsvergleich**)[3]. Eine umstrukturierende Betriebsvereinbarung kann daher auch dann vereinbart werden, wenn einzelne Arbeitnehmer dadurch benachteiligt werden. Eine insgesamt ungünstigere Betriebsvereinbarung ist indes nur dann möglich, wenn der Arbeitgeber auch einzelvertraglich zur Kürzung oder Streichung von Rechten der Arbeitnehmer berechtigt ist[4]. 526

Bei der Durchführung des Günstigkeitsvergleichs sind die in einem inneren Zusammenhang stehenden Teilkomplexe gegeneinander abzuwägen (**Sachgruppenvergleich**)[5]. Demnach können unterschiedliche Komplexe nicht miteinander verglichen werden. Der Günstigkeitsvergleich ist an Hand eines objektiven Beurteilungsmaßstabes durchzuführen; die subjektive Einschätzung des jeweiligen Arbeitnehmers ist nicht maßgeblich[6]. Allerdings bleibt Bezugspunkt des Günstigkeitsvergleichs der betroffene einzelne Arbeitnehmer, sein Wohl und seine Interessen[7]. Nach inzwischen überwiegender Meinung ist ein Günstigkeitsvergleich sowohl im Bereich materieller als auch formeller Arbeitsbedingungen möglich, da auch bei formellen Arbeitsbedingungen für einzelne Arbeitnehmer durchaus objektive unterschiedliche Interessenlagen bestehen, die einem Günstigkeitsvergleich zugänglich sind[8]. 527

3. Auswirkungen der Nichtbeachtung des Mitbestimmungsrechtes

a) Auswirkungen gegenüber einzelnen Arbeitnehmern

Mitbestimmungswidrige Anordnungen des Arbeitgebers können dem Arbeitnehmer im Individualarbeitsverhältnis nicht zum Nachteil gereichen. Verhängt 528

---

1 Vgl. BAG v. 12. 8. 1982, DB 1982, 2298; BAG v. 20. 11. 1987, NZA 1988, 617; BAG v. 3. 11. 1987, BB 1988, 1257, 1258 f.
2 *Fitting/Kaiser/Heither/Engels*, § 77 BetrVG Rz. 168.
3 BAG v. 10. 8. 1993, BAGE 74, 55, 61; BAG v. 23. 10. 1990, NZA 1991, 242; BAG (GS) v. 16. 9. 1986, NZA 1987, 168, 173.
4 BAG (GS) v. 16. 9. 1986, NZA 1987, 168, 174 f.
5 Vgl. bereits BAG v. 19. 12. 1958, BAGE 7, 149, 151; ferner GK-BetrVG/*Kreutz*, § 77 Rz. 209; *Fitting/Kaiser/Heither/Engels*, § 77 BetrVG Rz. 169.
6 GK-BetrVG/*Kreutz*, § 77 BetrVG Rz. 210.
7 *Fitting/Kaiser/Heither/Engels*, § 77 BetrVG Rz. 169.
8 GK-BetrVG/*Kreutz*, § 77 Rz. 215; *Fitting/Kaiser/Heither/Engels*, § 77 BetrVG Rz. 170; MünchArbR/*Matthes*, § 318 Rz. 77, gegen die Einbeziehung sogenannter formeller Arbeitsbedingungen, weil diese weitgehend günstigkeitsneutral seien, etwa: *Richardi*, § 77 BetrVG Rz. 141.

der Arbeitgeber beispielsweise einseitig eine Betriebsbuße, so ist diese unwirksam[1]. Auch die Anordnung von Überstunden ist unwirksam, wenn das Mitbestimmungsrecht des Betriebsrats nicht beachtet wurde. Die Arbeitnehmer können die Überstunden verweigern[2]. Andererseits bleibt der Arbeitgeber jedoch zur Entgeltzahlung verpflichtet, wenn der Arbeitnehmer Überstunden leistet, obwohl deren Anordnung rechtswidrig war. Dem Arbeitgeber ist es unter diesen Umständen verwehrt, sich auf die Rechtswidrigkeit seiner eigenen Maßnahmen zu berufen[3]. Ebenso behält der Arbeitnehmer seinen bisherigen Entgeltzahlungsanspruch, insbesondere den Anspruch auf Zuschläge, wenn ihn der Arbeitgeber unter Verletzung des Mitbestimmungsrechts von der Wechsel- in die Normalschicht abordnet[4]. Nach Auffassung des BAG kann sich aber aus der Verletzung des Mitbestimmungsrechts kein individualrechtlicher Anspruch ergeben, der zuvor noch nicht bestanden hat[5].

529 Beruft sich der Arbeitgeber zur Begründung einer Abmahnung und folgenden Kündigung auf die Anordnung einer bestimmten Kleiderordnung, der der Betriebsrat nicht zugestimmt hat, so kann der Arbeitnehmer dem **im Kündigungsschutzprozeß** die fehlende Mitbestimmung entgegenhalten[6].

530 Durch Einzelvereinbarungen, also durch individualrechtliche Regelungen oder Maßnahmen aller Art, kann der Arbeitgeber das Mitbestimmungsrecht des Betriebsrats nicht umgehen[7]. Dabei kommt es nicht auf die Form der Umsetzung an, in der der Arbeitgeber die Maßnahme durchführt, sondern allein auf den **kollektiven Bezug**[8]. Ob eine Maßnahme kollektiven Bezug hat oder nur individueller Art ist, entscheidet sich danach, ob es sich inhaltlich um generelle Regelungen handelt oder um Maßnahmen und Entscheidungen, die nur einen Arbeitnehmer betreffen, weil es sich um dessen besondere Situation oder dessen Wünsche handelt[9]. Der kollektive Bezug besteht bei all den Regelungen/Maßnahmen, die sich abstrakt auf den ganzen Betrieb oder eine Gruppe von Arbeitnehmern oder einen Arbeitsplatz (nicht auf einen Arbeitnehmer persönlich) beziehen. Dagegen gehören nicht zu den mitbestimmungspflichtigen generellen Regelungen oder „allgemeinen" Maßnahmen im Rahmen des Direktionsrechts Anordnungen und Vereinbarungen des Arbeitgebers, die durch die besonderen Umstände des einzelnen individuellen Arbeitsverhältnisses bedingt sind, etwa Änderungen der Arbeitszeit wegen öffentlicher Ver-

---

1 BAG v. 17. 10. 1989, BAGE 63, 169.
2 Vgl. *Fitting/Kaiser/Heither/Engels*, § 87 BetrVG Rz. 404.
3 Vgl. BAG v. 5. 7. 1976, BB 1976, 1223, 1224; *Klebe*, in Däubler/Kittner/Klebe, § 87 BetrVG Rz. 4.
4 LAG Baden-Württemberg v. 27. 10. 1994, AiB 1995, 291, 292 f.
5 BAG v. 15. 11. 1994, DB 1995, 580; BAG v. 20. 8. 1991, DB 1992, 687.
6 Vgl. auch *Fitting/Kaiser/Heither/Engels*, § 87 BetrVG Rz. 404.
7 BAG v. 10. 11. 1992, BAGE 71, 327, 332 f.; BAG v. 13. 2. 1990, DB 1990, 1238, 1240; BAG v. 30. 1. 1990, DB 1990, 1090.
8 Vgl. nur BAG v. 10. 11. 1992, BAGE 71, 327, 333.
9 *Fitting/Kaiser/Heither/Engels*, § 87 BetrVG Rz. 12 f.

V. Mitbestimmung in sozialen Angelegenheiten

kehrsverbindungen oder Vereinbarungen eines übertariflichen Lohns im Arbeitsvertrag im Einzelfall[1].

b) Auswirkungen im Verhältnis zwischen Arbeitgeber und Betriebsrat

Der Arbeitgeber muß vor Durchführung einer mitbestimmungspflichtigen Maßnahme an den Betriebsrat herantreten. Geschieht dies nicht und reagiert der Betriebsrat auch von sich aus nicht, so liegt in dem Verhalten des Betriebsrats keine Zustimmung zu der vom Arbeitgeber geplanten Maßnahme[2]. Selbst in **Eilfällen** entfällt das Mitbestimmungsrecht nicht. Der Arbeitgeber kann keine vorläufigen Anordnungen treffen, ohne zumindest eine formlose Regelungsabrede mit dem Betriebsrat getroffen zu haben. Ob in sogenannten Notfällen, dh. Extremsituationen, wie beispielsweise Brand, Überschwemmungen etc., das Mitbestimmungsrecht suspendiert wird, hat die Rechtsprechung zunächst offengelassen, mittlerweile aber bejaht[3]. Das BAG leitet dies aus dem Grundsatz der vertrauensvollen Zusammenarbeit nach § 2 Abs. 1 BetrVG ab[4], wobei die Beteiligung des Betriebsrates gleichwohl unverzüglich nachzuholen ist. In allen übrigen Fällen aber ist die Zustimmung des Betriebsrats Wirksamkeitsvoraussetzung für mitbestimmungspflichtige Maßnahmen[5]. 531

Führt der Arbeitgeber demnach eine mitbestimmungspflichtige Maßnahme durch, ohne den Betriebsrat zuvor beteiligt zu haben, so ist die Maßnahme unwirksam. Auch eine nachträgliche Zustimmung des Betriebsrats kann diesen Mangel nicht heilen. Anderenfalls würde das Mitbestimmungsrecht ausgehöhlt und zu einem bloßen Kontrollrecht degradiert[6]. 532

4. Durchsetzung der Mitbestimmungsrechte

a) Unterlassungsanspruch nach § 23 Abs. 3 BetrVG

Verstößt der Arbeitgeber gegen Mitbestimmungsrechte nach § 87 Abs. 1 BetrVG, so kann der Betriebsrat bei groben Verstößen die Unterlassung nach § 23 Abs. 3 BetrVG geltend machen[7]. Durch die Beschränkung auf „**grobe** 533

---

1 *Fitting/Kaiser/Heither/Engels*, § 87 BetrVG Rz. 13 mwN; vgl. auch zur Abgrenzung: GK-BetrVG/*Wiese*, § 87, Rz. 14 ff.
2 BAG v. 10. 11. 1992, BAGE 71, 337; aA LAG Düsseldorf v. 26. 2. 1992, LAGE Nr. 1 zu § 87 BetrVG 1972 sowie v. 13. 10. 1994, BB 1995, 465 (Schweigen als Zustimmung des Betriebsrats).
3 BAG v. 19. 2. 1991, NZA 1991, 609, 611; abweichend BAG v. 2. 3. 1982, BAGE 38, 96, 103 f.; offenlassend BAG v. 13. 7. 1977, DB 1977, 2235 ff.
4 BAG v. 19. 2. 1991, NZA 1991, 609, 611.
5 Vgl. nur BAG v. 3. 5. 1994, DB 1994, 2450, 2452; BAG (GS) v. 3. 12. 1991, DB 1992, 1579, 1588; vgl. im übrigen statt vieler *Klebe*, in Däubler/Kittner/Klebe, § 87 BetrVG Rz. 4; *Fitting/Kaiser/Heither/Engels*, § 87 BetrVG Rz. 403; aA *Richardi*, § 87 BetrVG Rz. 118 ff. sowie *Glaubitz*, in Hess/Schlochauer/Glaubitz, § 87 BetrVG Rz. 83 mwN.
6 LAG Frankfurt v. 27. 11. 1986, DB 1987, 1844.
7 Vgl. nur *Klebe*, in Däubler/Kittner/Klebe, § 87 BetrVG Rz. 306; *Fitting/Kaiser/Heither/Engels*, § 23 BetrVG Rz. 66.

Pflichtverletzung" nach dem Wortlaut des § 23 Abs. 3 Satz 1 BetrVG ist der Unterlassungsanspruch nach dieser Vorschrift jedoch eher restriktiv zu handhaben und auf Fälle der beharrlichen und generellen Mißachtung der Mitbestimmungsrechte des Betriebsrats zu beschränken[1]. Nach Ansicht des BAG kommt es hierbei auf ein Verschulden des Arbeitgebers nicht an[2].

534 Der mit § 23 Abs. 3 BetrVG in einem Beschlußverfahren zu erreichende Verfahrenserfolg hat zunächst nur die Wirkung einer Abmahnung. Mit dem Antrag nach § 23 Abs. 3 BetrVG kann jedoch der weitere Antrag verbunden werden, den Arbeitgeber wegen jeder Zuwiderhandlung gegen die gerichtlich auferlegte Verpflichtung zu einem **Ordnungs- bzw. Zwangsgeld** zu verurteilen (vgl. auch § 23 Abs. 3 Satz 3 und 5 BetrVG)[3]. Das Höchstmaß des Ordnungs- bzw. Zwangsgeldes beträgt 20 000 DM.

535 Ein gerichtlicher Beschluß nach § 23 Abs. 3 BetrVG ergeht nur, wenn eine **Wiederholungsgefahr** besteht[4]. Die bloße Zusicherung des Arbeitgebers, sich in Zukunft betriebsvereinbarungsgemäß zu verhalten, beseitigt eine Wiederholungsgefahr nicht[5].

536 | **Hinweis:**
Wenn der Betriebsrat beabsichtigt, einen Antrag nach § 23 Abs. 3 BetrVG zu stellen, so setzt dies eine Beschlußfassung nach § 33 BetrVG voraus.

b) Allgemeiner Unterlassungsanspruch

537 Lange Zeit war umstritten, ob der Betriebsrat bei Verletzung seiner Mitbestimmungsrechte **auch außerhalb des § 23 Abs. 3 BetrVG** gegen den Arbeitgeber vorgehen kann. Das BAG vertrat hierzu ursprünglich die Auffassung, daß es einen allgemeinen Unterlassungsanspruch des Betriebsrats gegen den Arbeitgeber, Handlungen zu unterlassen, die gegen Mitbestimmungs- oder Mitwirkungsrechte verstoßen, nicht gebe, da § 23 Abs. 3 BetrVG als abschließende Spezialregelung zu sehen ist[6]. Unter ausdrücklicher Aufgabe seines bisherigen Standpunktes hat das BAG zwischenzeitlich entschieden, daß dem Betriebsrat bei der Verletzung seiner Mitbestimmungsrechte aus § 87 BetrVG ein Anspruch auf Unterlassung der mitbestimmungswidrigen Maßnahme zustehe, der keine grobe Pflichtverletzung des Arbeitgebers im Sinne des § 23 Abs. 3

---

1 Vgl. *Fitting/Kaiser/Heither/Engels*, § 23 BetrVG Rz. 66; vgl. auch BAG v. 27. 11. 1990, NZA 1991, 382, 383; BAG v. 23. 6. 1992, AiB 1993, 117, 118; LAG Hamburg v. 9. 5. 1989, ArbuR 1990, 202; LAG Niedersachsen v. 2. 11. 1988, ArbuR 1989, 151.
2 BAG v. 27. 11. 1990, NZA 1991, 383, 384.
3 ZB LAG Hamburg v. 27. 1. 1992, NZA 1992, 568, 569; LAG Bremen v. 12. 4. 1989, LAGE § 23 BetrVG 1972 Nr. 19; LAG Berlin v. 3. 3. 1986, AiB 1986, 235.
4 BAG v. 27. 11. 1991, NZA 1991, 382, 385.
5 BAG v. 23. 6. 1992, NZA 1992, 1095.
6 Vgl. nur BAG v. 22. 2. 1983, BB 1983, 1724; BAG v. 17. 5. 1983, BAGE 42, 366, 375.

BetrVG voraussetze[1]. Im Schrifttum ist diese Entscheidung ganz überwiegend begrüßt worden[2].

Das BAG hat klargestellt, daß aus den für die Annahme eines Unterlassungsanspruchs des Betriebsrats im Bereich des § 87 BetrVG maßgeblichen Gründen sich nicht zwingend ein allgemeiner Unterlassungsanspruch ergibt, der auch gegen die **Verletzung anderer Mitbestimmungsrechte** geltend gemacht werden kann[3]. 538

Der Unterlassungsantrag des Betriebsrats ist zwar auch zulässig, wenn er so weit gefaßt ist, daß er viele denkbare künftige Fallgestaltungen betrifft (sogenannter **Globalantrag**)[4]. Für diesen Fall ist er aber insgesamt unbegründet, wenn nicht in allen denkbaren Fällen ein Mitbestimmungsrecht des Betriebsrats besteht[5]. 539

Der Unterlassungsanspruch kann im allgemeinen **Beschlußverfahren** geltend gemacht werden und nach § 85 Abs. 1 ArbGG, §§ 888 ff. ZPO vollstreckt werden. 540

c) Einstweiliger Rechtsschutz

Der allgemeine Unterlassungsanspruch kann auch mit einer **einstweiligen Verfügung** geltend gemacht werden[6]. Um allerdings zu vermeiden, daß die betriebsverfassungsrechtliche Meinungsverschiedenheit schon mit der einstweiligen Verfügung abschließend geklärt wird, wird man an das Vorliegen eines Verfügungsgrundes strenge Anforderungen zu stellen haben; die bloße Behauptung eines Verstoßes gegen das Mitbestimmungsrecht kann daher nicht ausreichen, vielmehr ist auf das Gewicht des drohenden Verstoßes und die Bedeutung der umstrittenen Maßnahme für die Belegschaft abzustellen[7]. 541

5. Die Mitbestimmungstatbestände des § 87 Abs. 1 BetrVG

a) Ordnung des Betriebes (§ 87 Abs. 1 Nr. 1 BetrVG)

Nach § 87 Abs. 1 Nr. 1 BetrVG hat der Betriebsrat mitzubestimmen über Fragen der **Ordnung des Betriebes und des Verhaltens der Arbeitnehmer im Betrieb**. Dieses Mitbestimmungsrecht betrifft alle Maßnahmen des Arbeitgebers 542

---

1 BAG v. 3. 5. 1994, NZA 1995, 40; BAG v. 28. 9. 1994, DB 1995, 678, 679; BAG v. 6. 12. 1994, NZA 1995, 488; BAG v. 23. 7. 1996, BB 1997, 472.
2 Vgl. nur *Richardi*, NZA 1995, 8 ff., der jedoch innerhalb des Katalogs des § 87 BetrVG eine weitere Abstufung und Differenzierung vornehmen will (vgl. S. 11); *Derleder*, ArbuR 1995, 13 ff.; *Konzen*, NZA 1995, 865 ff.; *Prütting*, RdA 1995, 257 ff.
3 BAG v. 6. 12. 1994, NZA 1995, 488.
4 BAG v. 3. 5. 1994, NZA 1995, 40, 41.
5 BAG v. 3. 5. 1994, NZA 1994, 40.
6 BAG v. 3. 5. 1994, NZA 1995, 40, 43; ArbG Bielefeld v. 23. 3. 1995, AiB 1995, 600; ArbG Hannover v. 22. 6. 1995, AiB 1995, 739; *Fitting/Kaiser/Heither/Engels*, § 87 BetrVG Rz. 411; *Klebe*, in Däubler/Kittner/Klebe, § 87 BetrVG Rz. 306; GK-BetrVG/*Wiese*, § 87 Rz. 905; *Prütting*, RdA 1995, 257, 262 f., der allerdings an die Bejahung eines Verfügungsgrundes strenge Anforderungen stellen will; kritisch *Konzen*, NZA 1995, 865, 872 f.
7 Vgl. auch BAG v. 3. 5. 1994, NZA 1995, 40, 43; ferner *Prütting*, RdA 1995, 257, 263.

tatsächlicher oder rechtlicher Art, die die allgemeine Ordnung des Betriebes und/oder das Verhalten der Arbeitnehmer oder von Gruppen von Arbeitnehmern im Betrieb betreffen[1]. Nach überwiegender Auffassung ist die Formulierung des § 87 Abs. 1 Nr. 1 BetrVG nicht in dem Sinne zu verstehen, daß Fragen der Ordnung des Betriebes und des Verhaltens der Arbeitnehmer im Betrieb zwei verschiedene Regelungsbereiche treffen[2].

543 Das BAG differenziert in ständiger Rechtsprechung zwischen dem mitbestimmungsfreien sogenannten **Arbeitsverhalten** und dem mitbestimmungspflichtigen sogenannten **Ordnungsverhalten.** Das sogenannte Arbeitsverhalten der Arbeitnehmer umfaßt alle Verpflichtungen, die bei der Erbringung der Arbeitsleistung selbst zu beachten sind oder in sonstiger Weise nur das Einzelverhältnis zwischen Arbeitgeber und Arbeitnehmer betreffen[3]. Von daher unterfallen dem Mitbestimmungsrecht des Betriebsrats nur Maßnahmen des Arbeitgebers, die das Verhalten der Arbeitnehmer in bezug auf die betriebliche Ordnung, dh. auf dieses Zusammenleben und Zusammenwirken berühren[4].

544 **Beispiele** für ein mitbestimmungspflichtiges Ordnungsverhalten:

allgemeines Verbot, im Betrieb Radio zu hören[5]; *ein generelles Rauch- oder Alkoholverbot*[6] *sowie eine Regelung über Alkoholtests im Betrieb; Benutzungsordnung für Wasch- und Umkleideräume*[7]; *Vorschriften über Torkontrollen, einschl. des Durchleuchtens von Taschen*[8]; *die Einführung von Stechuhren und die Umstellung von Anwesenheitslisten auf EDV*[9]; *eine Regelung, die es den Arbeitnehmern verbietet, während der Pausen den Betrieb zu verlassen*[10]; *Anwesenheitskontrollen bei gleitender Arbeitszeit*[11]; *der Erlaß einer Kleiderordnung*[12]; *der Erlaß eines Rauchverbots*[13]; *die Anordnung, im Verkaufsraum*

---

1 *Fitting/Kaiser/Heither/Engels,* § 87 BetrVG Rz. 53.
2 BAG v. 24. 3. 1981, AP Nr. 2 zu § 87 BetrVG 1982 – Arbeitssicherheit; LAG Hamm v. 13. 8. 1980, BB 1980, 1582; LAG Schleswig-Holstein v. 4. 7. 1985, LAGE Nr. 7 zu § 87 BetrVG 1972 – Kontrolleinrichtung; *GK-BetrVG/Wiese,* § 87, Rz. 151; *Glaubitz,* in Hess/Schlochauer/Glaubitz, § 87 BetrVG Rz. 99; *Stege/Weinspach,* § 87 BetrVG Rz. 43; anders *Klebe,* in Däubler/Kittner/Klebe, § 87 BetrVG Rz. 44; *Fitting/Kaiser/Heither/Engels,* § 87 BetrVG Rz. 56; *Raab,* NZA 1993, 193, 198 f.
3 BAG v. 24. 3. 1981, AP Nr. 2 zu § 87 BetrVG 1972 – Arbeitssicherheit; BAG v. 24. 11. 1981, AP Nr. 3 zu § 87 BetrVG 1972 – Ordnung des Betriebes; BAG v. 8. 12. 1981, BAGE 37, 212, 214; BAG v. 10. 4. 1984, BB 1985, 121; BAG v. 14. 1. 1986, NZA 1986, 435.
4 BAG v. 8. 12. 1981, BAGE 37, 212, 214.
5 BAG v. 14. 1. 1986, NZA 1986, 435.
6 BAG v. 23. 9. 1986, NZA 1987, 250.
7 MünchArbR/*Matthes,* § 325 Rz. 5.
8 BAG v. 25. 5. 1988, 2316.
9 *Fitting/Kaiser/Heither/Engels,* § 87 BetrVG Rz. 61.
10 BAG v. 21. 8. 1990, NZA 1991, 154.
11 BAG v. 25. 5. 1982, BAGE 39, 76, im Hinblick auf den öffentlichen Dienst.
12 BAG v. 1. 12. 1992, NZA 1993, 711; BAG v. 8. 8. 1989, DB 1990, 893.
13 LAG München v. 30. 10. 1985, NZA 1986, 577; LAG München v. 27. 11. 1990, NZA 1991, 521; vgl. bereits BAG v. 15. 12. 1961, BAGE 12, 124, 128.

V. Mitbestimmung in sozialen Angelegenheiten   Rz. 547 Teil 4 A

zu stehen[1]; *Anordnungen über das Führen privater Telefongespräche*[2]; *Vorschriften über die Behandlung der Arbeitskleidung*[3]; *Einführung eines Formulars, auf dem die Arbeitnehmer die Notwendigkeit eines Arztbesuches während der Arbeitszeit bescheinigen lassen sollen*[4] *uam.*

Beispiele für mitbestimmungsfreies Arbeitsverhalten: 545
die Anordnung über die Führung und Ablieferung arbeitsbegleitender Papiere[5]; *die Anordnung über die Führung von Tätigkeitsberichten für Außendienstmitarbeiter*[6]; *das Ausfüllen von Überstundennachweisen*[7]; *das Ausfüllen von Tätigkeitslisten durch bestimmte Arbeitnehmergruppen zwecks rationellen Arbeitseinsatzes*[8]; *die Eintragung von Zeiten für die Ausführung bestimmter Arbeitsvorgänge in Lochkarten oder Arbeitsbogen zwecks Auswertung durch EDV für die Kalkulation*[9]; *der Erlaß einer Dienstreiseordnung, in der die Erstattung von Dienstreisekosten und das Verfahren bei der Genehmigung und Abrechnung der Dienstreise geregelt werden*[10]; *rein arbeitstechnische Anordnungen sowie die Konkretisierung der Arbeitspflicht hinsichtlich Gegenstand, Ort, Zeit, Reihenfolge sowie Art und Weise der Arbeit*[11]; *Anweisungen an Betriebshandwerker, Arbeitsbücher zu führen*[12]; *die Anordnung einer Dienstreise, die Reisezeiten außerhalb der normalen Arbeitszeit erforderlich macht*[13] *ua.*

Folgt man Teilen des Schrifttums, wonach § 87 Abs. 1 Nr. 1 BetrVG **zwei** 546
**nebeneinander stehende Mitbestimmungstatbestände enthält, so sind auch die
zuvor aufgeführten Maßnahmen mitbestimmungspflichtig**[14].

Anders als noch im BetrVG 1952 ist die **Einführung von Betriebsbußen** inzwi- 547
schen nicht mehr ausdrücklich im Gesetz geregelt. Nach herrschender Meinung ist allerdings die mitbestimmungspflichtige Einführung von Betriebsbußordnungen zulässig[15]. Nach Teilen des Schrifttums sind in Ermangelung einer

---

1 ArbG Köln v. 16. 7. 1989, AiB 1990, 73.
2 MünchArbR/*Matthes*, § 325 Rz. 6.
3 *Fitting/Kaiser/Heither/Engels*, § 87 BetrVG Rz. 61.
4 BAG v. 21. 1. 1997, BB 1997, 1690.
5 BAG v. 24. 11. 1981, AP Nr. 3 zu § 87 BetrVG 1972 – Ordnung des Betriebes; ebenso beispielsweise *GK-BetrVG/Wiese*, § 87 Rz. 177.
6 LAG Düsseldorf v. 17. 1. 1975, BB 1975, 328.
7 BAG v. 9. 12. 1980, BB 1981, 973.
8 LAG Hamm v. 23. 9. 1981, DB 1982, 385.
9 BAG v. 23. 1. 1979, DB 1981, 1144, BAG v. 24. 11. 1981, AP Nr. 3 zu § 87 BetrVG 1972 – Ordnung des Betriebes.
10 BAG v. 8. 12. 1981, BAGE 37, 212.
11 LAG Hamm vgl. BAG v. 23. 10. 1984, NZA 1985, 224 (zur Einführung von Führungsrichtlinien).
12 LAG Hamm v. 12. 11. 1976, LAGE Nr. 1 zu § 87 BetrVG 1972 – Betriebliche Ordnung.
13 BAG v. 23. 7. 1996, AP Nr. 26 zu § 87 BetrVG 1972 – Ordnung des Betriebes.
14 So denn auch *Fitting/Kaiser/Heither/Engels*, § 87 BetrVG Rz. 62.
15 BAG v. 17. 10. 1989, NZA 1990, 193, 195; BAG v. 30. 1. 1979, BB 1979, 1451; kritisch jedoch BAG v. 5. 2. 1986, NZA 1986, 782, 783.

Rechtsgrundlage Betriebsbußen grundsätzlich unzulässig[1]. Geht man mit dem BAG davon aus, daß Betriebsbußen und Ordnungsstrafen zulässig sind, dann bezieht sich das **Mitbestimmungsrecht** aber nicht nur auf die Aufstellung der Bußordnung mit ihren Bußtatbestand, sondern auch auf die Verhängung der Buße im Einzelfall, da sie der Durchsetzung der betrieblichen Ordnung dient[2]. Da Betriebsbußen der Durchsetzung der betrieblichen Ordnung dienen, ist für die Schaffung einer Betriebsbußordnung § 87 Abs. 1 Nr. 1 BetrVG Rechtsgrundlage. Neben der Mitbestimmung des Betriebsrats ist für die Wirksamkeit einer Betriebsbußordnung erforderlich, daß sie bekanntgemacht wird[3]. Weiterhin ist für die wirksame Verhängung einer Betriebsbuße die Einhaltung eines rechtsstaatlichen und ordnungsgemäßen Verfahrens erforderlich, was die Gewährung rechtlichen Gehörs und die Zulassung einer Vertretung umfaßt[4]. Von der Verhängung einer Betriebsbuße zu unterscheiden ist die nicht mitbestimmungspflichtige Abmahnung[5] oder sonstige individuelle Gestaltungsmittel wie Versetzung, Kündigung oder Vertragsstrafenansprüche[6]. Eine Betriebsbuße hat im Gegensatz zur Abmahnung einen über den Warnzweck hinausgehenden Sanktionscharakter[7].

548 Lange Zeit wurde in der Rechtsprechung die Mitbestimmungspflichtigkeit sogenannter **Krankengespräche** zwischen Arbeitgeber und Arbeitnehmer kontrovers beurteilt. Zum Teil wurde vertreten, daß ein kollektiver Bezug zur betrieblichen Ordnung und zum Arbeitsverhalten bestehe, so daß Mitbestimmungsrechte geltend gemacht werden können[8]. Nach anderer Auffassung kommt ein Mitbestimmungsrecht nicht in Betracht[9], weil entscheidend sei, daß nur ein Verhalten der Arbeitnehmer, welches keinen kollektiv-rechtlichen Bezug aufwerfe, Gegenstand des Krankengesprächs sei. Das BAG hat zwischenzeitlich entschieden, daß die Führung formalisierter Krankengespräche zur Aufklärung eines überdurchschnittlichen Krankenstandes mit einer nach abstrakten Kriterien ermittelten Mehrzahl von Arbeitnehmern gemäß § 87 Abs. 1 Nr. 1 BetrVG mitbestimmungspflichtig ist[10]. Das Verhalten, das von den Arbeitnehmern bei Krankengesprächen verlangt werde, betreffe nicht die Arbeitsleistung selbst, sondern das sogenannte Ordnungsverhalten[11].

549 Was die Mitbestimmung in Tendenzbetrieben betrifft, so wird im allgemeinen eine Einschränkung nicht in Betracht kommen, da es meist um den wertneu-

---

1 Vgl. nur *Klebe,* in Däubler/Kittner/Klebe, § 87 BetrVG Rz. 56.
2 BAG v. 7. 4. 1992, NZA 1992, 1144, 1145; BAG v. 17. 10. 1989, BAGE 63, 169, 174; BAG v. 5. 12. 1975; BAGE 27, 366.
3 Vgl. nur *Fitting/Kaiser/Heither/Engels,* § 87 BetrVG Rz. 71.
4 *Schaub,* AR-Handbuch, § 235 II.1.b, S. 1911.
5 Vgl. BAG v. 7. 11. 1979, DB 1980, 550.
6 Zutreffend *Schaub,* AR-Handbuch, § 235 II.1.b, S. 1911.
7 BAG v. 7. 11. 1979, DB 1980, 550; *Schaub,* AR-Handbuch, § 235 II.1.b., S. 1911.
8 So etwa LAG Hamburg v. 10. 7. 1991, LAGE Nr. 8 zu § 87 BetrVG 1972 – Betriebliche Ordnung.
9 So LAG Baden-Württemberg v. 5. 3. 1991, NZA 1992, 184.
10 BAG v. 8. 11. 1994, NZA 1995, 857.
11 BAG v. 8. 11. 1994, NZA 1995, 857.

tralen Arbeitsablauf des Betriebs geht[1]. Nur ausnahmsweise kann bei Fragen der Ordnung des Betriebs und des Verhaltens der Arbeitnehmer im Betrieb eine Einschränkung des Mitbestimmungsrechts nach § 118 Abs. 1 BetrVG in Betracht kommen[2]. Erforderlich ist aber, daß nicht allein der äußere reibungslose Betriebsablauf gesichert werden soll, sondern die Regelung unmittelbar der Tendenzverwirklichung dient[3]. So kann eine Einschränkung des Mitbestimmungsrechts des Betriebsrats insbesondere dann in Betracht kommen, wenn es um die Regelung allgemeiner fachlicher und pädagogischer Verhaltensvorschriften für Pflegepersonal karitativer Unternehmen/Betriebe hinsichtlich der von ihnen zu betreuenden Personengruppen geht[4].

b) Beginn und Ende der Arbeitszeit (§ 87 Abs. 1 Nr. 2 BetrVG)

Nach § 87 Abs. 1 Nr. 2 BetrVG hat der Betriebsrat über Beginn und Ende der täglichen Arbeitszeit einschließlich der Pausen sowie über die Verteilung der Arbeitszeit auf die einzelnen Wochentage mitzubestimmen. 550

aa) Beginn und Ende der täglichen Arbeitszeit

Unter täglicher Arbeitszeit ist nach dem Wortlaut des § 87 Abs. 1 Nr. 2 BetrVG nicht nur die betriebsübliche, sondern jede Art der Arbeitszeit zu verstehen[5]. Nach wie vor umstritten ist hierbei, ob dem Betriebsrat auch im Hinblick auf die Dauer der Arbeitszeit ein erzwingbares Mitbestimmungsrecht zusteht. Nach ständiger Rechtsprechung des BAG hat der Betriebsrat über die **Dauer der wöchentlichen Arbeitszeit** nicht mitzubestimmen[6]. Das BAG begründet dies mit dem Wortlaut des § 87 Abs. 1 Nr. 2 BetrVG, der keine Anhaltspunkte dafür enthalte, daß zur mitbestimmungspflichtigen Angelegenheit auch die Dauer der geschuldeten wöchentlichen Arbeitszeit gehöre[7]. Ferner wird auf den Normvorbehalt des § 87 Abs. 1 Eingangssatz BetrVG mit der Begründung verwiesen, die Dauer der Arbeitszeit folge aus Gesetz, Tarifvertrag, Einzelarbeitsvertrag und ggf. einer Betriebsvereinbarung[8]. Im Schrifttum wird demgegenüber zum Teil auch ein Mitbestimmungsrecht des Betriebsrats hinsichtlich der Dauer der wöchentlichen Arbeitszeit bejaht[9]. Die Vertreter dieser Meinung argumentieren im wesentlichen damit, daß durch die Mitbestimmung über 551

---

1 BAG v. 12. 2. 1990, NZA 1990, 575, 576.
2 *Fitting/Kaiser/Heither/Engels*, § 118 BetrVG Rz. 33; *Hess*, in Hess/Schlochauer/Glaubitz, § 118 Rz. 57; eingehend GK-BetrVG/*Fabricius*, § 118 Rz. 607 ff., 610.
3 *Hess*, in Hess/Schlochauer/Glaubitz, § 118 BetrVG Rz. 58; *Richardi*, § 118 BetrVG Rz. 121; *Fitting/Kaiser/Heither/Engels*, § 118 BetrVG Rz. 33; vgl. auch *Olderog*, NZA 1989, 412, 417.
4 Vgl. *Olderog*, NZA 1989, 412, 417.
5 BAG v. 21. 11. 1978, AP Nr. 2 zu § 87 BetrVG 1972 – Arbeitszeit.
6 BAG v. 13. 10. 1987, NZA 1988, 251, 252; BAG v. 13. 1. 1987, NZA 1987, 388; BAG v. 18. 8. 1987, NZA 1987, 779, 783.
7 BAG v. 18. 8. 1987, NZA 1987, 779, 783.
8 Vgl. BAG v. 13. 1. 1987, NZA 1987, 388.
9 *Schaub*, AR-Handbuch, § 235 II.2., S. 1913; *Klebe*, in Däubler/Kittner/Klebe, § 87 BetrVG Rz. 72 mwN; *Plander*, ArbuR 1987 281, 288; *Farthmann*, RdA 1974, 66 f.

Beginn und Ende der täglichen Arbeitszeit auch über die Dauer mitbestimmt werde, weil sich beides nicht voneinander trennen lasse[1]. Richtigerweise wird man mit dem herrschenden Schrifttum der Auffassung des BAG zu folgen haben[2]. Mit der Festlegung von Beginn und Ende der täglichen Arbeitszeit wird nämlich nicht zwangsläufig die Dauer der wöchentlichen Arbeitszeit vorgegeben[3]. Vielmehr ist denkbar, daß die Wochenarbeitszeit vorgegeben ist und in diesem Rahmen auf die Wochentage verteilt wird. Auch die Regelung des § 87 Abs. 1 Nr. 3 BetrVG spricht gegen ein solches Mitbestimmungsrecht[4]. Nach dieser Vorschrift bedarf es hinsichtlich der vorübergehenden Verkürzung oder Verlängerung der betriebsüblichen Arbeitszeit der Mitbestimmung des Betriebsrats. Daher kann die Dauer der wöchentlichen Arbeitszeit nicht dem Mitbestimmungsrecht nach § 87 Abs. 1 Nr. 2 BetrVG unterliegen[5]. Zudem wird in § 87 Abs. 1 Nr. 2 BetrVG auf Beginn und Ende der täglichen Arbeitszeit abgestellt, während die Dauer der Arbeitszeit in der Regel für die Woche durch Tarifvertrag oder Einzelvereinbarung festgelegt wird[6].

552 Dementsprechend unterliegt auch die **Dauer der wöchentlichen Arbeitszeit von Teilzeitkräften** nicht der Mitbestimmungspflicht[7]. Hinsichtlich Beginn und Ende der täglichen Arbeitszeit gilt das Mitbestimmungsrecht des Betriebsrats jedoch gleichermaßen für Voll- wie auch Teilzeitbeschäftigte[8].

553 Die Dauer der Betriebsnutzungszeit, also der Zeit, in der die betrieblichen Anlagen und Einrichtungen dadurch genutzt werden, daß die Arbeitnehmer an ihnen tatsächlich arbeiten, unterliegt nicht der Mitbestimmung des Betriebsrats[9].

bb) Pausen

554 Das Mitbestimmungsrecht erstreckt sich ferner auf Beginn, Ende und Dauer der Pausen. Bei den in § 87 Abs. 1 Nr. 2 BetrVG angesprochenen **Pausen** handelt es sich um Ruhepausen, durch die die Arbeitszeit unterbrochen wird, die also

---

1 *Schaub*, AR-Handbuch, § 235 II.2., S. 1913.
2 Ebenso *Glaubitz*, in Hess/Schlochauer/Glaubitz, § 87 BetrVG Rz. 155; *Richardi*, § 87 BetrVG Rz. 304; *Stege/Weinspach*, § 87 BetrVG Rz. 62a; *Wiese* in GK-BetrVG, § 87 Rz. 240; inzwischen auch *Fitting/Kaiser/Heither/Engels*, § 87 BetrVG Rz. 90.
3 Zutreffend *Fitting/Kaiser/Heither/Engels*, § 87 BetrVG Rz. 90.
4 Zutreffend *Fitting/Kaiser/Heither/Engels*, § 87 BetrVG Rz. 90.
5 BAG v. 18. 8. 1987, NZA 1987, 779, 783.
6 *GK-BetrVG/Wiese*, § 87, Rz. 243.
7 BAG v. 13. 10. 1987, NZA 1988, 251, bestätigt durch BAG v. 14. 3. 1989 – 1 ABR 77/87, n.v.
8 BAG v. 28. 9. 1988, NZA 1989, 184; BAG v. 13. 10. 1987, NZA 1988, 251, wo gleichzeitig ausgeführt wird, daß der Betriebsrat mitzubestimmen hat bei der Festlegung der Mindestdauer der täglichen Arbeitszeit, bei der Festlegung der Höchstzahl von Tagen in der Woche, an den teilzeitbeschäftigte Arbeitnehmer beschäftigt werden sollen, bei der Festlegung der Mindestzahl arbeitsfreier Samstage, bei der Regelung der Frage, ob die tägliche Arbeitszeit in ein oder mehreren Schichten geleistet werden soll und bei der Festlegung der Dauer der Pausen für teilzeitbeschäftigte Arbeitnehmer.
9 BAG v. 18. 12. 1990, NZA 1991, 484.

V. Mitbestimmung in sozialen Angelegenheiten

selbst nicht zur Arbeitszeit gehören und deshalb auch nicht vergütet werden müssen[1]. Daher gehören Erholungszeiten beim Akkord zur Arbeitszeit[2]. Das Mitbestimmungsrecht erstreckt sich auch auf die Dauer und Lage der Pausen[3].

cc) Verteilung der Arbeitszeit auf die einzelnen Wochentage

Nach dem Wortlaut des § 87 Abs. 1 Nr. 2 BetrVG bedarf es auch der Mitbestimmung des Betriebsrats bei der Frage der **Verteilung der wöchentlichen Arbeitszeit auf die einzelnen Wochentage**. Steht daher die Entscheidung an, ob vier, fünf oder sogar sechs Tage in der Woche gearbeitet werden soll, so ist der Betriebsrat zu beteiligen. Der Betriebsrat kann auch darüber mitbestimmen, ob und an welchen Tagen weniger bzw. kürzer gearbeitet werden soll und an welchen Tagen länger[4].

Beispiele für ein Mitbestimmungsrecht nach § 87 Abs. 1 Nr. 2 BetrVG:

Einführung einer flexiblen Arbeitszeit[5]; die Bestimmung von Probezeiten in einem Theater[6]; die Erstellung von Studienplänen für angestellte Lehrer sowohl im Hinblick auf die Festlegung von Beginn und Ende der täglichen Arbeitszeit, also der Studienblöcke, als auch hinsichtlich der Verteilung der Unterrichtszeiten auf die einzelnen Lehrer[7]; die Aufstellung von Dienstplänen[8]; auch wenn infolge der mitbestimmten Arbeitszeitregelung die gesetzlichen Ladenöffnungszeiten beeinflußt werden[9]; die Einführung der Fünf- oder Vier-Tage-Woche[10]; die Einführung und der Abbau von Schichtarbeit[11] sowie die Frage, welche Mitarbeiter von einer Schicht umgesetzt werden können[12]; die Einrichtung einer „Rufbereitschaft"[13]; die Einführung von Sonntagsar-

---

1 BAG v. 28. 7. 1981, DB 1982, 386.
2 BAG v. 28. 7. 1981, DB 1982, 386.
3 Fitting/Kaiser/Heither/Engels, § 87 BetrVG Rz. 97.
4 Vgl. Fitting/Kaiser/Heither/Engels, § 87 BetrVG Rz. 93.
5 BAG v. 18. 8. 1987, NZA 1987, 779; BAG v. 18. 4. 1989, DB 1989, 1978.
6 BAG v. 4. 8. 1981, DB 1982, 705.
7 BAG v. 23. 6. 1992, NZA 1992, 1098.
8 BAG v. 18. 4. 1989, NZA 1989, 807 für Dienstpläne in einer karitativen Einrichtung (Dialysezentrum); BAG v. 4. 6. 1969, AP Nr. 1 zu § 16 BMT-G II für die Aufstellung von Dienstplänen im Fahrdienst.
9 BAG v. 31. 8. 1982, BAGE 40, 107 für Dienstpläne von Verkaufsangestellten im Einzelhandel.
10 BAG v. 31. 1. 1989, BB 1989, 1346; BAG v. 21. 1. 1997, NZA 1997, 1009, 1011.
11 BAG v. 28. 10. 1986, NZA 1987, 248; BAG v. 18. 4. 1989, NZA 1989, 807, 809; BAG v. 26. 3. 1991, AP Nr. 32 zu § 75 BPersVG, im Hinblick auf die Mitbestimmung bei Schichtdauer für Arbeitnehmer bei NATO-Truppen; LAG Hamm v. 2. 6. 1978, EzA Nr. 5 zu § 1987 BetrVG 1972 – Arbeitszeit; vgl. auch zur Mitbestimmung bei der Absage einer Schicht LAG Hamm v. 29. 6. 1993, AiB 1994, 46 f., jedoch zu § 1987 Abs. 1 Nr. 3 BetrVG.
12 BAG v. 27. 6. 1989, NZA 1990, 35.
13 BAG v. 21. 12. 1982, BAGE 41, 200; jedoch umstritten, vgl. auch Glaubitz, in Hess/Schlochauer/Glaubitz, § 87 BetrVG Rz. 167.

beit¹; *Veranstaltung eines Sonntagsverkaufs unter Einsatz von Beschäftigten anderer Betriebe² uam.*

c) Vorübergehende Verkürzung oder Verlängerung der betriebsüblichen Arbeitszeit (§ 87 Abs. 1 Nr. 3 BetrVG)

557 Eine Ausnahme von dem Grundsatz, daß die Dauer der Arbeitszeit mitbestimmungsfrei ist, findet sich in § 87 Abs. 1 Nr. 3 BetrVG. Danach unterliegt eine nur vorübergehende Verlängerung oder Verkürzung der Arbeitszeit der **Mitbestimmung des Betriebsrates**. Unter der betriebsüblichen Arbeitszeit ist die regelmäßige betriebliche Arbeitszeit zu verstehen³. Die Vorschrift gilt gleichermaßen für Voll- wie auch Teilzeitbeschäftigte⁴. Des weiteren muß es sich um eine vorübergehende Verkürzung oder Verlängerung handeln. Eine solche vorübergehende Veränderung der Arbeitszeit liegt vor, wenn diese nur einen überschaubaren Zeitraum betrifft und nicht auf Dauer erfolgen soll⁵. Das Mitbestimmungsrecht des § 87 Abs. 1 Nr. 3 BetrVG umfaßt jede Form vorübergehender Verkürzung oder Verlängerung.

558 **Beispiel:**

die Einlegung oder Absage einer einzigen Sonder- oder Feier- bzw. Zusatzschicht⁶.

559 Besteht eine **betriebliche Übung,** Arbeitszeit an bestimmten Tagen zu verkürzen (beispielsweise am Rosenmontag), so hat der Betriebsrat ein Mitbestimmungsrecht nach § 87 Abs. 1 Nr. 3 BetrVG, wenn der Arbeitgeber abweichend davon an dem gesamten Tag Arbeitsleistung anordnen will⁷. Wird die betriebliche Übung wirksam widerrufen, so soll kein Mitbestimmungsrecht bestehen⁸.

560 Das Mitbestimmungsrecht des § 87 Abs. 1 Nr. 3 BetrVG setzt einen **kollektiven Tatbestand** voraus. Ein kollektiver Tatbestand liegt vor, wenn die Arbeitszeit aus betrieblichen Gründen verändert werden soll und Regelungsfragen auftreten, die die kollektiven Interessen der Arbeitnehmer betreffen. Es greift daher nicht ein, wenn es um die Berücksichtigung individueller Wünsche einzelner Arbeitnehmer hinsichtlich der Verkürzung oder Verlängerung der Arbeitszeit geht⁹.

---

1 Vgl. BAG v. 4. 5. 1993, NZA 1993, 856; OVG Münster v. 5. 7. 1985, NZA 1986, 478; Voraussetzung ist allerdings, daß die Sonntagsarbeit gesetzlich auch zulässig ist; vgl. *Fitting/Kaiser/Heither/Engels,* § 87 BetrVG Rz. 95.
2 BAG v. 25. 2. 1997, BB 1997, 579.
3 Vgl. nur BAG v. 16. 7. 1991, NZA 1992, 70, 71.
4 BAG v. 16. 7. 1991, NZA 1992, 70; BAG v. 23. 7. 1996, BB 1997, 472.
5 BAG v. 21. 11. 1978, AP Nr. 2 zu § 1987 BetrVG 1972 – Arbeitszeit.
6 BAG v. 13. 7. 1977, DB 1977, 2235; BAG v. 9. 5. 1984, NZA 1984, 162 f.; BAG v. 14. 2. 1991, NZA 1991, 607; LAG Hamm v. 29. 6. 1993, BB 1994, 139 f.
7 LAG Frankfurt v. 20. 7. 1993, BB 1994, 430.
8 BAG v. 12. 1. 1994, NZA 1994, 694, 696.
9 Ständige Rechtsprechung, vgl. nur BAG v. 10. 6. 1986, BB 1987, 543, 544.

V. Mitbestimmung in sozialen Angelegenheiten

Hinweis: 561
Auf die Zahl der betroffenen Arbeitnehmer kommt es dabei nicht an. Sie ist nur ein Indiz für das mögliche Bestehen eines kollektiven Tatbestandes[1].

Auch **Übergangsregelungen**, die anläßlich der Einführung oder dem Ende der Sommerzeit in Betrieben mit mehreren Schichten erforderlich werden, unterliegen dem Mitbestimmungsrecht des Betriebsrats[2]. 562

aa) Überstunden

Die **Anordnung von Überstunden** unterliegt dem Mitbestimmungsrecht nach § 87 Abs. 1 Nr. 3 BetrVG. Mit dem Begriff Überstunden wird die Arbeitszeit bezeichnet, die über die Arbeitszeit, die nach dem Tarifvertrag oder nach dem Einzelarbeitsvertrag zu leisten ist, hinausgeht[3]. Auch hier ist unerheblich, wieviel Arbeitnehmer von der Anordnung der Überstunden betroffen sind. Es reicht aus, wenn der Arbeitgeber nur für einen Arbeitnehmer Überstunden anordnen will[4]. Das Mitbestimmungsrecht entfällt auch nicht deshalb, weil ein Arbeitnehmer auf Wunsch des Arbeitgebers freiwillig Überstunden leistet[5]. 563

Darüber hinaus unterliegt nicht nur die Anordnung, sondern auch die **Duldung von Überstunden** (Entgegennahme und Bezahlung) der Mitbestimmung nach § 87 Abs. 1 Nr. 3 BetrVG, wenn ein kollektiver Tatbestand vorliegt[6]. Auch die Fragen, ob und in welchem Umfang Überstunden zu leisten sind und welche Arbeitnehmer diese Überstunden leisten sollen, sind mitbestimmungspflichtig[7]. 564

Hinweis: 565
Bei der Regelung von Überstunden sind die Grenzen des Arbeitszeitgesetzes zu beachten[8].

Von Überstunden im Sinne vorübergehend verlängerter Arbeitszeit ist **Mehrarbeit** zu unterscheiden, die dann vorliegt, wenn die gesetzlich vorgeschriebene Höchstarbeitszeit, etwa nach § 7 ArbZG, überschritten wird. Das Mitbestimmungsrecht besteht auch hier im Grundsatz unbeschränkt ohne Rücksicht darauf, ob die Arbeit zulässig ist oder Ausnahmen bewilligt wurden. Allerdings sind die Grenzen des Arbeitszeitgesetzes zu beachten[9]. 566

---

1 Vgl. nur BAG v. 10. 6. 1986, BB 1987, 543, 544; BAG v. 12. 1. 1988, NZA 1988, 517, 518; BAG v. 16. 7. 1991, BB 1991, 2156, 2157.
2 BAG v. 11. 9. 1985, AP Nr. 38 zu § 615 BGB.
3 *Fitting/Kaiser/Heither/Engels*, § 87 BetrVG Rz. 114.
4 BAG v. 10. 6. 1986, BB 1987, 543.
5 BAG v. 10. 6. 1986, BB 1987, 543.
6 BAG v. 27. 11. 1990, NZA 1991, 382.
7 *Fitting/Kaiser/Heither/Engels*, § 87 BetrVG Rz. 114.
8 BAG v. 28. 7. 1981, AP Nr. 4 zu § 1987 BetrVG 1972 – Arbeitszeit.
9 Zutreffend *Fitting/Kaiser/Heither/Engels*, § 87 BetrVG Rz. 118.

567 Der Betriebsrat kann zur vorübergehenden Einführung von Überstunden die Initiative ergreifen, ihm steht insoweit ein **Initiativrecht** zu[1].

568 Die **Zustimmungsverweigerung** des Betriebsrats zu beantragten Überstunden ist auch dann **nicht rechtsmißbräuchlich** und damit unbeachtlich, wenn der Betriebsrat diese Zustimmung von der Zahlung einer Lärmzulage abhängig macht[2].

569 **Hinweis:**
Arbeitgeber und Betriebsrat können im voraus eine Regelung für diejenigen Fälle treffen, in denen Überstunden erforderlich werden, die zwar als solche vorhersehbar sind, von denen aber nicht bekannt ist, wann sie notwendig werden[3]. Die praktische Bedeutung derartiger **Rahmenregelungen** ist erheblich, da sich auf diese Weise von vornherein unnötige Konflikte vermeiden lassen.

bb) Kurzarbeit

570 Unter Kurzarbeit ist die **vorübergehende Herabsetzung der betriebsüblichen Arbeitszeit** zu verstehen[4]. Das Mitbestimmungsrecht des Betriebsrats erstreckt sich insoweit auf die Frage, ob und in welchem Umfang Kurzarbeit eingeführt werden soll und wie die geregelte Arbeitszeit auf die einzelnen Wochentage verteilt werden soll[5].

571 Umstritten ist, ob sich das Mitbestimmungsrecht auch auf Fragen der **finanziellen Milderung der Folgen der Kurzarbeit** bezieht. Die überwiegende Meinung lehnt insoweit ein erzwingbares Mitbestimmungsrecht ab[6]. Das BAG hat sich zu dieser Frage noch nicht geäußert, obgleich es davon ausgeht, daß das Mitbestimmungsrecht nach § 87 Abs. 1 Nr. 3 BetrVG den Arbeitnehmer auch vor Entgelteinbußen schützen soll[7].

---

1 So zur Einführung von Kurzarbeit BAG v. 4. 3. 1986, BAGE 51, 187, 194; ebenso *Klebe*, in Däubler/Kittner/Klebe, § 87 BetrVG Rz. 89; *Schaub*, AR-Handbuch, § 235 II.2., S. 1912; aA LAG Hamm v. 4. 12. 1985, BB 1986, 258; *Bischoff*, NZA 1995, 1021, 1024 f.
2 LAG Nürnberg v. 6. 11. 1990, NZA 1991, 281; vgl. auch ArbG Hamburg v. 6. 4. 1993, AiB 1994, 129, das es für zulässig erachtet, die Zustimmung zu beabsichtigten Überstunden von zusätzlichen Leistungen an die betroffenen Arbeitnehmer abhängig zu machen.
3 BAG v. 12. 1. 1988, NZA 1988, 517, 518.
4 *Fitting/Kaiser/Heither/Engels*, § 87 BetrVG Rz. 121.
5 Hessisches LAG v. 14. 3. 1997, BB 1997, 217; *Klebe*, in Däubler/Kittner/Klebe, § 87 BetrVG Rz. 101; *Fitting/Kaiser/Heither/Engels*, § 87 BetrVG Rz. 121.
6 LAG Köln v. 14. 6. 1989, NZA 1989, 939 f.; LAG Nürnberg v. 22. 7. 1976 – 1 TaBV 7/76, nv.; LAG Nürnberg v. 6. 11. 1990, DB 1991, 707; *Fitting/Kaiser/Heither/Engels*, § 87 BetrVG Rz. 122; *Bischoff*, NZA 1995, 1021, 1027; *Glaubitz*, in Hess/Schlochauer/Glaubitz, § 87 BetrVG Rz. 102.
7 BAG v. 21. 11. 1978, AP Nr. 2 zu § 87 BetrVG 1972 – Arbeitszeit.

V. Mitbestimmung in sozialen Angelegenheiten

Das Mitbestimmungsrecht besteht unabhängig von den Gründen, aus denen die Einführung von Kurzarbeit erwogen wird. Führt der Arbeitgeber **Kurzarbeit** einseitig **ohne Zustimmung des Betriebsrats** ein, so bleibt es zugunsten des Arbeitnehmers bei der vertraglich vereinbarten regelmäßigen Arbeitszeit[1]. 572

Der Betriebsrat kann seinerseits die Einführung von Kurzarbeit verlangen, ihm steht ein **Initiativrecht** zu[2]. 573

Das Mitbestimmungsrecht des Betriebsrats betreffend die Einführung von Kurzarbeit wird auch durch eine formlose Regelungsabrede zwischen Betriebsrat und Arbeitgeber über die Einführung von Kurzarbeit gewahrt[3]. 574

> **Hinweis:** 575
> Mit einer solchen Regelungsabrede wird keine entsprechende Änderung der Arbeitsverträge der betroffenen Arbeitnehmer herbeigeführt. Der Arbeitgeber kann die vereinbarte Kurzarbeit gegenüber den Arbeitnehmern nicht im Wege des Direktionsrechts durchsetzen, es bedarf zur wirksamen Änderung der Arbeitsverträge einer vertraglichen Vereinbarung oder einer Änderungskündigung[4].

cc) Kurzarbeit und Überstunden im Arbeitskampf

Umstritten ist das Mitbestimmungsrecht des Betriebsrats bei Anordnung von Kurzarbeit oder Überstunden als Auswirkung von **Streiks und Aussperrung**. Nach Auffassung des BAG soll das Mitbestimmungsrecht des Betriebsrats entfallen, wenn während eines Streiks im Betrieb des Arbeitgebers dieser die betriebsübliche Arbeitszeit der arbeitswilligen Arbeitnehmer aus streikbedingten Gründen vorübergehend verlängern will[5]. Begründet wird dies mit der Neutralitätspflicht des Betriebsrats. Darüber hinaus ist auch das Mitbestimmungsrecht des Betriebsrats bei Kurzarbeit, die auf arbeitskampfbedingte Fernwirkungen zurückzuführen ist, zum Teil eingeschränkt[6]. Danach unterliegt die Regelung der Modalitäten, also das „Wie" (etwa die Verteilung der Restarbeitszeit), der Mitbestimmung. Hingegen sind die Voraussetzungen und der Umfang der Arbeitszeitverkürzung, das „Ob" der Kurzarbeit, vorgegeben und nicht von der Zustimmung des Betriebsrats abhängig[7]. Das Schrifttum hat sich zum Teil 576

---
1 Fitting/Kaiser/Heither/Engels, § 87 BetrVG Rz. 126.
2 BAG v. 4. 3. 1986, NZA 1986, 432; LAG Niedersachen v. 24. 1. 1984, DB 1984, 994 (Vorinstanz zur aufgeführten Entscheidung des BAG); LAG Frankfurt v. 8. 11. 1983, DB 1984, 672; aA die wohl überwiegende Auffassung im Schrifttum, vgl. nur GK-BetrVG/*Wiese*, § 1987 Rz. 317 mwN; ebenso MünchArbR/Matthes, § 327 Rz. 45; Fitting/Kaiser/Heither/Engels, § 87 BetrVG Rz. 127.
3 BAG v. 14. 2. 1991, NZA 1991, 607.
4 BAG v. 14. 2. 1991, NZA 1991, 607; BAG v. 27. 1. 1994, EzA Nr. 1 zu § 615 BGB – Kurzarbeit; BAG v. 17. 1. 1995 – 1 AZR 283/94, nv.
5 BAG v. 24. 4. 1979, AP Nr. 63 zu Art. 9 GG – Arbeitskampf; vgl. auch BAG v. 30. 8. 1994, NZA 1995, 183, 184.
6 BAG v. 22. 12. 1980, BAGE 34, 331.
7 BAG v. 22. 12. 1980, BAGE 34, 331.

gegen diesen Standpunkt gewandt und nimmt ein uneingeschränktes Mitbestimmungsrecht an[1].

d) Zeit, Ort und Art der Auszahlung des Arbeitsentgelts (§ 87 Abs. 1 Nr. 4 BetrVG)

577 Der Betriebsrat bestimmt nach § 87 Abs. 1 Nr. 4 BetrVG sowohl bei der Auszahlungszeit als auch dem Ort und der Art der Auszahlung des Arbeitsentgeltes mit.

578 **Arbeitsentgelt** im Sinne des § 87 Abs. 1 Nr. 4 ist die in Geld auszuzahlende Vergütung des Arbeitnehmers für geleistete Arbeit ohne Rücksicht auf ihre Bezeichnung.

Beispiele:

Gehalt, Lohn, Provision, Kindergeld, Familienzulage, Teuerungszulage, Urlaubsgeld, Reisekosten, Wegegelder, Spesen, Auslösungen etc.[2]

579 Die Frage des **Zahlungszeitpunktes** betrifft den Tag und die Stunde der Entgeltzahlungen. Der Mitbestimmung unterliegen aber auch die Zeitabschnitte der Entgeltzahlung, also die Frage, ob wöchentlich oder monatlich eine Auszahlung vorgenommen wird[3]. Demnach betrifft das Mitbestimmungsrecht auch die Festlegung der Lohnzahlungsperiode.

580 Der **Ort der Auszahlung** der Arbeitsentgelte betrifft die Frage, an welcher Stelle der Arbeitnehmer sein Arbeitsgeld in Empfang nehmen soll. Im Regelfall ist dies der Betrieb[4]. Will ein Betrieb die bargeldlose Entgeltzahlung einführen, so betrifft dies die Art der Auszahlung der Arbeitsentgelte[5]. Bei bargeldloser Entgeltzahlung entstehen dem Arbeitnehmer regelmäßig für die Errichtung und Führung eines Gehalts oder Lohnkontos Kosten in Form von Kontoführungsgebühren, Buchungsgebühren etc. Das Mitbestimmungsrecht erstreckt sich daher auch auf die Frage, wer diese Kosten zu tragen hat[6]. Ohne besondere kollektivrechtliche Vereinbarung trägt allerdings der Arbeitgeber diese Kosten nicht[7]. Eine Pauschalierung der Kosten durch Betriebsvereinbarung ist zulässig[8].

581 Werden Monteure ins **Ausland** entsandt, so ist auch die Frage mitbestimmungspflichtig, in welcher Währung die Auszahlung zu erfolgen hat[9].

---

1 Vgl. etwa *Klebe*, in Däubler/Kittner/Klebe, § 87 BetrVG Rz. 94 f.; *Fitting/Kaiser/Heither/Engels*, § 87 BetrVG Rz. 135 f.
2 *Fitting/Kaiser/Heither/Engels*, § 87 BetrVG Rz. 141.
3 Vgl. BAG v. 26. 1. 1983, AP Nr. 1 zu § 75 LPVG Rheinland-Pfalz; LAG Stuttgart v. 10. 11. 1987, NZA 1988, 325, 326.
4 *Fitting/Kaiser/Heither/Engels*, § 87 BetrVG Rz. 145.
5 Vgl. nur BAG v. 24. 11. 1987, NZA 1988, 405, 406.
6 Ständige Rechtsprechung, vgl. BVerfG v. 18. 10. 1987, AP Nr. 7 zu § 1987 BetrVG 1972; BAG v. 24. 11. 1987, NZA 1988, 405, 406; BAG v. 5. 3. 1991, NZA 1991, 611, 612.
7 Vgl. nur BAG v. 15. 12. 1976, BB 1977, 443; BVerwG v. 12. 12. 1979, AP Nr. 88 zu § 611 BGB – Fürsorgepflicht.
8 BAG v. 5. 3. 1991, NZA 1991, 611, 612; BAG v. 8. 3. 1977, BAGE 29, 40.
9 *Schaub*, AR-Handbuch, § 235 II.4., S. 1917.

V. Mitbestimmung in sozialen Angelegenheiten Rz. 584 Teil 4 A

e) Aufstellung allgemeiner Urlaubsgrundsätze und des Urlaubsplanes (§ 87 Abs. 1 Nr. 5 BetrVG)

§ 87 Abs. 1 Nr. 5 BetrVG gibt dem Betriebsrat ein Mitbestimmungsrecht bei der **Aufstellung allgemeiner Grundsätze über die Gewährung oder Versagung von Urlaub**. Durch das Mitbestimmungsrecht wird das dem Arbeitgeber bei der Festlegung der Lage des Urlaubs zustehende Gestaltungsrecht beschränkt. Dadurch sollen die Urlaubswünsche der einzelnen Arbeitnehmer und das betriebliche Interesse am Betriebsablauf sinnvoll ausgeglichen werden[1]. Das Mitbestimmungsrecht in Urlaubsfragen betrifft zunächst den Erholungsurlaub im Sinne des Bundesurlaubsgesetzes und den Zusatzurlaub für Schwerbehinderte[2]. Nach überwiegender Meinung wird aber auch der Bildungsurlaub[3] sowie jede Form von Freistellung (bezahlt oder unbezahlt)[4] erfaßt.

582

Das Mitbestimmungsrecht des Betriebsrats beginnt mit der Aufstellung allgemeiner Urlaubsgrundsätze. In diesen Urlaubsgrundsätzen werden **allgemeine Richtlinien** festgelegt, nach denen der Urlaub den Arbeitnehmern zu gewähren ist. Regelungsbedürftig ist hierbei regelmäßig die Frage, ob der Urlaub im Rahmen der Betriebsferien zu nehmen ist bzw. ob Betriebsferien überhaupt eingeführt werden sollen[5]. Nach Ansicht des BAG sind in der Einführung von Betriebsferien dringende betriebliche Belange im Sinne des § 7 Abs. 1 Satz 1 BUrlG zu sehen, hinter denen abweichende Urlaubswünsche des einzelnen Arbeitnehmers zurücktreten müssen[6]. Dem Betriebsrat steht nach zum Teil vertretener Auffassung ein **Initiativrecht** auf Einführung allgemeiner Betriebsferien zu[7].

583

Kommt es nicht zu einer Vereinbarung über Betriebsferien, so müssen allgemeine Urlaubsgrundsätze aufgestellt werden. Hierbei ist ua. zu berücksichtigen, daß Arbeitnehmer mit schulpflichtigen Kindern ihren Urlaub während der Schulferien erhalten, daß die Urlaubsgewährung eines verheirateten Arbeitnehmers mit Rücksicht auf den Urlaub des berufstätigen Ehegatten gewährt wird, Abwechselung der Urlaubserteilung in den günstigeren und ungünstigeren Monaten uam.[8] Unter Berücksichtigung der allgemeinen Urlaubsgrundsät-

584

---

1 Vgl. GK-BetrVG/*Wiese*, § 87 Rz. 386.
2 Vgl. zum Zusatzurlaub für Schwerbehinderte LAG Frankfurt v. 16. 2. 1987, BB 1987, 1461.
3 ArbG Frankfurt v. 28. 4. 1988, AiB 1988, 288; GK-BetrVG/*Wiese*, § 87 Rz. 387; Münch-ArbR/*Matthes*, § 329 Rz. 17; *Fitting/Kaiser/Heither/Engels*, § 87 BetrVG Rz. 150; *Klebe*, in Däubler/Kittner/Klebe, § 87 BetrVG Rz. 111; *Richardi*, § 87 BetrVG Rz. 483.
4 *Klebe*, in Däubler/Kittner/Klebe, § 87 BetrVG Rz. 111; GK-BetrVG/*Wiese*, § 87 Rz. 388, der jedoch zu Recht darauf hinweist, daß die Sonderregelungen des § 37 Abs. 6 Satz 2 bis 5 BetrVG der des § 87 Abs. 1 Nr. 5 vorgehen; *Fitting/Kaiser/Heither/Engels*, § 87 BetrVG Rz. 150.
5 Vgl. BAG v. 31. 5. 1988, BAGE 58, 315, 319; BAG v. 9. 5. 1984, NZA 1984, 162, 163.
6 BAG v. 28. 7. 1981, BB 1982, 616.
7 ArbG Osnabrück v. 1. 2. 1984, ArbuR 1984, 380; so *Fitting/Kaiser/Heither/Engels*, § 87 BetrVG Rz. 154; *Klebe*, in Däubler/Kittner/Klebe, § 87 BetrVG Rz. 114; Münch-ArbR/*Matthes*, § 329 Rz. 21; aA *Glaubitz*, in Hess/Schlochauer/Glaubitz, § 87 BetrVG Rz. 273a; GK-BetrVG/*Wiese*, § 87 Rz. 399.
8 Vgl. auch *Schaub*, AR-Handbuch, § 235 II.5., S. 1918.

ze ist der **Urlaubsplan** mit Beteiligung des Betriebsrats aufzustellen, dh. die Festlegung des konkreten Urlaubs der einzelnen Arbeitnehmer des Betriebs auf bestimmte Zeiten[1]. Auch hinsichtlich der eigentlichen Aufstellung des Urlaubsplanes besteht das Mitbestimmungsrecht des Betriebsrats[2]. Der Urlaubsplan ist verbindlich, der Arbeitgeber ist daher an den Plan gebunden[3].

585 Vom Urlaubsplan sind **Urlaubslisten** zu unterscheiden. Bei einer Urlaubsliste handelt es sich um ein Verzeichnis der von den Arbeitnehmern geäußerten Urlaubswünsche. Die Führung einer Urlaubsliste betrifft das Verfahren der Urlaubsgewährung und ist deshalb als Urlaubsgrundsatz mitbestimmungspflichtig[4]. Die Eintragung in eine Urlaubsliste für einen bestimmten Urlaubszeitraum stellt noch keine Urlaubsbewilligung für diesen Zeitraum dar[5]. Ist allerdings kein Urlaubsplan aufgestellt worden, kann durch die Eintragung in die Urlaubsliste der Urlaub festgelegt werden, wenn der Arbeitgeber dem Wunsch eines Arbeitnehmers nicht innerhalb angemessener Frist widerspricht[6]. Der Urlaub gilt dann nach dem Grundsatz von Treu und Glauben als erteilt.

586 Kommt zwischen einem **einzelnen Arbeitnehmer** und dem Arbeitgeber keine Einigung über die **zeitliche Lage des Urlaubs** zustande, so soll nach allgemeiner Auffassung der Betriebsrat auch in diesem Fall ein Mitbestimmungsrecht haben[7]. Dies stellt eine Ausnahme von dem Grundsatz dar, daß sich das Mitbestimmungsrecht des Betriebsrats regelmäßig nur auf die Regelung kollektiver Tatbestände erstreckt. Erteilt ein Arbeitgeber sein Einverständnis einem einzelnen Arbeitnehmer aus betrieblichen Gründen nicht, so müssen diese betrieblichen Interessen gegen die Interessen des betroffenen oder der betroffenen Arbeitnehmer abgewogen werden. Maßgeblich sind hierbei die in § 7 Abs. 1 Satz 1 BUrlG aufgestellten Grundsätze[8]. Die beiderseitigen Interessen sind im übrigen nach billigem Ermessen abzuwägen[9]. In der Rechtsprechung wird zum Teil die Auffassung vertreten, das Mitbestimmungsrecht nach § 87 Abs. 1 Nr. 5 BetrVG bestehe auch dann, wenn der bereits erteilte Urlaub widerrufen

---

1 *Fitting/Kaiser/Heither/Engels*, § 87 BetrVG Rz. 157.
2 *Klebe*, in Däubler/Kittner/Klebe, § 87 BetrVG Rz. 115.
3 Vgl. *Klebe*, in Däubler/Kittner/Klebe, § 87 BetrVG Rz. 115; GK-BetrVG/*Wiese*, § 87 Rz. 405; abweichend *Glaubitz*, in Hess/Schlochauer/Glaubitz, § 87 BetrVG Rz. 270; *Richardi*, § 87 BetrVG Rz. 493.
4 Vgl. nur GK-BetrVG/*Wiese*, § 87 Rz. 406.
5 LAG Düsseldorf v. 8. 5. 1970, DB 1970, 1136.
6 LAG Düsseldorf v. 8. 5. 1970, DB 1970, 1136; LAG Frankfurt v. 5. 4. 1956, DB 1956, 647; GK-BetrVG/*Wiese*, § 87 Rz. 406 mwN.
7 LAG München v. 23. 3. 1988, LAGE Nr. 13 zu § 611 BGB – Abmahnung; ArbG Frankfurt v. 28. 4. 1988, AiB 1988; *Glaubitz*, in Hess/Schlochauer/Glaubitz, § 87 BetrVG Rz. 278; *Fitting/Kaiser/Heither/Engels*, § 87 BetrVG Rz. 160; MünchArbR/Matthes, § 329 Rz. 19; *Schaub*, AR-Handbuch, § 235 II.5., S. 1918; aA GK-BetrVG/*Wiese*, § 87 Rz. 411.
8 *Fitting/Kaiser/Heither/Engels*, § 87 BetrVG Rz. 160.
9 Vgl. nur BAG v. 4. 12. 1970, BB 1971, 220.

V. Mitbestimmung in sozialen Angelegenheiten

werden solle und hierüber kein Einvernehmen erzielt werden könne[1]. Nach herrschender Meinung im Schrifttum ist der **Widerruf** eines bewilligten Urlaubs oder der **Rückruf** des Arbeitnehmers aus dem Urlaub nicht mitbestimmungspflichtig[2].

Das Mitbestimmungsrecht nach § 87 Abs. 1 Nr. 5 BetrVG bezieht sich nicht auf die **Dauer des Urlaubs**. Hierfür sind die gesetzlichen Bestimmungen des Bundesurlaubsgesetzes und evtl. tarifliche Vorschriften maßgeblich[3]. Regelmäßig treffen auch die Parteien des Arbeitsvertrages Regelungen über die Dauer des Urlaubs. Die Höhe und Berechnung des **Urlaubsentgelts** unterfällt ebenfalls nicht dem Mitbestimmungsrecht nach § 87 Abs. 1 Nr. 5 BetrVG. Das gilt gleichermaßen für das zusätzliche **Urlaubsgeld**.

587

f) Einführung und Anwendung technischer Einrichtungen zur Verhaltens- und Leistungsüberwachung (§ 87 Abs. 1 Nr. 6 BetrVG)

Gemäß § 87 Abs. 1 Nr. 6 BetrVG besteht ein Mitbestimmungsrecht bei der Einführung und Anwendung von technischen Einrichtungen, die dazu bestimmt sind, das Verhalten und die Leistung der Arbeitnehmer zu überwachen. Schutzzweck des Gesetzes ist es, den **Eingriff in das Persönlichkeitsrecht** des Arbeitnehmers mittels technischer Kontrolleinrichtungen nur nach Mitbestimmung des Betriebsrats zuzulassen[4]. Die Vorschrift geht als Spezialvorschrift der Regelung des Abs. 1 Nr. 1 vor, soweit eine Verhaltens- oder Leistungskontrolle der Arbeitnehmer durch technische Einrichtungen erfolgt[5]. Die Bestimmung des § 87 Abs. 1 Nr. 6 BetrVG hat durch die Einführung und der Datenverarbeitungstechnologien erheblich an Bedeutung gewonnen[6].

588

Der Betriebsrat hat ein Mitbestimmungsrecht sowohl bei der **Einführung** wie auch bei der **Anwendung**[7]. Das Mitbestimmungsrecht entfällt, wenn die Kontrolleinrichtung, beispielsweise der Fahrtenschreiber, gesetzlich vorgeschrieben ist[8]. Führt der Arbeitgeber eine Kontrolleinrichtung ohne Zustimmung des Betriebsrats ein, so steht den Arbeitnehmern ein Leistungsverweigerungsrecht

589

---

1 LAG München v. 23. 3. 1988, LAGE Nr. 13 zu § 611 BGB – Abmahnung.
2 So etwa MünchArbR/*Matthes*, § 329 Rz. 34; vgl. ferner *Fitting/Kaiser/Heither/Engels*, § 87 BetrVG Rz. 159, der ausführt, ein Widerruf des Urlaubs im Einzelfall aus dringenden betrieblichen Gründen richte sich nur nach urlaubsrechtlichen Grundsätzen und unterliege nicht dem Mitbestimmungsrecht; *Glaubitz*, in Hess/Schlochauer/Glaubitz, § 87 BetrVG Rz. 279; GK-BetrVG/*Wiese*, § 87 Rz. 408.
3 *Fitting/Kaiser/Heither/Engels*, § 87 BetrVG Rz. 162.
4 Vgl. *Schaub*, AR-Handbuch, § 235 II.6., S. 1919.
5 Vgl. GK-BetrVG/*Wiese*, § 87 Rz. 422; *Glaubitz*, in Hess/Schlochauer/Glaubitz, § 87 BetrVG Rz. 287; *Fitting/Kaiser/Heither/Engels*, § 87 BetrVG Rz. 164; vgl. auch BAG v. 9. 9. 1975, BAGE 27, 259; abweichend *Richardi*, § 87 BetrVG Rz. 523.
6 Vgl. MünchArbR/*Matthes*, § 330 Rz. 3.
7 *Schaub*, AR-Handbuch, § 235 II.6.c., S. 1921.
8 BAG v. 10. 7. 1979, AP Nr. 3 zu § 87 BetrVG 1972 – Überwachung.

zu[1]. Dieses Leistungsverweigerungsrecht hat keine negativen Auswirkungen auf den Entgeltanspruch[2].

aa) Technische Einrichtungen

590 Unter technischen Einrichtungen sind Geräte und Anlagen zu verstehen, die mit den Mitteln der Technik eine **eigene Leistung** im Zuge der Überwachung überbringen, indem sie selbst Tätigkeiten verrichten, die sonst der überwachende Mensch wahrnehmen muß[3]. Durch ihre eigene Leistung unterscheiden sich die technischen Einrichtungen vom bloßen technischen Hilfsmittel beim Überwachungsvorgang, wie etwa einem Fernrohr, Einlegscheiben ua. Auch bloße Zugangssicherungssysteme sind keine technischen Überwachungseinrichtungen iSd. § 87 Abs. 1 Nr. 6 BetrVG[4]. Das gleiche gilt für eine Stoppuhr, die ein Vorgesetzter zur Feststellung des Zeitverbrauchs für einen Arbeitsvorgang benutzt[5]. Auch herkömmliche Schreibgeräte, mit denen der Arbeitnehmer seine Arbeitsleistung auf Papier aufschreibt, sind keine technischen Einrichtungen mit einer eigenständigen Kontrollwirkung[6].

591 **Beispiele** für technische Überwachungseinrichtungen:

Film- und Videokameras; die Fertigung von Tonbandaufnahmen oder Aufnahmen von Telefongesprächen; Zeiterfassungsgeräte (Stechuhren, Zeitstempler etc.); Produktographen, dh. Geräte, die Daten über Lauf und Ausnutzung von Maschinen aufzeichnen; Fotokopiergeräte mit persönlicher Code-Nummer für Benutzer; Fahrtenschreiber, soweit nicht gesetzlich vorgeschrieben; Geräte zur automatischen Erfassung von Telefondaten oder -gebühren; Bildschirme, die mit einem Rechner verbunden sind, der die Tätigkeit der Arbeitnehmer festhält; die Einführung von Computerinformationssystemen; Personalabrechnungs- und Personalinformationssysteme wie zB Paisy uam.[7].

592 Auf Ort und Bezeichnung der technischen Einrichtung kommt es nicht an, entscheidend ist vielmehr deren **Funktion** als Mittel zur Arbeitnehmerüberwachung[8].

bb) Überwachung

593 Unter dem Begriff der Überwachung wird das **Sammeln und Festhalten von Daten,** die mit anderen Daten verglichen werden, also zB das Feststellen der

---

1 *Schaub,* AR-Handbuch, § 235 II.6.c., S. 1921; *Fitting/Kaiser/Heither/Engels,* § 87 BetrVG Rz. 205; *Klebe,* in Däubler/Kittner/Klebe, § 87 BetrVG Rz. 135; *Richardi,* § 87 BetrVG Rz. 578; aA *Glaubitz,* in Hess/Schlochauer/Glaubitz, § 87 BetrVG Rz. 330.
2 Vgl. nur *Fitting/Kaiser/Heither/Engels,* § 87 BetrVG Rz. 205.
3 BVerwG v. 31. 8. 1988, NJW 1989, 848 f.
4 BAG v. 10. 4. 1984, DB 1984, 2097.
5 BAG v. 8. 11. 1994, NZA 1995, 313.
6 BAG v. 24. 11. 1981, DB 1982, 1116.
7 Vgl. nur die zahlreichen Nachweise bei *Fitting/Kaiser/Heither/Engels,* § 87 BetrVG Rz. 194 ff.; GK-BetrVG/*Wiese,* § 87 Rz. 431 ff.; MünchArbR/*Matthes,* § 330 Rz. 7; *Schaub,* AR-Handbuch, § 235 II.6.c., S. 1921.
8 MünchArbR/*Matthes,* § 330 Rz. 7.

V. Mitbestimmung in sozialen Angelegenheiten

Ankunftszeit mittels Stempeluhr und Vergleich mit dem Beginn der Dienstzeit (Soll-Ist-Vergleich), verstanden[1]. Die Merkmale des „Sammelns" und „Verarbeitens" von Informationen müssen nicht zusammen vorliegen, es reicht schon für sich das Vorliegen des „Sammelns" oder „Verarbeitens" von Informationen zur Annahme einer Überwachung aus[2].

Zur Überwachung bestimmt ist eine technische Einrichtung dann, wenn diese aufgrund des verwendeten Programmes Verhaltens- oder Leistungsdaten selbst erhebt und aufzeichnet, unabhängig davon, ob der Arbeitgeber die durch die technische Einrichtung erfaßten und festgehaltenen Verhaltens- und Leistungsdaten auch auswerten oder für Reaktionen auf festgestellte Verhaltens- oder Leistungsweisen verwenden will[3]. Die Überwachung muß sich auf die Leistung oder das Verhalten des Arbeitnehmers beziehen. Leistung ist die vom Arbeitnehmer in Erfüllung seiner Verpflichtung erbrachte Arbeit[4]. Verhalten ist jedes Tun oder Unterlassen im betrieblichen und außerbetrieblichen Bereich, das für das Arbeitsverhältnis erheblich werden kann[5].

594

Entsprechend dem Zweck des § 87 Abs. 1 Nr. 6 BetrVG, die Arbeitnehmer vor Eingriffen in ihren Persönlichkeitsbereich und dem damit verbundenen Überwachungsdruck zu schützen, genügt es, wenn die Einrichtung aufgrund ihrer technischen Gegebenheiten und ihres konkreten Einsatzes **objektiv zur Überwachung der Arbeitnehmer geeignet** ist; unerheblich ist, ob dies nur Nebeneffekt der technischen Einrichtung ist oder ob die erfaßten Arbeitnehmerdaten vom Arbeitgeber ausgewertet werden[6]. Aufgrund der mangelnden objektiven Eignung zur Überwachung sind daher nicht mitbestimmungspflichtig Anordnungen des Arbeitgebers, Tätigkeitsberichte zu stellen oder Arbeitsbücher zu führen[7]. Entscheidend ist im Hinblick auf das Merkmal der Überwachung, daß die technische Einrichtung eine eigenständige Kontrollwirkung hat. Dies ist nicht der Fall, wenn der Arbeitgeber einzelnen Arbeitnehmern gestattet, ihre privaten Computer im Betrieb zu nutzen[8].

595

Ein Mitbestimmungsrecht besteht auch dann nicht, wenn die Kontrolldaten ohne Individualisierung nur **einer Gruppe zugeordnet** werden können[9]. Wenn der von der technischen Einrichtung ausgehende Überwachungsdruck auf die Gruppe aber auch auf den einzelnen Arbeitnehmer durchschlägt, was regel-

596

---

1 Vgl. nur BAG v. 14. 9. 1984, NZA 1985, 28, 29 f.
2 BAG v. 14. 9. 1984, NZA 1985, 28, 30.
3 BAG v. 14. 9. 1984, NZA 1985, 28, 29 f.
4 Vgl. BAG v. 23. 4. 1985, NZA 1985, 671, 672 f.; BAG v. 18. 2. 1986, NZA 1986, 488, 489.
5 *Schaub*, AR-Handbuch, § 235 II.6.b., S. 1920.
6 Vgl. nur BAG v. 14. 5. 1974, ArbuR 1974, 216; BAG v. 9. 9. 1975, BAGE 27, 256; BAG v. 10. 7. 1979, AP Nr. 3 zu § 87 BetrVG 1972 – Überwachung; BAG v. 6. 12. 1983, BB 1984, 850, 854; BAG v. 23. 4. 1985, NZA 1985, 671, 672; BVerwG v. 16. 12. 1987, NZA 1988, 513.
7 Vgl. auch zum Führen von Arbeitsbüchern BAG v. 9. 12. 1980, BB 1981, 973, 974; BAG v. 24. 11. 1981, BAGE 37, 112.
8 BVerwG v. 12. 10. 1989, NZA 1990, 451.
9 BAG v. 6. 12. 1983, BB 1984, 850, 853.

mäßig bei kleinen Gruppen der Fall ist, kann das Mitbestimmungsrecht eingreifen[1].

597 Umstritten ist, ob dem Betriebsrat ein **Initiativrecht** zur Einführung von technischen Kontrolleinrichtungen, wie beispielsweise Stechuhren, zusteht. Das BAG verneint dies[2]. Die Abschaffung einer aufgrund einer solchen Initiative eingerichteten technischen Kontrolleinrichtung bedarf daher auch nicht der Zustimmung des Betriebsrats[3]. Das Schrifttum hat sich zum Teil gegen diesen Standpunkt gewandt[4]. Richtigerweise wird man ein Initiativrecht im aufgeführten Sinne verneinen müssen, da das Mitbestimmungsrecht des Betriebsrats nach § 87 Abs. 1 Nr. 6 BetrVG dem Schutz der Arbeitnehmer vor den Gefahren einer technischen Überwachung dient[5].

cc) Erhebung und Speicherung von Arbeitnehmerdaten

598 Das Speichern in rechtlich zulässiger Weise erhobener Daten ist im Rahmen der Zweckbestimmung des Arbeitsverhältnisses – mit den Einschränkungen durch das informationelle Selbstbestimmungsrecht – zulässig. Maßgebend für die im Rahmen der Zweckbestimmung vorzunehmende Interessenabwägung ist der Grundsatz der **Verhältnismäßigkeit**. Dabei muß dem berechtigten Informationsinteresse des Arbeitgebers Rechnung getragen werden. Unter Berücksichtigung der beiderseitigen Belange dürfen aus einem Personalfragebogen das Geschlecht, der Familienstand, die schulische Ausbildung und die Ausbildung in Lehr- und anderen Berufen, die Fachschulausbildung, etwaige Sprachkenntnisse, die Anschrift usw. gespeichert werden[6]. Die Speicherung der genannten Daten verletzt nicht das Mitbestimmungsrecht des Betriebsrats bei einer Leistungs- und Verhaltenskontrolle nach § 87 Abs. 1 Nr. 6 BetrVG, weil diese Daten nichts über Verhalten und Leistung des Arbeitnehmers aussagen[7].

g) Regelungen über die Verhütung von Arbeitsunfällen und Berufskrankheiten sowie über Gesundheitsschutz (§ 87 Abs. 1 Nr. 7 BetrVG)

599 Nach § 87 Abs. 1 Nr. 7 BetrVG besteht ein Mitbestimmungsrecht des Betriebsrats für Regelungen zur Verhütung von Arbeitsunfällen und Berufskrankheiten sowie zum Gesundheitsschutz, soweit es um die **Ausfüllung des Rahmens der gesetzlichen öffentlich-rechtlichen Schutzvorschriften und der Unfallverhütungsvorschriften (UVV) der Berufsgenossenschaft** geht. Das Mitbestimmungs-

---

1 BAG v. 18. 2. 1986, NZA 1986, 488; BAG v. 26. 7. 1994, NZA 1995, 185, wo das BAG zugleich feststellt, daß ein Gruppenakkord einen solchen Überwachungsdruck bzw. Anpassungszwang erzeugen könne.
2 BAG v. 28. 11. 1989, NZA 1990, 406.
3 BAG v. 28. 11. 1989, NZA 1990, 406.
4 Vgl. nur *Klebe*, in Däubler/Kittner/Klebe, § 87 BetrVG Rz. 135; *Fitting/Kaiser/Heither/Engels*, § 87 BetrVG Rz. 200.
5 Zutreffend MünchArbR/*Matthes*, § 330 Rz. 54; ebenso GK-BetrVG/*Wiese*, § 87 Rz. 491 mwN.
6 BAG v. 22. 10. 1986, NZA 1987, 415.
7 BAG v. 22. 10. 1986, NZA 1987, 415; aA. *Fitting/Kaiser/Heither/Engels*, § 87 BetrVG Rz. 172.

recht nach § 87 Abs. 1 Nr. 7 BetrVG ist im Zusammenhang mit § 89 BetrVG zu sehen. § 89 BetrVG sieht eine Zusammenarbeit des Betriebsrats mit staatlichen Stellen zur Verhütung von Arbeitsunfällen vor.

Voraussetzung für die Ausübung dieses Mitbestimmungsrechts ist, daß **ausfüllungsbedürftige Rahmenvorschriften** vorhanden sind[1]. Ein bedeutsamer Anwendungsbereich für die Mitbestimmung im Rahmen des § 87 Abs. 1 Nr. 7 BetrVG wird mit dem Gesetz über Betriebsärzte, Sicherheitsingenieure und andere Fachkräfte für Arbeitssicherheit (ASiG) eröffnet. Dieses Gesetz verpflichtet die Arbeitgeber, ihre Betriebe daraufhin zu überprüfen, ob der Einsatz von Betriebsärzten und Fachkräften für Arbeitssicherheit erforderlich ist[2]. Als weitere ausfüllungsfähige Rahmenvorschriften werden nach ganz herrschender Meinung auch die sog. Generalklauseln in §§ 120 a GewO, 62 HGB, 618 BGB, 3 Abs. 1 ArbeitsstättenVO angesehen[3]. Das Mitbestimmungsrecht besteht nur im Rahmen der ausfüllungsbedürftigen Rahmenvorschriften. Demnach entfällt es, wenn bereits eine bestimmte und konkrete Regelung vorgeschrieben ist[4]. Anders ausgedrückt setzt der Mitbestimmungstatbestand voraus, daß eine Arbeitsschutzvorschrift besteht, die durch Regelungen ausgefüllt werden soll, die also nicht bereits aus sich selbst heraus abschließend und unmittelbar Schutzstandards festlegt[5]. 600

Beispiele: 601

Rauchverbote; die Verpflichtung, Schutzausrüstungen zu tragen, soweit sie sich nicht bereits aus den UVV ergibt; die Einführung von Lärmpausen; die Aufstellung eines Flucht- bzw. Rettungsplans uam.[6].

Bedeutsam ist das Mitbestimmungsrecht nach § 87 Abs. 1 Nr. 7 BetrVG in den letzten Jahren im Hinblick auf die **Einrichtung von Bildschirm-Arbeitsplätzen** geworden. Konkret auf Bildschirm-Arbeitsplätze bezogene Rahmenvorschriften existieren allerdings nicht, da die zum 1. 1. 1981 erlassenen Sicherheitsregeln für Bildschirm-Arbeitsplätze im Bürobereich des Hauptverbandes der gewerblichen Berufsgenossenschaften keine Normqualität haben[7]. Als ausfüllungsbedürftige Rahmenvorschriften kommen allerdings die Generalklauseln in Betracht, die gemeinschaftskonform unter Berücksichtigung der europäischen Bildschirmrichtlinie vom 29. 5. 1990 auszulegen sind[8]. So kann der Betriebsrat über § 120a GewO und Art. 7 der EG-Bildschirmrichtlinie betriebliche Regelungen über die Unterbrechung von Bildschirmarbeit durch andere Tätigkeiten oder Pausen verlangen[9]. 602

---

1 BAG v. 6. 12. 1983, BB 1984, 850, 851; BAG v. 28. 7. 1981, BB 1982, 493.
2 Vgl. auch *Fitting/Kaiser/Heither/Engels*, § 87 BetrVG Rz. 209.
3 Vgl. nur *Schaub*, AR-Handbuch, § 235 II.7.b, S. 1922, sowie die zahlreichen Nachweise bei *Klebe*, in Däubler/Kittner/Klebe, § 87 BetrVG Rz. 177.
4 Vgl. nur *Schaub*, AR-Handbuch, § 235 II.7.b., S. 1922.
5 *Klebe*, in Däubler/Kittner/Klebe, § 87 BetrVG Rz. 168.
6 Vgl. im übrigen die Beispiele bei *Klebe*, in Däubler/Kittner/Klebe, § 87 BetrVG Rz. 188 ff.; GK-BetrVG/*Wiese*, § 87 Rz. 506 ff.
7 BAG v. 6. 12. 1983, BB 1984, 850, 851.
8 Eingehend: *Klebe*, in Däubler/Kittner/Klebe, § 87 BetrVG Rz. 200.
9 BAG v. 2. 4. 1996, BB 1996, 959.

603 Auch im Rahmen der Mitbestimmung nach § 87 Abs. 1 Nr. 7 BetrVG hat der Betriebsrat nach überwiegender Auffassung in vollem Umfang ein **Initiativrecht**[1].

h) Sozialeinrichtungen (§ 87 Abs. 1 Nr. 8 BetrVG)

604 Gem. § 87 Abs. 1 Nr. 8 BetrVG steht dem Betriebsrat ein erzwingbares Mitbestimmungsrecht bei **Form, Ausgestaltung und Verwaltung von Sozialeinrichtungen,** deren Wirkungsbereich auf den Betrieb, das Unternehmen oder den Konzern beschränkt ist, zu.

605 Während das BetrVG 1952 noch von Wohlfahrtseinrichtungen sprach, verwendet das BetrVG 1972 nunmehr den **Begriff der Sozialeinrichtung.** Eine nach § 87 Abs. 1 Nr. 8 BetrVG mitbestimmungspflichtige Sozialeinrichtung liegt nur dann vor, wenn sachliche oder finanzielle Mittel auf Dauer für bestimmte soziale Zwecke verselbständigt werden und damit einer besonderen Verwaltung bedürfen[2]. Die Einrichtung muß „sozialen" Zwecken dienen, dh. den Arbeitnehmern des Betriebes und eventuell auch deren Familienangehörigen sollen über das unmittelbare Arbeitsentgelt für die Arbeitsleistung hinaus weitere Vorteile gewährt werden, um deren soziale Lage zu verbessern[3]. Wesentlich ist für die Bestimmung einer Sozialeinrichtung, daß diese nicht einem unbestimmten Personenkreis zur Verfügung steht[4]. Dieses Erfordernis ergibt sich schon aus dem Wortlaut des § 87 Abs. 1 Nr. 8 BerVG, wonach die Sozialeinrichtung vom Arbeitgeber für die Arbeitnehmer eines Betriebs, Unternehmens oder Konzerns errichtet sein muß.

606 **Beispiele** für mitbestimmungspflichtige Sozialeinrichtungen:

Kantinen und Kasinos[5]; *Verkaufsstellen und Automaten zum Verkauf verbilligter Ware*[6]; *Erholungsheime*[7]; *Betriebswohnheime*[8]; *Betriebskindergärten*[9]; *Werksbüchereien*[10]; *Parkräume*[11]; *Werksverkehr mit Bussen, soweit eine eigenständige Organisation besteht*[12], uam.

---

1 Vgl. nur GK-BetrVG/*Wiese,* § 87 Rz. 534.
2 BAG v. 9. 7. 1985, ArbuR 1985, AP Nr. 16 zu § 75 BPersVG.
3 *Fitting/Kaiser/Heither/Engels,* § 87 BetrVG Rz. 226.
4 Vgl. BAG v. 21. 6. 1979, BB 1979, 1718; BAG v. 21. 10. 1980, AP Nr. 8 zu § 111 BetrVG 1972; *Klebe,* in Däubler/Kittner/Klebe, § 87 BetrVG Rz. 210; *Schaub,* AR-Handbuch, § 235 II.8., S. 1924.
5 BAG v. 15. 9. 1987, NZA 1988, 104.
6 Vgl. *Schaub,* AR-Handbuch, § 235 II.8., S. 1924.
7 Vgl. BAG v. 3. 6. 1975, AP Nr. 3 zu § 87 BetrVG 1972 – Werkmietwohnungen.
8 BVerwG v. 24. 4. 1992, AP Nr. 11 zu § 1987 BetrVG 1972 – Sozialeinrichtung.
9 LAG Hamm v. 27. 11. 1975, DB 1976, 201.
10 *Fitting/Kaiser/Heither/Engels,* § 87 BetrVG Rz. 234.
11 ArbG Wuppertal v. 7. 1. 1975, BB 1975, 561.
12 BAG v. 9. 7. 1985, AP Nr. 16 zu § 75 BPersVG.

V. Mitbestimmung in sozialen Angelegenheiten   Rz. 611 Teil 4 A

Beispiele für mitbestimmungsfreie Einrichtungen: 607
nach wohl überwiegender Meinung Werkszeitungen[1]; *Betriebskrankenkassen als gesetzliche Träger der Sozialversicherung*[2]; *einmalige finanzielle Zuwendungen des Arbeitgebers (Gratifikationen)*[3]; *Gewährung von Arbeitgeberdarlehen*[4]; *Busverkehr durch Dritte*[5]; *Unterstützungskassen, die für einen Gewerbezweig oder für eine Mehrzahl nichtkonzernverbundener Arbeitgeber errichtet worden sind*[6], *und Stiftungen eines Aktionärs oder Aufsichtsratsmitgliedes*[7].

Nach richtiger Auffassung liegt eine Sozialeinrichtung zum Zwecke der **betrieblichen Altersversorgung** nur dann vor, wenn diese aus einem zweckgebundenen Sondervermögen geleistet wird[8]. 608

Nach § 87 Abs. 1 Nr. 8 BetrVG unterliegt die Form, Ausgestaltung und Verwaltung von Sozialeinrichtungen der Mitbestimmung des Betriebsrats, **nicht** aber die Entscheidung des Arbeitgebers, **ob** er überhaupt eine Sozialeinrichtung errichten oder wieder schließen will[9]. Mitbestimmungspflichtig ist jedoch beispielsweise die Erhöhung der Kantinenpreise oder der Beiträge für einen Betriebskindergarten[10]. 609

Darüber hinaus bezieht sich die erzwingbare Mitbestimmung auch auf die **Ausgestaltung**, also die Satzung, Organisation der Einrichtung sowie deren Verfahrensvorschriften und Richtlinien[11]. Das Mitbestimmungsrecht kann durch den Betriebsrat auch dergestalt ausgeübt werden, daß dieser in den Verwaltungsorganen der jeweiligen Sozialeinrichtung gleichberechtigt vertreten ist[12]. 610

Unterbleibt eine Mitbestimmung des Betriebsrats nach § 87 Abs. 1 Nr. 8 BetrVG, so kann dies auch **individual-rechtliche Folgen** haben. Maßnahmen zum Nachteil der Arbeitnehmer, die unter Verstoß gegen das Mitbestimmungsrecht zustande gekommen sind, sind individual-rechtlich unwirksam[13]. Dies soll auch dann gelten, wenn die Sozialeinrichtung rechtlich verselbständigt ist[14]. 611

---

1 So etwa *Fitting/Kaiser/Heither/Engels*, § 87 BetrVG Rz. 235; *Schaub*, AR-Handbuch, § 235 II.8., S. 1924; *Glaubitz*, in Hess/Schlochauer/Glaubitz, § 87 BetrVG Rz. 395; GK-BetrVG/*Wiese*, § 87 Rz. 589; aA *Klebe*, in Däubler/Kittner/Klebe, § 87 BetrVG Rz. 226.
2 Vgl. nur GK-BetrVG/*Wiese*, § 87 Rz. 590.
3 *Schaub*, AR-Handbuch, § 235 II.8., S. 1924.
4 BAG v. 9. 12. 1980, BAGE 34, 297; zugleich jedoch ein Mitbestimmungsrecht nach § 87 Abs. 1 Nr. 10 BetrVG bejahend.
5 LAG Schleswig-Holstein v. 17. 3. 1983, BB 1984, 140.
6 BAG v. 22. 4. 1986, NZA 1986, 574.
7 *Schaub*, AR-Handbuch, § 235 II.8., S. 1924.
8 *Schaub*, AR-Handbuch, § 235 II.8., S. 1925.
9 Vgl. nur BAG v. 3. 6. 1975, AP Nr. 3 zu § 87 BetrVG 1972 – Werkmietwohnungen.
10 BAG v. 6.12. 1963, BAGE 15, 136; LAG Hamm v. 27. 11. 1975, DB 1976, 201.
11 BAG v. 26. 4. 1988, NZA 1989, 219; vgl. auch BAG v. 13. 3. 1973, AP Nr. 1 zu § 87 BetrVG 1972 – Werkmietwohnungen.
12 Vgl. BAG v. 9. 5. 1989, BAGE 62, 26.
13 *Fitting/Kaiser/Heither/Engels*, § 87 BetrVG Rz. 258.
14 BAG v. 26. 4. 1988, NZA 1989, 219; BAG v. 10. 3. 1992, NZA 1992, 949.

i) Werkswohnungen (§ 87 Abs. 1 Nr. 9 BetrVG)

612 Der Mitbestimmungstatbestand des § 87 Abs. 1 Nr. 9 BetrVG wird als ein Sonderfall des Mitbestimmungsrechts nach § 87 Abs. 1 Nr. 8 BetrVG angesehen[1]. Das Mitbestimmungsrecht besteht nur für **funktionsgebundene und sonstige Werkmietwohnungen,** jedoch nicht für Werkdienstwohnungen, da diese aufgrund des Arbeitsvertrages überlassen werden[2]. Voraussetzung des Mitbestimmungsrechts ist, daß ein Mietvertrag über Wohnraum abgeschlossen wird oder werden soll. Wohnräume sind Räume jeder Art, die zum Wohnen geeignet und bestimmt sind; es kommt nicht darauf an, ob es sich um eine vollständige Wohnung oder nur um ein einzelnes Zimmer handelt, ob die Wohnung von einzelnen oder von mehreren Personen belegt ist[3]. Zu Wohnräumen gehören daher auch Behelfsheime, Baracken, Wohnwagen oder andere Schlafstätten[4]. Unerheblich ist auch, ob die Räume kurz- oder langfristig überlassen werden sollen[5]. Umstritten ist jedoch, ob das Mitbestimmungsrecht auch bei unentgeltlicher Raumüberlassung besteht[6]. Da nach dem Wortlaut des § 87 Abs. 1 Nr. 9 BetrVG eine Vermietung von Wohnräumen vorausgesetzt wird, also eine entgeltliche Nutzungsüberlassung (vgl. § 535 BGB), wird man richtigerweise ein Mitbestimmungsrecht bei einer unentgeltlichen Gebrauchsüberlassung verneinen müssen.

613 Werden die Werkswohnungen als **Sozialeinrichtung** errichtet und verwaltet, so folgt das Mitbestimmungsrecht schon aus § 87 Abs. 1 Nr. 8 BetrVG[7].

614 Bei der Vergabe von Wohnungen an Arbeitnehmer und nicht vom Betriebsrat repräsentierte Personen aus einem einheitlichen Bestand erstreckt sich das Mitbestimmungsrecht des Betriebsrats auf alle Wohnungen, also auch auf die Vergabe an dritte Personen. Denn jede Wohnung, die einem Dritten überlassen wird, kann nicht mehr an einen Arbeitnehmer vergeben werden[8]. Dem Arbeitgeber steht es jedoch frei, ob er Werkmietwohnungen überhaupt zur Verfügung stellen will[9]. Die **Schließung oder Teilschließung** eines Bestandes von Werkswohnungen ist daher **mitbestimmungsfrei**[10]. Unter diesem Aspekt unterliegt es auch nicht der Mitbestimmung, wenn der Arbeitgeber sich entschließt, bestimmte Wohnungen künftig nicht mehr an vom Betriebsrat repräsentierte

---

1 Vgl. *Fitting/Kaiser/Heither/Engels,* § 87 BetrVG Rz. 259; BAG v. 13. 3. 1973, AP Nr. 1 zu § 87 BetrVG 1972 – Werkmietwohnungen spricht insoweit von einem „Unterfall".
2 BAG v. 3. 6. 1975, AP Nr. 3 zu § 87 BetrVG 1972 – Werkmietwohnungen.
3 BAG v. 3. 6. 1975, AP Nr. 3 zu § 87 BetrVG 1972 – Werkmietwohnungen.
4 *Fitting/Kaiser/Heither/Engels,* § 87 BetrVG Rz. 260.
5 *Fitting/Kaiser/Heither/Engels,* § 87 BetrVG Rz. 260.
6 Dafür etwa *Klebe,* in Däubler/Kittner/Klebe, § 87 BetrVG Rz. 229; *Richardi,* § 87 BetrVG Rz. 748; *Fitting/Kaiser/Heither/Engels,* § 87 BetrVG Rz. 260; dagegen *Schaub,* AR-Handbuch, § 235 II.9.b., S. 1926; GK-BetrVG/*Wiese,* § 87 Rz. 661.
7 *Schaub,* AR-Handbuch, § 235 II.9.a., S. 1926.
8 BAG v. 23. 3. 1993, NZA 1993, 766, 767.
9 BAG v. 23. 3. 1993, NZA 1993, 766, 767.
10 Vgl. nur BAG v. 23. 3. 1993, NZA 1993, 766, 767; BAG v. 13. 3. 1973, AP Nr. 1 zu § 87 BetrVG 1972 – Werkmietwohnungen.

V. Mitbestimmung in sozialen Angelegenheiten

Arbeitnehmer zu vergeben, sondern ausschließlich an Dritte, wie beispielsweise leitende Angestellte oder sonstige Personen[1].

Mitbestimmungspflichtig sind die Zuweisung und die Kündigung. Die **Zuweisung** umfaßt hierbei nur die Entscheidung über die Person des Begünstigten, nicht aber den Abschluß des Mietvertrages. Demnach ist ein unter Umgehung des Mitbestimmungsrechts abgeschlossener Mietvertrag durchaus wirksam. Der Betriebsrat kann lediglich dessen Kündigung erzwingen[2]. Kündigt der Arbeitgeber ohne Zustimmung des Betriebsrats, so ist die **Kündigung** nach §§ 182, 111 BGB nichtig[3]. Das gilt auch bei gleichzeitiger Kündigung des Arbeitsverhältnisses. Ist das Arbeitsverhältnis bereits beendet worden, so soll nach wohl überwiegender Meinung ein Mitbestimmungsrecht nach § 87 Abs. 1 Nr. 9 BetrVG im Hinblick auf eine Kündigung des Mietvertrages nicht mehr in Betracht kommen[4]. Kommt es zu einer Kündigung der Werkmietwohnung, so kann der betroffene Arbeitnehmer dies sowohl in einem Einigungsstellenverfahren mit anschließender Überprüfung durch die Arbeitsgerichte als auch in einem regulären zivilrechtlichen Mietkündigungsschutzprozeß überprüfen lassen[5].

j) Betriebliche Lohngestaltung (§ 87 Abs. 1 Nr. 10 BetrVG)

Gem. § 87 Abs. 1 Nr. 10 BetrVG hat der Betriebsrat ein Mitbestimmungsrecht in Fragen der betrieblichen Lohngestaltung, insbesondere bei der **Aufstellung von Entlohnungsgrundsätzen** und der Einführung und Anwendung von **neuen Entlohnungsmethoden** sowie deren Änderung. Es handelt sich hierbei um ein umfassendes Mitbestimmungsrecht in nahezu allen Fragen der betrieblichen Lohngestaltung[6].

Das Mitbestimmungsrecht des Betriebsrats nach § 87 Abs. 1 Nr. 10 BetrVG bezieht sich vornehmlich darauf, welche **Lohnform** im Betrieb Anwendung finden soll. Mitbestimmungspflichtig ist insoweit die Einführung und Anwendung von neuen Entlohnungsmethoden sowie die Festsetzung etwaiger Akkord- und Prämiensätze. Bei Provisionen bezieht sich das Mitbestimmungsrecht auf die Ausgestaltung der Provisionsordnung, also etwa die Frage, ob Provisionen neben einer Festvergütung gezahlt werden, welche Arten von Provision gewährt werden und in welchem Verhältnis die Festvergütung zur Provision stehen soll[7].

Umstritten ist, ob sich das Mitbestimmungsrecht auch auf die Höhe des Entgelts bezieht. Nach ständiger Rechtsprechung des BAG und nach ganz überwie-

---

1 BAG v. 23. 3. 1993, NZA 1993, 766.
2 *Schaub*, AR-Handbuch, § 235 II.9.c., S. 1927.
3 *Schaub*, AR-Handbuch, § 235 II.9.c., S. 1927.
4 So OLG Frankfurt v. 14. 8. 1992, BB 1992, 2000.
5 Vgl. *Schaub*, AR-Handbuch, § 235 II.9.e., S. 1928.
6 Vgl. *Fitting/Kaiser/Heither/Engels*, § 87 BetrVG Rz. 282.
7 Vgl. *Schaub*, AR-Handbuch, § 235 II.11., S. 1932 f.

gender Meinung bezieht sich das Mitbestimmungsrecht nicht auf die **Lohnhöhe**[1].

619 Das Mitbestimmungsrecht des Betriebsrats schließt grundsätzlich auch ein **Initiativrecht** ein[2]. Zu beachten ist jedoch, daß der Betriebsrat keine Lohnpolitik im Betrieb betreiben darf. Insoweit ergibt sich eine Einschränkung seines Mitbestimmungsrechts aus dem Inhalt und Zweck des § 87 Abs. 1 Nr. 10 BetrVG[3].

620 Beachtet der Arbeitgeber das Mitbestimmungsrecht des Betriebsrats nach § 87 Abs. 1 Nr. 10 BetrVG nicht, so ist die **einseitig angeordnete Maßnahme unwirksam**. Nach gefestigter Rechtsprechung des BAG sind alle individual-rechtlichen Erklärungen und Maßnahmen des Arbeitgebers, die die Rechtsstellung des Arbeitnehmers verschlechtern sollen, unwirksam, wenn das Mitbestimmungsrecht des Betriebsrats nicht beachtet wurde (Theorie der Wirksamkeitsvoraussetzung)[4]. Diese individual-rechtliche Sanktion soll sicherstellen, daß das Mitbestimmungsrecht beachtet wird. Anders ausgedrückt soll sich derjenige, der sich betriebsverfassungswidrig verhält, Dritten gegenüber nicht auf diese Verletzung berufen können[5].

aa) Betriebliche Lohngestaltung

621 Das Mitbestimmungsrecht betrifft die Fragen der Lohngestaltung. Unter „**Lohn**" ist hierbei das Arbeitsentgelt zu verstehen[6]. Gemeint sind hiermit alle Leistungen des Arbeitgebers, die dieser als Gegenleistung für die von den Arbeitnehmern erbrachten Leistungen gewährt, ohne Rücksicht auf ihre Bezeichnung[7]. Das Entgelt kann sowohl Geld als auch Sachleistung sein[8]. Die Leistungen müssen im übrigen auch nicht unmittelbar leistungsbezogen sein. Darüber hinaus ist unerheblich, ob Leistungen auf Dauer oder nur einmalig erbracht werden sollen[9].

622 Der Begriff des „Lohnes" ist im weitesten Sinne zu verstehen[10]. Zum Lohn gehören daher zunächst die unmittelbar leistungsbezogenen Entgelte, wie bei-

---

1 Vgl. nur BAG v. 9. 5. 1995, DB 1995, 2610; BAG v. 20. 8. 1991, NZA 1992, 225, 226; BAG v. 4. 7. 1989, NZA 1990, 127, 130; ebenso zB *Fitting/Kaiser/Heither/Engels*, § 87 BetrVG Rz. 305; *Glaubitz*, in Hess/Schlochauer/Glaubitz, § 87 BetrVG Rz. 474; *Richardi*, § 87 BetrVG Rz. 832; aA *Klebe*, in Däubler/Kittner/Klebe, § 87 BetrVG Rz. 253 mwN; *Schaub*, AuA 1995, 1.
2 BAG v. 13. 2. 1990, NZA 1990, 575; BAG v. 30. 1. 1990, NZA 1990 571, 573.
3 Vgl. *Matthes*, NZA 1987, 289, 291.
4 Vgl. nur *Fitting/Kaiser/Heither/Engels*, § 87 BetrVG Rz. 336.
5 Vgl. nur BAG v. 28. 9. 1994, NZA 1995, 277, 279; BAG (GS) v. 3. 12. 1991, DB 1992, 1579, 1588.
6 *Fitting/Kaiser/Heither/Engels*, § 87 BetrVG Rz. 285.
7 BAG (GS) v. 16. 9. 1986, BB 1987, 26, 271; BAG v. 10. 6. 1986, NZA 1987, 30.
8 *Klebe*, in Däubler/Kittner/Klebe, § 87 BetrVG Rz. 243; GK-BetrVG/*Wiese*, § 87 Rz. 714 mwN.
9 BAG v. 26. 1. 1988, NZA 1988, 620, 621.
10 Vgl. BAG v. 30. 1. 1990, BAGE 64, 117, 126; BAG v. 10. 6. 1986, NZA 1987, 30; BAG v. 30. 3. 1982, DB 1982, 1519 f.; vgl. *Schaub*, AuA 1995, 1.

V. Mitbestimmung in sozialen Angelegenheiten

spielsweise Zeit- oder Akkordlöhne, Gehälter, Zulagen, Urlaubsgelder, Weihnachtsgelder und anderes mehr[1]. Darüber hinaus gehören zum Lohn aber auch die Leistungen, die der Arbeitgeber freiwillig gewährt.

Beispiele: 623
Dies können Sonderzuwendungen wie Weihnachtsgratifikationen, Jahresabschlußvergütungen[2], Treueprämien, Jubiläumsgelder, Anwesenheitsprämien bzw. Wettbewerbsprämien[3] sein. Als Lohn iSd. § 87 Abs. 1 Nr. 10 BetrVG werden auch alle geldwerten Sach- oder Dienstleistungen angesehen, etwa der unentgeltliche Werksverkehr[4], die Abgabe verbilligter Flugscheine[5], die Lieferung verbilligten Heizgases aus eigener Produktion[6], die Ausgabe von Essenszusatzmarken für die Kantine[7], die Übernahme von Fahrtkosten[8] uam.[9].

Unter den Mitbestimmungstatbestand fallen auch alle Leistungen der **betrieblichen Altersversorgung,** unabhängig davon, ob sie vom Arbeitgeber direkt, über Lebensversicherungen oder durch eine Sozialeinrichtung erbracht werden[10]. Ausgenommen sind Zahlungen, mit denen lediglich Auslagen ersetzt werden sollen, beispielsweise die Erstattung von Kontoführungsgebühren, Tage- und Übernachtungsgelder, Umzugskosten oder Zahlungen bei dienstlicher Nutzung eines privaten Pkw[11]. 624

Bei **freiwilligen Leistungen** des Arbeitgebers sind einige Besonderheiten zu beachten. Freiwillige Leistungen sind solche, die der Arbeitgeber aufgrund eigener lohnpolitischer Entschlüsse von sich aus gewährt[12]. Hier ist das Mitbestimmungsrecht des Betriebsrates eingeschränkt. Die Vorgabe des Dotierungsrahmens ist mitbestimmungsfrei, die Ausgestaltung der freiwilligen Leistung hingegen unterliegt der Mitbestimmung des Betriebsrats. Wegen weiterer Einzelheiten hinsichtlich der Mitbestimmung bei der Gewährung von freiwilligen Leistungen wird auf die Ausführungen oben unter Rz. 497 f. verwiesen. 625

Eine besondere Form der Abschaffung oder Einschränkung des Dotierungsrahmens ist die **Anrechnung von übertariflichen Zulagen.** Der Große Senat des BAG hat im Jahr 1991 zu dieser äußerst umstrittenen Frage Stellung bezogen und entschieden, daß die Anrechnung einer Tariflohnerhöhung auf über-/außertarifliche Zulagen und der Widerruf von über-/außertariflichen Zulagen aus Anlaß und bis zur Höhe einer Tariflohnerhöhung dann der Mitbestimmung nach § 87 Abs. 1 Nr. 10 BetrVG unterliegt, wenn sich dadurch die Verteilungs- 626

---
1 Vgl. die Übersicht bei *Schaub*, AR-Handbuch, § 235 II.10.b., S. 1929.
2 BAG v. 14. 6. 1994, NZA 1995, 543, 544.
3 BAG v. 30. 3. 1982, DB 1982, 1519.
4 BAG v. 9. 7. 1985, AP Nr. 16 zu § 75 BPersVG.
5 BAG v. 22. 10. 1985, NZA 1986, 299.
6 BAG v. 22. 10. 1985, NZA 1986, 299.
7 BAG v. 15. 1. 1987, BB 1987, 2092.
8 BAG v. 10. 6. 1986, NZA 1987, 30.
9 Vgl. auch die Übersicht bei *Fitting/Kaiser/Heither/Engels*, § 87 BetrVG Rz. 286 f.
10 BAG v. 4. 5. 1982, BAGE 38, 365.
11 Vgl. hierzu BAG v. 8. 12. 1981, BB 1982, 989.
12 *Schaub*, AR-Handbuch, § 235 II.10.c., S. 1930.

grundsätze ändern und darüber hinaus für eine anderweitige Anrechnung bzw. Kürzung ein Regelungsspielraum verbleibt[1].

Diese Rechtsprechung des Großen Senats des BAG führt zu folgenden **Konsequenzen:**

627 Die Anrechnung bzw. ein Widerruf löst ein Mitbestimmungsrecht aus, wenn sich die Verteilungsgrundsätze für die Zulagen ändern und dem Arbeitgeber Spielraum für eine anderweitige Verteilung bleibt. Die **Verteilungsgrundsätze ändern** sich beispielsweise bei einer unterschiedlichen Anrechnung auf die einzelnen Zulagen. Auch eine prozentual gleichmäßige Verrechnung kann zu einer Änderung führen. Rechnet der Arbeitgeber einen bestimmten Prozentsatz der Tariflohnerhöhung auf alle Zulagen an, so greift das Mitbestimmungsrecht nur dann nicht, wenn die Zulagen in einem einheitlichen und gleichen Verhältnis zum jeweiligen Tariflohn stehen und die Tariflöhne um den gleichen Prozentsatz erhöht werden[2]. Nur in diesem Fall bleibt das **Verhältnis der Zulagen zueinander** unverändert. In allen anderen Fällen (Zahlung unterschiedlicher Zulagen, unterschiedliche Erhöhung der Tarifentgelte, Unterschreitung eines vereinbarten Sockelbetrages durch Verrechnung) verändern sich die Verteilungsgrundsätze. Kürzt der Arbeitgeber alle übertariflichen Zulagen um den gleichen Prozentsatz, besteht das Mitbestimmungsrecht nur dann, wenn ein vereinbarter Sockelbetrag unterschritten würde[3]. Denn insoweit werden die Verteilungsgrundsätze geändert. Beachtet der Arbeitgeber die bisherigen Verteilungsgrundsätze, dann scheidet ein Mitbestimmungsrecht aus, da nicht die Kürzung der übertariflichen Zulagen, sondern allein die Änderung der Verteilungsgrundsätze der Mitbestimmung unterliegt[4].

Unerheblich ist hierbei, ob der übertarifliche Bestandteil auch als Zulage neben dem Tariflohn ausgewiesen wird[5].

628 Wenn ein Tarifvertrag eine **Tariferhöhung in zwei Stufen** vorsieht und der Arbeitgeber nur die zweite, nicht aber die erste Tariferhöhung mit der von ihm freiwillig gewährten übertariflichen Zulage verrechnet, so hängt das Mitbestimmungsrecht des Betriebsrats davon ab, ob die beiden unterschiedlichen Reaktionen des Arbeitgebers Teile eines einheitlichen Regelungskonzeptes bilden und eine Veränderung der Verteilungsgrundsätze bewirken[6]. Führt demzufolge die völlige oder teilweise Anrechnung der zweistufigen Tariflohnerhöhung zu einer Änderung der Verteilungsgrundsätze, so ist eine solche Änderung mitbestimmungspflichtig[7].

629 Rechnet der Arbeitgeber die einen einzelnen Arbeitnehmer bei unveränderter Tätigkeit betreffende Tariflohnerhöhung infolge **Wechsels der Tarifgruppe** ganz

---
1 BAG (GS) v. 3. 12. 1991, BAGE 69, 134 (3. Ls.).
2 BAG (GS) v. 3. 12. 1991, BAGE 69, 134, 166.
3 BAG (GS) v. 3. 12. 1991, BAGE 69, 134, 167.
4 BAG (GS) v. 3. 12. 1991, BAGE 69, 134, 167.
5 BAG v. 22. 9. 1992, NZA 1993, 668.
6 BAG v. 14. 2. 1995, NZA 1995, 795.
7 BAG v. 23. 3. 1993, AP Nr. 26 zu § 1987 BetrVG 1972 – Tarifvorrang.

V. Mitbestimmung in sozialen Angelegenheiten

oder teilweise auf eine übertarifliche Zulage an, besteht hinsichtlich dieser Anrechnung kein Mitbestimmungsrecht des Betriebsrats nach § 87 Abs. 1 Nr. 10 BetrVG, weil für eine anderweitige Verteilung der Kürzung kein Raum ist[1].

Die Rechtsprechung des BAG läßt insoweit eine klare Linie erkennen, als das Mitbestimmungsrecht des Betriebsrats bestehen bleibt, wenn **innerhalb des sogenannten Dotierungsrahmens** anders verteilt werden muß oder kann[2]. Die Anrechnungsentscheidung ist aber nicht nur dann mitbestimmungspflichtig, wenn schon die geplante Anrechnung selbst differenziert und damit Spielräume für andere Verteilungsgrundsätze läßt, sondern auch dann, wenn eine scheinbar vollständige **Anrechnung** erst die **Grundlage für die Neugewährung übertariflicher Leistungen** schafft[3]. Hierfür ist nicht erforderlich, daß Anrechnung und Neugewährung gleichzeitig erfolgen; es reicht aus, wenn zwischen beiden ein unmittelbarer Zusammenhang besteht[4]. 630

bb) Entlohnungsgrundsätze

Entlohnungsgrundsätze (und Entlohnungsmethoden) sind lediglich Unterfälle der umfassenden betrieblichen Lohngestaltung, also nur beispielhaft angeführt[5]. Entlohnungsgrundsätze sind die Grundsätze, nach denen das **Arbeitsentgelt bemessen** werden soll. Zu den Entlohnungsgrundsätzen gehören daher ua. die Entscheidungen über die Frage, ob im Betrieb im Zeitlohn (beispielsweise Stunden-, Schicht-, Wochen- oder Monatslohn) oder im Leistungslohn (beispielsweise Akkord- oder Prämienlohn) gearbeitet werden soll[6]. Zu den Entlohnungsgrundsätzen zählen auch Prämienlohnsysteme und andere Systeme einer erfolgsabhängigen Vergütung, etwa Provisionen, sowie Gewinn und Ergebnisbeteiligungssysteme[7]. So ist bei einem Prämienlohnsystem der Verlauf der Prämienkurve, also die Frage, ob sie progressiv oder degressiv verlaufen soll, mitbestimmungspflichtig[8]. 631

Der Mitbestimmung unterliegt nicht nur die Grundentscheidung über ein bestimmtes Entgeltsystem, sondern auch die nähere **Ausgestaltung**[9]. Das Mitbestimmungsrecht erfaßt schließlich auch eine **Änderung der Entlohnungsgrundsätze,** beispielsweise ein Wechsel von Akkord- zu Zeitlohn oder umgekehrt[10]. 632

---

1 BAG v. 22. 9. 1992, NZA 1993, 232.
2 Vgl. BAG v. 17. 1. 1995, NZA 1995, 792; BAG v. 11. 8. 1992, NZA 1993, 418.
3 BAG v. 17. 1. 1995, NZA 1995, 792, 793.
4 BAG v. 17. 1. 1995, NZA 1995, 792, 793.
5 BAG v. 22. 1. 1980, BAGE 32, 350, 362.
6 Vgl. BAG v. 20. 11. 1990, BB 1991, 835, 836.
7 Vgl. nur *Klebe,* in Däubler/Kittner/Klebe, § 87 BetrVG Rz. 247.
8 BAG v. 30. 9. 1983, AP Nr. 3 zu § 87 BetrVG 1972 – Prämie; BAG v. 16. 12. 1986, NZA 1987, 568, 569.
9 BAG v. 28. 7. 1981, AP Nr. 2 zu § 87 BetrVG 1972 – Provision; BAG v. 29. 3. 1977, AP Nr. 1 zu § 87 BetrVG 1972 – Provision.
10 Vgl. nur BAG v. 17. 12. 1968, DB 1969, 576; LAG Berlin v. 11. 7. 1988, BB 1988, 1956; LAG Düsseldorf v. 23. 12. 1988, NZA 1989, 404 f.; LAG Baden-Württemberg v. 20. 12. 1991, AiB 1993, 406 f.

cc) Entlohnungsmethoden

633 Nach ständiger Rechtsprechung des BAG wird unter dem Begriff der Entlohnungsmethode die **Art und Weise der Durchführung des gewählten Entlohnungssystems** verstanden[1]. Eine genaue Grenzziehung zwischen Entlohnungsgrundsätzen und Entlohnungsmethoden ist nicht immer eindeutig möglich, was aber keine große Bedeutung hat, da in jedem Fall ein Mitbestimmungsrecht besteht[2]. Zu den Entlohnungsmethoden zählt unter anderem die Entscheidung darüber, ob beispielsweise im Akkordlohn gearbeitet werden soll, und hierbei wiederum die Frage, ob in Gruppen- oder Einzelakkord gearbeitet werden soll[3]. Beim Akkordlohn als Hauptanwendungsfall des Leistungslohns bezieht sich das Mitbestimmungsrecht auch darauf, ob die Akkordvorgabe konkret ausgehandelt oder geschätzt wird, oder nach arbeitswissenschaftlichen Grundsätzen ermittelt wird; im letztgenannten Fall bezieht sich das Mitbestimmungsrecht nach § 87 Abs. 1 Nr. 10 BetrVG auch auf die Methode (zB REFA, Bedaux-System usw.)[4].

k) Akkord-, Prämiensätze und leistungsbezogene Entgelte (§ 87 Abs. 1 Nr. 11 BetrVG)

634 Das Mitbestimmungsrecht nach § 87 Abs. 1 Nr. 11 BetrVG bezieht sich auf die **Festsetzung der Akkord- und Prämiensätze einschließlich der Entgeltfaktoren** selbst. Die in diesem Tatbestand angesprochenen leistungsbezogenen Entgelte sind Lohnformen, die als Teil der betrieblichen Lohngestaltung hinsichtlich ihrer Einführung und näheren Ausgestaltung schon dem Mitbestimmungsrecht nach § 87 Abs. 1 Nr. 10 BetrVG unterliegen; die Vorschrift räumt daher dem Betriebsrat noch zusätzliche Mitbestimmungsrechte ein, die sich noch nicht aus § 87 Abs. 1 Nr. 10 ergeben[5]. § 87 Abs. 1 Nr. 11 BetrVG ist insofern weiter gefaßt, als auch die Mitbestimmung des Betriebsrats bei der Ausgestaltung der Entlohnungsgrundsätze und Methoden leistungsbezogener Entgelte vorgesehen wird[6]. Dadurch wird eine besondere, aus § 87 Abs. 1 Nr. 10 BetrVG herausgehobene Frage geregelt[7].

635 Nach dem Wortlaut des § 87 Abs. 1 Nr. 11 BetrVG ist auch der **Geldfaktor** mitbestimmungspflichtig. Der Betriebsrat kann damit zwar nicht für den konkreten Einzelfall, aber doch abstrakt-generell über die Entgeltsätze die Lohnhöhe mitbestimmen[8]. Das Mitbestimmungsrecht bezieht sich im übrigen darauf,

---

1 Vgl. nur BAG v. 6. 12. 1988, BAGE 60, 244, 254; BAG v. 16. 12. 1986, AP Nr. 8 zu § 87 BetrVG 1972 – Prämie.
2 Zutreffend *Klebe*, in Däubler/Kittner/Klebe, § 87 BetrVG Rz. 249.
3 *Klebe*, in Däubler/Kittner/Klebe, § 87 BetrVG Rz. 250.
4 Vgl. GK-BetrVG/*Wiese*, § 87 Rz. 800 mwN; nach aA ergibt sich insoweit nur ein Mitbestimmungsrecht nach § 87 Abs. 1 Nr. 11 BetrVG, vgl. etwa *Glaubitz*, in Hess/Schlochauer/Glaubitz, § 87 BetrVG Rz. 499.
5 MünchArbR/*Matthes*, § 333 Rz. 63.
6 Vgl. *Fitting/Kaiser/Heither/Engels*, § 87 BetrVG Rz. 337.
7 BAG v. 29. 3. 1977, BAGE 29, 103.
8 BAG v. 29. 3. 1977, BAGE 29, 103.

V. Mitbestimmung in sozialen Angelegenheiten   Rz. 639 Teil 4 A

nach welchen arbeitswissenschaftlichen Systemen (REFA, Bedaux-System, MTN usw.) die Leistungsansätze erfolgen sollen. Das Mitbestimmungsrecht bezieht sich auch auf die Zeitaufnahme; insoweit hat der Betriebsrat ein Mitbeurteilungsrecht[1]. Das Mitbestimmungsrecht umfaßt auch die Festsetzung der Erholungszeiten, da zum Akkordsatz beim Zeitakkord auch die Vorgabezeit und als deren Bestandteil auch die Erholungszeit gehört[2]. Schließlich unterliegt der Mitbestimmung die Frage, ob Wartezeiten mit dem Akkordrichtsatz oder einem bestimmten Durchschnittsverdienst bezahlt werden sollen[3].

l) Betriebliches Vorschlagswesen (§ 87 Abs. 1 Nr. 12 BetrVG)

Der Begriff des betrieblichen Vorschlagswesens nach § 87 Abs. 1 Nr. 12 BetrVG umfaßt alle Systeme und Methoden, durch die **Vorschläge von Arbeitnehmern zur Verbesserung oder Vereinfachung der betrieblichen Arbeit** angeregt, gesammelt, ausgewertet und bewertet werden[4]. Zweck des Mitbestimmungsrechts ist eine gerechte Bewertung der Vorschläge sowie die Förderung der Persönlichkeit der Arbeitnehmer[5]. 636

Nach herrschender Meinung sollen zu den Verbesserungvorschlägen iSd. § 87 Abs. 1 Nr. 12 BetrVG **nicht** die **Arbeitnehmererfindungen** zählen; diese werden durch das Gesetz über Arbeitnehmererfindungen (ArbNErfG) geregelt[6]. Bei den technischen Erfindungen nach dem Arbeitnehmererfindungsgesetz handelt es sich um solche, die patent- oder gebrauchsmusterfähig sind. 637

Das Mitbestimmungsrecht des § 87 Abs. 1 Nr. 12 BetrVG beinhaltet auch ein **Initiativrecht** des Betriebsrats; der Arbeitgeber ist jedoch nicht verpflichtet, für ein betriebliches Vorschlagswesen finanzielle Mittel zur Verfügung zu stellen[7]. 638

6. Streitigkeiten über Mitbestimmungsrechte nach § 87 Abs. 1 BetrVG

Kommt eine Einigung über eine Angelegenheit nach § 87 Abs. 1 BetrVG nicht zustande, so entscheidet die **Einigungsstelle** (§ 87 Abs. 2 Satz 1 BetrVG). Der Spruch der Einigungsstelle ersetzt gem. § 87 Abs. 2 Satz 2 BetrVG die Einigung zwischen Arbeitgeber und Betriebsrat. 639

---

1 BAG v. 24. 2. 1987, NZA 1987, 639, 641.
2 BAG v. 24. 2. 1987, NZA 1987, 639, 641.
3 BAG v. 14. 2. 1989, NZA 1989, 648.
4 *Fitting/Kaiser/Heither/Engels*, § 87 BetrVG Rz. 371.
5 *Fitting/Kaiser/Heither/Engels*, § 87 BetrVG Rz. 368.
6 *Klebe*, in Däubler/Kittner/Klebe, § 87 BetrVG Rz. 290; *Glaubitz*, in Hess/Schlochauer/Glaubitz, § 87 BetrVG Rz. 582; GK-BetrVG/*Wiese*, § 87 Rz. 877; MünchArbR/ Matthes, § 334 Rz. 4.
7 Vgl. nur GK-BetrVG/*Wiese*, § 87 Rz. 884 mwN.

VI. Mitbestimmung in personellen Angelegenheiten

1. Allgemeine personelle Angelegenheiten

a) Personalplanung (§ 92 BetrVG)

640 § 92 Abs. 1 Satz 1 BetrVG statuiert die **Pflicht des Arbeitgebers,** den Betriebsrat **über die Personalplanung,** insbesondere über den gegenwärtigen und künftigen Personalbedarf sowie über die sich daraus ergebenden personellen Maßnahmen und Maßnahmen der Berufsbildung **anhand von Unterlagen rechtzeitig und umfassend zu unterrichten.** Der Arbeitgeber hat dabei mit dem Betriebsrat über Art und Umfang der erforderlichen Maßnahmen und über die Vermeidung von Härten zu beraten (§ 92 Abs. 1 Satz 2 BetrVG). Gem. § 92 Abs. 2 BetrVG kann der Betriebsrat dem Arbeitgeber Vorschläge für die Einführung einer Personalplanung einschließlich Maßnahmen iSd. § 80 Abs. 1 Nr. 2 a BetrVG und ihrer Durchführung machen. Im Hinblick auf die Personalplanung nach § 92 BetrVG ergeben sich für Tendenzbetriebe keine Einschränkungen[1].

641 § 92 BetrVG betrifft die Informationspflicht bezüglich der allgemeinen Personalplanung. Der **Begriff der Personalplanung** wird hierbei nicht einheitlich umschrieben. Vielfach wird die Personalplanung als methodische Planung zu einer möglichst weitgehenden Übereinstimmung zwischen den künftigen Arbeitsanforderungen in qualitativer und quantitativer Hinsicht und dem dann einsetzbaren Personal nach Qualifikation und Anzahl verstanden, wobei die unternehmerischen Ziele und die Interessen der Arbeitnehmer soweit wie möglich in Einklang zu bringen sind[2]. § 92 BetrVG definiert jedenfalls den Begriff der Personalplanung nicht, erwähnt vielmehr nur einzelne Bereiche der Personalplanung, nämlich die Planung über den gegenwärtigen und künftigen Personalbedarf sowie über die sich daraus ergebenden personellen Maßnahmen und Maßnahmen der Berufsbildung[3].

642 Betriebswirtschaftlich wird der Oberbegriff der Personalplanung in acht verschiedene Detailplanungen aufgeteilt. Hierbei handelt es sich um die Personalstrukturplanung, Personalbedarfsplanung, Personalbeschaffungsplanung, Personaleinsatzplanung, Personalentwicklungs- und -nachfolgeplanung, Personalabbauplanung, Personalkostenplanung und Personalinfrastrukturplanung[4]. Die **betriebswirtschaftliche Begriffsbestimmung** ist jedoch bei der Auslegung des BetrVG entsprechend seinem Sinn und Zweck zu beschränken[5]. So unterfallen nach zutreffender Auffassung dem Anwendungsbereich des § 92 BetrVG nicht

---

1 Vgl. nur BAG v. 6. 11. 1990, BB 1991, 689.
2 Vgl. *Schaub,* AR-Handbuch, § 238 II.1., S. 1949; *Fitting/Kaiser/Heither/Engels,* § 92 BetrVG Rz. 5, jedoch diesen Begriff der Personalplanung nur auf § 92 Abs. 2 BetrVG beschränkend; abweichend auch *Schneider,* in Däubler/Kittner/Klebe, § 92 BetrVG Rz. 1; ähnlich wie hier *Schlochauer,* in Hess/Schlochauer/Glaubitz, § 92 BetrVG Rz. 11, sowie GK-BetrVG/*Kraft,* § 92 Rz. 12 f.
3 Zutreffend MünchArbR/*Matthes,* § 338 Rz. 3.
4 Eingehend *Schaub,* AR-Handbuch, § 238 II.1., S. 1949.
5 *Schaub,* AR-Handbuch, § 238 II.1., S. 1949.

die Personalkostenplanung[1], die individuelle Personaleinsatzplanung, dh. die Planung, wo und wie der einzelne Arbeitnehmer einen konkreten Arbeitseinsatz zu verrichten hat[2] sowie die Planung der Personalorganisation, gleichgültig, ob man darunter die Organisation des Personalwesens oder die innere hierarchische Struktur des im Betrieb vorhandenen Personals versteht[3]. Die Rechtsprechung schließt im übrigen aus der Systematik und dem Zweck des § 92 BetrVG, daß der Personalplanung vorgelagerte wirtschaftliche unternehmerische Planungen und Entscheidungen nicht in den Anwendungsbereich der Vorschrift fallen[4].

Nach überwiegender Meinung erfaßt § 92 BetrVG nicht die Planung in bezug auf die **Beschäftigungsbedingungen,** etwa die Arbeitszeit, das Entgelt, die Gestaltung der Arbeitsplätze usw.[5]. Diese Auffassung ist schon deswegen richtig, weil derartige Fragen entweder in den Anwendungsbereich der §§ 87, 88 oder der §§ 90, 91 BetrVG fallen. Gleiches gilt für die Planung im Hinblick auf einzelne Arbeitnehmer, sei es in Form der Einstellung, Versetzung usw. Derartige personelle Einzelmaßnahmen unterliegen der Mitbestimmung nach § 99 BetrVG. 643

Für die Personalplanung ist der Arbeitgeber, also der Unternehmer, verantwortlich. In diese Leitungsfunktion darf der Betriebsrat nicht eingreifen. § 92 BetrVG sieht daher kein Mitbestimmungsrecht bei der Personalplanung vor, sondern lediglich **Unterrichtungs- und Beratungsrechte.** Die Unterrichtungspflicht des Arbeitgebers gilt für die aufgeführten Bereiche der Personalplanung, und zwar nach dem Wortlaut des § 92 Abs. 1 Satz 1 BetrVG, sowohl für den „jeweiligen" als auch für den „künftigen" Personalbedarf. Für leitende Angestellte gilt die Vorschrift des § 92 BetrVG nicht[6]. 644

Umstritten ist, zu welchem **Zeitpunkt** der Betriebsrat zu unterrichten ist. Zum Teil wird die Ansicht vertreten, der Betriebsrat sei erst dann zu unterrichten, wenn ein Plan bereits erarbeitet worden sei[7]. Danach kann die Personalplanung zwar abgeschlossen sein, bis zur Realisierung durch Einzelmaßnahmen muß aber noch so viel Zeit verbleiben, daß der Betriebsrat vorher ggf. Änderungen 645

---

1 So GK-BetrVG/*Kraft,* § 92, Rz. 18; *Schlochauer,* in Hess/Schlochauer/Glaubitz, § 92 BetrVG Rz. 21 a; MünchArbR/*Matthes,* § 338 Rz. 5; aA *Schneider,* in Däubler/Kittner/Klebe, § 92 BetrVG Rz. 30; *Fitting/Kaiser/Heither/Engels,* § 92 BetrVG Rz. 20; *Richardi,* § 92 BetrVG Rz. 15.
2 Vgl. GK-BetrVG/*Kraft,* § 92 BetrVG Rz. 16; *Schlochauer,* in Hess/Schlochauer/Glaubitz, § 92 BetrVG Rz. 20; *Fitting/Kaiser/Heither/Engels,* § 92 BetrVG Rz. 17.
3 LAG Berlin v. 13. 6. 1988, LAGE Nr. 2 zu § 92 BetrVG 1972.
4 LAG Berlin v. 13. 6. 1988, LAGE Nr. 2 zu § 92 BetrVG 1972.
5 Vgl. nur GK-BetrVG/*Kraft,* § 92 Rz. 11.
6 So die hM, vgl. nur GK-BetrVG/*Kraft,* § 92 Rz. 5; aA *Schneider,* in Däubler/Kittner/Klebe, § 92 BetrVG Rz. 42; vgl. auch *Schaub,* AR-Handbuch, § 238 II.1., S. 1949, nach dessen Auffassung die Vorschrift sich auf leitende Angestellte bezieht, soweit ihr Verhältnis zu sonstigen Arbeitnehmern in Rede steht.
7 So *Schlochauer,* in Hess/Schlochauer/Glaubitz, § 92 BetrVG Rz. 22; GK-BetrVG/*Kraft,* § 92 Rz. 22 mwN.

erreichen kann. Nach anderer Auffassung ist der Betriebsrat bereits in der Phase der Entscheidungsfindung, dh. vor der Entscheidung über einen Plan, zu beteiligen[1]. Nach Ansicht des BAG ist der Betriebsrat über eine mögliche Personalplanung erst dann zu unterrichten, wenn Überlegungen des Arbeitgebers das Stadium der Planung erreicht haben[2].

646 Die Pflicht zur rechtzeitigen und umfassenden Unterrichtung umfaßt nach § 92 Abs. 1 Satz 1 BetrVG auch die Verpflichtung des Arbeitgebers, dem Betriebsrat anhand von Unterlagen (Stellenbesetzungsplänen, Personalbedarfsmeldung, Statistiken über Fluktuation und Krankenstand usw.) zu unterrichten[3]. Die **Unterlagen** selbst sind dem Betriebsrat **auszuhändigen,** wobei die Dauer der gebotenen Aushändigung von den Umständen des Einzelfalles abhängt, insbesondere davon, wann der Betriebsrat über die Ausübung seines Beratungsrechts beschließen kann[4]. Der Betriebsrat darf jedoch von den Unterlagen keine Abschriften herstellen, er muß sich mit einzelnen Notizen begnügen[5].

647 Das **Mitwirkungs- bzw. Initiativrecht** des Betriebsrats nach § 92 Abs. 2 BetrVG wird regelmäßig durch Abschluß von Betriebsvereinbarungen ausgeübt[6]. Nach dem Wortlaut des § 92 Abs. 2 BetrVG kann der Betriebsrat nur Vorschläge für die Einführung einer Personalplanung und ihre Durchführung machen. Das Mitwirkungsrecht erstreckt sich daher nicht auf Maßnahmen, die selbst Gegenstand der Personalplanung sind[7]. Der Arbeitgeber ist nicht verpflichtet, den Vorschlägen des Betriebsrates zu folgen. Er muß sich mit diesen Vorschlägen befassen und den Betriebsrat darüber unterrichten, wenn und warum er den Vorschlägen nicht nachkommen will[8].

648 **Hinweis:**
Verletzt der Arbeitgeber das Informationsrecht des Betriebsrats, so kommen Sanktionen nach § 121 BetrVG in Betracht. Die Verletzung des § 92 BetrVG kann als **Ordnungswidrigkeit** mit einer Geldbuße bis zu 20 000 DM geahndet werden. Den Anspruch auf Unterrichtung, Beratung sowie auf Einsicht in die entsprechenden Unterlagen kann der Betriebsrat im **Beschlußverfahren** verfolgen[9].

---

1 So etwa *Fitting/Kaiser/Heither/Engels*, § 92 BetrVG Rz. 27, *Schneider,* in Däubler/Kittner/Klebe, § 92 BetrVG Rz. 36.
2 BAG v. 19. 6. 1984, NZA 1984, 329.
3 Vgl. BAG v. 19. 6. 1984, NZA 1984, 329.
4 LAG München v. 6. 8. 1986, LAGE Nr. 1 zu § 92 BetrVG 1972.
5 LAG München v. 6. 8. 1986, LAGE Nr. 1 zu § 92 BetrVG 1972.
6 Vgl. *Schaub*, AR-Handbuch, § 238 II.3., S. 1950.
7 MünchArbR/*Matthes*, § 338 Rz. 29.
8 MünchArbR/*Matthes*, § 338 Rz. 30.
9 BAG v. 17. 5. 1983, AP Nr. 19 zu § 80 BetrVG.

VI. Mitbestimmung in personellen Angelegenheiten

b) Ausschreibung von Arbeitsplätzen (§ 93 BetrVG)

Nach § 93 Satz 1 BetrVG kann der Betriebsrat verlangen, daß Arbeitsplätze, die besetzt werden sollen, allgemein oder für bestimmte Arten von Tätigkeiten vor ihrer Besetzung **innerhalb des Betriebes** ausgeschrieben werden. Der Betriebsrat kann hierbei anregen, daß sie auch als **Teilzeitarbeitsplätze** ausgeschrieben werden (§ 93 Satz 2 BetrVG). Ist der Arbeitgeber bereit, Arbeitsplätze mit Teilzeitbeschäftigten zu besetzen, so ist hierauf nach § 93 Satz 3 BetrVG in der Ausschreibung hinzuweisen. 649

Die Stellenausschreibung ist **Teil der Personalplanung** und soll innerbetrieblichen Bewerbern Kenntnis von einer freien Stelle vermitteln und ihnen die Möglichkeit geben, ihr Interesse an dieser Stelle kundzutun, um sich zu bewerben[1]. 650

Unter dem **Begriff der Stellenausschreibung** ist die schriftliche Aufforderung an alle Arbeitnehmer oder eine bestimmte Gruppe von Arbeitnehmern des Betriebes zu verstehen, sich für bestimmte Arbeitsplätze im Betrieb zu bewerben[2]. Inhaltlich sollte eine Ausschreibung die Bezeichnung der zu besetzenden Position, geforderte Qualifikationen, Beschreibung der wichtigsten Aufgaben, Zeitpunkt der Arbeitsaufnahme am neuen Arbeitsplatz und Angaben zur Entlohnung enthalten[3]. 651

Die Ausschreibung muß „**innerhalb des Betriebs**" erfolgen. Zweckmäßig ist daher der Aushang an einer besonderen Tafel („Schwarzes Brett"), denkbar ist aber auch die Ausschreibung in der Werkszeitung[4]. Ein Inserat in einer Tageszeitung genügt nicht. Der Arbeitgeber kann aber neben der innerbetrieblichen Ausschreibung auch andere Bewerbungen einholen, beispielsweise durch ein Zeitungsinserat[5]. 652

Das Recht des Betriebsrats, eine innerbetriebliche Stellenausschreibung zu verlangen, bezieht sich sowohl auf freiwerdende als auch neugeschaffene Arbeitsplätze[6]. 653

Verlangt der Betriebsrat eine Stellenausschreibung, so ist der Arbeitgeber hieran gebunden[7]. Es bedarf demnach keiner Vereinbarung über die Stellenausschreibung. Umstritten ist jedoch, ob sich das Mitbestimmungsrecht auch auf die **Art und Weise der Ausschreibung** bezieht. Zum Teil wird dies bejaht[8]. Demgegenüber geht die Rechtsprechung und herrschende Meinung davon aus, 654

---

1 BAG v. 23. 2. 1988, NZA 1988, 551; BAG v. 27. 10. 1992, NZA 1993, 607, 609.
2 BAG v. 23. 2. 1988, NZA 1988, 551.
3 Vgl. *Fitting/Kaiser/Heither/Engels*, § 93 BetrVG Rz. 5.
4 Vgl. *Schlochauer*, in Hess/Schlochauer/Glaubitz, § 93 BetrVG Rz. 4.
5 *Fitting/Kaiser/Heither/Engels*, BetrVG, § 93, Rz. 11.
6 *Schaub*, AR-Handbuch, § 238 III.1., S. 1950.
7 *Schaub*, AR-Handbuch, § 238 III.1., S. 1951.
8 Vgl. etwa *Kuhn/Wedde*, AiB 1992, 546, 548 ff.; *Fitting/Kaiser/Heither/Engels*, § 93 BetrVG Rz. 4; *Buschmann*, in Däubler/Kittner/Klebe, § 93 BetrVG Rz. 4.

daß der Betriebsrat kein erzwingbares Mitbestimmungsrecht hinsichtlich Form und Inhalt von Stellenausschreibungen hat[1].

655 Nach dem Wortlaut des § 93 BetrVG kann eine Ausschreibung **nur für den Betrieb,** nicht aber für das Unternehmen oder den Konzern verlangt werden[2].

656 **Hinweis:**
Nimmt der Arbeitgeber entgegen dem Verlangen des Betriebsrats eine Stellenausschreibung nicht vor, so kann der Betriebsrat im Falle der Einstellung eines anderen Bewerbers seine Zustimmung nach § 99 Abs. 2 Nr. 5 BetrVG verweigern. Allerdings ist der Arbeitgeber nicht gehalten, nur die Personen bei der Stellenvergabe zu berücksichtigen, die sich beworben haben. Das gilt nicht, wenn in einer Betriebsvereinbarung etwas anderes vereinbart worden ist[3]. Der Betriebsrat kann auch dann seine **Zustimmung zur Einstellung verweigern,** wenn der Arbeitgeber sich für einen externen Bewerber entscheidet, der sich auf ein Zeitungsinserat beworben hat, in dem geringere Anforderungen gestellt worden sind[4].

Bei **Streitigkeiten** über Inhalt und Umfang der Ausschreibungspflichten entscheidet das Arbeitsgericht im Beschlußverfahren. Die Weigerung, eine zulässigerweise geforderte Ausschreibung durchzuführen, kann (vornehmlich im Wiederholungsfall) eine grobe Pflichtverletzung iSd. § 23 Abs. 3 BetrVG darstellen[5].

c) **Personalfragebogen, Formularverträge und Beurteilungsgrundsätze (§ 94 BetrVG)**

aa) **Personalfragebogen**

657 Gem. § 94 Abs. 1 Satz 1 BetrVG bedürfen Personalfragebogen der **Zustimmung des Betriebsrats.** Kommt eine Einigung über ihren Inhalt nicht zustande, so entscheidet nach § 94 Abs. 1 Satz 2 BetrVG die **Einigungsstelle.** Der Spruch der Einigungsstelle ersetzt die Einigung zwischen Arbeitgeber und Betriebsrat (§ 94 Abs. 1 Satz 3 BetrVG).

658 **Personalfragebogen** sind regelmäßig formularmäßig gefaßte Zusammenstellungen von durch den Bewerber (Arbeitnehmer) auszufüllenden oder zu beantwortenden Fragen, die Aufschluß über die Person, Kenntnisse und Fertigkeiten des Befragten geben sollen[6]. Das Mitbestimmungsrecht bezieht sich nicht nur auf

---

1 Vgl. nur BAG v. 27. 10. 1992, NZA 1993, 607, 608, 609; BAG v. 23. 2. 1988, NZA 1988, 551, 552; *Richardi*, § 93 BetrVG Rz. 20; *Schlochauer*, in Hess/Schlochauer/Glaubitz, § 93 BetrVG Rz. 4; GK-BetrVG/*Kraft*, § 93; Rz. 11; unklar: *Schaub*, AR-Handbuch, § 238 III.1., S. 1951.
2 LAG München v. 8. 11. 1988, DB 1989, 1879.
3 *Schaub*, AR-Handbuch, § 238 III.2.b., S. 1951.
4 Vgl. BAG v. 23. 2. 1988, NZA 1988, 551.
5 Vgl. nur GK-BetrVG/*Kraft*, § 93 Rz. 18.
6 BAG v. 21. 9. 1993, NZA 1994, 375; BAG v. 9. 7. 1991, NZA 1992 126, 129.

Fragebogen in engerem Sinne, also auf schriftlich niedergelegte Fragen, die ein Beschäftigter oder Bewerber schriftlich beantwortet. Die Vorschrift findet auch auf alle formalisierten, standardisierten Informationserhebungen des Arbeitgebers im Hinblick auf Arbeitnehmerdaten Anwendung. Gleichgültig ist daher, ob der Anwortende oder der Fragende den Bogen, falls ein Bogen verwendet wird, ausfüllt[1]. Zu dem Personalfragebogen gehören auch standardisierte Checklisten und Testbogen, insbesondere für psychologische Eignungstests, anhand derer die Eignung des Arbeitnehmers festgestellt werden soll[2]. Das Mitbestimmungsrecht besteht auch dann, wenn erhobene Informationen über ein Datensichtgerät eingegeben und auf andere Weise technisch festgehalten werden[3].

> **Hinweis:** 659
> Fragebogen der Werksärzte zur medizinischen Untersuchung sind keine Personalfragebogen iSd. § 94 Abs. 1 Satz 1 BetrVG[4].

Das Mitbestimmungsrecht erfaßt sowohl Fragebogen für bereits im Betrieb tätige Arbeitnehmer als auch solche, die noch nicht beschäftigten Arbeitnehmern vor der Einstellung oder im Zusammenhang mit ihr vorgelegt werden[5]. Das Mitbestimmungsrecht erfaßt die **Einführung und jede Änderung** von Fragebogen[6]. Umstritten ist, ob sich das Mitbestimmungsrecht nicht nur auf die Einführung eines Fragebogens und seinen konkreten Inhalt bezieht, sondern auch auf die Festlegung, in welchem Zusammenhang die aus diesem Fragebogen gewonnenen Informationen verwendet werden dürfen[7]. Grenzen für die Verwendung ergeben sich aber auch nach der ein Mitbestimmungsrecht ablehnenden Auffassung aus der arbeitsvertraglichen Fürsorgepflicht und gesetzlichen Bestimmungen, insbesondere den Bestimmungen des Bundesdatenschutzgesetzes (BDSG)[8]. Allerdings vermag der Umstand, daß bei einer einschränkenden Reichweite des Mitbestimmungsrechts des Betriebsrats dem Schutzbedürfnis der Arbeitnehmer vor den Gefahren einer Datenverarbeitung nicht ausrei- 660

---

1 *Klebe*, in Däubler/Kittner/Klebe, § 94 BetrVG Rz. 3; MünchArbR/*Matthes*, § 339, Rz. 4; Fitting/Kaiser/Heither/Engels, § 94 BetrVG Rz. 11.
2 *Schaub*, AR-Handbuch, § 238 IV.1.b., S. 1952.
3 Vgl. nur *Klebe*, in Däubler/Kittner/Klebe, § 94 BetrVG Rz. 3.
4 *Schaub*, AR-Handbuch, § 238 IV.1.b., S. 1952.
5 Vgl. nur Fitting/Kaiser/Heither/Engels, § 94 BetrVG Rz. 4; *Klebe*, in Däubler/Kittner/Klebe, § 94 BetrVG Rz. 5; *Schlochauer*, in Hess/Schlochauer/Glaubitz, § 94 BetrVG Rz. 17.
6 LAG Frankfurt v. 17. 2. 1983 – 4 TaBV 107/82, nv.; *Richardi*, § 94 BetrVG Rz. 27; Fitting/Kaiser/Heither/Engels, § 94 BetrVG Rz. 6; *Schaub*, AR-Handbuch, § 238 IV.1.c., S. 1952.
7 Dafür: Fitting/Kaiser/Heither/Engels, § 94 BetrVG Rz. 7; *Klebe*, in Däubler/Kittner/Klebe, § 94 BetrVG Rz. 7; dagegen die wohl überwiegende Auffassung, vgl. zB MünchArbR/*Matthes*, § 339 Rz. 28; *Galperin/Löwisch*, § 94 BetrVG Rz. 14; *Schlochauer*, in Hess/Schlochauer/Glaubitz, § 94 BetrVG Rz. 5; GK-BetrVG/*Kraft*, § 94 Rz. 16.
8 Vgl. GK-BetrVG/*Kraft*, § 94 Rz. 16.

chend Rechnung getragen wird, ein weites Verständnis des § 94 Abs. 1 BetrVG nicht zu rechtfertigen[1]. Der Betriebsrat ist hier auf sein Mitbestimmungsrecht nach § 87 Abs. 1 Nr. 6 BetrVG und nach § 80 Abs. 1 Nr. 1 BetrVG zu verweisen.

Nicht unproblematisch ist, **welche Fragen** im Rahmen eines Personalfragebogens **zulässig** sind.

661 **Beispiele** für zulässige Fragen:

Fragen nach dem Gesundheitszustand, soweit sie im Zusammenhang mit dem einzugehenden Arbeitsverhältnis stehen[2]; nach einer Körperbehinderung, soweit sie auf eine durch die Körperbehinderung mögliche Beeinträchtigung der zu verrichtenden Arbeit gerichtet sind[3]; nach dem Bestehen einer Schwerbehinderung; Fragen nach den Vermögensverhältnissen, soweit es sich um eine besondere Vertrauensstellung handelt[4]; nach Vorstrafen, soweit sie für das Arbeitsverhältnis von Bedeutung sein können, im übrigen wegen des Resozialisierungsgedankens nicht[5]; nach dem schulischen und beruflichen Werdegang[6] uam.

662 **Beispiele** für unzulässige Fragen:

Fragen nach einer bestehenden Schwangerschaft[7]; nach Rasse und Parteizugehörigkeit[8]; die Frage nach der Religionszugehörigkeit vor Abschluß des Arbeitsvertrages, wegen der Abführung der Kirchensteuer danach aber nicht mehr[9]; die Frage nach einer HIV-Infektion[10] uam.[11]

663 Nach Beendigung des Arbeitsverhältnisses oder Abbruch der Vertragsverhandlungen mit einem Stellenbewerber ist der Fragebogen zu vernichten. Der Arbeitgeber kann aber ausnahmsweise ein berechtigtes Interesse an der **Aufbewahrung des Fragebogens** haben[12].

bb) Formularverträge und allgemeine Beurteilungsgrundsätze

664 Der Betriebsrat hat ein erzwingbares Mitbestimmungsrecht für den Teil der im Betrieb verwandten **schriftlichen Arbeitsverträge,** der sich auf die persönlichen

---

1 Zutreffend: MünchArbR/*Matthes,* § 339 Rz. 28.
2 BAG v. 7. 6. 1984, NZA 1985, 57.
3 BAG v. 7. 6. 1984, NZA 1985, 57, 58.
4 *Klebe,* in Däubler/Kittner/Klebe, § 94 BetrVG Rz. 19.
5 BAG v. 5. 12. 1957, BAGE 5, 159; BAG v. 15. 1. 1970, DB 1970, 1276.
6 *Klebe,* in Däubler/Kittner/Klebe, § 95 BetrVG Rz. 13.
7 BAG v. 15. 10. 1992, BAGE 71, 252.
8 GK-BetrVG/*Kraft,* § 94 Rz. 26.
9 Vgl. GK-BetrVG/*Kraft,* § 94 Rz. 26; das gleiche gilt für die Frage nach der Gewerkschaftszugehörigkeit, sofern der Arbeitgeber sich verpflichtet, die Gewerkschaftsbeiträge abzuführen.
10 Vgl. *Fitting/Kaiser/Heither/Engels,* § 94 BetrVG Rz. 19a mwN.
11 Eingehend zu zulässigen und unzulässigen Fragen die Übersicht bei GK-BetrVG/*Kraft,* § 94 Rz. 18 ff.; sowie bei *Fitting/Kaiser/Heither/Engels,* § 94 BetrVG Rz. 15 ff.
12 BAG v. 6. 6. 1984, NZA 1984, 321.

VI. Mitbestimmung in personellen Angelegenheiten Rz. 668 Teil 4 A

Verhältnisse des Arbeitnehmers bezieht. Hintergrund dieses Teils der Regelung des § 94 Abs. 2 BetrVG ist, daß das Gesetz verhindern will, daß der Arbeitgeber das erzwingbare Mitbestimmungsrecht des Betriebsrats bei der Aufstellung von Fragebogen durch Aufnahme der Frage in einen schriftlichen Arbeitsvertrag umgeht[1].

Von größerer Bedeutung ist das Mitbestimmungsrecht hinsichtlich der **Aufstellung allgemeiner Beurteilungsgrundsätze** nach § 94 Abs. 2 BetrVG. Beurteilungsgrundsätze sind Richtlinien, nach denen die Leistung und das Verhalten des Arbeitnehmers bewertet werden[2]. Beurteilungsgrundsätze können zB auftauchen in einem System zur Auswertung von Bewerbungsunterlagen, bei psychologischen Testverfahren, in der Erstellung von Fähigkeits- und Eignungsprofilen und in graphologischen Gutachten[3]. Keine Beurteilungsgrundsätze sind analytische Arbeitsplatzbewertungen, Beurteilungsformulare, Führungsrichtlinien, nach denen die Beurteilungen auszuführen sind[4], Funktionsbeschreibungen[5] oder technische Leistungskontrollen[6]. 665

Richtigerweise wird man das **Assessment-Center-Verfahren** als ein wissenschaftliches System zur Erfassung von Verhaltensleistungen und Defiziten von Arbeitnehmern weitgehend als mitbestimmungspflichtig ansehen müssen. Das Mitbestimmungsrecht nach § 94 Abs. 2 BetrVG ergibt sich aus der Tatsache, daß sich in der Zusammenstellung eines Assessment-Center Regelungen niederschlagen, die die Bewertung des Verhaltens oder Leistung der Probanden objektivieren und nach einheitlichen Kriterien ausrichten sollen, um somit Beurteilungserkenntnisse miteinander vergleichen zu können[7]. 666

Die Entscheidung, ob der Arbeitgeber Beurteilungsgrundsätze einführen will, steht ihm frei. Insoweit hat der Betriebsrat kein Mitbestimmungsrecht. 667

Hinweis: 668
Sofern sich Arbeitgeber und Betriebsrat über die inhaltliche Gestaltung von Personalfragebogen, des mitbestimmungspflichtigen Teils von Formularverträgen oder Beurteilungsgrundsätzen nicht einigen können, so entscheidet auf Antrag des Betriebsrats oder des Arbeitgebers die **Einigungsstelle.** Wird ein Arbeitsvertrag abgeschlossen, obgleich der Arbeitgeber einen Fragebogen

---

1 *Schaub,* AR-Handbuch, § 238 IV.3., S. 1953.
2 BAG v. 23. 10. 1984, NZA 1985, 224.
3 Vgl. GK-BetrVG/*Kraft,* § 94 Rz. 27 ff.; *Fitting/Kaiser/Heither/Engels,* § 94 BetrVG Rz. 28 ff.; *Klebe,* in Däubler/Kittner/Klebe, § 94 BetrVG Rz. 34 ff.
4 So BAG v. 23. 10. 1984, NZA 1985, 224.
5 BAG v. 14. 1. 1986, AP Nr. 21 zu § 1987 BetrVG 1972 – Lohngestaltung.
6 BVerwG v. 11. 12. 1991, AP Nr. 4 zu § 79 LPVG Baden-Württemberg.
7 Zutreffend: *Schönfeld/Gennen,* NZA 1989, 543, 544; ebenso bei *Klebe,* in Däubler/Kittner/Klebe, § 94 BetrVG Rz. 34; *Schaub,* AR-Handbuch, § 238 IV.4.b., S. 1954; aA etwa *Schlochauer,* in Hess/Schlochauer/Glaubitz, § 94 BetrVG Rz. 19; vgl. auch zur Mitbestimmung des Betriebsrats über die Aufnahme von Bewerbern in ein Assessment-Center nach § 99 BetrVG BAG v. 20. 4. 1993, BB 1993, 1946 ff.

> ohne Zustimmung des Betriebsrats verwandt hat, so berührt dies die Wirksamkeit des abgeschlossenen Arbeitsvertrages nicht[1]. Verwendet der Arbeitgeber ohne Zustimmung des Betriebsrats Fragebogen oder Beurteilungsgrundsätze, so kann der Betriebsrat nach § 23 Abs. 3 BetrVG vorgehen[2]. Bei Verwendung unzulässiger Beurteilungsgrundsätze kann der Arbeitnehmer verlangen, daß entsprechende Beurteilungen nicht verwendet und aus seiner Personalakte entfernt werden[3].

d) Auswahlrichtlinien (§ 95 BetrVG)

669 Gem. § 95 Abs. 1 Satz 1 BetrVG bedürfen **Richtlinien über die personelle Auswahl bei Einstellungen, Versetzungen, Umgruppierungen und Kündigungen** in Betrieben bis zu 1.000 Arbeitnehmern der Zustimmung des Betriebsrats. In Betrieben mit mehr als 1.000 Arbeitnehmern kann der Betriebsrat gem. § 95 Abs. 2 Satz 1 BetrVG die Aufstellung von Richtlinien nach Maßgabe des § 95 Abs. 1 Satz 1 BetrVG verlangen. Kommt es nach § 95 Abs. 1 Satz 1 BetrVG oder nach § 95 Abs. 2 Satz 2 BetrVG nicht zu einer Einigung, so entscheidet die **Einigungsstelle** (§ 95 Abs. 1 Satz 2, Abs. 2 Satz 2 BetrVG). Der Spruch der Einigungsstelle ersetzt die Einigung zwischen Arbeitgeber und Betriebsrat (§ 95 Abs. 1 Satz 3, Abs. 2 Satz 3 BetrVG).

670 **Auswahlrichtlinien** sind Grundsätze, mit deren Hilfe bei personellen Einzelmaßnahmen, für die mehrere Arbeitnehmer oder Bewerber in Frage kommen, eine Entscheidung gefunden werden soll[4]. Zum Teil wird der Begriff der Auswahlrichtlinie auch dahingehend definiert, daß es sich um Grundsätze handelt, die allgemein oder für bestimmte Arten von Tätigkeiten oder Arbeitsplätze festlegen, welche Voraussetzungen für die Ausübung der Tätigkeit oder die Besetzung des Arbeitsplatzes vorliegen müssen oder nicht vorliegen dürfen und welche sonstigen Gesichtspunkte bei ihnen im Hinblick auf die Arbeitnehmer weiter zu berücksichtigen sind oder außer Betracht zu bleiben haben[5]. Das BAG versteht unter Auswahlrichtlinien allgemeine Grundsätze darüber, welche Gesichtspunkte der Arbeitgeber bei personellen Maßnahmen zu berücksichtigen hat[6]. Zweck der Richtlinien ist die Festschreibung, unter welchen Voraussetzungen Einstellungen und Versetzungen, aber auch Kündigungen erfolgen sollen, um dadurch die jeweilige Personalentscheidung zu versachlichen und durchschaubar zu machen[7].

---

1 Vgl. nur *Fitting/Kaiser/Heither/Engels*, § 94 BetrVG Rz. 33.
2 GK-BetrVG/*Kraft*, § 94, Rz. 38; *Fitting/Kaiser/Heither/Engels*, § 95 BetrVG Rz. 34; weitergehend *Klebe*, in Däubler/Kittner/Klebe, § 96 BetrVG Rz. 44, der dem Betriebsrat auch einen allgemeinen Unterlassungsanspruch einräumt.
3 MünchArbR/*Matthes*, § 340 Rz. 15 mwN.
4 *Schlochauer*, in Hess/Schlochauer/Glaubitz, § 95 BetrVG Rz. 4; GK-BetrVG/*Kraft*, § 95 Rz. 10.
5 *Fitting/Kaiser/Heither/Engels*, § 95 BetrVG Rz. 4, *Klebe*, in Däubler/Kittner/Klebe, § 95 BetrVG Rz. 4; *Schaub*, AR-Handbuch, § 238 V.1.a, S. 1954.
6 BAG v. 27. 10. 1992, NZA 1993, 607, 610.
7 BAG v. 31. 5. 1983, AP Nr. 2 zu § 95 BetrVG 1972.

VI. Mitbestimmung in personellen Angelegenheiten

Eine Auswahlrichtlinie iSd. § 95 BetrVG liegt vor, wenn für den schriftlichen Teil einer Eignungsfeststellung **Testbogen** erstellt werden und eine **Mindestpunktanzahl** bestimmt wird, die ein Bewerber für die Zulassung zur mündlichen Prüfung erreichen muß[1]. Zu den Auswahlrichtlinien zählen auch sog. **Negativkataloge**, in denen festgelegt wird, welche Umstände bei der Durchführung personeller Einzelmaßnahmen nach Ablauf bestimmter Zeiten nicht mehr berücksichtigt werden sollen[2]. Nach Ansicht der Rechtsprechung handelt es sich bei der Aufstellung von Anforderungsprofilen für einen bestimmten Arbeitsplatz[3] oder Funktionsbeschreibungen[4] nicht um Auswahlrichtlinien. Gleiches gilt für Stellenausschreibungen oder betriebliche Vereinbarungen über einen Fristenrahmen für den Aushang von innerbetrieblichen Stellenausschreibungen[5]. Unter diesem Aspekt ist auch die einzelne Ausschreibung konkreter Stellen nicht nach § 95 BetrVG zustimmungsbedürftig[6]. Die Formulierung der Fragen an die jeweiligen Bewerber und die Auswahl der Fragen und konkreten Tests im Rahmen eines sog. **Assessment-Centers** wird man allerdings richtigerweise als Auswahlrichtlinie und somit mitbestimmungspflichtig ansehen müssen[7]. Nach überwiegender Auffassung stellen auch Regelungen über **Anfragen bei Verfassungsschutzbehörden** eine Auswahlrichtlinie dar[8]. 671

Hinweis:
Die Einhaltung personeller Auswahlrichtlinien sichern die §§ 99 Abs. 2 Nr. 2 BetrVG und 102 Abs. 3 Nr. 2 BetrVG. Der Betriebsrat kann danach seine **Zustimmung** zu einer Einstellung, Umgruppierung oder Versetzung **verweigern**, wenn die Maßnahme gegen eine Auswahlrichtlinie nach § 95 BetrVG verstößt. Dasselbe gilt für eine ordentliche Kündigung, die gegen eine Richtlinie verstößt; der Betriebsrat kann der Kündigung widersprechen. Auswahlrichtlinien kommen in erster Linie für betriebsbedingte Kündigungen in Betracht. Ist dies der Fall, so dürfen sie den Grundsätzen des § 75 BetrVG und des § 1 Abs. 2 Satz 1, Abs. 3 KSchG nicht widersprechen[9]. 672

---

1 BVerwG v. 5. 9. 1990, AP Nr. 24 zu § 95 BetrVG 1972.
2 *Schaub*, AR-Handbuch, § 238 V.1.a, S. 1954; *Fitting/Kaiser/Heither/Engels*, § 95 BetrVG Rz. 5.
3 BAG v. 31. 5. 1983, DB 1983, 2311; BAG v. 31. 1. 1984, BB 1984, 915; aA *Klebe*, in Däubler/Kittner/Klebe, § 95 BetrVG Rz. 8; *Fitting/Kaiser/Heither/Engels*, § 95 BetrVG Rz. 16.
4 BAG v. 14. 1. 1986, NZA 1986, 531; aA *Klebe*, in Däubler/Kittner/Klebe, § 95 BetrVG Rz. 8; *Fitting/Kaiser/Heither/Engels*, § 95 BetrVG Rz. 16.
5 BAG v. 18. 11. 1980, BB 1981, 1463, 1464; vgl. auch BAG v. 27. 5. 1982, BAGE 39, 102 ff.
6 Zutreffend *Schlochauer*, in Hess/Schlochauer/Glaubitz § 95 BetrVG Rz. 11.
7 Zutreffend *Klebe*, in Däubler/Kittner/Klebe, § 95 BetrVG Rz. 10; aA etwa *Schlochauer*, in Hess/Schlochauer/Glaubitz, § 95 BetrVG Rz. 14.
8 Vgl. etwa ArbG München v. 22. 12. 1987, DB 1989, 129; *Klebe*, in Däubler/Kittner/Klebe, § 95 BetrVG Rz. 9; *Fitting/Kaiser/Heither/Engels*, § 95 BetrVG Rz. 7; aA *Schlochauer*, in Hess/Schlochauer/Glaubitz, § 95 BetrVG Rz. 14; offen gelassen von BAG v. 9. 7. 1991, NZA 1992, 126, 128.
9 *Fitting/Kaiser/Heither/Engels*, § 95 BetrVG Rz. 10.

673 Ob der Arbeitgeber **Richtlinien in Betrieben bis zu 1.000 Arbeitnehmern** aufstellt, steht nach dem Wortlaut des § 95 Abs. 1, Abs. 2 BetrVG in seinem Ermessen. Anders ausgedrückt besteht in Betrieben bis zu 1.000 Arbeitnehmern ein Mitbestimmungsrecht nur, wenn der Arbeitgeber Auswahlrichtlinien tatsächlich aufstellt. Die Punkte, auf die sich die Richtlinie nach § 95 Abs. 1 Satz 1 BetrVG erstreckt, sind im Gegensatz zu § 95 Abs. 2 Satz 1 BetrVG nicht auf fachliche, persönliche und soziale Voraussetzungen und Gesichtspunkte beschränkt. Die herrschende Meinung folgert daraus, daß Auswahlrichtlinien nach § 95 Abs. 1 Satz 1 BetrVG einen weiteren Inhalt haben als solche nach § 95 Abs. 2 Satz 1 BetrVG[1].

674 **In Betrieben mit mehr als 1.000 Arbeitnehmern** kann der Betriebsrat demgegenüber nach § 95 Abs. 2 Satz 1 BetrVG die Aufstellung von Auswahlrichtlinien verlangen und im Nichteinigungsfall über die Einigungsstelle durchsetzen. Hier ist, abweichend von § 95 Abs. 1 Satz 2 BetrVG, außer dem Arbeitgeber auch der Betriebsrat zur Anrufung der Einigungsstelle berechtigt (vgl. § 95 Abs. 2 Satz 2 BetrVG). § 95 Abs. 2 Satz 1 BetrVG räumt dem Betriebsrat daher ein **echtes Initiativrecht** ein[2].

675 § 95 Abs. 2 Satz 1 BetrVG präzisiert die **Auswahlgesichtspunkte** dahin, daß sie sich auf die fachlichen und persönlichen Voraussetzungen und sozialen Gesichtspunkte erstrecken sollen. Welche **fachlichen und persönlichen Voraussetzungen** ein Bewerber um eine bestimmte Stelle mitbringen muß, hängt von der Art des zu besetzenden Arbeitsplatzes und der hier zu verrichtenden Tätigkeit ab. Persönliche und fachliche Voraussetzungen sind das Alter, das Geschlecht, der Gesundheitszustand, die Ausbildung, Erfahrungen, besondere Kenntnisse, körperliche und charakterliche Eigenschaften des Arbeitnehmers oder Bewerbers und anderes mehr[3]. Der Übergang zwischen fachlichen und persönlichen Voraussetzungen ist fließend, was praktisch aber ohne Bedeutung ist[4]. Soziale Gesichtspunkte spielen für die Auswahl bei einer Einstellung eine untergeordnete Rolle[5]. Gleichwohl können Auswahlrichtlinien bestimmen, daß ein Wettbewerber trotz geringerer Eignung aus sozialen Gesichtspunkten den Vorzug verdient[6]. Unter den zu berücksichtigenden sozialen Gesichtspunkten sind jedenfalls alle diejenigen Umstände zu verstehen, durch die der von einer personellen Einzelmaßnahme betroffene Arbeitnehmer besonders belastet wird oder die es gerechtfertigt erscheinen lassen, gerade diesem Arbeitnehmer den Vorzug zu geben; es kann sich um Alter, Gesundheitszustand, besondere Schutzbedürftigkeit als Schwerbehinderter, Jugendlicher oder aufgrund von

---

1 Vgl. nur *Fitting/Kaiser/Heither/Engels*, § 95 BetrVG Rz. 11; GK-BetrVG/*Kraft*, § 95 Rz. 19; *Klebe*, in Däubler/Kittner/Klebe, § 95 BetrVG Rz. 17; aA MünchArbR/*Matthes*, § 341 Rz. 5; *Richardi*, § 95 BetrVG Rz. 14; das BAG hat die Frage offen gelassen und nur festgestellt, daß Abs. 1 jedenfalls Abs. 2 mitumfaßt, vgl. BAG v. 31. 5. 1983, AP Nr. 2 zu § 95 BetrVG 1972.
2 *Schaub*, AR-Handbuch, § 238, V.3. S. 1955.
3 Vgl. MünchArbR/*Matthes*, § 341 Rz. 9.
4 MünchArbR/*Matthes*, § 341 Rz. 9.
5 Vgl. GK-BetrVG/*Kraft*, § 95 Rz. 32.
6 MünchArbR/*Matthes*, § 341 Rz. 13.

VI. Mitbestimmung in personellen Angelegenheiten   Rz. 678 Teil **4 A**

Schwangerschaft handeln[1]. Bei Kündigungen ist zu beachten, daß nach der Neufassung des § 1 Abs. 3 KSchG die sozialen Gesichtspunkte jetzt im Gesetz verankert sind (Dauer der Betriebszugehörigkeit, Lebensalter und Unterhaltspflichten).

> **Hinweis:**
> Rechtsstreitigkeiten über Auswahlrichtlinien, insbesondere über Inhalt und Umfang des Mitbestimmungsrechts, etwa die Auslegung der Begriffe Einstellung, Versetzung, Umgruppierung und Kündigung, und über die Durchführung der Richtlinie entscheiden die Arbeitsgerichte im **Beschlußverfahren**. Verwendet der Arbeitgeber einseitig aufgestellte Richtlinien bei personellen Einzelmaßnahmen, führt dies nicht schon deshalb zu deren Unwirksamkeit[2]. Bei groben Verstößen des Arbeitgebers kommt ein Verfahren nach **§ 23 Abs. 3 BetrVG** in Betracht[3]. Im Rahmen einer Kündigungsschutzklage sind die Auswahlrichtlinien auf ihre Wirksamkeit hin zu überprüfen[4]. Verstoßen Auswahlrichtlinien beispielsweise gegen die in § 1 Abs. 3 Satz 1 KSchG aufgestellten Grundsätze, so sind sie unbeachtlich und es ist allein nach der Wertung des § 1 Abs. 3 Satz 1 KSchG zu entscheiden[5].

676

2. Mitbestimmung im Bereich der Berufsbildung

Im Zuge der zunehmenden technischen und wirtschaflichen Entwicklung kommt der Berufsbildung eine ständig größere Bedeutung zu. Das Gesetz widmet daher der Berufsbildung in den **§§ 96 bis 98 BetrVG** einen eigenen Unterabschnitt. Hierbei wird zwischen der Förderung der Berufsbildung nach § 96 BetrVG, Einrichtungen und Maßnahmen der Berufsbildung nach § 97 BetrVG und der Durchführung betrieblicher Bildungsmaßnahmen nach § 98 BetrVG differenziert.

677

a) § 96 BetrVG

§ 96 Abs. 1 Satz 1 BetrVG bestimmt, daß Arbeitgeber und Betriebsrat im Rahmen der betrieblichen Personalplanung und in Zusammenarbeit mit den für die Berufsbildung und den für die Förderung der Berufsbildung zuständigen Stellen die **Berufsbildung der Arbeitnehmer zu fördern** haben. Der Arbeitgeber muß auf Verlangen des Betriebsrats mit diesem Fragen der Berufsbildung der Arbeitnehmer des Betriebs beraten (§ 96 Abs. 1 Satz 2 BetrVG). Der Betriebsrat kann nach § 96 Abs. 1 Satz 3 BetrVG hierzu, also zu der **Beratung,** Vorschläge machen. Nach § 96 Abs. 2 Satz 1 BetrVG haben Arbeitgeber und Betriebsrat darauf zu

678

---

1 Eingehend MünchArbR/*Matthes,* § 341 Rz. 12.
2 *Fitting/Kaiser/Heither/Engels,* § 95 BetrVG Rz. 25.
3 *Fitting/Kaiser/Heither/Engels,* § 95 BetrVG Rz. 25.
4 BAG v. 11. 3. 1976, BAGE 28, 40.
5 BAG v. 11. 3. 1976, BAGE 28, 40, aber noch zur alten Fassung des § 1 Abs. 3 KSchG.

achten, daß unter Berücksichtigung der betrieblichen Notwendigkeiten den Arbeitnehmern die Teilnahme an betrieblichen oder außerbetrieblichen Maßnahmen der Berufsbildung ermöglicht wird. Die Betriebspartner müssen dabei auch die Belange älterer Arbeitnehmer, Teilzeitbeschäftigter und von Arbeitnehmern mit Familienpflichten berücksichtigen.

679 § 96 Abs. 1 BetrVG statuiert zunächst eine **Förderungspflicht** des Arbeitgebers und Betriebsrats. Eine Konkretisierung erfährt diese Pflicht in § 96 Abs. 2 BetrVG. Darüber hinaus ist in § 96 Abs. 1 Satz 2 BetrVG eine **Beratungspflicht** statuiert. Die Beteiligungsrechte des Betriebsrats beziehen sich auf Fragen, Einrichtungen und Maßnahmen der Berufsbildung. Das Gesetz definiert diesen Begriff jedoch nicht. Unstreitig gehören aber alle Maßnahmen dazu, die zur Berufsbildung im Sinne des Berufsbildungsgesetzes (BBiG) gehören. Nach § 1 Abs. 1 BBiG umfaßt die Berufsbildung die Berufsausbildung, die berufliche Fortbildung und die berufliche Umschulung. Überwiegend wird aber davon ausgegangen, daß der **Begriff der Berufsbildung** iSd. §§ 96 bis 98 BetrVG entsprechend dem Zweck der gesetzlichen Regelungen umfassender ist als der nach dem BBiG[1]. Auch nach Ansicht der Rechtsprechung ist der Begriff der Berufsbildung weit auszulegen. Er umfaßt danach zumindest alle Maßnahmen der Berufsbildung iSd. Berufsbildungsgesetzes, also Berufsausbildung, berufliche Fortbildung und berufliche Umschulung und darüber hinaus auch Seminare und Lehrgänge, Bildungsprogramme[2].

680 Nicht unproblematisch ist die **Abgrenzung** zwischen einer mitbestimmungsfreien Unterrichtungspflicht des Arbeitgebers nach § 81 Abs. 1 BetrVG und einer mitbestimmungspflichtigen betrieblichen Berufsbildungsmaßnahme iSd. §§ 96 bis 98 BetrVG. Nach Ansicht des BAG erschöpft sich die Unterrichtungspflicht nach § 81 Abs. 1 BetrVG in der Einweisung eines Arbeitnehmers an einem konkreten Arbeitsplatz[3].

681 Kommt es zum Streit über Informations-, Beratungs- und Vorschlagsrechte oder über deren Umfang, entscheiden die Arbeitsgerichte im **Beschlußverfahren.**

Beispiel:

Der Arbeitgeber lehnt es ab, auf Verlangen des Betriebsrats Fragen der Berufsbildung der Arbeitnehmer des Betriebes zu beraten[4].

682 Die Weigerung des Arbeitgebers kann darüber hinaus einen groben Verstoß nach **§ 23 Abs. 3 BetrVG** darstellen. Auch der Betriebsrat kann seine Beratungspflichten verletzen mit der Folge, daß es zu einem Verfahren nach **§ 23 Abs. 1 BetrVG** kommt[5].

---

1 Vgl. GK-BetrVG/*Kraft*, § 96 Rz. 8; *Fitting/Kaiser/Heither/Engels*, § 6 BetrVG Rz. 13; *Richardi*, § 96 BetrVG Rz. 8; *Schaub*, AR-Handbuch, § 239 I., S. 1956.
2 Vgl. BAG v. 23. 4. 1991, NZA 1991, 817.
3 BAG v. 23. 4. 1991, NZA 1991, 817.
4 *Glaubitz*, in Hess/Schlochauer/Glaubitz, § 96 BetrVG Rz. 20.
5 Eingehend GK-BetrVG/*Kraft*, § 96 Rz. 31 f.

VI. Mitbestimmung in personellen Angelegenheiten   Rz. 687 Teil **4 A**

> **Hinweis:**   683
> Der einzelne Arbeitnehmer kann nicht unter Berufung auf § 96 Abs. 1
> BetrVG vom Arbeitgeber eine bestimmte berufliche Aus- oder Fortbildung
> verlangen. Ein entsprechender individual-rechtlicher Anspruch besteht
> nicht[1].

b) § 97 BetrVG

§ 97 BetrVG legt fest, daß der Arbeitgeber mit dem Betriebsrat über die Errich-   684
tung und Ausstattung betrieblicher Einrichtungen zur Berufsbildung, die Einführung betrieblicher Berufsbildungsmaßnahmen und die Teilnahme an außerbetrieblichen Berufsbildungsmaßnahmen zu beraten hat. Die Vorschrift ergänzt
§ 96 BetrVG und räumt dem Betriebsrat ein **besonderes Beratungsrecht** hinsichtlich der Einrichtung und Ausstattung betrieblicher Berufsbildungseinrichtungen sowie bei der Einführung betrieblicher Berufsbildungsmaßnahmen und
für die Teilnahme an außerbetrieblichen Berufsbildungsmaßnahmen ein.

Beispiele für betriebliche Einrichtungen der Berufsbildung:
*Lehrwerkstätten, Unterrichtungsräume, Übungskontore, Übungslabors,
Werkschulen und Berufsbildungszentren*[2].

Ausstattung bedeutet die Sachausstattung, also die Anschaffung von Anlagen,   685
Maschinen, Werkzeugen und Lehrmaterial[3].

Betriebliche Berufsbildungsmaßnahmen sind nach dem Regierungsentwurf[4] zB   686
Fortbildungskurse. Gemeint sind hiermit alle Maßnahmen wie Kurse und Lehrgänge, die entweder der Erreichung des Ausbildungszieles, der Erhaltung, Erweiterung oder Anpassung der beruflichen Kenntnisse und Fertigkeiten an
technische Entwicklungen oder dem Erwerb der Befähigung für andere berufliche Tätigkeiten als der jetzt ausgeübten dienen (vgl. § 1 Abs. 2 bis 4 BBiG)[5]. Im
Bereich der beruflichen Bildung sind demnach die Verpflichtungen des Arbeitgebers durch das Berufsbildungsgesetz und die zu seiner Durchführung ergangenen Bestimmungen vorgegeben[6].

Die **Teilnahme an außerbetrieblichen Berufsbildungsmaßnahmen** betrifft zu-   687
nächst Teile eines Ausbildungsganges, die in einem anderen Betrieb oder in
einer überbetrieblichen Einrichtung (Gemeinschaftslehrwerkstatt oder Berufs-
fachschule) absolviert werden[7]. Darüber hinaus unterfallen dem Begriff der
außerbetrieblichen Berufsbildungsnahmen auch eigenständige Berufsbildungs-

---
1 Vgl. *Schaub*, AR-Handbuch, § 239 I., S. 1956.
2 Eingehend *Glaubitz*, in Hess/Schlochauer/Glaubitz, § 97 BetrVG Rz. 4.
3 *Richardi*, § 97 BetrVG Rz. 2; *Glaubitz*, in Hess/Schlochauer/Glaubitz, § 97 BetrVG
  Rz. 4.
4 Vgl. GK-BetrVG/*Kraft*, § 97 Rz. 6.
5 GK-BetrVG/*Kraft*, § 97 Rz. 6.
6 *Schaub*, AR-Handbuch, § 239 II., S. 1957.
7 *Glaubitz*, in Hess/Schlochauer/Glaubitz, § 97 BetrVG Rz. 6.

gänge der Fortbildung und Umschulung, die von außerbetrieblichen Trägern, etwa Kammern, Verbänden, Gewerkschaften, öffentlichen oder privaten Schulen angeboten werden[1].

688 **Hinweis:**

Da nach dem Wortlaut des § 97 BetrVG der Arbeitgeber mit dem Betriebsrat nur zu „beraten" hat, kann der Betriebsrat die Einrichtung von Bildungsmaßnahmen nicht erzwingen[2]. Bei Streitigkeiten über den Umfang und die Erfüllung der Beratungspflicht kann eine Entscheidung im arbeitsgerichtlichen **Beschlußverfahren** herbeigeführt werden. Bei groben Verstößen des Arbeitgebers sind Maßnahmen nach § 23 Abs. 3 BetrVG denkbar[3].

c) § 98 BetrVG

689 § 98 BetrVG regelt umfangreich die **Durchführung betrieblicher Bildungsmaßnahmen.** Während jedoch der Betriebsrat bei Errichtung und Einrichtung von betrieblichen Bildungsmaßnahmen nach §§ 96, 97 BetrVG nur ein Beratungsrecht hat, unterliegt die Durchführung der betrieblichen Maßnahmen zur Aus-, Fortbildung oder Umschulung der **erzwingbaren Mitbestimmung** (§ 98 Abs. 1 BetrVG)[4]. Darüber hinaus sieht § 98 Abs. 2 BetrVG ein **Widerspruchsrecht** bei der Bestellung von Ausbildern bzw. das Recht vor, ihre Abberufung zu verlangen, wenn diese die persönliche oder fachliche Eignung nicht besitzen oder ihre Aufgaben vernachlässigen. § 98 Abs. 3 BetrVG sieht vor, daß der Betriebsrat Vorschläge für die Teilnahme von Arbeitnehmern oder Arbeitnehmergruppen an Maßnahmen der Berufsbildung machen kann.

aa) Mitbestimmungsrechte nach § 98 Abs. 1 BetrVG

690 § 98 Abs. 1 BetrVG unterwirft die **Durchführung von Maßnahmen der betrieblichen Berufsbildung** der Mitbestimmung des Betriebsrats. Nach bislang ganz herrschender Meinung bezieht sich dieses Mitbestimmungsrecht nur auf die Durchführung, also das „Wie" solcher Maßnahmen[5]. Die Frage, ob derartige Maßnahmen überhaupt durchgeführt werden, unterliegt allein der Entscheidung des Arbeitgebers, soweit er dazu nicht durch Gesetz, Tarifvertrag oder Betriebsvereinbarung verpflichtet ist[6]. Voraussetzung des Mitbestimmungsrechts nach § 98 Abs. 1 BetrVG ist, daß der Arbeitgeber eine betriebliche Berufsbildungsmaßnahme auch tatsächlich durchführt. Zur Durchführung gehören sämtliche Maßnahmen, die für den geordneten Ablauf der betrieblichen Bildung notwendig

---

1 GK-BetrVG/*Kraft*, § 97 Rz. 7; *Glaubitz*, in Hess/Schlochauer/Glaubitz, § 97 BetrVG Rz. 6.
2 *Schaub*, AR-Handbuch, § 239 II., S. 1957.
3 GK-BetrVG/*Kraft*, § 97 BetrVG Rz. 9.
4 Eingehend *Kraft*, NZA 1990, 457 ff.
5 Vgl. nur *Kraft*, NZA 1990, 457, 460.
6 BAG v. 8. 12. 1987, NZA 1988, 401.

VI. Mitbestimmung in personellen Angelegenheiten

sind. Das kann auch die Einrichtung von Lehrgängen sein[1]. Da die Berufsausbildung iSd. Berufsbildungsgesetzes gesetzlich geregelt ist, kann sich das Mitbestimmungsrecht nur auf die Anpassung an die betrieblichen Verhältnisse (Festlegung betrieblicher Durchlaufpläne, allgemeine Regeln über Führung und Überwachung von Berichtsheften, grundsätzliche betriebliche Beurteilungen usw.) und auf sonstige betriebliche Ausbildung sowie bei Fortbildung und Umschuldung auf die materiellen Inhalte der Bildungsmaßnahmen erstrecken[2].

Mitbestimmungspflichtig sind stets die **formellen Bestimmungen über den Bildungsablauf** einschließlich betrieblicher Prüfungen[3]. Nach wohl überwiegender Auffassung besteht kein Mitbestimmungsrecht für eine Bildungsmaßnahme im Einzelfall[4]. Der Betriebsrat hat daher nicht mitzubestimmen, welcher Auszubildende einem bestimmten Ausbilder zuzuteilen ist.

Das Mitbestimmungsrecht entfällt nach Ansicht des BAG nicht deshalb, weil eine Bildungsmaßnahme auch oder vor allem der Vorsorge für den Fall eines etwaigen **Arbeitskampfes** dient[5].

> **Hinweis:**
> Kommt eine Einigung nach § 98 Abs. 1 BetrVG nicht zustande, so entscheidet nach § 98 Abs. 4 Satz 1 BetrVG die Einigungsstelle. Der Spruch der **Einigungsstelle** ersetzt die Einigung zwischen Arbeitgeber und Betriebsrat (§ 98 Abs. 4 Satz 2 BetrVG).

bb) Widerspruchs- und Abberufungsrecht nach § 98 Abs. 2 BetrVG

§ 98 Abs. 2 BetrVG gibt dem Betriebsrat unter den dort aufgeführten Voraussetzungen das **Recht, der Bestellung eines Ausbilders zu widersprechen** bzw. dessen **Abberufung** zu verlangen. Das Mitbestimmungsrecht des Betriebsrats nach § 98 Abs. 2 BetrVG bezieht sich auf die mit der Durchführung der betrieblichen Berufsbildung beauftragten Personen[6]. Dies ist bei der beruflichen Ausbildung die nach § 20 Abs. 4 BBiG, § 21 Abs. 4 HwO bestellte Person.

Das Gesetz räumt dem Betriebsrat ein solches Widerspruchs- und Abberufungsrecht ein, weil die Effektivität der Bildungsmaßnahmen entscheidend von den

---

1 BAG v. 23. 4. 1991, NZA 1991, 817, 819; BAG v. 10. 2. 1988, NZA 1988, 549; BAG v. 5. 11. 1985, NZA 1986, 535, 536.
2 *Schaub*, AR-Handbuch, § 239 III.1., S. 1957.
3 BAG v. 5. 11. 1985, NZA 1986, 535.
4 LAG Frankfurt v. 13. 4. 1976, ArbuR 1977, 187; *Fitting/Kaiser/Heither/Engels*, § 98 BetrVG Rz. 7; *Richardi*, § 98 BetrVG Rz. 14; *Glaubitz*, in Hess/Schlochauer/ Glaubitz, § 98 BetrVG Rz. 7, 8; GK-BetrVG/*Kraft*, § 98 Rz. 7; ähnlich BAG v. 3. 12. 1985, BAGE 50, 226, 233.
5 BAG v. 10. 2. 1988, NZA 1988, 549, für den Fall, daß Arbeitnehmer nur zu einem Lehrgang entsandt werden, damit sie bei einem Streik aushilfsweise eingesetzt werden können.
6 *Glaubitz*, in Hess/Schlochauer/Glaubitz, § 98 BetrVG Rz. 23.

Personen abhängt, die mit der Durchführung der Bildungsmaßnahmen beauftragt sind[1]. Das Recht steht dem Betriebsrat zu, soweit die mit der Durchführung der Bildungsmaßnahme beauftragte Person **nicht die persönlichen oder fachlichen Voraussetzungen besitzt** (vgl. §§ 20, 21 BBiG, §§ 21, 22 HwO) oder ihre **Aufgaben vernachlässigt.**

696 Nach § 20 BBiG ist **persönlich nicht geeignet,** wer Kinder und Jugendliche nicht beschäftigen darf oder wiederholt oder schwer gegen das Berufsbildungsgesetz oder die aufgrund dieses Gesetzes erlassenen Vorschriften verstoßen hat[2]. § 21 HwO spricht dies sinngemäß für Ausbilder in Handwerksbetrieben aus. **Fachlich nicht geeignet** ist, wer die erforderlichen beruflichen Fertigkeiten und Kenntnisse gem. § 20 Abs. 1 Nr. 1 und §§ 76 bis 97 BBiG sowie §§ 21 Abs. 3 und 33 HwO oder die erforderlichen berufs- und arbeitspädagogischen Kenntnisse nicht besitzt. Der Ausbilder **vernachlässigt seine Aufgabe,** wenn er sie nicht mit der erforderlichen Gründlichkeit und Gewissenhaftigkeit ausführt, so daß befürchtet werden muß, daß die Auszubildenden das Ziel der Ausbildung nicht erreichen[3]. Überwiegend wird davon ausgegangen, daß die Abberufung nur aus schwerwiegenden Gründen erfolgen kann. Dies ergebe sich daraus, daß § 98 Abs. 2 BetrVG die Gründe „Vernachlässigung der Aufgabe" und „Fehlen persönlicher oder fachlicher Eignung" gleichgewichtig nebeneinander nennt[4]. Geringfügige oder einmalige Vorfälle genügen daher nicht.

697 **Hinweis:**
Kommt keine Einigung nach § 98 Abs. 2 BetrVG zustande, so kann der Betriebsrat nach § 98 Abs. 2 Satz 1 BetrVG im arbeitsgerichtlichen **Beschlußverfahren** beantragen, dem Arbeitgeber aufzugeben, die Bestellung zu unterlassen oder die Abberufung durchzuführen. Führt der Arbeitgeber die Bestellung einer rechtskräftigen gerichtlichen Entscheidung zuwider gleichwohl durch, so ist er auf Antrag des Betriebsrats vom Arbeitsgericht wegen der Bestellung nach vorheriger Androhung zu einem **Ordnungsgeld** zu verurteilen; das Höchstmaß des Ordnungsgeldes beträgt 20 000 DM (§ 98 Abs. 5 Satz 2 BetrVG). Führt der Arbeitgeber die Abberufung einer rechtskräftigen gerichtlichen Entscheidung zuwider nicht durch, so ist auf Antrag des Betriebsrats vom Arbeitsgericht zu erkennen, daß der Arbeitgeber zur Abberufung durch **Zwangsgeld** anzuhalten ist; das Höchstmaß des Zwangsgeldes beträgt für jeden Tag der Zuwiderhandlung 500 DM (§ 98 Abs. 5 Satz 3 BetrVG).

---

1 *Schaub*, AR-Handbuch, § 239 III.4., S. 1958.
2 Vgl. auch *Glaubitz*, in Hess/Schlochauer/Glaubitz, § 98 BetrVG Rz. 27.
3 Vgl. nur *Glaubitz*, in Hess/Schlochauer/Glaubitz, § 98 BetrVG Rz. 21; *Buschmann*, in Däubler/Kittner/Klebe, § 98 BetrVG Rz. 11; *Fitting/Kaiser/Heither/Engels*, § 98 BetrVG Rz. 17.
4 Vgl. nur *Kraft* in GK-BetrVG, § 98 Rz. 15; *Schaub*, AR-Handbuch, § 239 III.4., S. 1959; *Glaubitz*, in Hess/Schlochauer/Glaubitz, § 98 BetrVG Rz. 33.

VI. Mitbestimmung in personellen Angelegenheiten

cc) Teilnehmerauswahl nach § 98 Abs. 3 BetrVG

§ 98 Abs. 3 BetrVG gibt dem Betriebsrat das Recht, Vorschläge bezüglich der **Teilnehmer an betrieblichen Berufsbildungsmaßnahmen** und an solchen außerbetrieblichen Berufsbildungsmaßnahmen zu machen, für die der Arbeitgeber Arbeitnehmer freistellt oder bei denen er die Teilnahmekosten ganz oder teilweise trägt.

698

Der Betriebsrat hat bei der Auswahl ein **echtes Mitbestimmungsrecht**[1]. Dies bedeutet aber nicht, daß er der Auswahl eines jeden Arbeitnehmers zustimmen müßte[2]. Das Mitbestimmungsrecht beschränkt sich allein auf die Auswahl. Hinsichtlich der Zahl der Teilnehmer an der berufsbildenden Maßnahme besteht ein Mitbestimmungsrecht nicht[3].

699

> **Hinweis:**
> Kommt es im Rahmen des § 98 Abs. 3 BetrVG zu keiner Einigung zwischen Betriebsrat und Arbeitgeber über die vom Betriebsrat vorgeschlagenen Teilnehmer, so entscheidet die **Einigungsstelle**[4].

700

dd) Sonstige Bildungsmaßnahmen nach § 98 Abs. 6 BetrVG

Soweit der Arbeitgeber sonstige Bildungsmaßnahmen durchführt, also solche, die nicht Berufsbildungsmaßnahmen sind, gelten nach § 98 Abs. 6 die bisher erläuterten Bestimmungen des **§ 98 BetrVG** entsprechend, wenn die Maßnahmen im Betrieb durchgeführt werden.

701

Beispiele:
Sprachkurse, Lehrgänge über Menschenführung im Betrieb, Kurzschriftkurse, Lehrgänge über Arbeitssicherheit, Kurse über Erste Hilfe und Lehrgänge über Arbeits- und Sozialrecht[5].

Nicht unter Abs. 6 fallen **Informationsveranstaltungen,** die der Unterrichtung der Arbeitnehmer nach § 81 Abs. 1 BetrVG dienen, sonstige Informationsveranstaltungen im Zusammenhang mit der konkreten Arbeitsaufgabe des Arbeitnehmers, wie beispielsweise Schulungen für die Einführung oder den Vertrieb neuer Produkte, Einweisungen in die Bedienung neuer technischer Einrichtungen (vgl. § 81 BetrVG), Informationen über das Unternehmen uam.[6].

702

---

1 BAG v. 10. 2. 1988, NZA 1988, 549, 550; BAG v. 8. 12. 1987, NZA 1988, 401.
2 BAG v. 8. 12. 1987, NZA 1988, 401.
3 *Buschmann*, in Däubler/Kittner/Klebe, § 98 BetrVG Rz. 23.
4 *Fitting/Kaiser/Heither/Engels*, § 98 BetrVG Rz. 43; *Glaubitz*, in Hess/Schlochauer/Glaubitz, § 98 BetrVG Rz. 69.
5 Eingehend *Buschmann*, in Däubler/Kittner/Klebe, § 98 BetrVG Rz. 27; GK-BetrVG/*Kraft*, § 98 Rz. 35.
6 Eingehend GK-BetrVG/*Kraft*, § 98 Rz. 36 mwN.

3. Mitbestimmungsrecht des Betriebsrats bei personellen Einzelmaßnahmen

703 Die Mitbestimmungsrechte des Betriebsrats bei personellen Einzelmaßnahmen sind unterschiedlich ausgestaltet. § 102 BetrVG verpflichtet den Arbeitgeber zur **Anhörung des Betriebsrats vor einer Kündigung**. Ohne diese Anhörung ist die Kündigung unwirksam. Mit dieser Regelung soll in erster Linie das Interesse des Einzelarbeitnehmers geschützt werden. Eigene Rechte des Betriebsrates sind nur mittelbar berührt. Folgerichtig ist der Betriebsrat am Kündigungsschutzprozeß auch nicht beteiligt. Die Stellungnahme des Betriebsrats kann den Arbeitgeber nicht hindern, die Kündigung auszusprechen.

704 Demgegenüber berührt das **Mitbestimmungsrecht des § 99 BetrVG** nicht nur das Interesse des einzelnen Arbeitnehmers, sondern auch die Interessen der Belegschaft, die der Betriebsrat in diesem Zusammenhang wahren soll.

705 Nach § 99 BetrVG muß der Arbeitgeber vor jeder **Einstellung, Versetzung, Ein- oder Umgruppierung** die Zustimmung des Betriebsrats einholen. Der Betriebsrat kann also durch Verweigerung seiner Zustimmung die Durchführung der Maßnahme verhindern. Bei § 99 BetrVG geht es in erster Linie um Rechte des Betriebsrats. Ein unter Mißachtung der Beteiligungsrechte des Betriebsrats nach § 99 BetrVG abgeschlossener Arbeitsvertrag ist deshalb gleichwohl wirksam[1]. Der Arbeitnehmer kann die vereinbarte Vergütung verlangen. Der Betriebsrat kann zum Schutz eigenen Rechts die tatsächliche Beschäftigung des Arbeitnehmers verhindern. Im Fall der Änderungskündigung kann der Arbeitgeber die geänderten Vertragsbedingungen nicht durchsetzen, solange das Verfahren nach § 99 BetrVG nicht ordnungsgemäß durchgeführt ist, der Arbeitnehmer ist im alten Arbeitsbereich weiterzubeschäftigen[2].

706 Das Mitbestimmungsrecht nach § 99 BetrVG greift nur dann ein, wenn es sich um einen Betrieb handelt, in dem **in der Regel mehr als 20 wahlberechtigte Arbeitnehmer** beschäftigt sind. Liegt diese Voraussetzung vor, so muß der Arbeitgeber den Betriebsrat vor jeder Einstellung, Eingruppierung, Umgruppierung und Versetzung unterrichten, ihm die erforderlichen Bewerbungsunterlagen vorlegen und Auskunft über die Person der Beteiligten geben (§ 99 Abs. 1 Satz 1 1. Halbs. BetrVG). Darüber hinaus ist dem Betriebsrat unter Vorlage der erforderlichen Unterlagen Auskunft über die Auswirkung der geplanten Maßnahme zu geben und seine Zustimmung einzuholen (§ 99 Abs. 1 Satz 1 2. Halbs. BetrVG). Bei Einstellungen und Versetzungen muß der Arbeitgeber nach § 99 Abs. 1 Satz 2 BetrVG dem Betriebsrat insbesondere den in Aussicht genommenen Arbeitsplatz und die vorgesehene Eingruppierung mitteilen.

707 § 99 Abs. 1 Satz 3 BetrVG verpflichtet die Mitglieder des Betriebsrats, über die ihnen im Rahmen der personellen Maßnahmen bekanntgewordenen persönlichen Verhältnisse und Angelegenheiten der Arbeitnehmer Stillschweigen zu bewahren. Insoweit gelten die Vorschriften über die **Geheimhaltungspflicht**

---

1 BAG v. 2. 7. 1880, DB 1981, 272.
2 BAG v. 30. 9. 1993, NZA 1994, 615.

nach § 79 Abs. 1 Satz 2 bis Satz 4 BetrVG entsprechend (vgl. § 99 Abs. 1 aE BetrVG).

a) Personelle Einzelmaßnahmen iSd. § 99 BetrVG

aa) Einstellung

Unter Einstellung iSd. § 99 BetrVG ist nach ständiger Rechtsprechung des BAG die **tatsächliche Beschäftigung** im Sinne einer tatsächlichen Eingliederung des Arbeitnehmers in den Betrieb zu verstehen. Eine Einstellung liegt dann vor, wenn Personen **in den Betrieb eingegliedert** werden, um den arbeitstechnischen Zweck des Betriebes durch ihre Tätigkeit zu verwirklichen. In welchem Rechtsverhältnis sie zum Arbeitgeber stehen, ist gleichgültig[1]. Soll die Beschäftigung im Betrieb aufgrund eines Arbeitsvertrages erfolgen, so muß der Betriebsrat vor Abschluß des Arbeitsvertrages über die geplante Beschäftigung unterrichtet und die Zustimmung zu dieser auf der Grundlage des Arbeitsvertrages erfolgenden Beschäftigung eingeholt werden. Das gilt auch dann, wenn die vorgesehene Beschäftigung im Betrieb zunächst nur in einem „Rahmenvertrag" geregelt wird, der den Zeitpunkt und die Dauer einer tatsächlichen Beschäftigung im Betrieb noch offen läßt[2]. Mit der zuletzt zitierten Entscheidung hat das BAG noch einmal bestätigt, daß unter dem Begriff der Einstellung iSd. § 99 BetrVG die tatsächliche Beschäftigung im Betrieb zu verstehen ist, stellt aber gleichzeitig klar, daß die nach § 99 BetrVG erforderliche Unterrichtung des Betriebsrats nur dann als rechtzeitig und damit ordnungsgemäß anzusehen ist, wenn sie zu einem Zeitpunkt erfolgt, in dem noch keine vollendeten Tasachen, etwa in Form eines Vertragsabschlusses geschaffen sind.

708

Da es auf das Rechtsverhältnis zwischen Arbeitgeber und Arbeitnehmer nicht ankommt, ist auch die tatsächliche Eingliederung eines Arbeitnehmers mit **befristetem Arbeitsvertrag** eine Einstellung iSd. § 99 BetrVG[3]. Gleiches gilt, wenn ein befristetes Arbeitsverhältnis verlängert oder in ein Arbeitsverhältnis auf unbestimmte Zeit umgewandelt wird. Hier ist der Betriebsrat nach § 99 BetrVG erneut zu beteiligen. Auf die erneute Beteiligung kann nur dann verzichtet werden, wenn ein befristetes Probearbeitsverhältnis nach Ablauf der Probezeit in ein unbefristetes Arbeitsverhältnis umgewandelt wird und dem Betriebsrat anläßlich der ersten Einstellung zur Probe bereits mitgeteilt worden ist, daß der Arbeitnehmer bei Bewährung auf unbestimmte Zeit weiterbeschäftigt werden soll[4].

709

Auch die kommissarische, dh. die zunächst nur vorübergehende, **vorläufige Stellenbesetzung** ist eine Einstellung iSd. § 99 BetrVG[5].

710

---

1 BAG v. 15. 4. 1986, AP Nr. 35 zu § 99 BetrVG 1972; BAG v. 1. 8. 1989, NZA 1990, 229; BAG v. 28. 4. 1992, DB 1992, 2144; BAG v. 18. 10. 1994, NZA 1995, 281.
2 BAG v. 28. 4. 1992, DB 1992, 2144.
3 BAG v. 28. 6. 1994, NZA 1995, 387.
4 BAG v. 7. 8. 1990, DB 1991, 46.
5 LAG Frankfurt v. 22. 3. 1994, NZA 1994, 1052.

711 Die Beschäftigung von **Leiharbeitnehmern** löst das Mitbestimmungsrecht des § 99 BetrVG aus, wenn der Arbeitgeber des Betriebes auch gegenüber dem Fremdpersonal zumindest einen Teil der Arbeitgeberstellung übernimmt, da diese dann in den Betrieb eingegliedert werden, um den arbeitstechnischen Zweck des Betriebes durch ihre Tätigkeit zu verwirklichen[1], vgl. § 14 Abs. 3 AÜG.

712 Eine Einstellung liegt auch dann vor, wenn sogenannte **freie Mitarbeiter** im Betrieb beschäftigt werden (zB Honorarlehrkräfte)[2]. Hier ist allerdings zu differenzieren. Eine Eingliederung und damit mitbestimmungspflichtige Einstellung iSd. § 99 BetrVG ist nur dann anzunehmen, wenn dem Arbeitgeber des Beschäftigungsbetriebes zumindest ein Teil des Weisungsrechts zusteht, kraft dessen er die für ein Arbeitsverhältnis typischen Entscheidungen über den Einsatz treffen kann. Dies dürfte bei der Beschäftigung eines echten freien Mitarbeiters regelmäßig nicht der Fall sein[3].

713 Personen, die als **Dienst- oder Werkunternehmer** die in dem Dienst- oder Werkvertrag vereinbarte Leistung erbringen, sind nicht schon deswegen in den Betrieb des Auftraggebers und dessen Organisation eingegliedert, weil sie im Betrieb des Auftraggebers tätig werden und weil die von ihnen zu erbringende Dienst- oder Werkleistung in den betrieblichen Arbeitsprozeß eingeplant ist. Hinzu kommen muß, daß diese Personen selbst in die Arbeitsorganisation des Arbeitgebers eingegliedert werden[4]. In der neueren Rechtsprechung stellt das BAG für die Anwendung des § 99 BetrVG maßgeblich darauf ab, ob der Arbeitgeber auch für die Fremdfirmenarbeitnehmer die für ein Arbeitsverhältnis typischen Entscheidungen über deren Arbeitseinsatz nach Zeit und Ort treffen kann, er also die Personalhoheit über diese Personen ausübt[5].

714 Eine zustimmungsbedürftige Einstellung liegt auch dann vor, wenn Personen im Betrieb für eine in Aussicht genommene Beschäftigung eine **Ausbildung** erhalten, ohne die eine solche Beschäftigung nicht möglich wäre[6]. Dabei macht es keinen Unterschied, ob diese Personen nach der Ausbildung in einem Arbeitsverhältnis oder als freie Mitarbeiter beschäftigt werden sollen[7]. Keine Einstellung stellt die Beschäftigung von Schülerpraktikanten oder von Wachmännern eines Bewachungsunternehmens dar[8].

---

1 BAG v. 15. 4. 1986, BAGE 51, 337; BAG v. 1. 8. 1989, NZA 1990, 229; BAG v. 18. 10. 1994, NZA 1995, 281.
2 BAG v. 3. 7. 1990, BB 1990, 2050 (Ls.).
3 BAG v. 30. 8. 1994, NZA 1995, 649; BAG v. 25. 6. 1996 – 1 ABR 57/95 nv.
4 BAG v. 5. 3. 1991, BB 1991, 1338.
5 BAG v. 30. 1. 1991, AP Nr. 8 zu § 10 AÜG; BAG v. 5. 3. 1991, BB 1991, 1338; BAG v. 5. 5. 1992, AP Nr. 97 zu § 99 BetrVG 1972; BAG v. 13. 5. 1992, NZA 1993, 357; BAG v. 31. 3. 1993, AP Nr. 2 zu § 9 AÜG.
6 BAG v. 3. 10. 1989, EzA Nr. 79 zu § 99 BetrVG 1972; BAG v. 20. 4. 1993, NZA 1993, 1096.
7 BAG v. 20. 4. 1993, NZA 1993, 1096.
8 BAG v. 8. 5. 1990, NZA 1990, 896; BAG v. 28. 11. 1989, NZA 1990, 364.

VI. Mitbestimmung in personellen Angelegenheiten   Rz. 720 **Teil 4 A**

Soweit in Ausbildungs- und Prüfungseinrichtungen nicht nur Tests durchgeführt werden, um die Eignung von Mitarbeitern und Bewerbern festzustellen, sondern gleichzeitig Verhaltenstraining für die künftige berufliche Tätigkeit erfolgt, unterliegt die Aufnahme in ein solches Center (zB **Assessment-Center**) auch für externe Bewerber der Mitbestimmung des Betriebsrats nach § 99 BetrVG[1]. 715

Die „**Rücknahme**" einer **Kündigung** ist dann keine Neueinstellung, wenn es sich um einen wirksamen Widerruf nach Maßgabe des § 130 Abs. 1 Satz 2 BGB handelt[2]. 716

bb) Versetzung

Als weitere mitbestimmungspflichtige personelle Einzelmaßnahme nennt § 99 Abs. 1 Satz 1 BetrVG die Versetzung[3]. Eine **Legaldefinition** des Begriffs der Versetzung findet sich in § 95 Abs. 3 Satz 1 BetrVG. Danach ist eine Versetzung iSd. BetrVG die **Zuweisung eines anderen Arbeitsbereichs**, die die voraussichtliche **Dauer von einem Monat überschreitet** oder die mit einer **erheblichen Änderung der Umstände** verbunden ist, unter denen die Arbeit zu leisten ist. Die Rechtsprechung zieht aus dieser Legaldefinition den Umkehrschluß, daß Änderungen der Arbeitsbedingungen, die weniger als einen Monat dauern, nur dann eine Versetzung darstellen, wenn sie erheblich sind[4]. 717

Allein die **Änderung des Arbeitsortes** und die **Arbeit unter anderen Vorgesetzten** sind für sich keine erheblichen Änderungen[5]. Dagegen ist die auf Dauer angelegte **Versetzung von einem Betrieb des Unternehmens in einen anderen** die Zuweisung eines anderen Arbeitsbereichs, so daß sie dem Versetzungsbegriff des § 95 Abs. 3 BetrVG unterfällt[6]. 718

Die Zuweisung eines anderen Arbeitsbereichs iSd. § 95 Abs. 3 BetrVG liegt auch dann vor, wenn der Arbeitnehmer zu einem **anderen Arbeitsort** entsandt wird, ohne daß sich seine Arbeitsaufgabe ändert oder er **in eine andere organisatorische Einheit eingegliedert** wird. Bedingt die Entsendung zu einem anderen Arbeitsort eine **wesentlich längere Fahrtzeit**, so ist die Zuweisung mit einer erheblichen Änderung der Umstände verbunden, unter denen die Arbeit zu leisten ist, so daß eine Versetzung vorliegt[7]. 719

Zugewiesen wird ein anderer Arbeitsbereich auch dann, wenn der Arbeitnehmer auf Initiative seines Arbeitgebers und in dessen Interesse vorübergehend in 720

---

1 BAG v. 20. 4. 1993, NZA 1993, 1096.
2 *Kittner* in Däubler/Kittner/Klebe, § 99 BetrVG Rz. 46.
3 Übersicht bei *Griese*, BB 1995, 458 ff.
4 Vgl. BAG v. 26. 5. 1988, NZA 1989, 438, 439; BAG v. 8. 8. 1989, NZA 1990, 198; BAG v. 28. 9. 1988, NZA 1989, 188; *von Hoyningen-Huene*, NZA 1993, 145, 147 ff.
5 BAG v. 28. 9. 1988, NZA 1989, 188; BAG v. 10. 4. 1984, DB 1984, 1937; LAG Frankfurt aM v. 24. 8. 1979 – 6/7 Sa 700/79, nv.; vgl. auch LAG Köln v. 4. 5. 1994, NZA 1994, 911, für den Fall einer erheblichen Änderung bei einer Versetzung in den Orient.
6 BAG v. 26. 1. 1993, BB 1993, 1871; BAG v. 20. 9. 1990, NZA 1991 195.
7 BAG v. 1. 8. 1989, NZA 1990, 196; BAG v. 8. 8. 1989, NZA 1990, 198.

einem **Betrieb eines Tochterunternehmens** arbeitet und mit dieser Tätigkeit die seinem Arbeitgeber geschuldete Arbeitsleistung erbringt[1]. Eine zustimmungspflichtige Versetzung liegt schließlich auch dann vor, wenn durch Umorganisation ein Teil der Arbeitsplätze wegfällt, gleichzeitig aber **neue Beförderungsstellen** geschaffen werden, auf denen überwiegend die gleichen Tätigkeiten verrichtet werden müssen[2]. Die nur vorübergehende **Entsendung** eines Arbeitnehmers für die Zeit von mehr als einem Monat in einen anderen Betrieb und seine anschließende **Rückkehr** ist eine **einheitliche Maßnahme,** die als Versetzung der Zustimmung des Betriebsrats bedarf[3].

721 Eine Versetzung in Form der Zuweisung eines anderen Arbeitsbereiches kann auch darin bestehen, daß dem Arbeitnehmer ein wesentlicher Teil seiner **Aufgaben entzogen** wird[4].

Beispiel:

Dem Autoverkäufer, der zusätzlich zu seiner Außendiensttätigkeit zu 25% seiner Arbeitszeit als Ladenverkäufer tätig war, wird der Ladendienst entzogen.

722 Der Arbeitsbereich iSv. § 95 Abs. 3 BetrVG wird regelmäßig nicht durch die **Lage der Arbeitszeit** bestimmt. Wenn sich nur die Lage der Arbeitszeit ändert, beispielsweise dergestalt, daß von der Arbeit in Normalschicht zu Wechselschichtarbeit übergegangen wird, liegt daher keine zustimmungspflichtige Versetzung vor[5], der Betriebsrat hat aber ggf. ein Mitbestimmungsrecht nach § 87 Abs. 1 Nr. 2 BetrVG[6]. Erbringt ein Arbeitnehmer Tätigkeiten, die er zuvor im Einzelakkord verrichtete, nunmehr im Gruppenakkord, kann dies je nach Ausgestaltung der Arbeitsleistung (Abhängigkeiten innerhalb der Gruppe, Notwendigkeit der Zusammenarbeit) eine Versetzung iSd. § 99 BetrVG darstellen[7].

723 Wird ein Arbeitnehmer **auf Dauer in einen anderen Betrieb** des Arbeitgebers versetzt, bedarf es neben der Zustimmung des Betriebsrats des aufnehmenden Betriebes auch der Zustimmung des abgebenden Betriebes, wenn der Arbeitnehmer mit der Versetzung nicht einverstanden ist (Einstellung im aufnehmenden Betrieb, Versetzung im abgebenden Betrieb). Für die Wahrnehmung dieser Mitbestimmungsrechte ist nicht der Gesamtbetriebsrat zuständig. Dies gilt auch dann, wenn der Arbeitgeber eine Reihe von Versetzungen in einer sog. Personalrunde zusammenfaßt und deshalb mehrere Betriebsräte betroffen sind[8].

---

1 BAG v. 19. 2. 1991, BB 1991, 1486.
2 BAG v. 30. 8. 1995, BB 1996, 797.
3 BAG v. 14. 11. 1989, NZA 1990, 357.
4 BAG v. 2. 4. 1996, BB 1996, 959.
5 BAG v. 19. 2. 1991, NZA 1991, 601; BAG v. 23. 11. 1993, NZA 1994, 718.
6 BAG v. 19. 2. 1991, NZA 1991, 601; vgl. auch *Otto*, NZA 1992, 97 sowie *Gutzeit*, BB 1996, 106.
7 BAG v. 22. 4. 1997, BB 1997, 2172.
8 BAG v. 26. 1. 1993, NZA 1993, 714.

cc) Ein-/Umgruppierung

(1) Eingruppierung

Eingruppierung iSv. § 99 Abs. 1 BetrVG ist die Zuordnung eines Arbeitnehmers aufgrund der von ihm vertragsgemäß auszuübenden Tätigkeit zu einer **bestimmten Vergütungsgruppe** einer im Betrieb geltenden Vergütungsordnung[1]. Das Mitbestimmungsrecht des Betriebsrats bei einer Eingruppierung erschöpft sich nicht darin, daß der Arbeitgeber dem Betriebsrat die von ihm für richtig befundene Eingruppierung mitteilt und dem Betriebsrat Gelegenheit zur Stellungnahme gibt. Der Arbeitgeber muß vielmehr die Zustimmung des Betriebsrats zur beabsichtigten Eingruppierung einzuholen und bei deren Verweigerung ein Zustimmungsersetzungsverfahren einleiten[2].

724

Im Gegensatz hierzu dient die **tarifliche Bewertung** von Arbeitsplätzen bei der **Deutschen Bahn AG**, die mit Beamten besetzt sind, nur der Personalkostenabrechnung mit dem Bundeseisenbahnvermögen und stellt keine mitbestimmungspflichtige Eingruppierung iSv. § 99 BetrVG dar[3]. Die Zuordnung von Arbeitsgängen in der **Heimarbeit** und die Zuweisung der Tätigkeiten an die Heimarbeiter/innen sind als Eingruppierung anzusehen und unterliegen deshalb der Beteiligung durch den Betriebsrat[4].

725

Wird die von neueingestellten Arbeitnehmern zu verrichtende Tätigkeit von einer **tariflichen Gehaltsgruppenordnung** erfaßt, die kraft betrieblicher Übung (einseitige Einführung durch den Arbeitgeber) im Betrieb zur Anwendung kommt, so ist der Arbeitgeber zur Eingruppierung der neueingestellten Arbeitnehmer in diese Gehaltsgruppenordnung und zur Beteiligung des Betriebsrats an diese Eingruppierung verpflichtet[5]. Das Mitbestimmungsrecht des Betriebsrats bei Ein- und Umgruppierungen gem. § 99 BetrVG erstreckt sich bei einer nach Lohn- und Fallgruppen aufgebauten tariflichen Vergütungsordnung nicht nur auf die Bestimmung der Lohngruppe, sondern auch auf die richtige Fallgruppe dieser Lohngruppe, wenn damit unterschiedliche Rechtsfolgewirkungen verbunden sein können[6].

726

Der Betriebsrat hat auch bei der **Eingruppierung übertariflicher Angestellter** ein Mitbestimmungsrecht. Das Mitbestimmungsrecht entfällt nicht deshalb, weil der Arbeitgeber bei seiner für die Eingruppierung maßgeblichen Prüfung zu dem Ergebnis gelangt, daß die zu bewertende Tätigkeit Anforderungen stellt, die die Qualifikationsmerkmale der obersten Vergütung deutlich übersteigen[7].

727

---

1 BAG v. 3. 10. 1989, NZA 1990, 359, 360.
2 BAG v. 3. 5. 1994, NZA 1995, 484; BAG v. 9. 2. 1993, ArbuR 1993, 258 f.; vgl. auch zum Zustimmungserfordernis des Betriebsrates bei Eingruppierungen Busemann, NZA 1996, 681.
3 BAG v. 12. 12. 1995, NZA 1996, 837.
4 BAG v. 20. 9. 1990, BAGE 66, 48.
5 BAG v. 23. 11. 1993, NZA 1994, 461.
6 BAG v. 27. 7. 1993, NZA 1994, 952.
7 BAG v. 31. 10. 1995, BB 1996, 1009.

(2) Umgruppierung

728 Eine Umgruppierung ist die **Feststellung des Arbeitgebers, daß die Tätigkeit des Arbeitnehmers nicht – oder nicht mehr – den Tätigkeitsmerkmalen derjenigen Vergütungsgruppen entspricht**, in die er eingruppiert ist[1]. Unerheblich ist, aus welchem Anlaß der Arbeitgeber diese Feststellung trifft[2]. Auch die Korrektur einer nach Ansicht des Arbeitgebers fehlerhaften Eingruppierung bedarf daher der Zustimmung des Betriebsrats[3].

729 Eine zustimmungspflichtige Umgruppierung liegt nach Ansicht der Rechtsprechung auch dann vor, wenn ein **Tarifwechsel** zu einer Umstrukturierung der Gehaltshöhe innerhalb einer Tarifgruppe führt[4]. Das BAG bejaht inzwischen ebenfalls (unter Aufgabe seiner früheren Rechtsprechung) ein Mitbestimmungsrecht des Betriebsrats bei der **korrigierenden Rückgruppierung**[5].

730 Bei der Bestellung oder dem Widerruf zum Vorhandwerker unter **Gewährung oder Wegfall einer Zulage** handelt es sich nicht um eine Umgruppierung iSd. § 99 BetrVG[6]. Anders verhält es sich dann, wenn die Zulage die Erfüllung besonderer Tätigkeitsmerkmale voraussetzt[7].

731 Das Beteiligungsrecht des Betriebsrats entfällt, wenn der Arbeitnehmer nach Umgruppierung zu den **leitenden Angestellten** iSv. § 5 BetrVG gehört[8]. Für diesen Fall hat der Betriebsrat kein Mitbestimmungsrecht mehr, sondern nur ein Informationsrecht nach § 105 BetrVG[9].

b) Unterrichtungspflicht des Arbeitgebers

732 § 99 Abs. 1 Satz 1 BetrVG verpflichtet den Arbeitgeber, den Betriebsrat vor jeder **Einstellung, Eingruppierung, Umgruppierung und Versetzung** zu unterrichten.

aa) Zeitpunkt

733 Die **Unterrichtung** muß grundsätzlich **vor der Durchführung der personellen Maßnahme** erfolgen; dies folgt schon aus dem Wortlaut des § 99 Abs. 1 Satz 1

---

1 BAG v. 20. 3. 1990, BB 1990, 1271.
2 BAG v. 20. 3. 1990, BB 1990, 1271.
3 BAG v. 20. 3. 1990, BB 1990, 1271.
4 BAG v. 3. 10. 1989, NZA 1990, 359; LAG Hamburg v. 23. 12. 1992, NZA 1993, 424.
5 BAG v. 26. 8. 1992, NZA 1993, 469 zu § 75 BPersVG; BAG v. 30. 5. 1990, NZA 1990, 899, ebenfalls zu § 75 BPersVG.
6 *Schaub*, AR-Handbuch, § 241 II.2.b, S. 1964.
7 Vgl. BAG v. 24. 6. 1986, NZA 1987, 31.
8 BAG v. 29. 1. 1980, DB 1980, 1946; BAG v. 8. 2. 1977, AP Nr. 16 zu § 5 BetrVG 1972; *Fitting/Kaiser/Heither/Engels*, § 99 BetrVG Rz. 20; *Schaub*, AR-Handbuch, § 241 II.2.e, S. 1965.
9 BAG v. 29. 1. 1980, DB 1980, 1946.

BetrVG ("vor")¹. Einen bestimmten Zeitpunkt sieht das Gesetz nicht vor. Aus § 99 Abs. 3 BetrVG wird aber der Schluß gezogen, daß der Arbeitgeber im eigenen Interesse wie im Interesse des Bewerbers die Unterrichtung mindestens eine Woche vor Durchführung der Maßnahme durchzuführen hat, da der Betriebsrat binnen einer Woche seit Unterrichtung widersprechen kann². Da der Arbeitgeber indessen eine Einstellung ohne Zustimmung des Betriebsrats nicht vornehmen kann, liegt es in seinem Interesse, den Betriebsrat so früh wie möglich zu unterrichten, um auf diese Weise rechtzeitig die Zustimmung des Betriebsrats oder eine ersetzende Entscheidung des Arbeitsgerichts zu erlangen³. Sofern man eine Abstufung nach dem sog. REFA-Standardprogramm vornimmt, dürfte eine Unterrichtung unmittelbar nach Abschluß der fünften Stufe „rechtzeitig" sein⁴.

Wenn die Beschäftigung des Arbeitnehmers im Betrieb aufgrund eines Arbeitsvertrages erfolgen soll, so muß der Betriebsrat nach neuerer Rechtsprechung des BAG **vor Abschluß des Arbeitsvertrages** über die geplante Beschäftigung unterrichtet und seine Zustimmung zu der auf Grundlage des Arbeitsvertrages erfolgenden Beschäftigung eingeholt werden. Dies gilt auch dann, wenn die vorgesehene Beschäftigung im Betrieb zunächst nur in einem „Rahmenvertrag" geregelt wird, der den Zeitpunkt und die Dauer einer tatsächlichen Beschäftigung im Betrieb noch offen läßt⁵. Die Unterrichtung des Betriebsrates ist also nur dann rechtzeitig und damit ordnungsgemäß, wenn im Zeitpunkt der Einleitung des Verfahrens nach § 99 BetrVG noch keine vollendeten Tatsachen geschaffen sind. 734

bb) Form, Inhalt und Umfang

Die Unterrichtung ist an **keine besondere Form** gebunden, sie kann sowohl mündlich als auch schriftlich erfolgen⁶. § 99 Abs. 1 BetrVG schreibt lediglich vor, daß der Betriebsrat vor der geplanten Einstellung zu unterrichten ist. Zweckmäßig ist im Regelfall die Übergabe der erforderlichen Unterlagen. Nur eine ordnungsgemäße Unterrichtung setzt das Verfahren nach § 99 BetrVG in Gang. 735

Bei Neueinstellungen ist zu beachten, daß es sich um Personen handelt, die noch nicht Arbeitnehmer des Betriebes sind, aber aufgrund eigener Bewerbung oder Aufforderung des Arbeitgebers werden wollen. Es sind daher die **Bewerbungsunterlagen** aller, also auch der nicht vom Arbeitgeber zur Einstellung 736

---

1 *Schlochauer*, in Hess/Schlochauer/Glaubitz, § 99 BetrVG Rz. 64.
2 Vgl. *Kraft* in GK-BetrVG, § 99 Rz. 105; *Schaub*, AR-Handbuch, § 241 III.1.a, S. 1967; *Schlochauer*, in Hess/Schlochauer/Glaubitz, § 9 BetrVG Rz. 64; *Galperin/Löwisch*, § 99 BetrVG Rz. 58.
3 Zutreffend MünchArbR/*Matthes*, § 344 Rz. 52; *Fitting/Kaiser/Heither/Engels*, § 99 BetrVG Rz. 30.
4 Vgl. *Fitting/Kaiser/Heither/Engels*, § 99 BetrVG Rz. 30.
5 BAG v. 28. 4. 1992, DB 1992, 2144.
6 Vgl. nur *Schlochauer*, in Hess/Schlochauer/Glaubitz, § 99 BetrVG Rz. 61.

(Umgruppierung, Versetzung) vorgesehener Bewerber mitzuteilen[1]. Der Arbeitgeber genügt seiner Unterrichtungspflicht, wenn er dem Betriebsrat die Bewerbungsunterlagen derjenigen Personen vorlegt, die sich auf einen bestimmten ausgeschriebenen Arbeitsplatz beworben haben. Nicht erforderlich ist es, daß er dem Betriebsrat auch Unterlagen von Personen vorlegt, die sich um andere Stellen beworben haben, die andere Fähigkeiten erfordern[2].

737 Beauftragt der Arbeitgeber ein **Personalberatungsunternehmen,** ihm geeignete Bewerber zur Einstellung auf einen bestimmten Arbeitsplatz vorzuschlagen, so beschränkt sich seine Unterrichtungspflicht nach § 99 Abs. 1 BetrVG auf die Personen und deren Bewerbungsunterlagen, die ihm das Personalberatungsunternehmen genannt hat. Ist der Arbeitgeber entschlossen, bereits den ersten vorgeschlagenen Bewerber einzustellen, so muß er dem Betriebsrat auch nur die Unterlagen dieses einen Bewerbers vorlegen[3].

738 Der Betriebsrat hat keinen Anspruch auf Vorlage des **Arbeitsvertrages,** ebensowenig ist ihm die Höhe des vereinbarten Gehalts mitzuteilen[4]. Die Mitteilung des vorgesehenen Arbeitsplatzes ist nicht nur räumlich zu verstehen, dem Betriebsrat muß auch die Funktion mitgeteilt werden, in die der Arbeitnehmer in den Betrieb eingegliedert werden soll[5].

739 Die **Vorlage der Unterlagen** ist Bestandteil der Informationspflicht des Arbeitgebers und muß daher ebenfalls mindestens eine Woche vor Durchführung der Maßnahme erfolgen[6]. „Vorlage" der Unterlagen bedeutet Aushändigung an den Betriebsrat für höchstens eine Woche[7].

740 Führt der Arbeitgeber **persönliche Vorstellungsgespräche,** so hat der Betriebsrat kein Recht zur Beteiligung[8], wenn dies nicht im Einzelfall oder generell durch Betriebsvereinbarung vereinbart wird[9].

---

1 Ständige Rechtsprechung, vgl. nur BAG v. 19. 5. 1981, NJW 1982, 124; BAG v. 18. 7. 1978, AP Nr. 7 zu § 99 BetrVG 1972; BAG v. 6. 4. 1973, BB 1973, 940; vgl. im übrigen *Fitting/Kaiser/Heither/Engels,* § 99 BetrVG Rz. 31; *Richardi,* § 99 BetrVG Rz. 138; aA LAG Köln v. 29. 4. 1988, LAGE § 99 BetrVG 1972 Nr. 16, das eine Pflicht zur Vorlage der Bewerbungsunterlagen solcher Bewerber, die für den Arbeitgeber von vornherein ausscheiden, ablehnt; ebenso *Schlochauer,* in Hess/Schlochauer/Glaubitz, § 99 BetrVG Rz. 68 f. mwN.
2 BAG v. 10. 11. 1992, NZA 1993, 377.
3 BAG v. 18. 12. 1990, BB 1991, 761.
4 BAG v. 18. 10. 1988, BB 1989, 626, 627; BAG v. 3. 10. 1989, NZA 1990, 231.
5 BAG v. 14. 3. 1989, NZA 1989, 639, 640.
6 Vgl. nur *Kittner,* in Däubler/Kittner/Klebe, § 99 BetrVG Rz. 145; *Schlochauer,* in Hess/Schlochauer/Glaubitz, § 99 BetrVG Rz. 74.
7 BAG v. 3. 12. 1985, BB 1986, 876; LAG Frankfurt v. 9. 1. 1973, ArbuR 1974, 28; *Fitting/Kaiser/Heither/Engels,* § 99 BetrVG Rz. 37; aA *Schlochauer,* in Hess/Schlochauer/Glaubitz, § 99 BetrVG Rz. 78, der dem Betriebsrat lediglich das Recht einräumen will, Einblick in die Unterlagen zu nehmen.
8 BAG v. 18. 7. 1978, AP Nr. 7 zu § 99 BetrVG 1972; *Richardi,* § 99 BetrVG Rz. 135.
9 Vgl. LAG Berlin v. 11. 2. 1985, NZA 1985, 604.

VI. Mitbestimmung in personellen Angelegenheiten

Bei der Einstellung von **Leiharbeitnehmern** ist die Unterrichtungspflicht nach § 99 BetrVG eingeschränkt. Wegen der Besonderheiten des Leiharbeitsverhältnisses wird sich die Unterrichtung regelmäßig auf die Anzahl der Arbeitnehmer, deren Qualifikation, den Einstellungstermin, die vorgesehenen Arbeitsplätze und auf die Auswirkungen der Einstellung auf die Stammbelegschaft beschränken[1].

741

> **Hinweis:**
> **Verletzt der Arbeitgeber die Informationspflicht,** so ist die durchgeführte personelle Maßnahme zunächst wirksam[2]. Zusätzlich können mehrere Folgen eintreten:
>
> ▶ Die Zustimmung des Betriebsrats nach Ablauf der Wochenfrist des § 99 Abs. 3 BetrVG wird nicht fingiert[3]. Zum Teil wird die Auffassung vertreten, die Zustimmung könne nicht nach § 99 Abs. 4 BetrVG ersetzt werden[4].
>
> ▶ Darüber hinaus stellt die Verletzung der Pflichten nach § 99 Abs. 1 BetrVG eine Ordnungswidrigkeit iSd. § 121 BetrVG dar, die mit einer Geldbuße bis zu 20 000 DM geahndet werden kann.
>
> ▶ Außerdem kann der Betriebsrat nach § 101 Satz 1 BetrVG beim Arbeitsgericht beantragen, dem Arbeitgeber aufzugeben, die personelle Maßnahme aufzuheben. Hebt der Arbeitgeber entgegen einer rechtskräftigen gerichtlichen Entscheidung die personelle Maßnahme nicht auf, so ist auf Antrag des Betriebsrats vom Arbeitsgericht zu erkennen, daß der Arbeitgeber zur Aufhebung der Maßnahme durch Zwangsgeld anzuhalten ist (§ 101 Satz 2 BetrVG). Das Höchstmaß des Zwangsgeldes beträgt nach § 101 Satz 3 BetrVG für jeden Tag der Zuwiderhandlung 500 DM.
>
> ▶ Schließlich besteht die Möglichkeit eines Unterlassungsverfahrens nach § 23 Abs. 3 BetrVG[5] bei Zustimmungsverweigerung des Betriebsrats.

742

c) Zustimmungsfiktion

Widerspricht der Betriebsrat nach ordnungsgemäßer Information nicht schriftlich innerhalb einer Woche, **gilt seine Zustimmung als erteilt** (§ 99 Abs. 3 BetrVG). Benötigt der Betriebsrat weitere Auskünfte für seine Stellungnahme, so muß er diese schriftlich innerhalb der Wochenfrist anfordern, anderenfalls gilt seine Zustimmung ebenfalls als erteilt[6]. Ergänzt der Arbeitgeber seine Unterrichtung, weil diese zuvor nicht vollständig war, beginnt die Wochenfrist von neuem zu laufen[7].

743

---

1 LAG Köln v. 12. 6. 1987, DB 1987, 1206.
2 *Schlochauer,* in Hess/Schlochauer/Glaubitz, § 99 BetrVG Rz. 86.
3 *Kittner,* in Däubler/Kittner/Klebe, § 99 BetrVG Rz. 153.
4 *Kittner,* in Däubler/Kittner/Klebe, § 99 BetrVG Rz. 153.
5 *Kittner,* in Däubler/Kittner/Klebe, § 99 BetrVG Rz. 153.
6 BAG v. 14. 3. 1989, DB 1989, 1523.
7 BAG v. 28. 1. 1986, NZA 1986, 490.

744 Eine **Vereinbarung zwischen Arbeitgeber und Betriebsrat**, daß das Zustimmungsverfahren nach § 99 BetrVG erst endet, wenn der Betriebsrat die Zustimmung zu der beabsichtigten personellen Maßnahme erteilt oder verweigert, soll gegen § 99 Abs. 3 BetrVG verstoßen. Äußert sich der Betriebsrat erst nach Ablauf der Wochenfrist, gilt die Zustimmung ebenfalls als erteilt[1].

d) Erteilung der Zustimmung

745 Die Erteilung der Zustimmung bedarf im Gegensatz zur Zustimmungsverweigerung **keiner besonderen Form.** Sie kann mündlich und ohne nähere Begründung erteilt werden[2]. Empfänger der Erklärungen des Betriebsrats ist der Arbeitgeber oder die von ihm bezeichnete Stelle. Der zustimmende Beschluß kann nicht widerrufen werden, auch nicht innerhalb der Wochenfrist des § 99 Abs. 3 BetrVG[3].

e) Widerspruch des Betriebsrats

aa) Form und Frist

746 Der Betriebsrat kann nach § 99 Abs. 2 BetrVG unter den in dieser Vorschrift normierten Voraussetzungen seine Zustimmung verweigern. Das Mitbestimmungsrecht des Betriebsrats nach § 99 BetrVG ist somit als **Zustimmungsverweigerungsrecht** (Vetorecht) ausgestaltet[4]. Für die Zustimmung oder Verweigerung des Betriebsrats ist ein Beschluß des gesamten Betriebsrats nach § 33 BetrVG erforderlich. Ist ein Betriebsausschuß oder zB ein Personalausschuß nach § 28 BetrVG gebildet worden, so entscheidet dieser Ausschuß als Gremium[5].

747 Verweigert der Betriebsrat seine Zustimmung, so hat er dies unter Angabe von Gründen dem Arbeitgeber schriftlich innerhalb einer Woche nach Unterrichtung mitzuteilen. Geschieht dies nicht, so gilt seine Zustimmung nach § 99 Abs. 3 Satz 2 BetrVG als erteilt. Anders ausgedrückt ist die Zustimmungsverweigerung des Betriebsrats nur dann wirksam, wenn sie **innerhalb der Wochenfrist** unter Wahrung der **Schriftform** und **Angabe der entsprechenden Gründe** erfolgt ist. Fehlt eine dieser Voraussetzungen, so ist die Zustimmungsverweigerung nicht wirksam erklärt und daher unbeachtlich[6].

748 Unter **Schriftform** ist die Form des **§ 126 Abs. 1 BGB** zu verstehen. Die Mitteilung des Betriebsrats einschließlich der Gründe muß daher schriftlich abgefaßt

---

1 Sächsisches LAG v. 8. 8. 1995, BB 1996, 428 (rkr.).
2 *Richardi,* § 99 BetrVG Rz. 237; *Schlochauer,* in Hess/Schlochauer/Glaubitz, § 99 BetrVG Rz. 92.
3 *Richardi,* § 99 BetrVG Rz. 239; *Fitting/Kaiser/Heither/Engels,* § 99 BetrVG Rz. 62; *Schlochauer,* in Hess/Schlochauer/Glaubitz, § 99 BetrVG Rz. 93; aA *Kittner,* in Däubler/Kittner/Klebe, § 99 BetrVG Rz. 159.
4 Vgl. *Schlochauer,* in Hess/Schlochauer/Glaubitz, § 99 BetrVG Rz. 90.
5 Vgl. BAG v. 1. 6. 1976, AP Nr. 1 zu § 28 BetrVG 1972.
6 Vgl. *Schaub,* AR-Handbuch, § 241 IV.3., S. 1971; *Richardi,* § 99 BetrVG Rz. 243; GK-BetrVG/*Kraft,* § 99 Rz. 140.

VI. Mitbestimmung in personellen Angelegenheiten Rz. 751 Teil 4 A

sein und die Unterschrift des Vorsitzenden des Betriebsrats oder seines Stellvertreters bzw. des Vorsitzenden des zuständigen Ausschusses oder dessen Stellvertreter tragen[1]. Im übrigen ist die Verweigerung der Zustimmung durch den Betriebsrat auch nur dann wirksam, wenn sie auf einem wirksam gefaßten Beschluß des Betriebsrats nach § 33 BetrVG beruht[2].

Bei der **Berechnung der Wochenfrist** ist der Tag, an dem die Auskunft zugegangen ist, nicht mitzurechnen (§ 187 Abs. 1, § 188 Abs. 2 BGB)[3]. Ist daher die Mitteilung am Mittwoch dem Betriebsrat zugegangen, so muß dieser vor Ablauf des folgenden Mittwochs seine Verweigerung schriftlich geltend gemacht haben. Ist der letzte Tag der Frist ein Samstag, Sonntag oder ein gesetzlicher Feiertag, so verlängert sich nach § 193 BGB die Frist bis zum Ablauf des nächsten Wochentages. Die Betriebsparteien können eine **Fristverlängerung** vereinbaren[4]. Wenn die Betriebsparteien eine Verlängerung der Frist vereinbart haben, kann der Arbeitgeber aus einer Fristversäumung nicht das Recht herleiten, die personelle Maßnahme allein durchzuführen[5]. Ist die Frist bereits abgelaufen und daher die Zustimmungsfiktion des § 99 Abs. 3 Satz 2 BetrVG bereits eingetreten, so kann diese nicht mehr durch eine Fristverlängerung beseitigt werden[6]. 749

Nach herrschender Meinung tritt eine **Hemmung oder Unterbrechung der Frist** dann ein, wenn der Betriebsrat durch höhere Gewalt gehindert war, sich rechtzeitig zu äußern[7]. 750

bb) Inhalt des Widerspruchs

§ 99 Abs. 3 Satz 1 BetrVG verlangt, daß die Verweigerung der Zustimmung unter **Angabe von Gründen** erfolgt. Eine Zustimmungsverweigerung ohne Gründe ist rechtsunwirksam[8]. Erforderlich ist eine auf die konkrete personelle Maßnahme bezogene Begründung[9]. Sie muß unter Berücksichtigung der den Betriebspartnern bekannten Umständen erkennen lassen, daß der Betriebsrat aus einem der in § 99 Abs. 2 BetrVG genannten Gründe seine Zustimmung 751

---

1 Vgl. nur GK-BetrVG/*Kraft*, § 99 Rz. 115.
2 *Schlochauer*, in Hess/Schlochauer/Glaubitz, § 99 BetrVG Rz. 26.
3 Fitting/Kaiser/Heither/Engels, § 99 BetrVG Rz. 60.
4 BAG v. 17. 5. 1983, BAGE 42, 386; BAG v. 22. 10. 1985, NZA 1986, 366 für den Fall einer Verlängerung durch Tarifvertrag; aA *Richardi*, § 99 BetrVG Rz. 246, der die Frist des § 99 Abs. 3 BetrVG für eine Ausschlußfrist hält.
5 BAG v. 5. 2. 1971, BAGE 23, 196, 203; vgl. auch MünchArbR/*Matthes*, § 344 Rz. 93.
6 Vgl. LAG Berlin v. 22. 9. 1986, LAGE Nr. 11 zu § 99 BetrVG 1972, das allerdings grundsätzlich eine Verlängerung nicht für möglich hält; vgl. auch GK-BetrVG/*Kraft*, § 99 Rz. 112.
7 Fitting/Kaiser/Heither/Engels, § 99 BetrVG Rz. 62; *Schlochauer*, in Hess/Schlochauer/Glaubitz, § 99 BetrVG Rz. 107; *Kittner*, in Däubler/Kittner/Klebe, § 99 BetrVG Rz. 157; aA MünchArbR/*Matthes*, § 344, Rz. 94.
8 BAG v. 18. 7. 1978, AP Nr. 1 zu § 101 BetrVG 1972.
9 BAG v. 24. 7. 1979, BB 1980, 104.

verweigert[1]. Nach Auffassung des BAG ist nur eine solche Begründung unbeachtlich, die offensichtlich auf keinen der Verweigerungsgründe Bezug nimmt[2]. Das BAG hält es für ausreichend, wenn die vom Betriebsrat für die Verweigerung seiner Zustimmung vorgetragenen Gründe es als möglich erscheinen lassen, daß einer der Gründe des § 99 Abs. 2 BetrVG geltend gemacht wird[3]. Nicht erforderlich ist, daß der Betriebsrat bei den Gründen nach § 99 Abs. 2 Nr. 3 und 4 BetrVG auch darlegt, daß die personelle Maßnahme nicht aus betrieblichen oder persönlichen Gründen gerechtfertigt ist[4]. Stützt der Betriebsrat seine Zustimmungsverweigerung nach § 99 Abs. 2 Nr. 3 und 6 BetrVG auf die Besorgnis von Nachteilen oder eine Störung des Betriebsfriedens, so müssen diejenigen Umstände angegeben werden, die diese Besorgnis begründen sollen[5]. Im übrigen brauchen die vom Betriebsrat angegebenen Gründe nicht schlüssig zu sein[6]. Vielmehr obliegt die Prüfung, ob die geltend gemachten Gründe schlüssig sind, dem Gericht.

752 Der Betriebsrat muß innerhalb der Frist alle Gründe vortragen, auf die er seine Zustimmungsverweigerung stützt. Ein **Nachschieben von Gründen** nach Ablauf der Frist des § 99 Abs. 3 BetrVG ist nicht zulässig[7], nur solange die Wochenfrist noch läuft, kann der Betriebsrat weitere Zustimmungsverweigerungsgründe geltend machen[8]. Der Betriebsrat kann den Widerspruch auch jederzeit zurücknehmen[9].

f) Widerspruchsgründe iSd. § 99 Abs. 2 BetrVG

753 Der Betriebsrat kann aus den in § 99 Abs. 2 BetrVG katalogartig und abschließend aufgeführten Gründen widersprechen. Im einzelnen handelt es sich hierbei um folgende Gründe:

aa) Verstoß gegen Gesetz, Verordnung, Unfallverhütungsvorschrift, tarifliche Regelung, Betriebsvereinbarung, gerichtliche Entscheidung oder behördliche Anordnung (§ 99 Abs. 2 Nr. 1 BetrVG)

(1) Verstoß gegen Gesetz und Verordnung

754 Gesetz iSd. § 99 Abs. 2 Nr. 1 BetrVG ist jede Rechtsnorm, durch die eine Beschäftigung in der vorgesehenen Weise verboten wird[10].

---

1 BAG v. 26. 1. 1988, NZA 1988, 476, 477.
2 BAG v. 26. 1. 1988, NZA 1988, 476.
3 BAG v. 20. 11. 1990, NZA 1991, 513, 514.
4 MünchArbR/*Matthes*, § 344 Rz. 98.
5 MünchArbR/*Matthes*, § 344 Rz. 98.
6 BAG v. 18. 7. 1978, AP Nr. 1 zu § 101 BetrVG 1972; BAG v. 21. 11. 1978, DB 1979, 749; *Schaub*, AR-Handbuch, § 241 IV.3., S. 1971.
7 BAG v. 3. 7. 1984, NZA 1985, 67; BAG v. 15. 4. 1986, NZA 1986, 755, 757; BAG v. 10. 8. 1993, NZA 1994, 187, 189.
8 MünchArbR/*Matthes*, § 344 Rz. 101.
9 *Schaub*, AR-Handbuch, § 241 IV.3., S. 1971.
10 *Schaub*, AR-Handbuch, § 241 V.1., S. 1972.

VI. Mitbestimmung in personellen Angelegenheiten

Beispiele: 755

Verstöße gegen § 4 MuSchG, § 9 AZG, § 38 ArbSchG, § 19 AFG[1]; das Benachteiligungsverbot des § 78 BetrVG 1972[2]; das Verbot der Beschäftigung von Leiharbeitnehmern über die Dauer der gesetzlich zulässigen Überlassungsfrist[3].

Ein Gesetzesverstoß liegt auch dann vor, wenn der Arbeitgeber vor der Einstellung nicht geprüft hat, ob der Arbeitsplatz gem. § 14 Abs. 1 SchwbG mit einem **Schwerbehinderten** besetzt werden kann[4]. Der Betriebsrat kann seine Zustimmung zur Einstellung eines Bewerbers dann aber nicht mit der Begründung einer Verletzung von § 14 Abs. 1 SchwbG verweigern, wenn der Arbeitgeber das Arbeitsamt und die Schwerbehindertenvertretung von freigewordenen Arbeitsplätzen unterrichtet, Bewerbungen Schwerbehinderter für die Arbeitsplätze aber nicht eingehen, sich Schwerbehinderte nur für andere Arbeitsplätze bewerben und der Arbeitgeber daraufhin den einzigen – nicht behinderten – Bewerber einstellt[5]. Der Betriebsrat kann der beabsichtigten Versetzung eines Arbeitnehmers auf einen Arbeitsplatz als **Datenschutzbeauftragter** die Zustimmung gem. § 99 Abs. 2 Nr. 1 BetrVG mit der Begründung verweigern, der Arbeitnehmer besitze nicht die von § 36 Abs. 2 BDSG geforderte Fachkunde und Zuverlässigkeit[6]. Ein Gesetzesverstoß kann auch ein eindeutiger **Verstoß gegen Treu und Glauben (§ 242 BGB)** sein[7]. 756

Bei alledem ist entscheidend, daß die personelle Maßnahme selbst gegen eine der genannten Rechtsvorschriften verstößt[8]. Bei der Einstellung kann die in Aussicht genommene Beschäftigung im Betrieb, bei einer Versetzung die Zuweisung des anderen Arbeitsbereiches verboten sein; es kommt aber nicht darauf an, ob die Begründung eines Arbeitsverhältnisses verboten und ein abgeschlossener Arbeitsvertrag daher nichtig ist[9]. Der Betriebsrat kann unter diesem Aspekt einer Einstellung seine Zustimmung auch nicht verweigern, weil einzelne Bestimmungen im Arbeitsvertrag gegen Rechtsvorschriften verstoßen, etwa eine **vereinbarte Befristung** unzulässig ist oder eine **untertarifliche Vergütung** vereinbart wurde oder vereinbart werden soll[10]. Der Betriebsrat kann aber dann seine Zustimmung zu einer Einstellung verweigern, wenn mit dem einzustellenden Arbeitnehmer schlechtere Arbeitsbedingungen als für die 757

---

1 Vgl. BAG v. 22. 1. 1991, NZA 1991, 569.
2 Vgl. LAG Bremen v. 12. 8. 1982, AP Nr. 15 zu § 99 BetrVG 1972.
3 BAG v. 28. 9. 1988, NZA 1989, 358, hinsichtlich eines Verstoßes gegen Art. 1 § 3 Abs. 1 Nr. 5 AÜG.
4 BAG v. 14. 11. 1989, NZA 1990, 368.
5 BAG v. 10. 11. 1992, NZA 1993, 376.
6 BAG v. 22. 3. 1994, BB 1994, 2070.
7 *Schaub*, AR-Handbuch, § 241 V.1., S. 1972.
8 MünchArbR/*Matthes*, § 344 Rz. 65.
9 MünchArbR/*Matthes*, § 344 Rz. 65; *Schaub*, AR-Handbuch, § 241 V.1., S. 1972.
10 Vgl. nur BAG v. 16. 7. 1985, NZA 1986, 163; BAG v. 28. 6. 1994, NZA 1995, 387; GK-BetrVG/*Kraft*, § 99 Rz. 123; MünchArbR/*Matthes*, § 344 Rz. 66.

schon beschäftigten Arbeitnehmer vereinbart werden und damit ein Verstoß gegen den Gleichbehandlungsgrundsatz vorliegt[1].

758 Die **unvollständige Unterrichtung** des Betriebsrats ist kein Verstoß gegen ein Gesetz in diesem Sinn. Sie setzt vielmehr das Verfahren des § 99 BetrVG nicht in Gang[2].

759 **Beispiele** für Verordnungen iSd. § 99 Abs. 2 Nr. 1 BetrVG:

GefahrStVO (§§ 26, 33)[3]; *die GewO (Beschäftigung trotz Verbots nach § 120 e)*[4]; *die ArbStättVO uam.*

(2) Unfallverhütungsvorschrift

760 Unfallverhütungsvorschriften (UVV) sind vor allem die aufgrund § 15 SGB VII von den **Berufsgenossenschaften** erlassenen Vorschriften[5]. Beispiel für einen Verstoß ist die Versetzung einer Person ohne die nötige Qualifikation in die Position einer Aufsichtsperson als Verstoß gegen eine UVV[6].

(3) Verstoß gegen tarifliche Regelung

761 Ein Verstoß gegen einen Tarifvertrag kann nur geltend gemacht werden, wenn der Tarifvertrag für den betroffenen Arbeitnehmer gilt[7]. Bei Einstellungen kommt hier nur ein **Verstoß gegen Abschlußverbote bzw. Abschlußgebote** in Betracht.

762 **Beispiel:**

Untersagt ein Tarifvertrag die Beschäftigung von Arbeitnehmern mit einer Arbeitszeit von weniger als 20 Stunden, so kann der Betriebsrat die Zustimmung zur Einstellung einer Teilzeitkraft mit weniger als 20 Wochenstunden verweigern[8].

763 Ein Verstoß gegen eine **Befristungsregelung** in einem Tarifvertrag wird vom BAG aber nicht als Zustimmungsverweigerungsgrund anerkannt[9]. **Typische tarifvertragliche Inhalte,** die eine Zustimmungsverweigerung auslösen können, sind zB:

Ausschluß von Frauen, Jugendlichen oder ungelernten Arbeitnehmern von bestimmten Arbeitsplätzen, die vorrangige Besetzung mit Betriebsangehö-

---

1 BAG v. 1. 2. 1989, AP Nr. 63 zu § 99 BetrVG 1972; dagegen beispielsweise Münch-ArbR/*Matthes,* § 344 Rz. 67.
2 BAG v. 10. 8. 1993, NZA 1994, 187; BAG v. 28. 1. 1986, NZA 1986, 490.
3 Vgl. *Kittner,* in Däubler/Kittner/Klebe, § 99 BetrVG Rz. 175.
4 Vgl. *Fitting/Kaiser/Heither/Engels,* § 99 BetrVG Rz. 42.
5 *Kittner,* in Däubler/Kittner/Klebe, § 99 BetrVG Rz. 176; *Schaub,* AR-Handbuch, § 241 V.1., S. 1973.
6 ArbG Berlin v. 15. 3. 1988, AiB 1988, 292.
7 *Kittner,* in Däubler/Kittner/Klebe, § 99 BetrVG Rz. 177.
8 BAG v. 28. 1. 1992, NZA 1992, 606.
9 BAG v. 28. 6. 1994, AiB 1995, 122.

rigen[1], älteren Arbeitnehmern, Langzeitarbeitslosen oder Schwerbehinderten[2].

Bei **Eingruppierungen und Umgruppierungen** liegt ein Verstoß gegen einen Tarifvertrag regelmäßig dann vor, wenn die vom Arbeitgeber angewendete Vergütungsgruppe nicht derjenigen entspricht, die im Betrieb angewendet werden müßte[3]. Ein Verstoß gegen einen Tarifvertrag kann auch im Zusammenhang mit einer **Versetzung** vorliegen, etwa dann, wenn ein Tarifvertrag entsprechende Regelungen für die Besetzung des Arbeitsplatzes enthält, auf den der Arbeitnehmer versetzt werden soll (sog. Besetzungsregeln)[4]. 764

Wird eine tarifliche Gehaltsgruppenordnung nur teilweise dahin abgeändert, daß **eine Gehaltsgruppe durch zwei neue Gehaltsgruppen ersetzt** wird, während die anderen Gehaltsgruppen unverändert bleiben, ist eine Verweigerung der Zustimmung des Betriebsrats zur der vom Arbeitgeber beabsichtigten Neueingruppierung eines bisher mit Zustimmung des Betriebsrats in die abgelöste Gehaltsgruppe eingruppierten Arbeitnehmers unbeachtlich, wenn der Betriebsrat lediglich geltend macht, der Arbeitnehmer erfülle bei gleichbleibender Tätigkeit die Voraussetzungen einer höheren (unveränderten) Gehaltsgruppe[5]. 765

Bindende **Festsetzungen für Heimarbeiter** haben nach § 19 HAG die Wirkung eines allgemeinverbindlich erklärten Tarifvertrages. Auch **Mindestarbeitsbedingungen** gelten als Tarifvertrag (vgl. § 8 MindArbbG). 766

(4) Betriebsvereinbarung

Ein Verstoß gegen eine Betriebsvereinbarung liegt beispielsweise dann vor, wenn nach der Betriebsvereinbarung vorgesehen ist, daß auf bestimmten Arbeitsplätzen Schwerbehinderte[6] oder Bergmannsversorgungsscheininhaber beschäftigt werden sollen, während der Arbeitgeber die Einstellung eines Nichtbehinderten plant[7]. Denkbar ist auch, daß der Arbeitgeber entgegen einer Betriebsvereinbarung und der Regelung des § 75 BetrVG ältere Arbeitnehmer bei der Einstellung benachteiligt[8]. 767

(5) Gerichtliche Entscheidung

Ein Verstoß gegen eine gerichtliche Entscheidung kommt vor allem in Betracht, wenn eine **Entscheidung nach § 100 BetrVG** ergangen ist. Als Fall einer gerichtlichen Entscheidung ist aber auch an ein gerichtliches **Berufsverbot** zu denken, beispielsweise für einen Arzt nach § 70 StGB[9] oder für Kraftfahrer ein Fahrverbot nach § 44 StGB oder der Entzug der Fahrerlaubnis nach §§ 69 ff. 768

---
1 BAG v. 1. 10. 1991, ArbuR 1992, 60.
2 Eingehend: *Kittner* in Däubler/Kittner/Klebe, § 99 BetrVG Rz. 177.
3 Vgl. GK-BetrVG/*Kraft*, § 99 Rz. 131.
4 Vgl. GK-BetrVG/*Kraft*, § 99 Rz. 131.
5 Vgl. BAG v. 18. 1. 1994, NZA 1994, 901.
6 Vgl. BAG v. 14. 11. 1989, NZA 1990, 368.
7 *Schaub*, AR-Handbuch, § 241 V.1., S. 1973.
8 Vgl. LAG Frankfurt v. 16. 12. 1974, DB 1975, 2329.
9 *Kittner*, in Däubler/Kittner/Klebe, § 99 BetrVG Rz. 179.

StGB[1]. Nicht erfaßt wird der Verstoß gegen eine gefestigte höchstrichterliche Rechtsprechung. Deren Nichtbeachtung ist als Unterfall des Verstoßes gegen ein Gesetz anzusehen.

(6) Behördliche Anordnungen

769 Behördliche Anordnungen können sich insbesondere aus dem BBiG (§§ 22, 24), der HwO (§§ 23, 24), der GewO (§ 120 d) und dem JArbSchG (§ 27) ergeben[2].

bb) Verstoß gegen eine Auswahlrichtlinie (§ 99 Abs. 2 Nr. 2 BetrVG)

770 Der Verstoß gegen eine Auswahlrichtlinie berechtigt den Betriebsrat zur Verweigerung der Zustimmung zur beabsichtigten Maßnahme. Es muß sich hierbei um eine **Richtlinie nach § 95 BetrVG** handeln, gleichgültig, ob der Betriebsrat ihre Aufstellung verlangen konnte oder sie bei freiwilliger Einführung seiner Mitbestimmung unterlag[3]. Auswahlrichtlinien nach § 95 Abs. 1 BetrVG sind abzugrenzen von den Daten, die der Arbeitgeber im Rahmen der ordnungsgemäßen Anhörung des Betriebsrates gem. § 102 Abs. 1 BetrVG bei betriebsbedingten Kündigungen dem Betriebsrat mitteilen muß[4]. Unzureichend ist eine einseitige vom Arbeitgeber aufgestellte Auswahlrichtlinie; es muß sich um eine **mitbestimmte Richtlinie** handeln, welcher der Betriebsrat ausdrücklich zugestimmt hat[5]. Der Betriebsrat kann nur geltend machen, die in Aussicht genommene personelle Maßnahme widerspreche der „generellen Auswahlrichtlinie"[6]. Der Verstoß löst keine individual-rechtlichen Rechtsfolgen aus[7].

771 **Beispiel:**

Stellen die Auswahlrichtlinien auf die Eignung der Bewerber ab, so bleibt die Beurteilung der Eignung Sache des Arbeitgebers. Der Betriebsrat kann diese nur dann angreifen und die Auswahl als Verstoß gegen die Auswahlrichtlinien bewerten, wenn der Arbeitgeber dabei gegen vereinbarte Beurteilungsgrundsätze verstoßen hat oder wenn seine Beurteilung offensichtlich unsachlich ist[8].

772 **Hinweis:**

Ein Verstoß gegen § 1 Abs. 3 KSchG über die soziale Auswahl kann bei Einstellungen und Versetzungen nicht geltend gemacht werden, da diese Vorschrift nur für Kündigungen gilt[9].

---

1 *Richardi*, § 99 BetrVG Rz. 197.
2 GK-BetrVG/*Kraft*, § 99 Rz. 134; vgl. auch *Kittner*, in Däubler/Kittner/Klebe, § 99 Rz. 180.
3 *Kittner*, in Däubler/Kittner/Klebe, § 99 BetrVG Rz. 181.
4 Vgl. LAG Niedersachsen v. 18. 10. 1994, LAGE Nr. 15 zu § 95 BetrVG 1972.
5 Vgl. LAG Frankfurt v. 16. 10. 1984, DB 1985, 1534; *Kittner*, in Däubler/Kittner/Klebe, § 99 BetrVG Rz. 181.
6 *Schaub*, AR-Handbuch, § 241 V.2. S. 1973.
7 *Richardi*, § 99 BetrVG Rz. 201.
8 MünchArbR/*Matthes*, § 344 Rz. 73.
9 BAG v. 15. 3. 1984, NZA 1984, 226.

cc) Besorgnis der Benachteiligung anderer Arbeitnehmer (§ 99 Abs. 2 Nr. 3 BetrVG)

Der Betriebsrat kann einer Maßnahme widersprechen, wenn die **durch Tatsachen begründete Besorgnis** besteht, daß infolge dieser Maßnahme im Betrieb beschäftigte Arbeitnehmer gekündigt werden oder sonstige Nachteile erleiden, ohne daß dies aus betrieblichen oder persönlichen Gründen gerechtfertigt ist. Die Vorschrift kommt üblicherweise nicht für Ein- und Umgruppierungen in Betracht, sondern nur für Einstellungen und Versetzungen[1]. Zunächst muß der Betriebsrat eine durch Tatsachen begründete Besorgnis von durch die Maßnahme ausgelösten Nachteilen äußern. Reine Vermutungen oder Spekulationen reichen hier nicht aus[2]. Tatsachen sind konkrete, nach Raum und Zeit bestimmte, vergangene oder gegenwärtige Geschehnisse oder Zustände der Außenwelt oder des Seelenlebens[3]. Der Hinweis auf künftig zu erwartende Ereignisse reicht nicht aus[4].

Die Nachteile müssen „infolge" der Maßnahme eintreten. Das heißt, die Kündigungen oder sonstigen Nachteile müssen unmittelbar durch die personelle Maßnahme bedingt sein[5]. Zum Teil wird dieses **Kausalitätserfordernis** dahingehend interpretiert, daß Kündigungen oder sonstige Nachteile unmittelbar durch die personelle Maßnahme bedingt sein müssen[6]. Die herrschende Meinung hingegen stellt darauf ab, ob die Maßnahme ursächlich, dh. auch mitursächlich, für den Nachteil ist; sie muß weder die einzige noch die maßgebliche Ursache sein[7].

Ein **sonstiger Nachteil** liegt regelmäßig in der Verschlechterung des status quo der Arbeitnehmer des Betriebes, ihrer faktischen und rechtlichen Stellung[8]. Die Nachteile dürfen nicht von unerheblichem Gewicht sein[9]. Sonstige Nachteile sind alle Erschwerungen der Arbeit. Hierfür soll es ausreichen, wenn ein zweiter Schichtleiter versetzt wird und sich der Verantwortungsbereich des ersten Schichtleiters ausweitet[10]. Nach ständiger Rechtsprechung des BAG ist eine bloße tatsächliche Beförderungschance kein sonstiger Nachteil, vielmehr muß insoweit bereits eine Rechtsposition bzw. ein Anspruch oder eine Anwartschaft bestehen[11]. Umstritten ist, ob der Abbau von Überstunden und damit der

---

1 Vgl. *Fitting/Kaiser/Heither/Engels*, § 99 BetrVG Rz. 52.
2 *Schlochauer*, in Hess/Schlochauer/Glaubitz, § 99 BetrVG Rz. 122.
3 Vgl. *Kittner*, in Däubler/Kittner/Klebe, § 9 BetrVG Rz. 183.
4 LAG Rheinland-Pfalz v. 10. 12. 1981, DB 1982, 652.
5 *Schlochauer*, in Hess/Schlochauer/Glaubitz, § 99 BetrVG Rz. 122.
6 Vgl. *Schlochauer*, in Hess/Schlochauer/Glaubitz, § 99 BetrVG Rz. 122; vgl. auch BAG v. 7. 11. 1977, BAGE 29, 345, 356.
7 Vgl. etwa GK-BetrVG/*Kraft*, § 99 Rz. 138; *Richardi*, § 99 BetrVG Rz. 204; *Kittner*, in Däubler/Kittner/Klebe, § 99 BetrVG Rz. 184; vgl. auch BAG v. 15. 9. 1987, NZA 1988, 624, 625 f.
8 Vgl. nur *Schlochauer*, in Hess/Schlochauer/Glaubitz, § 99 BetrVG Rz. 124; *Kittner*, in Däubler/Kittner/Klebe, § 99 BetrVG Rz. 186.
9 BAG v. 15. 9. 1987, NZA 1988, 101.
10 BAG v. 15. 9. 1987, NZA 1988, 101.
11 Vgl. nur BAG v. 7. 11. 1977, BAGE 29, 345, 356; BAG v. 13. 6. 1989, NZA 1989, 937, 938; BVerwG v. 27. 9. 1993, PersR 1993, 495.

Verlust eines höheren Entgelts ein Nachteil für die anderen Arbeitnehmer sein kann[1]. Richtigerweise ist die Frage zu verneinen, weil grundsätzlich kein Anspruch auf Leistung von Überstunden besteht. Ein Nachteil liegt allerdings vor, wenn zu befürchten ist, daß wegen Neueinstellungen Kurzarbeit eingeführt werden muß[2]. Fallen die Arbeitsplätze mehrerer vergleichbarer Arbeitnehmer weg und stehen nur für einen Teil von ihnen freie Arbeitsplätze zur Verfügung, so begründet die Versetzung eines Arbeitnehmers auf einen dieser Arbeitsplätze die Besorgnis, daß infolgedessen einem Arbeitnehmer gekündigt wird[3]. In einem solchen Fall kann die Zustimmung zur Versetzung eines Arbeitnehmers auf einen niedriger einzustufenden Arbeitsplatz auch mit der Begründung verweigert werden, der Arbeitgeber habe soziale Auswahlkriterien nicht berücksichtigt[4].

776 Eine Maßnahme ist trotz damit verbundener Nachteile zulässig, wenn sie **aus betrieblichen oder persönlichen Gründen gerechtfertigt** ist. Fehlt es an der betrieblichen Notwendigkeit, gibt es keine Berechtigung, den Arbeitnehmer als Vertragspartei zu benachteiligen[5]. Für das Vorliegen rechtfertigender persönlicher oder betrieblicher Gründe ist der Arbeitgeber darlegungs- und beweislastpflichtig[6]. Der Betriebsrat trägt die Beweislast für die durch Tatsachen begründbare Besorgnis, für die Kausalität zwischen Maßnahme und Nachteilen sowie für die zu besorgenden Nachteile[7].

dd) Besorgnis der Benachteiligung des betroffenen Arbeitnehmers (§ 99 Abs. 2 Nr. 4 BetrVG)

777 Gem. § 99 Abs. 1 Nr. 4 BetrVG besteht ein Widerspruchsrecht, wenn **der betroffene Arbeitnehmer** durch die personelle Maßnahme **benachteiligt** wird, ohne daß dies aus betrieblichen oder in der Person des Arbeitnehmers liegenden Gründen gerechtfertigt ist.

778 Betroffen ist nur derjenige Arbeitnehmer, auf den sich die personelle Maßnahme unmittelbar auswirkt; bei nur mittelbarer Berührung kann aber das Mitbestimmungsrecht nach § 99 Abs. 2 Nr. 3 BetrVG in Betracht kommen[8]. Der Zustimmungsverweigerungsgrund nach § 99 Abs. 2 Nr. 4 BetrVG kommt nur bei Versetzungen in Betracht[9]. Die **Benachteiligung** kann mannigfacher Art sein. Denkbar sind Verschlechterungen der äußeren Arbeitsbedingungen, etwa eine längere Arbeitszeit, vermehrter Schmutz oder ein erhöhter Lärmpegel am

---

[1] Dafür: GK-BetrVG/*Kraft*, § 99 Rz. 141; *Galperin/Löwisch*, § 99 BetrVG Rz. 91; dagegen etwa *Schlochauer*, in Hess/Schlochauer/Glaubitz, § 99 BetrVG Rz. 124; *Richardi*, § 99 BetrVG Rz. 212; MünchArbR/*Matthes*, § 344 Rz. 78.
[2] Zutreffend: *Richardi*, § 99 BetrVG Rz. 212.
[3] BAG v. 30. 8. 1995, NZA 1996, 496.
[4] BAG v. 2. 4. 1996, BB 1996, 959.
[5] *Kittner*, in Däubler/Kittner/Klebe, § 99 BetrVG Rz. 191.
[6] GK-BetrVG/*Kraft*, § 99 Rz. 142.
[7] Vgl. *Kittner*, in Däubler/Kittner/Klebe, § 99 BetrVG Rz. 182.
[8] BAG v. 6. 10. 1978, AP Nr. 10 zu § 99 BetrVG 1972.
[9] BAG v. 26. 1. 1988, NZA 1988, 476, 478.

VI. Mitbestimmung in personellen Angelegenheiten   Rz. 782   Teil 4 A

Arbeitsplatz[1]. Im übrigen gilt der gleiche Nachteilsbegriff wie bei § 99 Abs. 2 Nr. 3 BetrVG[2]. Es ist nicht erforderlich, daß der Arbeitnehmer einen Rechtsverlust erleidet[3]. Bei der Feststellung der Nachteile muß stets darauf abgestellt werden, ob der betreffende Arbeitnehmer gegenüber einem vergleichbaren Arbeitnehmer benachteiligt ist; es genügt nicht, daß er es nur gegenüber irgendeinem Arbeitnehmer ist[4].

ee) Unterbliebene innerbetriebliche Stellenausschreibung (§ 99 Abs. 2 Nr. 5 BetrVG)

Berechtigt ist ein Widerspruch auch, wenn entgegen dem Verlangen des Betriebsrats eine **Stellenausschreibung** im Betrieb unter Berücksichtigung der Vorschrift des § 93 BetrVG nicht stattgefunden hat[5]. Die Verweigerung der Zustimmung nach § 99 Abs. 2 Nr. 5 BetrVG wird daher auch als Sanktion dafür angesehen, daß der Arbeitgeber dem rechtzeitigen Verlangen des Betriebsrats nach der Ausschreibung der Stelle im Betrieb gem. § 93 BetrVG nicht entsprochen hat[6]. Gleichwohl ist nicht jede unterbliebene Ausschreibung geeignet, ein Zustimmungsverweigerungsrecht zu begründen. 779

Beispiel 1: 780

Ist die Ausschreibung im Betrieb nicht allgemein vorgesehen und verlangt der Betriebsrat die Ausschreibung erst während des bereits begonnenen Einstellungsverfahrens, so muß der Arbeitgeber diesem Verlangen nicht nachkommen[7].

Beispiel 2: 781

Unterbleibt eine Ausschreibung trotz vorherigen Verlangens des Betriebsrats, weil feststeht, daß kein Arbeitnehmer des Betriebes für die zu besetzende Stelle in Betracht kommt, so kann der Betriebsrat sein Zustimmungsverweigerungsrecht ebenfalls nicht auf die unterbliebene Ausschreibung stützen[8].

Das Zustimmungsverweigerungsrecht greift aber dann, wenn eine **Stellenausschreibung** zwar erfolgt ist, diese jedoch **nicht ordnungsgemäß** war, insbesondere, wenn nicht alle Arbeitnehmer von ihr Kenntnis nehmen konnten[9]. Ist zwischen den Betriebspartnern eine bestimmte Form der Stellenausschreibung vereinbart worden, so kann der Betriebsrat die Zustimmung nicht allein des- 782

---

1 Vgl. *Schaub*, AR-Handbuch, § 241 V.4., S. 1974.
2 BAG v. 26. 1. 1988, NZA 1988, 476, 478.
3 MünchArbR/*Matthes*, § 344 Rz. 81.
4 LAG Düsseldorf v. 1. 3. 1978 – 5 TaBV 100/77, nv.
5 Vgl. BAG v. 27. 7. 1993, NZA 1994, 92.
6 MünchArbR/*Matthes*, § 344 Rz. 85.
7 LAG Berlin v. 11. 2. 1985, NZA 1985, 604.
8 Zutreffend: *Schlochauer*, in Hess/Schlochauer/Glaubitz, § 99 BetrVG Rz. 133; *Schaub*, AR-Handbuch, § 241 V.5., S. 1974 f.; GK-BetrVG/*Kraft*, § 99 Rz. 148; ArbG Kassel v. 29. 5. 1973, DB 1973, 1359, 1360; aA BAG v. 6. 4. 1973, AP Nr. 1 zu § 99 BetrVG 1972.
9 MünchArbR/*Matthes*, § 344 Rz. 86.

halb verweigern, weil diese Form nicht eingehalten wurde[1]. Ein bloßer Verstoß gegen das Gebot einer geschlechtsneutralen Stellenausschreibung nach § 611 b BGB begründet ebenfalls kein Zustimmungsverweigerungsrecht[2].

ff) Besorgnis der Störung des Betriebsfriedens (§ 99 Abs. 2 Nr. 6 BetrVG)

783 Der Zustimmungsverweigerungsgrund des § 99 Abs. 2 Nr. 6 BetrVG kommt vorwiegend bei einer Einstellung, seltener bei einer Versetzung in Betracht[3]. Hinsichtlich seiner tatbestandsmäßigen Voraussetzungen deckt er sich mit § 104 BetrVG, der die Voraussetzungen für die Entfernung betriebsstörender Arbeitnehmer normiert[4]. Nach § 104 Satz 1 BetrVG kann der Betriebsrat vom Arbeitgeber die Entlassung oder Versetzung eines Arbeitnehmers verlangen, der durch gesetzwidriges Verhalten oder durch grobe Verletzung der in § 75 Abs. 1 BetrVG enthaltenen Grundsätze (Grundsätze für die Behandlung der Betriebsangehörigen) den **Betriebsfrieden wiederholt ernstlich gestört** hat.

784 **Beispiele** für störende Verhaltensweisen:

strafbare Handlungen, insbesondere Diebstähle; Belästigungen und Beleidigungen von Mitarbeitern; unsittliches Verhalten; Streitigkeiten und Schlägereien; körperliche Züchtigungen von Jugendlichen; Denunziationen und üble Nachrede sowie ungerechte und schikanöse Behandlungen von Untergebenen[5].

785 Das Verhalten muß in einem engen Zusammenhang mit dem Betrieb stehen und zu einer **ernsten Störung des Betriebsfriedens** geführt haben[6]. Religiöse, rassistische, politische oder gewerkschaftliche Einstellungen eines Arbeitnehmers begründen für sich noch kein Vetorecht des Betriebsrats[7]. Die praktische Bedeutung dieses Zustimmungsverweigerungsgrundes ist nur von untergeordneter Bedeutung.

g) Rechtsfolge des wirksamen Widerspruchs

786 Wenn der Betriebsrat wirksam der geplanten personellen Einzelmaßnahme des Arbeitgebers widerspricht, so bleibt dem Arbeitgeber die Möglichkeit des **§ 100 BetrVG**, dem Betriebsrat die des **§ 101 BetrVG**.

787 Im Fall der Einstellung wird die zivilrechtliche Wirksamkeit des abgeschlossenen Arbeitsvertrages durch die fehlende Zustimmung zur Einstellung nicht berührt[8]. Dies folgt aus der Tatsache, daß eine § 102 Abs. 1 Satz 3 BetrVG entsprechende Vorschrift fehlt. Ist eine **Eingruppierung** tarifrechtlich richtig, aber mangels Beteiligung des Betriebsrats rechtswidrig, hat der Arbeitnehmer Anspruch auf die höhere Vergütung, solange er die Tätigkeit ausübt[9]. Kommt

---

1 Vgl. nur GK-BetrVG/*Kraft*, § 99 Rz. 148.
2 MünchArbR/*Matthes*, § 344 Rz. 86.
3 *Kittner*, in Däubler/Kittner/Klebe, § 99 BetrVG Rz. 202.
4 Vgl. *Schaub*, AR-Handbuch, § 241 V.6., S. 1975.
5 MünchArbR/*Matthes*, § 344 Rz. 88.
6 *Schlochauer*, in Hess/Schlochauer/Glaubitz, § 99 BetrVG Rz. 136.
7 *Richardi*, § 99 BetrVG Rz. 232; *Schlochauer*, in Hess/Schlochauer/Glaubitz, § 99 BetrVG Rz. 137.
8 BAG v. 2. 7. 1980, AP Nr. 5 zu § 101 BetrVG 1972.
9 *Schaub*, AR-Handbuch, § 241 VI.1.a, S. 1975.

VI. Mitbestimmung in personellen Angelegenheiten

es zu einer **Versetzung** ohne Zustimmung des Betriebsrats (oder ohne Ersetzung der Zustimmung durch das Arbeitsgericht), so ist sie dem Arbeitnehmer gegenüber unwirksam[1]. War hingegen die Versetzung nur im Wege der **Änderungskündigung** durchführbar, so ist zur Kündigung die Anhörung des Betriebsrats nach § 102 BetrVG notwendig; das Änderungsangebot unterliegt der Mitwirkung nach § 99 BetrVG[2]. Bei Fehlen der Anhörung nach § 102 BetrVG ist die Änderungskündigung unwirksam; fehlt nur die Beteiligung nach § 99 BetrVG, so berührt dies die Rechtswirksamkeit der Änderungskündigung nicht unmittelbar. Der Arbeitgeber darf den Arbeitnehmer aber nicht auf dem geänderten Arbeitsplatz beschäftigen[3].

Führt der Arbeitgeber die personelle Einzelmaßnahme ohne Zustimmung des Betriebsrats durch, kann der Betriebsrat gem. § 101 BetrVG beim ArbG die **Aufhebung dieser Maßnahme** durch den Arbeitgeber beantragen. 788

h) Zustimmungsersetzungsverfahren (§ 99 Abs. 4 BetrVG)

Verweigert der Betriebsrat seine Zustimmung, so kann der Arbeitgeber beim Arbeitsgericht nach § 99 Abs. 4 BetrVG beantragen, die Zustimmung zu ersetzen. Das Arbeitsgericht entscheidet darüber im **Beschlußverfahren**[4]. Die Zustimmung ist zu ersetzen, wenn keiner der in § 99 Abs. 2 BetrVG aufgeführten Gründe vorliegt. Am Ersetzungsverfahren ist der betroffene Arbeitnehmer nicht beteiligt[5]. Teilt der Arbeitnehmer mit, daß er an der Einstellung nicht mehr interessiert sei, so ist das Verfahren erledigt[6]. 789

Im Beschlußverfahren kann sich der Betriebsrat nur auf die Gründe stützen, die er innerhalb der **Wochenfrist** dem Arbeitgeber schriftlich mitgeteilt hat. Ein Nachschieben von Gründen durch den Betriebsrat ist unzulässig[7]. Der Arbeitgeber seinerseits hat im Verfahren darzulegen und zu beweisen, daß die vom Betriebsrat angegebenen Widerspruchsgründe nicht vorliegen[8]. Bislang noch nicht abschließend geklärt ist die Frage, ob der Arbeitnehmer gegen den Arbeitgeber einen im Urteilsverfahren einklagbaren **Anspruch auf Einleitung des Beschlußverfahrens** hat[9]. Leitet der Arbeitgeber das Verfahren nicht ein, so 790

---

1 BAG v. 26. 1. 1988, NZA 1988, 476.
2 *Schaub*, AR-Handbuch. § 241 VI.1.a, S. 1975.
3 BAG v. 30. 9. 1993, EzA Nr. 118 zu § 99 BetrVG 1972.
4 Vertiefend *Boemke*, ZfA 1992, 473 ff.
5 BAG v. 27. 5. 1982, DB 1992, 2410; BAG v. 22. 3. 1983, DB 1983, 2313; BAG v. 31. 5. 1983, AP Nr. 27 zu § 118 BetrVG 1972.
6 LAG Düsseldorf v. 12. 9. 1975, ArbuR 1976, 122.
7 BAG v. 15. 4. 1986, NZA 1986, 755.
8 *Schaub*, AR-Handbuch, § 241 VI.2., S. 1976.
9 Für einen Anspruch des Arbeitnehmers gegen den Arbeitgeber, ohne Stellungnahme zur Frage, ob dieser Anspruch auch einklagbar ist, *Richardi*, § 99 BetrVG Rz. 268; für einen einklagbaren Anspruch auf Einleitung des Verfahrens für den Fall, daß der Arbeitnehmer bereits beschäftigt ist oder eine verbindliche Zusage hat, *Schlochauer*, in Hess/Schlochauer/Glaubitz, § 99 BetrVG Rz. 141; ebenso § 99 GK-BetrVG/*Kraft*, Rz. 163; offenlassend *Schaub*, AR-Handbuch, § 241 VI.3., S. 1976.

können dem Arbeitnehmer möglicherweise Schadensersatzansprüche, etwa aus culpa in contrahendo oder aus der Verletzung der Fürsorgepflicht zustehen[1].

791 Gilt die Zustimmung als erteilt, weil der Betriebsrat nicht ordnungsgemäß oder nicht fristgerecht widersprochen hat, so hat das Arbeitsgericht dies – auch ohne entsprechenden Antrag – **festzustellen**[2].

4. Vorläufige personelle Maßnahme (§ 100 BetrVG)

a) Verfahrensablauf

792 Gem. § 100 Abs. 1 Satz 1 BetrVG kann der Arbeitgeber, wenn dies aus sachlichen Gründen dringend erforderlich ist, die personellen Maßnahmen iSd. § 99 Abs. 1 Satz 1 BetrVG **vorläufig durchführen,** bevor der Betriebsrat sich geäußert oder wenn er die Zustimmung verweigert hat. Der Arbeitgeber muß den Arbeitnehmer über die Sach- und Rechtslage aufklären (§ 100 Abs. 1 Satz 2 BetrVG) und den Betriebsrat unverzüglich über die Durchführung der vorläufigen personellen Maßnahme nach § 100 Abs. 2 Satz 1 BetrVG unterrichten. Bestreitet der Betriebsrat, daß die Maßnahme aus sachlichen Gründen dringend erforderlich ist, so hat er dies dem Arbeitgeber unverzüglich mitzuteilen (§ 100 Abs. 2 Satz 2 BetrVG). In diesem Fall darf der Arbeitgeber die vorläufige personelle Maßnahme nach § 100 Abs. 2 Satz 3 BetrVG nur aufrechterhalten, wenn er innerhalb von drei Tagen beim **Arbeitsgericht** die Ersetzung der Zustimmung des Betriebsrats und die Feststellung beantragt, daß die Maßnahme aus sachlichen Gründen dringend erforderlich war. Lehnt das Gericht durch rechtskräftige Entscheidung die Ersetzung der Zustimmung des Betriebsrats ab und stellt es rechtskräftig fest, daß offensichtlich die Maßnahme aus sachlichen Gründen nicht dringend erforderlich war, so endet die vorläufige personelle Maßnahme mit Ablauf von zwei Wochen nach Rechtskraft der Entscheidung (§ 100 Abs. 3 Satz 1 BetrVG). Von diesem Zeitpunkt an darf nach § 100 Abs. 3 Satz 2 BetrVG die personelle Maßnahme nicht aufrechterhalten werden.

793 **Hinweis:**
Wenn der Arbeitgeber auf eine schnelle Durchführung einer personellen Maßnahme angewiesen ist und das in § 100 BetrVG beschriebene Verfahren einhält, kann der Betriebsrat nicht verhindern, daß die Maßnahme zunächst umgesetzt wird. Im Ergebnis führt das Verfahren nach § 100 BetrVG bei nur kurzfristigen Personalmaßnahmen (befristeter Einsatz von Aushilfskräften, Durchführung von Tagesveranstaltungen, die Versetzungen oder Einstellungen erforderlich machen etc.) dazu, daß das Mitbestimmungsrecht des Betriebsrates unterlaufen werden kann, weil mit Erledigung der personellen Maßnahme auch das einzuleitende Beschlußverfahren erledigt ist.

---

1 Vgl. nur in GK-BetrVG/*Kraft*, § 99 Rz. 163.
2 BAG v. 18. 10. 1988, BB 1989, 626.

VI. Mitbestimmung in personellen Angelegenheiten

b) Vorliegen von sachlichen Gründen

Der Arbeitgeber kann eine personelle Maßnahme iSd. § 99 Abs. 1 Satz 1 BetrVG vorläufig durchführen, wenn dies **aus sachlichen Gründen dringend erforderlich** ist. Ob eine Einstellung oder Versetzung des Arbeitnehmers aus sachlichen Gründen dringend erforderlich ist, bemißt sich allein anhand der Verhältnisse im Zeitpunkt der Einstellung bzw. Versetzung. Fallen die dringenden betrieblichen Gründe später weg, braucht der Arbeitgeber die vorläufige Maßnahme nicht aufzuheben[1]. 794

Es müssen Gründe vorliegen, die einen verständig urteilenden Arbeitgeber zum sofortigen Eingreifen veranlassen. 795

Beispiele:

Auftrags- und Absatzlage; produktions- und arbeitstechnische Gründe; Eilfälle zur Erledigung unbedingt notwendiger betrieber Arbeiten[2]; Verweigerung von Überstunden eines Spezialisten[3]; Abspringen eines Bewerbers[4]; Verweigerung von Überstunden durch den Betriebsrat; Krankheitsausfall von Mitarbeitern usw.[5]

c) Dringende Erforderlichkeit

Die vorläufige Maßnahme muß im übrigen dringend erforderlich sein. Das erfordert eine **nicht nur unerhebliche Beeinträchtigung** des Arbeitgebers[6]. Bloße Unbequemlichkeiten reichen nicht aus. Das Merkmal der dringenden Erforderlichkeit knüpft an objektive Umstände an. Es kommt darauf an, wie ein objektiver verständiger Beobachter die betriebliche Situation beurteilen würde[7]. Dabei ist die Notwendigkeit der Wahrung der Beteilungsrechte des Betriebsrats einerseits und das Eilinteresse des Arbeitgebers andererseits gegeneinander abzuwägen[8]. Maßgeblicher Beurteilungszeitpunkt ist der Zeitpunkt der Durchführung der Maßnahmen; unerheblich ist hierbei, wenn das dringende betriebliche Erfordernis später wegfällt[9]. Bei der Beurteilung der Frage, ob aus sachlichen Gründen iSd. § 100 Abs. 1 BetrVG die vorläufige Durchführung einer Personalmaßnahme dringend erforderlich ist, sind Gesichtspunkte der sozialen Auswahl unbeachtlich[10]. 796

---

1 Vgl. BAG v. 6. 10. 1978, BB 1979, 373.
2 Vgl. BAG v. 7. 11. 1977, AP Nr. 1 zu § 100 BetrVG 1972.
3 Vgl. *Schaub*, AR-Handbuch, § 241 VII.1., S. 1976.
4 Vgl. ArbG Berlin v. 28. 11. 1973, DB 1974, 341 f.
5 Eingehend *Schaub*, AR-Handbuch, § 241 VII.1., S. 1976; vgl. auch die nach Einstellung, Versetzung, Ein- und Umgruppierung aufgeteilte Übersicht bei *Schlochauer*, in Hess/Schlochauer/Glaubitz, § 100 BetrVG Rz. 10 f.
6 *Kittner*, in Däubler/Kittner/Klebe, § 100 BetrVG Rz. 6.
7 Vgl. nur *Schlochauer*, in Hess/Schlochauer/Glaubitz, § 100 BetrVG Rz. 9.
8 *Schaub*, AR-Handbuch, § 241 VII.1., S. 1976.
9 BAG v. 6. 10. 1978, AP Nr. 10 zu § 99 BetrVG 1972.
10 BAG v. 7. 11. 1977, AP Nr. 1 zu § 100 BetrVG 1972.

d) Durchführung der vorläufigen personellen Maßnahme

797 Wenn der Arbeitgeber eine vorläufige personelle Maßnahme durchführen will, muß er den betroffenen Arbeitnehmer über die Sach- und Rechtslage aufklären und den Betriebsrat unverzüglich, also gem. § 121 BGB ohne schuldhaftes Zögern, unterrichten. Die **Unterrichtung des Arbeitnehmers** über die vorläufige personelle Maßnahme ist keine Wirksamkeitsvoraussetzung[1]. Der Arbeitgeber kann im Falle einer Einstellung den Arbeitsvertrag unter der Bedingung der Zustimmung des Betriebsrats abschließen[2]. Unterläßt der Arbeitgeber die Unterrichtung des betroffenen Arbeitnehmers, so kann er sich diesem gegenüber uU schadensersatzpflichtig machen, wenn später durch gerichtliche Entscheidung nach Maßgabe des § 100 Abs. 3 Satz 1 BetrVG rechtskräftig festgestellt wird, daß die vorläufige personelle Maßnahme nicht dringend erforderlich war[3]. Mögliche Anspruchsgrundlagen für einen **Schadensersatzanspruch** des Arbeitnehmers sind bei einer Einstellung die Grundsätze der culpa in contrahendo, bei einem schon bestehenden Arbeitsverhältnis die Grundsätze zur positiven Forderungsverletzung[4]. Der Schadensersatz ist auf das sog. negative Interesse begrenzt, zudem kann er infolge eines Mitverschuldens des Arbeitnehmers gemindert sein[5].

798 Der **Arbeitgeber** muß den betroffenen Arbeitnehmer darüber unterrichten, daß die Zustimmung des Betriebsrats zur personellen Maßnahme noch nicht vorliegt, aus welchen Gründen er zur vorläufigen Durchführung schreiten will und daß die Beendigung des Arbeitsverhältnisses definitiv zu erwarten ist, wenn der Betriebsrat seine Zustimmung nicht erteilt oder die Zustimmung nicht ersetzt wird[6]. Der **Arbeitnehmer** seinerseits ist verpflichtet, den Arbeitgeber auf persönliche Umstände hinzuweisen, die zu einer Verweigerung der Zustimmung des Betriebsrats führen könnten. Eine Verletzung dieser Pflicht macht ihn ebenfalls uU schadensersatzpflichtig[7].

799 Was die Unterrichtungspflicht des Arbeitgebers gegenüber dem **Betriebsrat** betrifft (§ 100 Abs. 2 Satz 1 BetrVG), so dient diese dazu, ihn über die Übergehung seiner Rechte zu unterrichten und ihm ein sofortiges Einschreiten zu ermöglichen. Bestreitet der Betriebsrat, daß die Maßnahme aus sachlichen Gründen dringend erforderlich ist, so hat er dies dem Arbeitgeber unverzüglich (§ 121 BGB) mitzuteilen (§ 100 Abs. 2 Satz 2 BetrVG). An das Bestreiten des Betriebsrats stellt § 100 Abs. 2 Satz 2 BetrVG keine formellen Anforderungen;

---

1 *Schaub*, AR-Handbuch, § 241 VII.2., S. 1977.
2 *Fitting/Kaiser/Heither/Engels*, § 100 BetrVG Rz. 4.
3 Vgl. nur *Schaub*, AR-Handbuch, § 241 VII.2., S. 1977; *Schlochauer*, in Hess/Schlochauer/Glaubitz, § 100 BetrVG Rz. 15; *Richardi*, § 100 BetrVG Rz. 11; *Kittner*, in Däubler/Kittner/Klebe, § 100 BetrVG Rz. 18.
4 *Schlochauer*, in Hess/Schlochauer/Glaubitz, § 100 BetrVG Rz. 15.
5 Vgl. *Kittner*, in Däubler/Kittner/Klebe, § 100 BetrVG Rz. 18; *Schaub*, AR-Handbuch, § 241 VII.2., S. 1977.
6 *Schaub*, AR-Handbuch, § 241 VII.2., S. 1977.
7 *Kittner*, in Däubler/Kittner/Klebe, § 100 BetrVG Rz. 19.

VI. Mitbestimmung in personellen Angelegenheiten

aus Beweisgründen empfiehlt sich jedoch die Schriftform. Im **Bestreiten der sachlichen Notwendigkeit** der vorläufigen Maßnahme nach § 100 Abs. 2 Satz 2 BetrVG liegt nicht zugleich die Verweigerung der Zustimmung gem. § 99 Abs. 3 BetrVG[1], gleiches gilt umgekehrt. Verweigert der Betriebsrat seine Zustimmung nach § 99 Abs. 3 BetrVG, bestreitet er aber nicht die Notwendigkeit der vorläufigen Durchführung, so muß der Arbeitgeber nur das Verfahren auf Ersetzung der Zustimmung nach § 99 Abs. 4 BetrVG durchführen[2]. Stimmt der Betriebsrat der Maßnahme nach § 99 Abs. 3 BetrVG zu, so benötigt der Arbeitgeber das Verfahren des § 100 BetrVG nicht mehr und kann die Maßnahme endgültig vornehmen. Das gilt auch für den Fall, daß nach Einleitung des Verfahrens nach § 100 BetrVG die Zustimmung nach § 99 Abs. 3 BetrVG erteilt wird oder als erteilt gilt oder noch vor rechtskräftiger Entscheidung über die Berechtigung der vorläufigen Maßnahme die Zustimmung gem. § 99 Abs. 4 BetrVG rechtskräftig ersetzt wird[3]. Für diesen Fall erledigt sich das Verfahren bezüglich der vorläufigen Maßnahme und ist in entsprechender Anwendung des § 83a Abs. 3 ArbGG einzustellen[4].

Widerspricht der Betriebsrat und bestreitet fristgerecht das Vorliegen sachlicher Gründe für die Dringlichkeit einer vorläufigen Maßnahme, darf der Arbeitgeber diese nur aufrechterhalten, wenn er innerhalb einer **Frist von drei Kalendertagen** beim Arbeitsgericht beantragt, die Zustimmung des Betriebsrats zu ersetzen und festzustellen, daß die Maßnahme aus sachlichen Gründen dringend erforderlich war (§ 100 Abs. 2 Satz 3 BetrVG). Die beiden Anträge können kumulativ gestellt werden[5]. War der Antrag, die Zustimmung des Betriebsrats zur Einstellung zu ersetzen, schon gestellt, so bedarf es nur noch des Antrages, festzustellen, daß die vorläufigen personellen Maßnahmen dringend erforderlich waren[6]. Bei der Frist von drei Tagen handelt es sich um Kalendertage, nicht um Werktage[7]. Fällt das Fristende auf einen Samstag, Sonntag oder Feiertag, verlängert sich die Frist bis zum Ablauf des nächsten Werktages (§ 193 BGB). Nach wohl überwiegender Auffassung handelt es sich um eine Ausschlußfrist, so daß eine Wiedereinsetzung bei Fristversäumnis nicht in Betracht kommt[8].

800

---

1 *Kittner*, in Däubler/Kittner/Klebe, § 100 BetrVG Rz. 22; *Schlochauer*, in Hess/Schlochauer/Glaubitz, § 100 BetrVG Rz. 22.
2 *Schlochauer*, in Hess/Schlochauer/Glaubitz, § 100 BetrVG Rz. 23.
3 *Kittner*, in Däubler/Kittner/Klebe, § 100 BetrVG Rz. 24.
4 BAG v. 18. 10. 1988, NZA 1989, 183, 184.
5 BAG v. 7. 11. 1977, BAGE 29, 345, 351.
6 *Schaub*, AR-Handbuch, § 241 VII.5., S. 1978.
7 *Schlochauer*, in Hess/Schlochauer/Glaubitz, § 100 BetrVG Rz. 25; *Kittner*, in Däubler/Kittner/Klebe, § 100 BetrVG Rz. 30.
8 So etwa *Schlochauer*, in Hess/Schlochauer/Glaubitz, § 100 BetrVG Rz. 25; MünchArbR/*Matthes*, § 344 Rz. 132; *Kittner*, in Däubler/Kittner/Klebe § 100 BetrVG Rz. 30; so wohl auch *Fitting/Kaiser/Heither/Engels*, § 100 BetrVG Rz. 7a; aA *Schlicht*, BB 1980, 632, 633.

e) **Verfahren vor dem Arbeitsgericht**

801 Das Arbeitsgericht entscheidet im **Beschlußverfahren.** Der Arbeitnehmer ist in diesem Verfahren, ebenso wie im Verfahren nach § 99 Abs. 4 BetrVG, nicht Beteiligter[1].

802 Der Sache nach kann das Arbeitsgericht zu vier **Ergebnissen** gelangen:
- Das Arbeitsgericht kann einen Grund zur Zustimmungsverweigerung verneinen und feststellen, daß die Maßnahme dringlich war. Für diesen Fall obsiegt der Arbeitgeber, er kann die Maßnahme endgültig durchführen.
- Das Arbeitsgericht kann die Dringlichkeit der Maßnahme verneinen und gleichzeitig einen Grund zur Zustimmungsverweigerung anerkennen. Dies führt zu einem Obsiegens des Betriebsrats.
- Das Arbeitsgericht kann die Dringlichkeit verneinen und zugleich die Zustimmungsverweigerung des Betriebsrats anerkennen. Für diesen Fall hat zwar der Feststellungsantrag des Arbeitgebers Erfolg, nicht jedoch der Antrag auf Ersetzung der Zustimmung. Die Rechtsfolgen sind die gleichen wie im zuvor genannten Fall. Die Maßnahme war zwar vorläufig gerechtfertigt, bleibt aber nicht rechtswirksam und muß aufgehoben werden[2].
- Das Arbeitsgericht kann die Verweigerung der Zustimmung durch den Betriebsrat für nicht gerechtfertigt halten und die Zustimmung ersetzen, gleichwohl aber die Maßnahme nicht für sachlich dringend halten. Unter diesen Umständen liegt dem Grunde nach kein Fall des § 100 Abs. 1 Satz 1 BetrVG vor. Die Rechtslage in diesem Fall ist umstritten[3]. Richtigerweise ist der Arbeitgeber in diesem Fall berechtigt, die personelle Maßnahme nunmehr endgültig aufrechtzuerhalten; mit der endgültigen Zustimmung zur personellen Maßnahme erledigt sich der Feststellungsantrag nach § 100 Abs. 2 Satz 3 BetrVG.

803 Gem. § 100 Abs. 3 Satz 1 BetrVG endet die vorläufige Maßnahme mit Ablauf von zwei Wochen seit Rechtskraft der für den Arbeitgeber negativen Entscheidung. Von diesem Zeitpunkt an darf die personelle Maßnahme nicht aufrechterhalten werden (§ 100 Abs. 3 Satz 2 BetrVG).

5. Aufhebung personeller Maßnahmen wegen Nichtbeachtung des Mitbestimmungsrechtes (§ 101 BetrVG)

804 Das Mitbestimmungsrecht bei den personellen Maßnahmen nach § 99 BetrVG wird durch § 101 BetrVG gesichert. Führt der Arbeitgeber eine personelle Maß-

---

[1] Vgl. nur *Schaub*, AR-Handbuch, § 241 VII.5., S. 1978, sowie *Kittner*, in Däubler/Kittner/Klebe, § 100 BetrVG Rz. 31.
[2] *Fitting/Kaiser/Heither/Engels*, § 100 BetrVG Rz. 8.
[3] Vgl. *Fitting/Kaiser/Heither/Engels*, § 100 BetrVG Rz. 8, 8a und 8b; *Schlochauer*, in Hess/Schlochauer/Glaubitz, § 100 BetrVG Rz. 36; GK-BetrVG/*Kraft*, § 100 Rz. 42; BAG v. 18. 10. 1988, NZA 1989, 183 f.; vgl. auch BAG v. 27. 1. 1987, BAGE 54, 147, 167; BAG v. 19. 6. 1984, BAGE 46, 107, 128 f.

nahme iSd. § 99 Abs. 1 Satz 1 BetrVG ohne Zustimmung des Betriebsrats durch oder hält er eine vorläufige personelle Maßnahme entgegen § 100 Abs. 2 Satz 3, Abs. 3 BetrVG aufrecht, so kann der Betriebsrat beim **Arbeitsgericht** beantragen, dem Arbeitgeber aufzugeben, die personelle Maßnahme aufzuheben (§ 101 Satz 1 BetrVG). Hebt der Arbeitgeber entgegen einer rechtskräftigen gerichtlichen Entscheidung die personelle Maßnahme nicht auf, so kann nach § 101 Satz 2 BetrVG auf Antrag des Betriebsrats vom Arbeitsgericht ein **Zwangsgeld** festgesetzt werden. Das Höchstmaß des Zwangsgeldes beträgt für jeden Tag der Zuwiderhandlung 500 DM (§ 101 Satz 3 BetrVG).

Voraussetzung für die Einleitung eines Beschlußverfahrens nach § 101 BetrVG ist ein **Beschluß des Betriebsrats** iSd. § 33 BetrVG. Das Mitbestimmungsrecht des Betriebsrats hat je nach Art der personellen Maßnahme eine unterschiedliche Qualität. 805

Bei **Einstellungen und Versetzungen** geht es um die innerbetriebliche Organisation. Dies ist der vornehmliche Anwendungsbereich des § 101 BetrVG. 806

Bei **Ein- und Umgruppierungen** liegen die Dinge anders. Die zutreffende Eingruppierung ergibt sich unmittelbar aus dem Tarifvertrag oder der innerbetrieblichen Lohnordnung. Hier obliegt dem Betriebsrat lediglich eine Richtigkeitskontrolle. Die Aufhebung einer unrichtigen Eingruppierung führt zudem noch nicht zur richtigen Eingruppierung. Aus diesem Grund kann der Betriebsrat in diesen Fällen lediglich verlangen, daß das Arbeitsgericht den Arbeitgeber verurteilt, das bislang unterlassene Verfahren nach § 99 BetrVG durchzuführen[1]. Der Betriebsrat kann nicht die „Aufhebung" einer unzutreffenden Eingruppierung verlangen, da diese keine nach außen wirksame Maßnahme des Arbeitgebers ist, sondern ein Akt der Rechtsanwendung. Ist der Arbeitgeber im Zustimmungsersetzungsverfahren erfolglos geblieben, kann der Betriebsrat nach § 101 BetrVG beantragen, dem Arbeitgeber aufzugeben, ein **erneutes Beteiligungsverfahren** einzuleiten, daß die Eingruppierung in eine andere Vergütungsgruppe vorsieht[2]. Wenn ein Arbeitgeber bei Einstellung oder Versetzung eines Arbeitnehmers die gebotene Eingruppierungsentscheidung ganz unterläßt, kann der Betriebsrat nach § 101 BetrVG verlangen, daß der Arbeitgeber diese Eingruppierungsentscheidung trifft und hierbei den Betriebsrat nach Maßgabe des § 99 BetrVG beteiligt[3]. 807

Der **Antrag** nach § 101 Satz 1 BetrVG kann vom Betriebsrat bereits **im Zustimmungsersetzungsverfahren** gestellt werden[4]. Nach Ansicht des BAG wird der Antrag des Betriebsrats nach § 101 BetrVG nicht dadurch unbegründet, daß der Grund, auf den der Betriebsrat seine Zustimmungsverweigerung gestützt hat, im Laufe des Aufhebungsverfahrens wegfällt[5]. Der Arbeitgeber kann dem An- 808

---

1 BAG v. 22. 3. 1983, BB 1983, 1986; kritisch demgegenüber Teile des Schrifttums, vgl. nur GK-BetrVG/*Kraft*, § 101 Rz. 6.
2 BAG v. 3. 5. 1994, DB 1995, 228.
3 BAG v. 18. 6. 1991, NZA 1991, 852.
4 ArbG Berlin v. 5. 3. 1976, DB 1976, 779 f.
5 BAG v. 20. 11. 1990, NZA 1991, 513.

trag des Betriebsrats nicht das Fehlen eines Zustimmungsverweigerungsgrundes entgegenhalten, da dies nur in den Zustimmungsersetzungsverfahren nach § 99 Abs. 4 BetrVG und § 100 Abs. 2 Satz 3 BetrVG geltend gemacht werden kann[1].

809 Wenn der Betriebsrat **erst nach Ablauf einer nicht unerheblichen Zeit** die Aufhebung einer personellen Einzelmaßnahme nach § 101 BetrVG geltend macht, kann dies mit ganz erheblichen Auswirkungen für den einzelnen betroffenen Arbeitnehmer verbunden sein. Die Rechtsprechung geht daher davon aus, daß der Anspruch des Betriebsrats auf Aufhebung einer personellen Einzelmaßnahme der **Verwirkung** unterliegen kann[2].

810 Das Arbeitsgericht entscheidet im **Beschlußverfahren.** Beteiligt sind hierbei der Arbeitgeber und der Betriebsrat, nicht der betroffene Arbeitnehmer[3]. Hebt der Arbeitgeber entgegen einer rechtskräftigen gerichtlichen Entscheidung die personelle Maßnahme nicht auf, so ist auf Antrag des Betriebsrats vom Arbeitsgericht zu erkennen, daß der Arbeitgeber zur Aufhebung durch Zwangsgeld anzuhalten ist. Zunächst ging das BAG davon aus, daß diese Vorschrift lex specialis gegenüber §§ 85 Abs. 1 ArbGG, 23 Abs. 3 BetrVG sei und die allgemeinen Vorschriften daneben nicht anzuwenden sind[4]. Diese Auffassung wurde zwischenzeitlich aufgegeben[5]. Der Betriebsrat kann daher auch nur einen Anspruch nach § 23 Abs. 3 BetrVG geltend machen, künftig seine Mitbestimmungsrechte zu beachten. Ob darüber hinaus auch ein allgemeiner Unterlassungsanspruch besteht, so wie im Fall einer Verletzung der Mitbestimmungsrechte aus § 87 BetrVG[6], hat das BAG bislang offen gelassen[7]. § 100 BetrVG stellt auch insofern eine Spezialregelung dar, als eine einstweilige Verfügung auf Aufhebung einer personellen Maßnahme nicht zulässig ist[8].

811 Das Arbeitsgericht entscheidet **nach Anhörung** des Antragsgegners durch Beschluß. Eine **mündliche Verhandlung ist nicht notwendig** (§§ 85 Abs. 1 ArbGG, 891 ZPO). Die Entscheidung kann auch durch den Vorsitzenden allein ergehen. (§ 53 ArbGG). Die Zwangsvollstreckung findet aus rechtskräftigen Beschlüssen statt. Sie erfolgt nach vorheriger Zustellung und Eintritt der Rechtskraft. Das Zwangsgeld beträgt für jeden Tag und jeden Fall der Zuwiderhandlung zwischen 5 und 500 DM.

---

1 BAG v. 18. 7. 1978, NJW 1979, 671, 672; BAG v. 16. 7. 1985, BAGE 49, 180, 197.
2 LAG Frankfurt v. 24. 1. 1984, BB 1984, 1684, für den Fall, daß der Betriebsrat nach einer Zeit von mehr als fünf Jahren auf die Bestellung eines Arbeitnehmers zu einem Datenschutzbeauftragten zurückkam.
3 Vgl. nur BAG v. 27. 5. 1982, BB 1983, 442.
4 BAG v. 5. 12. 1978, AP Nr. 4 zu § 101 BetrVG 1972.
5 BAG v. 17. 3. 1987, NZA 1987, 786.
6 BAG v. 3. 5. 1994, NZA 1995, 40.
7 BAG v. 6. 12. 1994, NZA 1995, 488 f.
8 Vgl. LAG Frankfurt v. 15. 12. 1987, NZA 1989, 232 f.

6. Checkliste und Formulierungsvorschläge

a) Checkliste zur Beteiligung des Betriebsrats bei Neueinstellungen gem. §§ 99, 100 BetrVG

1. Unterrichtung des Betriebsrats unter Vorlage der erforderlichen Bewerbungsunterlagen mit Antrag, der Einstellung zuzustimmen.
2. Kein wirksamer Widerspruch des Betriebsrats binnen Wochenfrist nach Unterrichtung:
   Zustimmung des Betriebsrats gilt als erteilt. Einstellung ist ohne weiteres möglich.
3. Wirksamer Widerspruch des Betriebsrats (§ 99 Abs. 2 BetrVG) binnen Wochenfrist:
   a) Keine Durchführung der Einstellung
   oder
   b) Vorläufige Einstellung (§ 100 Abs. 1 BetrVG), wenn dies aus sachlichen Gründen dringend erforderlich ist. Dann:
      aa) Information des Arbeitnehmers über Sach- und Rechtslage und
      bb) unverzügliche Unterrichtung des Betriebsrats von der vorläufigen personellen Maßnahme und
      cc) Zustimmungsersetzungsantrag an das Arbeitsgericht
   c) Betriebsrat bestreitet unverzüglich nach der Unterrichtung gem. b) bb), daß Maßnahme aus sachlichen Gründen dringend erforderlich ist. Dann:
      aa) Arbeitgeber hält Maßnahmen nicht aufrecht (also keine weitere Beschäftigung des einzustellenden Arbeitnehmers) oder
      bb) binnen dreier Tage nach dem Bestreiten gem. c) Antrag beim Arbeitsgericht auf
         ▶ Ersetzung der verweigerten Zustimmung des Betriebsrats zur Einstellung und
         ▶ Feststellung, daß die personelle Maßnahme (Einstellung) aus sachlichen Gründen dringend erforderlich war.
4. Weiteres gerichtliches Verfahren

812

b) Beteiligung nach § 99 BetrVG bei Eingruppierung

813

An den Betriebsrat
zH des Betriebsratsvorsitzenden

_____

**Mitteilung und Zustimmungsersuchen für Eingruppierung
Beteiligung gem. § 99 BetrVG**

Sehr geehrte Damen und Herren,

wir beabsichtigen, folgenden Arbeitnehmer auf Grundlage der Ihnen bekannten tariflichen/betrieblichen Lohn-/Gehaltsgruppenordnung wie folgt einzugruppieren:

Name:

Vorname:

geb. am:

Anschrift:

Familienstand:

Eintritt:

fachliche Vorbildung:

besondere soziale Eigenschaften:

Arbeitsplatz:

Abteilung:

beabsichtigte Eingruppierung: bisherige Lohn-/Gehaltsgruppe:
(siehe beiliegende Stellenbeschreibung)

Entlohnungsart:

Wir bitten um Ihre Zustimmung zur vorgesehenen Eingruppierung.

Mit freundlichen Grüßen

Ort, Datum   (Unterschrift)

VI. Mitbestimmung in personellen Angelegenheiten   Rz. 814 **Teil 4 A**

c) Beteiligung nach § 99 BetrVG bei Versetzung

An den Betriebsrat   814
zH des Betriebsratsvorsitzenden

**Mitteilung und Zustimmungsersuchen für Versetzung
Beteiligung gem. § 99 BetrVG**

Sehr geehrte Damen und Herren,

Wir beabsichtigen,

Herrn/Frau:

geb. am:

Anschrift:

Familienstand:

Qualifikation:

beschäftigt seit:

beschäftigt als:

derzeitige Eingruppierung/Vergütung:

von seinem derzeitigen Arbeitsplatz ab dem ____ auf den Arbeitsplatz ____
zu versetzen.

Gründe:

Die beabsichtigte Maßnahme hat folgende/keine Auswirkungen:

Wir bitten um unverzügliche Zustimmung.

Mit freundlichen Grüßen

Ort, Datum   (Unterschrift)

d) Beteiligung nach § 99 BetrVG bei Einstellung

815

An den Betriebsrat
zH des Betriebsratsvorsitzenden

_____

**Mitteilung und Zustimmungsersuchen für Einstellung
Beteiligung gem. § 99 BetrVG**

Sehr geehrte Damen und Herren,

Wir beabsichtigen, den/die Bewerber(in)

Name:

Vorname:

geb. am:

Anschrift:

Familienstand:

ab: bis:

als:

in der Abteilung:

einzustellen. Er/Sie soll in die tarifliche Entgeltgruppe ____ eingestuft werden.

Um den Arbeitsplatz haben sich daneben beworben:

Die Einstellung kann auf die übrige Belegschaft folgende Auswirkungen haben:

Die Bewerbungsunterlagen aller Bewerber sind mit der Bitte um Rückgabe binnen einer Woche beigefügt.

Wir bitten um Ihre Zustimmung.

Mit freundlichen Grüßen

Ort, Datum   (Unterschrift)

VI. Mitbestimmung in personellen Angelegenheiten

e) Beteiligung nach § 99 BetrVG bei Einstellung und vorläufiger Durchführung der Einstellung nach § 100 BetrVG

An den Betriebsrat
zH des Betriebsratsvorsitzenden

816

Mitteilung und Zustimmungsersuchen für Einstellung im Wege der vorläufigen personellen Maßnahme
Beteiligung nach §§ 99, 100 BetrVG

Sehr geehrte Damen und Herren,
1. Wir beabsichtigen, den/die Bewerber(in)
Name:
Vorname:
geb. am:
Anschrift:
Familienstand:
Qualifikation:
ab: bis:
als:
in der Abteilung:
einzustellen. Er/Sie soll in die tarifliche Entgeltgruppe _____ eingestuft werden.
Um den Arbeitsplatz haben sich daneben beworben:
Die Einstellung kann auf die übrige Belegschaft folgende Auswirkungen haben:
Die Bewerbungsunterlagen aller Bewerber sind mit der Bitte um Rückgabe binnen einer Woche beigefügt.
Wir bitten um Ihre Zustimmung.

2. Die beabsichtigte Einstellung wird vorläufig durchgeführt. Dies ist aus folgenden sachlichen Gründen erforderlich:
Der Arbeitnehmer/die Arbeitnehmerin ist über die Sach- und Rechtslage aufgeklärt worden.

Mit freundlichen Grüßen

Ort, Datum   (Unterschrift)

VII. Mitbestimmung bei Betriebsänderungen

1. Grundsätzliches

817 Regelungen zum **Mitbestimmungsrecht des Betriebsrates bei Betriebsänderungen** finden sich in den §§ 111 ff. BetrVG. Ihr Zweck ist, die Arbeitsplätze und die soziale Stellung der Arbeitnehmer nach Möglichkeit zu sichern. Unabhängig von den Mitbestimmungsrechten des Betriebsrats bei Betriebsänderungen bleiben jedoch seine Mitbestimmungsrechte in sozialen Angelegenheiten und personellen Einzelmaßnahmen unberührt[1]. Dem Mitbestimmungsrecht des Betriebsrats unterfallen ausschließlich Arbeitnehmer nach § 6 BetrVG. Leitende Angestellte zählen hierzu ebensowenig wie freie Mitarbeiter und Fremdfirmenarbeiter[2].

818 Das Mitbestimmungsrecht gem. §§ 111 ff. BetrVG setzt voraus, daß für den Betrieb, der von einer Betriebsänderung betroffen ist, tatsächlich **ein Betriebsrat besteht**. Wird ein bisher betriebsratsloser Betrieb stillgelegt, so kann ein erst während der Durchführung der Betriebsstillegung gewählter Betriebsrat die Aufstellung eines Sozialplans nicht verlangen[3]. Aber auch, wenn in einem Betrieb der Betriebsrat vorübergehend funktionsunfähig ist, gibt es keine Verpflichtung des Arbeitgebers, mit einer beteiligungspflichtigen Maßnahme solange zu warten, bis die Funktionsfähigkeit des Betriebsrates wiederhergestellt ist. Dies gilt auch dann, wenn alsbald mit der Wahl eines neuen Betriebsrats zu rechnen und die Zeit bis zu dessen Kostituierung absehbar ist[4].

819 Wenn der Arbeitgeber dagegen zunächst beabsichtigt hat, einen bisher betriebsratslosen Betrieb stillzulegen, sodann ein Betriebsrat gewählt wird und bis zum Zeitpunkt der Konstituierung des Betriebsrats nicht alle zur Stillegung des Betriebes notwendigen Rechtshandlungen vorgenommen sind[5], muß der neugewählte Betriebsrat beteiligt werden.

820 Hat aber in dem Betrieb ein Betriebsrat bestanden, verliert dieser nicht dadurch seine Beteiligungsrechte, daß der Betrieb endgültig stillgelegt wird und die Betriebsratsmitglieder schon entlassen sind. In diesem Fall nimmt die Rechtsprechung ein Restmandat des Betriebsrates an[6].

821 Die Zuständigkeit des **Gesamtbetriebsrates** wird begründet, wenn eine Betriebsänderung **mehrere Betriebe eines Unternehmens** betrifft. In diesem Fall ist mit dem Gesamtbetriebsrat unter den sonstigen Voraussetzungen über Interessenausgleich und Sozialplan zu verhandeln. Für die Zuständigkeit des Gesamtbetriebsrates kommt es also darauf an, welchen Inhalt die vom Unter-

---

1 *Fitting/Kaiser/Heither/Engels*, § 111 BetrVG Rz. 1.
2 MünchArbR/*Matthes*, § 351 Rz. 4.
3 BAG v. 20. 4. 1982, DB 1982, 1727.
4 BAG v. 28. 10. 1992, BB 1993, 140.
5 LAG Baden-Württemberg v. 14. 3. 1990, AiB 1991, 124.
6 BAG v. 16. 6. 1987, AP Nr. 19 zu § 111 BetrVG 1972; BAG v. 30. 10. 1979, AP Nr. 9 zu § 112 BetrVG 1972.

nehmer geplante Maßnahme hat¹. Seine Zuständigkeit erstreckt sich aber nicht auf solche Betriebe, die über keinen Betriebsrat verfügen².

Betriebsänderungen können auch **Gegenstand tariflicher Regelungen** sein. Derartige „Rationalisierungsschutzabkommen" legen branchenspezifische Mindestbedingungen fest. Diese können die Regelungen im Interessenausgleich bzw. Sozialplan ergänzen³. 822

2. Begriffsbestimmungen

a) Wesentlicher Nachteil

Gemäß § 111 Satz 1 BetrVG hat der Unternehmer in Betrieben mit idR **mehr als 20 wahlberechtigten Arbeitnehmern**⁴ den Betriebsrat über geplante Betriebsänderungen, die wesentliche Nachteile für die Belegschaft oder erhebliche Teile der Belegschaft zur Folge haben, **rechtzeitig und umfassend zu unterrichten** und die geplante Betriebsänderung mit dem Betriebsrat zu beraten. In § 111 Satz 2 Nr. 1–5 BetrVG finden sich Regelbeispiele für Betriebsänderungen. Sind diese erfüllt, wird das Vorhandensein wesentlicher Nachteile für die Belegschaft oder erhebliche Teile der Belegschaft unterstellt⁵. Die Beteiligungsrechte des Betriebsrats entfallen in diesen Fällen also nicht deshalb, weil im Einzelfalle wesentliche Nachteile nicht zu befürchten sind⁶. 823

Als wesentliche **Nachteile**, die die Mitbestimmungsrechte des Betriebsrates gem. §§ 111 ff. BetrVG auslösen können, gelten solche **materieller** oder **immaterieller Art.** 824

Beispiele für wesentliche Nachteile:

der Verlust von Arbeitsplätzen; die Minderung des Arbeitsentgelts; höhere Fahrtkosten; Beeinträchtigungen und Belastungen durch Leistungsverdichtungen.

Ob derartige Nachteile als wesentlich oder unwesentlich anzusehen sind, hängt davon ab, ob diese nach einer gewissen Einarbeitungszeit wieder **kompensiert** werden können⁷.

b) Erheblicher Teil der Belegschaft

Eine Betriebsänderung in diesem Sinne ist nur dann anzunehmen, wenn die wesentlichen **Nachteile** für die **Belegschaft** oder zumindest einen **erheblichen Teil der Belegschaft** eintreten. Ob durch eine Maßnahme ein erheblicher Teil der Belegschaft betroffen ist, kann als **Richtschnur** von dem Erreichen der Zahlen- 825

---

1 BAG v. 20. 4. 1994, DB 1994, 2038.
2 BAG v. 16. 8. 1983, AP Nr. 5 zu § 50 BetrVG 1972; *Galperin/Löwisch*, § 111 BetrVG Rz. 8.
3 *Fitting/Kaiser/Heither/Engels*, § 111 BetrVG Rz. 8; *Däubler/Kittner/Klebe*, § 111 BetrVG Rz. 11 ff.
4 BAG v. 17. 10. 1989, NZA 1990, 443.
5 BAG v. 17. 12. 1985, NZA 1986, 804.
6 BAG v. 17. 8. 1982, BB 1983, 501; BAG v. 27. 6. 1995, NZA 1996, 164.
7 *Fitting/Kaiser/Heither/Engels*, § 111 BetrVG Rz. 32.

und Prozentangaben des **§ 17 Abs. 1 KSchG** abhängig gemacht werden[1]. Dabei kommt es auf die zeitliche Komponente des § 17 Abs. 1 KSchG nicht an[2]. Somit kann auch ein erheblicher Teil der Belegschaft betroffen werden, wenn die Maßnahmen in mehreren „Wellen" erfolgen[3]. Liegen etwa zwischen mehreren Personalabbau- und Versetzungsmaßnahmen nur wenige Wochen oder Monate, so spricht bereits eine tatsächliche Vermutung dafür, daß diese Maßnahmen auf einer einheitlichen unternehmerischen Planung beruhen. Will der Unternehmer dies bestreiten, so hat er darzulegen und zu beweisen, daß ihn eine neue, nicht vorhersehbare Situation zu diesen weiteren Maßnahmen gezwungen hat[4].

826 **Beispiel:**
Die A-GmbH beschäftigt regelmäßig 120 Arbeitnehmer. Wegen massiven Umsatzrückganges werden im Mai 8 Arbeitnehmer entlassen. Da keine Besserung der wirtschaftlichen Lage eintritt, entläßt die A-GmbH nochmals 8 Arbeitnehmer. Da die Voraussetzungen des § 17 Abs. 1 Satz 2 KSchG bei dieser „Kündigungswelle" erfüllt sind, bestünde bei Vorliegen der anderen Voraussetzungen des § 111 BetrVG ein Mitbestimmungsrecht des Betriebsrates.

827 Bei der Frage, ob erhebliche Teile der Belegschaft betroffen sind, ist von der **regelmäßigen Beschäftigungszahl** zum Zeitpunkt, in dem die Beteiligungsrechte des Betriebsrats nach den §§ 111, 112 BetrVG entstehen, auszugehen. Maßgebend ist nicht die zufällige, tatsächliche Beschäftigungszahl zu diesem Zeitpunkt, sondern die **normale Anzahl der Beschäftigten** des Betriebes, also diejenige Personalstärke, die für den Betrieb im allgemeinen kennzeichnend ist. Hierzu bedarf es grundsätzlich eines Rückblicks auf die bisherige personelle Stärke des Betriebes und – außer im Falle der Betriebsstillegung – auch einer Einschätzung der künftigen Entwicklung. Für den Fall einer Betriebsstillegung kann indes nur auf einen Rückblick der bisherigen Belegschaftsstärke abgestellt werden[5]. Es kommt dann darauf an, wann der Arbeitgeber noch eine regelmäßige Betriebstätigkeit entwickelt und wieviele Arbeitnehmer er hierfür eingesetzt hat[6]. Geht der Stillegung eines Betriebes ein Personalabbau voraus, der sich über einen längeren Zeitraum erstreckt, so richtet sich nach Auffassung des Bundesarbeitsgerichts die Zahl der regelmäßig beschäftigten Arbeitnehmer iSd. § 111 BetrVG danach, wie sich der Personalabbau im Zeitablauf darstellt. Ist der Personalabbau rückwirkend als Vorstufe der Betriebsstillegung zu sehen, so bleibt er außer Betracht. Abzustellen ist auf die ursprüngliche Beschäftigtenzahl. Sollte indes durch den Personalabbau zunächst die Fortführung des Betriebes ermöglicht werden und ist es hierdurch dem Unternehmer gelungen, für

---

1 BAG v. 7. 8. 1990, AP Nr. 30 zu § 111 BetrVG 1972; GK-BetrVG/*Fabricius*, § 111 Rz. 220.
2 BAG v. 6. 12. 1988, NZA 1989, 399.
3 *Teubner*, BB 1974, 985.
4 *Fitting/Kaiser/Heither/Engels*, § 111 BetrVG Rz. 35; BAG v. 6. 6. 1978, AP Nr. 2 zu § 111 BetrVG 1972.
5 LAG Hamm v. 30. 11. 1981, AiB 1993, 635.
6 BAG v. 31. 7. 1986, NZA 1987, 587; BAG v. 22. 2. 1983, DB 1983, 1447; LAG Hamm v. 30. 11. 1981, AiB 1983, 635; vgl. auch *Tschöpe*, BB 1983, 1416.

VII. Mitbestimmung bei Betriebsänderungen

eine nicht unerhebliche Zeit die Belegschaftsstärke auf einem niedrigeren Niveau zu stabilisieren, so ergibt sich die Zahl der idR Beschäftigten aus der Belegschaftsstärke dieser Zwischenstufe[1].

Beispiel: 828

Bei der A-GmbH waren bis Anfang 1997 26 Arbeitnehmer beschäftigt. Auf Weisung der Alleingesellschafterin wurden seit 1997 6 Arbeitnehmer entlassen, um das Unternehmen im Hinblick auf eine Übernahme wirtschaftlich attraktiver zu machen. Im September 1997 übernahm die B-GmbH die gesamten Geschäftsanteile. Im Februar 1998 wurde der Betrieb stillgelegt. In diesem Beispielsfall bemißt sich die regelmäßige Beschäftigtenzahl nicht nach der Belegschaftsstärke Anfang 1997. Es ist vielmehr auf die Belegschaftszahl im Zeitpunkt der Betriebsübernahme abzustellen. Durch den Personalabbau sollte die Fortführung des Betriebes ermöglicht werden und durch die Rationalisierung gelang es der Arbeitgeberin für eine nicht unerhebliche Zeit, die Beschäftigten stärker auf einem niedrigeren Niveau zu stabilisieren.

Bei der Ermittlung der Beschäftigtenzahl nach § 111 BetrVG sind Arbeitnehmerinnen im **Mutterschutz** nicht zu berücksichtigen[2]. Dies gilt auch für Beschäftigte im **Erziehungsurlaub**, wenn dadurch die regelmäßige Beschäftigtenzahl nicht verändert wird, also vor und nach dem Erziehungsurlaub der Betrieb mit der gleichen Beschäftigtenzahl unverändert ausgestattet ist[3]. 829

c) Betriebsänderung

Das BetrVG verpflichtet den Unternehmer, mit dem Betriebsrat über die geplante Betriebsänderung zu beraten. Ziel der Beratung ist es, eine Einigung über die Betriebsänderung – einen **Interessenausgleich** – herbeizuführen[4]. 830

aa) Allgemeines

Ob der **Begriff der Betriebsänderung** durch die Regelbeispiele des § 111 Satz 2 BetrVG legal definiert ist, ist bis heute durch das Bundesarbeitsgericht noch nicht abschließend entschieden worden[5]. Ein nicht unbeträchtlicher Teil des rechtswissenschaftlichen Schrifttums versteht den Katalog der beteiligungspflichtigen Betriebsänderungen in § 111 Satz 2 BetrVG als abschließend und mithin als Legaldefinition für den Begriff der Betriebsänderung[6]. Indes findet sich auch die Auffassung, daß es sich tatsächlich bei dem Katalog in § 111 Satz 2 BetrVG um bloße Regelbeispiele handelt und deshalb auch Betriebsänderungen außerhalb des dortigen Kataloges anerkannt werden müssen[7]. Dieser 831

---

1 BAG v. 9. 5. 1995, EzA Nr. 30 zu § 111 BetrVG 1972.
2 BAG v. 19. 7. 1983, BB 1983, 2118.
3 BAG v. 31. 1. 1991, NZA 1991, 562; vgl. auch § 21 Abs. 7 BErzGG.
4 MünchArbR/*Matthes*, § 351 Rz. 1.
5 Offengelassen: BAG v. 6. 12. 1988, NZA 1989, 399; BAG v. 17. 8. 1982, BB 1983, 501.
6 Galperin/Löwisch, § 111 BetrVG Rz. 19 mwN; Hanau, ZfA 1974, 89, 93.
7 Fitting/Kaiser/Heither/Engels, § 111 BetrVG Rz. 31; Däubler/Kittner/Klebe, § 111 BetrVG Rz. 33; GK-BetrVG/*Fabricius*, § 111 Rz. 111.

Meinungsstreit wird jedoch regelmäßig keine Auswirkungen haben, da die in der Praxis vorkommenden Fälle sich im wesentlichen in den Regelbeispielen des § 111 Satz 2 BetrVG wiederfinden lassen[1]. § 111 Satz 1 BetrVG setzt eine geplante Betriebsänderung voraus. Demnach sind die in jedem Betrieb sich ständig ergebenden Umgestaltungen, Anpassungen und notwendigen Änderungen nicht von § 111 BetrVG erfaßt[2].

832 Bereits die **Planung der Betriebsänderung** löst gem. § 111 Satz 1 BetrVG eine Unterrichtungspflicht für den Unternehmer aus. Eine Planung in diesem Sinne liegt bereits dann vor, wenn der Unternehmer mit seinen Maßnahmen auf wirtschaftliche oder rechtliche Zwänge reagiert[3]. In diesem Fall muß er den Betriebsrat so früh wie möglich und umfassend von den geplanten Maßnahmen unterrichten. Dies soll sicherstellen, daß der Betriebsrat bereits in einem möglichst frühen Stadium an der Planung beteiligt wird[4]. Das **Mitbestimmungsrecht** wird aber erst dann ausgelöst, wenn der Unternehmer bereits ein **bestimmtes Konzept zur Betriebsänderung entwickelt** hat, welches er verwirklichen will[5]. Erst dann kann der Betriebsrat verlangen, daß ihm die für die geplante Betriebsänderung maßgeblichen Daten durch den Unternehmer mitgeteilt werden[6]. Hat der Arbeitgeber dagegen erst nur einen Unternehmensberater mit der Analyse des Betriebes zum Zwecke der Ermittlung von Handlungsspielräumen beauftragt, so hat der Betriebsrat solange keinen Anspruch auf Hinzuziehung eines Sachverständigen zur Erläuterung der gefundenen Ergebnisse, wie der Arbeitgeber aus der durchgeführten Analyse keine konkreten Schritte herleitet[7].

bb) Stillegung, Einschränkung des Betriebes oder eines wesentlichen Betriebsteils

833 Gemäß § 111 Satz 2 Nr. 1 BetrVG liegt eine **Betriebsänderung** bei Einschränkung und Stillegung des ganzen Betriebes oder von wesentlichen Betriebsteilen vor.

834 Ein **Betriebsteil**[8] bedarf, im Gegensatz zum selbständigen Betrieb iSd. § 1 BetrVG, keines umfassenden, eigenständigen Leitungsapparats, der insbesondere in personellen und sozialen Angelegenheiten wesentliche Entscheidungen selbständig treffen kann[9]. Entscheidend ist, daß der Betriebsteil vom Betrieb **organisatorisch abgrenzbar** und **relativ selbständig** ist.

---

1 *Fitting/Kaiser/Heither/Engels*, § 111 BetrVG Rz. 31.
2 LAG Hessen v. 13. 1. 1977, DB 1977, 1547.
3 MünchArbR/*Matthes*, § 351 Rz. 18.
4 BAG v. 14. 9. 1976, BB 1977, 142; BAG v. 17. 9. 1974, BB 1976, 325.
5 LAG Düsseldorf v. 27. 8. 1985, NZA 1986, 371.
6 LAG Hamm v. 5. 3. 1986, NZA 1986, 651.
7 LAG Köln v. 5. 3. 1986 – 5 TaBV 4/76, nv.
8 Vgl. auch oben *Beseler*, Teil 2 G Rz. 5, 10 ff.
9 BAG v. 28. 6. 1995, NZA 1996, 276.

VII. Mitbestimmung bei Betriebsänderungen

Beispiele:
Eine Reinigungsabteilung einer Druckerei stellt nach Ansicht des BAG keinen wesentlichen Betriebsteil[1] dar. Die Herstellung eines Vorproduktes macht aus einem Betriebsteil keinen wesentlichen Betriebsteil[2].

Nach ständiger Rechtsprechung des Bundesarbeitsgerichts besteht die Stillegung eines Betriebes darin, daß die zwischen Arbeitgeber und Arbeitnehmer bestehende **Betriebs- und Produktions- oder Dienstleistungsgemeinschaft aufgelöst** wird. Dies geschieht dadurch, daß der Unternehmer die bisherige wirtschaftliche Betätigung in der ernstlichen Absicht einstellt, den bisherigen Betriebszweck dauernd oder doch zumindest für eine wirtschaftlich nicht unerhebliche Zeitspanne aufzugeben[3]. 835

Hinweis:
Daß das Betriebsvermögen veräußert wird, ist hingegen nicht erforderlich. 836

Allein die Tatsache, daß **sämtliche Arbeitnehmer kündigen** oder gekündigt werden, begründet ebenfalls nicht die Annahme einer Betriebsstillegung. 837

Beispiel: 838
Macht der Arbeitgeber etwa nach einem Brand in seinem Betrieb von der ihm tarifvertraglich eingeräumten Möglichkeit Gebrauch, allen Arbeitnehmern unter Einräumung eines Anspruchs auf Wiedereinstellung für die Zeit nach Beseitigung der Brandschäden fristlos zu kündigen, so ist hierin keine Betriebsstillegung zu sehen. Erst wenn sich der Arbeitgeber später entschließt, den Betrieb nicht wieder aufzubauen, ist darin die Stillegung des Betriebes iSd. § 111 Satz 2 Nr. 1 BetrVG zu sehen[4].

Eine Stillegung des Betriebes ist aber dann anzunehmen, wenn der Unternehmer zunächst **über einen längeren Zeitraum Personal abbaut**, um dann später den Betrieb vollständig einzustellen[5]. 839

Dabei kann eine Betriebsstillegung auch durch einen Pächter erfolgen[6]. In der **Veräußerung oder Verpachtung** des Betriebes selbst ist aber **grundsätzlich keine Betriebsstillegung** zu sehen, sofern diese Betriebsübertragung nicht zum Zwecke der Stillegung erfolgt[7]. Ebensowenig liegt eine Stillegung des Betriebes iSd. § 111 Satz 2 Nr. 1 BetrVG vor, wenn ein Betrieb geschlossen wird, der von vornherein nur für einen zeitlich begrenzten Betriebszweck errichtet worden ist und nach Erreichung dieses Zwecks geschlossen wird[8]. 840

---

1 BAG v. 6. 12. 1988, AP Nr. 26 zu § 111 BetrVG 1972.
2 BAG v. 7. 8. 1990, AP Nr. 30 zu § 111 BetrVG 1972.
3 BAG v. 27. 6. 1995, NZA 1996, 164; BAG v. 4. 7. 1989, NZA 1990, 280.
4 BAG v. 16. 6. 1987, NZA 1987, 858.
5 BAG v. 9. 5. 1995, NZA 1996, 166.
6 BAG v. 26. 2. 1987, NZA 1987, 419.
7 BAG v. 17. 3. 1987, NZA 1987, 523.
8 LAG München v. 15. 2. 1989, NZA 1990, 280; LAG Hamm v. 1. 2. 1977, BB 1977, 695.

Beispiele:

Gaststätte auf einer Ausstellung; Baustelle; Auffanggesellschaft zur Verwertung der Konkursmasse usw.

cc) Personalreduzierung

841 Als **Einschränkung des Betriebes** und damit als **Herabsetzung der Leistungsfähigkeit** des Betriebes wird, nach mittlerweile gefestigter Rechtsprechung, auch eine **erhebliche Personalreduzierung** verstanden[1]. Dabei spielt es keine Rolle, ob mit erheblicher Personalreduzierung auch eine Verringerung der sächlichen Betriebsmittel verbunden ist[2].

842 Eine Betriebsänderung im Sinne einer erheblichen Personalreduzierung liegt jedoch nur vor, wenn eine **größere Anzahl von Arbeitnehmern** betroffen ist[3]. Als **Richtschnur** hierfür greift die Rechtsprechung auf die Zahlen und Prozentangaben in § 17 Abs. 1 KSchG zurück[4]. Hiernach müssen jedoch von dem Personalabbau **immer mindestens 5%** der Belegschaft des Betriebes betroffen sein[5].

Übersicht zu § 17 Abs. 1 KSchG

843

Arbeitnehmerzahl im Betrieb	Betriebsänderung bei Personalreduzierung (betroffene Arbeitnehmer)
1 bis 20	keine Betriebsänderung
21 bis 59	6 Arbeitnehmer
60 bis 249	10% der regelmäßig Beschäftigten
250	25 Arbeitnehmer
251 bis 499	26 Arbeitnehmer
500 bis 599	30 Arbeitnehmer
ab 600	5% der regelmäßig Beschäftigten

844 Dabei kommt es jedoch, anders als bei der Massenentlassungsanzeige nach § 17 KSchG, nicht darauf an, ob die Arbeitnehmer in dem dort festgelegten Zeitraum von 30 Kalendertagen entlassen werden sollen[6]. Außerdem haben solche Arbeitnehmer unberücksichtigt zu bleiben, die aufgrund natürlicher Personalfluktuation das Unternehmen verlassen[7] oder aus personen- oder verhaltensbedingten Gründen entlassen werden oder deren Arbeitsverhältnis in Folge von Fristablauf endet[8]. Stellt sich dagegen eine **Eigenkündigung** des Arbeitnehmers

---

1 BAG v. 10. 12. 1996, BB 1997, 1899; BAG v. 28. 4. 1993, NZA 1993, 1142; BAG v. 7. 8. 1990, NZA 1991, 113; BAG v. 22. 1. 1980, BB 1980, 1267; BAG v. 15. 10. 1979, BB 1980, 524; BAG v. 22. 5. 1979, BB 1979, 1501.
2 BAG v. 28. 4. 1993, NZA 1993, 1142; BAG v. 22. 5. 1979, BB 1979, 1501.
3 *Neef*, NZA 1997, 65.
4 BAG v. 22. 5. 1979, BB 1980, 524; *Fitting/Kaiser/Heither/Engels*, § 111 BetrVG Rz. 58.
5 BAG v. 7. 8. 1990, NZA 1991, 113; BAG v. 2. 8. 1983, DB 1983, 2776.
6 BAG v. 22. 5. 1979, BB 1980, 524.
7 LAG Hamm v. 8. 12. 1982, DB 1983, 832.
8 BAG v. 7. 8. 1990, NZA 1991, 113; BAG v. 2. 8. 1983, DB 1983, 2776.

mit Rücksicht auf die **vom Arbeitgeber** geplante Betriebsstillegung als von diesem **veranlaßt** dar, so muß der Arbeitnehmer bei den Zahlenangaben des § 17 KSchG berücksichtigt werden. Strittig ist, ob dies auch für solche Arbeitnehmer gilt, die aus Anlaß der Betriebsänderung vom Arbeitgeber lediglich in einen anderen Betrieb versetzt werden[1].

dd) Verlegung des Betriebes oder eines wesentlichen Betriebsteils

Gemäß § 111 Satz 2 Nr. 2 BetrVG stellt auch die **Verlegung** des ganzen Betriebes oder von wesentlichen Betriebsteilen eine Betriebsänderung dar. Als Verlegung wird jede wesentliche **Veränderung der örtlichen Lage** des Betriebes oder von wesentlichen Betriebsteilen unter Weiterbeschäftigung der Belegschaft verstanden. Dabei kommt es nicht darauf an, ob der Belegschaft überhaupt ausgleichs- oder milderungswürdige Nachteile entstehen. So kann etwa auch eine Verlegung des Betriebes um wenige Kilometer eine Betriebsänderung iSd. § 111 Satz 2 Nr. 2 BetrVG sein[2].

845

Beispiel:

Verlegung vom Zentrum an den Stadtrand oder an einen 4,3 km entfernten Ort, auch in Großstädten mit günstigen Verkehrsverbindungen. Ein Umzug von einer Straßenseite auf die andere stellt demgegenüber keine Verlegung des Betriebes dar.

Werden sogar wesentliche Teile der Belegschaft am neuen Arbeitsort nicht weiterbeschäftigt, liegt eine **Betriebsstillegung mit anschließender Neuerrichtung** des Betriebes vor[3]. Für das Mitbestimmungsrecht ist es im übrigen unbeachtlich, ob die Arbeitnehmer aufgrund ihres Arbeitsvertrages verpflichtet sind, ihre Tätigkeit an dem neuen Arbeitsort fortzusetzen.

846

ee) Zusammenschluß/Spaltung von Betrieben

Ein Zusammenschluß kann in der Weise erfolgen, daß entweder aus den bisherigen Betrieben **ein neuer Betrieb** entsteht oder ein bestehender Betrieb **einen anderen** unter Aufgabe von dessen arbeitstechnischer Selbständigkeit **aufnimmt**[4]. Hierbei spielt es keine Rolle, ob diese Betriebe verschiedenen Unternehmen gehören. Es genügt, wenn sie unter einheitlicher unternehmerischer Leitung stehen[5].

847

Beispiel:

Zwei Speditionsgesellschaften A und B legen ihre Werkstattbereiche zusammen. A und B können nun entweder die einheitliche unternehmerische Leitung durch A oder B ausüben lassen oder aber sie üben die unternehmerische Leitung gemeinsam aus, indem sie eine BGB-Gesellschaft gründen.

848

---

1 Dazu MünchArbR/*Matthes*, § 351 Rz. 32 mwN.
2 BAG v. 17. 8. 1982, BB 1983, 501; LAG Frankfurt v. 28. 10. 1986, AiB 1987, 292; *Fitting/Kaiser/Heither/Engels*, § 111 BetrVG Rz. 63.
3 BAG v. 6. 11. 1959, AP Nr. 15 zu § 13 KSchG.
4 *Fitting/Kaiser/Heither/Engels*, § 111 BetrVG Rz. 65.
5 MünchArbR/*Matthes*, § 351 Rz. 57.

849 Aufgrund der Neufassung des § 111 Satz 2 Nr. 3 BetrVG ist nunmehr auch die **Aufspaltung** von Betrieben als Betriebsänderung anzusehen. Dabei ist es rechtlich unerheblich, aufgrund welcher rechtlichen Konstruktionen die Aufspaltung erfolgt[1].

ff) Grundlegende Änderungen der Betriebsorganisation usw.

850 Gemäß § 111 Satz 2 Nr. 4 BetrVG gilt als Betriebsänderung auch die grundlegende Änderung der Betriebsorganisation des Betriebszwecks oder der Betriebsanlagen. Eine Änderung ist dann **„grundlegend"**, wenn sie erhebliche Auswirkungen auf den Betriebsablauf hat oder einen Sprung in der technisch-wirtschaftlichen Entwicklung darstellt[2]. Da unter **„Betriebsorganisation"** das bestehende Organisationsgefüge für die Verbindung von Betriebszweck, der im Betrieb arbeitenden Personen und der Betriebsanlagen mit dem Ziel der Erfüllung der Betriebsaufgabe zu verstehen ist, liegt in folgenden **Beispielsfällen** eine Änderung der Betriebsorganisation vor:

Dezentralisierung oder Zentralisierung, Einführung von Großraumbüros, Übergang zur Gruppenarbeit, Schaffung von Telearbeitsplätzen in Wohnungen der Mitarbeiter, Errichtung von EDV-Anlagen usw.

851 Unter **„Betriebszweck"** ist der mit dem Betrieb verfolgte arbeitstechnische Zweck zu verstehen, also die Frage, mit welchen Produktions- oder Dienstleistungen Einnahmen erzielt werden sollen. Auf die Wirtschaftlichkeit des Betriebszweckes kommt es insoweit nicht an[3].

Beispiele:

Eine Spielbank ändert ihren Betriebszweck dann grundlegend, wenn sie neben den herkömmlichen Glücksspielen einen Spieltisch in einem besonderen Saal mit eigenem Zugang zu den Spielautomaten anbietet[4]; ein Automobilhersteller, wenn er zur Produktion von Flugzeugen übergeht usw.

852 Unter **„Betriebsanlagen"** iSd. § 111 Satz 2 Nr. 4 BetrVG sind nicht nur Anlagen in der Produktion zu verstehen, sondern allgemein solche, die dem arbeitstechnischen Produktions- und Leistungsprozeß dienen. Dies können auch solche des Rechnungswesens sein[5].

Beispiele:

Übergang von Word 4 auf Winword[6]; völlige Umgestaltung der Büroeinrichtung in einem Dienstleistungsbetrieb; Einsatz von Mikroprozessoren; Bildschirmarbeitsplätze[7] usw.

---

1 BAG v. 10. 12. 1996 – 1 ABR 32/96, AP Nr. 110 zu § 112 BetrVG 1972.
2 *Fitting/Kaiser/Heither/Engels*, § 111 BetrVG Rz. 67.
3 BAG v. 17. 12. 1985, NZA 1986, 804.
4 BAG v. 17. 12. 1985, NZA 1986, 804.
5 BAG v. 6. 12. 1983, NZA 1984, 47; BAG v. 26. 10. 1982, BB 1982, 1985.
6 *Däubler/Kittner/Klebe*, § 111 BetrVG Rz. 77.
7 BAG v. 26. 10. 1982, BB 1982, 1985.

VII. Mitbestimmung bei Betriebsänderungen

Eine grundlegende Änderung von Betriebsanlagen liegt allerdings dann nicht vor, wenn nur die abgenutzten **Maschinen ersetzt** werden[1]. 853

> **Hinweis:** 854
> Maßgeblich bleibt unter Rückgriff auf § 17 KSchG letztlich die Zahl der von der Änderung betroffenen Arbeitnehmer[2].

gg) Neue Arbeitsmethoden und Fertigungsverfahren

Schließlich ist die Einführung **grundlegend neuer Arbeitsmethoden und Fertigungsverfahren** als Betriebsänderung anzusehen (§ 111 Satz 2 Nr. 5 BetrVG)[3]. Grundlegend neu sind dabei Methoden und Verfahren, die außerhalb routinemäßiger Verbesserungen liegen. Im Zweifel soll die Frage, ob eine erhebliche Zahl von Arbeitnehmern betroffen ist, entscheidend sein[4]. 855

Beispiele:
Übergang zum Ein-Personen-Betrieb in Omnibussen und Straßenbahnen[5]; *Einrichtung von Teilzeitarbeitsplätzen*[6]; *Übergang zur Gruppenarbeit in Bereichen, wo vorher allein gearbeitet wurde*[7] *usw.*

d) Betriebsänderung und Betriebsübergang[8]

Die **rechtsgeschäftliche Übertragung eines Betriebsteils** auf einen anderen Inhaber stellt für sich allein keine Betriebsänderung iSd. § 111 BetrVG dar. Hierfür hat vielmehr der Gesetzgeber mit der Vorschrift des **§ 613a BGB** eine abschließende Sonderregelung geschaffen[9]. Dies hat für die mit dem veräußerten Betriebsteil zum Erwerber überwechselnden Arbeitnehmer die Konsequenz, daß diese vor Nachteilen aus der Betriebsveräußerung ausschließlich durch § 613a BGB geschützt werden und somit auch keinen Abfindungsanspruch gem. § 113 Abs. 3 BetrVG gegenüber dem früheren Arbeitgeber haben. 856

Ist aber der Betriebsübergang mit **weiteren Maßnahmen,** wie etwa einer Stillegung eines Betriebsteils, einer Betriebsaufspaltung oder Verlagerung des Betriebssitzes verbunden, so sind diese Maßnahmen ihrerseits **als Betriebsänderungen** iSd. § 111 BetrVG zu qualifizieren[10]. Ein Betriebsübergang, der nur Teile 857

---

1 *Fitting/Kaiser/Heither/Engels,* § 111 BetrVG Rz. 70.
2 BAG v. 26. 10. 1982, BB 1982, 1985; BAG v. 6. 12. 1983, NZA 1984, 47.
3 GK-BetrVG/*Fabricius,* § 111 BetrVG Rz. 200.
4 BAG v. 7. 8. 1990, NZA 1991, 115.
5 *Richardi,* § 111 BetrVG Rz. 112.
6 *Fitting/Kaiser/Heither/Engels,* § 111 BetrVG Rz. 71.
7 *Richardi,* § 111 BetrVG Rz. 112.
8 Vgl. oben *Beseler,* Teil 2 G.
9 BAG v. 16. 6. 1987, NZA 1987, 671; BAG v. 4. 12. 1979, DB 1980, 743.
10 BAG v. 27. 6. 1995, NZA 1996, 164; BAG v. 20. 4. 1989, DB 1990, 709; BAG v. 16. 6. 1987, NZA 1987, 671; BAG v. 21. 10. 1980, BB 1981, 698; BAG v. 4. 12. 1979, DB 1980, 743.

eines Betriebes erfaßt, stellt im Regelfall eine Betriebsänderung dar, da hiermit eine grundlegende Änderung der Betriebsorganisation verbunden zu sein pflegt[1] und er sich zudem als Spaltung (Rz. 849) erweist.

e) Verfahrensrechtliche Fragen

858 Bestehen **Meinungsverschiedenheiten** zwischen Arbeitgeber und Betriebsrat über das Vorliegen einer Betriebsänderung und damit über die Zuständigkeit einer Einigungsstelle zur Herbeiführung eines Interessenausgleichs und Aufstellung eines Sozialplans, kann dies im **arbeitsgerichtlichen Beschlußverfahren** ausgetragen werden, ohne daß zuvor der Spruch der Einigungsstelle abgewartet werden müßte[2]. Den Betriebsparteien steht es daher frei, vor Durchführung einer Maßnahme, die eine Betriebsänderung iSd. § 111 BetrVG sein könnte, in einem Beschlußverfahren klären zu lassen, ob die geplante Maßnahme Beteiligungsrechte des Betriebsrates auslöst. Stellt das Gericht dann fest, daß dies nicht der Fall sei, sind die Gerichte in späteren Verfahren, in denen etwa ein Arbeitnehmer einen Nachteilsausgleich geltend macht, an diese Entscheidung gebunden[3].

859 Ist aufgrund einer Betriebsänderung ein **Interessenausgleich** vereinbart worden, begründet das keinen Anspruch des Betriebsrats auf dessen Einhaltung. Er kann daher **nicht** im Wege einer **einstweiligen Verfügung** die Einhaltung des Interessenausgleichs erzwingen[4].

860 Immer noch umstritten ist die Frage, ob das Arbeitsgericht im Wege einer **einstweiligen Verfügung** dem Unternehmer bis zum Abschluß eines Interessenausgleichs bzw. eines Einigungsstellenverfahrens zum Versuch eines Interessenausgleichs untersagen kann, vor diesem Zeitpunkt mit der **Durchführung der Betriebsänderung zu beginnen** und etwa Produktionsmittel zu entfernen oder Kündigungen auszusprechen. Während ein Teil der Arbeits- und Landesarbeitsgerichte von einer derartigen Möglichkeit ausgeht[5], ist ein anderer zu Recht im Hinblick auf den abschließenden Sanktionscharakter der Vorschrift des § 113 BetrVG der Auffassung, daß ein Unterlassungsanspruch gerade nicht besteht[6].

---

1 BAG v. 7. 12. 1988 – 5 AzR 778/87, nv.
2 BAG v. 15. 10. 1979, BB 1980, 524.
3 BAG v. 10. 11. 1987, NZA 1988, 287.
4 BAG v. 28. 8. 1991, NZA 1992, 41.
5 LAG Hamm v. 23. 3. 1983, AuR 1984, 54; LAG Frankfurt v. 21. 9. 1982, DB 1983, 613; LAG Hamburg v. 13. 11. 1981, DB 1982, 1522.
6 ArbG Kiel v. 13. 12. 1996, BB 1997, 635; LAG Köln v. 1. 9. 1995, DB 1995, 2115; LAG Schleswig-Holstein v. 13. 1. 1992, DB 1992, 1788; LAG Baden-Württemberg v. 28. 8. 1985, DB 1986, 805; LAG Düsseldorf v. 14. 11. 1983, DB 1984, 511.

3. Interessenausgleich

a) Begriff

Ein Interessenausgleich ist eine **besondere Vereinbarung kollektiver Art** zwischen den Betriebspartnern, der eine unmittelbare und zwingende Wirkung zukommt[1]. Deshalb erzeugt ein Interessenausgleich auch keinen Anspruch des Betriebsrates auf dessen Einhaltung[2]. Der Betriebsrat kann also weder einen Interessenausgleich erzwingen noch aus einem geschlossenen Interessenausgleich Ansprüche herleiten.

861

Gegenstand eines Interessenausgleichs iSd. § 112 Abs. 1 BetrVG sind Regelungen darüber, **ob, wann und in welcher Form** die vom Unternehmer geplante Betriebsänderung durchgeführt werden soll[3]. Inhalt eines möglichen Interessenausgleichs können auch Maßnahmen zur Vermeidung von wirtschaftlichen Nachteilen der betreffenden Arbeitnehmer sein[4].

862

Beispiele:

Einführung von Kurzarbeit; Umschulungsmaßnahmen; Unterlassung der Betriebsänderung; Fortbildungsmaßnahmen; Kündigungsverbote; Pflicht zur Versetzung einzelner Arbeitnehmer usw.

In Abgrenzung hierzu geht es in einem **Sozialplan** lediglich um den Ausgleich und die Milderung der wirtschaftlichen Nachteile in Form einer Abfindung[5]. Ein Interessenausgleich kann neben Fragen der Stillegung eines bestimmten Betriebes auch Auswahlrichtlinien zum Inhalt haben[6].

863

b) Verfahren

Will der Unternehmer eine Betriebsänderung durchführen, muß er zuvor einen **Interessenausgleich** hierüber **mit dem Betriebsrat versucht** haben. Ansonsten läuft er Gefahr, Nachteilsausgleichsansprüchen der betroffenen Arbeitnehmer ausgesetzt zu sein (§ 113 Abs. 3 BetrVG).

864

aa) Direkte Verhandlungen der Betriebspartner

Zur Vorbereitung der Interessenausgleichsverhandlungen steht dem Betriebsrat ein Anspruch gegen den Arbeitgeber auf **Überlassung einer Liste sämtlicher Arbeitnehmer,** aus der sich **Anschrift, Personenstand und Anzahl der Kinder** ergibt, zu[7]. Sodann hat der Arbeitgeber einen **Interessenausgleich** über die

865

---

1 BAG v. 20. 4. 1994, NZA 1995, 89; *Däubler/Kittner/Klebe*, §§ 112, 112a BetrVG Rz. 15; GK-BetrVG/*Fabricius*, §§ 112, 112a Rz. 22.
2 BAG v. 28. 8. 1991, NZA 1992, 41.
3 BAG v. 27. 10. 1987, NZA 1988, 203; *Neef*, NZA 1997, 65.
4 BAG v. 17. 9. 1991, NZA 1992, 227.
5 BAG v. 20. 4. 1994, NZA 1995, 89; BAG v. 17. 9. 1991, NZA 1992, 227; BAG v. 27. 10. 1987, NZA 1988, 203.
6 BAG v. 7. 12. 1995, NZA 1996, 473; BAG v. 20. 10. 1983, BB 1984, 671.
7 ArbG Düsseldorf v. 4. 2. 1990, AuR 1992, 318.

geplante Betriebsänderung **zu versuchen**[1]. Diese Verpflichtung besteht auch dann, wenn der Betriebsrat anläßlich der geplanten Betriebsänderung einen Sozialplan nach § 112a BetrVG nicht erzwingen kann[2]. Soweit es zu einer Einigung kommt, muß diese nach § 112 Abs. 1 Satz 1 BetrVG schriftlich niedergelegt und von beiden Betriebspartnern unterschrieben werden[3].

866 Ein Interessenausgleich gilt als versucht, wenn der Unternehmer den Betriebsrat gemäß § 111 Abs. 1 BetrVG beteiligt hat und nicht innerhalb von **zwei Monaten** nach Beginn der Beratung oder der **schriftlichen Aufforderung zur Aufnahme der Beratung** ein Interessenausgleich zustande gekommen ist (§ 113 Abs. 3 Satz 2 BetrVG)[4].

867 | **Hinweis:**
Der Fristbeginn setzt die **rechtzeitige und umfassende** Unterrichtung des Betriebsrats voraus.

bb) Anrufung der Einigungsstelle

868 Der Betriebsrat kann die zweimonatige Verhandlungsfrist dadurch verlängern, daß er innerhalb dieser Frist die Einigungsstelle anruft. In diesem Fall endet die (Verhandlungs-)Frist einen Monat nach Anrufung der Einigungsstelle, wenn dadurch die zweimonatige Frist überschritten wird (§ 113 Abs. 3 Satz 3 BetrVG).

869 **Beispiel:**

Am 1. 3. unterrichtet der Unternehmer den Betriebsrat umfassend über eine beabsichtigte Betriebsänderung. Die Verhandlungen beginnen am selben Tag. Wird die Einigungsstelle nicht angerufen, kann der Unternehmer ab 2. 5. mit der Umsetzung der Betriebsänderung beginnen, ohne Nachteilsausgleichsansprüche befürchten zu müssen.

Erfolgt die Anrufung der Einigungsstelle am 15. 4. (also innerhalb der Zwei-Monats-Frist), endet die „Sperrfrist" am 15. 5. Danach kann die Umsetzung der Betriebsänderung beginnen.

870 Die Bildung der Einigungsstelle folgt den allgemeinen Regeln[5].

871 | **Hinweis:**
Für den Arbeitgeber empfiehlt es sich aus taktischen Gründen, bereits nach zwei bis drei Wochen die Einigungsstelle anzurufen, damit der Interessenausgleich in jedem Fall innerhalb der Zwei-Monats-Frist als versucht gilt[6].

---

1 BAG v. 8. 11. 1988, NZA 1989, 278; LAG Hamm v. 1. 3. 1972, BB 1972, 356.
2 BAG v. 8. 11. 1988, NZA 1989, 278.
3 BAG v. 9. 7. 1985, NZA 1986, 100.
4 *Neef*, NZA 1997, 65.
5 *Hennige*, Rz. 123 ff.
6 *Neef*, NZA 1997, 65.

VII. Mitbestimmung bei Betriebsänderungen

c) § 1 Abs. 5 KSchG

Liegt eine Betriebsänderung nach § 111 BetrVG vor und sind die Arbeitnehmer, denen gekündigt werden soll, in einem Interessenausgleich zwischen Arbeitgeber und Betriebsrat namentlich bezeichnet, wird gem. **§ 1 Abs. 5 KSchG gesetzlich vermutet,** daß die Kündigungen durch **dringende betriebliche Erfordernisse** bedingt sind, die einer Weiterbeschäftigung der Arbeitnehmer in diesem Betrieb entgegenstehen. Die **soziale Auswahl** der Arbeitnehmer soll darüber hinaus in solchen Fällen nur darauf geprüft werden können, ob sie grob **fehlerhaft** ist[1].

872

> **Hinweis:**
> Ziel der Interessenausgleichsverhandlungen muß es deshalb auf Arbeitgeberseite sein, sich mit dem Betriebsrat über eine Kündigungsliste zu verständigen. Der Betriebsrat wird sich dies regelmäßig mit entsprechenden Sozialplanforderungen „abkaufen" lassen.

873

d) Interessenausgleich und Insolvenz

Mit dem arbeitsrechtlichen Beschäftigungsförderungsgesetz[2] vom 25. 9. 1996 sind auch bereits ab dem **1. 10. 1996** Teile der **Insolvenzordnung**[3] in Kraft gesetzt worden.

874

aa) Beschleunigung der Betriebsänderung

Mit den §§ 120 bis 122 InsO wird das Verfahren zur Durchführung einer Betriebsänderung im Insolvenzfall **deutlich beschleunigt**[4]. So kann der Konkursverwalter (ab 1999: Insolvenzverwalter) nach § 120 InsO die Insolvenzmasse belasten und die Betriebsvereinbarung entweder einvernehmlich herabsetzen oder kündigen.

875

Im weiteren ist ein **Vermittlungsverfahren** vor dem Präsidenten des Landesarbeitsamtes nur noch erforderlich, sofern der **Konkursverwalter und der Betriebsrat gemeinsam** um eine solche Vermittlung **ersuchen.**

876

Der **Konkursverwalter** kann ansonsten beim Arbeitsgericht die **Zustimmung** beantragen, daß eine **Betriebsänderung** durchgeführt wird, **ohne daß ein Einigungsstellenverfahren** erforderlich ist, wenn zwischen dem Konkursverwalter und dem Betriebsrat ein Interessenausgleich nach § 112 BetrVG nicht innerhalb von **drei Wochen** nach Verhandlungsbeginn oder schriftlicher Aufforderung zur Aufnahme von Verhandlungen zustandegekommen ist. Voraussetzung ist aber, daß der Verwalter den Betriebsrat rechtzeitig und umfassend unterrichtet hat (§ 122 Abs. 1 InsO). Der Konkursverwalter muß dabei auch ernsthafte

877

---
1 Vgl. eingehend *Schiefer,* NZA 1997, 915.
2 BGBl. I, 1476.
3 InsO v. 5. 10. 1994, BGBl. I, 2866.
4 *Schrader,* NZA 1997, 70; *Zwanziger,* BB 1997, 626.

Verhandlungen mit dem Betriebsrat aufgenommen haben, die dann innerhalb der Drei-Wochen-Frist nicht zu einem Interessenausgleich geführt haben[1]. Hierdurch ist sichergestellt, daß der Konkursverwalter das Verfahren nach § 122 InsO nicht am Betriebsrat vorbei betreiben kann[2]. Die Vorschriften des Beschlußverfahrens finden entsprechende Anwendung. Erteilt das Arbeitsgericht die Zustimmung, findet § 113 Abs. 3 BetrVG keine Anwendung, dh. der Konkursverwalter darf die Betriebsänderung durchführen, ohne nach rechtskräftiger Zustimmungserklärung seitens des Arbeitsgerichts mit Nachteilsausgleichsansprüchen der Arbeitnehmer rechnen zu müssen[3].

bb) Kündigungserleichterungen

878 Durch §§ 125, 126 InsO wird es dem Konkursverwalter ermöglicht, sich durch Kündigungen leichter von Arbeitnehmern zu trennen. Dabei ist zwischen einer einvernehmlichen Lösung mit dem Betriebsrat und einem fehlenden Einvernehmen zu unterscheiden.

(1) Einvernehmen mit dem Betriebsrat

879 § 125 InsO regelt einen besonderen Interessenausgleich in der Insolvenz, in dem die Arbeitnehmer, denen gekündigt werden soll, namentlich bezeichnet werden. Dabei könnte ein Interessenausgleich nach § 125 InsO und einer nach § 112 BetrVG nebeneinander vereinbart werden[4]. § 125 InsO enthält insoweit eine Erleichterung der Kündigungsvoraussetzungen. Hiernach gilt die gesetzliche Vermutung, daß die Kündigung der bezeichneten Arbeitnehmer durch **dringende betriebliche Erfordernisse,** die einer Weiterbeschäftigung zu unveränderten Arbeitsbedingungen entgegenstehen, bedingt ist. Darüber hinaus kann die **soziale Auswahl** der Arbeitnehmer nur im Hinblick auf die Dauer der Betriebszugehörigkeit, das Lebensalter, die Unterhaltspflichten und auch insoweit nur auf **grobe Fehlerhaftigkeit** nachgeprüft werden. Die Sozialauswahl ist immer dann ordnungsgemäß, wenn nach § 125 Abs. 1 Nr. 2 InsO durch die Kündigung eine ausgewogene Personalstruktur erhalten oder geschaffen wird[5].

(2) Kein Einvernehmen mit dem Betriebsrat

880 Kommt ein **Interessenausgleich innerhalb von drei Wochen** nach Verhandlungsbeginn oder schriftlicher Aufforderung zur Aufnahme von Verhandlungen nicht zustande, obwohl der Konkursverwalter den Betriebsrat rechtzeitig und umfassend unterrichtet hat, kann über die soziale Rechtfertigung geplanter Kündigungen vorab entschieden werden. Nach § 126 Abs. 1 InsO kann in diesen Fällen der Konkursverwalter beim Arbeitsgericht die Feststellung beantragen, daß die Kündigung der Arbeitsverhältnisse der im Antrag zu bezeichnenden bestimmten Arbeitnehmer durch dringende betriebliche Erfordernisse

---

1 *Schrader,* NZA 1997, 70.
2 *Warrikoff,* BB 1994, 2338.
3 *Schrader,* NZA 1997, 70.
4 *Schrader,* NZA 1997, 70.
5 *Neef,* NZA 1997, 65, 69; *Zwanziger,* BB 1997, 626.

bedingt und sozial gerechtfertigt sind. Ist kein Betriebsrat vorhanden, kann der Konkursverwalter diesen Antrag sofort stellen[1]. Die Sozialauswahl wird dabei im Hinblick auf die Dauer der Betriebszugehörigkeit, das Lebensalter und die Unterhaltspflichten überprüft[2]. Für das Beschlußverfahren nach § 126 InsO gilt § 122 InsO. Neben dem Konkursverwalter und dem Betriebsrat, sofern dieser besteht, sind auch die bezeichneten Arbeitnehmer, soweit sie nicht mit der Beendigung des Arbeitsverhältnisses oder mit den geänderten Arbeitsbedingungen einverstanden sind, Beteiligte des Verfahrens.

Die **rechtskräftige Entscheidung** in diesem Verfahren **bindet** dann auch die Parteien des Kündigungsschutzverfahrens, soweit sich die Sachlage nach dem Schluß der letzten mündlichen Verhandlung nicht wesentlich geändert hat (§ 127 InsO). 881

cc) **Stellung des Betriebserwerbers**

Mit § 128 InsO wird die Problematik der **Betriebsveräußerung im Konkurs** geregelt. Hierbei war es nach bisheriger Rechtslage immer wieder problematisch, ob der Ausspruch von Kündigungen durch den Konkursverwalter oder den Betriebserwerber wegen eines Betriebsübergangs ausgesprochen worden und damit nach § 613a Abs. 4 Satz 1 BGB unwirksam sind, oder ob nach der Rechtsprechung des BAG der Kündigungsgrund und der Grund des Betriebsinhaberwechsels nicht identisch sind[3]. Nach § 128 Abs. 2 InsO gilt die **gesetzliche Vermutung**, daß die Kündigung eines Arbeitnehmers bei einer Betriebsveräußerung im Konkurs **nicht wegen eines Betriebsübergangs ausgesprochen und nach § 613a Abs. 4 Satz 1 BGB unwirksam ist, sondern** aufgrund **dringender betrieblicher Erfordernisse**, die einer Weiterbeschäftigung entgegenstehen, bedingt ist[4]. Der Gesetzgeber hat die Stellung des Betriebserwerbers nach § 128 InsO damit deutlich verbessert, da dieser auch nach Erwerb des Betriebes die Vorschriften der §§ 125 bis 127 InsO anwenden kann[5]. 882

Darüber hinaus ist der Betriebserwerber auch im Verfahren nach § 126 InsO zu beteiligen, so daß er, ebenso wie der Konkursverwalter, noch vor Ausspruch von Kündigungen, deren soziale Rechtfertigung überprüfen lassen kann, um so das **Risiko**, das mit der Übernahme des Betriebes verknüpft ist, **kalkulierbar** zu halten[6]. Hat der Konkursverwalter nach § 126 Abs. 1 InsO eine Entscheidung beantragt und stellt das Arbeitsgericht rechtskräftig fest, daß die Kündigung der Arbeitsverhältnisse bestimmter Arbeitnehmer sozial gerechtfertigt ist, so bindet diese Entscheidung den Betriebserwerber für das Kündigungsschutzverfahren[7]. Insgesamt wird durch § 128 InsO die Rechtsstellung des Betriebserwerbs erheblich verbessert. 883

---

1 *Schrader*, NZA 1997, 70.
2 *Neef*, NZA 1997, 65, 69; *Zwanziger*, BB 1997, 626.
3 BAG v. 16. 3. 1989 – 2 AZR 726/87, nv.
4 *Schrader*, NZA 1997, 70.
5 *Schrader*, NZA 1997, 70.
6 *Schrader*, NZA 1997, 70.
7 *Schrader*, NZA 1997, 70.

4. Sozialplan

a) Begriff

884 Nach § 112 Abs. 1 Satz 2 BetrVG ist der Sozialplan eine „Einigung über den Ausgleich oder die Milderung der wirtschaftlichen Nachteile, die dem Arbeitnehmer infolge der geplanten Betriebsänderung entstehen." Sozialpläne enthalten in der Praxis im wesentlichen **Abfindungsregelungen**. Der Sozialplan läßt sich ggf. vom Betriebsrat **über eine Einigungsstelle** erzwingen[1]. Es besteht aber für den Arbeitgeber keine Verpflichtung, einen Sozialplan zu versuchen[2]. Betriebsrat und Arbeitgeber können auch für noch nicht geplante, aber in großen Umrissen schon abschätzbare Betriebsänderungen einen Sozialplan in Form einer freiwilligen Betriebsvereinbarung aufstellen[3].

b) Verfahren

885 Für den Sozialplan gelten zunächst dieselben Vorschriften wie für den Interessenausgleich. Aufgrund des Sozialplans entstehen **unmittelbare Rechtsansprüche des einzelnen Arbeitnehmers gegen den Arbeitgeber.** Dem Sozialplan kommt dabei die **Wirkung einer Betriebsvereinbarung** zu. Auf ihn finden die Vorschriften des § 77 Abs. 5 und 6 BetrVG[4] Anwendung.

886 | **Hinweis:**
Ein Antrag des Betriebsrats, mit dem dieser die Verurteilung des Arbeitgebers zur Erfüllung von Ansprüchen der Arbeitnehmer aus dem Sozialplan begehrt, ist unzulässig. Es ist nicht Sache des Betriebsrats, Individualansprüche von Belegschaftsmitgliedern durchzusetzen[5]. |

aa) Vereinbarter Sozialplan

887 Zunächst ist in den **Verhandlungen über einen Interessenausgleich** zu klären, ob bzw. wie die Betriebsänderung durchgeführt werden soll[6]. Dies ist die Grundlage für die Aufstellung eines Sozialplanes. Regelmäßig wird der Unternehmer aber schon während der Verhandlungen über den Interessenausgleich mit dem Betriebsrat auch über einen Sozialplan verhandeln. Allerdings bilden Interessenausgleich und Sozialplan **keine untrennbare Einheit.** Auch noch während oder nach der Durchführung einer Betriebsänderung kann ein Sozialplan notfalls durch einen Spruch der Einigungsstelle aufgestellt werden, wenn der Unternehmer die Betriebsänderung vorgenommen hat, bevor er mit dem Betriebsrat über einen Sozialplan einig wurde[7].

---

1 *Fitting/Kaiser/Heither/Engels*, §§ 112, 112a BetrVG Rz. 20.
2 *Neef*, NZA 1997, 65.
3 BAG v. 26. 8. 1997 – 1 ABR 12/97, noch nv.
4 BAG v. 10. 8. 1994, NZA 1995, 314.
5 BAG v. 17. 10. 1989, NZA 1990, 441.
6 *Fitting/Kaiser/Heither/Engels*, §§ 112, 112a BetrVG Rz. 48
7 BAG v. 20. 4. 1982, BB 1982, 1423; BAG v. 15. 10. 1979, DB 1980, 549.

VII. Mitbestimmung bei Betriebsänderungen   Rz. 894 Teil 4 A

Kommt eine Einigung über den Sozialplan zustande, so ist sie schriftlich niederzulegen. Das **Schriftformerfordernis** wirkt konstitutiv. 888

bb) Von der Einigungsstelle beschlossener Sozialplan

Gelingt eine freiwillige Einigung nicht, so hat die Einigungsstelle gem. § 112 Abs. 4 BetrVG zu entscheiden und einen **Sozialplan verbindlich festzulegen**[1]. Der Spruch der Einigungsstelle ist schriftlich niederzulegen, vom Vorsitzenden zu unterschreiben und Arbeitgeber und Betriebsrat zuzuleiten. 889

Bei ihrer Entscheidung hat sich die Einigungsstelle von den in § 112 Abs. 5 BetrVG genannten **Ermessenskriterien** leiten zu lassen[2]. Dies soll gewährleisten, daß sich die Einigungsstelle um den **Ausgleich tatsächlich feststellbarer** oder zu **erwartender materieller Einbußen** und weniger um die Festlegung pauschaler Abfindungen bemüht[3]. 890

Die Grundsätze in § 112 Abs. 5 Nr. 1 bis 3 BetrVG haben die Funktion von **Richtlinien für die Ausübung des Ermessens** und stellen damit die Ermessensgrenzen dar. Verstößt die Einigungsstelle gegen diese Ermessensgrenzen, so begründet dieses einen **Ermessensfehler.** Dies betrifft auch den Einwand eines zu hohen **Gesamtvolumens,** da dies eine Verletzung des in § 112 Abs. 5 Nr. 3 BetrVG niedergelegten Ermessensgrundsatzes darstellen kann[4]. 891

Ein derartiger Ermessensfehler berechtigt die jeweils benachteiligte Seite nach § 76 Abs. 5 Satz 3 BetrVG innerhalb einer Ausschlußfrist von zwei Wochen, das Arbeitsgericht anzurufen und den Ermessensfehler geltend zu machen[5]. 892

> **Hinweis:** 893
> Wegen dieser gesetzlichen Beschränkungen kann es auch für die Betriebsratsseite zweckmäßiger sein, es nicht auf den Spruch der Einigungsstelle ankommen zu lassen, sondern – u. U. mit Hilfe des Einigungsstellenvorsitzenden – eine Einigung zu finden.

c) Inhalt des Sozialplans

aa) Abfindungshöhe

Den **Betriebspartnern** steht es bei der **freiwilligen Einigung** über einen Sozialplan grundsätzlich **frei,** welche Nachteile auf welche Weise ausgeglichen werden und welche Mittel hierfür zur Verfügung stehen. Dagegen ist die **Einigungsstelle** nach § 112 Abs. 5 Nr. 1 bis 3 BetrVG an die dort genannten **Richtlinien gebunden.** 894

---
1 *Fitting/Kaiser/Heither/Engels,* §§ 112, 112a BetrVG Rz. 95.
2 *Neef,* NZA 1997, 65.
3 *Röder/Baeck,* S. 18.
4 BAG v. 14. 9. 1994, NZA 1995, 430.
5 *Fitting/Kaiser/Heither/Engels,* §§ 112, 112a BetrVG Rz. 94; *Däubler/Kittner/Klebe,* §§ 112, 112a BetrVG Rz. 66.

895 **Beispiel:**

Ein Einigungsstellenspruch verstößt gegen § 112 Abs. 5 Nr. 1 BetrVG, soweit er allen Arbeitnehmern unterschiedslos eine in gleicher Weise berechnete Abfindung zuspricht, unabhängig davon, welche wirtschaftlichen Nachteile die Arbeitnehmer voraussichtlich erleiden werden[1].

896 Nach § 112 Abs. 5 Nr. 2 Satz 1 BetrVG hat die Einigungsstelle auch die **Aussichten des Arbeitnehmers auf dem Arbeitsmarkt** zu berücksichtigen[2]. Es besteht hier kein Hindernis, Höchstbegrenzungsklauseln für Abfindungen wegen des Verlustes des Arbeitsplatzes zum Bestandteil des Sozialplans zu machen[3]. Hierzu kann sich die Einigungsstelle eines Punkteschemas bedienen, welches die sozialen Gesichtspunkte im Wege einer Vorauswahl berücksichtigt. Bei der Festlegung der Punktewerte der Auswahlkriterien, wie etwa Alter, Betriebszugehörigkeit, Unterhaltsverpflichtungen, steht den Beteiligten ein Beurteilungsspielraum zu. Wird etwa Alter und Betriebszugehörigkeit im wesentlichen gleich bewertet, so unterliegt dies grundsätzlich keinen Bedenken. Jedoch ist im Anschluß an die schematische Bewertung der sozialen Gesichtspunkte zur **Vermeidung von unbilligen Härten eine individuelle Abschlußprüfung erforderlich**[4].

897 Allerdings ist die Einigungsstelle nicht daran gehindert, die Nachteile zu **pauschalieren** und in einem **Einheitsbetrag** abzugelten. Höchstgrenzen für die Bemessung der Abfindung, wie sie etwa in § 113 BetrVG enthalten sind, gelten für die Einigungsstelle nicht[5].

898 Schließlich hat die Einigungsstelle nach § 112 Abs. 5 Nr. 3 BetrVG beim **Gesamtvolumen** der Sozialplanleistungen den **Fortbestand des Unternehmens** bzw. die nach Betriebsänderung noch **verbleibenden Arbeitsplätze nicht zu gefährden.** Die Belastungen für das Unternehmen können aber durchaus einschneidend sein[6]. Das Unternehmen muß aber noch zu notwendigen Investitionen in der Lage sein[7].

899 Die Betriebspartner sind allerdings **nicht verpflichtet,** Sozialplanleistungen nur nach einer **bestimmten Formel** zu bemessen. Insbesondere in kleineren Betrieben können Sozialplanleistungen auch nach den den Betriebspartner bekannten Verhältnissen der betroffenen Arbeitnehmer individuell festgelegt werden[8].

---

1 BAG v. 14. 9. 1994, NZA 1995, 440.
2 *Fitting/Kaiser/Heither/Engels*, §§ 112, 112a BetrVG Rz. 102 ff.
3 BAG v. 23. 8. 1988, NZA 1989, 28.
4 BAG v. 18. 1. 1990, NZA 1990, 729.
5 BAG v. 27. 10. 1987, NZA 1988, 203.
6 BAG v. 17. 10. 1989, AP Nr. 29 zu § 111 BetrVG 1972.
7 *Von Hoyningen-Huene*, RdA 1986, 102; *Fitting/Kaiser/Heither/Engels*, §§ 112, 112a BetrVG Rz. 110.
8 BAG v. 12. 2. 1985, NZA 1985, 717.

VII. Mitbestimmung bei Betriebsänderungen

bb) Sozialplanberechtigte

Die Betriebspartner und die Einigungsstelle sind verpflichtet, die unterschiedlichen Sachverhalte der **Anspruchsberechtigten** zu **differenzieren**. Fehlt es an einer solchen Unterscheidung, so wird von der Rechtsprechung ein solcher Sozialplan als **ermessensfehlerhaft** erachtet[1].

> **Hinweis:**
> Verlieren mehrere Arbeitnehmer aufgrund unterschiedlicher Beendigungstatbestände (zB aufgrund unbedingter Kündigung, Ablehnung von zumutbaren Änderungsangeboten, Eigenkündigung, Aufhebungsverträgen usw.) ihren Arbeitsplatz, so muß ein Sozialplan den verschiedenen Arten des Arbeitsplatzverlustes Rechnung tragen; ansonsten wäre er ermessensfehlerhaft.

Den Betriebsparteien ist es nicht verwehrt, einzelne Gruppen von Arbeitnehmern von Leistungen des Sozialplanes auszuschließen. In der Praxis spielen nachfolgende **Ausschlußgründe** eine ganz erhebliche Rolle:

(1) Anspruchsausschluß bei Eigenkündigung

Es bestehen keine Bedenken, Arbeitnehmer von Leistungen des Sozialplanes auszunehmen, die ihr **Arbeitsverhältnis selbst gekündigt** haben. Die Vereinbarung eines **Stichtages** in einem Sozialplan ist ohne weiteres zulässig, wenn die Wahl des Stichtages sachlich gerechtfertigt ist[2]. Sozialplanansprüche sind nach ihrem Zweck **keine Entschädigung für den Verlust des Arbeitsplatzes.** Insofern steht es den Betriebspartnern frei, Arbeitnehmer, die im Hinblick auf die geplante Stillegung eines Betriebes bis zu einem bestimmten Stichtag selbst kündigen, von Leistungen des Sozialplanes herauszunehmen[3]. Es besteht für den Arbeitgeber keine Hinweispflicht gegenüber dem Arbeitnehmer auf bevorstehende Verhandlungen mit dem Betriebsrat über einen Sozialplan, wenn der Arbeitnehmer in Unkenntnis der bevorstehenden Betriebsänderung sein Arbeitsverhältnis aufkündigt[4].

Ist dagegen die **Eigenkündigung** des Arbeitnehmers **durch den Arbeitgeber veranlaßt** worden, so gebietet **der Grundsatz der Gleichbehandlung**, Arbeitnehmer, die aufgrund der Eigenkündigung ausgeschieden sind, mit gekündigten Arbeitnehmern **gleichzustellen**[5]. Veranlaßt ist indes eine solche Kündigung nur, wenn der Arbeitgeber den Arbeitnehmer im Hinblick auf eine konkret geplante Betriebsänderung bestimmt, selbst zu kündigen, um so eine sonst notwendig

---
1 LAG Frankfurt v. 17. 11. 1987, BB 1988, 1386.
2 BAG v. 24. 1. 1996 – 10 AZR 155/95, nv.; BAG v. 30. 11. 1994, NZA 1995, 1238; BAG v. 20. 4. 1994, NZA 1995, 489; BAG v. 19. 7. 1985, NZA 1986, 271.
3 BAG v. 9. 11. 1994, NZA 1995, 644.
4 LAG Köln v. 17. 6. 1993, LAGE Nr. 24 zu § 112 BetrVG 1972.
5 BAG v. 19. 7. 1995, NZA 1996, 271; BAG v. 9. 11. 1994, NZA 1995, 644; BAG v. 20. 4. 1994, NZA 1995, 489.

werdende arbeitgeberseitige Kündigung zu vermeiden. Allein der bloße Hinweis des Arbeitgebers auf die unsichere Lage des Unternehmens, auf notwendig werdende Betriebsänderungen oder der Rat, sich um eine neue Stelle zu bemühen, genügt hierfür nicht[1].

(2) Anspruchsausschluß aufgrund eines Aufhebungsvertrages

905 Ebenso wie bei einer Eigenkündigung, bestehen keine Bedenken, wenn die Betriebspartner Arbeitnehmer, die aufgrund eines **Aufhebungsvertrages** aus dem Arbeitsverhältnis ausscheiden, **von Leistungen des Sozialplanes ausnehmen**[2]. Gleichfalls werden Vereinbarungen als zulässig angesehen, wonach Arbeitnehmer, die nach Bekanntwerden eines vom Arbeitgeber zunächst geplanten Personalabbaus einen Aufhebungsvertrag abschließen, eine **geringere Abfindung** erhalten, als diejenigen, welche eine solche Beendigungsvereinbarung erst nach der später erfolgten Mitteilung des Arbeitgebers geschlossen haben, er beabsichtige den Betrieb stillzulegen[3]. Wird der Aufhebungsvertrag dagegen auf Veranlassung des Arbeitgebers geschlossen, so sind die betroffenen Arbeitnehmer im Hinblick auf ihre Ansprüche aus dem Sozialplan wie diejenigen zu behandeln, die eine Arbeitgeberkündigung erhalten haben. Dies kann auch dadurch nicht umgangen werden, daß in dem Aufhebungsvertrag ein Verzicht auf die Sozialplanabfindung vereinbart wird. Ein solcher Verzicht ist gem. § 77 Abs. 4 Satz 2 iVm. § 112 Abs. 1 Satz 3 BetrVG unwirksam[4].

906 Schließen die Arbeitsvertragsparteien im Hinblick auf eine geplante Betriebsänderung einen **Aufhebungsvertrag** unter Zahlung einer Abfindung und vereinbaren sie, daß der Arbeitnehmer Leistungen aus einem noch abzuschließenden Sozialplan bekommen solle, falls dieser günstiger sei, so hat eine solche Nachbesserungsklausel regelmäßig den Sinn, dem Arbeitnehmer einen Anspruch auf Sozialplanleistungen gerade für den Fall einzuräumen, daß der Arbeitnehmer vom zeitlichen Geltungsbereich des Sozialplans wegen seines frühzeitigen Ausscheidens nicht mehr erfaßt wird. Wird der Arbeitnehmer vom zeitlichen Geltungsbereich des Sozialplans noch erfaßt, läuft die Nachbesserungsklausel leer. Der Arbeitnehmer hat nach § 77 Abs. 4 BetrVG einen unmittelbaren und unabdingbaren Anspruch auf die – gegebenenfalls höheren – Leistungen aus dem Sozialplan[5].

(3) Anspruchsausschluß bei zumutbarem Beschäftigungsangebot

907 Der Kreis der Abfindungsberechtigten aus einem Sozialplan kann sich auch auf die Arbeitnehmer **beschränken,** denen ein **zumutbarer** anderer **Arbeitsplatz angeboten** werden konnte. Die Betriebspartner dürfen also solche Mitarbeiter ausschließen, die zumindest einen gleichwertigen Arbeitsplatz in einem ande-

---

1 BAG v. 19. 7. 1995, NZA 1996, 271.
2 BAG v. 20. 4. 1994, NZA 1995, 489.
3 BAG v. 24. 11. 1993, NZA 1994, 716.
4 BAG v. 28. 4. 1993, BB 1993, 1807.
5 BAG v. 6. 8. 1997 – 10 AZR 66/97, noch nv.

ren Betrieb des Unternehmens oder Konzerns ablehnen, selbst wenn damit ein zumutbarer Ortswechsel verbunden ist[1].

Legt ein Sozialplan in zulässiger Weise einen Ausschlußtatbestand fest, wonach Arbeitnehmer, die das Angebot auf einen zumutbaren anderen Arbeitsplatz abgelehnt haben, keine Abfindung erhalten, so wird hiervon auch die Fallgestaltung mitumfaßt, in der ein Arbeitnehmer einem **Betriebsübergang ohne triftigen Grund** widerspricht und so sich selbst der Weiterbeschäftigungsmöglichkeiten beraubt[2]. 908

Die Zumutbarkeit kann aber **nicht allein anhand objektiver Kriterien** ermittelt werden. So ist etwa ein Beschluß einer Einigungsstelle nichtig, soweit er unterschiedslos allen Arbeitnehmern, die einen Umzug an den neuen Betriebsort ablehnen, einen Abfindungsanspruch ohne Rücksicht darauf zubilligt, ob ein Ortswechsel zumutbar ist[3]. Für die Beurteilung der Zumutbarkeit sind vielmehr **soziale Kriterien** (Alter, Gesundheit usw.) zu berücksichtigen. 909

Auch das **Arbeitsangebot an einem anderen Ort** ist nicht generell unzumutbar[4]. Beispielsweise kann von einem Arbeitnehmer die Annahme eines gleichwertigen Arbeitsplatzes in einer 60 km entfernten Dienststelle billigerweise erwartet werden, wenn durch die Auflösung seiner bisherigen Beschäftigungsstelle alle Arbeitsplätze weggefallen sind. Kann in einem solchen Fall der Arbeitnehmer aus gesundheitlichen Gründen die Entfernung nicht zurücklegen, so ist ihm nach der Rechtsprechung des Bundesarbeitsgerichts im Regelfall zuzumuten, den **Wohnort zu wechseln**[5]. Von einem Arbeitnehmer ist auch zu verlangen, daß er an **Umschulungsmaßnahmen** für eine gleichwertige Tätigkeit teilnimmt. Insofern kann er sich im Hinblick auf die Zumutbarkeit einer anderweitigen Beschäftigung nicht darauf zurückziehen, daß es ihm an der Qualifizierung fehlt[6]. 910

(4) Anspruchsausschluß bei fristloser Kündigung

Ebenso darf ein Sozialplan Regelungen vorsehen, wonach bei einer fristlosen Kündigung die Ansprüche des Arbeitnehmrs aus dem Sozialplan entfallen. Dies gilt auch dann, wenn das Arbeitsverhältnis auf andere Weise beendet wurde, der Arbeitgeber jedoch aufgrund eines vertragswidrigen Verhaltens des Arbeitnehmers **zur fristlosen Kündigung berechtigt** war, wenn er sich dem 911

---
1 BAG v. 28. 9. 1988, AP Nr. 47 zu § 112 BetrVG 1972; BAG v. 25. 10. 1983, AP Nr. 18 zu § 112 BetrVG 1972; BAG v. 17. 2. 1981, AP Nr. 11 zu § 112 BetrVG 1972; BAG v. 8. 12. 1976, AP Nr. 3 zu § 112 BetrVG 1972.
2 BAG v. 5. 2. 1997, AP Nr. 112 zu § 112 BetrVG 1972; *Röder/Baeck*, S. 44; *Schlachter*, NZA 1995, 705; *Fitting/Kaiser/Heither/Engels*, §§ 112, 112a BetrVG Rz. 105; vgl. hierzu auch BAG v. 10. 11. 1993, BB 1993, 2308.
3 LAG München v. 13. 1. 1989, NZA 1990, 200.
4 LAG Düsseldorf v. 23. 10. 1986, DB 1987, 544.
5 BAG v. 26. 10. 1995, NZA 1996, 547.
6 *Fitting/Kaiser/Heither/Engels*, §§ 112, 112a BetrVG Rz. 107.

Arbeitnehmer gegenüber innerhalb der Zwei-Wochen-Frist des § 626 Abs. 2 BGB hierauf beruft[1].

cc) Fälligkeitsklausel

912 Die Zahlung von Abfindungen darf in einem Sozialplan nicht davon abhängig gemacht werden, daß die wegen der Betriebsänderung entlassenen Arbeitnehmer gegen ihre Kündigung keine gerichtlichen Schritte unternehmen. Zulässig ist indes eine **Klausel**, nach der die **Fälligkeit der Abfindung** auf den Zeitpunkt des **rechtskräftigen Abschlusses des Kündigungsrechtsstreites hinausgeschoben** und bestimmt wird, daß eine **Abfindung** nach den §§ 9, 10 KSchG auf die Sozialplanabfindung **anzurechnen** ist[2].

913 | **Hinweis:**
Von der Fälligkeitsklausel sollte der Arbeitgeber aus seiner Sicht unbedingt Gebrauch machen. Erweist sich die ausgesprochene Kündigung im Kündigungsschutzprozeß als rechtswidrig, lassen sich die damit verbundenen Rückzahlungsansprüche im Hinblick auf die bereits ausgezahlte Sozialplanabfindung nur schwer realisieren. Aus anwaltlicher Sicht ist der Arbeitgeber auf diese Vorgehensweise hinzuweisen.

d) Ausnahme der Erzwingbarkeit

aa) Personalreduzierung

914 Besteht eine geplante **Betriebsänderung allein in der Entlassung von Arbeitnehmern**, so ist ein Sozialplan nur unter den Voraussetzungen des § 112a Abs. 1 BetrVG erzwingbar[3].

915 Beinhaltet die Maßnahme des Arbeitgebers **mehr als lediglich eine Personalreduzierung**, zB wenn mit ihr eine Betriebsstillegung verbunden ist, so bleibt es bei der **Sozialplanpflichtigkeit**, auch wenn die Voraussetzungen des § 112a Abs. 1 BetrVG nicht erreicht werden[4]. Beschränkt sich dagegen die Betriebsänderung auf einen bloßen Personalabbau, so gelten die folgenden Eckwerte des § 112a Abs. 1 BetrVG für die Sozialplanpflicht:

---

[1] BAG v. 31. 1. 1979, BB 1979, 833; vgl. auch LAG Thüringen v. 6. 2. 1995, NZA 1996, 671.
[2] BAG v. 20. 6. 1985, NZA 1986, 258; BAG v. 20. 12. 1983, NZA 1984, 53.
[3] *Schaub*, AR-Handbuch, § 244 V. 1.b, S. 2003.
[4] BAG v. 6. 12. 1988, NZA 1989, 399; *Däubler/Kittner/Klebe*, §§ 112, 112a BetrVG Rz. 32.

VII. Mitbestimmung bei Betriebsänderungen

Übersicht zu § 112a Abs. 1 BetrVG

Arbeitnehmerzahl	Sozialplanpflichtigkeit bei Personalreduzierung (betroffene Arbeitnehmer)
21 bis 30 Arbeitnehmer	6 Arbeitnehmer
31 bis 35 Arbeitnehmer	7 Arbeitnehmer
36 bis 40 Arbeitnehmer	8 Arbeitnehmer
41 bis 45 Arbeitnehmer	9 Arbeitnehmer
46 bis 50 Arbeitnehmer	10 Arbeitnehmer
51 bis 55 Arbeitnehmer	11 Arbeitnehmer
56 bis 59 Arbeitnehmer	12 Arbeitnehmer
60 bis 249 Arbeitnehmer	20% der regelmäßig Beschäftigten, aber mind. 30 Arbeitnehmer
250 bis 500 Arbeitnehmer	15% der regelmäßig Beschäftigten, aber mind. 60 Arbeitnehmer
ab 500 Arbeitnehmer	10% der regelmäßig Beschäftigten, aber mind. 60 Arbeitnehmer

Bei der Ermittlung der relevanten Zahlen und Prozentsätze zählen die **teilzeitbeschäftigten Arbeitnehmer** entsprechend ihrer Anzahl mit. Eine Umrechnung der betroffenen Teilzeitstellen auf Vollzeitstellen hat zu unterbleiben[1]. Erfolgt der Personalabbau stufenweise, so kann hierdurch die Sozialplanpflichtigkeit nach § 112a BetrVG ebenfalls nicht umgangen werden, wenn die Maßnahme auf einem einheitlichen Plan und Sachverhalt beruht[2]. Bei der Ermittlung der Grenzzahl werden gem. § 112a Abs. 1 Satz 2 BetrVG auch diejenigen Arbeitnehmer mitgezählt, die ihr Arbeitsverhältnis auf Veranlassung des Arbeitgebers, durch einen Aufhebungsvertrag oder eine Eigenkündigung beenden[3].

bb) Unternehmensneugründung

Von der Sozialplanpflichtigkeit gem. § 112a Abs. 2 BetrVG sind auch die Betriebe neugegründeter Unternehmen **in den ersten vier Jahren nach der Gründung** befreit. Abzustellen ist auf die Neugründung des Unternehmens, nicht etwa auf die neugegründeten Betriebe[4]. Es besteht aber für ein neugegründetes Unternehmen dann keine Sozialplanpflicht, wenn die Betriebsänderung in einem **Betrieb** erfolgt, den das Unternehmen **übernommen** hat und der selbst schon länger als vier Jahre besteht[5]. Gemäß § 112a Abs. 2 Satz 2 BetrVG gilt die Befreiung von der Sozialplanpflicht jedoch nicht für solche neugegründeten Unternehmen, deren Gründung im Zusammenhang mit der rechtlichen **Umstrukturierung von Unternehmen und Konzernen** erfolgt ist. Hierdurch wollte der Gesetzgeber sicherstellen, daß nicht durch die bloße formale Neugründung

---
1 LAG Baden-Württemberg v. 16. 6. 1987, LAGE Nr. 6 zu § 111 BetrVG 1972.
2 LAG Düsseldorf v. 14. 5. 1986, DB 1987, 180.
3 GK-BetrVG/*Fabricius*, §§ 112, 112a Rz. 127.
4 *Fitting/Kaiser/Heither/Engels*, §§ 112, 112a BetrVG Rz. 31.
5 BAG v. 13. 6. 1989, NZA 1989, 974.

die Sozialplanpflichtigkeit einer Betriebsänderung umgangen werden kann[1]. Dies gilt auch bei einer Umstrukturierung durch Abspaltung von Unternehmensteilen auf neugegründete Tochtergesellschaften[2].

919 **Hinweis:**
§ 112a Abs. 2 Satz 1 BetrVG enthebt den Arbeitgeber nicht, über die geplante Betriebsänderung einen Interessenausgleich mit dem Betriebsrat zu versuchen. Anderenfalls drohen Ansprüche auf Nachteilsausgleich nach § 113 Abs. 3 BetrVG[3].

e) Sozialplan im Konkurs

920 Auch im Konkurs des Arbeitgebers ist der **Konkursverwalter** bei einer Betriebsänderung zur Herbeiführung eines **Interessenausgleichs verpflichtet**. Vom Betriebsrat kann ein **Sozialplan erzwungen** werden[4]. Hierbei gilt in den alten Bundesländern und in Westberlin das Gesetz über den Sozialplan im Konkurs und Vergleichsverfahren (SozplKonkG)[5]. Für die neuen Bundesländer sieht die Gesamtvollstreckungsordnung in § 17 Abs. 3 GesO eigenständige Regelungen vor.

aa) Regelung in den alten Bundesländern

921 Nach § 2 SozplKonkG kann in einem Sozialplan, der nach der Eröffnung des Konkursverfahrens aufgestellt wird, ein **Gesamtbetrag bis zu 2 1/2 Monatsverdiensten** der von einer Entlassung betroffenen Arbeitnehmer vorgesehen werden. Einzurechnen sind hierbei auch die Arbeitnehmer, die aufgrund von Aufhebungsverträgen ausscheiden, soweit diese auf den geplanten Betriebsänderungen beruhen[6]. Für die Berechnung des zulässigen Gesamtvolumens kommt es dabei auf den individuellen Arbeitsverdienst jedes von der Entlassung betroffenen Arbeitnehmers an. Entscheidend ist dabei der Monat, in dem die Betriebsänderung durchgeführt wird.

922 Wird dagegen ein **höheres Sozialplanvolumen** vereinbart, so ist der **Sozialplan** nicht nur gegenüber den Gläubigern, sondern auch gegenüber dem Gemeinschuldner **unwirksam**. Umstritten ist, ob eine Überschreitung des zulässigen Gesamtvolumens sogar zur vollständigen oder zur teilweisen Nichtigkeit des Sozialplans führt[7].

---

1 BAG v. 22. 2. 1995, NZA 1995, 699.
2 BAG v. 22. 2. 1995, NZA 1995, 699; *Däubler/Kittner/Klebe*, §§ 112, 112a BetrVG Rz. 37.
3 LAG Berlin v. 8. 9. 1987, BB 1987, 2237.
4 BAG (GS) v. 13. 12. 1978, AP Nr. 6 zu § 112 BetrVG 1972.
5 Das Gesetz tritt mit Ablauf des 31. 12. 1998 außer Kraft.
6 BAG v. 2. 8. 1983, AP Nr. 12 zu § 111 BetrVG 1972.
7 *Willemsen/Tiesler*, Rz. 183; *Fitting/Kaiser/Heither/Engels*, § 3 SozplKonkG Rz. 20.

VII. Mitbestimmung bei Betriebsänderungen   Rz. 928 **Teil 4 A**

> **Hinweis:** 923
> Um die Teilnichtigkeitsfolge zu vermeiden, empfiehlt es sich daher, eine entsprechende Anpassungsklausel für das Gesamtvolumen vorzusehen, da sich dieses vorausschauend nur schwer ermitteln läßt.

Soweit **Forderungen** aus einem Sozialplan im **Konkursverfahren** geltend ge- 924
macht werden können, sind sie **Konkursforderungen iSd. § 61 Abs. 1 Nr. 1 KO**.
Für die Berichtigung dieser Forderung darf jedoch nicht mehr als $^1/_3$ der für die Verteilung an die Konkursgläubiger zur Verfügung stehenden Konkursmasse verwendet werden.

Sonstige Ansprüche aus Sozialplänen, die bereits **bei Konkurseröffnung** oder 925
vor der Krise entstanden waren, haben dagegen den Rang **einfacher Konkursforderung iSd. § 61 Abs. 1 Nr. 6 KO**[1].

bb) Regelung in den neuen Bundesländern

Für den Bereich der **Gesamtvollstreckungsordnung** sieht diese ebenfalls Sonder- 926
regelungen vor. Nach **§ 17 Abs. 3 Nr. 1c GesO** sind Forderungen aus einem **vom Verwalter vereinbarten Sozialplan an erster Stelle zu befriedigen,** soweit die Summe der Sozialplanforderung nicht größer ist als der **Gesamtbetrag von drei Monatsverdiensten,** der von einer Entlassung betroffenen Arbeitnehmer und $^1/_3$ **des zu verteilenden Erlöses** nicht übersteigt[2]. Das Verfahren zur Aufstellung eines Sozialplanes im Geltungsbereich der Gesamtvollstreckungsordnung vollzieht sich nach den allgemeinen Grundsätzen[3].

Nicht dagegen unter § 17 Abs. 3 Nr. 1c GesO fallen solche Sozialpläne, die von 927
einer **Einigungsstelle** aufgestellt wurden[4]. Dies ergibt sich aus einer Gegenüberstellung der Regelung des § 2 SozplKonkG und der Regelung des § 17 Abs. 3 Nr. 1c GesO. Insofern dient die Regelung in der zuletzt genannten Vorschrift nach dem Willen des Gesetzgebers offensichtlich nur zur Einschränkung der Gestaltungsfreiheit des Verwalters[5]. Ebensowenig unterliegen solche Sozialpläne, die vor Eröffnung des Gesamtvollstreckungsverfahrens aufgestellt wurden, den Beschränkungen des § 17 Abs. 3 Nr. 1c GesO. Die Wirksamkeit dieser Sozialpläne ist anhand der Vorschriften der §§ 112, 112a BetrVG zu messen[6].

cc) Neuregelung nach § 123 InsO ab 1999

Mit dem Inkrafttreten der neuen Insolvenzordnung[7] zum 1. 10. 1999 wird die 928
zwischen den alten und neuen Bundesländern getrennte Regelung der Behand-

---
1 BAG v. 30. 4. 1984, BB 1984, 1616.
2 *Smid*, § 17 GesO Rz. 53.
3 *Fitting/Kaiser/Heither/Engels*, BetrVG, § 17 GesO Rz. 8.
4 Dazu BVerfG v. 19. 10. 1983, ZIP 1984, 78; *Smid*, § 17 GesO Rz. 51.
5 *Fitting/Kaiser/Heither/Engels*, BetrVG, § 17 GesO Rz. 10.
6 *Fitting/Kaiser/Heither/Engels*, BetrVG, § 17 GesO Rz. 14.
7 InsO v. 5. 10. 1994, BGBl. I, 2866.

lung von Sozialplänen im Insolvenzfall **einheitlich nach § 123 InsO** geregelt[1]. § 123 Abs. 1 InsO entspricht dabei wörtlich § 2 SozplKonkG und begrenzt das Sozialplanvolumen auf einen Gesamtbetrag von zweieinhalb Monatsverdiensten der von Entlassung betroffenen Arbeitnehmer. Ebenfalls wie im Sozialplankonkursgesetz dürfen die Sozialplanforderungen nicht mehr als ein Drittel der Masse übersteigen, die ohne einen Sozialplan für die Insolvenzgläubiger zur Verfügung stünde. Mit dem in § 217 InsO vorgesehenen Insolvenzplan kann jedoch von der relativen Begrenzung der Sozialplanforderung abgewichen werden. Diese stellt eine der zentralen Neuerung der neuen Insolvenzordnung gegenüber dem alten Sozialplankonkursgesetz dar[2].

929 Nach § 123 Abs. 2 InsO sind **Sozialplanforderung dann Masseverbindlichkeiten** und nicht mehr wie unter § 4 Satz 1 SozplKonkG bevorrechtigte Konkursforderungen. Nach § 123 Abs. 3 InsO können, soweit hinreichende Barmittel in der Masse vorhanden sind, vom Insolvenzverwalter mit Zustimmung des Insolvenzgerichts Abschlagszahlungen auf die Sozialplanforderung geleistet werden. Hierdurch wird die Position der Sozialplanberechtigten gegenüber dem geltenden Recht verbessert[3]. Insgesamt geht das alte Sozialplankonkursgesetz mit Inkrafttreten der Insolvenzordnung in dieser auf.

f) Abänderung von Sozialplänen

930 Die Betriebspartner können einen Sozialplan jederzeit einvernehmlich mit Wirkung für die Zukunft abändern.

Beispiel:

So können etwa Sozialpläne, die aus Anlaß einer Betriebsänderung vereinbart wurden, durch einen weiteren neuen Sozialplan geändert werden. In diesem Fall tritt der neue Sozialplan an die Stelle des älteren[4].

931 Enthält ein Sozialplan **Dauerregelungen,** wonach zum Ausgleich bestimmter wirtschaftlicher Nachteile auf bestimmte oder unbestimmte Zeit eine **laufende Leistung** gewährt wird, so sind diese Leistungen durch eine **spätere Betriebsvereinbarung auch zu Ungunsten des Arbeitnehmers abänderbar**[5]. Ob derartige Dauerregelungen auch ausnahmsweise im Wege einer ordentlichen Kündigung aufgehoben werden können, ist indes umstritten[6]. Sofern aber nichts Gegenteiliges vereinbart wurde, ist ein Sozialplan, der für eine bestimmte Betriebsänderung vereinbart wurde, nicht ordentlich kündbar[7]. Im Falle einer zulässigen

---

1 *Warrikoff*, BB 1994, 2338.
2 *Warrikoff*, BB 1994, 2338.
3 *Warrikoff*, BB 1994, 2338.
4 BAG v. 10. 8. 1994, NZA 1995, 314; *Fitting/Kaiser/Heither/Engels*, §§ 112, 112a BetrVG Rz. 89.
5 BAG v. 24. 3. 1981, BB 1983, 250.
6 BAG v. 10. 8. 1994, NZA 1995, 314; *Fitting/Kaiser/Heither/Engels*, §§ 112, 112a BetrVG Rz. 91.
7 BAG v. 10. 8. 1994, NZA 1995, 314; *Fitting/Kaiser/Heither/Engels*, §§ 112, 112a BetrVG Rz. 95.

ordentlichen oder auch außerordentlichen Kündigung eines Sozialplans wirken seine Regelungen nach, bis sie durch eine neue Regelung ersetzt werden[1].

g) Wegfall der Geschäftsgrundlage

Auch für Sozialpläne gelten die Grundsätze des Wegfalls der Geschäftsgrundlage[2]. So können Betriebspartner bei Abschluß des Sozialplans von **Vorstellungen** ausgehen, die sich später als **nicht zutreffend erweisen**. 932

Beispiele: 933

Ein derartiger Wegfall der Geschäftsgrundlage kann etwa dadurch begründet sein, daß der Arbeitgeber zunächst plante, seinen Betrieb stillzulegen und deshalb mit dem Betriebsrat einen Sozialplan, der Abfindungen für die zu entlassenden Arbeitnehmer vorsah, vereinbarte, der Betrieb später aber gem. § 613a BGB auf einen neuen Erwerber überging[3]. Auch bei falschen Vorstellungen über die zur Verfügung stehende Finanzmasse kann die Geschäftsgrundlage entfallen[4].

Der Wegfall der Geschäftsgrundlage führt aber nicht dazu, daß der Sozialplan gewissermaßen von selbst unwirksam wird. Vielmehr haben in einem solchen Fall die Betriebspartner die Möglichkeit, den **Sozialplan den veränderten Umständen** auch zu Lasten schon entstandener Ansprüche **anzupassen**[5]. Derjenige Betriebspartner, der sich auf den Wegfall der Geschäftsgrundlage beruft, hat gegenüber den anderen einen Anspruch auf Aufnahme von Verhandlungen über die Anpassung. Verweigert die andere Partei diese Anpassung, oder kommt es nicht zu einer Einigung, so ist notfalls die Einigungsstelle anzurufen, die dann eine Entscheidung herbeiführt[6]. 934

h) Gerichtliche Überprüfung von Sozialplänen

aa) Klage eines einzelnen Arbeitnehmers

Die Betriebspartner sind bei einer freiwilligen Einigung über einen Sozialplan in ihren Entscheidungen grundsätzlich frei. Der einzelne Arbeitnehmer kann jedoch geltend machen, daß ein Sozialplan mit den Regelungen, die ihn benachteiligen, gegen **zwingendes Recht,** wie etwa gegen den **Gleichbehandlungsgrundsatz,** verstoße oder einer **Billigkeitskontrolle** nicht standhalte[7]. Er kann dies regelmäßig in der Weise geltend machen, daß er seine vermeintlichen Ansprüche aus einem Sozialplan im Urteilsverfahren mittels einer Leistungsklage einklagt[8]. 935

---

1 BAG v. 10. 8. 1994, NZA 1995, 314.
2 *Däubler/Kittner/Klebe,* §§ 112, 112a BetrVG Rz. 137.
3 BAG v. 28. 8. 1996, AP Nr. 104 zu § 112 BetrVG 1972 = NZA 1997, 109.
4 BAG v. 9. 12. 1981, AP Nr. 14 zu § 112 BetrVG 1972.
5 BAG v. 28. 8. 1996, NZA 1997, 109; vgl. auch BAG v. 10. 8. 1994, NZA 1995, 314; BAG v. 17. 2. 1981, BB 1981, 1092.
6 BAG v. 28. 8. 1996, NZA 1997, 109; BAG v. 10. 8. 1994, NZA 1995, 314.
7 BAG v. 9. 12. 1981, AP Nr. 14 zu § 112 BetrVG 1972.
8 *Fitting/Kaiser/Heither/Engels,* §§ 112, 112a BetrVG Rz. 126.

bb) Anfechtung durch Arbeitgeber oder Betriebsrat

936 Kommt dagegen ein Sozialplan durch Spruch der **Einigungsstelle** zustande, kann ein solcher Sozialplan gem. § 76 Abs. 5 BetrVG **binnen zwei Wochen** vom Arbeitgeber oder vom Betriebsrat im Wege des Beschlußverfahrens **angefochten** werden mit der Begründung, die Einigungsstelle habe die **Grenzen ihres Ermessens überschritten** (für die Geltendmachung sonstiger Rechtsfehler des Spruchs der Einigungsstelle gilt diese Frist nicht). Dagegen steht dem einzelnen Arbeitnehmer ein solches Anfechtungsrecht nicht zu. Dies gilt auch für sonstige Dritte[1].

937 **Hinweis:**
Der Antrag lautet in diesem Fall auf **Feststellung der Unwirksamkeit des Sozialplans**[2].

938 Die **Ermessensgrenzen** der Einigungsstelle werden durch die Grundsätze in § 112 Abs. 5 Nr. 1 bis 3 BetrVG bestimmt. Ein Verstoß gegen diese Richtlinien stellt somit einen Ermessensfehler dar. Dies betrifft insbesondere den Einwand eines zu hohen Gesamtvolumens als Verletzung des in § 112 Abs. 5 Nr. 3 BetrVG niedergelegten Ermessensgrundsatzes[3].

939 Ebenso stellt es einen Ermessensfehler dar, der zur Anfechtung des Einigungsstellenspruchs berechtigt, wenn diese allen Arbeitnehmern unterschiedslos eine in gleicher Weise berechnete Abfindung zuspricht, unabhängig davon, welche wirtschaftlichen Nachteile der Arbeitnehmer voraussichtlich erleiden wird und ob zu erwarten ist, daß er aufgrund seines Alters oder seiner Ausbildung bald eine neue Stelle finden oder diese schon gefunden und deshalb sein Arbeitsverhältnis selbst gekündigt hat[4] (siehe auch Rz. 894 ff.).

940 Bei der Zwei-Wochen-Frist des § 76 Abs. 5 Satz 4 BetrVG handelt es sich um eine **materiellrechtliche Ausschlußfrist**[5]. Sie wird nicht gewahrt, wenn lediglich innerhalb von zwei Wochen beim Arbeitsgericht die Feststellung der Unwirksamkeit des Sozialplans ohne jede Begründung beantragt und erst nach Ablauf der Frist überhaupt eine Begründung nachgeschoben wird[6]. Ist dagegen rechtzeitig und ordnungsgemäß der Sozialplan angefochten worden, so wird das Arbeitsgericht auch die Vorfrage zu prüfen haben, ob überhaupt eine Betriebsänderung iSd. § 111 BetrVG vorliegt und damit die Einigungsstelle zur verbindlichen Entscheidung über den Sozialplan befugt war[7]. Hat sich dagegen die Einigungsstelle für unzuständig erklärt, weil keine sozialplanpflichtige Be-

---

1 BAG v. 17. 2. 1981, AP Nr. 11 zu § 112 BetrVG 1972.
2 *Fitting/Kaiser/Heither/Engels*, §§ 112, 112a BetrVG Rz. 122; MünchArbR/*Matthes*, § 354 Rz. 35.
3 BAG v. 14. 9. 1994, NZA 1995, 430.
4 BAG v. 14. 9. 1994, NZA 1995, 430.
5 BAG v. 26. 5. 1988, NZA 1989, 26.
6 BAG v. 26. 5. 1988, NZA 1989, 26.
7 *Fitting/Kaiser/Heither/Engels*, §§ 112, 112a BetrVG Rz. 123.

VII. Mitbestimmung bei Betriebsänderungen

triebsänderung vorliegt, so ist sie selbst im anschließenden arbeitsgerichtlichen Beschlußverfahren zur Überprüfung der Rechtswirksamkeit ihres Spruchs nicht zu beteiligen[1].

Ergibt die gerichtliche Überprüfung, daß der **Spruch der Einigungsstelle rechtswidrig** war, so ist dieser nicht aufzuheben, sondern lediglich seine **Unwirksamkeit festzustellen**[2]. Die Betriebspartner können sich der Überprüfungsmöglichkeit durch das Arbeitsgericht nicht durch Vereinbarung entziehen. 941

Beispiel:
So ist eine Regelung im Sozialplan, wonach Meinungsverschiedenheiten zwischen Arbeitgeber und Arbeitnehmer über die Anwendung des Sozialplans verbindlich durch die Einigungsstelle entschieden werden können, unzulässig[3].

5. Nachteilsausgleich

Der Nachteilsausgleich nach § 113 BetrVG ist die **individualrechtliche Folge**, wenn eine Betriebsänderung in **Abweichung von einem Interessenausgleich** durchgeführt wird oder der Unternehmer es **unterlassen hat, mit dem Betriebsrat einen Interessenausgleich zu versuchen**[4]. Der Nachteilsausgleich erfolgt dabei durch Abfindungen entsprechend § 10 KSchG. 942

a) Abweichen von einem Interessenausgleich

Nachteilsausgleichsansprüche entstehen, wenn **ohne einen zwingenden Grund** von einem Interessenausgleich über eine geplante Betriebsänderung **abgewichen** wird[5]. Dabei ist es unerheblich, ob sich die Abweichung auf einzelne Teile des Interessenausgleichs bezieht oder es sich um eine Totalabweichung handelt[6]. 943

Hierbei muß es sich aber um Gründe handeln, die nicht allein in den ursprünglichen Gründen für die Betriebsänderung liegen[7]. Gemeint sind Umstände, die erst nachträglich aufgetaucht sind. Zwingend sind derartige Umstände aber nur, wenn diese dem Unternehmer praktisch keine andere Wahl lassen, als vom ursprünglich vereinbarten Interessenausgleich abzuweichen. Dies ist vom Standpunkt eines **verständigen, verantwortungsbewußten Unternehmers** zu beurteilen, wobei an die Notwendigkeit der Abweichung ein **strenger Maßstab** anzulegen ist[8]. Unterbleibt aber eine Betriebsänderung, obwohl hierüber ein Interessenausgleich ge- 944

---

1 BAG v. 22. 1. 1980, BB 1980, 1267.
2 BAG v. 30. 10. 1979, DB 1980, 548.
3 BAG v. 27. 10. 1987, NZA 1988, 207.
4 *Däubler/Kittner/Klebe*, § 113 BetrVG Rz. 1.
5 *Fitting/Kaiser/Heither/Engels*, § 113 BetrVG Rz. 3.
6 *Däubler/Kittner/Klebe*, § 113 BetrVG Rz. 5.
7 BAG v. 17. 9. 1974, AP Nr. 1 zu § 113 BetrVG 1972.
8 *Fitting/Kaiser/Heither/Engels*, § 113 BetrVG Rz. 3.

schlossen wurde, entsteht kein Nachteilsausgleichsanspruch der Arbeitnehmer, da es hier an einem Schutzbedürfnis fehlt[1].

945 **Beispiele:**

Eine Abweichung hinsichtlich einzelner Teile eines Interessenausgleichs liegen zB dann vor, wenn ein größerer Teil des Betriebs stillgelegt wird, als ursprünglich vereinbart war. Eine Abweichung liegt auch dann vor, wenn in weiterem Umfang als vereinbart neue „Betriebsanlagen" angeschafft werden. Eine Abweichung ist auch dann zu bejahen, wenn der Arbeitgeber mehr Arbeitnehmer entläßt als in dem Interessenausgleich vorgesehen. Eine Totalabweichung von einem Interessenausgleich liegt vor, wenn ein Betrieb nicht verlegt wird, sondern der Betrieb sich mit einem Nachbarbetrieb zusammenschließt[2].

b) Betriebsänderung ohne Interessenausgleich

946 Der Unternehmer muß mit **Nachteilsausgleichsansprüchen** rechnen, wenn er eine geplante Betriebsänderung durchführt, **ohne** zuvor mit dem Betriebsrat einen **Interessenausgleich versucht** zu haben. Selbst eine wirtschaftliche Zwangslage des Unternehmens läßt die Notwendigkeit, den Betriebsrat vor der abschließenden Entscheidung über die Betriebsänderung nach den §§ 111, 112 BetrVG zu beteiligen, unberührt[3].

947 Nach § 113 Abs. 3 Satz 2 BetrVG hat der Unternehmer nunmehr den Interessenausgleich versucht, wenn er den Betriebsrat gem. § 111 Satz 1 BetrVG beteiligt hat und **nicht innerhalb von zwei Monaten** nach Beginn der Beratung oder schriftlicher Aufforderung zur Aufnahme der Beratung einen Interessenausgleich gem. § 112 Abs. 2 und 3 BetrVG zustande gekommen ist. Wenn diese Frist verstreicht, ohne daß ein Interessenausgleich zustande gekommen ist, hat der Unternehmer gleichwohl einen Interessenausgleich versucht.

948 | **Hinweis:**
Um letztlich sicherzustellen, daß innerhalb von zwei Monaten nach Beginn der Beratung über einen Interessenausgleich oder schriftlicher Aufforderung zur Aufnahme solcher Beratungen die Betriebsänderung durchgeführt werden kann und um zu verhindern, daß der Betriebsrat erst am letzten Tag der Zwei-Monats-Frist des § 113 Abs. 3 Satz 2 BetrVG eine Fristverlängerung nach § 113 Abs. 3 Satz 3 BetrVG erreicht, sollte der Arbeitgeber bereits innerhalb des ersten Monats der Frist die Einigungsstelle anrufen (insoweit wird auf die Ausführungen zum Interessenausgleich oben Rz. 861 ff. verwiesen).

---

1 *Däubler/Kittner/Klebe*, § 113 BetrVG Rz. 5.
2 *Däubler/Kittner/Klebe*, § 113 BetrVG Rz. 5.
3 BAG v. 14. 9. 1976, BB 1977, 142.

VII. Mitbestimmung bei Betriebsänderungen

c) Ausgleichspflichtige Beeinträchtigungen
aa) Kündigungen

Eine ausgleichspflichtige Entlassung iSd. § 113 BetrVG braucht aber nicht auf einer Kündigung des Arbeitgebers zu beruhen. Entlassung in diesem Sinne ist auch das **Ausscheiden** aus dem Arbeitsverhältnis aufgrund eines **Auflösungsvertrages**, der **auf Veranlassung des Arbeitgebers** geschlossen wird[1]. Ebenso stellt eine vom Arbeitgeber **veranlaßte Eigenkündigung** des Arbeitnehmers eine Entlassung iSd. § 113 Abs. 3 BetrVG dar[2].

949

Hinweis:
Erhebt der Arbeitnehmer gegen eine vom Arbeitgeber ausgesprochene Kündigung eine Kündigungsschutzklage und wird in diesem Verfahren die Unwirksamkeit der Kündigung rechtskräftig festgestellt, so besteht **kein Anspruch** auf eine Abfindung gem. § 113 BetrVG[3].

950

Voraussetzung eines Nachteilsausgleichsanspruches ist das Bestehen eines Ursachenzusammenhangs zwischen **Entlassung** und Abweichen vom Interessenausgleich[4]. Von einem derartigen Ursachenzusammenhang kann im Wege des **Anscheinsbeweises** dann ausgegangen werden, wenn ein **zeitlicher Zusammenhang** zwischen der Kündigung und der Betriebsänderung besteht. Der Arbeitgeber wird in diesem Fall Umstände benennen müssen, die für eine andere Ursache sprechen. Der Arbeitnehmer, der jedoch aus anderen Gründen zum selben Zeitpunkt ohnehin entlassen worden wäre, hat keinen Anspruch auf Nachteilsausgleich[5].

951

bb) Sonstige wirtschaftliche Nachteile

Nicht nur Entlassungen, sondern auch sonstige wirtschaftliche Nachteile können Nachteilsausgleichsansprüche hervorrufen, wenn diese aufgrund eines **Abweichens von einem Interessenausgleich** oder durch eine Betriebsänderung, bei der der Arbeitgeber einen **Interessenausgleich nicht versucht** hat, hervorgerufen werden. Jedoch ist diese Verpflichtung gem. § 113 Abs. 2 BetrVG zeitlich auf ein Jahr begrenzt[6].

952

Beispiele für sonstige wirtschaftliche Nachteile:

953

Ausgleichspflichtige Nachteile können etwa in Versetzungen und Umgruppierungen bestehen[7], wodurch etwa höhere Fahrtkosten hervorgerufen werden[8].

---

1 LAG Bremen v. 31. 10. 1986, BB 1987, 195.
2 LAG v. 23. 8. 1988, NZA 1989, 31; LAG Berlin v. 1. 9. 1986, BB 1986, 2419.
3 BAG v. 31. 10. 1995, NZA 1996, 499.
4 LAG Berlin v. 1. 9. 1986, LAGE Nr. 3 zu § 113 BetrVG 1972.
5 *Däubler/Kittner/Klebe*, § 113 BetrVG Rz. 15.
6 GK-BetrVG/*Fabricius*, § 113 Rz. 81.
7 BAG v. 23. 8. 1988, NZA 1989, 31.
8 GK-BetrVG/*Fabricius*, § 113 Rz. 78.

Ferner können ausgleichspflichtige Nachteile in Umzugskosten, Trennungsentschädigung, Mietbeihilfen oder Beihilfen zur Umschulung bestehen[1].

d) Abfindungshöhe

954 Der für die Abfindungshöhe **entsprechend anwendbare § 10 KSchG** sieht lediglich **Höchstbeträge** vor. Obergrenze für den Regelfall ist ein Betrag von 12 Monatsverdiensten, die sich bei solchen Arbeitnehmern, die mindestens 50 Jahre alt sind und eine Betriebszugehörigkeit von mindestens 15 Jahren besitzen, auf 15 Monatsverdienste erhöht. Hat der Arbeitnehmer das 55. Lebensjahr vollendet und besteht das Arbeitsverhältnis mindestens 20 Jahre, liegt sie bei 18 Monatsverdiensten.

955 Innerhalb dieses Rahmens bestimmt das **Arbeitsgericht** die Höhe der Abfindung unter Würdigung aller Umstände nach **freier Überzeugung**[2]. Dabei sind Faktoren wie Lebensalter und Betriebszugehörigkeit[3], Chancen auf dem Arbeitsmarkt[4] sowie auch ideelle Nachteile, die mit dem Verlust eines langjährigen Arbeitsplatzes verbunden sind[5], zu berücksichtigen. Da der Gesetzgeber den Nachteilsanspruch als Sanktionsnorm ausgestaltet hat, können bei der Bemessung der Abfindung auch der Zuwiderhandlung gegen betriebsverfassungsrechtliche Pflichten von Bedeutung sein[6].

956 Die Abfindung nach § 113 BetrVG wird **mit dem Ausscheiden** des entlassenen Arbeitnehmers **fällig**, wobei tarifliche Ausschlußklauseln auch auf Abfindungsansprüche nach § 113 BetrVG Anwendung finden[7].

957 **Beachte:**
Ist zwischen den Betriebspartnern nachträglich ein Sozialplan zustande gekommen, können Abfindungszahlungen aus dem **Sozialplan** und Abfindungen aus **Nachteilsausgleich nicht nebeneinander** verlangt werden. In Höhe des Nachteilsausgleichs tritt dieser an die Stelle der Sozialplanabfindung, wobei der Anspruch aus dem Nachteilsausgleich höher sein kann als die Sozialplanabfindung[8]. Somit werden also regelmäßig Abfindungsleistungen, die der Arbeitnehmer aufgrund des Sozialplans erhält, auf die Nachteilsausgleichsforderungen angerechnet[9].

---

1 GK-BetrVG/*Fabricius*, § 113 Rz. 78.
2 *Däubler/Kittner/Klebe*, § 113 BetrVG Rz. 16.
3 BAG v. 13. 6. 1989, AP Nr. 19 zu § 113 BetrVG 1972.
4 BAG v. 22. 2. 1983, AP Nr. 7 zu § 113 BetrVG 1972.
5 BAG v. 29. 2. 1972, AP Nr. 9 zu § 72 BetrVG 1952.
6 *Fitting/Kaiser/Heither/Engels*, § 113 BetrVG Rz. 23; *Däubler/Kittner/Klebe*, § 113 BetrVG Rz. 16.
7 BAG v. 29. 11. 1983, DB 1984, 724; BAG v. 22. 9. 1982, DB 1983, 236.
8 BAG v. 13. 6. 1989, NZA 1989, 894; BAG (GS) v. 13. 12. 1978, BB 1979, 267.
9 BAG v. 13. 6. 1989, NZA 1989, 894.

e) Nachteilsausgleich und Insolvenz

Gesetzliche Regelungen über die Behandlung von Interessenausgleichsansprüchen in Zusammenhang mit der Insolvenz des Arbeitgebers bestehen nicht. Auch hier gelten deshalb die **allgemeinen Regeln des BetrVG** sowie des allgemeinen **Insolvenzrechts**. Für die insolvenzrechtliche Behandlung von Nachteilsausgleichsansprüchen ist damit der Zeitpunkt entscheidend, in dem diese Ansprüche entstehen. 958

Beispiele: 959

Ein Anspruch auf Nachteilsausgleich nach § 113 Abs. 1 BetrVG ist eine Masseschuld iSd. § 59 Abs. 1 Nr. 1 KO, wenn die Betriebsänderung nach Eröffnung des Konkursverfahrens beschlossen und durchgeführt wird[1]. Das ist der Fall, wenn der Konkursverwalter den Arbeitnehmer entlassen hat, ohne vor der Betriebsänderung einen Interessenausgleich versucht zu haben[2]. Hat aber bereits der spätere Gemeinschuldner vor Eröffnung des Konkursverfahrens mit der Durchführung einer Betriebsänderung ohne den Versuch eines Interessenausgleichs begonnen, so ist der Anspruch auf Nachteilsausgleich auch dann eine einfache Konkursforderung gem. § 61 Abs. 1 Nr. 6 KO, wenn das Arbeitsverhältnis erst durch eine vom Konkursverwalter in Ausführung der begonnenen Betriebsänderung ausgesprochenen Kündigung beendet wird[3].

f) Abfindungsklage

Der Anspruch auf Nachteilsausgleich ist im Wege einer **normalen Leistungsklage** im Urteilsverfahren geltend zu machen. Als **Eventualantrag** kann ein Nachteilsausgleichsanspruch auch mit einer **Kündigungsschutzklage** verbunden werden[4]. Ist zuvor im Rahmen eines Beschlußverfahrens rechtskräftig darüber entschieden worden, ob eine Betriebsänderung vorliegt, so bindet diese Entscheidung auch die einzelnen Arbeitnehmer, wenn sie Nachteilsausgleichsansprüche gerichtlich geltend machen[5]. 960

Der Kläger ist nicht gehalten, seinen Klageantrag auf eine bestimmte Abfindungssumme zu richten. Vielmehr ergibt sich aus der entsprechenden Anwendung des § 10 KSchG, daß das Arbeitsgericht die Abfindung nach **freiem gerichtlichen Ermessen entsprechend § 10 KSchG** festsetzen kann[6]. Dies setzt voraus, daß die für die Bemessung der Abfindung maßgebenden Umstände in der Klageschrift mitgeteilt werden[7]. 961

---

1 BAG v. 3. 4. 1990, BB 1990, 1420; BAG v. 9. 7. 1985, NZA 1986, 100.
2 BAG v. 13. 6. 1989, BB 1989, 1624; BAG v. 23. 8. 1988, BB 1988, 2387.
3 BAG v. 3. 4. 1990, NZA 1990, 619; *Fitting/Kaiser/Heither/Engels*, BetrVG, § 1 SozplKonkG Rz. 16.
4 *Däubler/Kittner/Klebe*, § 113 BetrVG Rz. 17; BAG v. 31. 10. 1995, DB 1996, 1683.
5 BAG v. 9. 4. 1991, AP Nr. 8 zu § 18 BetrVG 1972.
6 BAG v. 22. 2. 1983, AP Nr. 7 zu § 113 BetrVG 1972.
7 BAG v. 29. 11. 1983, AP Nr. 10 zu § 113 BetrVG 1972.

962 **Formulierungsvorschlag:**

> Als Klageantrag ist folgende Formulierung gebräuchlich:
> „... den Beklagten zu verurteilen, an den Kläger eine Abfindung nach § 113 BetrVG zu zahlen, deren Höhe in das Ermessen des Gerichts gestellt wird."

6. Checkliste

963 Anhand der nachfolgenden Checklsite kann im Grundsatz nachvollzogen werden, welche einzelnen Schritte aus anwaltlicher Sicht bei **Durchführung einer sozialplanpflichtigen Betriebsstillegung** zu beachten sind:

> 1. Unterrichtung von Betriebsrat/Wirtschaftsausschuß über Unternehmenslage und beabsichtigtes Sanierungskonzept; Abstimmung eines ersten Verhandlungstermins für Sozialplanverhandlungen/schriftliche Aufforderung zur Aufnahme der Beratung über einen Interessenausgleich.
> 2. Soweit erforderlich: Antrag an das Arbeitsamt auf Vorabentscheidung über Rückzahlungsverpflichtungen nach § 128 AFG (soweit noch anwendbar).
> 3. Start der Verhandlungen mit dem Betriebsrat über Interessenausgleich/Sozialplan.
> 4. Scheitern interner Interessenausgleichsverhandlungen; evtl. gemeinsame Anrufung des Präsidenten des Landesarbeitsamts zur Vermittlung.
> 5. Einleitung eines Beschlußverfahrens zur Bestellung des Einigungsstellenvorsitzenden/der Beisitzer.
> 6. Konstituierung und Verhandlung der Einigungsstelle. Ist die Frist des § 113 Abs. 3 Satz 3 BetrVG abgelaufen, sind damit die Verhandlungen über einen Interessenausgleich gescheitert. Anderenfalls ist das Scheitern des Interessenausgleichs, wenn keine Einigung zustande gekommen ist, festzustellen und nur noch über den Sozialplan weiterzuverhandeln.
> 7. Anhörung des Betriebsrats zu den beabsichtigten Kündigungen.
> 8. Einleitung der verwaltungsrechtlichen Zustimmungsverfahren bei Mutterschutz/Erziehungsurlaub und Schwerbehinderung.
> 9. Anzeige nach § 17 KSchG.
> 10. Abschluß des Sozialplans durch Einigung oder Einigungsstellenspruch.
> 11. Ausspruch der Kündigungen.
>
> **Beachte:**
> Die Reihenfolge der einzelnen Schritte kann nur grobe Anhaltspunkte liefern.

VIII. Die Einigungsstelle

1. Die Einigungsstelle als Konfliktlösungsinstrument der Betriebsverfassung

Die Betriebsverfassung ist auf den **Grundsatz der friedlichen Kooperation** beider Betriebspartner ausgerichtet. Nach § 74 Abs. 1 Satz 2 BetrVG sollen beide über strittige Fragen mit dem ernsten Willen zur Einigung verhandeln. Dem korrespondiert der in § 2 Abs. 1 BetrVG als oberstes Gebot der Betriebsverfassung festgelegte Grundsatz der vertrauensvollen Zusammenarbeit. Umgekehrt sind den Betriebspartnern alle Betätigungen untersagt, die den Arbeitsablauf oder Frieden im Betrieb beeinträchtigen. Nach § 74 Abs. 2 Satz 1 BetrVG sind insbesondere Maßnahmen des Arbeitskampfes zwischen Arbeitgeber und Betriebsrat unzulässig. Da den Betriebspartnern damit das klassische arbeitsrechtliche Kampfmittel zur Durchsetzung ihrer naturgemäß in vielen Bereichen widerstreitenden Interessen untersagt ist, mußte der Gesetzgeber eine andere Lösung anbieten, um die konträren Interessen zu einem Ausgleich zu bringen und eine sonst drohende Blockade der Betriebsabläufe zu verhindern. Vor diesem Hintergrund wurde die Einigungsstelle als **besonderes betriebsverfassungsrechtliches Organ** geschaffen, um die Konflikte der Betriebspartner quasi stellvertretend für diese im Verhandlungswege zu lösen[1]. Es handelt sich bei der Einigungsstelle um ein betriebsverfassungsrechtliches Organ eigener Art[2].

964

2. Bildung der Einigungsstelle

a) Errichtung

Nach § 76 Abs. 1 Satz 2 BetrVG wird die **Einigungsstelle errichtet,** indem beide Betriebspartner je eine gleiche Anzahl Beisitzer bestellen und beide Seiten sich auf die Person des unparteiischen Vorsitzenden einigen. Dabei wird die Einigungsstelle im Normalfall bei jeder Streitigkeit neu gebildet, sie ist keine Dauereinrichtung, wie § 76 Abs. 1 Satz 1 BetrVG zu entnehmen ist, wonach eine Errichtung „bei Bedarf" erfolgt.

965

Obwohl der Gesetzgeber im Normalfall also die Ad-hoc-Einigungsstelle vorsieht, kann durch freiwillige Betriebsvereinbarung eine **ständige Einigungsstelle** geschaffen werden (§ 76 Abs. 1 Satz 2 BetrVG). Soweit in einem Tarifvertrag vorgesehen, kann die Einigungsstelle durch eine **tarifliche Schlichtungsstelle**

966

---

1 BAG v. 22. 1. 1980, DB 1980, 1402: „... Charakter der Einigungsstelle als eine Einrichtung, die Hilfs- und Ersatzfunktion für die Betriebspartner ausübt. (...) Soweit ihr Spruch (...) die Einigung zwischen Arbeitgeber (Unternehmer) und Betriebsrat ersetzt, nimmt sie subsidiär Aufgaben wahr, die eigentlich den Betriebspartnern gemeinsam obliegen...".
2 BAG v. 18. 1. 1994, DB 1994, 838; BAG v. 22. 1. 1980, DB 1980, 1402; Fitting/Kaiser/Heither/Engels, § 76 BetrVG Rz. 3; Berg, in Däubler/Kittner/Klebe, § 76 BetrVG Rz. 2; Friedemann, Rz. 80; MünchArbR/Joost, § 312 Rz. 3.

ganz oder zum Teil ersetzt werden (§ 76 Abs. 8 BetrVG). In diesem Fall gelten die Verfahrensvorschriften des § 76 BetrVG entsprechend.

967 „Bedarf" iSd. § 76 Abs. 1 Satz 1 BetrVG besteht für die Errichtung der Einigungsstelle nur dann, wenn die Betriebspartner vor Einschaltung der Einigungsstelle entsprechend § 74 Abs. 1 Satz 2 BetrVG ernsthaft über eine Einigung verhandelt haben. Die Einigungsstelle soll nur dann errichtet werden, wenn die Verhandlungen der Betriebspartner nicht binnen angemessener Frist zu einer Einigung führen oder einer der Betriebspartner Erörterungen grundsätzlich ablehnt[1].

968 Grundsätzlich sieht § 76 Abs. 1 Satz 1 BetrVG vor, daß die Betriebspartner sich auf die Errichtung und Besetzung der Einigungsstelle einigen. Kommt eine solche Einigung nicht zustande, entscheidet gem. § 76 Abs. 2 Satz 2 und 3 BetrVG iVm. § 98 ArbGG das Arbeitsgericht sowohl über die Person des Vorsitzenden als auch über die Zahl der Beisitzer der Einigungsstelle in einem **besonderen Beschlußverfahren**. Wegen der Einzelheiten darf auf die Ausführungen in Teil 5G Rz. 38 ff. verwiesen werden.

b) Zusammensetzung der Einigungsstelle

969 Die betriebsverfassungsrechtliche Einigungsstelle besteht gemäß § 76 Abs. 2 BetrVG aus einem unparteiischen **Vorsitzenden** sowie aus einer gleichen Anzahl von **Beisitzern,** die jeweils von Arbeitgeber und Betriebsrat für ihre Seite bestellt werden.

aa) Person des Vorsitzenden

970 Das Gesetz enthält keine nähere Regelung, anhand welcher Kriterien über die **Person des zu bestellenden Vorsitzenden** zu entscheiden ist. Allerdings legt § 76 Abs. 2 Satz 1 BetrVG fest, daß der Vorsitzende „unparteiisch" sein muß. In der Praxis werden nahezu überwiegend Berufsrichter der Arbeitsgerichte mit der Aufgabe des Vorsitzenden betraut. Neben der Voraussetzung der Unparteilichkeit wird in der Literatur von dem zu bestellenden Vorsitzenden vor allem Sachkunde (in betrieblichen wie juristischen Belangen) verlangt[2].

971 Die für den Vorsitz der Einigungsstelle vorgesehene Person ist (unabhängig von der Art der Bestellung, ob einvernehmlich durch die Betriebspartner oder im Wege des arbeitsgerichtlichen Beschlußverfahrens) **nicht verpflichtet,** das Amt des Einigungsstellenvorsitzenden anzunehmen[3].

---

[1] LAG Baden-Württemberg v. 4. 10. 1984, NZA 1985, 163; LAG Baden-Württemberg v. 16. 10. 1991, NZA 1992, 168; *Berg,* in Däubler/Kittner/Klebe, § 76 BetrVG Rz. 6; *Pünnel,* ArbuR 1973, 257; *Friedemann,* Rz. 91 f.
[2] *Bischoff,* Teil 3.B.III.2.b, S. 84; *Pünnel/Isenhardt,* Rz. 14–15; *Janzen,* S. 20; *Stege/Weinspach,* § 76 BetrVG Rz. 5; *Richardi,* § 76 BetrVG Rz. 53; GK-BetrVG/*Kreutz,* § 76 BetrVG Rz. 47; *Berg,* in Däubler/Kittner/Klebe, § 76 BetrVG Rz. 20; *Friedemann,* Rz. 114.
[3] *Pünnel/Isenhardt,* Rz. 32; *Grunsky,* § 98 ArbGG Rz. 4; *Germelmann/Matthes/Prütting,* § 98 ArbGG Rz. 28; *Stege/Weinspach,* § 76 BetrVG Rz. 7; *Richardi,* § 76 BetrVG

VIII. Die Einigungsstelle   Rz. 974 Teil **4 A**

bb) Zahl der Beisitzer

Auch wenn die Einigungsstelle nach § 76 Abs. 2 Satz 3 BetrVG i.V.m. § 98 972
ArbGG vom Arbeitsgericht bestellt wird, liegt die Befugnis, die **Personen der
Beisitzer** festzulegen, allein bei den Betriebspartnern, wobei diese nicht auf
einen bestimmten Personenkreis beschränkt sind[1].

Da § 76 Abs. 2 Satz 3 BetrVG weder nähere Angaben über die **Zahl der Beisitzer** 973
noch Kriterien für die Festlegung der Größe der Einigungsstelle enthält, wird in
Rechtsprechung und Literatur kontrovers diskutiert, ob es eine „Regelbesetzung" gibt. Nach wohl herrschender Auffassung soll im Regelfall die Besetzung
einer Einigungsstelle mit zwei Beisitzern je Seite geboten sein[2]. Demgegenüber
gehen die vierte und fünfte Kammer des LAG Schleswig-Holstein zu Recht von
einer Regelbesetzung von jeweils einem Beisitzer für jede Seite im Normalfall
aus[3].

Die Einigungsstelle soll nach dem Willen des Gesetzgebers eine innerbetriebliche Schlichtungsstelle sein. In § 72 Abs. 2 Satz 2 und 3 BetrVG 1952 hatte der
Gesetzgeber im Rahmen der Vermittlungsstelle eine Größenordnung von je
einem Beisitzer für jeden Betriebspartner als angemessen und ausreichend erachtet, obwohl die Vermittlungsstelle für die Schlichtung der im Zusammenhang mit Betriebsänderung auftauchenden Streitigkeiten zuständig war. Im
Regelfall, d.h., wenn keine außergewöhnlich schwierigen Rechtsfragen bzw.
besonders komplexe Lösungen zu erarbeiten sind, ist daher je Seite ein Beisitzer
ausreichend[4].

Die Beisitzer einer Einigungsstelle sind nicht Vertreter des Arbeitgebers oder 974
des Betriebsrats. Sie üben ihr Amt **höchstpersönlich** aus. Daher können sie für
ihre Tätigkeit in der Einigungsstelle keine Verfahrensvollmacht erteilen[5].

Rz. 69; GK-BetrVG/*Kreutz*, § 76 Rz. 56, 66; *Berg*, in Däubler/Kittner/Klebe, § 76
BetrVG Rz. 32; *Fitting/Kaiser/Heither/Engels*, § 76 BetrVG Rz. 22; *Friedemann*,
Rz. 118.
1 BAG v. 14. 1. 1983, DB 1983, 2583; LAG Hamm v. 8. 4. 1987, DB 1987, 1441;
Germelmann/Matthes/Prütting, § 98 ArbGG Rz. 26; *Fitting/Kaiser/Heither/Engels*,
§ 76 BetrVG Rz. 10; GK-BetrVG/*Kreutz*, § 76 Rz. 39; *Berg*, in Däubler/Kittner/Klebe,
§ 76 BetrVG Rz. 25; *Friedemann*, Rz. 129; *Hennige*, Rz. 111.
2 LAG Frankfurt v. 2. 8. 1994 – 4 TaBV 1983/94, nv.; LAG Berlin v. 16. 6. 1993 – 1 TaBV
3/93, nv.; LAG Frankfurt v. 29. 9. 1992, NZA 1993, 1008; LAG München v. 15. 7. 1991,
NZA 1992, 185; LAG Baden-Württemberg v. 16. 10. 1991, NZA 1992, 186; LAG
Hamm v. 8. 4. 1987, DB 1987, 1441; LAG Rheinland-Pfalz v. 23. 6. 1983, DB 1984, 56;
LAG Bremen v. 2. 7. 1982, ArbuR 1983, 28; *Fitting/Kaiser/Heither/Engels*, § 76 BetrVG
Rz. 11; *Friedemann*, Rz. 126.
3 LAG Schleswig-Holstein v. 28. 1. 1993, BB 1993, 1591; LAG Schleswig-Holstein v.
13. 9. 1990, BB 1991, 764; LAG Schleswig-Holstein v. 15. 11. 1990, DB 1991, 288; LAG
Schleswig-Holstein v. 28. 9. 1983, DB 1984, 1530.
4 *Hennige*, S. 113.
5 BAG v. 27. 6. 1995, BB 1995, 2581.

3. Zuständigkeit der Einigungsstelle

a) Grundsatz

975 Die Einigungsstelle ist zuständig in allen Streitigkeiten zwischen Arbeitgeber und Betriebsrat, Gesamtbetriebsrat und Konzernbetriebsrat. Die Betriebspartner können **jede innerbetriebliche Meinungsverschiedenheit** zum Gegenstand eines Einigungsstellenverfahrens machen, soweit nicht im Betriebsverfassungsgesetz eine unmittelbare Zuständigkeit der Arbeitsgerichte geregelt ist[1].

976 Soweit dem Betriebsrat hinsichtlich des streitigen Regelungsgegenstandes ein erzwingbares Mitbestimmungsrecht zusteht, ersetzt der Spruch der Einigungsstelle die nicht zustande gekommene Einigung und ist für beide Betriebspartner verbindlich. Diese Verfahren werden daher als **„verbindliche Einigungsstellenverfahren"** bezeichnet. Soweit das Betriebsverfassungsgesetz außerhalb des § 76 Abs. 1 BetrVG in Einzelvorschriften die Einschaltung der Einigungsstelle vorsieht, handelt es sich mit Ausnahme des Interessenausgleichs bei Betriebsänderungen gem. § 112 Abs. 2, 3 BetrVG – um verbindliche Einigungsstellenverfahren. Außerhalb der erzwingbaren Mitbestimmung ist der Spruch der Einigungsstelle nur ein Einigungsvorschlag, der ausschließlich bei vorheriger Unterwerfung oder nachträglicher Annahme für beide Betriebspartner verbindlich wird. In diesen Fällen wird von **„freiwilligen Einigungsstellenverfahren"** gesprochen.

b) Regelungstatbestände der erzwingbaren Einigungsstelle

977 Innerhalb der erzwingbaren Mitbestimmung, bei der der Spruch der Einigungsstelle die Einigung zwischen Arbeitgeber und Betriebsrat verbindlich ersetzt, ist die Einigungsstelle zur Beilegung von Streitigkeiten **in folgenden Angelegenheiten zuständig:**

- Schulung von Mitgliedern des Betriebsrats und der Jugendvertretung (§ 37 Abs. 6, 7 BetrVG, § 65 Abs. 1 BetrVG)
- Freistellung von Betriebsratsmitgliedern (§ 38 Abs. 2 BetrVG)
- Zeit und Ort der Sprechstunden des Betriebsrats und der Jugendvertretung (§§ 39 Abs. 1, 69 BetrVG)
- Herabsetzung der Zahl der Mitglieder des Betriebsrats, des Gesamtbetriebsrats und der Gesamtjugendvertretung (§§ 47 Abs. 6, 55 Abs. 4, 72 Abs. 6 BetrVG)
- Entscheidungen über Beschwerden der Arbeitnehmer, soweit keine Rechtsansprüche verfolgt werden (§§ 85 Abs. 2 BetrVG)
- Mitbestimmung in sozialen Angelegenheiten (§ 87 Abs. 2 BetrVG)
- Ausgleichsmaßnahmen bei Änderung von Arbeitsablauf oder Arbeitsumgebung (§ 91 BetrVG)

---

1 *Hennige*, S. 51 f.

VIII. Die Einigungsstelle

▶ Fassung und Inhalt von Personalfragebogen, Formularverträgen und Beurteilungsgrundsätzen (§ 94 BetrVG)
▶ Richtlinien über die personelle Auswahl bei Einstellungen, Versetzungen, Umgruppierungen und Kündigungen (§ 95 Abs. 1, 2 BetrVG)
▶ Fragen der betrieblichen Bildungsmaßnahmen (§ 98 Abs. 3, 4 BetrVG)
▶ Auskunftserteilung an den Wirtschaftsausschuß (§ 109 BetrVG)
▶ Aufstellung eines Sozialplanes bei Betriebsänderungen (§ 112 Abs. 4 BetrVG)
▶ Bereich der Seeschiffahrt (§ 116 Abs. 3 BetrVG).

Einen **Sonderfall regelt § 102 Abs. 6 BetrVG.** Danach können Arbeitgeber und Betriebsrat vereinbaren, daß Kündigungen der Zustimmung des Betriebsrats bedürfen und bei Meinungsverschiedenheiten darüber die Einigungsstelle entscheiden soll. 978

c) „Gemischte" Regelungstatbestände

Vor allem im Bereich der Mitbestimmung in sozialen Angelegenheiten gem. § 87 BetrVG kommt es häufig zu Meinungsverschiedenheiten der Betriebspartner, deren Regelungen nur zum Teil der erzwingbaren Mitbestimmung des Betriebsrates unterliegt. In der Praxis ist insbesondere das Mitbestimmungsrecht des Betriebsrates bei **Fragen der betrieblichen Lohngestaltung** (§ 87 Abs. 1 Nr. 10 BetrVG) problematisch. So kann der Arbeitgeber zwar im Rahmen des § 87 Abs. 1 Nr. 10 BetrVG mitbestimmungsfrei entscheiden, ob er finanzielle Mittel für zusätzliche Leistungen zur Verfügung stellt, welchen Umfang diese haben sollen, welchen Zweck der mit der Leistung verfolgen will und welcher Personenkreis sie erhalten soll[1]. Die individualrechtliche Freiwilligkeit einer solchen Leistung des Arbeitgebers schließt aber das Mitbestimmungsrecht des Betriebsrates nicht aus. Die Frage der Verteilungsgrundsätze dieser freiwilligen Leistung nämlich unterliegt der Mitbestimmung nach § 87 Abs. 1 Nr. 10 BetrVG. 979

Für die Einigungsstelle ergibt sich damit die Besonderheit, daß sie zwar für die Regelung einer Meinungsverschiedenheit über die **Zahlung freiwilliger Zulagen** oder von **Gratifikationen** zuständig ist, ihr Spruch aber nur insoweit die Einigung der Betriebspartner verbindlich ersetzt, als das zwingende Mitbestimmungsrecht nach § 87 Abs. 1 Nr. 10 BetrVG reicht. Auch wenn die Einigungsstelle also eine Entscheidung über die nähere Ausgestaltung der freiwilligen Leistung trifft, bindet ein solcher Spruch den Arbeitgeber nicht in Hinblick darauf, ob er die Leistung überhaupt gewähren will. Wenn die mit dem Spruch der Einigungsstelle festgelegte Ausgestaltung seinen Vorstellungen nicht entspricht, kann er von der Gewährung der Leistung insgesamt absehen. Nur wenn und solange er die Leistung tatsächlich gewährt, ist er an den Spruch der Einigungsstelle gebunden[2]. Mit dem Augenblick, in dem ein Arbeitgeber plant, eine **freiwillige Leistung** einzuführen bzw. die Verteilung einer bereits gewähr- 980

---
1 BAG v. 8. 12. 1981, BAGE 37, 206.
2 BAG v. 13. 9. 1983, AP Nr. 3 zu § 87 BetrVG 1972 – Prämie; *Matthes*, NZA 1987, 289.

ten Leistung neu zu regeln, kann der Betriebsrat über § 87 Abs. 1 Nr. 10 BetrVG die Errichtung einer Einigungsstelle verlangen. Nach Auffassung des LAG Frankfurt soll der Vorbehalt eines Arbeitgebers, eine freiwillige Leistung nur dann einzuführen, wenn der Betriebsrat die Ausgestaltung in der Form, wie sie vom Arbeitgeber beabsichtigt wird, ohne weiteres akzeptiert, wegen Umgehung des Mitbestimmungsrechts nach § 87 Abs. 1 Nr. 10 BetrVG unbeachtlich sein[1].

981 Von besonderer Bedeutung ist in diesem Zusammenhang die Frage, ob das Mitbestimmungsrecht des Betriebsrats zur Festlegung der Verteilungsgrundsätze auch dann eine Entscheidung des Arbeitgebers über das Ob und den Umfang der Leistung voraussetzt, wenn diese bereits seit längerem gewährt wird. Diese Problematik stellt sich etwa bei **übertariflichen Zulagen** im Zusammenhang mit Tariflohnerhöhungen, wenn eine Änderung der Verteilungsgrundsätze durch **Anrechnung oder Widerruf** in Betracht kommen könnte. Der Große Senat des BAG hat diese Frage dahin beantwortet, daß das Mitbestimmungsrecht nach § 87 Abs. 1 Nr. 10 BetrVG nur dann eingreift, wenn die Verteilungsgrundsätze geändert werden, dann aber unabhängig davon, ob diese Änderungen auf einer Entscheidung des Arbeitgebers beruhen oder bloße Folge einer Tarifautomatik ist[2].

c) Rahmenregelung

982 Wird eine Einigungsstelle zur Beilegung einer innerbetrieblichen Meinungsverschiedenheit errichtet, hat sie den **Auftrag zur vollständigen Lösung des Konflikts,** soweit das Mitbestimmungsrecht des Betriebsrates reicht. Demgemäß muß sie in Regelungsstreitigkeiten selbst eine Regelung treffen und darf sich nicht damit begnügen, den Antrag einer Seite zurückzuweisen[3].

983 Das Regelungsermessen der Einigungsstelle im Rahmen ihres Auftrages wird durch den Zweck des jeweiligen Mitbestimmungsrechts geprägt. Die von der Einigungsstelle getroffene Regelung muß sich also als **Wahrnehmung des Mitbestimmungsrechtes** darstellen. Dies soll nach Auffassung des BAG insbesondere bedeuten, daß nicht jede Regelung, die die Betriebspartner einvernehmlich treffen könnten, auch Inhalt eines verbindlichen Spruchs einer Einigungsstelle sein kann. Da sie im Verhältnis zu den Betriebspartnern als „Dritter" für einen Ausgleich Sorge tragen muß, darf sie bei der von ihr zu treffenden Regelung das in Betracht kommende Mitbestimmungsrecht des Betriebsrates nicht ignorieren oder ausschließen, indem sie durch ihren Spruch ihre Regelungsbefugnis im

---

1 LAG Frankfurt/Main v. 3. 10. 1989, DB 1990, 126 (rkr.).
2 BAG v. 3. 12. 1991, NZA 1992, 749; vgl. nachfolgend BAG v. 14. 2. 1995, DB 1995, 1917, BAG v. 14. 2. 1995, DB 1995, 1411; BAG v. 17. 1. 1995, NZA 1995, 792; BAG v. 28. 9. 1994, AP Nr. 68 zu § 87 BetrVG 1972 – Lohngestaltung; BAG v. 3. 5. 1994, BB 1994, 2273; BAG v. 16. 6. 1993, EzA Nr. 29 zu § 4 – TVG-Tariflohnerhöhung; BAG v. 23. 3. 1993, BB 1993, 1368; BAG v. 27. 10. 1992, NZA 1993, 561.
3 BAG v. 27. 10. 1992, EzA Nr. 26 zu § 95 BetrVG 1972; BAG v. 30. 1. 1990, NZA 1990, 571; *Richardi,* § 76 BetrVG Rz. 95; § 76, GK-BetrVG/*Kreutz,* Rz. 87; *Fitting/Kaiser/Heither/Engels,* § 76 BetrVG Rz. 42; *Pünnel/Isenhardt,* Rz. 110.

VIII. Die Einigungsstelle

Ergebnis auf den Arbeitgeber überträgt[1]. Andererseits entspricht es ständiger Rechtsprechung des BAG, daß dem Arbeitgeber durch Betriebsvereinbarung oder einen Spruch der Einigungsstelle Freiräume zugebilligt werden können, die einem mitbestimmungsfreien Zustand nahe kommen, ohne daß dies gegen Mitbestimmungsrechte des Betriebsrats verstößt[2].

Die Feststellung, wann der Spruch der Einigungsstelle den Verfahrensgegenstand nicht hinreichend ausgeschöpft hat, kann nur im Einzelfall getroffen werden. Entscheidend ist, daß dem Arbeitgeber zwar unter Umständen ein weitgehend mitbestimmungsfreier Raum zugebilligt werden kann, das Mitbestimmungsrecht des Betriebsrats aber durch den Spruch der Einigungsstelle im Ergebnis nicht ignoriert oder ausgeschlossen werden darf. Damit sind **Rahmenregelungen** grundsätzlich zulässig. 984

4. Das Verfahren vor der Einigungsstelle

a) Grundsatz

Für das Verfahren vor der errichteten Einigungsstelle enthält das Betriebsverfassungsgesetz nur sehr vereinzelt ausdrückliche Regelungen. In § 76 Abs. 4 BetrVG wird den Betriebspartnern die Möglichkeit eingeräumt, weitere Einzelheiten des Verfahrens im Rahmen einer Betriebsvereinbarung festzulegen. Vor diesem Hintergrund gehen Rechtsprechung und herrschende Lehre davon aus, daß die Einigungsstelle ihr **Verfahren selbst bestimmen und gestalten** kann, hierbei aber die elementaren Grundsätze eines rechtsstaatlichen Verfahrens zu beachten habe[3]. 985

b) Einleitung des Verfahrens

Die Einigungsstelle wird **nur auf Antrag, nie von Amts wegen** tätig. In den Fällen der erzwingbaren Einigungsstellenverfahren wird die Einigungsstelle bereits auf Antrag eines Betriebspartners tätig. In den Fällen der freiwilligen Einigungsstellenverfahren ist der Antrag beider Betriebspartner erforderlich. Wird der Antrag nur durch einen Betriebspartner gestellt, ist das ausdrückliche Einverständnis des anderen erforderlich. Eine Ausnahme gilt für das Verfahren zur Erzielung eines Interessenausgleichs gem. § 112 Abs. 2 Satz 2 BetrVG. Hier wird die Einigungsstelle zwar bereits auf Antrag einer Seite tätig, ihr Spruch ist 986

---

[1] BAG v. 17. 10. 1989, DB 1990, 589.
[2] BAG v. 10. 3. 1992, AP Nr. 1 zu § 77 BetrVG 1972 – Regelungsabrede (betreffend Rahmenvereinbarung zu Überstunden); BAG v. 28. 10. 1986, NZA 1987, 248; BAG v. 11. 3. 1986, NZA 1986, 526; vgl. auch *Fitting/Kaiser/Heither/Engels*, § 87 BetrVG Rz. 119; *Klebe*, in Däubler/Kittner/Klebe, § 87 BetrVG Rz. 100.
[3] BAG v. 4. 7. 1989, DB 1990, 127; BAG v. 18. 4. 1989, DB 1989, 1926; LAG Hamm v. 21. 12. 1988, LAGE Nr. 33 zu § 76 BetrVG 1972; LAG Düsseldorf v. 23. 10. 1986, LAGE Nr. 26 zu § 76 BetrVG 1972; GK-BetrVG/*Kreutz*, § 76 Rz. 76; *Berg*, in Däubler/Kittner/Klebe, § 76 BetrVG Rz. 60; *Fitting/Kaiser/Heither/Engels*, § 76 BetrVG Rz. 28; vgl. weiterführend *Friedemann*, Rz. 195 ff.; *Hennige*, S. 123 ff.

aber nur verbindlich, wenn beide Seiten sich dem Spruch im voraus unterwerfen oder ihn nachträglich annehmen.

987 Zu Form, Inhalt oder Bestimmtheit des Antrages enthält das Gesetz keine Vorgaben. Der **Antrag** kann daher sowohl mündlich als auch schriftlich gestellt werden[1]. Die Auffassung des BAG, wonach zur Ingangsetzung des Verfahrens vor der errichteten Einigungsstelle gerade kein Antrag im Sinne zivilprozessualer Vorschriften erforderlich ist, wird auch durch § 112 Abs. 3 Satz 1 BetrVG bestätigt. Diese Sonderregelung schreibt für das Einigungsstellenverfahren betreffend die Verhandlung über einen Interessenausgleich und Sozialplan vor, daß die Betriebspartner der Einigungsstelle „Vorschläge" unterbreiten sollen. Das im freiwilligen Einigungsstellenverfahren erforderliche Einverständnis mit dem Tätigwerden der Einigungsstelle kann ebenfalls formlos erteilt werden.

c) Verfahrensablauf

aa) Überblick

988 Der Gesetzgeber hat sich hinsichtlich des Verfahrens vor der Einigungsstelle auf punktuelle Regelungen zur mündlichen Beratung, zum Abstimmungsmodus sowie zur Form und Zuleitung der gefaßten Beschlüsse beschränkt. Nach neuerer Auffassung des BAG obliegt es dem **Vorsitzenden** der Einigungsstelle, Inhalt und Ablauf des Einigungsstellenverfahrens, soweit dieses nicht bereits in § 76 Abs. 3 und 4 BetrVG festgelegt ist, nach pflichtgemäßem Ermessen zu bestimmen[2]. Zu den von der Einigungsstelle zu beachtenden **allgemeinen Verfahrensgrundsätzen** gehören u.a.:

▶ Anspruch auf rechtliches Gehör

▶ Antragsprinzip

▶ Dispositionsmaxime

▶ (Partei-)Öffentlichkeit.

989 Nach einer neueren Entscheidung des BAG gehört es ebenfalls zu den elementaren Grundsätzen des Einigungsstellenverfahrens, daß die abschließende mündliche Beratung und Beschlußfassung in Abwesenheit der Betriebsparteien erfolgt (**Nicht-Öffentlichkeit der mündlichen Beratung**)[3].

990 Die am Verfahren Beteiligten müssen gleichzeitig vor der Einigungsstelle anwesend sein. Der Vorsitzende leitet die Verhandlung. Er bestimmt auch den Tagungsort. Zur Vorbereitung kann er eine schriftliche Stellungnahme und Unterlagen anfordern. Die Einigungsstelle kann Zeugen vernehmen. Ihr stehen

---

1 So auch BAG v. 30. 1. 1990, NZA 1990, 571, 574, wonach ein „förmlicher" Antrag nicht erforderlich sein soll; *Hennige*, S. 134 f. mwN; aA, aber ohne Begründung *Pünnel/Isenhardt*, Rz. 62.
2 BAG v. 11. 2. 1992, EzA Nr. 60 zu § 76 BetrVG 1972.
3 BAG v. 18. 1. 1994, DB 1994, 838; ebenso Vorinstanz LAG Hamm v. 23. 3. 1993, LAGE Nr. 41 zu § 76 BetrVG 1972.

VIII. Die Einigungsstelle

aber keine **Zwangsmittel** zu. Der **Beweisbeschluß** einer Einigungsstelle kann ebensowenig wie der eines Gerichts angefochten werden[1].

bb) Rechtliches Gehör

Obwohl die Einigungsstelle nach ganz herrschender Auffassung kein „Gericht" ist, muß auch im Verfahren vor der Einigungsstelle dem **Grundsatz des Anspruchs auf rechtliches Gehör** Rechnung getragen werden[2]. Der Erste Senat hat diesen Verfahrensgrundsatz in einer neueren Entscheidung dahin präzisiert, daß der Anspruch auf rechtliches Gehör nicht den Betriebspartnern, sondern den von ihnen in der Einigungsstelle entsandten Beisitzern zustehen soll[3]. Diese Auffassung des Ersten Senats führt zu einer rechtlich unterschiedlich ausgestalteten Verhandlung vor der Einigungsstelle und in der Einigungsstelle, wobei den Beisitzern als Teil eines betriebsverfassungsrechtlichen Organs eigene Rechte zukommen. Interessant ist diese Differenzierung aber auch in Hinblick auf das den Betriebspartnern bisher von der Rechtsprechung zugestandene Recht, sich von einem Rechtsanwalt vor der Einigungsstelle vertreten zu lassen, wenn der Regelungsgegenstand schwierige Rechtsfragen aufwirft und etwa auf Betriebsratsseite kein Betriebsratsmitglied über den zur sachgerechten Interessenwahrnehmung notwendigen juristischen Sachverstand verfügt[4]. Wenn man den Betriebspartnern einerseits das Recht zubilligt, über Interessenvertreter vor der Einigungsstelle zu verhandeln, wird man andererseits den Anspruch auf rechtliches Gehör nicht ausschließlich auf die Beisitzer in der Einigungsstelle begrenzen können.

cc) Beschlußfassung

Regelmäßig beendet der Spruch der Einigungsstelle das Verfahren. Gemäß § 76 Abs. 3 BetrVG faßt die Einigungsstelle ihre **Beschlüsse** nach mündlicher Beratung **mit Stimmenmehrheit.** Dabei genügt die einfache Stimmenmehrheit der anwesenden Mitglieder. In der ersten Abstimmung muß sich der Vorsitzende zunächst der Stimme enthalten. Kommt keine Mehrheit zustande, nimmt der Vorsitzende nach erneuter Beratung an der weiteren Beschlußfassung teil (§ 76 Abs. 3 Satz 2 BetrVG). Über einen Vermittlungsvorschlag des Einigungsstellenvorsitzenden ist unter dessen Mitwirkung auch dann abzustimmen, wenn dieser bei der ersten Abstimmung bereits mit Mehrheit abgelehnt wurde. Dies gilt auch für die Fälle, in denen die Entscheidung der Einigungsstelle die Einigung zwischen Arbeitgeber und Betriebsrat ersetzt[5].

Nach Auffassung des LAG Hamm sind die **gesetzlichen Verfahrensvorschriften** zur Beschlußfassung der Einigungsstelle **zwingend.** Die Einigungsstelle ist da-

---

1 BAG v. 4. 7. 1989, NZA 1990, 29.
2 HM vgl. BAG v. 11. 2. 1992, EzA Nr. 60 zu § 75 BetrVG 1972; BAG v. 5. 11. 1981, AP Nr. 9 zu § 76 BetrVG 1972; BAG v. 4. 7. 1989, DB 1990, 127; LAG Frankfurt/Main v. 2. 9. 1975, BB 1977, 495; LAG Düsseldorf v. 23. 10. 1986, LAGE Nr. 26 zu § 76 BetrVG 1972; Fitting/Kaiser/Heither/Engels, § 76 BetrVG Rz. 21; Hennige, S. 188 ff. mwN.
3 BAG v. 11. 2. 1992, EzA Nr. 60 zu § 76 BetrVG 1972.
4 BAG v. 21. 6. 1989, BAGE 62, 139.
5 LAG Baden-Württemberg v. 8. 10. 1986, NZA 1988, 214.

nach nicht befugt, ein von § 76 Abs. 3 und § 76 Abs. 5 Satz 3 BetrVG abweichendes Verfahren zu beschließen[1].

994 Auch wenn in § 76 Abs. 3 BetrVG nur die mündliche Beratung, die Abstimmung durch den Spruchkörper, der Abstimmungsmodus sowie die Niederlegung und Zuleitung der Beschlüsse geregelt sind, muß das Verfahren und der das Verfahren abschließende Spruch der Einigungsstelle als einem Organ, das normative Regelungen erzeugt, allgemein anerkannten Verfahrensgrundsätzen gerecht werden. Dazu gehört insbesondere, daß erkennbar sein muß, was konkret **Gegenstand der Beschlußfassung** der Einigungsstelle war und welche Regelungen die Einigungsstelle mit Stimmenmehrheit angenommen oder abgelehnt hat. Daher ist das Durchführen zahlreicher Einzelabstimmungen mit unterschiedlichen Mehrheiten nach Auffassung des BAG bedenklich, da Unsicherheit darüber aufkommen kann, welche Regelung im Ergebnis von der Mehrheit der Einigungsstellenmitglieder getragen wird. Es soll aber ausreichen, wenn aus dem Gesamtverhalten der Einigungsstelle und ihrer Mitglieder deutlich wird, daß die als Spruch der Einigungsstelle und Abschluß ihres Verfahrens den Betriebspartnern zugeleitete Regelung der mitbestimmungspflichtigen Angelegenheit in ihrer Gesamtheit jedenfalls von der Mehrheit der Einigungsstellenmitglieder mitgetragen wird. Dies kann auch dann der Fall sein, wenn keine förmliche Schlußabstimmung vorgenommen wurde, die Einzelbestimmungen der Regelung aber jeweils mit Mehrheit oder auch übereinstimmend beschlossen worden sind[2].

995 Ob Beisitzer sich bei der Beschlußfassung der Stimme enthalten können und wie eine solche **Stimmenthaltung** zu bewerten ist, ist streitig[3]. Für die Verfahren, in denen der Spruch der Einigungsstelle die Einigung der Betriebspartner ersetzt, zählen Stimmenthaltungen von Mitgliedern der Einigungsstelle nach Auffassung des Bundesarbeitsgerichts nicht als Nein-Stimmen. Ein Mitglied der Einigungsstelle, das sich der Stimme enthält, gibt nach Auffassung des Ersten Senats keine Stimme ab, mit der Folge, daß die erforderliche Stimmenmehrheit in dem Moment vorhanden ist, wenn die Zahl der Ja-Stimmen größer ist als die der Nein-Stimmen[4].

996 Die **abschließende mündliche Beratung und Beschlußfassung** ist zwingend **nichtöffentlich** und zwar auch nicht parteiöffentlich. Die Einigungsstelle muß in Abwesenheit der Betriebsparteien entscheiden[5].

997 Die Beschlüsse der Einigungsstelle sind **schriftlich niederzulegen,** vom Vorsitzenden **zu unterschreiben** und Arbeitgeber und Betriebsrat unverzüglich zuzu-

---

1 LAG Hamm v. 21. 12. 1988, LAGE Nr. 33 zu § 76 BetrVG 1972; ebenso für die in § 76 Abs. 3 Satz 2 BetrVG vorgesehene „weitere Beratung" LAG Düsseldorf v. 23. 10. 1986, DB 1987, 1254 (n. rkr.).
2 BAG v. 18. 4. 1989, NZA 1989, 807.
3 Vgl. *Fitting/Kaiser/Heither/Engels,* § 76 BetrVG Rz. 19 a, mwN; *Hennige,* S. 177 ff. mwN.
4 BAG v. 17. 9. 1991, DB 1992, 229; ebenso vorhergehend LAG Frankfurt aM v. 25. 9. 1990, DB 1991, 1288.
5 BAG v. 18. 1. 1994, DB 1994, 838; vorhergehend LAG Hamm v. 23. 3. 1993, LAGE Nr. 41 zu § 76 BetrVG 1972; *Hennige,* S. 194; *Pünnel/Isenhardt,* Rz. 69.

leiten (§ 76 Abs. 3 Satz 3 BetrVG). Eine schriftliche Begründung des Spruches ist nicht vorgeschrieben, aber zweckmäßig[1].

5. Gerichtliche Überprüfung des Einigungsstellenspruchs

a) Zuständigkeit

Für die Frage über die Zuständigkeit der Einigungsstelle wie auch die Rechtmäßigkeit des Verfahrens und des ergangenen Spruches sind die **Arbeitsgerichte** ausschließlich zuständig (§ 2a Abs. 1 Nr. 1 ArbGG). Das Arbeitsgericht entscheidet im **Beschlußverfahren**. 998

b) Rechtskontrolle

Der Spruch der Einigungsstelle unterliegt einer umfassenden Rechtskontrolle. Der Gesetzgeber hat mit § 76 Abs. 7 BetrVG ausdrücklich klargestellt, daß der Spruch der Einigungsstelle für keinen der Beteiligten den nach sonstigen Vorschriften zulässigen Rechtsweg versperrt. In Rechtsfragen unterliegt die Einigungsstelle uneingeschränkt den Bindungen des zwingenden Rechts. Daher kommt ihr nur bei der Auslegung unbestimmter Rechtsbegriffe ein begrenzter Beurteilungsspielraum zu. So kann das Arbeitsgericht den Spruch der Einigungsstelle für rechtsfehlerhaft und damit unwirksam erklären wegen schwerer **Formverstöße, nicht ordnungsgemäßer Besetzung** der Einigungsstelle, wegen **Verstoßes gegen wesentliche Verfahrensbestimmungen** oder wenn die Einigungsstelle entschieden hat, obwohl sie nicht zuständig war. 999

> **Hinweis:**
> Dieser letzte Punkt ist von besonderer Bedeutung. Im Bestellungsverfahren wird nur die offensichtliche Unzuständigkeit der Einigungsstelle geprüft. Ob tatsächlich eine **Zuständigkeit** gegeben ist, prüft dann die konstituierte Einigungsstelle selbst. Sowohl der Spruch der Einigungsstelle, mit dem die eigene Zuständigkeit verneint wird, als auch der Spruch, mit dem die Angelegenheit entschieden wird, kann von den Arbeitsgerichten in vollem Umfang daraufhin geprüft werden, ob überhaupt eine Zuständigkeit für die Einigungsstelle bestand. 1000

Ein Spruch einer Einigungsstelle kann auch etwa wegen **Verletzung des § 75 Abs. 1 Satz 1 BetrVG** rechtsunwirksam sein, wenn Arbeitnehmer, die das Arbeitsverhältnis selbst gekündigt haben, nachdem ihnen der Arbeitgeber mitgeteilt hatte, für sie bestehe aufgrund der Betriebsänderung keine Beschäftigungsmöglichkeit mehr, von Leistungen eines Sozialplanes ausgeschlossen werden[2]. 1001

---

1 BAG v. 30. 10. 1979, AuR 1980, 181; BAG v. 8. 3. 1977, AP Nr. 1 zu § 76 BetrVG 1972 – Auszahlung; *Berg*, in Däubler/Kittner/Klebe, § 76 BetrVG Rz. 82; *Fitting/Kaiser/Heither/Engels*, § 76 BetrVG Rz. 44; *Hennige*, S. 184 ff., mwN.
2 BAG v. 15. 1. 1991, AP Nr. 57 zu § 112 BetrVG 1972.

1002 Darüber hinaus kann der Spruch der Einigungsstelle gegen sonstige zwingende Rechtsnormen (ArbZG, MuSchG, SchwbG, Betriebsvereinbarungen etc.) verstoßen. Verstößt ein Spruch der Einigungsstelle gegen zwingendes Recht oder hat die Einigungsstelle außerhalb ihrer Zuständigkeit entschieden, kann dies jederzeit gerichtlich geltend gemacht werden. Da aber etwa das Handeln der Einigungsstelle außerhalb ihres Kompetenzbereiches (außerhalb ihrer Zuständigkeit) ohnehin unwirksam ist, bedarf es keiner gerichtlichen Feststellung, um diese **Unwirksamkeit** herbeizuführen. Ein solcher Spruch entfaltet unabhängig von einem gerichtlichen Überprüfungsverfahren keine rechtliche Wirkung.

c) Ermessenskontrolle

1003 Bei **Regelungsstreitigkeiten** unterliegt der Spruch der Einigungsstelle zusätzlich einer Ermessenskontrolle durch die Arbeitsgerichte. Ersetzt nämlich der Spruch der Einigungsstelle die Einigung zwischen Arbeitgeber und Betriebsrat, so hat die Einigungsstelle ihre Beschlüsse unter angemessener Berücksichtigung der Belange des Betriebes und der betroffenen Arbeitnehmer nach billigem Ermessen zu fassen (§ 76 Abs. 5 BetrVG). Die Ermessensüberprüfung eines Einigungsstellenspruchs hat die Frage zum Gegenstand, ob die Regelung im Ergebnis die Belange des Betriebs und der betroffenen Arbeitnehmer angemessen berücksichtigt und zu einem billigen Ausgleich bringt. Dabei ist zu beachten, daß sie auch den Interessen Rechnung tragen muß, um derentwillen das Mitbestimmungsrecht besteht[1].

1004 Nach herrschender Meinung steht der Einigungsstelle ein Ermessensspielraum zu, der von den Arbeitsgerichten nur begrenzt überprüfbar ist. Die Prüfung der Arbeitsgerichte beschränkt sich hier darauf, ob die gesetzlichen **Grenzen des Ermessens** überschritten worden sind (Ermessensüberschreitung) oder, ob von dem Ermessen in einer dem Zweck der Ermächtigung nicht entsprechenden Weise Gebrauch gemacht worden ist (Ermessensmißbrauch)[2]. Die Ermessensfehlerhaftigkeit einer Entscheidung der Einigungsstelle kann von Arbeitgeber oder Betriebsrat binnen einer **Ausschlußfrist von 2 Wochen** vom Tage der Zuleitung des Beschlusses an beim Arbeitsgericht geltend gemacht werden (§ 76 Abs. 5 Satz 4 BetrVG). Diese Frist gilt ausschließlich für die gerichtliche Überprüfung des von der Einigungsstelle ausgeübten Ermessens. Wie bereits oben ausgeführt, kann der Verstoß gegen zwingendes Recht (Rechtsfehler) wie auch das Handeln der Einigungsstelle außerhalb ihrer Zuständigkeit jederzeit, auch außerhalb dieser Frist, geltend gemacht werden.

1005 Am Beschlußverfahren ist die Einigungsstelle nicht beteiligt[3]. Der Beschluß des Arbeitsgerichts lautet auf Feststellung der Unwirksamkeit, wenn Ermessensfehler gerügt werden. Bei einer Ermessensentscheidung darf das Arbeitsgericht nicht selbst die Regelungsfrage entscheiden, es sei denn, der Grundsatz der Billigkeit läßt nur eine einzige Entscheidung offen. Ist der Spruch einer Eini-

---

1 BAG v. 30. 8. 1995, AP Nr. zu § 29 BetrVG 1972 – Überwachung.
2 Weiterführend: *Fiebig*, Der Ermessensspielraum der Einigungsstelle.
3 BAG v. 28. 7. 1981, BAGE 36, 14.

VIII. Die Einigungsstelle   Rz. 1008 Teil **4 A**

gungsstelle rechtsunwirksam, fehlt es damit an einer wirksamen **Beendigung des Einigungsstellenverfahrens.** Die dann nach wie vor bestehende Einigungsstelle ist verpflichtet, das Verfahren fortzusetzen und eine erneute Lösung des zwischen den Betriebspartnern bestehenden Konflikts zu suchen[1].

Im gerichtlichen Verfahren zur Überprüfung der Ermessensentscheidung der Einigungsstelle ist nach Auffassung des BAG allein zu prüfen, ob die durch den Spruch getroffene Regelung als solche sich **innerhalb der Ermessensgrenzen** hält. Es soll nicht darauf ankommen, durch welche Tatsachen und Annahmen die Einigungsstelle zu ihrem Spruch gekommen ist und ob die diesem Spruch zugrundeliegenden Erwägungen der Einigungsstelle folgerichtig waren und alle maßgeblichen Umstände erschöpfend würdigen. Entscheidend ist allein das Ergebnis der Tätigkeit der Einigungsstelle. Nur dieses Ergebnis wird durch das Arbeitsgericht kontrolliert, nicht aber die Tätigkeit der Einigungsstelle. Da die Einigungsstelle zudem nicht verpflichtet ist, ihren Spruch zu begründen, ist eine Überprüfung der von der Einigungsstelle angestellten Erwägungen nach Meinung des Bundesarbeitsgerichts nur schwer möglich. Daraus folge, daß das Arbeitsgericht den Spruch der Einigungsstelle allein darauf zu überprüfen habe, ob die getroffene Regelung die Belange der Arbeitnehmer und des Betriebes angemessen berücksichtige und beide zu einem billigen Ausgleich gebracht habe. Sowohl diese Belange als auch die tatsächlichen Umstände, die ihr Gewicht begründen, seien daher vom Arbeitsgericht (erforderlichenfalls im Wege der Beweisaufnahme) festzustellen, unabhängig davon, ob sie von den Betriebspartnern im Einigungsstellenverfahren vorgetragen worden sind[2]. 1006

Bei der Frist von zwei Wochen zur Geltendmachung der Überschreitung des Ermessens nach § 76 Abs. 5 Satz 4 BetrVG handelt es sich um eine **materiellrechtliche Ausschlußfrist.** Diese Frist wird nicht gewahrt, wenn der Antragsteller im Beschlußverfahren lediglich die Feststellung der Unwirksamkeit eines Sozialplans beantragt, ohne daß Gründe für die Unwirksamkeit vorgetragen werden oder in irgendeiner Form erkennbar ist, daß die Überschreitung der Grenzen des Ermessens geltend gemacht werden sollte[3]. 1007

6. Kosten der Einigungsstelle

a) Gesetzliche Kostenregelung

Eine ausdrückliche **gesetzliche Kostenregelung** für das Einigungsstellenverfahren findet sich seit dem 1. 1. 1989 in § 76a BetrVG. Gemäß **§ 76a Abs. 1 BetrVG** muß der Arbeitgeber die Kosten der Einigungsstelle tragen. 1008

---

1 BAG v. 30. 1. 1990, NZA 1990, 571.
2 Ständige Rechtsprechung seit BAG v. 31. 8. 1982, AP Nr. 8 zu § 87 BetrVG 1972 – Arbeitszeit; BAG v. 28. 10. 1986, AP Nr. 20 zu § 87 BetrVG 1972 – Arbeitszeit; BAG v. 10. 8. 1993, EzA Nr. 16 zu § 87 BetrVG 1972 – Lohn- und Arbeitsentgelt; BAG v. 21. 9. 1993; NZA 1994, 427.
3 BAG v. 26. 5. 1988, NZA 1989, 26; bestätigt durch BAG v. 25. 7. 1989, DB 1990, 791, 792.

1009 Die **Beisitzer** der Einigungsstelle, **die dem Betrieb angehören,** erhalten für die Tätigkeit keine Vergütung. Sie haben lediglich einen Anspruch auf Fortzahlung ihres Arbeitsentgelts gem. § 37 Abs. 2 und 3 BetrVG. Ist die Einigungsstelle zur Beilegung von Meinungsverschiedenheiten zwischen Arbeitgeber und Gesamtbetriebsrats oder Konzernbetriebsrat errichtet worden, so gilt entsprechendes für die einem Betrieb des Unternehmens oder eines Konzernunternehmens angehörenden Beisitzer.

1010 § 76a Abs. 3 BetrVG regelt nunmehr einen gesetzlichen Vergütungsanspruch des Vorsitzenden und der betriebsfremden Beisitzer gegenüber dem Arbeitgeber. Zu den nach § 76a Abs. 1 BetrVG vom Arbeitgeber zu tragenden „Kosten der Einigungsstelle" gehören aber nicht nur die **Vergütungsansprüche des Vorsitzenden und der Beisitzer,** sondern grundsätzlich alle Kosten, die durch das Einigungsstellenverfahren verursacht werden. So kann der Arbeitgeber auch verpflichtet sein, die **Kosten eines Sachverständigen** zu übernehmen, den die Einigungsstelle im Rahmen des Einigungsstellenverfahrens zugezogen hat. Voraussetzung hierfür ist die Erforderlichkeit einer entsprechenden Einschaltung des Sachverständigen[1].

1011 Nach § 76a Abs. 3 BetrVG haben der Einigungsstellenvorsitzende und die außerbetrieblichen Beisitzer der Einigungsstelle gegenüber dem Arbeitgeber Anspruch auf Vergütung ihrer Tätigkeit, wobei sich die Höhe der Vergütung nach den Grundsätzen des § 76a Abs. 4 Sätze 3 bis 5 BetrVG richtet. Solange es an der in § 76a Abs. 4 BetrVG vorgesehenen Rechtsverordnung fehlt, bedarf es zur Bestimmung der Höhe der Vergütung entweder einer entsprechenden **vertraglichen Vereinbarung** zwischen dem Arbeitgeber und dem Einigungsstellenmitglied oder, wenn eine solche Vereinbarung nicht zustande kommt, einer **Bestimmung der Vergütungshöhe** durch das anspruchsberechtigte Einigungsstellenmitglied **nach billigem Ermessen** gem. den §§ 316, 315 BGB unter Beachtung der Grundsätze des § 76a Abs. 4 Sätze 3 bis 5 BetrVG[2]. Für eine gerichtliche Festsetzung der Vergütungshöhe ist nur Raum, wenn die vom Einigungsstellenmitglied getroffene Vergütungsbestimmung nicht der Billigkeit entspricht (§ 315 Abs. 3 Satz 2 BGB). Nach Auffassung des BAG gibt § 76a BetrVG den Gerichten nicht die Befugnis, die Höhe der Vergütung ohne Rücksicht auf eine vom Einigungsstellenmitglied selbst vorgenommene Bestimmung selbst festzusetzen[3]. Die Gerichte sind auch nicht befugt, Höchstbeträge für das Honorar festzusetzen[4].

1012 Haben sich Arbeitgeber und Einigungsstellenvorsitzender über die Höhe des Vorsitzendenhonorars geeinigt oder hat der Arbeitgeber die vom Einigungsstellenvorsitzenden nach § 315 Abs. 1 BGB getroffene Bestimmung der Höhe seiner Vergütung nicht als unbillig beanstandet, so kann idR davon ausgegangen

---

1 BAG v. 13. 11. 1991, NZA 1992, 459.
2 BAG v. 12. 2. 1992, NZA 1993, 605; LAG Baden-Württemberg v. 3. 5. 1995 – 2 TaBV 7/94, nv.
3 BAG v. 12. 2. 1992 – 7 ABR 34/91, nv.
4 BAG v. 28. 8. 1996, BB 1997, 158.

werden, daß sie billigem Ermessen entspricht. Durch einen Abschlag von $3/10$ gegenüber der Vorsitzendenvergütung wird im allgemeinen dem Unterschied in den Aufgaben und der Beanspruchung des Vorsitzenden und der Beisitzer der Einigungsstelle ausreichend Rechnung getragen. Eine Bestimmung der **Beisitzervergütung in Höhe von** $7/10$ **der Vorsitzendenvergütung** hält sich deshalb beim Fehlen besonderer berücksichtigender individueller Umstände im Rahmen billigen Ermessens[1].

b) Höhe der Vergütung

§ 76a Abs. 4 Satz 1 BetrVG ermächtigt den Bundesminister für Arbeit und Sozialordnung die Höhe der Vergütung für Vorsitzenden und Beisitzer durch eine Rechtsverordnung zu regeln, wobei in der Vergütungsordnung Höchstsätze festgelegt werden sollen. Dabei geht der Gesetzgeber von folgenden **Kriterien für die Festsetzung der Vergütung** aus: 1013

- erforderlicher Zeitaufwand
- Schwierigkeit der Streitigkeit
- etwaiger Verdienstausfall.

Eine Heranziehung der **BRAGO** als Bemessungskriterium für die Vergütung ist damit unzulässig[2]. 1014

Nach § 76a Abs. 4 Satz 3 BetrVG ist die **Vergütung der Beisitzer** niedriger zu bemessen als die des Vorsitzenden. Bei der Festsetzung der Höchstsätze ist gem. § 76a Abs. 4 Satz 4 BetrVG den berechtigten Interessen der Mitglieder der Einigungsstelle wie auch des Arbeitgebers Rechnung zu tragen[3]. 1015

Von den vorstehenden Grundsätzen kann durch **Tarifvertrag** oder in einer **Betriebsvereinbarung**, wenn ein Tarifvertrag dies zuläßt oder eine tarifliche Regelung nicht besteht, abgewichen werden (§ 76a Abs. 5 BetrVG). 1016

Selbstverständlich können außerhalb der gesetzlichen Regelung **Vergütungsvereinbarungen mit dem Arbeitgeber** getroffen werden. 1017

c) Verfahrensfragen

Der Vorsitzende und die Beisitzer können ihre Vergütungsansprüche im arbeitsgerichtlichen Beschlußverfahren geltend machen[4]. In einer neueren Entscheidung hat sich der Siebte Senat des BAG mit den Anwaltskosten bei Streit über ein Einigungsstellenhonorar auseinandergesetzt. Danach zählen die **Honorardurchsetzungskosten** zwar nicht zu den vom Arbeitgeber nach § 76a Abs. 1 1018

---

1 BAG v. 12. 2. 1992, NZA 1993, 605; BAG v. 14. 2. 1996, EzA-SD 1996, Nr. 18, 14; aA LAG Schleswig Holstein v. 11. 5. 1995, DB 1995, 1282.
2 *Fitting/Kaiser/Heither/Engels*, § 76a BetrVG Rz. 2, 18; GK-BetrVG/*Kreutz*, § 76a Rz. 31; *Berg*, in Däubler/Kittner/Klebe, § 76a BetrVG Rz. 20.
3 Vgl. hierzu LAG Rheinland-Pfalz v. 24. 5. 1991, DB 1991, 1192; vgl. zur Diskussion im einzelnen *Kamphausen*, NZA 1992, 55 ff.; *Lunk/Nebendahl*, NZA 1990, 921 ff.; *Bauer/Röder*, DB 1989, 224 ff.; *Berg*, in Däubler/Kittner/Klebe, § 76a BetrVG Rz. 17 mwN.
4 BAG v. 26. 7. 1989, AP Nr. 4 zu § 2 a ArbGG 1979.

BetrVG zu tragenden Kosten der Einigungsstelle, können aber ein nach § 286 Abs. 1 BGB zu ersetzender Verzugsschaden sein. Dies gilt für die im Beschlußverfahren entstehenden Anwaltskosten. § 12a Abs. 1 Satz 1 ArbGG schränkt insoweit den materiell-rechtlichen Kostenerstattungsanspruch nicht ein. Die Anwaltskosten für die gerichtliche Durchsetzung des Honoraranspruchs sollen auch dann zu ersetzen sein, wenn das Einigungsstellenmitglied Rechtsanwalt ist und das Beschlußverfahren selber führt[1].

1019 **Hinweis:**
Honoraransprüche des Vorsitzenden wie auch der Beisitzer sind im **Konkurs** Masseschulden (§ 59 Abs. 1 Nr. 1 KO), auch wenn das Einigungsstellenverfahren vor Konkurseröffnung begonnen hat[2]. War das Einigungsstellenverfahren bereits vor Konkurseröffnung beendet, handelt es sich um einfache Konkursforderungen iSd. § 61 Nr. 1 KO[3].

d) Vertretung des Betriebsrats durch einen Rechtsanwalt

1020 Wenn der Regelungstatbestand der Einigungsstelle schwierige Rechtsfragen aufwirft, die zwischen den Betriebspartnern umstritten sind, und kein Betriebsratsmitglied über den zur sachgerechten Interessenwahrnehmung notwendigen juristischen Sachverstand verfügt, ist der Betriebsrat berechtigt, sich durch einen **Rechtsanwalt im Verfahren vor der Einigungsstelle** vertreten zu lassen. Er ist ebenfalls berechtigt, dem Rechtsanwalt für die Wahrnehmung seiner Interessen ein Honorar in Höhe der Vergütung eines betriebsfremden Beisitzers zuzusagen, wenn der von ihm ausgewählte Rechtsanwalt nur gegen eine derartige Zahlung zur Mandatsübernahme bereit ist[4]. Gemäß § 76a Abs. 1 BetrVG hat der Arbeitgeber auch diese Kosten zu tragen, soweit der Betriebsrat sie bei pflichtgemäßer verständiger Würdigung aller Umstände für notwendig halten durfte.

IX. Tendenzbetriebe und andere Sonderformen des Betriebes

1. Grundsätze

1021 Gemäß **§ 118 Abs. 1 BetrVG** findet das BetrVG **keine Anwendung** auf sog. **Tendenzbetriebe** und -unternehmen, die **unmittelbar und überwiegend** bestimmte, im einzelnen aufgeführte **geistig-ideelle Zielsetzungen verfolgen**. Die Anwendung des BetrVG ist nur insoweit ausgeschlossen, als die **Eigenart** des Unternehmens oder Betriebes dem **entgegensteht** (sog. Eigenartsklausel).

---

1 BAG v. 27. 7. 1994, AP Nr. 4 zu § 76 BetrVG 1972.
2 BAG v. 27. 3. 1979, AP Nr. 7 zu § 76 BetrVG 1972.
3 BAG v. 25. 8. 1983, DB 1984, 303.
4 BAG v. 21. 6. 1989, NZA 1990, 107; BAG v. 14. 2. 1996, NZA 1996, 892.

Die im Gesetz genannten **Tendenzzwecke** sind **abschließend.** § 118 BetrVG ist die Ausnahme von der Regel, daß der Betriebsrat zu beteiligen ist[1]. Die Einschränkung der Beteiligungsrechte soll dem Schutz einer geistig-ideellen Zielsetzung der unternehmerischen Betätigung dienen[2] und ist als Versuch zu begreifen, eine ausgewogene Regelung zwischen dem Sozialstaatsprinzip und den Freiheitsrechten des Unternehmens-/Betriebsträgers zu finden[3]. 1022

Vom Geltungsbereich des BetrVG **ganz ausgenommen** sind gemäß § 118 Abs. 2 BetrVG **Religionsgemeinschaften** und deren karitative und erzieherische Einrichtungen. 1023

Auf Tendenzunternehmen in der Rechtsform einer **juristischen Person des öffentlichen Rechts** findet das BetrVG gemäß dessen § 130 von vornherein **keine Anwendung.** 1024

2. Tendenzunternehmen und -betriebe

In § 118 Abs. 1 BetrVG wird sowohl auf den Betrieb als auch auf das Unternehmen abgestellt. Ein **tendenzfreies Unternehmen** kann jedoch **keinen Tendenzbetrieb** unterhalten, da der Betrieb als arbeitstechnische Teilorganisation keinen anderen Zweck verfolgen kann als das Unternehmen selbst. Andererseits kann sich die geistig-ideelle Zielsetzung eines Tendenzunternehmens mit mehreren Betrieben in einem oder einigen Betrieben niederschlagen, in anderen nicht[4]. 1025

Die Unternehmen und Betriebe müssen **unmittelbar und überwiegend** geistig-ideellen Zwecken dienen. Beide Voraussetzungen müssen vorliegen. Der Tendenzschutz soll so beschränkt werden auf Unternehmen und Betriebe, deren unternehmerisches Gepräge von einer geistig-ideellen Aufgabe bestimmt wird[5]. 1026

Unmittelbarkeit setzt voraus, daß das **Unternehmen** bzw. der Betrieb als organisatorische Einheit **selbst bestimmt ist, eine oder mehrere** der in § 118 Abs. 1 BetrVG genannten **geistig-ideellen Zielsetzungen zu verwirklichen,** denn Tendenzschutz soll nur dort bestehen, wo die Tendenz direkt beeinflußt oder gestaltet werden kann[6]. Eine nur wirtschaftliche Zielsetzung genügt nicht, auch wenn durch sie das Tendenzunternehmen unterstützt werden soll[7]. Etwas anderes soll gelten, wenn beispielsweise eine Druckerei betrieben wird, um die wirtschaftliche Existenz eines Verlages zu sichern[8] oder die Druckerei selbst 1027

---

1 BAG v. 30. 1. 1990 und 14. 1. 1992, AP Nr. 44, 49 zu § 118 BetrVG 1972.
2 BAG v. 7. 4. 1981, AP Nr. 17 zu § 118 BetrVG 1972.
3 BAG v. 8. 3. 1983 und 30. 1. 1990, AP Nr. 26, 44 zu § 118 BetrVG 1972.
4 BAG v. 27. 7. 1993, AP Nr. 51 zu § 118 BetrVG 1972.
5 BAG v. 15. 2. 1989, AP Nr. 39 zu § 118 BetrVG 1972.
6 BAG v. 6. 11. 1979 und 15. 2. 1989, AP Nr. 14, 39 zu § 118 BetrVG 1972.
7 BAG v. 21. 6. 1989, AP Nr. 43 zu § 118 BetrVG 1972.
8 BAG v. 30. 6. 1981, AP Nr. 20 zu § 118 BetrVG 1972; zweifelnd *Bauer/Lingemann,* NZA 1995, 813, 814.

Einfluß nehmen kann auf die Tendenzverwirklichung des Verlages[1]. Ebensowenig genügt es, wenn die geistig-ideellen Aufgaben lediglich dazu dienen, einen anderen, nicht tendenzgeschützten Unternehmenszweck zu fördern (**Beispiel:** Forschungsabteilung eines Pharmaherstellers)[2].

1028 **Überwiegend** ist das maßgebliche Kriterium, soweit es sich um **Mischunternehmen** oder -betriebe handelt, die also neben der tendenzgeschützten Tätigkeit auch andere Zwecke verfolgen. Ob ein Mischunternehmen überwiegend tendenzgeschützten Bestimmungen dient, richtet sich danach, in welchem Umfang und mit welcher Intensität es seine Tätigkeit diesen Zielen im Vergleich zu seinen anderen, nicht tendenzgeschützten Zielen widmet. Die tendenzgeschützte Bestimmung muß überwiegen[3].

1029 **Maßgebend** sind **quantitative,** nicht qualitative **Gesichtspunkte.** Abzustellen ist also auf eine meßbare Größe, eine Teilgröße, die mehr als die Hälfte der Gesamtgröße ausmachen muß. Die noch zu § 81 BetrVG 1952 ergangene Geprägerechtsprechung wurde aufgegeben[4].

1030 **Geeigneter Maßstab** ist, in welcher Größenordnung das Unternehmen seine **personellen und sonstigen Mittel zur Verwirklichung seiner tendenzgeschützten** und nicht tendenzgeschützten **Ziele** regelmäßig einsetzt. Dies gilt insbesondere bei personalintensiven sowie bei gemeinnützigen, nicht auf Gewinn ausgerichteten Unternehmen und Betrieben[5]. Dabei kommt es nicht auf die Anzahl der Mitarbeiter an, sondern auf die Arbeitszeitmenge, die regelmäßig zur Erreichung der verschiedenen Unternehmensziele verwendet wird. Hierzu sind neben den sog. Tendenzträgern (vgl. Rz. 1051 ff.) auch die übrigen Mitarbeiter zu berücksichtigen, soweit sie mit ihrer Arbeit der Verwirklichung der tendenzgeschützten Bestimmungen dienen, etwa indem sie die technischen Voraussetzungen schaffen[6]. Umsatz- oder Gewinnzahlen sind dagegen wenig aussagekräftig[7].

3. Geistig-ideelle Bestimmungen (Nr. 1)

a) Politische Bestimmung

1031 Der Begriff politisch ist nicht nur **parteipolitisch** zu verstehen, auch **wirtschafts- und sozialpolitische** Vereinigungen fallen hierunter[8].

---

1 BAG v. 30. 6. 1981, AP Nr. 20 zu § 118 BetrVG 1972.
2 BAG v. 21. 6. 1989, AP Nr. 43 zu § 118 BetrVG 1972.
3 BAG v. 21. 6. 1989, AP Nr. 43 zu § 118 BetrVG 1972.
4 BAG v. 21. 6. 1989, AP Nr. 43 zu § 118 BetrVG 1972.
5 BAG v. 20. 11. 1990, AP Nr. 47 zu § 118 BetrVG 1972.
6 BAG v. 21. 6. 1989 und 20. 11. 1990, AP Nr. 43, 47 zu § 118 BetrVG 1972.
7 BAG v. 21. 6. 1989, AP Nr. 43 zu § 118 BetrVG 1972.
8 *Fitting/Kaiser/Heither/Engels*, § 118 BetrVG Rz. 16; aA *Blanke*, in Däubler/Kittner/Klebe, § 118 BetrVG Rz. 21, wonach wirtschafts- und sozialpolitische Vereinigungen nicht umfaßt werden.

b) Koalitionspolitische Bestimmung

Koalitionspolitischen Bestimmungen dienen Gewerkschaften und Arbeitgeberverbände sowie deren Bildungs- und Schulungseinrichtungen. Der Begriff bezieht sich auf den **Schutzbereich des Art. 9 Abs. 3 GG,** so daß alle unter diesen fallenden Koalitionen umfaßt werden[1]. 1032

c) Konfessionelle Bestimmung

Konfessionellen Bestimmungen dient ein Unternehmen oder Betrieb, dessen Zweck im **Eintreten für einen Glauben oder eine Überzeugung** besteht[2]. Kirchen fallen von vornherein nicht hierunter, da auf diese das BetrVG keine Anwendung findet (vgl. Rz. 1072), jedoch deren Verbände und Einrichtungen, soweit diese nicht einen erzieherischen oder karitativen Zweck verfolgen und damit unter § 118 Abs. 2 BetrVG fallen (vgl. Rz. 1071 ff.). 1033

d) Karitative Bestimmung

Karitativen Bestimmungen dient ein Unternehmen, das es sich zur Aufgabe gesetzt hat, körperlich, geistig oder seelisch leidenden oder hilfsbedürftigen Menschen in ihren inneren oder äußeren Nöten heilend, vorbeugend oder lindernd zu helfen[3]. 1034

Eine **Gewinnerzielungsabsicht steht entgegen,** da der Dienst am hilfsbedürftigen Menschen im Vordergrund stehen muß. Eine möglichst **kostendeckende Gestaltung** der Tätigkeit ist dagegen **unschädlich**[4]. Erfolgt die Hilfe gegen ein Entgelt, das über eine reine Kostendeckung hinausgeht, ist dies nicht mehr karitativ. 1035

Eine karitative Bestimmung liegt ferner nicht vor, wenn das Unternehmen selbst von Gesetzes wegen unmittelbar zu derartiger Hilfeleistung verpflichtet ist. Zur Karitativität gehört die **Freiwilligkeit der Hilfeleistung.** Diese wird nicht dadurch ausgeschlossen, daß die leidenden Menschen ihrerseits einen gesetzlichen Anspruch gegen Dritte, insbesondere gegen die öffentliche Hand, auf derartige Hilfeleistung haben. Unerheblich ist auch, ob das Unternehmen von juristischen Personen öffentlichen Rechts begründet worden ist oder beeinflußt oder gar beherrscht wird, die ihrerseits – als Träger der Sozialversicherung – unmittelbar verpflichtet sind, derartige Hilfeleistungen zu erbringen[5]. 1036

---

1 *Däubler/Kittner/Klebe/Blanke,* § 118 BetrVG Rz. 25.
2 *Marhold,* AR-Blattei SD, 1570, Rz. 82 ff.
3 BAG v. 7. 4. 1981, 29. 6. 1988, 8. 11. 1988 und 31. 1. 1995, AP Nr. 16, 37, 38, 56 zu § 118 BetrVG 1972.
4 BAG v. 7. 4. 1981 und 29. 6. 1988, AP Nr. 16, 37 zu § 118 BetrVG 1972 mwN; BAG v. 24. 5. 1995, NZA 1996, 444; *Birk,* Gemeins. Anm. zu BAG AP Nr. 16, 17 zu § 118 BetrVG 1972; aA *Kohte,* Anm. zu BAG AP Nr. 37 zu § 118 BetrVG 1972.
5 BAG v. 3. 11. 1982 und 8. 11. 1988, AP Nr. 25, 38 zu § 118 BetrVG 1972; BAG v. 24. 5. 1995, NZA 1996, 444.

1037 Es kommen **nur nicht- oder überkonfessionelle Einrichtungen** in Betracht, da das BetrVG auf Religionsgemeinschaften und ihre karitativen Einrichtungen keine Anwendung findet (vgl. Rz. 1071 ff.).

1038 **Beispiele:**

Wohlfahrtsverbände; Deutsches Rotes Kreuz; Werkstatt für Behinderte zur beruflichen Eingliederung[1]*, private Krankenhäuser; Altenheime; Unfallrettungsdienste; Volksbund Deutscher Kriegsgräberfürsorge e.V.*[2]*; Berufsförderungswerk zur beruflichen Rehabilitation von Behinderten*[3]*; Sozialdienste privater Organisationen*[4]*.*

e) Erzieherische Bestimmung

1039 Einer erzieherischen Bestimmung wird gedient, wenn durch **planmäßige und methodische Unterweisung** in einer **Mehrzahl allgemeinbildender oder berufsbildender Fächer** die **Persönlichkeit des Menschen geformt** werden soll[5]. Eine Schule muß darauf ausgerichtet sein, die Persönlichkeit des jungen Menschen zu entfalten und seine Entwicklung zu einem Glied der menschlichen Gesellschaft zu fördern[6]. Erziehung kann auch außerhalb von Schulen sowie gegenüber Erwachsenen stattfinden[7]. Erziehung setzt voraus, daß diese mit **gewisser Nachhaltigkeit** vorgenommen wird, also auf längere Dauer angelegt ist. Die auf Stunden oder wenige Tage beschränkte einmalige Vermittlung von Eindrücken bei einem Vortrag ist daher nicht als „erzieherisch" zu werten[8]. Ebensowenig genügt die reine Vermittlung gewisser Kenntnisse und Fertigkeiten (**Beispiel:** Erteilung von Fremdsprachenunterricht nach einer bestimmten Methode)[9].

1040 Gewinnorientierung oder -erzielung schließt die Anwendung des Tendenzschutzes nicht aus; die Erziehung wird dadurch in ihrem Wesen nicht berührt[10].

1041 **Beispiele:**

Privatschulen[11]*; Bildungseinrichtungen allgemeinbildender oder berufsbildender Art; Berufsbildungswerk zur Aus- und Weiterbildung von Lernbehinder-*

---

1 BAG v. 7. 4. 1981, 8. 11. 1988 und 31. 1. 1995, AP Nr. 16, 38, 56 zu § 118 BetrVG 1972.
2 *Birk,* Gemeins. Anm. zu BAG AP Nr. 16, 17 zu § 118 BetrVG 1972.
3 BAG v. 29. 6. 1988, 8. 11. 1988 und 31. 1. 1995, AP Nr. 37, 38, 56 zu § 118 BetrVG 1972.
4 *Birk,* Gemeins. Anm zu BAG AP Nr. 16, 17 zu § 118 BetrVG 1972.
5 BAG v. 7. 4. 1981, 14. 4. 1988, 21. 6. 1989 und 31. 1. 1995, AP Nr. 17, 36, 43, 56 zu § 118 BetrVG 1972.
6 BAG v. 13. 1. 1987, AP Nr. 33 zu § 118 BetrVG 1972.
7 BAG v. 3. 7. 1990, AP Nr. 81 zu § 99 BetrVG; BAG v. 31. 1. 1995, AP Nr. 56 zu § 118 BetrVG 1972; aA hinsichtlich Erwachsener: *Struck,* NZA 1991, 249, 254.
8 BAG v. 21. 6. 1989, AP Nr. 43 zu § 118 BetrVG 1972.
9 BAG v. 7. 4. 1981 und 31. 1. 1995, AP Nr. 17, 56 zu § 118 BetrVG 1972.
10 *Birk,* Gemeins. Anm. zu BAG AP Nr. 16, 17 zu § 118 BetrVG 1972; BAG v. 15. 2. 1989, AP Nr. 39 zu § 118 BetrVG 1972.
11 BAG v. 13. 1. 1987, AP Nr. 33 zu § 118 BetrVG 1972.

IX. Tendenzbetriebe und andere Sonderformen

ten[1]. **Nein:** Sprachschule mit Fremdsprachenunterricht nach einer bestimmten Methode[2]; Fahrschule; Tanzschule; Sportschulen für bestimmte Sportarten[3]; Zoo, auch soweit er naturwissenschaftliche Kenntnisse verbreitet oder vertieft[4].

f) Wissenschaftliche Bestimmung

Ausgehend von dem weiten **Wissenschaftsbegriff des BVerfG** zu Art. 5 Abs. 3 Satz 1 GG[5] ist Wissenschaft alles, was nach Inhalt und Form als ernsthafter **planmäßiger Versuch zur Ermittlung der Wahrheit** anzusehen ist[6]. Hierzu gehört **grundlagen- oder anwendungsorientierte Forschung** ebenso wie eine an die angewandte Forschung anknüpfende Weiterentwicklung. Neben der Forschung ist auch die **wissenschaftliche Lehre** geschützt. Die Grenze ist dort zu ziehen, wo es sich um die bloße Anwendung erreichter wissenschaftlicher Erkenntnisse ohne eigenes Streben nach neuen Erkenntnissen handelt[7]. Das Vorhalten von wissenschaftlichen Hilfsmitteln für die Forschung anderer reicht ebenfalls nicht aus (**Beispiel:** Universitätsbibliothek, es sei denn, sie betreibt selbst Forschung)[8]. 1042

Dem Tendenzschutz steht die Absicht des Unternehmens, **Gewinne** zu erzielen, nicht entgegen; das Wesen der Wissenschaft wird dadurch nicht berührt[9]. 1043

Beispiele: 1044

Forschungsinstitute; Bibliotheken; wissenschaftliche Buch- und Zeitschriftenverlage; Zoo, soweit Erkenntnisse über Tierbiologie gewonnen oder Methoden der Arterhaltung erforscht oder entwickelt werden[10].

g) Künstlerische Bestimmung

Mit der künstlerischen Bestimmung ist die **Kunstfreiheit des Art. 5 Abs. 3 Satz 1 GG** angesprochen. Die verfassungsrechtliche Kunstfreiheitsgarantie umfaßt den Werk- wie den Wirkbereich des künstlerischen Schaffens. Der **Werkbereich** ist die **eigentliche künstlerische Betätigung** als freie schöpferische Gestaltung. Der **Wirkbereich** bezeichnet den Bereich, in dem der Öffentlichkeit Zugang zu dem Kunstwerk verschafft wird, also die **Darbietung und Verbreitung des Kunstwerks**[11]. Hierzu gehört die Vervielfältigung, Veröffentlichung und Verbreitung als Mittlerfunktion zwischen Künstler und Publikum[12]. 1045

---

1 BAG v. 14. 4. 1988, AP Nr. 36 zu § 118 BetrVG 1972.
2 BAG v. 7. 4. 1981, AP Nr. 17 zu § 118 BetrVG 1972.
3 *Birk,* Gemeins. Anm. zu BAG AP Nr. 16, 17 zu § 118 BetrVG 1972.
4 BAG v. 21. 6. 1989, AP Nr. 43 zu § 118 BetrVG 1972.
5 BAG v. 20. 11. 1990, AP Nr. 47 zu § 118 BetrVG 1972.
6 BVerfG v. 29. 5. 1973, AP Nr. 1 zu Art. 5 Abs. 3 GG – Wissenschaftsfreiheit.
7 BAG v. 21. 6. 1989 und 20. 11. 1990, AP Nr. 43, 47 zu § 118 BetrVG 1972.
8 BAG v. 20. 11. 1980, AP Nr. 47 zu § 118 BetrVG 1972.
9 BAG v. 15. 2. 1989, AP Nr. 39 zu § 118 BetrVG 1972.
10 BAG v. 21. 6. 1989, AP Nr. 43 zu § 118 BetrVG 1972.
11 BAG v. 8. 3. 1983, AP Nr. 26 zu § 118 BetrVG 1972.
12 BAG v. 15. 2. 1989, AP Nr. 39 zu § 118 BetrVG 1972.

1046 Die Absicht, Gewinne zu erzielen, steht nicht entgegen, da Kunst in ihrem Wesen dadurch nicht berührt wird[1].

1047 **Beispiele:**

Theater[2]; Produzenten von Tonträgern mit Musik- oder Wortkunstwerken[3]; Konzertagenturen; Verlage; Orchester; belletristische Buchverlage mit breitem Verlagsprogramm[4]; Buchclubs[5]. Nicht: GEMA[6]; Händler von Büchern und bespielten Tonträgern[7].

4. Berichterstattung und Meinungsäußerung (Nr. 2)

1048 § 118 Abs. 1 Nr. 2 BetrVG will das durch Art. 5 Abs. 1 Satz 2 GG gewährleistete Grundrecht der **Pressefreiheit** des Verlegers sowie der **Freiheit der Berichterstattung** schützen. **Geschützt** ist nicht nur die **Freiheit zur Festlegung der Tendenz** eines Presseerzeugnisses oder einer sonstigen Veröffentlichung, sondern auch die Freiheit, **diese beizubehalten, zu ändern und zu verwirklichen**[8]. Die Rundfunkfreiheit unterscheidet sich nicht von der Pressefreiheit[9]. Die Berichterstattung, nämlich das Vervielfältigen und Verbreiten von Berichten, umfaßt neben Nachschlagewerken und sonstigen Sachbüchern auch Kochbücher[10].

1049 Das Presseerzeugnis, die sonstige Veröffentlichung bzw. der private Rundfunk- oder Fernsehsender müssen **Zwecken der Meinungsäußerung oder Berichterstattung** dienen. Daher genießen Adreß-, Telefon-, Formularbuchverlage, Anzeigenblätter u. dgl.[11] ebensowenig Tendenzschutz wie die Druckerei von Verlagserzeugnissen (vgl. aber Rz. 1027).

1050 **Gewinnerzielungsabsicht** steht nicht entgegen; Berichterstattung und Meinungsäußerung werden dadurch in ihrem Wesen nicht berührt[12].

5. Tendenzträger

1051 Die Eigenart des Betriebes oder Unternehmens steht dem Beteiligungsrecht des Betriebsrats nur entgegen, wenn die Maßnahme **Arbeitnehmer** betrifft, **für deren Tätigkeit** die in § 118 Abs. 1 BetrVG genannten **geistig-ideellen Bestim-**

---

1 BAG v. 15. 2. 1989, AP Nr. 39 zu § 118 BetrVG 1972.
2 BAG v. 28. 10. 1986, AP Nr. 32 zu § 118 BetrVG 1972.
3 BAG v. 15. 2. 1989, AP Nr. 39 zu § 118 BetrVG 1972.
4 BAG v. 15. 2. 1989, AP Nr. 39 zu § 118 BetrVG 1972.
5 BAG v. 15. 2. 1989, AP Nr. 39 zu § 118 BetrVG 1972.
6 BAG v. 8. 3. 1983, AP Nr. 26 zu § 118 BetrVG 1972.
7 BAG v. 15. 2. 1989, AP Nr. 39 zu § 118 BetrVG 1972.
8 BAG v. 19. 5. 1981, AP Nr. 21 zu § 118 BetrVG 1972.
9 BAG v. 11. 2. 1992, AP Nr. 50 zu § 118 BetrVG 1972.
10 BAG v. 15. 2. 1989, AP Nr. 39 zu § 118 BetrVG 1972.
11 Fitting/Kaiser/Heither/Engels, § 118 BetrVG Rz. 24; Weber, NZA 1989, Beil. 3, 3; Däubler/Kittner/Klebe/Blanke, § 118 BetrVG Rz. 46; Bauer/Lingemann, NZA 1995, 814.
12 BAG v. 15. 2. 1989, AP Nr. 39 zu § 118 BetrVG 1972.

mungen prägend sind, die sog. Tendenzträger[1]. Nicht zu den Tendenzträgern zählen daher Arbeitnehmer in einem Tendenzbetrieb, die keine tendenzbezogenen Aufgaben wahrzunehmen haben[2].

Tendenzträger müssen einen **maßgeblichen Einfluß** nehmen können auf die Tendenzverwirklichung. Daran kann es fehlen, wenn der Gestaltungsraum stark eingeschränkt ist. Unschädlich ist die Bindung eines Arbeitnehmers an gewisse vorgegebene allgemeine Richtlinien oder Weisungen[3]. 1052

Beispiele: 1053

Redakteure, auch Redaktionsvolontäre an einer Tageszeitung wegen der Einbindung in die meinungsbildende und berichterstattende Arbeit der Redaktion[4]; *Koordinator Wortprogramm bei einem Rundfunksender*[5]; *Lehrkräfte an einer Schule oder Bildungseinrichtung*[6]; *Psychologen beim Berufsförderungswerk*[7]. *Keine Tendenzträger sind dagegen die Maskenbildner eines Theaters mangels eigener maßgeblicher inhaltlicher Einflußnahme*[8].

6. Einschränkungen der Beteiligungsrechte des Betriebsrats

a) Der absolute Ausschluß der §§ 106 bis 110 BetrVG

Nach § 118 Abs. 1 Satz 2 BetrVG sind die Vorschriften der §§ 106 bis 110 BetrVG, also über den **Wirtschaftsausschuß**, in Tendenzunternehmen uneingeschränkt **nicht anzuwenden**[9]. Da der Wirtschaftsausschuß auf Unternehmensebene zu bilden ist, ist bei Unternehmen mit mehreren Betrieben zu prüfen, ob der Tendenzcharakter überwiegt (vgl. Rz. 1028 ff.). Wird dies verneint, ist der Wirtschaftsausschuß dennoch nicht für die Tendenzbetriebe des Unternehmens zuständig[10]. 1054

b) Die eingeschränkte Anwendbarkeit der §§ 111 bis 113 BetrVG

Die §§ 111 bis 113 BetrVG sind eingeschränkt und nur insoweit anzuwenden, als sie den **Ausgleich oder die Milderung wirtschaftlicher Nachteile** für die Arbeitnehmer infolge von Betriebsänderungen regeln (§ 112 Abs. 1 Satz 2 BetrVG), also den **Abschluß des Sozialplans** und **dessen Erzwingbarkeit** betreffen. Der **Interes-** 1055

---

1 BAG v. 30. 1. 1990 und 31. 1. 1995, AP Nr. 44, 56 zu § 118 BetrVG 1972.
2 BAG v. 8. 11. 1988 und 20. 11. 1990, AP Nr. 38, 47 zu § 118 BetrVG 1972.
3 BAG v. 28. 10. 1986, AP Nr. 32 zu § 118 BetrVG 1972.
4 BAG v. 19. 5. 1981, AP Nr. 21 zu § 118 BetrVG 1972.
5 BAG v. 27. 7. 1983, AP Nr. 51 zu § 118 BetrVG 1972.
6 BAG v. 31. 1. 1995, AP Nr. 56 zu § 118 BetrVG 1972.
7 BAG v. 8. 11. 1988, AP Nr. 38 zu § 118 BetrVG 1972.
8 BAG v. 28. 10. 1986, AP Nr. 32 zu § 118 BetrVG 1972.
9 Kritisch: *Fitting/Kaiser/Heither/Engels*, § 118 BetrVG Rz. 44; für Verfassungswidrigkeit dieser Bestimmung *Blanke*, in Däubler/Kittner/Klebe, § 118 Rz. 3 (entgegen BAG v. 7. 4. 1981, AP Nr. 16 zu § 118 BetrVG 1972).
10 *Fitting/Kaiser/Heither/Engels*, § 118 BetrVG Rz. 45; aA *Blanke*, in Däubler/Kittner/Klebe, § 118 BetrVG Rz. 59.

senausgleich entfällt[1]; dessen Abschluß ist auf freiwilliger Basis weiterhin möglich und zieht uU die Folgen gemäß § 113 Abs. 1 BetrVG nach sich[2].

1056 Bestehen bleiben die **Unterrichtungs- und Beratungsrechte** nach § 111 BetrVG, soweit diese darauf gerichtet sind, Nachteile für die Arbeitnehmer zu vermeiden, also der Vorbereitung des Sozialplans dienen. Unterrichtung und Beratung vor der Entscheidung über die Betriebsänderung entfallen, die Unterrichtung sollte jedoch vor Beginn der Durchführung liegen, während die Beratung auch danach erfolgen kann[3].

1057 **§ 113 Abs. 3 BetrVG** bleibt mit der Maßgabe anwendbar, daß an die Stelle des Interessenausgleichs der Sozialplan tritt[4].

c) Der relative Ausschluß von Beteiligungsrechten

aa) Grundsätze

1058 Für den Wegfall oder die Beschneidung der übrigen Mitbestimmungsrechte des Betriebsrats in Tendenzunternehmen muß zum einen ein **Tendenzträger betroffen** sein. Zum anderen muß die **konkrete Maßnahme tendenzbezogen** sein und die Ausübung des Beteiligungsrechts die **Tendenzverwirklichung verhindern oder ernstlich beeinträchtigen** können[5].

bb) Soziale Angelegenheiten (§§ 87 bis 89 BetrVG)

1059 Eine Einschränkung der Mitbestimmungsrechte in sozialen Angelegenheiten kommt nur in **Ausnahmefällen** in Betracht, da es hier meist um den wertneutralen Arbeitsablauf des Betriebes geht[6].

1060 Die **Arbeitszeitregelung** von Tendenzträgern (§ 87 Abs. 1 Nr. 2 und 3 BetrVG) unterliegt grundsätzlich der normalen Mitbestimmungskompetenz des Betriebsrats[7]. Nur dort, wo tendenzbedingte Gründe ausschlaggebend sind, entfällt das Mitbestimmungsrecht[8], so bei Redakteuren im Rahmen eines Einsat-

---

1 *Fitting/Kaiser/Heither/Engels*, § 118 BetrVG Rz. 46; *Bauer/Lingemann*, NZA 1995, 816; *Weber*, NZA 1989, Beil. 3, 7; aA *Blanke*, in Däubler/Kittner/Klebe, § 118 BetrVG Rz. 61: für uneingeschränkte Anwendbarkeit der §§ 111–113 BetrVG.
2 *Müller*, Festschrift für Hilger/Stumpf, S. 487; *Bauer/Lingemann*, NZA 1995, 816.
3 *Bauer/Lingemann*, NZA 1995, 815.
4 *Fitting/Kaiser/Heither/Engels*, § 118 BetrVG Rz. 46; für uneinschränkte Anwendung des § 113 BetrVG: *Blanke*, in Däubler/Kittner/Klebe, § 118 BetrVG Rz. 62; für dessen Unanwendbarkeit: *Weber*, NZA 1989, Beil. 3, 7; *Bauer/Lingemann*, NZA 1995, 816.
5 BAG v. 19. 5. 1981, 19. 5. 1981, 13. 1. 1987, 30. 1. 1990 und 14. 1. 1992, AP Nr. 18, 21, 33, 44, 49 zu § 118 BetrVG 1972; *Misera*, Anm. zu BAG AP Nr. 27 zu § 118 BetrVG 1972.
6 BAG v. 30. 1. 1990 und 13. 2. 1990, AP Nr. 44, 45 zu § 118 BetrVG 1972; weitergehend: *Gnade/Kehrmann/Schneider/Blanke*, § 118 BetrVG Rz. 39 und GK-BetrVG/*Fabricius*, § 118 Rz. 610, wonach die Beteiligungsrechte in sozialen Angelegenheiten uneingeschränkt gelten.
7 BAG v. 22. 5. 1979, AP Nr. 12 zu § 118 BetrVG 1972; aA *Berger-Delhey*, Anm. zu BAG AP Nr. 49 zu § 118 BetrVG 1972; *Berger-Delhey*, NZA 1992, 441, 444.
8 BAG v. 30. 1. 1990, AP Nr. 44 zu § 118 BetrVG 1972.

zes für eine aktuelle Berichterstattung¹. Daneben gehören bei einem Presseerzeugnis zur Tendenzautonomie des Verlegers alle Entscheidungen über die Arbeitszeit, die Einfluß auf den Redaktionsschluß, Lage und Dauer von Redaktionskonferenzen, die Besetzung der Redaktionen und die Beendigung einer Recherche haben². Ein Mitbestimmungsrecht des Betriebsrats verbleibt, soweit im Rahmen der tendenzbezogenen Zeitvorgaben die Arbeitszeiten technisch-organisatorisch umgesetzt werden, also beispielsweise die wöchentliche Arbeitszeit auf die mitbestimmungsfrei festgelegte Redaktionszeit verteilt wird³.

Weitere Beispiele: 1061
*Wird eine Schule von einer Halbtags- in eine Ganztagsschule geändert, und ändern sich dadurch die Arbeitszeiten, ist dies tendenzbezogen und daher mitbestimmungsfrei*⁴. *Mitbestimmungspflichtig ist dagegen die Festlegung von Höchstgrenzen für Vertretungsstunden bei Lehrern einer Privatschule*⁵. *Die Probezeiten eines Schauspielhauses unterliegen der Mitbestimmung, da die inhaltliche Gestaltung der Aufführung davon nicht berührt wird. Die Mitbestimmung entfällt, soweit die Gesamtdauer der Proben die künstlerische Qualität beeinflussen oder künstlerische Gesichtspunkte eine bestimmte zeitliche Lage oder eine Mindestdauer der einzelnen Proben erfordern*⁶.

Fragen der betrieblichen Lohngestaltung gemäß § 87 Abs. 1 Nr. 10 BetrVG sind 1062 dem Mitbestimmungsrecht des Betriebsrats entzogen, wenn eine Entgeltform den Tendenzträger zu besonderen Leistungen für die Tendenzverwirklichung anspornen soll (zB die Forschungszulage in Forschungsunternehmen)⁷.

cc) Personelle Angelegenheiten

Die Beteiligungsrechte nach **§ 99 BetrVG** sind eingeschränkt. Die **Einstellung** 1063 **sowie Versetzung** eines Tendenzträgers in einem Tendenzunternehmen bedürfen im Regelfall nicht der vorherigen Zustimmung des Betriebsrats⁸. Der Betriebsrat ist dennoch zuvor zu unterrichten, und ihm ist Gelegenheit zur Stellungnahme zu geben⁹.

---

1 BAG v. 14. 1. 1992, AP Nr. 49 zu § 118 BetrVG 1972.
2 BAG v. 14. 1. 1992, AP Nr. 49 zu § 118 BetrVG 1972.
3 BAG v. 14. 1. 1992 und 11. 2. 1992, AP Nr. 49, 50 zu § 118 BetrVG 1972; aA *Berger-Delhey,* NZA 1992, 441, 444.
4 BAG v. 13. 1. 1987, AP Nr. 33 zu § 118 BetrVG 1972.
5 BAG v. 13. 6. 1989, AP Nr. 36 zu § 87 BetrVG – Arbeitszeit.
6 BAG v. 4. 8. 1981, AP Nr. 5 zu § 87 BetrVG – Arbeitszeit.
7 BAG v. 13. 2. 1990, AP Nr. 45 zu § 118 BetrVG 1972; *Endlich,* NZA 1990, 13, 17 f.
8 BAG v. 1. 9. 1987, AP Nr. 11 zu § 101 BetrVG 1972; BAG v. 19. 5. 1981, v. 8. 5. 1990, AP Nr. 18, 46 zu § 118 BetrVG 1972; aA LAG Düsseldorf v. 14. 11. 1990, LAGE Nr. 15 zu § 118 BetrVG 1972 Nr. 15; GK-BetrVG/*Fabricius,* § 118 Rz. 654, wonach nur tendenzbedingte Zustimmungsverweigerungsgründe ausscheiden.
9 BAG v. 8. 5. 1990, AP Nr. 46 zu § 118 BetrVG 1972.

1064 Bei einer **unterlassenen oder nicht ordnungsgemäßen Unterrichtung des Betriebsrats** nach § 99 BetrVG kann dieser auch bei einem Tendenzträger nach § 101 BetrVG die Aufhebung der personellen Maßnahme verlangen[1]. Gleiches gilt, wenn der Arbeitgeber nach § 100 BetrVG die **Maßnahme vorläufig durchführt**, ohne beim Arbeitsgericht die Feststellung zu beantragen, daß die Maßnahme aus sachlichen Gründen dringend erforderlich war. § 100 BetrVG hat wegen des Wegfalls der Zustimmungspflichtigkeit allerdings nur Bedeutung, wenn der Arbeitgeber die Maßnahme vor Ablauf der Wochenfrist bzw. abschließender Stellungnahme des Betriebsrats durchführen will[2].

1065 Bei der **tariflichen Eingruppierung** ist das Mitbestimmungsrecht nicht eingeschränkt[3], da es um Rechtsanwendung und nicht um rechtliche Gestaltung, also um eine Richtigkeitskontrolle der beabsichtigten Eingruppierung geht[4].

1066 Vor der **Kündigung** eines sog. Tendenzträgers ist der Betriebsrat stets gem. § 102 Abs. 1 Satz 1 BetrVG zu hören. Bei der Anhörung sind auch tendenzbedingte Gründe mitzuteilen. Der Betriebsrat muß mögliche Einwendungen auf soziale Gesichtspunkte beschränken[5]. Eine ohne Anhörung des Betriebsrats ausgesprochene Kündigung ist nach § 102 Abs. 1 Satz 3 BetrVG rechtsunwirksam.

1067 Der Betriebsrat kann der tendenzbedingten Kündigung eines Tendenzträgers nicht nach **§ 102 Abs. 3 BetrVG** widersprechen[6]. Entsprechend entfällt der Weiterbeschäftigungsanspruch nach **§ 102 Abs. 5 BetrVG**[7]. Soweit bei tendenzbedingten Kündigungen das Widerspruchsrecht nach § 102 Abs. 3 BetrVG aus tendenzfreien Gründen bestehen bleiben soll, löst dieses jedenfalls keinen Weiterbeschäftigungsanspruch aus[8]. Soweit die Kündigung nicht aus Tendenzgründen erfolgt, gelten § 102 Abs. 3 und 5 BetrVG uneingeschränkt.

1068 **§ 103 BetrVG** findet auf die Kündigung eines Tendenzträgers aus tendenzbedingten Gründen **keine Anwendung;** es besteht nur ein Anhörungsrecht nach § 102 Abs. 1 BetrVG[9]. Die Kündigung eines Tendenzträgers aus nicht tendenzbedingten Gründen bedarf weiterhin der Zustimmung des Betriebsrats bzw.

---

1 BAG v. 8. 5. 1990, AP Nr. 46 zu § 118 BetrVG 1972; aA *Meusel*, NZA 1987, 658 zur Eingruppierung wissenschaftlicher Mitarbeiter nach den unbestimmten Tarifmerkmalen des BAT.
2 BAG v. 8. 5. 1990, AP Nr. 46 zu § 118 BetrVG 1972.
3 BAG v. 3. 12. 1985, AP Nr. 31 zu § 99 BetrVG 1972.
4 BAG v. 31. 5. 1983, AP Nr. 27 zu § 118 BetrVG 1972.
5 *Naendrup*, Anm. zu BAG AP Nr. 20 zu § 118 BetrVG 1972.
6 *Fitting/Kaiser/Heither/Engels*, § 118 Rz. 39.
7 *Weber*, NZA 1989, Beil. 3, 7; *Bauer/Lingemann*, NZA 1995, 818; aA *Blanke*, in *Däubler/Kittner/Klebe*, § 118 BetrVG Rz. 96.
8 *Bauer/Lingemann*, NZA 1995, 818.
9 *Fitting/Kaiser/Heither/Engels*, § 118 BetrVG Rz. 41; *Weber*, NZA 1989, Beil. 3, 7; *Müller*, Festschrift Hilger/Stumpf, S. 508; aA *Blanke*, in *Däubler/Kittner/Klebe*, § 118 BetrVG Rz. 100.

deren Ersetzung durch das Arbeitsgericht[1]. Bei Abgrenzungsproblemen empfiehlt sich letzteres ohnehin.

dd) Sonstige Fälle

Der **organisatorische Teil** des BetrVG findet uneingeschränkt Anwendung[2]: 1069
- Zutrittsrecht der Gewerkschaft zum Betrieb nach **§ 2 Abs. 2 BetrVG:** Wird bei koalitionspolitischen Vereinigungen von einem Teil der Literatur verneint[3].
- Begründung eines Arbeitsverhältnisses nach **§ 78a Abs. 2 BetrVG** mit einem Redaktionsvolontär: Entfällt, wenn tendenzbedingte Gründe die Weiterbeschäftigung des Arbeitnehmers als für den Arbeitgeber unzumutbar ausschließen[4].
- **§ 90 Abs. 2 Satz 2 BetrVG,** Einblick in Gehaltslisten, auch bei Tendenzträgern[5].
- Personalplanung nach **§ 92 BetrVG:** Die Beteiligungsrechte des Betriebsrats sind nicht generell ausgeschlossen[6].
- **§ 93 BetrVG,** Ausschreibung von Arbeitsplätzen, auch bei Tendenzträgern[7].
- **§ 94 BetrVG** (Personalfragebogen): Fragen zur DDR-Vergangenheit an einen Wissenschaftler sind tendenzbezogen[8].
- **§ 98 BetrVG,** betriebliche Berufsbildungsmaßnahme[9]: Das Mitbestimmungsrecht des Betriebsrats kann entfallen, soweit Tendenzträger betroffen sind[10].

7. Erweiterung der Mitbestimmungsrechte trotz Tendenzschutzes durch tarifliche Regelungen

Der Tendenzschutz schließt nicht aus, daß dem Betriebsrat durch Tarifvertrag 1070 das gemäß § 118 BetrVG eingeschränkte Mitbestimmungsrecht wieder eingeräumt wird. Wenn es Zweck des gesetzlichen Tendenzschutzes ist, dem Arbeitgeber die Verwirklichung seiner Ziele nach eigenen Vorstellungen zu ermöglichen, folgt für den Arbeitgeber daraus auch die Freiheit, dem Betriebsrat die eingeschränkten Mitbestimmungsrechte wieder einzuräumen[11].

---

1 *Bauer/Lingemann*, NZA 1995, 818; *Weber*, NZA 1989, Beil. 3, 7.
2 *Müller*, Festschrift Hilger/Stumpf, S. 485, 490.
3 So: *Müller*, Festschrift Hilger/Stumpf, S. 491; aA *Blanke*, in *Däubler/Kittner/Klebe*, § 118 BetrVG Rz. 70.
4 BAG v. 23. 6. 1983, AP Nr. 10 zu § 78 a BetrVG 1972.
5 BAG v. 12. 2. 1980 und 30. 6. 1981, AP Nr. 12, 15 zu § 80 BetrVG 1972; BAG v. 22. 5. 1979, AP Nr. 12 zu § 118 BetrVG 1972.
6 BAG v. 6. 11. 1990, AP Nr. 3 zu § 92 BetrVG 1972.
7 BAG v. 30. 1. 1979, AP Nr. 11 zu § 118 BetrVG 1972.
8 BAG v. 21. 9. 1993, AP Nr. 4 zu § 94 BetrVG 1972.
9 BAG v. 4. 12. 1990, AP Nr. 1 zu § 97 BetrVG 1972.
10 BAG v. 12. 11. 1991, AP Nr. 8 zu § 98 BetrVG 1972.
11 BAG v. 31. 1. 1995, AP Nr. 56 zu § 118 BetrVG 1972 (zur Einstellung von Tendenzträgern in einem Berufsförderungswerk).

8. Religionsgemeinschaften

1071 Nach § 118 Abs. 2 findet das BetrVG **keine Anwendung** auf Religionsgemeinschaften und ihre karitativen und erzieherischen Einrichtungen. Diese Regelung beruht auf dem den Religionsgemeinschaften in Art. 140 GG in Verbindung mit Art. 137 Abs. 3 WRV gewährleisteten Recht, ihre Angelegenheiten selbständig innerhalb der Schranken des für alle geltenden Gesetzes zu ordnen und zu verwalten[1]. Der **Begriff der Religionsgemeinschaft** in § 118 Abs. 2 BetrVG ist identisch mit dem der Religionsgesellschaft im Sinne des Art. 137 Abs. 3 WRV[2] und umfaßt auch **jede Glaubensgemeinschaft weltanschaulicher Art**[3].

1072 Auf die **Rechtsform der Religionsgemeinschaft bzw. ihrer Einrichtungen** kommt es grundsätzlich nicht an; diese muß jedoch **privatrechtlich** sein. § 118 Abs. 2 BetrVG betrifft weder die verfaßte Kirche, die öffentlich-rechtlich organisiert ist[4], noch eine kirchliche Einrichtung mit öffentlich-rechtlichem Status; **Beispiel:** Brauerei als rechtlich unselbständiger Teil eines Klosters, dem der Status einer Körperschaft des öffentlichen Rechts verliehen wurde[5]. In diesen Fällen ist das BetrVG gemäß § 130 BetrVG von vornherein ausgeschlossen.

1073 Eine **Einrichtung** muß **zur Religionsgemeinschaft gehören**. Dies ist der Fall, wenn zwischen beiden **nach Inhalt und Ziel weitgehende Identität** besteht und die **Religionsgemeinschaft ihre Vorstellungen in der Einrichtung durchsetzen kann**[6]. Zu diesem Zweck muß eine gewisse institutionelle Verbindung bestehen, die Religionsgemeinschaft muß also einen gewissen ordnenden und verwaltenden Einfluß haben[7]. Die Durchsetzungsmöglichkeiten müssen nicht statutenmäßig abgesichert sein. Im Einzelfall können personelle Verflechtungen zwischen den Führungsgremien der Einrichtung und Amtsinhabern der Kirche genügen[8].

1074 Es muß sich um eine **karitative oder erzieherische** Einrichtung handeln[9]. Der Begriff „erzieherisch" in § 118 Abs. 2 BetrVG deckt sich mit dem gleichlautenden Begriff in § 118 Abs. 1 BetrVG[10]. „Karitativ" soll nicht denselben Regelungsgehalt wie in § 118 Abs. 1 BetrVG haben[11], da die Religionsgemeinschaft selbst das Recht habe zu bestimmen, ob eine Betätigung „karitativ" und damit

---

1 BAG v. 9. 2. 1982 und 24. 7. 1991, AP Nr. 24, 48 zu § 118 BetrVG 1972.
2 BAG v. 24. 7. 1991, AP Nr. 48 zu § 118 BetrVG 1972.
3 *Fitting/Kaiser/Heither/Engels*, § 118 BetrVG Rz. 56; *Blanke*, in Däubler/Kittner/Klebe, § 118 BetrVG Rz. 106; aA *Marhold*, AR-Blattei SD 1570, Rz. 183.
4 BAG v. 30. 7. 1987, AP Nr. 3 zu § 130 BetrVG 1972.
5 BAG v. 30. 7. 1987, AP Nr. 3 zu § 130 BetrVG 1972.
6 BAG v. 14. 4. 1988, AP Nr. 36 zu § 118 BetrVG 1972.
7 BAG v. 14. 4. 1988 und 24. 7. 1991, AP Nr. 36, 48 zu § 118 BetrVG 1972; *Dütz/Bayer*, Anm. zu BAG AP Nr. 36 zu § 118 BetrVG 1972.
8 BAG v. 14. 4. 1988, AP Nr. 36 zu § 118 BetrVG 1972.
9 *Fitting/Kaiser/Heither/Engels*, § 118 BetrVG Rz. 49; *Blanke*, in Däubler/Kittner/Klebe, § 118 BetrVG Rz. 105; *Marhold*, AR-Blattei SD, 1570, Rz. 188.
10 BAG v. 14. 4. 1988, AP Nr. 36 zu § 118 BetrVG 1972.
11 BAG v. 29. 6. 1988, AP Nr. 37 zu § 118 BetrVG 1972 unter II 2. a) bb); kritisch *Kohte*, Anm. zu BAG v. 29. 6. 1988, AP Nr. 37 zu § 118 BetrVG 1972.

Wesensäußerung der Kirche in der Welt sei oder nicht, während sich „karitativ" im Sinne von § 118 Abs. 1 Nr. 1 BetrVG nach objektiven Kriterien bestimme[1].

Neben den karitativen und erzieherischen Einrichtungen umfaßt § 118 Abs. 2 BetrVG **auch ausgegliederte, rechtlich selbständige Teile von Religionsgemeinschaften,** soweit ihr Zweck kirchlicher Aufgabenstellung entspricht und eine hinreichende organisatorische und finanzielle Zuordnung zur Kirche besteht. 1075

Beispiele: 1076
Rechtlich selbständiger evangelischer Presseverband zur Öffentlichkeitsarbeit mit publizistischen Mitteln als Teil kirchlicher Mission[2]; Krankenhaus, dessen Träger der Johanniterorden ist[3]; Berufsbildungswerk des Kolpingwerks[4].

9. Luftfahrt

Auf **Landbetriebe** von Luftfahrtunternehmen findet das **BetrVG** uneingeschränkt **Anwendung,** § 117 Abs. 1 BetrVG. Für die **im Flugbetrieb** beschäftigten Arbeitnehmer gilt das **BetrVG** dagegen **nicht,** § 117 Abs. 2 BetrVG. **Für Flugbetriebe** kann lediglich **durch Tarifvertrag** eine **Arbeitnehmervertretung** errichtet werden. Solche Tarifverträge bestehen beispielsweise für die Deutsche Lufthansa, Aero Lloyd, Dan Air, DLT, Hapag-Lloyd, LTU, Condor, Deutsche BEA[5]. 1077

10. Seeschiffahrt

a) Grundlagen

Im Bereich der Seeschiffahrt gilt für die **Mitarbeiter der Landbetriebe** eines Seeschiffahrtsunternehmens das **allgemeine BetrVG**. Für den Seebetrieb enthalten die §§ 114 bis 116 BetrVG Sonderregelungen, wonach für die **auf einem Schiff befindlichen Besatzungsmitglieder** eine **Bordvertretung** (§ 115 BetrVG) und an Land ein **Seebetriebsrat** (§ 116 BetrVG) für die Besatzungsmitglieder aller Schiffe eines Seeschiffahrtsunternehmens zu bilden sind. Die Seebetriebsverfassung ist also zweigliedrig. 1078

---

1 BAG v. 24. 11. 1981, AP Nr. 10 zu § 72a ArbGG 1979 – Divergenz; kritisch *Struck,* NZA 1991, 249, 251.
2 BAG v. 24. 7. 1991, AP Nr. 48 zu § 118 BetrVG 1972; kritisch *Struck,* NZA 1991, 249; *Fitting/Kaiser/Heither/Engels,* § 118 BetrVG Rz. 57b.
3 BAG v. 9. 2. 1982, AP Nr. 24 zu § 118 BetrVG 1972.
4 BAG v. 14. 4. 1988, AP Nr. 36 zu § 118 BetrVG 1972.
5 Vgl. die ausführliche Benennung bei *Fitting/Kaiser/Heither/Engels,* § 117 BetrVG Rz. 2.

b) Besatzungsmitglieder

1079 Zu den Besatzungsmitgliedern gehören gemäß den §§ 114 Abs. 6 BetrVG, 3 SeemG Beschäftigte, die zu dem Reeder in einem **Heuerverhältnis** (§§ 23 ff. SeemG) stehen, aufgrund dessen sie verpflichtet sind, auf den Schiffen des Seebetriebes ihre Dienste zu leisten (§§ 27 ff. SeemG). Besatzungsmitglied ist auch, wer sich wegen Urlaubs oder Krankheit an Land aufhält[1].

1080 Nach § 114 Abs. 6 Satz 2 BetrVG sind im Bereich der Seebetriebsverfassung **Kapitäne** die einzigen leitenden Angestellten gem. § 5 Abs. 3 BetrVG.

c) Bordvertretung

1081 Die Bordvertretung (§ 115 BetrVG) ist das **Organ der Besatzungsmitglieder eines Schiffes** im Sinne des § 114 Abs. 4 BetrVG. Die dem Arbeitgeber zugewiesenen Rechte und Pflichten nimmt an Bord des Schiffes der Kapitän wahr[2].

1082 Die Bordvertretung ist nach § 115 Abs. 7 Nr. 1 BetrVG zuständig für Angelegenheiten gemäß den §§ 74 bis 105 BetrVG, die den **Bordbetrieb** oder die **Besatzungsmitglieder des Schiffes** betreffen. Zum Bordbetrieb gehört der gesamte Arbeits- und Betriebsablauf an Bord[3], ferner alle Angelegenheiten gemäß § 115 Abs. 7 Nr. 5 Satz 3 BetrVG wie Schiffssicherheit, Reiserouten und dergleichen. Besatzungsmitglieder des Schiffes sind diejenigen, die dem Schiff rechtlich zugeordnet sind. Die Zuständigkeit der Bordvertretung ist auf Angelegenheiten begrenzt, die aufgrund gesetzlicher Vorschriften oder der vom Reeder übertragenen Befugnisse vom Kapitän geregelt werden. Handelt trotz bestehender Befugnis anstelle des Kapitäns der Reeder selbst, ist nicht die Bordvertretung, sondern der Seebetriebsrat zuständig[4].

d) Seebetriebsrat

1083 Der **Seebetriebsrat** (§ 116 BetrVG) ist **das an Land gewählte Vertretungsorgan aller Besatzungsmitglieder** eines Seeschiffahrtsunternehmens.

1084 Der Seebetriebsrat ist nach § 116 Abs. 6 Nr. 1 a BetrVG zuständig für Angelegenheiten gemäß den §§ 74 bis 113 BetrVG, die **alle oder mehrere Schiffe** oder die **Besatzungsmitglieder aller oder mehrerer Schiffe** des Seebetriebs betreffen. Die eventuell daneben bestehende Zuständigkeit der Bordvertretung bleibt zunächst bestehen, wobei allerdings die §§ 106 bis 113 BetrVG nur für den Seebetriebsrat gelten[5]. Hinsichtlich der §§ 74 bis 105 BetrVG besteht also zunächst eine konkurrierende Zuständigkeit. Wird der Seebetriebsrat tätig, erlischt die Zuständigkeit der Bordvertretung[6].

---

1 *Berg*, in Däubler/Kittner/Klebe, § 114 BetrVG Rz. 19.
2 *Berg*, in Däubler/Kittner/Klebe, § 115 BetrVG Rz. 1, 34.
3 *Berg*, in Däubler/Kittner/Klebe, § 115 BetrVG Rz. 37.
4 *Berg*, in Däubler/Kittner/Klebe, § 115 BetrVG Rz. 38.
5 *Berg*, in Däubler/Kittner/Klebe, § 116 BetrVG Rz. 45.
6 *Berg*, in Däubler/Kittner/Klebe, § 116 BetrVG Rz. 46.

Der Seebetriebsrat ist nach § 116 Abs. 6 Nr. 1b BetrVG ferner zuständig für auf ein Schiff bezogene Angelegenheiten, die gemäß § 115 Abs. 7 Nr. 2 BetrVG von der Bordvertretung oder dem Kapitän wegen nicht erzielter Einigung abgegeben worden sind. In diesem Fall erlischt die Zuständigkeit der Bordvertretung. Schließlich ist der Seebetriebsrat nach § 116 Abs. 6 Nr. 1c BetrVG zuständig für alle Angelegenheiten, für die die Bordvertretung nach § 115 Abs. 7 Nr. 1 BetrVG nicht zuständig ist, die also nicht vom Kapitän, sondern vom Reeder geregelt werden. 1085

X. Sprecherausschuß

1. Stellung des leitenden Angestellten

Nach § 5 Abs. 3 Satz 1 findet das BetrVG, soweit in ihm nicht etwas anderes bestimmt ist, keine Anwendung auf leitende Angestellte. § 5 Abs. 3 Satz 2 BetrVG enthält eine Legaldefinition für den leitenden Angestellten. Der Gesetzgeber hat im Rahmen des BetrVG 1972 bewußt auf eine Regelung für leitende Angestellte verzichtet[1]. Nach zum Teil heftigen Kontroversen[2] kam es zur Verabschiedung des **Gesetzes über Sprecherausschüsse der leitenden Angestellten** (Sprecherausschußgesetz – SprAuG), das in den alten Bundesländern am 1. 1. 1989 in Kraft trat. 1086

2. Geltungsbereich des Sprecherausschußgesetzes

Das Sprecherausschußgesetz gilt für alle leitenden Angestellten iSd. § 5 Abs. 3 und 4 BetrVG in den alten und seit dem 3. 10. 1990 auch in den neuen Bundesländern. Voraussetzung ist, daß der Betrieb im Inland liegt (**Territorialitätsprinzip**). Auch im Inland liegende Betriebe ausländischer Unternehmen werden erfaßt. Die Staatsangehörigkeit der leitenden Angestellten ist unerheblich. Daher gilt das Sprecherausschußgesetz auch dann, wenn der Betrieb im Inland liegt und die leitenden Angestellten sämtlichst ausländische Arbeitnehmer sind. 1087

Gemäß § 1 Abs. 3 Nr. 1 SprAuG ist die Anwendung dieses Gesetzes auf **Verwaltungen und Betriebe** des Bundes, der Länder, der Gemeinden und sonstigen Körperschaften, Anstalten und Stiftungen **des öffentlichen Rechts** ausgeschlossen. Ist allerdings Inhaber des Betriebes eine juristische Person des Privatrechts, etwa eine GmbH, dann ist das Sprechergesetz auch dann anzuwenden, wenn alle Gesellschaftsanteile sich in öffentlicher Hand befinden[3], was bedeutsam ist für kommunale Betriebe (Stadtwerke etc.), die in Privatrechtsform organisiert sind. 1088

Nicht anzuwenden ist das Sprecherausschußgesetz (§ 1 Abs. 3 Nr. 2 SprAuG) auf **Religionsgemeinschaften** und ihre karitativen und erzieherischen Einrichtungen unbeschadet deren Rechtsform. 1089

---
1 Vgl. insoweit *Schaub*, AR-Handbuch, § 245 I.1., S. 2017.
2 Vgl. hierzu die Nachweise bei *Schaub*, AR-Handbuch, § 245 I.1., S. 2017.
3 *Löwisch*, § 1 SprAuG Rz. 52.

1090 Für **Tendenzbetriebe/-unternehmen** sieht das Sprecherausschußgesetz, mit Ausnahme des § 32 Abs. 1 Satz 2 SprAuG, der sich mit der Unterrichtung des Sprecherausschusses über wirtschaftliche Angelegenheiten befaßt, keine Ausnahmen vor.

3. Grundsätze der Zusammenarbeit

1091 Gemäß § 2 Abs. 1 Satz 1 SprAuG arbeitet der Sprecherausschuß mit dem Arbeitgeber vertrauensvoll unter Beachtung der geltenden Tarifverträge zum Wohl der leitenden Angestellten und des Betriebes zusammen. Diese Regelung lehnt sich an das Gebot der vertrauensvollen Zusammenarbeit nach § 2 Abs. 1 Satz 1 BetrVG an. Die **Verpflichtung zur vertrauensvollen Zusammenarbeit** nach dem Sprecherausschußgesetz ist für den Arbeitgeber in § 2 Abs. 1 Satz 2 SprAuG konkretisiert. Danach hat der Arbeitgeber vor Abschluß einer Betriebsvereinbarung oder sonstigen Vereinbarung mit dem Betriebsrat, die die rechtlichen Interessen der leitenden Angestellten berührt, den Sprecherausschuß rechtzeitig anzuhören.

1092 Unter dem Aspekt der Zusammenarbeit ergibt sich auch die Notwendigkeit der **Zusammenarbeit von Sprecherausschuß und Betriebsrat.** Eine ausdrückliche Verpflichtung zur vertrauensvollen Zusammenarbeit zwischen Betriebsrat und Sprecherausschuß enthält aber weder das BetrVG noch das Sprecherausschußgesetz. Aus §§ 78, 119 Abs. 1 Nr. 2 BetrVG und §§ 2 Abs. 3 Satz 1, 34 Abs. 1 Nr. 2 SprAuG ergibt sich jedoch, daß sich der Sprecherausschuß und der Betriebsrat nicht wechselseitig behindern dürfen[1].

4. Behinderungs-, Benachteiligungs- und Begünstigungsverbot sowie betriebliche Friedenspflicht

1093 Nach § 2 Abs. 3 Satz 1 SprAuG dürfen die Mitglieder des Sprecherausschusses in Ausübung ihrer Tätigkeit nicht gestört oder behindert werden (**Behinderungsverbot**). Ausfluß des Behinderungsverbotes ist die bezahlte Freistellung zur Amtsausübung nach § 14 Abs. 1 SprAuG. Darüber hinaus dürfen Sprecherausschußmitglieder wegen ihrer Tätigkeit nicht benachteiligt oder begünstigt werden (**Benachteiligungs- oder Begünstigungsverbot, § 2 Abs. 3 Satz 2 SprAuG**). Das Vorliegen einer Benachteiligung oder Begünstigung ist durch Vergleich der Stellung des Sprecherausschußmitgliedes mit allen leitenden Angestellten des Betriebes oder Unternehmens anhand eines objektiven Maßstabes zu ermitteln.

1094 Ein **besonderer Kündigungsschut**z kann aus dem Behinderungs- und Benachteiligungsverbot für die Mitglieder des Sprecherausschusses nicht abgeleitet werden. § 15 KSchG erwähnt Mitglieder des Sprecherausschusses nicht. Allerdings dürfen Sprecherausschußmitglieder nicht wegen ihrer Tätigkeit im Sprecherausschuß gekündigt werden (§ 612 a BGB; § 134 BGB iVm. § 2 Abs. 3 SprAuG).

---

1 *Schaub*, AR-Handbuch, § 245 V.2.b, S. 2020.

X. Sprecherausschuß

Gemäß § 2 Abs. 4 Satz 1 SprAuG haben Arbeitgeber und Sprecherausschuß Betätigungen zu unterlassen, durch die der Arbeitsablauf oder der Frieden des Betriebs beeinträchtigt werden (**betriebliche Friedenspflicht**). Die Vorschrift entspricht der des § 74 Abs. 2 Satz 2 BetrVG. Darüber hinaus haben Sprecherausschußmitglieder gem. § 2 Abs. 4 Satz 2 SprAuG jede parteipolitische Betätigung im Betrieb zu unterlassen. § 2 Abs. 4 Satz 2 2. Halbs. SprAuG nimmt hiervon jedoch die Behandlung von Angelegenheiten tarifpolitischer, sozialpolitischer und wirtschaftlicher Art, die den Betrieb oder die leitenden Angestellten unmittelbar betreffen, aus.

1095

5. Wahl des Sprecherausschusses

a) Voraussetzungen für die Wahl eines Sprecherausschusses

Gemäß § 1 Abs. 1 SprAuG können Sprecherausschüsse gewählt werden in **Betrieben mit in der Regel mindestens 10 leitenden Angestellten**. Nach § 2 Abs. 2 SprAuG gelten leitende Angestellte eines Betriebs mit in der Regel weniger als 10 leitenden Angestellten für die Anwendung des Sprecherausschußgesetzes als leitende Angestellte des räumlich nächstgelegenen Betriebs desselben Unternehmens, der die Voraussetzungen des § 1 Abs. 1 SprAuG erfüllt. Für die Errichtung eines Unternehmenssprecherausschusses sieht § 20 SprAuG eine besondere Regelung vor. Sind danach in einem Unternehmen mit mehreren Betrieben in der Regel insgesamt mindestens 10 leitende Angestellte beschäftigt, kann abweichend von § 1 Abs. 1 und 2 SprAuG ein Unternehmenssprecherausschuß der leitenden Angestellten gewählt werden (§ 20 Abs. 1 Satz 1 SprAuG). Dazu ist der Beschluß der Mehrheit der leitenden Angestellten des Unternehmens erforderlich.

1096

Für den **Begriff des Betriebs** ist der allgemeine Betriebsbegriff maßgebend[1].

1097

Trotz der Formulierung in § 1 Abs. 1 SprAuG („werden ... gewählt") ist es allein Sache der wahlberechtigten leitenden Angestellten, den Sprecherausschuß durch eine Wahl zu errichten. Die Bildung unterliegt dem gleichen **Freiwilligkeitsprinzip** wie die Bildung eines Betriebsrats[2]. Neben dem auf gesetzlicher Grundlage beruhenden Sprecherausschuß kann es keine freiwillige Interessenvertretung der leitenden Angestellten im Betrieb mehr geben[3].

1098

b) Durchführung der Wahl

Zur Durchführung der Wahl des Sprecherausschusses muß spätestens 10 Wochen vor Ablauf der Amtszeit des Sprecherausschusses dieser einen aus drei oder mehreren leitenden Angestellten bestehenden **Wahlvorstand** und einen von ihnen als Vorsitzenden bestellen (§ 7 Abs. 1 SprAuG). Besteht noch kein Sprecherausschuß, so wird nach § 7 Abs. 2 Satz 1 SprAuG in einer Versamm-

1099

---

1 *Löwisch*, § 1 SprAuG Rz. 38; vgl. auch zur Behandlung von Betriebsteilen und Nebenbetrieben *Kramer*, BB 1993, 2153.
2 MünchArbR/*Joost*, § 315 Rz. 2, vgl. auch *Kramer*, BB 1993, 2153, 2154.
3 *Fitting/Kaiser/Heither/Engels*, § 5 ArbGG Rz. 202.

lung von der Mehrheit der anwesenden leitenden Angestellten des Betriebs ein Wahlvorstand gewählt. Zu dieser Versammlung können drei leitende Angestellte des Betriebs einladen und Vorschläge für die Zusammensetzung des Wahlvorstands machen (§ 7 Abs. 2 Satz 2 SprAuG). Der Wahlvorstand hat dann unverzüglich, also ohne schuldhaftes Zögern, eine Abstimmung darüber herbeizuführen, ob ein Sprecherausschuß gewählt werden soll (§ 7 Abs. 2 Satz 2 SprAuG). Die Wahl des Wahlvorstandes muß nicht zwingend geheim abgehalten werden[1]. Der Wahlvorstand hat dann unverzüglich die Grundabstimmung vorzunehmen, ob überhaupt ein Sprecherausschuß gewählt werden soll (§ 7 Abs. 4 Satz 1 SprAuG).

1100 Nach § 3 Abs. 1 SprAuG sind alle leitenden Angestellten des Betriebs **wahlberechtigt. Wählbar** sind nach § 3 Abs. 2 Satz 1 SprAuG alle leitenden Angestellten, die dem Betrieb sechs Monate angehören. Auf diese Zeit werden Zeiten angerechnet, in denen der leitende Angestellte unmittelbar vorher einem anderen Betrieb desselben Unternehmens oder Konzerns als Beschäftigter angehört hat. § 3 Abs. 2 Satz 2 SprAuG normiert, wer nicht wählbar ist. Den **Zeitpunkt der Wahl** und die Amtszeit des Sprecherausschusses legt § 5 SprAuG fest. Danach finden die regelmäßigen Wahlen alle vier Jahre in der Zeit vom 1. 3. bis 31. 5. statt. Sie sind zeitgleich mit den regelmäßigen Betriebsratswahlen einzuleiten (§ 5 Abs. 1 Satz 2 SprAuG). Nach § 5 Abs. 4 Satz 1 SprAuG beträgt die **regelmäßige Amtszeit** des Sprecherausschusses vier Jahre. Die Amtszeit beginnt mit der Bekanntgabe des Wahlergebnisses oder, wenn zu diesem Zeitpunkt noch ein Sprecherausschuß besteht, mit Ablauf von dessen Amtszeit (§ 5 Abs. 4 Satz 2 SprAuG). Die Amtszeit endet spätestens am 31. 5. des Jahres, in dem die regelmäßigen Wahlen stattfinden (§ 5 Abs. 4 Satz 3 SprAuG).

1101 Gemäß § 6 Abs. 1 SprAuG wird der Sprecherausschuß in **geheimer und unmittelbarer Wahl** gewählt. Die Wahl erfolgt nach den Grundsätzen der **Verhältniswahl** (§ 6 Abs. 2 SprAuG). Zur Durchführung der Wahl ist nach Maßgabe des § 38 SprAuG eine Wahlordnung zum Sprecherausschußgesetz ergangen (BGBl. 1989 I, 1798).

1102 § 4 SprAuG setzt die **Zahl der Sprecherausschußmitglieder** fest.

Übersicht über die Zahl der Sprecherausschußmitglieder:

Zahl der leitenden Angestellten	Zahl der Ausschußmitglieder
10 bis 20	1
21 bis 100	3
101 bis 300	5
über 300	7

1103 **Männer und Frauen** sollen entsprechend ihrem zahlenmäßigen Verhältnis im Sprecherausschuß vertreten sein (§ 4 Abs. 2 SprAuG).

---

1 *Schaub*, AR-Handbuch, § 246 I.2.a, S. 2023.

X. Sprecherausschuß

Die Möglichkeit einer **Wahlanfechtung**, des **Wahlschutzes** und die Regelung der **Wahlkosten** ist in § 8 SprAuG normiert. Die Vorschrift ist den §§ 19, 20 BetrVG nachgebildet. Gemäß § 8 Abs. 1 Satz 1 SprAuG kann die Wahl beim Arbeitsgericht innerhalb von 2 Wochen, vom Tag der Bekanntgabe des Wahlergebnisses an gerechnet, angefochten werden, wenn gegen wesentliche Vorschriften des Wahlrechts, der Wählbarkeit und das Wahlverfahren verstoßen worden ist und eine Berichtigung nicht erfolgt ist, es sei denn, daß durch den Verstoß das Wahlergebnis nicht geändert oder beeinflußt werden konnte. § 8 Abs. 2 Satz 1 SprAuG bestimmt, daß niemand die Wahl des Sprecherausschusses behindern darf. Nach § 8 Abs. 3 Satz 1 SprAuG hat der Arbeitgeber die Kosten der Wahl zu tragen.

1104

c) Ende der Mitgliedschaft und Auflösung des Sprecherausschusses

Nach § 9 Abs. 1 Satz 1 SprAuG können mindestens ein Viertel der leitenden Angestellten oder der Arbeitgeber beim Arbeitsgericht den **Ausschluß eines Mitglieds** aus dem Sprecherausschuß oder die **Auflösung des Sprecherausschusses** wegen grober Verletzung seiner gesetzlichen Pflichten beantragen. Der Ausschluß eines Mitglieds kann auch vom Sprecherausschuß nach § 9 Abs. 1 Satz 2 SprAuG beantragt werden. Die Vorschrift entspricht im wesentlichen § 23 Abs. 1 BetrVG, mit Ausnahme der Tatsache, daß die Gewerkschaften nicht antragsberechtigt sind. Die Mitgliedschaft im Sprecherausschuß erlischt nach § 9 Abs. 2 SprAuG unter den dort aufgeführten Voraussetzungen:

1105

- Ablauf der Amtszeit;
- Niederlegung des Sprecherausschußamtes;
- Beendigung des Arbeitsverhältnisses;
- Verlust der Wählbarkeit;
- Ausschluß aus dem Sprecherausschuß;
- Auflösung des Sprecherausschusses aufgrund gerichtlicher Entscheidung oder
- gerichtliche Entscheidung über die Feststellung der Nichtwählbarkeit.

§ 10 SprAuG trifft eine Regelung über das Nachrücken von **Ersatzmitgliedern** in den Sprecherausschuß.

1106

6. Stellung des Sprecherausschusses und seiner Mitglieder

Ist der Sprecherausschuß gewählt, so vertritt er die Interessen aller leitenden Angestellten eines Betriebs oder Unternehmens, unabhängig davon, ob sich die leitenden Angestellten an der Wahl zum Sprecherausschuß beteiligt haben oder nicht (vgl. auch § 25 Abs. 1 Satz 1 SprAuG)[1]. Als Interessenvertretung eines Teils der Arbeitnehmer ist der Sprecherausschuß ein Organ der Betriebsverfassung[2].

1107

---

1 *Fitting/Kaiser/Heither/Engels*, § 5 BetrVG Rz. 201.
2 *Fitting/Kaiser/Heither/Engels*, § 5 BetrVG Rz. 203.

1108 Für das einzelne Mitglied des Sprecherausschusses ist das Amt ein **Ehrenamt**[1]. Die Kostentragungspflicht nach § 14 Abs. 2 SprAuG umfaßt sowohl die Kosten der eigentlichen Sprecherausschußtätigkeit als auch **Aufwendungen,** die den einzelnen Sprecherausschußmitgliedern durch ihre Tätigkeit entstehen[2]. Hier gilt dasselbe wie für ein Betriebsratsmitglied. Darüber hinaus sind Mitglieder des Sprecherausschusses nach § 14 Abs. 1 SprAuG von ihrer beruflichen Tätigkeit ohne Minderung des Arbeitsentgeltes zu befreien, wenn und soweit es nach Umfang und Art des Betriebes zur ordnungsgemäßen Durchführung ihrer Aufgaben erforderlich ist. Zum fortzuzahlenden Arbeitsentgelt gehören auch allgemeine Zuwendungen außerhalb der eigentlichen Vergütung.

Beispiele:

Gratifikationen; zusätzliche Urlaubsgelder und vermögenswirksame Leistungen[3].

1109 Einen **Freizeitausgleich** für Sprecherausschußtätigkeiten außerhalb der Arbeitszeit sieht § 14 Abs. 1 SprAuG im Gegensatz zu § 37 Abs. 3 BetrVG nicht vor. Auch eine vollständige Freistellung von der Arbeitsleistung, wie in § 38 BetrVG vorgesehen, ist nach dem Sprecherausschußgesetz nicht möglich[4]. Dies wäre auch nur schwerlich mit den Aufgaben eines leitenden Angestellten zu vereinbaren. § 14 SprAuG sieht schließlich auch, anders als § 37 Abs. 6 BetrVG, **keine** Arbeitsbefreiung für die **Teilnahme an Schulungsveranstaltungen** vor.

1110 Gemäß § 29 SprAuG sind die Mitglieder und Ersatzmitglieder des Sprecherausschusses zur Verschwiegenheit verpflichtet. Die **Verschwiegenheitspflicht** gilt auch über die Dauer des Ausscheidens hinaus (§ 29 Abs. 1 Satz 2 SprAuG). Den Sprecherausschußmitgliedern ist es insbesondere untersagt, Betriebs- oder Geschäftsgeheimnisse zu offenbaren (vgl. § 29 Abs. 1 Satz 1 SprAuG)[5]. Nach § 11 Abs. 1 SprAuG wählt der Sprecherausschuß aus seiner Mitte den Vorsitzenden und dessen Stellvertreter. Der **Vorsitzende** vertritt den Sprecherausschuß im Rahmen der von diesem gefaßten Beschlüsse (§ 11 Abs. 2 Satz 1 SprAuG). Der Vorsitzende ist zugleich zur Entgegennahme von Erklärungen, die dem Sprecherausschuß gegenüber abzugeben sind, nach § 11 Abs. 2 Satz 2 SprAuG berechtigt. Gemäß § 11 Abs. 3 SprAuG kann der Sprecherausschuß die laufenden Geschäfte auf den Vorsitzenden oder andere Mitglieder des Sprecherausschusses übertragen.

1111 Nach § 15 Abs. 1 Satz 1 SprAuG soll der Sprecherausschuß einmal im Kalenderjahr eine **Versammlung der leitenden Angestellten** einberufen und ihr einen **Tätigkeitsbericht** erstatten. Auf Antrag des Arbeitgebers oder eines Viertels der leitenden Angestellten hat der Sprecherausschuß eine Versammlung der leitenden Angestellten einzuberufen und den beantragten Beratungsgegenstand auf

---

1 *Schaub*, AR-Handbuch, § 246 II.1., S. 2025.
2 *Löwisch*, § 14 SprAuG Rz. 8.
3 *Löwisch*, § 14 SprAuG Rz. 7.
4 Vgl. *Löwisch*, § 14 SprAuG Rz. 1.
5 Eingehend *Kramer*, DB 1993, 1138, 1139 f.

X. Sprecherausschuß

die Tagesordnung zu setzen (§ 15 Abs. 1 Satz 2 SprAuG). Nach § 15 Abs. 2 Satz 1 SprAuG soll die Versammlung der leitenden Angestellten **während der Arbeitszeit** stattfinden. Sie wird vom Vorsitzenden des Sprecherausschusses geleitet und ist nicht öffentlich (§ 15 Abs. 2 Satz 2 SprAuG). Der Arbeitgeber ist nach § 15 Abs. 3 Satz 1 SprAuG zu der Versammlung unter Mitteilung der Tagesordnung einzuladen.

7. Mitwirkungsrechte des Sprecherausschusses

Die Mitwirkungsrechte der leitenden Angestellten nach dem Sprecherausschußgesetz sind in den §§ 25–32 SprAuG geregelt. Die Aufgaben und Rechte des Sprecherausschusses sind auf **Unterrichtungs- und Beratungsrechte** beschränkt, echte Mitbestimmungsrechte sind ihm nicht eingeräumt[1]. 1112

a) Allgemeine Aufgaben des Sprecherausschusses

§ 25 Abs. 1 Satz 1 SprAuG weist dem Sprecherausschuß die Aufgabe zu, die Belange der leitenden Angestellten des Betriebs zu vertreten. Nach dem Inhalt dieser Generalklausel obliegt dem Sprecherausschuß die **Aufgabe, die Belange der leitenden Angestellten** in ihrer Situation als Arbeitnehmer **wahrzunehmen**[2]. Der Sprecherausschuß soll als eigenständiges Vertretungsorgan die spezifischen Belange der leitenden Angestellten wirksam geltend machen können. Dies bedeutet aber weder, daß der Sprecherausschuß an der Unternehmensleitung zu beteiligen ist, noch daß er sich in die Personalpolitik und Personalverwaltung bezüglich der übrigen Arbeitnehmern einschalten darf[3]. Die Frage der Unternehmensmitbestimmung ist vornehmlich im Mitbestimmungsgesetz geregelt, das die leitenden Angestellten bei der Wahl der Arbeitnehmervertreter besonders berücksichtigt (vgl. § 11 Abs. 2, 3 MitbestG). 1113

Nach § 25 Abs. 2 Satz 1, 2 SprAuG ist der Sprecherausschuß zur Durchführung seiner Aufgaben **rechtzeitig und umfassend** vom Arbeitgeber zu **unterrichten;** auf Verlangen sind ihm die erforderlichen **Unterlagen** jederzeit **zur Verfügung zu stellen.** 1114

Nach § 26 Abs. 1 SprAuG kann der leitende Angestellte bei der Wahrnehmung seiner Belange gegenüber dem Arbeitgeber ein Mitglied des Sprecherausschusses zur Unterstützung und Vermittlung hinzuziehen. § 26 Abs. 2 SprAuG normiert (§ 83 BetrVG nachgebildet) das **Einsichtsrecht** des leitenden Angestellten in seine Personalakten[4]. Obwohl § 25 Abs. 2 SprAuG, anders als § 80 Abs. 2 BetrVG, kein Einblicksrecht in die Gehaltslisten vorsieht, wird zum Teil davon ausgegangen, daß dem Sprecherausschuß der Einblick in die **Gehaltslisten** der leitenden Angestellten nicht verwehrt werden kann[5]. 1115

---
1 Vgl. *Stege/Weinspach*, § 5 BetrVG Rz. 40.
2 *Löwisch*, § 25 SprAuG Rz. 1.
3 *Löwisch*, § 25 SprAuG Rz. 1.
4 Eingehend *Kramer*, NZA 1993, 1024, 1025.
5 So etwa *Löwisch*, § 25 SprAuG Rz. 20; MünchArbR/*Joost*, § 316 Rz. 52; *Oetker*, BB 1990, 2181, 2187.

1116 Nach § 27 Abs. 1 SprAuG haben Arbeitgeber und Sprecherausschuß darüber zu wachen, daß alle leitenden Angestellten des Betriebs nach den **Grundsätzen von Recht und Billigkeit** behandelt werden, insbesondere, daß jede unterschiedliche Behandlung von Personen wegen ihrer Abstammung, Religion, Nationalität, Herkunft, politischen oder gewerkschaftlichen Betätigung oder Einstellung oder wegen ihres Geschlechts unterbleibt. Arbeitgeber und Sprecherausschuß haben darüber hinaus gleichermaßen darauf zu achten, daß leitende Angestellte nicht wegen Überschreitung bestimmter Altersstufen benachteiligt werden. Die Vorschrift entspricht § 75 Abs. 1 BetrVG. Nach § 27 Abs. 2 SprAuG obliegt darüber hinaus Arbeitgeber und Sprecherausschuß die Aufgabe, die **freie Entfaltung der Persönlichkeit** der leitenden Angestellten des Betriebs **zu schützen und zu fördern**.

1117 Nach § 28 Abs. 1 SprAuG können Arbeitgeber und Sprecherausschuß **Richtlinien über den Inhalt, den Abschluß oder die Beendigung von Arbeitsverhältnissen der leitenden Angestellten** schriftlich vereinbaren. Der Inhalt der Richtlinien gilt für die Arbeitsverhältnisse unmittelbar und zwingend, soweit dies zwischen Arbeitgeber und Sprecherausschuß vereinbart ist (§ 28 Abs. 2 Satz 1 SprAuG). Abweichende Regelungen zugunsten leitender Angestellter sind nach § 28 Abs. 2 Satz 2 SprAuG zulässig. Ein Verzicht auf Rechte aus den Richtlinien ist nur mit Zustimmung des Sprecherausschusses zulässig (§ 28 Abs. 2 Satz 3 SprAuG). Die Richtlinien können gem. § 28 Abs. 2 Satz 4 SprAuG, soweit nichts anderes vereinbart ist, mit einer Frist von drei Monaten gekündigt werden.

1118 **Gegenstand der Vereinbarung** können nach § 28 Abs. 1 Satz 1 SprAuG die Arbeitsverhältnisse der leitenden Angestellten sein. Erfaßt wird neben Abschluß und Beendigung der gesamte denkbare Inhalt eines Arbeitsverhältnisses[1].

1119 **Beispiele:**
In Betracht kommen daher etwa Richtlinien für die Gehaltsgestaltung[2], einschließlich der Gehaltshöhe und etwaiger Sondervergütungen, wie Tantiemen und Gratifikationen; für die betriebliche Altersversorgung; für Vergütung im Krankheitsfall; für den Ausgleich von wirtschaftlichen Nachteilen bei Betriebsänderungen und für Urlaub und Urlaubsgelder[3]. Darüber hinaus können geregelt werden Dauer und Lage der Arbeitszeit; die Zulässigkeit von Wettbewerbsverboten während und nach Beendigung des Arbeitsverhältnisses; die Festlegung und Begrenzung von Verschwiegenheits- und anderen Loyalitätspflichten sowie Haftungsfragen[4]. Denkbar sind weiterhin allgemeine Arbeitsbedingungen, etwa Vorschriften für das Verhalten der leitenden Angstellten im Betrieb; Reisekosten- und Spesenregelungen; Regelungen über die Handhabung bzw. Benutzung von Dienstfahrzeugen oder von Parkplätzen auf dem

---

1 *Löwisch*, § 28 SprAuG Rz. 6.
2 Eingehend *Oetker*, BB 1990, 2181, 2182.
3 *Löwisch*, § 28 SprAuG Rz. 6.
4 *Löwisch*, § 28 SprAuG Rz. 6.

X. Sprecherausschuß

Betriebsgelände sowie Richtlinien für den Abschluß von Arbeitsverhältnissen (etwa Vorschriften über das Ausschreiben von Positionen, über Personalfragebogen etc.), aber auch Beendigungsrichtlinien, etwa über die Form von Kündigungen und Aufhebungsverträgen[1].

b) Die eigentlichen Mitwirkungsrechte im einzelnen

Die eigentlichen Mitwirkungsrechte des Sprecherausschusses sind in den §§ 30–32 SprAuG festgelegt (vgl. auch die Überschrift des zweiten Abschnitts). Diese beziehen sich auf die Arbeitsbedingungen und Beurteilungsgrundsätze (§ 30 SprAuG), personelle Maßnahmen (§ 31 SprAuG) und wirtschaftliche Angelegenheiten (§ 32 SprAuG). Hierbei handelt es sich um Mitwirkungsrechte, nicht aber um erzwingbare Mitbestimmungsrechte[2]. 1120

aa) Arbeitsbedingungen und Beurteilungsgrundsätze

Nach § 30 Satz 1 SprAuG hat der Arbeitgeber den Sprecherausschuß rechtzeitig über Änderungen der Gehaltsgestaltung und sonstige allgemeine Arbeitsbedingungen im Hinblick auf die leitenden Angestellten zu **unterrichten** sowie über die Einführung oder Änderung allgemeiner Beurteilungsgrundsätze. Vorhergesehene Maßnahmen sind mit dem Sprecherausschuß zu **beraten** (§ 30 Satz 2 SprAuG). 1121

Unter dem **Begriff der Gehaltsgestaltung** wird das System verstanden, daß der Festlegung der Gehälter der leitenden Angestellten in dem betreffenden Betrieb oder Unternehmen zugrunde gelegt wird[3]. 1122

Beispiele:
Bildung von Gehaltsgruppen; die Grundsätze, nach denen leitende Angestellte etwaigen Gehaltsgruppen oder Gehaltsbändern zugeordnet werden oder einen bestimmten Platz auf dem Gehaltsband erhalten; Ranking-Systeme; die Aufteilung des Gehalts in feste und variable Teile; etwaige Umsatzbeteiligungen; Tantieme- oder Jahresabschlußzahlungen; die Zahlung eines 13. Monatsgehalts sowie die Gewährung von Funktionszulagen[4].

Darüber hinaus soll zur Gehaltsgestaltung auch die **Gehaltshöhe**, d.h. die Durchführung von Gehaltserhöhungen und Gehaltskürzungen, gehören. Dieser Schluß wird aus der Tatsache gezogen, daß § 30 SprAuG kein Mitbestimmungsrecht, sondern nur ein Mitwirkungsrecht vorsehe, so daß anders als bei § 87 Abs. 1 Nr. 10 BetrVG kein Grund bestehe, diese Frage aus dem Anwendungsbereich der Vorschrift auszunehmen[5]. Nicht erfaßt wird jedoch die Festlegung der Höhe des Gehalts der einzelnen leitenden Angestellten[6]. 1123

---

1 Eingehend *Löwisch*, § 28 SprAuG Rz. 6 ff.
2 Vgl. *Kramer*, NZA 1993, 1024; *Löwisch*, § 28 SprAuG Rz. 1; *Bauer*, § 25 SprAuG Anm. 1; MünchArbR/*Joost*, § 316, Rz. 1.
3 *Löwisch*, § 30 SprAuG Rz. 2.
4 *Löwisch*, § 30 SprAuG Rz. 2.
5 So etwa *Löwisch*, § 30 SprAuG Rz. 3; *Borgwardt/Fischer/Janert*, § 30 SprAuG Rz. 4; aA MünchArbR/*Joost*, § 316 Rz. 66; *Bauer*, § 30 SprAuG Anm. II.
6 *Löwisch*, § 30 SprAuG Rz. 4.

1124 Der **Begriff der Beurteilungsgrundsätze** erfaßt die einheitlichen Regeln, nach denen der Arbeitgeber bei der fachlichen oder persönlichen Beurteilung der leitenden Angestellten sowie von internen und externen Bewerbern um Positionen als leitende Angestellte verfahren will[1]. Nach dem Wortlaut des § 30 Satz 1 Nr. 2 SprAuG bezieht sich das Mitwirkungsrecht auf die Einführung oder Änderung der allgemeinen Beurteilungsgrundsätze, nicht aber auf die Anwendung, also auf die Beurteilung der einzelnen leitenden Angestellten im konkreten Fall.

1125 Der Arbeitgeber hat den Sprecherausschuß im Rahmen des Gegenstands der Mitwirkung nach § 30 SprAuG **rechtzeitig** zu unterrichten und die vorgesehenen Maßnahmen mit ihm zu beraten. Maßgeblich für die Bestimmung des richtigen (rechtzeitigen) Zeitpunkts ist, daß der Sprecherausschuß noch die Möglichkeit hat, auf die Entscheidung des Arbeitgebers Einfluß zu nehmen[2].

1126 > **Hinweis:**
> Das Unterrichtungs- und Beratungsrecht kann vom Sprecherausschuß im Streitfall im arbeitsgerichtlichen Beschlußverfahren durchgesetzt werden. Eine § 23 Abs. 3 BetrVG entsprechende Vorschrift ist im Sprecherausschußgesetz nicht vorgesehen.

bb) Personelle Maßnahmen

1127 Nach § 31 Abs. 1 SprAuG ist eine beabsichtigte **Einstellung** oder **personelle Veränderung** eines leitenden Angestellten dem Sprecherausschuß rechtzeitig **mitzuteilen.** Der Sprecherausschuß ist **vor jeder Kündigung eines leitenden Angestellten anzuhören** (§ 31 Abs. 2 Satz 1 SprAuG).

1128 Unter dem **Begriff der Einstellung** ist die Übertragung der Position eines leitenden Angestellten an einen externen Bewerber zu verstehen. Auch hier wird überwiegend, ebenso wie im Rahmen des § 99 BetrVG an die tatsächliche Übertragung der Position angeknüpft, nicht aber an den Abschluß des entsprechenden Anstellungsvertrages[3]. Auch die vorübergehende Übertragung der Position als leitenden Angestellten wird als Einstellung iSd. § 31 Abs. 1 SprAuG angesehen[4]. Unter dem **Begriff der personellen Veränderung** ist jede Veränderung der Position des leitenden Angestellten zu verstehen, durch die seine eigenen oder die Interessen der übrigen leitenden Angestellten berührt werden[5].

---

1 *Löwisch*, § 30 SprAuG Rz. 2.
2 Vgl. MünchArbR/*Joost*, § 316 Rz. 71; *Oetker*, BB 1990, 2181, 2185 f.
3 Vgl. nur *Löwisch*, § 31 SprAuG Rz. 2; abweichend *Schaub*, AR-Handbuch, § 253 II.1., S. 2040, der auf den Abschluß des Arbeitsvertrages und die Eingliederung in den Betrieb abstellt; ebenso MünchArbR/*Joost*, § 316 Rz. 74; *Bauer*, § 31 SprAuG Anm. II.
4 *Löwisch*, § 31 SprAuG Rz. 2; vgl. auch *Schaub*, AR-Handbuch, § 253 II.1., S. 2040.
5 *Schaub*, AR-Handbuch, § 253 II.2., S. 2040.

X. Sprecherausschuß

Beispiele für personelle Veränderungen:

Umgruppierungen; Versetzungen; Veränderungen der Leitungsaufgaben, insbesondere Änderungen der bisherigen Weisungsbefugnisse; Widerruf von Vollmachten und anderes mehr[1].

Nach dem Wortlaut des § 31 Abs. 1 SprAuG ist bereits die bloße **Absicht** der Vornahme einer Einstellung oder einer personellen Veränderung mitteilungspflichtig. 1129

Von Bedeutung ist die Vorschrift des § 31 Abs. 2 SprAuG. Danach hat der Arbeitgeber den **Sprecherausschuß vor jeder Kündigung eines leitenden Angestellten anzuhören** und ihm Gründe für die Kündigung mitzuteilen. Eine ohne Anhörung des Sprecherausschusses ausgesprochene Kündigung ist unwirksam (§ 31 Abs. 2 Satz 3 SprAuG). Die Vorschrift **entspricht § 102 BetrVG**. Das Mitwirkungsrecht setzt nicht voraus, daß der leitende Angestellte die Einschaltung des Sprecherausschusses auch von sich aus verlangt[2]. Zur Unterrichtung gehört nach § 31 Abs. 2 Satz 2 SprAuG auch die **Mitteilung der Kündigungsgründe.** Der Arbeitgeber muß die Kündigungsgründe, die für seinen Kündigungsentschluß maßgeblich sind, vollständig mitteilen. Die Gründe müssen so detailliert dargelegt werden, daß der Sprecherausschuß beurteilen kann, ob es sinnvoll ist, Bedenken zu erheben[3]. Die lediglich pauschale Umschreibung des Kündigungsgrundes genügt diesen Anforderungen nicht. Ein **Nachschieben von Kündigungsgründen** im Kündigungsschutzprozeß ist von seiten des Arbeitgebers nicht möglich[4]. 1130

Der Sprecherausschuß seinerseits hat Bedenken gegen die Kündigung innerhalb der in § 31 Abs. 2 Satz 4 SprAuG aufgeführten Fristen unter Angabe von Gründen schriftlich mitzuteilen. Äußert er sich nicht innerhalb der aufgeführten Fristen, so wird sein **Einverständnis** nach § 31 Abs. 2 Satz 5 SprAuG **fingiert.** 1131

> **Hinweis:** 1132
> Fehlt es an dem Erfordernis einer ordnungsgemäßen Anhörung, so muß die Klagefrist nach §§ 4, 13 Abs. 1 und 3 KSchG nicht eingehalten werden[5].

Wird das Arbeitsverhältnis mit dem leitenden Angestellten **anders als durch Arbeitgeberkündigung** beendet, so greift § 31 Abs. 2 Satz 1 SprAuG seinem Wortlaut nach nicht ein[6]. 1133

Im Gegensatz zu § 102 Abs. 3 und 5 BetrVG steht dem Sprecherausschuß nach § 31 SprAuG **kein Widerspruchsrecht** zu. Ein gesetzlicher Weiterbeschäftigungsanspruch eines gekündigten leitenden Angestellten fehlt daher. Nach 1134

---

1 Eingehend MünchArbR/*Joost*, § 316, Rz. 75.
2 *Schaub*, AR-Handbuch, II.4., S. 2041.
3 *Löwisch*, § 31 SprAuG Rz. 22.
4 *Löwisch*, § 31 SprAuG Rz. 28.
5 *Löwisch*, § 31 SprAuG Rz. 41; *Schaub*, AR-Handbuch, § 253 II.4.c, S. 2041.
6 Zutreffend *Bauer*, § 31 SprAuG Anm. III.

Ansicht des BAG kann der leitende Angestellte gleichwohl seine Weiterbeschäftigung verlangen, wenn er Kündigungsschutzklage erhoben und in erster Instanz vor dem Arbeitsgericht ein obsiegendes Urteil erstritten hat[1]. Dieser **allgemeine Weiterbeschäftigungsanspruch** besteht, bis eine gegenteilige Entscheidung des LAG oder des BAG ergeht[2]. Das BAG weist aber darauf hin, daß sich aus der Stellung des gekündigten Arbeitnehmers im Betrieb und der Art seines Arbeitsbereichs ein überwiegend schutzwertes Interesse des Arbeitgebers ergeben kann, den Arbeitnehmer vom Arbeitsplatz während der Dauer des Kündigungsrechtsstreits fernzuhalten[3].

1135 **Streitigkeiten** über den Umfang der Mitteilungspflicht nach § 31 Abs. 2 SprAuG sind im Beschlußverfahren auszutragen.

cc) Wirtschaftliche Angelegenheiten

1136 Nach § 32 Abs. 1 Satz 1 SprAuG muß der Unternehmer den Sprecherausschuß **mindestens einmal im Kalenderhalbjahr über die wirtschaftlichen Angelegenheiten** des Betriebs und des Unternehmens iSd. § 106 Abs. 3 des BetrVG **unterrichten,** soweit dadurch nicht Betriebs- oder Geschäftsgeheimnisse des Unternehmens gefährdet werden. Ausgenommen hiervon sind Unternehmen und Betriebe iSd. § 118 Abs. 1 BetrVG (§ 32 Abs. 1 Satz 2 SprAuG). Der Unternehmer muß den Sprecherausschuß ferner **über geplante Betriebsänderungen** iSd. § 111 BetrVG, die auch wesentliche Nachteile für leitende Angestellte zur Folge haben können, **rechtzeitig und umfassend unterrichten** (§ 32 Abs. 2 Satz 1 SprAuG). Entstehen leitenden Angestellten infolge der geplanten Betriebsänderung wirtschaftliche Nachteile, so hat der Unternehmer nach § 32 Abs. 2 Satz 2 SprAuG den Sprecherausschuß **für Maßnahmen zum Ausgleich oder zur Milderung** dieser Nachteile **zu beraten.**

1137 In § 32 Abs. 1 SprAuG ist zwar die Unterrichtung nicht ausdrücklich auf die **Mitteilung und Erläuterung der Jahresbilanz** und der **Gewinn- und Verlustrechnung** erstreckt. Gleichwohl soll auch insoweit ein Unterrichtungsrecht bestehen[4].

1138 Im übrigen nimmt § 32 Abs. 1 Satz 1 SprAuG hinsichtlich des **Begriffs der wirtschaftlichen Angelegenheiten** Bezug auf § 106 Abs. 3 BetrVG. Da diese Verweisung indessen auf § 106 Abs. 3 BetrVG beschränkt ist, soll es nicht erforderlich sein, daß der Sprecherausschuß „rechtzeitig" und „unter Vorlage der erforderlichen Unterlagen" unterrichtet wird (vgl. insofern § 106 Abs. 2 BetrVG)[5].

1139 Der **Begriff der Betriebsänderung** ist durch die Verweisung auf § 111 BetrVG festgelegt. Verwiesen wird nicht nur auf § 111 Satz 2 BetrVG, sondern auf den gesamten § 111 BetrVG. Hieraus wird der Schluß gezogen, daß nur dann eine

---

1 BAG (GS) v. 27. 2. 1985, NZA 1985, 702.
2 *Bauer*, § 31 SprAuG Anm. IV.
3 BAG (GS) v. 27. 2. 1985, NZA 1985, 702, 708.
4 *Schaub*, AR-Handbuch, § 254 I.1.b, S. 2042, *Löwisch*, § 32 SprAuG Rz. 4; MünchArbR/*Joost*, § 316 Rz. 93
5 *Bauer*, § 32 SprAuG Anm. II.

Unterrichtungspflicht besteht, wenn auch der Betriebsrat unterrichtet werden muß[1].

Das Unterrichtungsrecht nach § 32 Abs. 2 Satz 1 SprAuG steht dem Betriebs- oder Unternehmenssprecherausschuß zu. Anders als nach §§ 106 ff. BetrVG ist **kein Wirtschaftsausschuß** vorgesehen. Im Gegensatz zum Wirtschaftsausschuß nach § 106 Abs. 1 BetrVG hat der Sprecherausschuß kein Beratungsrecht. Zum Teil wird jedoch davon ausgegangen, daß der Arbeitgeber nach dem Gebot der vertrauensvollen Zusammenarbeit eine Stellungnahme des Sprecherausschusses entgegennehmen muß[2].

1140

Wegen des **Zeitpunkts** bestimmt § 32 Abs. 1 Satz 1 SprAuG nur, daß der Unternehmer den Sprecherausschuß mindestens einmal im Kalenderhalbjahr zu unterrichten hat. Die nähere Festlegung des Zeitpunkts steht daher im Ermessen des Arbeitgebers.

1141

Streitigkeiten über Umfang und Grenzen der Unterrichtung sind im arbeitsgerichtlichen Beschlußverfahren zwischen Arbeitgeber und Sprecherausschuß auszutragen.

1142

c) Folgen der Verletzung der Unterrichtungs- und Mitteilungspflichten nach §§ 30–32 SprAuG

Die §§ 30–32 SprAuG sehen keine Konsequenzen für den Fall vor, daß der Arbeitgeber seinen Unterrichtungs- oder Mitteilungspflichten nicht nachkommt. Nach § 36 Abs. 1 und 2 SprAuG handelt jedoch ordnungswidrig, wer die in § 30 Satz 1, § 31 Abs. 1 oder § 32 Abs. 1 Satz 1 oder Abs. 2 Satz 1 SprAuG genannten Unterrichtungs- oder Mitteilungspflichten nicht, wahrheitswidrig, unvollständig oder verspätet erfüllt. Die **Ordnungswidrigkeit** kann mit einer **Geldbuße bis zu 20 000 DM** geahndet werden.

1143

8. Gesamt- und Konzernsprecherausschuß

Bestehen in einem Unternehmen mehrere Sprecherausschüsse, so ist nach § 16 Abs. 1 SprAuG ein **Gesamtsprecherausschuß** zu errichten. In den Gesamtsprecherausschuß ist nach § 16 Abs. 2 Satz 1 SprAuG von jedem Sprecherausschuß ein Mitglied zu entsenden. Der Gesamtsprecherausschuß hat keine besondere Amtszeit. Vielmehr endet die Mitgliedschaft grundsätzlich mit Beendigung der Amtszeit im Sprecherausschuß oder bei Wegfall der Voraussetzungen für die Errichtung eines Gesamtsprecherausschusses[3].

1144

Die **Zuständigkeit des Gesamtsprecherausschusses** folgt aus § 18 SprAuG. Danach ist der Gesamtsprecherausschuß zuständig für die Behandlung von Angelegenheiten, die das Unternehmen oder mehrere Betriebe des Unternehmens betreffen und nicht durch die einzelnen Sprecherausschüsse innerhalb ihrer

1145

---

[1] Vgl. nur *Schaub*, AR-Handbuch, § 254 II.1.a., S. 2043.
[2] So etwa *Schaub*, AR-Handbuch, § 254 I.2.c., S. 2043.
[3] Vgl. *Schaub*, AR-Handbuch, § 248 I.1.c, S. 2028.

Betriebe behandelt werden können (§ 18 Abs. 1 Satz 1 SprAuG). Der Gesamtsprecherausschuß ist nach § 18 Abs. 1 Satz 2 SprAuG den Sprecherausschüssen nicht übergeordnet. Die Geschäftsführung des Gesamtsprecherausschusses ist in § 19 SprAuG geregelt. Der Gesamtsprecherausschuß hat einen Vorsitzenden und seinen Stellvertreter zu wählen (§ 19 Abs. 1 iVm. § 11 Abs. 1 SprAuG). § 17 SprAuG regelt den Ausschluß von Mitgliedern und Erlöschen der Mitgliedschaft im Gesamtsprecherausschuß.

1146 Nach § 21 Abs. 1 Satz 1 SprAuG kann für einen Konzern iSd. § 18 Abs. 1 AktG durch Beschlüsse der einzelnen Gesamtsprecherausschüsse ein **Konzernsprecherausschuß** errichtet werden. Für den Beschluß ist die Zustimmung der Gesamtsprecherausschüsse notwendig, in denen insgesamt 75% der leitenden Angestellten der Konzernunternehmen beschäftigt werden (§ 21 Abs. 1 Satz 2 SprAuG). Für die Geschäftsführung, die Zuständigkeit, den Ausschluß und das Erlöschen der Mitgliedschaft im Konzernsprecherausschuß gelten nach §§ 22–24 SprAuG vergleichbare Grundsätze wie im Gesamtsprecherausschuß.

B. Unternehmensmitbestimmung

	Rz.
I. Die Mitbestimmungsgesetze	1
1. Übersicht	4
2. Überleitungsverfahren	8
3. Das System der gesetzlichen Regelungen	11
II. Geltungsbereiche der Mitbestimmungsordnungen	
1. MitbestG	12
2. Montan-MitbestG	14
3. MitbestErgG	16
4. BetrVG 1952	19
5. Beibehaltung der Mitbestimmung	20
6. Berechnung der Arbeitnehmerzahlen	
a) Arbeitnehmer	21
b) Zurechnung von Arbeitnehmern nach dem MitbestG	22
c) Zurechnung von Arbeitnehmern nach dem Montan-MitbestG und dem BetrVG 1952	29
7. Übersicht zum Geltungsbereich der Mitbestimmungsgesetze	30
III. Bildung des Aufsichtsrats	
1. Zahl der Mitglieder	
a) MitbestG	31
b) Montan-MitbestG	32
c) MitbestErgG	33
d) BetrVG 1952	34
2. Persönliche Voraussetzungen für die Mitgliedschaft	36
3. Wahlverfahren	
a) Vertreter der Anteilseigner	37
b) Vertreter der Arbeitnehmer	38
aa) MitbestG	39
bb) Montan-MitbestG	42
cc) MitbestErgG	44
dd) BetrVG 1952	45
c) Das neutrale Mitglied nach dem Montan-MitbestG und dem MitbestErgG	48
4. Ersatzmitglieder im Aufsichtsrat	49
5. Wahlschutz, Wahlkosten	50
6. Streitigkeiten	
a) Zuständigkeit	52
b) Nichtigkeit	53

	Rz.
c) Anfechtbarkeit	54
7. Übersicht zur Wahl des Aufsichtsrats	59
8. Gerichtliche Bestellung von Aufsichtsratsmitgliedern	60
9. Amtsdauer, Amtsende	61
10. Übersicht zur Abberufung	63
IV. Rechte und Pflichten des Aufsichtsrats	
1. Bestellung, Abberufung und Anstellung der gesetzlichen Vertreter	
a) Zuständigkeit für die Bestellung	64
b) Dauer der Bestellung	66
c) Die Bestellung nach dem MitbestG	67
d) Die Bestellung nach dem Montan-MitbestG, MitbestErgG und BetrVG 1952	69
e) Der Widerruf der Bestellung	71
f) Abschluß und Kündigung des Dienstvertrages	72
2. Vertretung des Unternehmens gegenüber seinen gesetzlichen Vertretern	73
3. Überwachung der gesetzlichen Vertreter	75
a) MitbestG	76
b) Montan-MitbestG und MitbestErgG	84
c) BetrVG 1952	85
4. Übersicht zu den Rechten des Aufsichtsrats	86
V. Die innere Ordnung des Aufsichtsrats	87
1. Wahl des Vorsitzenden und seines Stellvertreters	
a) MitbestG	88
b) Montan-MitbestG, MitbestErgG, BetrVG 1952	89
2. Aufgaben des Vorsitzenden und seines Stellvertreters	
a) MitbestG	90
b) Montan-MitbestG, MitbestErgG und BetrVG 1952	91

	Rz.		Rz.
3. Beschlüsse des Aufsichtsrats		1. Rechte	108
a) MitbestG	92	2. Pflichten	111
b) Montan-MitbestG, Mitbest-ErgG und BetrVG 1952	101	3. Schutz der Arbeitnehmervertreter	115
4. Ausschüsse	104	4. Streitigkeiten	117
VI. Rechte und Pflichten der Mitglieder des Aufsichtsrats	107	VII. Bekanntmachungen	118

Schrifttum:

Bauer, Rechtliche und taktische Probleme bei der Beendigung von Vorstandsverhältnissen, DB 1992, 1413; *Boldt,* Mitbestimmungsgesetz Eisen und Kohle, 1952; *Buchner,* Aufgaben des Arbeitsdirektors in der Konzernobergesellschaft, Festschrift für Wlotzke, 1996, S. 227; *Deckert,* Klagemöglichkeiten einzelner Aufsichtsratsmitglieder, AG 1994, 457; *Deckert,* Organschaftliche und vertragliche Beratungspflichten des Aufsichtsratsmitglieds, AG 1997, 109; *Dreher,* Interessenkonflikte bei Aufsichtsratsmitgliedern von Aktiengesellschaften, JZ 1990, 896; *Dreher,* Das Ermessen des Aufsichtsrats, ZHR 158 (1994), 614; *Engels,* Gesetz zur Änderung des Montan-Mitbestimmungsgesetzes und des Mitbestimmungsergänzungsgesetzes: Sicherungsgesetz oder Sterbeklausel?, DB 1981, 1349; *Feldmann,* Zulässigkeit von Satzungsbestimmungen zur Beschlußfähigkeit des mitbestimmten Aufsichtsrats, DB 1986, 29; *Fitting/Wlotzke/Wißmann,* Mitbestimmungsgesetz, 2. Aufl. 1978; *Fuchs/Köstler,* Handbuch zur Aufsichtsratswahl, 1994; *Hahn,* „Kleine AG", eine rechtspolitische Idee zum unternehmerischen Erfolg, DB 1994, 1659; *Hamacher,* Aus der Praxis eines Arbeitsdirektors, RdA 1993, 163; *Hanau/Ulmer,* Mitbestimmungsgesetz, 1981; *Hoffmann-Becking,* Der Aufsichtsrat im Konzern, ZHR 159 (1995), 325; *Hommelhoff,* Vernetzte Aufsichtsratsüberwachung im Konzern?, ZGR 1996, 144; *Kittner/Köstler/Zachert,* Aufsichtsratspraxis, Handbuch für die Arbeitnehmervertreter im Aufsichtsrat, 5. Aufl. 1995; *Klinkhammer,* Der Arbeitsdirektor des Montan-Mitbestimmungsgesetzes – Reflexionen eines Insiders – Festschrift für Stahlhacke, 1995, S. 275; *Klinkhammer/Welslau,* Mitbestimmung in Deutschland und Europa, 1995; *Kolvenbach,* Neue Initiative zur Weiterentwicklung des Europäischen Gesellschaftsrechts?, EuZW 1996, 229; *Kossen,* Haftung des Vorstands und des Aufsichtsrats einer Aktiengesellschaft für Pflichtverletzungen, DB 1988, 1785; *Lang/Weidmüller,* Genossenschaftsgesetz, 32. Aufl. 1988; *Lutter,* Information und Vertraulichkeit im Aufsichtsrat, 2. Aufl. 1984; *Lutter,* Defizite für eine effiziente Aufsichtsratstätigkeit und gesetzliche Möglichkeiten der Verbesserung, ZHR 159 (1995), 287; *Lutter/Krieger,* Rechte und Pflichten des Aufsichtsrats, 3. Aufl. 1993; *Martens,* Der Arbeitsdirektor nach dem Mitbestimmungsgesetz, 1980; *Martens,* Der Aufsichtsrat im Konzern, ZHR 159 (1995), 567; *Metzlaff,* Die Amtszeit des ersten Aufsichtsrats einer nach § 11 Treuhandgesetz entstandenen AG, DB 1992, 1714; *Meyer-Landrut/Westhoff,* Prüfungsrechte des Aufsichtsrats einer mitbestimmten GmbH nach § 171 AktG, DB 1980, 2375; *Müller,* Genossenschaftsrecht, 2. Aufl. 1975; *Neumann,* Betriebsverfassung in Grenzkraftwerken, RdA 1957, 281; *Oetker,* Der Anwendungsbereich des Statusverfahrens nach den §§ 97 ff. AktG, ZHR 149 (1985), 575; *Poseck,* Die Klage des Aufsichtsrats gegen die Geschäftsführung des Vorstandes, DB 1996, 2165; *Raiser,* Mitbestimmungsgesetz, 2. Aufl. 1984; *Raiser,* Satzungsvorschriften über Beschlußfähigkeit und Vertagung eines mitbestimmten Aufsichtsrats, NJW 1980, 209; *Raiser,* Pflicht und Ermessen von Aufsichtsratsmitgliedern, NJW 1996, 552; *Rellermeyer,* Ersatzmitglieder des Aufsichtsrats, ZGR 1987, 563; *Rellermeyer,* Der Aufsichtsrat, Betrachtungen zur neueren Rechtsprechung des Bundesgerichtshofs, ZGR 1993, 77; *Röder/Gneiting,* Besetzung des Aufsichtsrats nach dem Betriebsverfassungsgesetz 1952 bei der Gründung von Aktiengesellschaften, DB 1993, 1618; *Säcker,* Die Wahlordnungen zum Mitbestimmungsgesetz, 1978; *Säcker,* Zur Beschlußfähigkeit des mitbestimmten Aufsichtsrats, JZ 1980, 82; *Säcker*, Aktuelle Probleme der Verschwiegenheitspflicht der Aufsichtsratsmitglieder, NJW 1986, 803; *Scheffler*, Die Überwachungsaufgabe des Aufsichtsrats im Konzern, DB 1994, 793; *Schiessl*, Gesellschafts- und mitbestimmungsrechtliche Probleme der Spartenorganisation (Divisionalisierung), ZGR 1992, 64; *Seibert*, Kontrolle und Transparenz im Unternehmensbereich (KontraG) – Der Referentenentwurf zur Aktienrechtsnovelle –, WM 1997, 1; *Thümmel*, Manager- und Aufsichtsratshaftung nach dem Referentenentwurf zur Änderung des AktG und des HGB, DB 1997, 261; *Werner*, Vertagungsklauseln in den Satzungen mitbestimmter Aktiengesellschaften, AG 1979, 330; *Westhoff*, Das Amtsende des Arbeitsdirektors nach dem Mitbestimmungsgesetz, DB 1980, 2520; *Wiesner*, Zuständigkeitsverteilung zwischen ordentlicher und Arbeitsgerichtsbarkeit bei Streitigkeiten nach dem Mitbestimmungsgesetz, DB 1977, 1747; *Wlotzke*, Arbeitsrechtliche Aspekte des neuen Umwandlungsrechts, DB 1995, 40; *Wlotzke/Wißmann*, Die Gesetzesinitiative der Bundesregierung zur Montan-Mitbestimmung, DB 1981, 623; *Zöllner*, Das Teilnahmerecht der Aufsichtsratsmitglieder an Beschlußfassungen der Gesellschafter bei der mitbestimmten GmbH, Festschrift Fischer, 1979, S. 905; *Zöllner*, Die Besetzung von Aufsichtsratsausschüssen nach dem MitbestG 1976, Festschrift für Zeuner, 1994, S. 161.

I. Die Mitbestimmungsgesetze

Die unternehmerische Mitbestimmung[1] der Arbeitnehmer wird durch vier Gesetze ermöglicht: das **MitbestG**, das **Montan-MitbestG**, das **MitbestErgG** und die nach § 129 BetrVG fortgeltenden **§§ 76 ff. BetrVG 1952**[2]. Hiernach haben die Arbeitnehmer Anspruch auf Sitze in den Aufsichtsräten größerer Unternehmen bestimmter Rechtsformen: AG, KGaA, GmbH, Genossenschaft und VVaG. Die in den Mitbestimmungsgesetzen noch erwähnte Bergrechtliche Gewerkschaft ist seit dem 1. 1. 1994 in dieser Rechtsform nicht mehr existent (§ 163 BBergG). Über den Aufsichtsrat haben die Arbeitnehmer prinzipiell Einfluß auf unternehmerische Entscheidungen und Unternehmenspolitik.

1

Dieses Mitbestimmungsziel wird **unterschiedlich stark verwirklicht**: am stärksten im paritätisch besetzten Aufsichtsrat nach dem Montan-MitbestG, abgeschwächt durch das Zweitstimmrecht des Vorsitzenden im paritätisch besetzten Aufsichtsrat nach dem MitbestG, am schwächsten im nur zu einem Drittel mit Vertretern der Arbeitnehmer besetzten Aufsichtsrat nach dem BetrVG 1952[3]. Außerdem ist der Einfluß des Aufsichtsrats auf das Unternehmen von

2

---

1 Zur Geschichte der Idee und der Verwirklichung der unternehmerischen Mitbestimmung vgl. Kasseler Handbuch/*Klinkhammer*, 8.1 Rz. 24–40 mwN.
2 Gesetz über die Mitbestimmung der Arbeitnehmer vom 4. 5. 1976 (BGBl. I, 1153), Gesetz über die Mitbestimmung der Arbeitnehmer in den Aufsichtsräten und Vorständen der Unternehmen des Bergbaus und der Eisen und Stahl erzeugenden Industrie vom 21. 5. 1951 (BGBl. I, 347), Gesetz zur Ergänzung des Gesetzes über die Mitbestimmung der Arbeitnehmer in den Aufsichtsräten und Vorständen der Unternehmen des Bergbaus und der Eisen und Stahl erzeugenden Industrie vom 7. 8. 1956 (BGBl. I, 707), Betriebsverfassungsgesetz vom 11. 10. 1952 (BGBl. I, 681).
3 Zu den Plänen einer Europäischen Mitbestimmung vgl. den Überblick bei *Fitting/Kaisers/Heither/Engels*, § 76 BetrVG 1952 Rz. 22–22b; Kasseler Handbuch/*Klinkhammer*, 8.1 Rz. 216–226; *Klinkhammer/Welslau*, S. 255 ff.; *Kolvenbach*, EuZW 1996, 229; zur

dessen Rechtsform abhängig und deshalb zB bei der AG stärker als bei der GmbH.

3   In den **neuen Bundesländern** gelten die Mitbestimmungsgesetze mit unwesentlichen Modifikationen[1]. Im **Saarland** gilt das Montan-MitbestG mit ebenfalls geringfügigen Abweichungen[2]. Für die Deutsche Post AG, die Deutsche Postbank AG und die Deutsche Telekom AG gilt das MitbestG nach Maßgabe ihrer Satzungen; diese sind gemäß § 11 Abs. 2 PostUmwG[3] im Anhang zu diesem Gesetz festgestellt. Das BetrVG 1952 gilt nicht für deutsch-schweizerische Grenzkraftwerke[4].

1. Übersicht

4   Das **MitbestG** gilt für Unternehmen (AG, KGaA, GmbH, Genossenschaft) mit mehr als 2000 Arbeitnehmern. Es gilt nicht im Montanbereich. Der Aufsichtsrat wird **paritätisch** besetzt. Seinem Vorsitzenden steht ein **Zweitstimmrecht** zu. Dem Vorstand bzw. der Geschäftsführung muß ein **Arbeitsdirektor** angehören.

5   Das **Montan-MitbestG** gilt für Montanunternehmen (AG, GmbH, „Einheitsgesellschaften") mit mehr als 1000 Arbeitnehmern. Der Aufsichtsrat wird **paritätisch** und mit einem **zusätzlichen neutralen Mitglied** besetzt. Der gleichfalls notwendige **Arbeitsdirektor** kann vom Aufsichtsrat nicht gegen die Mehrheit seiner Arbeitnehmervertreter bestellt werden.

6   Das **MitbestErgG** gilt für Nicht-Montan-Unternehmen (AG, GmbH), die einen Montankonzern beherrschen. Auch hier wird der Aufsichtsrat **paritätisch** und mit einem **neutralen** Mitglied besetzt. Desgleichen ist ein **Arbeitsdirektor** notwendig.

7   Das **BetrVG 1952** gilt für Unternehmen (AG, KGaA, GmbH, Genossenschaft, VVaG) aller Wirtschaftsbereiche; grundsätzlich jedoch nur, wenn sie mehr als 500 Arbeitnehmer haben. Den Arbeitnehmern steht nur **ein Drittel der Sitze** im Aufsichtsrat zu. Ein Arbeitsdirektor ist nicht erforderlich.

2. Überleitungsverfahren

8   Konkret anwendbar ist immer nur eine der vier Mitbestimmungsordnungen. Ihre **Rangfolge** ist in §§ 1 Abs. 2 und 3 MitbestG, 2 Montan-MitbestG, 2

---

geplanten Aktienrechtsnovelle vgl. *Thümmel*, DB 1997, 261; *Seibert*, WM 1997, 1; *Claussen*, DB 1998, 179; ferner die Beiträge in AG 1997, Sonderheft „Die Aktienrechtsreform 1997".

1   Anlage I Kapitel VIII Sachgebiet III Nr. 10, 11 des Einigungsvertrages vom 31. 8. 1990 (BGBl. II, 889, 1020).
2   Gesetz Nr. 450 vom 22. 12. 1956 (ABl. des Saarlandes, 1703) geändert durch Gesetz vom 21. 5. 1981 (BGBl. I, 441).
3   BGBl. I 1994, 2325, 2339.
4   Vgl. *Neumann*, RdA 1957, 281; MünchArbR/*Wißmann*, § 373 Rz. 8; *Dietz/Richardi*, § 76 BetrVG 1952 Vorbem. Rz. 31.

I. Die Mitbestimmungsgesetze

MitbestErgG, 85 Abs. 2 BetrVG 1952 geregelt. Im Montanbereich geht das Montan-MitbestG dem MitbestErgG und dieses dem BetrVG 1952 vor. Außerhalb des Montanbereichs hat das MitbestG Vorrang vor dem BetrVG 1952.

Im Überleitungs- oder **Statusverfahren** wird gemäß den §§ 97–99 AktG geklärt, welche gesetzlichen Regeln auf den Aufsichtsrat anwendbar sind. Das Verfahren ist immer zu durchlaufen, wenn eine Gesellschaft (AG, KGaA, GmbH, VVaG, Genossenschaft) von einer mitbestimmten in eine andere mitbestimmte oder mitbestimmungsfreie Aufsichtsratsverfassung oder umgekehrt wechseln oder den bestehenden bisher mitbestimmten Aufsichtsrat bei der GmbH abschaffen will[1] (§§ 96 Abs. 2 Satz 1 AktG, 27 EGAktG). Wenn bei einer bisher aufsichtsratslosen GmbH ein erster mitbestimmter Aufsichtsrat gebildet werden soll, muß im Bereich des MitbestG das Statusverfahren durchlaufen werden (§ 6 Abs. 2 Satz 1 MitbestG). Im Bereich der anderen Mitbestimmungsgesetze ist diese Frage umstritten[2]. Wird ein notwendiges Statusverfahren versäumt, so sind die entsprechenden Wahlen zum Aufsichtsrat nichtig[3].

Der Vorstand hat zunächst die **Erklärungen gemäß § 97 Abs. 1 AktG zu veröffentlichen** und so die nach seiner Ansicht maßgeblichen Vorschriften für die Verfassung des Aufsichtsrats zu nennen. Wird hiergegen nicht binnen Monatsfrist das Landgericht von einem Antragsberechtigten (§ 98 Abs. 2 AktG) angerufen, so ist der Aufsichtsrat nach diesen Vorschriften neu zu bilden; entgegenstehende Satzungsregeln und die Ämter der bisherigen Aufsichtsratsmitglieder enden spätestens nach weiteren sechs Monaten (§ 97 Abs. 2 AktG)[4]. Entsprechendes gilt, wenn das Gericht nach Anrufung rechtskräftig entschieden hat, welche Vorschriften maßgeblich sind[5].

3. Das System der gesetzlichen Regelungen

Die Mitbestimmungsgesetze enthalten für die Bildung, die Aufgaben und die Rechtsstellung des Aufsichtsrats nur teilweise eigenständige Regelungen. Ergänzend gilt für die **AG** und die **KGaA** schon kraft ihrer Rechtsform die vollständige Aufsichtsratsordnung des AktG. Auch die **GmbH** wird dieser Ordnung durch Einzelverweisungen in §§ 6 Abs. 2 Satz 1, 25 Abs. 1 Nr. 2 MitbestG, 77 Abs. 1 Satz 2 BetrVG 1952 und durch sowohl pauschale als auch Einzelverweisungen in §§ 3 Abs. 2, 11 Abs. 1 Montan-MitbestG, 3 Abs. 1 Satz 2, 5 Abs. 2, 13 Satz 1 MitbestErgG weitgehend unterstellt. Für die **Genossenschaft** gilt neben

---

1 Zur Bildung des Aufsichtsrats einer neu gegründeten AG oder KGaA vgl. §§ 30, 31 AktG; ferner *Röder/Gneiting*, DB 1993, 1618; *Metzlaff*, DB 1992, 1714; *Lutter*, AG 1994, 429, 446; Kasseler Handbuch/*Klinkhammer*, 8.1 Rz. 78–82.
2 Bejahend *Scholz/Schneider*, § 52 Rz. 35; *Zöllner*, in Baumbach/Hueck, § 52 Rz. 8; ablehnend *Meyer-Landrut*, § 52 Rz. 50; *Hachenburg/Raiser*, § 52 Rz. 161; *Lutter/Hommelhoff*, § 52 Rz. 22.
3 MünchArbR/*Wißmann*, § 366 Rz. 4; Kölner Kommentar/*Mertens*, §§ 97–99 Rz. 54.
4 Zu sonstigen Bestimmungen der Satzung vgl. auch § 37 Abs. 1 MitbestG.
5 Einzelheiten bei *Oetker*, ZHR 149 (1985), 575; vgl. auch OLG Düsseldorf v. 10. 10. 1995, DB 1995, 2411.

dem MitbestG und dem BetrVG 1952 das Aktienrecht nur eingeschränkt[1]; vorrangig gilt das Genossenschaftsrecht (§§ 6 Abs. 2 Satz 1, Abs. 3, 25 Abs. 1 Satz 1 Nr. 3 MitbestG, 77 Abs. 3, 85 Abs. 1 BetrVG 1952). Der VVaG ist nur nach dem BetrVG 1952 mitbestimmt; für ihn gilt wiederum Aktienrecht kraft der detaillierten Einzelverweisungen in §§ 35 Abs. 3, 36 VAG.

II. Geltungsbereiche der Mitbestimmungsordnungen

1. MitbestG

12 Das MitbestG erfaßt Unternehmen (AG, KGaA, GmbH, Genossenschaft) mit mehr als 2000 Arbeitnehmern **aus allen Wirtschaftsbereichen,** die nicht montanmitbestimmt sind. Ausgenommen sind Religionsgemeinschaften und Tendenzunternehmen (§ 1 Abs. 4 MitbestG), sofern diese den geschützten Tendenzen unmittelbar und überwiegend dienen. Nach Ansicht des BAG greift der **Tendenzschutz** nur dann ein, wenn das Unternehmen die Tendenzzwecke qualitativ und quantitativ überwiegend verfolgt, also auch mit der Mehrheit seiner Arbeitnehmer[2]. Dieser Tendenzschutz ist vor allem für Presseunternehmen von Bedeutung, die nicht nur Anzeigenblätter herausgeben[3] oder Druckereien betreiben, und für private Fernsehsender.

13 Im **Konzern** bleibt ein herrschendes Unternehmen auch dann mitbestimmungsfrei, wenn es einen überwiegend tendenzbezogenen Konzern beherrscht und seine Aktivitäten zur Konzernleitung gegenüber seinen eigenen tendenzfreien Tätigkeiten überwiegen[4]. Unternehmen, die einem Tendenzkonzern angehören, aber selbst tendenzfrei sind, werden vom MitbestG erfaßt[5].

2. Montan-MitbestG

14 Das Montan-MitbestG erfaßt **Montanunternehmen,** die als AG oder GmbH mit mehr als 1000 Arbeitnehmern betrieben werden oder „Einheitsgesellschaften" iSd. AHK-Gesetzes Nr. 27 vom 16. 5. 1950[6] sind (§ 1 Abs. 2 Montan-MitbestG).

---

1 Ausführlich dazu *Trescher*, DB 1997, 1551.
2 BAG v. 21. 6. 1989, AP Nr. 43 zu § 118 BetrVG 1972; MünchArbR/*Wißmann*, § 637 Rz. 31; *Fuchs/Köstler*, Rz. 37; aA *Hanau/Ulmer*, § 1 Rz. 53: eine Mehrheit der Arbeitnehmer sei nicht erforderlich. Zu karitativen Unternehmen mit Gewinnerzielungsabsicht vgl. BayObLG v. 10. 8. 1995, BB 1995, 2233.
3 *Hanau/Ulmer*, § 1 Rz. 58; *Fitting/Wlotzke/Wißmann*, § 1 Rz. 35; Kölner Kommentar/*Mertens*, Anhang § 117 B § 1 MitbestG Rz. 11.
4 Streitig; wie hier Kölner Kommentar/*Mertens*, Anhang § 117 B § 1 MitbestG Rz. 18; MünchArbR/*Wißmann*, § 367 Rz. 35; *Hanau/Ulmer*, § 5 Rz. 60 mwN zum Meinungsstand; OLG Hamburg v. 22. 1. 1980, DB 1980, 636; aA *Fuchs/Köstler*, Rz. 37.
5 BAG v. 30. 6. 1981, AP Nr. 20 zu § 118 BetrVG 1972; Kölner Kommentar/*Mertens*, Anhang § 117 B § 1 MitbestG Rz. 17. Zum Wahlrecht der Arbeitnehmer von Tendenzunternehmen zum Aufsichtsrat der tendenzfreien mitbestimmten Konzernmutter vgl. BAG v. 30. 6. 1981, AP Nr. 20 zu § 118 BetrVG 1972 und *Hanau/Ulmer*, § 5 Rz. 58.
6 ABl. der AHK, 299.

II. Geltungsbereiche

Einheitsgesellschaften sind Montanunternehmen, die im Zuge der Entflechtung unter alliierter Kontrolle neu gegründet wurden[1] und in den Anhängen zum AHK-Gesetz Nr. 27 genannt sind. Das Gesetz ist auf ein Unternehmen nicht mehr anwendbar, wenn in sechs aufeinanderfolgenden Geschäftsjahren entweder die Arbeitnehmerzahl von 1000 unterschritten wird oder der überwiegende Betriebszweck nicht mehr in der Montantätigkeit liegt (§ 1 Abs. 3 Montan-MitbestG). Bei Einheitsgesellschaften ist die Montan-Mitbestimmung nicht von einer bestimmten Arbeitnehmerzahl abhängig (§ 1 Abs. 2 Montan-MitbestG).

Montanunternehmen (§ 1 Abs. 1 Montan-MitbestG) sind solche, die als überwiegenden Betriebszweck den in § 1 Abs. 1 Satz 1 Buchst. a) Montan-MitbestG definierten **Bergbau oder die Eisen- und Stahlerzeugung** betreiben. Die Montan-Mitbestimmung ist also nicht auf die in § 1 Abs. 1 Satz 1 Buchst. b) und c) Montan-MitbestG definierten Unternehmen beschränkt[2]. Der überwiegende Betriebszweck ergibt sich aus einer Zusammenschau von Arbeitnehmerzahlen und Umsätzen[3]. Als Eisen- und Stahlerzeugung gilt auch die Herstellung von Walzwerkserzeugnissen[4] in Unternehmen, die bereits am 1. 7. 1981 montanmitbestimmt waren (§ 1 Abs. 1 Satz 2 Nr. 1 Montan-MitbestG). Eine weitere Ausdehnung der Montan-Mitbestimmung ist über die „Ansteckungsklausel" des § 1 Abs. 1 Satz 2 Nr. 2 und Satz 3 Montan-MitbestG möglich[5].

3. MitbestErgG

Das MitbestErgG erfaßt eine **AG oder GmbH** unabhängig von ihrer Arbeitnehmerzahl, wenn **sie zumindest ein montanmitbestimmtes Unternehmen iSd. § 18 AktG beherrscht** (§ 1 MitbestErgG). Außerdem darf das herrschende Unternehmen nicht (mehr) selbst montanmitbestimmt sein (§ 2 MitbestErgG). Ferner gelten folgende Voraussetzungen:

Wenn das herrschende Unternehmen bisher **selbst montanmitbestimmt** war, muß der Konzernzweck durch montanmitbestimmte Konzern- oder abhängige Unternehmen gekennzeichnet sein (§ 3 MitbestErgG). Dies ist der Fall, wenn die montanmitbestimmten Unternehmen entweder 20% der Konzernumsätze erzielen oder mehr als 2000 Arbeitnehmer beschäftigen (§ 3 Abs. 2 MitbestErgG). Wenn das herrschende Unternehmen bisher **selbst nicht montanmitbestimmt** war, muß für mindestens sechs aufeinanderfolgende Geschäftsjahre der Anteil (die Montanquote) der montanmitbestimmten Konzern- und abhängigen Unternehmen am Konzernumsatz mehr als die Hälfte betragen haben (§ 16 Abs. 1 MitbestErgG). Die unterschiedliche Behandlung von ursprünglich montanmitbestimmten und ursprünglich nicht montanmitbestimmten Obergesellschaften ist verfassungsrechtlich bedenklich[6].

---

1 *Wlotzke/Wißmann*, DB 1981, 628 Fn. 64.
2 BGH v. 28. 2. 1983, NJW 1983, 1617; OLG Düsseldorf v. 27. 7. 1988, WM 1988, 1696.
3 MünchArbR/*Wißmann*, § 371 Rz. 4; vgl. auch *Boldt*, § 1 Montan-MitbestG Anm. 3a).
4 Vgl. dazu Kasseler Handbuch/*Klinkhammer*, 8.1 Rz. 132, 133.
5 Vgl. *Wlotzke/Wißmann*, DB 1981, 630; *Engels*, BB 1981, 1355.
6 Vgl. OLG Düsseldorf v. 8. 1. 1991, AG 1991, 153 und v. 13. 8. 1993, AG 1994, 281.

18 Die **Mitbestimmung nach dem MitbestErgG entfällt,** wenn in sechs aufeinanderfolgenden Geschäftsjahren der Konzernzweck nicht mehr durch montanmitbestimmte Unternehmen gekennzeichnet oder kein montanmitbestimmtes Unternehmen beherrscht wird (§ 16 Abs. 2 MitbestErgG). Gleiches gilt, wenn das herrschende Unternehmen seinen Geschäftsbetrieb auf eine vom MitbestG erfaßte Gesellschaft überträgt und in sie eingegliedert wird[1].

4. BetrVG 1952

19 Das BetrVG 1952 erfaßt Unternehmen (AG, KGaA, GmbH, Genossenschaft, VVaG) aller Wirtschaftsbereiche mit mindestens (AG, KGaA) oder mehr als (GmbH, Genossenschaft, VVaG) 500 Arbeitnehmern. **Eine AG** (ebenso eine KGaA) die vor dem 10. 8. 1994 in das Handelsregister eingetragen wurde und **keine Familiengesellschaft**[2] ist, wird unabhängig von ihrer Arbeitnehmerzahl erfaßt (§ 76 Abs. 6 BetrVG 1952). Für den Tendenzschutz (§ 81 BetrVG 1952) gilt das zum MitbestG Gesagte (Rz. 12).

5. Beibehaltung der Mitbestimmung

20 In Ausnahmefällen kann ein Unternehmen mitbestimmungspflichtig bleiben, obwohl die Voraussetzungen für die Mitbestimmungspflicht nicht mehr vorliegen. Dies gilt zeitlich auf fünf Jahre begrenzt für die Fälle der **Abspaltung und Ausgliederung** nach § 325 Abs. 1 UmwG[3] und zeitlich unbegrenzt für die Fälle der **Einbringung von Gesellschaftsanteilen,** Betrieben oder Teilbetrieben aus einem bisher mitbestimmten Unternehmen in eine Kapitalgesellschaft eines anderen EU-Staates nach dem Mitbestimmungs-Beibehaltungsgesetz vom 23. 8. 1994[4]. In allen diesen Fällen wird die bisherige Mitbestimmung jedoch nicht mehr gesichert, sobald die im bisherigen Mitbestimmungsgesetz festgelegte Arbeitnehmerzahl um mehr als 75% unterschritten wird.

6. Berechnung der Arbeitnehmerzahlen

a) Arbeitnehmer

21 Arbeitnehmer sind **Arbeiter und Angestellte** im Sinne der §§ 5, 6 BetrVG einschließlich der in Teilzeit, selbst wenn nur geringfügig, Beschäftigten[5], der zur Berufsausbildung Beschäftigten und der hauptsächlich für das Unterneh-

---

1 OLG Celle v. 22. 3. 1993, BB 1993, 957 (Preußag/Salzgitter); vgl. auch *Lieb*, Arbeitsrecht, 6. Aufl. 1997, Rz. 905 mwN in Fn. 16, 17.
2 Zu verfassungsrechtlichen Bedenken gegen diese Differenzierung vgl. *Lieb*, Arbeitsrecht, Rz. 906 einerseits und Kasseler Handbuch/*Klinkhammer*, 8.1 Rz. 190–192 andererseits.
3 Vgl. *Wlotzke*, DB 1995, 40; Kölner Kommentar/*Mertens*, Anhang § 117 A MitbestG Rz. 8.
4 BGBl. I, 2228; vgl. Kölner Kommentar/*Mertens*, Anhang § 117 A MitbestG Rz. 6.
5 BAG v. 29. 1. 1992, AP Nr. 1 zu § 7 BetrVG 1972 (zur Wahl des Betriebsrats); MünchArbR/*Wißmann*, § 367 Rz. 6; aA *Hanau/Ulmer*, § 3 Rz. 16; Kölner Kommentar/*Mertens*, Anhang § 117 B § 3 MitbestG Rz. 7.

men tätigen Heimarbeiter. Als Arbeitnehmer zählen nicht die in § 5 Abs. 2 Nr. 1–5 BetrVG genannten Personen. **Leitende Angestellte** (§ 5 Abs. 3 BetrVG) werden bei der Ermittlung der Arbeitnehmerzahl nach dem MitbestG berücksichtigt (§ 3 Abs. 2 Nr. 2 MitbestG), jedoch nicht nach dem Montan-MitbestG und dem BetrVG 1952[1]. Maßgeblich ist nur die Zahl der in der Regel Beschäftigten. Kurzfristige Schwankungen bleiben also unberücksichtigt[2].

b) Zurechnung von Arbeitnehmern nach dem MitbestG

Für die Ermittlung der Mitbestimmungspflicht sind auch **Konzernarbeitnehmer** nach Maßgabe des § 5 MitbestG mitzuzählen. Dies sind Arbeitnehmer von Unternehmen, die vom herrschenden Unternehmen über ein Konzernverhältnis iSd. § 18 Abs. 1 AktG beherrscht werden[3]. 22

Die Mitbestimmung verlagert sich nach unten (§ 5 Abs. 3 MitbestG), wenn das herrschende Unternehmen selbst nicht mitbestimmungspflichtig ist, zB weil es eine Personengesellschaft ist. Dann gilt nämlich das Unternehmen als herrschend, das der Konzernleitung am nächsten steht, eine mitbestimmungspflichtige Rechtsform hat und über das die Konzernleitung andere Konzernunternehmen beherrscht. Ihm werden also die Arbeitnehmer der anderen beherrschten Unternehmen zugerechnet. Hierfür soll es ausreichen, wenn das „am nächsten stehende" Unternehmen der ausländischen Konzernleitung nur die Beteiligung vermittelt, während die Beherrschung über ein anderes – ausländisches – Unternehmen erfolgt[4]. 23

Beispiel: 24

Die schweizerische Holding-AG besitzt alle Anteile an der deutschen A-GmbH. Diese besitzt alle Anteile an der deutschen B-GmbH. Die A-GmbH übt jedoch keine Leitungsmacht über die B-GmbH aus. Dies tut vielmehr die schweizerische C-GmbH. An dieser besitzt die Holding-AG ebenfalls alle Anteile. Obwohl die A-GmbH der Holding-AG keine Leitungsmacht vermittelt, werden ihr die Arbeitnehmer der B-GmbH zugerechnet.

Arbeitnehmer von Unternehmen, die von mehreren anderen Unternehmen gemeinsam beherrscht werden[5] (**Gemeinschaftsunternehmen**), gelten nach hM[6] als Arbeitnehmer bei allen herrschenden Unternehmen. 25

---

1 *Zöllner*, in Baumbach/Hueck, § 52 Rz. 78, 193; GK/*Kraft*, § 77 BetrVG 1952 Rz. 10.
2 OLG Düsseldorf v. 9. 12. 1994, AG 1995, 328; *Hanau/Ulmer*, § 3 Rz. 30; *Fuchs/Köstler*, Rz. 32; *Raiser*, § 1 Rz. 17; GK/*Kraft*, § 77 BetrVG 1952 Rz. 7.
3 Zur Mitbestimmung auf mehreren Konzernebenen (Teilkonzern oder „Konzern im Konzern") vgl. OLG Düsseldorf v. 27. 12. 1996, AG 1997, 129 und die unterschiedlichen Auffassungen von *Lieb*, Arbeitsrecht, Rz. 935, 936 mwN in Fn. 73 und Kasseler Handbuch/*Klinkhammer*, 8.1 Rz. 54.
4 OLG Stuttgart v. 30. 3. 1995, ZIP 1995, 1005.
5 Zum Begriff des Gemeinschaftsunternehmens vgl. Kölner Kommentar/*Koppensteiner*, § 18 Rz. 25; GK/*Kraft*, § 76 BetrVG 1952 Rz. 157.
6 MünchArbR/*Wißmann*, § 367 Rz. 22 mwN auch zur Gegenansicht in Fn. 50; *Hanau/Ulmer*, § 5 Rz. 47; *Raiser*, § 5 Rz. 23, 24; Kölner Kommentar/*Mertens*, Anhang § 117 B § 5 MitbestG Rz. 34.

26 Für sämtliche Zurechnungen von Arbeitnehmern ist es ohne Bedeutung, welche Rechtsform die beherrschten Unternehmen haben und ob sie eventuell selbst mitbestimmungspflichtig sind[1].

27 Bei einer **Kapitalgesellschaft und Co. KG** (zB GmbH & Co. KG) bleibt zwar die KG als Personengesellschaft mitbestimmungsfrei, aber die Kapitalgesellschaft kann durch Zurechnungen von Arbeitnehmern mitbestimmungspflichtig werden. Diese Zurechnungen erfolgen allerdings nur, wenn die Kapitalgesellschaft keinen eigenen Geschäftsbetrieb mit mehr als 500 Arbeitnehmern hat (§ 4 Abs. 1 Satz 1 MitbestG). Dann gelten die Arbeitnehmer der KG als Arbeitnehmer der Kapitalgesellschaft, wenn dieselben Personen mehrheitlich an der KG und der persönlich haftenden Kapitalgesellschaft beteiligt sind (§ 4 Abs. 1 Satz 1 MitbestG)[2].

28 Ist die KG **Komplementärin einer anderen KG**, dann zählen auch deren Arbeitnehmer bei der Kapitalgesellschaft mit (§ 4 Abs. 1 Satz 2 und 3 MitbestG). Wenn die KG von einem anderen Unternehmen abhängig (§ 18 Abs. 1 AktG) ist, dann zählen auch die Arbeitnehmer der Kapitalgesellschaft beim herrschenden Unternehmen mit (§ 5 Abs. 1 Satz 2 MitbestG). Wenn die KG Konzernspitze ist und dieselben Personen an ihr und der Kapitalgesellschaft mehrheitlich beteiligt sind, dann zählen bei dieser Kapitalgesellschaft auch die Arbeitnehmer der Konzernunternehmen mit, und zwar auch die Arbeitnehmer einer anderen Kapitalgesellschaft in einer beherrschten Kapitalgesellschaft & Co. KG (§ 5 Abs. 2 MitbestG).

c) Zurechnung von Arbeitnehmern nach dem Montan-MitbestG und dem BetrVG 1952

29 Nach dem **Montan-MitbestG** werden die Arbeitnehmer anderer Unternehmen für die Ermittlung der Mitbestimmungspflicht nicht mitgezählt. Nach dem **BetrVG 1952** werden die Arbeitnehmer solcher Unternehmen berücksichtigt, die durch Beherrschungsvertrag (§ 291 AktG) beherrscht oder eingegliedert (§ 319 AktG) sind (§ 77a BetrVG 1952). Eine nur faktische Abhängigkeit oder ein Ergebnisabführungsvertrag reicht nicht aus[3]. Auf die Rechtsform des durch Beherrschungsvertrag beherrschten Unternehmens kommt es nicht an[4].

---

1 MünchArbR/*Wißmann*, § 367 Rz. 16, 18; *Raiser*, § 5 Rz. 7, 8.
2 Zur umstrittenen Frage der Zurechnung von Arbeitnehmern einer KG zu einer Komplementär-GmbH mit mehr als 2000 Arbeitnehmern vgl. *Lieb*, Arbeitsrecht, Rz. 932 mwN in Fn. 65.
3 BayObLG v. 10. 12. 1992, AP Nr. 1 zu § 77a BetrVG 1952; OLG Düsseldorf v. 27. 12. 1996, AG 1997, 129.
4 BayObLG v. 10. 12. 1992, AP Nr. 1 zu § 77a BetrVG 1952.

7. Übersicht zum Geltungsbereich der Mitbestimmungsgesetze

	MitbestG	Montan-MitbestG	MitbestErgG	BetrVG 1952
Erfaßte Rechtsform	AG, VVaG, GmbH, Genossenschaft	AG, GmbH, Einheitsgesellschaft	AG, GmbH	AG, KGaA, GmbH, Genossenschaft, VVaG
Erfaßter Wirtschaftsbereich	Alle Bereiche außer Montan	Montanbereich: Bergbau und Eisen- und Stahlerzeugung	Herrschende Unternehmen eines Montan-Konzerns, die nicht selbst Montanunternehmen sind	Alle Bereiche, aber immer subsidiär
Notwendige Arbeitnehmerzahl	Mehr als 2000. Leitende Angestellte werden mitgezählt	Mehr als 1000. Leitende Angestellte werden nicht mitgezählt	Keine Mindestzahl	Mehr als 500. Leitende Angestellte werden nicht mitgezählt. Keine Mindestzahl bei AG und KGaA, falls vor dem 10. 8. 1994 eingetragen und nicht Familiengesellschaft
Zurechnung von Arbeitnehmern anderer Unternehmen	Ja, im Konzern und bei bestimmten Kapitalgesellschaften & Co. KG, vgl. §§ 4, 5 MitbestG	Nein	Nein	Ja, falls durch Beherrschungsvertrag beherrscht oder eingegliedert

III. Bildung des Aufsichtsrats

1. Zahl der Mitglieder

a) MitbestG

Nach § 7 MitbestG besteht der Aufsichtsrat aus **zwölf, sechzehn oder zwanzig** Personen, je nachdem, ob dem Unternehmen bis zu 10 000, mehr als 10 000 oder mehr als 20 000 Arbeitnehmer angehören. Die Satzung kann statt des kleineren einen der beiden größeren Aufsichtsräte anordnen. Der Aufsichtsrat ist paritätisch mit Vertretern der Anteilseigner und der Arbeitnehmer besetzt. Unter den **Vertretern der Arbeitnehmer aus der Belegschaft** müssen Arbeiter, Angestellte und leitende Angestellte entsprechend ihrem zahlenmäßigen Verhältnis vertreten sein (§ 15 Abs. 2 MitbestG). Zur Sitzverteilung vgl. die **Übersicht** (Rz. 59).

b) Montan-MitbestG

32 Der Aufsichtsrat besteht aus **elf Mitgliedern,** nämlich je vier Vertretern der Anteilseigner und der Arbeitnehmer, je einem weiteren Mitglied jeder Seite und außerdem dem weiteren „neutralen" Mitglied. Unter den Vertretern der Arbeitnehmer sind ein Arbeiter, ein Angestellter und zwei Gewerkschaftsvertreter (§ 4 Montan-MitbestG). Die Satzung größerer Unternehmen kann einen Aufsichtsrat von fünfzehn bzw. einundzwanzig Personen mit dann entsprechender Sitzverteilung vorsehen (§ 9 Montan-MitbestG). Vgl. hierzu auch die **Übersicht** (Rz. 59).

c) MitbestErgG

33 Der Aufsichtsrat besteht aus **fünfzehn Mitgliedern,** nämlich je sieben Vertretern der Anteilseigner und der Arbeitnehmer und einem weiteren „neutralen" Mitglied (§ 5 Abs. 1 MitbestErgG). Die Satzung größerer Unternehmen kann einen Aufsichtsrat von einundzwanzig Mitgliedern vorsehen (§ 5 Abs. 1 Satz 3 MitbestErgG). Zur Sitzverteilung vgl. die **Übersicht** (Rz. 59).

d) BetrVG 1952

34 Der Aufsichtsrat muß **mindestens drei Mitglieder** haben. Die Mitgliederzahl muß immer durch drei teilbar sein. Bei der KG, KGaA und GmbH hängt die höchstmögliche Mitgliederzahl von der Unternehmensgröße ab (§ 95 Satz 4 AktG) und ist auf einundzwanzig begrenzt. Beim VVaG ist sie generell auf einundzwanzig begrenzt (§ 35 Abs. 1 Satz 3 VAG), bei der Genossenschaft unbegrenzt (§ 36 Abs. 1 GenG).

35 Dem Dreiergremium muß ein Arbeitnehmer des Unternehmens oder Konzerns angehören. In größeren Aufsichtsräten müssen sich **mindestens zwei Arbeitnehmer** des Unternehmens oder Konzerns befinden. Davon muß einer Arbeiter und einer Angestellter sein. Dies gilt nicht, wenn die jeweilige Gruppe in der Belegschaft mit höchstens fünf Personen und höchstens einem Zwanzigstel vertreten ist (§ 76 Abs. 2 BetrVG 1952, 10 Abs. 3 BetrVG). Dem Aufsichtsrat soll mindestens eine **Frau** angehören, wenn die Belegschaft zu mehr als der Hälfte aus Frauen besteht (§ 76 Abs. 2 Satz 4 BetrVG 1952).

2. Persönliche Voraussetzungen für die Mitgliedschaft

36 Mitglied des Aufsichtsrats kann nur sein, wer

▶ eine natürliche unbeschränkt geschäftsfähige Person ist (§ 100 Abs. 1 AktG),

▶ nicht als Betreuter einem Einwilligungsvorbehalt unterliegt (§ 100 Abs. 1 AktG),

▶ nicht schon in zehn anderen Handelsgesellschaften Mitglied eines obligatorischen Aufsichtsrats ist (§ 100 Abs. 2 Satz 1 Nr. 1 AktG),

▶ nicht gesetzlicher Vertreter eines abhängigen Unternehmens ist (§ 100 Abs. 2 Satz 1 Nr. 2 AktG),

III. Bildung des Aufsichtsrats   Rz. 39 **Teil 4 B**

- nicht gesetzlicher Vertreter einer anderen Kapitalgesellschaft ist, deren Aufsichtsrat wiederum ein gesetzlicher Vertreter des Unternehmens angehört (Überkreuzverflechtung, § 100 Abs. 2 Satz 1 Nr. 3 AktG),
- nicht gesetzlicher Vertreter des Unternehmens oder dauernder Stellvertreter eines gesetzlichen Vertreters ist (§§ 105 Abs. 1 AktG, 37 Abs. 1 GenG),
- nicht Prokurist oder zum gesamten Geschäftsbetrieb ermächtiger Handlungsbevollmächtigter des Unternehmens ist (§§ 105 Abs. 1 AktG, 37 Abs. 1 GenG); im Bereich des MitbestG kann ein Prokurist jedoch Mitglied des Aufsichtsrats sein, wenn er den gesetzlichen Vertretern des Unternehmens nicht unmittelbar unterstellt oder nicht ermächtigt ist, die Prokura für deren gesamten Geschäftsbereich auszuüben (§ 6 Abs. 2 Satz 1 MitbestG),
- als Vertreter der Anteilseigner bei der Genossenschaft Genosse ist (§ 9 Abs. 2 GenG),
- als Belegschaftsvertreter im Bereich des MitbestG die Voraussetzungen der §§ 7 Abs. 3 MitbestG, 8 BetrVG erfüllt, insbesondere dem Unternehmen bereits ein Jahr angehört,
- als weiteres Mitglied einer Seite im Bereich des Montan-MitbestG und als neutrales Mitglied im Bereich des Montan-MitbestG und des MitbestErgG unternehmens- und koalitionsfern iSd. §§ 4 Abs. 2 Montan-MitbestG, 5 Abs. 3 MitbestErgG ist.

3. Wahlverfahren

a) Vertreter der Anteilseigner

Die Vertreter der Anteilseigner werden von diesen gewählt oder – soweit zulässig – entsandt (§§ 8 Abs. 1 MitbestG, 5 Montan-MitbestG, 101 Abs. 2 AktG)[1]. 37

b) Vertreter der Arbeitnehmer

Das Verfahren ist in allen Mitbestimmungsgesetzen unterschiedlich und unnötig kompliziert geregelt. Es soll vereinheitlicht und vereinfacht werden[2]. 38

aa) MitbestG

Das Verfahren folgt den **§§ 9–18, 34 MitbestG** und drei umfangreichen **Wahlordnungen**[3]: In Unternehmen mit bis zu 8000 Arbeitnehmern ist die Wahl unmittelbar; in größeren Unternehmen mittelbar über vorab zu wählende Delegierte der Arbeiter, der Angestellten und der leitenden Angestellten. 39

---

1 Zu den Besonderheiten bei der Umwandlung vgl. §§ 59, 76 Abs. 2, 98, 116 Abs. 1 UmwG.
2 *Seibert*, WM 1997, 1.
3 Ausführlich dazu *Säcker*, Die Wahlordnungen zum Mitbestimmungsgesetz, 1978; Kasseler Handbuch/*Matthes*, 8.2.

40 Die Wahl der Delegierten und die Wahl der **Belegschaftsvertreter** im Aufsichtsrat (Rz. 59) erfolgen getrennt nach Arbeitern und Angestellten. Das **Mitglied der leitenden** Angestellten wird jedoch von allen Angestellten – oder den Delegierten aller Angestellten – gewählt. Die Wahl der Belegschaftsvertreter ist Verhältniswahl, soweit einer Arbeitnehmergruppe mehrere Sitze zustehen und hierfür mehrere Wahlvorschläge gemacht sind; ansonsten ist sie Mehrheitswahl. Die jeweils zuständigen Wahlkörper können mehrheitlich das Wahlverfahren ändern, also unmittelbare Wahl statt Delegiertenwahl und umgekehrt beschließen oder gemeinsame Wahl statt Gruppenwahl.

41 Die **Gewerkschaftsvertreter** (Rz. 59) werden in gemeinsamer Wahl durch die Delegierten oder unmittelbar gewählt. Hierzu machen die im Unternehmen vertretenen Gewerkschaften Wahlvorschläge.

bb) Montan-MitbestG

42 Die Vertreter und weiteren **Mitglieder der Arbeitnehmer** werden formal durch das „Wahlorgan" der Anteilseigner gewählt. Dieses ist jedoch an Vorschläge der Betriebsräte gebunden (§ 6 Abs. 6 Montan-MitbestG). Die Arbeiter- und die Angestelltenmitglieder der Betriebsräte bilden jeweils einen Wahlkörper, beraten sich mit den im Unternehmen vertretenen Gewerkschaften und deren Spitzenorganisationen und wählen getrennt die **Arbeiter- und Angestelltenvertreter** für den Aufsichtsrat, die sie dann dem Wahlorgan vorschlagen. Die Spitzenorganisationen haben Einspruchsrechte gegen diese Vorschläge (§ 6 Abs. 2 Montan-MitbestG). Leitende Angestellte sind nicht wählbar[1].

43 Die **Gewerkschaftsvertreter und die weiteren Mitglieder** der Arbeitnehmerseite werden von den Spitzenorganisationen den Betriebsräten vorgeschlagen und dann von diesen zum Vorschlag an das Wahlorgan gewählt (§ 6 Abs. 3–5 Montan-MitbestG). Im Konzern werden die Funktionen der Betriebsräte durch den Konzernbetriebsrat wahrgenommen (§ 1 Abs. 4 Montan-MitbestG).

cc) MitbestErgG

44 Das Wahlverfahren ist in §§ 7–10 l MitbestErgG und der Wahlordnung vom 23. 1. 1989 geregelt. Es entspricht weitgehend dem Verfahren nach dem MitbestG (Rz. 39–41), jedoch ohne Sitzreservierung für einen Vertreter der leitenden Angestellten. Diese sind wahlberechtigt und wählbar (§ 5 Abs. 5 MitbestErgG).

dd) BetrVG 1952

45 Die Arbeitnehmer wählen ihre Vertreter nach den Regeln der §§ 31 ff. WO 1953 in **unmittelbarer und gemeinsamer Mehrheitswahl.** Im Konzern ist auch die Delegiertenwahl möglich (§ 76 Abs. 4 Satz 2 BetrVG 1952). Gewählt ist, wer die meisten Stimmen auf sich vereinigt, oder, falls er einer bestimmten Gruppe angehören muß (§ 76 Abs. 2 Satz 3 BetrVG 1952), wer als Gruppenangehöriger die meisten Stimmen erreicht.

---

1 MünchArbR/*Wißmann*, § 371 Rz. 2.

III. Bildung des Aufsichtsrats

Wahlberechtigt sind alle Arbeitnehmer iSd. § 76 Abs. 4 BetrVG 1952, Arbeitnehmer von Konzernunternehmen (§ 18 Abs. 1 Satz 1 und 2 AktG) also auch dann, wenn der Konzern nicht auf Beherrschungsvertrag oder Eingliederung beruht[1]. Bei abhängigen Unternehmen besteht jedoch keine Konzernvermutung; § 18 Abs. 1 Satz 3 AktG gilt nicht[2]. Die Arbeitnehmer abhängiger Unternehmen sind also in der Obergesellschaft nur wahlberechtigt, wenn die abhängigen Unternehmen tatsächlich unter der einheitlichen Leitung der Obergesellschaft zusammengefaßt sind.

46

Leitende Angestellte sind nicht wahlberechtigt (§ 76 Abs. 2 Satz 1 BetrVG 1952). Sie sind zwar wählbar, jedoch nicht auf den einzigen Sitz im Dreiergremium und nicht auf die ersten beiden Sitze in einem größeren Aufsichtsrat. Denn diese Sitze sind für Arbeitnehmer im betriebsverfassungsrechtlichen Sinne reserviert und können deshalb von leitenden Angestellten nicht besetzt werden[3].

47

c) Das neutrale Mitglied nach dem Montan-MitbestG und dem MitbestErgG

Das weitere **neutrale Mitglied** wird dem Wahlorgan, also der Versammlung der Anteilseigner, mit der Mehrheit der Stimmen aller übrigen Aufsichtsratsmitglieder, jedoch mit mindestens drei Stimmen jeder Seite, zur Wahl vorgeschlagen. Notfalls wird hier ein Vermittlungsverfahren durchgeführt (§§ 8 Montan-MitbestG, 5 Abs. 3 Satz 2 MitbestErgG).

48

4. Ersatzmitglieder im Aufsichtsrat

Nach allen Mitbestimmungsgesetzen können bei der Wahl der ordentlichen Mitglieder **gleichzeitig** Ersatzmitglieder (§ 101 Abs. 3 AktG) gewählt werden. Ein Ersatzmitglied[4] muß der Gruppe des ordentlichen Mitglieds angehören, wenn dieses einen für die Gruppe reservierten Sitz einnimmt. Die Wahl eines Ersatzmitgliedes für das neutrale Mitglied nach dem Montan-MitbestG oder dem MitbestErgG ist nicht möglich. Ein gewähltes Ersatzmitglied übernimmt das Amt nur, wenn das entsprechende ordentliche Mitglied vor Ablauf der Amtszeit **endgültig** wegfällt.

49

5. Wahlschutz, Wahlkosten

Die Wahlen dürfen nicht behindert und nicht beeinflußt werden. Diese in §§ 20 MitbestG, 10i MitbestErgG festgehaltenen Grundsätze gelten auch für Wahlen nach dem Montan-MitbestG und dem BetrVG 1952[5] und allgemein für

50

---

1 Zu Gemeinschaftsunternehmen vgl. BAG v. 16. 8. 1995, DB 1996, 335.
2 BAG v. 16. 8. 1995, DB 1996, 335.
3 *Dietz/Richardi*, § 76 BetrVG 1952 Rz. 74; *Fitting/Kaiser/Heither/Engels*, § 76 BetrVG 1952 Rz. 47.
4 Zur Bestellung der Ersatzmitglieder vgl. BGH v. 15. 12. 1986, BGHZ 99, 211; *Rellermeyer*, ZGR 1987, 563.
5 Vgl. nur *Fuchs/Köstler*, Rz. 566–568 mwN; *GK/Kraft*, § 76 BetrVG 1952 Rz. 70.

alle Wahl- und Vorbereitungsakte[1]. Eine Kündigung zum Zwecke der Maßregelung wegen der Wahl ist nichtig[2]. Auch bei sonstigen Kündigungen ist bei der Güterabwägung der Status des Gekündigten (Kandidat, Wahlvorstand, Delegierter) zu berücksichtigen[3]. § 15 Abs. 3 KSchG gilt allerdings nicht[4].

51 Das Unternehmen trägt die **erforderlichen Kosten** für alle Wahlen und Abstimmungen und für die Tätigkeit des Wahlvorstandes, auch soweit um dessen Befugnisse gerichtliche Verfahren geführt werden[5]; es trägt jedoch nicht die Kosten der Wahlwerbung. Der Lohn darf nicht gekürzt werden, wenn wegen der Ausübung des Wahlrechts oder der Tätigkeit im Wahlvorstand Arbeit versäumt wird (§§ 20 Abs. 3 MitbestG, 10i Abs. 3 MitbestErgG).

6. Streitigkeiten

a) Zuständigkeit

52 Für Streitigkeiten um die Nichtigkeit oder die Anfechtung von Wahlen zum Aufsichtsrat ist entweder das **Landgericht am Sitz der Gesellschaft zuständig** (§§ 250 Abs. 3, 251 Abs. 3, 246 Abs. 3 Satz 1 AktG, 51 Abs. 3 Satz 3 GenG) oder das dortige **Arbeitsgericht** (§§ 2a Abs. 1 Nr. 3, 82 Satz 2 ArbGG). Vgl. hierzu die Übersicht Rz. 59.

b) Nichtigkeit

53 Wesentliche **Nichtigkeitsgründe** sind in § 241 Nr. 1, 2 und 5 AktG und § 250 Abs. 1 AktG aufgeführt. Sie gelten für die Wahlen aller Aufsichtsratsmitglieder[6] und bei allen Gesellschaftsformen[7]. Im übrigen ist – wie bei der Betriebsratswahl – die Wahl von Arbeitnehmervertretern nichtig, wenn offensichtliche und schwerwiegende Verstöße gegen das Wahlrecht vorliegen[8]. Die Nichtigkeit wirkt von Anfang an. **Antragsbefugt** ist jeder, der ein berechtigtes Interesse hat[9].

c) Anfechtbarkeit

54 Die Wahl der von den **Anteilseignern bestellten Mitglieder,** also auch die Wahl aller Mitglieder nach dem Montan-MitbestG (Rz. 42) und des neutralen Mitglieds nach dem MitbestErgG (Rz. 48) ist anfechtbar, wenn hierbei **gegen Ge-**

---

1 *Fuchs/Köstler*, Rz. 566–568; *Hanau/Ulmer*, § 20 Rz. 1; *Raiser*, § 20 Rz. 2; *Fitting/Wlotzke/Wißmann*, § 20 Rz. 8.
2 *Hanau/Ulmer*, § 20 Rz. 7; MünchArbR/*Wißmann*, § 368 Rz. 51; *Raiser*, § 20 Rz. 4.
3 *Raiser*, § 20 Rz. 4.
4 *Hanau/Ulmer*, § 20 Rz. 7; *Fuchs/Köstler*, Rz. 573; *Raiser*, § 20 Rz. 4; *Fitting/Wlotzke/Wißmann*, § 20 Rz. 3, 4; *Fitting/Kaiser/Heither/Engels*, § 76 BetrVG Rz. 54.
5 MünchArbR/*Wißmann*, § 368 Rz. 54; *Hanau/Ulmer*, § 20 Rz. 28; *Fuchs/Köstler*, Rz. 584–591; *Raiser*, § 20 Rz. 14; GK/*Kraft*, § 76 BetrVG 1952 Rz. 81.
6 Vgl. *Scholz/Schneider*, § 52 Rz. 153 mwN.
7 Vgl. *Zöllner*, in Baumbach/Hueck, Anhang § 47 Rz. 28; BGH v. 23. 2. 1978, BGHZ 70, 384; § 26 VAG.
8 *Hanau/Ulmer*, § 21 Rz. 38 mwN; *Fuchs/Köstler*, Rz. 638; *Raiser*, § 22 Rz. 20.
9 MünchArbR/*Wißmann*, § 368 Rz. 58.

III. Bildung des Aufsichtsrats   Rz. 59 Teil 4 B

setz oder Satzung verstoßen** wurde (§§ 251 Abs. 1 AktG, 51 Abs. 1 GenG). Dies gilt auch für die GmbH[1].

Die Wahl der **Arbeitnehmervertreter,** auch solcher nach dem Montan-MitbestG (§ 251 Abs. 1 Satz 2 AktG) ist anfechtbar, wenn **gegen wesentliche Wahlvorschriften verstoßen** wurde und eine Berichtigung nicht erfolgt ist; es sei denn, daß durch den Verstoß das Wahlergebnis nicht beeinflußt werden konnte. Diese allgemeinen Grundsätze gelten für die Wahlen nach allen Mitbestimmungsgesetzen, auch wenn sie nur in §§ 22 Abs. 1 MitbestG, 10 l MitbestErgG ausdrücklich normiert sind[2]. Zur Anfechtung der Wahl von Delegierten vgl. §§ 21 MitbestG, 10k MitbestErgG.

Je nachdem, ob die Wahl eines Vertreters der Anteilseigner, der Arbeitnehmer oder eines neutralen Mitglieds angefochten werden soll, sind unterschiedliche Personen, Gremien und Organisationen zur **Anfechtung befugt;** vgl. im einzelnen die Übersicht Rz. 59 und §§ 251 Abs. 2, 245 Abs. 1, 2, 4 AktG, 51 Abs. 2 GenG, 22 Abs. 2 MitbestG, 10 l Abs. 2 MitbestErgG. § 22 Abs. 2 MitbestG gilt entsprechend für Wahlen nach dem BetrVG 1952[3].

Die ebenfalls unterschiedlichen **Anfechtungsfristen** sind geregelt in §§ 251 Abs. 3, 246 Abs. 1 AktG, 51 Abs. 1 Satz 2 GenG, 22 Abs. 2 Satz 2 MitbestG, 10 l Abs. 2 Satz 2 MitbestErgG, 19 Abs. 2 Satz 2 BetrVG. Für die Anfechtung der Wahl von Vertretern der Anteilseigner gilt bei der GmbH nach dem MitbestG und dem BetrVG 1952 eine „angemessene" Frist nach dem Leitbild der aktienrechtlichen Monatsfrist[4]. Vgl. im einzelnen die Übersicht Rz. 59.

Gegen Fehler bei der Wahl von Vertretern der Arbeitnehmer kann bereits vor Wahlende vorgegangen werden[5], auch durch **einstweilige Verfügung**[6].

55

56

57

58

7. Übersicht zur Wahl des Aufsichtsrats

	MitbestG	Montan-MitbestG	MitbestErgG	BetrVG 1952
Größe des Aufsichtsrats, Sitzverteilung	12 (16, 20) Personen; je 6 (8, 10) Vertreter der Anteilseigner (AE) und der Arbeitnehmer (AN)	11, (15, 21) Personen; je 4 (6, 8) Vertreter der AE und der AN; je 1 (1, 2) weiteres Mitglied jeder Seite; 1 neutrales Mitglied	15 (21) Personen; je 7 (10) Vertreter der AE und der AN; 1 neutrales Mitglied	Mindestens 3, höchstens 21 Personen; Mitgliederzahl muß durch 3 teilbar sein; $^2/_3$ AE-Vetreter, $^1/_3$ AN-Vertreter

59

---

1 BGH v. 9. 12. 1968, BGHZ 51, 209; *Scholz/Schneider,* § 52 Rz. 152.
2 BAG v. 27. 1. 1993, AP Nr. 29 zu § 76 BetrVG 1952 (st. Rspr.); GK/*Kraft,* § 76 BetrVG 1952 Rz. 71; *Dietz/Richardi,* § 76 BetrVG 1952 Rz. 11.
3 MünchArbR/*Wißmann,* § 373 Rz. 31; *Fitting/Kaiser/Heither/Engels,* § 76 BetrVG 1952 Rz. 73.
4 BGH v. 14. 5. 1990, BGHZ 111, 224.
5 BAG v. 25. 8. 1981, AP Nr. 2 zu § 83 ArbGG 1979.
6 LAG Düsseldorf v. 19. 12. 1977, DB 1978, 255; Kölner Kommentar/*Mertens,* Anhang § 117 B § 22 MitbestG Rz. 12.

	MitbestG	Montan-MitbestG	MitbestErgG	BetrVG 1952
Gliederung der AN-Vertreter	4 (6, 7) Vertreter aus der Belegschaft, darunter mindestens je 1 Arbeiter, Angestellter und leitender Angestellter, 2 (2, 3) Vertreter der Gewerkschaften	1 (2, 3) Arbeiter, 1 Angestellter, 2 (3, 4) Vertreter der Gewerkschaften, 1 (1, 2) weiteres Mitglied der Arbeitnehmer	5 (7) Vertreter aus der Belegschaft proportional nach Arbeitern und Angestellten (mindestens je 1); 2 (3) Vertreter der Gewerkschaften	Im Dreiergremium mindestens 1 Vertreter, in größeren Gremien mindestens 2 Vertreter aus der Belegschaft, dann mindestens 1 Arbeiter und 1 Angestellter
Wahlverfahren	Wahl der AE-Vertreter durch AE. Wahl der Belegschaftsvertreter getrennt von Arbeitern und Angestellten. Wahl der Gewerkschaftsvertreter gemeinsam von Arbeitern und Angestellten	Wahl aller Mitglieder durch AE; bei Belegschaftsvertretern auf bindende getrennte Vorschläge der Arbeiter- und Angestelltenmitglieder der Betriebsräte; bei Gewerkschaftsvertretern und weiteren Mitgliedern der AN auf bindenden Vorschlag der Betriebsräte beruhend auf Vorschlägen der Spitzenorganisationen; beim neutralen Mitglied auf Vorschlag der übrigen Mitglieder des Aufsichtsrats	Wahl der AE- und der AN-Vertreter wie nach MitbestG; Wahl des neutralen Mitglieds wie nach Montan-MitbestG	Wahl der AE-Vertreter durch AE; Wahl der AN-Vertreter in gemeinsamer Mehrheitswahl der AN
Wahlanfechtung: Anfechtungsbefugnis	Bei AE-Vertretern: AE und Vorstand; bei AN-Vertretern: vgl. § 22 Abs. 2 MitbestG	Bei AE-Vertretern: AE und Vorstand; bei AN-Vertretern: AE, Vorstand, Betriebsräte, Gewerkschaften, Spitzenorganisationen; beim neutralen Mitglied: AE, Vorstand, Mitglieder des AR	Bei AE- und AN-Vertretern: wie nach MitbestG, vgl. § 10 l Abs. 2 MitbestErgG, beim neutralen Mitglied: wie nach Montan-MitbestG	Wie nach MitbestG

III. Bildung des Aufsichtsrats   Rz. 61 Teil **4 B**

	MitbestG	Montan-MitbestG	MitbestErgG	BetrVG 1952
Wahl-anfechtung: Anfechtungsfrist	Bei AE-Vertretern: 1 Monat ab Wahl (bei GmbH „angemessene Frist"); bei AN-Vertretern: 2 Wochen ab Veröffentlichung des Wahlergebnisses im Bundesanzeiger	1 Monat ab Wahl durch AE	Bei AE-Vertretern und neutralem Mitglied: 1 Monat ab Wahl durch die AE; bei AN-Vertretern: wie nach MitbestG	Bei AE-Vertretern: wie nach MitbestG; bei AN-Vertretern: 2 Wochen ab Bekanntgabe des Wahlergebnisses
Wahl-anfechtung: Zuständigkeit	Bei AE-Vertretern: Landgericht; bei AN-Vertretern: Arbeitsgericht	Immer: Landgericht	Bei AE-Vertretern: Landgericht; bei AN-Vertretern: Arbeitsgericht; beim neutralen Mitglied: Landgericht	Wie nach MitbestG

8. Gerichtliche Bestellung von Aufsichtsratsmitgliedern

Nach allen Mitbestimmungsgesetzen wird der Aufsichtsrat auf Antrag ergänzt um Mitglieder, die vom **Registergericht** (§§ 14 AktG, 145 Abs. 1 FGG) bestellt werden, wenn er infolge des Fehlens von Mitgliedern beschlußunfähig oder länger als drei Monate nicht vollständig besetzt ist (§ 104 AktG). In dringenden Fällen muß diese Frist nicht abgewartet werden (§ 104 Abs. 2 Satz 2, Abs. 3 Nr. 2 AktG). Für die Genossenschaft unter dem BetrVG 1952 folgt die Möglichkeit der gerichtlichen Ersatzbestellung aus § 29 BGB. Das Gericht muß hierbei die richtigen Zahlenverhältnisse zwischen den Gruppen und soll die Vorschläge vorschlagsberechtigter Parteien berücksichtigen (§ 104 Abs. 4 AktG)[1]. Die Antragsrechte und die ggf. bestehende Antragspflicht des Vorstandes folgen aus § 104 Abs. 1 AktG. Das gerichtlich bestellte Mitglied bleibt nur bis zur Neuwahl eines ordentlichen Mitglieds im Amt (§ 104 Abs. 5 AktG). 60

9. Amtsdauer, Amtsende

Die **ordentliche Amtsdauer** ist nach allen Mitbestimmungsgesetzen für alle Mitglieder zwingend gleich lang, wird durch die Satzung festgelegt (§§ 15 Abs. 1 MitbestG, 4 Abs. 3 Montan-MitbestG, 5 Abs. 4 MitbestErgG, 76 Abs. 2 Satz 1 BetrVG 1952) und kann nicht länger sein als ca. 5 Jahre (§ 102 Abs. 1 AktG)[2]. 61

---
1 Vgl. dazu BayObLG v. 20. 8. 1997, AG 1998, 36.
2 Zur Amtsdauer des ersten Aufsichtsrats einer neu gegründeten AG oder KGaA vgl. *Röder/Gneiting*, DB 1993, 1618; *Hahn*, DB 1994, 1659; Kasseler Handbuch/*Klinkhammer*, 8.1 Rz. 78–82.

62 **Das Amt endet vorzeitig** durch

- Tod oder Niederlegung,
- Verlust der Wählbarkeit (§ 24 Abs. 1 MitbestG),
- Verlust der Gruppenzugehörigkeit bei den Belegschaftsvertretern nach dem Montan-MitbestG und dem Belegschaftsvertreter nach dem BetrVG 1952, der einen für seine Gruppe reservierten Sitz (§ 76 Abs. 2 Satz 3 BetrVG 1952) hatte[1], nicht jedoch bei den Belegschaftsvertretern nach dem MitbestG und dem MitbestErgG (vgl. §§ 24 Abs. 2 MitbestG, 10m Abs. 2 MitbestErgG),
- endgültiges Ausscheiden aus dem Unternehmen, falls das Mitglied als Arbeitnehmer einen für die Belegschaft reservierten Sitz hatte,
- Verlust sonstiger gesetzlicher Amtsvoraussetzungen (§§ 100 Abs. 1, 105 Abs. 1 AktG, 9 Abs. 2 GenG),
- Wegfall des Unternehmens, jedoch nicht bei dessen Formwechsel (§ 203 UmwG),
- **vorzeitige Abberufung** (§§ 103 AktG, 36 Abs. 3 GenG, 23 MitbestG, 11 Montan-MitbestG, 5 Abs. 3 Satz 2, 10m MitbestErgG, 76 Abs. 5 BetrVG 1952).

10. Übersicht zur Abberufung

63

	MitbestG	Montan-MitbestG	MitbestErgG	BetrVG 1952
Vertreter der Anteilseigner	Durch Beschluß der Anteilseigner mit Dreiviertelmehrheit. Bei wichtigem Grund auch durch das Registergericht auf Antrag der Mehrheit des Aufsichtsrats, dies jedoch nicht bei der Genossenschaft			
Vertreter der Arbeitnehmer	Durch Beschluß einer Dreiviertelmehrheit der Wahlkörper, die sie gewählt haben, aber nur nach Antrag einer Dreiviertelmehrheit der Gruppe, die sie im Aufsichtsrat vertreten. Außerdem gerichtliche Abberufung wie bei den Vertretern der Anteilseigner.	Durch Beschluß der Anteilseigner auf Vorschlag der Betriebsräte; bei Gewerkschaftsvertretern nur nach entsprechendem Vorschlag der Spitzenorganisation an die Betriebsräte. Außerdem gerichtliche Abberufung wie bei den Vertretern der Anteilseigner.	Durch Beschluß einer Dreiviertelmehrheit der Wahlkörper, die sie gewählt haben, aber nur nach Antrag einer Dreiviertelmehrheit der Gruppe, die sie im Aufsichtsrat vertreten. Außerdem gerichtliche Abberufung wie bei den Vertretern der Anteilseigner.	Durch Beschluß einer Dreiviertelmehrheit der Arbeitnehmer nach Antrag der Betriebsräte oder von mindestens 20% der Arbeitnehmer. Außerdem gerichtliche Abberufung wie bei den Vertretern der Anteilseigner.
Neutrales Mitglied	Nicht vorhanden	Aus wichtigem Grund durch das Registergericht auf Antrag von mindestens drei Mitgliedern des Aufsichtsrats		Nicht vorhanden

---

[1] Fitting/Kaiser/Heither/Engels, § 76 BetrVG 1952 Rz. 96b.

IV. Rechte und Pflichten des Aufsichtsrats[1]

1. Bestellung, Abberufung und Anstellung der gesetzlichen Vertreter

a) Zuständigkeit für die Bestellung

Der Aufsichtsrat ist für die Bestellung des Vorstandes bzw. der Geschäftsführer zuständig: 64

- bei der **AG** nach allen Mitbestimmungsgesetzen (§ 84 AktG),
- bei der **GmbH** nach MitbestG, Montan-MitbestG und MitbestErgG (§§ 31 MitbestG, 12 Montan-MitbestG, 13 MitbestErgG),
- bei der **Genossenschaft** nach dem MitbestG (§ 31 MitbestG),
- beim **VVaG** nach dem BetrVG 1952 (§§ 34 Abs. 1 Satz 2 VAG, 84 Abs. 1 Satz 1 AktG).

Bei der **KGaA** führen die Komplementäre die Geschäfte im Wege der Selbstorganschaft (§§ 278 Abs. 2 AktG, 161 Abs. 2, 114 Abs. 1, 125 Abs. 1 HGB, 31 Abs. 1 Satz 2 MitbestG). Die Geschäftsführer der **nach dem BetrVG 1952 mitbestimmten GmbH** werden von der Gesellschafterversammlung bestellt; denn auf § 84 AktG wird in § 77 Abs. 1 BetrVG 1952 nicht verwiesen. Der Vorstand der **nach dem BetrVG 1952 mitbestimmten Genossenschaft** wird von der Generalversammlung bestellt (§ 24 Abs. 2 GenG). 65

b) Dauer der Bestellung

Die Dauer der jeweiligen Bestellung – **höchstens fünf Jahre** – wird vom Aufsichtsrat bestimmt (§§ 84 Abs. 1 Satz 1 AktG, 31 Abs. 1 Satz 1 MitbestG, 12 Montan-MitbestG, 13 MitbestErgG, 34 Abs. 1 Satz 2 VAG). Eine erneute Bestellung ist zulässig (§ 84 Abs. 1 Satz 2 AktG). 66

c) Die Bestellung nach dem MitbestG

Die Bestellung erfolgt in dem **besonderen Verfahren** des § 31 MitbestG[2]. Im ersten Wahlgang ist eine Mehrheit von zwei Dritteln aller Mitglieder des Aufsichtsrats erforderlich. Wird diese nicht erreicht, so muß der **Vermittlungsausschuß** (Rz. 104) dem Aufsichtsrat binnen eines Monats einen neuen Vorschlag machen. Andere Vorschläge sind ebenfalls zulässig. Hierüber wird in einem zweiten Wahlgang abgestimmt. Nunmehr reicht für die Bestellung die absolute Mehrheit der Stimmen aller Mitglieder aus. Wird auch diese nicht erreicht, so kann bei einer erneuten Abstimmung der Vorsitzende seine **Zweitstimme** (Rz. 98) einsetzen, um die absolute Mehrheit zu erreichen. 67

---

[1] Vgl. dazu vor allem *Lutter/Krieger*, S. 35 ff. Einen Überblick über die Rechtsprechung gibt *Rellermeyer*, ZGR 1993, 77.
[2] Ausführlich *Hanau/Ulmer*, § 31 Rz. 19 ff.; *Kittner/Köstler/Zachert*, Rz. 550 ff.; *Fitting/Wlotzke/Wißmann*, § 31 Rz. 14 ff.; Kölner Kommentar/*Mertens*, Anhang § 117 B § 31 MitbestG Rz. 4–8.

68 Im gleichen Verfahren ist auch der **Arbeitsdirektor** zu bestellen. Er muß dem Vertretungsorgan als gleichberechtigtes[1] Mitglied angehören (§ 33 MitbestG). Diese Pflicht besteht bei der AG, GmbH und Genossenschaft, aber **nicht bei der KGaA**. Dem Arbeitsdirektor wird mit der Bestellung die – im Kernbereich unentziehbare[2] – Zuständigkeit für Personal- und Sozialangelegenheiten zugewiesen[3]. Ihm dürfen weitere Aufgaben übertragen werden[4].

d) Die Bestellung nach dem Montan-MitbestG, MitbestErgG und BetrVG 1952

69 Für die Bestellung sind grundsätzlich **keine besonderen Mehrheiten** vorgeschrieben. Die Wahl zum Vorstand oder Geschäftsführer erfolgt deshalb im Aufsichtsrat mit der Mehrheit der abgegebenen Stimmen (§ 32 Abs. 1 Satz 3 BGB)[5].

70 Bei den **montanmitbestimmten** Unternehmen (AG und GmbH) ist ebenfalls ein **Arbeitsdirektor** erforderlich. Nach dem Montan-MitbestG kann er nicht gegen die Mehrheit der Arbeitnehmervertreter im Aufsichtsrat bestellt werden (§ 13 Abs. 1 Satz 2 Montan-MitbestG), wohl aber nach dem MitbestErgG (§ 13 Satz 1 MitbestErgG).

e) Der Widerruf der Bestellung

71 Hierfür gelten die gleichen Zuständigkeiten und Mehrheitsregeln wie für die Bestellung (Rz. 67–70). Der Widerruf kann nur aus **wichtigem Grund** ausgesprochen werden (§§ 84 Abs. 3 AktG, 31 Abs. 1 Satz 1 MitbestG, 12 Montan-MitbestG, 13 Satz 1 MitbestErgG, 34 Abs. 1 Satz 2 VAG), namentlich bei grober Pflichtverletzung, Unfähigkeit zur ordnungsgemäßen Geschäftsführung und – nicht offenbar unsachlichem – Vertrauensentzug durch die Versammlung der Anteilseigner (§ 84 Abs. 3 Satz 2 AktG)[6]. Wenn jemand zum gesetzlichen Vertreter einer GmbH bestellt worden war, bevor sie dem MitbestG unterfiel, kann er mit den besonderen Mehrheiten des § 37 Abs. 3 MitbestG auch **ohne wichtigen Grund abberufen werden**; dies ist jedoch frühestens 5 Jahre nach Beginn der Mitbestimmungspflicht möglich.

---

1 Vgl. dazu BGH v. 14. 11. 1983, BGHZ 89, 48.
2 BGH v. 14. 11. 1983, BGHZ 89, 48; *Hanau/Ulmer*, § 33 Rz. 12, 18, 39; *Raiser*, § 33 Rz. 15; *Fitting/Wlotzke/Wißmann*, § 33 Rz. 32; *MünchArbR/Wißmann*, § 369 Rz. 6; OLG Frankfurt v. 23. 4. 1985, DB 1985, 1459; ausführlich zum Arbeitsdirektor *Martens*, Der Arbeitsdirektor nach dem Mitbestimmungsgesetz, 1980; *Hamacher*, RdA 1993, 163; *Klinkhammer*, FS für Stahlhacke, 1994, S. 275 ff.; *Schiessl*, ZGR 1992, 64, 72 ff.; *Buchner*, Festschrift für Wlotzke, 1996, S. 227 ff.
3 Kölner Kommentar/*Mertens*, § 84 Rz. 4; *Raiser*, § 33 Rz. 7.
4 MünchArbR/*Wißmann*, § 369 Rz. 6; *Hanau/Ulmer*, § 33 Rz. 40; *Raiser*, § 33 Rz. 19.
5 *Hoffmann-Becking*, Münchener Handbuch des Gesellschaftsrechts, Band 4, Aktiengesellschaft, § 31 Rz. 55; *Wiesner*, ebenda, § 20 Rz. 18.
6 Vgl. dazu Kölner Kommentar/*Mertens*, § 84 Rz. 102 ff.

IV. Rechte und Pflichten des Aufsichtsrats

f) Abschluß und Kündigung des Dienstvertrages

Soweit seine Bestellungskompetenz reicht (Rz. 64, 65), ist der Aufsichtsrat auch **für die Anstellung zuständig**, also den Abschluß und die Kündigung der Dienstverträge mit den Mitgliedern des Vertretungsorgans (§§ 84 Abs. 1 Satz 5 AktG, 39 Abs. 1 GenG, 34 Abs. 1 Satz 2 VAG). Im Bereich des MitbestG ist die Kompetenz des Aufsichtsrats zur Anstellung und Entlassung von **GmbH-Geschäftsführern** umstritten[1]. Der Aufsichtsrat beschließt über die Anstellung mit der Mehrheit der abgegebenen Stimmen. Die besonderen Mehrheitsregeln des § 31 MitbestG gelten nicht[2].

72

2. Vertretung des Unternehmens gegenüber seinen gesetzlichen Vertretern

Der Aufsichtsrat vertritt die Gesellschaft bei allen Rechtsgeschäften mit Vorstand oder Geschäftsführung und in mit ihnen geführten Aktiv- oder Passivprozessen (§§ 112, 287 Abs. 2 Satz 1 AktG, 39 Abs. 1 GenG[3]).

73

Der Aufsichtsrat der **AG**, des **VVaG** und der **montanmitbestimmten GmbH** kann für den Vorstand eine **Geschäftsordnung** erlassen, soweit sie nicht schon in der Satzung enthalten ist (§§ 77 Abs. 2 AktG, 34 Abs. 1 Satz 2 VAG). Diese Zuständigkeit **besteht nicht** bei der **KGaA**[4] und der **Genossenschaft**[5]. Sie besteht ferner nicht bei der **nach dem BetrVG 1952 mitbestimmten GmbH**; denn § 77 Abs. 1 Satz 2 BetrVG 1952 verweist nicht auf § 77 Abs. 2 AktG. Bei der vom **MitbestG erfaßten GmbH** ist die Zuständigkeit umstritten[6].

74

3. Überwachung der gesetzlichen Vertreter

Es ist die zentrale Aufgabe des Aufsichtsrats, nach **pflichtgemäßem Ermessen**[7] die Tätigkeit der gesetzlichen Vertreter auf Recht- und Zweckmäßigkeit zu **überwachen**[8] (§§ 111 Abs. 1 AktG, 38 Abs. 1 GenG) und sie entsprechend zu

75

---

1 Bejahend die hM, zB BGH v. 14. 11. 1983, BGHZ 89, 48; *Zöllner*, in Baumbach/Hueck, § 52 Rz. 185 mwN; verneinend *Scholz/Schneider*, § 35 Rz. 177.
2 Allgemeine Meinung, vgl. *Hanau/Ulmer*, § 31 Rz. 41 mwN. Zur Beendigung allgemein *Bauer*, DB 1992, 1413; zum Arbeitsdirektor *Westhoff*, DB 1980, 2520.
3 Vgl. zB BGH v. 28. 4. 1997, DB 1997, 1455; zur Genossenschaft vgl. BGH v. 26. 6. 1995, BB 1995, 1868.
4 *Hüffer*, AktG, § 278 Rz. 12; Kölner Kommentar/*Mertens*, 1. Aufl., § 278 Rz. 61; *Semler*, in Geßler/Hefermehl/Eckardt/Kropff, § 278 Rz. 66.
5 *Schaffland*, in Lang/Weidmüller, § 27 GenG Rz. 11 ff.; *Müller*, § 27 GenG Rz. 10.
6 Bejahend zB *Hanau/Ulmer*, § 30 Rz. 21; verneinend zB *Zöllner*, in Baumbach/Hueck, § 37 Rz. 16; *Scholz/Schneider*, § 37 Rz. 60.
7 BGH v. 15. 11. 1993, BGHZ 124, 111; BGH v. 21. 4. 1997, BB 1997, 1169; OLG Düsseldorf v. 22. 6. 1995, DB 1995, 1500; dazu *Dreher*, ZHR 158 (1994), 614; *Raiser*, NJW 1996, 552.
8 BGH v. 25. 3. 1991, BGHZ 114, 127. Zu den Kontroll- und Beratungspflichten vgl. ausführlich *Lutter*, ZHR 159 (1995), 287; ferner die Vorträge im 4. Symposium zum Gesellschafts- und Kartellrecht von *Theisen, Boujong, Scheffler, Frerk, Rürup* und

beraten[1]. Hierfür weisen ihm die Mitbestimmungsgesetze zwingend[2] bestimmte – je nach Gesetz und Rechtsform des Unternehmens abgestufte – Kompetenzen zu.

a) MitbestG

76 **Bei der AG:** Der Vorstand hat dem Aufsichtsrat unaufgefordert in bestimmten Abständen (§ 90 Abs. 2 AktG) über Geschäftspolitik, Rentabilität, Geschäftsgang und Geschäfte von erheblicher Bedeutung zu **berichten;** außerdem dem Vorsitzenden des Aufsichtsrats aus sonstigem wichtigen Anlaß (§ 90 Abs. 1 AktG). Der Aufsichtsrat – auch eine Gruppe von zumindest zwei Mitgliedern – kann jederzeit weitere Berichte an das Gesamtorgan verlangen (§ 90 Abs. 3 AktG). Der Aufsichtsrat kann die geschäftlichen **Unterlagen** selbst oder durch einzelne Mitglieder oder Sachverständige **prüfen** (§ 111 Abs. 2 AktG). Er soll an Hauptversammlungen teilnehmen (§ 118 Abs. 2 AktG) und muß sie, wenn zum Wohle der Gesellschaft erforderlich, einberufen (§ 111 Abs. 3 AktG).

77 Die Satzung oder der Aufsichtsrat kann bestimmen, daß bestimmte Arten von Geschäften nur mit seiner **Zustimmung** vorgenommen werden dürfen (§ 111 Abs. 4 AktG). Einen gesetzlichen Zustimmungsvorbehalt enthält § 4 Abs. 2 des VW-Privatisierungsgesetzes (BGBl. I 1960, 585). Durch den Zustimmungsvorbehalt wird jedoch die Vertretungsbefugnis des Vorstands nicht eingeschränkt (§ 82 Abs. 1 AktG)[3]. Eine verweigerte Zustimmung kann auf Antrag des Vorstands durch einen Beschluß der Hauptversammlung mit einer Mehrheit von drei Vierteln der abgegebenen Stimmen ersetzt werden. Für (vertraglich) beherrschte Gesellschaften gilt ergänzend § 308 Abs. 3 AktG.

78 Der Aufsichtsrat hat den **Jahresabschluß zu prüfen,** der Hauptversammlung hierüber und gleichzeitig über seine Prüfungstätigkeit im abgelaufenen Geschäftsjahr schriftlich zu berichten und in diesem Bericht mitzuteilen, ob er den Jahresabschluß billigt (§ 171 AktG). Mit dieser Billigung ist der **Jahresabschluß festgestellt,** wenn nicht Vorstand und Aufsichtsrat beschließen, die Feststellung der Hauptversammlung zu überlassen (§ 172 AktG).

79 Der Vorstand kann die in § 32 Abs. 1 MitbestG abschließend[4] aufgezählten **Rechte aus Beteiligungen** an anderen Unternehmen nur auf der Grundlage von Beschlüssen des Aufsichtsrats ausüben. Insoweit ist auch nach außen die Ver-

---

Hommelhoff, veröffentlicht in AG 1995, 193–227. Zur Überwachung im Konzern *Scheffler,* DB 1994, 793; *Hoffmann-Becking,* ZHR 159 (1995), 325; *Mertens,* ZHR 159 (1995), 567; *Hommelhoff,* ZGR 1996, 144.
1 BGH v. 25. 3. 1991, BGHZ 114, 127. Zu den Beratungspflichten vgl. *Deckert,* AG 1997, 109.
2 *Hanau/Ulmer,* Einleitung Rz. 36, 37; MünchArbR/*Wißmann,* § 369 Rz. 2; *Fitting/Wlotzke/Wißmann,* § 25 Rz. 2.
3 Vgl. Kölner Kommentar/*Mertens,* § 82 Rz. 5; *Geßler,* in Geßler/Hefermehl/Eckhardt/Kropff, § 111 Rz. 78.
4 *Hanau/Ulmer,* § 32 Rz. 11 mwN; *Raiser,* § 32 Rz. 17.

tretungsmacht des Vorstands beschränkt[1]. Solche Beschlüsse bedürfen nur der Mehrheit der Stimmen der Anteilseignervertreter. Diese Sonderregel des § 32 MitbestG greift nur ein, wenn das andere Unternehmen ebenfalls dem MitbestG unterfällt und die Beteiligung mindestens 25% beträgt.

Bei der KGaA: Hier gelten die folgenden **Abweichungen.** Sie rechtfertigen sich aus der besonderen Stellung der statt eines Vorstandes die Geschäfte führenden und persönlich haftenden Komplementäre: Der Aufsichtsrat kann nicht nach § 111 Abs. 4 AktG bestimmte Arten von Geschäften zustimmungspflichtig machen[2]. Der Jahresabschluß wird nur von der Hauptversammlung festgestellt (§ 286 Abs. 1 Satz 1 AktG). Die Sonderregelung des § 32 MitbestG gilt nicht[3].

80

Bei der GmbH: Hier gilt das zur AG Festgestellte in dem gemäß § 25 Abs. 1 Satz 1 Nr. 2 MitbestG **eingeschränkten Umfang:** Zur unaufgeforderten Abgabe periodischer Berichte (§ 90 Abs. 1 und 2 AktG) sind die Geschäftsführer nicht verpflichtet. Wenn der Aufsichtsrat den Jahresabschluß billigt, ist dieser noch nicht gemäß § 172 AktG festgestellt; darüber beschließen immer die Gesellschafter[4].

81

Da in der GmbH einerseits die Gesellschafter den Geschäftsführern Weisungen erteilen können[5], andererseits der Aufsichtsrat Geschäfte zustimmungspflichtig machen darf (§ 111 Abs. 4 AktG), ist das **Verhältnis zwischen Weisungsrecht und Zustimmungsvorbehalt** umstritten; insbesondere ob Geschäfte gegen den Willen des Aufsichtsrats zustimmungsfrei sind, wenn sie auf Weisungen der Gesellschafterversammlung beruhen, ob diese eine verweigerte Zustimmung entgegen § 111 Abs. 4 Satz 3 AktG ersetzen kann, ohne daß die Geschäftsführer dies verlangen, und ob für ihre Zustimmung entgegen § 111 Abs. 4 Satz 4 AktG die einfache Mehrheit ausreicht[6].

82

Bei der Genossenschaft: Hier gilt neben § 32 MitbestG allein das GenG. Der Aufsichtsrat kann jederzeit Berichte verlangen und die Geschäftsunterlagen einsehen, muß den Jahresabschluß prüfen und der Generalversammlung hierüber berichten (§ 38 Abs. 1 GenG)[7]. Nur diese stellt den Jahresabschluß fest (§ 48 Abs. 1 Satz 1 GenG).

83

---

1 Vgl. *Hanau/Ulmer*, § 32 Rz. 15 mwN; *Hoffmann-Becking*, Münchener Handbuch des Gesellschaftsrechts, Band 4, Aktiengesellschaft, § 29 Rz. 47; *Fitting/Wlotzke/Wißmann*, § 32 Rz. 23; *Raiser*, § 32 Rz. 25.
2 Kölner Kommentar/*Mertens*, 1. Aufl., § 287 Rz. 9; *Hüffer*, AktG, § 278 Rz. 15; *Fitting/Wlotzke/Wißmann*, § 25 Rz. 60; *Raiser*, § 25 Rz. 77.
3 *Hanau/Ulmer*, § 32 Rz. 5; *Raiser*, § 32 Rz. 4; aA *Fitting/Wlotzke/Wißmann*, § 32 Rz. 14.
4 Zur Prüfung des Jahresabschlusses der mitbestimmten GmbH durch den Aufsichtsrat vgl. *Meyer-Landrut/Westhoff*, DB 1980, 2375.
5 *Zöllner*, in Baumbach/Hueck, § 37 Rz. 10 ff. mwN; *Lutter/Hommelhoff*, § 37 Rz. 17 ff.
6 Zu allem ausführlich mit Nachweis des Meinungsstandes *Scholz/Schneider*, § 52 Rz. 81 ff., § 37 Rz. 41 ff.
7 Ausführlich *Metz*, in Lang/Weidmüller, § 38 GenG, Rz. 3 ff.; *Trescher*, DB 1997, 1551.

b) Montan-MitbestG und MitbestErG

84 Der Aufsichtsrat einer **AG** hat grundsätzlich die gleichen Befugnisse wie nach dem MitbestG (Rz. 76–78). Wegen der pauschalen Verweisung auf das Aktienrecht (§§ 3 Abs. 2 Montan-MitbestG, 3 Abs. 1 Satz 2 MitbestErgG) ist umstritten, ob der Aufsichtsrat einer **GmbH** weitergehende Befugnisse als nach dem MitbestG (Rz. 81, 82) hat[1]. Die Einschaltung des Aufsichtsrats bei der Ausübung von Beteiligungsrechten ist in § 15 MitbestErgG für den Bereich des Montan-MitbestG und des MitbestErgG geregelt. Die Regelung weicht geringfügig von § 32 MitbestG (Rz. 79) ab. Insbesondere ist es nicht erforderlich, daß das Beteiligungsunternehmen auch selbst mitbestimmt ist.

c) BetrVG 1952

85 Der Aufsichtsrat hat die gleichen – von der Rechtsform des Unternehmens abhängigen – Befugnisse wie nach dem MitbestG (Rz. 78–83). Auch für den VVaG gilt Aktienrecht. Bei der Ausübung von Beteiligungsrechten (Rz. 79) muß der Aufsichtsrat nicht eingeschaltet werden.

4. Übersicht zu den Rechten des Aufsichtsrats

86

Rechte des Aufsichtsrats	MitbestG	Montan-MitbestG, MitbestErgG	BetrVG 1952
Bestellung, Abberufung, Anstellung und Kündigung der gesetzlichen Vertreter, einschließlich Arbeitsdirektor:	Ja, aber nicht bei der KGaA	Ja	Nur bei AG und VVaG. Kein Arbeitsdirektor vorhanden
Vertretung gegenüber gesetzlichen Vertretern, auch gerichtlich; Überwachung und Beratung der gesetzlichen Vertreter; jederzeitiges Recht, Berichte von den gesetzlichen Vertretern zu verlangen; Recht auf Prüfung von Unterlagen; Prüfung des Jahresabschlusses; Einberufung von und Teilnahme an Versammlungen der Anteilseigner:	Ja	Ja	Ja

---

1 Verneinend *Zöllner*, in Baumbach/Hueck, § 52 Rz. 195 mwN zum Meinungsstand.

Rechte des Aufsichtsrats	MitbestG	Montan-MitbestG, MitbestErgG	BetrVG 1952
Erlaß einer Geschäftsordnung für die gesetzlichen Vertreter:	Ja bei AG, nein bei KGaA und Genossenschaft, umstritten bei GmbH	Ja	Ja bei AG und VVaG, nein bei KGaA, GmbH und Genossenschaft
Recht auf unaufgeforderte periodische Berichte der gesetzlichen Vertreter:	Ja bei AG und KGaA, nein bei GmbH und Genossenschaft	Ja	Ja bei AG, VVaG und KGaA, nein bei GmbH und Genossenschaft
Recht, Geschäfte von der Zustimmung des Aufsichtsrats abhängig zu machen:	Ja bei AG und GmbH, nein bei KGaA und Genossenschaft	Ja	Ja bei AG, VVaG und GmbH, nein bei KGaA und Genossenschaft
Feststellung des Jahresabschlusses:	Ja bei AG, nein bei KGaA, GmbH und Genossenschaft	Ja bei AG, umstritten bei GmbH	Ja bei AG und VVaG, nein bei KGaA, GmbH und Genossenschaft
Sonderregelung für Beteiligungsrechte:	Ja, § 32 MitbestG; gilt nicht bei KGaA	Ja, § 15 MitbestErgG	Nein

V. Die innere Ordnung des Aufsichtsrats

Die Mitbestimmungsgesetze enthalten hierzu weitgehend gleiche Regeln. Einzelheiten können durch Satzung oder Geschäftsordnung des Aufsichtsrats bestimmt werden, soweit nicht gesetzliche Vorschriften entgegenstehen (§§ 25 Abs. 2 MitbestG, 23 Abs. 5 AktG, 18 Satz 2 GenG). Die Reichweite dieser **gesellschaftsrechtlichen Gestaltungsfreiheit** ist im einzelnen umstritten[1]. 87

1. Wahl des Vorsitzenden und seines Stellvertreters

a) MitbestG

Nach § 27 MitbestG ist ein besonderes Wahlverfahren erforderlich. Im ersten Wahlgang ist für **beide Positionen** eine Mehrheit von zwei Dritteln der Sollstärke des Aufsichtsrats notwendig. Wird sie für den Vorsitzenden **oder** den Stellvertreter nicht erreicht, so ist **keiner** gewählt. Im zweiten Wahlgang wählen dann die Vertreter der Anteilseigner den Vorsitzenden und die Vertreter der Arbeitnehmer den Stellvertreter, jeweils mit der Mehrheit der abgegebenen Stimmen. Die **jederzeit mögliche**[2] **Abwahl** folgt den gleichen Regeln[3]. 88

---

1 Dazu MünchArbR/*Wißmann*, § 370 Rz. 4 und Fn. 11; *Hanau/Ulmer*, § 25 Rz. 9 ff.; *Kittner/Köstler/Zachert*, Rz. 245 ff., jeweils mwN.
2 Kölner Kommentar/*Mertens*, Anhang § 117 B § 27 MitbestG Rz. 10; *Hanau/Ulmer*, § 27 Rz. 13; *Raiser*, § 27 Rz. 17.
3 MünchArbR/*Wißmann*, § 370 Rz. 3; *Hanau/Ulmer*, § 27 Rz. 11, 13, beide auch zur Nachwahl bei Wegfall des Vorsitzenden oder seines Vertreters.

b) Montan-MitbestG, MitbestErgG, BetrVG 1952

89 Die Wahl und Abwahl erfolgen gemäß § 107 Abs. 1 Satz 1 AktG „nach näherer Bestimmung der Satzung". Besondere Mehrheiten sind gesetzlich nicht angeordnet. Also entscheidet grundsätzlich die einfache Mehrheit[1].

2. Aufgaben des Vorsitzenden und seines Stellvertreters
a) MitbestG

90 Der Vorsitzende hat die allgemeinen aktienrechtlichen[2] **Aufgaben:** Einberufung und Leitung der Sitzungen (§ 110 Abs. 1 AktG) Unterzeichnung der Sitzungsniederschrift (§ 107 Abs. 2 AktG), Entscheidung über die Teilnahme von ausschußfremden Mitgliedern an Ausschußsitzungen (§ 109 Abs. 2 AktG), Entgegennahme und Weiterleitung von Vorstandsberichten (§ 90 Abs. 1 Satz 2, Abs. 5 Satz 3 AktG). Bei Patt-Situationen im Aufsichtsrat steht ihm das **Zweitstimmrecht** (Rz. 98) zu (§ 29 Abs. 2 MitbestG). Der Stellvertreter hat dieselben Aufgaben, wenn der Vorsitzende „behindert"[3] ist (§ 107 Abs. 1 Satz 3 AktG), jedoch nicht das Zweitstimmrecht (§ 29 Abs. 2 Satz 3 MitbestG). Der Vorsitzende und der Stellvertreter gehören kraft Amtes dem **Vermittlungsausschuß** (Rz. 104) an (§ 27 Abs. 3 MitbestG).

b) Montan-MitbestG, MitbestErgG und BetrVG 1952

91 Hier gelten die gleichen Regeln, ausgenommen die zum – fehlenden – Vermittlungsausschuß und zum – fehlenden – Zweitstimmrecht.

3. Beschlüsse des Aufsichtsrats
a) MitbestG

92 Der Aufsichtsrat erledigt seine Aufgaben nach den **Verfahrensregeln des MitbestG und des AktG** (§ 25 Abs. 1 MitbestG)[4]. Er muß unter Angabe der Tagesordnung[5] einmal pro Kalenderhalbjahr, soll aber einmal pro Kalenderquartal einberufen werden (§ 110 Abs. 3 AktG). Alle Mitglieder sind zur Teilnahme an den Sitzungen berechtigt, selbst wenn sie im Einzelfall nicht mit abstimmen dürfen (Rz. 96, 97); dies gilt nicht, wenn im Einzelfall durch die Teilnahme eines Mitglieds wichtige Belange der Gesellschaft konkret gefährdet werden[6]. Vor-

---

1 *Hüffer*, AktG § 107 Rz. 3.
2 Für die Genossenschaft gilt gemäß § 25 Abs. 1 Satz 1 Nr. 3 MitbestG nicht Aktien-, sondern Genossenschaftsrecht, also zB §§ 57 Abs. 2, 58 Abs. 3 GenG.
3 Dazu Kölner Kommentar/*Mertens*, § 107 Rz. 66; *Geßler*, in Geßler/Hefermehl/Eckhardt/Kropff, § 107 Rz. 22.
4 Bei Genossenschaften gelten die Regeln des GenG, vgl. § 25 Abs. 1 Satz 1 Nr. 3 MitbestG.
5 Einzelheiten bei Kölner Kommentar/*Mertens*, § 110 Rz. 4.
6 Kölner Kommentar/*Mertens*, § 109 Rz. 8; aA *Geßler/Hefermehl/Eckhardt/Kropff*, § 109 Rz. 9.

V. Innere Ordnung des Aufsichtsrats

standsmitglieder[1] und Abschlußprüfer (§ 171 Abs. 1 Satz 2 AktG) müssen auf Verlangen des Aufsichtsrats teilnehmen. Sachverständige und Auskunftspersonen können zur Beratung hinzugezogen werden (§ 109 Abs. 1 Satz 2 AktG).

Ein **Stimmbote** darf teilnehmen, wenn die Satzung dies zuläßt, ein Mitglied im Einzelfall verhindert ist und es den Stimmboten schriftlich zur Teilnahme ermächtigt hat (§§ 108 Abs. 3, 109 Abs. 3 AktG). Der Stimmbote ist stets reiner Bote für die schriftliche Stimmabgabe. Er darf keinen eigenen Entscheidungsspielraum haben[2]. Andere Personen sollen nicht teilnehmen (§ 109 Abs. 1 Satz 1 AktG). 93

Der Aufsichtsrat entscheidet durch **Beschluß** (§ 108 Abs. 1 AktG) grundsätzlich in der Sitzung, aber auch schriftlich, telegrafisch oder telefonisch, wenn kein Mitglied widerspricht (§ 108 Abs. 4 AktG). Er ist nur **beschlußfähig**, wenn mindestens die Hälfte der Mitglieder, aus denen er insgesamt zu bestehen hat, teilnimmt (§ 28 Satz 1 MitbestG). Es ist **umstritten, inwieweit die Satzung diese Anforderungen verschärfen kann.** 94

Beispiele: 95

Laut Satzung soll der Aufsichtsrat nur beschlußfähig sein, wenn eine Mindestzahl von Vertretern der Anteilseigner und der Vorsitzende teilnehmen[3]. *Bei einer zweiten Abstimmung soll Beschlußfähigkeit nur bestehen, wenn der Vorsitzende anwesend ist*[4]. *Oder die Vertreter der Anteilseigner sollen Vertagung verlangen dürfen, wenn sie in Unterzahl anwesend sind*[5].

Das **Stimmrecht** eines Mitglieds ist **ausgeschlossen** (entsprechend §§ 136 Abs. 1 AktG, 34 BGB), wenn abgestimmt wird, ob es von einer Verbindlichkeit befreit, ein Anspruch gegen es durchgesetzt oder ein Rechtsgeschäft mit ihm abgeschlossen werden soll[6]. Inwieweit dies auch für **sonstige Interessenkollisionen** gilt, ist umstritten. 96

Beispiele: 97

Abstimmungen über die Bestellung des Aufsichtsratsmitglieds zum Vorstand[7]. *Abstimmung über die Abberufung eines Mitglieds aus dem Aufsichtsrat aus*

---

1 *Hüffer*, AktG, § 109 Rz. 3 mwN; *Meyer-Landrut* im Großkommentar zum AktG, § 109 Anm. 3.
2 *Hüffer*, AktG, § 108 Rz. 14; *Meyer-Landrut* im Großkommentar zum AktG, § 108 Anm. 15.
3 Unzulässig laut BGH v. 25. 2. 1982, DB 1982, 747.
4 Zulässig laut *Hanau/Ulmer*, § 29 Rz. 19; unzulässig laut MünchArbR/*Wißmann*, § 370 Rz. 8.
5 Ausführlich zu dieser und vergleichbaren Klauseln, mit denen das laut BVerfG v. 1. 3. 1979, NJW 1979, 699 erlaubte Übergewicht der Anteilseigner gesichert werden soll, *Feldmann*, DB 1986, 29; *Raiser*, NJW 1980, 209; *Säcker*, JZ 1980, 82; *Werner*, AG 1979, 330; *Lieb*, Arbeitsrecht, Rz. 944–947. § 14 Abs. 4 der vom Gesetzgeber erlassenen Satzung der Deutsche Post AG (BGBl. I 1994, 2325, 2339, 2343) enthält eine solche Vertagungsklausel, bei der die Vertagung wegen ungleicher Zahl anwesender Mitglieder allerdings in das Ermessen des Vorsitzenden gestellt wird.
6 *Hanau/Ulmer*, § 25 Rz. 27 mwN; *Fitting/Wlotzke/Wißmann*, § 25 Rz. 33.
7 Für Ausschluß des Stimmrechts *Hanau/Ulmer*, § 25 Rz. 27, § 31 Rz. 18a; aA zB *Fitting/Wlotzke/Wißmann*, § 25 Rz. 33, § 31 Rz. 14; *Raiser*, § 25 Rz. 37.

wichtigem Grund (Rz. 63)[1]. *Teilnahme von Arbeitnehmervertretern an Abstimmungen zu Tarifverträgen oder Maßnahmen des Arbeitskampfes*[2].

98 Der Aufsichtsrat entscheidet mit der **einfachen Mehrheit** der abgegebenen Stimmen (§ 29 Abs. 1 MitbestG). Enthaltungen werden nicht mitgezählt. Bei Stimmengleichheit kann erneut abgestimmt werden. Jetzt darf – aber nicht muß[3] – der Vorsitzende seine zweite Stimme zum Stichentscheid einsetzen, wenn sich auch hier Stimmengleichheit ergibt (§ 29 Abs. 2 MitbestG).

99 **Besondere Mehrheitsregeln** gelten für die Bestellung und Abberufung der gesetzlichen Vertreter (Rz. 67, 68, 71), die Wahl und Abwahl des Vorsitzenden und des Stellvertreters (Rz. 88), die Ausübung von bestimmten Beteiligungsrechten (Rz. 79) und in den Sonderfällen der §§ 37 Abs. 3 Satz 2 MitbestG und 124 Abs. 3 Satz 4 AktG.

100 Ein Beschluß ist **nichtig,** wenn er inhaltlich oder verfahrensmäßig gegen zwingendes Gesetzes- oder Satzungsrecht verstößt, zB wegen Unzuständigkeit des Aufsichtsrats, fehlender Beschlußfähigkeit oder unzulässiger Diskriminierung der Arbeitnehmervertreter. Eine analoge Anwendung der §§ 241 ff. AktG und damit eine Differenzierung zwischen Nichtigkeit und Anfechtbarkeit wird vom BGH abgelehnt[4].

b) Montan-MitbestG, MitbestErgG, BetrVG 1952

101 Hier gelten die **Verfahrensregeln des AktG,** grundsätzlich also die Darlegungen zum MitbestG (Rz. 92–99), jedoch nicht die zum Zweitstimmrecht (Rz. 98). Für die **Genossenschaft** gilt jedoch das GenG (§ 77 Abs. 3 BetrVG 1952). Infolge eines Redaktionsversehens[5] bestimmt § 77 Abs. 3 Satz 3 BetrVG 1952, der Aufsichtsrat einer Genossenschaft „müsse" (nicht nur: „solle"; vgl. Rz. 92) mindestens einmal im Kalenderquartal einberufen werden.

102 Für den meist kleinen Aufsichtsrat nach dem BetrVG 1952 ist § 108 Abs. 2 Satz 3 AktG von Bedeutung. Danach müssen mindestens drei Mitglieder an der Beschlußfassung teilnehmen.

103 **Besondere Mehrheitsregeln** gelten: nach § 124 Abs. 3 Satz 4 AktG; im Geltungsbereich des Montan-MitbestG und des MitbestErgG für den Vorschlag zur Wahl des weiteren neutralen Mitglieds (Rz. 48) und für die Ausübung bestimmter Beteiligungsrechte (Rz. 84); nach dem Montan-MitbestG auch für die Bestellung und Abberufung des Arbeitsdirektors (Rz. 70).

---

[1] Zum Meinungsstand *Hanau/Ulmer,* § 25 Rz. 27, § 6 Rz. 70; MünchArbR/*Wißmann,* § 370 Rz. 6; *Fitting/Wlotzke/Wißmann,* § 25 Rz. 33.
[2] Vgl. MünchArbR/*Wißmann,* § 370 Rz. 23 mwN in Fn. 84; *Raiser,* § 25 Rz. 131; vgl. auch ausführlich *Dreher,* JZ 1990, 896; *Lieb,* Arbeitsrecht, Rz. 953–957.
[3] *Hanau/Ulmer,* § 29 Rz. 16 mwN; *Raiser,* § 29 Rz. 12; Kölner Kommentar/*Mertens,* Anhang § 117 B § 30 MitbestG Rz. 12.
[4] BGH v. 17. 5. 1993, BGHZ 122, 342; BGH v. 21. 4. 1997, BB 1997, 1169; OLG Düsseldorf v. 22. 6. 1995, DB 1995, 1500.
[5] *Fitting/Kaiser/Heither/Engels,* § 77 BetrVG 1952 Rz. 19.

4. Ausschüsse

Hierfür gilt unter allen Mitbestimmungsgesetzen § 107 Abs. 3 AktG[1]. Der 104
Aufsichtsrat kann durch Geschäftsordnung oder Einzelbeschluß Ausschüsse
einrichten. Diese dürfen auch zu **Entscheidungen anstelle des Aufsichtsrats**
befugt sein, jedoch nicht zur Erledigung der in § 107 Abs. 3 Satz 2 AktG aufgezählten Aufgaben. Lediglich der **Vermittlungsausschuß** nach § 27 Abs. 3 MitbestG ist gesetzlich zwingend vorgesehen. Er besteht aus dem Vorsitzenden des
Aufsichtsrats, seinem Stellvertreter und je einem Vertreter der Anteilseigner
und der Arbeitnehmer, die von den jeweiligen Gruppen mit der Mehrheit der
abgegebenen Stimmen gewählt werden. Ansonsten kann der Aufsichtsrat frei[2]
entscheiden, welche Ausschüsse er bildet, wie groß sie sind und mit welchen
Mitgliedern er sie besetzt. Allerdings müssen entscheidungsbefugte Ausschüsse mindestens drei Mitglieder haben[3].

Im Bereich des **MitbestG** ist umstritten, ob Ausschüsse paritätisch besetzt sein 105
müssen oder, falls nicht, ob der Vorsitzende seine Zweitstimme verwenden
darf, um eine Überzahl der Anteilseignervertreter im Ausschuß durchzusetzen[4]. Das MitbestG enthält kein ausdrückliches Gebot der Parität. Jedoch
unterliegen Beschlüsse des Aufsichtsrats, die zur Imparität im Ausschuß führen, einer besonderen **Inhaltskontrolle.** Sie müssen aus sachlichen Gründen
gerechtfertigt sein[5], vor allem, wenn der Vorsitzende für sie seine Zweitstimme
eingesetzt hat. Auch unter dem **BetrVG 1952** soll die Besetzung des Personal-
ausschusses allein mit Vertretern der Anteilseigner unzulässig sein[6].

Das **Verfahren** im Ausschuß entspricht dem im Aufsichtsrat (Rz. 92–103)[7]. An 106
den Sitzungen können ausschußfremde Mitglieder teilnehmen, wenn der Vorsitzende des Aufsichtsrats nichts anderes bestimmt (§ 109 Abs. 2 AktG). Entscheidungsbefugte Ausschüsse sind nur beschlußfähig, wenn mindestens drei
Ausschußmitglieder teilnehmen[8]. Beschlüsse werden mit der Mehrheit der
abgegebenen Stimmen gefaßt. Im Bereich des MitbestG kann die Satzung oder
ein Beschluß des Aufsichtsrats ein Zweitstimmrecht für den Vorsitzenden des
Ausschusses vorsehen[9].

---

1 Für die Genossenschaft gilt statt dessen wiederum das GenG.
2 Abweichend davon enthält § 15 Abs. 2 der Satzung der Deutsche Post AG (BGBl. I 1994, 2343) zwingende Vorgaben für die Besetzung bestimmter Ausschüsse.
3 BGH v. 23. 10. 1975, NJW 1976, 145.
4 Zum Meinungsstand Kölner Kommentar/*Mertens*, § 107 Rz. 107 ff.; MünchArbR/*Wiß-mann*, § 370 Rz. 15, 16; *Zöllner*, Festschrift für Zeuner, S. 167 Fn. 21.
5 BGH v. 17. 5. 1993, BGHZ 122, 342; OLG München v. 27. 1. 1995, BB 1995, 1051; vgl. auch Kasseler Handbuch/*Klinkhammer*, 8.1 Rz. 117–122; *Lieb*, Arbeitsrecht, Rz. 948–950.
6 LG Frankfurt v. 19. 12. 1995, ZIP 1996, 1661.
7 *Hanau/Ulmer*, § 25 Rz. 133 ff.; *Raiser*, § 25 Rz. 57; *Fitting/Wlotzke/Wißmann*, § 29 Rz. 43.
8 BGH v. 23. 10. 1975, NJW 1976, 145.
9 BGH v. 25. 2. 1982, DB 1982, 742 und 745; vgl. im einzelnen *Hanau/Ulmer*, § 25 Rz. 136; *Fitting/Wlotzke/Wißmann*, § 29 Rz. 39, 42, 45; *Raiser*, § 25 Rz. 58.

VI. Rechte und Pflichten der Mitglieder des Aufsichtsrats

107 Die Rechte und Pflichten des einzelnen Mitglieds im Gesamtorgan und gegenüber dem Unternehmen sind **nach allen Mitbestimmungsgesetzen einheitlich geregelt.** Es wird weitgehend auf das Aktienrecht verwiesen[1]. Das Amt ist höchstpersönlich (§ 111 Abs. 5 AktG). Durch die Annahme der Wahl oder Entsendung entsteht ein Rechtsverhältnis zwischen Mitglied und Unternehmen. Dessen Rechtsnatur – körperschaftlich oder schuldrechtlich – ist umstritten[2]. Dieses Rechtsverhältnis ist bei belegschaftsangehörigen Mitgliedern strikt vom Arbeitsvertrag zu trennen[3]. Das Amt ist eigenverantwortlich, ohne Bindung an Weisungen und Aufträge (vgl. § 4 Abs. 3 Satz 2 Montan-MitbestG) und ausschließlich im **Interesse des Unternehmens** zu führen.

1. Rechte

108 **Jedes Mitglied ist berechtigt,** die Einberufung von Aufsichtsratssitzungen zu verlangen (§ 110 AktG), an ihnen, an Sitzungen der Ausschüsse und Gesellschafterversammlungen teilzunehmen (§§ 109, 118 Abs. 2 AktG)[4], über diese im voraus mit detaillierten Unterlagen informiert zu werden (§ 125 Abs. 3 AktG), die Protokolle der Aufsichtsratssitzungen zu erhalten (§ 107 Abs. 2 Satz 4 AktG), von den Vorstandsberichten Kenntnis zu nehmen (§ 90 Abs. 5 Satz 1 AktG), schriftliche Vorstandsberichte ausgehändigt zu erhalten (§ 90 Abs. 5 Satz 2 AktG) und Berichte des Vorstands an den Aufsichtsrat einzufordern (§ 90 Abs. 3 Satz 2 AktG).

109 Jedes Mitglied hat einen **Anspruch auf Gleichbehandlung** (§ 4 Abs. 3 Satz 1 Montan-MitbestG)[5]. Eine Differenzierung nach Gruppenzugehörigkeit ist unzulässig. Alle Mitglieder haben die gleichen Rechte auf Informationen und auf Teilhabe an den Entscheidungsprozessen des Aufsichtsrats[6].

110 Die Mitglieder haben Anspruch auf Ersatz ihrer erforderlichen **Aufwendungen** (§§ 670, 675 BGB); außerdem auf **Vergütung,** sofern diese durch Satzung oder Gesellschafterbeschluß festgesetzt ist (§ 113 AktG). Die Vergütung muß grundsätzlich gleich sein, kann jedoch zB für den Vorsitzenden und den Stellvertreter höher ausfallen[7].

---

1 Für die Genossenschaft gilt grundsätzlich Genossenschaftsrecht, vgl. dazu *Trescher,* DB 1997, 1551.
2 Vgl. *Scholz/Schneider,* § 52, Rz. 252.
3 BAG v. 4. 4. 1974, AP Nr. 1 zu § 626 BGB – Arbeitnehmervertreter im Aufsichtsrat.
4 Zur Zulässigkeit von Gesellschafterbeschlüssen außerhalb von Gesellschafterversammlungen bei der mitbestimmten GmbH vgl. *Scholz/Schmidt,* § 48 Rz. 61; *Scholz/Schneider,* § 52 Rz. 60; *Zöllner,* Festschrift Fischer, S. 905 ff.
5 BGH v. 25. 2. 1982, DB 1982, 742.
6 *Hanau/Ulmer,* § 25 Rz. 76; *Raiser,* § 25 Rz. 106; *Fitting/Wlotzke/Wißmann,* § 25 Rz. 77.
7 *Hüffer,* AktG, § 113 Rz. 4; *Hoffmann-Becking,* Münchener Handbuch des Gesellschaftsrechts, Band 4, Aktiengesellschaft, § 33 Rz. 16; *Meyer-Landrut* in Großkommentar zum AktG, § 113 Anm. 5.

VI. Rechte und Pflichten der Mitglieder

2. Pflichten

Jedes Mitglied ist verpflichtet, die gesetzlichen Vertreter sorgfältig zu überwachen und zu beraten, regelmäßig an den Sitzungen des Aufsichtsrats teilzunehmen, sich die notwendigen Informationen zu beschaffen und sorgfältig vorzubereiten[1]. Die Mitglieder haben ihre Tätigkeit am objektiven **Unternehmensinteresse** auszurichten, dh. am Inbegriff aller im Unternehmen zusammenfließenden Interessen der Anteilseigner, der Belegschaft, der Gläubiger und der Öffentlichkeit am Bestand, Erfolg, Erhalt der Arbeitsplätze und an den Aktivitäten des Unternehmens[2]. 111

Die Gruppenvertreter sind berechtigt, die **Interessen ihrer Gruppe** im Aufsichtsrat zu betonen und zu verfolgen. Denn diese sind Teil des Unternehmensinteresses. Solche Partikularinteressen müssen jedoch zurückgestellt werden, wenn ein Konflikt, das heißt eine **Interessenkollision** zwischen ihnen und dem gesamthaften Unternehmensinteresse, entsteht[3]. Hieraus folgt nicht, daß das Stimmrecht der Arbeitnehmervertreter ruht, wenn der Aufsichtsrat Beschlüsse zu tariflichen Auseinandersetzungen oder Arbeitskämpfen faßt[4]. Ebensowenig ruht ihr Amt bei Arbeitskämpfen, auch wenn sie sich an ihnen beteiligen[5]. 112

Auch nach ihrem Amtsende sind die Mitglieder zur **Geheimhaltung** verpflichtet[6]. Sie haben Stillschweigen zu bewahren über vertrauliche Angaben und Geheimnisse der Gesellschaft, die ihnen durch ihre Tätigkeit im Aufsichtsrat bekanntgeworden sind (§§ 116, 93 Abs. 1 Satz 2 AktG, 41, 34 Abs. 1 Satz 2 GenG). Geheimnisse sind nicht allgemein bekannte Tatsachen, für die im Unternehmensinteresse ein objektives Bedürfnis der Geheimhaltung besteht und die der Vorstand bzw. die Geschäftsführung geheimhalten will[7]. Eine **Verschärfung** dieser gesetzlichen Geheimhaltungspflicht durch Satzung oder Beschluß des Aufsichtsrats ist **unzulässig**[8]. 113

Die Mitglieder **haften der Gesellschaft** als Gesamtschuldner **auf Schadensersatz,** wenn sie die Sorgfalt eines ordentlichen und gewissenhaften Überwachers und Beraters verletzen (§§ 116, 93 Abs. 2 AktG, 41, 34 Abs. 2 GenG)[9]. 114

---

1 BGH v. 15. 11. 1982, BGHZ 85, 293.
2 Zum Unternehmensinteresse *Hanau/Ulmer*, § 25 Rz. 94 mwN; *Fitting/Wlotzke/Wißmann*, § 25 Rz. 94 ff., 96; *Lutter/Krieger*, Rz. 303; Kölner Kommentar/*Mertens*, § 76 Rz. 16 ff.
3 MünchArbR/*Wißmann*, § 370 Rz. 19; *Fitting/Wlotzke/Wißmann*, § 25 Rz. 96; *Raiser*, § 25 Rz. 102; Kölner Kommentar/*Mertens*, Vorb. § 95 Rz. 11.
4 Streitig, vgl. zB einerseits *Hanau/Ulmer*, § 25 Rz. 96 (*Ulmer*); andererseits *Hanau/Ulmer*, § 25 Rz. 102 (*Hanau*).
5 Streitig, vgl. *Raiser*, § 25 Rz. 126, 131; *Fitting/Wlotzke/Wißmann*, § 25 Rz. 116.
6 Ausführlich dazu *Lutter*, Information und Vertraulichkeit im Aufsichtsrat, 2. Aufl. 1984.
7 Dazu *Hüffer*, AktG, § 116 Rz. 6 ff.; MünchArbR/*Wißmann*, § 370 Rz. 20–22; *Säcker*, NJW 1986, 803.
8 BGH v. 5. 6. 1975, BGHZ 64, 325.
9 Einzelheiten bei *Hüffer*, AktG, § 116 Rz. 8; *Geßler*, in Geßler/Hefermehl/Eckhardt/Kropff, § 116 Rz. 17–26; *Kossen*, DB 1988, 1785; vgl. auch die Stellungnahmen zahlreicher Autoren zur geplanten Reform in AG 1997, Sonderheft „Die Aktienrechtsreform 1997".

3. Schutz der Arbeitnehmervertreter

115 Die Arbeitnehmervertreter werden durch §§ 26 MitbestG, 76 Abs. 2 Satz 5, 53 BetrVG 1952, 129 Abs. 2, 78 BetrVG **besonders geschützt**. Diese Regeln sind auch im Bereich des Montan-MitbestG und des MitbestErgG anzuwenden[1]. Die Arbeitnehmervertreter dürfen in der Ausübung ihrer Tätigkeit nicht gestört oder behindert werden. Die **belegschaftsangehörigen Mitglieder** dürfen wegen ihrer Tätigkeit arbeitsrechtlich nicht benachteiligt werden. Es ist umstritten, ob sie ihre für den Aufsichtsrat notwendige Tätigkeit immer in die Arbeitszeit legen dürfen[2] oder nur, soweit sie in der arbeitsfreien Zeit nicht erledigt werden kann[3], und ob sich ihr Arbeitsentgelt mindert, falls Arbeitszeit wegen der vergüteten Aufsichtsratstätigkeit ausfällt[4]. Sie haben Anspruch auf die gleiche berufliche Entwicklung und das gleiche Arbeitsentgelt wie ein vergleichbarer Arbeitnehmer, der nicht dem Aufsichtsrat angehört.

116 Ein absoluter **Kündigungsschutz** besteht nicht[5]. Jedoch kann eine Kündigung nichtig sein, wenn hiermit die Tätigkeit im Aufsichtsrat behindert werden soll[6]. Eine verhaltensbedingte Kündigung kommt – wie bei Mitgliedern des Betriebsrats – nur in Betracht, wenn (auch) eine arbeitsvertragliche Pflicht verletzt wird, nicht bei einer reinen Amtspflichtverletzung[7]. Bei jeder Kündigung ist im Rahmen der Interessenabwägung das Amt als Mitglied des Aufsichtsrats zu berücksichtigen[8].

4. Streitigkeiten

117 Die **ordentlichen Gerichte** sind zuständig für alle Streitigkeiten um die Rechte und Pflichten des Aufsichtsrats und um die seiner einzelnen Mitglieder; dies gilt auch für Ansprüche auf Vergütung und Aufwendungsersatz[9]. Die **Arbeitsgerichte** sind zuständig für Streitigkeiten um die berufliche Entwicklung, die Benachteiligung und den Kündigungsschutz der belegschaftsangehörigen Mitglieder.

---

1 MünchArbR/*Wißmann*, § 372 Rz. 24.
2 So wohl *Fitting/Wlotzke/Wißmann*, § 26 Rz. 7, 8.
3 So *Hanau/Ulmer*, § 26 Rz. 5; Kölner Kommentar/*Mertens*, Anhang § 117 B § 26 MitbestG Rz. 6.
4 So *Hanau/Ulmer*, § 26 Rz. 6; aA *Kittner/Köstler/Zachert*, Rz. 647.
5 BAG v. 4. 4. 1974, AP Nr. 1 zu § 626 BGB – Arbeitnehmervertreter im Aufsichtsrat; *Fitting/Wlotzke/Wißmann*, § 25 Rz. 16; GK/*Kraft*, § 76 BetrVG 1952 Rz. 129.
6 *Fitting/Kaiser/Heither/Engels*, § 76 BetrVG 1952 Rz. 132; *Raiser*, § 26 Rz. 7; GK/*Kraft*, § 76 BetrVG 1952 Rz. 129; *Dietz/Richardi*, § 76 BetrVG 1952 Rz. 177.
7 *Fitting/Wlotzke/Wißmann*, § 26 Rz. 18.
8 *Hanau/Ulmer*, § 26 Rz. 15; *Raiser*, § 26 Rz. 7; *Fitting/Kaiser/Heither/Engels*, § 76 BetrVG 1952 Rz. 132a.
9 *Wiesner*, DB 1977, 1747. Allgemein zu Klagemöglichkeiten des Aufsichtsrats und einzelner Aufsichtsratsmitglieder *Deckert*, AG 1994, 457; *Poseck*, DB 1996, 2165.

VII. Bekanntmachungen

Die gesetzlichen Vertreter des Unternehmens haben die **Namen der Mitglieder** 118
des bei der Gründung bestellten ersten Aufsichtsrats zum Handelsregister anzumelden (§§ 37 Abs. 4 Nr. 3, 40 Abs. 1 Nr. 4 AktG, 52 Abs. 2 Satz 1 GmbHG).
Jede **spätere Bestellung** und jeden Wechsel im Aufsichtsrat haben sie in den Gesellschaftsblättern bekanntzumachen und die Bekanntmachung zum Handelsregister einzureichen (§§ 106 AktG, 52 Abs. 2 Satz 2 GmbHG). Ferner haben sie zum Handelsregister anzumelden, wer zum **Vorsitzenden** gewählt ist (§ 107 Abs. 1 Satz 2 AktG). Nach §§ 19 MitbestG, 10f MitbestErgG müssen sie die Namen der Mitglieder nach ihrer Bestellung durch **betrieblichen Aushang** bekanntgeben. Der Wahlvorstand hat nach dem BetrVG 1952 in gleicher Weise die Namen der gewählten Arbeitnehmervertreter bekanntzumachen (§§ 35 Abs. 2 Satz 2, 19 WO 1953).

C. Koalitions- und Tarifvertragsrecht

	Rz.
I. Koalitionsrecht	
1. Begriff	1
2. Koalitionsfreiheit	10
a) Individuelle Koalitionsfreiheit	11
b) Kollektive Koalitionsfreiheit	16
3. Aufbau und Organisation der Koalitionen	
a) Gewerkschaften	23
b) Arbeitgeberverbände	30
c) Aufgaben der Koalitionen	32
4. Arbeitskampfrecht	33
a) Schlichtung	34
b) Arbeitskampfmaßnahmen	39
c) Rechtmäßigkeit des Streiks	44
d) Rechtmäßigkeit der Aussperrung	53
e) Rechtsfolgen rechtmäßiger Arbeitskämpfe	57
f) Rechtsfolgen rechtswidriger Arbeitskämpfe	68
II. Tarifrecht	
1. Bedeutung und Rechtsnatur des Tarifvertrags	
a) Bedeutung	72
b) Rechtsnatur	75
c) Auslegung	
aa) Auslegung normativer Bestimmungen	76
bb) Auslegung schuldrechtlicher Bestimmungen	82
2. Abschluß, Beginn und Ende eines Tarifvertrages	
a) Abschluß	85
aa) Tariffähigkeit	87
bb) Tarifzuständigkeit	94
cc) Schriftform	96
dd) Bekanntmachung	98
b) Beginn	
aa) Allgemein	103
bb) Rückwirkung	104
c) Ende	108
aa) Kündigung	109
bb) Zeitablauf	111
cc) Aufhebung	112
dd) Auflösende Bedingung	113
ee) Gegenstandslosigkeit	114
ff) Wegfall der Tariffähigkeit oder Tarifzuständigkeit	115
gg) Folgen der Beendigung	116
3. Inhalt	
a) Allgemein	118
b) Inhaltsnormen	123
aa) Regelungen von Arbeitsentgelt und Ausbildungsvergütung	127
bb) Arbeitszeitregelungen	129
cc) Allgemeine Arbeitsbedingungen	130
c) Abschlußnormen	131
d) Beendigungsnormen	135
e) Normen über betriebliche Fragen	141
f) Normen über betriebsverfassungsrechtliche Fragen	143
g) Normen über gemeinsame Einrichtungen	146
h) Prozessuale Normen	148
i) Tarifliche Normenkontrolle	149
4. Objektive und subjektive Bestimmungen	
a) Objektive Bestimmungen	
aa) Allgemein	150
bb) Die Friedenspflicht	153
cc) Die Einwirkungs- und Durchführungspflicht	156
b) Subjektive Bestimmungen	
aa) Allgemein	160
bb) Wirkungen der subjektiven Bestimmungen	162
(1) Unabdingbarkeit	163
(2) Öffnungsklauseln	168
(3) Günstigkeitsprinzip	171
(4) Übertarifliche Löhne und Zulagen	173
(5) Bestands-, Effektiv- und Verrechnungsklauseln	180
cc) Verzicht, Verwirkung und Verjährung	186
dd) Geltungsbereich der subjektiven Bestimmungen	192
(1) Räumlicher Geltungsbereich	193
(2) Zeitlicher Geltungsbereich	195
(3) Persönlicher Geltungsbereich	199

C. Koalitions- und Tarifvertragsrecht — Teil 4 C

	Rz.		Rz.
(4) Betrieblicher Geltungsbereich	201	7. Allgemeinverbindlichkeitserklärung	
(5) Fachlicher Geltungsbereich	204	a) Bedeutung	236
5. Tarifbindung		b) Umfang und Reichweite der Allgemeinverbindlichkeit	239
a) Allgemein	206	c) Voraussetzungen der Allgemeinverbindlichkeit	241
b) Kreis der Tarifgebundenen	207	d) Verfahren	245
c) Betriebsübergang und Umwandlung	216	e) Mängel der Allgemeinverbindlichkeit	248
6. Verfallfristen		f) Rechtsnatur und Rechtsschutz	249
a) Allgemein	218	8. Kollision mit individualvertraglichen Regelungen, Verweisungsprobleme	
b) Umfang tariflicher Verfallfristen	220	a) Kollision mit individualvertraglichen Regelungen	250
c) Zulässigkeit von Verfallfristen	226	b) Verweisungsprobleme	255
d) Beginn und Kenntnis von Verfallfristen	229	9. Tarifkonkurrenz	263
e) Geltendmachung des Anspruchs	230	10. Prüfungsschema für Ansprüche aus Tarifvertrag	272
f) Ablauf der Verfallfrist	234		

Schrifttum:

Koalitionsrecht: *Binkert,* Gewerkschaftliche Boykottmaßnahmen und Arbeitskampfordnung, AuR 1979, 234; *Birk,* Boykott und einstweilige Verfügung im grenzüberschreitenden Arbeitskampf, AuR 1974, 289; *Brill,* Lohnfortzahlung und Arbeitskampf, DB 1972, 532; *Brox/Rüthers/Schlüter/Jülicher,* Arbeitskampfrecht, 2. Aufl. 1982; *Coester,* Drittbezogener Arbeitskampf in den USA, Frankreich und der Bundesrepublik, RdA 1976, 282; *Däubler,* Arbeitskampfrecht, 2. Aufl. 1987; *Däubler,* Das Grundrecht auf Streik – eine Skizze, ZfA 1973, 201; *Dütz,* Vorläufiger Rechtsschutz im Arbeitskampf, BB 1980, 533; *Ehrich,* Die Bedeutung der Wesentlichkeitstheorie im Arbeitskampfrecht, DB 1993, 1237; *Erdmann,* Die Deutschen Arbeitgeberverbände, 1966; *Hromadka,* Das Recht der leitenden Angestellten, 1979; *Kirchner,* Die neue Schlichtungs- und Schiedsvereinbarung in der Metallindustrie, RdA 1980, 129; *Krichel,* Zur Rechtslage bei politischen Streiks, NZA 1987, 297; *Kühling,* Arbeitsrecht in der Rechtsprechung des Bundesverfassungsgerichts, AuR 1994, 126; *Löwisch,* Rechtsfragen des Sympathieboykotts, RdA 1977, 356; *Löwisch,* Die Voraussetzungen der Tariffähigkeit, ZfA 1970, 295; *Löwisch/Rieble,* Zum Ausmaß des Rechtswidrigkeitsurteils über Arbeitskämpfe, DB 1993, 882; *Löwisch/Rumler,* Schlichtungs- und Arbeitskampfrecht, Teil II, 1989; *Natzel,* Kein Streikrecht für Lehrlinge, DB 1983, 1488; *Reichel,* Das Schutzbedürfnis der negativen Koalitionsfreiheit, DB 1972, 2062, 2110; *Reuß,* Der „politische" Arbeitskampf, AuR 1966, 264; *Walker,* Einstweiliger Rechtsschutz im Arbeitskampf, ZfA 1995, 185; *Wiese,* Stellung und Aufgaben des Betriebsrats im Arbeitskampf, NZA 1984, 378; *Wohlgemuth,* Zum Streikrecht der Auszubildenden, BB 1983, 1103; *Zuleeg,* Der internationale Pakt über wirtschaftliche, soziale und kulturelle Rechte, RdA 1974, 321.

Tarifrecht: *Bauer,* Beiderseitige und einseitige Ausschlußfristen, NZA 1987, 440; *Baumann,* Die Rechtsfolgen eines Grundrechtsverstoßes der Tarifpartner, RdA 1994, 272; *Biedenkopf,* Grenzen der Tarifautonomie, 1964; *Boldt,* Zur Zulässigkeit von Firmentarifverträgen mit verbandsangehörigen Unternehmen, RdA 1971, 257; *Braun,* Verbandstarifliche Normen in Firmentarifverträgen und Betriebsvereinbarungen, BB 1986, 1428; *Buchner,* Möglichkeiten und Grenzen betriebsnaher Tarifpolitik, DB 1970, 2025, 2074; *Gröbing,* Zur Rechtswirksamkeit von Verweisungsklauseln in Tarifverträgen, AuR 1982,

116; *Hanau/Kania,* Stufentarifverträge, DB 1995, 1229; *Hensche,* Zur Zulässigkeit von Firmentarifverträgen mit verbandsangehörigen Unternehmen, RdA 1971, 9; *Herschel,* Tarifzensur und Kontrolle der Verfassungsmäßigkeit, RdA 1985, 65; *Herschel,* Der nachwirkende Tarifvertrag, insbesondere seine Änderung, ZfA 1976, 89; *Herschel,* Die individualrechtliche Bezugnahme auf einen Tarifvertrag, DB 1969, 659; *von Hoyningen-Huene,* Die Rolle der Verbände bei Firmentarifverträgen, ZfA 1980, 453; *Hromadka,* Betriebsvereinbarung über mitbestimmungspflichtige soziale Angelegenheiten bei Tarifüblichkeit; Zwei-Schranken-Theorie ade?, DB 1987, 1991; *Kempen,* Jahrbuch des Arbeitsrechts, Bd. 30, 1993; *Konzen,* Tarifbindung, Friedenspflicht und Kampfparität beim Verbandswechsel des Arbeitgebers, ZfA 1975, 401; *Krichel,* Ist der Firmentarifvertrag mit einem verbandsangehörigen Arbeitgeber bestreikbar?, NZA 1986, 731; *Le Friant,* Die Tarifverhandlungen in grenzüberschreitenden Unternehmen, NZA 1994, 158; *Leinemann/Lipke,* Betriebsübergang und Urlaubsanspruch, DB 1988, 1220; *Lieb,* Die Schutzbedürftigkeit arbeitnehmerähnlicher Personen, RdA 1974, 257; *Löwisch,* Blankettverweisung und Überraschungsklauseln, NZA 1985, 317; *Löwisch,* Die Freiheit zu arbeiten – nach dem Günstigkeitsprinzip, BB 1991, 59; *Mangen,* Die Form des Tarifvertrages gemäß § 1 Abs. 2 TVG, RdA 1982, 229; *Meinert,* Zur Nachwirkung von Tarifverträgen und ihrem Vorrang gegenüber Betriebsvereinbarungen, BB 1976, 1615; *Merten,* Das Prinzip der Tarifeinheit als arbeitsrechtliche Kollisionsnorm, BB 1993, 572; *Meyer,* Arbeiter-Kündigungsfristen in Tarifverträgen: Wohin führt der Gleichheitssatz?, DB 1992, 1881; *Plüm,* Die tarifliche Erweiterung von Leistungsbestimmungsrechten des Arbeitgebers, DB 1992, 735; *Rieble,* Krise des Flächentarifvertrages, RdA 1996, 151; *Sachs,* Zu den Folgen von Gleichheitsverstößen in Tarifverträgen, RdA 1989, 25; *Vollmer,* Aufgaben- und Zuständigkeitsverteilung zwischen mitbestimmungsrechtlicher und tarifvertraglicher Interessenvertretung, DB 1979, 308, 355; *Wagner,* Verfassungsrechtliche Grundlagen der Übertragung von Kompetenzen der Tarifparteien auf die Betriebsparteien, DB 1992, 2550; *Waltermann,* Kollektivvertrag und Grundrechte, RdA 1990, 138; *Wank,* Empfiehlt es sich, die Regelungsbefugnisse der Tarifparteien im Verhältnis zu den Betriebsparteien neu zu ordnen?, NJW 1996, 2273.

I. Koalitionsrecht

1. Begriff[1]

1 **Koalitionen** sind privatrechtliche Vereinigungen von Arbeitnehmern und Arbeitgebern zur Wahrung und Förderung der Arbeits- und Wirtschaftsbedingungen ihrer Mitglieder. Der häufig verwendete Ausdruck „Berufsverband" ist mißverständlich, da die Vereinigungen sich oft nicht nach Berufen, sondern nach Industrie- und Gewerbezweigen zusammenschließen (**Industrieverbandsprinzip**); vgl. Rz. 24. Die Koalitionen müssen den nachfolgenden Anforderungen[2] genügen:

2 Sie müssen **freie, auf Dauer angelegte Vereinigungen** sein. „**Freiwillig**" ist nur eine Koalition gebildet, die nicht auf einem zwangsweisen Zusammenschluß beruht. Sie ist privatrechtlich, so daß öffentlich-rechtliche Zwangsverbände, insbesondere Kammern, als Koalitionen ausscheiden. Eine Ausnahme besteht

---
1 Zum Begriff vgl. *Hueck/Nipperdey,* S. 81 ff.: *Hanau/Adomeit,* C I 2.
2 Zu den Voraussetzungen vgl. ua. BAG v. 10. 9. 1985, DB 1985, 2056; BAG v. 25. 11. 1986, NZA 1987, 492.

I. Koalitionsrecht

jedoch für Innungen und Innungsverbände, denen kraft Gesetzes die Tariffähigkeit gegeben ist (§§ 54, 82 HandwO); vgl. auch Rz. 93[1]. Auch privatrechtliche Zwangsverbände, wie die Belegschaft oder leitende Angestellte eines Betriebs, die nach dem BetrVG oder dem SprAuG organisiert sind, stellen keine Koalitionen in diesem Sinne dar.

Die Koalitionen müssen **auf eine gewisse Dauer angelegt** sein[2]. Die Autonomie der Koalitionen mit ihren Normsetzungsbefugnissen und weitreichenden Mitwirkungsrechten in der Arbeits- und Wirtschaftsverfassung kann nur dann verwirklicht werden, wenn eine gewisse Dauerhaftigkeit vorliegt. Damit scheiden **ad-hoc-Koalitionen,** die sich für einen spontanen Arbeitskampf zusammenschließen, als Koalition aus.

Weiterhin ist erforderlich, daß die Koalitionen ihre tarifrechtlichen Aufgaben sinnvoll erfüllen können. Das setzt eine gewisse „**Mächtigkeit**" voraus. Sie müssen einen im Rahmen der Rechtsordnung sich haltenden **wirkungsvollen Druck und Gegendruck auf den sozialen Gegenspieler** ausüben können. Erforderlich ist somit, daß über die notwendige finanzielle und organisatorische Ausstattung verfügt wird[3]. Vereinigungen, denen nur eine zahlenmäßig unbedeutsame Gruppe von Arbeitnehmern oder Arbeitgebern angehört, fehlt daher in der Regel die Tariffähigkeit. Bei der Beurteilung der Frage kommt es auf die gegenwärtige Zahl der Mitglieder an und nicht darauf, wie viele Mitglieder die Vereinigung einmal zu erwerben hofft. Auf die Mitgliederzahl kommt es jedoch dann nicht an, wenn Vereinigungen unabhängig davon in der Lage sind, einen wirkungsvollen Druck bzw. Gegendruck auszuüben. Die Anforderungen werden von der Rechtsprechung streng gehandhabt. So wurde zB der **christlichen Gewerkschaft Bergbau-Chemie-Energie** die Tariffähigkeit abgesprochen, obwohl sie etwa 22 000 Mitglieder hat. Trotz dieser Mitgliederzahl fehlt der organisatorische Rückhalt, um einen ausreichenden Druck auszuüben. Dies zeigt sich daran, daß sie fast ausschließlich Anschlußtarifverträge abgeschlossen hat[4]. Bei **Arbeitgeberverbänden** ist **keine besondere Durchsetzungskraft** (Mächtigkeit) erforderlich[5]. Dies folgt aus § 2 Abs. 1 TVG, wonach bereits dem einzelnen Arbeitgeber die Tariffähigkeit zugesprochen wird[6].

Der Verband muß über eine **korporative Verfassung** verfügen. Hierzu gehören ein Mitgliederbestand, eine vom Wechsel der Mitglieder unabhängige Organisation und korporative Organe. Aus der Satzung oder den Statuten muß sich ergeben, daß die Organisation in ihrer Zielsetzung dauerhaft zur Wahrung und Förderung der Arbeits- und Wirtschaftsbedingungen angelegt ist. Auch hieraus ergibt sich bereits, daß sog. ad-hoc-Zusammenschlüsse nicht tariffähig sind (vgl. Rz. 3)[7]. Koalitionen können nicht in der Rechtsform einer Personengesell-

---

1 BVerfG v. 19. 10. 1966, AP Nr. 24 zu § 2 TVG.
2 *Hueck/Nipperdey*, S. 82 f.
3 BAG v. 16. 1. 1990, DB 1990, 839, 840; BAG v. 10. 9. 1985, DB 1986, 755.
4 BAG v. 16. 1. 1990, EzA Nr. 18 zu § 2 TVG.
5 BAG v. 20. 11. 1990, NZA 1991, 428.
6 Vgl. zur Tariffähigkeit einzelner Arbeitgeber auch BVerfG v. 20. 10. 1981, DB 1982, 231.
7 *Löwisch*, ZfA 1970, 295, 311.

schaft gegründet werden. Regelmäßig werden sie in der **Rechtsform des Vereins** gebildet. Aus historischen Gründen handelt es sich bei Gewerkschaften meist um nicht rechtsfähige Vereine. Im Bereich des Arbeits- und Wirtschaftslebens werden sie jedoch wie rechtsfähige Vereine behandelt, so daß die §§ 25 ff. BGB insbesondere hinsichtlich der Organisation und der Haftung entsprechende Anwendung finden[1]. Die **Gewerkschaften** sind auch **aktiv und passiv parteifähig** (vgl. § 10 ArbGG, § 50 Abs. 2 ZPO). Eine Eintragung in das Grundbuch ist jedoch nicht möglich. Zum Erwerb von Grundeigentum wird oft eine Kapitalgesellschaft (GmbH) gegründet.

6 Um Gegenspieler des Sozialpartners sein zu können, muß die Koalition **gegnerfrei** sein. Ihr dürfen also nur jeweils Arbeitgeber oder Arbeitnehmer angehören[2]. Gemischte Vereinigungen (sog. Harmonieverbände) sind keine Koalition. Es muß eine **materielle und ideelle Unabhängigkeit** von der Gegenseite bestehen. Das erfordert auf seiten der Gewerkschaft eine **überbetriebliche Organisation**[3]. Sonst wäre ihr Mitgliederbestand von den Einstellungen und Entlassungen des Arbeitgebers abhängig. Ein „Werkverein" oder „Hausverband" ist daher keine Koalition. Eine rein formalistische Betrachtungsweise der Gegnerfreiheit verbietet sich jedoch. So ist zB eine Ehrenmitgliedschaft bei dem sozialen Gegenspieler zulässig[4]. Eine Mitgliedschaft in den tarifpolitisch entscheidenden Organen und Gremien eines Tarifpartners ist jedoch in jedem Fall ausgeschlossen, zB das Vorstandsmitglied einer Kapitalgesellschaft ist zugleich Mitglied der Tarifkommission einer Gewerkschaft. Unbedenklich ist jedoch eine Zusammenarbeit der Tarifvertragsparteien in der sozialen Selbstverwaltung (Bundesanstalt für Arbeit, Gremien der Ortskrankenkassen). Ebenfalls unproblematisch ist die Zusammenarbeit in gemeinsam gebildeten Einrichtungen wie zB die „Gesellschaft zur Information von Betriebsräten über Umweltschutz in der chemischen Industrie", weil hier lediglich sozialpolitische Aufgaben wahrgenommen werden.

7 Die Koalition muß darüber hinaus **von dritter Seite unabhängig** sein. Dies meint insbesondere die **Unabhängigkeit von Staat, Parteien oder Kirche**[5]. Nur den Koalitionen selbst ist die Befugnis der Gestaltung der Arbeits- und Wirtschaftsbedingungen eingeräumt worden (Art. 9 Abs. 3 GG). Unabhängigkeit meint hier auch Weisungsfreiheit. Allerdings kann die Koalition ihr Programm durchaus freiwillig politisch oder weltanschaulich ausrichten (Richtungsgewerkschaft im Gegensatz zur Einheitsgewerkschaft). Derartige sog. **Richtungsgewerkschaften** sind zulässig. So sind zB der CGD[6] (Christlicher Gewerkschaftsbund Deutschlands) und der Marburger Bund[7] Koalitionen im Rechtssinne.

---

1 Vgl. zB OLG Düsseldorf v. 22. 1. 1987, DB 1987, 1837.
2 BVerfG v. 18. 11. 1954, AP Nr. 1 zu Art. 9 GG; BAG v. 25. 11. 1986, AP Nr. 36 zu § 2 TVG = NZA 1987, 492; *Söllner*, § 9 I 1.
3 *Hueck/Nipperdey*, S. 81 f.; *Hanau/Adomeit*, C I 2e.
4 BAG v. 19. 1. 1962, AP Nr. 13 zu § 2 TVG.
5 *Söllner*, § 9 I 4; *Zöllner/Loritz*, § 34 I 1.
6 LAG Düsseldorf v. 14. 12. 1957, AP Nr. 2 zu Art. 9 GG.
7 BAG v. 21. 11. 1975, AP Nr. 6 zu § 118 BetrVG 1972.

I. Koalitionsrecht

Ziel der Koalition muß nach ihrer Satzung die **Wahrung und Förderung der Wirtschaftsbedingungen** sein (Art. 9 Abs. 3 GG). Rein wirtschaftliche Vereine wie Konsumvereine oder gewisse Unternehmerverbände oder auch kulturelle Organisationen sind keine Koalitionen. Unter **Arbeitsbedingungen** sind die Bedingungen zu verstehen, unter denen die Arbeitnehmer ihre Arbeit leisten. **Wirtschaftsbedingungen** sind alle arbeitsrechtlichen und sozialpolitischen Interessen der Mitglieder der Koalition, sofern sie mit der abhängigen Arbeit in Zusammenhang stehen. Zur Wahrung der Arbeits- und Wirtschaftsbedingungen gehört vor allem die **Gewährung von Rechtsschutz- und Rechtshilfe**. Die Förderung umfaßt den **Abschluß von Tarifverträgen** und die Vertretung in der sozialen Selbstverwaltung sowie im öffentlichen Leben[1].

8

Ob das **Bekenntnis zum Abschluß von Tarifverträgen** ebenfalls Voraussetzung einer Koalition ist, ist umstritten. Für Arbeitnehmerverbände wird dies bejaht[2]. So sind zB die Verbände der leitenden Angestellten, die nicht als Ziel den Abschluß von Tarifverträgen haben, keine Koalitionen. Der Ausschluß einzelner Bereiche von der tariflichen Regelung ist jedoch unbedenklich. Auf die **Härte, mit der Tarifverhandlungen** geführt werden können, kommt es ebenfalls nicht an[3]. Nach zwischenzeitlich gefestigter Rechtsprechung ist eine **Arbeitskampfbereitschaft** der Vereinigung nicht erforderlich für deren Tariffähigkeit[4]. Aus dem Recht zum Arbeitskampf kann nicht die Pflicht hergeleitet werden, in der Satzung die Arbeitskampfwilligkeit zu manifestieren. Auch ein **Bekenntnis zur Schlichtung** gehört zum Begriff der Koalition. Jedenfalls geht den Verbänden die Tariffähigkeit ab, die nicht auf einen Ausgleich der wechselseitigen Interessen abzielen.

9

2. Koalitionsfreiheit

Das Grundrecht der **Koalitionsfreiheit** war bereits Bestandteil der Weimarer Verfassung und wird heute durch Art. 9 Abs. 3 GG garantiert. Daneben wird es im „Internationalen Pakt über wirtschaftliche, soziale und kulturelle Rechte" (dort in Art. 8)[5] geregelt. Die Koalitionsfreiheit gewährleistet für jedermann das Recht, zur Wahrung und Förderung von Arbeits- und Wirtschaftsbedingungen Koalitionen zu bilden.

10

---

1 Wiedemann/Stumpf, § 2 Rz. 174.
2 BVerfG v. 18. 11. 1954, AP Nr. 1 zu Art. 9 GG; BVerfG v. 6. 5. 1964, AP Nr. 15 zu § 2 TVG; BAG v. 15. 11. 1963, AP Nr. 14 zu § 2 TVG.
3 BAG v. 10. 9. 1985, AP Nr. 34 zu § 2 TVG; BAG v. 25. 11. 1986, AP Nr. 36 zu § 2 TVG = NZA 1987, 492.
4 BVerfG v. 6. 5. 1964, AP Nr. 15 zu § 2 TVG; BVerfG v. 20. 10. 1981, AP Nr. 31 zu § 2 TVG; BAG v. 9. 7. 1968, AP Nr. 25 zu § 2 TVG; BAG v. 14. 3. 1978, AP Nr. 30 zu § 2 TVG.
5 Vgl. Zuleeg, RdA 1974, 321 f.; BGBl. II 1973, 1569.

a) Individuelle Koalitionsfreiheit

11 Die Koalitionsfreiheit umfaßt die **individuelle positive und negative Koalitionsfreiheit**. **Positive Koalitionsfreiheit** ist das Recht des einzelnen, eine Koalition zu gründen, einer bestehenden Koalition beizutreten oder in ihr zu verbleiben. Darin darf er vom Staat nicht behindert werden. Dies gilt auch im Falle des Notstandes bei der Teilnahme an Arbeitskämpfen (Art. 9 Abs. 3 Satz 3 GG). Den Koalitionen bleibt jedoch das Recht, Beitritt, Verbleiben und Ausscheiden der Mitglieder zu regeln.

12 Neben der positiven wird auch die **negative Koalitionsfreiheit** verfassungsrechtlich geschützt, also das Recht, einer Koalition fern zu bleiben oder aus ihr auszutreten[1]. Der Staat ist nicht berechtigt, Zwangsverbände zu bilden oder einen Zwangsbeitritt anzuordnen. Zum Schutz der Koalitionsfreiheit gehört auch das Recht des einzelnen, am Koalitionsleben teilzunehmen und sich koalitionsmäßig zu betätigen[2]. Dazu gehört zB die **Werbung für die Gewerkschaft am Arbeitsplatz** innerhalb sachlich gebotener Grenzen[3]. Auch kann der einzelne an Koalitionsverhandlungen teilnehmen, zB an einem Streik seines Verbandes. Auf Gewerkschaftsmitglieder darf seitens der Gewerkschaft kein Druck ausgeübt werden, um sie vom Austritt abzuhalten. So ist zB eine **Rückzahlungsklausel in der Satzung einer Gewerkschaft,** wonach Mitglieder, die innerhalb eines Jahres nach Erhalt von Streikunterstützung aus der Gewerkschaft austreten, die erhaltene Unterstützung zurückzuzahlen haben, unwirksam. Die Rückzahlungspflicht wirkt wie eine Austrittsgebühr, die der negativen Koalitionsfreiheit zuwiderläuft[4] Auch darf die Kündigungsfrist abweichend von der höchstens zweijährigen Frist zum Vereinsaustritt des § 39 Abs. 2 BGB bei Gewerkschaften höchstens sechs Monate betragen. Auch hier liegt sonst ein Eingriff in das Recht der negativen Koalitionsfreiheit vor[5].

13 Nach **Art. 9 Abs. 3 Satz 2 GG** sind **Abreden,** welche die Koalitionsfreiheit einschränken oder zu behindern suchen, nichtig und hierauf gerichtete Maßnahmen rechtswidrig. Der Begriff der Abrede ist im Sinne des Vertrages zu verstehen. So ist zB eine Klausel im Arbeitsvertrag, wonach sich der Arbeitnehmer verpflichtet, keiner Gewerkschaft oder nur der im Betrieb vertretenen beizutreten, unzulässig. Sie ist wegen Verstoßes gegen die in Art. 9 Abs. 3 GG enthaltene negative Koalitionsfreiheit gemäß § 134 BGB nichtig. Der übrige Vertrag bleibt nach § 139 BGB wirksam. Das gleiche gilt für eine Abrede, nach der der Arbeitgeber sich verpflichtet, keinen gewerkschaftlich organisierten Arbeitnehmer einzustellen.

14 Auch alle **tatsächlichen oder rechtlichen Maßnahmen, mit denen in die Koalitionsfreiheit eingegriffen wird,** sind unzulässig (Art. 9 Abs. 3 Satz 2 GG). Ein

---

1 BVerfG v. 26. 5. 1976, AP Nr. 16 zu Art. 9 GG; BAG v. 28. 3. 1990, NJW 1990, 3036.
2 BVerfG v. 30. 11. 1965, BVerfGE 19, 303, 312.
3 BVerfG v. 14. 11. 1995, NJW 1996, 1201.
4 AG Ahrensburg v. 12. 4. 1996, NJW 1996, 2516.
5 AG Ahrensburg v. 12. 4. 1996, NJW 1996, 2516; BGH v. 22. 9. 1980, AP Nr. 33 zu Art. 9 GG.

Arbeitskampf, durch den ein Arbeitgeber gezwungen werden soll, einem bestimmten Arbeitgeberverband beizutreten bzw. aus einem Verband auszutreten, ist rechtswidrig. Kündigungen oder Versetzungen von Arbeitnehmern wegen ihrer Gewerkschaftszugehörigkeit oder auch die Durchsetzung eines für die Arbeitnehmer verbandsfremden Tarifvertrages sind ebenfalls rechtsunwirksam[1]. Dementgegen steht dem Arbeitgeber die Nichteinstellung eines Bewerbers wegen Gewerkschaftszugehörigkeit frei, weil es keinen Rechtsanspruch auf Einstellung gibt. Rechtswidrig ist dabei jedoch die Aufstellung sog. „schwarzer Listen" (Verzeichnisse von Gewerkschaftsmitgliedern in der Absicht, diese nicht einzustellen).

> **Hinweis:**
> Da Art. 9 Abs. 3 GG ein Schutzgesetz ist, besteht im Falle der Beeinträchtigung der individuellen Koalitionsfreiheit, ohne Rücksicht auf Verschulden des Störers, bei Wiederholungsgefahr ein Beseitigungs- und **Unterlassungsanspruch** (§§ 1004, 823 BGB). So kann zB die Streichung aus der „schwarzen Liste" verlangt werden. Bei Verschulden besteht ein **Schadenersatzanspruch** (§§ 823 Abs. 1 und 2, 826, 839 BGB).

15

b) Kollektive Koalitionsfreiheit

Neben der individuellen Koalitionsfreiheit enthält Art. 9 Abs. 3 GG auch ein **Grundrecht der Koalition**, und zwar als **Existenz- und Betätigungsgarantie**[2]. Die Koalition ist in ihrem **Bestand** verfassungsrechtlich geschützt (sog. institutionelle Garantie)[3]. Diese Betrachtungsweise gebietet sich, da die individuelle Koalitionsfreiheit sonst ausgehöhlt würde. Ein generelles Verbot von Koalitionen wäre demnach verfassungswidrig. Möglich ist dagegen das **Verbot einzelner Koalitionen** aus den besonderen Gründen des Vereinsrechts (§ 3 Abs. 1 VereinsG). Jedoch bedarf die Verbotsverfügung der Verwaltungsbehörde bei Koalitionen der Zustimmung durch das zuständige OVG oder das BVerwG (§ 16 Abs. 1 VereinsG).

16

Der **Bestandsschutz** besteht unstreitig **gegenüber den Mitgliedern, gegenüber Dritten sowie gegenüber dem Staat**. Koalitionen sind berechtigt, den Austritt von Mitgliedern durch Kündigungsvorschriften zu beschränken. Hier ist jedoch eine Kündigungsfrist von mehr als sechs Monaten unzulässig (vgl. Rz. 12). Daneben können Bestimmungen zur Regelung der Verbandsdisziplin erlassen werden[4]. Auch Abreden und Maßnahmen Dritter, durch die in den Bestand der Koalition eingegriffen wird, sind rechtswidrig.

17

---

1 BAG v. 19. 6. 1986, AP Nr. 33 zu § 1 KSchG.
2 Vgl. u. a. BVerfG v. 26. 6. 1991, BVerfGE 84, 212, 224; BVerfG v. 2. 3. 1993, BVerfGE 88, 103, 114; BVerfG v. 4. 7. 1995, BVerfGE 92, 365, 393.
3 BAG v. 2. 6. 1987, AP Nr. 49 zu Art. 9 GG; BVerfG v. 26. 6. 1991, NZA 1991, 809; BVerfG v. 2. 3. 1993, NJW 1993, 1379.
4 BAG v. 29. 3. 1974, AP Nr. 2 zu § 19 BetrVG 1972.

18 **Hinweis:**
Wird die Mitgliederzahl einer Koalition in irgendeiner Weise beeinträchtigt, zB indem die Einstellung eines Arbeitnehmers von dem Austritt aus der Gewerkschaft abhängig gemacht wird, so liegt bereits eine rechtswidrige Maßnahme gegen den Bestand vor[1]. Die Koalition kann aus eigenem Recht Unterlassungs- und Schadenersatzklage erheben.

19 Auch der **Staat darf die Existenz der Koalition nicht gefährden.** Maßnahmen des Wehr- und Zivildienstes, der Rechts- und Amtshilfe, insbesondere zur Aufrechterhaltung der öffentlichen Ordnung, der Streitkräfte und der Gefahrenabwehr dürfen sich nicht gegen Arbeitskämpfe richten, die zur Wahrung und Förderung der Arbeits- und Wirtschaftsbedingungen geführt werden. Ob der **Bestandsschutz** auch **gegenüber konkurrierenden Koalitionen besteht,** ist streitig. Für den Fall der unfairen Mitgliederwerbung wird dies angenommen, da ein solches Vorgehen in unzulässiger Weise das Wirken der Koalition und deren Mitgliederbestand beeinträchtigt[2].

20 Die Verfassung schützt auch die **Betätigung** der Koalition. Dies umfaßt die Koalitionszwecke und die Mittel für deren Durchsetzung (**funktionelle Garantie**)[3]. Bislang war streitig, ob sich der Schutz lediglich auf einen Kernbereich beschränkt[4]. Das BVerfG hat zwischenzeitlich klargestellt, daß der Grundrechtsschutz umfassend ist, der **Schutzbereich weit gesteckt.** Er beschränkt sich nicht auf diejenigen Tätigkeiten, die für die Erhaltung und die Sicherung des Bestandes der Koalition unerläßlich sind; er umfaßt vielmehr alle koalitionsspezifischen Verhaltensweisen. Beschränkungen ergeben sich erst auf der Ebene der Schranken, insbesondere unter dem Gesichtspunkt der Verhältnismäßigkeit und durch die Grundrechte anderer[5].

21 Die **Betätigungsgarantie** erfaßt diejenigen Tätigkeitsfelder, auf denen die etablierte Koalition als solche handelnd auftritt, nämlich in den Bereichen des TVG (Tarifautonomie[6]), der Schlichtung, des Arbeitskampfes (Koalitionsmittelgarantie)[7], der Wahrnehmung der Interessen im BetrVG und MitbestG sowie auf den Gebieten der Gesetzgebung (bei arbeits- und sozialpolitischen Gesetzesentwürfen), der Verwaltung und dem Gerichtsverfahren (Prozeßführungsbefugnis vor den Arbeitsgerichten, § 11 Abs. 1 Satz 1 ArbGG). Ferner benennen und entsenden die Koalitionen ehrenamtliche Richter für die Arbeits- und Sozialgerichte (Vorschlagslisten für ehrenamtliche Richter, § 43 ArbGG, §§ 13,

---

1 BAG v. 2. 6. 1987, AP Nr. 49 zu Art. 9 GG = NZA 1988, 64.
2 BGH v. 6. 10. 1964, AP Nr. 6 zu § 54 BGB; BAG v. 11. 11. 1968, AP Nr. 14 zu Art. 9 GG; aA ua. *Reichel,* DB 1972, 2062 ff., 2110 ff.
3 BVerfG v. 6. 5. 1964, AP Nr. 15 zu § 2 TVG; BVerfG v. 26. 5. 1970, AP Nr. 16 zu Art. 9 GG; BAG v. 2. 6. 1987, AP Nr. 49 zu Art. 9 GG.
4 Vgl. zum Kernbereich *Kühling,* AuR 1994, 126.
5 BVerfG v. 14. 11. 1995, NZA 1996, 381.
6 BVerfG v. 24. 5. 1977, BVerfGE 44, 322, 340 f.
7 BAG v. 10. 6. 1980, AP Nr. 64 zu Art. 9 GG – Arbeitskampf.

I. Koalitionsrecht

14 SGG), Mitglieder zu den Verwaltungsräten und Ausschüssen der sozialen Selbstverwaltung, zB zur Bundesanstalt für Arbeit, und in die internationalen Einrichtungen, zB zum Sozialausschuß der Europäischen Gemeinschaft und zur Internationalen Arbeitsorganisation (IAO), die wiederum mit dem Wirtschafts- und Sozialrat der UNO zusammenarbeiten.

Im Rahmen der konzertierten Aktion waren die Koalitionen in die staatliche Stabilitätspolitik einbezogen (§ 3 StabilitätsG). Die **politische Wahlwerbung** gehört nicht zur Betätigungsfreiheit[1] Allgemein politische Betätigungen sind nur im Hinblick auf die allgemeine Handlungsfreiheit (Art. 2 GG) geschützt. Zur geschützten Tätigkeit nach Art. 9 Abs. 3 GG gehört auch die **Werbung durch Gewerkschaftsmitglieder** während der Arbeitszeit, da diese für die Erhaltung und Sicherung des Bestandes der Koalition unerläßlich ist. Durch die Werbung neuer Mitglieder sichern die Gewerkschaften ihren Fortbestand. Von der Mitgliederzahl hängt die Verhandlungsstärke ab[2]. Auch ist den Gewerkschaften die Selbstdarstellung gestattet, sie dürfen vor Betriebs- und Personalratswahlen Wahlpropaganda betreiben[3]. Es besteht jedoch kein Anspruch darauf, Gewerkschaftszeitungen im Betrieb zu verteilen[4] oder Werbe- und Informationsmaterial während der Arbeitszeiten auszugeben[5]; sie dürfen das hausinterne Postverteilungssystem nicht nutzen[6] und auch keine Wahl der gewerkschaftlichen Vertrauensleute im Betrieb durchführen[7]. Die Koalitionsfreiheit der Gewerkschaft gewährt auch **kein unbeschränktes Recht auf ungestörte Rechtsberatung;** das Strafverfolgungsinteresse überwiegt. Das Vertrauen von Gewerkschaftsmitgliedern in die Geheimhaltung von Informationen, die sie der Gewerkschaft geben, ist nicht in dem Maße schützenswert, wie dies bei einem Rechtsanwalt der Fall ist. Dem Interesse der Gewerkschaft steht das Interesse der Gemeinschaft gegenüber, das in den Gewährleistungsbereich des Rechtsstaatsprinzips (Art. 20 Abs. 3 GG) fällt[8].

3. Aufbau und Organisation der Koalitionen

a) Gewerkschaften

Nach einer Unterbrechung der gewerkschaftlichen Tätigkeit durch das nationalsozialistische System konnte im Jahre **1945** wieder mit der **Gründung von Gewerkschaften** begonnen werden. Ziel war es, Einheitsgewerkschaften zu bilden. Anders als bisher sollten die Gewerkschaften politisch und weltanschaulich neutral sein. In der britischen Zone wurde 1947 der Deutsche Ge-

---

1 BVerfG v. 28. 4. 1976, AP Nr. 2 zu § 74 BetrVG 1972.
2 BVerfG v. 14. 11. 1995, NJW 1996, 1201.
3 BVerfG v. 30. 11. 1965, AP Nr. 7 zu Art. 9 GG.
4 BAG v. 23. 2. 1979, AP Nr. 29 zu Art. 9 GG = EzA Nr. 30 zu Art. 9 GG.
5 BAG v. 26. 1. 1982, AP Nr. 35 zu Art. 9 GG = EzA Nr. 35 zu Art. 9 GG.
6 BAG v. 23. 9. 1986, AP Nr. 45 zu Art. 9 GG = NZA 1987, 164; EuGH v. 18. 1. 1990 NZA 1991, 189.
7 BAG v. 8. 12. 1978, AP Nr. 28 zu Art. 9 GG; BAG v. 17. 12. 1976, AP Nr. 52 zu Art. 9 GG – Arbeitskampf = NZA 1989, 601.
8 LG Berlin v. 3. 5. 1996, NJW 1996, 2520.

werkschaftsbund (DGB) gegründet. In den französischen und amerikanischen Zonen kam es zu Gewerkschaftszusammenschlüssen auf Landesebene. Im Jahre 1949 wurde auf Bundesebene der DGB als Spitzenorganisation von 16 Einzelgewerkschaften gegründet.

24 Die meisten dieser Gewerkschaften sind nach dem **Industrieverbandsprinzip** ausgerichtet. Industrieverbandsprinzip bedeutet, daß alle Arbeitnehmer einer Branche (zB Metall) derselben Gewerkschaft angehören, gleichgültig, ob sie Metallarbeiter, Schreiner oder Anstreicher sind. Jedoch ist das Industrieverbandsprinzip nicht vollständig verwirklicht. Die nicht im DGB zusammengeschlossenen Gewerkschaften haben das **Berufsverbandsprinzip** weitgehend beibehalten. Mitglieder der Deutschen Angestelltengewerkschaft (DAG) können zB Angestellte aller Wirtschaftszweige sowie Beamte werden. Die ÖTV grenzt sich zB nach dem Arbeitgeber ab.

25 Die **wichtigsten Gewerkschaften** sind die im DGB zusammengeschlossenen Industriegewerkschaften, die DAG, der Deutsche Beamtenbund, der Christliche Gewerkschaftsbund Deutschlands (CGB). Die deutschen Gewerkschaften sind meist **internationalen Spitzenverbänden** angeschlossen, so der DGB dem internationalen Bund freier Gewerkschaften (ICFTU) und zusammen mit 35 anderen nationalen gewerkschaftlichen Spitzenorganisationen und 13 europäischen Fachspitzenverbänden dem Europäischen Gewerkschaftsbund (EGB). Der EGB vertritt die Belange seiner Mitglieder gegenüber den Organen der EG. Die DAG ist dem internationalen Bund der Privatangestellten angeschlossen.

26 Die **leitenden Angestellten** werden zur Zeit in vier Verbänden erfaßt, dem Verband der Führungskräfte in Bergbau, Energiewirtschaft und zugehörigem Umweltschutz (VdF), dem Verband angestellter Akademiker und leitender Angestellter der chemischen Industrie (VAA), dem Verband angestellter Führungskräfte (VAF) und dem Verband Deutscher Akademiker für Ernährung, Landwirtschaft und Landespflege (VDL). Diese Verbände haben sich in der Union der leitenden Angestellten (ULA) zusammengeschlossen[1]. Ob es sich bei diesen Verbänden um Gewerkschaften handelt, ist im einzelnen umstritten[2]. Dem Berufsverband der **Arzt- und Zahnarzthelferinnen** kommt ebenso wie dem Marburger Bund, in dem die **Ärzte** organisiert sind, Gewerkschaftseigenschaft zu[3].

27 Auch in der **DDR** entstanden unter der zentralistischen Lenkung des Freien Deutschen Gewerkschaftsbundes (FDGB) Einheitsgewerkschaften, die immer stärker mit Partei und Staat verbunden waren. Nach der Währungs-, Wirtschafts- und Sozialunion haben sich die Gewerkschaften der Bundesrepublik Deutschland auf die DDR ausgedehnt und organisieren dort zwischenzeitlich die meisten Arbeitnehmer.

---

1 Zu den Verbänden im einzelnen vgl. *Hromadka*, Das Recht der leitenden Angestellten, S. 194 f.
2 Vgl. BAG v. 16. 11. 1982, AP Nr. 32 zu § 2 TVG.
3 LAG Hamm v. 15. 7. 1987, LAGE Nr. 6 zu § 11 ArbGG 1979; BAG v. 21. 11. 1975, NJW 1976, 1166; OVG Münster v. 29. 11. 1971, NJW 1972, 1156.

I. Koalitionsrecht

Die im **DGB zusammengeschlossenen Einzelgewerkschaften** sind in der Regel **drei- oder vierstufig aufgebaut.** Mitgliedschaft besteht im jeweiligen Bundesverband. Unterhalb der Bundesebene sind sie in verschiedene Bezirke aufgeteilt, die ihrerseits wiederum in regionale und/oder lokale Stellen untergliedert sind[1]. Der DGB ist vierstufig aufgebaut. **Organe** sind der Bundeskongreß, der Bundesausschuß, der Bundesvorstand und die Revisionskommission (Satzung Juni 1994). Unterhalb der Bundesebene sind Landesbezirke, Kreise und Ortskartelle mit jeweils eigenen Organen gebildet. Die **DAG** ist ähnlich gegliedert wie die Gewerkschaften des DGB. Sie hat durch die Schaffung von Betriebsgruppen in den Betrieben und Dienststellen eines jeden Ortes eine weitere Gliederungsebene gebildet. Der **DGB und seine Einzelgewerkschaften** sind streng **hierarchisch organisiert.** Die Organe der unteren Ebenen haben regionale oder landespolitische Aufgaben wahrzunehmen. Daneben sind sie Beauftragte der übergeordneten Stellen und an deren Weisungen gebunden. Sie nehmen dabei Verwaltungsaufgaben wahr, führen Werbekampagnen durch, betreuen die Mitglieder und führen überregional beschlossene Maßnahmen durch.

28

> **Hinweis:**
>
> **Tarifverhandlungen und Abschluß von Tarifverträgen** obliegt den Organen auf Bundes- oder Landesebene. Tarifabschlüsse setzen dabei die Zustimmung, jedenfalls aber die Anhörung eigens gebildeter Tarifkommissionen voraus. Die Einleitung von Arbeitskampfmaßnahmen ist grundsätzlich abhängig von der Zustimmung des jeweiligen Hauptvorstandes auf Bundesebene.

29

b) Arbeitgeberverbände

Im Jahre 1950 wurde die **Bundesvereinigung der Deutschen Arbeitgeberverbände** (BDA) gegründet[2]. Der BDA ist heute eine Spitzenorganisation von 46 Fachspitzenverbänden und 11 überfachlichen Landesverbänden. Nicht zur BDA gehören die Tarifgemeinschaft Deutscher Länder, die Vereinigung der Kommunalen Arbeitgeberverbände und die Arbeitgeberverbände der Eisen- und Stahlindustrie. Der BDA arbeitet mit dem Bundesverband der Deutschen Industrie zusammen, dessen Aufgaben auf wirtschaftlichem Gebiet liegen.

30

Arbeitgeberverbände sind in der Regel ebenfalls **nach Industriebereichen organisiert.** Meist sind sie überdies regional zu einem Fachverband zusammengeschlossen und gehören auf Landesebene einem überfachlichen Landesverband sowie auf Bundesebene einer fachlichen Spitzenorganisation (zB Gesamtmetall) an. Die Arbeitgeberverbände sind in der Regel **rechtsfähige Vereine** (§ 21 BGB). **Organe** der einzelnen Arbeitgeberverbände sind die Verbandsversammlung und

31

---

1 Vgl. im einzelnen MünchArbR/*Löwisch*, § 241 Rz. 22 f.
2 Zur Entstehung vgl. *Erdmann,* Die Deutschen Arbeitgeberverbände im sozialgeschichtlichen Wandel der Zeit, S. 227 ff.

der Vorstand, dem ein oder mehrere Geschäftsführer beigegeben sind, die die laufenden Geschäfte des Verbandes führen und ihn vertreten.

c) Aufgaben der Koalitionen

32 Die Koalitionen vertreten in erster Linie die **Interessen ihrer Mitglieder,** nehmen aber auch **öffentliche Ordnungsaufgaben** wahr. Zur Erfüllung ihrer Aufgaben wurden ihnen bestimmte Zuständigkeiten eingeräumt. Sie sind tariffähig (§ 2 Abs. 1 TVG). Durch den Abschluß von Tarifverträgen werden die sozialen Gegenspieler zu Sozialpartnern. Vor den Arbeitsgerichten sind sie stets aktiv und passiv parteifähig (§ 10 ArbGG) und dürfen ihre Mitglieder vor den Arbeitsgerichten vertreten (§ 11 Abs. 1 ArbGG). Sie können rechtmäßige Arbeitskämpfe auslösen (für weitere Aufgaben vgl. Rz. 8 f.).

4. Arbeitskampfrecht

33 Nach dem Grundsatz der Vertragsfreiheit müßten die Tarifvertragsparteien vom Abschluß eines neuen Tarifvertrages absehen, wenn sie sich nicht über den Inhalt einigen können. Da jedoch die Arbeitsbedingungen, insbesondere die Höhe der jeweiligen Arbeitsvergütung, einer Regelung bedürfen, ist ein Ausgleich der widerstreitenden Interessen (**Schlichtung**) oder der Einsatz eines Zwangsmittels (**Arbeitskampf**) erforderlich. Kommt es nicht zu einer Einigung über den Abschluß eines Tarifvertrages, so drohen Arbeitskämpfe.

a) Schlichtung

34 Um einer Verhärtung der Fronten vorzubeugen, wird häufig ein Schlichtungsverfahren durchgeführt, in dem die Gegensätze ausgeglichen und der Arbeitsfrieden erhalten werden soll. Unter **Schlichtung** versteht man Hilfeleistung beim Abschluß eines Kollektivvertrages. **Beteiligte** können daher nur Personen sein, die auch Partner eines Kollektivvertrages sein können.

35 Aufgrund der Tarifautonomie können die Tarifpartner vereinbaren, daß von ihnen geschaffene **Schlichtungsstellen** Hilfe bei Regelungsstreitigkeiten leisten. Eine solche Vereinbarung kann in jedem Tarifvertrag getroffen werden. Üblich sind in der Regel jedoch besondere **Schlichtungsabkommen.** Eine Schlichtungsvereinbarung untersagt Arbeitskampfmaßnahmen vor Abschluß des Schlichtungsverfahrens. Vor Durchführung des Schlichtungsverfahrens sind Arbeitskampfmaßnahmen unzulässig, da der Arbeitskampf nur die ultima ratio sein soll. Durch die Schiedsabrede besteht eine erweiterte Friedenspflicht. **Organisation und Verfahren** sind im Schlichtungsabkommen festgelegt. Das Verfahren kann auf Antrag einer oder beider Parteien ausgelöst werden; neuerdings ist auch eine automatische Öffnung vorgesehen, wenn die Tarifverhandlungen gescheitert sind[1]. Den Vorsitz der Schlichtungsstelle hat meist eine neutrale Person, während die Beisitzer von den Tarifpartnern gestellt werden. Ein **Einigungsvorschlag** der Schlichtungsstelle ist grundsätzlich für die Parteien

---

1 BAG v. 20. 12. 1963, AP Nr. 34 zu Art. 9 GG – Arbeitskampf.

unverbindlich, nehmen die Parteien den Vorschlag an, so hat dieser die Wirkung eines Tarifvertrages. Erforderlich ist allerdings, daß der Vorschlag alle formellen und materiellen Voraussetzungen eines Tarifvertrages erfüllt. Schweigen gilt grundsätzlich als Ablehnung. Vereinbart werden kann auch (zB im Schlichtungsabkommen), daß der Vorschlag der Schlichtungsstelle bindend sein soll. Kommt die Schlichtungsstelle nicht zu einem Einigungsvorschlag oder nehmen die Parteien den Vorschlag nicht an, so endet das Schlichtungsverfahren und mit ihm die Friedenspflicht.

Nunmehr ist der Weg für den Arbeitskampf frei, wenn nicht das staatliche Schlichtungsverfahren folgen soll. Die **staatliche Schlichtung** ist subsidiär, das heißt die Parteien können sie nur in Anspruch nehmen, wenn sie keine andere Schlichtung vereinbart haben oder wenn die vereinbarte Schlichtung gescheitert ist[1]. Auch der Vorschlag des staatlichen Schlichtungsausschusses bindet die Parteien nicht.

> **Hinweis:**
> Schiedssprüche und Verbindlichkeitserklärungen im Rahmen der staatlichen Schlichtung können als Verwaltungsakte vor den Verwaltungsgerichten angefochten werden. Die Arbeitsgerichte bleiben jedoch zuständig für Streitigkeiten aus der Gesamtvereinbarung.

Beispiele:

Schlichtungs- und Schiedsvereinbarungen finden sich zB in der Metallindustrie (vom 1. 1. 1980)[2], in der Ernährungsindustrie (vom 11. 7. 1955)[3], im öffentlichen Dienst (vom 6. 12. 1976 in der Fassung vom 1. 10. 1990) sowie in der Chemischen Industrie (vom 28. 10. 1981)[4]. Zu nennen sind weiterhin die Schlichtungsregelung mit der IG Chemie-Papier-Keramik vom 28. 10. 1981 in der Fassung vom 1. 3. 1985 und die Schieds- und Schlichtungsordnung in der am 2. 11. 1988 zwischen dem Bundesverband Druck und der IG Druck und Papier vereinbarten Fassung[5].

b) Arbeitskampfmaßnahmen

Arbeitskämpfe stehen in unmittelbarem Zusammenhang zur Tarifautonomie der Koalitionen. Sie dienen der Gewährleistung des Zustandekommens und der inhaltlichen Ausgewogenheit von Tarifverträgen. Eine **gesetzliche Regelung** des Arbeitskampfrechts fehlt. Daher wurden die Grundsätze für die Zulässigkeit von Arbeitskämpfen von den Arbeitsgerichten aus den jeweiligen Streitfra-

---

1 Die staatliche Schlichtung beruht auf dem KontrollratsG Nr. 35 von 1946, hierzu sind teilweise landesrechtliche Ausführungsbestimmungen erlassen worden; zu den Einzelheiten vgl. *Schaub*, § 196.
2 Vgl. RdA 1980, 163, dazu *Kirchner*, RdA 1980, 163.
3 Vgl. RdA 1955, 384.
4 Vgl. RdA 1982, 119.
5 Abgedruckt in *Löwisch/Rumler,* Anhang 3 bis 7.

gen entwickelt. Der Begriff des Arbeitskampfes findet sich jedoch in einigen Bundesgesetzen (zB Art. 9 Abs. 3 GG, § 2 Abs. 1 Nr. 2 ArbGG, § 74 Abs. 2 BetrVG, § 66 Abs. 2 BPersVG, §§ 36 Abs. 3, 146 SGB III, § 11 AÜG). Der Streik wird darüber hinaus in einigen Landesverfassungen erwähnt (zB Art. 18 Abs. 3 Verf. von Berlin, Art. 51 Abs. 3 LVerf. Bremen, Art. 29 Abs. 4 LVerf. Hessen, Art. 66 LVerf. für Rheinland-Pfalz). Auch in der Europäischen Sozialcharta (ESC) wird der Arbeitskampf grundsätzlich anerkannt (Art. 6 Nr. 4 ESC)[1].

40 **Parteien des Arbeitskampfes** können Arbeitgeber oder Arbeitnehmer, aber auch tariffähige Vereinigungen von Arbeitgebern und Arbeitnehmern (vgl. § 2 TVG) sein. Ob **Auszubildende** sich an Arbeitskampfmaßnahmen beteiligen dürfen, ist umstritten. Soweit über die Ausbildungsvergütung verhandelt wird, wird die Teilnahme an kurzen zeitlich befristeten Warnstreiks jedoch als zulässig erachtet[2]. Der **Staat** ist im Arbeitskampf zur **Neutralität** verpflichtet, sofern es sich nicht um einen Notstand handelt.

41 Auf seiten des Arbeitsgebers kommt als **Arbeitskampfmittel** die **Aussperrung** in Betracht. Seitens der Arbeitnehmer kommen als Arbeitskampfmaßnahmen der **Streik** als planmäßige, gemeinsame Arbeitsniederlegung mehrerer Arbeitnehmer mit bestimmtem Kampfziel in Betracht sowie der **Boykott** als planmäßige Aussperrung des Arbeitgebers vom geschäftlichen Verkehr (zB Aufruf an Stellenbewerber, sich nicht bei einem bestimmten Arbeitgeber zu bewerben, um den Streikerfolg nicht durch Neueinstellung zu gefährden)[3]. Streik und Aussperrung sollen die bestehenden Arbeitsverhältnisse zum Ruhen bringen (**Suspendierung der Arbeitsverhältnisse**), der Boykott soll den Abschluß von Arbeitsverträgen verhindern oder die Auflösung von Arbeitsverträgen erreichen. Der **Streik** kann durch Arbeitseinstellung, durch den sog. Bummelstreik (Nicht- oder Schlechterfüllung der Arbeitspflicht) und durch übergenaue Befolgung von Ordnungs- oder Sicherheitsbestimmungen, die den Betrieb zum Erliegen bringen, geführt werden.

42 Aus praktischen Bedürfnissen haben sich verschiedene zulässige **Arbeitskampfmaßnahmen mit unterschiedlichem Umfang** herausgebildet. Wenn alle Arbeitgeber eines Wirtschaftszweiges von den organisierten Arbeitnehmern bestreikt werden oder wenn alle Arbeitnehmer eines Betriebes die Arbeit niederlegen, spricht man von einem **Vollstreik.** Dagegen handelt es sich um einen **Teil- oder Schwerpunktstreik,** wenn nur bestimmte betriebliche Abteilungen oder einzelne Zuliefer- oder Abnehmerbetriebe eines Wirtschaftszweiges bestreikt werden. Beim **Generalstreik** legen sämtliche Arbeitnehmer die Arbeit nieder. Auf Arbeitgeberseite handelt es sich entsprechend um **General-, Voll-, Teil- und Schwerpunktaussperrungen.**

---

1 Gesetz zur Europäischen Sozialcharta vom 19. 9. 1964, BGBl. II, 1261.
2 BAG v. 12. 9. 1994, AP Nr. 81 zu Art. 9 GG – Arbeitskampf; *Wohlgemuth,* BB 1983, 1103; aA *Natzel,* DB 1983, 1488.
3 Vgl. zum Boykott *Brox/Rüthers,* Rz. 64 ff.; *Binkert,* AuR 1979, 234; *Birk,* AuR 1974, 289; *Coester,* RdA 1976, 282; *Löwisch,* RdA 1977, 356.

I. Koalitionsrecht

Der Arbeitskampf ist von **anderen Rechtsinstituten abzugrenzen.** Der Arbeitskampf hat nicht zum Ziel, Rechtsansprüche durchzusetzen; Ziel ist es vielmehr, Regelungen zu treffen. Die Parteien können jedoch zur Durchsetzung anderer Ziele (zB Verlangen rückständigen Lohns, Arbeitsverweigerung wegen unzumutbarer gefährlicher Arbeit oder wegen fehlender Schutzvorrichtungen) durch gemeinsame und planmäßige Ausübung individueller Gestaltungsrechte Druck auf die Gegenseite ausüben. Hier sind zB zu nennen die **kollektive Massenkündigung** durch Arbeitgeber oder Arbeitnehmer sowie die **kollektive Ausübung eines Zurückbehaltungsrechts** nach den §§ 273, 320 BGB bei einem arbeitsvertraglich bestehenden Rechtsanspruch[1] (vgl. Rz. 46). Die Massenkündigung auf Arbeitnehmerseite wird als Arbeitskampf angesehen[2]. Die Kündigungen durch den Arbeitgeber werden dagegen als echte Kündigungen aufgefaßt[3]. 43

c) Rechtmäßigkeit des Streiks

Der Arbeitskampf muß von einer **tariffähigen Partei** gegen eine andere tariffähige Partei geführt werden[4]. Ein Streik muß von einer Gewerkschaft organisiert werden. Hierzu haben die Gewerkschaften Richtlinien zur Führung von Arbeitskämpfen beschlossen. Danach ist zunächst ein **Beschluß der Gewerkschaft** zur Einleitung des Streiks erforderlich. Es folgt eine **Urabstimmung der Gewerkschaftsmitglieder** und die **Genehmigung des Streikbeschlusses** durch das zuständige gewerkschaftliche Organ. Erst wenn die Gewerkschaft den **Streikbefehl** an ihre Mitglieder weitergibt, erfolgt die Arbeitsniederlegung. Nicht gewerkschaftlich geführte Streiks (sog. **wilde Streiks**) sind rechtswidrig[5]. Sie stellen einen Eingriff in den eingerichteten und ausgeübten Gewerbebetrieb dar. Übernimmt eine Gewerkschaft nachträglich einen „wilden Streik", so wird dieser rückwirkend rechtmäßig[6]. Dies gilt aber nur, soweit der übernommene Streik dann als gewerkschaftlicher unter den sonstigen Voraussetzungen rechtmäßig ist. Die bloße Unterstützung eines wilden Streiks stellt keine Übernahme dar. **Kampfmaßnahmen von ad-hoc-Koalitionen** sind ebenfalls rechtswidrig, da solche Vereinigungen keine Gewähr dafür bieten, daß die von ihnen abgeschlossenen Tarifverträge auch eingehalten und durchgeführt werden. 44

Neben der Tariffähigkeit müssen die Vereinigungen von Arbeitgebern und Arbeitnehmern auch **tarifzuständig** sein. Darunter versteht man die Eigenschaft eines Verbandes, Tarifverträge mit einem bestimmten Geltungsbereich abschließen zu können. Der Geltungsbereich kann nach branchenmäßigen, 45

---

1 Vgl. *Brox/Rüthers*, Rz. 77.
2 BAG v. 28. 4. 1966, AP Nr. 37 zu Art. 9 GG – Arbeitskampf.
3 BAG v. 28. 4. 1966, AP Nr. 37 zu Art. 9 GG – Arbeitskampf; BAG v. 3. 9. 1968, AP Nr. 39 zu Art. 9 GG – Arbeitskampf.
4 BAG v. 20. 12. 1963, AP Nr. 32 zu Art. 9 GG – Arbeitskampf; BAG v. 21. 10. 1969, AP Nr. 41 zu Art. 9 GG – Arbeitskampf; BAG v. 14. 2. 1978, AP Nr. 58 zu Art. 9 GG – Arbeitskampf.
5 BAG v. 14. 12. 1978, AP Nr. 58 zu Art. 9 GG – Arbeitskampf; BAG v. 20. 12. 1963, AP Nr. 32 zu Art. 9 GG – Arbeitskampf; BAG v. 21. 10. 1969, AP Nr. 41 zu Art. 9 GG – Arbeitskampf.
6 BAG v. 20. 12. 1963, AP Nr. 32 zu Art. 9 GG – Arbeitskampf.

räumlichen, persönlichen oder fachlichen Kriterien festgelegt sein[1]. Die Tarifparteien bestimmen ihre Zuständigkeit im Rahmen ihrer Satzungsautonomie selbst. Arbeitskämpfe, die von einer nicht tarifzuständigen Organisation geführt werden, sind rechtswidrig (vgl. zur Tarifzuständigkeit im übrigen Rz. 94 f.).

46 Das **Kampfziel** muß durch Tarifvertrag regelbar sein[2]. Ein Arbeitskampf darf nur zur **Erzwingung eines Tarifvertrages** geführt werden. Tariflich regelbare Ziele sind die Arbeits- und Wirtschaftsbedingungen nach Art. 9 Abs. 3 GG, insbesondere der Inhalt, der Abschluß und die Beendigung von Arbeitsverhältnissen oder die Regelung betriebsverfassungsrechtlicher Fragen (§ 1 TVG). Regelungsmaterie kann auch die schuldrechtliche Seite des Tarifvertrages sein (zB der räumliche Geltungsbereich). Für **tariflich unzulässige Vereinbarungen** wie Differenzierungsklauseln[3] (Klauseln, aufgrund derer zwischen organisierten und nicht organisierten Mitgliedern unterschieden wird) darf nicht gestreikt werden. Auch die Erreichung **politischer Ziele** darf nicht Gegenstand eines Streiks sein[4]. Arbeitskämpfe im **öffentlichen Dienst** sind rechtswidrig, soweit sie gegen das Beamtenrecht verstoßen. Die Treuepflicht des Beamten schließt den Streik aus[5]. **Arbeitsbedingungen** werden durch Gesetz und nicht durch Tarifvertrag geregelt. Ein Streik zur Durchsetzung von arbeitsvertraglichen Rechtsansprüchen ist ebenfalls rechtswidrig, denn zur Durchsetzung bestehender Rechte sind die Gerichte da. Zur Durchsetzung des Rechtsanspruchs ist eine gemeinschaftliche Ausübung des Zurückbehaltungsrechts nach §§ 273, 320 BGB denkbar (vgl. Rz. 43). **Betriebliche, betriebsverfassungsrechtliche oder personalverfassungsrechtliche Maßnahmen** können nicht durch Streik erzwungen werden[6]. Betriebsrat und Arbeitgeber bzw. Personalrat und Dienstherr haben alles zu unterlassen, was die Arbeit und den Frieden des Betriebs bzw. der Dienststelle gefährden könnte. Sie dürfen keine Arbeitskampfmaßnahmen durchführen (§§ 74 Abs. 2 BetrVG, 66 Abs. 2 BPersVG). Allerdings dürfen sich Personalrats- und Betriebsratsmitglieder wie andere Arbeitnehmer am Arbeitskampf beteiligen. Insbesondere dürfen sie den Streik aktiv vorbereiten, organisieren und leiten. Sie müssen jedoch dabei jede Bezugnahme und jeden Hinweis auf ihre Amtsstellung unterlassen (§§ 74 BetrVG, 66 Abs. 2 BPersVG)[7].

47 Rechtswidrig sind auch sog. **Demonstrationsstreiks,** bei denen die Arbeitnehmer auf aktuelle Probleme hinweisen wollen (zB politisch unerwünschte Maßnahmen, Fehlverhalten des Arbeitgebers). Es fehlt hierbei am tarifvertraglich

---

1 BAG v. 17. 2. 1970, AP Nr. 3 zu § 2 TVG – Tarifzuständigkeit.
2 BAG v. 26. 10. 1971, AP Nr. 44 zu Art. 9 GG – Arbeitskampf; BAG v. 21. 3. 1978, AP Nr. 62 zu Art. 9 GG – Arbeitskampf; BAG v. 10. 6. 1980, AP Nr. 65 zu Art. 9 GG – Arbeitskampf.
3 BAG v. 29. 11. 1967, NJW 1968, 1903.
4 Vgl. *Krichel*, NZA 1987, 297; *Reuß*, AuR 1966, 264; *Däubler*, ZfA 1973, 201 ff.
5 Der Einsatz von Beamten auf bestreikten Arbeitsplätzen ist grds. anerkannt, vgl. BAG v. 10. 9. 1985, AP Nr. 86 zu Art. 9 GG – Arbeitskampf; BVerfG v. 7. 11. 1994, NVwZ 1995, 680.
6 BAG v. 17. 12. 1976, AP Nr. 52 zu Art. 9 GG – Arbeitskampf; *Wiese*, NZA 1984, 378.
7 LAG Düsseldorf v. 5. 7. 1994, AuR 1994, 425.

I. Koalitionsrecht

regelbaren Kampfziel[1]. Im übrigen sind derartige Streiks nicht mit dem ultima-ratio-Prinzip vereinbar (vgl. Rz. 49). **Sympathie- oder Solidaritätsstreiks** werden zur Unterstützung eines anderen Arbeitskampfes, des Hauptarbeitskampfes, geführt. Die streikenden Arbeitnehmer werden vom Geltungsbereich des im Hauptstreik umkämpften Tarifvertrages nicht erfaßt. Ein solcher Streik ist in der Regel rechtswidrig, da Ziel des Streiks nicht der Abschluß eines Tarifvertrages ist. Allenfalls in Ausnahmefällen kann ein solcher Streik zulässig sein. So ließe dieser sich rechtfertigen, wenn der von der Kampfmaßnahme betroffene Arbeitgeber zuvor seine „Neutralität" im Hauptarbeitskampf verletzt hätte, etwa durch Übernahme der Produktion des anderen Tarifgebietes[2]. Bei Verknüpfung rechtmäßiger und rechtswidriger Ziele ist der ganze Streik rechtswidrig[3].

> **Hinweis:** 48
> Die Gewerkschaft, die zu einem Sympathiestreik aufruft, macht sich **schadenersatzpflichtig**. Anspruchsgrundlage bei Verletzung der Friedenspflicht ist die positive Forderungsverletzung des Tarifvertrages. Zusätzlich kann ein Anspruch aus unerlaubter Handlung gemäß § 823 Abs. 1 BGB wegen Eingriffs in den eingerichteten und ausgeübten Gewerbebetrieb in Betracht kommen[4] (vgl. im übrigen Rz. 70 f.).

Der Arbeitskampf darf nicht gegen die **tarifvertragliche Friedenspflicht** verstoßen. Funktionswidrig sind Arbeitskämpfe, die gegen bestehende Tarifverträge, gegen den Grundsatz des Betriebsfriedens oder gegen die Friedenspflicht während des Schlichtungsverfahrens verstoßen (vgl. Rz. 34 ff.). Der Streik muß nach Ausschöpfung aller zumutbaren Verhandlungsmöglichkeiten das letzte Mittel sein (ultima-ratio-Prinzip). Dieser Grundsatz ist eine besondere Form der Verhältnismäßigkeit. So sind zB **Warnstreiks** erst nach Ablauf der Friedenspflicht zulässig, das heißt nach Ausschöpfung aller Verhandlungsmöglichkeiten. Wann das der Fall ist, bestimmen die Tarifvertragsparteien selbst. Wird eine Arbeitskampfmaßnahme eingeleitet, so gelten die Verhandlungen als gescheitert. Ob tatsächlich keine Einigungsmöglichkeit mehr besteht, ist unerheblich. Sofern nach einem Warnstreik ein neuer Verhandlungstermin anberaumt wird, macht dies den Warnstreik nicht rückwirkend unzulässig. Sofern der Tarifvertrag oder das Schlichtungsabkommen jedoch eine förmliche Erklärung des Scheiterns der Verhandlungen verlangt, ist eine solche Erklärung auch notwendig[5]. 49

Zu beachten ist das **Prinzip der fairen Kampfführung.** Hierunter fällt insbesondere das Prinzip der **Verhältnismäßigkeit.** Die eingesetzten Mittel müssen dem Kampfziel entsprechen, auf die Gegenseite ist Rücksicht zu nehmen. Die wirt- 50

---
1 BAG v. 7. 6. 1988, NZA 1988, 883.
2 BAG v. 5. 3. 1985, DB 1985, 1695; *Leinemann/Lipke*, DB 1988, 1220.
3 BAG v. 4. 5. 1955, AP Nr. 2 zu Art. 9 GG – Arbeitskampf.
4 LAG Hamm v. 6. 11. 1992, DB 1993, 1679; BAG v. 5. 3. 1985, AP Nr. 85 zu Art. 9 GG – Arbeitskampf.
5 BAG v. 21. 6. 1988, AP Nr. 108 zu Art. 9 GG – Arbeitskampf = NZA 1988, 846.

schaftliche Vernichtung des Gegners darf nicht Ziel der Maßnahme sein. Das Mittel der Gewalt oder die Verbreitung wahrheitswidriger Behauptungen ist unzulässig. Dies gilt auch für sonstige strafbare Handlungen. **Streikposten** haben sich auf friedliche Mittel der Meinungsbildung zu beschränken. Betriebsblockaden jedweder Art sind rechtswidrig (zB Versperren der Personal- und Kundeneingänge, Behinderung des Zutritts arbeitswilliger Arbeitnehmer, das Blockieren von Zu- und Ausfahrten) und stellen einen Eingriff in den eingerichteten und ausgeübten Gewerbebetrieb dar, der einen Schadenersatz- und Unterlassungsanspruch auslöst (vgl. Rz. 70 f.).

51 Ein rechtmäßiger Streik bedarf darüber hinaus einer **Erklärung der Gewerkschaft**, mit der sie zum Streik aufruft oder einen „wilden" Streik übernimmt[1]. Dies gilt auch für den Warnstreik, da dieser nach neuester Rechtsprechung des BAG nicht mehr privilegiert ist gegenüber dem Erzwingungsstreik[2]. Sofern die Gewerkschaft Flugblätter im Betrieb verteilt, in denen sie zum Streik aufruft, ist im Regelfall schon hieraus zu schließen, daß der Streik sich auf den betreffenden Betrieb bezieht[3].

52 Wird gegen einen dieser Grundsätze verstoßen, so ist der Arbeitskampf rechtswidrig. Eine Ausnahme ist nur dann anzunehmen, wenn ein Arbeitskampf zur Abwehr eines rechtswidrigen Angriffs geführt wird. Allerdings ist auch dann die faire Kampfführung zu beachten (zB wenn einem wilden Streik die Aussperrung erklärt wird).

d) Rechtmäßigkeit der Aussperrung

53 Für die **Rechtmäßigkeit der Aussperrung** gilt das für den Streik Ausgeführte entsprechend, da sie das Arbeitskampfmittel der Gegenseite ist. Allerdings kann die Aussperrung durch den Arbeitgeber allein durchgeführt werden (**Einzelaussperrung im Gegensatz zur Verbandsaussperrung**), da der einzelne Arbeitgeber tariffähig ist (§ 2 Abs. 1 TVG). Die Aussperrung bedarf einer eindeutigen **Erklärung des Arbeitgebers.** Hieran fehlt es, wenn bei Schließung des Betriebs unklar bleibt, ob der Arbeitgeber lediglich auf streikbedingte Betriebsstörungen reagieren oder selbst eine Kampfmaßnahme ergreifen will. Einer bestimmten Form bedarf die Erklärung jedoch nicht, sie kann auch konkludent erfolgen, muß jedoch eindeutig sein[4].

54 Es ist zwischen **Angriffs- und Abwehraussperrung** zu unterscheiden. Die **Angriffsaussperrung** leitet einen Arbeitskampf ein, die Abwehraussperrung stellt dagegen eine Reaktion auf den Streik der Arbeitnehmer dar. Beide Arten der Aussperrung sind zulässig, da sie Bestandteil der Tarifautonomie sind[5]. Die Angriffsaussperrung hat jedoch wenig praktische Bedeutung.

---

1 BAG v. 31. 10. 1995, NJW 1996, 1844; BAG v. 31. 5. 1988, NZA 1988, 886.
2 BAG v. 21. 6. 1988, AP Nr. 108 zu Art. 9 GG – Arbeitskampf = NZA 1988, 846.
3 BAG v. 31. 10. 1995, NJW 1996, 1844.
4 BAG v. 27. 6. 1995, NJW 1996, 1428.
5 BVerfG v. 26. 6. 1991, NZA 1991, 809; BAG (GS) v. 21. 4. 1971, AP Nr. 43 zu Art. 9 GG – Arbeitskampf.

I. Koalitionsrecht

In der Regel kommt es aus ökonomischen Gründen lediglich zu **Abwehraussperrungen**. Eine solche braucht sich nicht an die Friedenspflicht zu halten, weil diese bereits durch die Kampfmaßnahme der Arbeitnehmer verletzt wird, so daß Notwehr zulässig ist. Die Abwehraussperrung braucht auch kein tariflich regelbares Ziel zu verfolgen, wenn sie rechtswidrige Arbeitskämpfe abwehrt. Die Abwehr wilder Streiks ist zulässig, da der rechtswidrig angegriffene Arbeitgeber nicht schlechter gestellt werden soll[1]. Nach Aufgabe der Privilegierung des Warnstreiks[2] ist davon auszugehen, daß auch kurzfristige Streiks ein Erzwingungsstreik sind und daher mit Abwehrmaßnahmen des Arbeitgebers beantwortet werden können[3]. Möglich ist auch die **Einschlagung des Rechtsweges;** so kann der Arbeitgeber eine Unterlassungsklage einlegen. Dies kann auch im Wege der einstweiligen Verfügung geschehen. Denkbar ist auch eine **individualrechtliche Abwehr** (fristlose Kündigung).

55

Besonderheiten ergeben sich bei der Abwehraussperrung im übrigen bei der Anwendung der **Verhältnismäßigkeit**[4]. Das **selektive Aussperren von Gewerkschaftsmitgliedern ist unzulässig,** da hierdurch gegen die positive Koalitionsfreiheit verstoßen wird[5]. Die Abwehraussperrung kann grundsätzlich gegen alle Arbeitnehmer gerichtet werden[6]. Allerdings ist die **Begrenzung der Aussperrung** auf bestimmte Arbeitnehmergruppen unter sachbezogenen Gesichtspunkten möglich (zB streikende Arbeiter)[7]. Die Aussperrung ist auf das umkämpfte Tarifgebiet zu beschränken. Dies gilt auch für die Kampfmaßnahmen der Gewerkschaften. Bei der Abwehraussperrung ist das **Übermaßverbot** zu beachten. Es ist der Umfang des Angriffsstreiks zugrundezulegen. Je enger der Streik innerhalb des Tarifgebietes begrenzt ist, desto stärker ist das Bedürfnis der Arbeitgeberseite, den Arbeitskampf durch Aussperrung auf weitere Betriebe auszudehnen. Grund hierfür ist, daß die Gewerkschaften mit Einsatz geringer Mittel (wenig Streikgeldern) einen großen Druck ausüben können (zB Bestreiken von Zuliefererfirmen legt die verarbeitenden Unternehmen lahm). Ein unbefristeter Aussperrungsbeschluß auf alle Arbeitnehmer eines Tarifgebietes als Reaktion auf einen eng begrenzten Teilstreik ist in der Regel unverhältnismäßig[8]. Als verhältnismäßig gilt, wenn der Arbeitgeber auf einen Streikbeschluß, der weniger als 25% der Arbeitnehmer erfaßt, seinerseits mit einem Aussperrungsbeschluß reagiert, der nicht mehr als weitere 25% der Arbeitnehmer erfaßt.

56

---

1 BAG (GS) v. 21. 4. 1971, AP Nr. 43 zu Art. 9 GG.
2 BAG v. 21. 6. 1988, AP Nr. 108 zu Art. 9 GG – Arbeitskampf = NZA 1988, 846.
3 BAG v. 27. 6. 1995, NJW 1996, 1428; BAG v. 11. 8. 1992, AP Nr. 124 zu Art. 9 GG – Arbeitskampf = NZA 1993.
4 BVerfG v. 26. 6. 1991, DB 1991, 1678; BAG v. 11. 8. 1992, NZA 1993, 39; *Ehrich*, DB 1993, 1237; *Löwisch/Rieble*, DB 1993, 882.
5 BAG v. 10. 6. 1980, AP Nr. 66 zu Art. 9 GG – Arbeitskampf.
6 BAG v. 7. 6. 1988, NZA 1988, 890, 892.
7 BAG v. 14. 10. 1960, AP Nr. 10 zu Art. 9 GG – Arbeitskampf.
8 BAG v. 10. 6. 1980, AP Nr. 64 zu Art. 9 GG – Arbeitskampf.

e) Rechtsfolgen rechtmäßiger Arbeitskämpfe

57 Bei Teilnahme an einem rechtmäßigen Arbeitskampf werden die Pflichten der Beteiligten aus dem Arbeitsvertrag **suspendiert**. Dies gilt jedoch nur für die Hauptpflichten (Arbeitsleistung, Lohnzahlung)[1]. Die Arbeitsniederlegung gibt dem Arbeitgeber auch kein Recht, seinerseits zu kündigen.

58 Am rechtmäßigen Streik dürfen sich auch Arbeitnehmer beteiligen, die nicht Mitglieder der betreffenden Gewerkschaft sind. Allerdings erhalten nur die Gewerkschaftsmitglieder statt des entfallenden Lohns die satzungsmäßig vorgesehene **Streikunterstützung** durch die Gewerkschaft. Diese unterliegt der Einkommenssteuerpflicht (§ 24 Nr. 1a EStG). Für die Arbeitgeber bestehen **Unterstützungsfonds** der Arbeitgeberverbände. Unmittelbar am Arbeitskampf beteiligte Arbeitnehmer dürfen aus Gründen der Neutralitätspflicht des Staates keine Leistungen aus der **Arbeitslosenversicherung** erhalten (§ 146 Abs. 1 SGB III). Wegen der Leistungen an mittelbar vom Streik betroffene Arbeitnehmer in nicht umkämpften Gebieten vgl. § 146 Abs. 3 SGB III[2]. Der Arbeitgeber ist nicht gehalten, den bestreikten **Betrieb oder Betriebsteil** aufrecht zu erhalten, sondern kann ihn **stillegen mit der Folge, daß auch Arbeitswillige den Vergütungsanspruch verlieren**[3].

59 Der Arbeitnehmer behält seinen Lohnfortzahlungsanspruch, wenn ihm vor Beginn des Streiks **Urlaub** gewährt worden ist, er währenddessen erkrankt und dem Arbeitgeber, dessen Betrieb weiterhin bestreikt wird, nach Ende des Urlaubs Arbeitsunfähigkeitsbescheinigungen einreicht[4]. Ist allerdings der Betrieb insgesamt oder der Betriebsteil, in dem der arbeitsunfähige Arbeitnehmer beschäftigt ist, aufgrund des Arbeitskampfes zum Erliegen gekommen, so besteht für die Dauer des Arbeitskampfes kein Lohn- und Gehaltsanspruch. Der Streik hat keinen Einfluß auf die Wartezeit für die Entstehung des Urlaubsanspruchs und auf die Urlaubsdauer[5]. Umstritten ist die Rechtslage hinsichtlich des Urlaubsentgeltes[6]. **Erkrankt** ein Arbeitnehmer während des Streiks, so hat er keinen Anspruch auf Vergütungszahlung im Krankheitsfalle, sofern er sich am Streik beteiligt hatte. War er jedoch bereits zu Beginn des Streiks erkrankt, ist darauf abzustellen, ob er bei Nichterkrankung am Arbeitskampf teilgenommen hätte[7]. Beteiligt sich eine **schwangere Arbeitnehmerin** am Streik, so verliert auch sie ihren Anspruch auf Lohn bzw. Mutterschutzlohn nach § 11 MuSchG. Auch in eine Aussperrung kann sie miteinbezogen werden[8]. Sie verliert auch

---

1 BAG (GS) v. 21. 4. 1971, AP Nr. 43 zu Art. 9 GG – Arbeitskampf.
2 § 116 Abs. 3 AFG (jetzt § 146 Abs. 3 SGB III) ist mit dem Grundgesetz vereinbar. Vgl. BVerfG v. 4. 7. 1995, NJW 1996, 185.
3 BAG v. 22. 3. 1994, AP Nr. 130 zu Art. 9 GG – Arbeitskampf = NZA 1994, 1097; BAG v. 11. 7. 1995, NJW 1996, 1227 und 1229.
4 BAG v. 1. 10. 1991, NZA 1992, 163.
5 BAG v. 15. 6. 1964, AP Nr. 35 und 36 zu Art. 9 GG – Arbeitskampf.
6 BAG v. 27. 7. 1956, AP Nr. 12 zu § 611 BGB – Urlaubsrecht.
7 BAG v. 17. 12. 1964, AP Nr. 39 zu § 1 – ArbKrankhG; LAG Berlin v. 12. 12. 1990, BB 1991, 1492; LAG Hamburg v. 27. 10. 1994, AuR 1995, 376; *Brill*, DB 1972, 532.
8 BAG v. 22. 10. 1986, NZA 1987, 494.

I. Koalitionsrecht

ihren Anspruch auf den Arbeitgeberzuschuß zum Mutterschaftsgeld nach § 14 MuSchG, da der Zuschuß wie Arbeitsentgelt zu behandeln ist. Der Arbeitnehmer hat keinen Anspruch auf **Feiertagsbezahlung,** wenn die Gewerkschaft einen unbefristeten Streik ausgerufen hat und diesen nur für den Feiertag aussetzt[1]. Nach Beendigung des Arbeitskampfes leben die Pflichten aus dem Arbeitsverhältnis wieder auf.

> **Hinweis:**
> Der Arbeitgeber trägt die Darlegungs- und Beweislast für diejenigen Tatsachen, aus denen sich ergibt, daß die Arbeitsunfähigkeit nicht die einzige Ursache für das Nicht-Erbringen der Arbeitsleistung ist.

60

Der **Notdienst** bildet einen arbeitskampfrechtlichen Sondertatbestand. Er dient nicht dazu, Arbeitswilligen eine Beschäftigungsmöglichkeit zu verschaffen[2]. Die Notwendigkeit von Notstands- und Erhaltungsarbeiten wird allgemein anerkannt[3]. Eine gesetzliche Regelung fehlt; eine Vereinbarung über die Einrichtung und den Umfang von Notstandsarbeiten ist daher wünschenswert und unstreitig zulässig. Die Frage, wer die zum Notdienst heranzuziehenden Arbeitnehmer auswählt, ist nicht abschließend entschieden[4].

61

> **Hinweis:**
> Die Tarifvertragsparteien sind verpflichtet, sich auf Gespräche über Notstands- und Erhaltungsarbeiten einzulassen. Verweigert die Gewerkschaft dies, so kann der **Arbeitgeberverband** im Wege der **einstweiligen Verfügung** den Anspruch durchsetzen. Allerdings sind die Personen, die den Notdienst verrichten sollen, sowie der erforderliche Zeitaufwand konkret zu bezeichnen. Umgekehrt kann die **Gewerkschaft** die Unterlassung von einseitig vom Arbeitgeber angeordneten Maßnahmen im Wege der einstweiligen Verfügung verlangen.

62

Das **Rentenversicherungsverhältnis** wird für die Zeit des Arbeitskampfes nicht unterbrochen. Sofern das Arbeitsverhältnis nicht aus anderem Grunde beendet wird, ruht es bis zur Beendigung des Arbeitskampfes[5]. Da der Arbeitnehmer kein Arbeitsentgelt erhält, werden jedoch gemäß § 1227 Abs. 1 Nr. 1 RVO für den Zeitraum des Arbeitskampfes keine Versicherungsbeiträge geleistet. Der Arbeitgeber braucht auch keine Beiträge zur **Arbeitslosenversicherung** zu zahlen.

63

---

1 BAG v. 11. 7. 1995, NJW 1996, 1229; BAG v. 1. 3. 1995, NZA 1995, 996.
2 BAG v. 31. 1. 1995, NZA 1995, 958.
3 BAG v. 14. 12. 1993, AP Nr. 129 zu Art. 9 GG = NZA 1994, 331; BAG v. 31. 1. 1995, NJW 1995, 2869.
4 Zum Meinungsstand vgl. BAG v. 30. 3. 1982, AP Nr. 74 zu Art. 9 GG – Arbeitskampf; vgl. auch BAG 31. 1. 1995, NJW 1995, 2869.
5 BSG (GS) v. 11. 12. 1973, AP Nr. 48 zu Art. 9 GG – Arbeitskampf.

64 Die **gesetzliche Unfallversicherung** besteht auch in der Zeit des Streiks bzw. der Aussperrung; § 539 Abs. 1 Nr. 1 RVO stellt allein auf den Bestand des Arbeitsverhältnisses ab. Für Unfälle im Rahmen von Streikmaßnahmen greift die Unfallversicherung jedoch nicht, da hier kein Arbeitsunfall im Sinne von § 540 RVO vorliegt.

65 Während einer Arbeitskampfmaßnahme (rechtswidrig oder rechtmäßig) besteht die **Krankenversicherung** längstens für einen Monat fort (§ 192 Abs. 1 Nr. 1 SGB V). Bei rechtmäßigem Arbeitskampf bleibt das Versicherungsverhältnis bis zum Ende der Kampfmaßnahme bestehen. Im Fall der Rechtswidrigkeit der Kampfmaßnahme endet es mangels Entgeltfortzahlung mit Ablauf von einem Monat nach Beginn der Kampfmaßnahme[1]. Soweit der Arbeitgeber kein Arbeitsentgelt zu zahlen hat, ist er für die Dauer des Arbeitskampfes nicht verpflichtet, die Arbeitgeberanteile zu entrichten (§ 257 SGB V). Der Arbeitnehmer kann sich jedoch nach Ablauf von drei Wochen gemäß § 313 RVO freiwillig versichern, wobei er den vollen Beitrag allein zu tragen hat (§ 381 Abs. 3 RVO).

66 Sofern die Voraussetzungen für die Gewährung der **Sozialhilfe** vorliegen, hat der Arbeitnehmer hierauf einen Anspruch (§ 11 BSHG). Hierin ist kein Verstoß gegen die Neutralitätspflicht des Staates zu sehen.

67 Der Bezug von **Arbeitslosengeld** ist in § 146 SGB III geregelt (vgl. Rz. 58). Ob die Voraussetzungen für die Gewährung von Arbeitslosengeld vorliegen, entscheidet ein Neutralitätsausschuß (§ 393 SGB III). Die Fachspitzenverbände der am Arbeitskampf beteiligten Tarifvertragsparteien können durch Klage beim Bundessozialgericht die Aufhebung der Entscheidung des Ausschusses und eine andere Feststellung begehren (§ 146 Abs. 6 SGB III). Dies ist auch im Wege der einstweiligen Anordnung möglich.

f) Rechtsfolgen rechtswidriger Arbeitskämpfe[2]

68 Rechtswidrige **Streiks** führen nicht zur Suspendierung der Hauptleistungspflichten, da sie Verletzungen des Arbeitsvertrages sind. Sofern der einzelne Arbeitnehmer die Rechtswidrigkeit erkennen konnte, ist der Arbeitgeber nach § 626 BGB zur **außerordentlichen Kündigung** berechtigt. Voraussetzung der Wirksamkeit ist jedoch, daß der Arbeitgeber die Arbeitnehmer vergeblich wiederholt aufgefordert hat, die Arbeit wieder aufzunehmen[3]. Möglich ist auch die **selektive Kündigung** einzelner streikender Arbeitnehmer, der Arbeitgeber braucht nicht allen rechtswidrig Streikenden die Kündigung auszusprechen. Der Grundsatz der Gleichbehandlung wird hierdurch nicht verletzt[4]. Vorsorglich sollte der Arbeitgeber hilfsweise eine **ordentliche Kündigung** wegen Verletzung der Arbeitsvertragspflichten aussprechen. Eine Anhörung des Betriebsrates (§ 102 BetrVG) ist entbehrlich, da die Kündigung arbeitskampfbedingt er-

---

1 BSG v. 15. 12. 1971, AP Nr. 46 zu Art. 9 GG – Arbeitskampf.
2 *Walker*, ZfA 1995, 185.
3 BAG v. 21. 10. 1969, AP Nr. 41 zu Art. 9 GG – Arbeitskampf.
4 BAG v. 21. 10. 1969, AP Nr. 41 zu Art. 9 GG – Arbeitskampf.

I. Koalitionsrecht

folgt. Sowohl vor der ordentlichen als auch vor der außerordentlichen Kündigung ist dem Arbeitnehmer eine Abmahnung auszusprechen. Vor der Kündigung ist jedoch zu prüfen, ob der geltende Tarifvertrag nicht Maßregelungsverbote enthält.

Der Arbeitgeber kann die **Arbeitsleistung durch Leistungsklage** geltend machen. Möglich ist in diesem Zusammenhang auch eine **einstweilige Verfügung** (§§ 935, 940 ZPO)[1]. Gleichzeitig sollte nach § 61 Abs. 2 Satz 1 ArbGG beantragt werden, den Arbeitnehmer zur Zahlung einer **angemessenen Entschädigung** für den Fall zu verurteilen, daß er die Arbeit nicht binnen einer bestimmten Frist wieder aufnimmt. Gegen diejenigen Arbeitnehmer, die einen rechtswidrigen Streik organisieren, steht dem Arbeitgeber ein **Unterlassungsanspruch** zu. Die Vollstreckung erfolgt dann nach § 890 ZPO. 69

Die **rechtswidrig streikenden Arbeitnehmer** sind dem Arbeitgeber zum **Schadenersatz** verpflichtet. Das kollektive Verhalten führt zur Haftung als Gesamtschuldner[2]. Die Geltungmachung eines solchen Anspruchs ist in der Praxis jedoch schwer umsetzbar. Haftungsgrund sind der Arbeitsvertrag (Anspruch nach § 325 BGB) und der deliktische Schadenersatzanspruch gem. §§ 823 ff. BGB wegen Verletzung des eingerichteten und ausgeübten Gewerbebetriebs sowie wegen Verletzung eines Schutzgesetzes bei Straftaten (zB §§ 123, 240, 303, 223 StGB). **Verschulden** des Arbeitnehmers wird angenommen, wenn dieser erkennen konnte, daß der Streik rechtswidrig ist. Dabei trifft den Arbeitnehmer auch in gewissem Umfang eine Informationspflicht über die Rechtmäßigkeit seines Handelns[3]. Den Arbeitgeber trifft ein **Mitverschulden** (§ 254 BGB), wenn er nicht auf die Rechtswidrigkeit der Kampfmaßnahme hinweist oder seiner Schadensminderungspflicht nicht nachkommt. Der Arbeitgeber kann im übrigen nicht verpflichtet sein, gegen rechtswidrige Maßnahmen der Streikposten vorzugehen, da dies unter Umständen eine spätere Einigung mit der Gewerkschaft erschwert[4]. Als **Schaden** kann der geschädigte Arbeitgeber geltend machen, daß er in der ausgefallenen Arbeitszeit Produkte hätte herstellen können, die er kostendeckend auf dem Markt hätte veräußern können. Der Schaden besteht in diesem Fall in Höhe der entgangenen Einnahmen. Nach § 252 Satz 2 BGB gilt der Gewinn als entgangen, der bei gewöhnlichem Verlauf mit Wahrscheinlichkeit hätte erwartet werden können. Der bloße Produktionsausfall stellt noch keinen Schaden dar[5]. Bei **spontanen Arbeitskämpfen** haftet der einzelne Arbeitnehmer aufgrund Arbeitsvertrag und nach § 823 Abs. 1 BGB wegen Eingriffs in den eingerichteten und ausgeübten Gewerbebetrieb. Die Gewerkschaft haftet nur dann, wenn sie ihrer tarifvertraglichen Einwirkungspflicht auf die Arbeitnehmer nicht nachkommt. Eine weitere Haftung der 70

---

1 Vgl. *Dütz*, BB 1980, 533.
2 BAG v. 20. 12. 1963, AP Nr. 32 zu Art. 9 GG – Arbeitskampf.
3 Vgl. im einzelnen BAG v. 20. 12. 1963, AP Nr. 32 zu Art. 9 GG – Arbeitskampf; BAG v. 29. 11. 1983, AP Nr. 78 zu § 626 BGB.
4 BAG v. 11. 7. 1995, NJW 1996, 1229; BAG v. 11. 7. 1995, NZA 1996, 214.
5 BAG v. 5. 3. 1985, AP Nr. 85 zu Art. 9 GG – Arbeitskampf.

Gewerkschaft scheitert daran, daß der einzelne Arbeitnehmer nicht ihr Erfüllungsgehilfe ist.

71 Bei rechtswidrigen Arbeitskämpfen kann darüber hinaus eine **Schadenersatzpflicht den Verband, dessen Funktionäre sowie den einzelnen Arbeitgeber** treffen. Haftungsgrund sind die bestehenden vertraglichen Beziehungen (positive Forderungsverletzung) sowie die unerlaubte Handlung (§§ 823 ff. BGB). Eine unzulässige Aussperrung stellt einen Eingriff in das als Teil des allgemeinen Persönlichkeitsrechts nach § 823 BGB geschützte Betätigungsrecht des Arbeitnehmers dar und verpflichtet den aussperrenden Arbeitgeber und ggf. seine Koalition zum **Schadenersatz** und nach § 1004 BGB zur Unterlassung. Rechtsfähige Vereine haben schädigendes Verhalten ihrer Organe unmittelbar zu vertreten, für das Verhalten ihrer satzungsgemäßen Vertreter haften sie nach § 31 BGB. Für die in der Regel nicht rechtsfähigen Gewerkschaften gilt dies entsprechend. Auf rechtswidrig handelnde Mitglieder haben die Organe einzuwirken (Einwirkungspflicht)[1]. Für Streikposten haftet der Verband nach § 831 BGB. Darüber hinaus kommt eine Haftung der Funktionäre in Betracht.

II. Tarifrecht

1. Bedeutung und Rechtsnatur des Tarifvertrages

a) Bedeutung

72 Der Tarifvertrag ist ein **schriftlicher Vertrag** (§ 1 Abs. 2 TVG) zwischen dem einzelnen Arbeitgeber bzw. einem Arbeitgeberverband und den Gewerkschaften. Er regelt deren Rechte und Pflichten (schuldrechtlicher Teil, vgl. Rz. 150 ff.) und legt Rechtsnormen für die von ihm erfaßten Arbeitsverhältnisse fest (normativer Teil, vgl. Rz. 160 ff.).

73 Dem Tarifvertrag kommen vier Funktionen zu. Er erfüllt zum einen eine **Schutzfunktion** zugunsten der Arbeitnehmer. Die Gewerkschaften können ihre kollektive Macht mit zwingender Wirkung auf die einzelnen Arbeitsverhältnisse einsetzen und so das auf der Ebene des Einzelarbeitsvertrages vorhandene Machtungleichgewicht zwischen Arbeitgeber und Arbeitnehmer aufheben. Dementsprechend schaffen die Tarifverträge vor allem Mindestarbeitsbedingungen. Der Schutzfunktion dient auch, daß die Tarifnormen nicht zum Nachteil der Arbeitnehmer abdingbar sein dürfen und eine unmittelbare und zwingende Wirkung für die Arbeitsverhältnisse entfalten (§ 4 TVG; vgl. Rz. 163. Dem Tarifvertrag kommt eine **Verteilfunktion** zu. Die Arbeitnehmer sollen am Sozialprodukt des Unternehmens beteiligt werden. Durch die Differenzierung in Lohn- und Gehaltsgruppen bestimmt der Tarifvertrag darüber hinaus die Einkommensverteilung der Arbeitnehmer untereinander. Der Tarifvertrag hat eine **Friedensfunktion,** die der Vermeidung von Arbeitskämpfen dient (vgl. zur Friedenspflicht Rz. 153 ff.). Die **Ordnungsfunktion** des Tarifvertrages schafft

---

1 BAG v. 8. 11. 1988, AP Nr. 111 zu Art. 9 GG = NZA 1989, 475.

eine Typisierung der Arbeitsverträge und die Vereinheitlichung der Arbeitsbedingungen. Von der Ordnungsfunktion strikt zu trennen ist die Frage nach dem Ordnungsprinzip als Kollisionsregel zwischen Tarifverträgen einerseits und Betriebsvereinbarungen andererseits (vgl. zum Ordnungsprinzip Rz. 185).

Der Tarifvertrag wird im **Tarifvertragsgesetz** (TVG) geregelt. Dieses wird durch die **Durchführungsverordnung** (DVO)[1] ergänzt, die ihre Ermächtigungsgrundlage in § 11 TVG findet. In der DVO werden das Tarifregister, das Tarifarchiv sowie das Verfahren bei Allgemeinverbindlichkeitserklärungen einschließlich des Tarifausschusses geregelt. 74

b) Rechtsnatur

Der **Tarifvertrag besitzt eine Doppelnatur** (vgl. § 1 Abs. 1 TVG). In seinem obligatorischen Teil legt er die gegenseitigen Rechte und Pflichten der Tarifvertragsparteien fest, während der normative Teil wie ein Gesetz unmittelbar auf die zwischen Arbeitgebern und Arbeitnehmern bestehenden Einzelarbeitsverhältnisse einwirkt, er ist Gesetz im materiellen Sinne[2] (zur Definition obligatorischer und normativer Bestimmungen vgl. Rz. 120). Aus dieser Doppelnatur des Tarifvertrages ergeben sich **Konsequenzen** nicht nur für den obligatorischen und normativen Teil an sich, sondern auch für den Abschluß des Tarifvertrags. Der Tarifvertrag ist zwar seinem Wesen nach ein *„normaler"* zivilrechtlicher *Vertrag*, der durch Angebot und Annahme zustande kommt und grundsätzlich an den allgemeinen Bestimmungen des BGB zu messen ist, Ausnahmen gelten jedoch dann, wenn der spezifische Charakter des Tarifvertrages eine Anwendung der allgemeinen Normen verbietet. So scheiden zB die §§ 116 ff., 139, 142 und 305 BGB für den Tarifvertrag aus[3]. Auch finden die Grundsätze über Wegfall und Änderung der Geschäftsgrundlage nur eingeschränkt Anwendung. Grund hierfür ist, daß die tarifgebundenen Arbeitnehmer und Arbeitgeber in der Regel nicht nachvollziehen können, was Geschäftsgrundlage der Tarifvertragsparteien war[4]. Bei Abschluß des Tarifvertrages sind die Parteien an die Beachtung der **Grundrechte** gebunden (Art. 1 Abs. 3 GG). Allerdings kann nach Art. 100 GG jedes Arbeitsgericht den Tarifvertrag auf seine Verfassungsmäßigkeit hin überprüfen, ohne eine Entscheidung des BVerfG abzuwarten[5]. 75

c) Auslegung

aa) Auslegung normativer Bestimmungen

Für die **Auslegung der Tarifvertragsnormen** ist zwischen obligatorischen und normativen Bestimmungen zu unterscheiden, da der Tarifvertrag vom Regelungsverfahren her Vertrag und von der Wirkung her Rechtsnorm ist. Die **normativen Bestimmungen** haben Gesetzeswirkung und sind daher dem 76

---
1 Zuletzt geändert am 16. 1. 1989, BGBl. I, 76 ff.
2 BAG v. 15. 1. 1955, AP Nr. 4 zu Art. 3 GG; BAG v. 23. 3. 1957, AP Nr. 16 zu Art. 3 GG.
3 *Wiedemann/Stumpf*, § 1 Rz. 10.
4 BAG v. 12. 9. 1984, AP Nr. 135 zu § 1 TVG – Auslegung.
5 BAG v. 23. 3. 1957, AP Nr. 18 zu Art. 3 GG; *Herschel*, RdA 1985, 65.

Grundsatz nach wie Gesetze auszulegen[1]. Eine ausschließlich am subjektiven Willen der Tarifvertragsparteien orientierte Auslegung wäre fehlerhaft. Der gewollte Inhalt einer Tarifnorm muß vielmehr auch im Wortlaut einen für Dritte erkennbaren Ausdruck gefunden haben[2]. Andererseits verbietet sich auch, Tarifvertragsnormen ausschließlich wie Gesetze auszulegen, da die Tarifparteien lediglich die Interessen ihrer Mitglieder berücksichtigen und nicht – wie der Gesetzgeber – das Gemeinwohl im Auge haben. Da Tarifverträge jedoch Gesetzesrecht darstellen, müssen sich die Gerichte bei der Auslegung eigenen Vorstellungen enthalten (Verbot der Tarifzensur).

77 Nach den **Auslegungsgrundsätzen** des BAG[3] ist für die Auslegung zunächst der **Wortlaut** des Tarifvertrages maßgebend, wobei nicht vom buchstäblichen Sinn des Wortes, sondern vom **allgemeinen Sprachgebrauch**[4] auszugehen ist. Der allgemeine Sprachgebrauch wird dort verdrängt, wo die Tarifvertragsparteien **eigene Definitionen** vorgesehen haben oder **Rechtsbegriffe** verwenden. Im letzteren Fall ist davon auszugehen, daß der Rechtsbegriff in seiner rechtlichen Bedeutung Anwendung finden soll (zB Kündigung aus „wichtigem Grund"[5]). Sofern der Inhalt der Tarifnorm objektiv feststeht, kommt es auf den Willen der Tarifvertragsparteien nicht mehr an[6]. In vielen Fällen ist der Wortlaut des Tarifvertrages aber mehrdeutig. Hier kommt es dann auf den **tariflichen Gesamtzusammenhang** (Systematik der Tarifvertragsnormen) an. Häufig kann nur aus dem Kontext der wirkliche Wille der Parteien erfaßt werden[7]. Zudem können die im Tarifvertrag geregelte Vielzahl der Arbeitsbedingungen nicht im Widerspruch zueinander stehen[8]. Sofern Wortlaut und Bedeutungszusammenhang eine Auslegung nur begrenzt zulassen, sind die **tarifliche Zwecksetzung, die Tarifgeschichte, frühere Auslegungen und die tarifliche Übung** ergänzend zur Auslegung heranzuziehen[9]. Die Prüfungsreihenfolge ist für die Gerichte nicht bindend.

78 **Auslegungsmittel** können zB Protokollnotizen der Tarifvertragsparteien sein. Entsprechen die Protokollnotizen jedoch den Anforderungen des TVG und sind sie echter Bestandteil des Tarifvertrages, so ergeben sich Ansprüche direkt aus den Protokollen, da sie dann den Rang von Tarifverträgen besitzen. Erfüllen sie dagegen nicht die tarifvertraglichen Voraussetzungen, zB bei fehlenden Unterschriften der Tarifvertragsparteien, können sie als Auslegungshilfe herangezo-

---

1 BAG v. 12. 9. 1984, AP Nr. 135 zu § 1 TVG – Auslegung; BAG v. 13. 6. 1973, AP Nr. 123 zu § 1 TVG – Auslegung.
2 BAG v. 30. 9. 1971, AP Nr. 121 zu § 1 TVG – Auslegung; BAG v. 31. 10. 1990, AP Nr. 11 zu § 1 TVG – Tarifverträge: Presse.
3 BAG v. 12. 9. 1984, AP Nr. 135 zu § 1 TVG – Auslegung; BAG v. 23. 2. 1994, AP Nr. 151 zu § 1 TVG – Auslegung.
4 BAG v. 28. 9. 1988, AP Nr. 22 zu § 1 TVG – Tarifverträge; BAG v. Druckindustrie.
5 BAG v. 29. 8. 1991, AP Nr. 58 zu § 102 BetrVG 1972.
6 BAG v. 30. 9. 1971, AP Nr. 121 zu § 1 TVG – Auslegung.
7 BAG v. 26. 4. 1966, AP Nr. 117 zu § 1 TVG – Auslegung; BAG v. 12. 9. 1984, AP Nr. 135 zu § 1 TVG – Auslegung.
8 BAG v. 13. 11. 1985, AP Nr. 4 zu § 1 TVG – Tarifverträge: Textilindustrie.
9 BAG v. 23. 10. 1985, AP Nr. 33 zu § 1 TVG – Tarifverträge: Metallindustrie.

gen werden. Auslegungsmittel sind darüber hinaus Verhandlungsprotokolle, Tarifgespräche und Protokolle von Tarifkommissionen, es sei denn, daß diese nicht bereits Inhalt des Tarifvertrages geworden sind.

Tarifverträge sind **verfassungs- und gesetzeskonform** auszulegen[1]. Sofern die Auslegung ergibt, daß eine Tarifnorm gegen zwingendes Recht verstößt, ist sie gemäß § 134 BGB unwirksam. Anwendung finden dann die Grundsätze der **Teilnichtigkeit** von Gesetzen[2]. 79

Umstritten ist die Frage, ob die Gerichte befugt sind, eine Rechtsfortbildung vorzunehmen, sofern eine **Regelungslücke** im Tarifvertrag besteht. Liegt eine **bewußte Regelungslücke** vor, wurde also ein regelungsbedürftiger Punkt bewußt nicht geregelt oder war eine Einigung nicht möglich, ist eine Rechtsfortbildung unzulässig[3]. Die Rechtsfortbildung würde in diesem Fall in unzulässiger Weise in die Tarifautonomie eingreifen. Liegt dagegen eine **unbewußte Regelungslücke** vor, zB weil eine regelungsbedürftige Frage erst nach Abschluß des Vertrages entstanden ist oder die Tarifvertragsparteien eine Frage nicht bedacht haben, so ist eine Rechtsfortbildung erforderlich, um dem Rechtsstaatsprinzip Genüge zu tun[4]. Ein Verstoß gegen die Tarifautonomie liegt in diesem Fall nicht vor. 80

> **Hinweis:**
> Das **Schließen von Regelungslücken** hat nach Treu und Glauben zu erfolgen, also unter Zugrundelegung der Frage, wie die Tarifvertragsparteien bei objektiver Betrachtung der wirtschaftlichen und sozialen Zusammenhänge im Zeitpunkt des Vertragsschlusses die entsprechenden Punkte voraussichtlich geregelt hätten.

81

bb) Auslegung schuldrechtlicher Bestimmungen

Für die **Auslegung des schuldrechtlichen Teils** des Tarifvertrages gilt weitgehend das gleiche wie für die Auslegung des normativen Teils[5]. Allerdings ist hierbei zu berücksichtigen, daß der schuldrechtliche Teil dem Vertragsrecht angehört. Daher finden bei der Auslegung die **Auslegungsgrundsätze der §§ 133, 157 BGB** Anwendung. Darüber hinaus gelten für den schuldrechtlichen Teil wie bei jedem schuldrechtlichen Vertrag die **Grundsätze der ergänzenden Vertragsauslegung**. Sie kommen zB bei Vorliegen einer Regelungslücke in Betracht[6]. Das Gericht ist befugt, Lücken im Regelungswerk zu ergänzen. Eine ergänzende Vertragsauslegung kommt jedoch dann nicht in Betracht, wenn sie mit dem tatsächlichen Willen einer Tarifvertragspartei in Widerspruch steht. 82

---

1 BAG v. 12. 9. 1984, AP Nr. 135 zu § 1 TVG – Auslegung.
2 *Wiedemann/Stumpf*, § 1 Rz. 110.
3 BAG v. 23. 9. 1981, AP Nr. 19 zu § 611 BGB – Lehrer und Dozenten; BAG v. 24. 2. 1988, AP Nr. 2 zu § 1 TVG – Tarifverträge: Schuhindustrie; BAG v. 26. 5. 1993, AP Nr. 29 zu § 1 TVG – Tarifverträge: Druckindustrie.
4 BAG v. 24. 2. 1988, AP Nr. 2 zu § 1 TVG – Tarifverträge: Schuhindustrie.
5 *Wiedemann/Stumpf*, § 1 Rz. 391 ff.
6 BAG v. 8. 11. 1972, AP Nr. 3 zu § 157 BGB.

83 **Hinweis:**

Die für die Auslegung maßgeblichen Umstände hat das **Gericht** nach seinem **pflichtgemäßem Ermessen** selbst zu bestimmen (§ 46 Abs. 2 ArbGG i. V. m. § 293 ZPO). Hierzu kann das Gericht Auskünfte von den Tarifvertragsparteien einholen sowie Zeugen der Tarifverhandlungen hören[1]. Die Einholung eines Rechtsgutachtens bei den Tarifvertragsparteien ist dem Gericht nicht gestattet[2]. Allerdings kann sich das Gericht grundsätzlich die nötige Sachkenntnis über andere Gutachten nach § 293 ZPO verschaffen.

84 **Hinweis:**

Nach § 9 TVG können Tarifvertragsparteien im Wege der **Feststellungsklage** (§ 256 ZPO) über die Auslegung einer Tarifnorm streiten[3]. Anhängige Individualprozesse stehen der Zulässigkeit nicht entgegen. In letzteren ist jedoch zu prüfen, ob nicht eine Aussetzung gemäß § 148 ZPO bis zur rechtskräftigen Entscheidung der Verbandsklage zu erfolgen hat. Die Auslegung des normativen Teils ist vom **Revisionsgericht** frei nachprüfbar (vgl. § 73 ArbGG). Die Auslegung des schuldrechtlichen Teils kann das Revisionsgericht nur wie einen schuldrechtlichen Vertrag überprüfen. Rechtskräftige Entscheidungen des Arbeitsgerichts sind für die Gerichte und Schiedsgerichte bindend[4] (zur tariflichen Normenkontrolle vgl. im übrigen Rz. 149).

2. Abschluß, Beginn und Ende eines Tarifvertrages

a) Abschluß

85 Der Tarifvertrag ist seinem Wesen nach ein „normaler" zivilrechtlicher Vertrag, der durch Angebot und Annahme zustande kommt und grundsätzlich an den allgemeinen Bestimmungen des BGB zu messen ist (§§ 145 ff. BGB). Allerdings bedarf der wirksame Abschluß darüber hinaus besonderer aus seiner spezifischen Eigenart resultierender Voraussetzungen. **Zuständig für den Abschluß des Tarifvertrages** ist beim Verbandstarifvertrag das zur Vertretung befugte Organ. Das ist nach § 26 BGB der Vorstand, der Sondervertreter nach § 30 BGB oder der Bevollmächtigte nach §§ 164 ff. BGB. Eine Schriftform ist für die Erteilung der **Vertretungsmacht** entbehrlich. Sofern keine Vertretungsmacht besteht, ist der Tarifvertrag schwebend unwirksam mit der Folge, daß er nachträglich genehmigt werden kann (§ 177 Abs. 1 BGB). Eine inhaltliche Beschränkung der Vertretungsmacht ist grundsätzlich möglich. Jedoch muß sich bei Organen die Beschränkung aus der Satzung des Verbandes ergeben. Das Konzernunternehmen kann die angeschlossenen Unternehmen vertreten. Eine Partei des Tarifvertrages kann sich auch aus mehreren selbständigen Tarifver-

---

[1] BAG v. 25. 8. 1982, AP Nr. 55 zu § 616 BGB.
[2] BAG v. 16. 10. 1985, AP Nr. 108 zu §§ 22, 23 BAT 1975.
[3] BAG v. 6. 7. 1972, AP Nr. 1 zu § 8 TVG.
[4] LAG Düsseldorf v. 7. 12. 1973, EzA Nr. 1 zu § 9 TVG.

II. Tarifrecht

bänden zusammensetzen, zB eine Firma und ein Arbeitgeberverband, mehrere Gewerkschaften, mehrere Arbeitgeberverbände. In diesem Fall entstehen dann **mehrgliedrige Tarifverträge**. Diese können eine geschlossene Einheit oder aber auch voneinander unabhängige Tarifverträge sein.

Die Frage, ob ein **Verhandlungsanspruch** der Tarifvertragsparteien besteht, ist umstritten, wird jedoch von der Rechtsprechung verneint[1]. Sofern die Parteien in einem Tarifvertrag vereinbart haben, über bestimmte Punkte nachzuverhandeln, erlischt diese Nachverhandlungspflicht mit Ablauf des Tarifvertrages[2]. Unterlagen die Tarifvertragsparteien einem **Einigungsmangel,** so sind weder die §§ 154, 155 BGB anwendbar noch die Falsa-demonstratio-Regel. Es ist mit der Rechtssicherheit nicht vereinbar, wenn die Normunterworfenen dem verborgen gebliebenen oder hypothetischen Willen der Tarifvertragsparteien unterworfen würden. 86

aa) Tariffähigkeit

Die vertragschließenden Parteien müssen tariffähig sein. Tarifvertragsparteien können Gewerkschaften, Arbeitgebervereinigungen und einzelne Arbeitgeber sein (§ 2 Abs. 1 TVG). Dementsprechend unterscheidet man zwischen Verbandstarifen und Firmentarifen (Haus- und Werktarife). Für die **Tariffähigkeit von Gewerkschaften und Arbeitgeberverbänden** sind bestimmte Kriterien zu beachten[3] (vgl. hierzu im einzelnen Rz. 2 ff.). Unter den Voraussetzungen des § 2 Abs. 2 und 3 TVG können auch die Zusammenschlüsse von Gewerkschaften und Arbeitgeberverbänden (sog. Spitzenorganisationen) tariffähig sein. 87

> **Hinweis:**
> Sofern eine **nicht tariffähige Organisation** einen Tarifvertrag abschließt, ist dieser unwirksam. Eine nachträgliche Heilung dieses Mangels ist nicht möglich[4].

88

Der **einzelne Arbeitgeber** ist unabhängig von seiner wirtschaftlichen Stärke oder der bei ihm beschäftigten Mitarbeiterzahl nach § 2 Abs. 1 TVG tariffähig. Arbeitgeber ist jede natürliche oder juristische Person, die Arbeitnehmer beschäftigt[5]. Bei Personengesellschaften (GbR, OHG, KG) gilt jedoch, daß diese aufgrund ihrer mangelnden Rechtsfähigkeit nicht selbst tariffähig sind. Hier gelten die Gesellschafter in ihrer gesamthänderischen Verbundenheit als Arbeitgeber. Der **Konzern,** das heißt ein Zusammenschluß mehrerer Unternehmen unter der Leitung eines herrschenden Unternehmens (§ 18 AktG), ist für sich nicht tariffähig. Grund hierfür ist, daß die Arbeitsverträge jeweils nur mit dem jeweiligen 89

---

1 BAG v. 14. 2. 1989, AP Nr. 52 zu Art. 9 GG; BAG v. 14. 7. 1981, AP Nr. 1 zu § 1 TVG – Verhandlungspflicht; BAG v. 19. 6. 1984, AP Nr. 3 zu § 1 TVG – Verhandlungspflicht.
2 BAG v. 14. 2. 1989, DB 1989, 1832.
3 BVerfG v. 18. 11. 1954, AP Nr. 1 zu Art. 9 GG; BVerfG v. 20. 10. 1981, AP Nr. 31 zu § 2 TVG; BVerfG v. 19. 10. 1966, AP Nr. 24 zu § 2 TVG.
4 *Wiedemann/Stumpf,* § 2 Rz. 9.
5 BVerfG v. 18. 12. 1985, DB 1986, 486.

Einzelunternehmen abgeschlossen wurden. Durch entsprechende Bevollmächtigung des herrschenden Unternehmens kann dieses jedoch für die Konzernunternehmen Tarifverträge für die eigenen Arbeitnehmer abschließen[1]. Bei den Tarifverträgen zwischen einzelnem Arbeitgeber und Gewerkschaft spricht man von **Firmen- oder Werktarifvertrag.** Sofern ein Konzern in Vollmacht für die angeschlossenen Unternehmen Tarifverträge abschließt, entstehen mehrere Firmentarifverträge. Möglich ist auch, daß ein Arbeitgeberverband einen Tarifvertrag abschließt, der ausschließlich für ein einzelnes Unternehmen gilt. In diesem Fall spricht man von einem **firmenbezogenen Verbandstarifvertrag**[2]

90 **Hinweis:**
Der **Verbandsbeitritt** eines einzelnen Arbeitgebers berührt dessen Tariffähigkeit nicht. Der Abschluß eines Firmentarifvertrags bleibt grundsätzlich möglich[3]. Allerdings muß die Friedenspflicht eines bestehenden Verbandstarifvertrags gewahrt bleiben, was die Gewerkschaften daran hindert, den Abschluß eines Firmentarifvertrages zu verlangen; auch der Versuch der Gewerkschaft, einen Arbeitgeber zum Austritt aus dem Verband zu zwingen, ist wegen Verstoß gegen Art. 9 Abs. 3 GG unzulässig[4] (vgl. auch Rz. 14).

91 Zusammenschlüsse von Gewerkschaften und Arbeitgeberverbänden, sog. **Spitzenorganisationen,** sind tariffähig. Möglich ist der Abschluß von Tarifverträgen im eigenen Namen, sofern dies in der Satzung vorgesehen ist (§ 2 Abs. 3 TVG), oder auch der Abschluß von Tarifverträgen **in Vollmacht** des der Spitzenorganisation angeschlossenen Verbandes (§ 2 Abs. 2 TVG). Im letzteren Fall treffen die schuldrechtlichen Wirkungen die einzelnen Verbände. Allerdings haftet die Spitzenorganisation neben den ihr angeschlossenen Verbänden für die Erfüllung der gegenseitigen Verpflichtungen (§ 2 Abs. 4 TVG). Für die Bevollmächtigung gelten die Vorschriften über die Stellvertretung, §§ 164 ff. BGB. Wurde ein Tarifvertrag **im eigenen Namen** abgeschlossen, so hat dies zur Folge, daß nur die Spitzenorganisation als Vertragspartner über diesen Vertrag verfügungsberechtigt ist, ihn also kündigen, aufheben oder verändern kann.

92 **Hinweis:**
Eine **Haftung** der angeschlossenen Verbände scheidet dann aus, wenn der Tarifabschluß ihren Interessen zuwiderläuft. Wie beim einzelnen einem Verband angeschlossenen Arbeitgeber gilt auch hier, daß der einzelne Verband tariffähig bleibt, also selbst Tarifverträge abschließen darf[5]. Entstehen dadurch konkurrierende Tarifverträge, so finden die Grundsätze der Tarifkonkurrenz Anwendung (vgl. zur Tarifkonkurrenz im einzelnen Rz. 263 ff.).

---

1 BAG v. 24. 11. 1993, AP Nr. 39 zu § 1 TVG – Tarifverträge: Einzelhandel.
2 *Buchner*, DB 1970, 2025.
3 *Krichel*, NZA 1986, 731.
4 *Boldt*, RdA 1971, 257; *Hensche*, RdA 1971, 9; *Buchner*, DB 1970, 2025, 2074.
5 BAG v. 22. 2. 1957, AP Nr. 2 zu 2 TVG.

II. Tarifrecht

Der Gesetzgeber hat auch den **Handwerksinnungen und den Innungsverbänden** als Körperschaften des öffentlichen Rechts die Tariffähigkeit auf Arbeitgeberseite verliehen (§§ 54 Abs. 3 Nr. 1, 82 Nr. 3, 85 Abs. 2 i. V. m. § 82 Nr. 3 HandwO). 93

bb) Tarifzuständigkeit

Die Tarifzuständigkeit ist wie die Tariffähigkeit Voraussetzung für den Tarifvertrag. Weichen die Tarifzuständigkeiten der Tarifvertragsparteien voneinander ab, so kann der Tarifvertrag nur in dem Bereich der gemeinsamen Tarifzuständigkeit gelten[1]. Tarifverträge können nur im Rahmen der **räumlichen und sachlichen Zuständigkeit** der Tarifvertragsparteien wirksam vereinbart werden. Diese richtet sich nach der satzungsmäßigen Ermächtigung der jeweiligen Tarifvertragspartei durch ihre Mitglieder. Sie ist meist regional und branchenspezifisch begrenzt[2]. Aufgrund der **Satzungsautonomie** bestimmen die Koalitionen ihre Zuständigkeit selbst. Diese gehört zum Kernbereich der Koalitionsfreiheit (Art. 9 Abs. 3 GG). Die Gewerkschaften des DGB sind nach dem **Industrieverbandsprinzip** organisiert (vgl. Rz. 24). Dies hilft Überschneidungen der Tarifzuständigkeiten zu vermeiden. Sollten dennoch verschiedene angeschlossene Gewerkschaften aufgrund ihrer Satzung eine Tarifzuständigkeit für gleiche Bereiche vorsehen, so sehen §§ 15, 16 der DGB-Satzung ein Schiedsgerichtsverfahren zur Klärung der Zuständigkeit vor. Die Entscheidung bindet auch den sozialen Gegenspieler[3]. Insoweit gilt der übergeordnete Grundsatz der DGB-Satzung: **Ein Betrieb, eine Gewerkschaft**. Eine Doppelzuständigkeit von DGB-Gewerkschaften ist nicht möglich. Solange das zur verbindlichen Klärung einer Zuständigkeitsüberschneidung vorgesehene **Schiedsverfahren nach § 16 DGB-Satzung** nicht durchgeführt ist, bleibt es zunächst bei der Alleinzuständigkeit derjenigen Gewerkschaft, die vor Entstehen der Konkurrenzsituation als zuständig angesehen worden war, so daß sich alle Beteiligten (Verbände, Arbeitgeber und Arbeitnehmer) darauf einstellen können[4]. Sind mehrere Gewerkschaften für einen Betrieb zuständig, so ist für die Frage, welcher Tarifvertrag nunmehr zur Anwendung kommen soll, darauf abzustellen, welcher Tarifvertrag den Erfordernissen und Eigenarten des betreffenden Betriebs und den darin tätigen Arbeitnehmern am besten gerecht wird (Grundsätze der Tarifkonkurrenz, vgl. Rz. 263 ff.). Ein Tarifvertrag, der von einer **unzuständigen Tarifvertragspartei** abgeschlossen wurde, ist unwirksam[5]. Fallen Tariffähigkeit oder Tarifzuständigkeit nach Abschluß des Tarifvertrages weg, so wird der Tarifvertrag ebenfalls unwirksam, wenn nicht eine andere Tarifvertragspartei an die Stelle tritt. 94

---

1 *Wiedemann/Stumpf*, § 2 Rz. 27.
2 BAG v. 19. 12. 1958, AP Nr. 3 zu § 2 TVG.
3 BAG v. 17. 2. 1970, AP Nr. 3 zu § 2 TVG – Tarifzuständigkeit.
4 BAG v. 12. 11. 1996, EzA Nr. 6 zu § 2 TVG – Tarifzuständigkeit.
5 BAG v. 27. 11. 1964, AP Nr. 1 zu § 2 TVG – Tarifzuständigkeit.

> **Hinweis:**
> Die **Tarifzuständigkeit und Tariffähigkeit** kann durch die Arbeitsgerichte im **Beschlußverfahren** nach § 2a Abs. 1 Nr. 4 ArbGG geklärt werden. Nach § 97 Abs. 1 ArbGG wird das Verfahren auf Antrag einer räumlich und sachlich zuständigen Vereinigung von Arbeitnehmern oder Arbeitgebern oder der obersten Arbeitsbehörde des Bundes oder des Landes, auf dessen Gebiet sich die Tätigkeit der Vereinigung erstreckt, eingeleitet. § 97 Abs. 5 ArbGG bestimmt, daß, sofern ein **anderer Rechtsstreit anhängig** ist, in dem die Entscheidung von der Tariffähigkeit oder Tarifzuständigkeit der Vereinigung abhängt, der Rechtsstreit bis zur Entscheidung auszusetzen ist. Der Entscheidung im Beschlußverfahren über die Tarifzuständigkeit kommt die Wirkung der **erweiterten Rechtskraft** des § 9 TVG zu[1]. Ist eine Gewerkschaft aufgelöst, so kann sie keine Klage über ihre Tariffähigkeit oder Tarifzuständigkeit mehr anhängig machen bzw. ein laufendes Verfahren kann nicht mehr fortgeführt werden[2] (vgl. auch Rz. 149).

cc) Schriftform

96 Tarifverträge müssen **schriftlich abgeschlossen** werden (§ 1 Abs. 2 TVG). Das heißt ein Tarifvertrag muß schriftlich niedergelegt und von beiden Seiten unterschrieben werden (§ 126 BGB)[3]. Tarifverträge werden regelmäßig in deutscher Sprache abgefaßt. Zwingend ist dies jedoch nicht. Ein ohne Beachtung der Schriftform abgeschlossener Tarifvertrag ist nichtig (§ 125 BGB)[4].

97 Das Schriftformerfordernis hat eine **Klarstellungs- und Bestimmtheitsfunktion**[5] sowie eine **Kundmachungsfunktion.** Die Kundmachung ist in den §§ 6 ff. TVG geregelt (vgl. Rz. 98 ff.). Eine **Verletzung der Kundgebungsnormen** führt nicht zur Unwirksamkeit des Tarifvertrages. Die **Bezugnahme** auf die Regelung eines anderen Tarifvertrages ist zulässig[6]. Dies gilt zum einen, wenn auf eine tarifliche Regelung in der zum Zeitpunkt des Tarifvertragsschlusses vorliegenden Fassung verwiesen wird, man spricht dann von einer sog. **statischen Verweisung.** Dies gilt auch, soweit auf die jeweils geltende Fassung Bezug genommen wird, sog. **dynamische Verweisung** (vgl. zu Verweisungsproblemen im einzelnen Rz. 255 ff.). Es spielt dabei keine Rolle, ob der Tarifvertrag, auf den Bezug genommen wird, bereits gekündigt ist und in seinem Geltungsbereich nur nachwirkt. Erforderlich ist jedoch, daß die in bezug genommene Regelung schriftlich abgefaßt und so genau bezeichnet ist, daß Irrtümer ausgeschlossen

---

1 BAG v. 14. 2. 1989, DB 1989, 1832.
2 BAG v. 25. 9. 1990, DB 1991, 1476.
3 *Mangen*, RdA 1982, 229.
4 BAG v. 13. 6. 1958, AP Nr. 2 zu § 4 TVG – Effektivklausel.
5 BAG v. 19. 10. 1976, AP Nr. 6 zu § 1 TVG – Form; BAG v. 9. 7. 1980, AP Nr. 7 zu § 1 TVG – Form.
6 BAG v. 9. 7. 1980, AP Nr. 7 zu § 1 TVG – Form; *Braun*, BB 1986, 1428; *Gröbing*, AuR 1982, 116.

sind. Änderungen und Verlängerungen eines Tarifvertrages bedürfen ebenfalls der Schriftform des § 1 Abs. 2 TVG. Lediglich die Aufhebung eines Tarifvertrages durch die Tarifvertragsparteien ist formfrei möglich[1].

dd) Bekanntmachung

Der Arbeitgeber ist verpflichtet, den in seinem Betrieb geltenden Tarifvertrag **an geeigneter Stelle auszulegen** (§ 8 TVG). Der Tarifvertrag muß in seinem vollen Wortlaut ausgelegt werden. Geeignete Stelle ist eine allgemein zugängliche Stelle, zB das Schwarze Brett. Das Auslegen des Tarifvertrages ist jedoch nicht Voraussetzung für seine Wirksamkeit. **Allgemeinverbindliche Tarifverträge** sind in ihrem Geltungsbereich auch für nicht tarifgebundene Arbeitgeber maßgebend und daher nach § 8 TVG i. V. m. § 9 Abs. 2 DVO ebenfalls im Betrieb ordnungsgemäß auszulegen. 98

§ 7 TVG verlangt, daß die Tarifvertragsparteien dem **Bundesminister für Arbeit und Sozialordnung** innerhalb eines Monats nach Abschluß kostenfrei die Urschrift oder eine beglaubigte Abschrift sowie zwei weitere Ausfertigungen eines jeden Tarifvertrages und seiner Änderungen übersenden. Darüber hinaus sind den obersten Arbeitsbehörden der Länder, auf die sich der Tarifvertrag erstreckt, drei Abschriften kostenfrei zu übersenden. Auch das Außerkrafttreten eines jeden Tarifvertrages ist innerhalb eines Monats den betreffenden Behörden mitzuteilen. 99

> **Hinweis:** 100
> Beglaubigen meint hier eine Richtigkeitsbestätigung auf der Abschrift durch einen zeichnungsberechtigten Vertreter einer der Tarifvertragsparteien und nicht eine Beglaubigung im Sinne des § 42 Beurkundungsgesetz.

Beim Bundesminister für Arbeit wird ein **Tarifregister** geführt (§ 6 TVG). Bei den Landesarbeitsministerien wird dies regelmäßig ebenfalls so gehandhabt, obgleich dies nicht gesetzlich vorgesehen ist. Der Inhalt des Tarifvertrages wird nicht in das Tarifregister aufgenommen. Allerdings werden die Tarifverträge beim Bundesminister für Arbeit und Sozialordnung in einem Archiv aufbewahrt. § 16 DVO legt fest, daß die **Einsicht in das Tarifregister** jedem gestattet ist. Das Einsichtsrecht erstreckt sich auch auf die beim Bundesarbeitsministerium aufbewahrten Tarifverträge selbst. Der Einsichtnehmende hat einen Anspruch, sich Notizen zu machen und Kopien zu fertigen. Eine Verpflichtung des Bundesarbeitsministeriums, Abschriften zu erteilen, besteht jedoch nicht. Das gilt auch für Rechtsanwälte, die sich in diesem Zusammenhang an ihre Mandanten halten müssen. In der Übersendung des Tarifvertrages ist regelmäßig der **Antrag auf Eintragung** in das Tarifregister zu sehen. 101

---

1 BAG v. 9. 7. 1980, AP Nr. 7 zu § 1 TVG – Form.

102 **Hinweis:**
Die **Ablehnung der Eintragung in das Tarifregister** muß mitgeteilt werden. Die Eintragung ist bloßer Realakt, so daß richtige Klage die Leistungsklage auf Eintragung ist. Wurde die Eintragung abgelehnt, weil die Tarifzuständigkeit oder Tariffähigkeit einer der vertragschließenden Parteien verneint wurde, kann das arbeitsgerichtliche Beschlußverfahren auf Feststellung nach §§ 2a Abs. 1 Nr. 4, 97 ArbGG eingeleitet werden. Geht es um die Wirksamkeit eines bestimmten Tarifvertrages, kommt das Verfahren nach § 9 TVG in Betracht. Die Entscheidung des Gerichts ist für das Bundesarbeitsministerium verbindlich.

b) Beginn

aa) Allgemein

103 Zu unterscheiden ist zwischen dem Zeitpunkt des **Wirksamwerdens des Tarifvertrages** und dem Zeitpunkt des **Beginns der Tarifwirkung**. Sobald der Tarifvertrag schriftlich abgeschlossen wird, beginnt das schuldrechtliche Tarifverhältnis. Dies hat zur Folge, daß die Friedenspflicht, die Einwirkungspflicht sowie die Durchführungspflicht erwachsen. Kommt der Tarifvertrag durch ein Schlichtungsverfahren zustande, so hängt der Zeitpunkt des Wirksamwerdens des Tarifvertrages vom jeweiligen Schlichtungsrecht ab (vgl. zur Schlichtung im allgemeinen Rz. 34 ff.). Fehlen im Tarifvertrag abweichende Regelungen, treten mit Wirksamwerden gleichzeitig auch die Tarifnormen für die Tarifgebundenen in Kraft. Es kann jedoch auch vereinbart werden, zu welchem Zeitpunkt die Tarifwirkung eintreten soll.

bb) Rückwirkung

104 Für den Zeitpunkt des Beginns der Tarifwirkung ist es auch möglich, daß eine **Rückwirkung** für die Zeit vor Abschluß des Tarifvertrages vereinbart wird[1] (zur Rückwirkung vgl. auch Rz. 197 ff.). Der Rückwirkungswille muß klar und unzweideutig zum Ausdruck kommen[2]. Da Tarifverträge Gesetze im materiellen Sinne sind, sind jedoch auch hier die für die Rückwirkung von Gesetzen entwickelten Grundsätze zu beachten[3]. Abzugrenzen sind also echte und unechte Rückwirkung.

105 Eine **echte Rückwirkung** liegt dann vor, wenn ein in der Vergangenheit liegender Sachverhalt nachträglich anders geregelt werden soll. Für belastende Gesetze ist eine echte Rückwirkung grundsätzlich ausgeschlossen, es sei denn, daß der Normunterworfene ausnahmsweise nicht schutzwürdig ist. Die Grenzen

---

1 BAG v. 20. 6. 1958, AP Nr. 2 zu § 1 TVG – Rückwirkung.
2 BAG v. 5. 3. 1957, AP Nr. 1 zu § 1 TVG – Rückwirkung.
3 BAG v. 5. 3. 1957, AP Nr. 1 zu § 1 TVG – Rückwirkung; BAG v. 20. 6. 1958, AP Nr. 2 zu § 1 TVG – Rückwirkung.

der Rückwirkung ergeben sich aus der Rechtsprechung des EuGH[1] und des BVerfG[2]. Die Schutzwürdigkeit entfällt, wenn kein Vertrauensschutz greift, also der Betroffene mit der Regelung rechnen mußte[3], das geltende Recht mehrdeutig ist, der Betroffene nicht auf den Rechtsschein vertrauen durfte oder zwingende Gründe des Allgemeinwohls der Rechtssicherheit vorgehen[4].

> **Hinweis:** 106
> Möglich ist eine **Rückwirkungsvereinbarung** für solche Zeiträume, in denen der frühere Tarifvertrag nur kraft Nachwirkung gilt, da für diesen Zeitraum kein Vertrauenstatbestand geschaffen wurde. Denkbar ist auch, daß die Tarifvertragsparteien vor Ablauf des alten Tarifvertrages eine Neuregelung mit rückwirkender Kraft vereinbaren[5].

Unechte Rückwirkung liegt vor, wenn der geregelte Sachverhalt zwar in der Gegenwart liegt, aber bereits in der Vergangenheit erwachsene Ansprüche anders geregelt werden sollen; wenn also ein Tarifvertrag an Umstände anknüpft, die in der Vergangenheit lagen und er diese zur Anspruchsvoraussetzung macht. Eine solche Rückwirkung ist zulässig. Umstritten ist die Frage, ob in bereits **entstandene und fällige Individualansprüche** von Arbeitnehmern durch rückwirkende Regelungen eingegriffen werden kann. Das BAG bejaht diese Frage im Fall eines dringenden Bedürfnisses[6]. Allerdings gilt dies nicht uneingeschränkt. So kann ein Arbeitnehmer, der aufgrund Tarifvertrag eine Unkündbarkeit erreicht hat, nicht aufgrund eines späteren Tarifvertrages, der an die Unkündbarkeit strengere Anforderungen stellt, nicht gekündigt werden[7]. Einem Arbeitnehmer können auch Vorruhestands- und Ruhestandsleistungen nicht mehr nachträglich genommen werden[8]. Die Tarifvertragsparteien sind jedoch nicht daran gehindert, die Eingruppierungsmerkmale auch zum Nachteil der Arbeitnehmer zu ändern. Wird zB der Bewährungsaufstieg in eine höhere Vergütungsgruppe beseitigt und hat der betreffende Arbeitnehmer bereits einen Teil der nach der alten Regelung vorausgesetzten Zeit erfüllt, so werden dennoch keine Verfassungsgrundsätze verletzt, wenn dem Betreffenden keine Besitzstände eingeräumt werden. Er hat keine Anwartschaft auf eine höhere Vergütung erworben[9]. 107

---

[1] EuGRZ 1975, 426; *Streil*, EuGRZ 1975, 449.
[2] Vgl. u. a. BVerfG v. 26. 2. 1969, BVerfGE 25, 269, 289; BVerfG v. 10. 3. 1971, BVerfGE 30, 272, 285; BVerfG v. 25. 6. 1974, BVerfGE 37, 363, 397.
[3] BVerfG v. 12. 11. 1958, BVerfGE 8, 274, 303; BVerfG v. 19. 12. 1961, BVerfGE 13, 261, 272; BVerfG v. 16. 11. 1965, BVerfGE 19, 187, 196.
[4] BVerfG v. 19. 12. 1961, BVerfGE 13, 261, 271.
[5] BAG v. 23. 11. 1994, NZA 1995, 844.
[6] BAG v. 14. 6. 1962, AP Nr. 4 zu § 1 TVG – Rückwirkung.
[7] BAG v. 16. 2. 1962, AP Nr. 11 zu § 4 TVG – Günstigkeitsprinzip.
[8] BAG v. 10. 10. 1989, AP Nr. 2 und 3 zu § 1 TVG – Vorruhestand.
[9] BAG v. 14. 6. 1995, EzA Nr. 4 zu § 23a BAT.

c) Ende

108 Auf den Tarifvertrag finden die Grundsätze des BGB zur Beendigung von Dauerschuldverhältnissen Anwendung, wobei jedoch einige Besonderheiten zu beachten sind. Für den Tarifvertrag sind folgende Beendigungsmöglichkeiten gegeben:

aa) Kündigung

109 Wie bei jedem Dauerschuldverhältnis ist sowohl eine ordentliche als auch eine außerordentliche Kündigung möglich. Sofern im Tarifvertrag eine Kündigungsfrist vereinbart ist, ist diese für eine **ordentliche Kündigung** einzuhalten. Ist dementgegen keine Kündigungsfrist vereinbart, so gilt eine dreimonatige Kündigungsfrist, § 77 Abs. 5 BetrVG, § 28 Abs. 2 Satz 4 SprAuG analog[1]. Sofern mehrere Beteiligte auf einer Seite des Tarifvertrages stehen, gilt die Kündigung nur für die Partei, die sie ausspricht, die anderen Vertragsverhältnisse bleiben hiervon unberührt. Häufig sehen Tarifverträge **Mindestlaufzeiten** vor, die bis zu deren Ende eine ordentliche Kündigung ausschließen. Die Kündigung einzelner Bestimmungen des Vertrages ist möglich, sofern dies ausdrücklich im Tarifvertrag vorgesehen ist; im übrigen ist dies unzulässig[2]. Liegt ein wichtiger Grund vor, so ist eine **außerordentliche Kündigung** möglich (§ 626 BGB)[3]. Ein **wichtiger Grund** liegt zB bei der Verletzung der Friedenspflicht vor[4] (zur Friedenspflicht vgl. Rz. 153 ff.). Auch kann ein Irrtum (§§ 119, 123 BGB) des Kündigenden, der bei Abschluß des Tarifvertrages bereits vorlag, zur fristlosen Kündigung berechtigen. Das gleiche gilt, wenn Umstände, die bei Vertragsschluß vorlagen, sich wesentlich geändert haben und die Aufrechterhaltung des Vertragsverhältnisses für den Kündigenden unzumutbar wäre. Hier liegt ein **Wegfall der Geschäftsgrundlage** vor. Allerdings reicht die bloße Veränderung wirtschaftlicher Verhältnisse, zB unerwartete Kostensteigerung, nicht aus (Durchführungsrisiko). Erforderlich ist vielmehr eine bei Vertragsschluß überhaupt nicht vorhersehbare Veränderung der wirtschaftlichen Situation. Wurde im Tarifvertrag eine gesetzliche Bestimmung wörtlich übernommen, deren Unwirksamkeit sich später herausstellt, so liegt auch in diesem Fall ein wichtiger Grund vor[5]. Auch der Wegfall der Tariffähigkeit oder Tarifzuständigkeit kann eine außerordentliche Kündigung rechtfertigen. Geringfügige Verstöße der Tarifvertragsparteien gegen die Durchführungs- und Einwirkungspflicht stellen jedoch noch keinen wichtigen Grund dar. Auch der Verstoß der Tarifgebundenen gegen den Tarifvertrag gibt kein Kündigungsrecht.

---

1 BAG v. 10. 11. 1982, AP Nr. 8 zu § 1 TVG – Form.
2 BAG v. 16. 8. 1990, NZA 1991, 353.
3 BAG v. 14. 11. 1958, AP Nr. 4 zu § 1 TVG – Friedenspflicht.
4 BAG v. 14. 11. 1958, AP Nr. 4 zu § 1 TVG – Friedenspflicht.
5 BAG v. 23. 4. 1957, AP Nr. 1 zu § 1 TVG.

II. Tarifrecht

> **Hinweis:** 110
> Eine richterliche Anpassung ist im Falle der fristlosen Kündigung nicht möglich, da dies einen Verstoß gegen die Tarifautonomie (Art. 9 Abs. 3 GG) darstellen würde[1].

bb) Zeitablauf

Ein Tarifvertrag endet regelmäßig nach **Ablauf der Zeit,** für die er eingegangen ist. Ein solcher befristeter Tarifvertrag ist während der Laufzeit normalerweise nicht ordentlich kündbar. Jedoch ist auch hier grundsätzlich die Vereinbarung einer Kündigung möglich. Die außerordentliche Kündigung darf nicht ausgeschlossen werden. 111

cc) Aufhebung[2]

Die Wirkung des Tarifvertrages kann durch formlosen Aufhebungsvertrag beendet werden[3]. Schließen die Tarifvertragsparteien einen neuen Tarifvertrag über den gleichen Regelungstatbestand ab, so liegt hierin eine **konkludente Aufhebung** des ursprünglichen Tarifvertrages. 112

dd) Auflösende Bedingung

Auch eine solche **Bedingung** ist zulässig. Sie liegt zB vor, wenn die Tarifvertragsparteien vereinbaren, daß der Tarifvertrag enden soll, wenn ein neuer abgeschlossen wird. 113

ee) Gegenstandslosigkeit

Der Tarifvertrag endet auch dann, wenn er **gegenstandslos** geworden ist. Dies ist der Fall, wenn das Unternehmen, für den ein Tarifvertrag (Firmentarifvertrag oder firmenbezogener Verbandstarifvertrag) vorliegt, geschlossen wird. Wird das Unternehmen veräußert, so liegt ein **Betriebsübergang** vor (§ 613a BGB). In diesem Fall endet der Tarifvertrag nicht, vielmehr werden die Tarifnormen Bestandteil der Arbeitsverhältnisse zwischen Arbeitnehmern und neuem Inhaber. Erwirbt der Käufer Gesellschaftsanteile, so tritt er nach § 25 HGB in die Rechte und Pflichten des Veräußerers ein. Dies ist kein Fall des § 613a BGB, da sich die Rechtspersönlichkeit des Arbeitgebers nicht ändert (zum Betriebsübergang vgl. auch Rz. 216 f.). 114

---

[1] BAG v. 10. 2. 1988, AP Nr. 12 zu § 33 BAT; BAG v. 9. 11. 1988, AP Nr. 5 zu § 1 TVG – Tarifverträge: Seeschiffahrt.
[2] BAG v. 8. 9. 1976, AP Nr. 5 zu § 1 TVG – Form.
[3] BAG v. 8. 9. 1976, AP Nr. 5 zu § 1 TVG – Form.

ff) Wegfall der Tariffähigkeit oder Tarifzuständigkeit

115 Fallen **Tariffähigkeit** oder **Tarifzuständigkeit** weg, so endet zwar die zwingende und unmittelbare Wirkung des Tarifvertrages; allerdings wirken seine Bestimmungen nach (§ 4 Abs. 5 TVG)[1]. Wird ein Verband aufgelöst, so entfällt ebenfalls die zwingende und unmittelbare Wirkung des Tarifvertrages. Auch hier gelten die Tarifnormen gemäß § 4 Abs. 5 TVG aufgrund Nachwirkung[2].

gg) Folgen der Beendigung

116 Ist der **Tarifvertrag beendet,** so entfallen die **schuldrechtlichen Wirkungen** für die Tarifvertragsparteien. Die Friedens- und Einwirkungspflichten erlöschen. Allerdings gelten für die Tarifgebundenen nach § 4 Abs. 5 TVG die **normativen Regelungen** des Tarifvertrages weiter (Nachwirkung). Die **Nachwirkung** endet mit der Vereinbarung neuer Abmachungen. Dies kann ein neuer Tarifvertrag sein, ein neuer Arbeitsvertrag (durch Änderungskündigung) oder eine Betriebsvereinbarung. Hier sind dann sowohl Änderungen zum Nachteil als auch zum Vorteil der Arbeitnehmer möglich.

117 > **Hinweis:**
>
> Eine **Anfechtung** von Tarifverträgen mit ex-tunc-Wirkung ist unzulässig. Lediglich für die Zukunft ist die Beseitigung der Wirkung von Tarifnormen zulässig, hier kommt eine fristlose Kündigung in Frage. Grund ist, daß Tarifnormen Arbeitsverhältnisse regeln und diese grundsätzlich nicht rückabgewickelt werden können.

3. Inhalt

a) Allgemein

118 Den **Inhalt des Tarifvertrags** bilden Bestimmungen über **Rechte und Pflichten der Vertragsparteien,** das heißt Abreden schuldrechtlicher Art, ferner Rechtsnormen, die den Abschluß, den Inhalt und die Beendigung von Arbeitsverhältnissen sowie betriebliche oder betriebsverfassungsrechtliche Fragen zum Gegenstand haben können (§ 1 Abs. 1 TVG). Die **Regelungszuständigkeit** der Tarifvertragsparteien bezieht sich auf die Wahrung und Förderung der Arbeits- und Wirtschaftsbedingungen (Art. 9 Abs. 3 GG). Sofern ein Tarifvertrag sich auf andere Rechtsgebiete bezieht, ist dieser unwirksam. Die Gestaltung unternehmerischer Mitbestimmung gehört nicht zur Regelungsbefugnis der Tarifvertragsparteien. In der Frage, was die Tarifvertragsparteien im Rahmen ihrer Regelungszuständigkeit im einzelnen regeln wollen und was nicht, sind sie frei. Diese Freiheit basiert auf der autonomen Gestaltungsbefugnis.

---

[1] BAG v. 11. 11. 1970, AP Nr. 28 zu § 2 TVG; BAG v. 15. 10. 1986, AP Nr. 4 zu § 3 TVG.
[2] BAG v. 15. 10. 1986, AP Nr. 4 zu § 3 TVG.

Hinweis:

Eine **gerichtliche Kontrolle der Tarifverträge** kann nur dahingehend erfolgen, ob durch die tariflichen Regelungen die Grenzen der Tarifautonomie überschritten wurde[1]. Prüfungsmaßstab sind dabei höherrangiges Recht, also die Verfassung[2], europäisches Gemeinschaftsrecht, zwingendes Gesetzesrecht[3], die guten Sitten sowie die Grundsätze des Arbeitsrechts und der Verhältnismäßigkeit[4]. Eine Überprüfung der Zweckmäßigkeit erfolgt nicht[5]. Auch können die tariflichen Regelungen nicht darauf überprüft werden, ob sie der Billigkeit entsprechen (zur tariflichen Normenkontrolle vgl. im übrigen Rz. 149).

Inhalt eines Tarifvertrages können normative (objektive) und schuldrechtliche (subjektive) Bestimmungen sein. Die **schuldrechtlichen Bestimmungen** verpflichten lediglich die Tarifparteien selbst und können Dritte allenfalls nach den Regeln über Verträge mit Schutzwirkung für Dritte oder über die Drittschadensliquidation mit einbeziehen. Verpflichtungen Dritter können auf diese Weise aber nicht entstehen, da es keine Verträge zu Lasten Dritter gibt. Unabhängig von einer ausdrücklichen Regelung besteht bei jedem Tarifvertrag die **Friedenspflicht** und die **Durchführungspflicht** (vgl. Rz. 150). Die **Auslegung** schuldrechtlicher Bestimmungen erfolgt nach den Regeln über die Auslegung von Verträgen (§§ 275 ff., 323 ff. BGB); vgl. zu den objektiven Bestimmungen im einzelnen Rz. 82 ff., 150 ff. **Normative Bestimmungen** regeln Leistungen und Verpflichtungen aus dem Arbeitsverhältnis und Fragen, die mit den Arbeitsverhältnissen im Zusammenhang stehen. Sie sind Gesetz im materiellen Sinn, und zwar autonomes Satzungsrecht im Sinne von § 293 ZPO, das die Verhältnisse der einzelnen Verbandsmitglieder im Verhältnis zu deren jeweiligen arbeitsrechtlichen Vertragspartnern regelt. Die normativen Bestimmungen sind daher nach den Regeln über die **Auslegung** von Gesetzen auszulegen und sind ohne Rücksicht auf ihren Geltungsbereich revisibel (§ 73 Abs. 1 ArbGG); vgl. Rz. 76 ff., 160 ff. Wegen der normativen Wirkung ist der Tarifvertrag bei **Willensmängeln** (§§ 119, 123 BGB) auch nicht rückwirkend, sondern nur mit Wirkung für die Zukunft anfechtbar. Bei Teilnichtigkeit wegen Verstoßes gegen zwingendes staatliches Recht (§ 134 BGB) bleibt der übrige Teil des Vertrages in seiner Wirksamkeit unberührt; § 139 BGB findet keine Anwendung. Typische Regelungsmaterie im Rahmen des normativen Teils sind die Arbeitszeit, die Vergütung, allgemeine Arbeitsbedingungen, Arbeitsplatzschutz, die Besetzung von Arbeitsplätzen und Fragen der Qualifizierung von Arbeitnehmern (vgl. zu den normativen Bestimmungen im einzelnen Rz. 160 ff.).

---

1 BAG v. 25. 2. 1987, AP Nr. 3 zu § 52 BAT.
2 BAG v. 5. 4. 1995, EzA Nr. 45 zu Art. 3 GG; *Baumann*, RdA 1994, 272; *Sachs*, RdA 1989, 25.
3 BAG v. 26. 9. 1984, AP Nr. 21 zu 1 TVG.
4 BAG v. 10. 10. 1989, AP Nr. 3 zu § 1 TVG – Vorruhestand.
5 BAG v. 2. 3. 1988, AP Nr. 9 zu § 1 TVG – Tarifverträge: Banken; BAG v. 30. 11. 1988, AP Nr. 6 zu § 1 TVG – Tarifverträge: Papierindustrie.

121 Tarifnormen, die in das **Privatleben** der Tarifgebundenen eingreifen, sind unwirksam. Die Rechtsnormen des Tarifvertrages haben in der Regel einen **abstrakt-generellen Charakter**. Zulässig sind auch Rechtsnormen zur **Regelung des Einzelfalls**, da Art. 9 Abs. 3 GG die Regelungskompetenz der Tarifvertragsparteien nicht auf abstrakt-generelle Regelungen begrenzt. Solche Einzelfallregelungen sind in der Praxis jedoch selten. Finden sich in einem Tarifvertrag **Verweisungen auf Gesetzesvorschriften**, so ist häufig im Wege der Auslegung zu ermitteln, ob ein Rechtssetzungswille der Tarifvertragsparteien vorlag[1] oder ob lediglich eine deklaratorische Verweisung gewollt war.

122 Die **Mitwirkungs- und Mitbestimmungsrechte des Betriebsrates** dürfen nicht durch Tarifvertrag eingeschränkt werden. Das BetrVG geht dem Tarifvertrag insoweit vor, da es gesetzliche Mindestvorschriften enthält. Auch die Organisation des Betriebsrates darf nicht durch Tarifvertrag verändert werden. Eine Erweiterung der Rechte, die sich aus dem BetrVG ergeben, insbesondere der Informations- und Anhörungsrechte sowie der Mitwirkungs- und Mitbestimmungsrechte, ist jedoch denkbar[2].

b) Inhaltsnormen

123 **Inhaltsnormen** sind **normative Bestimmungen** des Tarifvertrages, die den Inhalt der einzelnen Arbeitsverhältnisse regeln. Auf die Art des Arbeitsverhältnisses kommt es dabei nicht an. So können Vollzeit- und Teilzeitarbeitsverhältnisse, Arbeitsverhältnisse von Leiharbeitnehmern sowie Berufsausbildungsverhältnisse etc. geregelt werden. Auch für Heimarbeiter und für arbeitnehmerähnliche Personen besteht eine Regelungskompetenz (§§ 17 HAG, 12a TVG)[3]. Dagegen ist die Regelung von Beamtenverhältnissen und sonstigen öffentlichen Arbeitsverhältnissen unzulässig[4].

124 Inhaltsnormen **wirken unmittelbar und zwingend** auf die Arbeitsverhältnisse ein (§ 4 Abs. 1 TVG). Voraussetzung ist jedoch, daß das betreffende **Arbeitsverhältnis rechtswirksam** ist. Rechtsunwirksame Arbeitsverhältnisse (zB die erforderliche Schriftform wurde nicht eingehalten) werden nicht vom Tarifvertrag erfaßt. Ist das Arbeitsverhältnis aber durch die tatsächliche Arbeitsaufnahme bereits in Kraft gesetzt worden (faktisches Arbeitsverhältnis), so hat der tarifgebundene Arbeitnehmer bis zur jederzeit möglichen Auflösung des Arbeitsverhältnisses Anspruch auf die tarifvertraglichen Arbeitsbedingungen.

125 Der **Inhalt** der Inhaltsnormen ist nicht zwingend vorgeschrieben. Regelbar sind alle Rechte und Pflichten aus dem Arbeitsverhältnis. Häufig werden Tarifverträge abgeschlossen, die sich nur mit bestimmten Sachgebieten befassen (zB Lohn- und Gehaltstarifverträge). Aus Zweckmäßigkeitsgründen werden in der Praxis gesonderte **Lohntarifverträge** mit einer Laufzeit von in der Regel einem

---

1 BAG v. 27. 8. 1982, AP Nr. 133 zu § 1 TVG – Auslegung.
2 BAG v. 23. 3. 1962, AP Nr. 1 zu § 56 BetrVG 1952 – Akkord; BAG v. 23. 11. 1955, AP Nr. 1 zu § 184 BGB.
3 *Lieb*, RdA 1974, 257 ff.
4 BAG v. 19. 6. 1974, AP Nr. 3 zu § 3 BAT.

Jahr und längerfristig laufende **Manteltarifverträge** für die allgemeinen Arbeitsbedingungen, zB Arbeitszeit, Ruhepausen, Lohngruppeneinteilung, Kündigungsfristen, Schriftform der Kündigung, Angabe der Kündigungsgründe sowie Akkordbedingungen, abgeschlossen. Es kommt zwar vor, daß der Lohntarifvertrag selbst die Lohngruppeneinteilung mit den entsprechenden Tätigkeitsmerkmalen enthält. Häufiger werden jedoch die verschiedenen Lohngruppen in besonderen **Rahmentarifverträgen** geregelt, die wie die Manteltarifverträge eine längere Laufzeit von mindestens drei Jahren vorsehen. Für Angestellte werden dabei in der Regel fünf oder sechs Gehaltsgruppen, für Arbeiter zwischen fünf und sieben sowie drei bis vier Meistergruppen vorgesehen.

Die tariflichen Normen dürfen nur **zugunsten der Arbeitnehmer** von gesetzlichen Vorschriften abweichen (zB Lohnfortzahlung im Krankheitsfalle); zum Günstigkeitsprinzip vgl. Rz. 171 f. Eine **ungünstigere Regelung** im Tarifvertrag ist nur dort gestattet, wo eine solche gesetzlich ausnahmsweise vorgesehen ist (vgl. zB § 7 ArbZG für die Frage der Arbeitszeit). 126

aa) Regelungen von Arbeitsentgelt und Ausbildungsvergütung

Zu differenzieren ist zwischen Tarifverträgen, die eine **Festlegung der Lohn- und Gehaltsgruppen** vorsehen, und Tarifverträgen, die die **Höhe des zu leistenden Entgelts** für die jeweilige Gruppe regeln. Die Eingruppierung der Arbeitnehmer in die betreffende Lohn- oder Gehaltsgruppe erfolgt unter Berücksichtigung der geleisteten Arbeit. Entgelttarifverträge können Regelungen über Zuschläge, wie zB Erschwerniszulagen[1], enthalten und regeln die unterschiedlichen Entgeltformen, wie den Akkord- und Prämienlohn sowie den Zeitlohn. Vielfach werden für niedrigere Vergütungsgruppen Sockelbeträge vereinbart, um den Abstand der einzelnen Vergütungsgruppen nicht zu groß werden zu lassen. Zulässig sind tarifvertragliche Vereinbarungen, die bestimmen, daß sich Löhne und Gehälter bei der Veränderung des Umsatzes oder des Ertrages eines Unternehmens, bei der Veränderung der Produktivität oder des Sozialproduktes ermäßigen oder auch erhöhen sollen. **Wertsicherungsklauseln** sind dementgegen unzulässig. Dies sind Klauseln, die vorsehen, daß die Höhe der tariflichen Vergütung von dem Wert anderer Güter abhängig gemacht wird. 127

Die **Ausbildungsvergütung** wird in der Regel gestaffelt nach Ausbildungsjahren festgelegt. Da sich die Tarifverträge im allgemeinen an der durchschnittlichen Ertragslage der Unternehmen eines bestimmten Wirtschaftszweiges ausgerichtet haben, werden in der Praxis in Unternehmen mit höherer Produktivität und Finanzkraft vielfach **übertarifliche Löhne und außertarifliche Zulagen** gezahlt (vgl. zu Bestands-, Effektiv- und Verrechnungsklauseln Rz. 180 ff.). 128

bb) Arbeitszeitregelungen

In Tarifverträgen werden **Arbeits- und Ausbildungszeiten** festgelegt. Geregelt werden Beginn und Ende der Arbeitszeit sowie **besondere Formen der Arbeits-** 129

---

[1] BAG v. 11. 4. 1979, AP Nr. 7 zu § 1 TVG – Tarifverträge: Metallindustrie; BAG v. 14. 3. 1984, AP Nr. 23 zu § 1 TVG – Tarifverträge: Metallindustrie.

zeit, wie Schichtarbeit[1], Wechselschicht[2], Arbeitsbereitschaft und Bereitschaftsdienst[3]. Für die individuelle Arbeitszeit kann im Tarifvertrag vorgesehen werden, daß eine nähere Ausgestaltung durch **Betriebsvereinbarung** erfolgt. Obgleich von einer Betriebsvereinbarung auch Arbeitnehmer erfaßt werden, die nicht tarifgebunden sind, liegt keine Verletzung der negativen Koalitionsfreiheit (Art. 9 Abs. 3 GG) vor[4]. Häufig findet im Tarifvertrag eine Unterscheidung zwischen der **individuellen regelmäßigen wöchentlichen Arbeitszeit** und der **tariflichen wöchentlichen Arbeitszeit** statt. Die tarifliche Arbeitszeit legt fest, welche Arbeitszeit im Durchschnitt wöchentlich erreicht werden muß und regelt die betriebliche Ordnung. Die individuelle Arbeitszeit betrifft das einzelne Arbeitsverhältnis. Im Tarifvertrag wird in der Regel auch die Frage der **Mehrarbeit** geregelt. Dabei handelt es sich zB um die Arbeitsstunden, die die individuelle regelmäßige tägliche oder wöchentliche Arbeitszeit überschreitet[5]. Mehrarbeit meint hier also nicht die Überschreitung der gesetzlich zulässigen Höchstarbeitszeit im Sinne des ArbZG. Für Mehrarbeit kann sowohl eine Mehrvergütung als auch ein Freizeitausgleich vorgesehen werden. Tarifverträge legen darüber hinaus die Regelung von **Sonn- und Feiertagsarbeit** sowie von **Spät- und Nachtschicht** fest. Dabei wird tarifvertraglich normiert, welche Zuschläge in den betreffenden Zeiträumen zu zahlen sind, zB Samstagszuschläge[6]. Für Feiertage gilt § 2 EFZG. Eine Abweichung von der gesetzlichen Regelung zum Nachteil der Arbeitnehmer ist unzulässig. Keine Arbeitszeit sind **Ruhepausen** (vgl. §§ 2 Abs. 1 ArbZG). Sie sind unbezahlte Zeiten, in denen die Arbeit ruht. Der Arbeitgeber hat Ruhezeiten zu gewähren und dafür zu sorgen, daß diese Pausen auch tatsächlich eingehalten werden können[7]. Verletzt er diese Pflicht, so hat er eine Überstundenvergütung zu leisten[8].

cc) Allgemeine Arbeitsbedingungen

130 Tarifverträge können die allgemeinen Arbeitsbedingungen regeln. Hauptsächlich werden insoweit Manteltarifverträge abgeschlossen, da die Arbeitsbedingungen nicht einer ständigen Anpassung bedürfen.

c) Abschlußnormen

131 Unter Abschlußnormen sind die Regelungen über das **Zustandekommen neuer Arbeitsverhältnisse** zu verstehen. Hierunter fällt auch die Wiederaufnahme alter und unterbrochener Arbeitsverhältnisse. Abschlußnormen enthalten insbesondere Formvorschriften, aber auch Abschlußverbote und Abschlußgebote. **Formvorschriften** sehen für den Abschluß eines Arbeitsverhältnisses die Ein-

---

1 Vgl. BAG v. 18. 7. 1990, DB 1991, 551; BAG v. 20. 6. 1990, DB 1990, 2274.
2 Vgl. BAG v. 19. 10. 1989, DB 1990, 1470.
3 Vgl. BAG v. 19. 12. 1991, NZA 1992, 560; BAG v. 26. 11. 1992, NZA 1993, 659.
4 BAG v. 18. 8. 1987, DB 1987, 2257, 2259.
5 BAG v. 28. 7. 1981, DB 1982, 117.
6 BAG v. 23. 9. 1992, DB 1993, 540.
7 BAG v. 23. 9. 1992, NZA 1993, 752.
8 BAG v. 27. 2. 1992, DB 1992, 583.

haltung einer bestimmten Form vor. Sie können **konstitutive und deklaratorische Wirkung** haben. Meist kommt ihnen lediglich eine deklaratorische Wirkung zu, da sie ansonsten das wirksame Zustandekommen eines Arbeitsverhältnisses verhindern könnten. Für arbeitsvertragliche Nebenabreden werden dementgegen hie und da auch konstitutive Formvorschriften aufgestellt[1].

Abschlußgebote verlangen vom Arbeitgeber, bestimmte Arbeitgeber für bestimmte Arbeitsplätze einzustellen. Dem Arbeitnehmer erwächst hierdurch ein tariflicher Anspruch auf Neu- oder Wiedereinstellung. Dabei ist entscheidend, daß hinreichend bestimmt ist, für welchen Personenkreis das Abschlußgebot gelten soll. Abschlußangebote finden sich zB in § 2 Abs. 5 BRTV-Bau, wonach die wegen schlechter Witterung entlassenen Arbeitnehmer einen Wiedereinstellungsanspruch haben[2]. Früher hatte der Wiedereinstellungsanspruch auch im Zusammenhang mit Arbeitskämpfen eine große Bedeutung. Da nunmehr der Grundsatz gilt, daß Arbeitsverhältnisse für die Dauer eines Arbeitskampfes suspendiert sind[3], ist diese Bedeutung weitgehend zurückgegangen. Abschlußgebote finden sich ferner im Zusammenhang mit dem Erziehungsurlaub. 132

Abschlußverbote sehen Verbote für die Beschäftigung bestimmter Arbeitnehmer auf bestimmten Arbeitsplätzen vor. Ein Arbeitsvertrag, der entgegen einem solchen Abschlußverbot geschlossen wird, ist ganz oder teilweise unwirksam (§ 134 BGB). Maßstab für die Wirksamkeit eines Abschlußverbots sind die Grundrechte. So dürfen Regelungen zB nicht gegen das Gebot der Gleichbehandlung von Mann und Frau verstoßen. Bei Abschlußverboten ist zu beachten, daß sie grundsätzlich nur zulässig sind, soweit sie dem Schutz und den Interessen der Arbeitnehmer dienen. Unzulässig sind Klauseln, die den Arbeitgeber zwingen, nur Gewerkschaftsmitglieder zu beschäftigen (closed-shop-Klauseln)[4]. Eine Regelung, die den Arbeitgeber verpflichtet, keine Teilzeittätigkeiten zu vergeben, stellt ein Abschlußverbot dar (Nebentätigkeitsverbot). Zulässig ist die Regelung von Arbeitsplatzbesetzungen in qualitativer und quantitativer Hinsicht, wonach bestimmte Arbeitsplätze nur mit Facharbeitern besetzt werden dürfen[5]. 133

Von den Abschlußverboten zu unterscheiden sind die **Beschäftigungsverbote.** Beschäftigungsverbote verhindern nicht die Einstellung eines Arbeitnehmers, sondern regeln lediglich, welche Arbeitnehmer für welche Beschäftigungen nicht eingesetzt werden dürfen. Beschäftigungsverbote stellen Inhaltsnormen dar. Hierher gehören zB Regelungen, die es untersagen, daß Frauen besonders schwere Arbeiten verrichten. 134

---

1 BAG v. 9. 12. 1981, AP Nr. 8 zu § 4 BAT; BAG v. 12. 7. 1983, AP Nr. 9 zu § 17 BAT.
2 BAG v. 26. 9. 1957, AP Nr. 10 zu § 1 TVG – Auslegung.
3 BAG v. 21. 4. 1971, AP Nr. 43 zu Art. 9 GG – Arbeitskampf.
4 *Wiedemann/Stumpf*, § 1 Rz. 222.
5 BAG v. 13. 9. 1983, AP Nr. 1 zu § 1 TVG – Tarifverträge: Druckindustrie; BAG v. 14. 2. 1978, AP Nr. 57 zu Art. 9 GG; BAG v. 22. 1. 1991, AP Nr. 67 zu Art. 12 GG.

d) Beendigungsnormen

135 Beendigungsnormen regeln die Zulässigkeit und Modalitäten von Kündigungen, aber auch andere Beendigungstatbestände, wie etwa die Befristung oder die Zweckerreichung. Die **Kündigung** wird häufig in Manteltarifverträgen geregelt. Möglich ist eine Bestimmung, wonach eine ordentliche Kündigung durch den Arbeitgeber ausgeschlossen oder erschwert wird. Unzulässig sind dagegen Vereinbarungen, die eine außerordentliche Kündigung ausschließen[1] oder eine ordentliche Kündigung durch den Arbeitnehmer erschweren. Unwirksam ist auch eine abschließende Aufzählung von wichtigen Gründen im Sinne des § 626 BGB. Allerdings kann einer solchen Auflistung von Kündigungsgründen Bedeutung für die Auslegung des wichtigen Grundes zukommen.

136 In Tarifverträgen kann ein **Kündigungsverbot** für eine ordentliche Kündigung vorgesehen werden für Arbeitnehmer, die eine bestimmte Altersgrenze erreicht haben und eine gewisse Betriebszugehörigkeit aufweisen. Der Ausschluß eines außerordentlichen Kündigungsrechts ist dementgegen stets unwirksam (§ 626 BGB). Manteltarifverträge normieren häufig weitere **Vorschriften zur Ausgestaltung von Kündigungen**. So kann zB ein Schriftformerfordernis vereinbart werden. Liegt ein solches vor, so ist eine nur mündlich ausgesprochene Kündigung unwirksam (§§ 126, 125 BGB). **Kündigungsfristen** und Kündigungstermine können gemäß § 622 Abs. 4 BGB von den Tarifvertragsparteien abweichend von den gesetzlichen Fristen festgelegt werden[2]. Die Kündigungsfristen dürfen dabei auch verkürzt werden. Möglich ist eine Staffelung der Fristen, die sich nach der Dauer der Betriebszugehörigkeit des Arbeitnehmers richtet. Die Vereinbarung verschiedener Kündigungsfristen für Arbeiter und Angestellte ist zulässig, sofern sie nicht gegen den **Gleichheitssatz** des Art. 3 GG verstößt. Voraussetzung ist also, daß ein sachlicher Grund für die Ungleichbehandlung vorliegt und die unterschiedliche Behandlung nicht zu einem offensichtlichen Mißverhältnis führt. So ist zB eine kürzere Kündigungsfrist für Arbeiter dann gerechtfertigt, wenn diese entgegen den Angestellten hauptsächlich in der Produktion beschäftigt werden und saisonbedingte Auftragsschwankungen die Produktion verringern[3]. Die gesetzlich unterschiedliche Behandlung von Arbeitern und Angestellten hinsichtlich der Kündigungsfristen wurde dementgegen wegen Verstoßes gegen den Gleichheitssatz für unzulässig erklärt.

137 > **Hinweis:**
> Die **Darlegungs- und Beweislast** trifft im Falle einer sachlich nicht gerechtfertigten Ungleichbehandlung den klagenden Arbeitnehmer. Dies folgt daraus, daß für Tarifverträge die Vermutung ihrer Verfassungskonformität besteht.

---

1 BAG v. 11. 7. 1958, AP Nr. 27 zu § 626 BGB; BAG v. 18. 12. 1961, AP Nr. 1 zu § 626 BGB – Kündigungserschwerung; BAG v. 19. 1. 1973, AP Nr. 5 zu § 626 BGB – Ausschlußfrist.
2 BAG v. 22. 5. 1986, AP Nr. 23 zu § 622 BGB.
3 BAG v. 23. 1. 1992, NZA 1992, 739; BAG v. 23. 1. 1992, NZA 1992, 742; *Meyer*, DB 1992, 1881.

Neben der Kündigung als Beendigungsform kann auch vereinbart werden, daß das Arbeitsverhältnis mit **Erreichen eines bestimmten Alters** beendet ist, ohne daß eine Kündigung oder eine Aufhebungsvereinbarung zwischen Arbeitgeber und Arbeitnehmer erforderlich ist. Für eine solche tarifliche Regelung ist jedoch Voraussetzung, daß sie erforderlich ist, um vor schwerwiegenden Gefahren zu schützen (anerkannt für Cockpitpersonal[1]) und daß eine ordnungsgemäße Erfüllung der Berufstätigkeit vorliegt. 138

> **Hinweis:** 139
> Generelle tarifliche Altersgrenzen bedürfen innerhalb der letzten drei Jahre vor Erreichen der Altersgrenze einer ergänzenden einzelvertraglichen Vereinbarung (vgl. § 41 Abs. 4 Satz 3 SGB VI)[2].

Möglich sind tarifvertragliche Vereinbarungen über die **Befristung** von Arbeitsverhältnissen. Solche Vereinbarungen gehen den gesetzlichen Bestimmungen des Beschäftigungsförderungsgesetzes über die Befristung vor (§ 6 BeschFG). Dabei ist auch eine Abweichung im Tarifvertrag zum Nachteil der Arbeitnehmer zulässig (vgl. § 6 Abs. 1 BeschFG). 140

e) Normen über betriebliche Fragen

Im Tarifvertrag können unabhängig von der Tarifgebundenheit der Arbeitsverhältnisse auch **Normen über betriebliche Fragen** vereinbart werden (§ 1 Abs. 1 TVG). Betriebsnormen regeln Fragen der Betriebsgestaltung. Sie schränken die Organisationsgewalt des Arbeitgebers ein. Eine Unterscheidung zwischen Solidarnormen, Ordnungs- und Zulassungsnormen, wie dies früher der Fall war, findet neuerdings nicht mehr statt. Zu den Betriebsnormen gehören alle betrieblichen Regelungen, die wegen evident sachlogischer Unzweckmäßigkeit nicht Gegenstand eines Arbeitsvertrages sein können[3]. Zu den Betriebsnormen gehören Regelungen über den Arbeitsschutz, über betriebliche Erholungs- und Wohlfahrtseinrichtungen sowie über die Ordnung im Betrieb, vor allem in Form von Anwesenheits- und Torkontrollen, Rauchverboten und Betriebsbußen. Ferner zählen zu den Betriebsnormen Bestimmungen, die die Besetzung von Arbeitsplätzen wegen ihrer Anforderungen von einer bestimmten Ausbildung abhängig machen[4]. Für die **Wirkung einer Betriebsnorm auf die Arbeitsverhältnisse** reicht bereits aus, wenn der Arbeitgeber tarifgebunden ist (§ 3 Abs. 2 TVG). Tarifliche Vorschriften, die den Betriebsparteien Kompetenzen zur Regelung von betrieblichen Angelegenheiten einräumen, zählen nicht zu den Betriebsnormen, da sie keine eigene Regelung enthalten. 141

---

1 BAG v. 12. 2. 1992, NZA 1993, 998.
2 BAG v. 20. 10. 1993, DB 1994, 46.
3 BAG v. 22. 1. 1991, NZA 1991, 675.
4 BAG v. 22. 1. 1991, NZA 1991, 675.

142 | **Hinweis:**
Dem einzelnen Arbeitnehmer steht **kein einklagbarer Anspruch auf Einhaltung der Betriebsnormen** zu. Die Einhaltung der Bestimmungen wird durch den Betriebsrat nach § 80 Abs. 1 Nr. 1 BetrVG (Allgemeine Aufgabe des Betriebsrates) und durch die Gewerkschaften sichergestellt.

f) Normen über betriebsverfassungsrechtliche Fragen

143 Tarifvertragliche Regelungen, die **betriebsverfassungsrechtliche Fragen** betreffen, sind ebenfalls möglich. Diese befassen sich mit der Rechtsstellung der Arbeitnehmer und ihrer Organe im Betrieb. Für betriebsverfassungsrechtliche Fragen trifft das Betriebsverfassungsgesetz bereits weitgehend erschöpfende Regelungen, so daß diesbezüglichen Bestimmungen in Tarifverträgen nur noch eingeschränkt Bedeutung zukommt. Soweit das BetrVG zwingende Vorschriften enthält, ist die Regelungsbefugnis der Tarifvertragsparteien beschränkt. So können zwar die Beteiligungsrechte des Betriebsrats vielfach erweitert werden, die **Organisation der Betriebsverfassung** ist jedoch zwingend, abweichende Regelungen sind diesbezüglich unzulässig. Für wenige organisatorische Fragen enthält das BetrVG jedoch **tarifliche Öffnungsklauseln,** so zB für bestimmte zusätzliche Arbeitnehmervertretungen und andere Arbeitnehmervertretungen, soweit es die besonderen Verhältnisse eines Wirtschaftszweiges erfordern (vgl. § 3 Abs. 1 BetrVG). Derartige Tarifverträge bedürfen jedoch der staatlichen Zustimmung (§ 3 Abs. 2 BetrVG).

144 Inwieweit **betriebsverfassungsrechtliche Mitbestimmungs- und Mitwirkungsrechte** durch die Tarifvertragsparteien geregelt werden können, ist umstritten. Einigkeit besteht darüber, daß diese Rechte nicht beschränkt werden dürfen[1]. In welchem Umfang eine Erweiterung der Mitbestimmungs- und Mitwirkungsrechte in Betracht kommt, ist noch nicht abschließend geklärt[2]. Das BAG hat sich mit dieser Frage bislang nur vereinzelt befaßt[3]. Die Erweiterung der Mitbestimmung im Bereich der **Betriebs- und Unternehmenspolitik,** also in wirtschaftlichen Angelegenheiten, wird verneint[4]. Dementgegen wird die Erweiterung in **personellen Angelegenheiten** bejaht hinsichtlich der allgemeinen personellen Angelegenheiten (§§ 92 ff. BetrVG), bei der Berufsbildung (§§ 96 ff. BetrVG), bei der Mitbestimmung in personellen Einzelmaßnahmen (§ 99 BetrVG)[5] und bei den Beteiligungsrechten der ordentlichen Kündigung (§ 102

---

1 BAG v. 14. 2. 1967, AP Nr. 9 zu § 56 BetrVG 1952 – Wohlfahrtseinrichtungen; *Wiedemann/Stumpf,* § 1 Rz. 253.
2 Vgl. hierzu *Wagner,* DB 1992, 2550; *Kempen,* Jahrbuch des ArbR, Bd. 30, 1993, S. 97; *Plüm,* DB 1992, 735.
3 Vgl. hierzu BAG v. 24. 9. 1959, AP Nr. 11 zu § 611 BGB – Akkordlohn; BAG v. 23. 3. 1962, AP Nr. 1 zu § 56 BetrVG – Akkordlohn; BAG v. 8. 10. 1959, AP Nr. 14 zu § 56 BetrVG 1952.
4 Vgl. im einzelnen *Vollmer,* DB 1979, 308, 355; *Biedenkopf,* S. 161 ff.; *Wiedemann/Stumpf,* Einl. Rz. 188 ff.
5 BAG v. 10. 2. 1988, NZA 1988, 699.

II. Tarifrecht   Rz. 148 **Teil 4 C**

BetrVG), nicht jedoch bei der außerordentlichen Kündigung. Das Personalvertretungsrecht in Bund und Ländern ist der Regelung durch Tarifvertrag entzogen.

> **Hinweis:** 145
> Eine Kontrolle von Betriebsvereinbarungen durch die Gewerkschaften ist nicht möglich, da ihnen die Klagebefugnis hierfür fehlt[1].

g) Normen über gemeinsame Einrichtungen

Die Tarifvertragsparteien sind befugt, **Normen über gemeinsame Einrichtungen** 146
zu schaffen (§ 4 Abs. 2 TVG). Gemeinsame Einrichtungen sind Organisationen, die Aufgaben übernehmen, die über das einzelne Unternehmen hinausgehen. Normen über gemeinsame Einrichtungen der Tarifvertragsparteien gelten unmittelbar und zwingend für die Satzung dieser Einrichtungen sowie für das Verhältnis der Einrichtungen zu den tarifgebundenen Arbeitgebern und Arbeitnehmern[2]. Diese Rechtsnorm räumt also unmittelbar Beitragsansprüche ein und verpflichtet zur Beitragszahlung. Gemeinsame Einrichtungen kommen vor als Lohnausgleichskassen, Zusatzversorgungskassen, Ausbildungsveranstaltungen, Wohlfahrtseinrichtungen etc., zB die Urlaubs- und Lohnausgleichskasse der Bauindustrie (vgl. § 8 Nr. 12 des Bundesrahmentarifvertrages für das Baugewerbe vom 3. 2. 1981 in der Fassung vom 26. 9. 1984).

> **Hinweis:** 147
> Gemäß § 2 Abs. 1 Nr. 4b ArbGG sind die Arbeitsgerichte zuständig für **Rechtsstreitigkeiten** zwischen der Tarifgebundenen und den gemeinsamen Einrichtungen[3]. Die örtliche Zuständigkeit des Arbeitsgerichts kann von den Tarifvertragsparteien gemäß § 48 Abs. 2 ArbGG vereinbart werden.

h) Prozessuale Normen

Den Tarifvertragsparteien wird durch § 1 Abs. 1 TVG **keine prozessuale Tarif-** 148
macht verliehen, sondern die Norm beschränkt sie auf das Setzen materiellen Rechts. Allerdings verschafft das ArbGG den Tarifvertragsparteien die Befugnis, dem Inhalt von Prozeßverträgen entsprechendes Prozeßrecht zu setzen. Im Tarifvertrag kann zB für bestimmte Rechtsstreitigkeiten die Zuständigkeit eines an sich örtlich nicht zuständigen Arbeitsgerichts festgestellt werden (§ 48 Abs. 2 ArbGG). Nach § 101 Abs. 2 ArbGG können die Tarifvertragsparteien in den dort im einzelnen aufgeführten Bereichen die Arbeitsgerichtsbarkeit ausschließen. Sie können in diesen Fällen bestimmen, daß Entscheidungen durch ein Schiedsgericht zu erfolgen haben. Andere Prozeßnormen können die Tarifvertragsparteien jedoch nicht setzen.

---

1 BAG v. 10. 8. 1991, AP Nr. 2 zu § 77 BetrVG 1972 – Tarifvorbehalt.
2 *Wiedemann/Stumpf*, § 1 Rz. 261.
3 BAG v. 5. 7. 1967, AP Nr. 5 zu § 61 KO; BAG v. 19. 3. 1975, AP Nr. 14 zu § 5 TVG.

i) Tarifliche Normenkontrolle

149 Hängen gerichtliche Entscheidungen von der Wirksamkeit oder dem Inhalt eines Tarifvertrages ab, so haben die Fachgerichte eine **inzidente Prüfung der Wirksamkeit des Tarifvertrages** vorzunehmen. Möglich ist, daß die Parteien des Arbeitsvertrages Geltung und Inhalt eines Tarifvertrages für das betreffende Arbeitsverhältnis im Wege der **Zwischenfeststellungsklage** (§ 256 Abs. 2 ZPO) klären lassen[1]. Die Überprüfung des Tarifvertrages kann dabei jedoch nicht losgelöst vom konkreten Rechtsverhältnis erfolgen[2]. Die Gerichte können den Tarifvertrag **selbst für nichtig erachten,** da es anders als bei Gesetzen im Sinne von Art. 100 GG kein Verwerfungsmonopol eines bestimmten Gerichts gibt. Hängt jedoch die Wirksamkeit eines Tarifvertrages von der Tariffähigkeit oder der Tarifzuständigkeit ab, so besteht eine **Aussetzungspflicht nach § 97 Abs. 5 ArbGG.** Die Entscheidung eines Fachgerichts über Inhalt oder Wirksamkeit eines Tarifvertrages entfaltet ihre Wirkung lediglich zwischen den Parteien. Dabei erwächst die Entscheidung nicht in **Rechtskraft**, weil die Beurteilung einer Tarifnorm nur eine Vorfrage für den geltend gemachten Anspruch bzw. das in Streit stehende Rechtsverhätnis klärt, es sei denn, daß die Zwischenfeststellungsklage erhoben wurde. § 9 TVG i. V. m. § 2 Abs. 1 Nr. 1 1. Alt. ArbGG eröffnet die Möglichkeit, Gültigkeit und Inhalt von Tarifnormen zum Gegenstand einer **Feststellungsklage** zu machen. Einer solchen Klage stehen auch nicht bereits anhängige Individualprozesse entgegen[3]. Die in einem solchen Verfahren ergangene Entscheidung entfaltet eine allgemeinverbindliche Wirkung. Das Verfahren nach § 9 TVG ist den Parteien des im Streit befindlichen Tarifvertrages vorbehalten (vgl. auch Rz. 95).

4. Objektive und subjektive Bestimmungen

a) Objektive Bestimmungen

aa) Allgemein

150 Objektive Bestimmungen (obligatorische oder schuldrechtliche Bestimmungen) regeln die Rechte und Pflichten der Tarifvertragsparteien untereinander (§ 1 Abs. 1 TVG). Bei diesen Bestimmungen handelt es sich um **schuldrechtliche Vertragsabreden** im Sinne des BGB. Wie bei jedem schuldrechtlichen Vertrag sind auch die Tarifvertragsparteien verpflichtet, für die Durchführung des Vertrages Sorge zu tragen. Diese **Durchführungspflicht** ist dem Tarifvertrag immanent und braucht nicht ausdrücklich geregelt zu werden. Darüber hinaus ergibt sich aus dem Tarifvertrag eine **Friedenspflicht,** die ebenfalls keiner ausdrücklichen Regelung bedarf. Die Tarifvertragsparteien können weitere Vereinbarungen treffen, die ihre Vertragsbeziehung regeln (**Selbstpflichten**), zB über Einrichtung, Verwaltung und Beitragsleistung an gemeinsame Einrichtungen oder Vereinbarung eines Schlichtungsabkommens (zur Schlichtung vgl. im einzelnen

---

1 BAG v. 25. 11. 1987, AP Nr. 18 zu § 1 TVG – Tarifverträge: Einzelhandel.
2 BAG v. 24. 2. 1987, AP Nr. 28 zu § 80 BetrVG 1972.
3 BAG v. 30. 5. 1984, AP Nr. 3 zu § 9 TVG 1969.

Rz. 34 ff.). Andererseits brauchen die Tarifvertragsparteien überhaupt keine Regelung objektiver Bestimmungen vorzunehmen, die Regelung subjektiver (normativer) Bestimmungen reicht aus. Objektive Bestimmungen werden wie Verträge ausgelegt (vgl. hierzu Rz. 82 ff.).

Schuldner und Gläubiger des objektiven Teils eines Tarifvertrages sind die vertragschließenden Tarifparteien. **Schuldner** einer tarifvertraglichen Pflicht ist die jeweils vertragschließende Partei und nicht deren Mitglieder, da der Vertrag auch im Namen der Mitglieder geschlossen wird[1]. Beim Firmentarifvertrag ist dies der Arbeitgeber, bei firmenbezogenen und anderen Verbandstarifverträgen der jeweilige Verband. Schließt ein Spitzenverband einen Tarifvertrag, so sind Schuldner jeweils der abschließende Spitzenverband sowie die ihm angeschlossenen Verbände. Liegt ein mehrgliedriger Tarifvertrag vor, so ist jeder einzelne Verband Schuldner des Tarifvertrages. In diesem Fall haftet also der einzelne Verband selbst, es besteht keine Geamtschuldnerschaft. **Gläubiger** der schuldrechtlichen Bestimmungen sind die Tarifparteien. Dies können ein Arbeitgeber oder auch ein oder mehrere Arbeitgeberverbände sein sowie eine oder auch mehrere Gewerkschaften. Sofern ein Spitzenverband einen Tarifvertrag abschließt, kommt es für die Gläubigerstellung darauf an, ob der Tarifvertrag im eigenen oder im Namen der angeschlossenen Verbände abgeschlossen wird (§ 2 Abs. 2 und 3 TVG). Liegt ein mehrgliedriger Tarifvertrag vor, so ist im Zweifel jeder einzelne Verband Gläubiger, eine Gesamtgläubigerschaft ist nicht anzunehmen[2]. 151

Schuldrechtliche Bestimmungen des Tarifvertrages können auch **Wirkungen zugunsten Dritter** entfalten. Ob eine solche Wirkung die Mitglieder treffen soll, ist im Wege der Auslegung zu ermitteln. Eine Wirkung liegt jedenfalls hinsichtlich der Friedenspflicht vor. Diese soll für die Laufzeit des Tarifvertrages sicherstellen, daß keine Veränderung der Arbeitsbedingungen erfolgt; dahingehende Arbeitskämpfe sind rechtswidrig und können eine Schadenersatzpflicht der kämpfenden Mitglieder begründen (vgl. Rz. 70 f.)[3]. Ist nicht ausdrücklich geregelt, daß durch den Tarifvertrag unmittelbare Rechte Dritter entstehen sollen, ist eine Auslegung unter Berücksichtigung des § 328 Abs. 2 BGB vorzunehmen. Enthalten die schuldrechtlichen Bestimmungen Regelungen, die den individuellen Interessen der Mitglieder dienen, so entstehen hierdurch unmittelbare Rechte der Mitglieder. Dementgegen entstehen keine unmittelbaren Rechte, soweit die Regelungen ausschließlich Verbandsinteressen verfolgen. 152

bb) Die Friedenspflicht

Jedem Tarifvertrag ist eine „**relative Friedenspflicht**" immanent, sie wird regelmäßig nicht ausdrücklich im Tarifvertrag geregelt. Den Tarifvertragsparteien ist es für die Laufzeit eines Tarifvertrages untersagt, die Geltung der im Tarifvertrag festgelegten Arbeitsbedingungen in Frage zu stellen. **Arbeitskampfmaß-** 153

---

1 BAG v. 17. 12. 1958, AP Nr. 3 zu § TVG – Friedenspflicht.
2 *Wiedemann/Stumpf*, § 1 Rz. 315.
3 BAG v. 21. 12. 1954, AP Nr. 2 zu § 1 TVG; BAG v. 2. 3. 1955, AP Nr. 4 zu § 1 TVG; BAG v. 12. 9. 1984, AP Nr. 81 zu Art. 9 GG – Arbeitskampf.

nahmen, die eine Änderung der im Vertrag geregelten Punkte beabsichtigen, sind während der Laufzeit des Tarifvertrages unzulässig. **Zweck** der Friedenspflicht ist es, konstante Wirtschafts- und Arbeitsbedingungen für eine gewisse Zeit zu schaffen. Kampfmaßnahmen, die sich dagegen auf andere als die im Vertrag geregelten Punkte beziehen, sind zulässig. Zulässig sind auch Kampfmaßnahmen, die sich gegen einen rechtswidrigen Arbeitskampf richten. Solche Arbeitskämpfe richten sich nicht gegen den Bestand des Tarifvertrages. Es ist im Wege der Auslegung zu ermitteln, ob der betreffende Punkt bereits im Tarifvertrag geregelt ist oder nicht.

154 Soll während der Laufzeit eines Tarifvertrags jegliche Kampfmaßnahme unterbleiben, so spricht man von einer **„absoluten" Friedenspflicht.** Für diese Form der Friedenspflicht ist jedoch eine besondere Abrede notwendig[1]. Denkbar ist, daß die absolute Friedenspflicht alleiniger Gegenstand eines Tarifvertrages ist, sog. **Friedensabkommen.** Ferner kann die Friedenspflicht für eine gewisse Zeit nach Ablauf des Tarifvertrags verlängert werden, um genügend Zeit für Verhandlungen zu geben. So kann zB vereinbart werden, daß Arbeitskampfmaßnahmen erst nach Durchführung eines Schlichtungsverfahrens durchgeführt werden dürfen (zur Schlichtung vgl. im einzelnen Rz. 34 ff.). Um eine **Verletzung der tariflichen Friedenspflicht** handelt es sich, wenn Ziel der Arbeitskampfmaßnahme die Änderung bzw. eine andere Auslegung des Vertragsinhaltes oder auch das vorzeitige Aufheben des Vertrages ist. Ein Verstoß liegt auch dann vor, wenn die Kampfmaßnahme zur Verbesserung der tariflichen Leistungen, etwa durch Betriebsvereinbarung oder übertarifliche Leistungen, geführt wird[2]. Sofern ein Arbeitskampf die Friedenspflicht verletzt, ist er rechtswidrig. Dabei kommt es nicht darauf an, ob ein Teil des Kampfgegenstandes nicht der Friedenspflicht unterliegt[3]. Mit **Beendigung des Tarifvertrages** (vgl. zur Beendigung im einzelnen Rz. 108 ff.) endet auch die Friedenspflicht, es sei denn, daß die Friedenspflicht auch für die Zeit danach vereinbart wurde.

155 | **Hinweis:**
Wird die Friedenspflicht verletzt, so liegt ein **Tarifbruch** vor, der zu Unterlassungs- und Schadenersatzansprüchen führen kann (vgl. Rz. 70 f.). Nach den Grundsätzen über die Drittschadensliquidation können die Verbände auch die Schäden ihrer Mitglieder geltend machen. Auch einzelne Verbandsmitglieder können ihren Schaden einklagen, da sie von der Schutzwirkung des Tarifvertrages mit erfaßt werden.

---

1 *Buchner,* AR-Blattei Tarifvertrag V Inhalt, C II 3.
2 BAG v. 8. 2. 1957, AP Nr. 1 zu § 1 TVG – Friedenspflicht; BAG v. 4. 5. 1955, AP Nr. 2 zu Art. 9 GG – Arbeitskampf.
3 BAG v. 17. 12. 1958, AP Nr. 3 zu § 1 TVG – Friedenspflicht.

cc) Die Einwirkungs- und Durchführungspflicht

Aus dem Sinn des Tarifvertrages folgt die Verpflichtung der Tarifvertragsparteien, dafür Sorge zu tragen, daß die Rechtsnormen des Tarifvertrages auch eingehalten werden[1]. Die **Einwirkungspflicht** verpflichtet die Tarifvertragsparteien, unter Einsatz ihrer verbandsrechtlichen Mittel darauf zu achten, daß ihre Mitglieder sich an die tariflichen Regelungen halten.

156

Die **Durchführungspflicht** verpflichtet sie, dafür Sorge zu tragen, daß die Verbandsmitglieder die Normen des Tarifvertrages auch tatsächlich durchführen. Diese Pflicht besteht auch bei Tarifverträgen, die im Ausland durchzuführen sind[2]. Allerdings sind die Tarifvertragsparteien nicht gezwungen, jeder einzelnen Tarifuntreue entgegenzutreten. Sie haben sich jedoch zur Aufrechterhaltung der typischen Tarifordnung ihrer Mitglieder einzusetzen, also planmäßige Aushöhlungen der Tarifverträge zu unterbinden. Hierzu müssen sie ihre Mitglieder auf den Bestand und Inhalt des Tarifvertrages hinweisen und notfalls die Einhaltung des Vertrages mit **Sanktionen** erzwingen. Als Sanktionen kommen Mahnung, Verweis, Entziehung der Verbandsunterstützung, zeitweilige Einstellung von Mitgliedsrechten und letztlich auch der Ausschluß aus dem Verband in Betracht. Kommt ein Verbandsmitglied trotz Sanktionen seinen Pflichten nicht nach, so ist der Verband hierfür jedoch nicht verantwortlich zu machen. Die Einwirkungspflicht stellt keine Garantiepflicht dar. Die Einwirkungspflicht besteht nur hinsichtlich unstreitiger Tarifnormen. Ist die Auslegung einer Regelung im Streit, so kann die eine Tarifpartei von der anderen nicht verlangen, daß diese die von ihr nicht geteilte Tarifauslegung gegenüber ihren Mitgliedern vertritt.

157

Zu unterscheiden von den Einwirkungspflichten sind die **Selbstpflichten.** Den Tarifvertragsparteien steht es frei, weitere Pflichten zu vereinbaren. So können Informationspflichten oder auch die Pflicht, auch während der Laufzeit des Tarifvertrages Gespräche zu führen, vereinbart werden. Weitere Selbstpflichten sind unter anderem die Mitwirkung bei der Beantragung der Allgemeinverbindlichkeitserklärung (§ 5 TVG), die Errichtung von Sozialeinrichtungen sowie deren Unterhaltung. Die Vertragsparteien dürfen jedoch nicht die Grenzen überschreiten, die ihnen für ihre Normsetzungsbefugnis gezogen sind. So wäre zB eine Verpflichtung, Differenzierungsklauseln einzuführen, nichtig[3].

158

Hinweis:
Will eine Tarifpartei eine streitige Frage hinsichtlich der Einwirkungs- und Durchführungspflicht gerichtlich klären lassen, so kann sie dies im Wege der **Feststellungsklage** nach § 9 TVG vor den Arbeitsgerichten geltend machen. Die Klage ist gegen die Tarifvertragspartei und nicht gegen deren

159

---

1 BAG v. 3. 2. 1988, AP Nr. 20 zu § 1 TVG – Tarifverträge: Druckindustrie; BAG v. 9. 6. 1982, AP Nr. 1 zu § 1 TVG – Durchführungspflicht.
2 BAG v. 11. 9. 1991, AP Nr. 29 zu Internationales Privatrecht, Arbeitsrecht.
3 *Hanau/Adomeit,* C II 6c.

Mitglieder zu richten[1]. Eine Verletzung der Einwirkungspflicht löst eine **Schadenersatzpflicht** des Verbandes aus und kann eine außerordentliche Kündigung des Tarifvertrages zur Folge haben. Der Verband haftet für Vertragswidrigkeiten unabhängig von seiner Rechtsfähigkeit nach § 276 BGB für seine Beschlußorgane, unmittelbar bzw. analog nach § 31 BGB für seine gesetzlichen Vertreter und nach § 278 BGB für sonstige Erfüllungsgehilfen. Die Einhaltung der schuldrechtlichen Pflichten (Einwirkungs-, Durchführungs- und Selbstpflichten) sowie die Unterlassung tarifwidriger Handlungen kann im Wege der **Leistungsklage** verfolgt werden. Bei Unterlassungsansprüchen erfolgt die Vollstreckung nach § 890 ZPO, bei Handlungspflichten nach §§ 887, 888 ZPO.

b) Subjektive Bestimmungen

aa) Allgemein

160 **Subjektive oder normative Bestimmungen** des Tarifvertrages sind die Regelungen, die eine unmittelbare und zwingende Wirkung für die tarifgebundenen Arbeitnehmer und Arbeitgeber entfalten. § 1 TVG sieht vor, daß die Tarifvertragsparteien Rechtsnormen festschreiben können, die den Inhalt, den Abschluß und die Beendigung des Arbeitsverhältnisses sowie betriebliche und betriebsverfassungsrechtliche Fragen regeln (zu den möglichen Regelungstatbeständen vgl. Rz. 123 ff.). Wird der den Tarifvertragsparteien gesetzlich vorgeschriebene Rahmen überschritten, so ist der Tarifvertrag nichtig. Normative Bestimmungen kommen in der Form der **Gebots- und Verbotsnorm** vor. Verbotsnormen verbieten bestimmte Vertragsgestaltungen. Gebotsnormen gestalten das Rechtsverhältnis zwischen Arbeitnehmer und Arbeitgeber. Rechtsnormen mit unmittelbarer und zwingender Wirkung haben regelmäßig einen **abstrakt-generellen Charakter; Einzelfallregelungen** sind zulässig, werden in der Praxis jedoch selten getroffen. In Tarifverträgen wird gelegentlich auf gesetzliche Vorschriften verwiesen. Ob eine bloße Verweisung oder ein Rechtsetzungswille der Tarifvertragsparteien hierbei vorliegt, ist durch Auslegung zu ermitteln.

161 **Hinweis:**

Eine **gerichtliche Kontrolle der normativen Bestimmungen** kann nur dahingehend erfolgen, ob durch die tariflichen Regelungen die Grenzen der Tarifautonomie überschritten wurden. Grenzen ergeben sich aus zwingendem Gesetzesrecht, aus der Verfassung, den tragenden Grundsätzen des Arbeitsrechts, den Grundsätzen der Verhältnismäßigkeit sowie aus den guten Sitten[2] (vgl. auch Hinweis in Rz. 119 sowie zur tariflichen Normenkontrolle Rz. 149).

---

1 BAG v. 29. 4. 1992, AP Nr. 3 zu § 1 TVG – Durchführungspflicht; BAG v. 3. 2. 1988, AP Nr. 20 zu § 1 TVG – Tarifverträge: Druckindustrie; BAG v. 14. 6. 1995, EzA Nr. 3 zu § 4 TVG.
2 BAG v. 10. 10. 1989, AP Nr. 3 zu § 1 TVG – Vorruhestand.

II. Tarifrecht

bb) Wirkungen der subjektiven Bestimmungen

Die **Wirkung des normativen Teils** des Tarifvertrages bestimmt sich nach den Prinzipien der Unabhängigkeit, der Günstigkeit und der Unverbrüchlichkeit. Voraussetzung für die Rechtswirksamkeit eines Tarifvertrages ist, daß die betreffenden Arbeitsverträge dem **Geltungsbereich des Tarifvertrages** unterfallen, also daß sie dem zeitlichen, räumlichen, fachlichen, betrieblichen und persönlichen Geltungsbereich unterfallen (vgl. zum Geltungsbereich im einzelnen Rz. 193 ff.). Darüber hinaus müssen sowohl der **Tarifvertrag** selbst als auch **die zu regelnden Arbeitsverhältnisse wirksam** sein. Für die Wirksamkeit des Tarifvertrages ist erforderlich, daß er nicht gegen materielles Recht verstößt und die Grenzen der Tarifautonomie eingehalten wurden. Sofern die Tarifbindung entfällt, entfällt auch die tarifliche Wirkung. Allerdings reicht es bei betrieblichen und betriebsverfassungsrechtlichen Regelungen aus, wenn nur der Arbeitgeber tarifgebunden ist (§ 3 Abs. 2 TVG).

162

(1) Unabdingbarkeit

Tarifvertragsnormen sind **unabdingbar,** das heißt sie wirken gegenüber den Tarifgebundenen unmittelbar und zwingend (§ 4 Abs. 1 TVG)[1]. Sie sind unverzichtbar und treten ohne weiteres mit Wirkung für oder gegen die einzelnen Vertragsmitglieder in Kraft, entgegenstehende Regelungen heben sie damit auf. **Unmittelbare Wirkung** von Tarifnormen meint, daß die tariflichen Regelungen auf die Arbeitsverhältnisse einwirken, ohne daß es auf die Kenntnis oder den Willen der Arbeitsvertragsparteien ankommt. Eine arbeitsvertragliche Umsetzung der tariflichen Normen ist nicht erforderlich. Soll eine Wirkung der Tarifnormen für nicht tarifgebundene Arbeitnehmer erfolgen, so bedarf es der **einzelvertraglichen Bezugnahme** auf den Tarifvertrag in dem betreffenden Arbeitsvertrag (zur Bezugnahme vgl. Rz. 250 ff.). Dies ist jedoch nicht erforderlich für die Geltung betrieblicher und betriebsverfassungsrechtlicher Regelungen (§ 3 Abs. 2 TVG). Die unmittelbare Wirkung beginnt mit Inkrafttreten des Tarifvertrages (vgl. Rz. 103 ff.) und endet mit dessen Beendigung (vgl. Rz. 108 ff.).

163

Nach seiner Beendigung entfaltet der Tarifvertrag eine **Nachwirkung** (§ 4 Abs. 5 TVG)[2]. Die Nachwirkung läuft solange, bis ein neuer Tarifvertrag abgeschlossen wird oder bis abweichende einzelvertragliche Regelungen durch die Arbeitsvertragsparteien getroffen werden. Eine andere Abmachung im Sinne des § 4 Abs. 5 TVG kann auch eine Betriebsvereinbarung sein. Der Betriebsrat kann also im Rahmen seiner bestehenden Kompetenzen lediglich nachwirkende betriebliche oder betriebsverfassungsrechtliche Bestimmungen durch Betriebsvereinbarung ersetzen[3]. Im Laufe der Nachwirkung können auch **neue Leistungen** entstehen, so zB wenn ein Stufenplan für die Zeit der Nachwirkung im Tarifvertrag vereinbart wurde. Während der Phase der Nachwirkung können

164

---
1 BAG v. 25. 11. 1970, AP Nr. 12 zu § 4 TVG – Günstigkeitsprinzip.
2 *Meinert*, BB 1976, 1615; *Herschel*, ZfA 1976, 89.
3 *Hromadka*, DB 1987, 1991; BAG v. 24. 2. 1987, DB 1987, 1435.

die Tarifvertragsnormen von den Arbeitsvertragsparteien abgeändert werden, sie wirken nicht mehr zwingend. Dabei ist auch eine Änderung zum Nachteil der Arbeitnehmer möglich[1].

165 Auch **tarifvertragliche Formvorschriften** entfalten eine Nachwirkung. Diese Formvorschriften sind wie gesetzliche Formvorschriften zu behandeln, ihre Verletzung führt zur Nichtigkeit des Arbeitsvertrages[2] – es sei denn, der Arbeitsvertrag wurde bereits vor Inkrafttreten des Tarifvertrages wirksam geschlossen. Für die Nachwirkung ist erforderlich, daß das Arbeitsverhältnis bereits während der Geltung des Tarifvertrages begründet wurde[3]. Neu begründete Arbeitsverhältnisse unterliegen der Nachwirkung des Tarifvertrages nur, wenn nichts anderes vereinbart wurde[4]. So kann im betreffenden Arbeitsvertrag Bezug genommen werden auf die tariflichen Regelungen. **Allgemeinverbindlich erklärte Tarifverträge** entfalten ebenfalls eine Nachwirkung (vgl. Rz. 240)[5]. Die Tarifvertragsparteien können die Nachwirkung ausschießen.

166 Der Tarifvertrag entfaltet eine **zwingende Wirkung,** das heißt andere, dem Tarifvertrag widersprechende arbeitsvertragliche Vereinbarungen sind nichtig (§ 134 BGB). Dabei ist jedoch nicht der gesamte Arbeitsvertrag nichtig, da ansonsten der Schutzzweck der tariflichen Norm verloren ginge[6]. § 139 BGB kommt nur eine eingeschränkte Bedeutung im Arbeitsrecht zu. Ist der im Arbeitsvertrag nichtige Bestandteil im Tarifvertrag positiv geregelt, so tritt die tarifliche Regelung an die Stelle der arbeitsvertraglichen. Ist dagegen im Tarifvertrag eine vom Arbeitsvertrag abweichende Verbotsnorm vorhanden, so wird die entgegenstehende einzelvertragliche Regelung nichtig. Eine so verdrängte einzelvertragliche Abrede lebt regelmäßig auch nach Ablauf des Tarifvertrages nicht wieder auf[7]. Es bleibt den Arbeitsvertragsparteien jedoch unbenommen, etwas anderes zu vereinbaren.

167 Die **zwingende Wirkung beginnt** mit Inkrafttreten des Tarifvertrags und **endet** mit dessen Beendigung. Eine **Nachwirkung** kommt in diesem Zusammenhang nicht in Betracht. Allerdings können die Tarifvertragsparteien vereinbaren, daß die Tarifvertragsnormen so lange Geltung behalten sollen, bis ein neuer Tarifvertrag abgeschlossen wird. In diesem Fall erlangt auch die zwingende Wirkung eine Nachwirkung. Nach Beendigung des Tarifvertrags sind die Arbeitsvertragsparteien jedoch ansonsten frei, neue Regelungen für das Arbeitsverhältnis zu treffen; diese können sich auch zum Nachteil der Arbeitnehmer auswirken.

---

1 BAG v. 28. 6. 1972, AP Nr. 55 zu §§ 22, 23 BAT; BAG v. 3. 12. 1985, AP Nr. 1 zu § 74 BAT.
2 BAG v. 15. 11. 1957, AP Nr. 2 zu § 125 BGB; BAG v. 7. 7. 1955, AP Nr. 1 zu § 32 AOG – Tarifordnung.
3 BAG v. 6. 6. 1958, AP Nr. 1 zu § 4 TVG – Nachwirkung; BAG v. 13. 6. 1958, AP Nr. 2 zu § 4 TVG – Nachwirkung.
4 BAG v. 13. 6. 1958, AP Nr. 2 zu § 4 TVG – Effektivklausel; BAG v. 29. 1. 1975, AP Nr. 8 zu § 4 TVG – Nachwirkung.
5 BAG v. 27. 11. 1991, DB 1992, 1294.
6 *Wiedemann/Stumpf,* § 4 Rz. 202.
7 Vgl. BAG v. 14. 2. 1991, NZA 1991, 779.

(2) Öffnungsklauseln

Die Tarifvertragsparteien können eine zwingende Wirkung tarifvertraglicher Normen verhindern. Dies wird durch die ausdrückliche oder konkludente Vereinbarung sog. **Öffnungsklauseln** erreicht. Die Befugnis, solche Öffnungsklauseln vorzusehen, ergibt sich aus der Tarifautonomie. Ist die tarifvertragliche Regelung dispositiv, so entfalten sie zwar eine unmittelbare, jedoch keine zwingende Wirkung. Dies ist zB bei **Kann-Vorschriften** der Fall. Durch Kann-Vorschriften räumen die Tarifvertragsparteien dem Arbeitgeber ein **einseitiges Leistungsbestimmungsrecht** ein. Dieser hat dann nach billigem Ermessen über die Leistungsgewährung zu entscheiden (§ 315 Abs. 1 BGB). Das billige Ermessen unterliegt der vollen gerichtlichen Überprüfung (§ 315 Abs. 3 BGB) und kann auch in der Revisonsinstanz unbeschränkt überprüft werden[1]. Solche Kann-Vorschriften, nach denen der Arbeitgeber Zulagen gewähren kann oder nicht, kommen häufig im öffentliche Dienst vor. Stillschweigend kann ein Tarifvertrag keine Öffnungsklausel vorsehen. Es müssen vielmehr Anhaltspunkte im Tarifvertrag vorliegen, die auf eine Öffnungsklausel schließen lassen. So kann man zB bei tariflichen Normen über die Dauer der Arbeitszeit davon ausgehen, daß nur eine Regel- und Höchstarbeitszeit vorgesehen ist, deren Unterschreitung erlaubt ist. Die Nennung der Dauer genügt als Anhaltspunkt. 168

Eine Ausnahme zur zwingenden Wirkung stellen auch **Bestimmungsklauseln** dar. Hierbei handelt es sich um Tarifvorschriften, die die Arbeitsbedingungen nicht abschließend regeln. Hier werden vielmehr **Rahmenbedingungen** aufgestellt, deren Ausfüllung es durch den Arbeitgeber oder einen Dritten bedarf. Adressat und Delegation der tariflichen Rahmenbedingung müssen eindeutig geregelt werden. Die ausfüllenden Regelungen stellen Normen dar und führen zu einer Ergänzung des Tarifvertrages[2]. Mit Beendigung des Tarifvertrages enden auch die Ausfüllungsnormen. Sog. **Sollvorschriften** haben dagegen zur Folge, daß der Arbeitnehmer bei Vorliegen der tariflichen Voraussetzungen einen vollen Rechtsanspruch erwirbt, es sei denn, es stehen wichtige Gründe im Einzelfall entgegen. Eine weitere Ausnahme von der zwingenden Wirkung besteht darüber hinaus im Rahmen des **Günstigkeitsprinzips,** also dann, wenn die einzelvertragliche Regelung für den Arbeitnehmer günstiger ist als die tarifvertragliche. Die Günstigkeit der einzelvertraglichen Bestimmung muß jedoch eindeutig sein[3]. 169

Bei **tariflichen Formvorschriften** ist zwischen Vorschriften mit zwingender und mit nicht zwingender Wirkung zu unterscheiden. Deklaratorische Formvorschriften sind für die Entfaltung der Rechtswirkungen des Tarifvertrages nicht zwingend. Die Verletzung konstitutiver Formvorschriften führt jedoch zur Nichtigkeit (§§ 125, 126 BGB). So hat das BAG entschieden, daß eine Kündi- 170

---

1 BAG v. 26. 11. 1986, AP Nr. 15 zu § 1 TVG – Tarifverträge: Rundfunk.
2 BAG v. 28. 11. 1984, AP Nr. 1 zu § 4 TVG – Bestimmungsrecht; BAG v. 28. 11. 1984, AP Nr. 2 zu § 4 TVG – Bestimmungsrecht.
3 BAG v. 25. 11. 1970, AP Nr. 12 zu § 4 TVG – Günstigkeitsprinzip.

gung, die schriftlich unter Angabe von Gründen zu erfolgen hat, nichtig ist, sofern die Kündigung diesen Anforderungen nicht genügt[1].

(3) Günstigkeitsprinzip

171 Das Günstigkeitsprinzip stellt eine **Ausnahme zur zwingenden Wirkung** der Tarifvertragsnormen dar. Es ist Ausfluß der Privatautonomie nach Art. 12 und Art. 2 GG und stellt somit einen verfassungsgemäß anerkannten arbeitsrechtlichen Grundsatz dar[2]. Die Tarifvertragsnormen sind Mindestbedingungen; Höchstarbeitsbedingungen können tarifvertraglich nicht vereinbart werden, auch können Besserstellungen nicht von bestimmten Voraussetzungen abhängig gemacht werden. Den Parteien des Arbeitsverhältnisses steht es frei, bessere Arbeitsbedingungen zu vereinbaren als der Tarifvertrag es vorsieht (§ 4 Abs. 3 TVG). Das Günstigkeitsprinzip kann durch die Tarifvertragsparteien nicht ausgeschlossen werden[3].

172 Der **Günstigkeitsvergleich,** also die Frage, ob eine arbeitsvertragliche Regelung günstiger ist als die tarifvertraglich vorgesehene, erfolgt durch **Auslegung.** Hierbei ist die einzelvertragliche Regelung der tariflichen Regelung gegenüberzustellen. Es ist lediglich auf das Interesse des betreffenden Arbeitnehmers abzustellen. Das Gesamtinteresse einer Gruppe von Arbeitnehmern ist nur hinsichtlich betrieblicher und betriebsverfassungsrechtlicher Regelungen von Bedeutung. Früher nahm man an, daß die Frage der Günstigkeit sich ausschließlich durch **Sachgruppenvergleich** beantworten läßt. Dabei war es dem Arbeitnehmer nicht möglich, selbst zu bestimmen, was für ihn günstiger ist, die Günstigkeit unterlag einer objektiven Sichtweise der Gesamtrechtsordnung[4]. Seit der Forderung der Gewerkschaft nach der 35-Stunden-Woche hat sich diese Handhabung des Günstigkeitsprinzips geändert. Aus gewerkschaftlicher Sicht heißt je weniger Arbeitszeit, desto günstiger für den Arbeitnehmer. Das verfolgte Ziel der Gewerkschaften ist hierbei ein rein beschäftigungspolitisches. Aus Sicht der Arbeitnehmer bedeutet jedoch weniger Arbeitszeit auch weniger Lohn. Viele Arbeitnehmer empfinden jedoch mehr Lohn als günstiger, auch wenn sie hierfür mehr arbeiten müssen. Hieraus folgte eine neue Sichtweise des Günstigkeitsprinzips. Die Einräumung eines **Wahlrechts** der Arbeitnehmer stellt sich letztlich für diese günstiger dar als die tarifliche Regelung[5]. Gegen diese neue Definition des Günstigkeitsprinzips bestehen jedoch teilweise Bedenken, da diese dazu führen kann, daß dem Tarifvertrag nur noch die Bedeutung einer bloßen Empfehlung zukommen kann[6]. Im Verhältnis **Tarifvertrag**

---

1 BAG v. 15. 11. 1957, AP Nr. 2 zu § 125 BGB; BAG v. 7. 7. 1955, AP Nr. 1 zu § 32 AOG – Tarifordnung.
2 BAG v. 15. 12. 1960, AP Nr. 2 zu § 4 TVG – Angleichungsrecht.
3 BAG v. 21. 2. 1968, AP Nr. 8 zu § 4 TVG – Günstigkeitsprinzip; BAG v. 15. 12. 1960, AP Nr. 2 zu § 4 TVG – Angleichungsrecht; BAG v. 15. 12. 1960, AP Nr. 3 zu § 4 TVG – Angleichungsrecht.
4 *Däubler,* Rz. 209; *Löwisch/Rieble,* § 4 Rz. 203; *Wiedemann/Stumpf,* § 4 Rz. 240.
5 *Rieble,* RdA 1996, 151, 156; *Löwisch,* BB 1991, 59.
6 *Wank,* NJW 1996, 2273, 2278.

und **Betriebsvereinbarung** wird das Günstigkeitsprinzip abgelehnt, da das Betriebsverfassungsgesetz mit seinen spezielleren Bestimmungen das allgemeiner gehaltene Tarifvertragsgesetz verdrängt.

(4) Übertarifliche Löhne und Zulagen

In der Praxis werden häufig **übertarifliche Löhne** und **außertarifliche Zulagen** gezahlt. Dies folgt daraus, daß Tarifverträge sich in der Regel an der durchschnittlichen Ertragslage der Unternehmen eines bestimmten Wirtschaftszweiges ausrichten und daher für Unternehmen mit einer besseren Ertragslage bzw. Finanzkraft die Möglichkeit freiwilliger Zulagen besteht. Wird eine Tariflohnerhöhung vereinbart, so ist in diesen Fällen fraglich, ob eine **Anrechnung der Zulage** auf den neuen Tariflohn oder ob eine **Aufstockung** erfolgt, also der bisherige den Tariflohn übersteigende Betrag auf den neu vereinbarten Tariflohn aufgestockt wird. Haben die Arbeitsvertragsparteien eine **ausdrückliche Regelung** getroffen, so macht diese Frage keine Schwierigkeiten. Eine solche Regelung kann zB dahingehend lauten, daß ein bestimmter Betrag oder Prozentsatz des Arbeitslohns zusätzlich zu dem jeweiligen Tariflohn gezahlt werden soll. In diesem Fall führt eine spätere Tariflohnerhöhung dazu, daß der bisherige übertarifliche Lohnbestandteil auch dem neuen Tariflohn hinzuzurechnen ist. 173

Fehlt eine ausdrückliche Regelung, so beurteilt sich die Frage nach den **Grundsätzen der ergänzenden Vertragsauslegung**[1]. Grundsätzlich gilt, daß ein übertariflicher Lohn dann nicht durch die Tariflohnerhöhung berührt wird, wenn der Tariflohn den übertariflichen Lohn nicht übersteigt[2]. Dies gilt auch dann, wenn der Arbeitgeber den Zuschlag bei mehreren vorhergehenden Tariflohnerhöhungen vorbehaltlos in vollem Umfange auf den jeweiligen höheren Tariflohn aufgestockt hat[3]. Eine Verrechnung ist ohne ausdrückliche Regelung zulässig, wenn sich aus dem Zweck der übertariflichen Zulage ergibt, daß der Arbeitnehmer dauernd eine entsprechende Zulage erhalten soll. Dies ist der Fall, wenn die übertarifliche Zulage zB eine **Leistungszulage oder Erschwerniszulage** etc. darstellt. In einem solchen Fall ist im Zweifel anzunehmen, daß die Zulage auf den neuen Tariflohn aufzustocken ist, da hier anzunehmen ist, daß eine Höhervergütung für die besondere Belastung gewollt ist[4]. Zulässig ist auch eine Anrechnung solcher Tariflohnerhöhungen, die als Ausgleich für eine **Arbeitszeitverkürzung** vereinbart werden[5]. Anzurechnen ist eine Zulage dann, wenn die Tariflohnerhöhung hierdurch lediglich vorweggenommen wurde. 174

---

1 BAG v. 6. 3. 1958, AP Nr. 6 zu § 4 TVG – Übertariflicher Lohn und Tariflohnerhöhung.
2 BAG v. 13. 11. 1963, AP Nr. 7 zu § 4 TVG – Übertariflicher Lohn und Tariflohnerhöhung; BAG v. 11. 8. 1965 und 19. 7. 1978, AP Nr. 9 und 10 zu § 4 TVG – Übertariflicher Lohn und Tariflohnerhöhung; BAG v. 10. 3. 1982, AP Nr. 47 zu § 242 BGB – Gleichbehandlung.
3 BAG v. 8. 12. 1982, AP Nr. 15 zu § 4 TVG – Übertariflicher Lohn und Tariflohnerhöhung.
4 BAG v. 23. 1. 1980, AP Nr. 12 zu § 4 TVG – Übertariflicher Lohn und Tariflohnerhöhung.
5 BAG v. 3. 6. 1987, AP Nr. 58 zu § 1 TVG – Tarifverträge: Metallindustrie; BAG v. 29. 4. 1987, AP Nr. 57 zu § 1 TVG – Tarifverträge: Metallindustrie.

175 **Hinweis:**
Rechnet der Arbeitgeber die außertarifliche Zulage bei einigen Arbeitnehmern an und bei anderen nicht, so muß er spätestens im Rahmen eines **gerichtlichen Verfahrens** die Gründe hierfür darlegen. Im übrigen gilt grundsätzlich, daß die Darlegungs- und Beweislast für Umstände, aus denen sich eine Erhöhung des neuen Tariflohns ergeben soll, dem Arbeitnehmer obliegt.

176 Bei der Verrechnung des bisher übertariflichen Lohnbestandteils ist der Arbeitgeber an die **Grundsätze der Gleichbehandlung** (Art. 3 GG) gebunden. Er darf also die außertarifliche Zulage nicht ohne sachlichen Grund und willkürlich bei einigen Arbeitnehmern anrechnen, während er sie bei anderen nicht anrechnet. Die Anrechnung hat vielmehr nach generellen, objektiven Merkmalen zu erfolgen[1]. Kein Verstoß gegen den Gleichbehandlungsgrundsatz liegt vor, wenn eine Tariflohnerhöhung zum Ausgleich der Arbeitszeitverkürzung nur bei Arbeitern, die Stundenlöhne erhalten, nicht aber bei Angestellten mit Wochen- oder Monatslöhnen angerechnet wird. – Ein Verstoß gegen den Gleichheitssatz liegt auch dann vor, wenn der Tarifvertrag vorsieht, daß eine Anrechnung bei bestimmten Gruppen von Arbeitnehmern von der Zustimmung des Betriebsrates abhängig gemacht wird[2].

177 **Hinweis:**
Es empfiehlt sich, daß der Arbeitgeber im **Arbeitsvertrag** darauf hinweist, daß die Zulagen jederzeit widerruflich sind und auf Tariflohnerhöhungen anrechenbar sind. In diesem Fall ist es möglich, daß die Tariferhöhung auf allgemeine Zulagen und auch auf zweckgebundene Zulagen angerechnet wird. Ist die Anrechnung ausgeschlossen, so ist es möglich, den übertariflichen Lohnbestandteil durch Änderungskündigung zu verringern.

178 Tarifverträge verstoßen gegen den **Gleichbehandlungsgrundsatz**, wenn sie die Anrechnung der übertariflichen Zulagen bei einer bestimmten Arbeitnehmergruppe von der Zustimmung des Betriebsrates abhängig machen[3]. Bei der Änderung der Verteilungsgrundsätze, die der Anrechnung einer Tariflohnerhöhung auf über- und außertarifliche Zulagen folgt, besitzt der **Betriebsrat** grundsätzlich ein **Mitbestimmungsrecht** (§ 87 Abs. 1 BetrVG)[4]. Dabei kommt es nicht darauf an, ob der Arbeitgeber sich die Anrechnung bzw. den Widerruf vorbehal-

---

[1] BAG v. 22. 8. 1979, AP Nr. 11 zu § 4 TVG – Übertariflicher Lohn und Tariflohnerhöhung.
[2] BAG v. 6. 2. 1985, AP Nr. 16 zu § 4 TVG – Übertariflicher Lohn und Tariflohnerhöhung.
[3] BAG v. 6. 2. 1985, AP Nr. 16 zu § 4 TVG – Übertariflicher Lohn und Tariflohnerhöhung.
[4] BAG v. 13. 2. 1990, AP Nr. 43 zu § 87 BetrVG 1972 – Lohngestaltung; BAG v. 13. 2. 1990, AP Nr. 44 zu § 87 BetrVG – Lohngestaltung.

II. Tarifrecht

ten hat. Das Mitbestimmungsrecht entfällt dann, wenn tatsächliche oder rechtliche Hindernisse entgegenstehen. Ein rechtliches Hindernis ist dann gegeben, wenn eine vollständige und gleichmäßige Anrechnung einer Taiflohnerhöhung auf übertarifliche bzw. außertarifliche Zulagen erfolgt. Liegt eine Reduzierung der Zulage auf Null vor, so liegt darin ein tatsächliches Hindernis; ein Mitbestimmungsrecht des Betriebsrates entfällt.

> **Hinweis:** 179
> Anrechnung und Widerruf des Arbeitgebers sind unwirksam, wenn er das Mitbestimmungsrecht des Betriebsrates verletzt[1]. Bis zur Einigung mit dem Betriebsrat kann der Arbeitgeber das Zulagevolumen kürzen, er muß jedoch die Verteilungsgrundsätze beachten.

(5) Bestands-, Effektiv- und Verrechnungsklauseln

Durch **Effektivgarantieklauseln** (auch allgemeine Effektivklauseln) versuchen die Tarifvertragsparteien zu erreichen, daß der bisherige Lohn zum Tariflohn wird. Eine solche Klausel kann in etwa lauten: „Das effektive Arbeitsentgelt wird tariflich garantiert." Solche Effektivgarantieklauseln sind unzulässig[2]. Sie verstoßen gegen das Schriftformerfordernis des § 1 Abs. 2 TVG, da sich der Tariflohn nur anhand des Einzelarbeitsvertrages feststellen ließe und sich nicht aus dem Tarifvertrag selbst ergeben würde. Der Tarifvertrag kann nicht auf individuelle Lohnfestsetzungen Bezug nehmen, sondern muß den Mindestlohn festsetzen. Die Mindestarbeitsbedingungen ergeben sich aus den zwingenden Tarifnormen (§ 4 TVG), Verbesserungen gehören in den Bereich des Einzelarbeitsvertrages. Würde man Effektivgarantieklauseln für zulässig halten, so gäbe es keine übertariflichen Zulagen mehr, auch Änderungskündigungen zur Verringerung der übertariflichen Zulagen wären wegen der zwingenden Wirkung der Tarifvertragsnormen nicht möglich. 180

Von den Effektivgarantieklauseln zu unterscheiden sind die **begrenzten Effektivklauseln.** Hierbei handelt es sich um eine Vereinbarung, die darauf abzielt, daß eine bisherige übertarifliche Lohnvereinbarung zwischen Arbeitgeber und Arbeitnehmer auch im Verhältnis zum Tariflohn erhalten bleibt. Die übertarifliche Zulage wird in diesem Fall nicht Bestandteil des Tariflohns. Eine begrenzte Effektivklausel könnte etwa lauten: „Die Tariflohnerhöhung muß beim Arbeitnehmer voll wirksam werden." In der Rechtsprechung werden auch begrenzte Garantieklauseln für unzulässig erachtet[3], wobei für die Gründe das gleiche gilt wie bei den Effektivgarantieklauseln. 181

---

1 BAG v. 3. 12. 1991, AP Nr. 51 zu § 87 BetrVG 1972 – Lohngestaltung; BAG v. 3. 12. 1991, AP Nr. 52 zu § 87 BetrVG 1972 – Lohngestaltung.
2 BAG v. 13. 6. 1958, AP Nr. 2 zu § 4 TVG – Effektivklausel.
3 BAG v. 14. 2. 1968, AP Nr. 7 zu § 4 TVG – Effektivklausel; aA *Wiedemann/Stumpf*, § 4 Rz. 268 mwN.

182 **Verdienstsicherungsklauseln** zielen darauf ab, eine Minderung des Lohns auch bei weniger Arbeit bzw. bei weniger Leistung zu vermeiden. Solche Klauseln finden sich oft im Bereich tariflich vereinbarter kürzerer Wochenarbeitszeit. Auch werden sie zum Schutz älterer Arbeitnehmer vereinbart, um ihnen auch im Falle altersbedingten Leistungsabfalls den bisherigen Lohn zu garantieren. Das BAG sieht in den Verdienstsicherungsklauseln keine Effektivklauseln, da lediglich die Grundlagen der Berechnung festgelegt würden und es nicht darum gehe, die übertariflichen Lohnbestandteile selbst mit tariflicher Wirkung abzusichern[1].

183 **Bestandsklauseln** regeln, daß bestehende günstigere Arbeitsbedingungen durch den Tarifvertrag nicht berührt werden sollen[2]. Solche Klauseln bestätigen lediglich den sich bereits aus § 4 Abs. 3 TVG ergebenden Inhalt, wonach abweichende Abmachungen in Tarifverträgen nur zulässig sind, soweit sie für den Arbeitnehmer günstiger sind.

184 **Verrechnungs- oder Anrechnungsklauseln** bestimmen, daß bisherige übertarifliche Lohnbestandteile auf die Tariferhöhung angerechnet werden. Sie dienen damit dem umgekehrten Zweck wie die Effektivklauseln und sind genau wie diese unwirksam[3]. Sie verstoßen gegen das Günstigkeitsprinzip (§ 4 Abs. 3 TVG); zum Günstigkeitsprinzip vgl. Rz. 171 f. Sofern die übertariflichen Lohnbestandteile jedoch auf Betriebsvereinbarungen gestützt werden, ist eine tarifvertragliche Anrechnungsklausel wegen des Vorrangs des Tarifrechts gegenüber dem Recht der Betriebsvereinbarung rechtswirksam[4].

185 **Endet ein Tarifvertrag** und wird er durch einen neuen Tarifvertrag ersetzt, so findet das Günstigkeitsprinzip keine Anwendung mehr. Es gilt sodann das **Ordnungsprinzip**. Danach sind Tarifvertragsparteien befugt, durch einen neuen Tarifvertrag auch neue Regelungen zu treffen, unabhängig davon, ob diese neuen Regelungen für die Arbeitnehmer günstiger sind oder nicht[5].

cc) Verzicht, Verwirkung und Verjährung

186 Der Arbeitnehmer ist grundsätzlich nicht befugt, einen **Verzicht auf tarifliche Ansprüche** zu erklären (§ 4 Abs. 4 Satz 1 TVG). Dies gilt sowohl für zukünftige tarifliche Ansprüche als auch für bereits entstandene[6]. Eine Ausnahme ist nur dann gesetzlich zugelassen, wenn der Arbeitnehmer in einem von den Tarifvertragsparteien zugelassenen Vergleich auf seine tariflichen Absprüche verzichtet. Hierunter fällt auch ein **Vergleich vor den Arbeitsgerichten,** sofern die Tarifvertragsparteien diesem zustimmen. Von einer Billigung des Vergleichs durch die Tarifvertragsparteien ist auch dann auszugehen, wenn die Prozeßpar-

---

1 BAG v. 16. 4. 1980, EzA Nr. 1 zu § 4 TVG – Effektivklausel.
2 BAG v. 6. 3. 1958, AP Nr. 1 zu § 59 BetrVG 1952.
3 BAG v. 18. 8. 1971, AP Nr. 8 zu § 4 TVG – Effektivklausel; BAG v. 19. 7. 1978, AP Nr. 10 zu § 4 TVG – Übertariflicher Lohn und Lohnerhöhung.
4 BAG v. 26. 2. 1986, AP Nr. 12 zu § 4 TVG – Ordnungsprinzip.
5 BAG v. 4. 4. 1979, AP Nr. 1 zu § 1 TVG – Tarifverträge: Einzelhandel.
6 *Wiedemann/Stumpf,* § 4 Rz. 326.

teien im Gerichtsverfahren durch Beauftragte der jeweiligen Tarifvertragsparteien vertreten waren und die Beauftragten zur Abgabe einer entsprechenden Erklärung ermächtigt waren. Liegt ein **mehrgliedriger Tarifvertrag** vor, so ist für die Wirksamkeit des Verzichts nur die Zustimmung derjenigen Verbände notwendig, denen die Vertragsparteien angehören.

> **Hinweis:** 187
> Ist ein **arbeitsgerichtliches Verfahren** anhängig, so gilt auch dort das Verzichtsverbot für den Arbeitnehmer. Ein wirksamer **Prozeßverzicht** nach § 306 ZPO ist nicht möglich. Ein danach ergehendes Verzichtsurteil ist mit Rechtsmitteln anfechtbar. Das gilt auch für das prozessuale **Anerkenntnis** gemäß § 307 ZPO. Es besteht die Möglichkeit, eine Klage wegen eines tariflichen Anspruchs zurückzunehmen (§ 269 ZPO), da durch die bloße Rücknahme der materielle Anspruch selbst unberührt bleibt. Haben die Tarifvertragsparteien dem Vergleich jedoch zugestimmt, so ist er wirksam. Wird lediglich ein Prozeß geführt, der der Klärung von Meinungsverschiedenheiten über die Voraussetzungen eines tariflichen Anspruchs dient, ist eine Zustimmung der Tarifvertragsparteien entbehrlich[1].

Eine **Vereinbarung mit dem Arbeitgeber**, wonach der Arbeitnehmer auf seine 188
Rechte verzichtet, ist nichtig (§ 134 BGB). Hiervon nicht erfaßt wird die Wirksamkeit eines Verzichts, wenn im Arbeitsvertrag nur individualrechtlich Bezug auf den Tarifvertrag genommen wurde (zur Bezugnahme vgl. Rz. 250 ff.). Auch eine **Ausgleichsquittung** über tarifliche Ansprüche ist unwirksam. Eine solche liegt vor, wenn im Zusammenhang mit der Beendigung des Arbeitsverhältnisses eine Erklärung dahingehend abgegeben wird, daß zwischen den Arbeitsvertragsparteien keine wechselseitigen Ansprüche aus dem Arbeitsverhältnis mehr bestehen. Der Arbeitnehmer soll durch § 4 Abs. 4 TVG zum einen vor vorschnellen Entscheidungen geschützt werden, zum anderen soll aber auch das Tarifgefüge erhalten bleiben.

Das Verzichtsverbot des § 4 Abs. 4 TVG entfällt **nach Beendigung des Arbeits-** 189
verhältnisses, da keine tariflichen Ansprüche mehr entstehen können. Das gleiche gilt, wenn der Tarifvertrag lediglich nachwirkt (§ 4 Abs. 4 TVG). In diesem Fall liegt keine zwingende Wirkung der Tarifvertragsnormen mehr vor. Die Arbeitsvertragsparteien sind berechtigt, das Arbeitsverhältnis zu kündigen. Daher ist ein Aufhebungsvertrag stets wirksam, auch wenn er unter Umgehung der tariflichen Kündigungsfristen geschlossen wurde. Das Verzichtsverbot hat nicht die Aufgabe, den Arbeitnehmer zur Arbeit zu verpflichten.

Die **Verwirkung tariflicher Rechte** ist ausgeschlossen (§ 4 Abs. 4 Satz 2 TVG). 190
Andere, nicht tarifliche Ansprüche, werden hiervon nicht berührt. Hierunter fallen zB Ansprüche auf übertarifliche Lohnbestandteile. Eine Verwirkung wird dann angenommen, wenn der Anspruch verzögert geltend gemacht wird und der Schuldner aufgrund des früheren Verhaltens des Gläubigers annehmen

---

1 *Söllner,* § 16 III 3c; *Wiedemann/Stumpf,* § 4 Rz. 342.

mußte und darauf vertrauen durfte, daß der Anspruch nicht mehr geltend gemacht wird. Darüber hinaus darf ihm die Erfüllung nicht mehr zumutbar sein[1]. Damit endet die Möglichkeit der Geltendmachung tariflicher Ansprüche erst durch Eintritt der **Verjährung**.

191 **Hinweis:**
Die Verjährung tariflicher Ansprüche richtet sich nach § 196 Abs. 1 Nr. 8 und 9 BGB bzw. erfolgt durch Ablauf einer im geltenden Tarifvertrag vereinbarten Ausschlußfrist (vgl. Rz. 218 ff.).

dd) Geltungsbereich der subjektiven Bestimmungen

192 Die Rechtsnormen des Tarifvertrages wirken nur dann unmittelbar und zwingend auf die Arbeitsverhältnisse, wenn die betreffenden Arbeitgeber und Arbeitnehmer unter den **Geltungsbereich des Tarifvertrages** fallen (§ 4 Abs. 1 TVG). Der Geltungsbereich ergibt sich aus dem Tarifvertrag selbst und bestimmt sich **räumlich, zeitlich, persönlich, fachlich und betrieblich.** Für den Geltungsbereich ist eine konkludente Regelung ausreichend. Vom Geltungsbereich zu unterscheiden ist die Tarifbindung (§ 3 Abs. 1 TVG); vgl. Rz. 206.

(1) Räumlicher Geltungsbereich

193 Der **räumliche Geltungsbereich (Tarifgebiet)** wird im Tarifvertrag bezeichnet. Denkbar sind Bundestarifverträge (zB Bundesentgelttarifverträge in der chemischen Industrie) sowie Landes-, Kreis-, Stadt- und Ortstarifverträge (zB Tarifverträge der Metallindustrie Osnabrück und Umgebung). Für die Frage, welcher Tarifvertrag Anwendung findet, kommt es allein auf den **Erfüllungsort des Arbeitsverhältnisses** an, also den Sitz des Betriebs[2]. Daran ändert sich auch dann nichts, wenn der Arbeitnehmer vorübergehend an einen anderen Ort gesandt wird, zB auf Montage[3]. Eine **Ausnahme** gilt dann, wenn der Arbeitnehmer nur vorübergehend für Arbeiten außerhalb des Betriebsitzes eingestellt wird oder wenn er an einer außerhalb des Betriebsitzes liegenden besonderen Betriebsstätte beschäftigt wird[4]. In diesen Fällen gilt der Tarifvertrag, der bei der außerhalb liegenden Betriebsstätte Geltung hat.

194 Beim Firmentarifvertrag gilt der Vertrag grundsätzlich für alle Betriebe des betreffenden Unternehmens, die im Tarifgebiet des Verbandes liegen. **Verlegt der Arbeitgeber seinen Betrieb** in den räumlichen Geltungsbereich eines anderen Tarifgebietes, so endet die unmittelbare und zwingende Wirkung. Der Tarifvertrag entfaltet jedoch seine Nachwirkung (§ 4 Abs. 5 TVG). Zulässig ist auch der Abschluß von Tarifverträgen für **ins Ausland entsandte Arbeitneh-**

---
1 BAG v. 11. 2. 1983, AP Nr. 40 zu § 242 BGB – Verwirkung.
2 BAG v. 3. 12. 1985, AP Nr. 5 zu § 1 TVG – Tarifverträge: Großhandel; BAG v. 13. 6. 1957, AP Nr. 6 zu § 4 TVG – Geltungsbereich.
3 LAG Hamm v. 6. 2. 1970, BB 1970, 753.
4 BAG v. 3. 12. 1985, AP Nr. 5 zu § 1 TVG – Tarifverträge: Großhandel.

II. Tarifrecht

mer[1]. Eine solche Konstellation ist denkbar, wenn Arbeitnehmer zB in der Entwicklungshilfe tätig sind. Sofern im Tarifvertrag der räumliche Geltungsbereich nicht genannt ist, läßt sich dieser aus dem Wirkungsbereich der Tarifvertragsparteien entnehmen. Für den Fall, daß dieser **Wirkungskreis bei den betreffenden Verbänden unterschiedlich** groß ist, ist derjenige des Verbandes entscheidend, der den kleinsten Wirkungskreis hat. Grund dafür ist, daß der betreffende Verband nur für diesen kleineren Bereich überhaupt zuständig ist. Besteht eine **räumliche Konkurrenz** mehrerer Tarifverträge, zB Konkurrenz von Orts-, Landes- und Bundestarifvertrag, so geht nach dem **Spezialitätsprinzip** der räumlich engere Tarifbereich dem räumlich weiteren vor (vgl. auch Tarifkonkurrenz Rz. 263 ff.). Der räumliche Geltungsbereich hat eine ganz entscheidende Bedeutung im Zusammenhang mit **Arbeitskampfmaßnahmen,** da solche nur im jeweiligen Zuständigkeitsbereich der kämpfenden Partei rechtmäßig sind[2].

(2) Zeitlicher Geltungsbereich

Der **zeitliche Geltungsbereich** wird von den Tarifvertragsparteien im Tarifvertrag vereinbart und deckt sich im allgemeinen mit der Dauer des Tarifvertrages. Die Tarifvertragsparteien bestimmen, ab welchem Zeitpunkt der Tarifvertrag seine Wirkung entfalten soll. Erst ab diesem Zeitpunkt wirken die Tarifvertragsnormen auf die Arbeitsverhältnisse unmittelbar und zwingend (§ 4 Abs. 1 TVG). Der Tarifvertrag gilt ab seinem Inkrafttreten für alle Arbeitsverhältnisse, die nach seinem Inkrafttreten und vor seiner Beendigung abgeschlossen werden. Er erfaßt ferner grundsätzlich auch die bereits bestehenden Arbeitsverhältnisse. Möglich ist auch der Abschluß eines **Stufentarifvertrages**[3]. Ein solcher sieht vor, daß die betreffenden Normen ihre Wirkung stufenweise entfalten, daß zB Lohnerhöhungen erst zu einem späteren Zeitpunkt erfolgen. Ist ein Tarifvertrag beendet und folgt auf ihn ein neuer Tarifvertrag (**ablösender Tarifvertrag**), so ist darin sowohl die Vereinbarung von Verbesserungen als auch von Verschlechterungen für die betreffenden Arbeitsverhältnisse möglich[4].

195

> **Hinweis:**
> Ein **ablösender Tarifvertrag** ist von den Gerichten nur dahingehend überprüfbar, ob er gegen höherrangiges Recht, also die Verfassung[5], europäisches Gemeinschaftsrecht, zwingendes Gesetzesrecht[6], die guten Sitten sowie Grundsätze des Arbeitsrechts und der Verhältnismäßigkeit[7] verstößt.

196

---

1 BAG v. 11. 9. 1991, AP Nr. 29 zu Internationales Privatrecht, Arbeitsrecht; *Le Friant,* NZA 1994, 158.
2 BAG v. 10. 6. 1980, AP Nr. 64 bis 67 zu Art. 9 GG – Arbeitskampf.
3 *Hanau/Kania,* DB 1995, 1229.
4 BAG v. 23. 11. 1994, NZA 1995, 844.
5 *Baumann,* RdA 1994, 272; *Sachs,* RdA 1989, 25; *Waltermann,* RdA 1990, 138; BAG v. 5. 4. 1995, EzA Nr. 45 zu Art. 3 GG.
6 BAG v. 26. 9. 1984, AP Nr. 21 zu § 1 TVG.
7 BAG v. 10. 10. 1989, AP Nr. 3 zu § 1 TVG – Vorruhestand.

197 Im Tarifvertrag kann auch eine **Rückwirkung von Rechtsnormen** vereinbart werden. Dabei wird zwischen echter und unechter Rückwirkung unterschieden (vgl. im einzelnen Rz. 104 ff.). Ist die vereinbarte Rückwirkung zulässig, so werden von dem Tarifvertrag die Arbeitsverhältnisse erfaßt, die nach dem rückwirkenden Beginn abgeschlossen werden oder bereits bestanden haben. Entscheidend ist dabei jedoch, daß beim Abschluß des Tarifvertrages und auch beim Anfangstermin bereits Tarifbindung besteht[1] (zur Tarifbindung vgl. Rz. 206 ff.). Bei **begünstigenden Tarifnormen,** wie zB Lohnerhöhungen, ist im Zweifel anzunehmen, daß diese allen Arbeitnehmern zugute kommen sollen, die zum Zeitpunkt des Inkrafttretens der Tarifnorm tarifgebunden sind[2]. Fällt der Beginn des Tarifvertrags nicht mit dem Abschlußtermin zusammen, so werden Arbeitsverhältnisse, die bei Beginn der Tarifwirkung nicht mehr bestehen, nicht mehr erfaßt.

198 Eine **verschlechternde Rückwirkung** ist grundsätzlich unzulässig. Hierin liegt ein Verstoß gegen das Prinzip des Vertrauensschutzes. Den Vertrauensschutz verliert jedoch, wer mit der Neuregelung rechnen mußte (vgl. im einzelnen Rz. 105). Auch entfällt der Schutz für den Arbeitgeber, der einen Firmentarifvertrag abschließt, der rückwirkend Verschlechterungen für ihn mit sich bringt. Der Arbeitgeber ist nicht verpflichtet, einen solchen Vertrag abzuschließen, er kann sich daher nicht auf den Vertrauensschutz berufen.

(3) Persönlicher Geltungsbereich

199 Der **persönliche Geltungsbereich** wird von den Tarifvertragsparteien im Tarifvertrag festgelegt. Dabei wird bestimmt, für welche **Gruppe von Arbeitnehmern** der Tarifvertrag Geltung erhalten soll. Die Tarifvertragsparteien sind in ihrer Entscheidung weitgehend frei. Zulässig ist auch, daß bestimmte Personengruppen von der Geltung ausgeschlossen werden[3]. So werden häufig leitende Angestellte aus dem Geltungsbereich eines Tarifvertrages ausgenommen. Tarifverträge können getrennt für Arbeiter, Angestellte, Auszubildende und Teilzeitbeschäftigte abgeschlossen werden[4]. Auf die **Nationalität** des Beschäftigten kommt es dabei nicht an; Tarifverträge erfassen grundsätzlich auch ausländische Arbeitnehmer. Zur **Berufsausbildung** Beschäftigte werden häufig von den Vergütungstarifen ausgeschlossen. Ein solcher Ausschluß muß jedoch deutlich erkennbar sein[5]. Die in **Heimarbeit** beschäftigten Arbeitnehmer werden vom Tarifvertrag nicht erfaßt, es sei denn, daß eine besondere Regelung hierfür vorliegt[6]. Durch **Vorruhestandstarifverträge** können die Tarifvertrags-

---

1 BAG v. 20. 6. 1958, AP Nr. 49 zu § 1 TVG – Auslegung; BAG v. 30. 4. 1969, AP Nr. 6 zu § 1 TVG – Rückwirkung.
2 BAG v. 19. 6. 1962, AP Nr. 5 zu § 1 TVG – Rückwirkung; BAG v. 4. 2. 1976, AP Nr. 40 zu § 242 BGB – Gleichbehandlung.
3 BAG v. 10. 4. 1991, NZA 1991, 856, 857.
4 Vgl. zB Bundestarifvertrag für Teilzeitarbeiten in der chemischen Industrie vom 13. 4. 1987, DB 1987, 1095.
5 LAG Hamm v. 29. 6. 1967, AuR 1968, 382.
6 BAG v. 19. 6. 1957, AP Nr. 12 zu § 242 BGB – Gleichbehandlung.

II. Tarifrecht

parteien Regelungen für die Zeit nach der Beendigung der Arbeitsverhältnisse schaffen und ändern[1]. Die persönliche Geltung des Tarifvertrages ist von der Tarifbindung abzugrenzen (§ 3 Abs. 1 TVG). Letztere ist grundsätzlich für die Wirkung des Tarifvertrages auf das betreffende Arbeitsverhältnis erforderlich (vgl. zur Tarifbindung im einzelnen Rz. 206 ff.).

> **Hinweis:**
> Bei der **Festlegung der persönlichen Abgrenzungskriterien** muß das Gleichbehandlungsgebot aus Art. 3 Abs. 1 GG beachtet werden. Unzulässig ist eine Abgrenzung der verschiedenen Gruppen nach den Merkmalen des § 75 BetrVG. Diese Norm erfaßt lediglich die Grundsätze für die Behandlung betriebsangehöriger Arbeitnehmer.

200

(4) Betrieblicher Geltungsbereich

Der **betriebliche Geltungsbereich** des Tarifvertrages hängt davon ab, welchem Wirtschaftszweig die nach dem Industrieverbandsprinzip organisierten Tarifvertragsparteien angehören, ob also der Unternehmensgegenstand der Lederindustrie, der Papierindustrie, der chemischen Industrie, dem Baugewerbe etc. zuzuordnen ist[2]. Vielfach wird in der Literatur der Begriff des betrieblichen Geltungsbereichs mit dem des fachlichen gleichgesetzt. Dieser Meinungsstreit ist jedoch praktisch nicht relevant und besitzt lediglich terminologische Bedeutung. Der betriebliche Geltungsbereich ist jeweils durch Auslegung des Tarifvertrages zu ermitteln[3]. **Auslegungskriterien** lassen sich zB den Satzungen der Tarifvertragsparteien entnehmen. Es gilt jeweils der Tarifvertrag in einem Betrieb, der dem Schwerpunkt der betrieblichen Tätigkeit entspricht. Anknüpfungspunkte sind dabei die im Betrieb zu leistende Arbeit, also welcher Art die Produktion im Betrieb ist und welchen Betriebszweck das Unternehmen schwerpunktmäßig verfolgt, sowie die Merkmale, die dem Betrieb sein Gepräge geben[4]. Diese Merkmale lassen sich zB der Eintragung im Handelsregister sowie den Unternehmensprospekten entnehmen. Nicht entscheidend ist der wirtschaftliche Hauptzweck oder die Größe des Wirtschaftszweiges in den einzelnen Betriebsteilen. Wird der Betriebszweck geändert, so fällt der Betrieb damit aus der tarifvertraglichen Geltung heraus.

201

> **Hinweis:**
> Für die Einordnung des Betriebs ist auf die **Verkehrsauffassung** abzustellen. Diese entscheidet, welchem Wirtschaftszweig das Unternehmen tarifver-

202

---
1 BAG v. 10. 10. 1989, DB 1990, 637.
2 BAG v. 27. 11. 1963, AP Nr. 3 zu § 1 TVG – Tarifverträge: Bau; BAG v. 17. 2. 1971, AP Nr. 8 zu § 1 TVG – Tarifverträge: Bau.
3 BAG v. 3. 2. 1965, AP Nr. 11 zu § 4 TVG – Geltungsbereich.
4 BAG v. 14. 4. 1971, AP Nr. 10 zu § 1 TVG – Tarifverträge: Bau; BAG v. 29. 3. 1957, AP Nr. 4 zu § 4 TVG – Tarifkonkurrenz.

> traglich zuzuordnen ist. Ist eine Zuordnung erfolgt, so gilt nach dem **Prinzip der Tarifeinheit,** daß alle Arbeitsverhältnisse des Unternehmens dem betreffenden Tarifvertrag unterworfen sind, unabhängig von der Tätigkeit des betreffenden Arbeitnehmers (zB der Bautarif gilt auch für den im Unternehmen beschäftigten Schlosser). Den Tarifpartnern steht es frei, vom Prinzip der Tarifeinheit abzuweichen[1].

203 Das **Prinzip der Tarifeinheit** gilt auch bei sog. **Mischbetrieben.** Das sind solche Betriebe, die mehrere Geschäftszweige umfassen, also verschiedenen Tarifverträgen zuzuordnen wären. Läßt sich nicht ermitteln, welche Tätigkeit im Betrieb überwiegt und ihm sein Gepräge gibt, so ist darauf abzustellen, in welchem Bereich die meisten Arbeitnehmer beschäftigt werden[2]. Auf **branchenfremde Nebenbetriebe und Betriebsabteilungen** findet nach dem Prinzip der Tarifeinheit in der Regel ebenfalls der Tarifvertrag des Hauptbetriebes Anwendung, es sei denn, daß die Auslegung des Tarifvertrages etwas anderes ergibt[3]. Selbständig ist eine Betriebsabteilung, wenn ein eigener Betriebszweck vorliegt und die Abteilung räumlich und in gewissem Umfang auch organisatorisch vom Hauptbetrieb getrennt ist. Um einen Nebenbetrieb handelt es sich, wenn dieser einen eigenen Zweck verfolgt, der jedoch im Verhältnis zum Hauptbetrieb Hilfszweck ist. Eine selbständige Betriebsabteilung kann dann einem anderen Tarifvertrag unterfallen, wenn es sich dabei zB um ein Profitcenter handelt, das ein vom Hauptunternehmen unabhängiges Rechnungs- und Auftragswesen unterhält[4]. Sofern ein Unternehmen mehrere Betriebe besitzt, die verschiedenen Wirtschaftszweigen angehören, so unterliegt jeder der Betriebe dem seinem Hauptzweck zuzurechnenden Tarifvertrag[5].

(5) Fachlicher Geltungsbereich

204 Fachlicher Geltungsbereich meint die Geltung für die verschiedenen **Arten der Arbeit.** Die Tarifvertragsparteien können vereinbaren, daß ein Rahmentarifvertrag für Arbeiter und Angestellte gilt oder daß eine bestimmte Gruppe überhaupt nicht von den Regelungen des Tarifvertrages erfaßt wird[6]. Die Frage nach der Art der Arbeit entspricht regelmäßig der Gruppierung der Arbeitnehmer nach Arbeitern, technischen oder kaufmännischen Angestellten etc. Möglich ist es, innerhalb eines Wirtschaftszweiges verschiedene Tarifverträge für die unterschiedlichen Arbeitnehmergruppen, also zB einen für technische Angestellte und für kaufmännische Angestellte, abzuschließen. Die Eingruppierung kann

---

1 BAG v. 19. 12. 1958, AP Nr. 6 zu § 4 TVG – Tarifkonkurrenz.
2 BAG v. 25. 11. 1987, AP Nr. 18 zu § 1 TVG – Tarifverträge: Einzelhandel; BAG v. 5. 9. 1990, AP Nr. 19 zu § 4 TVG – Tarifkonkurrenz.
3 BAG v. 3. 2. 1965, AP Nr. 11 zu § 4 TVG – Geltungsbereich; BAG v. 3. 12. 1985, AP Nr. 5 zu § 1 TVG – Tarifverträge: Großhandel.
4 BAG v. 11. 9. 1991, NZA 1992, 422.
5 BAG v. 29. 3. 1957, AP Nr. 4 zu § 4 TVG – Tarifkonkurrenz; BAG v. 31. 3. 1955, AP Nr. 1 zu § 4 TVG – Geltungsbereich.
6 BAG v. 24. 4. 1985, AP Nr. 4 zu § 3 BAT.

auch durch Festlegung von **Vergütungsgruppen** erfolgen. Die Eingruppierung des Arbeitnehmers in eine bestimmte Vergütungsgruppe richtet sich nach der Art seiner Arbeit. Häufig enthalten die Vergütungsgruppenabteilungen in einem Tarifvertrag unbestimmte Rechtsbegriffe. Hier hat eine Auslegung der Regelung nach Wortlaut und systematischem Zusammenhang zu erfolgen.

> **Hinweis:** 205
> Der Arbeitnehmer hat einen **unmittelbar einklagbaren Einspruch** auf Zahlung der Vergütung nach einer anderen Vergütungsgruppe, sofern die von ihm geleistete Arbeit der anderen Vergütungsgruppe entspricht. Möglich ist auch eine **Klage auf Feststellung,** daß die Vergütung nach einer bestimmten Vergütungsgruppe des Tarifvertrages zu erfolgen hat (§ 256 ZPO)[1]. Der Streitwert bestimmt sich nach § 12 Abs. 7 ArbGG. Dem Betriebsrat steht bei der Frage der Eingruppierung ein Mitbeurteilungsrecht zu (§ 99 BetrVG).

5. Tarifbindung

a) Allgemein

Vom Geltungsbereich des Tarifvertrages (vgl. zum Geltungsbereich Rz. 192 ff.) 206 ist die Tarifbindung zu unterscheiden. Der Tarifvertrag gilt grundsätzlich nur für beiderseits tarifgebundene Arbeitsverhältnisse (§ 3 TVG). Voraussetzung ist also, daß einerseits der Arbeitnehmer Mitglied der tarifschließenden Gewerkschaft ist und der Arbeitgeber andererseits entweder selbst den Tarifvertrag geschlossen hat (Firmentarifvertrag) oder Mitglied des tarifschließenden Arbeitgeberverbandes ist (§ 3 Abs. 1 TVG). Der Arbeitgeber ist demnach nicht aufgrund des Tarifvertrages verpflichtet, den nichtorganisierten Arbeitnehmern die gleichen Leistungen zu gewähren wie den tarifgebundenen. Auch der **arbeitsrechtliche Gleichbehandlungsgrundsatz** begründet eine solche Verpflichtung nicht[2]. Sie kann lediglich im Arbeitsvertrag durch entsprechende Vereinbarung übernommen werden. Eine Tarifbindung entsteht auch dann nicht, wenn der Arbeitnehmer Mitglied einer anderen Gewerkschaft ist. Allerdings besteht eine Ausnahme bei tariflichen Rechtsnormen, die **betriebliche oder betriebsverfassungsrechtliche Fragen** regeln; diese erfassen die Arbeitsverhältnisse auch dann, wenn lediglich der Arbeitgeber tarifgebunden ist (§ 3 Abs. 2 TV). Um zu verhindern, daß sich jemand durch **Austritt** aus dem Arbeitgeberverband oder aus der Gewerkschaft der Wirkung eines geltenden Tarifvertrages entzieht, bestimmt § 3 Abs. 3 TVG, daß die Tarifgebundenheit solange bestehen bleibt, bis der Tarifvertrag endet. Erst wenn der Tarifvertrag ganz aufgelöst wird, endet die Tarifbindung[3]. Möglich ist auch, daß der Arbeitgeber sich von

---

1 Zum Feststellungsinteresse vgl. BAG v. 27. 10. 1970, AP Nr. 46 zu § 256 ZPO.
2 Zum arbeitsrechtlichen Gleichbehandlungsgrundsatz vgl. ua. BAG v. 23. 8. 1988, AP Nr. 46 zu § 112 BetrVG 1972.
3 BAG v. 15. 10. 1986, AP Nr. 4 zu § 3 TVG.

der Tarifbindung befreit, indem er Änderungsverträge abschließt oder Änderungskündigungen ausspricht.

b) Kreis der Tarifgebundenen

207 Tarifgebunden sind die **Mitglieder der Tarifvertragsparteien** (§ 3 Abs. 1 TVG). Die Mitgliedschaft und deren Erwerb richtet sich nach der Satzung oder den Statuten des jeweiligen Verbandes. Mit vollem Erwerb der Mitgliedschaftsrechte beginnt die Tarifbindung. Ist zu diesem Zeitpunkt bereits ein Tarifvertrag in Kraft getreten, so tritt die Tarifbindung im Zeitpunkt des Verbandsbeitritts ein. Nicht möglich ist es dagegen, durch **rückwirkende Inkraftsetzung eines Tarifvertrages** eine Tarifbindung zu erreichen. Endet also die Mitgliedschaft vor Abschluß eines Tarifvertrages, so tritt keine Tarifbindung ein[1]. Das gleiche gilt, wenn die Mitgliedschaft erst im Zeitpunkt des Nachwirkens eines Tarifvertrages erworben wird. Beim Abschluß des Tarifvertrages konnten die Tarifvertragsparteien das später erst eintretende Mitglied nicht binden. Tritt ein Tarifvertrag rückwirkend in Kraft, wie dies etwa bei Lohntarifverträgen zulässig ist, so muß die Mitgliedschaft sowohl im Zeitpunkt des Vertragsabschlusses als auch im Zeitpunkt der Rückwirkung bestanden haben. Erfolgt ein Austritt vor Abschluß eines Tarifvertrages, so ist das ehemalige Mitglied folglich auch bei einem rückwirkenden Tarifvertrag nicht tarifgebunden[2]. Erfolgt der Erwerb der Mitgliedschaft mit Wirkung für die Vergangenheit, zB um einen Anspruch auf Rechtsvertretung durch den Verband zu erlangen, so führt dies ebenfalls nicht zu einer rückwirkenden Tarifbindung. Dies folgt aus dem Grundsatz des Vertrauensschutzes.

208 Nicht entscheidend für die Tarifbindung ist, daß sich die Arbeitsvertragsparteien ihre **Tarifbindung mitgeteilt** haben. So hat zB ein Arbeitnehmer selbst dann einen vollen Anspruch auf seine tarifvertraglichen Rechte, wenn er im Zeitpunkt des Arbeitsvertragsschlusses dem Arbeitgeber nicht mitgeteilt hat, daß er Mitglied einer Gewerkschaft ist bzw. wenn er die Frage nach seiner Gewerkschaftszugehörigkeit verneint hat. In diesem Fall ist im übrigen die Anfechtung des Arbeitsvertrages nach §§ 119, 123 BGB ausgeschlossen, insofern greift der Schutz der Koalitionsfreiheit (Art. 9 Abs. 3 GG). Mit **Auflösung der Tarifvertragspartei** endet auch die Tarifbindung[3]. Dies gilt für die schuldrechtlichen und normativen Regelungen. Der Austritt aus dem Verband entfernt die Tarifbindung nicht (§ 3 Abs. 3 TVG).

209 Tarifgebunden sind die Mitglieder der Verbände, die **Spitzenorganisationen** angehören, sofern die Spitzenorganisation den Tarifvertrag im eigenen Namen oder im Namen ihrer angeschlossenen Verbände abschließt (§ 2 Abs. 3 TVG). Dies folgt aus der Abschlußkompetenz der Spitzenorganisationen sowie der unmittelbaren Wirkung der Tarifnormen auf die Arbeitsverhältnisse (§§ 2 Abs. 3, 3 Abs. 1 TVG). Der Austritt des Arbeitnehmers oder Arbeitgebers aus

---

1 BAG v. 30. 4. 1969, AP Nr. 6 zu § 1 TVG – Rückwirkung.
2 BAG v. 30. 4. 1969, AP Nr. 6 zu § 1 TVG – Rückwirkung.
3 BAG v. 15. 10. 1986, AP Nr. 4 zu § 3 TVG.

dem der Spitzenorganisation angehörigen Verband sowie der Austritt des Verbandes selbst aus der Spitzenorganisation beendet die Tarifbindung nicht (§ 3 Abs. 3 TVG analog).

Tarifgebunden ist der **Arbeitgeber, der selbst Partei des Tarifvertrages ist** (§ 3 Abs. 1 TVG). Dies ist der Fall bei Firmentarifverträgen. Diesen Arbeitgeber treffen zum einen die schuldrechtlichen Pflichten des Tarifvertrages, zum anderen ist er tarifgebundene Rechtsperson. Die tariflichen Rechtsnormen gelten für ihn damit unmittelbar und zwingend. Dem Arbeitgeber, der bislang nicht Mitglied eines Verbandes war, steht es frei, sich jederzeit durch Beitritt zum Arbeitgeberverband in die Tarifbindung zu begeben. Sobald der Beitritt erfolgt ist, ist er vor **Arbeitskampfmaßnahmen** durch die dem Tarifvertrag immante Friedenspflicht geschützt. Arbeitskampfmaßnahmen gegen ihn sind von diesem Zeitpunkt an rechtswidrig[1]. Ist der Arbeitgeber Alleinaktionär einer Aktiengesellschaft, so ist nicht die rechtlich selbständige Aktiengesellschaft, sondern der Arbeitgeber selbst tarifgebunden. In der Vergangenheit kam es öfter zu **Austritten von Arbeitgebern** aus Arbeitgeberverbänden, da sie mit der Verbandsführung unzufrieden waren, insbesondere nach Abschluß eines Lohntarifvertrages. Hier ist insbesondere der Austritt von IBM aus dem Arbeitgeberverband und – im Zusammenhang mit dem Entsendegesetz – der Verbände der Bauindustrie aus der BDA zu nennen. Gemäß §§ 3 Abs. 3 und 4 Abs. 5 TVG besitzt ein Tarifvertrag jedoch auch dann noch Gültigkeit, wenn der Arbeitgeber aus dem Arbeitgeberverband austritt und die Laufzeit des Tarifvertrages beendet ist. § 3 Abs. 3 TVG verhindert, daß ein Arbeitgeber sich im nachhinein von den Folgen eines Tarifabschlusses distanzieren kann. Der Arbeitgeber kann sich von der Tarifbindung nur befreien, indem er Änderungsverträge abschließt oder Änderungskündigungen ausspricht. 210

Hinweis: 211
Der Arbeitgeber, der aus dem Verband ausgetreten ist, kann einen Firmentarifvertrag oder eine Betriebsvereinbarung abschließen. Beim Abschluß der Betriebsvereinbarung ist jedoch darauf zu achten, daß § 77 Abs. 3 BetrVG eine Sperrwirkung entfaltet, die sich auf die üblicherweise durch Tarifvertrag geregelte Materie bezieht (zB Lohnhöhe).

Bei Tarifnormen bezüglich **betrieblicher und betriebsverfassungsrechtlicher** 212
Fragen besteht die Besonderheit, daß diese für alle Betriebe gelten, deren Arbeitgeber tarifgebunden ist (§ 3 Abs. 2 TVG). Durch § 3 Abs. 2 TVG werden also auch nicht organisierte Arbeitnehmer von derartigen Regelungen erfaßt. Die Norm ist verfassungsrechtlich umstritten, da hierdurch auch für sog. Außenseiter Recht gesetzt werden kann. Das BAG hat jedoch entschieden, daß eine Verletzung der negativen Koalitionsfreiheit nicht vorliegt[2]. Das BVerfG hat diese Frage bislang offen gelassen.

---

1 Vgl. *von Hoyningen-Huene*, ZfA 1980, 453, 469 f.; *Konzen*, ZfA 1975, 401, 425.
2 BAG v. 18. 8. 1987, DB 1987, 2257, 2259.

213 Eine **Einschränkung oder Erweiterung der Tarifbindung** durch die Tarifvertragsparteien ist nicht möglich. Die Erweiterung scheitert daran, daß die Tarifvertragsparteien keine Normsetzungsbefugnis gegenüber Außenseitern besitzen. Auch eine Einschränkung ist unzulässig. Sofern die Tarifvertragsparteien jedoch erreichen wollen, daß Tarifvertragsnormen nur beschränkt gelten sollen, so steht es ihnen frei, tarifgebundene Arbeitgeber von der Geltung des Tarifvertrages auszunehmen.

214 Möglich ist es, **in einem Arbeitsvertrag Bezug zu nehmen** auf einen Tarifvertrag oder einzelne Regelungen eines Tarifvertrages. Besteht bereits eine Tarifbindung der Arbeitsvertragsparteien, so hat eine solche Bezugnahme lediglich deklaratorische Wirkung. Besteht dementgegen keine Tarifbindung der betreffenden Arbeitsvertragsparteien, so wird sie durch eine solche Bezugnahme auch nicht begründet. Es ist vielmehr so, daß im letzteren Fall der Inhalt des Tarifvertrages bzw. einzelne Regelungen des Tarifvertrages zum **Gegenstand des Arbeitsvertrages** werden. Auch der Gleichbehandlungsgrundsatz des Art. 3 GG oder der Grundsatz von Treu und Glauben (§ 242 BGB) erzeugen keine Tarifbindung, es sei denn, daß die unterschiedliche Behandlung von organisierten und nichtorganisierten Arbeitnehmern nicht sachlich gerechtfertigt ist. So ist es nicht gerechtfertigt, für die gleiche Leistung eine unterschiedliche Entlohnung vorzunehmen (der Tariflohn als übliche Vergütung iSd. § 612 BGB); gerechtfertigt kann eine Unterscheidung jedoch bei anderen tariflichen Leistungen sein, wie zB bei tariflichen Kindergeldzuschlägen[1]. Darüber hinaus wird ein Verstoß gegen den Gleichbehandlungsgrundsatz angenommen, wenn der Arbeitgeber mit allen Arbeitnehmern seines Betriebs die Geltung tarifvertraglicher Normen vereinbart und hiervon nur einen einzelnen Arbeitnehmer ausnimmt.

215 Tarifliche Normen können auch im Wege der **betrieblichen Übung** zur Anwendung kommen. Ist ein Schriftformerfordernis im Arbeitsvertrag vereinbart, so können jedoch keine Ansprüche aufgrund betrieblicher Übung erwachsen[2].

c) Betriebsübergang und Umwandlung

216 Liegt ein **Betriebsübergang** (§ 613a BGB) vor, so hängt die Fortgeltung der tarifvertraglichen Regelungen davon ab, ob für den Betriebsnachfolger die Voraussetzungen der §§ 3, 5 TVG vorliegen, das heißt wenn auch für ihn eine Bindung für den betreffenden Tarifvertrag vorliegt. § 613a BGB hat eine kollektivrechtliche Fortgeltung des Tarifvertrages ausgenommen. § 613a Abs. 1 Satz 2 BGB bestimmt, daß Rechte und Pflichten, die durch Rechtsnormen eines Tarifvertrages geregelt werden, Inhalt des Arbeitsvertrages werden und erst nach Ablauf eines Jahres nach Betriebsübergang änderbar sind. Damit bleibt die zwingende Wirkung des Tarifvertrages als Bestandteil des Arbeitsvertrages für die Zeit eines Jahres erhalten. Dies gilt dann nicht, wenn bei dem Betriebsnachfolger die Arbeitsverhältnisse durch einen anderen Tarifvertrag geregelt werden

---

1 BAG v. 20. 7. 1960, AP Nr. 7 zu § 4 TVG.
2 BAG v. 27. 3. 1987, DB 1987, 1996.

(§ 613a Abs. 1 Satz 3 BGB). In diesem Fall findet das Tarifvertragsrecht des Betriebsübernehmers Anwendung. Dies gilt auch dann, wenn die Bindung an einen anderen Tarifvertrag noch nicht im Zeitpunkt des Betriebsüberganges selbst, sondern erst zu einem späteren Zeitpunkt eintritt[1]. Ab diesem Zeitpunkt gilt auch vor Jahresablauf der neue Tarifvertrag. Der Gesetzgeber hat durch diese Regelung sowohl dem Arbeitnehmerschutz als auch dem Prinzip der Tarifeinheit Rechnung getragen. Die Rechte und Pflichten aus dem ursprünglich geltenden Tarifvertrag können sich darüber hinaus auch bei Vorliegen der Voraussetzungen des § 613a Abs. 1 Satz 4 BGB ändern.

Liegt eine **Umwandlung eines Unternehmens** nach dem Umwandlungsgesetz[2] vor, so gilt für die Tarifbindung folgendes: An der Tarifbindung ändert sich nichts, sofern der neue Rechtsträger an den selben Tarifvertrag gebunden ist wie der bisherige Rechtsträger. Allerdings geht die Verbandszugehörigkeit des Vorgängers nicht auf den neuen Rechtsträger über. Dies gebietet sich aus der verfassungsrechtlich garantierten negativen Koalitionsfreiheit aus Art. 9 Abs. 3 GG[3] (vgl. Rz. 11 f.). Sofern der neue Rechtsträger keinem neuen Verband angehört, so bleibt § 613a Abs. 1 Satz 4 BGB unberührt (vgl. § 324 UmwG). Der beim ursprünglichen Rechtsträger geltende Tarifvertrag wird Bestandteil der Arbeitsverträge und verliert mithin seine zwingende Wirkung nach Ablauf eines Jahres. Sofern der neue Rechtsträger einem anderen Arbeitgeberverband angehört, richten sich die Folgen nach § 613a Abs. 1 Satz 3 BGB.

217

6. Verfallfristen

a) Allgemein

In zahlreichen Tarifverträgen sind **Verfallfristen** (auch Ausschlußfristen) vereinbart. Diese Fristen führen dazu, daß nach deren Ablauf die Ansprüche zwischen den tarifgebundenen Arbeitsvertragsparteien erlöschen, es sei denn, daß die Ansprüche innerhalb der gesetzten Fristen geltend gemacht worden sind.

218

> **Hinweis:**
> Die Verfallfristen sind als **Einwendungen von Amts wegen zu beachten**[4]. Erforderlich ist jedoch, daß die Partei sich auf die Geltung eines Tarifvertrages beruft; diese Frage muß das Gericht nicht von sich aus prüfen[5]. Erkennt das Gericht aus dem Parteivortrag, daß ein Tarifvertrag Anwendung findet, hat es gemäß § 293 ZPO auch mögliche Ausschlußfristen zu überprüfen.

219

---

1 BAG v. 19. 3. 1986, NZA 1986, 687.
2 UmwandlungsG v. 28. 10. 1994, BGBl. I, 3210.
3 BAG v. 2. 12. 1992, AP Nr. 14 zu § 3 TVG; BAG v. 10. 11. 1993, AP Nr. 13 zu § 3 TVG – Verbandszugehörigkeit.
4 BAG v. 15. 3. 1960, AP Nr. 9 zu § 15 AZO; BAG v. 12. 7. 1972, AP Nr. 51 zu § 4 TVG – Ausschlußfristen.
5 BAG v. 12. 7. 1972, AP Nr. 51 zu § 4 TVG – Ausschlußfristen.

b) Umfang tariflicher Verfallfristen

220 Der **Umfang tariflicher Verfallfristen** erfaßt sowohl tarifvertragliche Ansprüche als auch einzelarbeitsvertragliche Ansprüche. Verfallfristen stellen **Inhaltsnormen** des Tarifvertrages dar und wirken auch nach Ablauf des Tarifvertrages als solche nach[1]. Das Gesetz verlangt, daß Verfallfristen für die **Geltendmachung tariflicher Ansprüche** nur im Tarifvertrag vereinbart werden können (§ 4 Abs. 4 Satz 3 TVG). Tarifliche Ansprüche meint solche, die durch den Tarifvertrag begründet oder auch ausgestaltet werden[2].

221 Häufig werden Verfallfristen jedoch auch auf alle **sonstigen Ansprüche aus dem Arbeitsverhältnis** erstreckt sowie auf **Ansprüche, die in Verbindung mit dem Arbeitsverhältnis stehen.** Dabei werden einzelvertragliche und gesetzliche Ansprüche erfaßt sowie Ansprüche aus Betriebsvereinbarungen. Einzelvertragliche Ansprüche können hier insbesondere Ansprüche auf über- und außertarifliche Zulagen sein. Ansprüche, die in Verbindung mit dem Arbeitsverhältnis stehen, sind zB Rückzahlungsansprüche des Arbeitgebers gegen den Arbeitnehmer wegen zuviel gezahlten Lohns während Bestehens des Arbeitsverhältnisses[3], Schadenersatzansprüche aus dem Arbeitsverhältnis aus Vertrag und Delikt[4] sowie Provisionsansprüche[5]. Der Verfall von Schadenersatzansprüchen kann jedoch nur dann vereinbart werden, soweit der Arbeitnehmer vor späteren Ansprüchen aus Gründen der Rechtssicherheit geschützt werden soll. Sofern sich der Schadenersatzanspruch auf eine strafbare Handlung des Arbeitnehmers stützt, besteht ein solches Schutzbedürfnis nicht.

222 Erfaßt eine tarifliche Verfallfrist allgemeine Ansprüche aus dem Arbeitsverhältnis, so gilt sie auch für Ansprüche auf Zahlung einer Abfindung aus einem Sozialplan anläßlich der Beendigung des Arbeitsverhältnisses[6]. Durch Verfallklauseln werden **nicht die Ansprüche in sich beschränkt,** sondern lediglich der Zeitpunkt für ihre Geltendmachung festgelegt. Dies ist zulässig, da hierin keine unzulässige Erweiterung der Rechtssetzungsbefugnis der Tarifvertragsparteien liegt[7]. Ob die Verfallfrist nur tarifliche Ansprüche erfassen soll oder auch auf vertragliche ausgedehnt werden soll, ist dem Wortlaut des Tarifvertrages zu entnehmen. Die Unabdingbarkeit **gesetzlicher Ansprüche** verhindert nicht die Vereinbarung einer zeitlichen Beschränkung für ihre Geltendmachung. Verfallfristen gelten unter anderem für Ansprüche aus dem Feiertags-

---

1 BAG v. 23. 6. 1961, AP Nr. 27 zu § 4 TVG – Ausschlußfristen.
2 BAG v. 8. 8. 1985, AP Nr. 94 zu § 4 TVG – Ausschlußfristen.
3 BAG v. 26. 4. 1978, AP Nr. 64 zu § 4 TVG – Ausschlußfristen; BAG v. 22. 10. 1980, AP Nr. 69 zu § 4 TVG – Ausschlußfristen.
4 BAG v. 6. 5. 1969, AP Nr. 42 zu § 4 TVG – Ausschlußfristen; BAG v. 8. 2. 1972, AP Nr. 49 zu § 4 TVG – Ausschlußfristen.
5 BAG v. 27. 11. 1984, AP Nr. 89 zu § 4 TVG – Ausschlußfristen; BAG v. 20. 6. 1978, AP Nr. 3 zu § 113 BetrVG 1972; BAG v. 3. 8. 1982, AP Nr. 5 zu § 113 BetrVG 1972.
6 BAG v. 30. 11. 1994, NZA 1995, 643.
7 Vgl. ua. BAG v. 30. 3. 1962, AP Nr. 28 zu § 4 TVG – Ausschlußfristen; BAG v. 24. 5. 1973, AP Nr. 52 zu § 4 TVG – Ausschlußfristen; BAG v. 26. 4. 1978, AP Nr. 64 TVG – Ausschlußfristen.

lohnzahlungsgesetz[1] und dem Bundesurlaubsgesetz (zB Urlaubsabgeltungsansprüche)[2], wobei jedoch im Zeitraum der Urlaubsübertragung die tarifliche Verfallfrist keine Wirkung entfaltet[3]; weiterhin gelten Verfallfristen für Ansprüche aus dem Hausarbeitsgesetz[4], Ansprüche auf Sozialplanabfindung[5], Ansprüche auf Arbeits- und Mehrarbeitsvergütung[6] sowie für den Zeugnisanspruch des § 630 BGB[7].

Nicht erfaßt von der Verfallklausel werden **absolute Rechte der Arbeitsvertragsparteien** aus dem Arbeitsverhältnis. Dazu gehören Ansprüche aus Verletzung des Persönlichkeitsrechts, zB Anspruch auf Schmerzensgeld, ferner Anspruch auf Beschäftigung aufgrund allgemeinen oder besonderen Beschäftigungsanspruchs[8], Anspruch auf Entfernung einer Abmahnung aus der Personalakte[9], Ansprüche auf Herausgabe des Eigentums[10] und Ansprüche aus schöpferischen Sonderleistungen[11]. 223

Tarifliche Verfallfristen erfassen darüber hinaus **keine Ansprüche, die erst nach Beendigung des Arbeitsverhältnisses entstehen**. Hierunter fallen zB Ansprüche auf Karenzentschädigung[12]. Ansprüche aus der Tätigkeit als Betriebsratsmitglied werden ebenfalls nicht von tariflichen Verfallfristen erfaßt, da diese sich nicht aus dem Arbeitsverhältnis, sondern aus dem BetrVG ergeben[13]. Auch Ansprüche aus selbständig neben dem Arbeitsverhältnis abgeschlossenen anderen bürgerlich-rechtlichen Verträgen, wie zB Mietverträgen, werden nicht von Verfallfristen erfaßt[14]. 224

Verfallfristen können als **beidseitige oder einseitige Verfallfristen** vereinbart werden. Beidseitig sind solche, die Ansprüche von Arbeitnehmer und Arbeitgeber regeln, einseitige Verfallfristen regeln lediglich die Ansprüche einer Arbeitsvertragspartei, das ist regelmäßig die Arbeitnehmerseite. Einseitige Verfallfristen verstoßen nicht gegen den Gleichbehandlungsgrundsatz (Art. 3 GG)[15]. Die Ungleichbehandlung ist durch sachliche Gründe gerechtfertigt. Im Gegensatz zum Arbeitnehmer hat der Arbeitgeber in der Regel eine Vielzahl von Arbeitsverhältnissen zu beobachten. Es ist daher gerechtfertigt, die Gel- 225

---

1 BAG v. 12. 3. 1971, AP Nr. 9 zu § 1 FeiertagslohnzahlungsG Berlin.
2 BAG v. 28. 10. 1960, AP Nr. 81 zu § 611 BGB – Urlaubsrecht; BAG v. 3. 12. 1970, AP Nr. 9 zu § 7 BUrlG – Abgeltung; BAG v. 3. 12. 1970, AP Nr. 9 zu § 5 BUrlG; BAG v. 5. 2. 1970, AP Nr. 7 zu § 11 BUrlG.
3 BAG v. 24. 11. 1992, NZA 1993, 472.
4 BAG v. 23. 6. 1961, AP Nr. 27 zu § 4 TVG – Ausschlußfristen.
5 BAG v. 30. 11. 1994, EzA Nr. 108 zu § 4 TVG – Ausschlußfristen.
6 BAG v. 7. 2. 1995, EzA Nr. 112 zu § 4 TVG – Ausschlußfristen.
7 BAG v. 23. 2. 1983, DB 1983, 2043.
8 BAG v. 15. 5. 1991, AP Nr. 24 zu § 611 BGB – Beschäftigungspflicht.
9 BAG v. 14. 12. 1994, NZA 1995, 676.
10 LAG Düsseldorf v. 13. 11. 1953, BB 1954, 29.
11 BAG v. 21. 6. 1979, AP Nr. 4 zu § 9 ArbNErfG.
12 BAG v. 24. 4. 1970, AP Nr. 25 zu § 74 HGB.
13 BAG v. 11. 9. 1972, AP Nr. 1 zu § 40 BetrVG 1972; BAG v. 30. 1. 1973, AP Nr. 3 zu § 40 BetrVG 1972.
14 BAG v. 20. 1. 1982, AP Nr. 72 zu § 4 TVG – Ausschlußfristen.
15 Vgl. *Bauer*, NZA 1987, 440, 441.

tendmachung von Ansprüchen gegen Arbeitnehmer durch einseitig wirkende Verfallfristen einzuschränken, umgekehrt jedoch dem Arbeitgeber die Geltendmachung der Ansprüche zu erhalten.

c) Zulässigkeit von Verfallfristen

226 Die Vereinbarung von Verfallfristen ist nur **zulässig**, soweit sie in Tarifverträgen erfolgt (§ 4 Abs. 4 Satz 3 TVG). Auch die Abkürzung von Verjährungsfristen ist in analoger Anwendung von § 4 Abs. 4 Satz 3 TVG nur im Rahmen eines Tarifvertrages zulässig. Verfallfristen gelten nur zwischen den tarifgebundenen Arbeitsvertragsparteien. Andererseits können sie auch durch Bezugnahme auf den Tarifvertrag im Arbeitsvertrag wirksam vereinbart werden (vgl. zur Bezugnahme Rz. 250 ff.). Soweit in **anderen Vereinbarungen** (Arbeitsverträge, Betriebsvereinbarungen etc.) andere Verfallfristen für die Geltendmachung tariflicher Rechte vorgesehen sind, so sind diese unwirksam. Möglich ist es, in Einzelarbeitsverträgen Verfallfristen für außertarifliche Ansprüche oder Ansprüche nicht tarifgebundener Arbeitnehmer zu vereinbaren[1]. Gesetzliche Ansprüche werden jedoch nicht von einzelvertraglich vereinbarten Verfallfristen erfaßt[2].

227 **Zweck von Verfallfristen** ist die Schaffung baldiger Rechtsklarheit unter den Parteien des Arbeitsvertrages über die noch zwischen ihnen bestehenden Ansprüche[3]. Sofern ein Tarifvertrag, der eine Verfallklausel enthält, durch einen anderen Tarifvertrag abgelöst wird, dessen Geltungsbereich enger ist als der des früheren, so ist denkbar, daß die Verfallfrist des früheren Tarifvertrages teilweise noch nachwirkt. Ob dies der Fall ist, ist im Wege der Auslegung zu ermitteln[4]. Die **Auslegung** von Verfallfristen hat im engen Rahmen zu erfolgen, da Verfallfristen das Erlöschen eines Anspruchs zur Folge haben und hierdurch die tarifvertraglich begründeten Rechte stark beschränken[5]. Sofern der Tarifvertrag jedoch Ansprüche von den Verfallfristen ausnimmt, hat insoweit eine weite Auslegung zu erfolgen.

228 > **Hinweis:**
> Nicht zu den Verfallfristen gehören **Fristen für die Nachprüfung** des Inhalts einer Abrechnung oder für die Nachprüfung einer Auszahlung, da diese Fristen der Beseitigung von Irrtümern über Arbeitstatsachen dienen. Auch **Verjährungsfristen** sind von Verfallfristen zu unterscheiden. Diese beseitigen lediglich die Durchsetzbarkeit des Anspruchs, beseitigen ihn jedoch nicht. Verjährungsfristen sind im Wege der Einrede vor den Gerichten geltend zu machen.

---

1 BAG v. 24. 3. 1988, AP Nr. 1 zu § 241 BGB.
2 BAG v. 5. 4. 1984, AP Nr. 16 zu § 13 BUrlG.
3 BAG v. 8. 6. 1983, AP Nr. 78 zu § 4 TVG – Ausschlußfristen; BAG v. 29. 5. 1985, AP Nr. 92 zu § 4 TVG – Ausschlußfristen.
4 LAG Nürnberg v. 12. 5. 1989, NZA 1991, 279.
5 BAG v. 17. 7. 1958, AP Nr. 10 zu § 611 BGB – Lohnanspruch; BAG v. 27. 3. 1958, AP Nr. 4, 5 zu § 670 BGB; BAG v. 16. 11. 1965, AP Nr. 30 zu § 4 TVG – Ausschlußfristen.

d) Beginn und Kenntnis von Verfallfristen

Der **Fristbeginn** richtet sich nach der jeweiligen tarifvertraglichen Regelung. Dies kann zB sein mit der Entstehung des Anspruchs oder mit dessen Fälligkeit, mit der Bezifferbarkeit eines Schadens oder auch mit der Beendigung des Arbeitsverhältnisses. In letzterem Fall ist in der Regel nicht die tatsächliche, sondern die rechtliche Beendigung des Arbeitsverhältnisses gemeint. Für den Beginn kann auch ein tatsächliches Ereignis maßgebend sein. Fehlt eine ausdrückliche Regelung über den Beginn der Verfallfrist, so läuft sie mit Beginn des Anspruchs. Der Lauf der Frist ist unabhängig von der **Kenntnis** der Arbeitsvertragsparteien hiervon[1]. Sofern der Arbeitgeber es entgegen § 8 TVG unterläßt, den Tarifvertrag im Betrieb auszulegen, läuft die Verfallfrist dennoch. Dies gilt dann nicht, wenn der Beginn der Verfallfrist an das Auslegen des Tarifvertrages gekoppelt ist. Denkbar ist auch, daß bei fehlender Auslegung des Tarifvertrages das Berufen auf die Verfallfrist eine unzulässige Rechtsausübung darstellt. Liegt eine **sehr kurze Verfallfrist** vor, so ist zu prüfen, ob nicht ein Verstoß gegen die guten Sitten vorliegt, der zur Unwirksamkeit der Verfallfrist führen kann.

229

e) Geltendmachung des Anspruchs

Die Geltendmachung des Anspruchs meint die Spezifizierung des geltend gemachten Anspruchs **dem Grund und der Höhe nach.** Für den Schuldner des Anspruchs muß erkennbar sein, welcher Anspruch dem Grunde nach erhoben wird[2]. Für die Bezifferung des Anspruchs ist dementgegen eine ungefähre Angabe der Höhe ausreichend[3]. Ist dem Schuldner die Höhe des geltend gemachten Anspruchs jedoch bekannt, so kann eine Bezifferung entfallen[4]. Bei einer **Anspruchshäufung** ist jeder einzelne Anspruch ebenfalls zumindest annähernd zu beziffern[5]. Bei Ansprüchen auf Nachteilsausgleich nach § 113 Abs. 1 und 3 BetrVG braucht der Arbeitnehmer die Ansprüche nicht der Höhe nach beziffern, die zu zahlende Höhe ist in diesem Fall in das Ermessen des Gerichts gestellt[6].

230

---

1 Vgl. ua. BAG v. 30. 3. 1962, AP Nr. 28 zu § 4 TVG – Ausschlußfristen; BAG v. 30. 11. 1962, AP Nr. 29 zu § 4 TVG – Ausschlußfristen; BAG v. 16. 11. 1965, AP Nr. 30 zu § 4 TVG – Ausschlußfristen; BAG v. 16. 8. 1983, AP Nr. 131 zu § 1 TVG – Auslegung.
2 BAG v. 16. 12. 1971, AP Nr. 48 zu § 4 TVG – Ausschlußfristen; BAG v. 8. 2. 1972, AP Nr. 49 zu § 4 TVG – Ausschlußfristen; BAG v. 30. 5. 1972, AP Nr. 50 zu § 4 TVG – Ausschlußfristen.
3 BAG v. 28. 6. 1967, AP Nr. 36 zu § 4 TVG – Ausschlußfristen; BAG v. 8. 2. 1972, AP Nr. 49 zu § 4 TVG – Ausschlußfristen; BAG v. 17. 10. 1972, AP Nr. 55 zu § 4 TVG – Ausschlußfristen.
4 BAG v. 16. 12. 1971, AP Nr. 48 zu § 4 TVG – Ausschlußfristen; BAG v. 8. 2. 1972, AP Nr. 49 zu § 4 TVG – Ausschlußfristen; BAG v. 17. 10. 1974, AP Nr. 55 zu § 4 TVG – Ausschlußfristen.
5 BAG v. 30. 5. 1972, AP Nr. 50 zu § 4 TVG – Ausschlußfristen.
6 BAG v. 22. 2. 1983, AP Nr. 7 zu § 113 BetrVG 1972; BAG v. 29. 11. 1983, AP Nr. 10 zu § 4 TVG – Ausschlußfristen.

231 Sieht eine tarifliche Ausschlußfrist die **schriftliche Geltendmachung des Anspruchs** vor (§ 126 BGB), so reicht hierfür die Einreichung einer Klageschrift innerhalb der Verfallfrist aus[1]. Voraussetzung ist jedoch, daß die Klage nicht unzulässig ist[2] oder später zurückgenommen wird[3]. Eine **Strafanzeige** ersetzt dementgegen nicht das Schriftformerfordernis[4]. Möglich ist, daß eine tarifvertragliche Verfallklausel vorsieht, daß nach erfolgloser Geltendmachung innerhalb einer bestimmten Frist eine gerichtliche Geltendmachung zu erfolgen hat (**mehrstufige Verfallfrist**). In diesem Fall reicht es regelmäßig aus, daß fristgerecht Klage erhoben wurde[5]. Ist für die Geltendmachung des Anspruchs **keine besondere Form vorgeschrieben,** so reicht die Erhebung einer **Kündigungsschutzklage** (§ 4 KSchG) auch zur fristgerechten Geltendmachung eines **Zahlungsanspruchs** aus[6]. Allerdings kann die Kündigungsschutzklage nicht die Verjährung des Zahlungsanspruchs unterbrechen, da hier ein anderer Streitgegenstand vorliegt[7]. Soweit der Arbeitgeber also den mit der Kündigungsschutzklage zusätzlich geltend gemachten Zahlungsanspruch ablehnt und die tarifvertragliche Verfallklausel verlangt, daß die Ansprüche nach Ablehnung gerichtlich geltend gemacht werden, so ist erforderlich, daß fristgerecht Zahlungsklage erhoben wird. Die Frist der Zahlungsklage wird nicht bis zum rechtskräftigen Abschluß des Kündigungsschutzverfahrens hinausgeschoben, es sei denn der Tarifvertrag sieht für diesen Fall etwas anderes vor. Der **Klageabweisungsantrag** des Arbeitgebers im Kündigungsschutzprozeß beinhaltet die Ablehnung der geltend gemachten Forderung, einer **ausdrücklichen Ablehnung** bedarf es nicht[8]. Eine Ausnahme gilt lediglich dann, wenn die tarifliche Verfallklausel eine ausdrückliche Ablehnung für die gerichtliche Geltendmachung des Zahlungsanspruchs voraussetzt.

232 Ist die **gerichtliche Geltendmachung des Zahlungsanspruchs innerhalb bestimmter Fristen** gefordert, so reicht die Erhebung einer Kündigungsschutzklage oder eine Klage auf Rechnungslegung nicht aus. Fristwahrend wirkt jedoch die Erhebung einer Stufenklage nach § 254 ZPO, wenn eine Auskunft des Schuldners für die Bezifferung des Anspruchs erforderlich ist[9]. Auch eine Streitverkündung hat fristwahrende Wirkung. Liegt ein **Konkurs** vor und sind die zu

---

1 BAG v. 24. 6. 1960, AP Nr. 5 zu § 4 TVG – Ausschlußfristen.
2 BAG v. 29. 6. 1989, AP Nr. 103 zu § 4 TVG – Ausschlußfristen.
3 BAG v. 11. 7. 1990, AP Nr. 108 zu § 4 TVG – Ausschlußfristen; vgl. aber BAG v. 7. 11. 1991, AP Nr. 114 zu § 4 TVG – Ausschlußfristen.
4 BAG v. 10. 1. 1974, AP Nr. 54 zu § 4 TVG – Ausschlußfristen.
5 BAG v. 4. 11. 1969, AP Nr. 3 zu § 496 ZPO; BAG v. 8. 3. 1976, AP Nr. 4 zu § 496 ZPO; BAG v. 18. 1. 1974, AP Nr. 4 zu § 4 TVG – Ausschlußfristen; BAG v. 21. 6. 1978, AP Nr. 65 zu § 4 TVG – Ausschlußfristen.
6 BAG v. 10. 4. 1963, AP Nr. 23 zu § 615 BGB; BAG v. 22. 2. 1978, AP Nr. 63 zu § 4 TVG – Ausschlußfristen; BAG v. 21. 6. 1978, AP Nr. 65 zu § 4 TVG – Ausschlußfristen.
7 BAG v. 1. 2. 1960, AP Nr. 1 zu § 209 BGB; BAG v. 29. 5. 1961, AP Nr. 2 zu § 209 BGB.
8 BAG v. 4. 5. 1977, AP Nr. 60 zu § 4 TVG – Ausschlußfristen; BAG v. 13. 9. 1984, AP Nr. 86 zu § 4 TVG – Ausschlußfristen; BAG v. 8. 8. 1985, AP Nr. 94 zu § 4 TVG – Ausschlußfristen.
9 BAG v. 23. 2. 1977, AP Nr. 58 zu § 4 TVG – Ausschlußfristen.

diesem Zeitpunkt bestehenden Forderungen zur Konkurstabelle angemeldet, so finden daneben tarifliche Verfallfristen keine Anwendung mehr[1].

> **Hinweis:** 233
> Der bloße Hinweis des Gläubigers, daß er sich die Geltendmachung des Anspruchs vorbehält, reicht nicht aus, da hierin noch nicht die Geltendmachung des Anspruchs liegt. Hat der Arbeitgeber den Anspruch in einer Abrechnung ohne Vorbehalt anerkannt, so bedarf es einer Geltendmachung nicht mehr[2].

f) Ablauf der Verfallfrist

Nach **Ablauf der Verfallfrist** ist der Gläubiger grundsätzlich mit der Geltendmachung seines Anspruchs ausgeschlossen. Denkbar ist jedoch, daß der Schuldner sich ausnahmsweise nicht auf den Fristablauf berufen kann, sofern er den Ablauf oder die Verkürzung der Frist durch Verstoß gegen Treu und Glauben herbeigeführt hat (**Arglisteinrede**). So ist zB der Ablauf der Verfallfrist zu verneinen, wenn der Arbeitnehmer Tatsachen verschweigt und der Arbeitgeber hierdurch nicht in der Lage ist, seinen Anspruch geltend zu machen[3]. Ist der Anspruch verfallen, so kann mit ihm auch nicht mehr die **Aufrechnung** erklärt werden[4]. 234

> **Hinweis:** 235
> Erhält der Gläubiger **nach Ablauf der Verfallfrist Kenntnis** von dem ihm zustehenden Anspruch und war Ursache des Verfalls ein arglistiges Verhalten des Schuldners, so ist der Gläubiger gehalten, innerhalb kurzer Zeit Klage zu erheben. Die Verfallfrist beginnt nicht mit dem Zeitpunkt der Kenntniserlangung erneut zu laufen[5].

7. Allgemeinverbindlichkeitserklärung

a) Bedeutung

Die Rechtsnormen des Tarifvertrages erfassen nur die Mitglieder der Tarifvertragsparteien. **Nichtorganisierte Arbeitnehmer** fallen von vorneherein nicht unter den Tarifschutz. Selbst die organisierten Arbeitnehmer unterliegen dem Tarifschutz nur, soweit auch der Arbeitgeber tarifgebunden ist. Lediglich betriebliche und betriebsverfassungsrechtliche Rechtsnormen erfassen alle Betriebe, deren Arbeitgeber tarifgebunden sind (§ 3 Abs. 2 TVG). Durch eine 236

---
1 BAG v. 18. 12. 1984, AP Nr. 88 zu § 4 TVG – Ausschlußfristen.
2 BAG v. 21. 4. 1993, AP Nr. 124 zu § 4 TVG – Ausschlußfristen.
3 BAG v. 6. 5. 1969, AP Nr. 42 zu § 4 TVG – Ausschlußfristen.
4 BAG v. 30. 3. 1973, AP Nr. 4 zu § 390 BGB.
5 BAG v. 3. 12. 1970, AP Nr. 46 zu § 4 TVG – Ausschlußfristen.

staatliche **Allgemeinverbindlichkeitserklärung** kann der Anwendungsbereich des Tarifvertrages jedoch auch auf nicht tarifgebundene Arbeitnehmer und Arbeitgeber erstreckt werden (§ 5 TVG). Auf die Kenntnis vom Tarifvertrag kommt es dafür nicht an[1]. Dieses Vorgehen gebietet sich vor allem in den Fällen, in denen eine tarifvertragliche Regelung erst dann zweckmäßig wird, wenn alle Arbeitsverhältnisse eines bestimmten Wirtschaftszweiges erfaßt werden, wie zB bei der Errichtung von gemeinsamen Einrichtungen (zB die Sozialkassen des Baugewerbes). Auch ist zu berücksichtigen, daß mit dem Tarifvertrag die Tarifvertragsparteien die Arbeits- und Wirtschaftsbedingungen ihrer Mitglieder regeln. In Zeiten nachlassender Konjunktur und eines Überangebotes an Arbeitskräften kann es daher dazu kommen, daß nicht tarifgebundene Arbeitnehmer und Arbeitgeber **untertarifliche Arbeitsbedingungen** vereinbaren. Hierdurch können sich nicht organisierte Arbeitgeber gegenüber organisierten Mitbewerbern einen **Konkurrenzvorteil** verschaffen und so die wirtschaftliche Existenz des Konkurrenten gefährden. Auch kann eine solche Tarifunterbietung dazu führen, daß nicht organisierte Arbeitnehmer die Mitglieder der tarifschließenden Gewerkschaft aus ihren Stellungen verdrängen. Diesem Wettbewerb zwischen Organisierten und Nichtorganisierten kann durch die Allgemeinverbindlichkeitserklärung (§ 5 TVG) begegnet werden. Hierdurch werden die **Mindestarbeitsbedingungen auch auf Außenseiter** erstreckt. Darüber hinaus beugt die Allgemeinverbindlichkeitserklärung auch einer **Schwächung der Tarifpolitik** vor, da die unter Umständen wirtschaftlich bedrängten Tarifparteimitglieder dazu neigen könnten, aus den Organisationen auszutreten, um sich Wettbewerbsvorteile zu sichern.

237 Der für allgemeinverbindlich erklärte Tarifvertrag besitzt die gleiche **unmittelbare und zwingende Wirkung** für nicht organisierte Arbeitnehmer und Arbeitgeber wie der normale Tarifvertrag für die organisierten Tarifmitglieder. Die Wirkung erstreckt sich auf alle Arbeitnehmer und Arbeitgeber, die dem räumlichen, fachlichen und betrieblichen Geltungsbereich des Tarifvertrages unterliegen. Am 1. 1. 1995 lagen rund 630 für allgemeinverbindlich erklärte Tarifverträge vor. Hierunter fallen insbesondere die Tarifverträge des Baugewerbes, der Steine- und Erdindustrie, der Bekleidungsindustrie, der Textilindustrie, des Bäckerhandwerks, der Back- und Brotindustrie, des Hotel- und Gaststättengewerbes, des Groß- und Außenhandels sowie des Einzelhandels.

238 | **Hinweis:**
Werden allgemeinverbindliche Tarifverträge unterschritten, so kann hierin ein Wettbewerbsverstoß gegenüber Mitbewerbern liegen[2].

---

1 BAG v. 15. 11. 1957, AP Nr. 1 zu § 8 TVG 1969.
2 BAG v. 3. 12. 1992, NJW 1993, 1010.

b) Umfang und Reichweite der Allgemeinverbindlichkeit

Die Allgemeinverbindlichkeit kann alle Tarifverträge erfassen, sofern sie **Rechtsnormen** enthalten. Eine Beschränkung auf bestimmte Normen gibt es nicht. Allerdings kann der **schuldrechtliche Teil** nicht für allgemeinverbindlich erklärt werden (§ 5 Abs. 4 TVG). Möglich ist, daß lediglich ein Teil des Tarifvertrages für allgemeinverbindlich erklärt wird. Die Allgemeinverbindlichkeit reicht von ihrem normativen **Geltungsbereich** her so weit wie der Tarifvertrag. Allerdings muß die Allgemeinverbindlichkeit den Geltungsbereich nicht voll ausschöpfen. So kommen insbesondere **Einschränkungsklauseln** in Betracht, nach denen der Tarifvertrag nicht für die Arbeitsverhältnisse gelten soll, die von einem anderen Tarifvertrag erfaßt werden[1]. Solche Klauseln dienen der Vermeidung von Tarifkonkurrenz (vgl. zur Tarifkonkurrenz im übrigen Rz. 263 ff.). 239

Auch in **zeitlicher Hinsicht** ist die Allgemeinverbindlichkeit von der Geltung des Tarifvertrages abhängig. Allerdings muß sie den zeitlichen Geltungsbereich des Tarifvertrages nicht voll ausschöpfen. Denkbar ist vielmehr, daß sie erst nach Beginn des Tarifvertrages anfängt und bereits vor dessen Ablauf endet. Die **Nachwirkung** der Allgemeinverbindlichkeit richtet sich ebenfalls nach dem Tarifvertrag[2]. Kommt ein Nachfolgetarifvertrag nicht zustande, so kann der Bundesarbeitsminister die Allgemeinverbindlichkeit aufheben und damit die Nachwirkung gegenüber den nicht organisierten Arbeitnehmern und Arbeitgebern beenden. Eine **aufgehobene Allgemeinverbindlichkeit** wirkt nicht nach. 240

c) Voraussetzungen der Allgemeinverbindlichkeit

Als Bezugsobjekt der Allgemeinverbindlichkeitserklärung ist das **Vorliegen eines wirksamen Tarifvertrages** erforderlich. Dabei reicht aus, daß dieser nur noch nachwirkt. Sind die Rechtsnormen dieses Tarifvertrages nichtig, so können sie auch nicht durch Allgemeinverbindlichkeit geheilt werden. 241

Die Allgemeinverbindlichkeit setzt darüber hinaus voraus, daß die tarifgebundenen Arbeitgeber **mindestens 50%** der unter den räumlichen, fachlichen und persönlichen Geltungsbereich des Tarifvertrages fallenden Arbeitnehmer beschäftigen (§ 5 Abs. 1 Nr. 1 TVG). Es kommt allein auf die Tarifbindung der Arbeitgeber an, die Tarifbindung der Arbeitnehmer ist für die Berechnung dieser Quote nicht erforderlich. Die Quote kann nach § 287 ZPO sowohl durch die Gerichte wie auch durch den Bundesarbeitsminister geschätzt werden. 242

Die Allgemeinverbindlichkeitserklärung muß **im öffentlichen Interesse** geboten sein (§ 5 Abs. 1 Nr. 2 TVG). Ob dies der Fall ist, wird vom Bundesarbeitsminister durch Abwägung ermittelt[3]. Der Ermessensspielraum betrifft sowohl das Ob einer Allgemeinverbindlichkeitserklärung als auch deren Umfang. Öffentli- 243

---

1 BAG v. 20. 3. 1991, AP Nr. 20 zu § 4 TVG – Tarifkonkurrenz.
2 BAG v. 18. 6. 1980, AP Nr. 68 zu § 4 TVG – Ausschlußfristen.
3 BAG v. 3. 2. 1965, AP Nr. 12 zu § 5 TVG; BAG v. 28. 3. 1990, AP Nr. 25 zu § 5 TVG.

ches Interesse meint ein besonderes Interesse, um zB gleichmäßige Arbeitsbedingungen zu gewährleisten. Bloße Wettbewerbserwägungen der Unternehmen reichen hierfür dagegen nicht aus.

244 Gemäß § 5 Abs. 1 Satz 2 TVG ist die Allgemeinverbindlichkeitserklärung jedoch auch bereits dann zulässig, wenn sie zur Behebung eines **sozialen Notstandes** erforderlich erscheint. Ein solcher kommt zB dann in Betracht, wenn lediglich wenige Arbeitnehmer tarifgebunden sind (weniger als die erforderlichen 50%), aber die Arbeitsbedingungen besonders schlecht sein können (zB in der Haus- und Landwirtschaft).

d) Verfahren

245 Das **Verfahren** richtet sich nach § 5 TVG sowie der DVO in der Fassung vom 16. 1. 1989 (vgl. Rz. 74). Zur Ergänzung gelten die Verwaltungsverfahrensgesetze des Bundes und der Länder. Das Verfahren wird durch **Antrag** mindestens einer Tarifvertragspartei eingeleitet (§ 5 Abs. 1 TVG). Handlungsfähig sind dabei für die Verbände deren Organe oder besonders Beauftragte (§ 12 Nr. 3 VwVfG), nicht dagegen die Tarifgebundenen selbst. Der Antrag ist an den Bundesminister für Arbeit und Sozialordnung zu richten. Er muß **inhaltlich so bestimmt** sein, daß die betreffenden Tarifnormen exakt festgestellt werden können. Die Allgemeinverbindlichkeit kann nur im Einvernehmen zwischen dem Bundesminister und dem **Tarifausschuß** erklärt werden (§ 5 Abs. 1 TVG). Einvernehmen bedeutet, daß der Bundesminister dem Antrag nur stattgeben darf, wenn der Tarifausschuß mit der Allgemeinverbindlichkeitserklärung einverstanden ist. Allerdings ist der Bundesminister nicht zur Allgemeinverbindlichkeitserklärung verpflichtet, wenn der Tarifausschuß dieser zustimmt. Er hat vielmehr nach pflichtgemäßem Ermessen zu entscheiden.

246 Die anhörungsberechtigten **obersten Landesarbeitsbehörden** haben ein Einspruchsrecht (§ 5 Abs. 3 TVG). Ein Einspruch führt dazu, daß der Bundesminister dem Antrag nur mit Zustimmung der Bundesregierung stattgeben darf. Auch die **Aufhebung** kann nur im Einvernehmen mit dem Tarifausschuß erfolgen. Ein Antrag ist hierfür jedoch nicht erforderlich, die Aufhebung kann auch von Amts wegen erfolgen. Die Allgemeinverbindlichkeit eines Tarifvertrages sowie deren Aufhebung ist im Bundesanzeiger **öffentlich bekannt zu machen** (§ 5 Abs. 7 TVG). Die Veröffentlichung ist Voraussetzung für die Wirksamkeit der Allgemeinverbindlichkeit, sie hat konstitutive Bedeutung. Erst mit der Veröffentlichung treten die Rechtswirkungen ein.

247 Eine **Rückwirkung** von Allgemeinverbindlichkeitserklärungen ist grundsätzlich zulässig. Hierbei finden jedoch die Grundsätze über die Rückwirkung von Gesetzen Anwendung[1]. **Beginn und Beendigung** der Allgemeinverbindlichkeit sind in das Tarifregister einzutragen (§ 6 TVG). Diese Eintragung hat lediglich deklaratorische Bedeutung. Das Ende der Rechtswirkungen kann dadurch eintreten, daß der betreffende Tarifvertrag abläuft. Auch kann die Allgemeinver-

---

[1] BAG v. 3. 11. 1982, AP Nr. 18 zu § 5 TVG.

II. Tarifrecht

bindlichkeit vom Bundesminister für Arbeit und Soziales aufgehoben werden, sofern dies im öffentlichen Interesse geboten erscheint (§ 5 Abs. 5 Satz 1 TVG). Möglich sind auch **Änderungen,** das heißt zB eine räumliche oder betriebliche Einschränkung. Wird nur der der Allgemeinverbindlichkeit zugrundeliegende Tarifvertrag geändert, so gilt folgendes: Eine Erweiterung des räumlichen, betrieblichen, fachlichen oder persönlichen Geltungsbereichs läßt den bisherigen Geltungsbereich der Allgemeinverbindlichkeit unberührt. Eine Einschränkung hat jedoch auch eine Einschränkung der Allgemeinverbindlichkeit zur Folge. Eine inhaltliche Änderung des Tarifvertrages gilt nur für die tarifgebundenen Arbeitnehmer und Arbeitgeber. Allerdings gelten die abgeänderten Tarifnormen auch für die Außenseiter nicht mehr unmittelbar und zwingend. Ist die **Allgemeinverbindlichkeit beendet,** so entfaltet sie auch für die nicht tarifgebundenen Arbeitnehmer und Arbeitgeber eine **Nachwirkung,** bis eine neue Vereinbarung getroffen wird[1]. Eine solche neue Vereinbarung ist auch in den Arbeitsverträgen möglich.

e) Mängel der Allgemeinverbindlichkeit

Formelle und materielle Mängel der Allgemeinverbindlichkeitserklärung führen zu deren Nichtigkeit. Auch ein Verstoß der Allgemeinverbindlichkeit selbst gegen höherrangiges Recht führt zur Nichtigkeit. Fehlen der Antrag einer Tarifvertragspartei, das Einvernehmen des Tarifausschusses oder die Zustimmung der Bundesregierung, so hat dies ebenfalls die Nichtigkeit der Allgemeinverbindlichkeitserklärung zur Folge. Dasselbe gilt, wenn das Anhörungsverfahren gar nicht oder fehlerhaft durchgeführt wurde. Ist der betreffende Tarifvertrag unwirksam, so geht die Allgemeinverbindlichkeitserklärung ins Leere. Die **Abwägung des Bundesarbeitsministers** muß hinsichtlich des Vorgangs selbst und bezüglich der von ihm angestrebten Ziele fehlerfrei sein. So darf Ziel einer Allgemeinverbindlichkeitserklärung nicht etwa die Erhöhung des Lohnsteueraufkommens sein. Fehler in der Abwägung führen zur Nichtigkeit. Das gilt auch, wenn das Abwägungsergebnis fehlerhaft ist.

248

f) Rechtsnatur und Rechtsschutz

Das **BAG** geht von der **Theorie von der Doppelnatur** der Allgemeinverbindlichkeitserklärung aus[2]. Danach ist die Allgemeinverbindlichkeitserklärung im Verhältnis Staat zu den tarifschließenden Verbänden Verwaltungsakt und im Verhältnis zu den Außenseitern eine Mitwirkungshandlung bei dem autonomen Rechtssetzungsverfahren der Tarifverbände. Als Verwaltungsakt kann sie vor den Verwaltungsgerichten durch **Anfechtungsklage** angefochten werden. Im Wege der **Verpflichtungsklage** kann auf Vornahme einer abgelehnten oder unterlassenen Allgemeinverbindlichkeitserklärung geklagt werden (§ 42

249

---
1 BAG v. 19. 1. 1962, AP Nr. 11 zu § 5 TVG.
2 BAG v. 10. 10. 1973, AP Nr. 13 zu § 5 TVG; BAG v. 19. 3. 1975, AP Nr. 14 zu § 5 TVG; BAG v. 28. 3. 1990, AP Nr. 25 zu § 5 TVG; BAG v. 3. 2. 1965, AP Nr. 2 zu § 4 TVG – Ausgleichskasse.

VwGO)¹. **Antragsberechtigt** sind die am Tarifvertrag beteiligten Verbände sowie die Verbände, die sich auf dem Regelungsbereich betätigen; auch sie können in ihren Rechten betroffen sein. Ein Urteil des Verwaltungsgerichts, in dem es eine Allgemeinverbindlichkeit rechtskräftig aufhebt, entfaltet für die Arbeitsgerichte Tatbestandswirkung. Dies hat zur Folge, daß das Arbeitsgericht die **Klage eines Außenseiters,** die sich auf den betreffenden Tarifvertrag stützt, abweisen muß. Die normunterworfenen Arbeitgeber und Arbeitnehmer können die Allgemeinverbindlichkeit inzident von den Arbeitsgerichten prüfen lassen; eine Klage vor den Verwaltungsgerichten ist nicht möglich. Das Arbeitsgericht darf einer auf eine allgemeinverbindliche Tarifnorm gestützten Klage nur stattgeben, wenn es die Rechtswirksamkeit der Allgemeinverbindlichkeit bejaht. Die Rechtswirksamkeit ist von Amts wegen zu prüfen². Die Überprüfung erfolgt nur soweit, wie der Vortrag der Parteien hierzu Anlaß gibt. Das **BVerfG** sieht in der Allgemeinverbindlichkeitserklärung einen **Rechtssetzungsakt eigener Art** gegenüber den Außenseitern. Hierdurch wird die Theorie der Doppelnatur verfassungsrechtlich abgesichert. Die **Auslegung** einer Allgemeinverbindlichkeitserklärung erfolgt nach den Grundsätzen der Gesetzesauslegung.

8. Kollision mit individualvertraglichen Regelungen, Verweisungsprobleme

a) Kollision mit individualvertraglichen Regelungen

250 Die Rechtsnormen eines Tarifvertrages gelten unmittelbar und zwingend nur dann, wenn Arbeitgeber und Arbeitnehmer tarifgebunden sind (vgl. zur Tarifbindung Rz. 206 ff.) oder wenn der Tarifvertrag für allgemein verbindlich (vgl. zur Allgemeinverbindlichkeit Rz. 236 ff.) erklärt worden ist. Die Arbeitsvertragsparteien können im Arbeitsvertrag **auf einen bestimmten Tarifvertrag Bezug nehmen.** Diese Bezugnahme hat im Falle der Tarifbindung nur eine deklaratorische Bedeutung. Die Tarifvertragsnormen gelten kraft Tarifvertragsgesetz. Sind beide Parteien des Arbeitsvertrages oder auch nur eine nicht tarifgebunden, so kann zwischen ihnen vereinbart werden, daß die tarifvertraglichen Bestimmungen auch für ihr Arbeitsverhältnis zur Anwendung kommen sollen und damit **Gegenstand des Arbeitsvertrages** werden³.

251 Möglich ist eine solche Anwendbarkeit tariflicher Normen auf Arbeitsverhältnisse von Außenseitern auch kraft **betrieblicher Übung.** Allerdings kann eine betriebliche Übung dann nicht entstehen, wenn im Arbeitsvertrag ein Schriftformerfordernis für die Geltung von Arbeitsbedingungen vorgesehen ist⁴. Eine **Tarifgebundenheit** wird hierdurch jedoch nicht begründet. Die tariflichen Regelungen wirken bei einer solchen vertraglichen Bezugnahme nicht als Rechts-

---

1 BVerwG v. 3. 11. 1988, DB 1989, 529.
2 BAG v. 21. 3. 1973, AP Nr. 12 zu § 4 TVG – Geltungsbereich; BAG v. 24. 1. 1979, AP Nr. 16 zu § 5 TVG.
3 LAG Hamm v. 12. 1. 1993, BB 1993, 1217.
4 BAG v. 27. 3. 1987, DB 1987, 1996.

norm auf das Arbeitsverhältnis ein, sondern gestalten es lediglich in Form vertraglicher Bestimmungen. Bei einer bloßen Bezugnahme ist es möglich, daß die Arbeitsvertragsparteien später von den ursprünglich in bezug genommenen Bestimmungen im gegenseitigen Einvernehmen auch zum Nachteil des Arbeitnehmers abweichen können. Da die zwingende Wirkung des § 4 Abs. 1 TVG nicht greift, besteht die Möglichkeit, etwa im Wege der Änderungskündigung auch ungünstigere Vereinbarungen zu Lasten des Arbeitnehmers anders als bei § 4 Abs. 3 TVG zu treffen. Auch ist es dem nicht tarifgebundenen Arbeitnehmer gestattet, auf tarifliche Ansprüche zu verzichten (vgl. hierzu im Falle der Tarifbindung Rz. 186). Im Ergebnis heißt eine bloße Bezugnahme, daß die Rechte des nicht tarifgebundenen Arbeitnehmers nicht in gleichem Maße gesichert sind wie die des gewerkschaftlich organisierten Arbeitnehmers.

Oftmals ist **dem Arbeitgeber nicht bekannt, ob ein Arbeitnehmer tarifgebunden ist** oder nicht. Daher wird in der Praxis bisweilen im Arbeitsvertrag eine Bezugnahme auf den Tarifvertrag vereinbart. Hierdurch wird sichergestellt, daß für alle Arbeitnehmer eines Betriebs die gleichen Arbeitsbedingungen gelten. Sofern der Tarifvertrag dabei nicht näher bezeichnet ist, gilt im Zweifel der gleiche wie für die tarifgebundenen Arbeitnehmer des Betriebs[1]. Besteht keine Tarifbindung, so entfaltet der Tarifvertrag nach seiner Beendigung keine **Nachwirkung** (vgl. zur Nachwirkung im übrigen Rz. 164 f.). Möglich ist jedoch, daß die Arbeitsvertragsparteien eine Nachwirkung vereinbaren. 252

Eine unterschiedliche Behandlung von tarifgebundenen und nicht tarifgebundenen Arbeitnehmern verstößt zwar grundsätzlich nicht gegen den **Grundsatz der Gleichbehandlung.** Allerdings kann die Anwendung von Tarifnormen geboten sein, wenn eine unterschiedliche Behandlung der Arbeitnehmer nicht sachlich gerechtfertigt ist. Es ist zB nicht zulässig, daß der Arbeitgeber die nicht tarifbundenen Arbeitnehmer für die gleiche Arbeitsleistung schlechter entlohnt. Jedoch können andere Leistungen den tarifgebundenen Arbeitnehmern vorbehalten bleiben, so zB die Gewährung tariflicher Kinderzuschläge[2]. 253

Die Bezugnahme auf tarifvertragliche Normen ist auch durch **Wiederholung der Tarifvertragsnormen** im Arbeitsvertrag möglich. Eine solche Wiederholung empfiehlt sich jedoch nur dann, wenn einzelne Bestimmungen in den Arbeitsvertrag aufgenommen werden sollen, so etwa Kündigungs- oder Urlaubsvorschriften. Sollen größere Bestandteile eines Tarifvertrages oder der ganze Tarifvertrag Gegenstand des Arbeitsvertrages werden, so wird in der Regel die bloße Verweisung gewählt. Werden tarifvertragliche Bestimmungen im Arbeitsvertrag wiederholt, so sind sie **Inhalt des Arbeitsvertrages** und bleiben von Änderungen des Tarifvertrages selbst völlig unberührt. Eine Änderung ist nur individuell, zB durch Änderungskündigung, möglich. 254

---

1 LAG Frankfurt v. 21. 1. 1992, NZA 1992, 840.
2 BAG v. 20. 7. 1960, AP Nr. 7 zu § 4 TVG.

b) Verweisungsprobleme

255 Es ist nahezu einhellige Meinung, daß die Bezugnahme lediglich **schuldrechtlich wirkt.** Sie führt dazu, daß der Tarifvertrag bzw. Teile aus ihm als Teil des Arbeitsvertrages gelten; eine Unterwerfung unter den Tarifvertrag erfolgt nicht, da eine normative Wirkung gegenüber Außenseitern nicht gewollt ist[1]. Auch die Bezugnahme in einer Betriebsvereinbarung führt nicht zu einer tariflichen Normgeltung. Allerdings wirkt der Tarifvertrag als **Teil der Betriebsvereinbarung** unmittelbar und zwingend. Wird im Arbeitsvertrag auf einen Tarifvertrag bzw. auf Teile eines Tarifvertrags Bezug genommen, so wird hierdurch die Tarifbindung der einen oder beider Arbeitsvertragsparteien ersetzt. Die Bezugnahme kann **ausdrücklich oder konkludent** erfolgen. Eine konkludente Bezugnahme liegt vor, wenn der Arbeitgeber alle Arbeitnehmer seines Betriebs nach dem Tarifvertrag behandelt und die Arbeitnehmer die Behandlung unwidersprochen hinnehmen[2]. Eine Bezugnahme kann auch durch betriebliche Übung erfolgen (vgl. Rz. 251). Es muß **eindeutig bestimmbar** sein, auf welchen Tarifvertrag Bezug genommen wird[3]. In der Regel wird auf den Tarifvertrag verwiesen, der im Fall der Tarifbindung der Arbeitsvertragsparteien einschlägig wäre. Möglich ist grundsätzlich jedoch auch die Verweisung auf einen anderen Tarifvertrag[4]. Dabei kann auf einen fachfremden oder sogar bereits abgelaufenen Tarifvertrag Bezug genommen werden. Auch ein **nichtiger Tarifvertrag** kann Gegenstand einer Bezugnahme sein. Dies müssen die Arbeitsvertragsparteien allerdings wirklich gewollt haben. Das folgt daraus, daß die Bezugnahme lediglich widerspiegeln soll, was auch tarifrechtlich gilt; daher können nichtige tarifliche Regelungen selbst dann nicht Inhalt eines Arbeitsvertrages werden, wenn die betreffenden Regelungen wirksam im Arbeitsvertrag hätten vereinbart werden können[5].

256 Es bestehen **zwei Möglichkeiten der Bezugnahme.** Zum einen kann auf den Tarifvertrag in der zum Zeitpunkt der Bezugnahme geltenden Fassung verwiesen werden, sog. **statische Verweisung.** Bei dieser Form der Bezugnahme folgt der Inhalt des Arbeitsvertrages nicht einer Änderung des Tarifvertrages. Vielmehr bleibt bei einer späteren Änderung des Tarifvertrages die ursprüngliche Regelung maßgebend. Darüber hinaus kann auf den Tarifvertrag in seiner jeweiligen Fassung verwiesen werden, sog. **dynamische Verweisung.** Hier folgt der Inhalt des Arbeitsvertrages jeder Änderung des betreffenden Tarifvertrages. Es soll das gelten, was auch im Falle der Tarifbindung gelten würde[6]. Der Arbeitnehmer erlangt dann zB im Falle einer Tariflohnerhöhung einen unmittelbaren Anspruch auf Lohnerhöhung. Im Zweifel ist stets eine dynamische

---

1 BAG v. 7. 12. 1977, AP Nr. 9 zu § 4 TVG – Nachwirkung.
2 BAG v. 11. 6. 1975, EzA Nr. 1 zu § 3 TVG – Bezugnahme auf Tarifvertrag.
3 LAG Hamm v. 29. 9. 1975, DB 1976, 874.
4 BAG v. 13. 11. 1959, AP Nr. 54 zu § 611 BGB – Urlaubsrecht.
5 BAG v. 7. 12. 1977, AP Nr. 9 zu § 4 TVG – Nachwirkung.
6 BAG v. 14. 2. 1973, AP Nr. 6 zu § 4 TVG – Nachwirkung; BAG v. 29. 1. 1975, AP Nr. 8 zu § 4 TVG – Nachwirkung; BAG v. 3. 12. 1985, AP Nr. 1 zu § 74 BAT; BAG v. 21. 10. 1992, AP Nr. 28 zu § 23a BAT.

Verweisung gewollt[1]. Nur so wird die beabsichtigte gleichmäßige Behandlung von tarifgebundenen und nicht tarifgebundenen Arbeitnehmern eines Betriebes erreicht. Für die **Form der Verweisung** gilt, daß diese grundsätzlich formfrei ist. Eine Ausnahme gilt jedoch dann, wenn der in bezug genommene Tarifvertrag für die Begründung eines Arbeitsverhältnisses eine Schriftform vorsieht.

> **Hinweis:** 257
> Es empfiehlt sich, eine Bezugnahme stets schriftlich festzuhalten. Dies dient der Rechtssicherheit und Rechtsklarheit.

Die Bezugnahme auf tarifrechtliche Normen ist bestimmten **Grenzen** unterworfen. Auf welchen Tarifvertrag die Parteien des Arbeitsvertrages Bezug nehmen wollen steht ihnen grundsätzlich frei. Allerdings haben sie **zwingendes Gesetzesrecht** dabei zu berücksichtigen. So können zB Bestimmungen des Jugendschutzes nicht dadurch umgangen werden, daß für jugendliche Arbeitnehmer auf einen Tarifvertrag, der für Erwachsene gilt, Bezug genommen wird. Zulässig ist dagegen die Verweisung auf Ausschlußfristen[2] (zu den Ausschlußfristen im allgemeinen vgl. Rz. 218 ff.). Soweit die Arbeitsvertragsparteien bereits an einen anderen Tarifvertrag gebunden sind, darf die Bezugnahme nicht zu einer Verschlechterung der Arbeitsbedingungen führen. Durchsetzen kann sich der in bezug genommene Tarifvertrag dann nur als andere Abmachung aufgrund des Günstigkeitsprinzips (vgl. zum Günstigkeitsprinzip Rz. 171 ff.), aufgrund einer Öffnungsklausel (vgl. hierzu Rz. 168) oder im Zeitraum der Nachwirkung des für die Parteien bindenden Tarifvertrages. 258

Inwieweit durch Verweisung auf Tarifrecht **tarifdispositive Gesetze** abbedungen werden können, ist fraglich. Tarifdispositive Gesetze sind solche, in denen der Gesetzgeber die Tarifvertragsparteien von der Bindung an die allgemeine Rechtsordnung befreit und anordnet, daß von ihr nur durch Tarifvertrag abgewichen werden kann. Von dieser Möglichkeit wurde zB bei den Kündigungsfristen (§ 622 BGB), im Urlaubsrecht (§ 13 BUrlG), in der betrieblichen Altersversorgung (§ 17 Abs. 3 BetrAVG) und im Beschäftigungsförderungsgesetz (§ 6 BeschFG) Gebrauch gemacht. In der **Betriebsverfassung** findet sich tarifdispositives Recht zB in § 3 BetrVG und § 117 BetrVG. Sofern auf das bei Tarifbindung geltende Tarifrecht verwiesen wird, bestehen keine Bedenken gegen die Abbedingung dispositiven Rechts, da die Verweisung die Vereinheitlichung der Arbeitsbedingungen zum Ziel hat. In den übrigen Fällen muß wohl jeweils am Einzelfall geprüft werden, ob die Abbedingung sachlich gerechtfertigt ist und insbesondere das Willkürverbot (§ 138 BGB) beachtet wurde[3]. In der **Betriebsverfassung** gilt, daß die Betriebspartner durch Bezugnahmen die Betriebsverfassung selbst nur so weit ändern dürfen, als sie dies durch Betriebsvereinbarung dürfen. Insbesondere ist die Sperrwirkung des § 77 Abs. 3 BetrVG zu beachten. Danach dürfen Arbeits- 259

---

1 BAG v. 20. 3. 1991, AP Nr. 20 zu § 4 TVG – Tarifkonkurrenz.
2 BAG v. 5. 11. 1963, AP Nr. 1 zu § 1 TVG – Bezugnahme auf Tarifvertrag.
3 Vgl. *Schaub*, § 209 III 4; aA *Herschel*, DB 1969, 659, 661.

entgelte und sonstige Arbeitsbedingungen, die durch Tarifverträge geregelt sind oder üblicherweise geregelt werden, nicht Gegenstand einer Betriebsvereinbarung sein. Eine Ausnahme gilt lediglich dann, wenn der Tarifvertrag eine ergänzende Betriebsvereinbarung zuläßt (Öffnungsklausel, vgl. Rz. 168).

260 Bei der **dynamischen Verweisung** bestehen besondere Grenzen. Fraglich ist hier, inwieweit **Änderungen bzw. Ergänzungen eines Tarifvertrages** gelten, wenn mit diesen bei Abschluß des Arbeitsvertrages nicht gerechnet werden konnte, zB im Falle von Rationalisierungsabkommen. Weder die Parteien des Arbeitsvertrages noch die Betriebspartner dürfen sich den Tarifvertragsparteien grenzenlos ausliefern. Für Arbeitsverträge gilt in diesem Zusammenhang, daß ihre Bezugnahme nur solche Entwicklungen des Tarifvertrages nicht erfassen, die keinesfalls vorhersehbar waren[1]. Grundsätzlich ist durch Auslegung des Einzelvertrages unter Berücksichtigung des mit der Verweisung verfolgten Zwecks zu entscheiden, ob die betreffende Änderung bzw. Ergänzung des Tarifvertrages Geltung erhalten soll oder nicht. Von einer Geltung der Änderung/Ergänzung kann dann ausgegangen werden, wenn Zweck der Verweisung die Vereinheitlichung der Arbeitsbedingungen war.

261 Ist die im Arbeitsvertrag vorgenommene **Verweisung rechtswirksam,** so findet das entsprechende Tarifrecht Anwendung. Die Tarifnormen gelten sodann unmittelbar für das betreffende Arbeitsverhältnis. Allerdings sind sie jederzeit abdingbar. Sofern sich eine Arbeitsvertragspartei über den Inhalt einer Tarifnorm irrt, ist dieser Irrtum unbeachtlich, da Inhalt der Willenserklärung lediglich die Bezugnahme auf die Tarifnorm selbst und nicht der Inhalt der entsprechenden Norm war[2]. Sofern die Arbeitsvertragsparteien jedoch gemeinsam von einem bestimmten Inhalt der Tarifnorm ausgehen, liegt hierin ein Fall der falsa demonstratio mit der Folge, daß das Gewollte gilt. Es liegt sodann eine arbeitsvertragliche Sonderregelung vor[3].

262 **Hinweis:**
Der Inhalt des Tarifrechts ist grundsätzlich von Amts wegen zu ermitteln (§ 293 ZPO).

9. Tarifkonkurrenz

263 In einigen Fällen kann es dazu kommen, daß Arbeitsverhältnisse **gleichzeitig mehreren Tarifverträgen** unterstehen. Dabei müssen die verschiedenen Tarifverträge nach deren räumlichen, zeitlichen, betrieblichen, fachlichen und persönlichen Geltungsbereich auf dasselbe Arbeitsverhältnis Anwendung finden. Darüber hinaus müssen beide Parteien des Arbeitsverhältnisses tarifgebunden

---
1 *Löwisch,* NZA 1985, 317; *Wiedemann/Stumpf,* § 3 Rz. 103; BAG v. 14. 3. 1961, AP Nr. 78 zu § 242 BGB – Ruhegehalt.
2 LAG Hamm v. 12. 1. 1993, BB 1993, 1217.
3 Vgl. *Schaub,* § 209 III 5; aA *Herschel,* DB 1969, 662.

sein, wobei es bei betrieblichen und betriebsverfassungsrechtlichen Bestimmungen allein auf die Tarifbindung des Arbeitgebers ankommt (vgl. § 3 Abs. 2 TVG). Es kann also zu einer Konkurrenz von Normen verschiedener Tarifverträge kommen, sofern die Tarifverträge für dasselbe Rechtsverhältnis Geltung beanspruchen[1].

Es kommen zwei Fälle der Tarifkonkurrenz in Betracht, die tarifautonome Konkurrenz und die staatlich veranlaßte Konkurrenz (zB im Falle der Allgemeinverbindlichkeitserklärung). Von einer **tarifautonomen Konkurrenz** spricht man, wenn Arbeitgeber und Arbeitnehmer gleichzeitig an mehrere von verschiedenen Tarifvertragsparteien geschlossene Tarifverträge gebunden sind. So kann ein Verbandstarifvertrag mit einem Firmentarifvertrag konkurrieren oder ein von einem Spitzenverband im eigenen Namen abgeschlossener Tarifvertrag mit dem Verbandstarifvertrag eines seiner Mitglieder. Denkbar ist auch eine Doppelmitgliedschaft des Arbeitsgebers in verschiedenen Verbänden, wenn er zB in einen anderen Verband überwechselt und zeitweise Mitglied des alten und des neuen Verbands ist. Normen über **betriebliche oder betriebsverfassungsrechtliche Fragen** unterliegen oft der Tarifkonkurrenz. Grund hierfür ist, daß diese bereits schon dann Geltung erlangen, wenn der Arbeitgeber tarifgebunden ist (§ 3 Abs. 2 TVG)[2]. Hierdurch erlangen die Betriebsnormen aller im Betrieb geltenden Tarifverträge Geltung. Von einer **staatlich veranlaßten Tarifkonkurrenz** spricht man zB in den Fällen einer Allgemeinverbindlichkeitserklärung (vgl. zur Allgemeinverbindlichkeit im einzelnen Rz. 236 ff.). Sind also die Arbeitsvertragsparteien Mitglieder einer Tarifvertragspartei und wurde gleichzeitig ein anderer Tarifvertrag für allgemeinverbindlich erklärt, so konkurrieren die verschiedenen Tarifverträge miteinander. Tritt der Arbeitgeber oder der Arbeitnehmer in einen anderen Verband ein, so gilt der Tarifvertrag des neuen Verbandes nach § 3 Abs. 1 TVG und der des alten Verbandes nach § 3 Abs. 3 TVG (Nachwirkung, vgl. Rz. 164 f.).

264

Liegt Tarifkonkurrenz vor, so ist zunächst durch **Auslegung** zu ermitteln, welcher Tarifvertrag Anwendung finden soll[3]. Ergibt die Auslegung, daß einer der Tarifverträge keine Geltung hat, so liegt kein Fall der Tarifkonkurrenz vor. Ergibt die Auslegung, daß mehrere Tarifverträge tatsächlich Geltung besitzen und ist nicht zu ermitteln, welcher der Tarifverträge zur Anwendung gelangen soll, so ist auf Kollisionsregeln abzustellen[4]. Unproblematisch ist der Fall, in dem die Tarifvertragsparteien bestimmt haben, daß im Falle der Kollision ihres Tarifvertrages mit einem anderen ihr Tarifvertrag zurücktreten soll. Allerdings können die Tarifvertragsparteien nicht umgekehrt vereinbaren, daß ihr Tarifvertrag im Falle der Kollision Vorrang besitzen soll, da sie hierdurch ihre Regelungszuständigkeit überschreiten würden.

265

Lösungsansatz für das Problem der Tarifkonkurrenz ist das **Prinzip der Tarifeinheit**. Danach soll in einem Betrieb grundsätzlich nur ein Tarifvertrag zur An-

266

---
1 BAG v. 5. 9. 1990, AP Nr. 19 zu § 4 TVG – Tarifkonkurrenz.
2 BAG v. 20. 3. 1991, AP Nr. 20 zu § 4 TVG – Tarifkonkurrenz.
3 BAG v. 24. 9. 1975, AP Nr. 11 zu § 4 TVG – Tarifkonkurrenz.
4 BAG v. 6. 3. 1973, AP Nr. 1 zu § 1 TVG – Tarifverträge: Papierindustrie.

wendung gelangen, außerdem sollen für das Arbeitsverhältnis nur die Bestimmungen eines Tarifvertrages gelten[1]. Da nur die Geltung eines Tarifvertrages letztlich eine praktikable und überschaubare Regelung der Arbeitsbedingungen im einzelnen Arbeitsverhältnis gewährleistet, dient das Prinzip der Tarifeinheit der Rechtssicherheit. Ob das Prinzip der Tarifeinheit auch für **fachfremde Betriebsabteilungen und Nebenbetriebe** gilt, ist umstritten (zur selbständigen Betriebsabteilung und dem Nebenbetrieb vgl. Rz. 203). Es ist durch Auslegung des Tarifvertrages zu ermitteln, ob selbständige Betriebsabteilungen vom Tarifvertrag des Hauptbetriebes erfaßt werden sollen oder nicht[2]. Im Zweifel ist eine solche Geltung zu bejahen. Auch für Nebenbetriebe soll der Tarifvertrag des Hauptbetriebes gelten, sofern die Auslegung des betreffenden Tarifvertrages nicht zu einem anderen Ergebnis führt[3]. Sofern ein Unternehmen Betriebe verschiedener Wirtschaftszweige besitzt, gilt für jeden Betrieb der seinem Wirtschaftszweig entsprechende Tarifvertrag[4].

267 Soweit das Prinzip der Tarifeinheit nicht zu einer Lösung des Konflikts führt, gilt der **Grundsatz der Tarifspezialität**[5]. Danach soll der Tarifvertrag Anwendung finden, der dem Betrieb räumlich, betrieblich, fachlich und persönlich am nächsten steht[6]. Maßgebend ist die Tätigkeit, die im Betrieb überwiegt und ihm sein Gepräge gibt. Damit geht der Tarifvertrag mit dem räumlich engeren Geltungsbereich dem mit dem weiteren Geltungsbereich vor. Der Firmentarifvertrag geht dem Verbandstarifvertrag vor und der Tarifvertrag des untergeordneten Verbandes geht dem des übergeordneten Verbandes vor. So ist zB gegenüber dem Bundesrahmentarifvertrag-Bau der Tarifvertrag für das Schlosserhandwerk der speziellere Tarifvertrag. Daher gilt letzterer aufgrund des Prinzips der Tarifeinheit für den gesamten Schlosserbetrieb[7]. Ein solcher Schlosserbetrieb ist nicht an die Sozialkassen des Baugewerbes angeschlossen. Dies gilt danach auch für die Arbeitnehmer, die nur dem Bautarifvertrag unterfallen. Unerheblich ist dabei, ob einer der in Betracht kommenden Tarifverträge für allgemeinverbindlich erklärt wurde.

268 Als schwierig stellt sich die Konkurrenz von Tarifverträgen dar, die **betriebliche und betriebsverfassungsrechtliche Fragen** betreffen. Hierbei ist gemäß § 3 Abs. 2 TVG lediglich auf die Tarifgebundenheit des Arbeitgebers abzustellen.

---

1 BAG v. 14. 6. 1989, AP Nr. 16 zu § 4 TVG – Tarifkonkurrenz; BAG v. 5. 9. 1990, AP Nr. 20 zu § 4 TVG – Tarifkonkurrenz.
2 BAG v. 3. 2. 1965, AP Nr. 11 zu § 4 TVG – Geltungsbereich; BAG v. 11. 9. 1991, AP Nr. 145 zu § 1 TVG – Tarifverträge: Bau.
3 BAG v. 21. 12. 1954, AP Nr. 4 zu § 4 TVG – Geltungsbereich; BAG v. 3. 2. 1965, AP Nr. 11 zu § 4 TVG – Geltungsbereich; BAG v. 3. 12. 1985, AP Nr. 5 zu § 1 TVG – Tarifverträge: Großhandel.
4 BAG v. 31. 3. 1955, AP Nr. 1 zu § 4 TVG – Geltungsbereich; BAG v. 29. 3. 1957, AP Nr. 4 zu § 4 TVG – Tarifkonkurrenz.
5 BAG v. 14. 6. 1989, AP Nr. 16 zu § 1 TVG – Tarifkonkurrenz; BAG v. 24. 9. 1975, AP Nr. 11 zu § 4 TVG – Tarifkonkurrenz.
6 BAG v. 24. 9. 1975, AP Nr. 11 zu § 4 TVG – Tarifkonkurrenz; BAG v. 29. 11. 1978, AP Nr. 12 zu § 4 TVG – Tarifkonkurrenz.
7 BAG v. 14. 6. 1989, AP Nr. 16 zu § 4 TVG – Tarifkonkurrenz.

II. Tarifrecht

Sofern also ein Arbeitgeberverband mit zwei Gewerkschaften Tarifverträge abschließt, entsteht für die Mitglieder des Verbandes echte Tarifkonkurrenz. In einem solchen Fall führen das Prinzip der Tarifeinheit und der Grundsatz der Tarifspezialität nicht zu einer Lösung des Konflikts. Nach einer Meinung soll dann derjenige Tarifvertrag zur Anwendung gelangen, der die meisten Arbeitsverhältnisse erfaßt. Nach anderer Ansicht soll der Tarifvertrag gelten, der von einer Gewerkschaft abgeschlossen ist, die näher zur Sache steht. Das ist die Gewerkschaft, die nach den Berufen ihrer Mitglieder und der Art der betroffenen Unternehmen das stärkere Recht zur Regelung der betreffenden Fragen für sich beanspruchen kann[1].

Gelten mehrere Tarifverträge innerhalb eines Betriebs für verschiedene Arbeitsverhältnisse, so entsteht eine **Tarifpluralität**[2]. Eine solche Tarifpluralität entsteht zumeist dann, wenn mehrere konkurrierende Gewerkschaften Tarifverträge mit demselben Arbeitgeberverband schließen, die den gleichen Regelungstatbestand betreffen. Tarifpluralität liegt zum einen dann vor, wenn die Arbeitnehmer eines Betriebs oder Betriebsteils verschiedenen Gewerkschaften angehören (**unterschiedliche Organisationszugehörigkeit**) und der Arbeitgeber selbst oder sein Verband mit den verschiedenen Gewerkschaften Tarifverträge abgeschlossen hat. Ein weiterer Fall der Tarifpluralität kann vorliegen, wenn zum einen eine Tarifbindung besteht, die zur Anwendung des betreffenden Tarifvertrages führt und parallel dazu für einen anderen Tarifvertrag die **Allgemeinverbindlichkeit** erklärt wurde. Folge der Tarifpluralität ist, daß je nach tariflichem Geltungsbereich auf die verschiedenen Arbeitnehmer eines Betriebs verschiedene Tarifverträge Anwendung finden. Der für allgemeinverbindlich erklärte Tarifvertrag würde sodann lediglich auf die nicht tarifgebundenen Arbeitnehmer des Betriebs Anwendung finden. Das BAG will jedoch auch für den Fall der Tarifpluralität nach dem **Prinzip der Tarifeinheit** vorgehen. Der durch den spezielleren Tarifvertrag verdrängte allgemeinere Tarifvertrag (zB der allgemeinverbindliche Tarifvertrag) soll auch auf die nicht organisierten Arbeitnehmer keine Anwendung finden[3]. Folge ist danach, daß innerhalb eines Betriebs ein „tariffreier Raum" entsteht, daß also für einige Arbeitnehmer überhaupt kein Tarifvertrag Geltung erlangt. 269

> **Hinweis:**
> Probleme der Tarifkonkurrenz kommen in der Praxis nicht sehr häufig vor, da durch das Industrieverbandsprinzip (vgl. hierzu Rz. 24) zumindest die Gewerkschaften, die im DGB zusammengeschlossen sind, die Tarifzuständigkeit untereinander aufgeteilt haben. Nach dem Prinzip der Tarifeinheit wird dabei jeder Betrieb nur von einer Gewerkschaft betreut. 270

---

1 Vgl. hierzu *Wiedemann/Stumpf*, § 4 Rz. 166; *Gramm*, AR-Blattei D Tarifvertrag XII Tarifkonkurrenz, CIX.
2 BAG v. 5. 9. 1990, AP Nr. 19 zu § 4 TVG – Tarifkonkurrenz.
3 BAG v. 20. 3. 1991, DB 1991, 1779; kritisch hierzu *Merten*, BB 1993, 572.

271 **Hinweis:**
Ob ein Tarifvertrag auf ein bestimmtes Arbeitsverhältnis Anwendung findet, ist im Wege der **Feststellungsklage** nach § 256 Abs. 1 ZPO zu klären. Soll die Tarifzuständigkeit für den Abschluß eines Tarifvertrages gegenüber dem einzelnen Arbeitgeber geklärt werden, so ist dies nach § 97 ArbGG im Wege des Beschlußverfahrens zu ermitteln.

10. Prüfungsschema für Ansprüche aus Tarifvertrag

272 **A. Wirksamkeit des Tarifvertrages**
   1. Tariffähigkeit der abschließenden Parteien (§ 2 Abs. 1 TVG)
      → vgl. Rz. 87 ff.
   2. Tarifzuständigkeit (sachlich und räumlich)
      → vgl. Rz. 94 ff.
   3. Schriftform (§ 1 Abs. 2 TVG)
      → vgl. Rz. 96 ff.
   4. Einhaltung der Grenzen der Tarifmacht:
      a) Regelungszuständigkeit
         Geregelt werden darf nur, was der Wahrung und Förderung der Arbeits- und Wirtschaftsbedingungen dient (Art. 9 Abs. 3 GG). Bezieht sich der Tarifvertrag auf andere Rechtsgebiete, so ist er unwirksam (zB keine Gestaltung unternehmerischer Mitbestimmung).
         → vgl. Rz. 118 ff.
      b) Zulässiger Inhalt des normativen Teils (§ 1 Abs. 1 TVG)
         → vgl. Rz. 160 ff.
         ▶ **Inhaltsnormen:** Dazu zählen alle Regelungen, die sich mit dem Inhalt des Arbeitsvertrages befassen (Lohn, Arbeitszeit, Gratifikation, Kündigung, Urlaub); Rz. 123 ff. Die Anwendbarkeit setzt Tarifbindung beider Arbeitsvertragsparteien voraus; zur Tarifbindung
         → vgl. Rz. 206 ff.
         ▶ **Abschlußnormen:** Diese regeln die Begründung von Arbeitsverhältnissen (Formvorschriften für Arbeitsverträge, Abschlußverbote, Abschlußgebote, Wiedereinstellungsgebote);
         → vgl. Rz. 131.
         Abschlußnormen setzen ebenfalls Tarifbindung voraus (§ 3 Abs. 1 TVG).
         ▶ **Betriebsnormen:** Sie regeln betriebliche Fragen, insbesondere Regelungen über den Arbeitsschutz, über betriebliche Erholungs- und Wohlfahrtseinrichtungen und die Ordnung im Betrieb. Sie regeln unter anderem die Betriebseinrichtung und den Arbeitsschutz. Sie sind auch für nicht gewerkschaftsangehörige Arbeitnehmer wirk-

II. Tarifrecht

sam; sie binden bereits, wenn der Arbeitgeber tarifgebunden ist (§ 3 Abs. 2 TVG).
→ vgl. Rz. 141.

▶ **Normen über betriebsverfassungsrechtliche Fragen:** Normen, die sich insbesondere mit der Erweiterung oder Konkretisierung der Mitbestimmungsrechte des Betriebsrates befassen. Einschränkungen der betriebsverfassungsrechtlichen Rechte sind nicht möglich. Auch hier reicht die Tarifbindung des Arbeitgebers aus (§ 3 Abs. 2 TVG)
→ vgl. Rz. 143 ff.

▶ **Normen über gemeinsame Einrichtungen:** Regelung der Lohnausgleichskassen, Urlaubsmarkenregelung, Träger von betrieblichen Altersversorgungsleistungen (vgl. § 4 Abs. 2 TVG)
→ vgl. Rz. 146.

c) Kein Verstoß gegen das Grundgesetz
→ vgl. Rz. 75.

d) Kein Verstoß gegen übergeordnetes Gesetzesrecht
→ vgl. Rz. 79.

5. Kein Erlöschen des Tarifvertrages (Kündigung, Zeitablauf, Aufhebung, Auflösung)
→ vgl. Rz. 108 ff.

6. Nachwirken des Tarifvertrags:
Grundsätzlich bis zum Abschluß eines neuen Tarifvertrages (§ 4 Abs. 5 TVG). Nach Erlöschen des alten Tarifvertrages ist dieser nicht mehr zwingend. Möglich sind andere Abreden während der Übergangszeit.
→ vgl. Rz. 164 ff.

B. Arbeitsverhältnis im Rahmen des Tarifvertrages (räumlicher, fachlicher, betrieblicher, zeitlicher und persönlicher Geltungsbereich)
→ vgl. Rz. 192 ff.

C. Tarifgebundenheit (§§ 3, 5 TVG)
→ vgl. Rz. 206 ff.

1. Beiderseitige Verbandszugehörigkeit (Tarifbindung; § 3 Abs. 1 TVG)
→ vgl. Rz. 206 ff.

2. Betriebsnorm mit Tarifgebundenheit des Arbeitgebers (§ 3 Abs. 2 TVG)
→ vgl. Rz. 212.

3. Allgemeinverbindlichkeitserklärung (§ 5 Abs. 4 TVG)
Die Allgemeinverbindlichkeitserklärung hat eine Doppelnatur. Sie ist Verwaltungsakt im Verhältnis Staat und Tarifvertragsparteien und – soweit sie das Rechtsverhältnis zu den Außenseitern betrifft – ein Rechtsetzungsakt.
→ vgl. Rz. 236 ff.

4. Sonderfälle der „Tarifgebundenheit":
   a) Einzelarbeitsvertragliche Vereinbarung (sog. Gleichstellungsabrede)
      → vgl. Rz. 250 ff.
   b) Gleichbehandlungsgrundsatz und Fürsorgepflicht des Arbeitgebers geben grundsätzlich keinen Anspruch auf Anwendung tariflicher Normen.
      → vgl. Rz. 214.
   c) Betriebliche Übung
      → vgl. Rz. 215.

Fünfter Teil
Arbeitsgerichtsverfahren

A. Typische Klageziele

	Rz.
I. Vorbemerkung	1
II. **Kündigungsschutzklage bei Beendigungskündigung**	3
1. Voraussetzungen des allgemeinen Kündigungsschutzes	6
2. Darlegungs- und Beweislast	7
3. Klageantrag	12
a) Kündigungsschutzklage	13
b) Streitgegenstand	15
c) Allgemeine Feststellungsklage	17
d) Antragsmuster	19
4. Klagefrist	21
a) Beginn der Klagefrist	22
aa) Mündliche Kündigungserklärung	23
bb) Übergabe schriftlicher Kündigung	24
cc) Kündigung gegenüber Abwesenden	25
dd) Übergabe an Ehegatte, Kinder etc.	28
ee) Zugangsvereitelung	29
b) Berechnung der Frist	31
c) Darlegungs- und Beweislast	32
5. Parteibezeichnung	33
a) Rubrumsberichtigung und Parteiwechsel	35
b) Richtiger Arbeitgeber hilfsweise verklagt	37
6. Zuständiges Gericht	38
7. Nachträgliche Klagezulassung	42
a) Formelle Voraussetzungen	43
aa) Inhalt des Antrages	44
bb) Antragsfrist	45
cc) Darlegungs- und Beweislast für die Fristwahrung	48
b) Materielle Voraussetzungen	49
c) Antragsmuster	59
d) Verfahren	60
aa) Entscheidung durch Beschluß	61
bb) Entscheidung durch Urteil	64
e) Rechtskraft des Beschlusses	65
III. **Entfristungsklage**	
1. Allgemeines	68
2. Einzelheiten zur Entfristungsklage	70
3. Darlegungs- und Beweislast	74
IV. **Allgemeine Feststellungsklage**	78
1. Außerordentliche Kündigung	80
a) Feststellungsinteresse	86
b) Verwirkung	87
c) Darlegungs- und Beweislast	90
d) Antragsmuster	95
2. Ordentliche Kündigung	97
3. Andere Unwirksamkeitsgründe als Sozialwidrigkeit (§ 1 KSchG) und Mangel des wichtigen Grundes (§ 626 BGB)	99
4. Die sittenwidrige Kündigung insbesondere	103
5. Die Kündigung wegen Betriebsübergangs (§ 613a BGB)	106
V. **Kündigungsschutzklage bei Änderungskündigung**	
1. Allgemeines	110
2. Begriffsbestimmung	115
a) Kündigung	116
b) Änderungsangebot	117
c) Zusammenhang von Kündigung und Änderungsangebot	118
d) Arten der Änderungskündigung	120
3. Reaktionen des Arbeitnehmers	
a) Ablehnung des Änderungsangebotes	121
b) Annahme des Änderungsangebotes ohne Vorbehalt	122
c) Annahme des Änderungsangebotes unter Vorbehalt	123

	Rz.
4. Klagefrist, Streitgegenstand und Klageantrag	
a) Bei Ablehnung des Änderungsangebotes	127
b) Bei Annahme des Änderungsangebotes	128
5. Rechtslage nach Ende des Änderungsschutzprozesses	131
VI. Weiterbeschäftigungsantrag	133
1. Materiell-rechtliche Grundlagen	
a) Der betriebsverfassungsrechtliche Weiterbeschäftigungsanspruch	135
b) Der personalvertretungsrechtliche Weiterbeschäftigungsanspruch	146
c) Allgemeiner Weiterbeschäftigungsanspruch	148
2. Klageverfahren	
a) Anspruch des Arbeitnehmers	152
b) Abwehr durch den Arbeitgeber	
aa) Einwendungen im Klageverfahren	156
bb) Antrag auf Erlaß einer einstweiligen Verfügung	157
3. Vorläufiger Rechtsschutz	163
4. Darlegungs- und Beweislast	172

	Rz.
VII. Der Auflösungsantrag	176
1. Der Auflösungsantrag des Arbeitnehmers	
a) Verfahrensrechtliche Voraussetzungen	179
b) Materiell-rechtliche Voraussetzungen	
aa) Unwirksamkeit der Kündigung	180
bb) Unzumutbarkeit der Fortsetzung des Arbeitsverhältnisses	185
c) Verfahrensfragen	187
2. Der Auflösungsantrag des Arbeitgebers	
a) Verfahrensrechtliche Voraussetzungen	192
b) Materiell-rechtliche Voraussetzungen	193
c) Verfahrensfragen	198
3. Beiderseitiger Auflösungsantrag	200
VIII. Entgeltklagen	201
1. Bruttolohnklage	202
2. Überstundenvergütung	212
3. Nettolohnklage	214
4. Klage auf zukünftige Leistung	216
5. Urlaubsentgelt und -abgeltung	220

Schrifttum:

Ascheid, Kündigungsschutzrecht, 1993; *Ascheid*, Urteils- und Beschlußverfahren im Arbeitsrecht, 1995; *Bader*, Neuregelungen im Bereich des Kündigungsschutzgesetzes durch das Arbeitsrechtliche Beschäftigungsförderungsgesetz, NZA 1996, 1125; *Bader*, Kündigungsprozesse richtig führen – typische Fehler im Kündigungsprozeß, NZA 1997, 905; *Baumgärtel*, Handbuch der Beweislast im Privatrecht, Bd. 1, 2. Aufl. 1991; *Becker-Schaffner*, Die Darlegungs- und Beweislast in Kündigungsrechtsstreitigkeiten, BB 1992, 557; *Berger-Delhey*, Weiterbeschäftigungsanspruch und Bundesverfassungsgericht, NZA 1988, 8; *Berkowsky*, Die prozessuale Behandlung von Lohnzahlungsklagen, BB 1982, 1120; *Berkowsky*, Die Kündigungsschutzklage und ihre nachträgliche Zulassung, NZA 1997, 352; *Birk*, Das Nachweisgesetz zur Umsetzung der Richtlinie 91/533/EWG in das deutsche Recht, NZA 1996, 281; *Bitter*, Zur Kombination von Kündigungsschutzklage mit allgemeiner Feststellungsklage, DB 1997, 1407; *Boemke*, Kündigungsschutzklage (§ 4 KSchG) und allgemeine Feststellungsklage (§ 256 ZPO), RdA 1995, 211; *Boewer*, Streitgegenstand und Prüfungsmaßstab bei der Änderungsschutzklage, BB 1996, 2618; *Boewer*, Der Streitgegenstand des Kündigungsschutzprozesses, NZA 1997, 359; *Brox/Walker*, Zwangsvollstreckungsrecht, 5. Aufl. 1996; *Diller*, Neues zum richtigen Klageantrag im Kündigungsschutzverfahren, NJW 1996, 2141; *Ehler*, Der sogenannte allgemeine Weiterbeschäftigungsanspruch, BB 1996, 376; *Ettwig*, Keine Änderung im Kündigungsschutz durch das neue SGB III, NZA 1997, 1152; *Falke/Höland/Rhode/Zimmermann*, Kündigungspraxis und Kündigungsschutz in der Bundesrepublik Deutschland, 1981; *Gift/Baur*,

A. Typische Klageziele   Teil 5 A

Das Urteilsverfahren vor den Gerichten für Arbeitssachen, 1993; *Hanau,* Die Weiterbeschäftigungsentscheidung des BAG – unerlaubte Rechtsfortbildung im Rückfall?, ZIP 1986, 3; *Herschel,* Anmerkung zu BAG EzA § 9 KSchG nF Nr. 3; *Hohmeister,* Beweislastumkehr durch das Nachweisgesetz?, BB 1996, 2406; *Holthöwer/Rolfs,* Die Beendigung des Arbeitsverhältnisses mit älteren Arbeitnehmern, DB 1995, 1074; *von Hoyningen-Huene/Linck,* Neuregelungen des Kündigungsschutzes und befristeter Arbeitsverhältnisse, DB 1997, 41; *Hromadka,* Änderung von Arbeitsbedingungen, 1989; *Hromadka,* Änderung von Arbeitsbedingungen, RdA 1992, 234; *Hromadka,* Möglichkeiten und Grenzen der Änderungskündigung, NZA 1996, 1; *Kampen,* Die „Punktuelle Streitgegenstandstheorie" und die sich daraus ergebenden Probleme mit Anträgen und Tenorierungen im Kündigungsschutzverfahren, ArbuR 1996, 172; *Kania,* Nichtarbeitsrechtliche Beziehungen zwischen Arbeitgeber und Arbeitnehmer, 1989; *Künzl/Bengelsdorf,* Der sogenannte allgemeine Weiterbeschäftigungsanspruch: Keine unzulässige Rechtsfortbildung?, DB 1989, 2433; *Lakies,* Zu den seit 1. 10. 1996 geltenden arbeitsrechtlichen Vorschriften der Insolvenzordnung, RdA 1997, 145; *Leuchten,* Widerruf und Befristung von Arbeitsbedingungen, insbesondere Provisionsordnungen, NZA 1994, 721; *Löwisch,* Zur rechtlichen Beurteilung besonderer Arbeitskampfmaßnahmen im Medienbereich, RdA 1987, 219; *Löwisch,* Das Arbeitsrechtliche Beschäftigungsförderungsgesetz, NZA 1996, 1009; *Löwisch/Neumann,* Betriebserwerber als richtiger Kündigungsschutz-Beklagter bei vor Betriebsübergang ausgesprochener Kündigung, DB 1996, 474; *Neef,* Die Neuregelung des Interessenausgleichs und ihre praktischen Folgen, NZA 1997, 65; *Neumann,* AR-Blattei SD 1020.6 „Die Kündigungsabfindung"; *Niesel,* Arbeitsförderungsgesetz, 2. Aufl. 1997; *Otto,* Erleichterte Zulassung befristeter Arbeitsverträge, NJW 1985, 1807; *Preis,* Das arbeitsrechtliche Beschäftigungsförderungsgesetz 1996, NJW 1996, 3369; *Preis,* Das Nachweisgesetz – lästige Förmelei oder arbeitsrechtliche Zeitbombe?, NZA 1997, 10; *Reinicke,* Die Beweislastverteilung im Bürgerlichen Recht und im Arbeitsrecht als rechtspolitische Regelungsaufgabe, 1976; *Reinicke,* Beweislastfragen im Kündigungsschutzrecht, NZA 1989, 577; *Richter/Mitsch,* Neuer Schwellenwert im KSchG – Praxisbeispiele zur Übergangsregelung, DB 1997, 526; *Rolfs,* AR-Blattei SD 10 „Abfindung"; *Rolfs,* Erweiterte Zulässigkeit befristeter Arbeitsverträge durch das arbeitsrechtliche Beschäftigungsförderungsgesetz, NZA 1996, 1134; *Rolfs,* Arbeitsrechtliche Aspekte des neuen Arbeitsförderungsrechts, NZA 1998, 17; *Rüthers,* Reform der Reform des Kündigungsschutzes?, NJW 1998, 283; *Schäfer,* Inhalt und praktische Konsequenzen der Weiterbeschäftigungsentscheidung des Großen Senats, NZA 1985, 691; *Schaub,* Die besondere Verantwortung von Arbeitgeber und Arbeitnehmer für den Arbeitsmarkt – Wege aus der Krise oder rechtlicher Sprengstoff, NZA 1997, 810; *Schrader,* Übergangsregelungen zum Konkursrecht, NZA 1997, 70; *Schwedes,* Das Arbeitsrechtliche Beschäftigungsförderungsgesetz, BB 1996, Beil. Nr. 17, 1; *Sowka,* Befristete Arbeitsverhältnisse, BB 1994, 1001; *Stahlhacke,* Der Streitgegenstand der Kündigungsschutzklage und ihre Kombination mit einer allgemeinen Feststellungsklage, in: Festschrift für Otfried Wlotzke, 1996, S. 173; *Thüsing,* Die Rücknahme der Kündigung im Kündigungsschutzprozeß, ArbuR 1996, 245; *Tschöpe/Fleddermann,* Zurechnung anwaltlichen Verschuldens bei Versäumung der Klagefrist nach § 4 KSchG, BB 1998, 157; *Vollkommer,* Anmerkung zu LAG Hamm LAGE § 5 KSchG Nr. 22; *Walker,* Der einstweilige Rechtsschutz im Zivilprozeß und im arbeitsgerichtlichen Verfahren, 1993; *Wenzel,* Nochmals: Zur Kombination von Kündigungsschutzklage nach § 4 KSchG mit allgemeiner Feststellungsklage nach § 256 Abs. 1 ZPO, DB 1997, 1869; *Wieser,* Arbeitsgerichtsverfahren, 1994; *Wohlgemuth,* Berufsbildungsgesetz, 2. Aufl. 1987; *Zeuner,* Zur Entgeltklage im Kündigungsschutzstreit, RdA 1997, 6; *Zwanziger,* Ausgewählte Einzelprobleme des Nachweisgesetzes, DB 1996, 2027.

I. Vorbemerkung

1 Über die Hälfte aller Rechtsstreitigkeiten vor den Gerichten für Arbeitssachen betreffen **Bestandsschutzverfahren**, also Verfahren, in denen der Arbeitnehmer geltend macht, sein Arbeitsverhältnis sei durch die Kündigung, den Ablauf der Befristung, die Anfechtung des Arbeitsvertrages etc. nicht beendet worden[1]. Die gesetzliche Systematik zwingt dazu, bei derartigen Verfahren streng danach zu unterscheiden, ob der Arbeitnehmer den allgemeinen Kündigungsschutz nach dem KSchG genießt und die Unwirksamkeit der Kündigung deshalb festgestellt sehen will, weil die Kündigung **sozial nicht gerechtfertigt** ist (dazu sogleich Rz. 3 ff.), weil er die Unwirksamkeit einer Befristung geltend macht (unten Rz. 68 ff.) oder ob er das Fortbestehen des Arbeitsverhältnisses aus einem anderen Rechtsgrund behauptet (dazu unten Rz. 78 ff., insbes. Rz. 99 ff.).

2 Logisch und systematisch im Zusammenhang mit Streitigkeiten wegen der Beendigung des Arbeitsverhältnisses stehen solche, die um die Zulässigkeit der Änderung von Arbeitsbedingungen aufgrund einer **Änderungskündigung** geführt werden (unten Rz. 110 ff.). Darüber hinaus werden Bestandsschutzklagen häufig mit dem Antrag auf **Weiterbeschäftigung** (unten Rz. 133 ff.) oder, wenn das KSchG Anwendung findet und der Arbeitnehmer weniger an einer Weiterbeschäftigung als an einer Abfindung interessiert ist (etwa, weil er bereits einen neuen Arbeitsplatz gefunden hat,) mit einem **Auflösungsantrag** (unten Rz. 176 ff.) verbunden.

II. Kündigungsschutzklage bei Beendigungskündigung

3 Wendet der Arbeitnehmer sich gegen eine vom Arbeitgeber ausgesprochene (ordentliche oder außerordentliche – fristlose –) **Kündigung**, so ist zunächst zu prüfen, ob der Arbeitnehmer dem KSchG unterliegt. Ist dies der Fall, kann im Falle der ordentlichen Kündigung die Sozialwidrigkeit (§ 1 Abs. 2 KSchG), im Falle der außerordentlichen Kündigung das Fehlen eines wichtigen Grundes (§ 626 Abs. 1 BGB) oder die Versäumung der zweiwöchigen Ausschlußfrist des § 626 Abs. 2 BGB[2] nur durch Klage innerhalb von **drei Wochen** nach Zugang der Kündigung geltend machen (§ 4 Satz 1 KSchG, für die außerordentliche Kündigung iVm. § 13 Abs. 1 KSchG).

4 Diese Grundsätze gelten auch für die Kündigung eines **befristeten Arbeitsverhältnisses**. Ein solches kann, wenn zwischen den Parteien nichts anderes aus-

---

1 Ausweislich des Statistischen Jahrbuchs für die Bundesrepublik Deutschland erledigten die Gerichte für Arbeitssachen 1993 insgesamt 441 920 Verfahren, von denen 230 359 (= 52,13 %) Kündigungen betrafen.
2 BAG v. 8. 6. 1972, AP Nr. 1 zu § 13 KSchG 1969; BAG v. 6. 7. 1972, AP Nr. 3 zu § 626 BGB – Ausschlußfrist; RGRK/*Corts*, § 626 BGB Rz. 202; *Erman/Hanau*, § 626 BGB Rz. 85.

II. Kündigungsschutzklage bei Beendigungskündigung

drücklich vereinbart ist, gemäß § 620 BGB ordentlich nicht gekündigt werden. Es endet vielmehr mit Ablauf der Zeit, für die es eingegangen ist. Unberührt bleibt aber die Möglichkeit der außerordentlichen Kündigung gemäß § 626 BGB. Soweit die Anwendungsvoraussetzungen des KSchG vorliegen, wendet das BAG auch auf die Klage eines befristet beschäftigten Arbeitnehmers gegen eine Kündigung §§ 13 Abs. 1, 4 Satz 1 KSchG an mit der Folge, daß der Arbeitnehmer binnen drei Wochen nach Zugang der Kündigung Klage erheben muß, wenn er den Mangel des wichtigen Grundes oder – soweit die Zulässigkeit der ordentlichen Kündigung einzel- oder tarifvertraglich vereinbart wurde – die Sozialwidrigkeit der ordentlichen Kündigung geltend machen will[1].

Alle **übrigen Mängel** der Kündigung, wie zB die fehlerhafte oder unterbliebene Anhörung des Betriebs- oder Personalrats, der Verstoß gegen die guten Sitten oder Treu und Glauben, gegen den besonderen Kündigungsschutz für werdende Mütter und Wöchnerinnen (§ 9 MuSchG), Schwerbehinderte (§ 15 SchwbG), Mitglieder des Betriebsrates oder anderer betriebsverfassungs- oder personalvertretungsrechtlicher Organe (§ 15 KSchG) können auch durch eine später als drei Wochen bei Gericht eingehende Klage geltend gemacht werden, insoweit setzt allein der Gedanke der **Verwirkung**[2] zeitliche Schranken.

1. Voraussetzungen des allgemeinen Kündigungsschutzes

Voraussetzung des allgemeinen Kündigungsschutzes nach dem KSchG und zugleich Bedingung für die Anwendbarkeit der dreiwöchigen Klagefrist des § 4 Satz 1 KSchG ist, daß der Kläger

▶ Arbeitnehmer im Sinne der allgemeinen arbeitsrechtlichen Begriffsdefinitionen ist (§§ 1 Abs. 1, 14 Abs. 1 KSchG, dazu Teil 1 A Rz. 19 ff.);

▶ in einem Betrieb (insbesondere also nicht im Haushalt des Arbeitgebers) beschäftigt wird bzw. worden ist (§ 1 Abs. 1 KSchG, dazu Teil 3 D Rz. 25 ff.);

▶ das Arbeitsverhältnis in demselben Betrieb oder Unternehmen ohne Unterbrechung länger als sechs Monate bestanden hat (§ 1 Abs. 1 KSchG, dazu Teil 3 D Rz. 47 ff.);

▶ in dem Betrieb in der Regel mehr als zehn Arbeitnehmer ausschließlich der zu ihrer Berufsbildung Beschäftigten beschäftigt werden (§ 23 Abs. 1 KSchG, dazu Teil 3 D Rz. 6 ff.) oder – bei Kündigungen bis zum 30. 9. 1999 – er am 30. 9. 1996 allgemeinen Kündigungsschutz genossen hat und nur durch die

---

1 BAG v. 13. 4. 1967, AP Nr. 10 zu § 11 KSchG; BAG v. 8. 6. 1972, AP Nr. 1 zu § 13 KSchG 1969; BAG v. 18. 9. 1975, AP Nr. 2 zu § 111 ArbGG 1953; *Kittner/Trittin*, KSchR, § 13 KSchG Rz. 6; RGRK/*Corts*, § 626 BGB Rz. 248.
2 BAG v. 2. 11. 1961, AP Nr. 1 zu § 242 BGB – Prozeßverwirkung; BAG v. 4. 6. 1965, AP Nr. 2 zu § 242 BGB – Prozeßverwirkung; LAG Hamm v. 25. 7. 1986, LAGE § 134 BGB Nr. 3; *Kittner/Trittin*, KSchR, § 13 KSchG Rz. 33; KR/*Friedrich*, § 13 KSchG Rz. 303 ff.

Anhebung des Schwellenwerts von fünf auf zehn Arbeitnehmer durch das Arbeitsrechtliche Beschäftigungsförderungsgesetz[1] aus dem Geltungsbereich des KSchG ausgeschieden ist[2].

2. Darlegungs- und Beweislast

7   Auch im Kündigungsschutzprozeß findet der allgemeine zivilprozessuale Grundsatz Anwendung, daß jede Partei die tatbestandlichen Voraussetzungen der ihr **günstigen Normen** darzulegen und im Streitfalle zu beweisen hat[3]. Daraus folgt zunächst zwar, daß der Arbeitgeber, der die Kündigung ausgesprochen hat, für deren Wirksamkeit darlegungs- und beweispflichtig ist[4]. Da aber das KSchG den Kündigungsschutz gegenüber den allgemeinen Regeln der §§ 620 ff. BGB ausweitet, stellt der gesetzliche Kündigungsschutz eine dem Arbeitnehmer günstige Rechtsposition dar, für dessen Eingreifen ihm die Darlegungs- und Beweislast obliegt. Dies gilt sowohl für den **persönlichen** als auch für den **betrieblichen Geltungsbereich**[5] einschließlich der Mindestbeschäftigtenzahl sowie ggfs. für die Behauptung, am 30. 9. 1996 den Schutz des KSchG genossen zu haben.

8   Ferner findet diese Regel in bezug auf die Frage Anwendung, wer für die Erfüllung der **sechsmonatigen Wartezeit** die Darlegungs- und Beweislast trägt. Da der Ablauf der Wartefrist Voraussetzung des allgemeinen Kündigungsschutzes ist, muß grundsätzlich der Arbeitnehmer, der eine Kündigungsschutzklage erhebt, den Beweis dafür erbringen, daß zwischen ihm und dem beklagten Arbeitgeber mehr als sechs Monate vor dem Zugang der angegriffenen Kündigung ein Arbeitsverhältnis zustande gekommen ist. Hat er diesen Beweis erbracht, so spricht eine Vermutung dafür, daß die Wartefrist abgelaufen ist. Macht der Arbeitgeber geltend, daß das vom Arbeitnehmer bewiesene Arbeitsverhältnis **in der Zwischenzeit beendet** und sodann ein mit diesem nicht in engem sachlichem Zusammenhang stehendes Arbeitsverhältnis neu begründet

---

1 Arbeitsrechtliches Gesetz zur Förderung von Wachstum und Beschäftigung (Arbeitsrechtliches Beschäftigungsförderungsgesetz) vom 25. 9. 1996, BGBl. I, 1476; dazu ua. *Löwisch,* NZA 1996, 1009 ff.; *Preis,* NJW 1996, 3369 ff.; *Schwedes,* BB 1996, Beil. 17, 1 ff.
2 Zu dieser Übergangsregelung *von Hoyningen-Huene/Linck,* DB 1997, 41; *Richter/Mitsch,* DB 1997, 526 ff.; *Stahlhacke/Preis,* Nachtrag 1996, Rz. N 34 ff.
3 *Ascheid,* Urteils- und Beschlußverfahren im Arbeitsrecht, Rz. 988; *Baumgärtel/von Altrock,* § 611 BGB Anh. Kündigungsschutzprozeß Rz. 35 ff; *Grunsky,* § 58 ArbGG Rz. 4; *Hauck,* § 58 ArbGG Rz. 31.
4 *Grunsky,* § 58 ArbGG Rz. 12; *Hueck/von Hoyningen-Huene,* § 1 KSchG Rz. 544; MünchArbR/*Berkowsky,* § 138 Rz. 20; *Reinicke,* S. 166; RGRK/*Corts,* § 626 BGB Rz. 252; *Staudinger/Preis,* § 626 BGB Rz. 299 ff.
5 BAG v. 23. 3. 1984, AP Nr. 4 zu § 23 KSchG 1969; BAG v. 18. 1. 1990, AP Nr. 9 zu § 23 KSchG 1969; GK-ArbGG/*Dörner,* § 58 Rz. 96; KR/*Weigand,* § 23 KSchG Rz. 54; *Hueck/von Hoyningen-Huene,* § 23 KSchG Rz. 28; *von Hoyningen-Huene/Linck,* DB 1997, 41, 42; MünchArbR/*Berkowsky,* § 128 Rz. 22; aA *Löwisch,* § 1 KSchG Rz. 369, § 23 KSchG Rz. 21; *Reinicke,* S. 175; *Reinicke,* NZA 1989, 577, 583 f.

II. Kündigungsschutzklage bei Beendigungskündigung

worden ist[1], und zwar zu einem Zeitpunkt, der noch nicht sechs Monate zurückliegt, so beruft er sich auf einen Ausnahmefall, für den er darlegungs- und beweispflichtig ist[2].

Zweifelhaft ist die Anwendung dieser Regeln allerdings, wenn der Arbeitnehmer keine ordentliche, sondern eine **außerordentliche** (fristlose) Kündigung angreift. In einem solchen Falle nämlich ist der materiell-rechtliche Kündigungsschutz des § 626 BGB nicht von den Voraussetzungen des KSchG abhängig. Ob dessen Voraussetzungen vorliegen oder nicht, hat ausschließlich prozessuale Auswirkungen, nämlich dergestalt, daß der gekündigte Arbeitnehmer den Mangel des wichtigen Grundes durch Klage innerhalb von drei Wochen geltend machen muß (§§ 13 Abs. 1, 4 Satz 1 KSchG). Die Tatsache, daß auf das Arbeitsverhältnis des Gekündigten das KSchG Anwendung findet, wirkt sich hier nur **zugunsten des Arbeitgebers** aus, so daß er auch darzulegen und im Streitfalle zu beweisen hat, daß dessen Voraussetzungen vorliegen.

Entsprechend den allgemeinen Regeln beurteilt sich wiederum die Rechtslage des Arbeitnehmers, der **die gesetzliche Wartefrist noch nicht erfüllt** hat, aber behauptet, daß das KSchG ungeachtet dessen anzuwenden sei. **Materiell-rechtlich** kann eine solche Behauptung auf eine einzelvertragliche Zusage[3], eine Tarifnorm oder den Rechtsgedanken des § 162 BGB gestützt werden. Letzteres kommt insbesondere dann in Betracht, wenn der Arbeitgeber die Kündigung nur deshalb vor Ablauf der sechsmonatigen Wartefrist erklärt, um den Eintritt des Kündigungsschutzes zu verhindern, und wenn dieses Vorgehen unter Berücksichtigung der im Einzelfall gegebenen Umstände gegen Treu und Glauben verstößt[4]. Prozessual folgt hieraus, daß der Arbeitnehmer die für einen Rechtsmißbrauch des Arbeitgebers sprechenden Tatsachen dartun muß[5].

Mit der Darlegung und ggfs. dem Beweis der Anwendbarkeit des Kündigungsschutzgesetzes hat der Arbeitnehmer zunächst alles ihm obliegende getan, um dem Kündigungsschutzprozeß zum Erfolg zu verhelfen. Er kann sich bei einer **ordentlichen Kündigung** im übrigen auf die pauschale Behauptung beschränken, daß die Kündigung weder durch Gründe in seiner Person noch in seinem Verhalten noch durch dringende betriebliche Erfordernisse, die seiner Weiterbe-

---

1 Zur materiell-rechtlichen Berücksichtigung vorhergehender Arbeitsverhältnisse bei der Berechnung der Wartezeit vgl. BAG v. 10. 5. 1989, AP Nr. 7 zu § 1 KSchG 1969 – Wartezeit.
2 BAG v. 16. 3. 1989, AP Nr. 6 zu § 1 KSchG 1969 – Wartezeit; *Hueck/von Hoyningen-Huene*, § 1 KSchG Rz. 94; MünchArbR/*Berkowsky*, § 128 Rz. 41.
3 BAG v. 18. 2. 1967, AP Nr. 81 zu § 1 KSchG; zurückhaltender BAG v. 8. 6. 1972, AP Nr. 1 zu § 1 KSchG 1969; vgl. aber auch BAG v. 12. 12. 1957, AP Nr. 2 zu § 276 BGB – Verschulden bei Vertragsabschluß.
4 BAG v. 28. 9. 1978, AP Nr. 19 zu § 102 BetrVG 1972; BAG v. 18. 8. 1982, AP Nr. 24 zu § 102 BetrVG 1972; *Hueck/von Hoyningen-Huene*, § 1 KSchG Rz. 69; MünchArbR/*Berkowsky*, § 128 Rz. 38; *Kittner/Trittin*, KSchR, § 1 KSchG Rz. 33.
5 LAG Schleswig-Holstein v. 3. 3. 1983, DB 1983, 2260; GK-ArbGG/*Dörner*, § 58 Rz. 96; *Hueck/von Hoyningen-Huene*, § 1 KSchG Rz. 69a; *Kittner/Trittin*, KSchR, § 1 KSchG Rz. 34.

schäftigung in dem Betrieb entgegenstehen, gerechtfertigt sei[1]. Die zur sozialen Rechtfertigung der Kündigung erforderlichen Tatsachen einschließlich der Richtigkeit der nach § 1 Abs. 3 KSchG vorzunehmenden Sozialauswahl hat sodann der Arbeitgeber nach allgemeinen Regeln darzutun. Etwas anderes gilt lediglich dann, wenn bei einer Kündigung aufgrund einer Betriebsänderung nach § 111 BetrVG die zu kündigenden Arbeitnehmer in einem Interessenausgleich zwischen Arbeitgeber (oder Konkurs- bzw. Insolvenzverwalter, § 125 InsO[2]) und Betriebsrat namentlich bezeichnet sind. In diesen Fällen wird gemäß § 1 Abs. 5 KSchG vermutet, daß die Kündigung durch dringende betriebliche Erfordernisse im Sinne von § 1 Abs. 2 KSchG bedingt ist. Die Sozialauswahl ist in diesem Falle nur auf grobe Fehlerhaftigkeit hin überprüfbar; dasselbe gilt, wenn in einem Tarifvertrag, einer Betriebsvereinbarung nach § 95 BetrVG oder in einer entsprechenden personalvertretungsrechtlichen Richtlinie festgelegt ist, wie die sozialen Gesichtspunkte nach § 1 Abs. 3 Satz 1 KSchG im Verhältnis zueinander zu bewerten sind, § 1 Abs. 4 und 5 KSchG[3]. Auch im Falle des Konkurses gelten Sonderregelungen, hier kann der Konkursverwalter uU ein Beschlußverfahren anstrengen mit dem Ziel, die Kündigung der Arbeitsverhältnisse bestimmter, im Antrag bezeichneter Arbeitnehmer als durch dringende betriebliche Erfordernisse bedingt und sozial gerechtfertigt feststellen zu lassen, § 126 InsO. Eine rechtskräftige Entscheidung in diesem Verfahren ist für die Parteien des Kündigungsschutzprozesses bindend, § 127 Abs. 1 InsO[4]. Im Falle der **außerordentlichen Kündigung** genügt die pauschale Behauptung, der Kündigung mangele es an einem wichtigen Grund, weil auch insofern den kündigenden Arbeitgeber die volle Darlegungs- und Beweislast trifft (Einzelheiten dazu unten Rz. 90 ff.).

3. Klageantrag

12 Eine Kündigung, die gegen § 1 Abs. 1 KSchG verstößt, ist kraft Gesetzes rechtsunwirksam. Die Unwirksamkeit wird jedoch gemäß § 7 KSchG geheilt, wenn der Arbeitnehmer nicht innerhalb der dreiwöchigen Frist des § 4 KSchG die Kündigung angreift.

a) Kündigungsschutzklage

13 Die Klage gemäß § 4 KSchG ist eine **Feststellungsklage**[5], obwohl ihr die Gestaltungswirkung nicht abzusprechen ist. Die Klageerhebung schließt die Heilungswirkung des § 7 KSchG aus. Der Arbeitnehmer muß deshalb innerhalb

---

1 *Holthöwer/Rolfs*, DB 1995, 1074, 1077.
2 Dazu *Schrader*, NZA 1997, 70, 73 ff.; *Stahlhacke/Preis*, Nachtrag 1996, Rz. N 55 ff.
3 Zu diesen Regelungen ausführlich *Bader*, NZA 1996, 1125, 1127 ff.; *Neef*, NZA 1997, 65, 69; *Stahlhacke/Preis*, Nachtrag 1996, Rz. N 52 ff.; zusammenfassend *Schwedes*, BB 1996, Beil. 17.
4 Dazu *von Hoyningen-Huene/Linck*, DB 1997, 41, 45; *Schrader*, NZA 1997, 70, 77; *Stahlhacke/Preis*, Nachtrag 1996, Rz. N 74.
5 BAG v. 2. 4. 1987, AP Nr. 96 zu § 626 BGB; *Stahlhacke/Preis*, Rz. 1055; KR/*Friedrich*, § 4 KSchG Rz. 17; *Kittner/Trittin*, KSchR, § 4 KSchG Rz. 10.

II. Kündigungsschutzklage bei Beendigungskündigung

der Frist des § 4 KSchG eine Feststellungsklage mit dem Antrag, daß das Arbeitsverhältnis nicht durch eine bestimmte Kündigung aufgelöst worden ist, erheben. Die Rechtsprechung stellt dabei an die Formulierung des Klageantrags keine hohen Anforderungen. Eine falsche Bezeichnung der Kündigung soll dann unschädlich sein, wenn der Arbeitgeber überhaupt nur eine Kündigung ausgesprochen hat[1].

Eine Klage auf **Zahlung einer Abfindung** nach § 9 KSchG beinhaltet inzidenter den Antrag auf Feststellung der Unwirksamkeit der Kündigung. Eine Abfindung kann nur zugesprochen werden, wenn zuvor die Unwirksamkeit der Kündigung festgestellt worden ist. Nach Auffassung des BAG ist eine Auseinandersetzung mit dieser Frage in den Urteilsgründen ausreichend, weshalb ein besonderer Antrag nicht gestellt werden müsse[2]. Klagt der Arbeitnehmer hingegen **Lohn** über den Zeitpunkt des Fortbestehens des Arbeitsverhältnisses hinaus ein, so setzt zwar auch dies inzident eine gerichtliche Überprüfung der Wirksamkeit der Kündigung voraus, entspricht jedoch nicht den Anforderungen des § 4 KSchG[3]. Der Arbeitnehmer kann in einem solchen Fall jedoch analog § 6 KSchG bis zum Schluß der mündlichen Verhandlung in erster Instanz die Unwirksamkeit der Kündigung geltend machen[4]. Insoweit besteht auch eine Hinweispflicht seitens des Gerichts gemäß § 139 ZPO[5].

b) Streitgegenstand

Formuliert der Kläger seinen Klageantrag dem Wortlaut des § 4 KSchG entsprechend, so ist Streitgegenstand, ob ein Arbeitsverhältnis aus Anlaß einer ganz bestimmten Kündigung zu diesem von der Kündigung gewollten Zeitpunkt aufgelöst worden ist (punktueller Streitgegenstand)[6]. Der Arbeitnehmer hat **jede Kündigung gesondert anzugreifen.** Deshalb hat er auch gegen spätere nur vorsorglich ausgesprochene Kündigungen jeweils fristgerecht Kündigungsschutzklage zu erheben. Erhält der Arbeitnehmer zugleich eine fristlose und hilfsweise fristgerechte Kündigung, so bestimmt er durch seinen Klageantrag, ob er beide Kündigungen angreift oder etwa mit der fristgerechten Beendigung des Arbeitsverhältnisses einverstanden ist. Werden beide Kündigungen angegriffen, so handelt es sich im Hinblick auf die ordentliche Kündigung um einen zulässigen unechten Eventualantrag. Das Gericht hat dann über zwei Streitge-

---

1 BAG v. 21. 5. 1981, AP Nr. 7 zu § 4 KSchG 1969.
2 BAG v. 13. 12. 1956, AP Nr. 10 zu § 626 BGB – Ausschlußfrist; BAG v. 19. 8. 1982, AP Nr. 9 zu § 9 KSchG 1969; *Kittner/Trittin*, KSchR, § 4 KSchG Rz. 16.
3 BAG v. 25. 3. 1976, AP Nr. 10 zu § 626 BGB – Ausschlußfrist; *Kittner/Trittin*, KSchR, § 4 KSchG Rz. 15.
4 BAG v. 30. 11. 1961, AP Nr. 3 zu § 5 KSchG; BAG v. 10. 12. 1970, AP Nr. 40 zu § 3 KSchG; BAG v. 28. 6. 1973, AP Nr. 2 zu § 13 KSchG 1969.
5 KR/*Friedrich*, § 4 KSchG Rz. 21; *Stahlhacke/Preis*, Rz. 1057.
6 BAG v. 13. 11. 1958, AP Nr. 17 zu § 3 KSchG; BAG v. 17. 11. 1959, AP Nr. 18 zu § 3 KSchG; BAG v. 12. 1. 1977, AP Nr. 3 zu § 4 KSchG 1969; BAG v. 21. 1. 1988, AP Nr. 19 zu § 4 KSchG 1969; BAG v. 16. 8. 1990, AP Nr. 10 zu § 611 BGB – Treuepflicht; BAG v. 13. 3. 1997, AP Nr. 38 zu § 4 KSchG 1969; *Ascheid*, Urteils- und Beschlußverfahren im Arbeitsrecht, Rz. 736; *Diller*, NJW 1996, 2141; *Boewer*, NZA 1997, 359, 360.

genstände zu entscheiden, was es auch im Tenor zum Ausdruck zu bringen hat[1].

16 Wird rechtskräftig festgestellt, daß eine Kündigung das Arbeitsverhältnis zum beabsichtigten Termin nicht beendet hat, so erstreckt sich die **Rechtskraft** des Urteils zugleich darauf, daß zum Zeitpunkt des Zugangs der Kündigungserklärung ein Arbeitsverhältnis bestanden hat[2]. Infolgedessen ist einer Kündigungsschutzklage gegen eine vorher ausgesprochene Kündigung ohne Sachprüfung stattzugeben[3]. Gegen eine **nach Rechtskraft** des der Kündigungsschutzklage stattgebenden Urteils zugehende erneute Kündigung muß der Arbeitnehmer wiederum innerhalb der Dreiwochenfrist des § 4 KSchG Klage erheben; das gilt selbst dann, wenn die dieser Kündigung zugrundeliegenden Tatsachen dieselben sind, über die bereits im ersten Verfahren rechtskräftig entschieden wurde (sog. Wiederholungs- oder Trotzkündigung)[4]. Allerdings hat das Gericht eine solche Kündigung nicht mehr auf ihre materielle Wirksamkeit hin zu prüfen, sondern seiner Entscheidung den rechtskräftigen Verfahrensabschluß des ersten Prozesses zugrunde zu legen[5].

c) Allgemeine Feststellungsklage

17 Wegen der eingeschränkten Wirkungen der Klage nach § 4 KSchG, die es insbesondere erforderlich machen, jede spätere Kündigung mit einer erneuten Klage anzugreifen, kann es sich empfehlen, anstelle der Klage nach § 4 KSchG eine allgemeine Feststellungsklage (§ 256 ZPO) zu erheben[6]. Eine solche allgemein auf die **Feststellung des Fortbestandes des Arbeitsverhältnisses** gerichtete Klage erfüllt wegen ihrer weitreichenden Wirkung nach Auffassung des BAG zugleich die Anforderungen an eine Kündigungsschutzklage[7]. Im Rahmen dieser Feststellungsklage kann der Arbeitnehmer sich auch auf die Unwirksamkeit weiterer Kündigungen berufen, selbst wenn er sie erst später als drei Wochen nach Zugang der Kündigung in den Prozeß einführt[8]. Dies gilt jedenfalls dann, wenn die Unwirksamkeit der (weiteren) Kündigung gemäß § 1 Abs. 2, 3 KSchG (bzw. bei der außerordentlichen Kündigung gemäß §§ 13 Abs. 1 Satz 2 KSchG, 626 BGB) bis zum Schluß der letzten mündlichen Verhandlung in erster Instanz geltend gemacht wird (§ 6 KSchG). Hierin ist eine – gemäß § 264 Nr. 2 ZPO, § 6 KSchG stets zulässige – Änderung des Feststellungsantrages insoweit zu erblicken, als dieser den Zeitraum **vor** dem mit der

---

1 BAG v. 10. 3. 1977, AP Nr. 9 zu § 131 ZPO.
2 BAG v. 26. 8. 1993, AP Nr. 113 zu § 626 BGB; *Küttner/Eisemann*, Personalbuch 1997, Kündigungsschutz Rz. 95.
3 BAG v. 12. 6. 1986, AP Nr. 17 zu § 4 KSchG 1969.
4 BAG v. 26. 8. 1993, AP Nr. 113 zu § 626 BGB.
5 BAG v. 26. 8. 1993, AP Nr. 113 zu § 626 BGB; *Küttner/Eisemann*, Personalbuch 1997, Kündigungsschutz Rz. 95.
6 Dazu *Bader*, NZA 1997, 905, 907 ff.; *Bitter*, DB 1997, 1407; *Wenzel*, DB 1997, 1869.
7 BAG v. 21. 1. 1988, AP Nr. 19 zu § 4 KSchG 1969.
8 BAG v. 21. 1. 1988, AP Nr. 19 zu § 4 KSchG 1969; BAG v. 16. 3. 1994, AP Nr. 29 zu § 4 KSchG 1969; BAG v. 7. 12. 1995, AP Nr. 33 zu § 4 KSchG 1969; aA *Boemke*, RdA 1995, 211, 219 f., 225 ff.

II. Kündigungsschutzklage bei Beendigungskündigung

nun speziell angegriffenen Kündigung vorgesehenen Auflösungszeitpunkt erfaßt[1]. Wird daneben der allgemeine Feststellungsantrag gemäß § 256 ZPO aufrechterhalten, bezieht er sich nurmehr auf die Zeit **danach** und gewöhnlich bis zum Schluß der letzten mündlichen Verhandlung[2]. Spätestens zu diesem Zeitpunkt muß für den weiterhin gestellten allgemeinen Feststellungsantrag ein nicht mehr aus den speziell angegriffenen Kündigungen herleitbares Rechtsschutzinteresse an alsbaldiger Feststellung gemäß § 256 Abs. 1 ZPO vorliegen, anderenfalls ist die Klage teilweise kostenpflichtig abzuweisen[3].

Dasselbe gilt auch, wenn der Kläger seine Klage nach § 4 KSchG von Beginn an mit dem allgemeinen Feststellungsantrag nach § 256 ZPO **verbindet.** Streitgegenstand ist dann die Frage, ob das Arbeitsverhältnis bis zu dem im Klageantrag genannten Zeitpunkt besteht, jedoch nicht über den Zeitpunkt der letzten mündlichen Verhandlung in der Tatsacheninstanz hinaus[4]. Auch bei einer solchen Vorgehensweise kann der Arbeitnehmer die Sozialwidrigkeit weiterer Kündigungen noch bis zum Schluß der mündlichen Verhandlung erster Instanz geltend machen, ohne an die Dreiwochenfrist des § 4 KSchG gebunden zu sein[5]. Er muß aber nach Kenntnis von einer weiteren Kündigung diese in den Prozeß einführen und unter teilweiser Einschränkung des Feststellungsantrags (§ 264 Nr. 2 ZPO) eine dem Wortlaut des § 4 KSchG angepaßte Antragstellung vornehmen, wobei in Anwendung des Rechtsgedankens des § 6 KSchG eine verlängerte Anrufungsfrist durch die bis dahin verfolgte Feststellungsklage gewährleistet ist. Auf eine sachdienliche Antragstellung hat das Arbeitsgericht gemäß § 139 ZPO hinzuwirken[6]. Die Zulässigkeit der weiterhin aufrecht erhaltenen Feststellungsklage nach § 256 ZPO hat der Arbeitnehmer zu begründen. Es muß sich also in der letzten mündlichen Verhandlung noch ein nicht aus der oder den speziell angegriffenen Kündigung(en) herleitbares Feststellungsinteresse für den Antrag nach § 256 ZPO ergeben. Ist der Vortrag – auch nach Hinweis gemäß § 139 ZPO – nicht schlüssig, ist die Klage insoweit als unzulässig abzuweisen. Ist der Sachvortrag schlüssig, bleibt er aber streitig, muß er aufgeklärt werden[7]. Eine einschränkende Interpretation des verbundenen Antrags lediglich als Kündigungsschutzklage durch das Gericht kommt nicht in Betracht, denn die Reichweite eines Rechtsschutzbegehrens hängt nicht von seiner Zulässigkeit ab[8]. Bestehen allerdings Zweifel, ob der Klageantrag (auch)

18

---

1 BAG v. 7. 12. 1995, AP Nr. 33 zu § 4 KSchG 1969 (dazu *Kampen*, ArbuR 1996, 172 ff.); aA *Stahlhacke* in: Festschrift für Wlotzke, 1996, S. 173, 186.
2 BAG v. 21. 1. 1988, AP Nr. 19 zu § 4 KSchG 1969.
3 BAG v. 27. 1. 1994, AP Nr. 28 zu 1 KSchG 1969; BAG v. 7. 12. 1995, AP Nr. 33 zu § 4 KSchG 1969; insoweit zustimmend auch *Stahlhacke* in: Festschrift für Wlotzke, 1996, S. 173, 185.
4 BAG v. 21. 1. 1988, AP Nr. 19 zu § 4 KSchG 1969.
5 BAG v. 7. 12. 1995, AP Nr. 33 zu § 4 KSchG 1969.
6 BAG v. 13. 3. 1997, AP Nr. 38 zu § 4 KSchG 1969.
7 BAG v. 13. 3. 1997, AP Nr. 38 zu § 4 KSchG 1969.
8 BAG v. 7. 12. 1995, AP Nr. 33 zu § 4 KSchG 1969; *Diller*, NJW 1996, 2141, 2143; großzügiger noch BAG v. 21. 1. 1988, AP Nr. 19 zu § 4 KSchG 1969; BAG v. 16. 3. 1994, AP Nr. 29 zu § 4 KSchG 1969; LAG Hessen v. 24. 10. 1994, NZA 1995, 1016; *Küttner/Eisemann*, Personalbuch 1997, Kündigungsschutz Rz. 97.

ein Feststellungsbegehren gemäß § 256 Abs. 1 ZPO beinhaltet, sind diese gemäß § 139 ZPO durch das Gericht zu klären[1].

d) Antragsmuster

19 Im Hinblick auf die punktuelle Streitgegenstandstheorie empfiehlt es sich, die vom Gesetz in § 4 KSchG gewählte Formulierung zu verwenden und den Antrag wie folgt zu formulieren:

> „Es wird festgestellt, daß das Arbeitsverhältnis durch die Kündigung vom 12. 10. 1997 – zugegangen am 13. 10. 1997 – nicht aufgelöst worden ist."[2]

20 Bestehen Zweifel im Hinblick auf den Beendigungstatbestand oder ist mit dem Ausspruch weiterer Kündigungen zu rechnen, so empfiehlt sich die Verbindung der Kündigungsschutzklage mit einem allgemeinen Feststellungsantrag (**Klagehäufung**):

> „Es wird festgestellt, daß das Arbeitsverhältnis durch die Kündigung vom 24. 9. 1997 – zugegangen am 26. 9. 1997 – nicht aufgelöst worden ist, sondern fortbesteht."[3]

4. Klagefrist

21 Die Klagefrist beläuft sich nach § 4 Satz 1 KSchG auf **drei Wochen**. Das Bundesarbeitsgericht ordnet sie dogmatisch als prozessuale Klageerhebungsfrist ein und weist bei Fristversäumung die Klage als unbegründet ab[4].

a) Beginn der Klagefrist

22 Der Lauf der Frist beginnt mit dem **Zugang der Kündigungserklärung**[5]. Insoweit finden die allgemeinen gesetzlichen Regelungen Anwendung.

aa) Mündliche Kündigungserklärung

23 Die mündliche Kündigung geht als **einseitige empfangsbedürftige Willenserklärung** sofort zu und wird damit wirksam. Dies gilt auch für eine fernmündliche Erklärung, die entsprechend § 147 Abs. 1 Satz 2 BGB der Erklärung unter Anwesenden gleichzusetzen ist. In jedem Falle ist erforderlich, daß der Empfänger die Erklärung auch verstanden hat. Das Risiko eines Mißverständnisses liegt

---

1 BAG v. 7. 12. 1995, AP Nr. 33 zu § 4 KSchG 1969.
2 Ähnlich *Kampen*, ArbuR 1996, 172, 173.
3 BAG v. 21. 1. 1988, AP Nr. 19 zu § 4 KSchG 1969; *Schaub*, Arbeitsrechtliche Formularsammlung und Arbeitsgerichtsverfahren, § 33 I 1 (dort Fn. 2).
4 BAG v. 26. 6. 1986, AP Nr. 14 zu § 4 KSchG 1969; BAG v. 13. 4. 1989, AP Nr. 21 zu § 4 KSchG 1969; *Berkowsky*, NZA 1997, 352.
5 KölnKomm z. KSchG/*Ramrath*, § 4 KSchG Rz. 10.

beim Erklärenden. Mithin geht eine Kündigungserklärung einem Tauben[1] oder Sprachunkundigen[2] nicht zu.

bb) Übergabe schriftlicher Kündigung

Wird die Kündigungserklärung **schriftlich übergeben,** so handelt es sich um eine Erklärung unter Anwesenden. Die Kündigung wird mit der Übergabe wirksam. Es ist ohne Bedeutung, ob und ggfs. wann der Empfänger das Schreiben zur Kenntnis nimmt[3]. 24

cc) Kündigung gegenüber Abwesenden

Nach § 130 BGB wird eine unter Abwesenden abgegebene Willenserklärung in dem Zeitpunkt wirksam, in welchem sie dem Empfänger **zugeht.** Das ist der Fall, wenn die Erklärung so in den Machtbereich des Empfängers gelangt ist, daß bei Annahme gewöhnlicher Verhältnisse damit zu rechnen war, daß er von ihr Kenntnis nehmen konnte[4]. Wenn für den Empfänger die Möglichkeit unter gewöhnlichen Verhältnissen besteht, ist es unerheblich, wann er die Erklärung tatsächlich zur Kenntnis genommen hat oder ob er daran durch Krankheit, zeitweilige Abwesenheit oder andere besondere Umstände zunächst gehindert war[5]. Wird das Kündigungsschreiben in den Briefkasten zu einer Tageszeit eingeworfen, bei der eine Briefkastennachschau verkehrsüblich nicht mehr zu erwarten ist, so geht die Kündigungserklärung erst am nächsten Werktag zu[6]. 25

Ein an die Heimatanschrift des Arbeitnehmers gerichtetes Kündigungsschreiben geht diesem grundsätzlich auch dann zu, wenn der Arbeitnehmer auf **Urlaubsreise** ist und der Arbeitgeber dies auch weiß. Dies gilt selbst dann, wenn der verreiste Arbeitnehmer eine Urlaubsanschrift hinterlassen hat[7]. Ebenso geht ein an die übliche Heimatanschrift gerichtetes Kündigungsschreiben zu, wenn der Arbeitgeber weiß, daß der Arbeitnehmer sich im Ausland in Untersuchungshaft oder Auslieferungshaft befindet[8]. 26

---

1 LAG Baden-Württemberg v. 9. 4. 1980, BB 1980, 630; KölnKomm z. KSchG/*Ramrath*, § 4 KSchG Rz. 14.
2 MünchArbR/*Berkowsky*, § 145 Rz. 19; MünchKomm/*Förschler*, § 130 BGB Rz. 20; Soergel/*Hefermehl*, § 130 BGB Rz. 21.
3 BAG v. 16. 2. 1983, AP Nr. 22 zu § 123 BGB.
4 BAG v. 11. 6. 1959, AP Nr. 1 zu § 130 BGB; BAG v. 13. 11. 1975, AP Nr. 7 zu § 102 BetrVG 1972; BAG v. 16. 1. 1976, AP Nr. 7 zu § 130 BGB; BAG v. 13. 10. 1976, AP Nr. 8 zu § 130 BGB; BAG v. 18. 2. 1977, AP Nr. 10 zu § 130 BGB; BAG v. 16. 3. 1988, AP Nr. 16 zu § 130 BGB; BAG v. 2. 3. 1989, AP Nr. 17 zu § 130 BGB; BAG v. 25. 4. 1996, AP Nr. 35 zu § 4 KSchG 1969.
5 MünchArbR/*Berkowsky*, § 145 Rz. 22; vgl. auch BAG v. 13. 7. 1989 – 2 AZR 571/88, nv.
6 BAG v. 8. 12. 1983, AP Nr. 12 zu § 130 BGB – Einwurf um 16.30 Uhr; BAG v. 14. 11. 1984, AP Nr. 88 zu § 626 BGB – Einwurf um 19.30 Uhr; MünchArbR/*Berkowsky*, § 145 Rz. 20; KölnKomm z. KSchG/*Ramrath*, § 4 KSchG Rz. 24.
7 BAG v. 16. 3. 1988, AP Nr. 16 zu § 130 BGB; *Kittner/Trittin*, KSchR, § 130 BGB Rz. 10; *Bader*, NZA 1997, 905, 906; aA Soergel/*Hefermehl*, § 130 BGB Rz. 26.
8 BAG v. 2. 3. 1989, AP Nr. 17 zu § 130 BGB; *Kittner/Trittin*, KSchR, § 130 BGB Rz. 10; KölnKomm z. KSchG/*Ramrath*, § 4 KSchG Rz. 26.

27 Wird die Kündigung mit **Einschreiben** zugestellt, so ersetzt die schriftliche Mitteilung des Postbediensteten über die Niederlegung beim zuständigen Postamt den Zugang nicht. Erst wenn der Empfänger das Schreiben abholt, geht die Erklärung zu[1]. Der Arbeitnehmer handelt jedoch rechtsmißbräuchlich, wenn er aufgrund weiterer Vorkehrungen des Arbeitgebers Kenntnis von dem Inhalt der Einschreibesendung hat und er sie dennoch innerhalb der postalischen Aufbewahrungsfrist nicht abholt. Dann muß er sich so behandeln lassen, als ob der Zugang erfolgt wäre[2].

dd) Übergabe an Ehegatte, Kinder etc.

28 Eine Kündigung geht auch dann zu, wenn sie an eine Person ausgehändigt wird, die von der Verkehrsauffassung als ermächtigt angesehen wird, den Empfänger **in der Empfangsnahme zu vertreten**[3]. Eine besondere Empfangsvollmacht ist nicht erforderlich. Die Verkehrsanschauung zählt zu diesem Personenkreis nicht nur die Familienangehörigen[4], sondern auch die Lebensgefährten[5], den Vermieter[6] (zweifelhaft) und die Hausangestellten[7].

ee) Zugangsvereitelung

29 Verhindert der Kündigungsempfänger den rechtzeitigen Zugang der Erklärung aufgrund eines von ihm zu vertretenden Umstands, so muß er sich nach den Grundsätzen von **Treu und Glauben** so behandeln lassen, als sei die Erklärung zum normalen Zeitpunkt zugegangen, wenn der Kündigende diese Erklärung unverzüglich wiederholt[8]. In der Praxis handelt es sich zumeist um die Fälle, in denen eine per Einschreiben übersandte Kündigungserklärung nicht zugestellt werden konnte und der Arbeitnehmer den von der Post hinterlegten Benachrichtigungsschein schuldhaft (regelmäßig vorsätzlich) ignoriert und das an ihn gerichtete Schreiben nicht abholt. Umstritten ist in diesen Fällen vor allem, an welchem Tag der Gekündigte das Schreiben als zugegangen gegen sich gelten lassen muß[9].

---

1 BAG v. 15. 11. 1962, AP Nr. 4 zu § 130 BGB; BAG v. 30. 5. 1978, AP Nr. 2 zu § 174 BGB; BAG v. 25. 4. 1996, AP Nr. 35 zu § 4 KSchG 1969; MünchArbR/*Berkowsky*, § 145 Rz. 23; *Soergel/Hefermehl*, § 130 BGB Rz. 10.
2 BAG v. 22. 9. 1983 – 2 AZR 23/82, nv.; BAG v. 25. 4. 1996, AP Nr. 35 zu § 4 KSchG 1969; LAG Frankfurt/Main v. 7. 5. 1987, LAGE § 130 BGB Nr. 7; *Kittner/Trittin*, KSchR, § 130 BGB Rz. 14 f.; *Soergel/Hefermehl*, § 130 BGB Rz. 10.
3 BAG v. 18. 2. 1977, AP Nr. 10 zu § 130 BGB; BAG v. 16. 1. 1976, AP Nr. 7 zu § 130 BGB.
4 LAG Bremen v. 17. 2. 1988, NZA 1988, 548; *Soergel/Hefermehl*, § 130 BGB Rz. 9.
5 LAG Bremen v. 17. 2. 1988, NZA 1988, 548; OVG Hamburg v. 5. 6. 1987, NJW 1988, 1807.
6 BAG v. 16. 1. 1976, AP Nr. 7 zu § 130 BGB.
7 BAG v. 13. 10. 1976, AP Nr. 8 zu § 130 BGB; *Soergel/Hefermehl*, § 130 BGB Rz. 9.
8 BAG v. 3. 4. 1986, AP Nr. 9 zu § 18 SchwbG; BAG v. 18. 2. 1977, AP Nr. 10 zu § 130 BGB; KR/*Friedrich*, § 4 KSchG Rz. 126.
9 BAG v. 3. 4. 1986, AP Nr. 9 zu § 18 SchwbG; LAG Frankfurt/Main v. 31. 7. 1986, LAGE § 130 BGB Nr. 5; LAG Frankfurt/Main v. 7. 5. 1987, LAGE § 130 BGB Nr. 7.

Unter Abwägung der widerstreitenden Interessen wird man den Arbeitnehmer so stellen müssen, wie er stünde, wenn er den Zugang der Kündigung nicht treuwidrig vereitelt hätte. Demgegenüber wäre es eine nicht zu rechtfertigende Ungleichbehandlung, wenn man ihn so behandelte, als ob ihm die Kündigung bereits an dem Tag zugegangen wäre, an dem die Zustellung erstmals versucht worden ist. Hier würde man den Arbeitnehmer nicht nur für die Zugangsvereitelung, sondern auch dafür bestrafen, daß er nicht zu Hause war, als der Zustellungsversuch unternommen wurde. Im Ergebnis ist daher die Kündigung, wenn der Arbeitnehmer das Einschreiben innerhalb der postalischen Aufbewahrungsfrist abholt, am **Tag der Abholung** (und damit der tatsächlichen Kenntnisnahme) zugegangen[1]. Nur unter besonderen Umständen, die der Arbeitgeber darzulegen und ggfs. zu beweisen hat, muß der Arbeitnehmer sich so behandeln lassen, als wäre ihm das Einschreiben bereits am ersten Tag der möglichen Abholung von der Post, regelmäßig also am ersten Werktag nach der Niederlegung des Benachrichtigungsscheins, zugegangen[2]. 30

b) Berechnung der Frist

Die Fristberechnung erfolgt nach den Vorschriften der **§§ 187 ff. BGB**[3]. Der Tag, an dem die Kündigung zugeht, ist nicht mitzurechnen (§ 187 Abs. 1 BGB). Die Frist endet mit dem Ablauf des Tages der dritten Woche, der durch seine Benennung dem Tage entspricht, an dem die Kündigung zugegangen ist (§ 188 Abs. 2 BGB). Fällt dieser Tag auf einen Samstag, Sonntag oder einen staatlich anerkannten Feiertag, so tritt an seine Stelle der nächstfolgende Werktag (§ 193 BGB). Spricht der Arbeitgeber zunächst eine mündliche Kündigung aus, die er einige Tage später schriftlich bestätigt, so läuft die Frist schon von der mündlichen Erklärung an[4]. 31

c) Darlegungs- und Beweislast

Für den Zugang der Kündigung trifft den Erklärenden, in der Regel also **den Arbeitgeber**, die Darlegungs- und Beweislast[5]. Der Beweis kann nicht dadurch geführt werden, daß die **Absendung** der Kündigung bewiesen wird, denn die Rechtsprechung kennt keinen Anscheinsbeweis dahingehend, daß ein gewöhnlicher Brief auch tatsächlich zugeht[6]. Ebensowenig gibt es einen für einen Anscheinsbeweis erforderlichen allgemeinen Erfahrungssatz, daß im Gebiet einer Großstadt ein gewöhnlicher Brief den Empfänger innerhalb von drei Tagen erreicht[7]. 32

---

1 BAG v. 25. 4. 1996, AP Nr. 35 zu § 4 KSchG 1969.
2 BAG v. 25. 4. 1996, AP Nr. 35 zu § 4 KSchG 1969.
3 Kittner/Trittin, KSchR, § 4 KSchG Rz. 30; MünchArbR/Berkowsky, § 145 Rz. 16.
4 BAG v. 10. 12. 1970, AP Nr. 39 zu § 3 KSchG; Stahlhacke/Preis, Rz. 1104.
5 KR/Friedrich, § 4 KSchG Rz. 133a; Stahlhacke/Preis, Rz. 113.
6 BGH v. 27. 5. 1957, BGHZ 24, 308; BAG v. 14. 7. 1960, AP Nr. 3 zu § 130 BGB; LAG Düsseldorf v. 4. 11. 1971, EzA § 130 BGB Nr. 4.
7 LAG Hamm v. 25. 2. 1988, LAGE § 130 BGB Nr. 11; LAG Bremen v. 5. 9. 1986, LAGE § 130 BGB Nr. 6.

5. Parteibezeichnung

33 Die Frist des § 4 KSchG wird nur dadurch gewahrt, daß der richtige Arbeitgeber verklagt worden ist. Nur er ist der Arbeitsvertragspartner. Beim **Leiharbeitsverhältnis**, vor allem aber auch bei der gewerbsmäßigen Arbeitnehmerüberlassung, ist Arbeitgeber der Verleiher. Zum richtigen Klagegegner beim **Betriebsübergang** (§ 613a BGB) siehe unten Rz. 107 ff.

34 Schwierigkeiten bereitet der Praxis immer wieder die Parteibezeichnung **einzelkaufmännischer Unternehmen**. Der Vollkaufmann kann zwar unter seiner Firma klagen und verklagt werden (§ 17 Abs. 2 HGB), Partei des Rechtsstreites ist aber auch in diesen Fällen nicht die Firma – das Handelsgeschäft –, sondern der Kaufmann selbst[1]. Ist der persönliche Name des Kaufmannes ein anderer als der seiner Firma, so ist es zweckmäßig, ihn mit in das Rubrum aufzunehmen. Dabei ist aber deutlich zu machen, daß es sich nicht um zwei Parteien handelt, die nebeneinander klagen oder verklagt werden, sondern nur um eine Angabe, die eine Partei noch genauer umschreibt. Richtig formuliert heißt es dann also:

> „. . . der unter der Firma Hans Schmitz handelnde Kaufmann Peter Meier, Friedrichstraße 52, 40212 Düsseldorf"

a) Rubrumsberichtigung und Parteiwechsel

35 Das Gericht muß durch **Auslegung** ermitteln, gegen wen sich die Klage richtet[2]. Läßt sich die Unrichtigkeit der Parteibezeichnung etwa aus dem Handelsregister entnehmen und ist die Identität der Partei trotz der unrichtigen Bezeichnung gewahrt, so erfolgt eine Berichtigung von Amts wegen[3]. Wenn feststeht, gegen wen sich die Klage richten soll, kann auch nach Ablauf der Dreiwochenfrist eine Berichtigung der Parteibezeichnung erfolgen[4]. Die spätere Änderung der Parteibezeichnung ist dann kein gewillkürter Parteiwechsel, weshalb die Berichtigung die Frist wahrt[5]. Eine Berichtigung ist jedoch **nur möglich,** wenn feststeht oder erkennbar ist, **wer als Partei gemeint war** und wenn **Interessen Dritter durch die Berichtigung nicht berührt** werden oder zumindest gewahrt bleiben[6].

36 In allen anderen Fällen stellt sich die „Rubrumsberichtigung" rechtlich als **gewillkürter Parteiwechsel** dar, der zunächst der Einwilligung des bisherigen Beklagten bedarf, die auch nicht durch Sachdienlicherklärung vom Gericht

---

1 *Baumbach/Hopt,* § 17 HGB Rz. 10; *Heymann/Emmerich,* § 17 HGB Rz. 32.
2 BGH v. 24. 1. 1952, BGHZ 4, 334; BGH v. 24. 11. 1980, NJW 1981, 1454; BAG v. 22. 1. 1975, AP Nr. 2 zu § 268 ZPO.
3 LAG München v. 10. 2. 1984, MDR 1984, 170.
4 LAG Hamm v. 21. 8. 1980, EzA § 4 KSchG nF Nr. 18; LAG Köln v. 30. 4. 1986, LAGE § 4 KSchG Nr. 9.
5 BAG v. 6. 2. 1975 – 2 AZR 6/74, nv.; BAG v. 18. 7. 1978 – 2 AZR 727/76, nv.; BAG v. 18. 10. 1979 – 2 AZR 110/79, nv.; KR/*Friedrich,* § 4 KSchG Rz. 155.
6 *Zöller/Vollkommer,* § 319 ZPO Rz. 14.

II. Kündigungsschutzklage bei Beendigungskündigung

ersetzt werden kann[1]. Sodann ist der Schriftsatz, mit dem die Parteiänderung beantragt wurde, dem neuen Beklagten zuzustellen. Seine Einwilligung in den Parteiwechsel ist nicht erforderlich, freilich tritt die Rechtshängigkeit ihm gegenüber auch erst mit der Zustellung dieses Schriftsatzes ein[2]. Für die Klagefrist des § 4 KSchG hat dies zur Folge, daß sie regelmäßig versäumt ist und folglich die Sozialwidrigkeit der Kündigung nicht mehr geltend gemacht werden kann, wenn zunächst die falsche Partei verklagt worden ist.

b) Richtiger Arbeitgeber hilfsweise verklagt

Das hilfsweise Verklagen einer zweiten Person stellt eine eventuelle subjektive Klagehäufung dar, die nach allgemeinen prozessualen Grundsätzen unzulässig ist. Das BAG hat es jedoch zur Fristwahrung ausreichen lassen, daß der Arbeitnehmer nur hilfsweise den richtigen Arbeitgeber verklagt hatte. Auch eine unzulässige Klage könne die Frist des § 4 KSchG wahren. Sinn und Zweck der §§ 4 ff. KSchG sei es, alsbald dem Arbeitgeber Klarheit dahingehend zu verschaffen, ob die Wirksamkeit der Kündigung zur gerichtlichen Überprüfung gestellt werde. Dies erfülle das prozessuale Vorgehen des Arbeitnehmers, weshalb er nicht aus formalen Gründen den Kündigungsschutz verlieren dürfe[3]. Man wird allerdings Zweifel anmelden dürfen, ob diese Argumentation des BAG sachangemessen ist.

6. Zuständiges Gericht

Nach § 4 Satz 1 KSchG ist die Kündigungsschutzklage beim Arbeitsgericht zu erheben.

Dem Wortlaut des § 4 Satz 1 KSchG wird entnommen, daß die Klage beim **srtlich zuständigen Arbeitsgericht** zu erheben ist[4]. Die Frage der Zuständigkeit richtet sich nach den allgemeinen Regeln gem. § 46 Abs. 2 Satz 1 ArbGG iVm. §§ 12 bis 37 ZPO (unten Teil 5 B Rz. 112 ff.).

Die Dreiwochenfrist kann auch durch Einreichung der Kündigungsschutzklage beim **örtlich unzuständigen** Arbeitsgericht gewahrt werden. Ist der Rechtsstreit gemäß § 48 Abs. 1 ArbGG iVm. § 17a Abs. 2 Satz 1 GVG verwiesen, so muß das örtlich zuständige Gericht alsbald die Zustellung der Klageschrift an den Arbeitgeber vornehmen[5].

Selbst bei einer Klage bei dem Gericht eines anderen **Rechtsweges** (insbesondere die Klage vor einem ordentlichen Gericht) bleiben die an die Rechtshängig-

---

1 *Baumbach/Lauterbach/Albers/Hartmann*, § 263 ZPO Rz. 8; *Thomas/Putzo*, Vor § 50 Rz. 22; *Zöller/Greger*, § 263 ZPO Rz. 24.
2 *Baumbach/Lauterbach/Albers/Hartmann*, § 263 ZPO Rz. 8; *Thomas/Putzo*, Vor § 50 Rz. 22; *Zöller/Greger*, § 263 ZPO Rz. 25.
3 BAG v. 31. 3. 1993, AP Nr. 27 zu § 4 KSchG 1969.
4 KR/*Friedrich*, § 4 KSchG Rz. 171; KölnKomm z. KSchG/*Ramrath*, § 4 KSchG Rz. 40.
5 Vgl. zur Rechtslage vor Novellierung des GVG: LAG Berlin v. 2. 1. 1984, EzA § 4 KSchG Nr. 24; BAG v. 13. 5. 1987, AP Nr. 3 zu § 209 BGB.

keit geknüpften Wirkungen gewahrt, § 17b Abs. 1 Satz 2 GVG[1]. Aufgrund des 4. VwGOÄndG gelten für alle Gerichtsbarkeiten einheitliche Regelungen bezüglich der Zulässigkeitsfrage des Rechtswegs. Ist der beschrittene Rechtsweg zulässig, kann das Gericht dies vorab aussprechen. Es muß vorab entscheiden, wenn eine Partei die Zulässigkeit des Rechtsweges rügt, § 17a Abs. 3 GVG. Hält das Gericht den beschrittenen Rechtsweg für unzulässig, spricht das Gericht dies nach Anhörung der Parteien von Amts wegen aus und verweist den Rechtsstreit an das Gericht des zulässigen Rechtsweges (§ 17a Abs. 2 GVG). Nach Eintritt der Rechtskraft des Verweisungsbeschlusses wird der Rechtsstreit mit Eingang der Akten bei dem im Beschluß bezeichneten Gericht anhängig, § 17b Abs. 1 Satz 1 GVG.

7. Nachträgliche Klagezulassung

42 Gemäß § 5 KSchG ist auf Antrag des Arbeitnehmers die Klage nachträglich zuzulassen, wenn er nach erfolgter Kündigung trotz Anwendung aller ihm nach Lage der Umstände zuzumutenden Sorgfalt **verhindert** war, die Klage innerhalb von drei Wochen nach Zugang der Kündigung zu erheben[2]. Bei einem erfolgreichen Antrag werden die Folgen des § 7 KSchG verhindert und die unverschuldet versäumte Klagefrist – entsprechend den Regelungen der §§ 233 ff. ZPO – geheilt.

a) Formelle Voraussetzungen

43 An die **Form** des Antrages werden von der Rechtsprechung keine hohen Anforderungen gestellt. Er kann ausdrücklich oder aber auch schlüssig gestellt werden. Es ist ausreichend, wenn irgendwie zum Ausdruck gebracht wird, daß die Klage trotz Fristversäumung noch zugelassen werden soll[3].

aa) Inhalt des Antrages

44 Die Klageerhebung ist mit dem Antrag auf nachträgliche Klagezulassung zu **verbinden.** Ist die Kündigungsschutzklage bereits erhoben, so ist auf sie im Antrag Bezug zu nehmen, § 5 Abs. 2 Satz 1 KSchG. Der Antrag muß weiter die Angabe der die nachträgliche Zulassung begründenden Tatsachen und der Mittel für deren **Glaubhaftmachung** enthalten, § 5 Abs. 2 Satz 2 KSchG. Die Begründung und die Mittel der Glaubhaftmachung können noch innerhalb der Zweiwochenfrist nachgeholt werden. Nach Ablauf dieser Frist vorgebrachte Gründe und Mittel der Glaubhaftmachung sind nicht mehr zu berücksichti-

---

1 Vgl. *Baumbach/Lauterbach/Albers/Hartmann*, ZPO, § 17b GVG Rz. 3; *Gift/Baur*, Teil C Rz. 292; *Thomas/Putzo*, ZPO, § 17b GVG Rz. 2; zum alten Recht: LAG Berlin v. 2. 1. 1984, EzA § 4 KSchG Nr. 24; BAG v. 13. 5. 1987, AP Nr. 3 zu § 209 BGB.
2 Ausführlich *Berkowsky*, NZA 1997, 352.
3 BAG v. 9. 2. 1961, AP Nr. 1 zu § 41 VwGO; BAG v. 24. 3. 1975, AP Nr. 11 zu § 234 ZPO; LAG Kiel v. 14. 7. 1952, AP 1953 Nr. 103; LAG Berlin v. 11. 12. 1964, AP Nr. 11 zu § 4 KSchG; *Stahlhacke/Preis*, Rz. 1141; MünchArbR/*Berkowsky*, § 145 Rz. 36.

II. Kündigungsschutzklage bei Beendigungskündigung   Rz. 48 Teil 5 A

gen[1]. Die Praxis handhabt diese Regelung allerdings sehr **großzügig**. Handelt es sich nämlich um Ergänzungen, Konkretisierungen, Vervollständigungen bereits benannter Mittel und Umstände, so werden diese auch nach Fristablauf noch berücksichtigt[2]. Die Glaubhaftmachung als solche braucht im Antrag nur bezeichnet zu sein. Sie ist auch nicht an die Zweiwochenfrist gebunden. Es ist ausreichend, wenn die erforderlichen Mittel rechtzeitig bis zur Beschlußfassung bezeichnet werden[3].

bb) Antragsfrist

Der Antrag auf nachträgliche Zulassung ist nur innerhalb von zwei Wochen nach Behebung des Hindernisses zulässig. Nach Ablauf von sechs Monaten, vom Ende der versäumten Frist an gerechnet, kann der Antrag nicht mehr gestellt werden, § 5 Abs. 3 Satz 1 und 2 KSchG. 45

§ 5 Abs. 3 Satz 1 KSchG knüpft den Beginn der **zweiwöchigen Antragsfrist** an die Behebung des Hindernisses. Der Begriff des Hindernisses wird § 5 Abs. 1 KSchG entnommen. Der Lauf der Frist beginnt mit Kenntnis vom Wegfall des Hindernisses für die Klageerhebung. Ein früherer Beginn des Fristlaufs ist dann gegeben, wenn der Arbeitnehmer unter Anwendung der ihm zuzumutenden Sorgfalt diese Kenntnis hätte eher erlangen ksnnen. § 5 KSchG kann nur die unverschuldete Versäumung der Klagefrist heilen[4]. 46

Der Antrag kann nach Ablauf von **sechs Monaten,** vom Ende der versäumten Dreiwochenfrist an gerechnet, **nicht mehr gestellt** werden, § 5 Abs. 3 Satz 2 KSchG. Wird dennoch ein solcher Antrag gestellt, so ist er als unzulässig zu verwerfen[5]. Dies gilt auch dann, wenn der Arbeitnehmer geltend macht, der Arbeitgeber habe ihn arglistig von der Erhebung der Kündigungsschutzklage abgehalten[6]. 47

cc) Darlegungs- und Beweislast für die Fristwahrung

Dem Arbeitnehmer obliegt die Darlegungslast für die Fristwahrung des § 5 Abs. 3 KSchG[7]. Er hat anzugeben, ab wann die Behebung des Hindernisses 48

---

1 BAG v. 10. 5. 1973, AP Nr. 8 zu § 234 ZPO; LAG Baden-Württemberg v. 14. 2. 1990, LAGE § 130 BGB Nr. 13; *Kittner/Trittin*, KSchR, § 5 KSchG Rz. 23.
2 LAG Bremen v. 17. 2. 1988, DB 1988, 814; LAG Hamburg v. 8. 11. 1967, DB 1967, 2123, 2124; LAG Frankfurt/Main v. 22. 3. 1985, ARSt 1985 Nr. 125; *Kittner/Trittin*, KSchR, § 5 KSchG Rz. 23.
3 LAG Berlin v. 20. 7. 1983, DB 1984, 885 f.; LAG Hamm v. 19. 6. 1986, LAGE § 5 KSchG Nr. 23; LAG Berlin v. 19. 1. 1987, LAGE § 5 KSchG Nr. 27; LAG Baden-Württemberg v. 8. 3. 1988, LAGE § 5 KSchG Nr. 37.
4 LAG Hamm v. 24. 9. 1987, LAGE § 5 KSchG Nr. 31; LAG Hamm v. 16. 5. 1991, LAGE § 5 KSchG Nr. 53; *Gift/Baur*, Teil E Rz. 236; *Hueck/von Hoyningen-Huene*, § 5 KSchG Rz. 22.
5 KR/*Friedrich*, § 5 KSchG Rz. 119.
6 LAG Hamm v. 29. 10. 1987, LAGE § 5 KSchG Nr. 33; KR/*Friedrich*, § 5 KSchG Rz. 119; *Gift/Baur*, Teil E Rz. 237.
7 LAG Frankfurt/Main v. 7. 2. 1985, ARSt 1985 Nr. 1134; MünchArbR/*Berkowsky*, § 145 Rz. 43.

gegeben war[1]. Eine Glaubhaftmachung der Fristeinhaltung muß innerhalb dieser Antragsfrist noch nicht erfolgen[2]. Der Arbeitnehmer trägt die Beweislast auch dafür, daß er den Antrag unter Einhaltung der Antragsfrist gestellt hat[3].

b) Materielle Voraussetzungen

49 Der Antrag auf nachträgliche Klagezulassung ist dann begründet, wenn der Arbeitnehmer **trotz** Anwendung aller ihm nach Lage der Umstände zuzumutenden **Sorgfalt**[4] **verhindert** war, die Klage rechtzeitig zu erheben. Der Arbeitnehmer muß es versäumt haben, innerhalb von drei Wochen nach Zugang der Kündigungserklärung eine Kündigungsschutzklage zu erheben, § 5 Abs. 1 KSchG. Das Gesetz stellt die unterlassene Klageerhebung einer verspäteten gleich, § 5 Abs. 2 Satz 1 2. Halbs. KSchG.

50 Die nachträgliche Zulassung der Kündigungsschutzklage erfordert weiter, daß den Arbeitnehmer an der Versäumung der Dreiwochenfrist **keinerlei Verschulden**, mithin auch nicht der Vorwurf leichter Fahrlässigkeit trifft[5]. Das Gesetz legt als Maßstab die individuellen Möglichkeiten des Arbeitnehmers fest, weshalb eine Einzelfallbetrachtung zu erfolgen hat[6]. Nachfolgend werden einige praktisch häufige Beispiele dargestellt, wobei zu beachten ist, daß jeweils der Vorbehalt der Einzelfallprüfung zu berücksichtigen ist.

51 Eine fehlerhafte **Auskunft** kann die nachträgliche Klagezulassung nur rechtfertigen, wenn sie von einer **zuverlässigen Stelle** erteilt wurde[7].

52 Als zuverlässige Stellen werden insoweit angesehen

▶ die Rechtssekretäre einer Gewerkschaft[8],

▶ Rechtsanwälte[9],

▶ die Rechtsantragsstelle eines Arbeitsgerichtes[10],

▶ die Schadensabteilung einer Rechtsschutzversicherung[11].

---

1 KR/*Friedrich*, § 5 KSchG Rz. 124.
2 LAG Düsseldorf v. 2. 3. 1971, DB 1971, 1120.
3 LAG Hamm v. 21. 1. 1954, AP 1954 Nr. 121.
4 Dazu LAG Köln v. 17. 4. 1997, NZA-RR 1998, 14.
5 KR/*Friedrich*, § 5 KSchG Rz. 10; MünchArbR/*Berkowsky*, § 145 Rz. 30; *Stahlhacke/Preis*, Rz. 1127; kritisch *Kittner/Trittin*, KSchR, § 5 KSchG Rz. 4.
6 *Gift/Baur*, Teil E Rz. 242; MünchArbR/*Berkowsky*. § 145 Rz. 30; *Hueck/von Hoyningen-Huene*, § 5 KSchG Rz. 2.
7 KR/*Friedrich*, § 5 KSchG Rz. 30; KölnKomm z. KSchG/*Ramrath*, § 5 KSchG Rz. 4.
8 LAG Düsseldorf v. 26. 7. 1976, EzA § 5 KSchG Nr. 1; LAG Köln v. 13. 9. 1982, EzA § 5 KSchG Nr. 16.
9 LAG Düsseldorf v. 17. 12. 1952, BB 1953, 502; LAG Baden-Württemberg v. 11. 2. 1974, BB 1974, 323; LAG Frankfurt/Main v. 17. 8. 1955, BB 1956, 211.
10 LAG Köln v. 30. 8. 1989, LAGE § 5 KSchG Nr. 42; *Kittner/Trittin*, KSchR, § 5 KSchG Rz. 6.
11 KR/*Friedrich*, § 5 KSchG Rz. 34; aA *Hueck/von Hoyningen-Huene*, § 5 KSchG Rz. 7.

II. Kündigungsschutzklage bei Beendigungskündigung

Auch Träger der sozialen Sicherheit in anderen Mitgliedstaaten der **Europäischen Union** wie das INSS (Intitutio National de Seguridad Social Spanien) können als zuverlässige Stelle angesehen werden[1].

53

Als **nicht zuverlässige Stellen** gelten der Betriebsrat bzw. dessen Vorsitzender[2]. Auch die Arbeitsämter sind keine geeigneten Stellen im Sinne des § 5 KSchG[3].

54

Erhält der Arbeitnehmer die Kündigung während eines **Auslandsaufenthaltes**, so hat auch er die Klage binnen drei Wochen beim Arbeitsgericht einzureichen. Die fehlende Möglichkeit, Rechtsrat einzuholen, führt nicht zur nachträglichen Klagezulassung[4]. Wenn der Arbeitnehmer von einem **Familienangehörigen**, den er generell mit der Leerung des Briefkastens betraut hat, das Kündigungsschreiben so spät erhält, daß er nicht mehr fristwahrend Klage erheben kann, so muß er sich dieses Verschulden zurechnen lassen. Dies gilt auch dann, wenn der Familienangehörige kein gesetzlicher Vertreter im Sinne des § 51 Abs. 2 ZPO ist und seine Vertretungsmacht nur für die Empfangnahme der Post gilt[5].

55

Eine **Krankheit** kann den Arbeitnehmer nur entlasten, wenn er infolge der Krankheit in seiner Entscheidungsfähigkeit so beeinträchtigt gewesen ist, daß er die Dreiwochenfrist nicht wahren konnte[6]. Maßgeblich ist, ob der Arbeitnehmer durch seine Erkrankung ojektiv daran gehindert war, selbst die Klage einzureichen oder seine Rechte auf andere Weise – zB durch Beauftragung dritter Personen (Ehegatte/Lebensgefährte, nahe Angehörige) – zu wahren[7].

56

Der Arbeitnehmer darf auf die Einhaltung der angegebenen **Postlaufzeiten** vertrauen. Eine Verzögerung der Briefbeförderung muß er nicht vertreten[8]. Da bei den Gerichten für Arbeitssachen weder Anwaltszwang noch eine Pflicht zum Vorschuß von Prozeßkosten, insbesondere Gerichtsgebühren besteht, kann eine nachträgliche Klagezulassung kann nicht darauf gestützt werden, daß die **Prozeßkostenhilfe** verspätet bewilligt worden ist[9]. Die **Unkenntnis** der Klage-

57

---

1 LAG Hamm v. 19. 3. 1981, DB 1981, 1680.
2 LAG Köln v. 13. 9. 1982, EzA § 5 KSchG Nr. 16; LAG Rheinland-Pfalz v. 10. 9. 1984, NZA 1985, 430; LAG Hamburg v. 10. 4. 1987, LAGE § 5 KSchG Nr. 29; LAG Berlin v. 17. 6. 1991, LAGE § 5 KSchG Nr. 52; aA für Großbetriebe *Schaub*, Arbeitsrechts-Handbuch, § 136 II 2.
3 LAG Düsseldorf v. 25. 4. 1991, LAGE § 5 KSchG Nr. 51; KölnKomm z. KSchG/*Ramrath*, § 4 KSchG Rz. 4.
4 LAG Hamm v. 12. 9. 1985, LAGE § 5 KSchG Nr. 20; LAG Frankfurt/Main v. 6. 4. 1990, LAGE § 5 KSchG Nr. 49; aA LAG Köln v. 14. 1. 1982, EzA § 5 KSchG Nr. 14; LAG Düsseldorf v. 6. 3. 1980, EzA § 5 KSchG Nr. 9.
5 LAG Frankfurt/Main v. 15. 11. 1988, DB 1989, 836.
6 LAG Düsseldorf v. 18. 7. 1978, EzA § 5 KSchG Nr. 4; LAG Hamm v. 5. 8. 1981, EzA § 5 KSchG Nr. 11; LAG Hamm v. 12. 9. 1985, LAGE § 5 KSchG Nr. 20; *Hueck/von Hoyningen-Huene*, § 5 KSchG Rz. 12.
7 LAG Hamm v. 31. 1. 1990, LAGE § 5 KSchG Nr. 45; LAG Hamm v. 12. 9. 1985, LAGE § 5 KSchG Nr. 20; LAG Hamburg v. 20. 11. 1984, NZA 1985, 127.
8 BVerfG v. 27. 2. 1992, NJW 1992, 1952; BVerfG v. 11. 1. 1991, NJW 1992, 38; BAG v. 19. 4. 1990, AP Nr. 8 zu 23 KSchG 1969; *Stahlhacke/Preis*, Rz. 1132.
9 *Schaub*, Arbeitsrechts-Handbuch, § 136 II 3; KR/*Friedrich*, § 5 KSchG Rz. 28.

frist rechtfertigt nicht die nachträgliche Klagezulassung. Auch **ausländische Arbeitnehmer** müssen sich mit den maßgeblichen Rechtsvorschriften vertraut machen[1]. Die Kündigung geht dem Arbeitnehmer auch dann unter seiner Wohnanschrift im **Urlaub** zu, wenn er verreist ist[2]. Die Kündigungsschutzklage ist hinterher nachträglich zuzulassen[3]. Schwebende **Vergleichsverhandlungen** sind kein Grund zur nachträglichen Klagezulassung. Der Arbeitnehmer darf nicht auf den Erfolg solcher Verhandlungen vertrauen[4]. Etwas anderes gilt nur dann, wenn der Arbeitgeber durch das Vorspiegeln erfolgreicher Vergleichsverhandlungen den Mitarbeiter von der rechtzeitigen Klageerhebung abgehalten hat[5].

58 Das **Verschulden eines Prozeßbevollmächtigten** wird dem Arbeitnehmer infolge des materiellrechtlichen Ausschlußcharakters von § 4 KSchG gemäß § 85 Abs. 2 ZPO zugerechnet[6]. Für ein Verschulden von Angestellten des Bevollmächtigten haftet der Arbeitnehmer nur dann, wenn dem Bevollmächtigten ein Verschulden bei der Auswahl oder Überwachung trifft[7]. Allerdings sind die Sorgfaltsanforderungen an einen Rechtsanwalt in diesem Zusammenhang besonders hoch. Während er die Sicherung der Fristwahrung einem gut ausgebildeten und sorgfältig überwachten Büropersonal überlassen kann, ist die Feststellung und Berechnung der prozessualen Fristen grundsätzlich seine Sache. Nur wenn es um einfache und übliche, in der Praxis des Rechtsanwalts häufig vorkommende Fristen geht, kann er sich auf die Berechnung durch geschultes Personal verlassen. Ein Prozeßbevollmächtigter ist darüber hinaus verpflichtet, den in einer Prozeßakte vermerkten Fristablauf eigenverantwortlich zu überprüfen, wenn ihm die Akte durch das Büropersonal übergeben wird, damit er eine fristwahrende Prozeßhandlung durchführt[8].

---

1 LAG Düsseldorf v. 26. 7. 1976, EzA § 5 KSchG Nr. 1; LAG Düsseldorf v. 2. 4. 1976, EzA § 5 KSchG Nr. 2; LAG Düsseldorf v. 6. 3. 1980, EzA § 5 KSchG Nr. 9; LAG Hamburg v. 10. 4. 1987, LAGE § 5 KSchG Nr. 34.
2 BAG v. 16. 3. 1988, AP Nr. 16 zu § 130 BGB.
3 LAG Nürnberg v. 5. 2. 1992, LAGE § 5 ArbGG Nr. 57; LAG Köln v. 4. 3. 1996, NZA-RR 1996, 455, 455 f.; *Stahlhacke/Preis*, Rz. 1135.
4 LAG Hamm v. 21. 12. 1972, BB 1973, 336; *Schaub*, Arbeitsrechts-Handbuch, § 136 II 3; *Kittner/Trittin*, KSchR, § 5 KSchG Rz. 14.
5 KR/*Friedrich*, § 5 KSchG Rz. 66; *Kittner/Trittin*, KSchR, § 5 KSchG Rz. 14.
6 LAG Berlin v. 28. 8. 1978, AP Nr. 2 zu § 5 KSchG 1969; LAG Köln v. 27. 11. 1986, LAGE § 5 KSchG Nr. 25; LAG Köln v. 8. 5. 1987, LAGE § 5 KSchG Nr. 28; LAG Köln v. 20. 11. 1987, LAGE § 5 KSchG Nr. 39; LAG Hamm v. 4. 11. 1996, NZA-RR 1997, 209; LAG Nürnberg v. 28. 7. 1987, § 5 KSchG Nr. 30; LAG Rheinland-Pfalz v. 9. 8. 1989, LAGE § 5 KSchG Nr. 43; *Baumbach/Lauterbach/Albers/Hartmann*, § 85 ZPO Rz. 10; *Berkowsky*, NZA 1997, 352, 357; aA LAG Hamm v. 21. 12. 1995, NZA-RR 1996, 388 ff.; LAG Hamm v. 27. 2. 1996, NZA-RR 1997, 85 ff.; ausführlich *Tschöpe/Fleddermann*, BB 1998, 157.
7 LAG Köln v. 24. 1. 1997, NZA-RR 1998, 13; *Stahlhacke/Preis*, Rz. 1138; *Gift/Baur*, Teil E Rz. 250.
8 Vgl. BAG v. 20. 6. 1995, AP Nr. 42 zu § 233 ZPO 1977 mwN; BAG v. 27. 9. 1995, AP Nr. 44 zu § 233 ZPO 1977; *Stein/Jonas/Roth*, § 233 ZPO Rz. 68; *Zöller/Greger*, § 233 ZPO Rz. 23.

c) Antragsmuster

Der Antrag auf nachträgliche Klagezulassung ist gemeinsam mit der Kündigungsschutzklage zu erheben. Beantragt wird, 59

> „1. festzustellen, daß das Arbeitsverhältnis durch die Kündigung vom 20. 5. 1997 – zugegangen am 21. 5. 1997 – nicht aufgelöst worden ist;
> 2. die Kündigungsschutzklage nachträglich zuzulassen."

d) Verfahren

Das Verfahren der nachträglichen Klagezulassung stellt einen **besonderen Verfahrensabschnitt** des Kündigungsschutzprozesses dar[1]. Es ist ein prozessuales, der Wiedereinsetzung in den vorigen Stand nachgebildetes Rechtsinstitut[2]. 60

aa) Entscheidung durch Beschluß

Das Arbeitsgericht hat über den Antrag nach mündlicher Verhandlung durch **Beschluß** zu entscheiden, § 5 Abs. 4 Satz 1 KSchG. Die Entscheidung muß immer in voller Besetzung durch die Kammer getroffen werden. Eine Alleinentscheidung durch den Vorsitzenden nach § 55 Abs. 3 ArbGG ist nicht zulässig[3]. Die Entscheidung kann unterbleiben, wenn das Arbeitsgericht die Kündigung bereits aus anderen Gründen als dem Mangel der sozialen Rechtfertigung für begründet erachtet (§ 13 Abs. 3 KSchG) und es deshalb auf die Einhaltung der Klagefrist nicht ankommt. 61

Gegen den arbeitsgerichtlichen Beschluß kann derjenige **sofortige Beschwerde** (§ 5 Abs. 4 Satz 2 KSchG) einlegen, der hierdurch beschwert wird. Bei Ablehnung des Antrags ist dies der Arbeitnehmer, ansonsten besteht diese Möglichkeit für den Arbeitgeber. Die sofortige Beschwerde ist innerhalb von **zwei Wochen** (§§ 78 Abs. 1 Satz 1 ArbGG, 577 Abs. 2 Satz 1 ZPO) einzulegen, über sie entscheidet das Landesarbeitsgericht. Die Beschwerdefrist ist eine **Notfrist,** gegen deren Versäumung nach den allgemeinen Regeln der ZPO die Wiedereinsetzung in den vorherigen Stand beantragt werden kann (§§ 223 Abs. 2, 233 ff. ZPO). Da im arbeitsgerichtlichen Verfahren alle mit einem befristeten Rechtsmittel anfechtbaren Entscheidungen mit einer Rechtsmittelbelehrung zu versehen sind (§ 9 Abs. 5 ArbGG), beginnt die Beschwerdefrist nicht zu laufen, wenn der Beschluß keine Rechtsmittelbelehrung enthält. Das Landesarbeitsgericht entscheidet über die sofortige Beschwerde bei einer freigestellten mündlichen Verhandlung (§§ 78 Abs. 1 Satz 2 ArbGG, 573 Abs. 1 ZPO). 62

---

1 BAG v. 28. 4. 1983, AP Nr. 4 zu § 5 KSchG 1969; *Gift/Baur,* Teil E Rz. 251.
2 *Vollkommer,* Anm. zu LAG Hamm v. 7. 11. 1985, LAGE § 5 KSchG Nr. 22; *Gift/Baur,* Teil E Rz. 252.
3 LAG Frankfurt/Main v. 19. 12. 1986, BB 1987, 1044; *Schaub,* Arbeitsrechts-Handbuch § 136 II 4; *Germelmann/Matthes/Prütting,* § 46 ArbGG Rz. 95, anders jedoch § 55 Rz. 32; aA LAG Frankfurt/Main v. 27. 3. 1987, LAGE § 55 ArbGG Nr. 2 unter Aufgabe der Entscheidung vom 19. 12. 1986, LAGE § 55 ArbGG 1979 Nr. 1.

63 Gegen den Beschluß des Landesarbeitsgerichts über die Beschwerde ist **kein weiteres Rechtsmittel** mehr gegeben, § 78 Abs. 2 ArbGG. Nach der Rechtsprechung des BAG ist der Beschluß nach § 5 KSchG der inneren Rechtskraft fähig. Er hat hinsichtlich der Feststellung der verspäteten Klageerhebung Präjudizwirkung mit der Folge, daß das Gericht im Hauptverfahren hieran gebunden ist[1]. Dieser Auffassung des BAG haben sich jedoch nicht alle Landesarbeitsgerichte angeschlossen[2].

bb) Entscheidung durch Urteil

64 Bescheidet das Arbeitsgericht den Zulassungantrag fehlerhaft durch Urteil, so kann die beschwerte Partei nach dem **Meistbegünstigungsgrundsatz**[3] sowohl Beschwerde als auch Berufung einlegen[4]. Das Landesarbeitsgericht hat sodann eine Berufung auch als sofortige Beschwerde anzusehen und das Verfahren über die nachträgliche Klagezulassung von dem Berufungsverfahren abzutrennen. Es muß zunächst eine Entscheidung über die nachträgliche Zulassung durch Beschluß treffen, eine Zurückverweisung der Sache an das Arbeitsgericht kommt wegen § 68 ArbGG nicht in Betracht[5].

e) Rechtskraft des Beschlusses

65 Liegt ein rechtskräftiger Beschluß über die nachträgliche Klagezulassung vor, so ist hinsichtlich der Rechtsfolgen zu differenzieren.

66 Ist die Kündigungsschutzklage **nachträglich zugelassen** worden, so ist die Fristversäumung nunmehr beseitigt. Die Kündigung ist nicht mehr nach § 7 KSchG als sozial gerechtfertigt anzusehen. Das Gericht kann jetzt prüfen, ob eine soziale Rechtfertigung gem. § 1 Abs. 2 KSchG oder die Voraussetzungen des § 626 BGB gegeben sind[6].

67 Wird die nachträgliche Klagezulassung **nicht gewährt,** so ist damit **nicht** zugleich über die Kündigungsschutzklage entschieden worden. Diese ist aber regelmäßig als unbegründet abzuweisen, weil mit der Versäumung der Dreiwochenfrist auch die Sozialwidrigkeit der Kündigung geheilt wird, § 7 KSchG. Der Arbeitnehmer kann nur noch geltend machen, daß die Kündigung aus anderen Gründen unwirksam ist, § 13 Abs. 3 KSchG[7].

---

1 BAG v. 28. 4. 1983, AP Nr. 4 zu § 5 KSchG 1969; BAG v. 5. 4. 1984, AP Nr. 6 zu § 5 KSchG 1969.
2 Vgl. zum Meinungsstand *Gift/Baur,* Teil E Rz. 275; *Stahlhacke/Preis,* Rz. 1145.
3 *Germelmann/Matthes/Prütting,* § 64 ArbGG Rz. 12; *Grunsky,* § 64 ArbGG Rz. 5; *Thomas/Putzo,* Vor § 511 Rz. 8 f.; *Zöller/Gummer,* Vor § 511 Rz. 29.
4 BAG v. 14. 10. 1982, AP Nr. 2 zu § 72 ArbGG 1979; BAG v. 28. 4. 1983, AP Nr. 4 zu § 5 KSchG 1969; *Grunsky,* § 64 ArbGG Rz. 5.
5 BAG v. 28. 4. 1983, AP Nr. 4 zu § 5 KSchG 1969; *Germelmann/Matthes/Prütting,* § 46 ArbGG Rz. 93; aA LAG Nürnberg v. 19. 9. 1995, NZA 1996, 503, 504.
6 KR/*Friedrich,* § 5 KSchG Rz. 154.
7 LAG Stuttgart v. 8. 12. 1953, BB 1954, 288.

III. Entfristungsklage

1. Allgemeines

Das arbeitsrechtliche Gesetz zur Förderung von Wachstum und Beschäftigung (Arbeitsrechtliches Beschäftigungsförderungsgesetz) vom 25. 9. 1996[1] hat mit Wirkung vom 1. 10. 1996 an den **Rechtsschutz bei befristeten Arbeitsverhältnissen** grundlegend umgestaltet[2]. Während der Arbeitnehmer, der sich auf die die Unwirksamkeit einer Befristung berufen wollte, früher mit der allgemeinen Feststellungsklage (§ 256 ZPO) geltend machen mußte, daß zwischen ihm und dem Arbeitgeber ein (unbefristetes) Arbeitsverhältnis besteht[3], auf die die Drei-Wochen-Frist des § 4 KSchG weder unmittelbar noch entsprechend Anwendung fand[4], ist nunmehr § 1 Abs. 5 BeschFG nF zu beachten. 68

Gemäß § 1 Abs. 5 BeschFG hat nunmehr der Arbeitnehmer, der die Unwirksamkeit der Befristung eines Arbeitsvertrages geltend machen will, innerhalb von drei Wochen nach dem vereinbarten Ende des Arbeitsverhältnisses Klage beim Arbeitsgericht auf Feststellung zu erheben, daß das Arbeitsverhältnis auf Grund der Befristung nicht beendet ist. Diese Klagefrist gilt **für alle Befristungen** (auch diejenigen nach § 620 BGB, §§ 57a ff. HRG, § 21 BErzGG), nicht nur für diejenigen, die auf § 1 Abs. 1 oder 2 BeschFG beruhen[5]. Das folgt nicht nur aus der amtlichen Begründung des Gesetzesentwurfs[6], sondern auch aus der unterschiedlichen Geltungsdauer: Während die Absätze 1 bis 4 des § 1 BeschFG (zunächst) nur bis zum 31. 12. 2000 gelten sollen (§ 1 Abs. 6 BeschFG), ist die Klagefrist als gesetzliche Dauerlösung geplant. 69

2. Einzelheiten zur Entfristungsklage

Der Gesetzgeber hat den Rechtsschutz bei befristeten Arbeitsverträgen mit der Regelung in § 1 Abs. 5 BeschFG dem Rechtsschutz gegen ordentliche Kündi- 70

---

1 BGBl. I 1996, 1476; dazu ua. *Löwisch*, NZA 1996, 1009 ff.; *Preis*, NJW 1996, 3369 ff.; *Schwedes*, BB 1996, Beil. 17, 1 ff.
2 Dazu ausführlich *Rolfs*, NZA 1996, 1134, 1139 f.
3 *Erman/Hanau*, § 620 BGB Rz. 85; *Hauck*, § 46 ArbGG Rz. 34; *Kittner/Trittin*, KSchR, § 620 BGB Rz. 70; *Staudinger/Preis*, § 620 BGB Rz. 116; *Löwisch*, § 1 KSchG Rz. 469 hält die Entfristungsklage trotz § 1 Abs. 5 BeschFG immer noch für eine allgemeine Feststellungsklage.
4 BAG v. 9. 11. 1977, AP Nr. 43 zu § 620 BGB – Befristeter Arbeitsvertrag; BAG v. 15. 3. 1978, AP Nr. 45 zu § 620 BGB – Befristeter Arbeitsvertrag; BAG v. 26. 4. 1979, AP Nr. 47 zu § 620 BGB – Befristeter Arbeitsvertrag; BAG v. 24. 10. 1979, AP Nr. 49 zu § 620 BGB – Befristeter Arbeitsvertrag; BAG v. 7. 3. 1980, AP Nr. 54 zu § 620 BGB – Befristeter Arbeitsvertrag; BAG v. 28. 2. 1990, AP Nr. 14 zu § 1 BeschFG 1985; BAG v. 28. 10. 1986, AP Nr. 32 zu § 118 BetrVG; RGRK/*Dörner*, § 620 BGB Rz. 163; aA LAG Köln v. 16. 7. 1987, DB 1987, 52; MünchKomm/*Schwerdtner*, § 620 BGB Rz. 129.
5 *Löwisch*, § 1 KSchG Rz. 470; *Preis*, NJW 1996, 3369, 3374; *Rolfs*, NZA 1996, 1134, 1139; *Sowka*, BB 1997, 677, 679; *Stahlhacke/Preis*, Nachtrag 1996, Rz. N 17.
6 BT-Drucks. 13/4612, 13, 17.

gungen angenähert, wenn auch nicht völlig angeglichen[1]. Wenn das Gesetz die Klage innerhalb von drei Wochen nach dem vereinbarten Ende des Arbeitsverhältnisses zuläßt, so dürfte damit nicht gemeint sein, daß sie nicht auch schon **vor** dem Ablauf der Befristung erhoben werden kann. Angesichts des Interesses beider Parteien an einer möglichst raschen Klärung der Rechtslage, die auch das Auflaufen von uU wirtschaftlich erheblichen Ansprüchen des Arbeitnehmers aus Annahmeverzugslohn (§ 615 BGB) verhindern kann, sollte man die Klage von den Zeitpunkt ab für zulässig halten, an dem Arbeitgeber eindeutig – etwa durch eine sog. Nichtverlängerungsanzeige – zu verstehen gegeben hat, daß er das Arbeitsverhältnis über das vereinbarte Ende hinaus nicht fortzusetzen gedenkt.

71 Bei der Entfristungsklage ist nunmehr die **punktuelle Streitgegenstandstheorie** des BAG zur Kündigungsschutzklage zu beachten (oben Rz. 15) mit der Folge, daß mit der Entfristungsklage (allein) die Unwirksamkeit der Befristung zur gerichtlichen Prüfung gestellt wird[2]. Die Regelungen der §§ 5 bis 7 KSchG über die Zulassung verspäteter Klagen, die verlängerte Anrufungsfrist und das Wirksamwerden der Kündigung (Entfristung) finden entsprechende Anwendung.

72 Der **Antrag** sollte in Anlehnung an die gesetzliche Formulierung in § 1 Abs. 5 KSchG wie folgt gefaßt werden:

> „Es wird festgestellt, daß das Arbeitsverhältnis aufgrund der Befristung des Arbeitsvertrages vom 1. 12. 1996 nicht am 30. 11. 1997 beendet worden ist."

73 Wie bei der Kündigungsschutzklage kann es sich auch bei der Entfristungsklage – hier allerdings wohl nur in seltenen Ausnahmefällen – empfehlen, die Klage mit einer allgemein auf Fortbestand des Arbeitsverhältnisses gerichteten **Feststellungsklage** zu verbinden (vgl. oben Rz. 18). Das gilt insbesondere dann, wenn der Arbeitgeber neben der Befristung weitere Beendigungstatbestände behauptet, beispielsweise den Arbeitsvertrag wegen arglistiger Täuschung angefochten hat.

3. Darlegungs- und Beweislast

74 Nach allgemeinen Grundsätzen trägt diejenige Partei die Darlegungs- und Beweislast für die Umstände, aus denen sie einen Anspruch oder eine Rechtsposition herleitet[3]. Im Falle der Befristung können sowohl Arbeitgeber als auch Arbeitnehmer darlegungs- und beweispflichtig für den Abschluß des Arbeitsvertrages sein. Wer sich auf die Beendigung des Vertrages beruft, hat die Vor-

---

[1] Namentlich fehlt die Möglichkeit der Auflösung des Arbeitsverhältnisses gegen Zahlung einer Abfindung wie bei §§ 9, 10 KSchG: *Löwisch*, § 1 KSchG Rz. 471.
[2] *Hueck/von Hoyningen-Huene*, § 1 KSchG Rz. 604b.
[3] BGH v. 13. 7. 1983, NJW 1983, 2944; BGH v. 14. 1. 1991, NJW 1991, 1052, 1053; BAG v. 25. 2. 1987, AP Nr. 81 zu § 1 TVG – Tarifverträge: Bau; *Zöller/Greger*, Vor § 284 ZPO Rz. 17.

III. Entfristungsklage

aussetzungen der Befristungsabrede zu beweisen[1]. Dies wird in aller Regel der **Arbeitgeber** sein[2]. Soweit ausnahmsweise den Arbeitnehmer die Beweislast trifft, ist zu bedenken, daß der Arbeitgeber verpflichtet ist, dem Arbeitnehmer einen schriftlichen Nachweis über den wesentlichen Inhalt des Arbeitsvertrages auszuhändigen, wobei zu den wesentlichen Vertragsbedingungen gemäß § 2 Abs. 1 Satz 2 Nr. 3 NachwG auch die Dauer des Arbeitsverhältnisses zählt. Ist der Arbeitgeber dieser Verpflichtung nicht rechtzeitig innerhalb eines Monats nach dem vereinbarten Beginn des Arbeitsverhältnisses (§ 2 Abs. 1 Satz 1 NachwG) nachgekommen, können zugunsten des Arbeitnehmers Beweiserleichterungen bis hin zur Beweislastumkehr angenommen werden[3].

Umstritten ist die Verteilung der Darlegungs- und Beweislast für die **sachliche Rechtfertigung** eines nach § 620 BGB befristeten Arbeitsvertrages. Die Rechtsprechung weist die Darlegungslast für die mangelnde sachliche Rechtfertigung grundsätzlich dem Arbeitnehmer zu[4], erleichtert ihm aber die Beweisführungslast regelmäßig durch den Beweis des ersten Anscheins, den der Arbeitgeber zu entkräften hat[5]. Dem wird in der Literatur entgegengehalten, ein unbefristetes Arbeitsverhältnis stelle den Normalfall dar und der Arbeitgeber müsse die Abweichung von diesem Normalfall dartun, wenn er sich auf die Vertragsbeendigung durch Fristablauf berufe[6]. Hinzu komme, daß der Arbeitnehmer nur schwer eine negative Tatsache – nämlich den Mangel des sachlichen Grundes – darlegen könne, so daß den Arbeitgeber auch unter dem Gesichtspunkt der Beweisnähe die Vortragslast treffe. Das BAG hat in jüngeren Entscheidungen zur Befristung des Arbeitsvertrages aus sozialen Gründen strenge Anforderungen an den Nachweis eines derartigen Sachverhalts gestellt und praktisch die gesamte Darlegungs- und Beweislast dem Arbeitgeber aufgebürdet[7]. 75

Nicht gesichert ist auch die Verteilung der Darlegungs- und Beweislast in Fällen, in denen der Arbeitgeber die Befristung auf **§ 1 Abs. 1 oder 2 BeschFG** zu stützen sucht. Zu der bis zum 30. 9. 1996 geltenden Fassung hatte das BAG die Auffassung vertreten, daß der Arbeitgeber in den Fällen des § 1 Abs. 1 Nr. 1 BeschFG aF die Darlegungs- und Beweislast dafür trägt, daß es sich um eine Neueinstellung handele[8]. Es sei, so das BAG, nicht Sache des Arbeitnehmers, 76

---

1 LAG Köln v. 23. 3. 1988, LAGE § 620 BGB Nr. 13; LAG Hamm v. 5. 3. 1990, LAGE § 620 BGB Nr. 19; *Baumgärtel*, § 620 BGB Rz. 3; *Becker-Schaffner*, BB 1992, 557, 563; *Erman/Hanau*, § 620 BGB Rz. 83.
2 *Löwisch*, § 1 KSchG Rz. 472.
3 *Birk*, NZA 1996, 281, 286; *Hohmeister*, BB 1996, 2406, 2407; *Preis*, NZA 1997, 10, 11 f.; *Zwanziger*, DB 1996, 2027, 2029 f.
4 BAG v. 12. 10. 1960, AP Nr. 16 zu § 620 BGB – Befristeter Arbeitsvertrag; BAG v. 4. 2. 1971, AP Nr. 35 zu § 620 BGB – Befristeter Arbeitsvertrag.
5 BAG v. 4. 2. 1971, AP Nr. 35 zu § 620 BGB – Befristeter Arbeitsvertrag; BAG v. 13. 5. 1982, AP Nr. 68 zu § 620 BGB – Befristeter Arbeitsvertrag; vgl. *Erman/Hanau*, § 620 BGB Rz. 83.
6 MünchKomm/*Schwerdtner*, § 620 BGB Rz. 143 ff.; RGRK/*Dörner*, § 620 BGB Rz. 173.
7 BAG v. 3. 10. 1984, AP Nr. 88 zu § 620 BGB – Befristeter Arbeitsvertrag; vgl. auch *Baumgärtel*, § 620 BGB Rz. 5; *Staudinger/Preis*, § 620 BGB Rz. 115.
8 BAG v. 6. 12. 1989, AP Nr. 13 zu § 1 BeschFG 1985; zustimmend *Sowka*, BB 1994, 1001, 1008.

über das Bestreiten nach § 138 ZPO hinaus Tatsachen darzulegen und zu beweisen, die nach den Sätzen 2 oder 3 dieser Vorschrift eine Neueinstellung ausschließen. Mit dieser Ansicht hatte das Gericht der im Schrifttum vertretenen gegenteiligen Auffassung[1] widersprochen. Wolle der Arbeitgeber geltend machen, daß die sonst eines sachlichen Grundes bedürfende Befristung des Arbeitsvertrages hier wegen des Eingreifens der Befristungserleichterung des Art. 1 § 1 BeschFG ohne einen solchen Sachgrund wirksam sei, so stütze er sich auf einen Ausnahmetatbestand, für dessen Voraussetzungen er darlegungs- und beweispflichtig sei. In den Fällen des Art. 1 § 1 Abs. 1 Nr. 2 BeschFG hat der Arbeitgeber darzulegen und im Streitfall zu beweisen, daß und warum der mit dem übernommenen Auszubildenden besetzte Arbeitsplatz nicht unbefristet zur Verfügung steht[2].

77 Auch wenn das BeschFG 1996 die Möglichkeiten einer Befristung gegenüber dem bisherigen Rechtszustand nochmals deutlich erweitert hat, dürfte sich im Ergebnis an dieser Verteilung der Darlegungs- und Beweislast nichts geändert haben. Schon die beschränkte Geltungsdauer des Gesetzes (bis zum 31. 12. 2000) macht deutlich, daß es sich um eine **gesetzliche Ausnahmeregelung** von dem richterrechtlich entwickelten Normalfall handelt, daß eine Befristung eines sachlichen Grundes bedarf. Die Befristungsmöglichkeiten des BeschFG stellen dementsprechend immer noch Ausnahmetatbestände dar, deren Vorliegen nach allgemeinen Regeln derjenige darzutun hat, der sich auf sie beruft. Demzufolge hat im Streitfalle der Arbeitgeber auch zu beweisen, daß das Arbeitsverhältnis nicht zu einem vorhergehenden unbefristeten Arbeitsvertrag oder zu einem vorhergehenden befristeten Arbeitsvertrag nach § 1 Abs. 1 BeschFG mit demselben Arbeitgeber in engem sachlichem Zusammenhang steht, § 1 Abs. 3 BeschFG[3].

IV. Allgemeine Feststellungsklage

78 Gemäß § 256 Abs. 1 ZPO kann auf die Feststellung des Bestehens oder Nichtbestehens eines Rechtsverhältnisses Klage erhoben werden, wenn der Kläger ein rechtliches Interesse daran hat, daß das Rechtsverhältnis durch richterliche Entscheidung alsbald festgestellt wird.

79 Die **allgemeine Feststellungsklage** nach § 256 ZPO und die **Kündigungsschutzklage** nach § 4 Satz 1 KSchG stehen nebeneinander, sie haben jeweils unterschiedliche Zulässigkeitsvoraussetzungen und Rechtsfolgen. Während die Kündigungsschutzklage an die Dreiwochenfrist des § 4 Satz 1 KSchG gebunden ist, kann die allgemeine Feststellungsklage grundsätzlich zeitlich unbeschränkt, nur durch die auch im Prozeß geltenden Regeln über die Verwirkung begrenzt, erhoben werden. Streitgegenstand der Kündigungsschutzklage ist aufgrund der

---

1 *Otto*, NJW 1985, 1807, 1808; RGRK/*Dörner*, § 620 BGB Rz. 199.
2 *Staudinger/Preis*, § 620 BGB Rz. 207.
3 *Hueck/von Hoyningen-Huene*, § 1 KSchG Rz. 618 unter Hinweis auf BAG v. 6. 12. 1989, AP Nr. 13 zu § 1 BeschFG 1985; aA *Palandt/Putzo*, § 620 BGB Rz. 28.

IV. Allgemeine Feststellungsklage

vom BAG und der wohl herrschenden Auffassung in der Literatur vertretenen punktuellen Streitgegenstandstheorie (oben Rz. 15) nur die konkret angegriffene Kündigung, während mit der Feststellungsklage das Fortbestehen des gesamten Rechtsverhältnisses „Arbeitsverhältnis" festgestellt werden kann. Andererseits bedarf es für die Klage nach § 256 Abs. 1 ZPO eines besonderen Feststellungsinteresses, während dies im Rahmen des § 4 KSchG bereits aus der Heilungsfiktion des § 7 KSchG folgt[1]. Die Sozialwidrigkeit der ordentlichen Kündigung und das Fehlen eines wichtigen Grundes sowie die Versäumung der zweiwöchigen Kündigungserklärungsfrist des § 626 Abs. 2 BGB im Falle der außerordentlichen Kündigung kann von Arbeitnehmern, auf deren Arbeitsverhältnis das KSchG Anwendung findet, nur durch Klage innerhalb von drei Wochen nach Zugang der Kündigung geltend gemacht werden. Mit einer späteren Feststellungsklage können nur noch andere Unwirksamkeitsgründe gerügt werden, § 13 Abs. 3 KSchG. Dies gilt freilich nicht im **Konkurs** des Arbeitgebers, hier hat der Arbeitnehmer in jedem Falle innerhalb von drei Wochen geltend zu machen, daß die Kündigung durch den Konkursverwalter unwirksam ist (§ 113 Abs. 2 InsO idF des Arbeitsrechtlichen Beschäftigungsförderungsgesetzes)[2].

1. Außerordentliche Kündigung

Bei der außerordentlichen (regelmäßig fristlosen, ausnahmsweise aber auch mit sozialer Auslauffrist erklärten) Kündigung ist – wie auch bei der ordentlichen Kündigung – danach zu differenzieren, ob der Arbeitnehmer dem KSchG unterliegt. Die Anwendbarkeit des KSchG hat im Falle der außerordentlichen Kündigung keine primären materiell-rechtlichen, wohl aber prozessuale Auswirkungen.

Zu prüfen ist daher stets zunächst, ob der Kläger

▶ Arbeitnehmer im Sinne der allgemeinen arbeitsrechtlichen Begriffsdefinitionen ist (§§ 1 Abs. 1, 14 Abs. 1 KSchG, dazu Teil 1 A Rz. 19 ff.);
▶ in einem Betrieb (insbesondere also nicht im Haushalt des Arbeitgebers) beschäftigt wird bzw. worden ist (§ 1 Abs. 1 KSchG, dazu Teil 3 D Rz. 25 ff.);
▶ das Arbeitsverhältnis in demselben Betrieb oder Unternehmen ohne Unterbrechung länger als sechs Monate bestanden hat (§ 1 Abs. 1 KSchG, dazu Teil 3 D Rz. 47 ff.);
▶ in dem Betrieb in der Regel mehr als zehn Arbeitnehmer ausschließlich der zu ihrer Berufsbildung Beschäftigten beschäftigt werden (§ 23 Abs. 1 KSchG, dazu Teil 3 D Rz. 6 ff.) oder – bei Kündigungen bis zum 30. 9. 1999 – er am 30. 9. 1996 allgemeinen Kündigungsschutz genossen hat und nur durch die Anhebung des Schwellenwerts von fünf auf zehn Arbeitnehmer durch das Arbeitsrechtliche Beschäftigungsförderungsgesetz aus dem Geltungsbereich des KSchG ausgeschieden ist[3].

---
1 BAG v. 11. 2. 1981, AP Nr. 8 zu § 4 KSchG 1969; *Hueck/von Hoyningen-Huene*, § 4 KSchG Rz. 14; *Kittner/Trittin*, KSchR, § 4 KSchG Rz. 55.
2 Dazu ausführlich *Schrader*, NZA 1997, 70 f.; ferner *Lakies*, RdA 1997, 145, 147.
3 Zu dieser Übergangsregelung insbesondere *Richter/Mitsch*, DB 1997, 526 ff.

82 Ist dies der Fall, muß der Arbeitnehmer gemäß §§ 4, 13 Abs. 1 Satz 2 KSchG die Unwirksamkeit der außerordentlichen Kündigung innerhalb von drei Wochen nach deren Zugang durch eine Kündigungsschutzklage (oben Rz. 3 ff.) geltend machen[1]. Das Erfordernis der fristgebundenen Kündigungsschutzklage gilt nicht nur für die Rüge des Arbeitnehmers, der Kündigung mangele es an einem wichtigen Grund im Sinne von § 626 Abs. 1 BGB, sondern auch für die Behauptung, die Kündigungserklärungsfrist des § 626 Abs. 2 BGB sei versäumt worden[2]. Auf die **außerordentliche Änderungskündigung** ist § 2 KSchG entsprechend anwendbar mit der Folge, daß der Arbeitnehmer den dort vorgesehenen Vorbehalt unverzüglich erklären muß[3] (vgl. noch unten Rz. 110 ff.).

83 Demgegenüber ist bei außerordentlichen Kündigungen eines Arbeitsverhältnisses, das nicht oder noch **nicht dem KSchG unterliegt,** eine Kündigungsschutzklage nach §§ 4 Satz 1, 13 Abs. 1 Satz 2 KSchG weder erforderlich noch möglich[4].

84 Das gilt auch für Klagen von **Auszubildenden.** Materiell-rechtlich ist gemäß § 15 BBiG eine Kündigung während der Probezeit jederzeit ohne Grund zulässig. Nach Ablauf der Probezeit ist die Kündigung nur noch aus wichtigem Grund ohne Einhaltung einer Kündigungsfrist möglich, § 15 Abs. 2 BBiG[5]. Im Hinblick auf Klagen des Auszubildenden gegen eine fristlose Kündigung hat das BAG erkannt, daß die Vorschriften des Kündigungsschutzgesetzes über die fristgebundene Klageerhebung jedenfalls dann nicht anzuwenden sind, wenn gemäß § 111 Abs. 2 Satz 5 ArbGG eine Verhandlung vor einem zur Beilegung von Streitigkeiten aus einem Berufsausbildungsverhältnis gebildeten Ausschuß (dazu unten Teil 5 C Rz. 52 ff.) stattfinden muß. Die Klage des gekündigten Auszubildenden ist eine allgemeine Feststellungsklage, ihrer Erhebung kann nur der Einwand der Prozeßverwirkung entgegengehalten werden[6].

85 Die allgemeine Feststellungsklage ist auch einschlägig für alle **Klagen des Arbeitgebers,** da dieser ja keinen materiellen Schutz gegen ordentliche Kündigungen der Arbeitnehmer genießt.

---

1 Ob die Klage als Kündigungsschutzklage oder als allgemeine Feststellungsklage zu bezeichnen ist, ist streitig; wie hier *Staudinger/Preis,* § 626 BGB Rz. 297; aA *Hueck/von Hoyningen-Huene,* § 13 KSchG Rz. 14. Angesichts der eindeutigen gesetzlichen Regelung besteht aber Einigkeit, daß ungeachtet der Bezeichnung jedenfalls die Regeln über die Kündigungsschutzklage Anwendung finden.
2 BAG v. 8. 6. 1972, AP Nr. 1 zu § 13 KSchG 1969; BAG v. 6. 7. 1972, AP Nr. 3 zu § 626 BGB – Ausschlußfrist; *Stahlhacke/Preis,* Rz. 1163.
3 BAG v. 16. 9. 1986, AP Nr. 16 zu § 2 KSchG 1969.
4 BAG v. 17. 8. 1972, AP Nr. 65 zu § 626 BGB; BAG v. 31. 5. 1979, AP Nr. 50 zu § 256 ZPO; *Erman/Hanau,* § 626 BGB Rz. 82; *Kittner/Trittin,* KSchR, § 13 KSchG Rz. 34.
5 Einzelheiten bei *Kittner/Trittin,* KSchR, § 15 BBiG Rz. 7 ff.; *Staudinger/Preis,* § 626 BGB Rz. 30; *Wohlgemuth,* § 15 BBiG Rz. 10 ff.
6 BAG v. 13. 4. 1989, AP Nr. 21 zu § 4 KSchG 1969; LAG Baden-Württemberg v. 5. 1. 1990, LAGE § 15 BBiG Nr. 7; *Erman/Hanau,* § 626 BGB Rz. 82; *Staudinger/Preis,* § 626 BGB Rz. 298.

IV. Allgemeine Feststellungsklage

a) Feststellungsinteresse

Das von § 256 Abs. 1 ZPO geforderte rechtliche Interesse am Fortbestand des Arbeitsverhältnisses hat der Arbeitnehmer in den Fällen der außerordentlichen Kündigung stets[1]. Dies gilt trotz der grundsätzlichen Subsidiarität der Feststellungs- gegenüber der Leistungsklage selbst dann, wenn der Arbeitnehmer Ansprüche aus dem Arbeitsverhältnis (insbesondere Entgeltansprüche) mit einer Leistungsklage geltend machen könnte. Aus dem Arbeitsverhältnis ergeben sich nämlich regelmäßig auch zahlreiche andere Ansprüche (zB Urlaub, Gratifikationen), für die ein dem Arbeitnehmer günstiges Feststellungsurteil Voraussetzung ist. Wollte man die Parteien zwingen, von vorneherein alle Einzelfragen, die sich aus dem Bestehen oder Nichtbestehen eines Arbeitsverhältnisses ergeben können, jeweils durch Leistungsklage zu klären, so wäre das wenig prozeßökonomisch. Darüber hinaus hat das BAG darauf hingewiesen, daß durch eine außerordentliche Kündigung der Arbeitnehmer in seiner Ehre und seinem gesellschaftlichen Ansehen betroffen ist. Es müsse ihm schon wegen seines weiteren beruflichen Fortkommens daran gelegen sein, die Frage der Berechtigung dieser Kündigung rechtskräftig klären zu lassen. Mit einer Leistungsklage würde der Kläger eine geringere Feststellungswirkung erzielen. Ein obsiegendes Urteil erkenne nur über das Bestehen eines Zahlungsanspruchs (§ 322 Abs. 1 ZPO). Gerade über das werde nicht rechtskräftig entschieden, was im Hinblick auf sein gesellschaftliches Ansehen und sein berufliches Fortkommen uU von größerer Bedeutung sei als das Bestehen einer Gehaltsforderung, nämlich die Nichtigkeit der außerordentlichen Kündigung bzw. der Fortbestand des Arbeitsverhältnisses[2].

b) Verwirkung

Die dreiwöchige Klagefrist des § 4 Satz 1 KSchG findet keine Anwendung. Bei Kündigungen des **Konkurs- bzw. Insolvenzverwalters** bestimmt jedoch § 113 Abs. 2 InsO, daß die Klage gleichwohl innerhalb von drei Wochen zu erheben ist[3]. Im übrigen kann das Recht zur Klageerhebung mit der Folge **verwirken,** daß eine gleichwohl erhobene Klage unzulässig ist[4]. Voraussetzung der Verwirkung ist, daß

▶ der Arbeitnehmer mit der Erhebung der Klage längere Zeit abwartet,

▶ infolge des Zeitablaufs ein Vertrauenstatbestand für den Arbeitgeber erwachsen ist und

---

1 BAG v. 4. 8. 1960, AP Nr. 34 zu § 256 ZPO; BAG v. 20. 3. 1986, AP Nr. 9 zu § 256 ZPO 1977; *Erman/Hanau,* § 626 BGB Rz. 82; *Staudinger/Preis,* § 626 BGB Rz. 298.
2 BAG v. 4. 8. 1960, AP Nr. 34 zu § 256 ZPO; BAG v. 20. 3. 1986, AP Nr. 9 zu § 256 ZPO 1977.
3 Dazu *Schrader,* NZA 1997, 70 f.
4 BAG v. 2. 11. 1961, AP Nr. 1 zu § 242 BGB – Prozeßverwirkung; BAG v. 4. 6. 1965, AP Nr. 2 zu § 242 BGB – Prozeßverwirkung; LAG Düsseldorf v. 30. 5. 1969, DB 1969, 1155; LAG Hamm v. 25. 7. 1986, LAGE § 134 BGB Nr. 3; ArbG Weiden v. 29. 3. 1995, NZA-RR 1996, 9; *Erman/Hanau,* § 626 BGB Rz. 82.

▶ dem Arbeitgeber eine Einlassung auf eine Klage nicht mehr zugemutet werden kann.

88 Nach der Rechtsprechung[1] ist das **Zeitmoment** der Verwirkung gerade bei Kündigungen bedeutsam, deren Folgen für beide Teile einer baldigen Feststellung bedürfen. Der Arbeitgeber darf erwarten, daß der Arbeitnehmer, der eine Kündigung als unwirksam angreifen will, dies alsbald tut, mag er auch an eine Klagefrist nicht gebunden sein. Der Arbeitnehmer darf daher auch nicht beliebig lange Zeit mit der nicht fristgebundenen Geltendmachung von Unwirksamkeitsgründen zuwarten. Welche Untätigkeitsfristen jeweils den Verwirkungstatbestand erfüllen können, wird von der Rechtsprechung nicht einheitlich beantwortet. Die veröffentlichte Rechtsprechung zu dieser Frage schwankt zwischen wenigen Wochen und mehreren Jahren[2]. Das LAG Hamm hat die Dreiwochenfrist des § 4 Satz 1 KSchG zur Konkretisierung des bei der prozessualen Verwirkung zu beachtenden Zeitmoments herangezogen[3].

89 Andererseits hat gerade das BAG immer wieder darauf hingewiesen, daß neben dem Zeitmoment auch das **Umstandsmoment** Berücksichtigung finden muß. Neben dem Zeitablauf müssen noch besondere Umstände hinzukommen, aus denen sich für den Arbeitgeber ein prozessualer Vertrauenstatbestand ergibt, der sich gerade auf die Klageerhebung bezieht. Der Vertrauensschutz muß dabei so dringend sein, daß das Interesse des Arbeitnehmers an der sachlichen Prüfung seines Feststellungsbegehrens demgegenüber zurücktreten muß[4]. Dabei ist im Falle der außerordentlichen Kündigung vor allem bedeutsam, aus welchen Gründen der Arbeitnehmer die Kündigung für unwirksam hält. Während er in der Regel in der Lage ist, daß Vorliegen oder Nichtvorliegen eines wichtigen Grundes im Sinne von § 626 Abs. 1 BGB binnen kurzer Frist zu prüfen, kann ihm uU erst wesentlich später bekannt werden, daß der Arbeitgeber schon länger als zwei Wochen vor der Kündigung Kenntnis vom Kündigungsgrund hatte und mithin die Ausschlußfrist des § 626 Abs. 2 BGB versäumt hat. Deshalb ist darauf abzustellen, ob die Unwirksamkeit der Kündigung alsbald nach Kenntnis des (möglichen) Unwirksamkeitsgrundes gegenüber dem Arbeitgeber geltend gemacht worden ist und der Arbeitnehmer mit der anschließenden Klageerhebung nicht so lange zugewartet hat, daß sich der Arbeitgeber in seinem Verhalten darauf eingerichtet hat und darauf einrichten durfte, der Arbeitnehmer habe sich – trotz des Unwirksamkeitsgrundes – mit seiner Entlassung abgefunden[5].

---

1 BAG v. 10. 1. 1956, AP Nr. 3 zu § 242 BGB – Verwirkung; BAG v. 15. 7. 1960, AP Nr. 43 zu § 626 BGB; BAG v. 5. 12. 1961, AP Nr. 80 zu § 242 BGB – Ruhegehalt.
2 Vgl. KR/*Friedrich*, § 13 KSchG Rz. 310.
3 LAG Hamm v. 25. 7. 1986, LAGE § 134 BGB Nr. 3; ähnlich auch LAG Hamm v. 21. 11. 1985, LAGE § 13 KSchG Nr. 1 und ArbG Bielefeld v. 22. 11. 1984, ARSt 1985 Nr. 71.
4 BAG v. 2. 11. 1961, AP Nr. 1 zu § 242 BGB – Prozeßverwirkung; BAG v. 11. 11. 1982, AP Nr. 71 zu § 620 BGB – Befristeter Arbeitsvertrag.
5 LAG Hamm 25. 7. 1986, LAGE § 134 BGB Nr. 3.

IV. Allgemeine Feststellungsklage

c) Darlegungs- und Beweislast

Die Darlegungs- und Beweislast hinsichtlich der zur Kündigung berechtigenden Umstände trägt grundsätzlich diejenige Partei, die die **Kündigung erklärt hat**[1]. Das gilt auch für alle Umstände, aus denen im Rahmen der Interessenabwägung die Unzumutbarkeit der Weiterbeschäftigung abgeleitet wird[2]. Das BAG hat in mehreren Entscheidungen verdeutlicht, daß ebenso wie bei der ordentlichen Kündigung auch bei der außerordentlichen Kündigung nach § 626 BGB den Kündigenden die Darlegungs- und Beweislast für diejenigen Tatsachen trifft, die einen vom Gekündigten behaupteten Rechtfertigungsgrund ausschließen[3]. Die Darlegungs- und Beweislast ist **nicht** so aufzuteilen, daß der Kündigende nur die objektiven Merkmale für einen Kündigungsgrund und die bei der Interessenabwägung für den Gekündigten ungünstigen Umstände und der Gekündigte seinerseits Rechtfertigungsgründe und für ihn entlastende Umstände darzulegen und zu beweisen hätte. Weil dann, wenn sich das Verhalten nach dem Vertrag rechtfertigen läßt, kein Vertragsverstoß vorliegt, muß der Kündigende auch diejenigen Tatsachen beweisen, die die vom Gekündigten behauptete Rechtfertigung durch Einwilligung ausschließen[4]. Der Arbeitgeber hat also beispielsweise nicht nur zu beweisen, daß der Arbeitnehmer der Arbeit ferngeblieben ist, sondern auch, daß dies unbefugt geschehen ist. Selbst dann, wenn der Arbeitgeber wegen **beharrlicher Arbeitsverweigerung** gekündigt hat, trägt er die volle Beweislast, ohne daß ihm Hilfe nach den Regeln des prima-facie-Beweises zuteil würde. Denn einen Erfahrungssatz des Inhalts, daß ein Arbeitnehmer, der der Arbeit fernbleibt, dies unberechtigt tut, gibt es nicht[5].

90

Der Arbeitgeber muß aber nicht alle denkbaren **Rechtfertigungsgründe** ausschließen. Eine Überforderung der mit der Darlegungs- und Beweislast belasteten Partei ist zu vermeiden. Das BAG erreicht dies durch die Verteilung der konkreten Beweisführungslast, die sich danach richtet, wie substantiiert der gekündigte Arbeitnehmer auf die vorgetragenen Kündigungsgründe reagiert[6]. Dadurch wird die den Kündigenden treffende Darlegungs- und Beweislast **abgestuft**. Der Arbeitnehmer muß also substantiiert auf den Vortrag des Arbeitgebers erwidern. Die notwendigen tatsächlichen Umstände liegen in seiner Sphäre, und er muß sie in den Prozeß einführen. Der Arbeitnehmer muß also zB vortragen, die Anordnung der Überstunden sei gesetz- bzw vertragswidrig gewesen. Dann obliegt es dem Arbeitgeber darzulegen und ggfs. zu beweisen, daß der vom Arbeitnehmer vorgetragene Rechtfertigungsgrund nicht bestanden hat,

91

---

1 BAG v. 17. 4. 1956, AP Nr. 8 zu § 626 BGB; *Baumgärtel*, § 626 BGB Rz. 1; *Erman/Hanau*, § 626 BGB Rz. 83.
2 BAG v. 17. 8. 1972, AP Nr. 4 zu § 626 BGB – Ausschlußfrist; BAG v. 30. 5. 1978, AP Nr. 70 zu § 626 BGB; *Becker-Schaffner*, BB 1992, 557, 562; *Erman/Hanau*, § 626 BGB Rz. 83.
3 BAG v. 12. 8. 1976, AP Nr. 3 zu § 1 KSchG 1969; BAG v. 24. 11. 1983, AP Nr. 76 zu § 626 BGB; BAG v. 6. 8. 1987, AP Nr. 97 zu § 626 BGB.
4 BAG v. 12. 8. 1976, AP Nr. 3 zu § 1 KSchG 1969.
5 *Baumgärtel*, § 626 BGB Rz. 3.
6 BAG v. 12. 8. 1976, AP Nr. 3 zu § 1 KSchG 1969; BAG v. 24. 11. 1983, AP Nr. 76 zu § 626 BGB.

also zB die Anordnung der Überstunden noch im Rahmen des Direktionsrechts gelegen hat[1].

92 Im Falle des **Fernbleibens von der Arbeit** obliegt dem Arbeitgeber nicht nur der Nachweis dafür, daß der Arbeitnehmer überhaupt gefehlt hat, sondern auch dafür, daß er unentschuldigt gefehlt hat, also zB die vom Arbeitnehmer behauptete Krankheit nicht vorliegt[2]. Freilich obliegt es gem. § 138 Abs. 2 ZPO dem Arbeitnehmer, im einzelnen vorzutragen, warum sein Fehlen als entschuldigt anzusehen ist[3]. Nur diese vom Arbeitnehmer behaupteten Tatsachen hat der Arbeitgeber zu widerlegen. Beruft sich der Arbeitnehmer auf eine **Krankheit,** hat er entweder ein ärztliches Attest vorzulegen oder darzutun, welche tatsächlichen physischen oder psychischen Hinderungsgründe vorgelegen haben. Ein ärztliches Attest begründet in der Regel den Beweis für die Tatsache der arbeitsunfähigen Erkrankung. Der Arbeitgeber, der sich darauf beruft, der Arbeitnehmer habe den Arzt durch Simulation getäuscht oder der Arzt habe den Begriff der krankheitsbedigten Arbeitsunfähigkeit verkannt, muß die Beweiskraft des Attestes durch die Darlegung näherer Umstände, die gegen die Arbeitsunfähigkeit sprechen, erschüttern. Ist dem Arbeitgeber dies gelungen, obliegt es wiederum dem Arbeitnehmer, weiter zu substantiieren, welche Krankheiten vorgelegen haben, welche gesundheitlichen Einschränkungen bestanden haben und welche Verhaltensmaßregeln der Arzt gegeben hat. Hierzu hat er die behandelnden Ärzte ggfs. von ihrer Schweigepflicht zu entbinden[4].

93 Diese Abstufung der Darlegungs- und Beweislast findet auch dann Anwendung, wenn der Arbeitnehmer vorträgt, zur Vermeidung einer außerordentlichen Kündigung hätte der Arbeitgeber ein milderes Mittel, insbesondere eine **Versetzung auf einen anderen Arbeitsplatz** wählen können und müssen. Der Arbeitnehmer wäre überfordert, wenn er die Beschäftigungsmöglichkeiten beim Arbeitgeber, die in dessen Sphäre liegen, nachweisen müßte[5]; ebenso aber der Arbeitgeber, wenn er jeden einzelnen freien Arbeitsplatz darstellen und vortragen müßte, warum eine Beschäftigung des Gekündigten auf diesem nicht in Betracht kam. Es ist daher Sache des Arbeitnehmers, in groben Zügen darzutun, wie eine Fortbeschäftigung auf einem anderen Arbeitsplatz möglich gewesen wäre; erst dann kann vom Arbeitgeber verlangt werden, hierauf konkret zu reagieren und der Darstellung des Arbeitnehmers, ggfs. unter Beweisantritt, entgegenzutreten.

94 Will der Arbeitnehmer für sich in Anspruch nehmen, daß in seiner Person ein **Rechtsirrtum** vorgelegen hat, so muß er die Einzelumstände hierzu beweisen. Es handelt sich um Tatbestände, die in seinem Bereich liegen. Der Arbeitnehmer muß also zB beweisen, daß er sich bei einer kompetenten Stelle (dazu oben

---

1 *Becker-Schaffner*, BB 1992, 557, 562.
2 BAG v. 26. 8. 1993, AP Nr. 112 zu § 626 BGB; Erman/Hanau, § 626 BGB Rz. 83.
3 MünchArbR/*Wank*, § 118 Rz. 149.
4 BAG v. 26. 8. 1993, AP Nr. 112 zu § 626 BGB.
5 BAG v. 30. 5. 1978, AP Nr. 70 zu § 626 BGB.

IV. Allgemeine Feststellungsklage

Rz. 52) vor der Arbeitsniederlegung erkundigt hat, auf deren Sachkundigkeit er vertrauen konnte[1].

d) Antragsmuster

In der Praxis häufig anzutreffen sind Formulierungen wie „... es möge festgestellt werden, daß die Kündigung vom (Datum) rechtsunwirksam oder nichtig ist und das Arbeitsverhältnis über den (Datum) hinaus fortbesteht." Ein solcher Antrag ist mit Blick auf § 256 ZPO nicht unbedenklich, denn das festzustellende Rechtsverhältnis kann allein das Arbeitsverhältnis sein. Es empfiehlt sich, statt dessen zu formulieren: 95

> „Es wird festgestellt, daß das Arbeitsverhältnis über den (Tag des Zugangs der außerordentlichen fristlosen bzw. Tag des Endes der Kündigungsfrist bei außerordentlichen Kündigungen mit sozialer Auslauffrist) hinaus fortbesteht."

Hinzuweisen ist an dieser Stelle auch darauf, daß ein solcher Antrag **nicht** die **Verjährung** sowie etwa bestehende **Ausschlußfristen** für die gerichtliche Geltendmachung von **Lohn- oder Gehaltsansprüchen unterbricht**[2]. Derartige Ansprüche müssen ggfs. im Wege der Klagehäufung gesondert geltend gemacht werden. Ausreichend ist die Kündigungsschutzklage nur, soweit Tarifverträge nicht die klageweise, sondern nur die einfache schriftliche Geltendmachung von Ansprüchen innerhalb einer bestimmten Frist genügen lassen[3]. 96

2. Ordentliche Kündigung

Anwendung findet die allgemeine Feststellungsklage auch im Recht der ordentlichen Kündigung. Dies gilt zum einen für den Fall, daß ausschließlich andere Unwirksamkeitsgründe als die Sozialwidrigkeit (§ 1 KSchG) geltend gemacht werden (dazu sogleich Rz. 99 ff.), zum anderen auch dann, wenn die Kündigung gegenüber einem Arbeitnehmer erklärt worden ist, der nicht oder noch nicht dem allgemeinen Kündigungsschutz unterliegt. Die allgemeine Feststellungsklage ist ferner einschlägig für alle **Bestandsschutzklagen des Arbeitgebers.** In diesen Fällen gelten die vorangegangenen Darstellungen über Verwirkung, Feststellungsinteresse sowie Darlegungs- und Beweislast entsprechend. 97

---

1 BAG v. 14. 2. 1978, AP Nr. 58 zu Art. 9 GG – Arbeitskampf.
2 Zur Verjährung: BAG v. 1. 2. 1960, AP Nr. 1 zu § 209 BGB; BAG v. 29. 5. 1961, AP Nr. 2 zu § 209 BGB; KR/*Friedrich*, § 4 KSchG Rz. 30; zu Ausschlußfristen: BAG v. 9. 3. 1966, AP Nr. 31 zu § 4 TVG – Ausschlußfristen; BAG v. 8. 1. 1970, AP Nr. 43 zu § 4 TVG – Ausschlußfristen; BAG v. 6. 7. 1972, AP Nr. 1 zu § 8 TVG 1969; BAG v. 16. 6. 1976, AP Nr. 56 zu § 4 TVG – Ausschlußfristen; vgl. zusammenfassend *Bader*, NZA 1997, 905, 909; *Kittner/Trittin*, KSchR, § 4 KSchG Rz. 12 ff.
3 BAG v. 16. 6. 1976, AP Nr. 56 zu § 4 TVG – Ausschlußfristen; BAG v. 26. 3. 1977, AP Nr. 59 zu § 4 TVG – Ausschlußfristen; BAG v. 22. 2. 1978, AP Nr. 63 zu § 4 TVG – Ausschlußfristen; BAG v. 13. 2. 1979, AP Nr. 10 zu § 7 BUrlG – Abgeltung; *Kittner/Trittin*, KSchR, § 4 KSchG Rz. 13.

98 Der **Klageantrag** lautet:

> „Es wird festgestellt, daß das Arbeitsverhältnis über den (Datum des Ablaufs der Kündigungsfrist) hinaus fortbesteht."

3. Andere Unwirksamkeitsgründe als Sozialwidrigkeit (§ 1 KSchG) und Mangel des wichtigen Grundes (§ 626 BGB)

99 Auf die Erhebung der fristgebundenen Kündigungsschutzklage kann der Arbeitnehmer auch dann verzichten und stattdessen zur allgemeinen Feststellungsklage greifen, wenn er ausschließlich andere Unwirksamkeitsgründe als die Sozialwidrigkeit der ordentlichen bzw. den Mangel des wichtigen Grundes bei der außerordentlichen Kündigung geltend machen will, § 13 Abs. 3 KSchG.

100 In Betracht kommen hier namentlich

- ein Verstoß gegen eine einzel- oder tarifvertragliche **Kündigungsbeschränkung,** insbesondere das Verbot der ordentlichen Kündigung langjährig beschäftigter älterer Arbeitnehmer in vielen Tarifverträgen (zB § 53 Abs. 3 BAT);
- die unterbliebene oder fehlerhafte **Anhörung des Betriebs- oder Personalrats** vor der Kündigung, §§ 102 Abs. 1 Satz 2 BetrVG, 79 Abs. 4 BPersVG und die entsprechenden Vorschriften der Personalvertretungsgesetze der Länder;
- ein Verstoß gegen die **guten Sitten**, § 138 BGB[1];
- ein Verstoß gegen **Treu und Glauben**, § 242 BGB[2];
- ein Verstoß gegen **§ 612a BGB,** der eine Kündigung als Maßregelung verbietet, wenn der Arbeitnehmer in zulässiger Weise seine Rechte ausgeübt hat[3];
- ein Verstoß gegen das Verbot der Kündigung wegen des **Betriebsübergangs,** § 613a Abs. 4 BGB[4];
- ein Verstoß gegen das Verbot, die **Kündigung** des Arbeitnehmers im Vergleich zur Kündigung des Arbeitgebers – zB durch ungünstigere Kündigungsfristen oder -termine – zu **erschweren,** § 622 Abs. 6 BGB[5];
- ein Verstoß gegen das Kündigungsverbot gegenüber **schwangeren Frauen** und Wöchnerinnen, § 9 MuSchG;

---

1 Vgl. BAG v. 16. 2. 1989, AP Nr. 46 zu § 138 BGB.
2 Vgl. zur Kündigung eines Homosexuellen, dessen Arbeitsverhältnis noch nicht dem KSchG unterlag, BAG v. 23. 6. 1994, AP Nr. 9 zu § 242 BGB – Kündigung.
3 Vgl. dazu BAG v. 2. 4. 1987, AP Nr. 1 zu § 612a BGB.
4 Zur Abgrenzung von unzulässiger Kündigung wegen des Betriebsübergangs zur zulässigen betriebsbedingten Kündigung bei einer Betriebsstillegung vgl. BAG v. 28. 4. 1988, AP Nr. 74 zu § 613a BGB; BAG v. 19. 6. 1991, AP Nr. 53 zu § 1 KSchG 1969 – Betriebsbedingte Kündigung.
5 Vgl. dazu BAG v. 6. 9. 1989, AP Nr. 27 zu § 622 BGB.

IV. Allgemeine Feststellungsklage

▶ ein Verstoß gegen das Verbot der Kündigung während oder im Zusammenhang mit der Beantragung des **Erziehungsurlaubs**, § 18 BErzGG;

▶ die fehlende Zustimmung der Hauptfürsorgestelle vor Ausspruch der Kündigung gegenüber einem **Schwerbehinderten**, § 15 SchwbG; bzw. die fehlende Zustimmung der Zentralstelle für den Bergmannversorgungsschein bei der Kündigung von Inhabern eines Bergmannversorgungsscheins (in den Ländern Niedersachsen, Nordrhein-Westfalen und im Saarland);

▶ die mangelnde Anzeige der geplanten **Massenentlassung** beim Arbeitsamt, § 17 KSchG (streitig)[1];

▶ ein Verstoß gegen das Verbot der (ordentlichen) Kündigung von **Betriebs- und Personalratsmitgliedern** sowie sonstigen betriebsverfassungsrechtlichen Funktionsträgern, § 15 KSchG;

▶ ein Verstoß gegen das Verbot der ordentlichen Kündigung des **Berufsbildungsverhältnisses** nach Ablauf der Probezeit, § 15 Abs. 2 BBiG;

▶ ein Verstoß gegen das Verbot, **Wehr- und Zivildienstleistende** zu kündigen, §§ 2 ArbPlSchG, 78 Abs. 1 Nr. 1 ZDG, 59 Abs. 1 BGSG;

▶ ein Verstoß gegen das Verbot der Benachteiligung betrieblicher **Daten- und Immissionsschutz-, Störfall- und Sicherheitsbeauftragter**, §§ 36 Abs. 3 Satz 3 BDSG, 58, 58d BImSchG, § 22 Abs. 3 SGB VII;

▶ die Unwirksamkeit der Kündigung eines **Leiharbeitsverhältnisses** durch den Verleiher, wenn der Verleiher den Leiharbeitnehmer wiederholt innerhalb von drei Monaten nach Beendigung des Arbeitsverhältnisses erneut einstellt, Art. 1 § 9 Nr. 3 AÜG;

▶ ein Verstoß gegen den Schutz der **ehrenamtlichen Richter** in der Arbeits- und Sozialgerichtsbarkeit, §§ 26 ArbGG, 20 SGG;

▶ ein Verstoß gegen das Verbot der Benachteiligung von **Teilzeitbeschäftigten**, Art. 1 § 2 Abs. 1 BeschFG;

▶ ein Verstoß gegen das Verbot der Beendigungskündigung wegen des Ausscheidens eines anderen Arbeitnehmers bei **Arbeitsplatzteilung**, Art. 1 § 5 Abs. 2 Satz 1 BeschFG;

▶ ein Verstoß gegen das Verbot der Kündigung, weil der Arbeitnehmer die Anspruchsvoraussetzungen der **Rente wegen Alters** erfüllt, § 41 Abs. 4 Satz 1 SGB VI.

Will der Arbeitnehmer die fehlende oder fehlerhafte **Anhörung des Betriebsrats** rügen, so genügt es, wenn er das Vorhandensein eines funktionsfähigen Betriebsrates in seinem Betrieb behauptet[2]. Nach § 102 Abs. 1 BetrVG ist die ordnungsgemäße Anhörung des Betriebsrates nämlich Wirksamkeitsvoraussetzung für jede (sowohl die ordentliche als auch die außerordentliche) Kündigung

---

1 Das BAG hat im Urteil v. 24. 10. 1996, NZA 1997, 373, 375 ausdrücklich offen gelassen, ob aus Fehlern des Arbeitgebers bei der Durchführung des Verfahrens nach den §§ 17 ff. KSchG auf die Unwirksamkeit der Kündigung geschlossen werden könne.
2 KR/*Etzel*, § 102 BetrVG Rz. 192a.

durch den Arbeitgeber. Daher trägt der **Arbeitgeber die Darlegungs- und Beweislast** dafür, daß die Anhörung des Betriebsrats ordnungsgemäß durchgeführt wurde[1]. Dies bedeutet, daß der Arbeitgeber diejenigen konkreten Behauptungen aufzustellen hat, die die abstrakten Voraussetzungen des ihm günstigen Rechtssatzes (ordnungsgemäße Anhörung des Betriebsrats) ergeben. Die Darlegungen des Arbeitgebers kann der Arbeitnehmer durch schlichtes Nichtwissen gemäß § 138 Abs. 4 ZPO bestreiten, weil das Anhörungsverfahren weder seine eigenen Handlungen betrifft noch Gegenstand seiner Wahrnehmungen ist, sondern sich ausschließlich im Verhältnis zwischen Arbeitgeber und Betriebsrat abspielt. Dies gilt selbst dann, wenn der Betriebsrat den Arbeitnehmer selbst angehört hat (§ 102 Abs. 2 Satz 4 BetrVG), denn aus dieser Tatsache allein folgt noch nicht, daß der Arbeitgeber dem Betriebsrat alle erforderlichen Tatsachen rechtzeitig und umfassend mitgeteilt hat.

102 Demgegenüber ist der **Arbeitnehmer** darlegungs- und beweispflichtig für diejenigen Tatsachen, die die Unwirksamkeit der Kündigung wegen Verstoßes gegen die Vorschriften der §§ 134, 138, 242 BGB begründen[2].

4. Die sittenwidrige Kündigung insbesondere

103 Verstößt eine Kündigung gegen die guten Sitten (§ 138 BGB), so trifft § 13 Abs. 2 KSchG eine eigentümliche **Sonderregelung:** Der Arbeitnehmer kann in einem solchen Falle die Nichtigkeit unabhängig von den Vorschriften des KSchG, also durch allgemeine Feststellungsklage, geltend machen. Erhebt er jedoch innerhalb von drei Wochen nach Zugang der Kündigung Klage auf Feststellung, daß das Arbeitsverhältnis durch die Kündigung nicht aufgelöst ist, so kann er gemäß §§ 9 ff. KSchG die Auflösung des Arbeitsverhältnisses gegen Zahlung einer Abfindung verlangen. Die Vorschriften des § 5 KSchG über die Zulassung verspäteter Klagen und des § 6 KSchG über die verlängerte Anrufungsfrist gelten entsprechend.

104 Materiell-rechtlich ist zu bedenken, daß eine Kündigung, die als eine auf die Beendigung des Arbeitsverhältnisses gerichtete Willenserklärung ihrem Inhalt nach wertfrei ist, mit Rücksicht auf ihr Motiv und ihren Zweck gleichwohl sittenwidrig sein kann. Nicht jede Kündigung, die im Falle der Anwendbarkeit des KSchG im Sinne des § 1 KSchG als nicht sozial gerechtfertigt beurteilt werden müßte, ist jedoch deshalb schon sittenwidrig. Nach der ständigen Rechtsprechung des BAG ist eine Kündigung vielmehr erst dann sittenwidrig, wenn sie auf einem **verwerflichen Motiv** des Kündigenden beruht, wie insbesondere Rachsucht oder Vergeltung, oder wenn sie aus anderen Gründen dem Anstandsgefühl aller billig und gerecht Denkenden widerspricht[3].

---

[1] BAG v. 19. 8. 1975, AP Nr. 5 zu § 102 BetrVG 1972; BAG v. 22. 9. 1994, AP Nr. 68 zu § 102 BetrVG 1972.
[2] BAG v. 7. 11. 1968, AP Nr. 3 zu § 66 HGB; *Wieser*, Arbeitsgerichtsverfahren, Rz. 171.
[3] BAG v. 16. 2. 1989, AP Nr. 46 zu § 138 BGB.

Die Regelung bewirkt, daß der Arbeitnehmer, der den Fortbestand des Arbeitsverhältnisses festgestellt wissen will, etwa weil er beabsichtigt, ungeachtet der Kündigung an seinem bisherigen Arbeitsplatz weiterarbeiten zu wollen, an **keine Klagefrist** gebunden ist. Will er aber – insbesondere im Hinblick darauf, daß ihm aus einem gegen die guten Sitten verstoßenden Motiv gekündigt worden ist – das Arbeitsverhältnis nicht aufrecht erhalten, sondern aus demselben ausscheiden und in erster Linie eine Abfindung erstreiten, muß er die Klage innerhalb der **dreiwöchigen Frist** des § 4 KSchG erheben.

5. Die Kündigung wegen Betriebsübergangs (§ 613a BGB)

Nach § 613a Abs. 4 Satz 1 BGB ist eine Kündigung des Arbeitsverhältnisses durch den bisherigen Arbeitgeber oder durch den neuen Inhaber wegen des Übergangs eines Betriebes oder eines Betriebsteils unwirksam. Nachdem das BAG klargestellt hat, daß diese Bestimmung keinen besonderen Grund der Sozialwidrigkeit, sondern ein **absolutes Kündigungsverbot** darstellt, mithin auch auf Arbeitnehmer, die die Wartezeit des § 1 KSchG noch nicht erfüllt haben, Anwendung findet[1], steht auch fest, daß gegen eine gleichwohl erklärte Kündigung nicht die fristgebundene Kündigungsschutzklage des § 4 KSchG, sondern die allgemeine Feststellungsklage des § 256 ZPO Anwendung findet[2].

Probleme bereitet gelegentlich die Wahl des richtigen **Klagegegners.** Grundsätzlich richtiger Klagegegner ist derjenige, der die Kündigung ausgesprochen hat[3]. Im einzelnen ist dabei wie folgt zu differenzieren:

Hat der Arbeitnehmer dem Betriebsübergang **widersprochen,** kann ohnehin nur der bisherige Betriebsinhaber das Arbeitsverhältnis kündigen, weil mit dem Erwerber gar kein Vertragsverhältnis begründet wurde. Bei der Kündigung wird es sich in der Regel aber nicht um eine solche wegen Betriebsübergangs, sondern aus dringenden betrieblichen Erfordernissen im Sinne des § 1 Abs. 2 KSchG handeln, weil der alte Arbeitgeber wegen der Betriebsveräußerung keine Verwendung mehr für den Arbeitnehmer hat. Eine solche Kündigung muß der Arbeitnehmer, wenn er dem KSchG unterliegt, mit der fristgebundenen Kündigungsschutzklage angreifen, er wird in der Regel jedoch sachlich ohne Erfolg bleiben. Eine Kündigung des **Betriebserwerbers** ginge in einem solchen Falle ins Leere und wäre unbeachtlich, denn ein infolge des Widerspruchs niemals begründetes Schuldverhältnis kann nicht durch Kündigung beendet werden.

Widerspricht der Arbeitnehmer dem Betriebsübergang nicht, geht sein Arbeitsverhältnis mit allen Rechten und Pflichten vom bisherigen Inhaber auf den Erwerber über. Daraus folgt: Hat der bisherige Inhaber gekündigt, kann jedenfalls dieser verklagt werden, weil er die Kündigung erklärt hat; daneben ist aber auch (selbst dann, wenn das Arbeitsverhältnis vor Rechtshängigkeit der Klage

---
1 BAG v. 31. 1. 1985, AP Nr. 40 zu § 613a BGB; BAG v. 5. 12. 1985, AP Nr. 47 zu § 613a BGB.
2 *Schaub,* Arbeitsrechts-Handbuch, § 118 V 2d.
3 *Erman/Hanau,* § 613a BGB Rz. 133.

auf den Erwerber übergegangen ist) schon der neue Inhaber passiv legitimiert[1]. Beide Arbeitgeber können dann als Streitgenossen in demselben Rechtsstreit verklagt werden[2]. Hat der Erwerber die Kündigung erklärt, ist die Klage (nur) gegen ihn zu richten. Auch ein erst nach dem Betriebsübergang gestellter Auflösungsantrag ist gegen den Betriebserwerber zu richten, und zwar auch dann, wenn nicht er, sondern der Betriebsveräußerer die Kündigung erklärt hat[3].

V. Kündigungsschutzklage bei Änderungskündigung

1. Allgemeines

110 Das Kündigungsschutzgesetz bietet nicht nur einen weitgehenden Bestandsschutz des Arbeitsverhältnisses, sondern auch einen **Inhaltsschutz**[4]. Der Arbeitgeber kann, soweit er eine Änderung der Arbeitsbedingungen nicht im Wege des Direktionsrechts, des Widerrufs „freiwilliger" Leistungen oder durch ablösende Betriebsvereinbarung durchzusetzen vermag[5], eine Änderung des Vertragsinhalts einseitig nur durch Änderungskündigung erreichen. Die Änderungskündigung ist, soweit das Arbeitsverhältnis des Arbeitnehmers dem KSchG unterliegt, nur nach Maßgabe von § 2 KSchG möglich.

111 Bei Arbeitsverhältnissen, die **nicht dem KSchG unterliegen,** kann der Arbeitnehmer dagegen nur die Unwirksamkeit der Kündigung aus anderen Gründen rügen. Insoweit gelten die oben Rz. 99 ff. dargestellten Grundsätze.

112 Die Änderungskündigung hat bereits in der Vergangenheit durch die Rechtsprechung des BAG zum **Ultima-ratio-Prinzip** bei der **Beendigungskündigung**[6] zunehmende Bedeutung erlangt. Seit der Entscheidung vom 30. 5. 1978[7] entspricht es ständiger Rechtsprechung, daß im Kündigungsschutzrecht allgemein der Grundsatz gilt, daß eine Beendigungskündigung, gleichgültig, ob sie auf

---

1 LAG Hamm v. 9. 3. 1989, NZA 1989, 823; *Erman/Hanau,* § 613a BGB Rz. 133; *Schaub,* Arbeitsrechts-Handbuch, § 118 V 2d; vgl. auch BAG v. 27. 9. 1984, AP Nr. 39 zu § 613a BGB; einschränkend LAG Bremen v. 14. 6. 1990, LAGE § 613a BGB Nr. 20; aA *Löwisch/Neumann,* DB 1996, 474 ff.: Richtiger Beklagter sei stets der Betriebserwerber.
2 BAG v. 25. 4. 1996, AP Nr. 1 zu § 59 ZPO (zugleich zur Bestimmung des zuständigen Gerichts gemäß § 36 Nr. 3 ZPO, wenn beide Arbeitgeber unterschiedliche Gerichtsstände haben; vgl. für diesen Fall auch BAG v. 13. 11. 1996, AP Nr. 52 zu § 36 ZPO); LAG Bremen v. 15. 12. 1995, NZA-RR 1996, 470.
3 BAG v. 20. 3. 1997, AP Nr. 30 zu § 9 KSchG 1969.
4 BAG v. 7. 6. 1973, AP Nr. 1 zu § 626 BGB – Änderungskündigung; *Hueck/von Hoyningen-Huene,* § 2 KSchG Rz. 2; *Löwisch,* Vor § 1 KSchG Rz. 15; ausführlich *Hromadka,* NZA 1996, 1 ff.
5 Dazu ausführlich *Hromadka,* Änderung von Arbeitsbedingungen, 1989; *Hromadka,* RdA 1992, 234 ff.; *Hromadka,* NZA 1996, 1 ff.; ferner *Leuchten,* NZA 1994, 721 ff.
6 Dazu grundlegend *Preis,* Prinzipien des Kündigungsrechts bei Arbeitsverhältnissen, 1987, S. 254 ff.
7 BAG v. 30. 5. 1978, AP Nr. 70 zu § 626 BGB.

betriebs-, personen- oder verhaltensbedingte Gründe gestützt ist, und gleichgültig, ob sie als ordentliche oder als außerordentliche Kündigung ausgesprochen wird, als äußerstes Mittel erst in Betracht kommt, wenn keine Möglichkeit zu einer anderweitigen Beschäftigung, unter Umständen auch mit schlechteren Arbeitsbedingungen, besteht. Dies hat der Gesetzgeber jüngst durch § 2 SGB III bestätigt[1].

Hieraus folgt, daß der Arbeitgeber vor jeder ordentlichen oder außerordentlichen Beendigungskündigung von sich aus dem Arbeitnehmer eine beiden Parteien **zumutbare Weiterbeschäftigung** auf einem freien Arbeitsplatz auch zu geänderten Arbeitsbedingungen anbieten muß. Der Arbeitgeber hat bei den Verhandlungen mit dem Arbeitnehmer klarzustellen, daß bei Ablehnung des Änderungsangebots eine Kündigung beabsichtigt ist und ihm eine Überlegungsfrist von einer Woche einzuräumen. Dieses Angebot kann der Arbeitnehmer unter einem dem § 2 KSchG entsprechenden Vorbehalt annehmen. Der Arbeitgeber muß dann eine Änderungskündigung aussprechen. Lehnt der Arbeitnehmer das Änderungsangebot vorbehaltlos und endgültig ab, dann kann der Arbeitgeber eine Beendigungskündigung aussprechen. Unterläßt es der Arbeitgeber, dem Arbeitnehmer vor Ausspruch einer Beendigungskündigung ein mögliches und zumutbares Änderungsangebot zu unterbreiten, dann ist die Kündigung sozial ungerechtfertigt, wenn der Arbeitnehmer einem vor der Kündigung gemachten entsprechenden Vorschlag zumindest unter Vorbehalt zugestimmt hätte. Dies muß der Arbeitnehmer im Kündigungsschutzprozeß vortragen. Hat er nach Ausspruch der Kündigung ein Änderungsangebot des Arbeitgebers abgelehnt, so bedarf es der tatrichterlichen Würdigung, ob angenommen werden kann, daß er ein entsprechendes Angebot vor Ausspruch der Kündigung unter Vorbehalt angenommen hätte[2].

113

Bei der Frage, welche geänderten Vertragsbedingungen beiden Seiten zumutbar sind, ist das der **Erforderlichkeitsprüfung** immanente Merkmal der Geeignetheit zu beachten. Ein Änderungsangebot kann daher unterbleiben, wenn nicht zu erwarten ist, daß das Arbeitsverhältnis zu den geänderten Arbeitsbedingungen nunmehr ohne Störung fortgesetzt werden kann, was namentlich bei personen- und verhaltensbedingten Kündigungen in Betracht zu ziehen ist[3]. Darüber hinaus sind die Grenzen des Verhältnismäßigkeitsprinzips hinsichtlich der Wahl milderer Mittel zu beachten. Dem Arbeitgeber können nur solche milderen Mittel zur Vermeidung der Kündigung auferlegt werden, die zu ergreifen ihm rechtlich und tatsächlich möglich sind. Grenzen können insoweit durch kollektive Mitbestimmungsrechte, durch Gesetz oder durch Rechte Dritter gezogen werden.

114

---

1 *Schaub,* NZA 1997, 810 f.; *Rolfs,* NZA 1998, 17, 18; *Ettwig,* NZA 1997, 1152; kritisch *Rüthers,* NJW 1998, 283 f.
2 BAG v. 27. 9. 1984, AP Nr. 8 zu § 2 KSchG 1969.
3 BAG v. 27. 9. 1984, AP Nr. 8 zu § 2 KSchG 1969.

2. Begriffsbestimmung

115 Eine Änderungskündigung im Sinne von § 2 KSchG liegt dann vor, wenn der Arbeitgeber dem Arbeitnehmer das Arbeitsverhältnis kündigt und im Zusammenhang mit der Kündigung die Fortsetzung des Arbeitsverhältnisses zu geänderten Arbeitsbedingungen anbietet[1]. Ausgehend von dieser gesetzlichen Definition enthält die Änderungskündigung zwei Elemente: die Kündigung des Arbeitsverhältnisses und das Angebot auf Fortsetzung zu geänderten Arbeitsbedingungen.

a) Kündigung

116 Die Änderungskündigung ist eine echte Kündigung des bestehenden Arbeitsverhältnisses. Es muß seitens des Arbeitgebers eindeutig erklärt werden, daß das Arbeitsverhältnis **beendet** werden soll, falls das Fortsetzungsangebot nicht angenommen wird[2]. Wird lediglich ein Änderungsangebot ohne Kündigungserklärung unterbreitet, so liegt keine Änderungskündigung, sondern nur ein Angebot zu einer Vertragsänderung vor[3], das der Arbeitnehmer mit der Folge der Weiterbeschäftigung zu unveränderten Bedingungen ablehnen kann. Unzulässig ist es insbesondere, nur einzelne Bedingungen des Arbeitsvertrages zu kündigen, um auf diese Weise eine Veränderung der Arbeitsbedingungen zu erreichen[4]. Der Arbeitgeber muß, wenn er sich keinen Widerruf der entsprechenden Zusage im Arbeitsvertrag vorbehalten hat, den ganzen Vertrag kündigen und dem Arbeitnehmer zugleich das Angebot zum Abschluß eines neuen Vertrages, der die entsprechende Klausel nicht mehr enthält, unterbreiten. Diese Änderung unterliegt dann wieder dem Inhaltsschutz nach § 2 KSchG.

b) Änderungsangebot

117 Als zweiter Bestandteil der Änderungskündigung muß das Angebot zur Fortsetzung des Arbeitsverhältnisses unter geänderten Bedingungen hinzukommen. Das BAG fordert in seiner neueren Rechtsprechung im Gegensatz zu früher nicht mehr, daß der Arbeitgeber ein Angebot auf unbefristete Weiterbeschäftigung abgibt[5]. Vielmehr kann die **nachträgliche Befristung** eines zunächst auf unbestimmte Zeit eingegangenen Arbeitsverhältnisses nicht nur im Vergleichswege[6], sondern auch im Wege der Änderungskündigung erfolgen. Die Änderung der Arbeitsbedingungen ist allerdings unter anderem dann unwirksam, wenn die Befristung nicht aus sachlichen Gründen im Sinne von § 620

---

1 MünchArbR/*Berkowsky*, § 142 Rz. 2; *Löwisch*, § 2 KSchG Rz. 9.
2 BAG v. 12. 1. 1961, AP Nr. 10 zu § 620 BGB; BAG v. 30. 5. 1980, AP Nr. 8 zu § 611 BGB – Arzt-Krankenhaus-Vertrag; KR/*Rost*, § 2 KSchG Rz. 9.
3 KR/*Rost*, § 2 KSchG Rz. 11; *Hueck/von Hoyningen-Huene*, § 2 KSchG Rz. 7.
4 BAG v. 7. 10. 1982, AP Nr. 5 zu § 620 BGB – Teilkündigung; KR/*Rost*, § 2 KSchG Rz. 51; MünchArbR/*Berkowsky*, § 142 Rz. 4.
5 BAG v. 25. 4. 1996, AP Nr. 78 zu § 1 KSchG 1969 – Betriebsbedingte Kündigung unter Aufgabe von BAG v. 17. 5. 1984, AP Nr. 21 zu § 1 KSchG – Betriebsbedingte Kündigung.
6 Dazu BAG v. 24. 1. 1996, AP Nr. 179 zu § 620 BGB – Befristeter Arbeitsvertrag.

BGB gerechtfertigt ist[1]. Insbesondere ist es unzulässig, ein bislang unbefristetes Arbeitsverhältnisses zu kündigen, um im unmittelbaren Anschluß hieran mit dem Arbeitnehmer einen (nur) nach § 1 Abs. 1 oder 2 BeschFG befristeten Arbeitsvertrag abzuschließen, § 1 Abs. 3 BeschFG[2].

c) Zusammenhang von Kündigung und Änderungsangebot

§ 2 Satz 1 KSchG normiert, daß die Kündigung im Zusammenhang mit dem Änderungsangebot erfolgt. Dies ist möglich, wenn die Kündigung **unbedingt** ausgesprochen wird. Jedoch wird auch anerkannt, daß den gesetzlichen Erfordernissen Genüge getan ist, wenn die Kündigung unter der **Bedingung** erfolgt, daß der Arbeitnehmer die vorgeschlagene Änderung der Arbeitsbedingungen nicht annimmt[3]. 118

Im Gesetz ist die Frage der zeitlichen Abfolge von Kündigungserklärung und Änderungsangebot nicht geregelt. Werden beide Elemente der Änderungskündigung gleichzeitig ausgesprochen, so liegt der vom Gesetz geforderte Zusammenhang klar vor[4]. Keinesfalls soll das Änderungsangebot der Kündigungserklärung nachfolgen können[5]. Infolge der gesetzlich eingeräumten Überlegungsfrist kann auch ein bis zum Beginn der Kündigungsfrist **nachfolgendes Angebot** nicht berücksichtigt werden[6]. Der Arbeitgeber kann hingegen das Änderungsangebot bereits vor Ausspruch der Kündigung abgeben. Er hat bei Kündigungsausspruch dann klarzustellen, daß sein Änderungsangebot aufrechterhalten bleibt[7]. 119

d) Arten der Änderungskündigung

Das Gesetz differenziert in § 2 KSchG nicht hinsichtlich einer ordentlichen und außerordentlichen Kündigung. Seinem Wortlaut nach findet § 2 KSchG auf die **ordentliche Änderungskündigung** Anwendung. Der Arbeitgeber spricht die Beendigungskündigung unter Einhaltung der einschlägigen ordentlichen Kündigungsfrist aus. Nach allgemeiner Ansicht ist § 2 KSchG auch auf die **außerordentliche Änderungskündigung** entsprechend anzuwenden[8]. Das BAG hat im 120

---

1 BAG v. 25. 4. 1996, AP Nr. 78 zu § 1 KSchG 1969 – Betriebsbedingte Kündigung.
2 *Rolfs*, NZA 1996, 1134, 1135.
3 KR/*Rost*, § 2 KSchG Rz. 11; *Hueck/von Hoyningen-Huene*, § 2 KSchG Rz. 10; MünchArbR/*Berkowsky*, § 142 Rz. 6; *Schaub*, Arbeitsrechts-Handbuch, § 137 I 3b.
4 BAG v. 10. 12. 1975, AP Nr. 90 zu §§ 22, 23 BAT.
5 BAG v. 10. 12. 1975, AP Nr. 90 zu §§ 22, 23 BAT; *Hueck/von Hoyningen-Huene*, § 2 KSchG Rz. 11; aA *Löwisch*, § 2 KSchG Rz. 10.
6 *Stahlhacke/Preis*, Rz. 769; *Hueck/von Hoyningen-Huene*, § 2 KSchG Rz. 11; *Kittner/Trittin*, KSchR, § 2 KSchG Rz. 120; aA *Schaub*, Arbeitsrechts-Handbuch, § 137 I 3c.
7 BAG v. 27. 9. 1984, AP Nr. 8 zu § 2 KSchG; BAG v. 30. 11. 1989, AP Nr. 53 zu § 102 BetrVG 1972.
8 BAG v. 7. 6. 1973, AP Nr. 1 zu § 626 BGB – Änderungskündigung; BAG v. 17. 5. 1984, AP Nr. 3 zu § 55 BAT; BAG v. 19. 6. 1986, AP Nr. 16 zu § 2 KSchG 1969; BAG v. 27. 3. 1987, AP Nr. 20 zu § 2 KSchG 1969; *Stahlhacke/Preis*, Rz. 434.

Wege richterlicher Rechtsfortbildung diese Anwendungsmsglichkeit bejaht[1] mit der Folge, daß auch die gegen eine außerordentliche Änderungskündigung gerichtete Klage nach Maßgabe der §§ 4 Satz 1, 13 Abs. 1 KSchG der dreiwöchigen Klagefrist unterliegt.

3. Reaktionen des Arbeitnehmers

a) Ablehnung des Änderungsangebotes

121 Der Arbeitnehmer kann das Änderungsangebot (ausdrücklich oder konkludent) ablehnen. In diesem Fall steht nur noch die **Beendigungskündigung** im Raum. Diese kann unter den allgemeinen Voraussetzungen des § 1 KSchG zur gerichtlichen Überprüfung gestellt werden. Der Arbeitnehmer wird im Obsiegensfalle zu den alten Arbeitsbedingungen weiterbeschäftigt. Verliert er hingegen den Prozeß, so bedeutet dies den endgültigen Verlust seines Arbeitsplatzes.

b) Annahme des Änderungsangebotes ohne Vorbehalt

122 Der Arbeitnehmer kann das Änderungsangebot innerhalb der Überlegungsfrist des § 2 Satz 2 KSchG (Kündigungsfrist, jedoch maximal drei Wochen) annehmen. Das **Arbeitsverhältnis besteht** dann zu den veränderten Bedingungen des Änderungsangebotes **fort**. Die Annahmeerklärung kann auch durch konkludentes Handeln erfolgen, indem der Mitarbeiter widerspruchslos weiterarbeitet, wenn sich die neuen Bedingungen unmittelbar auf das Arbeitsverhältnis auswirken und die Frist des § 2 Satz 2 KSchG abgelaufen ist[2]. Innherhalb der Überlegungsfrist muß dem Arbeitgeber auch die Angebotsannahme zugehen. § 2 KSchG stellt eine gesetzliche Konkretisierung des § 147 Abs. 2 BGB dar.

c) Annahme des Änderungsangebotes unter Vorbehalt

123 Der Arbeitnehmer hat auch die Möglichkeit, daß Änderungsangebot unter dem Vorbehalt anzunehmen, daß die Änderung der Arbeitsbedingungen sozial nicht gerechtfertigt ist. Der Vorbehalt bewirkt, daß der durch die Annahme zustandegekommene Änderungsvertrag unter die **rückwirkende auflösende Bedingung** gerichtlich festzustellender Sozialwidrigkeit der Änderung der Arbeitsbedingungen gestellt wird. Im einzelnen gestaltet sich das Verfahren wie folgt:

124 Ist dem Arbeitnehmer die Änderungskündigung des Arbeitgebers zugegangen, so steht ihm eine bestimmte Überlegungsfrist zu, innerhalb derer er den in § 2 KSchG vorgesehenen Vorbehalt erklären muß. Bei der **ordentlichen Kündigung** entspricht diese Erklärungsfrist der geltenden Kündigungsfrist, sie beträgt jedoch maximal drei Wochen. Entscheidend für die Fristwahrung ist der Zugang der Vorbehaltserklärung, § 130 BGB. Bei der **außerordentlichen Änderungskündigung** muß der Arbeitnehmer den Vorbehalt unverzüglich (ohne schuldhaftes

---

[1] BAG v. 17. 5. 1984, AP Nr. 3 zu § 55 BAT.
[2] BAG v. 20. 5. 1976, AP Nr. 4 zu § 305 BGB; BAG v. 19. 6. 1986, AP Nr. 16 zu § 2 KSchG 1969; BAG v. 27. 3. 1987, AP Nr. 20 zu § 2 KSchG 1969.

## V. Kündigungsschutzklage bei Änderungskündigung	Rz. 126 Teil 5 A

Zögern, § 121 Abs. 1 Satz 2 BGB) erklären[1]. Die Vorbehaltserklärung ist an keine bestimmte Form gebunden, Wert zu legen ist aber auf einen eindeutigen Erklärungsinhalt. Insbesondere genügt die Fortsetzung des Arbeitsverhältnisses zu den geänderten Vertragsbedingungen nicht als konkludente Erklärung des Vorbehalts, weil hierin vielmehr die widerspruchslose Hinnahme der Änderungskündigung zu erblicken ist[2].

Umstritten ist, ob es genügt, daß der Arbeitnehmer innerhalb der Erklärungsfrist Änderungsschutzklage beim Arbeitsgericht erhebt, wenn diese Klage erst nach Ablauf der gemäß § 2 Satz 2 KSchG einschlägigen Frist dem Arbeitgeber zugestellt wird. Das LAG Hamm hat im Urteil vom 13. 10. 1988[3] diesbezüglich zunächst zu Recht erkannt, daß die Wahrung der Klagefrist nach § 4 KSchG und die Wahrung der Dreiwochenfrist zur Erklärung des Vorbehalts nach § 2 Satz 2 KSchG unterschiedlich zu beurteilen sind, da für die Erklärung des Vorbehalts, zu den in der Änderungskündigung angebotenen Bedingungen weiterarbeiten zu wollen, eine Prozeßhandlung nicht erforderlich ist. Deshalb sei die Dreiwochenfrist nach § 2 Satz 2 KSchG nach dem Gesetzeswortlaut nicht gewahrt, wenn die Klageschrift, in der erstmals der Vorbehalt der sozialen Rechtfertigung der Änderung der Arbeitsbedingungen erklärt werde, zwar innerhalb der Dreiwochenfrist beim Arbeitsgericht eingehe, aber erst nach Ablauf dieser Frist dem Arbeitgeber zugestellt werde. Das Gericht meinte jedoch, daß Änderungsschutzverfahren entsprechend § 4 Satz 2 KSchG in derartigen Fällen gleichwohl zumindest dann durchführen zu können, wenn der Arbeitnehmer mit Wissen und Wollen des Arbeitgebers nach Ablauf der Kündigungsfrist unter Vorbehalt zu den geänderten Arbeitsbedingungen weiterarbeitet[4].

125

Dem kann jedoch nicht zugestimmt werden. Bei der Vorbehaltserklärungsfrist des § 2 Satz 2 KSchG und der Klagefrist des § 4 KSchG handelt es sich um zwei unterschiedliche Fristen, die nicht nur unterschiedlich lang sein können, sondern auch unterschiedliche Erklärungshandlungen des Arbeitnehmers erfordern. Während es für die Rechtzeitigkeit der Änderungsschutzklage auf den rechtzeitigen Eingang des Klageantrags bei Gericht ankommt, ist der Vorbehalt dem Arbeitgeber gegenüber zu erklären, so daß auch ihm gegenüber die Frist zu wahren ist. Ist die Vorbehaltsfrist verstrichen und hat der Arbeitnehmer bereits zu den geänderten Arbeitsbedingungen weitergearbeitet, so muß diesem Verhalten konkludent die Erklärung einer **vorbehaltlosen** Annahme des Änderungsangebotes entnommen werden mit der Folge, daß mit Ablauf der Frist ein **Arbeitsvertrag zu den geänderten Arbeitsbedingungen** zustande kommt. Dieser geänderte Vertrag kann vom Arbeitnehmer nicht mehr dadurch in Frage gestellt werden, daß dem Arbeitgeber erst nach Ablauf der Vorbehaltsfrist eine

126

---

1 BAG v. 19. 6. 1986, AP Nr. 16 zu § 2 KSchG 1969; BAG v. 27. 3. 1987, AP Nr. 20 zu § 2 KSchG 1969.
2 BAG v. 19. 6. 1986, AP Nr. 16 zu § 2 KSchG 1969; BAG v. 27. 3. 1987, AP Nr. 20 zu § 2 KSchG 1969.
3 LAG Hamm v. 13. 10. 1988, LAGE § 2 KSchG Nr. 7.
4 LAG Hamm v. 13. 10. 1988, LAGE § 2 KSchG Nr. 7.

Änderungsschutzklage zugestellt wird, die erstmals einen Vorbehalt gegen die Änderung der Arbeitsbedingungen enthält. Eine derartige Erklärung geht angesichts des bereits unbedingt zustande gekommenen Änderungsvertrages ins Leere[1]. Versäumt der Arbeitnehmer also die rechtzeitige Erklärung des Vorbehalts, so ist eine gleichwohl erhobene Änderungsschutzklage **unbegründet**.

4. Klagefrist, Streitgegenstand und Klageantrag

a) Bei Ablehnung des Änderungsangebotes

127 Lehnt der Arbeitnehmer das Änderungsangebot ausdrücklich oder konkludent, insbesondere dadurch ab, daß er nach Ablauf der Kündigungsfrist nicht weiterarbeitet, so geht er das Risiko des Verlustes des Arbeitsplatzes ein. Im Raum steht in einem solchen Fall nämlich nur noch die **Beendigungskündigung** des Arbeitgebers, die der Arbeitnehmer nach den allgemeinen Regeln (oben Rz. 3 ff.) zur gerichtlichen Überprüfung stellen kann.

b) Bei Annahme des Änderungsangebotes

128 Hat der Arbeitnehmer das Änderungsangebot des Arbeitgebers rechtzeitig (ausdrücklich oder konkludent, zB durch Weiterarbeit) **angenommen,** so kommt eine Beendigung des Arbeitsverhältnisses nicht mehr in Betracht. Zu klären ist nur noch, ob die alten oder die neuen Arbeitsbedingungen gelten. Zu diesem Zweck muß der Arbeitnehmer **innerhalb von drei Wochen** Kündigungsschutzklage in Form der Änderungsschutzklage (§§ 2, 4 Satz 2 KSchG) erheben. Hinzuweisen ist insbesondere darauf, daß die Frist **mit Zugang der Änderungskündigung** – und nicht etwa erst mit der Erklärung oder dem Zugang des Vorbehalts – beginnt. Der Arbeitnehmer muß also in zweifacher Hinsicht aktiv werden: Er muß innerhalb der durch § 2 Satz 2 KSchG bestimmten Frist dem Arbeitgeber gegenüber den Vorbehalt erklären und innerhalb der dreiwöchigen Frist des § 4 KSchG Änderungsschutzklage erheben. Versäumt er eine der beiden Fristen, ist die Klage **unbegründet,** es sei denn, die Unwirksamkeit der Änderungskündigung ergäbe sich aus einem anderen Grunde als ihrer Sozialwidrigkeit (bzw. dem Mangel des wichtigen Grundes in den Fällen der außerordentlichen Änderungskündigung), § 13 Abs. 3 KSchG.

129 **Streitgegenstand** der Änderungsschutzklage ist nach dem Wortlaut des § 4 Satz 2 KSchG lediglich die Sozialwidrigkeit der Änderung der Arbeitsbedingungen. Entsprechend dem Streitgegenstand bei der Beendigungskündigung wird man allerdings annehmen dürfen, daß nicht nur die Sozialwidrigkeit, sondern ganz allgemein die Wirksamkeit der Änderung der Arbeitsbedingungen Streitgegenstand ist[2]. Das BAG meint allerdings, daß nicht die Wirksamkeit der Änderungskündigung insgesamt, sondern nur deren Sozialwidrigkeit Streitgegenstand sei, wenn der Antrag nur auf Feststellung der mangelnden sozialen

---

1 *Hueck/von Hoyningen-Huene,* § 2 KSchG Rz. 89.
2 *Boewer,* BB 1996, 2618; KR/*Friedrich,* § 4 KSchG Rz. 290; *Löwisch,* § 2 KSchG Rz. 50.

Rechtfertigung gerichtet ist. Auch wenn dieser Auffassung nicht gefolgt werden kann[1], sollte eine entsprechende Antragsformulierung vermieden werden.

Soll die Wirksamkeit der Änderungskündigung insgesamt zur Prüfung gestellt werden, lautet also der **Antrag:** 130

> „Es wird festgestellt, daß die Änderung der Arbeitsbedingungen im Zusammenhang mit der Änderungskündigung vom (Datum) – zugegangen am (Datum) – unwirksam ist."

5. Rechtslage nach Ende des Änderungsschutzprozesses

Obsiegt der Arbeitnehmer mit seiner Klage, so gilt die Änderung der Arbeitsbedingungen gemäß § 8 KSchG als von Anfang an rechtsunwirksam. Der Arbeitgeber muß den Arbeitnehmer so stellen, als ob die Änderungskündigung nicht erfolgt wäre. Für die Zukunft bedeutet dies, daß er ihn zu den Arbeitsbedingungen weiterbeschäftigen muß, die bis zur Änderungskündigung gegolten haben. In der Zwischenzeit eingetretene Änderungen müssen rückgängig gemacht werden, soweit dies tatsächlich noch möglich ist. Ist der Arbeitnehmer beispielsweise durch die Änderungskündigung auf einen anderen Arbeitsplatz mit geringerem Lohn versetzt worden, muß er nicht nur sofort auf seinen alten Arbeitsplatz zurückgelassen werden, sondern ihm muß auch die Entgeltdifferenz nachgezahlt werden, die während der Dauer des Änderungsschutzprozesses aufgelaufen ist[2]. 131

Unterliegt der Arbeitnehmer, so ist zu differenzieren: Hat er den in § 2 KSchG vorgesehenen Vorbehalt erklärt, wird der Vorbehalt wirkungslos. Es bleibt bei den neuen Arbeitsbedingungen. Dies gilt auch dann, wenn das Unterliegen auf einer Versäumung der Klagefrist des § 7 KSchG beruht oder die Klage wirksam zurückgenommen wird (§ 269 ZPO). Hat der Arbeitnehmer der Änderung der Arbeitsbedingungen widersprochen, endet das Arbeitsverhältnis zu dem durch den Ablauf der Kündigungsfrist bestimmten Zeitpunkt. 132

VI. Weiterbeschäftigungsantrag

Eines der größten Mängel des deutschen Kündigungsschutzrechts ist, daß das gerichtliche Verfahren nur eine **nachträgliche Wirksamkeitskontrolle** ermöglicht. Auch wenn das ArbGG in seinem § 9 Abs. 1 Satz 1 als obersten allgemeinen Verfahrensgrundsatz die Beschleunigung des Verfahrens anordnet und § 61a ArbGG in Kündigungsverfahren nochmals eine besondere Prozeßförderungspflicht des Gerichts statuiert, sind die Gerichte für Arbeitssachen in aller 133

---

1 *Schaub*, Arbeitsrechtliche Formularsammlung und Arbeitsgerichtsverfahren, § 34 I Fn. 1.
2 Vgl. *Hueck/von Hoyningen-Huene*, § 2 KSchG Rz. 97 f.

Regel nicht in der Lage, über das Kündigungsschutzbegehren noch innerhalb der Kündigungsfrist zu entscheiden. Dies führt dazu, daß der Arbeitnehmer aufgrund der Kündigung zunächst aus dem Arbeitsverhältnis ausscheiden muß. Deshalb wird das primäre Ziel des KSchG, bei Unbegründetheit der Kündigung die Weiterbeschäftigung des Arbeitnehmers an seinem alten Arbeitsplatz zu erreichen, geradezu konterkariert. Der nach wie vor maßgebenden Studie des Max-Planck-Instituts zur Kündigungspraxis ist zu entnehmen, daß von allen Arbeitnehmern, die eine Kündigungsschutzklage erhoben haben, nur 1,7% gegen den Willen des Arbeitgebers an ihren alten Arbeitsplatz zurückgelangen[1].

134 Dieser Entwicklung zu begegnen dient das Institut der **Weiterbeschäftigung**, auf die ein Anspruch entweder aus § 102 Abs. 5 BetrVG (bzw. § 79 Abs. 2 BPersVG und den entsprechenden Vorschriften der Personalvertretungsgesetze der Länder) oder als sog. allgemeiner Weiterbeschäftigungsanspruch aus dem allgemeinen Persönlichkeitsrecht des Arbeitnehmers (Art. 1 Abs. 1, 2 Abs. 1 GG) folgen kann.

1. Materiell-rechtliche Grundlagen

a) Der betriebsverfassungsrechtliche Weiterbeschäftigungsanspruch

135 Gemäß § 102 Abs. 5 BetrVG muß der Arbeitgeber den Arbeitnehmer bis zum rechtskräftigen Abschluß des Rechtsstreits bei unveränderten Arbeitsbedingungen weiterbeschäftigen, wenn der Betriebsrat einer ordentlichen Kündigung frist- und ordnungsgemäß widersprochen und der Arbeitnehmer nach dem Kündigungsschutzgesetz Klage auf Feststellung erhoben hat, daß das Arbeitsverhältnis durch die Kündigung nicht aufgelöst ist. Der Weiterbeschäftigungsanspruch endet mit dem rechtskräftigen Abschluß des Prozesses; obsiegt der Arbeitnehmer, muß der Arbeitgeber ihn ohnehin zu unveränderten Bedingungen weiterbeschäftigen; unterliegt er, ist die Kündigung wirksam und das Weiterbeschäftigungsverhältnis endet.

136 Der Weiterbeschäftigungsanspruch ist an mehrere **Voraussetzungen** gebunden:

137 **(1)** Dem Arbeitnehmer muß **ordentlich gekündigt** worden sein. Der Weiterbeschäftigungsanspruch greift nicht ein, wenn dem Arbeitnehmer außerordentlich gekündigt worden ist, und zwar auch dann nicht, wenn die außerordentliche Kündigung nicht fristlos, sondern unter Gewährung einer sozialen Auslauffrist erfolgt ist. Kündigt der Arbeitgeber fristlos, **hilfsweise fristgerecht,** so vermag auch dies den Weiterbeschäftigungsanspruch nicht auszulösen, weil die primär erklärte Kündigung eine außerordentliche ist, bei der der Anspruch nicht besteht[2].

---

1 *Falke/Höland/Rhode/Zimmermann*, S. 858; Rechtstatsächliches auch bei *Preis*, Kündigung und Kündigungsschutz im Arbeitsverhältnis, 1987, S. 24 ff.
2 LAG Frankfurt/Main v. 28. 5. 1973, EzA § 102 BetrVG 1972 – Beschäftigungspflicht Nr. 1; LAG Hamm v. 18. 5. 1982, DB 1982, 1679; *Etzel*, Betriebsverfassungsrecht, Rz. 968; *Wlotzke*, § 102 BetrVG Anm. IV 2a.

(2) Der Betriebsrat muß der Kündigung **frist- und ordnungsgemäß widersprochen** haben. Widerspruchsfrist für den Betriebsrat ist bei der – hier allein in Betracht kommenden – ordentlichen Kündigung eine Woche (§ 102 Abs. 2 Satz 1 BetrVG) seit der Unterrichtung durch den Arbeitgeber. Ordnungsgemäß ist der Widerspruch nur, wenn in dem Widerspruchsschreiben die Widerspruchsgründe durch Angabe von konkreten Tatsachen erläutert werden. Die bloß formelhafte Wiederholung der in § 102 Abs. 3 BetrVG abstrakt genannten gesetzlichen Widerspruchsgründe genügt demgegenüber nicht[1]. Erforderlich ist ferner, daß die vom Betriebsrat zur Begründung seines Widerspruchs genannten Gründe es möglich erscheinen lassen, daß einer der in § 102 Abs. 3 BetrVG genannten Widerspruchsgründe vorliegt, ohne daß dies jedoch ohne weiteres einleuchtend zu sein braucht (arg. e. § 102 Abs. 5 Nr. 3 BetrVG)[2]. Zu verlangen ist insoweit, daß die vom Betriebsrat angeführten Tatsachen zusammen mit anderen Tatsachen einen Widerspruchsgrund ergeben können. Die vom Betriebsrat vorgebrachten Tatsachen müssen als Teil der schlüssigen Darlegung des Widerspruchsgrundes denkbar und geeignet sein, dem Arbeitgeber und ggfs. den Arbeitsgerichten die Nachprüfung zu ermöglichen, ob der vom Betriebsrat angeführte Widerspruchsgrund tatsächlich gegeben ist. Der **Beschluß** muß vom Betriebsrat ordnungsgemäß gefaßt und dem Arbeitgeber **schriftlich mitgeteilt** worden sein[3]. 138

Die gesetzlichen **Widerspruchsgründe** des § 102 Abs. 3 BetrVG beziehen sich überwiegend auf die soziale Auswahl des Arbeitnehmers im Falle einer betriebsbedingten Kündigung (§ 1 Abs. 3 KSchG). So kann der Betriebsrat der Kündigung widersprechen, wenn der Arbeitgeber bei der Auswahl der zu kündigenden Arbeitnehmer soziale Gesichtspunkte nicht oder nicht ausreichend berücksichtigt hat, wenn die Kündigung gegen eine Auswahlrichtlinie iSd. § 95 BetrVG verstößt, wenn der zu kündigende Arbeitnehmer an einem anderen Arbeitsplatz im selben Betrieb oder in einem anderen Betrieb des Unternehmens weiterbeschäftigt werden kann oder die Weiterbeschäftigung nach zumutbaren Umschulungs- oder Fortbildungsmaßnahmen möglich ist. Auf den ultima-ratio-Grundsatz hebt demgegenüber § 102 Abs. 3 Nr. 5 BetrVG ab, wenn er den Widerspruch unter der Voraussetzung zuläßt, daß eine Weiterbeschäftigung des Arbeitnehmers unter geänderten Vertragsbedingungen möglich ist und der Arbeitnehmer sein Einverständnis hiermit erklärt hat. 139

Kein Widerspruchsgrund ist demgegenüber das Fehlen dringender betrieblicher Erfordernisse[4], also die Behauptung des Betriebsrats, der betroffene Arbeitsplatz fiele gar nicht weg; ebensowenig der Mangel von Gründen in der Person oder dem Verhalten des Arbeitnehmers. 140

---

1 LAG Niedersachsen v. 22. 8. 1975, DB 1975, 1898; LAG Hamburg v. 29. 10. 1975, BB 1976, 184; LAG Düsseldorf v. 5. 1. 1976, DB 1976, 1065; *Richardi*, § 102 BetrVG Rz. 173.
2 *Däubler/Kittner/Klebe*, § 102 BetrVG Rz. 181; *Richardi*, § 102 BetrVG Rz. 172; *Fitting/Kaiser/Heither/Engels*, § 102 BetrVG Rz. 38.
3 *Däubler/Kittner/Klebe*, § 102 BetrVG Rz. 176; *Richardi*, § 102 BetrVG Rz. 169; *Etzel*, Betriebsverfassungsrecht, Rz. 952 f.
4 *Etzel*, Betriebsverfassungsrecht, Rz. 969; aA ArbG Rheine v. 23. 12. 1981, BB 1982, 431.

141 (3) Ferner muß der Arbeitnehmer **den Kündigungsschutz des KSchG genießen.** Er muß also in einem Betrieb beschäftigt sein, in dem regelmäßig mehr als zehn Arbeitnehmer beschäftigt werden und sein Arbeitsverhältnis muß zum Zeitpunkt des Wirksamwerdens der Kündigung in diesem Betrieb oder dem Unternehmen bereits mindestens sechs Monate bestanden haben.

142 (4) Der Arbeitnehmer muß ferner **binnen drei Wochen** nach Zugang der Kündigung **Klage** auf Feststellung erhoben haben, daß das Arbeitsverhältnis durch die Kündigung nicht aufgelöst ist. Zweifelhaft ist, ob es gegen das Verbot widersprüchlichen Verhaltens (venire contra factum proprium, § 242 BGB) verstößt, wenn der Arbeitnehmer gleichzeitig den Weiterbeschäftigungsantrag nach § 102 Abs. 5 BetrVG und den Auflösungsantrag nach § 9 KSchG stellt. Die hM bejaht die Widersprüchlichkeit mit der Folge, daß der Weiterbeschäftigungsantrag zurückgewiesen werden muß[1].

143 (5) Letztlich muß der Arbeitnehmer **deutlich erkennbar die vorläufige Weiterbeschäftigung verlangen.** Dieses Verlangen ist jedoch an keine Frist gebunden. Das BAG hat zu Recht erkannt, daß es für einen Arbeitnehmer aus vielerlei Gründen oftmals nicht einfach ist, während eines Kündigungsrechtsstreits bei seinem bisherigen Arbeitgeber weiterzuarbeiten. Oft werde er das erst dann in Erwägung ziehen, wenn er sich vergewissert habe, daß er anderweitig nicht mehr unterkommen könne. Auch eine Verwirkung des Anspruchs könne nicht angenommen werden. Sie scheide aus, weil und solange der Arbeitgeber die Möglichkeit habe, sich gemäß § 102 Abs. 5 Satz 2 BetrVG vom Gericht von der Weiterbeschäftigungspflicht entbinden zu lassen. Nur durch eine gerichtlich kontrollierte Entbindung ist gewährleistet, daß der Weiterbeschäftigungsanspruch des Arbeitnehmers nicht durch unkontrollierbare bloße Gegendarstellungen des Arbeitgebers verschleppt wird[2].

144 Der Weiterbeschäftigungsanspruch besteht nicht nur einer bei ordentlichen Beendigungs-, sondern auch bei einer **Änderungskündigung.** Unbestritten ist dies jedoch nur für den Fall, daß der Arbeitnehmer das Änderungsangebot ablehnt, weil er nur in diesem Fall Klage auf Feststellung erheben kann, daß das Arbeitsverhältnis durch die Kündigung nicht aufgelöst ist (§ 102 Abs. 5 Satz 1 BetrVG, § 4 Satz 1 KSchG). Die herrschende Auffassung in der Literatur steht auf dem Standpunkt, daß, wenn der Arbeitnehmer das Änderungsangebot **unter Vorbehalt angenommen** hat, er (nur) mit einer Änderungsschutzklage gegen die Kündigung vorgehen kann, ein Weiterbeschäftigungsanspruch zu unveränderten Arbeitsbedingungen jedoch nicht existiert. Der Arbeitnehmer müsse dann während des Rechtsstreits die geänderten Arbeitsbedingungen hinnehmen und könne erst nach einem Obsiegen die (rückwirkende) Wiederherstellung der alten Bedingungen verlangen[3]. Das BAG hat die Frage bislang nur für den

---

1 *Fitting/Kaiser/Heither/Engels,* § 102 BetrVG Rz. 59; *Stege/Weinspach,* § 102 BetrVG Rz. 173; *Wlotzke,* § 102 BetrVG Anm. IV 2a.
2 BAG v. 31. 8. 1972, AP Nr. 1 zu § 102 BetrVG 1972 – Weiterbeschäftigung; *Wlotzke,* § 102 BetrVG Anm. IV 2a; aA *Etzel,* Betriebsverfassungsrecht, Rz. 972.
3 *Etzel,* Betriebsverfassungsrecht, Rz. 974; *Fitting/Kaiser/Heither/Engels,* § 102 BetrVG Rz. 8a; *Stege/Weinspach,* § 102 BetrVG Rz. 206a.

allgemeinen Weiterbeschäftigungsanspruch in diesem Sinne entschieden[1], für den betriebsverfassungsrechtlichen jedoch offen gelassen. Die von der herrschenden Meinung vertretene Auffassung erscheint jedoch sachlich gerechtfertigt, weil bei einer bloßen Änderungsschutzklage die typischen Gefahren, denen § 102 Abs. 5 BetrVG mit dem Verbleiben des Arbeitnehmers an seinem Arbeitsplatz begegnen will, nicht bestehen.

Im Falle **widerholter (vorsorglicher) Kündigungen** besteht der Weiterbeschäftigungsanspruch nur, wenn und solange der Betriebsrat jeder Kündigung frist- und ordnungsgemäß widerspricht und der Arbeitnehmer jede Kündigung fristgerecht durch Klage angreift. Unterbleibt dies, endet der gegenüber der ersten Kündigung begründete Weiterbeschäftigungsanspruch mit Ablauf der Frist, die für die nicht angegriffene Kündigung gilt[2]. 145

b) Der personalvertretungsrechtliche Weiterbeschäftigungsanspruch

Auch im Bereich des **öffentlichen Dienstes** ist eine Kündigung, die ohne Mitwirkung des Personalrats erfolgt, unwirksam. Freilich sind die Beteiligungsrechte des Personalrats bei der Beendigung des Arbeitsverhältnisses im Personalvertretungsgesetz des Bundes und denen der Länder unterschiedlich geregelt. Während § 79 BPersVG eine Regelung enthält, die weitgehend der Bestimmung des § 102 BetrVG entspricht, enthalten die Landespersonalvertretungsgesetze mehrerer Länder echte Mitbestimmungsrechte[3]. 146

Für den **Bereich des Bundes** regelt § 79 Abs. 2 BPersVG den Weiterbeschäftigungsanspruch in Anlehnung an die Bestimmung des § 102 Abs. 5 BetrVG, so daß auf die Ausführungen zu dieser Bestimmung verwiesen werden kann (oben Rz. 135 ff.). 147

c) Allgemeiner Weiterbeschäftigungsanspruch

Der betriebsverfassungs- bzw. personalvertretungsrechtliche Weiterbeschäftigungsanspruch allein vermag das Problem, daß ein gekündigter Arbeitnehmer uU erst lange Zeit nach Ablauf der Kündigungsfrist ein rechtskräftiges Urteil über die Unwirksamkeit der Kündigung erlangen und damit seine Weiterbeschäftigung durchsetzen kann, nicht sachgerecht zu lösen. Denn er setzt nicht nur voraus, daß in dem Betrieb überhaupt ein Betriebsrat existiert, sondern auch, daß dieser der Kündigung ordnungsgemäß widersprochen hat. Rechtstatsächliche Untersuchen aus den Jahren 1978 bis 1980 haben indessen ergeben, daß die Betriebsräte nur in 8% aller Fälle Widerspruch gegen eine ordentliche Kündigung erheben[4]. Der Arbeitnehmer, der in einem solchen Falle die Unwirksamkeit der Kündigung rügen will, steht mit Blick auf seinen Beschäftigungsanspruch weitgehend schutzlos. 148

---

1 BAG v. 18. 1. 1990, AP Nr. 27 zu § 2 KSchG 1969.
2 LAG Düsseldorf v. 19. 8. 1977, DB 1977, 1952.
3 Vgl. MünchArbR/*Germelmann*, § 361 Rz. 88.
4 *Wlotzke*, § 102 BetrVG Anm. III 1.

149 Das BAG hat in der grundlegenden Entscheidung vom 27. 2. 1985 einen **allgemeinen Weiterbeschäftigungsanspruch** entwickelt und sich dabei zunächst auf seine ständige Rechtsprechung zum Beschäftigungsanspruch des Arbeitnehmers im **ungekündigten** Arbeitsverhältnis bezogen. Hiernach ist bereits seit Mitte der 50er Jahre anerkannt, daß das Arbeitsverhältnis, das für seinen Geltungsbereich die ganze Person des Arbeitnehmers erfaßt, wesentlich sein Leben gestaltet und seine Persönlichkeit bestimmt. Die Achtung und Anerkennung des Arbeitnehmers als Mensch beruht, so das BAG, auch nicht nur auf dem wirtschaftlichen Wert seiner Leistung (der Höhe des Gehaltes), sondern weitgehend darin, wie er die ihm obliegenden Aufgaben erfüllt. Gerade das gibt ihm im Bereich des Arbeitslebens seine Würde als Mensch. Deshalb muß der Arbeitgeber alles unterlassen, was die Würde des Arbeitnehmers und die freie Entfaltung seiner Persönlichkeit beeinträchtigen kann. Eine solche Beeinträchtigung beider Grundrechtspositionen bedeutet es aber, wenn einem Arbeitnehmer zugemutet wird, nicht nur vorübergehend, sondern womöglich jahrelang sein Gehalt in Empfang zu nehmen, ohne sich in seinem bisherigen Beruf betätigen zu können. Das würde auf einen Zwang zum Nichtstun hinauslaufen und den betreffenden Arbeitnehmer nicht mehr als vollwertiges Glied der Berufsgemeinschaft und der Gesellschaft überhaupt erscheinen lassen[1].

150 Der Große Senat des BAG folgerte hieraus, daß auch außerhalb der Regelung der §§ 102 Abs. 5 BetrVG, 79 Abs. 2 BPersVG der gekündigte Arbeitnehmer einen arbeitsvertragsrechtlichen Anspruch auf vertragsgemäße Beschäftigung über den Ablauf der Kündigungsfrist oder bei einer fristlosen Kündigung über deren Zugang hinaus **bis zum rechtskräftigen Abschluß des Kündigungsprozesses** haben muß, wenn die Kündigung unwirksam ist und überwiegende schutzwerte Interessen des Arbeitgebers einer solchen Beschäftigung nicht entgegenstehen. Außer im Falle einer offensichtlich unwirksamen Kündigung begründe die Ungewißheit über den Ausgang des Kündigungsprozesses ein schutzwertes Interesse des Arbeitgebers an der Nichtbeschäftigung des gekündigten Arbeitnehmers für die Dauer des Kündigungsprozesses. Dieses überwiege in der Regel das Beschäftigungsinteresse des Arbeitnehmers bis zu dem Zeitpunkt, in dem im Kündigungsprozeß ein die Unwirksamkeit der Kündigung feststellendes Urteil ergeht. Solange ein solches Urteil bestehe, könne die Ungewißheit des Prozeßausgangs für sich allein ein überwiegendes Gegeninteresse des Arbeitgebers nicht mehr begründen. Hinzu kommen müßten dann vielmehr zusätzliche Umstände, aus denen sich im Einzelfall ein überwiegendes Interesse des Arbeitgebers ergibt, den Arbeitnehmer nicht zu beschäftigen[2].

151 Der allgemeine Weiterbeschäftigungsanspruch greift nicht nur dann ein, wenn um die Wirksamkeit einer Kündigung gestritten wird. Vielmehr hat das BAG ihn auf **alle Bestandsstreitigkeiten,** insbesondere also auch den Streit um die

---

1 BAG v. 10. 11. 1955, AP Nr. 2 zu § 611 BGB – Beschäftigungspflicht.
2 BAG v. 27. 2. 1985, AP Nr. 14 zu § 611 BGB – Beschäftigungspflicht; dazu ua. *Berger-Delhey*, NZA 1988, 8 ff.; *Hanau*, ZIP 1986, 3; *Künzl/Bengelsdorf*, DB 1989, 2433 ff.

VI. Weiterbeschäftigungsantrag

Wirksamkeit einer Befristung oder auflösenden Bedingung ausgeweitet[1]. Bei einer **Änderungskündigung** findet er keine Anwendung[2].

2. Klageverfahren

a) Anspruch des Arbeitnehmers

Der Arbeitnehmer kann im Kündigungsschutz- oder sonstigen Bestandsrechtsstreit das Begehren auf Weiterbeschäftigung mit dem Hauptantrag im Wege der **objektiven Klagehäufung** (§ 260 ZPO) verbinden oder ihn als **uneigentlichen Hilfsantrag** unter der Bedingung stellen, daß seinem Begehren in der Hauptsache entsprochen wird[3].

Eine **isolierte** Klage, mit der der allgemeine Weiterbeschäftigungsanspruch geltend gemacht wird, ist möglich, weil nach der Rechtsprechung des BAG dieser ausnahmsweise auch schon vor einem stattgebenden Urteil bestehen kann, wenn nämlich die Kündigung offensichtlich unwirksam ist. Das Gericht wird in einem solchen Falle das Verfahren jedoch gemäß § 148 ZPO bis zur Erhebung der Kündigungsschutzklage **aussetzen.** Auch der betriebsverfassungsrechtliche Weiterbeschäftigungsanspruch kann durch isolierte Klage geltend gemacht werden, diese ist allerdings mit Blick auf die materiell-rechtlichen Voraussetzungen des § 102 Abs. 5 BetrVG (bzw. § 79 Abs. 2 BPersVG) nur schlüssig, wenn neben der Erhebung des Widerspruchs durch den Betriebs-(bzw. Personal-)rat auch die rechtzeitige Klageerhebung gegen die Kündigung nach dem KSchG behauptet wird.

Zweifelhaft ist, wie der **Antrag** zu formulieren ist, weil er, um zulässig zu sein, einen vollstreckungsfähigen Inhalt haben muß. Vielfach haben die Arbeitsgerichte in der Vergangenheit dem Antrag, den Kläger „zu unveränderten Bedingungen" bis zum rechtskräftigen Abschluß des Rechtsstreits weiterzubeschäftigen entsprochen mit der Folge, daß dann im Vollstreckungsverfahren nach § 888 ZPO Streit über den Inhalt der bisherigen Arbeitsbedingungen aufgetaucht ist. Da der Inhalt des Weiterbeschäftigungsanspruchs im Vollstreckungsverfahren jedoch nicht geklärt werden kann[4], mußte der Antrag auf Festsetzung des Zwangsgeldes oftmals zurückgewiesen und der Arbeitnehmer auf ein erneutes streitiges Verfahren verwiesen werden, um einen neuen Titel mit vollstreckungsfähigem Inhalt zu erstreiten[5].

---

1 BAG v. 13. 6. 1985, AP Nr. 19 zu § 611 BGB – Beschäftigungspflicht; *Erman/Hanau*, § 611 BGB Rz. 373: *Kittner/Trittin*, KSchR, Einl. Rz. 428.
2 BAG v. 18. 1. 1990, AP Nr. 27 zu § 2 KSchG 1969.
3 *Stahlhacke/Preis*, Rz. 1309.
4 LAG Nürnberg v. 17. 3. 1993, LAGE § 888 ZPO Nr. 28.
5 Vgl. LAG Rheinland-Pfalz v. 7. 1. 1986, LAGE § 888 ZPO Nr. 6; LAG Rheinland-Pfalz v. 30. 3. 1987, NZA 1987, 827; LAG Schleswig-Holstein v. 6. 1. 1987, LAGE § 888 ZPO Nr. 10; LAG Frankfurt/Main v. 13. 7. 1987, LAGE § 888 ZPO Nr. 12; LAG Frankfurt/Main v. 27. 11. 1992, LAGE § 888 ZPO Nr. 30; LAG Köln v. 7. 7. 1987, LAGE § 888 ZPO Nr. 15; LAG Hamm v. 21. 11. 1989, LAGE § 888 ZPO Nr. 20; LAG Berlin v. 8. 1. 1993, LAGE § 888 ZPO Nr. 27; LAG Berlin v. 17. 5. 1993, LAGE § 626 BGB Nr. 72; LAG Köln v. 24. 10. 1995, NZA-RR 1996, 108.

155 Rechtsprechung und herrschende Lehre lassen es jedoch genügen, wenn im Antrag neben den „bisherigen Arbeitsbedingungen" die bisherige Tätigkeit (das Berufsbild) konkret bezeichnet ist[1]. Danach muß der **Antrag** also richtig lauten:

> „Der Beklagte wird verurteilt, den Kläger zu den bisherigen Bedingungen als Gebäudereiniger über den Ablauf der Kündigungfrist weiter zu beschäftigen."

b) Abwehr durch den Arbeitgeber

aa) Einwendungen im Klageverfahren

156 Im **Klageverfahren** kann der Arbeitgeber nur mit solchen Einwendungen gehört werden, die den Weiterbeschäftigungsanspruch ausschließen, nicht hingegen mit solchen, die nach § 102 Abs. 5 Satz 2 BetrVG eine Entbindung von der Weiterbeschäftigungspflicht ermöglichen. Gegen einen **allgemeinen Weiterbeschäftigungsanspruch** kann der Arbeitgeber also einwenden, diesem stünden überwiegende schutzwerte Interessen entgegen, die im Einzelfall eine Weiterbeschäftigung bis zum rechtskräftigen Abschluß des Prozesses verböten. Gegen den auf **§ 102 Abs. 5 BetrVG** gestützten Anspruch kann der Arbeitgeber nur geltend machen, der Betriebsrat habe der Kündigung nicht frist- oder ordnungsgemäß widersprochen, der Arbeitnehmer falle nicht unter das KSchG oder habe die Klage nicht rechtzeitig im Sinne des § 4 Satz 1 KSchG erhoben[2].

bb) Antrag auf Erlaß einer einstweiligen Verfügung

157 Im übrigen, also wenn der Arbeitgeber gegenüber dem auf § 102 Abs. 5 BetrVG gestützten Anspruch geltend machen will, daß einer der Entbindungstatbestände des Satzes 2 dieser Vorschrift vorliegt, ist er auf das dort genannte Verfahren der einstweiligen Verfügung zu verweisen. In diesem muß der Arbeitgeber **glaubhaft machen** (§ 294 ZPO) daß

158 ▶ die Kündigungsschutzklage nach der im Verfügungsverfahren gebotenen vorläufigen Prüfung **keine hinreichende Aussicht auf Erfolg** hat oder sogar mutwillig erscheint. Dabei hat das Arbeitsgericht das gesamte tatsächliche Vorbringen des Arbeitgebers – nicht nur die Widerspruchsgründe des Betriebsrats – zu berücksichtigen und seiner Entscheidung denselben Maßstab zugrunde zu legen, der bei der Prüfung des Antrags auf Prozeßkostenhilfe (§ 114 ZPO, dazu unten Teil 5 B Rz. 41 f.) Anwendung findet[3].

---

1 LAG Frankfurt/Main v. 27. 11. 1992, LAGE § 888 ZPO Nr. 30; *Hauck*, § 46 ArbGG Rz. 27; *Ehler*, BB 1996, 376, 377; *Schaub*, Arbeitsrechtliche Formularsammlung und Arbeitsgerichtsverfahren, § 33 I 2.
2 LAG Düsseldorf v. 30. 8. 1977, DB 1977, 2382; ArbG Düsseldorf v. 27. 9. 1983, DB 1984, 618; *Däubler/Kittner/Klebe*, § 102 BetrVG Rz. 282; *Richardi*, § 102 BetrVG Rz. 229; *Etzel*, Betriebsverfassungsrecht, Rz. 979; *MünchArbR/Wank*, § 118 Rz. 31.
3 ArbG Stuttgart v. 5. 4. 1993, ArbuR 1993, 222; *Richardi*, § 102 BetrVG Rz. 233; *Fitting/Kaiser/Heither/Engels*, § 102 BetrVG Rz. 68; *MünchArbR/Matthes*, § 233 Rz. 100.

- die **Weiterbeschäftigung des Arbeitnehmers** zu einer **unzumutbaren wirtschaftlichen Belastung** führen würde. Dabei genügt es nicht, daß der Arbeitgeber den Arbeitnehmer nicht mehr benötigt, denn das ist bei jeder betriebsbedingten Kündigung der Fall. Die wirtschaftlichen Belastungen müssen vielmehr so erheblich sein, daß die wirtschaftliche Existenz des Betriebes durch die Lohnfortzahlung in Frage gestellt werden kann[1]. Daraus folgt, daß dieser Entbindungstatbestand praktisch vor allem bei der Kündigung einer größeren Zahl von Arbeitnehmern (Massenentlassung) in Betracht kommt[2].

- der Widerspruch des Betriebsrats aus rechtlichen oder tatsächlichen Gründen **offensichtlich unbegründet** ist. Unbegründet ist der Widerspruch zumeist, wenn auch die Klage des Arbeitnehmers in der Hauptsache wenig Erfolg verspricht, weil die Widerspruchsgründe überwiegend auf die fehlerhafte Sozialauswahl bei der betriebsbedingten Kündigung nach § 1 Abs. 3 KSchG bezogen sind. Offensichtlichkeit verlangt, daß es einer Beweiserhebung (die nach § 294 Abs. 2 ZPO ohnehin nur durch präsente Beweismittel zulässig wäre) nicht bedarf[3].

Die weiteren Voraussetzungen des § 935 ZPO für den Erlaß einer einstweiligen Verfügung brauchen nicht vorzuliegen[4]. In dringenden Fällen kann eine Entscheidung **ohne mündliche Verhandlung** ergehen (§ 937 Abs. 2 ZPO), in aller Regel aber auch dann – abweichend von § 944 ZPO – nicht ohne Beteiligung der ehrenamtlichen Richter[5]. Die Entbindung des Arbeitgebers von der Weiterbeschäftigung wirkt (lediglich) ex-nunc rechtsgestaltend auf das Arbeitsverhältnis ein und entbindet den Arbeitgeber nicht von der Pflicht, den Arbeitnehmer bis zum Erlaß der Entscheidung zu beschäftigen und zu entlohnen[6].

Der **Antrag** lautet:

„Der Antragsteller wird im Wege der einstweiligen Verfügung von der Verpflichtung zur Weiterbeschäftigung des Antragsgegners entbunden."

3. Vorläufiger Rechtsschutz

Sowohl der allgemeine als auch der betriebsverfassungsrechtliche Weiterbeschäftigungsanspruch können nicht nur im Wege der Klage, sondern unter den

---

1 *Däubler/Kittner/Klebe*, § 102 BetrVG Rz. 291; aA KölnKomm z. KSchG/*Sowka*, Teil B Rz. 44.
2 *Wlotzke*, § 102 BetrVG Anm. IV 3.
3 *Wlotzke*, § 102 BetrVG Anm. IV 3.
4 *Brox/Walker*, Rz. 1607; *Richardi*, § 102 BetrVG Rz. 239; *Grunsky*, § 62 ArbGG Rz. 23; *Walker*, Rz. 693.
5 *Gift/Baur*, Teil J Rz. 69; für das Beschlußverfahren ferner BAG v. 28. 8. 1991, AP Nr. 2 zu § 85 ArbGG 1979.
6 BAG v. 7. 3. 1996, AP Nr. 9 zu § 102 BetrVG 1972 – Weiterbeschäftigung.

Voraussetzungen der §§ 935, 940 ZPO auch im Verfahren der **einstweiligen Verfügung** geltend gemacht werden[1].

164 Der **allgemeine Weiterbeschäftigungsanspruch** ist dabei **vor** Erlaß eines der Kündigungsschutzklage stattgebenden Instanzurteils materiell-rechtlich jedoch nur gegeben, wenn entweder die Kündigung offensichtlich unwirksam ist oder besondere Gründe in der Person des Arbeitnehmers vorliegen, die eine Weiterbeschäftigung gebieten. Letzteres kann insbesondere dann in Betracht kommen, wenn – wie bei Künstlern oder Sportlern – die ständige Ausübung des Berufs zur Wahrung des Leistungs- und Wettbewerbsfähigkeit des Arbeitnehmers zwingend erforderlich ist.

165 Zur Durchsetzung des **betriebsverfassungsrechtlichen Weiterbeschäftigungsanspruchs** im Verfahren der einstweiligen Verfügung muß der Arbeitnehmer alle Voraussetzungen des § 102 Abs. 5 Satz 1 BetrVG glaubhaft machen (§ 294 ZPO), dazu gehört auch die Glaubhaftmachung eines ordnungsgemäßen, frist- und formgerecht erhobenen Widerspruchs des Betriebsrats[2]. Ob die Darlegung der Dringlichkeit als **Verfügungsgrund** überhaupt notwendig ist, ist umstritten[3], aber wohl zu bejahen. Insoweit genügt der hM jedoch der bloße Hinweis auf den drohenden Zeitablauf[4].

166 Die **Vollstreckung** des Weiterbeschäftigungsanspruchs richtet sich nach § 888 ZPO, wobei es jedoch unzulässig ist, gegen den Arbeitgeber für jeden Tag der Nichterfüllung der Beschäftigungspflich ein Zwangsgeld festzusetzen[5].

167 Der **Antrag** lautet:

> „Dem Antragsgegner wird aufgegeben, bei Meidung eines vom Gericht festzusetzenden Zwangsgeldes bzw. der vom Gericht festzusetzenden Zwangshaft den Antragsteller bis zum rechtskräftigen Abschluß des Kündigungsschutzverfahrens zu unveränderten Bedingungen als Kraftfahrzeugmechaniker weiterzubeschäftigen."

168 Der Arbeitnehmer hat jedoch nach § 61 Abs. 2 ArbGG darüber hinaus die Möglichkeit, im Wege des **unechten Hilfsantrages** (Klagehäufung gemäß § 260 ZPO) den Arbeitgeber zur Zahlung einer Entschädigung für den Fall verurteilen zu lassen, daß er den Arbeitnehmer nicht innerhalb einer bestimmten Frist

---

1 LAG Niedersachsen v. 18. 11. 1994, NZA 1995, 1176; *Germelmann/Matthes/Prütting*, § 62 ArbGG Rz. 86 ff.; *Grunsky*, § 62 ArbGG Rz. 24; *Walker*, Rz. 675 ff.; aA ArbG Köln v. 9. 5. 1996, NZA-RR 1997, 186, 187 und hinsichtlich des allgemeinen Weiterbeschäftigungsanspruchs auch MünchKomm/*Heinze*, § 935 ZPO Rz. 45.
2 LAG Düsseldorf v. 26. 6. 1980, DB 1980, 2043; *Etzel*, Betriebsverfassungsrecht, Rz. 978.
3 Bejahend LAG Berlin v. 15. 9. 1980, DB 1980, 2449; aA LAG Hamburg v. 14. 9. 1992, NZA 1993, 141.
4 *Etzel*, Betriebsverfassungsrecht, Rz. 978.
5 LAG München v. 11. 9. 1993, LAGE § 888 ZPO Nr. 34.

VI. Weiterbeschäftigungsantrag

weiterbeschäftigt[1]. Die Zwangsvollstreckung nach § 888 ZPO ist in diesem Falle ausgeschlossen.

Der **Antrag** lautet dann: 169

> „1. Dem Antragsgegner wird aufgegeben, den Antragsteller bis zum rechtskräftigen Abschluß des Kündigungsschutzverfahrens zu unveränderten Bedingungen als Fliesenleger weiterzubeschäftigen.
> 2. Kommt der Antragsgegner der Verpflichtung zur Weiterbeschäftigung des Antragstellers nicht innerhalb von fünf Tagen nach Zustellung der Entscheidung nach, wird er verurteilt, an den Antragsteller eine Entschädigung in Höhe von 3000 DM zu zahlen."

Die **Höhe der Entschädigung** wird vom Gericht nach freiem Ermessen bestimmt (§ 61 Abs. 2 ArbGG). Es hat sie im Urteil zahlenmäßig genau festzusetzen[2]. Streitig ist, ob der Anspruch auf Entschädigung bereits im Antrag der Höhe nach zu beziffern ist. Während ein Teil der Literatur der Auffassung ist, daß eine Bezifferung nicht notwendig sei[3], vertritt ein anderer Teil, daß es sich bei dem Entschädigungsanspruch nach § 61 Abs. 2 ArbGG um einen normalen Schadensersatzanspruch handele, bei dem eine Bezifferung wie auch sonst grundsätzlich erforderlich sei[4]. Mit Blick auf diese Unsicherheit erscheint es unter dem Gesichtspunkt anwaltlicher Sorgfalt geboten, einen bezifferten Antrag zu formulieren, an den das Gericht dann nach § 308 Abs. 1 ZPO gebunden ist[5]. 170

Nur wenn die Schätzung des dem Arbeitnehmer durch die Nichtbeschäftigung erwachsenden Schadens schwerfällt (dieser Schaden ist nicht mit dem Entgeltanspruch gleichzusetzen, der ja bei obsiegendem Urteil im Kündigungsschutzprozeß nach § 615 BGB bestehen bleibt), kann der Antragsteller wie in den Fällen des § 287 ZPO von einer Bezifferung absehen oder einen **Mindestbetrag** nennen[6]. Dann aber sind in der Klagebegründung im einzelnen die Tatsachen anzugeben, die eine Berechnung bzw. Schätzung ermöglichen. 171

4. Darlegungs- und Beweislast

Für die Darlegungs- und Beweislast hinsichtlich des **allgemeinen Weiterbeschäftigungsanspruchs** gelten keine Besonderheiten, soweit der Arbeitnehmer diesen klageweise gemeinsam mit der Kündigungsschutz- oder sonstigen Be- 172

---

1 *Germelmann/Matthes/Prütting*, § 62 ArbGG Rz. 65.
2 *Germelmann/Matthes/Prütting*, § 61 ArbGG Rz. 35.
3 GK-ArbGG/*Dörner*, § 61 Rz. 22; *Schaub*, Arbeitsrechtliche Formularsammlung und Arbeitsgerichtsverfahren, § 103 III 2c.
4 *Germelmann/Matthes/Prütting*, § 61 ArbGG Rz. 31; *Gift/Baur*, Teil E Rz. 1659; *Grunsky*, § 61 ArbGG Rz. 12.
5 GK-ArbGG/*Dörner*, § 61 Rz. 22.
6 Vgl. *Baumbach/Lauterbach/Albers/Hartmann*, § 253 ZPO Rz. 49 f.; *Thomas/Putzo*, § 253 ZPO Rz. 12; *Zöller/Greger*, § 253 ZPO Rz. 14.

standsschutzklage geltend macht. Aus dem seinem Begehren insoweit stattgebenden Urteil folgt ohne weiteres zugleich die Begründetheit seines Weiterbeschäftigungsverlangens[1]. Will der Arbeitgeber für den Fall seines – vorläufigen – Unterliegens im Kündigungsprozeß dem Weiterbeschäftigungsanspruch entgegentreten, trifft ihn die Darlegungs- und Beweislast dafür, daß seine schutzwerten Interessen an der Abwehr der Beschäftigung den widerstreitenden Interessen des Arbeitnehmers, die durch das stattgebende Instanzurteil eine erste Bestätigung erfahren haben, überwiegen. Insoweit beruft er sich also auf einen Ausnahmetatbestand, den er nach allgemeinen Regeln darzutun und im Streitfalle zu beweisen hat[2].

173 Macht dagegen der Arbeitnehmer seinen Weiterbeschäftigungsanspruch isoliert, insbesondere im Wege der einstweiligen Verfügung schon vor Erlaß eines erstinstanzlichen Urteils im Kündigungsprozeß geltend, trifft ihn die Darlegungs- und Beweislast dafür, daß die Kündigung offensichtlich unwirksam ist oder in seiner Person besondere Gründe vorliegen, die eine Weiterbeschäftigung auch schon während des erstinstanzlichen Verfahrens gebieten[3].

174 In den Fällen des **betriebsverfassungsrechtlichen Weiterbeschäftigungsanspruchs** hat der Arbeitnehmer die Tatsachen darzulegen und zu beweisen, die den Anspruch aus § 102 Abs. 5 Satz 1 BetrVG begründen. Er muß also vortragen, daß sein Arbeitsverhältnis dem KSchG unterliegt, dieses vom Arbeitgeber ordentlich gekündigt worden ist, er gegen diese Kündigung innerhalb der Dreiwochenfrist des § 4 KSchG Kündigungsschutzklage erhoben hat und der Betriebsrat der Kündigung frist- und ordnungsgemäß widersprochen hat[4]. Mit dem Einwand, einer der in § 102 Abs. 5 Satz 2 BetrVG genannten Entbindungstatbestände liege vor, wird der Arbeitgeber in diesem Verfahren nicht gehört (oben Rz. 156).

175 Behauptet der Arbeitgeber, zur Weiterbeschäftigung nach § 102 Abs. 5 Satz 2 BetrVG nicht verpflichtet zu sein, muß er dies im Verfahren der einstweiligen Verfügung geltend machen, in dem ihn die Darlegungs- und Beweislast für das Vorliegen der Entbindungstatbestände trifft. Allerdings braucht der Arbeitgeber hier nicht den Vollbeweis zu führen, sondern es genügt nach § 294 ZPO insoweit die **Glaubhaftmachung,** also die überwiegende Wahrscheinlichkeit[5].

---

1 *Baumgärtel/von Altrock*, § 611 BGB – Anh. Kündigungsschutzprozeß Rz. 100.
2 *Erman/Hanau*, § 611 BGB Rz. 376; *Schäfer*, NZA 1985, 691, 692.
3 AA LAG Niedersachsen v. 18. 11. 1994, NZA 1995, 1176 und, für den Fall, daß im Verfahren der einstweiligen Verfügung eine mündliche Verhandlung stattfindet, auch *Baumgärtel/von Altrock*, § 611 BGB – Anh. Kündigungsschutzprozeß Rz. 100, 102.
4 *Däubler/Kittner/Klebe*, § 102 BetrVG Rz. 265; *Fitting/Kaiser/Heither/Engels*, § 102 BetrVG Rz. 58; KR/*Etzel*, § 102 BetrVG Rz. 222.
5 *Ascheid*, Urteils- und Beschlußverfahren im Arbeitsrecht, Rz. 1004; *Thomas/Putzo*, § 294 ZPO Rz. 1; *Zöller/Greger*, § 294 ZPO Rz. 1.

VII. Der Auflösungsantrag

§ 9 KSchG eröffnet beiden Parteien des Arbeitsvertrages die Möglichkeit, einen Antrag auf Auflösung des Arbeitsverhältnisses für den Fall zu stellen, daß der Arbeitnehmer mit seiner Kündigungsschutzklage obsiegt. Hinter dieser Regelung steht der Gedanke, daß ein Arbeitsverhältnis gerade durch den Kündigungsrechtsstreit so zerrüttet werden kann, daß einer oder beiden Seiten eine Weiterbeschäftigung nicht mehr zuzumuten ist. 176

Der **Arbeitnehmer** hat für seinen Auflösungsantrag darzulegen, daß ihm die Fortsetzung des Arbeitsverhältnisses nicht zumutbar ist. Der Antrag des **Arbeitgebers** ist davon abhängig, daß Gründe vorliegen, die eine den Betriebszwecken dienliche weitere Zusammenarbeit zwischen Arbeitgeber und Arbeitnehmer nicht erwarten lassen. Nur bei Geschäftsführern, Betriebsleitern und ähnlichen leitenden Angestellten, soweit diese zur selbständigen Einstellung oder Entlassung von Arbeitnehmern berechtigt sind, bedarf der Auflösungsantrag des Arbeitgebers keiner Begründung (§ 14 Abs. 2 Satz 2 KSchG). 177

In jedem Falle ist der Arbeitgeber zur Zahlung einer angemessenen **Abfindung** zu verurteilen, deren Höhe gemäß § 10 Abs. 1 KSchG ein Betrag bis zu zwölf Monatsverdiensten beträgt. Hat der Arbeitnehmer das fünfzigste Lebensjahr vollendet und hat das Arbeitsverhältnis mindestens fünfzehn Monate bestanden, so ist ein Betrag bis zu fünfzehn Monatsverdiensten, hat der Arbeitnehmer das fünfundfünfzigste Lebensjahr vollendet und hat das Arbeitsverhältnis mindestens zwanzig Jahre bestanden, so ist gemäß § 10 Abs. 2 KSchG ein Betrag bis zu achtzehn Monatsverdiensten festzusetzen[1]. Dabei soll das Datum der gerichtlichen Entscheidung und nicht das Datum maßgebend sein, zu dem das Arbeitsverhältnis aufgelöst wird[2]. 178

1. Der Auflösungsantrag des Arbeitnehmers

a) Verfahrensrechtliche Voraussetzungen

Verfahrensrechtliche Voraussetzung des Auflösungsantrags ist zunächst die **Anhängigkeit eines Kündigungsrechtsstreits.** Der Auflösungsantrag kann nicht isoliert, sondern nur im Wege des unechten Hilfsantrags (unecht, weil der Antrag nicht – wie gewöhnlich – für den Fall des Unterliegens mit dem Hauptantrag, sondern für den Fall des Obsiegens gestellt wird)[3] gemeinsam mit einer Kündigungsschutzklage gestellt werden. Zulässig ist es jedoch, wie § 9 Abs. 1 Satz 3 KSchG deutlich macht, diesen Antrag erst im Laufe des Verfahrens zu stellen, die Präklusionsvorschriften des ArbGG und der ZPO finden keine Anwendung[4]. 179

---

[1] Einzelheiten bei *Rolfs*, AR-Blattei SD 10 „Abfindung"; *Neumann*, AR-Blattei SD 1020.6 „Kündigungsabfindung".
[2] LAG Rheinland-Pfalz v. 16. 12. 1994, NZA 1996, 94.
[3] BAG v. 19. 12. 1958, AP Nr. 1 zu § 133b GewO; BAG v. 5. 11. 1964, AP Nr. 20 zu § 7 KSchG.
[4] KR/*Spilger*, § 9 KSchG Rz. 20.

b) Materiell-rechtliche Voraussetzungen
aa) Unwirksamkeit der Kündigung

180 Materiell-rechtliche Voraussetzung des Auflösungsantrags nach § 9 KSchG ist zunächst, daß das Arbeitsverhältnis nicht schon durch die Kündigung aufgelöst ist. Diese Voraussetzung ist im Falle der **ordentlichen Kündigung** jedenfalls dann erfüllt, wenn die Kündigung **sozialwidrig** im Sinne des § 1 KSchG ist. Zweifelhaft ist, ob der Auflösungsantrag auch dann gestellt werden kann, wenn die Kündigung ausschließlich **aus einem anderen Grunde** (vgl. oben Rz. 99 ff.), insbesondere wegen unterbliebener oder fehlerhafter Anhörung des Betriebsrats, unwirksam ist. Die ganz hM verneint in diesen Fällen den Auflösungsanspruch des Arbeitnehmers[1], so daß der Antrag nur dann Erfolg haben kann, wenn die Kündigung nicht nur aus diesem anderen Grunde unwirksam, sondern **auch sozialwidrig** ist[2].

181 Etwas anderes gilt kraft ausdrücklicher Anordnung in § 13 Abs. 2 KSchG nur für den Fall der **sittenwidrigen Kündigung.** Verstößt eine Kündigung gegen § 138 BGB, was voraussetzt, daß sie auf einem verwerflichen Motiv des Kündigenden beruht, wie insbesondere Rachsucht oder Vergeltung oder wenn sie aus anderen Gründen dem Anstandsgefühl aller billig und gerecht Denkenden widerspricht[3], kann der Arbeitnehmer den Auflösungsantrag stellen, wenn er innerhalb der Dreiwochenfrist des § 4 KSchG gegen die Kündigung Klage erhoben hat.

182 Entsprechendes gilt für die **außerordentliche Kündigung.** Hier folgt aus § 13 Abs. 1 Satz 3 KSchG, daß der Auflösungsantrag nur dann begründet ist, wenn die Kündigung wegen eines Grundes unwirksam ist, der die Erhebung der fristgebundenen Kündigungsschutzklage erfordert. Voraussetzung ist also, daß es der außerordentlichen Kündigung am wichtigen Grund im Sinne des § 626 Abs. 1 BGB mangelt oder der Arbeitgeber die zweiwöchige Kündigungserklärungsfrist des § 626 Abs. 2 BGB versäumt hat.

183 Das **Arbeitsverhältnis** muß zum Zeitpunkt der Auflösung **noch bestehen** und darf nicht in der Zwischenzeit – etwa durch Befristung oder den Eintritt einer auflösenden Bedingung – auf andere Weise beendet worden sein.

184 Voraussetzung des Auflösungsantrags ist darüber hinaus stets, daß der Arbeitgeber eine Beendigungskündigung ausgesprochen hat. Auf **Änderungskündigungen,** die der Arbeitnehmer unter dem Vorbehalt des § 2 KSchG angenommen hat, findet § 9 KSchG keine Anwendung[4]. Die Auflösung kommt hier nur dann

---

[1] LAG Köln v. 17. 3. 1995, NZA-RR 1996, 127, 128; *Hueck/von Hoyningen-Huene*, § 9 KSchG Rz. 14; *Stahlhacke/Preis*, Rz. 1192; wohl auch *Kittner/Trittin*, KSchR, § 9 KSchG Rz. 5.

[2] LAG Köln v. 17. 3. 1995, NZA-RR 1996, 127, 128; *Hueck/von Hoyningen-Huene*, § 9 KSchG Rz. 14; *Kittner/Trittin*, KSchR, § 9 KSchG Rz. 5.

[3] BAG v. 16. 2. 1989, AP Nr. 46 zu § 138 BGB.

[4] LAG Berlin v. 2. 3. 1984, DB 1984, 2464; LAG München v. 29. 10. 1987, DB 1988, 866; *Kittner/Trittin*, KSchR, § 9 KSchG Rz. 7; KR/*Spilger*, § 9 KSchG Rz. 30; MünchArbR/*Berkowsky*, § 149 Rz. 12; offen gelassen von BAG v. 29. 1. 1981, AP Nr. 6 zu § 9 KSchG 1969.

VII. Der Auflösungsantrag

in Betracht, wenn der Arbeitnehmer das Änderungsangebot abgelehnt hat. Im **Ausbildungsverhältnis** kommt eine gerichtliche Auflösung gemäß §§ 9, 10 KSchG bei Unwirksamkeit einer vom Ausbildenden ausgesprochenen Kündigung nicht in Betracht[1].

bb) Unzumutbarkeit der Fortsetzung des Arbeitsverhältnisses

Weitere materiell-rechtliche Voraussetzung des Auflösungsantrags des Arbeitnehmers ist, daß ihm die Fortsetzung des Arbeitsverhältnisses nicht zuzumuten ist. Bei der Unzumutbarkeit handelt es sich um einen **unbestimmten Rechtsbegriff,** der von den Gerichten im Einzelfall zu konkretisieren ist, jedoch **keine Ermessensentscheidung** zuläßt[2].

185

Das BAG hat zur Konkretisierung früher die gleichen strengen Anforderungen angelegt, die für die außerordentliche Kündigung nach § 626 BGB Anwendung finden[3]. Diese Rechtsprechung hat das Gericht jedoch mittlerweile zu Recht aufgegeben. Während sich bei § 626 BGB die Prüfung darauf beschränkt, ob die Fortsetzung des Arbeitsverhältnisses nicht wenigstens bis zum Ablauf der Kündigungsfrist oder bis zum vereinbarten Ende zumutbar ist, muß bei § 9 Abs. 1 Satz 1 KSchG geprüft werden, ob die Fortsetzung des Arbeitsverhältnisses überhaupt, dh. **auf unbestimmte Dauer zumutbar** ist. Darin liegt ein grundlegender Unterschied, der auch unterschiedliche Beurteilungsmaßstäbe erfordert. Gründe, die zur fristlosen Kündigung berechtigen, werden zwar regelmäßig auch solche sein, die dem Arbeitnehmer im Sinne des § 9 Abs. 1 Satz 1 KSchG die Fortsetzung des Arbeitsverhältnisses unzumutbar machen. Dagegen können einem Arbeitnehmer aber auch Gründe die Fortsetzung des Arbeitsverhältnisses unzumutbar machen, die für eine fristlose Kündigung nicht ausreichen. Bestreitet der Arbeitgeber zB trotz gegenteiliger Aussagen der Vorgesetzten des Arbeitnehmers, daß dieser für bestimmte Aufgaben die nötige Qualifikation besitzt, so kann es dem Arbeitnehmer zwar durchaus zuzumuten sein, das Arbeitsverhältnis noch bis zum Ablauf der ordentlichen Kündigungsfrist, nicht aber, es auf Dauer fortzusetzen[4]. Die Unzumutbarkeit kann sich insbesondere aus dem **Prozeßverhalten** des Arbeitgebers oder dessen Verhalten gegenüber dem Arbeitnehmer im Betrieb während des Kündigungsrechtsstreits ergeben[5].

186

---

1 Vgl. BAG v. 29. 11. 1984, AP Nr. 6 zu § 13 KSchG 1969; KR/*Spilger,* § 9 KSchG Rz. 14b.
2 BAG v. 25. 11. 1982, AP Nr. 10 zu § 9 KSchG 1969; *Kittner/Trittin,* KSchR, § 9 KSchG Rz. 10; MünchArbR/*Berkowsky,* § 147 Rz. 5.
3 BAG v. 5. 11. 1964, AP Nr. 20 zu § 7 KSchG.
4 BAG v. 26. 11. 1981, AP Nr. 8 zu § 9 KschG 1969; *Kittner/Trittin,* KSchR, § 9 KSchG Rz. 10; MünchArbR/*Berkowsky,* § 147 Rz. 6.
5 *Kittner/Trittin,* KSchR, § 9 KSchG Rz. 11; KR/*Spilger,* § 9 KSchG Rz. 41.

c) Verfahrensfragen

187 Die **Darlegungs- und Beweislast** für die Voraussetzungen des Auflösungsantrags einschließlich der Gründe, die die Unzumutbarkeit der Fortsetzung des Arbeitsverhältnisses rechtfertigen sollen, trägt der Arbeitnehmer[1].

188 Der **Auflösungsantrag** lautet:

> „Das Arbeitsverhältnis wird gegen Zahlung einer Abfindung, die in das Ermessen des Gerichts gestellt wird, jedoch 7500 DM nicht unterschreiten sollte, aufgelöst."

189 Der Zeitpunkt, zu dem das Arbeitsverhältnis aufgelöst werden soll, braucht nicht beantragt zu werden, ihn setzt das Gericht gemäß § 9 Abs. 2 KSchG zu dem Zeitpunkt fest, zu dem das Arbeitsverhältnis bei sozial gerechtfertigter Kündigung geendet hätte. Dies gilt auch im Falle der außerordentlichen Kündigung, § 13 Abs. 1 Satz 3 KSchG.

190 Der Arbeitgeber kann dem Auflösungsantrag – ebensowenig wie der Kündigungsschutzklage – nicht dadurch begegnen, daß er die **Kündigung zurücknimmt**. Die Kündigung ist eine einseitige rechtsgestaltende Willenserklärung, deren Wirkungen nicht einseitig beseitigt werden können. Die Kündigungsrücknahme ist ein Angebot zum Abschluß eines neuen Arbeitsvertrages zu unveränderten Vertragsbedingungen, das der Arbeitnehmer nach allgemeinen Grundsätzen annehmen oder ablehnen kann[2]. In der Erhebung der Kündigungsschutzklage liegt keine antezipierte Annahme des Angebots, vielmehr ist in der Stellung des Auflösungsantrags eine **Ablehnung** zu erblicken[3].

191 Der **Auflösungsantrag** selbst kann **isoliert zurückgenommen** werden, und zwar bis zum Zeitpunkt der letzten mündlichen Verhandlung in der Berufungsinstanz[4]. Das gilt selbst dann, wenn das Arbeitsgericht in erster Instanz dem Auflösungsbegehren entsprochen hatte, weil die mit dem Auflösungsurteil verbundene Gestaltungswirkung erst mit der Rechtskraft des Urteils eintritt.

2. Der Auflösungsantrag des Arbeitgebers

a) Verfahrensrechtliche Voraussetzungen

192 Auch für den Auflösungsantrag des Arbeitgebers ist die **Anhängigkeit eines Kündigungsschutzprozesses** Voraussetzung. Der Antrag ist – anders als der des Arbeitnehmers – ein **echter Hilfsantrag**, weil er für den Fall des Unterliegens in

---

[1] *Baumgärtel/von Altrock*, § 611 BGB – Anh. Kündigungsschutzprozeß Rz. 90; Münch-Komm/*Schwerdtner*, § 622 Anh. Rz. 470; *Stahlhacke/Preis*, Rz. 1201.
[2] BAG v. 19. 8. 1982, AP Nr. 9 zu § 9 KSchG 1969; aA LAG Köln v. 17. 3. 1995, NZA-RR 1996, 127, 128: Rücknahme sei Anerkenntnis der Sozialwidrigkeit.
[3] BAG v. 19. 8. 1982, AP Nr. 9 zu § 9 KSchG 1969; KR/*Spilger*, § 9 KSchG Rz. 20a; *Thüsing*, ArbuR 1996, 245, 248.
[4] BAG v. 28. 1. 1961, AP Nr. 8 zu § 7 KSchG.

VII. Der Auflösungsantrag

der Hauptsache gestellt wird. Obsiegt der Arbeitgeber nämlich im Kündigungsschutzrechtsstreit mit seinem Hauptsachebegehren, steht die Beendigung des Arbeitsverhältnisses schon aufgrund der sozialen Rechtfertigung der Kündigung fest. Im übrigen gelten die Ausführungen oben Rz. 179 entsprechend.

b) Materiell-rechtliche Voraussetzungen

Voraussetzung des Auflösungsantrags des Arbeitgebers ist weiterhin, daß die von ihm ausgesprochene Kündigung **sozial nicht gerechtfertigt** war. Anders als beim Antrag des Arbeitnehmers, der auch dann begründet ist, wenn zusätzlich andere Unwirksamkeitsgründe vorliegen, kann der Auflösungsantrag des Arbeitgebers nur dann von Erfolg sein, wenn die Kündigung **ausschließlich am Mangel ihrer sozialen Rechtfertigung** scheitert. Jeder weitere Unwirksamkeitsgrund hindert den Erfolg des Auflösungsantrags[1]. 193

Auch im Falle der **außerordentlichen Kündigung** ist dem Arbeitgeber die Auflösung verwehrt, § 13 Abs. 1 Satz 3 KSchG gestattet in diesem Falle nur dem Arbeitnehmer, den entsprechenden Antrag zu stellen. 194

Der Auflösungsantrag des Arbeitgebers kann darüber hinaus nur Erfolg haben, wenn Gründe vorliegen, die eine den Betriebszwecken dienliche weitere Zusammenarbeit zwischen Arbeitgeber und Arbeitnehmer nicht erwarten lassen. Auch wenn insoweit ein **strenger Maßstab** anzulegen ist[2], können nicht die zu § 626 BGB entwickelten Grundsätze angewandt werden, weil im Rahmen von § 9 KSchG die Zumutbarkeit der Weiterbeschäftigung auf Dauer maßgeblich ist. Bei der nach § 9 Abs. 1 Satz 2 KSchG anzustellenden Vorausschau kommt es nicht wie bei der Beurteilung der Sozialwidrigkeit einer Kündigung auf den Zeitpunkt der Kündigung an. 195

Vielmehr ist im Zeitpunkt der Entscheidung über den Auflösungsantrag zu fragen, ob in **Zukunft** eine den Betriebszwecken dienliche **weitere Zusammenarbeit** zu erwarten ist. Auch wenn dem Arbeitgeber erst in diesem Zeitpunkt die begründete Besorgnis aufkommen konnte, die weitere Zusammenarbeit mit dem Arbeitnehmer sei gefährdet, ist gerade dann der Auflösungsantrag begründet[3]. Zwar kommen als Auflösungsgründe nur Umstände in Betracht, die das persönliche Verhältnis, die Wertung der Persönlichkeit des Arbeitnehmers, seiner Leistung oder seiner Einstellung für die ihm gestellten Aufgaben betreffen, jedoch ist nicht erforderlich, daß der Arbeitnehmer sie schuldhaft herbeigeführt hat. Entscheidend ist die objektive Lage im Zeitpunkt der letzten mündlichen Verhandlung in der Tatsacheninstanz. Wie sich aus der Entstehungsge- 196

---

1 BAG v. 9. 10. 1979, AP Nr. 4 zu § 9 KSchG 1969; BAG v. 29. 1. 1981, AP Nr. 6 zu § 9 KSchG 1969; BAG v. 30. 11. 1989, AP Nr. 53 zu § 102 BetrVG 1972; BAG v. 10. 11. 1994, AP Nr. 24 zu § 9 KSchG 1969; *Kittner/Trittin*, KSchR, § 9 KSchG Rz. 5; MünchKomm/*Schwerdtner*, § 622 Anh. Rz. 460.
2 BAG v. 16. 5. 1984, AP Nr. 12 zu § 9 KSchG 1969; BAG v. 14. 5. 1987, AP Nr. 18 zu § 9 KSchG 1969; *Kittner/Trittin*, KSchR, § 9 KSchG Rz. 18; *Stahlhacke/Preis*, Rz. 1204.
3 BAG v. 30. 6. 1959, AP Nr. 56 zu § 1 KSchG; BAG v. 25. 11. 1982, AP Nr. 10 zu § 9 KSchG 1969; zu eng LAG Köln v. 17. 1. 1996, NZA 1996, 1100.

schichte des Gesetzes ergibt, war die Erwägung, daß es insbesondere während des Kündigungsrechtsstreits zu zusätzlichen, die Zusammenarbeit zwischen den Parteien gefährdenden Spannungen kommen könne, für die gesetzliche Regelung mitbestimmend, wenn nicht allein ausschlaggebend[1].

197 Eine Sonderregelung trifft § 14 Abs. 2 KSchG allerdings für **Geschäftsführer, Betriebsleiter und ähnliche leitende Angestellte,** soweit sie zur selbständigen Einstellung oder Entlassung von Arbeitnehmern berechtigt sind. Bei diesen Personen, die teilweise Arbeitgeberfunktionen wahrnehmen und deshalb ein besonderes Vertrauen des Arbeitgebers genießen müssen, bedarf der Auflösungsantrag des Arbeitgebers **keiner Begründung.**

c) **Verfahrensfragen**

198 Die **Darlegungs- und Beweislast** für alle den Auflösungsantrag begründenden Tatsachen trägt der Arbeitgeber. Dieser Last kann er nicht schon durch die bloße Bezugnahme auf die nicht ausreichenden Kündigungsgründe genügen[2]. Vielmehr muß er im einzelnen vortragen, weshalb die unzureichenden Kündigungsgründe einer den Betriebszwecken dienlichen weiteren Zusammenarbeit zwischen ihm und dem Arbeitnehmer entgegenstehen oder welche weiteren, erst im Laufe des Prozesses eingetretenen oder bekanntgewordenen Umstände sein Begehren rechtfertigen.

199 Der **Auflösungsantrag** lautet:

> „Das Arbeitsverhältnis wird gegen Zahlung einer Abfindung, die in das Ermessen des Gerichts gestellt wird, aber 5000 DM nicht überschreiten sollte, aufgelöst."

3. Beiderseitiger Auflösungsantrag

200 Stellen beide Parteien einen Auflösungsantrag, so ist dem Gericht nach wohl hM die Prüfung der materiell-rechtlichen Begründetheit dieser Anträge verwehrt, weil es kaum zu rechtfertigen wäre, das Arbeitsverhältnis in einem solchen Falle gegen den Willen beider Parteien aufrechtzuerhalten[3]. In den Anträgen liegt keine wechselseitige Anerkennung des jeweils gegnerischen Antrags, weil sehr unterschiedliche Vorstellungen über die Höhe der Abfindung bestehen können. Allein über diese Frage hat das Gericht noch zu entscheiden.

---

1 BAG v. 25. 11. 1982, AP Nr. 10 zu § 9 KSchG 1969; *Herschel,* Anmerkung zu BAG EzA § 9 KSchG nF Nr. 3; *Kittner/Trittin,* KSchR, § 9 KSchG Rz. 20 f.
2 KR/*Spilger,* § 9 KSchG Rz. 58.
3 *Ascheid,* Kündigungsschutzrecht, Rz. 812; *Hueck/von Hoyningen-Huene,* § 9 KSchG Rz. 47; *Stahlhacke/Preis,* Rz. 1212; aA *Kittner/Trittin,* KSchR, § 9 KSchG Rz. 30; KR/*Spilger,* § 9 KSchG Rz. 66.

VIII. Entgeltklagen

Vergütungsansprüche des Arbeitnehmers werden im Wege der gewöhnlichen Leistungsklage geltend gemacht, für die nur wenige arbeitsrechtliche Besonderheiten gelten. 201

1. Bruttolohnklage

Der Arbeitgeber schuldet, soweit einzel- oder tarifvertraglich nicht ausdrücklich etwas anderes vereinbart ist, grundsätzlich den **Bruttolohn**[1]. Da er öffentlich-rechtlich verpflichtet ist, Steuern und Sozialversicherungsbeiträge an das Finanzamt bzw. die Krankenkasse als Einzugsstelle für den Gesamtsozialversicherungsbeitrag abzuführen, und § 266a StGB das Vorenthalten von Sozialversicherungsbeiträgen sogar mit Freiheitsstrafe bis zu fünf Jahren oder Geldstrafe bewehrt, ist er gegenüber dem Arbeitnehmer berechtigt, diese Abzüge vorzunehmen. Das ändert aber nichts daran, daß der Arbeitgeber primär den Bruttolohn schuldet, so daß auch die Lohnklage auf den **Bruttobetrag** zu richten ist[2]. 202

Hat der Arbeitnehmer einen Teil des Lohns erhalten und will er lediglich den streitigen Rest geltend machen, genügt die Klage auch dann den Anforderungen des § 253 ZPO, wenn der Bruttobetrag abzüglich des gezahlten Nettoentgelts eingeklagt wird[3]. **Beantragt** wird dann also: 203

> „Der Beklagte wird verurteilt, an den Kläger 5500 DM brutto abzüglich gezahlter 1300 DM netto zu zahlen."

Im Vollstreckungsverfahren wird der gesamte zahlenmäßige Differenzbetrag einschließlich der auf das gezahlte Netto entfallenden Steuern und Sozialversicherungsbeiträge beigetrieben, wenn der Arbeitgeber nicht durch Quittungen oder Postschein (§ 775 Nr. 4 und 5 ZPO) nachweisen kann, daß er auf den vom Kläger abgezogenen Nettobetrag diese öffentlich-rechtlichen Abgaben entrichtet hat[4]. 204

In jedem Fall ist **der Arbeitnehmer** bei der Bruttolohnklage **selbst zur Abführung von Steuern und Sozialversicherungsbeiträgen** verpflichtet. Unterläßt er dies und werden die Steuern und Sozialversicherungsbeiträge beim im Außenverhältnis (gegenüber dem Finanzamt bzw. der Krankenkasse) leistungspflichtigen Arbeitgeber beigetrieben, hat der Arbeitnehmer ihm gemäß § 826 BGB den gesamten Betrag zu erstatten[5]. Hierauf sollte der Rechtsanwalt hinweisen, 205

---

1 MünchArbR/*Hanau*, § 60 Rz. 50; *Schaub*, Arbeitsrechts-Handbuch, § 71 I 3; *Zöllner/Loritz*, § 15 II 4.
2 BAG v. 14. 1. 1964, AP Nr. 20 zu § 611 BGB – Dienstordnungs-Angestellte; BGH v. 21. 4. 1966, AP Nr. 13 zu § 611 BGB – Lohnanspruch; *Hauck*, § 46 ArbGG Rz. 23; *Schaub*, Arbeitsrecht-Handbuch, § 71 I 4.
3 BAG v. 15. 11. 1978, AP Nr. 14 zu § 613a BGB; *Berkowsky*, BB 1982, 1120.
4 *Brox/Walker*, Rz. 43; *Zöller/Stöber*, § 704 ZPO Rz. 6.
5 LAG Berlin v. 16. 5. 1990, EWiR SGB IV § 28g Nr. 1/91; LAG Baden-Württemberg v. 28. 4. 1993, LAGE § 826 BGB Nr. 1.

zumal der Gerichtsvollzieher gemäß § 86 GVO das für den Vollstreckungsort zuständige Finanzamt unterrichtet, wenn er 80 DM übersteigende Beträge an den Gläubiger (Arbeitnehmer) abführt.

206 Ob der Arbeitnehmer **Zinsen** auf den Brutto- oder den Nettobetrag verlangen kann, wird unterschiedlich beurteilt[1]. Entgegen der Rechtsprechung des 4. Senats des BAG[2] wird man annehmen müssen, daß Zinsen von der gesamten Schuld, also vom Bruttobetrag verlangt werden können, zumal bei verspäteter Abführung auch Zinsen auf die Steuerschuld fällig werden. Auch unter dem Gesichtspunkt anwaltlicher Sorgfalt besteht gegen die Erhebung des Zinsanspruchs auf den Bruttobetrag keine Bedenken, da ein Kostenrisiko hiermit nicht verbunden ist. Da nämlich sowohl die Gebühren des Gerichts als auch die des Rechtsanwalts immer nur nach der Hauptforderung bestimmt werden (§§ 4 Abs. 1 ZPO, 8 Abs. 1 Satz 1 BRAGO, 22 Abs. 1 GKG), kann die teilweise Klageabweisung für den Fall, daß das Gericht Zinsen nur vom Nettobetrag zuspricht, nicht zu einer Kostentragungspflicht nach § 92 Abs. 1 ZPO führen, vielmehr sind in solchen Fällen der unterlegenen Partei gemäß § 92 Abs. 2 ZPO die Kosten vollständig aufzuerlegen[3].

207 **Beantragt** wird dann also:

„Der Beklagte wird verurteilt, an den Kläger 4800 DM brutto nebst 4% Zinsen seit dem 31. 5. 1997, abzüglich am 7. 6. 1996 gezahlter 1200 DM netto zu zahlen."

208 Häufig werden Zahlungsansprüche gemeinsam mit einer **Kündigungsschutzklage** erhoben, was auch notwendig sein kann, um gesetzliche Verjährungs- und tarifliche oder einzelvertragliche Ausschlußfristen zu unterbrechen[4]. Verfahrensrechtlich bestehen gegen eine solche Klagehäufung keine Bedenken. Zu beachten ist jedoch, daß gemäß § 332 Abs. 1 Satz 1 Nr. 7 SGB III das Arbeitsamt, das dem Arbeitnehmer nach dessen Arbeitslosmeldung und dem Ablauf der Kündigungsfrist **Arbeitslosengeld** gewährt, durch schriftliche Anzeige bewirken kann, daß das Arbeitsentgelt aus dem Arbeitsverhältnis, das während des Bezuges von Leistungen von der Bundesanstalt für Arbeit (fort)bestanden hat, in Höhe der vom Arbeitnehmer zurückzuzahlenden Leistung auf die Bun-

---

1 Vgl. einerseits BAG v. 20. 4. 1983, AP Nr. 2 zu § 21 TVAL II; BAG v. 13. 2. 1985, AP Nr. 3 zu § 1 TVG – Tarifverträge: Presse (vom Nettobetrag); andererseits BAG v. 10. 6. 1980, AP Nr. 64 zu Art. 9 GG – Arbeitskampf (vom Bruttolohn); ausführlich *Kania*, Nichtarbeitsrechtliche Beziehungen zwischen Arbeitgeber und Arbeitnehmer, 1989, S. 69; zusammenfassend *Schaub*, Arbeitsrechts-Handbuch, § 71 I 4c mwN.
2 BAG v. 20. 4. 1983, AP Nr. 2 zu § 21 TVAL II; BAG v. 13. 2. 1985, AP Nr. 3 zu § 1 TVG – Tarifverträge: Presse.
3 *Thomas/Putzo*, § 92 ZPO Rz. 4; *Zöller/Herget*, § 92 ZPO Rz. 11.
4 BAG v. 1. 2. 1960, AP Nr. 1 zu § 209 BGB; BAG v. 29. 5. 1961, AP Nr. 2 zu § 209 BGB; BAG v. 9. 3. 1966, AP Nr. 31 zu § 4 TVG – Ausschlußfristen; BAG v. 8. 1. 1970, AP Nr. 43 zu § 4 TVG – Ausschlußfristen; BAG v. 6. 7. 1972, AP Nr. 1 zu § 8 TVG 1969; BAG v. 16. 6. 1976, AP Nr. 56 zu § 4 TVG – Ausschlußfristen.

VIII. Entgeltklagen

desanstalt für Arbeit übergeht. Obsiegt nämlich der Arbeitnehmer mit seinem Kündigungs- oder sonstigen Bestandsschutzbegehren, so steht fest, daß er in der Zwischenzeit rechtlich gar nicht arbeitslos war und also das Arbeitslosengeld bzw. die sonstigen Leistungen der Bundesanstalt für Arbeit zu Unrecht erhalten hat. Um die Rückabwicklung zu erleichtern, leitet das Arbeitsamt den Entgeltanspruch des Arbeitnehmers gegen den Arbeitgeber durch Verwaltungsakt in der Höhe der geleisteten Beträge auf sich über (sog. **Magistralzession**) mit der Folge, daß der Arbeitnehmer insoweit nicht mehr Gläubiger der Forderung ist[1]. Um einer teilweisen Klageabweisung durch das Arbeitsgericht (das von der Bundesanstalt für Arbeit eine Mitteilung über die Überleitung des Anspruchs erhält und zu den Prozeßakten nimmt) zuvorzukommen, muß der entsprechende Betrag in Abzug gebracht werden.

Der **Antrag** lautet dann also: 209

„Der Beklagte wird verurteilt, an den Kläger 5100 DM brutto nebst 4% Zinsen abzüglich erhaltenen Arbeitslosengeldes in Höhe von 1750 DM zu zahlen."

Die Höhe des gezahlten Arbeitslosengeldes ist zu **beziffern,** sonst ist die Klage mangels bestimmten Antrages unzulässig[2]. 210

Derjenige, der Arbeitslosengeld bezieht, ist nach § 5 Abs. 1 Nr. 2 SGB V **krankenversichert.** Obsiegt der Arbeitnehmer mit seiner Zahlungsklage, sind im Regelfalle bei normaler Abwicklung doppelt Versicherungsbeiträge abgeführt worden: Durch das Arbeitsamt und – nach Verurteilung – durch den Arbeitgeber. Es bestanden somit zwei Versicherungsverhältnisse. In diesem Fall hat die Krankenkasse, an die das Arbeitsamt die Beiträge gezahlt hat, diese wieder zu erstatten. 211

2. Überstundenvergütung

Hinsichtlich der Klage auf Mehrarbeitsvergütung wegen geleisteter Überstunden gelten keine Besonderheiten. Besondere gesetzliche Vorschriften über die Vergütung bestehen nur für das Berufsausbildungsverhältnis (§ 10 BBiG), dagegen enthalten Tarifverträge in der Regel Zuschläge für Arbeit, die über die durchschnittliche tarifliche Arbeitszeit hinaus geleistet wurde. **Teilzeitarbeitnehmer** haben Anspruch auf Überstundenzuschläge in der Regel nicht schon bei Überschreitung der persönlichen, sondern erst der gewöhnlichen, für Vollzeitarbeitskräfte geltenden tariflichen Arbeitszeit[3]. 212

---

1 LAG Mecklenburg-Vorpommern v. 25. 3. 1996, NZA-RR 1997, 249, 250; *Niesel,* AFG, § 153 Rz. 9.
2 BAG v. 15. 11. 1978, AP Nr. 14 zu § 613a BGB.
3 EuGH v. 15. 12. 1994, AP Nr. 7 zu § 611 BGB – Teilzeit; BAG v. 21. 11. 1991, AP Nr. 2 zu § 34 BAT; *Küttner/Reinecke,* Personalbuch 1997, Teilzeitbeschäftigung Rz. 32.

213 Der Arbeitnehmer trägt die **Darlegungs- und Beweislast** dafür, daß er über die vertraglich geschuldete Arbeitszeit hinaus gearbeitet hat und diese Überarbeit vom Arbeitgeber angeordnet oder geduldet worden ist[1]. Die Anordnung kann konkludent dadurch erfolgen, daß der Arbeitgeber dem Arbeitnehmer Arbeit konkret zuweist, dabei zum Ausdruck bringt, daß er ihre baldige Erledigung erwartet, und die Arbeit nur unter Überschreitung der regelmäßigen Arbeitszeit alsbald erledigt werden kann[2]. Eine anspruchsbegründende Duldung der Überstunden ist anzunehmen, wenn die Überstunden sachdienlich waren, der Arbeitgeber von ihnen Kenntnis hatte und sie zugelassen hat[3]. Der Arbeitnehmer muß im Streit um die Überstundenvergütung diejenigen konkreten Tatsachen vortragen, die auf eine Anordnung oder Duldung des Arbeitgebers schließen lassen.

3. Nettolohnklage

214 Nettolohnvereinbarungen sind in der Praxis **selten**. Zum einen zwingen sie den Arbeitgeber, zunächst den sich aus dem Netto ergebenden Bruttobetrag zu berechnen, um von diesem dann Steuern und Sozialversicherungsbeiträge abzuführen. Zum anderen wirkt sich jede Änderung der Steuersätze – auch zB die Einführung oder Absenkung des Solidaritätszuschlages[4] – unmittelbar auf die Gesamtbelastung des Arbeitgebers aus, die sich aus Nettolohn + Lohn-/Einkommensteuer (+ Solidaritätszuschlag) + Kirchensteuer + Arbeitnehmeranteile an der Sozialversicherung (= Bruttolohn) + Arbeitgeberanteile an der Sozialversicherung berechnet.

215 Haben die Vertragsparteien – auch die Tarifvertragsparteien[5] – eine Nettolohnvereinbarung getroffen, kann der Arbeitnehmer auch nur den Nettobetrag beanspruchen[6]. Auf den Bruttolohn hat er keinen Anspruch. Dementsprechend lautet der **Antrag:**

> „Die Beklagte wird verurteilt, an den Kläger 9800 DM netto nebst 4% Zinsen seit dem 12. 5. 1997 zu zahlen."

---

1 BAG v. 15. 6. 1961, AP Nr. 7 zu § 253 ZPO; BAG v. 25. 11. 1993, AP Nr. 3 zu § 14 KSchG 1969; *Hauck*, § 46 ArbGG Rz. 23; *Küttner/Reinecke*, Personalbuch 1997, Überstunden Rz. 15.
2 BAG v. 17. 4. 1957, AP Nr. 1 zu § 2 TOA; BAG v. 2. 12. 1959, AP Nr. 2 zu § 2 TOA; BAG v. 28. 11. 1973, AP Nr. 2 zu § 17 BAT; LAG Baden-Württemberg v. 20. 1. 1993, DB 1993, 1479; weitergehend *Küttner/Reinecke*, Personalbuch 1997, Überstunden Rz. 15.
3 *Schaub*, Arbeitsrechts-Handbuch, § 69 III 4.
4 *Küttner/Griese*, Personalbuch 1997, Nettolohnvereinbarung Rz. 8; aA offenbar MünchArbR/*Hanau*, § 62 Rz. 59.
5 Auch in Tarifverträgen sind Nettolohnvereinbarungen zulässig: BAG v. 24. 10. 1958, AP Nr. 7 zu § 670 BGB; BAG v. 19. 12. 1963, AP Nr. 15 zu § 670 BGB.
6 BAG v. 8. 4. 1987 – 5 AZR 60/86, nv.; *Hauck*, § 46 ArbGG Rz. 23 verlangt für die Bestimmtheit des Klageantrags zusätzlich, daß die Merkmale für die Berechnung der Lohnsteuer und der Sozialversicherungsbeiträge angegeben werden.

4. Klage auf zukünftige Leistung

Lohn- und Gehaltsansprüche können auch für erst künftig fällig werdende Beträge eingeklagt werden, wenn die Voraussetzungen des **§ 259 ZPO** vorliegen. Danach ist erforderlich, daß nach den Umständen die Besorgnis gerechtfertigt ist, der Schuldner werde sich der rechtzeitigen Leistung entziehen. Welche Voraussetzungen hierfür erfüllt sein müssen, wird unterschiedlich beurteilt. Ausreichend ist wohl, daß der Schuldner den Anspruch ernstlich bestreitet[1], wobei das BAG die Erklärung des Arbeitgebers, er sei zur Zahlung nicht verpflichtet, genügen läßt[2]. 216

Das gleiche gilt, wenn der Arbeitgeber das rechtswirksame Zustandekommen des Arbeitsvertrages bestreitet[3], freilich wird sich hier in der Regel eine Feststellungsklage, gerichtet auf die Feststellung des Bestehens des Arbeitsverhältnisses, empfehlen. Diese verschafft dem Arbeitnehmer zwar keinen vollstreckbaren Titel, sichert ihm aber wegen der Rechtskraftwirkung der Feststellungsklage[4] alle Ansprüche aus dem Arbeitsverhältnis. Wird Leistungsklage erhoben, empfiehlt es sich in solchen Fällen, zugleich **Zwischenfeststellungsklage (§ 256 Abs. 2 ZPO)** auf das Bestehen des Arbeitsverhältnisses zu erheben; der Zulässigkeit des Zwischenfeststellungsantrags steht – entgegen dem Wortlaut der Vorschrift – nicht entgegen, daß das Rechtsverhältnis bereits vor Prozeßbeginn streitig war[5]. Das BAG hat allerdings Bedenken, eine Klage auf zukünftiges Arbeitsentgelt in Verbindung mit einer **Kündigungsschutzklage** zuzulassen, weil sich Leistungsfähigkeit und Leistungswille des Arbeitnehmers als Voraussetzungen des Gläubigerverzugs im allgemeinen nur für Zeiträume feststellen ließen, die vor der letzten mündlichen Verhandlung liegen; darüber hinausgehende Ansprüche könnten daher in der Regel auch nicht auf Grund eines Feststellungsantrags zuerkannt werden[6]. 217

Auf eine Bösgläubigkeit oder Böswilligkeit des Schuldners kommt es für die Besorgnis im Sinne von § 259 ZPO nicht an, das **ernstliche Bestreiten** genügt[7]. Dagegen reicht es nicht aus, daß der Arbeitgeber mit einer Gegenforderung aufrechnet[8], anders wiederum bei einer Eventualaufrechnung, also dem Bestreiten des Anspruchs verbunden mit der Ankündigung einer hilfsweisen Aufrechnung gegen ihn. 218

---

1 MünchKomm/*Lüke*, § 259 ZPO Rz. 13 mwN.
2 BAG v. 19. 11. 1962, AP Nr. 1 zu § 776 ZPO.
3 LAG Hamm v. 6. 10. 1987 – 6 Sa 528/87, nv.
4 Zu ihr *Baumbach/Lauterbach/Albers/Hartmann*, § 322 ZPO Rz. 38 ff.; *Zöller/Vollkommer*, § 322 ZPO Rz. 6.
5 BGH v. 6. 7. 1989, NJW-RR 1990, 318, 320; *Baumbach/Lauterbach/Albers/Hartmann*, § 256 ZPO Rz. 16; *Thomas/Putzo*, § 256 ZPO Rz. 30.
6 BAG v. 18. 12. 1974, AP Nr. 30 zu § 615 BGB; BAG v. 16. 10. 1991, AP Nr. 1 zu § 18 SchwbG; aA *Zeuner*, RdA 1997, 6 ff.
7 BGH v. 7. 10. 1977, NJW 1978, 1262.
8 *Zöller/Greger*, § 259 ZPO Rz. 3.

219 In den Fällen des § 259 ZPO lautet der Antrag:

> „Der Beklagte wird verurteilt, am 31. 5. 1997 4000 DM brutto an den Kläger zu zahlen."

5. Urlaubsentgelt und -abgeltung

220 Materiell-rechtlich zu unterscheiden sind das Urlaubsentgelt, das Urlaubsgeld und die Urlaubsabgeltung. Das Urlaubsentgelt ist der gewöhnliche Arbeitslohn, den der Arbeitnehmer während des Urlaubs zu beanspruchen hat[1], es berechnet sich aus dem durchschnittlichen Einkommen der letzten dreizehn Wochen vor dem Beginn des Urlaubs mit Ausnahme des zusätzlich für Überstunden gezahlten Arbeitsverdienstes. Gemäß § 11 Abs. 2 BUrlG ist das Urlaubsentgelt vor Antritt des Urlaubs auszuzahlen, es wird mithin abweichend vom normalen Lohn am letzten Arbeitstag vor Urlaubsantritt fällig. Demgegenüber ist das Urlaubsgeld eine zusätzliche, über das Urlaubsentgelt hinaus für die Dauer des Urlaubs gezahlte Vergütung[2], die dazu dient, erhöhte Urlaubsaufwendungen zumindest teilweise abzudecken[3]. Einen gesetzlichen Anspruch auf Urlaubsgeld gibt es nicht, dieser kann sich aber aus Einzelarbeits-, Tarifvertrag oder Betriebsvereinbarung ergeben, wobei dort zugleich die Höhe und die näheren Modalitäten der Auszahlung geregelt sind. Urlaubsabgeltung ist die finanzielle Ersatzleistung für nicht in Anspruch genommenen Urlaub. Sie ist nur zulässig, wenn der Urlaub wegen der Beendigung des Arbeitsverhältnisses ganz oder teilweise nicht gewährt werden kann, § 7 Abs. 4 BUrlG. Im übrigen, also bei fortbestehendem Arbeitsverhältnis, verfällt der Urlaub ersatzlos, wenn er nicht während des Kalenderjahres oder des Übertragungszeitraums (§ 7 Abs. 3 BUrlG) genommen wird.

221 Ansprüche auf Urlaubsentgelt, Urlaubsgeld und Urlaubsabgeltung können nebeneinander bestehen.

222 **Beispiel:**

Arbeitnehmer A ist seit Jahren im Unternehmen des U beschäftigt. U gewährt aufgrund einer Betriebsvereinbarung ein Urlaubsgeld in Höhe von 500 DM, das er vor Beginn des Jahresurlaubs auszahlt. Der Urlaubsanspruch des A beträgt vereinbarungsgemäß 28 Werktage. Am 15. August schließen A und U einen Aufhebungsvertrag, der das Arbeitsverhältnis zum 31. August beendet. A, der im laufenden Kalenderjahr noch keinen Urlaub genommen hatte, wird unter Anrechnung seines Urlaubsanspruchs bis zu diesem Tag von der Arbeit freigestellt.

---

1 BAG v. 30. 9. 1965, AP Nr. 5 zu § 850 ZPO; BAG v. 12. 1. 1989, AP Nr. 13 zu § 47 BAT; BAG v. 24. 10. 1989, AP Nr. 29 zu § 11 BUrlG; MünchArbR/Leinemann, § 88 Rz. 1.
2 BAG v. 11. 1. 1990, AP Nr. 11 zu § 4 TVG – Gemeinsame Einrichtungen; MünchArbR/Leinemann, § 88 Rz. 39.
3 BAG v. 15. 11. 1990, AP Nr. 11 zu § 2 BeschFG 1985.

In diesem Beispielsfall steht A Urlaubsentgelt für die Zeit vom 16. bis zum 223
31. August, also während des fortbestehenden Arbeitsverhältnisses zu. Ferner
kann er das betriebliche Urlaubsgeld in Höhe von 500 DM beanspruchen. Da
vom 16. bis zum 31. August nur 12 Werktage verbleiben, kann A für den
Resturlaub (16 Werktage) zudem Urlaubsabgeltung verlangen. Aus Gründen der
Übersichtlichkeit und der Praktikabilität empfiehlt es sich, diese Beträge nicht
zusammenzurechnen, sondern im Wege der Klagehäufung in drei getrennten
Anträgen geltend zu machen, also etwa zu formulieren:

„Der Beklagte wird verurteilt, an den Kläger 1800 DM als Urlaubsentgelt, weitere 500 DM als Urlaubsgeld und weitere 2400 DM als Urlaubsabgeltung zu zahlen."

B. Allgemeine Verfahrensfragen

	Rz.
I. Vorbemerkung	1
II. Voraussetzungen in bezug auf die Parteien	
1. Parteifähigkeit im Urteilsverfahren	3
a) Parteifähigkeit gemäß § 50 ZPO	11
b) Parteifähigkeit gemäß § 10 ArbGG	15
2. Beteiligtenfähigkeit im Beschlußverfahren	21
3. Prozeßfähigkeit	24
4. Postulationsfähigkeit, Anwaltsbeiordnung und Prozeßkostenhilfe	
a) Postulationsfähigkeit	27
b) Anwaltsbeiordnung	28
aa) Antragsberechtigte	29
bb) Materielle Antragsvoraussetzungen	32
cc) Absehen von der Beiordnung	38
c) Prozeßkostenhilfe	41
III. Voraussetzungen in bezug auf das Gericht	43
1. Rechtsweg im Urteilsverfahren	44
a) Bürgerliche Rechtsstreitigkeiten	47
b) Streitigkeiten über Tarifverträge, § 2 Abs. 1 Nr. 1 ArbGG	49
c) Streitigkeiten über Arbeitskämpfe und Vereinigungsfreiheit, § 2 Abs. 1 Nr. 2 ArbGG	53
d) Individualstreitigkeiten betreffend das Arbeitsverhältnis, § 2 Abs. 1 Nr. 3 ArbGG	57
e) Streitigkeiten über ein Eingliederungsverhältnis, § 232 Abs. 3 SGB III	66
f) Rechtsstreitigkeiten zwischen Arbeitnehmern/Hinterbliebenen und Arbeitgebern oder Gemeinsamen Einrichtungen, § 2 Abs. 1 Nr. 4 ArbGG	67
g) Streitigkeiten mit dem Träger der Insolvenzsicherung, § 2 Abs. 1 Nr. 5 ArbGG	69

	Rz.
h) Arbeitgeberklagen gegen Einrichtungen, § 2 Abs. 1 Nr. 6 ArbGG	70
i) Entwicklungshelfer und Helfer nach den Gesetzen zur Förderung des freiwilligen sozialen bzw. ökologischen Jahres, § 2 Abs. 1 Nr. 7 und 8 ArbGG	71
j) Streitigkeiten zwischen Arbeitnehmern, § 2 Abs. 1 Nr. 9 ArbGG	72
k) Behinderte in Werkstätten für Behinderte, § 2 Abs. 1 Nr. 10 ArbGG	73
l) Arbeitnehmererfindung und Urheberrechtsstreitigkeiten, § 2 Abs. 2 ArbGG	74
m) Zusammenhangsklagen, § 2 Abs. 3 ArbGG	75
n) Streitigkeiten der Organmitglieder, § 2 Abs. 4 ArbGG	79
2. Rechtsweg im Beschlußverfahren	80
a) Betriebsverfassungsrechtliche Streitigkeiten, § 2a Abs. 1 Nr. 1 ArbGG	81
b) Streitigkeiten nach dem Sprecherausschußgesetz, § 2a Abs. 1 Nr. 2 ArbGG	84
c) Mitbestimmungsrechtliche Streitigkeiten, § 2a Abs. 1 Nr. 3 ArbGG	85
d) Angelegenheiten des Werkstattrats, § 2a Abs. 1 Nr. 3a ArbGG	86
e) Streitigkeiten nach den EBRG, § 2a Abs. 1 Nr. 3b ArbGG	87
f) Streitigkeiten über Tariffähigkeit und Tarifzuständigkeit, § 2a Abs. 1 Nr. 4 ArbGG	88
3. Rechtswegzuständigkeit und Verweisung	
a) Vorabentscheidung des Arbeitsgerichts	90
b) Rechtsmittel	100
c) Wirkung der Verweisung	103
4. Funktionelle Zuständigkeit	108
5. Örtliche Zuständigkeit	112
a) Der allgemeine Gerichtsstand	116

I. Vorbemerkung

	Rz.		Rz.
b) Besondere Gerichtsstände	117	e) Besonderheiten im Beschluß-	
c) Gerichtsstandsvereinbarungen	125	verfahren	129
d) Rügeloses Verhandeln zur		6. Internationale Zuständigkeit	132
Hauptsache	128		

Schrifttum:

Ascheid, Urteils- und Beschlußverfahren im Arbeitsrecht, 1995; *Gagel*, Arbeitsförderungsgesetz, Loseblatt; *Gaul*, Das neue Gesetz über die Europäischen Betriebsräte, NJW 1996, 3378; *Gift/Baur*, Das Urteilsverfahren vor den Gerichten für Arbeitssachen, 1993; *Hanau*, Der Eingliederungsvertrag, DB 1997, 1278; *Hanau/Adomeit*, Arbeitsrecht, 11. Aufl. 1994; *Kissel*, Die neuen §§ 17 bis 17b GVG in der Arbeitsgerichtsbarkeit, NZA 1995, 345; *Kissel*, Gerichtsverfassungsgesetz, 2. Aufl. 1994; *Klimpe-Auerbach*, Gesetzesänderungen des Jahres 1990 und ihre Auswirkungen auf das arbeitsgerichtliche Verfahren, ArbuR 1992, 110; *Koch*, Neues im arbeitsgerichtlichen Verfahren, NJW 1991, 1856; *Kopp*, Verwaltungsgerichtsordnung, 10. Aufl. 1995; *Kopp*, Reform der Arbeitsförderung, NZS 1997, 456; *Kraft/Kreutz*, Gesellschaftsrecht, 10. Aufl. 1997; *Krasshöfer-Pidde/Molkenbur*, Der Rechtsweg zu den Gerichten für Arbeitssachen im Urteilsverfahren, NZA 1991, 623; *Krasshöfer-Pidde/Molkenbur*, Zur örtlichen Zuständigkeit der Gerichte für Arbeitssachen, NZA 1988, 236; *Leinemann*, Die Arbeitsgerichte – bewährte Gerichtsbarkeit mit gefährdeter Zukunft?, BB 1997, 2322; *Lepke*, Probleme der Anwaltsbeiordnung nach § 11a ArbGG im Blickfeld des neuen Prozeßkostenhilferechts, DB 1981, 1927; *Leser*, Prozeßkostenhilfe im arbeitsgerichtlichen Verfahren, NJW 1981, 791; *Löwisch*, Schlichtungs- und Arbeitskampfrecht, 1989; *Löwisch/Rieble*, AR-Blattei SD 170.2 „Arbeitskampf II"; *Lüke*, Das Abfassen von Urteilen in der Arbeitsgerichtsbarkeit, NZA 1996, 561; *Natzel*, Das Eingliederungsverhältnis als Übergang zum Arbeitsverhältnis, NZA 1997, 806; *Niesel*, Die wichtigsten Änderungen des Arbeitsförderungsrechts durch das Arbeitsförderungs-Reformgesetz (AFRG), NZA 1997, 580; *Platz*, Der Grundsatz der prozessualen Waffengleichheit ..., ZfA 1993, 373; *Rolfs*, Arbeitsrechtliche Aspekte des neuen Arbeitsförderungsrechts, NZA 1998, 17; *Rolfs/Bütefisch*, Gewerkschaftliche Betätigung des Betriebsratsmitglieds im Arbeitskampf, NZA 1996, 17; *Ruoff*, Das Europäische Betriebsräte-Gesetz (EBRG), BB 1997, 2478; *Scherle/Arians*, Die Reform der Arbeitsförderung, NZS 1997, 212; *Schickedanz*, Klage auf Erteilung einer Arbeitsbescheinigung?, DB 1981, 1880; *K. Schmidt*, Gesellschaftsrecht, 3. Aufl. 1997; *Schulz*, Alles über Arbeitszeugnisse, 5. Aufl. 1997; *Sowka*, Befristete Arbeitsverträge nach dem Beschäftigungsförderungsgesetz, BB 1997, 677; *Timm*, Die Rechtsfähigkeit der Gesellschaft bürgerlichen Rechts und ihre Haftungsverfassung, NJW 1995, 3209; *Zwanziger*, Probleme der Neuregelung des Verweisungsrechts im arbeitsgerichtlichen Verfahren, DB 1991, 2239.

I. Vorbemerkung

Vor den Gerichten für Arbeitssachen sind zwei verschiedene Verfahrensarten streng voneinander zu unterscheiden: Das **Urteilsverfahren,** das vor allem für bürgerlich-rechtliche Streitigkeiten zwischen den Parteien des Arbeitsvertrages von Bedeutung ist, und das **Beschlußverfahren,** das namentlich dann Anwendung findet, wenn Arbeitgeber und Betriebsrat über Angelegenheiten nach dem Betriebsverfassungsgesetz streiten. **Nicht zuständig** sind die Arbeitsgerichte für Streitigkeiten über Angelegenheiten aus dem Personalvertretungsrecht, insoweit ist gemäß § 83 Abs. 1 BPersVG bzw. § 106 BPersVG iVm. den entsprechenden Gesetzen der Länder der Rechtsweg zu den Verwaltungsgerichten eröffnet[1].

2 Für die beiden Verfahrensarten vor den Arbeitsgerichten – Urteils- und Beschlußverfahren – gelten nur wenige gemeinsame Grundsätze. Während das Urteilsverfahren ein echtes streitiges Verfahren ist, das weitgehend den Regeln des Zivilprozesses folgt, trägt das Beschlußverfahren wesentliche Züge des Verwaltungsprozesses oder des Verfahrens nach dem FGG[2]. Selbst bei grundlegenden Fragen wie der Partei- bzw. Beteiligtenfähigkeit gehen beide Verfahrensarten unterschiedliche Wege, so daß eine gesonderte Behandlung geboten ist.

II. Voraussetzungen in bezug auf die Parteien

1. Parteifähigkeit im Urteilsverfahren

3 Das arbeitsgerichtliche Urteilsverfahren dient der Ausräumung von Rechtsstreitigkeiten zwischen mindestens zwei am Rechtsstreit beteiligten Parteien. Die Parteifähigkeit bezeichnet dabei die Fähigkeit, Träger von Rechten und Pflichten als Partei des Prozesses zu sein. Sie ist nicht notwendig identisch mit der Prozeßfähigkeit, also der Fähigkeit, die Parteirechte im Prozeß selbst ausüben zu können oder durch freiwillig gewählte Vertreter ausüben zu lassen[3]. Insbesondere bei Minderjährigen, die durch ihren gesetzlichen Vertreter handeln können und – wichtiger – für juristische Personen, die durch das zuständige Organ (Vorstand, Geschäftsführer) vertreten werden, fallen Partei- und Prozeßfähigkeit auseinander (dazu auch noch unten Rz. 24).

4 Partei ist diejenige Person oder Personenmehrheit, die **im eigenen Namen klagt oder verklagt wird.** Bedeutung hat die Frage, wer Partei des Verfahrens ist, vor allem für

5 ▶ den **Gerichtsstand.** Der allgemeine Gerichtsstand einer natürlichen Person wird durch den Ort ihres Wohnsitzes, der allgemeine Gerichtsstand einer juristischen Person durch ihren Sitz bestimmt (§§ 13, 17 ZPO). Er bestimmt den Ort, an dem Klage gegen eine Person zu erheben ist (§ 12 ZPO), daneben können weitere Gerichtsstände, insbesondere des vertraglichen Erfüllungsortes (§ 29 ZPO) und der unerlaubten Handlung (§ 32 ZPO) gegeben sein.

6 ▶ die **Wirksamkeit der Prozeßhandlungen.** Prozeßhandlungen sind alle Betätigungen, die den Prozeß gestalten, insbesondere Klage, Berufung, Revision, Einspruch, Nebenintervention, Anerkenntnis, Behaupten, Gestehen, Bestreiten, Beweisantritt, Anträge an das Gericht, Widerruf und Rücknahme von Prozeßhandlungen, Verzicht, Empfangsbekenntnis. Prozeßhandlungen kön-

---

1 Vgl. *Kopp*, § 187 VwGO Rz. 7; MünchArbR/*Germelmann*, § 364 Rz. 1 sowie die Kommentare zum BPersVG und den Personalvertretungsgesetzen der Länder.
2 *Grunsky*, § 80 ArbGG Rz. 2.
3 *Gift/Baur*, Teil D Rz. 2.

II. Voraussetzungen in bezug auf die Parteien

nen wirksam nur von den Parteien, den Nebenintervenienten und ihren Vertretern vorgenommen werden[1].

▶ die Bewilligung oder Versagung von **Prozeßkostenhilfe**. Insbesondere kommt es bei juristischen Personen für den Anspruch auf Prozeßkostenhilfe nur auf deren wirtschaftliche Verhältnisse, nicht aber auf die ihrer gesetzlichen Vertreter an. Etwas anderes kann, weil § 116 ZPO die Gewährung von Prozeßkostenhilfe davon abhängig macht, daß weder die juristische Person noch die am Gegenstand des Rechtsstreits wirtschaftlich Beteiligten die Kosten aufbringen können, dann gelten, wenn der Geschäftsführer einer GmbH über hinreichendes Vermögen verfügt[2].

▶ die Stellung im **Verfahren der Beweisaufnahme**. Während eine am Verfahren nicht beteiligte Person als **Zeuge** vernommen werden kann (§§ 373 ff. ZPO), kann die Partei eines Rechtsstreits nur im Rahmen der Parteivernehmung unter den Voraussetzungen der §§ 445 ff. ZPO als Beweismittel gehört werden. Als Partei werden aber auch vernommen die vertretungsberechtigten Organe juristischer Personen, also die Vorstandsmitglieder einer AG, der oder die Geschäftsführer einer GmbH sowie alle persönlich haftenden Gesellschafter einer OHG oder KG, soweit sie nicht durch den Gesellschaftsvertrag von der Vertretungsmacht ausgeschlossen sind. Demgegenüber werden der Kommanditist im Prozeß der KG und der Gemeinschuldner im Prozeß des Konkursverwalters als Zeugen vernommen[3].

▶ den **Umfang der Rechtskraft**. Die Rechtskraft wirkt gemäß § 325 Abs. 1 ZPO **im Urteilsverfahren** nur für und gegen die Parteien sowie diejenigen Personen, die nach dem Eintritt der Rechtshängigkeit Rechtsnachfolger der Parteien geworden sind oder den Besitz der im Streit befangenen Sache in solcher Weise erlangt haben, daß eine der Parteien oder ihr Rechtsnachfolger mittelbarer Besitzer geworden ist. Demgegenüber kommt eine **Rechtskrafterstreckung auf Dritte** grundsätzlich nicht in Betracht[4]. Ob auch im **Beschlußverfahren** die gerichtliche Entscheidung nur Inter-partes- oder Inter-omnes-Wirkungen hat, ist umstritten[5], aber wohl auch über die Fälle der Zustimmungsersetzung im Verfahren nach § 103 BetrVG und die Zustimmung des Arbeitsgerichts zur betriebsbedingten Kündigung in der Insolvenz gem. §§ 126, 127 InsO hinaus[6] zu bejahen.

---

1 *Thomas/Putzo*, ZPO, Einl. III Rz. 3, 10.
2 LAG Bremen v. 5. 11. 1986, NJW-RR 1987, 894; *Zöller/Philippi*, § 116 ZPO Rz. 13.
3 *Zöller/Greger*, § 373 ZPO Rz. 5, 6.
4 Zu Ausnahmen vgl. *Zöller/Vollkommer*, § 325 ZPO Rz. 28 ff.
5 Vgl. *Germelmann/Matthes/Prütting*, § 84 ArbGG Rz. 25 ff.
6 Im Rahmen des § 103 BetrVG ist anerkannt, daß die Ersetzung der Zustimmung des Betriebsrats zur fristlosen Kündigung eines Betriebsratsmitglieds durch das Arbeitsgericht wegen der Stellung des Betriebsratsmitglieds als Beteiligter im Beschlußverfahren (§ 103 Abs. 2 Satz 2 BetrVG) auch für den nachfolgenden Kündigungsschutzprozeß bindend feststellt, daß die fristlose Kündigung berechtigt ist; BAG v. 24. 4. 1975, AP Nr. 3 zu § 103 BetrVG 1972.

10 Das ArbGG enthält keine abschließende Regelung über die Parteifähigkeit im arbeitsgerichtlichen Verfahren. Vielmehr findet über die Verweisung des § 46 Abs. 2 ArbGG sowohl für das Urteils- wie für das Beschlußverfahren[1] grundsätzlich das Recht der ZPO Anwendung, das durch die Sonderbestimmung des § 10 ArbGG ergänzt wird.

a) Parteifähigkeit gemäß § 50 ZPO

11 Nach § 50 ZPO ist parteifähig, wer **rechtsfähig** ist. Die Rechtsfähigkeit richtet sich nach materiellem Recht. Rechtsfähig sind alle natürlichen (§ 1 BGB) sowie juristischen Personen, also insbesondere der eingetragene Verein, die Stiftung, die Aktiengesellschaft, die Kommanditgesellschaft auf Aktien, die Gesellschaft mit beschränkter Haftung, die eingetragene Genossenschaft, der Versicherungsverein auf Gegenseitigkeit sowie alle Körperschaften, Anstalten und Stiftungen des öffentlichen Rechts. Die offene Handelsgesellschaft und die Kommanditgesellschaft sind zwar nach herrschender Auffassung keine juristischen Personen, sondern Personenhandelsgesellschaften[2], doch können sie kraft ausdrücklicher gesetzlicher Regelung (§§ 124 Abs. 1, 161 Abs. 2 HGB) unter ihrem Namen klagen und verklagt werden. Handwerksinnungen sind als Körperschaften des öffentlichen Rechts (§ 53 HandwO), Innungsverbände als juristische Personen des Privatrechts (§ 80 HandwO) rechts- und damit parteifähig.

12 **Vorgesellschaften,** also auf die Gründung einer Gesellschaft gerichtete Korporationen nach (notariell beurkundetem) Abschluß des Gesellschaftsvertrages aber vor Eintragung in das Handelsregister[3] sind entsprechend § 50 Abs. 2 ZPO passiv parteifähig, können also verklagt werden, nicht aber selbst klagen[4]. Träger der Rechte und Pflichten sind vielmehr die Gründer in ihrer gesamthänderischen Verbundenheit, Aktivprozesse müssen also von ihnen gemeinsam geführt werden[5]. Das gilt auch dann, wenn die Vorgesellschaft, ohne eingetragen worden zu sein, in das Liquidationsstadium tritt[6].

13 Eine Gesellschaft **in Liquidation** ist auch nach Ablehnung des Antrags auf Konkurseröffnung mangels Masse solange aktiv und passiv parteifähig, wie sie

---

1 *Ascheid,* Urteils- und Beschlußverfahren im Arbeitsrecht, Rz. 218; *Grunsky,* § 10 ArbGG Rz. 2.
2 BGH v. 24. 1. 1990, BGHZ 110, 127, 128; *Baumbach/Hopt,* Einl. vor § 105 HGB Rz. 14; *Zöller/Vollkommer,* § 50 ZPO Rz. 17; aA zuletzt *Timm,* NJW 1995, 3209, 3210 ff.; ferner namentlich *K. Schmidt,* Gesellschaftsrecht, § 8 III 4d.
3 *Kraft/Kreutz,* Gesellschaftsrecht, B I 5b, S. 37 ff.
4 LG Köln v. 21. 10. 1992, NJW-RR 1993, 1385, 1386; *Ascheid,* Urteils- und Beschlußverfahren im Arbeitsrecht, Rz. 221; *Germelmann/Matthes/Prütting,* § 10 ArbGG Rz. 4; *Hauck,* § 10 ArbGG Rz. 3; *Kraft/Kreutz,* Gesellschaftsrecht, C I 5b; *Zöller/Vollkommer,* § 50 ZPO Rz. 4b.
5 BGH v. 10. 1. 1963, LM § 11 GmbHG Nr. 12; aA BAG v. 8. 12. 1962, AP Nr. 1 zu § 11 GmbHG; vgl. zur Haftung der Gesellschafter einer Vor-GmbH jetzt auch BAG v. 23. 8. 1995, AP Nr. 4 zu § 11 GmbHG; BGH v. 4. 3. 1996, NJW 1996, 1210 und BAG v. 10. 7. 1996, NZA 1996, 1101.
6 BAG v. 8. 12. 1962, AP Nr. 1 zu § 11 GmbHG; *Ascheid,* Urteils- und Beschlußverfahren im Arbeitsrecht, Rz. 221.

II. Voraussetzungen in bezug auf die Parteien

noch verteilungsfähiges Vermögen hat. Selbst nach ihrer **Löschung** im Handelsregister kann sie noch verklagt oder ein bereits anhängiger Prozeß fortgesetzt werden, wenn und soweit der Streitgegenstand kein Vermögen der Gesellschaft voraussetzt[1].

Bei **Ausländern** und ausländischen juristischen Personen richtet sich die Rechts- und damit die Parteifähigkeit nach dem Recht ihres Heimatstaates, Art. 7 EGBGB[2]. Die **Gesellschaft bürgerlichen Rechts** und der **nicht eingetragene Verein** sind nicht rechts- und parteifähig. Insoweit müssen also alle Mitglieder in Person klagen oder verklagt werden[3], eine Ausnahme bestimmt § 50 Abs. 2 ZPO nur insoweit, als der nicht rechtsfähige Verein passive Parteifähigkeit genießt. 14

b) Parteifähigkeit gemäß § 10 ArbGG

§ 10 ArbGG erweitert den Kreis der Parteifähigen für alle Verfahrensarten zunächst um **Gewerkschaften** und **Vereinigungen von Arbeitgebern** sowie Zusammenschlüsse solcher Verbände. 15

Im Hinblick auf **Gewerkschaften** hat die Regelung heute weitgehend an Bedeutung verloren. Nötig war sie ursprünglich, weil die Gewerkschaften in aller Regel als nichtrechtsfähige Vereine organisiert sind und daher nach dem Recht der ZPO zwar verklagt werden, aber nicht selbst klagen können (§ 50 Abs. 2 ZPO). Diese – bei der Entstehung der ZPO im Kaiserreich gewollte – Rechtsfolge ist heute mit Blick auf die verfassungsrechtlich gewährleistete Koalitionsfreiheit (Art. 9 Abs. 3 GG) überholt. Auch im Verfahren vor den **ordentlichen Gerichten** ist die Parteifähigkeit von Gewerkschaften heute allgemein anerkannt[4], nicht jedoch die Parteifähigkeit von gewerkschaftlichen Unterorganisationen, wenn diese nicht selbst tariffähig sind[5]. 16

§ 10 ArbGG verleiht die Parteifähigkeit nur **Gewerkschaften im arbeitsrechtlichen Sinne**[6]. Eine Vereinigung von Arbeitnehmern ist eine Gewerkschaft, wenn ihre satzungsgemäße Aufgabe die Wahrnehmung der Interessen ihrer Mitglieder in ihrer Eigenschaft als Arbeitnehmer (die Regelung der Arbeits- und Wirtschaftsbedingungen im Sinne des Art. 9 Abs. 3 GG) und sie willens ist, Tarifverträge abzuschließen. Sie muß auf Dauer angelegt und auf überbetrieblicher Grundlage körperschaftlich organisiert sein, auf dem freiwilligen Beitritt 17

---

1 BAG v. 9. 7. 1981, AP Nr. 4 zu § 50 ZPO (Feststellung der Unwirksamkeit einer Kündigung und Zeugniserteilung); *Ascheid*, Urteils- und Beschlußverfahren im Arbeitsrecht, Rz. 224; *Zöller/Vollkommer*, § 50 ZPO Rz. 4b.
2 Vgl BAG v. 5. 12. 1966, AP Nr. 1 zu § 75b HGB.
3 BAG v. 16. 10. 1974, AP Nr. 1 zu § 705 BGB; BAG v. 6. 7. 1989, AP Nr. 4 zu § 705 BGB.
4 BGH v. 11. 7. 1968, AP Nr. 1 zu § 50 ZPO; BGH v. 18. 5. 1971, AP Nr. 6 zu Art. 5 Abs. 1 GG – Meinungsfreiheit; BGH v. 6. 10. 1974, AP Nr. 6 zu § 54 BGB; *Germelmann/Matthes/Prütting*, § 10 ArbGG Rz. 8.
5 BGH v. 21. 3. 1972, LM § 50 ZPO Nr. 25; *Germelmann/Matthes/Prütting*, § 10 ArbGG Rz. 8.
6 *Hauck*, § 10 ArbGG Rz. 4.

ihrer Mitglieder beruhen und gegnerfrei sein[1]. Die Organisation muß eine gewisse soziale Mächtigkeit aufweisen, so daß sie einen fühlbaren Druck auf ihren tariflichen Gegenspieler ausüben kann, um den Abschluß eines Tarifvertrages durchsetzen zu können, ohne daß sie jedoch arbeitskampfwillig sein muß[2].

18 **Unterorganisationen der Gewerkschaften** (Ortsverwaltungen, Bezirksleitungen) können als solche selbst den Gewerkschaftsbegriff erfüllen. Dies setzt allerdings eine eigene vereinsgerechte körperschaftliche Verfassung voraus, die sie selbständig und handlungsfähig macht; ferner muß sie nach ihrer Satzung selbst tariffähig sein. Die tatsächliche Ausübung dieser Fähigkeit durch Tarifabschlüsse hat demgegenüber allenfalls indizielle Bedeutung[3].

19 **Vereinigungen von Arbeitgebern** sind in aller Regel auch jenseits der Regelung des § 10 ArbGG schon deshalb parteifähig, weil sie zumeist als eingetragene Vereine organisiert und damit als juristische Personen des Privatrechts rechtsfähig sind[4]. Soweit dies ausnahmsweise nicht der Fall ist, müssen sie nach allgemeiner Auffassung der Literatur wie die Gewerkschaften die Voraussetzungen des arbeitsrechtlichen Koalitionsbegriffs erfüllen. Sie müssen also ein körperschaftlich organisierter privatrechtlicher Zusammenschluß von Personen und Unternehmen in ihrer Eigenschaft als Arbeitgeber sein mit dem Ziel, die Arbeits- und Wirtschaftsbedingungen ihrer Mitglieder zu regeln und sie müssen tariffähig sein[5].

20 Parteifähig sind schließlich auch die **Spitzenorganisationen,** also die Zusammenschlüsse von Gewerkschaften und Vereinigungen von Arbeitgebern.

2. Beteiligtenfähigkeit im Beschlußverfahren

21 Im **Beschlußverfahren** spricht das Gesetz nicht von Partei-, sondern von Beteiligtenfähigkeit. Es ist dies die Fähigkeit, im eigenen Namen ein Beschlußverfahren zur Geltendmachung oder zur Verteidigung von Rechten zu betreiben. Die Beteiligtenfähigkeit stimmt sachlich mit der Parteifähigkeit weitgehend überein. Beteiligtenfähig sind zunächst **alle Personen, die** nach § 50 ZPO oder

---

1 *Ascheid,* Urteils- und Beschlußverfahren im Arbeitsrecht, Rz. 229 ff.; *Gift/Baur,* Teil D Rz. 9; *Hanau/Adomeit,* Arbeitsrecht, C I 2; *Küttner/Bauer,* Personalbuch 1997, Gewerkschaftsrechte (im Betrieb) Rz. 5; *Schaub,* Arbeitsrechts-Handbuch, § 187 I 1.
2 BAG v. 23. 4. 1971, AP Nr. 2 zu § 97 ArbGG 1953; *Germelmann/Matthes/Prütting,* § 10 ArbGG Rz. 9; *Hauck,* § 10 ArbGG Rz. 4.
3 BAG v. 23. 12. 1960, AP Nr. 25 zu § 11 ArbGG 1953 (Ortsverein der IG Druck und Papier); BAG v. 26. 2. 1964, AP Nr. 5 zu § 36 ZPO (Bezirksleitung der IG Metall); BAG v. 6. 12. 1977, AP Nr. 10 zu § 118 BetrVG 1972 (Kreisverwaltung der ÖTV); BAG v. 19. 11. 1985, AP Nr. 4 zu § 2 TVG – Tarifzuständigkeit (Bezirksleitung der IG Chemie); *Ascheid,* Urteils- und Beschlußverfahren im Arbeitsrecht, Rz. 238 f.; *Grunsky,* § 10 ArbGG Rz. 15; *Hauck,* § 10 ArbGG Rz. 4.
4 *Germelmann/Matthes/Prütting,* § 10 ArbGG Rz. 12.
5 *Ascheid,* Urteils- und Beschlußverfahren im Arbeitsrecht, Rz. 242 f.; *Germelmann/Matthes/Prütting,* § 10 ArbGG Rz. 12; *Grunsky,* § 10 ArbGG Rz. 19; aA BAG v. 16. 11. 1989, AP Nr. 11 zu § 11 ArbGG 1979 – Prozeßvertreter.

II. Voraussetzungen in bezug auf die Parteien

nach § 10 1. Halbs. ArbGG **parteifähig sind;** darüber hinaus erweitert § 10 2. Halbs. ArbGG den Kreis der beteiligtenfähigen Personen, Stellen, Vereinigungen und Behörden für das Beschlußverfahren[1].

Im einzelnen sind **beteiligtenfähige Personen** im Sinne dieser Vorschrift: Der Vertrauensmann der Schwerbehinderten, Beauftragte von Gewerkschaften oder von Arbeitgeberverbänden, Mitglieder des Betriebs- oder des Aufsichtsrats, Sicherheitsbeauftragte[2]. Beteiligtenfähige **Stellen** sind der Betriebsrat, der Gesamtbetriebsrat, der Konzernbetriebsrat, die Jugend- und Auszubildendenvertretung, die Gesamt-Jugend- und Auszubildendenvertretung, die Bordvertretung, der Seebetriebsrat, der Wirtschaftsausschuß, der Betriebs- sowie sonstige nach § 28 BetrVG vom Betriebsrat errichtete Ausschüsse, der Wahlvorstand, die Einigungsstelle, die tarifliche Schlichtungsstelle, eine betriebliche Beschwerdestelle (§ 86 Satz 2 BetrVG), der Sprecherausschuß, der Personalrat, der Bezirkspersonalrat, der Hauptpersonalrat[3], ferner der Werkstattrat (§ 54c SchwbG) und die Organe der europäischen Mitbestimmung nach dem EBR-Gesetz. 22

In einem Beschlußverfahren, in dem über die **Tariffähigkeit oder Tarifzuständigkeit** einer Vereinigung zu entscheiden ist (§ 2a Abs. 1 Nr. 4 ArbGG) ist auch die beteiligte Vereinigung von Arbeitnehmern oder Arbeitgebern sowie die oberste Arbeitsbehörde des Bundes (das Bundesministerium für Arbeit und Sozialordnung) oder derjenigen Länder, auf deren Bereich sich die Tätigkeit der Vereinigung erstreckt, beteiligtenfähig. 23

3. Prozeßfähigkeit

Prozeßfähigkeit ist die Fähigkeit einer Partei, innerhalb eines Verfahrens Prozeßhandlungen selbst oder durch einen gewählten Vertreter vorzunehmen. Das ArbGG enthält keine besonderen Bestimmungen über die Prozeßfähigkeit vor den Gerichten für Arbeitssachen, so daß im **Urteilsverfahren** gemäß § 46 Abs. 2 ArbGG die Vorschriften der ZPO Anwendung finden. Gemäß § 52 ZPO ist eine Person insoweit prozeßfähig, als sie sich durch Verträge verpflichten kann. Prozeßunfähig sind danach Minderjährige unter 7 Jahren (§ 104 Nr. 1 BGB) sowie Volljährige unter den Voraussetzungen des § 104 Nr. 2 BGB. Auch beschränkt Geschäftsfähige (§§ 107 ff. BGB) sind grundsätzlich prozeßunfähig. Etwas anderes gilt gemäß §§ 112, 113 BGB nur, soweit **Minderjährige** zum selbständigen Betrieb eines Erwerbsgeschäftes oder zur Eingehung eines Arbeitsverhältnisses ermächtigt worden sind, für aus diesen Rechtsverhältnissen sich ergebende Streitigkeiten sind sie voll prozeßfähig. Die Ermächtigung des § 113 BGB bezieht sich nach herrschender Auffassung allerdings nicht auf 24

---

1 BAG v. 25. 8. 1981, AP Nr. 2 zu § 83 ArbGG 1979; BAG v. 29. 8. 1985, AP Nr. 13 zu § 83 ArbGG 1979; *Germelmann/Matthes/Prütting*, § 10 ArbGG Rz. 15.
2 *Ascheid*, Urteils- und Beschlußverfahren im Arbeitsrecht, Rz. 1706; *Germelmann/Matthes/Prütting*, § 10 ArbGG Rz. 17; *Grunsky*, § 10 ArbGG Rz. 22.
3 *Ascheid*, Urteils- und Beschlußverfahren im Arbeitsrecht, Rz. 1709; *Hauck*, § 10 ArbGG Rz. 7.

Berufsausbildungsverhältnisse[1]. **Juristische Personen** sind nicht selbst prozeßfähig, sie handeln – ebenso wie die parteifähigen Personengesamtheiten – durch ihre gesetzlichen Vertreter. Für die OHG und die KG handeln die zur Geschäftsführung berufenen Geschäftsführer, für den nichtrechtsfähigen Verein und die Gewerkschaft ihr Vorstand[2].

25 Für das **Beschlußverfahren** verweist § 80 Abs. 2 ArbGG (bzw. für die zweite und dritte Instanz §§ 87 Abs. 2, 92 Abs. 2 ArbGG) für die Prozeßfähigkeit auf die Vorschriften des Urteilsverfahrens. Insoweit gelten also die vorangegangenen Ausführungen entsprechend. Das gilt auch für die Prozeßfähigkeit des Minderjährigen. Soweit dieser Rechte nach dem Betriebsverfassungsrecht geltend macht, ist er – wenn die Zustimmung seiner gesetzlichen Vertreter zur Aufnahme des Arbeitsverhältnisses nach § 113 BGB vorgelegen hat – in den entsprechenden Verfahren auch prozeßfähig[3]. Anders als im Urteilsverfahren gilt dies auch für Minderjährige im **Berufsausbildungsverhältnis**. Das aktive und passive Wahlrecht zur Jugend- und Auszubildendenvertretung ist nach § 61 BetrVG materiell-rechtlich nicht an eine entsprechende Einwilligung des gesetzlichen Vertreters geknüpft, weshalb es sachgerecht erscheint, den beschränkt Geschäftsfähigen Rechtsstreitigkeiten im Zusammenhang mit diesen Rechten selbständig führen zu lassen[4]. Das gilt jedoch nicht für das **Weiterbeschäftigungsverlangen** nach § 78a BetrVG, weil Ziel des Begehrens hier die Begründung eines echten Arbeitsverhältnisses ist, zu dessen Abschluß der Minderjährige nach bürgerlichem Recht der Einwilligung nach § 113 BGB bedarf.

26 Die **betriebsverfassungsrechtlichen Stellen** sind ungeachtet der mißglückten Verweisung auf die Vorschriften über das Urteilsverfahren – die Stellen können sich schon mangels Rechtsfähigkeit in der Regel nicht durch Verträge verpflichten, so daß sie nach § 52 ZPO auch nicht prozeßfähig wären – insoweit prozeßfähig, wie sie beteiligtenfähig sind[5]. Dies gilt jedoch nicht ohne weiteres für die **Jugend- und Auszubildendenvertretung**. Sie ist kein selbständiges und gleichberechtigt neben dem Betriebsrat bestehendes Organ der Betriebsverfassung, das die Interessen der jugendlichen Arbeitnehmer und der zu ihrer Berufsausbildung Beschäftigten unter 25 Jahren unabhängig vom Betriebsrat und unmittelbar gegenüber dem Arbeitgeber vertritt. Vielmehr kann sie materiell-rechtlich allein keine dem Arbeitgeber gegenüber wirksamen Beschlüsse fassen, dies obliegt allein dem Betriebsrat[6]. Daraus folgt zugleich, daß sie insoweit

---

1 *Grunsky*, § 10 ArbGG Rz. 30; MünchKomm/*Gitter*, § 113 BGB Rz. 7; *Palandt/Heinrichs*, § 113 BGB Rz. 2.
2 *Germelmann/Matthes/Prütting*, § 10 ArbGG Rz. 36.
3 ArbG Bielefeld v. 16. 5. 1973, DB 1973, 1754; *Germelmann/Matthes/Prütting*, § 10 ArbGG Rz. 38; *Schaub*, Arbeitsrechtliche Formularsammlung und Arbeitsgerichtsverfahren, § 87 II 1.
4 *Germelmann/Matthes/Prütting*, § 10 ArbGG Rz. 38; *Schaub*, Arbeitsrechtliche Formularsammlung und Arbeitsgerichtsverfahren, § 87 II 2.
5 *Grunsky*, § 80 ArbGG Rz. 16; *Stein/Jonas/Bork*, § 51 ZPO Rz. 51.
6 BAG v. 20. 11. 1973, AP Nr. 1 zu § 65 BetrVG 1972; BAG v. 10. 5. 1974, AP Nr. 3 zu § 65 BetrVG 1972; BAG v. 10. 5. 1974, AP Nr. 4 zu § 65 BetrVG 1972; BAG v. 21. 1. 1982, AP Nr. 1 zu § 70 BetrVG 1972; *Fitting/Kaiser/Heither/Engels*, § 60 BetrVG Rz. 4.

auch nicht prozeßfähig ist[1]. Sie kann daher allein keinen Prozeßbevollmächtigten bestellen[2] und Prozeßhandlungen wirksam nur vornehmen, wenn ein entsprechender gemeinsamer Beschluß auch des Betriebsrats existiert. Etwas anderes gilt nur in den Fällen, in denen die Jugend- und Auszubildendenvertretung Rechte im Beschlußverfahren gerade gegenüber dem Betriebsrat geltend macht.

4. Postulationsfähigkeit, Anwaltsbeiordnung und Prozeßkostenhilfe

a) Postulationsfähigkeit

Die Postulationsfähigkeit bezeichnet die Fähigkeit, in eigener Person **rechtswirksam prozessual handeln** zu können[3]. Insoweit bestimmt § 11 Abs. 1 ArbGG, daß das Verfahren vor den Arbeitsgerichten in erster Instanz von den Parteien selbst geführt werden kann (Parteiprozeß). Vor den Landesarbeitsgerichten sind dagegen nur Rechtsanwälte und Vertreter von Gewerkschaften und Vereinigungen von Arbeitgebern oder von Zusammenschlüssen solcher Verbände postulationsfähig, wenn sie kraft Satzung oder Vollmacht zur Vertretung befugt sind und der Zusammenschluß, der Verband oder deren Mitglied Partei ist[4]. Vor dem Bundesarbeitsgericht sind allein Rechtsanwälte postulationsfähig, § 11 Abs. 2 Satz 1 ArbGG. Ergänzend finden die allgemeinen zivilprozessualen Bestimmungen (§§ 78 ff., 90, 157 ZPO) entsprechende Anwendung. Nicht postulationsfähige Personen wie zB Rechtsbeistände sind gemäß § 11 Abs. 3 ArbGG nur in der mündlichen Verhandlung ausgeschlossen, Prozeßhandlungen außerhalb der mündlichen Verhandlung können sie dagegen vornehmen[5].

27

b) Anwaltsbeiordnung

Die Anwaltsbeiordnung nach § 11a ArbGG ist ein Sonderfall im Bereich des Rechts der **Prozeßkostenhilfe**. Sie tritt, wie sich schon aus § 11a Abs. 3 ArbGG ergibt, der für die Prozeßkostenhilfe als solche auf die Bestimmungen der Zivilprozeßordnung verweist, nicht an die Stelle, sondern neben das gewöhnliche Prozeßkostenhilferecht. Ziel der Regelung ist es, den Nachteil zu kompensieren, der einer Partei daraus erwächst, daß sie nach ihren wirtschaftlichen Verhältnissen nicht in der Lage ist, die Kosten des Prozesses zu bestreiten, wenn sie nicht durch ein Mitglied oder einen Angestellten einer Gewerkschaft oder eines Arbeitgeberverbandes vertreten werden kann und die Gegenpartei anwaltlich vertreten ist. Die Anwaltsbeiordnung ist nur für das **erstinstanzliche Verfahren** vorgesehen, weil nur hier sich die Situation ergeben kann, daß

28

---

1 BAG v. 20. 2. 1986, AP Nr. 1 zu § 63 BetrVG 1972; *Germelmann/Matthes/Prütting*, § 10 ArbGG Rz. 40.
2 BAG v. 20. 11. 1973, AP Nr. 1 zu § 65 BetrVG 1972.
3 *Zöller/Vollkommer*, vor § 50 ZPO Rz. 16.
4 Solange die vertretene Partei nicht Mitglied des Verbandes ist, ist die Postulationsfähigkeit des Verbandsvertreters ausgeschlossen, LAG Hamm v. 22. 11. 1996, NZA-RR 1997, 221.
5 BAG v. 26. 9. 1996, AP Nr. 2 zu § 11 ArbGG 1979.

eine Seite durch einen rechtskundigen Bevollmächtigten vertreten ist, während die andere den Rechtsstreit als Naturalpartei führt[1]. In der zweiten und dritten Instanz kann eine Beiordnung nur im Rahmen des Prozeßkostenhilferechts gemäß §§ 11a Abs. 3 ArbGG, 114 ff. ZPO erfolgen. Die Beiordnung hat zur Folge, daß die Kosten des Rechtsanwalts **von der Staatskasse** getragen werden, zur Tragung der Gerichtsgebühren einschließlich der gerichtlichen Auslagen bleibt die Partei jedoch verpflichtet.

aa) Antragsberechtigte

29 Antragsbefugt sind alle **natürlichen Personen** unabhängig von ihrer Staatsangehörigkeit, auch wenn sie nicht prozeßfähig sind. Zweifelhaft ist, ob der Beiordnungsantrag auch von **juristischen Personen** gestellt werden kann, da auf sie die Voraussetzung, daß sie außerstande sein müssen, ohne Beeinträchtigung des für sie und ihre Familie notwendigen Unterhalts die Kosten des Prozesses zu bestreiten, nicht paßt. Da Prozeßkostenhilfe nach §§ 11a Abs. 3 ArbGG, 116 ZPO jedoch auch inländischen juristischen Personen gewährt werden kann, wird überwiegend angenommen, daß dies dann auch für die Beiordnung nach § 11a Abs. 1 ArbGG gelten muß[2]. Allerdings dürfte die weitere Voraussetzung des § 116 Nr. 2 ZPO, daß die Unterlassung der Rechtsverfolgung oder Rechtsverteidigung allgemeinen Interessen zuwiderlaufen würde, in der Regel nicht erfüllt sein.

30 Die Antragsbefugnis beschränkt sich nicht nur auf den Kläger und den Beklagten, sondern erstreckt sich auch auf dem Rechtsstreit beigetretene Nebenintervenienten und Streitgenossen.

31 § 11a Abs. 1 ArbGG findet auch im **Beschlußverfahren** Anwendung. Die Bedenken, die sich mit Blick auf den wirtschaftlichen Prüfungsmaßstab ergeben, sind hier im Ergebnis ebenso unbegründet wie bei juristischen Personen. Allerdings ist zu berücksichtigen, daß die Kosten der betriebsverfassungsrechtlichen Stellen materiell-rechtlich ohnehin vom Arbeitgeber zu tragen sind. Insbesondere ist anerkannt, daß zu den Geschäftsführungskosten des Betriebsrates nach § 40 Abs. 1 BetrVG auch die Kosten gehören, die der erforderlichen gerichtlichen Verfolgung oder Verteidigung von Rechten des Betriebsrats oder seiner Mitglieder dienen[3]. Der Betriebsrat kann deshalb betriebsverfassungsrechtliche Streitfragen auf Kosten des Arbeitgebers gerichtlich klären lassen, wenn eine gütliche Einigung nicht möglich ist. Dabei ist gleichgültig, zwischen wem das gerichtliche Streitverfahren schwebt, etwa zwischen Betriebsrat und Arbeitgeber (zB wegen des Umfangs von Beteiligungsrechten), zwischen Betriebsrat und anderen betriebsverfassungsrechtlichen Organen (zB wegen der Zuständigkeit

---

1 *Gift/Baur*, Teil D Rz. 100; *Germelmann/Matthes/Prütting*, § 11a ArbGG Rz. 6; *Grunsky*, § 11a ArbGG Rz. 5.
2 *Germelmann/Matthes/Prütting*, § 11a ArbGG Rz. 9.
3 BAG v. 3. 10. 1978, AP Nr. 14 zu § 40 BetrVG 1972; BAG v. 14. 10. 1982, AP Nr. 19 zu § 40 BetrVG 1972; BAG v. 16. 10. 1986, AP Nr. 31 zu § 40 BetrVG 1972; *Richardi*, § 40 BetrVG Rz. 15 ff.; *Fitting/Kaiser/Heither/Engels*, § 40 BetrVG Rz. 14; GK-BetrVG/*Wiese*, § 40 Rz. 40 ff.; *Löwisch*, § 40 BetrVG Rz. 14.

des Betriebsrats oder des Gesamt- oder Konzernbetriebsrats), zwischen dem Betriebsrat und einer im Betrieb vertretenen Gewerkschaft (zB bei einer Wahlanfechtung oder einem Antrag auf Auflösung des Betriebsrats) oder zwischen dem Betriebsrat und einer seiner Mitglieder. Der Arbeitgeber hat in all diesen Fällen die Kosten zu tragen, unabhängig davon, ob der Betriebsrat obsiegt oder unterliegt[1]. Aus diesem materiell-rechtlichen Grunde kommt die Beiordnung eines Rechtsanwalts nach § 11a Abs. 1 ArbGG zugunsten einer betriebsverfassungsrechtlichen Stelle in aller Regel nicht in Betracht.

bb) Materielle Antragsvoraussetzungen

In **wirtschaftlicher Hinsicht** ist Voraussetzung der Anwaltsbeiordnung gemäß § 11a Abs. 1 ArbGG nach dem Wortlaut der Vorschrift, daß die Partei außerstande ist, ohne Beeinträchtigung des für sie und ihre Familie notwendigen Unterhalts die Kosten des Prozesses zu bestreiten. Damit knüpft das Gesetz an den früheren Armutsbegriff im Prozeßkostenhilferecht an. Der Wortlaut des § 11a Abs. 1 ArbGG ist jedoch nur infolge eines Redaktionsversehens bei der Änderung des § 114 ZPO nicht ebenfalls geändert worden[2]. Es entspricht daher einhelliger Auffassung, daß im Rahmen der Anwaltsbeiordnung die gleichen Grundsätze wie im Prozeßkostenhilferecht gelten[3]. 32

Danach hat die Partei, soweit dies zumutbar ist, für die Prozeßführung ihr **Vermögen** einzusetzen, § 115 Abs. 2 ZPO. Zum Vermögen gehört, wie die Verweisung auf § 88 BSHG deutlich macht, das gesamte verwertbare Vermögen, dazu zählen auch Abfindungen nach §§ 9, 10 KSchG[4]. Nicht zum verwertbaren Vermögen zählt namentlich der Hausrat in angemessenem Umfang, Gegenstände, die zur Aufnahme oder Fortsetzung der Berufsausbildung oder Erwerbstätigkeit unentbehrlich sind oder die zur Befriedigung geistiger, besonders wissenschaftlicher oder künstlerischer Bedürfnisse dienen und deren Besitz nicht Luxus ist, Familien- und Erbstücke, deren Veräußerung für die Partei oder seine Familie eine besondere Härte bedeuten würde sowie kleine Barbeträge und sonstige Geldwerte. Nicht zum verwertbaren Vermögen gehört insbesondere auch ein angemessenes Hausgrundstück oder eine Eigentumswohnung, das bzw. die von der Partei allein oder mit einem Angehörigen ganz oder teilweise bewohnt wird, § 88 Abs. 2 Nr. 7 BSHG. 33

Ferner hat die Partei nach Maßgabe des § 115 Abs. 1 ZPO ihr **Einkommen** einzusetzen. Dazu gehören alle Einkünfte in Geld oder Geldeswert; in Abzug 34

---

1 *Richardi*, § 40 BetrVG Rz. 15; *Fitting/Kaiser/Heither/Engels*, § 40 BetrVG Rz. 14; GK-BetrVG/*Wiese*, § 40 Rz. 43; aA *Platz*, ZfA 1993, 373, 380 ff.
2 *Germelmann/Matthes/Prütting*, § 11a ArbGG Rz. 15; *Grunsky*, § 11a ArbGG Rz. 6; *Leser*, NJW 1981, 791, 793.
3 *Ascheid*, Urteils- und Beschlußverfahren im Arbeitsrecht, Rz. 346; *Gift/Baur*, Teil D Rz. 104; *Stein/Jonas/Bork*, § 121 ZPO Rz. 47; *Zöller/Philippi*, § 114 ZPO Rz. 17.
4 LAG Berlin v. 11. 2. 1983, EzA § 115 ZPO Nr. 6; LAG Schleswig-Holstein v. 24. 6. 1987, LAGE § 115 ZPO Nr. 25; LAG Köln v. 7. 6. 1988, LAGE § 115 ZPO Nr. 30; LAG Rheinland-Pfalz v. 6. 3. 1995, NZA 1995, 863; *Germelmann/Matthes/Prütting*, § 11a ArbGG Rz. 40.

zu bringen sind Einkommensteuer, Versicherungsbeiträge und Werbungskosten, ferner die Beträge, die die Partei für ihren und ihrer Familie notdürftigen Lebensbedarf braucht, weiterhin die Kosten der Unterkunft und Heizung und letztlich besondere Belastungen. Das verbleibende (zu verwertende) Einkommen wird in die Tabelle zu § 115 Abs. 1 Satz 4 ZPO eingesetzt. Zum Einkommen des Arbeitnehmers zählen alle Einkünfte einschließlich Erschwernis- und Überstundenvergütungen. Auch für einen längeren Zeitraum gezahlte Sonderzuwendungen wie das Weihnachts- oder Urlaubsgeld gehören dazu, allerdings sind sie auf den Bezugszeitraum zu verteilen, so daß nur diejenigen Beträge anzurechnen sind, die auf den Bedarfszeitraum entfallen. Zu den Einkünften gehören auch alle öffentlich-rechtlichen Leistungen (einschließlich der nach dem Bundessozialhilfegesetz) einschließlich des Kindergeldes[1].

35 Notwendig ist ferner, daß die Partei **keine Vertretung** durch ein Mitglied oder einen Angestellten einer Gewerkschaft bzw. eines Arbeitgeberverbandes erhalten kann. Dies ist bei Gewerkschafts- bzw. Verbandsmitgliedern, die regelmäßig einen satzungsgemäßen Anspruch auf kostenlose Vertretung durch einen Angestellten der Gewerkschaft bzw. des Arbeitgeberverbandes haben, nur dann der Fall, wenn entweder die Gewerkschaft/der Arbeitgeberverband die Vertretung im Einzelfall ablehnt oder der Partei die Hinzuziehung eines solchen Vertreters aus besonderen Gründen des Einzelfalles nicht zuzumuten ist. Dies kann auch dann der Fall sein, wenn der Verbandsvertreter der Schwierigkeit der Rechtslage nicht gewachsen ist und es deshalb am Vertrauensverhältnis zwischen der Partei und ihm fehlt[2].

36 **Die Gegenseite** muß demgegenüber durch einen **Rechtsanwalt** vertreten sein. Es reicht nicht aus, daß für die Gegenseite nur ein Verbandsvertreter auftritt, es sei denn, dieser wäre als Rechtsanwalt zugelassen[3]. Die Beiordnung ist auch möglich, wenn der auf der Gegenseite auftretende Rechtsanwalt im eigenen Namen als Partei auftritt.

37 Die Beiordnung muß **beantragt** werden, auf das Antragsrecht weist das Gericht die Partei hin, § 11a Abs. 1 Satz 2 ArbGG.

cc) Absehen von der Beiordnung

38 Im Gegensatz zum Prozeßkostenhilferecht ist die **Erfolgsaussicht nicht Voraussetzung** für die Beiordnung. Von der Beiordnung kann aber abgesehen werden,

---

[1] LAG Köln v. 28. 2. 1985, LAGE § 115 ZPO Nr. 11; LAG Düsseldorf v. 11. 4. 1985, LAGE § 115 ZPO Nr. 13; LAG München v. 17. 10. 1986, LAGE § 115 ZPO Nr. 24; *Ascheid*, Urteils- und Beschlußverfahren im Arbeitsrecht, Rz. 324; aA LAG Rheinland-Pfalz v. 22. 7. 1994, NZA 1995, 911, 912; LAG Bremen v. 19. 2. 1986, LAGE § 115 ZPO Nr. 16 mit dem verfehlten Hinweis, das Kindergeld werde den Eltern treuhänderisch für das Kind anvertraut.
[2] *Ascheid*, Urteils- und Beschlußverfahren im Arbeitsrecht, Rz. 350.
[3] LAG Düsseldorf v. 19. 7. 1960, AP Nr. 8 zu § 11a ArbGG 1953; *Ascheid*, Urteils- und Beschlußverfahren im Arbeitsrecht, Rz. 353; *Germelmann/Matthes/Prütting*, § 11a ArbGG Rz. 48; aA LAG Düsseldorf v. 9. 7. 1988, LAGE § 11a ArbGG 1979 Nr. 5.

wenn sie nicht erforderlich ist oder die Rechtsverfolgung offensichtlich mutwillig erscheint.

An der **Erforderlichkeit** fehlt es, wenn unter Berücksichtigung der tatsächlichen und rechtlichen Schwierigkeiten des Verfahrens und der persönlichen Kenntnisse und Fähigkeiten der Partei auch unter Berücksichtigung der anwaltlichen Vertretung der Gegenseite die Beiordnung eines Anwalts zur sachgerechten Rechtsverfolgung nichts beitragen kann. Dies kann insbesondere dann der Fall sein, wenn die Partei selbst die nötige Rechtskunde besitzt[1]. An der Erforderlichkeit fehlt es auch, wenn die Partei Anspruch auf Vertretung durch einen Verbandsvertreter hat, diesen aber aus nicht zu berücksichtigenden Gründen nicht wahrnehmen will. 39

Offensichtliche Mutwilligkeit geht über einfache Mutwilligkeit, wie sie § 114 Satz 1 ZPO als Grund für die Versagung der Prozeßkostenhilfe ausreichen läßt, hinaus. Sie liegt nur vor, wenn auf den ersten Blick ohne nähere Prüfung erkennbar ist, daß die Rechtsverfolgung erfolglos sein muß[2]. Dies beschränkt sich auf besonders klarliegende Fälle aussichtsloser Rechtsverfolgung oder Rechtsverteidigung. 40

c) Prozeßkostenhilfe

Neben der Beiordnung eines Rechtsanwalts nach § 11a Abs. 1 ArbGG ist sowohl im Urteils- als auch im Beschlußverfahren die Gewährung von Prozeßkostenhilfe nach §§ 114 ff. ZPO möglich, § 11a Abs. 3 ArbGG. Gegenüber den im Zivilprozeß geltenden Regeln gelten nur wenige Abweichungen. Die beabsichtigte Rechtsverfolgung oder -verteidigung muß **hinreichende Aussicht auf Erfolg** haben, was voraussetzt, daß das Klagevorbringen schlüssig bzw. die mit der Klageerwiderung vorgebrachten Gründe erheblich sind. Ist dagegen eine Beweisaufnahme notwendig, kann eine gewisse Erfolgsaussicht in aller Regel angenommen werden. Eine gewisse Erfolgsaussicht besteht auch bei höchstrichterlich noch ungeklärten Rechtsfragen[3], selbst wenn das über den Prozeßkostenhilfeantrag entscheidende Gericht die Rechtsauffassung des Antragstellers in der Hauptsache nicht teilt, aber die Voraussetzungen für eine Berufung oder Revision vorliegen. 41

Die Bewilligung der Prozeßkostenhilfe bewirkt, daß die Befreiung von der Pflicht zur Zahlung der Kosten für das Gericht, den Gerichtsvollzieher und den beigeordneten Rechtsanwalt. Die Verpflichtung, dem obsiegenden Gegner die außergerichtlichen Kosten in zweiter und dritter Instanz zu erstatten (in erster Instanz findet gemäß § 12a Abs. 1 Satz 1 ArbGG eine Kostenerstattung nicht statt), bleibt jedoch unberührt. Die Prozeßkostenhilfe kann auch über die in 42

---

1 Vgl. LAG Berlin v. 24. 3. 1976, ARSt 1976, 144; *Lepke*, DB 1981, 1927, 1931.
2 LAG Hamm v. 14. 1. 1971, MDR 1971, 336; *Germelmann/Matthes/Prütting*, § 11a ArbGG Rz. 61.
3 Vgl. BVerfG v. 13. 3. 1990, BVerfGE 81, 347, 358 f.; BVerfG v. 14. 7. 1993, NJW 1994, 241, 242; BGH v. 27. 1. 1982, FamRZ 1982, 368; *Germelmann/Matthes/Prütting*, § 11a ArbGG Rz. 94; *Thomas/Putzo*, § 114 ZPO Rz. 5.

§ 124 ZPO genannten Fälle[1] hinaus nachträglich entzogen werden, wenn die Partei wesentliche Punkte für die Beurteilung des Sachverhalts durch Verschweigen nicht dargelegt hat und das Gericht aufgrund der gelieferten Angaben im Bewilligungszeitpunkt zunächst eine umfassende Einschätzung des Sachverhalts nicht vornehmen konnte[2].

III. Voraussetzungen in bezug auf das Gericht

43 Lange Zeit umstritten war der Charakter der Gerichte für Arbeitssachen im Verhältnis zur ordentlichen Gerichtsbarkeit. Die herrschende Auffassung nahm an, es handele sich um eine besondere sachliche Zuständigkeit[3]. Durch die Änderung des § 48 ArbGG im Zusammenhang mit der Reform der Kompetenznormen im Gerichtsverfassungsgesetz (4. VwGOÄndG vom 17. 12. 1990, BGBl. I, 2809) hat der Gesetzgeber nunmehr klargestellt, daß es sich bei den Gerichten für Arbeitssachen um eine eigenständige Gerichtsbarkeit handelt, die Frage der „Zuständigkeit" also eine solche des Rechtsweges ist[4]. Ob der **Rechtsweg** zu den Arbeitsgerichten eröffnet ist, bestimmt sich für das Urteilsverfahren nach § 2, für das Beschlußverfahren nach § 2a ArbGG. **Sachlich** zuständig ist in erster Instanz stets das Arbeitsgericht, eine Eingangszuständigkeit der übergeordneten Gerichte gibt es – vom nicht praxisrelevanten Fall des § 71 Nr. 5 SchwbG (Rechtsstreitigkeiten nach dem SchwbG im Geschäftsbereich des Bundesnachrichtendienstes) abgesehen – anders als in der ordentlichen, der Verwaltungs- und der Sozialgerichtsbarkeit nicht. Beim Arbeitsgericht können **funktionell** jedoch der Vorsitzende, die Kammer oder der Rechtspfleger zuständig sein (dazu unten Rz. 108 ff.), dies hat vor allem Auswirkungen auf das zulässige Rechtsmittel.

1. Rechtsweg im Urteilsverfahren

44 Anders als die Generalklauseln zB des § 13 GVG oder des § 40 VwGO bestimmt § 2 ArbGG die Streitigkeiten, für die der Rechtsweg zu den Gerichten für Arbeitssachen eröffnet ist, durch enumerative, **abschließende** Aufzählung. Seit 1. 1. 1998 ist überdies für Streitigkeiten aus einem arbeitsförderungsrechtlichen Eingliederungsverhältnis die Vorschrift des § 232 Abs. 3 SGB III zu beachten (dazu unten Rz. 66 ff.).

45 **Andere Gerichte** können für die in § 2 Abs. 1 und 2 ArbGG genannten Streitigkeiten nicht zuständig sein oder durch Parteivereinbarung (Prorogation) oder

---

1 Zu § 124 Nr. 2 ZPO vgl. LAG Köln v. 8. 1. 1996, NZA-RR 1996, 349 f.
2 LAG Rheinland-Pfalz v. 18. 6. 1996, NZA 1997, 115, 116.
3 BAG v. 11. 6. 1975, AP Nr. 1 zu § 48 ArbGG 1953; BGH v. 30. 1. 1958, BGHZ 26, 304.
4 BAG v. 26. 3. 1992, AP Nr. 7 zu § 48 ArbGG 1979; BAG v. 18. 4. 1992, AP Nr. 11 zu § 50 BetrVG 1972; *Germelmann/Matthes/Prütting*, § 1 ArbGG Rz. 6; *Leinemann*, BB 1997, 2322, 2324; *Lüke*, NZA 1996, 561; diese Auffassung vertrat immer schon *Grunsky*, § 1 ArbGG Rz. 2.

rügeloses Verhandeln zur Hauptsache zuständig werden. Nur im Falle einer bindenden (aber sachlich unberechtigten) Verweisung einer arbeitsrechtlichen Streitigkeit durch ein Arbeitsgericht an ein Gericht eines anderen Rechtsweges kann auch dieses zur Entscheidung über eine derartige Streitigkeit berufen sein. Im zweiten und dritten Rechtszug prüft das Rechtsmittelgericht die Zulässigkeit des Rechtsweges nicht mehr, § 17a Abs. 5 GVG, so daß der einmal (ggfs. auch fälschlich) beschrittene Rechtsweg in diesem Stadium nicht mehr korrigiert werden kann. Dies gilt auch dann, wenn das erstinstanzliche Gericht den Rechtsweg nur stillschweigend durch Erlaß eines Sachurteils bejaht hat[1], es sei denn, daß wegen der Rechtswegrüge einer Partei eine Vorabentscheidung des Arbeitsgerichts zwingend geboten gewesen wäre[2].

Umgekehrt kann die Zuständigkeit der Gerichte für Arbeitssachen in Angelegenheiten, in denen der Rechtsweg zu ihnen nicht eröffnet ist, auch **nicht** durch Parteivereinbarung oder rügeloses Verhandeln zur Hauptsache begründet werden. Ausnahmen gelten jedoch für Zusammenhangsklagen nach § 2 Abs. 3 ArbGG, für Rechtsstreitigkeiten zwischen juristischen Personen und ihren gesetzlichen Vertretern, § 2 Abs. 4 ArbGG sowie für den Fall der sachlich fehlerhaften, aber bindenden Verweisung des Gerichts eines anderen Rechtsweges[3]. 46

a) Bürgerliche Rechtsstreitigkeiten

Alle Ziffern des § 2 Abs. 1 und 2 ArbGG setzen voraus, daß es sich um eine bürgerliche Rechtsstreitigkeit handelt. Der Begriff ist mit dem in § 13 GVG verwandten Begriff bedeutungsidentisch[4]. Um eine bürgerliche Rechtsstreitigkeit handelt es sich, wenn die Parteien um Rechtsfolgen oder Rechtsverhältnisse streiten, die dem Privatrecht zuzuordnen sind. Maßgebend ist insoweit der dem jeweiligen Klagebegehren zugrundeliegende materiell-rechtliche Anspruch, wie er sich aus dem streitgegenständlichen Sachverhalt ergibt[5]. Dabei stehen privatrechtliche Ansprüche den öffentlich-rechtlichen gegenüber, die dadurch gekennzeichnet sind, daß um einen Anspruch oder ein Rechtsverhältnis gestritten wird, bei dem ein Träger öffentlicher Gewalt gerade in seiner Eigenschaft als Träger öffentlicher Gewalt berechtigt oder verpflichtet ist. Zu Entscheidungen in öffentlich-rechtlichen Streitigkeiten sind die Verwaltungs-, Finanz- oder die Sozialgerichte berufen, letztere sind insbesondere zuständig für öffentlich-rechtliche Streitigkeiten in Angelegenheiten der Sozialversicherung, der Arbeitslosenversicherung und der übrigen Aufgaben der Bundesanstalt für Arbeit sowie der Kriegsopferversorgung (§ 51 Abs. 1 SGG)[6]. Dagegen 47

---

1 BAG v. 9. 7. 1996, AP Nr. 24 zu § 17a GVG; BAG v. 21. 8. 1996, AP Nr. 42 zu § 2 ArbGG 1979.
2 BAG v. 21. 8. 1996, AP Nr. 42 zu § 2 ArbGG 1979.
3 *Germelmann/Matthes/Prütting*, § 2 ArbGG Rz. 3.
4 *Ascheid*, Urteils- und Beschlußverfahren im Arbeitsrecht, Rz. 468; *Hauck*, § 2 ArbGG Rz. 6.
5 GemSOGB v. 4. 6. 1974, AP Nr. 3 zu § 405 RVO; GemSOGB v. 10. 4. 1986, AP Nr. 3 zu § 13 GVG; BGH v. 24. 2. 1965, AP Nr. 1 zu § 12 BGB; BAG v. 10. 9. 1985, AP Nr. 86 zu Art. 9 GG – Arbeitskampf.
6 Vgl. LAG Hessen 14. 7. 1995, NZA-RR 1996, 66, 67.

hat das Arbeits- und nicht das Finanzgericht über die Frage zu entscheiden, ob der Arbeitnehmer einen Anspruch gegen den Arbeitgeber darauf hat, daß dieser bestimmte Entgeltbestandteile der Pauschalbesteuerung und nicht dem gewöhnlichen Lohnsteuer-Abzugsverfahren unterwirft[1].

48 **Beispiel:**

Unternehmer U möchte seinem Arbeitnehmer X kündigen. X ist als Schwerbehinderter mit einem Grad der Behinderung von 60% anerkannt. Also benötigt U für die Kündigung des X die Zustimmung der Hauptfürsorgestelle (§ 15 SchwbG). Wird ihm diese verweigert, kann er dagegen Widerspruch und bei Erfolglosigkeit desselben Klage vor dem Verwaltungsgericht erheben; umgekehrt kann der X, wenn U die Zustimmung erhält, als Drittbetroffener ebenfalls Widerspruch und Klage erheben. Mit der Erteilung der Zustimmung ist aber noch nicht über die Wirksamkeit der – erst nach Zustimmungserteilung auszusprechenden – Kündigung entschieden, diese kann aus allgemeinen kündigungsrechtlichen Erwägungen oder deshalb unwirksam sein, weil der Arbeitgeber die besonderen Kündigungsfristen der §§ 18 Abs. 3, 21 Abs. 5 SchwbG versäumt hat. Hierüber ist im normalen Kündigungsschutzprozeß vor den Arbeitsgerichten zu streiten.

b) Streitigkeiten über Tarifverträge, § 2 Abs. 1 Nr. 1 ArbGG

49 Tarifverträge sind privatrechtliche Verträge zwischen Gewerkschaften auf der einen und einzelnen Arbeitgebern oder Vereinigungen von Arbeitgebern auf der anderen Seite, § 2 Abs. 1 TVG. Sie bestehen aus einem **schuldrechtlichen (obligatorischen) Teil,** der die Rechte und Pflichten der Tarifvertragsparteien, namentlich die Durchführungspflicht der Arbeitgeberseite und die Friedenspflicht der Gewerkschaften regelt. Ferner beinhalten sie in ihrem **normativen Teil** Bestimmungen über den Inhalt, den Abschluß und die Beendigung des Arbeitsverhältnisses sowie ggfs. über betriebliche und betriebsverfassungsrechtliche Fragen, § 4 TVG. Weil Tarifverträge ungeachtet ihrer Normwirkung privatrechtliche Verträge sind[2], sind auch die aus ihnen resultierenden Ansprüche bürgerlich-rechtlicher Natur[3].

50 § 2 Abs. 1 Nr. 1 ArbGG erfaßt zunächst **Streitigkeiten aus dem obligatorischen Teil** des Tarifvertrages, zB auf Durchführung[4] oder Unterlassung von Kampfmaßnahmen[5]. Gestritten werden kann auch über das Bestehen oder Nichtbestehen eines Tarifvertrages, insbesondere über die Wirksamkeit einer Kündigung[6]. Die Zuständigkeit der Arbeitsgerichte erstreckt sich auch auf Streitigkeiten zwischen Tarifvertragsparteien und Dritten aus Tarifverträgen und über

---

1 LAG Sachsen-Anhalt v. 1. 9. 1995, NZA-RR 1996, 308.
2 *Wiedemann/Stumpf,* § 1 TVG Rz. 9.
3 *Ascheid,* Urteils- und Beschlußverfahren im Arbeitsrecht, Rz. 505; *Germelmann/Matthes/Prütting,* § 2 ArbGG Rz. 12.
4 BAG v. 9. 6. 1982, AP Nr. 1 zu § 1 TVG – Durchführungspflicht; BAG v. 3. 2. 1988, AP Nr. 20 zu § 1 TVG – Tarifverträge: Druckindustrie; *Hauck,* § 2 ArbGG Rz. 8.
5 BAG v. 21. 12. 1982, AP Nr. 76 zu Art. 9 GG – Arbeitskampf.
6 BAG v. 26. 9. 1984, AP Nr. 21 zu § 1 TVG.

das Bestehen oder Nichtbestehen von Tarifverträgen. Dritter im Sinne dieser Vorschrift ist jeder, der nicht Tarifvertragspartei ist, dazu zählen auch die Mitglieder der tarifschließenden Parteien. Sie können zB vom obligatorischen Teil des Tarifvertrages erfaßt sein[1], wenn etwa der Tarifvertrag den Beauftragten der Gewerkschaft ein Zugangsrecht zu den Betrieben der Arbeitgeber einräumt.

Nicht zuständig sind die Arbeitsgerichte für Klagen auf Erlaß einer Allgemeinverbindlicherklärung (§ 5 TVG), insoweit ist der Rechtsweg zu den Verwaltungsgerichten eröffnet[2]. Vor die **ordentlichen Gerichte** gehören Streitigkeiten zwischen einer Tarifvertragspartei und ihrem Mitglied aus dem Mitgliedschaftsverhältnis, insbesondere Ansprüche auf Aufnahme in eine Gewerkschaft[3] oder die Wirksamkeit eines Ausschlusses[4].

51

Zu beachten ist die durch § 9 TVG statuierte **Bindungswirkung** rechtskräftiger arbeitsgerichtlicher Entscheidungen, die in Rechtsstreitigkeiten zwischen Tarifvertragsparteien (nicht aber zwischen diesen und einem Dritten[5]) aus dem Tarifvertrag oder über das Bestehen oder Nichtbestehen des Tarifvertrages ergangen sind[6].

52

c) Streitigkeiten über Arbeitskämpfe und Vereinigungsfreiheit, § 2 Abs. 1 Nr. 2 ArbGG

Die Arbeitsgerichte entscheiden ferner über bürgerliche Rechtsstreitigkeiten zwischen tariffähigen Parteien oder zwischen diesen und Dritten aus unerlaubten Handlungen, soweit es sich um Maßnahmen zum Zwecke des Arbeitskampfes oder um Fragen der Vereinigungsfreiheit einschließlich des hiermit in Zusammenhang stehenden Betätigungsrechts der Vereinigungen handelt. „Unerlaubte Handlungen" in diesem Sinne meint nicht allein die Tatbestände der §§ 823 ff. BGB, sondern alle Verhaltensweisen, die nach Auffassung des einen Teils arbeitskampfrechtlich unzulässig sein sollen[7]. Ausreichend ist daher, daß Unterlassungs- oder Beseitigungsansprüche (§§ 862, 1004 BGB analog[8]), auch wegen ehrverletzender Äußerungen, ebenso Schadensersatzansprüche, die ein

53

---

1 *Germelmann/Matthes/Prütting*, § 2 ArbGG Rz. 27.
2 BVerwG v. 6. 6. 1958, AP Nr. 6 zu § 5 TVG; BVerwG v. 3. 11. 1988, AP Nr. 23 zu § 5 TVG.
3 BGH v. 10. 12. 1984, BGHZ 93, 151 ff.; BGH v. 19. 10. 1987, BGHZ 102, 265 ff.
4 BGH v. 30. 5. 1983, BGHZ 87, 337 ff.; BGH v. 19. 10. 1987, BGHZ 102, 265 ff.
5 *Ascheid*, Urteils- und Beschlußverfahren im Arbeitsrecht, Rz. 511.
6 Einzelheiten bei *Gift/Baur*, Teil C Rz. 30 ff.
7 BAG v. 2. 8. 1963, AP Nr. 5 zu Art. 9 GG; BAG v. 29. 6. 1965, AP Nr. 6 zu Art. 9 GG; BAG v. 14. 2. 1978, AP Nr. 26 zu Art. 9 GG; BAG v. 10. 9. 1985, AP Nr. 86 zu Art. 9 GG – Arbeitskampf; BAG v. 18. 8. 1987, AP Nr. 33 zu § 72a ArbGG 1979; *Germelmann/Matthes/Prütting*, § 2 ArbGG Rz. 34; *Gift/Baur*, Teil C Rz. 49; *Kissel*, § 13 GVG Rz. 173.
8 *Gift/Baur*, Teil C Rz. 4; aA im Hinblick auf ausschließlich possessorische Besitzstörungsansprüche bei Betriebsbesetzungen *Löwisch*, RdA 1987, 219, 224; *Löwisch/Krauß*, Schlichtungs- und Arbeitskampfrecht, Rz. 1001; *Löwisch/Rieble*, AR-Blattei SD 170.2 „Arbeitskampf II" Rz. 422.

Verschulden nicht voraussetzen (§ 945 ZPO), im Zusammenhang mit einem Arbeitskampf geltend gemacht werden. Selbst Klagen auf Beseitigung einer Abmahnung, die im Zusammenhang mit einem Arbeitskampf stehen (zB Abmahnung wegen Verweigerung von Streikbrecherarbeit), fallen unter § 2 Abs. 1 Nr. 2 ArbGG[1]. Unerlaubte Handlung kann auch der Arbeitskampf selbst sein[2].

54 **Nicht** im Urteils-, sondern gemäß § 2a Abs. 1 Nr. 1 ArbGG im Beschlußverfahren zu entscheiden sind Streitigkeiten, die **anläßlich eines Arbeitskampfes** zwischen Arbeitgeber und Betriebsrat über dessen Rechte und Pflichten entstehen. Dies betrifft sowohl die persönliche Stellung der Betriebsratsmitglieder im Arbeitskampf[3] als auch die Wahrnehmung von Beteiligungsrechten nach dem BetrVG[4].

55 Streitigkeiten um die **Vereinigungsfreiheit** im Sinne von § 2 Abs. 1 Nr. 2 ArbGG betreffen zwei verschiedene Bereiche: Zum einen geht es um Maßnahmen, die die positive oder negative Koalitionsfreiheit verletzen oder Betätigungsrechte beeinträchtigen[5], zum anderen sind Fragen der Vereinigungsfreiheit oder der Betätigungsrechte einer Koalition als solcher betroffen, wenn also darüber gestritten wird, ob Arbeitgeber oder Arbeitnehmer sich zu einer Koalition zusammenschließen dürfen oder ob eine Koalition sich in bestimmter Weise betätigen darf[6].

56 Streitigkeiten **konkurrierender Koalitionen** sollen nach Auffassung des BGH in die Rechtswegzuständigkeit der ordentlichen Gerichte fallen[7], demgegenüber bejaht das arbeitsrechtliche Schrifttum die Zuständigkeit der Arbeitsgerichte[8].

d) Individualstreitigkeiten betreffend das Arbeitsverhältnis, § 2 Abs. 1 Nr. 3 ArbGG

57 Die Arbeitsgerichte sind zuständig für alle bürgerlich-rechtlichen Streitigkeiten zwischen Arbeitgebern und Arbeitnehmern (im Sinne von § 5 ArbGG) **aus dem Arbeitsverhältnis** (lit. a). Das Arbeitsverhältnis, aus dem der Streit resultiert, muß zur Zeit der Klage bestehen oder es muß früher bestanden haben

---

1 BAG v. 18. 8. 1987, AP Nr. 33 zu § 72a ArbGG 1979 Grundsatz; *Gift/Baur*, Teil C Rz. 49.
2 *Ascheid*, Urteils- und Beschlußverfahren im Arbeitsrecht, Rz. 513; *Germelmann/Matthes/Prütting*, § 2 ArbGG Rz. 35; *Gift/Baur*, Teil C Rz. 49.
3 Dazu LAG Düsseldorf v. 5. 7. 1994, LAGE § 74 BetrVG Nr. 2; *Rolfs/Bütefisch*, NZA 1996, 17.
4 BAG v. 14. 2. 1978, AP Nr. 57 zu Art. 9 GG – Arbeitskampf; BAG v. 14. 2. 1978, AP Nr. 58 zu Art. 9 GG – Arbeitskampf; BAG v. 24. 4. 1979, AP Nr. 63 zu Art. 9 GG – Arbeitskampf; BAG v. 22. 12. 1980, AP Nr. 70 zu Art. 9 GG – Arbeitskampf; BAG v. 22. 12. 1980, AP Nr. 71 zu Art. 9 GG – Arbeitskampf; *Fitting/Kaiser/Heither/Engels*, § 74 BetrVG Rz. 18 ff., 65 f.
5 *Ascheid*, Urteils- und Beschlußverfahren im Arbeitsrecht, Rz. 517.
6 BAG v. 14. 2. 1978, AP Nr. 26 zu Art. 9 GG; BAG v. 8. 12. 1978, AP Nr. 28 zu Art. 9 GG; BAG v. 23. 9. 1979, AP Nr. 29 zu Art. 9 GG; BAG v. 26. 1. 1982, AP Nr. 35 zu Art. 9 GG; BAG v. 30. 8. 1983, AP Nr. 38 zu Art. 9 GG.
7 BGH v. 7. 1. 1964, AP Nr. 1 zu § 1004 BGB; BGH v. 18. 5. 1971, AP Nr. 6 zu Art. 5 GG – Meinungsfreiheit.
8 *Germelmann/Matthes/Prütting*, § 2 ArbGG Rz. 46; *Kissel*, § 13 GVG Rz. 175.

III. Voraussetzungen in bezug auf das Gericht

oder es hätte begründet werden sollen. Notwendige und zugleich hinreichende Voraussetzung ist, daß der Streit irgendwie dem Arbeitsverhältnis zugeordnet werden kann[1]. Deshalb begründet auch ein faktisches Arbeitsverhältnis die Zuständigkeit der Arbeitsgerichte[2], unerheblich ist auch, daß das Arbeitsverhältnis wegen Verstoßes gegen §§ 134, 138 BGB (zB **Schwarzarbeit**) nichtig ist[3]. Auf welche Grundlage der geltend gemachte Anspruch gestützt wird, spielt keine Rolle, so daß auch Forderungen aus einer **fehlgeschlagenen Vergütungserwartung** vor die Arbeitsgerichte gehören[4]. Ansprüche aus einem **Vergleich** bleiben arbeitsrechtlicher Natur, wenn der durch den Vergleich beigelegte Streit arbeitsrechtliche Ansprüche betraf[5]. Dasselbe gilt für Ansprüche auf Auszahlung eines vom Arbeitgeber hinterlegten Betrages, auch wenn die Prätendenten materiell-rechtlich um Fragen des Arbeitsförderungsrechts streiten[6]. Forderungen aus **Geschäftsführung ohne Auftrag** gehören nicht vor die Arbeits-, sondern vor die ordentlichen Gerichte, es sei denn, die Geschäftsführung wurde im Rahmen eines bestehenden oder angebahnten Arbeitsverhältnisses ausgeführt[7]. Auch Streitigkeiten zwischen juristischen Personen und ihren Organmitgliedern gehören, weil die Mitglieder des Vertretungsorgans gemäß § 5 Abs. 1 Satz 3 ArbGG nicht als Arbeitnehmer gelten, vor die ordentlichen Gerichte und können nur kraft einer Vereinbarung (§ 2 Abs. 4 ArbGG) vor die Gerichte für Arbeitssachen gebracht werden[8]. Demgegenüber sind Ansprüche von Arbeitnehmern einer GmbH, die im Wege der Durchgriffshaftung gegen die Gesellschafter erhoben werden, Ansprüche aus einem Arbeitsverhältnis nach § 2 Abs. 1 Nr. 3 lit. a) ArbGG[9]. Arbeitssachen sind auch Klagen von Arbeitnehmern gegen einen Vertreter ohne Vertretungsmacht aus § 179 BGB[10].

Beispiele für Klagen nach lit. a): 58

Ansprüche des Arbeitnehmers auf Gegenleistung in jeder denkbaren Form, wie Vergütung, Gratifikationen, Sonderzuwendungen, Auslagen- und Schadensersatz, betriebliches Ruhegeld, Einhaltung der Arbeitsschutzvorschriften, Urlaub und Freistellung von der Arbeit, Entfernung von Abmahnungen aus der Personalakte[11]. *Als Ansprüche des Arbeitgebers kommen unter anderem in*

---

1 *Ascheid*, Urteils- und Beschlußverfahren im Arbeitsrecht, Rz. 522; restriktiv ArbG Berlin v. 13. 4. 1995, NZA-RR 1996, 109 zu deliktsrechtlichen Ansprüchen gegen das herrschende Unternehmen im qualifiziert-faktischen Konzern.
2 BAG v. 25. 4. 1963, AP Nr. 2 zu § 611 BGB – Faktisches Arbeitsverhältnis.
3 *Grunsky*, § 2 ArbGG Rz. 87; *Kissel*, § 13 GVG Rz. 159.
4 BAG v. 28. 9. 1977, AP Nr. 29 zu § 612 BGB; *Germelmann/Matthes/Prütting*, § 2 ArbGG Rz. 56.
5 *Ascheid*, Urteils- und Beschlußverfahren im Arbeitsrecht, Rz. 523.
6 BAG v. 12. 6. 1997, NZA 1997, 1070, 1071.
7 *Ascheid*, Urteils- und Beschlußverfahren im Arbeitsrecht, Rz. 524; *Germelmann/Matthes/Prütting*, § 2 ArbGG Rz. 55; *Stein/Jonas/Schumann*, § 1 ZPO Rz. 168.
8 BAG v. 18. 12. 1996, AP Nr. 3 zu § 2 ArbGG 1979 – Zuständigkeitsprüfung.
9 BAG v. 13. 6. 1997, NZA 1997, 1128.
10 LAG Hamm v. 6. 1. 1997, NZA-RR 1997, 356.
11 *Ascheid*, Urteils- und Beschlußverfahren im Arbeitsrecht, Rz. 525; *Germelmann/Matthes/Prütting*, § 2 ArbGG Rz. 60; *Gift/Baur*, Teil C Rz. 113; *Kissel*, § 13 GVG Rz. 159.

Betracht: Ordnungsgemäße Erfüllung der Arbeitspflicht, Unterlassung von Wettbewerb, Schadensersatz wegen positiver Vertragsverletzung oder unerlaubter Handlung, Erstattung von Fehlbeträgen oder überzahlten Beträgen[1].

59 Bei Streitigkeiten über **Werkwohnungen** ist zu unterscheiden: Handelt es sich um eine Werk**miet**wohnung, also eine solche, die mit Rücksicht auf das Arbeitsverhältnis vermietet worden ist (§ 565b BGB), so sind für Streitigkeiten aus dem Mietverhältnis kraft ausdrücklicher Zuweisung in § 23 Nr. 2 lit. a GVG das Amtsgericht erstinstanzlich zuständig, der Streit gehört also vor die ordentlichen Gerichte[2]. Anders liegen die Dinge dagegen bei den in § 565e BGB bezeichneten Werk**dienst**wohnungen, bei denen der Wohnraum ohne selbständigen Vertrag im Rahmen des Arbeitsverhältnisses (zB als Hausmeisterwohnung) überlassen worden ist. Hier ist § 2 Abs. 1 Nr. 3 ArbGG einschlägig, so daß der Rechtsweg zu den Arbeitsgerichten eröffnet ist[3], das gilt auch dann, wenn der Arbeitnehmer die Wohnung ganz oder überwiegend mit Einrichtungsgegenständen ausgestattet hat oder in dem Wohnraum mit seiner Familie einen eigenen Hausstand führt, so daß gemäß § 565e BGB materiell-rechtlich wieder die Vorschriften über Werk**miet**wohnungen anzuwenden sind[4].

60 **Keine Arbeitssachen** im Sinne von § 2 Abs. 1 Nr. 3 ArbGG sind die Ansprüche des Vertrauensmanns der Schwerbehinderten **aus seinem Amt,** also etwa auf Freistellung oder Erstattung von Schulungskosten; insoweit ist der Rechtsweg zu den Verwaltungsgerichten eröffnet[5]. Vor die ordentlichen Gerichte gehören Streitigkeiten **aus dem Amt** der Arbeitnehmervertreter im Aufsichtsrat[6] (anders für Streitigkeiten über ihre Wahl, § 2a Abs. 1 Nr. 3 ArbGG, dazu unten Rz. 85) sowie Klagen des Lohnpfändungsgläubigers gegen den Arbeitgeber als Drittschuldner auf Auskunftserteilung nach § 840 ZPO[7]. Ferner sind den or-

---

1 *Germelmann/Matthes/Prütting,* § 2 ArbGG Rz. 60; *Gift/Baur,* Teil C Rz. 114; *Grunsky,* § 2 ArbGG Rz. 90; *Kissel,* § 13 GVG Rz. 159.
2 BAG v. 24. 1. 1990, AP Nr. 16 zu § 2 ArbGG 1979; *Germelmann/Matthes/Prütting,* § 2 ArbGG Rz. 61; *Grunsky,* § 2 ArbGG Rz. 89; MünchArbR/*Brehm,* § 378 Rz. 34; *Stein/Jonas/Schumann,* § 1 ZPO Rz. 171.
3 BAG v. 23. 8. 1989, AP Nr. 3 zu § 620 BGB – Teilkündigung; BAG v. 24. 1. 1990, AP Nr. 16 zu § 2 ArbGG 1979; LAG Berlin v. 14. 9. 1993, LAGE § 2 ArbGG 1979 Nr. 15; *Grunsky,* § 2 ArbGG Rz. 89; MünchArbR/*Brehm,* § 378 Rz. 34; *Stein/Jonas/Schumann,* § 1 ZPO Rz. 171.
4 ArbG Münster v. 4. 8. 1988, NZA 1989, 531; *Grunsky,* § 2 ArbGG Rz. 89; aA *Ascheid,* Urteils- und Beschlußverfahren im Arbeitsrecht, Rz. 528; *Germelmann/Matthes/Prütting,* § 2 ArbGG Rz. 61.
5 BAG v. 21. 9. 1989, AP Nr. 1 zu § 25 SchwbG; *Ascheid,* Urteils- und Beschlußverfahren im Arbeitsrecht, Rz. 529; *Germelmann/Matthes/Prütting,* § 2 ArbGG Rz. 62, § 2a ArbGG Rz. 24; aA BAG v. 16. 8. 1977, AP Nr. 1 zu § 23 SchwbG; LAG Düsseldorf v. 11. 7. 1977, EzA § 23 SchwbG Nr. 2.
6 OLG München v. 13. 7. 1955, AP Nr. 18 zu § 2 ArbGG 1953; *Germelmann/Matthes/Prütting,* § 2 ArbGG Rz. 64.
7 BAG v. 31. 10. 1984, AP Nr. 4 zu § 840 ZPO; *Ascheid,* Urteils- und Beschlußverfahren im Arbeitsrecht, Rz. 529.

III. Voraussetzungen in bezug auf das Gericht

dentlichen Gerichten einige Streitsachen ausschließlich zugewiesen, dazu gehören Ansprüche aus dem ArbNErfG, vgl. § 39 Abs. 1 ArbNErfG[1].

Hinsichtlich des **Bestehens oder Nichtbestehens** (lit. b) kommen insbesondere Streitigkeiten darüber in Betracht, ob das zwischen den Parteien bestehende Vertragsverhältnis als Arbeitsverhältnis (oder etwa als freies Mitarbeiterverhältnis) zu qualifizieren ist (sog. **Statusklagen**), ferner, ob es überhaupt besteht, ob es noch besteht, oder ob es einmal bestanden hat (soweit hierfür das nach § 256 ZPO erforderliche Feststellungsinteresse vorliegt)[2], einschließlich der Frage nach der Wirksamkeit einer Kündigung oder Zulässigkeit einer Befristung[3]. Nach Auffassung des BAG ist der Rechtsweg zu den Arbeitsgerichten auch dann eröffnet, wenn der Kläger sich ausdrücklich gegen eine Kündigung seines **Arbeits**verhältnisses wendet, der Beklagte aber die Arbeitnehmereigenschaft des Klägers bestreitet. In solchen Fällen bedürfe es nicht schon für die Frage der Zulässigkeit der Klage einer Beweisaufnahme über den Status des Klägers, vielmehr seien die Gerichte für Arbeitssachen in jedem Falle zur Entscheidung in der Sache berufen[4] (Einzelheiten unten Rz. 94 ff.). Zu § 2 Abs. 1 Nr. 3 lit. b) ArbGG gehört auch die Geltendmachung eines (allgemeinen oder betriebsverfassungsrechtlichen, dazu oben Teil 5 A Rz. 133 ff.) Weiterbeschäftigungsanspruchs.

61

Eingehung und Nachwirkung des Arbeitsverhältnisses (lit. c) betreffen Streitigkeiten über den Ersatz von Vorstellungskosten, die Herausgabe von Bewerbungsunterlagen, die Löschung gespeicherter Daten[5], ferner die Zeugniserteilung, Auskunftsansprüche im Hinblick auf noch ausstehende Forderungen sowie Klagen des Arbeitgebers auf Unterlassung von Wettbewerb oder die Herausgabe von Werkzeugen, Geschäftsunterlagen, ferner Klagen des Arbeitnehmers auf Feststellung der Unwirksamkeit eines Wettbewerbsverbots[6] etc.

62

Der Begriff der **unerlaubten Handlung** (lit. d) ist weit zu fassen und umfaßt auch Forderungen aus Gefährdungshaftung sowie auf Unterlassung und Beseitigung[7]. Die unerlaubte Handlung muß jedoch in einem inneren Zusammenhang mit dem Arbeitsverhältnis stehen und in dessen eigentümlichen Reibungs- und Berührungspunkten wurzeln[8]. Ist der Arbeitgeber eine juristische Person, ist auch für Klagen der Arbeitnehmer gegen Organmitglieder (zB den Geschäftsführer einer GmbH) wegen von diesen begangener unerlaubter Handlungen der Rechtsweg zu den Arbeitsgerichten eröffnet[9].

63

---

1 BAG v. 9. 7. 1997, NZA 1997, 1181, 1182.
2 BAG v. 23. 4. 1997, NZA 1997, 1246, 1247.
3 *Ascheid*, Urteils- und Beschlußverfahren im Arbeitsrecht, Rz. 531 ff.
4 BAG v. 24. 4. 1996, AP Nr. 1 zu § 2 ArbGG 1979 – Zuständigkeitsprüfung; BAG v. 9. 10. 1996, AP Nr. 2 zu § 2 ArbGG 1979 – Zuständigkeitsprüfung; BAG v. 18. 12. 1996, AP Nr. 3 zu § 2 ArbGG 1979 – Zuständigkeitsprüfung.
5 BAG v. 6. 6. 1984, AP Nr. 7 zu § 611 BGB – Persönlichkeitsrecht.
6 BAG v. 18. 8. 1997, NZA 1997, 1362, 1363.
7 *Ascheid*, Urteils- und Beschlußverfahren im Arbeitsrecht, Rz. 537; *Grunsky*, § 2 ArbGG Rz. 102; vgl. auch OLG Stuttgart v. 19. 11. 1996, NZA-RR 1997, 267.
8 BAG v. 7. 2. 1958, AP Nr. 58 zu § 2 ArbGG 1953.
9 BAG v. 24. 6. 1996, AP Nr. 39 zu § 2 ArbGG 1979.

64 **Arbeitspapiere** (lit. e) sind sämtliche Papiere und Bescheinigungen, die der Arbeitgeber dem Arbeitnehmer zu erteilen hat, gleichgültig, ob diese Papiere öffentlich-rechtlicher oder privatrechtlicher Natur sind; der Anspruch auf ihre Herausgabe ist jedenfalls stets ein privatrechtlicher. Betroffen sind namentlich die Lohnsteuerkarte, die Versicherungskarte (den Sozialversicherungsausweis), das Versicherungsnachweisheft, die Arbeitsbescheinigung nach § 312 SGB III, die Entgeltbelege nach § 9 HeimarbeitsG, Urlaubsbescheinigungen nach § 9 BUrlG, Verdienstbescheinigungen und das Zeugnis[1].

65 Umstritten ist die Zuständigkeit der Arbeitsgerichte im Verhältnis zu den Sozialgerichten bei der **Arbeitsbescheinigung,** die der Arbeitgeber bei der Beendigung des Beschäftigungsverhältnisses dem Arbeitnehmer gemäß § 312 SGB III unter Verwendung des amtlich vorgesehenen Vordrucks auszustellen hat[2] und in der alle Tatsachen zu bescheinigen sind, die für die Entscheidung des Arbeitsamtes über den Anspruch auf Arbeitslosengeld erheblich sein können. Darin sind insbesondere die Art der Tätigkeit des Arbeitnehmers, Beginn, Ende, Unterbrechungen und Grund für die Beendigung des Beschäftigungsverhältnisses sowie das Arbeitsentgelt und die sonstigen Leistungen im Sinne der §§ 140, 143 SGB III anzugeben, die der Arbeitnehmer erhalten oder zu beanspruchen hat. Das BAG differenziert wie folgt: Der Anspruch auf **Erteilung** der Arbeitsbescheinigung ist vor den Arbeitsgerichten[3], der Anspruch auf **Berichtigung** vor den Sozialgerichten geltend zu machen[4]. Beides ist jedoch nicht unumstritten[5].

e) Streitigkeiten über ein Eingliederungsverhältnis, § 232 Abs. 3 SGB III

66 Gemäß § 232 Abs. 3 SGB III sind die Gerichte für Arbeitssachen auch zur Entscheidung für Rechtsstreitigkeiten aus einem Eingliederungsvertrag berufen. Der Eingliederungsvertrag ist durch das Arbeitsförderungs-Reformgesetz erstmals in den Leistungskatalog des Arbeitsförderungsrechts aufgenommen worden. Mit ihm stellt das SGB III ein Instrument zur Verfügung, mit dem das Ziel verfolgt wird, Langzeit- und schwer vermittelbare Arbeitslose nach erfolgreichem Abschluß der Eingliederung wieder in ein Arbeitsverhältnis zu führen (§ 229 SGB III)[6]. Zu diesem Zweck wird der Arbeitgeber, der einen Eingliederungsvertrag von mindestens zweiwöchiger und höchstens sechsmonatiger Dauer mit einem förderungsfähigen Arbeitslosen abschließt, vor allem von zwei Lasten befreit, die ihm bei Arbeitnehmern auferlegt sind: Er kann – wie

---

1 *Germelmann/Matthes/Prütting*, § 2 ArbGG Rz. 81; *Staudinger/Preis*, § 630 BGB Rz. 87 ff.
2 *Schulz*, Alles über Arbeitszeugnisse, S. 1 ff.
3 BAG v. 15. 1. 1992, AP Nr. 21 zu § 2 ArbGG 1979.
4 BAG v. 13. 7. 1988, AP Nr. 11 zu § 2 ArbGG 1979; BSG v. 12. 12. 1990, SozR 3-4100 § 133 Nr. 1; *Staudinger/Preis*, § 630 BGB Rz. 87.
5 Zum Streitstand *Ascheid*, Urteils- und Beschlußverfahren im Arbeitsrecht, Rz. 541 f.; *Gagel*, § 133 AFG Rz. 12 ff.; vgl auch *Schickedanz*, DB 1981, 1880.
6 Eingehend zum Eingliederungsvertrag, *Hanau*, DB 1997, 1278 ff.; *Natzel*, NZA 1997, 806 ff.; zusammenfassend *Niesel*, NZA 1997, 580, 581; *Kopp*, NZS 1997, 456, 457; *Rolfs*, NZA 1998, 17, 19; *Scherle/Arians*, NZS 1997, 212, 213.

auch der Arbeitslose – die Eingliederung **jederzeit ohne Angabe von Gründen für gescheitert erklären** und dadurch den Eingliederungsvertrag auflösen (§ 232 Abs. 2 SGB III), und er erhält vom Arbeitsamt dasjenige Entgelt erstattet, das er an den Einzugliedernden für Zeiten ohne Arbeitsleistung zu tragen hat, § 233 Abs. 1 SGB III.

Der Eingliederungsvertrag begründet gemäß § 231 SGB III zwar ein sozialversicherungsrechtliches Beschäftigungsverhältnis, nicht aber ein Arbeitsverhältnis. Allerdings sind die Vorschriften und Grundsätze des Arbeitsrechts anzuwenden, soweit sich nicht aus dem SGB III etwas anderes ergibt. Daraus folgt, daß der Einzugliedernde grundsätzlich die gleichen Rechte und Pflichten wie ein Arbeitnehmer hat. Ergeben sich insoweit **Streitigkeiten zwischen dem Unternehmer und dem Einzugliedernden,** sind zur Entscheidung hierüber die Gerichte für Arbeitssachen berufen. Demgegenüber entscheiden die Sozialgerichte über Streitigkeiten zwischen dem Arbeitgeber und der Bundesanstalt für Arbeit über das Vorliegen der Förderungsvoraussetzungen, Dauer und Höhe der Zuschüsse etc.

f) Rechtsstreitigkeiten zwischen Arbeitnehmern/Hinterbliebenen und Arbeitgebern oder Gemeinsamen Einrichtungen, § 2 Abs. 1 Nr. 4 ArbGG

§ 2 Abs. 1 Nr. 4 **lit. a** ArbGG erfaßt bürgerliche Rechtsstreitigkeiten zwischen Arbeitnehmern oder ihren Hinterbliebenen und Arbeitgebern über Ansprüche, die **in rechtlichem oder unmittelbar wirtschaftlichem Zusammenhang mit dem Arbeitsverhältnis** stehen.

67

Beispiele:

Ansprüche aus Wechseln oder Schecks, die zur Erfüllung von Gehaltsforderungen hingegeben wurden[1], *betriebliche Altersvorsorge, private Unfallversicherung, verbilligte Einkaufsmöglichkeiten, Zutrittsrecht zu Sporteinrichtungen, Überlassung eines Parkplatzes, von Werkzeug uä.*

§ 2 Abs. 1 Nr. 4 lit. b ArbGG weist den Arbeitsgerichten Streitigkeiten zwischen Arbeitnehmern oder ihren Hinterbliebenen und Gemeinsamen Einrichtungen der Tarifvertragsparteien (§ 4 Abs. 2 TVG) oder Sozialeinrichtungen des **privaten** Rechts über Ansprüche aus dem Arbeitsverhältnis oder Ansprüche, die mit diesem in rechtlichem oder unmittelbar wirtschaftlichem Zusammenhang stehen, zu, soweit nicht die ausschließliche Zuständigkeit einer anderen Gerichtsbarkeit gegeben ist. Gemeinsame Einrichtungen der Tarifvertragsparteien sind zB die Lohnausgleichskasse und die Urlaubskasse des Baugewerbes und des Dachdeckerhandwerks. Sozialeinrichtungen sind vom Arbeitgeber oder von mehreren Arbeitgebern errichtete Einrichtungen[2]. Für Streitigkeiten mit diesen sind die Arbeitsgerichte nur zuständig, wenn sie privaten Rechts sind; daher sind Streitigkeiten der Arbeitnehmer im öffentlichen Dienst mit der Versorgungsanstalt des Bundes und der Länder (VBL) – einer Anstalt des öffentlichen

68

---

1 BAG v. 7. 11. 1996, AP Nr. 1 zu § 46 ArbGG 1979.
2 BAG v. 3. 2. 1965, AP Nr. 12 zu § 5 TVG.

Rechts – nicht vor den Arbeits-, sondern vor den ordentlichen Gerichten auszutragen[1].

g) Streitigkeiten mit dem Träger der Insolvenzsicherung, § 2 Abs. 1 Nr. 5 ArbGG

69 Die Zuständigkeit der Arbeitsgerichte erstreckt sich auf bürgerliche Rechtsstreitigkeiten zwischen Arbeitnehmern und ihren Hinterbliebenen und dem Träger der Insolvenzsicherung über Ansprüche auf Leistungen der Insolvenzsicherung nach dem Vierten Abschnitt des Ersten Teils (= §§ 7 bis 15) des BetrAVG. Träger der Insolvenzsicherung ist der **Pensions-Sicherungs-Verein** auf Gegenseitigkeit (PSVaG) mit Sitz in Köln. Bürgerlich-rechtlich ist die Streitigkeit, wenn ohne den Sicherungsfall (die Insolvenz) Ansprüche gegen den Arbeitgeber oder eine Sozialeinrichtung gegeben wären, für die nach § 2 Abs. 1 Nr. 4 ArbGG der Rechtsweg zu den Arbeitsgerichten eröffnet wäre[2].

h) Arbeitgeberklagen gegen Einrichtungen, § 2 Abs. 1 Nr. 6 ArbGG

70 Für bürgerliche Rechtsstreitigkeiten zwischen Arbeitgebern und Einrichtungen nach Nr. 4 lit. b und Nr. 5 sowie zwischen diesen Einrichtungen ist der Rechtsweg zu den Arbeitsgerichten gleichfalls eröffnet, § 2 Abs. 1 Nr. 6 ArbGG. Vgl. insoweit oben Rz. 68 f.

i) Entwicklungshelfer und Helfer nach den Gesetzen zur Förderung des freiwilligen sozialen bzw. ökologischen Jahres, § 2 Abs. 1 Nr. 7 und 8 ArbGG

71 Den Arbeitsgerichten zugewiesen sind ferner bürgerliche Rechtsstreitigkeiten zwischen Entwicklungshelfern, Helfern nach dem Gesetz zur Förderung des freiwilligen sozialen Jahres sowie Helfern nach dem Gesetz zur Förderung des freiwilligen ökologischen Jahres und den jeweiligen Trägern, obwohl durch den Hilfsdienst kein Arbeitsverhältnis begründet wird.

j) Streitigkeiten zwischen Arbeitnehmern, § 2 Abs. 1 Nr. 9 ArbGG

72 Der Rechtsweg zu den Arbeitsgerichten ist gemäß § 2 Abs. 1 Nr. 9 ArbGG eröffnet für Streitigkeiten zwischen Arbeitnehmern aus gemeinsamer Arbeit und aus unerlaubten Handlungen, soweit diese mit dem Arbeitsverhältnis in Zusammenhang stehen. Arbeitnehmer im Sinne der Bestimmung sind alle Personen, die § 5 ArbGG als Arbeitnehmer im Sinne des ArbGG definiert. Streitigkeiten aus **gemeinsamer Arbeit** können zB solche sein, die aus der Verteilung einer Trinkgeldkasse, des Troncs, bei Gruppenarbeitsverhältnissen auch aus der Verteilung des Entgelts auf die einzelnen Gruppenmitglieder oder vice versa der Umlage von Passivforderungen (Schadensersatzansprüchen) re-

---

1 BAG v. 28. 4. 1981, AP Nr. 3 zu § 4 TVG – Gemeinsame Einrichtungen; *Germelmann/Matthes/Prütting*, § 2 ArbGG Rz. 93; *Gift/Baur*, Teil C Rz. 79, 146; *Grunsky*, § 2 ArbGG Rz. 115.
2 *Ascheid*, Urteils- und Beschlußverfahren im Arbeitsrecht, Rz. 551.

sultieren[1]. Der Begriff der **unerlaubten Handlung** ist – wie schon bei Nr. 3 (dazu oben Rz. 63) weit zu fassen und umfaßt neben der Gefährdungshaftung auch Unterlassungs- und Beseitigungsansprüche. Die unerlaubte Handlung muß aber mit dem Arbeitsverhältnis in Zusammenhang stehen, was erfordert, daß sie in der Eigenart des Arbeitsverhältnisses und den ihm eigentümlichen Berührungspunkten und Reibungen ihre Ursache findet[2]. Daran fehlt es beispielsweise, wenn familiäre Streitigkeiten zwischen im selben Haus wohnenden Arbeitskollegen für die unerlaubte Handlung maßgeblich waren[3].

Nicht vor die Arbeitsgerichte gehören Streitigkeiten zwischen Arbeitgebern, zB Schadensersatzforderungen wegen Erteilung eines unrichtigen (zu guten) Zeugnisses an einen minder qualifizierten Arbeitnehmer[4].

k) Behinderte in Werkstätten für Behinderte, § 2 Abs. 1 Nr. 10 ArbGG

Gemäß § 2 Abs. 1 Nr. 10 ArbGG sind die Gerichte für Arbeitssachen seit 1997 auch für Streitigkeiten zwischen Behinderten, die im Arbeitsbereich anerkannter Werkstätten für Behinderte arbeiten, und den Trägern dieser Werkstätten zuständig, soweit um das in § 54b SchwbG geregelte Rechtsverhältnis gestritten wird. Werkstätten für Behinderte werden eingerichtet, um Schwerbehinderten, die nicht, noch nicht oder noch nicht wieder auf dem allgemeinen Arbeitsmarkt beschäftigt werden können, eine angemessene berufliche Bildung und eine Beschäftigung zu einem ihrer Leistung angemessenen Arbeitsentgelt aus dem Arbeitsergebnis anzubieten und ihnen zu ermöglichen, ihre Leistungsfähigkeit zu entwickeln, zu erhöhen oder wiederzugewinnen und dabei ihre Persönlichkeit weiterzuentwickeln (§ 54 Abs. 1 SchwbG). Behinderte im Arbeitsbereich anerkannter Werkstätten sind keine Arbeitnehmer dieser Werkstätten, weil bei ihnen die vorbezeichneten Ziele im Vordergrund stehen und Vertragsinhalt nicht primär der wechselseitige Austausch von Arbeitsleistung und -entgelt ist. Ihr Rechtsverhältnis zum Träger der Werkstatt wird von § 54b SchwbG jedoch als „arbeitnehmerähnlich" bezeichnet (nicht im Sinne von § 5 Abs. 1 Satz 2 ArbGG), der Inhalt des Rechtsverhältnisses ist nach Maßgabe des § 54b Abs. 2 und 3 SchwbG auszugestalten.

73

l) Arbeitnehmererfindung und Urheberrechtsstreitigkeiten, § 2 Abs. 2 ArbGG

Die Zuständigkeit der Gerichte für Arbeitssachen erstreckt sich auch auf bürgerliche Rechtsstreitigkeiten zwischen Arbeitnehmern und Arbeitgebern, die ausschließlich Ansprüche auf Leistung einer festgestellten oder festgesetzten Vergütung für eine Arbeitnehmererfindung oder für einen technischen Verbesserungsvorschlag nach § 20 Abs. 1 ArbNErfG zum Gegenstand haben, sowie diejenigen, die als Urheberrechtsstreitsachen aus Arbeitsverhältnissen aus-

74

---

1 *Ascheid*, Urteils- und Beschlußverfahren im Arbeitsrecht, Rz. 557.
2 BAG v. 11. 7. 1995, AP Nr. 41 zu § 2 ArbGG 1979; *Schaub*, Arbeitsrechtliche Formularsammlung und Arbeitsgerichtsverfahren, § 82 IV 10.
3 BAG v. 11. 7. 1995, AP Nr. 41 zu § 2 ArbGG 1979.
4 BGH v. 26. 11. 1963, AP Nr. 10 zu § 630 BGB; BGH v. 15. 5. 1979, BGHZ 74, 281, 290 ff.; *Staudinger/Preis*, § 630 BGB Rz. 81 f.

schließlich Ansprüche auf Leistung einer vereinbarten Vergütung zum Gegenstand haben. Die Zuständigkeit nach § 2 Abs. 2 ArbGG ist **keine ausschließliche**. Wird daher zugleich über andere Ansprüche aus dem Rechtsverhältnis über die Erfindung oder dem Urheberrechtsverhältnis gestritten, so können, weil der Streit hierüber nur vor den ordentlichen Gerichten ausgetragen werden kann, auch die Vergütungsansprüche vor den ordentlichen Gerichten erhoben werden[1].

m) Zusammenhangsklagen, § 2 Abs. 3 ArbGG

75 Nach § 2 Abs. 3 ArbGG können vor die Arbeitsgerichte auch solche Streitigkeiten gebracht werden, die zwar nicht unter § 2 Abs. 1 oder 2 ArbGG fallen, die aber mit einem bei dem Arbeitsgericht anhängigen oder gleichzeitig anhängig gemachten bürgerlichen Rechtsstreit nach Abs. 1 oder 2 in einem **rechtlichen oder unmittelbar wirtschaftlichen Zusammenhang** stehen, wenn für sie nicht die ausschließliche Zuständigkeit eines anderen Gerichts gegeben ist.

76 Voraussetzung ist also zunächst die (zumindest gleichzeitige) **Anhängigkeit** der Hauptklage, die in die Rechtswegzuständigkeit der Arbeitsgerichte fallen muß. Ob der Hauptklage andere Prozeßvoraussetzungen fehlen, ist unerheblich[2]. Die einmal bei Klageerhebung begründete Zuständigkeit des Arbeitsgerichts bleibt – entsprechend § 261 Abs. 3 Nr. 2 ZPO – auch dann erhalten, wenn die Rechtshängigkeit der Hauptklage durch Teilurteil, Teilvergleich usw. endet. Etwas anderes gilt nur dann, wenn der Kläger während des Prozesses seinen Klagevortrag in einer Weise ändert, die die Zuständigkeit der Arbeitsgerichte für die Hauptklage entfallen läßt. Umgekehrt genügt es aber, daß die Hauptklage erst später erhoben wird, weil die Rechtswegzuständigkeit nach § 2 Abs. 3 ArbGG Prozeßvoraussetzung ist, die nach allgemeinen Grundsätzen[3] (erst) im Zeitpunkt der letzten mündlichen Verhandlung vorzuliegen braucht[4].

77 Ferner ist ein **rechtlicher oder unmittelbar wirtschaftlicher Zusammenhang** mit der Hauptklage erforderlich. Für den rechtlichen Zusammenhang gelten die gleichen Maßstäbe wie bei § 33 ZPO (Widerklage)[5]. Hinsichtlich des unmittelbaren wirtschaftlichen Zusammenhangs wird überwiegend für eine weitherzige Auslegung votiert[6] und eine allgemeine Definitionsformel für entbehrlich gehalten. Jedenfalls genügt, daß der Streit aus einem einheitlichen Lebenssachverhalt entspringt und nicht nur rein zufällig mit dem mit der Hauptklage erhobenen Anspruch in Verbindung steht[7].

---

1 *Germelmann/Matthes/Prütting*, § 2 ArbGG Rz. 115; *Hauck*, § 2 ArbGG Rz. 44.
2 *Kissel*, § 13 GVG Rz. 169.
3 *Zöller/Greger*, Vor § 253 ZPO Rz. 9.
4 LAG Düsseldorf v. 28. 11. 1991, LAGE § 2 ArbGG 1979 Nr. 10; *Germelmann/Matthes/Prütting*, § 2 ArbGG Rz. 122; *Grunsky*, § 2 ArbGG Rz. 138; *Kissel*, § 13 GVG Rz. 169.
5 *Kissel*, § 13 GVG Rz. 171.
6 *Kissel*, § 13 GVG Rz. 171; *Gift/Baur*, Teil C Rz. 213; *Grunsky*, § 2 ArbGG Rz. 143.
7 Vgl. OLG Düsseldorf v. 28. 1. 1997, NZA-RR 1997, 222, 223; *Ascheid*, Urteils- und Beschlußverfahren im Arbeitsrecht, Rz. 562.

Parteien der Zusammenhangklage müssen nicht notwendig die Parteien der Hauptklage sein, es genügt, daß einer von ihnen die Zusammenhangklage gegen einen Dritten erhebt[1]. 78

n) Streitigkeiten der Organmitglieder, § 2 Abs. 4 ArbGG

Auf Grund einer Vereinbarung können auch bürgerliche Rechtsstreitigkeiten zwischen juristischen Personen des Privatrechts und Personen, die kraft Gesetzes allein oder als Mitglieder des Vertretungsorgans der juristischen Person zu deren Vertretung berufen sind, vor die Gerichte für Arbeitssachen gebracht werden[2]. 79

2. Rechtsweg im Beschlußverfahren

§ 2a ArbGG nennt eine weitere Gruppe von Arbeitssachen, für die der Rechtsweg zu den Gerichten für Arbeitssachen eröffnet ist. Das Beschlußverfahren folgt eigenständigen Regeln, die mit denen des Verwaltungsrechtsstreits oder des Verfahrens nach dem FGG vergleichbar sind[3] (Einzelheiten unten Teil 5 G). Die Zuständigkeiten nach § 2a ArbGG sind ausschließlich, sie sind durch Parteivereinbarung weder erweiter- noch beschränkbar. 80

a) Betriebsverfassungsrechtliche Streitigkeiten, § 2a Abs. 1 Nr. 1 ArbGG

Gemäß § 2a Abs. 1 Nr. 1 ArbGG sind die Gerichte für Arbeitssachen ausschließlich zuständig für Angelegenheiten nach dem BetrVG, soweit nicht für Maßnahmen nach seinen §§ 119 bis 121 die Zuständigkeit eines anderen Gerichts gegeben ist. Durch diese Regelung sollte eine **umfassende Zuständigkeit** der Arbeitsgerichte begründet werden[4]. Zur Abgrenzung von Betriebsverfassungs- und Personalvertretungsrecht vgl. § 130 BetrVG[5]. Die Beendigung der Amtszeit oder das Ausscheiden des Mitglieds aus dem Betriebsrat läßt die Zuständigkeit der Arbeitsgerichte für die aus dem Amtsverhältnis resultierenden Streitigkeiten unberührt[6]. Die Zuständigkeit erstreckt sich auch auf solche betriebsverfassungsrechtlichen Streitigkeiten, die nicht aus dem BetrVG, sondern aus anderen Gesetzen resultieren, zB aus §§ 17 KSchG, 9 ASiG, 21a JArbSchG, 14 AÜG, 20, 22 SchwbG. 81

---

1 *Hauck*, § 2 ArbGG Rz. 48.
2 Vgl. BAG v. 18. 12. 1996, AP Nr. 3 zu § 2 ArbGG 1979 – Zuständigkeitsprüfung.
3 *Grunsky*, § 80 ArbGG Rz. 2.
4 *Ascheid*, Urteils- und Beschlußverfahren im Arbeitsrecht, Rz. 1658; *Germelmann/Matthes/Prütting*, § 2a ArbGG Rz. 7; *Grunsky*, § 2a ArbGG Rz. 3.
5 Dazu BAG v. 3. 12. 1985, AP Nr. 2 zu § 74 BAT. Zum Rechtsweg, wenn der Betriebsrat in einem privatisierten Nachfolgeunternehmen der Deutschen Bundespost seine Mitwirkungsrechte sowohl auf das BetrVG als auch auf das BPersVG stützen könnte vgl. BAG v. 26. 6. 1996, AP Nr. 12 zu § 2a ArbGG 1979; LAG Rheinland-Pfalz v. 15. 1. 1996, NZA-RR 1997, 60, 61.
6 BAG v. 10. 10. 1969, AP Nr. 1 zu § 8 ArbGG 1953.

Beispiele:

Streitigkeiten über die Bildung eines Betriebsrats, Gesamt- oder Konzernbetriebsrats sowie eines Wirtschaftsausschusses, über die Selbständigkeit von Nebenbetrieben und darüber, ob mehrere Unternehmen einen einheitlichen Betrieb gebildet haben. Ferner alle Streitigkeiten im Zusammenhang mit der Wahl eines Betriebsrats, innerhalb der einzelnen Organe der Betriebsverfassung, über den Umfang der Beteiligungsrechte einschließlich der Geschäftsführungsbefugnis des Betriebsrats, über Kosten und Sachmittel für den Betriebsrat, im Zusammenhang mit der Einigungsstelle sowie Streitigkeiten über die Befugnisse der Gewerkschaften und Arbeitgeberverbände im Betrieb[1].

82 Im Beschlußverfahren sind nur solche Streitigkeiten zu entscheiden, deren Streitgegenstand unmittelbar betriebsverfassungsrechtlicher Natur ist. Ist der Streitgegenstand ein anderer, kommt ggfs. eine Zuständigkeit **im Urteilsverfahren** nach § 2 Abs. 1 ArbGG in Betracht, auch wenn betriebsverfassungsrechtliche Vorfragen zu entscheiden sind.

Beispiele:

Im Urteilsverfahren zu entscheiden ist über die Wirksamkeit einer Kündigung, auch wenn allein über die ordnungsgemäße Anhörung des Betriebsrats gestritten wird (vgl. oben Teil 5 A Rz. 99, 101). Dasselbe gilt für Ansprüche auf Annahmeverzugslohn, wenn die Kurzarbeit mangels Beteiligung des Betriebsrats (§ 87 Abs. 1 Nr. 3 BetrVG) nicht wirksam angeordnet worden war. Demgegenüber ist über die Ersetzung der Zustimmung des Betriebsrats zu einer außerordentlichen Kündigung eines Betriebsratsmitglieds im Beschlußverfahren zu entscheiden, auch wenn die Zustimmungsersetzung den (Miß-)Erfolg der Kündigungsschutzklage faktisch präjudiziert[2].

83 Etwas unüberschaubar ist die Abgrenzung zwischen Urteils- und Beschlußverfahren, wenn die Arbeitnehmer Individualansprüche gegen den Arbeitgeber geltend machen, die mit betriebsverfassungsrechtlichen Normen in Zusammenhang stehen. **Im Urteilsverfahren** nach § 2 Abs. 1 Nr. 3 ArbGG sind Streitigkeiten über das Arbeitsentgelt für die Zeit der Teilnahme an einer Betriebsversammlung auszutragen[3], ebenso Ansprüche auf Nachteilsausgleich nach § 113 BetrVG[4] oder auf vorläufige Weiterbeschäftigung nach § 102 Abs. 5 BetrVG (oben Teil 5 A Rz. 152 ff.). Demgegenüber sind **im Beschlußverfahren** solche Streitigkeiten auszutragen, die aus dem Amtsverhältnis des Betriebsrats-

---

1 *Ascheid*, Urteils- und Beschlußverfahren im Arbeitsrecht, Rz. 1662 mit Nachweisen aus der Rechtsprechung.
2 Die Ersetzung der Zustimmung des Betriebsrats zur fristlosen Kündigung eines Betriebsratsmitglieds durch das Arbeitsgericht stellt wegen der Stellung des Betriebsratsmitglieds als Beteiligter im Beschlußverfahren (§ 103 Abs. 2 Satz 2 BetrVG) auch für den nachfolgenden Kündigungsschutzprozeß bindend fest, daß die fristlose Kündigung berechtigt ist; BAG v. 24. 4. 1975, AP Nr. 3 zu § 103 BetrVG 1972.
3 BAG v. 1. 10. 1974, AP Nr. 2 zu § 44 BetrVG 1972.
4 BAG v. 24. 4. 1979, AP Nr. 1 zu § 82 BetrVG 1972; BAG v. 18. 3. 1975, AP Nr. 1 zu § 111 BetrVG 1972; dazu auch *Rolfs*, AR-Blattei SD 10 „Abfindung" Rz. 132 ff.

III. Voraussetzungen in bezug auf das Gericht   Rz. 87 Teil 5 B

mitglieds resultieren, etwa der Ersatz aufgewendeter Kosten für die Betriebsratstätigkeit[1].

b) Streitigkeiten nach dem Sprecherausschußgesetz, § 2a Abs. 1 Nr. 2 ArbGG

Im Beschlußverfahren zu entscheiden sind Angelegenheiten nach dem SprAuG, soweit nicht für Maßnahmen nach seinen §§ 34 bis 36 die Zuständigkeit eines anderen Gerichts gegeben ist. Insoweit gelten die Erwägungen zu Rz. 81 ff. entsprechend.   84

c) Mitbestimmungsrechtliche Streitigkeiten, § 2a Abs. 1 Nr. 3 ArbGG

Nach § 2a Abs. 1 Nr. 3 ArbGG ist das arbeitsgerichtliche Beschlußverfahren für Angelegenheiten aus dem Mitbestimmungsgesetz, dem Mitbestimmungsergänzungsgesetz und dem Betriebsverfassungsgesetz 1952 eröffnet, soweit über die Wahl von Vertretern der Arbeitnehmer in den Aufsichtsrat und über ihre Abberufung mit Ausnahme der Abberufung nach § 103 Abs. 3 AktG zu entscheiden ist. **Nicht** in die Zuständigkeit der Arbeits-, sondern in die der ordentlichen Gerichte fallen Streitigkeiten **aus dem Amt** der Arbeitnehmervertreter im Aufsichtsrat (oben Rz. 60) sowie für die Wahl nach dem Montan-Mitbestimmungsgesetz vom 21. 5. 1951, weil diese durch die Hauptversammlung der Anteilseigner erfolgt[2].   85

d) Angelegenheiten des Werkstattrats, § 2a Abs. 1 Nr. 3a ArbGG

In Werkstätten für Behinderte, in denen mehr als 20 wahlberechtigte Behinderte beschäftigt sind, wird gemäß § 57c Abs. 1 SchwbG ein Werkstattrat errichtet. Seine Mitwirkungs- und Mitbestimmungsrechte, die Rechtsstellung seiner Mitglieder sowie Einzelheiten der Wahl, der Wählbarkeit, der Organisation und der Geschäftsführung ergeben sich aus der zu § 57c Abs. 4 SchwbG erlassenen Rechtsverordnung. Streitigkeiten zwischen dem Werkstattrat und dem Träger der Werkstätte für Behinderte sind in Anlehnung an die Streitigkeiten nach dem BetrVG von den Gerichten für Arbeitssachen im Beschlußverfahren zu entscheiden, § 2a Abs. 1 Nr. 3a ArbGG.   86

e) Streitigkeiten nach dem EBRG, § 2a Abs. 1 Nr. 3b ArbGG

Der Rechtsweg zu den Gerichten für Arbeitssachen im Beschlußverfahren ist gemäß § 2a Abs. 1 Nr. 3b ArbGG ferner für Angelegenheiten nach dem Gesetz über Europäische Betriebsräte (EBRG) eröffnet. Nur für Maßnahmen nach den Straf- und Bußgeldvorschriften der §§ 43 bis 45 EBRG kann die Zuständigkeit der ordentlichen Gerichte gegeben sein. Die örtliche Zuständigkeit wurde in § 82 dergestalt geregelt, daß maßgeblich auf den Sitz des (herrschenden) Unter-   87

---

[1] BAG v. 18. 1. 1989, AP Nr. 28 zu § 40 BetrVG 1972; aA BAG v. 30. 1. 1973, AP Nr. 1 zu § 37 BetrVG 1972; BAG v. 18. 6. 1974, AP Nr. 16 zu § 37 BetrVG 1972; *Ascheid*, Urteils- und Beschlußverfahren im Arbeitsrecht, Rz. 1666.
[2] BAG v. 24. 5. 1957, AP Nr. 26 zu § 2 ArbGG 1953.

nehmens abgestellt wird. Für Streitigkeiten aus einer freiwilligen Vereinbarung (§ 41 EBRG) ist für die örtliche Zuständigkeit der Sitz des vertragschließenden Unternehmens entscheidend[1].

f) Streitigkeiten über die Tariffähigkeit und Tarifzuständigkeit, § 2a Abs. 1 Nr. 4 ArbGG

88 Letztlich gehören Streitigkeiten über die Tariffähigkeit und Tarifzuständigkeit einer Vereinigung vor die Gerichte für Arbeitssachen, § 2a Abs. 1 Nr. 4 ArbGG. **Tariffähig** sind nach § 2 Abs. 1 TVG Gewerkschaften, Vereinigungen von Arbeitgebern und einzelne Arbeitgeber. Praktische Bedeutung hat § 2a Abs. 1 Nr. 4 ArbGG insoweit allein für die Frage, ob eine Vereinigung **von Arbeitnehmern** eine Gewerkschaft in diesem Sinne darstellt, was voraussetzt, daß ihre satzungsgemäße Aufgabe die Wahrnehmung der Interessen ihrer Mitglieder in ihrer Eigenschaft als Arbeitnehmer (die Regelung der Arbeits- und Wirtschaftsbedingungen im Sinne des Art. 9 Abs. 3 GG) und sie willens ist, Tarifverträge abzuschließen. Sie muß auf Dauer angelegt und auf überbetrieblicher Grundlage körperschaftlich organisiert sein, auf dem freiwilligen Beitritt ihrer Mitglieder beruhen und gegnerfrei sein[2]. Die Organisation muß eine gewisse soziale Mächtigkeit aufweisen, so daß sie einen fühlbaren Druck auf ihren tariflichen Gegenspieler ausüben kann, um den Abschluß eines Tarifvertrages durchsetzen zu können, ohne daß sie jedoch arbeitskampfwillig sein muß[3]. Die **Tarifzuständigkeit** bezeichnet die in der Satzung geregelte Befugnis eines tariffähigen Verbandes, Tarifverträge für einen bestimmten räumlichen, betrieblich-fachlichen und persönlichen Geltungsbereich abzuschließen[4].

89 Die Frage der Tariffähigkeit und Tarifzuständigkeit **kann nicht in einem anderen Verfahren als Vorfrage mitentschieden werden,** § 97 Abs. 5 ArbGG. Das gilt auch dann, wenn einer Gewerkschaft lediglich die Fähigkeit zum Abschluß von Firmentarifverträgen bestritten wird[5]. Das Gericht muß diesen Rechtsstreit bis zur Erledigung des Beschlußverfahrens nach § 2a Abs. 1 Nr. 4 ArbGG aussetzen[6]. Ebenso ist zu verfahren, wenn ein Arbeitgeber gegenüber einem tariflichen Anspruch geltend macht, er sei im tarifschließenden Arbeitgeberverband nur „Mitglied OT" (ohne Tarifbindung)[7].

---

1 *Gaul,* NJW 1996, 3378, 3385; *Ruoff,* BB 1997, 2478, 2484.
2 *Ascheid,* Urteils- und Beschlußverfahren im Arbeitsrecht, Rz. 229 ff.; *Gift/Baur,* Teil D Rz. 9; *Hanau/Adomeit,* Arbeitsrecht, C I 2; *Küttner/Bauer,* Personalbuch 1997, Gewerkschaftsrechte (im Betrieb) Rz. 5; *Schaub,* Arbeitsrechts-Handbuch, § 187 I 1.
3 BAG v. 23. 4. 1971, AP Nr. 2 zu § 97 ArbGG 1953; *Germelmann/Matthes/Prütting,* § 10 ArbGG Rz. 9.
4 BAG v. 19. 11. 1985, AP Nr. 4 zu § 2 TVG – Tarifzuständigkeit; BAG v. 24. 7. 1990, AP Nr. 7 zu § 2 TVG – Tarifzuständigkeit.
5 BAG v. 25. 9. 1996, AP Nr. 4 zu § 97 ArbGG 1979.
6 Vgl. *Germelmann/Matthes/Prütting,* § 2a ArbGG Rz. 67, 69, § 97 ArbGG Rz. 9 ff.
7 BAG v. 23. 10. 1996, AP Nr. 15 zu § 3 TVG – Verbandszugehörigkeit.

III. Voraussetzungen in bezug auf das Gericht   Rz. 93   Teil 5 B

3. Rechtswegzuständigkeit und Verweisung

a) Vorabentscheidung des Arbeitsgerichts

Die Zulässigkeit des Rechtsweges ist **Prozeßvoraussetzung** und daher von 90
Amts wegen zu prüfen. Die Prüfung erfolgt jedoch nur noch durch das erstinstanzliche Gericht; das Gericht, das über ein Rechtsmittel gegen eine Entscheidung in der Hauptsache entscheidet, prüft dagegen nicht mehr, ob der beschrittene Rechtsweg zulässig ist (§§ 48 Abs. 1 ArbGG, 17a Abs. 5 GVG). Im übrigen ist danach zu differenzieren, ob der beschrittene Rechtsweg zulässig ist oder nicht und ob eine der Parteien die Unzulässigkeit gerügt hat:

▶ Ist der beschrittene **Rechtsweg zu den Arbeitsgerichten eröffnet** und hat 91
keine der Parteien (bzw. im Beschlußverfahren Beteiligten) dagegen eine Rüge erhoben, so erfolgt in aller Regel keine gesonderte Entscheidung über die Zulässigkeit des Rechtsweges. Das Gericht kann, wenn es dies für erforderlich hält, im Sachurteil hierzu Ausführungen machen, muß es aber nicht. Es kann auch, wenn es den Rechtsweg zwar für eröffnet hält, den Parteien aber die Möglichkeit zur gesonderten Prüfung der Rechtswegfrage durch die Rechtsmittelinstanz eröffnen will, die Zulässigkeit des Rechtsweges vorab durch Beschluß aussprechen, § 17a Abs. 3 Satz 1 GVG.

▶ Ist der beschrittene Rechtsweg zu den Arbeitsgerichten eröffnet, ist dies 92
jedoch von einer Seite (regelmäßig, aber nicht notwendig, dem Beklagten bzw. Antragsgegner) **in Zweifel gezogen** worden, so muß das Arbeitsgericht über die Zulässigkeit des Rechtsweges vorab entscheiden, § 17a Abs. 3 Satz 2 GVG. Das Gericht darf nicht sogleich in der Sache entscheiden, das gilt selbst dann, wenn die Rüge offensichtlich unbegründet ist[1]. Die Vorabentscheidung ergeht durch Beschluß, vor dessen Erlaß den Parteien rechtliches Gehör zu gewähren ist, ohne daß jedoch eine mündliche Verhandlung obligatorisch wäre, § 17a Abs. 4 GVG. Gegen den – zu begründenden (§ 17a Abs. 4 Satz 2 GVG) und förmlich zuzustellenden (§ 329 Abs. 3 ZPO)[2] – Beschluß ist die sofortige Beschwerde zulässig (dazu unten Rz. 100 ff.), darauf hat das Gericht in der Rechtsmittelbelehrung (§ 9 Abs. 5 Satz 1 ArbGG) hinzuweisen. Der Beschluß ergeht auch außerhalb der mündlichen Verhandlung stets durch die Kammer, § 48 Abs. 1 Nr. 2 ArbGG[3].

▶ Ist der beschrittene **Rechtsweg zu den Arbeitsgerichten nicht eröffnet**, hat 93
das Arbeitsgericht den Rechtsstreit an das Gericht des zulässigen Rechtswegs zu verweisen, und zwar unabhängig davon, ob die mangelnde Rechtswegzu-

---

1 *Ascheid*, Urteils- und Beschlußverfahren im Arbeitsrecht, Rz. 425.
2 *Gift/Baur*, Teil C Rz. 273; *Zöller/Gummer*, ZPO, § 17a GVG Rz. 14. Fehlt es an der förmlichen Zustellung, gilt die Fünf-Monats-Frist des § 516 ZPO entsprechend, BAG v. 1. 7. 1992, AP Nr. 39 zu § 36 ZPO.
3 *Germelmann/Matthes/Prütting*, § 48 ArbGG Rz. 47; *Koch*, NJW 1991, 1856, 1858; *Klimpe-Auerbach*, ArbuR 1992, 110, 114; aA für Entscheidungen, die auf Antrag beider Parteien im unmittelbaren Anschluß an die Güteverhandlung ergehen *Gift/Baur*, Teil C Rz. 274; *Kissel*, NZA 1995, 345, 347; *Krasshöfer-Pidde/Molkenbur*, NZA 1991, 623, 628; *Zwanziger*, DB 1991, 2239, 2241.

Holthöwer   1911

ständigkeit von einer Partei gerügt worden ist oder nicht, § 17a Abs. 2 GVG. Eine Abweisung der Klage als unzulässig kommt nicht in Betracht[1], es sei denn, die deutsche Gerichtsbarkeit ist überhaupt nicht zur Entscheidung berufen[2]. Das Gericht hat den Parteien rechtliches Gehör zu gewähren (§ 17a Abs. 2 Satz 1 GVG)[3], eine mündliche Verhandlung ist aber auch hier nicht obligatorisch. Haben die Parteien die Problematik nicht erkannt, sind sie darauf hinzuweisen und es ist ihnen Gelegenheit zu geben, darauf bezogene Tatsachen vorzutragen[4]. Die Entscheidung ergeht wiederum durch einen zu begründenden und förmlich zuzustellenden Beschluß der Kammer, gegen den die sofortige Beschwerde gegeben ist.

94 Im Rahmen der Prüfung über die Rechtswegzuständigkeit genügt es nach neuerer Auffassung des BAG in vielen Fällen, daß der Kläger **die Rechtsansicht vertritt**, er sei Arbeitnehmer oder eine arbeitnehmerähnliche Person (§ 5 Abs. 1 Satz 2 ArbGG)[5], ohne daß die dazu notwendigen Tatsachen vom Kläger schlüssig behauptet zu werden brauchen[6]. Einer **Beweisaufnahme** über die vom Kläger vorgetragenen Tatsachen bedarf es – wenn der Beklagte sie bestreitet – daher vielfach (nur) zur Prüfung der Begründetheit der Klage, über die die angerufenen Gerichte für Arbeitssachen zu entscheiden haben. Drei Fallgruppen unterscheidet das BAG neuerdings:

95 ▶ Zunächst gibt es diejenigen Fälle, in denen der Anspruch lediglich auf eine arbeitsrechtliche Anspruchsgrundlage gestützt werden kann, jedoch fraglich ist, ob deren Voraussetzungen vorliegen (sog. **sic-non-Fall**). Die entsprechenden Tatsachenbehauptungen sind hier „doppelrelevant", nämlich sowohl für die Rechtswegzuständigkeit, als auch für die Begründetheit der Klage maßgebend. Diese Fallgruppe ist dadurch gekennzeichnet, daß mit der Verneinung der Zuständigkeit der Rechtsstreit auch in der Sache praktisch entschieden ist. Würde in diesen Fällen der Rechtsstreit verwiesen, so müßte das Gericht, wenn es der Begründung folgt, die zur Verweisung geführt hat, die Klage als unbegründet abweisen. Weder die gesetzliche Zuständigkeitsverteilung noch der Gedanke der „Respektierung der Nachbargerichtsbarkeit" gebieten daher die Verweisung auf einen anderen Rechtsweg[7]. Hier ist es nach neuerer

---

1 LAG Baden-Württemberg v. 24. 6. 1993, NZA 1994, 416; *Kissel*, NZA 1995, 345, 348; MünchArbR/*Brehm*, § 378 Rz. 9.
2 *Ascheid*, Urteils- und Beschlußverfahren im Arbeitsrecht, Rz. 429.
3 Vgl. LAG Sachsen v. 11. 3. 1997, NZA 1997, 848.
4 *Thomas/Putzo*, ZPO, § 17a GVG Rz. 8.
5 Zwischen Arbeitnehmern und arbeitnehmerähnlichen Personen ist für die Rechtswegzuständigkeit eine Wahlfeststellung zulässig, weil beide in die Zuständigkeit der Gerichte für Arbeitssachen fallen, BAG v. 14. 1. 1997, AP Nr. 41 zu § 2 ArbGG 1979; v. 8. 9. 1997, NZA 1997, 1302, 1303.
6 BAG v. 24. 4. 1996, AP Nr. 1 zu § 2 ArbGG 1979 – Zuständigkeitsprüfung; BAG v. 9. 10. 1996, AP Nr. 2 zu § 2 ArbGG 1979 – Zuständigkeitsprüfung; LAG Köln v. 17. 2. 1995, NZA-RR 1996, 126, 127; LAG Köln v. 23. 3. 1995, NZA 1996, 557, 558; LAG Köln v. 3. 1. 1996, NZA 1996, 1344.
7 BAG v. 24. 4. 1996, AP Nr. 1 zu § 2 ArbGG 1979 – Zuständigkeitsprüfung; BAG v. 9. 10. 1996, AP Nr. 2 zu § 2 ArbGG 1979 – Zuständigkeitsprüfung; BAG v. 10. 12. 1996, AP Nr. 4 zu § 2 ArbGG 1979 – Zuständigkeitsprüfung.

Rechtsprechung nicht einmal erforderlich, daß der Kläger die Arbeitnehmereigenschaft schlüssig vorträgt, vielmehr soll die **schlichte Rechtsbehauptung** genügen[1].

Beispiel: 96
Der Kläger erhebt Kündigungsschutzklage gegen eine ordentliche Kündigung und behauptet deren Sozialwidrigkeit, der Beklagte bestreitet die Arbeitnehmereigenschaft des Klägers. Wenn sich herausstellt, daß der Kläger nicht Arbeitnehmer ist, steht auch in der Sache fest, daß die Klage erfolglos bleiben muß, denn in einem freien Dienstverhältnis bedarf eine ordentliche Kündigung keiner sozialen Rechtfertigung.

▶ Davon zu unterscheiden sind diejenigen Fälle, in denen ein Anspruch entweder auf eine arbeitsrechtliche oder auf eine bürgerlich-rechtliche Anspruchsgrundlage gestützt werden kann, die in Betracht kommenden Anspruchsgrundlagen sich aber gegenseitig ausschließen (sog. **Aut-aut-Fall**). Auch in diesen Fällen hat der Kläger zwar kein rechtlich geschütztes Interesse daran, daß seine Klage zunächst an ein anderes Gericht verwiesen wird, vor dem er dann ggfs. seinen Sachvortrag ergänzen kann, um in der Sache zum Erfolg zu gelangen, und dem Beklagten ist – wie auch in den Sic-non-Fällen – an einer möglichst raschen Klageabweisung gelegen. Da aber beispielsweise ein Streit um die Entgeltzahlung nicht dadurch zu einem arbeitsrechtlichen wird, daß der Kläger sich für einen Arbeitnehmer hält, weil sonst der Rechtsweg weitgehend zur Disposition des Klägers stünde, genügt hier für die Bejahung der Rechtswegzuständigkeit jedenfalls nicht schon die bloße Rechtsbehauptung des Klägers, Arbeitnehmer zu sein. Der Kläger muß also hier zumindest **schlüssig vortragen,** ob bei einem Bestreiten des Beklagten eine Beweisaufnahme erforderlich ist, hat das BAG nach anfänglicher Verneinung zuletzt wieder ausdrücklich offengelassen[2]. 97

Beispiele: 98
Der Kläger wendet sich gegen eine außerordentliche Kündigung. Deren Wirksamkeit ist am Maßstab des § 626 BGB zu überprüfen, und zwar unabhängig davon, ob der Kläger Arbeitnehmer ist oder nicht. Oder: Der Kläger macht Zahlung des vereinbarten Entgelts für geleistete Arbeit aus einem Rechtsverhältnis geltend, das er für ein Arbeitsverhältnis, der Beklagte dagegen für ein – nicht arbeitnehmerähnliches – freies Mitarbeiterverhältnis hält.

---

1 BAG v. 10. 12. 1996, AP Nr. 4 zu § 2 ArbGG 1979 – Zuständigkeitsprüfung; BAG v. 18. 12. 1996, AP Nr. 3 zu § 2 ArbGG 1979 – Zuständigkeitsprüfung; BAG v. 16. 7. 1997, NZA 1997, 1126, 1127; aA LAG Köln v. 6. 11. 1996, NZA-RR 1997, 265.
2 BAG v. 10. 12. 1996, AP Nr. 4 zu § 2 ArbGG 1979 – Zuständigkeitsprüfung; BAG v. 18. 12. 1996, AP Nr. 3 zu § 2 ArbGG 1979 – Zuständigkeitsprüfung; anders noch BAG v. 24. 4. 1996, AP Nr. 1 zu § 2 ArbGG 1979 – Zuständigkeitsprüfung unter Aufgabe von BAG v. 30. 8. 1993, AP Nr. 6 zu § 17a GVG; BAG v. 28. 10. 1993, AP Nr. 19 zu § 2 ArbGG 1979.

99 ▶ Schließlich gibt es – wenn auch selten – Fälle, in denen ein einheitlicher Anspruch widerspruchslos sowohl auf eine arbeitsrechtliche als auch auf eine nicht arbeitsrechtliche Anspruchsgrundlage gestützt werden kann (sog. **Et-et-Fall**). Auch hier genügt es für die Bejahung der Rechtswegzuständigkeit jedenfalls nicht, daß der Kläger seine Arbeitnehmereigenschaft nur behauptet, ohne die sie begründenden Tatsachen schlüssig vorzutragen[1].

b) Rechtsmittel

100 Gegen den Beschluß des Arbeitsgerichts ist das Rechtsmittel der **sofortigen Beschwerde** gegeben, § 78 ArbGG iVm. § 577 ZPO. Beschwerdegericht ist das Landesarbeitsgericht, die Beschwerdefrist beträgt zwei Wochen (§ 577 Abs. 2 ZPO)[2]. Hat das Arbeitsgericht entgegen § 17a Abs. 2 und 4 GVG nicht durch Beschluß entschieden, sondern die Rechtswegfrage im Sachurteil mitbehandelt, so ist nach dem Grundsatz der Meistbegünstigung wahlweise die sofortige Beschwerde oder die Berufung möglich[3]. Wird Berufung eingelegt, so muß mit der Berufungsbegründung die Rechtswegrüge erneut erhoben werden, sonst prüft das Landesarbeitsgericht als Berufungsgericht den Rechtsweg nicht mehr (§ 17a Abs. 5 GVG)[4].

101 Im Beschwerdeverfahren steht es dem Landesarbeitsgericht – wenn nicht eine Beweisaufnahme notwendig ist – gemäß §§ 17a Abs. 4 Satz 3 GVG, 78 Abs. 1 ArbGG, 573 ZPO frei, ob es aufgrund mündlicher Verhandlung entscheidet oder nicht. Findet eine mündliche Verhandlung nicht statt, entscheidet der Vorsitzende allein[5], sonst die Kammer[6].

102 Gegen die Entscheidung des Landesarbeitsgerichts ist die **weitere Beschwerde** an das Bundesarbeitsgericht nur zulässig, wenn das Landesarbeitsgericht sie wegen der grundsätzlichen Bedeutung der Rechtssache oder wegen Divergenz zugelassen hat, § 17a Abs. 4 Satz 4 und 5 GVG. Eine Nichtzulassungsbeschwerde ist nicht möglich[7]. Das BAG entscheidet ohne mündliche Verhandlung und ohne Hinzuziehung der ehrenamtlichen Richter[8].

---

1 BAG v. 10. 12. 1996, AP Nr. 4 zu § 2 ArbGG 1979 – Zuständigkeitsprüfung.
2 Vgl. für den Fall der verspäteten Zustellung des Beschlusses BAG v. 5. 8. 1996, AP Nr. 25 zu § 17a GVG.
3 MünchArbR/*Brehm*, § 378 Rz. 9.
4 *Germelmann/Matthes/Prütting*, § 48 ArbGG Rz. 88; zum weiteren Verfahren in diesem Falle *Kissel*, NZA 1995, 345, 350 ff.
5 BAG v. 10. 12. 1992, AP Nr. 4 zu § 17a GVG; LAG Köln v. 3. 9. 1991, DB 1991, 2601; LAG Köln v. 23. 3. 1995, NZA 1996, 557 f.; LAG Bremen v. 13. 1. 1992, NZA 1992, 386; *Germelmann/Matthes/Prütting*, § 48 ArbGG Rz. 90, § 78 ArbGG Rz. 13; *Kissel*, NZA 1995, 345, 350.
6 *Germelmann/Matthes/Prütting*, § 48 ArbGG Rz. 91.
7 BAG v. 22. 2. 1994, NZA 1995, 1223; *Kissel*, NZA 1995, 345, 350.
8 BAG v. 28. 10. 1993, AP Nr. 19 zu § 2 ArbGG 1979.

c) Wirkung der Verweisung

Gemäß § 17a Abs. 2 GVG spricht das Gericht die Unzulässigkeit des beschrittenen Rechtsweges aus und verweist den Rechtsstreit zugleich an das zuständige Gericht des zulässigen Rechtsweges. Sind mehrere Gerichte zuständig, wird an das vom Kläger oder Antragsteller auszuwählende Gericht verwiesen oder, wenn die Wahl unterbleibt, an das vom Gericht bestimmte. Der Beschluß ist für das Gericht, an das der Rechtsstreit verwiesen worden ist, (nur) hinsichtlich des Rechtswegs bindend. Insoweit hat die Verweisung nicht nur abdrängende, sondern aufdrängende Wirkung mit der Folge, daß eine weitere Verweisung in einen anderen (dritten) Rechtsweg nicht mehr stattfindet[1]. 103

Bindend ist auch die sachlich **unrichtige Verweisung.** Das ergibt sich aus § 17a Abs. 2 Satz 3 GVG. Die bindende Wirkung ist nach ständiger Rechtsprechung des BAG auch im Bestimmungsverfahren nach § 36 Nr. 6 ZPO zu beachten[2]. Nur so kann der Zweck des § 17a Abs. 2 GVG erreicht werden, unnötige und zu Lasten der Parteien gehende Zuständigkeitsstreitigkeiten zu vermeiden. Lediglich eine **offensichtlich gesetzeswidrige Verweisung** kann die Bindungswirkung nicht entfalten[3]. Offensichtlich gesetzeswidrig ist ein Verweisungsbeschluß dann, wenn er jeder Rechtsgrundlage entbehrt, willkürlich gefaßt ist oder auf der Versagung rechtlichen Gehörs gegenüber einem Verfahrensbeteiligten beruht[4]. Die fehlende Begründung des Verweisungsbeschlusses stellt jedenfalls dann keine offensichtliche Gesetzeswidrigkeit dar, wenn der Beschluß auf übereinstimmenden Antrag beider Parteien ergangen ist[5]. 104

Die Bindungswirkung erstreckt sich aber allein auf die Rechtswegfrage, nicht auf **sachliche oder örtliche Zuständigkeiten** innerhalb der anderen Gerichtsbarkeit. Das Gericht, an das verwiesen worden ist, kann also insoweit erneut verweisen (zB vom Land- an das Amtsgericht, an ein Gericht desselben Rechtsweges an einem anderen Ort)[6]. Daraus folgt zugleich, daß die Beschwerde gegen den Verweisungsbeschluß auf derartige Mängel nicht gestützt werden kann[7]. 105

Nach Eintritt der Rechtskraft des Verweisungsbeschlusses wird der Rechtsstreit mit Eingang der Akten bei dem im Beschluß bezeichneten Gericht anhängig. Die Wirkungen der **Rechtshängigkeit** bleiben bestehen, § 17b Abs. 1 GVG. 106

---

1 *Ascheid,* Urteils- und Beschlußverfahren im Arbeitsrecht, Rz. 436; MünchArbR/ *Brehm,* § 378 Rz. 9; *Zöller/Gummer,* ZPO, § 17a GVG Rz. 12.
2 BAG v. 11. 1. 1982, AP Nr. 27 zu § 36 ZPO; BAG v. 3. 11. 1993, AP Nr. 11 zu § 17a GVG; BAG v. 17. 7. 1995, AP Nr. 33 zu § 2 ArbGG 1979.
3 BAG v. 29. 9. 1976, AP Nr. 20 zu § 36 ZPO; BAG v. 1. 7. 1992, AP Nr. 39 zu § 36 ZPO; BAG v. 11. 7. 1995, AP Nr. 41 zu § 2 ArbGG 1979; BAG v. 17. 7. 1995, AP Nr. 33 zu § 2 ArbGG 1979; LAG Köln v. 22. 8. 1995, NZA 1996, 280.
4 BGH v. 15. 3. 1978, BGHZ 71, 69, 72 f.; BAG v. 1. 7. 1992, AP Nr. 39 zu § 36 ZPO; BAG v. 17. 7. 1995, AP Nr. 33 zu § 2 ArbGG 1979.
5 LAG Köln v. 22. 8. 1995, NZA 1996, 280.
6 BAG v. 1. 7. 1992, AP Nr. 39 zu § 36 ZPO; BAG v. 14. 1. 1994, AP Nr. 43 zu § 36 ZPO; BAG v. 20. 9. 1995, AP Nr. 23 zu § 17a GVG; *Kissel,* NZA 1995, 345, 349; *Zöller/Gummer,* ZPO, § 17a GVG Rz. 12.
7 BAG v. 20. 9. 1995, AP Nr. 23 zu § 17a GVG.

Der Verweisungsbeschluß enthält keinen **Kostenausspruch**. Vielmehr werden die Kosten vor dem zunächst angegangenen Gericht als Teil der Kosten behandelt, die vor dem Gericht erwachsen, an das der Rechtsstreit verwiesen wurde. Dem Kläger sind die entstandenen Mehrkosten auch dann aufzuerlegen, wenn er in der Hauptsache obsiegt, § 17b Abs. 2 GVG.

107 Auch in einem **Prozeßkostenhilfeverfahren** ist eine Verweisung möglich, diese hat Bindungswirkung allerdings nur für die PKH-Sache, sie erstreckt sich nicht auf das spätere Verfahren in der Hauptsache[1].

4. Funktionelle Zuständigkeit

108 Innerhalb des Gerichts kommen als Entscheidungsträger in Betracht: Der Vorsitzende, die Kammer (beim BAG der Senat) und der Rechtspfleger. Insoweit greifen verschiedene Vorschriften des GVG, der ZPO, des ArbGG und des RPflG ineinander.

109 Dem **Rechtspfleger** obliegen gemäß § 9 Abs. 3 ArbGG dieselben Aufgaben wie in der ordentlichen Gerichtsbarkeit. Insoweit ist also das RPflG, namentlich dessen § 3 zu beachten. Da die dort in Nr. 1 und 2 aufgeführten Aufgaben bei den Arbeitsgerichten nicht anfallen, kommt hier nur § 3 Nr. 3 und 4 RPflG in Betracht. In entsprechender Anwendung des § 3 Nr. 3 RPflG sind dem Rechtspfleger die in den §§ 20 bis 24 RPflG einzeln aufgeführten Geschäfte im Verfahren nach der ZPO, im Festsetzungsverfahren und auf dem Gebiet der Entgegennahme von Erklärungen übertragen. Hier ist insbesondere auf die Zuständigkeit im Mahnverfahren und das Verfahren bei Zustellungen hinzuweisen. Entsprechend § 3 Nr. 4 RPflG ist der Rechtspfleger für die in den §§ 29 bis 31 RPflG genannten Aufgaben zuständig, dies betrifft Geschäfte im internationalen Rechtsverkehr und die Vollstreckung von Ordnungs- und Zwangsmitteln[2]. Ferner ist der Rechtspfleger für die Erledigung der der Rechtsantragstelle übertragenen Aufgaben zuständig[3].

110 Dem **Vorsitzenden** sind gemäß §§ 53 bis 56 ArbGG einzelne Aufgaben zur Erledigung allein übertragen. Davon betroffen sind namentlich

- die nicht aufgrund mündlicher Verhandlung ergehenden Beschlüsse und Verfügungen (soweit nicht, wie insbesondere nach § 48 Abs. 1 Nr. 2 ArbGG, etwas anderes bestimmt ist) sowie Amtshandlungen auf Grund eines Rechtshilfeersuchens (§ 53 Abs. 1 ArbGG);
- die Durchführung der Güteverhandlung (§ 54 ArbGG);
- die Vorbereitung der streitigen Verhandlung, insbesondere den Parteien die Ergänzung oder Erläuterung ihrer vorbereitenden Schriftsätze sowie die Vorlegung von Urkunden und anderen Gegenständen aufzugeben und dazu Fristen zu setzen; Behörden usw. um Mitteilung von Urkunden oder Erteilung amtlicher Auskünfte zu ersuchen; das persönliche Erscheinen der Parteien anzuordnen; Zeugen und Sachverständige zu laden (§ 56 Abs. 1 ArbGG);

---

1 BAG v. 27. 10. 1992, AP Nr. 5 zu § 281 ZPO 1977.
2 Vgl. *Germelmann/Matthes/Prütting*, § 9 ArbGG Rz. 15.
3 Dazu *Germelmann/Matthes/Prütting*, § 7 ArbGG Rz. 22.

III. Voraussetzungen in bezug auf das Gericht   Rz. 114 Teil 5 B

▶ die Leitung der Verhandlung vor der Kammer, § 46 Abs. 2 ArbGG iVm. § 136 Abs. 1 ZPO einschließlich der Entscheidung über die Hinzuziehung eines Urkundsbeamten;

▶ Entscheidungen bei Klagerücknahme, Verzicht, Anerkenntnis, Säumnis einer oder beider Parteien sowie über die einstweilige Einstellung der Zwangsvollstreckung (§ 55 Abs. 1 ArbGG); ferner, wenn die Parteien in einer sich unmittelbar an die Güteverhandlung anschließenden Verhandlung die Alleinentscheidung des Vorsitzenden beantragen und eine das Verfahren beendende Entscheidung ergehen kann (§ 55 Abs. 3 ArbGG).

Die **Kammer** entscheidet in allen Angelegenheiten, die nicht ausdrücklich einem anderen Rechtspflegeorgan ausdrücklich zugewiesen sind[1]. Dazu zählen neben den Entscheidungen in der Hauptsache (Urteil, Beschluß) und denjenigen über die örtliche, die sachliche und die Rechtswegzuständigkeit (§ 48 Abs. 1 Nr. 2 ArbGG) namentlich die Entscheidungen über die Beanstandung von auf die Sachleitung bezogenen Anordnungen des Vorsitzenden oder einer von einem Gerichtsmitglied gestellten Frage, die Zurückweisung ungeeigneter Prozeßvertreter und Wiedereröffnung der bereits geschlossenen mündlichen Verhandlung (§§ 140, 156, 157 ZPO)[2].   111

5. Örtliche Zuständigkeit

§ 48 ArbGG trifft für das arbeitsgerichtliche Verfahren Regelungen über die örtliche Zuständigkeit. Danach gelten die die Rechtswegzuständigkeit regelnden Bestimmungen der §§ 17 bis 17b GVG auch für die örtliche Zuständigkeit entsprechend mit der Maßgabe, daß Beschlüsse nach §§ 17a Abs. 2 und 3 GVG unanfechtbar sind und der Beschluß auch außerhalb der mündlichen Verhandlung stets durch die Kammer ergeht. Damit wird erreicht, daß **in erster Instanz über die örtliche Zuständigkeit abschließend entschieden** wird[3], eine Prüfung dieser Frage in der Berufungs- und Revisionsinstanz findet nicht mehr statt, §§ 65, 73 Abs. 2 ArbGG.   112

Gemäß § 46 Abs. 2 ArbGG finden für das arbeitsgerichtliche Verfahren grundsätzlich die **Regelungen der ZPO** (§§ 12 bis 40 ZPO) über die örtliche Zuständigkeit Anwendung. Den Tarifparteien wird darüber hinaus gestattet, für bestimmte Rechtsstreitigkeiten die Zuständigkeit eines an sich örtlich unzuständigen Arbeitsgerichts zu bestimmen, § 48 Abs. 2 ArbGG.   113

Kommen mehrere Gerichtsstände in Betracht (zB der allgemeine Gerichtsstand des Beklagten und der des vertraglichen Erfüllungsorts), steht dem Kläger ein **Wahlrecht** zu, § 35 ZPO.   114

---

1 Zur Geschäftsverteilung, insbesondere zur Heranziehung der ehrenamtlichen Richter, BAG v. 26. 9. 1996, AP Nr. 3 zu § 39 ArbGG 1979.
2 *Germelmann/Matthes/Prütting*, § 53 ArbGG Rz. 18.
3 Zum Falle der irrtümlichen Verweisung an ein unzuständiges Gericht BAG v. 11. 11. 1996, AP Nr. 51 zu § 36 ZPO.

115 Die Zuständigkeit ist unverzichtbare **Sachurteilsvoraussetzung**, ihre Prüfung erfolgt daher – im Urteils- wie im Beschlußverfahren – von Amts wegen[1]. Maßgebender Zeitpunkt ist die Rechtshängigkeit der Klage, § 261 Abs. 3 Nr. 2 ZPO. Ob für die örtliche Zuständigkeit die Behauptung des Klägers genügt oder ob es auf die tatsächliche Zuständigkeit ankommt, dürfte hier – auch angesichts der jüngeren Rechtsprechung des BAG – genauso zu beurteilen wie im Rahmen der Frage nach der Rechtswegzuständigkeit (oben Rz. 94 ff.). Auch das **Verfahren** folgt kraft der Verweisung in § 48 Abs. 1 ArbGG denselben Regeln, die auch für die Rechtswegfrage gelten. Das Gericht muß also, wenn es sich für örtlich unzuständig hält oder seine örtliche Unzuständigkeit von einer Partei gerügt wurde, vorab durch Beschluß hierüber entscheiden (§§ 48 Abs. 1 ArbGG, 17a Abs. 2 Satz 1, Abs. 3 Satz 2 GVG); im übrigen **kann** es einen solchen Beschluß erlassen (§§ 48 Abs. 1 ArbGG, 17a Abs. 3 Satz 1 GVG). Der Beschluß ist unanfechtbar, § 48 Abs. 1 Nr. 1 ArbGG, es sei denn, er wäre greifbar gesetzeswidrig[2]. Seine **Bindungswirkung** erstreckt sich allein auf die Zuständigkeitsfrage, das Gericht kann dieselben Streitfragen in der Hauptsache – etwa nach einer dann erfolgten Beweiserhebung – anders entscheiden[3].

a) Der allgemeine Gerichtsstand

116 Das Gericht, bei dem eine Person ihren allgemeinen Gerichtsstand hat, ist für alle gegen sie zu erhebenden Klagen zuständig, sofern nicht für eine Klage ein ausschließlicher Gerichtsstand begründet ist. Der allgemeine Gerichtsstand einer natürlichen Person wird durch ihren **Wohnsitz** bestimmt, §§ 13 ZPO, 7 BGB. Maßgeblich sind insofern die Verhältnisse bei Klageerhebung, § 261 Abs. 3 Satz 2 ZPO. Der allgemeine Gerichtsstand einer juristischen Person sowie einer Personenhandelsgesellschaft[4] ist der Ort des **Sitzes der Gesellschaft.** Ist der Klagegegner der Staat (zB als Arbeitgeber im öffentlichen Dienst), bestimmt sich sein allgemeiner Gerichtsstand nach dem Sitz der Behörde, die ihn in dem Rechtsstreit vertritt, § 18 ZPO.

b) Besondere Gerichtsstände

117 Nicht alle in den §§ 20 ff. ZPO genannten besonderen Gerichtsstände haben für die Gerichte für Arbeitssachen praktische Bedeutung. Hervorzuheben sind jedoch folgende Gerichtsstände:

118 **Der besondere Gerichtsstand des Aufenthaltsortes,** § 20 ZPO. Hält sich eine natürliche Person für längere Dauer zur Erreichung eines bestimmten Zweckes an einem anderen Ort als an ihrem Wohnort auf, so können vermögensrechtliche Ansprüche gegen sie auch vor dem für den Aufenthaltsort zuständigen Gericht erhoben werden. Erforderlich ist, daß der Aufenthalt nicht nur vorübergehend (zB bei einem Geschäftsreisenden) ist, insbesondere nicht nur tagsüber.

---

1 BAG v. 25. 6. 1968, AP Nr. 3 zu § 1 ErstattG.
2 LAG Sachsen v. 11. 3. 1997, NZA 1997, 848.
3 *Germelmann/Matthes/Prütting*, § 2 ArbGG Rz. 202.
4 *Thomas/Putzo*, § 17 ZPO Rz. 1.

III. Voraussetzungen in bezug auf das Gericht

In Betracht kommen daher insbesondere Arbeitnehmer in Saison- und Kampagnebetrieben sowie Montagearbeiter, die für einen längeren Zeitraum ihren Wohnort verlassen, um ihre Arbeit zu verrichten[1].

Der Gerichtsstand der gewerblichen Niederlassung, § 21 ZPO. Für Klagen gegen den Arbeitgeber ist auch das Gericht des Ortes der gewerblichen Niederlassung zuständig, wenn der Gegenstand der Klage Bezug zum Geschäftsbetrieb der Niederlassung hat. Bei Arbeitsverhältnissen ist dies namentlich dann der Fall, wenn der Arbeitsvertrag von der Niederlassung abgeschlossen worden ist und das Arbeitsverhältnis von dieser aus – wenn auch nur mittelbar durch einen Betrieb oder eine Außenstelle – gelenkt wird. Die Niederlassung muß keine solche im Sinne des § 13 HGB sein; es genügt, wenn von ihr aus ein nach außen gerichteter Geschäftsbetrieb erfolgt[2]. 119

Der Gerichtsstand des Erfüllungsortes, § 29 ZPO, ist neben dem allgemeinen Gerichtsstand der praktisch bedeutsamste. Am Erfüllungsort, § 269 BGB[3], können alle Ansprüche aus der Vertragsbeziehung gerichtlich geltend gemacht werden. Der Gerichtsstand ist auch für Rechtsstreitigkeiten aus einem vertragsähnlichen Vertrauensverhältnis (für Ansprüche aus culpa in contrahendo) wie der Anbahnung eines Arbeitsverhältnisses[4] oder für Nachwirkungen aus demselben gegeben. 120

Nach materiellem Recht, § 269 BGB, ist der Leistungs- und Erfüllungsort primär der durch die Vertragsparteien bestimmte Ort, fehlt eine solche Bestimmung, sind die Umstände, namentlich die Natur des Vertragsverhältnisses maßgebend. Läßt sich auch hieraus nichts entnehmen, ist Erfüllungsort der Wohnsitz des Schuldners[5]. Eine danach materiell-rechtlich mögliche **Erfüllungsortvereinbarung** hat jedoch prozessual gemäß § 29 Abs. 2 ZPO nur Bedeutung, wenn die (beide) Vertragsparteien Vollkaufleute, juristische Personen des öffentlichen Rechts oder öffentlich-rechtliche Sondervermögen sind. Da diese Voraussetzungen jedenfalls für den Arbeitnehmer praktisch nie vorliegen dürften, scheidet eine Vereinbarung des Gerichtsstandes im Wege der Erfüllungsortvereinbarung praktisch aus[6]. Maßgebend ist daher allein der sich aus der **Natur des Arbeitsverhältnisses** ergebende Erfüllungsort, also der, an dem der Schwerpunkt des Arbeitsverhältnisses liegt[7]. Jedenfalls in den Fällen, in denen der Arbeitnehmer regelmäßig am Sitz des Betriebes beschäftigt wird, ist dieser auch der vertragliche Erfüllungsort[8]. Problematischer liegen die Dinge bei **Mon-** 121

---

1 Vgl. *Zöller/Vollkommer*, § 20 ZPO Rz. 5.
2 LAG Frankfurt/Main v. 31. 7. 1987, DB 1988, 816.
3 Vgl. BGH v. 20. 5. 1981, AP Nr. 11 zu § 38 ZPO – Internationale Zuständigkeit.
4 ArbG Hanau v. 21. 12. 1995, NZA-RR 1996, 186; *Zöller/Vollkommer*, § 29 ZPO Rz. 6.
5 MünchKomm/*Keller*, § 269 BGB Rz. 16, 23, 49; *Soergel/Wolf*, § 269 BGB Rz. 13, 22, 35; *Staudinger/Selb*, § 269 BGB Rz. 9, 12.
6 *Ascheid*, Urteils- und Beschlußverfahren im Arbeitsrecht, Rz. 585; *Germelmann/Matthes/Prütting*, § 2 ArbGG Rz. 162; *Grunsky*, § 2 ArbGG Rz. 39.
7 LAG Rheinland-Pfalz v. 11. 2. 1985, BB 1985, 627.
8 BAG v. 3. 12. 1985, AP Nr. 5 zu § 1 TVG – Tarifverträge: Großhandel; *Ascheid*, Urteils- und Beschlußverfahren im Arbeitsrecht, Rz. 586; *Germelmann/Matthes/Prütting*, § 2 ArbGG Rz. 163.

tage- und Außendienstmitarbeitern. Hier kommt es für die Bestimmung des Schwerpunktes des Arbeitsverhältnisses auf alle Umstände des Einzelfalles an, zB wo der Arbeitsvertrag geschlossen wurde, von wo die Einsätze gesteuert wurden, wo Berichts- und Zahlungspflichten zu erfüllen waren[1].

122 Obwohl der Erfüllungsort nach § 269 BGB grundsätzlich für jede vertragliche Verpflichtung selbständig zu ermitteln ist, folgt gerade aus der Natur des Arbeitsverhältnisses, daß ein einheitlicher Erfüllungsort für alle vertraglichen Verpflichtungen anzunehmen ist[2]. Daher ist der sich aus den Umständen des Arbeitsverhältnisses ergebende Erfüllungsort für alle Verpflichtungen der Parteien maßgebend, also neben der Arbeitspflicht des Arbeitnehmers namentlich auch für die Lohnzahlungspflicht des Arbeitgebers[3]. Der daraus resultierende Gerichtsstand ist ferner für positive oder negative Feststellungsklagen hinsichtlich des Bestehens des Vertragsverhältnisses oder einzelner Verbindlichkeiten[4] sowie für die **Kündigungsschutzklage**[5] gegeben. Der Erfüllungsort bleibt auch **nach Beendigung** des Vertragsverhältnisses erhalten, so daß der Gerichtsstand des Erfüllungsortes auch zB für Klagen auf Rückzahlung überzahlten Arbeitsentgelts oder Ruhegeldstreitigkeiten gegeben ist[6].

123 **Der Gerichtsstand der unerlaubten Handlung,** § 32 ZPO, ist für alle Rechtsstreitigkeiten eröffnet, an dem die unerlaubte Handlung begangen wurde oder der schädigende Erfolg eingetreten ist. Der Begriff der unerlaubten Handlung ist – wie im Rahmen der Rechtswegzuständigkeit nach § 2 Abs. 1 Nr. 3 lit. d ArbGG (oben Rz. 63) – weit auszulegen und umfaßt auch Tatbestände der Gefährdungshaftung sowie Unterlassungs- und Beseitigungsansprüche[7], selbst solche aus culpa in contrahendo[8].

124 **Der Gerichtsstand der Widerklage,** § 33 ZPO. Steht der mit der Widerklage geltend gemachte Anspruch mit dem in der Klage erhobenen oder mit den

---

1 LAG Rheinland-Pfalz v. 29. 11. 1984, NZA 1985, 540; LAG Rheinland-Pfalz v. 8. 8. 1995, NZA-RR 1996, 184; ArbG Augsburg v. 18. 9. 1995, NZA-RR 1996, 185; ArbG Stuttgart v. 4. 7. 1996, NZA-RR 1996, 468, 469; aA ArbG Hanau v. 20. 7. 1995, NZA-RR 1996, 67, 68: Wohnort.
2 BAG v. 8. 12. 1982, AP Nr. 58 zu § 616 BGB; BAG v. 3. 12. 1985, AP Nr. 5 zu § 1 TVG – Tarifverträge: Großhandel; *Ascheid*, Urteils- und Beschlußverfahren im Arbeitsrecht, Rz. 587; *Germelmann/Matthes/Prütting*, § 2 ArbGG Rz. 164; *Gift/Baur*, Teil C Rz. 336; aA *Krasshöfer-Pidde/Molkenbur*, NZA 1988, 236, 237.
3 LAG Frankfurt/Main v. 14. 11. 1951, BB 1952, 603.
4 BAG v. 18. 6. 1971, AP Nr. 5 zu § 38 ZPO – Internationale Zuständigkeit; BGH v. 17. 5. 1977, BGHZ 69, 37, 44 ff.
5 EuGH v. 26. 5. 1982, Slg. 1982, 1892; BAG v. 12. 6. 1986, AP Nr. 1 zu Art. 5 Brüsseler Übereinkommen.
6 LAG Berlin v. 19. 5. 1960, RdA 1961, 40; LAG Düsseldorf v. 19. 11. 1963, BB 1964, 393.
7 *Gift/Baur*, Teil C Rz. 347; *Thomas/Putzo*, § 32 ZPO Rz. 2; *Zöller/Vollkommer*, § 32 ZPO Rz. 7, 14. Streitig ist, ob der Gerichtsstand auch für die negatorische Unterlassungsklage (§ 1004 BGB) eröffnet ist; teilweise wird die Auffassung vertreten, daß die unerlaubte Handlung bereits begangen worden sein müsse, ihr bloßes Bevorstehen genüge nicht; vgl. *Zöller/Vollkommer*, § 32 ZPO Rz. 14 mwN.
8 BayObLG v. 31. 8. 1995, MDR 1995, 1261.

III. Voraussetzungen in bezug auf das Gericht

dagegen vorgebrachten Verteidigungsmitteln im Zusammenhang, so kann die Widerklage auch dann bei dem Gericht der Hauptklage anhängig gemacht werden, wenn dieses nach den sonstigen Regeln über den Gerichtsstand nicht zuständig wäre. Insoweit gelten für das arbeitsgerichtliche Verfahren gegenüber dem Zivilprozeß keine Besonderheiten. Hinzuweisen ist lediglich darauf, daß die Widerklage regelmäßig auch ohne das in § 33 ZPO statuierte Konnexitätserfordernis zulässig ist, weil für die gegenseitigen Ansprüche aus dem Arbeitsverhältnis wegen des einheitlichen Erfüllungsorts (oben Rz. 120) ohnehin ein einheitlicher Gerichtsstand gegeben ist. Das gilt freilich nur, soweit der Widerbeklagte mit dem Kläger des Verfahrens identisch ist. Eine Widerklage, die sich gegen eine bisher am Rechtsstreit nicht beteiligte Person (**Drittwiderklage**) richtet, begründet keinen Gerichtsstand nach § 33 Abs. 1 ZPO. Die Zuständigkeit des angerufenen Gerichts bedarf einer Gerichtsstandsbestimmung nach § 36 Nr. 3 ZPO, wenn der Drittwiderbeklagte in seinem allgemeinen Gerichtsstand verklagt werden soll und sich die örtliche Zuständigkeit des angerufenen Gerichts nicht bereits aus anderen Bestimmungen ergibt[1].

c) Gerichtsstandsvereinbarungen

Ein an sich örtlich unzuständiges Gericht kann durch eine Vereinbarung über den Gerichtsstand zuständig werden, § 38 ZPO. Das gilt auch im Verfahren vor den Gerichten für Arbeitssachen[2]. Nach § 38 Abs. 2 ZPO ist eine solche Vereinbarung zulässig, wenn mindestens eine der Parteien im Inland **keinen allgemeinen Gerichtsstand** hat. Ob ein **besonderer** Gerichtsstand im Inland begründet ist, ist unerheblich[3]. Die Vereinbarung muß schriftlich abgeschlossen oder, falls sie mündlich getroffen wird, schriftlich bestätigt werden. Die Vereinbarung muß sich auf ein bestimmtes Rechtsverhältnis und die aus ihm entspringenden Rechtsstreitigkeiten beziehen, sonst ist sie unwirksam, § 40 Abs. 1 ZPO. Eine Gerichtsstandsvereinbarung ist ferner zulässig, wenn sie ausdrücklich und schriftlich **nach dem Entstehen der Streitigkeit** (nicht notwendig nach Anhängigkeit eines Rechtsstreits)[4] abgeschlossen worden ist, § 38 Abs. 3 Nr. 1 ZPO. Sie ist schließlich möglich, wenn sie ausdrücklich und schriftlich für den Fall geschlossen wird, daß die im Klageweg in Anspruch zu nehmende Partei nach Vertragschluß ihren Wohnsitz oder gewöhnlichen **Aufenthaltsort ins Ausland verlegt oder** dieser bei Klageerhebung **unbekannt** ist, § 38 Abs. 3 Nr. 2 ZPO.

125

Die hieraus sich ergebenden erheblichen Beschränkungen der Prorogationsfreiheit gelten weitgehend nicht für die **Tarifvertragsparteien**. Diese sind nach § 48 Abs. 2 ArbGG befugt, im Tarifvertrag die Zuständigkeit eines an sich örtlich unzuständigen Arbeitsgerichts für bürgerliche Rechtsstreitigkeiten zwischen Arbeitnehmern und Arbeitgebern aus einem Arbeitsverhältnis und aus Verhandlungen über die Eingehung eines Arbeitsverhältnisses, das sich nach dem

126

---

1 BAG v. 16. 5. 1997, AP Nr. 53 zu § 36 ZPO.
2 BAG v. 15. 11. 1972, AP Nr. 1 zu § 38 ZPO.
3 BAG v. 27. 1. 1983, AP Nr. 12 zu § 38 ZPO – Internationale Zuständigkeit.
4 *Grunsky*, § 2 ArbGG Rz. 45.

Tarifvertrag bestimmt, sowie für bürgerliche Rechtsstreitigkeiten aus dem Verhältnis einer gemeinsamen Einrichtung der Tarifvertragsparteien zu den Arbeitnehmern oder Arbeitgebern festzulegen. Die tarifliche Gerichtsstandsvereinbarung gilt nicht nur für Arbeitnehmer und Arbeitgeber, auf die der Tarifvertrag kraft beiderseitiger Tarifgebundenheit (§ 4 Abs. 1 TVG) Anwendung findet, sondern auch für diejenigen, die die Anwendung des Tarifvertrages einzelvertraglich vereinbart haben, § 48 Abs. 2 Satz 2 ArbGG.

127 Für arbeitsrechtliche Streitigkeiten zwischen Angehörigen der Mitgliedstaaten der **Europäischen Gemeinschaft** gilt das europäische Gerichtsstand- und Vollstreckungsübereinkommen EuGVÜ[1]. Dessen Art. 17 gestattet Zuständigkeitsvereinbarungen nicht nur hinsichtlich der internationalen, sondern auch der örtlichen Zuständigkeit. Da das EuGVÜ § 38 ZPO vorgeht, gelten in diesen Fällen die Beschränkungen des nationalen deutschen Rechts nicht. Allerdings enthält Art. 17 EuGVÜ (in der in Deutschland seit 1. 12. 1994 geltenden Fassung)[2] selbst eine Sonderregelung für Arbeitsverhältnisse. Sie lautet wörtlich: „Bei individuellen Arbeitsverträgen haben Gerichtsstandsvereinbarungen nur dann rechtliche Wirkung, wenn sie nach Entstehung der Streitigkeit getroffen werden oder wenn der Arbeitnehmer sie geltend macht, um ein anderes Gericht als das am Wohnsitz des Beklagten oder das in Artikel 5 Nr. 1[3] bezeichnete anzurufen." Auch die Gerichtsstandsvereinbarung nach Art. 17 EuGVÜ muß schriftlich geschlossen werden.

d) Rügeloses Verhandeln zur Hauptsache

128 Nach § 39 ZPO wird die Zuständigkeit des Gerichts des ersten Rechtszuges ferner dadurch begründet, daß der Beklagte, ohne die Unzuständigkeit geltend zu machen, zur Hauptsache mündlich verhandelt. Da § 46 Abs. 2 Satz 1 ArbGG für das arbeitsgerichtliche Verfahren jedoch auf die Vorschriften der ZPO über das Verfahren vor den Amtsgerichten verweist, ist § 504 ZPO zu beachten, wonach das Gericht den Beklagten vor der Verhandlung zur Hauptsache auf seine Unzuständigkeit und auf die Folgen der rügelosen Einlassung zur Hauptsache hinzuweisen hat. Unterbleibt der Hinweis, wird die Zuständigkeit gemäß § 39 Satz 2 ZPO durch das Verhandeln zur Hauptsache nicht begründet. Der Beklagte kann dann jederzeit die Unzuständigkeit rügen; das Gericht muß sodann nach §§ 48 Abs. 1 ArbGG, 17a Abs. 3 GVG verfahren. Die Erörterung der Streitsache in der **Güteverhandlung** ist keine Verhandlung der Hauptsache[4]. § 39 ZPO findet auf nicht vermögensrechtliche Streitigkeiten sowie solche, für die ein ausschließlicher Gerichtsstand begründet ist (insbes. Streitigkeiten im Zusammenhang mit Werkmietwohnungen, oben Rz. 59), keine Anwendung, § 40 Abs. 2 ZPO[5].

---

1 BGBl. II 1972, 774; abgedruckt und kommentiert ua. bei *Thomas/Putzo/Hüßtege*, ZPO; *Zöller/Geimer*, ZPO, Anhang I.
2 Vgl. *Grunsky*, § 1 ArbGG Rz. 7.
3 Art. 5 Abs. 1 EuGVÜ eröffnet den Gerichtsstand des Erfüllungsortes, dazu EuGH v. 9. 1. 1997, NZA 1997, 225 ff.
4 *Germelmann/Matthes/Prütting*, § 2 ArbGG Rz. 177.
5 *Grunsky*, § 2 ArbGG Rz. 48.

e) Besonderheiten im Beschlußverfahren

Für das Beschlußverfahren trifft § 82 ArbGG eine **Sonderregelung** bezüglich der örtlichen Zuständigkeit. Danach ist dasjenige Gericht örtlich zuständig, in dessen Bezirk der Betrieb liegt; in Angelegenheiten der jeweiligen Gesamt- oder Konzernvertretung, des Wirtschaftsausschusses und der Arbeitnehmervertreter im Aufsichtsrat dasjenige Arbeitsgericht, in dessen Bezirk das Unternehmen seinen Sitz hat. Für Streitigkeiten nach dem EBR-Gesetz stellt § 82 ArbGG auf den Sitz des (herrschenden) Unternehmens ab, bei freiwilligen Vereinbarungen nach § 41 EBR-Gesetz auf den Sitz des vertragschließenden Unternehmens. Der Gerichtsstand ist **ausschließlich** und kann weder durch Parteivereinbarung noch durch rügeloses Verhandeln zur Hauptsache abbedungen werden[1]. Die Zuständigkeitsprüfung erfolgt von Amts wegen. § 82 ArbGG regelt die Zuständigkeit allein danach, ob der Streit materiell einen Betrieb oder das Unternehmen betrifft, auf den Gerichtsstand der einzelnen Beteiligten kommt es nicht an, mithin auch nicht darauf, ob der Betrieb oder das Unternehmen Antragsteller oder Beteiligter des Verfahrens ist[2]. 129

Der **Sitz eines Betriebes** ist der Ort, an dem die Verwaltung des Betriebes, die Betriebsleitung, ihren Sitz hat. Besteht ein Betrieb aus mehreren Betriebsteilen, Verkaufsstellen oder Filialen, ist das Arbeitsgericht örtlich zuständig, in dessen Bezirk die **gemeinsame** Betriebsleitung ihren Sitz hat. Der **Sitz des Unternehmens** bestimmt sich nach § 17 ZPO (dazu oben Rz. 116). Bei ausländischen Unternehmen liegt der Sitz in dem Gerichtsbezirk, in dem im Inland die zentrale Leitung der inländischen Betätigung liegt[3]. 130

Keine besondere Regelung enthält § 82 ArbGG für Streitigkeiten über die **Tariffähigkeit oder Tarifzuständigkeit** einer Vereinigung, § 2a Abs. 1 Nr. 3 ArbGG. Insoweit ist das Gericht zuständig, in dessen Bezirk die betroffene Vereinigung ihren Sitz hat[4]. 131

6. Internationale Zuständigkeit

Die internationale Zuständigkeit betrifft die Frage, ob die deutsche Gerichtsbarkeit überhaupt zur Entscheidung über den Streitfall berufen ist. Sie ist eine auch noch in der Revisionsinstanz von Amts wegen zu beachtende **Sachurteilsvoraussetzung**[5]. Die Vorschriften der §§ 65, 73 Abs. 2 ArbGG, 512a und 549 Abs. 2 ZPO über die Rüge der örtlichen Zuständigkeit in der Berufungs- und Revisionsinstanz gelten nicht für die internationale Zuständigkeit[6]. 132

---

1 *Ascheid*, Urteils- und Beschlußverfahren im Arbeitsrecht, Rz. 1680; *Germelmann/Matthes/Prütting*, § 82 ArbGG Rz. 2; *Grunsky*, § 82 ArbGG Rz. 1.
2 BAG v. 19. 6. 1986, AP Nr. 1 zu § 82 ArbGG 1979.
3 BAG v. 31. 10. 1975, AP Nr. 2 zu § 106 BetrVG 1972.
4 *Ascheid*, Urteils- und Beschlußverfahren im Arbeitsrecht, Rz. 1686.
5 BAG v. 5. 9. 1972, AP Nr. 159 zu § 242 BGB – Ruhegehalt; BAG v. 3. 5. 1995, AP Nr. 32 zu Internationales Privatrecht, Arbeitsrecht.
6 BAG v. 27. 1. 1983, AP Nr. 8 zu § 38 ZPO – Internationale Zuständigkeit; BGH v. 14. 6. 1965, AP Nr. 3 zu § 512a ZPO; BGH v. 26. 1. 1975, AP Nr. 10 zu § 38 ZPO – Internationale Zuständigkeit.

133 Die internationale Zuständigkeit der Gerichte für Arbeitssachen bestimmt sich wie bei der ordentlichen Gerichtsbarkeit nach den Vorschriften der Zivilprozeßordnung über die **örtliche Zuständigkeit**[1]. Das bedeutet: Ist ein deutsches Gericht örtlich zuständig, so ist damit in der Regel auch die internationale Zuständigkeit der deutschen Gerichte gegeben[2]. Das gilt auch im Beschlußverfahren[3]. Der internationale Gerichtsstand des Vermögens (§ 23 Satz 1 ZPO) setzt voraus, daß der Rechtsstreit einen hinreichenden Bezug zum Inland aufweist[4].

134 Die internationale Zuständigkeit kann **vereinbart** werden. Die Wirksamkeit einer solchen Vereinbarung richtet sich nach den §§ 38, 40 ZPO[5]. Unwirksam ist die Vereinbarung, wenn sie einer Rechtsverweigerung gleichkäme, weil eine Rechtsverfolgung am vereinbarten Ort aus tatsächlichen oder rechtlichen Gründen nicht möglich ist. Haben die Parteien des Arbeitsvertrages die Geltung ausländischen Rechts und einen ausländischen Gerichtsstand vereinbart, so richtet sich die Frage der Wirksamkeit der Vereinbarung nach dem ausländischen materiellen Recht[6].

135 Die internationale Zuständigkeit kann sich aus den Bestimmungen des europäischen Gerichtsstands- und Vollstreckungsübereinkommens (**EuGVÜ**, vgl. schon oben Rz. 127) ergeben. Dieses gilt auch für Arbeitsrechtssachen. Das Abkommen bestimmt ua., daß Personen, die in einem der Vertragstaaten ihren Wohnsitz haben, ohne Rücksicht auf ihre Staatsangehörigkeit vor den Gerichten des Wohnsitzstaates verklagt werden können, Art. 2 EuGVÜ. Aber auch den Gerichtsstand des Erfüllungsortes eröffnet das EuGVÜ, Art. 5 Nr. 1[7]. Nach Art. 17 EuGVÜ sind Vereinbarungen über die örtliche und internationale Zuständigkeit in bestimmten Grenzen auch im Arbeitsverhältnis möglich (oben Rz. 127); nach Art. 18 EuGVÜ kann die internationale Zuständigkeit – abweichend vom nationalen deutschen Prozeßrecht – auch durch rügeloses Verhandeln zur Hauptsache begründet werden[8].

---

1 BAG v. 10. 4. 1975, AP Nr. 12 zu Internationales Privatrecht, Arbeitsrecht; BAG v. 27. 1. 1983, AP Nr. 12 zu § 38 ZPO – Internationale Zuständigkeit; *Ascheid*, Urteils- und Beschlußverfahren im Arbeitsrecht, Rz. 612.
2 BAG v. 24. 8. 1989, AP Nr. 30 zu Internationals Privatrecht, Arbeitsrecht; BAG v. 3. 5. 1995, AP Nr. 32 zu Internationales Privatrecht, Arbeitsrecht.
3 BAG v. 31. 10. 1975, AP Nr. 2 zu § 106 BetrVG 1972.
4 BGH v. 2. 7. 1991, BGHZ 115, 90; BAG v. 17. 7. 1997, NZA 1997, 1182, 1183 f.
5 BAG v. 29. 6. 1978, AP Nr. 8 zu § 38 ZPO – Internationale Zuständigkeit; BAG v. 27. 1. 1983, AP Nr. 12 zu § 38 ZPO – Internationale Zuständigkeit.
6 BAG v. 29. 6. 1978, AP Nr. 8 zu § 38 ZPO – Internationale Zuständigkeit.
7 Vgl. BAG v. 12. 6. 1986, AP Nr. 1 zu Art. 5 Brüsseler Übereinkommen.
8 Vgl. zu den Regelungen des EuGVÜ *Ascheid*, Urteils- und Beschlußverfahren im Arbeitsrecht, Rz. 615 ff.; *Grunsky*, § 1 ArbGG Rz. 7.

C. Das Urteilsverfahren 1. Instanz

	Rz.
I. Überblick	1
II. Verfahrensmaßnahmen des Gerichts	
1. Allgemeines	2
2. Besonderheiten im Hinblick auf das Verfahrensrecht	6
3. Anordnung des persönlichen Erscheinens der Parteien	13
III. Die Güteverhandlung	
1. Allgemeines	21
2. Das Verfahren in der Güteverhandlung	24
3. Das Ergebnis der Güteverhandlung	28
4. Die weitere Verhandlung	31

	Rz.
IV. Die Verhandlung vor der Kammer	
1. Allgemeines	35
2. Beweisaufnahme	38
3. Vertagung	39
4. Urteil	40
V. Die Aussetzung des Verfahrens	44
VI. Besonderheiten bei Berufsausbildungsverhältnissen	52
1. Prozeßvoraussetzung	54
2. Verfahren vor dem Ausschuß	57
3. Verfahren vor dem Arbeitsgericht	62

Schrifttum:

Ascheid, Urteils- und Beschlußverfahren im Arbeitsrecht, 1995; *Gift/Baur,* Das Urteilsverfahren vor den Gerichten für Arbeitssachen, 1993; *Leinemann,* Die Arbeitsgerichte – bewährte Gerichtsbarkeit mit gefährdeter Zukunft?, BB 1997, 2322; *Lepke,* „Früherer" Termin der mündlichen Verhandlung im arbeitsgerichtlichen Verfahren und Aktenlageentscheidung, DB 1997, 1564; *Rolfs,* Die Neuregelung der Arbeitgeber- und Arbeitnehmerhaftung bei Arbeitsunfällen durch das SGB VII, NJW 1996, 3177; *Schrader,* Übergangsregelungen zum Konkursrecht, NZA 1997, 70.

I. Überblick

Das Urteilsverfahren findet in den Rechtsstreitigkeiten Anwendung, für die der Rechtsweg zu den Arbeitsgerichten gemäß § 2 ArbGG eröffnet ist. Für das erstinstanzliche Verfahren ordnet § 46 Abs. 2 ArbGG die Anwendung der meisten Vorschriften der Zivilprozeßordnung über das Verfahren vor den Amtsgerichten an. Der Verfahrensablauf ist daher weitgehend mit dem im Zivilprozeß identisch; Besonderheiten ergeben sich vor allem daraus, daß an die Stelle des schriftlichen Vorverfahrens oder des frühen ersten Termins eine obligatorische Güteverhandlung vor dem Vorsitzenden tritt. Im folgenden wird daher der typische Ablauf des arbeitsgerichtlichen Verfahrens unter besonderer Berücksichtigung seiner Abweichungen vom Verfahren vor den ordentlichen Gerichten dargestellt. 1

II. Verfahrensmaßnahmen des Gerichts

1. Allgemeines

2 Nach Eingang der Klage, die dem Vorsitzenden von der Geschäftsstelle unverzüglich vorzulegen ist, bestimmt dieser ebenso unverzüglich Termin (§§ 46 Abs. 2 ArbGG, 495, 216 Abs. 2 ZPO). Eines Antrages auf **Terminsbestimmung** bedarf es nicht. Umgekehrt kann der Kläger nicht verlangen, die Terminsbestimmung, etwa wegen schwebender Vergleichsverhandlungen, zu unterlassen. Im Einverständnis beider Parteien kann die Sache jedoch terminlos gestellt werden[1]. Eine Überlastung des Gerichts rechtfertigt es nicht, eingehende Verfahren terminlos zu stellen, ggfs. sind die Termine entsprechend weit hinauszuschieben[2].

3 Die Terminierung steht unter dem Gebot der **Beschleunigung**, § 9 Abs. 1 ArbGG, wobei Bestandsschutzstreitigkeiten (§ 61a ArbGG) nochmals Vorrang einzuräumen ist. Die **Wahl des Terminstages** und der Terminsstunde liegt weitgehend im Ermessen des Vorsitzenden. Unter besonderen Umständen kann ein Verstoß gegen den Anspruch auf rechtliches Gehör verletzt sein, wenn ein Termin bestimmt wird, von dem der Vorsitzende weiß, daß er von einer Partei und/oder seinem Bevollmächtigten nicht wahrgenommen werden kann[3]. Die zwischen der Zustellung der Klage und dem Terminstag liegende **Einlassungsfrist** beträgt mindestens eine Woche, § 47 Abs. 1 ArbGG; die **Ladungsfrist** nur drei Tage (§§ 46 Abs. 2 ArbGG, 217 ZPO). Sie ist auch dann einzuhalten, wenn ein bereits bestimmter Termin auf einen anderen Terminstag, nicht aber, wenn nur die Terminsstunde verlegt werden soll[4].

4 Zu bestimmen ist der Termin für die **Güteverhandlung,** wobei es zulässig ist, Güte- und streitige Verhandlung gleichzeitig anzuberaumen[5]. Auf die Güteverhandlung können die Parteien nicht verzichten, ebensowenig, wie der Vorsitzende sogleich eine Verhandlung vor der Kammer anberaumen darf, auch wenn eine gütliche Einigung offensichtlich nicht zu erwarten ist[6]. Eine Güteverhandlung findet nur dann nicht statt, wenn die Parteien bereits ein Schlichtungsverfahren vor dem Ausschuß für Lehrlingsstreitigkeiten nach § 111 Abs. 2 ArbGG durchgeführt haben (dazu noch unten Rz. 62) oder bereits ein Vollstreckungsbescheid ergangen ist (unten Rz. 22). In **Bestandsschutzstreitigkeiten,** also solchen über das Bestehen oder Nichtbestehen oder die Wirksamkeit einer Kündigung des Arbeitsverhältnisses soll die Güteverhandlung innerhalb von zwei Wochen nach Klageerhebung stattfinden, § 61a ArbGG. Im Wege der Klagehäufung miterhobene Ansprüche genießen den Vorzug der besonderen Prozeßförde-

---

1 *Gift/Baur,* Teil E Rz. 384.
2 LAG Düsseldorf v. 9. 10. 1995, NZA 1996, 280.
3 Vgl. BSG v. 19. 12. 1991, NJW 1992, 1190; *Gift/Baur,* Teil E Rz. 388.
4 *Gift/Baur,* Teil E Rz. 391.
5 LAG Berlin v. 24. 10. 1988, LAGE § 611 BGB – Gefahrgeneigte Arbeit Nr. 6.
6 *Grunsky,* § 54 ArbGG Rz. 1.

II. Verfahrensmaßnahmen des Gerichts

rung solange mit, wie sich der Bestandsrechtsstreit nicht erledigt hat oder abgetrennt wird.

Bestimmt der Vorsitzende unverzüglich Termin, ist hiergegen grundsätzlich **kein Rechtsbehelf** statthaft. Beantragt werden kann unter den Voraussetzungen des § 227 ZPO die Terminsverlegung, die auch mit der Nichteinhaltung der einwöchigen Einlassungsfrist begründet werden kann. Das dem Gericht in § 227 ZPO eingeräumte Ermessen kann sich in Ausnahmefällen (oben Rz. 3) wegen der Notwendigkeit der Gewährung rechtlichen Gehörs auf Null reduzieren[1]. Lehnt der Vorsitzende die Terminierung gänzlich ab, ist in analoger Anwendung von § 252 ZPO die **einfache Beschwerde** statthaft[2]. Dasselbe gilt, wenn bei einer zu späten Terminierung eine Gegenvorstellung und ein Verlegungsantrag erfolglos geblieben sind[3].

2. Besonderheiten im Hinblick auf das Verfahrensrecht

§ 46 Abs. 2 Satz 1 ArbGG ordnet an, daß für das arbeitsgerichtliche Urteilsverfahren in erster Instanz grundsätzlich die Vorschriften der Zivilprozeßordnung über das Verfahren vor den Amtsgerichten Anwendung finden. Von diesem Grundsatz mach Satz 2 der Vorschrift jedoch einige Ausnahmen. Diese betreffen insbesondere:

▶ Den **frühen ersten Termin** und das **schriftliche Vorverfahren,** §§ 275 bis 277 ZPO. Während das Amtsgericht nach Eingang der Klage die Wahl hat, welche der beiden Verfahrensarten es durchführt, muß das Arbeitsgericht zwingend Termin zur Güteverhandlung vor dem Vorsitzenden anberaumen, die bei Bestandsrechtsstreitigkeiten innerhalb von zwei Wochen nach Klageerhebung stattfinden soll, § 61a Abs. 2 ArbGG. Vor dem Gütetermin kann das Gericht den Parteien keine Fristen nach §§ 275 Abs. 1, 3 und 4 bzw. 276 Abs. 1 und 3 ZPO setzen[4].

▶ Die Vorschriften über das **vereinfachte Verfahren** vor den Amtsgerichten, das diese gemäß § 495a ZPO bei einem Streitwert von bis zu 1200 DM anwenden können, gelten **nicht** für das Verfahren vor dem Arbeitsgericht.

▶ Ein **Urkunden- und Wechselprozeß** (§§ 592 bis 605a ZPO) findet vor den Arbeitsgerichten nicht statt.

▶ Eine **Entscheidung ohne mündliche Verhandlung** (§ 128 Abs. 2 und 3 ZPO) kommt gleichfalls nicht in Betracht.

Umstritten ist die Bedeutung von § 47 Abs. 2 ArbGG, der bestimmt, daß eine Aufforderung an den Beklagten, sich auf die Klage schriftlich zu äußern, in der Regel nicht erfolgt. Ihren Sinn hat diese Bestimmung in dem Bemühen des

---

1 Vgl. *Gift/Baur*, Teil E Rz. 403.
2 LAG Düsseldorf v. 9. 10. 1995, NZA 1996, 280; *Thomas/Putzo*, § 216 ZPO Rz. 11; *Zöller/Stöber*, § 216 ZPO Rz. 21.
3 *Thomas/Putzo*, § 216 ZPO Rz. 11; *Zöller/Stöber*, § 216 ZPO Rz. 21.
4 *Gift/Baur*, Teil E Rz. 407.

Gesetzgebers, eine gütliche Einigung im Gütetermin möglichst nicht zu erschweren[1] und den Streitstoff nicht durch vorbereitende Schriftsätze „aufzublähen". Andererseits kann es dem Ziel, den Streit möglichst schon in der Güteverhandlung zu erledigen[2] dienlich sein, den Beklagten zur **vorherigen schriftlichen Äußerung** zu veranlassen, weil manchmal nur so der Umfang des Streites überhaupt erkennbar wird. Im Schrifttum wird daher zum Teil die Auffassung vertreten, der Vorsitzende könne schon vor der Güteverhandlung eine Frist setzen, sich über einen bestimmten Punkt zu erklären oder sogar den Parteien aufgeben, die mündliche Verhandlung durch Schriftsatz oder durch zu Protokoll der Geschäftsstelle abzugebende Erklärungen vorzubereiten[3]. Die wohl herrschende Auffassung widerspricht dem mit der Begründung, eine entsprechende Anwendung des § 56 ArbGG auf die Güteverhandlung komme aus systematischen und teleologischen Gründen nicht in Betracht[4]. Der Streit ist in der Praxis letztlich ohne Bedeutung, denn auch diejenigen, die derartige Anordnungen für zulässig halten, gestehen zu, daß die Nichtbefolgung dieser prozeßleitenden Verfügungen sanktionslos bleibt[5], insbesondere eine Zurückweisung verspäteten Vorbringens nicht in Betracht kommt.

12   Auch im übrigen sind die Befugnisse des Vorsitzenden zur Vorbereitung der Güteverhandlung beschränkt. Insbesondere kommt eine Ladung von Zeugen usw. nicht in Betracht[6], weil eine Beweisaufnahme in der Güteverhandlung nicht erfolgt. Diese bleibt der Kammer vorbehalten, § 58 ArbGG.

3. Anordnung des persönlichen Erscheinens der Parteien

13   Besondere Bedeutung hat im arbeitsgerichtlichen Verfahren die Befugnis des Vorsitzenden, in jeder Lage des Verfahrens das persönliche Erscheinen der Parteien anzuordnen, § 51 Abs. 1 ArbGG. Sie liegt im pflichtgemäßen Ermessen des Vorsitzenden und dient der Aufklärung des Sachverhalts, der Förderung der gütlichen Erledigung des Rechtsstreits und der Förderung der Unmittelbarkeit des Verfahrens zwischen den Parteien, nicht jedoch der bloßen Disziplinierung eines Beteiligten[7]. Die Anordnung erfolgt durch Beschluß oder prozeßleitende Verfügung, zur **Begründung** genügt der allgemeine Hinweis auf § 51 ArbGG[8].

---

1 BT-Drucks. 8/1567, 19.
2 *Grunsky*, § 54 ArbGG Rz. 8.
3 *Schaub*, Arbeitsrechtliche Formularsammlung und Arbeitsgerichtsverfahren, § 93 II 1a mwN.
4 LAG Niedersachsen v. 12. 12. 1989, LAGE § 56 ArbGG Nr. 2; *Germelmann/Matthes/Prütting*, § 54 ArbGG Rz. 14; *Gift/Baur*, Teil E Rz. 411.
5 *Schaub*, Arbeitsrechtliche Formularsammlung und Arbeitsgerichtsverfahren, § 93 II 1a aE.
6 *Germelmann/Matthes/Prütting*, § 54 ArbGG Rz. 15; aA *Grunsky*, § 54 ArbGG Rz. 8.
7 *Gift/Baur*, Teil E Rz. 415.
8 LAG Nürnberg v. 25. 11. 1988, LAGE § 141 ZPO Nr. 6; *Germelmann/Matthes/Prütting*, § 51 ArbGG Rz. 12; *Schaub*, Arbeitsrechtliche Formularsammlung und Arbeitsgerichtsverfahren, § 94 V 2a.

II. Verfahrensmaßnahmen des Gerichts Rz. 19 **Teil 5 C**

Eine **Ladungsfrist** muß – anders als im Rahmen des § 217 ZPO – nicht eingehalten werden; allerdings wird das Gericht beim Nichterscheinen einer sehr kurzfristig geladenen Partei auf Sanktionen verzichten müssen. Im übrigen ist die Partei bei ihrer Ladung über die Folgen ihres Ausbleibens (dazu unten Rz. 18 ff.) zu **belehren**.

14

Bei der Ausübung des dem Vorsitzenden hinsichtlich der Anordnung zustehenden **Ermessens** sind alle Umstände des Einzelfalles zu berücksichtigen. So kann die große Entfernung des Wohnsitzes einer Partei zum Gerichtsort oder ein anderer wichtiger Grund Anlaß sein, auf das persönliche Erscheinen zu verzichten, obwohl § 51 Abs. 1 ArbGG auf die entsprechende Vorschrift des § 141 Abs. 1 ZPO nicht verweist[1].

15

Geladen werden können „**die Parteien**", das sind die in den §§ 10 ArbGG, 50 ZPO bezeichneten Personen. Partei ist auch die Partei kraft Amtes, zB der Konkurs- bzw. Insolvenzverwalter, ferner der streitgenössische Nebenintervenient nach § 69 ZPO, nicht aber der einfache Streithelfer. Bei juristischen Personen ist das Erscheinen des gesetzlichen Vertreters anzuordnen[2]. Das Gericht muß nicht notwendig beide Parteien laden, es kann sich auf eine beschränken[3], die nicht geladene Partei kann selbstverständlich von sich aus erscheinen.

16

Gegen die Anordnung des persönlichen Erscheinens ist ein **Rechtsmittel** nicht gegeben, insbesondere auch nicht die einfache Beschwerde. Ebensowenig kann die Anordnung (im Hinblick auf die gegnerische Partei) erzwungen werden.

17

Bleibt die Partei der Verhandlung trotz ordnungsgemäßer Ladung **fern**, kommen verschiedene Sanktionen in Betracht:

18

▶ Zum einen ist die **Verhängung von Ordnungsgeld** möglich, §§ 51 Abs. 1 Satz 2 ArbGG, 141 Abs. 3, 380 Abs. 1 Satz 2 ZPO. Voraussetzung dafür ist, daß die Anordnung in zulässiger Weise ergangen und die Partei ordnungsgemäß – insbesondere unter Hinweis auf die Folgen ihres Nichterscheinens – geladen worden ist. Das Nichterscheinen der Partei muß ferner unentschuldigt erfolgt sein; als Entschuldigungsgründe kommen zB eine zur Reise- oder Verhandlungsunfähigkeit führende Krankheit, Tod oder Erkrankung naher Angehöriger, lange vorher geplanter Urlaub, unerwartete Verkehrsstörungen oder Unkenntnis von der Zustellung der Ladung an eine Ersatzperson in Betracht[4]. Umstritten ist, ob die Partei **eigenes Verschulden** treffen oder ob sie sich das Verschulden ihres Prozeßbevollmächtigten (zB Nichtweitergabe der Ladung durch diesen an die Partei) entsprechend § 85 Abs. 2 ZPO zurechnen lassen muß. Die wohl herrschende Auffassung bejaht letzteres[5]. Im

19

---

1 *Ascheid*, Urteils- und Beschlußverfahren im Arbeitsrecht, Rz. 883; *Gift/Baur*, Teil E Rz. 416.
2 *Zöller/Greger*, § 141 ZPO Rz. 8.
3 *Gift/Baur*, Teil E Rz. 419.
4 *Gift/Baur*, Teil E Rz. 433; *Zöller/Greger*, § 381 ZPO Rz. 2 f.
5 LAG Rheinland-Pfalz v. 19. 4. 1985, LAGE § 51 ArbGG 1979 Nr. 2; *Germelmann/Matthes/Prütting*, § 51 ArbGG Rz. 18; aA *Gift/Baur*, Teil E Rz. 434; *Grunsky*, § 51 ArbGG Rz. 14; *Zöller/Greger*, § 141 ZPO Rz. 11.

Holthöwer

übrigen gelten die Vorschriften der Zivilprozeßordnung entsprechend; insbesondere kann das Ordnungsgeld nicht verhängt werden, wenn die Partei zu der Verhandlung einen Vertreter entsendet, der zur Aufklärung des Tatbestandes in der Lage und zur Abgabe der gebotenenen Erklärungen, insbesondere zu einem Vergleichsabschluß, ermächtigt ist (§ 141 Abs. 3 Satz 2 ZPO).

20 ▶ Abweichend vom Verfahren vor den ordentlichen Gerichten steht den Gerichten für Arbeitssachen neben dem Ordnungsgeld mit der **Ablehnung der Zulassung eines Prozeßbevollmächtigten** (§ 51 Abs. 2 Satz 1 ArbGG) eine weitere (auch kumulativ neben der Verhängung des Ordnungsgeldes zulässige)[1] Sanktionsmöglichkeit zur Verfügung. Voraussetzung ist, daß die Partei unbegründet ausgeblieben ist, was ihrem nichtentschuldigten Fernbleiben im Sinne von §§ 141 Abs. 3, 380 Abs. 1 Satz 2 ZPO gleichkommt[2]. Ferner muß durch ihr Ausbleiben der Zweck der Anordnung vereitelt worden sein, was wohl immer dann anzunehmen sein wird, wenn die Partei keinen Vertreter im Sinne von § 141 Abs. 3 Satz 2 ZPO entsandt hat. Ist ein solcher Vertreter anwesend, kommt die Ablehnung der Zulassung des Prozeßbevollmächtigten ohnehin nicht in Betracht, § 51 Abs. 2 Satz 2 ArbGG.

III. Die Güteverhandlung

1. Allgemeines

21 Die Eigentümlichkeit des Verfahrens vor den Gerichten für Arbeitssachen findet ihren besonderen Ausdruck in der obligatorischen Güteverhandlung, die (nur in der ersten Instanz und nur im Urteilsverfahren) vor dem Vorsitzenden zum Zweck der **gütlichen Einigung der Parteien** stattfindet, § 54 Abs. 1 ArbGG. Die Güteverhandlung gilt als Teil der mündlichen Verhandlung, gleichwohl können in ihr jedoch nur beschränkt Prozeßhandlungen mit Folgewirkungen vorgenommen werden. Eine Sachentscheidung durch streitiges Urteil kann nicht erfolgen.

22 Die Güteverhandlung ist **obligatorisch.** Auf sie können weder die Parteien noch das Gericht verzichten[3]. Sie entfällt jedoch, wenn zuvor ein Streitbeilegungsversuch vor dem Ausschuß für Lehrlingsstreitigkeiten versucht worden ist, § 111 Abs. 2 ArbGG oder wenn bereits ein Vollstreckungsbescheid ergangen ist, weil dieser einem Versäumnisurteil gleichsteht, § 700 Abs. 1 ZPO[4]. Ferner findet im **Verfahren der einstweiligen Verfügung** eine Güteverhandlung nicht statt.

---

[1] *Germelmann/Matthes/Prütting,* § 51 ArbGG Rz. 26; *Grunsky,* § 51 ArbGG Rz. 8; aA *Gift/Baur,* Teil E Rz. 442; KölnKomm z. KSchG/*Ramrath,* § 4 KSchG Rz. 83.
[2] *Germelmann/Matthes/Prütting,* § 51 ArbGG Rz. 27.
[3] *Ascheid,* Urteils- und Beschlußverfahren im Arbeitsrecht, Rz. 843; *Germelmann/Matthes/Prütting,* § 54 ArbGG Rz. 45; *Gift/Baur,* Teil E Rz. 553; *Hauck,* § 45 ArbGG Rz. 2; MünchArbR/*Brehm,* § 379 Rz. 37.
[4] Vgl. *Ascheid,* Urteils- und Beschlußverfahren im Arbeitsrecht, Rz. 844; *Germelmann/Matthes/Prütting,* § 54 ArbGG Rz. 46.

III. Die Güteverhandlung

Umstritten ist, ob **nur eine** oder auch mehrere **Güteverhandlungen** stattfinden dürfen. Unter Hinweis auf den Beschleunigungsgrundsatz des § 9 Abs. 1 ArbGG verneint die herrschende Auffassung die Zulässigkeit eines zweiten Gütetermins, dem wird jedoch entgegengehalten, daß es gerade der Beschleunigung dienen könne, kurzfristig einen zweiten Versuch zur gütlichen Beilegung des Streits zu unternehmen, statt den Rechtsstreit durch Anberaumung eines Kammertermins in die Länge zu ziehen[1].

2. Das Verfahren in der Güteverhandlung

Die Güteverhandlung findet vor dem Vorsitzenden statt, eine Beteiligung der ehrenamtlichen Richter ist unzulässig. Sie ist **öffentlich**[2]. Anders als die streitige Verhandlung beginnt sie jedoch nicht mit dem Stellen der Anträge, § 137 ZPO findet keine Anwendung. Denn ihr Ziel ist es, eine gütliche Einigung der Parteien zu erreichen, was durch Formalien, die gerichtsunkundige Personen verunsichern können, nur erschwert werden kann. Im übrigen obliegt die Art und Weise der Durchführung im Ermessen des Vorsitzenden. Er hat das gesamte Streitverhältnis mit den Parteien unter freier Würdigung der Umstände zu erörtern, § 54 Abs. 1 Satz 2 ArbGG. Insbesondere kann er neben rechtlichen auch wirtschaftliche, soziale und sonstige Billigkeitserwägungen mit dem Ziel anstellen, wie die weitere Zusammenarbeit der Parteien in einem Arbeitsverhältnis gestaltet werden kann oder ob nicht eine einvernehmliche Beendigung desselben sachdienlicher ist[3].

Der Vorsitzende kann **alle Handlungen zur Aufklärung des Sachverhalts vornehmen, die sofort erfolgen können.** Diese Formulierung ist jedoch mißverständlich. Anders als im Verfahren der einstweiligen Verfügung, wo auch eine Beweisaufnahme zulässig ist, wenn sie sofort erfolgen kann („präsente Beweismittel", § 294 ZPO), kommt eine Beweisaufnahme in der Güteverhandlung nicht in Betracht (§ 58 ArbGG)[4]. Umstritten, aber wohl zu bejahen, ist die Frage, ob eine informative Befragung von Zeugen zulässig ist. Sie kann allein dem Zweck dienen, dem Gericht eine Übersicht darüber zu verschaffen, welche Personen für die Verhandlung vor der Kammer zweckmäßigerweise als Zeugen zu laden sind; die Verwertung ihrer Angaben in der Güteverhandlung zu einem späteren Zeitpunkt, etwa durch Vorhalt, ist unzulässig.

Zulässigkeitsrügen müssen, wie sich aus dem Verweis in § 54 Abs. 2 Satz 3 ArbGG ergibt, nicht schon in der Güteverhandlung angebracht werden. Durch

---

1 Vgl. zum Streitstand einerseits *Grunsky*, § 54 ArbGG Rz. 1; *Gift/Baur*, Teil E Rz. 568; *Hauck*, § 54 ArbGG Rz. 8; *Schaub*, Arbeitsrechtliche Formularsammlung und Arbeitsgerichtsverfahren, § 93 I 1; andererseits *Ascheid*, Urteils- und Beschlußverfahren im Arbeitsrecht, Rz. 867; *Germelmann/Matthes/Prütting*, § 54 ArbGG Rz. 28.
2 *Hauck*, § 54 ArbGG Rz. 5.
3 *Ascheid*, Urteils- und Beschlußverfahren im Arbeitsrecht, Rz. 857; *Germelmann/Matthes/Prütting*, § 54 ArbGG Rz. 21.
4 *Ascheid*, Urteils- und Beschlußverfahren im Arbeitsrecht, Rz. 859; *Germelmann/Matthes/Prütting*, § 54 ArbGG Rz. 24.

die rügelose Verhandlung zur Hauptsache verliert eine Partei nicht das Recht, die entsprechende Rüge in der Verhandlung vor der Kammer geltend zu machen. Auch durch diese Verfahrensregelung soll erreicht werden, daß in der Güteverhandlung möglichst der Streit in der Sache beigelegt und nicht über Formalia gestritten wird.

27 **Gerichtliche Geständnisse** (§ 288 ZPO), also das Zugestehen einzelner vom Gegner behaupteter oder bestrittener Tatsachen, haben in der Güteverhandlung nur dann bindende Wirkung für das weitere Verfahren, wenn sie zu Protokoll erklärt werden, § 54 Abs. 2 Satz 2 ArbGG.

3. Das Ergebnis der Güteverhandlung

28 In der Güteverhandlung kann der Kläger die Klage ohne Zustimmung des Beklagten[1] **zurücknehmen** oder auf den geltend gemachten Anspruch **verzichten.** Andererseits kann der Beklagte den Anspruch **anerkennen.** In all diesen Fällen kann schließt an die Güteverhandlung eine streitige Verhandlung unmittelbar an, in der der Vorsitzende allein (§ 55 Abs. 1 ArbGG) eine verfahrensbeendende Entscheidung treffen kann (unten Rz. 31 ff.). In der Güteverhandlung selbst kann in keinem Fall ein Urteil ergehen. Die **übereinstimmende Erklärung der Erledigung der Hauptsache** hat im arbeitsgerichtlichen Verfahren geringe Bedeutung. Zum einen fallen bei ihr, anders als bei der Klagerücknahme, Gerichtsgebühren an, zum anderen kann der Kostenbeschluß nach § 91a ZPO vom Vorsitzenden allein nur dann erlassen werden, wenn beide Parteien dies beantragen, § 55 Abs. 3 ArbGG[2]. Daher empfiehlt sich in diesen Fällen die Klagerücknahme, bei der nur die Auslagen des Gerichts (für die Klagezustellung) zu erstatten sind.

29 Häufig kann in der Güteverhandlung jedoch eine **gütliche Einigung** der Parteien erreicht werden. Dann schließen die Parteien einen Prozeßvergleich, § 794 ZPO, der zu protokollieren ist[3].

30 Bleibt die Güteverhandlung **erfolglos,** ist auch dies in das Protokoll aufzunehmen. Das Gericht beraumt sodann Termin zur Verhandlung vor der Kammer an, § 54 Abs. 4 ArbGG.

4. Die weitere Verhandlung

31 Bleibt die Güteverhandlung erfolglos oder erscheint eine Partei im Gütetermin nicht, soll sich nach § 54 Abs. 4 ArbGG die weitere Verhandlung unmittelbar anschließen. In der Praxis geschieht dies jedoch in aller Regel nicht, weil die ehrenamtlichen Richter nicht anwesend sind. Stattdessen bestimmt der Vorsitzende am Ende des Gütetermins den **Termin zur Verhandlung** vor der Kammer.

---

1 *Ascheid*, Urteils- und Beschlußverfahren im Arbeitsrecht, Rz. 861.
2 *Germelmann/Matthes/Prütting*, § 55 ArbGG Rz. 9; *Gift/Baur*, Teil E Rz. 586 f.
3 Zu einem außergerichtlichen Vergleich, der noch gerichtlich protokolliert werden sollte, BAG v. 16. 1. 1997, AP Nr. 14 zu § 779 BGB.

IV. Die Verhandlung vor der Kammer

Etwas anderes gilt lediglich dann, wenn eine **Alleinentscheidung durch den Vorsitzenden** nach § 55 ArbGG erfolgen kann. Dies ist zum einen dann der Fall, wenn der Kläger die **Klagerücknahme** oder den **Verzicht** erklärt oder der Beklagte den Anspruch **anerkannt** hat. In einem solchen Fall hat der Vorsitzende nach der entsprechenden Prozeßerklärung der Partei die Güteverhandlung zu schließen[1] und in der sodann sofort stattfindenden streitigen Verhandlung die prozeßbeendende Entscheidung zu treffen.

Eine Alleinentscheidung durch den Vorsitzenden ergeht auch dann, wenn eine Partei **säumig** ist. Hiervon betroffen ist nicht nur das (echte) Versäumnisurteil, sondern jede Entscheidung, die auf die Säumnis einer Partei zurückzuführen ist. In Betracht kommt namentlich die Zurückweisung des Antrags auf Erlaß eines Versäumnisurteils (§ 335 ZPO), nicht aber eine Entscheidung nach Lage der Akten (§ 331a ZPO), weil sie gemäß § 251a Abs. 2 ZPO nur ergehen kann, wenn in einem früheren Termin bereits mündlich verhandelt worden ist[2]. Sind **beide Parteien säumig,** ordnet der Vorsitzende das Ruhen des Verfahrens an, §§ 54 Abs. 5, 55 Abs. 1 Nr. 5 ArbGG. Wird nicht innerhalb von sechs Monaten von einer Partei Termin zur streitigen Verhandlung beantragt, gilt die Klage als zurückgenommen. Das Verfahren kann nicht mehr aufgenommen werden, der Kläger muß erneut klagen[3].

Schließlich kann der Vorsitzende **auf Antrag beider Parteien** auch dann allein entscheiden, wenn in der weiteren Verhandlung eine das Verfahren beendende Entscheidung ergehen kann, § 55 Abs. 3 ArbGG. Diese Möglichkeit kommt in Betracht, wenn die Güteverhandlung erfolglos geblieben ist. In jedem Falle muß sich die weitere Verhandlung an die Güteverhandlung unmittelbar anschließen, zulässig ist allenfalls eine kurze Unterbrechung, **ohne** daß weitere Verhandlungen in der Zwischenzeit stattfinden[4]. Ferner muß eine das Verfahren beendende Entscheidung ergehen können; eine Vertagung ist unzulässig.

IV. Die Verhandlung vor der Kammer

1. Allgemeines

Hinsichtlich Form und Inhalt der Verhandlung vor der Kammer enthält das ArbGG keine von den Vorschriften der ZPO abweichenden Bestimmungen. § 57 Abs. 1 ArbGG regelt lediglich, daß die Verhandlung möglichst in einem Termin zu führen ist; ist dies nicht durchführbar, so soll der Termin zur weiteren Verhandlung alsbald stattfinden, er ist sofort zu verkünden. Im übrigen finden gemäß § 46 Abs. 2 ArbGG die Bestimungen über das Verfahren vor den Amtsgerichten entsprechende Anwendung. Nach Aufruf der Sache und

---
1 *Ascheid,* Urteils- und Beschlußverfahren im Arbeitsrecht, Rz. 871, 863.
2 *Germelmann/Matthes/Prütting,* § 59 ArbGG Rz. 19; *Hauck,* § 59 ArbGG Rz. 10; *Lepke,* DB 1997, 1564, 1567.
3 LAG Düsseldorf v. 31. 3. 1982, EzA § 54 ArbGG 1979 Nr. 1.
4 *Germelmann/Matthes/Prütting,* § 55 ArbGG Rz. 28.

Eröffnung der mündlichen Verhandlung kann der Vorsitzende zunächst in den Sach- und Streitstand einführen. Sodann stellen die Parteien die Anträge und verhandeln zur Sache, § 137 Abs. 1 ZPO. Nach etwaiger Durchführung einer Beweisaufnahme und erneuter Verhandlung zu deren Ergebnis schließt der Vorsitzende die Sitzung.

36 Wichtigster Bestandteil der sachlichen Prozeßleitung ist die **sachliche Aufklärungspflicht** des Gerichts. Sie verpflichtet den Vorsitzenden, darauf hinzuwirken, daß die Parteien sich über alle erheblichen Tatsachen vollständig erklären und sachdienliche Anträge stellen, insbesondere auch ungenügende Angaben der geltend gemachten Tatsachen ergänzen und die Beweismittel bezeichnen. Zu diesem Zwecke hat er, soweit erforderlich, das Sach- und Streitverhältnis mit den Parteien in tatsächlicher und rechtlicher Hinsicht zu erörtern und Fragen zu stellen, § 139 ZPO. Die Aufklärungspflicht findet ihre **Grenze** aber in der Pflicht zur **Neutralität und Gleichbehandlung der Parteien**[1]. Zu beachten ist ferner, daß das Urteils-, anders als das Beschlußverfahren, der Verhandlungsmaxime unterliegt. Problematisch ist, daß der benachteiligten Partei fast keine Möglichkeit zur Verfügung steht, auf eine entsprechende Verhandlungsleitung Einfluß zu nehmen. Nur in ganz krassen Fällen kommt eine **Ablehnung des Richters wegen Befangenheit** gemäß § 42 ZPO in Betracht[2].

37 In jeder Lage des Verfahrens hat das Gericht eine **gütliche Einigung anzustreben**, § 57 Abs. 2 ArbGG. Das Gericht hat nicht nur das Recht, sondern die Pflicht, auf eine gütliche Beilegung des Streits hinzuwirken[3]. Dazu kann das Gericht insbesondere Vergleichsvorschläge unterbreiten, die jedoch vom Grundsatz der Klarheit und Ehrlichkeit getragen sein müssen. Es darf nicht versuchen, eine Partei gegen die andere auszuspielen, ebenso sollte es den Eindruck vermeiden, sich nur die Arbeit bei der Entscheidungsfindung und -begründung ersparen zu wollen. Ein **Verstoß** gegen die Pflicht zur Herbeiführung einer gütlichen Einigung hat keine Auswirkungen auf das Streitverfahren und kann weder mit einem Rechtsmittel noch in sonstiger Weise gerügt werden.

2. Beweisaufnahme

38 Für die Beweisaufnahme vor den Gerichten für Arbeitssachen gelten grundsätzlich die Vorschriften der Zivilprozeßordnung. Hier ist nur auf folgende Besonderheiten hinzuweisen:

▶ Soweit die Beweisaufnahme an der Gerichtsstelle möglich ist, erfolgt sie **vor der Kammer** (§ 58 Abs. 1 Satz 1 ArbGG); in den übrigen Fällen kann die Beweisaufnahme, unbeschadet des § 13 ArbGG, dem Vorsitzenden übertragen werden.

---

1 *Gift/Baur*, Teil E Rz. 883.
2 Vgl. die Beispiele bei *Baumbach/Lauterbach/Albers/Hartmann*, § 42 ZPO Rz. 38; *Thomas/Putzo*, § 42 ZPO Rz. 12; *Zöller/Vollkommer*, § 42 ZPO Rz. 20 ff.
3 *Germelmann/Matthes/Prütting*, § 57 ArbGG Rz. 27; *Hauck*, § 57 ArbGG Rz. 5; *Leinemann*, BB 1997, 2322, 2327.

IV. Die Verhandlung vor der Kammer

▶ In der **Güteverhandlung** kann eine Beweisaufnahme nicht stattfinden (oben Rz. 25).

▶ Vor der streitigen Verhandlung kann der Vorsitzende nur unter den Voraussetzungen des § 55 Abs. 4 ArbGG (1. Beweisaufnahme durch den ersuchten Richter; 2. schriftliche Beantwortung der Beweisfrage nach § 377 Abs. 3 ZPO; 3. Einholung amtlicher Auskünfte; 4. Parteivernehmung) einen Beweisbeschluß erlassen und durchführen.

▶ Zeugen und Sachverständige werden nur beeidigt, wenn die Kammer dies im Hinblick auf die Bedeutung des Zeugnisses für die Entscheidung des Rechtsstreits für notwendig erachtet, § 58 Abs. 2 Satz 1 ArbGG.

▶ Kostenvorschüsse werden nicht erhoben, § 12 Abs. 4 Satz 2 ArbGG.

3. Vertagung

Eine Vertagung des Termins soll nicht stattfinden, sondern die Verhandlung ist nach Möglichkeit in einem Termin zu Ende zu führen, § 57 Abs. 1 ArbGG. Gelegentlich wird eine Vertagung dennoch unumgänglich sein, etwa, wenn sich im Rahmen der Beweisaufnahme herausstellt, daß weitere nicht präsente Beweismittel herangezogen werden müssen. Dasselbe kann passieren, wenn der Beklagte im Kammertermin Widerklage erhebt und zum Beweis des mit der Widerklage geltend gemachten Anspruchs Zeugen gehört werden müssen. Das Gericht hat sodann den Termin für die weitere Verhandlung, die alsbald stattfinden soll, sofort zu verkünden. Gegen die Terminsbestimmung ist ein Rechtsmittel nicht gegeben, § 227 Abs. 2 Satz 3 ZPO. Etwas anderes soll allerdings dann gelten, wenn die Entscheidung praktisch eine Aussetzung des Verfahrens darstellen würde[1]. 39

4. Urteil

Das Urteil ergeht in aller Regel **am Schluß der mündlichen Verhandlung**, § 60 Abs. 1 ArbGG. Ein besonderer Verkündungstermin darf nur anberaumt werden, wenn die Verkündung in dem Termin, auf Grund dessen das Urteil erlassen wird, aus besonderen Gründen nicht möglich ist, insbesondere weil die Beratung nicht mehr am Tage der Verhandlung stattfinden kann. Bei der Verkündung des Urteils ist der wesentliche Inhalt der Entscheidungsgründe mitzuteilen, es sei denn, daß beide Parteien bereits nicht mehr anwesend sind; in diesem Fall genügt die Bezugnahme auf die unterschriebene Urteilsformel. Der Anwesenheit der ehrenamtlichen Richter bei der Verkündung des Urteils bedarf es nicht, wenn die Urteilsformel vorher von allen Mitgliedern des Gerichts unterschrieben worden ist. 40

---

1 LAG Baden-Württemberg v. 29. 4. 1985, NZA 1986, 338; LAG Baden-Württemberg v. 12. 7. 1985, NZA 1985, 636; *Germelmann/Matthes/Prütting*, § 57 ArbGG Rz. 25; aA (kein Rechtsmittel) *Grunsky*, § 57 ArbGG Rz. 8.

41 Das Urteil nebst Tatbestand und Entscheidungsgründen ist, wenn die Verkündung des Urteils sofort erfolgt ist, innerhalb von drei Wochen vom Vorsitzenden der Geschäftsstelle zu übergeben. Wird ein besonderer Verkündungstermin anberaumt, muß das Urteil in diesem Zeitpunkt bereits vollständig abgefaßt vorliegen[1]. Die Verletzung dieser bloßen Ordnungsvorschriften kann mit einem Rechtsmittel grundsätzlich nicht gerügt werden. Etwas anderes gilt nach der Entscheidung des Gemeinsamen Senats der Obersten Gerichtshöfe des Bundes vom 27. 4. 1993[2] nur dann, wenn das Urteil **nicht innerhalb von fünf Monaten** nach seiner Verkündung schriftlich niedergelegt und von den Richtern unterzeichnet sowie der Geschäftsstelle übergeben worden ist. Die Überschreitung dieser Frist kann sowohl mit der Berufung gerügt werden, ohne daß die Berufung einer weiteren Begründung bedürfte[3], als auch (bei Urteilen des Landesarbeitsgerichts) mit der Revision angefochten werden, weil sie einen absoluten Revisionsgrund darstellt (die Entscheidung wird so behandelt, als sei sie nicht mit Gründen versehen, § 551 Nr. 7 ZPO)[4].

42 Im arbeitsgerichtlichen Verfahren ist jede mit einem befristeten Rechtsmittel anfechtbare Entscheidung mit einer **Rechtsbehelfsbelehrung** zu versehen, § 9 Abs. 5 ArbGG. Da gegen jedes arbeitsgerichtliche Urteil – mit Ausnahme derjenigen in vermögensrechtlichen Streitigkeiten, wenn der Wert des Beschwerdegegenstandes 800 DM nicht übersteigt und das Arbeitsgericht die Berufung nicht zugelassen hat – die **Berufung** zulässig ist (§ 64 ArbGG), hat das Arbeitsgericht auf die Form und die Frist der Berufungseinlegung im Urteil hinzuweisen[5]. Ist die Belehrung unterblieben oder wurde sie unrichtig erteilt, so ist die Einlegung des Rechtsmittels innerhalb eines Jahres seit Zustellung der Entscheidung zulässig; sie ist auch nach Ablauf des Jahres zulässig, wenn die Einlegung vor Ablauf der Jahresfrist infolge höherer Gewalt unmöglich war oder eine Belehrung dahin erfolgt ist, daß ein Rechtsmittel nicht gegeben sei.

43 Gegen die **Nichtzulassung der Berufung** ist ein Rechtsmittel nicht gegeben[6].

V. Die Aussetzung des Verfahrens

44 Gemäß § 46 Abs. 2 ArbGG findet auch im arbeitsgerichtlichen Verfahren die Bestimmung des § 148 ZPO Anwendung, wonach das Gericht, wenn die Entscheidung ganz oder zum Teil von dem Bestehen oder Nichtbestehen eines Rechtsverhältnisses abhängt, das den Gegenstand eines anderen Rechtsstreits

---

1 BAG v. 23. 1. 1996, AP Nr. 20 zu § 64 ArbGG 1979.
2 GemSOGB v. 27. 4. 1993, AP Nr. 21 zu § 551 ZPO.
3 BAG v. 13. 9. 1995, AP Nr. 12 zu § 66 ArbGG 1979.
4 BAG v. 4. 8. 1993, AP Nr. 22 zu § 551 ZPO; BAG v. 8. 2. 1994, AP Nr. 23 zu § 72 ArbGG 1979; BAG v. 15. 11. 1995, AP Nr. 34 zu § 551 ZPO; vgl. auch BAG v. 13. 12. 1995, AP Nr. 36 zu § 72a ArbGG 1979.
5 Zu den Anforderungen an eine ordnungsgemäße Rechtsmittelbelehrung BAG v. 20. 2. 1997, AP Nr. 16 zu § 9 ArbGG 1979.
6 *Germelmann/Matthes/Prütting*, § 64 ArbGG Rz. 46.

V. Die Aussetzung des Verfahrens

bildet oder von einer Verwaltungsbehörde festzustellen ist, anordnen kann, daß die Verhandlung bis zur Erledigung des anderen Rechtsstreits oder bis zur Entscheidung der Verwaltungsbehörde auszusetzen ist.

In bestimmten Fällen **muß** das Gericht das Verfahren aussetzen. Davon betroffen ist erstens der Fall, daß die Entscheidung des Rechtsstreits davon abhängt, ob eine Vereinigung tariffähig oder tarifzuständig ist, § 97 Abs. 5 ArbGG[1]; zweitens der, daß im Rahmen einer Schadensersatzklage wegen eines Personenschadens ein Haftungsausschluß nach §§ 104 ff. SGB VII in Betracht kommt und im sozialrechtlichen Verfahren noch nicht abschließend über die Anerkennung des Unfalls als Arbeitsunfall entschieden worden ist, § 108 Abs. 2 SGB VII[2]. Drittens hat gemäß § 127 Abs. 2 InsO die Aussetzung eines Kündigungsschutzprozesses stattzufinden, wenn der Konkurs- bzw. Insolvenzverwalter in einem betriebsratslosen Betrieb oder nach einem Scheitern der Verhandlungen mit dem Betriebsrat ein arbeitsgerichtliches Beschlußverfahren mit dem Ziel angestrengt hat, festzustellen, daß die Kündigung der Arbeitsverhältnisse bestimmter, im Antrag bezeichneter Arbeitnehmer durch dringende betriebliche Erfordernisse bedingt und sozial gerechtfertigt ist (§ 126 InsO), und ein betroffener Arbeitnehmer Kündigungsschutzklage erhebt[3].

45

Im übrigen steht die Entscheidung über die Aussetzung **im pflichtgemäßen Ermessen** des Gerichts (§ 148 ZPO: „kann"). Sie geschieht von Amts wegen oder auf Antrag aufgrund mündlicher Verhandlung[4]. Wird das Verfahren ausgesetzt, ist hiergegen die einfache, wird es nicht ausgesetzt, die sofortige **Beschwerde** statthaft, § 252 ZPO.

46

Beispiele:

47

Kündigung eines Schwerbehinderten, der gegen die Zustimmung der Hauptfürsorgestelle zur Kündigung Rechtsmittel eingelegt hat. Hier kann das Arbeitsgericht das Verfahren bis zum rechtskräftigen Abschluß des verwaltungsgerichtlichen Verfahrens aussetzen, muß es aber nicht[5]. Obsiegt der Arbeitnehmer nach Rechtskraft des die Kündigungsschutzklage abweisenden Urteils im Verwaltungsprozeß, kann er die Abänderung des Urteils im Wege der Restitutionsklage nach § 850 Nr. 6 ZPO erreichen[6].

Nachträgliche Zulassung der Kündigungsschutzklage. Hat das Arbeitsgericht eine nicht innerhalb der dreiwöchigen Frist des § 4 KSchG erhobene Kündigungsschutzklage gemäß § 5 KSchG nachträglich zugelassen, so kann der Ar-

48

---

1 Vgl. BAG v. 23. 10. 1996, AP Nr. 15 zu § 3 TVG – Verbandszugehörigkeit.
2 RG v. 6. 11. 1917, RGZ 91, 94, 95; BAG v. 14. 3. 1967, AP Nr. 1 zu § 636 RVO; MünchKomm/*Peters*, § 148 ZPO Rz. 24 f.; *Rolfs*, NJW 1996, 3177, 3182.
3 Dazu *Schrader*, NZA 1997, 70, 75 ff.; *Stahlhacke/Preis*, Nachtrag 1996, Rz. N 79.
4 *Zöller/Greger*, § 145 ZPO Rz. 6.
5 BAG v. 13. 9. 1995, AP Nr. 25 zu § 626 BGB – Verdacht strafbarer Handlung.
6 BAG v. 26. 9. 1991, AP Nr. 28 zu § 1 KSchG 1969 – Krankheit; BAG v. 13. 9. 1995, AP Nr. 25 zu § 626 BGB – Verdacht strafbarer Handlung; die gegenteilige Auffassung (Verpflichtung zur Aussetzung) im Urteil des BAG v. 25. 11. 1980, AP Nr. 7 zu § 12 SchwbG ist überholt.

beitgeber hiergegen mit der sofortigen Beschwerde vorgehen (§ 5 Abs. 4 Satz 2 KSchG). Solange das Landesarbeitsgericht über diese Beschwerde nicht entschieden hat, wird das Arbeitsgericht den Kündigungsschutzprozeß aussetzen[1].

49 Auch bei einer Streitigkeit um Annahmeverzugslohn (§ 615 BGB), der nach Ansicht des Arbeitnehmers aus dem Annahmeverzug des Arbeitgebers resultieren soll, weil die ausgesprochene Kündigung unwirksam ist und daher das Arbeitsverhältnis nicht beendet hat, kann das Klageverfahren wegen des Entgelts bis zur rechtskräftigen Entscheidung über die Kündigungsschutzklage ausgesetzt werden[2].

50 Eine Aussetzung wird in der Regel auch erfolgen, wenn der Weiterbeschäftigungsanspruch mit der Kündigungsschutzklage nicht im Wege der Klagehäufung verbunden, sondern isoliert erhoben wurde (dazu schon oben Teil 5 A Rz. 153).

51 Ob auch bei einem Streit über die Zulässigkeit des Rechtsweges eine förmliche Aussetzung erfolgen darf, ist streitig.

VI. Besonderheiten bei Berufsausbildungsverhältnissen

52 Zur Beilegung von Streitigkeiten zwischen Ausbildenden und Auszubildenden aus einem bestehenden Berufsausbildungsverhältnis können im Bereich des Handwerks die Handwerksinnungen, im übrigen die zuständigen Stellen im Sinne des BBiG Ausschüsse bilden, denen Arbeitgeber und Arbeitnehmer mit gleicher Zahl angehören müssen, § 111 Abs. 2 ArbGG. In der Praxis sind nicht bei allen Stellen Schlichtungsausschüsse gebildet worden, zB nicht bei manchen Rechtsanwaltskammern. **Besteht ein solcher Ausschuß,** gelten die nachfolgenden Erwägungen; besteht er nicht, erklärt er sich für nicht zuständig oder lehnt er es – wenn auch zu Unrecht[3] – ab, ein Verfahren durchzuführen, finden die allgemeinen Regeln des arbeitsgerichtlichen Verfahrens Anwendung[4].

53 Der Ausschuß ist nicht nur für Streitigkeiten „aus" dem Ausbildungsverhältnis, sondern auch für solche über seine **Beendigung,** namentlich die Wirksamkeit einer Kündigung, zuständig[5].

---

1 LAG Düsseldorf v. 2. 4. 1976, EzA § 5 KSchG Nr. 2; *Hueck/von Hoyningen-Huene*, § 5 KSchG Rz. 30a.
2 Streitig; vgl. einerseits LAG Düsseldorf v. 23. 12. 1982, EzA § 148 ZPO Nr. 13; LAG Hamm v. 18. 4. 1985, LAGE § 148 ZPO Nr. 14; LAG Köln v. 17. 12. 1985, DB 1986, 440; LAG Nürnberg v. 9. 7. 1986, NZA 1987, 211; LAG Baden-Württemberg v. 20. 6. 1996, NZA-RR 1997, 151; andererseits LAG Frankfurt/Main v. 4. 9. 1987, LAGE § 148 ZPO Nr. 18; LAG Rheinland-Pfalz v. 9. 5. 1986, LAGE § 148 ZPO Nr. 15.
3 BAG v. 17. 9. 1987, AP Nr. 7 zu § 15 BBiG.
4 *Germelmann/Matthes/Prütting*, § 111 ArbGG Rz. 21.
5 BAG v. 18. 10. 1961, AP Nr. 1 zu § 111 ArbGG 1953; BAG v. 18. 9. 1975, AP Nr. 2 zu § 111 ArbGG 1953; LAG Hamburg v. 5. 3. 1975, BB 1976, 186; *Germelmann/Matthes/Prütting*, § 111 ArbGG Rz. 17; aA LAG Berlin v. 15. 10. 1974, BB 1975, 884.

VI. Berufsausbildungsverhältnisse   Rz. 57 **Teil 5 C**

1. Prozeßvoraussetzung

Die vorherige Anrufung des Ausschusses ist **Prozeßvoraussetzung** einer Klage. 54
Da die Prozeßvoraussetzung jedoch erst im Zeitpunkt der letzten mündlichen
Verhandlung vorliegen müssen, soll es nach Ansicht des BAG zulässig sein, das
Verfahren vor dem Ausschuß erst nach Klageerhebung, aber vor dem Termin
vor der Kammer durchzuführen: Zwar ergebe sich aus § 111 Abs. 2 Satz 5
ArbGG nicht, daß einer vor der Verhandlung vor dem Ausschuß erhobenen
Klage ein unbehebbares Prozeßhindernis entgegenstehe. Die Verhandlung er-
setze vielmehr das Güteverfahren und mache eine Klage nur dann überflüssig,
wenn beide Parteien den Spruch des Ausschusses anerkannt haben. Dem Erfordernis des außergerichtlichen Schlichtungsverfahrens werde nach seinem
Zweck und seiner Bedeutung aber auch dann genügt, wenn die Verhandlung
vor dem Ausschuß erst nach Klageerhebung, aber vor der Streitverhandlung
ohne bindenden Spruch stattfinde. Die zunächst unzulässige Klage werde dann
nachträglich zulässig[1].

Hieraus folgt jedoch für die Parteien **nicht** die Möglichkeit, auf die Durchfüh- 55
rung des Schlichtungsverfahrens **gänzlich verzichten** zu können. Die gesetzliche Regelung hat ihren Grund in der Rücksichtnahme auf das besondere Vertrauensverhältnis zwischen Ausbildendem und Auszubildendem. Um dieses
Verhältnis zu schützen und zu erhalten, sollen Streitigkeiten vor paritätisch
zusammengesetzten Ausschüssen beigelegt werden. Ziel der Regelung ist es,
nach Möglichkeit zu vermeiden, daß sich Prozeßparteien streitend vor Gericht
gegenüberstehen, solange Ungewißheit über die rechtswirksame Beendigung
besteht[2].

Dieses Ziel wird zwar noch erreicht, wenn das Schlichtungsverfahren erst **nach** 56
Klageerhebung, aber vor der streitigen Verhandlung ohne bindenden Spruch
stattfindet. Dagegen würde der Gesetzeszweck vereitelt, wenn es die Parteien
in der Hand hätten, den Ausschuß durch ausdrücklichen Verzicht oder rügeloses Verhandeln vor dem Arbeitsgericht gänzlich auszuschalten. Der Ausschuß
ist aufgrund seiner größeren Sachnähe und Sachkunde eher in der Lage, einen
Rechtsstreit oder zumindest seine Durchführung zu verhindern. Diese Vermitt-
lungsfunktion kann er deshalb auch noch nach Klageerhebung, nicht aber im
Falle des wirksamen Verzichts der Parteien auf die Durchführung des Schlichtungsverfahrens erfüllen[3].

2. Verfahren vor dem Ausschuß

Für die Anrufung des Ausschusses gibt es **keine Frist.** Das BAG hat es nament- 57
lich abgelehnt, die dreiwöchige Klagefrist des § 4 KSchG auf die Anrufung des
Schlichtungsausschusses zu übertragen, weil dadurch die Fristen des § 111

---
1 BAG v. 25. 11. 1976, AP Nr. 4 zu § 15 BBiG; BAG v. 13. 4. 1989, AP Nr. 21 zu § 4
  KSchG 1969.
2 BAG v. 18. 9. 1975, AP Nr. 2 zu § 111 ArbGG 1953.
3 BAG v. 13. 4. 1989, AP Nr. 21 zu § 4 KSchG 1969.

Abs. 2 Satz 3 ArbGG „wesentlich geändert" würden[1]. Diese Entscheidung ist nicht zu Unrecht kritisiert worden, weil dadurch Ungleichheiten je nachdem entstehen, ob ein Ausschuß errichtet worden ist oder nicht.

58 Zweifelhaft ist, ob die Anrufung des Ausschusses die **Verjährung** oder **tarifliche Ausschlußfristen** unterbricht. Hierüber besteht in der Praxis Unklarheit, so daß aus Gründen anwaltlicher Sorgfalt zu empfehlen ist, bei drohender Verjährung oder Verwirkung Klage vor dem Arbeitsgericht zu erheben und gleichzeitig den Schlichtungsausschuß anzurufen. Die Klage unterbricht die Verjährung (§§ 220 Abs. 1, 209 Abs. 1 BGB), obwohl sie erst zulässig wird, wenn das Verfahren vor dem Ausschuß abgeschlossen ist[2] (oben Rz. 54).

59 Über das Verfahren vor dem Ausschuß enthält § 111 Abs. 2 ArbGG kaum besondere Bestimmungen. Es muß rechtsstaatlichen Grundsätzen entsprechen und den Beteiligten die **Möglichkeit** einräumen, sich mündlich zu äußern. Regelungen, die eine Entscheidung in der Sache auch bei Säumnis einer Partei ermöglichen, sind unbedenklich. Ob der Ausschuß den Sachverhalt von Amts wegen ermitteln muß oder nicht, steht im Ermessen der Verfahrensordnung. **Der Spruch** kann – muß aber nicht – verkündet werden, zwingend ist dagegen, daß er begründet, schriftlich abgefaßt, mit einer Rechtsmittelbelehrung versehen (§ 111 Abs. 2 Satz 4 iVm. § 9 Abs. 5 ArbGG), von allen Mitgliedern des Schlichtungsausschusses unterschrieben und zugestellt wird[3].

60 Wird der gefällte Spruch innerhalb von einer Woche nach Zustellung von beiden Seiten (ausdrücklich, konkludentes Verhalten genügt nicht)[4] anerkannt, erwächst er in **materielle Rechtskraft.** Aus ihm kann, wenn der Vorsitzende des Arbeitsgerichts, das für die Geltendmachung des Anspruchs zuständig (gewesen) wäre, ihn für vollstreckbar erklärt hat (§ 109 Abs. 1 ArbGG), die **Zwangsvollstreckung** betrieben werden.

61 Wird er nicht oder nur von einer Seite anerkannt, kann innerhalb von zwei Wochen nach ergangenem Spruch das **Arbeitsgericht angerufen** werden. Der Spruch entfaltet dann keinerlei Wirkung. Wird die Zweiwochenfrist versäumt, ist die Klage unzulässig; Wiedereinsetzung in den vorigen Stand ist in entsprechender Anwendung des § 233 ZPO jedoch möglich[5].

3. Verfahren vor dem Arbeitsgericht

62 Für das Verfahren vor dem Arbeitsgericht gelten keine Besonderheiten. Lediglich die **Güteverhandlung entfällt** (§ 111 Abs. 2 Satz 8 ArbGG) so daß der Vorsitzende sofort Termin zur Verhandlung vor der Kammer bestimmt.

---

1 BAG v. 13. 4. 1989, AP Nr. 21 zu § 4 KSchG 1969; LAG Hamm v. 29. 11. 1984, DB 1985, 391; LAG Hamm v. 19. 6. 1986, LAGE § 5 KSchG Nr. 24; aA LAG Düsseldorf v. 3. 5. 1988, LAGE § 111 ArbGG 1979 Nr. 1.
2 *Germelmann/Matthes/Prütting*, § 111 ArbGG Rz. 26 f.
3 *Germelmann/Matthes/Prütting*, § 111 ArbGG Rz. 36; *Grunsky*, § 111 ArbGG Rz. 8.
4 RAG v. 29. 11. 1929, ARS 7, 363.
5 LAG Hamm v. 3. 3. 1983, ArbuR 1983, 250.

D. Berufungsverfahren

	Rz.
I. Vorbemerkung	1
II. Zulässigkeit	
1. Nichtvermögensrechtliche Streitigkeiten	3
a) Widerrufsklagen	4
b) Unterlassungsklagen	5
c) Beschäftigungsanspruch	6
2. Vermögensrechtliche Streitigkeiten	7
a) Definition	8
b) Beispiele	9
3. Zulassung der Berufung	10
a) Zulassungsvoraussetzungen	11
b) Form der Zulassung	12
4. Wert des Beschwerdegegenstandes	
a) Definition	16
b) Offensichtliche Unrichtigkeit der Streitwertfestsetzung	17
c) Veränderung des Beschwerdewertes	19
5. Weitere Zulässigkeitsvoraussetzungen	
a) Endurteil	23
b) Möglichkeit der sofortigen Beschwerde	24
c) Beschwer	25
6. Anschlußberufung	27
III. Berufungsfrist	29
1. Fristbeginn	30
2. Fristberechnung	32
3. Fehlerhafte Rechtsmittelbelehrung	36
4. Fristablauf bei Berichtigung des Urteils	38
5. Berufungseinlegung zur „Fristwahrung"	39
IV. Formerfordernisse	
1. Zuständiges Gericht	43
2. Bezeichnung des anzufechtenden Urteils	44
3. Adressierung	46
4. Eigenhändige Unterzeichnung	
a) Grundsatz	47
b) Ausnahmen	50
aa) Telegramm	51
bb) Telefax	52
cc) Übertragungsfehler	54
V. Berufungsbegründung	
1. Fristen	55
a) Mehrfachberufung	56
b) Wiedereinsetzung	58
c) Fristverlängerung	59
aa) Keine Mehrfachverlängerung	60
bb) Antragsbegründung	61
cc) Eingang des Verlängerungsantrages vor Fristablauf	62
dd) Eingang des Verlängerungsantrages nach Fristablauf	64
2. Inhalt der Berufsbegründung	
a) Begründungszwang	65
b) Kenntnis der Entscheidungsgründe	67
c) Unterzeichnung	69
VI. Berufungsbeantwortung	71
VII. Zulassung neuer Angriffs- und Verteidigungsmittel	
1. Grundsatz	75
2. Glaubhaftmachung	77
3. Zeitpunkt des Vorbringens	78
VIII. Neuerliche Beweisaufnahme	81
IX. Verfahren	
1. Anwendung der ZPO-Vorschriften	84
2. Anträge im Berufungsverfahren	
a) Berufungskläger	85
b) Berufungsbeklagter	86
X. Schriftliche Niederlegung des Urteils	87

Schrifttum:

Brehm, Rechtsmittel und Wiederaufnahme im Urteilsverfahren, Münchener Handbuch zum Arbeitsrecht, Band 3, 1993, § 380; *Gift/Baur,* Das Urteilsverfahren vor den Gerichten für Arbeitssachen, 1993; *Grunsky,* Die Zurückweisung verspäteten Vorbringens im arbeitsgerichtlichen Verfahren, NZA 1990, Beil. 2, 3; *Hecker/Tschöpe,* Der Arbeitsgerichtsprozeß, 1989; *Kappes,* Rechtsmittelverlust bei unterbliebener Zustellung, NZA 1991, 664; *Lepke,* Die Berufungsbeantwortungsfrist des § 66 I 2 ArbGG, NZA 1986, 186; *Popp,* Die Angabe der ladungsfähigen Anschrift des Berufungsbeklagten oder seines Prozeßbevollmächtigten als Zulässigkeitsvoraussetzung der Berufung im Arbeitsgerichtsverfahren, DB 1983, 2574; *Schäfer/Schmidt,* Die Bedeutung des Streitwerts im neuen arbeitsgerichtlichen Verfahren, DB 1980, 1490; *Stahlhacke/Bader,* Arbeitsgerichtsgesetz, 3. Aufl., 1991; *Willemsen/Hohenstatt,* Die Einlegung von Rechtsmitteln ohne Vorliegen schriftlicher Urteilsgründe im arbeitsgerichtlichen Verfahren, DB 1994, 374.

I. Vorbemerkung

1 Die Berufung ist ein **Rechtsmittel,** das die Überprüfung der Urteile der Arbeitsgerichte **in tatsächlicher** sowie **rechtlicher Hinsicht** ermöglicht. Dementsprechend findet gem. § 64 ArbGG gegen Urteile der Arbeitsgerichte die Berufung an die Landesarbeitsgerichte statt, soweit nicht nach § 78 ArbGG das Rechtsmittel der sofortigen Beschwerde gegeben ist.

Beispiele für sofortige Beschwerde:

- Kostenentscheidung im Anerkenntnisurteil nach § 99 Abs. 2 ZPO;
- Zwischenurteil über die Zulassung der Nebenintervention nach § 71 Abs. 2 ZPO;
- Zwischenurteil über die Berechtigung der Aussageverweigerung eines Zeugen nach § 387 Abs. 3 ZPO.

2 Aber auch wenn das erstinstanzliche Gericht in einer fehlerhaften Entscheidungsform (Urteil statt Beschluß) entschieden hat, so ist nach dem sog. **Grundsatz der Meistbegünstigung** sowohl das für die richtige als auch das für die fehlerhafte Entscheidungsform maßgebliche Rechtsmittel statthaft[1].

II. Zulässigkeit

1. Nichtvermögensrechtliche Streitigkeiten

3 In **nichtvermögensrechtlichen Streitigkeiten** ist die Berufung immer zulässig. Sie bedarf deshalb keiner besonderen Zulassung.

---

[1] BAG v. 15. 11. 1963, AP Nr. 1 zu § 345 ZPO; BAG v. 5. 12. 1984, AP Nr. 3 zu § 72 ArbGG 1979.

II. Zulässigkeit

a) Widerrufsklagen

Zu den nichtvermögensrechtlichen Streitigkeiten gehören **Widerrufsansprüche aus Verletzung der Ehre** und des **Persönlichkeitsrechts**[1]. Sie sollen das durch herabwürdigende Äußerungen geminderte Ansehen eines Klägers wiederherstellen oder ihn vor drohenden Beeinträchtigungen schützen.

> **Hinweis:**
> Dies gilt aber nicht, sofern sich aus dem Klagevorbringen oder offenkundigen Umständen ergibt, daß das Rechtsschutzbegehren in wesentlicher Weise auch zur Wahrung wirtschaftlicher Belange dienen soll[2].

b) Unterlassungsklagen

Ebenso zu den nichtvermögensrechtlichen Streitigkeiten zählen Klagevorbringen, bei denen der Kläger die Untersagung der Weiterverbreitung der Behauptung geltend macht, daß er für bestimmte Inventurverluste verantwortlich sei[3].

c) Beschäftigungsanspruch

Weiter sind in die Kategorie der nichtvermögensrechtlichen Streitigkeiten die Fälle einzuordnen, bei denen ein Anspruch des Arbeitnehmers auf Beschäftigung im Rahmen eines nicht umstrittenen Arbeitsvertrages im Streit ist[4]. Dies gilt nicht beim Streit um den Weiterbeschäftigungsanspruch eines gekündigten Arbeitsverhältnisses.

2. Vermögensrechtliche Streitigkeiten

In **vermögensrechtlichen Angelegenheiten** ist die Berufung nur bei **Zulassung** im arbeitsgerichtlichen Urteil oder bei einem **Beschwerdewert über 800 DM** zulässig (§ 64 Abs. 2 ArbGG).

a) Definition

Eine vermögensrechtliche Streitigkeit liegt vor, wenn sich der geltend gemachte Anspruch aus einem vermögensrechtlichen, dh. auf **Geld** oder **Geldwert** gerichteten Rechtsverhältnis ergibt oder wenn er im wesentlichen der **Wahrung wirtschaftlicher Belange** dient. Dies ist insbesondere dann der Fall, wenn der Kläger mit der Geltendmachung seines prozessualen Anspruchs in erheblichem Umfang wirtschaftliche Zwecke verfolgt und zwar unabhängig davon, ob er

---

1 *Schaub*, Arbeitsrechtliche Formularsammlung und Arbeitsgerichtsverfahren, § 107, S. 848.
2 BAG v. 15. 7. 1987 – 5 AZR 245/86, nv.
3 LAG Hamm v. 24. 11. 1983, AnwBl. 1984, 156.
4 *Grunsky*, ArbGG, § 12 Rz. 2a.

daneben auch die Verwirklichung von nichtwirtschaftlichen Zwecken erstrebt[1]. Maßgebend ist danach das Rechtsverhältnis, aus dem der geltend gemachte Anspruch hergeleitet wird, mit dem er in der Klage prozessual zur Wirkung gebracht wird[2].

b) Beispiele

9 Zu den vermögensrechtlichen Streitigkeiten zählen etwa:
- ▶ Der Streit um das Bestehen, das Nichtbestehen oder die Kündigung eines Berufsausbildungsverhältnisses[3].
- ▶ Der Streit um die Wirksamkeit einer Versetzung (selbst wenn sich die Vergütung nicht ändern soll)[4].
- ▶ Die Frage der Entfernung einer Abmahnung aus der Personalakte[5].
- ▶ Die Frage der Berechtigung eines Arbeitnehmers, ihm zugewiesene Arbeiten verweigern zu dürfen[6].
- ▶ Der Streit, ob der Arbeitgeber den Aushang von Plakaten zur gewerkschaftlichen Mitgliederwerbung zu dulden hat[7].
- ▶ Die Frage der Erteilung oder Berichtigung eines Zeugnisses[8].
- ▶ Streitigkeiten über die Aushändigung von Arbeitspapieren oder Abrechnungen[9].
- ▶ Streitigkeiten über das Bestehen oder Fortbestehen eines Arbeitsverhältnisses, insbesondere einer Kündigungsschutzklage[10].

3. Zulassung der Berufung

10 Ist der Beschwerdewert von über 800 DM nicht erreicht, hängt die Statthaftigkeit der Berufung von einer **Zulassung** durch das Arbeitsgericht ab.

a) Zulassungsvoraussetzungen

11 Das Arbeitsgericht hat die Berufung nach § 64 Abs. 3 ArbGG zuzulassen, wenn die Rechtssache **grundsätzliche Bedeutung** hat, **bestimmte tarifliche Streitigkeiten** (im einzelnen dazu § 64 Abs. 3 Nr. 2 a–c ArbGG) betrifft, das Arbeitsge-

---

1 BAG v. 10. 8. 1989 – 6 AZR 776/87, nv.; BAG v. 26. 3. 1980, AP Nr. 1 zu § 64 ArbGG 1979.
2 BAG v. 10. 8. 1989 – 6 AZR 776/87, nv.
3 BAG v. 22. 5. 1984, EzA Nr. 14 zu § 64 ArbGG 1979.
4 BAG v. 10. 8. 1989 – 6 AZR 776/87, nv.; LAG München v. 9. 11. 1987, AnwBl. 1988, 486.
5 BAG v. 13. 1. 1988, AP Nr. 11 zu § 64 ArbGG 1979.
6 BAG v. 28. 9. 1989, NZA 1990, 202.
7 BAG v. 29. 6. 1965, DB 1965, 1365.
8 LAG Düsseldorf v. 28. 6. 1982; LAGE Nr. 17 zu § 12 ArbGG 1979 – Streitwert.
9 *Hauck*, ArbGG, § 64 Rz. 5.
10 *Germelmann/Matthes/Prütting*, ArbGG, § 64 Rz. 17; *Hauck*, ArbGG, § 64 Rz. 5.

richt in der **Auslegung einer Rechtsvorschrift** von einem ihm im Verfahren vorgelegten Urteil, das für oder gegen eine Partei des Rechtsstreits ergangen ist, oder **von einem Urteil** des im Rechtszuge übergeordneten Landesarbeitsgerichts **abweicht** und die Entscheidung auf dieser Abweichung beruht.

b) Form der Zulassung

Die **Zulassungsentscheidung** erfolgt von Amts wegen. Das LAG ist gem. § 64 Abs. 4 ArbGG hieran gebunden.

12

Gemäß § 64 Abs. 2 ArbGG muß die Zulassungsentscheidung **im Urteil** getroffen werden. Regelmäßig erfolgt die Zulassung der Berufung daher **im Urteilstenor**. Dies hat seinen Grund darin, daß im arbeitsgerichtlichen Verfahren schon bei Verkündigung des Urteils offenbar sein muß, in welchem Umfang die Entscheidung mit Rechtsmitteln anfechtbar ist[1].

13

Fraglich ist, ob in Einzelfällen die Zulassungsentscheidung auch durch die **Entscheidungsgründe** getroffen werden kann. Mit dieser Frage hat sich das Bundesverfassungsgericht in einem Fall auseinandersetzen müssen, in dem irrtümlich die Zulassungsentscheidung nicht in die Urteilsformel aufgenommen worden war. Das Bundesverfassungsgericht hat hierzu ausgeführt, daß die vom Bundesarbeitsgericht aufgestellten strengen Anforderungen an die Wirksamkeit einer Rechtsmittelzulassung für sich genommen zwar verfassungsrechtlich nicht zu beanstanden seien, die vom Bundesarbeitsgericht abgelehnte Möglichkeit der Korrektur einer offensichtlich fehlerhaften Entscheidung (etwa durch Berichtigungsbeschluß) sei aber als Verstoß gegen den aus dem Rechtsstaatsprinzip fließenden Grundsatz der fairen Prozeßgestaltung zu sehen[2]. Dem folgend hat zunächst der Vierte Senat des Bundesarbeitsgerichts für den Fall einer irrtümlich unterbliebenen Zulassung der Revision entschieden, daß es **ausreichend** sei, die **Zulassung** des Rechtsmittels **in den Entscheidungsgründen** zum Ausdruck zu bringen[3]. Der Erste Senat des Bundesarbeitsgerichts meint weitergehend, es komme noch nicht einmal darauf an, ob die Verkündung versehentlich unterblieben sei. Auch eine Zulassung in den Entscheidungsgründen sei in jedem Fall wirksam[4]. Man wird daher – jedenfalls in Fällen einer irrtümlich unterbliebenen Zulassungsentscheidung – trotz erheblicher Bedenken im Hinblick auf die Rechtssicherheit eine Zulassung der Berufung in den Entscheidungsgründen als ausreichend ansehen müssen[5].

14

---

1 BAG v. 19. 8. 1986, NZA 1986, 843.
2 BVerfG v. 15. 1. 1992, NZA 1992, 383.
3 BAG v. 23. 11. 1994, EzA Nr. 17 zu § 72 ArbGG 1979.
4 BAG v. 31. 10. 1995, NZA 1996, 499.
5 *Hauck,* ArbGG, § 64 Rz. 9.

> **15** **Hinweis:**
> Fehlt in dem Urteil des Arbeitsgerichts eine Erklärung über die Zulassung der Berufung, so ist diese nicht zugelassen. Die Vorschrift des § 72a ArbGG ist nicht entsprechend anzuwenden[1]. Allein der Hinweis in der Rechtsmittelbelehrung auf die Möglichkeit, Berufung einzulegen, ist nicht ausreichend[2].

4. Wert des Beschwerdegegenstandes

a) Definition

16 Der **Beschwerdewert** ist derjenige Wert, in dessen Höhe der Berufungskläger die Abänderung des angefochtenen Urteils begehrt. Dabei richtet sich der Beschwerdewert nach dem jeweiligen Antrag. Legt die beim Arbeitsgericht in vollem Umfang unterlegene Partei uneingeschränkt Berufung ein, so stimmt der **Wert der Beschwer** mit dem im Urteil des Arbeitsgerichts festgesetzten **Streitwert** überein[3]. Eine gesonderte Ermittlung des Streitwertes kommt in einem solchen Fall nicht in Betracht[4]. Jedenfalls kann aber der Beschwerdewert nie höher sein als der im Urteil des Arbeitsgerichts festgesetzte Streitwert[5].

b) Offensichtliche Unrichtigkeit der Streitwertfestsetzung

17 Ist die **Streitwertfestsetzung** des Arbeitsgerichts **offensichtlich unrichtig,** so ist hieran das Landesarbeitsgericht **nicht gebunden**[6]. Eine offensichtliche Unrichtigkeit, die auf dem ersten Blick erkennbar sein muß, liegt nur dann vor, wenn die Streitwertfestsetzung in jeder Beziehung unverständlich und unter keinem vernünftigen Gesichtspunkt zu rechtfertigen ist, wobei es auf die Betrachtung aus der Sicht des mit der Rechtsmitteleinlegung beauftragten Prozeßbevollmächtigten und des mit der Prüfung befaßten Gerichts ankommt. Dabei muß der **richtige Streitwert** offensichtlich die maßgebliche Wertgrenze von **800 DM übersteigen**[7].

18 **Beispiel:**
Eine solche Unrichtigkeit wäre gegeben, wenn entgegen § 12 Abs. 7 ArbGG für den Streitwert einer Beendigungsschutzklage nicht der Vierteljahresbezug, sondern ein Monatsgehalt angesetzt wird und dieses einfache Monatsgehalt den Berufungswert von mehr als 800 DM nicht übersteigt.

---

1 BAG v. 26. 9. 1990, AP Nr. 1 zu § 321 ZPO 1977; LAG Kiel v. 7. 2. 1980, DB 1980, 1030.
2 BAG v. 1. 4. 1982, AP Nr. 4 zu § 64 ArbGG 1979; *Germelmann/Matthes/Prütting,* ArbGG, § 64 Rz. 31.
3 *Schäfer/Schmidt,* DB 1980, 1490.
4 BAG v. 27. 5. 1994, NZA 1994, 1054; BAG v. 13. 1. 1988, NZA 1988, 705.
5 *Hecker/Tschöpe,* S. 141.
6 BAG v. 27. 5. 1994, NZA 1994, 1054; BAG v. 2. 3. 1983, AP Nr. 6 zu § 64 ArbGG 1979.
7 BAG v. 22. 5. 1984, AP Nr. 7 zu § 12 ArbGG 1979.

II. Zulässigkeit

c) Veränderung des Beschwerdewertes

Da für die Berechnung des Beschwerdewertes die Einlegung des Rechtsmittels der maßgebliche Zeitpunkt ist, sind bis dahin eintretende Erhöhungen oder Minderungen des Beschwerdewertes zu berücksichtigen[1]. Es ist aber zu beachten, daß eine Erweiterung des Klageantrages in der Berufungsschrift nicht zu einer Erhöhung des Beschwerdewertes führt[2]. 19

Sinkt **nach Einlegung der Berufung** der Beschwerdewert unter die Beschwerdesumme von 800 DM, wird die Berufung unzulässig, wenn die Einschränkung des Berufungsantrages auf einer freien Entscheidung des Berufungsklägers beruht[3]. Bei einer späteren Einschränkung des Berufungsantrages kommt es daher darauf an, ob die Einschränkung willkürlich erfolgt ist, dh. ob zunächst nur deshalb ein hoher Berufungsantrag gestellt worden ist, um die Berufung zulässig zu machen, oder ob aufgrund der zwischenzeitlichen Entwicklung die Einschränkung geboten war, etwa wegen teilweiser Erfüllung des Klageanspruchs[4]. 20

Beispiel: 21

Eine willkürliche Beschränkung des Rechtsmittels liegt nicht vor, wenn der Berufungskläger auf gerichtlichen Hinweis seinen Rechtsmittelantrag beschränkt. Dies beruht auf der Erwägung, daß es nicht gerechtfertigt ist, den Berufungskläger zur unbeschränkten Weiterverfolgung einer teilweisen als aussichtslos erkannten Berufung zu zwingen, nur um nicht das gesamt Rechtsmittel zu verlieren[5].

Eine Berufung ist auch dann unzulässig, wenn die in der ersten Instanz verurteilte Partei freiwillig und nicht nur zur Abwendung der Zwangsvollstreckung die im Urteil festgelegte Verpflichtung vor Einlegung der Berufung **endgültig erfüllt**[6]. 22

5. Weitere Zulässigkeitsvoraussetzungen

a) Endurteil

Weitere Voraussetzung für die Zulässigkeit der Berufung ist das **Vorliegen eines Endurteils** oder Vorliegen einer **gleichgestellten Entscheidung**. Dies können Teilurteile, Vorbehaltsurteile und Ergänzungsurteile sein. Ein Zwischenurteil über die Zulässigkeit der Klage ist ebenfalls in diesem Sinne als Endurteil anzusehen (§ 280 Abs. 2 Satz 1 ZPO). Keine Endurteile sind dagegen Zwischenurteile (§ 303 ZPO), mit denen vorab über den Grund des Anspruches entschie- 23

---

1 *Baumbach/Lauterbach/Albers/Hartmann*, ZPO, § 511a Rz. 21.
2 LAG Schleswig-Holstein v. 7. 7. 1988 – 6 Sa 323/88, nv.; LAG Frankfurt v. 30. 3. 1987, BB 1987, 2028; BAG v. 3. 6. 1965, AP Nr. 17 zu § 72 ArbGG 1953 – Streitwert Revision.
3 BAG v. 16. 1. 1951, NJW 1951, 274; *Germelmann/Matthes/Prütting*, ArbGG, § 64 Rz. 24.
4 *Grunsky*, ArbGG, § 64 Rz. 6.
5 LAG Baden-Württemberg v. 6. 11. 1986, LAGE Nr. 17 zu § 1 LFZG.
6 LAG Frankfurt v. 11. 11. 1985, LAGE Nr. 11 zu § 64 ArbGG 1979.

den wird. Diese sind gem. **§ 61 Abs. 3 ArbGG** nicht berufungsfähig, die Ausnahme des § 304 ZPO gilt in arbeitsgerichtlichen Verfahren nicht.

b) Möglichkeit der sofortigen Beschwerde

24 Des weiteren ist die Berufung **nicht zulässig gegen Urteile, gegen die die sofortige Beschwerde (§ 78 ArbGG) statthaft ist.** Hierzu zählen etwa die Kostenentscheidung im Anerkenntnisurteil, das Zwischenurteil über die Zulassungen der Nebenintervention (§ 71 Abs. 2 ZPO) oder das Zwischenurteil über die Berechtigung der Aussageverweigerung eines Zeugen (§ 387 Abs. 3 ZPO).

c) Beschwer

25 Der Berufungskläger muß darüber hinaus **beschwert** sein, dh. der rechtskräftige Inhalt des angefochtenen Urteils muß grundsätzlich hinter dem Beantragten zurückbleiben (formelle Beschwer)[1].

Beispiele für fehlende Beschwer:

Eine solche Beschwer liegt dann nicht vor, wenn in einem Kündigungsschutzprozeß beide Parteien einen Auflösungsantrag stellen und das Arbeitsgericht daraufhin das Arbeitsverhältnis auflöst, der Arbeitnehmer Berufung einlegt, sich aber nicht gegen die Höhe der Abfindung wehrt.

Dies gilt auch dann, wenn das Gericht das Arbeitsverhältnis auf den Antrag des Arbeitgebers hin auflöst. Der Arbeitnehmer kann in einem derartigen Fall nicht allein mit dem Ziel Berufung einlegen, seinen erstinstanzlich gestellten Auflösungsantrag zurückzunehmen und eine Fortsetzung des Arbeitsverhältnisses zu erreichen[2].

6. Anschlußberufung

26 Der Berufungsbeklagte hat im Rahmen des § 521 ZPO die Möglichkeit, Anschlußberufung einzulegen. So ist es etwa möglich, durch die Anschlußberufung **neue Ansprüche** geltend zu machen[3]. Eine **unselbständige Anschlußberufung** kann auch derjenige einlegen, der durch das Urteil der Vorinstanz nicht beschwert ist[4]. Dabei kann die unselbständige Anschlußberufung vom Erfolg der Hauptberufung abhängig gemacht werden, also bedingt eingelegt werden, da sie kein Rechtsmittel im eigentlichen Sinne, sondern ein Antrag innerhalb des vom Prozeßgegner betriebenen Rechtsmittels ist, so daß der Grundsatz der Bedingungsfeindlichkeit von Rechtsmitteln nicht gilt[5]. Wird die Hauptberufung zurückgenommen oder als unzulässig verworfen, so verliert auch die Anschlußberufung ihre Wirkung. Während die unselbständige Anschlußberufung auch eingelegt werden kann, wenn etwa die Berufungsfrist verstrichen ist,

---

1 *Gift/Baur*, Teil G, Rz. 154.
2 BAG v. 23. 6. 1993, NZA 1994, 264.
3 *Hauck*, ArbGG, § 64 Rz. 14.
4 *Gift/Baur*, Teil G, Rz. 184.
5 BAG v. 29. 9. 1993, EzA Nr. 1 zu § 521 ZPO.

ist eine **selbständige Anschlußberufung** nur statthaft, wenn die sonstigen Zulässigkeitsvoraussetzungen vorliegen. Im Fall der selbständigen Anschlußberufung besteht jedoch keine Abhängigkeit zur Hauptberufung. Wird letztere zurückgenommen, so wird die selbständige Anschlußberufung ihrerseits zur Hauptberufung[1].

> **Hinweis:** 27
> Die Anschlußberufung ist als solche zu bezeichnen. Es empfiehlt sich, den Berufungskläger als **Anschlußberufungsbeklagten** und den Berufungsbeklagten als **Anschlußberufungskläger** zu bezeichnen. Bei der Formulierung der Anträge bestehen bei der Anschlußberufung keine Besonderheiten.

Ohne Anschlußberufung fällt ein erstinstanzlich gestellter Hilfsantrag auch in der Rechtsmittelinstanz an, wenn dem Hauptantrag in der Vorinstanz stattgegeben wurde. Das gilt zumindest dann, wenn zwischen Haupt- u. Hilfsantrag ein enger sachlicher und rechtlicher Zusammenhang besteht (zB Kündigungsschutzklage und Weiterbeschäftigungsantrag)[2]. 28

III. Berufungsfrist

Die Berufungsfrist beträgt **einen Monat** (§ 66 Abs. 1 Satz 1 ArbGG). 29

1. Fristbeginn

Die Frist beginnt mit der **Zustellung des vollständigen Urteils** (§ 516 ZPO), die 30 von Amts wegen erfolgen muß (§ 50 Abs. 1 ArbGG). Sie beträgt **einen Monat** und ist eine **Notfrist**. Bei Zustellung an einen Anwalt reicht zum Nachweis ein Empfangsbekenntnis (§ 212a ZPO). Ansonsten muß sich die ordnungsgemäße Zustellung aus den Gerichtsakten nachweisen lassen[3]. Ist die Zustellung rechtsunwirksam, wird die Frist nicht in Lauf gesetzt[4].

Allerdings kann die Berufung auch **nach Verkündung und vor Zustellung** des 31 Urteils eingelegt werden[5]. Dies hat jedoch zur Folge, daß damit auch die Berufungsbegründungsfrist beginnt. Wird jedoch die Berufung schon vor Verkündung des Urteils eingelegt, ist dieses Rechtsmittel unzulässig, so daß für eine wirksame Berufungseinlegung erforderlich ist, sie nach Urteilsverkündung zu wiederholen[6].

---

1 *Hauck*, ArbGG, § 64 Rz. 15.
2 BAG v. 20. 8. 1997 – 2 AZR 620/96, noch nv.
3 BAG v. 10. 11. 1993, NZA 1994, 948; BAG v. 24. 3. 1993, NZA 1993, 849; *Baumbach/Lauterbach/Albers/Hartmann*, ZPO, § 516 Rz. 9.
4 *Schaub*, Arbeitsrechtliche Formularsammlung und Arbeitsgerichtsverfahren, § 107, S. 856.
5 *Willemsen/Hohenstatt*, DB 1994, 374.
6 *Gift/Baur*, Teil G, Rz. 334.

2. Fristberechnung

32 Auch für die Berufungsfrist gelten die §§ 222 ZPO, 187 ff. BGB. Die **Berufungsfrist endet** also mit dem **Ablauf des Tages** des auf die **ordnungsgemäße Zustellung des Urteils folgenden Monats,** der seiner Zahl nach dem Zustellungstag entspricht.

33 Gemäß § 222 Abs. 2 ZPO endet die Berufungsfrist erst mit Ablauf des nächstfolgenden Werktages, wenn der letzte Tag der Frist etwa auf einen **gesetzlichen Feiertag** fällt. Nicht zu den gesetzlichen Feiertagen gehören allerdings solche Arbeitstage, die aufgrund lokaler Eigenheiten dienstfrei sind (zB Rosenmontag in Köln). Auch an solchen behördendienstfreien Tagen kann eine Berufungsfrist enden[1].

34 Die Berufungsfrist darf zwar bis zuletzt **ausgeschöpft** werden[2], bei einer Aufgabe zur Post muß jedoch der Berufungsführer die amtlichen Brieflaufzeiten und Leerungszeiten der Auslieferungsstelle beachten[3].

35 **Hinweis:**
Es empfiehlt sich daher, die Berufungsschrift so **rechtzeitig abzusenden,** daß spätestens am Tage des Fristablaufs durch Rückfrage beim Gericht geklärt werden kann, ob die Berufung ordnungsgemäß eingegangen ist.

3. Fehlerhafte Rechtsmittelbelehrung

36 Voraussetzung für den **Fristbeginn** ist eine **zutreffende Rechtsmittelbelehrung** (§ 9 Abs. 5 Satz 3 ArbGG). Ist die Belehrung **unterblieben** oder **unrichtig erteilt,** so ist die Einlegung des Rechtsmittels nur **innerhalb eines Jahres** seit Zustellung der Entscheidung zulässig, außer wenn die Einlegung vor Ablauf der Jahresfrist infolge höherer Gewalt unmöglich war oder eine Belehrung dahin erfolgt ist, daß ein Rechtsmittel nicht gegeben sei (§ 9 Abs. 5 Satz 4 ArbGG).

37 § 516 ZPO, welcher über § 64 Abs. 6 ArbGG im arbeitsgerichtlichen Verfahren Anwendung findet, bestimmt, daß die **Berufungsfrist spätestens mit Ablauf von fünf Monaten nach Verkündung des Urteils zu laufen beginnt.** Wegen einer fehlenden oder fehlerhaften Rechtsmittelbelehrung wird nach Ablauf der Fünfmonatsfrist die Jahresfrist des § 9 Abs. 5 Satz 4 ArbGG in Lauf gesetzt, so daß die Berufung gegen ein arbeitsgerichtliches Urteil grundsätzlich spätestens innerhalb von 17 Monaten nach seiner Verkündung einzulegen ist[4]. Wird aber das arbeitsgerichtliche Urteil kurz vor Ablauf der Frist von 17 Monaten mit einer ordnungsgemäßen Rechtsmittelbelehrung zugestellt, verlängert sich dadurch

---

1 BAG v. 17. 2. 1969, BB 1969, 493.
2 *Zöller*, ZPO, § 222 Rz. 8.
3 BAG v. 29. 7. 1992, EzA Nr. 15 zu § 233 ZPO.
4 BAG v. 6. 8. 1997, EZA Nr. 12 zu 9 ArbGG 1979; BAG v. 16. 8. 1991, NZA 1992, 23; BAG v. 14. 9. 1984, NZA 1985, 195; *Kappes,* NZA 1991, 664; *Hauck,* ArbGG, § 66 Rz. 9.

nicht die Berufungsfrist, vielmehr ist die nach 17 Monaten eingelegte Berufung als unzulässig zu verwerfen[1].

4. Fristablauf bei Berichtigung des Urteils

Auslassungen und **offenbare Unrichtigkeiten,** die gem. §§ 319, 320 ZPO berichtigt werden können, **vermögen die Berufungsfrist nicht hinauszuzögern.** Eine Ausnahme gilt jedoch in den Fällen, wenn aufgrund der Unrichtigkeiten die Parteien die Notwendigkeit oder auch die Möglichkeit der Berufungseinlegung nicht ordnungsgemäß überprüfen konnten[2]. Wird dagegen das Urteil innerhalb der Berufungsfrist ergänzt, so beginnt gem. § 517 ZPO für die Zustellung dieser nachträglichen Entscheidung der Lauf der Berufungsfrist auch für das zuerst ergangene Urteil von neuem[3].

5. Berufungseinlegung zur „Fristwahrung"

Problematisch ist die Frage des Kostenerstattungsanspruchs des Anwalts des Berufungsbeklagten, wenn die **Berufung** zunächst ausdrücklich nur zur **Fristwahrung** eingelegt und anschließend wieder zurückgenommen worden ist. Die Landesarbeitsgerichte vertreten hierzu verschiedene Auffassungen.

Teilweise werden die Kosten des Berufungsbeklagten für **uneingeschränkt erstattbar** gehalten[4].

Das Landesarbeitsgericht Köln hält die Kosten des Rechtsanwalts des Berufungsbeklagten ohne Prüfung der Notwendigkeit und Zweckmäßigkeit auch dann für erstattbar, wenn die Berufung zunächst ausdrücklich nur zur Fristwahrung eingelegt worden ist. Dies soll ausnahmsweise dann nicht gelten, wenn, abgesehen vom Fall eines Stillhalteabkommens, die Anwaltsbestellung rechtsmißbräuchlich erfolgt, also beispielsweise nutzlos und objektiv nur dazu angetan ist, um dem Gegner Kosten zu verursachen. Letzteres ist erst dann anzunehmen, wenn es dem Berufungsbeklagten ohne weiteres klar sein muß, daß die Berufung zurückgenommen wird[5].

Das Landesarbeitsgericht Düsseldorf sieht **keinen Kostenerstattungsanspruch,** wenn die Berufung nur zur Fristwahrung eingelegt wird und der Berufungsgegner sich dennoch beim Berufungsgericht bestellt, ohne hierfür einen sachlichen Grund zu haben[6]. Hat der Berufungsbeklagte aber einen Grund zu der Annahme, die Berufung werde durchgeführt, hat er Anspruch auf eine $^{13}/_{10}$ Prozeßgebühr[7].

---

1 LAG Nürnberg v. 5. 9. 1994 – 7 Sa 43/94, nv.
2 *Germelmann/Matthes/Prütting,* ArbGG, § 66 Rz. 13.
3 *Hauck,* ArbGG, § 66 Rz. 10; *Germelmann/Matthes/Prütting,* ArbGG, § 66 Rz. 13.
4 LAG Bremen v. 30. 5. 1988, AnwBl. 1988, 483; LAG Rheinland-Pfalz v. 10. 1. 1984 – 1 Ta 257/83, nv.
5 LAG Köln v. 13. 9. 1985, LAGE Nr. 8 zu § 91 ZPO.
6 LAG Düsseldorf v. 8. 4. 1993, LAGE Nr. 19 zu § 31 BRAGO; LAG Düsseldorf v. 20. 1. 1986, LAGE Nr. 9 zu § 91 ZPO.
7 LAG Düsseldorf vom 1. 4. 1993, LAGE Nr. 18 zu § 31 BRAGO.

Eine vor der Berufungsbegründung erfolgte Legitimation von Prozeßbevollmächtigten des Gegners kann, so das LAG Niedersachsen, als treuwidriges, die Kostenerstattung ausschließendes Verhalten gewertet werden, wenn die Berufungsbeklagte keinen Grund zu der Annahme hatte, die Berufung werde durchgeführt[1].

42 Als „Mittelweg" wird die Auffassung vertreten, daß bei Rücknahme der als vorsorglich gekennzeichneten Berufung innerhalb der Berufungsfrist der Kostenerstattungsanspruch auf die **halbe Prozeßgebühr** ($^{13}/_{20}$) beschränkt ist[2].

IV. Formerfordernisse

1. Zuständiges Gericht

43 Nach § 518 ZPO wird die Berufung durch **Einreichung der Berufungsschrift beim zuständigen Landesarbeitsgericht** eingelegt. Sind bei einem Landesarbeitsgericht auswärtige Kammern eingerichtet, kann die Berufung in einer dort zu verhandelnden Sache auch am eigentlichen Sitz des Landesarbeitsgerichts eingelegt werden[3]. Ist dagegen die Berufungsschrift an das Arbeitsgericht adressiert und in einen gemeinsamen Briefkasten von Arbeitsgericht und Landesarbeitsgericht eingeworfen worden, so ist sie beim Landesarbeitsgericht erst dann eingereicht, wenn sie bei diesem eingeht, sie also in die Hand der nach der Organisation des Gerichts zur Empfangnahme bestimmten Stelle kommt[4].

2. Bezeichnung des anzufechtenden Urteils

44 Die Berufungsschrift muß das **angefochtene Urteil bezeichnen** (§ 518 Abs. 2 Nr. 1 ZPO iVm. § 64 ArbGG). Hierzu gehört auch, daß **das Gericht** angegeben wird, von dem das Urteil stammt[5]. Wird dagegen in der Berufungsschrift das Gericht unrichtig angegeben und das richtige Gericht vor Ablauf der Berufungsschrift nicht ausdrücklich bezeichnet oder durch sonstige Umstände benannt, so ist die Berufung als unzulässig zu verwerfen[6]. Unschädlich ist dagegen, wenn bei im übrigen richtigen Angaben nur das Aktenzeichen erster Instanz falsch angegeben worden ist[7]. Ebenfalls ist das Verkündungsdatum entbehrlich, wenn sich das angefochtene Urteil aus den sonstigen Angaben ergibt und in demsel-

---

1 LAG Niedersachsen v. 18. 10. 1991, AnwBl. 1992, 285.
2 LAG Nürnberg v. 15. 10. 1993, LAGE Nr. 23 zu § 91 ZPO; LAG Nürnberg v. 23. 9. 1992, LAGE Nr. 16 zu § 31 BRAGO; LAG Nürnberg v. 20. 5. 1992, LAGE Nr. 15 zu § 31 BRAGO; LAG Hamm v. 16. 7. 1987, MDR 1987, 963; LAG Nürnberg v. 3. 12. 1982, AMBl. BY 1983, C 20.
3 BAG v. 23. 9. 1981, AP Nr. 2 zu § 64 ArbGG 1979; *Hauck*, ArbGG, § 66 Rz. 2; MünchArbR/*Brehm*, § 380 Rz. 7.
4 *Schaub*, Arbeitsrechtliche Formularsammlung und Arbeitsgerichtsverfahren, § 107, S. 852.
5 BAG v. 1. 11. 1971, AP Nr. 16 zu § 518 ZPO.
6 BAG v. 5. 12. 1974, AP Nr. 26 zu § 518 ZPO.
7 BAG v. 5. 7. 1976, AP Nr. 35 zu § 518 ZPO.

ben Verfahren nicht mehrere Urteile ergangen sind[1]. Die Rechtsmittelschrift ist auch dann ordnungsgemäß, wenn die ladungsfähige Anschrift des Rechtsmittelbeklagten oder seines Prozeßbevollmächtigten fehlt[2].

> **Hinweis:**
> Das anzufechtende Urteil sollte in Kopie der Berufungsschrift beigefügt werden. Dies dient im Zweifel der Klarstellung.

45

3. Adressierung

Ist eine **versehentlich an das Arbeitsgericht** anstatt an das Landesarbeitsgericht gerichtete Berufungsschrift am letzten Tag der Berufungsfrist in einen gesonderten Nachtbriefkasten des Arbeitsgerichts und des Landesarbeitsgerichts eingeworfen worden, wird die Berufungsschrift bei einer gemeinsamen Einlaufstelle für das Arbeitsgericht und das Landesarbeitsgericht abgegeben und gelangt infolge der falschen Anschrift erst nach Ablauf der Frist zum Landesarbeitsgericht, so ist die Berufung nicht rechtzeitig eingelegt worden[3]. Ist dagegen die Berufungsschrift an das richtige Gericht adressiert, so geht die Berufungsschrift mit Einwurf in den gemeinsamen Briefkasten zu[4].

46

4. Eigenhändige Unterzeichnung

a) Grundsatz

Die Berufungsschrift (ebenso die Berufungsbegründung) muß von einem **bei einem deutschen Gericht** – gleichgültig bei welchem – **zugelassenen Anwalt** oder von einem vertretungsberechtigten Verbandsvertreter **unterzeichnet sein. Fehlt die Unterschrift,** ist die Berufung **unzulässig.** Die Unterzeichnung des Beglaubigungsvermerks unter einer Berufungsbegründungsschrift ist nur dann ausreichend, wenn sie von demselben Rechtsanwalt herrührt, der auch die Berufungsbegründung verfaßt hat[5]. Die Unterschrift unter dem Schriftsatz muß ein individuelles Schriftbild mit charakteristischen Merkmalen aufweisen und sich als eine die Identität des Unterzeichnenden ausreichende Kennzeichnung des Namens darstellen, die von Dritten nicht ohne weiteres nachgeahmt werden kann. Nicht erforderlich ist aber, daß die Unterschrift lesbar ist. Es genügt, daß ein Dritter, der den Namen des Unterzeichnenden kennt, diesen Namen aus dem Schriftbild herauslesen kann. Die Unterschrift muß dabei erkennen lassen, daß es sich um eine endgültige Erklärung und nicht um die Abzeichnung eines Entwurfs handelt[6]. Dem Erfordernis der persönlichen Unterschrift

47

---

1 *Grunsky*, ArbGG, § 64 Rz. 25; BAG v. 5. 7. 1976, AP Nr. 35 zu § 518 ZPO.
2 BAG (GrS) v. 16. 9. 1986, DB 1987, 554; vgl. auch *Popp*, DB 1983, 2574.
3 BAG v. 14. 7. 1988, AP Nr. 57 zu § 518 ZPO.
4 BAG v. 29. 4. 1986, EzA Nr. 4 zu § 519b ZPO.
5 BAG v. 2. 12. 1992, DB 1993, 1148.
6 BAG v. 23. 5. 1989 – 3 AZR 502/87, nv.; BAG v. 29. 7. 1981, DB 1981, 2138.

ist jedenfalls genüge getan, wenn zB eine Rechtsanwältin den zweiten Teil ihres Doppelnamens mit den beiden Anfangsbuchstaben abkürzt[1].

48 Eine **Rechtsmittel-** oder **Rechtsmittelbegründungsschrift** ist von einem **postulationsfähigen Prozeßbevollmächtigten** dergestalt **eigenhändig zu unterzeichnen,** daß sie als seine **eigene Prozeßhandlung** erscheint. Die Zeichnung mit dem Zusatz „i.A." ist nach Auffassung des BGH dann unschädlich, wenn der unterzeichnende Rechtsanwalt zum Kreis der beim Berufungsgericht zugelassenen Prozeßbevollmächtigten zählt und unmittelbar in Ausführung des ihm selbst erteilten Mandates tätig wird[2].

49 Problematisch ist die Zeichnung einer Rechtsmittel- oder Rechtsmittelbegründungsschrift als **Syndikusanwalt.** Unterzeichnet dieser die Berufungsschrift auf einem Firmenbogen für seinen Arbeitgeber als „Syndikusanwalt" und wird auch aus dem übrigen Inhalt der Berufungsschrift nicht deutlich, daß er den Rechtsmittelführer als unabhängiger, bei einem deutschen Gericht zugelassener Rechtsanwalt vertreten will, so ist diese Berufung unzulässig[3].

b) Ausnahmen

50 Ausnahmen von der eigenhändigen Unterzeichnung der Rechtsmittelschriften hat die Rechtsprechung etwa für **telegrafische Übermittlungen** oder die Einlegung eines Rechtsmittels **per Telefax** zugelassen.

aa) Telegramm

51 Eine telegrafische Berufungsschrift muß zumindest aus dem **Zusammenhang** erkennen lassen, **welcher Rechtsanwalt** für den Text **verantwortlich** ist und wer die Aufgabe des Telegrammes veranlaßt hat[4].

bb) Telefax

52 Weit häufiger ist der Fall, daß eine Berufungsschrift per Telefax übermittelt wird. Das genügt dem Erfordernis der eigenhändigen Unterschrift nur dann, wenn sie einem **Empfangsgerät des Rechtsmittelgerichts unmittelbar zugeht** oder einem **Empfangsgerät der Post** und von dort auf **postalischem Weg** (Telebrief) dem Rechtsmittelgericht **zugeleitet** wird[5]. Die Absendung des Telefaxes kann dagegen auch von einem Privatanschluß eines Dritten erfolgen[6].

Im Gegensatz dazu wird es als nicht ausreichend angesehen, wenn die **Telekopie einer Privatperson zugeleitet** wird und von dieser dem Gericht durch Boten überbracht wird[7].

---

1 BAG v. 15. 12. 1987, NZA 1989, 227.
2 BGH v. 27. 5. 1993, BB 1993, 1324.
3 BAG v. 19. 3. 1996, AP Nr. 13 zu § 11 ArbGG 1979 – Prozeßvertreter.
4 BAG v. 27. 9. 1983, DB 1984, 1688.
5 LAG Hamm v. 13. 1. 1993, LAGE Nr. 19 zu § 130 BGB; BAG v. 5. 7. 1990, NZA 1990, 985; BAG v. 1. 6. 1983, AP Nr. 54 zu § 1 LFZG (für die Revision).
6 *Germelmann/Matthes/Prütting,* ArbGG, § 66 Rz. 7; BAG v. 14. 3. 1989, NZA 1989, 525.
7 BAG v. 14. 3. 1989, NZA 1989, 525; *Stahlhacke/Bader,* ArbGG, § 66 Rz. 40.

Geht jedoch dem Gericht neben einer zulässigerweise per Telefax eingelegten 53
Berufung innerhalb der Berufungsfrist auch das Original des Schriftsatzes ein,
dann liegt mangels abweichender Anhaltspunkte eine **mehrfache Berufungseinlegung** mit der Folge vor, daß die zunächst wirkungslose zweite Einlegung
wirksam wird, wenn die per Telefax eingelegte Berufung ihre Wirksamkeit
verliert[1]. Keine wiederholte Berufungseinlegung liegt indes in der Übersendung
der beglaubigten Abschrift einer Berufungsschrift vor, wenn die Berufung zuvor
durch Telefax übermittelt und die Zusendung beglaubigter Abschriften angekündigt wurde[2].

cc) Übertragungsfehler

Wird ein Schriftsatz zur Wahrung einer Ausschlußfrist per Telefax an das 54
Gericht gesandt und weist der Sendebericht aus, daß das Telefax rechtzeitig
abgegangen und der Sendeimpuls beim Faxgerät des Gerichts angekommen ist
(sogenannter „Okay-Sende"-Vermerk), so ist die Frist dennoch nicht gewahrt,
wenn die eingegangenen Sendeimpulse vom Faxgerät des Gerichts nicht in
stofflich faßbare Buchstaben übertragen worden sind. Solche **Übermittlungsrisiken trägt** grundsätzlich der Absender[3].

V. Berufungsbegründung

1. Fristen

Die **Berufungsbegründungsfrist** beträgt ebenso wie die Berufungsfrist **einen** 55
Monat. Sie beginnt mit der Einlegung der Berufung (§ 519 Abs. 2 Satz 2 ZPO).

a) Mehrfachberufung

Dies gilt auch dann, wenn die Berufung – was zulässig ist – **vor Zustellung des** 56
Urteils und damit vor Beginn des Laufs der Berufungsfrist eingelegt wird. Wird
die Berufung noch vor Zustellung des Urteils eingelegt und nicht innerhalb des
Monatszeitraumes begründet, ist diese Berufung unzulässig[4].

Gleichwohl ist eine **erneute Berufung möglich,** wenn nach Zustellung des 57
Urteils Berufung eingelegt und rechtzeitig begründet wird. Von einem Rechtsmittel, das der Partei gegen ein Urteil zusteht, kann sie mehrmals und solange
Gebrauch machen, wie die Rechtsmittelfrist nicht verstrichen ist[5]. Solange ihr
das Rechtsmittel zusteht, kann sie wiederholt Rechtsmittelschriftsätze einreichen. Genügt eine Einlegung dem gesetzlichen Zulässigkeitserfordernis, so
kommt es auf die Zulässigkeit der übrigen nicht mehr an. Die Rechtsmittel-

---

1 BGH v. 20. 9. 1993, DB 1994, 2588.
2 BAG v. 17. 10. 1995, NZA 1996, 278.
3 LAG Hamm v. 13. 1. 1993, NZA 1994, 335.
4 LAG Baden-Württemberg v. 28. 11. 1990 – 12 Sa 39/89, nv.
5 BAG v. 17. 10. 1995, NZA 1996, 278.

schriftsätze, durch die das Rechtsmittel früher oder später nochmals eingelegt worden war, sind gegenstandslos. Es ist nur ein Rechtsmittel anhängig. Wird erst die wiederholte Einlegung wirksam, so richtet sich die Begründungsfrist nach ihr[1].

b) Wiedereinsetzung

58 Zu den dem **Rechtsanwalt** obliegenden **Sorgfaltspflichten** gehört es auch, den **Fristablauf eigenverantwortlich nachzuprüfen,** wenn ihm die Handakte zur Vorbereitung der fristgebundenen Prozeßhandlung vorgelegt wird. Denn dann ist die Nachprüfung der Frist keine routinemäßige Büroarbeit mehr, von der sich der Anwalt im Interesse seiner eigentlichen Aufgabe freimachen darf, sondern die gebotene Feststellung einer gesetzlichen Voraussetzung, von der die Zulässigkeit der beabsichtigten Prozeßhandlung abhängt[2]. Wird die Berufung dagegen erst **nach Ablauf der Berufungsfrist** eingelegt, so läuft die **Begründungsfrist** nicht erst ab Gewährung der **Wiedereinsetzung** in den vorherigen Stand, sondern gleichwohl **ab Einlegung der Berufung**[3].

c) Fristverlängerung

59 Die Verlängerung der Frist zur Begründung der Berufung kann vom Vorsitzenden des Berufungsgerichts nur einmal gewährt werden, wenn nach seiner freien Überzeugung der Rechtsstreit durch die **Verlängerung nicht verzögert** wird oder wenn die Partei erhebliche Gründe darlegt (§ 66 Abs. 1 Satz 4 ArbGG).

aa) Keine Mehrfachverlängerung

60 Für die Verlängerung ist im Gegensatz zu § 74 Abs. 2 Satz 2 ArbGG (ein Monat bei Revision) keine Höchstdauer vorgegeben. Eine **zweite Verlängerung** ist aber selbst dann **unzulässig,** wenn das erstinstanzliche Urteil noch nicht zugestellt ist[4].

Dies gilt auch, wenn erst durch die zweite Verlängerung eine insgesamt einmonatige Fristverlängerung erreicht würde[5]. Der Vorsitzende braucht jedoch in seiner Ermessensentscheidung für die Dauer der Verlängerung nicht die gesamte Monatsfrist auszuschöpfen. Vielmehr kann er die Dauer vom Einzelfall abhängig machen[6].

bb) Antragsbegründung

61 Die **Begründung** der beantragten **Berufungsverlängerung** darf sich aber **nicht** auf bloße **schlagwortartige** Gründe, wie Arbeitsüberlastung, Termindruck, Beschaffung weiterer Informationen, stützen. Das Vertrauen des Prozeßbevollmächtig-

---

1 BAG v. 26. 9. 1991 – 2 AZR 62/91 nv.
2 BAG v. 17. 8. 1992 – 2 AZB 12/92 nv.; BAG v. 9. 10. 1972, AP Nr. 62 zu § 233 ZPO.
3 BGH v. 14. 4. 1971, NJW 1971, 1217; BAG v. 18. 1. 1962, NJW 1962, 1637.
4 BAG v. 13. 9. 1995, DB 1996, 788.
5 BAG v. 6. 12. 1994, BB 1995, 883.
6 BAG v. 4. 2. 1994, EzA Nr. 17 zu § 66 ArbGG 1979.

ten, auf eine bloß schlagwortartige Begründung die Fristverlängerung zu gewähren, vermag auch eine Wiedereinsetzung in den vorherigen Stand nicht zu tragen[1]. Diesen Grundsatz hat das Bundesarbeitsgericht insofern eingeschränkt, als es der Auffassung ist, daß ein Verlängerungsantrag, der darauf gestützt ist, daß eine ordnungsgemäße Bearbeitung der Sache aufgrund einer Vielzahl gleichzeitig ablaufender Fristen nicht möglich ist, nicht ohne Gewährung rechtlichen Gehörs mit der Begründung abgelehnt werden darf, die Gründe seien nicht nach § 224 Abs. 2 ZPO glaubhaft gemacht (sofern nicht besondere Umstände vorliegen). Die Entscheidung beruht insbesondere darauf, daß der Prozeßbevollmächtigte ausgeführt hatte, daß er auf die „übliche Praxis des Düsseldorfer Landgerichts und Landesarbeitsgerichts vertraut habe". Nach dieser Praxis sei eine nähere Substantiierung der Gründe der Arbeitsbelastung und ihre Auswirkung auf die Bearbeitung der konkreten Sache nicht erforderlich[2].

cc) Eingang des Verlängerungsantrages vor Fristablauf

Eine Rechtsmittelbegründungsfrist kann im arbeitsgerichtlichen Verfahren **auch** noch **nach ihrem Ablauf wirksam verlängert** werden, sofern der Verlängerungsantrag vor Fristablauf bei Gericht eingegangen ist; die Verlängerung muß dann spätestens innerhalb eines Monats nach Ablauf der ursprünglichen Begründungsfrist erfolgen[3]. 62

Ein die Begründungsfrist verlängernder Beschluß wird erst zu dem Zeitpunkt **wirksam,** zu dem er dem Rechtsmittelträger formlos mitgeteilt oder von der Geschäftsstelle des Gerichts dem Büro des Prozeßbevollmächtigten gegenüber verlautbart wird[4]. 63

dd) Eingang des Verlängerungsantrages nach Fristablauf

Hat der Prozeßbevollmächtigte rechtzeitig und **ordnungsgemäß** eine **Verlängerung der Rechtsmittelfrist beantragt,** deren Bewilligung er mit großer Wahrscheinlichkeit erwarten konnte, geht der Antrag aber nicht vor Ablauf der Frist beim Rechtsmittelgericht ein, so stellt es **kein die Wiedereinsetzung** gegen die Versäumung der Begründungsfrist **hinderndes Verschulden** dar, daß der Prozeßbevollmächtigte sich nicht vor Ablauf der Frist wegen der Verlängerung erkundigt hat[5]. 64

2. Inhalt der Berufungsbegründung

a) Begründungszwang

Nach § 519 Abs. 3 Nr. 2 ZPO muß die Berufungsbegründung die **bestimmte Bezeichnung** der im einzelnen anzuführenden **Gründe der Anfechtung** sowie 65

---

1 LAG Nürnberg v. 26. 1. 1994, DB 1994, 640; LAG Berlin v. 26. 1. 1990, DB 1990, 1472.
2 BAG v. 4. 2. 1994, AP Nr. 5 zu § 66 ArbGG 1979.
3 BAG v. 24. 8. 1979, AP Nr. 1 zu § 66 ArbGG 1979.
4 BAG v. 17. 2. 1971, AP Nr. 16 zu § 519 ZPO.
5 BAG v. 10. 9. 1985, AP Nr. 10 zu § 233 ZPO.

der **neuen Tatsachen, Beweismittel** und **Beweiseinreden** enthalten, die die Partei zur Rechtfertigung ihrer Berufung anzuführen hat. Dh., daß der Berufungskläger eine auf den zur Entscheidung stehenden Fall zugeschnittene Begründung liefern muß, die erkennen läßt, in welchen Punkten tatsächlicher oder rechtlicher Art das angefochtene Urteil nach seiner Ansicht unrichtig ist. Er muß im einzelnen angeben, in welchen Beziehungen und aus welchen Gründen er die rechtliche oder tatsächliche Würdigung des vorinstanzlichen Richters für unrichtig hält[1]. **Unzureichend** ist die **bloße Verweisung** auf den erstinstanzlichen Vortrag oder eine **lediglich kursorische Wiederholung** dieses Vorbringens ohne inhaltliche Auseinandersetzung mit den Entscheidungsgründen[2]. Nimmt ein Prozeßbevollmächtigter in seiner als Berufungsbegründung bezeichneten Schrift auf das von seiner Mandantin verfaßte oder von ihm unterschriebene Prozeßkostenhilfegesuch Bezug, so wird dies den gesetzlichen Anforderungen des § 519 Abs. 3 Nr. 2 ZPO gerecht[3].

66 **Hinweis:**
Wird die Klage eines Arbeitnehmers auf Weiterbeschäftigung für die Dauer eines Kündigungsrechtsstreits vom Arbeitsgericht schon deswegen abgewiesen, weil die Kündigung wirksam ist, bedarf es für den vom Arbeitnehmer im Berufungsverfahren weiterverfolgten Beschäftigungsanspruch keiner gesonderten Berufungsbegründung[4].

b) Kenntnis der Entscheidungsgründe

67 Sofern eine Berufung nicht ausschließlich auf neue Tatsachen und Beweise gestützt wird, setzt eine **formgerechte Berufungsbegründung** deshalb die **Kenntnis der Entscheidungsgründe** des angefochtenen Urteils voraus[5]. Fertigt ein Berufungskläger die Berufungsbegründung, **ohne** daß ihm die **Entscheidungsgründe** nach Verkündung des Urteils in irgendeiner Form bekanntgegeben worden sind, etwa durch eine mündliche Urteilsbegründung des Gerichts oder durch das schriftlich abgefaßte Urteil, ist das **Rechtsmittel als unzulässig zu verwerfen.**

68 Dagegen soll eine Berufung, deren Begründung sich deshalb nicht mit den Gründen des erstinstanzlichen Urteils auseinandersetzen kann, weil dieses auch nach Ablauf von 17 Monaten nach Verkündung **nicht zugestellt** worden

---

1 BAG v. 13. 5. 1987 – 5 AZR 370/86, nv.; BGH v. 13. 2. 1997, NJW 1997, 1309; BAG v. 6. 12. 1994, NZA 1995, 1995.
2 BAG v. 2. 1. 1974, DB 1975, 311; LAG Berlin v. 10. 3. 1989, BB 1989, 916; *Germelmann/Matthes/Prütting*, ArbGG, § 64 Rz. 55; LAG Hamm v. 27. 8. 1997 – 10 5a 419/97, nv.
3 BAG v. 7. 2. 1983 – 3 AZB 26/82, nv.
4 BAG v. 2. 4. 1987, BB 1988, 1120.
5 LAG Köln v. 21. 5. 1992, LAGE Nr. 6 zu § 519 ZPO; LAG Nürnberg v. 30. 12. 1986, LAGE Nr. 2 zu § 519 ZPO; *Germelmann/Matthes/Prütting*, ArbGG, § 64 Rz. 55.

VI. Berufungsbeantwortung

ist, zulässig sein[1]. Gleiches gilt für eine Berufung nach Ablauf der 5-Monats-Frist des § 516 ZPO[2].

c) Unterzeichnung

Die **Berufungsbegründungsschrift** muß von einem nach § 11 Abs. 2 ArbGG **postulationsfähigen Prozeßbevollmächtigten handschriftlich** und **eigenhändig unterzeichnet** sein. Der Sinn einer solchen Unterzeichnung ist, daß der Unterzeichner für den Inhalt des von ihm unterzeichneten Schriftstückes geradestehen will. Dabei reicht die Unterschrift als solche grundsätzlich für die Annahme aus, der Berufungsanwalt mache sich den Inhalt der Berufungsbegründungsschrift zu eigen (Beispiel: Korrespondenzanwalt)[3]. Unterzeichnet ein zum Kreis der Prozeßbevollmächtigten gehörender Rechtsanwalt in der Eigenschaft als Mitglied der bevollmächtigten Anwaltskanzlei eine von einem anderen Prozeßbevollmächtigten abgefaßte Rechtsmittelbegründungsschrift mit einem auf den sachbearbeitenden Rechtsanwalt hinweisenden Zusatz, so ist in der Regel davon auszugehen, daß er auch die Verantwortung für den Inhalt dieser fristwahrenden Schriftsätze übernommen hat[4].

69

Die Berufungsbegründungg kann auch von einem beim Rechtsmittelgericht postulationsfähigen Rechtsanwalt, der in **Untervollmacht** für einen anderen Rechtsanwalt handelt, unterzeichnet werden. Dabei muß sich jedoch der Unterbevollmächtigte als selbständig verantwortlicher Bevollmächtigter zu erkennen geben. Er darf nicht nur als Überbringer einer fremden Erklärung auftreten. Ein Rechtsanwalt der „für" einen anderen Rechtsanwalt die Berufung begründet, handelt erkennbar als dessen Unterbevollmächtigter[5].

70

VI. Berufungsbeantwortung

Gemäß § 66 Abs. 1 Satz 2 ArbGG muß die Berufung innerhalb einer Frist von **einem Monat nach Zustellung der Berufungsbegründung** beantwortet werden. **Die Berufungsbeantwortung ist obligatorisch.**

71

Verspätetes Vorbringen kann dann nur unter der Einschränkung des § 67 Abs. 2 Satz 1 ArbGG zugelassen werden[6]. Eine **Verlängerung** der Beantwortungsfrist ist in gleichem Umfang möglich wie die Verlängerung der Berufungsbegründungsfrist.

72

Der Berufungsbeklagte ist auf die Monatsfrist für die Berufungsbeantwortung hinzuweisen. Fehlt eine solche **Belehrung,** wird die Frist nicht in Gang gesetzt.

73

---

1 LAG Frankfurt v. 21. 1. 1992, LAGE Nr. 7 zu § 519 ZPO.
2 BAG v. 5. 3. 1997, AP Nr. 10 zu § 77 BetrVerfG 1972 – Tarifvorbehalt.
3 BGH v. 29. 10. 1997 – VIII ZR 141/97, nv.
4 BAG v. 11. 8. 1987, AP Nr. 54 zu § 54 ZPO.
5 BAG v. 22. 5. 1990, DB 1990, 2532.
6 BAG v. 5. 9. 1985, NZA 1986, 472; *Germelmann/Matthes/Prütting,* ArbGG, § 66 Rz. 24; *Lepke,* NZA 1986, 186.

74 Wird der Termin zur Verhandlung vor dem Landesarbeitsgericht jedoch vor Ablauf der Berufungsbeantwortungsfrist festgesetzt, so kann ein **Versäumnisurteil** gegen einen etwa nicht erschienenen Berufungsbeklagten in diesem Termin nicht ergehen. Vielmehr ist die Berufungsbeantwortungsfrist abzuwarten[1].

VII. Zulassung neuer Angriffs- und Verteidigungsmittel

1. Grundsatz

75 Die Möglichkeit des Vorbringens **neuer Angriffs-** und **Verteidigungsmittel** ist in § 67 ArbGG geregelt. Danach sind Angriffs- und Verteidigungsmittel, die im ersten Rechtszug entgegen einer hierfür vom Gericht festgesetzten Frist (§ 56 Abs. 1 Satz 2 Nr. 1 oder § 61 Abs. 3 oder 4 ArbGG) nicht vorgetragen worden sind, in zweiter Instanz nur zuzulassen, wenn nach der freien Überzeugung des Landesarbeitsgerichts ihre Zulassung die Erledigung des Rechtsstreites nicht verzögern würde oder wenn die Parteien die Verspätung genügend entschuldigt haben.

76 Hat das Arbeitsgericht den Prozeßvortrag einer Partei schon **erstinstanzlich** zu Recht **als verspätet zurückgewiesen,** so bleibt die Partei in der **Berufungsinstanz** mit diesem Vortrag **ebenfalls ausgeschlossen**[2]. Das Berufungsgericht muß aber die Frage der Richtigkeit der Zurückweisung überprüfen. Wenn es dabei zu dem Ergebnis kommt, die Zurückweisung habe nicht erfolgen dürfen, muß das Vorbringen der Parteien in zweiter Instanz zugelassen werden. War dagegen die Zurückweisung zu Recht erfolgt, darf das Vorbringen keinesfalls mehr zugelassen werden und zwar auch dann nicht, wenn die Erledigung des Rechtsstreits hierdurch nicht verzögert würde[3]. Eine derartige Verfahrensweise ist verfassungsrechtlich unbedenklich[4].

2. Glaubhaftmachung

77 Gründe für das **verspätete Vorbringen** sind auf Verlangen des Landesarbeitsgerichts **glaubhaft** zu machen. Hierbei kann nach § 294 Abs. 1 ZPO eine einfache anwaltliche Erklärung ausreichen, sofern sie sich auf die eigene Berufstätigkeit des Anwalts und eigene Wahrnehmung bezieht[5]. Eine ausdrückliche „anwaltliche Versicherung" oder eine Versicherung an Eides statt ist nicht erforderlich.

---

1 *Germelmann/Matthes/Prütting*, ArbGG, § 66 Rz. 19.
2 *Grunsky*, NZA 1990, Beil. 2, 3.
3 LAG Berlin v. 24. 11. 1993, NZA 1994, 912; LAG Schleswig-Holstein v. 7. 7. 1993, AP Nr. 21 zu § 56 ArbGG 1979; LAG Nürnberg v. 18. 12. 1989, LAGE Nr. 1 zu § 56 ArbGG 1979; LAG Düsseldorf v. 24. 9. 1985 – 10 Sa 1743/84, nv.
4 BVerfG v. 7. 10. 1980, NJW 1981, 271.
5 BAG v. 14. 11. 1985, AP Nr. 1 zu § 251a ZPO.

3. Zeitpunkt des Vorbringens

Soweit das Vorbringen **neuer Angriffs- und Verteidigungsmittel** nach § 67 Abs. 1 ArbGG zulässig ist, müssen diese vom Berufungskläger **in der Berufungsbegründung** und vom Berufungsbeklagten in der **Berufungsbeantwortung** vorgebracht werden. Werden sie später vorgebracht, sind sie nur zuzulassen, wenn sie nach der Berufungsbegründung oder der Berufungsbeantwortung entstanden sind oder das verspätete Vorbringen nach der freien Überzeugung des Landesarbeitsgerichts die Erledigung des Rechtsstreits nicht verzögern würde oder nicht auf Verschulden der Parteien beruht (§ 67 Abs. 2 Satz 2 ArbGG). Dies dient allein der **Prozeßbeschleunigung.** Die Vorschrift hat weder Sanktionscharakter, noch ist sie Selbstzweck[1]. 78

Verspätetes Tatsachenvorbringen und verspätete Beweisantritte sind also dann **nicht zuzulassen,** wenn dadurch die Erledigung des **Rechtsstreites verzögert** würde. Diese Entscheidung trifft das Landesarbeitsgericht nach seiner freien Überzeugung. Eine Verzögerung liegt objektiv dann nicht vor, wenn das Landesarbeitsgericht dafür sorgen kann, daß die angebotenen Beweismittel bereits in der ersten Verhandlung verfügbar sind[2]. Ausreichend ist auch, wenn etwa ein Zeuge zum Termin bestellt wird und seine Vernehmung zumutbar ist[3]. Gleiches gilt etwa für den Fall, daß ein Schriftsatz so rechtzeitig beim LAG eingeht, daß die Ladung eines darin benannten Zeugen zu einem bereits anberaumten Termin möglich ist[4]. Auch wenn das Gericht die verspätet vorgebrachten Verteidigungsmittel bei der Vorbereitung der mündlichen Verhandlung noch hätte berücksichtigen können oder die Verspätung durch zumutbare vorbereitende Maßnahmen des Gerichts hätte ausgeglichen werden können, kommt der Verspätungseinwand nicht in Betracht. 79

Beispiel: 80

Nennt der Beklagte in einer umfangreichen Berufungsbegründung zur fristlosen Kündigung erstmalig sechs Zeugen und beantragt er außerdem die Einholung eines Sachverständigengutachtens, so sind nach einer Entscheidung des Landesarbeitsgerichts Köln für das Gericht vorbereitende Maßnahmen nicht zumutbar. Wird zur Entscheidung der Verspätung des Vortrags nichts vorgetragen, so ist die Partei mit dem neuen Sachvortrag und den Beweismitteln auszuschließen[5].

---

1 BAG v. 23. 11. 1988, AP Nr. 104 zu § 1 TVG – Tarifverträge Bau.
2 BAG vom 18. 1. 1980, AP Nr. 1 zu § 626 BGB – Nachschieben von Kündigungsgründen mwN.
3 *Hauck,* ArbGG, § 67 Rz. 10.
4 BAG v. 23. 11. 1988, AP Nr. 104 zu § 1 TVG – Tarifverträge Bau.
5 LAG Köln v. 4. 2. 1988, LAGE Nr. 31 zu § 521 ZPO.

VIII. Neuerliche Beweisaufnahme

81 Es steht im **Ermessen** des Berufungsgerichts, ob es die im erstinstanzlichen Rechtszug gehörten **Zeugen** nochmals nach § 398 ZPO **vernimmt** oder sich mit der Verwertung der **protokollierten** und gem. § 526 ZPO vorgetragenen **Aussagen** begnügt.

82 Das Berufungsgericht kann aber die **Glaubwürdigkeit** eines erstinstanzlichen Zeugen nicht anders als die Richter erster Instanz beurteilen, ohne den Zeugen nochmals zu vernehmen. Die Glaubwürdigkeit eines Zeugen kann nur der Richter beurteilen, der den Zeugen vor sich sieht und ihm Fragen über solche Umstände vorlegen kann, die seine Glaubwürdigkeit in der entscheidenden Sache betreffen (§ 395 Abs. 2 Satz 2 ZPO).

Deshalb hat das Berufungsgericht eine **erneute Vernehmung** eines Zeugen vorzunehmen, **wenn es die Glaubwürdigkeit des Zeugen anders bewerten möchte** als das Erstgericht. Es ist nämlich nicht auszuschließen, daß die Beweiswürdigung des Landesarbeitsgerichtes anders ausgefallen wäre, wenn es die Glaubwürdigkeit des Zeugen aufgrund einer eigenen Vernehmung geprüft hätte[1].

Wie diese Prüfung ausgefallen wäre, läßt sich nicht im voraus sagen. Es sei allerdings möglich, daß das Landesarbeitsgericht den Zeugen auch nach einer erneuten Einvernahme nicht für glaubwürdig hält. Es sei aber auch denkbar, daß sich keine Zweifel an der Glaubwürdigkeit des Zeugen ergeben. In jedem Falle sei eine erneute Vernehmung des Zeugen unvermeidlich[2].

83 Hat sich das erstinstanzliche Gericht **zur Glaubwürdigkeit eines Zeugen nicht geäußert**, so hängt es von der jeweiligen Sachlage ab, ob das Unterlassen einer erneuten Vernehmung in der Berufungsinstanz einen (revisiblen) Ermessensfehler darstellt[3].

IX. Verfahren

1. Anwendung der ZPO-Vorschriften

84 Für das Berufungsverfahren vor den Arbeitsgerichten gelten im übrigen die **Vorschriften der ZPO** entsprechend, § 64 Abs. 6 ArbGG.

Ist die **Berufung unzulässig**, ist sie zu **verwerfen**. Diese Entscheidung kann ohne mündliche Verhandlung durch Beschluß ergehen (§ 519b Abs. 2 ZPO; zur Anfechtung des Beschlusses mit der Beschwerde § 77 ArbGG).

---

[1] BAG v. 26. 9. 1984, AP Nr. 3 zu § 398 ZPO.
[2] BAG v. 19. 11. 1992, VersR 1993, 1037.
[3] BAG v. 15. 3. 1990, AP Nr. 1 zu § 101 GO NRW.

X. Schriftliche Niederlegung des Urteils

Der **Verwerfungsbeschluß** kann vom Landesarbeitsgericht auch dann nicht mehr abgeändert werden, wenn er auf **offensichtlich irrigen Voraussetzungen** beruht[1].

2. Anträge im Berufungsverfahren

Im Berufungsverfahren kommen im wesentlichen folgende Anträge, deren Formulierung aus § 536 ZPO folgt, in Betracht:

a) Berufungskläger

> Der Berufungskläger beantragt:
> ▶ „es wird beantragt,
>   das Urteil des Arbeitsgerichts ... vom ..., Az. ..., abzuändern und den Beklagten zu verurteilen,"
> oder
> ▶ „es wird beantragt,
>   das Urteil des Arbeitsgerichts ... vom ..., Az. ..., abzuändern und die Klage abzuweisen."

85

b) Berufungsbeklagter

> „Der Berufungsbeklagte beantragt,
> die Berufung zurückzuweisen."

86

X. Schriftliche Niederlegung des Urteils

Werden Tatbestand und Entscheidungsgründe nicht **spätestens fünf Monate nach Urteilsverkündung** schriftlich niedergelegt, von den Richtern unterschrieben und der Geschäftsstelle übergeben, stellt dies einen **absoluten Revisionsgrund** dar; aber nur, wenn die Revision zugelassen ist[2].

Ein Verstoß gegen Art. 2 Abs. 3 GG in Verbindung mit dem Rechtsstaatsprinzip ist darin nicht zu sehen[3].

87

---

1 BAG v. 29. 10. 1976, AP Nr. 19 zu § 519b ZPO.
2 BAG v. 1. 2. 1995 – 5 AZR 226/94, nv.; BAG v. 4. 8. 1993, NZA 1993, 1150; GemSOGB v. 27. 4. 1993, EzA Nr. 1 zu § 551 ZPO.
3 BVerfG v. 8. 3. 1993, BB 1993, 2022.

E. Revisionsverfahren

	Rz.		Rz.
I. Überblick	1	**IV. Postulationsfähigkeit**	35
II. Zulässigkeit	2	**V. Revisionsbegründung**	
1. Zulassung der Revision	3	1. Grundsatz	37
2. Zulassungsgründe	4	2. Inhalt	40
a) Grundsätzliche Bedeutung	5	3. Absolute Revisionsgründe	41
b) Divergenz	10	4. Sonstige Revisionsgründe	44
3. Exklusivregelung	14	**VI. Revisionsbeantwortung**	46
a) Keine Geltung von § 547 ZPO	15	**VII. Sprungrevision**	48
b) Überschreitung der Fünf-Monats-Frist (§ 516 ZPO)	16	1. Formelle Voraussetzungen	49
		2. Zustimmungserklärung	50
c) Keine Streitwertrevision	17	3. Materiell-rechtliche Voraussetzungen	52
4. Zulassung im Urteil	20	4. Bindung des Revisionsgerichts	53
a) Grundsatz	21	**VIII. Revisionsbeschwerde**	54
b) Keine Erwähnung im Berufungsurteil	22	**IX. Entscheidung des Bundesarbeitsgerichts**	
c) Unrichtige Belehrung	23	1. Zurückverweisung und Bindungswirkung	57
d) Entscheidung von Amts wegen	25	2. Abschließende Entscheidung	61
5. Beschränkte Zulassung	26	**X. Die Revisionsanträge**	
III. Fristen		1. Antrag des Revisionsklägers	62
1. Grundsatz	30	2. Antrag des Revisionsbeklagten	64
2. Streithelfer	31		
3. Fristversäumnis	32		

Schrifttum:

Brehm, Rechtsmittel und Wiederaufnahme im Urteilsverfahren, Münchener Handbuch zum Arbeitsrecht, 1993, § 380; *Gift/Baur,* Das Urteilsverfahren vor den Gerichten für Arbeitssachen, 1993; *Grunsky,* Zur Ursächlichkeit der Abweichung von einer anderen Entscheidung bei der Zulassung der Revision im arbeitsgerichtlichen Verfahren, in Festschrift für Marie-Luise Hilger und Hermann Stumpf, hrsg. von Dietrich/Gamillscheg/Wiedemann, 1983, S. 261; *May,* Die Revision, 1995; *Rimmelspacher/Abel,* Zur entsprechenden Anwendbarkeit des § 513 II 2 ZPO im Arbeitsgerichtsverfahren, NZA 1990, 511; *Späth,* Voraussetzung für die Divergenzbeschwerde, BB 1992, 2189; *Stahlhakke/Bader,* Arbeitsgerichtsgesetz, 3. Aufl., 1991; *Ziemen,* Die Bindung des Revisionsgerichts bei fehlerhafter Nichtzulassung der Revision in arbeitsgerichtlichen Verfahren, AuR 1970, 239.

I. Überblick

1   Die Revision ist gegen Endurteile der Landesarbeitsgerichte statthaft. In der Revisionsinstanz findet lediglich eine **Überprüfung in rechtlicher** und nicht – wie bei der Berufung – in tatsächlicher **Hinsicht** statt (§ 73 Abs. 1 ArbGG). Auf

die unrichtige Annahme der örtlichen Zuständigkeit sowie darauf, daß die Zuständigkeit eines ordentlichen Gerichtes begründet sei und auf Mängel des Verfahrens bei der Berufung der ehrenamtlichen Richter kann die Revision nicht gestützt werden (§ 73 Abs. 2 iVm. § 65 ArbGG). Soweit im Arbeitsgerichtsgesetz nichts anderes bestimmt ist, finden auf das Revisionsverfahren nach dem ArbGG die Vorschriften der Zivilprozeßordnung entsprechende Anwendung (§ 72 Abs. 5 ArbGG).

II. Zulässigkeit

Die Revision ist – wie alle Rechtsmittel – nur **zulässig**, wenn die angefochtene Entscheidung eine **Beschwer** des Rechtsmittelführers enthält und wenn mit dem Rechtsmittel gerade die Beseitigung dieser Beschwer (oder eines Teiles von ihr) erstrebt wird[1].

1. Zulassung der Revision

Gegen Urteile des Landesarbeitsgerichts findet die Revision nur statt, wenn sie vom Landesarbeitsgericht (oder vom Bundesarbeitsgericht nachträglich auf eine Nichtzulassungsbeschwerde) **zugelassen** worden ist (§ 72 Abs. 1 ArbGG). Dies gilt auch für die Fälle der Anschlußrevision[2]. Das BAG ist an die Zulassung der Revision durch das LAG gebunden, ohne daß es auf die Begründung für die Zulassung ankommt. Die bei offensichtlich fehlerhafter Zulassung eine Bindung verneinende frühere Rechtsprechung des BAG ist damit überholt[3].

2. Zulassungsgründe

Die einzelnen **Zulassungsgründe** sind in § 72 Abs. 2 ArbGG geregelt. Danach ist eine Revision zuzulassen, wenn:

▶ die Rechtssache **grundsätzliche Bedeutung** hat, oder

▶ das Urteil von einer Entscheidung des Bundesverfassungsgerichts, von einer Entscheidung des Gemeinsamen Senates der Obersten Gerichtshöfe des Bundes, von einer Entscheidung des Bundesarbeitsgerichts oder, solange eine Entscheidung des Bundesarbeitsgerichts in der Rechtsfrage nicht ergangen ist, von einer Entscheidung einer anderen Kammer desselben Landesarbeitsgerichts oder eines anderen Landesarbeitsgerichts **abweicht** und die Entscheidung auf dieser Abweichung **beruht**.

---

1 BAG v. 29. 1. 1992, NZA 1993, 379.
2 BAG v. 30. 4. 1958, AP Nr. 1 zu § 515 ZPO.
3 BAG v. 16. 4. 1997, NZA 1998, 45.

a) Grundsätzliche Bedeutung

5 Eine **grundsätzliche Bedeutung** der Rechtssache ist nur zu bejahen, wenn die Entscheidung des Rechtsstreits von einer **klärungsfähigen** und **klärungsbedürftigen Rechtsfrage** abhängt und diese Klärung entweder von **allgemeiner Bedeutung** für die Rechtsordnung ist oder wegen ihrer tatsächlichen Auswirkungen im **Interesse der Allgemeinheit** ist oder einen größeren Teil der Allgemeinheit eng berührt[1]. Dabei können auch Rechtsfragen des Verfahrensrechts grundsätzliche Bedeutung haben[2].

6 Die für eine grundsätzliche Bedeutung der Rechtssache erforderliche Klärungsbedürftigkeit einer Rechtsfrage ist im allgemeinen **nicht** gegeben, wenn die Rechtsfrage bereits höchstrichterlich entschieden ist und gegen die höchstrichterliche Entscheidung keine neuen Gesichtspunkte vorgebracht werden[3]. Dies gilt auch, wenn über die Rechtslage Einigkeit zwischen den Parteien besteht oder der Wortlaut der streitigen Norm eindeutig ist[4].

7 Stützt ein Landesarbeitsgericht seine Entscheidung auf mehrere **Alternativbegründungen** und betrifft nur eine Begründung die Auslegung einer Tarifvorschrift, so hängt die Entscheidung des Rechtsstreites nicht von einer klärungsfähigen und klärungsbedürftigen Rechtsfrage zu einer tariflichen Vorschrift ab[5].

8 | **Hinweis:**
Selbst wenn eine grundsätzliche Bedeutung im oben genannten Sinne vorliegt, muß die Revision gleichwohl nicht zugelassen werden, wenn sich die Bedeutung nur auf den Bezirk eines Landesarbeitsgerichtes erstreckt, weil etwa die Rechtsfrage eine ausschließlich im Bezirk des Landesarbeitsgerichtes geltende Rechtsnorm betrifft, so daß hierüber das Landesarbeitsgericht abschließend entscheiden kann[6].

9 Demgegenüber ist eine grundsätzliche Bedeutung in der Regel zu bejahen, wenn ein **Musterprozeß** geführt wird, dessen Entscheidung für eine **Vielzahl ähnlicher Prozesse** von Bedeutung ist[7]. Das Bundesarbeitsgericht hat jedoch klargestellt, daß eine grundsätzliche Bedeutung nicht schon dann besteht, wenn nur zwölf ähnlich gelagerte Fälle davon betroffen sind. Erforderlich sollen mindestens 20 gleich- oder ähnlich gelagerte Fälle sein[8].

---

1 BAG v. 21. 3. 1993, AP Nr. 41 zu § 72a ArbGG – Grundsatz; BAG v. 18. 3. 1983 – 4 AZR 192/83, nv.; BAG v. 5. 12. 1979, NJW 1980, 1812.
2 *Grunsky*, ArbGG, § 42 Rz. 10a; MünchArbR/*Brehm*, § 380 Rz. 23.
3 BAG v. 13. 12. 1983 – 3 AZN 498/83, nv.
4 *Grunsky*, ArbGG, § 72 Rz. 10.
5 BAG v. 28. 9. 1989, BB 1990, 71; BAG v. 24. 9. 1986, NZA 1987, 106.
6 *Germelmann/Matthes/Prütting*, ArbGG, § 72 Rz. 16; *Schaub*, Arbeitsrechtliche Formularsammlung und Arbeitsgerichtsverfahren, § 107, S. 862.
7 *Hauck*, ArbGG, § 72 Rz. 7.
8 BAG v. 27. 6. 1991 – 4 AZN 274/91, nv.; BAG v. 15. 11. 1995 – 4 AZN 580/95, DB 1996, 436.

b) Divergenz

Nach § 72 Abs. 2 Nr. 2 ArbGG ist die Revision vom Landesarbeitsgericht weiter zuzulassen, wenn seine Entscheidung von der Entscheidung bestimmter anderer Gerichte (s.o. Rz. 4) abweicht und auf dieser Abweichung beruht[1]. Eine solche **Divergenz** liegt vor, wenn das Urteil des Landesarbeitsgerichts zu einer Rechtsfrage einen **abstrakten Rechtssatz** aufgestellt hat, der von einem abstrakten Rechtssatz in der gleichen Rechtsfrage in einer anderen Entscheidung **abweicht**. Welche Rechtsfrage der Rechtssatz betrifft, ist gleichgültig[2]. Er kann sich auf unbestimmte Rechtsbegriffe beziehen, wenn dazu ein neuer Obersatz aufgestellt wird. Der Rechtssatz kann auch in einem allgemeinen Erfahrungssatz bestehen. Er muß in der die Instanz beendenden Entscheidung des Landesarbeitsgerichts enthalten sein oder in einem vorausgegangenen, das Landesarbeitsgericht bindenden Zwischen- oder Grundurteil[3]. Nach der bisherigen Rechtsprechung des Bundesarbeitsgerichts muß der Rechtssatz, von dem abgewichen wird, in der herangezogenen Entscheidung unmittelbar ausgesprochen sein. Daß er ihr nur mittelbar entnommen werden kann, soll nicht ausreichen[4].

10

Dabei müssen die voneinander abweichenden Rechtssätze zwar grundsätzlich die **gleichen gesetzlichen Bestimmungen** betreffen. Es ist aber nach der herrschenden Meinung nicht erforderlich, daß die abweichenden Rechtssätze sich auf dieselbe Gesetzesbestimmung beziehen. Es genügt, wenn die angewandten Rechtsnormen in ihrem Regelungsinhalt übereinstimmen[5].

11

Die Entscheidung des Landesarbeitsgerichts muß auf dem divergierenden abstrakten Rechtssatz **beruhen**. Dieser muß die Entscheidung tragen. Das ist dann der Fall, wenn bei anderer Beantwortung der Rechtsfrage die Entscheidung möglicherweise zu einem anderen Ergebnis geführt hätte. Ist dagegen der Rechtssatz nur in einer hilfsweisen oder weiteren Begründung des Landesarbeitsgerichts enthalten, beruht dessen Entscheidung nicht auf der Divergenz[6]. Die Revision ist ebenfalls **nicht statthaft**, wenn die Abweichung nur ein **obiter dictum** betrifft[7].

12

---

1 *Späth*, BB 1982, 2189.
2 *Grunsky*, FS für Hilger/Stumpf, S. 261.
3 *Germelmann/Matthes/Prütting*, ArbGG, § 72 Rz. 18; *Schaub*, Arbeitsrechtliche Formularsammlung und Arbeitsgerichtsverfahren, § 107 VI 6.c.
4 BAG v. 10. 7. 1984, AP Nr. 15 zu § 72a ArbGG 1953 – Divergenzrevision; BAG v. 3. 7. 1963, AP Nr. 24 zu § 42 ArbGG 1953 – Divergenzrevision; *Grunsky*, ArbGG, § 72 Rz. 33.
5 BAG v. 8. 12. 1994, NZA 1995, 447; *Grunsky*, ArbGG, § 72 Rz. 34; *Germelmann/Matthes/Prütting*, ArbGG, § 72 Rz. 19; aA: *Hauck*, ArbGG, § 72 Rz. 8.
6 *Hauck*, ArbGG, § 72 Rz. 8.
7 BAG v. 23. 3. 1984 – 7 AZN 673/83, nv.

> **13** **Hinweis:**
> Herangezogen werden kann jeweils nur die **jüngste Entscheidung** zur strittigen Rechtsfrage. Auf eine Rechtsauffassung, die inzwischen nicht mehr aufrechterhalten wird, kann eine Divergenz nicht gestützt werden[1].

3. Exklusivregelung

14 § 72 Abs. 1 ArbGG regelt erschöpfend, unter welchen rechtlichen **Voraussetzungen** gegen ein landesarbeitsgerichtliches Urteil Revision eingelegt werden kann. Ein Rückgriff auf die entsprechenden Bestimmungen der Zivilprozeßordnung ist daher nicht möglich.

a) Keine Geltung von § 547 ZPO

15 Deswegen gilt auch § 547 ZPO in Revisionsverfahren der Arbeitsgerichtsbarkeit nicht[2]. Deshalb ist auch gegen ein zweites Versäumnisurteil eines Landesarbeitsgerichtes die Revision nur statthaft, wenn sie vom Landesarbeitsgericht zugelassen worden ist. Die Darlegung der Voraussetzung des § 513 Abs. 2 Satz 1 ZPO ist nicht ausreichend. Auch durch eine rechtsirrtümliche Rechtsmittelbelehrung wird die Anfechtbarkeit eines Urteils nicht begründet[3].

b) Überschreitung der Fünf-Monats-Frist (§ 516 ZPO)

16 Die Überschreitung der fünfmonatigen Frist zur vollständigen Niederlegung von Tatbestand und Entscheidungsgründen durch das Landesarbeitsgericht rechtfertigt **nicht** die Zulassung der Revision[4].

c) Keine Streitwertrevision

17 Die Zulassung durch das Landesarbeitsgericht ist zwingend erforderlich. Es gibt **keine Streitwertrevision.**

18 Das Bundesarbeitsgericht ist an die Zulassung der Revision durch das Landesarbeitsgericht zwingend **gebunden** (§ 72 Abs. 3 ArbGG)[5]. So ist die Zulassung dann bindend, wenn es auch auf die Rechtsfrage von grundsätzlicher Bedeutung nicht ankommt oder wenn das Landesarbeitsgericht das Merkmal „grundsätzliche Bedeutung" verkannt hat. In diesem Fall hat die in der Berufungsinstanz obsiegende Partei auch keine Möglichkeit, ihrerseits die Zulassung anzufechten[6].

---

1 BAG v. 1. 4. 1991, AP Nr. 5 zu § 72a ArbGG 1979.
2 *Rimmelspacher/Abel*, NZA 1990, 514.
3 BAG v. 22. 6. 1994, EzA Nr. 16 zu § 72 ArbGG 1979; BAG v. 10. 12. 1986, AP Nr. 3 zu § 566 ZPO; *Hauck*, ArbGG, § 72 Rz. 3.
4 BAG v. 13. 12. 1995 – 4 AZN 576/95, nv.; BAG v. 20. 9. 1993, EzA Nr. 15 zu § 72 ArbGG 1979.
5 BAG v. 16. 4. 1997, NZA 1998, 45.
6 *Grunsky*, ArbGG, § 72 Rz. 19.

II. Zulässigkeit

> **Hinweis:**
> Nicht zulässig ist die Revision gegen Urteile, durch die über die Anordnung, Abänderung oder Aufhebung eines Arrestes oder einer einstweiligen Verfügung entschieden wird, § 72 Abs. 4 ArbGG.

19

4. Zulassung im Urteil

Aufgrund der Regelung des § 72 Abs. 1 ArbGG muß die **Zulassung der Revision** im Urteil erfolgen.

20

a) Grundsatz

Obwohl ihre Aufnahme in den **Urteilstenor** im Interesse der Rechtssicherheit und Rechtsklarheit empfehlenswert ist, kann die **Zulassung der Revision** auch in den **Entscheidungsgründen** des berufungsgerichtlichen Urteils wirksam erfolgen[1]. Im arbeitsgerichtlichen Verfahren ist das jedoch grundsätzlich nur möglich, wenn die Zulassung der Revision **mitverkündet** worden ist[2]. Von einer wirksamen Verkündung ist auch dann auszugehen, wenn in einem Verkündungstermin des Landesarbeitsgerichts ein bereits vollständig abgesetztes und von allen Richtern unterschriebenes Urteil verkündet wird, welches in seinen Entscheidungsgründen die Revisionszulassung enthält[3]. Ausnahmsweise ist die Revisionszulassung jedoch auch dann wirksam, wenn sie vom Gericht beschlossen aber versehentlich nicht verkündet und dies in den Entscheidungsgründen zum Ausdruck gebracht worden ist[4]. Dies soll nach Auffassung des ersten Senats des Bundesarbeitsgerichts sogar dann gelten, wenn die Verkündung der Revisionszulassung nicht nur versehentlich unterblieben ist[5].

21

b) Keine Erwähnung im Berufungsurteil

Ist die Revisionszulassung im Berufungsurteil **nicht erwähnt,** stellt dies eine **negative Entscheidung** des Landesarbeitsgerichts dar. Die Vorschrift des § 321 ZPO (Ergänzungsurteil) ist daher in einem solchen Fall grundsätzlich weder unmittelbar noch entsprechend anwendbar[6]. Eine **Berichtigung des Urteils** des Landesarbeitsgerichts kann nur **ausnahmsweise** in Betracht kommen, wenn sich die Tatsache, daß die Revisionszulassung beschlossen und nur versehentlich nicht mitverkündet worden ist, offensichtlich aus dem Urteil selbst oder den Vorgängen bei seinem Erlaß oder seiner Verkündung ergibt[7]. Für die Berichtigung des Urteils reicht es jedoch nicht aus, wenn das Gericht im Rahmen der

22

---
1 BAG v. 23. 11. 1994, EzA Nr. 17 zu § 72 ArbGG 1979.
2 BAG v. 17. 6. 1993, DB 1994, 134; BAG v. 25. 6. 1986, NZA 1987, 179.
3 BAG v. 30. 9. 1987, DB 1988, 134.
4 BAG v. 26. 4. 1995, AP Nr. 6 zu § 41 SGB VI; BAG v. 23. 11. 1994, EzA Nr. 17 zu § 72 ArbGG 1979.
5 BAG v. 31. 10. 1995, NZA 1996, 499.
6 BAG v. 26. 9. 1980, AP Nr. 1 zu § 321 ZPO 1977.
7 BAG v. 23. 11. 1994, AP Nr. 27 zu § 72 ArbGG 1979.

mündlichen Verhandlung den Eindruck erweckt, es werde die Revision zulassen[1].

c) Unrichtige Belehrung

23 Wird im Urteil des Landesarbeitsgerichts aber nur eine **Rechtsmittelbelehrung** über die Revision beigefügt, kann hierin regelmäßig nicht die Zulassung der Revision gesehen werden, wenn diese im Urteil selbst nicht enthalten ist[2].

24 | **Hinweis:**
In diesem Fall ist regelmäßig die Belehrung unrichtig. Damit liegt eine unrichtige Sachbehandlung iSv. § 8 Abs. 1 GKG vor. Zu den dann nicht zu erhebenden Kosten gehören auch diejenigen, die einer Partei dadurch erwachsen, daß sie aufgrund einer ihr günstigen, aber unrichtigen Rechtsmittelbelehrung Revision einlegt.

d) Entscheidung von Amts wegen

25 Die Entscheidung über die Zulassung der Revision muß das Landesarbeitsgericht stets **von Amts wegen** treffen. Diesbezügliche Anträge der Parteien stellen prozessual nur eine Anregung an das Gericht dar[3].

5. Beschränkte Zulassung

26 Auch eine **beschränkte Zulassung** der Revision ist möglich[4]. Voraussetzung ist jedoch, daß sich die Beschränkung klar und eindeutig aus dem Berufungsurteil ergibt und die Art der Beschränkung der Revision rechtlich zulässig ist. Es ist weiterhin erforderlich, daß sich die beschränkte Zulassung auf einen **tatsächlich** und **rechtlich selbständigen und abtrennbaren Teil des Gesamtstreitstoffes bezieht,** über den in einem besonderen Verfahrensabschnitt durch Teil- oder Zwischenurteil entschieden werden könnte[5].

27 Die Beschränkung der Revision ist also insofern rechtlich zulässig, als es sich um **teil- oder zwischenurteilsfähige Teilstreitgegenstände** handelt, da sich die Revision als echtes Rechtsmittel nur auf den Streitgegenstand bezieht. Auf einzelne Rechtsfragen kann die Revision daher nicht beschränkt werden[6]. In diesem Fall wäre die Revision als unbeschränkt zulässig anzusehen[7].

---

1 *Hauck*, ArbGG, § 72 Rz. 11.
2 *Hauck*, ArbGG, § 72 Rz. 10.
3 BAG v. 15. 12. 1986, AP Nr. 1 zu § 8 GKG 1975.
4 *Neumann*, RdA 1983, 170 ff.
5 BAG v. 24. 9. 1986, NZA 1987, 106.
6 BAG v. 24. 9. 1986, NZA 1987, 106.
7 *Gift/Baur*, Teil I Rz. 35.

Beispiel: 28

Zu einem tatsächlich oder rechtlich abtrennbaren Teil des Gesamtstreitstoffes gehören einer von mehreren selbständigen Ansprüchen, Ansprüche gegen einen Streitgenossen, ein Anspruchsteil oder eine zur Aufrechnung gestellte Gegenforderung. Hingegen ist es nicht zulässig, die Revision auf einen rechtlichen Gesichtspunkt oder einzelne Entscheidungselemente zu beschränken[1].

Ist die Revisionszulassung wirksam **auf einen von mehreren Streitgegenständen beschränkt** worden, so kann der nicht zugelassene Streitgegenstand auch nicht im Wege der unselbständigen Anschlußrevision dem Revisionsgericht zur Entscheidung gestellt werden[2]. Hat das Landesarbeitsgericht die Revision lt. Urteilstenor unbeschränkt zugelassen und verhält sich die Begründung der Zulassung nur zu einem Teil der Streitgegenstände, so ist aus Gründen der Rechtsklarheit im Zweifel von einer unbeschränkten Zulassung des Rechtsmittels auszugehen[3]. 29

III. Fristen

1. Grundsatz

Die **Revisionsfrist** und die **Begründungsfrist** betragen je **einen Monat**. Die Begründungsfrist kann einmal bis zu einem weiteren Monat verlängert werden (§ 74 Abs. 1 ArbGG). Im übrigen gilt das zur Berufung Gesagte entsprechend; vgl. Teil 5 D Rz. 29 ff. 30

2. Streithelfer

Die Rechtsmittel des **Streithelfers** (§§ 72, 74, 67 ZPO) und die der unterstützten Partei sind als **einheitliche Rechtsmittel** anzusehen, so daß eine nicht rechtzeitig begründete Revision des Streithelfers bei einer zulässigen Revision der Hauptpartei nicht unzulässig ist[4]. 31

3. Fristversäumnis

Die Revision muß innerhalb einer Frist von **einem Monat** beim Bundesarbeitsgericht eingelegt werden[5]. Sofern die Revision im Berufungsurteil bereits zugelassen wurde, beginnt die Frist mit Zustellung der in vollständiger Form abgefaßten, eine Rechtsmittelbelehrung enthaltenen Ausfertigung des Berufungsurteils mit Beglaubigungsvermerk des Urkundsbeamten. Wird die Revision erst 32

---

1 BAG v. 28. 1. 1986, NJW 1986, 2527; BAG v. 18. 12. 1984, DB 1985, 1949.
2 BAG v. 19. 10. 1982, AP Nr. 1 zu § 72 ArbGG 1979.
3 BAG v. 17. 6. 1993, DB 1994, 1930; BAG v. 6. 9. 1990, NZA 1991, 221.
4 BAG v. 18. 10. 1990, AP Nr. 88 zu § 613a BGB; *May*, Die Revision, S. 91.
5 BAG v. 17. 11. 1975, EzA Nr. 2 zu § 234 ZPO; *Schaub*, Arbeitsrechtliche Formularsammlung und Arbeitsgerichtsverfahren, § 108, S. 895.

auf eine Nichtzulassungsbeschwerde durch das Bundesarbeitsgericht selbst zugelassen, so beginnt die Frist mit Zustellung der Entscheidung über die Nichtzulassungsbeschwerde[1].

33 Für die **Berechnung** der Revisionsfrist ist zu beachten, daß das Ende einer **Rechtsmittelfrist** wegen eines allgemeinen Feiertages nur dann hinausgeschoben wird, wenn der betreffende Tag an dem Ort, wo das Rechtsmittel einzulegen ist, gesetzlicher Feiertag ist. Insofern sind für die Anwendung des § 222 Abs. 2 ZPO die am Sitz des Bundesarbeitsgerichts geltenden allgemeinen Feiertage maßgebend[2].

34 **Hinweise:**

Wird die **Wiedereinsetzung** wegen Versäumung der Revisionsbegründungsfrist beantragt, so muß **innerhalb der zweiwöchigen Frist** die Revisionsbegründung als **versäumte Prozeßhandlung nachgeholt** werden. Ein Antrag auf Verlängerung der Revisionsbegründungsfrist kann grundsätzlich die nachzuholende Prozeßhandlung nicht ersetzen[3].

Den **Prozeßbevollmächtigten** einer Partei trifft dann für die Versäumung der Rechtsmittelbegründungsfrist ein **Verschulden,** wenn er den Ablauf der (Haupt-) Frist nicht im Fristenkalender eintragen läßt, sondern nur Vor- oder Bearbeitungsfristen notieren läßt und deren Einhaltung überwacht. Nur wenn zusätzlich die gesetzlichen Endfristen notiert und überwacht werden, kann sichergestellt werden, daß vorangegangene Fehler noch behoben werden können[4]. Die Gewährleistung einer rechtzeitigen Aktenvorlage zur Bearbeitung durch den Rechtsanwalt reicht alleine nicht aus, um den Organisationserfordernissen, die zur Vermeidung von Fehlerquellen bei der Behandlung von Fristsachen aufgrund anwaltlicher Sorge geboten sind, zu genügen[5].

IV. Postulationsfähigkeit

35 Zugelassen zur **Prozeßvertretung** vor dem Bundesarbeitsgericht im Urteilsverfahren sind **nur Rechtsanwälte** (§ 11 Abs. 2 ArbGG). Zur Vertretung berechtigt ist dabei jeder bei einem deutschen Gericht zugelassene Rechtsanwalt. Sind Verbandsvertreter zugleich als Rechtsanwalt bei einem deutschen Gericht zugelassen, so können sie vor dem Bundesarbeitsgericht ausschließlich in ihrer Eigenschaft als Rechtsanwalt auftreten[6].

---

1 *Gift/Baur,* Teil I Rz. 212.
2 BAG v. 15. 10. 1995, DB 1995, 1347; BAG v. 24. 9. 1996, DB 1997, 988.
3 BAG v. 16. 1. 1989, AP Nr. 3 zu § 222 ZPO.
4 BAG v. 16. 11. 1992, EzA Nr. 16 zu § 233 ZPO.
5 BAG v. 8. 4. 1993, BB 1993, 1296.
6 *Gift/Baur,* Teil I Rz. 210.

V. Revisionsbegründung

Wie auch sonst, können aber die **Parteien** solche Prozeßhandlungen **selbst vornehmen**, die zu Protokoll der Geschäftsstelle erklärt werden können. So kann etwa die Partei selbst vor dem Bundesarbeitsgericht einen Antrag auf Gewährung von Prozeßkostenhilfe stellen[1].

Anders als im Berufungsverfahren ist es aber nicht zulässig, daß die Partei den Einspruch gegen ein Versäumnisurteil des Bundesarbeitsgerichts selbst einlegt, da § 72 Abs. 6 ArbGG gerade nicht auf die Vorschrift des § 59 ArbGG verweist[2].

36

V. Revisionsbegründung

1. Grundsatz

Für die **Revisionsbegründung** gelten grundsätzlich die Bestimmungen des § 554 Abs. 3 Nr. 1 und 3 sowie Abs. 5 ZPO.

37

Bei einer ordnungsgemäßen Begründung der Revision ist die **Auseinandersetzung mit dem angefochtenen Urteil** zwingend erforderlich. Die bloße Darstellung anderer Rechtsansichten ohne jede Auseinandersetzung mit den Gründen des Berufungsurteils genügt nicht[3].

Beispiel:

Wendet sich die Revision gegen die Anwendung eines unbestimmten Rechtsbegriffs, so muß sie dartun, daß das Landesarbeitsgericht den Rechtsbegriff selbst verkannt hat, Denkgesetze verletzt oder wesentliche Umstände bei der Bewertung übersehen hat.

Werden von der Revision mehrere Ansprüche bekämpft, so muß die Begründung sich auf alle diese Ansprüche erstrecken und sich mit der Begründung des angefochtenen Urteils im einzelnen auseinandersetzen[4]. Eine Auseinandersetzung mit der Begründung des angefochtenen Urteils ist nur dann nicht erforderlich, wenn die Revision allein auf neue Tatsachen gestützt wird, die nach der letzten mündlichen Verhandlung vor dem Berufungsgericht entstanden sind und auch bei Zugrundelegung der Rechtsauffassung des zweitinstanzlichen Gerichtes zu einer anderen Beurteilung des Klageanspruches führen können[5].

38

Beispiel:

Der Gläubiger eines Arbeitnehmers pfändet dessen Ansprüche auf Arbeitslohn gegen den Arbeitgeber. Das Arbeitsgericht gibt der Klage unter Zugrundelegung eines pfändbaren Betrages statt. Gegen das Urteil legte der Arbeitgeber Berufung ein. In der Berufungsinstanz wurde unstreitig, daß die Ansprüche des Arbeitnehmers auf Arbeitsentgelt bereits mehrfach vorher gepfändet wurden.

---

1 *Germelmann/Matthes/Prütting*, ArbGG, § 11a Rz. 118.
2 BAG v. 4. 5. 1956, AP Nr. 44 zu § 72 ArbGG 1953; *Hauck*, ArbGG, § 11 Rz. 18.
3 BAG v. 29. 10. 1997 – 5 AZR 624/96, nv.
4 BAG v. 16. 5. 1990, NZA 1990, 825.
5 BAG v. 16. 5. 1990, NZA 1990, 825.

Aus diesem Grund wies das Landesarbeitsgericht die Klage gegen die Vorpfändungen als derzeit unbegründet zurück. Im Revisionsverfahren legte der Kläger Rangrücktrittserklärungen der vorrangigen Pfandgläubiger vor. Aufgrund dessen hat die Revision teilweise Erfolg.

39
> **Hinweis:**
>
> **Keinesfalls ausreichend** ist es, wenn die Revisionsbegründung ausschließlich eine **Verweisung auf den Sachvortrag der ersten Instanz** beinhaltet. Dies gilt insbesondere dann, wenn das Arbeitsgericht und ihm folgend das Berufungsgericht den vorinstanzlichen Sachvortrag für unsubstantiiert bzw. unschlüssig angesehen hat[1].

2. Inhalt

40 Inhaltlich kann die Revision **nur** auf die **Verletzung einer Rechtsnorm** gestützt werden. Dies kann sowohl die Verletzung einer Verfahrensvorschrift wie auch die Verletzung von Normen des materiellen Rechts sein. Neues tatsächliches Vorbringen darf hingegen grundsätzlich nicht berücksichtigt werden[2].

Erhebt der Revisionsführer aber eine **Aufklärungsrüge** nach § 139 ZPO, so hat er anzugeben, was das Gericht hätte aufklären müssen, wie das Ergebnis der Aufklärung ausgesehen hätte und daß hierdurch die Entscheidung des Gerichts beeinflußt worden wäre[3].

3. Absolute Revisionsgründe

41 Die **absoluten Revisionsgründe** sind in § 551 ZPO enumerativ aufgeführt[4]. Liegt ein derartiger Verfahrensverstoß vor, so bedarf es keiner Darlegung mehr, daß die angefochtene Entscheidung auf dieser Verfahrensverletzung beruht.

42
> **Hinweis:**
>
> Auch die absoluten Revisionsgründe können nur bei Zulassung der Revision geltend gemacht werden!

43 Hinsichtlich der einzelnen absoluten Revisionsgründe kann im wesentlichen auf die zivilprozessuale Literatur verwiesen werden. Ein absoluter Revisionsgrund iSd. § 551 Nr. 7 ZPO liegt mithin vor, wenn Tatbestand und Entscheidungsgründe eines landesarbeitsgerichtlichen Urteils nicht binnen fünf Monaten nach Verkündung schriftlich niedergelegt und von den Richtern unter-

---

1 BAG, Urteil v. 2. 3. 1992 – 2 AZR 508/91, nv.
2 *Gift/Baur*, Teil I Rz. 131.
3 BAG v. 12. 2. 1996 – 2 AZR 7/96, nv.; BAG v. 14. 2. 1964, AP Nr. 10 zu § 565 ZPO; *Schaub*, Arbeitsrechtliche Formularsammlung und Arbeitsgerichtsverfahren, § 108, S. 896.
4 Hierzu *Baumbach/Lauterbach/Albers/Hartmann*, § 551 ZPO Rz. 3 ff.

schrieben der Geschäftsstelle übergeben worden sind[1]. In diesem Fall ist die Entscheidung nicht mit Gründen versehen, da nach Ablauf einer derartigen Zeit nicht davon ausgegangen werden kann, daß die schriftlichen Entscheidungsgründe noch auf der Verhandlung und der Beratung beruhen.

4. Sonstige Revisionsgründe

Aber auch wenn keine absoluten Revisionsgründe vorliegen, kann die angefochtene Entscheidung auf einer **Verletzung von Verfahrensrecht** beruhen. Hierzu muß der Revisionsführer bei einer derartigen Rüge die **verletzte Rechtsnorm bezeichnen,** deren **unrichte Anwendung** darlegen und dartun, daß bei richtiger Anwendung der Rechtsnorm der Rechtsstreit zumindest möglicherweise zugunsten des Rechtsmittelführers ausgegangen wäre[2]. 44

Rügt der Revisionsführer die **Verletzung materiellen Rechts,** so hat er ebenfalls die verletzte Rechtsnorm eindeutig zu bezeichnen und die beanstandete Rechtsverletzung so genau darzulegen, daß über Umfang und Zweck der Rüge kein Zweifel möglich ist[3]. Im Gegensatz zur Verfahrensrüge muß im einzelnen dargelegt werden, warum die Rechtsausführungen des Landesarbeitsgerichts tatsächlich unzutreffend sind und bei korrekter Rechtsanwendung eine dem Revisionsführer günstige Entscheidung ergangen wäre[4]. 45

VI. Revisionsbeantwortung

Die Beantwortung der Revision ist **weder zwingend erforderlich noch an eine bestimmte Frist gebunden.** Dies liegt darin begründet, daß im Revisionsverfahren grundsätzlich neuer Tatsachenvortrag unzulässig ist. 46

> **Hinweis:** 47
> Jedoch ist eine ausführliche Stellungnahme des Revisionsbeklagten dringend anzuraten, um den eigenen Standpunkt deutlich zu machen.
>
> Dies gilt insbesondere, wenn ausnahmsweise im Revisionsverfahren neues tatsächliches Vorbringen statthaft ist, etwa wenn zwischenzeitliche Verfügungen über den Streitgegenstand getroffen wurden. In diesem Fall muß der Revisionsbeklagte sich zu diesem neuen Sachvorbringen erklären, wenn er dieses nicht unstreitig stellen will[5].

---

1 GemSOGB v. 27. 4. 1993, NZA 1993, 1147; BAG v. 4. 8. 1993, AP Nr. 22 zu § 551 ZPO; *Hauck,* ArbGG, § 73 Rz. 19; vgl. hierzu die ausführliche Darstellung bei *Auffarth/Schönherr/Heither,* ArbGG, BS 72 – 89/1 ff.
2 *Grunsky,* ArbGG, § 73 Rz. 21; s. auch Rz. 42.
3 *Gift/Baur,* Teil I Rz. 176.
4 *Schaub,* Arbeitsrechtliche Formularsammlung und Arbeitsgerichtsverfahren, § 108, S. 896.
5 *Gift/Baur,* Teil I Rz. 236.

VII. Sprungrevision

48 Die Sprungrevision (vom Arbeitsgericht direkt zum Bundesarbeitsgericht) ist in § 76 ArbGG geregelt.

1. Formelle Voraussetzungen

49 Eine Sprungrevision ist nur möglich, wenn **der Gegner schriftlich zustimmt** und wenn sie vom Arbeitsgericht auf Antrag durch Urteil oder nachträglich **durch Beschluß** zugelassen wird[1]. Der Antrag ist innerhalb einer Notfrist von einem Monat nach Zustellung des in vollständiger Form abgefaßten Urteils schriftlich zu stellen. Die Zustimmung des Gegners ist, wenn die Revision im Urteil zugelassen ist, der Revisionsschrift, anderenfalls dem Antrag beizufügen.

2. Zustimmungserklärung

50 Die für die Zulässigkeit der Sprungrevision erforderliche Zustimmung kann die gegnerische Partei selbst erklären oder sich dabei von einer prozeßfähigen Person vertreten lassen (§ 11 Abs. 1 Satz 1 ArbGG). Insoweit besteht **kein Vertretungszwang** durch einen Rechtsanwalt oder einen Verbandsbevollmächtigten[2].

51 | **Hinweis:**
Erklärt eine Partei schriftsätzlich oder zu Protokoll, sie stimme der **Zulassung** einer Sprungrevision zu, so bedeutet das noch nicht, daß sie auch schon der **Einlegung** einer Sprungrevision nach § 76 Abs. 1 ArbGG zustimmen will[3].

3. Materiell-rechtliche Voraussetzungen

52 Die Sprungrevision ist nach § 76 Abs. 2 ArbGG **nur zuzulassen,** wenn die Rechtssache **grundsätzliche Bedeutung** hat und Rechtsstreitigkeiten betrifft,

- zwischen **Tarifvertragsparteien aus Tarifverträgen** oder über das **Bestehen oder Nichtbestehen von Tarifverträgen;**
- über die **Auslegung eines Tarifvertrages,** dessen Geltungsbereich sich über den Bezirk des Landesarbeitsgerichts hinaus erstreckt;
- zwischen tariflichen Parteien oder diesen und Dritten aus **unerlaubten Handlungen,** soweit es sich um **Maßnahmen zum Zwecke des Arbeitskampfes** oder um **Fragen der Vereinigungsfreiheit** einschließlich des hiermit im Zusammenhang stehenden **Betätigungsrechtes der Vereinigungen** handelt.

---

1 *May,* Die Revision, S. 206.
2 BAG v. 17. 4. 1985, NZA 1986, 171.
3 BAG v. 28. 10. 1986, EzA Nr. 5 zu § 76 ArbGG 1979; *Hauck,* ArbGG, § 76 Rz. 9.

4. Bindung des Revisionsgerichts

Nach § 76 Abs. 2 Satz 2 ArbGG ist das Bundesarbeitsgericht **an die Zulassung der Sprungrevision gebunden.** Läßt ein Arbeitsgericht jedoch die Sprungrevision zu, obwohl keine tarif- oder kollektivrechtliche Streitigkeit iSd. Nr. 1 bis 3 des § 76 Abs. 2 ArbGG vorliegt, so ist die Zulassung unwirksam und für das Bundesarbeitsgericht nicht bindend[1]. Allerdings sprechen nach Auffassung des **Dritten Senats** die besseren Gründe dafür, daß die Zulassung der Sprungrevision **nicht** mehr daraufhin überprüft werden kann, ob der Rechtsstreit einen der in § 76 Abs. 2 Satz 1 ArbGG genannten Streitgegenstände betrifft[2]. 53

VIII. Revisionsbeschwerde

Die **sofortige Beschwerde** nach § 519b Abs. 2 ZPO ist nur zulässig, wenn sie das Landesarbeitsgericht in dem Beschluß über die Verwerfung der Berufung wegen der Bedeutung der Sache **zugelassen** hat (§ 77 ArbGG). Ebenso wie die Revisionszulassung kann auch die Zulassung der Beschwerde beschränkt erfolgen[3]. Gegen die Nichtzulassung der Revisionsbeschwerde ist eine Nichtzulassungsbeschwerde nicht gegeben[4]. 54

Die Beschwerdefrist beträgt gem. § 577 Abs. 2 ZPO **zwei Wochen** und beginnt **mit der Zustellung des Verwerfungsbeschlusses.** Es handelt sich um eine Notfrist[5]. Die Begründung kann bis zur Entscheidung über die Revisionsbeschwerde vorgebracht werden[6]. 55

Über die sofortige Beschwerde entscheidet das **Bundesarbeitsgericht** ohne Zuziehung der ehrenamtlichen Richter. Die Vorschriften der ZPO über die sofortige Beschwerde gelten entsprechend. 56

IX. Entscheidung des Bundesarbeitsgerichts

1. Zurückverweisung und Bindungswirkung

Hat die Revision Erfolg, ist das Urteil des Landesarbeitsgerichts **aufzuheben** und der **Rechtsstreit grundsätzlich an das Landesarbeitsgericht zurückzuverweisen** (§ 565 Abs. 1 ZPO). 57

Das Berufungsgericht hat die rechtliche Beurteilung, die der Aufhebung zugrunde gelegt worden ist, auch seiner Entscheidung zugrunde zu legen. Die **Bindungswirkung** besteht für das Berufungsgericht jedoch nur dann, wenn die 58

---

1 BAG v. 12. 2. 1985, NJW 1985, 2974; BAG v. 15. 10. 1992, AP Nr. 19 zu § 17 BAT.
2 BAG v. 25. 4. 1996, DB 1997, 336.
3 *Gift/Baur*, Teil I Rz. 342.
4 BAG v. 25. 7. 1989, NZA 1990, 73; BAG v. 25. 10. 1979, AP Nr. 1 zu § 77 ArbGG 1979.
5 Vgl. § 577 Abs. 2 Satz 1 ZPO.
6 *Germelmann/Matthes/Prütting*, ArbGG, § 77 Rz. 13.

rechtserheblichen, tatsächlichen Feststellungen unverändert bleiben. Das Landesarbeitsgericht ist aber nach Zurückverweisung berechtigt und ggf. verpflichtet, neue tatsächliche Feststellungen zu treffen[1].

59 **Beispiel:**

Das LAG verneint bei verhaltensbedingter Kündigung den Kündigungsgrund an sich und nimmt deshalb – konsequent – keine Interessenabwägung vor. Das BAG bejaht den Kündigungsgrund an sich und muß deshalb zurückverweisen, weil es die Interessenabwägung (zunächst) dem LAG als Tatsacheninstanz überlassen muß.

60 **Hinweis:**

Ist in den unteren Instanzen zu Unrecht im Urteils- statt im Beschlußverfahren entschieden worden, so ist eine Entscheidung in der Sache selbst nicht möglich. Das Verfahren muß an die erste Instanz, nicht also an das Landesarbeitsgericht, abgegeben werden[2].

2. Abschließende Entscheidung

61 Unter den Voraussetzungen des § 565 Abs. 3 ZPO kann das Bundesarbeitsgericht jedoch **in der Sache selbst entscheiden.** Das ist der Fall, wenn

- ▶ die Aufhebung des Urteils nur wegen **Gesetzesverletzung** bei Anwendung des Gesetzes auf das festgestellte Sachverhältnis erfolgt und nach letzterem die Sache **zur Entscheidung reif** ist;
- ▶ die Aufhebung des Urteils wegen Unzuständigkeit des Gerichts oder **wegen Unzulässigkeit des Rechtsweges** erfolgt.

X. Die Revisionsanträge

1. Antrag des Revisionsklägers

62 Der **korrekte Antrag** des Revisionsklägers, der in der ersten und zweiten Instanz unterlegen war, ergibt sich aus den §§ 536, 546 ZPO. Dementsprechend muß der Antrag lauten:

„1. Auf die Revision des Klägers/Beklagten wird das Urteil des Landesarbeitsgerichts ... vom ..., Az. ..., **aufgehoben.**
2. Auf die Berufung des Klägers/Beklagten wird das Urteil des Arbeitsgerichts ... vom ..., Az. ..., abgeändert.

---

1 BAG v. 14. 4. 1967, AP Nr. 12 zu § 565 ZPO; Zöller, ZPO, § 565 Rz. 3.
2 BAG v. 9. 11. 1971, AP Nr. 1 zu § 8 ArbGG 1953.

X. Die Revisionsanträge

> 3. Der Beklagte wird verurteilt, ... (Klageantrag)."
>
> oder
>
> „3. Die Klage wird abgewiesen."

Bei (teilweisem) Obsiegen in der ersten Instanz und (teilweisem) Unterliegen in der zweiten Instanz, muß der Antrag in Nr. 2 lauten: 63

> „2. Die Berufung des Klägers/Beklagten gegen das Urteil des Arbeitsgerichts ... vom ..., Az. ..., wird zurückgewiesen."
>
> oder
>
> „2. Die Berufung des Klägers/Beklagten gegen das Urteil des Arbeitsgerichts ... vom ..., Az. ..., wird zurückgewiesen, soweit ..."

Es ist überflüssig, einen Antrag auf Zurückweisung an das Landesarbeitsgericht zu stellen, da dies ggf. von Amts wegen erfolgt (§ 565 ZPO).

2. Der Antrag des Revisionsbeklagten

Der Antrag des Revisionsbeklagten muß lauten: 64

> „Die Revision des Klägers/Beklagten gegen das Urteil des Landesarbeitsgerichts ... vom ..., Az. ..., wird zurückgewiesen."

F. Nichtzulassungsbeschwerde

	Rz.
I. Überblick	1
II. Grundsatzbeschwerde	
1. Voraussetzungen	3
2. Tarifauseinandersetzung	5
3. Auslegung eines raumgreifenden Tarifvertrages	
a) Begriff der Auslegung	8
b) Räumliche Geltung über mehrere LAG-Bezirke	11
4. Rechtsstreitigkeiten aus unerlaubten Handlungen	12
5. Darlegungslast	13
6. Übersicht: Grundsatzbeschwerde	17
III. Divergenzbeschwerde	18
1. Begriff der Divergenz	19
2. Zeitpunkt der divergenzfähigen Entscheidung	24
3. Divergenzfähige Gerichte	25
4. Darlegungslast des Beschwerdeführers	29
5. Übersicht: Divergenzbeschwerde	32

	Rz.
IV. Formelle Voraussetzungen	
1. Einlegung beim Bundesarbeitsgericht	33
2. Fristen	34
3. Begründungspflicht	37
4. Form	39
5. Inhalt	40
6. Aufschiebende Wirkung	44
V. Entscheidung des Bundesarbeitsgerichts	45
1. Zurückweisung der Nichtzulassungsbeschwerde	46
2. Zulassung der Revision	47
3. Bindungswirkung	48
4. Begründung	51
5. Mitwirkung ehrenamtlicher Richter	52
6. Unzulässigkeit oder Unbegründetheit der Nichtzulassungsbeschwerde	57
VI. Anträge	59

Schrifttum:

Birkner-Kuschyk, Die Rechtsprechung des Bundesarbeitsgerichts zur Nichtzulassungsbeschwerde, NJW 1982, 205; *Brehm*, Rechtsmittel und Wiederaufnahme im Urteilsverfahren, Münchener Handbuch zum Arbeitsrecht, Band 3, 1993, § 380; *Etzel*, Die Nichtzulassungsbeschwerde wegen grundsätzlicher Bedeutung der Rechtssache, ZTR 1997, 248; *Frohner*, Rechtliche Einordnung der Nichtzulassungsbeschwerde – Rechtsmittel oder Rechtsbehelf?, BB 1980, 1164; *Gift/Baur*, Das Urteilsverfahren vor den Gerichten für Arbeitssachen, 1993; *May*, Die Revision, 1995; *Neumann*, Erfahrungen mit der Nichtzulassungsbeschwerde, in Festschrift für Marie-Luise Hilger und Hermann Stumpf, hrsg. von Dietrich/Gamillscheg/Wiedemann, 1983, S. 513; *Schäfer*, Zur Nichtzulassungsbeschwerde nach § 72a ArbGG, NZA 1986, 249; *Späth*, Voraussetzung für die Divergenzbeschwerde, BB 1982, 2189; *Stahlhacke/Bader*, Arbeitsgerichtsgesetz, 3. Aufl. 1991.

I. Überblick

1 Gemäß § 72a ArbGG kann die Nichtzulassung der Revision durch das Landesarbeitsgericht selbständig durch Beschwerde angefochten werden. Die Nichtzulassungsbeschwerde kommt dabei als sog. **Grundsatzbeschwerde** nach § 72a Abs. 1 Nr. 1 bis 3 ArbGG oder als sog. **Divergenzbeschwerde** nach § 72 Abs. 2 Nr. 2 ArbGG in Betracht. Die Erfolgsquote einer Nichtzulassungsbeschwerde

soll – bezogen auf die Gesamtzahl der eingelegten Nichtzulassungsbeschwerden – etwa 4% betragen[1].

Andere als die im § 72a ArbGG genannten Gründe können eine Nichtzulassungsbeschwerde nicht rechtfertigen[2]. Insbesondere kann eine Nichtzulassungsbeschwerde nicht auf die Verletzung von Verfahrensgrundsätzen gestützt werden[3].

II. Grundsatzbeschwerde

1. Voraussetzungen

Die Grundsatzbeschwerde ist statthaft, wenn die Rechtssache **grundsätzliche Bedeutung** hat und außerdem einer der Fälle des § 72a Abs. 1 Nr. 1 bis 3 ArbGG vorliegt.

Hierbei handelt es sich um Rechtsstreitigkeiten

- ▶ zwischen Tarifvertragsparteien aus Tarifverträgen oder über das Bestehen oder Nichtbestehen von Tarifverträgen,
- ▶ über die Auslegung eines Tarifvertrages, dessen Geltungsbereich sich über den Bezirk des Landesarbeitsgerichts hinaus erstreckt oder
- ▶ zwischen tariffähigen Personen oder zwischen diesen und Dritten aus unerlaubten Handlungen, soweit es sich um Maßnahmen zum Zwecke des Arbeitskampfes oder um Fragen der Vereinigungsfreiheit einschließlich des hiermit im Zusammenhang stehenden Betätigungsrechts der Vereinigungen handelt.

Allein die grundsätzliche Bedeutung einer Rechtssache eröffnet daher die Nichtzulassungsbeschwerde nicht, wenn der Rechtsstreit nicht zusätzlich einen der og. Gegenstände betrifft[4].

2. Tarifauseinandersetzung

Die Rechtsstreitigkeit der **Tarifvertragsparteien** muß demnach aus **Tarifverträgen** herrühren oder das **Bestehen** oder **Nichtbestehen** eines **Tarifvertrages** zum Inhalt haben. Vorverträge auf Abschluß eines Tarifvertrags genügen dazu nicht[5]. Keine Streitigkeit über das Bestehen eines Tarifvertrages liegt jedoch dann vor, wenn lediglich die Anwendung eines Tarifvertrages auf ein einzelnes Arbeitsverhältnis im Streit ist[6].

---

1 *Neumann*, FS Hilger/Stumpf, S. 515.
2 BAG v. 4. 5. 1994, EzA Nr. 65 zu § 72a ArbGG 1979.
3 BAG v. 5. 8. 1986, AP Nr. 24 zu § 72a ArbGG 1979; BAG v. 4. 5. 1974, EzA Nr. 65 zu § 72a ArbGG 1979.
4 *Hauck*, ArbGG, § 72a Rz. 1.
5 BAG v. 25. 8. 1982, BAGE 39, 346, 350.
6 *Gift/Baur*, Teil I Rz. 70.

6 **Beispiel:**

Verweist etwa eine kirchliche Arbeitsvertragsordnung auf einen Tarifvertrag, der nach seinem Geltungsbereich die kirchlichen Arbeitsverhältnisse nicht erfassen will, so ist ein Rechtsstreit der Vertragsparteien um die Auslegung des Tarifvertrages keine Tarifangelegenheit im Sinne des § 72a Abs. 1 Nr. 1 ArbGG, die eine Nichtzulassungsbeschwerde wegen grundsätzlicher Bedeutung stützen könnte[1].

7 Ebensowenig handelt es sich um eine Angelegenheit iSd. § 72a Abs. 1 ArbGG, wenn ein Tarifvertrag lediglich auf **außertarifliche Vorschriften** verweist. In diesem Fall liegt keine eigenständige tarifliche Regelung vor[2].

3. Auslegung eines raumgreifenden Tarifvertrages

a) Begriff der Auslegung

8 Hierbei muß die Rechtsfrage von **grundsätzlicher Bedeutung** unmittelbar die **Auslegung des Tarifvertrages** betreffen, nicht jedoch das Tarifrecht als solches[3]. Die Voraussetzungen des § 72a Abs. 1 Nr. 2 ArbGG sind nicht gegeben, wenn um Anwendung von Gesetzesrecht wie zB Verfahrensrecht gestritten wird[4].

9 **Beispiel:**

So kann eine Nichtzulassungsbeschwerde nicht allein darauf gestützt werden, daß die Besetzung des Gerichts nicht ordnungsgemäß gewesen sei[5] oder die Frist von fünf Monaten zur vollständigen Niederlegung der Entscheidungsgründe überschritten wurde[6].

10 Auslegung iSd. § 72a Abs. 1 Nr. 2 ArbGG ist nur die **fallübergreifende abstrakte Interpretation** tarifrechtlicher Rechtsbegriffe, so daß die bloße Subsumtion eines Einzelfalles unter solche Rechtsbegriffe, insbesondere unbestimmte Rechtsbegriffe, von der Rechtsform nicht erfaßt wird[7]. Erforderlich ist vielmehr, daß die Entscheidung des Landesarbeitsgerichts von der Anwendung eines Rechtsbegriffes in der durch die konkrete tarifliche Regelung gebotenen Auslegung abhängig ist[8].

b) Räumliche Geltung über mehrere LAG-Bezirke

11 Der **Geltungsbereich** des (auszulegenden) Tarifvertrages muß sich zudem **über den Bezirk eines Landesarbeitsgerichts hinaus** erstrecken. Hierfür genügt es, daß ein Tarifvertrag, dessen Geltungsbereich auf den Bezirk eines Landesar-

---

1 BAG v. 18. 5. 1982, AP Nr. 22 zu § 72a ArbGG 1979 – Grundsatz.
2 BAG v. 28. 2. 1984 – 3 AZN 576/83, nv.
3 BAG v. 24. 3. 1987, AP Nr. 31 zu § 72a ArbGG 1979 – Grundsatz.
4 *Hauck*, ArbGG, § 72a Rz. 4.
5 BAG v. 4. 5. 1994, NZA 1994, 1152.
6 BAG v. 13. 12. 1995 – 4 AZN 576/95, nv.
7 BAG v. 31. 8. 1993 – 4 AZN 363/83, nv.
8 *Germelmann/Matthes/Prütting*, ArbGG, § 72a Rz. 12.

beitsgerichts beschränkt ist, in einem bestimmten Regelungsbereich mit mindestens einem in einem anderen Landesarbeitsgerichtsbezirk geltenden Tarifvertrag wörtlich und inhaltlich übereinstimmt und beide Tarifverträge auch im übrigen keine für eine Auslegung unter Berücksichtigung des jeweiligen Regelungszusammenhangs erheblichen Unterschiede aufweisen[1]. Wenden die Arbeitsvertragsparteien einen Tarifvertrag an, dessen Geltungsbereich sich zwar über den Bezirk des Landesarbeitsgerichts hinaus erstreckt, der aber im Bezirk des Berufungsgerichts nicht gilt, so betrifft ein Rechtsstreit über die Auslegung dieses Tarifvertrages keine die Zulassung der Revision eröffnende Tarifangelegenheit iSd. § 72a Abs. 1 Nr. 2 ArbGG[2]. Dies soll aber dann nicht gelten, wenn ein Arbeitgeber für seine in einem Landesarbeitsgerichtsbezirk liegenden Betriebe einen **Haustarifvertrag** abschließt und ein weiterer Tarifvertrag für seine in einem anderen Landesarbeitsgerichtsbezirk liegenden Betriebe auf diesen Haustarifvertrag verweist[3].

4. Rechtsstreitigkeiten aus unerlaubten Handlungen

Eine Nichtzulassungsbeschwerde wegen grundsätzlicher Bedeutung ist darüber hinaus in Rechtsstreitigkeiten zwischen tariflichen Parteien oder zwischen diesen und Dritten aus unerlaubten Handlungen möglich, soweit es sich um **Maßnahmen zum Zwecke des Arbeitskampfes** oder um **Fragen der Vereinigungsfreiheit** oder des **Betätigungsrechts der Vereinigungen** handelt. Die Prozeßpartei muß dabei immer eine tariffähige Partei sein[4]. Dagegen ist es gleichgültig, auf welche Anspruchsgrundlage der Klageanspruch gestützt wird[5]. 12

5. Darlegungslast

Zur **Darlegungslast des Beschwerdeführers** gehört es, daß er die grundsätzliche Bedeutung der Entscheidung darlegt, insbesondere **substantiiert vorträgt,** weshalb eine höchstrichterliche Entscheidung des Falles im Interesse der Allgemeinheit geboten ist. 13

> **Hinweis:** 14
> Die Darlegung der bloßen Möglichkeit einer Auswirkung auf andere gleichartige Arbeitsverhältnisse genügt hingegen nicht[6].

Weiter muß der Beschwerdeführer konkret deutlich machen, daß er die Tarifauslegung als solche angreift. Er hat im einzelnen den tariflichen Rechtsbegriff zu bezeichnen, dessen falsche Anwendung durch das Landesarbeitsgericht zu 15

---

1 BAG v. 24. 3. 1993, NZA 1993, 849; *Hauck,* ArbGG, § 72a Rz. 4.
2 BAG v. 13. 6. 1991, NZA 1991, 741.
3 BAG v. 30. 11. 1994, EzA Nr. 67 zu § 72a ArbGG.
4 *Hauck,* ArbGG, § 72a Rz. 5.
5 *Germelmann/Matthes/Prütting,* ArbGG, § 72a Rz. 13.
6 BAG v. 24. 3. 1987, AP Nr. 31 zu § 72 ArbGG 1979 – Grundsatz.

rügen und vorzutragen, inwiefern das Landesarbeitsgericht den Rechtsbegriff verkannt oder bei der Subsumtion wieder aufgegeben hat[1].

16
> **Hinweis:**
> Damit muß der Beschwerdeführer de facto die Revisionsbegründung vorwegnehmen.

6. Übersicht: Grundsatzbeschwerde

17
> 1. Grundsätzliche Bedeutung einer Rechtssache für die Allgemeinheit
> 2. Privilegierte Rechtsstreitigkeit iSd. § 72a Abs. 1 ArbGG
>   a) Rechtsstreit zwischen Tarifparteien
>   Beachte die **Tariffähigkeit der Parteien!**
>   b) Auslegung eines raumgreifenden Tarifvertrages
>   c) Rechtsstreitigkeit aus unerlaubter Handlung, die Arbeitskampfmaßnahmen oder Fragen der Vereinigungsfreiheit betrifft

III. Divergenzbeschwerde

18 Nach § 72 Abs. 2 Nr. 2 ArbGG ist die Revision vom Landesarbeitsgericht zuzulassen, wenn seine Entscheidung von der Entscheidung bestimmter anderer Gerichte abweicht und auf dieser Abweichung beruht.

1. Begriff der Divergenz

19 Eine solche **Abweichung** (Divergenz) liegt vor, wenn das Urteil des Landesarbeitsgerichtes in einer **Rechtsfrage** einen **abstrakten Rechtssatz** aufgestellt hat, der von einem abstrakten Rechtssatz in der gleichen Rechtsfrage in einer anderen Entscheidung abweicht. Welche Rechtsfrage der Rechtssatz betrifft, ist gleichgültig. Er kann sich auf unbestimmte Rechtsbegriffe beziehen, wenn dazu ein **neuer Obersatz** aufgestellt wird. Der Rechtssatz kann auch in einem **allgemeinen Erfahrungssatz** bestehen[2]. Eine Abweichung ist nur dann gegeben, wenn sowohl die Entscheidung des Landesarbeitsgerichts als auch die herangezogene Entscheidung eines divergenzfähigen Gerichtes einen abstrakten Rechtssatz aufgestellt haben und diese voneinander abweichen[3]. Nach der bisherigen Rechtsprechung des Bundesarbeitsgerichts muß der Rechtssatz, von dem abgewichen wird, in der herangezogenen Entscheidung unmittelbar ausge-

---
1 BAG v. 14. 6. 1983 – 3 AZN 138/83, nv.
2 BAG v. 12. 12. 1968, AP Nr. 34 zu § 72a ArbGG 1953 – Divergenzrevision.
3 BAG v. 5. 12. 1995, NZA 1996, 502.

sprochen werden. Daß er ihr nur mittelbar entnommen werden kann, soll indes nicht ausreichen[1]. Erforderlich ist aber, daß die Rechtssätze **inhaltlich gleiche gesetzliche Vorschriften** betreffen.

> **Hinweis:**
> In der Beschwerdebegründung muß deshalb dargelegt werden, daß die angewandten Rechtsnormen im Wortlaut und im Regelungsinhalt übereinstimmen[2].

20

Ein vom BAG seiner Entscheidung vorangestellter „Leitsatz" ist kein Bestandteil der Entscheidung selbst. Er dient lediglich zur besseren Orientierung der Leser, soweit die Entscheidung zur Veröffentlichung vorgesehen ist[3].

21

> **Hinweis:**
> Eine Zulassungspflicht besteht hingegen nicht, wenn ein abweichender Rechtsgrundsatz nur in einem Obiter dictum aufgestellt worden ist[4].

22

Die Revision ist nur zuzulassen, wenn die Entscheidung des Landesarbeitsgerichts auf einem abweichenden Rechtsgrundsatz **beruht.** Diese Voraussetzung ist erfüllt, wenn bei einer Beantwortung der Rechtsfrage die Entscheidung möglicherweise zu einem **anderen Ergebnis** geführt hätte[5]. Enthält die anzufechtende Entscheidung eine doppelte Begründung und weicht nur eine Begründung von einer divergenzfähigen Entscheidung ab, beruht die Entscheidung **nicht** auf dieser Abweichung[6].

23

2. Zeitpunkt der divergenzfähigen Entscheidung

Zur Feststellung der Divergenz ist maßgebend auf den Zeitpunkt der Entscheidung über die Beschwerde abzustellen[7].

24

Eine Nichtzulassungsbeschwerde wegen Divergenz kann grundsätzlich nur auf einen Rechtssatz gestützt werden, der in einer **vor der Verkündung** der anzufechtenden Entscheidung ergangenen divergenzfähigen Entscheidung enthalten ist[8]. Diese Entscheidung muß nicht rechtskräftig sein.

---

1 BAG v. 10. 7. 1984, AP Nr. 15 zu § 72 ArbGG 1953 – Divergenzrevision; BAG v. 3. 7. 1963, AP Nr. 24 zu § 72 ArbGG 1953 – Divergenzrevision.
2 BAG v. 8. 12. 1994, NZA 1995, 447; aA *Hauck*, ArbGG, § 72a Rz. 7; *Germelmann/Matthes/Prütting*, ArbGG, § 72 Rz. 18.
3 BAG v. 22. 4. 1997 – 1 ABN 4/97, nv.
4 BAG v. 23. 3. 1984 – 7 AZN 673/83, nv.
5 BAG v. 15. 7. 1986, AP Nr. 5 zu § 92a ArbGG 1979.
6 BAG v. 23. 7. 1996, NZA 1997, 281.
7 BAG v. 3. 11. 1982, AP Nr. 17 zu § 72a ArbGG 1979; *Stahlhacke/Bader*, ArbGG, § 72a Rz. 7.
8 BAG v. 15. 11. 1994, NZA 1995, 286.

3. Divergenzfähige Gerichte

25 Die **divergenzfähigen Gerichte** ergeben sich bereits aus dem Wortlaut der Vorschrift des § 72 Abs. 2 Nr. 2 ArbGG. Danach hat das Landesarbeitsgericht die Revision zuzulassen, wenn sein Urteil

- von einer Entscheidung des Bundesverfassungsgerichts,
- von einer Entscheidung des Gemeinsamen Senats der Obersten Gerichtshöfe des Bundes,
- von einer Entscheidung des Bundesarbeitsgerichts oder,
- solange eine Entscheidung des Bundesarbeitsgerichts in der Rechtsfrage nicht ergangen ist, von einer Entscheidung einer anderen Kammer desselben Landesarbeitsgerichts oder eines anderen Landesarbeitsgerichts abweicht und die Entscheidung auf dieser Abweichung beruht.

26 | **Hinweise:**
Eine Zulassung wegen Divergenz ist indes nicht notwendig, wenn das Landesarbeitsgericht von einer Entscheidung eines anderen Obersten Gerichtshofes des Bundes oder eines Oberlandesgerichts abweicht[1]. In diesen Fällen wird die Rechtssache eine grundsätzliche Bedeutung haben und nach § 72 Abs. 2 Nr. 1 ArbGG zuzulassen sein.

27 Dagegen braucht die Revision nicht zugelassen zu werden, wenn die **entscheidende Kammer** von einer früheren Entscheidung abweicht.

28 | **Hinweis:**
In welcher **Form** die Entscheidung eines divergenzfähigen Gerichtes ergangen ist, ist unerheblich. Dies kann sowohl ein Urteil oder ein Beschluß sein; zuzulassen ist auch dann, wenn von der noch **nicht rechtskräftigen Entscheidung** eines anderen Landesarbeitsgerichts abgewichen wird, sofern in der Rechtssache noch keine Entscheidung des Bundesarbeitsgerichts ergangen ist. Keine Zulassungspflicht besteht, wenn die Entscheidung des Landesarbeitsgerichts, von der abgewichen wird, im Revisionsverfahren aufgehoben oder anderweitig durch Vergleich, Erledigung der Hauptsache usw. ersatzlos wegfällt. Dies rechtfertigt sich aus der Überlegung, daß dann die Rechtseinheit nicht mehr gefährdet sein kann[2].

4. Darlegungslast des Beschwerdeführers

29 Der Beschwerdeführer muß die Entscheidung, von der abgewichen sein soll, genau, zumindest nach **Gericht, Datum** und **Aktenzeichen** bezeichnen, wobei

---

[1] MünchArbR/*Brehm*, § 380 Rz. 24; kritisch hierzu: *Späth*, BB 1982, 2189 ff.
[2] BAG v. 9. 1. 1962, AP Nr. 19 zu § 72 ArbGG 1953 – Divergenzrevision.

III. Divergenzbeschwerde

im einzelnen der **abstrakte Rechtssatz** darzulegen ist, welcher in beiden Urteilen aufgestellt wurde. Wird das anzufechtende Urteil auf mehrere verschiedene Gründe gestützt, muß die Divergenz für jeden der Gründe vorliegen[1]. Der Beschwerdeführer muß im einzelnen darlegen, welche divergierenden abstrakten Rechtssätze das anzufechtende sowie das herangezogene Urteil aufgestellt haben und daß das anzufechtende Urteil auf dem abweichenden Rechtssatz beruht.

Hinweis:	30
Es genügt nicht, wenn lediglich eine fehlerhafte Rechtsanwendung gerügt wird[2].	

Dabei sollen sich die abstrakten Rechtssätze aus den Entscheidungen **unmittelbar** und **deutlich ablesen** lassen. Es genügt nicht, wenn aus den Ausführungen einer oder beider Entscheidungen nur mittelbar auf die zugrundeliegenden Rechtssätze geschlossen werden kann[3]. Ebensowenig ist es als ausreichend anzusehen, daß der vermeintlich abweichende Rechtssatz aus dem anzufechtenden Urteil nur mittels der Erwägung entnommen wird, daß das Landesarbeitsgericht folgerichtig oder denknotwendig von einem in der Entscheidung nicht erörterten Rechtssatz ausgegangen sein müsse. Anderenfalls würde in Ergänzung der Subsumtion des festgestellten Sachverhalts unter den einschlägigen Rechtsnormen ein Rechtssatz abgeleitet, von dem sich nicht feststellen läßt, ob ihn das Berufungsgericht wirklich vertreten wollte oder ob es das Rechtsproblem übersehen hat oder von anderen, nicht ausgesprochenen rechtlichen Erwägungen ausgegangen ist[4]. 31

5. Übersicht: Divergenzbeschwerde

1. Abstrakter Rechtssatz in der anzufechtenden Entscheidung	32
2. Abstrakter Rechtssatz in der herangezogenen Entscheidung, die **vor** Verkündung der anzufechtenden Entscheidung ergangen sein muß	
3. Abweichung von 1. zu 2. feststellbar	
4. Anzufechtende Entscheidung beruht auf abstraktem Rechtssatz	

---

1 BAG v. 23. 7. 1996, NZA 1997, 281.
2 BAG v. 29. 8. 1993 – 6 ABN 12/93, nv.
3 BAG v. 2. 9. 1983 – 6 ABN 10/83, nv.; *Hauck*, ArbGG, § 72a Rz. 12.
4 BAG v. 14. 9. 1994 – 2 AZN 420/94, nv.

IV. Formelle Voraussetzungen

1. Einlegung beim Bundesarbeitsgericht

33 Die Nichtzulassungsbeschwerde ist **beim Bundesarbeitsgericht** einzulegen (§ 72a Abs. 2 Satz 1 ArbGG), eine beim Landesarbeitsgericht eingelegte Beschwerde wahrt die Frist nicht[1].

2. Fristen

34 Nach § 72a Abs. 2 Satz 1 ArbGG ist die Beschwerde beim Bundesarbeitsgericht innerhalb einer **Notfrist von einem Monat** nach Zustellung des in vollständiger Form abgefaßten Urteils einzulegen.

35 Diese Beschwerdefrist wird auch dann in Lauf gesetzt, wenn eine **Belehrung** über die Möglichkeit der Nichtzulassungsbeschwerde, über das Gericht, bei dem sie einzulegen ist, die Anschrift des Gerichtes oder die einzuhaltende **Form** und **Frist** unterblieben ist. § 9 Abs. 5 ArbGG soll deshalb keine Anwendung finden, weil die Nichtzulassungsbeschwerde nur Rechtsbehelf und kein Rechtsmittel ist[2]. Selbst wenn das Urteil des Landesarbeitsgerichts dahin belehrt, daß ein Rechtsmittel gegen die Entscheidung nicht gegeben sei, muß innerhalb der Beschwerdefrist die Nichtzulassungsbeschwerde eingelegt werden[3].

36 **Hinweis:**

Im Zusammenhang mit der möglichen Einlegung einer **Verfassungsbeschwerde** ist folgende Besonderheit zu beachten: Eine Verfassungsbeschwerde ist nur nach Erschöpfung des Rechtswegs zulässig (§ 90 Abs. 2 Satz 1 BVerfGG). Das ist dann nicht der Fall, wenn eine Nichtzulassungsbeschwerde möglich ist und dadurch die Aussicht, in eine weitere Instanz zu kommen, nicht offenbar unbegründet ist. Der Rechtsweg wäre also nur dann erschöpft, wenn eine Nichtzulassungsbeschwerde ohne jede Erfolgsaussicht gewesen wäre[4]. Da selten sicher einzuschätzen ist, ob eine Nichtzulassungsbeschwerde „ohne jede Erfolgsaussicht" ist, sollte – um dem Verfristungseinwand bei Einlegung der Verfassungsbeschwerde zu begegnen – vorsorglich rechtzeitig Nichtzulassungsbeschwerde und gleichzeitig die Verfassungsbeschwerde eingelegt werden. Kommt das Verfassungsgericht zu dem Ergebnis, die Nichtzulassungsbeschwerde sei offensichtlich ohne jede Erfolgsaussicht, ist jedenfalls die Verfassungsbeschwerde rechtzeitig eingelegt worden. Andernfalls wäre zwar der Rechtsweg noch nicht erschöpft und die Verfassungsbeschwerde (zunächst) unzulässig. Der Einlegung einer neuerlichen Verfassungsbeschwerde nach (auch zurückweisender) Entscheidung über die Nichtzulassungsbeschwerde stünde aber nichts im Wege.

---

1 BAG v. 4. 11. 1980, AP Nr. 7 zu § 72a ArbGG 1979.
2 Vgl. *Birkner-Kuschyk*, NJW 1982, 205; aA *Frohner*, BB 1980, 1164.
3 BAG v. 1. 4. 1980, AP Nr. 5 zu § 72a ArbGG 1979; aA *Germelmann/Matthes/Prütting*, ArbGG, § 72a Rz. 19; *Gift/Baur*, Teil I Rz. 82 ff.
4 BVerfG v. 26. 3. 1963, BVerfGE 16, 1; BVerfG v. 23. 1. 1995, NJW 1995, 1416.

IV. Formelle Voraussetzungen   Rz. 42 Teil 5 F

3. Begründungspflicht

Nach § 72a Abs. 3 ArbGG ist die Beschwerde innerhalb einer Notfrist von **zwei** 37
Monaten nach Zustellung des in **vollständiger** Form abgefaßten **Urteils** zu
begründen. Das bedeutet, daß nach Zustellung des in vollständiger Form abgefaßten Urteils zwei Fristen laufen: die einmonatige Frist zur Einlegung der Beschwerde und die zweimonatige zu deren Begründung.

> **Hinweis:** 38
> Wird die Beschwerde „vorzeitig", also vor Ablauf der Monatsfrist eingelegt, bleibt dementsprechend mehr als ein Monat zur Begründung.

4. Form

Nach § 72a Abs. 2 Satz 1 ArbGG ist die Beschwerde **schriftlich** einzulegen. Sie 39
muß nach § 11 Abs. 2 ArbGG **durch einen Rechtsanwalt** eingelegt und von
diesem **unterzeichnet** sein[1].

5. Inhalt

Der Beschwerdeschrift soll eine **Ausfertigung oder beglaubigte Abschrift des** 40
Urteils beigefügt werden, gegen das die Revision eingelegt werden soll (§ 72a Abs. 2 Satz 2 ArbGG). Sie muß die angefochtene Entscheidung einschließlich der Angabe des Berufungsgerichtes, das die anzufechtende Entscheidung erlassen hat, enthalten. Ferner muß der Schriftsatz die ausdrückliche **Erklärung** enthalten, daß die Beschwerde als **Nichtzulassungsbeschwerde** eingelegt wird. Es reicht aber aus, daß die Partei zu erkennen gibt, sie wolle das Urteil des Landesarbeitsgerichts anfechten. Eine vom Landesarbeitsgericht nicht zugelassene Revision ist idR als Nichtzulassungsbeschwerde auszulegen bzw. in eine solche umzudeuten.

Nach Ansicht des Bundesarbeitsgerichts kann die Einlegung der Nichtzulas- 41
sungsbeschwerde nicht unter einer **Bedingung** erfolgen[2]. Dagegen wird es in der Literatur für zulässig gehalten, eine Nichtzulassungsbeschwerde hilfsweise für den Fall einzulegen, daß die vom Landesarbeitsgericht ausgesprochene Zulassung der Revision unwirksam sei[3].

Weiter muß die Beschwerdeschrift den **Beschwerdeführer** sowie auch den **Be-** 42
schwerdegegner bezeichnen. Hingegen ist die Mitteilung der ladungsfähigen Anschriften der Parteien und ihrer Vertreter entbehrlich[4].

---

1 *Grunsky*, ArbGG, § 72a Rz. 10; *Schäfer*, NZA 1986, 250.
2 BAG v. 13. 8. 1985, AP Nr. 22 zu § 72a ArbGG 1979.
3 *Germelmann/Matthes/Prütting*, ArbGG, § 72a Rz. 23.
4 BAG v. 27. 10. 1981, AP Nr. 13 zu § 72a ArbGG 1979.

43 In der Begründungsschrift müssen die Voraussetzungen des § 72a Abs. 1 und des § 72a Abs. 2 Nr. 1 ArbGG dargelegt oder die Entscheidung, von der das Urteil des Landesarbeitsgerichts abweicht, bezeichnet werden.

6. Aufschiebende Wirkung

44 Gemäß § 72a Abs. 4 ArbGG hat die Einlegung der Beschwerde **aufschiebende Wirkung,** so daß das Landesarbeitsgerichtsurteil nicht rechtskräftig wird. Die Vorschriften des § 719 Abs. 2 und 3 ZPO sind entsprechend anzuwenden, so daß das Bundesarbeitsgericht die Zwangsvollstreckung aus dem Urteil des Landesarbeitsgerichts einstweilen einstellen kann.

V. Entscheidung des Bundesarbeitsgerichts

45 Das Bundesarbeitsgericht entscheidet über die Nichtzulassungsbeschwerde durch **Beschluß,** der **ohne mündliche Verhandlung** ergehen kann. Der Beschluß kann, muß aber nicht, begründet werden (§ 72a Abs. 5 ArbGG).

1. Zurückweisung der Nichtzulassungsbeschwerde

46 Wird die Nichtzulassungsbeschwerde **zurückgewiesen,** erwächst das Berufungsurteil mit Verkündung des Zurückweisungsbeschlusses **in Rechtskraft** (§ 72a Abs. 5 Satz 6 ArbGG). Dabei kommt es nicht darauf an, ob die Beschwerde als unzulässig verworfen oder als unbegründet zurückgewiesen worden ist.

Gegen den Beschluß ist eine Gegenvorstellung oder ein Rechtsmittel nicht gegeben[1].

2. Zulassung der Revision

47 Ist die Beschwerde zulässig und begründet, so hat das Bundesarbeitsgericht die Revision zuzulassen. Insoweit steht ihm **kein Ermessensspielraum** zu. Es kann jedoch wie das Landesarbeitsgericht die **Zulassung beschränken**[2]. Mit der von Amts wegen erfolgten Zustellung der der Beschwerde stattgebenden Entscheidung beginnt die Revisionsfrist zu laufen (§ 72a Abs. 5 Satz 7 ArbGG). Hierüber ist der Beschwerdeführer zu belehren[3].

Zuzulassen ist die Revision jeweils nur für den Beschwerdeführer[4].

---

1 *Schaub,* Arbeitsrechtliche Formularsammlung und Arbeitsgerichtsverfahren, § 108, S. 894.
2 BAG v. 12. 8. 1981, AP Nr. 11 zu § 72a ArbGG 1979.
3 *Grunsky,* ArbGG, § 72a Rz. 29.
4 BAG v. 12. 8. 1981, AP Nr. 11 zu § 72a ArbGG 1979.

3. Bindungswirkung

Das Bundesarbeitsgericht kann im Verfahren nach § 72a ArbGG lediglich über die Zulassung der Revision entscheiden. **In der Sache selbst** hat es in diesem Verfahrensstadium **keine Entscheidungsbefugnis** und zwar auch dann nicht, wenn es die Revision zulassen will und die Parteien mit einer sofortigen Hauptsacheentscheidung einverstanden sind.

Die Entscheidung ist für das Bundesarbeitsgericht **bindend**; es kann sie nicht abändern[1]. Ein Rechtsmittel ist gegen die Entscheidung nicht gegeben. Dies gilt sowohl dann, wenn die Beschwerde zurückgewiesen als auch dann, wenn ihr stattgegeben worden ist[2]. Zulässig ist dagegen die Wiederholung einer als unzulässig verworfenen Nichtzulassungsbeschwerde in offener Frist[3].

> **Hinweis:**
> Soweit das Bundesarbeitsgericht jedoch durch die Entscheidung ein **Grundrecht** oder grundrechtsgleiches Recht einer Partei **verletzt** hat (zB Nichtgewährung rechtlichen Gehörs), ist die **Verfassungsbeschwerde** gegeben.

4. Begründung

Der Beschluß über die Nichtzulassungsbeschwerde soll **kurz begründet** werden, gleichgültig ob ihr stattgegeben oder ob sie zurückgewiesen oder verworfen wird (§ 72a Abs. 5 Satz 4 ArbGG). Von einer Begründung kann abgesehen werden, wenn sie nicht geeignet ist, zur Klärung der Voraussetzungen für eine begründete Nichtzulassungsbeschwerde beizutragen (§ 72a Abs. 5 Satz 6 ArbGG).

5. Mitwirkung ehrenamtlicher Richter

Die Entscheidung ergeht unter Hinzuziehung der **ehrenamtlichen Richter** (§ 72a Abs. 5 Satz 2 ArbGG). Dabei ist unerheblich, ob eine mündliche Verhandlung stattgefunden hat. In einigen abschließend aufgeführten Fällen ergeht die Entscheidung ohne Hinzuziehung der ehrenamtlichen Richter (§ 72a Abs. 5 Satz 3 ArbGG). Es handelt sich ausschließlich um Fälle einer Verwerfung der Beschwerde als **unzulässig**. Das ist dann der Fall, wenn sie nicht in der gesetzlichen Form und Frist eingelegt und/oder begründet worden ist.

Wird die Beschwerde als **unbegründet** zurückgewiesen, so müssen die ehrenamtlichen Richter immer mitwirken.

---

1 *Grunsky*, ArbGG, § 72a Rz. 30.
2 BAG v. 25. 10. 1993 – 3 AZR 299/92, nv.; BAG v. 15. 5. 1984, AP Nr. 19 zu § 72a ArbGG 1979; *May*, Die Revision, S. 174.
3 *Gift/Baur*, Teil I Rz. 106.

54 Erfolgt die Verwerfung aus einem anderen als in § 72a Abs. 5 Satz 3 ArbGG angegebenen Grund (zB mangels Beschwer), so müssen die ehrenamtlichen Richter dem Wortlaut nach mitwirken. Dies steht aber im Widerspruch zu § 74 Abs. 2 Satz 2 ArbGG, wonach die Verwerfung der Revision ohne mündliche Verhandlung durch Beschluß des Senats und ohne Zuziehung der ehrenamtlichen Richter ergeht[1].

55 Soll die Verwerfung deshalb erfolgen, weil der Beschwerdeführer nicht dargelegt hat, inwieweit die Sache grundsätzliche Bedeutung hat, müssen die ehrenamtlichen Richter mitwirken (§ 72a Abs. 5 Satz 3 ArbGG). Der Gesetzgeber hält hier **die besonderen Kenntnisse aus dem Arbeitsleben** zur Beurteilung der Grundsätzlichkeit für unerläßlich[2].

56 Aber auch bei einer **Divergenzbeschwerde,** die mangels Darlegung einer Divergenz verworfen werden soll, haben die ehrenamtlichen Richter mitzuwirken. Denn bei der Prüfung, ob die voneinander abweichenden Rechtssätze sich sowohl aus der anzufechtenden als auch aus der herangezogenen Entscheidung unmittelbar ergeben und zudem so deutlich ablesbar sind, daß nicht zweifelhaft bleibt, welche Rechtssätze sie aufgestellt haben, läßt sich keine klare Trennung zwischen Zulässigkeits- und Begründetheitsmerkmalen feststellen. In diesem Fall gebietet der Grundsatz des gesetzlichen Richters, daß die ehrenamtlichen Richter bei der Verwerfung mangels Darlegung einer Divergenz mitzuwirken haben[3].

6. Unzulässigkeit oder Unbegründetheit der Nichtzulassungsbeschwerde

57 Eine Nichtzulassungsbeschwerde wird immer dann als **unzulässig** verworfen, wenn sie **keine „ausreichende" Begründung** enthält. Aus § 72a Abs. 5 Satz 3 ArbGG ergibt sich, daß die fehlende mit der nicht ausreichenden Begründung gleichgesetzt wird. Hier hat aber das Bundesverfassungsgericht mit seiner Entscheidung vom 23. 8. 1995 korrigierend eingegriffen[4].

58 **Beispiele:**

Wird die grundsätzliche Bedeutung damit begründet, daß andere Arbeitnehmer von der Rechtsfrage betroffen sind, handelt es sich dabei aber nur um einige wenige Arbeitnehmer, so ist die Nichtzulassungsbeschwerde zunächst ordnungsgemäß begründet und damit zulässig. Die vorgetragenen Gründe reichen aber nicht aus, so daß die Nichtzulassungsbeschwerde dann als unbegründet zurückgewiesen werden muß.

Wird dagegen die Beschwerde gegen die Nichtzulassung der Revision darauf gestützt, daß die anzufechtende und die herangezogene Entscheidung in einer Rechtsfrage auf der Grundlage verschiedener Rechtsnormen abweichende Rechtssätze aufgestellt haben, kann die Beschwerde nur zulässig sein, wenn in

---

1 AA *Grunsky,* ArbGG, § 72a Rz. 26.
2 *Hauck,* ArbGG, § 72a Rz. 16.
3 BVerfG v. 23. 8. 1995, NZA-RR 1996, 26.
4 BVerfG v. 23. 8. 1995, NZA-RR 1996, 26.

der Beschwerdebegründung dargelegt wird, daß die angewandten Rechtsnormen im Wortlaut und im Regelungsinhalt übereinstimmen. Der bloße Hinweis in der Beschwerde auf die „Vergleichbarkeit" der Regelungen genügt nicht[1].

Ebenso unzulässig ist eine Nichtzulassungsbeschwerde, bei der der Beschwerdeführer lediglich rügt, daß eine Tarifnorm gegen zwingendes höherrangiges Recht, insbesondere Verfassungsrecht verstoße, wenn der in einem Rechtsstreit geltend gemachte Anspruch aus einer tariflichen Vorschrift hergeleitet wird und die Auslegung der Tarifnorm selbst zwischen den Tarifparteien unstreitig ist[2].

VI. Anträge

Der Antrag des **Beschwerdeführers** hat folgende Formulierung: 59

„Es wird beantragt, die Revision gegen das Urteil des Landesarbeitsgerichts ... vom ..., Az. ..., für die Beklagte zuzulassen."

Der Antrag des **Beschwerdegegners** lautet: 60

„Es wird beantragt, die Beschwerde des Beklagten gegen die Nichtzulassung der Revision in dem Urteil des Landesarbeitsgerichts ... vom ..., Az. ..., zurückzuweisen."

---

1 BAG v. 8. 12. 1994, DB 1995, 584.
2 BAG v. 16. 12. 1993, DB 1994, 792; BAG v. 19. 12. 1991, NZA 1992, 425.

G. Arbeitsgerichtliches Beschlußverfahren

	Rz.
I. Grundsätzliches zum Urteils- und Beschlußverfahren	1
II. Anwendungsfälle des Beschlußverfahrens	5
1. Angelegenheiten aus dem Betriebsverfassungsgesetz, § 2a Abs. 1 Nr. 1 ArbGG	8
a) Beispielsfälle	14
b) Individualansprüche	18
2. Angelegenheiten aus dem Sprecherausschußgesetz, § 2a Abs. 1 Nr. 2 ArbGG	21
3. Angelegenheiten aus den Mitbestimmungsgesetzen, § 2a Abs. 1 Nr. 3 ArbGG	23
a) Mitbestimmungsgesetz	24
b) Mitbestimmungsergänzungsgesetz	27
c) BetrVG 1952	29
4. Entscheidungen über Tariffähigkeit und Tarifzuständigkeit, § 2a Abs. 1 Nr. 4 ArbGG	31
a) Tariffähigkeit	32
b) Tarifzuständigkeit	35
5. Bestellung der Einigungsstelle und Vorabentscheidung	36
a) Bestellungsverfahren nach § 98 ArbGG	38
b) Beschlußverfahren über streitige Mitbestimmungsrechte	43
c) Kosten der Einigungsstelle und gerichtliche Spruchüberprüfung	
aa) Kosten	46
bb) Nachprüfung des Spruchs	47
6. Beschlußverfahren nach der Insolvenzordnung	50
a) Zustimmung des Arbeitsgerichts zur Durchführung einer Betriebsänderung, § 122 InsO	51
b) Feststellungsantrag des Konkurs-/Insolvenzverwalters, § 126 InsO	53
III. Beschlußverfahren vor dem Arbeitsgericht	
1. Örtliche Zuständigkeit	54
a) Lage des Betriebs	57
b) Sitz des Unternehmens	59

	Rz.
2. Beteiligte	62
a) Antragsteller	68
b) Übrige Beteiligte	70
aa) Arbeitgeber	72
bb) Arbeitnehmer	74
cc) Beteiligte Stellen	77
c) Rechtsfolgen bei fehlerhafter Beteiligung	95
3. Vertretung im Beschlußverfahren	
a) Vertretung	99
b) Kosten	103
4. Antrag	108
a) Antragsbefugnis	111
b) Fristen für die Verfahrenseinleitung	115
c) Antragsarten	120
d) Bestimmtheitsgrundsatz	129
e) Rechtsschutzinteresse	134
5. Verfahren	
a) Untersuchungsgrundsatz	139
b) Anhörung der Beteiligten	149
c) Beschwerde nach § 83 Abs. 5 ArbGG	160
6. Beendigung des Verfahrens	165
a) Antragsrücknahme und Verzicht	166
b) Vergleich und Anerkenntnis	172
c) Erledigungserklärung	177
aa) Übereinstimmende Erledigungserklärung	178
bb) Einseitige Erledigungserklärung	182
d) Entscheidung durch Beschluß	186
e) Kosten und Streitwert	
aa) Ausschluß der Kostentragungspflicht	191
bb) Streitwert	193
IV. Einstweilige Verfügung, § 85 Abs. 2 ArbGG	195
1. Anwendungsfälle	197
2. Ausschluß einstweiliger Verfügungen	201
3. Anhörung und Beschluß	206
4. Rechtsmittel	210
V. Beschwerde an das Landesarbeitsgericht	211
1. Verweisung auf das Berufungsverfahren	214

G. Arbeitsgerichtliches Beschlußverfahren   Teil 5 G

	Rz.
2. Einlegung und Begründung	
a) Beschwerdebefugnis und Beschwer	216
b) Vertretung	219
c) Form und Frist	220
d) Beschwerdebegründung	222
e) Antragsrücknahme und -änderung	227
3. Anschlußbeschwerde	229
4. Beendigung des Beschwerdeverfahrens	
a) Rücknahme der Beschwerde	230
b) Verzicht	233
c) Vergleich und Erledigung der Hauptsache	235
d) Verwerfung der Beschwerde als unzulässig	236
e) Entscheidung durch Beschluß	241
VI. Rechtsbeschwerde an das BAG	246
1. Zulassung der Rechtsbeschwerde	250
2. Zulassung nach Nichtzulassungsbeschwerde	254
a) Grundsätzliche Bedeutung der Rechtssache	255
b) Divergenz	257
c) Verfahren	258
3. Rechtsbeschwerdeverfahren	
a) Verweisung auf das Revisionsverfahren	260
b) Einlegung und Begründung	262
c) Verletzung einer Rechtsnorm als Rechtsbeschwerdegrund	270
d) Anschlußrechtsbeschwerde	273
e) Verfahren	274
4. Beendigung des Rechtsbeschwerdeverfahrens	
a) Rücknahme	277
b) Vergleich und Erledigung der Hauptsache	278
c) Verwerfung als unzulässig	279
d) Entscheidung durch Beschluß	282
VII. Sprungrechtsbeschwerde, § 96a ArbGG	288
1. Zulassung auf Antrag	290
2. Zustimmung der Beteiligten	292

Schrifttum:

Kommentare, Monographien: *Ascheid,* Urteils- und Beschlußverfahren im Arbeitsrecht, 1995; *Hecker/Tschöpe,* Der Arbeitsgerichtsprozeß, 1989; *Herbst/Reiter/Schindele,* Handbuch zum arbeitsgerichtlichen Beschlußverfahren, 1994; *Körnich,* Das arbeitsgerichtliche Beschlußverfahren in Betriebsverfassungssachen, 1978; *Laux,* Die Antrags- und Beteiligungsbefugnis im arbeitsgerichtlichen Beschlußverfahren, 1985; *Weth,* Das arbeitsgerichtliche Beschlußverfahren, 1995; *Wlotzke/Schwedes/Lorenz,* Das neue Arbeitsgerichtsgesetz, 1979.

Aufsätze: *Bengelsdorf,* Rechtliche Möglichkeiten zur Beschleunigung des erzwingbaren Einigungsstellenverfahrens, BB 1991, 613; *Birk,* Die betriebsverfassungsrechtliche Zuordnung der Arbeitnehmer von Betriebsteilen, AuR 1978, 226; *Bulla,* Die Konkurrenz von arbeitsgerichtlichem Urteils- und Beschlußverfahren, RdA 1978, 209; *Dütz,* Verfahrensrecht der Betriebsverfassung, AuR 1973, 353; *Dütz,* Aktuelle Fragen zur Arbeitsgerichtsgesetz-Novelle 1979, RdA 1980, 81; *Etzel,* Probleme des arbeitsgerichtlichen Beschlußverfahrens, RdA 1974, 215; *Eylert/Fenski,* Untersuchungsgrundsatz und Mitwirkungspflichten im Zustimmungsersetzungsverfahren nach § 103 Abs. 2 BetrVG, BB 1990, 2401; *Fenn,* „Effektivere Gestaltung des Beschlußverfahrens" durch vermehrte Dispositionsbefugnisse für die Beteiligten, in: Festschrift 25 Jahre Bundesarbeitsgericht, 1979, S. 91; *Gaul,* Einigungsstelle: Aussetzung des Bestellungsverfahrens, DB 1980, 1894; *Grunsky,* Prozessuale Fragen des Arbeitskampfrechts, RdA 1986, 196; *Heinze,* Die betriebsverfassungsrechtlichen Ansprüche des Betriebsrates gegenüber dem Arbeitgeber, DB 1983, Beil. 9, 1; *Jost/Sundermann,* Reduzierung des Verfahrensaufwandes nach einseitiger Erledigungserklärung, ZZP 105, 261; *Kehrmann/Schmahl,* Die Zuständigkeit der Kammer bei einstweiligen Verfügungen im arbeitsgerichtlichen Beschlußverfahren, AuR 1977, 15; *Lepke,* Die Antragsbefugnis im arbeitsgerichtlichen Beschlußverfahren, AuR 1973, 107; *Lepke,* Der Vergleich im arbeitsgerichtlichen Beschlußverfahren, DB 1977, 629; *Lipke,* Einstweiliger

Rechtsschutz des Betriebsrates bei Mißachtung betriebsverfassungsrechtlicher Beteiligungsrechte nach § 99 BetrVG, DB 1980, 2239; *Matthes*, Zur Antragstellung im Beschlußverfahren, DB 1984, 453; *Molkenbur*, Verfahrensrechtliche Probleme des arbeitsgerichtlichen Beschlußverfahrens, DB 1992, 425; *Müller*, Die Ausformung des arbeitsgerichtlichen Beschlußverfahrens durch die Rechtsprechung des Bundesarbeitsgerichts, ArbRGegw. Bd. 9, 23; *Olderog*, Probleme des einweiligen Rechtsschutzes im Bereich der sozialen Mitbestimmung, NZA 1985, 756; *Prütting*, Unterlassungsanspruch und einstweilige Verfügung in der Betriebsverfassung, RdA 1995, 257; *Rudolf*, Vorläufige Vollstreckbarkeit von Beschlüssen des Arbeitsgerichts, NZA 1988, 420; *Schrader*, Übergangsregelungen zum Konkursrecht, NZA 1997, 70; *Vetter*, Probleme der Festsetzung des Gegenstandswertes im Beschlußverfahren, NZA 1986, 182; *Weis*, Handwörterbuch des Arbeitsrechts, „Insolvenzarbeitsrecht", Loseblatt, Stand 1997; *Wenzel*, Die einstweilige Verfügung im arbeitsgerichtlichen Beschlußverfahren, DB 1972, 1290; *Wenzel*, Der Streitwert des arbeitsgerichtlichen Beschlußverfahrens, DB 1977, 722; *Wenzel*, Zur einstweiligen Verfügung im Arbeitskampf-, Vertrags- und Betriebsverfassungsrecht, NZA 1984, 112.

I. Grundsätzliches zum Urteils- und Beschlußverfahren

1   Das Verfahren vor den Arbeitsgerichten ist aufgeteilt in das Urteilsverfahren, §§ 46 ff. ArbGG, und das Beschlußverfahren. Beide Verfahren schließen sich gegenseitig aus[1]. Während sich die Zuständigkeit des Arbeitsgerichts im Urteilsverfahren auf bürgerliche Rechtsstreitigkeiten bezieht, § 2 ArbGG, erstreckt sich der Anwendungsbereich des Beschlußverfahrens ausschließlich auf **kollektivrechtliche Streitigkeiten,** vornehmlich aus dem Betriebsverfassungsrecht, § 2a ArbGG. Damit ist klargestellt, daß die Parteien hinsichtlich der Verfahrensart **keine Wahlmöglichkeit** haben. Ob ein Urteils- oder aber ein Beschlußverfahren durchzuführen ist, bestimmt sich **nach dem Antrag** des Klägers bzw. Antragstellers, ggf. nach Auslegung, §§ 133, 157 BGB[2]. Grundsätzlich sind Ansprüche im Beschlußverfahren geltend zu machen, wenn sie durch einen Träger der Betriebsverfassung erhoben werden und sich auf die Tätigkeit als Betriebsverfassungsorgan beziehen[3]. Ergeben sich die Ansprüche der Betriebsverfassungsorgane gegen den Arbeitgeber hingegen aus dem Arbeitsverhältnis, sind sie im Urteilsverfahren zu verfolgen. Hält das Arbeitsgericht die gewählte **Verfahrensart** für **unzulässig,** ist der Rechtsstreit nach Anhörung der Parteien von Amts wegen in die richtige Verfahrensart **zu verweisen,** §§ 48 Abs. 1, 80 Abs. 3 ArbGG, § 17a Abs. 2 Satz 1 GVG.

2   Die Tätigkeit der Arbeitsgerichte im **Beschlußverfahren** ist **echte Rechtsprechung**[4]. Hierüber bestand lange Zeit vorrangig in der Literatur heftiger Streit.

---

1 BAG v. 3. 4. 1957, AP Nr. 46 zu § 2 ArbGG 1953; BAG v. 1. 12. 1961, AP Nr. 1 zu § 80 ArbGG 1953; *Etzel*, RdA 1974, 220; *Bulla*, RdA 1978, 215; *Germelmann/Matthes/Prütting*, Einl. Rz. 117; *Grunsky*, § 80 Rz. 7.
2 *Grunsky*, § 80 Rz. 8; *Germelmann/Matthes/Prütting*, Einl. Rz. 118; *Bulla*, RdA 1978, 209 f.
3 BAG v. 31. 10. 1972, AP Nr. 2 zu § 40 BetrVG 1972; BAG v. 14. 9. 1976, AP Nr. 25 zu § 37 BetrVG 1972.
4 *Schaub*, Formularsammlung, § 113 I 2; *Grunsky*, § 80 Rz. 3; *Germelmann/Matthes/Prütting*, § 80 Rz. 5.

I. Grundsätzliches

So wurde das Beschlußverfahren als verwaltungsgerichtliches Verfahren, aber auch als Verfahren der freiwilligen Gerichtsbarkeit oder gar der Arbeitsverwaltung qualifiziert[1]. Der Streit um die Rechtsnatur des Beschlußverfahrens ist letztlich ohne rechtliche Bedeutung, da Rechtsfolgen aus der unterschiedlichen Charakterisierung nicht gezogen werden dürfen. Man wird jedoch sagen können, daß das arbeitsgerichtliche Beschlußverfahren mit allen verfassungsrechtlichen Garantien des gerichtlichen Verfahrens ausgestattet ist. Das folgt insbesondere bereits daraus, daß der Gesetzgeber in § 2a ArbGG den Gerichten bestimmte Angelegenheiten zur Entscheidung im Beschlußverfahren übertragen hat[2].

Seiner Rechtsnatur nach ist das Beschlußverfahren ein völlig **eigenständiges Verfahren,** nicht etwa eine Unterart des Urteilsverfahrens. Das ergibt sich bereits daraus, daß es in den §§ 80 bis 98 ArbGG zahlreiche Sonderregelungen erfährt, die vom Urteilsverfahren deutlich abweichen. Der Begriff Beschlußverfahren weist lediglich darauf hin, daß in ihm ergehende Entscheidungen nicht als Urteil, sondern als Beschluß bezeichnet werden. Anders als das Urteilsverfahren kennt das Beschlußverfahren nur **Beteiligte, nicht** aber **Parteien.** Die Einleitung des Beschlußverfahrens geschieht durch die Stellung eines Antrags, durch den der Streitgegenstand bestimmt wird. Für das gesamte Verfahren gilt der **Untersuchungsgrundsatz,** der das Gericht zur Sachverhaltserforschung von Amts wegen verpflichtet. Abweichend vom Urteilsverfahren finden Versäumnisverfahren und Güteverfahren nicht statt. Das Gericht entscheidet grundsätzlich nach mündlicher Verhandlung durch einen Beschluß, der seiner Bedeutung und Wirkung nach einem Urteil gleichsteht. Aus dem Beschluß findet die Zwangsvollstreckung statt; der Erlaß einstweiliger Verfügungen im Beschlußverfahren ist zulässig. Wiederum anders als im Urteilsverfahren ergeht keine Kostenentscheidung.

Neben den in §§ 80 bis 98 ArbGG geregelten Besonderheiten des Beschlußverfahrens **verweist § 80 Abs. 2 ArbGG** auf bestimmte Vorschriften über das Urteilsverfahren des ersten Rechtszugs und erklärt diese für auf das Beschlußverfahren anwendbar. § 80 Abs. 2 ArbGG enthält jedoch keine allgemeine Verweisung auf die Vorschriften der ZPO, wie dies bei § 46 Abs. 2 ArbGG für das Urteilsverfahren des ersten Rechtszugs der Fall ist. Berücksichtigt man darüber hinaus noch, daß die in § 80 Abs. 2 ArbGG ausdrücklich in Bezug genommenen Vorschriften nur gelten, soweit sich aus den besonderen Vorschriften über das Beschlußverfahren in den §§ 81 bis 84 ArbGG nichts anderes ergibt, bleiben **Lücken** in der Regelung des Beschlußverfahrens, etwa zu Fragen der Rechtshängigkeit, der Rechtskraft, der Änderung und Zurücknahme von Anträgen oder der Aussetzung und Unterbrechung des Verfahrens. Es wird deshalb davon ausgegangen werden können, daß die **Verweisung** in § 80 Abs. 2 ArbGG **nicht ausschließlich und erschöpfend** ist und daß auch solche Vor-

---

[1] Vgl. hierzu insb. *Weth,* S. 15 ff.
[2] *Weth,* S. 20.

schriften des Urteilsverfahrens und der ZPO anwendbar sind, die in § 80 Abs. 2 ArbGG nicht ausdrücklich in Bezug genommen werden[1].

II. Anwendungsfälle des Beschlußverfahrens

5   Die Zuständigkeit der Gerichte für Arbeitssachen im Beschlußverfahren bezieht sich ausschließlich auf kollektivrechtliche Streitigkeiten. Durch die Arbeitsgerichtsnovelle vom 21. 5. 1979[2] sind die gesetzlichen **Zuständigkeiten** in dem neu eingefügten **§ 2a ArbGG** zusammengefaßt worden. Nach dessen generalklauselartiger Nr. 1 ist das arbeitsgerichtliche Beschlußverfahren in allen betriebsverfassungsrechtlichen Streitigkeiten vorgesehen (Rz. 8 ff.). Ausschließlich zuständig sind die Arbeitsgerichte nach Nr. 2 auch für Streitigkeiten nach dem Sprecherausschußgesetz (Rz. 21). Streitigkeiten nach dem Mitbestimmungsgesetz, dem Mitbestimmungsergänzungsgesetz und dem Betriebsverfassungsgesetz 1952, soweit über die Wahl von Vertretern der Arbeitnehmer in den Aufsichtsrat und ihre Abberufung zu entscheiden ist, fallen nach Nr. 3 (Rz. 23 ff.) und solche über die Tariffähigkeit und Tarifzuständigkeit einer Vereinigung (Rz. 31 ff.) schließlich nach Nr. 4 in die Zuständigkeit der Gerichte für Arbeitssachen.

6   § 2a Abs. 2 ArbGG bestimmt für die Zuständigkeiten der Nr. 2 bis 4 ausdrücklich die Verfahrensart des Beschlußverfahrens. Die Frage, ob im **Urteils- oder Beschlußverfahren** zu entscheiden ist, hat das Arbeitsgericht **von Amts wegen** zu prüfen; sie unterliegt nicht der Disposition der Parteien oder Beteiligten[3]. Vielmehr verweist das Arbeitsgericht, wenn es die vom Kläger bzw. Antragsteller gewählte Verfahrensart für unzutreffend hält, den Rechtsstreit von Amts wegen in die richtige Verfahrensart. Das folgt aus der Neufassung des § 48 Abs. 1 ArbGG durch das 4. VwGOÄndG, die bestimmt, daß sich die Zulässigkeit des Verfahrens aus §§ 17 bis 17b GVG entsprechend ergibt.

7   Möglich ist auch die gerichtliche Festlegung der Verfahrensart vorab, wenn Zweifel bestehen, § 17a Abs. 3 Satz 1 GVG. Insbesondere hat ein solcher **Vorabentscheid** zu ergehen, wenn Beklagter bzw. Antragsgegner oder ein Beteiligter die Zulässigkeit der gewählten Verfahrensart rügt. Das Gericht entscheidet in diesen Fällen durch Beschluß der Kammer vor der Entscheidung zur Hauptsache. Die Parteien bzw. Beteiligten haben ein Anhörungsrecht, § 48 Abs. 1 Nr. 2 ArbGG. Wird der Beschluß über die richtige Verfahrensart rechtskräftig, ist eine Überprüfung durch das Rechtsmittelgericht nicht mehr zulässig, §§ 65, 73 Abs. 2, 88, 93 Abs. 2 ArbGG[4]. Aufgrund der vom Arbeitsgericht zu treffen-

---

1 BAG v. 18. 12. 1978, AP Nr. 6 zu § 80 ArbGG 1953; BAG v. 1. 2. 1989, AP Nr. 63 zu § 99 BetrVG 1972; *Germelmann/Matthes/Prütting*, § 80 Rz. 42; *Weth*, S. 39.
2 BGBl. I 1979, 545.
3 BAG v. 9. 12. 1975, AP Nr. 1 zu § 78a BetrVG 1972; BAG v. 5. 4. 1984, AP Nr. 13 zu § 78a BetrVG 1972; *Grunsky*, § 80 Rz. 7; *Germelmann/Matthes/Prütting*, § 2a Rz. 75.
4 Kritisch zur Vorabentscheidung über die Verfahrensart *Germelmann/Matthes/Prütting*, § 2a Rz. 82 ff.

II. Anwendungsfälle

den Vorabentscheidung kann es nicht mehr zur Abweisung einer Klage bzw. eines Antrags als unzulässig kommen.

1. Angelegenheiten aus dem Betriebsverfassungsgesetz, § 2a Abs. 1 Nr. 1 ArbGG

Nach § 2a Abs. 1 Nr. 1 ArbGG sind die Gerichte für Arbeitssachen im Beschlußverfahren **ausschließlich zuständig** für **Angelegenheiten aus dem Betriebsverfassungsgesetz**, soweit nicht für Maßnahmen nach seinen §§ 119 bis 121 die Zuständigkeit eines anderen Gerichts gegeben ist. Die Abgrenzung des Betriebsverfassungsgesetzes zum Personalvertretungsrecht ergibt sich aus § 130 BetrVG. Ein privatrechtlich verfaßtes Unternehmen (zB eingetragener Verein) fällt auch dann unter das Betriebsverfassungsgesetz, wenn es wirtschaftlich von Bund und Ländern abhängt und von diesen gefördert wird[1]. Wird im Konkurs des Arbeitgebers allein über den konkursrechtlichen Rang betriebsverfassungsrechtlicher Ansprüche gestritten, entscheiden hierüber die Arbeitsgerichte im Beschlußverfahren[2]. Ebenso sind Angelegenheiten aus dem Betriebsverfassungsgesetz iSd. § 2a Abs. 1 Nr. 1 ArbGG Streitigkeiten aus einer durch Tarifvertrag geregelten Betriebsverfassung. Die nach §§ 3 Abs. 2, 117 Abs. 2 BetrVG gebildeten betrieblichen Vertretungen (für im Flugbetrieb beschäftigte Arbeitnehmer von Luftfahrtunternehmen) tragen ihre betriebsverfassungsrechtlichen Streitigkeiten im arbeitsgerichtlichen Beschlußverfahren aus[3]. Gleiches gilt für Streitigkeiten im Zusammenhang mit einer durch Tarifvertrag begründeten betrieblichen[4] oder einer tariflichen Schlichtungsstelle nach § 76 Abs. 8 BetrVG.

Anders als in § 2 Abs. 1 Nr. 4 ArbGG aF ist die Zuständigkeit nach § 2a Abs. 1 Nr. 1 ArbGG nicht mehr enumerativ geregelt. Die Norm erfaßt nunmehr in Form einer **Generalklausel** alle Rechtsstreitigkeiten, die sich aus dem Betriebsverfassungsrecht schlechthin ergeben können[5]. Die verengende Formulierung des Gesetzes, das allein von Angelegenheiten aus dem Betriebsverfassungsgesetz spricht, kann nicht dazu führen, betriebsverfassungsrechtliche Streitigkeiten von seinem Anwendungsbereich auszuschließen, die in anderen arbeitsrechtlichen und sonstigen Gesetzen enthalten sind[6]. So finden sich Vorschriften betriebsverfassungsrechtlicher Art etwa in § 17 KSchG, § 9 ArbSichG, § 21a JArbSchG, §§ 23 ff. SchwbG, § 14 AÜG und verschiedenen Bestimmungen des SGB III.

Auch für Streitigkeiten aus der Betriebsvertretung der bei den **Stationierungsstreitkräften** beschäftigten zivilen Mitarbeiter ist das arbeitsgerichtliche Beschlußverfahren vorgesehen, Nr. 9 Unterzeichnungsprotokoll zu Art. 56 Abs. 9

---
1 BAG v. 3. 12. 1985, AP Nr. 2 zu § 74 BAT.
2 BAG v. 14. 11. 1978, AP Nr. 6 zu § 59 KO.
3 BAG v. 5. 11. 1985, AP Nr. 4 zu § 117 BetrVG 1972.
4 LAG Hamm v. 21. 10. 1977, EzA § 76 BetrVG 1972 Nr. 19.
5 Vgl. BAG v. 19. 5. 1978, AP Nr. 1 zu § 88 BetrVG 1972; BAG v. 24. 2. 1987, AP Nr. 21 zu § 77 BetrVG 1972; BAG v. 25. 5. 1992, NZA 1992, 1135.
6 *Ascheid*, Rz. 1659; *Germelmann/Matthes/Prütting*, § 2a Rz. 9.

Zusatzabkommen zum Nato-Truppenstatut, soweit § 83 BPersVG in derartigen Streitigkeiten gerichtliche Entscheidungen ermöglicht[1]. Auf nicht-deutsche Unternehmen wirtschaftlichen Charakters im Sinne des Art. 72 Zusatzabkommen ist deutsches Betriebsverfassungsrecht unmittelbar anwendbar[2]. Dagegen scheidet für nicht-deutsche Organisationen nicht-wirtschaftlicher Art im Sinne des Art. 71 Zusatzabkommen bereits deutsches Arbeitsrecht und damit auch deutsches Betriebsverfassungs- und Personalvertretungsrecht grundsätzlich aus, Art. 71 Abs. 3 Zusatzabkommen[3].

11 Aufgrund der Vorschriften des § 118 BetrVG und des § 112 BPersVG ist dagegen die **Geltung** dieser Gesetze **für Religionsgemeinschaften** und ihre caritativen und erzieherischen Einrichtungen ohne Rücksicht auf deren Rechtsform **ausgeschlossen.** Das Personalvertretungsrecht der Kirchen ist deren eigene Angelegenheit iSv. Art. 137 WRV in Verbindung mit Art. 140 GG und damit der staatlichen (Arbeits-)Gerichtsbarkeit entzogen[4]. Die evangelische und die katholische Kirche haben insoweit für ihre Bereiche sog. **Mitarbeitervertretungsordnungen** in Kraft gesetzt. Soweit diese die Rechte und Pflichten der Funktionsträger aus ihrem Arbeitsverhältnis berühren, ist hierfür die Zuständigkeit der Arbeitsgerichte im Urteilsverfahren gegeben. Es ist unschädlich, wenn dabei über Vorfragen aus dem Mitarbeitervertretungsrecht zu entscheiden ist[5].

12 Nach dem ausdrücklichen Hinweis in § 2a Abs. 1 Nr. 1 ArbGG zählen zu den Angelegenheiten aus dem Betriebsverfassungsgesetz im Sinne der Vorschrift nicht die in §§ 119 bis 121 BetrVG geregelten **Straf- und Bußgeldbestimmungen.** Hier besteht eine Zuständigkeit der ordentlichen Gerichte nach § 13 GVG sowie §§ 68 ff. OWiG.

13 Im Wege des Beschlußverfahrens ist zu entscheiden bei Streitigkeiten aus dem **Personalvertretungsrecht.** Zuständig sind jedoch nicht die Arbeitsgerichte, sondern die Gerichte der **Verwaltungsgerichtsbarkeit.** Nach § 83 Abs. 2 BPersVG sind für die Rechtsstreitigkeiten aus diesem Gesetz die Vorschriften des Arbeitsgerichtsgesetzes über das Beschlußverfahren entsprechend anwendbar. Handelt es sich um Streitigkeiten aus dem Personalvertretungsrecht der Länder, regelt § 106 BPersVG die grundsätzliche Zuständigkeit ebenfalls der Verwaltungsgerichte, stellt aber die Entscheidung darüber, ob das Verfahren im Beschlußverfahren nach dem Arbeitsgerichtsgesetz oder im Verwaltungsverfahren nach der Verwaltungsgerichtsordnung zu entscheiden ist, den Ländern zur Wahl. Alle Länder haben insoweit das Beschlußverfahren nach dem Arbeitsgerichtsgesetz für anwendbar erklärt[6].

---

1 BAG v. 12. 2. 1985, AP Nr. 1 zu Art. 1 – Nato-Truppenstatut.
2 BAG v. 19. 6. 1984, AP Nr. 1 zu Art. 72 – ZA-Nato-Truppenstatut.
3 Hierzu BAG v. 18. 4. 1979, AP Nr. 1 zu Art. 71 – ZA-Nato-Truppenstatut.
4 BAG v. 11. 3. 1986, AP Nr. 25 zu Art. 140 GG; BAG v. 9. 9. 1992, AP Nr. 40 zu Art. 140 GG.
5 Vgl. BAG v. 25. 3. 1971, AP Nr. 5 zu § 57 BetrVG; BAG v. 22. 6. 1984, AP Nr. 5 zu § 102 BetrVG 1972.
6 Vgl. die zusammenfassende Aufstellung bei *Germelmann/Matthes/Prütting*, § 80 Rz. 8.

II. Anwendungsfälle

a) Beispielsfälle

Um Angelegenheiten aus dem Betriebsverfassungsrecht iSd. § 2a Abs. 1 Nr. 1 ArbGG, die im Beschlußverfahren zu entscheiden sind, handelt es sich insbesondere bei Streit über

- die Frage, ob ein **Betriebsrat**, Gesamtbetriebsrat oder Konzernbetriebsrat **zu bilden** ist und aus wie vielen Mitgliedern er bestehen muß[1];
- die Zahl der **wahlberechtigten** Arbeitnehmer im Sinne des § 1 BetrVG;
- die Eigenschaft eines Betriebs als **Betrieb** im Sinne des Betriebsverfassungsgesetzes[2];
- die **Errichtung** eines gesetzlich oder durch Tarifvertrag vorgesehenen Organs der Betriebsverfassung, zB Wirtschaftsausschuß[3];
- die **Zuordnung von Betriebsteilen** zu einem Hauptbetrieb, die Selbständigkeit von Betrieben, § 18 BetrVG[4], und die Frage, ob mehrere Unternehmen einen einheitlichen Betrieb haben[5];
- die **Arbeitnehmereigenschaft**, § 5 BetrVG[6];
- die **Auflösung** des Betriebsrats oder den **Ausschluß** eines Betriebsratsmitglieds, § 23 Abs. 1 BetrVG;
- die **Wahl** (Anfechtung, Nichtigkeit) eines Betriebsrats[7] (s. dazu das Beispiel Rz. 17); in einem Kündigungsrechtsstreit kann jedoch die Frage der Nichtigkeit der Betriebsratswahl auch als Vorfrage im Urteilsverfahren zu klären sein[8];
- rechtliche Auseinandersetzungen **innerhalb** einzelner **Betriebsverfassungsorgane**[9], zB Freistellungen[10];
- die **Bildung von Ausschüssen** und die Sitzverteilung[11]; über Entsendungs- und Vorschlagsrechte der einzelnen Gruppen[12];
- **Zutrittsrechte** für Betriebsratsmitglieder zum Betrieb[13];
- das Bestehen und die Durchführung von **Betriebsvereinbarungen**[14];

---

1 BAG v. 15. 8. 1978, AP Nr. 3 zu § 47 BetrVG 1972.
2 BAG v. 28. 9. 1971, AP Nr. 14 zu § 81 BetrVG.
3 BAG v. 1. 10. 1974, AP Nr. 1 zu § 106 BetrVG 1972.
4 BAG v. 23. 9. 1982, AP Nr. 3 zu § 4 BetrVG 1972.
5 BAG v. 7. 8. 1986, AP Nr. 5 zu § 1 BetrVG 1972.
6 BAG v. 10. 2. 1981; AP Nr. 25 zu § 5 BetrVG 1972.
7 Vgl. etwa BAG v. 12. 10. 1976, AP Nr. 5 zu § 19 BetrVG 1972; BAG v. 4. 10. 1977, AP Nr. 2 zu § 18 BetrVG 1972.
8 BAG v. 27. 4. 1976, AP Nr. 4 zu § 19 BetrVG 1972.
9 BAG v. 16. 2. 1973, AP Nr. 1 zu § 19 BetrVG 1972; BAG v. 13. 11. 1991, AP Nr. 9 zu § 26 BetrVG 1972.
10 BAG v. 11. 3. 1992, AP Nr. 11 zu § 38 BetrVG 1972.
11 BAG v. 19. 3. 1974, AP Nr. 1 zu § 26 BetrVG 1972; BAG v. 8. 4. 1992, AP Nr. 11 zu § 26 BetrVG 1972.
12 BAG v. 1. 6. 1976, AP Nr. 1 zu § 28 BetrVG 1972; BAG v. 7. 10. 1980, AP Nr. 1 zu § 27 BetrVG 1972; BAG v. 11. 3. 1992, AP Nr. 11 zu § 38 BetrVG 1972.
13 BAG v. 21. 9. 1989, AP Nr. 72 zu § 99 BetrVG 1972.
14 BAG v. 26. 5. 1992, NZA 1992, 1135.

▶ den **Umfang von Mitbestimmungsbefugnissen** und anderen Beteiligungsrechten wie Beratung, Anhörung, Unterrichtung, Vorlage von Unterlagen;

15 ▶ die **Ersetzung der Zustimmung** des Betriebsrats zu einer Maßnahme des Arbeitgebers[1]: Im Rahmen der Mitbestimmung des Betriebsrats bei personellen Einzelmaßnahmen (§ 99 BetrVG) kann Gegenstand eines Feststellungsantrags im Beschlußverfahren sein, wann eine Einstellung iSv. § 99 Abs. 1 BetrVG vorliegt, die der Zustimmung des Betriebsrats bedarf[2]. Ein Zustimmungsersetzungsantrag nach § 99 Abs. 4 BetrVG ist vom Arbeitgeber hilfsweise zulässig zu dem Feststellungsantrag, daß die Zustimmung des Betriebsrats nach dessen ordnungsgemäßer Unterrichtung wegen Fristablaufs als erteilt gilt, wenn über die ordnungsgemäße Unterrichtung gestritten wird[3]. Will der Arbeitgeber mit einer fristgerechten Änderungskündigung eine Versetzung des Arbeitnehmers iSv. § 95 Abs. 3 BetrVG bewirken, so ist die Zustimmung des Betriebsrats nach § 99 BetrVG Wirksamkeitsvoraussetzung nur für die tatsächliche Zuweisung des neuen Arbeitsbereiches nach Ablauf der Kündigungsfrist[4].

16 ▶ die **Kosten- und Sachmittel** für den Betriebsrat[5]: Gegenstand des arbeitsgerichtlichen Beschlußverfahrens können sein die Geschäftsführungskosten des Betriebsrats, insbesondere auch deren Notwendigkeit, sowie die Bereitstellung der erforderlichen Personal- und Sachmittel[6]. Auch Ansprüche von Betriebsratsmitgliedern auf Erstattung aufgewendeter Kosten für die Betriebsratstätigkeit sind im Beschlußverfahren zu verfolgen[7]. Streiten Betriebsrat und Arbeitgeber über den Umfang der Erstattungspflicht von Rechtsanwaltskosten, handelt es sich um eine betriebsverfassungsrechtliche Streitigkeit[8]. Ebenfalls gehört hierher der Anspruch eines Betriebsratsmitglieds auf Ersatz des ihm in Ausübung der Betriebsratstätigkeit entstandenen Schadens[9]. Ansprüche auf die Zurverfügungstellung von Räumen, Büromaterialien oder Fachliteratur[10] fallen schließlich unter § 2a Abs. 1 Nr. 1 ArbGG, gleichgültig, ob vom Betriebsrat oder einem anderen betriebsverfassungsrechtlichen Organ zur Erfüllung seiner Aufgaben geltend gemacht.

▶ die **Einigungsstelle** nach § 76 BetrVG (s. hierzu insgesamt unten Rz. 36 ff.);

▶ den **Antrag** des Arbeitgebers **nach § 78a Abs. 4 BetrVG** festzustellen, daß ein Arbeitsverhältnis mit einem Auszubildenden nicht begründet wird, oder ein

---

1 BAG v. 22. 8. 1974, AP Nr. 1 zu § 103 BetrVG 1972; BAG v. 28. 1. 1986, AP Nr. 34 zu § 99 BetrVG.
2 BAG v. 28. 4. 1992, NZA 1992, 1141.
3 Vgl. BAG v. 28. 1. 1986, AP Nr. 34 zu § 99 BetrVG 1972.
4 BAG v. 30. 9. 1993, BB 1994, 426.
5 BAG v. 31. 10. 1972, AP Nr. 2 zu § 40 BetrVG 1972; BAG v. 6. 5. 1975, AP Nr. 5 zu § 65 BetrVG 1972.
6 BAG v. 18. 1. 1989, NZA 1989, 641.
7 BAG v. 18. 1. 1989, NZA 1989, 641.
8 BAG v. 3. 10. 1978, AP Nr. 14 zu § 40 BetrVG 1972.
9 BAG v. 3. 3. 1983, AP Nr. 8 zu § 20 BetrVG 1972.
10 BAG v. 21. 4. 1983 und 25. 1. 1995, AP Nr. 20, 46 zu § 40 BetrVG.

II. Anwendungsfälle　　　　　　　　　　　　　Rz. 17 Teil 5 G

solches Arbeitsverhältnis aufzulösen[1]. Dagegen ist im Urteilsverfahren über die Feststellungsklage des Auszubildenden zu entscheiden, die dieser erhebt, wenn der Arbeitgeber das Zustandekommen eines Arbeitsverhältnisses bestreitet[2].

- **Zutrittsrechte** von im Betrieb vertretenen **Gewerkschaften** zum Betrieb[3] wegen der Teilnahme an einer Betriebsversammlung[4], der Teilnahme an einer Sitzung des Wirtschaftsausschusses[5], zur Unterstützung des Wahlvorstands[6]. Handelt es sich bei dem in Anspruch genommenen Zutrittsrecht um die Wahrnehmung eines Betätigungsrechts der Vereinigung, ist die Entscheidung im Urteilsverfahren zu treffen[7].

- die Frage, ob ein Arbeitnehmer **leitender Angestellter** iSv. § 5 Abs. 3 BetrVG ist[8];

- Ansprüche nach § 37 BetrVG: Hier ist grundsätzlich zu unterscheiden zwischen den individualrechtlichen Streitigkeiten, in denen eine Entscheidung im Urteilsverfahren ergeht (s. Rz. 18 ff.) und den allein betriebsverfassungsrechtlichen Streitfragen. Geht es um die Frage der Erforderlichkeit einer Arbeitsbefreiung zur ordnungsgemäßen Durchführung von Betriebsratsaufgaben (§ 37 Abs. 2 BetrVG), entscheidet das Arbeitsgericht ebenso im Beschlußverfahren wie über die Frage, ob betriebsbedingte Gründe die Durchführung der Betriebsratsaufgaben außerhalb der Arbeitszeit notwendig machen (§ 37 Abs. 3 BetrVG). Auch die **Erforderlichkeit** von Schulungs- und Bildungsveranstaltungen nach § 37 Abs. 6 BetrVG und deren Geeignetheit iSv. § 37 Abs. 7 BetrVG werden im Beschlußverfahren festgestellt[9].

Beispiel für einen Antrag auf Anfechtung einer Betriebsratswahl:

17

Antrag
auf Einleitung eines Beschlußverfahrens

mit den Beteiligten

1. (genaue Bezeichnung und Anschrift des/der Anfechtungsberechtigten, nämlich drei Arbeitnehmer, der Arbeitgeber oder eine im Betrieb vertretene Gewerkschaft)

– Antragsteller –

---

1 BAG v. 5. 4. 1984, AP Nr. 13 zu § 78a BetrVG 1972.
2 BAG v. 22. 9. 1983, AP Nr. 11 zu § 78a BetrVG 1972; BAG v. 23. 8. 1984, AP Nr. 1 zu § 9 BPersVG; *Germelmann/Matthes/Prütting*, § 2a Rz. 46 mwN.
3 BAG v. 26. 6. 1973; AP Nr. 2 zu § 2 BetrVG 1972.
4 BAG v. 8. 2. 1957, AP Nr. 1 zu § 82 BetrVG.
5 BAG v. 18. 11. 1980, AP Nr. 2 zu § 108 BetrVG 1972.
6 LAG Hamm v. 30. 9. 1977, EzA § 2 BetrVG 1972 Nr. 8.
7 *Germelmann/Matthes/Prütting*, § 2a Rz. 47.
8 Vgl. etwa BAG v. 5. 3. 1974, AP Nr. 1 zu § 5 BetrVG 1972; BAG v. 23. 1. 1986, AP Nr. 30 zu § 5 BetrVG 1972.
9 BAG v. 18. 12. 1973, AP Nr. 7 zu § 37 BetrVG 1972; BAG v. 28. 1. 1975, AP Nr. 20 zu § 37 BetrVG 1972; BAG v. 30. 3. 1994, DB 1994, 2295.

> Verfahrensbevollmächtigte(r): . . .
> 2. (genaue Bezeichnung und Anschrift des Anfechtungsgegners)
> – Beteiligter zu 2 –
> 3. Betriebsrat der . . . GmbH, vertreten durch den/die Betriebsratsvorsitzende(n)
> – Beteiligter zu 3 –
> 4. . . . GmbH, vertreten durch ihren Geschäftsführer . . .
> – Beteiligte zu 4 –
> Es wird beantragt, die am . . . durchgeführte Wahl des Betriebsrats für unwirksam zu erklären.
>
> oder:
>
> . . . die bei der Betriebsratswahl vom . . . erfolgte Wahl des Beteiligten zu . . . zum Betriebsratsmitglied für unwirksam zu erklären.
>
> oder:
>
> . . . die Wahl des Beteiligten zu . . . als Vertreter der Gruppe der Arbeiter/Angestellten für unwirksam zu erklären.

b) Individualansprüche

18 Abzugrenzen von den betriebsverfassungsrechtlichen Streitigkeiten, für die nach § 2a Abs. 1 Nr. 1 ArbGG das Beschlußverfahren gilt, sind die individualrechtlichen Streitigkeiten zwischen Arbeitnehmer und Arbeitgeber aus dem zwischen ihnen bestehenden Arbeitsverhältnis, deren **Anspruchsgrundlage** sich im **Betriebsverfassungsgesetz** findet. Hierzu gehören insbesondere

- Ansprüche auf **Zahlung von Arbeitsentgelt** für die Zeit der Teilnahme an einer Betriebsversammlung, §§ 20 Abs. 3, 44 Abs. 1 BetrVG[1];
- Ansprüche auf einen **Nachteilsausgleich** nach § 113 BetrVG[2];
- Ansprüche auf **vorläufige Weiterbeschäftigung** nach § 102 Abs. 5 BetrVG[3]; ebenso der Anspruch des Arbeitgebers auf Entbindung von der Weiterbeschäftigungspflicht[4];
- Ansprüche aus einem **Sozialplan**[5].

Bei diesen Streitigkeiten steht der Individualanspruch des Arbeitnehmers deutlich im Vordergrund; sie sind daher aus dem Beschlußverfahren herausgenommen.

---

1 BAG v. 1. 10. 1974, AP Nr. 2 zu § 44 BetrVG 1972.
2 BAG v. 24. 4. 1979, AP Nr. 1 zu § 82 BetrVG 1972; BAG v. 18. 3. 1975, AP Nr. 1 zu § 111 BetrVG 1972.
3 ArbG Stuttgart v. 5. 4. 1993 – 6 Ga 21/93, nv.; Germelmann/Matthes/Prütting, § 2a Rz. 12.
4 LAG Düsseldorf v. 29. 5. 1974, DB 1974, 1342.
5 BAG v. 17. 10. 1989, AP Nr. 53 zu § 112 BetrVG 1972.

II. Anwendungsfälle

Daneben gibt es Streitfälle über Ansprüche von Arbeitnehmern in ihrer Eigenschaft als Betriebsratsmitglied, deren Arbeitsleistung in Folge der Amtstätigkeit unterblieben ist. Derartige **Lohnersatzansprüche** sind durch die höchstrichterliche Rechtsprechung mittlerweile dem Urteilsverfahren zugeordnet worden[1]. Im arbeitsgerichtlichen Urteilsverfahren hat ein Betriebsratsmitglied auch die sich aus § 37 Abs. 3 BetrVG ergebenden Ansprüche auf Arbeitsbefreiung unter Fortzahlung des Arbeitsentgelts oder Vergütung von Betriebsratstätigkeit außerhalb der Arbeitszeit zu verfolgen[2].

Welche Verfahrensart bei **Schadensersatzansprüchen** zwischen Betriebsratsmitgliedern einerseits und Arbeitnehmern oder Arbeitgeber andererseits zu wählen ist, bleibt durch die Rechtsprechung weitgehend ungeklärt. Für Schadensersatzansprüche von Arbeitnehmern gegen den Betriebsrat oder seine Mitglieder soll das Urteilsverfahren gegeben sein, wenn keine Amtspflichtverletzung vorliegt[3]. Gleiches nimmt das BAG[4] an bei einem Schadensersatzanspruch eines Betriebsratsmitglieds wegen Benachteiligung bei einer Beförderung. *Matthes*[5] hält zutreffend eine Streitigkeit darüber, ob der Betriebsrat oder einzelne Mitglieder ihre Amtspflichten verletzt haben und demzufolge schadensersatzpflichtig geworden sind, für eine im Beschlußverfahren zu entscheidende Angelegenheit aus dem Betriebsverfassungsgesetz. Nur dann, wenn in der Amtspflichtverletzung gleichzeitig auch ein Verstoß gegen arbeitsvertragliche Pflichten liege, könne das Urteilsverfahren in Betracht kommen.

2. Angelegenheiten aus dem Sprecherausschußgesetz, § 2a Abs. 1 Nr. 2 ArbGG

Im Beschlußverfahren behandelt werden Streitigkeiten nach dem Sprecherausschußgesetz, ausgenommen sind lediglich die Straf- und Bußgeldvorschriften, §§ 34 bis 36 SprAuG. Es gelten im wesentlichen die zu § 2a Abs. 1 Nr. 1 ArbGG angestellten Erwägungen, dh. im Beschlußverfahren zu entscheiden sind Streitigkeiten im Zusammenhang mit der **Bildung** von Sprecherausschüssen, der **Rechtsstellung** ihrer Mitglieder, der **Beteiligungsrechte** der Ausschüsse etc.

Keine Streitigkeit aus dem Sprecherausschußgesetz betrifft die Frage, ob ein Arbeitnehmer **leitender Angestellter** iSv. § 5 Abs. 3 BetrVG ist. Hier handelt es sich um eine Angelegenheit aus dem Betriebsverfassungsgesetz iSd. § 2a Abs. 1 Nr. 1 ArbGG[6]; s. auch Rz. 14.

---

1 BAG v. 30. 1. 1973, AP Nr. 1 zu § 37 BetrVG 1972; seit BAG v. 18. 6. 1974, AP Nr. 16 zu § 37 BetrVG 1972 in st. Rspr.
2 BAG v. 21. 5. 1974, AP Nr. 12 zu § 37 BetrVG 1972; BAG v. 26. 2. 1992, AP Nr. 18 zu § 46 BPersVG; aA *Germelmann/Matthes/Prütting*, § 2a Rz. 17 unter Hinweis auf LAG Bremen v. 2. 4. 1985, AuR 1986, 220.
3 LAG Baden-Württemberg v. 22. 9. 1959, DB 1959, 1170.
4 BAG v. 31. 10. 1985, AP Nr. 5 zu § 46 BPersVG.
5 *Germelmann/Matthes/Prütting*, § 2a Rz. 20.
6 BAG v. 5. 3. 1974, AP Nr. 1 zu § 5 BetrVG 1972.

3. Angelegenheiten aus den Mitbestimmungsgesetzen, § 2a Abs. 1 Nr. 3 ArbGG

23 § 2a Abs. 1 Nr. 3 ArbGG erklärt die Arbeitsgerichte für zuständig, in Beschlußverfahren zu entscheiden in **Streitigkeiten der Mitbestimmung** und unterscheidet insoweit zwischen dem Mitbestimmungsgesetz vom 4. 5. 1976[1], dem Mitbestimmungsergänzungsgesetz vom 7. 8. 1956[2] und dem Betriebsverfassungsgesetz 1952 vom 11. 10. 1952[3]. Diese Gesetze regeln zusammen mit dem Montan-Mitbestimmungsgesetz vom 21. 5. 1951[4] die Vertretung der Arbeitnehmer im Aufsichtsrat der verschiedenen Unternehmen. Von § 2a Abs. 1 Nr. 3 ArbGG ist das Montan-Mitbestimmungsgesetz ausgeklammert, weil die Arbeitnehmervertreter zum Aufsichtsrat hier von der Hauptversammlung der Anteilseigner gewählt werden[5]. Die Anfechtung der Wahl dieser Aufsichtsratsmitglieder erfolgt nach §§ 250 ff. AktG vor den ordentlichen Gerichten.

a) Mitbestimmungsgesetz

24 §§ 21 Abs. 1, 22 Abs. 1 MitbestG beinhalten eine Zuständigkeit der Arbeitsgerichte für die **Anfechtung** der Wahl der Arbeitnehmervertreter zum Aufsichtsrat und die Anfechtung der Wahlmänner eines Betriebes. Darüber hinaus sind die Gerichte für Arbeitssachen zuständig für **alle Streitigkeiten** aus dem **MitbestG**, so etwa bei den Fragen, ob ein Unternehmen der Mitbestimmung unterliegt, wer Arbeitnehmer im Sinne des MitbestG ist, welchen Status (Arbeiter, Angestellter, leitender Angestellter) er hat[6], ob ein Aufsichtsratsmitglied der Arbeitnehmer abberufen werden kann (§ 23 MitbestG), ob ein Arbeitsdirektor bestellt werden muß.

25 Auch für Streitigkeiten, die sich im Zusammenhang mit der Wahl von Arbeitnehmervertretern zum Aufsichtsrat **während des Wahlverfahrens** ergeben, ist die Zuständigkeit im Beschlußverfahren nach § 2a Abs. 1 Nr. 3 ArbGG gegeben[7]; ebenso gilt dies für Streitfälle hinsichtlich der Anwendung von Wahlordnungen[8].

26 Streiten hingegen Aufsichtsratsmitglieder der Arbeitnehmer über ihre Rechte und Pflichten, ist die Zuständigkeit der **ordentlichen Gerichte** gegeben[9]. Vor

---

1 BGBl. I 1976, 1153.
2 BGBl. I 1956, 707.
3 BGBl. I 1952, 681.
4 BGBl. I 1951, 347.
5 BAG v. 24. 5. 1957, AP Nr. 26 zu § 2 ArbGG 1953.
6 Vgl. BAG v. 2. 3. 1955, AP Nr. 2 zu § 83 ArbGG 1953.
7 LAG Hamm v. 17. 8. 1977, EzA § 5 MitbestG Nr. 1; LAG Düsseldorf v. 24. 1. 1978, DB 1978, 987; LAG Hamburg v. 31. 1. 1979, DB 1979, 899; GK-MitbestG/*Matthes*, § 10 Rz. 110 ff.
8 *Grunsky*, § 2a Rz. 28; *Germelmann/Matthes/Prütting*, § 2a Rz. 57.
9 Vgl. OLG München v. 13. 7. 1955, AP Nr. 18 zu § 2 ArbGG 1953.

die Zivilgerichtsbarkeit gehören gleichfalls Auseinandersetzungen über die Kompetenzen des Arbeitsdirektors[1].

b) Mitbestimmungsergänzungsgesetz

§ 10 l MitbestErgG regelt die Anfechtung der Wahl der Arbeitnehmervertreter zum Aufsichtsrat, § 10k MitbestErgG die Wahl der Delegierten des Betriebes. Beide Bestimmungen erklären die Arbeitsgerichte im Falle der **Anfechtung** für zuständig. Auch für das **Abberufungsverfahren** (§ 10m MitbestErgG) sind die Gerichte für Arbeitssachen ausschließlich zuständig. 27

Zwar kann die **Nichtigkeit** einer Aufsichtsratswahl, sofern Arbeitnehmervertreter betroffen sind, vor dem Arbeitsgericht überprüft werden; dies gilt auch für die Aufsichtsratswahl nach dem MitbestG[2]. In den Fällen besteht allerdings keine ausschließliche Zuständigkeit der Arbeitsgerichte, da eine Geltendmachung auch nach § 250 AktG erfolgen kann. 28

Im übrigen ist die Zuständigkeit der Arbeitsgerichte auch im Rahmen des MitbestErgG eine umfassende, so daß auf das zum MitbestG (Rz. 24 ff.) Gesagte verwiesen werden kann.

c) BetrVG 1952

Weiter zuständig im Beschlußverfahren sind die Gerichte für Arbeitssachen nach § 2a Abs. 1 Nr. 3 ArbGG für die Angelegenheiten aus dem BetrVG 1952, soweit über die **Wahl** von Vertretern der Arbeitnehmer zum Aufsichtsrat und ihre **Abberufung** zu entscheiden ist. Die Zuständigkeit umfaßt alle Streitigkeiten im Zusammenhang mit der Wahl oder Abberufung eines Arbeitnehmervertreters im Aufsichtsrat. 29

Unabhängig von der Gesellschaftsform sind Streitigkeiten anläßlich der Wahl von Arbeitnehmervertretern zum Aufsichtsrat im arbeitsgerichtlichen Beschlußverfahren durchzuführen. In diesem sind überprüfbar die ordnungsgemäße Durchführung der Wahl, das Wahlergebnis, die Dauer der Wahl, die Frage, wer auf einen ausgeschiedenen Arbeitnehmer nachfolgt[3]. Zuständig sind die Arbeitsgerichte ebenfalls für Streitigkeiten über die Abberufung von Vertretern der Arbeitnehmer im Aufsichtsrat, mit **Ausnahme** ihrer **Abberufung** aus einem in der Person des Aufsichtsratsmitglieds liegenden wichtigen Grund nach **§ 103 Abs. 3 AktG**. Hier entscheidet über den Antrag des Aufsichtsrats auf Abberufung das Amtsgericht, § 145 Abs. 1 FGG. Geht der Streit um die **Stellung des Arbeitnehmervertreters** im Aufsichtsrat, zB den Umfang seiner Verschwiegenheitspflicht[4] oder gegen ihn gerichtete Schadensersatzansprüche, ist ebenfalls die Zuständigkeit der ordentlichen Gerichte gegeben. 30

---

1 *Grunsky*, § 2a Rz. 28.
2 *Germelmann/Matthes/Prütting*, § 2a Rz. 56.
3 BAG v. 24. 5. 1957, AP Nr. 6 zu § 76 BetrVG.
4 OLG Düsseldorf v. 15. 10. 1973, AuR 1974, 251.

4. Entscheidungen über Tariffähigkeit und Tarifzuständigkeit, § 2a Abs. 1 Nr. 4 ArbGG

31 Nr. 4 des § 2a Abs. 1 ArbGG sieht die **ausschließliche Zuständigkeit** der Gerichte für Arbeitssachen bei der Entscheidung über die Tariffähigkeit und die Tarifzuständigkeit einer Vereinigung vor.

a) Tariffähigkeit

32 Tariffähigkeit kommt nach § 2 Abs. 1 TVG Gewerkschaften, einzelnen Arbeitgebern und Vereinigungen von Arbeitgebern zu und bedeutet die rechtliche **Kompetenz, Tarifverträge** im Sinne des TVG **abzuschließen.** Auch die Spitzenorganisationen der Arbeitnehmer- und Arbeitgeberverbände sind grundsätzlich tariffähig, § 2 Abs. 2 und 3 TVG.

33 Eine Vereinigung von Arbeitnehmern kann nur dann Gewerkschaftseigenschaft beanspruchen, wenn sie zumindest ihre Aufgabe, die Arbeits- und Wirtschaftsbedingungen ihrer Mitglieder zu regeln, sinnvoll zu erfüllen in der Lage ist, was ihre **Durchsetzungskraft** gegenüber dem sozialen Gegenspieler bedingt[1].

34 Die Entscheidung über die Tariffähigkeit ergeht im **Beschlußverfahren**, § 2a Abs. 2 ArbGG. Das Arbeitsgericht ist auch zuständig, wenn um die Tariffähigkeit eines einzelnen Arbeitgebers Streit herrscht[2].

b) Tarifzuständigkeit

35 Die **Fähigkeit, Tarifverträge** mit einem bestimmten räumlichen, betrieblichfachlichen und persönlichen Geltungsbereich **abzuschließen,** wird als Tarifzuständigkeit bezeichnet und bestimmt sich nach der Satzung der Vereinigung[3]. Sie kann nicht als Vorfrage in einem anderen gerichtlichen Verfahren entschieden werden. Hängt die Entscheidung in einem anderen Rechtsstreit von der Frage der Tarifzuständigkeit einer Vereinigung ab, ist das andere Verfahren auszusetzen[4]. Die Frage, welche von zwei Gewerkschaften für Tarifverhandlungen bzw. ob eine bestimmte Gewerkschaft in Ansehung ihrer Satzungsvorschriften für einen Branchenbereich zuständig ist, betrifft die Tarifzuständigkeit[5]. Auch die Entscheidung über die Tarifzuständigkeit ist im Beschlußverfahren zu treffen[6].

---

1 BAG v. 16. 11. 1982 und 10. 9. 1985, AP Nr. 32, 34 zu § 2 TVG; BAG v. 25. 11. 1986, NZA 1987, 492; BAG v. 20. 11. 1990, NZA 1991, 428.
2 *Schaub,* Formularsammlung, § 82 V 6; *Germelmann/Matthes/Prütting,* § 2a Rz. 66.
3 BAG v. 19. 11. 1985, AP Nr. 4 zu § 2 TVG – Tarifzuständigkeit; BAG v. 22. 11. 1988, EzA § 2 TVG – Tarifzuständigkeit Nr. 1; BAG v. 24. 7. 1990, AP Nr. 7 zu § 2 TVG – Tarifzuständigkeit.
4 *Germelmann/Matthes/Prütting,* § 2a Rz. 69; ihm folgend *Ascheid,* Rz. 1674.
5 Vgl. ArbG Osnabrück v. 27. 2. 1987 – 3 BV 24/86, nv.
6 Vgl. BAG v. 22. 11. 1988, AP Nr. 5 zu § 2 TVG – Tarifzuständigkeit.

II. Anwendungsfälle

5. Bestellung der Einigungsstelle und Vorabentscheidung

Zur Beilegung von Meinungsverschiedenheiten zwischen Arbeitgeber und Betriebsrat, Gesamtbetriebsrat oder Konzernbetriebsrat ist nach § 76 Abs. 1 BetrVG bei Bedarf eine **Einigungsstelle** zu bilden. Die Einigungsstelle ist kein Gericht iSd. Art. 92 GG und ebensowenig eine behördliche Einrichtung, sondern stellt ein von Arbeitgeber und Betriebsrat gemeinsam gebildetes **Organ der Betriebsverfassung** zur Beilegung von Meinungsverschiedenheiten dar. Sie nimmt als privatrechtliche innerbetriebliche Schlichtungs- und Entscheidungsstelle ersatzweise Funktionen der Betriebspartner wahr[1].

36

Im Gegensatz zu den Arbeitsgerichten, die über Rechtsstreitigkeiten zu entscheiden haben, ist die Einigungsstelle – oder eine tarifliche Schlichtungsstelle nach § 76 Abs. 8 BetrVG – im allgemeinen zur Beilegung von **Regelungsstreitigkeiten** berufen. Wird eine Einigungsstelle zur Klärung einer sog. Regelungsstreitigkeit tätig, stellt sich sehr häufig die Frage, ob überhaupt ein mitbestimmungsrechtlicher Tatbestand vorliegt, ob also die Einigungsstelle zuständig ist. Zu unterscheiden sind somit zum einen Streitigkeiten über die Zulässigkeit der Anrufung der Einigungsstelle und über ihr Verfahren (§ 98 ArbGG, dazu Rz. 38 ff.), zum anderen Streitigkeiten im Zusammenhang mit der **Zuständigkeit der Einigungsstelle** (Rz. 44 f.). Schließlich zählen zu den Streitigkeiten über die Einigungsstelle auch solche über die **Kosten** und über die rechtliche **Wirksamkeit eines** ergangenen **Spruchs** (Rz. 46 ff.). In allen Fällen handelt es sich um Angelegenheiten nach dem Betriebsverfassungsgesetz[2].

37

a) Bestellungsverfahren nach § 98 ArbGG

Das Arbeitsgericht entscheidet nach § 98 ArbGG im Beschlußverfahren über die **Person des Vorsitzenden** und die **Zahl der Beisitzer** einer Einigungsstelle, § 76 Abs. 2 Satz 2 und 3 BetrVG, wenn hierüber zwischen Arbeitgeber und Betriebsrat Streit besteht. Die Entscheidung trifft nicht die Kammer, sondern der Vorsitzende allein, § 98 Abs. 1 Satz 1 ArbGG. Für das Verfahren in erster Instanz gelten die das Beschlußverfahren regelnden allgemeinen Bestimmungen der §§ 80 bis 84 ArbGG entsprechend, § 98 Abs. 1 Satz 3 ArbGG.

38

Im Einverständnis mit den Beteiligten kann im schriftlichen Verfahren entschieden werden[3]. Im Verfahren nach § 98 BetrVG ist auch zu entscheiden, wenn zwischen den Betriebsparteien **Streit** darüber besteht, **ob eine Einigung** über die Zahl der Beisitzer der Einigungsstelle **erzielt** worden ist. Das Gericht ist an Anträge der Beteiligten hinsichtlich einer bestimmten Zahl von Beisitzern ebensowenig wie an Anträge hinsichtlich der Person des zu bestellenden Vorsitzenden gebunden[4]. Andererseits ist dem Arbeitsgericht die weitere Ent-

39

---

1 BAG v. 22. 1. 1980, AP Nr. 7 zu § 111 BetrVG 1972; *Fitting/Kaiser/Heither/Engel*, § 76 Rz. 3.
2 *Germelmann/Matthes/Prütting*, § 2 Rz. 43.
3 LAG Hamm v. 1. 3. 1972, AP Nr. 1 zu § 112 BetrVG 1972.
4 LAG Hamm v. 6. 12. 1976, EzA § 76 BetrVG 1972 Nr. 13.

scheidung, die die Auswahl der Beisitzer betrifft und die Betriebspartner bindet, verwehrt[1].

Beispiel für einen Antrag auf Bestellung einer Einigungsstelle:

40

> In dem Beschlußverfahren nach § 98 ArbGG
> des Betriebsrats der Firma
> ...,
> vertreten durch den/die Betriebsratsvorsitzende(n)
> ...
>   – Antragsteller –
> Verfahrensbevollmächtigte(r) ...
> und
> der Firma ...
>   – Beteiligte zu 2) –
> wird beantragt,
> 1. Frau Vorsitzende Richterin am Landesarbeitsgericht ... zur Vorsitzenden einer Einigungsstelle zur Regelung von ... zu bestellen;
> 2. die Zahl der von jeder Seite zu benennenden Beisitzer auf ... festzusetzen.

41 Nach § 98 Abs. 1 Satz 2 ArbGG darf der Antrag auf Bestellung eines Vorsitzenden und/oder Festlegung der Zahl der Beisitzer nur zurückgewiesen werden, wenn die Einigungsstelle offensichtlich unzuständig ist. Maßstab für eine **offensichtliche Unzuständigkeit** ist die sofortige Erkennbarkeit bei fachkundiger Beurteilung durch das Gericht, daß ein Mitbestimmungsrecht des Betriebsrats in der streitigen Angelegenheit unter keinem denkbaren rechtlichen Gesichtspunkt in Frage kommt[2]. Offensichtlich unzuständig iSd. § 98 Abs. 1 Satz 2 ArbGG ist die Einigungsstelle nach der Rechtsprechung zB

- ▶ wenn das **BAG bereits entschieden** hat, daß der für die Regelung durch die Einigungsstelle beanspruchte Fragenkomplex nicht der betriebsverfassungsrechtlichen Mitbestimmung unterliegt[3];

- ▶ bei **Anrufung durch einen Einzelbetriebsrat,** wenn ein Unternehmen mit mehreren Betrieben ein einheitliches Vergütungssystem für sog. AT-Angestellte praktiziert, auch wenn der Gesamtbetriebsrat die Ausübung seines Mitbestimmungsrechts nach § 87 Abs. 1 Nr. 10 BetrVG unterläßt[4];

---

1 LAG Hamm v. 8. 4. 1987, NZA 1988, 210.
2 LAG Berlin v. 18. 2. 1980, AP Nr. 1 zu § 98 ArbGG 1979; LAG Düsseldorf v. 21. 12. 1981, EzA § 98 ArbGG 1979 Nr. 4; LAG Hamm v. 16. 4. 1986, BB 1986, 1359; LAG Niedersachsen v. 30. 9. 1988, NZA 1989, 149; LAG Düsseldorf v. 21. 12. 1993, NZA 1994, 767.
3 LAG München v. 13. 3. 1986, NZA 1987, 210.
4 LAG Düsseldorf v. 4. 3. 1992, NZA 1992, 613; aA LAG Nürnberg v. 21. 9. 1992, NZA 1993, 281.

II. Anwendungsfälle

- wenn der Betriebsrat oder Gesamtbetriebsrat eine **Betriebsvereinbarung** anstrebt, die inhaltlich **im Betriebsverfassungsgesetz** ersichtlich **keine Grundlage** findet, weil sie lediglich generelle Regelungen zum Einsatz von Informationstechniken enthält[1];
- solange eine Betriebsvereinbarung nicht gekündigt oder für unwirksam erklärt ist[2];
- bei Vorliegen einer **rechtskräftigen Entscheidung** über das Nichtbestehen des geltend gemachten Mitbestimmungsrechts[3].

Ist dagegen aus wenigstens einem rechtlichen Gesichtspunkt ein Mitbestimmungsrecht des Betriebsrats nicht ausgeschlossen, kann von einer offensichtlichen Unzuständigkeit der Einigungsstelle nicht ausgegangen werden. Denn das Verfahren nach § 98 ArbGG ist als **summarisches Eilverfahren** ausgestattet und soll mit einer Entscheidung über schwierige Rechtsfragen nicht belastet werden[4]. Auch entfällt das Rechtsschutzinteresse für das Verfahren nach § 98 ArbGG nicht dadurch, daß die zunächst sich Verhandlungen über das Mitbestimmungsrecht sperrende Seite im Verlaufe des Bestellungsverfahrens Verhandlungsbereitschaft signalisiert durch Vorlage eines Entwurfs für eine Betriebsvereinbarung[5]. 42

b) Beschlußverfahren über streitige Mitbestimmungsrechte

Das Bestellungsverfahren des § 98 ArbGG dient der beschleunigten Bildung einer Einigungsstelle. Daneben ist die Bestellung des Vorsitzenden oder die Festlegung der Zahl der Beisitzer durch **einstweilige Verfügung abzulehnen**, da § 98 ArbGG ausdrücklich nur die §§ 80 bis 84 ArbGG, nicht jedoch § 85 ArbGG für entsprechend anwendbar erkärt[6]. 43

Ist die Einigungsstelle ggf. durch Beschluß des Arbeitsgerichts eingerichtet, hat sie über ihre **Zuständigkeit als Vorfrage** selbst zu befinden[7] und sich für unzuständig zu erklären, wenn sie ihre Zuständigkeit nicht erkennen kann[8]; das Verfahren ist einzustellen. Bei dieser Verfahrensweise kann jedoch nicht ausgeschlossen werden, daß zu einem späteren Zeitpunkt das Arbeitsgericht die Frage der Zuständigkeit und damit insgesamt die Wirksamkeit des Einigungsstellenspruchs anders beurteilt[9]. Es kann daher sinnvoll sein, den Streit über 44

---

1 LAG Düsseldorf v. 4. 1. 1988, NZA 1989, 146.
2 LAG Düsseldorf v. 9. 9. 1977, EzA § 76 BetrVG 1972 Nr. 16.
3 LAG München v. 13. 3. 1986, NZA 1987, 210.
4 LAG Schleswig-Holstein v. 21. 12. 1989, NZA 1990, 703; LAG Baden-Württemberg v. 16. 10. 1991; NZA 1992, 186.
5 LAG Baden-Württemberg v. 16. 10. 1991, NZA 1992, 186.
6 GK-ArbGG/*Leinemann*, § 98 Rz. 7; *Bengelsdorf*, BB 1991, 613; *Grunsky*, § 98 Rz. 1a; *Germelmann/Matthes/Prütting*, § 98 Rz. 21; aA LAG Düsseldorf v. 8. 2. 1991, LAGE § 98 ArbGG 1979 Nr. 19.
7 BAG v. 3. 4. 1979, AP Nr. 2 zu § 87 BetrVG 1972; BAG v. 22. 1. 1980, AP Nr. 3 zu § 87 BetrVG – Lohngestaltung.
8 BAG v. 22. 1. 1980, DB 1980, 1895.
9 So auch *Grunsky*, § 2a Rz. 21.

das Bestehen eines Mitbestimmungsrechts in einer bestimmten Angelegenheit bereits vor Einrichtung der Einigungsstelle zur gerichtlichen Überprüfung zu stellen. Denn die Unsicherheit über das Bestehen geltend gemachter Mitwirkungsrechte hat auch Auswirkungen auf die Frage, wer den Vorsitz einer Einigungsstelle hat und in welcher Anzahl ihr Beisitzer angehören sollen[1]. Deshalb ist es zulässig, im arbeitsgerichtlichen Beschlußverfahren durch sog. **Vorabentscheidung** über das Bestehen von Mitbestimmungsrechten zu befinden[2]. Es ist grundsätzlich ohne Bedeutung, ob die Einigungsstelle bereits entschieden hat. Das Vorabentscheidungsverfahren ist vielmehr **zulässig vor, während und nach** dem Bestellungsverfahren nach § 98 ArbGG[3]. Selbst wenn der Antrag auf Einrichtung einer Einigungsstelle aus Gründen offensichtlicher Unzuständigkeit zurückgewiesen wurde, kommt ein Beschlußverfahren zwecks Feststellung eines umstrittenen Mitbestimmungsrechts noch in Betracht[4]. Andererseits ist das Verfahren zur Errichtung der Einigungsstelle ohne weiteres auch dann durchführbar, wenn schon ein Vorabentscheidungsverfahren anhängig ist. Weder darf das Bestellungsverfahren nach § 98 ArbGG wegen des Vorabentscheidungsverfahrens ausgesetzt werden[5], noch ist die Einigungsstelle selbst berechtigt, ihr Verfahren in entsprechender Anwendung von § 148 ZPO mit Rücksicht auf das anhängige Vorabentscheidungsverfahren auszusetzen, es sei denn im Einverständnis beider Betriebsparteien[6].

45 Ist im Vorabentscheidungsverfahren rechtskräftig über das Bestehen oder Nichtbestehen eines Mitbestimmungsrechts entschieden worden, hat dies **Bindungswirkung** für das Bestellungsverfahren nach § 98 ArbGG; auch die bereits installierte Einigungsstelle ist insoweit gebunden[7]. Nach rechtskräftiger Zurückweisung eines Antrags nach § 98 ArbGG kommt ein erneuter Antrag zur Besetzung der Einigungsstelle in Betracht, wenn in einem anderen Beschlußverfahren ein Mitbestimmungsrecht des Betiebsrats rechtskräftig bejaht wurde[8].

---

1 *Ascheid*, Rz. 1677.
2 BAG v. 16. 8. 1983, AP Nr. 2 zu § 81 ArbGG 1979; *Germelmann/Matthes/Prütting*, § 2a Rz. 88.
3 BAG v. 24. 11. 1981, AP Nr. 11 zu § 76 BetrVG 1972; BAG v. 6. 12. 1983, AP Nr. 7 zu § 87 BetrVG – Überwachung.
4 BAG v. 25. 4. 1989, AP Nr. 3 zu § 98 ArbGG 1979.
5 BAG v. 24. 11. 1981, AP Nr. 11 zu § 76 BetrVG 1972; LAG Hamm v. 2. 10. 1978, EzA § 148 ZPO Nr. 5; LAG Düsseldorf v. 21. 12. 1981, EzA § 98 ArbGG 1979 Nr. 4; *Galperin/Lowisch*, § 76 Rz. 25; *Germelmann/Matthes/Prütting*, § 2a Rz. 89; aA *Dütz*, AuR 1973, 353; *Gaul*, DB 1980, 1894.
6 *Fitting/Kaiser/Heither/Engel*, § 76 Rz. 42a; *Germelmann/Matthes/Prütting*, § 2a Rz. 90; aA *Dütz*, AuR 1973, 368; *Dietz/Richardi*, § 76 Rz. 87; *Galperin/Löwisch*, § 76 Rz. 25; differenzierend *Grunsky*, § 2a Rz. 21, der das Recht, nicht aber die Pflicht der Einigungsstelle zur Aussetzung annimmt.
7 *Dietz/Richardi*, § 76 Rz. 54; *Ascheid*, Rz. 1678; *Germelmann/Matthes/Prütting*, § 2a Rz. 91; *Grunsky*, § 98 Rz. 2.
8 BAG v. 25. 4. 1989, AP Nr. 3 zu § 98 ArbGG 1979.

II. Anwendungsfälle

c) Kosten der Einigungsstelle und gerichtliche Spruchüberprüfung

aa) Kosten

Die Kosten einer Einigungsstelle (§ 76a BetrVG) können ebenfalls Gegenstand eines arbeitsgerichtlichen Beschlußverfahrens nach § 2a Abs. 1 Nr. 1 ArbGG sein. Betroffen sein können der **Honoraranspruch** des Vorsitzenden[1], Ansprüche auf Honorar, Entgeltfortzahlung und Auslagenersatz für betriebsfremde Einigungsstellenbeisitzer[2] sowie dem Betriebsrat durch die Beauftragung eines Rechtsanwalts für ein Einigungsstellenverfahren entstandene Kosten[3].

46

bb) Nachprüfung des Spruchs

Aus § 76 Abs. 7 BetrVG folgt die uneingeschränkte Befugnis der Arbeitsgerichte, die Entscheidungen der Einigungsstelle **auf Rechtsfehler** zu überprüfen. Die Gerichte entscheiden im Beschlußverfahren nach § 2a Abs. 1 Nr. 1 ArbGG, da es sich um die Kontrolle betriebsverfassungsrechtlicher Streitigkeiten handelt. Der gerichtlichen Nachprüfung unterliegen sämtliche rechtlichen Mängel des Spruchs oder des Verfahrens der Einigungsstelle, insbesondere auch Verstöße gegen Gesetzesbestimmungen[4], Tarifverträge oder gültige Betriebsvereinbarungen. Eine **Frist** zur Geltendmachung derartiger Rechtsverstöße sieht das Gesetz **nicht** vor; die Ausschlußfrist des § 76 Abs. 5 Satz 4 BetrVG ist nicht anwendbar[5]. Trifft die Einigungsstelle eine unrichtige Entscheidung in Rechtsfragen, kann das Arbeitsgericht unmittelbar eine ersetzende Entscheidung treffen[6].

47

Entscheidungsbefugt im Beschlußverfahren sind die Gerichte für Arbeitssachen auch hinsichtlich der Frage, ob der **Spruch** der Einigungsstelle **bindende Wirkung** hat[7] und ob er von den Betriebsparteien **angenommen** worden ist.

Ein die Einigung zwischen Arbeitgeber und Betriebsrat ersetzender Spruch der Einigungsstelle ist unter angemessener Berücksichtigung der Belange des Betriebes oder Unternehmens und der betroffenen Arbeitnehmer nach **billigem Ermessen** (§ 315 Abs. 1 BGB) zu treffen, § 76 Abs. 5 Satz 3 BetrVG. Das Gesetz räumt der Einigungsstelle also einen Ermessensbereich ein, innerhalb dessen die Gestaltung der mitbestimmungspflichtigen Angelegenheiten erfolgen kann. Im Rahmen des der Einigungsstelle zur Verfügung stehenden Ermessensspielraums kann eine gerichtliche Nachprüfung der Entscheidung der Einigungsstel-

48

---

1 BAG v. 15. 12. 1978, AP Nr. 5 zu § 76 BetrVG 1972.
2 BAG v. 6. 4. 1973, AP Nr. 1 zu § 76 BetrVG 1972; BAG v. 26. 7. 1989, AP Nr. 4 zu § 2a ArbGG 1979; BAG v. 13. 11. 1991, AP Nr. 1 zu § 76 BetrVG 1972; LAG Schleswig-Holstein v. 12. 8. 1986, DB 1987, 104.
3 BAG v. 5. 11. 1981, AP Nr. 9 zu § 76 BetrVG 1972; für eine – meist vorherige – Vereinbarung der Erstattung auf das Rechtsanwaltshonorar anfallender MwSt. BAG v. 31. 7. 1986, BB 1987, 550.
4 BAG v. 11. 3. 1976, AP Nr. 1 zu § 95 BetrVG 1972.
5 *Dietz/Richardi*, § 76 Rz. 100.
6 *Fitting/Kaiser/Heither/Engel*, § 76 Rz. 33; *Dietz/Richardi*, § 76 Rz. 100.
7 BAG v. 23. 3. 1962, AP Nr. 1 zu § 56 BetrVG – Akkord; BAG v. 28. 2. 1984, AP Nr. 4 zu § 87 BetrVG 1972 – Tarifvorrang.

le nicht erfolgen; eine Kontrolle der sachlichen Richtigkeit und Zweckmäßigkeit des Einigungsstellenspruchs steht dem Arbeitsgericht nicht zu[1]. Hingegen ist das Arbeitsgericht befugt, die Entscheidung der Einigungsstelle auf **Ermessensfehler** hin zu überprüfen. Ermessensfehler können liegen in einer Überschreitung der gesetzlichen Grenzen des Ermessens, jedoch auch in einem Mißbrauch des Ermessens in einer dem Zweck der Ermächtigung nicht entsprechenden Weise.

- Eine **Ermessensüberschreitung** ist anzunehmen, wenn der Spruch der Einigungsstelle keine sachgerechte Interessenabwägung mehr enthält, zB die Belange des Betriebes bzw. der Arbeitnehmer überhaupt nicht berücksichtigt oder dem Arbeitgeber eine übermäßige Gestaltungsfreiheit einräumt[2].
- Von **Ermessensmißbrauch** kann ausgegangen werden, wenn die Einigungsstelle unter Mißachtung von ihr rechtlich gesetzten inneren Schranken ihres Handelns entscheidet. Das ist etwa auch dann der Fall, wenn ihr Spruch gegen den arbeitsrechtlichen Gleichbehandlungsgrundsatz verstößt oder von falschen Tatsachen ausgeht[3].

49 Nur bei derartigen Ermessensfehlern kann das Arbeitsgericht die Unwirksamkeit des Spruchs der Einigungsstelle im Beschlußverfahren auf Antrag des Arbeitgebers oder des Betriebsrats feststellen[4]. Der gerichtlichen Kontrolle unterliegt allein das Ergebnis der Tätigkeit der Einigungsstelle, ihr Spruch[5]. Die Entscheidung des Arbeitsgerichts auf Feststellung der Unwirksamkeit des Spruchs muß innerhalb einer **Ausschlußfrist** von **zwei Wochen** nach Zugang der Einigungsstellenentscheidung beantragt werden, § 76 Abs. 5 Satz 4 BetrVG. Wird die Frist versäumt, können jedenfalls Ermessensfehler nicht mehr geltend gemacht werden[6].

6. Beschlußverfahren nach der Insolvenzordnung

50 Das arbeitsrechtliche Beschäftigungsförderungsgesetz vom 25. 9. 1996[7], das am 1. 10. 1996 in Kraft getreten ist, enthält in seinem Art. 6 **Übergangsregelungen zum Konkursrecht.** Danach sind die arbeitsrechtlichen Vorschriften der Insolvenzordnung[8], nämlich die §§ 113, 120 bis 122 sowie 125 bis 128 InsO, im Geltungsbereich der Konkursordnung bereits ab dem 1. 10. 1996 anzuwenden, obgleich die InsO insgesamt erst zum 1. 1. 1999 in Kraft tritt.

---

1 *Dietz/Richardi*, § 76 Rz. 104; GK-BetrVG/*Kreutz*, § 76 Rz. 121; *Fitting/Kaiser/Heither/Engel*, § 76 Rz. 32.
2 BAG v. 28. 10. 1986, AP Nr. 20 zu § 87 BetrVG 1972 – Arbeitszeit; BAG v. 17. 10. 1989, AP Nr. 39 zu § 76 BetrVG 1972.
3 Vgl. LAG Berlin v. 22. 4. 1980, DB 1980, 2343.
4 BAG v. 30. 10. 1979, AP Nr. 9 zu § 112 BetrVG 1972; BAG v. 22. 1. 1980, AP Nr. 7 zu § 111 BetrVG 1972; BAG v. 27. 5. 1986, AP Nr. 15 zu § 87 BetrVG 1972 – Überwachung.
5 BAG v. 27. 10. 1992, BB 1993, 1285.
6 BAG v. 26. 5. 1988, AP Nr. 26 zu § 76 BetrVG 1972.
7 BGBl. I, 1476.
8 Insolvenzordnung (InsO) vom 5. 10. 1994 (BGBl. I, 2866).

II. Anwendungsfälle

§§ 122, 126 InsO eröffnen dem Konkurs-/Insolvenzverwalter[1] die Möglichkeit, ein arbeitsgerichtliches Beschlußverfahren einzuleiten zwecks Beschleunigung des Interessenausgleichsverfahrens bzw. Überprüfung eines Personalabbaus.

a) Zustimmung des Arbeitsgerichts zur Durchführung einer Betriebsänderung, § 122 InsO

Zur Vermeidung eines langwierigen Einigungsstellenverfahrens kann der Konkurs-/Insolvenzverwalter gem. § 122 Abs. 1 InsO im Wege des Beschlußverfahrens (§ 122 Abs. 2 Satz 2 1. Halbs. InsO erklärt die Bestimmungen des ArbGG über das Beschlußverfahren für analog anwendbar) die Zustimmung des Arbeitsgerichts zur Durchführung der Betriebsänderung ohne vorherige Anrufung der Einigungsstelle beantragen. **§ 122 InsO ist lex specialis** zu §§ 112, 113 Abs. 3 BetrVG. Voraussetzung für eine Anrufung des Arbeitsgerichts ist, daß nicht

▸ innerhalb von drei Wochen nach Verhandlungsbeginn oder

▸ innerhalb von drei Wochen nach schriftlicher Aufforderung zur Aufnahme von Verhandlungen nach rechtzeitiger und umfassender Unterrichtung

ein Interessenausgleich zustande kommt.

Das Beschlußverfahren wird eingeleitet durch einen schriftlichen **Antrag des Konkurs-/Insolvenzverwalters** oder dessen mündliche Erklärung vor der Geschäftsstelle des Arbeitsgerichts zur Niederschrift[2]. **Beteiligt** ist neben dem Konkurs-/Insolvenzverwalter der **Betriebsrat**, § 122 Abs. 2 Satz 2 2. Halbs. InsO.

Das Beschlußverfahren nach § 122 InsO steht unter der **Beschleunigungsmaxime** des § 61a Abs. 3 bis 6 ArbGG (§ 122 Abs. 2 Satz 3 InsO)[3]. Das Arbeitsgericht hat die Zustimmung zu erteilen, wenn dies die wirtschaftliche Lage des Unternehmens unter Berücksichtigung der sozialen Belange der Arbeitnehmer erfordert, § 122 Abs. 1 Satz 1 InsO. Bei zustimmendem gerichtlichen Beschluß kann die Betriebsänderung durchgeführt werden ohne Einhaltung des Verfahrens nach § 112 Abs. 2 BetrVG (weitere Verhandlungen über den Interessenausgleich, Vermittlungsversuch des Präsidenten des Landesarbeitsamtes, Einigungsstelle) und ohne daß der Konkurs-/Insolvenzverwalter Gefahr läuft, Nachteilsansprüche der Arbeitnehmer gem. § 113 Abs. 3 BetrVG ausgleichen zu müssen, § 122 Abs. 1 Satz 1 und 2 InsO.

Gegen den Beschluß des Arbeitsgerichts **findet die Beschwerde zum Landesarbeitsgericht nicht statt**, § 122 Abs. 3 Satz 1 InsO. Der Beschluß wird vielmehr sofort rechtskräftig, es sei denn, das Arbeitsgericht läßt die **Rechtsbeschwerde zum Bundesarbeitsgericht** in seinem Beschluß ausdrücklich zu, § 122 Abs. 3 Satz 2 1. Halbs. InsO. Aus dem Verweis in § 122 Abs. 3 Satz 2 2. Halbs. InsO

---

1 Bis zum 31. 12. 1998 spricht die InsO vom Konkurs-, ab dem 1. 1. 1999 vom Insolvenzverwalter.
2 S. oben Rz. 109.
3 *Weis*, HwB AR „Insolvenzarbeitsrecht", Rz. 53.

auf § 72 Abs. 2 und 3 ArbGG folgt, daß die Rechtsbeschwerde nur zugelassen werden darf, wenn die Rechtssache grundsätzliche Bedeutung hat oder das Arbeitsgericht von einer höchst- oder obergerichtlichen Entscheidung abweichen will. Das Bundesarbeitsgericht ist gemäß § 72 Abs. 3 ArbGG an die Zulassung gebunden. Nach § 122 Abs. 3 Satz 3 InsO ist die Rechtsbeschwerde innerhalb eines Monats nach Zustellung der vollständigen Entscheidung des Arbeitsgerichts beim Bundesarbeitsgericht einzulegen und zu begründen.

b) Feststellungsantrag des Konkurs-/Insolvenzverwalters, § 126 InsO

53 Das **Beschlußverfahren nach § 126 InsO,** durch das dem Konkurs-/Insolvenzverwalter die Möglichkeit gegeben wird, einen Personalabbau im Hinblick auf die in § 1 KSchG normierten dringenden betrieblichen Erfordernisse und die soziale Rechtfertigung gerichtlich überprüfen zu lassen, ist nur in Fällen zulässig, in denen kein Betriebsrat besteht oder in denen innerhalb von drei Wochen nach Verhandlungsbeginn bzw. schriftlicher Aufforderung zur Aufnahme von Verhandlungen keine Einigung mit dem Betriebsrat über einen Interessenausgleich nach § 125 InsO erzielt werden konnte. **Antragsbefugt**[1] ist der Konkurs-/Insolvenzverwalter, dessen Antrag auf Feststellung zielt, daß die Kündigung der Arbeitsverhältnisse bestimmter, im Antrag namentlich bezeichneter Arbeitnehmer durch dringende betriebliche Erfordernisse bedingt und sozial gerechtfertigt ist. **Beteiligte** des Beschlußverfahrens sind der Konkurs-/Insolvenzverwalter, der Betriebsrat sowie sämtliche im Feststellungsantrag genannten, von der Kündigung betroffenen Arbeitnehmer, § 126 Abs. 2 Satz 1 2. Halbs. InsO. Das Beschlußverfahren folgt dem **Rechtsmittelkonzept des § 122 InsO** (vgl. § 126 Abs. 2 Satz 2 InsO, der ausdrücklich auf § 122 Abs. 2 Satz 3, Abs. 3 InsO verweist)[2]. Es kann somit Bezug genommen werden auf die Ausführungen unter Rz. 52.

III. Beschlußverfahren vor dem Arbeitsgericht

1. Örtliche Zuständigkeit

54 Im Beschlußverfahren erster Instanz bestimmt sich die örtliche Zuständigkeit nach § 82 ArbGG. Nach dessen Satz 1 ist bei betriebsverfassungsrechtlichen Angelegenheiten auf Betriebsebene das Arbeitsgericht zuständig, in dessen **Bezirk** der **Betrieb** liegt. Geht es dagegen um Streitigkeiten auf Unternehmensebene, legen Satz 2 und 3 die Zuständigkeit des Arbeitsgerichts fest, in dessen **Bezirk** das **Unternehmen** seinen Sitz hat.

55 Ein Antrag kann nicht wegen fehlender örtlicher Zuständigkeit als unzulässig zurückgewiesen werden. Gemäß § 80 Abs. 3 ArbGG findet § 48 Abs. 1 ArbGG entsprechende Anwendung. Die örtliche Zuständigkeit hat das Gericht **von**

---
1 S. oben Rz. 111.
2 Ebenso *Schrader,* NZA 1997, 76.

III. Beschlußverfahren vor dem Arbeitsgericht   Rz. 59 Teil 5 G

Amts wegen zu prüfen. Im Falle der örtlichen Unzuständigkeit des angerufenen Arbeitsgerichts ist das Verfahren gemäß § 48 Abs. 1 ArbGG iVm. § 17a GVG von Amts wegen an das örtlich zuständige Arbeitsgericht **zu verweisen**. Das gilt auch für den Fall der fristwahrenden Einleitung eines Beschlußverfahrens beim örtlich unzuständigen Arbeitsgericht[1].

Die Regelung der örtlichen Zuständigkeit in § 82 ArbGG ist **abschließend und zwingend**. Weder durch Parteivereinbarung noch durch rügelose Einlassung kann eine andere örtliche Zuständigkeit begründet werden. Lediglich dann, wenn die Möglichkeit **mehrerer Gerichtsstände** gegeben ist, zB bei einem Abweichen des satzungsrechtlichen Sitzes des Unternehmens vom Ort, an dem die Verwaltung geführt wird, hat der Antragsteller das **Wahlrecht**, welches örtlich zuständige Gericht er anrufen will. Nur in einem solchen Fall ist auch durch Vereinbarung zwischen den Beteiligten die ausschließliche Zuständigkeit eines Arbeitsgerichts bestimmbar[2]. 56

a) Lage des Betriebs

Nach § 82 Satz 1 ArbGG bestimmt sich die örtliche Zuständigkeit grundsätzlich nach der Lage des Betriebs. Der Begriff des Betriebs entspricht dabei dem in § 1 BetrVG. Maßgeblich ist allein, ob die Streitigkeit einen Betrieb oder ein Unternehmen betrifft. Nicht hingegen kommt es an auf den Gerichtsstand eines der Verfahrensbeteiligten[3]. 57

Da sich § 82 Satz 1 ArbGG auf Satz 2 bezieht, ist neben der Prüfung des Betriebssitzes weitere Zuständigkeitsvoraussetzung, daß es sich um eine **Angelegenheit des Betriebes** handelt[4].

Ein Betrieb hat seinen Sitz an dem Ort, an dem die **Verwaltung bzw. Leitung** des Betriebs angesiedelt ist[5]. Besteht der Betrieb aus mehreren Betriebsstellen, Verkaufspunkten oder Filialen, ist örtlich zuständig das Arbeitsgericht, in dessen Bezirk die gemeinsame Betriebsleitung ihren Sitz hat. Findet im Verlauf des arbeitsgerichtlichen Beschlußverfahrens eine Betriebsverlegung statt, so bleibt es bei der Zuständigkeit des bereits angerufenen Gerichts, § 261 Abs. 3 Nr. 2 ZPO[6]. 58

b) Sitz des Unternehmens

Bei betriebsverfassungsrechtlichen Angelegenheiten auf Unternehmensebene ist nach § 82 Satz 2 und 3 ArbGG das Arbeitsgericht örtlich zuständig, in dessen Bezirk das Unternehmen seinen Sitz hat. Dabei handelt es sich um Angelegenheiten des Gesamtbetriebsrats, §§ 47 ff. BetrVG, des Konzernbetriebsrats, §§ 54 ff. BetrVG, der Gesamtjugendvertretung oder Gesamt-Jugend- und Auszubildendenvertretung, §§ 72 f. BetrVG, des Wirtschaftsausschusses, 59

---

1 BAG v. 15. 7. 1960, AP Nr. 10 zu § 76 BetrVG.
2 *Germelmann/Matthes/Prütting*, § 82 Rz. 2.
3 BAG v. 19. 6. 1986, AP Nr. 1 zu § 82 ArbGG.
4 *Germelmann/Matthes/Prütting*, § 82 Rz. 7.
5 *Dietz/Nikisch*, § 82 Rz. 10.
6 *Schaub*, Formularsammlung, § 114 II 1 b.

Wessel 2017

§§ 106 ff. BetrVG, der Vertretung der Arbeitnehmer im Aufsichtsrat, § 129 BetrVG iVm. den entsprechenden Vorschriften des BetrVG 1952, des Gesamtsprecherausschusses, §§ 16 ff. SprAuG, des Unternehmenssprecherausschusses, § 20 SprAuG und des Konzernsprecherausschusses, §§ 21 ff. SprAuG. Der Sitz des Unternehmens richtet sich nach § 17 ZPO. Das ist zunächst der **Ort, an dem** die **Verwaltung geführt** wird. Ergibt sich indes aus der Satzung ein vom Verwaltungssitz abweichender Ort, kann der Antragsteller unter den mehreren zuständigen Arbeitsgerichten wählen[1]. Hat ein Unternehmen seinen **Sitz im Ausland,** richtet sich die örtliche Zuständigkeit danach, wo die zentrale Leitung der inländischen Betätigung angesiedelt ist[2].

60 Angelegenheiten des **Gesamtbetriebsrats** sind nur solche, die in seine originäre Kompetenz fallen, somit nicht von einem oder mehreren Betriebsräten nach § 50 Abs. 2 BetrVG übertragene. Um eine Angelegenheit des Gesamtbetriebsrats handelt es sich, wenn es um das Recht des Betriebsrats geht, Vertreter in den Gesamtbetriebsrat zu entsenden oder wenn der Betriebsrat die Rechtswirksamkeit einer vom Gesamtbetriebsrat abgeschlossenen Betriebsvereinbarung anficht[3].

61 Die örtliche Zuständigkeit in Streitigkeiten um die Tariffähigkeit einer Vereinigung oder ihre Tarifzuständigkeit (§ 2a Abs. 1 Nr. 3 ArbGG) richtet sich mangels gesetzlicher Regelung nicht nach § 82 ArbGG. Hier ist örtlich zuständig das Arbeitsgericht, in dessen Bezirk die **Vereinigung** ihren **Sitz** hat[4].

2. Beteiligte

62 Das Beschlußverfahren unterscheidet sich vom Urteilsverfahren wesentlich dadurch, daß es keine Parteien im formellen Sinne kennt. Derjenige, der Rechtsschutz begehrt, ist nicht Kläger, und derjenige, gegen den Rechtsschutz begehrt wird, ist nicht Beklagter. Vielmehr sieht das ArbGG für die Subjekte des Beschlußverfahrens einheitlich die Bezeichnung als **Beteiligte** vor. An verschiedenen Stellen des Gesetzes (zB in den §§ 10, 83 Abs. 1, 2 und 4, 83a, 85 Abs. 1 ArbGG) findet sich dieser Begriff des Beteiligten. Lediglich in einer Vorschrift, § 83a Abs. 3 Satz 1 ArbGG, ist vom **Antragsteller** die Rede, der hier in einen Gegensatz zu den **übrigen Beteiligten** gebracht wird.

63 Den **Begriff des Antragsgegners,** die in der Praxis häufig so bezeichnete Person oder Stelle, gegen die Rechtsschutz begehrt wird, verwendet das Gesetz dagegen nicht. Eine solche Benennung ist zwar unschädlich und rechtsunerheblich, sollte aber dennoch in der Antragsschrift unterbleiben; denn das Beschlußverfahren kennt allein Beteiligte mit gleicher Rechtsstellung[5].

---

1 *Germelmann/Matthes/Prütting,* § 82 Rz. 10; aA *Grunsky,* § 82 Rz. 3, der den durch die Satzung bestimmten Sitz für maßgeblich hält.
2 BAG v. 31. 10. 1975 AP Nr. 2 zu § 106 BetrVG 1972.
3 BAG v. 19. 6. 1986, AP Nr. 1 zu § 82 ArbGG 1979.
4 *Germelmann/Matthes/Prütting,* § 82 Rz. 14; differenzierend *Grunsky,* § 82 Rz. 4.
5 *Germelmann/Matthes/Prütting,* § 83 Rz. 17; vgl. auch *Molkenbur,* DB 1992, 425.

III. Beschlußverfahren vor dem Arbeitsgericht

Das Gericht hat **von Amts wegen** zu ermitteln, wer Beteiligter ist[1]. Dabei ist für die Ermittlung der Beteiligtenfähigkeit auf § 10 ArbGG zurückzugreifen. Durch § 10 2. Halbs. ArbGG wird der Kreis der parteifähigen natürlichen und juristischen Personen nach § 50 ZPO für das arbeitsgerichtliche Beschlußverfahren erweitert. Es ist somit zulässig, die Begriffe der Partei- und Beteiligtenfähigkeit gleichzusetzen[2]. 64

Beteiligtenfähigkeit ist die Fähigkeit, im eigenen Namen in einem Beschlußverfahren Rechte zu reklamieren oder zu verteidigen. Wer diese Fähigkeit besitzt und folglich als Beteiligter zu begreifen ist, beantwortet zunächst, wenngleich nicht abschließend, § 10 2. Halbs. ArbGG. Beteiligtenfähig sind über den Kreis der nach § 50 ZPO parteifähigen Personen, Organisationen und Gewerkschaften (§ 10 1. Halbs. ArbGG) hinaus die im BetrVG, im SprAuG, im MitbestG, im MitbestErgG und im BetrVG 1952 sowie in den dazu ergangenen Rechtsverordnungen genannten Personen und Stellen sowie die Vereinigungen von Arbeitnehmern oder Arbeitgebern und die oberste Arbeitsbehörde des Bundes oder der Länder. 65

Die **beteiligtenfähigen Personen und Stellen** sind nicht ausdrücklich in § 10 ArbGG benannt; das Gesetz beläßt es vielmehr bei seinem im übrigen unvollständigen Verweis auf die entsprechenden Gesetze und Rechtsverordnungen. So bestimmen sich in personalvertretungsrechtlichen Streitigkeiten die Beteiligten des Beschlußverfahrens nach den Personalvertretungsgesetzen und deren Rechtsverordnungen. Ebenfalls sind die durch einen Tarifvertrag installierten betriebsverfassungsrechtlichen Organe Stellen iSd. § 10 2. Halbs. ArbGG[3], soweit ihrer Errichtung Vorschriften des BetrVG nicht entgegenstehen. 66

Während sich die Beteiligtenfähigkeit im wesentlichen nach § 10 ArbGG richtet, ist die Frage nach der tatsächlichen Beteiligung am Beschlußverfahren, die **Beteiligtenbefugnis**, anhand materiellrechtlicher Bestimmungen zu ermitteln[4]. 67

a) Antragsteller

Notwendigerweise Beteiligter eines Beschlußverfahrens ist der Antragsteller. In seiner Hand liegt die Einleitung des Verfahrens, er initiiert das Verfahren durch seinen Antrag, § 81 Abs. 1 ArbGG. Doch ist die bloße Antragstellung nicht ausreichend dafür, daß eine Sachentscheidung durch das Gericht ergehen kann. Vielmehr muß der zunächst nur formell beteiligte Antragsteller zum einen die **Beteiligtenfähigkeit** (Rz. 65 f.) besitzen, andernfalls der Antrag als unzulässig zurückzuweisen ist. Zum anderen bedarf es für eine Sachentscheidung der **Antragsbefugnis** (Rz. 111 ff.) des Antragstellers. Er muß in der Angelegenheit ma- 68

---

1 BAG v. 3. 4. 1979, AP Nr. 1 zu § 13 BetrVG 1972; BAG v. 20. 7. 1982, AP Nr. 26 zu § 76 BetrVG 1952.
2 Vgl. BAG v. 25. 8. 1981, AP Nr. 2 zu § 83 ArbGG 1979; BAG v. 29. 8. 1985, AP Nr. 13 zu § 83 ArbGG 1979.
3 BAG v. 5. 11. 1985, AP Nr. 4 zu § 117 BetrVG 1972; *Grunsky*, § 10 Rz. 24.
4 *Ascheid*, Rz. 1690.

69 Der in § 83a Abs. 3 ArbGG ausdrücklich genannte Antragsteller hat im Vergleich zu den „übrigen Beteiligten" **keine herausgehobene Rechtsstellung.** Er unterscheidet sich von den weiteren Beteiligten lediglich durch die Rechte der Antragsrücknahme und -änderung, § 81 Abs. 2 und 3 ArbGG, sowie das Recht der einseitigen Erledigungserklärung, § 83a Abs. 3 ArbGG.

b) Übrige Beteiligte

70 Voraussetzung dafür, daß es in einem Beschlußverfahren weitere Beteiligte gibt, ist die Verfahrenseinleitung durch einen Antragsteller. Wer diese übrigen Beteiligten sind, bestimmt sich **nach materiellem Recht.** Die beteiligten Personen oder Stellen müssen durch die vom Antragsteller begehrte Entscheidung in ihrer betriebsverfassungsrechtlichen, personalvertretungsrechtlichen oder mitbestimmungsrechtlichen Rechtsstellung **unmittelbar betroffen** sein[2]. Hierzu reicht nicht die bloße Berührung rechtlicher Interessen einer Person oder Stelle[3]. Auch das Ersuchen an eine außenstehende Behörde, eine bestimmte Stellungnahme abzugeben, macht diese noch nicht zum Beteiligten in einem Beschlußverfahren; sie bleibt nur Dritte[4].

71 Die Zulassung einer **Nebenintervention** oder **Streitverkündung** ist für das Beschlußverfahren nicht vorgesehen. Sie widerspräche auch dem Beteiligtenbegriff, nach dem beteiligt sein kann an einem konkreten Verfahren nur derjenige, der durch die Entscheidung unmittelbar in seinen betriebsverfassungsrechtlichen oder gleichgestellten Rechten betroffen ist[5]. Höchstrichterliche Rechtsprechung liegt zur Frage der Zulässigkeit einer Nebenintervention oder Streitverkündung im Beschlußverfahren bislang nicht vor.

aa) Arbeitgeber

72 § 83 Abs. 3 ArbGG gibt dem Arbeitgeber in jedem Beschlußverfahren ein **eigenes Anhörungsrecht.** Es fragt sich, ob aus diesem gesetzlichen Recht auf Anhörung ohne weiteres folgt, daß der Arbeitgeber im Beschlußverfahren zwingend Beteiligter ist[6]. Richtigerweise wird der Arbeitgeber nur dann als Beteiligter zu qualifizieren sein, wenn er durch die begehrte Entscheidung in seiner betriebsverfassungsrechtlichen oder mitbestimmungsrechtlichen Rechtsstellung un-

---

1 Vgl. hierzu BAG v. 15. 8. 1978, AP Nr. 3 zu § 47 BetrVG 1972; BAG v. 30. 10. 1986, AP Nr. 6 zu § 47 BetrVG 1972.
2 BAG v. 13. 3. 1984, AP Nr. 9 zu § 83 ArbGG 1979; BAG v. 29. 8. 1985, AP Nr. 13 zu § 83 ArbGG 1979; BAG v. 19. 9. 1985, AP Nr. 12 zu § 19 BetrVG 1972; BAG v. 25. 9. 1986, AP Nr. 7 zu § 1 BetrVG 1972; BVerwG v. 25. 7. 1979, AP Nr. 1 zu § 44 BPersVG.
3 *Germelmann/Matthes/Prütting*, § 83 Rz. 14.
4 *Ascheid*, Rz. 1694.
5 *Germelmann/Matthes/Prütting*, § 83 Rz. 23 ff.
6 So aber BAG v. 19. 2. 1975, AP Nr. 10 zu § 5 BetrVG 1972; wohl auch *Grunsky*, § 83 Rz. 12.

III. Beschlußverfahren vor dem Arbeitsgericht

mittelbar betroffen ist[1]. Das ist etwa der Fall in einem Wahlanfechtungsverfahren, auch wenn der Arbeitgeber nicht selbst die Wahl angefochten hat[2], oder bei einer Anfechtung der Wahl von Arbeitnehmervertretern zum Aufsichtsrat[3].

Geht im Laufe eines Beschlußverfahrens der Betrieb des Arbeitgebers auf einen **neuen Inhaber** über, so wird dieser anstelle des bisherigen Betriebsinhabers Beteiliger des anhängigen Verfahrens[4]. Ebenso kann der **Konkursverwalter** als Arbeitgeber im Beschlußverfahren beteiligt sein, denn er tritt im Zeitpunkt der Konkurseröffnung auch in betriebsverfassungsrechtlicher Hinsicht an die Stelle des Gemeinschuldners[5].

bb) Arbeitnehmer

Auch die Beteiligung von Arbeitnehmern am Beschlußverfahren richtet sich **nach materiellem Recht**. Zwar ist zu sehen, daß in Angelegenheiten der Belegschaft eines Betriebes die Vertretung der Arbeitnehmer durch den Betriebsrat erfolgt. Andererseits bestimmt § 83 Abs. 3 ArbGG, daß „die Arbeitnehmer" in dem Verfahren zu hören sind, ohne genau anzuordnen, welche Arbeitnehmer im einzelnen gemeint sind. Sinnvollerweise hat der einzelne Arbeitnehmer nur dann ein Anhörungsrecht iSv. § 83 Abs. 3 ArbGG, wenn seine individualrechtlichen Interessen durch die begehrte Entscheidung tangiert werden[6]. Das kann etwa dann sein, wenn in einem Beschlußverfahren die Frage des Vorliegens einer Betriebsänderung nach § 111 BetrVG streitig ist. Auch in einem arbeitsgerichtlichen Beschlußverfahren zwecks Ersetzung der Zustimmung des Betriebsrats zur Eingruppierung des Arbeitnehmers in eine tarifliche Entgeltgruppe ist der von ihr betroffene Arbeitnehmer nicht Beteiligter, ebensowenig in einem sich anschließenden Zwangsgeldverfahren nach § 101 BetrVG[7]. Bereits mit Beschluß vom 27. 5. 1982[8] hatte das Bundesarbeitsgericht seine bis dahin gültige Rechtsprechung zur Beteiligtenstellung des Arbeitnehmers in Rechtsstreitigkeiten um die betriebsverfassungsrechtliche Zulässigkeit personeller Einzelmaßnahmen aufgegeben und entschieden, daß von einer geplanten Versetzung betroffene Arbeitnehmer in dem Beschlußverfahren über die Zustimmungsersetzung **nicht Beteiligte** sind. In all diesen Fällen hat der Arbeitnehmer lediglich ein Anhörungsrecht nach § 83 Abs. 3 ArbGG.

Beteiligt ist der einzelne Arbeitnehmer immer dann, wenn er in seiner betriebsverfassungsrechtlichen Rechtsstellung durch die beantragte Entscheidung **un-**

---

1 *Müller*, ArbRGegw. Bd. 9, 37; *Laux*, S. 82 ff.; *Germelmann/Matthes/Prütting*, § 83 Rz. 40; *Ascheid*, Rz. 1701.
2 BAG v. 4. 12. 1986, AP Nr. 13 zu § 19 BetrVG 1972.
3 *Laux*, S. 97.
4 BAG v. 28. 9. 1988, AP Nr. 55 zu § 99 BetrVG 1972; BAG v. 5. 2. 1991, AP Nr. 89 zu § 613a BGB.
5 BAG v. 17. 9. 1974, AP Nr. 1 zu § 113 BetrVG 1972.
6 So auch *Germelmann/Matthes/Prütting*, § 83 Rz. 45, 47.
7 BAG v. 31. 5. 1983, EzA § 118 BetrVG 1972 Nr. 36.
8 BAG v. 27. 5. 1982, AP Nr. 3 zu § 80 ArbGG 1979.

mittelbar betroffen ist[1], also zB beim Streit um sein aktives oder passives Wahlrecht zur Betriebsratswahl oder um seine Mitgliedschaft in einem Betriebsverfassungsorgan. Auch in einem sog. Statusverfahren, in dem über die Eigenschaft eines Arbeitnehmers als leitender Angestellter zu entscheiden ist, hat der Arbeitnehmer Beteiligtenstellung[2].

76 In § 103 Abs. 2 Satz 2 BetrVG bestimmt das Gesetz ausdrücklich, daß das von einer beabsichtigten außerordentlichen Kündigung betroffene Betriebsratsmitglied im Zustimmungsersetzungsverfahren **Beteiligter** ist.

cc) Beteiligte Stellen

77 Wer neben dem Antragsteller und ggf. dem Arbeitgeber sowie dem einzelnen Arbeitnehmer weiter Beteiligter eines Beschlußverfahrens ist, ergibt sich aus der **materiellrechtlichen Betroffenheit** der Personen oder Stellen, bezogen auf ihre betriebsverfassungsrechtliche, personalvertretungsrechtliche oder mitbestimmungsrechtliche Rechtsposition[3]. Erforderlich ist, daß das Interesse der betroffenen Person oder Stelle durch eine konkrete Norm geschützt ist; rein tatsächliches Betroffensein reicht insoweit nicht[4].

78 Der **Betriebsrat** ist zwar nicht in allen Beschlußverfahren zwingend zu beteiligen. Gleichwohl sind zahlreiche Verfahren denkbar, in denen er unmittelbar in seiner Rechtsstellung betroffen ist. Das ist zunächst der Fall in den Verfahren, die seine Wahl, seine Zusammensetzung und seine Existenz zum Gegenstand haben, gleichgültig, ob sie das Gesamtorgan oder nur einzelne Mitglieder berühren. Auch wenn die rechtlichen Interessen des Gesamtbetriebsrats oder des Konzernbetriebsrats im Streit stehen, ist das entsprechende Organ Beteiligter. Geht im Laufe eines Beschlußverfahrens die Zuständigkeit für die Wahrnehmung des im Verfahren umstrittenen Mitbestimmungsrechts auf ein anderes betriebsverfassungsrechtliches Organ, etwa vom Betriebsrat auf den Gesamtbetriebsrat, über, wird dieses Organ Beteiligter des anhängigen Beschlußverfahrens[5]. Andererseits ist der Gesamtbetriebsrat nicht Beteiligter, wenn er in einem Beschlußverfahren über ein streitbefangenes Mitbestimmungsrecht des örtlichen Betriebsrats nicht seine eigene Regelungskompetenz in Anspruch nimmt, sondern ausdrücklich das Mitbestimmungsrecht des Betriebsrats verteidigt[6].

79 **Einzelne Mitglieder** des Betriebsrats sind im Verfahren auf Kostenerstattung in Bezug auf ihre Funktionsausübung oder die Teilnahme an Schulungsveranstaltungen als Antragsteller, der Betriebsrat als Organ beteiligt[7]. Macht dagegen

---

1 BAG v. 6. 10. 1978, AP Nr. 1 zu § 83 ArbGG; *Rohlfing/Rewolle/Bader*, § 83 Anm. 2; *Laux*, S. 64 ff.
2 BAG v. 23. 1. 1986, AP Nr. 31 zu § 5 BetrVG 1972.
3 Vgl. nur BAG v. 13. 3. 1984, AP Nr. 9 zu § 83 ArbGG 1979; *Germelmann/Matthes/Prütting*, § 83 Rz. 14. mwN.
4 *Grunsky*, § 83, Rz. 16.
5 BAG v. 18. 10. 1988, AP Nr. 10 zu § 81 ArbGG 1979.
6 BAG v. 13. 3. 1984, AP Nr. 9 zu § 83 ArbGG 1979.
7 BAG v. 13. 7. 1977, AP Nr. 8 zu § 83 ArbGG 1953; BAG v. 3. 4. 1979, AP Nr. 16 zu § 40 BetrVG 1972.

III. Beschlußverfahren vor dem Arbeitsgericht

eine Gewerkschaft Kostenerstattungsansprüche, die dem Grunde nach unstreitig sind, aus abgetretenem Recht geltend, kommt dem Betriebsrat die Stellung eines Beteiligten nicht zu[1]. Ebensowenig ist der Betriebsrat beteiligt in einem Verfahren über den Honoraranspruch eines außerbetrieblichen Beisitzers der Einigungsstelle[2].

Geht es in einem Verfahren um das Bestehen und die Grenzen der vielfältigen **Beteiligungsrechte** des Betriebsrats (sei es auf Mitbestimmung, Anhörung, Unterrichtung oder Information) gegenüber dem Arbeitgeber, ist der Betriebsrat regelmäßig Beteiligter[3]. 80

Die Beteiligtenstellung des **Konzernbetriebsrats** kommt in Frage für ein Verfahren, in dem streitig ist, aus welchen Unternehmen Mitglieder in ihn entsandt werden können[4]. 81

Auch die **Jugend- und Auszubildendenvertretung**, § 60 BetrVG, hat eigene betriebsverfassungsrechtliche Positionen und kann daher Beteiligte sein. Das gilt zum einen in Verfahren über ihre Rechtsstellung und ihre Befugnisse[5], zum anderen ebenso in Streitigkeiten über die Erforderlichkeit der Teilnahme eines Mitglieds an einer Schulungsveranstaltung[6] sowie im Verfahren nach § 78a BetrVG[7]. Dagegen ist die Jugend- und Auszubildendenvertretung nicht Beteiligte in einem Beschlußverfahren, das einen Antrag gegen den Arbeitgeber nach § 23 Abs. 3 BetrVG zum Gegenstand hat; ggf. ist ihre Beteiligung jedoch anzunehmen an einem Verfahren des Betriebsrats oder der Gewerkschaft[8]. 82

Eine Beteiligung der **Schwerbehindertenvertretung** (§ 24 SchwbG) hat zu erfolgen, wenn deren betriebsverfassungsrechtliche Stellung in Frage steht, etwa wegen einer Teilnahme an Sitzungen des Wirtschaftsausschusses[9]. 83

Denkbar ist des weiteren eine **Beteiligung des Wahlvorstandes** (§§ 16, 17 BetrVG) in solchen Beschlußverfahren, die während des laufenden Wahlverfahrens im Zusammenhang mit einzelnen Wahlhandlungen oder Maßnahmen des Wahlvorstands anhängig gemacht werden. So ist seine Beteiligung anerkannt, wenn es um die rechtliche Überprüfung des Vorliegens eines selbständigen Betriebes nach § 18 Abs. 2 BetrVG geht[10]. Gleichfalls steht eine Beteiligung des Wahlvorstandes außer Frage in Verfahren über seine Geschäftsführung, Abberufung oder Ersetzung[11], ebenfalls bei Streit um die Kosten eines vom Wahlvor- 84

---

1 BAG v. 3. 4. 1979, AP Nr. 43 zu § 40 BetrVG 1972.
2 So jetzt BAG v. 12. 2. 1992, AP Nr. 2 zu § 76a BetrVG 1972.
3 Vgl. beispielhaft nur *Germelmann/Matthes/Prütting*, § 83 Rz. 53.
4 BAG v. 29. 8. 1985, AP Nr. 13 zu § 83 ArbGG 1979.
5 BAG v. 8. 2. 1977, AP Nr. 10 zu § 80 BetrVG 1972; BAG v. 15. 8. 1978, AP Nr. 1 zu § 23 BetrVG 1972.
6 BAG v. 10. 5. 1974, AP Nr. 2 zu § 65 BetrVG 1972.
7 BAG v. 29. 11. 1989, AP Nr. 20 zu § 78 BetrVG 1972.
8 BAG v. 15. 8. 1978, AP Nr. 1 zu § 23 BetrVG 1972.
9 BAG v. 4. 6. 1987, AP Nr. 2 zu § 22 SchwbG.
10 BAG v. 25. 9. 1986, AP Nr. 7 zu § 1 BetrVG 1972.
11 *Dietz/Nikisch*, § 83 Rz. 19.

stand beauftragten Rechtsanwalts[1]. Hat hingegen der Wahlvorstand seine ihm nach dem BetrVG obliegenden Aufgaben vollständig erledigt, kann er nicht mehr Beteiligter eines Wahlanfechtungsverfahrens sein, und zwar auch dann nicht, wenn die Wahl wegen seiner mangelhaften Bestellung angefochten wird[2]. Allein **einzelne Wahlvorstandsmitglieder** können noch nach Abschluß der Wahl eine Beteiligtenstellung haben, zB wegen Feststellung der Kosten für die Anfertigung von Wahlvorschlagslisten[3].

85 Zu hören nach § 83 Abs. 3 ArbGG sind auch die Stellen, die nach dem Sprecherausschußgesetz im einzelnen Fall beteiligt sind. Dabei handelt es sich um den **Sprecherausschuß** (§ 1 SprAuG), den **Gesamtsprecherausschuß** (§ 16 SprAuG), den **Unternehmenssprecherausschuß** (§ 20 SprAuG) und den **Konzernsprecherausschuß** (§ 21 SprAuG). Diese gesetzlichen Vertretungsorgane der leitenden Angestellten sind immer dann Beteiligte eines Beschlußverfahrens, wenn es um das Bestehen und die Grenzen ihrer Rechte gegenüber dem Arbeitgeber geht, so zB in einem Verfahren zur Überprüfung der Rechtmäßigkeit der Errichtung eines Gesamtsprecherausschusses für leitende Angestellte[4].

86 Neben den betriebsverfassungs- und personalvertretungsrechtlichen Organen selbst sind deren Mitglieder in Beschlußverfahren, die ihre **Position als Organmitglied** berühren, zu beteiligen. Wichtigste gesetzliche Beispiele sind § 103 Abs. 2 BetrVG und § 47 Abs. 1 BPersVG für das Verfahren auf Ersetzung der Zustimmung des Betriebs- bzw. Personalrats zur fristlosen Kündigung eines Mitglieds. Aber auch in einem Verfahren über die Erforderlichkeit einer Schulungsveranstaltung ist das Betriebsratsmitglied, das den Besuch der Veranstaltung beabsichtigt, beteiligt[5]. Das gilt ebenfalls für ein Beschlußverfahren, in dem Streitgegenstand ist die Erstattung von durch einen Schulungsbesuch oder eine sonstige Amtstätigkeit entstandenen Kosten[6]. Keine Beteiligtenstellung hat ein Betriebsratsmitglied jedoch, wenn es seine Kostenerstattungsansprüche an die Gewerkschaft abgetreten hat und diese die im übrigen dem Grunde nach berechtigten Ansprüche nunmehr gerichtlich geltend macht[7].

87 In einem Beschlußverfahren über die Ersetzung der Zustimmung des Betriebsrats zur Eingruppierung eines Arbeitnehmers in eine tarifliche Vergütungsgruppe nach § 99 Abs. 4 BetrVG ist der betroffene **Arbeitnehmer nicht Beteiligter.** Gleiches gilt für ein Mitbestimmungsverfahren nach § 101 BetrVG, dessen Gegenstand eine solche vom Arbeitgeber vorgenommene Eingruppierung ist[8]. Auch der Arbeitnehmer, der von einer geplanten Versetzung betroffen ist, hat in dem Beschlußverfahren über die Ersetzung der vom Betriebsrat verweigerten

---

1 BAG v. 8. 4. 1992, NZA 1993, 415.
2 BAG v. 14. 1. 1983, AP Nr. 9 zu § 19 BetrVG 1972.
3 BAG v. 3. 12. 1987, AP Nr. 13 zu § 20 BetrVG 1972.
4 Vgl. BAG v. 19. 2. 1975, AP Nr. 10 zu § 5 BetrVG 1972.
5 BAG v. 28. 1. 1975, AP Nr. 20 zu § 37 BetrVG 1972.
6 BAG v. 24. 8. 1976, AP Nr. 2 zu § 95 ArbGG 1953.
7 BAG v. 26. 10. 1994, AP Nr. 43 zu § 40 BetrVG 1972.
8 BAG v. 31. 5. 1983, EzA § 118 BetrVG 1972 Nr. 36.

III. Beschlußverfahren vor dem Arbeitsgericht

Zustimmung nicht die Stellung eines Beteiligten[1]. **Beteiligt ist** hingegen der **einzelne Arbeitnehmer**, wenn über sein aktives oder passives Wahlrecht oder seinen Status als leitender Angestellter gestritten wird[2].

In einem Verfahren um die Anfechtung seiner Wahl zum Vorsitzenden ist der **Betriebsratsvorsitzende** Beteiligter[3]. **Wahlbewerber**, die in den Betriebsrat gewählt worden sind, haben die verfahrensrechtliche Stellung von Beteiligten in einem Wahlanfechtungsverfahren oder einem Verfahren auf Berichtigung des Wahlergebnisses, das den Verlust ihrer Mitgliedschaft im Betriebsrat zur Folge haben kann[4].

Der Status einer beteiligtenfähigen Stelle iSd. § 83 Abs. 3 ArbGG ist schließlich für den Fall, daß betriebsverfassungsrechtliche Positionen nicht einzelnen Organmitgliedern, sondern **Beschäftigtengruppen** zukommen, allen Mitgliedern der Gruppe zuzuerkennen[5].

Nach der Rechtsprechung des BAG[6] ist die **Einigungsstelle** des § 76 BetrVG nicht beteiligt in einem Verfahren, bei dem es um die Anfechtung des von ihr gefällten Spruchs geht[7], und zwar selbst dann nicht, wenn in dem Beschlußverfahren eine Ermessensüberschreitung der Einigungsstelle zur Überprüfung steht[8]. Geht der Streit jedoch um andere Gegenstände, etwa die Aussetzung des Einigungsstellenverfahrens oder die Befangenheit eines Mitglieds der Einigungsstelle[9], kann die Einigungsstelle Beteiligte sein.

Differenziert zu betrachten ist die Frage der **Beteiligtenfähigkeit einer Gewerkschaft**. Nachdem das BAG zunächst Gewerkschaften an Beschlußverfahren immer dann als beteiligt qualifiziert hatte, wenn diese von sich aus dem Verfahren beitraten[10], befand das höchste deutsche Arbeitsgericht in seiner Entscheidung vom 20. 7. 1982[11], daß in Wahlanfechtungsverfahren alle im Betrieb oder Unternehmen vertretenen Gewerkschaften beteiligt sind, und entwickelte seine Rechtsprechung schließlich dahin fort, daß im Wahlanfechtungsverfahren nur diejenige im Betrieb oder Unternehmen vertretene Gewerkschaft die Stellung einer Beteiligten hat, die von ihrem Anfechtungsrecht tat-

---

1 BAG v. 27. 5. 1982, DB 1982, 2410.
2 BAG v. 28. 4. 1964, DB 1964, 1122.
3 BAG v. 19. 3. 1974, AP Nr. 1 zu § 26 BetrVG 1972.
4 BAG v. 12. 10. 1976, AP Nr. 1 zu § 8 BetrVG 1972.
5 BAG v. 29. 7. 1982, AP Nr. 5 zu § 83 ArbGG 1979; BAG v. 15. 1. 1992, NZA 1992, 1091.
6 BAG v. 28. 7. 1981, AP Nr. 3 zu § 87 BetrVG 1972 – Arbeitssicherheit; BAG v. 31. 8. 1982 AP Nr. 8 zu § 87 BetrVG 1972 – Arbeitszeit.
7 AA LAG Berlin v. 15. 6. 1977, EzA § 87 BetrVG 1972 Nr. 6; LAG Hamm v. 21. 10. 1977, EzA § 76 BetrVG 1972 Nr. 19.
8 BAG v. 28. 4. 1981, AP Nr. 1 zu § 87 BetrVG 1972 – Vorschlagswesen.
9 Vgl. *Germelmann/Matthes/Prütting*, § 83 Rz. 70; LAG Hamm v. 2. 6. 1992, BB 1992, 1929.
10 Vgl. etwa BAG v. 30. 8. 1963, AP Nr. 2 zu § 88 BetrVG 1952.
11 BAG v. 20. 7. 1982, AP Nr. 26 zu § 76 BetrVG 1952.

sächlich Gebrauch macht[1]. In Fortsetzung seiner Tendenz der Einschränkung der Beteiligtenstellung von Gewerkschaften ist in einem Verfahren zu der Frage des Vorliegens eines selbständigen Betriebs nach § 18 Abs. 2 BetrVG eine Gewerkschaft ebensowenig zu beteiligen[2] wie in einem Rechtsstreit über die Errichtung eines Gesamtbetriebsrats[3].

92 **Keine Beteiligtenstellung** hat eine **Gewerkschaft** in Beschlußverfahren über

- das Bestehen von Mitbestimmungsrechten[4], selbst dann nicht, wenn diese von tariflichen Normen abhängen[5];
- die Rechtswirksamkeit einer Betriebsvereinbarung, wenn nicht die Tarifautonomie berührt ist oder ein grober Gesetzesverstoß iSv. § 23 Abs. 3 BetrVG vorliegt[6];
- die Erforderlichkeit einer Schulungsveranstaltung für ein Betriebsratsmitglied, auch wenn die Gewerkschaft selbst Träger der Veranstaltung ist[7].

93 Dagegen ist die **Gewerkschaft beteiligt** in Verfahren um

- das Teilnahmerecht von Gewerkschaftsvertretern an Sitzungen des Wirtschaftsausschusses[8], des Betriebsrats oder an einer Betriebsversammlung[9];
- den Status eines Arbeitnehmers als leitender Angestellter[10].

94 **Keine beteiligtenfähigen Stellen** iSd. § 83 Abs. 3 ArbGG sind

- der Wirtschaftsausschuß[11], es sei denn in einem Verfahren, in dem gegen ihn Rechte geltend gemacht werden[12];
- ein Arbeitgeberverband[13] mangels eigener betriebsverfassungsrechtlicher Rechtspositionen;
- der Sachverständige in einem Verfahren, in dem es um seine Bestellung geht[14];

---

1 BAG v. 19. 9. 1985, AP Nr. 12 zu § 19 BetrVG 1972; kritisch zu diesem Wandel der BAG-Rspr. *Grunsky*, § 83 Rz. 19 b, der aus dem in § 19 Abs. 2 BetrVG den Gewerkschaften eingeräumten Anfechtungsrecht folgert, daß eine Gewerkschaft von der Frage der Ordnungsgemäßheit einer Wahl iS einer eigenen rechtlichen Zuständigkeit berührt wird.
2 S. BAG v. 25. 9. 1986, AP Nr. 7 zu § 1 BetrVG 1972.
3 BAG v. 30. 10. 1986, AP Nr. 6 zu § 47 BetrVG 1972.
4 BAG v. 24. 4. 1979, AP Nr. 63 zu Art. 9 GG – Arbeitskampf.
5 BAG v. 25. 5. 1982, AP Nr. 2 zu § 87 BetrVG 1972 – Prämie.
6 BAG v. 20. 8. 1991, AP Nr. 2 zu § 77 BetrVG 1972 – Tarifvorbehalt.
7 BAG v. 28. 1. 1975, AP Nr. 20 zu § 37 BetrVG 1972.
8 BAG v. 18. 11. 1980, AP Nr. 2 zu § 108 BetrVG 1972.
9 BAG v. 14. 2. 1967, AP Nr. 2 zu § 45 BetrVG 1972.
10 BAG v. 5. 3. 1974, AP Nr. 1 zu § 5 BetrVG 1972; s. aber BAG v. 19. 11. 1974, AP Nr. 3 zu § 5 BetrVG 1972.
11 BAG v. 7. 4. 1981, AP Nr. 16 zu § 118 BetrVG 1972; BAG v. 22. 1. 1991, AP Nr. 9 zu § 106 BetrVG 1972.
12 BAG v. 29. 7. 1982, AP Nr. 5 zu § 83 ArbGG 1979; BAG v. 5. 11. 1955, AP Nr. 4 zu § 117 BetrVG 1972.
13 BAG v. 19. 5. 1978, AP Nr. 3 zu § 43 BetrVG 1972.
14 BAG v. 25. 4. 1978, AP Nr. 11 zu § 80 BetrVG 1972.

▶ der Rechtsanwalt in einem Verfahren des Betriebsrats auf Freistellung von Honoraransprüchen des Anwalts[1].

c) Rechtsfolgen bei fehlerhafter Beteiligung

Die **Anhörung und Hinzuziehung** der am Beschlußverfahren Beteiligten erfolgt durch das Arbeitsgericht von Amts wegen[2]. Es stellt einen Verfahrensfehler dar, Personen oder Stellen mit Beteiligtenstatus nicht hinzugezogen zu haben. Ein solcher Fehler, der allerdings nicht zur Rechtsunwirksamkeit der Entscheidung führt[3], läßt sich jederzeit dadurch beheben, daß die betroffenen Personen oder Stellen zukünftig beteiligt werden[4]. Ist bereits eine gerichtliche Entscheidung ergangen, steht dem bis dahin nicht Beteiligten das gegebene Rechtsmittel zu[5]. 95

Stellt sich erst im Beschwerdeverfahren vor dem Landesarbeitsgericht heraus, daß eine **Beteiligung** verfahrensfehlerhaft **unterblieben** ist, scheidet eine Zurückverweisung an das Arbeitsgericht wegen § 91 Abs. 1 ArbGG aus. Das Landesarbeitsgericht entscheidet jedoch unter Hinzuziehung des bis dahin nicht Beteiligten in der Sache neu[6]. 96

Unterbleibt die **Hinzuziehung** eines Beteiligten **vor** dem **Landesarbeitsgericht**, hat dies das Bundesarbeitsgericht in der Rechtsbeschwerdeinstanz im Zusammenhang mit der sachlichen Überprüfung der angefochtenen Entscheidung nur auf eine ordnungsgemäße Rüge hin zu berücksichtigen[7]; die Rüge kann von jedem Beteiligten erhoben werden[8]. In der Beschwerdeinstanz führt die Nichtbeteiligung zur Aufhebung des angefochtenen Beschlusses und zur Zurückverweisung an das Landesarbeitsgericht, wenn die Entscheidung auf diesem Verfahrensfehler beruht[9]. Allerdings muß zu erwarten stehen, daß die Anhörung des bislang nicht Beteiligten neue Erkenntnisse bringt[10]. 97

Es bedeutet auch einen **Verfahrensfehler,** wenn Personen oder Stellen, die am Beschlußverfahren nach materiellem Recht **nicht beteiligt** sind, vom Arbeitsgericht **als Beteiligte herangezogen** werden. Ebenso wie bei der Nichtbeteiligung von Beteiligten ist dieser Fehler für die Zukunft dadurch behebbar, daß eine Beteiligung am Verfahren unterbleibt. Hierüber kann, muß jedoch nicht, durch unselbständigen Zwischenbeschluß nach § 303 ZPO entschieden werden[11]. Hat dagegen ein zu Unrecht Beteiligter gegen die ergangene Entscheidung ein Rechtsmittel eingelegt, ist über dessen Zulässigkeit förmlich zu entscheiden. 98

---

1 BAG v. 3. 10. 1978, AP Nr. 14 zu § 40 BetrVG 1972.
2 Vgl. BAG v. 26. 11. 1968, AP Nr. 18 zu § 76 BetrVG.
3 *Grunsky*, § 83, Rz. 20.
4 *Germelmann/Matthes/Prütting*, § 83 Rz. 28.
5 BAG v. 26. 11. 1968, AP Nr. 18 zu § 76 BetrVG; aA *Grunsky*, § 83 Rz. 20, der allein Antragsteller und Antragsgegner für befugt hält, Rechtsmittel einzulegen.
6 *Germelmann/Matthes/Prütting*, § 83 Rz. 30.
7 BAG v. 15. 8. 1978, AP Nr. 3 zu § 47 BetrVG 1972.
8 BAG v. 20. 2. 1986, AP Nr. 1 zu § 63 BetrVG 1972.
9 *Germelmann/Matthes/Prütting*, § 96 Rz. 16 ff.
10 BAG v. 19. 3. 1974, AP Nr. 1 zu § 26 BetrVG 1972; *Schaub*, Formularsammlung, § 114 III 2 d.
11 *Germelmann/Matthes/Prütting*, § 83 Rz. 34.

3. Vertretung im Beschlußverfahren

a) Vertretung

99 Für das Beschlußverfahren vor dem Arbeitsgericht gilt gemäß § 80 Abs. 2 ArbGG die Bestimmung über die Prozeßvertretung des **§ 11 ArbGG entsprechend**. Das bedeutet zunächst einmal, daß die beteiligtenfähigen Beteiligten den Rechtsstreit in erster Instanz selbst führen können. Für den Betriebsrat handelt regelmäßig sein Vorsitzender, § 26 Abs. 3 Satz 1 BetrVG, allerdings nicht als gesetzlicher Vertreter des Betriebsverfassungsorgans, sondern lediglich als sog. Vertreter in der Erklärung[1]. Das bedeutet, daß der Betriebsratsvorsitzende sich nur im Bereich der vom Betriebsrat getroffenen Beschlüsse bewegen und nur insoweit Prozeßhandlungen vornehmen kann.

100 **Vergleichbare Regelungen** gelten auch für die Außenvertretung von Gesamtbetriebsrat und Konzernbetriebsrat, ebenso für die Vertretung des Sprecherausschusses, § 11 Abs. 2 SprAuG, und des Gesamt- bzw. Konzernsprecherausschusses.

101 Verfahrensbevollmächtigte können insbesondere **Rechtsanwälte** sein. Die Beauftragung eines Rechtsanwalts durch den Betriebsrat führt zur Kostentragungspflicht des Arbeitgebers, wenn der Betriebsrat die Hinzuziehung eines Rechtsanwalts bei verständiger und pflichtgemäßer Abwägung aller zu berücksichtigenden Umstände für sachlich notwendig halten durfte[2]. Eine sachliche Notwendigkeit für die Prozeßvertretung durch einen Rechtsanwalt liegt im erstinstanzlichen Beschlußverfahren nicht vor bei einem in tatsächlicher und rechtlicher Hinsicht **problemlosen Rechtsstreit**[3]. Da über § 80 Abs. 2 ArbGG auch die Vorschrift des § 11a ArbGG zum Tragen kommt, ist in Fällen, in denen Beteiligte natürliche Personen sind, die Beiordnung eines Rechtsanwalts (§ 11a Abs. 1 ArbGG) oder die Bewilligung von Prozeßkostenhilfe (§ 11a Abs. 3 ArbGG) grundsätzlich denkbar. Dabei wird jedoch zu beachten sein, daß Organe der Betriebsverfassung nicht unvermögend iSd. Prozeßkostenhilferechts sein können, da sie bereits nicht vermögensfähig sind[4].

102 Die Vertretung in arbeitsgerichtlichen Beschlußverfahren kann des weiteren durch **Verbandsvertreter,** also Vertreter von Gewerkschaften oder Arbeitgeberverbänden, erfolgen[5]. Die Vertretungsbefugnis durch Gewerkschaftsvertreter besteht, wenn mindestens ein Mitglied des Betriebsverfassungsorgans der Gewerkschaft angehört[6]; nicht ausreichend ist die Gewerkschaftszugehörigkeit eines Belegschaftsmitglieds[7].

---

1 Vgl. BAG v. 26. 9. 1963, AP Nr. 2 zu § 70 PersVG – Kündigung; BVerwG v. 21. 7. 1982, PersV 1983, 316; *Fitting/Kaiser/Heither/Engels*, § 26 Rz. 26 mwN.
2 BAG v. 26. 11. 1974, AP Nr. 6 zu § 20 BetrVG 1972; BAG v. 28. 8. 1991, BB 1991, 2306.
3 *Fitting/Kaiser/Heither/Engels*, § 40 Rz. 10; *Stege/Weinspach*, § 40 Rz. 11.
4 *Dietz/Nikisch*, § 80 Rz. 49.
5 BAG v. 3. 10. 1978, AP Nr. 14 zu § 40 BetrVG 1972; BAG v. 4. 12. 1979, AP Nr. 18 zu § 40 BetrVG 1972.
6 BAG v. 3. 12. 1954, AP Nr. 7 zu § 11 ArbGG 1953.
7 *Germelmann/Matthes/Prütting*, § 11 Rz. 95.

III. Beschlußverfahren vor dem Arbeitsgericht　　　　　Rz. 107 **Teil 5 G**

b) Kosten

Das Beschlußverfahren ist gemäß § 12 Abs. 5 ArbGG **gerichtskostenfrei** ausgestaltet. Es werden weder Gebühren noch Auslagen (zB Portokosten, Kosten für Dolmetscher, Zeugen- und Sachverständigenentschädigung) erhoben; sämtliche Auslagen trägt die Staatskasse. Folgerichtig enthält die das Beschlußverfahren beendende gerichtliche Entscheidung, insbesondere der Beschluß, keine Aussage zu Kosten und Streitwert. Denn zum einen sind auf das Beschlußverfahren §§ 91 ff. ZPO nicht anzuwenden[1], zum anderen fehlt es für eine Streitwertfestsetzung im Beschluß selbst an einer Verweisung in § 84 ArbGG auf § 61 Abs. 1 ArbGG. 　103

Eine Kostenerstattung scheidet jedoch nur hinsichtlich der gerichtlichen Kosten aus. **Außergerichtliche Kosten,** die im Zusammenhang mit einem Beschlußverfahren erforderlich werden, insbesondere Rechtsanwaltskosten, können Gegenstand eines Kostenerstattungsanspruchs sein, über den ggf. in einem Beschlußverfahren selbst zu entscheiden ist. 　104

Nach § 40 BetrVG hat der Arbeitgeber dem Betriebsrat solche Rechtsanwaltskosten zu erstatten, die dessen Betriebsratstätigkeit erfassen[2]. Die **Kostentragungspflicht** des Arbeitgebers entfällt jedoch, wenn die Rechtsverfolgung von vornherein offensichtlich aussichtslos war[3]. 　105

Grundsätzlich kann der Rechtsanwalt gegenüber dem Arbeitgeber den anwaltlichen Vergütungsanspruch nicht unmittelbar geltend machen. Vielmehr hat der Betriebsrat bei Weigerung des Arbeitgebers im Rahmen eines Beschlußverfahrens seinen **Anspruch auf Freistellung** von der Verpflichtung gegenüber dem beauftragten Rechtsanwalt durchzusetzen[4]. Der Rechtsanwalt ist **nicht Beteiligter** dieses Beschlußverfahrens[5]. Lediglich dann, wenn sich der Rechtsanwalt den betriebsverfassungsrechtlichen Freistellungsanspruch des Betriebsrats auf Kostenerstattung abtreten läßt[6], ist eine Geltendmachung durch den Rechtsanwalt selbst, auch in einem Beschlußverfahren, möglich. 　106

Die Kostentragungspflicht des Arbeitgebers kann auch gegenüber einzelnen Betriebsratsmitgliedern bestehen, wenn diese sich einem **Ausschlußverfahren** nach § 23 Abs. 1 BetrVG gegenüber sehen, ohne daß ihre Verteidigung von vornherein offensichtlich aussichtslos ist[7] oder im Fall des **Zustimmungsersetzungsverfahrens** nach § 103 Abs. 2 BetrVG, jedoch nur bei Obsiegen des Betriebsratsmitglieds[8]. 　107

---

1 BAG v. 3. 4. 1979, AP Nr. 1 zu § 13 BetrVG; BAG v. 31. 10. 1972, AP Nr. 2 zu § 40 BetrVG 1972.
2 BAG v. 3. 10. 1978, AP Nr. 14 zu § 40 BetrVG 1972.
3 Vgl. BAG v. 19. 4. 1989, AP Nr. 29 zu § 40 BetrVG 1972.
4 BAG v. 18. 4. 1967, AP Nr. 7 zu § 39 BetrVG 1972.
5 BAG v. 3. 10. 1978, AP Nr. 14 zu § 40 BetrVG 1972.
6 Zur Zulässigkeit LAG Hamm v. 20. 8. 1986, DB 1987, 184; LAG Berlin v. 26. 1. 1987, AP Nr. 25 zu § 40 BetrVG 1972.
7 BAG v. 19. 4. 1989, AP Nr. 29 zu § 40 BetrVG 1972.
8 BAG v. 21. 1. 1990, AP Nr. 28 zu § 103 BetrVG 1972.

4. Antrag

108 Die gerichtliche Einleitung eines Beschlußverfahrens bedarf zwingend eines Antrags, § 81 Abs. 1 1. Halbs. ArbGG. Dieser **bestimmt** den **Gegenstand des Verfahrens;** das Gericht ist an ihn als Sachantrag gebunden und darf dem Antragsteller insoweit nicht etwas zusprechen, was von dessen Antrag nicht umfaßt ist[1].

109 Der Antrag ist nach § 81 Abs. 1 2. Halbs. ArbGG entweder **schriftlich** beim Arbeitsgericht einzureichen oder bei der Geschäftsstelle des Arbeitsgerichts **mündlich zur Niederschrift** anzubringen. Wird der Antrag in Schriftform eingereicht, muß die Antragsschrift mit der **Unterschrift** des Antragstellers oder seines Verfahrensbevollmächtigten versehen sein[2]. Zulässig ist eine Antragstellung auch durch Telefax[3].

110 Für den Antrag selbst gelten gewisse Mindesterfordernisse. Ihm muß entnommen werden können, über welchen Streitpunkt das Gericht in der Sache entscheiden soll. Hierzu bedarf es eines bestimmten **Sachantrags**[4]. Darüber hinaus hat die Antragsschrift eine **Begründung** des Antrags zu enthalten, wobei an die Sachverhaltsdarstellung wegen des nach § 83 Abs. 1 ArbGG geltenden Grundsatzes der Amtsermittlung keine zu hohen Anforderungen gestellt werden dürfen. Schließlich muß die Antragsschrift den **Antragsteller** erkennen lassen. Die weiteren Beteiligten brauchen sich aus der Antragsschrift dagegen nicht zu ergeben; eine Bezeichnung von Personen oder Stellen als Beteiligte ist für das Gericht nicht bindend, da die Ermittlung der Beteiligten von Amts wegen geschieht[5].

a) Antragsbefugnis

111 Von der Beteiligtenfähigkeit iSd. § 83 Abs. 3 BetrVG, die das Arbeitsgericht zur Anhörung der beteiligten Personen und Stellen verpflichtet, ist zu unterscheiden die Antragsbefugnis. Sie ist echte Prozeßvoraussetzung und daher von Amts wegen in jeder Lage des Verfahrens zu prüfen. Ihr Fehlen führt zur Zurückweisung des Antrags als unzulässig[6]. Die Antragsbefugnis als Voraussetzung für eine Sachentscheidung[7] steht demjenigen zu, der mit Erfolg behaupten kann, Träger des streitbefangenen Rechtes zu sein. Antragsbefugt in diesem Sinne ist derjenige, der ein **eigenes Recht** geltend macht, zB eine Leistung an sich verlangt. Auch für einen Antrag auf Feststellung eines Rechtsverhältnis-

---
1 BAG v. 8. 11. 1983, AP Nr. 11 zu § 87 BetrVG 1972 – Arbeitszeit.
2 BAG v. 21. 10. 1989, AP Nr. 10 zu § 3 BetrVG.
3 *Germelmann/Matthes/Prütting*, § 81 Rz. 7; *Ascheid*, Rz. 1745.
4 Vgl. *Matthes*, DB 1984, 453.
5 BAG v. 3. 4. 1979, AP Nr. 1 zu 13 BetrVG 1972, BAG v. 20. 7. 1982, AP Nr. 26 zu § 76 BetrVG 1952.
6 BAG v. 27. 11. 1973, AP Nr. 4 zu § 40 BetrVG 1972; BAG v. 25. 8. 1981, AP Nr. 2 zu § 83 ArbGG 1979; BVerwG v. 11. 3. 1982, BVerwGE 1965, 127; *Müller*, ArbRGegw. Bd. 9, 38.
7 *Germelmann/Matthes/Prütting*, § 81 Rz. 53, 56; *Schaub*, Formularsammlung, § 114 II 5b.

ses, an dem der Antragsteller selbst beteiligt ist, ist die Antragsbefugnis gegeben.

Darüber hinaus gibt es zahlreiche ausdrücklich **normierte Antragsrechte** für bestimmte Personen oder Stellen, die allesamt bezwecken, mehr oder weniger gestaltend bzw. feststellend auf die betriebsverfassungsrechtliche Ordnung einzuwirken[1]. So enthalten das Betriebsverfassungsgesetz, aber auch die Personalvertretungsgesetze, Mitbestimmungsgesetze und Wahlordnungen in großer Anzahl Antragsrechte für die verschiedenen Personen und Stellen[2]. 112

Letztlich verfolgt das Erfordernis der Antragsbefugnis im arbeitsgerichtlichen Beschlußverfahren den Zweck, **Popularklagen auszuschließen**[3]. Nur wer in der Lage ist, eigene Rechte geltend zu machen, soll befugt sein, als Antragsteller ein Beschlußverfahren zu führen. Ob er das begehrte Recht tatsächlich beanspruchen kann, ist demgegenüber eine Frage der Begründetheit seines Anspruchs. 113

Nicht verwechselt werden darf die Antragsbefugnis mit der **Prozeßstandschaft**. Grundsätzlich muß der Antragsteller eigene Rechte geltend machen, so daß eine Verfolgung arbeitnehmerseitiger Individualansprüche im Wege der Prozeßstandschaft nicht zulässig ist[4]. Es sind jedoch im Beschlußverfahren auch Fälle gesetzlicher Prozeßstandschaft denkbar. So kann der Betriebsrat nach § 50 Abs. 2 BetrVG bzw. § 58 Abs. 2 BetrVG den Gesamt- bzw. Konzernbetriebsrat beauftragen, eine Angelegenheit für ihn zu regeln, was die Ermächtigung zur Führung eines Rechtsstreits umfaßt[5]. Auch eine Geltendmachung von Kostenerstattungsansprüchen einzelner Betriebsratsmitglieder kann durch den Betriebsrat als Prozeßstandschafter erfolgen[6]. 114

b) Fristen für die Verfahrenseinleitung

Hier gelten keine Besonderheiten. § 80 Abs. 2 ArbGG verweist für das Beschlußverfahren des ersten Rechtszugs hinsichtlich der Vorschriften über Ladungen, Termine und Fristen auf das Urteilsverfahren. Zu beachten ist insoweit nur § 47 Abs. 1 ArbGG. Nach dieser Bestimmung iVm. § 80 Abs. 2 ArbGG muß auch die Antragsschrift mindestens **eine Woche vor dem Termin** zur Anhörung vor der Kammer den Beteiligten von Amts wegen **zugestellt** sein. Im übrigen finden über § 46 Abs. 2 ArbGG die §§ 214 ff. ZPO Anwendung. 115

Von Bedeutung sind verschiedene durch rechtzeitige Antragserhebung beim Arbeitsgericht zu wahrende **Fristen:** 116

---

1 *Lepke*, AuR 1973, 108 ff.
2 Vgl. die Zusammenstellung wichtiger Einzelfälle bei *Germelmann/Matthes/Prütting*, § 81 Rz. 63 ff.
3 BAG v. 30. 10. 1986, AP Nr. 6 zu § 47 BetrVG 1972.
4 BAG v. 5. 5. 1992, NZA 1992, 1089.
5 BAG v. 6. 4. 1976, AP Nr. 2 zu § 50 BetrVG 1972.
6 BAG v. 29. 1. 1974, AP Nr. 8 zu § 37 BetrVG 1972; BAG v. 9. 9. 1975, AP Nr. 6 zu § 83 ArbGG 1953.

▶ Antrag nach § 103 Abs. 2 BetrVG auf Zustimmungsersetzung: ist innerhalb der **Zweiwochenfrist** des § 626 Abs. 2 BGB zu stellen; Nichteinhalten der Frist macht den Antrag nicht unzulässig, sondern unbegründet[1].

117 ▶ Anfechtung eines Einigungsstellenspruchs, § 76 Abs. 5 Satz 4 BetrVG: ist als Antrag auf Feststellung der Unwirksamkeit des Spruchs innerhalb einer Frist von **zwei Wochen,** gerechnet vom Tag der Zuleitung des Beschlusses, beim Arbeitsgericht anhängig zu machen. Eine Verlängerung dieser materiellrechtlichen Ausschlußfrist oder eine Wiedereinsetzung in den vorigen Stand ist ausgeschlossen[2]. Der Antrag muß eine Begründung enthalten, die Zweifel an der Einhaltung des Ermessens durch die Einigungsstelle erkennen läßt. Wird die Begründung des Feststellungsantrags erst nach Fristablauf nachgeholt, gilt die Frist als versäumt[3].

▶ Anfechtung von Wahlen

118 **Betriebsratswahl:** nach § 19 Abs. 2 Satz 2 BetrVG binnen **zwei Wochen,** gerechnet vom Tag der Bekanntgabe des Wahlergebnisses durch den Wahlvorstand (vgl. §§ 19, 3 Abs. 4 WO) an, dh. der Anfechtungsantrag muß spätestens am letzten Tag der Frist beim Arbeitsgericht in begründeter Form eingehen[4]. Die Benennung eines falschen Anfechtungsgegners ist dagegen unschädlich[5].

119 **Aufsichtsratswahl:**

▶ nach § 22 Abs. 2 Satz 2 MitbestG binnen **zwei Wochen,** gerechnet vom Tag der Veröffentlichung im Bundesanzeiger an (für Anfechtung der Wahl der Arbeitnehmervertreter);

▶ nach § 10k Abs. 2 Satz 2 MitbestErgG binnen **zwei Wochen,** gerechnet vom Tag der Bekanntgabe des Wahlergebnisses an (für Anfechtung der Wahl der Delegierten);

▶ nach § 19 Abs. 2 Satz 2 BetrVG analog binnen **zwei Wochen** (für Anfechtung der Wahl der Arbeitnehmervertreter zum Aufsichtsrat nach §§ 76 ff. BetrVG 1952[6]).

c) Antragsarten

120 Wie das Urteilsverfahren kennt auch das arbeitsgerichtliche Beschlußverfahren als mögliche Rechtsschutzformen insbesondere **Leistungs-, Feststellungs- und Gestaltungsanträge.**

121 **Leistungsanträge,** denen gegenüber entsprechende Feststellungsanträge subsidiär sind[7], können gerichtet sein auf eine Handlung, Duldung oder Unterlassung. Ihre Vollstreckung richtet sich nach § 85 Abs. 1 ArbGG.

---

1 BAG v. 18. 8. 1977, AP Nr. 10 zu § 103 BetrVG 1972.
2 BAG v. 26. 5. 1988, AP Nr. 26 zu § 76 BetrVG 1972.
3 BAG v. 26. 5. 1988, AP Nr. 26 zu § 76 BetrVG 1972.
4 BAG v. 24. 5. 1965, BB 1965, 1068.
5 LAG Hamm v. 27. 3. 1991, BB 1991, 1340.
6 Vgl. BAG v. 20. 7. 1982, AP Nr. 26 zu § 76 BetrVG.
7 BAG v. 1. 12. 1961, AP Nr. 1 zu § 80 ArbGG 1953; BAG v. 19. 6. 1984, AP Nr. 2 zu § 92 BetrVG 1972.

III. Beschlußverfahren vor dem Arbeitsgericht

Auf eine **Handlung** zielen zB Anträge auf Erstattung von Fahrtkosten, Herausgabe von Unterlagen, Zurverfügungstellung von Sachmitteln für die Betriebsratsarbeit, aber etwa auch die Erfüllung von Informationspflichten gegenüber dem Betriebsrat oder Wirtschaftsausschuß. Daneben können sich Leistungsanträge richten auf die **Duldung** eines Verhaltens, zB das Zutrittsrecht des Betriebsrats zu Arbeitsplätzen[1], sowie auf die **Unterlassung** von Handlungen, die jedoch im Antrag konkret zu bezeichnen sind[2].

122

Feststellungsanträge entsprechend § 256 Abs. 1 ZPO auf das Bestehen oder Nichtbestehen eines Rechtsverhältnisses oder auch nur einzelner Rechte und Pflichten aus diesem Rechtsverhältnis sind bereits rein quantitativ im Beschlußverfahren von herausragender Bedeutung. Einschränkend ist jedoch darauf hinzuweisen, daß ein Antrag auf **Feststellung von Tatsachen** grundsätzlich **nicht zulässig** ist. Beantragt der Betriebsrat zB festzustellen, daß ein bestimmter Vorgang eine Betriebsänderung iSv. § 111 BetrVG darstellt, so wird gleichwohl um ein Rechtsverhältnis iSd. § 256 Abs. 1 ZPO gestritten, weil hier das Gesetz an das Vorliegen bestimmter Tatsachen zwingende Rechtsfolgen knüpft. Ebensowenig ist es Aufgabe der Arbeitsgerichte, lediglich rechtsgutachterlich tätig zu werden. Jeder Feststellungsantrag muß vielmehr von einem **besonderen Feststellungsinteresse** getragen sein. Ein solches ist vielfach zu bejahen bei Anträgen auf Bestehen oder Nichtbestehen von Mitbestimmungsrechten an bestimmten Maßnahmen des Arbeitgebers oder an betrieblichen Vorgängen[3]. Der Antragsteller hat jedoch in seinem Sachantrag die Maßnahme oder den Vorgang, für die er ein Mitbestimmungsrecht in Anspruch nimmt, möglichst genau zu bezeichnen[4].

123

Für einen Antrag, durch den festgestellt werden soll, daß eine bestimmte Regelung von einem Mitbestimmungsrecht gedeckt ist, kann ein Feststellungsinteresse gegeben sein[5]. Des weiteren hat die Rechtsprechung – nur beispielhaft aufgezählt – ein Feststellungsinteresse angenommen für **Anträge auf Feststellung**

124

- der Zuständigkeit oder Unzuständigkeit der Einigungsstelle[6];
- einer mitbestimmungspflichtigen Versetzung, wenn eine Abordnung von Arbeitnehmern in eine andere Filiale des Unternehmens auch nur für wenige Tage erfolgt[7];
- eines Zustimmungsverweigerungsrechts des Betriebsrats, wenn Leiharbeitnehmer trotz Beschäftigungsunterbrechung insgesamt länger als sechs Monate beschäftigt werden sollen[8];

---

1 BAG v. 13. 6. 1989, AP Nr. 36 zu § 80 BetrVG 1972.
2 BAG v. 22. 7. 1980, AP Nr. 3 zu § 74 BetrVG 1972.
3 BAG v. 16. 8. 1983, AP Nr. 2 zu § 81 ArbGG 1979.
4 BAG v. 17. 5. 1983, AP Nr. 19 zu § 80 BetrVG 1972; BAG v. 24. 11. 1981, AP Nr. 8 zu § 87 BetrVG 1972 – Ordnung des Betriebes.
5 BAG v. 22. 12. 1981, AP Nr. 7 zu § 87 BetrVG 1972 – Lohngestaltung; BAG v. 13. 10. 1987, AP Nr. 24 zu § 87 BetrVG 1972 – Arbeitszeit; ebenso wohl *Matthes*, DB 1984, 453; aA *Fitting/Kaiser/Heither/Engels*, nach § 1 Rz. 16.
6 BAG v. 24. 11. 1981, AP Nr. 11 zu § 76 BetrVG 1972.
7 BAG v. 16. 12. 1986, AP Nr. 40 zu § 99 BetrVG 1972.
8 BAG v. 28. 9. 1988, AP Nr. 60 zu § 99 BetrVG 1972.

▶ der Freistellung zu Schulungsveranstaltungen, auch noch nach deren Durchführung[1];

▶ des Status eines Arbeitnehmers als leitender Angestellter[2].

125 Der Feststellungsantrag **kann positiv** oder **negativ formuliert** sein und ist auch als allgemeiner Zwischenfeststellungsantrag entsprechend § 256 Abs. 2 ZPO zulässig[3].

126 In der betriebsverfassungsrechtlichen Paxis sind nicht selten **Gestaltungsanträge** von Relevanz. Wichtige Fälle, bei denen der gerichtlichen Entscheidung gestaltende Wirkung zukommt, sind der Antrag auf Auflösung des Betriebsrats oder Ausschluß eines seiner Mitglieder (§ 23 BetrVG), auf Zustimmungsersetzung zur fristlosen Kündigung eines betriebsverfassungsrechtlichen Funktionsträgers (§ 103 BetrVG), auf Zustimmungsersetzung zu einer personellen Maßnahme (§ 99 BetrVG), auf Bestellung des Vorsitzenden einer Einigungsstelle sowie Bestimmung der Zahl der Beisitzer (§ 76 BetrVG).

127 Es ist zulässig, mehrere Anträge gleichzeitig zu stellen, um auf diese Weise unterschiedliche Streitgegenstände entscheiden zu lassen (**objektive Antragshäufung**). Ebenso zulässig ist es, zusammen mit weiteren Antragstellern verschiedene Anträge gegen mehrere Beteiligte zu richten (**subjektive Antragshäufung**). Die Antragshäufung kann schließlich auch darin bestehen, daß ein oder mehrere Hauptanträge zusammen mit einem oder mehreren Hilfsanträgen gestellt werden. In einem solchen Fal hat der jeweilige Antragsteller zu verdeutlichen, in welchem Verhältnis die Anträge zueinander stehen bzw. in welcher Reihenfolge über sie entschieden werden soll, falls sich dies nicht bereits aus den Anträgen selbst ergibt. So ist selbstverständlich zunächst über die geltend gemachte Nichtigkeit einer Betriebsratswahl und ggf. erst anschließend über die gleichzeitig erklärte Anfechtung zu entscheiden[4].

128 Um eine **Antragshäufung kraft Gesetzes** handelt es sich, wenn der Arbeitgeber gemäß § 100 Abs. 2 Satz 3 BetrVG im Rahmen der vorläufigen Durchführung einer personellen Maßnahme beim Arbeitsgericht zusammen mit dem Zustimmungsersetzungsantrag den Feststellungsantrag stellt, daß die personelle Maßnahme aus sachlichen Gründen dringend erforderlich war[5].

d) Bestimmtheitsgrundsatz

129 Nicht nur aus Gründen einer späteren möglichst problemlosen Zwangsvollstreckung ist der Bestimmtheit des das Beschlußverfahren einleitenden Antrags besondere Aufmerksamkeit zu widmen. Vielmehr wird durch den vom Antragsteller vorgenommenen Antrag der **Verfahrensgegenstand bestimmt**; an ihn ist das Gericht während des gesamten Verfahrens gebunden. Das heißt, im Rah-

---

1 BAG v. 16. 3. 1976, AP Nr. 22 zu § 37 BetrVG 1972.
2 BAG v. 19. 11. 1974, AP Nr. 2 zu § 5 BetrVG 1972.
3 BAG v. 1. 2. 1989, AP Nr. 63 zu § 99 BetrVG 1972.
4 BAG v. 17. 1. 1978, AP Nr. 1 zu § 1 BetrVG 1972.
5 Vgl. BAG v. 15. 9. 1987, AP Nr. 46 zu § 99 BetrVG 1972.

III. Beschlußverfahren vor dem Arbeitsgericht

men des gestellten Antrags ermittelt das Arbeitsgericht den Sachverhalt und entscheidet über ihn mit für die Beteiligten bindender Wirkung[1].

Allerdings hat der Vorsitzende des Arbeitsgerichts in jeder Phase des Verfahrens nach § 139 Abs. 1 ZPO auf **sachdienliche Anträge** hinzuwirken[2]. Dies kann eine Antragsänderung (Rz. 155 ff.) zur Folge haben. Darüber hinaus sollten sich der Antragsteller und sein Verfahrensbevollmächtigter einem vom Gericht her drohenden Hinweis auf einen unbestimmten Antrag schon im Vorfeld durch die Stellung von zusätzlichen Hilfsanträgen entziehen. 130

In ständiger Rechtsprechung fordert das Bundesarbeitsgericht für die Bestimmung des Streitgegenstandes im Antrag, wenn es um das Bestehen von Mitbestimmungsrechten geht, eine so **genaue Bezeichnung** der **Maßnahme des Arbeitgebers** oder des **betrieblichen Vorgangs**, für die ein Mitbestimmungsrecht beansprucht wird, daß aus dem Tenor der Entscheidung der tatsächliche Umfang des Mitbestimmungsrechts eindeutig hervorgeht[3]. Von einem in diesem Sinn klar formulierten Streitgegenstand ist auch dann auszugehen, wenn der Antragsteller sein Feststellungsbegehren auf verschiedene Mitbestimmungstatbestände stützt und hierzu die entsprechenden Gesetzesbestimmungen im Antrag benennt[4] oder wenn der Antrag die Frage, ob eine konkrete Detailregelung von einem Mitbestimmungsrecht gedeckt ist, zum Streitgegenstand macht[5]. Jedoch läßt sich der Gegenstand des Verfahrens nicht auf einzelne Anspruchsgrundlagen beschränken, indem etwa das Zutrittsrecht einer Gewerkschaft zum Betrieb nur auf § 2 Abs. 2 BetrVG gestützt wird[6]. Ein solches Vorgehen hindert eine gerichtliche Prüfung weiterer möglicher Anspruchsgrundlagen nicht[7]. 131

Auch ein sog. **Globalantrag**[8] kann dem Bestimmtheitserfordernis genügen. Ein solcher liegt vor, wenn hinsichtlich jeder Anordnung bestimmt bezeichneter Maßnahmen die Feststellung eines Mitbestimmungsrechts beantragt wird. So ist ein Antrag bestimmt genug, mit dem festgestellt werden soll, daß dem Betriebsrat ein Mitbestimmungsrecht zusteht, wenn der Arbeitgeber Überstunden anordnen will, die darauf beruhen, daß die im Betrieb oder in einzelnen Abteilungen anfallende Arbeit mit den vorhandenen Arbeitnehmern nicht bewältigt werden kann[9]. Ein derartig weit gefaßter Antrag ist jedoch im Ergebnis 132

---

1 Vgl. BAG v. 6. 12. 1983, AP Nr. 7 zu § 87 BetrVG 1972 – Überwachung.
2 *Grunsky*, § 80 Rz. 37.
3 BAG v. 17. 5. 1983, AP Nr. 19 zu § 80 BetrVG 1972; BAG v. 16. 8. 1983, AP Nr. 2 zu § 81 ArbGG 1979; BAG v. 14. 9. 1984, AP Nr. 9 zu § 87 BetrVG 1972 – Überwachung.
4 *Germelmann/Matthes/Prütting*, § 81 Rz. 16.
5 BAG v. 22. 12. 1981, AP Nr. 7 zu § 87 BetrVG 1972 – Lohngestaltung; BAG v. 24. 11. 1981, AP Nr. 8 zu § 87 BetrVG 1972 – Ordnung des Betriebes; BAG v. 13. 10. 1987, AP Nr. 24 zu § 87 BetrVG 1972 – Arbeitszeit; *Matthes*, DB 1984, 453.
6 So aber BAG v. 9. 3. 1972, AP Nr. 1 zu § 2 BetrVG 1972.
7 BAG v. 11. 3. 1986, AP Nr. 14 zu § 87 BetrVG 1972 – Überwachung; *Germelmann/Matthes/Prütting*, § 81 Rz. 33.
8 Vgl. ausführlich *Matthes*, DB 1984, 453 ff.
9 BAG v. 10. 6. 1986, AP Nr. 18 zu § 87 BetrVG 1972 – Arbeitszeit.

unbegründet, wenn nur für einen einzigen denkbaren Fall der Anordnung von Überstunden ein Mitbestimmungsrecht ausscheidet.

133 Für die Bestimmtheit eines Sachantrags reicht es aus, daß das konkrete Begehren **erst durch Auslegung ermittelbar** ist. Wie im Urteilsverfahren ist auch im Beschlußverfahren eine Auslegung des gestellten Antrags zulässig und oftmals sogar erforderlich. Dabei hat das Arbeitsgericht sich zu orientieren an dem tatsächlichen Vorbringen des Antragstellers, mit dem dieser seinen Antrag begründet, sowie an dem Vorgang, der zu der Streitigkeit geführt hat[1]. Eine Auslegung hat zu unterbleiben bei einem Antrag, der nach seiner Begründung im Bezug auf das Verfahrensziel eindeutig ist[2]. Lediglich für den Fall, daß Antrag und angestrebtes Verfahrensziel nicht in Übereinstimmung zu bringen sind, trifft das Gericht nach § 139 Abs. 1 ZPO die Verpflichtung, auf sachgerechte Anträge hinzuwirken. Grenze einer jeden Antragsauslegung ist § 308 ZPO, wonach durch gerichtliche Entscheidung nicht etwas zugesprochen werden darf, was nicht beantragt worden ist[3].

e) Rechtsschutzinteresse

134 Voraussetzung einer jeden Sachentscheidung ist auch im Beschlußverfahren das Rechtsschutzinteresse des Antragstellers an der begehrten Entscheidung[4]. Das Bundesarbeitsgericht erkennt dem Beschlußverfahren **in großzügigerer Weise** ein Rechtsschutzinteresse zu als dem Urteilsverfahren und begründet dies damit, daß der Zweck des Beschlußverfahrens nicht so sehr die Klärung subjektiver Rechtspositionen sei, sondern vielmehr die Erhaltung und Wiederherstellung des Betriebsfriedens[5]. Das Rechtsschutzinteresse ist jedoch zu verneinen, wenn das Verfahren nur der Klärung einer abstrakten Rechtsfrage ohne konkrete Bedeutung für die Verfahrensbeteiligten dienen soll. Andererseits besteht für einen Antrag durchaus ein rechtlich schützenswertes Interesse, wenn dieser eine Streitfrage betrifft, die sich zwar zwischenzeitlich zunächst erledigt hat, jedoch jederzeit wieder aktuell werden kann. Hierzu reicht eine auch nur **geringe Wahrscheinlichkeit**, daß sich ein gleichartiger Vorgang wiederholen wird[6].

135 Begehrt der Betriebsrat als Kollektivorgan die Freistellung eines seiner Mitglieder zur Teilnahme an einer Schulungsveranstaltung, so besteht für diesen

---

1 BAG v. 15. 12. 1972, AP Nr. 5 zu § 80 ArbGG 1953; BAG v. 26. 10. 1982, AP Nr. 10 zu § 111 BetrVG 1972; BAG v. 3. 12. 1985, AP Nr. 28 zu § 99 BetrVG 1972; BVerwG v. 6. 6. 1991, AP Nr. 1 zu § 12 LPVG Berlin.
2 BAG v. 9. 9. 1975, AP Nr. 6 zu § 83 ArbGG 1953; BAG v. 27. 3. 1979, AP Nr. 7 zu § 80 ArbGG 1953.
3 BAG v. 9. 9. 1975, AP Nr. 6 zu § 83 ArbGG 1953; BAG v. 27. 3. 1979, AP Nr. 7 zu § 80 ArbGG 1953; BAG v. 27. 10. 1992, DB 1993, 1143.
4 Seit BAG v. 1. 12. 1961, AP Nr. 1 zu § 80 ArbGG 1953 st. Rspr.
5 BAG v. 8. 2. 1957, AP Nr. 1 zu § 82 BetrVG; BAG v. 17. 12. 1974, AP Nr. 6 zu § 5 BetrVG 1972; BAG v. 18. 3. 1975, AP Nr. 1 zu § 111 BetrVG 1972; *Germelmann/Matthes/Prütting*, § 81 Rz. 23; *Laux*, S. 17; eher kritisch *Grunsky*, § 80 Rz. 20.
6 BAG v. 29. 7. 1987, AP Nr. 5 zu § 83 ArbGG 1979.

III. Beschlußverfahren vor dem Arbeitsgericht Rz. 138 Teil 5 G

Antrag auch **noch nach Durchführung der Veranstaltung** das Rechtsschutzinteresse[1]. Auch bei einem Streit über die Feststellung der Selbständigkeit eines Betriebes oder Betriebsteiles nach § 18 Abs. 3 BetrVG entfällt das Rechtsschutzinteresse nicht deshalb, weil die Betriebsratswahl zwischenzeitlich durchgeführt worden ist[2]. Von einem fortbestehenden Rechtsschutzinteresse ist auszugehen für ein Beschlußverfahren über die Anfechtung einer Betriebsratswahl, wenn der Betriebsrat vor der Rechtskraft der gerichtlichen Entscheidung seinen Rücktritt beschließt, und zwar bis zur Bekanntgabe des Wahlergebnisses der neuerlichen Betriebsratswahl[3]. Allerdings entfällt das Rechtsschutzinteresse im Wahlanfechtungsverfahren nach § 19 BetrVG für den Antrag, die Wahl für unwirksam zu erklären, mit Ablauf der Amtszeit des Gremiums, dessen Wahl angefochten wird[4].

Gerade im Bereich der personellen Mitbestimmung **erledigen sich Streitfragen** nicht selten **durch Zeitablauf**. Gleichwohl kann hier der Betriebsrat ein besonderes Interesse daran haben, Rechtsfragen losgelöst vom Einzelfall gerichtlich entschieden zu bekommen, so etwa bei einer generellen Streitigkeit mit dem Arbeitgeber, ob bei der Einstellung von Honorarlehrkräften ein Zustimmungsverweigerungs- oder zumindest ein Unterrichtungsrecht besteht[5]. 136

Für einen Feststellungsantrag, der auf eine konkrete Maßnahme gerichtet ist, besteht das Rechtsschutzinteresse in jedem Fall nicht mehr, wenn diese **Maßnahme abgeschlossen** ist[6]. Auch wenn sich die Beteiligten im Laufe des Beschlußverfahrens über das streitige Rechtsverhältnis einigen, entfällt damit das Rechtsschutzinteresse, zB wird ein Antrag des Betriebsrats auf Unterlassung von Überstunden gegenstandslos, wenn hierüber in der Zwischenzeit mit dem Arbeitgeber eine Betriebsvereinbarung abgeschlossen werden konnte[7]. 137

Das Rechtsschutzinteresse als Zulässigkeitsvoraussetzung muß **während der gesamten Dauer des Verfahrens** vorhanden sein, also noch im Zeitpunkt der letzten Entscheidung über diesen Antrag in der Rechtsbeschwerdeinstanz[8]. Das hat das Arbeitsgericht von Amts wegen zu prüfen. Die Tatsachen für das Vorliegen eines Rechtsschutzinteresses hat allein der Antragsteller vorzutragen; hier besteht für das Gericht keine Verpflichtung zur Aufforderung zu entsprechenden Darlegungen[9]. 138

---

1 BAG v. 16. 3. 1976, AP Nr. 22 zu § 37 BetrVG 1972.
2 BAG v. 25. 11. 1980, AP Nr. 3 zu § 18 BetrVG 1972.
3 BAG v. 29. 5. 1991, BB 1991, 2373.
4 BAG v. 13. 3. 1991, NZA 1991, 946.
5 BAG v. 3. 7. 1990, EzA § 99 BetrVG 1972 Nr. 90.
6 BAG v. 6. 11. 1990, EzA § 4 TVG – Metallindustrie Nr. 78.
7 BAG v. 12. 1. 1988, AP Nr. 8 zu § 81 ArbGG 1979.
8 BAG v. 29. 7. 1982, AP Nr. 5 zu § 83 ArbGG 1979.
9 BAG v. 17. 7. 1964, AP Nr. 3 zu § 80 ArbGG 1953.

5. Verfahren

a) Untersuchungsgrundsatz

139 Das Arbeitsgericht hat nach § 83 Abs. 1 ArbGG den Sachverhalt **von Amts wegen** zu erforschen (Satz 1); es haben jedoch die am Verfahren Beteiligten an der Aufklärung des Sachverhalts **mitzuwirken**. Aus der Gesetzesformulierung leitet die heute wohl herrschende Meinung in der Literatur die **Geltung des Untersuchungsgrundsatzes**[1] bzw. eines **eingeschränkten Untersuchungsgrundsatzes**[2] ab. Auch die neuere Rechtsprechung des Bundesarbeitsgerichts folgert die gerichtliche Verpflichtung, im Beschlußverfahren den Sachverhalt von Amts wegen aufzuklären, aus dem Untersuchungsgrundsatz, betont aber gleichzeitig die Mitwirkungspflicht der Beteiligten[3].

140 Der (eingeschränkte) Untersuchungsgrundsatz verpflichtet das Arbeitsgericht, im Rahmen der gestellten Anträge **von sich aus eigene Erhebungen** anzustellen[4]. Dies bedeutet indes nicht, aus eigenem Antrieb allen nur erdenklichen Anhaltspunkten nachgehen zu müssen, wie dies im staatsanwaltschaftlichen Ermittlungsverfahren der Fall ist. Vielmehr bedarf es zumindest irgendeiner Vorgabe der Beteiligten[5]. Das Vorbringen etwa des Antragstellers muß soviele Anhaltspunkte enthalten, daß der Tatsachenrichter aus ihnen entnehmen kann, worauf der Antragsteller seinen Antrag stützt[6]. Liegen dem Gericht ausreichende Anhaltspunkte vor, ist es berechtigt und verpflichtet, von sich aus weitergehend tätig zu werden und weitere Tatsachen beizuschaffen. Jedoch ist es nicht Aufgabe der Gerichte für Arbeitssachen, ohne ausreichendes Sachvorbringen der Beteiligten quasi von Amts wegen Überlegungen darüber anzustellen, ob möglicherweise ein anderer, bislang noch nicht vorgetragener Sachverhalt geeignet wäre, eine ausreichende Begründung für die verfolgten Ansprüche zu geben[7]. Da die Verantwortung für die Beschaffung von Tatsachen zunächst jedenfalls ausschließlich bei den Beteiligten und nicht beim Gericht liegt, ist kein Platz für richterliche Hinweise nach § 139 ZPO, wenn sie erst dem Vortrag zur Schlüssigkeit verhelfen[8]. Noch in einer jüngeren Entschei-

---

1 *Grunsky*, § 83 Rz. 2; *Germelmann/Matthes/Prütting*, § 83 Rz. 85; *Birk*, AuR 1978, 232; *Gaul*, Anm. zu BAG v. 25. 5. 1982, AP Nr. 2 zu § 87 BetrVG 1972 – Prämie.
2 *Hecker/Tschöpe*, S. 133; *Körnich*, S. 96; vgl. *Eylert/Fenski*, BB 1990, 2404, 2406; *Weth*, S. 278 f., der allerdings den Begriff des eingeschränkten Untersuchungsgrundsatzes als eher Verwirrung stiftend nicht gebrauchen will.
3 BAG v. 25. 9. 1986, AP Nr. 7 zu § 1 BetrVG 1972; BAG v. 21. 10. 1980, AP Nr. 1 zu § 54 BetrVG 1972; BAG v. 14. 3. 1978, AP Nr. 3 zu § 97 ArbGG 1953; BAG v. 29. 3. 1977, AuR 1978, 254; BAG v. 21. 10. 1980, AP Nr. 1 zu § 54 BetrVG 1972; BAG v. 14. 3. 1978, AP Nr. 2 zu § 97 ArbGG 1953; BAG v. 13. 3. 1973, AP Nr. 1 zu § 20 BetrVG 1972.
4 Vgl. BAG v. 25. 9. 1986, AP Nr. 7 zu § 1 BetrVG 1972.
5 *Ascheid*, Rz. 1780.
6 BAG v. 14. 3. 1978, AP Nr. 3 zu § 97 ArbGG 1953.
7 BAG v. 13. 3. 1973, AP Nr. 1 zu § 20 BetrVG 1972; BAG v. 26. 6. 1973, AP Nr. 3 zu § 20 BetrVG 1972; BAG v. 21. 10. 1980, AP Nr. 1 zu § 54 BetrVG 1972; BAG v. 18. 1. 1989, NZA 1989, 728.
8 Vgl. BAG v. 14. 3. 1978, AP Nr. 3 zu § 97 ArbGG 1953; so auch LAG Frankfurt v. 31. 5. 1990, DB 1990, 2125.

dung¹ verlangt das Bundesarbeitsgericht unmißverständlich, daß im Beschlußverfahren **alle Beteiligten** unabhängig von ihrer Stellung im Verfahren und von ihrem Interesse an seinem Ausgang **alle entscheidungserheblichen Tatsachen vorzutragen** haben. Dennoch läßt sich der in § 83 Abs. 1 ArbGG zum Ausdruck kommende Untersuchungsgrundsatz nicht in sein Gegenteil verkehren, indem es dem Gericht gar untersagt sein soll, sich überhaupt an der Tatsachenbeschaffung zu beteiligen². Sinn und Zweck der gesetzlichen Bestimmung des § 83 Abs. 1 ArbGG ist es, den Beteiligten nicht allein die Verantwortung für die Beibringung des entscheidungsrelevanten Sachverhaltes zu überlassen³. Das Arbeitsgericht als „Herr der Sachverhaltsaufklärung"⁴ ist verantwortlich dafür, daß die Entscheidung auf einem zutreffend und vollständig ermittelten Sachverhalt beruht. Vielfach wird die Erforschung des Sachverhalts deshalb verbunden sein mit **gerichtlichen Fragen** (Auflagen) an die Beteiligten. Aber auch die Ermittlung aller am Verfahren Beteiligter sowie deren tatsächliche Beteiligung zählt zu den arbeitsgerichtlichen Pflichten im Zusammenhang mit der Sachverhaltsaufklärung⁵.

Letztlich wird man sagen können, daß die Verantwortung im Rahmen der Aufklärungspflicht nach § 83 Abs. 1 ArbGG zwischen dem Arbeitsgericht und den am Verfahren Beteiligten der **Ausbalancierung** bedarf: Im Rahmen der gestellten Anträge klärt das Gericht den Sachverhalt von Amts wegen auf (§ 83 Abs. 1 Satz 1 ArbGG), wobei die Verfahrensbeteiligten eine gesetzliche Mitwirkungspflicht trifft (§ 83 Abs. 1 Satz 2 ArbGG). Die Mitwirkung der Beteiligten ist allerdings nicht erzwingbar. Weigert sich ein Beteiligter, an der Aufklärung des Sachverhalts mitzuwirken, obwohl ihn das Gericht hierzu aufgefordert hat, findet die gerichtliche Aufklärungspflicht jedenfalls dann ihre Grenze, wenn für weitere Ermittlungen durch das Gericht keine Möglichkeit mehr besteht⁶. Zu einer uferlosen Ermittlungstätigkeit „ins Blaue" besteht keine Verpflichtung⁷. Andererseits ist das Arbeitsgericht befugt, bei einer Verweigerung der gesetzlich normierten Mitwirkungspflicht nach entsprechender Belehrung Schlüsse hinsichtlich des Vorliegens oder Nichtvorliegens bestimmter Tatsachen zu ziehen⁸. 141

An **Geständnisse** ist das Arbeitsgericht, das den wahren Sachverhalt zu ermitteln hat, ebensowenig gebunden wie an ein Nichtbestreiten einer Behauptung; die §§ 138 Abs. 3, 288 ZPO finden keine entsprechende Anwendung⁹. Daraus folgt jedoch nicht, daß gerichtlicherseits über jede Tatsache Beweis zu erheben ist. Bei übereinstimmendem Sachvortrag der Beteiligten, aber auch bei einem 142

---

1 BAG, Beschl. v. 10. 12. 1992, AP Nr. 1 zu § 87 ArbGG 1979.
2 Vgl. in diesem Sinne aber BAG v. 2. 2. 1962, AP Nr. 10 zu § 13 BetrVG.
3 *Wlotzke/Schwedes/Lorenz*, § 83 Rz. 3.
4 *Weth*, S. 285.
5 BAG v. 26. 11. 1968, AP Nr. 18 zu § 76 BetrVG 1952.
6 *Germelmann/Matthes/Prütting*, § 83 Rz. 91; *Weth*, S. 291.
7 *Germelmann/Matthes/Prütting*, § 83 Rz. 87.
8 BVerwG v. 26. 9. 1958, BVerwGE 8, 29.
9 *Grunsky*, § 83 Rz. 6; *Wlotzke/Schwedes/Lorenz*, § 83 Rz. 5; *Germelmann/Matthes/Prütting*, § 83 Rz. 93.

Nichtbestreiten eines in Einzelheiten vorgebrachten Sachvortrags, ist eine Entscheidung ohne Beweisaufnahme zulässig, wenn für das Gericht kein Anlaß zum Zweifel an der Richtigkeit des Vorbringens besteht[1].

143 Streitig ist, ob die **Zurückweisung verspäteten Vorbringens** mit dem im Beschlußverfahren herrschenden Untersuchungsgrundsatz vereinbar ist[2]. Auch in dieser Verfahrensart gilt der Beschleunigungsgrundsatz[3]. Nach § 80 Abs. 2 ArbGG ist im Beschlußverfahren die Vorschrift des § 56 ArbGG, die sich in ihrem Abs. 2 mit den Voraussetzungen der Zulassung verspäteter Angriffs- und Verteidigungsmittel befaßt, insgesamt anwendbar, soweit sich aus den §§ 81 bis 84 ArbGG nichts anderes ergibt. Die Begründung der herrschenden Meinung, eine Zurückweisung verspäteten Vorbringens sei nicht vereinbar mit dem Untersuchungsgrundsatz, vermag nicht zu überzeugen. Zum einen verweist § 80 Abs. 2 ArbGG auf die Bestimmung des § 56 ArbGG insgesamt und nicht lediglich auf dessen Abs. 1. Andererseits machte es wenig Sinn, einem Beteiligten nach § 56 Abs. 1 Nr. 1 ArbGG eine Frist zur Erklärung über bestimmte Punkte zu setzen, wenn anschließend die Versäumung dieser Frist in jedem Fall folgenlos bleiben müßte[4]. Die **Mitwirkungspflicht der Beteiligten** nach § 83 Abs. 1 Satz 2 ArbGG beinhaltet vielmehr auch eine **Pflicht zum rechtzeitigen Sachvortrag**[5].

144 Ob neben § 56 Abs. 2 ArbGG über § 80 Abs. 2 ArbGG auch die Vorschrift des § 296 ZPO Anwendung findet, ist lediglich für § 296 Abs. 4 ZPO zu prüfen. Nach einhelliger Ansicht **gilt § 296 Abs. 1 bis 3 ZPO** im arbeitsgerichtlichen Beschlußverfahren **nicht**[6].

145 § 296 Abs. 4 ZPO verlangt von einer Partei, die ihre Angriffs- und Verteidigungsmittel verspätet vorgebracht hat, auf gerichtliches Verlangen Entschuldigungsgründe glaubhaft zu machen. Eine solche Regelung fehlt in § 56 Abs. 2 ZPO. Mit *Grunsky*[7] ist davon auszugehen, daß die Behandlung des Entschuldigungsgrundes im arbeitsgerichtlichen Verfahren entsprechend dem Verfahren nach der ZPO zu erfolgen hat. Für das Berufungsverfahren sieht § 67 Abs. 1 Satz 2 ArbGG eine Glaubhaftmachung des Entschuldigungsgrundes auf Verlangen des Landesarbeitsgerichts ausdrücklich vor. Daraus folgt, daß vom Gesetzgeber eine unterschiedliche Behandlung des Entschuldigungsgrundes in ZPO und ArbGG nicht beabsichtigt worden ist[8] und also die **Anwendbarkeit von § 296 Abs. 4 ZPO** im Beschlußverfahren.

---

1 BAG v. 19. 11. 1985, AP Nr. 1 zu § 87 ArbGG 1979.
2 Für eine Unvereinbarkeit tritt die hM ein: *Germelmann*, in Germelmann/Matthes/Prütting, § 56 Rz. 4; *Matthes*, in Germelmann/Matthes/Prütting, § 83 Rz. 95; *Schaub*, Formularsammlung, § 114 III 5; GK-ArbGG/*Leinemann*, § 83 Anm. I 1; aA *Dütz*, RdA 1980, 98; *Grunsky*, NZA 1990, Beil. 2, 9; *Weth*, S. 302.
3 *Germelmann/Matthes/Prütting*, § 84 Rz. 4.
4 *Weth*, S. 299 f.
5 *Weth*, S. 301.
6 AA lediglich für § 296 Abs. 2 ZPO, *Dütz*, RdA 1980, 98.
7 NZA 1990, Beil. 2, 5.
8 *Weth*, S. 303.

III. Beschlußverfahren vor dem Arbeitsgericht

Auch die **herrschende Meinung**, die eine Anwendbarkeit des § 56 Abs. 2 ArbGG sowie des § 296 ZPO ablehnt, erkennt als Sanktion in besonders krassen Fällen einer Verletzung der Mitwirkungspflicht die Nichtberücksichtigung verspäteten Vorbringens an[1]. 146

Für die **Beweiserhebung** im Beschlußverfahren gelten die Regeln des Urteilsverfahrens, § 80 Abs. 2 ArbGG. Angebotener Gegenbeweis ist zu erheben, wenn die behaupteten Tatsachen entscheidungserheblich sind und Erhebungshindernisse nicht bestehen. Durch die Formulierung in § 83 Abs. 2 ArbGG, wonach zur Aufklärung des Sachverhalts Urkunden eingesehen, Auskünfte eingeholt, Zeugen, Sachverständige und Beteiligte vernommen und der Augenschein eingenommen werden *können*, ist dem Gericht kein Ermessen eingeräumt. Im Gegensatz zum Urteilsverfahren – hier kann sich das Gericht nach § 139 ZPO im wesentlichen darauf beschränken, auf eine Ergänzung ungenauer Angaben und eine Bezeichnung von Beweismitteln hinzuwirken – ist das Arbeitsgericht im Beschlußverfahren berechtigt und sogar zwingend verpflichtet, im Rahmen der gestellten Anträge von zur Verfügung stehenden Beweismitteln Gebrauch zu machen, selbst wenn sie nicht angeboten worden sind[2]. Es kann somit der **Beweis** mit allen Beweismitteln und ohne daß ein Beweis angetreten ist, **von Amts wegen erhoben** werden[3]. 147

Über §§ 58, 46 Abs. 2 ArbGG finden die Beweisvorschriften der ZPO Anwendung. Das Gericht hat zur Aufklärung des Sachverhalts insbesondere die Beteiligten selbst anzuhören. Da Beteiligter nur sein kann, wer durch die beantragte Entscheidung in seinen Rechten unmittelbar betroffen werden kann, hat die Anhörung in Form der **Parteivernehmung** zu erfolgen[4]. 148

b) Anhörung der Beteiligten

Die mündliche Verhandlung im arbeitsgerichtlichen Beschlußverfahren erfolgt **vor der Kammer**, § 83 Abs. 4 Satz 1 ArbGG. Daraus folgt, daß eine Güteverhandlung allein vor dem Vorsitzenden iSd. § 54 ArbGG nicht stattfindet[5]. 149

Die **mündliche Verhandlung** wird eingeleitet durch die Stellung der Anträge (§§ 80 Abs. 2, 46 Abs. 2 ArbGG, § 137 Abs. 1 ZPO) und ist möglichst in einem Termin zu Ende zu führen (§§ 80 Abs. 2, 57 Abs. 1 ArbGG). Hierzu hat der Kammervorsitzende die mündliche Verhandlung umfassend vorzubereiten; insoweit gelten §§ 55 Abs. 4, 56 Abs. 1 ArbGG. Ist eine erschöpfende Aufklärung des Sachverhalts in dem ersten Termin zur mündlichen Verhandlung, etwa weil eine Beweisaufnahme nicht sofort stattfinden kann, nicht möglich, so hat 150

---

1 *Grunsky*, § 83 Rz. 6; *Germelmann/Matthes/Prütting*, § 83 Rz. 95; vgl. auch *Dütz*, RdA 1980, 98.
2 BAG v. 25. 9. 1986, AP Nr. 7 zu § 1 BetrVG 1972.
3 *Germelmann/Matthes/Prütting*, § 83 Rz. 102; *Körnich*, S. 102; *Weth*, S. 314.
4 LAG Berlin v. 29. 8. 1988, LAGE § 15 KSchG Nr. 6; *Schaub*, Formularsammlung, § 114 III 6b; *Grunsky*, § 83 Rz. 28; *Germelmann/Matthes/Prütting*, § 83 Rz. 104.
5 So auch *Schaub*, Formularsammlung, § 114 III 1; *Germelmann/Matthes/Prütting*, § 83 Rz. 107.

die Kammer den Termin zur weiteren Verhandlung, die sich alsbald anschließen soll, sofort zu verkünden, §§ 80 Abs. 2, 51 Abs. 1 ArbGG.

151 Die Beteiligten sind befugt, sich in der mündlichen Verhandlung zu allen ihnen relevant erscheinenden Tatsachen und Rechtsfragen zu äußern. Die mündliche Verhandlung ist gemäß §§ 80 Abs. 2, 52 ArbGG **öffentlich**.

152 Nach vollständiger Erörterung **schließt** der Vorsitzende die mündliche Verhandlung, §§ 80 Abs. 2, 53 Abs. 2 ArbGG, § 136 Abs. 4 ZPO; Angriffs- und Verteidigungsmittel können von den Beteiligten anschließend nicht mehr vorgebracht werden, §§ 80 Abs. 2, 46 Abs. 2 ArbGG, § 296a ZPO[1].

153 Ein **Versäumnisverfahren** kennt das Beschlußverfahren **nicht**[2]. Für den Fall, daß ein Beteiligter trotz ordnungsgemäßer Ladung unentschuldigt ausbleibt, bestimmt § 83 Abs. 4 Satz 2 ArbGG, daß der Pflicht zur Anhörung genügt ist. Bei Entscheidungsreife kann die Kammer in dem Rechtsstreit entscheiden. Auf die Folge des unentschuldigten Fernbleibens muß allerdings in der Ladung hingewiesen worden sein, § 83 Abs. 4 Satz 2 2. Halbs. ArbGG.

154 **Mit Einverständnis** der Beteiligten kann das Arbeitsgericht gemäß § 83 Abs. 4 Satz 3 ArbGG **ohne mündliche Verhandlung** entscheiden. Das Einverständnis ist jedoch von allen Beteiligten ausdrücklich zu erklären[3]. Doch liegt es selbst bei Einverständnis aller Beteiligten im freien Ermessen des Gerichts, ob die Entscheidung im schriftlichen Verfahren ergehen soll. Für den Fall des schriftlichen Verfahrens hat das Gericht den Beteiligten mitzuteilen, bis zu welchem Zeitpunkt Schriftsätze eingereicht werden können. Ebenso kann das Gericht den Beteiligten eine **schriftliche Äußerungsfrist** setzen. Auf die Folgen des Nichteinhaltens vom Gericht gesetzter Fristen sind die Beteiligten hinzuweisen.

155 Der Verlauf eines Beschlußverfahrens kann dadurch beeinflußt werden, daß der eingangs gestellte Antrag zu einem späteren Zeitpunkt **geändert**, der Streitgegenstand eines anhängigen Verfahrens also geändert oder erweitert wird[4]. Durch Auslegung des abgeänderten Antrags ist zu ermitteln, ob tatsächlich eine Modifikation des Streitgegenstandes eingetreten ist. Eine Antragsänderung liegt auch vor bei einem Wechsel in der Person des Antragstellers sowie bei dem Hinzutreten eines neuen Antragstellers[5].

156 Zulässig ist eine **Antragsänderung** gemäß § 81 Abs. 3 Satz 1 ArbGG nur,
- ▶ wenn ihr die übrigen Beteiligten zustimmen oder
- ▶ wenn das Gericht die Änderung für sachdienlich hält.

---

1 Ebenso *Weth*, S. 258.
2 *Stahlhacke/Bader*, § 83 Rz. 17; *Schaub*, Formularsammlung, § 114 III 1a; *Grunsky*, § 83 Rz. 8.
3 *Germelmann/Matthes/Prütting*, § 83 Rz. 115; *Grunsky*, § 83 Rz. 26; *Weth*, S. 259.
4 Vgl. BAG v. 16. 7. 1991, AP Nr. 44 zu § 87 BetrVG 1972 – Arbeitszeit.
5 BAG v. 31. 1. 1989, AP Nr. 12 zu § 81 ArbGG 1979.

Der Antragsänderung haben **alle** am Verfahren **Beteiligten zuzustimmen**, und zwar durch Erklärung gegenüber dem Gericht; die Zustimmung ist unwiderruflich.

157

Nach § 81 Abs. 3 Satz 2 ArbGG **gilt** die Zustimmung zur Antragsänderung **als erteilt**, wenn sich ein Beteiligter, ohne der Änderung zu widersprechen, in einem Schriftsatz oder in der mündlichen Verhandlung auf den geänderten Antrag eingelassen hat[1].

158

Ohne Zustimmung sämtlicher übriger Beteiligter ist eine Änderung des Antrags nur zulässig, wenn sie das Gericht als **sachdienlich** anerkennt. Der Betriff der Sachdienlichkeit entspricht dem in § 263 ZPO[2], wonach durch eine Zulassung der Antragsänderung eine umfassende Erledigung des Rechtsstreits zu erwarten steht und somit ein weiteres Verfahren vermieden werden kann. Sachdienlichkeit ist insbesondere dann vielfach anzunehmen, wenn übergegangen wird von einem zwischenzeitlich erledigten Leistungsantrag auf einen abstrakten Feststellungsantrag[3]. Über die Zulässigkeit einer Antragsänderung kann das Gericht durch Zwischenbeschluß entsprechend § 303 ZPO entscheiden. Ebenso jedoch ist eine Sachentscheidung über den geänderten Antrag zulässig. Nach § 81 Abs. 3 Satz 3 ArbGG ist die **Entscheidung**, daß eine Änderung des Antrags nicht vorliegt oder zugelassen wird, **unanfechtbar**.

159

c) Beschwerde nach § 83 Abs. 5 ArbGG

Im Unterschied zur Beschwerde nach § 87 ArbGG, die gegen die das Verfahren beendenden Beschlüsse des Arbeitsgerichts nach § 84 ArbGG statthaft ist, sind mit der Beschwerde des § 83 Abs. 5 ArbGG Beschlüsse und Verfügungen des Arbeitsgerichts oder seines Vorsitzenden, die im Laufe des Beschlußverfahrens ergehen, die sog. **verfahrensleitenden Anordnungen**[4] anfechtbar. Die Beschwerde findet statt nach Maßgabe des § 78 ArbGG, über den die §§ 567 bis 577 ZPO Anwendung finden.

160

Nach § 567 Abs. 1 ZPO sind insbesondere Entscheidungen, die eine mündliche Verhandlung nicht erfordern und durch die ein das Verfahren betreffendes Gesuch zurückgewiesen wird, beschwerdefähig. Die Beschwerde wird eingelegt durch Einreichung einer **Beschwerdeschrift**; sie kann auch zu Protokoll der Geschäftsstelle des Arbeitsgerichts oder Landesarbeitsgerichts erklärt werden, § 569 Abs. 2 ZPO.

161

Die Beschwerde ist grundsätzlich **an keine Frist gebunden**, es sei denn, das Rechtsmittel gegen die angegriffene Entscheidung ist durch Gesetz ausdrücklich als sofortige Beschwerde bezeichnet; in diesem Fall ist eine Notfrist von zwei Wochen einzuhalten, § 577 Abs. 2 Satz 1 ZPO.

162

---

1 BAG v. 16. 7. 1991, AP Nr. 44 zu § 87 BetrVG 1972 – Arbeitszeit.
2 *Schaub*, Formularsammlung, § 114 II 3a.
3 Vgl. BAG v. 10. 4. 1984, AP Nr. 3 zu § 81 ArbGG 1979.
4 *Schaub*, Formularsammlung, § 114 V 1.

163 Das Arbeitsgericht oder der Vorsitzende kann der Beschwerde **abhelfen**, wenn er sie für begründet hält. Wird der Beschwerde nicht abgeholfen, ist sie dem Landesarbeitsgericht zur Entscheidung vorzulegen. Die Entscheidung ist ohne mündliche Verhandlung statthaft, § 573 ZPO.

164 Eine **weitere Beschwerde** an das Bundesarbeitsgericht gegen eine Entscheidung des Landesarbeitsgerichts über eine Beschwerde **findet** nach § 78 Abs. 2 ArbGG grundsätzlich **nicht statt**. Ausnahmsweise unterliegt ein Beschluß des Landesarbeitsgerichts über eine sofortige Beschwerde gegen die Verwerfung eines Einspruchs gegen ein vom Arbeitsgericht erlassenes Versäumnisurteil nach § 568a ZPO der weiteren sofortigen Beschwerde, sofern gegen ein Urteil gleichen Inhalts die Revision gegeben wäre[1].

6. Beendigung des Verfahrens

165 Das arbeitsgerichtliche Beschlußverfahren kann auf verschiedene Weise beendet werden. Neben der Sachentscheidung durch **Beschluß** nach § 84 ArbGG (s. unten Rz. 186 ff.), der in seiner Funktion dem Urteil im Urteilsverfahren entspricht, kann das Verfahren gemäß § 83a ArbGG durch **Erledigungserklärung** (s. unten Rz. 177 ff.) zum Abschluß gebracht werden. Eine weitere besondere Möglichkeit zur Verfahrenserledigung stellt der **Vergleich** (s. Rz. 172 ff.) nach § 83a Abs. 1 ArbGG dar, der das Beschlußverfahren ebenso wie die nach § 81 Abs. 2 Satz 1 ArbGG zulässige **Antragsrücknahme** (s. Rz. 166 ff.) ohne gerichtliche Entscheidung über die gestellten Anträge beendet. Unter engen Voraussetzungen führen auch das **Anerkenntnis** (s. Rz. 176) und der **Verzicht** (s. Rz. 171) zum Verfahrensende.

a) Antragsrücknahme und Verzicht

166 Der Antragsteller kann nach § 81 Abs. 2 Satz 1 ArbGG seinen Antrag **jederzeit** zurücknehmen. Die Rücknahme ist bis zum Ende der Instanz, dh. bis zur Verkündung des Beschlusses, und somit noch nach mündlicher Verhandlung und Beweisaufnahme möglich. Die Antragsrücknahme bedarf insoweit nicht der Zustimmung der übrigen Beteiligten[2]. Auch in der Zeit **nach Verkündung** der Entscheidung bis zu ihrer Rechtskraft kann der Antrag noch zurückgenommen werden, doch bedarf die Rücknahme jetzt entsprechend § 87 Abs. 2 Satz 3 ArbGG der **Zustimmung** der Beteiligten[3].

167 Die Rücknahme des Antrags erfolgt **in derselben Form**, in der er eingereicht worden ist, also entweder schriftlich oder zur Niederschrift der Geschäftsstelle. Möglich ist darüber hinaus die Rücknahmeerklärung **zu Protokoll** des Gerichts in der mündlichen Verhandlung, § 160 Abs. 3 Nr. 8 ZPO. Ist der Streitgegen-

---

1 Hierzu und zum Beschwerdeverfahren nach §§ 83 Abs. 5, 78 ArbGG weitergehend *Germelmann/Matthes/Prütting*, § 78 Rz. 2 ff.
2 *Schaub*, Formularsammlung, § 114 IV 1a; *Grunsky*, § 81 Rz. 7; *Germelmann/Matthes/Prütting*, § 81 Rz. 73; *Dersch/Volkmar*, § 81 Rz. 6.
3 *Schaub*, Formularsammlung, § 114 IV 1a; *Germelmann/Matthes/Prütting*, § 81 Rz. 74; *Ascheid*, Rz. 1770.

III. Beschlußverfahren vor dem Arbeitsgericht

stand teilbar, kann auch eine teilweise Rücknahme des Antrags vorgenommen werden[1].

Neben dem Antragsteller ist ein **sonstiger Beteiligter** zur Rücknahme nicht berechtigt[2]. Haben mehrere Antragsteller einen Antrag gestellt, ist grundsätzlich jeder berechtigt, seinen Antrag unabhängig vom Verhalten der weiteren Antragsteller zurückzunehmen. So kann bei der Anfechtung einer Betriebsratswahl jeder antragstellende Arbeitnehmer seinen Antrag ohne Zustimmung der übrigen Beteiligten zurückziehen[3]. 168

Die Antragsrücknahme bewirkt, daß der Rechtsstreit **als nicht anhängig** geworden anzusehen ist. Es bedarf daher keiner ausdrücklichen Aufhebung einer noch nicht in Rechtskraft erwachsenen Entscheidung. Andererseits ist der Antragsteller durch die Rücknahme seines Antrags nicht gehindert, denselben Streitgegenstand zu einem späteren Zeitpunkt erneut rechtshängig zu machen[4]. 169

Nach Rücknahme des Antrags durch den Antragsteller ist das Beschlußverfahren **von Amts wegen** durch den Vorsitzenden des Arbeitsgerichts – nicht durch die Kammer – per Beschluß **einzustellen**, § 81 Abs. 2 Satz 2 ArbGG. Der Beschluß hat nach richtiger Ansicht nicht nur deklaratorische Bedeutung, sondern stellt eine **die Instanz beendende Entscheidung** dar, gegen die das Rechtsmittel der Beschwerde nach § 87 ArbGG bzw. der Rechtsbeschwerde nach § 92 ArbGG stattfindet[5]. 170

Soweit die Beteiligten über den Streitgegenstand verfügen können, kommt auch ein **Verzicht** auf den gerichtlich geltend gemachten Anspruch in Frage[6], so etwa bei Ansprüchen auf Kostenerstattung. Das Arbeitsgericht ist an den Verzicht gebunden und hat entsprechend § 306 ZPO einen **Verzichtsbeschluß** zu erlassen, wobei die Entscheidung gemäß §§ 80 Abs. 2, 55 Abs. 1 Nr. 2 ArbGG durch den Vorsitzenden allein ergehen kann. 171

b) Vergleich und Anerkenntnis

Die Beendigung des Beschlußverfahrens durch gerichtlichen **Vergleich** sieht § 83a Abs. 1 ArbGG vor. Zur Niederschrift des Gerichts oder des Vorsitzenden kann das Verfahren ganz oder zum Teil vergleichsweise erledigt werden. Da der 172

---

1 *Dietz/Nikisch*, § 81 Rz. 32; *Germelmann/Matthes/Prütting*, § 81 Rz. 76.
2 *Dersch/Volkmar*, § 81 Rz. 6.
3 BAG v. 12. 2. 1985, AP Nr. 27 zu § 76 BetrVG 1952; *Schaub*, Formularsammlung, § 114 VI 1a; *Germelmann/Matthes/Prütting*, § 81 Rz. 75.
4 *Grunsky*, § 81 Rz. 9; *Dietz/Nikisch*, § 81 Rz. 36.
5 *Germelmann/Matthes/Prütting*, § 81 Rz. 80; LAG Rheinland-Pfalz v. 25. 6. 1982, EzA § 92 ArbGG 1979 Nr. 1; vgl. auch BAG v. 18. 10. 1988, AP Nr. 4 zu § 100 BetrVG 1972; LAG Köln v. 27. 11. 1995, NZA 1996, 840; aA LAG Frankfurt v. 24. 1. 1984, NZA 1984, 269; LAG Hamm v. 26. 5. 1989, DB 1989, 1578; *Grunsky*, § 81 Rz. 9; *Weth*, S. 326.
6 *Dütz*, RdA 1980, 99; *Fenn*, FS 25 Jahre BAG, S. 113 f.; *Brehm*, § 381 Rz. 33; *Grunsky*, § 80 Rz. 30; *Germelmann/Matthes/Prütting*, § 80 Rz. 55.

gerichtlich protokollierte Vergleich das Verfahren unmittelbar beendet, entfällt eine formelle Einstellung des Verfahrens durch den Vorsitzenden. Nach § 85 Abs. 1 Satz 1 ArbGG ist der gerichtliche Vergleich Vollstreckungstitel.

173 Der Vergleich muß **von allen Verfahrensbeteiligten** geschlossen werden[1]. Schließen nur bestimmte Beteiligte einen Vergleich, wird das Verfahren nur dann erledigt, wenn sämtliche übrigen Beteiligten dem Vergleich nach Aufforderung durch den Kammervorsitzenden ausdrücklich zustimmen.

174 Voraussetzung für den wirksamen Abschluß eines Vergleichs ist, daß die Beteiligten **befugt** sind, **über** den **Vergleichsgegenstand zu verfügen**[2]. Das bedeutet, daß dem Ergebnis des Vergleichs zwingende Rechtsvorschriften nicht entgegenstehen dürfen. Dies ist eine Frage des formellen und materiellen Rechts, insbesondere des Betriebsverfassungsrechts[3]. Der Verfügungsbefugnis der Beteiligten entzogen sind vor allem Organisationsnormen der Betriebsverfassung wie etwa das Wahlrecht bzw. die Wählbarkeit von Arbeitnehmern, die Wirksamkeit einer Betriebsratswahl oder das Vorliegen eines Tendenzbetriebes[4]. Ebensowenig können die Beteiligten im Vergleichswege über einen groben Verstoß des Arbeitgebers gegen seine betriebsverfassungsrechtlichen Pflichten gemäß § 23 Abs. 3 BetrVG befinden, da diese Rechtsfrage nicht ihrer Dispositionsbefugnis unterliegt[5]. Ist in derartigen Fällen der Verfahrensgegenstand der Verfügungsbefugnis der Beteiligten entzogen, ist der gleichwohl geschlossene Vergleich materiell unwirksam; er beendet das anhängige Beschlußverfahren nicht. Der Streit über die Wirksamkeit eines Vergleichs ist sodann im anhängigen Verfahren selbst oder in einem neuen Verfahren zu entscheiden[6].

175 Die Beteiligten können sich auch **außergerichtlich** vergleichen. Ein solcher Vergleich erledigt jedoch nicht das Verfahren vor dem Arbeitsgericht. Vielmehr hat zusätzlich entweder der Antragsteller seinen Antrag zurückzunehmen oder die Beteiligten müssen übereinstimmend die Erledigung des Verfahrens erklären[7]. In beiden Fällen hat wiederum der Vorsitzende das Verfahren einzustellen.

176 Entsprechend § 307 ZPO ist auch im Beschlußverfahren ein **Anerkenntnis** möglich. Es gilt dieselbe Voraussetzung wie beim Verzicht (s. Rz. 171): Die Beteiligten müssen über den Streitgegenstand verfügen können[8]. Wird der geltend gemachte Anspruch anerkannt, ergeht **Anerkenntnisbeschluß**, der vom

---

1 *Wlotzke/Schwedes/Lorenz*, § 83 Rz. 5; *Germelmann/Matthes/Prütting*, § 83a Rz. 5; aA *Grunsky*, § 83a Rz. 3, der zwischen unmittelbar und sonstigen Beteiligten unterscheidet und lediglich die Mitwirkung ersterer für erforderlich hält.
2 BAG v. 23. 6. 1992, AP Nr. 51 zu § 87 BetrVG 1972 – Arbeitszeit.
3 *Schaub*, Formularsammlung, § 114 IV 2b; *Germelmann/Matthes/Prütting*, § 83a Rz. 9; *Weth*, S. 339.
4 Vgl. zu Umfang und Grenzen der Verfügungsbefugnis der Beteiligten insbesondere *Lepke*, DB 1977, 633 sowie die Beispiele bei *Wlotzke/Schwedes/Lorenz*, § 83a Rz. 3.
5 LAG Düsseldorf v. 26. 7. 1990, NZA 1992, 188; aA LAG Bremen v. 16. 12. 1988, NZA 1989, 568; LAG Hamburg v. 27. 2. 1992, NZA 1992, 568.
6 BAG v. 25. 6. 1981, AP Nr. 30 zu § 795 ZPO.
7 *Germelmann/Matthes/Prütting*, § 83a Rz. 11.
8 *Dütz*, RdA 1980, 99; *Fenn*, FS 25 Jahre BAG, S. 113 f.; *Brehm*, § 381 Rz. 33; *Grunsky*, § 80 Rz. 30; *Germelmann/Matthes/Prütting*, § 80 Rz. 55.

III. Beschlußverfahren vor dem Arbeitsgericht   Rz. 180 **Teil 5 G**

Vorsitzenden allein erlassen werden kann, §§ 80 Abs. 2, 55 Abs. 1 Nr. 3 ArbGG. Da das Beschlußverfahren keine Privilegierung im Kostenbereich vorsieht, kommt dem Anerkenntnis in der Praxis keine besondere Bedeutung zu[1].

c) Erledigungserklärung

Mit dem Gesetz zur Beschleunigung und Bereinigung des arbeitsgerichtlichen Verfahrens vom 21. 5. 1979 (BGBl. I, 545) ist der in Rechtsprechung und Literatur intensiv geführte Streit[2] darüber, ob im Beschlußverfahren die Hauptsache durch die Beteiligten für erledigt erklärt werden kann, beigelegt worden. Der neu eingeführte § 83a ArbGG sieht nunmehr die Erledigung des Verfahrens durch die Beteiligten ausdrücklich vor. 177

aa) Übereinstimmende Erledigungserklärung

§ 83a ArbGG regelt nur den Fall der übereinstimmenden Erledigungserklärung. Nach § 83a Abs. 1 ArbGG können die Beteiligten, um das Verfahren ganz oder zum Teil zu erledigen, eine Erledigungserklärung abgeben, und zwar in Schriftform oder in der mündlichen Verhandlung zu Protokoll des Gerichts. Die Erledigung des Verfahrens ist **von allen Beteiligten** zu erklären[3]. Sie kann noch nach Verkündung der Entscheidung bis zum Eintritt der Rechtskraft abgegeben werden[4]. Die Erledigungserklärung ist unwiderrufliche Prozeßhandlung. Anders als beim Vergleich verlangt die Erledigungserklärung nach dem insoweit eindeutigen Wortlaut des § 83a Abs. 1 ArbGG nicht, daß die Beteiligten über den Streitgegenstand verfügen können[5]. 178

Haben alle Beteiligten das Verfahren für erledigt erklärt, beenden diese übereinstimmenden Erklärungen noch nicht das Beschlußverfahren. Vielmehr führt erst die **von Amts wegen** vorzunehmende **Einstellung** durch den Vorsitzenden nach § 83a Abs. 2 Satz 1 ArbGG zum Verfahrensabschluß[6]. Hierbei darf der Vorsitzende nicht prüfen, ob das Verfahren tatsächlich erledigt ist oder nicht, da die Erledigungserklärung lediglich eine Prozeßhandlung ist und das materielle Recht nicht tangiert[7]. 179

Der **Einstellungsbeschluß** ist allen Beteiligten, soweit ihnen der Antrag vom Arbeitsgericht mitgeteilt worden war, **zur Kenntnis zu bringen**, §§ 83a Abs. 2 Satz 2, 81 Abs. 2 Satz 3 ArbGG. Er kann mit der Beschwerde nach § 87 ArbGG angefochten werden[8]. 180

---

1 *Herbst/Reiter/Schindele*, Rz. 421.
2 Vgl. die Darstellung bei *Weth*, S. 327 f.
3 BAG v. 26. 2. 1985, NZA 1985, 635.
4 LAG Hamm v. 24. 7. 1974, EzA § 12 ArbGG Nr. 2.
5 *Grunsky*, § 83a Rz. 4.
6 BAG v. 18. 10. 1988, AP Nr. 4 zu § 100 BetrVG 1972; *Germelmann/Matthes/Prütting*, § 83a Rz. 13; aA *Grunsky*, § 83a Rz. 8; *Dütz*, RdA 1980, 99; *Weth*, S. 330, die von einer nur deklaratorischen Bedeutung der Einstellung ausgehen.
7 *Fenn*, FS 25 Jahre BAG, S. 102.
8 LAG Rheinland-Pfalz v. 25. 6. 1982, § 92 ArbGG 1979 Nr. 1; *Germelmann/Matthes/Prütting*, § 83a Rz. 14; *Grunsky*, § 83a Rz. 8.

181 Ebenfalls einen Fall der übereinstimmenden Erledigungserklärung regelt § 83a Abs. 3 ArbGG. Hier erklärt **zunächst nur der Antragsteller** die Hauptsache für erledigt. Der Vorsitzende hat nunmehr die übrigen Beteiligten **aufzufordern**, binnen einer mindestens zwei Wochen betragenden Frist zu erklären, **ob sie** der Erledigung **zustimmen**. Die Zustimmung gilt als erteilt, wenn sich die Beteiligten nicht innerhalb der gesetzten Frist äußern, § 83a Abs. 3 Satz 2 ArbGG. Einer Aufforderung des Vorsitzenden bedarf es nicht, wenn ein Beteiligter bereits vorab erklärt hat, er stimme der Erledigung nicht zu[1]. Haben alle Beteiligten der Erledigungserklärung des Antragstellers zugestimmt oder greift die Fiktion des § 83a Abs. 3 Satz 2 ArbGG, so ist das Beschlußverfahren wiederum vom Vorsitzenden einzustellen. Es gelten insoweit die Ausführungen zu § 83a Abs. 1 und 2 ArbGG entsprechend.

bb) Einseitige Erledigungserklärung

182 Der Fall einer einseitigen Erledigungserklärung liegt vor, wenn **mindestens ein Beteiligter** der Erledigungserklärung des Antragstellers **nicht zustimmt**. Das Gesetz, insbesondere § 83a ArbGG, regelt diese Variante nicht. Nach der Rechtsprechung des Bundesarbeitsgerichts[2] ist im Fall einer einseitigen Erledigungserklärung durch den Antragsteller, der Beteiligte widersprechen, lediglich zu prüfen, ob ein erledigendes Ereignis eingetreten ist.

183 **Erledigende Ereignisse** in diesem Sinne sind nach Rechtshängigkeit eingetretene tatsächliche Umstände, aufgrund derer der Antrag des Antragstellers jedenfalls jetzt als unzulässig oder unbegründet abgewiesen werden muß, unabhängig davon, ob er ursprünglich zulässig oder begründet war. Ob ein erledigendes Ereignis tatsächlich vorliegt, hat das Gericht ggf. nach einer Anhörung der Beteiligten zu entscheiden. Ist ein erledigendes Ereignis eingetreten, so ist das Verfahren **vom Gericht** entsprechend § 83a Abs. 2 ArbGG **einzustellen**. Gegen diesen Beschluß findet das Rechtsmittel der Beschwerde nach § 87 ArbGG statt.

184 Erklärt ein **anderer Beteiligter** als der Antragsteller das Verfahren für erledigt, kommt § 83a Abs. 3 ArbGG nicht zur Anwendung; eine Beendigung des Verfahrens tritt nicht ein[3]. Jedoch kann sich bei einer derartigen Erledigungserklärung die Frage nach dem Rechtsschutzinteresse des Antragstellers für seinen Antrag stellen. Ist dieses nachträglich entfallen, muß der Antrag als unzulässig zurückgewiesen werden[4].

185 Eine Erledigung des Beschlußverfahrens durch gerichtliche Erklärung **von Amts wegen** ist unter Geltung des § 83a ArbGG nicht mehr vertretbar. Die Vorschrift verlangt vielmehr zwingend eine Erklärung der Beteiligten.

---

1 BAG v. 26. 4. 1990, NZA 1990, 822.
2 BAG v. 26. 4. 1990, AP Nr. 3 zu § 83a ArbGG 1979; BAG, Beschl. v. 5. 3. 1991 – 1 ABR 40/90, nv.; BAG v. 23. 6. 1993, NZA 1993, 1052; BAG, Beschl. v. 26. 1. 1994 – 7 ABR 27/93, nv.; zustimmend *Jost/Sundermann*, ZZP 105 (1992), 274 ff.
3 BAG v. 26. 3. 1991, AP Nr. 32 zu § 75 BPersVG.
4 BAG v. 23. 1. 1986, AP Nr. 31 zu § 5 BetrVG 1972.

III. Beschlußverfahren vor dem Arbeitsgericht

d) Entscheidung durch Beschluß

Die Entscheidung über den gestellten Antrag erfolgt im arbeitsgerichtlichen Beschlußverfahren durch den die Instanz beendenden Beschluß, § 84 ArbGG. Er ergeht durch das Gericht, also die Kammer des Arbeitsgerichts unter Mitentscheidung der ehrenamtlichen Richter. Da auch für das Beschlußverfahren der Beschleunigungsgrundsatz des § 9 Abs. 1 ArbGG gilt, hat das Gericht über den gestellten Antrag oder die gestellten Anträge zu entscheiden, sobald **Entscheidungsreife** gegeben ist. Das kann dazu führen, daß entsprechend § 301 ZPO nur ein Teilbeschluß über einen selbständigen Teil des Verfahrens ergeht.

186

Grundlage des Beschlusses ist die **freie**, aus dem Gesamtergebnis des Verfahrens gewonnene **Überzeugung des Gerichts**, § 84 Satz 1 ArbGG. Das Gericht ist im Beschlußverfahren nicht freier gestellt als im Urteilsverfahren, kann also keine Ermessensentscheidung treffen, sondern ist ausschließlich an materielles Recht und Verfahrensrecht gebunden[1]. Das Gericht muß nach Ermittlung des Sachverhalts gemäß § 84 ArbGG voll überzeugt sein, dh. es muß eine sehr hohe Wahrscheinlichkeit für eine streitige Tatsachenbehauptung sprechen[2].

187

Der Beschluß ist nach § 84 Satz 2 ArbGG **schriftlich abzusetzen**. § 313 ZPO gilt entsprechend[3]. Im Rubrum sind alle Beteiligten einschließlich ihrer gesetzlichen Vertreter und Verfahrensbevollmächtigten aufzuführen. Der Beschluß hat einen Entscheidungstenor, Tatbestand und Entscheidungsgründe – in der arbeitsgerichtlichen Praxis regelmäßig unter der Überschrift „Gründe" zusammengefaßt – zu enthalten, §§ 84 Satz 3, 60 Abs. 4 Satz 1 ArbGG. Schließlich ist er mit einer Rechtsmittelbelehrung (vgl. § 9 Abs. 5 ArbGG) zu versehen und vom Vorsitzenden der Kammer zu unterschreiben.

188

In vermögensrechtlichen Streitigkeiten sind Beschlüsse der Arbeitsgerichte ausnahmsweise **vorläufig vollstreckbar**, § 85 Abs. 1 Satz 2 1. Halbs. ArbGG. Die vorläufige Vollstreckbarkeit muß im Tenor zum Ausdruck kommen[4].

189

Der Beschluß ist zu **verkünden**, §§ 84 Satz 3, 60 Abs. 1 ArbGG, und gemäß §§ 80 Abs. 2, 50 Abs. 1 ArbGG allen Beteiligten[5] innerhalb von drei Wochen nach Übergabe an die Geschäftsstelle von Amts wegen **zuzustellen**.

190

---

1 *Grunsky*, § 80 Rz. 44; *Germelmann/Matthes/Prütting*, § 84 Rz. 8; *Stahlhacke/Bader*, § 84 Rz. 1; vgl. auch *Dietz/Nikisch*, § 84 Rz. 8; aA – für eine freie Ermessensentscheidung – GK-ArbGG/*Leinemann*, § 84 Anm. I.
2 *Weth*, S. 345.
3 *Germelmann/Matthes/Prütting*, § 84 Rz. 10; aA *Wlotzke/Schwedes/Lorenz*, § 84 Rz. 2; *Dütz*, RdA 1980, 99.
4 *Germelmann/Matthes/Prütting*, § 84 Rz. 12; *Grunsky*, § 80 Rz. 48; *Weth*, S. 345; aA *Rudolf*, NZA 1988, 421.
5 BAG v. 6. 10. 1978, AP Nr. 2 zu § 101 BetrVG 1972.

e) Kosten und Streitwert

aa) Ausschluß der Kostentragungspflicht

191 Aufgrund der Bestimmung des § 12 Abs. 5 ArbGG werden im Beschlußverfahren gerichtliche Gebühren und Auslagen nicht erhoben. Bereits aus dem Umkehrschluß aus § 12 Abs. 1 ArbGG, wonach im Urteilsverfahren Gebühren nach dem Verzeichnis der Anlage 1 zum ArbGG nicht anfallen, ergibt sich für das Beschlußverfahren die **Gerichtsgebührenfreiheit**. Jedoch ist der Ausschluß der Kostentragungspflicht nach § 12 Abs. 5 ArbGG umfassender und schließt neben den gerichtlichen Gebühren auch die Auslagen des Gerichts, zB für Zustellungen, Zeugen und Sachverständige, ein. Es bedarf im Tenor des Beschlusses folglich keiner Entscheidung darüber, wer die Gerichtskosten zu tragen hat[1].

192 Ebensowenig ist im Beschluß darüber zu befinden, wer die **außergerichtlichen Kosten** eines Beteiligten zu tragen hat. Hier handelt es sich vielmehr um eine Frage, die nach materiellem Recht zu entscheiden ist und Gegenstand eines eigenen Beschlußverfahrens sein kann. So hat etwa der Arbeitgeber Aufwendungen in Form von Rechtsanwaltsgebühren, die im Zusammenhang mit einem Beschlußverfahren erforderlich geworden sind, nach § 40 Abs. 1 BetrVG als durch die Tätigkeit des Betriebsrats entstandene Kosten zu tragen. Keinen Anspruch auf Übernahme der außergerichtlichen (Rechtsanwalts-)Kosten hat ein Betriebsratsmitglied als Beteiligter eines Zustimmungsersetzungsverfahrens nach § 103 Abs. 2 BetrVG, da die entstandenen Kosten keine Kosten der Betriebsratstätigkeit sind[2]. Zur uneingeschränkten Kostentragung ist der Arbeitgeber allerdings dann verpflichtet, wenn das Betriebsratsmitglied im Verfahren obsiegt[3].

bb) Streitwert

193 Auch den Streitwert hat das Arbeitsgericht in der instanzbeendenden Entscheidung nicht festzusetzen. Hierfür fehlt es in § 84 ArbGG an einer Verweisung auf § 61 Abs. 1 ArbGG[4]. Es besteht darüber hinaus **für eine Streitwertfestsetzung** im Tenor des Beschlusses auch **kein Bedürfnis**, da die Statthaftigkeit eines Rechtsmittels vom Streitwert unabhängig ist.

194 Von Bedeutung ist der Wert eines Beschlußverfahrens allein für den Rechtsanwalt, der einen Beteiligten als Verfahrensbevollmächtiger vertritt. Auf seinen Antrag oder auf Antrag seines Mandanten bzw. des erstattungspflichtigen Beteiligten hat das Gericht nach § 10 Abs. 1 BRAGO den **Gegenstandwert** festzusetzen. Gegen die gerichtliche Festsetzung, die regelmäßig nach Beendigung der Instanz erfolgt, findet die sofortige Beschwerde nach § 10 Abs. 3 BRAGO statt.

---

1 Vgl. bereits BAG v. 7. 7. 1954, AP Nr. 1 zu § 13 BetrVG 1952; BAG v. 22. 2. 1963, AP Nr. 9 zu § 92 ArbGG 1953; *Germelmann/Matthes/Prütting*, § 84 Rz. 29; aA *Grunsky*, § 80 Rz. 46, der eine Kostenentscheidung in analoger Anwendung der §§ 91 ff. ZPO für durchaus sinnvoll hält.
2 BAG v. 3. 4. 1979, AP Nr. 16 zu § 40 BetrVG 1972.
3 BAG v. 21. 1. 1990, AP Nr. 28 zu § 103 BetrVG 1972.
4 *Germelmann/Matthes/Prütting*, § 84 Rz. 14.

IV. Einstweilige Verfügung   Rz. 198 **Teil 5 G**

Hinsichtlich der Kriterien für die Streitwertermittlung gelten grundsätzlich keine Besonderheiten im Vergleich zum Urteilsverfahren[1]. Zu weiteren Einzelheiten siehe die Ausführungen Teil 5 I Rz. 93 ff.

IV. Einstweilige Verfügung, § 85 Abs. 2 ArbGG

Nach § 85 Abs. 2 Satz 1 ArbGG ist im arbeitsgerichtlichen Beschlußverfahren der **Erlaß** einer einstweiligen Verfügung **zulässig**. Ihr Erlaß setzt wie im Urteilsverfahren einen zu sichernden Verfügungsanspruch und einen Verfügungsgrund voraus. Einstweilige Verfügungen sind denkbar in der Form der Sicherungsverfügung nach § 935 ZPO, der Regelungsverfügung nach § 940 ZPO und der Leistungs- bzw. Befriedigungsverfügung, soweit diese zulässig ist. Einstweilige Verfügungen sind **grundsätzlich sofort vollstreckbar**. 195

Neben dem Erlaß einstweiliger Verfügungen ist im Beschlußverfahren auch die **Anordnung eines Arrestes**, § 916 ZPO, möglich, soweit es eine im Beschlußverfahren geltend zu machende Geldforderung, zB einen Kostenerstattungsanspruch eines betriebsverfassungsrechtlichen Funktionsträgers, zu sichern gilt[2]; §§ 916 ff. ZPO sind entsprechend anwendbar. 196

1. Anwendungsfälle

Als Verfügungsanspruch kann grundsätzlich **jeder betriebsverfassungsrechtliche Anspruch** in Frage kommen, gleichgültig, ob es sich dabei um Ansprüche von Organen der Betriebsverfassung, ihren Mitgliedern, aber auch Gewerkschaften gegen den Arbeitgeber oder um Ansprüche des Arbeitgebers gegen den Betriebsrat, einzelne Mitglieder oder eine im Betrieb vertretene Gewerkschaft handelt. Der Verfügungsanspruch ergibt sich regelmäßig aus dem materiellen Recht[3], also etwa aus Gesetzen, Tarifverträgen oder Betriebsvereinbarungen. 197

Beispiele aus der Rechtsprechung für **Ansprüche des Betriebsrats**: 198

▶ Durchführung eines Einigungsstellenspruchs[4];

▶ Anspruch eines Gewerkschaftsbeauftragten auf Zutritt zum Betrieb[5];

▶ Anspruch auf Duldung von Betriebsratstätigkeit nach Kündigung des Arbeitsverhältnisses ohne Zustimmung des Betriebsrats[6];

▶ Anspruch auf Freistellung eines Betriebsratsmitglieds für eine Schulungsveranstaltung[7];

---

1 Vgl. die zahlreichen Beispiele bei *Wenzel*, DB 1977, 722 ff. und *Vetter*, NZA 1986, 182 ff.
2 *Germelmann/Matthes/Prütting*, § 85 Rz. 28; *Grunsky*, § 85 Rz. 24; *Hauck*, § 85 Rz. 8.
3 BAG v. 17. 5. 1983, AP Nr. 19 zu § 80 BetrVG 1972.
4 LAG Berlin v. 8. 11. 1990, BB 1991, 206.
5 LAG Hamm v. 9. 3. 1972, AP Nr. 1 zu § 2 BetrVG 1972.
6 LAG Hamm v. 27. 4. 1972, DB 1972, 1119.
7 LAG Hamm v. 23. 11. 1972, DB 1972, 2489.

- Durchführung von Betriebsratswahlen[1], jedoch keine Aussetzung des Wahlverfahrens[2], es sei denn in einem Ausnahmefall, zB bei offensichtlicher Nichtigkeit[3];
- Durchführung einer Betriebsvereinbarung sowie Unterlassung entgegenstehender Handlungen[4].

199 **Ansprüche des Arbeitgebers:**
- Unterlassung von Arbeitskampfmaßnahmen iSd. § 74 Abs. 2 BetrVG[5];
- Unterlassung der Funktionsausübung durch ein von einem Amtsenthebungsverfahren betroffenes Betriebsratsmitglied[6];
- Verlegung einer Betriebsversammlung[7] oder Nichtbehandlung bestimmter Tagesordnungspunkte in der Versammlung.

200 Von Bedeutung ist die Frage, ob dem Arbeitgeber durch einstweilige Verfügung aufgegeben werden kann, eine Maßnahme so lange zu unterlassen, bis die erforderliche Mitwirkung des Betriebsrats erfolgt ist. Das Bestehen eines solchen **allgemeinen Unterlassungsanspruchs** war lange Zeit umstritten[8]. Mit Beschluß vom 3. 5. 1994[9] hat der 1. Senat des Bundesarbeitsgerichts seine Rechtsprechung zum allgemeinen Unterlassungsanspruch des Betriebsrats bei mitbestimmungswidrigem Verhalten des Arbeitgebers im Rahmen von § 87 BetrVG[10] aufgegeben und erkennt den Unterlassungsanspruch nunmehr an.

Für eine Unterlassungsverfügung ist grundsätzlich allein darauf abzustellen, ob dem **Betriebsrat** ein **Mitwirkungsrecht** an der Maßnahme des Arbeitgebers zusteht. Ist dies der Fall, kann eine einstweilige Verfügung erlassen werden[11].

2. Ausschluß einstweiliger Verfügungen

201 Streitig ist, ob der Betriebsrat im Wege einstweiligen Rechtsschutzes die **Unterlassung** einer geplanten **Betriebsänderung** nach §§ 111 ff. BetrVG so lange verlangen kann, bis die Beratung des Arbeitgebers mit dem Betriebsrat bzw. ggf. das Einigungsstellenverfahren zur Herbeiführung eines Interessenausgleichs abgeschlossen ist[12]. Der weitaus **überwiegende Teil** der arbeitsgerichtlichen **Rechtsprechung lehnt** es **ab**, dem Betriebsrat selbst vor unstreitig nicht oder

---

1 BAG v. 15. 12. 1972, AP Nr. 5 zu § 80 ArbGG 1953.
2 LAG Hamm v. 10. 4. 1975, DB 1975, 1176.
3 LAG München v. 3. 8. 1988, BB 1989, 147.
4 BAG v. 10. 11.1987, AP Nr. 24 zu § 77 BetrVG 1972.
5 BAG v. 22. 7. 1980, AP Nr. 3 zu § 74 BetrVG 1972.
6 LAG Hamm v. 18. 9. 1975, BB 1975, 1302.
7 LAG Düsseldorf v. 24. 10. 1972, DB 1972, 2212.
8 Vgl. Darstellung bei *Grunsky*, § 85 Rz. 14.
9 BAG v. 3. 5. 1994, AP Nr. 23 zu § 23 BetrVG 1972.
10 BAG v. 22. 2. 1983, AP Nr. 2 zu § 23 BetrVG 1972.
11 *Olderog*, NZA 1985, 759; *Germelmann/Matthes/Prütting*, § 85 Rz. 34; ausführlich *Heinze*, DB 1983, Beil. 9; vgl. auch BAG v. 17. 5. 1983, AP Nr. 19 zu § 80 BetrVG 1972.
12 Vgl. hierzu *Prütting*, RdA 1995, 257.

nicht abschließend durchgeführten Interessenausgleichsverhandlungen einen Anspruch auf die Unterlassung von Kündigungen einzuräumen[1]. Ein derartiger Unterlassungsanspruch folgt auch **nicht aus § 113 Abs. 3 BetrVG**. Denn diese Vorschrift bezweckt lediglich im Interesse der betroffenen Arbeitnehmer eine Sanktionierung des Arbeitgebers, der eine Betriebsänderung tatsächlich durchführt, **ohne** zuvor mit dem Betriebsrat einen Interessenausgleich **versucht zu haben.** § 113 Abs. 3 BetrVG ist somit keine kollektivrechtliche Anspruchsgrundlage auf Unterlassung beabsichtigter betriebsbedingter Kündigungen.

Das am 1. 10. 1996 in Kraft getretene arbeitsrechtliche Beschäftigungsförderungsgesetz[2] enthält nunmehr eine grundlegende Änderung der gesetzlichen Regeln für Betriebsänderungen iSd. §§ 111 ff. BetrVG. Durch die **erweiterte Vorschrift des § 113 Abs. 3 BetrVG** ist der Unternehmer in die Lage versetzt, nach Ablauf von zwei Monaten nach ordnungsgemäßer Unterrichtung des Betriebsrats die Betriebsänderung **ohne betriebsverfassungsrechtliche Sanktionen,** etwa in Form von einstweiligen Unterlassungsverfügungen, durchzuführen. Wird innerhalb der Zwei-Monats-Frist die Einigungsstelle angerufen, endet die Frist einen Monat nach Anrufung. 202

Ebensowenig eignen sich **§§ 111, 112 BetrVG** als Anspruchsgrundlagen für einen Unterlassungsanspruch. Das bei der Durchführung von Betriebsänderungen nach §§ 111 bis 113 BetrVG einzuhaltende Verfahren regeln diese Vorschriften abschließend. Der Gesetzgeber hat den Fall, daß ein Arbeitgeber die insoweit bestehenden Mitwirkungsrechte des Betriebsrats nicht oder nicht hinreichend beachtet, in § 113 BetrVG ausdrücklich geregelt und sich dafür entschieden, daß der Arbeitgeber bei einer Verletzung von Beteiligungsrechten des Betriebsrats im Zusammenhang mit interessenausgleichspflichtigen Betriebsänderungen individualrechtlichen Nachteilsausgleichsansprüchen der betroffenen Arbeitnehmer ausgesetzt ist. Dagegen hat der Gesetzgeber bewußt darauf verzichtet, dem Betriebsrat an dieser Stelle ein erzwingbares Mitbestimmungsrecht oder einen Unterlassungsanspruch einzuräumen[3]. 203

Ein vorbeugender Unterlassungsanspruch gegen die Durchführung von Betriebsänderungen ohne den vorausgegangenen Versuch eines Interessenausgleichs steht dem Betriebsrat schließlich auch **nicht aus § 23 Abs. 3 BetrVG** zu. Ein Unterlassungsanspruch nach dieser Vorschrift kann überhaupt nur dann greifen, wenn das Betriebsverfassungsgesetz selbst keine speziellere Saktionsmöglichkeit vorsieht[4]. Eine solche Spezialvorschrift stellt aber § 113 Abs. 3 BetrVG dar, der etwaigen Ansprüchen des Betriebsrats aus § 23 Abs. 3 BetrVG 204

---

1 LAG Düsseldorf v. 14. 11. 1983, DB 1984, 511; LAG Baden-Württemberg v. 28. 8. 1985, BB 1986, 1015; LAG Rheinland-Pfalz v. 28. 3. 1989, LAGE § 111 BetrVG 1972 Nr. 10; LAG Schleswig-Holstein v. 13. 1. 1992, DB 1992, 1788; aA LAG Frankfurt v. 21. 9. 1982, BB 1984, 145; Kreisgericht Saalfeld v. 2. 4. 1991, DB 1991, 919; vgl. auch LAG Hamburg v. 13. 11. 1981, AuR 1982, 389.
2 BGBl. I 1996, 1476.
3 Vgl. LAG Schleswig-Holstein v. 13. 1. 1992, LAGE § 111 BetrVG 1972 Nr. 11; LAG Baden-Württemberg v. 28. 8. 1985, BB 1986, 1015.
4 LAG Rheinland-Pfalz v. 28. 3. 1989, NZA 1989, 863.

vorgeht. Eine weitere spezielle Sanktionsmöglichkeit bietet sich zudem durch § 121 BetrVG an. Nach dieser Bestimmung kann eine Verletzung der Unterrichtungspflicht des Arbeitgebers nach § 111 BetrVG als Ordnungswidrigkeit mit einer Geldbuße geahndet werden[1].

205 Platz für den Erlaß einer einstweiligen Verfügung, mit der Rechtsverletzungen im Bereich des Betriebsverfassungsrechts vorgebeugt werden soll, ist dann nicht, wenn die Verletzung von Rechten eines Betriebspartners eine **abschließende gesetzliche Regelung** gefunden hat. Dies ist der Fall im Bereich der Mitbestimmung bei personellen Einzelmaßnahmen nach §§ 99 bis 101 BetrVG. Mißachtet hier der Arbeitgeber das Zustimmungsrecht des Betriebsrates nach § 99 BetrVG, bleibt der Betriebsrat auf das Aufhebungsverfahren des § 101 BetrVG verwiesen[2].

3. Anhörung und Beschluß

206 Kann im Beschlußverfahren auf Erlaß einer einstweiligen Verfügung ein materiellrechtlicher Anspruch bejaht werden, muß des weiteren ein **Verfügungsgrund** vorliegen. Dieser setzt die Besorgnis voraus, daß die Verwirklichung eines Rechts ohne eine alsbaldige einstweilige Regelung vereitelt oder doch wesentlich erschwert wird.

207 Zuständig für den Erlaß einer einstweiligen Verfügung ist das **Gericht der Hauptsache**, §§ 937, 943 ZPO, also regelmäßig das Arbeitsgericht. Nur wenn der Rechtsstreit in der Hauptsache bereits beim Landesarbeitsgericht anhängig ist, entscheidet dieses Gericht im einstweiligen Verfügungsverfahren[3]. Verfügungsanspruch und Verfügungsgrund sind hinsichtlich ihrer tatsächlichen Umstände glaubhaft zu machen, § 920 Abs. 2 ZPO.

208 Auch für das Verfahren der einstweiligen Verfügung gilt der das Beschlußverfahren charakterisierende **Untersuchungsgrundsatz**. Dieser erfordert vom Verfügungsgericht, zur Sachverhaltsermittlung von Amts wegen tätig zu werden, soweit dies angesichts der Dringlichkeit noch in angemessener Zeit möglich ist. Insbesondere hat das Gericht zu diesem Zwecke einen **Anhörungstermin** vor der Kammer anzuberaumen[4]. Nur in dringenden Fällen kann die Entscheidung ohne mündliche Anhörung der Beteiligten ergehen, § 937 Abs. 2 ZPO; doch entscheidet in jedem Fall die Kammer, § 85 Abs. 2 Satz 2 ArbGG. Alleinentscheidungen durch den Vorsitzenden in dringenden Fällen entsprechend § 944 ZPO sind nicht zulässig[5].

---

1 Vgl. LAG Düsseldorf v. 14. 11. 1983, DB 1984, 511.
2 BAG v. 17. 3. 1987, AP Nr. 7 zu § 23 BetrVG 1972; LAG Frankfurt v. 15. 12. 1987, NZA 1989, 232; *Grunsky*, § 85 Rz. 15; *Germelmann/Matthes/Prütting*, § 85 Rz. 39; aA *Lipke*, DB 1980, 2239 für Fälle, in denen überhaupt keine Unterrichtung des Betriebsrats stattgefunden hat oder bei kurzzeitigen Maßnahmen, bei denen das Verfahren nach § 101 BetrVG wirkungslos bliebe.
3 *Schaub*, Formularsammlung, § 118 III 1.
4 Vgl. LAG Hamm v. 3. 1. 1984, AR-Blattei Zwangsvollstreckung Entsch. 40.
5 BAG v. 28. 8. 1991, AP Nr. 2 zu § 85 ArbGG 1979; *Germelmann/Matthes/Prütting*, § 85 Rz. 45; *Kehrmann/Schmahl*, AuR 1977, 15; *Ascheid*, Rz. 1830; aA für Situatio-

Die Entscheidung der Kammer über den Antrag auf Erlaß einer einstweiligen Verfügung ergeht durch **Beschluß**, § 85 Abs. 2 Satz 2 ArbGG, der, wenn ohne mündliche Verhandlung entschieden worden ist, keiner Begründung bedarf[1]. Der Beschluß ist nach § 85 Abs. 2 Satz 2 ArbGG **von Amts wegen zuzustellen.** Soweit eine Vollziehung der einstweiligen Verfügung nach § 929 Abs. 2 ZPO erforderlich ist, hat der Antragsteller im Parteibetrieb zuzustellen. Das Arbeitsgericht hat auf Antrag des Verfügungsgegners dem Antragsteller eine Frist zu setzen, innerhalb der er die Hauptsache anhängig zu machen hat, § 926 Abs. 1 ZPO. 209

4. Rechtsmittel

Welches Rechtsmittel gegen die Entscheidung über den Antrag auf Erlaß einer einstweiligen Verfügung oder einen Arrest gegeben ist, richtet sich nach der Art und Weise der Entscheidung: Hat das Gericht **ohne** Durchführung einer **mündlichen Verhandlung** entschieden, so ist gegen die den Antrag zurückweisende Entscheidung die sog. **einfache Beschwerde** nach § 567 ZPO gegeben. Hat das Verfügungsgericht hingegen die beantragte einstweilige **Verfügung erlassen**, steht dem Antragsgegner das Rechtsmittel des **Widerspruchs**, § 927 ZPO, zur Seite. Über den Widerspruch entscheidet das Verfügungsgericht aufgrund mündlicher Anhörung der Beteiligten durch Beschluß, § 925 ZPO, § 84 ArbGG. Hiergegen ist sodann das Rechtsmittel der Beschwerde nach § 87 ArbGG statthaft. Ist die Entscheidung des Verfügungsgerichts **aufgrund** einer **mündlichen Anhörung** ergangen, so ist gegen den Beschluß stets die **Beschwerde** der betroffenen Beteiligten nach § 87 ArbGG gegeben. 210

V. Beschwerde an das Landesarbeitsgericht

Die §§ 87 bis 91 ArbGG regeln das arbeitsgerichtliche Beschlußverfahren in zweiter Instanz. Als Grundsatznorm bestimmt § 87 Abs. 1 ArbGG, daß gegen die instanzbeendenden Beschlüsse der Arbeitsgerichte das Rechtsmittel der Beschwerde an das Landesarbeitsgericht statthaft ist. Im Beschwerdeverfahren überprüft das zweitinstanzliche Gericht den angefochtenen Beschluß des Arbeitsgerichts **in tatsächlicher und rechtlicher Hinsicht** in vollem Umfang. 211

Die Beschwerde hat aufschiebende Wirkung; der Eintritt der Rechtskraft wird gehemmt (sog. **Suspensivwirkung**), § 87 Abs. 3 Satz 1 ArbGG. Nicht berührt wird hierdurch allerdings die vorläufige Vollstreckbarkeit des arbeitsgerichtlichen Beschlusses in vermögensrechtlichen Streitigkeiten, §§ 87 Abs. 3 2. Halbs. ArbGG iVm. § 85 Abs. 1 Satz 2 ArbGG. 212

---

nen, in denen die Heranziehung der ehrenamtlichen Richter zu einer unvertretbaren Verzögerung führen würde, *Grunsky*, § 85 Rz. 18; *Schaub*, Formularsammlung, § 118 III 2; *Brehm*, § 382 Rz. 25; *Wenzel*, NZA 1984, 115.
1 *Wenzel*, DB 1972, 1293; *Germelmann/Matthes/Prütting*, § 85 Rz. 45.

213 Das Arbeitsgericht kann der Beschwerde selbst nicht abhelfen, die Zuständigkeit zur Entscheidung geht auf das Landesarbeitsgericht über (sog. **Devolutivwirkung**).

1. Verweisung auf das Berufungsverfahren

214 Die Beschwerde nach § 87 ArbGG entspricht ihrer Funktion nach der Berufung im Urteilsverfahren. § 87 Abs. 2 Satz 1 ArbGG erklärt ausdrücklich **zahlreiche Bestimmungen des Berufungsverfahrens** für auf das Beschwerdeverfahren **entsprechend anwendbar**. Es gelten somit grundsätzlich über § 64 Abs. 6 ArbGG die Vorschriften der ZPO über die Berufung, nämlich die §§ 511 ff. ZPO. Ergänzend wird für die in § 87 Abs. 2 ArbGG genannten Rechtsinstitute verwiesen auf Vorschriften für das erstinstanzliche Urteilsverfahren, § 64 Abs. 7 ArbGG; eine weitere Ergänzung durch Inbezugnahme von ZPO-Regelungen erfolgt durch § 46 Abs. 2 ArbGG.

215 Insgesamt läßt sich die Verweisungstechnik in § 87 Abs. 2 ArbGG so verstehen, daß für das Beschwerdeverfahren nach §§ 87 ff. ArbGG die Vorschriften über die Berufung im Urteilsverfahren in umfassender Weise entsprechende Anwendung finden. Das bedeutet, daß **auch ausdrücklich nicht in Bezug genommene** Bestimmungen der ZPO Geltung beanspruchen können, sofern nicht die Besonderheiten des Beschlußverfahrens, insbesondere die Beteiligtenstellung und der Untersuchungsgrundsatz, dem entgegenstehen[1].

2. Einlegung und Begründung

a) Beschwerdebefugnis und Beschwer

216 Die Beschwerde nach § 87 ArbGG ist **gegen alle instanzbeendenden Beschlüsse** der Arbeitsgerichte nach § 84 ArbGG gegeben. Weder kommt es darauf an, daß – wie bei der Berufung gegen erstinstanzliche Urteile – ein bestimmter Beschwerdewert erreicht ist, noch bedarf es einer ausdrücklichen Zulassung des Rechtsmittels wegen grundsätzlicher Bedeutung der Sache. Auch kommt es nicht darauf an, welchen Inhalt der Beschluß des Arbeitsgerichts hat. Lediglich hinsichtlich einer prozessualen Kostenentscheidung ist die Beschwerde unstatthaft[2]. Teil- und Zwischenbeschlüsse sind nach denselben Grundsätzen mit der Beschwerde anfechtbar wie entsprechende Urteile mit der Berufung[3]. Auch der Einstellungsbeschluß des Kammervorsitzenden bei Antragsrücknahme oder Verfahrenserledigung stellt eine beschwerdefähige Entscheidung dar[4].

---

1 *Schaub*, Formularsammlung, § 115 II 1; *Grunsky*, § 87 Rz. 15; *Dietz/Nikisch*, § 87 Rz. 21 ff.; *Germelmann/Matthes/Prütting*, § 87 Rz. 10.
2 BAG v. 22. 2. 1963, AP Nr. 9 zu § 92 ArbGG 1953.
3 *Schaub*, Formularsammlung, § 115 I 1a; *Grunsky*, § 87 Rz. 3; *Germelmann/Matthes/Prütting*, § 87 Rz. 4.
4 LAG Rheinland-Pfalz v. 25. 6. 1982, EzA § 92 ArbGG 1979 Nr. 1.

V. Beschwerde an das LAG

Zulässigkeitsvoraussetzung für die Beschwerde ist die **Beschwerdebefugnis** des Beschwerdeführers. Die Beschwerdebefugnis steht dabei nicht nur dem Antragsteller, der durch seinen Antrag das Verfahren eingeleitet hat, zu, sondern allen Beteiligten, die durch die Entscheidung des Arbeitsgerichts beschwert, also in ihrer betriebsverfassungsrechtlichen, personalvertretungsrechtlichen oder mitbestimmungsrechtlichen Rechtsstellung unmittelbar betroffen sind[1]. Auch jeder weitere Beteiligte, der im Verlauf des Beschlußverfahrens einen eigenen Sachantrag gestellt hat, ist daher beschwerdebefugt. Die Beschwerdebefugnis muß **im Zeitpunkt der Beschwerdeeinlegung** gegeben sein. Sie kann folgerichtig nicht mehr von einem Betriebsrat reklamiert werden, dessen Amtszeit, etwa nach Verkündung der Entscheidung, zwischenzeitlich abgelaufen ist[2]. Nicht beschwerdebefugt sind auch solche Personen und Stellen, die in erster Instanz nur irrtümlich Verfahrensbeteiligte waren[3]; sehr wohl können dagegen Beteiligte Beschwerde einlegen, die irrtümlich an dem Beschlußverfahren nicht beteiligt wurden[4].

217

Als weitere Zulässigkeitsvoraussetzung fordert die Beschwerde das Vorliegen einer **Beschwer** in der Person des Beschwerdeführers[5]. Eine Beschwer ist dann anzunehmen, wenn der erstinstanzliche Beschluß hinter dem vom Beschwerdeführer gestellten Antrag zurückbleibt[6]. Sie ergibt sich also aus der Differenz zwischen dem gestellten Antrag und der durch das Arbeitsgericht getroffenen Entscheidung[7]. Für die übrigen Beteiligten kann sich die Beschwer nicht aus einem Abweichen des arbeitsgerichtlichen Beschlusses vom gestellten Antrag ergeben, sondern bemißt sich materiell nach dem Inhalt der Entscheidung[8]. Eine Beschwer liegt insoweit vor, wenn die **erstinstanzliche Entscheidung für** den **Beschwerdeführer** ihrem Inhalt nach **ungünstig** ist[9].

218

b) Vertretung

Für die Vertretung der Beteiligten vor dem Landesarbeitsgericht gilt, so bestimmt es § 87 Abs. 2 Satz 2 ArbGG, **§ 11 Abs. 1 ArbGG entsprechend**. Das bedeutet, daß die Beteiligten das Beschwerdeverfahren vor dem Landesarbeitsgericht selbst führen oder sich vertreten lassen können. Die Vertretung erfolgt

219

---

1 BAG v. 25. 8. 1981, AP Nr. 2 zu § 83 ArbGG 1979; BAG v. 10. 9. 1985, AP Nr. 34 zu § 2 TVG; BAG v. 19. 11. 1985, AP Nr. 4 zu 2 TVG – Tarifzuständigkeit; BVerwG v. 13. 10. 1986, BVerwGE 75, 62; LAG Köln, Beschl. v. 5. 7. 1992 – 6 (13) TaBV 7/92, nv.; *Germelmann/Matthes/Prütting*, § 89 Rz. 3; aA *Grunsky*, § 87 Rz. 6, der eine Beschwerdebefugnis nur für Antragsteller und Antragsgegner annimmt.
2 LAG Hamm v. 4. 2. 1977, EzA § 23 BetrVG 1972 Nr. 5.
3 BAG v. 13. 3. 1984, AP Nr. 9 zu § 83 ArbGG 1979.
4 BAG v. 19. 5. 1978, AP Nr. 3 zu § 43 BetrVG 1972; BAG v. 10. 9. 1985, AP Nr. 2 zu § 117 BetrVG 1972.
5 *Schaub*, Formularsammlung, § 115 I 2; *Grunsky*, § 87 Rz. 7; *Germelmann/Matthes/ Prütting*, § 89 Rz. 7.
6 *Grunsky*, § 87 Rz. 7 mwN.
7 So anschaulich *Germelmann/Matthes/Prütting*, § 89 Rz. 7.
8 LAG Hamm v. 18. 11. 1977, EzA § 83 ArbGG 1953 Nr. 27; *Grunsky*, § 87 Rz. 8.
9 *Schaub*, Formularsammlung, § 115 I 2c.

durch einen Rechtsanwalt oder einen Verbandsvertreter[1]. Von der gesetzlich eingeräumten Möglichkeit, sich im Beschwerdeverfahren selbst vertreten zu können, macht § 89 Abs. 1 ArbGG für die Einlegung der Beschwerde eine wichtige Ausnahme. Danach **muß** die beim Landesarbeitsgericht eingereichte **Beschwerdeschrift von** einem **Rechtsanwalt** oder einem **Verbandsvertreter** iSd. § 11 Abs. 2 Satz 2 ArbGG **unterzeichnet sein**. Darüber hinaus besteht im weiteren Beschwerdeverfahren ein Vertretungszwang nicht[2]. Lediglich im Falle der Rücknahme der Beschwerde nach § 89 Abs. 4 ArbGG ist wiederum die für die Einlegung der Beschwerde vorgeschriebene Form einzuhalten, dh. bei schriftlicher Beschwerderücknahme ist der entsprechende Schriftsatz von einem Rechtsanwalt oder einem nach § 11 Abs. 2 Satz 2 ArbGG zugelassenen Vertreter zu unterzeichnen.

c) Form und Frist

220 Die Einlegung der Beschwerde erfolgt durch **Einreichung** einer **Beschwerdeschrift beim Landesarbeitsgericht**. Beim Arbeitsgericht kann die Beschwerde nicht wirksam eingelegt werden[3]. In solchem Fall ist die Beschwerdefrist (Rz. 221) nur gewahrt, wenn die Beschwerdeschrift rechtzeitig an das Landesarbeitsgericht weitergereicht worden ist. Verfügen Arbeitsgericht und Landesarbeitsgericht über einen gemeinsamen Briefkasten, so geht die Beschwerdeschrift beim Adressatengericht ein[4]. Die Beschwerdeschrift muß von einem Rechtsanwalt oder Verbandsvertreter iSd. § 11 Abs. 2 Satz 2 ArbGG unterzeichnet sein (Rz. 219). Ihr soll nach § 518 Abs. 3 ZPO eine Ausfertigung oder beglaubigte Abschrift des angefochtenen Beschlusses beigefügt werden. Die Einlegung der Beschwerde kann **durch Telegramm**[5], **Telekopie**[6] oder **Telefax** erfolgen. Die Beschwerdeschrift muß den angefochtenen Beschluß genau bezeichnen, § 89 Abs. 2 Satz 1 ArbGG. Regelmäßig erfordert dies Angaben zu erstinstanzlichem Gericht, Datum der Verkündung und Aktenzeichen. Des weiteren ist die Erklärung, daß gegen diesen Beschluß Beschwerde eingelegt wird, notwendig. Hierbei schadet allein die falsche Benennung des Rechtsmittels nicht[7]. Die Beschwerdeschrift muß schließlich den Beschwerdeführer erkennen lassen[8]. Mängel der Beschwerdeschrift sind innerhalb der Beschwerdefrist (Rz. 221) jederzeit heilbar.

221 Die **Beschwerdefrist** beträgt **einen Monat**, § 87 Abs. 2 ArbGG iVm. § 66 Abs. 1 Satz 1 ArbGG, **ab Zustellung** des vollständig abgefaßten Beschlusses. Die Rechtsmittelfrist beginnt nur dann zu laufen, wenn der Beschluß eine ordnungsgemäße Rechtsmittelbelehrung nach § 9 Abs. 5 Satz 3 ArbGG enthält.

---

1 Vgl. zu den postulationsfähigen Verbandsvertretern ausführlich Germelmann/Matthes/Prütting, § 11 Rz. 54 ff.
2 BAG v. 20. 3. 1990, AP Nr. 79 zu § 99 BetrVG 1972.
3 *Schaub*, Formularsammlung, § 115 I 3.
4 BAG v. 29. 4. 1986, AP Nr. 36 zu § 519 ZPO.
5 BAG v. 1. 7. 1971, AP Nr. 1 zu § 129 ZPO.
6 BAG v. 1. 6. 1983, AP Nr. 54 zu § 1 LohnFG; BAG v. 24. 9. 1986, AP Nr. 12 zu § 72 ArbGG 1979; BAG v. 12. 11. 1992, AP Nr. 39 zu § 519 ZPO.
7 BAG v. 3. 12. 1985, AP Nr. 1 zu § 74 BAT.
8 BAG v. 23. 7. 1975, AP Nr. 31 zu § 518 ZPO.

V. Beschwerde an das LAG　　　　　　　　　　　　　　Rz. 223　**Teil 5 G**

Ohne oder bei fehlerhafter Rechtsmittelbelehrung beträgt die Beschwerdefrist ein Jahr ab Zustellung der Entscheidung, § 9 Abs. 5 Satz 4 ArbGG. Ist zwar eine zutreffende Rechtsmittelbelehrung erfolgt, der Beschluß aber einem beschwerdeberechtigten Beteiligten nicht oder nicht vollständig zugestellt worden, beträgt die Beschwerdefrist fünf Monate, beginnend mit der Verkündung der Entscheidung, § 516 ZPO. Daraus folgt, daß bei fehlender Zustellung und gleichzeitig unrichtiger Rechtsmittelbelehrung innerhalb von 17 Monaten nach Verkündung der Entscheidung Beschwerde eingelegt werden kann[1]. Die Beschwerdefrist läuft **für jeden Beteiligten gesondert** ab der an ihn erfolgten Zustellung; sie läuft grundsätzlich nicht für einen Beteiligten, dem der Beschluß nicht mitgeteilt worden ist[2]. Da die Beschwerdefrist eine **Notfrist** (§ 516 ZPO) ist, kann gegen ihre schuldlose Versäumung **Wiedereinsetzung in den vorigen Stand** erfolgen, §§ 87 Abs. 2 Satz 1, 64 Abs. 6 Satz 1 ArbGG iVm. §§ 230 ff. ZPO. Eine **Verlängerung** der Beschwerdefrist ist **nicht zulässig**[3].

d) Beschwerdebegründung

Aus § 89 Abs. 2 Satz 2 ArbGG ergibt sich, daß die Beschwerde, mit der der 222 instanzbeendende Beschluß des Arbeitsgerichts angefochten wird, zu begründen ist. Die **Frist** für die Begründung der Beschwerde beträgt nach § 66 Abs. 1 Satz 1 ArbGG **einen Monat** und **beginnt mit** der **Einlegung** der Beschwerde, § 519 Abs. 2 Satz 2 ZPO. Auf Antrag des Beschwerdeführers kann die Begründungsfrist vom Vorsitzenden **einmal verlängert** werden, § 66 Abs. 1 Satz 4 ArbGG, wenn nach dessen freier Überzeugung dadurch das Verfahren nicht verzögert wird oder wenn der Beschwerdeführer erhebliche Gründe darlegt[4]. Bei schuldloser Versäumung der Beschwerdebegründungsfrist kommt – wie bei der Beschwerdefrist (Rz. 221) – Wiedereinsetzung in den vorigen Stand nach § 233 ZPO in Betracht. Auch die **Beschwerdebegründung muß von** einem **Rechtsanwalt** oder **Verbandsvertreter unterzeichnet** sein, obwohl es hierfür an einer entsprechenden ausdrücklichen gesetzlichen Bestimmung fehlt[5].

§ 89 Abs. 2 Satz 2 ArbGG verlangt für die Beschwerdebegründung die Angabe, 223 auf welche im einzelnen anzuführenden Beschwerdegründe sowie auf welche neuen Tatsachen die Beschwerde gestützt wird. Nicht ausreichend ist hierbei eine reine Bezugnahme auf das erstinstanzliche Vorbringen[6]. Vielmehr muß die Begründung erkennen lassen, was der Beschwerdeführer gegen den angefochtenen Beschluß einzuwenden hat. Es ist somit eine **ausführliche Auseinandersetzung** mit der angegriffenen Entscheidung vonnöten[7]. Betrifft die arbeitsgerichtliche Entscheidung mehrere Anträge, hat sich die Beschwerdebegründung mit

---

1 BAG v. 14. 9. 1984, AP Nr. 3 zu § 9 ArbGG 1979.
2 *Schaub*, Formularsammlung, § 115 I 3b.
3 *Grunsky*, § 87 Rz. 10; *Germelmann/Matthes/Prütting*, § 89 Rz. 12.
4 *Schaub*, Formularsammlung, § 115 I 3c.
5 So auch *Dütz*, RdA 1980, 100; *Grunsky*, § 87 Rz. 12; *Germelmann/Matthes/Prütting*, § 89 Rz. 24.
6 BAG v. 31. 10. 1972, AP Nr. 7 zu § 89 ArbGG 1953.
7 *Germelmann/Matthes/Prütting*, § 89 Rz. 30.

den Teilen des Beschlusses auseinanderzusetzen, die die verschiedenen Anträge behandeln[1].

224 Aus § 519 Abs. 3 Satz 1 ZPO folgt des weiteren, daß die Beschwerdebegründung einen **Beschwerdeantrag** enthalten muß[2], wobei es ausreicht, daß sich aus der Beschwerdebegründung ergibt, inwieweit eine Abänderung des angefochtenen Beschlusses begehrt wird[3]. Nach § 139 ZPO hat das Beschwerdegericht im Fall von Unklarheiten entsprechende Hinweise zu geben.

225 Die Beschwerdeinstanz ist **uneingeschränkt** eine **neue Tatsacheninstanz**[4]. Die Beschwerdebegründung hat die neuen Tatsachen anzugeben; gleiches gilt für die Einführung neuer Beweismittel, § 64 Abs. 6 ArbGG iVm. § 519 Abs. 3 Nr. 2 ZPO.

226 Beschwerdeschrift und Beschwerdebegründung sind nach § 90 Abs. 1 Satz 1 ArbGG den **Beteiligten zur Äußerung zuzustellen**. Das ArbGG geht in § 90 Abs. 1 Satz 1 und 2 wohl auch von einer Verpflichtung der Beteiligten zur schriftlichen Äußerung aus[5]. Dennoch kann das Landesarbeitsgericht den weiteren Beteiligten eine Beschwerdebeantwortungsfrist nicht wirksam setzen, da wegen des Untersuchungsgrundsatzes eine Zurückweisung neuer Angriffs- und Verteidigungsmittel grundsätzlich nicht möglich ist, so daß die Versäumung einer etwaigen Frist weitgehend sanktionslos bliebe; § 67 Abs. 2 Satz 2 ArbGG findet keine analoge Anwendung[6].

e) Antragsrücknahme und -änderung

227 Der im Beschlußverfahren gestellte Antrag kann nach § 87 Abs. 2 Satz 3 1. Halbs. ArbGG **jederzeit**, somit auch noch in der Beschwerdeinstanz, zurückgenommen werden. Voraussetzung für seine Zurücknahme ist allerdings die ausdrücklich erklärte **Zustimmung aller Beteiligten**[7]. Aufgrund des gesetzlichen Verweises in § 87 Abs. 2 Satz 3 2. Halbs. ArbGG hat der Vorsitzende des Landesarbeitsgerichts das Verfahren nach erfolgter Zustimmung der Beteiligten zur Antragsrücknahme einzustellen und hiervon allen Beteiligten Mitteilung zu geben, § 81 Abs. 2 Satz 2 und 3 ArbGG.

228 Auch eine **Änderung** des zuvor gestellten Antrags ist noch bis in die Beschwerdeinstanz hinein zulässig; dies belegt der Verweis in § 87 Abs. 2 Satz 3 ArbGG auf § 81 Abs. 3 ArbGG. Die Antragsänderung ist ebenfalls gebunden an eine **Zustimmung aller übrigen Beteiligten**. Ohne Zustimmung ist eine Ände-

---

1 BAG v. 16. 6. 1976, AP Nr. 27 zu § 72 ArbGG 1953 – Streitwertrevision.
2 BAG v. 3. 12.1985, AP Nr. 2 zu § 74 BAT; *Grunsky*, § 89 Rz. 7; *Germelmann/Matthes/Prütting*, § 89 Rz. 26.
3 BAG v. 22. 5. 1985, AP Nr. 6 zu § 1 TVG – Tarifverträge: Bundesbahn.
4 *Grunsky*, § 89 Rz. 4 f.
5 So auch *Germelmann/Matthes/Prütting*, § 90 Rz. 4.
6 *Grunsky*, § 87 Rz. 12.
7 *Germelmann/Matthes/Prütting*, § 87 Rz. 24; *Wlotzke/Schwedes/Lorenz*, § 87 Rz. 5; ebenso wohl auch *Hauck*, § 87 Rz. 6; aA *Grunsky*, § 89 Rz. 30.

rung des Antrags nur zulässig, wenn das Gericht sie für sachdienlich hält, worüber die Kammer nach pflichtgemäßem Ermessen entscheidet.

3. Anschlußbeschwerde

Auch nach Ablauf der Beschwerdefrist kann sich ein Beteiligter mit einer eigenen Beschwerde der Beschwerde eines anderen Beteiligten anschließen durch Einlegung der **unselbständigen Anschlußbeschwerde** nach §§ 521 bis 522a ZPO analog[1]. Wenn nämlich der Beschwerdeführer seinen Antrag noch in der Beschwerdeinstanz ändern kann, ist dem Beschwerdegegner ebenfalls die Möglichkeit einzuräumen, seinerseits im Wege der Anschlußbeschwerde den Streitstoff zu erweitern[2]. Voraussetzung für die Anschlußbeschwerde ist die **Beschwerdebefugnis** des das Rechtsmittel einlegenden Beteiligten[3]. Die an **keine Frist** gebundene Anschlußbeschwerde ist durch Einreichung einer Beschwerdeanschlußschrift beim Landesarbeitsgericht zu erheben, § 522a ZPO, in der der Anschlußbeschwerdeführer erklären muß, welcher Beschwerde er sich anschließt. Form und Inhalt richten sich im übrigen nach den Erfordernissen der Beschwerdebegründung (Rz. 222 ff.). Die unselbständige Anschlußbeschwerde verliert jedoch nach § 522 Abs. 1 ZPO ihre Wirkung, wenn die Beschwerde, der sich die Anschlußbeschwerde angeschlossen hat, zurückgenommen oder als unzulässig verworfen wird[4].

229

4. Beendigung des Beschwerdeverfahrens

a) Rücknahme der Beschwerde

Die Beschwerde kann nach § 89 Abs. 4 Satz 1 ArbGG **jederzeit** zurückgenommen werden. Anders als die Rücknahme des in erster Insanz gestellten Antrags (vgl. § 87 Abs. 2 Satz 3 1. Halbs. ArbGG) bedarf die Rücknahme der Beschwerde nicht der Zustimmung der übrigen Beteiligten. Die Rücknahme ist selbst dann noch zulässig, nachdem das Gericht über die Beschwerde entschieden hat, **solange** diese Entscheidung **nicht rechtskräftig** geworden oder gegen sie Rechtsbeschwerde nach § 92 ArbGG eingelegt worden ist.

230

Die Rücknahme erfolgt in der für ihre Einlegung vorgeschriebenen Form, also **durch** einen **von einem Rechtsanwalt** oder **Verbandsvertreter** (§ 11 Abs. 2 Satz 2 ArbGG) **unterzeichneten** Schriftsatz. Daneben ist eine mündlich im Anhörungstermin vor der Kammer des Landesarbeitsgerichts zu Protokoll erklärte Rücknahme der Beschwerde zulässig, § 515 Abs. 2 ZPO analog[5]. Nach

231

---

1 BAG v. 2. 4. 1987, AP Nr. 3 zu § 87 ArbGG 1979 unter Aufgabe von BAG v. 27. 5. 1960, AP Nr. 3 zu § 89 ArbGG 1953; BAG v. 12. 1. 1988, AP Nr. 8 zu § 81 ArbGG 1979; ebenso bereits LAG Hamm v. 8. 2. 1984, NZA 1984, 59; LAG Düsseldorf v. 10. 7. 1980, BB 1980, 1586; LAG Frankfurt v. 20. 8. 1987, LAGE § 40 BetrVG 1972 Nr. 23; LAG München, Beschl. v. 1. 3. 1990 – 7 Ta 20/90, nv.
2 Ebenso *Fenn*, FS 25 Jahre BAG, S. 109 f.; *Dütz*, RdA 1980, 100; *Grunsky*, § 87 Rz. 4.
3 *Germelmann/Matthes/Prütting*, § 89 Rz. 33.
4 *Germelmann/Matthes/Prütting*, § 89 Rz. 38.
5 *Grunsky*, § 89 Rz. 14; *Germelmann/Matthes/Prütting*, § 89 Rz. 54.

wirksam vollzogener Beschwerderücknahme hat der Vorsitzende das Verfahren **durch Beschluß einzustellen**, wodurch die Beendigungswirkung eintritt[1]. Der Einstellungsbeschluß ist den Beteiligten formlos zur Kenntnis zu bringen, soweit ihnen die Beschwerdeschrift zugestellt worden war, § 89 Abs. 4 Satz 3 ArbGG. Gegen den Einstellungsbeschluß ist das Rechtsmittel der Rechtsbeschwerde nach § 92 ArbGG gegeben[2].

232 Die Beschwerderücknahme führt zum **Verlust des** eingelegten **Rechtsmittels**, § 515 Abs. 3 ZPO; dies ist auf Antrag eines Beteiligten durch Beschluß auszusprechen. Allerdings hindert die Zurücknahme der Beschwerde nicht eine erneute Beschwerde innerhalb der noch offenen Beschwerdefrist. Erst der Ablauf der Beschwerdefrist hat die Rechtskraft des erstinstanzlichen Beschlusses für alle Beteiligten zur Rechtsfolge.

b) Verzicht

233 Entsprechend § 514 ZPO kann **jeder Beteiligte** auf die Beschwerde gegen die arbeitsgerichtliche Entscheidung verzichten. Der regelmäßig nach Erlaß des erstinstanzlichen Beschlusses ausgesprochene Verzicht kann gegenüber dem Landesarbeitsgericht, aber auch gegenüber einzelnen oder allen Beteiligten erklärt werden. Er ist an keine Form gebunden und braucht vom Empfänger nicht angenommen zu werden, da mit ihm lediglich über eine prozessuale Befugnis verfügt wird[3].

234 Die **Folge** des Beschwerdeverzichts, die **Unzulässigkeit der** eingelegten **Beschwerde**, ist von Amts wegen zu beachten, kann jedoch, wenn nur einzelnen Beteiligten gegenüber erklärt, auch einredeweise geltend gemacht werden[4].

c) Vergleich und Erledigung der Hauptsache

235 Keine Besonderheiten kennt das Beschwerdeverfahren hinsichtlich der Instanzbeendigung durch Vergleich und Erklärung der Hauptsache für erledigt. Durch **§ 90 Abs. 2 ArbGG** ist klargestellt, daß § 83a ArbGG entsprechende Anwendung im Verfahren des zweiten Rechtszuges findet. Soweit die Beteiligten also über den Streitgegenstand in der Lage sind zu verfügen, können sie das Verfahren durch einen Vergleich abschließen oder die Erledigung der Hauptsache erklären[5]. Unterstützend hat auch das Landesarbeitsgericht gemäß §§ 87 Abs. 2, 64 Abs. 7, 57 Abs. 2 ArbGG in jeder Lage des Verfahrens auf eine gütliche Einigung hinzuwirken.

---

1 *Germelmann/Matthes/Prütting*, § 89 Rz. 57; aA *Grunsky*, § 89 Rz. 15 für einen nur deklaratorischen Charakter der Einstellung.
2 LAG Rheinland-Pfalz v. 25. 6. 1982, EzA § 92 ArbGG 1979 Nr. 1; *Dietz/Nikisch*, § 89 Rz. 22.
3 *Germelmann/Matthes/Prütting*, § 89 Rz. 61.
4 *Germelmann/Matthes/Prütting*, § 89 Rz. 64.
5 Vgl. für die einseitige Erledigungserklärung BAG v. 27. 8. 1996, NZA 1997, 623.

d) Verwerfung der Beschwerde als unzulässig

Ist die Beschwerde nicht zulässig, hat sie das Gericht als unzulässig zu verwerfen. Die Unzulässigkeit kann sich **aus zahlreichen Gründen** ergeben. So können etwa die Beschwerdeschrift oder die Begründungsschrift nicht ordnungsgemäß unterzeichnet sein, die Beschwerdebefugnis oder die Beschwer fehlen, ein Beschwerdeverzicht vorliegen oder die Begründung nicht ordnungsgemäß erfolgt sein. 236

Die Entscheidung über die Beschwerde trifft das Landesarbeitsgericht grundsätzlich nach § 91 Abs. 1 Satz 1 ArbGG durch **Beschluß**. Eine Spezialvorschrift zu § 91 Abs. 1 Satz 1 ArbGG für den Fall, daß die Beschwerde nicht in der gesetzlichen Form oder Frist eingelegt worden ist, enthält § 89 Abs. 3 ArbGG. Auch hier sieht das Gesetz zwar als Rechtsfolge vor, daß die Beschwerde durch die Kammer als unzulässig verworfen wird. Doch kann der Verwerfungsbeschluß nach § 89 Abs. 3 Satz 2 ArbGG ohne mündliche Verhandlung ergehen; gleichzeitig ist er nicht anfechtbar[1]. 237

Ob § 89 Abs. 3 ArbGG auf alle Fälle einer Unzulässigkeit auszudehnen ist, ist streitig. Nach Sinn und Zweck der Vorschrift, deren Bedeutung vorrangig in der Entbehrlichkeit der mündlichen Verhandlung liegt[2], ist es gerechtfertigt, das vereinfachte Verfahren des § 89 Abs. 3 ArbGG auf **alle Fälle der Unzulässigkeit** zu erstrecken[3]. 238

Es steht im **Ermessen der Kammer**, ob sie eine **mündliche Verhandlung** durchführt. Für den Fall, daß eine Anhörung vor der Kammer nicht stattfindet, ist eine Zustellung der Beschwerdeschrift an die übrigen Beteiligten nicht erforderlich[4]. Zuzustellen, und zwar allein dem Beschwerdeführer, ist indes der Verwerfungsbeschluß, § 89 Abs. 3 Satz 3 ArbGG, ohne daß es darauf ankommt, ob zuvor eine mündliche Verhandlung durchgeführt worden ist oder nicht. 239

Der Beschluß, durch den die Beschwerde als unzulässig verworfen worden ist, **unterliegt keinem Rechtsmittel**; er ist endgültig, § 89 Abs. 3 Satz 2 2. Halbs. ArbGG. Die Rechtsbeschwerde ist auch dann unstatthaft und somit unzulässig, wenn das Landesarbeitsgericht sie irrtümlich ausdrücklich zugelassen hat[5]. 240

e) Entscheidung durch Beschluß

Die Entscheidung über die Beschwerde trifft das Landesarbeitsgericht nach § 91 Abs. 1 Satz 1 ArbGG durch **Beschluß** und beendet so die Instanz ganz oder teilweise. Gesetzlich gesondert geregelt ist in § 89 Abs. 3 ArbGG lediglich die ebenfalls durch Beschluß ergehende Entscheidung, mit der eine Beschwerde als unzulässig verworfen wird (Rz. 236 ff.). 241

---

1 BAG v. 25. 7. 1989, AP Nr. 6 zu § 92 ArbGG 1979.
2 *Ascheid*, Rz. 1861.
3 *Grunsky*, § 89 Rz. 9; *Rohlfing/Rewolle/Bader*, § 89 Anm. 5; *Ascheid*, Rz. 1861; wohl auch *Hauck*, § 89 Rz. 6; zurückhaltend *Germelmann/Matthes/Prütting*, § 89 Rz. 46.
4 *Grunsky*, § 89 Rz. 9; *Rohlfing/Rewolle/Bader*, § 89 Anm. 5.
5 BAG v. 25. 7. 1989, AP Nr. 6 zu § 92 ArbGG 1979.

242 Der Beschluß ergeht durch die Kammer unter Beteiligung der ehrenamtlichen Richter. Ausdrücklich für **unzulässig** erklärt § 91 Abs. 1 Satz 2 ArbGG die **Zurückverweisung** des Beschlußverfahrens an das Arbeitsgericht. Dies gilt über die Zurückverweisung wegen eines Verfahrensmangels entsprechend § 68 ArbGG hinaus auch in den Fällen des § 538 ZPO.

243 Der Vorsitzende hat den Beschluß, damit dieser Wirksamkeit erlangen kann, in jedem Fall **zu verkünden**, § 91 Abs. 2 Satz 2 ArbGG iVm. §§ 69 Abs. 1 Satz 2, 60 ArbGG, auch wenn er ohne mündliche Verhandlung ergangen ist[1]. Die Verkündung erfordert die Anwesenheit der ehrenamtlichen Richter nicht zwingend, doch haben sie in dem Fall den Beschlußtenor vorher mitzuunterschreiben, § 60 Abs. 3 ArbGG. Ist ein Beteiligter bei der Verkündung anwesend, sind die wesentlichen Entscheidungsgründe mitzuteilen, § 60 Abs. 2 ArbGG.

244 Der Beschluß ist **schriftlich abzufassen**, § 91 Abs. 1 Satz 3 ArbGG iVm. § 84 Satz 2 ArbGG, insgesamt von allen Mitgliedern der Kammer zu unterschreiben und sodann den Beteiligten von Amts wegen zuzustellen, § 91 Abs. 2 Satz 1 ArbGG. Ebenso wie der Beschluß in erster Instanz enthält auch der Beschluß des Landesarbeitsgerichts in seinem Tenor keine Entscheidung über die Kosten und den Streitwert (vgl. hierzu Rz. 191 ff.). Da die Entscheidung des Landesarbeitsgerichts nicht mit der Verkündung des Beschlusses Rechtskraft erlangt, ist ggf. im Beschlußtenor eine Entscheidung über die vorläufige Vollstreckbarkeit aufzunehmen.

245 Die Beschwerdeentscheidung kann mit der **Rechtsbeschwerde** nach § 92 ArbGG nur angefochten werden, wenn das Landesarbeitsgericht sie in seinem Beschluß zugelassen hat oder wenn das Bundesarbeitsgericht sie auf eine Nichtzulassungsbeschwerde nach § 92a ArbGG für zulässig erklärt. **Zwingend** bedarf der Beschluß des Landesarbeitsgerichts einer **Rechtsmittelbelehrung** nach § 9 Abs. 5 ArbGG **nur** im Falle der Zulassung der Rechtsbeschwerde durch das Landesarbeitsgericht. Wird die Rechtsbeschwerde nicht zugelassen, bedarf es einer Rechtsmittelbelehrung in Bezug auf die Nichtzulassungsbeschwerde nicht, da diese kein Rechtsmittel, sondern lediglich einen Rechtsbehelf darstellt[2]. Hier ist vielmehr ein Hinweis auf die mögliche Nichtzulassungsbeschwerde ausreichend[3]. Die formelle Rechtskraft der Beschwerdeentscheidung tritt ein mit Ablauf der Frist für die Einlegung der Nichtzulassungsbeschwerde[4].

---

1 *Grunsky*, § 91 Rz. 2; *Germelmann/Matthes/Rütting*, § 91 Rz. 11.
2 BAG v. 1. 4. 1980, AP Nr. 5 zu § 72a ArbGG 1979; s. anschließend *Germelmann/Matthes/Prütting*, § 91 Rz. 9; aA *Grunsky*, § 91 Rz. 6.
3 *Stahlhacke/Bader*, § 91 Rz. 5.
4 BAG v. 22. 8. 1974, AP Nr. 1 zu § 103 BetrVG 1972.

VI. Rechtsbeschwerde an das Bundesarbeitsgericht

Gesetzlich vorgesehenes Rechtsmittel im arbeitsgerichtlichen Beschlußverfahren dritter Instanz ist die Rechtsbeschwerde des § 92 ArbGG. Sie führt zur Überprüfung der landesarbeitsgerichtlichen Entscheidung durch das Bundesarbeitsgericht. Die **Überprüfung** beschränkt sich jedoch auf eine **nur rechtliche**, vgl. § 93 Abs. 1 ArbGG, da das Rechtsbeschwerdegericht an den vom Landesarbeitsgericht festgestellten Sachverhalt gebunden ist.

246

Nach § 92 Abs. 1 ArbGG findet die Rechtsbeschwerde gegen einen die Instanz abschließenden Beschluß des Landesarbeitsgerichts statt,

247

▶ wenn **in dem Beschluß** des Landesarbeitsgerichts die Rechtsbeschwerde zugelassen ist, oder

▶ wenn das Bundesarbeitsgericht die Rechtsbeschwerde **aufgrund** einer **Nichtzulassungsbeschwerde** nach § 92a ArbGG zugelassen hat.

Zu den **verfahrensbeendenden Beschlüssen**, die rechtsbeschwerdefähig sind, zählen vorrangig die Beschlüsse des Landesarbeitsgerichts nach § 91 ArbGG, und zwar auch in der Form eines Teilbeschlusses entsprechend § 301 ZPO und Zwischenbeschlusses entsprechend § 304 ZPO. Daneben ist der **Einstellungsbeschluß** gemäß § 89 Abs. 4 Satz 2 ArbGG nach Antragsrücknahme oder übereinstimmender Erledigungserklärung als ein das Verfahren beeendender Beschluß iSv. § 92 Abs. 1 Satz 1 ArbGG mit der Rechtsbeschwerde anfechtbar[1]. Keine Rechtsbeschwerde findet dagegen statt gegen verfahrensleitende Beschlüsse und Verfügungen des Landesarbeitsgerichts, § 90 Abs. 3 ArbGG, gegen Beschlüsse des Landesarbeitsgerichts in Verfahren auf Erlaß einer einstweiligen Verfügung oder der Anordnung eines Arrestes, § 92 Abs. 1 Satz 3 ArbGG, sowie gegen einen Beschluß, durch den die Beschwerde als unzulässig verworfen wird, § 89 Abs. 3 Satz 2 ArbGG. Auch gegen die landesarbeitsgerichtliche Entscheidung des Vorsitzenden zur Bestimmung eines Einigungsstellenvorsitzenden und der Zahl der Beisitzer der Einigungsstelle nach § 98 ArbGG ist **mangels ausdrücklicher Rechtsmittelzulassung** in § 98 Abs. 2 Satz 4 ArbGG die Rechtsbeschwerde nicht gegeben.

248

Nach § 92 Abs. 3 Satz 1 ArbGG hat die **Einlegung** der Rechtsbeschwerde aufschiebende Wirkung (sog. **Suspensiveffekt**) und verhindert somit, daß der Beschluß des Landesarbeitsgerichts in Rechtskraft erwächst. Jedoch bleiben Beschlüsse des Landesarbeitsgerichts in vermögensrechtlichen Streitigkeiten entsprechend § 85 Abs. 1 Satz 2 ArbGG vorläufig vollstreckbar, wenn und soweit nicht das Bundesarbeitsgericht nach § 85 Abs. 1 Satz 3 ArbGG iVm. § 719 Abs. 2 ZPO die Zwangsvollstreckung einstweilen einstellt.

249

---

1 LAG Rheinland-Pfalz v. 25. 6. 1982, EzA § 92 ArbGG 1979 Nr. 1; *Germelmann/Matthes/Prütting*, § 92 Rz. 6.

1. Zulassung der Rechtsbeschwerde

250 Das Landesarbeitsgericht hat die Rechtsbeschwerde gemäß §§ 92 Abs. 1 Satz 2, 72 Abs. 2 ArbGG **zuzulassen**, wenn

- die Rechtssache **grundsätzliche Bedeutung** hat, oder
- sein **Beschluß** von einer Entscheidung des Bundesverfassungsgerichts, von einer Entscheidung des Gemeinsamen Senats der obersten Gerichtshöfe des Bundes, von einer Entscheidung des Bundesarbeitsgerichts oder, solange eine Entscheidung des Bundesarbeitsgerichts in der Rechtsfrage nicht ergangen ist, von einer Entscheidung einer anderen Kammer desselben Landesarbeitsgerichts oder eines anderen Landesarbeitsgerichts **abweicht** und die Entscheidung auf dieser Abweichung beruht[1].

251 **Grundsätzliche Bedeutung** hat eine Rechtssache, wenn die Entscheidung abhängt von einer klärungsbedürftigen Rechtsfrage und die Klärung dieser Rechtsfrage entweder für die Rechtsordnung von allgemeiner Bedeutung ist oder wegen ihrer tatsächlichen Auswirkungen zumindest die Interessen eines größeren Teils der Allgemeinheit berührt[2]. Für die weiteren Einzelheiten zum Begriff der grundsätzlichen Bedeutung einer Rechtssache, die denen bei der Revisionszulassung entsprechen, s. Teil 5 E Rz. 5 ff.

252 Für die Zulassung der Rechtsbeschwerde wegen **Divergenz** (§ 72 Abs. 2 Nr. 2 ArbGG) ist nicht erforderlich, daß die Entscheidung, von der das Landesarbeitsgericht abweicht, in einem Beschlußverfahren getroffen worden ist[3]. Da die Divergenzrechtsbeschwerde im wesentlichen die Einheitlichkeit der Rechtsprechung innerhalb der gleichen Gerichtsbarkeit bezweckt, ist das Landesarbeitsgericht zu ihrer Zulassung nicht verpflichtet, wenn es mit seinem Beschluß von der Entscheidung eines obersten Bundesgerichts einer anderen Gerichtsbarkeit abweicht[4]. Zu den weiteren Einzelheiten des Vorliegens einer Divergenz vgl. die entsprechenden Ausführungen zur Revisionszulassung, Teil 5 E Rz. 10 ff.

253 Die Zulassung der Rechtsbeschwerde hat das Landesarbeitsgericht **in den Tenor** des Beschlusses, **zumindest** jedoch **in die Gründe**, aufzunehmen; in jedem Fall ist die Zulassung zu verkünden[5]. Ist der Streitgegenstand teilbar, kommt auch eine beschränkte Zulassung der Rechtsbeschwerde in Frage[6]. Nach § 92a Satz 2 ArbGG iVm. § 72a Abs. 5 Satz 1 ArbGG ist das Landesarbeitsgericht zur Korrektur seiner Zulassungsentscheidung nicht befugt. Das Bundesarbeitsgericht seinerseits ist nach § 92 Abs. 2 Satz 2 ArbGG iVm. § 72 Abs. 3 ArbGG an die Zulassung strikt gebunden. Eine solche Bindung ist ausnahmsweise dann nicht anzunehmen, wenn der Zulassung ein ausdrückliches gesetzliches Verbot

---
1 Vgl. dazu ausführlich GK-ArbGG/*Ascheid*, § 72 Rz. 23, § 72a Rz. 34, 73.
2 BAG v. 5. 12. 1979, AP Nr. 1 zu § 72a ArbGG 1979 – Grundsatz.
3 *Dietz/Nikisch*, § 92 Rz. 17; *Germelmann/Matthes/Prütting*, § 92 Rz. 12.
4 BAG v. 9. 2. 1983, AP Nr. 25 zu § 72a ArbGG 1979 – Grundsatz.
5 BAG v. 21. 3. 1974, AP Nr. 13 zu § 92 ArbGG 1953.
6 BVerwG v. 2. 3. 1983, Buchholz, 238.38 § 82 Nr. 1.

entgegensteht, zB im Fall des § 89 Abs. 3 Satz 2 ArbGG[1]. Selbst wenn das Landesarbeitsgericht zu Unrecht in seinem Beschluß von einer grundsätzlichen Bedeutung der Rechtssache ausgeht, ist das Bundesarbeitsgericht an die Zulassung gebunden.

2. Zulassung nach Nichtzulassungsbeschwerde

Hat das Landesarbeitsgericht die Rechtsbeschwerde in seinem Beschluß nicht zugelassen, obwohl die Voraussetzungen für eine Zulassung gegeben sind, kann diese **fehlerhafte Zulassungsentscheidung** durch Erhebung der Nichtzulassungsbeschwerde nach § 92a ArbGG angefochten werden. Die Anfechtung erfolgt entweder in Form der **Grundsatz-** oder in Form der **Divergenzbeschwerde**[2]. Diese Möglichkeit der rechtlichen Überprüfung hinsichtlich der Nichtzulassung der Rechtsbeschwerde ist an § 72a ArbGG angelehnt und durch die ArbGG-Novelle vom 21. 5. 1979 in das Gesetz eingefügt worden. Verfahrensmäßig deckt sie sich mit der Regelung über die Nichtzulassungsbeschwerde im Urteilsverfahren, ist jedoch inhaltlich eingeschränkt im Fall der grundsätzlichen Bedeutung der Rechtssache. 254

a) Grundsätzliche Bedeutung der Rechtssache

Die Nichtzulassungsbeschwerde kann darauf gestützt werden, daß das Landesarbeitsgericht in seinem Beschluß die Rechtsbeschwerde nicht zugelassen hat, obwohl die Rechtssache grundsätzliche Bedeutung hat. Hierbei gilt jedoch nach § 92a Satz 1 2. Halbs. ArbGG eine erhebliche Einschränkung: Im Falle des § 92 Abs. 1 Satz 2 ArbGG iVm. § 72 Abs. 2 Nr. 1 ArbGG, also bei grundsätzlicher Bedeutung der Rechtssache, ist die Nichtzulassungsbeschwerde **nur zulässig,** wenn die **Rechtssache Streitigkeiten über die Tariffähigkeit und Tarifzuständigkeit einer Vereinigung** betrifft. Entgegen dem Wortlaut der Vorschrift ist es ausreichend, wenn die Streitigkeit um die Tariffähigkeit **oder** Tarifzuständigkeit einer Vereinigung geht[3]. Der Streit über die Tariffähigkeit oder Tarifzuständigkeit – hier sind gemeint Streitigkeiten nach § 2a Abs. 1 Nr. 4 ArbGG, s. Rz. 31 ff. – muß tatsächlich Streitgegenstand sein und darf sich nicht nur als Vorfrage in einem Beschlußverfahren zu einem anderen Streitgegenstand stellen[4]. Dagegen ist es nicht erforderlich, daß sich die grundsätzliche Bedeutung ausdrücklich auf das Recht der Tariffähigkeit oder Tarifzuständigkeit bezieht; es reicht aus, daß sich in dem Streit überhaupt eine Rechtsfrage von grundsätzlicher Bedeutung stellt[5]. 255

Die so zu verstehende Beschränkung der Nichtzulassungsbeschwerde bei grundsätzlicher Bedeutung ist **verfassungsgemäß**[6], auch wenn mangels entspre- 256

---

1 BAG v. 28. 8. 1969, AP Nr. 11 zu § 92 ArbGG 1953.
2 *Schaub,* Formularsammlung, § 116 I 3.
3 *Grunsky,* § 92a Rz. 2; *Germelmann/Matthes/Prütting,* § 92a Rz. 3; GK-ArbGG/ *Ascheid,* § 92a Rz. 7.
4 BAG v. 23. 10. 1991, AP Nr. 1 zu § 92a ArbGG 1979 – Grundsatz.
5 *Germelmann/Matthes/Prütting,* § 92a Rz. 3.
6 BAG v. 15. 2. 1984, AP Nr. 3 zu § 92a ArbGG 1979.

chender Anwendung von § 72a Abs. 1 ArbGG die Nichtzulassungsbeschwerde nicht auf andere Streitigkeiten in betriebsverfassungs- oder personalvertretungsrechtlichen Angelegenheiten gestützt werden kann[1]. Ausnahmsweise dann, wenn das Landesarbeitsgericht in Verkennung der richtigen Verfahrensart im Beschluß- statt dem Urteilsverfahren entschieden hat, kommt die Beschränkung der Nichtzulassungsbeschwerde wegen des Grundsatzes der Meistbegünstigung nicht zum Tragen; hier gilt § 72a Abs. 1 ArbGG entsprechend[2].

b) Divergenz

257 Kann die Nichtzulassungsbeschwerde auf einen Fall der Divergenz gestützt werden, gelten im Beschlußverfahren gegenüber dem Urteilsverfahren (s. Teil 5 F Rz. 18 ff.) **keine Besonderheiten**. § 72 Abs. 2 ArbGG findet über § 92 Satz 2 ArbGG Anwendung und erfährt in § 92a ArbGG keine Einschränkung.

c) Verfahren

258 Für das Verfahren der Nichtzulassungsbeschwerde sieht § 92a Satz 2 ArbGG die **entsprechende Geltung von § 72a Abs. 2 bis 5 ArbGG** vor. Einlegung, Begründung, Einhaltung von Form und Fristen sowie Wirkung der Einlegung richten sich somit nach der für die Nichtzulassung der Revision geltenden Rechtsmittelnorm des § 72a ArbGG.

259 Ungeklärt ist trotz der Verweisung auf das Urteilsverfahren, ob die **Rechtsbeschwerdeschrift** und die **Rechtsbeschwerdebegründung** auch im Nichtzulassungsbeschwerdeverfahren **von** einem **Rechtsanwalt unterzeichnet** sein müssen. Dies ist in entsprechender Anwendung von § 94 Abs. 1 ArbGG zu bejahen[3]; ein Vertretungszwang für das weitere Verfahren besteht nicht. Die Nichtzulassungsbeschwerde kann von jedem Beteiligten erhoben werden, der im Falle der Zulassung der Rechtsbeschwerde befugt wäre, das Rechtsmittel einzulegen[4].

3. Rechtsbeschwerdeverfahren

a) Verweisung auf das Revisionsverfahren

260 Das Beschlußverfahren des dritten Rechtszuges ist gesetzlich geregelt in §§ 92 bis 96 ArbGG. Gleichwohl beinhalten diese Bestimmungen selbst keine erschöpfende Regelung des Rechtsbeschwerdeverfahrens. Von zentraler Bedeutung für das Verfahren vor dem Bundesarbeitsgericht ist vielmehr **§ 92 Abs. 2 ArbGG**, der die für das Revisionsverfahren geltenden Vorschriften – und das sind, soweit das ArbGG keine Spezialnormen enthält, die Vorschriften der ZPO – weitgehend für entsprechend anwendbar erklärt. So gelten im Rechtsbe-

---

1 BAG v. 19. 6. 1984, AP Nr. 4 zu § 92a ArbGG 1979.
2 GK-ArbGG/*Ascheid*, § 92a Rz. 12; *Hauck*, § 92a Rz. 3; aA *Germelmann/Matthes/ Prütting*, § 92a Rz. 5.
3 Ebenso *Germelmann/Matthes/Prütting*, § 92a Rz. 10; GK-ArbGG/*Ascheid*, § 92a Rz. 13; *Wlotzke/Schwedes/Lorenz*, § 92a Rz. 4; *Hauck*, § 92a Rz. 5.
4 *Germelmann/Matthes/Prütting*, § 92a Rz. 9; *Ascheid*, Rz. 1891.

VI. Rechtsbeschwerde an das BAG

schwerdeverfahren aufgrund ausdrücklicher gesetzlicher Verweisung die Revisionsverfahrensvorschriften über Einlegung der Revision und ihre Begründung, Prozeßfähigkeit, Ladung, Termine und Fristen, Ablehnung und Ausschließung von Gerichtspersonen, Zustellungen, persönliches Erscheinen der Parteien, Öffentlichkeit, Befugnisse des Vorsitzenden und der Beisitzer, gütliche Erledigung des Rechtsstreits, Wiedereinsetzung in den vorigen Stand, Wiederaufnahme des Verfahrens sowie § 85 ArbGG über die Zwangsvollstreckung entsprechend.

§ 92 Abs. 2 ArbGG entspricht weitgehend der Bestimmung des § 87 Abs. 2 Satz 1 ArbGG zum Beschwerdeverfahren. Doch kommt eine Verweisung auf die in Bezug genommenen Revisionsvorschriften nur in Betracht, soweit sich aus den §§ 93 bis 96 ArbGG nichts anderes ergibt. Für die Einlegung und Begründung der Rechtsbeschwerde enthält insoweit **§ 94 Abs. 1 und 2 ArbGG** eine **spezielle Regelung**, die den in Bezug genommenen Revisionsvorschriften vorgeht[1]. Besonderheiten im Rechtsbeschwerdeverfahren, in dem ausschließlich eine fehlerhafte Rechtsanwendung zur Überprüfung ansteht, ergeben sich daraus, daß **regelmäßig** eine **mündliche Verhandlung nicht** stattfindet[2]. Deshalb sind in § 92 Abs. 2 ArbGG die Vorschriften über die Vorbereitung der streitigen Verhandlung, die Verhandlung vor der Kammer und die Beweisaufnahme nicht in Bezug genommen. 261

b) Einlegung und Begründung

Jeder materiell Beteiligte hat grundsätzlich die Befugnis, die Rechtsbeschwerde einzulegen. Hierbei kommt es nicht darauf an, ob er bis dahin am Beschlußverfahren beteiligt war[3]. Die Rechtsbeschwerdebefugnis hat in jedem Fall auch derjenige, dessen Beschwerde vom Landesarbeitsgericht mit der Begründung als unzulässig verworfen worden ist, es sei keine Beschwer oder keine Beschwerdebefugnis gegeben[4]. 262

Für die Einlegung der Rechtsbeschwerde gilt als **lex specialis** § 94 Abs. 1, 2 Satz 1 ArbGG; ergänzend sind über § 92 Abs. 2 Satz 1 ArbGG die für das Revisionsverfahren geltenden Bestimmungen über die Einlegung und Begründung der Revision, nämlich §§ 74, 72 Abs. 5 ArbGG iVm. §§ 552 bis 554 ZPO anwendbar. 263

Die **Frist** für die Einlegung der Rechtsbeschwerde beträgt **einen Monat** und beginnt mit der Zustellung des vollständig abgefaßten Beschlusses des Landesarbeitsgerichts, § 74 Abs. 1 Satz 1 ArbGG. Für den Fall, daß die Rechtsbeschwerde erst auf eine Nichtzulassungsbeschwerde hin zugelassen worden ist, beginnt der Lauf der Rechtsbeschwerdefrist mit der Zustellung dieses Beschlusses, § 92a Satz 2 ArbGG iVm. § 72a Abs. 5 Satz 7 ArbGG. Es ist unschädlich, wenn die Rechtsbeschwerde bereits vor Zustellung des Beschwerdebeschlusses 264

---
1 *Germelmann/Matthes/Prütting*, § 92 Rz. 18.
2 BAG v. 22. 10. 1985, AP Nr. 23 zu § 99 BetrVG 1972; *Schaub*, Formularsammlung, § 116 III 3.
3 *Schaub*, Formularsammlung, § 116 III 1.
4 *Germelmann/Matthes/Prütting*, § 94 Rz. 3.

eingelegt wird¹. Gegen die schuldlose Versäumung der Rechtsbeschwerdefrist kommt die Wiedereinsetzung in den vorigen Stand in Betracht, da es sich bei der Rechtsmittelfrist um eine **Notfrist** iSd. § 552 Abs. 1 Satz 1 ZPO handelt.

265 Die Rechtsbeschwerde ist **beim Bundesarbeitsgericht** als Rechtsbeschwerdegericht **einzulegen**, § 553 Abs. 1 ZPO. Eine Einlegung beim Landesarbeitsgericht ist nicht fristwahrend; zu ihrer Wirksamkeit muß die Rechtsbeschwerde rechtzeitig innerhalb der Monatsfrist zum Bundesarbeitsgericht weitergeleitet werden und dort eingehen. Die Einlegung der Rechtsbeschwerde erfolgt nach § 553 Abs. 1 ZPO durch **Einreichung** einer **Rechtsbeschwerdeschrift**. Diese hat den Beschluß zu bezeichnen, gegen den die Beschwerde gerichtet ist. Darüber hinaus muß sie die Erklärung enthalten, daß gegen diesen Beschluß die Rechtsbeschwerde eingelegt wird, § 94 Abs. 2 Satz 1 ArbGG. Die Rechtsbeschwerdeschrift ist – ebenso wie die Rechtsbeschwerdebegründung – nach § 94 Abs. 1 ArbGG **von einem Rechtsanwalt zu unterzeichnen**. Aufgrund der ausdrücklichen gesetzlichen Regelung ist die Unterzeichnung durch andere Personen, etwa Verbandsvertreter, hier nicht zulässig. Abgesehen von der Ausnahme des § 94 Abs. 1 ArbGG besteht für das drittinstanzliche Beschlußverfahren jedoch kein Anwalts- oder Vertretungszwang; § 11 Abs. 1 ArbGG gilt entsprechend².

266 Die **Begründung** der Rechtsbeschwerde ist ebenso wie ihre Einlegung **fristgebunden**: Die Frist beginnt mit der Einlegung der Rechtsbeschwerde und beträgt nach §§ 92 Abs. 2, 74 Abs. 1 Satz 1 ArbGG **einen Monat**. Sie kann **einmal bis zu einem Monat verlängert** werden, § 74 Abs. 1 Satz 2 ArbGG. Nach § 94 Abs. 2 Satz 2 ArbGG ist in der Rechtsbeschwerdebegründung anzugeben, inwieweit die Abänderung des angefochtenen Beschlusses beantragt wird. Hierzu bedarf es zwar keines ausdrücklichen Antrags, doch muß sich aus der Rechtsbeschwerdebegründung das Begehren des Rechtsbeschwerdeführers **hinlänglich deutlich** ergeben; es genügt insoweit, wenn die Aufhebung des Beschlusses des Landesarbeitsgerichts beantragt wird³.

267 Eine **Antragsänderung** in der Rechtsbeschwerdeinstanz ist grundsätzlich **nicht zulässig**⁴. Der Rechtsbeschwerdeführer ist an den Rechtsbeschwerdeantrag, das Bundesarbeitsgericht an den festgestellten Sachverhalt gebunden, § 561 ZPO. Lediglich dann, wenn sich der geänderte Sachantrag auf einen vom Landesarbeitsgericht festgestellten Sachverhalt stützt, soll **aus prozeßökonomischen Gründen** eine Änderung des Antrags zulässig sein⁵. Eine Antragsänderung liegt nicht vor, wenn der Hilfsantrag nunmehr zulässigerweise als Hauptantrag verfolgt wird⁶.

---

1 BAG v. 26. 4. 1963, AP Nr. 3 zu § 94 ArbGG 1953.
2 *Germelmann/Matthes/Prütting*, § 92 Rz. 22.
3 BAG v. 22. 10. 1985, AP Nr. 24 zu § 99 BetrVG 1972.
4 BAG v. 10. 4. 1984, AP Nr. 3 zu § 81 ArbGG 1979; vgl. auch BAG v. 17. 2. 1970, AP Nr. 3 zu § 2 TVG – Tarifzuständigkeit.
5 BAG v. 5. 11. 1985, AP Nr. 2 zu § 98 BetrVG 1972; *Germelmann/Matthes/Prütting*, § 94 Rz. 13; *Fenn*, FS 25 Jahre BAG, S. 108; *Hauck*, § 94 Rz. 5.
6 BAG v. 23. 4. 1985, AP Nr. 11 zu § 87 BetrVG 1972 – Überwachung; BAG v. 11. 2. 1992, AP Nr. 50 zu § 118 BetrVG 1972.

Weiter ist in der Begründungsschrift anzugeben, **welche Normen verletzt** sind und darzulegen, **worin** die **Rechtsverletzung bestehen soll**, § 94 Abs. 2 Satz 2 ArbGG. Hierfür genügt es nicht vorzutragen, das Landesarbeitsgericht habe den in der angeblich verletzten Bestimmung enthaltenen Rechtsbegriff verkannt[1]. Die **Anforderungen** an die Begründung der Rechtsbeschwerde sind **streng** und gehen über die an eine Revisionsbegründung zu stellenden noch hinaus[2]. In der Begründung ist auszuführen, wie die verletzte Rechtsnorm richtig auszulegen ist. Dies erfordert eine Auseinandersetzung mit den Gründen der angefochtenen Entscheidung des Landesarbeitsgerichts. 268

Verfolgt der Rechtsbeschwerdeführer in der Rechtsbeschwerdeinstanz **mehrere Ansprüche,** ist die Rechtsbeschwerde für jeden Antrag oder Teilantrag zu begründen[3]. Nicht oder nicht ausreichend begründete Anträge führen insoweit zur Unzulässigkeit der Rechtsbeschwerde[4]. 269

c) Verletzung einer Rechtsnorm als Rechtsbeschwerdegrund

Die Rechtsbeschwerde kann nach § 93 Abs. 1 ArbGG nur darauf gestützt werden, daß der Beschluß des Landesarbeitsgerichts auf der **Nichtanwendung oder unrichtigen Anwendung einer Rechtsnorm** beruht. Verletzt sein kann jede Norm des materiellen Bundes- oder Landesrechts oder des Verfahrensrechts. Eine unrichtige Anwendung von unbestimmten Rechtsbegriffen liegt dann vor, wenn das Landesarbeitsgericht bei seiner Entscheidung den Rechtsbegriff selbst verkannt oder bei der Subsumtion des festgestellten Sachverhalts unter den Rechtsbegriff Denkgesetze oder allgemeine Erfahrungssätze verletzt hat, oder wenn es bei der gebotenen Interessenabwägung nicht alle erheblichen Umstände berücksichtigt hat oder das gefundene Ergebnis in sich widersprüchlich ist[5]. Die Anwendung unbestimmter Rechtsbegriffe kann somit in der Rechtsbeschwerdeinstanz nur eingeschränkt überprüft werden. Insgesamt gelten hinsichtlich der Verletzung einer Rechtsnorm die Grundsätze des Revisionsverfahrens nach § 73 Abs. 1 ArbGG – trotz des unterschiedlichen Wortlauts der Bestimmung – auch im Beschlußverfahren[6]. 270

Auf neue Tatsachen kann die Rechtsbeschwerde **nicht gestützt** werden, da die dritte Instanz reine Rechtsinstanz ist[7]. Offenkundige Tatsachen hat das Bundesarbeitsgericht jedoch wegen der Geltung des Untersuchungsgrundsatzes auch in der Rechtsbeschwerdeinstanz von Amts wegen in das Verfahren einzu- 271

---

1 BAG v. 10. 4. 1984, AP Nr. 1 zu § 94 ArbGG 1979.
2 BAG v. 26. 4. 1963, AP Nr. 3 zu § 94 ArbGG 1953; *Grunsky,* § 94 Rz. 8; *Germelmann/Matthes/Prütting,* § 94 Rz. 15.
3 BAG v. 15. 9. 1965, AP Nr. 4 zu § 94 ArbGG 1953.
4 *Grunsky,* § 94 Rz. 9.
5 BAG v. 24. 7. 1991, AP Nr. 23 zu § 78a BetrVG 1972.
6 BAG v. 24. 2. 1976, AP Nr. 2 zu § 4 BetrVG 1972; zur Überprüfung von Ermessensentscheidungen der Einigungsstelle durch das Beschwerdegericht BAG v. 31. 8. 1982, AP Nr. 8 zu § 87 BetrVG 1972 – Arbeitszeit.
7 BAG v. 24. 7. 1990, AP Nr. 7 zu § 2 TVG – Tarifzuständigkeit; BAG v. 27. 1. 1977, AP Nr. 7 zu § 103 BetrVG 1972.

führen¹. Bei Verfahrensrügen sind die Tatsachen, aus denen die Verletzung der Verfahrensvorschrift hergeleitet wird, anzugeben.

272 Der durch die Rechtsbeschwerde angefochtene Beschluß des Landesarbeitsgerichts muß auf der Nichtanwendung oder fehlerhaften Anwendung der Rechtsnorm beruhen. Deshalb ist die Rechtsbeschwerde **entsprechend § 563 ZPO** zurückzuweisen, wenn sich der angefochtene Beschluß aus anderen Gründen als fehlerfrei erweist².

d) Anschlußrechtsbeschwerde

273 Ebenso wie im Verfahren vor dem Landesarbeitsgericht die Anschlußbeschwerde ist im Rechtsbeschwerdeverfahren die Anschlußrechtsbeschwerde **zulässig**³. Für sie gilt nach § 556 ZPO im wesentlichen das Gleiche wie für die Anschlußbeschwerde (vgl. Rz. 229). Die Anschlußrechtsbeschwerde ist **innerhalb eines Monats nach Zustellung der Rechtsbeschwerdebegründung** einzulegen und muß in der Anschlußschrift begründet werden. Ausreichend ist, wenn eine Begründung innerhalb der Frist für die Anschlußrechtsbeschwerde beim Rechtsbeschwerdegericht eingeht⁴.

e) Verfahren

274 Nach dem in § 95 ArbGG geregelten Rechtsbeschwerdeverfahren sind sowohl die Rechtsbeschwerdeschrift wie auch die Rechtsbeschwerdebegründung **den Beteiligten zur Äußerung zuzustellen**. Die Zustellung hat sofort nach Eingang beim Bundesarbeitsgericht an alle materiell Beteiligten des Verfahrens⁵ zu erfolgen und ist nicht davon abhängig, ob im schriftlichen Verfahren oder nach mündlicher Verhandlung entschieden wird. Gleichzeitig sind die Beteiligten zur Äußerung aufzufordern. Da in aller Regel die Durchführung einer mündlichen Verhandlung unterbleibt, hat das Gericht die Aufforderung mit einer **Fristsetzung** zu verbinden. Nur in diesem Sinne ist § 95 Satz 3 ArbGG zu verstehen, wonach eine rechtzeitige Äußerung erwartet wird. Vor Ablauf der den Beteiligten gesetzten Frist darf das Bundesarbeitsgericht nicht entscheiden wegen des grundrechtlichen Anspruchs auf Gewährung rechtlichen Gehörs. Auch eine nach Ablauf der Frist eingehende Äußerung ist noch zu berücksichtigen⁶.

275 Die Äußerung der Beteiligten erfolgt durch **Einreichung eines Schriftsatzes** beim Bundesarbeitsgericht oder durch Erklärung zur Niederschrift der Geschäftsstelle des Landesarbeitsgerichts, das den angefochtenen Beschluß erlassen hat, § 95 Satz 2 ArbGG. Die schriftlichen Äußerungen der Beteiligten

---

1 *Grunsky*, § 93 Rz. 3.
2 *Grunsky*, § 93 Rz. 1.
3 BAG v. 20. 12. 1988, AP Nr. 5 zu § 92 ArbGG 1979; BAG v. 11. 7. 1990, AP Nr. 9 zu Art. 56 – ZA-NATO-Truppenstatut.
4 *Germelmann/Matthes/Prütting*, § 94 Rz. 19.
5 BAG v. 20. 7. 1982, AP Nr. 26 zu § 76 BetrVG 1952.
6 *Dietz/Nikisch*, § 95 Rz. 8.

bedürfen nicht der Zustellung, § 270 Abs. 2 ZPO analog. Verzichtet ein Verfahrensbeteiligter vollständig auf eine Äußerung oder erfolgt diese nicht rechtzeitig, nimmt das Verfahren gleichwohl seinen Fortgang, § 95 Satz 3 ArbGG.

Da das Rechtsbeschwerdeverfahren **im Regelfall** ein **schriftliches Verfahren** ist (s. auch Rz. 261), ergeht die Entscheidung des Bundesarbeitsgerichts auf die schriftlichen Äußerungen der Beteiligten hin[1]. Das schließt indes nicht aus, daß der Senat von sich aus oder auf Anregung eines Beteiligten eine mündliche Verhandlung ansetzt, wenn dies mit Rücksicht auf die Bedeutung der Rechtssache oder im Hinblick auf neue rechtliche Gesichtspunkte geboten erscheint. Die Bestimmung des Verhandlungstermins ist eine Maßnahme der Prozeßleitung, die dem Vorsitzenden obliegt. Erfolgt ausnahmsweise eine mündliche Anhörung der Beteiligten, sind diese durch Zustellung und unter Einhaltung einer Frist von mindestens zwei Wochen (§§ 92 Abs. 2, 72 Abs. 5 ArbGG, § 555 ZPO iVm. § 274 Abs. 3 ZPO) zu laden. Vertretungszwang besteht nicht[2].

276

4. Beendigung des Rechtsbeschwerdeverfahrens

a) Rücknahme

Die Rechtsbeschwerde kann nach § 94 Abs. 3 Satz 1 ArbGG **jederzeit** in der gleichen Form, in der sie eingelegt worden ist, zurückgenommen werden. § 94 Abs. 3 Satz 1 ArbGG stimmt im Wortlaut überein mit § 89 Abs. 4 ArbGG, der die Rücknahme der Beschwerde regelt. Es gelten insoweit für das Rechtsbeschwerdeverfahren keine Besonderheiten (vgl. daher Rz. 230 ff.). Die **Einstellung** des Verfahrens erfolgt nach § 94 Abs. 3 Satz 2 ArbGG durch den (Senats-) Vorsitzenden allein und wird den Beteiligten **formlos mitgeteilt**, soweit ihnen die Rechtsbeschwerde zugestellt worden war.

277

b) Vergleich und Erledigung der Hauptsache

Eine Beendigung des Rechtsbeschwerdeverfahrens ist aufgrund des nach **§ 95 Satz 4 ArbGG** für entsprechend anwendbar erklärten § 83a ArbGG auch durch einen das Verfahren vor dem Bundesarbeitsgericht beendenden Vergleich sowie eine übereinstimmende Erledigungserklärung zulässig[3]. Es kann daher auf die entsprechenden Ausführungen zum Beschwerdeverfahren verwiesen werden (s. Rz. 235).

278

c) Verwerfung als unzulässig

Die **Zulässigkeit** der Rechtsbeschwerde hat das Bundesarbeitsgericht **von Amts wegen** zu prüfen. Dies ergibt sich aus § 94 Abs. 2 Satz 3 ArbGG, dessen Verweisung auf § 74 Abs. 2 ArbGG zur Anwendung von § 554a Abs. 2 ZPO führt. Ist danach die Rechtsbeschwerde an sich unstatthaft oder nicht in der gesetzlichen Frist und Form eingelegt und begründet worden, hat sie das Rechtsbe-

279

---
1 BAG v. 22. 10. 1985, AP Nr. 23 zu § 99 BetrVG 1972.
2 BAG v. 20. 3. 1990, AP Nr. 79 zu § 99 BetrVG 1972.
3 *Schaub*, Formularsammlung, § 116 IV 4.

schwerdegericht als unzulässig zu verwerfen. Mangels eigenständiger Regelung der unzulässigen Rechtsbeschwerde im drittinstanzlichen Beschlußverfahren gelten im übrigen die Grundsätze der Verwerfung einer Revision[1].

280 Der **Verwerfungsbeschluß** ergeht in aller Regel ohne mündliche Anhörung der Beteiligten (vgl. Rz. 237) und ist dann ohne Hinzuziehung der ehrenamtlichen Richter zu erlassen durch die Berufsrichter des Senats, § 74 Abs. 2 Satz 3 ArbGG. Der Beschluß ist allen Beteiligten formlos mitzuteilen, § 329 Abs. 2 ZPO, da im Rechtsbeschwerdeverfahren eine Zustellung an den Beschwerdeführer nicht vorgesehen ist. Die Verwerfungsentscheidung ist **unanfechtbar**. Jedoch steht eine Verwerfung der Rechtsbeschwerde ihrer erneuten Einlegung nicht entgegen, sofern die Beschwerdefrist noch läuft oder die Wiedereinsetzung in den vorigen Stand mit Erfolg beantragt werden kann[2].

281 Besteht **Streit über** die **Zulässigkeit** der Rechtsbeschwerde, kann hierüber entsprechend § 303 ZPO durch Zwischenbeschluß entschieden werden[3]; nach mündlicher Verhandlung unter Mitwirkung der ehrenamtlichen Richter, ansonsten ohne deren Hinzuziehung.

d) Entscheidung durch Beschluß

282 Das Bundesarbeitsgericht entscheidet über die Rechtsbeschwerde letztinstanzlich durch **Beschluß**, § 96 Abs. 1 Satz 1 ArbGG, unabhängig davon, ob eine mündliche Verhandlung stattgefunden hat oder nicht. Neben den ausdrücklich für entsprechend anwendbar erklärten (§ 96 Abs. 1 Satz 2 ArbGG) §§ 564, 565 ZPO gelten im Rechtsbeschwerdeverfahren auch die die Revision regelnden §§ 559 bis 561, 563, 565a ZPO analog[4].

283 Über die zulässige (vgl. für die unzulässige Rechtsbeschwerde Rz. 279 ff.) Rechtsbeschwerde entscheidet der Senat des Bundesarbeitsgerichts in voller Besetzung. Der Beschluß ist **schriftlich abzufassen**, in vollständiger Form von allen Mitgliedern des Senats, einschließlich der ehrenamtlichen Richter, zu unterschreiben und den Beteiligten **von Amts wegen zuzustellen**, § 96 Abs. 2 ArbGG. Einer Verkündung des Beschlusses bedarf es nur im Fall einer Entscheidung über die Rechtsbeschwerde aufgrund mündlicher Verhandlung[5] .

284 Das Bundesarbeitsgericht hat die Beschwerdeentscheidung **in jeder rechtlichen Hinsicht** zu überprüfen. Hierbei ist es an die von den Rechtsbeschwerdeführern gestellten Anträge ebenso gebunden (§ 559 Abs. 1 ZPO) wie an die tatsächlichen Feststellungen des Beschwerdegerichts (§ 561 ZPO). Insbesondere hat das Rechtsbeschwerdegericht neuen Tatsachenvortrag grundsätzlich nicht mehr zuzulassen. Das gilt jedoch nicht für ein Vorbringen neuer Tatsachen zum

---

1 *Grunsky*, § 94 Rz. 12; *Germelmann/Matthes/Prütting*, § 94 Rz. 21 f.
2 BAG v. 5. 2. 1971, AP Nr. 5 zu § 94 ArbGG 1953.
3 BAG v. 30. 5. 1974, AP Nr. 14 zu § 92 ArbGG 1953.
4 *Grunsky*, § 96 Rz. 1; *Germelmann/Matthes/Prütting*, § 96 Rz. 2.
5 *Germelmann/Matthes/Prütting*, § 96 Rz. 24; aA *Rohlfing/Rewolle/Bader*, § 96 Anm. 2; unentschieden *Grunsky*, § 96 Rz. 6.

Rechtsschutzinteresse[1]. Auch offenkundige und unstreitige Tatsachen sind neu in das Verfahren einführbar und dann von Amts wegen zu berücksichtigen[2].

Die Rechtsbeschwerde ist als **unbegründet** zurückzuweisen, wenn die Beschwerdeentscheidung eine Rechtsverletzung nicht enthält. 285

Sie ist **begründet**, wenn dem Landesarbeitsgericht in seiner Entscheidung ein Fehler bei der Anwendung materiellen Rechts unterlaufen ist oder wenn die Entscheidung auf einem gerügten oder von Amts wegen zu berücksichtigenden Verfahrensfehler beruht. Die begründete Rechtsbeschwerde führt zur **Aufhebung** des Beschwerdebeschlusses, § 564 Abs. 1 ZPO; bei einem festgestellten Verfahrensverstoß ist auch das dadurch betroffene **Verfahren aufzuheben**, § 564 Abs. 2 ZPO, soweit es von dem Verstoß betroffen ist. Das ist etwa dann der Fall, wenn das Landesarbeitsgericht nicht alle Verfahrensbeteiligten angehört hat[3]. Hebt das Bundesarbeitsgericht die Beschwerdeentscheidung auf, hat es den Rechtsstreit zur anderweitigen Verhandlung und Entscheidung **an das Landesarbeitsgericht zurückzuverweisen**, § 565 Abs. 1 Satz 1 ZPO, wobei eine Zurückverweisung **an eine andere**, zu bezeichnende **Kammer** des Beschwerdegerichts **zulässig** ist. Keine Zurückverweisung kann dagegen an das Arbeitsgericht erfolgen, da eine solche bereits dem Landesarbeitsgericht als Beschwerdegericht verwehrt ist, § 91 Abs. 1 Satz 2 ArbGG[4]. 286

Nach § 565 Abs. 3 ZPO **entscheidet** das **Bundesarbeitsgericht** als Rechtsbeschwerdegericht abschließend **selbst**, wenn keine Verfahrensfehler vorliegen und die Sache entscheidungsreif ist. Eine Entscheidungsreife setzt voraus, daß alle zur Beurteilung erforderlichen materiellen Tatsachen sich aus dem angefochtenen Beschluß, der sie lediglich fehlerhaft subsumiert hat, ergeben. In der Sache selbst entscheidet das Bundesarbeitsgericht auch, wenn das Beschwerdegericht in fehlerhafter Weise die **internationale Zuständigkeit** der Arbeitsgerichte **bejaht** hat (vgl. § 565 Abs. 3 Nr. 2 ZPO)[5]. 287

VII. Sprungrechtsbeschwerde, § 96a ArbGG

Das Rechtsmittel der Sprungrechtsbeschwerde ermöglicht es den Beteiligten eines Beschlußverfahrens, **unter Übergehung der Beschwerdeinstanz** Entscheidungen des Arbeitsgerichts unmittelbar mit der Rechtsbeschwerde anzufechten. Eine solche prozessuale Vorgehensweise kann sich etwa dann anbieten, wenn nach vollständig geklärtem Sachverhalt für die Beteiligten des erstinstanzlichen Verfahrens feststeht, daß wegen der **Bedeutung der Sache** das 288

---
1 BAG v. 23. 1. 1986, AP Nr. 31 zu § 5 BetrVG 1972.
2 BAG v. 8. 10. 1985, AP Nr. 22 zu § 99 BetrVG 1972.
3 BAG v. 29. 3. 1974, AP Nr. 5 zu § 83 ArbGG 1953.
4 BAG v. 13. 7. 1977, AP Nr. 8 zu § 83 ArbGG 1953; *Germelmann/Matthes/Prütting*, § 96 Rz. 19; so jetzt auch *Grunsky*, § 96 Rz. 44.
5 *Germelmann/Matthes/Prütting*, § 96 Rz. 21.

Rechtsbeschwerdegericht in jedem Fall angerufen werden soll. Die Sprungrechtsbeschwerde bezweckt somit eine Verfahrensbeschleunigung[1].

289 Die Voraussetzungen und Wirkungen der Sprungrechtsbeschwerde des § 96a ArbGG entsprechen ganz wesentlich denen der Sprungrevision nach § 76 ArbGG. Der wichtigste Unterschied besteht darin, daß **§ 96a ArbGG allein auf die grundsätzliche Bedeutung der Rechtssache abstellt** und keine weiteren Einschränkungen wie in § 76 ArbGG vorsieht. Die Sprungrechtsbeschwerde ist daher in allen Angelegenheiten statthaft, über die im Beschlußverfahren nach § 2a ArbGG zu entscheiden ist[2].

1. Zulassung auf Antrag

290 Die Sprungrechtsbeschwerde setzt zunächst einen **verfahrensbeendenden Beschluß des Arbeitsgerichts** voraus. In dem Beschluß oder nachträglich durch gesonderten Beschluß muß die Sprungrechtsbeschwerde **vom Arbeitsgericht zugelassen** worden sein.

291 Die Zulassung dieses Rechtsmittels bedingt neben der grundsätzlichen Bedeutung der Rechtssache zusätzlich den **Antrag** eines Beteiligten. Für den Begriff der grundsätzlichen Bedeutung einer Rechtssache kann verwiesen werden auf die entsprechenden Ausführungen zum Revisionsverfahren (Teil 5 E Rz. 5 ff.). Den Zulassungsantrag können alle materiell Beteiligten des Verfahrens stellen; antragsbefugt ist daher auch ein vom Arbeitsgericht zunächst zu Unrecht nicht hinzugezogener Beteiligter. Eine Antragstellung kann bereits während des laufenden Verfahrens schriftlich, zur Niederschrift der Geschäftsstelle oder zu Protokoll des Gerichts erfolgen. Nach Verkündung des instanzbeendenden Beschlusses des Arbeitsgerichts hat der Antragsteller für seinen nachträglichen Zulassungsantrag die Notfrist von einem Monat nach Zustellung des in vollständiger Form abgefaßten Beschlusses einzuhalten. Der Antrag ist in diesem Fall schriftlich beim Arbeitsgericht anzubringen. Bei schuldlosem Versäumen der Notfrist kann Wiedereinsetzung in den vorigen Stand nach Maßgabe der §§ 233 ff. ZPO gewährt werden. Für die Antragstellung, auch die nachträgliche, besteht ein Vertretungszwang nicht.

2. Zustimmung der Beteiligten

292 Die wirksame Einlegung der Sprungrechtsbeschwerde erfordert zwingend eine **Zustimmung der übrigen Beteiligten** zu dem Zulassungsantrag, § 96a Abs. 1 Satz 1 bzw. Satz 3 ArbGG. Zu unterscheiden sind dabei die Zustimmung der Beteiligten bei einer Antragstellung vor Verkündung der instanzbeendenden Entscheidung und nach deren Verkündung. Wird der Antrag auf Zulassung der Sprungrechtsbeschwerde vor Erlaß des arbeitsgerichtlichen Beschlusses gestellt, muß die schriftlich erklärte Zustimmung der übrigen Beteiligten der

---

1 *Germelmann/Matthes/Prütting*, § 96a Rz. 1.
2 Zur Zulässigkeit der selbständigen und unselbständigen Anschlußsprungrechtsbeschwerde vgl. BAG v. 12. 6. 1996, NZA 1997, 565.

VII. Sprungrechtsbeschwerde

Rechtsbeschwerdeschrift beigefügt werden. Bei einem nachträglichen Antrag auf Zulassung ist die Zustimmung der übrigen Beteiligten, ebenfalls schriftlich erklärt, dem Zulassungsantrag beizufügen. Auch für die Abgabe der Zustimmungserklärung unterliegen die Beteiligten keinem Vertretungszwang.

Bei Vorliegen der Voraussetzungen des § 96a Abs. 1 ArbGG hat das **Arbeitsgericht**, dem insoweit **kein Ermessensspielraum** zusteht, die Sprungrechtsbeschwerde zuzulassen[1]. Die Kammer entscheidet über die Zulassung in voller Besetzung, sofern der Zulassungsantrag schon im Verlauf des Verfahrens gestellt worden ist. Im Falle eines nachträglichen Antrags kann der Vorsitzende, ohne daß es einer mündlichen Verhandlung bedarf, allein entscheiden, § 53 Abs. 1 ArbGG[2]. Die Zulassungsentscheidung bedarf, wenn dem Antrag in vollem Umfang stattgegeben wird, keiner Begründung. Eine abweisende Entscheidung ist dagegen stets zu begründen.

293

Wird die Sprungrechtsbeschwerde von der Kammer des Arbeitsgerichts durch Beschluß nach § 84 ArbGG zugelassen, ist diesem eine **Rechtsmittelbelehrung** beizufügen (§ 9 Abs. 5 ArbGG), die sich ebenso auf die Beschwerde- wie die Rechtsbeschwerdemöglichkeit beziehen muß. Mit der Zustellung des vollständig abgefaßten Beschlusses beginnt der Lauf der Rechtsbeschwerdefrist, § 96a Abs. 2 ArbGG iVm. § 76 Abs. 3 Satz 2 ArbGG. Die Einlegung der Sprungrechtsbeschwerde beinhaltet gleichzeitig den **Verzicht auf** das Rechtsmittel der **Beschwerde**, § 96a Abs. 2 ArbGG iVm. § 76 Abs. 5 ArbGG.

294

Bei negativer Zulassungsentscheidung beginnt mit der Zustellung des ablehnenden Beschlusses der Lauf der Beschwerdefrist erneut, wenn der Antrag in gesetzlich vorgesehener Form und Frist gestellt und ihm die Zustimmungserklärung beigefügt war[3].

295

Die Sprungrechtsbeschwerde kann **nicht auf Mängel des arbeitsgerichtlichen Verfahrens** gestützt werden, § 96a Abs. 2 ArbGG iVm. § 76 Abs. 4 ArbGG, es sei denn, auf von Amts wegen zu beachtende Mängel. Auch ein materiell Beteiligter, der erstmals in der Rechtsbeschwerdeinstanz zum Verfahren hinzugezogen wird, kann seine unterbliebene Beteiligung in erster Instanz rügen und dadurch eine Aufhebung des Beschlusses erreichen.

296

---

1 *Germelmann/Matthes/Prütting*, § 96a Rz. 11; *Grunsky*, § 96a Rz. 2.
2 BAG v. 9. 6. 1982, AP Nr. 8 zu §§ 22, 23 BAT – Lehrer.
3 Vgl. GK-ArbGG/*Ascheid*, § 76 Rz. 14.

H. Zwangsvollstreckung

	Rz.
I. Grundsatz der vorläufigen Vollstreckbarkeit	1
1. Vollstreckungstitel	
a) Endurteile	3
b) Andere Vollstreckungstitel	6
2. Ausschluß der vorläufigen Vollstreckbarkeit	
a) Nicht zu ersetzender Nachteil	8
b) Rechtzeitiger Antrag und Glaubhaftmachung	14
c) Entscheidung im Urteil	17
3. Einstellung der Zwangsvollstreckung	
a) Anwendungsbereich	19
b) Entscheidung durch Beschluß	22
c) Sonstige Fälle	27
II. Verfahren der Zwangsvollstreckung	
1. Vollstreckungsorgane und -titel	28
2. Vollstreckung in Forderungen	32
3. Zwangsvollstreckung wegen Geldforderungen	38
4. Zwangsvollstreckung zwecks Herausgabe von Sachen	40
5. Zwangsvollstreckung zur Erwirkung von Handlungen	41
6. Rechtsbehelfe	55
III. Arrest und einstweilige Verfügung	57

	Rz.
1. Arrest	
a) Verfahren	58
b) Geldforderung	61
2. Einstweilige Verfügung	
a) Verfahren	64
b) Fallgruppen des einstweiligen Rechtsschutzes	
aa) Zahlung von Arbeitsentgelt	72
bb) Herausgabe von Arbeitspapieren	73
cc) Anspruch auf (Weiter-)Beschäftigung	
(1) Im bestehenden Arbeitsverhältnis	74
(2) Weiterbeschäftigung nach § 102 Abs. 5 BetrVG	79
(3) Allgemeine Weiterbeschäftigung während des Kündigungsschutzrechtsstreits	81
dd) Urlaubsgewährung	83
ee) Arbeitskampf	84
IV. Besonderheiten der Zwangsvollstreckung im Beschlußverfahren	
1. Anwendungsbereich und vorläufige Vollstreckbarkeit	87
2. Stellen der Betriebsverfassung	93
3. Verfahren	95

Schrifttum:

Beckers, Die Abwendung der Vollstreckung aus arbeitsgerichtlichen Titeln durch Sicherheitsleistung des Schuldners, NZA 1997, 1322; *Behr,* Probleme der Unterhaltsvollstreckung in Arbeitseinkommen, Rpfleger 1981, 386; *Berkowsky,* Die prozessuale Behandlung von Lohnzahlungsklagen, BB 1982, 1120; *Brill,* Die Durchsetzung des allgemeinen Weiterbeschäftigungsanspruchs, BB 1982, 621; *Dütz,* Einstweilige Abwendung von Vollstreckungsmaßnahmen in der Arbeitsgerichtsbarkeit, DB 1980, 1069, 1120; *Dütz,* Vorläufiger Rechtsschutz im Arbeitskampf, BB 1980, 533; *Dütz,* Die Weiterbeschäftigungs-Entscheidung des Großen Senats des Bundesarbeitsgerichts und ihre Folgen für die Praxis, NZA 1986, 209; *Groeger,* Die vorläufige Vollstreckbarkeit arbeitsgerichtlicher Urteile, NZA 1994, 251; *Grunsky,* Probleme des Pfändungsschutzes bei mehreren Arbeitseinkommen des Schuldners, ZIP 1983, 908; *Hinz,* Die einstweilige Verfügung nach § 102 Abs. 5 BetrVG, BB 1974, 1253; *Jahnke,* Zwangsvollstreckung in der Betriebsverfassung, 1977; *Lepke,* Klage auf Arbeitsentgelt und gerichtliche Geltendmachung von Verzugszinsen, DB 1978, 839; *Rudolf,* Vorläufige Vollstreckbarkeit von Beschlüssen des Arbeitsgerichts, NZA 1988, 420; *Vossen,* Die auf Zahlung der Arbeitsvergütung gerichtete einstweilige

Verfügung, RdA 1991, 216; *Wenzel,* Die Durchsetzung der Arbeitspflicht des Arbeitnehmers im Falle des Vertragsbruchs, JZ 1962, 590; *Wenzel,* Die Kostenerstattung im Verfahren über eine einstweilige Verfügung des Amtsgerichts, über deren Rechtmäßigkeit vor dem Arbeitsgericht zu verhandeln ist (§ 942 ZPO), BB 1983, 1225.

I. Grundsatz der vorläufigen Vollstreckbarkeit

Die Zwangsvollstreckung arbeitsgerichtlicher Urteile regelt § 62 ArbGG. Grundlegend abweichend von den Bestimmungen der §§ 708 bis 715 ZPO erfahren Urteile der Arbeitsgerichte und der Landesarbeitsgerichte (§ 64 Abs. 7 ArbGG) keine Vollstreckbarkeitserklärung im Tenor; sie sind vielmehr **von Gesetzes wegen vollstreckbar**. Das bedeutet, daß es keine vorläufige Vollstreckbarkeit gegen Sicherheitsleistung gibt. Weder kann dem Schuldner nachgelassen werden, die vorläufige Vollstreckung durch eine zu leistende Sicherheit abzuwenden[1], noch ist eine Abwendung der Vollstreckung durch Hinterlegung, § 711 ZPO, möglich[2]. Die vorläufige Vollstreckbarkeit nach § 62 Abs. 1 Satz 1 ArbGG soll zum einen der **Vollstreckungsbeschleunigung** dienen und zum anderen dem Arbeitnehmer auf effektive Weise die Möglichkeit geben, insbesondere geldliche Ansprüche rasch durchzusetzen[3]. 1

Die Zwangsvollstreckung aus einem Urteil setzt auch im Arbeitsgerichtsverfahren die Erteilung einer **vollstreckbaren Ausfertigung**, § 724 ZPO, sowie der **Vollstreckungsklausel**, § 725 ZPO, voraus. Im Interesse des Schuldners und auf seinen Antrag hat das Gericht lediglich dann im Urteil die vorläufige Vollstreckbarkeit auszuschließen, wenn der Schuldner glaubhaft macht, daß die Vollstreckung ihm einen nicht zu ersetzenden Nachteil bringen wird, § 62 Abs. 1 Satz 2 ArbGG. Nach Erlaß eines Urteils schließlich kann die Zwangsvollstreckung im Rahmen des § 62 Abs. 1 Satz 3 ArbGG eingestellt werden. Die einstweilige Einstellung der Zwangsvollstreckung ist auch hier regelmäßig nur denkbar, wenn der beklagten Partei die Glaubhaftmachung gelingt, die Vollstreckung werde ihr einen nicht zu ersetzenden Nachteil bringen. 2

1. Vollstreckungstitel

a) Endurteile

Die Vollstreckbarkeit im Sinne von § 62 ArbGG bezieht sich im Grundsatz auf Endurteile, § 704 Abs. 1 ZPO, bevor diese rechtskräftig geworden sind. Endurteile sind Endentscheidungen, die für die Instanz endgültig über den Streitgegenstand befinden, § 300 Abs. 1 ZPO. Hierzu zählen das **Schlußurteil**, das über die ganze Klage entscheidet, das **Teilurteil**, § 301 Abs. 1 ZPO, als Endurteil 3

---

1 BAG v. 19. 9. 1958, AP Nr. 1 zu § 719 ZPO; LAG Frankfurt v. 27. 11. 1985, BB 1986, 948.
2 *Dietz/Nikisch,* § 62 Rz. 10; *Grunsky,* § 62 Rz. 2.
3 *Dersch/Volkmar,* § 62 Rz. 1; *Germelmann/Matthes/Prütting,* § 62 Rz. 2.

über einen selbständigen Teil des Streitgegenstandes und wohl auch das **Vorbehaltsurteil**, § 302 ZPO, als auflösend bedingtes Endurteil. **Keine** Endurteile sind hingegen **Zwischenurteile** nach §§ 303, 304 ZPO, die lediglich einzelne Streitpunkte erledigen und dadurch die Endentscheidung gleichzeitig entlasten und vorbereiten. Das Zwischenurteil über den Grund eines Anspruchs, § 304 ZPO, ist bereits nach § 61 Abs. 3 ArbGG nicht als Endurteil zu begreifen, da es weder mit der Berufung noch, wenn in der Berufungsinstanz erlassen, der Revision anfechtbar ist[1]. Versäumnisurteile und Teilversäumnisurteile sind ohne weiteres (End-)Urteile iSv. § 62 Abs. 1 Satz 1 ArbGG.

4 Als Voraussetzung für die vorläufige Vollstreckbarkeit muß die gerichtliche Entscheidung einen **vollstreckungsfähigen Inhalt** haben. Dies bedeutet für Leistungsurteile, daß die Leistung im Tenor so genau umschrieben sein muß, daß der Gerichtsvollzieher der Entscheidung selbst ohne weiteres den konkreten Vollstreckungsumfang entnehmen kann. Bei Entgeltbeträgen ist die Verurteilung zur Zahlung einer **Bruttosumme** vollstreckungsfähig[2]. Gleiches gilt für einen ausgeurteilten Bruttolohn abzüglich eines bezifferten Nettobetrages. Keinen vollstreckungsfähigen Inhalt hat dagegen eine Tenorierung, in der dem Kläger eine zahlenmäßig bestimmte Bruttovergütung abzüglich erhaltenen Arbeitslosengeldes zuerkannt wird[3]. Wird in einem Leistungsurteil dem Antrag auf **Weiterbeschäftigung** stattgegeben, hat der Tenor die konkrete Arbeitsleistung (zB als Kfz-Mechaniker) sowie die Arbeitsbedingungen (mindestens: zu unveränderten Arbeitsbedingungen) zu enthalten[4].

5 Vorläufig vollstreckbar ist auch ein Urteil auf **Auflösung** des Arbeitsverhältnisses und zur **Zahlung** einer **Abfindung** nach §§ 9, 10 KSchG[5]. Im Gegensatz zu Leistungsurteilen haben Feststellungsurteile regelmäßig keinen vollstreckbaren Inhalt.

b) Andere Vollstreckungstitel

6 Da § 62 Abs. 1 Satz 1 ArbGG ausdrücklich nur Urteile der Arbeitsgerichte für vorläufig vollstreckbar erklärt, findet die Norm auf andere Vollstreckungstitel keine Anwendung. Doch sind diese nach den Vorschriften des 8. Buches der

---

1 BAG v. 1. 8. 1974, AP Nr. 2 zu § 238 ZPO; BAG v. 1. 12. 1975, AP Nr. 2 zu § 61 ArbGG – Grundurteil.
2 BAG v. 14. 1. 1964, AP Nr. 20 zu § 611 BGB – Dienstordnungsangestellte.
3 BAG v. 15. 11. 1978, AP Nr. 14 zu § 613a BGB; *Berkowsky*, BB 1982, 1120; *Germelmann/Matthes/Prütting*, § 61 Rz. 10.
4 Kritisch *Germelmann/Matthes/Prütting*, § 61 Rz. 10, 48.
5 BAG v. 9. 12. 1987, AP Nr. 4 zu § 62 ArbGG 1979; LAG Hamm v. 17. 7. 1975, BB 1976, 1068; LAG Baden-Württemberg v. 9. 7. 1986, BB 1986, 1784; LAG Bremen v. 31. 8. 1983, BB 1983, 1797; LAG Frankfurt v. 14. 8. 1986, BB 1987, 553; KR/*Becker*, § 9 KSchG Rz. 96; GK-ArbGG/*Wenzel*, § 62 Anm. 03 10; *Germelmann/Matthes/Prütting*, § 62 Rz. 49 f.; *Grunsky*, § 62 Rz. 1; aA LAG Hamburg v. 28. 12. 1982, DB 1983, 724; LAG Berlin v. 17. 2. 1986, LAGE zu § 9 KSchG Nr. 1 mit der Begründung, es handele sich um ein richterliches Gestaltungsurteil, welches erst mit Eintritt der Rechtskraft Vollstreckungsfähigkeit erlange.

I. Grundsatz der vorläufigen Vollstreckbarkeit

ZPO, deren Anwendbarkeit sich durch die **Verweisung in § 62 Abs. 2 Satz 1 ArbGG** ergibt, ohne weiteres vollstreckbar. Das gilt etwa für Entscheidungen, die in den Verfahren des Arrestes und der einstweiligen Verfügung, § 922 ZPO, ergehen und ergibt sich dort aus §§ 928 ff. ZPO. Das gilt insbesondere jedoch für die **Vollstreckungstitel des § 794 ZPO**. Die Einstellung der Zwangsvollstreckung kann insoweit nach den allgemeinen Regelungen der ZPO erfolgen. Das betrifft vor allem

▸ gerichtliche Vergleiche, § 794 Abs. 1 Nr. 1 ZPO,

▸ Kostenfestsetzungsbeschlüsse, § 794 Abs. 1 Nr. 2 ZPO,

▸ Beschlüsse, die mit dem Rechtsmittel der Beschwerde anfechtbar sind, § 794 Abs. 1 Nr. 3 ZPO,

▸ Vollstreckungsbescheide, § 794 Abs. 1 Nr. 4 ZPO.

Entscheidungen durch **Schiedsgerichte** nach §§ 101 ff. ArbGG bedürfen ebenso wie Sprüche der **Schlichtungsausschüsse** in Ausbildungsstreitigkeiten, § 111 Abs. 2 ArbG, der gesonderten gerichtlichen Vollstreckbarerklärung, §§ 109, 111 ArbGG. Hierzu hat das Arbeitsgericht zu prüfen, ob ein wirksamer Schiedsspruch bzw. Schiedsvergleich vorliegt. Eine Vollstreckbarerklärung kann jedoch nicht erfolgen, wenn nachgewiesen wird, daß auf Aufhebung des Schiedsspruchs nach § 110 ArbGG geklagt worden ist. Aus dem Vorstehenden ergibt sich, daß auf Schiedssprüche wegen der Spezialvorschriften der §§ 109, 111 ArbGG die Vollstreckbarkeitsbestimmung des § 62 Abs. 1 ArbGG nicht entsprechend anwendbar ist.

2. Ausschluß der vorläufigen Vollstreckbarkeit

a) Nicht zu ersetzender Nachteil

Auf Antrag der beklagten Partei hat das Arbeitsgericht im Urteil die vorläufige Vollstreckbarkeit auszuschließen, wenn die Vollstreckung dem Beklagten einen nicht zu ersetzenden Nachteil bringen würde, § 62 Abs. 1 Satz 2 ArbGG.

Der **Begriff** des **nicht zu ersetzenden Nachteils,** der den ZPO-Normen §§ 707 Abs. 1 Satz 2, 712 Abs. 1 Satz 1 und 719 Abs. 2 Satz 1 entnommen ist, stellt grundsätzlich ab auf die **Unersetzbarkeit.** Unersetzbar ist, was nicht mehr rückgängig gemacht oder ausgeglichen werden kann[1]. Für den nicht zu ersetzenden Nachteil soll nach LAG Düsseldorf[2] jedoch ausreichen, wenn wegen Vermögenslosigkeit des Arbeitnehmers nicht damit gerechnet werden kann, daß die beigetriebene Forderung zurückerstattet wird. Gleiches gilt, wenn dem Beklagten wegen des vorläufigen Entzugs von Vermögensstücken ein erheblicher Schaden droht, den der Kläger nicht ersetzen kann. Man wird insgesamt an den Begriff des nicht zu ersetzenden Nachteils **keinen zu strengen Maßstab** anlegen dürfen[3], damit der Ausschluß der vorläufigen Vollstreckbarkeit tat-

---

1 *Zöller/Herget*, § 707 Rz. 13.
2 LAG Düsseldorf v. 20. 12. 1985, LAGE § 62 ArbGG 1979 Nr. 13.
3 *Dütz*, DB 1980, 1069; *Grunsky*, § 62 Rz. 4.

sächlich praktische Relevanz behält. Danach kann ein Nachteil dann als unersetzbar im Sinne der Vorschrift gelten, wenn ihn der Schuldner nicht durch sein Verhalten abwenden kann und der Vollstreckende bei späterem Wegfall des Vollstreckungstitels nicht in der Lage ist, den Schaden mit Geld oder anders auszugleichen, wenn insbesondere die Vollstreckungswirkungen nicht mehr rückgängig zu machen sind[1]. Denn die Vollstreckung soll keine vollendeten Tatsachen schaffen können.

10 Die **Erfolgsaussichten** eines möglichen Rechtsmittels sind **zu berücksichtigen** bei der Prüfung des nicht zu ersetzenden Nachteils[2]. Steht aufgrund von Umständen bereits fest, daß ein Rechtsmittel erfolglos bleiben wird, kann unterstellt werden, daß bei einer Vollstreckung kein nicht zu ersetzender Nachteil eintritt[3].

11 Bei einem zeitlich begrenzten Anspruch auf **Unterlassung von Wettbewerb** wird die einstweilige Einstellung der Zwangsvollstreckung sehr leicht zu einem nicht ersetzbaren Nachteil für den Schuldner führen können[4]. Dagegen stellt es bei einem auf **Beschäftigung** eines Arbeitnehmers gerichteten Urteil für sich allein noch keinen unersetzbaren Nachteil dar, daß die Beschäftigung bei einer späteren Aufhebung des Urteils nicht rückgängig gemacht werden kann[5]. Nur wenn durch die Beschäftigung selbst ein unersetzbarer Nachteil materieller oder immaterieller Art eintreten würde, kann eine Einstellung der Zwangsvollstreckung erfolgen.

12 Eine lediglich zu befürchtende **Kreditgefährdung** bedeutet keinen unersetzbaren Nachteil, ebensowenig die Gefahr der Abgabe einer eidesstattlichen Versicherung durch den Schuldner. Derartige Nachteile können in jedem Zwangsvollstreckungsverfahren auftreten[6]. Auch in der **Arbeitslosigkeit,** bei einem Bezug von Arbeitslosen- bzw. Sozialhilfe, in der Vermögenslosigkeit des Vollstreckungsgläubigers bei der Vollstreckung von Zahlungstiteln, in der Tatsache, daß der Gläubiger ausländischer Arbeitnehmer ist, liegt für sich genommen noch kein nicht zu ersetzender Nachteil. Ein solcher muß allerdings wohl dann angenommen werden, wenn die nicht nur abstrakte Gefahr besteht, daß sich der Vollstreckungsgläubiger durch ein Verlassen der Bundesrepublik Deutschland etwaigen Rückgriffsansprüchen entziehen wird[7].

---

1 LAG Düsseldorf v. 4. 10. 1979, EzA § 62 ArbGG 1979 Nr. 1; LAG Düsseldorf/Köln v. 7. 3. 1980, EzA § 62 ArbGG 1979 Nr. 2.
2 LAG Düsseldorf v. 4. 10. 1979, EzA § 62 ArbGG 1979 Nr. 1; LAG Düsseldorf/Köln v. 20. 3. 1980, EzA § 62 ArbGG 1979 Nr. 3; *Grunsky,* § 62 Rz. 4; *Dütz,* DB 1980, 1070; *Groeger,* NZA 1994, 253; kritisch *Germelmann/Matthes/Prütting,* § 62 Rz. 14, 30.
3 BAG v. 6. 1. 1971, AP Nr. 3 zu § 719 ZPO.
4 Vgl. BAG v. 22. 6. 1972, AP Nr. 4 zu § 719 ZPO.
5 BAG v. 27. 2. 1985, AP Nr. 14 zu § 611 BGB – Beschäftigungspflicht; LAG Berlin v. 26. 9. 1980, DB 1980, 2448; LAG Hamm v. 25. 1. 1982, DB 1982, 653; LAG Rheinland-Pfalz v. 5. 1. 1981, EzA § 62 ArbGG 1979 Nr. 5.
6 LAG Nürnberg v. 30. 7. 1980, ARSt 1981, 64.
7 *Hauck,* § 62 Rz. 5.

I. Grundsatz der vorläufigen Vollstreckbarkeit

Der Ausschluß der Zwangsvollstreckung ist auf bestimmte **einzelne Vollstreckungsmaßnahmen** zu beschränken, wenn deutlich wird, daß ein nicht zu ersetzender Nachteil lediglich auf spezielle Vollstreckungsmaßnahmen eintreten kann[1].

b) Rechtzeitiger Antrag und Glaubhaftmachung

Der Ausschluß der vorläufigen Vollstreckbarkeit im Urteil kann nur auf Antrag des Beklagten ergehen. Der Antrag kann in jeder Phase des Rechtsstreits bis zum **Schluß der mündlichen Verhandlung,** auf die das Urteil ergeht, gestellt werden, § 714 Abs. 1 ZPO analog. Eine Nachholung des Antrags in der Berufungsinstanz ist für das angefochtene Urteil nicht möglich, wohl aber im Hinblick auf das Berufungsurteil. Unterbleibt eine Antragstellung, kann lediglich noch die Einstellung der Zwangsvollstreckung nach §§ 707, 719 ZPO in Frage kommen (§ 62 Abs. 1 Satz 3 ArbGG, s. unter Rz. 19 ff.).

Als weitere Voraussetzung für einen Ausschluß der Zwangsvollstreckung hat der Beklagte in seinem Antrag glaubhaft zu machen, daß ihm die Vollstreckung einen unersetzbaren Nachteil bringt, § 62 Abs. 1 Satz 2 ArbGG. Hier gelten die **Anforderungen des § 294 ZPO:** Der Beklagte kann sich für seine Glaubhaftmachung aller in der ZPO vorgesehenen üblichen (§§ 355 bis 455 ZPO) Beweismittel bedienen, sofern sie präsent sind, sowie auch der Versicherung an Eides Statt. Letztere muß, gleichgültig, ob schriftlich oder mündlich abgegeben, eine eigene Darstellung der glaubhaft zu machenden Tatsachen enthalten. Eine „glaubhafte" Bezugnahme auf Angaben oder Schriftsätze Dritter, zB eines Rechtsanwalts, ist nicht hinreichend[2]. Geeignete Mittel der Glaubhaftmachung sind etwa die sog. anwaltliche Versicherung, schriftliche Erklärungen von Zeugen, die Bezugnahme auf dem Gericht sofort verfügbare Akten.

Ausdrücklich **nicht vorgesehen** ist in § 62 Abs. 1 Satz 2 ArbGG der Ausschluß der vorläufigen Vollstreckbarkeit **gegen Sicherheitsleistung.** Auch in zweifelhaften Fällen hat das Gericht über das Vorliegen der Voraussetzungen des § 62 Abs. 1 Satz 2 ArbGG zu befinden.

c) Entscheidung im Urteil

Die Entscheidung über den Antrag auf Ausschluß der vorläufigen Vollstreckbarkeit ist vom Gericht im Urteil zu treffen. Sie muß **in der Urteilsformel** erscheinen und lautet:

> „Die vorläufige Vollstreckbarkeit wird ausgeschlossen."

In den Urteilsgründen ist die getroffene Entscheidung **zu begründen.** Gleiches gilt für die Ablehnung des Ausschlusses der vorläufigen Vollstreckbarkeit; auch sie hat ihren Platz im Urteilstenor, auch sie ist zu begründen. Bei Vorliegen der

---

1 BAG v. 24. 9. 1958, AP Nr. 2 zu § 719 ZPO.
2 BGH v. 13. 1. 1988, NJW 1988, 2045.

Voraussetzungen der §§ 319, 321 ZPO kommt eine **Berichtigung** des Urteils (offenbare Unrichtigkeit: wenn zwar beschlossen, aber in den Tenor nicht aufgenommen) oder dessen **Ergänzung** (Antrag wurde übergangen) in Betracht.

3. Einstellung der Zwangsvollstreckung

a) Anwendungsbereich

19 Ist das Urteil erlassen worden, ohne daß der Beklagte bis zum Schluß der mündlichen Verhandlung einen Antrag auf Ausschluß der vorläufigen Vollstreckbarkeit gestellt hat, ist allein noch die **nachträgliche Einstellung** der Zwangsvollstreckung nach § 62 Abs. 1 Satz 3 ArbGG möglich. Der Hinweis auf die Bestimmungen der §§ 707 Abs. 1 und 719 Abs. 1 ZPO im Gesetz selbst umschreibt dessen Anwendungsbereich. Danach ist die einstweilige Einstellung der Zwangsvollstreckung zulässig **nach § 707 Abs. 1 ZPO** in Fällen der

▶ Wiedereinsetzung in den vorigen Stand, §§ 233 ff. ZPO,

▶ Wiederaufnahme des Verfahrens, §§ 578 ff. ZPO, in Form der Nichtigkeitsklage, § 579 ZPO, und der Restitutionsklage, § 580 ZPO,

sowie **nach § 719 Abs. 1 ZPO** bei

▶ Einspruch oder

▶ Berufung

gegen ein vorläufig vollstreckbares Urteil.

Beispiel für einen Antrag auf Einstellung der Zwangsvollstreckung aus einem Versäumnisurteil:

> „... beantrage ich, die Zwangsvollstreckung aus dem Versäumnisurteil des erkennenden Gerichts (des Arbeitsgerichts ...) vom ... einstweilen einzustellen."

20 Die einstweilige Einstellung der Zwangsvollstreckung setzt auch in den Fällen des § 62 Abs. 1 Satz 3 ArbGG voraus, daß die Fortsetzung der Vollstreckung dem Schuldner einen **nicht ersetzbaren Nachteil** bringen würde. Insoweit kann auf die Ausführungen unter Rz. 9 ff. verwiesen werden. Ausnahmsweise braucht ein unersetzlicher Nachteil nicht dargelegt zu werden, wenn der Einstellungsantrag auf eine Primäraufrechnung mit einer Forderung aus vorsätzlicher unerlaubter Handlung gestützt wird[1].

21 Ebenso wie beim Ausschluß der vorläufigen Vollstreckbarkeit nach § 62 Abs. 2 Satz 1 ArbGG bedarf es auch für die Einstellung der Zwangsvollstreckung eines **Antrags des Vollstreckungsschuldners,** in dem die Tatsachen, aus denen sich der nicht zu ersetzende Nachteil ergibt, glaubhaft gemacht werden. Anders als vor den ordentlichen Gerichten, wo die Einstellung der Zwangsvollstreckung

---

[1] LAG Hamm v. 9. 8. 1984, NZA 1985, 68.

I. Grundsatz der vorläufigen Vollstreckbarkeit

im Ermessen des Gerichts steht, darf sie im arbeitsgerichtlichen Verfahren nur dann angeordnet werden, wenn die Vollstreckung dem Schuldner einen nicht ersetzbaren Nachteil bringen würde. Kann dies glaubhaft gemacht werden, eröffnet sich dann allerdings dem entscheidenden Gericht ein **Ermessensspielraum,** unter Berücksichtigung der Belange von Vollstreckungsgläubiger und Vollstreckungsschuldner dem Einstellungsantrag stattzugeben oder nicht[1]. Dabei ist eine Berücksichtigung der Erfolgsaussichten des Rechtsbehelfs statthaft[2]. Die Einstellung der Zwangsvollstreckung ist etwa gerechtfertigt, wenn davon ausgegangen werden kann, daß wegen Vermögenslosigkeit des Arbeitnehmers mit einer Rückzahlung der beigetriebenen Forderung nicht zu rechnen ist[3].

b) Entscheidung durch Beschluß

Das Gericht entscheidet über den Einstellungsantrag in erster und zweiter Instanz durch den Vorsitzenden ohne Hinzuziehung der ehrenamtlichen Richter (§§ 53 Abs. 1 Satz 1, 55 Abs. 1 Nr. 6, 64 Abs. 7 ArbGG) in Form eines **zu begründenden Beschlusses.** Hierzu kann eine mündliche Verhandlung angeordnet werden, ohne daß diese jedoch regelmäßig erforderlich ist. Grundsätzlich ist dem Antragsgegner vor Erlaß der Entscheidung **rechtliches Gehör** (Art. 103 Abs. 1 GG) zu gewähren[4]; diese Verpflichtung zur Anhörung des Vollstreckungsgläubigers kann ausnahmsweise in Eilfällen unterbleiben[5]. 22

Die Entscheidung des Gerichts über den Antrag auf Einstellung der Zwangsvollstreckung ist **jederzeit abänderbar.** Eine Abänderung des Beschlusses setzt nicht notwendigerweise einen weiteren Antrag des Vollstreckungsschuldners voraus. Hierzu genügt schon die Einreichung einer Gegenvorstellung. Allerdings hat eine Beschlußabänderung allein von Amts wegen ohne entsprechende Hinweise der Parteien zu unterbleiben. Auch vor einer beabsichtigten Abänderung ist der Grundsatz des rechtlichen Gehörs zu beachten. 23

Streitig ist die Frage, ob die Einstellung der Zwangsvollstreckung durch das Arbeitsgericht von einer **Sicherheitsleistung des Vollstreckungsschuldners** abhängig gemacht werden darf. Hierbei kommt es auf die Auslegung von § 62 Abs. 1 Satz 3 ArbGG an, der bestimmt, daß in den Fällen des § 707 Abs. 1 und des § 719 Abs. 1 der ZPO die Zwangsvollstreckung nur unter denselben Voraussetzungen eingestellt werden kann. Die **herrschende Meinung** in der Litera- 24

---

1 LAG Frankfurt v. 8. 1. 1992, NZA 1992, 427; *Dütz*, DB 1980, 1074; *Germelmann/Matthes/Prütting*, § 62 Rz. 32.
2 BAG v. 6. 1. 1971, AP Nr. 3 zu § 719 ZPO; BAG v. 22. 6. 1972, AP 4 zu § 719 ZPO; LAG Düsseldorf v. 7. 3. 1980, EzA § 62 ArbGG 1979 Nr. 2; *Dütz*, DB 1980, 1073; *Groeger*, NZA 1994, 253; *Grunsky*, § 62 Rz. 7; aA *Germelmann/Matthes/Prütting*, § 62 Rz. 30, der eine Berücksichtigung des Rechtsbehelfs nur zulassen will, wenn feststeht, daß dieser keine Aussicht auf Erfolg hat.
3 LAG Düsseldorf v. 20. 12. 1985, LAGE § 62 ArbGG 1979 Nr. 13.
4 LAG Hamm v. 28. 10. 1971, MDR 1972, 362.
5 BVerfGE v. 9. 3. 1965, 18, 404; *Germelmann/Matthes/Prütting*, § 62 Rz. 33.

tur leitet aus der Gesetzesformulierung her, § 62 ArbGG enthalte eine eigenständige Rechtsfolge für die Fälle der §§ 707 Abs. 1, 719 Abs. 1 ZPO. Durch die Verweisung in § 62 Abs. 1 Satz 3 ArbGG auf Satz 2 werde die Regelung des § 707 Abs. 1 Satz 1 ZPO eingeschränkt[1]. Demgegenüber meinen LAG Rheinland-Pfalz[2] und LAG Düsseldorf[3], die Gegenauffassung unterscheide nicht deutlich genug zwischen der Ausschließung der Vollstreckbarkeit im Urteil und der Einstellung der Zwangsvollstreckung nach dem Urteil. Dieser Auffassung ist indes nicht zu folgen, da im arbeitsgerichtlichen Verfahren die Vorschriften der §§ 708 ff. ZPO hinsichtlich der Erklärung der vorläufigen Vollstreckbarkeit gerade nicht gelten. Insbesondere die Verweisung in § 62 Abs. 1 Satz 3 ArbGG auf die Fälle der §§ 707 Abs. 1, 719 Abs. 1 ZPO will eine **gleichartige Behandlung der Einstellungsvoraussetzungen,** ob bereits im Urteil oder erst nachträglich durch Beschluß, sicherstellen[4].

25 Auch die **Aufhebung von bereits durchgeführten Vollstreckungsmaßnahmen** kann nicht abhängig gemacht werden von einer Sicherheitsleistung; § 62 Abs. 1 Satz 3 ArbGG stellt auch für diesen Fall eine sondergesetzliche Regelung dar[5].

26 Die arbeitsgerichtliche **Entscheidung** auf Einstellung der Zwangsvollstreckung ist **zu begründen.** Die Begründung muß erkennen lassen, welche Tatsachen das Gericht veranlaßt haben, von einem nicht zu ersetzenden Nachteil auszugehen bzw. einen solchen nicht anzunehmen. Gegen die Entscheidung des Vorsitzenden des Arbeitsgerichts ist die **sofortige Beschwerde** des § 793 ZPO gegeben; sie ist jedoch ausgeschlossen in den Fällen des § 707 Abs. 1 ZPO. Zu beachten ist, daß eine unzulässige Beschwerde uU als Abänderungsantrag auszulegen ist, über den das Gericht jederzeit entscheiden kann. In der Berufungsinstanz ist die Entscheidung über den Einstellungsantrag **unanfechtbar,** § 70 ArbGG.

c) Sonstige Fälle

27 Nicht für alle in der Zivilprozeßordnung geregelten Fälle richtet sich die einstweilige Einstellung der Zwangsvollstreckung nach § 62 Abs. 1 Satz 3 ArbGG. Vielmehr gilt diese Sonderregelung nach ihrem Wortlaut nur für den Bereich der §§ 707 Abs. 1, 719 Abs. 1 ZPO. Jedoch läßt § 769 ZPO für die **Vollstreckungsgegenklage** des § 767 ZPO eine Einstellung der Zwangsvollstreckung

---

1 LAG Frankfurt v. 27. 11. 1985, LAGE § 62 ArbGG 1979 Nr. 12; LAG Rheinland-Pfalz, Beschl. v. 26. 11. 1984 – 1 Ta 247/84, nv.; *Schaub,* Formularsammlung, § 103 V 4; *Germelmann/Matthes/Prütting,* § 62 Rz. 35; *Grunsky,* § 62 Rz. 8; *Hauck,* § 62 Rz. 8; *Dütz,* DB 1980, 1074.
2 LAG Rheinland-Pfalz v. 9. 11. 1979, EzA § 62 ArbGG 1979 Nr. 4.
3 LAG Düsseldorf v. 28. 2. 1992, NZA 1992, 618; folgend nun auch LAG Köln v. 19. 9. 1996, NZA-RR 1998, 36.
4 So auch *Germelmann/Matthes/Prütting,* § 62 Rz. 35; *Hauck,* § 62 Rz. 8; aA *Beckers,* NZA 1997, 1322.
5 *Germelmann/Matthes/Prütting,* § 62 Rz. 35; *Grunsky,* § 62 Rz. 8.

auch im Arbeitsgerichtsverfahren gegen oder ohne Sicherheitsleistung zu[1]. Bereits angeordnete Maßnahmen der Vollstreckung können gegen Sicherheitsleistung aufgehoben werden[2]. Ebenso kann die Zwangsvollstreckung gegen Sicherheitsleistung eingestellt oder nur gegen Sicherheitsleistung fortgesetzt werden im Fall der **Drittwiderspruchsklage** des § 771 ZPO sowie in den Fällen der §§ 732 Abs. 2, 766 Abs. 1 Satz 2 und 768 ZPO[3].

II. Verfahren der Zwangsvollstreckung

1. Vollstreckungsorgane und -titel

Für die Zwangsvollstreckung gelten aufgrund der gesetzlichen Bezugnahme in § 62 Abs. 2 Satz 1 ArbGG unmittelbar die Vorschriften des 8. Buchs der Zivilprozeßordnung, das sind die §§ 704 bis 945 ZPO. Abgesehen von den Besonderheiten im Rahmen der vorläufigen Vollstreckbarkeit besteht **kein Unterschied** zum Vollstreckungsverfahren vor den ordentlichen Gerichten. 28

Auch im arbeitsgerichtlichen Verfahren ist grundsätzlich Vollstreckungsgericht nach § 764 Abs. 1 ZPO das **Amtsgericht**. Örtlich zuständig ist das Amtsgericht, in dessen Bezirk die Vollstreckungshandlung vorzunehmen ist. Die Zuständigkeit des Arbeitsgerichts besteht ausnahmsweise für Vollstreckungsmaßnahmen aus einem nach § 919 ZPO erlassenen Arrest, § 930 Abs. 1 Satz 3 ZPO. 29

Darüber hinaus sind die Arbeitsgerichte als Vollstreckungsorgane nur zuständig in Fällen, in denen das **Prozeßgericht als Vollstreckungsgericht** tätig wird (§§ 887, 888, 890 ZPO) oder wenn im Zusammenhang mit der Zwangsvollstreckung Klage beim Prozeßgericht erster Instanz zu erheben ist (§§ 731, 767, 768, 785, 786 ZPO). Die Zuständigkeit des Arbeitsgerichts als Prozeßgericht erster Instanz besteht schließlich auch für die vom Gläubiger anstelle der Kostenbeitreibung nach § 788 ZPO gewählte Festsetzung der Zwangsvollstreckungskosten[4]. 30

Vollstreckungstitel im arbeitsgerichtlichen Verfahren sind nach der Bezugsnorm des § 62 Abs. 2 Satz 1 ArbGG **die in § 794 ZPO genannten.** Insoweit gelten keine Besonderheiten. Lediglich zur Aufnahme von Urkunden, aus denen nach § 794 Abs. 1 Nr. 5 ZPO die Vollstreckung stattfindet, sind Arbeitsgerichte nicht befugt. Zuständig für die Aufnahme der Urkunde und Erteilung der vollstreckbaren Ausfertigung ist grundsätzlich der Notar, §§ 1, 20 BNotO. Nur 31

---

1 LAG Köln v. 16. 6. 1983, DB 1983, 1827; *Germelmann/Matthes/Prütting*, § 62 Rz. 38; aA *Grunsky*, § 62 Rz. 8, der eine solche Einstellung mit dem System im arbeitsgerichtlichen Verfahren für nicht vereinbar hält; vgl. auch LAG Berlin v. 28. 4. 1986, MDR 1986, 787; LAG Bremen v. 24. 6. 1996, NZA 1997, 338.
2 LAG Köln v. 16. 6. 1983, DB 1983, 1827.
3 *Hauck*, § 62 Rz. 9; *Schaub*, Formularsammlung, § 193 V 5a; *Germelmann/Matthes/Prütting*, § 62 Rz. 39.
4 BAG v. 24. 2. 1983, AP Nr. 31 zu § 36 ZPO.

wenn die Urkunde einen Anspruch zum Gegenstand hat, für den die Gerichte für Arbeitssachen zuständig sind, ist vor diesen die **Vollstreckungsabwehrklage** (§ 767 ZPO) zu erheben, § 797 Abs. 4 ZPO[1].

2. Vollstreckung in Forderungen

32 Die Vollstreckung in Forderungen richtet sich nach §§ 828 ff. ZPO. Von besonderer Bedeutung sind bei der Pfändung von Vergütungsansprüchen in die Zuständigkeit der Arbeitsgerichte fallende (vgl. § 3 ArbGG) **Rechtsstreitigkeiten zwischen Pfändungsgläubiger und Drittschuldner.** Für die Bestimmtheit der in einem Pfändungs- und Überweisungsbeschluß bezeichneten zu pfändenden Forderung ist zu verlangen, daß bei Auslegung auch für Dritte kein Zweifel am Gegenstand der Zwangsvollstreckung besteht. Es müssen zumindest allgemeine Angaben Schuldner und Drittschuldner ohne weiteres in die Lage versetzen zu erkennen, auf welche Forderung sich die Zwangsvollstreckung beziehen soll[2]. Die Angabe, daß das Arbeitseinkommen gepfändet wird, umfaßt auch eine Abfindung nach §§ 9, 10 KSchG[3], ebenso Sozialplanabfindungen, Ansprüche nach § 113 BetrVG, nicht abgerechnete Vergütungsabschlagszahlungen und Vorschüsse aus einem Zeitraum vor Zustellung des Pfändungs- und Überweisungsbeschlusses. Insoweit erfolgt eine Anrechnung dieser Ansprüche auf den pfändungsfreien Betrag[4].

33 Für die **Zustellung** eines Pfändungs- und Überweisungsbeschlusses an den Drittschuldner ist zu beachten, daß diese nicht wirksam an den Schuldner bewirkt werden kann; § 185 ZPO über die verbotene Ersatzzustellung gilt entsprechend[5].

34 Aus § 832 ZPO folgt, daß sich das Pfändungspfandrecht bei einer Vergütungsforderung auch auf die **nach der Pfändung fällig werdenden Beträge** erstreckt. Erforderlich ist jedoch, daß die fortlaufenden Ansprüche aus einem einheitlichen Arbeitsverhältnis erwachsen. War das Arbeitsverhältnis für eine kurze Zeit unterbrochen, kann sich die Pfändung auch auf die Vergütungsansprüche aus dem zwischen denselben Parteien neu begründeten Arbeitsverhältnis erstrecken[6]. Im Falle eines Übergangs des Arbeitsverhältnisses auf einen neuen Betriebsinhaber nach § 613a BGB behält der Pfändungs- und Überweisungsbeschluß auch gegenüber dem neuen Arbeitgeber seine Rechtswirkung[7].

35 Der **Pfändungsschutz für Arbeitseinkommen** ist geregelt in §§ 850 bis 850k ZPO. Arbeitseinkommen umfaßt dabei mehr als das regelmäßig als Lohn oder

---

1 OLG Frankfurt v. 10. 12. 1984, NZA 1985, 196; Grunsky, § 62 Rz. 12; aA Baumbach/Hartmann, § 797 Rz. 11.
2 BAG v. 21. 1. 1975, AP Nr. 3 zu § 850c ZPO; BAG v. 12. 9. 1979, AP Nr. 10 zu § 850 ZPO.
3 BAG v. 12. 9. 1979, AP Nr. 10 zu § 850 ZPO.
4 BAG v. 11. 2. 1987, NZA 1987, 485.
5 BAG v. 15. 10. 1980, AP Nr. 7 zu § 829 ZPO.
6 BAG v. 31. 12.1956, AP Nr. 1 zu § 832 ZPO.
7 LAG Hamm v. 29. 9. 1975, BB 1976, 364.

Gehalt bezeichnete Arbeitsentgelt. Einbezogen in den Begriff des geschützten Arbeitseinkommens sind auch alle aus dem Arbeitsverhältnis zu beanspruchenden sonstigen Vergütungen. Darunter fallen Abfindungszahlungen jeglicher Art, Bezüge zum Ausgleich für Wettbewerbsbeschränkungen, Sonderzuwendungen in Form von Prämien und Gratifikationen (vgl. § 850a ZPO), Ansprüche des Handelsvertreters auf Fixum und Provision[1], Urlaubsentgelt[2], Arbeitnehmersparzulagen[3].

Bei **Übergang** eines Unterhaltsanspruchs **auf den Träger der Sozialhilfe** gemäß § 90 Abs. 1 BSHG bleibt dieser als Unterhaltsanspruch bestehen, was seine bevorzugte Pfändbarkeit nach § 850d ZPO zur Folge hat[4]. 36

Bei **mehreren Arbeitseinkommen** des Schuldners kann zunächst jedes einzelne Einkommen den vollen Pfändungsschutz des § 850c ZPO beanspruchen. Jedoch hat das Vollstreckungsgericht auf Antrag des Gläubigers die Zusammenrechnung der mehreren Arbeitseinkommen durch Beschluß anzuordnen; § 850e Nr. 2 ZPO. Zuständig ist der Rechtspfleger, § 20 Nr. 17 RpflG. In dem Beschluß wird zum einen die Zusammenrechnung angeordnet und zum anderen das Arbeitseinkommen bezeichnet, dem der unpfändbare Grundbetrag sowie die weiteren nicht pfändbaren Einkommensteile zu entnehmen sind[5]. Der unpfändbare Grundbetrag ist in erster Linie dem Arbeitseinkommen, das die wesentliche Grundlage der Lebenshaltung des Schuldners bildet, zu entnehmen. Das führt dazu, daß das Nebeneinkommen voll pfändbar ist[6]. 37

3. Zwangsvollstreckung wegen Geldforderungen

Die §§ 803 bis 882a ZPO regeln die Zwangsvollstreckung wegen Geldforderungen. Wichtig ist in diesem Zusammenhang die Handhabung der **Vollstreckung eines Bruttobetrages**. Seit langem ist anerkannt, daß die Verurteilung zur Zahlung eines Bruttobetrages grundsätzlich zulässig ist[7]. Zulässig ist gleichfalls ein Antrag auf Zahlung eines Bruttobetrages abzüglich eines bestimmten Nettobetrages[8], es sei denn, der abzuziehende Nettobetrag bleibt unbestimmt („abzüglich erhaltenen Arbeitslosengeldes"). Im Rahmen der Zwangsvollstreckung ist der Gesamtbetrag des Bruttolohnes beizutreiben[9] bzw. der ausgeurteilte Bruttobetrag um den unmittelbar abgezogenen Nettobetrag vermindert. Sache des vollstreckenden Arbeitnehmers ist es, die auf den Bruttobetrag fallenden Abzü- 38

---

1 BAG v. 10. 12. 1962, AP Nr. 3 zu § 850 ZPO.
2 BAG v. 30. 9. 1965, AP Nr. 5 zu § 850 ZPO.
3 BAG v. 23. 7. 1976, AP Nr. 1 zu § 12 3. VermBG.
4 BAG v. 18. 2. 1971, AP Nr. 9 zu § 850d ZPO m. zust. Anm. *Biederbick; Thomas/Putzo*, § 850d Rz. 2; *Germelmann/Matthes/Prütting*, § 62 Rz. 58; *Grunsky*, § 62 Rz. 17; aA *Baumbach/Hartmann*, § 850d Rz. 1; *Behr*, Rpfleger 1981, 386.
5 *Zöller/Stöber*, § 850e Rz. 5.
6 Weitergehend *Grunsky*, ZIP 1983, 908.
7 S. nur BAG v. 14. 1. 1964, AP Nr. 20 zu § 611 BGB – Dienstordnungsangestellte; BGH v. 21. 4. 1966, AP Nr. 13 zu § 611 BGB – Lohnanspruch.
8 BAG v. 15. 11. 1978, AP Nr. 14 zu § 613a BGB; *Lepke*, DB 1978, 839.
9 BGH v. 21. 4. 1966, AP Nr. 13 zu § 611 BGB – Lohnanspruch.

ge im einzelnen zu errechnen und an das Finanzamt sowie die Sozialversicherungsträger abzuführen[1]. In der Praxis kommt dieser Verpflichtung der Arbeitgeber zuvor, indem er seinerseits die ihm obliegende Pflicht zur Abführung von Lohnsteuer und Sozialvesicherungsabgaben gegenüber den zuständigen Stellen erfüllt. Gegenüber dem Gerichtsvollzieher hat der Arbeitgeber die erfolgte Abführung der Lohnabzüge durch Quittungen nachzuweisen.

39 **Hinweis:**
Haben die Parteien eines (gerichtlichen) Vergleichs eine Vereinbarung dahingehend getroffen, daß der Arbeitnehmer für den Verlust des Arbeitsplatzes eine **Abfindungszahlung brutto = netto** erhalten soll, so hat die Vollstreckung sich auf den Bruttobetrag zu beziehen. Denn die Prüfung der Frage, wer von dem vereinbarten Abfindungsbetrag gesetzliche Abzüge in welcher Höhe abzuführen hat, ist nicht Aufgabe des Vollstreckungsverfahrens. Diese auch in Prozeßvergleichen noch immer anzutreffende Formulierung brutto = netto sollte im Zusammenhang mit Abfindungen auf jeden Fall unterbleiben, da die **Parteien** eines Rechtsstreits hinsichtlich steuer- bzw. sozialversicherungsrechtlicher Fragen der Abgabenfreiheit **nicht dispositionsbefugt** sind[2].

4. Zwangsvollstreckung zwecks Herausgabe von Sachen

40 Die Zwangsvollstreckung zur Erwirkung der Herausgabe von Sachen ist geregelt in den §§ 883 bis 898 ZPO. Herauszugeben sein muß eine **individuell bestimmte Sache,** die im Vollstreckungstitel bestimmt zu bezeichnen ist. Ungenügend ist daher etwa eine Bezeichnung als Hausrat oder als Software-Kopie[3]. Für das arbeitsrechtliche Verfahren von gewisser Bedeutung ist die **Herausgabe von Arbeitspapieren** (zB Lohnsteuerkarte, Sozialversicherungsnachweis, -heft). Der Anspruch auf Herausgabe der Arbeitspapiere wird nach § 883 ZPO vollstreckt, da Vollstreckungsgegenstand hier eine Einzelsache bzw. eine Mehrheit von Einzelsachen ist. Die Durchführung der Vollstreckung geschieht durch den Gerichtsvollzieher, der die Sache aus dem Gewahrsam des Schuldners oder eines herausgabebereiten Dritten wegnimmt. Sieht jedoch der Titel, aus dem vollstreckt wird, neben der Herausgabe der Arbeitspapiere deren **ordnungsgemäße Ausfüllung oder Berichtigung** vor, kommt – nach erfolgloser Vollstreckung gemäß § 883 ZPO[4] – eine Vollstreckung nach § 888 ZPO durch Zwangsgeld oder Zwangshaft in Betracht, da die Ausfüllung eine durch den Arbeitgeber vorzunehmende, somit unvertretbare Handlung darstellt[5]. Alternativ kann eine Verurteilung des Arbeitgebers, verknüpft mit der Verpflichtung

---

1 *Germelmann/Matthes/Prütting,* § 62 Rz. 42.
2 *Germelmann/Matthes/Prütting,* § 62 Rz. 43.
3 *Zöller/Stöber,* § 883 Rz. 5 mwN.
4 *Zöller/Stöber,* § 888 Rz. 3; LAG Düssledorf v. 22. 10. 1984, JurBüro 1985, 1430.
5 LAG Frankfurt v. 25. 6. 1980, DB 1981, 534.

zur Zahlung einer Entschädigung, nach § 61 Abs. 2 ArbGG erfolgen. In diesem Fall ist jedoch die Zwangsvollstreckung nach §§ 887, 888 ZPO ausgeschlossen.

5. Zwangsvollstreckung zur Erwirkung von Handlungen

Die Vollstreckung richtet sich nach den §§ 887, 888 ZPO. Prozessuale Besonderheit ist, daß für die Erzwingung der Handlungen das **Arbeitsgericht als Prozeßgericht** zuständig ist. Das gilt auch, wenn der Rechtsstreit bereits in der Berufungs- oder Revisionsinstanz anhängig ist[1]. 41

§ 887 ZPO regelt die Zwangsvollstreckung zur Erfüllung einer **vertretbaren Handlung** (Ersatzvornahme), **§ 888 ZPO** die Zwangsvollstreckung zur Erfüllung einer **nicht vertretbaren Handlung** (sog. Beugezwang). Die Abgrenzung hängt ab von der Beantwortung der Frage, ob der zu vollstreckende Anspruch zu einer Handlung verpflichtet, die durch einen Dritten nicht vorgenommen werden kann, sondern ausschließlich abhängt vom Willen des Schuldners, ohne in der Abgabe einer Willenserklärung zu bestehen[2]. 42

Danach sind für das arbeitsgerichtliche Verfahren die nachfolgenden Beispiele einer Vollstreckung nach §§ 887, 888 ZPO zu unterscheiden:

▶ **Abmahnung:** Der Anspruch des Arbeitnehmers auf Entfernung einer Abmahnung aus den Personalakten ist nach den Grundsätzen über die Zwangsvollstreckung bei unvertretbaren Handlungen, § 888 ZPO, zu vollstrecken, da allein der Arbeitgeber zur Führung der Personalakten befugt ist[3]. 43

▶ **Arbeitsleistung:** Hier ist streitig, ob eine unvertretbare oder eine durch Ersatzvornahme vollstreckbare Handlung geschuldet wird. Im Regelfall wird man die Arbeitsleistung wegen ihres personalen Charakters als unvertretbare Handlung ansehen müssen, da es dem Arbeitgeber nicht völlig gleichgültig ist, wer die Leistung erbringt. Damit fällt sie unter § 888 Abs. 2 ZPO und kann nicht im Wege der Zwangsvollstreckung durchgesetzt werden[4]. Lediglich dann, wenn es dem Arbeitgeber wirtschaftlich gleichgültig sein kann, ob gerade der verpflichtete Arbeitnehmer die Arbeitsleistung erbringt, insbesondere bei einfachen Diensten, ist eine Vollstreckung nach § 887 ZPO zulässig[5]. 44

▶ **Arbeitspapiere:** Nach § 888 ZPO richtet sich die Ausfüllung bzw. Berichtigung von Arbeitspapieren durch den Arbeitgeber (s. auch Rz. 40). 45

▶ **Auskunft:** Ansprüche auf Auskunft, zB über die Höhe von Provisionszahlungen, stellen unvertretbare Handlungen im Sinne von § 888 ZPO dar. Dies gilt 46

---

1 *Germelmann/Matthes/Prütting*, § 62 Rz. 46; *Hauck*, § 62 Rz. 13.
2 *Zöller/Stöber*, § 888 Rz. 2.
3 LAG Frankfurt v. 9. 6. 1993, NZA 1994, 288.
4 LAG Düsseldorf v. 17. 9. 1957, BB 1958, 82; *Hueck/Nipperdey*, Lehrbuch Bd. I, S. 212 Fn. 61; *Wenzel*, JZ 1962, 590; *Germelmann/Matthes/Prütting*, § 62 Rz. 48.
5 Vgl. LAG Berlin v. 6. 6. 1986, BB 1986, 1368; *Brill*, BB 1982, 625; *Germelmann/Matthes/Prütting*, § 62 Rz. 48; *Grunsky*, § 62 Rz. 13.

auch für Einsichtsrechte (in Personalakten, Gehaltslisten, Bewerbungsunterlagen usw.) sowie den Anspruch auf Rechnungslegung aus einer umfangreichen Buchhaltung, die nur durch persönliches Wissen des Schuldners zu vervollständigen und möglicherweise nach § 259 BGB zu erhärten ist[1].

47 Dagegen ist eine vertretbare Handlung anzunehmen, wenn es um die Erteilung eines Buchauszuges geht[2].

48 ▶ **Beschäftigung:** Für das ungekündigte Arbeitsverhältnis ist der allgemeine Beschäftigungsanspruch nach § 888 ZPO zu vollstrecken, da das Zurverfügungstellen eines Arbeitsplatzes eine nicht vertretbare Handlung bedeutet[3].

49 ▶ **Lohnabrechnung:** Die Berechnung der dem Arbeitnehmer geschuldeten Vergütung kann grundsätzlich von einem sachkundigen Dritten vorgenommen werden. Es geht hierbei ausschließlich um die Auswertung eines einfachen Rechenwerks, das anhand der Lohnabrechnungsunterlagen des Schuldners erfolgt. Zur Erzwingung des Titels ist daher nach § 887 ZPO zu verfahren[4]. Nur ausnahmsweise greifen die Zwangsmaßnahmen des § 888 ZPO, wenn die Berechnung aufgrund unvollständiger, mangelhafter Unterlagen von einem Dritten nicht vorgenommen werden kann[5].

Beispiel für einen Vollstreckungsantrag zur Erwirkung einer vertretbaren Handlung nach § 887 ZPO:

> „... beantrage ich, den Gläubiger zu ermächtigen, auf Kosten der Schuldnerin die Lohnabrechnungen für die Monate ... durch einen vereidigten Buchsachverständigen erstellen zu lassen und zugleich die Schuldnerin zur Vorauszahlung der Kosten, die etwa 1200,– DM ausmachen, zu verurteilen."

50 ▶ **Urlaub:** Bei einer Verurteilung des Arbeitgebers zur Gewährung von Urlaub richtet sich die Vollstreckung nach § 894 Abs. 1 ZPO[6].

51 ▶ **Weiterbeschäftigung:** Die Vollstreckung des ausgeurteilten Anspruchs auf Weiterbeschäftigung eines gekündigten Arbeitnehmers hat nach § 888 ZPO zu erfolgen[7], da der Arbeitgeber etwa in Form des Zurverfügungstellens eines Arbeitsplatzes Handlungen erbringen muß. Unter § 888 ZPO fällt da-

---

1 LAG Hamm v. 21. 8. 1973, DB 1973, 1951; LAG Hamm v. 11. 8. 1983, DB 1983, 2257.
2 LAG Hamm v. 11. 8. 1983, DB 1983, 2257.
3 LAG Berlin v. 19. 1. 1978, EzA § 888 ZPO Nr. 1; LAG Berlin v. 5. 7. 1985, NZA 1986, 36.
4 LAG Hamm v. 25. 8. 1981 – 1 Ta 59/81 und 1 Ta 80/81, nv.; LAG Hamm v. 11. 8. 1983, DB 1983, 2258.
5 Ebenso *Germelmann/Matthes/Prütting*, § 62 Rz. 48.
6 BAG v. 12. 10. 1961, AP Nr. 83 zu § 611 BGB – Urlaubsrecht.
7 LAG Köln v. 7. 7. 1987, LAGE § 888 ZPO Nr. 15; LAG München v. 11. 9. 1993, LAGE § 888 ZPO Nr. 34; LAG Berlin v. 19. 1. 1978, EzA § 888 ZPO Nr. 1; *Germelmann/Matthes/Prütting*, § 62 Rz. 48; *Grunsky*, § 62 Rz. 13a.

II. Verfahren

bei sowohl der allgemeine Weiterbeschäftigungsanspruch wie auch der Weiterbeschäftigungsanspruch aus § 102 Abs. 5 BetrVG. Für eine Vollstreckbarkeit bedarf es einer Angabe der wesentlichen Arbeitsbedingungen, zu denen die Weiterbeschäftigung erfolgen soll, im Tenor des Urteils, zumindest aber im Tatbestand oder in den Entscheidungsgründen, sofern dies nicht unstreitig ist[1]. Eine Vollstreckbarkeit ist auch dann gegeben, wenn sich aus dem Titel ein Endzeitpunkt der Weiterbeschäftigung nicht ergibt[2].

Die Vollstreckung der Weiterbeschäftigung setzt jedoch voraus, daß dem Arbeitgeber die Vornahme der geschuldeten Handlung **tatsächlich und rechtlich möglich** ist. Das ist nicht der Fall, wenn der Arbeitsplatz zwischenzeitlich weggefallen ist[3], wenn der Arbeitnehmer aufgrund eines Hausverbotes an der bei Dritten zu erbringenden Tätigkeit gehindert ist[4], wenn der Beschäftigung die Krankheit des Arbeitnehmers oder ein Beschäftigungsverbot entgegensteht. 52

Die Zwangsvollstreckung nach § 888 ZPO durch **Festsetzung eines Zwangsgeldes,** dessen Androhung unterbleiben kann[5], ist **in einem einheitlichen Betrag** vorzunehmen. Unzulässig ist eine Zwangsgeldanordnung für jeden Tag der Nichterfüllung des Beschäftigungsanspruchs[6]. Die Vollstreckung des Weiterbeschäftigungsanspruchs reicht zeitlich bis zum rechtskräftigen Abschluß des Kündigungsschutzrechtsstreits[7]. 53

▶ Zeugnis: Der Anspruch auf Erteilung und Berichtigung eines Arbeitszeugnisses ist nach § 888 ZPO zu vollstrecken[8]. Die Zeugniserstellung stellt eine unvertretbare Handlung dar, da sie zum einen untrennbar mit einer Willensäußerung verknüpft ist, zum anderen die Unterschrift des Arbeitgebers nicht ersetzt werden kann. Allerdings bietet das Zwangsvollstreckungsverfahren keinen Platz für eine Überprüfung der inhaltlichen Richtigkeit eines Zeugnisses. Berichtigungsansprüche sind daher in einem gesonderten Rechtsstreit 54

---

1 Vgl. LAG Schleswig-Holstein v. 6. 1. 1987, NZA 1987, 322 f.; LAG Bremen v. 18. 11. 1988, NZA 1989, 231; *Germelmann/Matthes/Prütting,* § 62 Rz. 48; weniger streng *Grunsky,* § 62 Rz. 13a.
2 *Germelmann/Matthes/Prütting,* § 62 Rz. 48; *Grunsky,* § 62 Rz. 13a; LAG Hamm v. 29. 8. 1979, BB 1980, 160 m. abl. Anm. *Frohner.*
3 LAG Hamm v. 29. 8. 1984, 29. 11. 1985 und 15. 2. 1991, LAGE § 888 ZPO Nr. 2, 5, 22.
4 LAG Berlin v. 6. 6. 1986, LAGE § 888 ZPO Nr. 7.
5 *Zöller/Stöber,* § 888 Rz. 12 mwN.
6 LAG Berlin 5. 7. 1985, LAGE § 888 ZPO Nr. 3; LAG Hamm v. 22. 1. 1986, LAGE § 888 ZPO Nr. 4; LAG Frankfurt v. 11. 3. 1988, LAGE § 888 ZPO Nr. 16; LAG München v. 11. 9. 1993, LAGE § 888 ZPO Nr. 34; *Germelmann/Matthes/Prütting,* § 62 Rz. 48; *Grunsky,* § 62 Rz. 13a; aA LAG Hamburg v. 7. 7. 1988, LAGE § 888 ZPO Nr. 17.
7 LAG Köln v. 24. 6. 1987, NZA 1988, 39; LAG Frankfurt v. 11. 3. 1988, LAGE § 888 ZPO Nr. 16.
8 LAG Frankfurt v. 14. 8. 1980, DB 1981, 534 f.; LAG Nürnberg v. 14. 1. 1993, LAGE § 888 ZPO Nr. 26.

zu verfolgen[1]. Nur wenn der Vollstreckungstitel die Formulierung eines bestimmten Zeugnisinhalts vorgibt, läßt sich dieser erzwingen[2].

Beispiel für einen Vollstreckungsantrag zur Erzwingung einer nichtvertretbaren Handlung nach § 888 ZPO:

> „... beantrage ich, den Schuldner durch Androhung von Zwangsgeld und Zwangshaft anzuhalten, der Gläubigerin ein qualifiziertes Zeugnis zu erteilen."

6. Rechtsbehelfe

55 Die im Verfahren der Zwangsvollstreckung in Frage kommenden Rechtsbehelfe unterscheiden sich für das arbeitsgerichtliche Verfahren nicht von denen im Verfahren der ordentlichen Gerichtsbarkeit; die einschlägigen ZPO-Vorschriften sind entsprechend anwendbar. Wichtigste Rechtsmittel sind die **Erinnerung** nach § 766 ZPO und die **sofortige Beschwerde** nach § 793 ZPO. Gegen Beschlüsse des Landesarbeitsgerichts findet eine weitere sofortige Beschwerde nicht statt, § 78 Abs. 2 ArbGG. Die Entscheidung über eine Erinnerung trifft ausschließlich das Vollstreckungsgericht, §§ 764, 820 ZPO, durch den Richter.

56 Die sofortige Beschwerde ist statthaft gegen alle Entscheidungen, die ohne mündliche Verhandlung ergehen[3]. Von Bedeutung für das Arbeitsgerichtsverfahren sind daneben

- die **Vollstreckungsabwehrklage** nach § 767 ZPO, für die hinsichtlich arbeitsgerichtlicher Urteile und Vergleiche das Arbeitsgericht in erster Instanz ausschließlich zuständig ist;
- die **Drittwiderspruchsklage** nach § 771 ZPO, die vor dem Gericht zu erheben ist, in dessen Bezirk die Vollstreckung erfolgt, mithin nicht vor dem Arbeitsgericht[4];
- die **Klauselgegenklage** nach § 768 ZPO;
- **vorläufige Anordnungen** nach § 769 ZPO in den Fällen der §§ 767, 768 ZPO.

III. Arrest und einstweilige Verfügung

57 Nach § 62 Abs. 2 Satz 1 ArbGG sind im arbeitsgerichtlichen Verfahren die **Vorschriften der ZPO** zum Arrest und zur einstweiligen Verfügung (§§ 916 bis 945 ZPO) **unmittelbar und uneingeschränkt anwendbar.** Beide Verfahrensarten

---

1 LAG Frankfurt v. 14. 8. 1980, DB 1981, 648.
2 Vgl. LAG München v. 23. 5. 1967, AP Nr. 7 zu § 888 ZPO.
3 AA in den Fällen des § 769 ZPO LAG Hamm v. 26. 5. 1988, LAGE § 769 ZPO Nr. 1; LAG Berlin v. 21. 6. 1989, LAGE § 769 ZPO Nr. 2.
4 *Stein/Jonas*, § 771 Rz. 41.

sollen aufgrund ihres Eilcharakters Ansprüche sichern für Fälle, in denen das normale Arbeitsgerichtsverfahren aufgrund seiner zeitlichen Dauer einen ausreichenden Rechtsschutz nicht gewähren kann. Jedes der beiden Verfahren kann bereits während eines laufenden Hauptsacheverfahrens anhängig gemacht und entschieden werden. Eine endgültige Durchsetzung von Ansprüchen kann regelmäßig aber nicht erreicht werden (zur ausnahmsweisen Möglichkeit einer endgültigen Befriedigung s.u. Rz. 72).

1. Arrest

a) Verfahren

Zuständig für das Arrestverfahren ist grundsätzlich das **Gericht der Hauptsache**, § 919 ZPO. Das ist das Arbeitsgericht, das in dem Hauptsacheverfahren zu entscheiden hätte. Befindet sich das Hauptsacheverfahren bereits in der Berufungsinstanz, ist das Landesarbeitsgericht zuständig, § 943 Abs. 1 ZPO. Für den Fall, daß die Hauptsache in der Revision anhängig ist, entscheidet als Arrestgericht wiederum das Arbeitsgericht. 58

Eine **Eilzuständigkeit des Amtsgerichts** gibt es seit der Neufassung von § 48 ArbGG und §§ 17 bis 17b GVG durch das 4. VwGO-ÄndG ab dem 1. 1. 1991 nicht mehr.

Über den Arrest kann **ohne mündliche Verhandlung,** deren Durchführung im Ermessen des Gerichts steht, entschieden werden, § 921 Abs. 1 ZPO. Unterbleibt eine mündliche Verhandlung wegen Dringlichkeit oder im Hinblick auf einen effektiven Rechtsschutz, entscheidet der Vorsitzende allein (§ 53 Abs. 1 ArbGG) durch **Beschluß** (§ 922 Abs. 1 ZPO) nach oder – aus Dringlichkeitsgründen – ohne Gewährung rechtlichen Gehörs. Gegen den den Arrest anordnenden Beschluß ist der **Widerspruch** nach § 924 ZPO gegeben, über den das Gericht in mündlicher Verhandlung durch Endurteil entscheidet, § 925 Abs. 1 ZPO. Das Endurteil unterliegt bei Vorliegen der Voraussetzungen der §§ 64 ff. ArbGG der Berufung. Wird hingegen das Arrestgesuch ohne mündliche Verhandlung zurückgewiesen, kann dagegen die einfache Beschwerde nach § 567 ZPO eingelegt werden. – Entscheidet das Gericht **nach mündlicher Verhandlung** über das Arrestgesuch, so ergeht ein **Endurteil** der Kammer, § 922 Abs. 1 ZPO. Hiergegen findet die **Berufung** nach § 64 ArbGG statt. Ein weiteres Rechtsmittel gegen die Entscheidung des Landesarbeitsgerichts ist nicht gegeben, § 72 Abs. 4 ArbGG. 59

Der Arrest ist **nach § 928 ZPO** entsprechend den Vorschriften über die Zwangsvollstreckung **zu vollziehen.** Zu beachten ist, daß die Vollziehung des Arrestes nach einem Monat unzulässig ist, § 929 Abs. 2 ZPO. 60

b) Geldforderung

Arreste spielen in der arbeitsgerichtlichen Praxis keine bedeutsame Rolle. Grundsätzlich muß sich der Arrest beziehen auf eine Geldforderung oder einen Anspruch, der in eine Geldforderung übergehen kann, § 916 Abs. 1 ZPO. Zu 61 unterscheiden sind der **dingliche** (§ 917 ZPO) und der **persönliche** (§ 918 ZPO) Arrest.

Beispiel für einen Antrag auf Erlaß eines dinglichen Arrestes:

62
„... beantrage ich, wegen Dringlichkeit ohne mündliche Verhandlung durch den Vorsitzenden allein,
1.) zur Sicherung der Zwangsvollstreckung den dinglichen Arrest in das bewegliche und unbewegliche Vermögen der Schuldnerin wegen eines Betrages von ... DM und eines entsprechenden Kostenansatzes anzuordnen.
2.) Die Vollstreckung des Arrestes wird durch Hinterlegung durch die Antragsgegnerin in Höhe von ... DM gehemmt.
3.) In Vollziehung des Arrestes wird die Forderung der Antragsgegnerin ... nebst ...% Zinsen gegen ... bis zum Höchstbetrag von ... DM gepfändet."

Beispiel für einen Antrag auf Erlaß eines persönlichen Arrestes:

„... beantrage ich, zur Sicherung der Zwangsvollstreckung wegen der dem Antragsteller gegen die Antragsgegnerin zustehenden Forderung von ... DM sowie eines Kostenansatzes von ... DM den dinglichen Arrest in das bewegliche und unbewegliche Vermögen der Antragsgegnerin sowie den persönlichen Sicherheitsarrest anzuordnen."

63 Entscheidende Voraussetzung für den Erlaß eines Arrestes ist das Vorhandensein eines **Arrestgrundes**; dieser muß vom Gläubiger dargelegt und glaubhaft gemacht werden. Ein Arrestgrund ist anzunehmen, wenn der Schuldner vorsätzlich das Vermögen des Gläubigers schädigt[1], wenn er die Absicht hat, Vermögensteile einem Dritten zuzuwenden[2] oder beiseite zu schaffen[3]; wenn er sich durch Wohnsitzwechsel dem Gläubigerzugriff entziehen will. Keinen Arrestgrund ergibt die schlechte Vermögenslage des Schuldners oder die drohende Konkurrenz anderer Gläubiger[4]. Der Arrest in der Form des **persönlichen Sicherheitsarrestes** darf – subsidiär – nur verhängt werden, wenn die erforderliche Sicherung des Gläubigers nicht durch dinglichen Arrest zu gewährleisten ist, so zB für den Fall, daß der Schuldner sich der Abgabe der eidesstattlichen Versicherung über seine Vermögensverhältnisse zu entziehen versucht[5].

---

1 LAG Frankfurt v. 12. 1. 1965, NJW 1965, 989.
2 Vgl. OLG München v. 15. 6. 1983, NJW 1983, 2778.
3 *Zöller/Vollkommer*, § 918 Rz. 1.
4 Vgl. LAG Hamm v. 31. 3. 1977, MDR 1977, 611.
5 OLG München v. 19. 10. 1987, NJW-RR 1988, 382.

2. Einstweilige Verfügung

a) Verfahren

Für den Erlaß der einstweiligen Verfügung ist, ebenso wie beim Arrest, das Gericht der Hauptsache (§ 937 Abs. 1 ZPO) **zuständig,** mithin das **Arbeitsgericht,** bei dem die Hauptsache anhängig ist bzw. anhängig zu machen wäre. Das bedeutet, daß grundsätzlich die Berufungsinstanz erst dann zu entscheiden befugt ist, wenn der oder die Ansprüche bereits in der ersten Instanz geltend gemacht worden sind[1]. 64

Die Anrufung des Amtsgerichts **in Eilfällen** nach § 942 Abs. 1 ZPO ist nunmehr nach der Änderung von § 48 ArbGG sowie der §§ 17 bis 17b GVG durch das 4. VwGO-ÄndG vom 17. 12. 1990[2] entfallen, da es sich bei dem Verhältnis der Arbeitsgerichtsbarkeit zu der ordentlichen Gerichtsbarkeit um das Verhältnis zweier Gerichtsbarkeiten mit jeweils eigenständigen Rechtswegen handelt[3]. 65

Für das Verfahren auf Erlaß einstweiliger Verfügungen gelten im wesentlichen die gesetzlichen Bestimmungen über die Anordnung des Arrestes entsprechend. Der Antrag auf Erlaß einer einstweiligen Verfügung erfordert die schlüssige Darlegung eines **Verfügungsanspruchs** und **Verfügungsgrundes** sowie deren **Glaubhaftmachung,** §§ 936, 920 ZPO. Zu unterscheiden sind im einstweiligen Verfügungsverfahren nach dem verfolgten Zweck 66

- die **Sicherungsverfügung,** § 935 ZPO, die der Sicherung eines Anspruchs auf eine gegenständliche Leistung dient,
- die **Regelungsverfügung,** § 940 ZPO, zur Regelung eines einstweiligen Zustandes im Bezug auf ein streitiges Rechtsverhältnis,
- die **Leistungsverfügung,** die ausnahmsweise schon zur Befriedigung des Gläubigers führen kann.

Zwar kann auch über den Antrag auf Erlaß der einstweiligen Verfügung mit und ohne mündliche Verhandlung entschieden werden. Doch darf **ohne mündliche Verhandlung** eine Entscheidung **nur in dringenden Fällen** ergehen, § 62 Abs. 2 Satz 2 ArbGG. Ein in diesem Sinne dringender Fall ist etwa anzunehmen, wenn wegen der besonderen Eilbedürftigkeit ehrenamtliche Richter nicht mehr rechtzeitig herangezogen werden können oder wenn ein Überraschungseffekt von besonderer Bedeutung ist[4]. 67

Nach § 62 Abs. 2 Satz 2 2. Alt. ArbGG kann auch die **Zurückweisung** eines Antrags auf Erlaß einer einstweiligen Verfügung als unzulässig oder unbegrün- 68

---

1 LAG Hamm v. 17. 5. 1990, DB 1990, 1624; s. weiter *Germelmann/Matthes/Prütting,* § 62 Rz. 68.
2 BGBl. I 1990, 2809.
3 BAG v. 26. 3. 1992, NZA 1992, 954; BAG v. 1. 7. 1992, NZA 1992, 1047; zur Einrichtung eines Eildienstes bei den Arbeitsgerichten *Germelmann/Matthes/Prütting,* § 62 Rz. 69; LAG Bremen v. 8. 3. 1982, BB 1982, 2188; *Wenzel,* BB 1993, 1225.
4 *Germelmann/Matthes/Prütting,* § 62 Rz. 70.

det ohne mündliche Verhandlung durch Beschluß erfolgen, allerdings gestattet die gegenüber § 937 Abs. 2 ZPO zu begreifende Sonderregelung des § 62 Abs. 2 Satz 2 2. Alt. ArbGG diese Vorgehensweise ebenfalls nur im Dringlichkeitsfall[1].

69 Für die **Rechtsbehelfe** und die **Vollziehung** der einstweiligen Verfügung gelten die entsprechenden Ausführungen zum Arrestverfahren (s.o. Rz. 59 f.).

70 Die **Gläubigerhaftung** bei ungerechtfertigter Anordnung eines Arrestes oder einer einstweiligen Verfügung regelt § 945 ZPO. Obgleich Entscheidungen im einstweiligen Verfügungsverfahren nur vorläufigen Charakter haben, kann es in Einzelfällen (zB Urlaubsfestlegung, Zuerkennen von Geldbeträgen, Untersagung von Wettbewerb) zu einer Befriedigung des Gläubigers und damit de facto zu einer endgültigen Regelung kommen. Hier greift die **Schadensersatzpflicht** des § 945 ZPO, die unabhängig vom Verschulden des Gläubigers eintritt. Zu berücksichtigen nach § 254 BGB ist indes ein mitwirkendes Verschulden des Schuldners, aber auch des Gläubigers, da es sich um einen Anspruch aus unerlaubter Handlung im weiteren Sinne handelt[2]. Neben dem Schadensersatzanspruch nach § 945 ZPO kann die Wiederherstellung des ursprünglichen Zustandes nicht verlangt werden. Anordnungen im einstweiligen Verfügungsverfahren zur endgültigen Befriedigung des Gläubigers sind daher nur unter dem strengen Maßstab zulässig, daß andere Maßnahmen nicht in Frage kommen[3].

71 § 945 ZPO ist **nicht anwendbar** im arbeitsgerichtlichen Beschlußverfahren auf einstweilige Verfügungen **in Angelegenheiten des Betriebsverfassungsgesetzes**, § 85 Abs. 2 Satz 2 ArbGG.

b) Fallgruppen des einstweiligen Rechtsschutzes

aa) Zahlung von Arbeitsentgelt

72 Eine Verurteilung des Arbeitgebers durch einstweilige Verfügung zur Zahlung von Arbeitsentgelt ist grundsätzlich möglich, obgleich diese zu einer Gläubigerbefriedigung führt. Voraussetzung ist in jedem Fall, daß der Arbeitnehmer auf die Zahlung zur Bestreitung seines Unterhalts **dringend angewiesen** ist bzw. sich in einer **Notlage** befindet[4]. Der Arbeitnehmer hat keinen Anspruch auf Befriedigung seines Entgeltanspruchs in voller Höhe, sondern lediglich auf die Zahlung des für den Lebensunterhalt Notwendigen. Hierfür kann ausgegangen

---

[1] Vgl. BT-Drucks. 11/3621, 56 f.; LAG Sachsen v. 8. 4. 1997, NZA 1998, 223; vgl. auch LAG Hamm, Beschl. v. 3. 1. 1984 – 8 Ta 865/83, nv.; aA *Germelmann/Matthes/Prütting*, § 62 Rz. 70a.
[2] BGH v. 22. 3. 1990, NJW 1990, 2689, 2690.
[3] LAG Düsseldorf v. 24. 10. 1977, DB 1978, 211; LAG München v. 19. 12. 1979, NJW 1980, 957.
[4] LAG Kiel v. 26. 8. 1958, AP Nr. 1 zu § 940 ZPO; LAG Baden-Württemberg v. 24. 11. 1967, BB 1968, 335; LAG Düsseldorf v. 20. 1. 1976, DB 1976, 587; LAG Frankfurt v. 7. 5. 1976, NJW 1977, 269; *Vossen*, RdA 1991, 216 ff.; *Germelmann/Matthes/Prütting*, § 62 Rz. 82; *Grunsky*, § 62 Rz. 22.

III. Arrest und einstweilige Verfügung

werden von den gesetzlichen **Pfändungsfreigrenzen**[1]. Nach hM kann der Arbeitnehmer hingegen nicht auf Inanspruchnahme von Arbeitslosengeld oder Sozialhilfe verwiesen werden, da zumindest der Anspruch auf Arbeitslosengeld gegenüber Entgeltansprüchen subsidiären Charakter hat[2], vgl. § 143 Abs. 1 SGB III. Da eine einstweilige Verfügung auf Entgeltzahlung in der Praxis vor allem dann erforderlich werden kann, wenn der gekündigte Arbeitnehmer Kündigungsschutzklage erhoben hat, ist für einen Entgeltanspruch neben der Notlage glaubhaft zu machen, daß die Kündigung unwirksam ist und die Voraussetzungen des Annahmeverzugs vorliegen.

bb) Herausgabe von Arbeitspapieren

Der Arbeitnehmer, der ein neues Arbeitsverhältnis aufnehmen will, ist zur Aushändigung seiner Arbeitspapiere an den Arbeitgeber verpflichtet. Nicht selten treten hier Schwierigkeiten für den Arbeitnehmer auf, wenn der Arbeitgeber des beendeten Arbeitsverhältnisses Lohnsteuerkarte, Sozialversicherungsnachweisheft und ggf. andere Unterlagen nicht oder noch nicht übergeben hat. Im Wege der **Regelungsverfügung** (§ 940 ZPO) kann in diesen Fällen rascher Rechtsschutz erlangt werden. Die Glaubhaftmachung, daß die noch nicht herausgegebenen Arbeitspapiere für den Antritt des neuen Beschäftigungsverhältnisses benötigt werden, kann durch eigene eidesstattliche Versicherung vorgenommen werden. 73

Beispiel für einen Antrag auf Herausgabe von Arbeitspapieren beim zuständigen Arbeitsgericht:

> „... beantrage ich, der Antragsgegnerin im Wege der einstweiligen Verfügung aufzugeben, die Arbeitspapiere des Antragstellers, bestehend aus der Lohnsteuerkarte für das Jahr ..., dem Sozialversicherungsnachweisheft sowie ... (weitere Unterlagen), herauszugeben."

cc) Anspruch auf (Weiter-)Beschäftigung

(1) Im bestehenden Arbeitsverhältnis

Unproblematisch ist der Anspruch des Arbeitnehmers auf seine tatsächliche Beschäftigung während des bestehenden Arbeitsverhältnisses. Die Durchsetzung dieses Anspruchs erfolgt im Weg der sog. **Leistungsverfügung**, die Vollstreckung nach § 888 ZPO. 74

---

1 LAG Kiel v. v. 26. 8. 1958, AP Nr. 1 zu § 940 ZPO; *Germelmann/Matthes/Prütting*, § 62 Rz. 82; *Grunsky*, § 62 Rz. 22; *Vossen*, RdA 1991, 221; aA LAG Baden-Württemberg v. 24. 11. 1967, BB 1968, 335, das auf die Höhe der Arbeitslosenunterstützung abstellt.

2 *Grunsky*, § 62 Rz. 22; *Vossen*, RdA 1991, 222; in diesem Sinne wohl auch *Germelmann/Matthes/Prütting*, § 62 Rz. 82.

75 Will dagegen der Arbeitgeber die geschuldete Arbeitsleistung vom Arbeitnehmer erzwingen, ist für die Zulässigkeit einer einstweiligen Verfügung zunächst zu unterscheiden, ob **vertretbare** oder **unvertretbare Dienste** geschuldet werden. Stellt die Arbeitsleistung eine unvertretbare Handlung dar, kann der Zweck der einstweiligen Verfügung nicht erreicht werden, weil eine Vollstreckung wegen § 888 Abs. 2 ZPO ausscheidet[1]. Die einstweilige Verfügung ist in diesem Fall nicht zulässig.

76 Bei vertretbaren Diensten könnte die Vollstreckung nur nach § 887 ZPO im Wege der Ersatzvornahme geschehen. Der vertragsbrüchige Arbeitnehmer hätte somit lediglich eine **Geldleistung** zu erbringen[2]. Für die Geldzahlung **fehlt** es auch regelmäßig an einem **Verfügungsgrund**. Eine einstweilige Verfügung kommt somit nicht in Betracht.

77 Auch für den Fall, daß der Arbeitnehmer sich vertragsbrüchig verhält und eine **andere Arbeit aufnimmt,** scheidet die einstweilige Verfügung als Mittel zur Untersagung der anderweitigen Beschäftigung aus[3].

78 Eine Unterlassungsverfügung gegen einen Arbeitnehmer, der bei noch bestehendem Arbeitsverhältnis gegen ein **Wettbewerbsverbot** verstößt, läßt das LAG Düsseldorf[4] zu. Dagegen soll der neue Arbeitgeber durch einstweilige Verfügung nicht angehalten werden können, die Beschäftigung des Arbeitnehmers zu unterlassen[5].

(2) Weiterbeschäftigung nach § 102 Abs. 5 BetrVG

79 Während des Kündigungsschutzprozesses hat der Arbeitgeber den Arbeitnehmer grundsätzlich dann weiterzubeschäftigen, wenn der **Betriebsrat** einer ordentlichen Kündigung frist- und formgemäß **widersprochen** hat, § 102 Abs. 5 Satz 1 BetrVG. Dieser Anspruch kann auch im Verfahren der einstweiligen Verfügung durchgesetzt werden[6]. Der Verfügungsgrund liegt regelmäßig im endgültigen Rechtsverlust des Arbeitnehmers im Falle seiner Nichtbeschäftigung.

---

1 Vgl. LAG Baden-Württemberg v. 27. 1. 1958, AP Nr. 5 zu § 611 BGB – Anspruch auf Arbeitsleistung; *Grunsky,* § 62 Rz. 20; MünchKommZPO/*Heinze,* § 935 Rz. 37; *Germelmann/Matthes/Prütting,* § 62 Rz. 85.
2 *Rohlfing/Rewolle/Bader,* § 62 Anm. 4 bb; *Germelmann/Matthes/Prütting,* § 62 Rz. 85; *Grunsky,* § 62 Rz. 19.
3 LAG Berlin v. 23. 9. 1965, AP Nr. 6 zu § 888 ZPO; LAG Düsseldorf v. 10. 8. 1965, BB 1965, 1522; *Grunsky,* § 62 Rz. 21.
4 LAG Düsseldorf v. 1. 3. 1972, DB 1972, 878.
5 LAG Berlin v. 23. 9. 1965, AP Nr. 6 zu § 888 ZPO; MünchKommZPO/*Heinze,* § 935 Rz. 39; *Grunsky,* § 62 Rz. 21.
6 LAG Frankfurt v. 18. 6. 1976, NJW 1978, 76; LAG Nürnberg v. 27. 10. 1992, LAGE § 102 BetrVG 1972 – Beschäftigungspflicht Nr. 11; KR/*Etzel,* § 102 BetrVG Rz. 222; *Fitting/Kaiser/Heither/Engel,* § 102 Rz. 67; *Germelmann/Matthes/Prütting,* § 62 Rz. 87; *Grunsky,* § 62 Rz. 23a.

III. Arrest und einstweilige Verfügung

Beispiel für einen Antrag auf Erlaß einer einstweiligen Verfügung zur Durchsetzung des Weiterbeschäftigungsanspruchs nach Widerspruch des Betriebsrates:

> „... beantrage ich, dem Antragsgegner (den gesetzlichen Vertretern der Antragsgegnerin) bei Meidung eines vom Gericht festzusetzenden Zwangsgeldes gegen den Antragsgegner bzw. der Zwangshaft gegen den Antragsgegner (die gesetzlichen Vertreter der Antragsgegnerin) aufzugeben, den Antragsteller bis zum rechtskräftigen Abschluß des Kündigungsschutzrechtsstreits als ... zu unveränderten Arbeitsbedingungen weiterzubeschäftigen."

Nach § 102 Abs. 5 Satz 2 BetrVG kann der **Arbeitgeber** von der Pflicht zur Weiterbeschäftigung **entbunden** werden, und zwar ebenfalls durch einstweilige Verfügung im Rahmen des Urteilsverfahrens, wenn die Kündigungsschutzklage keine hinreichende Aussicht auf Erfolg bietet, die Weiterbeschäftigung für den Arbeitgeber eine unzumutbare Belastung bedeutet oder der Widerspruch des Betriebsrates offensichtlich unbegründet ist. Diese Entbindungsvoraussetzungen hat der Arbeitgeber darzulegen und glaubhaft zu machen. Ein darüber hinausgehender Verfügungsgrund ist nicht erforderlich. Auch bei einem nicht ordnungsgemäßen Widerspruch des Betriebsrates, der dem Arbeitnehmer keinen Weiterbeschäftigungsanspruch nach § 102 Abs. 5 Satz 1 BetrVG gibt, ist aus Gründen der Rechtssicherheit für den Arbeitgeber die einstweilige Verfügung zuzulassen[1]. Die Entscheidung nach § 102 Abs. 5 Satz 2 BetrVG ergeht im **Urteils-**, nicht im **Beschluß**verfahren[2]. § 945 ZPO ist auf den Entbindungsantrag durch einstweilige Verfügung anwendbar[3].

80

(3) Allgemeine Weiterbeschäftigung während des Kündigungsschutzrechtsstreits

Der allgemeine Beschäftigungsanspruch des gekündigten Arbeitnehmers während der Dauer des Kündigungsschutzprozesses besteht nach der Grundsatzentscheidung des BAG vom 27. 2. 1985[4] in Fällen, in denen die **Kündigung offensichtlich unwirksam** ist oder wenn ein die Unwirksamkeit der Kündigung feststellendes Instanzurteil ergeht und keine besonderen Umstände vorliegen, die ein überwiegendes Interesse des Arbeitgebers begründen, den Arbeitnehmer nicht weiterzubeschäftigen. In allen anderen Fällen kann der Arbeitnehmer seine Weiterbeschäftigung nicht verlangen, da das Interesse des Arbeitgebers an der Nichtbeschäftigung des Arbeitnehmers unter Berücksichtigung der Ungewißheit des Prozeßausgangs überwiegt.

81

---

1 LAG Baden-Württemberg v. 15. 5. 1974, BB 1975, 43; LAG Hamm v. 31. 1. 1979, DB 1979, 1232; *Dietz/Richardi*, § 102 Rz. 105; *Fitting/Kaiser/Heither/Engel*, § 102 Rz. 68a; *Grunsky*, § 62 Rz. 23; aA LAG Berlin v. 11. 6. 1974, DB 1974, 1629; LAG Düsseldorf v. 5. 1. 1976, BB 1976, 1462.
2 LAG Düsseldorf v. 29. 5. 1974, DB 1974, 1342; LAG Berlin v. 11. 6. 1974, DB 1974, 1629; LAG Baden-Württemberg v. 15. 5. 1974, BB 1975, 43; *Grunsky*, § 62 Rz. 23; aA *Hinz*, BB 1974, 1253.
3 *Grunsky*, § 62 Rz. 23 mwN.
4 BAG v. 27. 2. 1985, EzA § 611 BGB – Beschäftigungspflicht Nr. 9.

82 Unter den genannten Voraussetzungen kann der Beschäftigungsanspruch auch durch einstweilige Verfügung durchgesetzt werden, und zwar vor oder parallel zur Kündigungsschutzklage[1]. Es kommt hierfür regelmäßig die **Leistungsverfügung** in Frage, weil der Arbeitnehmer seinen Beschäftigungsanspruch voll durchsetzen will. Der Arbeitnehmer hat den Verfügungsanspruch glaubhaft zu machen und in dem Zusammenhang Tatsachen vorzutragen, die es als überwiegend wahrscheinlich erscheinen lassen, daß die Kündigung unwirksam ist[2]. Ein Verfügungsgrund ist gegeben, wenn ohne die Befriedigung des Beschäftigungsanspruchs dem Arbeitnehmer ein erheblicher Nachteil droht. Dies wird allein wegen der Gefährdung des Arbeitsplatzes in aller Regel zu bejahen sein[3]. Versäumt jedoch der Arbeitnehmer über einen längeren Zeitraum die Einleitung eines Eilverfahrens zur Durchsetzung seiner Beschäftigung, kann es an einem Verfügungsgrund fehlen[4].

dd) Urlaubsgewährung

83 Praxisrelevant ist die Durchsetzung des Anspruchs auf Erholungsurlaub im Wege der einstweiligen Verfügung. Während hier der Verfügungsanspruch keine besonderen Probleme bereitet, sind an den **Verfügungsgrund strenge Anforderungen** zu stellen. Es darf für den Arbeitnehmer keine andere Möglichkeit bestehen, die Klärung der zeitlichen Lage seines Urlaubs zu erreichen. Das ist dann der Fall, wenn aus zeitlichen Gründen weder das Mitbestimmungsverfahren nach § 87 Abs. 1 Nr. 5 BetrVG durchgeführt werden kann, noch eine Entscheidung im Urteilsverfahren rechtzeitig ergehen wird. Kein Rechtsschutzinteresse hat eine einstweilige Verfügung, wenn allein das Verhalten des Arbeitnehmers ursächlich für die Eilbedürftigkeit geworden ist, zB durch grundloses Hinauszögern der Anrufung des Arbeitsgerichts.

ee) Arbeitskampf

84 Arbeitskampfmaßnahmen wie Streik oder Aussperrung sind einer Regelung durch einstweilige Verfügung grundsätzlich zugänglich[5]. Voraussetzung ist, daß die **Rechtswidrigkeit** des Arbeitskampfes oder bestimmter Maßnahmen im einzelnen **dargelegt und glaubhaft gemacht** werden kann. Dabei ist eine offensichtliche Rechtswidrigkeit nicht zu verlangen[6]. Auch kommt es nicht darauf an, daß durch den Arbeitskampf die Existenz des bekämpften Betriebes bedroht

---

1 LAG München v. 10. 2. 1994, LAGE § 102 BetrVG 1972 – Beschäftigungspflicht Nr. 14; KR/*Wolf*, Grunds. Rz. 479; *Dütz*, NZA 1986, 213; *Germelmann/Matthes/Prütting*, § 62 Rz. 86; *Grunsky*, § 62 Rz. 24.
2 *Brill*, BB 1982, 621.
3 *Dütz*, NZA 1986, 213; KR/*Wolf*, Grunds. Rz. 479; *Grunsky*, § 62 Rz. 24; zurückhaltend *Germelmann/Matthes/Prütting*, § 62 Rz. 86; aA LAG Rheinland-Pfalz v. 21. 8. 1986, LAGE § 611 BGB – Beschäftigungspflicht Nr. 19.
4 LAG Hamm v. 18. 2. 1986, NZA 1986, 399.
5 LAG Baden-Württemberg v. 8. 8. 1973, MDR 1973, 1055; LAG Düsseldorf v. 11. 12. 1978, AuR 1979, 60; LAG Hamm v. 17. 3. 1987, NZA 1988, Beil. 2, 26; LAG Hamm v. 7. 8. 1987, NZA 1987, 825; *Grunsky*, § 62 Rz. 25 mwN.
6 LAG München v. 19. 12. 1979, NJW 1980, 957; *Dütz*, BB 1980, 533.

IV. Besonderheiten im Beschlußverfahren   Rz. 90 **Teil 5 H**

ist¹. Für den Verfügungsgrund reicht es, daß ohne den Erlaß der einstweiligen Verfügung der Anspruch auf Unterlassung des Arbeitskampfes endgültig nicht mehr durchgesetzt werden könnte².

Soll durch einstweilige Verfügung eine **Aussperrung** untersagt werden, können sowohl Gewerkschaften wie auch die betroffenen Arbeitnehmer den Unterlassungsanspruch erwirken³. 85

Da Anträge, die einen Streik oder eine Aussperrung insgesamt verhindern sollen, den Kernbereich des Art. 9 Abs. 3 GG tangieren, kann es angezeigt sein, die Rechtswidrigkeit nur **einzelner Kampfmaßnahmen** durch einstweilige Verfügung geltend zu machen⁴. 86

IV. Besonderheiten der Zwangsvollstreckung im Beschlußverfahren

1. Anwendungsbereich und vorläufige Vollstreckbarkeit

Für das arbeitsgerichtliche Beschlußverfahren **regelt § 85 ArbGG** die **Zwangsvollstreckung eigenständig.** Vollstreckungsfähig sind Beschlüsse, die einem der am Beschlußverfahren Beteiligten eine Verpflichtung auferlegen. Dabei kann es sich um die Verpflichtung zur Vornahme, Unterlassung oder Duldung einer Handlung, zur Herausgabe beweglicher Sachen oder zur Leistung einer Geldzahlung handeln. 87

Der **Beschluß,** durch den einem Beteiligten eine Verpflichtung auferlegt ist, muß grundsätzlich **rechtskräftig** sein. Läßt ein Landesarbeitsgericht in seinem Beschluß die Rechtsbeschwerde nicht zu, tritt die Rechtskraft nicht ein vor Ablauf der Frist zur Einlegung der Nichtzulassungsbeschwerde⁵. 88

Außer aus rechtskräftigen Beschlüssen der Arbeitsgerichte ist die **Zwangsvollstreckung aus Verfahrensvergleichen** iSv. § 83a Abs. 1 ArbGG zugelassen. Auch der gerichtliche Vergleich muß den aus ihm verpflichteten Beteiligten zu einem bestimmten Tun, Unterlassen etc. anhalten, damit von einem vollstreckungsfähigen Titel ausgegangen werden kann. 89

Vorläufig vollstreckbar sind nach § 85 Abs. 1 Satz 2 ArbGG **Beschlüsse** der Arbeitsgerichte **in vermögensrechtlichen Streitigkeiten.** Um eine solche handelt es sich, wenn über Ansprüche entschieden wird, die auf eine Geldzahlung oder geldwerte Leistung gerichtet sind, auf vermögensrechtlichen Beziehungen beruhen oder die in erheblichem Umfang wirtschaftliche Zwecke verfolgen⁶. 90

---

1 *Germelmann/Matthes/Prütting,* § 62 Rz. 91; *Grunsky,* § 62 Rz. 25.
2 *Grunsky,* RdA 1986, 202.
3 *Grunsky,* § 62 Rz. 26.
4 Für eine eher zurückhaltende Handhabung beim Erlaß einstweiliger Verfügungen plädiert *Germelmann/Matthes/Prütting,* § 62 Rz. 92.
5 BAG v. 25. 1. 1979, AP Nr. 12 zu § 103 BetrVG 1972.
6 BAG v. 10. 4. 1984, AP Nr. 1 zu § 94 ArbGG 1979; BAG v. 22. 5. 1984, AP Nr. 7 zu § 12 ArbGG 1979; BAG v. 28. 9. 1989, AP Nr. 14 zu § 64 ArbGG 1979.

Wessel

Auf **Streitigkeiten** aus dem **Betriebsverfassungsrecht** läßt sich der Begriff der vermögensrechtlichen Streitigkeiten nicht unbedingt übertragen. Insbesondere Streitigkeiten um das Bestehen von betriebsverfassungsrechtlichen Beteiligungsrechten stellen keine vermögensrechtlichen Streitigkeiten iSv. § 85 Abs. 1 Satz 2 ArbGG dar, da es bei ihnen nicht um die Verfolgung wirtschaftlicher Zwecke im weiteren Sinne geht, sondern um Teilhabe an der Gestaltung des Geschehens im Betrieb[1]. So scheiden etwa Unterrichtungsansprüche oder solche auf Vorlage von Unterlagen ebenso als vermögensrechtliche Streitigkeit aus wie der Streit über die rechtliche Wirksamkeit eines Sozialplans oder einer Betriebsvereinbarung. Keine vermögensrechtliche Streitigkeit ist der Einigungsstellenspruch über Fragen der betrieblichen Lohngestaltung[2]. Es verbleiben für vermögensrechtliche Streitigkeiten im wesentlichen Beschlußverfahren über Sachmittel und Kosten der Tätigkeit der Betriebsverfassungsorgane.

91 Das Gericht hat die vorläufige Vollstreckbarkeit eines Beschlusses in vermögensrechtlichen Streitigkeiten auch ohne Antrag **im Beschluß selbst zu tenorieren**. § 62 Abs. 1 Satz 2 und 3 ArbGG gelten entsprechend. Das bedeutet, daß der Beteiligte beantragen kann, die vorläufige Vollstreckbarkeit auszuschließen, § 62 Abs. 1 Satz 2 ArbGG analog. Auch nach ergangenem Beschluß kann die Zwangsvollstreckung bei Glaubhaftmachung eines nicht zu ersetzenden Nachteils jederzeit eingestellt werden, § 62 Abs. 1 Satz 3 ArbGG analog. Die Einstellung der Zwangsvollstreckung aus einem für vorläufig vollstreckbar erklärten Beschluß erfolgt ebenso wie die Einstellung aus einem rechtskräftigen Beschluß zumeist ohne mündliche Verhandlung durch den Vorsitzenden allein, § 53 Abs. 1 ArbGG.

92 Gegen den unterbliebenen Ausspruch der vorläufigen Vollstreckbarkeit im Beschluß ist die **Beschwerde** an das Landesarbeitsgericht nach § 87 ArbGG gegeben. Gleiches gilt für den Fall, daß dem Antrag des Verpflichteten auf Ausschluß der vorläufigen Vollstreckbarkeit nicht entsprochen wurde. Im Wege der Vorabentscheidung befindet das Landesarbeitsgericht über die vorläufige Vollstreckbarkeit des Beschlusses des Arbeitsgerichts. Diese als Teilbeschluß grundsätzlich nach mündlicher Anhörung der betroffenen Beteiligten ergehende Entscheidung ist unanfechtbar, § 718 Abs. 2 ZPO.

2. Stellen der Betriebsverfassung

93 Die nach dem Beschluß verpflichteten Beteiligten gelten als **Schuldner**, die berechtigten Beteiligten als **Gläubiger**, § 85 Abs. 1 Satz 3 ArbGG. Eine Vollstreckung kommt grundsätzlich nur für oder gegen Personen und Stellen in Betracht, die rechtsfähig sind. Das bereitet dann Schwierigkeiten, wenn Gläubiger und Schuldner aus Zwangsvollstreckungstiteln **Organe oder Stellen der Betriebsverfassung** (zB Betriebsrat, Wirtschaftsausschuß, Wahlvorstand) sind. Da jedoch den betriebsverfassungsrechtlichen Stellen durch das Betriebsverfassungsgesetz selbst Rechte und Pflichten eingeräumt sind, müssen diese auch

---

1 *Germelmann/Matthes/Prütting*, § 85 Rz. 6.
2 LAG Niedersachsen v. 19. 12. 1986, DB 1987, 1440.

IV. Besonderheiten im Beschlußverfahren

zwangsweise durchgesetzt werden können. Aus der Beteiligtenfähigkeit dieser Stellen nach § 10 ArbGG für das Beschlußverfahren folgt die Geltung dieser Beteiligtenfähigkeit auch für das Zwangsvollstreckungsverfahren[1]. Sofern im Zwangsvollstreckungsverfahren **Maßnahmen zugunsten der Stellen** des Betriebsverfassungsrechts getroffen werden, sind diese Stellen rechtsfähig. Das bedeutet, daß etwa der Betriebsrat die Herausgabe von Gegenständen an sich verlangen und daß zugunsten des Betriebsrats gepfändet werden kann. Denn aus § 40 BetrVG folgt, daß der Betriebsrat Sach- und Geldmittel besitzen kann.

Diffiziler verhält es sich, wenn **Stellen** der Betriebsverfassung **Vollstreckungsschuldner** sind. Da der Betriebsrat nach herrschender Auffassung[2] nicht vermögensfähig ist, scheiden Pfändungen nach §§ 808 ff. ZPO aus. Zulässig ist hingegen die Wegnahme von Sachen nach § 883 ZPO, zB Bargeld, Unterlagen, Geschäftsbedarf, auch eine zwangsweise Räumung. Problematisch ist die Vollstreckung der Vornahme, Duldung oder Unterlassung einer Handlung gegen eine betriebsverfassungsrechtliche Stelle. Hier scheidet nach überwiegender Meinung[3] die Festsetzung eines Zwangs- bzw. Ordnungsgeldes nach §§ 888, 890 ZPO unmittelbar gegen die betriebsverfassungsrechtlichen Stellen aus; ebenso ist bei vertretbaren Handlungen eine Ersatzvornahme auf Kosten der Stelle nach § 887 ZPO nicht möglich. Selbstverständlich kann ein gegen eine betriebsverfassungsrechtliche Stelle gerichteter Titel nicht auf eines ihrer Mitglieder umgeschrieben werden. Lautet indes der Titel gegen eine natürliche **Person als Mitglied der Stelle,** zB auf den Betriebsratsvorsitzenden, ist eine Vollstreckung in das Privatvermögen nach den allgemeinen Vorschriften möglich[4]. 94

3. Verfahren

Das Verfahren der Vollstreckung richtet sich nach den Vorschriften des 8. Buches der Zivilprozeßordnung, **§§ 704 bis 915 ZPO.** Organe der Zwangsvollstreckung sind der Gerichtsvollzieher, das Vollstreckungsgericht, d.i. das Amtsgericht, § 764 ZPO, oder das Prozeßgericht, d.i. das Arbeitsgericht. Beschlüsse des Prozeßgerichts nach §§ 887, 888, 890 ZPO können gemäß § 891 ZPO ohne mündliche Verhandlung ergehen und nach § 53 Abs. 1 ArbGG vom Vorsitzenden allein getroffen werden. Vor der Entscheidung ist dem Schuldner in jedem Fall rechtliches Gehör zu gewähren, § 891 Satz 2 ZPO. Gegen diese Beschlüsse ist die sofortige Beschwerde nach § 793 ZPO gegeben. 95

Eine Besonderheit betrifft nach § 85 Abs. 1 Satz 3 ArbGG die Fälle der §§ 23 Abs. 3, 98 Abs. 5, 101 und 104 BetrVG, bei denen die Verhängung von Ord- 96

---

1 *Germelmann/Matthes/Prütting,* § 62 Rz. 12.
2 *Germelmann/Matthes/Prütting,* § 85 Rz. 14; *Hauck,* § 85 Rz. 5; *Grunsky,* § 85 Rz. 5.
3 *Germelmann/Matthes/Prütting,* § 85 Rz. 17; *Hauck,* § 85 Rz. 5; LAG Hamburg v. 19. 10. 1976, BB 1977, 846; LAG Hamburg v. 3. 9. 1987, LAGE § 888 ZPO Nr. 11; LAG Berlin v. 26. 3. 1984, NZA 1984, 333; aA *Grunsky,* § 85 Rz. 5; *Schaub,* Formularsammlung, § 120 4c.
4 *Jahnke,* S. 66 ff.

nungs- oder Zwangshaft zu unterbleiben hat. In diesen Fällen kann die Vollstreckung der Verpflichtung, eine Handlung vorzunehmen, zu dulden oder zu unterlassen, einen Ausbilder nicht zu bestellen bzw. abzuberufen, eine personelle Einzelmaßnahme iSd. § 99 Abs. 1 Satz 1 BetrVG aufzuheben bzw. einen betriebsstörenden Arbeitnehmer zu entlassen oder zu versetzen, allein durch ein **Ordnungs- oder Zwangsgeld** nach §§ 888, 890 ZPO vollstreckt werden; die Festsetzung von Ordnungs- oder Zwangshaft für den Fall der Nichtbeitreibung des Ordnungsgeldes ist dagegen unzulässig.

I. Streitwert und Kosten

	Rz.
I. Grundsatz	1
II. Streitwerte im Urteilsverfahren	
1. Kündigungsschutzklage bei Beendigungskündigung	3
a) Maßgeblicher Bezugszeitraum für Entgelthöhe	6
b) Maßgeblichkeit der Bruttovergütung	7
c) Ermittlung des maßgeblichen Entgelts	9
aa) Geldbezüge	10
bb) Sachleistungen	11
cc) Gratifikationen	12
d) Streitwertgrenze des § 12 Abs. 7 Satz 1 ArbGG	14
aa) Höchststreitwert	15
bb) Rahmenstreitwert	16
cc) Regelstreitwert	17
e) Streitwert bei mehreren aufeinanderfolgenden Kündigungen in einem Prozeß	
aa) Grundsätze des Bundesarbeitsgerichts	20
bb) Differenzierende Ansichten	22
(1) Landesarbeitsgericht Bremen	23
(2) Landesarbeitsgericht Köln	24
(3) Landesarbeitsgericht Hamm	25
(4) Landesarbeitsgerichte Hamburg, Schleswig-Holstein und Düsseldorf	26
f) Mehrere Kündigungsschutzprozesse	28
aa) Isolierte Prozeßbewertung	29
bb) Vierteljahresbezug nur bei gewisser Dauer des Arbeitsverhältnisses und zeitlichem Abstand der Kündigungen	30
cc) Vierteljahresbezug nur nicht bei engem sachlichen und zeitlichen Zusammenhang der Kündigungen	31

	Rz.
dd) Vierteljahresbezug nach der „Differenztheorie"	32
ee) Kein Vierteljahresbezug bei einheitlichem Kündigungsvorgang	34
ff) Kein Vierteljahresbezug bei verschiedenen Sachverhalten	35
gg) Vierteljahresbezug insgesamt als Höchstgrenze	37
g) Kündigungsschutzprozeß und Weiterbeschäftigungsanspruch	39
h) Kündigungsschutzprozeß mit hilfsweisem Weiterbeschäftigungsanspruch	45
i) Kündigungsschutzprozeß mit Vergütungsanspruch	
aa) Grundsatz	48
bb) Keine Streitwertaddition	49
cc) Streitwertaddition	50
dd) Befristeter Arbeitsvertrag	51
j) Kündigungsschutzprozeß mit Abfindung	53
aa) Abfindung iSd. §§ 9 Abs. 1, 10 KSchG	53
bb) Andere Abfindungen	54
(1) Rationalisierungsabkommen	55
(2) Sozialplanabfindung	57
2. Kündigungsschutzklage bei Änderungskündigungen	59
a) Keine Annahme unter Vorbehalt	59
b) Annahme unter Vorbehalt	60
aa) Ein Monatsbezug	61
bb) 36fache Differenz	62
cc) Wirtschaftliches Interesse	63
dd) § 3 ZPO	64
ee) Vierteljahresbezug als Höchstgrenze	65
ff) Bundesarbeitsgericht	66
3. Bestandsschutzklagen von Mitgliedern eines Vertretungsorgans	67
4. Wiederkehrende Leistungen und Eingruppierung	
a) Wiederkehrende Leistungen	69
aa) Ruhegeldansprüche	70
bb) Drittschuldnerprozeß	71

	Rz.
cc) Schadensersatz wegen künftig entgehender Gehaltsansprüche	72
dd) Vergütungsdifferenz aus zurückliegenden Anspruchsjahren	73
b) Eingruppierung	74
5. Feststellungsklage	
a) Negative Feststellungsklage	76
b) Positive Feststellungsklage	77
6. Zeugnisklage	
a) Schlußzeugnis	79
b) Zwischenzeugnis	81
c) Zeugniserteilung nach Vergleich	82
7. Abmahnung	84
8. Vergleich	
a) Feststellungsantrag	85
b) Zahlungsmodalitäten, Abgeltungsklausel	86
c) Freistellung	87
d) Vergleich über dritte Person	89
e) Vergleich über den Streitgegenstand hinaus	90
9. Herausgabe der Arbeitspapiere	92
III. Gegenstandswerte im Beschlußverfahren	
1. Keine Kostenentscheidung	93
2. Anwaltsgebühren	94
a) Vermögensrechtliche Streitigkeiten	
aa) Grundsatz	95
bb) Billiges Ermessen	96
b) Nichtvermögensrechtliche Streitigkeiten	97
aa) Abgrenzung	98
bb) Bemessungskriterien	99
cc) Bewertung nach § 8 Abs. 2 BRAGO	100
IV. Streitwertbeschwerde	
1. Streitwertbeschwerde nach § 10 Abs. 3 BRAGO	114

	Rz.
a) Frist	115
b) Beschwerdebefugnis	116
c) § 10 Abs. 3 BRAGO	117
d) Beschwerdebegründung	118
e) Entscheidung des Landesarbeitsgerichts	120
2. Streitwertbeschwerde nach § 25 GKG	122
a) Beschwerdefrist	123
b) Beschwerdebefugnis	124
3. Ermessensüberprüfung	125
V. Kosten und Kostenerstattung im Urteilsverfahren	
1. Gerichtskosten	126
a) Urteilsverfahren erster Instanz	127
b) Berufungs- und Revisionsverfahren	128
2. Anwaltskosten	
a) Urteilsverfahren erster Instanz	
aa) Grundsatz	129
bb) Verfassungsrechtliche Zulässigkeit	130
cc) Sinn und Zweck der Vorschrift	131
dd) Geltungsbereich	132
ee) Nebenintervenienten	134
b) Ausschluß materiell-rechtlicher Kostenerstattung	
aa) Grundsatz	135
bb) Ausnahmen	
(1) Anrufung eines unzuständigen Gerichts	137
(2) Fahrtkosten der Partei	139
c) Rechtsmittelinstanzen	141
aa) Verbandsvertreter in zweiter Instanz	142
bb) Reisekosten	143
d) Anwaltsgebühren	144

Schrifttum:

Becker/Glaremin, Streitwertaddition beim mit uneigentlichem Hilfsantrag geltend gemachten Weiterbeschäftigungsanspruch?, NZA 1988, 207; *Gerold/Schmidt/von Eikken/Madert*, Bundesgebührenordnung für Rechtsanwälte, 12. Aufl., 1995; *Gift/Baur*, Das Urteilsverfahren vor den Gerichten für Arbeitssachen, 1993; *Hecker/Tschöpe*, Der Arbeitsgerichtsprozeß, 1989; *Lepke*, Rezession zu Grunsky, Wolfgang, Arbeitsgerichtsgesetz, 1976, RdA 1976, 262; *Philippsen/Dörner,* Aktuelle Fragen zur Streitwertfestsetzung im Kündigungsschutzprozeß, NZA 1987, 113; *Popp,* Zum Streitwert im arbeitsgerichtlichen Bestandsschutzprozeß, DB 1990, 481; *Satzky,* Der Streitwert im Arbeitsgerichtsverfahren vor und nach der Beschleunigungsnovelle 1979, RdA 1980, 101; *Satzky,* Zur Streitwertfestsetzung in Eingruppierungsstreitigkeiten, RdA 1979, 23; *Schäfer/Schmidt,* Die Bedeutung des Streitwerts im neuen arbeitsgerichtlichen Verfahren, DB 1980, 1490; *Strobelt,* Streitwertfestsetzung im arbeitsgerichtlichen Urteil, DB 1981, 2381; *Tschischgale/Satzky,* Das Kostenrecht in Arbeitssachen, 3. Aufl., 1982; *Wenzel,* Die Kostenerstattung im Verfahren über eine einstweilige Verfügung des Amtsgerichts, über deren Rechtmäßigkeit vor dem Arbeitsgericht zu verhandeln ist (§ 942 ZPO), BB 1983, 1225; *Wenzel,* Der Streitwert des arbeitsgerichtlichen Beschlußverfahrens, DB 1977, 722; *Wenzel,* Die Streitwertaddition im Kündigungsrechtsstreit, BB 1984, 1494.

I. Grundsatz

Im Arbeitsgerichtsgesetz befindet sich mit Ausnahme des § 12 Abs. 7 ArbGG keine eigenständige Regelung über **Streitwert und Kosten**. 1

In § 61 ArbGG ist jedoch geregelt, daß der Wert des Streitgegenstandes im Urteil festzusetzen ist. Dieser **im arbeitsgerichtlichen Urteil festzusetzende Streitwert** hat Bedeutung für die Zulässigkeit der Berufung. Das Berufungsgericht ist bei der Ermittlung des Wertes bzw. des Beschwerdegegenstandes an die Streitwertfestsetzung des Arbeitsgerichts gebunden, wenn dieser nicht offensichtlich unrichtig ist[1]. Diese Festsetzung des Wertes des Streitgegenstandes hat im arbeitsgerichtlichen Urteil lediglich den Sinn der Rechtsmittelklarheit[2]. Sie hat für die Berechnung der **Gerichts- und Anwaltsgebühren keine Bedeutung.** § 12 Abs. 7 Satz 3 ArbGG (§ 24 Satz 1 GKG findet keine Anwendung) gilt allgemein nicht nur für Bestandsstreitigkeiten und Streitigkeiten über wiederkehrende Leistungen iSd. § 12 Abs. 7 Satz 1 ArbGG. Im arbeitsgerichtlichen Verfahren besteht daher keine Bindung des Kostenstreitwerts an den Rechtsmittelstreitwert. Die Bildung eines selbständigen Kostenstreitwerts nach § 25 GKG ist trotz erfolgter Streitwertfestsetzung im arbeitsgerichtlichen Urteil zulässig. Ein entsprechender Beschluß ist nicht nach § 10 Abs. 3 BRAGO, sondern nach § 25 Abs. 3 GKG anfechtbar[3]. 2

---

1 BAG v. 27. 5. 1994, NZA 1994, 1054; BAG v. 2. 3. 1983, AP Nr. 6 zu § 64 ArbGG; vgl. auch *Satzky,* RdA 1990, 103.
2 Hierzu: *Schäfer/Schmidt,* DB 1980, 1490.
3 LAG Köln v. 24. 3. 1993 – 11 (10) Ta 26/93, nv.; LAG Rheinland-Pfalz v. 29. 9. 1992, LAGE Nr. 2 zu § 24 GKG; LAG Baden-Württemberg v. 2. 1. 1993, JurBüro 1991, 668; LAG Schleswig-Holstein v. 12. 1. 1989, LAGE Nr. 8 zu § 25 GKG.

II. Streitwerte im Urteilsverfahren

1. Kündigungsschutzklage bei Beendigungskündigung

3 Für die **Wertberechnung** von Streitigkeiten über das Bestehen, **Nichtbestehen** oder die **Kündigung** eines **Arbeitsverhältnisses** ist nach § 12 Abs. 7 Satz 1 ArbGG höchstens der Betrag des für die Dauer eines **Vierteljahres** zu leistenden **Arbeitsentgelts** maßgebend. Diese Regelung findet auf alle Bestandsstreitigkeiten Anwendung.

4 **Beispiele:**

Hierzu zählen Verfahren, in denen es um die Wirksamkeit der Anfechtung eines Arbeitsvertrages geht, um die Frage der Fortsetzung eines Arbeitsverhältnisses, der Wirksamkeit eines Auflösungsvertrages bzw. der Erklärung einer Ausgleichsquittung sowie um die Wirksamkeit einer Änderungskündigung, selbst wenn die Änderung der Arbeitsbedingungen unter dem Vorbehalt der Überprüfung der sozialen Rechtfertigung von dem Arbeitnehmer angenommen worden ist[1].

5 Die Praxis steht bei der Streitwertbestimmung im wesentlichen vor **zwei Problemen**: Einerseits hat der Gesetzgeber offengelassen, was im einzelnen alles zum Arbeitsentgelt zählt und welcher Wert in Ansatz zu bringen ist. Zum anderen ist umstritten, ob der Vierteljahresbezug einen Höchst- oder Regelstreitwert bildet.

a) Maßgeblicher Bezugszeitraum für Entgelthöhe

6 Für die Wertberechnung nach § 12 Abs. 7 ArbGG ist bei Klagen, die das Bestehen eines **Arbeitsverhältnisses über einen bestimmten Zeitpunkt hinaus** zum Gegenstand haben, das Arbeitsentgelt maßgebend, das der Arbeitnehmer bei Fortbetand des Arbeitsverhältnisses in den ersten **drei Monaten** nach dem streitigen Beendigungszeitpunkt beanspruchen könnte[2].

b) Maßgeblichkeit der Bruttovergütung

7 Grundsätzlich ist bei der **Berechnung** von der Brutto- und nicht von der Nettovergütung auszugehen.

Das soll selbst dann gelten, wenn zwischen den Parteien eine Nettolohnvereinbarung getroffen worden ist. Der vereinbarte Nettolohn soll in diesem Fall auf den Bruttolohn hochzurechnen sein[3].

---

1 *Germelmann/Matthes/Prütting*, ArbGG, § 12 Rz. 90.
2 BAG v. 19. 7. 1973, AP Nr. 20 zu § 12 ArbGG 1953; *Germelmann/Matthes/Prütting*, ArbGG, § 12 Rz. 98.
3 LAG Düsseldorf v. 7. 1. 1991, LAGE Nr. 89 zu § 12 ArbGG 1979 – Streitwert; *Grunsky*, ArbGG, § 12 Rz. 4a.

Demgegenüber steht das Landesarbeitsgericht Berlin auf dem Standpunkt, daß im Falle einer ausdrücklichen **Nettolohnvereinbarung**, der Nettolohn zugrunde zu legen sei[1]. 8

c) Ermittlung des maßgeblichen Entgelts

Arbeitsentgelt iSd. § 12 Abs. 7 ArbGG ist diejenige **Vergütung**, die der Arbeitgeber **im Falle** seines **Annahmeverzuges** schulden würde[2]. Bei der Festsetzung des Streitwertes darf nicht ohne weiteres von der vom Kläger angegebenen Höhe des Arbeitsentgelts ausgegangen werden, wenn der Beklagte sie bestritten und eine Vereinbarung in anderer Höhe behauptet hat. Der Beklagte hat ein berechtigtes Interesse daran, im Falle des Unterliegens die Kosten nur entsprechend dem wirklichen Wert der Feststellung zu tragen und nicht nach dem vom Kläger möglicherweise übertrieben dargestellten Wert; er muß sich also aus Kostengründen gegen eine überhöhte Darstellung durch den Kläger mit Erfolg zur Wehr setzen können. Das Gericht hat seinerseits zu versuchen, das wahre Interesse des Klägers an der Feststellung zu ermitteln bzw. sich diesem zu nähern[3]. Hierbei sind sowohl Geld- als auch Sachbezüge zu berücksichtigen. 9

aa) Geldbezüge

Die Geldbezüge bestehen zum Beispiel aus **Grundgehalt, Fixum, Provisionen**, regelmäßig zu zahlenden **Prämien** (zB Verkaufs- und Anwesenheitsprämien, Nacht-, Schicht-, Gefahren- und Leistungszulagen), **Essensgeldzuschüssen, Trinkgeldern** (sofern sie betriebsüblich sind) sowie **Wege- und Fahrgeldern**, soweit sie unabhängig vom Aufwand bezahlt werden[4]. Ferner sind **Nah- und Fernauslösen**, wenn sie auch im Krankheitsfalle gem. §§ 3, 4, EFZG fortzubezahlen sind, sowie **Pauschalen** für Verpflegungsmehraufwand, soweit sie vom Arbeitnehmer nicht tatsächlich als Mehraufwand verbraucht werden, zu berücksichtigen. Die Festsetzung des Streitwerts einer Kündigungsschutzklage hat jedoch ohne Berücksichtigung der Trennungsentschädigung zu erfolgen[5]. 10

bb) Sachleistungen

Zu den Sachleistungen gehören zB **freie Unterkunft, Verpflegung, unentgeltlicher Bezug einer Hausmeisterwohnung, Lebensmittel- und Kohledeputate usw.** Im Kündigungsschutzprozeß zB eines Chefarztes ist bei der Streitwertfestsetzung nach § 12 Abs. 7 ArbGG nicht nur von den effektiven Gehaltsbezügen auszugehen. Sind dem **Chefarzt** vertraglich ertragreiche Nebentätigkeiten unter Einsatz von Personal- und Ausstattung des Krankenhauses gestattet (zB Kassenambulanz, berufsgenossenschaftliche Durchgangsverfahren und Privatpraxis), so ist die **Einräumung dieser Betätigungsmöglichkeit angemessen zu** 11

---

1 LAG Berlin v. 7. 1. 1981, AuR 1981, 353.
2 LAG Köln v. 7. 1. 1985 – 2 Ta 214/84, nv.; LAG Rheinland-Pfalz v. 23. 9. 1981 – 1 Ta 130/81, nv.; *Stahlhacke/Bader*, ArbGG, § 12 Rz. 34.
3 LAG Köln v. 6. 3. 1985 – 7 Sa 1186/84.
4 BAG v. 11. 2. 1976, DB 1976, 875.
5 LAG Frankfurt v. 12. 4. 1966, RdA 1966, 439.

bewerten[1]. Der Bewertung zugrunde zu legen ist ebenfalls der Wert der **Privatnutzung eines Kraftfahrzeuges**[2]. Für die Festsetzung des Streitwertes ist dabei nicht die lohnsteuerliche Bewertung, sondern der Betrag zugrunde zu legen, den der Arbeitnehmer an eigenen Aufwendungen durch die Überlassung des Fahrzeugs erspart[3].

cc) Gratifikationen

12 Die Frage, ob **Gratifikationen** bei der Streitwertbemessung Berücksichtigung finden, ist **umstritten**.

So steht das Landesarbeitsgericht Düsseldorf auf dem Standpunkt, daß die vertraglich zugesagten Gratifikationen anteilmäßig zu berücksichtigen seien. Lediglich Gratifikationen, bei denen es sich um eine freiwillige, jederzeit widerrufliche Leistung handelt, hätten außer Betracht zu bleiben[4]. Ist indes das 13. Monatsgehalt eindeutig als Entgelt für erbrachte Arbeitnehmerleistungen anzusehen, so muß dieses bei der Streitwertberechnung berücksichtigt werden[5].

Demgegenüber vertreten andere Landesarbeitsgerichte die Auffassung, daß Gratifikationen bei der Streitwertberechnung nicht zu berücksichtigen seien[6].

13 > **Hinweis:**
> Auch bei einem Streit über den Bestand eines Berufsausbildungsverhältnisses ist der Streitwert der dreifache Betrag der monatlichen Ausbildungsvergütung[7]. Dagegen bleibt der kapitalisierte Wert der durch den Arbeitgeber zu erbringenden Ausbildungsleistung unberücksichtigt[8].

d) Streitwertgrenze des § 12 Abs. 7 Satz 1 ArbGG

14 Nach § 12 Abs. 7 Satz 1 ArbGG ist für die Wertberechnung der Rechtsstreitigkeiten über das Bestehen, das Nichtbestehen oder die Kündigung eines Arbeitsverhältnisses höchstens der Betrag des für die Dauer eines **Vierteljahres zu leistenden Arbeitsentgeltes** maßgebend.

---

1 LAG Hamm v. 29. 1. 1976, BB 1976, 746.
2 LAG Hamburg v. 19. 11. 1990, AnwBl. 1991, 165.
3 LAG Köln v. 4. 3. 1994, NZA 1994, 1104.
4 LAG Düsseldorf v. 28. 6. 1990, LAGE Nr. 84 zu § 12 ArbGG 1979 – Streitwert.
5 LAG Hamburg v. 19. 11. 1990, AnwBl. 1991, 165; LAG Nürnberg v. 22. 10. 1984, ARST 1985, 173.
6 Köln v. 18. 7. 1994, DB 1994, 1868; LAG Berlin v. 16. 10. 1985, RzK I 10 & 11; LAG Köln v. 19. 4. 1982, DB 1982, 1226.
7 LAG Düsseldorf v. 12. 4. 1984, LAGE Nr. 28 zu § 12 ArbGG 1979 – Streitwert; LAG Hamm v. 4. 11. 1982 – 9 Sa 1276/82, nv.
8 LAG Rheinland-Pfalz v. 23. 9. 1981 – 1 Ta 130/81, nv.

II. Streitwerte im Urteilsverfahren

aa) Höchststreitwert

Das **Bundesarbeitsgericht** sieht im Vierteljahresverdienst nur die Obergrenze für den vom Gericht nach **billigem Ermessen** festzusetzenden Streitwert. Dabei hänge der Wert des Streitgegenstandes insbesondere von der **bisherigen Dauer** des Arbeitsverhältnisses ab.

Bei einem **typisierenden, regelgebundenen Maßstab** seien also dann, wenn nicht besondere Umstände eine Erhöhung oder Herabsetzung rechtfertigen, bei einem Bestand des Arbeitsverhältnisses bis zu sechs Monaten ein Monatsverdienst, von sechs bis zwölf Monaten zwei Monatsverdienste und von mehr als einem Jahr drei Monatsverdienste als Streitwert anzusetzen[1]. Bei der Ausübung des Ermessens müßten Faktoren außerhalb des Arbeitsverhältnisses, wie Schwierigkeit der Sache und soziale Aspekte, unberücksichtigt bleiben. Entscheidend sei allein das wirtschaftliche Interesse des Klägers, welches in erster Linie dadurch geprägt werde, wie stark sich das Arbeitsverhältnis verfestigt habe[2].

Dieser Rechtsprechung des Bundesarbeitsgerichts haben sich verschiedene Landesarbeitsgerichte angeschlossen[3].

bb) Rahmenstreitwert

Die erste Kammer des Landesarbeitsgerichts Nürnberg lehnt jedoch die vom Bundesarbeitsgericht aufgestellten typisierten Ermessenskriterien ab. Nach ihrer Ansicht laufen diese doch auf einen Regelstreitwert hinaus und finden weder nach dem Wortlaut der Sonderregelung des § 12 Abs. 7 ArbGG noch nach dem vom Gesetzgeber verfolgten sozialen Schutzzweck, die Verfahrenskosten im Interesse der Rechtsuchenden gering zu halten, ihre Berechtigung.

So sieht ein Teil der Arbeits- und Landesarbeitsgerichte im Vierteljahresbezug einen **Rahmenstreitwert**, innerhalb dessen der Wert des Streitgegenstandes unter Berücksichtigung verschiedener Umstände, wie zB Dauer des Arbeitsverhältnisses, Alter, Familienstand, Stellung des Arbeitnehmers, festzusetzen sei[4].

cc) Regelstreitwert

Die **überwiegende Rechtsprechung der Landesarbeitsgerichte** betrachtet jedoch nach wie vor den Vierteljahresbezug als Regelstreitwert[5]. Eine niedrigere Be-

---

1 BAG v. 30. 11. 1984, NZA 1985, 369.
2 Hierzu kritisch: *Popp*, DB 1990, 481 ff.
3 LAG Baden-Württemberg v. 16. 5. 1990, JurBüro 1990, 1221; LAG Nürnberg v. 23. 6. 1987, EzA Nr. 55 zu § 12 ArbGG 1979 – Streitwert.
4 LAG Baden-Württemberg v. 27. 1. 1982, LAGE Nr. 16 zu § 12 ArbGG 1979 – Streitwert; LAG Niedersachsen v. 7. 10. 1980, EzA Nr. 6 zu § 12 ArbGG 1979 – Streitwert; LAG Berlin v. 20. 5. 1979 – 2 TA 18/79, nv.
5 LAG Niedersachsen v. 27. 4. 1995 – 9 Ta 141/95, nv.; LAG Niedersachsen v. 13. 7. 1993, AnwBl. 1994, 152; LAG Frankfurt v. 29. 4. 1986, BB 1986, 1512; LAG Bremen v. 28. 2. 1986, AnwBl. 1986, 250; LAG Köln v. 15. 11. 1985, LAGE Nr. 42 zu § 12 ArbGG 1979 – Streitwert; LAG Düsseldorf v. 17. 10. 1985, LAGE Nr. 41 zu § 12 ArbGG 1979 – Streitwert; LAG Hamm v. 27. 6. 1985, LAGE Nr. 38 zu § 12 ArbGG 1979 – Streitwert.

wertung habe nur dann zu erfolgen, wenn der **Fortbestand** des Arbeitsverhältnisses für **weniger als drei Monate** umstritten sei. Auch wenn das Arbeitsverhältnis nicht mehr als zwölf Monate bestanden habe, sei der in § 12 Abs. 7 Satz 1 ArbGG bestimmte Höchstbetrag von einem Vierteljahresbezug auszuschöpfen, sofern nicht der Fortbestand des Arbeitsverhältnisses für eine kürzere Zeit als drei Monate begehrt werde[1].

18 Auch nach der sechsten Kammer des Landesarbeitsgericht München kommt ein geringerer Streitwert nur dann in Betracht, wenn das **wirtschaftliche Interesse des Klägers** am Obsiegen ausnahmsweise geringer ist[2].

19 Der Regelstreitwert ist nicht nur dann zu unterschreiten, wenn die strittige Vertragszeit weniger als drei Monate umfaßt. Da die Feststellung iSd. § 4 KSchG oder des § 256 ZPO nicht auf eine umfassende Klärung der typischerweise strittigen Vertragsansprüche abzielt, sondern nur die Vertragsdauer als solche zum Gegenstand hat, muß es in einem Rechtsstreit, in dem es um die **Umwandlung einer fristlosen Kündigung** von zB dem 5. 12. in eine fristgerechte Kündigung zum 31. 3. des nachfolgenden Jahres geht und Fragen der Rehabilitation eine untergeordnete Rolle spielen, als angemessen gelten, den Streitwert auf das **Doppelte des Monatsentgelts** zu begrenzen[3].

e) Streitwert bei mehreren aufeinanderfolgenden Kündigungen in einem Prozeß

aa) Grundsätze des Bundesarbeitsgerichts

20 Werden in einem Prozeß **mehrere zeitlich aufeinanderfolgende** Kündigungen zu **einem Lösungszeitpunkt** und/oder zu **unterschiedlichen Zeitpunkten** angegriffen, will das Bundesarbeitsgericht auch in diesem Fall den Streitwert nur einmal bis zur **Höchstgrenze des Vierteljahresbezuges** bewerten. Das begründet es damit, daß die Kündigungsschutzanträge wirtschaftlich identisch seien, weil es lediglich um das Interesse am Fortbestehen oder Nichtfortbestehen des Arbeitsverhältnisses gehe. Außerdem verbiete das soziale Schutzrecht des § 12 Abs. 7 Satz 1 ArbGG eine höhere Streitwertfestsetzung[4]. Dieser Rechtsprechung des Bundesarbeitsgerichts haben sich verschiedene Landesarbeitsgerichte angeschlossen[5]. Das Bundesarbeitsgericht hat in seiner Entscheidung aus dem Jahre 1984 jedoch offengelassen, wie zu entscheiden sei, wenn zwischen den einzelnen Kündigungen ein längerer Abstand bestehe.

---

1 LAG Niedersachsen v. 13. 7. 1993, AnwBl. 1994, 152; LAG München v. 13. 1. 1986, NZA 1986, 496.
2 LAG München v. 22. 11. 1985, ARST 1987, 173.
3 LAG Hamm v. 13. 5. 1986, BB 1986, 1092.
4 BAG v. 26. 12. 1984, NZA 1985, 296; BAG v. 20. 1. 1967, DB 1967, 472.
5 LAG Nürnberg v. 7. 2. 1992, NZA 1992, 516; LAG Baden-Württemberg v. 15. 10. 1991, JurBüro 1992, 535; LAG München v. 21. 4. 1988, JurBüro 1989, 57; LAG Rheinland-Pfalz v. 18. 4. 1986, LAGE Nr. 59 zu § 12 ArbGG 1979 – Streitwert; LAG Berlin v. 22. 10. 1984, NZA 1985, 297.

Auch das Landesarbeitsgericht Nürnberg sieht die Höchstgrenze jedenfalls dann als verbindlich an, wenn die verschiedenen Kündigungen in einem **engen zeitlichen Zusammenhang** stehen[1]. Das Landesarbeitsgericht Baden-Württemberg vertritt hiergegen die Auffassung, daß beim **zeitlich erheblichen Auseinanderliegen** der verschiedenen Bestandschutzanträge der Streitwertrahmen des § 12 Abs. 7 Satz 1 ArbGG voll auszuschöpfen sei[2].

bb) Differenzierende Ansichten

Gegen die Auffassung des Bundesarbeitsgerichts ist Kritik erhoben worden. Es ist unstreitig, daß bei mehreren Kündigungen auch **mehrere Streitgegenstände** vorliegen. Diese führen zwangsläufig gem. § 5 ZPO zur Klagehäufung. Streitgegenstand ist nämlich stets die Frage, ob ein Arbeitsverhältnis aufgrund einer bestimmten Kündigung aufgelöst wird oder nicht[3]. Die Anträge sind auch nicht wirtschaftlich identisch. Das Bundesarbeitsgericht übersieht, daß jedenfalls bei Kündigungen zu unterschiedlichen Lösungszeitpunkten in jedem Fall wirtschaftliche Interessen des Klägers betroffen sind, die mehr als drei Monate umfassen müssen, sofern der Kläger jeweils das Begehren auf unbefristete Rückkehr an den Arbeitsplatz geltend macht. Demzufolge differenzieren einige Landesarbeitsgerichte:

(1) Landesarbeitsgericht Bremen

So vertritt die 4. Kammer des Landesarbeitsgerichts Bremen die Auffassung, daß bei mehreren Kündigungen eines Arbeitsverhältnisses, das dem Kündigungsschutzgesetz unterliegt, und die innerhalb eines Dreimonatszeitraums ausgesprochen werden, in der Regel die erste Kündigung mit dem Höchstwert des § 12 Abs. 7 ArbGG zu bewerten ist. Jede weitere Kündigung ist wegen der **wirtschaftlichen Teilidentität** mit dem Klageantrag zur ersten Kündigung nach dem Wert zu bemessen, der der Differenz des Lohnanspruchs für den Zeitraum zwischen dem ersten und zweiten bzw. dritten Beendigungszeitpunkt entspricht; der Mindestwert ist jedoch ein Monatsgehalt[4]. Es hat jedoch eine Streitwertaddition gem. § 5 ZPO stattzufinden.

(2) Landesarbeitsgericht Köln

Nach Ansicht des Landesarbeitsgerichts Köln wird bei Kündigungen mit zeitlichem Abstand für die zusätzlichen Kündigungen ein **gesonderter Streitwert** angesetzt, der der Zeitdifferenz zwischen den einzelnen Kündigungen entspricht[5]. Allerdings ist für die zweite Kündigung wegen der Bedeutung einer Kündigungsschutzklage jedenfalls ein Mindestwert von einem Monatsgehalt anzusetzen[6].

---
1 LAG Nürnberg v. 7. 2. 1992, NZA 1992, 617.
2 LAG Baden-Württemberg v. 15. 10. 1991, JurBüro 1992, 535.
3 LAG Sachsen-Anhalt v. 20. 9. 1995, LAGE Nr. 104 zu § 12 ArbGG 1979 – Streitwert.
4 LAG Bremen v. 13. 2. 1987, BB 1987, 479.
5 LAG Köln v. 19. 7. 1984, LAGE Nr. 27 zu § 12 ArbGG 1979 – Streitwert.
6 LAG Köln v. 8. 3. 1989, LAGE Nr. 79 zu § 12 ArbGG 1979 – Streitwert.

(3) Landesarbeitsgericht Hamm

25 Das Landesarbeitsgericht Hamm entschied in einem Rechtsstreit über eine krankheitsbedingte Kündigung, in dem auch die Unwirksamkeit einer (drei Monate) später ausgesprochenen fristlosen Kündigung geltend gemacht wurde, daß jeder Antrag getrennt zu bewerten sei und die **Gegenstandswerte zusammengerechnet werden** müßten. Bei der Bewertung der nachgeschobenen außerordentlichen Kündigung könne berücksichtigt werden, daß sich das wirtschaftliche Interesse an der Bekämpfung der fristlosen Entlassung mit dem an der ordentlichen Kündigung teilweise überschneidet[1].

(4) Landesarbeitsgerichte Hamburg, Schleswig-Holstein und Düsseldorf

26 Einige andere Landesarbeitsgerichte nehmen nach wie vor eine **echte Wertaddition** für jede einzelne Kündigung vor und gewähren damit in der Regel für jede einzelne Kündigung den Vierteljahresbezug[2].

27 **Beispiel:**

Einem Arbeitnehmer, der monatlich 5000 DM brutto verdient, wird zum 31. 3. ordentlich und zum 30. 6. außerordentlich gekündigt.

Nach der Rechtsprechung des BAG ist hier ein Streitwert von 15 000 DM zugrunde zu legen.

Legt man die Auffassung des LAG Bremen zugrunde, so ergibt sich ein Streitwert von 30 000 DM. Zu dem gleichen Ergebnis käme das LAG Köln. Auch die Landesarbeitsgerichte Hamburg, Schleswig-Holstein und Düsseldorf würden diesen Streitwert zugrunde legen.

Das LAG Hamm würde im vorliegenden Fall den 5fachen Monatsverdienst als Streitwert zugrunde legen und daher einen Streitwert von 25 000 DM festsetzen.

f) Mehrere Kündigungsschutzprozesse

28 Noch größer sind die Unterscheidungen, die die Landesarbeitsgerichte in den Fällen vornehmen, in denen Feststellungsanträge gegen **verschiedene Kündigungen** des Arbeitgebers in **getrennten Rechtsstreitigkeiten** geltend gemacht werden.

aa) Isolierte Prozeßbewertung

29 Einige Landesarbeitsgerichte vertreten die Auffassung, daß die Streitwertfestsetzung für jedes Verfahren **getrennt** und **unabhängig** voneinander vorzuneh-

---

1 LAG Hamm v. 24. 5. 1984, NZA 1984, 365.
2 LAG München v. 3. 5. 1995 – 9 Sa 1046/94, nv.; LAG Hamburg v. 8. 2. 1994, NZA 1995, 495; LAG Düsseldorf v. 9. 9. 1993, LAGE Nr. 99 zu § 12 ArbGG 1979 – Streitwert; LAG Schleswig-Holstein v. 23. 8. 1984, AnwBl. 1985, 99; LAG Hamburg v. 11. 11. 1983, AnwBl. 1984, 316.

II. Streitwerte im Urteilsverfahren   Rz. 32 Teil 5 I

men sei. Es könne daher grundsätzlich für jedes Verfahren der Höchstwert gem. § 12 Abs. 7 Satz 1 ArbGG in Ansatz gebracht werden[1].

bb) Vierteljahresbezug nur bei gewisser Dauer des Arbeitsverhältnisses und zeitlichem Abstand der Kündigungen

Teilweise wird für jedes Verfahren nur dann der Vierteljahresverdienst des Arbeitnehmers als Streitwert in Ansatz gebracht, wenn das Arbeitsverhältnis von einer **gewissen Dauer** war und ein entsprechender Zeitabstand zwischen den einzelnen Kündigungen liegt[2]. 30

cc) Vierteljahresbezug nur nicht bei engem sachlichen und zeitlichen Zusammenhang der Kündigungen

Andere Landesarbeitsgerichte differenzieren danach, ob zwischen den Kündigungen, die Gegenstand verschiedener Verfahren sind, ein **sachlicher oder zeitlicher Zusammenhang** besteht[3]. Das Landesarbeitsgericht Rheinland-Pfalz steht ähnlich auf dem Standpunkt, daß für das anschließende Verfahren eine deutliche Herabsetzung des Gegenstandswerts angebracht sei, wenn die Kündigungen in einem nahen sachlichen Zusammenhang stehen. Ein naher sachlicher Zusammenhang soll auch dann gegeben sein, wenn die Umstände des gegen die erste Kündigung durchgeführten Klageverfahrens zu erneuten Störungen des Arbeitsverhältnisses mit entsprechenden Kündigungsfolgen geführt haben[4]. 31

dd) Vierteljahresbezug nach der „Differenztheorie"

Bei mehreren, zu unterschiedlichen Terminen ausgesprochenen Kündigungen, welche in getrennten Verfahren angegriffen werden, hängt die Höhe des Streitwertes nach dem Landesarbeitsgericht München für jedes Verfahren nach § 12 Abs. 7 ArbGG davon ab, in welchem **Zeitraum** ein der Klage stattgebendes Urteil den Fortbestand des Arbeitsverhältnisses feststellt. Liegt zwischen den Beendigungsterminen zweier Kündigungen ein Zeitraum von weniger als einem Vierteljahr, bestimmt sich der Streitwert im Verfahren gegen die erste Kündigung nach der Höhe des Zwischenverdienstes bis zum Beendigungstermin der zweiten Kündigung. Dieser Auffassung hat sich auch das Landesarbeitsgericht Düsseldorf angeschlossen, wobei jedoch für eine fristlose Kündigung ein zusätzlicher „Makelzuschlag" erfolgt[5]. 32

---

1 LAG Nürnberg v. 23. 6. 1987, EzA Nr. 55 zu § 12 ArbGG 1979 – Streitwert; LAG Nürnberg v. 23. 6. 1987, LAGE Nr. 78 zu § 12 ArbGG 1979 – Streitwert; LAG Kiel v. 23. 8. 1984, AnwBl. 1985, 99; LAG Niedersachsen v. 3. 1. 1984, AnwBl. 1985, 99; LAG Baden-Württemberg v. 23. 10. 1983, AnwBl. 1985, 99.
2 LAG Nürnberg v. 21. 2. 1985, NZA 1985, 298; ähnlich LAG Hamm v. 9. 6. 1994, EzA-SD 94, Nr. 16/10.
3 LAG Hamburg v. 15. 11. 1994, LAGE Nr. 102 zu § 12 ArbGG 1979 – Streitwert; LAG Baden-Württemberg v. 5. 2. 1988, JurBüro 1988, 1161.
4 LAG Rheinland-Pfalz v. 10. 4. 1987, ARST 1988, 125.
5 LAG Düsseldorf v. 16. 2. 1989, JurBüro 1989, 955; LAG München v. 13. 10. 1988, JurBüro 1989, 191.

33 **Beispiel:**

Einem Arbeitnehmer wird zum 1. 6. und zum 15. 7. gekündigt. Sein Bruttomonatsverdienst beläuft sich auf 5000 DM. Demzufolge beläuft sich der Streitwert im ersten Verfahren auf 7500 DM. Der Streitwert des zweiten Verfahrens beträgt 15 000 DM.

ee) Kein Vierteljahresbezug bei einheitlichem Kündigungsvorgang

34 Hat der Arbeitgeber vorsorglich eine zweite Kündigung ausgesprochen, die auf den selben Grund gestützt wird wie die erste Kündigung, so handelt es sich wirtschaftlich um einen **einheitlichen Kündigungsvorgang**, so daß bei Geltendmachung der Sozialwidrigkeit in getrennten Kündigungsschutzprozessen für die zweite Kündigung höchstens ein Monatsgehalt als Gegenstandswert anzusetzen ist[1].

ff) Kein Vierteljahresbezug bei verschiedenen Sachverhalten

35 Nach dem Landesarbeitsgericht Rheinland-Pfalz gilt das Gebot der Reduzierung des Gegenstandswertes beim späteren Kündigungsverfahren auch dann, wenn die spätere Kündigung aufgrund eines **verschiedenen Sachverhaltes** ausgesprochen worden ist. Der Gegenstandswert des zweiten Kündigungsschutzverfahrens ist in Höhe eines Drittels des in dem früheren Kündigungsschutzverfahren festgesetzten Gegenstandswertes zu bewerten[2].

36 **Beispiel:**

Unter dem 3. 4. erhält ein Arbeitnehmer eine ordentliche krankheitsbedingte Kündigung. Am 11. 5. spricht der Arbeitgeber eine ordentliche verhaltensbedingte Kündigung aus. Der Bruttomonatslohn des Arbeitnehmers beträgt 5000 DM. Der Streitwert des ersten Kündigungsschutzverfahrens ist mit 15 000 DM anzusetzen. Der Gegenstandswert des folgenden Verfahrens beläuft sich auf 5000 DM.

gg) Vierteljahresbezug insgesamt als Höchstgrenze

37 Schließlich steht das Landesarbeitsgericht Frankfurt auf dem Standpunkt, daß bei in verschiedenen Verfahren angegriffenen zeitnahen Folgekündigungen wertmäßig insgesamt der **Höchstwert des § 12 Abs. 7 Satz 1 ArbGG nicht überschritten** werden dürfe. Für jedes dieser Verfahren sei somit ein Abschlag vom Höchstwert geboten. Im Rahmen eines einfachen Ermessensvollzugs entspreche ein Drittel des Höchstwertes in jedem der Folgeverfahren billigem Ermessen[3].

---

1 LAG Hamburg v. 23. 4. 1987, LAGE Nr. 64 zu § 12 ArbGG 1979 – Streitwert.
2 LAG Rheinland-Pfalz v. 7. 4. 1987 – 1 Ta 68/87, nv.
3 LAG Frankfurt v. 3. 5. 1985, AuR 1986, 185.

II. Streitwerte im Urteilsverfahren

> **Hinweis:** Vierteljahresbezug bei Betriebsübergang
> Richtet sich der zweite Kündigungsschutzprozeß gegen den Betriebserwerber, so ist dieser, wie der vorher anhängig gemachte Kündigungsschutzprozeß gegen den Veräußerer, nach § 12 Abs. 7 Satz 1 ArbGG mit dem **Vierteljahreseinkommen** zu bewerten, wenn der Betriebserwerber rd. **vier Monate** nach der Kündigung **durch den Betriebsveräußerer** gekündigt hat, um dem Einwand Rechnung zu tragen, daß das Arbeitsverhältnis schon vor Kündigung durch den Veräußerer auf den Erwerber übergegangen sei. In einem solchen Fall richtet sich der Streitwert nach der Verbindung beider Verfahren nach dem sechsfachen Betrag des Monatsentgelts[1].

38

g) Kündigungsschutzprozeß und Weiterbeschäftigungsanspruch

Der neben der Kündigungsschutzklage regelmäßig geltend gemachte **Weiterbeschäftigungsanspruch** wird streitwertmäßig **zwischen 0,00 DM und zwei Monatsgehältern** bewertet[2].

39

Dem Weiterbeschäftigungsanspruch wird teilweise wegen des damit für den Arbeitnehmer verbundenen Kostenrisikos **kein eigenständiger Streitwert** zugemessen[3].

40

Das Landesarbeitsgericht Bremen berücksichtigt dagegen für den Weiterbeschäftigungsanspruch in Anbetracht des regelmäßig 63 % des um die gesetzlichen Abzüge verminderten Arbeitsentgelts betragenden Arbeitslosengeldes den Streitwert mit **einem Drittel des Monatsbezugs,** welchen ein Weiterbeschäftigter gegenüber einem Arbeitslosen mehr zur Verfügung hat[4].

41

Von einem Großteil der Landesarbeitsgerichte wird der Weiterbeschäftigungsanspruch mit **einem Monatsbezug** bewertet[5].

42

Vereinzelt wird der Streitwert in Höhe der **Hälfte des jeweiligen Streitwerts** des Kündigungsschutzbegehrens bewertet[6].

43

Die Landesarbeitsgerichte in Nordrhein-Westfalen setzen regelmäßig **zwei Monatsbezüge** an[7].

44

---

1 LAG Hamm v. 9. 1. 1985, BB 1985, 667.
2 Zum Meinungsstand: *Philippsen/Dörner*, NZA 1987, 116 ff.
3 LAG Baden-Württemberg v. 19. 4. 1985, AnwBl. 1986, 160; LAG Kiel v. 14. 9. 1984, LAGE Nr. 34 zu § 12 ArbGG 1979 – Streitwert.
4 LAG Bremen v. 20. 11. 1980, AuR 1981, 285.
5 LAG Chemnitz v. 14. 6. 1993, LAGE Nr. 97 zu § 12 ArbGG 1979 – Streitwert; LAG Rheinland-Pfalz v. 16. 4. 1992, NZA 1992, 664; LAG München v. 30. 10. 1990, NZA 1992, 140; LAG Nürnberg v. 3. 1. 1989, NZA 1989, 862; LAG Frankfurt v. 20. 6. 1984, AuR 1985, 62; LAG Baden-Württemberg v. 27. 1. 1982, LAGE Nr. 16 zu § 12 ArbGG 1979 – Streitwert; LAG Hamburg v. 5. 4. 1982 – 6 Ta 12/82, nv.
6 LAG Rheinland-Pfalz v. 23. 7. 1982, AnwBl. 1983, 36.
7 LAG Hamm v. 11. 9. 1986, MDR 1987, 85; LAG Hamm v. 2. 4. 1986, DB 1986, 1184; LAG Hamm v. 11. 11. 1982, LAGE Nr. 18 zu § 12 ArbGG 1979 – Streitwert; LAG Köln

h) Kündigungsschutzprozeß mit hilfsweisem Weiterbeschäftigungsanspruch

45 Der Weiterbeschäftigungsanspruch wird regelmäßig in Form eines **uneigentlichen Hilfsantrages** für den **Fall des Obsiegens** mit der Feststellungsklage gestellt. Ein Weiterbeschäftigungsantrag des Arbeitnehmers im Rahmen eines Kündigungsrechtsstreits, der für den Fall gestellt wird, daß der Feststellungsantrag hinsichtlich der Unwirksamkeit einer fristlosen Kündigung stattgegeben wird, ist zulässig[1].

46 Ein Streitpunkt hinsichtlich der Bewertung dieses uneigentlichen Hilfsantrages im Rahmen der Streitwertbemessung ergibt sich aus § 19 Abs. 4 GKG. Danach ist der höhere Wert eines hilfsweise geltend gemachten Anspruchs maßgebend, wenn über ihn entschieden wird; sonst bleibt dieser Anspruch außer Betracht. Zum Teil geht man davon aus, daß für den uneigentlichen Hilfsantrag auf Weiterbeschäftigung der **Gebührenstreitwert nach § 19 Abs. 4 GKG** maßgebend ist[2].

47 Die mittlerweile herrschende Meinung der Landesarbeitsgerichte steht auf dem Standpunkt, daß der Wert des uneigentlichen Hilfsantrages dem **Wert der Kündigungsschutzklage** immer **hinzuzurechnen** ist und § 19 Abs. 4 GKG insoweit keine Anwendung findet[3]. Zur Begründung wird ausgeführt, daß § 19 Abs. 4 GKG nur den Fall des echten Haupt- und Hilfsantrages regele. Der Hilfsantrag solle immer nur dann beschieden werden, wenn der Hauptantrag als unzulässig oder unbegründet angesehen worden sei. In diesem Falle wolle der Kläger sein Klageziel nur ein einziges Mal, gleichgültig ob mit Haupt- oder Hilfsantrag, erreichen, während er im Falle des unechten Hilfsantrages voll obsiegen wolle. Dem in Form eines uneigentlichen Hilfsantrages gekleideten Antrag fehle also die eigentlich dem Hilfsantrag innewohnende Hilfsfunktion im Hinblick auf den Hauptantrag, so daß von daher für diesen Fall § 19 Abs. 4 GKG inhaltlich nicht zutreffend sei.

i) Kündigungsschutzprozeß mit Vergütungsanspruch

aa) Grundsatz

48 Eingeklagte Gehalts- und Lohnansprüche aus der Zeit **vor dem** streitigen **Beendigungszeitpunkt** sind dem Kündigungsfeststellungsantrag stets **hinzuzurechnen**[4].

---

v. 19. 4. 1982, DB 1982, 1427; LAG Düsseldorf v. 30. 10. 1980, EzA Nr. 1 zu § 12 ArbGG 1979 – Streitwert; LAG Düsseldorf v. 23. 10. 1980, AuR 1981, 156.
1 BAG v. 8. 4. 1988, NZA 1988, 741.
2 LAG Düsseldorf v. 5. 1. 1989, JurBüro 1989, 955; LAG Baden-Württemberg v. 10. 9. 1987, JurBüro 1988, 1156; LAG München v. 12. 5. 1987, LAGE Nr. 5 zu § 19 GKG; *Becker/Glaremin*, NZA 1989, 208 ff.
3 LAG Köln v. 31. 7. 1995, NZA 1996, 840; LAG Rheinland-Pfalz v. 16. 4. 1992, NZA 1992, 664; LAG Hamburg v. 26. 3. 1992 – 4 Ta 20/91, nv.; LAG München v. 30. 10. 1990, NZA 1992, 140; LAG Hamm v. 28. 7. 1988, NZA 1989, 231; LAG Köln v. 27. 3. 1987, LAGE Nr. 2 zu § 19 GKG; *Germelmann/Matthes/Prütting*, ArbGG, § 12 Rz. 11; vgl. auch: *Gift/Baur*, Teil D Rz. 250 mwN.
4 *Grunsky*, ArbGG, § 12 Rz. 5a.

bb) Keine Streitwertaddition

Wird eine Bestandsschutzklage mit der Klage auf Zahlung der nach der streitigen Beendigung des Arbeitsverhältnisses fällig werdenden Vergütung verbunden, so ist der **höhere Streitwert der wirtschaftlich identischen Ansprüche** für eine einheitliche Festsetzung maßgebend[1]. 49

cc) Streitwertaddition

Demgegenüber addieren viele Landesarbeitsgerichte den Streitwert der Leistungs- und der Kündigungsschutzklage[2]. 50

dd) Befristeter Arbeitsvertrag

Wird neben dem Antrag auf Feststellung der Unwirksamkeit der Kündigung der Antrag auf Fortzahlung der Vergütung bis zum Ende des befristeten Vertrages gestellt, kann dieser Antrag einen **eigenen Streitwert**, der aber nicht dem Satz 1, sondern dem Satz 2 des § 12 ArbGG zu entnehmen ist, haben[3]. 51

> **Hinweis:** 52
> Das Landesarbeitsgericht Köln steht auf dem Standpunkt, daß bei eingeklagtem Nettolohn der vom Arbeitgeber **geschuldete Bruttobetrag** der Streitwertberechnung **zugrunde zu legen** ist[4]. Das Landesarbeitsgericht Düsseldorf hält dagegen den eingeklagten Nettolohn für maßgeblich[5].

j) Kündigungsschutzprozeß mit Abfindung

aa) Abfindung iSd. §§ 9 Abs. 1, 10 KSchG

Auflösungsanträge gem. § 9 Abs. 1 KSchG bleiben streitwertmäßig unberücksichtigt. Dies gilt nach dem ausdrücklichen Wortlaut des § 12 Abs. 7 Satz 1, 2. Halbs. ArbGG ebenfalls für die **gerichtlich festzusetzende Abfindung** nach den §§ 9, 10 KSchG. Der Betrag einer Abfindung iSd. §§ 9, 10 KSchG wird im Streitwert der Kündigungsfeststellungsklage auch dann **nicht hinzugerechnet**, wenn der Arbeitnehmer eine festbezifferte Abfindung fordert anstatt den Be- 53

---

[1] LAG Baden-Württemberg v. 12. 2. 1991, JurBüro 1991, 1479; LAG Nürnberg v. 21. 7. 1988, LAGE Nr. 74 zu § 12 ArbGG 1979 – Streitwert; LAG Niedersachsen v. 15. 3. 1988, JurBüro 1988, 855; BAG v. 5. 4. 1984 – 2 AZB 5/84, nv.; LAG Bremen v. 1. 11. 1982, LAGE Nr. 23 zu § 12 ArbGG 1979 – Streitwert; LAG Hamm v. 29. 2. 1980 – 9 Sa 174/80, nv.; BAG v. 16. 1. 1968, AP Nr. 17 zu § 12 ArbGG.
[2] LAG Hamburg v. 15. 5. 1990, LAGE Nr. 85 zu § 12 ArbGG 1979 – Streitwert; LAG Berlin v. 15. 10. 1982, DB 1983, 833; LAG Hamm v. 6. 5. 1982 – 8 Ta 102/82, nv.; LAG München v. 10. 10. 1979 – 8 Sa 617/78, nv.; LAG Frankfurt v. 3. 6. 1970, NJW 1970, 2134; *Gift/Baur*, Teil D, Rz. 247; *Wenzel*, BB 1984, 1497; *Strobelt*, DB 1981, 2381.
[3] LAG Baden-Württemberg v. 6. 11. 1986, LAGE Nr. 47 zu § 12 ArbGG 1979 – Streitwert.
[4] LAG Köln v. 7. 1. 1985 – 2 Ta 214/85, nv.; LAG Köln v. 5. 8. 1983 – 9 Ta 129/83, nv.
[5] LAG Düsseldorf v. 7. 1. 1988, JurBüro 1988, 1079.

trag, wie das Gesetz es voraussetzt, in das Ermessen des Arbeitsgerichts zu stellen[1].

bb) Andere Abfindungen

54 Anderen Abfindungen wird jedoch grundsätzlich ein eigener Streitwert beigemessen[2].

(1) Rationalisierungsabkommen

55 Wendet sich der Arbeitnehmer im Prozeß gegen eine auf betriebsbedingte Gründe gestützte Kündigung sowie/oder eine fristlose Kündigung und beansprucht er hilfsweise die Entlassungsentschädigung nach Maßgabe eines einschlägigen Rationalisierungsschutzabkommens, so bleibt der Wert der beanspruchten Entlassungsentschädigung bei der Streitwertfestsetzung nicht analog § 12 Abs. 7 Satz 1 Halbs. 2 ArbGG außer Betracht. Die hilfsweise beanspruchte **Entlassungsentschädigung** ist bei der Ermittlung des **Verfahrenswertes zu berücksichtigen**, wenn der Hilfsantrag durch Urteil beschieden worden ist oder durch eine Vergleichsregelung eine Erledigung gefunden hat. In diesem Fall ergibt sich der Streitwert des Haupt- und Hilfsantrages aus einer Zusammenrechnung beider Einzelstreitwerte[3].

56 **Hinweis:**
Auch der Betrag des Abfindungsanspruchs nach § 113 Abs. 3 BetrVG (Nachteilsausgleich) ist bei der Streitwertfestsetzung zu berücksichtigen[4].

(2) Sozialplanabfindung

57 Bei der Streitwertberechnung sind die **Abfindungen aus Sozialplänen** ebenfalls zu berücksichtigen[5].

58 **Hinweis:**
Teilweise wird jedoch vertreten, daß bei einer Abfindung aus Sozialplan diese in analoger Anwendung des § 12 Abs. 7 Satz 1 ArbGG jedenfalls dann nicht streitwerterhöhend zu berücksichtigen ist, wenn der Anspruch auf Abfindung von der dafür vorgreiflichen Wirksamkeit der Vertragsbeendigung abhängt[6].

---

1 LAG Düsseldorf v. 20. 7. 1987, LAGE Nr. 66 zu § 12 ArbGG 1979 – Streitwert; LAG Hamm v. 21. 10. 1982, MDR 1983, 170; LAG Nürnberg v. 14. 3. 1985, ARST 1987, 13; *Gift/Baur*, Teil D Rz. 244.
2 LAG Berlin v. 17. 3. 1995, NZA 1995, 1072.
3 LAG Hamm v. 15. 10. 1981, BB 1981, 2388.
4 LAG Hessen v. 26. 5. 1995 – 6 Ta 170/95, nv.; LAG Hessen, Beschluß v. 27. 3. 1985 – 6 Ta 123/85, nv.; LAG Bremen v. 15. 3. 1983, LAGE Nr. 20 zu § 12 ArbGG 1979 – Streitwert.
5 LAG Düsseldorf v. 8. 2. 1979 – 7 Ta 2038/78, nv.; aA *Grunsky*, ArbGG, § 12 Rz. 5b.
6 LAG Frankfurt v. 25. 2. 1977, BB 1977, 1549; LAG Baden-Württemberg v. 15. 5. 1990, JurBüro 1990, 1267.

2. Kündigungsschutzklage bei Änderungskündigungen

a) Keine Annahme unter Vorbehalt

Unproblematisch sind die Fälle, in denen der Kläger die Kündigung **nicht** unter dem **Vorbehalt** der **sozialen Rechtfertigung** angenommen hat. In diesen Fällen ist der Streitwert, wie bei jeder nach § 4 Satz 1 KSchG erhobenen Kündigungsschutzklage auf **einen Vierteljahresbezug** begrenzt[1]. 59

b) Annahme unter Vorbehalt

Wird die Änderung der Arbeitsbedingungen dagegen unter Vorbehalt angenommen, werden verschiedene Rechtsstandpunkte vertreten[2]. 60

aa) Ein Monatsbezug

Ein Teil der Landesarbeitsgerichte will **§ 12 Abs. 7 Satz 1 ArbGG direkt oder analog** anwenden[3]. Das Landesarbeitsgericht Frankfurt hält dabei im Interesse eines einheitlichen und handhabbaren Ermessensvollzugs einen **Regelwert** von einem Monatsbezug für angemessen[4]. 61

bb) 36fache Differenz

Andere Landesarbeitsgerichte wenden § 12 Abs. 7 Satz 2 ArbGG an und bestimmen den Streitwert nach der **36fachen monatlichen Differenz** der Bezüge. Dieser Wert soll dann aber auf einen Höchstbetrag **begrenzt** werden, der **drei Monatsgehältern** entsprechend dem Rechtsgedanken des § 12 Abs. 7 Satz 1 ArbGG entspricht[5]. 62

cc) Wirtschaftliches Interesse

Das Landesarbeitsgericht Hamm vertritt die Auffassung, daß sich der Streitwert der Änderungsschutzklage im Rahmen des § 12 Abs. 7 Satz 1 ArbGG nach dem **wirtschaftlichen Interesse** des Klägers richte, das sich auch nach den Gesichtspunkten des **Prestiges** und der **Rehabilitation** bestimmen könne. Soweit die Änderungskündigung eine Verdienstminderung zum Gegenstand habe, könnten die genannten Gesichtspunkte eine angemessene Erhöhung der in Frage kommenden vierteljährlichen Verdienstdifferenz rechtfertigen. Dabei müsse die Obergrenze des § 12 Abs. 7 Satz 1 ArbGG regelmäßig unterschritten werden[6]. 63

---

1 LAG Düsseldorf v. 20. 3. 1986, JurBüro 1986, 911; LAG München v. 26. 1. 1984, LAGE Nr. 26 zu § 12 ArbGG 1979 – Streitwert.
2 Vgl. hierzu: *Philippsen/Dörner*, NZA 1987, 115 ff.
3 LAG Rheinland-Pfalz v. 25. 4. 1985, NZA 1986, 34.
4 LAG Frankfurt v. 10. 4. 1985, NZA 1986, 35.
5 LAG Hamburg v. 28. 10. 1996 – 4 Ta 18/96 nv.; LAG Rheinland-Pfalz v. 25. 2. 1991, DB 1991, 764; LAG Bremen v. 5. 5. 1987, NZA 1987, 716; LAG München v. 16. 1. 1984, LAGE Nr. 26 zu § 12 ArbGG 1979 – Streitwert; LAG Köln v. 20. 4. 1982, LAGE Nr. 12 zu § 12 ArbGG 1979 – Streitwert.
6 LAG Schleswig-Holstein v. 18. 1. 1994 – 6 Ta 132/93, nv.; LAG Hamm v. 30. 1. 1992 – 8 Ta 447/91, nv.; LAG Hamm v. 19. 10. 1989, BB 1990, 426; LAG Hamm v. 21. 11. 1985, DB 1986, 1344; LAG Hamm v. 15. 6. 1982, BB 1982, 1671.

dd) § 3 ZPO

64 Wendet sich ein Arbeitnehmer gegen eine Änderungskündigung ausschließlich oder überwiegend aus Gründen, die nicht in einer Verdienstminderung liegen (Rehabilitation, Prestige uä.), ist der Wert einer unter dem Vorbehalt des § 2 KSchG stehenden Kündigungsfeststellungsklage im Rahmen des **entsprechend anzuwendenden § 12 Abs. 7 ArbGG nach § 3 ZPO zu schätzen**; hierbei wird der Streitwert, abgestellt auf das individuelle Interesse des Arbeitnehmers an unveränderten Arbeitsbedigungen, regelmäßig **unter der dreifachen Monatsvergütung** liegen.

Die bloße Vergütungsdifferenz, falls überhaupt vorhanden, stellt in einem solchen Fall keinen sachgerechten Bewertungsmaßstab dar[1].

ee) Vierteljahresbezug als Höchstgrenze

65 Nach dem Landesarbeitsgericht Baden-Württemberg ist nach wie vor für die Bewertung einer unter Vorbehalt erklärten Änderungsschutzklage nach § 2 KSchG das wirtschaftliche Interesse an der begehrten Feststellung maßgeblich. **Höchstgrenze** ist nicht die dreimonatige Differenz zwischen bisherigem und geändertem Arbeitsentgelt, sondern in zumindest entsprechender Anwendung von § 12 Abs. 7 Satz 1 ArbGG der **Vierteljahresverdienst**. Ob eine weitere Höchstgrenze mit dem 36fachen Differenzbetrag gem. § 12 Abs. 7 Satz 1 ArbGG besteht, hat das Landesarbeitsgericht offengelassen[2].

ff) Bundesarbeitsgericht

66 Das Bundesarbeitsgericht hat sich keine dieser Ansichten zu eigen gemacht, sondern die Rechtsgrundlage für die Bemessung des Gebührenstreitwertes bei einer Änderungsschutzklage in den Regelungen der §§ 12 ff. GKG, insbesondere des § 17 Abs. 3 GKG iVm. § 3 ZPO erkannt. Hiernach ist grundsätzlich von einem **dreifachen Jahresbetrag** des Wertes der Änderung auszugehen. Als **Höchstgrenze** sind jedoch die Regelungen in **§ 12 Abs. 7 Satz 1 und 2 ArbGG** in der Weise entsprechend heranzuziehen, daß der Gebührenstreitwert keine der dort genannten Grenzen überschreiten darf, sondern die niedrigere von beiden maßgeblich ist[3].

3. Bestandsschutzklagen von Mitgliedern eines Vertretungsorgans

67 Für **Gehalts- und Pensionsklagen** von Mitgliedern des Vertretungsorgans einer Handelsgesellschaft oder Genossenschaft ist der Streitwert nach **§ 17 Abs. 3 GKG** zu berechnen[4]. Auch der Streitwert einer Klage auf Feststellung der **Unwirksamkeit der Kündigung** ist bei einem zugrundeliegenden Anstellungs-

---

1 LAG Berlin v. 3. 8. 1982, AuR 1983, 124.
2 LAG Baden-Württemberg v. 2. 1. 1991, DB 1991, 1840.
3 BAG v. 23. 3. 1989, DB 1989, 1880; *Grunsky*, ArbGG, § 12 Rz. 4e.
4 BGH v. 24. 11. 1980, DB 1981, 1232.

verhältnis eines Geschäftsführers regelmäßig mit dem **dreifachen Jahresbezug** anzusetzen. Dies entspricht dem Ansatz des Gegenstandswerts bei Streitigkeiten über wiederkehrende Leistungen aus Dienstverhältnissen von Organmitgliedern, denen eine arbeitnehmerähnliche Stellung zukommt.

> **Hinweis:** 68
> Der Drei-Jahres-Betrag ist aber dann nicht zugrunde zu legen, wenn ein Anstellungsvertrag auf unbestimmte Zeit geschlossen worden ist und dieser erst nach Ablauf eines bestimmten Zeitraums ordentlich gekündigt werden kann. In diesem Fall errechnet sich der Streitwert nach dem Gesamtbetrag der Bezüge, die bis zum Zeitpunkt der nächstmöglichen ordentlichen Kündigung angefallen wären[1].

4. Wiederkehrende Leistungen und Eingruppierung
a) Wiederkehrende Leistungen

§ 12 Abs. 7 Satz 2 ArbGG bestimmt, daß bei Rechtsstreitigkeiten über **wiederkehrende Leistungen der Wert des dreijährigen Bezuges** und bei Rechtsstreitigkeiten über **Eingruppierungen** der Wert des **dreijährigen Unterschiedsbetrages** zur begehrten Vergütung maßgebend ist, sofern nicht der Gesamtbetrag der geforderten Leistungen geringer ist, wobei bis zur Klageerhebung entstandene Rückstände nicht hinzugerechnet werden. Unter wiederkehrenden Leistungen iSd. § 12 Abs. 7 Satz 2 ArbGG sind dabei die Leistungen zu verstehen, die in gewissen Zeitabständen aus demselben Schuldverhältnis fällig werden[2]. 69

aa) Ruhegeldansprüche

Hierunter fällt auch die Geltendmachung von laufenden Ruhegeldansprüchen, wobei dem Streitwert keine Rückstände aus der Zeit vor Klageerhebung hinzugerechnet werden dürfen[3]. 70

bb) Drittschuldnerprozeß

Auch wenn ein Pfändungsgläubiger im Drittschuldnerprozeß auf wiederkehrende Leistungen klagt, bestimmt sich der Wert nach dem **dreifachen Jahresbezug** unter **Außerachtlassung der Rückstände**, sofern nicht ein geringerer Gesamtbetrag geltend gemacht wird. Ob der Pfändungsgläubiger die Lohnpfändung aufgrund eines Unterhaltstitels ausgebracht hat, ist ohne Belang. Die für den Unterhaltsprozeß geltende Sondernorm des § 17 Abs. 1 GKG (Jahresbezug) kann im Drittschuldnerprozeß weder unmittelbar angewandt werden noch 71

---
1 OLG Celle v. 22. 6. 1994, OLGR Celle 1994, 298; LG Bayreuth v. 14. 3. 1990, JurBüro 1990, 772.
2 *Germelmann/Matthes/Prütting*, ArbGG, § 12 Rz. 120.
3 LAG Hamm v. 29. 10. 1981, LAGE Nr. 8 zu 12 ArbGG 1979 – Streitwert.

dazu führen, die Streitwertnorm des § 12 Abs. 7 Satz 2 ArbGG einschränkend zu interpretieren[1].

cc) Schadensersatz wegen künftig entgehender Gehaltsansprüche

72 Von wiederkehrenden Leistungen iSd. § 12 Abs. 7 Satz 2 ArbGG muß auch dann ausgegangen werden, wenn der Arbeitnehmer Schadensersatz wegen **künftig entgehender Gehaltsbezüge** fordert und die in Frage kommenden Beträge aus einem in der Zukunft liegenden 10-Jahres-Zeitraum in einer Summe auf einmal eingeklagt werden. Der Streitwert eines solchen Leistungsantrages ist auf den Betrag des **dreijährigen Bezuges** zu begrenzen[2].

dd) Vergütungsdifferenz aus zurückliegenden Anspruchsjahren

73 Bei einem Streit über Vergütungsdifferenzen aus vier zurückliegenden Anspruchsjahren ist der Streitwert in entsprechender Anwendung von § 12 Abs. 7 Satz 2 ArbGG auf die aus den **letzten drei Anspruchsjahren stammenden Differenzbeträge** zu begrenzen. Das gilt auch dann, wenn im Zeitpunkt der Klageerhebung 44 Anspruchsmonate abgelaufen sind und wegen der vier verbleibenden Monate auf künftige Leistungen geklagt wird[3].

b) Eingruppierung

74 Eingruppierung ist die **Festlegung** der **für die Entlohnung des Arbeitnehmers** maßgebenden Lohn- bzw. Gehaltsgruppe. Bei Rechtsstreitigkeiten, die derartige Fragestellungen zum Gegenstand haben, richtet sich der Streitwert des arbeitsgerichtlichen Verfahrens nach dem **dreijährigen Unterschiedsbetrag** zur begehrten Vergütung. Der Charakter als Feststellungsklage läßt einen Abschlag nicht zu, da die Eingruppierungsfeststellungsklage letztlich den Charakter einer Statusklage hat und von ihr nicht nur Vergütungsansprüche, sondern auch andere arbeitsrechtliche Folgen abhängen können[4].

75 > **Hinweis:**
> Werden bis zur Klageerhebung entstandene Rückstände im Rahmen eines Zahlungsantrages neben der Eingruppierungsfeststellungsklage geltend gemacht, ist eine Zusammenrechnung des Zahlungsantrages mit dem aus § 12 Abs. 7 Satz 2 ArbGG resultierenden Streitwert nicht möglich[5].

---

1 LAG Düsseldorf v. 14. 10. 1991, JurBüro 1992, 91; LAG Hamm v. 21. 10. 1982, MDR 1983, 170.
2 LAG Hamm v. 27. 9. 1990, DB 1990, 2380.
3 LAG Hamm v. 9. 10. 1986, BB 1986, 2132; aA *Germelmann/Matthes/Prütting*, ArbGG, § 12 Rz. 125.
4 LAG Berlin v. 7. 12. 1987, AnwBl. 1988, 487; LAG Baden-Württemberg v. 12. 7. 1990, JurBüro 1991, 665; *Satzky*, RdA 1979, 26; aA *Lepke*, RdA 1976, 262.
5 *Germelmann/Matthes/Prütting*, ArbGG, § 12 Rz. 128.

5. Feststellungsklage

a) Negative Feststellungsklage

Bei einer negativen Feststellungsklage ist der Streitwert **nicht geringer** als bei der entsprechenden Leistungsklage anzusetzen[1]. 76

b) Positive Feststellungsklage

Der Wert einer positiven Feststellungsklage ist regelmäßig mit **80%** des Wertes der **entsprechenden** Leistungsklage anzusetzen, auch wenn die Leistungen von Gegenleistungen abhängig sind[2]. 77

Bei der allgemeinen Bewertung eines Feststellungsantrages kann der grundsätzlich gebotene Abschlag von 20% vom Wert einer entsprechenden Leistungsklage nicht aus der Erwägung unterschritten werden, daß ein Feststellungsantrag im praktischen Ergebnis die Anspruchsdurchsetzung gewährleistet, wenn es sich um Vorruhestandsleistungen handelt, deren Gewährung der Arbeitgeber vom Rechtsstandpunkt der tariflich erstattungspflichtigen Versorgungskasse abhängig macht[3]. 78

6. Zeugnisklage

a) Schlußzeugnis

Die Mehrzahl der Landesarbeitsgerichte vertritt die Auffassung, daß sowohl für den Anspruch auf Erteilung als auch auf Berichtigung eines Zeugnisses **ein Monatsgehalt** für den Streitwert anzusetzen sei[4]. Zum Teil wird bei Zeugnisstreitigkeiten differenziert, ob es lediglich um die Erteilung oder um den Inhalt des Zeugnisses geht. Für die **Erteilung** eines Zeugnisses wird dann ein Streitwert von regelmäßig **500 DM** angesetzt. Im Fall der **Berichtigung** des Zeugnisses muß die gewünschte Änderung des Inhalts auf ihre **Bedeutung** geprüft werden. 79

Beispiel: 80

Verlangt der Kläger im Zeugnis höchstes Lob, so reicht der Wert des Anspruchs nahe an ein Monatsgehalt heran[5].

---

1 LAG Düsseldorf v. 13. 4. 1988, JurBüro 1988, 1234; BAG v. 19. 7. 1961, DB 1961, 1428.
2 BAG v. 18. 4. 1961, NJW 1961, 1788.
3 LAG Hamm v. 24. 7. 1986, AnwBl. 1986, 455.
4 LAG Köln v. 26. 8. 1991, AnwBl. 1992, 496; LAG Rheinland-Pfalz v. 31. 7. 1991, NZA 1992, 524; LAG Düsseldorf v. 5. 11. 1987, JurBüro 1988, 726; LAG Hamburg v. 13. 1. 1987, JurBüro 1988, 1158; LAG Hamm v. 19. 6. 1986, AnwBl. 1987, 497; LAG Schleswig-Holstein v. 18. 3. 1986, AnwBl. 1987, 497; LAG Frankfurt v. 9. 12. 1970, BB 1971, 653; vgl. dazu auch: *Tschischgale/Satzky*, S. 30.
5 LAG München v. 4. 3. 1986, ARST 1988, 60.

b) Zwischenzeugnis

81 Auch bei Zwischenzeugnissen ist die Rechtsprechung der Landesarbeitsgerichte nicht einheitlich. So werden **teilweise** Streitwerte von **einem Monatseinkommen**[1], einem **halben Monatseinkommen**[2] sowie einem Wert von **500 DM**[3] für angemessen erachtet.

c) Zeugniserteilung nach Vergleich

82 Wird der Anspruch auf Erteilung eines Zeugnisses zwar nicht rechtshängig gemacht, aber in einem rechtshängigen Verfahren mitverglichen, so ist grundsätzlich auch dieser Anspruch in Höhe von **einem Monatsgehalt** beim Streitwert zu berücksichtigen[4]. Dies soll aber nur dann gelten, wenn eine Kündigung aus **verhaltens- oder personenbedingten Gründen** gerechtfertigt wäre.

83 Besteht lediglich ein **Titulierungsinteresse**, so beträgt der Wert des mitverglichenen Zeugnisanspruches nur $1/4$ des Monatseinkommens[5]. Andere Landesarbeitsgerichte setzen für den mitverglichenen Zeugnisanspruch keinen Vergleichsmehrwert fest[6].

7. Abmahnung

84 Auch bei dem geltend gemachten Anspruch auf Entfernung einer Abmahnung aus der Personalakte werden die **unterschiedlichsten Streitwerte** zugrunde gelegt.

Das **Bundesarbeitsgericht** hat bei einem Streit um die Entfernung einer Abmahnung aus der Personalakte bei einem Monatslohn von 2200 DM einen Streitwert von 600 DM jedenfalls nicht als offensichtlich unrichtig angesehen[7].

Von den **Arbeitsgerichten und Landesarbeitsgerichten** werden hingegen auch folgende Streitwerte als angemessen angesehen:

▶ 500 DM[8],

▶ $1/2$ des Bruttomonatseinkommens[9],

▶ weniger als ein Bruttomonatsgehalt[10],

---

1 LAG Hamburg v. 13. 1. 1987, JurBüro 1988, 1158.
2 LAG Hamm v. 31. 8. 1989, JurBüro 1990, 39; LAG Hamm v. 23. 2. 1989, DB 1989, 1344.
3 LAG Baden-Württemberg v. 19. 4. 1985, AnwBl. 1985, 588.
4 LAG Düsseldorf v. 26. 8. 1982, LAGE Nr. 17 zu § 12 ArbGG 1979 – Streitwert.
5 LAG Düsseldorf v. 14. 5. 1985, LAGE Nr. 4 zu § 3 ZPO.
6 LAG Köln v. 17. 1. 1994 – 13 Ta 224/93, nv.; LAG Baden-Württemberg v. 6. 6. 1983, DB 1984, 784.
7 BAG v. 26. 10. 1988 – 5 AZR 78/87, nv.; BAG v. 22. 4. 1987 – 5 AZR 91/86, nv.
8 LAG Baden-Württemberg v. 21. 5. 1990, JurBüro 1990, 1333; ähnlich: LAG Köln v. 19. 12. 1985, LAGE Nr. 10 zu § 64 ArbGG 1979 – Streitwert.
9 LAG Rheinland-Pfalz v. 2. 7. 1982, DB 1982, 2081.
10 LAG Rheinland-Pfalz v. 15. 7. 1986, RK Z 1, 1 Nr. 12.

II. Streitwerte im Urteilsverfahren

- 1 Bruttomonatsverdienst[1],
- 2 Bruttomonatsverdienste[2].

8. Vergleich

a) Feststellungsantrag

Bei der Festsetzung des Gegenstandswerts von Vergleichen in Verfahren, die das Bestehen oder Nichtbestehen eines Arbeitsverhältnisses zum Gegenstand haben, darf die **Wertgrenze des § 12 Abs. 7 ArbGG** selbst dann **nicht überschritten** werden, wenn in dem Vergleich die bisher noch nicht rechtshängig gewordenen oder streitigen Ansprüche des Arbeitnehmers einbezogen werden[3]. 85

Dagegen sind streitige Vergütungsansprüche aus der Zeit **vor dem Beendigungszeitpunkt** in den Vergleich **streitwerterhöhend** mit einzubeziehen[4].

b) Zahlungsmodalitäten, Abgeltungsklausel

Vereinbarte Zahlungsmodalitäten hinsichtlich einer Abfindung sowie allgemeine Abgeltungsklauseln, sofern damit nicht konkrete streitige Ansprüche erledigt werden, bleiben beim Vergleichswert unberücksichtigt[5]. 86

c) Freistellung

Enthält ein Vergleich darüber hinaus eine Regelung, wonach der Arbeitnehmer bis zum Ablauf der Kündigungsfrist von der Arbeit freigestellt werden soll, so kommt diesem Vergleichsgegenstand ein **eigenständiger Wert** zu. Dieser kann mit 25% des Gehalts bis zum Kündigungstermin[6] oder sogar mit dem Betrag der Vergütung bewertet werden, die für den Freistellungszeitraum anfällt[7]. 87

Nach Auffassung des Landesarbeitsgerichts Hamm kommt eine Erhöhung des Streitwertes jedoch nur dann in Betracht, wenn der Arbeitnehmer Entgelt- oder Beschäftigungsansprüche **anderweitig rechtshängig** gemacht hat[8].

Im Rahmen der Streitwertberechnung hat eine Freistellung allerdings dann **unberücksichtigt** zu bleiben, wenn die Freistellung bereits vor Vergleichsabschluß erfolgt ist und hierüber kein Streit besteht, oder wenn die Freistellung lediglich zur Klarstellung in den Vergleich aufgenommen wurde[9]. 88

---

1 LAG Schleswig-Holstein v. 7. 6. 1995, BB 1995, 1596; ArbG Wetzlar v. 17. 8. 1993, EzA Nr. 27 zu § 611 BGB – Abmahnung; LAG Nürnberg v. 11. 11. 1992, NZA 1993, 430; LAG Hamm v. 16. 8. 1989, DB 1989, 2032; LAG Frankfurt v. 1. 3. 1988, LAGE Nr. 72 zu § 12 ArbGG 1979 – Streitwert; LAG Bremen v. 3. 5. 1983, ARST 1983, 141.
2 LAG Düsseldorf v. 5. 1. 1989, JurBüro 1989, 954.
3 BAG, Urteil v. 20. 1. 1967, DB 1967, 472.
4 *Gift/Baur*, Teil D Rz. 259.
5 LAG Rheinland-Pfalz v. 3. 4. 1984, NZA 1984, 99.
6 LAG Köln v. 17. 4. 1985, AnwBl. 1986, 205.
7 LAG Köln v. 27. 7. 1995 – 13 Ta 144/95, nv.
8 LAG Hamm v. 17. 3. 1994, NZA 1994, 912.
9 *Hecker/Tschöpe*, S. 195.

d) Vergleich über dritte Person

89 Übernimmt eine Partei in einem Prozeßvergleich die Verpflichtung, das in einem gegen eine **dritte Person** gerichteten Verfahren **eingelegte Rechtsmittel zurückzunehmen**, so liegt darin keine den **Streitwert** des Vergleichs **erhöhende Einigung**. Das Rechtsmittelverfahren endet erst aufgrund der Rechtsmittelrücknahme, die den Rechtsmittelführer mit den vollen Kosten belastet. Daneben können nicht noch höhere Kosten des gerichtlichen Vergleichs treten[1].

e) Vergleich über den Streitgegenstand hinaus

90 Die Frage, ob die Einbeziehung **nichtrechtshängiger Ansprüche** im Rahmen der Streitwertberechnung Berücksichtigung findet, ist umstritten. Zum Teil wird eine Streitwerterhöhung generell abgelehnt[2]. Dagegen will die wohl herrschende Auffassung zumindest ein Titulierungsinteresse bewerten[3].

91 > **Hinweis:**
> Handelt es sich jedoch um eine unverhältnismäßig hohe Forderung, die mit Rücksicht auf die bezweifelte Realisierbarkeit nicht oder nicht voll eingeklagt worden ist, kommt es bei der Festsetzung des Vergleichswertes darauf an, welcher Teilbetrag in Abschätzung der Einkommens- und Vermögensverhältnisse des Schuldners für realisierbar gehalten werden konnte, ohne daß dabei ein zu enger Maßstab anzulegen wäre[4].

> **Hinweis:**
> Dem im Prozeßkostenhilfeverfahren beigeordneten Rechtsanwalt ist auch dann eine **Vergleichsgebühr nach § 121 BRAGO** zu gewähren, wenn der Rechtsstreit durch einen außergerichtlichen Vergleich unter **Mitwirkung des Rechtsanwalts** beendet wurde[5].

9. Herausgabe der Arbeitspapiere

92 Der Streit um die Herausgabe von Arbeitspapieren wird regelmäßig sehr gering, zB mit 500 DM[6], bewertet.

---

1 LAG Hamm v. 7. 3. 1980, MDR 1980, 613.
2 LAG Baden-Württemberg v. 6. 6. 1983, DB 1984, 784.
3 LAG Bremen v. 23. 12. 1982, DB 1983, 124; *Gift/Baur*, Teil D Rz. 261.
4 LAG Hamm v. 28. 2. 1980, DB 1980, 1152.
5 LAG Rheinland-Pfalz v. 15. 9. 1993, NZA 1994, 144.
6 LAG Düsseldorf v. 20. 5. 1997 – 7 Ta 120/97 nv.

III. Gegenstandswerte im Beschlußverfahren

1. Keine Kostenentscheidung

Im Verfahren nach § 2a Abs. 1 ArbGG werden **Kosten nicht erhoben** (§ 12 Abs. 5 ArbGG). Es sind weder Gebühren noch Auslagen zu zahlen. Deshalb ist im Beschlußverfahren für eine Kostenentscheidung auch kein Raum[1].

93

2. Anwaltsgebühren

Der **Ausschluß der Kostentragungspflicht** betrifft aber nur die **gerichtlichen Kosten**, nicht jedoch die Kosten, die den Beteiligten selbst entstehen. Für die Berechnung der **Anwaltsgebühren** im Beschlußverfahren ist daher eine **Streitwertfestsetzung** erforderlich. Es wird daher für zulässig erachtet, daß das Gericht den Streitwert nach § 10 BRAGO festsetzt[2]. In gerichtlichen Verfahren bestimmt sich der Gegenstandswert nach den für die Gerichtsgebühren geltenden Wertvorschriften (§ 8 Abs. 1 BRAGO). Da es aber im arbeitsgerichtlichen Beschlußverfahren an maßgeblichen Wertvorschriften für Gerichtsgebühren fehlt, wird der Streitwert nach § 8 Abs. 2 BRAGO bestimmt. Innerhalb dieser Vorschrift ist zwischen vermögensrechtlichen und nichtvermögensrechtlichen Streitigkeiten zu unterscheiden. Diese Abgrenzung bereitet im Einzelfall Schwierigkeiten.

94

a) Vermögensrechtliche Streitigkeiten

aa) Grundsatz

Liegt eine vermögensrechtliche Streitigkeit vor, ist der **Wert** zunächst gem. § 8 Abs. 2 Satz 1 BRAGO zu **ermitteln.** Zurückzugreifen ist auch auf die dort genannten Vorschriften der Kostenordnung. Relevant für das Arbeitsgericht dürften die Vorschriften des § 18 Abs. 2 KostO – Hauptgegenstand – und des § 25 Abs. 2 KostO – Dienstverträge – sein.

95

bb) Billiges Ermessen

Läßt sich der Wert aus den zitierten Vorschriften nicht ermitteln und steht er auch sonst nicht fest, so ist er nach billigem Ermessen zu bestimmen. Erst wenn nicht genügend **Anhaltspunkte** für eine **Schätzung** vorhanden sind, ist der Gegenstandswert auf 8000 DM, nach Lage des Falls niedriger oder höher (jedoch nicht über 1 Mio. DM), festzusetzen[3].

96

b) Nichtvermögensrechtliche Streitigkeiten

Bei nicht vermögensrechtlichen Streitigkeiten muß eine Schätzung gem. § 8 Abs. 2 Satz 2 2. Halbs. BRAGO vorgenommen werden.

97

---

1 LAG Hamm v. 5. 11. 1986, LAGE Nr. 20 zu § 40 BetrVG 1972; BAG v. 31. 10. 1972, DB 1973, 528.
2 *Germelmann/Matthes/Prütting*, ArbGG, § 12 Rz. 133.
3 *Hecker/Tschöpe*, S. 202.

aa) Abgrenzung

98 Zum Teil wird vertreten, das **Beschlußverfahren** zwischen **Arbeitgeber und Betriebsrat** sei regelmäßig **nicht vermögensrechtlicher** Natur[1]. Ausnahmen sollen jedoch dann gelten, wenn bezifferte oder bezifferbare Zahlungsanträge gestellt werden.

Beispiele:
- *Antrag nach § 37 Abs. 6 und 7 BetrVG;*
- *Antrag nach § 40 BetrVG;*
- *Antrag nach § 99 Abs. 4 BetrVG*[2].

bb) Bemessungskriterien

99 Der Gesetzgeber hat in § 8 Abs. 2 BRAGO keine Bemessungskriterien genannt, anhand derer der konkrete Streitwert innerhalb des Rahmens bis 1 Mio. DM bestimmt werden kann. Um einer willkürlichen Streitwertbestimmung vorzubeugen, bietet es sich an, die Bemessungskriterien der § 12 Abs. 1 BRAGO und § 12 Abs. 2 Satz 1 GKG bei der Bewertung heranzuziehen. Danach sind die **Bedeutung der Sache** für den Mandanten, **der Umfang der Sache**, insbesondere der **zeitliche Einsatz** des Rechtsanwalts für die sachliche Vorbereitung der Angelegenheit, die **tatsächliche** und **rechtliche Schwierigkeit des Falles** sowie die **Einkommens- und Vermögensverhältnisse** des Auftraggebers maßgebend.

cc) Bewertung nach § 8 Abs. 2 BRAGO

100 Zum einen wird die **wirtschaftliche Bedeutung** des jeweiligen Streitgegenstandes im Vordergrund der Bewertung nach § 8 Abs. 2 BRAGO gesehen[3].

101 Demgegenüber sehen verschiedene Landesarbeitsgerichte in dem in § 8 Abs. 2 Satz 2 BRAGO genannten Wert von 8000 DM einen **Regelwert**[4].

102 Wieder andere sehen darin nur einen **Hilfswert**, der für solche Fallgestaltungen heranzuziehen ist, in denen nach Lage des Falles keine Anhaltspunkte für die Wertfestsetzungen vorliegen und deshalb eine individuelle Bewertung nicht möglich ist[5].

---

1 LAG München v. 28. 1. 1987, JurBüro 1987, 858.
2 LAG Schleswig-Holstein v. 15. 12. 1988, LAGE Nr. 10 zu § 8 BRAGO.
3 LAG Hamm v. 8. 8. 1991, BB 1991, 1940.
4 LAG München v. 24. 5. 1993, DB 1993, 2088; LAG Schleswig-Holstein v. 9. 3. 1993, BB 1993, 1087; LAG Schleswig-Holstein v. 15. 12. 1988, LAGE Nr. 10 zu § 8 BRAGO; LAG München v. 21. 6. 1982, AnwBl. 1984, 160; LAG Bremen v. 24. 4. 1978, BB 1979, 1096.
5 LAG Hamburg v. 4. 8. 1992, BB 1992, 1857; LAG Hamm v. 23. 2. 1989, LAGE Nr. 12 zu § 8 BRAGO; LAG Baden-Württemberg v. 5. 11. 1981, DB 1982, 1016; dazu auch: *Gerold/Schmidt/von Eicken/Madert*, BRAGO, § 8 Rz. 23.

III. Gegenstandswerte im Beschlußverfahren

Einzelfälle: 103

▶ Im Fall des **Ausschlusses eines Betriebsratsmitglieds** aus dem Betriebsrat wird teilweise in Analogie zu § 12 Abs. 7 Satz 1 ArbGG der Betrag eines Vierteljahreseinkommens für die Streitwertbemessung zugrunde gelegt[1]. Demgegenüber wird von anderen Landesarbeitsgerichten für derartige Verfahren ein Streitwert von 8000 DM angesetzt[2].

▶ Bei der **Anfechtung einer Betriebsratswahl** wird der Streitwert entweder 104 anhand der wahlberechtigten Arbeitnehmer oder der zu wählenden Betriebsratsmitglieder bestimmt. Das Landesarbeitsgericht Hamm hat im Rahmen einer umfangreichen Rechtsprechung zur Bewertung von Betriebsratswahlanfechtungsverfahren bei **durchschnittlicher Schwierigkeit** und bei **normalem Verfahrensablauf** die nachfolgenden Werte festgesetzt:

▶ 10 000 DM bei 70 Arbeitnehmern;
▶ 15 000 DM bei 200 bzw. 285 Arbeitnehmern;
▶ 20 000 DM bei 900 Arbeitnehmern;
▶ 30 000 DM bei 1032 Arbeitnehmern[3].

Andere Landesarbeitsgerichte orientieren sich demgegenüber für die Streitwertbestimmung bei Betriebsratswahlanfechtungsverfahren an der **Staffel des § 9 BetrVG**. Bei einem Betriebsrat mit einem Mitglied beträgt der Gegenstandswert in der Regel 9000 DM und erhöht sich dann für jedes weitere Betriebsratsmitglied in der Regel um weitere 1500 DM[4].

Das Landesarbeitsgericht Bremen bewertet ebenfalls anhand der **Größe des Betriebes** und der **wahlberechtigten Arbeitnehmer**. Es hält bei der Anfechtung der Wahl eines 15köpfigen Betriebsrats in einem Betrieb mit annähernd 1900 wahlberechtigten Arbeitnehmern einen Streitwert in Höhe des zehnfachen Regelstreitwerts für angemessen. Da im dort entschiedenen Fall ein überdurchschnittlicher Umfang von Anfechtungsgründen und damit verbunden überdurchschnittlich große Schwierigkeiten rechtlicher und tatsächlicher Hinsicht vorlagen, wurde der Streitwert um 25% erhöht[5].

▶ Bei der **Anfechtung eines Sozialplans,** der durch den Spruch einer Einigungs- 105 stelle aufgestellt worden ist, muß auch bei umfassender Anfechtung nach dem Wert des letztlich strittigen Sozialplanvolumens der Streitwert bestimmt werden[6].

▶ Bei der **Durchsetzung eines Sozialplans** durch den Betriebsrat mittels einer 106 Einigungsstelle gegen den Willen des Arbeitgebers, der das Mitbestimmungs-

---
1 LAG Hamm v. 7. 3. 1980, DB 1980, 1176.
2 LAG Baden-Württemberg v. 29. 6. 1983 – 9 Ta 73/83, nv.
3 *Tschischgale/Satzky*, S. 64 ff. mit umfangreichen Nachweisen; *Wenzel*, GK-ArbGG, § 12 Rz. 278.
4 LAG Rheinland-Pfalz v. 30. 3. 1992, NZA 1992, 667; LAG Berlin v. 17. 12. 1991, NZA 1992, 327.
5 LAG Bremen v. 11. 4. 1988, LAGE Nr. 5 zu § 8 BRAGO.
6 LAG Hamm v. 13. 10. 1988, LAGE Nr. 8 zu § 8 BRAGO.

recht des Betriebsrats bestreitet, richtet sich der Gegenstandswert nach dem Interesse der Person, die das Verfahren betreibt. Bei der Bewertung des Interesses eines Betriebsrats am Obsiegen sind die sozialstaatlichen und grundrechtlichen Dimensionen des Betriebsverfassungsrechts zu berücksichtigen, nicht aber die Vermögensverhältnisse der Beteiligten[1].

107 ▶ Für ein Beschlußverfahren gegen die **Bestellung eines Vorsitzenden** einer Einigungsstelle rechtfertigt der Umfang eines vom Antragsteller angestrebten Sozialplans in der Regel nicht den Wert des § 8 Abs. 2 BRAGO[2].

108 ▶ Der Gegenstandswert für eine Streitigkeit über die **Erforderlichkeit einer einwöchigen Schulungsveranstaltung** ist im Regelfall mit dem Regelwert anzunehmen[3]. Nach einer anderen Auffassung bestimmt sich der Streitwert nach den Gesamtaufwendungen des Arbeitgebers, die dieser für eine Schulungsveranstaltung zu tragen hätte. Bei Feststellungsanträgen wird hierbei jedoch ein Abschlag von 20% vorgenommen. Ein weiterer Abschlag von 25% erfolgt wegen der beschränkten Rechtskraftwirkung der Entscheidungen im Beschlußverfahren[4].

109 ▶ Der Gegenstandswert im Beschlußverfahren über den **Status als leitender Angestellter** gem. § 5 Abs. 3 BetrVG wurde zum Teil mit 4000 DM bewertet[5]. Andere Landesarbeitsgerichte halten bei derartigen Streitigkeiten den doppelten Regelstreitwert für maßgebend[6].

110 ▶ Streiten Arbeitgeber und Betriebsrat um die Frage, ob in einem Unternehmen ein **Wirtschaftsausschuß einzurichten** ist, so ist die Festsetzung eines Streitwerts von 8000 DM als angemessen anzusehen[7].

111 ▶ Die Bewertung des Streitgegenstandes im Beschlußverfahren nach den **§§ 99, 100 BetrVG** ist umstritten. So wird teilweise der Regelstreitwert zugrunde gelegt[8]. Wird in einem solchen Verfahren von einem Arbeitgeber ein Antrag nach § 100 BetrVG, sodann vom Betriebsrat ein Antrag nach § 101 BetrVG und schließlich ein weiterer Antrag des Arbeitgebers nach § 99 BetrVG gestellt, so entspricht der Wert des Gegenstandes für die anwaltliche Tätigkeit für den Zustimmungsersetzungsantrag nach § 99 BetrVG dem Regelstreitwert, für den Antrag nach § 100 BetrVG und für den Antrag nach § 101 BetrVG dem hälftigen Regelwert[9].

---

1 LAG Kiel v. 6. 5. 1993, DB 1993, 2088.
2 LAG Frankfurt v. 15. 8. 1983 – 6 Ta 176/83, nv.
3 LAG Düsseldorf v. 2. 7. 1990, LAGE Nr. 15 zu § 8 BRAGO.
4 LAG Hamm v. 24. 11. 1994, LAGE Nr. 27 zu § 8 BRAGO.
5 LAG Bremen v. 24. 4. 1978, BB 1979, 1096.
6 LAG Nürnberg v. 4. 2. 1981, AMBl. B4 1981, C 31; LAG München v. 20. 2. 1979, AMBl. B4 1979, C 29.
7 LAG Bremen v. 13. 12. 1984, DB 1985, 768.
8 LAG Schleswig-Holstein v. 14. 6. 1993, LAGE Nr. 24 zu § 8 BRAGO; LAG Bremen v. 20. 1. 1993, DB 1993, 492.
9 LAG Bremen v. 3. 6. 1991 – 4 Ta 24/91, nv.

III. Gegenstandswerte im Beschlußverfahren

Eine Reduzierung des Streitwerts von einem Monatsgehalt bei streitiger personeller Maßnahme nimmt das Landesarbeitsgericht Bremen dann vor, wenn die zu bewertenden Mitbestimmungsrechte auf den gleichen Tatsachen beruhen und auch in der rechtlichen Beurteilung keine Unterschiede bestehen. In derartigen Fallgestaltungen ist in der Regel von einem festzusetzenden Wert von 3000 DM „pro mitbestimmungsberechtigtem Arbeitnehmer" auszugehen[1]. Auch das Landesarbeitsgericht Hamburg geht bei einem Zustimmungsersetzungsverfahren nach § 99 BetrVG grundsätzlich von einem Monatsgehalt aus, da sich hierin das wirtschaftliche Interesse des Arbeitgebers an der Einstellung des Arbeitnehmers dokumentiere[2].

Einige Landesarbeitsgerichte ziehen zur Bemessung des Wertes im Rahmen des § 8 Abs. 2 BRAGO die Bewertungsnorm des § 12 Abs. 7 ArbGG[3] heran. In den Verfahren nach § 99 BetrVG muß daher der Streitwert im Rahmen des § 12 Abs. 7 Satz 1 und 2 ArbGG unter Berücksichtigung der konkreten wirtschaftlichen Interessen vom Betriebsrat und Arbeitgeber an der jeweiligen Maßnahme bewertet werden. Hierbei wird allerdings der volle Streitwertrahmen nur in Ausnahmefällen ausgeschöpft werden können[4].

Nach dem Landesarbeitsgericht München errechnet sich der Gegenstandswert für den Antrag des Betriebsrates, eine Versetzung rückgängig zu machen, aus dem Regelwert des § 8 Abs. 2 BRAGO. Das Arbeitsentgelt des versetzten Arbeitnehmers bleibt unberücksichtigt[5].

▶ Geht es um **Beteiligungsrechte** des Betriebsrates bei Personalmaßnahmen in einer **Vielzahl von Fällen,** so geht das Landesarbeitsgericht Hamburg zunächst hinsichtlich jeder einzelnen personellen Maßnahme von einem Bruttomonatsgehalt aus (hier 43 x 3000 DM). Unter Abwägung der wirtschaftlichen Interessen des Arbeitgebers an der Leistung des Arbeitnehmers und dem Umfang und der Dauer des Rechtsstreits gelangte das Landesarbeitsgericht zu einem Streitwert von 50 000 DM[6].

Demgegenüber hat das Arbeitsgericht Dortmund in einem vergleichbaren Verfahren den Verfahrenswert auf lediglich 20% festgesetzt[7].

▶ Bei **einstweiligen Verfügungsverfahren** im Beschlußverfahren ist der Wert gegenüber dem Hauptsacheverfahren in aller Regel um 25% zu ermäßigen[8].

---

1 LAG Bremen v. 18. 7. 1989, ARST 1989, 176.
2 LAG Hamburg v. 24. 5. 1988, LAGE Nr. 7 zu § 8 BRAGO.
3 LAG Düsseldorf v. 25. 4. 1995, AuR 1995, 332; LAG Hamm v. 7. 7. 1994, LAGE Nr. 26 zu § 8 BRAGO mwN; LAG Hamburg v. 24. 5. 1988, LAGE Nr. 7 zu § 8 BRAGO.
4 LAG Hamm v. 19. 3. 1987, LAGE Nr. 70 zu § 12 ArbGG 1979 – Streitwert mwN; *Germelmann/Matthes/Prütting*, ArbGG, § 12 Rz. 135.
5 LAG München v. 24. 5. 1993, NZA 1994, 47.
6 LAG Hamburg v. 4. 8. 1992, BB 1992, 1857.
7 ArbG Dortmund v. 30. 1. 1992 – 5 BV 60/91, nv.
8 LAG Bremen v. 27. 12. 1989 – 4 Ta 43/89, nv.; LAG Bremen v. 21. 9. 1983 – 4 Ta 78/83, nv.

IV. Streitwertbeschwerde

1. Streitwertbeschwerde nach § 10 Abs. 3 BRAGO

114 Berechnen sich die Gebühren für die anwaltliche Tätigkeit in einem gerichtlichen Verfahren nicht nach dem für die Gerichtsgebühr maßgebenden Wert oder fehlt es an einem solchen Wert, so kann gegen die **Streitwertentscheidung** Beschwerde gem. § 10 Abs. 3 BRAGO eingelegt werden, wenn der Beschwerdegegenstand 100 DM übersteigt.

a) Frist

115 Hierbei handelt es sich um eine befristete Beschwerde, die binnen einer Frist von **zwei Wochen**, die mit der Zustellung der Entscheidung beginnt, einzulegen ist. Im übrigen sind die für die Beschwerde in der Hauptsache geltenden Verfahrensvorschriften anzuwenden.

b) Beschwerdebefugnis

116 Beschwerdebefugt sind der **Rechtsanwalt** mit dem Ziel der **Erhöhung** (auch Unterbevollmächtigter und Verkehrsanwalt), der **Auftraggeber** und **Gegner** ebenso wie die **Staatskasse** bei Prozeßkostenhilfeverfahren mit dem Ziel der **Herabsetzung** des Streitwerts.

c) § 10 Abs. 3 BRAGO

117 Die Beschwerde ist auch dann zulässig, wenn beide Parteien mit der Streitwertfestsetzung beim Abschluß des gerichtlichen **Vergleichs einverstanden** waren. Darin allein liegt noch **kein Verzicht** nach § 10 Abs. 3 BRAGO[1]. Ein Verzicht auf das Beschwerderecht als vertragliche Verpflichtung kann im Einzelfall in Betracht kommen, wenn die Streitwertfestsetzung auf den tatsächlichen Angaben der Partei beruht[2].

d) Beschwerdebegründung

118 Eine Begründung ist bei der Streitwertbeschwerde **nicht erforderlich**[3].

119 > **Hinweis:**
> Jedoch ist eine eingehende Begründung empfehlenswert. So findet sich häufig in Beschwerdeentscheidungen der Hinweis, daß ohne Begründung nicht geprüft werden könne, mit welchem Fehler die erstinstanzliche Entscheidung behaftet sein soll. Oft führt auch eine lückenhafte Sachdarstellung zu zurückhaltender Streitwertbemessung[4].

---

1 LAG Köln v. 14. 7. 1982, EzA Nr. 1 zu § 10 BRAGO; aA LAG Rheinland-Pfalz v. 18. 4. 1989, NZA 1989, 863.
2 LAG Köln v. 9. 11. 1983 – 5 Ta 171/83, nv.
3 LAG Köln v. 28. 4. 1982 – 2 Ta 66/82, nv.
4 LAG Hamm v. 8. 7. 1982, EzA Nr. 26 zu § 12 ArbGG 1979 – Streitwert.

e) Entscheidung des Landesarbeitsgerichts

Bei seiner Entscheidung ist das Landesarbeitsgericht **nicht an** die **Beschwerdeanträge gebunden**. Im Streitwertbeschwerdeverfahren gilt der Rechtsgrundsatz des Verbots der **reformatio in peius nicht**[1]. 120

Die Entscheidung des Landesarbeitsgerichts ist **unanfechtbar**. 121

2. Streitwertbeschwerde nach § 25 GKG

Auch hierbei handelt es sich um eine **einfache Beschwerde**, die nur dann zulässig ist, wenn der **Beschwerdewert 100 DM** übersteigt. Die Streitwertbeschwerde gem. § 25 GKG ist immer dann einschlägig, wenn sich etwa die Gebühren für die **anwaltliche Tätigkeit** nach dem für die Gerichtsgebühr maßgebenden Wert berechnen. Im Gegensatz zur Streitwertbeschwerde gem. § 10 BRAGO sieht § 25 GKG einen längeren Zeitraum für die Abänderbarkeit der Wertfestsetzung vor und die Beschwerde ist gerichtsgebührenfrei (§ 25 Abs. 2 Satz 1 GKG)[2]. 122

a) Beschwerdefrist

Die Beschwerdefrist beträgt **sechs Monate** nach Rechtskraft der Entscheidung in der Hauptsache oder der anderweitigen Verfahrenserledigung (§ 25 Abs. 2 Satz 3 GKG). Ist der Streitwert später als einen Monat vor Ablauf der Frist festgelegt worden, so kann sie noch innerhalb eines Monats nach Zustellung oder formeller Mitteilung des Festsetzungsbeschlusses eingelegt werden[3]. 123

b) Beschwerdebefugnis

Beschwerdebefugt ist der **Rechtsanwalt** mit dem Ziel der **Erhöhung**, die **Partei** mit dem Ziel der **Herabsetzung** und die **Staatskasse** mit **beiden Zielen**. Das Arbeitsgericht kann der Beschwerde abhelfen. Das Verfahren ist gebührenfrei (§ 25 Abs. 4 GKG). Kosten werden nicht erstattet. 124

3. Ermessensüberprüfung

Einige Landesarbeitsgerichte setzen als Tatsacheninstanz der Entscheidung ihr **eigenes Ermessen** im Hinblick auf die Streitwertfestsetzung anstelle der ersten Instanz[4]. Andere Landesarbeitsgerichte prüfen lediglich, ob der Instanz ein **Ermessensfehler** unterlaufen ist[5]. 125

---

1 LAG Hamburg v. 28. 10. 1987, LAGE Nr. 2 zu § 10 BRAGO; LAG Köln v. 2. 6. 1986, MDR 1987, 169; *Gift/Baur*, Teil D Rz. 225.
2 LAG Köln v. 8. 8. 1991, LAGE Nr. 4 zu § 10 BRAGO.
3 LAG Köln v. 8. 3. 1995 – 5 Ta 268/94, nv.
4 LAG Mainz v. 14. 1. 1991, NZA 1992, 427; LAG Niedersachsen v. 26. 11. 1984, NZA 1985, 260.
5 LAG Nürnberg v. 11. 11. 1992, NZA 1993, 430; LAG Nürnberg v. 5. 5. 1986, LAGE Nr. 53 zu § 12 ArbGG 1979 – Streitwert; LAG Mainz v. 8. 7. 1981, BB 1982, 249; LAG Berlin v. 21. 5. 1979, BB 1980, 45; *Gift/Baur*, Teil D Rz. 226 mwN.

V. Kosten und Kostenerstattung im Urteilsverfahren

1. Gerichtskosten

126 Im Urteilsverfahren werden **Gebühren gem. § 12 Abs. 1 ArbGG** nach dem **Verzeichnis der Anlage 1** erhoben. **Vorschüsse** werden nicht erhoben. Dies gilt auch in der Zwangsvollstreckung für die Gerichtsvollzieherkosten (§ 12 Abs. 4 ArbGG). Die Abrechnung der Gerichtskosten erfolgt **nach Beendigung der Instanz** oder wenn das Verfahren sechs Monate ruht oder sechs Monate von den Parteien nicht betrieben wird. Soweit das ArbGG keine besonderen Bestimmungen zu den Gerichtskosten enthält, findet subsidiär das GKG Anwendung.

a) Urteilsverfahren erster Instanz

127 Gem. § 12 Abs. 2 ArbGG wird im Verfahren vor dem Arbeitsgericht eine **einmalige Gebühr** bis zu höchstens 1000 DM erhoben. Die einmalige Gebühr bestimmt sich nach der Tabelle der Anlage 2 zu § 12 Abs. 2 ArbGG. Der Mindestbetrag einer Gebühr ist 20 DM. Die Höchstgebühr wird bei einem Streitwert von über 24 000 DM erreicht.

b) Berufungs- und Revisionsverfahren

128 In der Berufungs- und Revisionsinstanz können, anders als in der ersten Instanz, **zwei Gebühren** (Verfahrens- und Urteilsgebühr) anfallen. Nach § 12 Abs. 3 Satz 1 ArbGG ist für die Bemessung der einzelnen Gebühr von der dem GKG als Anlage 2 beigefügten Tabelle auszugehen. Die sich danach ergebende Gebühr vermindert sich um $2/10$. Im Berufungsverfahren beträgt die Gebühr für das Verfahren und die für das Urteil das $1^{1}/_{2}$fache, im Revisionsverfahren das Doppelte dieser Gebühr.

2. Anwaltskosten

a) Urteilsverfahren erster Instanz

aa) Grundsatz

129 Nach § 12a Abs. 1 ArbGG besteht im Urteilsverfahren (anders im Vollstreckungsverfahren) des ersten Rechtszugs **kein Anspruch** der obsiegenden Partei auf Entschädigung wegen Zeitversäumnisses oder auf Erstattung der Kosten für die Zuziehung eines Prozeßbevollmächtigten oder Beistandes. Eine **Ausnahme** von diesem Grundsatz enthält § 12a Abs. 1 Satz 3 ArbGG für Kosten, die dem Beklagten dadurch entstanden sind, daß der Kläger ein Gericht der ordentlichen Gerichtsbarkeit, der allgemeinen Verwaltungsgerichtsbarkeit, der Finanz- und oder Sozialgerichtsbarkeit angerufen und dieses den Rechtsstreit an das Arbeitsgericht verwiesen hat.

bb) Verfassungsrechtliche Zulässigkeit

Dieser Ausschluß der Kostenerstattung für die Zuziehung eines Rechtsanwalts als Prozeßbevollmächtigten im Verfahren vor den Arbeitsgerichten ist mit dem **Grundgesetz** vereinbar[1]. 130

cc) Sinn und Zweck der Vorschrift

Diese Vorschrift hat den Sinn, den arbeitsgerichtlichen Prozeß des **ersten Rechtszuges kostengünstig** zu halten. Sie schränkt den prozessualen Kostenerstattungsanspruch dadurch ein, daß bestimmte Kosten als nicht zur zweckentsprechenden Rechtsverfolgung und Rechtsverteidigung notwendig iSd. § 91 Abs. 1 ZPO bezeichnet werden. 131

dd) Geltungsbereich

Die Bestimmung über die Kostenfreiheit gilt **ausnahmslos**, also auch dann, wenn der Arbeitnehmer obsiegt[2]. Insofern gilt der Ausschluß der Anwaltskostenerstattung auch für das einstweilige Verfügungsverfahren gem. §§ 935 ff. ZPO[3]. Da jedoch § 12a ArbGG nur für das Erkenntnisverfahren gilt, ist die **Begrenzung** der Erstattungspflicht **in Zwangsvollstreckungsverfahren** nicht anwendbar[4]. 132

Nach Auffassung des Landesarbeitsgerichts Rheinland-Pfalz findet jedoch der Ausschluß der Erstattungspflicht von Rechtsanwaltskosten gem. § 12a Abs. 1 ArbGG auch in Klausel-Erinnerungsverfahren zumindest **entsprechende Anwendung**. Dies gelte deshalb, weil das Verfahren auf Erteilung einer qualifizierten Vollstreckungsklausel den Zweck habe, ein ansonsten notwendiges neues Erkenntnisverfahren zu vermeiden und das Klauselerteilungsverfahren als eigenständiger Verfahrensabschnitt zwischen das Erkenntnis- und Vollstreckungsverfahren gestellt ist[5]. 133

ee) Nebenintervenienten

Die Vertreterkosten des Nebenintervenienten sind, wie Parteikosten nach § 12a Abs. 1 Satz 1 ArbGG, ebenfalls **nicht erstattungsfähig**[6]. 134

---

1 BVerfG v. 20. 7. 1971, NJW 1971, 2302; vgl. LAG Baden-Württemberg v. 17. 12. 1984, AnwBl. 1986, 106.
2 BAG v. 18. 12. 1972, DB 1973, 1077.
3 LAG Baden-Württemberg v. 7. 11. 1988, BB 1989, 850; vgl. auch *Wenzel*, BB 1983, 1225.
4 LAG Berlin v. 17. 2. 1986, DB 1986, 753; LAG Frankfurt v. 16. 10. 1967, BB 1968, 630; *Germelmann/Matthes/Prütting*, ArbGG, § 12a Rz. 24.
5 LAG Rheinland-Pfalz v. 8. 4. 1991, LAGE Nr. 17 zu § 12a ArbGG 1979.
6 LAG Baden-Württemberg v. 27. 9. 1982, AP Nr. 2 zu § 12a ArbGG 1979.

b) Ausschluß materiell-rechtlicher Kostenerstattung

aa) Grundsatz

135 § 12a Abs. 1 Satz 1 ArbGG entfaltet materiell-rechtliche Wirkungen und schränkt nicht nur den **prozessualen Kostenerstattungsanspruch** ein. Damit diese Vorschrift nicht leerläuft, muß durch sie auch die Geltendmachung materiell-rechtlicher Ansprüche ausgeschlossen werden, soweit es um die Erstattung von Kosten für Prozeßvertreter in erster Instanz bzw. um Entschädigung wegen Zeitversäumnis geht[1]. Insofern kann ein Arbeitnehmer von seinem Arbeitgeber (oder umgekehrt) auch nicht im Wege des Schadensersatzes die Erstattung außerprozessualer Anwaltskosten verlangen[2].

136 Umstritten ist jedoch die Frage, ob § 12a Abs. 1 ArbGG auch einer Erstattungsfähigkeit der Anwaltskosten bei einem gegen den Drittschuldner nach § 840 Abs. 2 Satz 2 ZPO gerichteten **Schadensersatzanspruch** entgegensteht. Die herrschende Meinung geht dahin, daß die Schadensersatzpflicht nach § 840 Abs. 2 Satz 2 ZPO vom Ausschluß der Kostenerstattung nicht erfaßt wird[3].

bb) Ausnahmen

(1) Anrufung eines unzuständigen Gerichts

137 Der Ausschluß des Erstattungsanspruchs gilt nicht für die Kosten, die dem Beklagten dadurch entstanden sind, daß der Kläger ein Gericht der **ordentlichen Gerichtsbarkeit**, der **allgemeinen Verwaltungsgerichtsbarkeit**, der **Finanz- oder Sozialgerichtsbarkeit** angerufen und dieses den Rechtsstreit **an das Arbeitsgericht verwiesen** hat (§ 12a Abs. 1 Satz 3 ArbGG).

138 Umstritten ist, ob diese Kosten nach der Verweisung des Rechtsstreits in voller Höhe erstattungsfähig sind.

Nach der **ganz überwiegenden Meinung** der Landesarbeitsgerichte sind die **vor der Verweisung** des Rechtsstreits an das Arbeitsgericht beim ordentlichen Gericht entstandenen Anwaltskosten in **vollem Umfang** vom Kläger ohne Rücksicht darauf zu erstatten, ob der Anwalt der beklagten Partei die Prozeßvertretung vor dem Arbeitsgericht fortgesetzt hat oder nicht[4].

Zum Teil wird demgegenüber die Ansicht vertreten, daß die Anwaltskosten, die durch die Vertretung des Beklagten vor dem ordentlichen Gericht entstan-

---

1 BAG v. 30. 4. 1992, NZA 1992, 1101.
2 BAG v. 14. 12. 1977, DB 1978, 895.
3 LAG Düsseldorf v. 14. 2. 1995, BB 1995, 1248; BAG v. 16. 5. 1990, DB 1990, 1826; *Grunsky*, ArbGG, § 12a Rz. 3a, mwN.
4 LAG Hamm v. 16. 7. 1987, MDR 1987, 876; LAG Nürnberg v. 8. 10. 1986, LAGE Nr. 8 zu § 12a ArbGG 1979; LAG Rheinland-Pfalz v. 13. 3. 1986, LAGE Nr. 7 zu § 12a ArbGG 1979; LAG Baden-Württemberg v. 9. 8. 1984, NZA 1985, 132; LAG Frankfurt v. 15. 5. 1984, AnwBl. 1985, 104; LAG Schleswig-Holstein v. 9. 11. 1983, EzA Nr. 7 zu § 91 ZPO; *Hauck*, ArbGG, § 12a Rz. 12.

den sind, nicht als Mehrkosten erstattungsfähig seien[1]. Umgekehrt sind der obsiegenden Partei nur bei einer Verweisung vom Arbeitsgericht an das ordentliche Gericht die nach Verweisung entstehenden bzw. erneut entstehenden Kosten zu erstatten[2].

(2) Fahrtkosten der Partei

Auch im arbeitsgerichtlichen Verfahren sind dagegen die eigenen **Fahrtkosten** der Partei **erstattungsfähig**. § 12a ArbGG will nur das Prozeßkostenrisiko für die im ersten Rechtszug unterliegende Partei beschränken, nicht aber dieser einen ungerechtfertigten Kostenvorteil verschaffen. Deshalb werden die Vertreterkosten im Rahmen hypothetischer eigener Kosten der Partei erstattet[3].

139

Beispiel:

140

Wohnt eine Partei 100 km vom Gerichtsort entfernt und bestellt sie einen Anwalt am Sitz des Gerichtes, so müßte sie zum Termin erscheinen, wenn sie den Prozeß selbst führen würde. Die entsprechenden Fahrtkosten wären im Obsiegensfall von der unterliegenden Partei zu erstatten. Da die Partei jedoch durch die Anwaltsbestellung nicht schlechter gestellt werden darf als bei einer eigenen Prozeßführung, sind die Anwaltskosten in Höhe der ersparten Fahrtkosten erstattungsfähig[4].

c) Rechtsmittelinstanzen

Im Urteilsverfahren des zweiten Rechtszuges gilt der Erstattungsausschluß des **§ 12a ArbGG nicht**. Vielmehr ist hier § 91 ZPO anzuwenden.

141

aa) Verbandsvertreter in zweiter Instanz

Werden im zweiten Rechtszug die Kosten nach § 92 Abs. 1 ZPO verhältnismäßig aufgeteilt und ist eine Partei durch einen **Rechtsanwalt**, die andere durch einen **Verbandsvertreter** vertreten, so ist diese Partei nach § 12a Abs. 2 ArbGG hinsichtlich ihrer außergerichtlichen Kosten so zu stellen, als wenn sie durch einen Rechtsanwalt vertreten worden wäre. Im Rahmen der Kostenausgleichung nach §§ 103 ff. ZPO sind also auf seiten der von einem Verband vertretenen Partei **fiktive Anwaltskosten** anzusetzen. Diese fiktiven Kosten brauchen nicht eigens angemeldet zu werden, soweit es sich um die nach dem Pauschgebührensystem der BRAGO zu bemessenden Anwaltsgebühren handelt, die ohne weiteres nach dem Verfahrensablauf ermittelt werden können. Individuelle Kosten – wie Reisekosten des Verbandsvertreters oder fiktive Kosten eines

142

---

1 LAG Bremen v. 20. 2. 1986, AP Nr. 4 zu § 12 ArbGG 1979; LAG Berlin v. 30. 6. 1983, AuR 1984, 122.
2 OLG Karlsruhe v. 1. 8. 1991, JurBüro 1991, 1637; OLG Stuttgart v. 12. 4. 1984, JurBüro 1984, 1732.
3 LAG Rheinland-Pfalz v. 28. 1. 1987, AnwBl. 1988, 299; LAG Düsseldorf v. 10. 4. 1986, JurBüro 1986, 1394.
4 LAG Baden-Württemberg v. 27. 7. 1994 – 1 Ta 36/94, nv.; LAG Hamburg v. 13. 8. 1992, LAGE Nr. 18 zu § 12a ArbGG 1979.

Korrespondenzanwalts – bedürfen jedoch der Geltendmachung im Kostenfestsetzungsverfahren, anderenfalls bleiben sie unberücksichtigt[1].

bb) Reisekosten

143 Die Reisekosten eines **auswärtigen Anwalts** zum Termin vor dem Landesarbeitsgericht sind erstattbar, wenn besondere **objektive Gründe es rechtfertigen**, den Anwalt zum Prozeßbevollmächtigten zu bestellen. Derartige Gründe sind gegeben, wenn ein Interesse der Partei besteht, die aus einem bundesweit geltenden Tarifvertrag herrührenden streitigen Rechtsfragen schon durch die Instanzgerichte entscheiden zu lassen und der Prozeßbevollmächtigte mit der Spezialmaterie vertraut ist[2]. Sie sind außerdem erstattbar, soweit sie anderenfalls für Informationsreisen der Partei zu einem Prozeßbevollmächtigten am Sitz des Landesarbeitsgerichts oder Bundesarbeitsgerichts angefallen wären. Ein Anwaltswechsel aus Kostenersparnisgründen ist einer Partei regelmäßig nicht zuzumuten[3].

d) Anwaltsgebühren

144 Grundsätzlich gelten die **allgemeinen Regeln** der BRAGO.

Ein gebührenrechtliches Detailproblem stellt sich für den Rechtsanwalt, wenn ein Prozeß im Gütetermin des erstinstanzlichen arbeitsgerichtlichen Verfahrens **zum Ruhen gebracht**, eine Wiederaufnahme des Verfahrens jedoch nicht innerhalb von sechs Monaten nach der Anordnung des Ruhens gestellt wird. Gem. den §§ 54 Abs. 5 Satz 4 ArbGG, 269 Abs. 3 ZPO gilt dies als Klagerücknahme. Eine Verhandlungsgebühr entsteht jedoch nicht, weil in der Güteverhandlung die Anträge nicht wirksam gestellt werden können[4]. Allerdings entsteht für das Erörtern der Sach- und Rechtslage in der Güteverhandlung vor dem Arbeitsgericht eine Erörterungsgebühr[5]. Dieser Auffassung hat sich nach einer Entscheidung des Bundesverfassungsgerichts[6] auch das Landesarbeitsgericht Hamm angeschlossen[7].

---

1 LAG Hamm v. 28. 2. 1980, MDR 1980, 612.
2 LAG Schleswig-Holstein v. 21. 9. 1988, DB 1988, 2656.
3 LAG Köln v. 4. 3. 1985, AnwBl. 1985, 274.
4 LAG München v. 24. 1. 1989, NZA 1989, 863.
5 LAG Rheinland-Pfalz v. 20. 2. 1986, LAGE Nr. 11 zu § 31 BRAGO; LAG Frankfurt v. 18. 10. 1978 – 8 Ta 98/78, nv.
6 BVerfG v. 3. 11. 1992, AnwBl. 1993, 243.
7 LAG Hamm v. 25. 8. 1993, AnwBl. 1994, 197; LAG Hamm v. 15. 4. 1993, AnwBl. 1993, 297.

6. Teil
Arbeitnehmerschutz und Arbeitsförderung

A. Arbeitszeitrecht

	Rz.		Rz.
I. Rechtsgrundlage	1	4. Nacht- und Schichtarbeit	53
II. Gesetzeszweck	3	5. Abweichungsbefugnisse der Tarifvertragsparteien	69
III. Öffentlich-rechtliches Arbeitszeitrecht	4	6. Gefährliche Arbeiten	81
		7. Überstunden und Mehrarbeit	82
IV. Geltungsbereich		8. Sonn- und Feiertagsarbeit	83
1. Persönlicher Geltungsbereich	7	9. Frauenbeschäftigungsverbote	111
2. Räumlicher und sachlicher Geltungsbereich	17	VII. Aushangpflichten und Arbeitszeitnachweise	112
V. Arbeitszeitbegriff	20	VIII. Durchführung des Gesetzes	117
VI. Einzelregelungen		1. Bußgeldtatbestände	118
1. Begrenzungen der werktäglichen Arbeitszeit	26	2. Straftatbestände	121
2. Ruhepausen	37	3. Übergangsvorschrift für Tarifverträge und Betriebsvereinbarungen	126
3. Ruhezeit	45		

Schrifttum:

Andritzky, Neuer Manteltarifvertrag in der Süßwarenindustrie, NZA 1994, 1069; *Anzinger,* Arbeitszeitgesetz erfolgreich zum Abschluß gebracht, BArbBl. 1994, 5; *Anzinger,* Neues Arbeitszeitgesetz in Kraft getreten, BB 1994, 1492; *Anzinger/Roggendorff,* Die Anwendung des Arbeitszeitgesetzes im Krankenhausbereich, ZTR 1996, 52; *Berger-Delhey,* „Druckerschwärze und Papier" ... „Sonntags ... nie"?, BB 1994, 2199; *Busch,* Waschen und Umkleiden als Arbeitszeit?, BB 1995, 1690; *Buschmann/Ulber,* Arbeitszeitrechtsgesetz, 1994; *Diller,* Fortschritt oder Rückschritt? – Das neue Arbeitszeitrecht, NJW 1994, 2726; *Dobberahn,* Das neue Arbeitszeitrechtsgesetz, 2. Aufl. 1996; *Erasmy,* Ausgewählte Rechtsfragen zum neuen Arbeitszeitrecht (I), NZA 1994, 1105; *Erasmy,* Ausgewählte Rechtsfragen zum neuen Arbeitszeitrecht (II), NZA 1995, 97; *Heinze,* Flexible Arbeitszeitmodelle, NZA 1997, 681; *Hunold,* Nebentätigkeit und Arbeitszeitgesetz, NZA 1995, 558; *Kempter,* Auswirkungen des Arbeitszeitgesetzes auf die Arbeitszeitregelungen in Kliniken, NZA 1996, 1190; *Kraegeloh,* Arbeitszeitgesetz, 1995; *Küttner,* Personalbuch 1995, 2. Aufl. 1995; *Kuhr,* Die Sonntagsruhe im Arbeitszeitgesetz aus verfassungsrechtlicher Sicht, DB 1994, 2186; *Linnenkohl,* Arbeitszeitgesetz, 1996; *Linnenkohl/Rauschenberg,* Arbeitszeitflexibilisierung, 3. Aufl. 1996; *Loritz,* Die Dienstreise des Arbeitnehmers, NZA 1997, 1188; *Neumann/Biebl,* Arbeitszeitgesetz, 12. Aufl. 1995; *Richardi,* Die Mitbestimmung des Betriebsrats bei flexibler Arbeitszeitgestaltung, NZA 1994, 593; *Roggendorff,* Arbeitszeitgesetz, 1994; *Wessel,* Arbeitszeit, in Bürger/Oehmann/Matthes/Göhle-Sander, Handwörterbuch des Arbeitsrechts, Loseblatt; *Wlotzke,* Auf dem Weg zu einer grundlegenden Neuregelung des betrieblichen Arbeitsschutzes, NZA 1994, 602; *Zmarlik,* Das neue Arbeitszeitgesetz, DB 1994, 1082; *Zmarzlik/Anzinger,* Kommentar zum Arbeitszeitgesetz, 1995.

I. Rechtsgrundlage

1   Mit dem am 1. 7. 1994 in Kraft getretenen **Gesetz zur Vereinheitlichung und Flexibilisierung des Arbeitszeitrechts**[1] (ArbZG) erfüllt der Gesetzgeber den Gesetzgebungsauftrag aus Art. 30 Abs. 1 Nr. 1 EV, das öffentlich-rechtliche Arbeitszeitrecht einschließlich der Zulässigkeit von Sonn- und Feiertagsarbeit und den besonderen Frauenarbeitsschutz einheitlich zu kodifizieren und eine neue Rechtsgrundlage zu schaffen. Das ArbZG folgt im wesentlichen der EG-Richtlinie 93/104/EG des Rates der Europäischen Union vom 23. 11. 1993 über bestimmte Aspekte der Arbeitszeitgestaltung[2]. Diese Richtlinie ist bis auf Art. 5 Abs. 2 europarechtskonform erlassen worden[3].

2   Das ArbZG ist als Art. 1 im Arbeitszeitrechtsgesetz verankert und löst insbesondere die aus dem Jahre 1938 stammende AZO und die §§ 105b–i GewO ab. Die Art. 2–20 enthalten eine Vielzahl von Änderungen weiterer Bundes- und Landesgesetze sowie von Verordnungen, die durch die Neufassung des ArbZG notwendig wurden; in Art. 21 sind das **Inkrafttreten** und die Ablösung von außerkrafttretenden Normen geregelt.

II. Gesetzeszweck

3   Leitlinie des ArbZG ist die **Sicherung der Arbeitnehmergesundheit** durch Begrenzung der höchstzulässigen täglichen Arbeitszeit, Festsetzung von Mindestruhepausen während der Arbeit und Mindestruhezeiten zwischen Beendigung und Wiederaufnahme der Arbeit sowie durch Einhaltung der Arbeitsruhe an Sonn- und Feiertagen[4]. Darüber hinaus werden die Gestaltungsmöglichkeiten der Tarifvertragsparteien und Betriebspartner bei Arbeitszeitfragen erweitert und die **Rahmenbedingungen für flexible und individuelle Arbeitszeitmodelle** verbessert[5]. Diese beiden Zweckbestimmungen sind in § 1 ArbZG verankert. Sie sind bei der Anwendung und Auslegung des ArbZG heranzuziehen, ohne selbst als eigenständige Rechtsgrundlage für behördliche Entscheidungen in Betracht zu kommen[6]. Ob die Schutzziele (Gesundheitsschutz/Flexibilisierung der Arbeitzeit) gleichrangig sind oder ob der Gesundheitsschutz vorrangig ist, ist umstritten[7].

---

1 Vom 10. 6. 1994, BGBl. I, 1170; Gesetzesbegründung BT-Drucks. 12/5888.
2 ABl. EG 1993 Nr. L 307, 18.
3 EuGH v. 12. 11. 1996, NZA 1997, 23.
4 Vgl. BT-Drucks. 12/5888, 19.
5 *Erasmy*, NZA 1994, 1105; vgl. zu einzelnen Arbeitszeitmodellen Linnenkohl/Lauschenberg, S. 27 ff.; *Heinze*, NZA 1997, 681.
6 *Neumann/Biebl*, § 1 ArbZG Rz. 3; HzA/*Schliemann*, Gruppe 12, Rz. 32.
7 Für Vorrang des Gesundheitsschutzes: *Roggendorff*, Teil C, § 1 Rz. 4; wohl auch HzA/*Schliemann*, Gruppe 12, Rz. 41; für Gleichrangigkeit: *Dobberahn*, Teil C, Rz. 26; *Linnenkohl*, § 1 Rz. 2; widersprüchlich: *Zmarzlik/Anzinger*, Teil C, § 1 Rz. 2 und 7.

III. Öffentlich-rechtliches Arbeitszeitrecht

Die Regelungen des ArbZG sind **öffentlich-rechtlicher Natur**. Durch sie wird der Arbeitgeber gegenüber dem Staat verpflichtet, Arbeitnehmer nicht über die im Gesetz festgesetzten Grenzen hinaus zu beschäftigen. Verstöße werden durch die Bußgeld- und Strafvorschriften der §§ 22–23 ArbZG sanktioniert. 4

Das ArbZG begründet **keine privatrechtliche Verpflichtung** des Arbeitnehmers, innerhalb der gesetzlichen Höchstgrenzen tatsächlich zu arbeiten[1]. Die Leistungsverpflichtung im Einzelfall ergibt sich grundsätzlich aus Tarifvertrag, Betriebsvereinbarung oder Arbeitsvertrag[2]. Arbeitsvertragliche Vereinbarungen, die den Arbeitnehmer zur Überschreitung der gesetzlich zulässigen Höchstgrenzen verpflichten, sind gemäß §§ 134, 138 BGB nichtig. § 139 BGB ist nicht anzuwenden, da dies dem Schutzzweck des ArbZG zuwiderliefe. Bei besonders krassen Fallgestaltungen kommt sogar ein Verstoß gegen Art. 1 Abs. 1 GG (Menschenwürde) in Betracht[3]. Es gelten dann die gesetzlichen Regelungen des ArbZG[4]. 5

Die Vereinbarung von gegen den gesetzlichen Rahmen des ArbZG verstoßenden Arbeitszeiten führt ausnahmsweise dann zur **Nichtigkeit des Arbeitsvertrages** insgesamt, wenn es den Parteien gerade auf die nichtige Arbeitszeitvereinbarung ankommt, etwa in einem Doppelarbeitsverhältnis bei sehr erheblicher Überschreitung der gesetzlich zulässigen Höchstgrenzen[5]. Das BAG stellt für die Beurteilung der Frage, welcher Arbeitsvertrag in einem Mehrfachbeschäftigungsverhältnis nichtig ist, auf die Reihenfolge der abgeschlossenen Verträge ab[6]. 6

IV. Geltungsbereich

1. Persönlicher Geltungsbereich

Gemäß § 2 Abs. 2 ArbZG erstreckt sich der persönliche Geltungsbereich des ArbZG auf **alle volljährigen Arbeitnehmer** einschließlich der zu ihrer Berufsbildung Beschäftigten. Bestimmte Arbeitnehmergruppen und Beschäftigungsbereiche sind jedoch durch die Sonderregelungen der §§ 18–21 ArbZG ausgenommen (vgl. unten Rz. 10 ff., 17 f.). Der Arbeitnehmerbegriff ist aus § 5 BetrVG ohne die Einschränkungen des Abs. 2 übernommen worden. Da das ArbZG auf eine eigenständige Definition verzichtet, ist die Abgrenzung zu freien Mitarbeitern und arbeitnehmerähnlichen Personen nach den allgemeinen Grundsätzen 7

---

1 *Zmarzlik/Anzinger*, Teil B, Einführung Rz. 3.
2 *Anzinger*, BB 1994, 1493.
3 BAG v. 24. 2. 1982, AP Nr. 7 zu § 17 BAT.
4 *Zmarzlik/Anzinger*, Teil B, § 1 Rz. 22.
5 BAG v. 19. 6. 1959, AP Nr. 1 zu § 611 BGB – Doppelarbeitsverhältnis.
6 BAG v. 19. 6. 1959, AP Nr. 1 zu § 611 BGB – Doppelarbeitsverhältnis.

vorzunehmen[1]. Arbeitnehmer ist, wer aufgrund eines privatrechtlichen Vertrages im Dienste eines anderen zur Leistung fremdbestimmter Arbeit in persönlicher Abhängigkeit – Weisungsgebundenheit vor allem in zeitlicher Hinsicht[2] – verpflichtet ist[3]. Reisende, sofern sie keine Handelsvertreter sind, und Telearbeiter unterfallen daher dem ArbZG, nicht jedoch in Heimarbeit Beschäftigte[4], da diese keine Arbeitnehmer sind. Für werdende und stillende Mütter gelten nach dem MuSchG Sonderregelungen (Anspruch auf Stillpausen, § 7 MuSchG; Verbot der Mehrarbeit zwischen 20 und 6 Uhr und der Sonn- und Feiertagsarbeit, § 8 MuSchG), die dem ArbZG als leges speciales vorgehen[5].

8 Keine Arbeitnehmer sind die aufgrund eines **öffentlich-rechtlichen Dienstverhältnisses** beschäftigten Personen wie Beamte, Beamtenanwärter, Richter, Hochschullehrer, Soldaten, Zivildienstleistende, Entwicklungshelfer, Fürsorgezöglinge und Strafgefangene sowie Personen in karitativer oder religiöser Tätigkeit als Angehörige geistlicher Orden oder Gemeinschaften[6].

9 Das ArbZG ist anwendbar auf **Auszubildende** nach § 3 BBiG und auf in Vertragsverhältnissen nach § 19 BBiG Beschäftigte wie Schwesternschülerinnen, Volontäre und Praktikanten, nicht jedoch auf Helfer im freiwilligen sozialen Jahr[7].

10 Ausgenommen vom Anwendungsbereich sind **leitende Angestellte** nach § 5 Abs. 3 BetrVG, **Chefärzte, Leiter von öffentlichen Dienststellen** und deren Vertreter sowie Arbeitnehmer im öffentlichen Dienst, die zu selbständigen Entscheidungen in Personalangelegenheiten befugt sind, § 18 Abs. 1 Nr. 1 und 2 ArbZG. Aus Gründen der Rechtsklarheit und der Rechtsvereinheitlichung[8] verzichtet das ArbZG im Gegensatz zu § 1 Abs. 2 Nr. 2 AZO auf eine eigenständige Definition des leitenden Angestellten. Es ist auf die Legaldefinition des § 5 Abs. 3 BetrVG und die Auslegungsregel des § 5 Abs. 4 BetrVG zurückzugreifen (vgl. oben Teil 1 A Rz. 80 ff.).

11 Parallel zu § 3 Buchst. i BAT sind Chefärzte vom Anwendungsbereich des ArbZG ausgenommen. **Chefärzte** sind die ärztlichen Leiter einer Krankenhausabteilung, die die Gesamtverantwortung für die Patientenversorgung tragen und Vorgesetzte des ärztlichen und nichtärztlichen Personals ihrer Abteilung sind[9].

12 Weiterhin vom ArbZG ausgenommen sind **Arbeitnehmer, die in häuslicher Gemeinschaft mit den ihnen anvertrauten Personen zusammenleben** und sie

---

1 Vgl. den umfangreichen Rechtsprechungsnachweis bei *Neumann/Biebl*, § 2 Rz. 21.
2 Zu Einzelheiten HzA/*Schliemann*, Gruppe 12, Rz. 104 ff.; BAG v. 19. 11. 1997, BB 1997, 2592.
3 BAG v. 9. 6. 1993, AP Nr. 66 zu § 611 BGB – Abhängigkeit.
4 BAG v. 25. 3. 1992, AP Nr. 48 zu § 5 BetrVG 1972; HwB-AR/*Wessel*, Arbeitszeit Rz. 16.
5 HzA/*Schliemann*, Gruppe 12, Rz. 8.
6 *Zmarzlik/Anzinger*, Teil C, § 2 Rz. 27 f.
7 BAG v. 12. 2. 1992, AP Nr. 52 zu § 5 BetrVG 1972.
8 BT-Drucks. 12/5888, 32.
9 MünchArbR/*Richardi*, Bd. 2, § 197 Rz. 4.

IV. Geltungsbereich

eigenverantwortlich erziehen, pflegen oder betreuen, § 18 Abs. 1 Nr. 3 ArbZG. Grund dieser Ausnahme ist die Bewahrung bestimmter pädagogischer Konzepte, etwa im Bereich der SOS-Kinderdörfer[1]. Entscheidend für die Herausnahme des Arbeitnehmers aus dem Anwendungsbereich ist das Zusammenleben mit dem Betreuten, also das gemeinschaftliche Wohnen und Leben. Auf Nichtmitglieder der Hausgemeinschaft findet das ArbZG hingegen in vollem Umfang Anwendung[2].

Wegen Art. 4 Abs. 2 GG ist der **liturgische Bereich** der Kirchen und Religionsgemeinschaften aus dem Anwendungsbereich des ArbZG ebenfalls herausgenommen. Was zum liturgischen Bereich gehört, ist je nach Kirche und Religionsgemeinschaft zu bestimmen[3]. Jedenfalls zum außerliturgischen Bereich gehören Krankenhäuser, Kindergärten, Altersheime, Beherbergungsbetriebe. 13

Für Arbeitnehmer unter 18 Jahren gelten die Normen des JArbSchG, § 18 Abs. 2 ArbZG. Gemäß §§ 8–21b JArbSchG dürfen **Jugendliche** nur an 5 Wochentagen insgesamt maximal 40 Wochenstunden beschäftigt werden (§§ 8, 15 JArbSchG); durch Tarifvertrag ist eine Ausdehnung auf 44 Stunden an 5½ Tagen zulässig, wenn der Ausgleich auf 40 Wochenarbeitsstunden in 2 Monaten gesichert ist (§ 21a JArbSchG). Die Pausen- und Ruhezeiten sind länger (§§ 11, 12, 13 JArbSchG). Nachtarbeit sowie Arbeiten an Samstagen, Sonn- und Feiertagen sind bis auf wenige Ausnahmen verboten (§§ 14, 16–18 JArbSchG). 14

Weitere Ausnahmen gelten nach § 18 Abs. 3 und 4 ArbZG für die Beschäftigten auf **Kauffahrteischiffen,** soweit sie in einem Heuerverhältnis stehen (§§ 3, 7 SeemG). Hier kommen anstelle des ArbZG die §§ 84–92 SeemG zur Anwendung. Für Beschäftigte in Bäckereien und Konditoreien gilt das **Bäckerarbeitszeitgesetz** seit dem 1. 11. 1996 nicht mehr[4]. Insbesondere ist das Nachtbackverbot entfallen[5]. Das ArbZG findet somit auch uneingeschränkt in Bäckereien und Konditoreien Anwendung[6]. 15

Die **Aufsichtsbehörde** überprüft nach § 17 Abs. 1 ArbZG auch das Vorliegen der Ausschlußtatbestände des § 18 ArbZG. Nimmt der Arbeitgeber zu Unrecht einen Arbeitnehmer vom Anwendungsbereich des ArbZG aus, kann eine entsprechende Ahndung erfolgen. Haben die Arbeitsvertragsparteien in einem Beschlußverfahren eine Entscheidung des ArbG über die Zuordnung eines Arbeitnehmers zu dem in § 5 Abs. 3 BetrVG genannten Personenkreis herbeigeführt, ist die Aufsichtsbehörde an diese Entscheidung gebunden[7]. 16

---

1 BT-Drucks. 12/6990, 44.
2 *Zmarzlik/Anzinger*, Teil C, § 18 Rz. 21.
3 *Neumann/Biebl*, § 18 Rz. 8; *Roggendorff*, Teil C, § 18 Rz. 14.
4 BGBl. I 1996, 1186; vgl. BT-Drucks. 13/4245; BT-Drucks. 13/4975.
5 Zu beachten ist, daß nach § 2 Abs. 3 ArbZG die Nachtzeit für Bäckereien und Konditoreien von 22 bis 5 Uhr dauert.
6 *Dobberahn*, Teil C, Rz. 19.
7 *Zmarzlik/Anzinger*, Teil C, § 18 Rz. 33.

2. Räumlicher und sachlicher Geltungsbereich

17 Das ArbZG ist öffentliches Recht. Nach dem **Territorialitätsprinzip** beschränkt sich seine Geltung räumlich auf das deutsche Hoheitsgebiet[1]. Daher werden Auslandsbeschäftigungen selbst dann vom ArbZG nicht erfaßt, wenn der Arbeitnehmer nur vorübergehend entsandt ist[2].

18 Der **sachliche Geltungsbereich** erstreckt sich auf alle Betriebe und Verwaltungen einschließlich der privaten Haushalte mit Ausnahme der Luft- und Binnenschiffahrt, §§ 20, 21 ArbZG.

19 Im öffentlichen Dienst können im Zusammenhang mit der Wahrnehmung **hoheitlicher Aufgaben** durch die zuständige Dienstbehörde die für Beamte geltenden Bestimmungen über die Arbeitszeit auf die Arbeitnehmer unter Ausschluß der §§ 3–13 ArbZG übertragen werden, soweit nicht eine tarifliche Regelung entgegensteht. Wegen der §§ 15–17 BAT, die die Arbeitszeit der Angestellten im öffentlichen Dienst regeln, und der für die Arbeiter von Bund, Ländern und Gemeinden einschlägigen Tarifverträge (MTB, MTL, BMT-G) kommt § 19 ArbZG keine große praktische Bedeutung zu[3].

V. Arbeitszeitbegriff

20 Der Arbeitszeitbegriff in § 2 Abs. 1 Satz 1 ArbZG entspricht § 2 AZO; die zu dieser Vorschrift ergangene Rechtsprechung ist daher weiterhin von Bedeutung. Arbeitszeit ist die Zeit vom Beginn bis zum Ende der Arbeitszeit ohne die Ruhepausen, also der Zeitraum, in dem **der Arbeitnehmer auf Weisung des Arbeitgebers zur Arbeitsleistung an einem vom Arbeitgeber bestimmten Ort zur Verfügung steht**[4]. Dabei kommt es nicht auf die tatsächliche Arbeitsleistung an, vielmehr zählen betriebsbedingte Wartezeiten[5], Zeiten, in denen der Arbeitnehmer sich lediglich zum Eingreifen bereithalten muß (Arbeitsbereitschaft)[6], sowie im Interesse des Arbeitgebers erfolgende Gesundheitsuntersuchungen des Arbeitnehmers[7] zur Arbeitszeit.

21 **Beginn und Ende der Arbeitszeit** sind nach den Umständen des Einzelfalles zu bestimmen[8]. Maßgeblich sind der räumliche, organisationsbedingte Bezug zum

---

1 BAG v. 12. 12. 1990, DB 1991, 865; beachte auch Art. 56 des Zusatzabkommens zum NATO-Truppenstatut (BGBl. II 1994, 2594, 2598).
2 BAG v. 12. 12. 1990, DB 1991, 865.
3 *Neumann/Biebl*, § 19 Rz. 4.
4 BayObLG v. 23. 3. 1992, NZA 1992, 811; HzA/*Schliemann*, Gruppe 12, Rz. 48.
5 *Roggendorff*, Teil C, § 2 Rz. 24.
6 *Neumann/Biebl*, § 2 Rz. 12.
7 BAG v. 10. 5. 1957, AP Nr. 5 zu § 611 BGB – Lohnanspruch: keine Arbeitszeit. Tauglichkeitsuntersuchungen nach polizeilichen Vorschriften für den Bergbau, vgl. BAG v. 8. 3. 1961, AP Nr. 12 zu § 611 BGB – Lohnanspruch.
8 *Linnenkohl*, § 2 Rz. 10; *Neumann/Biebl*, § 2 Rz. 16.

V. Arbeitszeitbegriff

Betrieb sowie die Direktionsbefugnisse des Arbeitgebers[1]. Abzustellen ist regelmäßig auf das Betreten und Verlassen des Betriebsgeländes. Notwendige Vor- und Abschlußarbeiten, wie zB Einrichten und Säubern des Arbeitsplatzes, Materialausgabe und -rückgabe, Werkzeugausgabe und -rückgabe, An- und Abstellen von Maschinen gehören zur Arbeitszeit[2]. Auch eine schwankende Arbeitsintensität kann uU arbeitsschutzrechtlich als volle Arbeitszeit anzusehen sein[3]. Wasch- und Umkleidezeiten gehören selbst dann nicht zur arbeitsschutzrechtlichen Arbeitszeit, wenn sie bezahlt werden[4], es sei denn, diese Verrichtungen müssen notwendig im Betrieb erfolgen[5]. Dagegen zählt das An- und Ausziehen von Sicherheitskleidung zur Arbeitszeit[6]. Teilweise sind Beginn und Ende der Arbeitszeit tariflich geregelt, wie in § 15 Abs. 7 BAT[7] oder § 3 Nr. 1, 5 BRTV – Bau.

Fahrten von der Wohnung des Arbeitnehmers zum Betrieb, sog. **Wegezeiten**, gehören grundsätzlich nicht zur Arbeitszeit[8], es sei denn, der Arbeitnehmer fährt unmittelbar von seiner Wohnung zu einer außerhalb des Betriebes gelegenen Arbeitsstätte[9]. Dann ist die Zeit als Arbeitszeit zu werten, die vom Betrieb zur außerhalb gelegenen Arbeitsstätte benötigt worden wäre. Ist die so aufgewandte Wegezeit geringer, gilt diese als Arbeitszeit. Wege vom Betrieb zu außerhalb gelegenen Arbeitsorten zählen ebenfalls zur Arbeitszeit[10]. Gleiches gilt für Wartezeiten eines Kraftfahrers am Zielort[11]. 22

Dienstreisen sind dann Arbeitszeit, wenn sie selbst die Erfüllung der arbeitsvertraglichen Verpflichtung darstellen[12], ansonsten sind sie keine Arbeitszeit[13]. Daher ist hinsichtlich der Vergütungspflicht bei fehlender ausdrücklicher Regelung auf die Umstände des Einzelfalls abzustellen[14]. 23

Rufbereitschaft und Bereitschaftsdienste gehören nicht zur Arbeitszeit[15], wirken sich jedoch im Einzelfall auf die Ruhezeiten aus, da die Inanspruchnahme 24

---

1 HzA/*Schliemann*, Gruppe 12, Rz. 84.
2 *Roggendorff*, Teil C, § 2 Rz. 31; *Zmarzlik/Anzinger*, Teil C, § 2 Rz. 6.
3 LAG Hamm v. 22. 4. 1988, DB 1988, 1856.
4 BAG v. 25. 4. 1962, AP Nr. 6 zu § 611 BGB – Mehrarbeitsvergütung; *Busch*, BB 1995, 1690.
5 *Buschmann/Ulber*, § 2 Rz. 3; vgl. auch HzA/*Schliemann*, Gruppe 12, Rz. 72.
6 LAG Baden-Württemberg v. 12. 2. 1987, AiB 1987, 247.
7 BAG v. 29. 4. 1982, 15. 9. 1988 und 18. 1. 1990, AP Nr. 4, 12, 16 zu § 15 BAT.
8 Grundlegend BAG v. 8. 12. 1960, AP Nr. 1 zu § 611 BGB – Wegezeit; vgl. auch BAG v. 19. 1. 1977, AP Nr. 5 zu § 42 BAT.
9 *Roggendorff*, Teil C, § 2 Rz. 28; aA HzA/*Schliemann*, Gruppe 12, Rz. 76.
10 *Neumann/Biebl*, § 2 Rz. 14.
11 LAG Stuttgart v. 28. 3. 1960, BB 1960, 627.
12 *Roggendorff*, Teil C, § 2 Rz. 27; *Zmarzlik/Anzinger*, Teil C, § 2 Rz. 10; *Loritz*, NZA 1997, 1191.
13 *Neumann/Biebl*, § 2 Rz. 15; HwB-AR/*Wessel*, Arbeitszeit Rz. 22.
14 BAG v. 3. 9. 1997, DB 1998, 264.
15 HzA/*Schliemann*, Gruppe 12, Rz. 65; *Erasmy*, NZA 1994, 1103, 1107; *Kraegeloh*, § 2 Rz. 3; aA *Buschmann/Ulber*, § 7 ArbZG Rz. 18; unter der Geltung der AZO war diese Frage nicht geklärt; vgl. BAG v. 10. 6. 1959, AP Nr. 5 zu § 7 AZO; BVerwG v. 19. 1. 1988, NZA 1988, 881.

des Arbeitnehmers während der Rufbereitschaft oder während des Bereitschaftsdienstes als Arbeitszeit gilt[1]. Der Bereitschaftsdienst ist gekennzeichnet durch eine Aufenthaltsbeschränkung mit der Verpflichtung, bei Bedarf sofort tätig zu werden[2]. Bis auf die Wahl seines Aufenthaltsortes ist der Arbeitnehmer in der Verwendung seiner Zeit vollkommen frei, er kann privaten Interessen nachgehen oder schlafen[3]. Rufbereitschaft liegt vor, wenn der Arbeitnehmer in der Wahl seines Aufenthaltsortes frei ist und nur die jederzeitige Erreichbarkeit durch den Arbeitgeber gewährleistet sein muß. Die Entfernung vom Arbeitsplatz darf nicht so groß sein, daß sie dem Zweck der Rufbereitschaft zuwiderläuft; der Arbeitnehmer muß seine Tätigkeit alsbald aufnehmen können[4].

25 Nicht zur Arbeitszeit gehören die **Ruhepausen** nach § 4 ArbZG und die Ruhezeiten nach § 5 ArbZG.

VI. Einzelregelungen

1. Begrenzungen der werktäglichen Arbeitszeit

26 § 3 ArbZG enthält drei **Kernaussagen:**
- ▶ Die werktägliche Arbeitszeit darf grundsätzlich acht Stunden nicht überschreiten, § 3 Satz 1 ArbZG; es bleibt bei der 48-Stunden-Woche.
- ▶ Sie darf – abweichend von § 8 AZO – aus jedem Grund ohne Zustimmung der Aufsichtsbehörde auf bis zu zehn Stunden verlängert werden, § 3 Satz 2 1. Halbs. ArbZG; mit Zustimmung der Aufsichtsbehörde sind weitere Verlängerungen möglich; vgl. §§ 14, 15 ArbZG.
- ▶ Innerhalb eines Ausgleichszeitraumes von sechs Kalendermonaten oder 24 Wochen muß die verlängerte Arbeitszeit auf durchschnittlich acht Stunden werktäglich ausgeglichen sein; vgl. dazu unten Rz. 31 ff.

27 **Werktage** sind alle Tage, die weder ein Sonn- noch ein gesetzlicher Feiertag sind. Der Samstag ist auch dann Werktag iSd. ArbZG, wenn im betreffenden Betrieb üblicherweise samstags arbeitsfrei ist[5].

28 Die in § 3 ArbZG geregelte werktägliche Arbeitszeit richtet sich nicht nach dem Kalendertag, sondern – wie sich aus § 5 ArbZG ergibt – nach der **individuellen Arbeitszeit** des Arbeitnehmers an einem Arbeitstag[6]. Es ist auf den 24stündigen Arbeitstag des einzelnen Arbeitnehmers abzustellen, der beispielsweise um 7 Uhr des einen Kalendertages beginnt und um 7 Uhr des folgenden Kalendertages endet. Innerhalb dieses Zeitraums darf der Arbeitnehmer nur 8

---
1 BAG v. 10. 1. 1991, NZA 1991, 516.
2 BVerwG v. 19. 1. 1988, NZA 1988, 881.
3 Anders bei Arbeitsbereitschaft, die zur Achtsamkeit oder Beobachtung bestimmter Vorgänge verpflichtet, vgl. BAG v. 28. 1. 1981, AP Nr. 1 zu § 18 MTL II.
4 BAG v. 19. 12. 1991, NZA 1992, 560.
5 *Zmarzlik/Anzinger*, Teil C, § 3 Rz. 6.
6 HzA/*Schliemann*, Gruppe 12, Rz. 179.

VI. Einzelregelungen   Rz. 32 Teil 6 A

bzw. 10 Stunden beschäftigt werden. Ändern sich im Laufe der Woche die Anfangszeiten des Arbeitnehmers, so ändert sich auch der Beginn des Arbeitstages. Eine Vorverlegung des neuen Arbeitstages vor Ablauf des noch nicht vollendeten 24stündigen Arbeitstages ist nur möglich, wenn und soweit die zulässigen Höchstarbeitsgrenzen für den andauernden Arbeitstag noch nicht verbraucht sind[1].

Die **10-Stunden-Obergrenze** ist zwingend, sie darf auch bei Teilzeitkräften mit geringer Wochenstundenzahl (zB 21 Stunden) nicht überschritten werden. Der Arbeitnehmer mit 21 Wochenstunden müßte mindestens an drei Wochentagen beschäftigt werden. Die Verlängerung der Arbeitszeit von 8 auf 10 Stunden bedarf keiner Rechtfertigung, der Arbeitgeber hat jedoch beschränkende Regelungen aus Arbeitsvertrag, Tarifvertrag oder Betriebsvereinbarung zu beachten. Schließlich muß seine Anordnung im Rahmen des Direktionsrechts billigem Ermessen (§ 315 BGB) entsprechen[2]. 29

Die zur Verfügung stehende werktägliche Arbeitszeit wird nach § 11 Abs. 2 ArbZG durch **Sonn- und Feiertagsarbeit** zusätzlich eingegrenzt[3]. Leistet der Arbeitnehmer Sonn- bzw. Feiertagsarbeit, darf dies nicht zu einer Erhöhung der Wochenarbeitszeit führen. Im äußersten Maximum dürfen 60 Wochenstunden nicht überschritten werden[4]. 30

Die Rahmenbedingungen des § 3 ArbZG müssen bei jeder Vereinbarung über flexible Arbeitszeitmodelle beachtet werden. Weiterhin ist das Mitbestimmungsrecht des Betriebsrates nach § 87 Abs. 1 Nr. 2 BetrVG bei der Festsetzung des Beginns und des Endes der täglichen Arbeitszeit einschließlich der Pausen zu beachten. Ein Mitbestimmungsrecht besteht auch bei der Verteilung der Arbeitszeit auf die einzelnen Wochentage. Das Mitbestimmungsrecht bezieht sich aber lediglich auf die Lage der Arbeitszeit, nicht dagegen auf ihre Dauer[5]. Lediglich bei der Festlegung des Ausgleichszeitraumes dürfen die **Tarifvertragsparteien** längere Fristen vereinbaren oder entsprechende Betriebsvereinbarungen zulassen (Öffnungsklauseln), § 7 Abs. 1 Nr. 1b ArbZG. Eine Höchstgrenze für die Länge des durch Tarifvertrag bestimmten Ausgleichszeitraums ist nicht vorgeschrieben. Die gesetzliche Zulassung des sechsmonatigen Ausgleichszeitraumes widerspricht der EG-Richtlinie 93/104, die ausdrücklich vier Monate vorsieht[6]. 31

Der **Ausgleichszeitraum** ist arbeitnehmerbezogen und nicht betriebsbezogen. Daraus folgt, daß mit jeder über 8 Stunden hinausgehenden Arbeitsleistung ein neuer Ausgleichszeitraum beginnt. Für den Arbeitgeber empfiehlt sich daher die vorherige Festlegung des Ausgleichszeitraums. Der Arbeitgeber ist frei in der Wahl des Ausgleichszeitraums. Er kann den sechsmonatigen, den 24wöchi- 32

---
1 *Roggendorff*, Teil C, § 3 Rz. 6.
2 HzA/*Schliemann*, Gruppe 12, Rz. 198.
3 *Neumann/Biebl*, § 3 Rz. 4; *Erasmy*, NZA 1994, 1105, 1107.
4 HzA/*Schliemann*, Gruppe 12, Rz. 193.
5 HwB-AR/*Wessel*, Arbeitszeit, Rz. 8.
6 *Buschmann/Ulber*, § 3 Rz. 7.

gen oder einen kürzeren Zeitraum wählen, nicht aber einen längeren. Es ist zulässig, die Ausgleichszeiträume zu wechseln[1]. Die Wahl des Ausgleichszeitraumes ist mitbestimmungspflichtig, § 87 Abs. 1 Nr. 2 BetrVG[2]. Die Möglichkeiten der Verteilung der Arbeitszeit richten sich nach der Länge des gewählten Ausgleichszeitraumes, da durch diesen das zur Verfügung stehende Arbeitsstundenpotential ermittelt wird.

33 **Beispiel:**

In einem Ausgleichszeitraum von 20 Wochen fallen 960 Arbeitsstunden an 120 Werktagen an (8 Stunden × 6 Werktage × 20 Wochen). Es kann an 96 Werktagen jeweils 10 Stunden (960 Arbeitsstunden) gearbeitet werden, die restlichen 24 Werktage müssen dann arbeitsfrei bleiben.

Fallen in den 20wöchigen Ausgleichszeitraum gesetzliche Feiertage, sind von der Gesamtarbeitszeit (960 Stunden) 8 Stunden pro Feiertag abzuziehen[3]. ZB führen drei in den Ausgleichszeitraum fallende Feiertage zu einer Minderung des zur Verfügung stehenden Stundenpotentials auf 936 Arbeitsstunden (8 × 6 × 20 – 24). Nunmehr kann an 93 Werktagen 10 Stunden und an einem Werktag 6 Stunden gearbeitet werden, die restlichen 23 Werktage[4] müssen dann erneut arbeitsfrei bleiben.

34 Umstritten und noch nicht abschließend geklärt ist die Frage, ob bei der Berechnung des Ausgleichszeitraums **Krankheits- und Urlaubstage** zu berücksichtigen sind oder ein Ausgleich iSd. § 3 Satz 2 ArbZG nur zu Zeiten erfolgen kann, an denen der Arbeitnehmer seine Leistung erbringt[5]. Die Nichtberücksichtigung von Krankheits- und Urlaubstagen wird mit dem Gesundheitsschutz des Arbeitnehmers begründet[6], während sich die Gegenmeinung auf den Gesetzeszweck, die Arbeitszeit zu flexibilisieren, stützt[7].

35 Die **Lage der Ausgleichszeiträume** ist durch das ArbZG nicht vorgeschrieben. Die Tage mit längerer oder kürzerer Arbeitszeit können am Anfang, in der Mitte oder am Ende des Ausgleichszeitraumes liegen[8]. Es ist daher eine Verknüpfung von zwei aufeinanderfolgenden Ausgleichszeiträumen zulässig.

---

1 *Dobberahn*, Teil C, Rz. 29.
2 *Roggendorff*, Teil C, § 3 Rz. 9.
3 *Zmarzlik/Anzinger*, Teil C, § 3 Rz. 29.
4 In den Ausgleichszeitraum fallen wegen der Feiertage nur noch 117 Werktage.
5 Gegen Berücksichtigung von Urlaubs- und Krankheitstagen als Ausgleichstage: *Anzinger*, DB 1994, 1493; *Linnenkohl*, § 3 Rz. 26; *Neumann/Biebl*, § 3 Rz. 10; *Roggendorff*, Teil C, § 3 Rz. 11; *Zmarzlik/Anzinger*, Teil C, § 3 Rz. 47; Ministerium für Arbeit, Gesundheit und Soziales NRW, Erlaß v. 23. 6. 1994. Dafür: *Dobberahn*, Teil C, Rz. 31; HwB-AR/*Wessel*, Arbeitszeit Rz. 34; vermittelnd: *Erasmy*, NZA 1994, 1107.
6 *Roggendorff*, Teil C, § 3 Rz. 11; HzA/*Schliemann*, Gruppe 12, Rz. 256.
7 *Dobberahn*, Teil C, Rz. 31.
8 *Dobberahn*, Teil C, Rz. 32; *Neumann/Biebl*, § 3 Rz. 9; *Zmarzlik/Anzinger*, Teil C, § 3 Rz. 23; *Erasmy*, NZA 1994, 1106.

VI. Einzelregelungen

Beispiel:

Im ersten Ausgleichszeitraum von 6 Monaten wird in den ersten 6 Wochen gar nicht, danach 20 Wochen lang 60 Stunden gearbeitet; im zweiten Ausgleichszeitraum erfolgt die Arbeitsverteilung genau spiegelbildlich. Auf diese Weise kann in 40 aufeinanderfolgenden Wochen jeweils 60 Stunden gearbeitet werden.

Die **Gegenmeinung**, nach der wegen des notwendigen Gesundheitsschutzes die Tage mit längerer Arbeitszeit immer am Anfang des Ausgleichszeitraumes liegen müssen[1], findet im Gesetz keine Stütze, da § 3 ArbZG gerade nicht festlegt, daß der Ausgleich in den folgenden sechs Kalendermonaten bzw. 24 Wochen zu erfolgen hat[2]. Eine solche Einengung widerspräche auch dem Flexibilisierungszweck nach § 1 ArbZG. Aus den gleichen Gründen muß die Arbeitszeit nicht zum Zeitpunkt der ersten Verlängerung nach § 3 Satz 2 ArbZG für die nächsten 6 Monate im voraus feststehen[3]. 36

2. Ruhepausen

Ruhepausen sind **im voraus festliegende Unterbrechungen der Arbeitszeit** für bestimmte Zeiten, die der Erholung dienen[4]. „Im voraus" bedeutet, daß spätestens zu Beginn der täglichen Arbeitszeit zumindest ein bestimmter zeitlicher Rahmen festlegen muß, innerhalb dessen der Arbeitnehmer seine Ruhepause nehmen kann[5]. Entscheidendes Kriterium ist, daß der Arbeitnehmer von jeglicher Dienstverpflichtung[6] – auch von der Arbeitsbereitschaft[7] – freigestellt ist. Ausnahmen sind nur in Fällen des § 14 ArbZG denkbar[8]. 37

Die **Länge der Ruhepause** ist abhängig von der Dauer der Arbeitszeit. Die Arbeit muß bei einer Arbeitszeit von mehr als sechs und weniger als neun Stunden durch Ruhepausen von mindestens 30 Minuten unterbrochen werden. Beträgt die Arbeitszeit mehr als neuen Stunden, muß die Pause mindestens 45 Minuten betragen, § 4 Satz 1 ArbZG. Sie kann in Einzelpausen von mindestens 15 Minuten Dauer aufgeteilt werden. 38

Abweichend von § 12 Abs. 2 AZO gilt im Zuge der Gleichberechtigung für Männer und Frauen ein **einheitliches Pausenrecht**[9]. Damit entfällt der bisher nach der AZO bestehende Pausenanspruch von weiblichen Arbeitnehmern von 39

---

1 *Buschmann/Ulber*, § 3 Rz. 7; *Roggendorff*, Teil C, § 3 Rz. 12.
2 *Neumann/Biebl*, § 3 Rz. 9.
3 *Erasmy*, NZA 1994, 1106; aA *Buschmann/Ulber*, § 3 Rz. 7.
4 BAG v. 28. 9. 1972, AP Nr. 9 zu § 12 AZO.
5 BAG v. 27. 2. 1992 und v. 23. 9. 1992, EzA § 12 AZO Nr. 5 und Nr. 6; *Neumann/Biebl* § 4 Rz. 3; *Dobberahn*, Teil C, Rz. 53; aA HzA/*Schliemann*, Gruppe 12, Rz. 303, der auf den Beginn der Pause abstellt.
6 BAG v. 27. 2. 1992, BB 1993, 1086; BAG v. 23. 9. 1992, NZA 1993, 752.
7 BAG v. 5. 5. 1988, AP Nr. 1 zu § 3 AZO Kr.
8 *Neumann/Biebl*, § 4 Rz. 2; *Dobberahn*, Teil C, Rz. 58.
9 *Dobberahn*, Teil C, Rz. 49.

20 Minuten nach einer Arbeitszeit von $4^{1}/_{2}$ Stunden. Dadurch wird die Gestaltung von Teilzeitbeschäftigungen erleichtert[1]. Zu beachten ist jedoch § 7 MuSchG.

40 Pausen von weniger als 15 Minuten sind keine Ruhepausen iSd. § 4 ArbZG, sondern zu vergütende Arbeitszeit[2]. Dies gilt auch für solche **Kurzpausen,** die nach § 7 ArbZG tariflich vereinbart werden[3]. Nicht ordnungsgemäß festgelegte und eingehaltene Ruhepausen sind ebenfalls vergütungspflichtige Arbeitszeit[4].

41 Der Forderung der Gewerkschaften nach gesetzlicher Verankerung **bezahlter Pausen** ist der Gesetzgeber nicht nachgekommen. Ob und inwieweit ein Anspruch auf Bezahlung der Pausen besteht, richtet sich nach dem jeweiligen Tarif- oder Einzelarbeitsvertrag[5]. Nicht tarifdispositiv ist – außer nach § 7 Abs. 1 Nr. 2 ArbZG – hingegen die Pausenlänge.

42 Bezüglich der **Lage der Ruhepausen** schreibt das ArbZG lediglich vor, daß Arbeitnehmer nicht länger als sechs Stunden ohne Ruhepause beschäftigt werden dürfen. Da die Ruhepause der Erholung des Arbeitnehmers dienen soll, wird dieser Zweck jedoch nicht erfüllt, wenn die Pause in der ersten oder letzten Arbeitsstunde genommen wird[6]. Zudem muß der Arbeitgeber die Grenzen billigen Ermessens (§ 315 BGB) beachten[7]. Es ist zulässig, die Ruhepause in eine im voraus feststehende Betriebsunterbrechung zu legen, etwa bei Wartezeiten oder Wendepausen. Der Arbeitgeber erfüllt seine Pflicht, die Pause zu gewähren, nur dann, wenn der Arbeitnehmer aufgrund des Arbeitsablaufes auch in die Lage versetzt wird, die Pause tatsächlich in Anspruch zu nehmen[8]. Der Arbeitgeber darf die Einnahme der Pausen an die Arbeitnehmer delegieren.

43 Hinsichtlich der **Aufenthaltsräume** sind die Vorschriften der §§ 29 ff. ArbeitsstättenVO v. 20. 3. 1975[9] iVm. den Arbeitsstättenrichtlinien[10], zuletzt idF vom 1. 8. 1988, zu beachten.

44 Die **Aufstellung von Pausenregelungen** für den gesamten Betrieb, Betriebsabteilungen oder nach abstrakten Kriterien für bestimmte Arbeitnehmergruppen unterliegt der Mitbestimmung gemäß §§ 87 Abs. 1 Nr. 2 BetrVG, 75 Abs. 3 Nr. 1 BPersVG[11].

---

1 *Linnenkohl/Rauschenberg,* S. 27 ff.
2 ArbG Darmstadt v. 17. 4. 1997 – 2 Ca 13/97, nv.
3 *Neumann/Biebl,* § 4 Rz. 4; aA wohl *Roggendorff,* Teil C, § 4 Rz. 13.
4 BAG v. 5. 5. 1988, 27. 2. 1992 und 23. 9. 1992, AP Nr. 1, 5, 6 zu § 3 AZO Kr.
5 *Zmarzlik/Anzinger,* Teil C, § 4 Rz. 33.
6 *Roggendorff,* Teil C, § 4 Rz. 14.
7 BAG v. 19. 5. 1992, NZA 1992, 979.
8 *Zmarzlik/Anzinger,* Teil C, § 4 Rz. 29.
9 BGBl. I 1975, 729.
10 BArbBl. 9/1988, 46.
11 *Roggendorff,* Teil C, § 4 Rz. 18.

VI. Einzelregelungen

3. Ruhezeit

Die Ruhezeit ist der **Zeitraum zwischen Arbeitsende und Arbeitsbeginn desselben Arbeitnehmers am Folgetag**[1]. Folgetag ist nicht der Kalendertag, sondern der nach § 3 ArbZG bestimmte individuelle Arbeitstag[2]. Sie beträgt wie nach der AZO 11 Stunden und muß im Anschluß an die Arbeitszeit gewährt werden[3]. Eine Sonderregelung enthält § 8 Abs. 4 MuSchG für werdende oder stillende Mütter. Zur Ruhezeit zählen alle Zeiten, die nicht Arbeit, dh. weder Vollarbeit noch Arbeitsbereitschaft sind[4]. Rufbereitschaft und Bereitschaftsdienst können hingegen in die Ruhezeit fallen[5]. Die Ruhezeit schließt auch die Wegezeit vom und zum Arbeitsplatz ein. Während der Ruhezeit ist jede Inanspruchnahme des Arbeitnehmers, die dem Zweck der Ruhezeit zuwiderläuft, verboten[6].

45

Wird die **Ruhezeit** auch nur kurzfristig **durch Arbeitsleistung unterbrochen**, insbesondere durch Tätigkeiten im Rahmen der Rufbereitschaft und des Bereitschaftsdienstes oder in Fällen des § 14 ArbZG, beginnt sie neu zu laufen. Dem Arbeitnehmer ist nach Abschluß der Arbeit somit eine weitere elfstündige Ruhezeit zu gewähren, der neuerliche Arbeitsbeginn ist entsprechend zu verschieben. Fällt hierdurch Arbeitszeit aus, hat der Arbeitnehmer keinen Anspruch auf Bezahlung der ausgefallenen Zeit, es sei denn, tarifvertraglich oder einzelvertraglich ist etwas anderes vereinbart[7]. Dem Arbeitnehmer steht während der Ruhezeit außer in den Fällen des § 14 ArbZG ein Leistungsverweigerungsrecht zu[8].

46

Nach § 5 Abs. 2 ArbZG kann die Ruhezeit in Krankenhäusern und vergleichbaren Pflegeeinrichtungen, in Gastronomie- und Beherbergungsbetrieben, in Verkehrsbetrieben, beim Rundfunk[9], in der Landwirtschaft und in der Tierhaltung um eine Stunde gekürzt werden, wenn innerhalb eines Kalendermonats oder innerhalb von 4 Wochen ein Ausgleich durch Verlängerung einer anderen Ruhezeit auf mindestens 12 Stunden gewährt wird. Der Ausgleich muß nicht der einzelnen Verkürzung entsprechen, vielmehr kann eine Gesamtabrechnung vorgenommen werden[10]. ZB kann die viermalige **Verkürzung der Ruhezeit** um 15 Minuten durch eine zwölfstündige Ruhezeit ausgeglichen werden. Würde man für jede noch so kurzfristige Verkürzung der Ruhezeit jeweils eine 12stün-

47

---

1 BAG v. 23. 11. 1960, AP Nr. 6 zu § 12 AZO; BAG v. 13. 2. 1992, EzA § 12 AZO Nr. 4.
2 *Roggendorff*, Teil C, § 5 Rz. 12.
3 *Zmarzlik/Anzinger*, Teil C, § 5 Rz. 16 ff.
4 *Neumann/Biebl*, § 5 Rz. 2.
5 *Neumann/Biebl*, § 5 Rz. 2; *Roggendorff*, Teil C, § 5 Rz. 11; *Dobberahn*, Teil C, Rz. 63; aA *Buschmann/Ulber*, § 5 Rz. 2, vgl. dazu *Erasmy*, NZA 1994, 1007.
6 *Zmarzlik/Anzinger*, Teil C, § 5 Rz. 14.
7 BAG v. 5. 7. 1976, AP Nr. 10 zu § 12 AZO.
8 LAG Düsseldorf v. 19. 4. 1967, BB 1967, 921; *Schaub*, § 159 IV 1.
9 Gemeint sind der Hörfunk und das Fernsehen, unabhängig davon, ob sie öffentlich-rechtlich oder privatrechtlich organisiert sind, vgl. *Neumann/Biebl*, § 5 Rz. 12.
10 *Dobberahn*, Teil C, Rz. 64; *Neumann/Biebl*, § 5 Rz. 5; aA *Zmarzlik/Anzinger*, Teil C, § 5 Rz. 29; *Roggendorff*, Teil C, § 5 Rz. 19.

dige Ruhezeit gewähren müssen, läge kein Ausgleich, sondern eine Überkompensation vor[1].

48 Weitere **Ausnahmemöglichkeiten** sieht § 5 Abs. 3 ArbZG **für den Krankenhaus- und Pflegebereich** vor. Der Begriff ist weit zu fassen; die Art der Trägerschaft ist ohne Bedeutung. Entscheidend ist, daß in den Einrichtungen eine ständige Dienstbereitschaft zur Behandlung, Pflege und Betreuung von Personen besteht[2]. § 5 Abs. 3 ArbZG erlaubt in diesen Bereichen eine Unterbrechung der Ruhezeit bis zu $5^{1}/_{2}$ Stunden, ohne daß im Anschluß an diese Arbeitsleistungen eine erneute Ruhezeit erforderlich wird[3]. Einzige Voraussetzung ist die Schaffung eines Ausgleichs, der jedoch nicht in der Frist des § 5 Abs. 2 ArbZG gewährt werden muß. Zu beachten ist, daß der zur Mehrarbeit herangezogene Arbeitnehmer eine neue volle Ruhezeit von mindestens 10 Stunden erhalten muß, bevor er die nächste Schicht antreten darf[4]. Von erheblicher praktischer Tragweite ist die den Tarifvertragsparteien nach § 7 Abs. 2 Nr. 3 ArbZG eingeräumte Abweichungsbefugnis. Die SR 2a und 2c zum BAT räumen den Krankenhäusern weitreichende Gestaltungsmöglichkeiten ein, insbesondere hinsichtlich der Kombination von Tagdiensten und Bereitschaftsdiensten[5]. Zu beachten ist, daß wegen der zwingenden Bestimmung des § 5 Abs. 1 ArbZG die „Soll"-Bestimmung der SR 2c Nr. 8 BAT nunmehr ebenfalls als zwingende Vorschrift zu verstehen ist[6]. Bei der Zuweisung von Bereitschaftsdiensten der Stufen C und D kann der Arzt nach Ablauf des Bereitschaftsdienstes nicht unmittelbar zu einem Volldienst am nächsten Tag herangezogen werden[7]. Die Übergangsregelung des § 26 ArbZG ist bedeutungslos geworden. § 5 ArbZG ist seit dem 1. 1. 1996 auch auf Ärzte und Pflegepersonal in Krankenhäusern und gleichartigen Einrichtungen anzuwenden.

49 Für **Kraftfahrer** wird in § 5 Abs. 4 ArbZG auf die Mindestbedingungen nach den Vorschriften der Europäischen Gemeinschaften verwiesen. Von Bedeutung sind hier insbesondere Art. 8, 9 VO-EWG Nr. 3820/85 und Art. 6, 6a und 9 AETR[8].

50 Anders als nach der AZO können die **Aufsichtsbehörden Abweichungen von der Ruhezeit** außer in Fällen der §§ 14, 15 Abs. 1 Nr. 3 und 4 sowie Abs. 2 ArbZG **nicht mehr zulassen**[9].

51 § 5 ArbZG gilt auch für Sonn- und Feiertagsarbeit, § 11 Abs. 2 ArbZG. Nach § 11 Abs. 4 ArbZG ist der **Ersatzruhetag** zusammen mit der Ruhezeit zu gewähren.

---

1 *Neumann/Biebl*, § 5 Rz. 5; aA *HzA/Schliemann*, Gruppe 12, Rz. 346.
2 *Neumann/Biebl*, § 5 Rz. 7; *Zmarzlik/Anzinger*, § 5 Rz. 61.
3 *Kraegeloh*, § 5 Rz. 5; *Linnenkohl*, § 5 Rz. 32.
4 *Roggendorff*, Teil C, § 5 Rz. 35, der jedoch von einer elfstündigen Ruhezeit ausgeht.
5 *Anzinger/Roggendorff*, ZIR 1996, 56 f.
6 *Kempter*, NZA 1996, 1193.
7 *Kempter*, NZA 1996, 1193.
8 Vgl. im einzelnen *Zmarzlik/Anzinger*, Teil C, § 5 Rz. 69 ff.
9 *Zmarzlik/Anzinger*, Teil C, § 5 Rz. 2.

VI. Einzelregelungen

Die **Ruhezeit Jugendlicher** beträgt nach § 13 JArbSchG 12 Stunden und wird als "Freizeit" bezeichnet. Der Begriff "Freizeit" bedeutet völlig bedingungslose, persönlich frei verfügbare Zeit[1]. Daraus folgt, daß Jugendliche in ihrer Freizeit weder zu Bereitschaftsdiensten noch zur Rufbereitschaft herangezogen werden dürfen[2]. 52

4. Nacht- und Schichtarbeit

Nachtarbeit ist gemäß § 2 Abs. 4 ArbZG jede Arbeit, die mehr als zwei Stunden Nachtzeit erfaßt, wobei § 2 Abs. 3 ArbZG als Nachtzeit die Zeit von 23 bis 6 Uhr definiert[3]. Nachtarbeitnehmer nach § 2 Abs. 5 ArbZG ist, wer aufgrund der Arbeitszeitgestaltung normalerweise Nachtarbeit in Wechselschicht leistet. "Normalerweise" bedeutet, daß der Arbeitnehmer in ein Drei-Schicht-System eingebunden ist und in nicht unerheblichem Umfang zur Nachtarbeit herangezogen wird[4]. Die Arbeitszeit muß dabei mindestens zwei Stunden der Nachtzeit umfassen. Arbeitnehmer, die als Springer nur gelegentlich zur Nachtarbeit herangezogen werden, sind daher keine Nachtarbeitnehmer[5]. 53

Nachtarbeitnehmer ist auch, wer außerhalb von Wechselschichtsystemen an **mindestens 48 Tagen im Kalenderjahr** Nachtarbeit leistet, § 2 Abs. 5 Nr. 2 ArbZG. Abzustellen ist auf die arbeitsvertragliche Verpflichtung, nicht auf die tatsächlich geleisteten Nachtarbeiten[6]. Wird im Laufe des Kalenderjahrs eine Nachtarbeitstätigkeit aufgenommen, trifft den Arbeitgeber eine Erkundungspflicht, wieviel Nachtarbeit bereits geleistet wurde[7]. 54

§ 6 iVm. § 2 Abs. 3–5 ArbZG regelt erstmals gesetzlich die Nacht- und Schichtarbeit, die nach "den **gesicherten arbeitswissenschaftlichen Erkenntnissen über die menschengerechte Gestaltung der Arbeit**" festzulegen ist. Dazu gehören (nach der Europäischen Stiftung zur Verbesserung der Lebens- und Arbeitsbedingungen in Dublin): 55

- möglichst kurze Nachtschichtfolgen, idR nicht mehr als zwei bis vier Nachtschichten hintereinander
- ausreichende Ruhezeiten zwischen zwei Schichten
- regelmäßige freie Wochenenden
- keine Arbeitsperioden von acht und mehr Tagen
- Vorwärtswechsel der Schichten, also erst Früh-, dann Spät-, dann Nachtschicht.
- rechtzeitige Information der Arbeitnehmer über den Schlichtplan.

---

1 HzA/*Schliemann*, Gruppe 12, Rz. 117.
2 *Dobberahn*, Teil C, Rz. 72.
3 Vgl. auch unten Rz. 76.
4 *Erasmy*, NZA 1994, 1108; HwB-AR/*Wessel*, Arbeitszeit Rz. 41a.
5 *Roggendorff*, Teil C, § 2 Rz. 64.
6 *Neumann/Biebl*, § 2 Rz. 25, unklar *Roggendorff*, Teil C, § 2 Rz. 65.
7 *Neumann/Biel*, § 2 Rz. 25.

Die vorstehende Aufzählung sollte als **Checkliste** bei der Erstellung einer entsprechenden Betriebsvereinbarung herangezogen werden. Betriebsvereinbarungen aufgrund von Einigungsstellensprüchen, die diesen Erfordernissen nicht gerecht werden, sind nach § 76 Abs. 5 BetrVG aufzuheben[1].

56 Umstritten ist, ob § 6 ArbZG **eine Soll- oder eine Mußvorschrift** ist. Diese Unterscheidung hat erhebliche Konsequenzen. Wäre § 6 ArbZG eine Mußvorschrift, dann ist die Berücksichtigung der arbeitswissenschaftlichen Erkenntnisse (vgl. Rz. 55) echte Wirksamkeitsvoraussetzung für die Einteilung des Arbeitnehmers zur Nacht- und Schichtarbeit. Aus der Verletzung der arbeitswissenschaftlichen Erkenntnisse würde dann ein Leistungsverweigerungsrecht des Arbeitnehmers gemäß § 273 BGB resultieren. Die amtliche Begründung nimmt zu diesem Problem nicht Stellung. Die fehlende Strafbewehrung des § 6 ArbZG im Gegensatz zu vielen anderen Normen des ArbZG spricht für den Charakter einer **Sollvorschrift**[2]. Rechtsprechung hierzu liegt noch nicht vor[3].

57 Die **werktägliche Arbeitszeit für Nachtarbeiter** darf gemäß § 6 Abs. 2 Satz 1 ArbZG acht Stunden nicht überschreiten. Eine flexible Verteilung ist nach § 6 Abs. 2 Satz 2 ArbZG nur in einem engeren Rahmen möglich, da der Ausgleichszeitraum auf einen Monat begrenzt wird. Gemeint ist der Zeit- und nicht der Kalendermonat (vgl. oben Rz. 32). Abweichende tarifliche Regelungen – insbesondere längere Ausgleichszeiträume – sind zulässig, § 7 Abs. 1 Nr. 4 ArbZG.

58 § 6 Abs. 3 ArbZG regelt das **Untersuchungsrecht** als Ausfluß des verbesserten Arbeitnehmergesundheitsschutzes. Danach hat der Arbeitnehmer ein Untersuchungsrecht, den Arbeitgeber trifft aber keine Initiativpflicht[4]. Der Arbeitnehmer kann sich vor Aufnahme der Beschäftigung und während der Beschäftigung im Drei-Jahresrhythmus untersuchen lassen. Ab Vollendung des 50. Lebensjahres besteht ein jährlicher Untersuchungsanspruch.

59 Die **Kosten der Untersuchungen** fallen dem Arbeitgeber zur Last[5]. Bietet der Arbeitgeber die Durchführung der Untersuchung durch einen Betriebsarzt oder einen überbetrieblichen Dienst von Betriebsärzten an, entfällt die Kostentragungspflicht, wenn sich der Arbeitnehmer in Kenntnis dieses Angebots ohne triftige Gründe von einem Arzt seiner Wahl untersuchen läßt[6]. Hinsichtlich der ausgefallenen Arbeitszeit besteht ein Vergütungsanspruch nach § 616 BGB[7].

60 § 6 Abs. 4 Satz 1 ArbZG gewährt dem Nachtarbeiter einen betriebsbezogenen[8] **Umsetzungsanspruch auf einen geeigneten Tagarbeitsplatz,** wenn eine Gesund-

---

1 *Neumann/Biebl*, § 6 Rz. 9.
2 *Dobberahn*, Teil C, Rz. 77; *Erasmy*, NZA 1994, 1108; *Roggendorff*, Teil C, § 6 Rz. 13; *Sondermann* DB 1993, 1925; aA *Buschmann/Ulber*, § 6 Rz. 3; *Neumann/Biebl*, § 6 Rz. 8; ohne Festlegung: *Zmarzlik/Anzinger*, Teil C, § 6 Rz. 18.
3 HzA/*Schliemann*, Gruppe 12, Rz. 410 aE.
4 *Zmarzlik/Anzinger*, Teil C, § 6 Rz. 28.
5 *Schaub*, § 157 II 3a.
6 *Erasmy*, NZA 1994, 1109.
7 *Zmarzlik/Anzinger*, Teil C, § 6 Rz. 36.
8 *Dobberahn*, Teil C, Rz. 87.

VI. Einzelregelungen

heitsgefährdung droht oder der Arbeitnehmer ein Kind unter 12 Jahren oder einen schwer pflegebedürftigen Angehörigen[1] zu versorgen hat. Die Umsetzungspflicht besteht nicht, wenn ihr „dringende betriebliche Erfordernisse entgegenstehen".

Es besteht **keine Verpflichtung des Arbeitgebers,** der über keinen freien Tagarbeitsplatz verfügt, **einen entsprechenden Arbeitsplatz freizukündigen**[2]. Nach der amtlichen Begründung[3] soll der Umsetzungsanspruch davon abhängen, ob ein Tagarbeitsplatz „zur Verfügung steht". Daraus folgt, daß auch keine Verpflichtung des Arbeitgebers besteht, einen entsprechenden Tagarbeitsplatz zu schaffen[4]. Die Prüfung der Beschäftigungsmöglichkeit beschränkt sich auf den Betrieb und ist nicht unternehmensbezogen[5]. Der Umsetzungsanspruch besteht nur dann, wenn der Arbeitnehmer die für den freien Platz erforderliche Qualifikation mitbringt[6], ein Beförderungsanspruch auf einen besseren Arbeitsplatz besteht nicht. Der Begriff der Umsetzung ist jedoch umfassend zu verstehen und bezieht auch Versetzungen iSd. BetrVG ein. Ist eine Änderung des Arbeitsvertrages erforderlich, sind beide Parteien gehalten, ihr zuzustimmen[7]. 61

Ist kein freier Tagarbeitsplatz vorhanden oder stehen **dringende betriebliche Belange** der Umsetzung entgegen, geht der Umsetzungsanspruch ins Leere. Das Tatbestandsmerkmal „dringend" ist in Anlehnung an § 7 Abs. 1 BUrlG zu prüfen[8]. Nicht jedes betriebliche Erfordernis soll dem Umsetzungsanspruch entgegengehalten werden können. Vielmehr sind dem Arbeitgeber bestimmte Maßnahmen wie Ringtausch von Arbeitnehmern etc. im Einzelfall durchaus zumutbar[9]. Je größer die Schutzbedürftigkeit des Arbeitnehmers, um so gravierender müssen die betrieblichen Erfordernisse sein[10]. Der Umsetzungsanspruch erlischt in diesen Fällen nicht, sondern kann insbesondere bei einer Änderung der Sachlage weiter geltend gemacht werden[11]. 62

Darlegungs- und beweisbelastet ist der Arbeitnehmer für das Vorliegen der Voraussetzungen des Umsetzungsanspruches[12]. Für den Nachweis der gesundheitlichen Beeinträchtigung ist eine arbeitsmedizinische Feststellung erforderlich, das Attest des Hausarztes reicht nicht aus[13]. Die familienpolitisch motivierten Tatbestände muß der Arbeitnehmer ebenfalls substantiiert darlegen. 63

---

1 Vgl. zum Begriff § 53 SGB V.
2 HzA/*Schliemann,* Gruppe 12, Rz. 451.
3 BT-Drucks. 12/5888, 26.
4 *Erasmy,* NZA 1994, 1110; HwB-AR/*Wessel,* Arbeitszeit Rz. 69.
5 *Erasmy,* NZA 1994, 1110; aA Buschmann/*Ulber,* § 6 Rz. 16.
6 *Zmarzlik/Anzinger,* Teil C, § 6 Rz. 41.
7 HzA/*Schliemann,* Gruppe 12, Rz. 449.
8 *Zmarzlik/Anzinger,* Teil C, § 6 Rz. 43; vgl. auch BVerfG v. 28. 1. 1992, EzA § 19 AZO Nr. 5.
9 *Neumann/Biebl,* § 6 Rz. 22.
10 *Zmarzlik/Anzinger,* Teil C, § 6 Rz. 44; vgl. auch BVerfG v. 28. 1. 1992, EzA § 19 AZO Nr. 5.
11 *Buschmann/Ulber,* § 6 Rz. 17.
12 *Linnenkohl,* § 6 Rz. 20; *Neumann/Biebl,* § 6 Rz. 18.
13 *Erasmy,* NZA 1994, 1109.

Regelmäßig wird dem Arbeitgeber in diesen Fällen ein substantiiertes Bestreiten kaum möglich sein, da er die persönlichen Verhältnisse seines Arbeitnehmers idR nicht kennt[1]. Hinsichtlich der dringenden betrieblichen Erfordernisse, die der Umsetzung entgegenstehen, trägt der Arbeitgeber die Darlegungs- und Beweislast[2]. Bei der Prüfung, ob ein freier Arbeitsplatz vorhanden ist, gilt in Anlehnung zur Rechtsprechung bezüglich der Weiterbeschäftigungsmöglichkeit bei betriebsbedingten Kündigungen eine abgestufte Darlegungs- und Beweislast[3].

64 Der Nachtarbeiter hat außer in unvermeidbaren Zwangslagen kein **Leistungsverweigerungsrecht**[4]. Er muß sich notfalls mit seinem Arbeitgeber über eine unbezahlte Freistellung einigen oder selbst kündigen[5]. Ist der angestrebte Arbeitsplatzwechsel gesundheitlich motiviert, wird häufig zugleich eine Arbeitsunfähigkeit bestehen, so daß es eines Leistungsverweigerungsrechts nicht bedarf.

65 Die Umsetzung auf einen Tagarbeitsplatz kann gleichzeitig eine **Versetzung** nach § 99 BetrVG sein, so daß der Betriebsrat oder Personalrat zu hören ist. Unabhängig davon besteht nach § 6 Abs. 4 Satz 2 ArbZG eine Anhörungspflicht, die Wirksamkeitsvoraussetzung für eine Ablehnung des Umsetzungsgesuchs ist[6]. Die Anhörungspflicht begründet aber kein Mitbestimmungsrecht iSd. § 87 BetrVG[7]. Der Betriebs- oder Personalrat ist dezidiert zu unterrichten und hat das Recht, Lösungsvorschläge einzubringen, die nach den Grundsätzen der vertrauensvollen Zusammenarbeit mit dem Arbeitgeber zu erörtern sind[8].

66 Nach § 6 Abs. 5 ArbZG hat der Nachtarbeiter in Ermangelung einer tariflichen Regelung für die geleisteten Nachtarbeitsstunden einen **Anspruch auf einen angemessenen Freizeitausgleich oder auf einen angemessenen Zuschlag**. Bei der Entscheidung des Arbeitgebers darüber, ob ein Ausgleich für Nachtarbeit nach § 6 Abs. 5 ArbZG durch bezahlte freie Tage oder durch Entgeltzuschlag zu gewähren ist, hat der Betriebsrat nach § 87 Abs. 1 Nr. 7 und Nr. 10 BetrVG mitzubestimmen[9]. Die Angemessenheit wird sich nach der Üblichkeit richten. Zu berücksichtigen ist, daß für die Nachtarbeit ohnehin meist ein höheres Grundgehalt gezahlt wird, so daß sich die Zahlung eines Zuschlags sogar erübrigen kann[10].

67 Nachtarbeiter sind gemäß § 6 Abs. 6 ArbZG bei **Weiterbildungen und Beförderungen** mit anderen Arbeitnehmern gleichzubehandeln.

---

1 Unzutreffend *Buschmann/Ulber*, § 6 Rz. 15, die den Arbeitgeber rechtsschutzlos stellen, indem sie jede Einwendung des Arbeitgebers ablehnen wollen.
2 HzA/*Schliemann*, Gruppe 12, Rz. 466.
3 *Dobberahn*, Teil C, Rz. 90.
4 BAG v. 21. 5. 1992, NZA 1993, 115.
5 *Erasmy*, NZA 1994, 1111.
6 *Neumann/Biebl*, § 6 Rz. 23.
7 HwB-AR/*Wessel*, Arbeitszeit Rz. 70.
8 *Zmarzlik/Anzinger*, Teil A, § 6 Rz. 46.
9 BAG v. 26. 8. 1997, BB 1997, 1899.
10 *Neumann/Biebl*, § 6 Rz. 25.

VI. Einzelregelungen

Folgende Institutionen geben **Informationsmaterial** zu den Erkenntnissen der Nacht- und Schichtarbeitsforschung ab: 68
Bundesanstalt für Arbeitsmedizin (BAfAM),
Nöldnerstraße 40–42,
10317 Berlin
Bundesanstalt für Arbeitsschutz (BAU),
Friedrich-Henkel-Weg 1–25,
44149 Dortmund
Bayrisches Staatsministerium für Arbeit, Familie und Sozialordnung,
Winzererstraße 9,
80797 München
Europäische Stiftung zur Verbesserung der Lebens- und Arbeitsbedingungen,
Loughlingstown House,
Shankill Course,
Dublin.

5. Abweichungsbefugnisse der Tarifvertragsparteien

Von den Grundregeln zur werktäglichen Arbeitszeit, zu den Ruhepausen und Ruhezeiten und zur Nacht- und Schichtarbeit können gemäß § 7 ArbZG die **Tarifvertragsparteien** oder aufgrund eines Tarifvertrages die Betriebsparteien abweichen, nicht dagegen die Arbeitsvertragsparteien, die allein die Möglichkeit haben, tarifvertragliche Abweichungen im Rahmen einer schriftlichen Vereinbarung nach § 7 Abs. 3 Satz 1 ArbZG zu übernehmen[1]. Auch Regelungsabreden sind unzulässig, selbst wenn eine Öffnungsklausel vorliegt[2]. Für die Sonn- und Feiertagsarbeit sind die Abweichungsbefugnisse der Tarifvertragsparteien in § 12 ArbZG geregelt. 69

Die **Ausübung der Abweichungsbefugnisse** liegt im Ermessen der Tarifvertragsparteien bzw. Betriebspartner, sie ist weder gerichtlich noch durch Anrufung der Einigungsstelle erzwingbar[3]. Die originäre Zuständigkeit liegt bei den Tarifvertragsparteien, die jedoch Öffnungsklauseln für die Betriebspartner zulassen können. Eine solche Öffnungsklausel muß deutlich und genau sein[4]. Je nach dem Wortlaut der Öffnungsklausel sind die Betriebsparteien in der Ausgestaltung der Abweichung frei oder gebunden[5]. Ist die Reichweite der Öffnungsklausel unklar, ist der Wille der Tarifvertragsparteien durch Auslegung zu ermitteln. Im Zweifel ist davon auszugehen, daß die Tarifvertragsparteien den Betriebspartnern den Gestaltungsraum überlassen wollen, den sie nicht selbst ausgeschöpft haben[6]. 70

---

1 *Linnenkohl*, § 7 Rz. 16; *Zmarzlik/Anzinger*, Teil C, § 7 Rz. 74 f.
2 *Neumann/Biebl*, § 7 Rz. 6.
3 *HzA/Schliemann*, Gruppe 12, Rz. 511.
4 *Neumann/Biebl*, § 7 Rz. 4.
5 *Zmarzlik/Anzinger*, Teil C, § 7 Rz. 10.
6 *Roggendorff*, Teil C, § 7 Rz. 30; *Zmarzlik/Anzinger*, Teil C, § 7 Rz. 17.

71 Die **Betriebsvereinbarung** muß den Voraussetzungen des § 77 Abs. 2 BetrVG entsprechen, sie ist nach § 77 Abs. 5 BetrVG kündbar. Nach § 77 Abs. 6 BetrVG gilt die gekündigte Betriebsvereinbarung kraft Nachwirkung bis zu einer anderen Abmachung weiter. Können sich die Betriebspartner über die Ausgestaltung der Arbeitszeit nicht einigen, kann die Einigungsstelle angerufen werden, da ein Fall der erzwingbaren Mitbestimmung gemäß § 87 Abs. 1 Nr. 2 BetrVG vorliegt[1].

72 Die höchstzulässige werktägliche Arbeitszeit kann ohne zeitliche Obergrenze über 10 Stunden hinaus verlängert werden, wenn in die Arbeitszeit regelmäßig und in erheblichem Umfang **Arbeitsbereitschaft**[2] fällt, § 7 Abs. 1 Nr. 1 lit. a ArbZG. Regelmäßigkeit liegt vor, wenn es zur Eigenart der Tätigkeit gehört, daß Zeiten der Vollarbeit mit Zeiten geringer Inanspruchnahme wechseln. Ein erheblicher Umfang ist zu bejahen, wenn die während der Vollarbeit anfallende Zeit der Arbeitsbereitschaft einen Anteil von ca. 30% erreicht, wobei kurzfristige Unterbrechungen der Vollarbeit, die die Mindestdauer einer Ruhepause nicht erreichen, nicht mitzurechnen sind[3]. § 7 Abs. 1 Nr. 1 lit. a ArbZG ermöglicht die Ausdehnung auf bis zu 24 Stunden[4].

73 Abweichend von § 3 ArbZG kann ein **längerer Ausgleichszeitraum** vereinbart werden, § 7 Abs. 1 Nr. 1 lit. b ArbZG, wobei die Tarifvertragsparteien an keine Obergrenze gebunden sind[5].

74 Eine **Verlängerung der werktäglichen Arbeitszeit** auf bis zu 10 Stunden ist **ohne Ausgleich** an bis zu 60 Tagen im Jahr[6] durch Tarifvertrag oder aufgrund einer entsprechenden Öffnungsklausel durch Betriebsvereinbarung nach § 7 Abs. 1 Nr. 1 lit. c ArbZG möglich.

75 In **Schicht- und Verkehrsbetrieben** können die gesetzlichen Mindestpausen abweichend von § 4 Abs. 2 ArbZG anders aufgeteilt und die gesetzliche Mindestruhezeit in bestimmten Beschäftigungsbereichen verkürzt werden, § 7 Abs. 1 Nr. 2 und 3 ArbZG.

76 Nach § 7 Abs. 1 Nr. 4 ArbZG kann die **Nachtarbeit abweichend von § 6 Abs. 2 ArbZG** geregelt werden. Der Beginn des siebenstündigen Nachtzeitraums (23 Uhr bis 6 Uhr, § 2 Abs. 3 ArbZG) kann um eine Stunde vor- oder zurückverlegt werden, § 7 Abs. 1 Nr. 5 ArbZG.

77 Weitere **Abweichungen unter zwingender Einbeziehung eines Zeitausgleichs** läßt § 7 Abs. 2 ArbZG für die Ruhezeiten bei Bereitschaftsdiensten und Rufbereitschaft, für die Landwirtschaft, in der Personenpflege und im öffentlichen Dienst zu. Der Zeitausgleich kann nicht durch andere Maßnahmen, insbesondere Geldleistungen uä. abbedungen werden[7]. Vielmehr muß der gewährte

---

1 Unzutreffend *Roggendorff*, Teil C, § 7 Rz. 31.
2 Vgl. oben Rz. 20, 45 und *Neumann/Biebl*, § 7 Rz. 9.
3 *Zmarzlik/Anzinger*, Teil C, § 7 Rz. 20; HwB-AR/*Wessel*, Arbeitszeit Rz. 34.
4 HzA/*Schliemann*, Gruppe 12, Rz. 529.
5 Vgl. *Andritzky*, NZA 1994, 1069.
6 Es ist nicht auf das Kalenderjahr abzustellen.
7 *Neumann/Biebl*, § 7 Rz. 32.

VI. Einzelregelungen

Zeitausgleich dem Gesundheitsschutz entsprechen. Das ist zu bejahen, wenn über den Zeitraum eines Jahres gesehen die Grundnormen der §§ 3, 4, 5 Abs. 1, 6 Abs. 2 ArbZG erfüllt werden[1].

Nicht tarifgebundene Arbeitgeber können im Geltungsbereich eines Tarifvertrages nach § 7 Abs. 3 ArbZG tarifvertragliche Regelungen durch Betriebsvereinbarung übernehmen. In betriebsratlosen Betrieben kann der Arbeitgeber die abweichenden tariflichen Regelungen durch schriftliche Vereinbarung mit dem einzelnen Arbeitnehmer übernehmen. Das Erfordernis der Schriftlichkeit ergibt sich im Hinblick auf § 17 Abs. 1 ArbZG. 78

Das **Selbstbestimmungsrecht der verfaßten Kirchen** wird in § 7 Abs. 4 ArbZG gewährleistet, die die in § 7 Abs. 1 und 2 ArbZG genannten Abweichungen in ihre Regelungen aufnehmen können. 79

Nach § 7 Abs. 5 ArbZG besteht zusätzlich die Möglichkeit, in Bereichen, in denen Regelungen durch Tarifvertrag üblicherweise nicht getroffen werden, **Abweichungen durch Ausnahmebewilligung der Aufsichtsbehörde** zuzulassen. Dazu gehören Rechtsanwälte und Notare, Wirtschaftsprüfer, Unternehmens- und Steuerberater, Arbeitgeber- und Unternehmerverbände, Gewerkschaften, Industrie- und Handelskammern[2]. 80

6. Gefährliche Arbeiten

Durch Rechtsverordnung kann die Bundesregierung mit Zustimmung des Bundesrates, Art. 80 Abs. 2 GG, den Gesundheitsschutz von Arbeitnehmern, die **gefährliche Arbeiten** ausüben, verstärken. Nicht von dieser Ermächtigung erfaßt werden wegen der Spezialvorschrift des § 66 BundesbergG die Arbeitsbedingungen im Bergbau[3]. Zu den gefährlichen Arbeiten gehören insbesondere der Umgang mit gefährlichen Stoffen und Chemikalien[4]. Aufgrund der vielfältigen tariflichen Regelungen in den einzelnen Branchen wird § 8 ArbZG keine besondere praktische Bedeutung erlangen[5]. 81

7. Überstunden und Mehrarbeit

§ 15 AZO, der die Vergütung von **Mehrarbeit** regelte, hat im ArbZG kein Pendant gefunden. Die Bezahlung von Überstunden und Mehrarbeit bleibt somit unverändert Gegenstand der Tarif- und Arbeitsverträge. Bei nichttarifgebundenen Arbeitsverhältnissen ist somit die Vertragsklausel, wonach mit dem Lohn oder Gehalt sämtliche Überstunden abgegolten sind, bis zu den Grenzen der §§ 612 Abs. 1, 242, 138 BGB zulässig. 82

---

1 *Zmarzlik/Anzinger*, Teil C, § 7 Rz. 38.
2 BT-Drucks. 12/5888, 28.
3 Zu diesen Sonderregelungen vgl. *Zmarzlik/Anzinger*, Teil C, § 8 Rz. 9 ff.
4 *Buschmann/Ulber*, § 8 Rz. 2; vgl. auch Gefahrstoffverordnung (GefStoffV) idF v. 26. 10. 1993, BGBl. I, 1783.
5 *Neumann/Biebl*, § 8 Rz. 3.

8. Sonn- und Feiertagsarbeit

83 Art. 140 GG iVm. Art. 139 WRV enthalten eine **institutionelle Garantie der Sonn- und Feiertagsruhe**[1], die den Gesetzgeber verpflichtet, einen für alle Beteiligten verbindlichen Gestaltungsrahmen vorzugeben. Arbeitnehmer dürfen daher nach § 9 Abs. 1 ArbZG an Sonn- und Feiertagen von 0 bis 24 Uhr grundsätzlich nicht beschäftigt werden. Maßgeblich ist die gesetzliche Regelung der Feiertage[2] am Beschäftigungsort des Arbeitnehmers[3]. § 9 Abs. 1 ArbZG übernimmt die abgelöste Vorschrift des § 105b GewO und dehnt sie auf alle Beschäftigungsbereiche aus[4]. Das Beschäftigungsverbot erfaßt Tätigkeiten aller Art und an jedem Ort, auch außerhalb des Betriebes[5], also auch Bereitschaftsdienst und Rufbereitschaft. Der Arbeitgeber darf freiwillig geleistete Sonn- und Feiertagsarbeit nicht dulden, er muß sie unterbinden. Mit der Neugestaltung der Regelungen der Sonn- und Feiertagsarbeit wollte der Gesetzgeber jedoch keine Einschränkungen gegenüber den bisherigen Vorschriften herbeiführen[6].

84 Nach § 9 Abs. 2 ArbZG können **Beginn und Ende der Sonn- und Feiertagsruhe** in mehrschichtigen Betrieben mit regelmäßiger Tag- und Nachtarbeit um bis zu 6 Stunden vor- oder zurückverlegt werden, wenn der Betrieb in den folgenden 24 Stunden ruht. Voraussetzung ist eine absolute Betriebsruhe[7]. Es ist nicht auf die Arbeitsunterbrechung des einzelnen Arbeitnehmers abzustellen[8]. Für Kraftfahrer und deren Beifahrer läßt § 9 Abs. 3 ArbZG im Hinblick auf das Sonntagsfahrverbot des § 30 Abs. 3 StVO eine entsprechende Verschiebung von Beginn und Ende der Sonn- und Feiertagsruhe zu.

85 § 10 ArbZG enthält einen abschließenden **Ausnahmekatalog**[9], in dem enumerativ 16 Generalklauseln verankert sind, die kraft Gesetzes die Beschäftigung von Arbeitnehmern an Sonn- und Feiertagen ausnahmsweise erlauben. Sie werden durch die Vorschrift des § 10 Abs. 2 ArbZG noch erweitert. Andere Erlaubnisfälle sind nach § 13 Abs. 3 bis 5 ArbZG von einer behördlichen Genehmigung abhängig. Auch durch Rechtsverordnung kann eine Erweiterung der Ausnahmefälle vorgenommen werden, § 13 Abs. 1, 2 ArbZG.

86 Da die Ausnahmetatbestände des § 10 ArbZG kraft Gesetzes gelten, obliegt dem Arbeitgeber eine **Prüfungspflicht**[10]. Im Hinblick auf die Bußgeldvorschrift des § 22 Abs. 1 Nr. 5 ArbZG und die Strafvorschrift des § 23 Abs. 1 ArbZG empfiehlt es sich für den Arbeitgeber dringend, in Zweifelsfällen eine Entscheidung der Aufsichtsbehörde nach § 13 Abs. 3 ArbZG über die Zulässigkeit der

---

1 BVerfG v. 14. 12. 1965, BVerfGE 19, 209; *Kuhr,* DB 1994, 2186.
2 Vgl. die Übersicht für alle Bundesländer bei *Neumann/Biebl,* § 9 Rz. 10.
3 *Roggendorff,* Teil C, § 9 Rz. 9.
4 HzA/*Schliemann,* Gruppe 12, Rz. 583.
5 *Zmarzlik/Anzinger,* Teil C, § 9 Rz. 4.
6 BT-Drucks. 12/5888, 29, 36.
7 *Linnenkohl,* § 9 Rz. 15; *Neumann/Biebl,* § 9 Rz. 6.
8 So aber *Dobberahn,* Teil C, Rz. 98.
9 *Kraegeloh,* § 10 Rz. 1.
10 HzA/*Schliemann,* Gruppe 12, Rz. 605.

VI. Einzelregelungen

Sonn- und Feiertagsarbeit herbeizuführen[1]. Der Arbeitgeber kann im Wege der Verpflichtungs- bzw. Untätigkeitsklage die Behörde zwingen, einen feststellenden Verwaltungsakt zu erlassen, da eine schnelle Klärung der Rechtslage erzielt werden soll[2].

Alle Ausnahmebestimmungen sind nach dem Einleitungssatz des § 10 ArbZG an die Voraussetzung gebunden, daß die **Arbeiten nicht an Werktagen vorgenommen werden können**[3]. Davon werden zum einen Arbeiten erfaßt, die schon aus technischen Gründen nicht auf Werktage verlagert werden können und zum anderen Arbeiten, deren Vornahme an Werktagen unverhältnismäßige Nachteile auch wirtschaftlicher Art zur Folge hätten[4]. Zulässig sind daher alle Arbeiten, die nach ihrer Art oder nach der Art des Betriebes einen Aufschub oder eine Unterbrechung nicht gestatten. Weiterhin werden alle Arbeiten erfaßt, ohne die eine störungsfreie Erreichung des Betriebszweckes nicht oder nur mit unzumutbaren Maßnahmen möglich ist[5]. Maßgeblich sind die konkreten betrieblichen Verhältnisse. Der Arbeitgeber muß sich daher in Produktionsbetrieben nicht auf Verfahrenstechniken verweisen lassen, die Sonn- und Feiertagsarbeit vermeiden[6]. Im Hinblick auf die Bedeutung des Sonn- und Feiertags muß vom Arbeitgeber jedoch die Ausschöpfung der allgemein gebräuchlichen und zumutbaren Maßnahmen zur Vermeidung der Sonn- und Feiertagsarbeit verlangt werden[7]. Es ist somit eine Interessenabwägung zwischen den Belangen des Betriebes und der Beeinträchtigung der Sonn- und Feiertagsruhe vorzunehmen. 87

Hilfs- und Nebenarbeiten sind nach § 10 Abs. 1 ArbZG dann zulässig, wenn sie in unmittelbarem Zusammenhang mit der zulässigen Tätigkeit stehen und ohne sie die erlaubte Arbeit nicht ausgeübt werden könnte[8]. Dabei ist unerheblich, ob die Hilfsarbeiten in rechtlich selbständigen Betrieben oder in rechtlich unselbständigen Betriebsabteilungen vorgenommen werden[9]. 88

Die Ausnahmetatbestände des § 10 Abs. 1 ArbZG lassen sich in vier Gruppen einteilen: 89

▶ Beschäftigung von Arbeitnehmern in **nichtgewerblichen Dienstleistungsbereichen:** § 10 Abs. 1 Nr. 1, 2, 3, 6, 7 ArbZG. Hierunter fallen Not- und Rettungsdienste, Feuerwehr, Gerichte, Behörden, Krankenhäuser und ähnliche Einrichtungen, sowie nichtgewerbliche Veranstaltungen in Sport- und Freizeiteinrichtungen.

---

1 *Neumann/Biebl,* § 10 Rz. 2.
2 *HzA/Schliemann,* Gruppe 12, Rz. 750.
3 An die zu § 105c Abs. 1 Nr. 3 und 4 GewO entwickelten Maßstäbe kann daher angeknüpft werden.
4 *Schaub,* § 159 II 3b; *HzA/Schliemann,* Gruppe 12, Rz. 609.
5 *Roggendorff,* Teil C, § 10 Rz. 16.
6 BayObLG v. 10. 1. 1963, AP Nr. 1 zu § 105c GewO.
7 *Zmarzlik/Anzinger,* Teil C, § 10 Rz. 25.
8 *Erasmy,* NZA 1995, 98.
9 *Roggendorff,* Teil C, § 10 Rz. 13.

▶ Beschäftigung von Arbeitnehmern für **Dienstleistungen** iSd. früheren §§ 105e, i GewO: § 10 Abs. 1 Nr. 4, 5, 8, 10, 11 ArbZG. Hierzu gehören die Bereiche Gaststätten, Haushalt, Musik und Theater, Rundfunk und Fernsehen, Presse[1], Verkehrsbetriebe, Energie- und Versorgungsbetriebe.

▶ Beschäftigung von Arbeitnehmern bei **Messen, Ausstellungen und Märkten** im Sinne des Titels IV. der GewO, sowie bei Volksfesten: § 10 Abs. 1 Nr. 9 ArbZG.

▶ Beschäftigung von Arbeitnehmern in **sonstigen Bereichen** und zu sonstigen Zwecken: § 10 Abs. 1 Nr. 12, 13, 14, 15, 16 ArbZG. Hierunter fallen die Landwirtschaft und das Bewachungsgewerbe, aber auch alle Arbeiten, deren Notwendigkeit sich aus der Natur der Sache ergibt.

90 Erstmals ist auch die **industrielle Sonn- und Feiertagsarbeit** zulässig, wenn technische Erfordernisse eine ununterbrochene Produktion erfordern, zB um das Verderben von Rohstoffen, das Mißlingen von Arbeitsergebnissen oder die Zerstörung bzw. Beschädigung von Produktionseinrichtungen zu verhindern, § 10 Abs. 1 Nr. 15 und 16 ArbZG. Ein Mißlingen der Produktionsergebnisse ist idR bei einem Ausschuß von 5% anzunehmen[2]. Bezugsgröße ist die Wochenproduktion an den sechs Werktagen von Montag bis Samstag mit 144 Arbeitsstunden (6 × 24). Der Ausschuß, der durch das Produktionsverfahren selbst anfällt, bleibt außer Betracht. Allein entscheidend ist der durch die Unterbrechung der Produktion wegen der Sonn- und Feiertagsruhe entstehende Ausschuß[3]. Im Einzelfall kann auch ein geringer Ausschuß von Bedeutung sein, da Folgeschäden zu berücksichtigen sind[4]. Es ist eine Gesamtschadensbetrachtung vorzunehmen. In den Anwendungsbereich von § 10 Abs. 1 Nr. 15 und 16 ArbZG fallen auch kontinuierliche Arbeiten.

91 § 10 Abs. 1 Nr. 16 ArbZG stellt eine **Generalklausel für technisch bedingte Ausnahmen** dar, die von § 10 Abs. 1 Nr. 15 ArbZG nicht erfaßt werden. Auf diese Weise ist die Anpassung an zukünftige Entwicklungen gewährleistet.

92 Die Ausnahmevorschrift des § 10 Abs. 2 ArbZG verfolgt das Ziel der **Verringerung der Zahl der von Sonntagsarbeit betroffenen Arbeitnehmer.** Es soll vermieden werden, daß durch die Unterbrechung einer kontinuierlichen Produktion mehr Arbeitnehmer an Sonntagen aufgrund dieser Unterbrechung für Reinigungs- und Instandhaltungsmaßnahmen beschäftigt werden als bei einem fortlaufenden Produktionsprozeß, da dies dem Sinn des Beschäftigungsverbots an Sonn- und Feiertagen zuwiderliefe[5]. Zur Vermeidung von Mißbräuchen ist auf die „Mannstundenzahl" und nicht auf die Zahl der tatsächlich eingesetzten Arbeitnehmer abzustellen[6]. Ihre Anwendung ist jedoch auf Fälle des § 10 Abs. 1 Nr. 14 ArbZG beschränkt. Diese Beschränkung ist allgemein auf Kritik gesto-

---

1 Vgl. zu Einzelheiten: *Berger-Delhey*, BB 1994, 2199.
2 BT-Drucks. 12/5888, 29; in Einzelfällen kann die Quote unterschritten werden.
3 *Neumann/Biebl*, § 10 Rz. 32.
4 *Zmarzlik/Anzinger*, Teil C, § 10 Rz. 167.
5 *Dobberahn*, Teil C, Rz. 112; HzA/*Schliemann*, Gruppe 12, Rz. 663.
6 *Erasmy*, NZA 1995, 100; *Linnenkohl*, § 10 Rz. 106.

VI. Einzelregelungen

ßen. Eine sinngemäße Anwendung dieser Bestimmung auf alle Fälle der Sonn- und Feiertagsarbeit wird wegen des eindeutigen Wortlautes der Vorschrift jedoch abgelehnt[1].

Für Arbeitnehmer, die an Sonn- und Feiertagen beschäftigt werden, sieht § 11 ArbZG eine Reihe von **Ausgleichsregelungen** vor, von denen die Tarifvertragsparteien im Einzelfall abweichen dürfen, § 12 ArbZG. 93

Nach § 11 Abs. 1 ArbZG müssen – bezogen auf den einzelnen Arbeitnehmer – mindestens **15 Sonntage im Jahr beschäftigungsfrei** bleiben. Abzustellen ist nicht auf das Kalenderjahr, sondern auf den individuellen Jahreszeitraum, der vom ersten Sonntag, an dem der Arbeitnehmer gearbeitet hat, berechnet wird[2]. 94

Auf die Sonn- und Feiertagsarbeit sind die werktäglichen **Arbeitszeitgrenzen** der §§ 3–8 ArbZG anzuwenden, § 11 Abs. 2 ArbZG. Für die Sonntagsarbeit als solche besteht keine Aufzeichnungspflicht[3]. 95

Der nach § 11 Abs. 3 ArbZG zu gewährende **Ersatzruhetag** begrenzt mittelbar die durchschnittliche wöchentliche Arbeitszeit innerhalb der Ausgleichszeiträume. Gilt in dem Betrieb die 5-Tage-Woche, kann auch der arbeitsfreie Samstag der Ersatzruhetag sein[4]. Der Ersatzruhetag muß bei einer Beschäftigung am Sonntag, zu der auch der Bereitschaftsdienst oder die Rufbereitschaft gehören, innerhalb eines Zeitraumes von 2 Wochen gewährt werden. Bei einer Feiertagsbeschäftigung beträgt der Zeitraum 8 Wochen. 96

Nach § 11 Abs. 4 ArbZG wird eine wöchentliche **Mindestruhezeit** von 35 Stunden sichergestellt, die in Schichtbetrieben jedoch auf 32 Stunden abgekürzt werden kann[5]. 97

Den Tarifvertragsparteien räumt § 12 ArbZG **Abweichungsbefugnisse** zu den Regelungen des § 11 ArbZG ein. Nicht tarifdispositiv ist hingegen § 10 ArbZG. Nach § 12 Nr. 1 ArbZG kann in besonderen Beschäftigungsbereichen die Anzahl der beschäftigungsfreien Sonntage auf 10, 8 bzw. 6 Sonntage im Jahr reduziert werden. Nr. 2 erlaubt die Streichung der Ersatzruhetage. Nr. 3 sieht Sonderregelungen für die Seeschiffahrt vor. Nr. 4 ermöglicht eine Verlängerung der Sonn- und Feiertagsarbeit auf bis zu 12 Stunden in vollkontinuierlichen Schichtbetrieben, wenn dadurch zusätzliche Freischichten an Sonn- und Feiertagen erreicht werden. 98

Gemäß § 13 Abs. 3 Nr. 1 ArbZG kontrolliert die **Aufsichtsbehörde** das Vorliegen des Ausnahmetatbestandes. Dabei kann durch Verwaltungsakt die Zulässigkeit bzw. Unzulässigkeit der Sonn- und Feiertagsarbeit verbindlich festgestellt werden. Nach § 13 Abs. 3 Nr. 2 ArbZG können aufgrund eines entsprechenden Antrages in Abweichung zu § 9 ArbZG (und damit auch über § 10 ArbZG hinaus) weitere Ausnahmegenehmigungen von dem Beschäftigungsver- 99

---

1 Vgl. statt aller: *Roggendorff*, Teil C, § 10 Rz. 44.
2 *Neumann/Biebl*, § 11 Rz. 3.
3 HzA/*Schliemann*, Gruppe 12, Rz. 606.
4 *Dobberahn*, Teil C, Rz. 122.
5 *Neumann/Biebl*, § 11 Rz. 11.

bot an Sonn- und Feiertagen erteilt werden. Die Aufsichtsbehörde hat nach pflichtgemäßem Ermessen zu entscheiden[1]. Danach kannn im Handelsgewerbe an bis zu zehn Sonn- und Feiertagen im Jahr, an denen besondere Verhältnisse einen erweiterten Geschäftsverkehr erforderlich machen, die Beschäftigung zugelassen werden, § 13 Abs. 3 Nr. 2 lit. a ArbZG. Die Sonn- und Feiertagsbeschäftigung kann bewilligt werden, wenn besondere Verhältnisse zur Verhütung eines unverhältnismäßigen Schadens dies verlangen, § 13 Abs. 3 Nr. 2 lit. b ArbZG. Schaden ist sowohl jede Vermögensminderung als auch entgangener Gewinn[2]. Schließlich kann die Erlaubnis erteilt werden, eine gesetzlich vorgeschriebene Inventur an einem Sonntag im Jahr zuzulassen, § 13 Abs. 3 Nr. 2 lit. c ArbZG.

100 § 13 Abs. 4 ArbZG – im Gegensatz zu Abs. 3 eine „Sollbestimmung" – ist zur Zeit noch ohne praktische Bedeutung, da die von ihr erfaßten Fälle bereits durch § 10 Abs. 1 Nr. 15 und 16 ArbZG abgedeckt sind[3]. Mit dieser Vorschrift sollen aber zukünftige Entwicklungen erfaßt werden können[4].

101 § 13 Abs. 5 ArbZG erlaubt erstmals die **Zulässigkeit von Sonn- und Feiertagsarbeit allein aus wirtschaftspolitischen Gründen.** Die Aufsichtsbehörde hat die Zustimmung zu erteilen, wenn das antragsstellende Unternehmen die gesetzlich zulässigen wöchentlichen Betriebszeiten weitgehend ausnutzt[5], im Ausland längere Betriebszeiten bestehen[6], die Konkurrenzfähigkeit des Unternehmens unzumutbar beeinträchtigt ist[7] und durch die Genehmigung der Sonn- und Feiertagsarbeit die Beschäftigung gesichert[8] wird[9]. Liegen diese Tatbestandsvoraussetzungen kumulativ vor, muß die Genehmigung erteilt werden, die Behörde hat insoweit kein Ermessen. Die Behörde ist grundsätzlich nicht berechtigt, eine Ausnahmebewilligung nach § 13 Abs. 5 ArbZG mit einer auflösenden Bedingung des Inhalts zu versehen, daß die Bewilligung erlischt, falls es in dem betroffenen Produktionsbereich zu einer betriebsbedingten Kündigung kommt[10]. Bis zum 30. 6. 1995 sind auf dieser Grundlage bereits 170 Ausnahmegenehmigungen erteilt worden[11].

---

1 *Neumann/Biebl*, § 13 Rz. 11.
2 *Dobberahn*, Teil C, Rz. 130.
3 *Neumann/Biebl*, § 13 Rz. 17.
4 BT-Drucks. 12/6990, 41.
5 Bezugsgröße 144 Stunden (6 × 24).
6 Abzustellen ist auf die ausländischen gesetzlich zulässigen Betriebszeiten, vgl. *Roggendorff*, Teil C, § 13 Rz. 38.
7 Kausalität zwischen Beeinträchtigung der Konkurrenzfähigkeit und den längeren Auslandsarbeitszeiten bzw. der Ausnutzung der wöchentlichen Höchstarbeitszeit ist nicht erforderlich; vgl. *Dobberahn*, Teil C, Rz. 138.
8 Erhalt der bestehenden oder Schaffung neuer Arbeitsplätze, vgl. *Neumann/Biebl*, § 13 Rz. 20.
9 Vgl. im einzelnen *Zmarzlik/Anzinger*, Teil C, § 13 Rz. 107 ff.
10 VG Arnsberg v. 11. 12. 1996, DB 1997, 580.
11 Handelsblatt Nr. 155 v. 14. 8. 1995, 33.

VI. Einzelregelungen

Checkliste für die Antragstellung nach § 13 Abs. 5 ArbZG[1]:

> ▶ Zeitpunkt und Umfang der geplanten Sonn- und Feiertagsarbeit
> ▶ Anzahl der betroffenen Beschäftigten unter gesonderter Hervorhebung der Jugendlichen und der werdenden und stillenden Mütter
> ▶ Art und Umfang der Beschäftigung
> ▶ Benennung der betroffenen Betriebe bzw. Betriebsteile
> ▶ Darlegung der tatsächlichen Ausnutzung der Betriebslaufzeiten in den betroffenen Betrieben bzw. Betriebsteilen (Beibringung von Beweismitteln: Betriebsvereinbarungen zur Schichtarbeit, Beschäftigtenliste, Stempelkarten etc.)
> ▶ Darlegung der längeren Betriebszeiten im Ausland unter Einbeziehung der Situation der ausländischen Konkurrenten
> ▶ Darlegung der konkreten betrieblichen Konkurrenzsituation
> ▶ Darlegung der Unzumutbarkeit (Verlust von Marktanteilen, Situation nationaler Wettbewerber, regionale Besonderheiten)
> ▶ Darlegung der geplanten Ersatzruhetage
> ▶ Darlegung bezüglich des Erhalts oder Schaffung neuer Arbeitsplätze (Beibringung von Beweismitteln: Betriebsvereinbarungen, Stellenausschreibungen, Stellungnahmen des Betriebsrates zu Einstellungen)
> ▶ Beibringung einer Stellungnahme des Betriebsrates zum Antrag nach § 13 Abs. 5 ArbZG.

102

Die Ausnahmebewilligung erlischt im Falle eines **Betriebsübergangs**, da sie kein dinglicher Verwaltungsakt ist[2]. Der Erwerber muß eine neue Ausnahmegenehmigung einholen.

103

Hinsichtlich der Sonn- und Feiertagsruhebestimmungen ist das **Ladenschlußgesetz** für die Beschäftigten des Einzelhandels lex specialis.

104

Die §§ 9, 10 ArbZG regeln allein die öffentlich-rechtliche Zulässigkeit der Sonn- und Feiertagsarbeit[3]. Der Arbeitnehmer kann außer in den Notfällen des § 14 ArbZG nur dann zur Leistung an Sonn- und Feiertagen herangezogen werden, wenn eine entsprechende **tarifvertragliche oder arbeitsvertragliche Regelung** besteht[4]. Ein Verzicht des Arbeitnehmers auf das Beschäftigungsverbot ist nicht möglich. Vielmehr steht dem Arbeitnehmer bei unberechtigter Anordnung von Sonn- und Feiertagsarbeit ein Leistungsverweigerungsrecht zu[5].

105

---

1 Vgl. *Dobberahn*, Teil C, Rz. 142; HzA/*Schliemann*, Gruppe 12, Rz. 788; *Zmarzlik/Anzinger*, Teil C, § 13 Rz. 139.
2 *Zmarzlik/Anzinger*, Teil C, § 13 Rz. 141.
3 *Zmarzlik/Anzinger*, Teil C, § 10 Rz. 16.
4 *Dobberahn*, Teil C, Rz. 114.
5 *Roggendorff*, Teil C, § 9 Rz. 5.

106 Zu beachten sind auch beim Vorliegen eines Ausnahmetatbestandes iSd. § 10 ArbZG die **Mitbestimmungsrechte** des Betriebsrates nach § 87 Abs. 1 Nr. 2 BetrVG bzw. des Personalrates nach § 75 Abs. 3 Nr. 1 BPersVG, da es sich um die Verteilung der Arbeitszeit auf einzelne Wochentage handelt[1].

107 In **Notfällen und außergewöhnlichen Fällen** erlaubt § 14 ArbZG ohne Genehmigung oder Feststellung der Aufsichtsbehörde weitreichende Abweichungen von den gesamten Vorschriften des ArbZG. Von § 8 ArbZG darf auch in den Fällen des § 14 ArbZG nicht abgewichen werden. Der Arbeitgeber muß die Tatbestandsvoraussetzungen des § 14 ArbZG, an deren Vorliegen strenge Anforderungen zu stellen sind[2], selbst prüfen und eine Güterabwägung vornehmen. **Notfälle** liegen vor, wenn die Arbeiten durch ungewöhnliche, unvorhersehbare und plötzlich eintretende Ereignisse veranlaßt sind und unverzüglich zur Beseitigung eines Notstandes oder zur Abwendung einer dringenden Gefahr vorgenommen werden. Die Gefahr oder der drohende Schaden müssen nicht notwendig beim Arbeitgeber auftreten, sondern können auch einen Dritten betreffen[3]. Das Verschieben der Arbeit auf einen späteren Zeitpunkt muß unmöglich sein[4]. Ein Notfall liegt nicht vor, wenn erfahrungsgemäß mit dem Eintritt dieses Ereignisses zu rechnen ist, das organisatorisch vorausplanend zu bewältigen ist, etwa plötzliche Auftragshäufung[5], üblicher Ausfall von Arbeitskräften durch Krankheit[6], im gewöhnlichen Betrieb auftretende Störungen einer EDV-Anlage[7]. **Außergewöhnliche Fälle** sind unvorhersehbare, unabhängig vom Willen der Beteiligten eintretende Ereignisse, deren Folgen nur durch eine Abweichung von den Vorschriften des ArbZG zu beseitigen sind[8]. Sie unterscheiden sich nur graduell vom Notfall. Art. 14 ArbZG erlaubt nur vorübergehende Arbeiten, soweit sie zur Beseitigung des Notfalls oder des außergewöhnlichen Falles erforderlich sind[9]. Zu beachten ist, daß § 14 Abs. 2 ArbZG keine Abweichung vom Beschäftigungsverbot an Sonn- und Feiertagen zuläßt[10].

108 Das **Mitbestimmungsrecht** des Betriebsrates bzw. Personalrates entfällt nur in wirklichen Notfällen[11]. Es muß jedoch unverzüglich nach Abwendung des Notfalles nachgeholt werden[12].

109 In bestimmten Beschäftigungsbereichen kann die Aufsichtsbehörde auf Antrag unter Abweichung vom ArbZG längere tägliche Arbeitszeiten und eine abweichende Dauer oder Lage der Ruhezeit bewilligen, § 15 ArbZG. Diese Ausnah-

---

1 *Roggendorff*, Teil C, § 10 Rz. 47; BAG v. 25. 2. 1997, NZA 1997, 955.
2 *Zmarzlik/Anzinger*, Teil C, § 14 Rz. 2.
3 *Linnenkohl*, § 14 Rz. 8; HwB-AR/*Wessel*, Arbeitszeit Rz. 79.
4 *Dobberahn*, Teil C, Rz. 152.
5 OLG Düsseldorf v. 13. 4. 1992, GewArch 1992, 382.
6 OLG Karlsruhe v. 22. 5. 1981, GewArch 1981, 268.
7 VG Köln v. 5. 6. 1989, GewArch 1990, 360.
8 *Roggendorff*, Teil C, § 14 Rz. 12 ff.
9 OLG Düsseldorf v. 30. 7. 1959, BB 1959, 994; *Linnenkohl*, § 14 Rz. 9.
10 HzA/*Schliemann*, Gruppe 12, Rz. 847.
11 *Neumann/Biebl*, § 14 Rz. 18.
12 BAG v. 19. 2. 1991, AP Nr. 42 zu § 87 BetrVG 1972 – Arbeitszeit.

men gelten für kontinuierliche Schichtbetriebe, Bau- und Montagestellen sowie für Saison- und Kampagnebetriebe. Sonderregelungen für den öffentlichen Dienst sind nach § 15 Abs. 1 Nr. 3 ArbZG möglich. Es besteht jedoch lediglich ein Anspruch auf ermessensfehlerfreie Entscheidung der Behörde.

In den Fällen des § 15 ArbZG besteht ein **Mitbestimmungsrecht** des Betriebsrates bzw. des Personalrates. 110

9. Frauenbeschäftigungsverbote

Die früheren **Beschäftigungsverbote für Frauen,** insbesondere im Bauhauptgewerbe, sind im Rahmen der Gleichstellung weitgehend aufgehoben worden. Es bleibt allein beim Beschäftigungsverbot im Bergbau. 111

VII. Aushangpflichten und Arbeitszeitnachweise

Nach § 16 ArbZG ist jeder Arbeitgeber – auch wenn nur ein Arbeitnehmer beschäftigt wird[1] – verpflichtet, einen **Abdruck der ArbZG** und der aufgrund dieses Gesetzes erlassenen Rechtsverordnungen sowie die für den Betrieb geltenden Tarifverträge und Betriebsvereinbarungen an geeigneter Stelle im Betrieb auszuhängen oder auszulegen. Der Text muß frei zugänglich sein, ohne daß es der Inanspruchnahme Dritter bedarf[2]. 112

Der Arbeitgeber ist ferner verpflichtet, die über die **werktägliche Arbeitszeit** des § 3 ArbZG hinausgehende Arbeitszeit jedes einzelnen Arbeitnehmers **aufzuzeichnen** und diese Aufzeichnung zwei Jahre lang aufzubewahren. Aufzeichnungspflichtig ist jede 8 Stunden überschreitende Arbeitszeit an Werk-, Sonn- und Feiertagen[3]. Eine Aufzeichnung der täglichen Gesamtarbeitszeit reicht aus[4]. Einigkeit besteht darüber, daß auch die Ausgleichszeiträume gemäß §§ 3, 6 Abs. 2 und 7 Abs. 2 ArbZG aufzeichnungspflichtig sind[5]. 113

Eine bestimmte **Form der Arbeitszeiterfassung** ist nicht vorgeschrieben. Daher reicht es aus, wenn die einzelnen Arbeitnehmer die von ihnen geleistete Arbeitszeit bei gleitender Arbeitszeit durch Stempeluhrkarten, in Lohnlisten oder Arbeitszeitkarteien festhalten lassen. Sog. „Selbstaufschreibungen" sind jedoch vom Arbeitgeber stichprobenartig zu kontrollieren. Auch durch EDV-Anlagen und sonstige Zeiterfassungssysteme erstellte Aufzeichnungen sind zulässig; die gespeicherten Daten müssen aber jederzeit für die Aufsichtsbehörde abrufbar sein[6]. 114

---

1 ZB Haushaltskräfte, vgl. *Zmarzlik/Anzinger,* Teil C, § 16 Rz. 4.
2 *Kollmer,* DB 1995, 1662.
3 *Roggendorff,* Teil C, § 16 Rz. 7; aA *Neumann/Biebl,* ArbZG § 16 Rz. 4; *Zmarzlik/Anzinger,* Teil C, § 16 Rz. 11.
4 *Dobberahn,* Rz. 165; *Neumann/Biebl,* ArbZG § 16 Rz. 4.
5 *Buschmann/Ulber,* § 16 Rz. 8; *Neumann/Biebl,* ArbZG § 16 Rz. 4; *Roggendorff,* Teil C, § 16 Rz. 8.
6 *Zmarzlik/Anzinger,* Teil C, § 16 Rz. 12.

115 Besonderes Augenmerk ist auf die Erfassung der Arbeitszeit von **Teilzeitbeschäftigten** zu richten, da die bei mehreren Arbeitgebern erbrachten Arbeitszeiten zusammenzurechnen sind, § 2 Abs. 1 Satz 1 2. Halbs. ArbZG. Übersteigt die Arbeitszeit des Teilzeitbeschäftigten die gesetzlichen Höchstgrenzen, werden die Ruhezeiten nicht gewährt oder Verkürzungen der Ruhezeiten nicht entsprechend ausgeglichen, droht dem Arbeitgeber ein Bußgeld nach § 22 ArbZG. Es empfiehlt sich daher, bei der Einstellung von Teilzeitbeschäftigten eine Nebentätigkeitsvereinbarung im Arbeitsvertrag zu verankern, die eine Offenbarungspflicht des Teilzeitbeschäftigten hinsichtlich weiterer Beschäftigungsverhältnisse statuiert[1].

116 Ein **Verstoß** gegen die Aushangpflicht kann mit einem Bußgeld bis zu 5 000 DM, ein Verstoß gegen die Führung der Arbeitszeitnachweise mit einer Geldbuße bis zu 30 000 DM geahndet werden, § 23 Abs. 1 Nr. 8 und 9 ArbZG.

VIII. Durchführung des Gesetzes

117 Die Durchführung des Gesetzes ist gemäß Art. 83 GG Sache der Länder und obliegt in der Regel den **Gewerbeaufsichtsämtern**. In Nordrhein-Westfalen ist der Regierungspräsident zuständig. Die Überwachungsaufgaben und die damit verbundenen Befugnisse sind in § 17 ArbZG geregelt. Nach § 17 Abs. 4 ArbZG ist der Arbeitgeber verpflichtet, erforderliche Auskünfte zu erteilen und Unterlagen (insbesondere Arbeitszeitnachweise und Betriebsvereinbarungen) vorzulegen. Ihm steht ein Auskunftsverweigerungsrecht gemäß § 17 Abs. 6 ArbZG iVm. § 383 Abs. 1 Nr. 1–3 ZPO zu. Die Aufsichtsbehörde hat zusätzlich ein Besichtigungsrecht. Die Besichtigung, bei der der Betriebsrat oder der Personalrat hinzuziehen sind (§ 89 Abs. 2 BetrVG, § 81 Abs. 2 BPersVG), muß nicht vorher angekündigt werden[2]. Bei einer Verweigerung des Arbeitgebers kann die Besichtigung im Wege der Duldungsverfügung mit Hilfe von Zwangsgeld durchgesetzt werden.

1. Bußgeldtatbestände

118 Nach § 22 ArbZG werden **Verstöße gegen bestimmte Regelungen des ArbZG** bzw. gegen die aufgrund des ArbZG erlassenen Rechtsverordnungen als Ordnungswidrigkeit mit einem Bußgeld geahndet.

Täter ist nach § 22 Abs. 1 ArbZG jeder **Arbeitgeber,** der einen der genannten Tatbestände rechtswidrig und schuldhaft erfüllt. Als Arbeitgeber in diesem Sinne wird jede natürliche Person angesehen, die einen Arbeitnehmer iSd. § 2 Abs. 2 ArbZG beschäftigt[3]. Ist nach § 9 OWiG eine juristische Person Arbeitgeber, so handelt jedes Mitglied des Organs als Arbeitgeber, bei Personenhandels-

---

1 *Hunold*, NZA 1995, 561.
2 *Linnenkohl*, § 17 Rz. 10.
3 HzA/*Schliemann*, Gruppe 12, Rz. 974; *Linnenkohl*, § 23 Rz. 1.

gesellschaften handeln deren vertretungsberechtigte Gesellschafter. Auch ein Handeln der gesetzlichen Vertreter als Arbeitgeber kommt in Betracht. Nach § 9 Abs. 2 OWiG kommen als Täter auch vom Arbeitgeber **beauftragte Personen** in Betracht, die auf Grund dieses Auftrages handeln. Eine Beauftragung liegt vor, wenn eine Person den Betrieb ganz oder zum Teil leitet (auch ohne ausdrücklich beauftragt zu sein[1]) oder ausdrücklich eigene Aufgaben in eigener Verantwortung wahrnimmt, die sonst dem Inhaber des Betriebes obliegen. Die Begriffe Betrieb und Unternehmen stehen insoweit gleich[2]. Beauftragt können beispielsweise Angestellte eines Betriebes sein, aber auch Konkursverwalter[3].

Die Ordnungswidrigkeiten nach § 22 Abs. 1 ArbZG werden mit einer **Geldbuße** bis zu 30 000 DM geahndet, die Ordnungswidrigkeit nach § 22 Abs. 1 Nr. 9 ArbZG lediglich mit einer Geldbuße bis zu 5 000 DM. Nach § 17 Abs. 3 OWiG sind Grundlage für die Zumessung des Bußgeldes die Bedeutung der Ordnungswidrigkeit und der Vorwurf, der den Täter trifft. Von besonderer Bedeutung ist die Vorschrift des § 17 Abs. 4 OWiG. Danach soll die Geldbuße den wirtschaftlichen Vorteil, den der Täter aus der Ordnungswidrigkeit gezogen hat, übersteigen. Reicht das gesetzliche Höchstmaß des § 22 ArbZG nicht aus, um den Vorteil des Unternehmens aus der Ordnungswidrigkeit abzuschöpfen, kann nach § 17 Abs. 4 Satz 2 OWiG eine entsprechend höhere Geldbuße festgesetzt werden. Zur Geldbuße hinzu kommen noch Verfahrenskosten und Auslagen[4]. 119

Nach § 31 Abs. 2 Nr. 2 OWiG beträgt die **Verjährungsfrist zwei Jahre** und beginnt nach § 31 Abs. 3 OWiG mit der beendeten Handlung oder dem Eintritt des Erfolges, soweit dieser zum Tatbestand gehört und erst später eintritt. Unterbrechungen, die zu einem erneuten Lauf der Verjährungsfrist führen, sind nach § 33 OWiG möglich, so zB die Vernehmung des Betroffenen. 120

2. Straftatbestände

§ 23 ArbZG stellt **besonders schwerwiegende ordnungswidrige Handlungen des Arbeitgebers** unter Strafe. Darunter faßt das Gesetz die Handlungen nach § 22 Abs. 1 Nr. 1–3 und Nr. 5–7 ArbZG, wie zB die Beschäftigung von Arbeitnehmern über die Grenzen der zulässigen Arbeitszeit hinaus oder die Nichtgewährung der Ruhezeit bzw. eines Ruhezeitausgleichs. Eine Straftat nach § 23 Abs. 1 Nr. 1 ArbZG erfordert eine vorsätzliche Gefährdung hinsichtlich der Gesundheit oder Arbeitskraft des Arbeitnehmers. Eine Gesundheitsgefährdung liegt vor, wenn die konkrete Gefahr besteht, daß durch den Verstoß die intakte körperliche, geistige und seelische Verfassung des Arbeitnehmers nicht mehr gewährleistet ist[5]. Unter Arbeitskraft versteht man die auf den geistigen und physischen Kräften des Arbeitnehmers beruhende Fähigkeit, in bestimmtem Umfang Arbeit zu leisten, wobei Ausbildung und Übung zu berücksichtigen 121

---

1 HzA/*Schliemann*, Gruppe 12, Rz. 976.
2 HzA/*Schliemann*, Gruppe 12, Rz. 976; *Kraegeloh*, § 22 Rz. 5.
3 *Neumann/Biebl*, § 22 Rz. 5.
4 *Neumann/Biebl*, § 22 Rz. 6.
5 HzA/*Schliemann*, Gruppe 12, Rz. 990; *Kraegeloh*, § 23 Rz. 1.

sind[1]. Für eine konkrete Gefährdung reicht eine deutliche Übermüdung aus[2]. Unter Strafe wird auch ein vorsätzliches Handeln gestellt, das nur eine fahrlässige Gefährdung der Gesundheit oder der Arbeitskraft des Arbeitnehmers nach sich zieht (§ 23 Abs. 2 ArbZG).

122 Die beharrliche **Wiederholung** der in § 23 Abs. 1 ArbZG aufgeführten Ordnungswidrigkeiten stellt nach § 23 Abs. 1 Nr. 2 ArbZG ebenfalls eine Straftat dar. Eine Wiederholung liegt vor, wenn der Arbeitgeber die gleiche oder eine andere der in § 23 Abs. 1 ArbZG genannten Ordnungswidrigkeiten erneut begeht, und damit eine rechtsfeindliche Einstellung gegen die Vorschriften zu erkennen gibt.

123 § 23 Abs. 1 ArbZG sieht eine **Freiheitsstrafe** bis zu einem Jahr vor, während § 23 Abs. 2 eine Geldstrafe ausreichen läßt. Zusätzlich kann ein Verfall nach § 73 StGB angeordnet werden.

124 Die Verjährungsfrist beträgt nach § 78 Abs. 3 Nr. 5 StGB 3 Jahre. § 78a StGB regelt den Beginn und § 78c StGB die Unterbrechung.

125 Da es sich um Straftaten handelt, ist für die Verfolgung die Staatsanwaltschaft zuständig.

3. Übergangsvorschrift für Tarifverträge und Betriebsvereinbarungen

126 § 25 ArbZG enthält für am 1. 7. 1994 bestehende oder nachwirkende Tarifverträge und für Betriebsvereinbarungen Übergangsvorschriften. Geschützt sind jedoch nicht alle vom ArbZG abweichenden Regelungen, sondern nur solche, die den in § 7 Abs. 1 und 2 ArbZG bzw. § 12 Abs. 1 ArbZG festgelegten Höchstrahmen überschreiten. Regelungen in Tarifverträgen, die abweichend von § 11 Abs. 3 ArbZG für eine Beschäftigung an Feiertagen anstatt der Freistellung einen Zuschlag vorsehen, werden für eine nicht festgelegte Übergangszeit geschützt, jedoch nicht Regelungen in Betriebsvereinbarungen.

---

[1] HzA/*Schliemann*, Gruppe 12, Rz. 990; *Kraegeloh*, § 23 Rz. 1.
[2] HzA/*Schliemann*, Gruppe 12, Rz. 990.

B. Arbeitslosengeld, Arbeitslosenhilfe und Erstattung durch den Arbeitgeber (AFG, AFRG), SGB III im Überblick

	Rz.
I. Vorbemerkung	1
II. Arbeitslosengeld	
1. Anspruchsvoraussetzungen	2
2. Leistungsdauer	7
3. Höhe	8
4. Kranken- und Rentenversicherung	9
5. Arbeitsbescheinigung	12
6. Sperrzeit	14
a) Sperrzeitauslösende Sachverhalte	15
b) Wichtiger Grund	25
c) Kausalität	27
d) Dauer	28
e) Rechtsfolgen	29
7. Ruhenszeiten	
a) Überblick	30
b) Ruhen nach § 117 AFG	
aa) Ruhen wegen Anspruchs auf Arbeitsvergütung	32
bb) Ruhen wegen Urlaubsabgeltung	33
cc) Ruhen wegen Verkürzung der ordentlichen Kündigungsfrist und Zahlung einer Abfindung	34
dd) Rechtsfolgen	42
c) Ruhen nach § 117a AFG	43
aa) Voraussetzungen	44
bb) Dauer	45
cc) Rechtsfolgen	47
III. Arbeitslosenhilfe	
1. Anspruchsvoraussetzungen	48
2. Kranken- und Rentenversicherung	50
IV. Erstattung des Arbeitslosengeldes durch den Arbeitgeber bei älteren Arbeitnehmern (§ 128 AFG)	
1. Beginn, Dauer, Umfang	51
2. Voraussetzungen	53
3. Ausnahmen von der Erstattungspflicht	54
a) Beendigung des Arbeitsverhältnisses vor Vollendung des 56. Lebensjahres	55
b) Möglichkeit eines anderweitigen Sozialleistungsbezugs	56
c) Nicht ausreichende Beschäftigungsdauer	58
d) Kleinunternehmen	59
e) Eigenkündigung des Arbeitnehmers	61
f) Sozial gerechtfertigte Kündigung des Arbeitgebers	63
g) Vorliegen eines wichtigen Grundes für eine außerordentliche Kündigung, auch mit sozialer Auslauffrist	65
h) Erheblicher Personalabbau	66
i) Unzumutbare Belastung	72
4. Minderung der Erstattungspflicht	73
5. Erlaß der Erstattungsforderung	74
6. Beratungspflicht des Arbeitsamts	75
7. Antrag auf aufschiebende Wirkung	76
8. Sog. 128er-Vereinbarung	77
V. Erstattung des Arbeitslosengeldes durch den Arbeitgeber bei nachvertraglichem Wettbewerbsverbot (§ 128a AFG)	78
VI. Erstattung des Arbeitslosengeldes durch den Arbeitgeber bei Ablösung (§ 128b AFG)	81
VII. Gesetz zur Reform der Arbeitsförderung vom 24. 3. 1997	82
1. Abschaffung der Sonderregelung bei der Versicherungspflicht	83
2. Begriff der Arbeitslosigkeit	84
3. Anrechnung von Abfindungen auf das Arbeitslosengeld	85
4. Dauer des Anspruchs auf Arbeitslosengeld	87
5. Aufhebung des § 128 AFG	89

	Rz.		Rz.
VIII. SGB III	90	3. Teilarbeitslosengeld	106
1. Überblick	91	4. Anrechnung von	
2. Voraussetzungen, Dauer und Höhe des Arbeitslosengeldes, Sperrzeiten	97	Abfindungen auf das Arbeitslosengeld	108
		5. Kurzarbeitergeld	118

Schrifttum:

Allgemein: *Andresen*, Frühpensionierung, 1994; *Bauer/Diller*, § 128 AFG zum Dritten, BB 1992, 2283; *Beise*, Die Belehrungspflicht im Rahmen von § 128a AFG, BB 1996, 1110; *Bubeck/Schneider*, Arbeitsförderungsrecht, 2. Aufl., 1994; *Buchner*, Gesetzliche Maßnahmen gegen Frühverrentung – Die Nachfolgeregelung zu § 128 AFG, ZIP 1993, 717; *Buchner*, Die Neuregelung der Erstattungspflicht nach § 128 AFG, NZA 1993, 481; *Droste*, Wann ist die Erstattung von Arbeitslosengeld unzumutbar im Sinne des § 128 Abs. 2 Ziff. 2, 2. Alternative AFG?, BB 1994, 352; *Gagel*, Arbeitsförderungsgesetz, Loseblatt; *Gagel/Vogt*, Beendigung von Arbeitsverhältnissen, Sozial- und steuerrechtliche Konsequenzen, 5. Aufl., 1996; Gemeinschaftskommentar zum Arbeitsförderungsgesetz, bearbeitet von Ambs, Feckler, Götze, Hess ua., Loseblatt [zit. GK-AFG]; *Germelmann*, Grenzen der einvernehmlichen Beendigung von Arbeitsverhältnissen, NZA 1997, 236; *Hanau*, Die Wiederbelebung des § 128 AFG, DB 1992, 2625; *Hennig/Kühl/Heuer/Henke*, Arbeitsförderungsgesetz, Loseblatt; *Hess*, Erstattungspflichten des Arbeitgebers beim Arbeitslosengeld, 1994; *Holthöwer/Rolfs*, Die Beendigung des Arbeitsverhältnisses mit älteren Arbeitnehmern, DB 1995, 1074; *Knigge/Ketelsen/Marschall*, Kommentar zum Arbeitsförderungsgesetz, Loseblatt; *Kreßel*, Die Erstattungspflicht nach § 128 AFG und Ansprüche auf alternative Sozialleistungen, NZS 1993, 292; *Leve/Stothfang/Arnold*, Arbeitsförderungsgesetz, Kommentar, 1996; *Lohre/Mayer/Stevens-Bartol*, Arbeitsförderungsgesetz, Basiskommentar, 1995; *Mutschler*, Die Erstattungspflicht des Arbeitgebers nach § 128 AFG, NZS 1997, 297; *Niesel*, Arbeitsförderungsgesetz, 2. Aufl., 1997; *Plagemann/Stolz*, Vollstreckungsschutz gegen Erstattungsbescheide gemäß § 128 AFG, WiB 1997, 568; *Pottmeyer*, Das Widerspruchsrecht des Arbeitnehmers im Falle des Betriebsinhaberwechsels und die Sperrzeit nach § 119 I AFG, NZA 1988, 521; *Reichling/Reß*, § 128 AFG Leitfaden für die betriebliche Praxis, 2. Aufl., 1994; *Sauer*, Der Eintritt einer Sperrzeit nach Beendigung des Beschäftigungsverhältnisses, NZS 1996, 415; *Sauer*, Die Beendigung von Arbeitsverhältnissen mit Blick auf die Sperrzeit nach dem AFG, NZA 1997, 798; *Stolz*, Die Erstattungspflicht des Arbeitgebers nach § 128 AFG – eine Checkliste, NZS 1993, 62; *Vogel*, Die Sperrzeittatbestände der §§ 119, 119a AFG in der Rechtsprechung der Sozialgerichte, NZS 1997, 249; *Wissing*, Die Erstattungspflicht des Arbeitgebers nach § 128 AFG, NZA 1993, 385.

Zum Gesetz zur Reform der Arbeitsförderung vom 24. 3. 1997 und zum 1. SGB III-ÄndG vom 16. 12. 1997: *Baur*, Rechtsänderungen zum 1. 4. 1997 durch das Arbeitsförderungs-Reformgesetz, DB 1997, 726; *Bauer/Röder*, Anrechnung von Abfindungen auf das Arbeitslosengeld nach neuem Recht (§ 115a AFG, § 140 SGB III), BB 1997, 834; *Bauer/Röder*, Die Reform der Reform: Abfindungsanrechnung nach dem 1. SGB III-ÄnderungsG, BB 1997, 2588; *Düwell*, Anrechnung von Abfindungen und sonstigen Entlassungsentschädigungen auf das Arbeitslosengeld, Fachanwalt Arbeitsrecht 1997, 8; *Gaul*, Reformgesetz zum Arbeitsförderungsgesetz, NJW 1997, 1465; *Hümmerich*, Neue Einflußgrößen für Aufhebungs- und Abwicklungsvertrag, NZA 1997, 409; *Kreßel*, Derzeitige und künftige Bedeutung der Abfindung, NZA 1997, 1138; *Marburger*, Die Reform der Arbeitsförderung, BB 1997, 1045; *Marschner*, Die erste Reform des Arbeitsförderungsrechts, ZTR 1997, 308; *Niesel*, Die wichtigsten Änderungen des Arbeitsförderungsrechts durch das Arbeitsförderungs-Reformgesetz, NZA 1997, 580; *Rittweger*, Aufhebungsvertrag – jetzt oder später?, NZS 1997, 364; *Rockstroh*, Die Berücksichtigung von Abfindungen beim Arbeitslosengeld nach dem 1. SGB III-ÄndG, DB 1997, 2613; *Rolfs*, Verfassungswidrigkeit der Anrechnung von Abfindungen auf das Arbeitslosengeld, DB 1996, 2126; *Rolfs*,

Die Neuregelung der Anrechnung von Abfindungen auf das Arbeitslosengeld, NZA 1997, 793; *Schaffhausen*, Anrechnung der Abfindung auf das Arbeitslosengeld?, ZIP 1997, 1005; *Scherle/Arians*, Die Reform der Arbeitsförderung, NZS 1997, 212; *Schließmann*, Nochmals: Abfindungsanrechnung nach dem 1. SGB III-ÄndG, BB 1998, 318; *Weiland*, Die Förderung von Arbeitsbeschaffungs- und Strukturanpassungsmaßnahmen nach dem Arbeitsförderungs-Reformgesetz, BB 1997, 938.

Zum SGB III: *S. teilweise das Schrifttum zum AFRG und zum 1. SGB III-ÄndG.*

Bauer/Haußmann, Die Verantwortung des Arbeitgebers für den Arbeitsmarkt, NZA 1997, 1100; *Beckschulze*, Auswirkung des § 2 SGB III auf das Arbeitsrecht, BB 1998, 791; *Ebert*, Verfassungswidrigkeit der Anrechnung von Entlassungsentschädigungen auf das Arbeitslosengeld nach § 140 SGB III, NZS 1998, 109; *B. Gaul*, Neues im Arbeitsförderungsrecht nach dem Ersten SGB III-Änderungsgesetz, NJW 1998, 644; Gemeinschaftskommentar zum Arbeitsförderungsrecht SGB III, bearbeitet von *Ambs, Feckler, Götze, Hess u. a.*, Loseblatt; *Hammer/Weiland*, Die Neuregelungen beim Kurzarbeitergeld im SGB III, BB 1997, 2582; *Hanau*, Der Eingliederungsvertrag – Ein neues Instrument der Arbeitsförderung, DB 1997, 1278; *Hauck/Noftz*, SGB III, Arbeitsförderung, Loseblatt; *Heinze*, Die arbeitsrechtliche Zulässigkeit der Einführung von Kurzarbeit, RdA 1998, 14; *Hennig/Henke/Schlegel/Theuerkauf*, SGB III, Arbeitsförderung, Loseblatt; *Kittner/Krasney*, SGB III, Arbeitsförderung, Loseblatt; *Kliemt*, Erneute Änderung der Anrechnung von Abfindungen auf das Arbeitslosengeld, NZA 1998, 173; *Kopp*, Reform der Arbeitsförderung, NZS 1997, 456; *Marburger*, Das Recht der Arbeitsförderung im Dritten Buch des Sozialgesetzbuchs, BB 1998, 266; *Marschner*, Die Neuregelung des Arbeitsförderungsrechts zum 1. Januar 1998, ZTR 1998, 12; *Rittweger*, Die Reform des Arbeitsförderungsreformgesetzes – § 140 SGB III erneut geändert, NZS 1998, 73; *Rolfs*, Arbeitsrechtliche Aspekte des neuen Arbeitsförderungsrechts, NZA 1998, 17; *Schaub*, Die besondere Verantwortung von Arbeitgeber und Arbeitnehmer für den Arbeitsmarkt – Wege aus der Krise oder rechtlicher Sprengstoff, NZA 1997, 810.

I. Vorbemerkung

Das Arbeitsförderungsrecht befindet sich im **Umbruch.** Mit dem **AFRG** (Gesetz zur Reform der Arbeitsförderung) vom 24. 3. 1997 (BGBl. 1997 I, 594) wurde das AFG wesentlich geändert und seit dem 1. 1. 1998 in das **SGB als Drittes Buch** eingegliedert. In Art. 11 AFRG ist eine Reihe von Regelungen enthalten, die das grundsätzlich bis zum 31. 12. 1997 geltende AFG modifizieren und bereits zum 1. 4. 1997 wirksam wurden. Die nachfolgende Darstellung behandelt zunächst das Recht in der grundsätzlich bis zum 31. 3. 1997 geltenden Fassung. Alsdann (Rz. 82 ff.) wird auf die Änderungen zum 1. 4. 1997 und am Ende des Beitrages (Rz. 90 ff.) auf das SGB III eingegangen. Noch einige Zeit wird unterschiedliches Recht nebeneinander bestehen.

1

II. Arbeitslosengeld

1. Anspruchsvoraussetzungen

Die **Anspruchsvoraussetzungen zum Bezug von Arbeitslosengeld** sind in § 100 Abs. 1 AFG geregelt. Danach hat Anspruch auf Arbeitslosengeld, wer arbeitslos ist, der Arbeitsvermittlung zur Verfügung steht, die Anwartschaftszeit erfüllt, sich beim Arbeitsamt arbeitslos gemeldet und Arbeitslosengeld beantragt hat.

2

Wer das 65. Lebensjahr vollendet, hat nach § 100 Abs. 2 AFG vom Beginn des folgenden Monats an keinen Anspruch auf Arbeitslosengeld.

3 **Arbeitslos** ist nach § 101 Abs. 1 Satz 1 AFG der Arbeitnehmer, der vorübergehend nicht in einem Beschäftigungsverhältnis steht oder nur eine kurzzeitige Beschäftigung ausübt. Der Begriff der **kurzzeitigen Beschäftigung** wird in § 102 AFG definiert[1]. Die kurzzeitige Beschäftigung ermöglicht es dem Arbeitnehmer, neben dem Arbeitslosengeld auch die Vergütung für die im Rahmen des Teilzeitarbeitsverhältnisses geleistete Tätigkeit zu beziehen. Der sozialrechtliche Begriff Beschäftigungsverhältnis unterscheidet sich von dem Begriff Arbeitsverhältnis. Das Bestehen eines Arbeitsverhältnisses schließt die Unterbrechung oder Beendigung eines Beschäftigungsverhältnisses nicht aus. Für das **Beschäftigungsverhältnis** sind die tatsächlichen Verhältnisse des Einzelfalls maßgebend. Ein Beschäftigungsverhältnis besteht nur, wenn und solange das Arbeitsverhältnis tatsächlich vollzogen wird. Erklärungen von Arbeitgeber und Arbeitnehmer über den Fortbestand des Beschäftigungsverhältnisses haben nur indizielle Bedeutung[2]. Meldet sich zB ein langjährig erkrankter Arbeitnehmer bei rechtlich bestehendem Arbeitsverhältnis arbeitslos, ist die Arbeitslosigkeit während tatsächlicher Beschäftigungslosigkeit nach einer Gesamtwürdigung der tatsächlichen Verhältnisse zu beurteilen[3].

4 Neben der Arbeitslosigkeit ist Voraussetzung, daß der Anspruchsteller **der Arbeitsvermittlung zur Verfügung steht.** Die Verfügbarkeit setzt nach § 103 Abs. 1 Satz 1 Nr. 1 und 2a AFG zunächst voraus, daß der Arbeitslose eine zumutbare Beschäftigung von mindestens 18 Wochenstunden unter den üblichen Bedingungen des allgemeinen Arbeitsmarktes ausüben kann und darf (Ausnahmeregelung in § 103 Abs. 1 Satz 2 AFG) und bereit ist, jede zumutbare Beschäftigung anzunehmen, die er ausüben kann und darf[4]. Ausnahmen zu der letztgenannten Voraussetzung sind in § 105a AFG bei nicht nur vorübergehender Minderung der Leistungsfähigkeit und in § 105c AFG (Verfügbarkeit von älteren Arbeitnehmern) geregelt. Der Arbeitslose muß nach § 103 Abs. 1 Nr. 2b AFG weiterhin bereit sein, an zumutbaren Maßnahmen zur beruflichen Ausbildung, Fortbildung und Umschulung sowie beruflichen Rehabilitation teilzunehmen. Schließlich muß er nach § 103 Abs. 1 Nr. 3 AFG für das Arbeitsamt jederzeit erreichbar sein und das Arbeitsamt täglich aufsuchen können. Nähere Bestimmungen über die Erreichbarkeit des Arbeitslosen trifft die Aufenthalts-Anordnung der Bundesanstalt für Arbeit[5]. Die Anforderungen, die die Rechtsprechung an diese Voraussetzung stellt, sind streng[6].

---

[1] § 102 AFG wurde aufgehoben durch das AFRG vom 24. 3. 1997; zur Übergangsregelung vgl. Rz. 83.
[2] BSG v. 25. 9. 1981, BSGE 52, 152; BSG v. 28. und 9. 9. 1993, NZS 1994, 140 und 142; Niesel/Brand, § 101 AFG Rz. 17, 18.
[3] BSG v. 28. 9. 1993, NZS 1994, 140.
[4] Einzelheiten sind in der Zumutbarkeits-Anordnung der Bundesanstalt für Arbeit geregelt; abgedruckt zB in AFG Beck-Texte im dtv.
[5] Abgedruckt zB in AFG Beck-Texte im dtv.
[6] BSG v. 9. 11. 1995, NZA-RR 1996, 353 und 355; BSG v. 14. 3. 1996, NZS 1996, 534; BSG v. 25. 4. 1996, NZS 1996, 631; LSG Rheinl.-Pfalz v. 29. 4. 1997, NZS 1997, 589.

II. Arbeitslosengeld

Die Voraussetzung der **Anwartschaftszeit** hat nach § 104 AFG erfüllt, wer in der Rahmenfrist von 3 Jahren (§ 104 Abs. 3, 4 AFG) 360 Kalendertage in einer die Beitragspflicht begründenden Beschäftigung (§ 168 AFG) gestanden hat. 180 Kalendertage reichen nach § 104 Abs. 1 Satz 4 AFG bei Saisonarbeitnehmern aus[1]. Die §§ 107 bis 109 AFG stellen bestimmte Zeiten einer die Beitragspflicht begründenden Beschäftigung gleich. Zu den wichtigsten gleichgestellten Zeiten gehören die Zeiten, in denen Mutterschaftsgeld oder Erziehungsgeld bezogen wird oder Erziehungsgeld nur wegen des zu berücksichtigenden anderweitigen Einkommens nicht bezogen wird.

Schließlich muß sich nach § 105 AFG der Arbeitslose persönlich beim Arbeitsamt **arbeitslos gemeldet und Arbeitslosengeld beantragt** haben. Leistungen werden frühestens von diesem Tage an gewährt. Eine Arbeitslosmeldung verliert ihre Wirkung mit der Aufnahme einer mehr als kurzzeitigen Zwischenbeschäftigung[2].

2. Leistungsdauer

Die Leistungsdauer beträgt nach § 106 AFG **mindestens 156 Tage.** Sie verlängert sich nach Maßgabe der Dauer der die Beitragspflicht begründenden Beschäftigung und des Lebensalters. Die Bezugsdauer richtet sich nach den im Zeitpunkt der Antragstellung maßgeblichen Daten des Arbeitslosen, so daß es ratsam sein kann, nicht unmittelbar nach dem Ausscheiden aus dem Arbeitsverhältnis den Antrag zu stellen. Bei den Leistungstagen geht das AFG von der Sechstagewoche aus (§ 114 AFG). § 110 AFG regelt die Tatbestände, die zu einer **Verkürzung der Anspruchsdauer** führen. Die wichtigsten Verkürzungstatbestände sind die Sperrzeit (§§ 119, 119a AFG) und der Ruhenszeitraum wegen Sperrzeit und Gewährung einer Abfindung (§ 117a AFG). Besonders gravierend ist, daß bei Verhängung einer Sperrzeit von 8 Wochen nach § 119 Abs. 1 Satz 1 Nr. 1 AFG eine Minderung um mindestens ein Viertel der Anspruchsdauer eintritt, es sei denn, das die Sperrzeit begründende Ereignis liegt im Zeitpunkt der Erfüllung aller Voraussetzungen für die Inanspruchnahme von Arbeitslosengeld mehr als 1 Jahr zurück[3].

3. Höhe

Die Höhe des Arbeitslosengeldes beträgt gemäß § 111 AFG bei **Arbeitslosen mit mindestens einem Kind 67 vH**, für die **übrigen Arbeitslosen 60 vH** des um die gesetzlichen Abzüge, die bei Arbeitnehmern gewöhnlich anfallen, verminderten Arbeitsentgelts[4]. Berücksichtigt wird das Einkommen bis zu der Beitragsbemes-

---

1 Vgl. dazu die VO zur Anwartschaftszeit in der Arbeitslosenversicherung; abgedruckt bei *Niesel/Brand*, § 104 AFG Rz. 13 und *Nipperdey*, I Nr. 706.
2 BSG v. 23. 7. 1996, NZA-RR 1997, 268.
3 Vgl. näher *Niesel/Brand*, § 110 AFG Rz. 7; *Hennig/Kühl/Heuer/Henke*, § 110 AFG Rz. 5 (jeweils mit Beispiel).
4 Zur Verfassungsmäßigkeit der Kürzung zum 1. 1. 1994: BSG v. 9. 5. 1996, NZS 1996, 579; zur Minderung von laufendem Arbeitslosengeld durch gesetzlichen Abzug: BSG v. 8. 2. 1996, NZS 1996, 581 und BVerfG v. 23. 10. 1996, NZA 1997, 118.

sungsgrenze. Die Höhe des Arbeitslosengeldes ergibt sich aus der jährlich aktualisierten Leistungsverordnung. Die Bemessungsgrundlage ist in § 112 AFG geregelt. Das Arbeitsentgelt muß erzielt, dh. dem Arbeitnehmer zugeflossen sein. Es ist aber auch das Arbeitsentgelt zu berücksichtigen, das dem Arbeitslosen nach dem Ausscheiden aus dem Beschäftigungsverhältnis zur nachträglichen Vertragserfüllung für den Bemessungszeitraum zugeflossen ist[1]. Wichtig ist, daß dabei auf die tarifliche regelmäßige wöchentliche Arbeitszeit im Bemessungszeitraum abgestellt wird (§ 112 Abs. 3 Satz 1 AFG). Unerheblich ist, wenn der Arbeitslose tatsächlich vor Eintritt der Arbeitslosigkeit regelmäßig eine höhere Arbeitszeit geleistet hat. Soweit eine tarifliche Arbeitszeit nicht bestand, ist die tarifliche oder übliche Arbeitszeit für die gleiche oder eine ähnliche Beschäftigung zugrundezulegen (§ 112 Abs. 4 Nr. 2 AFG). Eine Gehaltserhöhung für die letzten Beschäftigungszeiträume vor Ausscheiden des Arbeitnehmers aus dem Arbeitsverhältnis wird vom Arbeitsamt nicht berücksichtigt werden, wenn sie sachlich nicht begründet werden kann und im unmittelbaren Zusammenhang mit der Beendigung des Arbeitsverhältnisses gewährt wird[2]. Der Gehaltserhöhungsbetrag fällt dann unter § 112 Abs. 1 Satz 2 AFG.

4. Kranken- und Rentenversicherung

9 Der Arbeitslose ist gem. § 5 Abs. 1 Nr. 2 SGB V, § 155 AFG **Pflichtmitglied in der gesetzlichen Krankenversicherung,** unabhängig davon, ob er zuvor pflichtversichert, freiwillig versichert oder privat versichert war. Voraussetzung ist aber, daß der Arbeitslose tatsächlich Arbeitslosengeld bezieht[3]. Die Krankenversicherungsbeiträge werden gem. § 157 Abs. 1 AFG vom Arbeitsamt getragen. Ist der Arbeitslose bei Beendigung des Beschäftigungsverhältnisses für nach dem AFG ihm zumutbare Tätigkeiten arbeitsunfähig erkrankt, erhält er wegen Fehlens der Verfügbarkeit kein Arbeitslosengeld. Da die Mitgliedschaft in der gesetzlichen Krankenversicherung in diesem Fall aber zunächst nach § 192 Abs. 1 Nr. 2 SGB V erhalten bleibt, kann er **Krankengeld** beziehen, wenn er versicherungspflichtig war. Wird der Arbeitslose während des Bezuges von Arbeitslosengeld arbeitsunfähig krank, ergeben sich die Rechtsfolgen aus § 105b AFG. Nach Ablauf dieses 6wöchigen Zeitraums erhält der Arbeitslose Krankengeld (§ 44 Abs. 1 SGB VI, § 158 AFG).

10 | **Hinweis:**
Die Fortsetzung einer **privaten Krankenversicherung** während der Arbeitslosigkeit ist eine erhebliche finanzielle Belastung. Deshalb sollte geprüft werden, ob es möglich ist, die Versicherung ruhen zu lassen oder sie in eine Anwartschaftsversicherung umzuwandeln.

---

1 BSG v. 28. 6. 1995 und 21. 3. 1996, NZS 1996, 182 und 536.
2 *Niesel/Brand,* § 112 AFG Rz. 6.
3 Zum Krankenversicherungsschutz während einer Sperrzeit vgl. unten Rz. 29 und während Ruhenszeiträumen vgl. unten Rz. 42.

II. Arbeitslosengeld

Ein Arbeitsloser, der im letzten Jahr vor der Arbeitslosigkeit versicherungspflichtig beschäftigt war, ist seit dem 1. 1. 1992 während des Bezuges von Arbeitslosengeld **rentenversichererungspflichtig** gem. § 3 Satz 1 Nr. 3 SGB VI[1]. Die Beiträge werden nach § 170 Abs. 1 Nr. 2b SGB VI von der Bundesanstalt für Arbeit alleine getragen. Die beitragspflichtigen Einnahmen ergeben sich aus § 166 Nr. 2 SGB VI (80% des Bruttoarbeitsentgelts, welches für die Berechnung des Arbeitslosengeldes maßgeblich war).

11

5. Arbeitsbescheinigung

Bei Beendigung des Beschäftigungsverhältnisses hat der Arbeitgeber nach § 133 AFG eine Arbeitsbescheinigung auszufüllen und dem Arbeitnehmer auszuhändigen. Ein Antrag des Arbeitnehmers ist nicht erforderlich. Für eine Klage auf Erteilung der Arbeitsbescheinigung ist der Rechtsweg zu den Arbeitsgerichten gegeben[2]. Wird eine inhaltliche Änderung der Arbeitsbescheinigung verlangt, ist der Rechtsweg zu den Sozialgerichten eröffnet[3]. Während das BAG das Vorliegen eines Rechtsschutzinteresses bejaht, auch wenn ein Verwaltungsverfahren läuft, fehlt nach Auffassung des BSG für eine Klage auf Berichtigung der Arbeitsbescheinigung jedenfalls bei laufendem Verwaltungsverfahren das Rechtsschutzinteresse, da im Leistungsverfahren die Tatsachen, die in der Arbeitsbescheinigung ohnehin nicht bindend zu bescheinigen sind, von Amts wegen ermittelt werden müssen.

12

Ein **Verstoß** gegen die Pflicht zur Ausstellung der Bescheinigung oder eine unrichtige oder unvollständige Ausstellung ist nach § 230 Abs. 1 Nr. 5 AFG als **Ordnungswidrigkeit** mit Geldbuße bedroht. Außerdem zieht die unrichtige oder unvollständige Ausfüllung nach § 145 AFG einen **Schadensersatzanspruch** der Bundesanstalt für Arbeit gegenüber dem Arbeitgeber nach sich[4]. Vereinbaren die Parteien in einem Vergleich über eine Kündigung, daß das Arbeitsverhältnis aufgrund betriebsbedingter Kündigung geendet hat, ist der Arbeitgeber nicht verpflichtet, in der Arbeitsbescheinigung betriebsbedingte Gründe als Kündigungsgründe anzugeben. Die Parteien können keine wirksame Verpflichtung zur Erteilung einer Arbeitsbescheinigung bestimmten Inhalts – abweichend von der öffentlich-rechtlichen Verpflichtung zur korrekten Ausfüllung – begründen. Eine Schadensersatzpflicht des Arbeitgebers kommt nur unter der Voraussetzung in Betracht, daß die Arbeitsbescheinigung objektiv unrichtig ausgefüllt worden ist. Eine solche objektive Unrichtigkeit ergibt sich nicht aus der anderslautenden Vergleichsvereinbarung[5].

13

---

1 Zur Rentenversicherung während einer Sperrzeit vgl. unten Rz. 29 und während Ruhenszeiträumen vgl. unten Rz. 42.
2 BAG v. 15. 1. 1992, AP Nr. 21 zu § 2 ArbGG 1979.
3 BAG v. 13. 7. 1983, AP Nr. 11 zu § 2 ArbGG 1979; BSG v. 12. 12. 1990, NZA 1991, 696; vgl. auch *Niesel/Düe*, § 133 AFG Rz. 11, 12.
4 Vgl. aber auch BSG v. 11. 1. 1989, NZA 1989, 535 und v. 16. 10. 1991, NZA 1993, 46.
5 LAG Hamm v. 23. 5. 1996 – 8 (2) Sa 1326/95, nv.

Die Bundesanstalt für Arbeit ist nicht an den Inhalt der Arbeitsbescheinigung gebunden[1]. Bei Zweifeln muß sie eigene Ermittlungen anstellen.

6. Sperrzeit

14 Eine Sperrzeit nach den §§ 119, 119a AFG wird verhängt, wenn den Arbeitnehmer am Eintritt der Arbeitslosigkeit zumindest eine **Mitverantwortung** trifft oder wenn er seine **Vermittlungsmöglichkeiten erschwert**. Ausnahmsweise entfällt eine Sperrzeit, wenn der Arbeitslose für sein Verhalten einen wichtigen Grund hatte. § 119 AFG nennt vier Tatbestände, bei denen eine Sperrzeit eintreten kann[2].

a) Sperrzeitauslösende Sachverhalte

15 Sperrzeitauslösend bei einer Arbeitgeberkündigung ist nur eine **Kündigung aus verhaltensbedingten Gründen** (§ 119 Abs. 1 Nr. 1 2. Alt. AFG). Maßgeblich sind die tatsächlichen Gegebenheiten. Es ist daher unbeachtlich, wenn eine verhaltensbedingte Kündigung vor dem Arbeitsgericht durch Vergleich in eine betriebsbedingte umbenannt wird, wenn die Voraussetzungen hierfür nicht tatsächlich vorgelegen haben[3]. Die Bundesanstalt für Arbeit ist nicht an den Inhalt des arbeitsgerichtlichen Vergleichs gebunden. Das vertragswidrige Verhalten muß die Kündigung sozial rechtfertigen[4], bei einer fristlosen Kündigung müssen die Voraussetzungen des § 626 BGB vorliegen. Nur dann kann ein ursächlicher Zusammenhang zwischen dem vertragswidrigen Verhalten und der Kündigung bestehen. Rechtfertigt vertragswidriges Verhalten des Arbeitslosen eine ordentliche, nicht aber die vom Arbeitgeber ausgesprochene fristlose Kündigung, tritt eine Sperrzeit nicht vor Ablauf der ordentlichen Kündigungsfrist ein[5].

16 Erhebliche Probleme werfen unter dem Gesichtspunkt des § 119 Abs. 1 Nr. 1 1. Alt. AFG Sachverhalte auf, in denen diskutiert werden kann, eine Kündigung durch den Arbeitgeber in einen **Aufhebungsvertrag** umzudeuten oder wo es nahe liegt, daß das Beschäftigungsverhältnis nach dem tatsächlichen Geschehensablauf (auch bei arbeitgeberseitiger Kündigung) **einvernehmlich beendet** wurde.

17 Eine arbeitgeberseitige Kündigung unter **Verstoß gegen ein gesetzliches Kündigungsverbot** (§ 9 MuSchG, § 15 SchwbG, § 15 KSchG) ist nichtig. Nimmt der Arbeitnehmer eine solche Kündigung hin, ist zweifelhaft, ob eine Sperrzeit eintritt. Teilweise wird vertreten, daß grundsätzlich in der bloßen Hinnahme einer derartigen Kündigung in der Regel kein Aufhebungsvertrag zu sehen ist,

---

1 BSG v. 12. 12. 1990, SozR 3–4100 § 133 Nr. 1.
2 Übersicht bei *Vogel*, NZS 1997, 249.
3 BSG v. 25. 4. 1991, NZA 1992, 95.
4 BSG v. 25. 4. 1990, NZA 1990, 791.
5 BSG v. 24. 4. 1990, NZA 1990, 791.

II. Arbeitslosengeld

so daß eine Sperrzeit nicht eintritt[1]. Das BSG neigt neuerdings einem „offeneren Lösungsbegriff" zu[2]. Nach Auffassung der Bundesanstalt für Arbeit kann eine Sperrzeit nicht verhängt werden, wenn der Arbeitnehmer bloß die Kündigung hinnimmt, ohne daß das im Hinblick auf eine **finanzielle Zuwendung** des Arbeitgebers erfolgt[3]. Es darf also kein verdeckter Aufhebungsvertrag vorliegen.

Das gleiche soll nach Auffassung der Bundesanstalt für Arbeit gelten, wenn der Arbeitnehmer eine **entfristete ordentliche Kündigung des Arbeitgebers** hinnimmt, ohne auf Einhaltung der Kündigungsfrist zu bestehen[4]. Auch hier muß es sich aber um die bloße Hinnahme der Kündigung ohne finanzielle Zuwendung handeln. Eine Sperrzeit darf in diesem Fall aber auf keinen Fall eintreten, wenn der Arbeitslose seinen Anspruch erst ab einem Zeitraum geltend macht, zu dem er unabhängig von seinem Verhalten arbeitslos geworden wäre. Im übrigen hängt die Dauer der Sperrzeit wegen Nichteinhaltung der maßgeblichen Kündigungsfrist davon ab, für welchen Zeitraum die Beendigung des Arbeitsverhältnisses vorverlegt ist. Das BSG nimmt eine Abstufung vor, die sich an der Länge der abgekürzten Kündigungsfrist orientiert[5]. 18

Die bloße Hinnahme einer Arbeitgeberkündigung und das **Unterlassen einer Kündigungsschutzklage** begründen also in der Regel nicht den Eintritt einer Sperrzeit[6]; in der bloßen Nichterhebung der Klage kann kein konkludenter Aufhebungsvertrag gesehen werden. Das BSG hat in seinem Urteil v. 9. 11. 1995[7] die Frage gestellt, ob eine Sperrzeit nicht jedenfalls dann eintritt, wenn der Arbeitnehmer eine **offensichtlich rechtswidrige Kündigung** im Hinblick auf eine finanzielle Vergünstigung hinnimmt. Eine solche Rechtsfortbildung sei im Sinne eines offeneren Lösungsbegriffs naheliegend. Das BSG deutet also jedenfalls für diesen Fall eine Aufgabe seiner Rechtsprechung an, wonach das Unterlassen einer Kündigungsschutzklage allein noch kein den Eintritt einer Sperrzeit begründender Umstand ist. Eine solche offensichtlich rechtswidrige Kündigung muß man annehmen, wenn in Bereichen, in denen eine vorherige behördliche Zustimmung erforderlich ist, eine solche nicht vorliegt. Auch den Fall, daß der Arbeitslose tarifvertraglich ordentlich unkündbar war, sieht das BSG als einen Fall der offensichtlichen Rechtswidrigkeit einer Kündigung an[8]. Schon die einseitig vom Arbeitgeber begründete finanzielle Vorteilserwartung stimuliert den Arbeitnehmer, sein Kündigungsschutzrecht nicht wahrzunehmen. Dabei wird das Verhalten des Arbeitnehmers von dem Willen bestimmt, durch Verzicht auf tarifliche oder gesetzliche Schutzrechte die ihm vom Arbeitgeber zugedachten Vorteile als Belohnung zu sichern. Ihm kommt ein sozial- 19

---

1 *Niesel*, § 119 AFG Rz. 31; KR/*I. Wolff*, § 119 AFG Rz. 12; Sauer, NZS 1996, 415, 416, 418.
2 BSG v. 9. 11. 1995, EzA § 119a AFG Nr. 2; vgl. dazu auch sogleich Rz. 19.
3 BA, DA zu § 119 AFG 1.113.3., NZA 1997, 427, 430.
4 BA, DA zu § 119 AFG 1.113.3., NZA 1997, 427, 430.
5 BSG v. 9. 2. 1995, EzA § 119a AFG Nr. 1.
6 BSG v. 9. 2. 1995, EzA § 119a AFG Nr. 1.
7 BSG v. 9. 11. 1995, EzA § 119a AFG Nr. 2.
8 *Braun*, WiB 1996, 795 (Urteilsanm.).

versicherungsrechtlich zurechenbarer und wesentlicher Anteil an der Lösung des Arbeitsverhältnisses zu[1].

20 Sein Arbeitsverhältnis löst im Sinne des § 119 AFG auch, wer aufgrund einer **Kündigung und gleichzeitigem Abwicklungsvertrag** ausscheidet; das hat das BSG in dem gleichen Urteil entschieden. Damit hat sich das Gericht den Kritikern der formaljuristischen Betrachtungsweise beim Abwicklungsvertrag[2] angeschlossen[3]. Der Abwicklungsvertrag enthalte der Sache nach eine Vereinbarung über die Beendigung des Arbeitsverhältnisses und für die Beurteilung der Frage, ob eine Lösung des Beschäftigungsverhältnisses vorliege, komme es nicht auf Wortlaut, äußere Form der abgegebenen Erklärungen an, sondern auf den dahinter stehenden Willen.

21 Die Bundesanstalt für Arbeit hat ihre Weisungslage zu § 119 AFG aufgrund des Urteils des BSG in einigen Punkten erheblich verschärft[4]: Bei einer Beteiligung des Arbeitnehmers an einer rechtswidrigen Arbeitgeberkündigung kann ein Lösungssachverhalt iS von § 119 AFG vorliegen. Voraussetzung ist, daß der Arbeitslose die **Rechtswidrigkeit der Kündigung erkannt** hat oder sie für ihn **offensichtlich** war, d.h. er den Verstoß gegen Vorschriften des Arbeits- oder Tarifvertrages oder gegen gesetzliche Bestimmungen ohne weiteres erkennen mußte (DA 1.113)[5]. Die bloße Erkennbarkeit eines Verstoßes des Arbeitgebers gegen arbeits-, tarifvertragliche oder gesetzliche Bestimmungen bei der Kündigung reicht nicht aus. Zweifel an der Rechtswidrigkeit gehen damit nicht zu Lasten des Arbeitnehmers. Insbesondere ist er nicht gehalten, sich über die Rechtmäßigkeit der Kündigung Aufklärung zu verschaffen. Folgende Sachverhalte sind zu unterscheiden: die vorausgegangene Absprache über eine noch auszusprechende Arbeitgeberkündigung (DA 1.113/1), die nachträgliche Einigung über eine ausgesprochene Arbeitgeberkündigung (DA 1.113/2) und die Hinnahme einer offensichtlich rechtswidrigen Kündigung aufgrund einer finanziellen Zusage (DA 1.113/3)[6].

22 Eine rechtmäßige nicht verhaltensbedingte Arbeitgeberkündigung führt regelmäßig nicht zur Verhängung einer Sperrzeit, auch wenn der Arbeitnehmer eine Abfindungszahlung erhalten hat[7]. Wird das Arbeitsverhältnis durch eine rechtswidrige Kündigung beendet, der jedoch eine Absprache über die Modalitäten der Kündigung – und einen ggf. noch abzuschließenden Abwicklungsvertrag – vorausgegangen ist, hat der Arbeitnehmer an der Auflösung des Arbeitsverhältnisses mitgewirkt. Es kommt danach nicht mehr entscheidend darauf an, ob

---

1 *Vogel*, NZS 1997, 249, 250.
2 Zum Abwicklungsvertrag *Hümmerich*, NZA 1994, 200, 833.
3 *Germelmann*, NZA 1997, 236, 244.
4 Aktualisierter Sammelerlaß zum Arbeitslosengeld/Arbeitslosenhilfe (Sperrzeitenregelung) abgedruckt in NZA 1997, 427.
5 *Sauer*, NZA 1997, 798, 803: Zumindest wird von dem Arbeitnehmer verlangt werden können, daß er bei einer kompetenten Stelle, typischerweise dem Betriebsrat, hierüber Auskünfte einholt.
6 Vgl. auch *Sauer*, NZA 1997, 798, 802.
7 Vgl. auch *Sauer*, NZA 1997, 798, 803, 804.

II. Arbeitslosengeld   Rz. 23 **Teil 6 B**

eine Abfindung gezahlt worden ist oder nicht. Diese kann jedoch ein Indiz für das Bestehen einer vorausgegangenen Absprache sein. In diesen Fällen liegt regelmäßig ein sperrzeitrelevanter Sachverhalt vor[1]. Im Gefolge einer Kündigung kann es auch zu der **Zahlung einer Abfindung** kommen, die nicht vor der Kündigung vereinbart worden ist. In diesem Fall kann die Hinnahme des Geldes einen Abwicklungsvertrag, der ebenfalls sperrzeitrelevant sein kann, verdecken (DA 1.113/2). Da die Hinnahme einer Abfindungszahlung bei einer rechtswidrigen Kündigung, deren Rechtswidrigkeit nicht offensichtlich ist, nach der neuen Weisungslage nur dann geeignet ist, den Lösungstatbestand des § 119 Abs. 1 Nr. 1 AFG zu erfüllen, wenn der Arbeitnehmer die Rechtswidrigkeit erkannt hat, führt der **Abschluß eines arbeitsgerichtlichen Vergleiches** grundsätzlich nicht zur Verhängung einer Sperrzeit, es sei denn, der Arbeitsgerichtsprozeß ist nur mit dem Ziel angestrengt worden, eine Vereinbarung im Vergleichswege zu schließen – etwa durch eine entsprechende Absprache mit dem Arbeitgeber, wenn eine offensichtlich rechtswidrige Kündigung im Streit steht[2]. Ein Lösungssachverhalt im Sinne des § 119 Abs. 1 Nr. 1 AFG liegt vor, wenn beispielsweise die maßgebenden Kündigungsfristen nicht eingehalten wurden oder der Arbeitslose nach tarif- oder einzelvertraglichen Bestimmungen nur noch aus wichtigem Grund kündbar gewesen ist oder der Arbeitslose besonderen Kündigungsschutz genießt in Verbindung mit der Tatsache, daß eine Abfindung angenommen wird.

Bei Beendigung des Beschäftigungsverhältnisses durch einen **Aufhebungsvertrag** kommt grundsätzlich die Verhängung einer Sperrzeit in Betracht, da der Arbeitnehmer den Eintritt der Arbeitslosigkeit mitverursacht hat. Es kommt dabei nicht darauf an, ob die Initiative zur Beendigung des Arbeitsverhältnisses vom Arbeitnehmer oder vom Arbeitgeber ausgegangen ist[3] und ob eine Abfindung gezahlt wird. Ein Aufhebungsvertrag löst keine Sperrzeit aus, wenn der Arbeitgeber das Arbeitsverhältnis bei Nichtabschluß eines Aufhebungsvertrages durch eine ordentliche Kündigung aus betriebs- oder personenbedingten Gründen zeitgleich beendet hätte, die Kündigung darüber hinaus rechtlich zulässig gewesen wäre und dem Arbeitnehmer nicht zuzumuten war, die arbeitgeberseitige Kündigung abzuwarten[4]. In diesem Falle war die Mitwirkung des Arbeitnehmers am Abschluß des Aufhebungsvertrages nicht kausal für das Ende des Arbeitsverhältnisses und es liegt ein wichtiger Grund für die Auflösung nach § 119 Abs. 1 AFG vor[5]. Der Aufhebungsvertrag muß also an die Stelle einer ansonsten zum gleichen Zeitpunkt mit Bestimmtheit in Aussicht gestellten arbeitgeberseitigen Kündigung treten. Ob die in Aussicht gestellte Kündigung arbeitsrechtlich zulässig gewesen wäre, ist in Zweifelsfällen nach der verständigen Würdigung des Arbeitslosen zu beurteilen[6]. Das Zumutbar- 23

---

1 *Sauer*, NZA 1997, 798, 802.
2 *Sauer*, NZA 1997, 798, 803.
3 BSG v. 13. 8. 1986, NZA 1987, 180.
4 BA, DA zu § 119 AFG 1.532; vgl. auch *Sauer*, NZA 1997, 798, 804, 805.
5 *Sauer*, NZS 1996, 415, 417.
6 BA, DA 1.532 (1) zu § 119 AFG.

keitskriterium ist im Einzelfall vage und seine Erfüllung deshalb kaum zu prognostizieren.

24 Die **Ablehnung einer im Wege der Änderungskündigung unterbreiteten Vertragsänderung** ist keine Lösung des Beschäftigungsverhältnisses durch den Arbeitnehmer[1]. Ob ein später arbeitslos gewordener Arbeitnehmer, der dem Übergang seines Arbeitsverhältnisses auf den Betriebs(-teil)erwerber widerspricht und anschließend von dem bisherigen Betriebsinhaber betriebsbedingt gekündigt wird, eine Sperrzeit befürchten muß, wird unterschiedlich beurteilt[2].

b) Wichtiger Grund

25 Eine Sperrzeit wird nicht verhängt, wenn der Arbeitnehmer für die Beendigung (Eigenkündigung) oder seine Mitwirkung an der Beendigung (Aufhebungsvertrag oder gleichgestellter Sachverhalt) seines Arbeitsverhältnisses einen **wichtigen Grund im Sinne von § 119 Abs. 1 Satz 1 AFG** hatte.

26 Für die einzelnen Sperrzeittatbestände des § 119 Abs. 1 Satz 1 AFG gibt es unterschiedliche Anforderungen an den wichtigen Grund. Bei der Sperrzeit nach § 119 Abs. 1 Satz 1 Nr. 1 AFG ist ein wichtiger Grund gegeben, wenn Umstände vorliegen, die nach verständiger Betrachtung dem Arbeitnehmer die **Fortsetzung des Beschäftigungsverhältnisses nicht mehr zumutbar** erscheinen lassen. Dabei kommt es auf den Sachverhalt im konkreten Einzelfall an. Der wichtige Grund muß objektiv vorliegen[3]. Es reicht nicht aus, daß der Arbeitslose irrigerweise solche Umstände als gegeben angesehen hat, insbesondere dann, wenn er die tatsächlich richtig erkannten Umstände fehlerhaft als wichtigen Grund bewertete. UU kann aber eine besondere Härte iSv. § 119 Abs. 2 Satz 1 AFG vorliegen, wenn der Irrtum unverschuldet war[4]. Der wichtige Grund muß auch den Zeitpunkt der Auflösung des Beschäftigungsverhältnisses decken[5]. Die Lösung des Beschäftigungsverhältnisses kann insbesondere aus gesundheitlichen Gründen gerechtfertigt sein; in der Regel ist zunächst zu versuchen, diese Gründe (zB durch eine Umsetzung) zu beseitigen[6]. Bei einem Aufhebungsvertrag kann ein wichtiger Grund vorliegen, wenn ein erheblicher Personalabbau erfolgt und die Fortsetzung des Arbeitsverhältnisses nur auf einem Arbeitsplatz möglich wäre, der eine im Verhältnis zur bisherigen Tätigkeit wesentlich geringere Qualifikation aufweist[7]. Ein wichtiger Grund kann bei älteren Arbeitnehmern vorliegen, die anläßlich eines drastischen Personalabbaus gegen Abfindung das Beschäftigungsverhältnis lösen und dadurch andere Arbeitnehmer des Betriebs vor der Entlassung bewahren, wenn die drohende Arbeitslosigkeit

---

1 *Gagel*, § 119 AFG Rz. 126.
2 Abl. *Bauer*, Arbeitsrechtliche Aufhebungsverträge, Rz. 1047; im Regelfall bej. *Pottmeyer*, NZA 1988, 521; diff. *Gaul*, Der Betriebsübergang, S. 354, 355.
3 BSG v. 13. 3. 1997, NZS 1997, 583; BSG v. 5. 6. 1997, NZS 1998, 136.
4 BSG v. 13. 3. 1997, NZS 1997, 583; BSG v. 5. 6. 1997, NZS 1998, 136; *Vogel*, NZS 1997, 249, 252.
5 BSG v. 13. 8. 1986, NZA 1987, 180.
6 *Niesel*, § 119 AFG Rz. 68.
7 BSG v. 13. 8. 1986, NZA 1987, 180.

II. Arbeitslosengeld

durch den örtlichen Arbeitsmarkt nicht aufgefangen werden kann[1]. Die Rechtsprechung ist sehr restriktiv. Erforderlich ist die krisenhafte Situation größerer Betriebe. Es genügt in der Regel nicht, wenn innerhalb eines Jahres weniger als $^1/_4$ der Beschäftigten freigesetzt werden muß[2]. Im übrigen muß hinsichtlich weiterer Einzelheiten aus der Rechtsprechung auf die Kommentarliteratur verwiesen werden[3]. Die Feststellungslast für das Fehlen eines wichtigen Grundes trifft die Bundesanstalt für Arbeit. Der Arbeitslose ist jedoch verpflichtet, die notwendigen Angaben über einen möglichen wichtigen Grund zeitnah zu machen.

c) Kausalität

§ 119 Abs. 1 Nr. 1 AFG verlangt, daß der Arbeitslose durch eine Lösung des Beschäftigungsverhältnisses oder durch sein arbeitsvertragswidriges Verhalten vorsätzlich oder grob fahrlässig die Arbeitslosigkeit herbeigeführt hat. Es kommt darauf an, ob er seine **Arbeitslosigkeit in zurechenbarer Weise verschuldet** hat. Das ist der Fall, wenn der Arbeitslose sein Beschäftigungsverhältnis löst oder sich arbeitsvertragswidrig verhält, ohne einen Anschlußarbeitsplatz zu haben oder ernsthaft damit rechnen zu können, nicht arbeitslos zu werden[4]. Hat der Arbeitnehmer einen Anschlußarbeitsplatz, stellt sich die Sperrzeitfrage nur, wenn er – ohne die Anwartschaftszeit mit der Anschlußbeschäftigung neu zu erfüllen – voraussehen kann, daß er trotz des Anschlußarbeitsverhältnisses arbeitslos werden wird. Das trifft auf befristete, nicht dagegen auf unbefristete Anschlußarbeitsverhältnisse zu[5].

d) Dauer

Die Dauer der Sperrzeit beträgt grundsätzlich gem. § 119a AFG **12 Wochen.** Stellt die 12wöchige Sperrzeit eine besondere Härte für den Arbeitslosen iSd. § 119 Abs. 2 Satz 1 AFG dar, reduziert sie sich auf **6 Wochen.** Die Beurteilung, ob eine besondere Härte vorliegt, ist die Anwendung eines unbestimmten Rechtsbegriffs; die Arbeitsverwaltung hat kein Ermessen. Hätte das Arbeitsverhältnis ohne das Verhalten des Arbeitslosen innerhalb von 12 Wochen nach dem Ereignis, das die Sperrzeit begründet, ohne Sperrzeit geendet, ist regelmäßig eine besondere Härte mit der Folge anzunehmen, daß die Sperrzeit 6 Wochen umfaßt[6]. In Betracht kommen auch Umstände, die den Arbeitslosen zur Aufhebung des Beschäftigungsverhältnisses veranlaßt haben, ohne das Gewicht eines wichtigen Grundes zu haben. Weitere Sachverhalte, die eine Reduzierung der Dauer begründen, sind in § 119 Abs. 2 Satz 2 AFG genannt. Der Beginn der

---

1 BSG v. 17. 2. 1981, DB 1981, 1523; BSG v. 13. 5. 1987, NZA 1987, 717; BSG v. 13. 3. 1997, NZA-RR 1997, 495.
2 BSG v. 29. 11. 1989, NZA 1990, 628.
3 ZB *Niesel*, § 119 AFG Rz. 75.
4 BSG v. 29. 11. 1988, SozR 4100 § 119 Nr. 34.
5 *Sauer*, NZS 1996, 415, 420.
6 BSG v. 15. 11. 1995, NZA 1997, 344.

Sperrzeit ist in § 119 Abs. 1 Satz 2 AFG geregelt. Sie beginnt mit dem ersten Tag der Arbeitslosigkeit iSv. § 101 AFG.

e) Rechtsfolgen

29 Der **Anspruch auf Arbeitslosengeld ruht** nach § 119 Abs. 1 Satz 3 AFG am Anfang der Arbeitslosigkeit für die Dauer der Sperrzeit. Darüber hinaus tritt nach § 110 Satz 1 Nr. 2 AFG eine **Verringerung der Gesamtanspruchsdauer** beim Arbeitslosengeld ein und zwar mindestens um ein Viertel der Anspruchsdauer. Die Sperrzeit von 12 Wochen nach den §§ 119, 119a AFG stellt also nur die Untergrenze der Verkürzung dar. Eine weitergehende Verkürzung findet statt, wenn nach der Dauer des erworbenen Leistungsanspruchs ein Viertel der Anspruchsdauer über 12 Wochen hinausgeht. Die über die Sperrzeit hinausgehende Verkürzung findet am Ende des Arbeitslosengeldzeitraumes statt. Die Bezugsdauer läuft während der Sperrzeit weiter, als Leistungsanspruch bleibt nur die um die Sperrzeit verkürzte Restzeit. Außerdem wird durch die Sperrzeit, wenn sie mindestens 8 Wochen beträgt und gleichzeitig eine Abfindung oder eine ähnliche Leistung gezahlt wird oder vom Arbeitslosen zu beanspruchen ist, ein weiterer sich anspruchsmindernd auswirkender Ruhenszeitraum nach § 117a AFG angeordnet (§ 110 Nr. 1a AFG)[1]. Während der Sperrzeit besteht **Krankenversicherungsschutz** in der gesetzlichen Krankenversicherung ab der 5. Woche (§ 155a AFG). Während der ersten 4 Wochen innerhalb der Sperrzeit besteht gegebenenfalls ein Krankenversicherungsschutz über § 19 Abs. 2 SGB V. Diese Vorschrift enthält allerdings keine Regelung über einen nachwirkenden Krankenversicherungsschutz für ursprünglich freiwillig Versicherte in der gesetzlichen Krankenversicherung. Arbeitnehmer, die in einer privaten Krankenkasse versichert sind, müssen während der ersten 4 Wochen der Arbeitslosigkeit selbst für ihren Krankenversicherungsschutz sorgen. Beiträge zur Rentenversicherung werden während der Sperrzeit nicht gezahlt; ein Kalendermonat, der voll mit einer Sperrzeit belegt ist, ist keine Anrechnungszeit nach § 58 Abs. 1 Satz 1 Nr. 3 SGB VI. Wird der Arbeitslose während der Sperrzeit arbeitsunfähig krank, ruht der Anspruch auf Krankengeld (§ 49 Abs. 1 Nr. 3 SGB V).

7. Ruhenszeiten

a) Überblick

30 Das Gesetz knüpft an verschiedene Sachverhalte die **Rechtsfolge des zeitweiligen Ruhens des Anspruchs auf Arbeitslosengeld:**

▶ § 105a Abs. 2 AFG: Ruhen wegen Nichtbeantragung von Reha-Maßnahmen;

▶ § 105c Abs. 2 AFG: Ruhenszeit wegen Nichtbeantragung des vorgezogenen Altersruhegeldes;

▶ § 117 Abs. 1 AFG: Ruhen wegen eines Anspruchs auf Arbeitsvergütung;

---

1 Aufgehoben durch das AFRG vom 24. 3. 1997; zur Übergangsregelung vgl. Rz. 86.

II. Arbeitslosengeld

- § 117 Abs. 1a AFG: Ruhenszeitraum wegen Urlaubsabgeltung;
- § 117 Abs. 2–3a AFG[1]: Ruhenszeit wegen Verkürzung der Kündigungsfrist bei Zahlung einer Abfindung;
- § 117a AFG[2]: Ruhenszeit wegen Abfindung und Sperrzeit;
- § 118 AFG: Ruhenszeit wegen Gewährung anderweitiger Sozialleistungen;
- § 118b AFG: Ruhenszeit wegen Bezug von Vorruhestandsgeld nach dem bis zum 31. 12. 1988 befristeten VRG.

Die Ruhenszeiten nach § 105a Abs. 2, 117 Abs. 1a AFG, 117 Abs. 2–3a und 118b AFG wirken sich auf die Gesamtanspruchsdauer für den Bezug von Arbeitslosengeld nicht aus, da diese Vorschriften nicht in § 110 AFG genannt sind. Anders ist es bei einem Ruhen nach § 117a AFG; § 110 Nr. 1a AFG[3] bestimmt, daß sich die Dauer des Anspruchs auf Arbeitslosengeld um die Tage mindert, an denen der Arbeitslose während des Zeitraums nach § 117a Abs. 2 AFG arbeitslos war. 31

b) Ruhen nach § 117 AFG

aa) Ruhen wegen Anspruchs auf Arbeitsvergütung

§ 117 Abs. 1 AFG hat vor allem Bedeutung im Zusammenhang mit einer Kündigung, über deren Wirksamkeit im Rahmen eines **Kündigungsschutzprozesses** gestritten wird. Der gekündigte Arbeitnehmer ist in der Regel nach Ablauf des Kündigungsendtermins arbeitslos, da er zumindest vorübergehend nicht in einem Beschäftigungsverhältnis steht. Im übrigen bestimmt § 117 Abs. 4 Satz 1 AFG, daß Arbeitslosengeld auch in der Zeit gewährt wird, in der der Arbeitgeber einer Zahlungsverpflichtung nicht nachkommt. Endet der Kündigungsschutzprozeß mit der Feststellung der Unwirksamkeit der Kündigung, kann sich das Arbeitsamt das gewährte Arbeitslosengeld vom Arbeitgeber erstatten lassen. Rechtsgrundlage dafür sind § 117 Abs. 4 AFG und § 115 SGB X. In aller Regel wird das Arbeitsamt in den Fällen, in denen ein **Anspruchsübergang** in Betracht kommt, den Arbeitgeber durch eine Überleitungsanzeige informieren. Der Arbeitgeber kann dann Zahlungen an den Arbeitnehmer mit befreiender Wirkung nur in Höhe des Differenzbetrages zwischen dem Arbeitslosengeld und der zu zahlenden Arbeitsvergütung erbringen. Im übrigen hat er die Vergütungsverpflichtung gegenüber dem Arbeitsamt zu erfüllen. Hat der Arbeitgeber ausnahmsweise trotz des Rechtsübergangs mit befreiender Wirkung an den Arbeitslosen gezahlt, hat dieser der Bundesanstalt für Arbeit das Arbeitslosengeld insoweit nach § 117 Abs. 4 Satz 2 AFG aufgrund eines öffentlich-rechtlichen Rückzahlungsanspruchs zu erstatten[4]. Vereinbart ein fristgerecht entlassener Arbeitnehmer nach erfolgreichem erstinstanzlichen Abschluß seiner Kündigungsschutzklage während des Laufs der Berufungsfrist mit 32

---

1 Aufgehoben durch das AFRG vom 24. 3. 1997; zur Übergangsregelung vgl. Rz. 86.
2 Aufgehoben durch das AFRG vom 24. 3. 1997; zur Übergangsregelung vgl. Rz. 86.
3 Aufgehoben durch das AFRG vom 24. 3. 1997; zur Übergangsregelung vgl. Rz. 86.
4 BSG v. 16. 10. 1991, NZA 1992, 619.

dem Arbeitgeber außergerichtlich einen **Abfindungsvergleich**, tritt ein Anspruchsübergang im Sinne des § 117 Abs. 4 Satz 2 AFG nicht ein, weil Fortzahlungsansprüche des Arbeitnehmers im Sinne des § 117 Abs. 1 AFG im Zeitpunkt des Vergleichsabschlusses mangels Rechtskraft des erstinstanzlichen Urteils rechtlich noch nicht entstanden waren. Ein solcher, das Arbeitsverhältnis rückwirkend zum Kündigungsendtermin beendender Abfindungsvergleich ist auch grundsätzlich weder ein Vertrag zu Lasten Dritter noch eine sittenwidrige Vertragsgestaltung[1]. Anders ist es, wenn das Kündigungsschutzverfahren rechtskräftig abgeschlossen ist, das Arbeitsverhältnis unangefochten fortbesteht und Ansprüche des Arbeitnehmers aus **Annahmeverzug** entstanden sind[2]. Wird durch Prozeßvergleich das Ende des Arbeitsverhältnisses auf einen nach Ausspruch der fristlosen Kündigung liegenden Zeitpunkt unter Verzicht des Arbeitnehmers auf etwaige Gehaltsansprüche **hinausgeschoben**, so ist, wenn die Bundesanstalt für Arbeit für die Zeit des gezahlten Arbeitslosengeldes aus übergegangenem Recht einen Anspruch aus § 615 BGB geltend macht, zunächst als Vorfrage die Berechtigung der fristlosen Kündigung zu prüfen. Bestand wegen zu Recht ausgesprochener Kündigung kein über den Zeitpunkt der fristlosen Kündigung hinausgehender Lohnanspruch, fehlt die Voraussetzung für einen Übergang von Ansprüchen aus dem Arbeitsverhältnis auf die Bundesanstalt für Arbeit gegen den Arbeitgeber[3].

bb) Ruhen wegen Urlaubsabgeltung

33 Der Ruhenszeitraum wegen Urlaubsabgeltung nach § 117 Abs. 1a AFG setzt voraus, daß ein realisierbarer arbeitsrechtlicher Anspruch auf Urlaubsabgeltung besteht. Wird die Urlaubsabgeltung erbracht, kommt es allerdings nicht darauf an, ob ein Rechtsanspruch bestanden hat. Auch die Abgeltung von verfallenem Urlaub führt zum Ruhen[4]. Nach Auffassung der Bundesanstalt für Arbeit fallen die Zahlung von Urlaubsentgelt nach den §§ 8, 8a des BRTV für das Baugewerbe und vergleichbare Zahlungen im Baunebengewerbe im Hinblick auf die vorausgesetzte Weiterbeschäftigung außerhalb der Branche nicht unter diese Vorschrift[5]. Die Zahlung einer Urlaubsabgeltung wegen Beendigung des Beschäftigungsverhältnisses führt auch dann zum Ruhen, wenn das Arbeitsverhältnis formal fortbesteht[6]. § 117 Abs. 2 Satz 5 AFG bestimmt, daß sich der Ruhenszeitraum nach § 117 Abs. 2 Satz 1 AFG um die Zeit des abgegoltenen Urlaubs verlängert. Zeiten des Ruhens nach Abs. 1a und Abs. 2 sind also zusammenzurechnen. Auch der Anspruch auf Urlaubsabgeltung kann nach § 115 SGB X auf die Bundesanstalt für Arbeit übergehen.

---

1 LAG Frankfurt v. 28. 9. 1982, DB 1983, 1932; SG Osnabrück v. 28. 6. 1984, NZA 1985, 303.
2 LAG Hamm v. 19. 2. 1987, NZA 1988, 773.
3 BAG v. 28. 4. 1983, DB 1983, 2091.
4 BSG v. 29. 7. 1993, EzA Nr. 9 zu § 117 AFG.
5 BA, DA zu § 117 AFG Nr. 3 (2) und (3).
6 BSG v. 23. 1. 1997, NZS 1997, 530.

cc) Ruhen wegen Verkürzung der ordentlichen Kündigungsfrist und Zahlung einer Abfindung[1]

Ein Ruhen wegen Verkürzung der ordentlichen Kündigungsfrist nach § 117 Abs. 2 AFG setzt voraus, daß der Arbeitnehmer vorzeitig, dh. unter Nichteinhaltung einer der Dauer der ordentlichen Kündigungsfrist des Arbeitgebers entsprechenden Frist, **aus dem Arbeitsverhältnis ausgeschieden** ist und eine **Abfindung oder ähnliche Leistung** erhalten oder zu beanspruchen hat. Beide Voraussetzungen müssen erfüllt sein, sonst tritt eine Ruhenswirkung nicht ein.

34

Der Begriff der „**ähnlichen Leistung**" wird weit ausgelegt. In Betracht kommen alle im Zusammenhang mit einer vorzeitigen Beendigung des Arbeitsverhältnisses gewährten Leistungen, unabhängig von ihrer Bezeichnung, sofern nur ein ursächlicher Zusammenhang zwischen der vorzeitigen Beendigung des Arbeitsverhältnisses und der Gewährung der Leistung besteht[2]. Nach Auffassung des BSG kommt es nur darauf an, daß zwischen der Beendigung des Arbeitsverhältnisses und der Abfindung ein ursächlicher Zusammenhang besteht. Dagegen kommt es nicht darauf an, ob die Abfindung in ursächlichem Zusammenhang gerade mit der vorzeitigen Beendigung des Arbeitsverhältnisses steht. Vom Ruhen des Anspruchs sind deshalb nicht Fälle ausgenommen, in denen die Abfindung auch bei Einhaltung der ordentlichen Kündigungsfrist angefallen wäre[3]. Bei wiederkehrenden Leistungen ist der Kapitalwert zu berechnen[4]. Garantiert der Arbeitgeber dem später arbeitslosen Arbeitnehmer unter Einbeziehung des Arbeitslosengeldes einen bestimmten Prozentsatz des letzten Nettoeinkommens zu, so ist eine Schätzung der Höhe der Gesamtabfindung durch das Arbeitsamt erforderlich. Ein Schadensersatzanspruch nach § 628 Abs. 2 BGB ist eine der Abfindung „ähnliche Leistung"[5]. Auch der Fall, in dem nach einer unbegründeten außerordentlichen Kündigung des Arbeitgebers das Arbeitsverhältnis durch arbeitsgerichtliches Urteil zum Zeitpunkt der Kündigung gegen Zahlung einer Abfindung aufgelöst wird (§ 13 Abs. 1 Satz 3 KSchG), ist vom Ruhen des Anspruchs auf Arbeitslosengeld nicht ausgenommen; die in diesen Fällen festzusetzende Abfindung soll in aller Regel das dem Arbeitnehmer in der Kündigungsfrist entgangene Arbeitsentgelt enthalten[6]. Erhält der Arbeitslose demgegenüber im Zuge der Beendigung des Arbeitsverhältnisses Leistungen, die er während seiner Beschäftigung erworben hat, fehlt es an der Kausalität; die Leistungen sind regelmäßig nur mit dem Ende des Arbeitsverhältnisses fällig geworden. Dies kann auch für die Abfindung von Betriebsrenten zutreffen. Sie sind jedoch als Leistung wegen der Beendigung zu beurteilen, wenn kein Rechtsanspruch auf vorzeitige Kapitalisierung und Auszahlung be-

35

---
1 Aufgehoben durch das AFRG v. 24. 3. 1997; zur Übergangsregelung vgl. Rz. 86.
2 BSG v. 15. 11. 1984, NZA 1985, 438.
3 BSG v. 21. 9. 1995, NZA 1997, 680.
4 BSG v. 15. 11. 1984, NZA 1985, 438.
5 BSG v. 13. 3. 1990, NZA 1990, 829.
6 BSG v. 8. 12. 1987, BB 1988, 1827.

stand[1]. Betriebsrenten, auf die im Rahmen betrieblicher Altersversorgung kein Anspruch bestand, sind Abfindung[2]. Gleiches gilt für die Befreiung von Darlehensrückzahlungsansprüchen Dritter, die der Arbeitgeber übernimmt, oder die Gewährung von Darlehen, wenn Einigkeit besteht, daß der Arbeitnehmer sie nicht zurückzahlen muß[3]. Leistungen, die der Arbeitgeber für den Arbeitslosen, dessen Arbeitsverhältnis frühestens mit Vollendung des 55. Lebensjahres beendet wird, unmittelbar für dessen Rentenversicherung nach § 187a Abs. 1 SGB VI aufwendet, bleiben nach § 117 Abs. 2 Satz 6 AFG unberücksichtigt. Dies gilt entsprechend für Beiträge des Arbeitgebers zu einer berufsständischen Versorgungseinrichtung.

36 Zweite Voraussetzung für das Ruhen des Anspruchs ist die **Nichteinhaltung der ordentlichen, für den Arbeitgeber geltenden Kündigungsfrist.** Nach § 117 Abs. 2 Satz 1 AFG ruht der Anspruch auf Arbeitslosengeld von dem Ende des Arbeitsverhältnisses an maximal bis zu dem Tag, an dem das Arbeitsverhältnis bei Einhaltung der arbeitgeberseitigen Kündigungsfrist geendet hätte[4]. Der Beginn der Frist ist in § 117 Abs. 2 Satz 2 AFG geregelt.

37 Ist die **ordentliche Kündigung** des Arbeitsverhältnisses durch den Arbeitgeber **zeitlich unbegrenzt oder zeitlich begrenzt ausgeschlossen,** sind die in § 117 Abs. 2 Satz 3 AFG enthaltenen **fiktiven Kündigungsfristen** zu beachten: Bei zeitlich unbegrenztem Ausschluß gilt eine Kündigungsfrist von 18 Monaten, bei zeitlich begrenztem Ausschluß oder bei Vorliegen der Voraussetzungen für eine fristgebundene Kündigung aus wichtigem Grund gilt die Kündigungsfrist, die ohne den Ausschluß der ordentlichen Kündigung maßgeblich gewesen wäre. Ein zeitlich begrenzter Ausschluß der ordentlichen Kündigung liegt insbesondere in den Fällen der §§ 9 MuSchG, 15 KSchG, 15 SchwbG und 18 BErzGG vor. Mit der Regelung bei Vorliegen der Voraussetzungen für eine fristgebundene Kündigung aus wichtigem Grund wird den Fällen Rechnung getragen, in denen ein Arbeitsverhältnis, dessen ordentliche Kündigung zeitlich unbegrenzt ausgeschlossen ist, ausnahmsweise in bestimmten Fällen unter Einhaltung der längstmöglichen ordentlichen Kündigungsfrist gekündigt werden kann. Zu nennen sind die Fälle der Betriebsstillegung[5] und der krankheitsbedingten Kündigung[6], wenn ein Arbeitnehmer seine arbeitsvertraglich geschuldete Arbeitsleistung krankheitsbedingt auf Dauer nicht mehr erbringen und dem durch organisatorische Maßnahmen nicht begegnet werden kann[7]. Ob ein Ausschluß der ordentlichen Kündigung auf Dauer vorliegt, ist anhand des konkreten Arbeitsverhältnisses und der üblichen Lebensarbeitszeit zu bestim-

---

1 *Niesel/Düe*, § 117 AFG Rz. 30.
2 BSG v. 22. 2. 1994, SozR 4100 § 118 Nr. 3.
3 BSG v. 3. 3. 1993, SozR 3/4170 § 117 Nr. 10.
4 Vgl. dazu BSG v. 28. 11. 1996, DB 1997, 278: „Maßgebend ist insoweit nicht die im Kündigungsschutzprozeß vereinbarte, sondern die ‚richtige' Kündigungsfrist des Arbeitgebers, wie sie sich aus dem Arbeitsvertrag ergibt."
5 BAG v. 28. 3. 1985, DB 1985, 1743.
6 BAG v. 9. 9. 1992, NZA 1993, 598; BAG v. 26. 8. 1993, EzA § 626 BGB Nr. 14.
7 BAG v. 12. 7. 1995, NZA 1995, 1100.

II. Arbeitslosengeld

men[1]. Manche Tarifverträge sehen Ausnahmeregelungen von der ordentlichen Unkündbarkeit vor[2]. Es ist dann konkret zu prüfen, ob und gegebenenfalls welcher Ausnahmetatbestand vorliegt. Soweit ein Tarifvertrag zB eine Ausnahme von der Unkündbarkeit für den Fall der Zustimmung des Betriebsrats zur Kündigung vorsieht, ist für die Berechnung des Ruhenszeitraums die übliche arbeitgeberseitige Kündigungsfrist zugrunde zu legen, wenn die Entlassung mit Zustimmung des Betriebsrats erfolgt. Wird die ordentliche Kündigungsmöglichkeit nur bei Zahlung einer Abfindung oder ähnlichen Leistung eröffnet, gilt nach § 117 Abs. 2 Satz 4 AFG eine fiktive Kündigungsfrist von einem Jahr. Dies gilt auch, wenn die ordentliche Kündigung nur bei Vorliegen eines Sozialplans zugelassen ist und der Arbeitnehmer aufgrund des Sozialplanes eine Abfindung erhält oder wenn die ordentliche Kündigung nur bei Vorliegen einer Betriebsänderung möglich ist und diese einen Interessenausgleich mit Sozialplan nach sich zieht.

Die **Dauer des Ruhenszeitraums** ergibt sich aus einer der fünf in § 117 Abs. 2 und 3 AFG genannten Begrenzungen, wobei die für den Arbeitnehmer günstigste Begrenzung entscheidend ist. Der Ruhenszeitraum endet entweder: 38

▶ Nach Ablauf der ordentlichen arbeitgeberseitigen Kündigungsfrist (§ 117 Abs. 2 Satz 1 AFG);

▶ nach Ablauf eines Jahres (§ 117 Abs. 3 Satz 1 AFG);

▶ nach Ablauf des Zeitraums, bis zu dem der Arbeitslose bei Weiterzahlung des während der letzten Beschäftigungszeit kalendertäglich verdienten Arbeitsentgelts einen Betrag in Höhe von maximal 70% der Abfindung als Arbeitsentgelt verdient hätte, wobei sich bei älteren Arbeitnehmern sowie längerer Betriebszugehörigkeit der Anrechnungsbetrag verringert (§ 117 Abs. 3 Satz 2 Nr. 1, Satz 3, 4 AFG);

▶ nach Ablauf des Arbeitsverhältnisses infolge einer Befristung, die unabhängig von der Vereinbarung über die Beendigung des Arbeitsverhältnisses bestanden hat (§ 117 Abs. 3 Satz 2 Nr. 2 AFG); und

▶ an dem Tag, an dem der Arbeitgeber das Arbeitsverhältnis aus wichtigem Grund ohne Einhaltung einer Kündigungsfrist hätte kündigen können (§ 117 Abs. 3 Satz 2 Nr. 3 AFG).

Der nach § 117 Abs. 3 Satz 2 Nr. 1, Satz 3 und 4 AFG zu berücksichtigende Anteil der Abfindung, Entschädigung oder ähnlichen Leistung ist der nachfolgenden **Tabelle** zu entnehmen: 39

---

1 *Niesel/Düe*, § 117 AFG Rz. 36.
2 ZB MTV Metall NRW § 20 Nr. 4; MTV Einzelhandel NRW § 11 Abs. 9.

Zu berücksichtigender Anteil der Abfindung, Entschädigung oder ähnlichen Leistung (in vH)

Betriebs- und Unter-nehmenszugehörigkeit	Lebensalter am Ende des Arbeitsverhältnisses					
	unter 40 Jahre	ab 40 Jahre	ab 45 Jahre	ab 50 Jahre	ab 55 Jahre	ab 60 Jahre
weniger als 5 Jahre	70	65	60	55	50	45
5 und mehr Jahre	65	60	55	50	45	40
10 und mehr Jahre	60	55	50	45	40	35
15 und mehr Jahre	55	50	45	40	35	30
20 und mehr Jahre	50	45	40	35	30	30
25 und mehr Jahre	45	40	35	30	30	30
30 und mehr Jahre	–	35	30	30	30	30
35 und mehr Jahre	–	–	30	30	30	30

40 Der Tabelle wird der maßgebliche vH-Satz entnommen. Alsdann wird das Arbeitsentgelt während der letzten Beschäftigungszeit (vgl. § 117 Abs. 3 Satz 4 AFG) errechnet und durch die Kalendertage der letzten Beschäftigungszeit dividiert. So erhält man das Entgelt pro Kalendertag. Der zu berücksichtigende Anteil der Abfindung wird durch das Entgelt pro Kalendertag dividiert. Man erhält dann die Kalendertage, an denen das Arbeitslosengeld ruht. Im Hinblick auf das Alter des Arbeitslosen ist das Alter im Zeitpunkt der tatsächlichen Beendigung des Arbeitsverhältnisses maßgeblich. Als Abfindung oder ähnliche Leistung ist der Bruttozahlbetrag unabhängig von seiner Fälligkeit anzusetzen; ein Nettobetrag ist gegebenenfalls um die vom Arbeitgeber zusätzlich übernommene Lohnsteuer zu erhöhen, da der Betrag auch durch ein kalendertägliches Bruttoentgelt geteilt wird[1].

41 Auf einen möglichen **Forderungsübergang** nach § 115 SGB X ist auch im Rahmen des § 117 Abs. 2 AFG zu achten. Es bedarf einer ausdrücklichen Regelung in einem **Vergleich,** wenn eine Abfindung im **Kündigungsschutzprozeß** entgegen § 117 Abs. 2 AFG nicht um den darauf entfallenden Anteil der Arbeitslosenunterstützung gekürzt werden soll, sondern die auf die Bundesanstalt für Arbeit übergegangenen Ansprüche vom Arbeitgeber getragen werden sollen. Eine allgemeine Ausgleichsklausel in einem Vergleich, den die Parteien im Kündigungsschutzprozeß geschlossen haben, reicht dazu nicht aus[2].

dd) Rechtsfolgen

42 Während des Ruhenszeitraums wird **kein Arbeitslosengeld gezahlt.** Die Verhängung eines Ruhenszeitraums nach § 117 AFG verkürzt aber die Dauer des Anspruchs auf Arbeitslosengeld nicht. Es erfolgt eine **Verlagerung der Gesamtanspruchsdauer** zeitlich nach hinten. Während des Ruhenszeitraumes werden

---
1 *Niesel/Düe,* § 117 AFG Rz. 45.
2 BAG v. 25. 3. 1992, EzA § 117 AFG Nr. 8; BAG v. 12. 3. 1997, DB 1997, 680.

II. Arbeitslosengeld

vom Arbeitsamt keine Beiträge an die Renten- und Krankenversicherung abgeführt. Der Arbeitslose ist insoweit unter Umständen über § 19 Abs. 2 SGB V (verlängerter Versicherungsschutz von Versicherungspflichtigen) geschützt. Mit Ablauf des 1-Monats-Zeitraums endet auf jeden Fall – also auch bei vorheriger Krankenversicherungspflicht – der Krankenversicherungsschutz des jetzt Arbeitslosen. In den Fällen, in denen parallel zum Ruhenszeitraum nach § 117 AFG eine Sperrzeit besteht, ist der Krankenversicherungsschutz allerdings während der Sperrzeit gesichert, da das Arbeitsamt während dieser Zeit Beiträge an die Krankenkasse leisten muß.

c) Ruhen nach § 117a AFG[1]

§ 117a AFG regelt den **Ruhenszeitraum wegen Abfindung und Sperrzeit.** Die Vorschrift sieht vor, daß in Sperrzeitfällen, in denen der Arbeitgeber eine Abfindung zahlt, der Anspruch auf Arbeitslosengeld noch für einen weiteren Zeitraum ruht[2]. Nach § 110 Nr. 1a AFG mindert sich die Dauer des Anspruchs auf Arbeitslosengeld um die Tage, an denen der Arbeitslose während des Zeitraums nach § 117a Abs. 2 AFG arbeitslos war[3]. 43

aa) Voraussetzungen

Liegen die in § 117a Abs. 1 AFG genannten Voraussetzungen (**Sperrzeit von mindestens 8 Wochen**[4] und **Zahlung einer Abfindung,** Entschädigung oder ähnlichen Leistung bzw. entsprechender Anspruch) vor, schließt sich unmittelbar an die Sperrzeit der Ruhenszeitraum nach § 117a AFG an[5]. Die Dauer dieses Ruhenszeitraums hängt von der Höhe der Abfindung ab. Es wird nicht vorausgesetzt, daß die Abfindung ursächlich für die Beendigung des Arbeitsverhältnisses ist[6]. Leistungen nach § 187a Abs. 1 SGB VI bzw. zu einer berufsständigen Versorgungseinrichtung bleiben bei Arbeitslosen, deren Arbeitsverhältnis frühestens mit Vollendung des 55. Lebensjahres beendet wird, nach § 117a Abs. 1 Satz 2 und 3 AFG unberücksichtigt. 44

bb) Dauer

Die Dauer des Ruhens des Anspruches ergibt sich aus **§ 117a Abs. 2 AFG,** wenn bei Beendigung des Arbeitsverhältnisses die ordentliche arbeitgeberseitige Kündigungsfrist eingehalten wurde. Zunächst ist der Abfindungsbetrag um einen Freibetrag in Höhe des 90fachen des kalendertäglichen Arbeitsentgelts nach § 117 Abs. 3 Satz 2 Nr. 1 AFG zu kürzen. Von dem verbleibenden Restbetrag werden 20% für die Berechnung des Ruhenszeitraums zugrunde gelegt. Der 45

---

1 Aufgehoben durch das AFRG vom 24. 3. 1997; zur Übergangsregelung vgl. Rz. 86.
2 Aus der Übergangsregelung in § 242m Abs. 9 AFG ergeben sich Einschränkungen für die Anwendbarkeit, soweit die Beendigung des Beschäftigungsverhältnisses vor dem 6. 1. 1995 liegt.
3 Aufgehoben durch das AFRG vom 24. 3. 1997; zur Übergangsregelung vgl. Rz. 86.
4 *Niesel/Düe*, § 117a AFG Rz. 5.
5 Zum Beginn des Ruhens bei Zusammentreffen mit Ruhen nach § 117 AFG s. Rz. 46.
6 *Gagel*, § 117a AFG Rz. 4.

Zeitraum, in dem der Arbeitnehmer diesen Betrag auf der Basis der letzten Bruttovergütung erzielt hätte, ergibt den Ruhenszeitraum.

46 Sind auch die Voraussetzungen für die Verhängung eines **Ruhenszeitraums nach § 117 Abs. 2 und 3 AFG** erfüllt, vermindert sich nach § 117a Abs. 3 AFG die nach § 117a Abs. 1 AFG zu berücksichtigende Abfindung nicht nur um den Freibetrag des § 117a Abs. 2 Satz 2 AFG, sondern auch noch um den Betrag, der der Ruhenszeit nach § 117 AFG entspricht. Der für die Berechnung der Ruhenszeit nach § 117 Abs. 2 und 3 AFG herangezogene Abfindungsanteil ist also bei der Berechnung der Ruhenszeit nach § 117a AFG vorab abzuziehen, bevor nach § 117a Abs. 2 AFG die Quote von 20% errechnet wird. Der Ruhenszeitraum nach § 117a Abs. 3 AFG schließt sich unmittelbar an den Ruhenszeitraum des § 117 AFG an, wenn dieser länger als die Sperrzeit nach den §§ 119, 119a AFG ist (§ 117a Abs. 3 Satz 2 AFG).

cc) Rechtsfolgen

47 **Beiträge zur Rentenversicherung** werden von der Arbeitsverwaltung **nicht abgeführt**. Ob die Arbeitsverwaltung in dieser Zeit verpflichtet ist, Beiträge an die gesetzliche Krankenversicherung abzuführen, ist umstritten[1]. Der Arbeitslose, der während eines Zeitraums, in dem das Arbeitslosengeld nach § 117a AFG ruht, arbeitsunfähig krank wird, erhält von Anfang an Krankengeld in Höhe des Arbeitslosengeldes; § 49 SGB V greift hier nicht ein[2].

III. Arbeitslosenhilfe

1. Anspruchsvoraussetzungen

48 Die Arbeitslosenhilfe wird arbeitslosen Arbeitnehmern gewährt, deren Anspruch auf Arbeitslosengeld erschöpft ist **(Anschluß-Arbeitslosenhilfe)** oder die einen solchen Anspruch noch nicht erworben haben **(originäre Arbeitslosenhilfe)**.

49 Die **Voraussetzungen** und die Berechnung der Arbeitslosenhilfe sind in den §§ 134 ff. AFG geregelt[3]. Die Vorschriften über das Arbeitslosengeld gelten, soweit nicht die Besonderheiten der Arbeitslosenhilfe entgegenstehen, gem. § 134 Abs. 4 AFG für die Arbeitslosenhilfe entsprechend. Im Unterschied zum Arbeitslosengeld ist es wesentliche Leistungsvoraussetzung für die Arbeitslosenhilfe, daß der Leistungsempfänger **bedürftig** ist[4]. Nach § 137 Abs. 1 AFG ist der Arbeitslose bedürftig, wenn er seinen Lebensunterhalt nicht durch andere

---

1 Bej.: *Niesel/Düe*, § 155 AFG Rz. 11; *Gagel/Vogt*, Rz. 43, 165; vern.: Bauer, Arbeitsrechtliche Aufhebungsverträge, Rz. 1032.
2 *Gagel/Vogt*, Rz. 169.
3 Vgl. auch die Arbeitslosenhilfeverordnung.
4 Zur Bedürftigkeitsprüfung und zur Frage der zumutbaren Verwertung von Vermögen zB: BSG v. 19. 6. 1996, NZS 1997, 38.

IV. Erstattung bei älteren Arbeitnehmern

Weise als durch Arbeitslosenhilfe bestreitet oder bestreiten kann und anzurechnendes Einkommen seinen Leistungssatz nicht erreicht. Welches Vermögen berücksichtigt wird, ist in § 138 AFG geregelt. Nach § 139a AFG soll die Arbeitslosenhilfe jeweils für längstens ein Jahr bewilligt werden. Der Grundsatz des zeitlich unbegrenzten Leistungsanspruchs bis zur Vollendung des 65. Lebensjahres gilt nach § 135a AFG nicht für die originäre Arbeitslosenhilfe; hier ist die Dauer auf 312 Tage (ein Jahr) begrenzt. Die Höhe der Arbeitslosenhilfe ist in § 136 AFG bestimmt.

2. Kranken- und Rentenversicherung

Unabhängig von der Höhe der gewährten Arbeitslosenhilfe besteht gem. § 155 AFG während des Leistungsbezugs Versicherungsschutz in der **Krankenversicherung**. In der **Rentenversicherung** besteht Versicherungspflicht nach § 3 Satz 1 Nr. 3 SGB VI, wenn der Arbeitslose im letzten Jahr vor Beginn der Leistung zuletzt versicherungspflichtig war. In den übrigen Fällen kann der Arbeitslose gemäß § 4 Abs. 3 Satz 1 Nr. 1 SGB VI auf Antrag versicherungspflichtig werden. Nach § 58 Abs. 1 Satz 1 Nr. 3 SGB VI ist die Zeit der Arbeitslosigkeit in der Rentenversicherung Anrechnungszeit, wenn der Arbeitslose wegen des zu berücksichtigenden Einkommens oder Vermögens keinen Anspruch auf Arbeitslosenhilfe hat, sich aber regelmäßig beim Arbeitsamt als Arbeitsuchender meldet. 50

IV. Erstattung des Arbeitslosengeldes durch den Arbeitgeber bei älteren Arbeitnehmern (§ 128 AFG)

1. Beginn, Dauer, Umfang

§ 128 regelt die Erstattung des Arbeitslosengeldes durch den Arbeitgeber bei älteren Arbeitnehmern[1]. Die Vorschrift gilt seit dem 1. 1. 1993. Die Anwendung entfällt für bis zum 31. 12. 1995 in den **neuen Bundesländern** ausgeschiedene Arbeitnehmer, die mindestens 2 Jahre dort beschäftigt wurden (§ 249d Nr. 10a AFG). § 128 Abs. 1 Satz 2 Nr. 1 AFG bestimmt darüber hinaus, daß Zeiten vor dem 3. 10. 1990 bei Arbeitgebern in den neuen Bundesländern unberücksichtigt bleiben. Weitere Ausnahmen sind in § 242m Abs. 10 Nr. 1 und 2 AFG geregelt. Die zum 1. 1. 1982 eingeführte Vorgänger-Vorschrift ist zum 1. 7. 1991 aufgehoben worden. § 128 AFG wurde durch das AFRG zum 1. 4. 1997 aufgehoben; es gilt aber eine Übergangsregelung[2]. 51

---

1 Vgl. dazu BA, RdErlaß 11/94 v. 3. 2. 1994, abgedruckt zB in NZA 1994, 733, und BA, RdErlaß 11/93 v. 3. 2. 1993, abgedruckt zB in *Reichling/Reß*, S. 167 ff.; jetzt gilt der Dienstblatt-RdErlaß 26/97 v. 28. 5. 1997, der u.a. hinsichtlich § 128 Abs. 1 Satz 2 Nr. 4 AFG die Modifizierungen des Kündigungsschutzrechts durch das Arbeitsrechtliche BeschFG v. 25. 9. 1996 berücksichtigt und sich mit § 128c AFG befaßt.
2 Vgl. Rz. 89.

52 Die **Erstattungsverpflichtung besteht für längstens 624 (Leistungs-)Tage,** das entspricht 2 Jahren (vgl. § 114 AFG). Diese zwei Jahre müssen **nach Vollendung des 58. Lebensjahres** des Arbeitslosen liegen. Die Verpflichtung besteht auch dann, wenn der ausgeschiedene Arbeitnehmer das Arbeitslosengeld unter den erleichterten Bedingungen des § 105c AFG bezogen hat[1]. Nach § 128 Abs. 4 AFG umfaßt die Erstattungsverpflichtung auch die auf das Arbeitslosengeld entfallenden **Beiträge zur gesetzlichen Kranken-, Pflege- und Rentenversicherung.** Der Erstattungspflicht unterliegt nach § 134 Abs. 4 Satz 3 AFG auch die Arbeitslosenhilfe. Der Erstattungszeitraum ist auch hier auf maximal zwei Leistungsjahre begrenzt; dabei sind Tage abzusetzen, für die Arbeitslosengeld zu erstatten ist. Vor Erlaß des Erstattungsbescheides ist der Arbeitgeber anzuhören. Die Befugnis der Arbeitsämter, den jeweils nach Ablauf des Vierteljahres zu erstattenden Betrag durch Verwaltungsakt geltend zu machen (§§ 128 Abs. 6, 146 AFG), berechtigt nicht, isoliert eine (künftige) Erstattungspflicht des Arbeitgebers festzustellen[2].

2. Voraussetzungen

53 Die **Grundvoraussetzungen der Erstattungspflicht** sind in § 128 Abs. 1 Satz 1 AFG geregelt. Voraussetzung ist zunächst, daß der Arbeitslose bei dem Arbeitgeber in den letzten 4 Jahren vor Eintritt der Arbeitslosigkeit mindestens 720 Kalendertage, dh. 2 Jahre, in einer die Beitragspflicht begründenden Beschäftigung (§§ 168 ff. AFG) gestanden hat. Die Erstattungspflicht muß also nicht unbedingt denjenigen Arbeitgeber treffen, bei dem der Arbeitslose zuletzt ausgeschieden ist, und nicht unbedingt einen Arbeitgeber, der durch Beendigung des Arbeitsverhältnisses die Arbeitslosigkeit verursacht hat. Bei einer sich anschließenden **Zwischenbeschäftigung** ist zu prüfen, wann der Anspruch iS von § 106 AFG erstmals entstanden ist und ob er bei erneuter Arbeitslosigkeit nach zwischenzeitlicher Beschäftigung noch besteht[3]. **Konzernunternehmen** im Sinne des § 18 AktG gelten bei der Ermittlung der Beschäftigungszeiten nach § 128 Abs. 5 Satz 1 AFG als ein Arbeitgeber. Keine Rolle spielt dabei die Rechtsform der verbundenen Unternehmen[4]. Ob Zeiten, die vor einem Betriebsübergang iSd. § 613a BGB zurückgelegt worden sind, zu den anrechnungsfähigen Beschäftigungszeiten iSd. § 128 AFG zählen, ist strittig[5].

3. Ausnahmen von der Erstattungspflicht

54 § 128 regelt eine Reihe von Tatbeständen, bei denen die **Erstattungspflicht nicht eintritt:**

▶ Beendigung des Arbeitsverhältnisses vor Vollendung des 56. Lebensjahres,

---

1 BSG v. 17. 12. 1997 – 11 Rar 61/97, noch nv.
2 BSG v. 12. 12. 1997 – 11 Rar 103/96, noch nv.
3 Einzelheiten und Beispiele bei *Gagel/Vogt,* Rz. 244 ff.
4 *Niesel/Brand,* § 128 AFG Rz. 94.
5 Vgl. unten Rz. 58.

IV. Erstattung bei älteren Arbeitnehmern   Rz. 56 **Teil 6 B**

▶ Möglichkeit eines anderweitigen Sozialleistungsbezugs,
▶ nicht ausreichende Beschäftigungsdauer, gestaffelt nach dem Lebensalter,
▶ Kleinunternehmen,
▶ Eigenkündigung des Arbeitnehmers,
▶ sozial gerechtfertigte Kündigung des Arbeitgebers,
▶ Vorliegen eines wichtigen Grundes für eine außerordentliche Kündigung, auch mit sozialer Auslauffrist,
▶ erheblicher Personalabbau,
▶ unzumutbare Belastung.

a) Beendigung des Arbeitsverhältnisses vor Vollendung des 56. Lebensjahres

Gem. § 128 AFG Abs. 1 Satz 2 AFG tritt die Erstattungspflicht nicht ein, wenn 55
der Arbeitnehmer **vor Vollendung des 56. Lebensjahres aus dem Arbeitsverhältnis ausscheidet.** Das Arbeitsverhältnis muß also spätestens am Tage vor dem 56. Geburtstag rechtlich durch Kündigung des Arbeitgebers bzw. des Arbeitnehmers oder durch Aufhebungsvertrag beendet sein, wobei unerheblich ist, ob die ordentliche Kündigungsfrist eingehalten wurde. Die Bundesanstalt für Arbeit stellt der Beendigung des Arbeitsverhältnisses die dauerhafte Beendigung des Beschäftigungsverhältnisses unter formaler Aufrechterhaltung des Arbeitsverhältnisses vor Vollendung des 56. Lebensjahres des Arbeitslosen gleich[1].

b) Möglichkeit eines anderweitigen Sozialleistungsbezugs

Die Erstattungspflicht ist ausgeschlossen, wenn und solange der Arbeitnehmer 56
Anspruch auf eine andere Sozialleistung geltend machen kann, die den Anspruch auf Arbeitslosengeld entfallen lassen würde. Es kommt nicht darauf an, ob der Arbeitslose diese andere Sozialleistung bekommt, sondern nur darauf, ob er sie bekommen könnte. Ausdrücklich genannt wird in § 128 Abs. 1 Satz 2 AFG nur die Rente wegen Berufsunfähigkeit. Im übrigen wird auf § 118 Abs. 1 Satz 1 Nr. 2 bis 4 AFG verwiesen. Danach lösen Arbeitnehmer die Erstattungspflicht nicht aus, wenn sie die Voraussetzungen für einen der folgenden Ansprüche erfüllen: **Krankengeld** gem. § 44 SGB V (Krankengeld wegen einer vor dem Ausscheiden eingetretenen Erkrankung führt zum Ruhen des Arbeitslosengeldes; Krankengeld wegen einer nach Beginn der Arbeitslosigkeit eingetretenen Erkrankung setzt nach 6 Wochen ein[2], wobei das für die ersten 6 Wochen fortzuzahlende Arbeitslosengeld [§ 105b AFG] an die Stelle von Krankengeld tritt und deshalb vom Arbeitgeber nicht zu erstatten ist[3]); Versorgungskrankengeld gem. § 16 BVG; Verletztengeld gem. § 45 SGB VII; Übergangsgeld gem. § 20 SGB VI; **Renten wegen Erwerbsunfähigkeit** aus der gesetzlichen Rentenversicherung gem. § 44 SGB VI; **Altersrenten** aus der gesetzlichen Rentenversicherung gem. §§ 35 ff. SGB VI (zur Altersrente zählt auch die Altersrente für

---
1 BA, RdErlaß 11/94 Rz. 3.22.
2 Vgl. oben Rz. 9.
3 *Gagel/Vogt*, Rz. 253.

langjährig Versicherte gem. § 36 SGB VI, die Altersrente für Schwerbehinderte, berufsunfähige und erwerbsunfähige Versicherte gem. § 37 SGB VI, die Altersrente wegen Arbeitslosigkeit oder nach Altersteilzeitarbeit gem. § 38 SGB VI, Altersrente für Frauen gem. § 39 SGB VI sowie die Altersrente für langjährig unter Tage beschäftigte Bergleute gem. § 40 SGB VI); Knappschaftsausgleichsleistungen gem. § 239 SGB VI. § 118 Abs. 1 Nr. 4 AFG erweitert den Katalog um **„ähnliche Leistungen öffentlich-rechtlicher Art"**. Hierzu zählen Alters- und Berufsunfähigkeitsrenten von berufsständischen Versorgungswerken und die Übergangsversorgung der Versorgungsanstalt des Bundes und der Länder. Auch ausländische Renten können unter bestimmten Voraussetzungen ähnliche Leistungen im Sinne des § 118 Abs. 1 Nr. 4 AFG sein[1]. Nicht zu den die Erstattungspflicht ausschließenden Ansprüchen gehören Ansprüche aus einer privaten befreienden Lebensversicherung und andere Ansprüche aus privater Altersvorsorge[2]. Ein Erstattungsanspruch entfällt, wenn der Arbeitslose nur über die Vorschrift des § 105a AFG Arbeitslosengeld bezieht[3].

57 Die fehlende Möglichkeit eines anderweitigen Sozialleistungsbezugs ist ein negatives Tatbestandsmerkmal; eine Erstattungspflicht kann nur dann eintreten, wenn der Arbeitslose keine anderweitigen Sozialleistungen beziehen kann. Die Arbeitsverwaltung hat entsprechende Überprüfungen von sich aus durchzuführen und gegebenenfalls die Mitwirkungspflicht des Arbeitslosen nach § 128 Abs. 8 AFG in Anspruch zu nehmen. Es gilt die **Amtsermittlungspflicht** (§ 20 SGB X) der Bundesanstalt für Arbeit[4]. Es sind alle für den Einzelfall wesentlichen Umstände zu berücksichtigen, soweit Anhaltspunkte für eine Sozialleistungsberechtigung vorliegen[5]. Das Arbeitsamt muß alle Ermittlungen durchführen, die zur Überzeugungsbildung erforderlich sind und mit denen es sich Klarheit über den Sachverhalt verschaffen kann. Die Bundesanstalt für Arbeit selbst legt ihre Amtsermittlungspflicht restriktiv aus[6]. Der Erstattungszahlungen befürchtende Arbeitgeber tut deshalb gut daran, im Rahmen des Anhörungsverfahrens das Arbeitsamt auf konkrete Anhaltspunkte im Einzelfall hinzuweisen. Da das Arbeitslosengeld nach § 128 Abs. 1 Satz 1 AFG vierteljährlich zu erstatten ist, muß auch vierteljährlich überprüft werden, ob bei dem Arbeitnehmer ein Anspruch auf eine andere Leistung entstanden oder weggefallen ist[7].

---

[1] *Niesel/Brand*, § 128 AFG Rz. 25.
[2] BA, RdErlaß 11/94 Rz. 3.23 (4); *Niesel/Brand*, § 128 AFG Rz. 26; krit. bei befreiender Lebensversicherung *Hennig/Kühl/Heuer/Henke*, § 128 AFG Rz. 16; „ungeklärt": *Hanau*, DB 1992, 2625, 2627; aA *Buchner*, ZIP 1993, 717, 731 und NZA 1993, 481, 484.
[3] *Hess*, Rz. 56; *Hanau*, DB 1992, 2625, 2628.
[4] *Reichling/Reß*, S. 47, 53; *Buchner*, NZA 1993, 481, 484, 485; *Hanau*, DB 1992, 2625, 2627, 2628; *Hess*, Rz. 45, 48; *Kreßel*, NZS 1993, 292.
[5] BSG v. 17. 12. 1997 – 11 Rar 61/97, noch nv.
[6] BA, RdErlaß 11/93 Rz. 4.1.
[7] *Gagel/Vogt*, Rz. 254.

c) Nicht ausreichende Beschäftigungsdauer

Die Erstattungspflicht kann deshalb ausscheiden, weil die **Dauer der Beschäftigung bei dem Arbeitgeber nicht ausreichend** ist. Bei einem Arbeitnehmer, der bei Beendigung des Arbeitsverhältnisses 56 Jahre alt ist, ist die Erstattungspflicht ausgeschlossen, wenn dieser innerhalb der letzten 18 Jahre weniger als 15 Jahre zu seinem Arbeitgeber in einem Arbeitsverhältnis gestanden hat. Wenn das Arbeitsverhältnis mit Alter 57 oder später beendet wurde, ist eine Erstattungspflicht ausgeschlossen, wenn der Arbeitnehmer innerhalb der letzten 12 Jahre vor dem Tag der Arbeitslosigkeit insgesamt weniger als 10 Jahre im Arbeitsverhältnis bestanden hat. Die Beschäftigung braucht nicht zusammenhängend gewesen sein. Sie braucht nicht im selben Betrieb zu erfolgen, nur der Arbeitgeber muß der gleiche sein. Konzernunternehmen gelten gemäß § 128 Abs. 5 AFG als ein Arbeitgeber[1]. Streitig ist, ob bei einem Betriebsübergang nach § 613a BGB die beim alten Arbeitgeber erbrachten Beschäftigungszeiten mitzuzählen sind[2] und dadurch eine Erstattungsforderung gegen den Betriebsübernehmer begründen können. Wurde das Arbeitsverhältnis bereits vor Betriebsübergang beendet, tritt auf keinen Fall eine Erstattungspflicht des Betriebsnachfolgers ein.

58

d) Kleinunternehmen

§ 128 Abs. 1 Satz 2 AFG regelt die Privilegierung kleinerer Unternehmen. Die Erstattungsverpflichtung entfällt, wenn der Arbeitgeber in der Regel **nicht mehr als 20 Arbeitnehmer** ausschließlich der zu ihrer Berufsausbildung Beschäftigten beschäftigt. Die Verweisung auf § 10 Abs. 2 Satz 2–6 LFZG (diese Regelungen sind nicht durch das EntgeltfortzahlungsG aufgehoben worden) bedeutet, daß in die Beschäftigtenzahl nicht einzubeziehen sind Schwerbehinderte, Wehrdienst- bzw. Zivilersatzdienstleistende, Heimarbeiter und Hausgewerbetreibende sowie Teilzeitbeschäftigte, deren Arbeitszeit wöchentlich 10 Stunden bzw. monatlich 45 Stunden nicht übersteigt. Bei Teilzeitbeschäftigten, deren Arbeitszeit darüber hinausgeht, findet eine anteilige Berücksichtigung nach Maßgabe des § 10 Abs. 2 Satz 6 LFZG statt. Arbeiterinnen, die unter das Beschäftigungsverbot nach dem MuSchG fallen sowie Arbeitnehmer, die sich im Erziehungsurlaub befinden, zählen zu den Beschäftigten, solange der Arbeitgeber keine Ersatzkraft eingestellt hat. Werden Ersatzkräfte eingestellt, sind diese in die Beschäftigtenzahl einzubeziehen[3].

59

Für die Antwort auf die Frage, ob die Erstattungspflicht aufgrund der Größe des Arbeitgebers nicht eintritt, ist nicht die Anzahl der Beschäftigten im Zeitpunkt

60

---

1 Vgl. oben Rz. 53.
2 Bej.: BSG v. 18. 9. 1997, DB 1997, 2224; BA, RdErlaß 11/94 Rz. 3.11 (4); *Hess*, Rz. 38; *Wissing*, NZA 1993, 385, 388; *Hennig/Kühl/Heuer/Henke*, § 128 AFG Rz. 5; GK-AFG/*Hess*, § 128 Rz. 38; vern.: *Niesel/Brand*, § 128 AFG Rz. 8, 11; *Reichling/Reß*, S. 37, 38; Gagel, § 128 AFG Rz. 74; *Weber/Ehrich/Hoß*, Handbuch der arbeitsrechtlichen Aufhebungsverträge, Teil 4, Rz. 169, 172; „unklare" Regelung: *Hanau*, DB 1992, 2625, 2626.
3 BA, RdErlaß 11/94 Rz. 3.33; *Wissing*, NZA 1993, 385, 389.

des Eintritts der Erstattungspflicht maßgebend, sondern die **Situation in dem vorhergehenden Kalenderjahr.** In diesem Jahr darf die Beschäftigtenzahl in mindestens 8 Monaten die Grenze von 20 Arbeitnehmern nicht übersteigen. Bei Arbeitgebern, die nicht während des gesamten Jahres bestanden haben, ist darauf abzustellen, ob die Beschäftigtenzahl die Grenze in der Mehrzahl der Monate überstiegen hat. Unerheblich ist, wenn der Arbeitgeber in den Folgejahren weitere Arbeitnehmer einstellt und so den in § 128 Abs. 1 Satz 2 Nr. 2 AFG genannten Grenzwert überschreitet[1]. Die Regelung in § 128 Abs. 1 Satz 2 Nr. 2 AFG wird durch § 128 Abs. 2 Nr. 1 AFG ergänzt, nach dem die Erstattungspflicht entfällt, wenn der Arbeitgeber zunächst nicht als Kleinbetrieb angesehen werden konnte, die Grenze von 20 Arbeitnehmern aber später unterschritten wurde. Auch diese Regelung stellt grundsätzlich auf die Verhältnisse des Vorjahres ab. Wenn der Arbeitgeber danach Personal abbaut, ist er zwar in diesem Jahr erstattungspflichtig, für das Folgejahr entfällt jedoch die Erstattungspflicht und ein Erstattungsbescheid ist gem. § 48 SGB X für das Folgejahr aufzuheben.

e) Eigenkündigung des Arbeitnehmers

61 Nach § 128 Abs. 1 Satz 2 Nr. 3 AFG ist eine Erstattungsverpflichtung ausgeschlossen, wenn der später Arbeitslose das Arbeitsverhältnis durch **Eigenkündigung** beendet und weder eine Abfindung noch eine ähnliche Leistung wegen der Beendigung des Arbeitsverhältnisses erhalten oder zu beanspruchen hat. Der Gesetzeswortlaut verlangt eine arbeitnehmerseitige Kündigung. Ob trotzdem eine Beendigung des Arbeitsverhältnisses durch einen **vom Arbeitnehmer veranlaßten Aufhebungsvertrag** der Eigenkündigung des Arbeitnehmers gleichgestellt werden kann, ist umstritten[2]. Die Bundesanstalt für Arbeit lehnt die Gleichstellung eines Aufhebungsvertrages mit einer Eigenkündigung des Arbeitnehmers selbst dann ab, wenn keine Arbeitgeberleistung erbracht wurde, die Auflösung des Arbeitsverhältnisses allein auf dem Willen des Arbeitnehmers beruht und der Arbeitgeber eine Umdeutung des Aufhebungsvertrages in eine Kündigung durch den Arbeitnehmer geltend macht[3]. Es soll also entscheidend auf die Rechtsform der Beendigung des Arbeitsverhältnisses ankommen. Ob der Arbeitnehmer fristgerecht gekündigt hat, ob die Kündigung wirksam war oder nicht und aus welchem Grund gekündigt wurde, ist nicht entscheidend. Die Auflösung eines Arbeitsverhältnisses nach den §§ 9, 10 KSchG kann einer Arbeitnehmerkündigung nicht gleichgestellt werden, selbst dann nicht, wenn sie auf Antrag des Arbeitnehmers erfolgt[4].

62 Der Arbeitgeber darf **keinen Anreiz für die Kündigung durch den Arbeitnehmer** gegeben haben. Damit sind solche Leistungen oder Vorteile gemeint, die das

---

1 *Stolz*, NZS 1993, 62, 63.
2 Vern. *Wissing*, NZA 1993, 385, 389, 390; *Hess*, Rz. 67; SG Koblenz v. 7. 12. 1995, WiB 1997, 597; bej. *Niesel/Brand*, § 128 AFG Rz. 33; *Gagel/Vogt*, Rz. 262; *Reichling/Reß*, S. 58, 59; *Hennig/Kühl/Heuer/Henke*, § 128 AFG Rz. 24; *Hanau*, DB 1992, 2625, 2629; *Bauer/Diller*, BB 1992, 2283, 2285; *Lohre/Mayer/Stevens-Bartol*, § 128 Rz. 11.
3 BA, RdErlaß 11/94 Rz. 3.34.
4 *Gagel/Vogt*, Rz. 259.

IV. Erstattung bei älteren Arbeitnehmern

Ausscheiden des Arbeitnehmers fördern, ihn zur Kündigung bewegen sollen. Die Leistung muß im Sinne einer „finalen Verknüpfung" ein Anreiz für die Beendigung sein[1]. Kommt ein Arbeitnehmer bei einer Beriebsänderung der arbeitgeberseitigen rechtmäßigen betriebsbedingten Kündigung durch eine Eigenkündigung zuvor und hat er trotz der Eigenkündigung einen Anspruch auf Abfindung aus einem Sozialplan, so hat eine Erstattungsverpflichtung des Arbeitgebers bei späterer Arbeitslosigkeit des ehemaligen Arbeitnehmers auszuscheiden, da ohne die Eigenkündigung die Erstattungspflicht des Arbeitgebers wegen der rechtmäßigen betriebsbedingten Kündigung ausgeschieden wäre[2].

f) Sozial gerechtfertigte Kündigung des Arbeitgebers

Nach § 128 Abs. 1 Satz 2 Nr. 4 AFG ist eine Erstattungsverpflichtung ausgeschlossen, wenn der Arbeitgeber das Arbeitsverhältnis durch sozial gerechtfertigte Kündigung beendet hat. Die Vorschrift verlangt eine Kündigung. Bei anderen Beendigungsformen, also insbesondere bei einem **Aufhebungsvertrag,** kommt eine Anwendbarkeit der Regelung nicht in Betracht, und zwar auch dann nicht, wenn nach dem Sachverhalt eine Kündigung sozial gerechtfertigt gewesen wäre[3]. Der **Abwicklungsvertrag** schließt demgegenüber eine Berufung des Arbeitgebers auf den Befreiungstatbestand nicht aus, da dabei das Arbeitsverhältnis nicht durch den Abwicklungsvertrag selbst beendet wird, sondern durch eine vorangegangene arbeitgeberseitige Kündigung[4]. Eine zu große Nähe des Abwicklungsvertrages zur Kündigung und damit der Verdacht einer vorherigen Absprache kann die Kündigung aber in einen Aufhebungsvertrag „aufgehen lassen", so daß die Ausnahmeregelung mangels Kündigung nicht anwendbar ist[5]. Es ist also nicht ausgeschlossen, daß vom Arbeitsamt ein Aufhebungsvertrag für den Fall unterstellt wird, in dem eine Kündigung mit einem Abwicklungsvertrag verbunden ist.

63

Neben der Voraussetzung, daß das Arbeitsverhältnis durch Kündigung beendet wurde, muß als zweite Vorausetzung für den Nichteintritt der Erstattungspflicht die **Kündigung sozial gerechtfertigt** sein. Dabei ist auf § 1 KSchG abzustellen. Die arbeitsrechtliche Wirksamkeit der Kündigung außerhalb des materiellen Gehalts des Kündigungsgrundes ist nicht entscheidend, dh. es ist nicht von Bedeutung, ob Fristen, Mitbestimmungsverfahren usw. eingehalten wur-

64

---

1 *Wissing*, NZA 1993, 385, 390, 391.
2 *Weber/Ehrich/Hoß*, Handbuch der arbeitsrechtlichen Aufhebungsverträge, Teil 4, Rz. 192, 196; *Lohre/Mayer/Stevens-Bartol*, § 128 Rz. 11; *Hanau*, DB 1992, 2625, 2630.
3 BSG v. 17. 12. 1997 – 11 Rar 61/97, noch nv.; *Niesel/Brand*, § 128 AFG Rz. 38; *Wissing*, NZA 1993, 385, 391; *Hennig/Kühl/Heuer/Henke*, § 128 AFG Rz. 31; BR-Drucks. 503/92, 92; aA *Gagel/Vogt*, Rz. 260; *Bauer*, Arbeitsrechtliche Aufhebungsverträge, Rz. 1080; krit. auch *Weber/Ehrich/Hoß*, Handbuch der arbeitsrechtlichen Aufhebungsverträge, Teil 4, Rz. 233; *Holthöwer/Rolfs*, DB 1995, 1074, 1076, 1077.
4 *Gagel/Vogt*, Rz. 261; *Holthöwer/Rolfs*, DB 1995, 1074, 1076, 1077.
5 *Niesel/Brand*, § 128 AFG Rz. 38; abl. *Plagemann/Stolz*, WiB 1997, 568, 570 auch unter Berücksichtigung der neueren Entscheidung des BSG v. 9. 11. 1995 zum „offeneren Lösungsbegriff", EzA § 119a AFG Nr. 2.

den[1]. Der Arbeitgeber muß in vollem Umfang darlegen, daß ein Kündigungsgrund vorlag und bei einer betriebsbedingten Kündigung die Gesichtspunkte der sozialen Auswahl berücksichtigt wurden. Er ist für alle Angaben beweispflichtig. Die dem Arbeitgeber obliegende Darlegungs- und Nachweispflicht schließt die arbeitsgerichtlich entwickelte abgestufte Darlegungs- und Beweislast des Kündigungsschutzverfahrens aus[2]. Unter § 128 Abs. 1 Satz 2 Nr. 4 AFG fallen auch Änderungskündigungen, die wegen Nichtannahme des Änderungsangebots zur Beendigung des Arbeitsverhältnisses führen. Das Arbeitsamt ist an **rechtskräftige Entscheidungen des Arbeitsgerichts** über die soziale Rechtfertigung einer Kündigung gebunden. § 7 KSchG findet keine Anwendung. Das arbeitsgerichtliche Verfahren läßt Manipulationen der Parteien zu, so daß sie beinahe jedes gewünschte Ergebnis erzielen können, das das Arbeitsamt dann bindet. Ob ein solches Vorgehen zulässig ist, ist zweifelhaft[3]. Versäumnisurteile oder Prozeßurteile der Arbeitsgerichte führen nicht zu einer Bindung der Arbeitsverwaltung[4]. Das gleiche gilt für arbeitsgerichtliche Vergleiche[5].

g) Vorliegen eines wichtigen Grundes für eine außerordentliche Kündigung, auch mit sozialer Auslauffrist

65 Nach § 128 Abs. 1 Satz 2 Nr. 5 AFG entfällt die Erstattungsverpflichtung, wenn der Arbeitgeber bei Beendigung des Arbeitsverhältnisses berechtigt war, das Arbeitsverhältnis aus wichtigem Grund ohne Einhaltung einer Kündigungsfrist oder mit sozialer Auslauffrist zu kündigen. Für den Zeitpunkt der Beendigung des Arbeitsverhältnisses ist zu prüfen, ob objektiv ein **Recht zur außerordentlichen Kündigung** bestand. Die Art der Beendigung hat schon nach dem Wortlaut keine Bedeutung[6]. Liegen die objektiven Voraussetzungen für ein Recht zur außerordentlichen Kündigung vor, kann auch ein Aufhebungsvertrag abgeschlossen werden. Der Befreiungstatbestand bezieht die Fälle ein, in denen zB wegen Betriebsstillegung oder gesundheitlichen Einschränkungen auch ordentlich nicht mehr kündbare Arbeitnehmer mit einer **Auslauffrist** außerordentlich gekündigt werden können. Der Begriff der Arbeitsunfähigkeit ist im krankenversicherungsrechtlichen Sinn zu verstehen. Dauerhaft ist sie dann, wenn sie auf absehbare Zeit nicht behebbar ist. Eine Zeit von mehr als 6 Monaten kann als nicht mehr absehbar angesehen werden (vgl. § 101 Abs. 1 SGB VI)[7]. Den Arbeitgeber trifft die Darlegungs- und Beweislast; die Nichterweislichkeit des Vorliegens eines wichtigen Grundes geht zu seinen Lasten. Erhält ein langzeiterkrankter Arbeitnehmer nach

---

1 BA, RdErlaß 11/94 Rz. 3.351.; *Gagel*, § 128 AFG Rz. 147; *Hanau*, DB 1992, 2625, 2630; *Holthöwer/Rolfs*, DB 1995, 1074, 1076, 1077; teilw. aA *Wissing*, NZA 1993, 385, 392.
2 *Niesel/Brand*, § 128 AFG Rz. 77; aA *Weber/Ehrich/Hoß*, Handbuch der arbeitsrechtlichen Aufhebungsverträge, Teil 4, Rz. 211, 213.
3 *Mutschler*, NZS 1997, 297, 299; aA *Stolz*, NZS 1993, 62, 64; *Holthöwer/Rolfs*, DB 1995, 1074, 1077.
4 *Gagel/Vogt*, Rz. 258; aA für Versäumnisurteile *Bauer/Diller*, BB 1992, 2283, 2285.
5 *Niesel/Brand*, § 128 AFG Rz. 48; vgl. aber auch RdErlaß 11/93 Rz. 4.4; *Weber/Ehrich/Hoß*, Handbuch der arbeitsrechtlichen Aufhebungsverträge, Teil 4, Rz. 204.
6 Vgl. nur *Mutschler*, NZS 1997, 297, 299.
7 *Lohre/Mayer/Stevens-Bartol*, § 128 AFG Rz. 14; RdErlaß 11/94, Rz. 3.36 (5).

IV. Erstattung bei älteren Arbeitnehmern Rz. 67 Teil **6 B**

Ablauf seines Krankengeldanspruchs Arbeitslosengeld, obwohl das Arbeitsverhältnis noch besteht, scheidet eine Erstattungsverpflichtung in analoger Anwendung des § 128 Abs. 1 Satz 2 Nr. 5 AFG aus[1].

h) Erheblicher Personalabbau

§ 128 Abs. 1 Satz 2 Nr. 6 und 7 AFG regeln den Wegfall der Erstattungspflicht bei umfangreichem Personalabbau. Beide Regelungen beziehen sich auf den Betrieb[2] und setzen voraus, daß der Arbeitslose zuletzt mindestens 2 Jahre dort beschäftigt war. Die Regelungen der Nr. 6 und 7 beinhalten **3 Stufen der Personalreduzierung:** Verminderung der Zahl der Arbeitnehmer um mehr als 3% innerhalb eines Jahres, Verminderung der Zahl der Arbeitnehmer um mindestens 10% und kurzfristiger drastischer Personalabbau von mindestens 20% der im Betrieb beschäftigten Arbeitnehmer, wobei das Gesetz bei dem letzten Tatbestand keinen Bezugszeitraum nennt. Bei der **Gesamtzahl der Arbeitnehmer** des Betriebes bezieht sich die Bundesanstalt für Arbeit auf die Grundsätze des § 10 Abs. 2 LFZG, soweit sich aus Sinn und Zweck der Regelung nichts anderes ergibt[3]. Schwerbehinderte werden zugunsten des Arbeitgebers hier in die Beschäftigtenzahl einbezogen. Den **Jahreszeitraum**, also die Lage des maßgeblichen Jahres, kann der Arbeitgeber selbst bestimmen; er ist dabei nicht an das Kalenderjahr oder bestimmte Stichtage gebunden[4]. Wichtig ist nur, daß die Beendigung der Beschäftigungsverhältnisse, für die Erstattungsleistungen zu verlangen wären, in den gewählten 12-Monats-Zeitraum fallen. Vollzieht sich der Personalabbau in mehreren Wellen, kann der Arbeitgeber ggf. für jede Welle einen gesonderten Jahreszeitraum wählen, solange sich die Zeiträume nicht überschneiden[5]. Er kann auch, wenn er einen Arbeitnehmer entläßt, eine Prognose abgeben, daß die Voraussetzungen im Laufe des darauffolgenden Jahres erfüllt werden[6]; es müssen aber die arbeitsrechtlichen Schritte zu dieser Verminderung bereits eingeleitet sein, zB durch einen Sozialplan[7]. Der gewählte Jahreszeitraum darf nicht in andere Jahreszeiträume hineinreichen, weil sonst Beschäftigte mehrfach angerechnet werden könnten[8]. Bei der Wahl des Jahreszeitraums ist auf den Ausscheidenszeitpunkt zu achten; es kommt nicht auf den Zeitpunkt an, an dem die Kündigung ausgesprochen oder der Aufhebungsvertrag geschlossen wurde.

66

Bei 3%igem bzw. 10%igem Personalabbau ist erforderlich, daß ein **bestimmter Prozentsatz älterer Arbeitnehmer** unter den Ausscheidenden nicht überschrit-

67

---

1 *Weber/Ehrich/Hoß,* Handbuch der arbeitsrechtlichen Aufhebungsverträge, Teil 4, Rz. 240, 241; *Sowka/Köster,* KSchG, Teil I, Rz. 154.
2 Es gilt der arbeitsrechtliche Betriebsbegriff, vgl. nur *Lohre/Mayer/Stevens-Bartol,* § 128 AFG Rz. 15; *Niesel/Brand,* § 128 AFG Rz. 58.
3 BA, RdErlaß 11/94 Rz. 3.37 (4); zust.: *Niesel/Brand,* § 128 AFG Rz. 58; *Hess,* Rz. 138; aA *Lohre/Mayer/Stevens-Bartol,* § 128 AFG Rz. 15; *Andresen,* Rz. 208, 209.
4 *Lohre/Mayer/Stevens-Bartol,* § 128 AFG Rz. 15; *Andresen,* Rz. 207.
5 *Andresen,* Rz. 207.
6 *Gagel/Vogt,* Rz. 264.
7 *Lohre/Mayer/Stevens-Bartol,* § 128 AFG Rz. 15; *Niesel/Brand,* § 128 AFG Rz. 60.
8 *Niesel/Brand,* § 128 AFG Rz. 60.

ten wird. Bei 3%igem Personalabbau darf der Anteil der 56jährigen und älteren Arbeitnehmer (maßgeblich ist das Alter im Zeitpunkt des Austritts) nicht höher sein als ihr Anteil an der Gesamtbelegschaft zu Beginn des Jahreszeitraums; bei 10%igem Personalabbau darf er nur doppelt so hoch sein. Die Gesamtzahl der Belegschaft ergibt sich aus einer Saldierung des Personalbestandes zu Beginn und am Ende des gewählten Jahreszeitraums. Zugunsten des Arbeitgebers bleiben diejenigen Arbeitnehmer unberücksichtigt, die zwar 56 Jahre und älter sind, die aber nach Beendigung des Arbeitsverhältnisses nahtlos Leistungen der gesetzlichen Rentenversicherung beziehen[1].

68 **Beispiel** für den Befreiungstatbestand bei einer Personalreduzierung um mehr als 3%, aber weniger als 10%:

Der Betrieb hat zu Beginn des Jahreszeitraums 600 Arbeitnehmer. Während des Jahreszeitraums werden 20 Arbeitnehmer eingestellt und 60 entlassen. Die Zahl vermindert sich also um 40. Unter den 600 Arbeitnehmern sind 100 Arbeitnehmer 56 Jahre und älter; ihr Anteil beträgt also 16,666% (es ist auf 3 Stellen hinter dem Komma zu rechnen). Dieser Prozentsatz – dividiert durch 100 – ist mit der Zahl der entlassenen Arbeitnehmer zu multiplizieren. Unter den 60 Ausscheidenden dürfen 9,999, aufgerundet auf 10, Arbeitnehmer sein, die 56 Jahre oder älter sind.

69 Wird die jeweilige **Quote** auch nur geringfügig **überschritten,** können die pauschalen Ausnahmetatbestände für keinen Erstattungsfall geltend gemacht werden (Alles-oder-nichts-Prinzip).

70 § 128 Abs. 1 Satz 2 Nr. 7 AFG fordert einen kurzfristigen drastischen **Personalabbau von mindestens 20% der Belegschaft** des Betriebes. Es kommt hierbei nicht auf den Anteil der älteren Arbeitnehmer an. In welcher Zeit der Belegschaftsabbau von mindestens 20% zu erfolgen hat, ist umstritten[2]. Der kurzfristige drastische Personalabbau muß für den örtlichen Arbeitsmarkt von erheblicher Bedeutung sein. Gemeint ist hier wohl, daß der Befreiungstatbestand eintreten soll, wenn auch jüngere Arbeitnehmer im Falle der Entlassung auf dem örtlichen Arbeitsmarkt keinen Arbeitsplatz finden würden[3]. Örtlicher Arbeitsmarkt ist idR der Bezirk des zuständigen Arbeitsamts, uU auch der Bereich einer Nebenstelle. Nach der Weisungslage der Bundesanstalt für Arbeit sind die regionalen Voraussetzungen gegeben, wenn der Betrieb sich in einem anerkannten Fördergebiet der regionalen Strukturpolitik befindet oder in dem Bezirk die Arbeitslosenquote oder die Dauer der Arbeitslosigkeit über dem Bundesdurchschnitt (West) liegt[4].

---

1 *Lohre/Mayer/Stevens-Bartol*, § 128 AFG Rz. 15; *Andresen*, Rz. 208.
2 BA, RdErlaß 11/94 Rz. 3.373 (2): Ausscheiden innerhalb von 3 Monaten; ebenso: *Lohre/Mayer/Stevens-Bartol*, § 128 AFG Rz. 15; *Hess*, Rz. 145; *Niesel/Brand*, § 128 AFG Rz. 65: 6–8 Monate; *Reichling/Reß*, S. 84: 3 Monate nicht ausreichend und rechtswidrig, wenn dabei Kündigungsfristen nicht eingehalten werden können.
3 *Gagel/Vogt*, Rz. 264.
4 BA, RdErlaß 11/94 Rz. 3.373 (4).

IV. Erstattung bei älteren Arbeitnehmern

Bei den Ausnahmeregelungen in § 128 Abs. 1 Satz 2 Nr. 6 und 7 AFG ist die Möglichkeit einer **Vorausentscheidung nach § 128 Abs. 7 Satz 2 AFG** wesentlich. Auf Antrag des Arbeitgebers entscheidet das Arbeitsamt, in dessen Bezirk der Betrieb bzw. das Unternehmen seinen Sitz hat, im voraus verbindlich, ob die Voraussetzungen für den Fortfall der Erstattungspflicht bei größerem Personalabbau vorliegen. Dazu müssen vorab die Tatbestandsmerkmale vom Arbeitgeber dargelegt und nachgewiesen werden. Sofern im Anschluß der Beschäftigungsabbau aus nicht vorhersehbaren Gründen geringer als ursprünglich geplant vorgenommen wird, ist die Befreiungsentscheidung gleichwohl nicht zurückzunehmen[1]. Eine Ausnahme gilt nur für Anwendungsfälle des § 45 Abs. 2 Satz 2 SGB X (fehlender Vertrauensschutz wegen arglistiger Täuschung, falscher oder unvollständiger Angaben, Kenntnis von der Rechtswidrigkeit des Befreiungsbescheids).

71

i) Unzumutbare Belastung

Nach § 128 Abs. 2 Nr. 2 AFG entfällt die Erstattungspflicht, wenn der Arbeitgeber darlegt und nachweist, daß die Erstattung für ihn eine unzumutbare Härte ist. Durch die Erstattungsforderung müssen entweder der **Fortbestand des Unternehmens oder die nach Durchführung des Personalabbaus verbleibenden Arbeitsplätze gefährdet** werden[2]. Für die Existenzgefährdung ist auf das erstattungspflichtige Unternehmen abzustellen, nicht auf den Betrieb oder Konzern[3]. Der Fortbestand des Unternehmens ist durch die Erstattungsforderung gefährdet, wenn ihre Erfüllung die Leistungsfähigkeit des Unternehmens überfordert. Eine Überforderung liegt vor, wenn die Erstattung zur Auflösung des Unternehmens führen würde. Dies ist anzunehmen, wenn das Unternehmen bereits an die Grenzen seines finanziellen Handlungsrahmens gestoßen ist und eine weitere zusätzliche Beanspruchung die Zahlungsunfähigkeit oder Überschuldung zur Folge hätte[4]. Nach der zweiten Alternative des § 128 Abs. 2 Nr. 2 AFG genügt für den Wegfall der Erstattungspflicht, daß durch sie die nach Durchführung des Personalabbaus, der zur Trennung von älteren Mitarbeitern geführt hat, die **verbleibenden Arbeitsplätze gefährdet** wären. Diese Gefährdung kann unterhalb der Existenzgefährdung des Unternehmens eintreten[5]. Der Verlust weiterer Arbeitsplätze droht, wenn die finanziellen Schwierigkeiten so erheblich und nachteilig sind, daß die Erstattung nicht aus dem Wertzuwachs des Unternehmens und dessen Erträgen aufgebracht werden kann; ein einmaliger Jahresfehlbetrag genügt nicht[6]. Aufgrund dieser Parallele zur Betriebsrentenrechtsprechung des BAG[7] ist es naheliegend, wenn der Arbeitgeber auch im Zusammenhang mit § 128 Abs. 2 Nr. 2 AFG auf eines der zu § 16

72

---

1 BA, RdErlaß 11/94 Rz. 3.374 (4).
2 Vgl. dazu *Droste*, BB 1994, 352.
3 *Lohre/Mayer/Stevens-Bartol*, § 128 AFG Rz. 16; *Hess*, Rz. 149; *Wissing*, NZA 1993, 385, 395; *Droste*, BB 1994, 352, 353.
4 *Hess*, Rz. 150; BA, RdErlaß 11/94 Rz. 3.42 (3).
5 *Niesel/Brand*, § 128 AFG Rz. 84.
6 *Hess*, Rz. 152; BA, RdErlaß 11/94 Rz. 3.43 (3).
7 ZB BAG v. 17. 10. 1995, DB 1996, 1425; BAG v. 17. 4. 1996, BB 1996, 2573.

BetrAVG entwickelten Modelle zurückgreift[1]. Liegen die Kriterien für einen Ausschluß der Anpassung nach § 16 BetrAVG vor, ist zu befürchten, daß der Arbeitgeber weitere Mitarbeiter entläßt, um die Kosten- und Gewinnsituation des Unternehmens auf eine für ihn akzeptable Basis zu stellen, wenn er Erstattungsforderungen des Arbeitsamts ausgesetzt ist. Ob die Voraussetzungen für ein Entfallen der Erstattungspflicht vorliegen, ist vom Arbeitgeber darzulegen und nachzuweisen, wobei zum Nachweis die Vorlage einer Stellungnahme einer fachkundigen Stelle erforderlich ist. Hierbei handelt es sich regelmäßig um ein Gutachten eines öffentlich bestellten oder vereidigten Sachverständigen, zB eines Wirtschaftsprüfers. In einfach gelagerten Fällen kann das Gutachten eines Steuerberaters oder Steuerbevollmächtigten genügen, sofern dieser auch schon in der Vergangenheit für den Arbeitgeber tätig war[2]. Die entstehenden Kosten sind vom Arbeitgeber zu tragen[3]. **Beurteilungszeitpunkt** für den Wegfall des Erstattungsanspruchs ist der Zeitpunkt der Entstehung des Arbeitslosengeldanspruchs, frühestens der Tag der Vollendung des 58. Lebensjahres des Arbeitslosen, für dessen Leistungen Erstattungsansprüche geltend gemacht werden. Nicht maßgeblich ist die Lage des Unternehmens im Zeitpunkt der Beendigung des Beschäftigungsverhältnisses[4]. Die Erstattungspflicht kann auch während eines Geschäftsjahres entfallen bzw. nach einer wirtschaftlichen Erholung wieder neu eintreten[5].

4. Minderung der Erstattungspflicht

73   Nach § 128 Abs. 3 AFG mindert sich die Erstattungspflicht bei **mehr als 20, aber weniger als 60 Arbeitnehmern.** Auf die Berechnungsregelung in § 128 Abs. 1 Satz 2 Nr. 2 AFG wird verwiesen; ebenfalls auf die den nachträglichen Eintritt des Befreiungstatbestandes des § 128 Abs. 1 Satz 2 Nr. 2 AFG regelnde Vorschrift des § 128 Abs. 2 Nr. 1 AFG, die entsprechend gilt.

5. Erlaß der Erstattungsforderung

74   Die Erstattungspflicht entfällt nach §§ 128 Abs. 6, 152 Abs. 5 AFG, wenn die Voraussetzungen für einen **Forderungserlaß** vorliegen. Die Entscheidung richtet sich nach der NiederschlagungsAO[6]. Ein Erlaß kommt in Betracht, wenn die Einziehung nach Lage des einzelnen Falles für den Anspruchsgegner eine unzumutbare Härte bedeuten würde.

---

1 *Droste*, BB 1994, 352.
2 BA, RdErlaß 11/94 Rz. 3.41 (1).
3 *Wissing*, NZA 1993, 385, 399; Hess, Rz. 153; BA, RdErlaß 11/94 Rz. 3.41 (1); aA *Niesel/Brand*, § 128 AFG Rz. 90.
4 *Lohre/Mayer/Stevens-Bartol*, § 128 AFG Rz. 16; BA, RdErlaß 11/94 Rz. 3.41 (2); aA (Zeitpunkt, in dem das Unternehmen konkret zur Erstattung aufgefordert wurde) *Andresen*, Rz. 215; *Weber/Ehrich/Hoß*, Handbuch der arbeitsrechtlichen Aufhebungsverträge, Teil 4, Rz. 269.
5 *Niesel/Brand*, § 128 AFG Rz. 81.
6 Abgedruckt zB in *Niesel*, § 152 AFG Rz. 46; *Hennig/Kühl/Heuer/Henke*, Anhänge III 32.

6. Beratungspflicht des Arbeitsamts

§ 128 Abs. 7 Satz 1 AFG regelt eine Beratungspflicht des Arbeitsamts zugunsten des Arbeitgebers. Diese Beratung erstreckt sich ua. auf die Unterrichtung über die rechtliche Bewertung von Sachverhalten (zB Beschäftigungszeiten, Dauer des Arbeitsverhältnisses), über die Auslegung unbestimmter Rechtsbegriffe und über zweckmäßiges Verhalten in der konkreten Situation. Eine verbindliche Entscheidung des Arbeitsamts über den Eintritt einer Erstattungsverpflichtung ist aber nur im Rahmen einer **Vorausentscheidung** gem. § 128 Abs. 7 Satz 2 AFG möglich, wobei sich diese Vorschrift auf die Ausnahmetatbestände nach § 128 Abs. 1 Satz 2 Nr. 6 und 7 AFG beschränkt.

75

7. Antrag auf aufschiebende Wirkung

Widerspruch und **Klage** gegen einen Erstattungsbescheid haben nach § 128c AFG **keine aufschiebende Wirkung.** Nach § 128c Abs. 2 AFG ist einstweiliger Rechtsschutz vor den Sozialgerichten entsprechend § 80 Abs. 5 VwGO möglich; ein entsprechender Antrag des Arbeitgebers kann schon vor Klageerhebung gestellt werden. Der einstweilige Rechtsschutz wird gewährt werden, wenn ernstliche Zweifel an der Rechtmäßigkeit des Verwaltungsaktes bestehen oder wenn die Vollziehung für den Zahlungspflichtigen eine unbillige, nicht durch überwiegende öffentliche Interessen gebotene Härte zur Folge hätte[1]. Es reicht aus, daß der Erfolg des Rechtsmittels im Hauptsacheverfahren ebenso wahrscheinlich ist wie der Mißerfolg. Die Unzumutbarkeit einer Erstattung gemäß § 128 Abs. 2 Nr. 2 AFG kann im Rahmen des Verfahrens nach § 128c AFG auch durch entsprechende Bestätigungen seitens der kreditgewährenden Banken glaubhaft gemacht werden. Die aufschiebende Wirkung ist auch dann anzuordnen, wenn schlüssiger und detailgetreuer Sachvortrag des Arbeitgebers vorliegt und das Arbeitsamt diesem Vortrag allein durch Anführung von in nichts begründeten Gemeinplätzen begegnet. Daß der Arbeitgeber keinen Stundungsantrag gestellt hat, führt nicht zur Verwirkung des Rechts auf einstweiligen Rechtsschutz.

76

8. Sog. 128er-Vereinbarung

Der Versuch mancher Arbeitgeber, mit einer sogenannten 128er-Vereinbarung die Erstattungspflicht zu vermeiden, hat keinen Erfolg. Eine Vereinbarung, die dem Arbeitnehmer die Pflicht auferlegt, keinen Antrag auf Arbeitslosengeld zu stellen, verstößt gegen § 32 Abs. 1 SGB I und ist **unwirksam**[2]. Auf die Unwirk-

77

---

1 So bereits: LSG NRW, Beschluß v. 26. 1. 1995 – L 12 SAr 4/95, nv., vor Einfügung des § 128c AFG durch das Gesetz zur Änderung des SGB VI und anderer Gesetze v. 15. 12. 1995; SG Frankfurt v. 12. 6. 1996, WiB 1997, 596; SG Wiesbaden v. 16. 2. 1996, WiB 1997, 597; SG Detmold v. 8. 7. 1996, NZA-RR 1997, 152; SG Stuttgart v. 3. 4. 1995, WiB 1997, 598; LSG Baden-Württemberg v. 24. 2. 1997, NZS 1997, 440; zum Streitwert im einstweiligen Anordnungsverfahren SG Wiesbaden v. 4. 10. 1996, NZS 1997, 296; im einzelnen *Plagemann/Stolz*, WiB 1997, 568.
2 BSG v. 24. 3. 1988, BB 1988, 1964; BAG v. 22. 6. 1989, EzA § 128 AFG Nr. 2.

samkeit hat das Arbeitsamt bei Kenntnis den ausgeschiedenen Arbeitnehmer hinzuweisen. Rechtlich wirksam in einem Aufhebungsvertrag dürfte demgegenüber die Vereinbarung sein, in der sich der Arbeitnehmer verpflichtet, die geleistete Abfindung in Höhe des von dem Arbeitgeber an die Bundesanstalt für Arbeit zu erstattenden Betrages zurückzuzahlen[1]. Eine Sozialplanregelung, nach der die Erstattungsansprüche der Bundesanstalt für Arbeit gegen den Arbeitgeber allein auf die Abfindungen der Arbeitnehmer angerechnet werden, für die der Arbeitgeber das Arbeitslosengeld zu erstatten hat, verstößt aber gegen § 75 BetrVG[2].

V. Erstattung des Arbeitslosengeldes durch den Arbeitgeber bei nachvertraglichem Wettbewerbsverbot (§ 128a AFG)

78 Der Arbeitgeber hat der Bundesanstalt für Arbeit nach § 128a AFG (seit 1. 1. 1998: § 148 SGB III) das Arbeitslosengeld einschließlich der Beträge zur gesetzlichen Kranken-, Renten- und Pflegeversicherung zu erstatten, das die Bundesanstalt für Arbeit **für die Dauer des nachvertraglichen Wettbewerbsverbots** an den Arbeitnehmer leistet. Allerdings muß die Wettbewerbsbeschränkung nach dem 31. 12. 1981 vereinbart worden sein. § 128a AFG ist auf Arbeitslosenhilfe anwendbar. Der Grundgedanke ist, daß durch die Wettbewerbsabrede die Vermittlungsmöglichkeit der Bundesanstalt für Arbeit typischerweise behindert wird. § 128a AFG fordert keinen Nachweis, daß durch das Wettbewerbsverbot eine Vermittlung des Arbeitslosen tatsächlich verhindert wurde[3]. Die Vorschrift ist verfassungsgemäß[4]. Die Erstattungspflicht trifft nicht nur den Arbeitgeber, mit dem das letzte Beschäftigungsverhältnis vor der Arbeitslosigkeit bestand, sondern **jeden Arbeitgeber,** mit dem ein Wettbewerbsverbot vereinbart wurde, das die Vermittlung des Arbeitslosen auf dem Arbeitsmarkt zu erschweren geeignet ist[5]. Eine Zwischenbeschäftigung ändert also nichts. Mit „bisherigem Arbeitgeber" hat der Gesetzgeber nicht nur den letzten Arbeitgeber gemeint, sondern den Arbeitgeber, der Rechte aus einer Wettbewerbsabrede hat. Beschränkt in seiner beruflichen Tätigkeit als Arbeitnehmer ist der Arbeitslose, wenn sich die Vereinbarung auf eine zukünftige abhängige Beschäftigung bezieht. Einschränkungen zukünftiger selbständiger Tätigkeiten lösen die Erstattungspflicht nicht aus. Unter Umständen kann auch ein nichtiges oder unwirksames Wettbewerbsverbot die Erstattungspflicht auslösen, nämlich dann, wenn die Parteien sich hieran gebunden halten[6]. Sie kann auch bestehen, wenn die

---

1 *Bauer,* Arbeitsrechtliche Aufhebungsverträge, Rz. 1094; *Weber/Ehrich/Hoß,* Handbuch der arbeitsrechtlichen Aufhebungsverträge, Teil 4, Rz. 278.
2 BAG v. 26. 6. 1990, NZA 1991, 111.
3 BSG v. 9. 11. 1989, SozR 4100 § 128a Nr. 3; BSG v. 24. 9. 1992, NZA 1993, 117.
4 BSG v. 24. 9. 1992, NZS 1993, 117; eine Verfassungsbeschwerde ist beim BVerfG unter dem Aktenzeichen 1 BvR 2296/96 anhängig.
5 BSG v. 13. 3. 1990, NZA 1990, 911.
6 *Gagel/Vogt,* Beendigung, Rz. 275.

Wettbewerbsklausel erst nach dem Ende des Arbeitsverhältnisses vereinbart wird[1]. § 128c AFG (seit 1. 1. 1998 insoweit § 149 SGB III) gilt auch bei dieser Erstattungspflicht.

Die **Erstattungspflicht entfällt,** wenn der Arbeitgeber auf die Wettbewerbsbeschränkung – auch außerhalb des arbeitsrechtlich wirksamen Verzichts nach § 75a HGB – verzichtet. Dabei genügt der Verzicht auf die Beschränkung der beruflichen Tätigkeit als Arbeitnehmer; das Verbot selbständiger Tätigkeit kann bestehen bleiben[2]. Mit dem Verzicht entfällt die Erstattungspflicht; arbeitsrechtliche Ansprüche des ehemaligen Arbeitnehmers auf Karenzentschädigung bleiben aber unberührt. Die Erstattungspflicht tritt aber überhaupt nur und erst dann ein, wenn und sobald der Arbeitgeber vom Arbeitsamt darüber belehrt (vgl. § 14 SGB I) worden ist, daß er den Erstattungsanspruch durch Verzicht auf das Wettbewerbsverbot ausschließen kann[3], es sei denn ein Verzicht des Arbeitgebers erscheint von vornherein ausgeschlossen. 79

Das Arbeitslosengeld kann auf die Karenzentschädigung angerechnet werden (§ 128 Abs. 1 Satz 3 AFG), soweit beide zusammen mehr als 110% (vgl. § 74c HGB) der zuletzt bezogenen Leistungen betragen[4]. Das Recht zur Anrechnung bezieht sich aber nur auf den Nettobetrag des Arbeitslosengeldes; die Beiträge zur Kranken- und Rentenversicherung können nicht angerechnet werden[5]. Beim Geschäftsführer einer GmbH soll das erhaltene Arbeitslosengeld ohne Berücksichtigung des § 74c HGB auf die Karenzentschädigung anzurechnen sein, falls die GmbH erstattungspflichtig ist[6]. 80

VI. Erstattung des Arbeitslosengeldes durch den Arbeitgeber bei Ablösung (§ 128b AFG)

§ 128b (das SGB III enthält keine entsprechende Vorschrift) regelt die **Erstattung des Arbeitslosengeldes bei Forderung einer Ablösung.** Auch hier ist Regelungsgrund ein Verhalten des bisherigen Arbeitgebers, durch das er die Arbeitsaufnahme des Arbeitslosen behindert. § 128b AFG setzt keine Kausalität zwischen Ablösesumme und verlängerter Arbeitslosigkeit voraus. Wie bei § 128a AFG entfällt die Erstattungspflicht, wenn der Arbeitgeber vom Arbeitsamt nicht darüber belehrt wurde, daß er zur Vermeidung der Erstattungszahlung auf die Ablöseforderung verzichten kann. 81

---

1 BSG v. 9. 11. 1989, SozR 4100, § 128a Nr. 3 (bej., wenn die Abrede geschlossen wurde, um Arbeitgeber vor Schaden zu bewahren); BSG v. 23. 2. 1989, NZA 1989, 774 (vern., wenn Abrede im Interesse des Arbeitnehmers geschlossen wurde).
2 BSG v. 24. 9. 1992, NZA 1993, 117.
3 BSG v. 27. 4. 1989, NZA 1989, 981; BSG v. 28. 6. 1990, NZA 1990, 920; *Beise,* BB 1994, 1110.
4 BAG v. 22. 5. 1990, BB 1990, 2337.
5 BAG v. 27. 11. 1991, NZA 1992, 800.
6 BGH v. 15. 4. 1991, BB 1991, 1640.

VII. Gesetz zur Reform der Arbeitsförderung vom 24. 3. 1997

82 Die nachfolgenden Ausführungen beschränken sich auf die seit dem 1. 4. 1997 geltenden Neuerungen der Vorschriften, die zu den bisher geltenden Regelungen im AFG in diesem Beitrag behandelt wurden.

1. Abschaffung der Sonderregelung bei der Versicherungspflicht

83 § 169a AFG regelte iVm. § 102 AFG die Beitragsfreiheit bei kurzzeitiger, geringfügiger Beschäftigung. § 102 AFG ist mit Wirkung zum 1. 4. 1997 aufgehoben worden. Der neue § 169a AFG bestimmt, daß **Arbeitnehmer in einer geringfügigen Beschäftigung (§ 8 SGB IV) beitragsfrei** sind. Damit gilt in der Arbeitslosenversicherung – wie für die übrigen Bereiche der Sozialversicherung – die Geringfügigkeitsgrenze des § 8 SGB IV. Im Gegensatz zum bisherigen Recht werden mehrere geringfügige Beschäftigungen zusammengerechnet. In § 169a Abs. 2 AFG sind Ausnahmen von der Beitragsfreiheit geregelt. Die Rechtsänderung hat zur Folge, daß Arbeitnehmer, die eine mehr als geringfügige, aber kurzzeitige Beschäftigung ausüben, seit dem 1. 4. 1997 der Arbeitslosenversicherung unterliegen. Bezweckt wird insbesondere eine Verbesserung des sozialen Schutzes von Teilzeitbeschäftigten[1]. Die **Übergangsregelung** ist in § 242y AFG enthalten. Sie soll Arbeitslosen, die eine mehr als geringfügige, aber nach bisherigem Recht kurzzeitige Beschäftigung ausüben, eine ausreichende Zeit geben, sich auf die neue Rechtslage einzustellen. Ob ein Arbeitnehmer bis zum 31. 12. 1997 arbeitslos ist, beurteilt sich weiterhin nach der bis zum 31. 3. 1997 gültigen Kurzzeitigkeitsgrenze. Nach § 242y Abs. 2 AFG besteht (nur) für Bezieher von Arbeitslosengeld bzw. -hilfe bis zum 31. 12. 1997 unter den dort genannten Voraussetzungen weiterhin Beitragsfreiheit. Werden diese Leistungen nicht bezogen, besteht ab 1. 4. 1997 Beitragspflicht, es sei denn, die Leistung ruht[2].

2. Begriff der Arbeitslosigkeit

84 Entsprechend der Regelung in dem neuen § 169a AFG ist auch der Begriff der Arbeitslosigkeit **in § 101 Abs. 1 AFG neu gefaßt** worden. Auch hierzu befindet sich die Übergangsregelung in § 242y AFG.

3. Anrechnung von Abfindungen auf das Arbeitslosengeld

85 Die Neuregelung zur Anrechnung von Abfindungen auf das Arbeitslosengeld findet sich in § 115a AFG, der seit dem 1. 1. 1998 vom inhaltsgleichen § 140 SGB

---

1 *Marburger*, BB 1997, 1045, 1064; *Scherle/Arians*, NZS 1997, 212, 214; *Gaul*, NJW 1997, 1465; *Bauer*, DB 1997, 726; *Niesel*, NZA 1997, 580, 582; *Marschner*, ZTR 1997, 308, 311.
2 *Niesel*, NZA 1997, 580, 582; *Bauer*, DB 1997, 726; *Scherle/Arians*, NZS 1997, 212, 214; o. Verf., BB 1997, 1263.

III abgelöst wurde[1]. Gleichzeitig werden die bislang geltenden Vorschriften über das Ruhen des Arbeitslosengeldes (§ 117 Abs. 2 bis 3a AFG und § 117a AFG) und § 110 Satz 1 Nr. 1a AFG aufgehoben. Zur Wahrung des Vertrauensschutzes besteht eine Übergangsvorschrift, die dazu führt, daß **bis ins Jahr 1999 zwei unterschiedliche Regelungen für die Behandlung von Abfindungen** beim Bezug von Arbeitslosengeld bestehen. Im Rahmen des 1. SGB III-ÄndG vom 19. 12. 1997 (BGBl. I, 2970) hat der Gesetzgeber bereits wieder Änderungen an § 115a AFG (und an § 140 SGB III) vorgenommen. Diese Änderungen wurden in bezug auf § 115a AFG rückwirkend zum 1. 4. 1997 in Kraft gesetzt.

§ 242x Abs. 3 AFG enthält die **Übergangsregelung,** die gem. § 427 Abs. 6 SGB III auch über den 31. 12. 1997 hinaus anzuwenden ist. Nach § 242x Abs. 3 Nr. 1 AFG gelten die bisherigen Regelungen des AFG über die Behandlung von Abfindungen weiter für Arbeitslose, die vor dem 1. 4. 1997, aber innerhalb der Rahmenfrist von 3 Jahren (§ 104 Abs. 3 AFG) mindestens 360 Kalendertage in einer die Beitragspflicht begründenden Beschäftigung gestanden haben. Die Rahmenfrist geht nach § 104 Abs. 2 AFG dem ersten Tag der Arbeitslosigkeit unmittelbar voraus, an dem die sonstigen Voraussetzungen für den Anspruch auf Arbeitslosengeld erfüllt sind oder nach § 105 AFG als erfüllt gelten. Die alte Rechtslage gilt damit für Arbeitnehmer, die spätestens am 1. 4. 1996 eine beitragspflichtige Beschäftigung aufgenommen und diese ununterbrochen bis zum 31. 3. 1997 ausgeübt haben. Arbeitnehmer, deren Anspruch auf Arbeitslosengeld am 6. 4. 1999 entsteht und die innerhalb der Rahmenfrist (6. 4. 1996 bis 5. 4. 1999) 360 Kalendertage vor dem 1. 4. 1997 eine beitragspflichtige Beschäftigung ausgeübt haben, fallen gerade noch unter die alte Regelung. 86

Beispiel:[2]
Beschäftigung von 1966 bis 1992, dann Bezug von Arbeitslosengeld. Neue Beschäftigung vom 1. 5. 1995 bis 31. 10. 1995 (184 Tage), 1. 3. 1996 bis 5. 4. 1996 (36 Tage) und 11. 1. bis 31. 5. 1997 (140 Tage). Die neue Arbeitslosengeld-Anwartschaft wird erst nach dem 1. 4. 1997 erfüllt. § 115a AFG findet Anwendung.

Daneben ist das bisherige Recht nach § 242x Abs. 3 Satz 1 Nr. 2 und 3 AFG insbesondere auch auf die Personen anzuwenden, die nach § 237 Abs. 2 SGB VI in der Rentenversicherung bei der Einschränkung der Altersrente wegen Arbeitslosigkeit oder Teilzeitarbeit Vertrauensschutz genießen[3].

4. Dauer des Anspruchs auf Arbeitslosengeld

Nach wie vor beträgt nach § 106 Abs. 1 AFG die Dauer des Arbeitslosengeldanspruchs **156 Tage** (Werktage bei einer 6-Tage-Woche). Der Anspruch verlängert sich entsprechend der Dauer der beitragspflichtigen Beschäftigung und des 87

---
1 Vgl. zum Inhalt deshalb Rz. 108.
2 Beispiel von *Rittweger,* NZS 1997, 516, 517.
3 *Niesel,* NZA 1997, 580, 582; *Bauer/Röder,* BB 1997, 834, 838, 839; *Rolfs,* NZA 1997, 793, 794, 795; *Rittweger,* NZS 1997, 364; *Rockstroh,* DB 1997, 2613, 2616.

Alters des Arbeitslosen nach einer in § 106 Abs. 1 AFG enthaltenen Tabelle. Das Lebensalter für die verlängerten Bezugszeiten wurde jeweils um 3 Jahre heraufgesetzt. Die **Tabelle** hat nunmehr folgende Fassung (die bisherigen Alterszahlen befinden sich in Klammern):

Die Anspruchsdauer beträgt

nach einer die Beitragspflicht begründenden Beschäftigung von insgesamt mindestens ... Kalendertagen	und nach Vollendung des ... Lebensjahres	... Tage
480	–	208
600	–	260
720	–	312
840	45. (42.)	364
960	45. (42.)	416
1080	45. (42.)	468
1200	47. (44.)	520
1320	47. (44.)	572
1440	52. (49.)	624
1560	52. (49.)	676
1680	57. (54.)	728
1800	57. (54.)	780
1920	57. (54.)	832

88 § 242x Abs. 3 AFG (iVm. § 427 Abs. 6 SGB III) enthält die **Übergangsregelung**. Hiernach gilt die bisherige Anspruchsdauer insbesondere weiter, wenn der Arbeitslose innerhalb der Rahmenfrist (§ 104 Abs. 3 AFG) mindestens 360 Kalendertage vor dem 1. 4. 1997 in einer beitragspflichtigen Beschäftigung gestanden hat, vor dem 7. 4. 1999 arbeitslos wird, sich bis zum 6. 4. 1999 arbeitslos meldet und Arbeitslosengeld beantragt. Die Übergangsregelung gilt aber auch für Arbeitslose, die bis zum 14. 2. 1941 geboren sind und am 14. 2. 1996 arbeitslos waren, oder deren Arbeitsverhältnis aufgrund Kündigung oder Vereinbarung, die vor dem 14. 2. 1996 erfolgte, nach dem 13. 2. 1996 beendet wurde und die daran anschließend arbeitslos geworden sind[1].

5. Aufhebung des § 128 AFG

89 § 128 AFG, der die Erstattungspflicht des Arbeitgebers hinsichtlich des Arbeitslosengeldes regelt, ist zum 1. 4. 1997 aufgehoben worden. Auch das SGB III sieht **keine Erstattungspflicht der Arbeitgeber** vor. Die Übergangsregelung ist in § 242x Abs. 6 AFG und § 431 SGB III enthalten. Danach ist § 128 AFG auf die Fälle weiter anzuwenden, auf die nach der Übergangsregelung in § 242x Abs. 3 AFG die §§ 117 Abs. 2–3a und 117a AFG in der bis zum 31. 3. 1997 geltenden Fassung weiter anzuwenden sind[2].

---

1 *Baur*, DB 1997, 726, 727; *Scherle/Arians*, NZS 1997, 212, 216; *Marburger*, BB 1997, 1045, 1047, 1048.
2 *Mutschler*, NZS 1997, 297; *Bauer/Röder*, BB 1997, 834, 839; *Scherle/Arians*, NZS 1997, 212, 218.

VIII. SGB III

Das am 1. 1. 1998 in Kraft getretene SGB III enthält das durch das AFRG vom 27. 3. 1997 grundlegend umgestaltete Arbeitsförderungsrecht. Die Vorschriften über das Insolvenzgeld gelten erst ab dem 1. 1. 1999. Noch vor seinem Inkrafttreten ist das Gesetz durch das 1. SGB III-ÄndG modifiziert worden. Aufgrund von Übergangsvorschriften sind auf bestimmte Sachverhalte noch die Regelungen des AFG anzuwenden. 90

1. Überblick

Das SGB III ist **keine allumfassende inhaltliche Reform.** Das Gesetz enthält die aus dem AFG bekannten Begriffe, Regelungsmechanismen und Leistungstypen. Neue Leistungsarten sind aber hinzugetreten, bisherige Instrumentarien des Arbeitsförderungsrechts werden weiterentwickelt, und es werden diejenigen Regelungen übernommen, die zum 1. 4. 1997 in das Arbeitsförderungsrecht aufgenommen worden waren. Angestrebt ist, den **Vorrang der aktiven Arbeitsförderung** vor der Zahlung von Lohnersatzleistungen zur Geltung zu bringen[1]. § 2 SGB III unterstreicht die besondere Verantwortung von Arbeitgebern und Arbeitnehmern und ist ein Appell des Gesetzgebers, aber nicht mehr[2]. 91

Kapitel 4 (§§ 45 bis 216) regelt die **Leistungen an Arbeitnehmer:** 92
▶ Zuschüsse zu Bewerbungs- und Reisekosten (§§ 45 bis 47),
▶ Weiterzahlung von Arbeitslosengeld oder Arbeitslosenhilfe während Trainingsmaßnahmen (§§ 48 bis 52),
▶ Mobilitätshilfen bei Aufnahme einer Beschäftigung (§§ 53 bis 55),
▶ Arbeitnehmerhilfe: zeitlich begrenzter täglicher Zuschuß für ehemalige Arbeitslosehilfe-Empfänger, die eine befristete Beschäftigung aufnehmen (§ 56),
▶ Überbrückungsgeld für Leistungsbezieher, die eine selbständige Tätigkeit aufnehmen, in Form der Fortzahlung der bisherigen Leistung für bis zu 6 Monate (§§ 57, 58),
▶ VIII. SGB III
▶ Förderung der Berufsausbildung (§§ 57 bis 76),
▶ Förderung der beruflichen Weiterbildung (§§ 77 bis 96),
▶ Förderung der beruflichen Rehabilitation von Behinderten (§§ 97 bis 115),
▶ Arbeitslosengeld und Teilarbeitslosengeld (§§ 116 bis 152),
▶ Unterhaltsgeld und Teilunterhaltsgeld (§§ 153 bis 159),
▶ Überbrückungsgeld (§§ 160 bis 168),
▶ Kurzarbeitergeld (§§ 169 bis 182),
▶ Insolvenzgeld (§§ 183 bis 194),
▶ Arbeitslosenhilfe (§§ 209 bis 216),
▶ Winterbauförderung (§§ 207 bis 216).

---
1 Vgl. *Marburger*, BB 1998, 266.
2 *Beckschulze*, BB 1998, 791; *Bauer/Haußmann*, NZA 1997, 1100; *Niesel*, NZA 1997, 580, 584; aA *Schaub*, NZA 1997, 810.

93 **Kapitel 5 (§§ 217 bis 239)** regelt die **Leistungen an Arbeitgeber:**

▶ Eingliederungszuschüsse bei Einstellung von Langzeitarbeitslosen, Älteren und Berufsrückkehrern (§§ 217 bis 224): Die bisherigen Lohnkostenzuschüsse wurden um neue Zuschußarten ergänzt.

▶ Einstellungszuschuß bei Neugründungen (§§ 225 bis 228): Arbeitgebern, die sich in den letzten 5 Jahren selbständig gemacht haben und höchstens 5 Arbeitnehmer beschäftigen, können für die Einstellung arbeitsloser Leistungsbezieher, von ABM-Beschäftigten oder Teilnehmern an Weiterbildungsmaßnahmen bis zu einem Jahr Zuschüsse von 50% des Entgelts erhalten[1].

▶ **Eingliederungsvertrag** (§§ 229 bis 234): Er hat zum Ziel, Arbeitgeber, die Langzeitarbeitslose oder schwer vermittelbare Arbeitslose probeweise beschäftigen, von verschiedenen arbeitsrechtlichen Risiken und Beschränkungen zu entlasten. Mit Zustimmung des Arbeitsamtes wird für mindestens 2 Wochen und höchstens 6 Monate ein Beschäftigungsverhältnis eigener Art begründet, auf das die Vorschriften des Arbeits- und Sozialversicherungsrechts grundsätzlich anwendbar sind. Der Arbeitgeber wird aber von bestimmten Lasten (Entgeltfortzahlung bei Krankheit, Urlaub und außerbetrieblicher Fortbildung, Kündigungsvorschriften) befreit[2]. Die Eingliederung kann jederzeit ohne Angaben von Gründen für gescheitert erklärt werden; dadurch wird der Vertrag aufgelöst. Auch Teilzeit-Eingliederungsverträge sind zulässig, wobei die Geringfügigkeitsgrenze des § 8 SGB IV aber überschritten werden muß.

▶ Zuschüsse zu Ausbildungsvergütungen und Leistungen zur Ausbildung und Beschäftigung von Behinderten (§§ 235 bis 239).

94 **Kapitel 6 (§§ 240 bis 279)** regelt **die Leistungen an Träger**. Hier sind insbesondere zu erwähnen:

▶ **Förderung beschäftigungswirksamer Sozialpläne** (§§ 254 bis 259): Grundgedanke der Regelung ist, den Betriebspartnern einen Anreiz zu geben, in Sozialplänen nicht wie bislang überwiegend Abfindungen vorzusehen, sondern Finanzmittel für beschäftigungswirksame Maßnahmen einzusetzen. Das Arbeitsamt kann sich an der Finanzierung durch pauschale Zuschüsse beteiligen. Die Förderung ist dabei nicht auf bestimmte Eingliederungsinstrumente beschränkt und läßt deshalb Raum für alle zweckgerichteten Maßnahmen. Je geringer der Anteil der Abfindungen am Gesamtvolumen des Sozialplans ausfällt, desto höher ist der mögliche Zuschuß. Ein Rechtsanspruch auf Förderung oder eine bestimmte Zuschußsumme besteht nicht. Unbefriedigend ist, daß das Landesarbeitsamt vorab keine Entscheidung darüber trifft, ob und, wenn ja, in welchem Umfang tatsächlich Zuschüsse gewährt werden[3].

▶ Leistungen an Träger von Arbeitsbeschaffungsmaßnahmen (§§ 260 bis 271).

---

1 *Kopp*, NZS 1997, 456, 458.
2 Einzelheiten: *Hanau*, DB 1997, 1278; *Rolfs*, NZA 1998, 17, 19; *Kopp*, NZS 1997, 456, 457; bei den Arbeitsämtern ist ein Mustervertrag erhältlich.
3 Einzelheiten: *Kopp*, NZS 1997, 456, 457; *Rolfs*, NZA 1998, 17, 20; *Löwisch*, RdA 1997, 287; *Gaul*, NJW 1998, 644, 646 (zu den Änderungen nach dem 1. SGB III-ÄndG).

Kapitel 8 (§§ 309 bis 322) betrifft die **Melde-, Anzeige-, Bescheinigungs-, Auskunfts-, Mitwirkungs-, Berechnungs-, Auszahlungs- und Aufzeichnungspflichten.** Die Arbeitsbescheinigung ist in § 312 SGB III geregelt. In den üblichen Anwendungsfällen bestehen keine wesentlichen Unterschiede zu § 133 AFG. 95

Das **13. Kapitel** trifft Sonderregelungen für die Anwendung des Gesetzes in den **neuen Bundesländern** (§§ 408 bis 416) und regelt in den §§ 425 bis 433 den **Übergang vom AFG** zum SGB III. 96

2. Voraussetzungen, Dauer und Höhe des Arbeitslosengeldes, Sperrzeiten

Die Voraussetzungen für den Anspruch auf Arbeitslosengeld enthält § 117 SGB III[1]. Die bisherige Voraussetzung der Verfügbarkeit ist als Unterfall der Voraussetzung Arbeitslosigkeit geregelt. Wie bisher ist die Gewährung von Leistungen vor einer rechtswirksamen Antragstellung ausgeschlossen (§ 325 Abs. 2 SGB III). Der Begriff der Arbeitslosigkeit (§ 118 SGB III) beinhaltet zwei Tatbestandsmerkmale, nämlich die Beschäftigungslosigkeit und – das ist neu – das Bemühen um eine neue Beschäftigung (Beschäftigungssuche). **Beschäftigungslosigkeit** liegt vor, wenn der Betroffene keine oder nur eine solche Erwerbstätigkeit ausübt, die geringfügig ist[2]. Eine Sonderregelung sieht das Gesetz für die Beurteilung von selbständigen Nebentätigkeiten vor (§ 118 Abs. 3 SGB III). 97

Einzelheiten zur **Beschäftigungssuche** sind in § 119 SGB III geregelt. Der Begriff der Beschäftigungssuche umfaßt zwei Elemente: Der Arbeitslose muß der Arbeitsvermittlung des Arbeitsamtes zur Verfügung stehen, aber **auch selbst aktiv für seine berufliche Wiedereingliederung Sorge tragen.** Es reicht also künftig nicht mehr aus, daß Arbeitslose die Beschäftigungssuche allein dem Arbeitsamt überlassen. Arbeitslose müssen neben dem Beratungs- und Vermittlungsangebot des Arbeitsamtes alle sich bietenden Möglichkeiten nutzen, die zur Beendigung ihrer Beschäftigungslosigkeit geeignet sind, und sie müssen auf Verlangen ihre Eigenbemühungen nachweisen. Wer Eigenbemühungen ablehnt, im Verlauf der Arbeitslosigkeit nicht ausreichend betreibt oder trotz ausdrücklichen Verlangens nicht im erforderlichen Maße nachweist, riskiert die Ablehnung oder Aufhebung der Zahlung von Geldleistungen des Arbeitsamtes. Art und Umfang der geforderten Eigenbemühungen werden vom Gesetz aber nicht vorgegeben, sondern sind vom Einzelfall abhängig. Die Bundesanstalt für Arbeit kann Näheres durch Anordnung regeln (§ 152 Nr. 1 SGB III). Entscheidend dafür, daß der Arbeitslose der Arbeitsvermittlung zur Verfügung steht, ist, daß er durch nichts gehindert ist, insbesondere jederzeit das Arbeitsamt oder einen potentiellen Arbeitgeber aufzusuchen. Für die mindestens **58jährigen Arbeitslosen** gilt die befristete Sonderregelung des § 428 SGB III. 98

Die **zumutbaren Beschäftigungen** sind in § 121 SGB III geregelt. Die bisher in einer Anordnung des Verwaltungsrates der Bundesanstalt für Arbeit geregelte 99

---
1 Einzelheiten bei *Kopp*, NZS 1997, 456, 460; *Marschner*, ZTR 1998, 12, 14.
2 Zum Übergang von der Kurzzeitigkeitsgrenze zur Geringfügigkeitsgrenze vgl. Rz. 83, 84 und *Marschner*, ZTR 1998, 12, 13.

Zumutbarkeit wird jetzt abschließend im Gesetz selbst bestimmt. Die Neuregelung verzichtet auf den bisherigen zeitlich begrenzten Berufsschutz[1].

100 Wie bisher setzt ein Anspruch auf Arbeitslosengeld voraus, daß der Eintritt der Arbeitslosigkeit dem Arbeitsamt **persönlich gemeldet** wird (§ 122 SGB III). Die **rechtliche Wirkung dieser Meldung** wird **auf 3 Monate begrenzt.** Der Arbeitslose ist also verpflichtet, spätestens im Abstand von 3 Monaten persönlich mit dem Arbeitsamt in Kontakt zu treten, um den Leistungsanspruch zu erhalten. Zwischenzeitlich ist die Meldepflicht für ältere Arbeitslose vorläufig gelockert worden. Danach sollen sich Personen nicht mehr in jedem Quartal melden müssen, die das 55. Lebensjahr vollendet haben, die wegen in ihrer Person liegender Umstände nur besonders erschwert vermittelt werden können oder bei denen die Verpflichtung zur Erneuerung der Meldung unbillig hart wäre[2].

101 Unverändert setzt der Anspruch auf Arbeitslosengeld voraus, daß der Arbeitslose die **Anwartschaftszeit** erfüllt hat (§§ 123, 124 SGB III). Zeiten der Kindererziehung und der Pflege werden zugunsten von Arbeitslosen berücksichtigt.

102 Hinsichtlich der **Höhe des Arbeitslosengeldes** sind in den §§ 129 ff. SGB III einige Änderungen gegenüber dem bisherigen Recht enthalten[3]. Berechnungsbasis bleibt das Nettoarbeitsentgelt, das sich unter Berücksichtigung der für Arbeitnehmer gewöhnlich anfallenden gesetzlichen Lohnabzüge aus dem Bemessungsentgelt errechnet. Unverändert bleiben die Entgeltersatzquoten in Höhe von 67% bzw. 60% des maßgeblichen Leistungsentgelts. Die grundsätzliche Vermutung, daß der Arbeitslose das zuletzt erzielte Arbeitsentgelt auch in Zukunft erzielen kann, wird beibehalten (§ 132 SGB III). Bestimmte Zahlungen des früheren Arbeitgebers bleiben aber außer Betracht (§ 134 Abs. 1 Satz 2 SGB III). Es kommt nicht mehr darauf an, ob das innerhalb des Bemessungszeitraums erzielte Entgelt in der regelmäßigen Arbeitszeit oder in Überstunden erarbeitet wurde. Es werden also auch „**Mehrarbeitsstunden" einschließlich der darauf entfallenden Zuschläge** in die Bemessung einbezogen, was in vielen Fällen zu einer Erhöhung des Arbeitslosengeldes führen wird. Der Bemessungszeitraum des Arbeitslosengeldes ist von 6 auf 12 Monate verlängert worden. § 133 Abs. 1 SGB III enthält eine Bestandsschutzregelung hinsichtlich des Bemessungsrechts, die Nachteile für Arbeitslose, die eine im Vergleich zur bisherigen Arbeit niedriger entlohnte Beschäftigung aufnehmen, weitgehend verhindern soll.

103 Die **Dauer** des Anspruchs auf Arbeitslosengeld ist in den §§ 127, 128 SGB III geregelt. Nach § 139 SGB III wird das Arbeitslosengeld für Kalendertage geleistet; auf jeden Kalendertag entfällt ein Siebtel des wöchentlichen Arbeitslosengeldes. Eine Abweichung von der bis zum 31. 12. 1997 gültig gewesenen Vorschrift des § 114 AFG besteht darin, daß dort die Woche mit 6 Tagen angesetzt wurde (Übergangsvorschrift: § 427 Abs. 4 SGB III).

---

1 Zu verfassungsrechtlichen Bedenken dieses Verzichts: *Rolfs*, NZA 1998, 17, 22.
2 NJW-Wochenspiegel 1998, Heft 11.
3 *Kopp*, NZS 1997, 556, 463; *Marschner*, ZTR 1998, 12, 14.

VII. Gesetz zur Reform der Arbeitsförderung

104 Die Regelungen über die **Sperrzeit** (§ 144 SGB III) sind inhaltlich im wesentlichen unverändert geblieben. Die sich aus einer Sperrzeit ergebene Minderung der Anspruchsdauer wird in § 128 Abs. 1 Nr. 3, 4 SGB III bestimmt. Die Regelungen zum **Ruhen** aus § 117 Abs. 1 und 1a AFG finden sich in § 143 SGB III wieder.

105 § 207a SGB III sieht mit Wirkung zum 1. 4. 1998 vor, daß Bezieher u.a. von Arbeitslosengeld, die **privat kranken- bzw. pflegeversichert** sind, während des Bezugs einen Anspruch auf Übernahme dieser Beiträge haben. Allerdings ist diese Übernahme der Höhe nach auf die Beiträge begrenzt, die ohne eine Befreiung von der gesetzlichen Versicherung jeweils am 1. 1. des Vorjahres durchschnittlich als Beitrag der gesetzlichen Krankenkassen zu zahlen gewesen waren.

3. Teilarbeitslosengeld

106 Die Regelung zum Teilarbeitslosengeld (§ 150 SGB III) soll Arbeitnehmern, die eine von mehreren versicherungspflichtigen Beschäftigungen verlieren, einen angemessenen Ersatz des ausfallenden Arbeitsentgelts bieten. Nach bisherigem Recht stand einem Betroffenen, der zwei Teilzeitbeschäftigungen ausübte und in beiden Beschäftigungen Beiträge entrichtete, bei Verlust einer Beschäftigung trotzdem kein Arbeitslosengeld zu, weil infolge der weiterhin ausgeübten Beschäftigung Arbeitslosigkeit im Sinne des AFG nicht vorlag.

107 **Voraussetzung** für den Bezug von Teilarbeitslosengeld ist, daß der Arbeitslose in einer Rahmenfrist von 2 Jahren mindestens 12 Monate mindestens 2 jeweils für sich genommen versicherungspflichtige Teilzeitbeschäftigungen nebeneinander ausgeübt hat. Für das Teilarbeitslosengeld gelten grundsätzlich die Vorschriften über das Arbeitslosengeld. Es kann für längstens 6 Monate bezogen werden. Der Anspruch auf Teilarbeitslosengeld erlischt bei erneuter Aufnahme einer Beschäftigung oder selbständigen Tätigkeit für mehr als 2 Wochen oder mit einer Arbeitszeit von mehr als 5 Stunden wöchentlich.

4. Anrechnung von Abfindungen auf das Arbeitslosengeld

108 Die Neuregelung zur Anrechnung von Abfindungen auf das Arbeitslosengeld findet sich in **§ 140 SGB III**[1]. Im Rahmen des 1. SGB III-ÄndG vom 19. 12. 1997 hat der Gesetzgeber Änderungen auch an § 140 SGB III vorgenommen[2]. Es wurde ein Mindestfreibetrag von 10 000 DM eingeführt, und bei der Ermittlung der Freibeträge werden die Zeiten der Betriebszugehörigkeit stärker berücksichtigt als in der ursprünglichen Fassung. Die Änderungen des § 140 SGB III wurden zeitgleich mit dem Inkrafttreten des Gesetzes zum 1. 1. 1998 wirksam.

---

1 Zur rechtspolitischen und verfassungsrechtlichen Problematik der Neuregelung: *Bauer/Röder*, BB 1997, 834, 839; *Scherle/Arians*, NZS 1997, 212, 217, 218; *Schaffhausen*, ZIP 1997, 1005; *Rolfs*, DB 1996, 2126 und NZA 1997, 793, 796; *Ebert*, NZS 1998, 109.
2 *Rittweger*, NZS 1998, 73; *Bauer/Röder*, BB 1997, 2588; *Schließmann*, BB 1998, 318; *Kliemt*, NZA 1998, 173.

109 § 140 SGB III sieht eine Anrechnung von „Abfindungen, Entschädigungen oder ähnlichen Leistungen (Entlassungsentschädigung), die der Arbeitslose wegen der Beendigung des Arbeits- oder Beschäftigungsverhältnisses erhalten oder zu beanspruchen hat" vor. Die Neuregelung **differenziert nicht nach dem Beendigungsgrund** des Arbeitsverhältnisses. Sie gilt unabhängig vom Einhalten der ordentlichen Kündigungsfrist und unabhängig vom Zusammentreffen mit einem Sperrzeittatbestand. Sie beruht auf dem Grundgedanken, daß Abfindungen als Ausgleich für den Verlust des Arbeitsplatzes und die sich eventuell anschließende Arbeitslosigkeit dienen. Deshalb soll es zumutbar sein, daß der Arbeitslose seinen Lebensunterhalt zumindest anteilig mit der Abfindung bestreitet. Die im Rahmen von § 117 Abs. 2 Satz 1 AFG ergangene Rechtsprechung zu diesen Leistungen ist auf § 140 SGB III zu übertragen[1].

110 Die Anrechnung der Abfindung auf das Arbeitslosengeld erfolgt, soweit die in § 140 Abs. 2 SGB III geregelten Freibeträge überschritten werden. Aufgrund dieser Regelung ergibt sich folgende **„Freibetragstabelle"**[2]:

Dauer des Beschäftigungsverhältnisses[3]	Lebensalter am Ende des Beschäftigungsverhältnisses		
	unter 50 Jahre	ab vollendetem 50. Lebensjahr	ab vollendetem 55. Lebensjahr
weniger als 5 Jahre	25%	40%	45%
5– 9 Jahre	30%	40%	45%
10–14 Jahre	35%	40%	45%
15–19 Jahre	40%	40%	45%
20–24 Jahre	45%	45%	45%
25–29 Jahre	50%	50%	50%
30–34 Jahre	55%	55%	55%
35–39 Jahre		60%	60%
40–44 Jahre			65%
Mindestfreibetrag 10 000 DM			

111 Die Anrechnung der Entlassungsentschädigung auf das Arbeitslosengeld erfolgt – so die Klarstellung durch das 1. SGB III-ÄndG – nach Abzug von Steuern. Wie dieser Steuerabzug zu erfolgen hat, ergibt sich aus § 329 Abs. 2 SGB III. Das Arbeitsamt hat danach als Steuer einen Betrag in Höhe eines einheitlichen Prozentsatzes des steuerpflichtigen Teils der Entlassungsentschädigung anzusetzen, den die Bundesanstalt für Arbeit bestimmt. Der Gesetzgeber hat sich aus Vereinfachungsgründen für eine von den individuellen Verhältnissen losgelöste pauschale Betrachtungsweise entschieden. Der nach Abzug des Freibetrages verbleibende Teil der Abfindung wird **hälftig angerechnet,** indem das Arbeitslosengeld so lange nur zur Hälfte ausbezahlt wird, bis der den Freibetrag der Abfindung übersteigende Teil verbraucht ist. Die Anrechnungsmethode hat für den Arbeitslosen den Vorteil, daß er während der gesamten Dauer der

---

1 Bauer/Röder, BB 1997, 834, 835; vgl. auch den RdErlaß der Bundesanstalt für Arbeit und die Ausführungen oben Rz. 35.
2 Aus Bauer/Röder, BB 1997, 2588, 2589.
3 Zu Einzelfällen: Düwell, Fachanwalt Arbeitsrecht 1997, 8, 10, 11.

Anrechnung Empfänger einer Entgeltersatzleistung der Arbeitsförderung und als solcher automatisch in allen Sozialversicherungszweigen versichert ist[1]. Für die Rentenversicherung wird von der Bemessung des vollen Arbeitslosengeldes ausgegangen.

Von dieser Anrechnung der Abfindung sieht das Gesetz **Ausnahmen** vor: Unberücksichtigt bleiben nach § 140 Abs. 1 Satz 2 SGB III Leistungen, die ein Arbeitgeber unter den dort näher bestimmten Voraussetzungen nach § 187a SGB VI aufwendet, um Rentenminderungen zu vermindern oder auszugleichen, die sich gem. § 77 Abs. 2 SGB VI aus einer nach § 41 SGB VI möglichen vorzeitigen Inanspruchnahme einer Rente wegen Alters nach den §§ 36, 38, 39 SGB VI ergeben. In der Vereinbarung muß vorgesehen sein, daß ein bestimmter Anteil der Abfindung nicht ausbezahlt, sondern zum Zwecke des Rentenausgleichs vom Arbeitgeber unmittelbar an die Rentenkasse des Arbeitnehmers gezahlt wird. Entsprechendes gilt nach § 140 Abs. 1 Satz 3 SGB III bei Beiträgen zu berufsständischen Versorgungseinrichtungen. Nach der Dienstanweisung der Bundesanstalt für Arbeit wird die höchstmögliche Summe, die zum Ausgleich von Rentenminderungen anzuerkennen ist, durch eine Rentenauskunft nach § 109 SGB VI ermittelt. Leistungen im Rahmen von betrieblichen Versorgungseinrichtungen werden nicht privilegiert. Nicht privilegiert sind auch Leistungen an private Versicherungen oder Leistungen, die dem Arbeitnehmer mit der Zweckbindung gewährt werden, sich selbst eine Erhöhung seiner Altersversorgung zu verschaffen.

112

Nach § 140 Abs. 3 Satz 1 SGB III erfolgt keine Anrechnung, wenn der Arbeitnehmer durch eine neue Beschäftigung von mindestens 360 Kalendertagen die **Anwartschaftszeit für einen Anspruch auf Arbeitslosengeld erneut erfüllt.** Zeiten einer erneuten Beschäftigung bei dem Arbeitgeber, der die Abfindung zu leisten hat, zählen dabei nach § 140 Abs. 3 Satz 2 SGB III nicht. Konzernunternehmen gelten nach § 140 Abs. 3 Satz 3 SGB III als ein Arbeitgeber. Kooperationen zwischen nichtkonzerngebundenen Unternehmen werden aber wohl nicht ausgeschlossen[2]. Von den Regelungen in Satz 2 und Satz 3 enthält § 140 Abs. 3 Satz 4 SGB III eine Ausnahmeregelung. Solange also der alte Anspruch auf Arbeitslosengeld noch nicht erschöpft ist und der Arbeitnehmer bei erneuter Arbeitslosigkeit auf den bestehenden Restanspruch zurückgreift, wirkt sich die Entlassungsentschädigung weiterhin aus, wenn er nach zwischenzeitlich neuer Beschäftigung wieder arbeitslos wird.

113

§ 140 Abs. 4 SGB III sieht eine **Gleichwohlgewährung** mit der Folge des § 115a SGB X vor. Gegenstand des Anspruchsübergangs ist der Anspruch des Arbeitslosen auf die geschuldete Arbeitgeberleistung bis zur Hälfte des zustehenden Arbeitslosengeldes.

114

---

1 *Rockstroh*, DB 1997, 2613, 2614; *Rittweger*, NZS 1997, 516.
2 *Gaul*, NJW 1997, 1465, 1466; *Rolfs*, NZA 1997, 793, 797: „Arbeitsplatzwechselverträge"; *Rittweger*, NZS 1997, 364, 365; zur Behandlung rückwirkender Lohnerhöhungen als Ersatz für Abfindungen: *Rolfs*, NZA 1997, 793, 797, 798.

115 **Beispiel 1:**

47jähriger Arbeitnehmer; 12 Jahre Betriebszugehörigkeit, tägliches Arbeitslosengeld: 50 DM

Abfindung (steuerfrei): 14 000 DM

Freibetrag (35 v.H. = 4900 DM; deshalb hier: Mindestfreibetrag): 10 000 DM

Anrechnungsbetrag: 4000 DM

Die Dauer der Anrechnung in Tagen wird ermittelt, indem man den Anrechnungsbetrag durch die Hälfte des täglichen Arbeitslosengeldes (25 DM) teilt. Im Beispiel ergibt das 4000 DM dividiert durch 25 = 160. Für 160 Kalendertage erhält der Arbeitnehmer also nur die Hälfte des Arbeitslosengeldes ausgezahlt.

116 **Beispiel 2:**

58jähriger Arbeitnehmer; 24 Jahre Betriebszugehörigkeit, tägliches Arbeitslosengeld: 80 DM

Abfindung: 50 000 DM; steuerfrei davon 36 000 DM; Rest 14 000 DM, davon Steuern 1800 DM (vgl. § 329 Abs. 2 SGB III)

Anrechnungsfähig: 48 200 DM

Freibetrag: 45% (25% gem. § 140 Abs. 2 Satz 1 SGB III + 20% gem. § 140 Abs. 2 Satz 2 SGB III, der Mindestfreibetrag nach § 140 Abs. 2 Satz 3 Nr. 2 SGB III wird nicht überschritten[1]) = 21 690 DM

Anrechnungsbetrag: 26 510 DM

Dauer der Anrechnung: 662 Kalendertage (26 510 : 40)

Es wird aber auch eine **andere Berechnungsmethodik** vertreten[2]. Danach wird der **Freibetrag immer von der Bruttoabfindung** gerechnet. Danach erst werden die Steuern abgezogen. Der sich ergebende Saldo ist Berechnungsgrundlage für die anrechenbare Abfindung.

Abfindung: 50 000 DM

./. Freibetrag (45%):   22 500 DM
./. Steuern: 1 800 DM
= anrechenbare Abfindung   25 700 DM

Die Reform der Reform ist also nicht eindeutig.

117 Unverändert ist die Übergangsregelung geblieben[3].

---

[1] Anders HzA-aktuell 1/98, 38, wo gegen den Gesetzeswortlaut die Erhöhung des Freibetrages, die sich aus der Dauer der Betriebszugehörigkeit ergibt, immer dem Mindestfreibetrag nach § 140 Abs. 2 Satz 3 SGB III hinzuaddiert wird. Dadurch werden die Mindestfreibeträge zu Sockelfreibeträgen; vgl. auch *Kliemt*, NZA 1998, 173, 174.

[2] *Schließmann*, BB 1998, 318 gegen *Bauer/Röder*, BB 1997, 2588 und *Gaul*, NJW 1998, 644, 647.

[3] Vgl. Rz. 86.

5. Kurzarbeitergeld

Das Kurzarbeitergeld ist im SGB III neu geregelt worden[1]. Die Zahlung von Kurzarbeitergeld dient der Vermeidung von Arbeitslosigkeit bei **vorübergehenden Arbeitsausfällen**. Daneben wird Kurzarbeitergeld aber auch gewährt, wenn der Arbeitsausfall auf **strukturellen Veränderungen** beruht (§ 175 SGB III), also auch in bestimmten Fällen eines nicht nur vorübergehenden Arbeitsausfalls. Durch die Zahlung von Kurzarbeitergeld wird dem Arbeitgeber sein Betriebsrisiko teilweise abgenommen und auf die Arbeitslosenversicherung verlagert. 118

Nach § 169 SGB III haben Arbeitnehmer **Anspruch auf Kurzarbeitergeld,** wenn 119
▶ ein erheblicher Arbeitsausfall mit Entgeltausfall vorliegt (§ 170 SGB III),
▶ die betrieblichen Voraussetzungen erfüllt sind (§ 171 SGB III),
▶ die persönlichen Voraussetzungen vorliegen (§ 172 SGB III)
   und
▶ der Arbeitsausfall dem Arbeitsamt angezeigt worden ist (§ 173 SGB III).

Die Ursachen des **erheblichen Arbeitsausfalls** müssen außerhalb des Verantwortungsbereiches des Betriebes liegen. Wirtschaftliche Ursachen liegen bei Auftragsmangel oder Absatzschwierigkeiten infolge von Währungsschwankungen vor. Sie sind auch gegeben, wenn der Arbeitsausfall durch eine Veränderung der betrieblichen Strukturen verursacht wird, die durch die allgemeine wirtschaftliche Entwicklung bedingt ist (§ 170 Abs. 2 SGB III). Der **Arbeitsausfall** muß **vorübergehend** sein. Davon ist auszugehen, wenn unter Berücksichtigung der Umstände des Einzelfalles der von Kurzarbeit betroffene Betrieb in absehbarer Zeit wieder zur Vollarbeit übergehen kann. Ein vorübergehender Arbeitsausfall liegt nicht mehr vor, wenn der Arbeitsausfall die Dauer der gesetzlichen Bezugsfrist deutlich überschreiten wird[2]. Voraussetzung für die Erheblichkeit des Arbeitsausfalls ist ferner, daß **mindestens 1/3 der** im Betrieb beschäftigten **Arbeitnehmer** vom Arbeitsausfall betroffen ist (§ 170 Abs. 1 Nr. 4 SGB III). Bei diesen muß ein **Entgeltausfall von jeweils mehr als 10%** des üblicherweise erzielten Bruttoentgelts im Kalendermonat vorliegen. Der Arbeitsausfall muß nach § 170 Abs. 1 Nr. 3 SGB III **unvermeidbar** sein. Wann ein Arbeitsausfall nicht zu vermeiden ist, wird in § 170 Abs. 4 SGB III geregelt. Der Betrieb muß vor und während des Arbeitsausfalls alle betrieblichen Maßnahmen ergriffen haben, um die Kurzarbeit abzuwenden. 120

Die **betriebliche Anspruchsvoraussetzung** verlangt, daß in dem Betrieb regelmäßig mindestens ein Arbeitnehmer beschäftigt ist (§ 171 SGB III). Dabei ist von dem im Arbeitsrecht entwickelten Betriebsbegriff auszugehen[3]. 121

Kurzarbeitergeld wird nach der **persönlichen Anspruchsvoraussetzung** nur an Arbeitnehmer gezahlt, die eine beitragspflichtige Beschäftigung ungekündigt fortsetzen oder aus zwingenden Gründen aufnehmen (§ 172 SGB III). 122

---
1 Ausführlich *Hammer/Weiland,* BB 1997, 2582, woran sich die nachfolgende Darstellung orientiert; *Heinze,* RdA 1998, 14, 20.
2 BSG v. 17. 5. 1983, SozR 4100 § 63 Nr. 2.
3 BSG v. 30. 5. 1978, BB 1979, 111.

123 Die **Anzeige** über den Arbeitsausfall ist nach § 173 Abs. 1 SGB III schriftlich beim Arbeitsamt zu erstatten, in dessen Bezirk der Betrieb seinen Sitz hat. Zur Anzeige berechtigt sind nur der Arbeitgeber und die Betriebsvertretung, nicht aber der einzelne Arbeitnehmer, dessen Anspruch auf Kurzarbeitergeld durch die Anzeige begründet wird. Kurzarbeitergeld wird frühestens von dem Kalendermonat an geleistet, in dem die Anzeige über den Arbeitsausfall beim Arbeitsamt eingegangen ist. Bei Arbeitsausfällen infolge eines unabwendbaren Ereignisses gilt eine unverzüglich erstattete Anzeige als für den Kalendermonat, in dem der Arbeitsausfall eingetreten ist, erstattet.

124 Bei konjunkturell bedingten Arbeitsausfällen kann Kurzarbeitergeld grundsätzlich für die **Dauer** von 6 Monaten gewährt werden; für den Bezug von Kurzarbeitergeld bei strukturell bedingten Arbeitsausfällen (§ 175 SGB III) beträgt die gesetzliche Bezugsfrist 12 Monate (§ 177 SGB III). Nach § 182 SGB III kann das Bundesministerium für Arbeits- und Sozialordnung darüber hinaus bei außergewöhnlichen Verhältnissen auf dem Arbeitsmarkt durch Rechtsverordnung die Bezugsfristen verlängern. Derzeit kann Kurzarbeitergeld bei konjunkturell bedingten Arbeitsausfällen nach der Verordnung über die Verlängerung der Frist für den Bezug des Kurzarbeitergeldes in der Fassung vom 16. 7. 1997 bis zum 31. 3. 1999 für die Dauer von bis zu 15 Monaten bezogen werden[1]. Die Frist für den Bezug von Kurzarbeitergeld nach § 177 Abs. 1 Satz 3 SGB III in Verbindung mit § 175 SGB III beträgt z. Zt. 24 Monate[2].

125 Die **Höhe des Kurzarbeitergeldes** richtet sich an der Höhe des Arbeitslosengeldes aus. Für seine Bemessung ist der konkrete Entgeltausfall, den der Arbeitnehmer in einem Kalendermonat erleidet, maßgeblich (sogenannte Nettoentgeltdifferenz, § 179 SGB III). Mit Nettoentgelddifferenz wird der Differenzbetrag zwischen zwei Nettobeträgen bezeichnet, nämlich zum einen dem Nettobetrag, der sich aus dem ungeminderten Bruttoentgelt errechnet, das der Arbeitnehmer ohne die Kurzarbeit in dem Monat erzielt hätte (sogenanntes Sollentgelt), und zum zweiten dem Nettobetrag, der sich aus dem reduzierten, tatsächlich erzielten Bruttoentgelt ergibt (sogenanntes Istentgelt). Dabei werden die Nettobeträge nicht individuell, sondern als pauschalierte Leistungen berechnet[3].

126 Die Zahlung von Kurzarbeitergeld setzt die fristgemäße Antragstellung voraus. Der **Antrag auf Erstattung des Kurzarbeitergeldes** ist durch den Arbeitgeber oder die Betriebsvertretung schriftlich bei dem Arbeitsamt einzureichen (§§ 323 ff. SGB III). Er ist für den jeweiligen Kalendermonat innerhalb einer Ausschlußfrist von 3 Kalendermonaten zu stellen, wobei die Frist mit Ablauf des Anspruchszeitraumes beginnt, für den das Kurzarbeitergeld beantragt wird.

---

1 BGBl. I 1997, 1361.
2 BGBl. I 1997, 2641.
3 BArbBl. 4/1998, S. 37.

C. Arbeitnehmerüberlassungsrecht

	Rz.
I. Abgrenzungen	
1. Begriff der Arbeitnehmerüberlassung	1
2. Sonstige Vertragsformen	5
3. Arbeitsvermittlung	6
II. Rechtsquellen	7
1. Gesetzliche Vorschriften außerhalb des AÜG	8
2. Rechtsakte der Europäischen Union	9
III. Regelungsgegenstand und Regelungsinhalt des AÜG	
1. Gewerbliche Arbeitnehmerüberlassung	
a) Erlaubnisvorbehalt	11
b) Ausnahmen im AÜG vom Erlaubnisvorbehalt	13
c) Sondergesetzlich geregelte Ausnahmen	18
d) Gemeinschaftsbetrieb mehrerer Unternehmen	22
e) Personalführungsgesellschaften	23
2. Leiharbeitsverträge und Leiharbeitnehmerschutz im Verhältnis zwischen Verleiher und Leiharbeitnehmer	
a) Abschluß des Leiharbeitsvertrages	24
b) Urkunde über den Inhalt des Arbeitsverhältnisses und Aushändigung des Merkblattes der Erlaubnisbehörde	25
c) Befristetes Arbeitsverhältnis	26
d) Unwirksamkeit einer Kündigung bei wiederholter Wiedereinstellung innerhalb von 3 Monaten	28
e) Synchronisationsverbot	30
f) Unwirksamkeit nachvertraglicher Tätigkeits- und Einstellungsverbote	32
g) Leistungsverweigerungsrecht bei Arbeitskampf	33
h) Kündigungsfristen, Annahmeverzug	34
i) Auflagen der Landesarbeitsämter	36

	Rz.
j) Besonderheiten im Kündigungsrecht	37
3. Rechtsbeziehungen zwischen Entleiher und Leiharbeitnehmer	40
4. Rechtsfolgen illegaler Arbeitnehmerüberlassung	
a) Arbeitnehmerüberlassung ohne Erlaubnis	46
b) Umschlagen von Arbeitnehmerüberlassung in unerlaubte Arbeitsvermittlung	49
c) Verhältnis von § 1 Abs. 1 Satz 1 AÜG und § 1 Abs. 2 AÜG	55
IV. Ordnungswidrigkeiten, Straftaten	56
V. Sozialversicherungsrecht, Steuerrecht	57
VI. Abgrenzung zwischen Arbeitnehmerüberlassung und sonstigen Einsatzarten in Fremdbetrieben	
1. Abgrenzung der Arbeitnehmerüberlassung gegenüber dienst- und werkvertraglichen Einsätzen in Fremdbetrieben	59
a) Dreistufiges Prüfungsverfahren	61
b) Kriterien der Abgrenzung	62
c) Konsequenzen von Scheinwerk- und Scheindienstverträgen	73
2. Abgrenzung der Arbeitnehmerüberlassung gegenüber der Überlassung von Maschinen mit Bedienungspersonal	74
VII. Betriebsverfassungsrechtliche Besonderheiten beim Einsatz von Leiharbeitnehmern	
1. Zuordnung der Leiharbeitnehmer	75
2. Beteiligungsrechte vor dem Einsatz von Leiharbeitnehmern	76
3. Beteiligungsrechte während des Einsatzes von Leiharbeitnehmern	77
4. Nicht gewerbliche Arbeitnehmerüberlassung	79
5. Illegale Arbeitnehmerüberlassung	80

Schrifttum:

Bauer, Entleiher-Begriff und Umfang der erlaubten Mehrfachüberlassung nach dem AÜG, BB 1990, 1265; *Bauer,* Zum Nebeneinander erlaubter Arbeitnehmerüberlassung und erlaubter Arbeitsvermittlung, NZA 1995, 203; *Becker/Wulfgramm,* Arbeitnehmerüberlassungsgesetz, 3. Aufl. 1985, mit Nachtrag 1986; *Brötzmann/Musial,* Annahmeverzug und Meldepflicht im Arbeitnehmerüberlassungsgewerbe, NZA 1997, 17; *Düwell,* in Handbuch zum Arbeitsrecht, Gruppe 16 Arbeitnehmerüberlassung, Teil B Erläuterungen, Loseblatt; *Düwell,* Änderungen des AÜG durch das Arbeitsförderungs-Reformgesetz, BB 1997, 46; *Feuerborn,* Gestaltungsmöglichkeiten des Einsatzes von Fremdfirmenarbeitnehmern, WiB 1996, 198 und 229; *Feuerborn/Hamann,* Liberalisierung der Arbeitnehmerüberlassung durch das Arbeitsförderungs-Reformgesetz, BB 1997, 2530; *Fuchs,* Ausländerbeschäftigung, 1995; *Groeger,* Arbeitsrechtliche Aspekte des neuen Arbeitnehmerüberlassungsgesetzes, DB 1998, 470; *Hamann,* Erkennungsmerkmale der illegalen Arbeitnehmerüberlassung in Form von Scheindienst- und Scheinwerkverträgen, 1995; *Hamann,* Privatisierung der Arbeitsvermittlung und Arbeitnehmerüberlassung, NZS 1995, 493; *Hamann,* Beteiligungsrechte des Betriebsrats beim Einsatz von Fremdpersonal, WiB 1996, 369; *Hantl-Unthan,* in Arbeitsrecht-Blattei, Systematische Darstellungen, Ziff. 1100 Leiharbeitsverhältnis und Ziff. 1840 Zeitarbeit, Loseblatt; *Henssler,* Aufspaltung, Ausgliederung und Fremdvergabe, NZA 1994, 294; *Hunold,* Subunternehmer und freie Mitarbeiter, 3. Aufl. 1996; *Ivens,* Zur Abgrenzung des Dienst- und Werkvertrages von Arbeitsverhältnis und Arbeitnehmerüberlassung, WiB 1995, 694; *Kania,* Überlassung von Maschinen mit Bedienungspersonal, NZA 1994, 871; *Kaufmann,* Arbeitnehmerüberlassung 1998 (RWS-Skript 294); *Marschall,* Bekämpfung illegaler Beschäftigung, 2. Aufl. 1994; *Marschner,* Die Abgrenzung der Arbeitnehmerüberlassung von anderen Formen des Personaleinsatzes, NZA 1995, 668; *Mettlach,* in Handwörterbuch des Arbeitsrechts, Ziff. 1170 Leiharbeitsverhältnis, Loseblatt; *Niebler/Biebl/Ulrich,* Arbeitnehmerüberlassungsgesetz, 1996; *Sahl/Bachner,* Die Neuregelung der Arbeitnehmerüberlassung im Baugewerbe, NZA 1994, 1063; *Sandmann/Marschall,* Arbeitnehmerüberlassungsgesetz, Loseblatt; *Schüren,* Arbeitnehmerüberlassungsgesetz, 1994; *Schüren,* Das Synchronisationsverbot bei gewerbsmäßiger Arbeitnehmerüberlassung, Festschrift für Otto Rudolf Kissel, 1994, S. 1037; *Schüren/Diebold,* Sozialversicherung bei Arbeitnehmerüberlassung, NZS 1994, 241 und 296; *Vögele/Stein,* Fremdfirmen im Unternehmen, 1996.

I. Abgrenzungen

1. Begriff der Arbeitnehmerüberlassung

1   Arbeitnehmerüberlassung liegt vor, wenn ein Arbeitgeber (Verleiher) einem Dritten (Entleiher) vorübergehend einen bei ihm angestellten Arbeitnehmer (Leiharbeitnehmer) zur Verfügung stellt, den dieser nach seinen Vorstellungen und Zielen in seinem Betrieb wie einen eigenen Arbeitnehmer einsetzt; der Arbeitnehmer muß **in den Betrieb des Dritten eingegliedert** sein und dessen Weisungen hinsichtlich der Arbeitsausführung unterliegen[1]. Daß der Arbeitnehmer aufgrund seines Arbeitsvertrages Weisungen des Dritten zu befolgen hat, genügt allein nicht; erforderlich ist, daß er innerhalb der Betriebsorganisation des Dritten für diesen und nicht weiterhin allein für seinen Arbeitgeber tätig wird[2]. Bei der Arbeitnehmerüberlassung erschöpft sich der Betriebs-

---

1 BAG v. 1. 6. 1994, DB 1994, 2549; BAG v. 26. 4. 1995, NZA 1996, 92.
2 BAG v. 22. 6. 1994, DB 1995, 981.

I. Abgrenzungen

zweck des Arbeitgebers darin, Dritten Arbeitnehmer zur Arbeitsleistung zur Verfügung zu stellen. Arbeitnehmerüberlassung setzt also das Vorliegen einer – wenn auch konkludenten – Vereinbarung zwischen dem Arbeitgeber und dem Dritten voraus, nach der der Arbeitnehmer für den Dritten tätig werden soll[1]. Der Verleiher überträgt dem Entleiher auf Zeit denjenigen Teil seines Direktionsrechts, den der Entleiher zur konkreten Steuerung des Arbeitseinsatzes des überlassenen Arbeitnehmers in seinem Betrieb benötigt (= arbeitsbezogenes Weisungsrecht)[2].

Kein Vertrag besteht bei der Arbeitnehmerüberlassung zwischen dem Entleiher und dem Leiharbeitnehmer. Zwischen ihnen kommt ein gesetzliches Schutzpflichtenverhältnis zustande[3].

Überläßt ein Arbeitgeber als Verleiher einem Dritten Arbeitnehmer **gewerbsmäßig** zur Arbeitsleistung, handelt es sich nach der Definition des § 1 Abs. 1 Satz 1 AÜG[4] um eine erlaubnispflichtige Arbeitnehmerüberlassung. Was unter gewerbsmäßig zu verstehen ist, ist gesetzlich nicht umschrieben. Der in § 1 Abs. 1 AÜG verwendete Begriff entspricht im wesentlichen dem gewerberechtlichen Begriff der Gewerbsmäßigkeit[5]. Gewerbsmäßig ist jede nicht nur gelegentliche, sondern auf eine gewisse Dauer angelegte und auf die Erzielung unmittelbarer oder mittelbarer wirtschaftlicher Vorteile ausgerichtete selbständige Tätigkeit. Es ist nicht erforderlich, daß der Unternehmer die Arbeitnehmerüberlassung überwiegend – etwa im Vergleich zu den insgesamt in seinem Unternehmen beschäftigten Arbeitnehmern – betreibt[6]. An das Merkmal der Dauer sind keine zu hohen Anforderungen zu stellen. Entscheidend ist, ob die Überlassung auf Dauer angelegt und damit in Wiederholungsabsicht vorgenommen wird. In der Praxis sind Arbeitnehmerüberlassungen regelmäßig gewerbsmäßig, weil der Verleiher dem Entleiher seine Arbeitnehmer **entgeltlich**, gegen die Zahlung einer Überlassungsvergütung, zur Verfügung stellt[7]. Die Gewinnabführung innerhalb eines Konzerns soll noch keine Gewerbsmäßigkeit von Arbeitnehmerüberlassungen im Konzern begründen[8]. Ob Gestellungsverträge zwischen dem öffentlichen Arbeitgeber und dem zukünftigen privaten Betriebsinhaber im Rahmen von Privatisierungsmaßnahmen gewerbsmäßig sind, ist wohl im Regelfall zu verneinen[9]. Streitig ist, ob in Gewinnerzielungsabsicht

---

1 BAG v. 26. 4. 1995, DB 1995, 2427; BAG v. 22. 6. 1994, NZA 1995, 462.
2 *Schüren*, § 1 Rz. 168; *Feuerborn*, WiB 1996, 198, 199.
3 *Feuerborn*, WiB 1996, 198, 199.
4 Das AÜG war bis zum Art. 63 AFRG vom 24. 3. 1997 ein Artikelgesetz. Art. 1 enthielt die wesentlichen Rechtsvorschriften.
5 Vgl. dazu *Landmann/Rohmer*, GewO (I), Einl. Rz. 32 ff.; BAG v. 10. 2. 1977, AP Nr. 9 zu § 103 BetrVG; BAG v. 21. 3. 1990, AP Nr. 15 zu § 1 AÜG.
6 BAG v. 8. 11. 1978, EzAÜG § 10 AÜG-Fiktion Nr. 1; BAG v. 15. 6. 1983, DB 1983, 2420; BAG v. 21. 3. 1990, DB 1991, 282.
7 *Becker/Wulfgramm*, Art. 1 § 1 Rz. 25 ff.; *Sandmann/Marschall*, Art. 1 § 1 Anm. 25 ff.; *Schüren*, § 1 Rz. 267 ff.
8 LAG Köln v. 7. 8. 1996, BB 1997, 160.
9 BAG v. 21. 3. 1990, DB 1991, 282; *Schipp/Schipp*, Arbeitsrecht und Privatisierung, 1995, Rz. 441.

handelt, wer Arbeitnehmer lediglich zum Ausgleich oder gar nur zur Minderung seiner eigenen Personalkosten überläßt, weil er sonst keine Einsatzmöglichkeit für sie hat[1].

4 **Nicht gewerbsmäßig** ist die nur gelegentliche Arbeitnehmerüberlassung. Sie liegt vor, wenn ein Arbeitnehmer regelmäßig in dem Betrieb seines Arbeitgebers seine Arbeitsleistung erbringt und nur in Ausnahmesituationen einem anderen Unternehmen gegen Vergütung zur Arbeitsleistung überlassen wird. An der Gewerbsmäßigkeit der Arbeitnehmerüberlassung fehlt es auch, wenn sie ohne Gewinnerzielungsabsicht durchgeführt wird[2]. Im AÜG geregelt ist die gewerbsmäßige Arbeitnehmerüberlassung. Die Rechtsfolgen nicht gewerbsmäßiger, unerlaubter Arbeitnehmerüberlassung unter dem Gesichtspunkt unerlaubter Arbeitsvermittlung richten sich aber auch nach dem AÜG, wobei die Vermutung des § 1 Abs. 2 AÜG im Gegensatz zur gewerblichen Arbeitnehmerüberlassung widerlegbar ist[3].

2. Sonstige Vertragsformen

5 Daneben gibt es **sonstige Formen des drittbezogenen Personaleinsatzes:** Einsatz von Arbeitnehmern in Fremdbetrieben aufgrund eines Werk- oder Dienstvertrages, Überlassung von Maschinen mit Bedienungspersonal, Steuerung des Personaleinsatzes durch Personalführungsgesellschaften und Organisation von Umschlagarbeiten in den Gesamthafenbetrieben[4].

3. Arbeitsvermittlung

6 Mit dem BeschFG 1994 ist das Vermittlungsmonopol der Bundesanstalt für Arbeit gefallen und die **private Arbeitsvermittlung** zugelassen worden[5]. Das Nebeneinander von Arbeitnehmerüberlassung und privater Arbeitsvermittlung ist gesetzlich nicht geregelt. Der bisherige § 13 AÜG ist durch Art. 63 des Arbeitsförderungs-Reformgesetzes (AFRG) vom 24. 3. 1997 aufgehoben worden. Bei der Arbeitsvermittlung geht es um eine Tätigkeit, die darauf gerichtet ist, Arbeitsuchende mit Arbeitgebern zur Begründung eines Arbeitsverhältnisses zusammenzuführen (§ 35 Abs. 1 SGB III)[6]. § 1 Abs. 2 AÜG knüpft an bestimmte Umstände die Vermutung, daß der Überlassende Arbeitsvermittlung betreibt. Ziel dieser Regelung ist, die Abgrenzung zwischen Arbeitnehmerüberlassung und Arbeitsvermittlung für die Bundesanstalt für Arbeit praktikabel zu

---

[1] Keine Gewinnerzielungsabsicht: *Becker/Wulfgramm*, Art. 1 § 1 Rz. 29; *Landmann/Rohmer*, GewO (I), Einl. Rz. 54; aA *Schüren*, § 1 Rz. 314, aber wohl in Widerspruch zur Rz. 322.
[2] BAG v. 1. 6. 1994, NZA 1995, 465.
[3] BAG v. 21. 3. 1990, NZA 1991, 269; BAG v. 1. 6. 1994, NZA 1995, 465.
[4] Vgl. dazu ausführlicher unten Rz. 18 ff., 23, 59 ff. und 74.
[5] Die private Arbeitsvermittlung bedarf nach § 293 SGB III der Erlaubnis durch die Bundesanstalt für Arbeit (bis 31. 12. 1997: § 23 AFG).
[6] Bis 31. 12. 1997: § 13 Abs. 1 AFG.

machen und ihr die Durchführung des AÜG zu erleichtern[1]. Mittelbar dient die Vorschrift darüber hinaus dem Sozialschutz der Arbeitnehmer. Der Wegfall des staatlichen Arbeitsvermittlungsmonopols stellt das Rechtsinstitut der vermuteten Arbeitsvermittlung nicht in Frage, denn seine Hauptaufgabe, die Abgrenzung der Arbeitnehmerüberlassung von der Arbeitsvermittlung, besteht schon allein im Hinblick auf das anzuwendende Recht[2].

II. Rechtsquellen

Das Recht der gewerbsmäßigen Arbeitnehmerüberlassung ist im wesentlichen durch das **AÜG** vom 7. 8. 1972 geregelt. Seitdem gibt es zahlreiche Änderungen dieses Gesetzes, zuletzt in erheblicher Hinsicht durch das AFRG vom 24. 3. 1997[3]. In der Gesetzesbegründung zu Art. 63 AFRG wird ausgeführt, im Recht der Arbeitnehmerüberlassung seien beschäftigungshemmende Vorschriften aufzuheben und Hindernisse zu beseitigen, die einer Nutzung der gewerbsmäßigen Arbeitnehmerüberlassung zur Schaffung zusätzlicher Arbeitsplätze entgegenstünden[4]. Die Änderungen in Art. 19 des 1. SGB III-ÄndG vom 19. 12. 1997 sind dagegen überwiegend redaktioneller Natur. 7

1. Gesetzliche Vorschriften außerhalb des AÜG

Daneben gibt bzw. gab es gesetzliche Vorschriften außerhalb des AÜG. Das grundsätzliche Verbot der gewerbsmäßigen Arbeitnehmerüberlassung in Betrieben des Baugewerbes für Arbeiten, die üblicherweise von Arbeitern verrichtet werden, war in § 12a AFG geregelt und ist seit dem 1. 1. 1998 in § 1b AÜG enthalten. Die Ordnungswidrigkeit bei Zuwiderhandeln gegen dieses Verbot und die Organisationsgewalt der Bundesanstalt für Arbeit für die Verfolgung und Ahndung von Zuwiderhandlungen regelten §§ 228 Abs. 1 Nr. 3 bzw. 233a AFG; seit dem 1. 1. 1998 sind die Vorschriften in § 16 Abs. 1 Unterabs. 1b AÜG enthalten. Nach § 28a Abs. 4 SGB IV hat der Entleiher die Pflicht, bei Tätigwerden eines Leiharbeitnehmers eine Kontrollmeldung an die Sozialversicherung abzugeben. Er haftet für die Sozialbeiträge des Leiharbeitnehmers als gesamtschuldnerischer Bürge gemäß § 28e Abs. 2 SGB IV. Nach § 42d Abs. 6 EStG haftet der Entleiher für die Lohnsteuer des Leiharbeitnehmers. Gemäß § 5 SchwarbG besteht die Möglichkeit, die illegal tätig gewordenen Verleiher und Entleiher vom Wettbewerb um öffentliche Aufträge auszuschließen. Für die sozialrechtlichen Vorschriften des AÜG gilt nicht das SGB X, da nach § 1 Abs. 1 SGB X dessen Vorschriften nur für die öffentlich-rechtliche Verwaltungstätigkeit der Behörden, die nach diesem Gesetzbuch ausgeübt wird, gilt. Das AÜG ist nicht Teil des SGB[5]. 8

---

1 *Schüren*, § 1 Rz. 516.
2 *Hamann*, NZS 1995, 493, 498, 499.
3 Ausführliche Übersicht zur Entstehungsgeschichte und zur Fortentwicklung in HzA/*Düwell*, Gruppe 16 Erläuterungen Rz. 21 ff.
4 BT-Drucks. 13/494, 247.
5 LSG München v. 7. 8. 1980, EzAÜG SGB Nr. 1; *Schüren*, § 2 Rz. 8.

2. Rechtsakte der Europäischen Union

9 Die im **EG-Vertrag** geregelte Freizügigkeit der Arbeitnehmer (Art. 48 EGV), die Niederlassungsfreiheit (Art. 52 EGV) und die Dienstleistungsfreiheit (Art. 59 EGV) sind bei der grenzüberschreitenden Arbeitnehmerüberlassung zu beachten; die Vorschriften dienen der Herstellung der Inländergleichbehandlung. Sie gelten auch dann, wenn die Arbeitnehmerüberlassung zwar in dem Geltungsbereich des AÜG erfolgt, aber ein Beteiligter nicht die deutsche Staatsangehörigkeit, sondern diejenige eines anderen EG-Mitgliedsstaates besitzt oder nach dem EWR-Abkommen vom 2. 5. 1992 als Bürger des Europäischen Wirtschaftsraums weitgehend mit EU-Angehörigen gleichgestellt ist[1]. Art. 59 EGV, der auch selbständige Erwerbstätigkeiten von Arbeitnehmerüberlassungsunternehmen erfaßt, verbietet nicht, ein Arbeitnehmerüberlassungsunternehmen eines anderen Mitgliedslandes derselben Erlaubnispflicht zu unterwerfen, wie sie für ein inländisches Unternehmen gilt[2].

10 Zu der **sozialen Sicherheit der Leiharbeitnehmer** bestehen Vorschriften für Wanderarbeitnehmer. In der VO Nr. 1408/71 und der VO Nr. 574/72[3] ist geregelt, daß bei einer vorübergehenden Überlassung eines Leiharbeitnehmers an einen in einem anderen Mitgliedsstaat ansässigen Entleiher der für das Arbeitnehmerüberlassungsunternehmen zuständige Träger der sozialen Sicherheit zuständig bleibt, es sei denn, die voraussichtliche Dauer übersteigt einen Zeitraum von 12 Monaten (mit einmaliger Verlängerungsmöglichkeit)[4]. Die arbeitsrechtliche Position der grenzüberschreitend entsandten Leiharbeitnehmer richtet sich nach den Regeln des internationalen Privatrechts[5]. Einheitliche Rahmenbedingungen für die befristete Entsendung von Arbeitnehmern in einen anderen Mitgliedsstaat enthält die Richtlinie 96/71/EG vom 16. 12. 1996[6]. Der Rat hat bereits früher die Richtlinie zur Ergänzung der Maßnahmen zur Verbesserung der Sicherheit und des Gesundheitsschutzes von Arbeitnehmern mit befristetem Arbeitsverhältnis oder Leiharbeitsverhältnis (Richtlinie 91/373/EWG) erlassen[7]. Mit dieser Richtlinie soll sichergestellt werden, daß Leiharbeitnehmer im Hinblick auf Sicherheit und Gesundheitsschutz am Arbeitsplatz das gleiche Schutzniveau wie die anderen Arbeitnehmer des entleihenden Unternehmens und/oder der entleihenden Einrichtung genießen. Eine Umsetzung dieser Richtlinie in der Bundesrepublik ist durch das Gesetz zur Umsetzung der EG-Rahmenrichtlinien und anderer Arbeitsschutz-Richtlinien

---

1 Ausführlich auch zum Nachfolgenden HzA/*Düwell*, Gruppe 16 Erläuterungen Rz. 91 ff., woran sich diese Darstellung orientiert.
2 EuGH v. 17. 12. 1981, EzAÜG EGV Nr. 1.
3 Abgedruckt in *Oetker/Preis*, EAS Teil A 2020 und 2030 und *Däubler/Kittner/Lörcher*, Internationale Arbeits- und Sozialordnung, Nr. 416 und 417.
4 HzA-*Düwell*, Gruppe 16 Erläuterungen Rz. 93.
5 HzA-*Düwell*, Gruppe 16 Erläuterungen Rz. 94.
6 Abgedruckt in *Oetker/Preis*, EAS Teil A 3510.
7 Abgedruckt in *Oetker/Preis*, EAS Teil A 3320 und *Däubler/Kittner/Lörcher*, Internationale Arbeits- und Sozialordnung, Nr. 449.

vom 7. 8. 1996 erfolgt[1]. Die Nachweisrichtlinie 91/533/EWG[2] ist durch den bundesdeutschen Gesetzgeber im NachwG umgesetzt worden. Für den Leiharbeitnehmer hat dieses Gesetz nach § 11 Abs. 1 Satz 2 Nr. 12 AÜG nur insoweit Bedeutung, als er in das Ausland entsandt wird. Im übrigen sind in § 11 Abs. 1 bis 3 und § 12 Abs. 1 und 2 AÜG die wesentlichen Teile der Anforderungen der Richtlinie erfüllt.

III. Regelungsgegenstand und Regelungsinhalt des AÜG

1. Gewerbliche Arbeitnehmerüberlassung

a) Erlaubnisvorbehalt

Das AÜG betrifft nach seinem gesetzlichen Regelungsgegenstand und Regelungsinhalt im wesentlichen nur die gewerbliche Arbeitnehmerüberlassung. Die Zulässigkeit gewerbsmäßiger Arbeitnehmerlassung hängt grundsätzlich von der Erteilung einer speziellen gewerberechtlichen Erlaubnis (§ 1 Abs. 1 Satz 1, § 2 AÜG) ab. Dieses **Verbot mit Erlaubnisvorbehalt** dient dem individuellen arbeits- und sozialversicherungsrechtlichen Schutz des Leiharbeitnehmers. Der Erlaubnispflicht unterliegen nicht nur reine Verleiher; auch Mischbetriebe, die neben einem anderen Betriebszweck Arbeitnehmerüberlassung betreiben, bedürfen der Erlaubnis. Unerheblich ist, ob die Arbeitnehmer ausschließlich zum Zwecke des Verleihs eingestellt werden oder ob sie wechselweise im Stammbetrieb und in fremden Betrieben arbeiten müssen. Die Erlaubnispflicht besteht schon dann, wenn die Überlassung im Einzelfall in Gewinnerzielungsabsicht geschieht. Voraussetzung für die Anwendung des AÜG ist aber, daß die Tätigkeit des Mitarbeiters im Verhältnis zu seinem Vertragspartner die eines Arbeitnehmers ist. Wenn bei einem Betriebsübergang vom bisherigen Betriebsinhaber hinsichtlich der Arbeitnehmer Arbeitnehmerüberlassung an den neuen Betriebsinhaber betrieben wird und die Arbeitnehmer damit einverstanden sind, gilt nicht die Rechtsfolge des § 613a BGB, sondern gelten die Bestimmungen des AÜG[3]. Die grenzüberschreitende Arbeitnehmerüberlassung ist in § 3 Abs. 2 bis 5 AÜG angesprochen.

11

Selbständige können nicht als Leiharbeitnehmer an Entleiher überlassen werden[4]. Das AÜG findet weder ausdrücklich noch analog Anwendung auf Beamte[5]. **Nicht erlaubnisfähig** ist nach § 1b AÜG[6] die gewerbsmäßige Arbeitnehmerüberlassung in **Betrieben des Baugewerbes** für Arbeiten, die üblicherweise von Arbeitern verrichtet werden. Die gewerbsmäßige Arbeitnehmerüberlassung ist

12

---

1 BGBl. I, 1246.
2 Abgedruckt in *Oetker/Preis*, EAS Teil A 3330 und *Däubler/Kittner/Lörcher*, Internationale Arbeits- und Sozialordnung, Nr. 434.
3 LAG Köln v. 11. 12. 1996, NZA-RR 1997, 244.
4 BAG v. 9. 11. 1994, NZA 1995, 572.
5 BAG v. 23. 6. 1993, DB 1994, 482.
6 Bis 31. 12. 1997: § 12a AFG.

aber zwischen den Betrieben des Baugewerbes gestattet, wenn diese Betriebe von denselben Rahmen- und Sozialkassentarifverträgen oder von deren Allgemeinverbindlichkeit erfaßt werden[1]. Das Verbot der Arbeitnehmerüberlassung in Betrieben des Baugewerbes gilt auch für die ansonsten zulässige konzerninterne Arbeitnehmerüberlassung und für die ansonsten zulässigen Überlassungen zur Vermeidung von Kurzarbeit oder Entlassungen.

b) Ausnahmen im AÜG vom Erlaubnisvorbehalt

13 Das AÜG regelt in den §§ 1 und 1a Ausnahmen vom Erlaubnisvorbehalt. Nach § 1 Abs. 1 Satz 2 AÜG gilt die **Abordnung zu einer zur Herstellung eines Werkes gebildeten Arbeitsgemeinschaft** unter bestimmten Voraussetzungen nicht als Arbeitnehmerüberlassung. Bei dieser Regelung trug der Gesetzgeber Forderungen der Bauwirtschaft Rechnung.

14 Keine Anwendung findet das AÜG gem. § 1 Abs. 3 Nr. 1 auf Arbeitnehmerüberlassungen zwischen **Arbeitgebern desselben Wirtschaftszweiges zur Vermeidung von Kurzarbeit oder Entlassungen**, wenn ein für den Entleiher und Verleiher geltender Tarifvertrag dies vorsieht. Die Vorschrift ist wegen ihrer unbestimmten Rechtsbegriffe praktisch nur schwer handhabbar, und die Tarifvertragsparteien haben von der ihnen eingeräumten Regelungsbefugnis, die Voraussetzung für die Privilegierung ist, kaum Gebrauch gemacht[2].

15 Erleichtert wird nach § 1 Abs. 3 Nr. 2 AÜG die **konzerninterne Arbeitnehmerüberlassung.** Die Vorschrift gilt nicht nur für Konzerne im Sinne des AktG, sondern für alle Unternehmen unabhängig von ihrer Rechtsform, sofern sie zu einem Konzern verbunden sind[3]. Nicht vom AÜG erfaßt werden insoweit vorübergehende Überlassungen. Vorübergehend ist jede nicht als endgültig geplante Überlassung; der Begriff ist wegen der insoweit in der Regel nicht bestehenden Gefährdung der arbeits- und sozialrechtlichen Schutzbelange der Arbeitnehmer weit auszulegen und bedeutet nicht kurzfristig[4]. Selbst mehrjährige Überlassungen können bei einem unbefristeten Arbeitsverhältnis vorübergehend sein. Auch bei Fehlen einer Rückkehrzusage soll nicht zwingend eine endgültige Überlassung vorliegen müssen[5]; das gleiche gilt beim Einsatz auf einem dauerhaft angelegten Arbeitsplatz. Richtigerweise muß von Anfang an geregelt sein, wann die Entsendung endet. Ansonsten läßt sich das Vorliegen der Voraussetzungen des § 1 Abs. 3 Nr. 2 AÜG nicht nachprüfen. Die Ausnahmeregelung greift auch dann ein, wenn eines der beteiligten Konzernunternehmen seinen Sitz im Ausland hat, sofern deutsches Recht anwendbar ist.

---

1 Vgl. näher *Sahl/Bachner*, NZA 1994, 1063.
2 Vgl. aber zB die Tarifvereinbarung über die Arbeitnehmerüberlassung in den Handwerken der Sanitär- und Heizungstechnik im Land NRW vom 30. 1. 1989.
3 BAG v. 5. 5. 1988, AP Nr. 8 zu § 1 AÜG.
4 BAG v. 5. 5. 1988, AP Nr. 8 zu § 1 AÜG; ArbG Köln v. 9. 2. 1996, BB 1996, 800 mit Anm. *Liebscher* zu dem Fall, daß ein Konzernarbeitgeber sich auf den Übergang des Arbeitsverhältnisses auf eine Tochtergesellschaft berufen will, und Anm. *Gaul*, BB 1996, 1224.
5 ArbG Köln v. 9. 2. 1996, BB 1996, 800; aA *Gaul*, BB 1996, 1224.

III. Regelungsgegenstand und -inhalt	Rz. 19 **Teil 6 C**

Keine Anwendung findet das AÜG gem. § 1 Abs. 3 Nr. 3 auf **Arbeitnehmer-** 16
überlassungen in das Ausland, wenn der Leiharbeitnehmer in ein auf der
Grundlage zwischenstaatlicher Vereinbarungen begründetes deutsch-ausländisches Gemeinschaftsunternehmen verliehen wird, an dem der Verleiher beteiligt ist[1].

Eine Erleichterung der gewerbsmäßigen Arbeitnehmerüberlassung enthält die 17
Regelung der „**Kollegenhilfe**" in § 1a AÜG; die früher vorgesehene Befristung
bis zum 31. 12. 2000 wurde durch Art. 63 AFRG aufgehoben. Überlassungen
bis zur Dauer von 12 Monaten sind ohne Erlaubnis zulässig, wenn der Verleiher
weniger als 50 Arbeitnehmer beschäftigt, die Überlassung zur Vermeidung von
Kurzarbeit oder Entlassungen erfolgt und sie vorher schriftlich beim Landesarbeitsamt angezeigt wurde. Die vom Gesetz verwendeten unbestimmten
Rechtsbegriffe „zur Vermeidung von Kurzarbeit oder Entlassungen" verunsichern die Praxis.

c) Sondergesetzlich geregelte Ausnahmen

Neben den im AÜG geregelten Ausnahmen vom Erlaubnisvorbehalt gibt es 18
sondergesetzliche Ausnahmeregelungen in Gesetzen, die bereits vor Inkrafttreten des AÜG bestanden. Ob die spezialgesetzlich geregelten Erlaubnisse zur
Ausübung bestimmter Gewerbe die Erlaubnis zur Arbeitnehmerüberlassung
miteinschließen, ist umstritten[2], aber wohl zu bejahen. Die nach dem GesamthafenbetriebsG gebildeten **Gesamthafenbetriebe** überlassen ihre Arbeitnehmer
den Hafeneinzelbetrieben für Hafenarbeiten. Nach § 1 Abs. 1 Satz 2 GesamthafenbetriebsG ist für Gesamthafenbetriebe eine erwerbswirtschaftliche Tätigkeit ausgeschlossen. Ob überhaupt das für Arbeitnehmerüberlassungen typische Beziehungsgeflecht vorliegt, muß für jeden Gesamthafenbetrieb geprüft
werden. Das GesamthafenbetriebsG ermächtigt zu unterschiedlicher Ausgestaltung der Arbeitsverhältnisse durch statuarisches Recht[3]. § 2 Abs. 3 GesamthafenbetriebsG erlaubt dem Gesamthafenbetrieb die Durchführung einer
nicht gewerbsmäßigen Arbeitsvermittlung. Das GesamthafenbetriebsG läßt jedoch die Anwendung des AÜG nicht entfallen, wenn der Gesamthafenbetrieb
an der Überlassung nicht beteiligt wurde. Bei der Beteiligung eines Gesamthafenbetriebes an einer Überlassung greift das AÜG nicht ein[4]. Bei einer Überlassung unmittelbar zwischen Hafeneinzelbetrieben können aber die Privilegierungen nach § 1 Abs. 3 Nr. 1 und § 1a AÜG einschlägig sein.

Zu den spezialgesetzlichen Ausnahmeregelungen zählt das Personenbeförde- 19
rungsG. Das **Vermieten eines Kraftfahrzeugs mit Fahrer** ist an sich Arbeitnehmerüberlassung, weil der wirtschaftliche Wert der Überlassung eines Fahrzeugs
nicht eindeutig gegenüber dem wirtschaftlichen Wert der Stellung des Fahrers

---

1 Näher: *Feuerborn/Hamann*, BB 1997, 2530, 2533.
2 Bej. *Sandmann/Marschall*, Art. 1 § 1 Anm. 45 ff.; vern. *Schüren*, § 1 Rz. 16 ff.
3 Vgl. i. e. HzA/*Düwell*, Gruppe 16 Erläuterungen Rz. 63 ff.; zum Gesamthafenbetrieb
 Hamburg BAG v. 25. 11. 1992, AP Nr. 8 zu § 1 GesamthafenbetriebsG.
4 *Marschall*, S. 38, 39.

Hiekel 2233

überwiegt[1]. Auf das Vermieten von Kraftfahrzeugen mit Fahrer durch **Mietwagenunternehmen** finden jedoch die Vorschriften des PersonenbeförderungsG Anwendung. Derartige Mietwagenunternehmen sind nach den dortigen §§ 9 Abs. 1 Nr. 4, 49 Abs. 5 genehmigungspflichtig. Ist die Genehmigung erteilt, soll es keiner zusätzlichen Erlaubnis nach dem AÜG bedürfen, wenn sich die Überlassung des Fahrers auf das Fahren des Mietwagens beschränkt[2].

Gleiches gilt, wenn ein bemanntes Kraftfahrzeug zum **Gütertransport** durch einen Unternehmer nach Weisung des Auftraggebers gestellt wird. Auch hier würde in vielen Fällen die Gestellung der Arbeitnehmerüberlassung unterliegen, da nur ausnahmsweise der wirtschaftliche Wert der Überlassung des Fahrzeugs eindeutig gegenüber dem Wert der Überlassung des Fahrers überwiegt. Die gewerberechtliche Erlaubnis nach dem GüterkraftverkehrsG (§§ 8, 80) ersetzt die Erlaubnis nach dem AÜG für die sondergesetzlich geregelten Verträge. Der überlassene Arbeitnehmer darf aber nicht außerhalb des Gütertransports tätig werden, also zB nicht beim Inkasso des Entgelts für ausgelieferte Getränke[3].

20 Ein Unternehmen, das Bewachungsaufgaben wahrnehmen will, bedarf einer Erlaubnis nach § 34a GewO und der Verordnung über das Bewachungsgewerbe. Weil es sich bei diesen Vorschriften um Spezialregelungen gegenüber dem AÜG handelt, dürfte an sich auf das **Überlassen von Bewachungspersonal** nicht das AÜG Anwendung finden; die gewerberechtliche Erlaubnis müßte eine Verleiherlaubnis nach dem AÜG entbehrlich machen[4]. Die Bundesanstalt für Arbeit schreitet nicht gegen Bewachungsunternehmen ein, die keine Verleiherlaubnis, wohl aber eine Erlaubnis nach § 34a GewO haben und sich auf die Wahrnehmung von Bewachungsaufgaben beschränken. Das BAG hat allerdings in Abweichung davon Arbeitnehmerüberlassung angenommen, wenn Wachleute des Bewachungsunternehmens den Weisungen des Inhabers des bewachten Betriebes unterworfen sind und gemeinsam mit den Wachleuten des Betriebes eingesetzt werden[5]. Das Gericht hat das Vorliegen von Arbeitnehmerüberlassung verneint, wenn die Ausführung der zu leistenden Wachdienste einschließlich der Verhaltenspflichten des Wachpersonals in dem zugrunde liegenden Bewachungsvertrag im einzelnen genau festgelegt ist und das Bewachungsunternehmen nur solche Wachleute einsetzen darf, für die eine entsprechende Genehmigung des Auftraggebers vorliegt. Die Festlegung der geschuldeten Dienstleistung bis in Einzelheiten sei kein zwingendes Indiz für Arbeitnehmerüberlassung[6]. Der Praxis ist anzuraten, der Ansicht des BAG zu § 34a GewO zu folgen oder von der Möglichkeit Gebrauch zu machen, in den Bewachungsvertrag bis ins einzelne gehende Regelungen aufzunehmen und dadurch Weisungen des Inhabers des bewachten Betriebes überflüssig zu machen.

---

1 Vgl. zur Abgrenzung zur Überlassung von Maschinen mit Bedienungspersonal unten Rz. 74.
2 *Sandmann/Marschall*, Art. 1 § 1 Anm. 47; aA *Schüren*, Einl. Rz. 16 ff.
3 *Marschall*, S. 40.
4 *Marschall*, S. 40.
5 BAG v. 28. 11. 1989, BB 1990, 1343.
6 BAG v. 31. 1. 1993, DB 1993, 2337.

Die **Personalgestellung** eines Bundeslandes an das Bundesamt für die Anerkennung ausländischer Flüchtlinge auf der Grundlage des **§ 5 Abs. 5 AsylVfG** ist nicht an den Vorschriften des AÜG zu messen[1].

d) Gemeinschaftsbetrieb mehrerer Unternehmen

Beim Gemeinschaftsbetrieb mehrerer Unternehmen stehen die Arbeitnehmer regelmäßig nur in einem **Arbeitsverhältnis zu einem der am Gemeinschaftsbetrieb beteiligten Unternehmen**[2]. Die Schaffung eines einheitlichen Leitungsapparates durch die beteiligten Unternehmen führt nicht zu einem Arbeitgeberwechsel im Verhältnis zu den einzelnen Arbeitnehmern. Da die rechtlich selbständigen Unternehmen einen gemeinsamen Betriebszweck verfolgen, liegt regelmäßig eine Gesellschaft bürgerlichen Rechts im Sinne der §§ 705 ff. BGB vor. Diese Zusammenarbeit wirkt in der Regel nicht nach außen, denn die Beteiligten nehmen nicht in ihrer Verbundenheit am Rechtsverkehr teil; es liegt eine Innengesellschaft vor. Eine Innengesellschaft kann nicht Arbeitgeber sein. Die Arbeitnehmer des gemeinsamen Betriebes bleiben Arbeitnehmer des Unternehmens, mit dem sie einen Arbeitsvertrag abgeschlossen haben. Der Gemeinschaftsbetrieb ist unter dem Blickwinkel des AÜG nur dann unproblematisch, wenn die in ihm beschäftigten Arbeitnehmer hinsichtlich des Schwerpunkts ihrer Arbeitstätigkeit nach wie vor ihrem jeweiligen Arbeitgeber zuzuordnen sind. Kommt es zu einer **Vermischung** zwischen den Arbeitnehmern der einzelnen am Gemeinschaftsbetrieb beteiligten Unternehmen, kann eine Arbeitnehmerüberlassung an ein anderes am Gemeinschaftsbetrieb beteiligtes Unternehmen vorliegen. § 1 Abs. 3 Nr. 2 AÜG ist weder direkt noch analog anzuwenden[3]. Der Gemeinschaftsbetrieb mehrerer Unternehmen kommt der Entsendung von Arbeitnehmern zu einer Arbeitsgemeinschaft im Sinne von § 1 Abs. 1 Satz 2 AÜG nahe.

e) Personalführungsgesellschaften

Personalführungsgesellschaften, die sich nicht auf die Personalverwaltung für konzernangehörige Unternehmen als Service-Leistung beschränken, sondern Arbeitnehmer im eigenen Namen einstellen und sie anderen Konzernunternehmen je nach Bedarf zuweisen, betreiben eine **besondere Form der Arbeitnehmerüberlassung** und unterliegen den Bestimmungen des AÜG. Zwar könnte die Anwendung des AÜG an der uU fehlenden Gewerbsmäßigkeit scheitern, indessen würde dann ein Arbeitsverhältnis zum Entleiher wegen Verstoßes gegen § 1 Abs. 2 in Verbindung mit § 3 Abs. 1 Nr. 6 AÜG fingiert[4]. Ob die Personalführungsgesellschaft neben dem Verleih weitere Unternehmensaufga-

---

1 BAG v. 5. 3. 1997, ZTR 1997, 565; vgl. auch BAG v. 11. 6. 1997, ZTR 1998, 94 (zur Jugendhilfe nach dem SGB VIII).
2 BAG v. 13. 9. 1995, EzA § 1 KSchG Nr. 48.
3 *Schüren*, § 1 Rz. 737, 738.
4 *Schüren*, § 1 Rz. 764.

ben wahrnimmt, ist nicht erheblich. Auch § 1 Abs. 3 Nr. 2 AÜG wird nicht immer einschlägig sein.

2. Leiharbeitsverträge und Leiharbeitnehmerschutz im Verhältnis zwischen Verleiher und Leiharbeitnehmer

a) Abschluß des Leiharbeitsvertrags

24 Der Verleiher ist Arbeitgeber des Leiharbeitnehmers mit allen sich hieraus ergebenden Pflichten und Rechten. Der **Arbeitsvertrag** weist die Besonderheit auf, daß der Leiharbeitnehmer sich verpflichtet, seine Arbeitsleistung nicht bei seinem Vertragsarbeitgeber, sondern bei Dritten zu erbringen. In der Regel wird der Arbeitsvertrag die Arbeitsaufgabe ihrer Art nach (Maurer, Schlosser usw.) näher beschreiben. Nur solche Tätigkeiten muß der Leiharbeitnehmer dann verrichten. Einen Tarifvertrag über Arbeitnehmerüberlassungen gibt es derzeit nicht. Der Bundesverband Zeitarbeit empfiehlt seinen Mitgliedsfirmen „Arbeitsbedingungen und Sozialleistungen". Ein Leiharbeitsvertrag kann mündlich wirksam abgeschlossen werden (arg. § 11 Abs. 1 Satz 4 AÜG). Unwirksam ist nach § 9 Nr. 1 AÜG der Arbeitsvertrag zwischen Verleiher und Leiharbeitnehmer, wenn der Verleiher nicht die nach § 1 AÜG notwendige Erlaubnis der Bundesanstalt für Arbeit hat. Gemäß § 11 Abs. 3 AÜG hat der Verleiher den Leiharbeitnehmer über den Zeitpunkt des Wegfalls der Erlaubnis zu unterrichten, ggf. auch über das Ende der Abwicklungsfrist. Der Leiharbeitnehmer soll einen zuverlässigen Arbeitgeber haben, der sich der staatlichen Kontrolle seiner Tätigkeit unterstellt.

b) Urkunde über den Inhalt des Arbeitsverhältnisses und Aushändigung des Merkblatts der Erlaubnisbehörde

25 Nach § 11 Abs. 1 AÜG ist der Verleiher verpflichtet, den wesentlichen Inhalt des Arbeitsverhältnisses in eine von ihm zu unterzeichnende **Urkunde** aufzunehmen und dem Leiharbeitnehmer diese Urkunde vor Beginn der Beschäftigung, bei einer Auslandstätigkeit spätestens vor der Abreise auszuhändigen. Entsprechendes gilt für Änderungen. Der Verleiher ist ferner nach § 11 Abs. 2 AÜG verpflichtet, dem Leiharbeitnehmer bei Vertragsschluß ein **Merkblatt** der Erlaubnisbehörde über den wesentlichen Inhalt des AÜG auszuhändigen. Nichtdeutsche Leiharbeitnehmer haben das Merkblatt und die Urkunde nach § 11 Abs. 2 Satz 2 AÜG in ihrer Muttersprache zu erhalten. Es kommt für die Pflicht zur Aushändigung des Merkblatts und der Urkunde in der jeweiligen Muttersprache nicht darauf an, ob der ausländische Leiharbeitnehmer im Einzelfall hinreichende deutsche Sprachkenntnisse besitzt. Soweit in der Muttersprache ein Merkblatt der Erlaubnisbehörde nicht zur Verfügung steht, ist der Verleiher nicht verpflichtet, auf eigene Kosten eine Übersetzung des Merkblatts fertigen zu lassen. Bei **Verletzung der Pflichten** durch den Entleiher kommen sowohl Schadensersatzansprüche des Leiharbeitnehmers als auch bei mehr als geringfügigen Pflichtverletzungen Sanktionen der Erlaubnisbehörde (bis zum Widerruf der Verleihererlaubnis) in Betracht. Schließlich können der-

III. Regelungsgegenstand und -inhalt

artige Pflichtverletzungen nach § 16 Abs. 1 Nr. 8 AÜG als Ordnungswidrigkeit geahndet werden. Die Verletzung der Pflichten führt nicht zur Nichtigkeit des Vertrages nach § 125 BGB[1]. § 11 AÜG ist lex specialis gegenüber § 2 NachwG[2].

c) Befristetes Arbeitsverhältnis

Wiederholte Befristungen des Arbeitsverhältnisses zwischen Verleiher und Leiharbeitnehmer sind nach § 9 Nr. 2 AÜG nur wirksam, wenn sich für die Befristung aus der Person des Leiharbeitnehmers ein sachlicher Grund ergibt oder die Befristung für einen Arbeitsvertrag vorgesehen ist, der unmittelbar an einen mit demselben Verleiher geschlossenen Arbeitsvertrag anschließt. Die frühere strenge Befristungsregelung wurde durch Art. 63 AFRG vom 24. 3. 1997 aufgegeben. Spezifische Einschränkungen gibt es seitdem nur für die wiederholte Befristung. Die erste Befristung ist grundsätzlich zulässig, und zwar auch dann, wenn sich die Dauer der Befristung auf die Zeit der erstmaligen Überlassung an den Entleiher beschränkt. Für die erste Befristung brauchen weder ein sachlicher Grund in der Person des Leiharbeitnehmers zu bestehen noch sonstige objektive Gründe vorzuliegen. Der Gesetzgeber hat die Erstbefristung völlig freigegeben[3]. Die 2. Alt. von § 9 Nr. 2 AÜG ist allein am Interesse der Bundesanstalt für Arbeit ausgerichtet. Solange keine Beschäftigungslöcher zwischen den befristeten Leiharbeitsverträgen entstehen, braucht sie keine Inanspruchnahme von Leistungen bei Arbeitslosigkeit zu befürchten. Deshalb läßt die 2. Alt. Kettenarbeitsverhältnisse zu. Die **Anschlußbefristungen** werden von jeder gerichtlichen Befristungskontrolle befreit[4]. Weder hinsichtlich der Anzahl der Befristungen noch der Zeitdauer besteht eine Höchstbegrenzung.

Der **sachliche Grund in der Person des Leiharbeitnehmers** braucht bei der 1. Alt. des § 9 Nr. 1 AÜG erst ab der zweiten Befristung des Leiharbeitsvertrages zwischen denselben Parteien vorzuliegen. Er muß aber unabhängig davon vorliegen, wie lang der Zeitraum zwischen der ersten und der wiederholten Befristung ist[5]. Betriebliche Befristungsgründe fallen für die 1. Alt. aus. Die Auffassung, wonach eine Befristung zum Zwecke der Erprobung des Arbeitnehmers nicht zulässig ist[6], ist aufgrund der Neufassung des § 9 Abs. 2 AÜG durch Art. 63 AFRG überholt. Ob die bevorstehende Einberufung zum Wehr- oder Ersatzdienst oder zur Ableistung von Wehrübungen einen Befristungsgrund in der Person des Leiharbeitnehmers darstellt, ist umstritten[7]. Das Erfordernis eines sachlichen Grundes in der Person des Leiharbeitnehmers für die wiederholte Befristung gilt auch für Leiharbeitsverhältnisse, die auf einen Zeitraum

---
1 *Schüren*, § 11 Rz. 16; HwB-AR/*Mettlach*, Ziff. 1170 Rz. 78, 79.
2 HwB-AR/*Mettlach*, Ziff. 1170 Rz. 79a.
3 *Feuerborn/Hamann*, BB 1997, 2530, 2531.
4 *Düwell*, BB 1997, 46, 47, 48; BT-Drucks. 13/4941, 250; *Feuerborn/Hamann*, BB 1997, 2530, 2531, 2532; *Groeger*, DB 1998, 470, 472; aA *Sandmann/Marschall*, Art. 1 § 3 Anm. 28a (Grenze des § 1 Abs. 1 BeschFG).
5 *Feuerborn/Hamann*, BB 1997, 2530, 2531.
6 LAG Hamm v. 8. 8. 1991, LAGE § 9 AÜG Nr. 4; KR/*Lipke*, § 620 BGB Rz. 123c.
7 Vern. *Schüren*, § 9 Rz. 59; bej. LAG Hamm v. 8. 8. 1991, LAGE § 9 AÜG Nr. 4; KR/*Lipke*, § 620 BGB Rz. 123c.

von weniger als 6 Monaten abgeschlossen werden. Der sachliche Grund in der Person des Leiharbeitnehmers muß sich aus bestimmten Tatsachen ergeben. Sachliche Gründe können zB familiäre Verpflichtungen, der Wunsch nach Ferienarbeit, das Überbrücken eines Zeitraums bis zur Begründung eines neuen Dauerarbeitsverhältnisses oder der Wunsch sein, vor Aufnahme einer Dauerarbeitsstelle bestimmte Arbeitsbereiche erst einmal näher kennenzulernen[1]. In der den Arbeitsvertrag aufnehmenden Urkunde sind nach § 11 Abs. 1 Satz 1 Nr. 4 AÜG die Gründe für eine Befristung aufzunehmen. Formelhafte Erklärungen genügen nicht; insbesondere gilt das für die formelhafte Angabe, der Leiharbeitsvertrag sei auf Wunsch des Leiharbeitnehmers befristet[2]. Sind die Befristungsvoraussetzungen nicht erfüllt, ist das Arbeitsverhältnis zwischen Verleiher und Leiharbeitnehmer **unbefristet**. Nach § 10 Abs. 4 Satz 2 AÜG ist bei einer unwirksamen Befristung für die Zeit nach Ablauf der Frist der Anspruch des Leiharbeitnehmers auf Arbeitsentgelt nicht von seinem Angebot zur Arbeitsleistung abhängig.

d) Unwirksamkeit einer Kündigung bei wiederholter Wiedereinstellung innerhalb von 3 Monaten

28 Grundsätzlich gelten für die Kündigung des Leiharbeitsvertrages die allgemeinen Grundsätze. Nach § 9 Nr. 3 AÜG ist aber eine Kündigung des Arbeitsverhältnisses rückwirkend unwirksam, wenn der Verleiher den Arbeitnehmer wiederholt innerhalb von 3 Monaten erneut einstellt. Bei der ersten Kündigung und Wiedereinstellung innerhalb von 3 Monaten gilt dieser nachwirkende besondere Kündigungsschutz für Leiharbeitnehmer aufgrund der Neufassung durch Art. 63 AFRG vom 24. 3. 1997 nicht.

Beispiel:

Dem Verleiher ist es gestattet, das Arbeitsverhältnis aus betriebsbedingten Gründen wegen fehlender Weiterbeschäftigungsmöglichkeit zu kündigen. Bei einem sich dann ergebenden neuen Auftrag darf er den Leiharbeitnehmer kurzfristig, also vor Ablauf von 3 Monaten, erneut einstellen, ohne daß die Kündigung unwirksam wird. Erst beim zweiten Leiharbeitsverhältnis greift die Regelung in § 9 Nr. 3 AÜG ein.

Die Vorschrift stellt auf die Identität des Arbeitgebers ab; sie ist nicht konzerndimensional auszulegen. Unter dem Gesichtspunkt der „Durchgriffshaftung" muß sich aber die kündigende Gesellschaft die Neueinstellung durch eine andere Gesellschaft anrechnen lassen, wenn die förmliche Verschiedenheit der Gesellschaften der Umgehung des § 9 Nr. 3 AÜG dient[3].

29 Das Gesetz sieht die Rechtsfolge nur bei einer **Kündigung durch den Arbeitgeber** vor; eine Beschränkung auf betriebsbedingte Kündigungen enthält es aber nicht[4]. Es nimmt weder fristlose Kündigungen noch Kündigungen wegen des

---

1 *Sandmann/Marschall*, Art. 1 § 3 Anm. 25.
2 BSG v. 29. 7. 1992, DB 1993, 1477.
3 BAG v. 9. 4. 1987, NZA 1988, 541.
4 *Schüren*, § 9 Rz. 109; BSG v. 23. 7. 1992, DB 1993, 541.

Verhaltens des Arbeitnehmers noch aus personenbedingten Gründen aus. Auch eine Änderungskündigung, die zur Beendigung des Arbeitsverhältnisses geführt hat, ist eine Kündigung im Sinne des § 9 Nr. 3 AÜG. Kommt es aufgrund der Änderungskündigung als zweiter Kündigung nach Wiedereinstellung innerhalb von 3 Monaten zu einer Inhaltsänderung des weiter bestehenden Arbeitsverhältnisses (zB Verkürzung der Arbeitszeit) und kommt es innerhalb der 3-Monats-Frist wieder zu den ursprünglichen Arbeitsbedingungen (zB Aufstockung der Arbeitszeit), ist die Inhaltsveränderung (zB Arbeitszeitverkürzung) rückwirkend unwirksam[1]. Bei Vorliegen der Voraussetzungen des § 9 Nr. 3 AÜG hat der Leiharbeitnehmer gem. § 10 Abs. 4 Satz 1 AÜG Anspruch auf Arbeitsentgelt unabhängig vom Angebot zur Arbeitsleistung; § 11 KSchG gilt entsprechend.

e) **Synchronisationsverbot**

§ 3 Abs. 1 Nr. 5 AÜG regelt das Synchronisationsverbot[2], das allerdings durch die Neuregelung in Art. 63 AFRG vom 24. 3. 1997 gelockert wurde. Die Dauer des Arbeitsverhältnisses mit dem Leiharbeitnehmer darf **nicht wiederholt auf die Zeit der erstmaligen Überlassung an einen Entleiher beschränkt** werden, es sei denn, der Leiharbeitnehmer tritt unmittelbar nach der Überlassung in ein Arbeitsverhältnis zum Entleiher ein und war dem Verleiher von der Bundesanstalt für Arbeit als schwer vermittelbar vermittelt worden. Bei der ersten Einstellung ist es dem Verleiher möglich, das Arbeitsverhältnis entsprechend zu befristen. Mit dem Verbot soll sichergestellt werden, daß der Verleiher im Wiederholungsfall das wirtschaftliche Risiko der Beschäftigung des Leiharbeitnehmers trägt und nicht nur Arbeitsvermittlung betreibt. Das Leiharbeitsverhältnis muß ab der zweiten Befristung den erstmaligen Einsatz des Leiharbeitnehmers bei einem Entleiher erkennbar überdauern. Die Zeit des Überdauerns muß in einem angemessenen Verhältnis zu der vorhergegangenen Zeit des Überlassens stehen[3]. Das Synchronisationsverbot soll selbst dann gelten, wenn im Leiharbeitsvertrag eine **Befristung** vereinbart wurde und sich für die Befristung aus der Person des Leiharbeitnehmers ein sachlicher Grund ergibt[4]. Das Verbot gehe der im AÜG enthaltenen Befristungsregelung vor und zwar auch dann, wenn die Befristung auf einen ausdrücklichen Wunsch des Leiharbeitnehmers zurückgehe. Auch **Kündigungen des Verleihers** sollen vom Tatbestand des § 3 Abs. 1 Nr. 5 AÜG nicht ausgenommen werden, selbst wenn sie ihren Grund in der Person oder im Verhalten des Leiharbeitnehmers haben[5]. Das ist zweifelhaft. Eine unzulässige Beschränkung dürfte nur dann anzunehmen sein, wenn der Verleiher die Deckungsgleichheit durch eine Kündigung herbeiführt, die ihre Ursache in den besonderen betrieblichen Verhältnissen des Verleihers

---

1 *Schüren*, § 9 Rz. 111.
2 Ausführlich: *Schüren*, FS Kissel, S. 1037.
3 Ausführlich: *Sandmann/Marschall*, Art. 1 § 3 Anm. 36.
4 BSG v. 22. 3. 1979, EzAÜG § 2 AÜG – Erlaubnisverfahren Nr. 1; *Sandmann/Marschall*, Art. 1 § 3 Anm. 32; aA *Becker/Wulfgramm*, Art. 1 § 3 Rz. 48.
5 *Sandmann/Marschall*, Art. 1 § 3 Anm. 32a.

hat, was vor allem bei fehlenden Anschlußaufträgen der Fall ist[1]. Eine Beschränkung der Arbeitsvertragsdauer durch den Verleiher liegt dann nicht vor, wenn der Leiharbeitnehmer durch den Ausspruch einer eigenen – vom Verleiher nicht veranlaßten – Kündigung die Deckungsgleichheit herbeiführt. Dies gilt ebenso bei einer außerordentlichen Kündigung aus wichtigem Grunde durch den Verleiher.

31 Teilweise wird die Auffassung vertreten, das Verbot des § 3 Abs. 1 Nr. 5 AÜG gelte ebenfalls dann, wenn der Leiharbeitnehmer mit dem Verleiher einen **Aufhebungsvertrag** schließt und zwar auch dann, wenn nicht betriebliche Gründe, sondern Gründe im Verhalten und in der Person des Leiharbeitnehmers für den Abschluß des Aufhebungsvertrages maßgeblich sind[2]. Das ist zu weitgehend. Man wird das nur dann annehmen können, wenn für den Abschluß des Aufhebungsvertrages ausschließlich betriebliche Gründe, insbesondere eine fehlende anderweitige Einsatzmöglichkeit, maßgeblich sind[3]. Teilweise wird die Auffassung vertreten, daß ein Aufhebungsvertrag auch dann zulässig ist, wenn er während des Bestehens des Leiharbeitsverhältnisses aus betrieblichen Gründen mit der Wirkung abgeschlossen wird, daß das Arbeitsverhältnis mit Ablauf des ersten Einsatzes endet. Eine andere Frage sei, inwieweit man dem Verleiher aufgrund der arbeitsvertraglichen Fürsorgepflicht für verpflichtet hält, den Leiharbeitnehmer vor Abschluß des Aufhebungsvertrages über die Rechtslage aufzuklären[4].

f) Unwirksamkeit nachvertraglicher Tätigkeits- und Einstellungsverbote

32 **Nachvertragliche Tätigkeits- und Einstellungsverbote** zu Lasten des Leiharbeitnehmers bzw. des Entleihers sind nach § 9 Nr. 4 und 5 AÜG rechtsunwirksam. Ob § 9 Nr. 5 AÜG als Sondervorschrift den Vorschriften über ein nachvertragliches Wettbewerbsverbot vorgeht, hat keine praktische Bedeutung. Die Beschäftigung bei einem früheren Entleiher im erlernten Beruf ist keine Konkurrenztätigkeit[5].

g) Leistungsverweigerungsrecht bei Arbeitskampf

33 Ein **Leistungsverweigerungsrecht bei einem Arbeitskampf** bei dem Entleiher, der durch einen Arbeitskampf unmittelbar betroffen ist, steht dem Leiharbeitnehmer nach § 11 Abs. 5 Satz 1 AÜG zu. Der Verleiher hat den Leiharbeitnehmer auf dieses Recht nach § 11 Abs. 5 Satz 2 AÜG hinzuweisen. Wird der Betrieb des Entleihers bestreikt oder sperrt dieser aus, trägt der Verleiher das Lohnrisiko, wenn er den Arbeitnehmer nicht anderweitig einsetzen kann. Abweichende kollektivrechtliche oder einzelvertragliche Vereinbarungen sind zulässig[6].

---

1 *Becker/Wulfgramm*, Art. 1 § 3 Rz. 46.
2 *Sandmann/Marschall*, Art. 1 § 3 Anm. 32a; HwB-AR/*Mettlach*, Ziff. 1170, Rz. 60.
3 *Becker/Wulfgramm*, Art. 1 § 3 Rz. 46.
4 *Bauer*, Arbeitsrechtliche Aufhebungsverträge, Rz. 851.
5 *Schüren*, § 9 Rz. 146.
6 HwB-AR/*Mettlach*, Ziff. 1170 Rz. 91.

III. Regelungsgegenstand und -inhalt

h) Kündigungsfristen, Annahmeverzug

Für die **Kündigungsfristen** gilt grundsätzlich § 622 BGB, jedoch mit der Ausnahme, daß § 622 Abs. 5 Nr. 1 BGB auf Arbeitverhältnisse zwischen Verleihern und Leiharbeitnehmern nicht anzuwenden ist (§ 11 Abs. 4 Satz 1 AÜG). Tarifvertragliche Abkürzungen der Kündigungsfristen können einzelvertraglich nach § 622 Abs. 4 Satz 2 BGB nur dann übernommen werden, wenn Verleiher und Leiharbeitnehmer zum Geltungsbereich des Tarifvertrages gehören, dessen Bestimmungen über Kündigungsfristen einzelvertraglich einbezogen werden sollen. 34

Das Recht des Leiharbeitnehmers auf Vergütung bei **Annahmeverzug** des Verleihers kann nach § 11 Abs. 4 Satz 2 AÜG nicht durch Vertrag aufgehoben oder beschränkt werden. Zum Teil wird aus der Regelung die Nichtigkeit aller Vereinbarungen gefolgert, die die Voraussetzungen oder Rechtsfolgen des § 615 BGB ausschließen oder beschränken. Entsprechend soll auch eine vertragliche Verpflichtung des Arbeitnehmers, täglich seine Arbeitskraft anzubieten bzw. sich nach anstehenden Aufträgen zu erkundigen, unwirksam sein[1]. Eine derart weitgehende Auffassung begegnet Bedenken. In einer solchen Vereinbarung kann keine unzumutbare Belastung des Arbeitnehmers gesehen werden; die Verpflichtung findet ihren Ausgleich – unabhängig von einem tatsächlich eintretenden Einsatz – in einem Entgeltanspruch[2]. Hätte es der Intention des Gesetzgebers entsprochen, auch im Falle des § 11 Abs. 4 AÜG jegliches Angebot des Arbeitnehmers für entbehrlich zu erklären, hätte er den gleichen Wortlaut wie in § 10 Abs. 4 AÜG gewählt[3]. 35

i) Auflagen der Landesarbeitsämter

Die Landesarbeitsämter können durch Auflagen **den Leiharbeitnehmer-Schutz nach § 2 Abs. 2 AÜG konkretisieren**. So kann zB die Auflage erteilt werden, bei Vereinbarung einer Anpassung der Arbeitszeit an den Arbeitsanfall in den Leiharbeitsverträgen eine regelmäßige wöchentliche, mindestens aber monatliche Arbeitszeit festzulegen und damit den Tatbestand des Befristungsverbots zu konkretisieren[4]. 36

j) Besonderheiten im Kündigungsrecht

Auf das Leiharbeitsverhältnis finden die allgemeinen **kündigungsschutzrechtlichen Bestimmungen** Anwendung, wobei es jedoch einige **Besonderheiten** zu beachten gilt. 37

Aus § 9 Nr. 3 AÜG wird in bezug auf eine **betriebsbedingte Kündigungsmöglichkeit** des Leiharbeitgebers der Schluß gezogen, daß ein dringendes betriebliches Erfordernis für eine Kündigung nicht schon dann bejaht werden kann, 38

---

1 LAG Frankfurt v. 23. 1. 1987, DB 1987, 1741; Schüren, § 11 Rz. 81.
2 Brötzmann/Musial, NZA 1997, 17.
3 Brötzmann/Musial, NZA 1997, 17, 19.
4 BSG v. 29. 7. 1992, DB 1993, 1477.

wenn der Leiharbeitgeber für den Leiharbeitnehmer nur vorübergehend keine Einsatzmöglichkeit hat, sondern dem Verleiher müsse zugemutet werden, das Arbeitsverhältnis auch bei fehlender Beschäftigungsmöglichkeit über einen Zeitraum von drei Monaten aufrechtzuerhalten und zu erfüllen[1]. Zumindest dann aber, wenn wirtschaftlich sinnvolle Anschlußaufträge innerhalb von drei Monaten nicht absehbar sind, muß es der unternehmerischen Dispositionsfreiheit des Verleihers überlassen bleiben, ob er das Arbeitsverhältnis weiterführt oder kündigt[2]. Im übrigen dürfte der Schluß – wenn überhaupt – nach der Neufassung des § 9 Nr. 3 AÜG nur im Wiederholungsfall gelten.

39 Bei **personen- oder verhaltensbedingten Kündigungen** ist der Verleiher häufig auf Informationen des Entleihers angewiesen. Er darf sich vor Ausspruch einer Kündigung aber nicht einfach die Angaben des Entleihers zu eigen machen, sondern hat sie zu überprüfen. Der Verleiher kann eine verhaltensbedingte Kündigung sowohl auf Pflichtwidrigkeiten des Leiharbeitnehmers in den einzelnen Entleiherbetrieben als auch auf solche im Verleiherbetrieb stützen. Bei Pflichtwidrigkeiten, die ihre Ursache in den besonderen Verhältnissen eines Entleiherbetriebes haben, ist im Rahmen der Interessenabwägung zu berücksichtigen, daß der Leiharbeitnehmer nur im Rahmen der Überlassungsfrist bei einem Entleiher eingesetzt werden darf[3]. Soweit es zB bei einer krankheitsbedingten Kündigung auf negative betriebliche Auswirkungen ankommt, kann der Verleiher sowohl die Auswirkungen in den einzelnen Entleiherbetrieben als auch diejenigen im Verleiherbetrieb zur sozialen Rechtfertigung der Kündigung vorbringen. Der Entleiher ist nicht befugt, dem Leiharbeitnehmer eine Abmahnung mit Warnfunktion zu erteilen, da es ihm an der Kündigungsbefugnis mangelt[4]. Für die 2-Wochen-Ausschlußfrist des § 626 Abs. 2 BGB kommt es regelmäßig darauf an, wann der Verleiher von dem zur Kündigung berechtigenden wichtigen Grund erfahren hat. Die Kenntnis des Entleihers kann dem Verleiher nicht zugerechnet werden[5]. Die Grundsätze, die die Rechtsprechung zur Zurechnung der Kenntnis anderer nicht kündigungsberechtigter Personen entwickelt hat[6], sind auf das Verhältnis Entleiher-Verleiher nicht anzuwenden. Weder ist der Entleiher zur Meldung noch zur Feststellung der für eine außerordentliche Kündigung maßgebenden Tatsachen verpflichtet.

3. Rechtsbeziehungen zwischen Entleiher und Leiharbeitnehmer

40 Zwischen Entleiher und Leiharbeitnehmer besteht bei erlaubter Arbeitnehmerüberlassung **kein Arbeitsverhältnis**. Zwischen ihnen kommt aber ein **gesetzliches Schutzpflichtenverhältnis** zustande, das seinen Grund in der Nähe des

---

1 LAG Frankfurt v. 17. 11. 1983, EzAÜG KSchG Nr. 2; HwB-AR/*Mettlach*, Ziff. 1170 Rz. 96a; *Kittner/Trittin*, Vorbem. AÜG Rz. 16; *Becker/Wulfgramm*, Art. 1 § 11 Rz. 63a.
2 *Schüren*, Einl. Rz. 234.
3 LAG Frankfurt v. 18. 7. 1978, EzAÜG § 626 BGB Nr. 1.
4 *Becker/Wulfgramm*, Art. 1 § 11 Rz. 63a; aA *Schüren*, Einl. Rz. 243.
5 AA HwB-AR/*Mettlach*, Ziff. 1170 Rz. 95.
6 KR/*Hillebrecht*, § 626 BGB Rz. 251.

III. Regelungsgegenstand und -inhalt

Leiharbeitnehmers zu der aus dem Überlassungsvertrag geschuldeten Leistung hat.

Darüber hinaus erhält der Entleiher aus dem Leiharbeitsvertrag einen **eigenen Leistungsanspruch gegen den Leiharbeitnehmer**[1]. Er kann ihn für die Dauer der Überlassung wie einen eigenen Arbeitnehmer nach seinen Vorstellungen und Zielen in seinem Betrieb einsetzen. Zu diesem Zweck überträgt ihm der Verleiher denjenigen Teil seines Direktionsrechts, den er zur Steuerung des Arbeitseinsatzes benötigt, das arbeitsbezogene **Weisungsrecht**[2]. Dadurch unterscheidet sich die Arbeitnehmerüberlassung von allen anderen Formen des Fremdpersonaleinsatzes. Bei der Ausübung seines Weisungsrechts ist der Entleiher durch den Inhalt des Arbeitsvertrages zwischen Verleiher und Leiharbeitnehmer eingeschränkt. Er darf dem Leiharbeitnehmer nur solche Aufgaben übertragen, zu deren Ausführungen dieser aufgrund des Arbeitsvertrages mit dem Verleiher verpflichtet ist.

Die Tätigkeit des Leiharbeitnehmers unterliegt den für den Betrieb des Entleihers geltenden öffentlich-rechtlichen **Vorschriften des Arbeitsschutzrechts**. Nach § 11 Abs. 6 AÜG obliegen die sich hieraus ergebenden Pflichten dem Entleiher unbeschadet der Pflichten des Verleihers. Da der Leiharbeitnehmer in den Entleiherbetrieb eingegliedert ist, greift die Haftungsprivilegierung der §§ 104, 105 SGB VII zugunsten des Entleihers und der anderen im Betrieb tätigen Arbeitnehmer, wenn sie den Leiharbeitnehmer verletzen. Auch zugunsten des Leiharbeitnehmers greift die Privilegierung nach § 105 SGB VII bei unvorsätzlich verursachten Personenschäden, die er den anderen in dem Betrieb eingegliederten Arbeitnehmern zufügt[3]. Erleidet der Leiharbeitnehmer bei Arbeitsunfällen Schäden an eigenen Sachen, haftet der Entleiher nur, wenn er oder seine Erfüllungsgehilfen schuldhaft Fürsorgepflichten verletzt haben. Bei gefährlicher Arbeit kann sich ein Anspruch des Leiharbeitnehmers auf Aufwendungsersatz in entsprechender Anwendung des § 670 BGB ergeben, der sich gegen den Entleiher richtet[4].

Hat der Leiharbeitnehmer während der Dauer der Tätigkeit bei dem Entleiher eine **Erfindung oder einen technischen Verbesserungsvorschlag** gemacht, gilt der Entleiher nach § 11 Abs. 7 AÜG aufgrund einer Fiktion als Arbeitgeber im Sinne des ArbNErfG. Die Vorschrift gilt nur für solche Erfindungen und technischen Verbesserungsvorschläge, die auf den Betrieb des Entleihers bezogen sind; sie ist einschränkend aus ihrem Zweck heraus auszulegen[5]. Die Fiktion knüpft an die Entwicklung der Erfindungen an, also daran, ob sie im Verhältnis zum Entleiher eine Erfindung darstellt. Insoweit wird der Entleiher unter Aus-

---

1 *Schüren*, Einl. Rz. 138 ff.; aA die hM, zB *Becker/Wulfgramm*, Einl. Rz. 13: keine primäre Leistungspflicht.
2 *Feuerborn*, WiB 1996, 198, 199.
3 BAG v. 27. 5. 1983, EzAÜG § 611 BGB – Haftung Nr. 7.
4 *Schüren*, Einl. Rz. 435, 436; offen hinsichtl. des Anspruchsgegners HwB-AR/*Mettlach*, Ziff. 1170 Rz. 124; ausführlich: *Vögele/Stein*, S. 23 ff.
5 *Bartenbach/Volz*, Arbeitnehmererfindergesetz, 3. Aufl., § 1 Rz. 60, 61.

schluß des Verleihers alleiniger Träger aller Rechte und Pflichten aus dem ArbNErfG. Nutzt der Entleiher seine Rechte nicht, bestehen keine Pflichten des Leiharbeitnehmers, seine während dieser Zeit fertiggestellten Erfindungen und technischen Verbesserungsvorschläge zusätzlich noch dem Verleiher zu melden[1].

44 Schädigt der Leiharbeitnehmer den Entleiher durch schuldhafte Schlechtleistung, so trifft ihn eine **Haftung** aus positiver Vertragsverletzung. Zu beachten sind die von der Rechtsprechung entwickelten Grundsätze über die Haftungsbeschränkung im Arbeitsverhältnis, die entsprechend anzuwenden sind. Auch bei der Verletzung von Nebenpflichten (zB der Verschwiegenheitspflicht) kann sich der Leiharbeitnehmer schadensersatzpflichtig machen. Die Pflicht zur Verschwiegenheit wirkt auch nach dem Ende der Überlassungszeit fort. Schließlich haftet der Leiharbeitnehmer auch, wenn er die Arbeit, soweit die Arbeitspflicht nicht wegen Krankheit oder aus sonstigen Gründen ruht, bei dem Entleiher nicht aufnimmt.

45 Dem Leiharbeitnehmer obliegt eine **Treuepflicht** gegenüber dem Entleiher. Hier ist insbesondere die Pflicht zur Verschwiegenheit über Tatsachen, an deren Geheimhaltung der Entleiher ein schutzwürdiges Interesse hat, hervorzuheben. Im übrigen ergeben sich die Pflichten des Leiharbeitnehmers aus dem Umfang seiner tatsächlichen Einbindung in den Betrieb des Entleihers in Anlehnung an die allgemeinen Pflichten der Arbeitnehmer des Betriebes[2].

4. Rechtsfolgen illegaler Arbeitnehmerüberlassung

a) Arbeitnehmerüberlassung ohne Erlaubnis

46 § 10 AÜG regelt die Rechtsfolgen, wenn der Vertrag zwischen Verleiher und Leiharbeitnehmer nach § 9 Nr. 1 AÜG unwirksam ist, weil dem Verleiher die nach § 1 Abs. 1 AÜG erforderliche Erlaubnis fehlt. Es wird ein **Arbeitsverhältnis zwischen Entleiher und Leiharbeitnehmer** fingiert. Das Arbeitsverhältnis ist einem vertraglich begründeten Arbeitsverhältnis gleichgestellt. Der Beginn des Arbeitsverhältnisses ist in § 10 Abs. 1 Satz 1 AÜG bestimmt; gegebenenfalls ist die Abwicklungsfrist nach § 2 Abs. 4 Satz 4 AÜG zu beachten. Der Inhalt des Arbeitsverhältnisses ist in § 10 Abs. 1 Satz 3 bis 5 AÜG näher geregelt. § 10 Abs. 1 Satz 5 AÜG begründet keinen Anspruch des Leiharbeitnehmers, daß ihm ein bei Zustandekommen des Arbeitsverhältnisses mit dem Entleiher bestehender Vergütungsvorsprung vor vergleichbaren Arbeitnehmern des Entleihers auf Dauer ungeschmälert erhalten bleibt[3]. Vergütungsforderungen aus einem solchen Arbeitsverhältnis, die der Arbeitnehmer gegenüber dem Entleiher geltend macht, werden in bezug auf eine Ausschlußfrist erst dann fällig, wenn der Entleiher seine Schuldnerstellung als Arbeitgeber eingeräumt hat, denn bevor eine Klärung des Rechtsverhältnisses nicht erfolgt ist, kann der

---

1 Bartenbach/Volz, Rz. 63 (str.).
2 HwB-AR/*Mettlach*, Ziff. 1170 Rz. 126, 127; *Schüren*, Einl. Rz. 195 ff.
3 BAG v. 21. 7. 1993, DB 1993, 2536.

III. Regelungsgegenstand und -inhalt   Rz. 48 **Teil 6 C**

mit der Ausschlußfrist angestrebte Rechtsfrieden nicht eintreten[1]. Auf den dem Arbeitnehmer gegenüber dem Entleiher für den Überlassungszeitraum nach § 10 Abs. 1 AÜG zustehenden Vergütungsanspruch hat sich der Arbeitnehmer nicht den Teil der ihm für den Überlassungszeitraum von dem Verleiher erbrachten Vergütung anrechnen zu lassen, den der Arbeitnehmer wegen seines vermeintlich selbständigen Handelsvertreterverhältnisses als freiwillige Beiträge zu Kranken- und Rentenversicherung sowie als zwangsweisen Beitrag zur IHK aufgewendet hat[2].

Die **Dauer** des fingierten Arbeitsverhältnisses bestimmt sich nach § 10 Abs. 1 Satz 4 AÜG nach den für den Betrieb des Entleihers geltenden Vorschriften und sonstigen Regelungen; sind solche nicht vorhanden, gelten diejenigen vergleichbarer Betriebe. Nach § 10 Abs. 1 Satz 2 AÜG ist das Arbeitsverhältnis **befristet**, wenn die Tätigkeit des Leiharbeitnehmers bei dem Entleiher nur befristet vorgesehen war und ein für die Befristung des Arbeitsverhältnisses sachlich rechtfertigender Grund vorliegt. Das fingierte Arbeitsverhältnis ist wirksam befristet, wenn ein vertraglich begründetes Arbeitsverhältnis zwischen Entleiher und Leiharbeitnehmer auf die vorgesehene Einsatzzeit des Leiharbeitnehmers hätte befristet werden können[3]. Mit dem die Befristung des Arbeitsverhältnisses rechtfertigenden sachlichen Grund ist nicht das Vorliegen der Befristungsvoraussetzungen für ein Leiharbeitsverhältnis gem. §§ 3 Abs. 1 Nr. 3, 9 Nr. 2 AÜG gemeint; der sachliche Grund kann auch auf seiten des Entleihers liegen. In Kleinbetrieben nach § 23 Abs. 1 KSchG und bei Arbeitseinsätzen, die von vornherein nur 6 Monate oder kürzer dauern sollen, bedarf es, da die Befristung nicht objektiv funktionswidrig sein kann, keines sachlichen Grundes[4]. 47

Das Recht eines Leiharbeitnehmers, sich gegenüber dem Entleiher darauf zu berufen, infolge unerlaubter Arbeitnehmerüberlassung gelte zwischen ihnen nach § 10 Abs. 1 AÜG ein Arbeitsverhältnis als zustande gekommen, kann **nach Treu und Glauben verwirken**[5]. Jedoch tritt eine Verwirkung des Anspruchs aus dem fingierten Arbeitsverhältnis nicht allein deshalb ein, weil der Leiharbeitnehmer in einem Rechtsstreit mit dem illegalen Verleiher einen Vergleich über das mit ihm streitige Arbeitsverhältnis abgeschlossen hat[6] oder weil er arbeitsrechtliche Ansprüche auch gegenüber dem Verleiher geltend macht[7]. Allgemein soll es entscheidend auf das Verhalten des Arbeitnehmers nach Beendigung der unerlaubten Arbeitnehmerüberlassung ankommen; eine 48

---

1 BAG v. 27. 7. 1983, AP Nr. 6 zu § 10 AÜG (zu § 16 BRTV-Bau); *Langer*, Gesetzliche und vereinbarte Ausschlußfristen im Arbeitsrecht, 1993, Rz. 164.
2 LAG Hamm v. 21. 11. 1996, NZA-RR 1997, 380.
3 *Schüren*, § 10 Rz. 53.
4 *Schüren*, § 10 Rz. 54, 55.
5 BAG v. 30. 1. 1991, NZA 1992, 19; LAG Baden-Württemberg v. 12. 4. 1989, EzAÜG § 10 AÜG – Fiktion Nr. 64; LAG Köln v. 28. 11. 1986, DB 1987, 2419; LAG Köln v. 14. 11. 1991, LAGE Nr. 5 zu § 242 BGB – Prozeßverwirkung.
6 LAG Köln v. 28. 11. 1986, DB 1987, 2419.
7 LAG Berlin v. 25. 7. 1988, EzAÜG § 10 AÜG – Fiktion Nr. 63.

Untätigkeit von vier Monaten könne ausreichen[1]. § 10 Abs. 2 AÜG gibt dem Leiharbeitnehmer einen Ersatzanspruch gegen den Verleiher, wenn er den Grund der Unwirksamkeit nicht kannte. Der Anspruch kann sich darauf beziehen, daß der Entleiher seine Verpflichtungen aus dem fingierten Arbeitsverhältnis nicht erfüllt. Der Verleiher kann vom Entleiher aus ungerechtfertigter Bereicherung Herausgabe dessen verlangen, was der Entleiher erspart hat, weil nicht er, sondern der Verleiher den Leiharbeitnehmer entlohnt hat[2]. Bereicherungsansprüche des Verleihers gegen den Leiharbeitnehmer gibt es insoweit nicht[3].

b) Umschlagen von Arbeitnehmerüberlassung in unerlaubte Arbeitsvermittlung

49 Werden Arbeitnehmer einem Dritten zur Arbeitsleistung überlassen und übernimmt der Überlassende nicht die üblichen Arbeitgeber-Pflichten oder das Arbeitgeber-Risiko (was darunter zu verstehen ist, wird durch Bezugnahme auf § 3 Abs. 1 Nr. 1 bis 5 AÜG konkretisiert) oder übersteigt die Dauer der Überlassung im Einzelfall 12 Monate (§ 3 Abs. 1 Nr. 6 AÜG), besteht nach § 1 Abs. 2 AÜG die **Vermutung, daß der Überlassende Arbeitsvermittlung betreibt.** Diese Vermutung gilt nicht nur für gewerbsmäßige, sondern auch für nichtgewerbsmäßige Sachverhalte. Arbeitsvermittlung ist eine Tätigkeit, die darauf gerichtet ist, Arbeitsuchende mit Arbeitgebern zur Begründung eines Arbeitsverhältnisses zusammenzuführen. Bei der gewerbsmäßigen Arbeitnehmerüberlassung kann diese Vermutung nicht widerlegt werden; anders ist es bei der nichtgewerbsmäßigen Arbeitnehmerüberlassung[4]. Als widerlegt anzusehen ist bei der nichtgewerbsmäßigen Arbeitnehmerüberlassung die Vermutung, wenn nach der gesamten Gestaltung und Durchführung der vertraglichen Beziehungen mittels einer wertenden Gesamtbetrachtung davon auszugehen ist, daß der Schwerpunkt des Arbeitsverhältnisses auch noch nach Ablauf der gesetzlichen Überlassungsfrist im Verhältnis zum überlassenden Arbeitgeber liegt. Eine Widerlegung scheidet aus, wenn schon die Einstellung des Arbeitnehmers von der Zustimmung des Entleihers abhängt sowie dessen Arbeitsort ausschließlich eine vom Entleiher betriebene Einrichtung war und der Entleiher aus wichtigem Grund verlangen konnte, daß der Verleiher den Arbeitnehmer nicht anderweitig einsetzt[5]. Nimmt der Arbeitnehmer beim Entleiher über einen längeren Zeitraum hinweg Daueraufgaben wahr, ist das ein wichtiges Indiz für eine Schwerpunktverlagerung des Arbeitsverhältnisses zum Entleiher[6].

50 Wenn der Verleiher mit der Überlassung des Leiharbeitnehmers unerlaubte Arbeitsvermittlung betreibt, kommt ein **Arbeitsverhältnis zwischen Entleiher und Leiharbeitnehmer** zustande. Die Rechtsfolge wurde bisher aus § 13 AÜG

---

1 LAG Köln v. 14. 11. 1991, LAGE Nr. 5 zu § 242 BGB – Prozeßverwirkung.
2 BGH v. 8. 11. 1979, AP Nr. 2 zu § 10 AÜG.
3 BGH v. 31. 3. 1982, AP Nr. 4 zu § 10 AÜG.
4 BAG v. 23. 11. 1988, DB 1989, 1572; BAG v. 21. 3. 1990, DB 1991, 282.
5 BAG v. 1. 6. 1994, DB 1994, 2549.
6 Zur Widerlegung bei Gestellungsverträgen im Rahmen von Privatisierungsmaßnahmen der öffentlichen Hand: *Schipp/Schipp*, Arbeitsrecht und Privatisierung, Rz. 442.

III. Regelungsgegenstand und -inhalt

abgeleitet, auch wenn sich das nicht aus dem Wortlaut ohne weiteres ergab. Es bestand im Ergebnis Übereinstimmung, daß § 13 AÜG auf jede nach § 23 Abs. 1 AFG oder § 1 Abs. 2 AÜG unerlaubte Arbeitsvermittlung anwendbar war und durch § 13 AÜG ein Arbeitsverhältnis zwischen Leiharbeitnehmer und Entleiher fingiert wurde. Die Vorschrift wurde durch Art. 63 AFRG vom 24. 3. 1997 gestrichen, weil sie auf § 4 AFG verwies, obwohl dort seit dem BeschFG 1994 von Arbeitsvermittlung (abgesehen von Ausbildungsstellen) nicht mehr die Rede war. Im materiellen Ergebnis ändert sich aber richtigerweise nichts. Es kann nicht davon ausgegangen werden, daß mit der Streichung des § 13 AÜG die Fiktion eines Arbeitsverhältnisses zum Entleiher, die das BAG seit langem vertritt[1], „still liquidiert" werden soll[2]. In der Gesetzesbegründung wird die Aufhebung des § 13 AÜG nur damit begründet, nach Wegfall des Alleinvermittlungsrechts der Bundesanstalt für Arbeit habe diese Vorschrift keine Funktion mehr.

Die Folge der Fiktion ist ähnlich derjenigen des § 10 Abs. 1 AÜG[3]. Das Arbeitsverhältnis zwischen dem unerlaubt vermittelten Arbeitnehmer und dem Beschäftigungsunternehmen kommt zum Zeitpunkt der tatsächlichen Arbeitsaufnahme zustande[4]. Ob auf den Inhalt des durch eine verbotene Arbeitsvermittlung zustande gekommenen Arbeitsverhältnisses § 10 Abs. 1 AÜG entsprechend anzuwenden ist, ist streitig[5]; nach einer Auffassung sollen sich die Ansprüche allein nach den für den Betrieb des Arbeitgebers geltenden Regelungen bestimmen, nicht nach etwaigen Abreden zwischen Vermittler und Arbeitnehmer. 51

Umstritten ist, ob der Arbeitnehmer – ähnlich wie beim Betriebsübergang – die Fiktion des Arbeitsverhältnisses zum Entleiher durch **Widerspruch** verhindern kann[6]. Begründet wird die Notwendigkeit eines Widerspruchsrechts damit, daß die Beendigung des Arbeitsverhältnisses zum Verleiher und die Begründung eines Arbeitsverhältnisses zum Entleiher nicht gegen den Willen des Arbeitnehmers stattfinden könne und ein anderes Ergebnis im Einzelfall dem Schutzzweck zuwiderlaufe. Es könne für den Arbeitnehmer günstiger sein, das Arbeitsverhältnis zum bisherigen Arbeitgeber zu behalten. Ein Widerspruchsrecht 52

---

1 BAG v. 1. 6. 1994, EzAÜG § 1 AÜG – Erlaubnispflicht Nr. 3; BAG v. 1. 6. 1994, NZA 1995, 465.
2 Vgl. *Düwell*, BB 1997, 46, 48; wie hier: *Sandmann/Marschall*, Art. 1 § 1 Anm. 67 und Art. 1 § 13 Anm. 2; *Kaufmann*, Arbeitnehmerüberlassung, Rz. 42 ff., wonach sich die Fiktion bereits aus § 1 Abs. 2 AÜG bzw. dem Begriff der Arbeitsvermittlung ergibt; vgl. auch *Feuerborn/Hamann*, BB 1997, 2530, 2534; GK-BetrVG/*Kreutz*, § 7 Rz. 40; aA *Groeger*, DB 1998, 470, 471.
3 BAG v. 10. 2. 1977, AP Nr. 9 zu § 103 BetrVG 1972.
4 BAG v. 23. 11. 1988, DB 1989, 1572.
5 Bej. *Becker/Wulfgramm*, Art. 1 § 13 Rz. 3; vern. *Sandmann/Marschall*, Art. 1 § 13 Anm. 6 (Stand Sept. 1996).
6 Vern. *Schüren*, § 13 Rz. 129, 130; *Krasshöfer*, EWiR 1/97 zu Art. 1 § 13 AÜG; bej. wohl *Sandmann/Marschall*, Art. § 13 Anm. 4 (Stand Sept. 1996); bej. ArbG Köln v. 7. 3. 1996, DB 1996, 1342 mit Zust. Anm. von *Wrede*, DB 1996, 1343 und *Liebscher*, BB 1996, 801; LAG Köln v. 11. 12. 1996, NZA-RR 1997, 244; vgl. auch GK-BetrVG/*Kraft*, § 5 Rz. 16.

ist hier aber nicht notwendig, da das fingierte Arbeitsverhältnis kein bestehendes Arbeitsverhältnis ersetzt, sondern lediglich ein fehlerhaftes, aber wirksames Arbeitsverhältnis – das „Leiharbeitsverhältnis" – ergänzt. Die Unwirksamkeitsregelung des § 9 Nr. 1 AÜG gilt nur für den Fall der gewerbsmäßigen Arbeitnehmerüberlassung ohne Erlaubnis. Ansonsten ist es Sache des Arbeitnehmers, durch Beendigung des Leiharbeitsverhältnisses das fingierte Arbeitsverhältnis zu seinem einzigen Arbeitsverhältnis zu machen[1]. Das BAG ist allerdings anderer Auffassung und läßt das „Leiharbeitsverhältnis" bei vermuteter Arbeitsvermittlung enden[2], was aber unter dem Gesichtspunkt des Schutzzweckes abzulehnen ist.

53 Bei der Berechnung der Überlassungsdauer ist auf das Unternehmen des Entleihers und nicht auf einen von mehreren Betrieben des Entleihers abzustellen[3]. Demgegenüber will die hM in der Literatur hier den Begriff des Entleihers nicht im Sinn einer Vertragspartnerstellung verstehen, sondern bei dem Begriff Entleiher die Betriebsebene berücksichtigen. Maßgeblich für die Zurücklegung der Einsatzfrist sei die jeweilige Beschäftigung im Entleiherbetrieb, wobei Nebenbetriebe sowie Betriebsteile, sofern sie räumlich weit vom Hauptbetrieb entfernt oder durch Aufgabenbereiche und Organisation selbständig sind (§ 4 BetrVG), als selbständige Entleiherbetriebe anzusehen seien[4]. Für die Ermittlung der Überlassungsdauer ist eine **Unterbrechung des Einsatzes** bei demselben Entleiher unbeachtlich, wenn zwischen dem vorangegangenen und dem nachfolgenden Einsatz des Leiharbeitnehmers ein enger sachlicher Zusammenhang besteht. Hierfür kommt es auf die Umstände des einzelnen Falles, insbesondere auf Anlaß und Dauer der Unterbrechung sowie auf die Art der Weiterbeschäftigung an. Eine Unterbrechungsdauer von einem Monat schließt nicht für sich allein schon einen engen sachlichen Zusammenhang aus[5]. Die Praxis der Bundesanstalt für Arbeit läßt eine wirksame Unterbrechung der Überlassungsfrist und damit den Beginn einer neuen Frist eintreten, wenn die Unterbrechung 25 % der vorhergehenden Überlassungszeit überschreitet. Als Unterbrechung ist jede tatsächliche Unterbrechung des Tätigwerdens des Leiharbeitnehmers beim Entleiher zu verstehen, also nicht nur die Überlassung an einen anderen Entleiher. Auch Zeiten der Krankheit oder des Urlaubs unterbrechen die Einsatzfrist[6]. Wenn aber von vornherein eine längere als die nach § 3 Abs. 1 Nr. 6 bzw. § 1 Abs. 2 AÜG zulässige Arbeitnehmerüberlassung vereinbart ist und das Tätigwerden nur unterbrochen wird, um dieser Vorschrift formal zu

---

1 *Schüren*, § 13 Rz. 130; LAG Köln v. 7. 8. 1996, BB 1997, 160; offen *Sandmann/Marschall*, § 13 Anm. 3 (Stand Sept. 1996) hinsichtlich der Frage der Nichtigkeit des Vertrages zwischen Arbeitnehmer und Verleiher wegen Fehlens der Erlaubnis nach § 23 Abs. 1 AFG.
2 BAG v. 10. 2. 1977, AP Nr. 9 zu § 103 BetrVG 1972; BAG v. 23. 11. 1988, AP Nr. 14 zu § 1 AÜG; gegen BAG: LAG Köln v. 7. 8. 1996, BB 1997, 160.
3 *Schüren*, § 3 Rz. 169, 172; *Bauer*, BB 1990, 1265.
4 *Becker/Wulfgramm*, Art. 1 § 3 Rz. 58; *Sandmann/Marschall*, Art. 1 § 3 Anm. 39; so auch die Praxis der Bundesanstalt für Arbeit.
5 BAG v. 23. 11. 1988, DB 1989, 1572.
6 *Sandmann/Marschall*, Art. 1 § 3 Anm. 39.

genügen, liegt trotzdem ein Verstoß gegen den Verbotstatbestand vor[1]. Auch eine längere Unterbrechung der Einsatzzeit kann gegen die gesetzlichen Regelungen verstoßen, wenn der Wiedereinsatz vorher zwischen Verleiher und Entleiher geplant war.

Verfügt der Verleiher nicht nur über eine Erlaubnis nach dem AÜG, sondern auch über eine **Erlaubnis zur privaten Arbeitsvermittlung** nach § 293 SGB III, ist die von ihm nach § 1 Abs. 2 AÜG betriebene Arbeitsvermittlung als gewerbliche Tätigkeit erlaubt. Die Anwendung des § 1 Abs. 2 AÜG führt in diesen Fällen zu einer fingierten Arbeitsvermittlung in ein fingiertes Arbeitsverhältnis des Leiharbeitnehmers zum Entleiher. Der ursprünglich zugrundeliegende Arbeitnehmerüberlassungsvertrag wird als Scheinüberlassungsvertrag behandelt; das gesetzliche Zustandekommen des Arbeitsverhältnisses knüpft damit an die falsche Wahl der Vertragsform für den Einsatz des Arbeitnehmers in einem fremden Unternehmen an[2]. 54

c) Verhältnis von § 1 Abs. 1 Satz 1 AÜG und § 1 Abs. 2 AÜG

Das Verhältnis von unerlaubter Arbeitnehmerüberlassung nach § 1 Abs. 1 Satz 1 AÜG und vermuteter Arbeitsvermittlung nach § 1 Abs. 2 AÜG ist folgendes: Bei Vorliegen der Überlassungserlaubnis ist das gewerbsmäßige Leiharbeitsverhältnis wirksam. Die Fiktion eines Arbeitsverhältnisses zum Entleiher kann dann nur über § 1 Abs. 2 AÜG und die daran geknüpfte Vermutung erfolgen. Fehlt die Verleiherlaubnis, ist das Leiharbeitsverhältnis bei gewerbsmäßiger Arbeitnehmerüberlassung unwirksam. Die Fiktion eines Arbeitsverhältnisses erfolgt dann über § 10 Abs. 1 AÜG. Bei nichtgewerbsmäßiger Arbeitnehmerüberlassung kann die Begründung eines Arbeitsverhältnisses zum Entleiher über § 1 Abs. 2 AÜG erfolgen. Ob es eine Reihenfolge von unerlaubter Arbeitnehmerüberlassung nach § 1 Abs. 1 Satz 1 AÜG und vermuteter Arbeitsvermittlung nach § 1 Abs. 2 AÜG gibt, ist nicht geklärt. 55

IV. Ordnungswidrigkeiten, Straftaten

Gegen denjenigen, der als Verleiher vorsätzlich oder fahrlässig **ohne Verleiherlaubnis** Arbeitnehmer verleiht, kann nach § 16 Abs. 1 Nr. 1, Abs. 2 AÜG eine Geldbuße bis zu 50 000 DM verhängt werden. Bei fahrlässigem Handeln beträgt nach § 17 Abs. 2 OWiG im Höchstmaß die Geldbuße nur die Hälfte der Geldbuße bei vorsätzlichem Handeln. Nach § 17 Abs. 4 OWiG soll die Geldbuße den wirtschaftlichen Vorteil, den der Täter aus der Ordnungswidrigkeit gezogen hat, übersteigen. Reicht das gesetzliche Höchstmaß nicht aus, kann es überschritten werden. § 17 Abs. 4 OWiG gilt nicht nur bei Vorsatztaten, sondern auch bei fahrlässigen Zuwiderhandlungen. Eine Straftat nach § 15 Abs. 1 AÜG liegt vor, wenn ein Verleiher ohne Verleiherlaubnis vorsätzlich einen Ausländer, der eine 56

---
1 BAG v. 28. 9. 1988, BB 1989, 910.
2 *Bauer*, NZA 1995, 203.

nach § 284 Abs. 1 Satz 1 SGB III erforderliche Erlaubnis nicht besitzt, einem Dritten überläßt. Nur der vorsätzliche Verstoß ist mit Strafe bedroht, weil das AÜG fahrlässiges Handeln nicht ausdrücklich mit Strafe bedroht (vgl. § 15 StGB). Ein Entleiher, der vorsätzlich oder fahrlässig einen ihm von einem Verleiher ohne Erlaubnis der Bundesanstalt für Arbeit überlassenen Leiharbeitnehmer tätig werden läßt, begeht nach § 16 Abs. 1 Nr. 1a AÜG eine Ordnungswidrigkeit. Auch hier gelten die §§ 17 Abs. 2 und 4 OWiG. Der durch das AFRG neu geschaffene § 16 Abs. 1 Nr. 1b regelt seit dem 1. 1. 1998 die Ordnungswidrigkeit bei einem Verstoß gegen § 1b AÜG (Einschränkungen der Arbeitnehmerüberlassung im Baugewerbe)[1]. § 16 Abs. 1 Nr. 2 AÜG bedroht den Entleiher, der von einem Verleiher mit einer Verleiharbeitserlaubnis entliehene ausländische Leiharbeitnehmer, die eine erforderliche Arbeitserlaubnis nicht besitzen, tätig werden läßt, mit Bußgeld. Die Höhe des Bußgeldes beträgt bis zu 100 000 DM. Wer als Entleiher vorsätzlich einen ihm überlassenen Ausländer, der eine erforderliche Genehmigung nach § 284 Abs. 1 Satz 1 SGB III nicht besitzt, zu Arbeitsbedingungen des Leiharbeitsverhältnisses tätig werden läßt, die in einem **auffälligen Mißverhältnis** zu den Arbeitsverhältnissen deutscher Leiharbeitnehmer stehen, kann nach § 15a AÜG bestraft werden. Zu weiteren Bußgeldtatbeständen vgl. § 16 AÜG. Rechtskräftige Bußgeldentscheidungen sind nach § 149 Abs. 2 Nr. 3 GewO in das **Gewerbezentralregister** einzutragen, wenn die Geldbuße mindestens 200 DM beträgt.

V. Sozialversicherungsrecht, Steuerrecht

57 Bei erlaubter Arbeitnehmerüberlassung treffen grundsätzlich den **Verleiher** die Arbeitgeberpflichten im Sinne des **Sozialversicherungsrechts**[2]. Er ist gem. § 28f SGB IV zur Führung der Lohnunterlagen über seine Arbeitnehmer verpflichtet, die die Ermittlung der Beiträge ermöglichen. Die Meldepflichten des § 28a Abs. 1–3 SGB IV treffen den Verleiher; bei einer Entleihung gegen Vergütung ist der Entleiher verpflichtet, nach § 28a Abs. 4 SGB IV eine Kontrollmeldung abzugeben. § 28e Abs. 2 SGB IV begründet aber im Beitragsrecht eine **subsidiäre Haftung des Entleihers** für die ordnungsgemäße Abführung der Sozialversicherungsbeiträge. Nach § 28e Abs. 2 Satz 2 SGB IV kann der Entleiher die Zahlung verweigern, solange die Einzugstelle den Verleiher nicht mit Fristsetzung gemahnt hat und die Frist nicht verstrichen ist. Die Haftung des Entleihers ist auf den Zeitraum beschränkt, für den ihm der Arbeitnehmer tatsächlich überlassen wurde. Ist bei unerlaubter Arbeitnehmerüberlassung der Entleiher Arbeitgeber, hat er den Gesamtsozialversicherungsbeitrag zu zahlen. Zahlt aber tatsächlich der Verleiher das Arbeitsentgelt, ist er auch zur Zahlung der darauf entfallenden Beiträge neben dem Entleiher nach § 28e Abs. 2 Satz 3 und 4 SGB IV verpflichtet.

---

1 Früher: § 12a AFG, § 228 Abs. 1 Nr. 3 AFG.
2 Ausführlich zur Sozialversicherung bei legaler und illegaler Arbeitnehmerüberlassung: *Schüren/Diebold*, NZS 1994, 241 ff. und 296 ff.

V. Sozialversicherungsrecht, Steuerrecht

Im **Lohnsteuerrecht** ist bei der erlaubten Arbeitnehmerüberlassung der Verleiher Arbeitgeber mit den sich daraus ergebenden Pflichten. Nach § 38 Abs. 1 Satz 1 Nr. 2 EStG hat auch ein ausländischer Entleiher, der Arbeitnehmer gewerbsmäßig zur Arbeitsleistung im Inland überläßt, ohne inländischer Arbeitgeber zu sein, für die im Inland verliehenen Arbeitnehmer Lohnsteuer einzubehalten und abzuführen. Das Besteuerungsrecht ist aufgrund von Doppelbesteuerungsabkommen nicht berührt. Bei im Ausland ansässigen, aber im Inland eingesetzten Arbeitnehmern steht das Besteuerungsrecht grundsätzlich der BRD nicht zu, wenn sich der Leiharbeitnehmer im Laufe des Kalenderjahres nicht länger als insgesamt 163 Tage im Inland aufgehalten hat. Dennoch ist der ausländische Verleiher zunächst zur Einbehaltung der Lohnsteuer verpflichtet; erst durch eine vom Betriebsstättenfinanzamt (§ 41 Abs. 2 EStG) erteilte Freistellungsbescheinigung (§§ 39b Abs. 6, 39d Abs. 1 und 3 EStG) wird der Arbeitgeber von seiner Einhaltungspflicht befreit. Auch für im Inland ansässige Arbeitnehmer des ausländischen Verleihers ist Lohnsteuer einzubehalten[1]. Der Entleiher haftet für die Lohnsteuer der ihm überlassenen Arbeitnehmer im Rahmen des § 42d Abs. 6 EStG. Es gilt folgender **Grundsatz:** Sowohl bei der unerlaubten als auch bei der erlaubten Arbeitnehmerüberlassung besteht die Möglichkeit, den Entleiher als Haftenden in Anspruch zu nehmen. Im Fall der erlaubten Arbeitnehmerüberlassung haftet der Entleiher aber dann nicht, wenn er bestimmte Mitwirkungspflichten erfüllt hat. Die Haftung des Entleihers setzt, da sie akzessorisch ist, eine Schuld des Verleihers voraus. Nach § 42d Abs. 6 Satz 3 EStG scheidet eine Haftung des Entleihers aus, wenn er über das Vorliegen einer Arbeitnehmerüberlassung ohne Verschulden irrte. Die Vorschrift gilt sowohl bei erlaubter wie auch bei unerlaubter Arbeitnehmerüberlassung[2]. Ein Irrtum führt nicht zum Haftungsausschluß, wenn er auf nur geringem Verschulden beruht; leichte Fahrlässigkeit entschuldigt nicht. Ein schuldhafter Irrtum liegt sowohl im Unterlassen einer gebotenen Erkundigung als auch bei Zweifeln über die Auslegung des Vertrages vor[3]. Ist der Arbeitnehmerüberlassungsvertrag nach § 9 Nr. 1 AÜG unwirksam, gilt die Fiktion des § 10 Abs. 1 Satz 1 AÜG im Steuerrecht nicht[4]. Die sich daraus ergebende Lücke schließt § 42d Abs. 6 EStG, soweit es um die Haftung des Entleihers geht. Sollte ganz ausnahmsweise bei einer unerlaubten Arbeitnehmerüberlassung der Entleiher entsprechend der BFH-Rechtsprechung als Arbeitgeber der Leiharbeitnehmer zu qualifizieren sein, kann neben ihm nach § 42d Abs. 7 EStG auch der Verleiher als Haftender in Anspruch genommen werden.

---

1 *Schmidt/Drenseck*, EStG, 16. Aufl. 1997, § 38 Rz. 6.
2 Zur Bedenklichkeit dieser Vorschrift: *Schmidt/Drenseck*, EStG, § 42d Rz. 71.
3 *Schmidt/Drenseck*, EStG, § 42d Rz. 71.
4 BFH v. 18. 1. 1991, BStBl. II 1991, 409.

VI. Abgrenzung zwischen Arbeitnehmerüberlassung und sonstigen Einsatzarten in Fremdbetrieben

1. Abgrenzung der Arbeitnehmerüberlassung gegenüber dienst- und werkvertraglichen Einsätzen in Fremdbetrieben

59 Die Abgrenzung zwischen Arbeitnehmerüberlassung und sonstigen Einsatzarten in Fremdbetrieben entscheidet über die Anwendbarkeit des AÜG[1]. Insbesondere geht es in der Praxis um die Abgrenzung zwischen Arbeitnehmerüberlassung und Vorliegen eines Werk- oder Dienstvertrages. Beim **drittbezogenen Personaleinsatz aufgrund eines Dienst- oder Werkvertrages** organisiert der beauftragte Unternehmer die zur Durchführung des Auftrages notwendigen Handlungen selbst und bedient sich dabei seiner Arbeitnehmer als seiner Erfüllungsgehilfen. Die Arbeitnehmer bleiben auch bei ihrer Tätigkeit im fremden Betrieb in die Organisation des Dienst- oder Werkunternehmers eingegliedert und sind nur dessen Weisungen unterstellt. Der Auftraggeber kann dem dienstverpflichteten Unternehmer bzw. dem Werkunternehmer oder dessen Erfüllungsgehilfen nur dienst- bzw. werkvertragliche, nicht aber arbeitsvertragliche Weisungen erteilen. Demgegenüber liegt **Arbeitnehmerüberlassung** vor, wenn dem Dritten geeignete Arbeitskräfte überlassen werden, die er nach seinen eigenen betrieblichen Erfordernissen und Vorstellungen in seinem Betrieb nach seinen Weisungen zur Arbeitsleistung einsetzt[2]. Wird ein Werk- oder Dienstvertrag als illegale Arbeitnehmerüberlassung „enttarnt", greifen die bereits beschriebenen negativen Folgen ein. Das BAG läßt den Einsatz von Erfüllungsgehilfen eines Werk- oder Dienstunternehmens prinzipiell in allen Bereichen zu. Es gibt keinen Bereich, in dem der Einsatz von Fremdpersonal nur auf der Grundlage von Arbeitnehmerüberlassungsverträgen zulässig wäre[3].

60 So einleuchtend und überzeugend diese Unterscheidung von Fremdpersonaleinsätzen aufgrund von Dienst- oder Werkverträgen und von Arbeitnehmerüberlassungsverträgen klingt, so schwierig kann ihre Handhabung in der betrieblichen Praxis sein. Für die Abgrenzung zwischen Arbeitnehmerüberlassung und werk- oder dienstvertraglichen Einsätzen von Fremdfirmenarbeitnehmern hat die Rechtsprechung ein Prüfungsverfahren und eine Reihe von Abgrenzungskriterien entwickelt. Die Bundesanstalt für Arbeit hat Durchführungsanweisungen erlassen, die sich an der Rechtsprechung orientieren[4]. Sie binden die Dienststellen der Bundesanstalt für Arbeit, nicht aber Gerichte oder andere Verwaltungsstellen.

---

1 Vgl. bereits oben Rz. 1 und 5.
2 BAG v. 30. 1. 1991, DB 1991, 2342; BAG v. 31. 3. 1993, DB 1993, 2337; BAG v. 9. 11. 1994, DB 1995, 1566; ebenso BVerwG v. 6. 9. 1995, ZTR 1996, 281, soweit sich nicht aus Gründen des öffentlichen Rechts Besonderheiten ergeben. Zum Gestellungsvertrag bei der Privatisierung öffentlicher Aufgaben: *Schipp/Schipp*, Arbeitsrecht und Privatisierung, Rz. 440, 442.
3 BAG v. 9. 7. 1991, AP Nr. 94 zu § 99 BetrVG 1972; *Henssler*, NZA 1994, 295, 302.
4 RdErlaß 13/95 v. 31. 1. 1995; vgl. dazu auch *Marschner*, NZA 1995, 668.

VI. Abgrenzung zu sonstigen Einsatzarten

a) Dreistufiges Prüfungsverfahren

Das BAG wendet bei der Beurteilung von Einsätzen von Fremdfirmenarbeitnehmern ein dreistufiges Prüfungsverfahren an[1]. Auf der ersten Stufe werden die **ausdrücklichen Vereinbarungen** der Vertragsparteien untersucht. Maßgeblich ist der Geschäftsinhalt und nicht die von den Parteien gewünschte Rechtsfolge oder eine von ihnen gewählte Bezeichnung. Auf der zweiten Stufe wird die **tatsächliche Vertragsdurchführung** überprüft. Widerspricht sie den vertraglichen Vereinbarungen, entscheidet sie über die rechtliche Einordnung, weil sie den wirklichen Parteiwillen widerspiegelt, sofern die auf beiden Seiten zum Vertragsschluß Berechtigten sie kennen und zumindest billigen[2]. Auf der dritten Stufe nimmt die Rechtsprechung eine **Gesamtbetrachtung** aller für die rechtliche Einordnung der Vertragsbeziehungen wesentlichen Umstände vor und wägt sie ab. Diese Gesamtbetrachtung hat den Zweck, atypische Merkmale oder Einzelfälle herauszufiltern oder einzubeziehen.

61

b) Kriterien der Abgrenzung

Den **Hauptabgrenzungskriterien** (Eingliederung in die betriebliche Organisation des Beschäftigungsbetriebes und Ausübung des arbeitsrechtlichen Weisungsrechts) hat die Rechtsprechung zur besseren Bestimmbarkeit eine größere Zahl von **Unterkriterien** zugeordnet. Nachdem die Zahl dieser Unterkriterien immer mehr auszuufern drohte und kaum vorhersehbar war, ob Kriterien für die Abgrenzung als relevant erachtet wurden und erst recht nicht, welches Gewicht einzelnen Kriterien beigemessen wurde[3], hat das **BAG** in neueren Entscheidungen die Zahl der abgrenzungsrelevanten Kriterien reduziert[4]. In den Vordergrund gerückt sind folgende Gesichtspunkte[5]:

62

▶ Ist zwischen dem Dienst-/Werkunternehmer und seinem Auftraggeber ein konkreter, abgrenzbarer dienst- oder werkvertragsfähiger Leistungsgegenstand vereinbart[6]?

63

---

1 BAG v. 30. 1. 1991, AP Nr. 8 zu § 10 AÜG; BAG v. 27. 1. 1993, EzAÜG § 10 AÜG – Fiktion Nr. 75; vgl. auch *Feuerborn*, WiB 1996, 198, 200.
2 BAG v. 27. 1. 1993, EzAÜG § 10 AÜG – Fiktion Nr. 75; BayObLG v. 18. 12. 1995, BB 1996, 1556; abl. zu dieser Einschränkung zu Recht HzA/*Düwell*, Gruppe 16 Erläuterungen Rz. 137 unter Hinweis auf BAG v. 20. 7. 1994, DB 1994, 2502: Abstellen auf das Erkennen und Verhindernkönnen und ob der Beschäftigte nach Treu und Glauben annehmen durfte, der Vertretene wisse davon.
3 Überblick bei *Schüren*, § 1 AÜG Rz. 113 ff.; *Hamann*, Erkennungsmerkmale, S. 71 ff. und 92 ff.
4 BAG v. 30. 1. 1991, AP Nr. 8 zu § 10 AÜG; BAG v. 5. 3. 1991 und 9. 7. 1991, AP Nr. 90, 94 zu § 99 BetrVG; BAG v. 22. 6. 1994, NZA 1995, 462; BAG v. 9. 11. 1994, DB 1995, 1566.
5 Vgl. insb. die Checkliste bei *Feuerborn*, WiB 1996, 229; *Hamann*, WiB 1995, 633 (Anm. zu BAG v. 9. 11. 1994, NZA 1995, 572); ausführlich HzA/*Düwell*, Gruppe 16 Erläuterungen Rz. 116 ff.; *Hunold*, S. 103/128; *Fitting/Kaiser/Heither/Engels*, § 5 Rz. 82, 83a; *Däubler/Kittner/Klebe*, § 99 Rz. 59.
6 BAG v. 5. 3. 1991, 9. 7. 1991 und 5. 5. 1992, AP Nr. 90, 94, 97 zu § 99 BetrVG 1972; BAG v. 9. 11. 1994, NZA 1995, 572; LAG Köln v. 27. 1. 1995, EzAÜG § 10 AÜG – Fiktion Nr. 89.

64 ▶ Verfügt der Dienst-/Werkunternehmer über eine eigene Betriebsorganisation und eine eigene fachliche Kompetenz, die es ihm ermöglicht, die Arbeit seiner Mitarbeiter im Einsatzbetrieb eigenverantwortlich zu organisieren[1]?

65 ▶ Wer übt das arbeitsvertragliche Weisungsrecht gegenüber den im Betrieb des Auftraggebers eingesetzten Mitarbeitern aus und wer hat ansonsten die unternehmerische Dispositionsfreiheit über diese Mitarbeiter (zB Auswahl und Zahl der eingesetzten Arbeitnehmer, Bestimmung der Arbeitszeit und Anordnung von Überstunden, Durchführung der Anwesenheitskontrolle, Überwachung der Ordnungsmäßigkeit der Arbeitsabläufe)[2]? **Arbeitsvertragliche Weisungen** liegen vor, wenn sich die Weisungen nicht auf die Beschaffenheit des herzustellenden wirtschaftlichen Erfolges (zB Qualitätsvorgaben, Angaben bezüglich Größe, Menge, Art) beschränken (sog. werkbezogene Anweisungen), sondern sich auf die zur Erreichung des wirtschaftlichen Erfolges notwendigen Handlungen erstrecken[3]. Ein Arbeitnehmer wird aber nicht bereits dann einem Dritten zur Arbeitsleistung überlassen, wenn er aufgrund seines Arbeitsvertrages zwar auch Weisungen des Dritten zu befolgen hat, nach wie vor aber allein innerhalb der Betriebsorganisation seines Arbeitgebers für diesen tätig zu werden hat. Es fehle bereits an einem Tätigwerden für Betriebszwecke des Dritten jedenfalls dann, wenn der Arbeitgeber sich gegenüber dem Dritten in keiner Form zur Förderung von dessen Betriebszwecken verpflichtet hat[4]. Eine detaillierte Beschreibung der zu erbringenden Werk- oder Dienstleistung im Vertrag genügt zur Annahme einer Arbeitnehmerüberlassung nicht[5].

66 ▶ Arbeiten die Fremdfirmenarbeitnehmer arbeitsteilig mit Arbeitnehmern des Beschäftigungsbetriebes zusammen[6]?

67 ▶ Kommt es zu einem Einsatz der Fremdfirmenarbeitnehmer in zeitlicher oder sachlicher Hinsicht auch außerhalb des im Werk- oder Dienstvertrag vereinbarten Leistungsgegenstandes[7]? Die rückwirkende Vereinbarung eines entsprechend erweiterten Dienst- oder Werkvertrages beseitigt den Arbeitnehmerüberlassungstatbestand nicht[8].

68 ▶ Wer trägt das Unternehmerrisiko, insbesondere die Gewährleistung[9]?

69 ▶ Gibt es einen sachlichen Grund für den ggf. vereinbarten Ausschluß von Gewährleistungsansprüchen?

---
1 BAG v. 1. 12. 1992, EzA Nr. 110 zu § 99 BetrVG 1972; BAG v. 9. 11. 1994, NZA 1995, 572.
2 BAG v. 5. 3. 1991, 9. 7. 1991 und 5. 5. 1992, AP Nr. 90, 94, 97 zu § 99 BetrVG 1972.
3 *Ivens*, WiB 1995, 694, 699; BayObLG v. 18. 12. 1995, BB 1996, 1556.
4 BAG v. 22. 6. 1994, NZA 1995, 462; krit. Anm. von *Hamann*, WiB 1995, 594.
5 BAG v. 5. 5. 1992, AP Nr. 97 zu § 99 BetrVG 1972; vgl. aber auch *Ivens*, WiB 1995, 694, 699.
6 BAG v. 9. 7. 1991, AP Nr. 94 zu § 99 BetrVG.
7 BAG v. 9. 11. 1994, NZA 1995, 572; *Ivens*, WiB 1995, 694, 699.
8 *Ivens*, WiB 1995, 694, 699; offen gelassen in BAG v. 9. 11. 1994, NZA 1995, 572.
9 BAG v. 9. 7. 1991 und v. 5. 5. 1992, AP Nr. 94, 97 zu § 99 BetrVG 1972.

VI. Abgrenzung zu sonstigen Einsatzarten

▶ Erfolgt eine Abrechnung für das Gesamtwerk oder einzelne Teilabschnitte nach vereinbarten Berechnungsmaßstäben oder eine Abrechnung auf Stundenbasis trotz Möglichkeit einer erfolgsorientierten Abrechnung[1]? 70

▶ Letztlich bedarf es einer **wertenden Gesamtbetrachtung** aller für die rechtliche Einordnung der Vertragsbeziehung wesentlichen Umstände[2]. Das Vorliegen einzelner Merkmale für eine Arbeitnehmerüberlassung läßt nicht schon ohne weiteres auf das Vorliegen einer Arbeitnehmerüberlassung schließen. Es kommt auf eine Gesamtschau der Umstände anhand der Prüfungskriterien an. So soll zB die Tatsache, daß die Abrechnung nach Stundenverrechnungssätzen erfolgt, nicht schon alleine auf das Vorliegen eines Arbeitnehmerüberlassungsvertrages schließen lassen. Dasselbe soll für den Umstand gelten, daß der Arbeitnehmer seinen Urlaub mit dem Dritten bzw. dessen Arbeitnehmer abstimmen muß[3]. Im Rahmen der abschließenden Gesamtbetrachtung werden alle Indizien bewertet und abgewogen. 71

Die beim Werkvertrag verwandten Abgrenzungskriterien hinsichtlich Vergütungsgefahr und Leistungsgegenstand haben bei der **Abgrenzung der Arbeitnehmerüberlassung zum Dienstvertrag** keine Bedeutung, da beim Dienstvertrag ein abgrenzbarer Leistungserfolg fehlt. Dafür erhalten die Kriterien der Organisationsgewalt, des unternehmerischen Dispositionsspielraums und der ausschließlich arbeitsbezogenen Weisungsgebundenheit besonders großes Gewicht. Ein Dienstvertrag wird nur dann vorliegen, wenn die Erfüllungsgehilfen des Dienstverpflichteten in dem Betrieb des Dienstberechtigten selbständig Dienstleistungen erbringen, weil sie die Dienste unter eigener Verantwortung und nach eigenem Plan des Dienstverpflichteten durchführen. Nach Auffassung der Bundesanstalt für Arbeit ist ein drittbezogener Personaleinsatz auf dienstvertraglicher Basis nur in engen Grenzen möglich, etwa bei Dienstleistungen, die gegenständlich umschrieben werden können und deren Ausführung keine Integration in die Betriebsorganisation des Drittbetriebes bedingt[4]. Ein Teil der neueren Literatur[5] will nur auf ein „wirkliches" Abgrenzungsmerkmal, die **Ausübung des arbeitsbezogenen Weisungsrechts,** abstellen. Arbeitnehmerüberlassung liegt danach dann vor, wenn das arbeitsbezogene Weisungsrecht allein vom Inhaber des Einsatzbetriebes ausgeübt wird. Alle sonstigen Kriterien könnten allenfalls helfen, die Verlagerung des arbeitsbezogenen Weisungsrechts nachzuweisen. 72

---

1 BAG v. 14. 8. 1985, EzAÜG § 10 AÜG – Fiktion Nr. 42; BAG v. 25. 6. 1986, EzAÜG § 1 AÜG – Gewerbsmäßige Arbeitnehmerüberlassung Nr. 20.
2 BAG v. 30. 1. 1991, DB 1991, 2342.
3 BAG v. 30. 1. 1991, AP Nr. 8 zu § 10 AÜG.
4 RdErlaß 13/95 Ziff. 1.5; vgl. auch BAG v. 5. 5. 1992, AP Nr. 97 zu § 99 BetrVG 1972; BAG v. 28. 11. 1989, AP Nr. 5 zu § 14 AÜG; BAG v. 31. 3. 1993, AP Nr. 2 zu § 9 AÜG.
5 *Hamann*, Erkennungsmerkmale, S. 154 ff.; *Schüren*, § 1 Rz. 150 ff.; HzA/*Düwell*, Gruppe 16 Erläuterungen Rz. 153 ff.

c) Konsequenzen von Scheinwerk- und Scheindienstverträgen

73 Liegt ein Scheindienst- oder Scheinwerkvertrag vor, kommt mit dem dann als Entleiher zu behandelnden Kunden des Dienst- oder Werkvertragsunternhmers ein **Arbeitsverhältnis kraft Gesetzes** zustande, wenn nicht ausnahmsweise der Unternehmer über eine Erlaubnis zur Arbeitnehmerüberlassung verfügt und auch die Überlassungszeit nicht überschritten wird. Ob der aufgrund eines Scheindienst- oder Scheinwerkvertrages tätig gewordene Arbeitnehmer ein Wahlrecht hat, ob er bei seinem bisherigen oder bei dem neuen Arbeitgeber weiter beschäftigt werden will, ist umstritten[1]. Jedenfalls bringt das kraft Gesetzes zustande gekommene Arbeitsverhältnis das Arbeitsverhältnis des Arbeitnehmers mit dem Scheindienst- bzw. Scheinwerkunternehmer nicht zum Erlöschen.

2. Abgrenzung der Arbeitnehmerüberlassung gegenüber der Überlassung von Maschinen mit Bedienungspersonal

74 Bei der Überlassung von Maschinen mit Bedienungspersonal wird die Abgrenzung zur Arbeitnehmerüberlassung danach vorgenommen, was **Nebenleistung** und was **Hauptleistung** sein soll. Die Überlassung der Maschinen sei die Hauptleistung, wenn ihr wirtschaftlicher Wert erheblich höher ist als der der Arbeitsleistung. Es soll dann ein nach der Privatrechtsordnung zulässiger gemischter Miet- und Dienstverschaffungsvertrag vorliegen, auch wenn sich der Arbeitnehmer nach den Anweisungen des Dritten zu richten hat[2]. Derartige gemischte Verträge sollen von den Vorschriften des AÜG jedenfalls dann nicht erfaßt werden, wenn nicht die Überlassung von Arbeitnehmern, sondern die Gebrauchsüberlassung des Gerätes oder der Maschine den Inhalt des Vertrages prägt. Sinn und Zweck eines solchen gemischten Miet- und Dienstverschaffungsvertrages sei nicht primär, dem Dritten Personal zur Verfügung zu stellen, das er nach seinem Belieben in seinem Betrieb und damit auch an Geräten oder Maschinen, über die er ohnehin verfügt, einsetzen kann, sondern dem Dritten durch die Personalüberlassung überhaupt erst den Einsatz der Geräte oder Maschinen zu ermöglichen, die ihm im Rahmen des gemischten Vertrages zum Gebrauch überlassen werden. Es kommt also bei einem solchen Vertrag darauf an, ob die Gebrauchsüberlassung des Gerätes im Vordergrund steht und die Zurverfügungstellung des Personals nur dienende Funktion hat, indem sie den Einsatz des Gerätes erst ermöglichen soll, oder ob der Vertrag schwerpunktmäßig auf die Verschaffung der Arbeitsleistung des Personals gerichtet ist und die Überlassung des Gerätes demgegenüber nur untergeordnete Bedeutung hat.

---

1 Vgl. dazu oben Rz. 46 ff., 49 ff.
2 BAG v. 16. 6. 1982, EzAÜG § 5 TVG Nr. 1; BAG v. 17. 2. 1993, NZA 1993, 1125; KG Berlin v. 13. 9. 1995, EzAÜG § 611 BGB – Abgrenzung Nr. 6; abl.: HzA/*Düwell*, Gruppe 16 Erläuterungen Rz. 161; *Schüren*, § 1 Rz. 14 ff.; zust.: *Becker/Wulfgramm*, Einl. Rz. 26 und § 1 Rz. 31; *Sandmann/Marschall*, Art. 1 § 1 Anm. 23; *Kania*, NZA 1994, 871; zu Haftungsfragen bei Schadensverursachung durch das gestellte Bedienungspersonal: OLG Celle v. 22. 5. 1996, EzAÜG § 611 BGB – Haftung Nr. 10.

VII. Betriebsverfassungsrechtliche Besonderheiten beim Einsatz von Leiharbeitnehmern

1. Zuordnung der Leiharbeitnehmer

Betriebsverfassungsrechtlich ist der Leiharbeitnehmer grundsätzlich nach § 14 Abs. 1 und 2 Satz 1 AÜG **dem Verleiher-Betrieb zugeordnet.** Leiharbeitnehmer iSd. AÜG sind im Betrieb des Entleihers weder wahlberechtigt noch wählbar. Sie zählen deshalb bei der Feststellung der Betriebsratsfähigkeit des Entleiherbetriebes[1], bei der Bestimmung der Zahl der zu wählenden Betriebsratsmitglieder[2] und bei der Berechnung der gem. § 106 Abs. 1 Satz 1 BetrVG erforderlichen Arbeitnehmer[3] nicht mit. Da Leiharbeitnehmer aber in den Entleiherbetrieb eingegliedert sind, macht das Gesetz einige **Ausnahmen** von diesem Grundsatz. Es gewährt dem Leiharbeitnehmer nach § 14 Abs. 2 Satz 2 und 3 AÜG bestimmte betriebsverfassungsrechtliche Befugnisse auch im Entleiherbetrieb. Darüber hinaus räumt es in § 14 Abs. 3 AÜG dem Betriebsrat des Entleiherbetriebes Kompetenzen in bezug auf die Übernahme eines Leiharbeitnehmers zur Arbeitsleistung ein. Die im Gesetz aufgezählten Ausnahmen sind nicht abschließend; § 14 AÜG regelt die betriebsverfassungsrechtliche Zuordnung der Leiharbeitnehmer nur partiell[4]. UU kann eine größere Zahl von Leiharbeitnehmern zur Folge haben, daß eine zumindest teilweise Freistellung eines Betriebsratsmitgliedes in Betracht kommt[5].

75

2. Beteiligungsrechte vor dem Einsatz von Leiharbeitnehmern

Kein Beteiligungsrecht vor dem Einsatz von Leiharbeitnehmern hat der Betriebsrat bei der **grundsätzlichen Entscheidung** des Arbeitgebers, Leiharbeitnehmer einzusetzen. Es handelt sich um eine mitbestimmungsfreie Unternehmerentscheidung[6]. Der Einsatz von Leiharbeitnehmern ist als solcher auch keine Betriebsänderung im Sinne von § 111 BetrVG[7]. Nach § 14 Abs. 3 Satz 1 AÜG ist der Betriebsrat des Entleiherbetriebes vor der **Übernahme eines Leiharbeitnehmers zur Arbeitsleistung** nach § 99 BetrVG zu beteiligen. Umstritten ist, ob diese Bestimmung ein eigenes Mitbestimmungsrecht des Betriebsrates begründet oder nur auf § 99 BetrVG mit der Folge verweist, daß das Mitbestimmungsrecht

76

---

1 GK-BetrVG/*Kraft*, § 1 Rz. 64; *Richardi*, BetrVG, § 1 Rz. 110.
2 BAG v. 18. 1. 1989, NZA 1989, 725; LAG Baden-Württemberg v. 16. 9. 1996, NZA-RR 1997, 141 (unabhängig von ihrer Zahl); vgl. auch BAG v. 25. 11. 1992, NZA 1993, 955, 956; aA *Däubler/Kittner/Klebe*, § 9 Rz. 11.
3 GK-BetrVG/*Fabricius*, § 106 Rz. 6; aA für auf einem Dauerarbeitsplatz beschäftigte Leiharbeitnehmer, selbst wenn sie persönlich nur vorübergehend eingesetzt sind: LAG Berlin v. 6. 12. 1989, DB 1990, 538; *Däubler/Kittner/Klebe*, § 106 Rz. 12; *Schüren*, § 14 Rz. 262, 263.
4 BAG v. 15. 12. 1992, AP Nr. 7 zu § 14 AÜG; *Fitting/Kaiser/Heither/Engels*, § 5 Rz. 78; *Hamann*, WiB 1996, 369.
5 LAG Baden-Württemberg v. 16. 9. 1996, NZA-RR 1997, 141.
6 *Stege/Weinspach*, §§ 99–101 Rz. 17; *Hamann*, WiB 1996, 369.
7 *Hamann*, WiB 1996, 369.

lediglich in Betrieben mit in der Regel mehr als 20 wahlberechtigten Arbeitnehmern besteht. Der Gesetzgeber wollte mit der Verweisung das Mitbestimmungsrecht des Betriebsrats auf Leiharbeitnehmer ausdehnen, nicht aber seinen betrieblichen Geltungsbereich erweitern[1]. Die **Unterrichtungspflichten des Arbeitgebers** beschränken sich im wesentlichen auf die Angabe der Zahl der zu beschäftigenden Leiharbeitnehmer, die vorgesehene Einsatzzeit (Einstellungstermin, Einsatzdauer, Einsatztage), die Arbeitsplätze, auf denen die Leiharbeitnehmer eingesetzt werden sollen, sowie im Hinblick auf ein mögliches Widerspruchsrecht des Betriebsrats nach § 99 Abs. 2 Nr. 3 BetrVG auch auf die Auswirkungen des Einsatzes des Leiharbeitnehmers auf die Stammbelegschaft[2]. Persönliche Daten bzw. der Name des Leiharbeitnehmers brauchen dem Betriebsrat in der Regel nicht mitgeteilt zu werden[3]. Der Betriebsrat des Entleiherbetriebes kann die Vorlage des Arbeitnehmer-Überlassungsvertrages, dh. den mit der Verleihfirma geschlossenen Vertrag, verlangen[4]. Ihm ist ferner nach § 14 Abs. 3 Satz 2 AÜG die schriftliche Erklärung des Verleihers darüber, daß er die Erlaubnis zur Arbeitnehmerüberlassung hat, vorzulegen. Dagegen erstreckt sich die Unterrichtungspflicht nicht auf den Leiharbeitsvertrag, den der Leiharbeitnehmer mit seinem Verleiher abgeschlossen hat. Das Beteiligungsrecht des Betriebsrats besteht ferner bei **Verlängerung der Entleihe und Austausch des Leiharbeitnehmers**[5]. Die Überlassung nach § 1a AÜG kann das Beteiligungsrecht des Betriebsrates im Entleiherbetrieb ebenfalls auslösen[6]. Obwohl § 14 Abs. 3 Satz 1 AÜG ausdrücklich nur auf § 99 BetrVG verweist, sind auch die §§ 100, 101 BetrVG anwendbar. Beteiligungsrechte des Betriebsrats vor dem Einsatz von Leiharbeitnehmern können sich ferner aus § 92 und § 93 BetrVG ergeben. Eine Stellenausschreibung kann vom Betriebsrat auch für den Fall verlangt werden, daß Arbeitsplätze mit Leiharbeitnehmern besetzt werden sollen. Der Einsatz von Leiharbeitnehmern ist keine wirtschaftliche Angelegenheit im Sinne des § 106 BetrVG[7].

3. Beteiligungsrechte während des Einsatzes von Leiharbeitnehmern

77 Der Betriebsrat des Entleiherbetriebes hat auch Beteiligungsrechte während des Einsatzes der Leiharbeitnehmer im Entleiherbetrieb. Nach § 14 Abs. 2 AÜG haben Leiharbeitnehmer die Möglichkeit, **Sprechstunden des Betriebsrats** im Entleiherbetrieb aufzusuchen. Ist der Besuch erforderlich, erhalten sie die Vergütung vom Verleiher ungekürzt fortgezahlt. Der Betriebsrat des Entleiherbe-

---

1 *Schüren*, § 14 Rz. 124/129; *Hamann*, WiB 1996, 369, 370; aA *Sandmann/Marschall*, Art. 1 § 14 Anm. 16; *Becker/Wulfgramm*, Art. 1 § 14 Rz. 96; offen *Fitting/Kaiser/Heither/Engels*, § 5 Rz. 80.
2 LAG Köln v. 12. 6. 1987, DB 1987, 2106; *Fitting/Kaiser/Heither/Engels*, § 99 Rz. 35a; *Stege/Weinspach*, §§ 99–101 Rz. 17.
3 LAG Köln v. 12. 6. 1987, DB 1987, 2106; *Stege/Weinspach*, §§ 99–101 Rz. 16; aA soweit dem Entleiher bekannt: *Hamann*, WiB 1996, 369, 370.
4 BAG v. 6. 6. 1978, AP Nr. 6 zu § 99 BetrVG 1972.
5 *Fitting/Kaiser/Heither/Engels*, § 99 Rz. 11; *Schüren*, § 14 Rz. 135, 136; *Hamann*, WiB 1996, 369, 370.
6 *Stege/Weinspach*, §§ 99–101 Rz. 18c.
7 *Schüren*, § 14 Rz. 264.

triebes ist zur Entgegennahme und Behandlungen von **Beschwerden der Leiharbeitnehmer** im Sinne des § 85 BetrVG befugt. Das gilt aber nur dann, wenn die Beschwerden mit der Tätigkeit im Entleiherbetrieb zusammenhängen; ansonsten ist der Betriebsrat des Verleiherbetriebes zuständig. Ist dort kein Betriebsrat vorhanden, berechtigt das den Betriebsrat des Entleiherbetriebes nicht, sich in weitergehendem Umfang der Interessen des Leiharbeitnehmers anzunehmen[1].

Die gesetzlich geregelten Zuständigkeiten des Betriebsrats des Entleiherbetriebes sind nicht abschließend[2]. Die Rechtsprechung hat die Position des Betriebsrates im Interesse des Sozialschutzes der Leiharbeitnehmer, aber auch zum Schutz der Stammbelegschaft über den Gesetzeswortlaut hinaus gestärkt. Eine Zuständigkeit besteht dann, wenn der Entleiher aufgrund des ihm zustehenden Direktionsrechts Maßnahmen anordnen kann, die beteiligungspflichtig sind. Gleiches gilt grundsätzlich dann, wenn es sich um Regelungen handelt, die zwar nicht mehr vom Direktionsrecht des Inhabers des Entleiherbetriebes gedeckt sind, die aber den Leiharbeitnehmer nur für die Dauer seiner Beschäftigung im Entleiherbetrieb treffen[3]. Allgemein läßt sich sagen, daß Rechte des Entleiherbetriebsrats in bezug auf Leiharbeitnehmer überall dort in Betracht kommen, wo sie an einen Arbeitseinsatz im Entleiherbetrieb und damit an die **Eingliederung der Arbeitnehmer in die dortige Betriebsorganisation** anknüpfen; keine Mitbestimmungsrechte bestehen dort, wo sie in unmittelbarem Zusammenhang mit der Arbeitgeberstellung stehen (zB Entlohnungsfragen, Urlaubsgewährung)[4]. Der Betriebsrat hat zB mitzubestimmen, wenn Leiharbeitnehmer in Betriebsvereinbarungen über die Ordnung im Betrieb (Alkoholverbot, Taschenkontrollen) und das Verhalten am Arbeitsplatz (Tragen von Arbeitskleidung, Rauchverbot) einbezogen werden sollen (§ 87 Satz 1 Nr. 1 BetrVG). Die Lage der Arbeitszeit richtet sich auch für Leiharbeitnehmer nach den betrieblichen Regelungen im Entleiherbetrieb. Deshalb hat der Entleiherbetriebsrat das Mitbestimmungsrecht nach § 87 Abs. 1 Nr. 2 BetrVG auch hinsichtlich der Leiharbeitnehmer insoweit, wie der Entleiher deren Arbeitszeit festlegen darf[5]. Ordnet der Entleiher kraft des ihm gegenüber den Leiharbeitnehmern partiell zustehenden Direktionsrechts Überstunden an, greift der Mitbestimmungstatbestand des § 87 Abs. 1 Nr. 3 BetrVG ein[6]. Mitbestimmungsrechte des Entleiherbetriebsrats kommen auch bei § 87 Abs. 1 Nr. 6, 7, 8 und 12 BetrVG in Betracht. Soweit der Betriebsrat im Entleiherbetrieb in sozialen Angelegenheiten der Leiharbeitnehmer gem. § 87 Abs. 1 BetrVG mitzubestimmen hat, kann

---

1 *Schüren*, § 14 Rz. 86 ff.; *Hamann*, WiB 1996, 369, 370.
2 BAG v. 15. 12. 1992, AP Nr. 7 zu § 14 AÜG; LAG Frankfurt v. 17. 3. 1992, BB 1992, 2431; *Fitting/Kaiser/Heither/Engels*, § 5 Rz. 78; GK-BetrVG/*Kraft*, § 5 Rz. 20; *Hamann*, WiB 1996, 369, 371.
3 GK-BetrVG/*Kraft*, § 5 Rz. 20.
4 *Hamann*, WiB 1996, 369, 371 mit den nachfolgenden Beispielen.
5 BAG v. 15. 12. 1992, AP Nr. 7 zu § 14 AÜG.
6 Vgl. auch LAG Köln v. 21. 10. 1994, MDR 1995, 393, wonach kein Mitbestimmungsrecht des bei dem Verleiher amtierenden Betriebsrats bei Anordnung oder Duldung von Überstunden im Entleiherbetrieb besteht.

er vom Entleiher die Unterlassung einer nicht von ihm mitbestimmten Maßnahme nach den auch für die Stammbelegschaft geltenden Grundsätze verlangen. Die sich aus § 75 BetrVG ergebende Überwachungsaufgabe des Betriebsrates erfaßt auch Leiharbeitnehmer. Zu den allgemeinen Aufgaben des Betriebsrats nach § 80 BetrVG gehört es, Überschreitungen der höchstzulässigen Überlassungsdauer nach § 3 Abs. 1 Nr. 6 AÜG zu verhindern.

4. Nichtgewerbliche Arbeitnehmerüberlassung

79 Bei der **nichtgewerbsmäßigen Arbeitnehmerüberlassung** und soweit die Vermutung des § 1 Abs. 2 AÜG nicht eingreift, ist § 14 Abs. 1 AÜG entsprechend anzuwenden[1]. Die in § 14 Abs. 2 AÜG genannten betriebsverfassungsrechtlichen Individualrechte stehen den Leiharbeitnehmern auch hier zu. Der Entleiherbetriebsrat ist entsprechend § 14 Abs. 3 AÜG vor der erstmaligen Übernahme des Leiharbeitnehmers und der Verlängerung des Einsatzes gemäß § 99 BetrVG zu beteiligen. Die besonderen Unterrichtungspflichten nach § 14 Abs. 3 Satz 2 und 3 AÜG bestehen nicht.

5. Illegale Arbeitnehmerüberlassung

80 Greift § 10 Abs. 1 Satz 1 AÜG ein, so gilt das Arbeitsverhältnis zwischen Leiharbeitnehmer und Entleiher als zustande gekommen, so daß der Leiharbeitnehmer zur Belegschaft des Entleiherbetriebes gehört. § 14 AÜG findet keine Anwendung[2].

---

1 BAG v. 18. 1. 1989, AP Nr. 2 zu § 14 AÜG; GK-BetrVG/*Kraft*, § 5 Rz. 15, 17, 18; Hess/Schlochauer/Glaubitz, BetrVG, § 5 Rz. 9; *Richardi*, BetrVG, § 5 Rz. 89; aA *Fitting/Kaiser/Heither/Engels*, § 5 Rz. 72.
2 *Richardi*, BetrVG, § 5 Rz. 85.

Stichwortverzeichnis

Fett gedruckte Ziffern und Buchstaben verweisen auf den Teil, magere Ziffern auf die Randziffern des Teils.

Abfindungen
- Abgrenzung zur betrieblichen Altersversorgung **2 E** 18
- Anrechnung auf Arbeitslosengeld *siehe dort*
- im Aufhebungsvertrag **3 B** 32 ff.
- bei Aufhebungsvertrag und Arbeitslosengeld **3 B** 71 ff.
- Gleichbehandlungsgrundsatz **2 A** 837
- Gleichbehandlungsgrundsatz bei Aufhebungsverträgen **3 B** 6
- Konkurs **2 A** 689
- bei leitenden Angestellten **1 A** 111
- Pfändbarkeit **2 A** 624
- Nachteilsausgleich *siehe dort*
- Ruhen des Anspruchs auf Arbeitslosengeld *siehe dort*
- Sozialplanabfindung *siehe dort*
- Sperrzeit bei Arbeitslosengeld **6 B** 22
- steuerrechtliche Folgen **3 B** 67 ff.
- Streitwert **5 I** 53
- Zahlungsklage und Feststellungsklage auf Unwirksamkeit einer Kündigung **5 A** 14

Abkehrwille
- als Kündigungsgrund **3 G** 1

Abmahnung 3 D 141 ff.
- außerordentliche Kündigung **3 E** 26
- Ausschlußfrist **3 D** 152 f.
- Begriff **3 D** 141
- Berechtigter **3 D** 162 f.
- Beschwerderecht **3 D** 177
- Beseitigungsgründe **3 D** 172
- Beteiligung des Betriebsrats **3 D** 164 f.
- bei Eignungs-/Leistungsmängeln **3 D** 73
- und Ende des Arbeitsverhältnisses **3 D** 175
- Entbehrlichkeit **3 D** 158
- Entfernung aus Personalakte **2 A** 747; **3 D** 170 ff.
- – Streitwert bei Klage **5 J** 84
- – Zwangsvollstreckung **5 H** 43
- Erforderlichkeit **3 D** 154 ff.
- Ermahnung **3 D** 179
- Feststellungsklage bei mündlicher Abmahnung **3 D** 171
- Form **3 D** 147 ff.
- Frist **3 D** 150

- Gegendarstellung **3 D** 176
- Hinweisfunktion **3 D** 143 ff.
- Leistungsbereich **3 D** 155
- tarifliche Ausschlußfrist **3 D** 152 f., 174
- teilweise unberechtigte/nicht beweisbare **3 D** 178
- Vertrauensbereich **3 D** 156 f.
- Verwirkung **3 D** 151
- Verwirkung prozessualer Rechte gegen die Abmahnung **3 D** 173
- als Verzicht auf Kündigungsrecht **3 D** 159 f.
- Warnfunktion **3 D** 146
- Wirkungsdauer **3 D** 168 f.
- Zugang **3 D** 166 f.

Abtretung
- Arbeitsentgelt **2 A** 666 ff.
- Arbeitsentgelt, Vereinbarung eines Abtretungsverbots **2 A** 669 ff.
- Urlaubsanspruch **2 C** 111

Abwerbung 2 A 233 ff.
- als Kündigungsgrund **3 G** 2

Akkordlohn 2 A 330 ff.
- Bezugsgrößen **2 A** 330
- Einzelakkord **2 A** 335
- Geldakkord **2 A** 331
- Gruppenakkord **2 A** 335
- Mitbestimmung **4 B** 634 f.
- Vereinbarung **2 A** 344 ff.
- Vorgabezeit beim Zeitakkord **2 A** 333
- Zeitakkord **2 A** 332 ff.

Alkohol
- bedingter Aufhebungsvertrag **3 B** 10
- Interventionsketten **2 A** 194
- Kündigung wegen Abhängigkeit **3 D** 118 ff.; **3 G** 3, 7
- Kündigung wegen Verstoß gegen Verbot **2 A** 193; **3 D** 193; **3 G** 5 f.
- Schutz vor alkoholtrinkenden Kollegen **2 A** 768
- Verbot **2 A** 191 ff.

Allgemeine Mitbestimmungsrechte
siehe Beteiligungsrechte des Betriebsrats

Allgemeinverbindlichkeitserklärung 4 C 236 ff.
- Bedeutung **4 C** 236 ff.
- Einschränkungsklausel **4 C** 239
- Mängel **4 C** 248

2261

(Allgemeinverbindlichkeitserklärung)
- Nachwirkung **4 C** 240
- öffentliches Interesse **4 C** 243
- Rechtsnatur **4 C** 249
- Rechtsschutz **4 C** 249
- sozialer Notstand **4 C** 244
- Tarifbindung von 50 % der Arbeitgeber **4 C** 242
- Umfang / Reichweite **4 C** 239 f.
- Verfahren **4 C** 245 ff.
- Voraussetzungen **4 C** 241 ff.
- wirksamer Tarifvertrag **4 C** 241

Altersgrenze 3 H 114 ff.
- als Befristungsgrund **1 B** 23
- Befristungskontrolle **3 H** 117
- in Betriebsvereinbarung **4 A** 366
- rechtlicher Charakter **3 H** 116
- tarifliche **4 C** 138 f.
- tarifliche bei Berufs-/Erwerbsunfähigkeit **3 H** 123
- unterschiedliche in Betriebsvereinbarungen oder Tarifverträgen **3 H** 122
- unterschiedliche für Männer und Frauen **3 H** 123
- Vereinbarungen und § 41 Abs. 4 S. 3 SGB VI **3 H** 118 f.
- vor dem 65. Lebensjahr **3 H** 120

Altersteilzeit 2 A 22; **3 B** 90 ff.
- arbeitsrechtliche Sicherung des Arbeitnehmers **3 B** 114 f.
- Arbeitszeit **3 B** 93 f.
- Ausschlußgründe **3 B** 107 ff.
- Begriff **3 B** 91
- begünstigter Personenkreis **3 B** 92
- freie Entscheidung des Arbeitgebers **3 B** 104
- Grundlagen und Zweck **3 B** 90
- Leistungen an den Arbeitgeber **3 B** 105 f.
- sozialrechtliche Sicherung des Arbeitnehmers **3 B** 111 ff.
- steuerrechtliche Aspekte **3 B** 119
- Verfahrensfragen **3 B** 116 ff.
- Wiederbesetzung des Arbeitsplatzes **3 B** 100 ff.
- Zahlungen des Arbeitgebers **3 B** 96 ff.

Altersversorgung
siehe Betriebliche Altersversorgung

Anbahnungsverhältnis 1 C 75 ff.
- Begründung bei Ablehnung eines Bewerbers **1 C** 88
- Einstellung siehe dort
- Hinweispflichten des Arbeitgebers **1 C** 77 f.

- Inaussichtstellen einer Dauerstellung **1 C** 79
- Pflichten des Bewerbers **1 C** 76
- Schadensersatz **1 C** 75, 77 ff.
- Vertrauen auf Zustandekommen des Arbeitsvertrages **1 C** 82

Änderung des Arbeitsvertrags
siehe Änderungskündigung; Einvernehmliche Änderung des Arbeitsvertrags

Änderungskündigung 3 A 47 ff.
- Ablehnung des Änderungsangebotes **5 A** 121
- Änderungs-/Widerrufsvorbehalt **3 A** 66
- Änderungsangebot **3 A** 52; **5 A** 117
- Änderungsangebot nach Kündigungsausspruch **3 A** 58
- Änderungsschutzklage siehe dort
- Annahme des Änderungsangebotes ohne Vorbehalt **5 A** 122
- Annahme des Änderungsangebotes unter Vorbehalt **5 A** 123 ff.
- Arbeitsentgelt **2 A** 310
- Arbeitszeitverteilung **3 A** 96
- Arten **5 A** 120
- außerordentliche **3 A** 61, 99, 131 ff.; **3 E** 48 ff.
- außerordentliche, Vorbehalt gemäß § 2 KSchG **3 E** 55 f.
- Ausübung des Direktionsrechts **3 A** 64 f.
- betriebliche Altersversorgung **2 E** 368 f.
- betriebsbedingte Gründe **3 A** 92 ff.
- Betriebsrat
- – Anhörung **3 A** 70 ff.; **3 J** 11, 67 ff.
- – Nichtbeteiligung **3 A** 114
- – Unterrichtung **3 A** 106 ff.
- – Zustimmungsverweigerung bei Versetzung **3 A** 111 f.
- Eindeutigkeit der Kündigungserklärung **3 A** 76
- Entgeltkürzung **3 A** 94 f.
- Form **3 A** 77 f.
- Konkurrenz §§ 99–102 BetrVG **3 A** 105 ff.
- Kündigungsausspruch **3 A** 49 ff.; **5 A** 116
- Massenänderungskündigung **3 A** 62 f.
- Mitbestimmung gemäß § 87 BetrVG **3 A** 115
- ordentliche **3 A** 60
- personenbedingte Gründe **3 A** 87 f.
- Sozialauswahl **3 A** 98
- soziale Rechtfertigung **3 A** 79 ff.

- soziale Rechtfertigung, Prüfungsmaßstab 3 A 81 ff.
- taktische Fragen 3 A 134 ff.
- Teilkündigung 3 A 42 ff.
- ultima-ratio-Prinzip 5 A 112 f.
- verhaltensbedingte Gründe 3 A 89 ff.
- Vorbehaltserklärung *siehe dort*
- Weiterbeschäftigung während des Kündigungsrechtsstreits 3 A 141 ff.
- Weiterbeschäftigungsanspruch, betriebsverfassungsrechtlicher 5 A 144
- Weiterbeschäftigungsmöglichkeit und Beendigungskündigung 5 A 113 f.
- Zusammenhang zwischen Kündigung und Änderungsangebot 3 A 53 ff., 5 A 118 f.

Änderungsschutzklage 5 A 110 ff.
- Antragsformulierung 5 A 130
- Antragstellung bei erklärtem Vorbehalt 3 A 139 ff.
- Antragstellung bei fehlendem Vorbehalt 3 A 144 ff.
- Auflösungsantrag 3 A 148 f.
- Beginn der Klagefrist 5 A 128
- Besonderheiten 3 A 138 ff.
- Obsiegen des Arbeitnehmers 5 A 131
- Streitgegenstand 5 A 129
- Streitwert 3 A 150 f.; 5 I 60 ff.
- Unterliegen des Arbeitnehmers 5 A 132
- Versäumung der Vorbehaltserklärungsfrist 5 A 128
- Vorbehaltserklärungsfrist und Klagefrist 5 A 125 f.

Anfechtung
- Abgrenzung zur außerordentlichen Kündigung 3 E 5 f.
- Aufhebungsvertrag 3 B 57 ff.
- Eigenkündigung 3 C 127
- Eigenkündigung in Unkenntnis der Schwangerschaft 3 F 19
- falsche/unterbliebene Informationen bei Einstellung 1 C 46 ff.
- Urlaubserteilung 2 C 51

Anhörung des Betriebsrats bei Kündigung 3 J 1 ff.
- Abschluß des Anhörungsverfahrens 3 J 124 ff.
- Änderungskündigung 3 A 70 ff.; 3 J 11
- Arbeitskampf 3 J 8
- Äußerung von Bedenken 3 J 81 ff.
- Beschluß des Betriebsrats 3 J 78 ff.
- Betriebsbedingte Kündigung 3 J 42 ff., 203
- bewußte Fehlinformation 3 J 133 f.

- Checkliste 3 J 202 ff.
- Darlegungs- und Beweislast 5 A 101
- Eilfälle 3 J 9
- Erklärungsempfänger 3 J 24
- Erweiterung der Mitbestimmungsrechte 3 J 149 ff.
- Form der Unterrichtung 3 J 28
- Formulierungsbeispiel Schreiben an Betriebsrat 3 J 77
- Formulierungsbeispiele für Stellungnahme des Betriebsrats 3 J 123
- Funktionsfähigkeit des Betriebsrats 3 J 4 ff.
- Geltungsbereich des § 102 BetrVG 3 J 2 ff.
- Heimarbeiter 3 J 23
- Inhalt der Unterrichtung 3 J 29 ff.
- Kündigung durch den Arbeitgeber 3 J 10
- Kündigung betrieblicher Funktionsträger 3 F 88 ff.; 3 J 164 ff., 183 ff.
- Leiharbeitnehmer 3 J 22
- leitende Angestellte 3 J 20 f.
- Mängel des Anhörungsverfahrens 3 J 127 ff.
- Mängel in Betriebsratssphäre 3 J 131 f.
- Massenkündigung 3 J 72 ff.
- Mißachtung des Zustimmungsrechts 5 G 205
- Mitwirkungsrechte nach KSchG 3 J 154 ff.
- Nachschieben von Kündigungsgründen 3 C 27; 3 E 15; 3 J 135 ff.
- personenbedingte Kündigung 3 J 52 ff., 204
- Reaktionsmöglichkeiten des Betriebsrats 3 J 83 ff.
- Schwerbehinderter 3 F 61 f.
- Stellungnahme bei außerordentlicher Kündigung 3 J 120 ff.
- Teilkündigung 3 J 12
- Tendenzbetrieb 3 J 3
- Umdeutung außerordentliche in ordentliche Kündigung 3 E 93
- Umdeutung einer Kündigung 3 C 115 f.; 3 J 66
- Umfang der Unterrichtung *siehe* Unterrichtungsumfang bei Kündigung
- Unterrichtung über die Kündigungsgründe 3 J 37 ff.
- Verdachtskündigung 3 E 41; 3 J 75 f.
- verhaltensbedingte Kündigung 3 J 57 ff., 205
- vorsorgliche Kündigung 3 J 13
- Widerspruch *siehe dort*

2263

(Anhörung des Betriebsrats bei Kündigung)
- wiederholte Kündigung **3 J** 14
- Zeitpunkt der Einleitung des Verfahrens **3 J** 25 ff.
- Zustimmung bei Kündigung betrieblicher Funktionsträger **3 F** 88 ff.; **3 J** 164 ff.

Annahmeverzug 2 B 1 ff.
- Abdingbarkeit **2 B** 3
- anderweitiger Verdienst **2 B** 48 ff.
- Angebot der Arbeitsleistung **2 B** 6 ff.
- – Krankheit bei oder nach Entlassung **2 B** 17 ff.
- – nach Krankheit, Urlaub usw. **2 B** 12 ff.
- – nach Kündigungsausspruch **2 B** 8 f., 15 f.
- Arbeitskampf **2 B** 73 f., 81 ff.
- Beendigung **2 B** 32 ff.
- Betriebsrisikolehre **2 B** 75 ff.
- böswilliges Unterlassen **2 B** 57 ff.
- dienstlich genutzter Privat-PKW **2 B** 44 ff.
- Entgeltfortzahlung **2 B** 39 ff.
- erfüllbares Arbeitsverhältnis **2 B** 4 f.
- ersparte Aufwendungen **2 B** 56
- Freistellung/Suspendierung **2 B** 62 ff.
- gesetzliche Grundlagen **2 B** 1 ff.
- Kurzarbeit, Einführung **2 B** 66 ff.
- Kurzarbeitergeld **2 B** 71 f.
- Leistungsfähigkeit/-willigkeit des Arbeitnehmers **2 B** 23 ff.
- Leistungslohn **2 B** 40
- Leistungsverweigerungsrecht des Arbeitnehmers **2 A** 676
- Nichtannahme der Leistung **2 B** 30 f.
- privat genutzter Dienstwagen **2 B** 43
- Provision **2 B** 40
- Rechtsfolgen **2 B** 39 ff.
- Sachbezüge **2 B** 42 ff.
- Schwangere **3 F** 23
- Verjährung, tarifliche Ausschlußfristen **2 B** 47
- des Verleihers bei Arbeitnehmerüberlassung **6 C** 25
- Weiterbeschäftigungsanspruch **2 B** 5

Anpassung der betrieblichen Altersversorgung
- Anpassungssysteme **2 E** 318 f.
- Anpassungsverpflichtung **2 E** 322 ff.
- – Entschärfung durch Rentenreformgesetz 1999 **2 E** 339
- Darlegungs- und Beweislast **2 E** 338
- dynamische Versorgungssysteme **2 E** 319
- gesetzliche Anpassungsprüfung **2 E** 320 ff.
- bei Insolvenz **2 E** 294 f.
- Konzerndurchgriff **2 E** 337
- nachholende **2 E** 330 f.
- nachträgliche **2 E** 332
- öffentlicher Dienst **2 E** 323
- Prüfungsrhythmus **2 E** 324 f.
- reallohnbezogene Obergrenze **2 E** 333
- Teuerungsausgleich **2 E** 327 ff.
- Versorgungsanwartschaften **2 E** 321
- wirtschaftliche Lage des Arbeitgebers **2 E** 335 ff.

Anrechnung von Abfindungen auf Arbeitslosengeld 3 B 71, 81 ff.; **6 B** 85, 108 ff.
- Aufhebungsvertrag **3 B** 71, 81 ff.
- Ausnahmen **6 B** 112 f.
- Beispiele **6 B** 115 f.
- Gleichwohlgewährung **6 B** 114
- Steuerabzug **6 B** 111
- Tabelle **6 B** 110

Anwaltsbeiordnung 5 B 28 ff.
- Antragsberechtigte **5 B** 29 ff.
- Antragsberechtigte bei Beschlußverfahren **5 B** 31
- anwaltliche Vertretung der Gegenseite **5 B** 36
- Einsetzen des Einkommens **5 B** 34
- Einsetzen des Vermögens **5 B** 33
- fehlende Erforderlichkeit **5 B** 38 f.
- keine gewerkschaftliche/arbeitgeberverbandliche Vertretung **5 B** 35
- offensichtliche Mutwilligkeit **5 B** 40

Anzeige gegen Arbeitgeber
- als Kündigungsgrund **3 D** 194 ff.; **3 G** 9

Arbeitgeber
- AG **1 A** 129
- Auskunft-, Unterrichtungspflicht **4 A** 430 ff.
- Begriff **1 A** 127 ff.; **4 A** 47 f.
- Begriff nach BetrAVG **2 E** 268
- Bericht über Personal-/Sozialwesen, wirtschaftliche Lage **4 A** 302 f.
- Beteiligter im Beschlußverfahren **5 G** 72 f.
- Betriebsversammlung **4 A** 299 ff.
- BGB-Gesellschaft **1 A** 136
- eingetragener Verein **1 A** 135
- Genossenschaft **1 A** 134
- GmbH **1 A** 131
- KG **1 A** 132
- KGaA **1 A** 130
- OHG **1 A** 133

Stichwortverzeichnis

- Rederecht **4 A** 300
- Teilnahmerecht an Betriebsratssitzungen **4 A** 125
- Vertretung **4 A** 301
- Vertretung gegenüber dem Betriebsrat **4 A** 49

Arbeitgeberdarlehen 2 A 425 ff.
- Abgrenzung zum Vorschuß **2 A** 426 f.
- Anwendbarkeit AGB-Gesetz **2 A** 433
- Ausgleichsklausel **2 A** 435
- Ausschlußfristen **2 A** 435, 565
- Mitbestimmung **2 A** 437
- rechtliche Selbständigkeit des Darlehensvertrags **2 A** 428
- Rückzahlungsklausel bei Kündigung **2 A** 429 ff.
- Zinserhöhung bei Kündigung **2 A** 434
- Zuständigkeit des Arbeitsgerichts **2 A** 438

Arbeitgeberhaftung
- *siehe auch* Arbeitsunfall, Haftungsausschluß; positive Forderungsverletzung; Schadensersatz
- dienstlich genutztes Privatfahrzeug, Schaden **2 A** 799 f.
- Freistellung von Prozeß- und Anwaltskosten **2 A** 803 f.
- Gesamtschuldnerschaft **2 I** 71 f.
- Haftungsausschluß, vereinbarter **2 A** 802
- Mitverschulden des Arbeitnehmers **2 A** 801
- Personenschäden, Anspruchsgrundlagen **2 A** 776 ff.
- Sachschäden, Anspruchsgrundlagen **2 A** 791 ff.
- Übernahme von Geldstrafen/-bußen **2 A** 805 f.
- Übernahme von Kaution **2 A** 807
- verschuldensunabhängige **2 A** 797 ff.
- Wegeunfall **2 A** 788
- Zeugnis, verspätetes, unrichtiges, nicht ausgestelltes **3 I** 75 ff.

Arbeitgeberverbände 4 C 30 f.
- *siehe auch* Koalition
- Befugnisse nach BetrVG **4 A** 65
- Begriff iSd. BetrVG **4 A** 64
- Industrieverbandsprinzip **4 C** 31
- Parteifähigkeit **5 B** 19
- Tarifbindung **4 C** 209 f.

Arbeitgeberwechsel
siehe Betriebsübergang

Arbeitnehmer
- Arbeitnehmerbegriff *siehe dort*

- Beteiligter im Beschlußverfahren **5 G** 74 ff., 87
- Geltung des BetrAVG **2 E** 342 f.
- Individualrechte nach BetrVG *siehe dort*
- im öffentlichen Dienst **1 A** 122 f.

Arbeitnehmerähnliche Personen 1 A 53 ff.
- Berufsgruppen **1 A** 54
- Betriebsübergang **2 G** 79 f.
- Freie Mitarbeiter *siehe dort*
- Geltung des BetrAVG **2 E** 344 ff.
- Heimarbeiter *siehe dort*
- Kündigungsfristen **3 C** 148 f.
- Selbständige **1 A** 58
- Tarifverträge **1 A** 55 f.
- Urlaub **2 C** 142
- Zeugnisanspruch **3 I** 16

Arbeitnehmerbegriff 1 A 19 ff.
- Arbeitsbeschaffungsmaßnahmen **1 A** 76, 125
- Ärzte **1 A** 78
- Außendienstmitarbeiter **1 A** 68
- Auszubildende **1 A** 72 ff.; **1 B** 116; **4 A** 54 f.
- Beschäftigung zur Heilung, Wiedereingewöhnung, Besserung, Erziehung **4 A** 61
- im BetrVG **4 A** 50 f.
- Einfirmenvertreter **1 A** 70
- enge Verwandte des Arbeitgebers **4 A** 62
- fachliche Weisungsungebundenheit **1 A** 38
- fehlende Definition **1 A** 21 ff.
- Franchisenehmer **1 B** 108 ff.; **3 D** 46
- freie Arbeitszeitgestaltung **1 A** 36 ff.
- freie Mitarbeiter, Abgrenzung **1 A** 19 ff.; **1 A** 41; **3 D** 43 ff.
- Geschäftsführer und KSchG **3 D** 34 ff.
- Grad der persönlichen Abhängigkeit **1 A** 35 ff.
- Handelsvertreter **1 A** 68 ff.
- Heimarbeiter *siehe dort*
- Helfer im freiwilligen sozialen Jahr **1 A** 75
- Kritik an der Definition der Rechtsprechung **1 A** 49 f.
- im Kündigungsschutzgesetz **3 D** 30 ff.
- Lehrer **1 A** 47
- Leistung von Arbeit **1 A** 31 ff.
- Parteiwille **1 A** 24 ff.
- Praktikantenverhältnis **1 A** 77
- Rechtsanwälte **1 A** 48
- Rote-Kreuz-Schwestern **1 A** 126; **4 A** 60

2265

(Arbeitnehmerbegriff)
- Rundfunk- und Fernsehmitarbeiter **1 A** 42
- Strafgefangene **1 A** 34
- Telearbeit **1 A** 65 ff.
- Volkshochschuldozenten **1 A** 46
- zeitliche Inanspruchnahme **1 A** 43

Arbeitnehmererfindung 2 H 1 ff.
- Anmeldung **2 H** 23 ff.
- Aufgabe von Schutzrechten **2 H** 38 ff.
- Auslandsanmeldung **2 H** 31 ff.
- beschränkte Inanspruchnahme **2 H** 41 ff.
- Diensterfindung **2 H** 19 ff.
- freie Erfindungen **2 H** 55 ff.
- Geltungsbereich des ArbNErfG **2 H** 13 ff.
- Immaterialgüterrechte **2 H** 5 ff.
- Inanspruchnahme **2 H** 21 f., 30
- Leiharbeitnehmer **6 C** 43
- Meldepflicht **2 H** 20
- Mitbestimmung betriebliches Vorschlagswesen **4 A** 636 ff.
- Pfändbarkeit der Vergütung **2 A** 630
- Rechtsweg bei Streitigkeiten **5 B** 74
- Streitigkeiten **2 H** 77 f.
- Urheberrechte **2 H** 65 ff.
- Verbesserungsvorschläge **2 H** 61 ff.
- Vergütung **2 H** 45 ff.

Arbeitnehmerhaftung
- Abdingbarkeit **2 I** 35 f.
- Arbeitsunfall **2 A** 784
- BAG-Rechtsprechung **2 I** 19 ff.
- Beteiligung Dritter **2 I** 48
- betriebsfremde Dritte **2 I** 64 ff.
- Beweislast **2 I** 45 ff.
- Dreiteilung der Haftung **2 I** 22 ff.
- Ersatz-/Freistellungsanspruch gegen Arbeitgeber bei Drittschaden **2 I** 68 ff.
- ersatzfähige Schäden **2 I** 11 ff.
- gefahrgeneigte Arbeit **2 I** 20 f.
- generelle Haftungsbeschränkung **2 I** 27
- Gesamtschuldnerschaft **2 I** 71 f.
- Kausalität **2 I** 2
- Leiharbeitnehmer **6 C** 44
- Mankohaftung *siehe dort*
- Minder- oder Schlechtleistung **2 I** 13
- Mitverschulden des Arbeitgebers **2 I** 38 ff.
- Pfändung des Freistellungsanspruchs des Arbeitnehmers **2 I** 73
- Schadensbegriff **2 I** 3 ff.
- Schadensteilung, Abwägungskriterien **2 I** 28 ff.
- Verschulden **2 I** 14 ff.

- Versicherungen **2 I** 31 ff.

Arbeitnehmerschutz
siehe Arbeitsschutz

Arbeitnehmerüberlassung 1 B 77 ff.; **6 C** 1 ff.
- Abordnung zu Arbeitsgemeinschaft in der Bauwirtschaft **6 C** 13
- Anhörung des Betriebsrats bei Kündigung von Leiharbeitnehmern **3 J** 22
- Annahmeverzug des Verleihers **6 C** 35
- Arbeitskampf im Entleiherbetrieb **6 C** 33
- Arbeitsschutz **6 C** 42
- Auflagen der Landesarbeitsämter **6 C** 36
- in das Ausland **6 C** 16
- Ausschlußfrist bei außerordentlicher Kündigung **6 C** 39
- Baugewerbe, Verbot **6 C** 12
- befristeter Arbeitsvertrag **3 H** 7
- Begriff **6 C** 1 ff.
- Beteiligungsrechte bei Arbeitnehmerüberlassung *siehe dort*
- betriebsbedingte Kündigung **6 C** 38
- betriebsverfassungsrechtliche Zuordnung der Leiharbeitnehmer **4 A** 52; **6 C** 75
- Bewachungsunternehmen **6 C** 20
- Dauer **6 C** 53
- dienst-/werkvertraglicher Einsatz von Fremdpersonal, Abgrenzung **1 B** 81 ff., **6 C** 59 ff.
- Direktionsrecht des Entleihers **6 C** 41
- EG-/EU-Recht **6 C** 9 f.
- Einkommensteuer **6 C** 58
- Erfindung **6 C** 43
- Erlaubnisvorbehalt **6 C** 11 f.
- Fiktion eines Arbeitsverhältnisses mit Entleiher **6 C** 46 ff., 50 ff.
- Gemeinschaftsbetrieb mehrerer Unternehmen **6 C** 22
- Genehmigungsurkunde, Vorlage **1 B** 86
- Gesamthafenbetriebe **6 C** 18
- gewerbsmäßige **1 B** 79 ff.; **6 C** 3
- Haftung des Leiharbeitnehmers gegenüber Entleiher **6 C** 44
- illegale, Rechtsfolgen **6 C** 46 ff.
- illegale, Verfolgung **1 B** 85
- Kollegenhilfe **6 C** 17
- konzerninterne **6 C** 15
- Kündigung bei wiederholter Wiedereinstellung **6 C** 28 f.
- Kündigungsfristen **6 C** 34
- Leiharbeitsvertrag **6 C** 24
- Lohnsteuerrecht **6 C** 58

Stichwortverzeichnis

- Merkblatt **6 C 25**
- nicht gewerbsmäßige **1 B 78; 6 C 4**
- Ordnungswidrigkeiten **6 C 56**
- Personalführungsgesellschaften **6 C 23**
- personenbedingte Kündigung **6 C 39**
- private Arbeitsvermittlung **6 C 6**
- Rechtsquellen **6 C 7 ff.**
- Schutzpflichtenverhältnis zwischen Leiharbeitnehmer und Entleiher **6 C 40**
- sonstige Vertragsformen **6 C 5**
- Sozialversicherungsbeiträge **6 C 57**
- Straftaten **6 C 56**
- Synchronisationsverbot **6 C 30 f.**
- Synchronisationsverbot und Aufhebungsvertrag **6 C 31**
- technischer Verbesserungsvorschlag **6 C 43**
- Treuepflicht **6 C 45**
- Überlassung von Maschinen mit Bedienungspersonal, Abgrenzung **6 C 74**
- unerlaubte Arbeitsvermittlung **1 B 80; 6 C 49 ff.**
- Urkunde **6 C 25**
- Verhältnis unerlaubte Arbeitnehmerüberlassung – vermutete Arbeitsvermittlung **6 C 55**
- verhaltensbedingte Kündigung **6 C 39**
- Vermietung eines Kfz mit Fahrer **6 C 19 f.**
- Widerspruchsrecht gegen Fiktion eines Arbeitsverhältnisses mit Entleiher **6 C 52**
- wiederholte Befristungen **6 C 26 f.**
- Zeugnisanspruch von Leiharbeitnehmern **3 I 13**

Arbeitsbefreiung *siehe* Freistellung

Arbeitsbeschaffungsmaßnahme
- Arbeitnehmereigenschaft **1 A 76, 125**
- befristeter Arbeitsvertrag **3 H 53 f.**
- betriebliche Altersversorgung **2 E 136**

Arbeitsbescheinigung 6 B 12 f.
- Rechtsweg bei Streitigkeiten **5 B 65; 6 B 12**
- als Zeugnis **3 I 31**

Arbeitsentgelt
- Absicherung im Konkurs/Gesamtvollstreckungsverfahren **2 A 681 ff.**
- Änderungen und Nachweisgesetz **2 A 323**
- Akkordlohn *siehe dort*
- Anrechnung übertariflicher Zulage auf Tariflohnerhöhung **2 A 542 ff.; 4 A 626 ff.; 4 C 173 ff.**
- bei Arbeitsverhinderung aus persönlichen Gründen *siehe dort*
- Ausbildungsvergütung **1 B 132**
- ausländischer Arbeitgeber **2 A 313**
- außerordentliche Eigenkündigung wegen Rückständen **3 E 67**
- Befristungsabrede **2 A 312**
- Beteiligungsrechte des Sprecherausschusses **4 A 1121 ff.**
- Betriebsratsmitglied **4 A 152 ff.**
- Datenschutz bei Abrechnung außer Haus **2 A 756**
- Eingruppierung *siehe dort*
- Einkommensteuer *siehe dort*
- einseitige Änderung **2 A 311; 3 A 94 f.**
- Einsichtsrecht des Betriebsrats in Bruttoentgeltlisten **4 A 441 ff.**
- einstweilige Verfügung auf Zahlung **2 A 615 ff.; 5 H 72**
- einzelvertragliche Festlegung **2 A 320**
- Entgeltdiskriminierung **2 A 848 f.**
- Entgeltfortzahlung *siehe dort*
- Entgeltklage *siehe dort*
- Erstattung bei Überzahlung **2 A 573, 595 ff.**
- Fälligkeit **2 A 550 f., 572 f.**
- Frage an Stellenbewerber nach früherer Vergütung **1 C 41**
- Gedinge **2 A 338**
- Gleichbehandlung **2 A 830 ff.**
- für Heimarbeiter **2 A 319**
- Höhe aufgrund arbeitsvertraglicher Inbezugnahme **2 A 315 f.**
- Höhe aufgrund Tarifbindung **2 A 314**
- Höhe aufgrund Verweisung auf Tarifvertrag **2 A 315 f.**
- Insolvenzgeld **2 A 693 ff.**
- Jahreswagen **2 A 407**
- Kürzung durch Änderungskündigung **2 A 311; 3 A 94 f.**
- Leistungsort **2 A 548 f.**
- Leistungsbezogene Arbeitsentgelte *siehe dort*
- Lohnpfändung *siehe dort*
- Mankogelder, Pfändbarkeit **2 A 643**
- Mitbestimmung bei betrieblicher Lohngestaltung **4 A 616 ff.**
- Mitbestimmung hinsichtlich Zeit, Ort, Art der Auszahlung **4 A 577 ff.**
- Nachweisgesetz **2 A 305, 322 f.**
- Naturallohn **2 A 619**
- Naturallohn, Pfändbarkeit **2 A 646**
- Nettolohnvereinbarung **2 A 325**
- ortsübliche Vergütung **2 A 321 f.**

2267

(Arbeitsentgelt)
- Pensumlohn **2 A** 339
- Personalrabatte **2 A** 406
- Prämien *siehe dort*
- privatgenutztes Firmenfahrzeug **2 A** 413 ff.
- Programmlohn **2 A** 339
- Provision *siehe dort*
- Rechtsgrundlagen **2 A** 307 ff.
- Rückzahlung überzahlter Vergütung **2 A** 573, 595 ff.
- Ruhen des Anspruchs auf Arbeitslosengeld *siehe dort*
- Sachbezüge **2 A** 402 ff.
- Schlechtleistung **2 A** 173 ff.
- Sozialversicherungsbeiträge **2 A** 324
- bei Streik **4 C** 58
- Streitwert bei wiederkehrenden Leistungen **5 I** 72 f.
- Streitwert bei Kündigungsschutzprozeß mit Vergütungsanspruch **5 I** 48 ff.
- tarifliche Bestands-, Effektiv-, Verrechnungsklauseln **4 C** 180 ff.
- Tarifvertrag **4 C** 127 f.
- Teilnahme an Betriebsversammlung **4 A** 318 ff.
- Überstunden *siehe dort* unter Vergütung
- Überzahlung **2 A** 573, 595 ff.
- Unentgeltlichkeit **2 A** 306
- Unmöglichkeit **2 A** 152, 310
- Urlaubsentgelt *siehe dort*
- Veräußerung des Betriebs durch Konkursverwalter **2 A** 691
- und Vergleichsverfahren **2 A** 696
- Vergütungsvereinbarung **2 A** 305
- Verjährung **2 A** 553 ff.
- Vertragslohn **2 A** 339
- Verzug **2 A** 152, 310
- Vorschuß **2 A** 426 f.
- Zahlungspflicht des Arbeitgebers **2 A** 304
- Zeitvergütung **2 A** 327
- Zurückbehaltungsrecht des Arbeitgebers **2 A** 678
- Zwangsvollstreckung des Abrechnungsanspruchs **5 H** 49
- Zulagen *siehe dort*

Arbeitserlaubnis
- Versagung als Kündigungsgrund **3 G** 10

Arbeitsförderungsrecht
siehe Arbeitsbeschaffungsmaßnahme; Arbeitslosengeld; Arbeitslosenhilfe; Erstattung des Arbeitslosengeldes; Erstattung des Arbeitslosengeldes bei älteren Arbeitnehmern; Kurzarbeit; Sozialversicherung; Sperrzeit

Arbeitsgerichtliches Beschlußverfahren
siehe Beschlußverfahren

Arbeitskampf 4 C 33 ff.
- Abgrenzung zu anderen Rechtsinstituten **4 C** 43
- Abwehraussperrung **4 C** 55 f.
- Angebot der Arbeitsleistung **2 B** 85
- Angriffsaussperrung **4 C** 54
- Anhörung des Betriebsrats bei Kündigung **3 J** 8
- Arbeitsentgelt **4 C** 58
- Arbeitslosengeld **2 B** 73 f.; **4 C** 58, 67
- Arbeitslosenversicherung **4 C** 63
- Arbeitsunfähigkeit **4 C** 59
- außerordentliche Kündigung bei rechtswidrigem Streik **4 C** 68
- Aussperrung *siehe dort*
- Betriebsblockade **4 C** 50
- Boykott **4 C** 41
- Demonstrationsstreik **4 C** 47
- Einigungsvorschlag der Schlichtungsstelle **4 C** 35
- einstweilige Verfügung **5 H** 84 ff.
- im Entleiherbetrieb bei Arbeitnehmerüberlassung **6 C** 33
- Erklärung des Arbeitgebers **4 C** 53
- Erhaltungsarbeiten **4 C** 61 f.
- faire Kampfführung **4 C** 50
- Feiertagsvergütung **4 C** 59
- Friedenspflicht **4 C** 49, 153 ff.
- Internationales Arbeitsrecht **1 D** 32
- Kampfziele, zulässige / unzulässige **4 C** 46 ff.
- Krankenversicherung **4 C** 65
- Kündigung wegen Streikteilnahme **3 G** 11; **4 C** 68
- Kurzarbeitergeld **2 B** 73 f.
- Maßnahmen des Arbeitskampfes **4 C** 39 ff.
- Mitbestimmung bei Anordnung von Kurzarbeit/Überstunden **4 A** 576
- Mutterschutzlohn/Mutterschaftsgeld **4 C** 59
- Notdienst **4 C** 61 f.
- Parteien des Arbeitskampfes **4 C** 40
- Rechtmäßigkeit des Streiks **4 C** 44 ff.
- Rechtsfolgen rechtmäßiger Arbeitskämpfe **4 C** 57 ff.
- Rechtsfolgen rechtswidriger Arbeitskämpfe **4 C** 68 ff.
- Rechtsweg **5 B** 53 ff.
- rechtswidriger Streik **4 C** 52

- Rentenversicherung **4 C** 63
- Schadensersatz **4 C** 70 f.
- Schlichtung **4 C** 34 ff.
- Schlichtungsvereinbarung **4 C** 35
- Solidaritätsstreik **4 C** 47 f.
- Sozialhilfe **4 C** 66
- Sozialversicherungsbeiträge bei Streik **4 C** 63
- staatliche Schlichtung **4 C** 36
- Streikarbeiten und Direktionsrecht **2 A** 46 ff.
- Streikaufruf **4 C** 51
- Streikbrecherprämie **2 A** 490
- Streikformen **4 C** 41 f.
- Streikunterstützung **4 C** 58
- Suspendierung der Hauptpflichten **4 C** 57
- Sympathiestreik **4 C** 47 f.
- Tarifzuständigkeit **4 C** 45
- Teilnahme eines Betriebsratsmitglieds **4 A** 337
- ultima-ratio-Prinzip **4 C** 49
- Unfallversicherung **4 C** 64
- Urlaub **4 C** 59
- Urlaubsentgelt **4 C** 59
- Verbot zwischen Arbeitgeber und Betriebsrat **4 A** 336 ff.
- Verfahrensablauf vor Streikbeginn **4 C** 44
- Vergütungsrisiko **2 B** 81 ff.
- wilder Streik **4 C** 44

Arbeitsleistung
siehe Arbeitspflicht

Arbeitslohn
siehe Arbeitsentgelt

Arbeitslosengeld 6 B 2 ff.
- Anrechnung von Abfindungen *siehe dort*
- Anspruchsvoraussetzungen **6 B** 2 ff., 97
- Anwartschaftszeit **6 B** 5, 101
- Arbeitskampf **2 B** 73 f.; **4 C** 58, 67
- Arbeitslosigkeit, Begriff **6 B** 3
- Arbeitslosmeldung **6 B** 100
- Beschäftigungslosigkeit **6 B** 97
- Beschäftigungssuche **6 B** 98
- Beschäftigungsverhältnis, Begriff **6 B** 3
- Dauer **6 B** 103
- und Entgeltklage **5 A** 208
- Erstattung des Arbeitslosengeldes *siehe dort*
- Erstattung des Arbeitslosengeldes bei älteren Arbeitnehmern *siehe dort*
- Höhe **6 B** 8, 102
- Krankenversicherung **6 B** 9 f.
- und Kündigungsschutzklage **5 A** 208
- Leistungsdauer **6 B** 7, 87
- Leistungsdauer, Übergangsvorschrift **6 B** 88
- Pfändbarkeit **2 A** 626
- private Kranken-/Pflegeversicherung **6 B** 105
- Ruhen des Anspruchs *siehe dort*
- Sperrzeit *siehe dort*
- Teilzeitarbeitslosengeld **6 B** 106 f.
- Verfügbarkeit für Arbeitsvermittlung **6 B** 4
- Verkürzung des Bezugs bei Abfindung **3 B** 73
- Verkürzungstatbestände **3 B** 73; **6 B** 7
- Wettbewerbsverbot **2 F** 71
- zumutbare Beschäftigungen **6 B** 99

Arbeitslosenhilfe
- Anspruchsvoraussetzungen **6 B** 48 f.
- Krankenversicherung **6 B** 50
- Pfändbarkeit **2 A** 626
- Rentenversicherung **6 B** 50

Arbeitsort 2 A 63 ff.
- Außendienstmitarbeiter **2 A** 72
- Betriebsverlegung **2 A** 70
- Erfüllungsort **2 A** 71
- Veränderung nach billigem Ermessen **2 A** 69
- Versetzungsklausel **2 A** 65 ff.

Arbeitspapiere
- Aufbewahrung **1 C** 149
- bei Beschäftigungsbeginn **1 C** 147 f.
- einstweilige Verfügung auf Herausgabe **5 H** 73
- Kündigung wegen Nichtaushändigung **3 D** 197
- Rechtsweg bei Streitigkeiten **5 B** 64
- Streitwert bei Herausgabeklage **5 I** 92
- Zwangsvollstreckung des Ausfüllens/der Berichtigung **5 H** 45
- Zwangsvollstreckung der Herausgabe **5 H** 40

Arbeitspausen
siehe Ruhepausen

Arbeitspflicht 2 A 5 ff.
- Arbeitsergebnis **2 A** 74 ff.
- Arbeitsversäumnis *siehe dort*
- Arbeitsverweigerung wegen Nichtbeachtung der Fürsorgepflicht **2 A** 716
- Arbeitsverweigerung wegen sanktionsloser sexueller Belästigung **2 A** 773
- Art der zu leistenden Tätigkeit *siehe dort*
- Direktionsrecht *siehe dort*

2269

(Arbeitspflicht)
- einstweilige Verfügung zur Erzwingung der Arbeitsleistung **2 A** 156; **5 H** 75 f.
- einstweilige Verfügung zur Untersagung anderweitiger Beschäftigung **5 H** 77
- Gerichtsstand des Erfüllungsortes **2 A** 71
- Gläubiger der Arbeitsleistung **2 A** 10 ff.
- Intensität **2 A** 77 ff.
- Kündigung wegen Arbeitsverweigerung **3 D** 184 ff.; **3 G** 14 ff.
- Kündigung wegen Haftverbüßung **3 D** 122 f.; **3 G** 30
- Leistungsqualität **2 A** 79 f.
- Leistungsstörungen **2 A** 144 ff.
- Leistungsverweigerungsrecht des Arbeitnehmers **2 A** 674 ff.; **3 D** 187 ff.
- Nachweisgesetz **2 A** 31
- Ort der Arbeitsleistung *siehe* Arbeitsort
- persönliche Verpflichtung **2 A** 6 ff.
- Schlechtleistung *siehe dort*
- Tempo **2 A** 77 f.
- Umfang **2 A** 75 f.
- unentgeltliche Arbeitsleistung **2 A** 306
- Zuspätkommen *siehe* Arbeitsversäumnis
- Zwangsvollstreckung der Arbeitsleistung **2 A** 153; **5 H** 44

Arbeitsplatzschutz für Wehr- und Zivildienstleistende 3 F 111 ff.
siehe auch Wehr- und Zivildienstleistende
Arbeitsschutz 2 A 718 f.
- Arbeitsvertragspflicht des Arbeitgebers **2 A** 722
- Arbeitszeitschutz **6 A** 1 ff.
- Kündigung wegen Verstoßes gegen Vorschriften **3 G** 12
- Leiharbeitnehmer **6 C** 42
- Mitbestimmung **4 A** 599 ff.

Arbeitsunfähigkeit
siehe Krankheit
Arbeitsunfähigkeitsbescheinigung 2 B 174 ff.
- Verletzung der Vorlagepflicht als Kündigungsgrund **3 D** 191; **3 G** 44

Arbeitsunfall, Haftungsausschluß 2 A 784 ff.; **2 I** 74 ff.
- betriebliche Tätigkeit **2 I** 86 f., 95 ff.
- Betriebszugehörigkeit **2 I** 85
- Bindung der Zivilgerichte **2 I** 106 f.
- dienstliche Fahrten **2 I** 103
- eigenwirtschaftliche Tätigkeit **2 I** 83 f., 97 f.

- Regreß der Sozialversicherung **2 I** 108 ff.
- Verursachung **2 I** 95,100
- Vorsatztaten **2 I** 101
- Wegeunfall **2 A** 788; **2 I** 102

Arbeitsvergütung
siehe Arbeitsentgelt

Arbeitsverhinderung aus persönlichen Gründen 2 B 87 ff.
- *siehe auch* Freistellung
- Anzeige der Verhinderung **2 B** 96
- Betreuung eines erkrankten Kindes **2 A** 125 f.; **2 B** 102 f.
- Einzelfälle **2 B** 94 f.
- Entgeltfortzahlung **2 B** 97
- Entgeltfortzahlung – Abdingbarkeit **2 B** 99 f.
- Freistellung *siehe dort*
- Schuldlosigkeit **2 B** 93
- Verhinderungsdauer **2 B** 92

Arbeitsversäumnis
- Entgeltfortzahlung an Feiertagen bei unentschuldigtem Fernbleiben **2 B** 236 ff.
- Kündigung wegen Haftverbüßung **3 D** 122 f.; **3 G** 30
- als Kündigungsgrund **3 G** 13, 61
- als Kündigungsgrund bei Ausübung von Ehrenämtern **3 G** 27

Arbeitsvertrag
- Abbedingen tarifdispositiver Gesetze durch Bezugnahme auf Tarifvertrag **4 C** 259
- Abgrenzung zu verwandten Verträgen **1 B** 103 ff.
- Änderungs-/Widerrufsvorbehalt **3 A** 28 ff.
- Anbahnungsverhältnis *siehe dort*
- Angebot und Annahme **1 C** 109
- Anwendung von Tarifnormen aufgrund betrieblicher Übung **4 C** 215, 251
- Arbeitnehmerüberlassung **6 C** 26 f.
- Art der zu leistenden Tätigkeit *siehe dort*
- Ausschlußfristen **2 A** 561
- Berufsfreiheit **1 C** 1
- Beschäftigungsverbote **1 C** 115 ff.
- Beschäftigungsverbote bei Kindern und Jugendlichen **1 C** 117
- Beschäftigungsverbote bei Müttern **1 C** 119
- Bezugnahme auf Tarifvertrag **4 C** 214, 250 ff.
- Bezugnahme auf Tarifvertrag, Grenzen **4 C** 258 ff.

Stichwortverzeichnis

- Dauerarbeitsverhältnis **1 B** 1 f.
- Dienstvertrag **1 B** 104
- Dokumentationspflicht aufgrund Nachweisgesetz **1 C** 128 ff.
- einvernehmliche Änderung *siehe dort*
- entgeltlicher Geschäftsbesorgungsvertrag **1 B** 107
- Faktisches Arbeitsverhältnis **1 C** 143 ff.
- familienrechtliche Mitarbeit **1 B** 111
- Franchisevertrag **1 B** 108 ff.
- Geschäftsfähigkeit **1 C** 110
- Gesellschaftsvertrag **1 B** 106
- Grenzen dynamischer Verweisung auf Tarifvertrag **4 C** 260
- Günstigkeitsprinzip – Betriebsvereinbarung **4 A** 525 ff.
- Günstigkeitsprinzip – Tarifvertrag **4 C** 171 f.
- auf Lebenszeit **1 B** 3 ff.
- Leiharbeitsvertrag **6 C** 24
- Mitbestimmung bei Formularverträgen **4 A** 664
- Nachweisgesetz *siehe dort*
- Nichtigkeit **1 C** 112 ff.
- Nichtigkeit bei ArbZG-widriger Arbeitszeitvereinbarung **6 A** 6
- personenrechtliches Gemeinschaftsverhältnis **2 A** 3
- Rechtscharakter **2 A** 1 ff.
- Scheingeschäft **1 C** 111
- Schriftform **1 C** 126
- Sittenwidrigkeit **1 C** 123 f.
- tarifliche Abschlußnormen **4 C** 131 ff.
- Treu und Glauben **2 A** 4
- Unmöglichkeit **1 C** 125
- Vertragsfreiheit **1 C** 1
- Verweisung auf BeschFG **1 B** 54 f.
- Verweisung auf Tarifvertrag **4 C** 256
- Werkvertrag **1 B** 105
- Widerrufsvorbehalt **3 A** 28 ff.

Arbeitsvertragsstatut 1 D 27
- Prüfungsschema **1 D** 33
- *siehe auch* Internationales Arbeitsrecht

Arbeitsverweigerung
siehe Arbeitspflicht

Arbeitszeit 2 A 81 ff.
- Abweichung von Grundregeln des ArbZG durch Kirchen, Freiberufler, Verbände usw. **6 A** 79 f.
- Abweichungsbefugnisse der Tarifvertragsparteien **6 A** 69 ff.
- Arbeitnehmer und ArbZG **6 A** 5
- Arbeitnehmerschutz **6 A** 1 ff.
- Arbeitszeitgesetz **6 A** 1 f.
- ArbZG-widrige Arbeitszeitvereinbarung **6 A** 6
- Ausgleichszeitraum **6 A** 31 ff., 73
- Aushangpflichten **6 A** 112
- Beendigung **2 A** 109
- Beginn **2 A** 21, 106
- Begriff **2 A** 81; **6 A** 20 ff.
- Bereitschaftsdienst **6 A** 24
- Dauer **2 A** 96 ff.
- Dauer bei leitenden Angestellten u. a. **2 A** 97
- Dienstreisezeit **2 A** 88 f.; **6 A** 23
- Direktionsrecht **2 A** 100 ff., 113 ff.
- Ende **6 A** 21
- Erfassung **6 A** 114 f.
- Flexibilisierung **2 A** 104 f., 116 ff.
- Freischichtenmodell **2 A** 104 f.
- gefährliche Arbeiten **6 A** 81
- gleitende **2 A** 117
- Höchstdauer **2 A** 98; **6 A** 29
- Jugendliche **6 A** 14
- Kapovaz **2 A** 119 f.
- Lage **2 A** 111 ff.
- Mitbestimmung bei Beginn und Ende **4 A** 551 ff.
- Mitbestimmung bei Lage der Arbeitszeit **2 A** 111
- Mitbestimmung bei Verteilung Arbeitszeit auf einzelne Wochentage **4 A** 555 f.
- Mitbestimmung bei vorübergehender Verkürzung oder Verlängerung **4 A** 558 ff.
- Nachweise **6 A** 113 ff.
- öffentlich-rechtliches Arbeitszeitrecht **6 A** 4 ff.
- persönlicher Geltungsbereich des ArbZG **6 A** 7 ff.
- räumlicher Geltungsbereich des ArbZG **6 A** 17 ff.
- Rufbereitschaft **6 A** 24
- sachlicher Geltungsbereich des ArbZG **6 A** 17 ff.
- Tarifvertrag **4 C** 129
- Teilzeitbeschäftigte **6 A** 115
- Tendenzträger **4 A** 1060 f.
- Überstunden *siehe dort*
- variable Wochenarbeitszeit **2 A** 118
- Verlängerung der werktäglichen Arbeitszeit **6 A** 72 f.
- Verstöße gegen das ArbZG – Bußgeldtatbestände **6 A** 118 ff.
- Verstöße gegen das ArbZG – Straftatbestände **6 A** 121 ff.
- Vorverlegung des Beginns **2 A** 107 f.

(Arbeitszeit)
- Wegezeit **2 A** 90; **6 A** 22
- werktägliche Arbeitszeit **6 A** 26 ff.
- zuständige Behörden für Durchführung des ArbZG **6 A** 117
- Zweck des ArbZG **6 A** 3

Art der zu leistenden Tätigkeit 2 A 14 ff.
- im Arbeitsvertrag **2 A** 17 ff.
- Chefarzt **2 A** 18
- gewerbliche Arbeitnehmer **2 A** 28
- Kassierer **2 A** 26
- kaufmännische Angestellte **2 A** 27
- durch konkludente Festlegung **2 A** 30
- leitende Angestellte **2 A** 21 ff.
- Praxisarzt **2 A** 19
- Verkäufer **2 A** 26
- Verkaufsreisender **2 A** 25
- Vorstandsmitglied **2 A** 20

Aufhebungsvertrag 3 B 1 ff.
- Abfindungen **3 B** 32 ff.
- Abgrenzung zur außerordentlichen Kündigung **3 E** 9
- Abgrenzung zum Erlaßvertrag **3 B** 19
- Abgrenzung zur Kündigung **3 B** 17 f.
- Abgrenzung zur ordentlichen Kündigung **3 C** 10
- Abwicklungsvertrag **3 B** 22 f., 48
- ältere Arbeitnehmer **3 B** 75 ff.
- Anfechtung wegen Irrtums **3 B** 57
- Anfechtung wegen Täuschung oder Drohung **3 B** 58 ff.
- Anfechtung wegen Zeitdrucks **3 B** 58
- Anrechnung von Abfindungen auf Arbeitslosengeld **3 B** 71, 81 ff.
- arbeitsrechtliche Folgen **3 B** 66
- ausdrücklicher Vertragsschluß **3 B** 24
- Ausgleichsklausel **3 B** 20, 47
- Ausgleichsquittung **3 B** 21, 26
- bedingter **3 B** 8 ff.
- Begriff **3 B** 1
- Berufsausbildungsverhältnis **1 B** 136
- betriebliche Altersversorgung **3 B** 45
- Betriebsänderung **3 B** 86 f.
- und Betriebsübergang **2 G** 114 f., 117; **3 B** 89
- Billigkeitskontrolle **3 B** 4 f.
- Darlegungs- und Beweislast **3 B** 64
- Dienstwagen **3 B** 46
- Drohung mit fristloser Kündigung als Anfechtungsgrund **3 B** 59
- Entgeltfortzahlungsansprüche **3 B** 66
- Erstattung des Arbeitslosengeldes bei älteren Arbeitnehmern **3 B** 77
- Form **3 B** 29
- Freistellung von der Arbeit **3 B** 35, 38
- Gleichbehandlungsgrundsatz **3 B** 6
- Hinweispflichten des Arbeitgebers **2 A** 732 ff.; **3 B** 49 ff.
- Inhalt **3 B** 30 ff.
- Inhaltskontrolle **3 B** 4 f.
- konkludenter **3 B** 25 ff.
- Kündigungsschutz nach MuSchG **3 F** 21
- Kündigungsschutzprozeß **3 B** 65
- Kündigungsvergleich **3 B** 22 f.
- Massenaufhebungsverträge **3 B** 3, 88
- nachvertragliches Tätigkeits- und Einstellungsverbot **6 C** 32
- prozessuale Fragen **3 B** 62 ff.
- Prozeßvergleich **3 B** 15 f.
- Ruhen des Arbeitslosengeldbezugs bei Abfindung **3 B** 72
- Schutz vor Übereilung **3 B** 5
- Sittenwidrigkeit **3 B** 11 f.
- Sozialplanabfindung **3 B** 87; **4 A** 905 f.
- sozialversicherungsrechtliche Folgen **3 B** 70 ff.
- Sperrzeit **3 B** 74 f., 84; **6 B** 23
- steuerrechtliche Folgen **3 B** 67 ff.
- stillschweigendes **3 B** 25 ff.
- strukturelles Ungleichgewicht **3 B** 5
- Synchronisationsverbot bei Arbeitnehmerüberlassung **6 C** 31
- Teilnichtigkeit **3 B** 13 f.
- Treuepflicht **2 A** 185
- Umdeutung einer Kündigung in Angebot auf Abschluß eines Aufhebungsvertrags **3 B** 28
- Urlaubsanspruch **3 B** 36 ff.
- Urlaubsanspruch und Freistellung von der Arbeit **3 B** 38
- Verkürzung des Arbeitslosengeldbezugs bei Abfindung **3 B** 73
- Verstoß gegen gesetzliches Verbot **3 B** 7
- Vertragsfreiheit **3 B** 2 ff.
- Verzichtserklärungen **3 B** 47
- Wettbewerbsverbot **2 F** 20, 44; **3 B** 39 ff.
- Widerrufsvorbehalt **3 B** 53 ff.
- Zeitdruck als Anfechtungsgrund **3 B** 58
- Zeitpunkt der Beendigung **3 B** 31
- Zeugniserteilung **3 B** 42 ff.

Auflösungsantrag 5 A 179 ff.
- des Arbeitgebers *siehe dort*
- des Arbeitnehmers *siehe dort*
- beiderseitiger **5 A** 200

Auflösungsantrag des Arbeitgebers
- Antragsformulierung **5 A** 199
- außerordentliche Kündigung **5 A** 194
- Darlegungs- und Beweislast **5 A** 198

Stichwortverzeichnis

- Gefährdung weiterer Zusammenarbeit **5 A** 196
- Geschäftsführer, Betriebsleiter u. ä. leitende Angestellte **5 A** 197
- Sozialwidrigkeit **5 A** 193
- verfahrensrechtliche Voraussetzungen **5 A** 192

Auflösungsantrag des Arbeitnehmers
- Antragsformulierung **5 A** 188
- Antragsrücknahme **5 A** 191
- Kündigungsrücknahme **3 C** 131; **5 A** 190
- Unwirksamkeit der Kündigung **5 A** 180 ff.
- Unzumutbarkeit der Fortsetzung des Arbeitsverhältnisses **5 A** 185 f.
- verfahrensrechtliche Voraussetzungen **5 A** 179

Aufrechnung
- Urlaubsentgelt **2 C** 116
- gegen Vergütungsforderung des Arbeitnehmers **2 A** 672 f.
- Vertragsstrafe und Abführung von Sozialversicherungsbeiträgen **2 D** 18

Aufsichtsrat
- Abberufung, Übersicht **4 B** 63
- Amtsdauer **4 B** 61 ff.
- Anfechtbarkeit von Wahlen **4 B** 54 ff.
- Anstellungsverträge **4 B** 72
- Aufgaben des Vorsitzenden, Stellvertreters **4 B** 90 f.
- Ausschüsse **4 B** 104 ff.
- Bekanntmachungen **4 B** 118
- Beschlußfassung nach MitbestG **4 B** 92 ff.
- Beschlußfassung nach Montan-MitbestG, MitbestErgG, BetrVG 1952 **4 B** 101 ff., 104 ff.
- Bestellung der Vertretungsorgane **4 B** 64 ff.
- Bestellung der Vertretungsorgane nach MitbestG **4 B** 67 f.
- Ersatzmitglieder **4 B** 49
- gerichtliche Bestellung von Mitgliedern **4 B** 60
- Mitgliederzahl nach BetrVG 1952 **4 B** 34 f.
- Mitgliederzahl nach MitbestErgG **4 B** 33
- Mitgliederzahl nach MitbestG **4 B** 31
- Mitgliederzahl nach Montan-MitbestG **4 B** 32
- neutrales Mitglied **4 B** 48
- Nichtigkeit von Wahlen **4 B** 53
- persönliche Voraussetzungen **4 B** 36
- Pflichten des Mitglieds **4 B** 111 ff.
- Rechte des Mitglieds **4 B** 108 ff.
- Rechte, Übersicht **4 B** 86
- Schutz der Arbeitnehmervertreter **4 B** 115 f.
- Streitigkeiten **4 B** 117
- Streitigkeiten bei Wahlen **4 B** 52 ff.
- Überwachung der gesetzlichen Vertreter **4 B** 75 ff.
- Überwachung nach MitbestG **4 B** 76 ff.
- Überwachung nach Montan-MitbestG und MitbestErgG **4 B** 84
- Vertretung der Gesellschaft **4 B** 73 f.
- Wahl des Vorsitzenden, Stellvertreters **4 B** 88 f.
- Wahl nach BetrVG 1952 **4 B** 45 ff.
- Wahl nach MitbestErgG **4 B** 44
- Wahl nach MitbestG **4 B** 39 ff.
- Wahl nach Montan-MitbestG **4 B** 42 f.
- Wahl, Übersicht **4 B** 59
- Wahlanfechtung, Frist **5 G** 119
- Wahlkosten **4 B** 51
- Wahlschutz **4 B** 50
- Wahlverfahren **4 B** 37 ff.
- Widerruf der Bestellung der Vertretungsorgane **4 B** 71

Ausbildung siehe Berufsausbildungsverhältnis

Aus-, Fort- und Weiterbildungskosten 2 A 439 ff.
- Ausgleich durch niedrigeres Entgelt **2 A** 453
- Bindung an Betrieb durch längeren Arbeitsvertrag **2 A** 454
- Bindungsdauer bei Rückzahlungsklausel **2 A** 443
- geldwerter Vorteil für Arbeitnehmer **2 A** 442
- Höhe der Rückzahlungsverpflichtung **2 A** 446
- Rückzahlungsklausel **2 A** 440 ff., 452
- Rückzahlungsklausel bei Berufsausbildungsverhältnissen **2 A** 451

Ausgleichsquittung 3 B 21
- als Aufhebungsvertrag **3 B** 21, 26
- Verzicht auf tarifliche Ansprüche **4 C** 188
- Zeugnisanspruch **3 I** 70

Aushilfsarbeitsverhältnis 1 B 68 ff.
- als befristetes Arbeitsverhältnis **1 B** 25
- Dauer **1 B** 70 ff.
- Fortsetzung **1 B** 73 ff.
- Kündigungsfrist **1 B** 70, 72; **3 C** 173 ff.

2273

(Aushilfsarbeitsverhältnis)
- Unterbrechungen **1 B** 76
- Wesen **1 B** 69

Auskunftsanspruch des Betriebsrats 4 A 430 ff.
- Fremdfirmeneinsatz **4 A** 436
- personenbezogene Daten **4 A** 434
- wirtschaftliche Angelegenheiten **4 A** 435

Ausschlußfrist 2 A 557 ff.; **4 C** 218 ff.
- Abgrenzung zu anderen Fristen **4 C** 228
- Abmahnungsrecht **3 D** 152 f.
- absolute Rechte **4 C** 223
- Anspruchskenntnis nach Fristablauf **4 C** 235
- Arbeitgeberdarlehen **2 A** 435, 565
- Auslegung **4 C** 227
- bei außerordentlicher Kündigung *siehe* Ausschlußfrist bei außerordentlicher Kündigung
- beidseitige **4 C** 225
- Berücksichtigung durch das Gericht **2 A** 591
- Besitzstandsklauseln **2 A** 566
- in Betriebsvereinbarungen **2 A** 560
- einseitige **4 C** 225
- Einwand unzulässiger Rechtsausübung bei Fristablauf **2 A** 590
- Einwendung **4 C** 219
- in Einzelarbeitsverträgen **2 A** 561
- Entfernung einer Abmahnung **3 D** 174
- erfaßte Ansprüche bei sämtlichen Ansprüchen aus dem Arbeitsverhältnis **2 A** 563 ff.
- Forderungsübergang **2 A** 568
- Fristablauf **4 C** 234
- Fristbeginn **2 A** 571 ff.; **4 C** 229
- Fristdauer **2 A** 570
- Geltendmachung des Anspruchs **2 A** 582 ff.; **4 C** 230 ff.
- Geltendmachung des Anspruchs durch Kündigungsschutzklage **2 A** 585 f., 588 f.; **4 C** 231
- Karenzentschädigung **2 F** 67
- Nichtkenntnis von Verfallklausel **2 A** 569
- Reichweite **2 A** 562 ff.
- Umfang **4 C** 220 ff.
- Urlaub, Urlaubsabgeltung **2 A** 564; **2 C** 188 ff.
- Vorbehalt der Geltendmachung **4 C** 233
- Zeugnisanspruch **3 I** 71 ff.
- Zulässigkeit **4 C** 226
- Zweck **4 C** 227
- zweistufige Geltendmachung des Anspruchs **2 A** 589

Ausschlußfrist bei außerordentlicher Kündigung 3 E 71 ff.
- Beginn **3 E** 74 ff.
- Berufsausbildungsverhältnis **1 B** 145
- Darlegungs- und Beweislast **3 E** 73
- Hemmung **3 E** 80 f.
- Kenntnis eines Dritten **3 E** 78
- Kenntnis des Kündigungsberechtigten **3 E** 77
- Kündigung von Betriebs- und Personalräten **3 E** 84 ff.
- Kündigung wegen Straftat **3 E** 83
- Leiharbeitnehmer **6 C** 39
- nachgeschobener Kündigungsgrund **3 E** 72
- bei Unkündbarkeit **3 E** 72
- Verdachtskündigung **3 E** 82

Außerdienstliches Verhalten
- Kündigung wegen Lebenswandel **3 D** 203 f.
- Kündigung wegen politischer Betätigung **3 D** 206 f.; **3 G** 46
- als Kündigungsgrund **3 G** 18
- leitende Angestellte **2 A** 219
- Lohnpfändungen **3 D** 205
- öffentlicher Dienst **2 A** 219
- Tendenzträger **2 A** 219
- Treuepflicht **2 A** 219 ff.
- Überschuldung als Kündigungsgrund **3 G** 42

Außerordentliche Kündigung 3 E 1 ff.
- Abmahnung **3 E** 26
- Änderungskündigung *siehe dort*
- und allgemeine Feststellungsklage **5 A** 80 ff.
- Anfechtung, Abgrenzung, **3 E** 5 f.
- Anfechtungsfristen **3 B** 61
- Angabe des Kündigungsgrundes **3 C** 24 ff.
- Anhörung des Arbeitnehmers **3 E** 12
- Anhörung des Betriebsrats bei Kündigung **3 J** 62 ff., 206
- Anhörung des Betriebsrats bei Umdeutung in ordentliche Kündigung **3 C** 115; **3 J** 66
- Aufhebungsvertrag, Abgrenzung **3 E** 9
- Auslauffrist **3 E** 3
- Ausschlußfrist bei außerordentlicher Kündigung *siehe dort*
- Berücksichtigung der Unkündbarkeit bei der Interessenabwägung **3 E** 61 f.
- Berufsausbildungsverhältnis **1 B** 140 ff.

- Berufsausbildungsverhältnis und allgemeine Feststellungsklage **5 A** 84
- betrieblicher Funktionsträger **3 F** 82 ff.
- Beurteilungszeitpunkt **3 E** 13
- Druckkündigung *siehe dort*
- Eigenkündigung **3 E** 65 ff.
- Eigenkündigung wegen sanktionsloser sexueller Belästigung **2 A** 774
- Eigenkündigung und Wettbewerbsverbot **2 F** 39 f.
- Interessenabwägung **3 E** 24
- konkrete Beeinträchtigung des Arbeitsverhältnisses **3 E** 23
- Krankheit nach Kündigungsausspruch und Angebot der Arbeitsleistung **2 B** 17 ff.
- Kündigungsgrund an sich geeignet **3 E** 22
- Minderung der Vergütung **3 E** 94 ff.
- Mitteilung der Kündigungsgründe **3 E** 92
- Nachschieben von Kündigungsgründen **3 E** 14 f.
- Nichtfortsetzungserklärung **3 E** 11
- Nichtleistung **2 A** 163
- ordentliche Kündigung, Abgrenzung **3 C** 133 f.
- ordentlich unkündbarer Arbeitnehmer **3 E** 4, 57 ff.
- ordentlich unkündbarer Arbeitnehmer bei Betriebsstillegung **3 E** 58 f.
- Prognoseprinzip **3 E** 25 f.
- Rücktritt, Abgrenzung **3 E** 7
- Schadensersatz nach § 628 Abs. 2 BGB **3 E** 99 f.
- Sozialplanabfindung **4 A** 911
- Stellungnahme des Betriebsrats **3 J** 120 ff.
- Suspendierung; Abgrenzung **3 E** 10
- Tendenzträger **4 A** 1068
- Umdeutung in Anfechtung **3 E** 6
- Umdeutung in Anfechtungserklärung **3 C** 117
- Umdeutung in ordentliche Kündigung **3 C** 111 ff., 122 ff.; **3 E** 93
- und Urlaubsanspruch **2 C** 54 ff.
- Verdachtskündigung *siehe dort*
- Verhältnis zur ordentlichen Kündigung **3 E** 29
- Verhältnismäßigkeit **3 E** 27
- Verschulden **3 E** 28
- Verzicht **3 E** 16
- vorsorgliche (erneute) Kündigung **3 C** 136 f.
- Wegfall der Geschäftsgrundlage, Abgrenzung **3 E** 8
- bei Wehr- oder Zivildienst **3 F** 115 f.
- und Wettbewerbsverbot **2 F** 41
- wichtiger Grund, Grundsätze **3 E** 18 ff.
- Zumutbarkeit **3 E** 24

Aussperrung
- *siehe auch* Arbeitskampf
- Abwehraussperrung **4 C** 55 f.
- Angriffsaussperrung **4 C** 54
- Einzelaussperrung **4 C** 53
- Rechtmäßigkeit **4 C** 53 ff.
- Verbandsaussperrung **4 C** 53

Auswahlrichtlinie
- Begriff **4 A** 670
- Betriebsratswiderspruch wegen Verstoß **3 J** 108 ff.; **4 A** 770 ff.
- Mitbestimmung **4 A** 669
- personelle Auswahl bei Kündigungen **3 D** 293 ff.

Auszubildende
siehe Berufsausbildungsverhältnis

Beamte 1 A 121
Bedienungsgelder 2 A 488
- Pfändbarkeit **2 A** 648

Bedingung, auflösende
siehe Befristeter Arbeitsvertrag
Befristeter Arbeitsvertrag 1 B 7 ff.; **3 H** 1 ff.
- Ärzte in der Weiterbildung **3 H** 112 f.
- Altersgrenze *siehe dort*
- Arbeitnehmer über 60 **1 B** 53
- Arbeitnehmerüberlassung **6 C** 26 f.
- Arbeitsbeschaffungsmaßnahme *siehe dort*
- auflösende Bedingung **1 B** 8; **3 H** 38 f.
- zur Aus- und Fortbildung **1 B** 24
- Aushilfe/Vertretung im öffentlichen Dienst **3 H** 61 f.
- Aushilfsarbeitsverhältnis **1 B** 25
- Befristung einzelner Vertragsbedingungen **1 B** 16 ff.; **3 H** 70 f.
- Befristungsgrund im Vertrag **3 H** 8 ff.
- nach BeschFG **1 B** 45 f.; **3 H** 14 ff.
- nach BeschFG im Anschluß an Berufsausbildung **1 B** 56; **3 H** 22 f.
- nach BeschFG im Anschluß an Berufsausbildung für Jugendvertreter **3 H** 23
- nach BeschFG bei demselben Arbeitgeber **1 B** 46 ff.; **3 H** 18
- nach BeschFG und sachlicher Grund laut Tarifverträge **3 H** 25

(Befristeter Arbeitsvertrag)
- betriebliche Altersversorgung **2 E** 135 f.
- betriebliche Befristungsgründe **3 H** 49 ff.
- Beurteilungszeitpunkt für Wirksamkeit einer Befristung **3 H** 13
- Beweislast für Befristungsgrund/-dauer **1 B** 44
- Dauer der Befristung **1 B** 10; **3 H** 26 ff., 66
- Dauer der Befristung bei Schwangeren **3 H** 31
- Drittmittelfinanzierung **1 B** 26; **3 H** 106
- Entfristungsklage *siehe dort*
- gesundheitliche Eignung **3 H** 47 f.
- Haushaltsmittel/Zuschüsse im öffentlichen Dienst **3 H** 58 ff.
- höherwertige Tätigkeit im öffentlichen Dienst **3 H** 64 f.
- Kettenarbeitsverhältnisse **1 B** 10 ff.
- Klagefrist nach Vertragsende **1 B** 42
- Kleinbetriebe **3 H** 34
- Kündigungsfrist bei Zweckbefristung **1 B** 42
- Kündigungsschutz nach MuSchG **3 F** 22
- Kündigungsschutz Schwerbehinderter **3 F** 40
- Leiharbeitnehmer **3 H** 7
- leitende Angestellte **3 H** 30
- Lektoren an Hochschulen **1 B** 37; **3 H** 107
- mehrfache Befristung **1 B** 11 ff.; **3 H** 67 ff.
- Mitbestimmung **3 H** 86, 88; **4 A** 709
- nachträgliche Befristung **3 H** 12
- öffentlicher Dienst **1 B** 38; **3 H** 58 ff.
- ordentliche Kündigung **3 H** 79 ff.
- Probearbeitsverhältnis *siehe dort*
- Probezeit **3 H** 46, 48
- projektbezogene Befristung **3 H** 50
- prozessuale Geltendmachung der Unwirksamkeit **3 H** 89 ff.
- Rechtsfolgen unwirksamer Befristung **3 H** 77 f.
- Rechtsfolgen wirksamer Befristung **3 H** 72 ff.
- sachlicher Grund **1 B** 21 ff.; **3 H** 2 ff., 40 ff., 57
- Saisonarbeitsverhältnis *siehe dort*
- Schwangerschaft **1 C** 25 f.; **3 H** 31
- stillschweigende Verlängerung **1 B** 40 f.; **3 H** 73 ff.
- Übersicht **1 B** 57
- im Vergleich **1 B** 31; **3 H** 11
- Vertretung des Erziehungsurlaubers **1 B** 33 ff.; **2 C** 166
- Vertretung während Mutterschutzfrist/Erziehungsurlaub **3 H** 95 ff.
- Verweisung im Arbeitsvertrag auf BeschFG **1 B** 54 f.
- und Wehrdienst **3 H** 32
- wissenschaftliche Mitarbeiter an Hochschulen **1 B** 37; **3 H** 102 ff.
- Wunsch des Arbeitnehmers **1 B** 30; **3 H** 41 ff.
- Zeitbefristung **1 B** 19; **3 H** 36
- zusätzlicher vorübergehender Arbeitskräftebedarf **1 B** 39
- Zweckbefristung **1 B** 19 f.; **3 H** 37

Beiordnung eines Rechtsanwalts
siehe Anwaltsbeiordnung

Beleidigung
- als Kündigungsgrund **3 G** 43
- verhaltensbedingte Kündigung **3 D** 198

Benachteiligungsverbot
siehe Gleichbehandlung

Bereicherungsanspruch
- Entreicherung **2 A** 597 ff.
- Erstattung überzahlten Entgelts **2 A** 595 ff.

Berufsausbildungsverhältnis 1 B 118 ff.
- Abschluß-/Wiederholungsprüfung **1 B** 135
- allgemeine Feststellungsklage bei fristloser Kündigung **5 A** 84
- anerkannter Ausbildungsberuf **1 B** 114
- Angabe des Kündigungsgrundes **1 B** 141; **3 F** 123
- Anmeldung **1 B** 126
- Anrufung des Schlichtungsausschusses und Klage **3 F** 124 f.; **5 C** 54 f.
- Anschlußarbeitsvertrag **1 B** 127
- Anwendbarkeit des KSchG **1 B** 148
- Arbeitnehmereigenschaft der Auszubildenden **1 A** 72 ff.; **1 B** 116; **4 A** 54 f.
- Aufhebungsvertrag **1 B** 136; **3 B** 9
- Ausbildungsvergütung **1 B** 132
- Ausbildungsziele **1 B** 117
- Ausschlußfrist bei außerordentlicher Kündigung **1 B** 145
- außerordentliche Kündigung **1 B** 140 f.; **5 A** 84
- Auszubildende, Begriff **1 A** 72
- Auszubildende, Berechtigung zur Betriebsratswahl **1 A** 73
- bedingter Aufhebungsvertrag bei schlechten Noten **3 B** 9
- Beendigung **1 B** 134 ff.

Stichwortverzeichnis

- befristeter Arbeitsvertrag nach BeschFG **1 B** 56; **3 H** 22 f.
- Beteiligungsrechte des Betriebsrats im Bereich Berufsbildung **4 A** 677 ff.
- Dauer **1 B** 121
- Dauer der Probezeit **1 B** 122
- duales System **1 B** 113
- Entschädigung für Berufsausbildung **1 B** 128
- freiwilliges soziales Jahr **1 A** 75
- Geltung des ArbZG **6 A** 9
- Güteverfahren **1 B** 147
- Kollektivvereinbarungen **1 B** 123
- Kündigung bei Minderjährigem **1 B** 146
- Kündigung nach der Probezeit **1 B** 140 ff.; **3 F** 121 f.
- Kündigung während der Probezeit **1 B** 138 f.; **3 F** 120
- Pflichten des Ausbildenden **1 B** 129 f.
- Pflichten des Auszubildenden **1 B** 131
- Praktikantenverhältnis **1 A** 77
- Rückzahlungsklausel **2 A** 451
- Schriftform der Kündigung **3 F** 123
- schriftliche Niederlegung des wesentlichen Vertragsinhalts **1 B** 120
- schwerbehinderte Auszubildende **3 F** 37
- Streikrecht von Auszubildenden **4 C** 40
- Streitigkeiten **5 C** 52 ff.
- Urlaubsabgeltung **2 C** 91
- Urteilsverfahren **5 C** 52 ff.
- Verfahren vor dem Schlichtungsausschuß **5 C** 57 ff.
- Vertragsabschluß und -inhalt **1 B** 119 ff.
- Vertragsstrafe **1 B** 128
- Weiterbeschäftigung eines Jugendvertreters im Anschluß an die Ausbildung **4 A** 281 ff.
- Wettbewerbsverbot **2 F** 4
- wichtiger Kündigungsgrund **1 B** 142 ff.

Berufungsfrist 5 D 29 ff.
- Ausschöpfen **5 D** 34 f.
- Beginn **5 D** 30 f.
- Berechnung **5 D** 32 f.
- bei Urteilsberichtigung **5 D** 38
- Wiedereinsetzung **5 D** 58

Berufungsverfahren 5 D 1 ff.
- Absetzung des Urteils **5 D** 87
- Adressierung der Berufungsschrift **5 D** 46
- Anschlußberufung **5 D** 26 ff.
- Antragsformulierungen **5 D** 85 f.
- Begründungszwang **5 D** 65
- Berufungsbeantwortung **5 D** 71 ff.
- Berufungsbegründungsfrist **5 D** 55 ff.
- Berufungsfrist *siehe dort*
- Berufungsschrift per Telefax **5 D** 52 ff.
- Berufungsschrift per Telegramm **5 D** 51
- Beschäftigungsanspruch **5 D** 5
- Beschwer des Berufungsklägers **5 D** 25
- Beschwerdewert, Begriff **5 D** 12 ff.
- Beschwerdewert, Veränderung **5 D** 19 ff.
- Bezeichnung des anzufechtenden Urteils **5 D** 44 f.
- eigenhändige Unterzeichnung der Berufungsschrift/-begründung **5 D** 47 ff., 69 f.
- fehlerhafte Rechtsmittelbelehrung **5 D** 36 f.
- fristwahrende Berufungseinlegung – Kostenerstattungsanspruch des Anwalts **5 D** 39 ff.
- Inhalt der Berufungsbegründung **5 D** 65 ff.
- Kenntnis der Entscheidungsgründe für Berufungsbegründung **5 D** 67 f.
- neuerliche Beweisaufnahme **5 D** 81 ff.
- offensichtlich unrichtige Streitwertfestsetzung **5 D** 17 f.
- Rechtsmittelbelehrung, fehlerhafte **5 D** 36 f.
- Unterlassungsklagen **5 D** 5
- Unterzeichnung der Berufungsbegründungsschrift **5 D** 47 ff., 69 f.
- unzulässige Berufung **5 D** 84
- Unzulässigkeit bei Möglichkeit sofortiger Beschwerde **5 D** 24
- Veränderung des Beschwerdewerts **5 D** 19 ff.
- Verlängerung Berufungsbegründungsfrist **5 D** 59 ff.
- vermögensrechtliche Streitigkeiten **5 D** 7 ff.
- verspätetes Vorbringen **5 D** 77
- Verzögerung des Rechtsstreits durch verspätetes Vorbringen **5 D** 79 f.
- Vorliegen eines Endurteils oder gleichgestellter Entscheidung **5 D** 23
- Widerrufsklagen **5 D** 4
- Wiedereinsetzung **5 D** 58
- Zulassung der Berufung **5 D** 10 ff.
- Zulassung der Berufung – Form **5 D** 12 ff.
- Zulassung der Berufung – Voraussetzungen **5 D** 11
- Zulassung neuer Angriffs- und Verteidigungsmittel **5 D** 75 ff.
- zuständiges Gericht **5 D** 43

2277

Beschäftigungspflicht 2 A 697 f.
- und allgemeiner Weiterbeschäftigungsanspruch **5 A** 149
- einstweilige Verfügung auf tatsächliche Beschäftigung **5 H** 74
- gerichtliche Geltendmachung **2 A** 707 f.
- Umfang **2 A** 710
- Zulässigkeit einer Berufung **5 D** 5
- Zwangsvollstreckung des Beschäftigungsanspruchs **5 H** 48

Beschlußverfahren 5 G 1 ff.
- Anerkenntnis **5 G** 176
- Anfechtung Betriebsratswahl **4 A** 110 ff.; **5 G** 17, 118
- Anfechtung Einigungsstellenspruch, Frist **5 G** 117
- Antrag **5 G** 108 ff.
- Antrag, Inhalt **5 G** 110
- Antragsänderung **5 G** 155 ff.
- Antragsarten **5 G** 120 ff.
- Antragsbefugnis **5 G** 111 ff.
- Antragshäufung **5 G** 127 f.
- Antragsrücknahme **5 G** 166 ff.
- Anwendbarkeit der Vorschriften über das Urteilsverfahren/der ZPO **5 G** 4
- Anwendungsfälle **5 G** 5 ff.
- Aufsichtsratswahlanfechtung, Frist **5 G** 119
- Ausbleiben eines Beteiligten **5 G** 153
- Auslegung des Antrags **5 G** 133
- außergerichtliche Kosten **5 G** 104, 192
- Beendigung des Verfahrens **5 G** 165 ff.
- Beschluß **5 G** 186 ff.
- Beschwerde gegen Beschlüsse und Verfügungen **5 G** 160 ff.
- Beschwerde im Beschlußverfahren *siehe dort*
- Besetzung der Einigungsstelle **4 A** 968
- Besonderheiten **5 G** 3
- Bestellungsverfahren Einigungsstelle **5 G** 38 ff.
- Bestimmtheitsgrundsatz **5 G** 129 ff.
- Beteiligte **5 G** 62 ff.
- Betriebsrat als Beteiligter **5 G** 78 ff.
- Betriebsratswahlanfechtung, Frist **5 G** 118
- Betriebsverfassungsrecht **5 G** 8 ff.
- BetrVG **5 G** 8 ff.
- BetrVG 1952 **5 G** 29 f.
- Beweiserhebung **5 G** 147 f.
- Einigungsstellenspruch **4 A** 998 ff.; **5 G** 47 ff., 117
- einseitige Erledigungserklärung **5 G** 182 ff.
- Einstellungsbeschluß **5 G** 179 f.
- Einstweilige Verfügung **5 G** 195 ff.
- Entscheidung über Verfahrensart **5 G** 6 f.
- Entscheidungen über Tariffähigkeit **5 G** 32
- Entscheidungen über Tarifzuständigkeit **5 G** 35
- Erledigungserklärung **5 G** 177 ff.
- Errichtung der Einigungsstelle **4 A** 968
- Feststellungsanträge **5 G** 123 ff.
- Fristen für Verfahrenseinleitung **5 G** 115 ff.
- Gegenstandswert im Beschlußverfahren *siehe dort*
- Gerichtsgebührenfreiheit **5 G** 191
- Gestaltungsanträge **5 G** 126
- Geständnis **5 G** 142
- Gewerkschaften als Beteiligte **5 G** 91 ff.
- Globalantrag **5 G** 132
- Individualansprüche aus dem BetrVG **5 G** 18 ff.
- nach InsO **5 G** 50 ff.
- Kirchen/kirchliche Einrichtungen **5 G** 11
- Kosten **5 G** 103 ff.
- Kosten der Einigungsstelle **5 G** 46
- Kosten/Sachmittel des Betriebsrats **4 A** 210 f.; **5 G** 16
- Kostenentscheidung **5 I** 93
- Leistungsanträge **5 G** 121 f.
- leitender Angestellter **5 G** 22
- Lohnersatzansprüche von Betriebsratsmitgliedern **5 G** 19
- MitbestErgG **5 G** 27 f.
- MitbestG **5 G** 24 ff.
- Mitwirkungspflicht **5 G** 141
- mündliche Verhandlung **5 G** 149 ff.
- offensichtliche Unzuständigkeit der Einigungsstelle **5 G** 41
- örtliche Zuständigkeit **5 G** 54 ff.
- Personalabbau durch Konkurs-/Insolvenzverwalter **5 G** 53
- Prozeßstandschaft **5 G** 114
- Rechtsanwaltskosten des Betriebsrats **5 G** 105 f.
- Rechtsbeschwerde *siehe dort*
- Rechtsschutzinteresse **5 G** 134 ff.
- sachdienliche Anträge **5 G** 130
- Schadensersatzansprüche **5 G** 20
- schriftliches Verfahren **5 G** 154
- Sprecherausschußgesetz **5 G** 21 f.
- Stationierungsstreitkräfte **5 G** 10

Stichwortverzeichnis

- Straf- und Bußgeldbestimmungen des BetrVG **5 G** 12
- Streitigkeiten aus dem Personalvertretungsrecht **5 G** 13
- Streitigkeiten im Zusammenhang mit der Einigungsstelle **5 G** 36 ff.
- Streitwert **5 G** 193
- übereinstimmende Erledigungserklärung **5 G** 178 ff.
- Untersuchungsgrundsatz **5 G** 139 ff.
- und Urteilsverfahren **5 G** 1
- Vergleich **5 G** 172 ff.
- verspätetes Vorbringen **5 G** 143 ff.
- Vertretung **5 G** 99 ff.
- Vertretung durch Rechtsanwalt **5 G** 101
- Vertretung durch Verbandsvertreter **5 G** 102
- Verzicht **5 G** 171
- Vorabentscheidung **5 G** 7
- Vorabentscheidungsverfahren über Bestehen von Mitbestimmungsrechten **5 G** 44 f.
- Wahlvorstand als Beteiligter **5 G** 84
- Zustimmung zur Durchführung einer Betriebsänderung **5 G** 51 f.
- Zustimmungsersetzungsverfahren **4 A** 789 ff.; **5 G** 15, 116
- Zutrittsrecht Gewerkschaftsvertreter **5 G** 16
- Zwangsvollstreckung **5 H** 87 ff.

Beschwerde im Beschlußverfahren 5 G 211 ff.
- Anschlußbeschwerde **5 G** 229
- Antragsänderung **5 G** 228
- Antragsrücknahme **5 G** 227
- Beschluß **5 G** 241 ff.
- Beschwer **5 G** 218
- Beschwerdebefugnis **5 G** 217
- Beschwerdebegründung **5 G** 222 ff.
- Beschwerdefrist **5 G** 221
- Beschwerdeschrift **5 G** 220
- Erledigung der Hauptsache **5 G** 235
- gegen alle instanzbeendenden Beschlüsse **5 G** 216
- Rechtsbeschwerde siehe dort
- Rechtsmittelbelehrung **5 G** 245
- Rücknahme **5 G** 230 ff.
- Vergleich **5 G** 235
- Verkündung des Beschlusses **5 G** 243
- Vertretung **5 G** 219
- Verweisung auf das Berufungsverfahren **5 G** 214 f.
- Verwerfung der Beschwerde als unzulässig **5 G** 236 ff.

- Verzicht **5 G** 233 f.

Beteiligte/Beteiligtenfähigkeit 5 B 21 ff.; 5 G 62 ff., 65 f.
- Antragsgegner **5 G** 63
- Antragsteller **5 G** 68 f.
- Arbeitgeber **5 G** 72 f.
- Arbeitnehmer **5 G** 74 ff., 87
- Beschäftigtengruppe **5 G** 89
- im Beschlußverfahren **5 G** 62 ff.
- beteiligte Stellen **5 G** 77 ff.
- Betriebsrat **5 G** 78 ff.
- Betriebsratsmitglieder **5 G** 79, 86
- Einigungsstelle **5 G** 90
- fehlerhafte Beteiligung **5 G** 95 ff.
- Gewerkschaft **5 G** 91 ff.
- Jugend- und Auszubildendenvertretung **5 G** 82
- Konzernbetriebsrat **5 G** 81
- Nebenintervention **5 G** 71
- Schwerbehindertenvertretung **5 G** 83
- Sprecherausschuß **5 G** 85
- Streitverkündung **5 G** 71
- übrige Beteiligte **5 G** 70 ff.
- Wahlbewerber **5 G** 88
- Wahlvorstand **5 G** 84
- zu Unrecht Beteiligte **5 G** 98

Beteiligungsrechte bei Arbeitnehmerüberlassung 4 A 711, 714; 6 C 76 ff.
- illegale Arbeitnehmerüberlassung **6 C** 80
- nichtgewerbsmäßige Arbeitnehmerüberlassung **6 C** 79
- in sozialen Angelegenheiten **4 A** 482
- Unterrichtungsumfang **4 A** 741

Beteiligungsrechte im Bereich der Berufsbildung 4 A 677 ff.
- Abberufung eines Ausbilders **4 A** 694 ff.
- außerbetriebliche Berufsbildungsmaßnahme, Begriff **4 A** 687
- Berufsbildung, Begriff **4 A** 679
- besonderes Beratungsrecht **4 A** 684 ff.
- Bestellung eines Ausbilders **4 A** 694 ff.
- betriebliche Berufsbildungsmaßnahme, Begriff **4 A** 686
- Durchführung der betrieblichen Berufsbildung **4 A** 689 ff.
- Förderung der Berufsbildung **4 A** 678 ff.
- sonstige Bildungsmaßnahmen **4 A** 701 f.
- Teilnehmerauswahl **4 A** 698 ff.
- Ungeeignetheit eines Ausbilders **4 A** 695 f.
- Vernachlässigung der Aufgaben als Ausbilder **4 A** 695 f.

Stichwortverzeichnis

(Beteiligungsrechte im Bereich der Berufsbildung)
- Widerspruchsrecht gegen Ausbilder **4 A** 694 ff.

Beteiligungsrechte des Betriebsrats
- allgemeine Aufgaben **4 A** 415 ff.
- Auskunftsanspruch des Betriebsrats *siehe dort*
- Beteiligungsrechte bei Gestaltung von Arbeitsplatz und -umgebung *siehe dort*
- Beteiligungsrechte im Bereich der Berufsbildung *siehe dort*
- Beteiligungsrechte in personellen Angelegenheiten *siehe dort*
- Beteiligungsrechte in sozialen Angelegenheiten *siehe dort*
- Beteiligungsrechte in wirtschaftlichen Angelegenheiten *siehe dort*
- Durchsetzung der Gleichberechtigung **4 A** 425
- Eingliederung ausländischer Arbeitnehmer **4 A** 429
- Einsichtsrecht in Bruttoentgeltlisten **4 A** 441 ff.
- Entgegennahme von Anregungen **4 A** 426
- Erweiterung durch Tarifvertrag **4 C** 144
- Erweiterung durch Tarifvertrag in Tendenzbetrieb **4 A** 1070
- Förderung Schwerbehinderter und älterer Arbeitnehmer **4 A** 427
- Geheimhaltungspflichten des Betriebsrats *siehe dort*
- Hinzuziehung von Sachverständigen **4 A** 445 ff.
- Initiativrecht **4 A** 424
- Überwachungsrechte des Betriebsrats *siehe dort*
- Unterrichtungsanspruch *siehe* Auskunftsanspruch des Betriebsrats
- Vorlage von Unterlagen **4 A** 438 ff.
- Zusammenarbeit mit der Jugendvertretung **4 A** 428

Beteiligungsrechte bei Gestaltung von Arbeitsplatz und -umgebung 4 A 460 ff.
- Arbeitsplatz, Ausgestaltung **4 A** 466
- Arbeitsverfahren, -abläufe **4 A** 465
- Baumaßnahmen **4 A** 462
- besondere Belastungen, Begriff **4 A** 474 f.
- Inhalt der Unterrichtung **4 A** 467 ff.
- Maßnahmen gegen besondere Belastungen **4 A** 477 ff.
- Mitbestimmung bei besonderer Belastung **4 A** 473 ff.
- nicht rechtzeitige Unterrichtung **4 A** 471 f.
- technische Anlagen **4 A** 463 f.
- Zeitpunkt **4 A** 467 ff.

Beteiligungsrechte in personellen Angelegenheiten 4 A 640 ff.
- Abmahnung **3 D** 165
- Anhörung des Betriebsrats bei Kündigung *siehe dort*
- bei Arbeitnehmerüberlassung *siehe dort*
- Assessment-Center-Verfahren **4 A** 666
- Aufhebung personeller Maßnahmen wegen Nichtbeachtung des Mitbestimmungsrechts **4 A** 804 ff.
- Aufhebung unrichtiger Eingruppierung/Umgruppierung **4 A** 807
- Aufstellung allgemeiner Beurteilungsgrundsätze **4 A** 665 ff.
- Ausschreibung von Arbeitsplätzen **4 A** 649 ff.
- Auswahlrichtlinien **4 A** 669 ff.
- Auswahlrichtlinien, fachliche/persönliche Voraussetzungen **4 A** 675
- Auswahlrichtlinie, Verstoß **4 A** 770 ff.
- befristetete Arbeitsverträge **3 H** 86, 88; **4 A** 709
- behördliche Anordnung, Verstoß **4 A** 769
- Benachteiligung anderer Arbeitnehmer **4 A** 773 ff.
- Benachteiligung des betroffenen Arbeitnehmers **4 A** 777 f.
- Beschäftigung freier Mitarbeiter **4 A** 712
- Beteiligungsrechte im Bereich der Berufsbildung *siehe dort*
- Betriebsvereinbarung, Verstoß **4 A** 767
- Beurteilungsgrundsätze, Begriff **4 A** 665
- Bewerbungsunterlagen **4 A** 736 f.
- Eingruppierung/Umgruppierung **2 A** 391 ff.; **4 A** 724 ff.
- Eingruppierung von Tendenzträgern **4 A** 1065
- Einsatz von Fremdfirmenarbeitnehmern **4 A** 713
- Einstellung **4 A** 708 ff., 815 f.
- Einstellung mit befristetem Arbeitsvertrag **4 A** 709
- Einstellung und vorläufige Durchführung **4 A** 816
- Einstellungsmöglichkeit für Schwerbehinderten **4 A** 756
- Form der Unterrichtung **4 A** 735

2280

- Formularverträge **4 A** 664
- Gegenstandswert im Beschlußverfahren **5 I** 111 f.
- Gerichtsentscheidung, Verstoß **4 A** 768
- Gesetzesverstoß **4 A** 754 ff.
- innerhalb des Betriebs **4 A** 652
- Kündigung betrieblicher Funktionsträger **3 F** 88 ff.; **3 J** 164 ff., 183 ff.
- Kündigung eines Tendenzträgers **4 A** 1066 ff.
- Nichtbeteiligung bei Änderungskündigung **3 A** 114
- bei nichtgewerbsmäßiger Arbeitnehmerüberlassung **6 C** 79
- Personalfragebogen *siehe dort*
- Personalplanung, Begriff **4 A** 641 f.
- personelle Einzelmaßnahmen **4 A** 703 ff.
- Rechtsfolge der wirksamen Zustimmungsverweigerung **4 A** 786 ff.
- sonstiger Nachteil, Begriff **4 A** 775
- Stellenausschreibung, Begriff **4 A** 651
- Störung des Betriebsfriedens **4 A** 783 ff.
- Tarifvertrag, Verstoß **4 A** 761 ff.
- Tendenzträger **4 A** 1063 ff.
- Umfang der Unterrichtung **4 A** 736 ff.
- Umgruppierung **4 A** 728 ff.
- Umsetzung eines Nachtarbeiters auf Tagarbeitsplatz **6 A** 65
- Unfallverhütungsvorschrift, Verstoß **4 A** 760
- unterbliebene innerbetriebliche Stellenausschreibung **4 A** 779 ff.
- Unterrichtung bei Änderungskündigung **3 A** 106 ff.
- Unterrichtung über Personalplanung **4 A** 640, 644 ff.
- Verletzung der Informationspflicht **4 A** 742
- Versetzung **4 A** 717 ff., 814
- Versetzung in anderen Betrieb des Unternehmens **4 A** 723
- Vorläufige personelle Maßnahme **4 A** 792 ff.
- Zeitpunkt der Unterrichtung **4 A** 733 f.
- Zustimmungsersetzungsverfahren **4 A** 789 ff.; **5 G** 15
- Zustimmungserteilung **4 A** 745
- Zustimmungsfiktion **4 A** 743 f.
- Zustimmungsverweigerung **4 A** 746 ff.
- – Angabe der Gründe **4 A** 751 f.
- – Form **4 A** 748
- – Frist **4 A** 747, 749 f.
- – Gründe **4 A** 753 ff.
- – bei unterlassener Stellenausschreibung **4 A** 656
- – bei Versetzung **3 A** 111 f.
- – bei Verstoß gegen Auswahlrichtlinie **4 A** 672
- Zuweisung eines anderen Arbeitsbereichs **4 A** 719 ff.

Beteiligungsrechte in sozialen Angelegenheiten 4 A 480 ff.
- Abmahnung **3 D** 164
- Akkordsätze **4 A** 634 f.
- allgemeine Urlaubsgrundsätze **2 C** 123
- Änderung betrieblicher Altersversorgungswerke **2 E** 387
- Änderungskündigung **3 A** 115
- Anrechnung Tarifentgelterhöhung auf übertarifliche Zulage **2 A** 546; **4 A** 626 ff.
- Arbeitgeberdarlehen **2 A** 437
- Arbeitnehmerüberwachung durch technische Einrichtungen **4 A** 588 ff.
- Arbeitsentgelt, Auszahlungsort **4 A** 580
- Arbeitsentgelt, Auszahlungszeitpunkt **4 A** 579
- Arbeitssicherheit/Gesundheitsschutz **4 A** 599 ff.
- Arbeitsverhalten **4 A** 543, 545
- Arbeitszeitregelungen von Tendenzträgern **4 A** 1060 f.
- Aufstellung allgemeiner Urlaubsgrundsätze **4 A** 582 ff.
- Aufstellung des Urlaubsplanes **2 C** 124 ff.; **4 A** 582 ff.
- Auswirkungen mitbestimmungswidriger Anordnungen gegenüber einzelnen Arbeitnehmern **4 A** 528 ff.
- Auswirkungen mitbestimmungswidriger Anordnungen im Verhältnis zum Betriebsrat **4 A** 531 ff.
- Beginn/Ende der täglichen Arbeitszeit **4 A** 551 ff.
- betriebliche Altersversorgung **2 E** 151 ff.; **4 A** 624
- betriebliche Lohngestaltung **4 A** 616 ff.
- betriebliche Lohngestaltung von Tendenzträgern **4 A** 1062
- betriebliche Lohngestaltung, Nichtbeachtung des Mitbestimmungsrechts **4 A** 624
- Betriebsbußordnung **4 A** 547
- Betriebsferien **4 A** 583
- Bildschirm-Arbeitsplätze **4 A** 602
- Direktionsrecht **3 A** 23 f.
- einstweiliger Rechtsschutz des Betriebsrats **4 A** 541

2281

(Beteiligungsrechte in sozialen Angelegenheiten)
- Ende der täglichen Arbeitszeit **4 A** 551 ff.
- Entlohnungsgrundsätze **4 A** 631 f.
- Entlohnungsmethoden **4 A** 633
- Erhebung/Speicherung von Arbeitnehmerdaten **4 A** 598
- Erweiterungsfähigkeit des Katalogs des § 87 Abs. 1 BetrVG **4 A** 480
- erzwingbare Mitbestimmung **4 A** 481
- freiwillige Leistungen **4 A** 625
- freiwillige Mitbestimmung **4 A** 496 ff.
- Gesetzesvorrang **4 A** 486
- Grenzen bei Urlaub, Urlaubsentgelt, -geld **2 C** 130 f.
- grobe Pflichtverletzung **4 A** 533
- Initiativrecht **4 A** 499
- Initiativrecht bei betrieblicher Lohngestaltung **4 A** 619
- Initiativrecht zur Einführung technischer Kontrolleinrichtungen **4 A** 597
- kollektive Tatbestände **4 A** 483 f.
- Krankengespräche **4 A** 548
- Kurzarbeit **2 A** 138; **4 A** 570 ff.
- Kurzarbeit im Arbeitskampf **4 A** 576
- Lage der Arbeitszeit **2 A** 111
- Leiharbeitnehmer **4 A** 482
- leistungsbezogene Entgelte **4 A** 634 f.
- Lohngestaltung, Begriff **4 A** 621 ff.
- Lohnhöhe **4 A** 618
- Mehrarbeit **4 A** 566
- Ordnung des Betriebes **4 A** 542 ff.
- Ordnung des Betriebs in Tendenzbetrieben **4 A** 549
- Ordnungs-/Zwangsgeld **4 A** 534
- Ordnungsverhalten **4 A** 543 f.
- Pausen **4 A** 554
- Pausenregelungen **6 A** 44
- persönlicher Geltungsbereich **4 A** 482
- positives Konsensprinzip **4 A** 481
- Prämiensätze **4 A** 634 f.
- Regelungssperre des § 77 Abs. 3 BetrVG **4 A** 490 ff.
- Sozialeinrichtungen **4 A** 604 ff.
- Speicherung von Arbeitnehmerdaten **4 A** 598
- Streitigkeiten **4 A** 639
- Tarifvorbehalt **4 A** 487 ff.
- technische Einrichtungen, Begriff **4 A** 590 ff.
- Überstunden **4 A** 563 ff.
- Überstunden im Arbeitskampf **4 A** 576

- Überwachung der Arbeitnehmer **2 A** 742; **4 A** 588 ff., 593 ff.
- Überwachung, Geeignetheit **4 A** 595
- Überwachung durch technische Einrichtungen **4 A** 588 ff.
- Unterlassungsanspruch, allgemeiner **4 A** 537 ff.
- Unterlassungsanspruch, betriebsverfassungsrechtlicher **4 A** 533 ff.
- Urlaubsfestsetzung für einzelne Arbeitnehmer **2 C** 128 f.
- Urlaubslisten **4 A** 585
- Urlaubsplan **2 C** 124 ff.; **4 A** 584
- Verteilung Arbeitszeit auf einzelne Wochentage **4 A** 555 f.
- Vorrangtheorie **4 A** 493 f.
- Vorschlagswesen **4 A** 636 ff.
- vorübergehende Arbeitszeitverkürzung oder -verlängerung **4 A** 558 ff.
- Werkswohnungen **4 A** 612 ff.
- Zeit, Ort, Art der Auszahlung des Arbeitsentgelts **4 A** 577 ff.
- zeitliche Lage des Urlaubs bei einzelnem Arbeitnehmer **4 A** 586
- Zwei-Schranken-Theorie **4 A** 493 f.

Beteiligungsrechte des Sprecherausschusses 4 A 1112 ff.
- allgemeine Aufgaben **4 A** 1113 ff.
- Arbeitsbedingungen **4 A** 1121 ff.
- Beurteilungsgrundsätze **4 A** 1124
- Einstellung **4 A** 1127 f.
- Gehaltsgestaltung **4 A** 1121 ff.
- Kündigung **4 A** 1130 ff.
- personelle Maßnahmen **4 A** 1127 ff.
- Richtlinien **4 A** 1117 ff.
- Verletzung der Beteiligungsrechte **4 A** 1143
- wirtschaftliche Angelegenheiten **4 A** 1136 ff.

Beteiligungsrechte in wirtschaftlichen Angelegenheiten
- Bestehen eines Betriebsrats und Stillegung **4 A** 818 ff.
- Betriebsänderung, Begriff **4 A** 831
- Betriebsstillegung **4 A** 833 ff.
- erheblicher Teil der Belegschaft **4 A** 825 ff.
- grundlegende Änderungen der Betriebsorganisation usw. **4 A** 850 ff.
- Interessenausgleich **4 A** 861 ff.
- Meinungsverschiedenheiten über Betriebsänderung **4 A** 858
- Mitbestimmung bei Betriebsänderungen **4 A** 817 ff.

- Nachteilsausgleich **4 A** 942 ff.
- neue Arbeitsmethoden und Fertigungsverfahren **4 A** 855
- Personalreduzierung **4 A** 841 ff.
- Planung der Betriebsänderung **4 A** 832
- Rationalisierungsschutzabkommen **4 A** 822
- regelmäßige Beschäftigtenzahl für erheblichen Teil **4 A** 827 f.
- Sozialplan *siehe dort*
- sozialplanpflichtige Betriebsstillegung **4 A** 963
- Spaltung von Betrieben **4 A** 847 ff.
- Tendenzbetrieb **4 A** 1056
- Unterrichtungsrechte in Tendenzbetrieb **4 A** 1056
- Verlegung des Betriebes/eines wesentlichen Betriebsteils **4 A** 845 f.
- wesentlicher Nachteil **4 A** 824
- Zusammenschluß von Betrieben **4 A** 847 ff.
- Zuständigkeit des Gesamtbetriebsrats **4 A** 821

BetrAVG
- bei arbeitnehmerähnlichen Personen **2 E** 344 ff.
- bei Arbeitnehmern **2 E** 342 f.
- bei Gesellschaftern juristischer Personen **2 E** 350
- bei GmbH & Co KG **2 E** 353 f.
- bei Kommanditisten **2 E** 352
- Nichtanwendbarkeit, Auswirkungen **2 E** 361 ff.
- bei persönlich haftenden Gesellschaftern **2 E** 351
- persönlicher Geltungsbereich **2 E** 340 f.
- sachlicher Geltungsbereich **2 E** 356 ff.
- Übergangsgelder **2 E** 358
- zeitweilige Nichtanwendbarkeit **2 E** 362 f.

Betrieb
- Abgrenzung einheitlicher Betrieb/mehrere einzelne Betriebe **4 A** 13 ff.
- Begriff **2 G** 2 ff.
- Begriff iSd. BetrVG **4 A** 1 ff.
- Betriebsteil *siehe dort*
- Lage, örtliche Zuständigkeit **5 G** 57 f.
- Nebenbetrieb **4 A** 21 ff.
- Streit, ob Nebenbetrieb, Betriebsteil, einheitlicher Betrieb **4 A** 102
- Verlegung **2 A** 70

Betriebliche Altersversorgung
- Abfindung bei Ausscheiden **2 E** 215 f.
- Abfindung bei fortbestehendem Arbeitsverhältnis **2 E** 217
- Abfindung laufender Leistungen **2 E** 218 f.
- Abfindung von unverfallbaren Versorgungsanwartschaften **2 E** 224
- Abfindung von Versorgungsanwartschaften **2 E** 213 ff.
- Abfindungshöhe **2 E** 223
- Abfindungsvoraussetzungen **2 E** 220 ff.
- Abgrenzung zu anderen Sozialleistungen **2 E** 17 ff.
- Altersgrenze **2 E** 72 f.
- Anpassung der betrieblichen Altersversorgung *siehe dort*
- Anrechnung von Verdienstzeiten **2 E** 173 f., 195
- Anrechnungs-/Begrenzungsklauseln **2 E** 234 ff.
- Anrechnungsverbot **2 E** 239 f.
- Anwartschaft *siehe* Versorgungsanwartschaft
- Arbeiter/Angestellte, Gleichbehandlung **2 E** 139 ff.
- Aufhebungsvertrag **3 B** 45
- Außen-/Innendienstmitarbeiter, Gleichbehandlung **2 E** 145
- Auszehrungsverbot **2 E** 235 ff.
- Bausteinmodelle **2 E** 86
- befristetes Arbeitsverhältnis **2 E** 135 f.
- Begrenzung auf aktive Arbeitnehmer in Betriebsvereinbarung **2 E** 156 f.
- Begriff **2 E** 10 ff., 356 ff.
- beitragsorientierte Systeme **2 E** 87
- Berufsunfähigkeitsversicherung **2 E** 24
- BetrAVG *siehe dort*
- Betriebsübergang **2 G** 82 f.
- Betriebsvereinbarung bei Betriebsübergang **2 G** 214 ff.
- Betriebsvereinbarung als Rechtsgrundlage **2 E** 98 f.
- Betriebsvereinbarung, verschlechternde **2 E** 397
- bezügeabhängige Versorgungsmodelle **2 E** 85
- Deputate **2 E** 20
- Direktversicherung *siehe dort*
- Diskriminierung **2 E** 117
- Diskriminierungsverbot **2 A** 850 f.
- Eckwertsystem **2 E** 84
- einkommensbezogene Nominalbetragssysteme **2 E** 84
- ergebnisorientierte Systeme **2 E** 88
- Festbetragszusage **2 E** 83

(Betriebliche Altersversorgung)
- Gehaltsumwandlung **2 E** 21
- geringfügig Beschäftigte **2 E** 132
- Gesamtversorgungssysteme **2 E** 89 ff.
- Gleichbehandlung **2 A** 836; **2 E** 113 ff.
- Gleichbehandlung von Arbeitern und Angestellten **2 E** 139 ff.
- Gleichbehandlung von Innen- und Außendienstmitarbeitern **2 E** 145
- Gleichbehandlung von Teilzeitbeschäftigten **2 A** 861
- Gleichbehandlungsgrundsatz **2 E** 116
- Höhe vorzeitiger Leistungen **2 E** 251 f.
- Insolvenzsicherung *siehe dort*
- Invalidenrente **2 E** 74 f.
- kongruent rückgedeckte Unterstützungskasse **2 E** 233
- Konzernobergesellschaft **2 E** 13
- Kündigung einer Betriebsvereinbarung **4 A** 512
- Lebensversicherung **2 E** 24
- Mitbestimmung **2 E** 151 ff.; **4 A** 624
- mittelbare Diskriminierung **2 E** 118 ff.
- Nachprovision **2 E** 26
- nebenberufliche Tätigkeit **2 E** 133
- Notfall-Unterstützungsleistungen **2 E** 33
- Pensionskassen *siehe dort*
- Regelung mit Sprecherausschuß als Rechtsgrundlage **2 E** 100
- Rückdeckungsversicherung **2 E** 27
- Ruhegelder, Pfändbarkeit **2 A** 649
- Saisonarbeitsverhältnis **2 E** 137
- Spannungsklauseln **2 E** 92
- Sprecherausschuß, Regelung mit **2 E** 100
- Sterbegeld **2 E** 28
- Streitwert **5 I** 70
- tarifvertragliche Rechtsgrundlage **2 E** 95 ff.
- Teilzeitbeschäftigte **2 A** 861; **2 E** 118, 122 ff., 128 ff.
- Treueprämien **2 E** 30
- Übergangsgelder **2 E** 31
- Übernahme von Versorgungsverpflichtungen **2 E** 225 ff.
- Übernahme von Versorgungsverpflichtungen und Pensions-Sicherungs-Verein **2 E** 231
- Unfallversicherung mit Beitragsrückgewähr **2 E** 32
- Unfallzusatzversicherung **2 E** 24
- unterschiedliche Betriebsvereinbarungen bei Betriebsübergang **2 G** 214 ff.
- Unterstützungskassen *siehe dort*
- Versorgung des nichtehelichen Partners **2 E** 79
- Versorgungsanwartschaft, Abfindung **2 E** 213 ff.
- Versorgungsanwartschaft, Berechnung *siehe dort*
- Versorgungsanwartschaft, Unverfallbarkeit *siehe dort*
- Versorgungszusage *siehe dort*
- Vertrags- und Gestaltungsfreiheit **2 E** 2 ff.
- vorgezogene gesetzliche Altersrente **2 E** 243 ff.
- Vorruhestandsgelder **2 E** 35
- vorzeitige feste Altersgrenze **2 E** 257
- vorzeitige Inanspruchnahme **2 E** 242 ff.
- Waisenrente **2 E** 80
- Wartezeit für vorgezogene Betriebsrente **2 E** 246
- Wegfall der vorgezogenen gesetzlichen Altersrente **2 E** 249 ff.
- Weihnachtsgelder **2 E** 36
- Werkswohnungen **2 E** 37
- Witwenrente **2 E** 77 f.
- zeitweilig ruhendes Arbeitsverhältnis **2 E** 138
- Zusammentreffen mehrerer Versorgungsrechte **2 E** 146 ff.
- Zusatzversorgung *siehe dort*
- Zustimmung bei Übernahme von Versorgungsverpflichtungen **2 E** 229
- Zweck und Rechtscharakter **2 E** 5 ff.
- Zweitarbeitsverhältnis **2 E** 134

Betriebliche Übung 2 A 869 ff.
- Anwendung tariflicher Normen **4 C** 215, 251
- Begriff **2 A** 869
- Beseitigung **2 A** 881 f.
- Betriebsübergang **2 G** 106 ff.
- Bindungswille des Arbeitgebers **2 A** 878
- Bindungswirkungen **2 A** 873 ff.
- Entstehung eines Anspruchs **2 A** 870
- Freiwilligkeitsvorbehalt **2 A** 874 f.
- Gratifikation **2 A** 494, 873
- Irrtum des Arbeitgebers **2 A** 871
- zu Lasten von Arbeitnehmern **2 A** 877
- im öffentlichen Dienst **2 A** 879
- Versorgungszusage **2 A** 873; **2 E** 108 ff.
- Widerrufsvorbehalt **2 A** 876

Betriebsänderung
- Aufhebungsvertrag **3 B** 86 f.
- außerordentliche Kündigung Unkündbarer bei Stillegung **3 E** 58 f.

- Begriff **4 A** 831
- Beschleunigung im Insolvenzfall **4 A** 875 ff.; **5 G** 51 f.
- Beteiligungsrechte in wirtschaftlichen Angelegenheiten *siehe dort*
- betriebsbedingte Kündigung **3 D** 260 ff.; **3 G** 21
- Betriebsstillegung **4 A** 833 ff.
- und Betriebsübergang **2 G** 34 ff.; **4 A** 856 f.
- einstweilige Verfügung auf Unterlassung **5 G** 201 ff.
- grundlegende Änderungen der Betriebsorganisation usw. **4 A** 850 ff.
- Interessenausgleich *siehe dort*
- Mitbestimmung **4 A** 817 ff.
- Nachteilsausgleich *siehe dort*
- Personalreduzierung **4 A** 841 ff.
- Sozialplan *siehe dort*
- Spaltung von Betrieben **4 A** 847 ff.
- Tendenzbetrieb **4 A** 1055 ff.
- Unterlassung Betriebsänderung bis Versuch eines Interessenausgleichs **4 A** 860
- Verlegung des Betriebes/eines wesentlichen Betriebsteils **4 A** 845 f.
- Zusammenschluß von Betrieben **4 A** 847 ff.
- Zustimmung des Arbeitsgerichts zur Durchführung **5 G** 51 f.

Betriebsbeauftragte
siehe Kündigungsschutz für Betriebsbeauftragte

Betriebsbedingte Kündigung 3 D 243 ff.
- Absatzschwierigkeiten **3 D** 258
- anderweitiger freier Arbeitsplatz **3 D** 276 ff.
- Anhörung des Betriebsrats bei Kündigung **3 J** 42 ff., 203
- Auftragsmangel **3 D** 252 f.
- außerbetriebliche/innerbetriebliche Gründe **3 D** 250 f.
- Beschlußverfahren durch Konkurs-/Insolvenzverwalter **5 G** 53
- Betriebsstillegung **3 D** 260 ff.; **3 G** 21
- Betriebsstillegung oder Betriebsübergang **2 G** 128 ff.
- Betriebsübergang **2 G** 124 ff.; **3 D** 264 ff.
- Betriebsveräußerung **3 G** 22
- Darlegungs- und Beweislast: anderweitiger freier Arbeitsplatz **3 D** 327
- Darlegungs- und Beweislast: betriebsbedingte Kündigungsgründe **3 D** 325 f.
- Dringlichkeit **3 D** 244, 275 ff.
- Dringlichkeit bei Insolvenz **4 A** 878 ff.
- Dringlichkeitsvermutung gem. § 1 Abs. 5 KSchG **4 A** 872 f.
- Drittmittelfinanzierung **3 D** 274
- Druckkündigung **3 D** 237 ff.; **3 E** 46
- Gewinnrückgang **3 D** 256 f.
- Interessenabwägung **3 D** 281 ff.
- Konkurs **3 D** 263
- Kurzarbeit **3 D** 259, 280
- Leiharbeitnehmer **6 C** 38
- Prüfungsschema **3 D** 331
- Rationalisierung **3 D** 267 ff.
- Sozialauswahl *siehe dort*
- Überprüfung außerbetrieblicher Gründe **3 D** 249
- Überprüfung innerbetrieblicher Gründe **3 D** 248
- Überprüfung der Kündigungsmaßnahme **3 D** 247
- Umorganisation **3 D** 271
- Umsatzrückgang **3 D** 254 f.
- Unrentabilität **3 D** 256 f.
- Unternehmerentscheidung **3 D** 245 ff.
- Vergabe von Arbeiten **3 D** 264 ff.
- Verlagerung des Arbeitsplatzes **3 D** 270
- Versetzungsmöglichkeit im Unternehmen/Konzern **3 D** 277
- Wiedereinstellungsanspruch *siehe dort*
- Willkürkontrolle der Unternehmerentscheidung **3 D** 246
- Witterungsgründe **3 D** 272 f.; **3 G** 60

Betriebsbuße
- Abgrenzung zur ordentlichen Kündigung **3 C** 11
- Angemessenheit der Sanktionen **2 D** 41 ff.
- Ermessen **2 D** 44
- gerichtliche Überprüfbarkeit **2 D** 30
- Kündigung als Betriebsbuße **2 D** 43
- Mitbestimmung bei Einführung einer Betriebsbußordnung **4 A** 547
- Personalakte **2 D** 45
- Rechtsgrundlagen **2 D** 29, 31
- Überprüfung der Tatbegehung **2 D** 38 ff.
- Verfahren **2 D** 34 ff.
- und Vertragsstrafe **2 D** 27 ff.

Betriebsfrieden
- Störung bei Ehegatten-Arbeitsverhältnis als Kündigungsgrund **3 G** 26; **3 D** 75
- Störung als Kündigungsgrund **3 G** 20
- Zustimmungsverweigerung des Betriebsrats bei Besorgnis der Störung **4 A** 783 ff.

Betriebsgeheimnisse
siehe Verschwiegenheitspflicht

Betriebsnachfolge
siehe Betriebsübergang
Betriebsrat
- Amtszeit **4 A** 86
- Anhörung des Betriebsrats bei Kündigung *siehe dort*
- anwaltliche Beratung, Kosten **4 A** 196
- anwaltliche Vertretung vor der Einigungsstelle **4 A** 1020
- anwaltliche Vertretung vor der Einigungsstelle, Kosten **4 A** 197
- Auflösung bei grober Pflichtverletzung **4 A** 226 ff.
- Auflösung, Verfahren **4 A** 223 ff.
- Beeinträchtigung wichtiger Interessen der Jugendlichen/Auszubildenden **4 A** 275
- Beschlußfassung **4 A** 129 f.
- Beteiligter im Beschlußverfahren **5 G** 78 ff.
- Betriebsausschuß **4 A** 117 ff.
- Betriebsräteversammlung **4 A** 327
- Betriebsratsbüro **4 A** 203
- Betriebsratsmitglied *siehe dort*
- Büropersonal **4 A** 208 f.
- Dolmetscherkosten **4 A** 193
- Einladung zu Sitzungen **4 A** 123 f.
- Entgeltfortzahlung bei Schulungsteilnahme **4 A** 181 f.
- Fachliteratur, -zeitschriften **4 A** 206 f.
- Freistellungen **4 A** 134 ff.
- gemeinsamer Ausschuß **4 A** 121
- Gesamtbetriebsrat *siehe dort*
- Geschäftsführungskosten **4 A** 194
- Geschäftsordnung **4 A** 131
- Konstituierung **4 A** 116
- Konzernbetriebsrat *siehe dort*
- Kostentragung **4 A** 191 ff.
- Nachwahl von Freigestellten **4 A** 136
- Prozeßfähigkeit **5 B** 26
- Prozeßführungskosten **4 A** 198 ff.
- Sachmittel **4 A** 204 ff.
- Sachverständigenkosten **4 A** 195
- Sitzungen **4 A** 123 ff.
- Sprechstunden **4 A** 132
- Stimmrecht der Jugendvertretung **4 A** 276
- Streitigkeiten über Kosten oder Sachaufwand **4 A** 210 f.; **5 G** 16
- Teilnahme eines Gewerkschaftsbeauftragten an Sitzung **4 A** 70, 128
- Teilnahme an Schulungs- und Bildungsveranstaltungen **4 A** 161 ff.
- Teilnahmerecht des Arbeitgebers an Sitzungen **4 A** 125
- Teilnahmerecht der Jugendvertretung an Sitzungen **4 A** 127, 276
- Teilnahmerecht des Schwerbehindertenvertreters an Sitzungen **4 A** 126
- Wahl der Freigestellten **4 A** 135
- Wahlanfechtung **4 A** 122
- weitere Ausschüsse **4 A** 120
- Zusammenarbeit mit Sprecherausschuß **4 A** 1092

Betriebsratsanhörung bei Kündigung
siehe Anhörung des Betriebsrats bei Kündigung

Betriebsratsmitglied
- Ab- und Rückmeldung bei Verlassen des Arbeitsplatzes **4 A** 149 ff.
- Anwesenheitspflicht des Freigestellten **4 A** 139
- Arbeitsbefreiung **4 A** 144 ff.
- Arbeitsentgelt während Betriebsratstätigkeit **4 A** 152 ff.
- Beteiligter im Beschlußverfahren **5 G** 79, 86
- Beriebsratstätigkeit außerhalb der Arbeitszeit **4 A** 156 ff.
- Entgeltfortzahlung bei ganztägiger Schulung von Teilzeitbeschäftigten **4 A** 182
- Entgeltfortzahlung bei Schulungsteilnahme **4 A** 181 f.
- Erforderlichkeit der Arbeitsbefreiung **4 A** 145 ff.
- Fahrtkosten/Reisekosten **4 A** 213 ff.
- Freistellung **4 A** 134 ff., 144 ff.
- ganztätige Schulung von Teilzeitbeschäftigten **2 A** 866; **4 A** 159
- Kündigungsschutz betrieblicher Funktionsträger *siehe dort*
- Lohnersatzansprüche im Urteilsverfahren **5 G** 19
- Meinungsfreiheit **2 A** 247
- Prozeßführungskosten **4 A** 218 ff.
- Prozeßführungskosten bei Beteiligung an Zustimmungsersetzungsverfahren **4 A** 221
- Schaden an dienstlich genutztem Eigentum **2 A** 799
- Schadensersatzanspruch **4 A** 216
- Schadensersatzansprüche – Urteils- oder Beschlußverfahren **5 G** 20
- Schulungs- und Bildungsveranstaltung **2 C** 20 f.
- Schulungs- und Bildungsveranstaltung außerhalb der Arbeitszeit **4 A** 158 f.
- Schulungskosten **4 A** 217

- Streikteilnahme 4 A 337; 4 C 46
- Streitwert bei Ausschluß aus Betriebsrat 5 I 103
- Teilnahme an Schulungs- und Bildungsveranstaltungen 4 A 172 ff.
- Verschwiegenheitspflicht 2 A 256
- Zustimmungsersetzungsverfahren 3 F 91 ff.; 3 J 190 ff.

Betriebsratswahl 4 A 77 ff.
- Amtszeit 4 A 86
- Anfechtbarkeit 4 A 110 ff.
- Anfechtung im Beschlußverfahren 5 G 17
- einstweilige Verfügung 4 A 106
- Frist bei Anfechtung 5 G 118
- gerichtliche Bestellung des Wahlvorstands 4 A 90, 101
- gleichzeitige Wahl von Sprecherausschuß und – 4 A 103
- Kosten 4 A 99 f.
- Kündigungsschutz betrieblicher Funktionsträger *siehe dort*
- Nichtigkeit 4 A 107 ff.
- Rechtsschutz vor der Wahl 4 A 101 ff.
- Rechtsschutz während der Wahl 4 A 104 ff.
- Rechtsschutzinteresse 5 G 135
- Streitwert bei Anfechtung 5 I 104
- Wählbarkeit 4 A 82 ff.
- Wählbarkeit trotz Kündigung 4 A 83 f.
- Wahlberechtigung 4 A 78 ff.
- Wahlberechtigung nach Ablauf der Kündigungsfrist 4 A 80 f.
- Wahlberechtigung von Auszubildenden 1 A 73
- Wählerliste 4 A 92
- Wahlverfahren 4 A 92 ff.
- Wahlvorschläge 4 A 94 ff.
- Wahlvorstand 4 A 87 ff.
- Wahlvorstand als Beteiligter im Beschlußverfahren 5 G 84
- Wahlzeitraum 4 A 85
- Zuordnungsstreit leitende Angestellte 4 A 103
- Zustimmung des Betriebsrats bei Kündigung von Wahlbewerbern 3 J 164 ff.

Betriebsrisikolehre 2 A 168 ff.; 2 B 75 ff.

Betriebsstillegung
siehe Betriebsänderung

Betriebsteil 4 A 24 ff.; 4 A 834
- Betriebsübergang 2 G 5 ff.
- Streit, ob Nebenbetrieb, Betriebsteil, einheitlicher Betrieb 4 A 102

Betriebsübergang 2 G 1 ff.
- Adressat des Widerspruchs 2 G 66 ff.
- arbeitnehmerähnliche Personen 2 G 79 f.
- arbeitsvertragliche Inbezugnahme eines Tarifvertrages 2 G 158 ff., 199 ff.
- Art der Betriebsmittel 2 G 18
- Aufhebungsvertrag 2 G 114; 3 B 89
- Auswirkungen für Arbeitnehmer 2 G 96 f.
- Belegschaft 2 G 19 f.
- bereits entstandene Ansprüche aus kollektiven Normen 2 G 156
- betriebliche Übung 2 G 106 ff.
- und Betriebsänderung 4 A 856 f.
- Betriebsaufspaltung 2 G 11
- betriebsbedingte Kündigung 2 G 124 ff.; 3 D 264 f.
- Betriebsbegriff 2 G 2 ff.
- Betriebsstillegung 2 G 34 ff.; 4 A 856 f.
- Betriebsteil 2 G 5 ff.
- Betriebsvereinbarungen 2 G 162 ff.
- Betriebsvereinbarungen zur betrieblichen Altersversorgung 2 G 214 ff.
- Betriebsverlegung 2 G 39
- bevorstehende 2 G 67
- Beweislast bei Kündigung 2 G 141
- Direktionsrecht 2 G 98 f.
- Eingliederung 2 G 189 f.
- einseitig zwingende kollektivvertragliche Weitergeltung 2 G 166
- Eintritt des Arbeitgebers in bestehende Arbeitsverhältnisse 2 G 89 ff.
- einzelvertragliche Abänderungen nach Ablauf der Jahresfrist 2 G 184 ff.
- einzelvertragliche Abänderungen vor Ablauf der Jahresfrist 2 G 181 ff.
- Ende der kollektivvertraglichen Weitergeltung 2 G 176 ff.
- erfaßte Arbeitsverhältnisse 2 G 77 f.
- Erklärungsfrist für Widerspruch 2 G 69 ff.
- Fälle des Betriebsübergangs 2 G 10 ff.
- fehlende Tarifbindung des Erwerbers 2 G 205 ff.
- Firmentarifvertrag 2 G 211 f.
- Fortgeltung tarifvertraglicher Regelungen 4 C 216
- Fristen für Geltendmachung der Unwirksamkeit einer Kündigung 2 G 142 ff.
- Funktionsnachfolge 2 G 29 ff.
- Gesamtbetriebs-/Konzernbetriebsvereinbarungen 2 G 192 ff.
- Gesamtbetriebs-/Konzernbetriebsvereinbarungen bei Eingliederung 2 G 197 f.

(Betriebsübergang)
- Gesamtbetriebsvereinbarungen bei Verschmelzung **2 G** 195 f.
- Gesamtrechtsnachfolge **2 G** 53 ff.
- Gleichbehandlung durch neuen Arbeitgeber **2 G** 110 ff.
- Gründung eines Betriebs(-teils) durch Erwerber **2 G** 22
- Haftung des Veräußerers **2 G** 119 ff.
- Handel, Dienstleistung **2 G** 26 ff.
- Handelsvertreter als Arbeitgeber **2 G** 40
- individualrechtliche Weitergeltung kollektivvertraglicher Regelungen **2 G** 165
- ohne Inhaberwechsel **2 G** 157
- Karenzentschädigung **2 G** 85
- Klagegegner bei Feststellungsklage gegen Kündigung **5 A** 107 ff.
- kollektivrechtliche Folgen **2 G** 150 ff.
- kollektivrechtliche Folgen bei Umstrukturierung nach UmwG **2 G** 219 ff.
- kollektivvertragsoffene Weitergeltung **2 G** 167 ff.
- Konkurs **2 G** 56 f., 101 ff.
- Kündigung aus anderen Gründen **2 G** 136 ff.
- Kündigung durch bisherigen Arbeitgeber **2 G** 125 ff.
- Kündigung durch Erwerber **2 G** 134
- Kündigung durch Konkursverwalter **2 G** 133a; **4 A** 882
- als Kündigungsgrund **2 G** 124 ff.; **3 D** 59; **5 A** 106 ff.
- und Kündigungsschutzverfahren **2 G** 143 ff.
- Kündigungsverbot, Umgehung **2 G** 114 ff.
- Ladengeschäft **2 G** 21
- nichtiger Übernahmevertrag **2 G** 43
- Pacht-Ende **2 G** 49 ff.
- Produktion **2 G** 25
- Provisionsansprüche **2 G** 84
- durch Rechtsgeschäft **2 G** 42 ff.
- Rechtskraft eines Urteils **2 G** 147 f.
- Ruhestandsverhältnisse **2 G** 82 f.
- Spaltung nach UmwG **2 G** 230 ff.
- statische tarifvertragliche Weitergeltung **2 G** 173 ff.
- Stillegungsabsicht als sachlicher Grund **2 G** 128 ff.
- Übergang der Leitungsmacht **2 G** 44 ff.
- Übergang des Substrats **2 G** 14 ff.
- Übernahme der Belegschaft **2 G** 9
- Übernahme der Organisations- und Leitungsmacht über funktionsfähigen Betrieb **2 G** 12 ff.
- Übernahme des Personals **2 G** 23
- Übersichten über § 613a Abs. 1 BGB **2 G** 151 ff.
- Umgehung des Kündigungsverbots **2 G** 114 ff.
- Umwandlungsgesetz **2 G** 53 ff.
- Unterbrechung der Betriebstätigkeit **2 G** 22a
- Unternehmensbegriff **2 G** 2
- Unwirksamkeit einer Kündigung, Geltendmachung **2 G** 142 ff.
- Verbandszugehörigkeit des Erwerbers **2 G** 203 f., 208 ff.
- Vereinbarung der Rechtsfolgen des § 613a BGB **2 G** 52a
- Verschmelzung **2 G** 187 f.
- Verschmelzung nach UmwG **2 G** 224 ff.
- verselbständigungsfähiger Teilzweck **2 G** 16
- Versorgungsanwartschaften und Konkurs **2 G** 103 ff.
- Versorgungszusage **2 E** 168, 172
- Verzicht auf rückständigen Lohn usw. **2 G** 117 ff.
- Wettbewerbsverbote **2 F** 52 f.; **2 G** 97
- Widerspruch des Arbeitnehmers **2 G** 59 ff.
- Widerspruch und ordentliche Kündigung **2 G** 62 f.
- Widerspruch, Rechtsfolgen **2 G** 74
- Widerspruch ohne sachlichen Grund **2 G** 75
- Widerspruch bei Übergang ohne Arbeitnehmerkenntnis zunächst **2 G** 68
- Widerspruch und Umwandlungsvorgänge **2 G** 64
- Zeitpunkt des Übergangs **2 G** 58
- Zeugnisanspruch **3 I** 21
- Zuordnung von Arbeitnehmern bei mehreren Betrieben/Betriebsteilen **2 G** 86 ff.

Betriebsübung
siehe Betriebliche Übung

Betriebsvereinbarung 4 A 501 ff.
- ablösende bei betrieblicher Altersversorgung **2 E** 386
- Ausschlußfristen **2 A** 560
- Beendigung **4 A** 510 ff.
- betriebliche Altersversorgung **2 E** 98 f.
- zur betrieblichen Altersversorgung bei Betriebsübergang **2 G** 214 ff.
- Betriebsratswiderspruch wegen Verstoß **4 A** 767
- Betriebsübergang **2 G** 150 ff.

Stichwortverzeichnis

- Datenverarbeitung/-nutzung **2 A** 755
- Durchführungsanspruch **4 A** 509
- Eingriff in Versorgungsrechte **2 E** 376 ff.
- Erweiterung der Mitbestimmungsrechte bei Kündigung **3 J** 149 ff.
- Gesamt-/Konzernbetriebsvereinbarungen bei Betriebsübergang **2 G** 192 ff.
- gesetzliche Grundlagen **4 A** 501 ff.
- Gratifikation **2 A** 496
- Gratifikation – Kündigung einer Betriebsvereinbarung **2 A** 521
- Günstigkeitsprinzip **4 A** 525 ff.
- Kontrolle durch Gewerkschaft **4 C** 145
- Kündigung bei betrieblicher Altersversorgung **4 A** 512
- Kurzarbeit **2 A** 136
- leistungsbezogene Arbeitsentgelte **2 A** 351
- nachfolgende **4 A** 511
- Nacht- und Schichtarbeit **6 A** 55
- Nachwirkung **4 A** 513 ff.
- rechtliche Wirkung **4 A** 507 f.
- Regelungssperre des § 77 Abs. 3 BetrVG **4 A** 504 ff.
- Streitigkeiten **4 A** 523 f.
- Überwachungsrecht des Betriebsrats **4 A** 421
- verschlechternde bei betrieblicher Altersversorgung **2 E** 397

Betriebsverfassungsrecht
- Abgrenzung einheitlicher Betrieb/mehrere einzelne Betriebe **4 A** 13 ff.
- allgemeine Mitwirkungsrechte der Gewerkschaften **4 A** 75 f.
- Angehörige religiöser Orden und anderer religiöser Gemeinschaften **4 A** 60
- Arbeiter/Angestellte **4 A** 53
- Arbeitgeber, Begriff **4 A** 47 f.
- Arbeitgebervereinigung, Befugnisse **4 A** 65
- Arbeitgebervereinigung, Begriff **4 A** 64
- Arbeitnehmer, Begriff **4 A** 50 ff.
- Ausstrahlung bei vorübergehender Auslandstätigkeit **4 A** 38 f.
- zu ihrer Berufsausbildung Beschäftigte **4 A** 54 f.
- Beschäftigung zur Heilung, Wiedereingewöhnung, Besserung, Erziehung **4 A** 61
- Beschlußverfahren **5 G** 8 ff.
- Betrieb, Begriff **4 A** 1 ff.
- Betriebsteile **4 A** 24 ff.
- Betriebsteile, räumlich weiter entfernte **4 A** 25 ff.
- Betriebsverfassungsrechtliche Zusammenarbeit, Grundsprinzipien *siehe dort*
- enge Verwandte des Arbeitgebers **4 A** 62
- gemeinsamer Betrieb mehrerer Unternehmen **4 A** 16 ff.
- Gewerkschaften, Begriff **4 A** 66
- Gewerkschaften, Vertretensein im Betrieb **4 A** 67
- Individualrechte nach BetrVG *siehe dort*
- inländische Betriebe **4 A** 35 ff.
- Internationales Arbeitsrecht **1 D** 28 f.
- kirchliche Körperschaft des öffentlichen Rechts **4 A** 30
- Konzern, Begriff **4 A** 8 ff.
- leitende Angestellte **1 A** 84 ff.; **4 A** 56
- Luftfahrt **4 A** 32, 1077
- Nebenbetrieb **4 A** 21 ff.
- öffentlicher Dienst **4 A** 28 f.
- Organmitglieder **4 A** 58
- räumlicher Geltungsbereich **4 A** 34 ff.
- Religionsgemeinschaften **4 A** 33
- Religionsgemeinschaften und ihre Einrichtungen **4 A** 1071 ff.
- Seeschiffahrt **4 A** 31
- Straf- und Bußgeldbestimmungen – Zuständigkeit **5 G** 12
- tarifvertragliche Regelungen **4 C** 143 ff.
- Tendenzbetriebe **4 A** 33
- Unternehmen, Begriff **4 A** 5 ff.
- Vertretung des Arbeitgebers gegenüber dem Betriebsrat **4 A** 49
- vertretungs- und geschäftsführungsberechtigte Gesellschafter **4 A** 59
- vorübergehende Auslandstätigkeit, Ausstrahlung **4 A** 38 f.
- Zugangsrecht von Gewerkschaften zum Betrieb **4 A** 68 ff.
- Zugangsrecht von Gewerkschaften zum Tendenzbetrieb **4 A** 1069
- Zuordnung von Leiharbeitnehmern **4 A** 52; **6 C** 75

Betriebsverfassungsrechtliche Zusammenarbeit, Grundprinzipien
- absolute Differenzierungsverbote **4 A** 362 f.
- Arbeitskampfverbot **4 A** 336 ff.
- freie Entfaltung der Persönlichkeit **4 A** 367 ff.
- Friedenspflicht **4 A** 340 ff.
- Gleichbehandlungsgrundsatz **4 A** 359 ff.
- Gleichbehandlungsgrundsatz, Folgen eines Verstoßes **4 A** 371 ff.

(Betriebsverfassungsrechtliche Zusammenarbeit, Grundprinzipien)
- Grundsätze von Recht und Billigkeit **4 A** 355 ff.
- Individualrechte nach BetrVG *siehe dort*
- monatliche Besprechungen **4 A** 329
- parteipolitische Betätigung **4 A** 343 ff.
- Schutz älterer Arbeitnehmer **4 A** 364 ff.
- Unterrichtung des Betriebsrats **4 A** 330
- vertrauensvolle Zusammenarbeit *siehe dort*

Betriebsversammlung 4 A 289 ff.
- Abteilungsversammlung **4 A** 324 ff.
- auf Antrag der Gewerkschaft **4 A** 298
- außerordentliche **4 A** 297
- Durchführung **4 A** 310
- Einberufung **4 A** 304 ff.
- Einladung des Arbeitgebers **4 A** 299
- gesetzeswidrige Versammlung – Kosten, Vergütungen **4 A** 321
- Kosten **4 A** 317
- Mitarbeiterversammlung **4 A** 290
- regelmäßige **4 A** 293
- Sozialpolitik **4 A** 313 f.
- Tarifpolitik **4 A** 312
- Teilnahme eines Gewerkschaftsvertreters **4 A** 323
- Themen **4 A** 311 ff.
- Vergütungsanspruch der Arbeitnehmer **4 A** 318 ff.
- weitere aus besonderen Gründen **4 A** 294 ff.
- wirtschaftliche Angelegenheiten **4 A** 315
- Zeitpunkt **4 A** 304 ff.

Beweisaufnahme
siehe Mündliche Verhandlung

Bewerberauswahl/Bewerbungen
siehe Einstellung; Einstellungsgespräch; Eignungsüberprüfungen

Bildungsurlaub
- Ablehnung durch Arbeitgeber **2 A** 813
- berufliche Weiterbildung, Begriff **2 A** 811; **2 C** 16
- Darlegungs- und Beweislast **2 C** 18
- Entgeltfortzahlung **2 C** 17
- Genehmigungsbedürftigkeit **2 A** 812
- Gesetze der Bundesländer **2 A** 808; **2 C** 13 ff.
- Mitteilungsumfang über die Weiterbildungsveranstaltung **2 A** 814
- politische Weiterbildung, Begriff **2 A** 811; **2 C** 15

- Rechtsgrundlagen **2 A** 808 f.
- Schadensersatz **2 C** 19
- Schulungs- und Bildungsveranstaltung *siehe dort*
- Selbstbeurlaubung **2 C** 17

Darlehen
siehe Arbeitgeberdarlehen

Datenschutz 2 A 750 ff.
- Auskunftsanspruch des Arbeitnehmers **2 A** 758
- Auskunftsanspruch des Betriebsrats **4 A** 434
- Benachrichtigung des Arbeitnehmers **2 A** 758
- Berichtigungsanspruch des Arbeitnehmers **2 A** 759
- Betriebsvereinbarung **2 A** 755
- Datenlöschung **2 A** 757
- Datenschutzbeauftragter **2 A** 760
- Datenschutzbeauftragter – Widerspruch des Betriebsrats **4 A** 756
- Einverständnis zur Datenweitergabe, Vertragsklausel **2 A** 754
- Mitbestimmung bei Erhebung/Speicherung von Arbeitnehmerdaten **4 A** 598
- Stellenbewerber **1 C** 152 ff.
- Vergütungsabrechnung außer Haus **2 A** 756

Diebstahl 3 G 23 f.
Diensterfindung 2 H 19 ff.
- *siehe auch* Arbeitnehmererfindung
Dienstreisezeit 2 A 88 f.; **6 A** 23
Direktionsrecht 2 A 32 ff.
- Änderung der Arbeitsbedingungen **3 A** 14 ff.
- Arbeitszeit **2 A** 100 ff., 113 ff.
- ausübende Personen **3 A** 21
- Ausübung eines Änderungs-/Widerrufsvorbehalts **3 A** 28 ff.
- Autonomiespielraum **2 A** 37
- Betriebsübergang **2 C** 98 f.
- des Entleihers bei Arbeitnehmerüberlassung **6 C** 41
- Direktions- oder Versetzungsklausel **2 A** 62
- Einschränkung durch höherwertige Tätigkeit **2 A** 61
- Einschränkung durch Konkretisierung **2 A** 60 f.
- einstweilige Verfügung **2 A** 56
- Erweiterung **2 A** 39
- Form der Ausübung **3 A** 19 f.

Stichwortverzeichnis

- gering-/unterwertige Tätigkeit **2 A** 41
- gewerbliche Arbeitsverhältnisse **2 A** 35
- Gewissenskonflikte des Arbeitnehmers **2 A** 50 ff.
- Gleichbehandlung **2 A** 838
- Grenzen **2 A** 36
- Grenzen bei vertraglicher Vereinbarung **3 A** 26 f.
- Grenzen von Änderungs-/Widerrufsvorbehalten **3 A** 30 ff.
- Konkretisierung der Arbeitspflicht **3 A** 32 ff.
- Konkretisierungsfunktion **2 A** 33
- Leistungsverweigerungsrecht **2 A** 54 f.
- Maßgeblichkeit der Vergütungsgruppe **2 A** 38
- Maßgeblichkeit des Berufsbildes **2 A** 38
- Mitbestimmung **3 A** 23 f.
- Nebenarbeiten **2 A** 44
- Notarbeiten **2 A** 45
- Pflicht zur Zuweisung anderer Arbeit **2 A** 57 ff.
- Rechtsgrundlagen **3 A** 15 ff.
- Rechtsschutz bei Änderungen des Arbeitsverhältnisses **3 A** 39 ff.
- Streikarbeiten **2 A** 46 ff.
- Übertragung eines anderen Tätigkeitsbereichs **3 A** 32 ff.
- und Änderungskündigung **3 A** 64 f.
- Versetzung **2 A** 34
- Widerruf Prokura **2 A** 42

Direktversicherung
- Begriff **2 E** 42
- Bezugsrecht **2 E** 47 ff.
- Dreiecksverhältnis **2 E** 45
- Eigenbetragsanteile der Arbeitnehmer **2 E** 43
- Einzel-/Gruppenversicherung **2 E** 46
- Finanzierungseffekte **2 E** 52
- Gehaltsumwandlungsversicherung **2 E** 44
- Überschußanteile **2 E** 51

Diskriminierung
siehe Gleichbehandlung

Doppelarbeitsverhältnis
siehe Mehrfachbeschäftigung

Druckkündigung 2 A 766; **3 D** 234 ff.; **3 G** 25
- Begriff **3 D** 234; **3 E** 43
- betriebsbedingte **3 D** 237 ff.; **3 E** 46
- objektive Rechtfertigung **3 E** 44 f.
- Schadensersatz **3 E** 47
- Vorliegen von Kündigungsgründen **3 D** 236

Eignungs-/Leistungsmangel
- altersbedingter Eignungsmangel als Kündigungsgrund **3 G** 28
- fachliche Mängel als Kündigungsgrund **3 G** 28
- als Kündigungsgrund **3 D** 73, 114 f., 183; **3 G** 28
- Versagung der Arbeitserlaubnis als Kündigungsgrund **3 G** 10

Eignungstest
siehe Eignungsüberprüfungen

Eignungsüberprüfungen
- ärztliche Einstellungsuntersuchung **1 C** 57 ff.
- ärztliche Einstellungsuntersuchung und Schweigepflicht **1 C** 64
- Erkundigung beim früheren Arbeitgeber **1 C** 74
- Führungszeugnis **1 C** 72
- Genomanalyse **1 C** 66
- graphologische Gutachten **1 C** 71
- psychologische Tests **1 C** 67 ff.
- Sicherheitsüberprüfung **1 C** 73

Eingliederungsverhältnis
- Begriff **5 B** 65
- Rechtsweg bei Streitigkeiten **5 B** 65

Eingruppierung 2 A 370 ff.
- Arbeitgeberschreiben an Betriebsrat **4 A** 813
- im Arbeitsvertrag **2 A** 377
- Arbeitsvorgang **2 A** 375
- Aufbaufallgruppen **2 A** 371
- Beteiligung des Betriebsrats **2 A** 391 ff.; **4 A** 724 ff., 813
- Bewährungsaufstieg **2 A** 380 f.
- bewußt falsche **2 A** 385
- Darlegungs- und Beweislast **2 A** 388
- Erziehungsurlaub **2 A** 382
- Feststellungsklage **2 A** 389 f.
- Höher-/Umgruppierung **2 A** 379
- korrigierende Rückgruppierung **2 A** 384; **4 A** 729
- Lohn-/Gehaltsgruppen **2 A** 370
- Mitbestimmung **2 A** 391 ff.; **4 A** 724 ff.
- Mitbestimmung bei Umgruppierung **4 A** 728 ff., 807
- öffentlicher Dienst **2 A** 375
- Streitwert bei Klage **5 I** 74 ff.
- tarifliche Ausschlußfrist **2 A** 401
- Tarifvertrag **4 C** 127
- Tätigkeitsbeispiele **2 A** 372 f.
- Tätigkeitsmerkmale **2 A** 373
- Tendenzträger **4 A** 1065
- überwiegende Tätigkeit **2 A** 374

2291

(Eingruppierung)
- Umgruppierung **2 A** 379; **4 A** 728 ff.
- unrichtige – Vorgehensweise des Betriebsrats **4 A** 804 ff.
- Vergütungsgruppen **4 C** 204 f.
- Zeitaufstieg **2 A** 380
- Zuordnung zu Tarifmerkmalen **2 A** 372
- Zuordnungsvorgang zur Vergütungsgruppe **2 A** 373 ff.
- Zusammenhangstätigkeiten **2 A** 375

Einigungsstelle 4 A 964 ff.
- Anrufung für Interessenausgleich **4 A** 868 ff.
- Bedarf **4 A** 967
- Beisitzerzahl **4 A** 972 f.
- Beschlußfassung **4 A** 992 ff.
- Beschlußverfahren bei Streitigkeiten **5 G** 36 ff.
- Beteiligte im Beschlußverfahren **5 G** 90
- betriebliche Lohngestaltung **4 A** 979 ff.
- Einleitung des Verfahrens **4 A** 986 f.
- Ermessenskontrolle des Einigungsstellenspruchs **4 A** 1003 ff. **5 G** 48
- Errichtung **4 A** 965 ff.
- freiwillige Leistungen **4 A** 980
- freiwilliges Einigungsstellenverfahren **4 A** 976
- Frist bei Anfechtung des Spruchs **5 G** 117
- Geltendmachung der Vergütungsansprüche **4 A** 1018 f.
- gemischte Regelungstatbestände **4 A** 979 ff.
- gerichtliche Überprüfung des Sozialplans **4 A** 936 ff.
- gerichtliche Überprüfung des Spruchs **5 G** 47 ff.
- Kosten **4 A** 1008 ff.
- Kosten, Streitigkeiten **5 G** 46
- offensichtliche Unzuständigkeit **5 G** 41
- Rahmenregelung **4 A** 982 ff.
- rechtliches Gehör **4 A** 991
- Rechtskontrolle des Einigungsstellenspruchs **4 A** 999 ff.; **5 G** 47 ff.
- Regelungsermessen **4 A** 983
- Regelungstatbestände der erzwingbaren Einigungsstelle **4 A** 977 f.
- Sozialplan **4 A** 889 ff.
- Sozialplanabfindung **4 A** 894 ff.
- Stimmenthaltung **4 A** 995
- Streitwert Vorsitzendenbestellung **5 I** 107
- übertarifliche Zulagen bei Tariflohnerhöhung **4 A** 981

- verbindliches/freiwilliges Einigungsstellenverfahren **4 A** 976
- Verfahren vor der Einigungsstelle **4 A** 985 ff.
- Verfahrensablauf **4 A** 988 ff.
- Vergütung betriebsangehöriger Beisitzer **4 A** 1009
- Vergütung betriebsfremder Beisitzer **4 A** 1010 ff.
- Vergütung des Vorsitzenden **4 A** 1010 ff.
- Vertretung des Betriebsrats durch Rechtsanwalt **4 A** 1020
- Vorabentscheidungsverfahren **5 G** 44 f.
- Vorsitzender **4 A** 970 f.
- Zuständigkeit **4 A** 975 ff.

Einigungsvertrag
siehe Kündigung nach Einigungsvertrag

Einkommensteuer
- Abfindungen bei Auflösung des Arbeitsverhältnisses **3 B** 67 ff.
- Arbeitnehmerüberlassung **6 C** 58
- Arbeitsentgelt **2 A** 324
- bei Rückerstattung von Entgeltüberzahlungen **2 A** 603
- Bruttolohnklage **5 A** 205
- Gratifikationen **2 A** 519
- Lohnpfändung **5 H** 38 f.
- Lohnsteuerjahresausgleich, Pfändbarkeit **2 A** 642
- Nettolohnvereinbarung **2 A** 325
- Urlaubsabgeltung **2 C** 204
- Urlaubsentgelt, -geld **2 C** 202 f.

Einstellung
- Anbahnungsverhältnis siehe dort
- Arbeitgeberschreiben an Betriebsrat **4 A** 814
- Arbeitgeberschreiben an Betriebsrat bei vorläufiger Durchführung **4 A** 816
- außerordentliche Eigenkündigung wegen Arbeitsplatzwechsels **3 E** 70
- Begriff iSd. BetrVG **4 A** 708
- Beteiligung des Betriebsrats **4 A** 708 ff., 812, 815 f.
- Beteiligung des Sprecherausschusses **4 A** 1127 f.
- Bewerbungsunterlagen bei Nichteinstellung **1 C** 150
- Bewerbungsunterlagen – Unterrichtung des Betriebsrats **4 A** 736 f.
- Datenschutz eines Bewerbers **1 C** 152 ff.
- Eignungsüberprüfungen siehe dort
- Einstellungsgespräch siehe dort

2292

- Frauenförderung durch Quotenregelungen **1 C** 103 f.
- geschlechtsbezogene Diskriminierung *siehe dort*
- Mitbestimmung **4 A** 708 ff.
- Personalfragebogen bei Nichteinstellung **1 C** 151
- Tendenzträger **4 A** 1063
- Verfrühungsschaden **2 A** 159
- vorläufige Durchführung **4 A** 792 ff.
- Zustimmungsverweigerung des Betriebsrats bei unterlassener Stellenausschreibung **4 A** 656

Einstellungsgespräch
- AIDS **1 C** 28
- Anfechtung wegen arglistiger Täuschung **1 C** 48
- Anfechtung, Wirkung **1 C** 53
- Anfechtungsfristen **1 C** 49 ff.
- beruflicher Werdegang **1 C** 40
- Eignungsüberprüfungen *siehe dort*
- Ermittlungs-/Strafverfahren **1 C** 33
- Frage- und Informationsrecht, Grenzen **1 C** 17
- frühere Vergütung **1 C** 41
- Gesundheitszustand **1 C** 27 ff.
- Gewerkschaftszugehörigkeit **1 C** 35
- Interessen der Parteien **1 C** 16
- Irrtumsanfechtung **1 C** 47
- Kündigung wegen falscher/unterbliebener Information **1 C** 54
- Mitbestimmung bei Personalfragebogen **4 A** 657 ff.
- Offenbarungspflichten **1 C** 18
- parallele Arbeitsverhältnisse **1 C** 43
- Parteizugehörigkeit **1 C** 36 ff.
- Personalfragebogen *siehe dort*
- Privatsphäre **1 C** 45
- Religionszugehörigkeit **1 C** 36 ff.
- Schadensersatz wegen pflichtwidrigen Schweigens **1 C** 55
- Schwangerschaft **1 C** 22 ff.
- Schwerbehinderteneigenschaft **1 C** 30 f.
- Stasi-Tätigkeit **1 C** 34
- Vermögensverhältnisse **1 C** 42

Einstellungsuntersuchung
siehe Eignungsüberprüfungen

Einstweilige Verfügung 5 H 64 ff.
- allgemeiner Unterlassungsanspruch des Betriebsrats **4 A** 541; **5 G** 200
- Ansprüche des Arbeitgebers **5 G** 199
- Ansprüche des Betriebsrats **5 G** 198
- Arbeitskampf **5 H** 84 ff.
- Arbeitsleistung **2 A** 156; **5 H** 75 f.

- gegen Ausübung Direktionsrecht **2 A** 56
- Beschäftigungsanspruch **5 H** 74
- Beschlußverfahren **5 G** 195 ff.
- des Betriebsrats auf Einhaltung des Interessenausgleichs **4 A** 859, 861
- Betriebsratswahl **4 A** 106
- gegen betriebsverfassungsrechtlichen Weiterbeschäftigungsanspruch **5 A** 157 ff.; **5 H** 79
- Gläubigerhaftung **5 H** 70 f.
- Herausgabe von Arbeitspapieren **5 H** 73
- mündliche Verhandlung **5 H** 67 f.
- Notdienst/Erhaltungsarbeiten bei Arbeitskampf **4 C** 61 f.
- Rechtsmittel **5 G** 210
- Unterlassung Betriebsänderung **5 G** 201 ff.
- Unterlassung Betriebsänderung bis Versuch eines Interessenausgleichs **4 A** 860
- Unterlassung von Wettbewerb **5 H** 78
- Untersagung anderweitiger Beschäftigung **5 H** 77
- Untersuchungsgrundsatz **5 G** 208
- Urlaubsentgelt **2 C** 109 f.
- Urlaubsgewährung **5 H** 83
- Verfahren **5 H** 64 ff.
- Verfügungsgrund **5 G** 206
- Weiterbeschäftigung bei Betriebsratswiderspruch gegen Kündigung **5 H** 79
- Weiterbeschäftigung während des Kündigungsschutzprozesses **5 H** 81 f.
- Wettbewerbsverbot **2 F** 73
- Zahlung des Arbeitsentgelts **2 A** 615 ff.; **5 H** 72
- Zeugniserteilung/-berichtigung **3 I** 59
- Zuständigkeit **5 G** 207; **5 H** 64

Einvernehmliche Änderung des Arbeitsvertrags 3 A 4 ff.
- Günstigkeitsprinzip **3 A** 12
- Nachweisgesetz **3 A** 6 ff.
- Tarifbindung **3 A** 10 f.
- vertragliche Einheitsregelung **3 A** 13

Entfristungsklage 5 A 68 ff.
- und allgemeine Feststellungsklage **5 A** 68, 73
- Antragsformulierung **5 A** 72
- Darlegungs- und Beweislast **5 A** 74 ff.
- Klagefrist **5 A** 69 f.
- nachträgliche Klagezulassung **5 A** 71

Entgeltfortzahlung
siehe Annahmeverzug; Arbeitsverhinderung aus persönlichen Gründen; Entgeltfortzahlung an Feiertagen; Entgeltfortzahlung im Krankheitsfall

Entgeltfortzahlung an Feiertagen
- Arbeitsunfähigkeit **2 B** 235
- Geltungsbereich **2 B** 226
- gesetzlicher Feiertag **2 B** 224 f.
- Höhe **2 B** 230 ff.
- Kausalität **2 B** 227 ff.
- Kurzarbeit **2 B** 234 f.
- Rechtsgrundlagen **2 B** 221 ff.
- Streik **4 C** 59
- unentschuldigtes Fernbleiben **2 B** 236 ff.

Entgeltfortzahlung im Krankheitsfall 2 B 105 ff.
- Anlaßkündigung **2 B** 205 ff.
- Anrechnung von Krankheitstagen auf Urlaub **2 B** 146 ff.
- Anspruchsübergang bei Dritthaftung **2 B** 209 ff.
- Anzeigepflicht **2 B** 173
- Arbeitsentgelt auf Provisionsbasis **2 A** 474
- Arbeitsunfähigkeit **2 B** 110 ff.
- Arbeitsunfähigkeitsbescheinigung *siehe dort*
- Aufhebungsvertrag **3 B** 66
- Auslandserkrankung **2 B** 180 ff., 202 ff.
- Beginn **2 B** 124 f.
- Berechnungsbeispiele **2 B** 135
- Ende **2 B** 126
- Feiertage **2 B** 235
- Fortsetzungskrankheit **2 B** 129 ff.
- Höhe **2 B** 136 ff.
- Höhe – Berechnung Arbeitsentgelt **2 B** 140 ff.
- Höhe – Berechnung bei Leistungsentgelt **2 B** 144
- Höhe – Berechnung regelmäßige Arbeitszeit **2 B** 139
- Kostenausgleich in Kleinbetrieben **2 B** 217 ff.
- Krankheit *siehe dort*
- Kürzungsmöglichkeit bei Sondervergütungen **2 B** 168 ff.
- Leistungsverweigerungsrecht des Arbeitgebers **2 B** 211 f.
- Mitverschulden des Arbeitnehmers **2 B** 215
- Nachweispflicht **2 B** 174 ff.
- Pfändbarkeit **2 A** 629
- Rechtsgrundlagen **2 B** 105 ff.
- Rehabilitationsmaßnahme **2 B** 122 f.
- Schwangerschaftsabbruch **2 B** 121
- Sechsmonatsregelung **2 B** 134
- Sechswochenzeitraum **2 B** 127 f.
- Sterilisation **2 B** 121

- Streik **4 C** 59
- unverschuldete Krankheit **2 B** 114 ff.
- Verletzung der Anzeige- und Nachweispflicht **2 B** 177 ff.
- Vorsorgemaßnahme **2 B** 122 f.
- Wartezeit **2 B** 109
- Zweifel an Arbeitsunfähigkeit **2 B** 189 ff.
- Zweifel bei Auslandserkrankungen **2 B** 202 ff.
- Zweifelsfälle nach § 275 SGB V **2 B** 192 ff.
- Zwölfmonatszeitraum **2 B** 133

Entgeltklage 5 A 201 ff.
- Bruttobetrag **2 A** 607
- Bruttolohnklage **5 A** 202 ff.
- Klageantrag bei erfolgten Netto-Teilleistungen **2 A** 610; **5 A** 203
- Krankenversicherungsbeitrag bei Obsiegen **5 A** 211
- und Kündigungsschutzklage **5 A** 208
- künftig fällige Ansprüche **2 A** 612
- Leistungsklage **2 A** 606
- Lohnsteuer- und Beitragsabführung bei Zwangsvollstreckung **2 A** 611
- Nettolohnklage **5 A** 214 f.
- Nettovergütung **2 A** 608
- sachliche Zuständigkeit **2 A** 613
- Steuer und Sozialversicherungsbeiträge bei Bruttolohnklage **5 A** 205
- Überstundenvergütung **5 A** 212 f.
- Urlaubsgeld, -entgelt, -abgeltung **5 A** 220 ff.
- Verzugs- und Rechtshängigkeitszinsen **2 A** 609
- Zinsen auf Brutto- oder Nettobetrag **5 A** 206 f.
- auf zukünftige Leistung **5 A** 216 ff.
- Zwangsvollstreckung Bruttobetrag bei erfolgten Netto-Teilleistungen **5 A** 204

Erholungsurlaub
siehe Urlaub

Erkrankung
siehe Krankheit

Erstattung des Arbeitslosengeldes
- Ablösung **6 B** 81
- Erstattung des Arbeitslosengeldes bei älteren Arbeitnehmern *siehe dort*
- nachvertragliches Wettbewerbsverbot **2 F** 71; **6 B** 78 ff.

Erstattung des Arbeitslosengeldes bei älteren Arbeitnehmern 3 B 77; **6 B** 51 ff.
- Antrag auf aufschiebende Wirkung **6 B** 76

Stichwortverzeichnis

- Aufhebung der Vorschrift ab 1. 4. 1997 **6 B** 89
- Aufhebungsvertrag **3 B** 77
- Ausnahmen von der Erstattungspflicht **6 B** 54 ff.
- Beendigung des Arbeitsverhältnisses vor Vollendung des 56. Lebensjahres **6 B** 55
- Beginn **6 B** 51 f.
- Beratungspflicht des Arbeitsamtes **6 B** 75
- Dauer **6 B** 51 f.
- Eigenkündigung des Arbeitnehmers **6 B** 61 f.
- erheblicher Personalabbau **6 B** 66 ff.
- Erlaß der Erstattungsforderung **6 B** 74
- 128er-Vereinbarung **6 B** 77
- Kleinunternehmen **6 B** 59 f.
- Minderung der Erstattungspflicht **6 B** 73
- Möglichkeit anderweitigen Sozialleistungsbezugs **6 B** 56 f.
- nicht ausreichende Beschäftigungsdauer **6 B** 58
- sozial gerechtfertigte Kündigung **6 B** 63 f.
- Übergangsregelung **6 B** 89
- Umfang **6 B** 51 f.
- unzumutbare Belastung **6 B** 72
- Voraussetzungen **6 B** 53
- Vorliegen eines wichtigen Grundes für außerordentliche Kündigung **6 B** 65

Erziehungsurlaub 2 C 156 ff.
- Bewährungszeit für Höhergruppierung **2 A** 382
- und Erholungsurlaub **2 C** 162 ff.
- Gratifikation **2 C** 165
- Kündigung wegen eigenmächtigen Urlaubsantritts **3 G** 56
- Kündigungsschutz des Erziehungsurlaubers *siehe dort*
- ruhendes Arbeitsverhältnis **2 C** 156
- tarifliche Jahressonderzahlung **2 C** 165
- Verlängerung **2 C** 160
- vorzeitiges Ende **2 C** 161

Europäische Betriebsräte 4 A 41 ff.
- freiwillige Vereinbarungen **4 A** 46
- Inhalt der EG-Richtlinie **4 A** 42
- Inhalt des Gesetzes **4 A** 44 f.
- Inhalt des Regierungsentwurfs **4 A** 43
- Rechtsweg bei Streitigkeiten **5 B** 87
- Zustandekommen der EG-Richtlinie **4 A** 41

Fahrerlaubnis
- Entzug als Kündigungsgrund **3 D** 67; **3 G** 29

Faktisches Arbeitsverhältnis 1 C 143 ff.

Feiertagsarbeit
siehe Entgeltfortzahlung an Feiertagen; Sonn- und Feiertagsarbeit

Feiertagsentgelt
siehe Entgeltfortzahlung an Feiertagen

Feststellungsklage 5 A 78 ff.
- und außerordentliche Kündigung **5 A** 80 ff., 95 f.
- Darlegungs- und Beweislast bei außerordentlicher Kündigung **5 A** 90 ff.
- gegen Eigenkündigung **5 A** 85
- Eingruppierung **2 A** 389 f.
- Einzelfälle bei Kündigung **5 A** 99 f.
- Entfristungsklage **5 A** 68, 73
- fehlende/fehlerhafte Betriebsratsanhörung **5 A** 101
- Feststellungsinteresse bei außerordentlicher Kündigung **5 A** 86
- auf Fortbestand des Arbeitsverhältnisses **5 A** 17
- fristlose Kündigung von Auszubildenden **5 A** 84
- Kündigung wegen Betriebsübergangs **5 A** 106 ff.
- und Kündigungsschutzklage **5 A** 13, 17 f., 79
- mündliche Abmahnung **3 D** 171
- und ordentliche Kündigung **5 A** 97 f.
- sittenwidrige Kündigung **5 A** 103 ff.
- Verbindung mit Klage nach § 4 KSchG **5 A** 18, 20
- Verwirkung bei außerordentlicher Kündigung **5 A** 87 f.

Fluglizenz
- Entzug als Kündigungsgrund **3 D** 67; **3 G** 29

Fortbildungskosten
siehe Aus-, Fort- und Weiterbildungskosten

Frauenförderung
- *siehe auch* Geschlechtsbezogene Diskriminierung; Gleichbehandlung
- Förderung der Gleichberechtigung durch Betriebsrat **4 A** 425
- Quotenregelung **1 C** 103 f.; **2 A** 847

Freie Mitarbeiter
- Abgrenzung zum Arbeitnehmer **1 A** 19 ff.; 41; **3 D** 43 ff.
- Betriebsübergang **2 G** 79 f.
- Fernsehen **1 A** 42 ff.

(Freie Mitarbeiter)
- Kündigungsschutzgesetz **3 D** 43 ff.
- Lehrer **1 A** 46 f.
- Mitbestimmung bei Beschäftigung im Betrieb **4 A** 712
- Rechtsanwälte **1 A** 48
- Rundfunk **1 A** 42 ff.
- Telearbeit **1 A** 65 ff.
- Volkshochschuldozenten **1 A** 46 f.
- Wettbewerbsverbot **2 F** 5

Freistellung 2 A 123 ff.
- *siehe auch* Arbeitsverhinderung aus persönlichen Gründen
- Abgrenzung zur außerordentlichen Kündigung **3 E** 10
- Abgrenzung zur ordentlichen Kündigung **3 C** 13
- Anrechnung von Resturlaub **2 A** 704 f.
- aus Arbeitnehmerinteresse **2 A** 134
- im Aufhebungsvertrag **3 B** 35, 38
- Betriebsratsmitglieder **4 A** 134 ff., 144 ff.
- bezahlte **2 A** 123
- Bundestagsbewerber **2 A** 127
- einverständliche **2 A** 133
- Einzelfälle **2 A** 125 ff.
- bei gekündigtem Arbeitsverhältnis **2 A** 699 ff., 706
- Gesamtbetriebsrat **4 A** 173
- Jugend- und Auszubildendenvertretung **4 A** 287
- Kurzarbeit **2 A** 135 ff.
- für Schulungsveranstaltung **4 A** 169 ff.
- zur Stellensuche **1 C** 6 ff.
- Streitwert bei Vergleich mit Freistellung bis Ablauf Kündigungsfrist **5 I** 87 f.
- Suspendierung der Hauptleistungspflichten **2 A** 139 f.
- unbezahlte **2 A** 124 ff.
- und Urlaubsanspruch **3 B** 38
- Wehrdienst, Zivildienst **2 A** 128

Freiwilliges soziales Jahr 1 A 75
- Rechtszug für Streitigkeiten **5 B** 71

Fristlose Kündigung
siehe Außerordentliche Kündigung

Fürsorgepflicht 2 A 712 ff.
- Abstellmöglichkeiten **2 A** 727
- Arbeitsverweigerung wegen Nichtbeachtung **2 A** 716
- Begriff **2 A** 712
- Fächer **2 A** 727
- Hinweispflichten **2 A** 729 ff.
- Hinweis-/Belehrungspflichten bei Auflösung des Arbeitsverhältnisses **2 A** 732 ff.
- Mitwirkungspflichten **2 A** 735 f.
- Parkmöglichkeiten für Fahrzeuge **2 A** 728
- Persönlichkeitsrecht des Arbeitnehmers *siehe dort*
- Schadensersatz wegen Verletzung der Fürsorgepflicht **2 A** 716
- Schutz eingebrachter Sachen **2 A** 724 ff.
- Schutz von Leben und Gesundheit **2 A** 717 ff.
- Umkleideräume **2 A** 727
- vertragliche Einschränkung **2 A** 715
- zeitliche Geltung **2 A** 714

Gegenstandswert im Beschlußverfahren 5 G 194; **5 I** 94 ff.
- Anfechtung Betriebsratswahl **5 I** 104
- Anfechtung eines Sozialplans **5 I** 105
- und Anwaltsgebühren **5 I** 94
- Ausschluß eines Betriebsratsmitglieds **5 I** 103
- Durchsetzung eines Sozialplans **5 I** 106
- Einrichtung eines Wirtschaftsausschusses **5 I** 110
- nichtvermögensrechtliche Streitigkeit **5 I** 97 ff.
- personelle Maßnahmen **5 I** 111 f.
- Schulungsveranstaltung **5 I** 108
- Statusstreit leitender Angestellter **5 I** 109
- vermögensrechtliche Streitigkeit **5 I** 95 f.
- Vorsitzendenbestellung Einigungsstelle **5 I** 107

Gehalt
siehe Arbeitsentgelt

Geheimhaltungspflichten des Betriebsrats 2 A 256; **4 A** 453 ff.
- Umfang **4 A** 454 f.
- verpflichteter Personenkreis **4 A** 456 f.
- Verstoß **4 A** 458 f.

Geltungsbereich der Tarifnormen 4 C 192 ff.
- ablösender Tarifvertrag **4 C** 195 f.
- betrieblicher Geltungsbereich **4 C** 201 ff.
- fachlicher Geltungsbereich **4 C** 204 f.
- Mischbetriebe **4 C** 203
- persönlicher Geltungsbereich **4 C** 199 f.
- räumlicher Geltungsbereich **4 C** 193 f.
- Vereinbarung der Rückwirkung **4 C** 197 f.
- verschlechternde Rückwirkung **4 C** 198
- zeitlicher Geltungsbereich **4 C** 195 ff.

Gerichtskosten
siehe Urteilsverfahren
Gerichtsstand 5 B 5
– allgemeiner **5 B** 116
– Aufenthaltsort **5 B** 118
– Erfüllungsort **2 A** 71; **5 B** 120 ff.
– gewerbliche Niederlassung **5 B** 119
– unerlaubte Handlung **5 B** 123
– Vereinbarung **5 B** 125 ff.
– Widerklage **5 B** 124
Geringfügig Beschäftigte 1 B 95 f.
– Arbeitslosenversicherung **6 B** 83
– mehrere Beschäftigungen **1 B** 96; **2 A** 229
– mittelbare Diskriminierung **2 A** 858
– Sozialversicherung **2 A** 229
– Teilzeitarbeitsverhältnis *siehe dort*
– Urlaubsberechnung **2 C** 60
Gesamtbetriebsrat 4 A 229 ff.
– Beschlußfassung **4 A** 238
– Betriebsräteversammlung **4 A** 237, 327
– Freistellungen **4 A** 143
– Geschäftsführung **4 A** 235
– örtliche Zuständigkeit bei Beschlußverfahren **5 G** 60
– Stimmengewichtung **4 A** 236
– Zusammensetzung **4 A** 230 ff.
– Zuständigkeit **4 A** 239 ff.
– Zuständigkeit bei Betriebsänderung **4 A** 821
Gesamt-Jugend- und Auszubildendenvertretung
siehe Jugend- und Auszubildendenvertretung
Gesamtsprecherausschuß 4 A 1144 f.
Geschäftsgeheimnisse
siehe Verschwiegenheitspflicht
Geschlechtsbezogene Diskriminierung
– *siehe auch* Frauenförderung; Gleichbehandlung
– Altersgrenzen für Männer und Frauen, unterschiedliche **3 H** 124
– Altersgrenzen bei betrieblicher Altersversorgung **2 E** 204 ff.
– Darlegungs- und Beweislast **1 C** 87
– bei Einstellung eines Stellenbewerbers **1 C** 83 ff.; **2 A** 840 ff.
– Entschädigung **1 C** 91 ff.
– Rechtsfolgen **1 C** 89 ff.
– Schadensersatz **1 C** 90; **2 A** 843 ff.
Gewerkschaften 4 C 23 ff.
– allgemeine betriebsverfassungsrechtliche Mitwirkungsrechte **4 A** 75 f.
– Aufbau **4 C** 28

– Begriff iSd. BetrVG **4 A** 66
– Berufsverbandsprinzip **4 C** 24
– Beteiligte im Beschlußverfahren **5 G** 91 ff.
– Frage an Bewerber nach Zugehörigkeit **1 C** 35
– gewerkschaftliche Betätigung **2 A** 248
– Gewerkschaftswerbung **4 C** 22
– Industrieverbandsprinzip **4 C** 24
– Information und Werbung im Betrieb **4 A** 73 f.
– Koalition *siehe dort*
– Koalitionsfreiheit *siehe dort*
– nicht rechtsfähiger Verein **4 C** 5
– Parteifähigkeit **5 B** 16 ff.
– Richtungsgewerkschaften **4 C** 7
– Streitigkeiten über Zutrittsrecht in den Betrieb **5 G** 16
– Tarifverhandlungen **4 C** 29
– Teilnahme an Betriebsratssitzung **4 A** 70, 128
– Teilnahme an Betriebsversammlung **4 A** 323
– Vertretensein im Betrieb **4 A** 67
– Werbung im Betrieb **4 A** 73 f.
– Zugangsrecht zum Betrieb **4 A** 68 ff.
– Zugangsrecht zur kirchlichen Einrichtung **4 A** 72
– Zugangsrecht zum Tendenzbetrieb **4 A** 1069
Gewinnbeteiligung
siehe Umsatz-/Gewinnbeteiligung
Gewinnerzielungsabsicht
– bei Berichterstattung **4 A** 1050
– bei erzieherischer Bestimmung **4 A** 1040
– bei karitativer Bestimmung **4 A** 1035
– bei künstlerischer Bestimmung **4 A** 1046
– bei Meinungsäußerung **4 A** 1050
– bei wissenschaftlicher Bestimmung **4 A** 1043
Gleichbehandlung 2 A 815 ff.
– Abfindungen **2 A** 837; **3 B** 6
– absolute Differenzierungsverbote des BetrVG **4 A** 362 f.
– allgemeiner Gleichheitssatz **2 A** 816
– Altersgrenzen für Männer und Frauen, unterschiedliche **3 H** 124
– Arbeiter/Angestellte bei betrieblicher Altersversorgung **2 E** 139 ff.
– beim Arbeitsentgelt **2 A** 830 ff.
– Aufhebungsvertrag **3 B** 6
– Außen-/Innendienstmitarbeiter bei betrieblicher Altersversorgung **2 E** 145

(Gleichbehandlung)
- befristetes Arbeitsverhältnis bei betrieblicher Altersversorgung **2 E** 135 f.
- Begründung bei Ablehnung eines Stellenbewerbers **1 C** 88
- Bestehen von Rechtsbeziehungen **2 A** 818
- betriebliche Altersversorgung **2 A** 836; **2 E** 113 ff.
- betriebliche Altersversorgung, Diskriminierungsverbot **2 A** 850 f.
- betriebsverfassungsrechtlicher Gleichbehandlungsgrundsatz **2 A** 359 ff.
- Darlegungs- und Beweislast bei Ungleichbehandlung wegen Tarifvertrag **4 C** 137
- Differenzierungsverbot **2 A** 821 f.
- Differenzierungsverbote, gesetzliche **2 A** 824
- Diskriminierung bei betrieblicher Altersversorgung **2 E** 117
- Diskriminierungsverbot **2 A** 839 ff.
- Einzelfälle **2 A** 829 ff.
- Entgeltdiskriminierung **2 A** 848 f.
- Folgen eines Verstoßes **2 A** 828
- Frauenförderung *siehe dort*
- geringfügig Beschäftigte bei betrieblicher Altersversorgung **2 E** 132
- geschlechtsbezogene Diskriminierung *siehe dort*
- Gleichberechtigungssatz **2 A** 816
- Gleichheitssatz **2 A** 815
- Gratifikation aufgrund Gleichbehandlungsgrundsatzes **2 A** 495
- Kündigungsfristen Arbeiter/Angestellte in Tarifvertrag, unterschiedliche **4 C** 136
- Lohngleichheit **2 A** 848 f.
- mittelbare Diskriminierung *siehe dort*
- durch neuen Arbeitgeber bei Betriebsübergang **2 G** 110 ff.
- Rechtsgrundlagen **2 A** 815 ff.
- Stellenausschreibung *siehe dort*
- tarifgebundene/nicht tarifgebundene Arbeitnehmer **4 C** 253
- Teilzeitbeschäftigte **1 B** 97 ff.; **2 A** 859 ff.
- Teilzeitbeschäftigte bei betrieblicher Altersversorgung **2 A** 861; **2 E** 122 ff.
- überbetriebliche **2 A** 820
- bei Umsatzprämien **2 A** 834
- im Unrecht **2 A** 825
- bei Versorgungszusagen **2 E** 113 ff.
- Verzicht des Arbeitnehmers auf Gleichbehandlung **2 A** 826
- willkürliche Schlechterstellung **2 A** 823
- zeitweilig ruhendes Arbeitsverhältnis bei betrieblicher Altersversorgung **2 E** 138
- bei Zulagen **2 A** 835
- Zusatzversorgung bei unterhälftiger Beschäftigung **2 E** 128 ff.
- Zweitarbeitsverhältnis bei betrieblicher Altersversorgung **2 E** 134

Gleichberechtigung
siehe Frauenförderung; geschlechtsbezogene Diskriminierung; Gleichbehandlung

Gratifikation 2 A 492 ff.
- Anspruchsgrundlagen **2 A** 493 ff.
- Begriff **2 A** 492
- Beseitigung des Anspruchs **2 A** 520 ff.
- betriebliche Übung **2 A** 494, 873
- Betriebsvereinbarung **2 A** 496
- Betriebsvereinbarung, Kündigung **2 A** 521
- Einkommensteuer **2 A** 519
- Erziehungsurlaub **2 C** 165
- Fälligkeit **2 A** 513
- Gleichbehandlung **2 A** 833
- Gleichbehandlung von Teilzeitbeschäftigten **2 A** 863
- Gleichbehandlungsgrundsatz als Anspruchsgrundlage **2 A** 495
- Jubiläumsgabe, Abgrenzung zur betrieblichen Altersversorgung **2 E** 23
- Jubiläumszuwendungen, Pfändbarkeit **2 A** 636
- Kürzung von Gratifikationen *siehe dort*
- Rückzahlungsklausel **2 A** 514 ff.
- Sozialversicherungsbeiträge **2 A** 519
- Steuer- und Beitragspflichtigkeit **2 A** 519
- ungekündigte Betriebszugehörigkeit als Voraussetzung **2 A** 498 f.
- Vertragsbeispiele **2 A** 524 ff.
- Weihnachtsgratifikation *siehe dort*

Gruppenarbeitsverhältnis
- Abgrenzung Eigengruppe zu Betriebsgruppe **1 B** 90
- Arbeitstempo und -intensität bei Betriebsgruppe **2 A** 78
- Eigengruppe **1 B** 87 ff.
- Job-Sharing/-Pairing **1 B** 91

Güteverhandlung 5 C 4, 21 ff.
- Alleinentscheidung auf Antrag beider Parteien **5 C** 34
- Anerkenntnis **5 C** 32
- Ergebnis **5 C** 28 ff.
- gerichtliche Geständnisse **5 C** 27

Stichwortverzeichnis

- Klagerücknahme **5 C** 32
- Säumnis **5 C** 33
- Verfahren **5 C** 24 ff.
- Verzicht **5 C** 32
- weitere Verhandlung **5 C** 31 ff.
- Zulässigkeitsrügen **5 C** 26

Haftung
siehe Arbeitgeberhaftung; Arbeitnehmerhaftung; Arbeitsunfall, Haftungsausschluß; Schadensersatz
Handelsvertreter
- Abgrenzung zum (angestellten) Außendienstmitarbeiter **1 A** 68
- Begriff **1 A** 68
- Einfirmenvertreter **1 A** 70

Hauptfürsorgestelle
siehe unter Kündigungsschutz Schwerbehinderter
Hausangestellte/-gehilfen
- Kündigungsfristen **3 C** 148
Heimarbeiter
- Abgrenzung zum Arbeitnehmer **1 A** 61
- Abgrenzung zum freien Mitarbeiter **1 A** 62 f.
- Anhörung des Betriebsrats bei Kündigung **3 J** 23
- als arbeitnehmerähnliche Personen **1 A** 59
- Begriff **1 A** 60
- Entgeltfestsetzung **2 A** 319
- gesetzliche Regelungen **1 A** 64
- Hausgewerbetreibender **1 A** 60
- Pfändbarkeit der Vergütungen **2 A** 633
- Telearbeit **1 A** 65 ff.
- Urlaub **2 C** 27, 137 f.
- Urlaubsentgelt **2 C** 137 f.
- Zusatzurlaub bei Schwerbehinderten **2 C** 151
- Zwischenmeister **1 A** 60
Hochschulen
- befristete Arbeitsverträge **1 B** 37; **3 H** 102 ff.

Individualrechte nach BetrVG 4 A 374 ff.
- Beschwerde beim Arbeitgeber **4 A** 401 ff.
- Beschwerde beim Betriebsrat **4 A** 407 ff.
- Einsichtsrecht in Personalakte **4 A** 389 ff.
- Unterrichtungs- und Erörterungspflicht des Arbeitgebers **4 A** 374 ff.
- Unterrichtungs- und Erörterungspflicht des Arbeitnehmers **4 A** 381 ff.

Insolvenz
- Anpassung der betrieblichen Altersversorgung **2 E** 294 f.
- Arbeitsentgelt und Vergleichsverfahren **2 A** 696
- Insolvenzgeld **2 A** 693 ff.
- und Interessenausgleich **4 A** 874 ff.
- Konkurs siehe dort
- Kündigung durch Konkursverwalter und Betriebsübergang **2 G** 134; **4 A** 882
- als Kündigungsgrund **3 G** 31
- und Nachteilsausgleichsansprüche **4 A** 958 f.
- Reform **2 E** 289
- Sicherung des Arbeitsentgelts nach Insolvenzordnung **2 A** 692
- Sozialplan **4 A** 926 ff.
- Urlaubsabgeltung **2 C** 117
- Urlaubsanspruch **2 C** 117
- Urlaubsentgelt **2 C** 117
Insolvenzsicherung
- Anpassung laufender Leistungen **2 E** 294 f.
- Anpassung der Versorgungsanwartschaft **2 E** 302
- Anwartschaftsausweis des Pensions-Sicherungs-Vereins **2 E** 306 ff.
- Arbeitgeberbegriff **2 E** 268
- Beitragspflicht **2 E** 311 ff.
- Berechnung der unverfallbaren Versorgungsanwartschaft **2 E** 303
- Betriebseinstellung bei offensichtlicher Masselosigkeit **2 E** 279 ff.
- Eintrittspflicht des Pensions-Sicherungs-Vereins für laufende Leistungen **2 E** 290 ff.
- Forderungsübergang auf Pensions-Sicherungs-Verein **2 E** 309 f.
- Insolvenzrechtsreform **2 E** 289
- Insolvenzstichtag **2 E** 291
- Konkursantrag, Abweisung **2 E** 270
- Konkursverfahren, Eröffnung **2 E** 269
- laufende Leistungen **2 E** 290 ff.
- Leistungsbescheid des Pensions-Sicherungs-Vereins **2 E** 306 ff.
- Nachdienstzeiten **2 E** 264
- Pensions-Sicherungs-Verein **2 E** 265 f., 315 f.
- Rechtsweg bei Streitigkeiten **5 B** 69 f.
- Rentenreformgesetz 1999, Änderungen **2 E** 289
- Sicherungsfälle **2 E** 267 ff.
- unverfallbare Versorgungsanwartschaften **2 E** 296 ff.

2299

(Insolvenzsicherung)
- Unverfallbarkeitsurteil **2 E** 260
- Verbesserungen der Versorgungszusage **2 E** 305
- Vergleich, außergerichtlicher **2 E** 274 ff.
- Vergleichsverfahren, gerichtliches **2 E** 271 ff.
- Versicherungsmißbrauch **2 E** 304 f.
- Vordienstzeiten **2 E** 262 f., 300 f.
- wirtschaftliche Notlage **2 E** 283 ff.
- Zeitpunkt des Sicherungsfalls **2 E** 260

Interessenausgleich 4 A 861 ff.
- Abgrenzung zum Sozialplan **4 A** 863
- Anrufung der Einigungsstelle **4 A** 868 ff.
- Anspruch des Betriebsrats auf Einhaltung **4 A** 859, 861
- Begriff **4 A** 861 ff.
- einstweilige Verfügung des Betriebsrats auf Einhaltung **4 A** 859
- bei Insolvenz **4 A** 874 ff.
- kein Einvernehmen mit Betriebsrat bei Insolvenz **4 A** 880 f.
- Nachteilsausgleich *siehe dort*
- namentliche Bezeichnung der zu kündigenden Arbeitnehmer **4 A** 872 f.
- namentliche Bezeichnung der zu kündigenden Arbeitnehmer bei Insolvenz **4 A** 879
- Regelungsgegenstände **4 A** 862
- Tendenzbetrieb **4 A** 1055, 1057
- und Sozialplan **4 A** 887
- sozialplanpflichtige Betriebsstillegung **4 A** 963
- Versuch **4 A** 865 ff.

Internationales Arbeitsrecht 1 D 1 ff.
- Arbeitskampfrecht **1 D** 32
- Arbeitsvertragsstatut *siehe dort*
- Auslandsberührung **1 D** 5
- Betriebsverfassungsrecht **1 D** 28 f.
- einvernehmliche Rechtswahl **1 D** 6 ff.
- fehlende Rechtswahl **1 D** 11 ff.
- Flugzeugpiloten **1 D** 21
- ordre public-Vorbehalt **1 D** 25 f.
- Schiffsbesatzungen **1 D** 17 ff.
- Tarifrecht **1 D** 30 f.
- Vertragsabschluß vor dem 1. 9. 1986 **1 D** 3
- Vertragsstatut **1 D** 2
- zwingendes deutsches Recht **1 D** 22

Jugendarbeitsschutz
- Beschäftigungsverbot **1 C** 117
- Freizeit **6 A** 52

- Urlaub **2 C** 25, 133 f.
- Urlaub bei Berufsschülern **2 C** 135

Jugend- und Auszubildendenvertretung 4 A 257 ff.
- allgemeines Initiativrecht **4 A** 270 f.
- Amtszeit **4 A** 264 f.
- Anregungsrecht **4 A** 273, 426
- Aufgaben und Befugnisse **4 A** 269 ff.
- Beeinträchtigung wichtiger Interessen durch Betriebsratsbeschluß **4 A** 275
- befristeter Arbeitsvertrag nach BeschFG im Anschluß an Berufsausbildung **3 H** 23
- besonderer Kündigungsschutz **4 A** 279
- Beteiligte im Beschlußverfahren **5 G** 82
- Freistellung **4 A** 287
- Gesamt-Jugend- und Auszubildendenvertretung **4 A** 288
- Geschäftsführung **4 A** 266 ff.
- Gespräche mit Arbeitgeber **4 A** 277
- Kündigungsschutz betrieblicher Funktionsträger *siehe dort*
- Prozeßfähigkeit **5 B** 26
- Sitzungen **4 A** 267
- Sprechstunden **4 A** 278
- Stimmrecht bei Betriebsratssitzungen **4 A** 276
- Teilnahmerecht an Betriebsratssitzungen **4 A** 127, 276
- Überwachungsrecht, -pflicht **4 A** 272
- Unterrichtungsrecht **4 A** 274
- Wahl **4 A** 258 ff.
- Weiterbeschäftigung im Anschluß an die Ausbildung **4 A** 281 ff.
- Zustimmung des Betriebsrats bei außerordentlicher Kündigung **3 J** 164 ff.

Karenzentschädigung
- Anforderungen an Zusage **2 F** 31 f.
- Anrechnung anderweitigen oder böswillig unterlassenen Erwerbs **2 F** 62 ff.
- Ausgleichsklausel **2 F** 68
- Auskunft über anderweitiges Arbeitseinkommen **2 F** 56 f
- Auszahlungsmodalitäten **2 F** 66
- Berechnung **2 F** 58 ff., 65
- Betriebsübergang **2 G** 85
- Höhe **2 F** 30
- Konkursvorrecht **2 F** 70
- nicht zu berücksichtigende Leistungen des Arbeitgebers **2 F** 61
- Pfändbarkeit **2 A** 637
- Pfändungsschutz **2 F** 69

- privat genutzter Dienstwagen **2 F** 59
- salvatorische Klausel **2 F** 32
- Verfall- und Verjährungsfristen **2 F** 67
- Verzug des Arbeitgebers **2 F** 78
- wechselnde Bezüge **2 F** 60
- Wettbewerbsverbot *siehe dort*
- Zwang zum Wohnsitzwechsel **2 F** 64

Kindergeld
- Pfändbarkeit **2 A** 638

Kirchen/kirchliche Einrichtungen
- Abweichungen von Grundregeln des ArbZG **6 A** 79
- Beschlußverfahren **5 G** 11
- besondere Loyalitätspflichten des Arbeitnehmers **2 A** 211
- Betriebsverfassungsrecht **4 A** 60
- Betriebsverfassungsrecht bei Körperschaft des öffentlichen Rechts **4 A** 30
- Frage an Bewerber nach Religionszugehörigkeit **1 C** 38 f.
- Geltung des ArbZG **6 A** 13
- karitative oder erzieherische Einrichtung einer Religionsgemeinschaft **4 A** 1073 f.
- Kündigung wegen Loyalitätsverstoßes **3 D** 70; **3 G** 32
- Meinungsäußerungen **2 A** 246
- Nichtanwendbarkeit des BetrVG **4 A** 33, 1071 ff.
- Nichtgeltung des SprAuG **4 A** 1089
- Zutrittsrecht betriebsfremder Gewerkschaftsbeauftragter **4 A** 72

Klage
siehe Kündigungsschutzklage; Entgeltklage

Klagefrist
- Beginn bei Änderungsschutzklage **5 A** 128
- Beginn bei Kündigung gegenüber Abwesenden **5 A** 25 ff.
- Beginn bei Kündigung mit Einschreiben **5 A** 27
- Beginn bei mündlicher Kündigungserklärung **5 A** 23
- Beginn bei Übergabe der Kündigung an Ehegatte, Kinder usw. **5 A** 28
- Beginn bei Übergabe einer schriftlichen Kündigung **5 A** 24
- Beginn bei Urlaubsreise **5 A** 26
- Beginn bei Vereitelung des Kündigungszugangs **5 A** 29 f.
- Darlegungs- und Beweislast für Kündigungszugang **5 A** 32
- Entfristungsklage **5 A** 69 f.
- Fristberechnung **5 A** 31
- Nachträgliche Klagezulassung *siehe dort*
- Rechtsunwirksamkeit einer Befristung **1 B** 42
- und Vorbehaltserklärungsfrist bei Änderungskündigung **5 A** 125 f.

Kleinbetriebsklausel 3 D 4 ff.
- Betriebsbegriff **3 D** 25 ff.
- Beurteilungszeitpunkt **3 D** 23 f.
- Klein- und Mittelbetriebe mit 6 bis 10 Arbeitnehmern – Übergangsregelung **3 D** 15 f.
- Kleinstbetriebe – Übergangsregelung **3 D** 12 ff.
- Leiharbeitnehmer **3 D** 8
- nachträgliche Veränderung der Arbeitnehmerzahl – Übergangsregelung **3 D** 15 f.
- nicht zu berücksichtigende Personen **3 D** 9
- ruhende Arbeitsverhältnisse **3 D** 10
- Teilzeitbeschäftigte **3 D** 7
- Übergangsregelungen **3 D** 11 ff.
- Verfassungsgemäßheit **3 D** 5

Koalition 4 C 1 ff.
- Arbeitgeberverbände *siehe dort*
- Arbeitskampfbereitschaft **4 C** 9
- Aufgaben **4 C** 32
- Begriff **4 C** 1 ff.
- Bekenntnis zum Abschluß von Tarifverträgen **4 C** 9
- auf Dauer angelegte Vereinigung **4 C** 3
- freie/freiwillige Vereinigung **4 C** 2
- Gegnerfreiheit **4 C** 6
- Gewerkschaften *siehe dort*
- Koalitionsfreiheit *siehe dort*
- korporative Verfassung **4 C** 5
- Mächtigkeit **4 C** 4
- Mitgliederzahl **4 C** 4
- Unabhängigkeit von Staat, Parteien, Kirche **4 C** 7
- Verein **4 C** 5
- Wahrung und Förderung der Arbeits- und Wirtschaftsbedingungen **4 C** 8

Koalitionsfreiheit 4 C 10 ff.
- behindernde/einschränkende Vertragsklauseln **4 C** 13
- Eingriff durch tatsächliche/rechtliche Maßnahmen **4 C** 14
- funktionelle Garantie/Betätigungsschutz **4 C** 20 ff.
- Gewerkschaftswerbung **4 A** 73 f.; **4 C** 22
- individuelle **4 C** 11 ff.
- Information von Gewerkschaften im Betrieb **4 A** 73 f.

(Koalitionsfreiheit)
- institutionelle Garantie/Bestandsschutz **4 C** 16 ff.
- kollektive **4 C** 16 ff.
- negative **4 C** 12
- positive **4 C** 11
- Werbung von Gewerkschaften im Betrieb **4 A** 73 f.; **4 C** 22

Kollisionsrecht
siehe Internationales Arbeitsrecht

Konkurs
- Abfindungsansprüche **2 A** 689
- Absicherung des Arbeitsentgelts **2 A** 681 ff.
- außerordentliche Eigenkündigung **3 E** 69
- betriebsbedingte Kündigung **3 D** 263
- Betriebsübergang **2 G** 56 f., 101 ff.
- Bezüge, Begriff **2 A** 688
- geschützter Personenkreis hinsichtlich Arbeitsentgelt **2 A** 690
- Honoraransprüche der Einigungsstellenmitglieder **4 A** 1019
- Insolvenz *siehe dort*
- Insolvenzsicherung **2 E** 269 f.
- und Interessenausgleich **4 A** 875 ff.
- Karenzentschädigung **2 F** 70
- Konkursausfallgeld **2 A** 693
- Konkursausfallgeld, Pfändung **2 A** 639
- Kündigung durch Konkursverwalter und Betriebsübergang **2 G** 134; **4 A** 882
- als Kündigungsgrund **3 G** 31
- und Nachteilsausgleichsansprüche **4 A** 958 f.
- Schadensersatz nach § 628 Abs. 2 BGB **3 E** 105
- Sozialplan **4 A** 920 ff.
- Urlaubsabgeltung **2 C** 117
- Urlaubsanspruch **2 C** 117
- Urlaubsentgelt **2 C** 117
- Veräußerung des Betriebs durch Konkursverwalter **2 A** 691
- Versorgungsanwartschaften bei Betriebsübergang **2 G** 103 ff.
- Wettbewerbsverbot **2 F** 47
- Zeugnisanspruch **3 I** 20

Konzern
- Begriff iSd. BetrVG **4 A** 8 ff.
- Gemeinschaftsunternehmen **4 A** 9
- natürliche Person als herrschendes Unternehmen **4 A** 10 ff.

Konzernbetriebsrat 4 A 245 ff.
- Auflösung **4 A** 250
- Beteiligter im Beschlußverfahren **5 G** 81
- Entsenderecht **4 A** 249

- Errichtung **4 A** 246 ff.
- Kompetenz **4 A** 251 ff.
- Stimmengewichtung **4 A** 255
- Zuständigkeit **4 A** 251 ff.

Konzernsprecherausschuß 4 A 1146

Krankengeld
- Pfändbarkeit **2 A** 640

Krankheit
- Angebot der Arbeitsleistung nach Gesundung **2 B** 12 ff.
- Angebot der Arbeitsleistung – Krankheit bei oder nach Entlassung **2 B** 17 ff.
- Anlaßkündigung **2 B** 205 ff.
- Anrechnung auf Urlaub **2 B** 146 ff.
- Arbeitsunfähigkeit **2 B** 110 ff.
- Arbeitsunfähigkeitsbescheinigung *siehe dort*
- Auslandserkrankung **2 B** 180 ff., 202 ff.
- bedingter Aufhebungsvertrag **3 B** 10
- Entgeltfortzahlung im Krankheitsfall *siehe dort*
- Fortsetzungskrankheit **2 B** 129 ff.
- Genesungsverzögerung **2 A** 221
- Gratifikation, Kürzung **2 A** 507
- Krankheitsbedingte Kündigung *siehe dort*
- Mitbestimmungsrecht bei Krankengesprächen **4 A** 548
- Mitteilung/Nachweis **2 A** 215 ff.
- nachträgliche Klagezulassung **5 A** 56
- Schwangerschaft **2 B** 121
- Sonderurlaub **2 C** 176 f.
- Sterilisation **2 B** 121
- unverschuldete **2 B** 114 ff.
- Urlaub **2 C** 167 f.
- Urlaub bei langandauernder Krankheit **2 C** 36 f.
- Urlaubsentgelt **2 C** 169

Krankheitsbedingte Kündigung 3 D 76 ff.
- AIDS **3 D** 121
- Alkoholismus **3 D** 118 ff.
- anderweitige Weiterbeschäftigung **3 D** 92
- Anhörung des Betriebsrats bei Kündigung **3 J** 53 ff.
- Aushilfskraft **3 D** 91
- außerordentliche Kündigung unkündbarer Arbeitnehmer **3 D** 116 f.; **3 E** 60; **3 G** 40
- Beurteilungszeitpunkt für Rechtmäßigkeit **3 D** 79 f.
- dauerhafte Arbeitsunfähigkeit **3 G** 36
- Entbindung von der Schweigepflicht **3 D** 83 f.
- Entgeltfortzahlungskosten **3 D** 93

Stichwortverzeichnis

- erhebliche Beeinträchtigung der betrieblichen Interessen **3 D** 89 ff.; **3 G** 33
- Genesungsverzögerung **3 G** 39
- häufige Kurzerkrankungen **3 D** 109 ff.; **3 G** 34
- Interessenabwägung **3 D** 97 ff.; **3 G** 33
- krankheitsbedingte Leistungsminderung **3 D** 114 f.; **3 G** 37
- Krankheitsbegriff **3 D** 76
- langanhaltende Erkrankung **3 D** 101 ff.; **3 G** 35
- langanhaltende Erkrankung, Darlegungs- und Beweislast **3 D** 104 ff.
- langanhaltende Erkrankung, Dauer **3 D** 102
- langanhaltende Erkrankung, Prognose **3 D** 103, 107
- leidensgerechter Arbeitsplatz **3 D** 95 f.
- negative Prognose **3 D** 85 ff.; **3 G** 33
- objektive Umstände **3 D** 81 ff.
- Personalreserve **3 D** 90
- Prüfungsschema **3 D** 127
- ultima-ratio-Prinzip **3 D** 94
- Ungewißheit dauernder Arbeitsunfähigkeit **3 D** 108
- verhaltensbedingte Kündigung wegen Pflichtverletzungen im Zusammenhang mit Arbeitsunfähigkeit **3 D** 191 f.
- Vortäuschen einer Krankheit **3 G** 38

Kündigung
- allgemeine Feststellungsklage gegen Eigenkündigung **5 A** 85
- Änderungskündigung *siehe dort*
- Angebot der Arbeitsleistung nach Kündigung **2 B** 8 f., 15 f.
- und Aufhebungsvertrag **3 B** 17 f.
- Ausschlußfrist, Beginn **2 A** 576 ff.
- Außerordentliche Kündigung *siehe dort*
- Austauschkündigung **3 G** 19
- Beteiligungsrechte des Sprecherausschusses **4 A** 1130 ff.
- als Betriebsbuße **2 D** 43
- Betriebsratsanhörung *siehe* Anhörung des Betriebsrats bei Kündigung
- Druckkündigung *siehe dort*
- wegen eigenmächtigen Urlaubsantritts **3 D** 200 f.; **3 G** 56
- nach Einigungsvertrag *siehe* Kündigung nach Einigungsvertrag
- Einspruch beim Betriebsrat **3 J** 155
- falsche/unterbliebene Informationen durch Stellenbewerber **1 C** 54
- Freistellung von der Arbeitsleistung **2 A** 699 ff.
- Frist *siehe* Kündigungsfristen
- Geheimnisverrat **2 A** 265
- Kündigungserklärung *siehe dort*
- Kündigungsschutz *siehe dort*
- eines Leiharbeitnehmers bei wiederholter Wiedereinstellung **6 C** 28 f.
- minderjähriger Auszubildender **1 B** 146
- Ordentliche Kündigung *siehe dort*
- privatgenutztes Firmenfahrzeug **2 A** 415 f.
- in der Probezeit **1 B** 66 f.
- Rückzahlung Arbeitgeberdarlehen **2 A** 429 ff.
- Rückzahlung der Gratifikation bei Eigenkündigung **2 A** 514 ff.
- sittenwidrige **3 D** 57; **5 A** 103 ff.
- Sperrzeit bei offensichtlich rechtswidriger Kündigung **6 B** 19, 21
- Teilkündigung **3 A** 42 ff.; **3 C** 142
- Tendenzträger **4 A** 1066 ff.
- treuwidrige **3 D** 58
- Umdeutung in Angebot auf Abschluß eines Aufhebungsvertrags **3 B** 28
- unternehmensschädliche Meinungsäußerungen **2 A** 249
- Unwirksamkeitsgründe **3 D** 55 ff.
- und Urlaubsgewährung **2 C** 52 ff.
- Verdachtskündigung *siehe dort*
- vorsorgliche (erneute) Kündigung **3 C** 136 f.

Kündigung nach Einigungsvertrag
- Auflösung der bisherigen Beschäftigungsstelle **3 D** 348
- fehlende Verwendungsmöglichkeit wegen Änderung der Beschäftigungsstelle **3 D** 349
- mangelnde fachliche Qualifikation **3 D** 343
- mangelnde persönliche Eignung **3 D** 344 f.
- mangelnder Bedarf **3 D** 346 ff.
- ordentliche Kündigung **3 D** 339 ff.
- Verhältnis zum KSchG **3 D** 340

Kündigungserklärung 3 C 1 ff.
- Abgrenzung zu anderen Maßnahmen **3 C** 7 ff.
- gegenüber Abwesenden **3 C** 92 ff.; **5 A** 25 ff.
- Abwesenheit des Arbeitnehmers **3 C** 102
- Anfechtung der Eigenkündigung **3 C** 127
- Anfechtung der Eigenkündigung in Unkenntnis der Schwangerschaft **3 F** 19

(Kündigungserklärung)
- Angabe des Kündigungsgrundes **3 C** 22 ff.
- Annahmeverweigerung **3 C** 104 f.; **5 A** 29 f.
- unter Anwesenden **3 C** 89 ff.; **5 A** 23 f.
- Auslegung **3 C** 2 f.
- Auslegung der Erklärung **3 C** 20 f.
- durch bevollmächtigten Anwalt **3 C** 50, 59 f.
- Darlegungs- und Beweislast für Zugang **3 C** 106; **5 A** 32
- vor Dienstantritt **3 C** 30 ff.
- Einschreibebrief **3 C** 99
- Empfangsbote **3 C** 95; **5 A** 28
- Empfangsvertreter **3 C** 69 ff.
- erneute Kündigung und anwaltliche Vertretung **3 C** 73 ff.
- fehlende Unterschrift **3 C** 49
- Formvorschriften im Arbeitsvertrag **3 C** 41 ff.
- Formvorschriften in Tarifvertrag/Betriebsvereinbarung **3 C** 39 f.
- Frist *siehe* Kündigungsfristen
- juristische Person **3 C** 51 f.
- Kündigungsbefugnis **3 C** 4 ff.
- Kündigungsbestätigung **3 C** 14
- Kündigungsrücknahme **3 C** 129 ff.
- Kündigungsrücknahme und Auflösungsantrag **3 C** 131
- Kündigungsrücknahme im Kündigungsschutzprozeß **3 C** 131 f.
- längere Abwesenheit des Arbeitnehmers **3 C** 102
- Nachschieben von Kündigungsgründen **3 C** 25 ff.
- Ort **3 C** 28
- durch Personalabteilungsleiter **3 C** 58
- Risiken hinsichtlich Zugang der Erklärung **3 C** 100
- Schriftform als Wirksamkeitsvoraussetzung **3 C** 45 ff.
- und Schwangerschaft **3 C** 16
- Schwerbehinderte **3 C** 86
- Telefax **3 C** 101
- Umdeutung *siehe dort*
- Umzug des Arbeitnehmers **3 C** 97 f.
- zur Unzeit **3 C** 29
- Urlaubsabwesenheit **3 C** 102 f.
- Widerruf **3 C** 128
- Zeit **3 C** 28
- Zugang **3 C** 79 ff.
- Zugang der Kündigung gegenüber Abwesenden **3 C** 92 ff.
- Zugangsvereitelung **3 C** 104 f.; **5 A** 29 f.
- Zurückweisung wegen fehlenden Nachweises der Vollmacht **3 C** 62 ff.
- Zweitwohnsitz des Arbeitnehmers **3 C** 96

Kündigungsfristen 3 C 144 ff.
- abweichende Tarifregelungen **3 C** 182 ff.
- Altverträge **3 C** 158
- arbeitnehmerähnliche Personen **3 C** 148 f.
- Arbeitnehmerüberlassung **6 C** 34
- Aushilfsarbeitsverhältnis **1 B** 70, 72; **3 C** 173 ff.
- befristetes Probearbeitsverhältnis **3 C** 168 ff.
- Berechnung **3 C** 151 ff.
- deklaratorische Tarifregelung **3 C** 184
- Einhaltung durch beide Parteien **3 C** 145
- einzelvertragliche Verkürzung **3 C** 167 ff.
- einzelvertragliche Verlängerung **3 C** 160 ff.
- Grundkündigungsfrist **3 C** 146
- Hausangestellte/-gehilfen **3 C** 148
- Inbezugnahme von Tarifregelungen **3 C** 178 ff.
- Kleinunternehmen **3 C** 173, 176
- konstitutive Tarifregelung **3 C** 185 f.
- Kündigung vor Dienstantritt **3 C** 32 ff.
- Probezeit **3 C** 168 ff.
- Sonderregelungen **3 C** 150
- im Tarifvertrag **4 C** 136
- verlängerte **3 C** 146
- Zweckbefristung **1 B** 42
- zwingende **3 C** 156

Kündigungsgrund
- Angabe in Kündigungserklärung **3 C** 22 ff.
- Kündigungsgründe von A–Z **3 G** 1 ff.
- im Kündigungsschreiben bei Berufsausbildungsverhältnis **1 B** 141
- Wegfall und Wiedereinstellungsanspruch **3 D** 332 ff.

Kündigungsschutz betrieblicher Funktionsträger 3 F 64 ff.
- Ausschlußfrist bei außerordentlicher Kündigung **3 E** 84 ff.; **3 F** 87
- Beginn bei Betriebsratsmitgliedern **3 F** 72 f.
- Beginn bei Ersatzmitgliedern **3 F** 74
- Beginn bei Wahlbewerbern **3 F** 71
- Beginn bei Wahlvorstandsmitgliedern **3 F** 70

- Betriebsstillegung 3 F 95 ff.
- Betriebsveräußerung 3 F 97
- Dauer 3 J 170 ff.
- Ende 3 F 75 ff.
- Entscheidung über Zustimmungsantrag 3 J 186 ff.
- Frist bei Zustimmungsersetzungsverfahren 5 G 116
- geschützter Personenkreis 3 F 65 f.; 3 J 166 ff.
- Interessenabwägung bei außerordentlicher Kündigung 3 F 85 f.
- nachwirkender Kündigungsschutz 3 F 68, 78 ff.
- nachwirkender Kündigungsschutz von Wahlbewerbern 3 F 80
- nachwirkender Kündigungsschutz von Wahlvorstandsmitgliedern 3 F 79
- Sperrzeit bei Kündigungshinnahme 6 B 17
- Sprecherausschuß 4 A 1094
- Stillegung einer Betriebsabteilung 3 F 101
- Umfang 3 F 67
- Unterrichtung des Betriebsrats 3 J 183 ff.
- Versetzung 3 F 67
- Weiterbeschäftigung in anderem Betrieb des Unternehmens bei Betriebsstillegung 3 F 100
- wichtiger Kündigungsgrund 3 F 83 f.; 3 J 177 ff.
- Zulässigkeit der außerordentlichen Kündigung 3 F 82 ff.
- Zumutbarkeitsprüfung bei außerordentlicher Kündigung 3 E 63
- Zustimmung des Betriebsrats 3 F 88 ff.; 3 J 164 ff., 183 ff.
- Zustimmungsersetzungsverfahren 3 F 91 ff.; 3 J 190 ff.

Kündigungsschutz für Betriebsbeauftragte 3 F 102 ff.
- Abfallbeauftragter 3 F 110
- Gewässerschutzbeauftragter 3 F 108 f.
- Immissionsschutzbeauftragter 3 F 103 ff.
- Störfallbeauftragter 3 F 107

Kündigungsschutz des Erziehungsurlaubers 3 F 24 ff.
- besonderer Fall, Begriff 3 F 28
- besonderer Fall, Verwaltungsvorschriften 3 F 29
- Eigenkündigung 3 F 32
- Geltungsbereich nach BErzGG 3 F 25
- Interessenabwägung bei Kündigungszulassung 3 F 30
- Kündigung in besonderen Fällen 3 F 27 ff.
- maßgeblicher Zeitraum 3 F 26
- Verhältnis zum Kündigungsschutz nach MuSchG 3 F 24
- zuständige Behörde für Kündigungszulassung 3 F 31

Kündigungsschutz nach MuSchG 3 F 1 ff.
- Aufhebungsvertrag 3 F 21
- befristeter Arbeitsvertrag 3 F 22
- besonderer Fall, Begriff 3 F 10 f.
- Eigenkündigung in Unkenntnis der Schwangerschaft 3 F 19
- Entbindung 3 F 4
- Feststellung des Schwangerschaftsbeginns 3 F 5
- Geltungsbereich des Kündigungsverbots 3 F 2
- Kündigungsverbot 3 F 1 ff.
- Kündigungszulassung durch Verwaltungsakt 3 F 14
- Mitteilung an den Arbeitgeber 3 F 6 ff.
- Schriftform der Kündigung 3 F 14
- Schwangerschaft 3 F 3
- Sonder-Eigenkündigungsrecht 3 F 17 f.
- Sperrzeit bei Kündigungshinnahme 6 B 17
- Unterrichtung der Aufsichtsbehörde bei Eigenkündigung 3 F 20
- Verhältnis zu Kündigungsschutz nach BErzGG 3 F 24
- zulässige Kündigung in besonderen Fällen 3 F 9 ff.
- Zulassung der Kündigung durch Verwaltungsbehörde 3 F 12 ff.
- zuständige Behörde für Kündigungszulassung 3 F 13

Kündigungsschutz Schwerbehinderter 3 C 86; 3 F 33 ff.
- Antragsfrist bei außerordentlicher Kündigung 3 F 55 f.
- ausgenommene Personengruppen 3 F 39, 41
- Ausspruch der außerordentlichen Kündigung nach (fiktiver) Zustimmung Hauptfürsorgestelle 3 F 59 f.
- Ausspruch der ordentlichen Kündigung nach Zustimmung Hauptfürsorgestelle 3 F 50 ff.
- befristeter Arbeitsvertrag 3 F 40
- Berufs-/Erwerbsunfähigkeit auf Zeit 3 F 63

(Kündigungsschutz Schwerbehinderter)
- Betriebsratsanhörung **3 F** 61 f.
- Geltungsbereich des SchwbG **3 F** 34 ff.
- Gleichgestellte **3 F** 36
- Grad der Behinderung **3 F** 35
- – Entscheidung bei außerordentlicher Kündigung **3 F** 54 ff.
- – Entscheidung bei ordentlicher Kündigung **3 F** 47 ff.
- – Entscheidungskriterien bei außerordentlicher Kündigung **3 F** 57
- – Ermessen bei ordentlicher Kündigung **3 F** 48
- Kenntnis des Arbeitgebers **3 F** 42 ff.
- schwerbehindertes Betriebsratsmitglied **3 E** 91; **3 F** 62
- Sperrzeit bei Kündigungshinnahme **6 B** 17
- Wartezeit **3 F** 38
- Zustimmungsfiktion bei außerordentlicher Kündigung **3 F** 58

Kündigungsschutzgesetz
- Anwendbarkeit bei Berufsausbildungsverhältnissen **1 B** 148
- Arbeitnehmerbegriff **3 D** 30 f.
- Betriebsbegriff **3 D** 25 f.
- und Einigungsvertrag **3 D** 340
- Franchisenehmer **3 D** 46
- freie Mitarbeiter **3 D** 43 ff.
- Geschäftsführer **3 D** 34 ff.
- Gesellschafter **3 D** 42
- Gesetzesänderung **3 D** 3
- günstigere Regelungen für Arbeitnehmer **3 D** 2
- Kleinbetriebsklausel *siehe dort*
- leitende Angestellte **3 D** 32 f.
- und sittenwidrige Kündigung **3 D** 57
- und treuwidrige Kündigung **3 D** 58
- Unterbrechung der Wartezeit **3 D** 50 ff.
- Wartezeit **3 D** 47 ff.
- zwingendes Recht **3 D** 1

Kündigungsschutzklage 5 A 3 ff.
- und allgemeine Feststellungsklage **5 A** 17 f., 79
- Änderungsschutzklage *siehe dort*
- Antragsmuster **5 A** 18 ff.
- Auflösungsantrag *siehe dort*
- und Entgeltklage **5 A** 208
- Feststellungsklage **5 A** 13, 79
- als Geltendmachung des Urlaubsanspruchs **2 C** 105
- gewillkürter Parteiwechsel **5 A** 36
- hilfsweises Verklagen des richtigen Arbeitgebers **5 A** 37
- und Klage auf Abfindungszahlung **5 A** 14
- Klagefrist *siehe dort*
- Kündigungsschutzverfahren *siehe dort*
- mehrere Kündigungen **5 A** 15 f.
- Nachträgliche Klagezulassung *siehe dort*
- Parteibezeichnung **5 A** 33 f.
- Rubrumsberichtigung **5 A** 35
- Streitgegenstand **5 A** 15 f.
- Streitwert **5 I** 3 ff.
- Voraussetzungen des allgemeinen Kündigungsschutzes **5 A** 6
- Weiterbeschäftigung auf bisherigem Arbeitsplatz bei Änderungskündigung **3 A** 141 ff.
- und Wiedereinstellungsanspruch **3 D** 335
- zuständiges Gericht **5 A** 38 ff.

Kündigungsschutzverfahren
- Aufhebungsvertrag **3 B** 65
- Auflösungsantrag *siehe dort*
- Ausschlußfrist, Beginn **2 A** 577
- Darlegungs- und Beweislast **5 A** 7 ff.
- Darlegungs- und Beweislast des Arbeitnehmers bei ordentlicher/außerordentlicher Kündigung **5 A** 8
- Darlegungs- und Beweislast: sechsmonatige Wartezeit **5 A** 8 ff.
- Klagefrist *siehe dort*
- und Kündigung wegen Betriebsübergangs **2 G** 143 ff.
- Kündigungsrücknahme **3 C** 131.
- Kündigungsschutzklage *siehe dort*
- Nachschieben von Kündigungsgründen **3 C** 26; **3 J** 135 ff.
- Umdeutung außerordentliche in ordentliche Kündigung **3 C** 122 ff.
- vorsorgliche (erneute) Kündigung **3 C** 136 f.
- Weiterbeschäftigungsanspruch *siehe dort*
- nach Zustimmungsersetzungsverfahren **3 J** 199 f.

Kur
- Entgeltfortzahlung **2 B** 122 f.
- Urlaubsanrechnung **2 B** 160 ff.; **2 C** 171 ff.
- Urlaubsanschluß **2 C** 49

Kurzarbeit 2 A 135 ff.
- Änderungskündigung **2 A** 137
- Annahmeverzug **2 B** 71 ff.
- Anzeige über den Arbeitsausfall **6 B** 123
- betriebsbedingte Kündigung **3 D** 259, 280

Stichwortverzeichnis

- einzelvertragliche Vereinbarung **2 A** 135
- Entgeltfortzahlung an Feiertagen **2 B** 234 f.
- erheblicher Arbeitsausfall **6 B** 120
- Ermächtigung des Arbeitsamtes **2 A** 136
- und Freistellung **2 A** 135 ff.
- kollektivrechtliche Grundlage **2 A** 136
- Kurzarbeitergeld *siehe dort*
- Mitbestimmung **2 A** 138; **4 A** 570 ff.
- Mitbestimmung bei Anordnung im Arbeitskampf **4 A** 576
- unvermeidbarer Arbeitsausfall **6 B** 120
- vorübergehender Arbeitsausfall **6 B** 120

Kurzarbeitergeld 6 B 118 ff.
- Antrag **6 B** 126
- betriebliche Anspruchsvoraussetzungen **6 B** 121
- Dauer **6 B** 124
- Höhe **6 B** 125
- persönliche Anspruchsvoraussetzungen **6 B** 122
- Pfändbarkeit **2 A** 641
- und leistungsbezogene Arbeitsentgelte **2 A** 358
- Zweck **6 B** 118

Kürzung von Gratifikationen
- wegen Arbeitsunfähigkeit **2 A** 507
- bei Entgeltcharakter **2 A** 501 ff.
- wegen Fehlzeiten **2 A** 500 ff.
- bei krankheitsbedingten Fehlzeiten **2 B** 168 ff.
- wegen Nichtleistung **2 A** 161
- bei Rechtsgrundlage Betriebstreue **2 A** 508 f.
- bei Sonderzahlung mit Mischcharakter **2 A** 510
- bei tatsächlicher Arbeitsleistung als Rechtsgrundlage **2 A** 506 f.

Leiharbeit
siehe Arbeitnehmerüberlassung

Leistungsbezogene Arbeitsentgelte 2 A 328 ff.
- Akkordlohn *siehe dort*
- Arbeitsverhinderung **2 A** 354
- Befristung **2 A** 348
- Betriebs- und Dienstvereinbarungen **2 A** 351
- Feiertag **2 A** 355
- Kurzarbeitergeld **2 A** 358
- Leistungszulage **2 A** 336
- Mitbestimmung **4 A** 634 f.
- Schwangere **2 A** 357
- Urlaubsentgelt **2 A** 356
- Vereinbarung **2 A** 341 ff.
- Widerrufsvorbehalt **2 A** 349
- Zuordnung **2 A** 340

Leistungsmangel
siehe Eignungs-/Leistungsmangel; Schlechtleistung

Leistungsstörungen
siehe Unmöglichkeit/Verzug

Leitende Angestellte 1 A 80 ff.
- Anhörung des Betriebsrats bei Kündigung **3 J** 20 f.
- außerdienstliches Verhalten **2 A** 219
- bedeutsame Aufgaben für Bestand oder Entwicklung des Unternehmens/Betriebes **1 A** 100 ff.
- Berechtigung zur selbständigen Einstellung und Entlassung **1 A** 89 ff., 116 ff.
- besondere Erfahrungen und Kenntnisse **1 A** 102
- Definition des BetrVG **1 A** 84 ff.
- Definition des KSchG **1 A** 111 ff.; **3 D** 32 f.
- Förderung des Unternehmenszwecks **2 A** 209
- funktionsbezogene Definition **1 A** 85 ff.
- Gegenstandswert im Beschlußverfahren bei Statusstreit **5 I** 109
- Generalvollmacht **1 A** 94 ff.
- Geschäftsführer, Betriebsleiter und ähnliche **1 A** 112 ff.
- Kapitän in der Seeschiffahrt **4 A** 1080
- Kündigungsschutzgesetz **3 D** 32 f.
- Nichtgeltung des ArbZG **6 A** 10 f.
- Nichtgeltung des BetrVG **4 A** 56
- Prokura **1 A** 94 ff.
- Prüfungsschema **1 A** 110
- Sprecherausschuß *siehe dort*
- Statusstreit **5 G** 22
- Überstunden/Mehrarbeit **2 A** 368 f.
- Versammlung **4 A** 1111
- weisungsfreie Entscheidungen/maßgebliche Beeinflussung von Entscheidungen **1 A** 103 f.
- Weiterbeschäftigungsanspruch **4 A** 1134
- Zuordnungsstreit vor Wahlen **4 A** 103
- Zweifelsregel **1 A** 105 ff.

Lohn
siehe Arbeitsentgelt

Lohnfortzahlung im Krankheitsfall
siehe Entgeltfortzahlung im Krankheitsfall

Lohngleichheit
siehe Gleichbehandlung

2307

Lohnpfändung
- Ansprüche aus unerlaubten Handlungen **2 A** 661
- Arbeitseinkommen, Begriff **2 A** 621
- Auskunftspflicht des Arbeitgebers **2 A** 663
- Bruttobetrag **5 H** 38 f.
- Bruttolohn bei erfolgten Netto-Teilleistungen **5 A** 204
- Bruttovergütung – Lohnsteuer- und Beitragsabführung **2 A** 611
- Einkommensteuer **5 H** 38 f.
- Erhöhung des pfändbaren Teils **2 A** 662
- Ermäßigung des pfändbaren Teils **2 A** 662
- Karenzentschädigung **2 A** 637; **2 F** 69
- Kündigung wegen mehrerer Lohnpfändungen **3 D** 205; **3 G** 42
- Nettoeinkünfte **2 A** 657
- Pfändbarkeit einzelner Einkunftsarten **2 A** 623 ff.
- Pfändbarkeit des Urlaubsgeldes **2 A** 653; **2 C** 113 f.
- Pfändbarkeit der Weihnachtsgratifikation **2 A** 523, 655
- Pfändungsschutz **2 A** 620 ff.; **5 H** 35, 37
- Pfändungsschutz Girokonto **2 A** 665
- und Sozialversicherungsbeiträge **5 H** 38 f.
- Streitwert bei Drittschuldnerprozeß **5 I** 71
- Unterhaltsverpflichtungen **2 A** 659 f.
- Vergleich brutto = netto **5 H** 39
- verschleiertes Arbeitseinkommen **2 A** 664

Lohnsteuer
siehe Einkommensteuer

Luftfahrt
- Betriebsverfassungsrecht **4 A** 32, 1077

Mankohaftung
- Beweislast **2 I** 57 f.
- Haftungsbeschränkungen **2 I** 61
- Mankogelder, Pfändbarkeit **2 A** 643
- Mankovereinbarung **2 I** 50 ff., 63
- ohne Mankovereinbarung **2 I** 55 ff.
- Mitverschulden des Arbeitgebers **2 I** 62
- wirtschaftlich selbständige Arbeitnehmer **2 I** 59 f.

Massenentlassungen
- Anhörung des Betriebsrats **3 J** 72 ff.
- Aufhebungsverträge, Anzeigepflicht **3 B** 3, 88
- Beteiligung des Betriebsrats **3 J** 156 ff.

Medizinische Vorsorge oder Rehabilitation
siehe Kur

Mehrarbeit
siehe Überstunden

Mehrfachbeschäftigung
- Arbeitszeit bei mehreren Teilzeitarbeitsverhältnissen **6 A** 115
- Ausschluß von betrieblicher Altersversorgung in Zweitarbeitsverhältnis **2 E** 134
- Überschreitung der gesetzlichen Arbeitszeit-Höchstgrenzen **6 A** 6
- Urlaub **2 C** 84

Meinungsäußerung
- Beleidigung siehe dort
- als Kündigungsgrund **2 A** 249; **3 D** 198; **3 G** 43
- unternehmensschädliche **2 A** 243 ff.

Mitbestimmung
siehe Unternehmensmitbestimmung

Mitbestimmungsrechte
siehe Beteiligungsrechte

Miteigentum 2 A 420 ff.

Mittelbare Diskriminierung 2 A 852 ff.
- siehe auch Gleichbehandlung
- bei betrieblicher Altersversorgung **2 E** 118 ff.
- geringfügig Beschäftigter **2 A** 858
- sachlicher Grund **2 A** 856
- Tarifverträge **2 A** 855
- Teilzeitarbeit **2 A** 853

Mittelbares Arbeitsverhältnis 1 B 102

Mitverschulden
- bei Arbeitnehmerhaftung **2 I** 38 ff.
- bei Mankohaftung **2 I** 62

Mobbing 2 A 203
- siehe auch Beleidigung, Betriebsfrieden

Mündliche Verhandlung 5 C 35 ff.
- Absetzung des Urteils **5 C** 41
- Anstreben gütlicher Einigung **5 C** 37
- Aussetzung des Verfahrens **5 C** 44 ff.
- Beweisaufnahme **5 C** 38
- Beweisaufnahme und Parteifähigkeit **5 B** 8
- einstweilige Verfügung **5 H** 67 f.
- Rechtsbehelfsbelehrung **5 C** 42
- sachliche Aufklärungspflicht **5 C** 36
- Verkündung des Urteils **5 C** 40
- Vertagung **5 C** 39

Mutterschutz
- Beschäftigungsverbot **1 C** 119
- kein Annahmeverzug des Arbeitgebers im Ausnahmefall **3 F** 23

Stichwortverzeichnis

– Kündigungsschutz nach MuSchG *siehe dort*
– Mutterschaftsgeld, Pfändung **2 A** 645
– Mutterschaftsgeld bei Streik **4 C** 59
– Mutterschutzlohn bei Streik **4 C** 59

Nachschieben von Kündigungsgründen 3 C 26; **3 J** 135 ff.
– Anhörung des Betriebsrats **3 C** 27; **3 E** 15; **3 J** 135 ff.
– Ausschlußfrist bei außerordentlicher Kündigung **3 E** 72
– bei außerordentlicher Kündigung **3 E** 14 f.
– Kündigungserklärung **3 C** 25 ff.

Nacht- und Schichtarbeit 6 A 53 ff.
– Abweichungen von den Grundregeln **6 A** 76
– Abweichungsbefugnisse der Tarifvertragsparteien **6 A** 69 ff.
– Betriebsvereinbarung **6 A** 55
– Drei-Schicht-System **6 A** 53
– Forschungsinstitutionen **6 A** 68
– Freizeitausgleich **6 A** 66
– menschengerechte Gestaltung der Arbeit **6 A** 55
– Nachtarbeit, Begriff **6 A** 53
– Nachtarbeitnehmer, Begriff **6 A** 53 f.
– Soll- oder Muß-Charakter des § 6 ArbZG **6 A** 56
– Sonn- und Feiertagsruhe in Mehrschichtbetrieben **6 A** 84
– Umsetzung auf Tagarbeitsplatz **6 A** 60 ff.
– Untersuchung **6 A** 58 f.
– werktägliche Arbeitszeit für Nachtarbeiter **6 A** 57
– Zuschlag für Nachtarbeiter **6 A** 66

Nachteilsausgleich 4 A 942 ff.
– Abfindungshöhe **4 A** 954 f.
– Abfindungsklage **4 A** 960 ff.
– Abweichen von einem Interessenausgleich **4 A** 943 ff.
– Anrechnung von Sozialplanabfindungen **4 A** 957
– Betriebsänderung ohne Interessenausgleich **4 A** 946 ff.
– Fälligkeit der Abfindung **4 A** 956
– und Insolvenz **4 A** 958 f.
– Kündigungen **4 A** 949 ff.
– sonstige wirtschaftliche Nachteile **4 A** 952 f.
– Tendenzbetrieb **4 A** 1057

Nachträgliche Klagezulassung 5 A 42 ff.
– Antragsfrist **5 A** 45 ff.
– Antragsmuster **5 A** 59
– Auslandsaufenthalt **5 A** 55
– Beschluß **5 A** 61
– Darlegungs- und Beweislast für Fristwahrung **5 A** 48
– Entfristungsklage **5 A** 71
– fehlerhafte Auskunft einer zuverlässigen Stelle **5 A** 51 ff.
– Inhalt des Antrags **5 A** 44
– Krankheit **5 A** 56
– materielle Voraussetzungen **5 A** 49 ff.
– Rechtskraft des Beschlusses **5 A** 65 ff.
– sofortige Beschwerde **5 A** 62 f.
– Urteil **5 A** 64
– Verschulden des Prozeßbevollmächtigten **5 A** 58

Nachvertragliches Wettbewerbsverbot *siehe* Wettbewerbsverbot, nachvertragliches

Nachweisgesetz 1 C 128 ff.
– Arbeitsbedingungen **2 A** 31
– Änderung **2 A** 323
– einvernehmliche Änderung des Arbeitsvertrages **3 A** 6 ff.
– Informationspflicht des Arbeitgebers **2 A** 730
– Vergütungsvereinbarung **2 A** 305

Nebentätigkeit 2 A 222 ff., 711
– Anzeigepflicht **2 A** 226 ff.
– Ausschluß von betrieblicher Altersversorgung **2 E** 133
– Beeinträchtigung der Belange des Betriebes **2 A** 223
– Einstellung oder Einschränkung **2 A** 230
– generelles Verbot **2 A** 224
– geringfügige Beschäftigungen **2 A** 229
– Höchstarbeitszeit **2 A** 231
– Konkurrenztätigkeit **2 A** 223
– Mehrfachbeschäftigung *siehe dort*
– Schwarzarbeit **2 A** 232
– Wettbewerbsverbot **2 A** 269
– Zustimmung des Arbeitgebers **2 A** 225

Nichtzulassungsbeschwerde 5 F 1 ff.
– Antrag des Beschwerdeführers **5 F** 59
– Antrag des Beschwerdegegners **5 F** 60
– aufschiebende Wirkung **5 F** 44
– Auslegung eines raumgreifenden Tarifvertrages **5 F** 8 ff.
– Begründungspflicht **5 F** 37 f.
– Bindungswirkung **5 F** 48 ff.
– Darlegungslast bei Divergenzbeschwerde **5 F** 29 ff.

2309

Stichwortverzeichnis

(Nichtzulassungsbeschwerde)
- Darlegungslast bei Grundsatzbeschwerde 5 F 13 ff.
- Divergenz, Begriff 5 F 19 ff.
- Divergenzbeschwerde 5 F 18 ff., 32
- divergenzfähige Gerichte 5 F 25 ff.
- Fristen 5 F 34 ff.
- Grundsatzbeschwerde 5 F 3 ff., 17
- Inhalt 5 F 40 ff.
- Mitwirkung ehrenamtlicher Richter 5 F 52 ff.
- Rechtsbeschwerde *siehe dort*
- Tarifauseinandersetzung 5 F 5 ff.
- unerlaubte Handlungen 5 F 12
- Unzulässigkeit/Unbegründetheit 5 F 57 f.
- und Verfassungsbeschwerde 5 F 36, 50
- Zeitpunkt der divergenzfähigen Entscheidung 5 F 24
- Zulassung der Revision 5 F 47
- Zurückweisung 5 F 46

Öffentlicher Dienst
- Arbeitnehmer 1 A 122 f.
- außerdienstliches Verhalten 2 A 219
- befristete Arbeitsverträge 1 B 38, 3 H 58 ff.
- betriebliche Übung 2 A 879
- Betriebsverfassungsrecht 4 A 28 f.
- Eingruppierung 2 A 375
- Meinungsäußerungen 2 A 246
- Treuepflicht 2 A 210
- vorübergehende Übertragung höherwertiger Tätigkeit 3 H 64 f.

Ordentliche Kündigung
- *siehe auch* Kündigung
- Abgrenzung zur außerordentlichen Kündigung 3 C 133 f.
- und allgemeine Feststellungsklage 5 A 97 f.
- allgemeine Feststellungsklage gegen Eigenkündigung 5 A 85
- bedingte Kündigung 3 C 138 ff.
- befristeter Arbeitsvertrag 3 H 79 ff.
- Berufsausbildungsverhältnis während der Probezeit 1 B 138 f.
- Einspruch beim Betriebsrat 3 J 155
- Krankheit nach Ablauf Kündigungsfrist und Angebot der Arbeitsleistung 2 B 17 ff.
- Kündigung nach Einigungsvertrag *siehe dort*
- Kündigungsfristen *siehe dort*
- Personenbedingte Kündigung *siehe dort*
- Potestativbedingung 3 C 140 f.
- Sperrzeit bei Hinnahme einer entfristeten ordentlichen Kündigung 6 B 18
- tarifliche Beendigungsnormen 4 C 135 f.
- Teilkündigung 3 C 142
- Tendenzträger 4 A 1067
- Umdeutung in außerordentliche Kündigung 3 C 110
- und Urlaubsgewährung 2 C 52 f.
- Verhaltensbedingte Kündigung *siehe dort*
- und Wettbewerbsverbot 2 F 42
- und Widerspruch gegen Betriebsübergang 2 G 62 f.

Ort der Arbeitsleistung
siehe Arbeitsort

Parteifähigkeit
- Arbeitgeberverbände 5 B 19
- Begriff 5 B 3 f.
- Beweisaufnahme 5 B 8
- Gerichtsstand 5 B 5
- Gesellschaft in Liquidation 5 B 13
- Gewerkschaften 5 B 16 ff.
- Prozeßhandlungen 5 B 6
- Prozeßkostenhilfe 5 B 7
- Rechtsfähigkeit 5 B 11 ff.
- Rechtsfähigkeit gemäß § 50 ZPO 5 B 11 ff.
- Umfang der Rechtskraft 5 B 9
- Vorgesellschaften 5 B 12

Pausen
siehe Ruhepausen

Pensionskassen
- Arten 2 E 57
- Ausscheiden vor Eintritt des Versorgungsfalls 2 E 62
- Beitritt 2 E 60 f.
- Dreiecksverhältnis 2 E 58
- Finanzierung 2 E 59
- Mitbestimmung 2 E 154 f.
- Rechtsbeziehungen 2 E 60 f.
- Rechtsformen 2 E 53 ff.
- Versorgungsfall 2 E 63

Pensions-Sicherungs-Verein 2 E 265 f., 315 f.
- Anwartschaftsausweis 2 E 306 ff.
- Eintrittpflicht für laufende Leistungen 2 E 290 ff.
- Forderungsübergang 2 E 309 f.
- Leistungsbescheid 2 E 306 ff.

Personalakte
- Abmahnung, Entfernungsanspruch **2 A** 747; **3 D** 170 ff.
- Aufbewahrung **4 A** 393
- Aufbewahrungsfristen **2 A** 761
- Begriff **2 A** 743; **4 A** 390 f.
- Berichtigungsanspruch **2 A** 747
- Betriebsbuße **2 D** 45
- Datenschutz **2 A** 750 ff.
- Einsichtsrecht **2 A** 749; **4 A** 389 ff.
- Erklärungen des Arbeitnehmers zur Personalakte **4 A** 399
- Führung **4 A** 392
- Gegendarstellung **2 A** 745 f.
- Hinzuziehung eines Betriebsratsmitglieds bei Einsicht **4 A** 397
- Inhalt **2 A** 744
- Umfang des Einsichtsrechts **4 A** 395
- Vertraulichkeit **2 A** 748
- Zeitpunkt der Einsicht **4 A** 394
- Zwangsvollstreckung Entfernung der Abmahnung **5 H** 43

Personalfragebogen 1 C 20 f.; **4 A** 658
- Beteiligung des Betriebsrats **4 A** 657 ff.
- Streitigkeiten **4 A** 668
- unzulässige Fragen **4 A** 662
- zulässige Fragen **4 A** 661

Personenbedingte Kündigung 3 D 61 ff.
- Anhörung des Betriebsrats bei Kündigung **3 J** 52 ff., 204
- Arbeitserlaubnis **3 D** 65; **3 G** 10
- ausländischer Wehrdienst **3 D** 124 ff.
- Begriff **3 D** 61 ff.
- Betriebsgeheimnisse **3 D** 68
- Ehrenämter **3 D** 72
- Eignungs-/Leistungsmangel **3 D** 73
- Fahrerlaubnisentzug **3 D** 67; **3 G** 29
- Fluglizenzentzug **3 D** 67; **3 G** 29
- Geschlechtsumwandlung **3 D** 74
- Krankheitsbedingte Kündigung *siehe dort*
- Lebensalter **3 D** 64
- Leiharbeitnehmer **6 C** 39
- Ordentliche Kündigung *siehe dort*
- Sicherheitsbedenken **3 D** 69
- Untersuchungs- und Strafhaft **3 D** 122 f.
- Verstoß gegen kirchliche Glaubens- und Sittenlehre **3 D** 70
- Wiedereinstellungsanspruch *siehe dort*
- Zerrüttung der Ehe **3 D** 75

Persönliche Verhinderung
siehe Arbeitsverhinderung aus persönlichen Gründen

Persönliches Erscheinen 5 C 13 ff.
- Ablehnung der Zulassung eines Prozeßbevollmächtigten **5 C** 20
- Ermessen **5 C** 15
- Ladungsfrist **5 C** 14
- Ordnungsgeld **5 C** 19
- Parteien **5 C** 16
- Verschulden bei Fernbleiben **5 C** 19

Persönlichkeitsrecht des Arbeitnehmers 2 A 737 ff.
- Alkoholgenuß **2 A** 768
- Behandlung durch Vorgesetzte und Arbeitskollegen **2 A** 762 ff.
- in betrieblicher Sphäre **4 A** 367 ff.
- Datenschutz *siehe dort*
- Druckkündigung **2 A** 766
- Mitbestimmung bei Überwachung durch technische Einrichtungen **4 A** 588 ff.
- Mobbing **2 A** 764
- Personalakten **2 A** 743 ff.
- Rauchen **2 A** 768
- Sexuelle Belästigung *siehe dort*
- Überwachung des Arbeitnehmers **2 A** 738 ff.; **4 A** 588 ff.
- Urheberpersönlichkeitsrechte **2 H** 75 f.

Positive Forderungsverletzung
- Begriff **2 A** 149
- Fürsorgepflichtverletzung **2 A** 716
- Leiharbeitnehmer **6 C** 44
- Schlechtleistung **2 A** 176

Postulationsfähigkeit 5 B 27
- Revisionsverfahren **5 E** 35 f.

Prämien 2 A 489 ff.
- Anwesenheitsprämie **2 A** 527 ff.
- Gleichbehandlung bei Umsatzprämien **2 A** 834
- Honorierung von Erfolg oder Leistung **2 A** 489
- Kürzung der Anwesenheitsprämie bei Fehlzeiten **2 A** 529
- Mitbestimmung **4 A** 634 f.
- Prämienlohn **2 A** 336
- Streikbrecherprämie **2 A** 490
- Treueprämie, Abgrenzung zur betrieblichen Altersversorgung **2 E** 30

Probearbeitsverhältnis 1 B 58 ff.
- befristeter Arbeitsvertrag **1 B** 27 ff., 63; **3 H** 46, 48, 85
- Dauer der Probezeit **1 B** 64 f.
- Kündigung in der Probezeit **1 B** 66 f.
- Kündigungsfrist **3 C** 168 ff.
- unbefristetes **1 B** 62
- Zweck **1 B** 59

2311

Prokura
- außerordentliche Eigenkündigung wegen Widerrufs **3 E** 68
- Widerruf **2 A** 44

Provision 2 A 455 ff.
- Abrechnung **2 A** 473
- Abschlußprovision **2 A** 455
- Berechnung **2 A** 472
- Betriebsübergang **2 G** 84
- Bezirks- und Inkassoprovision **2 A** 463
- Entgeltfortzahlung im Krankheitsfall **2 A** 474
- Entstehen des Anspruchs **2 A** 467 ff.
- Fälligkeit des Anspruchs **2 A** 471
- Höhe **2 A** 459 f.
- kaufmännische Angestellte **2 A** 458
- Nachprovision und betriebliche Altersversorgung **2 E** 26
- nachträgliche Änderung des Provisionssatzes **2 A** 466
- Pfändbarkeit **2 A** 647
- Überhangprovision **2 A** 462
- übliche **2 A** 465
- Umsatzprovision **2 A** 456
- Urlaubsentgelt **2 A** 476
- Verjährung **2 A** 480
- Vermittlungsprovision **2 A** 455
- Verrechnung auf Gehalt/Reisekostenpauschale **2 A** 479
- Vertragsbeispiel für Provisionsregelungen **2 A** 478

Prozeßfähigkeit
- im Beschlußverfahren **5 B** 25
- betriebsverfassungsrechtliche Stellen **5 B** 26
- der Jugend- und Auszubildendenvertretung **5 B** 26
- im Urteilsverfahren **5 B** 24

Prozeßkostenhilfe
- Anwaltsbeiordnung *siehe dort*
- Folgen der Bewilligung **5 B** 42
- hinreichende Erfolgsaussicht **5 B** 41
- nachträglicher Entzug **5 B** 42
- Parteifähigkeit **5 B** 7
- Verweisung im PKH-Verfahren **5 B** 107

Quotenregelungen 1 C 103 f.; **2 A** 847

Rechtsanwalt
- Anwaltsbeiordnung *siehe dort*
- nachträgliche Klagezulassung und Verschulden **5 A** 58

- Rechtsanwaltsgebühren *siehe dort*
- Vertretung im Beschlußverfahren **5 G** 101
- Vertretung des Betriebsrats bei Einigungsstellenverfahren **4 A** 197, 1020

Rechtsanwaltsgebühren
- Ausschluß der Kostenerstattung für obsiegende Partei **5 I** 129 ff., 135 f.
- außergerichtlicher Vergleich **5 I** 92
- Beratung eines Betriebsrats **4 A** 196
- Beschlußverfahrenskosten des Betriebsrats **5 G** 105 f.
- Erstattung der Fahrtkosten der obsiegenden Partei **5 I** 139 f.
- fiktive Kosten bei Kostenteilung und Verbandsvertreter auf einer Seite **5 I** 142
- fristwahrende Berufungseinlegung **5 D** 39 ff.
- Gegenstandswert im Beschlußverfahren *siehe dort*
- Kostenerstattung für obsiegende Partei bei Anrufung des unzuständigen Gerichts **5 I** 137 f.
- Kostenerstattung für obsiegende Partei in Rechtsmittelinstanzen **5 I** 141 ff.
- Kostenerstattung für Reise zum LAG-Termin **5 I** 143
- Prozeßführungskosten des Betriebsrats **4 A** 198 ff.
- Streitwertbeschwerde nach BRAGO **5 I** 114 ff.
- Streitwertbeschwerde nach GKG **5 I** 122 ff.
- Vertretung des Betriebsrats vor der Einigungsstelle **4 A** 197

Rechtsbeschwerde 5 G 246 ff.
- Anschlußrechtsbeschwerde **5 G** 273
- Antragsänderung **5 G** 267
- Aufhebung des Beschwerdebeschlusses **5 G** 286
- Beendigung des Verfahrens **5 G** 277 ff.
- Begründung **5 G** 266, 268
- Beschluß **5 G** 282 f.
- Einlegung **5 G** 262 ff.
- Erledigung der Hauptsache **5 G** 278
- Frist **5 G** 264
- neue Tatsachen **5 G** 271
- Nichtzulassungsbeschwerde wegen Divergenz **5 G** 257
- Nichtzulassungsbeschwerde wegen grundsätzlicher Bedeutung **5 G** 255 f.
- Nichtzulassungsbeschwerde, Verfahren **5 G** 258 f.

Stichwortverzeichnis

- Rechtsbeschwerdeschrift **5 G** 265
- Rücknahme **5 G** 277
- schriftliches Verfahren **5 G** 276
- Sprungrechtsbeschwerde *siehe dort*
- Verfahren **5 G** 274 ff.
- Vergleich **5 G** 278
- Verletzung einer Rechtsnorm **5 G** 270, 272
- Verweisung auf das Revisionsverfahren **5 G** 260 f.
- Verwerfung der Beschwerde als unzulässig **5 G** 279 ff.
- Verwerfungsbeschluß **5 G** 280
- Zulassung **5 G** 250 ff.
- Zulassung wegen Divergenz **5 G** 252
- Zulassung wegen grundsätzlicher Bedeutung **5 G** 251
- Zulassung nach Nichtzulassungsbeschwerde **5 G** 254 ff.

Rechtsfähigkeit
siehe Parteifähigkeit

Rechtsquellen 1 A 8 ff.
- EG-Recht **1 A** 14
- EuGH-Rechtsprechung **1 A** 18
- Kodifikationsbestrebungen **1 A** 1 ff.
- kollektivrechtliche Regelungen **1 A** 10 ff.
- Schutzgesetzgebung **1 A** 9
- Tarifverträge **1 A** 13

Rechtsweg
- Abgrenzung Beschluß-/Urteilsverfahren **5 B** 82 f.
- Arbeitnehmereigenschaft **5 B** 94 ff.
- Arbeitnehmererfindung **5 B** 74
- aut-aut-Fall **5 B** 97 f.
- Beschlußverfahren **5 B** 80 f.
- betriebsverfassungsrechtliche Streitigkeiten **5 B** 81 ff.
- bürgerliche Rechtsstreitigkeiten **5 B** 47 f.
- Einfirmenvertreter **1 A** 70
- Entgeltklage **2 A** 613
- Entwicklungshelfer **5 B** 71
- erstinstanzliche Entscheidung über Rechtsweg **5 B** 45
- et-et-Fall **5 B** 99
- freiwilliges soziales/ökologisches Jahr **5 B** 71
- Handelsvertreter **1 A** 70
- Individualstreitigkeiten aus dem Arbeitsverhältnis **5 B** 57 ff.
- mitbestimmungsrechtliche Streitigkeiten **5 B** 85
- offensichtlich gesetzeswidrige Verweisung **5 B** 104
- sachliche Zuständigkeit **5 B** 42
- sic-non-Fall **5 B** 95 f.
- sofortige Beschwerde **5 B** 100 f.
- Streitigkeiten zwischen Arbeitgebern **5 B** 72
- Streitigkeiten zwischen Arbeitnehmern **5 B** 72
- Streitigkeiten hinsichtlich Arbeitsbescheinigung **5 B** 65; **6 B** 12
- Streitigkeiten über Arbeitskämpfe und Vereinigungsfreiheit **5 B** 53 f.
- Streitigkeiten hinsichtlich Arbeitspapieren **5 B** 64
- Streitigkeiten im Zusammenhang mit dem Arbeitsverhältnis **5 B** 67
- Streitigkeiten zwischen Behinderten in Werkstätten für Behinderte und dem Träger **5 B** 73
- Streitigkeiten hinsichtlich des Bestehens/Nichtbestehens eines Arbeitsverhältnisses **5 B** 61
- Streitigkeiten hinsichtlich Eingehung und Nachwirkung des Arbeitsverhältnisses **5 B** 62
- Streitigkeiten über ein Eingliederungsverhältnis **5 B** 66
- Streitigkeiten Europäische Betriebsräte **5 B** 87
- Streitigkeiten mit gemeinsamen Einrichtungen oder Sozialeinrichtungen **5 B** 68
- Streitigkeiten der Organmitglieder **5 B** 79
- Streitigkeiten nach dem SprAuG **5 B** 84
- Streitigkeiten über Tariffähigkeiten und Tarifzuständigkeit **5 B** 88 f.
- Streitigkeiten über Tarifverträge **5 B** 49 ff.
- Streitigkeiten mit dem Träger der Insolvenzsicherung **5 B** 69 f.
- Streitigkeiten in Angelegenheiten des Werkstattrates **5 B** 86
- Streitigkeiten über Werkwohnungen **5 B** 59
- unerlaubte Handlung **5 B** 63
- unrichtige Verweisung **5 B** 104
- Urheberrechtsstreitigkeiten **5 B** 74
- Urteilsverfahren **5 B** 44 f.
- Verweisung **5 B** 103 ff.
- Vorabentscheidung des Arbeitsgerichts **5 B** 90 ff.

2313

(Rechtsweg)
- weitere Beschwerde **5 B** 102
- Zusammenhangsklagen **5 B** 75 ff.

Regelungsabrede 4 A 517 ff.
- Streitigkeiten **4 A** 523 f.

Religionsgemeinschaften
siehe Kirchen/kirchliche Einrichtungen

Revisionsverfahren 5 E 1 ff.
- abschließende Entscheidung des BAG **5 E** 61
- absolute Revisionsgründe **5 E** 41 ff.
- Antragsformulierung **5 E** 62 ff.
- beschränkte Zulassung **5 E** 26 ff.
- Bindungswirkung **5 E** 18, 58
- Divergenz **5 E** 10 ff.
- Exklusivregelung **5 E** 14 ff.
- Fristen **5 E** 30 ff.
- Fristversäumnis **5 E** 32 ff.
- grundsätzliche Bedeutung **5 E** 5 ff.
- Nichtzulassungsbeschwerde siehe dort
- Postulationsfähigkeit **5 E** 35 f.
- Rechtsmittelbelehrung als Zulassung **5 E** 23 f.
- Revisionsbeantwortung **5 E** 46 f.
- Revisionsbegründung **5 E** 37 ff.
- Revisionsbeschwerde **5 E** 54 ff.
- sonstige Revisionsgründe **5 E** 44 f.
- Sprungrevision **5 E** 48 ff.
- Zulassung der Revision **5 E** 3 ff., 20 ff.
- Zurückverweisung und Bindungswirkung **5 E** 57 ff.

Ruhegeld
- siehe auch Betriebliche Altersversorgung
- Pfändbarkeit **2 A** 649
- Streitwert bei Ruhegeldansprüchen **5 I** 70

Ruhen des Anspruchs auf Arbeitslosengeld 6 B 30 ff.
- wegen Abfindungen **3 B** 72; **6 B** 34 ff., 43 ff.
- wegen Anspruchs auf Arbeitsvergütung **6 B** 32
- Ruhenszeiten **6 B** 30 ff.
- wegen Sperrzeiten **6 B** 43 ff.
- Übergangsvorschrift **6 B** 85 f.
- wegen Urlaubsabgeltung **6 B** 33
- wegen Verkürzung der Kündigungsfrist **6 B** 34 ff.

Ruhepausen 2 A 91 ff.; **6 A** 37 ff.
- Abweichung in Schicht- und Verkehrsbetrieben **6 A** 75
- Abweichungsbefugnisse der Tarifvertragsparteien **6 A** 69 ff.
- Begriff **6 A** 37
- Kurzpausen **6 A** 40
- Lage **6 A** 42
- Länge **6 A** 38
- Mitbestimmung **4 A** 554; **6 A** 44
- Splitterzeiten **2 A** 93
- vergütete Pausen **6 A** 41

Ruhezeit 2 A 94; **6 A** 45 ff.
- Abweichungen unter zwingender Einbeziehung eines Zeitausgleichs **6 A** 77
- Begriff **6 A** 45
- Jugendliche **6 A** 52
- Kraftfahrer **6 A** 49
- Krankenhaus-/Pflegebereich **6 A** 48
- kurzfristige Unterbrechung durch Arbeitsleistung **6 A** 46
- Verkürzung in bestimmten Bereichen **6 A** 47, 75

Sachliche Zuständigkeit
siehe Rechtsweg

Saisonarbeitsverhältnis
- befristeter Arbeitsvertrag **1 B** 32
- betriebliche Altersversorgung **2 E** 137

Schadensersatz
- Ablehnung des Bildungsurlaubs **2 C** 19
- Arbeitgeberhaftung siehe dort
- Arbeitnehmerhaftung siehe dort
- Auflösungsschaden **2 A** 164
- Ausschlußfrist, Beginn **2 A** 574 f.
- bei außerordentlicher Kündigung **3 E** 99 f.
- Betriebsratsmitglied **4 A** 216; **5 G** 20
- Druckkündigung **3 E** 47
- falsche/unterbliebene Information durch Stellenbewerber **1 C** 55
- Fürsorgepflichtverletzung **2 A** 716
- Geheimnisverrat **2 A** 265
- geschlechtsbezogener Diskriminierung eines Stellenbewerbers **1 C** 90 ff.; **2 A** 843 ff.
- Gläubigerhaftung bei einstweiliger Verfügung **5 H** 70 f.
- wegen Nichterfüllung **2 A** 158
- Pauschalierungsabreden und Vertragsstrafen **2 D** 22
- positive Forderungsverletzung siehe dort
- Pflichtverletzungen bei Anbahnungsverhältnis **1 C** 75, 77 ff.
- rechtswidriger Arbeitskampf **4 C** 70 f.
- Schweigen im Einstellungsgespräch **1 C** 55

- Streitwert bei Schadensersatz wegen künftig entgehender Gehaltsbezüge **5 I** 72
- Urlaub **2 C** 104, 186
- Verfrühungsschaden **2 A** 159
- Vermögensschaden durch Arbeitsausfall **2 A** 159
- Verspätungsschaden **2 A** 160
- Vertragsstrafen **2 D** 17, 22
- vertragswidriges Verhalten nach § 628 Abs. 2 BGB **3 E** 99 ff.
- Wettbewerbsverstoß **2 A** 185 ff.

Schichtarbeit
siehe Nacht- und Schichtarbeit

Schiffsbesatzungen
siehe Seeleute, Seeschiffahrt

Schlechtleistung 2 A 171 ff.
- *siehe auch* Eignungs-/Leistungsmangel
- Arbeitsvergütung **2 A** 173 ff.
- Begriff **2 A** 172
- als Kündigungsgrund **3 D** 182; **3 G** 48
- Pflichten des Arbeitnehmers **2 A** 171
- positive Forderungsverletzung **2 A** 176

Schmiergeldannahme 2 A 236 ff.
- als Kündigungsgrund **3 G** 49

Schuldnerverzug
siehe Unmöglichkeit/Verzug

Schulungs- und Bildungsveranstaltung
- Anerkennung der Veranstaltung **4 A** 176 f.
- anspruchsberechtigte Teilnehmer **4 A** 178
- Belege **4 A** 189
- Betriebsrat **4 A** 161 ff.
- Betriebsratsmitglied **2 C** 20 f.; **4 A** 172 f.
- für Betriebsratsmitglieder außerhalb der Arbeitszeit **4 A** 158 f.
- Bildungsurlaub *siehe dort*
- Entgeltfortzahlung **4 A** 181 f.
- erforderliche Kenntnisse **4 A** 162 ff.
- Ersatzmitglieder des Betriebsrats **4 A** 168
- Festlegung der Teilnehmer **4 A** 167 f., 179 f.
- Freistellung **4 A** 169 ff.
- ganztägige für Teilzeit-Betriebsratsmitglied **2 A** 866; **4 A** 159
- Geeignetheit **4 A** 173 ff.
- Gegenstandswert im Beschlußverfahren **5 I** 108
- Kostentragung **4 A** 183 ff.
- Nachweise **4 A** 189
- Thema Grundkenntnisse **4 A** 163 f.
- Thema PC-Einsatz **4 A** 165
- Themen – Einzelfälle **4 A** 166
- Verhältnismäßigkeitsgrundsatz **4 A** 190
- Vorhalte-/Generalunkosten **4 A** 186 f.

Schwangerschaft
- befristeter Arbeitsvertrag **1 C** 25 f.
- befristeter Arbeitsvertrag bis 6 Monate **3 H** 31
- Entgeltfortzahlung bei Abbruch **2 B** 121
- Frage an Stellenbewerberin **1 C** 22 ff.
- leistungsbezogene Arbeitsentgelte **2 A** 357
- Mutterschutz *siehe dort*
- und ordentliche Kündigung **3 C** 16

Schwarzarbeit 2 A 232

Schweigepflicht
siehe Verschwiegenheitspflicht

Schwerbehinderte
- Auszubildende **3 F** 37
- Betriebsratswiderspruch wegen nicht geprüfter Einstellungsmöglichkeit **4 A** 756
- Frage an Stellenbewerber **1 C** 30 f.
- Gleichgestellte **3 F** 36
- Grad der Behinderung **3 F** 35
- Kündigungserklärung **3 C** 86
- Kündigungsschutz Schwerbehinderter *siehe dort*
- Urlaub **2 C** 26
- Urlaubsentgelt für Zusatzurlaub **2 C** 148
- Urlaubsgeld für Zusatzurlaub **2 C** 148
- Werkstätten für Behinderte – Streitigkeiten **5 B** 73
- Werkstätten für Behinderte – Streitigkeiten in Angelegenheiten des Werkstattrates **5 B** 86
- Zusatzurlaub **2 C** 143 ff.

Schwerbehindertenvertretung
- Beteiligte im Beschlußverfahren **5 G** 83
- Kündigungsschutz **3 F** 65
- Teilnahmerecht an Betriebsratssitzungen **4 A** 126
- Zustimmung des Betriebsrats bei außerordentlicher Kündigung **3 J** 164 ff.

Seeleute, Seeschiffahrt 4 A 1078 ff.
- Anwendbarkeit des Betriebsverfassungsrechts **4 A** 31
- Besatzungsmitglieder **4 A** 1079
- Bordvertretung **4 A** 1081 f.
- internationales Arbeitsrecht **1 D** 17 ff.
- Kapitän **4 A** 1080
- Seebetriebsräte **4 A** 1083 ff.
- Urlaub **2 C** 28

Sexuelle Belästigung
- außerordentliche Eigenkündigung **2 A** 774
- Begriff **2 A** 771
- Beschäftigtenschutzgesetz **2 A** 770
- Beschwerderecht **2 A** 772
- Beweisprobleme **2 A** 775
- als Kündigungsgrund **3 G** 50
- Schadensersatz **2 A** 774
- Zurückbehaltungsrecht **2 A** 773

Sicherheitsbedenken
- als Kündigungsgrund **3 D** 69; **3 G** 51

Sittenwidrigkeit
- Arbeitsvertrag **1 C** 123 f.
- Aufhebungsvertrag **3 B** 11 f.
- sittenwidrige Kündigung **3 D** 57; **5 A** 103 ff.

Sofortige Beschwerde
- nachträgliche Klagezulassung **5 A** 62 f.
- Rechtswegentscheidung **5 B** 100 f.

Sonderkündigungsschutz
siehe Kündigungsschutz

Sonderurlaub
- und Krankheit **2 C** 176 f.
- Mustervereinbarung **2 C** 11
- im öffentlichen Interesse **2 C** 8 ff.
- aus persönlichen Gründen **2 C** 5 ff.
- verspätete Rückkehr **2 C** 178

Sonderzuwendungen
siehe Gratifikation

Sonn- und Feiertagsarbeit 2 A 95; **6 A** 30, 83 ff.
- Abweichungsbefugnisse der Tarifvertragsparteien **6 A** 98
- Arbeiten, die nicht an Werktagen vorgenommen werden können **6 A** 87
- Aufsichtsbehörde und Ausnahmetatbestand **6 A** 99
- Ausnahmen vom Verbot **6 A** 85 ff.
- Beschäftigungsverbot **6 A** 83
- Checkliste für Antragstellung **6 A** 102
- Entgeltfortzahlung an Feiertagen *siehe dort*
- Ersatzruhetag **6 A** 96
- Hilfs- und Nebenarbeiten **6 A** 88
- Mehrschichtbetriebe **6 A** 84
- Notfälle/außergewöhnliche Fälle **6 A** 107 f.
- technisch bedingte Ausnahmen vom Verbot **6 A** 90 f.
- wirtschaftspolitische Gründe **6 A** 101

Sozialauswahl 3 D 284 ff.
- Änderungskündigung **3 A** 98
- Auswahlrichtlinien der Betriebsparteien **3 D** 293 ff.
- bei Insolvenz – kein Einvernehmen mit Betriebsrat **4 A** 880 f.
- Betriebsbezogenheit/Unternehmensbezogenheit **3 D** 302 ff.
- Betriebsratswiderspruch wegen fehlerhafter Sozialauswahl **3 J** 103 ff.
- Darlegungs- und Beweislast **3 D** 328 ff.
- gegenseitige Austauschbarkeit der Arbeitnehmer **3 D** 306 ff.
- Gewichtung der Sozialdaten **3 D** 289 ff.
- namentliche Bezeichnung der zu kündigenden Arbeitnehmer in Interessenausgleich **4 A** 872 f.
- namentliche Bezeichnung der zu kündigenden Arbeitnehmer in Interessenausgleich bei Insolvenz **4 A** 879
- Nichteinbeziehen bestimmter Arbeitnehmergruppen – nach KSchG **3 D** 316 ff.
- Nichteinbeziehen bestimmter Arbeitnehmergruppen – Vorschriften nicht nach KSchG **3 D** 309 ff.
- Nichteinbeziehen wegen Sonderqualifikation **3 D** 317 ff.
- Nichteinbeziehen zur Sicherung einer ausgewogenen Personalstruktur **3 D** 320 ff.
- Prüfungsschema **3 D** 331
- Sozialkriterien **3 D** 285 ff.
- Überprüfung durch die Gerichte **3 D** 296 ff.
- vertikale Vergleichbarkeit **3 D** 305

Sozialdaten 3 D 285 ff.
- *siehe auch* Sozialauswahl
- Gewichtung **3 D** 289 ff.

Sozialplan 4 A 884 ff.
- Abänderung **4 A** 930 f.
- Abfindung *siehe* Sozialplanabfindung
- Abgrenzung zum Interessenausgleich **4 A** 863
- Aufhebungsvertrag **3 B** 87
- Begriff **4 A** 884
- Betriebsstillegung **4 A** 963
- Einigungsstellenspruch **4 A** 889 ff.
- Einigungsstellenspruch – Ermessensfehler **4 A** 891 f., 938 f.
- Einigungsstellenspruch – Ermessenskriterien **4 A** 890
- Gegenstandswert im Beschlußverfahren **5 I** 105 f.
- gerichtliche Anfechtung des Einigungsstellenspruchs **4 A** 936 ff.

Stichwortverzeichnis

- gerichtliche Durchsetzung **4 A** 886
- gerichtliche Feststellung der Unwirksamkeit des Einigungsstellenspruchs **4 A** 941
- in Gesamtvollstreckung **4 A** 926 f.
- im Insolvenzfall nach InsO **4 A** 928 f.
- und Interessenausgleich **4 A** 887
- Klage eines einzelnen Arbeitnehmers **4 A** 935
- im Konkurs **4 A** 920 ff.
- im Konkurs – alte Bundesländer **4 A** 921 ff.
- Personalreduzierung – Sozialplanpflichtigkeit **4 A** 914 ff.
- Schriftform **4 A** 888
- Schutz älterer Arbeitnehmer **4 A** 365
- Sozialplanabfindung *siehe dort*
- Tendenzbetrieb **4 A** 1055, 1057
- Unternehmensneugründung **4 A** 918 f.
- Verfahren **4 A** 885
- Wegfall der Geschäftsgrundlage **4 A** 932 ff.

Sozialplanabfindung 4 A 894 ff.
- Aufhebungsverträge **3 B** 87; **4 A** 905 f.
- Beschäftigungsangebot an anderem Ort **4 A** 910
- Differenzierung nach Beendigungstatbeständen **4 A** 900 ff.
- Eigenkündigung **4 A** 903 f.
- Einheitsbetrag **4 A** 897
- Fälligkeitsklausel **4 A** 912 f.
- fristlose Kündigung **4 A** 911
- Gesamtvolumen **4 A** 898
- individuelle Festlegung **4 A** 899
- und Nachteilsausgleich **4 A** 957
- Punkteschema **4 A** 896
- Richtlinien der Einigungsstelle **4 A** 894 f.
- Streitwert bei Kündigungsschutzprozeß und Sozialplanabfindung **5 I** 57 f.
- zumutbares Beschäftigungsangebot **4 A** 907 ff.

Sozialversicherung
- Arbeitnehmerüberlassung **6 C** 57
- des Arbeitslosen **6 B** 9 ff., 50
- Arbeitslosengeld *siehe dort*
- Arbeitslosenhilfe *siehe dort*
- Arbeitslosenversicherung bei geringfügiger Beschäftigung **6 B** 83
- Beiträge und Arbeitsentgelt **2 A** 324
- Beiträge bei Aufrechnung mit Vertragsstrafe **2 D** 18
- Beiträge bei Bruttolohnklage **5 A** 205
- Beiträge bei Gratifikationen **2 A** 519

- Beiträge bei Rückerstattung von Entgeltüberzahlungen **2 A** 603
- Beiträge bei Streik **4 C** 63
- geringfügige Beschäftigungen **2 A** 229
- Haftung mehrere Schädiger – Drittschädiger **2 I** 112 ff.
- Krankenversicherung bei Arbeitskampf **4 C** 65
- Krankenversicherungsbeitrag bei Obsiegen mit Entgeltklage **5 A** 211
- Leistungen an Arbeitgeber – SGB III **6 B** 93
- Leistungen an Arbeitnehmer – SGB III **6 B** 92
- Leistungen an Träger – SGB III **6 B** 94
- Lohnpfändung und Beiträge **5 H** 38 f.
- Meldepflichten des Arbeitgebers **1 C** 157 ff.
- Regreß bei Arbeitsunfall **2 I** 108 ff.
- Rentenversicherung bei Arbeitskampf **4 C** 63
- SGB III **6 B** 90 ff.
- Unfallversicherung bei Arbeitskampf **4 C** 64
- Urlaubsabgeltung **2 C** 207 ff.
- Urlaubsgeld **2 C** 206

Sperrzeit 6 B 14 ff., 104
- Abfindungszahlung **6 B** 22
- Aufhebungsvertrag **3 B** 74 f., 84; **6 B** 23
- Beteiligung des Arbeitnehmers an offensichtlich rechtswidriger Kündigung **6 B** 21
- Dauer **6 B** 28
- Hinnahme einer entfristeten ordentlichen Kündigung **6 B** 18
- Hinnahme einer gegen gesetzliches Verbot verstoßenden Kündigung **6 B** 17
- Kausalität **6 B** 27
- Kündigung und Abwicklungsvertrag **6 B** 20
- offensichtlich rechtswidrige Kündigung **6 B** 19, 21
- Rechtsfolgen **6 B** 29
- verhaltensbedingte Kündigung **6 B** 15
- wichtiger Grund für Beendigung des Arbeitsverhältnisses **6 B** 25 f.

Sprecherausschuß 4 A 1086 ff.
- Arbeitsbefreiung **4 A** 1108 f.
- Auflösung **4 A** 1105
- Begünstigungsverbot **4 A** 1093
- Behinderungsverbot **4 A** 1093
- Benachteiligungsverbot **4 A** 1093
- Beteiligter im Beschlußverfahren **5 G** 85

2317

(Sprecherausschuß)
- Beteiligungsrechte des Sprecherausschusses *siehe dort*
- Ende der Mitgliedschaft **4 A** 1105
- Freistellung **4 A** 1108 f.
- Friedenspflicht **4 A** 1095
- Geltungsbereich des SprAuG **4 A** 1087 ff.
- Gesamtsprecherausschuß **4 A** 1144 f.
- Konzernsprecherausschuß **4 A** 1146
- Kosten/Aufwendungen **4 A** 1108
- Kündigungsschutz **4 A** 1094
- Streitigkeiten nach dem SprAuG – Beschlußverfahren **5 G** 21
- Streitigkeiten nach dem SprAuG – Rechtsweg **5 B** 84
- Versammlung der leitenden Angestellten **4 A** 1111
- Verschwiegenheitspflicht **4 A** 1110
- vertrauensvolle Zusammenarbeit **4 A** 1091
- Vorsitzender **4 A** 1110
- Wahl, Durchführung **4 A** 1099 ff.
- Wahl, Voraussetzungen **4 A** 1096 ff.
- Wahlvorstand **4 A** 1099
- Zahl der Mitglieder **4 A** 1102
- Zuordnungsstreit hinsichtlich leitender Angestellter vor Wahlen **4 A** 103
- Zusammenarbeit mit Betriebsrat **4 A** 1092

Sprungrechtsbeschwerde 5 G 288 ff.
- Zulassung **5 G** 293 f.
- Zulassung auf Antrag **5 G** 290 f.
- Zustimmung der Beteiligten **5 G** 292

Sprungrevision 5 E 48 ff.

Stellenausschreibung 1 C 3 ff.; **2 A** 840
- Begriff **4 A** 651
- Beteiligungsrechte des Betriebsrats **4 A** 649 ff.
- Geschlecht **1 C** 4
- Inhalt **1 C** 5
- Zustimmungsverweigerung des Betriebsrats bei Unterbleiben **4 A** 779 ff.

Stellensuche 1 C 6 ff.

Steuern
siehe Einkommensteuer

Straftat
- Ausschlußfrist bei außerordentlicher Kündigung **3 E** 83
- Kündigung wegen Diebstahls **3 G** 23 f.
- Kündigung wegen Spesenbetrugs **3 G** 52
- als Kündigungsgrund **3 D** 199, 208 ff.; **3 G** 54

Streik
siehe Arbeitskampf

Streitwert 5 I 1 ff.
- Änderungsschutzklage **3 A** 150 f.; **5 I** 60 ff.
- Bedeutung der Festsetzung **5 I** 1
- Bestandsschutzklagen von Mitgliedern eines Vertretungsorgans **5 I** 67 f.
- Bestandsstreitigkeiten **5 I** 3 ff.
- Bestandsstreitigkeiten – Ermittlung des Entgelts **5 I** 9 ff.
- Brutto-/Nettovergütung bei Bestandsstreitigkeit **5 I** 7 f.
- Drittschuldnerprozeß **5 I** 71
- Eingruppierung **5 I** 74 ff.
- Entfernung Abmahnung aus Personalakte **5 I** 84
- Erteilung/Berichtigung eines Schlußzeugnisses **5 I** 79 f.
- Erteilung/Berichtigung eines Zwischenzeugnisses **5 I** 81
- Gegenstandswert im Beschlußverfahren *siehe dort*
- Herausgabe Arbeitspapiere **5 I** 92
- Kündigungsschutzprozeß mit Abfindung nach KSchG **5 I** 53
- Kündigungsschutzprozeß und hilfsweise Abfindung aus Rationalisierungsschutzabkommen **5 I** 55 f.
- Kündigungsschutzprozeß und Sozialplanabfindung **5 I** 57 f.
- Kündigungsschutzprozeß mit Vergütungsanspruch **5 I** 48 ff.
- mehrere aufeinanderfolgende Kündigungen **5 I** 20 ff.
- mehrere Kündigungsschutzprozesse **5 I** 28 ff.
- Ruhegeldansprüche **5 I** 70
- Schadensersatz wegen künftig entgehender Gehaltsbezüge **5 I** 72
- Streitwertbeschwerde nach BRAGO **5 I** 114 ff.
- Streitwertbeschwerde nach GKG **5 I** 122 ff.
- Streitwertgrenze **5 I** 14 ff.
- Streitwertgrenze – Höchststreitwert **5 I** 15
- Streitwertgrenze – Rahmenstreitwert **5 I** 16
- Streitwertgrenze – Regelstreitwert **5 I** 17 ff.
- Vergleich nach Bestandsstreitigkeit **5 I** 85
- Vergleich über dritte Person **5 I** 89

Stichwortverzeichnis

- Vergleich mit Freistellung bis Ablauf Kündigungsfrist **5 I** 87 f.
- Vergleich über den Streitgegenstand hinaus **5 I** 90 f.
- Vergütungsdifferenz aus zurückliegenden Anspruchsjahren **5 I** 73
- Vierteljahresverdienst bei Bestandsstreitigkeiten **5 I** 3 ff.
- Weiterbeschäftigungsanspruch als uneigentlicher Hilfsantrag **5 I** 45 ff.
- Weiterbeschäftigungsanspruch neben Kündigungsschutzklage **5 I** 39 ff.
- wiederkehrende Leistungen **5 I** 69 ff.
- Zeugniserteilung/-berichtigung **3 I** 60, 79 ff.
- Zeugniserteilung nach Vergleich **5 I** 82 f.

Suspendierung
siehe Freistellung

Tantieme
siehe Umsatz-/Gewinnbeteiligung
Tarifbindung 4 C 206 ff.
- Änderungsvertrag und Tarifbindung **3 A** 10 f.
- Arbeitgeber **4 C** 209 ff.
- arbeitsvertragliche Bezugnahme auf Tarifvertrag **4 C** 214, 250 ff.
- Austritt aus Arbeitgeberverband **4 C** 210 f.
- Betriebsübergang **4 C** 216
- Einschränkung/Erweiterung **4 C** 213
- fehlende des Betriebserwerbers **2 G** 205 ff.
- Geltung betrieblicher/betriebsverfassungsrechtlicher Normen für Außenseiter **4 C** 212
- Höhe des Arbeitsentgelts aufgrund Tarifbindung **2 A** 314
- Mitglieder der Tarifvertragsparteien **4 C** 207
- Spitzenorganisationen angehörige Verbände **4 C** 209
- Tarifgebundene **4 C** 207 ff.
- Umwandlung eines Unternehmens **4 C** 217
- unterschiedliche Behandlung tarifgebundener/nicht tarifgebundener Arbeitnehmer **4 C** 253

Tarifkonkurrenz 4 C 263 ff.
- Auslegung **4 C** 265
- betriebliche/betriebsverfassungsrechtliche Fragen **4 C** 268
- staatlich veranlaßte **4 C** 264

- tarifautonome **4 C** 264
- Tarifeinheit **4 C** 266
- Tarifpluralität **4 C** 269
- Tarifspezialität **4 C** 267

Tarifrecht 4 C 72 ff.
- Ausschlußfristen *siehe dort*
- Internationales Arbeitsrecht **1 D** 30 f.
- Regelungssperre des § 77 Abs. 3 BetrVG **4 A** 490 ff., 504 ff.
- Streitigkeiten über Tariffähigkeiten und Tarifzuständigkeit, Beschlußverfahren **5 G** 31 ff.
- Streitigkeiten über Tariffähigkeiten und Tarifzuständigkeit, örtliche Zuständigkeit **5 G** 61
- Streitigkeiten über Tariffähigkeiten und Tarifzuständigkeit, Rechtsweg **5 B** 88 f.
- Tarifvertrag *siehe dort*

Tarifvertrag
- Abbedingen tarifdispositiver Gesetze **4 C** 259
- Abschluß **4 C** 85 ff.
- Abschlußgebote **4 C** 132
- Abschlußnormen **4 C** 131 ff.
- Abschlußverbote **4 C** 133
- allgemeine Arbeitsbedingungen **4 C** 130
- Allgemeinverbindlichkeitserklärung *siehe dort*
- Altersgrenze **4 C** 138 f.
- Anfechtung **4 C** 117
- Anwendung von Tarifnormen aufgrund betrieblicher Übung **4 C** 215, 251
- für arbeitnehmerähnliche Personen **1 A** 55 f.
- Arbeitsentgelt/Eingruppierung **4 C** 127 f.
- arbeitsvertragliche Bezugnahme auf Tarifvertrag **4 C** 214, 250 ff.
- arbeitsvertragliche Bezugnahme auf Tarifvertrag, Grenzen **4 C** 258 ff.
- Arbeitszeitregelungen **4 C** 129
- Aufhebung **4 C** 112
- auflösende Bedingung **4 C** 113
- Auslegung normativer Bestimmungen **4 C** 76 ff.
- Auslegung schuldrechtlicher Bestimmungen **4 C** 82
- Auslegung nach tariflichem Gesamtzusammenhang **4 C** 77
- Auslegung – Vorgehensweise des Gerichts **4 C** 83
- Auslegung nach Wortlaut **4 C** 77
- Auslegungsmittel **4 C** 78

2319

(Tarifvertrag)
- Ausschlußfristen *siehe dort*
- Bedeutung **4 C** 72 ff.
- Beendigungsnormen **4 C** 135 ff.
- Beginn **4 C** 103
- Bekanntmachung **4 C** 98 ff.
- Beschäftigungsverbote **4 C** 134
- Bestandsklauseln **4 C** 180 ff.
- Bestimmungsklauseln **4 C** 169
- betriebliche Altersversorgung **2 E** 95 ff.
- Betriebsnormen **4 C** 141 f.
- Betriebsratswiderspruch wegen Verstoßes **4 A** 761 ff.
- Betriebsübergang **2 G** 150 ff.; **4 C** 216
- betriebsverfassungsrechtliche Normen **4 C** 143 ff.
- Darlegungs- und Beweislast bei Ungleichbehandlung **4 C** 137
- dynamische Verweisung auf Tarifvertrag **4 C** 256
- Effektivklauseln **4 C** 180 ff.
- Einwirkungs- und Durchführungspflicht **4 C** 156 ff.
- Erholungsurlaub **2 C** 32 ff.
- Erweiterung Mitbestimmungsrechte **4 C** 144
- Erweiterung Mitbestimmungsrechte in Tendenzbetrieb **4 A** 1070
- Folgen der Beendigung **4 C** 116
- Formvorschriften **4 C** 131
- Friedenspflicht **4 C** 153 ff.
- Gegenstandslosigkeit **4 C** 114
- Geltungsbereich der Tarifnormen *siehe dort*
- gemeinsame Einrichtungen **4 C** 146 f.
- gerichtliche Klärung von Tarifzuständigkeit/-fähigkeit **4 C** 95
- gerichtliche Kontrolle des Inhalts **4 C** 119
- Gerichtsstandsvereinbarungen **5 B** 126
- Gleichbehandlung von Teilzeitbeschäftigten **2 A** 867
- Grenzen dynamischer Verweisung auf Tarifvertrag **4 C** 260
- Günstigkeitsprinzip **4 C** 171 f.
- Inhalt **4 C** 118 ff.
- Inhaltsnormen **4 C** 123 ff.
- inzidente Wirksamkeitsprüfung für gerichtliche Entscheidungen **4 C** 149
- Kündigung **4 C** 109 f.
- Kündigungen, Zulässigkeit/Modalitäten **4 C** 135 f.
- Kündigungsfristen, unterschiedliche für Arbeiter und Angestellte **4 C** 136
- Lohntarifverträge **4 C** 125
- Manteltarifverträge **4 C** 125
- mittelbare Diskriminierung, Verbot **2 A** 855
- Nachwirkung **4 C** 164 f.
- Nichtzulassungsbeschwerde **5 F** 8 ff.
- normative Bestimmungen **4 C** 120, 160 ff.
- Öffnungsklauseln **4 C** 168 ff.
- prozessuale Normen **4 C** 148
- Prüfungsschema **4 C** 272
- Rahmentarifverträge **4 C** 125
- Rationalisierungsschutzabkommen **4 A** 822
- Rechtsnatur **4 C** 75
- Rechtsweg bei Streitigkeiten **5 B** 49 ff.
- Regelungslücke **4 C** 80 f.
- Regelungssperre des § 77 Abs. 3 BetrVG **4 A** 490 ff., 504 ff.
- Rückwirkung, echte **4 C** 105 f.
- Rückwirkung, unechte **4 C** 107
- Schriftform **4 C** 96 f.
- Schuldner/Gläubiger **4 C** 151
- schuldrechtliche Bestimmungen **4 C** 120, 150 ff.
- statische Verweisung auf Tarifvertrag **4 C** 256
- Tarifbindung *siehe dort*
- Tariffähigkeit **4 C** 87 ff.
- Tariffähigkeit eines einzelnen Arbeitgebers **4 C** 89
- Tariffähigkeit von Spitzenorganisationen **4 C** 91 f.
- Tarifkonkurrenz *siehe dort*
- Tarifrecht *siehe dort*
- Tarifregister **4 C** 101 f.
- Tarifvorbehalt **4 A** 487 ff.
- Tarifzuständigkeit **4 C** 94
- Teilurlaub **2 C** 46
- übertarifliche Löhne/Zulagen **4 C** 173 ff.
- Überwachungsrecht des Betriebsrats **4 A** 420
- Unabdingbarkeit von Tarifvertragsnormen **4 C** 163 ff.
- verfassungs-/gesetzeskonforme Auslegung **4 C** 79
- Verjährung tariflicher Ansprüche **4 C** 191
- Verrechnungsklauseln **4 C** 180 ff.
- Verweisung auf anderen Tarifvertrag **4 C** 97
- Verwirkung tariflicher Rechte **4 C** 190
- Verzicht auf tarifliche Ansprüche **4 C** 186 ff.

2320

Stichwortverzeichnis

- Wegfall der Geschäftsgrundlage **4 C** 109
- Wegfall Tariffähigkeit, -zuständigkeit **4 C** 115
- Wirkungen zugunsten Dritter **4 C** 152
- Zeitablauf **4 C** 111
- zwingende Wirkung von Tarifnormen **4 C** 166 f.

Tätlichkeit
- als Kündigungsgrund **3 G** 55

Teilzeitarbeitsverhältnis 1 B 92 ff.
- Altersteilzeit *siehe dort*
- Arbeitslosengeld **6 B** 106 f.
- Arbeitszeit bei mehreren Arbeitsverhältnissen **6 A** 115
- betriebliche Altersversorgung **2 E** 122 ff.
- betriebliche Altersversorgung bei unterhälftiger Beschäftigung **2 E** 128 ff.
- Bewährungszeit für Höhergruppierung **2 A** 381
- Dienstbefreiung/Freizeitausgleich, überproportional **2 A** 866
- Formen **1 B** 94
- ganztägige Betriebsratsschulung **2 A** 866; **4 A** 159
- ganztägige Betriebsratsschulung, Entgeltfortzahlung **4 A** 182
- Geringfügig Beschäftigte *siehe dort*
- Gleichbehandlung **1 B** 97 ff.; **2 A** 859 ff.
- Gleichbehandlung bei betrieblicher Altersversorgung **2 A** 861; **2 E** 122 ff.
- Gleichbehandlung bei Gratifikationen **2 A** 863
- Gleichbehandlung in Tarifverträgen **2 A** 867
- Gleichbehandlung bei Überstundenzuschlägen **2 A** 864
- Gleichbehandlung bei Wechselschichtzulage **2 A** 865
- innerbetriebliche Stellenausschreibung **4 A** 649
- Mehrarbeit **2 A** 363 f.
- mittelbare Diskriminierung bei betrieblicher Altersversorgung **2 E** 118
- mittelbare Diskriminierung, Verbot **2 A** 853
- Überstunden **2 A** 363 f.
- Urlaubsberechnung **2 C** 59, 139 ff.

Tendenzbetrieb 4 A 1021 ff.
- Anhörung des Betriebsrats bei Kündigung **3 J** 3
- Anwendung des organisatorischen Teils des BetrVG **4 A** 1069

- Bericht des Arbeitgebers über Lage des Betriebes auf Betriebsversammlung **4 A** 303
- Berichterstattung/Meinungsäußerung **4 A** 1048 ff.
- Betriebsänderung **4 A** 1055 ff.
- Betriebsverfassungsrecht **4 A** 33
- Erweiterung Mitbestimmungsrechte durch Tarifvertrag **4 A** 1070
- erzieherische Bestimmung **4 A** 1039 ff.
- Geltung des SprAuG **4 A** 1090
- gesetzliche Hilfsverpflichtung **4 A** 1036
- Gewinnerzielungsabsicht *siehe dort*
- Interessenausgleich **4 A** 1055, 1057
- karitative Bestimmung **4 A** 1034 ff.
- koalitionspolitische Bestimmung **4 A** 1032
- konfessionelle Bestimmung **4 A** 1033
- künstlerische Bestimmung **4 A** 1045
- Meinungsäußerungen **2 A** 246
- Mischunternehmen/-betriebe **4 A** 1028 ff.
- Mitbestimmung bei Ordnung des Betriebes **4 A** 549
- Nachteilsausgleich **4 A** 1057
- politische Bestimmung **4 A** 1031
- Sozialplan/Interessenausgleich **4 A** 1055, 1057
- Tendenzträger *siehe dort*
- Unmittelbarkeit **4 A** 1027
- Wirtschaftsausschuß **4 A** 1054
- wissenschaftliche Bestimmung **4 A** 1042 ff.
- Zutrittsrecht Gewerkschaft **4 A** 1069

Telearbeit 1 A 65 ff.

Tendenzträger 4 A 1051 ff.
- Arbeitszeitregelungen **4 A** 1060 f.
- außerdienstliches Verhalten **2 A** 219
- Eingruppierung **4 A** 1065
- Kündigung **4 A** 1066 ff.
- Lohngestaltung **4 A** 1062
- ordentliche Kündigung **4 A** 1067
- personelle Angelegenheiten **4 A** 1063 ff.

Treu und Glauben
- Arbeitsvertrag **2 A** 4
- Kündigung **3 D** 58

Treuepflicht 2 A 179 ff.
- Abwerbung von Arbeitskollegen **2 A** 233 ff.
- Alkohol **2 A** 191 ff.
- Anzeige von Kollegen **2 A** 213
- ärztliche Untersuchungen **2 A** 202

2321

(Treuepflicht)
- außerdienstliches Verhalten **2 A** 219 ff.
- äußeres Erscheinungsbild des Arbeitnehmers **2 A** 189 f.
- Dienstbekleidung **2 A** 190
- drohende Schäden/Gefahren **2 A** 212
- Erledigungserklärung in Auflösungsvereinbarung **2 A** 185
- Genesungsverzögerung **2 A** 221
- Geschenkannahme, gebräuchliche/übliche **2 A** 239
- Informationspflichten **2 A** 212 ff.
- Interessen des Arbeitnehmers **2 A** 182
- Interessenwahrnehmungspflichten **2 A** 187 ff.
- kirchlicher Bereich **2 A** 211
- Kontrollen **2 A** 199 ff.
- Leiharbeitnehmer **6 C** 45
- leitende Angestellte **2 A** 209
- Meinungsäußerung, unternehmensschädliche **2 A** 243 ff.
- Mitteilung einer Arbeitsverhinderung **2 A** 215 ff.
- Mobbing **2 A** 203
- nachwirkende **2 A** 184
- Nebenpflicht **2 A** 180
- Nebentätigkeit **2 A** 222 ff.
- Notfälle **2 A** 208
- persönliche Umstände **2 A** 214
- politische Propaganda **2 A** 244
- Radiohören **2 A** 197
- Rauchen **2 A** 195 f.
- Rechtsgrundlagen **2 A** 180, 186
- schadensgeneigte Freizeitgestaltung **2 A** 220
- Schmiergeldannahme **2 A** 236 ff.
- Schutz des Unternehmenseigentums **2 A** 204 ff.
- Telefonieren **2 A** 198
- Überwachung von Kollegen **2 A** 213
- Umfang **2 A** 181
- Unterlassungspflichten **2 A** 222 ff.
- Unternehmensförderung **2 A** 207 ff.
- Verschwiegenheitspflicht *siehe dort*
- vorvertragliche **2 A** 183
- Wahrung der betrieblichen Ordnung **2 A** 187 f.
- Wahrung des Unternehmenseigentums **2 A** 187 f.
- Wettbewerbsverbot *siehe dort*

Trinkgelder 2 A 488
Truckverbot 2 A 619

Überstunden 2 A 359 ff.
- Anordnung **2 A** 366 f.
- Entgeltklage **5 A** 212 f.
- Gleichbehandlung von Teilzeitbeschäftigten bei Zuschlägen **2 A** 864
- Gleitzeitregelungen **2 A** 365
- leitende Angestellte **2 A** 368 f.
- Mehrarbeit, Begriff **2 A** 359
- Mitbestimmung **4 A** 563 ff.
- Mitbestimmung bei Anordnung im Arbeitskampf **4 A** 576
- Pfändbarkeit der Vergütung **2 A** 644
- Teilzeitbeschäftigte **2 A** 363 f., 864
- Überstunden, Begriff **2 A** 82, 359
- Überstunden, Grenzen **2 A** 110
- Vergütung **6 A** 82
- Vergütungszuschlag **2 A** 360 ff.
- Vergütungszuschlag, Rechtsgrundlagen **2 A** 361

Überwachungsrechte des Betriebsrats
- allgemeine Arbeitsbedingungen **4 A** 422
- Betriebsvereinbarungen **4 A** 421
- Gesetze und Vorschriften **4 A** 417 ff.
- Grenzen **4 A** 423
- Tarifverträge **4 A** 420

Umdeutung der Kündigungserklärung 3 C 107 ff.
- in Anfechtungserklärung **3 C** 118
- in Angebot auf Abschluß eines Aufhebungsvertrages **3 C** 120
- Betriebsratsanhörung **3 C** 115 f.
- im Kündigungsschutzverfahren **3 C** 122 ff.
- in Nichtfestsetzungserklärung **3 C** 121
- in Suspendierungserklärung **3 C** 119

Umgruppierung
siehe Eingruppierung

Umsatz-/Gewinnbeteiligung 2 A 481 ff.
- Abgrenzung zur betrieblichen Altersversorgung **2 E** 22
- Berechnung **2 A** 483
- Höhe **2 A** 483
- Pfändbarkeit **2 A** 632
- Rechtsgrundlage **2 A** 482

Ungerechtfertigte Bereicherung
siehe Bereicherungsanspruch

Unmöglichkeit/Verzug
- anfängliche Unmöglichkeit **2 A** 146
- Annahmeverzug *siehe dort*
- vom Arbeitgeber zu vertretende Unmöglichkeit **2 A** 166
- vom Arbeitnehmer nicht zu vertretende Unmöglichkeit **2 A** 165
- Arbeitsentgelt **2 A** 152, 310

- Auflösungsschaden **2 A** 164
- außerordentliche Kündigung wegen Nichtleistung **2 A** 163
- Betriebsrisikolehre *siehe dort*
- einstweilige Verfügung hinsichtlich Arbeitsleistung **2 A** 156
- Karenzentschädigung, Verzug des Arbeitgebers **2 F** 78
- von keiner Seite zu vertretende Nichtleistung **2 A** 167
- Kürzung von Sonderzuwendungen **2 A** 161
- Lohnminderung **2 A** 175
- Lohnverwirkungsabrede **2 A** 162
- Schadensersatz wegen Nichterfüllung **2 A** 158
- Unmöglichkeit, Begriff **2 A** 147
- Verfrühungsschaden **2 A** 159
- Vermögensschaden durch Arbeitsausfall **2 A** 159
- verspätete Arbeitsaufnahme **2 A** 148
- Verspätungsschaden **2 A** 160
- Vertragsstrafe **2 A** 162
- Vertretenmüssen **2 A** 150 ff.
- Verzug des Arbeitnehmers **2 A** 160
- Vollstreckung Urteil auf Erbringung bestimmter Arbeitsleistung **2 A** 153
- Wettbewerbsverbot **2 F** 75

Unternehmen
- Begriff – Betriebsübergang **2 G** 2
- Begriff iSd. BetrVG **4 A** 5 ff.
- gemeinsamer Betrieb **4 A** 16 ff.
- Sitz – örtliche Zuständigkeit **5 G** 59 ff.

Unternehmensmitbestimmung 4 B 1 ff.
- Abspaltung **4 B** 20
- Aufsichtsrat *siehe dort*
- Ausgliederung **4 B** 20
- Berechnung Arbeitnehmerzahl **4 B** 21 ff.
- BetrVG 1952 **4 B** 7, 19
- Frist bei Anfechtung Aufsichtsratswahl **5 G** 119
- Geltungsbereich der Mitbestimmungsgesetze **4 B** 30
- Konzern und MitbestG **4 B** 13
- MitbestErgG **4 B** 6, 16 ff.
- MitbestG **4 B** 4
- Mitbestimmungsgesetze **4 B** 1 ff.
- Montan-MitbestG **4 B** 5, 14 f.
- Statusverfahren **4 B** 8 ff.
- Streitigkeiten **5 G** 23 ff.
- Streitigkeiten aus dem BetrVG 1952 **5 G** 29 f.
- Streitigkeiten aus dem MitbestErgG **5 G** 27 f.
- Streitigkeiten aus dem MitbestG **5 G** 24 ff.
- Tendenzschutz und MitbestG **4 B** 12
- Überleitungs-/Statusverfahren **4 B** 8 ff.
- Zurechnung von Arbeitnehmern nach MitbestG **4 B** 22 ff.
- Zurechnung von Arbeitnehmern nach Montan-MitbestG und BetrVG 1952 **4 B** 29

Unterrichtungsumfang bei Kündigung 3 J 29 ff.
- bei Änderungskündigung **3 J** 67 ff.
- bei außerordentlicher Kündigung **3 J** 62 ff., 206
- bei betriebsbedingter Kündigung **3 J** 42 ff., 203
- bei krankheitsbedingter Kündigung **3 J** 53 ff.
- bei personenbedingter Kündigung **3 J** 52 ff., 204
- bei verhaltensbedingter Kündigung **3 J** 57 ff., 205

Unterstützungskassen 2 E 381 ff.
- Abänderung Versorgungszusage **2 E** 382 f.
- Auftragsverhältnis **2 E** 69
- Begriff **2 E** 65
- Einstandspflicht des Arbeitgebers **2 E** 68
- Mitbestimmung **2 E** 154 f.
- Widerrufsrecht **2 E** 67

Unverfallbare Versorgungsanwartschaft *siehe* Versorgungsanwartschaft, Unverfallbarkeit

Urheberrechte 2 H 65 ff.
- Arbeitnehmererfindung *siehe dort*
- Leistungsschutzrechte ausübender Künstler **2 H** 72
- Nutzung arbeitsvertraglich geschuldeter Werke **2 H** 67 ff.
- Nutzung arbeitsvertraglich nicht geschuldeter Werke **2 H** 74
- Persönlichkeitsrechte **2 H** 75 f.
- Rechtsweg bei Streitigkeiten **5 B** 74
- Streitigkeiten **2 H** 79
- urheberrechtsfähige Werke **2 H** 65
- Vergütung **2 H** 73

Urlaub
- Ablauf des Urlaubsjahres **2 C** 182 ff.
- Abtretung des Anspruchs **2 C** 111
- Anfechtung der Urlaubserteilung **2 C** 51
- Angebot der Arbeitsleistung nach Urlaub **2 B** 12 f.
- Anrechnung von Krankheitstagen auf Urlaub **2 B** 146 ff.

(Urlaub)
- Anrechnung von Resturlaub bei Freistellung von der Arbeitsleistung **2 A** 704 f.
- Anrechnung von Urlaub bei Maßnahme der medizinischen Vorsorge oder Rehabilitation **2 B** 160 ff.
- arbeitnehmerähnliche Personen **2 C** 142
- Arbeitsplatzwechsel **2 C** 80 ff.
- Arbeitsunfähigkeit **2 C** 167 f.
- Arbeitsunfähigkeit während Sonderurlaubs **2 C** 176 f.
- Ausschlußklauseln **2 A** 564
- Baugewerbe **2 C** 154
- Begriff **2 C** 1 ff.
- Berechnung **2 C** 58 ff., 140 f.
- Berechnung für geringfügig Beschäftigte **2 C** 60
- Berufsschüler **2 C** 135
- Bescheinigung **2 C** 81
- für bestimmte Arbeitnehmergruppen **2 C** 25 ff.
- Betriebsferien **2 C** 50
- Bildungsurlaub *siehe dort*
- Bruchteile **2 C** 44 f.
- einstweilige Verfügung **2 C** 109 f.
- einstweilige Verfügung auf Urlaubsentgelt **2 C** 110
- einstweilige Verfügung auf Urlaubsgewährung **5 H** 83
- einzelvertragliche Regelung **2 C** 30 f.
- Erfüllung **2 C** 179 f.
- Ermessensspielraum des Arbeitgebers **2 C** 48
- Erziehungsurlaub *siehe dort*
- Erwerbstätigkeit während des Urlaubs **2 C** 85 ff.
- Festlegung in der Kündigungszeit **2 C** 52 ff.
- und Freistellung **3 B** 38
- gesetzliche Grundlagen **2 C** 23 ff.
- Hausarbeitstag **2 C** 12
- Heimarbeiter **2 C** 27, 137 f.
- Insolvenz **2 C** 117
- Jugendliche **2 C** 133 f.
- Klage hinsichtlich Festlegung des Urlaubs **2 C** 106 f.
- Krankheit **2 C** 36 f., 167 f.
- Kündigung wegen eigenmächtigen Urlaubsantritts **3 G** 56
- Kündigung wegen eigenmächtigen Urlaubsantritts/-verlängerung **3 D** 200 f.
- Kündigungsschutzklage und Urlaubsanspruch **2 C** 105
- Leistungsklage **2 C** 102 ff.
- Maßnahme der medizinischen Vorsorge oder Rehabilitation **2 C** 170 ff.
- nach Maßnahme der medizinischen Vorsorge oder Rehabilitation **2 C** 49
- Mehrfachbeschäftigung **2 C** 84
- Mindesturlaub **2 C** 57
- Mitbestimmung bei Aufstellung allgemeiner Urlaubsgrundsätze/des Urlaubsplanes **4 A** 582 ff.
- Mitbestimmung des Betriebsrats **2 C** 121 ff.
- Mitbestimmung zeitliche Lage des Urlaubs bei einzelnem Arbeitnehmer **4 A** 586
- und ordentliche Kündigung **2 C** 52 f.
- persönliche Hinderungsgründe während des Urlaubs **2 C** 62
- Pfändbarkeit des Anspruchs **2 C** 112
- rollierendes Freizeitsystem **2 C** 61
- Schadensersatz **2 C** 104, 186
- Schwerbehinderte **2 C** 143 ff.
- Selbstbeurlaubung **2 C** 108
- Sonderurlaub *siehe dort*
- Streik **4 C** 59
- tarifliche Ausschlußfristen **2 C** 188 ff.
- tarifliches Vorrangprinzip **2 C** 33
- tarifvertragliche Regelungen **2 C** 32 ff.
- Teilurlaub **2 C** 39 ff.
- Teilzeitbeschäftigte **2 C** 59, 139 ff.
- Tod **2 C** 199
- Übertragung ins Folgejahr **2 C** 183
- Urlaubsabgeltung *siehe dort*
- Urlaubsentgelt *siehe dort*
- Urlaubsgeld *siehe dort*
- Urlaubsjahr **2 C** 35 ff.
- Urlaubstage in Lohnabrechnung **2 C** 105
- Verfallen bei gerichtlicher Geltendmachung **2 C** 184
- Vergleich **2 C** 197
- Verpfändung des Anspruchs **2 C** 115
- Verrechnung mit zuviel gewährtem Vorjahresurlaub **2 C** 181
- Verweigerung der Urlaubsgewährung **2 C** 186
- Verwirkung **2 C** 198
- Verzicht **2 C** 194 ff.
- Wartezeit **2 C** 34
- Wehr- und Zivildienst **2 C** 27, 152 ff.
- Zeitpunkt **2 C** 47 ff., 106 f.
- Zwangsvollstreckung des Urlaubsgewährungsanspruchs **5 H** 50

Urlaubsabgeltung
- Abgeltungsverbot **2 C** 89

- als Ausnahme **2 C** 90
- Ausschlußklauseln **2 A** 564
- Befristung des Anspruchs **2 C** 95
- Berechnung **2 C** 96
- Berufsausbildungsverhältnis **2 C** 91
- Bescheinigung **2 C** 82
- Einkommensteuer **2 C** 204
- Entgeltklage **5 A** 220 ff.
- Entstehen des Anspruchs **2 C** 93 f.
- höchstpersönlicher Anspruch **2 C** 99
- Insolvenz **2 C** 117
- Klage **2 C** 101
- Ruhen des Anspruchs auf Arbeitslosengeld **6 B** 33
- Sozialversicherungspflichtigkeit **2 C** 207 ff.
- Steuerpflichtigkeit **2 C** 204
- tarifliche Ausschlußfristen **2 C** 189 ff.
- Tod **2 C** 98
- Vereinbarung **2 C** 92
- Verjährung **2 C** 187
- Verzicht **2 C** 100
- Wegfall wegen Rechtsmißbrauchs **2 C** 97

Urlaubsentgelt
- Arbeitsunfähigkeit **2 C** 169
- Arbeitsverdienst, zu berücksichtigender **2 C** 63 ff.
- Aufrechnung **2 C** 116
- Auszahlung **2 C** 73 ff.
- Baugewerbe **2 C** 154
- Berechnung **2 C** 63 ff.
- Einkommensteuer **2 C** 202 f.
- einstweilige Verfügung **2 C** 109
- Entgeltklage **5 A** 220 ff.
- Heimarbeiter **2 C** 137 f.
- Insolvenz **2 C** 117
- Krankheit **2 C** 169
- leistungsbezogene Arbeitsentgelte **2 A** 356
- Provision **2 A** 476
- Rückforderung **2 C** 200 f.
- Rückforderung bei Überzahlung **2 C** 76
- Steuerpflichtigkeit **2 C** 202
- Streik **4 C** 59
- Verdienständerungen **2 C** 70 f.
- Verjährung **2 C** 187
- Verpfändung **2 C** 115
- Verwirkung **2 C** 198 f.
- für Zusatzurlaub bei Schwerbehinderten **2 C** 148

Urlaubsgeld 2 C 77 ff.
- Baugewerbe **2 C** 154
- Einkommensteuer **2 C** 202 f.

- Entgeltklage **5 A** 220 ff.
- Pfändbarkeit **2 A** 653; **2 C** 113 f.
- Sozialversicherungspflichtigkeit **2 C** 206
- Steuerpflichtigkeit **2 C** 203
- für Zusatzurlaub bei Schwerbehinderten **2 C** 148

Urteilsverfahren 5 C 1 ff.
- Aufforderung zur vorherigen schriftlichen Äußerung **5 C** 11
- und Beschlußverfahren **5 G** 1
- Besonderheiten **5 C** 6 ff.
- Besonderheiten bei Berufsausbildungsverhältnissen **5 C** 52 ff.
- früher erster Termin **5 C** 7
- Gerichtskosten **5 I** 126 ff.
- Gerichtskosten 1. Instanz **5 I** 127
- Gerichtskosten Berufungs-/Revisionsverfahren **5 I** 128
- Güteverhandlung *siehe dort*
- Lohnersatzansprüche von Betriebsratsmitgliedern **5 G** 19
- Mündliche Verhandlung *siehe dort*
- Persönliches Erscheinen *siehe dort*
- Rechtsbehelf gegen Terminierung **5 C** 5
- Schadensersatzansprüche – Betriebsratsmitglieder – Arbeitnehmer/Arbeitgeber **5 G** 20
- schriftliches Vorverfahren **5 C** 7
- Terminsbestimmung **5 C** 2 ff.

Verbesserungsvorschlag 2 H 61 ff.
- *siehe auch* Arbeitnehmererfindung

Verdachtskündigung 3 D 215 ff.; **3 E** 31 ff.; **3 G** 57
- Anhörung des Arbeitnehmers **3 D** 223 ff.; **3 E** 35 ff.
- Anhörung des Betriebsrates **3 E** 41; **3 J** 75 f.
- Aufklärungspflicht des Arbeitgebers **3 D** 223 ff.; **3 E** 35
- Ausschlußpflicht bei außerordentlicher Kündigung **3 E** 82
- Begriff **3 D** 215; **3 E** 32 f.
- Beurteilungszeitpunkt **3 E** 38
- dringender Verdacht **3 D** 220
- Einstellung des Ermittlungsverfahrens **3 E** 34
- erhebliches Fehlverhalten **3 D** 221 f.
- neue Erkenntnisse nach Abschluß des Kündigungsschutzverfahrens **3 D** 229 ff.
- neue Erkenntnisse im Prozeßverlauf **3 D** 226 ff.; **3 E** 39

(**Verdachtskündigung**)
- objektiver Anfangsverdacht 3 D 219
- schwere Pflichtverletzungen 3 D 217
- starke Verdachtsmomente 3 E 34
- Suspendierung 3 E 10
- Übersicht 3 E 42
- Voraussetzungen 3 E 34 ff.
- Wiedereinstellungsanspruch bei Unschuld 3 D 230 ff.; 3 E 39 f.

Verfallfrist
siehe Ausschlußfrist

Vergütung
siehe Arbeitsentgelt

Verhaltensbedingte Kündigung 3 D 128 ff.
- Abmahnung *siehe dort*
- anderweitige Beschäftigung 3 D 138 f.
- Anhörung des Arbeitnehmers 3 D 180 f.
- Anhörung des Betriebsrats bei Kündigung 3 J 57 ff., 205
- Anzeige gegen Arbeitgeber 3 D 194 ff.
- Arbeitsverweigerung 3 D 184 ff.
- Arbeitsverweigerung, berechtigte 3 D 187 ff.
- außerdienstliches Verhalten 3 D 202 ff.
- Begriff 3 D 128 ff.
- Beleidigung 3 D 198
- Darlegungs- und Beweislast 3 D 140
- Interessenabwägung 3 D 135 ff.
- Interessenabwägung – Arbeitgeberseite 3 D 136
- Interessenabwägung – Arbeitnehmerseite 3 D 137
- Lebenswandel 3 D 203 f.
- Leiharbeitnehmer 6 C 39
- Lohnpfändungen 3 D 205
- mangelnde Eignung 3 D 183
- Minderleistung 3 D 182
- Nichtaushändigung der Arbeitspapiere 3 D 197
- Pflichtverletzungen im Zusammenhang mit Arbeitsunfähigkeit 3 D 191 f.
- politische Betätigung 3 D 206 f.
- Prüfungsschema 3 D 242
- Risiko unbestimmter Rechtsbegriffe 3 D 130 f.
- Schlechtleistung 3 D 182
- Selbstbeurlaubung 3 D 200 f.
- Sperrzeit 6 B 15
- Straftat 3 D 199, 208 ff.
- Urlaubsverlängerung 3 D 200 f.
- Verdachtskündigung *siehe dort*
- Verschulden 3 D 133 f.
- Verstoß gegen Alkoholverbot 3 D 193

- Verstoß gegen Wettbewerbsverbot 3 D 211 ff.
- Wiedereinstellungsanspruch *siehe dort*

Verhinderung des Arbeitnehmers
siehe Arbeitsverhinderung aus persönlichen Gründen

Verjährung
- Ablauf der Frist 2 A 556
- Anspruch auf Arbeitsentgelt 2 A 553 ff.
- Erstattungsanspruch bei Vergütungsüberzahlung 2 A 605
- Karenzentschädigung 2 F 67
- Provisionsanspruch 2 A 480
- tarifliche Rechte 4 C 191
- Unterbrechung 2 A 555
- Urlaubsentgelt, -abgeltung 2 C 187

Vermögensbildung 2 A 418
- Abgrenzung zur betrieblichen Altersversorgung 2 E 34
- Arbeitnehmersparzulage, Pfändbarkeit 2 A 625
- vermögenswirksame Leistungen 2 A 419
- vermögenswirksame Leistungen, Pfändbarkeit 2 A 654

Verschwiegenheitspflicht
- Abgrenzung zum nachvertraglichen Wettbewerbsverbot 2 F 9
- während des Arbeitsverhältnisses 2 A 258 ff.
- berechtigtes Interesse des Arbeitgebers 2 A 252
- Betriebsrat *siehe* Geheimhaltungspflicht des Betriebsrats
- Erweiterung durch Vertrag 2 A 254 f.
- Inhalt 2 A 250 ff.
- nachvertragliche 2 A 261 ff.
- nachvertragliche als Wettbewerbsverbot 2 A 263
- Rechtsfolgen des Geheimnisverrats 2 A 265
- Schweigepflicht nach UWG 2 A 257
- Umfang 2 A 250 ff.
- Verhältnismäßigkeit 2 A 253
- Verstoß als Kündigungsgrund 3 D 68; 3 G 58

Versetzung
- Arbeitgeberschreiben an Betriebsrat 4 A 814
- Begriff 4 A 717
- Direktions- oder Versetzungsklausel 2 A 62
- Direktionsrecht 2 A 34
- und Kündigungsschutz betrieblicher Funktionsträger 3 F 67

Stichwortverzeichnis

- Mitbestimmung **4 A** 717 ff.
- Tendenzträger **4 A** 1063
- Umsetzung eines Nachtarbeiters auf Tagarbeitsplatz **6 A** 60 ff.
- Versetzungsklausel hinsichtlich Arbeitsort **2 A** 65 ff.
- vorläufige Durchführung **4 A** 792 ff.
- Zustimmungsverweigerung des Betriebsrats **3 A** 111 f.

Versorgungsanwartschaft, Berechnung
- Anrechnung anderweitiger Leistungen **2 E** 191 f.
- Anrechnung von Verdienstzeiten **2 E** 195
- Anwartschaftsausweis **2 E** 212
- Anwartschaftsausweis des Pensionssicherungs-Vereins **2 E** 306 ff.
- Auffüllpflicht bei Lebensversicherung **2 E** 208
- Berechnung **2 E** 179 ff., 303
- Dynamik **2 E** 190 f.
- Eintritt des Versorgungsfalls **2 E** 184 f.
- Ersatzverfahren bei Lebensversicherung **2 E** 209 ff.
- feste Altersgrenze **2 E** 200 f.
- flexible Altersgrenze **2 E** 202
- geschlechtsbezogene Altersgrenzen **2 E** 204 ff.
- hypothetische Rente, Berechnung **2 E** 183
- und Insolvenzsicherung **2 E** 303
- Invaliditäts- und Hinterbliebenenleistungen **2 E** 186 f.
- Lebensversicherung **2 E** 207 ff.
- Veränderungen von Versorgungsregelungen und Bemessungsgrundlagen nach Ausscheiden **2 E** 188 f.
- zeitanteilige Berechnung **2 E** 180 ff.
- zeitanteilige Quotierung **2 E** 193 ff.

Versorgungsanwartschaft, Unverfallbarkeit
- Abfindung bei Unverfallbarkeit **2 E** 224
- Anrechnung von Vordienstzeiten **2 E** 173 f.
- Arbeitgeberwechsel **2 E** 168, 172
- Beendigung der Versorgungszusage **2 E** 167
- beitragsorientierte Leistungszusagen **2 E** 178
- Betriebszugehörigkeit **2 E** 169 ff.
- Blankettzusage **2 E** 165
- Entgeltumwandlung **2 E** 178
- Fristen **2 E** 162 ff.
- gesetzliche Voraussetzungen **2 E** 159 ff.

- Insolvenzsicherung **2 E** 296 ff.
- Konzernzugehörigkeitszeiten **2 E** 171
- vertragliche **2 E** 177
- Vordienstzeiten **2 E** 163
- Vorruhestand **2 E** 176
- Wartezeit **2 E** 175
- zeitweilige Nichtanwendbarkeit des BetrAVG **2 E** 362 f.

Versorgungszusage
- Änderung *siehe* Versorgungszusagen, Abänderung
- aus Anlaß eines Arbeitsvertrages **2 E** 15 f.
- Begriff **2 E** 10 ff.
- Betriebliche Altersversorgung *siehe dort*
- betriebliche Übung **2 A** 873; **2 E** 108 ff.
- Betriebsübergang **2 E** 168, 172
- Einzelzusage **2 E** 102 ff.
- Gesamtzusage **2 E** 106 f.
- Gleichbehandlungsgrundsatz **2 E** 113 ff.
- Konditionenkartell **2 E** 40
- Mitbestimmung bei unmittelbaren Zusagen **2 E** 152 f.
- unmittelbare Versorgungszusage, Begriff **2 E** 39
- Verbesserung **2 E** 305
- Verbreitungsgrad **2 E** 41
- vertragliche Einheitsregelung **2 E** 105
- Zusammentreffen mehrerer Versorgungszusagen **2 E** 146 ff.

Versorgungszusagen, Abänderung
- ablösende Betriebsvereinbarung **2 E** 386
- Ablösung von Gesamtversorgungssystemen **2 E** 401 f.
- Änderung laufender Leistungen **2 E** 399 f.
- Änderungskündigung **2 E** 368 f.
- Änderungsvereinbarung **2 E** 367
- betriebsvereinbarungsoffene Versorgungszusage **2 E** 380
- Billigkeitskontrolle verschlechternder Betriebsvereinbarungen **2 E** 397
- erdiente Dynamik **2 E** 392 ff.
- erdienter Teilwert **2 E** 389 ff.
- Mitbestimmungsrecht **2 E** 387
- nachfolgende Betriebsvereinbarung **2 E** 376 ff.
- nicht wirtschaftliche Gründe **2 E** 401 f.
- Treuebruch nach Unverfallbarkeit **2 E** 405
- Treuebruch vor Unverfallbarkeit **2 E** 404
- Überversorgung **2 E** 375
- Unterstützungskassen **2 E** 382 ff.

(Versorgungszusagen, Abänderung)
- Verfehlungen durch Ausgeschiedenen **2 E** 406
- Verhältnismäßigkeitsgrundsatz **2 E** 388, 396
- Widerruf **2 E** 371 ff.
- Widerruf wegen Treuebruchs **2 E** 403 ff.
- wirtschaftliche Notlage **2 E** 374

Vertragsstrafe 2 D 1
- Begrenzung **2 D** 15
- Berufsausbildungsverhältnis **1 B** 128
- und Betriebsbuße **2 D** 27 ff.
- Herabsetzung **2 D** 16
- Höhe **2 D** 12 ff.
- Inhalt der Regelung **2 D** 9
- Lohnverwirkungsabrede **2 A** 162
- nachvertragliches Wettbewerbsverbot **2 D** 19 f.
- und Pauschalierungsabreden **2 D** 22
- Rechtsquellen **2 D** 4
- Sanktionsfunktion **2 D** 2
- und Schadensersatz **2 D** 17
- selbständiges Strafversprechen **2 D** 1
- Sozialversicherungsbeiträge bei Aufrechnung mit Vertragsstrafe **2 D** 18
- Textbeispiele **2 D** 21
- typische Fälle **2 D** 8
- unselbständiges Strafversprechen **2 D** 1
- Verfallregelungen **2 D** 23 ff.
- Vertretenmüssen **2 D** 11
- Verwirkung **2 D** 10 f.
- Wettbewerbsverbot **2 A** 296; **2 D** 19 f.; **2 F** 76

Vertrauensvolle Zusammenarbeit 4 A 328 ff.
- Verhaltenspflichten **4 A** 332
- Verstoß **4 A** 333 ff.

Verwirkung 2 A 592 ff.
- Abmahnungsrecht **3 D** 151
- allgemeine Feststellungsklage gegen außerordentliche Kündigung **5 A** 87 ff.
- prozessualer Rechte gegen Abmahnung **3 D** 173
- tarifliche Rechte **4 C** 190
- Urlaub **2 C** 198
- Urlaubsentgeltanspruch **2 C** 198 f.

Verzug
siehe Annahmeverzug; Unmöglichkeit/Verzug

Vorbehaltserklärung 3 A 117 ff.
- bei außerordentlicher Änderungskündigung **3 A** 131 ff.
- Auswirkungen **3 A** 125 ff.
- Frist **5 A** 124 ff.

- und Klage **3 A** 129 ff.
- und Klagefrist **5 A** 125 f.

Vordienstzeiten
- Anrechnung bei betrieblicher Altersversorgung **2 E** 173 f., 195
- Insolvenzsicherung **2 E** 262 f., 300 f.

Vorläufige personelle Maßnahme 4 A 792 ff.
- Bestreiten der sachlichen Notwendigkeit durch Betriebsrat **4 A** 799 f.
- dringende Erforderlichkeit **4 A** 796
- gerichtliches Verfahren **4 A** 800 ff.
- Unterrichtung des Arbeitnehmers **4 A** 797 f.
- Unterrichtung des Betriebsrats **4 A** 799
- Verfahrensablauf **4 A** 792 f.
- Vorliegen von sachlichen Gründen **4 A** 794 f.

Vorläufige Vollstreckbarkeit 5 H 1 ff.
- Ausschluß **5 H** 8 ff.
- Beschluß über einstweilige Einstellung der Zwangsvollstreckung **5 H** 22 ff.
- Drittwiderspruchsklage **5 H** 27
- Einstellung der Zwangsvollstreckung **5 H** 19 ff.
- Endurteile **5 H** 3 ff.
- Entscheidung über Ausschluß **5 H** 17 f.
- Glaubhaftmachung des nicht zu ersetzenden Nachteils **5 H** 15
- nicht zu ersetzender Nachteil **5 H** 8 ff.
- rechtzeitiger Antrag auf Ausschluß **5 H** 14
- Schiedsspruch/-vergleich **5 H** 7
- Sicherheitsleistung bei Einstellung der Zwangsvollstreckung **5 H** 24
- vollstreckungsfähiger Urteilsinhalt **5 H** 4
- Vollstreckungsgegenklage **5 H** 27
- Vollstreckungstitel **5 H** 3 ff.
- Vollstreckungstitel des § 794 ZPO **5 H** 6

Vorruhestand
- unverfallbare Versorgungsanwartschaft **2 E** 176
- Vorruhestandsgelder, Abgrenzung zur betrieblichen Altersversorgung **2 E** 35

Vorstellungskosten 1 C 105 ff.

Vorübergehende Verhinderung
siehe Arbeitsverhinderung aus persönlichen Gründen

Wahl des Betriebsrats
siehe Betriebsratswahl

Wehr- und Zivildienstleistende
- außerordentliche Kündigung 3 F 115 f.
- befristeter Arbeitsvertrag 3 H 32
- Freistellung 2 A 128
- Kündigungsschutz 3 F 111 ff.
- Urlaub 2 C 27, 152 ff.

Weihnachtsgratifikation 2 A 499
- Pfändbarkeit 2 A 523, 655

Weiterbeschäftigungsanspruch
- nach Ablauf der Kündigungsfrist 2 A 697
- allgemeiner 5 A 148 ff.
- bei Annahmeverzug 2 B 5
- Antragstellung beim allgemeinen 5 A 152, 154 f.
- Beendigung des betriebsverfassungsrechtlichen 3 J 148
- bei Betriebsratswiderspruch 3 J 138 ff.
- betriebsverfassungsrechtlicher bei Änderungskündigung 5 A 144
- Darlegungs- und Beweislast beim allgemeinen 5 A 172 f.
- Darlegungs- und Beweislast beim betriebsverfassungsrechtlichen 5 A 174 f.
- einstweilige Verfügung gegen betriebsverfassungsrechtlichen 5 A 157 ff.; 5 H 79
- einstweilige Verfügung zur Geltendmachung 5 A 163 ff.
- einstweilige Verfügung auf Weiterbeschäftigung während des Kündigungsschutzprozesses 5 H 81 f.
- Einwendungen im Klageverfahren 5 A 156
- Entschädigung bei Nichtbeschäftigung 5 A 168 ff.
- bei gekündigtem Arbeitsverhältnis 2 A 699 ff.
- gerichtliche Geltendmachung 2 A 707 f.
- isolierte Klage 5 A 153
- des leitenden Angestellten 4 A 1134
- personalvertretungsrechtlicher 5 A 146 f.
- Streitwert 5 I 39 ff., 45 ff.
- Voraussetzungen des betriebsverfassungsrechtlichen 3 J 141; 5 A 136 ff.
- Zwangsvollstreckung 5 H 51 ff.

Weiterbildungskosten
siehe Aus-, Fort- und Weiterbildungskosten

Werkswohnungen
- als betriebliche Altersversorgung 2 E 37
- Mitbestimmung 4 A 612 ff.
- Rechtsweg bei Streitigkeiten 5 B 59

Wettbewerbsverbot
- während des Arbeitsverhältnisses 2 A 266 ff.
- bei Betriebsübergang 2 G 97
- einstweilige Verfügung bei Verstoß 5 H 78
- Inhalt 2 A 266
- für kaufmännische Angestellte *siehe* Wettbewerbsverbot gem. §§ 60, 61 HGB
- Kündigung bei Verstoß 3 D 211 ff.
- nachvertragliches *siehe* Wettbewerbsverbot, nachvertragliches
- Nebentätigkeitsverbot 2 A 269
- für nicht kaufmännische Angestellte 2 A 297 ff.

Wettbewerbsverbot, nachvertragliches 2 F 1 ff.
- Aufhebungsvertrag 2 F 20, 44; 3 B 39 ff.
- auflösende Bedingung 2 F 49
- Auflösung des Arbeitsverhältnisses durch Urteil 2 F 43
- aufschiebend bedingtes Inkrafttreten 2 F 19
- Ausgleichsklausel 2 F 45
- Auskunft über anderweitiges Einkommen 2 F 56 f.
- außerordentliche Kündigung des Arbeitgebers 2 F 41
- außerordentliche Kündigung des Arbeitnehmers 2 F 39 f.
- Auszubildende 2 F 4
- bedingtes 2 F 33 ff.
- berechtigtes geschäftliches Interesse 2 F 25
- Betriebsübergang 2 F 52 f; 2 G 97
- einstweilige Verfügung 2 F 73
- Erstattung Arbeitslosengeld 2 F 71; 6 B 78
- freie Mitarbeiter 2 F 5
- gegenständlicher Verbotsumfang 2 F 21 f.
- indirektes durch finanzielle Nachteile 2 F 11 f.
- Karenzentschädigung *siehe dort*
- Konkretisierung nach Beendigung des Arbeitsverhältnisses 2 F 35
- Konkurs 2 F 47
- konzerndimensionaler Wettbewerbsschutz 2 F 28
- Kundenschutzklausel 2 F 8
- Kündigung und Beendigung des Arbeitsverhältnisses 2 F 20
- Leistungsstörungen 2 F 75
- Mandantenschutzklauseln 2 F 10

(Wettbewerbsverbot, nachvertragliches)
- Minderjährige 2 F 3
- nachvertragliche Verschwiegenheitspflicht, Abgrenzung 2 A 263; 2 F 9
- Nachweis anderweitigen Einkommens 2 F 57
- Nichtantritt des Arbeitsverhältnisses 2 F 51
- ordentliche Kündigung des Arbeitgebers 2 F 42
- Organmitglieder 2 F 6
- persönlicher Geltungsbereich 2 F 2 ff.
- Prozeßvergleich 2 F 20
- räumlicher Verbotsumfang 2 F 23
- Rücktritt 2 F 46
- Schriftform 2 F 15 ff.
- Schutz verbundener Unternehmen 2 F 29
- Sperrabrede 2 F 13
- tätigkeitsbezogene Verbote 2 F 22
- unbillige Erschwernis des Fortkommens des Arbeitnehmers 2 F 26
- Unmöglichkeit der Konkurrenztätigkeit 2 F 50
- Unterlassungsklage 2 F 72
- unternehmensbezogene Verbote 2 F 22
- Verstoß bei unternehmensbezogenem Verbot 2 F 55
- Vertragsstrafe 2 D 19 f.; 2 F 76
- Verzicht des Arbeitgebers 2 F 36 ff.
- Vorvertrag 2 F 18
- Wettbewerbsenthaltungspflicht 2 F 54 f.
- zeitlicher Verbotsumfang 2 F 24
- Zuwiderhandlung bei vermuteter (Teil-)Unverbindlichkeit 2 F 27
- Zwangsvollstreckung 2 F 74

Wettbewerbsverbot gem. §§ 60, 61 HGB 2 A 270 ff.
- Beteiligung an Handelsgesellschaft 2 A 274
- Betrieb eines Handelsgewerbes 2 A 271 ff.
- Eintrittsrecht 2 A 288 ff.
- Einwilligung zur Wettbewerbstätigkeit 2 A 279 ff.
- Geschäftstätigkeit 2 A 276 f.
- Kündigung wegen Verstoßes 3 B 39; 3 D 211 ff.
- persönlicher Geltungsbereich 2 A 270
- Schadensersatzanspruch 2 A 285 ff.
- Verjährung von Schadensersatzanspruch und Eintrittsrecht 2 A 294
- vertragliche Erweiterung 2 A 278

- Vertragsstrafe 2 A 296
- Vorbereitung späterer Konkurrenz 2 A 275
- zeitliche Geltung bei Kündigung 2 A 282 ff.

Widerspruch des Betriebsrats gegen Kündigung 3 J 94 ff.
- wegen anderweitigem Arbeitsplatz 3 J 111 ff.
- wegen fehlerhafter Sozialauswahl 3 J 103 ff.
- wegen Umschulungs-/Fortbildungsmöglichkeit 3 J 115
- wegen Verstoßes gegen Auswahlrichtlinien 3 J 108 ff.
- wegen Weiterbeschäftigungsmöglichkeit zu geänderten Bedingungen 3 J 116 ff.
- Widerspruchsbegründung 3 J 99

Wiedereinstellungsanspruch 3 D 332 ff.
- nach Beendigung des Arbeitsverhältnisses 3 D 336 f.
- Entfallen des Kündigungsgrundes nach Zugang der Kündigung 3 D 338
- und Kündigungsschutzklage 3 D 335
- aus nachwirkender Fürsorgepflicht 3 D 333
- wirksame Kündigung 3 D 334

Wirtschaftliche Notlage 2 E 283 ff., 374
- *siehe auch* Insolvenzsicherung

Wirtschaftsausschuß
- Streitwert bei Streit wegen Einrichtung 5 I 110
- Tendenzbetriebe 4 A 1054

Zeit-Arbeitsvertrag
siehe Befristeter Arbeitsvertrag

Zeugnis 3 I 1 ff.
- Abgrenzung zur Arbeitsbescheinigung 3 I 31
- und Aufhebungsvertrag 3 B 42 ff.
- Ausgleichsquittung/-klausel 3 I 70
- Aushändigung 3 I 48
- Ausschlußklauseln 3 I 71 ff.
- äußere Form 3 I 33
- Bedeutung für Arbeitnehmer und Arbeitgeber 3 I 4 ff.
- berechtigte Personen 3 I 9
- Beschädigung 3 I 50
- Betriebsübergang 3 I 21
- Darlegungs- und Beweislast 3 I 57 f.
- einfaches 3 I 23 f., 37 ff.
- einstweilige Verfügung 3 I 59

- Erfüllung des Anspruchs **3 I** 66
- Erkundigung beim früheren Arbeitgeber **1 C** 74
- Haftung des Arbeitgebers gegenüber Arbeitnehmer **3 I** 75 f.
- Haftung des Arbeitgebers gegenüber neuem Arbeitgeber **3 I** 77 f.
- Klage auf Ausstellung **3 I** 51 f.
- Klage auf Berichtigung **3 I** 53 ff.
- Konkurs des Arbeitgebers **3 I** 20
- qualifiziertes **3 I** 25 f., 40 ff.
- Rechtsgrundlagen **3 I** 1 ff.
- schriftliche Erteilung **3 I** 32
- Streitwert **3 I** 60; **5 I** 79 ff.
- Tag der Ausstellung **3 I** 35
- Unterschrift **3 I** 36
- Verlust **3 I** 50
- verpflichtete Personen **3 I** 18 ff.
- Verwirkung des Anspruchs **3 I** 68
- Verzicht **3 I** 69 f.
- vorläufiges **3 I** 30
- Wahrheitspflicht **3 I** 7 f.
- Widerruf **3 I** 63 ff.
- wohlwollende Beurteilung **3 I** 8
- Zeugnisbestandteile **3 I** 45
- Zeugnissprache **3 I** 46 f.
- Zurückbehaltungsrecht des Arbeitgebers **3 I** 49
- Zwangsvollstreckung **3 I** 61 f.; **5 H** 54
- Zwischenzeugnis **3 I** 27 ff.

Zivildienstleistende
siehe Wehr- und Zivildienstleistende

Zulagen 2 A 532 ff.
- Arbeitszeitzuschläge **2 A** 537
- Aufwandsentschädigung **2 A** 536
- Erschwerniszulagen **2 A** 536
- Funktionszulagen **2 A** 535
- Gefahrenzulage, Pfändbarkeit **2 A** 631
- Gleichbehandlung **2 A** 835
- Gleichbehandlung von Teilzeitbeschäftigten bei Wechselschichtzulage **2 A** 865
- Leistungszulage **2 A** 336, 535
- persönliche **2 A** 533
- Pfändbarkeit **2 A** 627
- Rechtsgrundlagen **2 A** 539
- Sozialzulagen **2 A** 534
- Tarifentgelterhöhung **2 A** 542 ff.
- tarifliche Bestands-, Effektiv-, Verrechnungsklauseln **4 C** 180 ff.
- übertarifliche **2 A** 543
- übertarifliche, Anrechnung bei Tarifentgelterhöhung **2 A** 546, **4 C** 173 ff.

- Widerrufsvorbehalt **2 A** 540 f., 544

Zusatzversorgung
- Belehrungspflichten bei Auflösung des Arbeitsverhältnisses **2 A** 734
- bei unterhälftiger Beschäftigung **2 E** 128 ff.

Zuspätkommen
siehe Arbeitsversäumnis

Zuständigkeit
- funktionelle **5 B** 108 ff.
- Gerichtsstand *siehe dort*
- internationale **5 B** 132 ff.
- örtliche **5 B** 112 ff.; **5 G** 54 ff.
- – Besonderheiten im Beschlußverfahren **5 B** 129 ff.
- – bei Entgeltklage **2 A** 614
- – Lage des Betriebs **5 G** 57 f.
- – rügeloses Verhandeln **5 B** 128
- – Sitz des Unternehmens **5 G** 59 ff.
- sachliche Zuständigkeit *siehe* Rechtsweg

Zwangsvollstreckung
- Arbeitsleistung **5 H** 44
- Arrest **5 H** 58 ff.
- Ausfüllung/Berichtigung von Arbeitspapieren **5 H** 45
- Auskunftsansprüche **5 H** 46 f.
- Beschäftigungsanspruch **5 H** 48
- im Beschlußverfahren **5 H** 87 ff.
- Drittwiderspruchsklage **5 H** 27
- einstweilige Einstellung **5 H** 19 ff.
- Einstweilige Verfügung *siehe dort*
- Entfernung Abmahnung aus Personalakte **5 H** 43
- Erwirkung von Handlungen **5 H** 41 ff.
- Forderungen **5 H** 32 ff.
- Herausgabe von Sachen **5 H** 40
- Lohnabrechnung **5 H** 49
- Lohnpfändung *siehe dort*
- Rechtsbehelfe **5 H** 55 f.
- Urlaubsgewährungsanspruch **5 H** 50
- Verfahren **5 H** 28 ff.
- Verpfändung des Urlaubsanspruchs/des Urlaubsentgelts **2 C** 112
- Vollstreckungsgegenklage **5 H** 27
- Vollstreckungsorgane **5 H** 29 f.
- Vollstreckungstitel **5 H** 31
- Vorläufige Vollstreckbarkeit *siehe dort*
- Weiterbeschäftigungsanspruch **5 H** 51 ff.
- Wettbewerbsverbot **2 F** 74
- Zeugniserteilung/-berichtigung **3 I** 61 f.; **5 H** 54

2331

Handbuch zum Betriebsverfassungsrecht

Von RA *Ulrich Weber*, Richter am ArbG, Dr. *Christian Ehrich* und RAin Dr. *Angela Hörchens*. 795 Seiten Lexikonformat, 1998, gbd. 158,– DM. ISBN 3-504-42602-0

Dieses Handbuch erläutert ausführlich die Grundlagen der Betriebsverfassung, die Bedeutung und Funktion der verschiedenen Organe des Betriebsrats sowie die Problemfelder des Betriebsverfassungsrechts.

Die umfangreiche Rechtsprechung des Bundesarbeitsgerichts – für die rechtssichere Auslegung und Anwendung des BetrVG unerläßlich – ist systematisch und umfassend eingearbeitet.

Besonderes Augenmerk liegt auf den mitbestimmungspflichtigen Vorgängen wie Einstellung, Versetzung und Kündigung, die regelmäßig Reibungspunkte bilden.

Darüber hinaus: Praktische Hinweise für den Abschluß von Betriebsvereinbarungen, deren Regelungsbereiche und Beendigungsmöglichkeiten.

Die Schwerpunkte im einzelnen:

Grundlagen · Organe der Betriebsverfassung · Rechtsstellung der Betriebsratsmitglieder · Geschäftsführung des Betriebsrats · Kosten des Betriebsrats · Betriebsvereinbarungen · Mitbestimmung in sozialen Angelegenheiten · Mitbestimmung in personellen Angelegenheiten · Mitbestimmung in wirtschaftlichen Angelegenheiten · Mitbestimmung in Tendenzunternehmen · Verfahren vor der Eignungsstelle

Die Autoren:

Ulrich Weber ist Seniorpartner einer bekannten, auf das Arbeitsrecht spezialisierten Kanzlei. Er ist durch eine Vielzahl von Publikationen (u.a. *Weber/Ehrich/Hoß*; Handbuch der arbeitsrechtlichen Aufhebungsverträge) und als Referent hervorgetreten.

Dr. *Christian Ehrich*, Richter am ArbG Köln, kann ebenfalls auf vielfältige Publikationen verweisen.

Dr. *Angela Hörchens* leitet das Berliner Büro der RAe Weber und Partner GbR.

Verlag Dr. Otto Schmidt · Köln

Wieland

Recht der Firmentarifverträge

Von RA Dr. *Peter Wieland*. 283 Seiten Lexikonformat, 1998, gbd. 128,– DM. ISBN 3-504-42601-2

Alles, was Sie vor Abschluß eines Firmentarifvertrages wissen müssen – praxisnahe und vollständige Erläuterungen für die Betriebsparteien und ihre Berater.

- Die Grundlagen: der rechtliche Hintergrund, Tariffähigkeit, Tarifzuständigkeit
- Die Spielregeln: Zustandekommen, Inhalt und Beendigung von Haustarifverträgen, Betriebsübergang, Kündigung; mit Handlungsanweisungen
- Die Sonderfragen: mehrfacher Tarifabschluß, streikweise Erzwingung von Haustarifverträgen, bilaterale und multilaterale Haustarifverträge innerhalb der EG
- Die Umsetzung: besondere Praxishinweise, typische Regelungsinhalte, Vor- und Nachteile von Firmentarifverträgen, Checkliste für firmentarifwillige Unternehmen, Hinweise zu den Tarifregistern

Dr. *Peter Wieland*, Rechtsanwalt und Fachanwalt für Arbeitsrecht, ist seit vielen Jahren mit der Gestaltung und Umsetzung von Firmentarifverträgen befaßt.

Verlag Dr. Otto Schmidt · Köln

Tschöpe (Hrsg.)
Anwalts-Handbuch Arbeitsrecht

● Hinweise und Anregungen: _____

_____

_____

_____

_____

● Auf Seite _____ Teil _____ Rz. _____ Zeile _____ von oben/unten
muß es statt _____

_____

richtig heißen: _____

_____

_____

Tschöpe (Hrsg.)
Anwalts-Handbuch Arbeitsrecht

● Hinweise und Anregungen: _____

_____

_____

_____

_____

● Auf Seite _____ Teil _____ Rz. _____ Zeile _____ von oben/unten
muß es statt _____

_____

richtig heißen: _____

_____

_____

Absender:

_____
_____
_____

Antwortkarte

Verlag Dr. Otto Schmidt KG
– Lektorat –
Unter den Ulmen 96-98

50968 Köln

Absender:

_____
_____
_____

Antwortkarte

Verlag Dr. Otto Schmidt KG
– Lektorat –
Unter den Ulmen 96-98

50968 Köln